D1748206

Assmann/Schlitt/von Kopp-Colomb
Wertpapierprospektgesetz · Vermögensanlagengesetz
Kommentar

Wertpapierprospektgesetz Vermögensanlagengesetz

Kommentar
mit Anhängen zur ProspektVO (EG) Nr. 809/2004
VermVerkProspV

herausgegeben
von

Professor Dr. Heinz-Dieter Assmann
em. Universitätsprofessor, Tübingen,
Of Counsel, Stuttgart

Professor Dr. Michael Schlitt
Rechtsanwalt, Frankfurt am Main,
Honorarprofessor, Universität zu Köln

Wolf von Kopp-Colomb
Regierungsdirektor,
Referatsleiter bei der BaFin,
Frankfurt am Main

3. neu bearbeitete Auflage

2017

otto schmidt

Bearbeiter

Professor Dr.
Heinz-Dieter Assmann,
LL.M. (Philadelphia)
em. Universitätsprofessor, Tübingen,
Of Counsel, Stuttgart

Frank Bierwirth
Rechtsanwalt, Frankfurt am Main

Philipp von Ilberg
Rechtsanwalt, Frankfurt am Main

Wolf von Kopp-Colomb
Regierungsdirektor,
Referatsleiter bei der BaFin,
Frankfurt am Main

Uta Kunold
Rechtsanwältin, Frankfurt am Main

Gero Maas, LL.M. oec. (Jena)
Leiter Rechnungsprüfungsamt,
Universitäts- und Hansestadt
Greifswald

Peter R. Maier
Rechtsanwalt, Frankfurt am Main

Jana Mollner, LL.M.
(Canterbury, NZ)
Oberregierungsrätin bei der BaFin,
Frankfurt am Main

Sirin Sargut
Oberregierungsrätin bei der BaFin,
Frankfurt am Main

Professor Dr. Michael Schlitt
Rechtsanwalt, Frankfurt am Main,
Honorarprofessor,
Universität zu Köln

Dr. Jörg Schneider, M.J.I. (Gießen)
Regierungsdirektor bei der BaFin,
Frankfurt am Main

Dr. Patrick Scholl
Rechtsanwalt, Frankfurt am Main

Dr. Jochen Seitz
Rechtsanwalt, Frankfurt am Main

Zitierempfehlung:
Verfasser in Assmann/Schlitt/von Kopp-Colomb,
WpPG/VermAnlG, 3. Aufl. 2017, § … Rz. …

*Bibliografische Information
der Deutschen Nationalbibliothek*

Die Deutsche Nationalbibliothek verzeichnet diese
Publikation in der Deutschen Nationalbibliografie;
detaillierte bibliografische Daten sind im Internet
über http://dnb.d-nb.de abrufbar.

Verlag Dr. Otto Schmidt KG
Gustav-Heinemann-Ufer 58, 50968 Köln
Tel. 02 21/9 37 38-01, Fax 02 21/9 37 38-943
info@otto-schmidt.de
www.otto-schmidt.de

ISBN 978-3-504-40100-9

©2017 by Verlag Dr. Otto Schmidt KG, Köln

Das Werk einschließlich aller seiner Teile ist
urheberrechtlich geschützt. Jede Verwertung, die nicht
ausdrücklich vom Urheberrechtsgesetz zugelassen ist,
bedarf der vorherigen Zustimmung des Verlages. Das
gilt insbesondere für Vervielfältigungen, Bearbeitungen,
Übersetzungen, Mikroverfilmungen und die Einspeiche-
rung und Verarbeitung in elektronischen Systemen.

Das verwendete Papier ist aus chlorfrei gebleichten
Rohstoffen hergestellt, holz- und säurefrei, alterungs-
beständig und umweltfreundlich.

Einbandgestaltung: Jan P. Lichtenford, Mettmann
Satz: WMTP, Birkenau
Druck und Verarbeitung: Kösel, Krugzell
Printed in Germany

Vorwort

Seit Erscheinen der 2. Auflage des Kommentars hat das Prospektrecht für Kapitalanlagen erneut weitreichende Änderungen erfahren: Das WpPG wurde durch nicht weniger als vierzehn Gesetze geändert. Das in der Vorauflage kommentierte VerkProspG wurde aufgehoben, und seine Vorschriften wurden mit nicht geringen Modifikationen teils in das WpPG, teils (und überwiegend) in das am 1.6.2012 in Kraft getretene VermAnlG überführt. Seitdem ist auch dieses junge Gesetz bereits durch fünfzehn Gesetze geändert worden.

Die umfangreichsten Änderungen des WpPG beruhen auf Art. 3 des Gesetzes vom 4.12.2011 zur Umsetzung der Richtlinie 2010/78/EU über die Errichtung des Europäischen Finanzaufsichtssystems, Art. 6 des Gesetzes vom 6.12.2011 zur Novellierung des Finanzanlagenvermittler- und Vermögensanlagenrechts und Art. 1 des Gesetzes vom 26.6.2012 zur Umsetzung der Richtlinie 2010/73/EU (über Änderung der Prospektrichtlinie 2003/71/EG und der Transparenzrichtlinie 2004/109/EG) und zur Änderung des Börsengesetzes. Zu Einzelheiten der in dieser Auflage berücksichtigten Änderungen des WpPG ist auf die Einleitung zum WpPG Rz. 10 ff. zu verweisen. Die schwierigste Aufgabe bei der Kommentierung der Vorschriften des WpPG stellte jedoch die Berücksichtigung der zukünftigen Prospektverordnung (Verordnung des Europäischen Parlaments und des Rates über den Prospekt, der beim öffentlichen Angebot von Wertpapieren oder bei deren Zulassung zum Handel zu veröffentlichen ist) dar, die sich bei Redaktionsschluss noch im Rechtssetzungsverfahren befand und in der Fassung des Kommissionsvorschlags und eines davon im Detail abweichenden Ratsvorschlags vorlag (dazu Einleitung WpPG Rz. 23). Die Kommentatoren haben sich der Aufgabe auf die Weise entledigt, dass sie die Kommentierungen des WpPG – soweit angezeigt – mit Ausblicken auf die Regelungen der Prospektverordnung versahen, die sich am Ratsvorschlag orientieren und auf Abweichungen desselben vom Kommissionsvorschlag hinweisen.

Die größte Zahl der Änderungen des VermAnlG seit seiner Einführung durch Art. 1 des Gesetzes zur Novellierung des Finanzanlagenvermittler- und Vermögensanlagenrechts vom 6.12.2011 sind Folgeänderungen. Tiefgreifende Veränderungen verbanden sich jedoch mit dem Kleinanlegerschutzgesetz vom 3.7.2015, über die Rz. 14 ff. der Einleitung zum VermAnlG ausführlich berichten.

Sowohl bei der Kommentierung der Bestimmungen des WpPG als auch des VermAnlG wurden auch die Änderungen berücksichtigt, die erst zu einem späteren Zeitpunkt in Kraft treten, im Falle der Änderungen des WpPG und des VermAnlG durch das Gesetz zur Aktualisierung der Strukturreform des Gebührenrechts des Bundes vom 18.7.2016 gar erst am 1.10.2021.

Darüber hinaus werden auch die das WpPG und das VermAnlG ergänzenden Regelungen in Gestalt der Anhänge zur Verordnung (EG) Nr. 809/2004 und der Vermögensanlagen-Verkaufsprospektverordnung (VermVerkProspV) mit der jeweils gebotenen, das heißt nicht zuletzt ihre praktische Bedeutung berücksichtigenden Sorgfalt erläutert.

Vorwort

Die Aufspaltung des Wertpapierprospekte und Prospekte für Vermögensanlagen betreffenden Rechts in zwei Gesetze, die größere Komplexität der Prospektierungsvorschriften für Wertpapiere, die zu erwartenden unterschiedlichen Änderungsfrequenzen in Bezug auf WpPG und VermAnlG sowie die vermuteten Divergenzen in der Bedeutung der jeweils betroffenen wertpapiermäßig verbrieften bzw. nicht verbrieften Kapitalanlagen hat bei Konzeption der Neuauflage des Kommentars die Frage nach einer Aufspaltung der Kommentierung aufgeworfen. Die Herausgeber und der Verlag haben sich gegen eine solche entschieden, weil beide Gesetze nach wie vor auf einem gemeinsamen Grundkonzept der Prospektpublizität und des Anlegerschutzes beruhen und sich auch tatsächlich in zahlreichen Vorschriften überlappen. Diesen Umstand haben sich die Kommentatoren dadurch zunutze gemacht, dass bei der Kommentierung der Vorschriften des einen Gesetzes (überwiegend bei derjenigen des VermAnlG) auf solche des jeweils anderen Gesetzes verwiesen wird.

Der Kreis der Autorinnen und Autoren des Kommentars hat sich nur geringfügig verändert. An die Stelle der Mitkommentatoren bei den Erläuterungen zu §§ 1 und 2 WpPG – Marika M. E. Witte bzw. Frederik Knobloch – sind Sirin Sargut bzw. Dr. Jörg Schneider getreten. Die Mitautorin der Kommentierung des § 3 WpPG in der Vorauflage, Jana Gajdos, führt heute den Namen Jana Mollner. An die Seite von RA Dr. Jochen Seitz ist bei der Kommentierung des § 16 WpPG RA Dr. Patrick Scholl getreten. RAin Dr. Susanne Schäfer ist aus dem Autorenkreis ausgeschieden. Betont sei abermals, dass die Kommentierungen die persönliche Meinung der Autoren wiedergeben.

Die schon in der Vorauflage ausgesprochene Ermunterung, den Herausgebern und Autoren Hinweise, Anregungen und Kritik zukommen zu lassen, sei an dieser Stelle wiederholt.

Zu Kommentierungen wie der vorliegenden leisten viele Dritte auf die eine oder andere Weise Hilfe. Ihnen zu danken, ist eine persönliche Aufgabe der Herausgeber und Autoren. An dieser Stelle und herausgehoben ist aber Dr. Bastian Schoppe vom Verlag Dr. Otto Schmidt ein besonderer Dank zu sagen. Er hat die Arbeit an der Neuauflage vorangetrieben, konzeptionell begleitet, koordiniert und darüber hinaus, unterstützt durch Assessorin Stefanie Hörpel, die Manuskripte fachlich hervorragend und auf sorgfältigste Weise lektoriert. Beiden sei dafür, auch im Namen der Autoren, herzlich gedankt.

Tübingen und Frankfurt am Main, im Oktober 2016

Heinz-Dieter Assmann   Michael Schlitt   Wolf von Kopp-Colomb

Bearbeiterverzeichnis

Assmann	Einl. WpPG, Vor §§ 21–25 WpPG, §§ 21–25, 32–37 WpPG, Einl. VermAnlG, §§ 4, 9–10a, 12–19 VermAnlG, Vor §§ 20–22 VermAnlG, §§ 20–26, 28–32 VermAnlG, §§ 1, 5–8, 10–13a, 15, 15a, 16 VermVerkProspV
Bierwirth	Vor Anhängen VII/VIII, Anhänge VII, VIII EU-ProspektVO
von Ilberg	§§ 11, 19, 20 WpPG
von Kopp-Colomb	§§ 13, 26–31 WpPG
von Kopp-Colomb/ Mollner	§ 3 WpPG
von Kopp-Colomb/ Sargut	§ 1, 17, 18 WpPG
von Kopp-Colomb/ J. Schneider	§§ 2 WpPG
Kunold	§§ 10, 14 WpPG, Anhänge I (Rz. 167 bis Rz. 285), II EU-ProspektVO
Maas	§§ 1–3, 5–8a, 11, 11a, 26a–27 VermAnlG, §§ 2–4, 9, 14 VermVerkProspV
Schlitt	§§ 4, 5, 7, 8, 15, 16 (Rz. 114 bis Rz. 129) WpPG, Anhänge I (bis Rz. 166, ab Rz. 286), III, VI, XIX, XXII–XXV EU-ProspektVO
Seitz	§§ 6, 9, 12 WpPG
Seitz/Maier	Anhänge IV, V, IX, XI–XIII, XX, XXI EU-ProspektVO
Seitz/Scholl	§ 16 (bis Rz. 113, ab Rz. 130) WpPG

Inhaltsverzeichnis

	Seite
Vorwort	VII
Bearbeiterverzeichnis	IX
Allgemeines Schrifttumsverzeichnis	XXI
Abkürzungsverzeichnis	XXV

1. Teil
Wertpapiere

A. Wertpapierprospektgesetz (WpPG)

Einleitung		1

Abschnitt 1
Anwendungsbereich und Begriffsbestimmungen

§ 1	Anwendungsbereich	20
§ 2	Begriffsbestimmungen	61
§ 3	Pflicht zur Veröffentlichung eines Prospekts und Ausnahmen im Hinblick auf die Art des Angebots	133
§ 4	Ausnahmen von der Pflicht zur Veröffentlichung eines Prospekts im Hinblick auf bestimmte Wertpapiere	163

Abschnitt 2
Erstellung des Prospekts

§ 5	Prospekt	191
§ 6	Basisprospekt	211
§ 7	Mindestangaben	257
§ 8	Nichtaufnahme von Angaben	271
§ 9	Gültigkeit des Prospekts, des Basisprospekts und des Registrierungsformulars	290
§ 10	Jährliches Dokument	314
§ 11	Angaben in Form eines Verweises	319
§ 12	Prospekt aus einem oder mehreren Einzeldokumenten	337

Abschnitt 3
Billigung und Veröffentlichung des Prospekts

		Seite
§ 13	Billigung des Prospekts	353
§ 14	Hinterlegung und Veröffentlichung des Prospekts	377
§ 15	Werbung	417
§ 16	Nachtrag zum Prospekt; Widerrufsrecht des Anlegers	431

Abschnitt 4
Grenzüberschreitende Angebote und Zulassung zum Handel

§ 17	Grenzüberschreitende Geltung gebilligter Prospekte	495
§ 18	Bescheinigung der Billigung	518

Abschnitt 5
Sprachenregelung und Emittenten mit Sitz in Drittstaaten

§ 19	Sprachenregelung	538
§ 20	Drittstaatemittenten	566

Abschnitt 6
Prospekthaftung

Vorbemerkung vor §§ 21–25 WpPG		577
§ 21	Haftung bei fehlerhaftem Börsenzulassungsprospekt	593
§ 22	Haftung bei sonstigem fehlerhaften Prospekt	594
§ 23	Haftungsausschluss	595
§ 24	Haftung bei fehlendem Prospekt	669
§ 25	Unwirksame Haftungsbeschränkung; sonstige Ansprüche	685

Abschnitt 7
Zuständige Behörde und Verfahren

§ 26	Befugnisse der Bundesanstalt	688
§ 27	Verschwiegenheitpflicht	706
§ 28	Zusammenarbeit mit zuständigen Stellen in anderen Staaten des Europäischen Wirtschaftsraums	726
§ 28a	Zusammenarbeit mit der Europäischen Wertpapier- und Marktaufsichtsbehörde	737
§ 29	Vorsichtsmaßnahmen	746

		Seite
§ 30	Bekanntmachung von Maßnahmen	751
§ 31	Sofortige Vollziehung	755

Abschnitt 8
Sonstige Vorschriften

§ 32	Auskunftspflicht von Wertpapierdienstleistungsunternehmen	759
§ 33	Gebühren und Auslagen	765
§ 34	Benennungspflicht	773
§ 35	Bußgeldvorschriften	776
§ 36	Übergangsbestimmungen	799
§ 37	Übergangsbestimmungen zur Aufhebung des Verkaufsprospektgesetzes	806

B. Anhänge zur Verordnung (EG) Nr. 809/2004 (EU-ProspektVO)

Anhang I	Mindestangaben für das Registrierungsformular für Aktien (Modul)	809
Anhang II	Modul für Pro forma-Finanzinformationen	957
Anhang III	Mindestangaben für die Wertpapierbeschreibung von Aktien (Schema)	998
Anhang IV	Mindestangaben für das Registrierungsformular für Schuldtitel und derivative Wertpapiere (Schema) (Schuldtitel und derivative Wertpapiere mit einer Mindeststückelung von weniger als EUR 100.000)	1038
Anhang V	Mindestangaben für die Wertpapierbeschreibung für Schuldtitel (Schema) (Schuldtitel mit einer Stückelung von weniger als EUR 100.000)	1068
Anhang VI	Mindestangaben für Garantien (Zusätzliches Modul)	1091
Vorbemerkung vor Anhang VII und VIII		1092
Anhang VII	Mindestangaben für das Registrierungsformular für durch Vermögenswerte unterlegte Wertpapiere („asset backed securities"/ABS) (Schema)	1104
Anhang VIII	Mindestangaben für durch Vermögenswerte unterlegte Wertpapiere („asset backed securities"/ABS) (Zusätzliches Modul)	1122

Seite

Anhang IX	Mindestangaben für das Registrierungsformular für Schuldtitel und derivative Wertpapiere (Schema) (Schuldtitel und derivative Wertpapiere mit einer Mindeststückelung von EUR 100.000)	1150
Anhang X	Mindestangaben für Zertifikate, die Aktien vertreten (Schema)	1164
Anhang XI	Mindestangaben für das Registrierungsformular für Banken (Schema)	1165
Anhang XII	Mindestangaben für die Wertpapierbeschreibung für derivative Wertpapiere (Schema)	1183
Anhang XIII	Mindestangaben für die Wertpapierbeschreibung für Schuldtitel mit einer Mindeststückelung von 100.000 EUR (Schema)	1237
Anhang XIV	Zusätzliches Modul für die zugrunde liegende Aktie	1248
Anhang XV	Mindestangaben für das Registrierungsformular für Wertpapiere, die von Organismen für gemeinsame Anlagen des geschlossenen Typs ausgegeben werden (Schema)	1248
Anhang XVI	Mindestangaben für das Registrierungsformular für Wertpapiere, die von Mitgliedstaaten, Drittstaaten und ihren regionalen und lokalen Gebietskörperschaften ausgegeben werden (Schema)	1249
Anhang XVII	Mindestangaben für das Registrierungsformular für Wertpapiere, die von internationalen öffentlichen Organismen ausgegeben werden, und für Schuldtitel, deren Garantiegeber ein OECD-Mitgliedstaat ist (Schema)	1249
Anhang XVIII	[Kombinationsübersichten]	1249
Anhang XIX	Verzeichnis bestimmter Kategorien von Emittenten	1250
Anhang XX	Verzeichnis der Schemata und Module für die Wertpapierbeschreibung	1259
Anhang XXI	Liste der zusätzlichen Angaben in den endgültigen Bedingungen	1259
Anhang XXII	Für die Zusammenfassungen vorgeschriebene Angaben	1259
Anhang XXIII	Mindestangaben für das Aktienregistrierungsformular bei Bezugsrechtsemissionen (verhältnismäßiges Schema)	1260
Anhang XXIV	Mindestangaben für die Wertpapierbeschreibung für Aktien bei Bezugsrechtsemissionen (verhältnismäßiges Schema)	1283

		Seite
Anhang XXV	Mindestangaben für das Aktienregistrierungsformular von KMU und Unternehmen mit geringer Marktkapitalisierung (verhältnismäßiges Schema)	1292
Anhang XXVI	Mindestangaben für das Registrierungsformular für Schuldtitel und derivative Wertpapiere (< 100.000 EUR) von KMU und Unternehmen mit geringer Marktkapitalisierung (verhältnismäßiges Schema)	1313
Anhang XXVII	Mindestangaben für das Registrierungsformular für Schuldtitel und derivative Wertpapiere (≥ 100.000 EUR) von KMU und Unternehmen mit geringer Marktkapitalisierung (verhältnismäßiges Schema)	1314
Anhang XXVIII	Mindestangaben für Aktienzertifikate von KMU und Unternehmen mit geringer Marktkapitalisierung (verhältnismäßiges Schema)	1314
Anhang XXIX	Mindestangaben bei Emissionen von Kreditinstituten gemäß Artikel 1 Absatz 2 Buchstabe j der Richtlinie 2003/71/EG (verhältnismäßiges Schema)	1314
Anhang XXX	Zusätzliches Angabemodul für die Zustimmung gemäß Artikel 20a	1314

C. Wertpapierprospektgebührenverordnung (WpPGebV)

Verordnung über die Erhebung von Gebühren nach dem Wertpapierprospektgesetz (Wertpapierprospektgebührenverordnung – WpPGebV) 1315

2. Teil
Vermögensanlagen

A. Vermögensanlagengesetz (VermAnlG)

Einleitung 1317

Abschnitt 1
Allgemeine Bestimmungen

§ 1	Anwendungsbereich und Begriffsbestimmungen	1333
§ 2	Ausnahmen für einzelne Arten von Vermögensanlagen	1364

		Seite
§ 2a	Befreiungen für Schwarmfinanzierungen	1396
§ 2b	Befreiungen für soziale Projekte	1397
§ 2c	Befreiungen für gemeinnützige Projekte und Religionsgemeinschaften	1398
§ 2d	Widerrufsrecht	1399
§ 3	Aufsicht, Anordnungsbefugnis	1413
§ 4	Verschwiegenheitspflicht	1418
§ 5	Bekanntgabe und Zustellung	1420
§ 5a	Laufzeit von Vermögensanlagen	1426
§ 5b	Nicht zugelassene Vermögensanlagen	1430

Abschnitt 2
Verkaufsprospekt, Vermögensanlagen-Informationsblatt und Information der Anleger

Unterabschnitt 1
Pflichten des Anbieters

§ 6	Pflicht zur Veröffentlichung eines Verkaufsprospekts	1435
§ 7	Inhalt des Verkaufsprospekts; Verordnungsermächtigung	1442
§ 8	Billigung des Verkaufsprospekts	1457
§ 8a	Gültigkeit des Verkaufsprospekts	1475
§ 9	Frist und Form der Veröffentlichung	1481
§ 10	Veröffentlichung eines unvollständigen Verkaufsprospekts	1490
§ 10a	Mitteilung der Beendigung des öffentlichen Angebots und der vollständigen Tilgung	1498
§ 11	Veröffentlichung ergänzender Angaben	1502
§ 11a	Veröffentlichungspflichten nach Beendigung des öffentlichen Angebots; Verordnungsermächtigung	1520
§ 12	Werbung für Vermögensanlagen	1531
§ 13	Vermögensanlagen-Informationsblatt	1541
§ 14	Hinterlegung des Verkaufsprospekts und des Vermögensanlagen-Informationsblatts	1589
§ 15	Anlegerinformation	1600

Unterabschnitt 2
Befugnisse der Bundesanstalt

		Seite
§ 15a	Zusätzliche Angaben	1613
§ 16	Untersagung von Werbung	1614
§ 17	Untersagung der Veröffentlichung des Verkaufsprospekts	1621
§ 18	Untersagung des öffentlichen Angebots	1628
§ 19	Auskünfte des Anbieters	1635

Unterabschnitt 3
Haftung

Vorbemerkung vor §§ 20–22 VermAnlG		1645
§ 20	Haftung bei fehlerhaftem Verkaufsprospekt	1654
§ 21	Haftung bei fehlendem Verkaufsprospekt	1672
§ 22	Haftung bei unrichtigem oder fehlendem Vermögensanlagen-Informationsblatt	1680

Abschnitt 3
Rechnungslegung und Prüfung

§ 23	Erstellung und Bekanntmachung von Jahresberichten	1706
§ 24	Inhalt von Jahresabschlüssen und Lageberichten	1715
§ 25	Prüfung und Bestätigung des Abschlussprüfers	1737
§ 26	Verkürzung der handelsrechtlichen Offenlegungsfrist	1742

Abschnitt 4
Sofortiger Vollzug und Bekanntmachung

§ 26a	Sofortiger Vollzug	1743
§ 26b	Bekanntmachung von Maßnahmen	1744
§ 26c	Bekanntmachung von Bußgeldentscheidungen	1745

Abschnitt 5
Gebühren, Straf-, Bußgeld- und Ordnungsgeldbestimmungen sowie Übergangsvorschriften

§ 27	Gebühren und Auslagen	1751
§ 28	Strafvorschriften	1766
§ 29	Allgemeine Bußgeldvorschriften	1767
§ 30	Bußgeldvorschriften zur Rechnungslegung	1786

		Seite
§ 31	Ordnungsgeldvorschriften	1789
§ 32	Übergangsvorschriften	1796

B. Vermögensanlagen-Verkaufsprospektverordnung (VermVerkProspV)

		Seite
§ 1	Anwendungsbereich	1811
§ 2	Allgemeine Grundsätze	1812
§ 3	Angaben über Personen oder Gesellschaften, die für den Inhalt des Verkaufsprospekts die Verantwortung übernehmen	1860
§ 4	Angaben über die Vermögensanlagen	1868
§ 5	Angaben über den Emittenten	1910
§ 6	Angaben über das Kapital des Emittenten	1918
§ 7	Angaben über Gründungsgesellschafter des Emittenten und über die Gesellschafter des Emittenten zum Zeitpunkt der Aufstellung des Verkaufsprospekts	1924
§ 8	Angaben über die Geschäftätigkeit des Emittenten	1943
§ 9	Angaben über die Anlageziele und Anlagepolitik der Vermögensanlagen	1949
§ 10	Angaben über die Vermögens-, Finanz- und Ertragslage des Emittenten	1974
§ 11	Angaben über die Prüfung des Jahresabschlusses des Emittenten	1978
§ 12	Angaben über Mitglieder der Geschäftsführung oder des Vorstands, Aufsichtsgremien und Beiräte des Emittenten, den Treuhänder und sonstige Personen	1982
§ 13	Angaben über den jüngsten Geschäftsgang und die Geschäftsaussichten des Emittenten	2001
§ 13a	Angaben über Auswirkungen auf die Fähigkeit zur Zins- und Rückzahlung	2004
§ 14	Gewährleistete Vermögensanlagen	2007
§ 15	Verringerte Prospektanforderungen	2010
§ 15a	Übergangsvorschrift zur Rechnungslegung und Prüfung des im Verkaufsprospekt enthaltenen Jahresabschlusses und Lageberichts	2017
§ 16	Inkrafttreten	2018

C. Vermögensanlagen-Verkaufsprospektgebührenverordnung (VermVerkProspGebV)

Seite

Verordnung über die Gebühren für Amtshandlungen betreffend Verkaufsprospekte für Vermögensanlagen nach dem Verkaufsprospektgesetz (Vermögensanlagen-Verkaufsprospektgebührenverordnung – VermVerkProspGebV) 2019

Sachregister 2021

Allgemeines Schrifttumsverzeichnis

Ausführliche Schrifttumshinweise finden Sie auch
zu Beginn der Kommentierungen.

Arndt/Voß (Hrsg.)	Verkaufsprospektgesetz, 2008
Assmann/Lenz/Ritz	Verkaufsprospektgesetz, Verkaufsprospekt-Verordnung, Verkaufsprospektgebühren-Verordnung, 2001 (mit Nachtrag 2002)
Assmann/Pötzsch/ Uwe H. Schneider (Hrsg.)	Wertpapiererwerbs- und Übernahmegesetz, 2. Aufl. 2013
Assmann/Uwe H. Schneider (Hrsg.)	Wertpapierhandelsgesetz, 6. Aufl. 2012
Assmann/Schütze (Hrsg.)	Handbuch des Kapitalanlagerechts, 4. Aufl. 2015
Baumbach/Hopt	Handelsgesetzbuch, begr. von Baumbach, bearb. von Hopt, Merkt, Kumpan und Roth, 37. Aufl. 2016
Beck/Samm/Kokemoor	Kreditwesengesetz mit CRR (Loseblatt)
Berrar/Meyer/Müller/ Schnorbus/Singhof/Wolf	Frankfurter Kommentar zum WpPG und zur EU-ProspektVO, 2011
Boos/Fischer/Schulte-Mattler (Hrsg.)	Kreditwesengesetz, 4. Aufl. 2012
Buck-Heeb	Kapitalmarktrecht, 8. Aufl. 2016
Ekkenga/Maas	Das Recht der Wertpapieremissionen, 2006
Engelhardt/App/Schlatmann	VwVG/VwZG, 10. Aufl. 2014
Friedl/Hartwig-Jacob (Hrsg.)	Frankfurter Kommentar zum Schuldverschreibungsgesetz, 2013
Fuchs (Hrsg.)	Wertpapierhandelsgesetz, 2. Aufl. 2016
Groß	Kapitalmarktrecht, 6. Aufl. 2016
Grundmann	Europäisches Gesellschaftsrecht, 2. Aufl. 2011
Grunewald/Schlitt	Einführung in das Kapitalmarktrecht, 3. Aufl. 2014
Habersack/Mülbert/ Schlitt (Hrsg.)	Handbuch der Kapitalmarktinformation, 2. Aufl. 2013
Habersack/Mülbert/ Schlitt (Hrsg.)	Unternehmensfinanzierung am Kapitalmarkt, 3. Aufl. 2013
Happ/Groß (Hrsg.)	Aktienrecht, 4. Aufl. 2015
Heidel (Hrsg.)	Aktienrecht und Kapitalmarktrecht, 4. Aufl. 2014
Holzborn (Hrsg.)	Wertpapierprospektgesetz, 2. Aufl. 2014
Hüffer	Das Wertpapier-Verkaufsprospektgesetz – Prospektpflicht und Anlegerschutz, 1996
Hüffer/Koch	Aktiengesetz, 12. Aufl. 2016

Just/Voß/Ritz/Becker (Hrsg.)	Wertpapierhandelsgesetz, 2015
Just/Voß/Ritz/Zeising (Hrsg.)	Wertpapierprospektgesetz, 2009
Keunecke	Prospekte im Kapitalmarkt, 2. Aufl. 2009
Kölner Kommentar zum AktG	hrsg. von Zöllner, 2. Aufl. 1986 ff.; hrsg. von Zöllner und Noack, 3. Aufl. 2004 ff.
Kölner Kommentar zum WpHG	hrsg. von Hirte und Möllers, 2. Aufl. 2014
Kölner Kommentar zum WpÜG	hrsg. von Hirte und von Bülow, 2. Aufl. 2010
Kopp/Ramsauer	VwVfG, 16. Aufl. 2015
Kübler/Assmann	Gesellschaftsrecht, 6. Aufl. 2006
Kümpel/Wittig	Bank- und Kapitalmarktrecht, 4. Aufl. 2011
Kümpel/Hammen/Ekkenga	Kapitalmarktrecht, Loseblatt
Lenenbach	Kapitalmarktrecht, 2. Aufl. 2010
Marsch-Barner/ Schäfer (Hrsg.)	Handbuch börsennotierte AG, 3. Aufl. 2014
Moritz/Jesch/Klebeck/ Helios (Hrsg.)	Frankfurter Kommentar zum Kapitalanlagerecht, 2015 f.
Möllers/Kloyer (Hrsg.)	Das neue Kapitalanlagegesetzbuch, 2013
R. Müller	Wertpapierprospektgesetz, Online-Kommentar, 2012
Münchener Handbuch des Gesellschaftsrechts	Band 4, Aktiengesellschaft, hrsg. von Hoffmann-Becking, 4. Aufl. 2015
Münchener Kommentar zum AktG	hrsg. von Kropff und Semler, 2. Aufl. 2000 ff.; hrsg. von Goette und Habersack, 3. Aufl. 2008 ff., 4. Aufl. 2014 ff.
Münchener Kommentar zum BGB	hrsg. von Säcker und Rixecker, 5. Aufl. 2006 ff.; hrsg. von Säcker, Rixecker und Oetker, 6. Aufl. 2012 ff.; hrsg. von Säcker, Rixecker, Oetker und Limperg, 7. Aufl. 2015 ff.
Münchener Kommentar zum HGB	hrsg. von Karsten Schmidt, 3. Aufl. 2010 ff., 4. Aufl. 2016 ff.
Palandt	Bürgerliches Gesetzbuch, 75. Aufl. 2016
Patzner/Döser/Kempf (Hrsg.)	Investmentrecht – Kapitalanlagegesetzbuch/Investmentsteuergesetz, 3. Aufl. 2016
Reischauer/Kleinhans	Kreditwesengesetz, Loseblatt
Renz/Mentzer	Leitfaden Wertpapierprospekte – Eine Darstellung der gesetzlichen Vorgaben für die Emissionspraxis, 2. Aufl. 2006

Schäfer (Hrsg.)	Wertpapierhandelsgesetz, Börsengesetz mit Börs-ZulV, Verkaufsprospektgesetz mit VerkProspV, 1999
Schäfer/Hamann (Hrsg.)	Kapitalmarktgesetze, Loseblatt
Schanz	Börseneinführung, 4. Aufl. 2012
K. Schmidt/Lutter (Hrsg.)	Aktiengesetz, 3. Aufl. 2015
Schwark/Zimmer (Hrsg.)	Kapitalmarktrechts-Kommentar, 4. Aufl. 2010
Spindler/Stilz (Hrsg.)	Aktiengesetz, 3. Aufl. 2015
Steinmeyer (Hrsg.)	Wertpapiererwerbs- und Übernahmegesetz, 3. Aufl. 2013
Unzicker	Verkaufsprospektgesetz, 2010
Wiegel	Die Prospektrichtlinie und Prospektverordnung – eine dogmatische, ökonomische und rechtsvergleichende Analyse, 2008
Zöller	ZPO, 31. Aufl. 2016

Abkürzungsverzeichnis

aA	anderer Ansicht
abl.	ablehnend
ABl.	Amtsblatt
ABS	Asset Backed Securities
abw.	abweichend
AbwMechG	Abwicklungsmechanismusgesetz
AcP	Archiv für die civilistische Praxis (Zeitschrift)
ADR	American Depositary Receipts
aE	am Ende
AEUV	Vertrag über die Arbeitsweise der Europäischen Union
aF	alte Fassung
AG	Aktiengesellschaft, Die Aktiengesellschaft (Zeitschrift), Amtsgericht
AGB	Allgemeine Geschäftsbedingungen
AIF	Alternative Investment Fund
AIFM	Alternative Investment Fund Manager
AIFMD	Alternative Investment Fund Managers Directive
AktG	Aktiengesetz
allg.	allgemein
Alt.	Alternative
AltZertG	Altersvorsorgeverträge-Zertifizierungsgesetz
Anm.	Anmerkung
AnSVG	Anlegerschutzverbesserungsgesetz
AO	Abgabenordnung
Art.	Artikel
Aufl.	Auflage
AuslInvG	Auslandinvestmentgesetz
Az.	Aktenzeichen
B.V.	Besloten Vennootschap (niederländische Kapitalgesellschaft)
BaFin	Bundesanstalt für Finanzdienstleistungsaufsicht
BAFinBefugV	Verordnung zur Übertragung von Befugnissen zum Erlass von Rechtsverordnungen auf die Bundesanstalt für Finanzdienstleistungsaufsicht
BAKred	Bundesaufsichtsamt für das Kreditwesen
BAnz.	Bundesanzeiger
BauGB	Baugesetzbuch
BAWe	Bundesaufsichtsamt für den Wertpapierhandel
BB	Betriebs-Berater (Zeitschrift)
BBl.	Bundesblatt (Schweiz)
BDI	Bundesverband der Deutschen Industrie e.V.
BDSG	Bundesdatenschutzgesetz

Abkürzungsverzeichnis

bearb.	bearbeitet
BeckOK	Beck'scher Online-Kommentar
BEG	Bucheffektengesetz (Schweiz)
begr.	begründet
Begr.	Begründung
BEHG	Bundesgesetz über die Börsen und den Effektenhandel (Schweiz)
BFH	Bundesfinanzhof
BFuP	Betriebswirtschaftliche Forschung und Praxis (Zeitschrift)
BGB	Bürgerliches Gesetzbuch
BGBl.	Bundesgesetzblatt
BGebG	Bundesgebührengesetz
BGH	Bundesgerichtshof
BGHZ	Entscheidungen des Bundesgerichtshofs in Zivilsachen, Amtliche Sammlung
BilMoG	Bilanzrechtsmodernisierungsgesetz
BilKoG	Bilanzkontrollgesetz
BilReG	Bilanzrechtsreformgesetz
BKAG	Bundeskriminalamtgesetz
BKR	Zeitschrift für Bank- und Kapitalmarktrecht
BMF	Bundesminister(ium) der Finanzen
BMJV	Bundesminister(ium) der Justiz und für Verbraucherschutz
BörsG	Börsengesetz
BörsZulV	Börsenzulassungs-Verordnung
BR	Bundesrat
BR-Drucks.	Bundesrats-Drucksache
bspw.	bespielsweise
BStBl.	Bundessteuerblatt
BT	Bundestag
BT-Drucks.	Bundestags-Drucksache
BuB	Bankrecht und Bankpraxis
Buchst.	Buchstabe
bzgl.	bezüglich
bzw.	beziehungsweise
ca.	circa
CBF	Clearstream Banking Frankfurt
CDO	Collateralized Debt Obligations
CESR	Committee of European Securities Regulators
CF	Corporate Finance (Zeitschrift)
CFB	Corporate Finance Biz (Zeitschrift)
CFL	Corporate Finance Law (Zeitschrift)
cic	culpa in contrahendo
CMBS	Commercial Mortgage-Backed Securities
CMLJ	Capital Markets Law Journal
CRD IV	Capital Requirements Directive IV

CRR	Capital Requirements Regulation
CSES	Centre for Strategy and Evaluation Services
CSSF	Commission de Surveillance du Secteur Financier (Luxemburg)
DAI	Deutsches Aktieninstitut e.V.
DASB	Deutscher-Anlegerschutzbund e.V.
DB	Der Betrieb (Zeitschrift)
DDI	Deutsches Derivate Institut e.V.
DerivateV	Derivateverordnung
dh.	das heißt
DIP	Debt Issuance Programm
DiskE	Diskussionsentwurf
DrittelbG	Drittelbeteiligungsgesetz
DRiZ	Deutsche Richterzeitung
DRS	Deutsche Rechnungslegungs Standards
Drucks.	Drucksache
DStR	Deutsches Steuerrecht
DSW	Deutsche Schutzvereinigung für Wertpapierbesitz e.V.
DVBl	Deutsches Verwaltungsblatt (Zeitschrift)
DZWIR	Deutsche Zeitschrift für Wirtschaftsrecht
E	Entwurf
e.V.	eingetragener Verein
EAKAV	Verordnung zum elektronischen Anzeigeverfahren für inländische Investmentvermögen und EU-Investmentvermögen nach dem Kapitalanlagegesetzbuch
EBA	European Banking Authority
eBAnz.	elektronischer Bundesanzeiger
ebd.	ebenda
EBIT	Earnings before Interest and Taxes
EBITDA	Earnings before Interest, Taxes, Depreciation and Amortization
EBT	Earnings before Taxes
ECOFIN	Economic and Financial Affairs Council
ECON	Ausschuss für Wirtschaft und Währung des Europäischen Parlaments
EEG	Erneuerbare-Energien-Gesetz
EFSF	European System of Financial Supervision
EG	Europäische Gemeinschaft
EGAktG	Einführungsgesetz zum Aktiengesetz
EGESC	Expert Group of the European Securities Committee
EGV	Vertrag zur Gründung der Europäischen Gemeinschaft
Einl.	Einleitung
EIOPA	European Insurance and Occupational Pensions Authority
EMTN	Euro Medium Term Note

endg.	endgültige Fassung (Teil des Aktenzeichens europäischer Dokumente)
EnWG	Energiewirtschaftsgesetz
ErbStG	Erbschaftsteuer- und Schenkungsteuergesetz
ErwGrd.	Erwägungsgrund
ESC	European Securities Council
ESMA	European Securities and Markets Authority
ESME	European Securities Markets Expert Group
ESRB	European Systemic Risk Board
etc.	et cetera
EU	Europäische Union
EU-ProspektVO/ ProspektVO	(EU-)Prospektverordnung
EUFAAnpG	Gesetz zur Umsetzung der Richtlinie 2010/78/EU vom 24. November 2010 im Hinblick auf die Errichtung des Europäischen Finanzaufsichtssystems
EuGH	Europäischer Gerichtshof
EuGVVO	Verordnung über die gerichtliche Zuständigkeit und die Anerkennung und Vollstreckung von Entscheidungen in Zivil- und Handelssachen
EuR	Europarecht (Zeitschrift)
EURIBOR	European Interbank Offered Rate
EuZW	Europäische Zeitschrift für Wirtschaftsrecht
EWiR	Entscheidungen zum Wirtschaftsrecht (Zeitschrift)
EWR	Europäischer Wirtschaftsraum
EWS	Europäisches Wirtschafts- und Steuerrecht (Zeitschrift)
EWSA	Europäischer Wirtschafts- und Sozialausschuss
EZB	Europäische Zentralbank
f./ff.	folgende/fortfolgende
FATCA	Foreign Account Tax Compliance Act
FB	Finanz-Betrieb (Zeitschrift)
FCA	Financial Conduct Authority
FESCO	Forum of European Securities Commissions
FFG	Finanzmarktförderungsgesetz
FG	Finanzgericht
FGG-ReformG	Gesetz zur Reform des Verfahrens in Familiensachen und in den Angelegenheiten der freiwilligen Gerichtsbarkeit
FiMaNoG	Finanzmarktnovellierungsgesetz
FinAnlVermAnlG	Gesetz zur Novellierung des Finanzanlagenvermittler- und Vermögensanlagenrechts
FinDAG	Finanzdienstleistungsaufsichtsgesetz
FinDAGKostV	Verordnung über die Erhebung von Gebühren und die Umlegung von Kosten nach dem Finanzdienstleistungsaufsichtsgesetz
FinMin.	Finanzminister(ium)

FinVermV	Finanzanlagenvermittlungsverordnung
FMStFG	Finanzmarktstabilisierungsfondsgesetz
FMStFV	Finanzmarktstabilisierungsfonds-Verordnung
FMStG	Finanzmarktstabilisierungsgesetz
Fn.	Fußnote
FR	Finanz-Rundschau (Zeitschrift)
FRUG	Finanzmarktrichtlinie-Umsetzungsgesetz
FS	Festschrift
FSA	Financial Services Authority
FSAP	Financial Services Action Plan
FWB	Frankfurter Wertpapierbörse
G	Gesetz
GbR	Gesellschaft bürgerlichen Rechts
GDR	Global Depositary Receipts
GenG	Genossenschaftsgesetz
GesKR	Zeitschrift für Gesellschafts- und Kapitalmarktrecht (Schweiz)
GewStG	Gewerbesteuergesetz
GG	Grundgesetz
ggf.	gegebenenfalls
ggü.	gegenüber
GmbH	Gesellschaft mit beschränkter Haftung
GmbHG	Gesetz betreffend die Gesellschaften mit beschränkter Haftung
GPR	Zeitschrift für das Privatrecht der Europäischen Union
grds.	grundsätzlich
GVBl.	Gesetz- und Verordnungsblatt
GVG	Gerichtsverfassungsgesetz
Gz.	Geschäftszeichen
Hdb.	Handbuch
HessVGH	Hessischer Verwaltungsgerichtshof
HFA	Hauptfachausschuss des Instituts der Wirtschaftsprüfer (IDW)
HGB	Handelsgesetzbuch
hM	herrschende Meinung
Hrsg.	Herausgeber
IAASB	International Auditing and Assurance Standards Board
i.e.	id est
IAS	International Accounting Standards
IAS-VO	IAS-Verordnung
IASB	International Accounting Standards Board
IBA	International Bar Association
idF	in der Fassung

idR	in der Regel
IDW/IdW	Institut der Wirtschaftsprüfer
iE	im Ergebnis
ieS/iwS	im engeren Sinne/im weiteren Sinne
IFAC	International Federation of Accountants
IFG	Informationsfreiheitsgesetz
IFRIC	International Financial Reporting Interpretation Committee
IFRS	International Financial Reporting Standards
insb./insbes.	insbesondere
InsO	Insolvenzordnung
InvG	Investmentgesetz
IOSCO	International Organization of Securities Commissions
IPO	Initial Public Offering
IPR	Internationales Privatrecht
IR	InfrastrukturRecht (Zeitschrift)
IRG	Gesetz über die internationale Rechtshilfe in Strafsachen
iS des/iS von	im Sinne des/im Sinne von
ISA	International Standards on Auditing
ISAE	International Standard on Assurance Engagements
ISIN	International Securities Identification Number
ISRE	International Standard on Review Engagements
iVm.	in Verbindung mit
KAG	Kapitalanlagegesellschaft
KAGB	Kapitalanlagegesetzbuch
KAGG	Gesetz über Kapitalanlagegesellschaften
Kap.	Kapitel
KapInHaG	Kapitalmarktinformationshaftungsgesetz
KapMuG	Kapitalanleger-Musterverfahrensgesetz
KAPrüfbV	Kapitalanlage-Prüfungsberichte-Verordnung
KARBV	Kapitalanlage-Rechnungslegungs- und -Bewertungsverordnung
KASchlichtV	Kapitalanlageschlichtungsstellenverordnung
KAVerOV	Kapitalanlage-Verhaltens- und -Organisationsverordnung
KfW	Kreditanstalt für Wiederaufbau/KfW-Bankengruppe
KG	Kommanditgesellschaft, Kammergericht
KGaA	Kommanditgesellschaft auf Aktien
KGR	KG-Report Berlin (Zeitschrift)
KID	Key Information Document
KleinAnlSchutzG	Kleinanlegerschutzgesetz
KMG	Kapitalmarktgesetz (Österreich)
KMU	Kleine und mittlere Unternehmen
KölnKomm.	Kölner Kommentar
KonTraG	Gesetz zur Kontrolle und Transparenz im Unternehmensbereich
KWG	Kreditwesengesetz

LG	Landgericht
LIBA	London Investment Banking Association
LIBOR	London Interbank Offered Rate
lit.	Buchstabe
LoI	Letter of Intent
Ls.	Leitsatz
LuGÜ	Lugano-Übereinkommen (Europäisches Übereinkommen über die gerichtliche Zuständigkeit und Vollstreckung gerichtlicher Entscheidungen in Zivil- und Handelssachen)
m. Anm.	mit Anmerkung
MAR	Market Abuse Regulation (Marktmissbrauchsverordnung, siehe auch MMVO)
maW	mit anderen Worten
MD&A	Management's Discussion and Analysis of Financial Condition and Results of Operations
MdB	Mitglied des Bundestages
MiFID	Markets in Financial Instruments Directive (Finanzmarktrichtlinie)
Mio.	Million
MitbestG	Mitbestimmungsgesetz
MMVO	Marktmissbrauchsverordnung (siehe auch MAR)
MoMiG	Gesetz zur Modernisierung des GmbH-Rechts und zur Bekämpfung von Missbräuchen
MTF	Multilateral Trading Facility
MünchKomm.	Münchener Kommentar
MVP	Melde- und Veröffentlichungsplattform
mwN	mit weiteren Nachweisen
nF	neue Fassung
NJOZ	Neue Juristische Online-Zeitschrift
NJW	Neue Juristische Wochenschrift
Nr./Nrn.	Nummer(n)
NVwZ	Neue Zeitschrift für Verwaltungsrecht
NZG	Neue Zeitschrift für Gesellschaftrecht
oÄ	oder Ähnliches
OECD	Organisation für wirtschaftliche Zusammenarbeit und Entwicklung
OFD	Oberfinanzdirektion
OFR	Operating and Financial Review
OGAW	Organismen für gemeinsame Anlagen in Wertpapieren
OLG	Oberlandesgericht
OR	Obligationenrecht (Schweiz)
OWiG	Gesetz über Ordnungswidrigkeiten

PfandBG	Pfandbriefgesetz
PH	Prüfungshinweis
PIA	Personal Investment Authority
PM	Pressemitteilung
PRIP	Packaged Retail Investment Products
PRIIP	Packaged Retail and Insurance-based Investment Products
ProspektVO/ EU-ProspektVO	(EU-)Prospektverordnung
ProspektVO-E	Entwurf für eine neue Prospektverordnung
PS	Prüfungsstandard
PUAG	Untersuchungsausschussgesetz
PublG	Publizitätsgesetz
RdF	Recht der Finanzinstrumente (Zeitschrift)
RechKredV	Kreditinstituts-Rechnungslegungsverordnung
RefE	Referentenentwurf
RegBegr.	Regierungsbegründung
RegE	Regierungsentwurf
REIT	Real Estate Investment Trust
RH	Rechnungslegungshinweis
RIW	Recht der Internationalen Wirtschaft (Zeitschrift)
RMBS	Residential Mortgage-Backed Securities
Rspr.	Rechtsprechung
Rz.	Randziffer
S.	Seite
SchVG	Schuldverschreibungsgesetz
SE	Societas Europaea
SEC	Securities and Exchange Commission
SGB	Sozialgesetzbuch
SIC	Standing Interpretation Committee
SIFMA	Securities Industry and Financial Markets Association
SME	Small and Medium-sized Enterprises
SoFFin	Sonderfonds Finanzmarktstabilisierung
sog.	sogenannt/e
SPAC	Special Purpose Acquisition Company
SPV	Special Purpose Vehicle
StGB	Strafgesetzbuch
StPO	Strafprozessordnung
str.	streitig
STS	Simple, Transparent and Standardised Securitisations
TranspRLDV	Transparenzrichtlinie-Durchführungsverordnung
TSI	True Sale Initiative
TUG	Transparenzrichtlinie-Umsetzungsgesetz
Tz.	Textziffer

ua.	unter anderem, und andere
uä.	und ähnliche
uÄ	und Ähnliches
UCITS	Undertakings for Collective Investment in Transferable Securities
uE/mE	unseres/meines Erachtens
UG	Unternehmergesellschaft (haftungsbeschränkt)
UmwG	Umwandlungsgesetz
unstr.	unstreitig
Unterabs.	Unterabsatz
US-GAAP	United States Generally Accepted Accounting Principles
USB	Universal Serial Bus
USD	US-Dollar
usf.	und so fort
usw.	und so weiter
uU	unter Umständen
UWG	Gesetz gegen den unlauteren Wettbewerb
v.	vom, von
v.a.	vor allem
VAEU	Vertrag über die Arbeitsweise der Europäischen Union
verb.	verbunden
VerkProspG	Verkaufsprospektgesetz (alte Fassung)
VerkProspGebV	Verkaufsprospektgebührenverordnung (alte Fassung)
VerkProspGebVO	Verkaufsprospektgebühren-Verordnung (alte Fassung)
VerkProspVO	Verkaufsprospekt-Verordnung (alte Fassung)
VermAnlG	Vermögensanlagengesetz
VermVerkProspGebV	Vermögensanlagen-Verkaufsprospektgebührenverordnung
VermVerkProspV	Vermögensanlagen-Verkaufsprospektverordnung
VermVerMiV	Vermögensanlagen-Veröffentlichungs- und Mitteilungspflichtenverordnung
VGF	Verband Geschlossene Fonds
vgl.	vergleiche
VIB	Vermögensanlagen-Informationsblatt
VIBBestV	Vermögensanlagen-Informationsblatt-Bestätigungsverordnung
VO	Verordnung
VuR	Verbraucher und Recht (Zeitschrift)
VwGO	Verwaltungsgerichtsordnung
VwKostG	Verwaltungskostengesetz
VwVfG	Verwaltungsverfahrensgesetz
VwVG	Verwaltungs-Vollstreckungsgesetz
VwZG	Verwaltungszustellungsgesetz
vzbv	Verbaucherzentrale Bundesverband

WA	Wertpapieraufsicht
wistra	Zeitschrift für Wirtschaft, Steuer, Strafrecht
WKN	Wertpapierkennnummer
WM	Wertpapier-Mitteilungen (Zeitschrift)
WpDVerOV	Wertpapierdienstleistungs-Verhaltens- und Organisationsverordnung
WPg	Die Wirtschaftsprüfung (Zeitschrift)
WpHG	Wertpapierhandelsgesetz
WPO	Wirtschaftsprüferordnung
WpPG	Wertpapierprospektgesetz
WpPGebV	Wertpapierprospektgebührenverordnung
WpÜG	Wertpapiererwerbs- und Übernahmegesetz
WpÜG-AngV	WpÜG-Angebotsverordnung
WRV	Weimarer Reichtsverfassung
ZAG	Zahlungsdiensteaufsichtsgesetz
zB	zum Beispiel
ZBB	Zeitschrift für Bankrecht und Bankwirtschaft
ZEuS	Zeitschrift für europarechtliche Studien
ZfBR	Zeitschrift für deutsches und internationales Bau- und Vergaberecht
ZfgK	Zeitschrift für das gesamte Kreditwesen
ZfIR	Zeitschrift für Immobilienrecht
ZFR	Zeitschrift für Finanzmarktrecht (Österreich)
ZGB	Zivilgesetzbuch (Schweiz)
ZGR	Zeitschrift für Unternehmens- und Gesellschaftsrecht
ZHR	Zeitschrift für das gesamte Handels- und Wirtschaftsrecht
Ziff.	Ziffer
ZIP	Zeitschrift für Wirtschaftsrecht
ZjS	Zeitschrift für das juristische Studium
ZKA	Zentraler Kreditausschuss
ZNER	Zeitschrift für Neues Energierecht
ZPO	Zivilprozessordnung
ZStrR	Schweizerische Zeitschrift für Strafrecht
zT	zum Teil

1. Teil
Wertpapiere

A. Wertpapierprospektgesetz (WpPG)

Einleitung

Schrifttum: *Apfelbacher/Metzner*, Das Wertpapierprospektgesetz in der Praxis – Eine erste Bestandsaufnahme, BKR 2006, 81; *Ekkenga*, Änderungs- und Ergänzungsvorschläge zum Regierungsentwurf eines neuen Wertpapierprospektgesetzes, BB 2005, 561; *Gebauer/Wiedmann* (Hrsg.), Zivilrecht unter europäischem Einfluss, 2. Aufl. 2010; *Grub/Thiem*, Das neue Wertpapierprospektgesetz – Anlegerschutz und Wettbewerbsfähigkeit des Finanzplatzes Deutschland, NZG 2005, 750; *Heidelbach/Preuße*, Einzelfragen in der praktischen Arbeit mit dem neuen Prospektregime, BKR 2006, 316; *Heidelbach/Preuße*, Zweieinhalb Jahre neues Prospektregime und noch viele Fragen offen, BKR 2008, 19; *Heidelbach/Preuße*, Die Anwendung des neuen europäischen Prospektregimes in der Praxis – ausgewählte Probleme, BKR 2012, 397; *Holzborn/Israel*, Das neue Wertpapierprospektrecht, ZIP 2005, 1668; *Holzborn/Schwarz-Gondek*, Die neue EU-Prospektrichtlinie, BKR 2003, 927; *von Ilberg/Neises*, Die Richtlinien-Vorschläge der EU-Kommission zum „Einheitlichen Europäischen Prospekt" und zum „Marktmissbrauch" aus Sicht der Praxis, WM 2002, 635; *Kaum/Zimmermann*, Das „jährliche Dokument" nach § 10 WpPG, BB 2005, 1466; *von Kopp-Colomb/Lenz*, Der europäische Pass für Emittenten, AG 2002, 24; *Kullmann/Sester*, Das Wertpapierprospektgesetz (WpPG), WM 2005, 1068; *Kunold/Schlitt*, Die neue EU-Prospektrichtlinie, BB 2004, 501; *Lachner/von Heppe*, Die prospektfreie Zulassung nach § 4 Abs. 2 Nr. 1 WpPG („10%-Ausnahme") in der jüngsten Praxis, WM 2008, 576; *Langenbucher* (Hrsg.), Europarechtliche Bezüge des Privatrechts, 3. Aufl. 2013; *Lawall/Maier*, Änderungen im Wertpapierprospektgesetz, DB 2012, 2443 (Teil I), 2503 (Teil II); *Leuering*, Prospektpflichtige Anlässe im WpPG, Der Konzern 2006, 4; *Leuering*, Die Neuordnung der gesetzlichen Prospekthaftung, NJW 2012, 1905; *Mattil/Möslein*, Die Sprache des Emissionsprospekts, WM 2007, 819; *Müller/Oulds*, Transparenz im europäischen Fremdkapitalmarkt, WM 2007, 573; *Sandberger*, Die EU-Prospektrichtlinie – „Europäischer Pass für Emittenten", EWS 2004, 297; *Schlitt/Schäfer*, Auswirkungen des Prospektrichtlinie-Umsetzungsgesetzes auf Aktien- und Equity-linked-Emissionen, AG 2005, 493; *Schlitt/Schäfer*, Aktuelle Rechtsfragen und neue Entwicklungen im Zusammenhang mit Börsengängen, BKR 2005, 251; *Schlitt/Schäfer*, Drei Jahre Praxis unter dem Wertpapierprospektgesetz – eine Zwischenbilanz, AG 2008, 525; *Schnorbus*, Die prospektfreie Platzierung von Wertpapieren nach dem WpPG, AG 2008, 389; *Schulz*, Die Reform des Europäischen Prospektrechts, WM 2016, 1417; *Seibt/von Bonin/Isenberg*, Prospektfreie Zulassung von Aktien bei Internationalen Aktientausch-Transaktionen mit gleichwertigen Dokumentenangaben (§ 4 Abs. 2 Nr. 3 WpPG), AG 2008, 565; *Veil* (Hrsg.), Europäisches Kapitalmarktrecht, 2. Aufl. 2014; *Wagner*, Der Europäische Pass für Emittenten – die neue Prospektrichtlinie, Die Bank 2003, 680. Siehe im Übrigen das Allgemeine Schrifttumsverzeichnis.

I. Das WpPG im System der Prospektpublizität	2. Die Entwicklung der Prospektpublizität hin zum WpPG 2
1. Gegenstand des WpPG 1	3. Änderungen 8

II. Europarechtliche Grundlagen des WpPG und die geplante Prospektverordnung	2. Geplante Prospektverordnung 23
1. Europarechtliche Grundlagen des WpPG 16	III. Anwendung der Vorschriften des WpPG 26

I. Das WpPG im System der Prospektpublizität

1. Gegenstand des WpPG

1 Gegenstand des WpPG ist die **Erstellung, Billigung und Veröffentlichung von Prospekten** für Wertpapiere, die öffentlich angeboten oder zum Handel an einem organisierten Markt zugelassen werden sollen (§ 1 Abs. 1 WpPG). Für diese Wertpapiere hat der Anbieter einen Prospekt zu veröffentlichen (§ 3 Abs. 1 WpPG), der den Anforderungen des WpPG (§§ 5 ff. WpPG) und der Verordnung (EG) Nr. 809/2004 der Kommission vom 29.4.2004[1] genügen muss. Der Prospekt ist der BaFin zur Billigung vorzulegen. Über diese ist nach Abschluss einer Vollständigkeitsprüfung des Prospekts einschließlich einer Prüfung der Kohärenz und Verständlichkeit der vorgelegten Informationen zu entscheiden (§ 13 Abs. 1 WpPG). Nach der Billigung des Prospekts hat der Anbieter oder Zulassungsantragsteller den Prospekt bei der BaFin zu hinterlegen und unverzüglich, spätestens einen Werktag vor Beginn des öffentlichen Angebots, zu veröffentlichen (§ 14 Abs. 1 WpPG). Eine Veröffentlichung des Prospekts vor seiner Billigung ist unzulässig (§ 13 Abs. 1 Satz 1 WpPG), jedoch darf schon vor der Veröffentlichung für das Angebot nach Maßgabe von § 15 Abs. 3–5 WpPG geworben werden, wenn in den Werbeanzeigen darauf hingewiesen wird, dass ein Prospekt veröffentlicht wurde oder zur Veröffentlichung ansteht und wo die Anleger ihn erhalten können (§ 15 Abs. 2 WpPG).

2. Die Entwicklung der Prospektpublizität hin zum WpPG

2 Das WpPG stellt die vorläufig letzte Etappe in der **Entwicklung der Prospektpublizität** dar. Diese erschöpfte sich zunächst in der Börsenzulassungspublizität, dh. der Pflicht, bei Einführung eines Wertpapiers zum Handel an einer Börse, einen von der Börsenzulassungsstelle gebilligten Prospekt – den Börsenzulassungsprospekt – zu veröffentlichen. Die Prospektpublizität war damit eine reine Primärmarktpubli-

---

1 Verordnung (EG) Nr. 809/2004 der Kommission vom 29.4.2004 zur Umsetzung der Richtlinie 2003/71/EG betreffend die in Prospekten enthaltenen Angaben sowie die Aufmachung, die Aufnahme von Angaben in Form eines Verweises und die Veröffentlichung solcher Prospekte sowie die Verbreitung von Werbung, erstveröffentlichte Fassung ABl. EU Nr. L 149 vom 30.4.2004, berichtigte Fassung ABl. EU Nr. L 186 vom 18.7.2005, S. 3 ff. Zur Änderung der Verordnung durch Verordnung (EG) Nr. 211/2007 der Kommission vom 27.2.2007, ABl. EG Nr. L 61 vom 28.2.2007, S. 24. Zu weiteren Änderungen siehe Verordnung (EG) Nr. 1787/2006 der Kommission vom 4.12.2006, ABl. EU Nr. L 337 vom 5.12.2006, S. 17 und Verordnung (EG) Nr. 1289/2008 der Kommission vom 12.12.2008, ABl. EU Nr. L 340 vom 19.12.2008, S. 17.

zität, wobei der Gesetzgeber des BörsG von 1896, auf dem diese Regelung beruht, davon ausging, Börsenzulassungsprospekte seien ein hinreichendes Mittel der Anlegerinformation, weil nicht börsennotierten Wertpapieren der Absatz so gut wie verschlossen sei[1]. So irrig diese Ansicht schon seinerzeit war, weil die Wertpapiere bei Veröffentlichung des Zulassungsprospekts zumeist bereits platziert waren, blieb sie aber doch so lange folgenlos, als der deutsche Kapitalmarkt weitgehend im börslichen Markt für Aktien aufging.

Erst das Aufkommen anderer als wertpapiermäßig verbriefter Anlageinstrumente brachte eine zunächst **moderate Erweiterung der Prospektpublizität**. Das Aufkommen von **Investmentanteilen** als Anlageform ging mit einem Prospektzwang nach § 19 Abs. 1 KAGG einher, der unter dem Eindruck der Invasion ausländischer Anbieter in Gestalt und im Gefolge von *Bernie Cornfelds* IOS[2], durch § 3 AuslInvestmG auf ausländische Investmentanteile erstreckt wurde. Zwar verlangten diese Vorschriften die Aushändigung eines Vertriebsprospekts vor Abschluss des Anteilserwerbs, doch wurden diese meist erst bei Vertragsschluss ausgehändigt, so dass diese Form der Vertriebspublizität in der Sache nicht über die regelmäßig zu spät einsetzende Börsenzulassungspublizität hinausging. Eine veritable Vertriebspublizität mittels Prospekten stellte sich erst in dem Moment ein, in dem sich in den 1970er Jahren ein so genannter **grauer Kapitalmarkt** nicht wertpapiermäßig verbriefter Kapitalanlagen herausbildete, auf dem zunächst in erster Linie Anteile an Publikumskommanditgesellschaften und so genannte Bauherrenmodelle vertrieben wurden. Vertriebsgrundlage waren zunächst fraglos als Werbematerial konzipierte Broschüren, die erst dadurch zu Prospekten wurden, dass die höchstrichterliche Rechtsprechung sie zu solchen erklärte und einer neu entwickelten Haftung für Prospekte unterwarfen, die auf der richterrechtlichen Fortbildung der Grundsätze der Verletzung vorvertraglicher Aufklärungspflichten (*cic*) beruhte und sich an den gesetzlichen Prospekthaftungstatbeständen orientierte. Die so geschaffene bürgerlich-rechtliche (auch: allgemein-zivilrechtliche) Prospekthaftung vermochte die Praxis, Anlagen des grauen Kapitalmarkts – ohne entsprechende gesetzliche Verpflichtung – unter Einsatz von Prospekten zu vertreiben, nicht zurückzudrängen, denn ohne Prospekt war der Weg zum Publikum *de facto* versperrt. So entstand das Kuriosum eines Prospektzwangs ohne gesetzliche Prospektpflicht.

Es gehörte zu den nicht wenigen **Folgewirkungen** sowohl der richterrechtlich entwickelten bürgerlich-rechtlichen Prospekthaftung als auch der Prospektpublizität am grauen Kapitalmarkt **auf die Prospektpublizität am organisierten Kapitalmarkt**, dass deren System im Hinblick auf die rechtzeitige und haftungsbewehrte Information des Markts als unbefriedigend empfunden wurde. Als ein Meilenstein der Fortbildung der Prospektpublizität hin zur **Vertriebspublizität** darf deshalb der **Erlass des VerkProspG** vom 13.12.1990[3] gelten: Zum einen führte es zu einer **Vorverlagerung der Prospektpflicht** auf das erstmalige öffentliche Angebot von Wertpapieren, und

---
1 Näher *Assmann*, Prospekthaftung, 1985, S. 62.
2 Siehe *Assmann* in Assmann/Schütze, § 1 Rz. 10 f., § 5 Rz. 7.
3 BGBl. I 1990, S. 2749 ff. Näher Vor §§ 21–25 WpPG Rz. 14 f.; Vorauft., Einl. VerkProspG Rz. 14; *Assmann* in Assmann/Schütze, § 1 Rz. 10 f., § 5 Rz. 11.

zum anderen unterwarf es auch solche öffentlichen Angebote von Wertpapieren einem Prospektzwang, die nicht an einer Börse gehandelt werden sollten. Damit war zwar gewährleistet, dass schon beim erstmaligen öffentlichen Angebot jedweden Wertpapiers im Inland ein Prospekt zu veröffentlichen war, doch blieb die Prospektpflicht nach wie vor auf den Vertrieb von Wertpapieren beschränkt. Das änderte sich erst durch die **Novellierung des VerkProspG** durch das **Anlegerschutzverbesserungsgesetz** (AnSVG) vom 28.10.2004[1]: Mit diesem und dem seinerzeit neu in das VerkProspG eingefügten § 8f VerkProspG wurde der Anwendungsbereich des Gesetzes auf bestimmte Kapitalanlagen erweitert, die keine Verbriefung in Wertpapieren aufwiesen, nämlich Anteile, die eine Beteiligung am Ergebnis eines Unternehmens gewähren, Anteile an einem Vermögen, das der Emittent oder ein Dritter in eigenem Namen für fremde Rechnung hält oder verwaltet (Treuhandvermögen), Anteile an sonstigen geschlossenen Fonds, sofern nicht bereits nach anderen Vorschriften eine Prospektpflicht besteht oder ein Prospekt nach dem VerkProspG veröffentlicht worden ist, sowie Namensschuldverschreibungen (§ 8f Abs. 1 VerkProspG aF).

5 Schließlich wurde mit dem **Prospektrichtlinie-Umsetzungsgesetz** vom 22.6.2005[2], welches die **Prospektrichtlinie** 2003/71/EG[3] in deutsches Recht transformierte, die Regelung der Prospektpublizität für wertpapiermäßig verbriefte Kapitalanlagen iS des bisherigen § 1 VerkProspG (aF) aus dem VerkProspG herausgenommen und in das nach Maßgabe von Art. 1 Prospektrichtlinie-Umsetzungsgesetz **neu geschaffene WpPG** überführt. Dieses Gesetz regelt seitdem die Erstellung, Billigung und Ver-

---

1 Gesetz zur Verbesserung des Anlegerschutzes (Anlegerschutzverbesserungsgesetz – AnSVG), BGBl. I 2004, S. 2630. Siehe auch Vor §§ 21–25 WpPG Rz. 5, 14; *Assmann* in Assmann/Schütze, § 5 Rz. 15.
2 Gesetz zur Umsetzung der Richtlinie 2003/71/EG vom 4.11.2003 betreffend den Prospekt, der beim öffentlichen Angebot von Wertpapieren oder bei deren Zulassung zum Handel zu veröffentlichen ist, und zur Änderung der Richtlinie 2001/34/EG (Prospektrichtlinie-Umsetzungsgesetz), BGBl. I 2005, S. 1698. Gesetzgebungsgeschichte: Diskussionsentwurf des Bundesfinanzministeriums vom 26.11.2004, BMFDiskE2611, abrufbar unter http://www.uni-leipzig.de/bankinstitut/alt/dokumente/2005-01-25-01.pdf; Begründung des Diskussionsentwurfs vom 26.11.2004, BMFDiskEBegr2611, abrufbar unter http://www.uni-leipzig.de/bankinstitut/alt/dokumente/2005-01-25-02.pdf; RegE Prospektrichtlinie-Umsetzungsgesetz, BT-Drucks. 15/4999 vom 3.3.2005; Beschlussempfehlung und Bericht des Finanzausschusses zum RegE Prospektrichtlinie-Umsetzungsgesetz, BT-Drucks. 15/5373 vom 21.4.2005; Stellungnahme des Bundesrates zum RegE Prospektrichtlinie-Umsetzungsgesetz und Gegenäußerung der Bundesregierung, BT-Drucks. 15/5219 vom 7.4.2005; sonstige Stellungnahmen zum Diskussionsentwurf und zum RegE abrufbar unter http://www.uni-leipzig.de/bankinstitut/node/80. Siehe auch Vor §§ 21–25 WpPG Rz. 5, 14; *Assmann* in Assmann/Schütze, § 1 Rz. 14, § 5 Rz. 14.
3 Richtlinie 2003/71/EG vom 4.11.2003 betreffend den Prospekt, der beim öffentlichen Angebot von Wertpapieren oder bei deren Zulassung zum Handel zu veröffentlichen ist, und zur Änderung der Richtlinie 2001/34/EG, ABl. EG Nr. L 325 vom 31.12.2003, S. 64 ff. Zur Historie der Richtlinie und ihrer Umsetzung sowie zu Reformüberlegungen und Revisionsvorschlägen siehe die Website der Kommission unter: http://ec.europa.eu/internal_market/securities/prospectus/index_de.htm; von hier aus sind sämtliche einschlägige Dokumente abrufbar.

öffentlichung von Prospekten sowohl für den Fall des öffentlichen Angebots von Wertpapieren als auch für den zuvor im BörsG und der BörsZulV geregelten Fall, dass die Wertpapiere zum Handel an einem organisierten Markt zugelassen werden sollen. In Bezug auf die **Haftung für fehlerhafte oder fehlende Prospekte** hatte diese Neuordnung der Prospektpublizität, in Umsetzung von Art. 6 der Prospektrichtlinie betreffend die Prospekthaftung, ein verwirrendes System der Haftung hervorgebracht, das aber in der Sache eine Vereinheitlichung der Haftung für fehlerhafte Prospekte mit sich brachte, indem es sicherstellte, dass die Haftung für die Fehlerhaftigkeit von Prospekten, die nach dem WpPG und dem VerkProspG aF zu veröffentlichen sind, gleichen Grundsätzen folgte. Dass die Regelungstechnik der Prospekthaftung für Prospekte nach dem WpPG und dem VerkProspG aF, die mit dem Prospektrichtlinie-Umsetzungsgesetz eingeführt wurde, wenig glücklich ausfiel, war den an dem Gesetzgebungsverfahren Beteiligten nicht entgangen[1]: Der Bundesrat bat in seiner Stellungnahme zum Gesetzesentwurf, „im weiteren Gesetzgebungsverfahren eine Regelung der Prospekthaftung im Wertpapierprospektgesetz zu prüfen"[2]. Eine solche Prüfung sagte die Bundesregierung in ihrer Gegenäußerung zwar zu, erklärte aber, die Prüfung könne „allerdings nicht im vorliegenden Gesetzgebungsverfahren" erfolgen, sondern erst „im Rahmen eines weiteren Gesetzgebungsvorhabens, dass sich ua. mit der Prospekthaftung befassen" werde; eine „Berücksichtigung im laufenden Verfahren würde die Verabschiedung des Gesetzes unnötig verzögern"[3].

Abhilfe brachte indes erst das **Gesetz zur Novellierung des Finanzanlagenvermittler- und Vermögensanlagenrechts** vom 6.12.2011[4], das dem WpPG, mit Wirkung vom 1.6.2012 und in Gestalt der §§ 21–25 WpPG[5] eine derjenigen des Verkaufsprospektgesetzes ähnliche Regelung der Haftung für fehlerhafte oder fehlende Wertpapierprospekte hinzufügte. Gleichzeitig wurde mit Art. 1 des Novellierungsgesetzes vom 6.12.2011 das **Gesetz über Vermögensanlagen** (Vermögensanlagengesetz – VermAnlG) eingeführt, das an die Stelle des durch Art. 2 des Novellierungsgesetzes vom 6.12.2011 aufgehobenen Verkaufsprospektgesetzes trat. Die den Inhalt von Verkaufsprospekten konkretisierende und Mindestangaben vorschreibende **Vermögensanlagen-Verkaufsprospektverordnung** vom 16.12.2004[6] wurde durch Art. 15 des Novellierungsgesetzes vom 6.12.2011 dem neuen Regelungsrahmen angepasst.

---

1 Siehe auch Vor §§ 21–25 WpPG Rz. 17; *Assmann* in Assmann/Schütze, § 5 Rz. 16.
2 Stellungnahme des Bundesrates und Gegenäußerung der Bundesregierung zum RegE Prospektrichtlinie-Umsetzungsgesetz, BT-Drucks. 15/5219 vom 7.4.2005, S. 1.
3 Stellungnahme des Bundesrates und Gegenäußerung der Bundesregierung zum RegE Prospektrichtlinie-Umsetzungsgesetz, BT-Drucks. 15/5219 vom 7.4.2005, S. 7.
4 BGBl. I 2011, S. 2481.
5 Zu dem damit begründeten neuen Prospekthaftungsregime siehe Vor §§ 21–25 WpPG Rz. 8 ff. und Vor §§ 20–22 VermAnlG Rz. 12 ff.
6 BGBl. I 2004, S. 3464. Aufgabe der Verordnung war es, die sich aus § 8g VerkProspG ergebenden Anforderungen an den Verkaufsprospekt, wie er im Falle des öffentlichen Angebots einer nicht wertpapiermäßig verbrieften Beteiligung am Ergebnis eines Unternehmens zu veröffentlichen war, zu konkretisieren.

7 Nachdem die Regelungen des VerkProspG teils (was wertpapiermäßig verbriefte Anlagen betrifft) in das WpPG und teils (was nicht wertpapiermäßig verbriefte Anlagen angeht) in das Vermögensanlagengesetz (VermAnlG) überführt und das VerkProspG aufgehoben wurde (oben Rz. 5), ist das System der Prospektpublizität als ein wesentlicher Bestandteil des deutschen Kapitalmarktrechts durch die Einführung des **Kapitalanlagegesetzbuchs** (KAGB) vom 4.7.2013[1] nicht unerheblich komplementiert und verändert worden[2]. Das KAGB – welches das Investmentgesetz (InvG) aufhob[3], das seinerseits an die Stelle von KAGG und AuslInvG getreten war – stellt den vorläufigen Endpunkt des Investmentrechts und namentlich der Investmentpublizität dar. Dabei hat es nicht nur das klassische Investmentrecht und dessen Vertriebs- und Prospektpublizität weiterentwickelt[4], sondern zugleich zu einer Regelung des Angebots von ehedem auf dem sog. grauen Kapitalmarkt vertriebenen und gehandelten Anlagen ausgeweitet, die nicht bereits vom VermAnlG[5] oder – als wertpapiermäßig verbriefte Anlagen – vom WpPG erfasst wurden. Mit der Einführung des

---

[1] Eingeführt durch Art. 1 des Gesetzes zur Umsetzung der Richtlinie 2011/61/EU über die Verwalter alternativer Investmentfonds (AIFM-Umsetzungsgesetz – AIFM-UmsG) vom 4.7.2013, BGBl. I 2013, S. 1981, und gem. Art. 28 Abs. 2 dieses Gesetzes am 22.7.2013 in Kraft getreten. Mit dem KAGB wird in erster Linie die im Titel des Gesetzes aufgeführte Richtlinie 2011/61/EU vom 8.6.2011 über die Verwalter alternativer Investmentfonds und zur Änderung der Richtlinien 2003/41/EG und 2009/65/EG und der Verordnungen (EG) Nr. 1060/2009 und (EU) Nr. 1095/2010 (sog. AIF-Richtlinie), ABl. EU Nr. L 174 vom 1.7.2011, S. 1, umgesetzt. Indem es die Regelungen des früheren InvG in sich aufnimmt (Art. 2a des AIFM-UmsG, BGBl. I 2013, S. 1981), das seinerseits der Umsetzung der investmentrechtlichen Harmonisierungsvorgaben der EU (namentlich der OGAW-IV-Richtlinie, ABl. EG Nr. L 375 vom 31.12.1985, S. 3, umgesetzt durch das OGAW-IV-Umsetzungsgesetz vom 22.6.2011, BGBl. I 2011, S. 1126) diente, ist es in der Sache das Umsetzungsgesetz für die europäischen Richtlinien über Investmentfonds.
[2] Zum KAGB sind zahlreiche Verordnungen ergangen: Derivateverordnung (DerivateV) vom 16.7.2013, BGBl. I 2013, S. 2463; Kapitalanlage-Rechnungslegungs- und -Bewertungsverordnung (KARBV) vom 16.7.2013, BGBl. I 2013, S. 2483; Verordnung zu dem Gesetz zur Umsetzung der Richtlinie 2011/89/EU vom 16.11.2011 zur Änderung der Richtlinien 98/78/EG, 2002/87/EG, 2006/48/EG und 2009/138/EG hinsichtlich der zusätzlichen Beaufsichtigung der Finanzunternehmen eines Finanzkonglomerats vom 20.9.2013, BGBl. I 2013, S. 3672; Kapitalanlage-Verhaltens- und -Organisationsverordnung (KAVerOV) vom 16.7.2013, BGBl. I 2013, S. 2460; Kapitalanlage-Prüfungsberichte-Verordnung (KA-PrüfbV) vom 24.7.2013, BGBl. I 2013, S. 2777; Verordnung zum elektronischen Anzeigeverfahren für inländische Investmentvermögen und EU-Investmentvermögen nach dem Kapitalanlagegesetzbuch (EAKAV) vom 16.7.2013, BGBl. I 2013, S. 2477; Kapitalanlageschlichtungsstellenverordnung (KASchlichtV) vom 16.7.2013, BGBl. I 2013, S. 2479.
[3] Das InvG wurde durch Art. 2a des AIFM-UmsG, BGBl. I 2013, S. 1981, aufgehoben.
[4] Zur Entwicklung des Investmentrechts, namentlich der investmentrechtlichen Publizitätsbestimmungen, siehe *Assmann* in Assmann/Schütze, § 1 Rz. 10, 32, 88 ff., 105.
[5] Das VermAnlG ist nach § 1 Abs. 1 VermAnlG auf Vermögensanlagen anzuwenden, die im Inland öffentlich angeboten werden. Die von ihm in § 1 Abs. 2 VermAnlG erfassten Anteile umschreibt es teils in Abgrenzung zu wertpapiermäßig verbrieften, dem WpPG unterfallenden Anlagen, teils in Abgrenzung zu Anlagen, die Anteile an Investmentvermögen iS des § 1 Abs. 1 KAGB darstellen.

WpPG und dessen Zusammenwirken mit dem WpPG und dem VermAnlG sind damit praktisch alle Risikokapitalanlagen einer gesetzlichen Prospektpflicht und Prospekthaftung[1] unterworfen worden.

3. Änderungen

Seit seiner Einführung durch Art. 1 des Prospektrichtlinie-Umsetzungsgesetzes vom 22.6.2005 (oben Rz. 5) hat das WpPG zahlreiche **Änderungen** erfahren:

Art. 11 des Transparenzrichtlinie-Umsetzungsgesetzes vom 5.1.2007[2], Art. 13b Nr. 2 des Gesetzes zur Umsetzung der Richtlinie über Märkte für Finanzinstrumente und der Durchführungsrichtlinie der Kommission vom 16.7.2007[3], Art. 19a Nr. 1 des Gesetzes zur Änderung des Investmentgesetzes und zur Anpassung anderer Vorschriften vom 21.12.2007[4], Art. 36 des Jahressteuergesetzes 2009 vom 19.12.2008[5], Art. 4 des OGAW-IV-Umsetzungsgesetzes vom 22.6.2011[6] haben lediglich redaktionelle oder geringfügige Änderungen des WpPG mit sich gebracht.

Die Änderungen, die das WpPG durch Art. 3 des Gesetzes vom 4.12.2011 zur Umsetzung der Richtlinie 2010/78/EU[7] im Hinblick auf die Errichtung des Europäischen Finanzaufsichtssystems erfahren hat, dienen allesamt der Umsetzung der Richtlinie 2010/78/EU[8]. Mit dieser als **Omnibusrichtlinie I** bezeichneten Richtlinie

---

1 Zur sukzessiven Überführung des sog. grauen Kapitalmarkts in einen durch gesetzliche Prospektpflicht und Prospekthaftung gekennzeichneten sog. organisierten Kapitalmarkt s. Vor §§ 21–25 WpPG Rz. 3 ff., 7 und Vor §§ 20–22 VermAnlG Rz. 5 f.; *Assmann* in Assmann/Schütze, § 5 Rz. 20 f., 27 ff., und zum verbleibenden Anwendungsbereich der allgemein-zivilrechtlichen Haftung für Prospekte, die ohne gesetzliche Prospektpflicht zum Vertrieb von Anlagen des sog. grauen Kapitalmarkts verwandt wurden, ebd. Rz. 31 f.
2 Gesetz zur Umsetzung der Richtlinie 2004/109/EG vom 15.12.2004 zur Harmonisierung der Transparenzanforderungen in Bezug auf Informationen über Emittenten, deren Wertpapiere zum Handel auf einem geregelten Markt zugelassen sind, und zur Änderung der Richtlinie 2001/34/EG (Transparenzrichtlinie-Umsetzungsgesetz – TUG) vom 5.1.2007, BGBl. I 2007, S. 10.
3 BGBl. I 2007, S. 1330.
4 BGBl. I 2007, S. 3089. Die Änderung bestand in einer Neufassung des danach nicht mehr geänderten Begriffs des organisierten Markts in § 2 Nr. 16 WpPG.
5 BGBl. I 2008, S. 2794.
6 Gesetz zur Umsetzung der Richtlinie 2009/65/EG zur Koordinierung der Rechts- und Verwaltungsvorschriften betreffend bestimmte Organismen für gemeinsame Anlagen in Wertpapieren (OGAW-IV-Umsetzungsgesetz – OGAW-IV-UmsG) vom 22.6.2011, BGBl. I 2011, S. 112.
7 Gesetz zur Umsetzung der Richtlinie 2010/78/EU vom 24.11.2010 im Hinblick auf die Errichtung des Europäischen Finanzaufsichtssystems vom 4.12.2011, BGBl. I 2011, S. 2427.
8 Richtlinie 2010/78/EU vom 24.11.2010 zur Änderung der Richtlinien 98/26/EG, 2002/87/EG, 2003/6/EG, 2003/41/EG, 2003/71/EG, 2004/39/EG, 2004/109/EG, 2005/60/EG, 2006/48/EG, 2006/49/EG und 2009/65/EG im Hinblick auf die Befugnisse der Europäischen Aufsichtsbehörde (Europäische Bankenaufsichtsbehörde), der Europäischen Aufsichtsbehörde (Europäische Aufsichtsbehörde für das Versicherungswesen und die betrieb-

wurden eine Reihe von EU-Richtlinien im Finanzmarktbereich geändert und an das neue **Europäische Finanzaufsichtssystem** (European System of Financial Supervision – ESFS) angepasst, in dessen Mittelpunkt die Errichtung der drei Europäischen Finanzaufsichtsbehörden – der European Banking Authority (EBA), der European Insurance and Occupational Pensions Authority (EIOPA) und der European Securities and Markets Authority (ESMA) – stand[1]. Dementsprechend waren von der Änderung des WpPG aufgrund des Gesetzes zur Umsetzung der Richtlinie 2010/78/EU ganz überwiegend aufsichtsrechtliche und das Zusammenwirken der BaFin mit der Europäischen Wertpapier- und Marktaufsichtsbehörde ESMA regelnde Vorschriften betroffen.

11 Kern der Änderungen, die das WpPG durch Art. 6 des Gesetzes zur Novellierung des Finanzanlagenvermittler- und Vermögensanlagenrechts vom 6.12.2011[2] erfahren hat, ist die Einfügung eines **neuen Abschnitts 6 „Prospekthaftung"** in das WpPG. In dessen §§ 21–25 ist die bis zur Aufhebung des Verkaufsprospektgesetzes und der Integration seiner Vorschriften in ein neues „Gesetz über Vermögensanlagen" (VermAnlG) in §§ 13, 13a VerkProspG (aF) iVm. §§ 44 ff. BörsG aF geregelte Haftung bei fehlerhaften oder fehlenden Prospekten in das WpPG integriert worden. Daneben finden sich Folgeänderungen in Gestalt einer neuen Zählweise der durch die Einfügung des neuen Abschnitts 6 nach hinten verschobenen Vorschriften und von Übergangsbestimmungen zur Aufhebung des Verkaufsprospektgesetzes und zu davon betroffenen Ansprüchen wegen fehlerhafter Prospekte im neuen § 37 WpPG sowie einige redaktionelle Änderungen.

12 Die weitreichendsten Änderungen hat das WpPG durch das **Gesetz zur Umsetzung der Richtlinie 2010/73/EU und zur Änderung des Börsengesetzes vom 26.6.2012**[3] erfahren. In dessen Art. 1 sind nicht weniger als 24 – teils umfangreiche – Neuregelungen aufgeführt. Sie gehen allesamt zurück auf die im Titel des Umsetzungsgesetzes angeführte Richtlinie 2010/73/EU, mit der die Prospektrichtlinie vom 4.11.2003[4] und die Transparenzrichtlinie vom 15.12.2004[5] geändert wurden[6]. Der RegE des Umset-

---

liche Altersversorgung) und der Europäischen Aufsichtsbehörde (Europäische Wertpapier- und Marktaufsichtsbehörde), ABl. EU Nr. L 331 vom 15.12.2010, S. 120.

1 Näher RegE Gesetz zur Umsetzung der Richtlinie 2010/78/EU vom 24.11.2010 im Hinblick auf die Errichtung des Europäischen Finanzaufsichtssystems, BT-Drucks. 17/6255 vom 22.6.2011, S. 1 (19 f.). Zur Kapitalmarktaufsicht in Europa siehe etwa *Veil* in Veil, Europäisches Kapitalmarktrecht, S. 131 ff.
2 BGBl. I 2011, S. 2481.
3 BGBl. I 2012, S. 1375.
4 Richtlinie 2003/71/EG vom 4.11.2003 betreffend den Prospekt, der beim öffentlichen Angebot von Wertpapieren oder bei deren Zulassung zum Handel zu veröffentlichen ist, und zur Änderung der Richtlinie 2001/34/EG, ABl. EU Nr. 345 vom 31.12.2003, S. 64.
5 Richtlinie 2004/109/EG vom 15.12.2004 zur Harmonisierung der Transparenzanforderungen in Bezug auf Informationen über Emittenten, deren Wertpapiere zum Handel auf einem geregelten Markt zugelassen sind, und zur Änderung der Richtlinie 2001/34/EG, ABl. EU Nr. L 390 vom 31.12.2004, S. 38.
6 Diese Änderungen wiederum gehen zurück auf die pflichtgemäße Überprüfung der Prospektrichtlinie 2003/71/EG durch die Europäische Kommission fünf Jahre nach ihrem In-

zungsgesetzes fasst die zur Umsetzung der Richtlinienänderung vorgenommenen **Änderungen des WpPG** wie folgt zusammen[1]: „Im Bereich des WpPG werden bestimmte Obergrenzen und Schwellenwerte für die Anwendbarkeit von Ausnahmen vom Anwendungsbereich des Wertpapierprospektgesetzes bzw. von der Prospektpflicht erhöht. Der Anwendungsbereich der Prospektfreiheit von Mitarbeiterbeteiligungsprogrammen wird dahingehend erweitert, dass im Europäischen Wirtschaftsraum ansässige Unternehmen unabhängig von einer Notierung an einem organisierten Markt im Europäischen Wirtschaftsraum oder einem von der Europäischen Kommission als gleichwertig erachteten Drittstaatenmarkt gehandelte Drittstaatenemittenten prospektfrei Mitarbeiterbeteiligungsprogramme durchführen können. Der Begriff des qualifizierten Anlegers nach dem WpPG entspricht künftig jenem des ‚professionellen Kunden' nach dem WpHG, das Register gemäß § 32 WpPG entfällt. Wertpapierdienstleistungsunternehmen werden vorbehaltlich der schriftlichen Einwilligung des jeweiligen Kunden verpflichtet, Emittenten oder Anbietern auf Antrag die Einstufung von Kunden mitzuteilen. Das Format des dreiteiligen Prospekts ist bei Basisprospekten nicht länger ausgeschlossen. Künftig kann das Registrierungsformular unmittelbar Gegenstand eines Nachtrags sein. Das jährliche Dokument (bisheriger § 10 WpPG) wird ersatzlos abgeschafft. Die Zusammenfassung muss nun Schlüsselinformationen enthalten, welche dem Anleger bei der Anlageentscheidung behilflich sein sollen. Die Regelungen zur Prospekthaftung auf Grund von Angaben in der Zusammenfassung werden entsprechend ergänzt. Die Zusammenfassung ist künftig erst ab einer Mindeststückelung von 100.000 Euro entbehrlich. Bei von Staaten des Europäischen Wirtschaftsraums garantierten Wertpapieren sind Angaben zu diesem Garanten im Prospekt nicht erforderlich"[2].

Die nachfolgenden Änderungen des WpPG waren wiederum bloße **Folge der Änderung anderer Gesetze**. Sie finden sich in Art. 9 des Gesetzes zur Umsetzung der Richtlinie 2011/61/EU über die Verwalter alternativer Investmentfonds (AIFM-Umsetzungsgesetz – AIFM-UmsG) vom 4.7.2013[3], in Art. 2 Abs. 66 des Gesetzes zur Strukturreform des Gebührenrechts des Bundes vom 7.8.2013[4]; in Art. 6 Abs. 4 des Gesetzes zur Umsetzung der Richtlinie 2013/36/EU über den Zugang zur Tätigkeit von Kreditinstituten und die Beaufsichtigung von Kreditinstituten und

13

---

krafttreten sowie auf den Änderungsbedarf, der im Rahmen des Aktionsprogramms der Europäischen Kommission zur Verringerung der Verwaltungslasten in der Europäischen Union ermittelt wurde; siehe RegE Gesetz zur Umsetzung der Richtlinie 2010/73/EU und zur Änderung des Börsengesetzes, BT-Drucks. 17/8684, S. 1 (13).

1 RegE Gesetz zur Umsetzung der Richtlinie 2010/73/EU und zur Änderung des Börsengesetzes, BT-Drucks. 17/8684, S. 1 (13/14). Das nachfolgend wiedergegebene Änderungsprogramm ist von den Modifikationen, die die von dem RegE vorgesehenen Änderungen des WpPG durch die Beschlussempfehlung und den Bericht des Finanzausschusses (BT-Drucks. 17/9645 vom 14.6.2012, S. 1, 5 ff.) erfahren haben, nicht berührt.
2 Ausführlich zur Änderung des WpPG aufgrund des Gesetzes zur Umsetzung der Richtlinie 2010/73/EU und zur Änderung des Börsengesetzes vom 26.6.2012 *Lawall/Maier*, DB 2012, 2443 (Teil I), 2503 (Teil II).
3 BGBl. I 2013, S. 1981.
4 BGBl. I 2013, S. 3154.

Wertpapierfirmen und zur Anpassung des Aufsichtsrechts an die Verordnung (EU) Nr. 575/2013 über Aufsichtsanforderungen an Kreditinstitute und Wertpapierfirmen vom 28.8.2013[1] und in Art. 11 des Gesetzes zur Umsetzung der Verbraucherrechterichtlinie und zur Änderung des Gesetzes zur Regelung der Wohnungsvermittlung vom 20.9.2013[2].

14 Obschon in erster Linie auf die Verbesserung des Schutzes von Kleinanlegern nach dem VermAnlG und unter dem Eindruck der *Prokon*-Insolvenz zustande gekommen[3], hat das **Kleinanlegerschutzgesetz** vom 3.7.2015[4] mit seinem Art. 4 diese Regelungsanliegen auch in das Wertpapierprospektrecht übertragen und zu einigen auf die Verbesserung der Transparenz von Anlageangeboten in Wertpapieren zielenden Komplementär-Änderungen des WpPG geführt. Dessen ungeachtet sind die weitreichendsten Änderungen des WpPG durch das Kleinanlegerschutzgesetz, namentlich diejenigen von §§ 6, 9 und 21 WpPG, der Umsetzung von Richtlinienvorgaben geschuldet[5].

15 Bloße **Folgeänderungen** des WpPG wiederum verbinden sich mit den in Art. 196 der Zehnten Zuständigkeitsanpassungsverordnung vom 31.8.2015[6], Art. 12 des Gesetzes zur Anpassung des nationalen Bankenabwicklungsrechts an den Einheitlichen Abwicklungsmechanismus und die europäischen Vorgaben zur Bankenabgabe (Abwicklungsmechanismusgesetz – AbwMechG) vom 2.11.2015[7] und Art. 4 des Gesetzes zur Umsetzung der Transparenzrichtlinie-Änderungsrichtlinie vom 20.11.2015[8]. Nicht mehr als reine Folgeänderungen sind auch die durch Art. 16 Abs. 7 des Ersten Gesetzes zur Novellierung von Finanzmarktvorschriften auf Grund europäischer Rechtsakte (Erstes Finanzmarktnovellierungsgesetz – 1. FiMaNoG) vom 30.6.2016 (BGBl. I 2016, S. 1514) mit Wirkung zum 2.7.2016 (siehe Art. 17 Abs. 4 1. FiMaNoG) bewirkten Änderungen von § 11 Abs. 1 Satz 1 Nr. 2 und § 23 Abs. 2 Nr. 4 WpPG.

---

1 BGBl. I 2013, S. 3395.
2 BGBl. I 2013, S. 3642.
3 RegE Kleianlegerschutzgesetz, BT-Drucks. 18/3994, S. 1: „In jüngster Zeit haben Anleger durch Investitionen in Vermögensanlagen erhebliche Vermögenseinbußen erlitten, indem sie in Produkte investierten, die nur einer eingeschränkten Aufsicht durch die Bundesanstalt für Finanzdienstleistungsaufsicht unterlagen ... Mit dem vorliegenden Gesetzentwurf sollen fortbestehende Regelungslücken geschlossen werden. Insbesondere soll die Transparenz von Vermögensanlagen weiter erhöht werden, um einem Anleger vollständige und zum Anlagezeitpunkt aktuelle Informationen über die Vermögensanlage zu verschaffen. Damit soll der Anleger die Seriosität und die Erfolgsaussichten einer Anlage einschätzen und eine informierte und risikobewusste Entscheidung treffen können."
4 BGBl. I 2015, S. 1114.
5 Siehe RegE Kleianlegerschutzgesetz, BT-Drucks. 18/3994, S. 1 (55 f.).
6 BGBl. I 2015, S. 1474.
7 BGBl. I 2015, S. 1864.
8 BGBl. I 2015, S. 2029.

II. Europarechtliche Grundlagen des WpPG und die geplante Prospektverordnung

1. Europarechtliche Grundlagen des WpPG

Ungeachtet der – zwischenzeitlich weitgehend beseitigten[1] – deutschen Besonderheit eines in einen so genannten grauen und in einen so genannten organisierten Kapitalmarkt gespaltenen Kapitalmarkts[2] hat sich das System der Prospektpublizität entlang **europäischer Vorgaben** entwickelt. Das hat seinen Grund darin, dass die auf die Integration der mitgliedstaatlichen Kapitalmärkte in Gestalt der Schaffung der Voraussetzungen zur wechselseitigen Durchdringung der nationalen Märkte ausgerichteten Harmonisierungsmaßnahmen im Bereich des Kapitalmarktrechts vor allem auf das Instrument der Primärmarktpublizität und in dessen Rahmen vor allem auf die Prospektpublizität setzten. Selbst die Entwicklung der Prospektpublizität von der Börsenzulassungspublizität zur vertriebsbezogenen Kapitalmarktpublizität hat ihre Grundlage in entsprechenden **Wandlungen des europäischen Konzepts der Kapitalmarktregulierung**.

16

So wie die zunächst börsengesetzlich dominierte Prospektpublizität auf der Börsenzulassungsrichtlinie 79/279/EWG[3] sowie den auf dieser aufbauenden Börsenzulassungsprospektrichtlinie 80/390/EWG[4], Halbjahresberichtsrichtlinie 82/121/EWG[5] und Transparenzrichtlinie 88/627/EWG[6] beruhte und das VerkProspG der Transformation der Emissionsprospektrichtlinie 89/298/EWG[7] diente, setzt das durch das Prospektrichtlinie-Umsetzungsgesetz[8] eingeführte WpPG die (auf Maximalharmonisierung ausgerichtete[9], dh. keine strengeren nationalen Vorschriften erlaubende) **Prospektrichtlinie** 2003/71/EG[10] in deutsches Recht um[11]. Niedergelegt in §§ 17 und 18 WpPG schafft das Gesetz damit zugleich die Voraussetzungen für einen **„Europäischen Pass für Emittenten"**, demzufolge der von der zuständigen Behörde eines Mitgliedstaats der EU bzw. eines Vertragsstaats des EWR gebilligt wird, in al-

17

---

1 Siehe *Assmann* in Assmann/Schütze, § 1 Rz. 92 ff. Siehe auch Vor §§ 21–25 WpPG Rz. 3 ff., 7 und Vor §§ 20–22 VermAnlG Rz. 5 f.
2 Zur Spaltung des Kapitalmarkts *Assmann* in Assmann/Schütze, § 1 Rz. 8 ff.
3 ABl. EG Nr. L 66 vom 16.3.1979, S. 21.
4 ABl. EG Nr. L 100 vom 17.4.1980, S. 1.
5 ABl. EG Nr. L 48 vom 20.2.1982, S. 26.
6 ABl. EG Nr. L 348 vom 17.12.1988, S. 62.
7 ABl. EG Nr. L 124 vom 5.5.1989, S. 8.
8 BGBl. I 2005, S. 1698.
9 Vgl. *CESR*, CESR's Report on the supervisory functioning of the Prospectus Directive and Regulation, June 2007, CESR/07-225, Rz. 25 („As the PD [Prospectus Directive] is a maximum harmonisation Directive ..."), abrufbar unter http://www.cesr-eu.org/data/document/07_225.pdf.
10 ABl. EG Nr. L 325 vom 31.12.2003, S. 64.
11 Zu den einzelnen Etappen der Rechtsangleichung in Bezug auf Börsen- und Verkaufsprospekte bis hin zum Vorschlag zur Revision der Prospektrichtlinie vom 23.9.2009 siehe die Zusammenstellung auf der Website der Europäischen Kommission unter http://ec.europa.eu/internal_market/securities/prospectus/index_de.htm.

len anderen Mitglieds- bzw. Vertragsstaaten ohne weitere Prüfung anzuerkennen ist[1]. Auf die Emission von Wertpapieren beschränkt, kann dieser Pass allerdings nur für die Emission von Kapitalanlagen erlangt und genutzt werden, die in Wertpapieren verbrieft sind.

18 Zur **Umsetzung der Prospektrichtlinie** 2003/71/EG ist die **Verordnung (EG) Nr. 809/2004** der Kommission vom 29.4.2004 ergangen[2], die ihrerseits durch VO (EG) Nr. 211/2007 vom 27.2.2007[3] und zahlreiche delegierte Verordnungen[4] geändert wurde. Darüber hinaus wurde die Prospektrichtlinie 2003/71/EG durch die Delegierte Verordnung (EU) Nr. 1392/2014 im Hinblick auf technische Regulierungsstandards für die Veröffentlichung eines Prospektnachtrags ergänzt[5]. Die vorstehenden Verordnungen sind in den Mitgliedstaaten geltendes Recht. Wenn § 7 WpPG anordnet, die in einen Prospekt aufzunehmenden Mindestangaben bestimmten sich nach der Verordnung (EG) Nr. 809/2004, so hat dies nur klarstellende Bedeutung und Hinweisfunktion.

19 **Im Einzelnen** ist in der **Verordnung (EG) Nr. 809/2004** geregelt:
– die Aufmachung des Prospekts, auf die in Art. 5 der Prospektrichtlinie Bezug genommen wird;
– die in einen Prospekt gemäß Art. 7 der Prospektrichtlinie aufzunehmenden Mindestangaben;

---

1 Zur Grundlage des „Europäischen Passes für Emittenten" in der Prospektrichtlinie siehe etwa *Sandberger*, EWS 2004, 297; *Kullmann/Sester*, WM 2005, 1069 ff.; *Wagner*, Die Bank 2003, 680. Auf der Grundlage des Vorschlags einer Prospektrichtlinie auch *von Kopp-Colomb/Lenz*, AG 2002, 24.
2 Verordnung (EG) Nr. 809/2004 der Kommission vom 29.4.2004 zur Umsetzung der Richtlinie 2003/71/EG betreffend die in Prospekten enthaltenen Informationen sowie das Format, die Aufnahme von Informationen mittels Verweis und die Veröffentlichung solcher Prospekte und die Verbreitung von Werbung, ABl. EU Nr. L 149 vom 30.4.2004, S. 1.
3 VO (EG) Nr. 211/2007 vom 27.2.2007, ABl. EU Nr. L 61, S. 24. Diese Verordnung soll eine Lücke der Verordnung (EG) Nr. 809/2004 schließen und sicherstellen, dass die Prospekte dem Anleger auch dann das von Art. 5 Abs. 1 der Prospektrichtlinie 2003/71/EG geforderte fundierte Urteil über die Finanzlage und die Zukunftsaussichten des Emittenten erlauben, wenn die Finanzlage des Emittenten so eng mit der anderer Gesellschaften verbunden ist, dass ohne Finanzinformationen über diese Gesellschaften ein solches Urteil nicht möglich ist.
4 Delegierte Verordnung (EU) Nr. 486/2012 vom 30.3.2012 zur Änderung der Verordnung (EG) Nr. 809/2004 in Bezug auf Aufmachung und Inhalt des Prospekts, des Basisprospekts, der Zusammenfassung und der endgültigen Bedingungen und in Bezug auf die Angabepflichten, ABl. EU Nr. L 150 vom 9.6.2012, S. 1; Delegierte Verordnung (EU) Nr. 862/2012 der Kommission vom 4.6.2012 zur Änderung der Verordnung (EG) Nr. 809/2004 in Bezug auf die Zustimmung zur Verwendung des Prospekts, die Informationen über Basisindizes und die Anforderungen eines von unabhängigen Buchprüfern oder Abschlussprüfern erstellten Berichts, ABl. EU Nr. L 256 vom 22.9.2012, S. 4; Delegierte Verordnung (EU) Nr. 759/2013 der Kommission vom 30.4.2013 zur Änderung der Verordnung (EG) Nr. 809/2004 in Bezug auf die Angabepflichten bei wandelbaren und umtauschbaren Schuldtiteln, ABl. EU Nr. L 213 vom 8.8.2013, S. 1.
5 ABl. EU Nr. 111 vom 15.4.2014, S. 36.

- die Art der Veröffentlichung iS von Art. 10 der Prospektrichtlinie;
- die Modalitäten, nach denen Angaben in Form eines Verweises iS von Art. 11 der Prospektrichtlinie in einen Prospekt aufgenommen werden können;
- die Veröffentlichungsart eines Prospekts, um sicherzustellen, dass ein Prospekt gemäß Art. 14 der Prospektrichtlinie öffentlich verfügbar ist, sowie
- die Art zur Verbreitung von Werbung, auf die in Art. 15 der Prospektrichtlinie Bezug genommen wird.

Für die **Auslegung der Verordnung** (EG) Nr. 809/2004 von Bedeutung sind die „Recommendations for the consistent implementation of the European Commission's Regulation on Prospectuses No. 809/2004" der *European Securities and Markets Authority* (ESMA)[1] sowie deren Dokument „Questions and Answers"[2]. Bei den „Recommendations" handelt es sich um Empfehlungen, die auf Stufe 3 der Rechtssetzung in der Europäischen Union nach Maßgabe des Lamfalussy-Verfahrens ergingen und der Umsetzung und Durchführung der Rechtsvorschriften von Stufe 1 und Stufe 2 dieses auch als Komitologieverfahren bezeichneten Verfahrens dienen[3]. Die Empfehlungen stellen weder einen unmittelbar verbindlichen noch einen durch nationalstaatliche Maßnahmen umzusetzenden Akt europäischer Rechtssetzung dar[4]. Die „Questions and Answers" spiegeln das Verständnis und die Praxis der ESMA wider, sind darüber hinaus aber weder für die Kommission noch für die Gerichte rechtlich bindend[5].

---

1 Letztes Update – „ESMA update of the CESR recommendations – The consistent implementation of Commission Regulation (EC) No 809/2004 implementing the Prospectus Directive" – vom 20.3.2013, ESMA/2013/319, abrufbar unter http://www.fme.is/media/leidbeiningar/2013-319.pdf. Die ESMA-Recommendations basieren auf den „Recommendations for the consistent implementation of the European Commission's Regulation on Prospectuses No. 809/2004", CESR/05-054b, des *Committee of European Securities Regulators* (CESR) vom 10.2.2005.
2 *ESMA*, Questions and Answers, Prospectuses, 25th updated version – July 2016, abrufbar unter https://www.esma.europa.eu/sites/default/files/library/2016-1133_25th_version_qa_document_prospectus_related_issues.pdf.
3 Zu dem Verfahren etwa *von Kopp-Colomb/Lenz*, AG 2002, 24; *Möllers*, ZEuP 2008, 480; *Schmolke*, NZG 2005, 912; *Seitz*, BKR 2002, 340.
4 Auch in Ziffer 9, S. 5, des „ESMA update of the CESR recommendations – The consistent implementation of Commission Regulation (EC) No 809/2004 implementing the Prospectus Directive" vom 20.3.2013, ESMA/2013/319 (abrufbar unter http://www.fme.is/media/leidbeiningar/2013-319.pdf) wird ihr Rechtsquellenstatus, wie in früheren Versionen der „Recommendations" und unter Bezugnahme auf die aktualisierten „CESR-Recommendations", wie folgt umschrieben: „The outcome of CESR's work is reflected in common recommendations which do not constitute European Union legislation and will not require national legislative action. CESR Members will introduce these recommendations in their day-to-day regulatory practices on a voluntary basis. The way in which these recommendations will be applied will be reviewed regularly by CESR. CESR recommendations for the consistent implementation of the Commission's Regulation on Prospectuses will not prejudice, in any case, the role of the Commission as guardian of the Treaties".
5 Zum Rechtsquellenstatus heißt es in *ESMA*, Questions and Answers, Prospectuses, 25th updated version – July 2016, S. 9 unter 3.10. (https://www.esma.europa.eu/sites/default/

21 Im Zusammenhang mit ihrer sich aus Art. 31 der Prospektrichtlinie 2003/71/EG ergebenden Verpflichtung, fünf Jahre nach Inkrafttreten der Richtlinie deren Anwendung zu überprüfen und dem Europäischen Parlament und dem Rat einen Bericht vorzulegen, der gegebenenfalls mit Vorschlägen für eine Revision der Richtlinie einhergeht, hat die Kommission Vorschläge für eine Änderung der Prospektrichtlinie unterbreitet und hierzu Anfang 2009 das Konsultationsverfahren zur Überprüfung der Prospektrichtlinie eingeleitet. Dieser mündete im September 2009 in einen Vorschlag zur Revision der Prospektrichtlinie[1] und schließlich in die sog. **Prospektrichtlinie-Änderungsrichtlinie** 2010/73/EU[2].

22 Die in dieser Prospektrichtlinie-Änderungsrichtlinie vorgenommenen **Richtlinienänderungen** sehen vor allem vor:
- „die Erhöhung bestimmter Schwellenwerte und Obergrenzen sowie die Klarstellung der Berechnungsgrundlagen,
- die Reduzierung der Angabepflichten für bestimmte Arten von Wertpapieremissionen bzw. Emittenten (Angebote von kleinen und mittleren Unternehmen sowie Unternehmen mit geringer Marktkapitalisierung, bei freiwillig erstellten Prospekten für Angebote bestimmter Nichtdividendenwerte durch Kreditinstitute unterhalb einer Obergrenze, Bezugsrechteemissionen und Emissionen staatlich garantierter Wertpapiere),
- eine Verbesserung von Format und Inhalt der Prospektzusammenfassung,
- die präzisere Fassung der Ausnahme von der Pflicht zur Veröffentlichung eines Prospekts bei Weiterveräußerung von Wertpapieren durch Finanzintermediäre (,retail cascade'),
- eine Erweiterung der Ausnahme von der Pflicht zur Veröffentlichung eines Prospekts bei Belegschaftsaktienprogrammen,
- die Aufhebung von Angabepflichten, die sich mit jenen nach der Richtlinie 2004/109/EG zur Harmonisierung der Transparenzanforderungen in Bezug auf Informationen über Emittenten, deren Wertpapiere zum Handel auf einem ge-

---

files/library/2016-1133_25th_version_qa_document_prospectus_related_issues.pdf), wie schon in früheren Versionen: „The views of the Commission Services on some of the issues discussed in this Q&A were sought. However, both the Commission Services and ESMA note that only the European Court of Justice can give a legally binding interpretation of the provisions of EU legislation", um in der angefügten Fußnote 11 zu erläutern: „The views expressed in the paper do not bind the European Commission as an institution, and the Commission would be entitled to take a position different to that set out in this ‚Q&A' guide in any future judicial proceedings concerning the relevant provisions".
1 Brüssel, 23.9.2009, KOM(2009) 491 endgültig.
2 Richtlinie 2010/73/EU vom 24.11.2010 zur Änderung der Richtlinie 2003/71/EG betreffend den Prospekt, der beim öffentlichen Angebot von Wertpapieren oder bei deren Zulassung zum Handel zu veröffentlichen ist, und der Richtlinie 2004/109/EG zur Harmonisierung der Transparenzanforderungen in Bezug auf Informationen über Emittenten, deren Wertpapiere zum Handel auf einem geregelten Markt zugelassen sind, ABl. EU Nr. L 327 vom 11.12.2010, S. 1.

regelten Markt zugelassen (Transparenzrichtlinie) überschneiden (Jährliches Dokument),
- Anpassung der Definition des Begriffs ‚qualifizierte Anleger' in der Prospektrichtlinie an die Definition des Begriffs ‚professionelle Kunden' in der Richtlinie 2004/39/EG über Märkte für Finanzinstrumente (MiFID),
- die Möglichkeit der Aktualisierung eines Registrierungsformulars mittels eines Nachtrags sowie die Möglichkeit der Erstellung eines Basisprospekts als dreiteiliger Prospekt, sowie
- Klarstellungen zum Nachtragszeitraum und zum Widerrufsrecht."[1]

2. Geplante Prospektverordnung

Im Aktionsplan zur Kapitalmarktunion 2015[2] – „ein Maßnahmenprogramm zur Stärkung der Rolle der marktgestützten Finanzierung in der europäischen Wirtschaft"[3] – wird die **weitere Überarbeitung der Prospektrichtlinie** als einer der ersten und vorrangigen Schritte auf dem Weg zur Kapitalmarktunion genannt. Sie wird als erforderlich angesehen, um die öffentliche Kapitalbeschaffung für Unternehmen zu verbilligen, regulatorische Hindernisse für die Notierung von Kleinunternehmen an den Aktien und Anleihemärkten zu beseitigen[4] und Börsengänge von Kleinunternehmen über europäische Beratungsstrukturen zu unterstützen. Das Vorhaben zusammenfassend heißt es in dem das Gesetzgebungsverfahren nach Art. 294 Abs. 2 AEUV einleitenden **Verordnungsvorschlag** der Europäischen Kommission vom 30.11.2015[5]: „Mit der Überarbeitung der Prospektrichtlinie wird ein einfaches Ziel verfolgt: Für alle Emittentengruppen sollen maßgeschneiderte Offenlegungspflichten ausgearbeitet und der Prospekt zu einer wesentlichen Informationsquelle für potenzielle Anleger gemacht werden. Der Vorschlag konzentriert sich daher besonders auf vier Gruppen von Emittenten: (1) bereits an einem geregelten

---

1 So die Darstellung der Richtlinienänderungen im RegE des Gesetzes zur Umsetzung der Richtlinie 2010/73/EU und zur Änderung des Börsengesetzes, BT-Drucks. 17/8684, S. 1 (13).
2 Mitteilung der Kommission an das Europäische Parlament, den Rat, den Europäischen Wirtschafts- und Sozialausschuss und den Ausschuss der Regionen: Aktionsplan zur Schaffung einer Kapitalmarktunion, Brüssel, 30.9.2015, COM(2015) 468 final S. 5, 14, 32, 33.
3 Vorschlag für eine Verordnung über den Prospekt, der beim öffentlichen Angebot von Wertpapieren oder bei deren Zulassung zum Handel zu veröffentlichen ist, Brüssel, 30.11.2015, COM(2015) 583 final, S. 2.
4 Tatsächlich ist die Modernisierung der Prospektrichtlinie auch Teil des REFIT-Programms der Kommission: Mitteilung der Kommission an das Europäische Parlament, den Rat, den Europäischen Wirtschafts- und Sozialausschuss und den Ausschuss der Regionen – Programm zur Gewährleistung der Effizienz und Leistungsfähigkeit der Rechtsetzung (REFIT): Bestandsaufnahme und Ausblick, Brüssel, 18.6.2014, COM (2014) 368 final.
5 Diese und die folgenden Erwägungen finden sich im Vorschlag für eine Verordnung des Europäischen Parlaments und des Rates über den Prospekt, der beim öffentlichen Angebot von Wertpapieren oder bei deren Zulassung zum Handel zu veröffentlichen ist, Brüssel, 30.11.2015, COM(2015) 583 final, S. 3.

Markt oder einem KMU-Wachstumsmarkt gelistete Emittenten, die zusätzliches Kapital im Wege einer Sekundäremission beschaffen möchten, (2) KMU [kleine und mittlere Unternehmen], (3) Daueremittenten aller Wertpapierarten und (4) Emittenten von Nichtdividendenwerten. Zudem sollen weitere Anreize für die Nutzung der mit der Prospektrichtlinie eingeführten grenzüberschreitenden ‚Einmalzulassung' (europäischer Pass) für genehmigte Prospekte geschaffen werden. Die vorgeschlagenen Maßnahmen sollen (i) den Verwaltungsaufwand bei der Prospekterstellung für alle Emittenten, insbesondere für KMU, Daueremittenten von Wertpapieren und Sekundäremissionen, verringern; (ii) den Prospekt zu einem wesentlichen Offenlegungsinstrument für potenzielle Investoren, besonders in KMU, machen; und (iii) mehr Konvergenz zwischen dem EU-Prospekt und anderen EU-Offenlegungsvorschriften herstellen." Bis zum Redaktionsschluss des Kommentars ist eine Prospektverordnung noch nicht erlassen worden. Vielmehr hat der **Europäische Rat am 3.6.2016 seinerseits einen Vorschlag** vorgelegt[1], der – obschon dem Kommissionsvorschlag im Wesentlichen folgend – in dem einen oder anderen Detail vom diesem abweicht[2]. Im Rahmen der Kommentierung der Bestimmungen des WpPG richten sich die Ausblicke auf das europäische Prospektrecht nach Erlass der Prospektverordnung in der Regel am Ratsvorschlag aus.

24 Die Entscheidung, die Überarbeitung der Prospektrichtlinie nicht erneut im Wege einer Richtlinie, sondern unter **Verwendung des Instruments der Verordnung** vorzunehmen, wird im Verordnungsvorschlag der Europäischen Kommission vom 30.11.2015 (siehe oben Rz. 23) wie folgt begründet[3]: „Die Prospekt-Richtlinie aus dem Jahr 2003 wurde auch nach ihrer Reform von 2010 noch in einigen Mitgliedstaaten uneinheitlich umgesetzt. Die Umwandlung der Richtlinie in eine Verordnung würde solche Probleme bei der Umsetzung beseitigen, zu mehr Kohärenz und einer tieferen Integration im Binnenmarkt führen und gleichzeitig die Zahl der EU-weit voneinander abweichenden und fragmentierten Regelungen im Einklang mit den Zielen der Kapitalmarktunion senken. Ein einheitliches Regelwerk wird auch das Problem lösen, dass Emittenten und Anleger, die Interesse an einer grenzüberschreitenden Kapitalbeschaffung oder -anlage haben, selbst bei relativ geringfügigen Unterschieden zwischen den nationalen Rechtsvorschriften die einschlägigen Vorschriften vergleichen müssen, um sicherzugehen, dass sie diese verstanden haben und ihnen entsprechen. Durch den Einsatz einer Verordnung könnten die Kosten für eine solche unproduktive Recherche vermieden werden. Da die bestehenden Durchführungsmaßnahmen bereits in Form einer Verordnung erlassen wurden, sollte es einfacher sein, die nationalen Rechtsvorschriften zur Umsetzung der aktuellen Prospektrichtlinie an die vorgeschlagene Verordnung anzupassen. Daher besteht die bevorzugte Option in der Umwandlung der Prospektrichtlinie in eine Verordnung."

---

[1] Council of the European Union, Interinstitutional File: 2015/0268 (COD), Brussels, 3 June 2016.
[2] Zur Reform des Prospektrechts durch eine Prospektverordnung nach den vorstehend angeführten Vorschlägen siehe *Schulz*, WM 2016, 1417 ff.
[3] Verordnungsvorschlag, Brüssel, 30.11.2015, COM(2015) 583 final, S. 8.

Der Verordnungsvorschlag der Europäischen Kommission vom 30.11.2015 (siehe oben Rz. 23) sieht folgende Änderungen vor[1]: 25

– "**Ausnahme für geringe Kapitalbeschaffungen**: Der Schwellenwert, ab dem Unternehmen einen Prospekt ausgeben müssen, wird erhöht. So wird beispielsweise kein EU-Prospekt verlangt, wenn das zu beschaffende Kapital unter einer Höhe von 500.000 Euro (vorher 100.000 Euro) bleibt, was vielen KMU [kleine und mittlere Unternehmen] den dringend benötigten Raum zum Atmen verschafft. Die Mitgliedstaaten können diese Schwellenwerte für ihren Inlandsmarkt weiter anheben; die entsprechende Höchstgrenze wird von 5 Mio. Euro auf 10 Mio. Euro heraufgesetzt.

– **Vereinfachter Prospekt für kleinere Unternehmen**: KMU brauchen eine Regelung, die auf ihre Bedürfnisse und den Bedarf ihrer Anleger abgestimmt ist, so dass sie einen Prospekt erstellen können, der im Verhältnis zum Umfang der Finanzmittel oder den Vorteilen für die Anleger keine unangemessenen Kosten verursacht. Für kleinere Emittenten, die europäische Märkte erschließen wollen, werden wir eine echte „Light-Regelung" schaffen, dh. billigere und weniger komplizierte Prospekte vorsehen. Wir werden zudem die bestehenden Schwellenwerte für KMU, die diese Regelung in Anspruch nehmen können, anheben – von einer Marktkapitalisierung von 100 Mio. Euro auf 200 Mio. Euro.

– **Kürzere Prospekte und bessere Anlegerinformation**: Die Zusammenfassung des Prospekts ist oft recht lang und in einer komplizierten Rechtssprache abgefasst, die für die meisten Anleger nicht adressatengerecht ist. Dies erhöht die Kosten für die Unternehmen, ohne den Anlegern greifbare Vorteile zu bringen. Wir werden die Erstellung kürzerer und klarerer Prospekte unterstützen und zu diesem Zweck den Umfang der EU-weit vorgeschriebenen Informationen, auf die verwiesen werden kann und die deshalb nicht wiederholt werden müssen, erhöhen.

– **Erleichterung von Sekundäremissionen börsennotierter Unternehmen**: Unternehmen, die bereits auf öffentlichen Märkten notieren und zusätzliche Aktien oder Schuldtitel (Unternehmensanleihen) begeben wollen, können einen neuen, vereinfachten Prospekt ausgeben. Dies erhöht die Flexibilität und senkt den Verwaltungsaufwand für Unternehmen, die mehr als nur einmal auf die Kapitalmärkte zugreifen möchten. Derzeit betreffen 70% der jährlich gebilligten Prospekte sogenannte Sekundäremissionen von bereits auf einem öffentlichen Markt notierten Unternehmen.

– **Beschleunigte und vereinfachte Regelung für aktive Emittenten**: Unternehmen, die die Kapitalmärkte häufig in Anspruch nehmen, wird die Möglichkeit der Einreichung eines jährlichen ‚Einheitlichen Registrierungsformulars' und damit einer Art von ‚Rahmenregistrierung' geboten, bei der alle notwendigen Informationen über das Unternehmen, das Aktien oder Anleihen begeben will, erteilt werden. Emittenten, die ein solches Formular bei ihren Aufsichtsbehörden regelmäßig aktualisieren, kommen in den Genuss eines beschleunigten Billigungsverfahren von fünf Tagen, das zur Anwendung kommt, wenn sie durch die Ausgabe

---

1 Europäische Kommission – Pressemitteilung, Brüssel, 30.11.2015, http://europa.eu/rapid/press-release_IP-15-6196_de.htm?locale=en.

von Aktien, Anleihen oder Derivaten die Kapitalmärkte in Anspruch nehmen wollen.

– **Einheitliche Anlaufstelle für alle EU-Prospekte**: Die Europäische Wertpapier- und Marktaufsichtsbehörde (ESMA) wird erstmals einen kostenlosen Online-Zugang mit Suchfunktion für alle im Europäischen Wirtschaftsraum gebilligten Prospekte bieten. Der Vorteil für die Anleger besteht darin, dass sie über ein einziges Portal Zugang zu Informationen über Unternehmen erhalten können, die börsennotierte Aktien oder Unternehmensanleihen auf Märkten anbieten, auf denen die Öffentlichkeit investieren kann. Prospekte und damit verbundene Dokumente müssen auch auf den Websites der Emittenten verfügbar sein, um einen einfachen Zugang in allen relevanten Sprachen zu gewährleisten."

III. Anwendung der Vorschriften des WpPG

26 Wie bereits an früherer Stelle (Rz. 17) erwähnt, ist bei der Auslegung der Bestimmungen des WpPG zu beachten, dass es sich bei diesen um **gemeinschaftsrechtlich angeglichenes nationales Recht** handelt, dh. um Recht, das der nationale Gesetzgeber entsprechend gemeinschaftssekundärrechtlichen Vorgaben erlassen hat. In diesem Sinne „angeglichenes Recht" unterliegt nicht nur im Hinblick auf seine Änderung, sondern auch in Bezug auf seine **Anwendung und Fortbildung** einigen Besonderheiten: Soweit eine Norm unmittelbar der Transformation einer Richtlinie in nationales Recht dient oder zumindest den Regelungsbereich einer solchen Richtlinie berührt, ist sie, im Rahmen und auf der Grundlage des nach den nationalen Auslegungsregeln Möglichen[1], **gemeinschaftsrechtskonform (richtlinienkonform) auszulegen**[2].

27 Der **Grundsatz der gemeinschaftsrechtskonformen Auslegung** verlangt, dass ein „Gericht unter Berücksichtigung des gesamten nationalen Rechts alles tun muss,

---

[1] EuGH v. 5.10.2004 – verb. Rs. C-397/01 bis C-403/01 – „Pfeiffer", ZIP 2004, 2342 (2343, Rz. 115 ff.); EuGH v. 4.7.2006 – Rs. C-212/04 – „Adeneler ua./Ellinikos Organismos Galaktos", Slg. I 2006, S. 6057 – Rz. 110, 113.

[2] Etwa EuGH v. 15.5.2003 – Rs. C-160/01 – „Mau", NJW 2003, 2371, 2372 (Rz. 35 f.): „(35) Nach ständiger Rechtsprechung obliegen nämlich die sich aus einer Richtlinie ergebende Verpflichtung der Mitgliedstaaten, das in dieser Richtlinie vorgesehene Ziel zu erreichen, sowie die Pflicht der Mitgliedstaaten gem. Art. 10 EG, alle zur Erfüllung dieser Verpflichtung geeigneten Maßnahmen allgemeiner oder besonderer Art zu treffen, allen Trägern öffentlicher Gewalt in den Mitgliedstaaten und damit im Rahmen ihrer Zuständigkeiten auch den Gerichten (EuGH, Slg. 1984, 1891 = NJW 1984, 2021 ... – v. Colson und Kamann; Slg. 1999, I-1103 Rdnr. 48 – Carbonari u.a.). (36) Ein nationales Gericht, das nationales Recht auszulegen hat – gleich, ob es sich um vor oder nach der betreffenden Richtlinie erlassene Vorschriften handelt –, muss seine Auslegung so weit wie möglich am Wortlaut und Zweck der Richtlinie ausrichten, um das mit dieser verfolgte Ziel zu erreichen und auf diese Weise Art. 239 III EG nachzukommen (vgl. ua. EuGH, Slg. 1990, I-4135 Rdnr. 8 – Marleasing; Slg. 1993, I-6911 = EuZW 1994, 182 Rdnr. 20 – Wagner Miret; Slg. 2000, I-929 Rdnr. 62 – Deutsche Post)". Zur richtlinienkonformen Auslegung nationalen Rechts siehe den Überblick bei *Gebauer* in Gebauer/Wiedmann, Kap. 4 Rz. 17 ff.; *Langenbucher* in Langenbucher, § 1 Rz. 82 ff.

was in seiner Zuständigkeit liegt, um die volle Wirksamkeit" der umzusetzenden Richtlinie zu gewährleisten[1]. Das bedeutet, dass „ein nationales Gericht bei der Anwendung der Bestimmungen des innerstaatlichen Rechts, die zur Umsetzung der in einer Richtlinie vorgesehenen Verpflichtungen erlassen worden sind, das gesamte nationale Recht berücksichtigen und es so weit wie möglich anhand des Wortlauts und des Zwecks der Richtlinie auslegen [muss], um zu einem Ergebnis zu gelangen, das mit dem von der Richtlinie verfolgten Ziel vereinbar ist"[2]. Das schließt die über den Wortlaut einer Vorschrift hinausgehende richtlinienkonforme Rechtsfortbildung ein[3].

Wie der BGH im Anschluss an das Urteil des EuGH vom 17.4.2008[4] in seiner so genannten *Quelle*-Folgeentscheidung vom 26.11.2008[5] ausführt, fordert der Grundsatz der richtlinienkonformen Auslegung auch, das nationale Recht, wo dies nötig und möglich ist, **gemeinschaftsrechtskonform fortzubilden**, um gegebenenfalls auch durch teleologische Reduktion der auszulegenden Norm einen mit der Richtlinie zu vereinbarenden Inhalt zu geben. Das impliziert vor allem, dass der Wortlaut einer angeglichenes Recht darstellenden Norm keine absolute Grenze für die richtlinienkonforme Auslegung bildet. 28

Gemeinschaftsrechtskonforme Auslegung verlangt im Übrigen eine **Auslegung des Gemeinschaftsrechts** nach den hierfür maßgeblichen **gemeinschaftsrechtlichen Auslegungsmethoden**[6]: In deren Vordergrund steht die Wortlautauslegung. Sie führt allerdings gerade bei der Interpretation des Gemeinschaftssekundärrechts selten zu klaren Ergebnissen, weil die Auslegung auf die Ermittlung der Wortbedeutung in dem insoweit rechtsdogmatisch noch wenig elaborierten Gemeinschaftsrecht gerichtet ist und selbst dann nicht auf eine mitgliedstaatliche Begriffsbildung zurückgegriffen werden darf, wenn diese einem Regelungszusammenhang entstammt, welcher der fraglichen Richtlinie ganz offenbar als Regelungsvorbild oder -grundlage diente. Im Mittelpunkt der Auslegung des Gemeinschaftssekundärrechts steht deshalb die systematisch-teleologische Auslegung[7]. Sie umfasst einerseits die Frage nach dem sich aus der Systematik des Vertrages, des Gemeinschaftssekundärrechts und der jeweiligen Richtlinie ergebenden Sinn der Norm und andererseits diejenige nach dem Zweck der Vorschrift. 29

---

1 EuGH v. 5.10.2004 – verb. Rs. C-397/01 bis C-403/01 – „Pfeiffer", ZIP 2004, 2342 (2343, Rz. 118).
2 EuGH v. 5.10.2004 – verb. Rs. C-397/01 bis C-403/01 – „Pfeiffer", ZIP 2004, 2342 (2343, Rz. 119).
3 EuGH v. 5.10.2004 – verb. Rs. C-397/01 bis C-403/01 – „Pfeiffer", ZIP 2004, 2342 (2343, Rz. 115 ff.). Siehe auch *Gebauer* in Gebauer/Wiedmann, Kap. 4 Rz. 37 ff.; *Langenbucher* in Langenbucher, § 1 Rz. 99 ff.
4 EuGH v. 17.4.2008 – 5 Rs. C-404/06 – „Quelle AG/Bundesverband der Verbraucherzentralen und Verbraucherverbände", NJW 2008, 1433.
5 BGH v. 26.11.2008 – VIII ZR 200/05, NJW 2009, 427 – Rz. 21.
6 Zur Auslegung von Gemeinschaftsrecht siehe etwa *Gebauer* in Gebauer/Wiedmann, Kap. 4 Rz. 3 ff.; *Langenbucher* in Langenbucher, § 1 Rz. 5 ff.
7 *Gebauer* in Gebauer/Wiedmann, Kap. 4 Rz. 7.

Abschnitt 1
Anwendungsbereich und Begriffsbestimmungen

§ 1
Anwendungsbereich

(1) Dieses Gesetz ist anzuwenden auf die Erstellung, Billigung und Veröffentlichung von Prospekten für Wertpapiere, die öffentlich angeboten oder zum Handel an einem organisierten Markt zugelassen werden sollen.

(2) Dieses Gesetz findet keine Anwendung auf

1. Anteile oder Aktien von offenen Investmentvermögen im Sinne des § 1 Absatz 4 des Kapitalanlagegesetzbuchs;
2. Nichtdividendenwerte, die von einem Staat des Europäischen Wirtschaftsraums oder einer Gebietskörperschaft eines solchen Staates, von internationalen Organisationen des öffentlichen Rechts, denen mindestens ein Staat des Europäischen Wirtschaftsraums angehört, von der Europäischen Zentralbank oder von den Zentralbanken der Staaten des Europäischen Wirtschaftsraums ausgegeben werden;
3. Wertpapiere, die uneingeschränkt und unwiderruflich von einem Staat des Europäischen Wirtschaftsraums oder einer Gebietskörperschaft eines solchen Staates garantiert werden;
4. Wertpapiere, die von CRR-Kreditinstituten oder von Emittenten, deren Aktien bereits zum Handel an einem organisierten Markt zugelassen sind, ausgegeben werden; dies gilt nur, wenn der Verkaufspreis für alle im Europäischen Wirtschaftsraum angebotenen Wertpapiere weniger als 5 Millionen Euro beträgt, wobei diese Obergrenze über einen Zeitraum von zwölf Monaten zu berechnen ist;
5. Nichtdividendenwerte, die von CRR-Kreditinstituten dauernd oder wiederholt für einen Verkaufspreis aller im Europäischen Wirtschaftsraum angebotenen Wertpapiere von weniger als 75 Millionen Euro ausgegeben werden, wobei diese Obergrenze über einen Zeitraum von zwölf Monaten zu berechnen ist, sofern diese Wertpapiere

   a) nicht nachrangig, wandelbar oder umtauschbar sind oder

   b) nicht zur Zeichnung oder zum Erwerb anderer Wertpapiere berechtigen und nicht an ein Derivat gebunden sind.

(3) Unbeschadet des Absatzes 2 Nr. 2 bis 5 sind Emittenten, Anbieter oder Zulassungsantragsteller berechtigt, einen Prospekt im Sinne dieses Gesetzes zu erstellen, wenn Wertpapiere öffentlich angeboten oder zum Handel an einem organisierten Markt zugelassen werden.

In der Fassung vom 22.6.2005 (BGBl. I 2005, S. 1698), zuletzt geändert durch das CRD IV-Umsetzungsgesetz vom 28.8.2013 (BGBl. I 2013, S. 3395).

Schrifttum: *BaFin* in BaFinJournal, Mitteilungen der Bundesanstalt für Finanzdienstleistungsaufsicht, April 2008; *BaFin*, Auslegungsschreiben zum Anwendungsbereich des KAGB und zum Begriff des „Investmentvermögens" vom 14.6.2013, zuletzt geändert am 9.3.2015, Geschäftszeichen Q 31-Wp 2137-2013/0006, verfügbar auf der Internetseite der Bundesanstalt für Finanzdienstleistungsaufsicht unter www.bafin.de; *Crüwell*, Die europäische Prospektrichtlinie, AG 2003, 243; *Elsen/Jäger*, Auslaufen des Daueremittentenprivilegs, ZfgK 2008, 615; *Ewer/Behnsen*, Der Finanzmarktstabilisierungsfonds – Herzschrittmacher bei drohendem Kollaps der Finanzmärkte, NJW 2008, 3457; *Fürhoff/Ritz*, Richtlinienentwurf der Kommission über den Europäischen Pass für Emittenten, WM 2001, 2280; *Giedinghagen*, Arbeitnehmerbeteiligungen im Lichte des Wertpapierprospektgesetzes, BKR 2006, 233; *Heidelbach/Preuße*, Einzelfragen in der praktischen Arbeit mit dem neuen Wertpapierprospektregime, BKR 2006, 316; *Heidelbach/Preuße*, Zweieinhalb Jahre neues Prospektregime und noch viele Fragen offen, BKR 2008, 10; *Holzborn/Schwarz-Gondek*, Die neue EU-Prospektrichtlinie, BKR 2003, 927; *Horn*, Das Finanzmarktstabilisierungsgesetz und das Risikomanagement zur globalen Finanzkrise, BKR 2008, 452; *Kaufmann*, Die Prospektpflicht nach dem WpPG, 2015; *Kloyer*, Der Anwendungsbereich des neuen KAGB in der Beratungspraxis, in Möllers/Kloyer (Hrsg.), Das neue Kapitalanlagegesetzbuch, 2014, S. 97 ff.; *König*, Die neue europäische Prospektrichtlinie – Eine kritische Analyse und Überlegungen zur Umsetzung in das deutsche Kapitalmarktrecht, ZEuS 2004, 251; *Kunold/Schlitt*, Die neue EU-Prospektrichtlinie, Inhalt und Auswirkungen auf das deutsche Kapitalmarktrecht, BB 2004, 501; *Leuering*, Prospektpflichtige Anlässe im WpPG, Der Konzern 2006, 4; *Leuering*, Die Neuordnung der gesetzlichen Prospekthaftung, NJW 2012, 1905; *Maunz* in Maunz/Dürig, Grundgesetz, Kommentar, Losebaltt; *Möllers/Voß*, Schlaglicht Wertpapierprospektrecht: Der Wegfall des Daueremittentenprivilegs erfordert schnelles Handeln, BB 2008, 1131; *Sandberger*, Die EU-Prospektrichtlinie – „Europäischer Pass für Emittenten", EWS 2004, 297; *Schanz/Schalast*, Wertpapierprospekte, Markteinführungspublizität nach EU-Prospektverordnung und Wertpapierprospektgesetz 2005, 2006; *Schneider*, Der Anwendungsbereich des neuen KAGB, in Möllers/Kloyer (Hrsg.), Das neue Kapitalanlagegesetzbuch, 2014, S. 79 ff.; *Schnorbus*, Die prospektfreie Platzierung von Wertpapieren nach dem WpPG, AG 2008, 389; *Seitz*, Das neue Wertpapierprospektrecht – Auswirkungen auf die Emission von Schuldverschreibungen, AG 2005, 678; *Wagner*, Der Europäische Pass für Emittenten – die neue Prospektrichtlinie, Die Bank 2003, 680; *Weber*, Unterwegs zu einer europäischen Prospektkultur – Vorgaben der neuen Wertpapierprospektrichtlinie, NZG 2004, 360; *Weber*, Die Entwicklung des Kapitalmarktrechts im Jahr 2008, NJW 2009, 33; *Weitnauer*, Die Informationspflichten nach dem KAGB, in Möllers/Kloyer (Hrsg.), Das neue Kapitalanlagegesetzbuch, 2014, S. 161 ff.; *Zetzsche*, Grundprinzipien des KAGB, in Möllers/Kloyer (Hrsg.), Das neue Kapitalanlagegesetzbuch, 2014, S. 131 ff.

I. Normentwicklung 1	2. Ausnahmetatbestände im Einzelnen
II. Anwendungsbereich (§ 1 Abs. 1 WpPG)	a) Anteile oder Aktien von offenen Investmentvermögen iS des § 1 Abs. 4 KAGB (§ 1 Abs. 2 Nr. 1 WpPG) 34
1. Tatbestandsmerkmale des § 1 Abs. 1 WpPG 22	
2. Prospektbegriff 28	b) Nichtdividendenwerte der Staaten des Europäischen Wirtschaftsraums oder ihrer Gebietskörperschaften sowie der Zentralbanken (§ 1 Abs. 2 Nr. 2 WpPG) 51
III. Ausnahmetatbestände (§ 1 Abs. 2 WpPG)	
1. Übersicht 31	

c) Von einem Staat des Europäischen Wirtschaftsraums oder seiner Gebietskörperschaften garantierte Wertpapiere (§ 1 Abs. 2 Nr. 3 WpPG) 52
d) Wertpapiere mit einem Gesamtverkaufspreis von weniger als 5 Mio. Euro (§ 1 Abs. 2 Nr. 4 WpPG)
  aa) Berechtigte Emittenten 57
  bb) Angebotsvolumen 59
  cc) Zeitraum von zwölf Monaten 71
  dd) Verhältnis zu § 4 Abs. 2 Nr. 1 WpPG 75
e) Daueremissionen von Nichtdividendenwerten der CRR-Kreditinstitute (§ 1 Abs. 2 Nr. 5 WpPG)
  aa) Nichtdividendenwerte iS von § 1 Abs. 2 Nr. 5 WpPG 77
  bb) Weitere Tatbestandsmerkmale des § 1 Abs. 2 Nr. 5 WpPG 85
  cc) Auslauf des Daueremittentenprivilegs 87
IV. Freiwillige Prospekterstellung (§ 1 Abs. 3 WpPG) 88

I. Normentwicklung

1 § 1 WpPG setzt die Vorgaben des Art. 1 **Prospektrichtlinie**[1] **in deutsches Recht um**. Ziel des Art. 1 ist, die Harmonisierung der Bedingungen für die Erstellung, die Billigung und die Verbreitung des Prospekts, der beim öffentlichen Angebot von Wertpapieren bzw. bei der Zulassung von Wertpapieren zum Handel an einem geregelten Markt, der in einem Mitgliedstaat[2] gelegen ist oder dort funktioniert, zu veröffentlichen ist. Die Prospektrichtlinie gilt sowohl für öffentliche Angebote von Wertpapieren als auch für die Zulassung von Wertpapieren an einem geregelten Markt. Die ursprünglich auf europäischer Ebene bestehende und auf der Emissionsrichtlinie[3] und der Börsenzulassungsrichtlinie[4] beruhende Differenzierung der Anwendungsbereiche wurde aufgehoben[5], was zu einer neuen Systematik führte[6].

---

1 Richtlinie 2003/71/EG des Europäischen Parlaments und des Rates vom 4.11.2003 betreffend den Prospekt, der beim öffentlichen Angebot von Wertpapieren oder bei deren Zulassung zum Handel zu veröffentlichen ist, und zur Änderung der Richtlinie 2001/34/EG, ABl. EU Nr. L 345 v. 31.12.2003, S. 64; zum Umsetzungsziel von § 1 WpPG siehe Begr. RegE zu § 1 Abs. 1 WpPG, BT-Drucks. 15/4999 v. 3.3.2005, S. 27.
2 Der Begriff Mitgliedstaaten meint die Staaten des Europäischen Wirtschaftsraums. Der Begriff Europäischer Wirtschaftsraum umfasst derzeit die 28 Mitgliedstaaten der Europäischen Union und die Mitgliedstaaten der Europäischen Freihandelsassoziation mit Ausnahme der Schweiz.
3 Richtlinie 89/298/EWG des Rates vom 17.4.1989 zur Koordinierung der Bedingungen für die Erstellung, Kontrolle und Verbreitung des Prospekts, der im Falle öffentlicher Angebote von Wertpapieren zu veröffentlichen ist, ABl. EG Nr. L 124 v. 5.5.1989, S. 8.
4 Richtlinie 2001/34/EG des Europäischen Parlaments und des Rates vom 28.5.2001 über die Zulassung von Wertpapieren zur amtlichen Börsennotierung und über die hinsichtlich dieser Wertpapiere zu veröffentlichenden Informationen, ABl. EG Nr. L 184 v. 6.7.2001, S. 1.
5 Siehe dazu auch *Kunold/Schlitt*, BB 2004, 501 (502); *Sandberger*, EWS 2004, 297 (298); *Wiegel*, Die Prospektrichtlinie und Prospektverordnung, S. 185 f.
6 Vgl. die Erläuterungen zu Art. 1 des geänderten Vorschlags für eine Richtlinie des Europäischen Parlaments und des Rates betreffend den Prospekt, der beim öffentlichen Angebot

Definitionen einzelner Tatbestandmerkmale des Anwendungsbereichs des Art. 1 – namentlich die Begriffe des Wertpapiers, des öffentlichen Angebots und des geregelten Marktes – finden sich in Art. 2 Abs. 1 Prospektrichtlinie. Verzichtet wurde mangels entsprechender Definitionen auf Ebene der Mitgliedstaaten darauf, die Wertpapierzulassung durch ein bestimmtes Marktsegment innerhalb des Art. 1 Abs. 1 Prospektrichtlinie zu konkretisieren[1]. Der Anwendungsbereich wurde nicht mehr lediglich auf die Zulassung zur amtlichen Notierung beschränkt. Durch die Nennung der Zulassung zur amtlichen Notierung in der Börsenzulassungsrichtlinie waren Lücken in der Aufsicht entstanden, da eine Zulassung zur amtlichen Notierung in einigen Mitgliedstaaten keine zwangsläufige Zulassung zum Handel mit einschloss oder der Begriff der amtlichen Notierung aufgrund der Umsetzung der Wertpapierdienstleistungsrichtlinie[2] teilweise abgeschafft wurde[3].

Art. 1 Abs. 2 Prospektrichtlinie enthält einen Katalog von **Ausnahmen vom Anwendungsbereich** der Prospektrichtlinie. Den einzelnen Mitgliedstaaten stand es frei, inwieweit sie diese Ausnahmetatbestände in nationales Recht umsetzten[4], anders als im Rahmen der Ausnahmen von der Prospektpflicht gemäß Artt. 3 und 4 Prospektrichtlinie, die harmonisiert und insoweit zwingend umzusetzen waren.

Die Prospektrichtlinie[5] wurde zuletzt 2010 – entsprechend der Revisionsklausel des Art. 31 – fünf Jahre nach **ihrem** Inkrafttreten auf ihre Umsetzung und Anwendung hin überprüft. Die Ergebnisse der Überprüfung bildeten die Grundlage für die seitens der Kommission erstellten Änderungsvorschläge, die wiederum als Grundlage für die am 31.12.2010 in Kraft getretene Änderungsrichtlinie[6] dienten. Durch das Gesetz zur Umsetzung der Richtlinie 2010/73/EU und zur Änderung des Börsengesetzes vom 26.6.2012, erfolgte die **Umsetzung in nationales Recht**[7].

2015 erfolgte im Rahmen der Vollendung der Kapitalmarktunion eine weitere Überprüfung und Überarbeitung der Prospektrichtlinie. Nachdem die Europäische Kommission am 30.11.2015 den Entwurf einer neuen Prospektverordnung erstellt

---

von Wertpapieren oder bei deren Zulassung zum Handel zu veröffentlichen ist und zur Änderung der Richtlinie 2001/34/EG, von der Kommission vorgelegt am 9.8.2002, ABl. EG Nr. C 20 E v. 28.1.2003, S. 122.

1 Erläuterungen zu Art. 1 des geänderten Vorschlags für eine Richtlinie des Europäischen Parlaments und des Rates betreffend den Prospekt, der beim öffentlichen Angebot von Wertpapieren oder bei deren Zulassung zum Handel zu veröffentlichen ist und zur Änderung der Richtlinie 2001/34/EG, von der Kommission vorgelegt am 9.8.2002, ABl. EG Nr. C 20 E v. 28.1.2003, S. 122; *Fürhoff/Ritz*, WM 2001, 2280 (2283); vgl. auch *Spindler* in Holzborn, § 1 WpPG Rz. 3.
2 Richtlinie 93/22/EWG des Rates vom 10.5.1993 über Wertpapierdienstleistungen, ABl. EG Nr. L 141 v. 11.6.1993, S. 27.
3 *Fürhoff/Ritz*, WM 2001, 2280 (2283); vgl. auch *Spindler* in Holzborn, § 1 WpPG Rz. 3.
4 *Crüwell*, AG 2003, 243 (245); *Holzborn/Schwarz-Gondek*, BKR 2003, 927 (928); *König*, ZEuS 2004, 251 (261); *Spindler* in Holzborn, § 1 WpPG Rz. 7; vgl. auch *Ritz/Zeising* in Just/Voß/Ritz/Zeising, § 1 WpPG Rz. 7 f.
5 Richtlinie 2003/71/EG des Europäischen Parlaments und des Rates vom 4.11.2003.
6 Richtlinie 2010/73/EU des Europäischen Parlaments und des Rates vom 24.11.2010.
7 BGBl. I 2012, S. 1375.

hat[1], hat die Ratspräsidentschaft auf dieser basierend einen Kompromissvorschlag veröffentlicht[2]. Der Kompromissvorschlag der Europäischen Kommission, des Parlaments und des Rates vom 3.6.2016 („ProspektVO-E") sieht **anstelle der Überarbeitung der Richtlinie deren vollständige Ersetzung durch die neue Verordnung** vor. Diese soll als einheitliches Regelwerk mit direkter Geltung in den Mitgliedstaaten die Harmonisierung der prospektrechtlichen Vorschriften innerhalb der Mitgliedstaaten erleichtern[3]. (vgl. auch Rz. 13 ff.)

5 Die einzelnen Ausnahmen vom Anwendungsbereich erfuhren bereits durch die Änderungsrichtlinie Änderungen hinsichtlich der in Art. 1 Abs. 2 lit. h und lit. j vorgesehenen Obergrenzen im Hinblick auf die Ausnahmen für Klein- und Daueremissionen. So wurde die Obergrenze für Angebote mit einem Gesamtgegenwert in der Union von weniger als 2,5 Mio. Euro auf 5 Mio. Euro und die Grenze für Nichtdividendenwerte mit einem Gesamtgegenwert in der Union von weniger als 50 Mio. Euro auf weniger als 75 Mio. Euro erhöht. Neu war insoweit auch, dass der in der Richtlinie angegeben Gesamtgegenwert aus Gründen der Rechtssicherheit und Effizienz nunmehr jeweils auf unionsweiter Basis und nicht auf Grundlage der in einem Land angebotenen bzw. begebenen Wertpapiere ermittelt wird[4]. Im Zuge des Gesetzgebungsprozesses der Prospektrichtlinie[5] wurde mit der Vorschrift des Art. 1 Abs. 2 lit. a Prospektrichtlinie zunächst eine Ausnahme für Anteilsscheine, die von Organismen für gemeinsame Anlagen eines anderen als des geschlossenen Typs ausgegeben werden, geschaffen. Der Vorschlag der Kommission für die Prospektrichtlinie[6] bezog sich noch eindeutig auf geschlossene Fonds[7] und wurde mit dem Wortlaut, der bereits in Art. 2 Abs. 2 lit. b Emissionsrichtlinie verwendet wurde, in die Prospektrichtlinie übernommen. Eine deutliche Änderung erfuhr die Vorschrift

---

1 Europäische Kommission, Vorschlag für eine Verordnung des Europäischen Parlaments und des Rates über den Prospekt, der beim öffentlichen Angebot von Wertpapieren oder bei deren Zulassung zu veröffentlichen ist, vom 30.11.2015, 2015/0268 (COD), Dok.-Nr. COM(2015) 583 final.
2 Rat der Europäischen Union, Vorschlag für eine Verordnung des Europäischen Parlaments und des Rates über den Prospekt, der beim öffentlichen Angebot von Wertpapieren oder bei deren Zulassung zu veröffentlichen ist, vom 3.6.2015, 2015/0268 (COD), Dok.-Nr. 9801/16; veröffentlichte Zwischenentwürfe datieren vom 15.3.2016 (erster Kompromissvorschlag, Dok.-Nr. 7129/16), vom 17.5.2016 (vierter Kompromissvorschlag, Dok.-Nr. 8976/16), und vom 23.5.2016 (fünfter Kompromissvorschlag, Dok.-Nr. 9306/16).
3 Vgl. Prospektverordnung-E, Vorschlag des Europäischen Parlaments und des Rates über den Prospekt, der beim öffentlichen Angebot von Wertpapieren oder bei deren Zulassung zum Handel zu veröffentlichen ist, 2015/0268 (COD) vom 3.6.2016, Erwägungsgründe (1), (2) und (6).
4 Richtlinie 2010/73/EU des Europäischen Parlaments und des Rates vom 24.11.2010, Erwägungsgrund 6.
5 Richtlinie 2003/71/EG des Europäischen Parlaments und des Rates vom 4.11.2003.
6 Richtlinie 2003/71/EG des Europäischen Parlaments und des Rates vom 4.11.2003.
7 Art. 1 Abs. 3 lit. a des Vorschlags für eine Richtlinie des Europäischen Parlaments und des Rates über den Prospekt, der beim öffentlichen Angebot von Wertpapieren oder bei deren Zulassung zum Handel zu veröffentlichen ist, von der Kommission vorgelegt am 1.6.2001, ABl. EG Nr. C 240 E v. 28.8.2001, S. 272.

sukzessive durch die AIFM-Richtlinie[1] und das AIFM-Umsetzungsgesetz[2], durch welches das Investmentgesetz aufgehoben und durch das neue Kapitalanlagegesetzbuch[3] ersetzt wurde. Zuvor waren zunächst durch Art. 4 OGAW-IV-Umsetzungsgesetz[4] in § 1 Abs. 2 Nr. 1 WpPG aF die Wörter „mit veränderlichem Kapital" gestrichen worden.

Zuletzt erfuhr die Vorschrift Änderungen durch die Richtlinie 2013/36/EU und das entsprechende Umsetzungsgesetz[5].

In Abs. 2 Nr. 4 und 5 wurde jeweils die Bezeichnung Einlagenkreditinstitute durch **CRR-Kreditinstitute** ersetzt. Zur Legaldefinition von CRR-Kreditinstituten siehe § 2 WpPG Rz. 86.

Die Ausnahme vom Anwendungsbereich der Prospektrichtlinie für **von einem Mitgliedstaat oder staatlichen Organisationen ausgegebene Nichtdividendenwerte** gemäß Art. 1 Abs. 2 lit. b Prospektrichtlinie sollte gemäß dem Vorschlag der Kommission für eine Prospektrichtlinie ursprünglich alle Wertpapierarten umfassen[6]. Infolge der Stellungnahme des Europäischen Parlaments in seiner ersten Lesung[7] wurde diese Ausnahme vom Anwendungsbereich in dem geänderten Kommissionsvorschlag auf **Nichteigenkapitalwertpapiere** beschränkt[8]. Die Ausnahme vom Anwendungsbereich von Mitgliedstaaten oder ihren Gebietskörperschaften garantierten Wertpapieren wurde erstmals in dem geänderten Kommissionsvorschlag für

6

---

1 Richtlinie 2011/61/EU des Europäischen Parlaments und des Rates vom 8.6.2011 über die Verwalter alternativer Investmentfonds und zur Änderung der Richtlinien 2003/41/EG und 2009/65/EG und der Verordnungen (EG) Nr. 1060/2009 und (EU) Nr. 1095/2010.
2 Art. 9 des Gesetzes zur Umsetzung der Richtlinie 2011/61/EU über die Verwalter alternativer Investmentfonds (AIFM-Umsetzungsgesetz) vom 4.7.2013.
3 Kapitalanlagegesetzbuch vom 4.7.2013 (BGBl. I 2013, S. 1981), zuletzt geändert durch Gesetz v. 30.6.2016 (BGBl. I 2016, S. 1514).
4 Art. 4 OGAW IV-Umsetzungsgesetz vom 22.6.2011 (BGBl. I 2011, S. 1126).
5 Art. 6 Abs. 4 des Gesetzes zur Umsetzung der Richtlinie 2013/36/EU über den Zugang zur Tätigkeit von Kreditinstituten und die Beaufsichtigung von Kreditinstituten und Wertpapierfirmen und zur Anpassung des Aufsichtsrechts an die Verordnung (EU) Nr. 575/2013 über Aufsichtsanforderungen an Kreditinstitute und Wertpapierfirmen (CRD IV-Umsetzungsgesetz) vom 28.8.2013.
6 Art. 1 Abs. 3 lit. b des Vorschlags für eine Richtlinie des Europäischen Parlaments und des Rates über den Prospekt, der beim öffentlichen Angebot von Wertpapieren oder bei deren Zulassung zum Handel zu veröffentlichen ist, von der Kommission vorgelegt am 1.6.2001, ABl. EG Nr. C 240 E v. 28.8.2001, S. 272.
7 Art. 1 Abs. 3 lit. b des Standpunktes des Europäischen Parlaments im Hinblick auf den Erlass der Richtlinie 2002/…/EG des Europäischen Parlaments und des Rates über den Prospekt, der beim öffentlichen Angebot von Wertpapieren oder bei deren Zulassung zum Handel zu veröffentlichen ist, festgelegt in erster Lesung am 14.3.2002, ABl. EU Nr. C 47 E v. 27.2.2003, S. 525.
8 Art. 1 Abs. 2 lit. b des geänderten Vorschlags für eine Richtlinie des Europäischen Parlaments und des Rates betreffend den Prospekt, der beim öffentlichen Angebot von Wertpapieren oder bei deren Zulassung zum Handel zu veröffentlichen ist und zur Änderung der Richtlinie 2001/34/EG, von der Kommission vorgelegt am 9.8.2002, ABl. EG Nr. C 20 E v. 28.1.2003.

eine Prospektrichtlinie aufgeführt[1] und nach Anpassung aufgrund des gemeinsamen Standpunktes des Europäischen Parlaments und des Rates der Europäischen Union wortgleich in Art. 1 Abs. 2 lit. d Prospektrichtlinie übernommen[2].

7 In Art. 1 Abs. 2 lit. h Prospektrichtlinie ist die **Ausnahme von der Prospektpflicht bei Kleinemissionen** ohne Einschränkung auf bestimmte Emittenten vorgesehen. Gegenüber der ehemaligen Regelung gemäß Art. 2 Abs. 1 lit. c Emissionsrichtlinie wurde die Grenze im Rahmen der Prospektrichtlinie zunächst für Kleinemissionen von 40.000 Euro auf 2,5 Mio. Euro und im Zuge der Änderungsrichtlinie sodann auf 5 Mio. Euro erheblich angehoben[3]. Der auf den ersten Blick erscheinende Widerspruch zwischen der Ausnahme von dem Anwendungsbereich der Richtlinie gemäß Art. 1 Abs. 2 lit. h Prospektrichtlinie für Wertpapierangebote mit einem Gesamtverkaufspreis von weniger als 5 Mio. Euro – zuvor 2,5 Mio. Euro – und der Ausnahme von der Prospektpflicht gemäß Art. 3 Abs. 2 lit. e Prospektrichtlinie für Wertpapierangebote mit einem Gesamtverkaufspreis von weniger als 100.000 Euro kann durch teleologische Auslegung der Regelungen ausgeräumt werden[4]. Den Mitgliedstaaten sollte es im Zuge der Schaffung der Prospektrichtlinie frei stehen, eine

---

1 Art. 1 Abs. 2 lit. c des geänderten Vorschlags für eine Richtlinie des Europäischen Parlaments und des Rates betreffend den Prospekt, der beim öffentlichen Angebot von Wertpapieren oder bei deren Zulassung zum Handel zu veröffentlichen ist und zur Änderung der Richtlinie 2001/34/EG, von der Kommission vorgelegt am 9.8.2002, ABl. EG Nr. C 20 E v. 28.1.2003.

2 Art. 1 Abs. 2 lit. d des gemeinsamen Standpunktes (EG) Nr. 25/2003 im Hinblick auf den Erlass der Richtlinie 2003/.../EG des Europäischen Parlaments und des Rates vom ... betreffend den Prospekt, der beim öffentlichen Angebot von Wertpapieren oder bei deren Zulassung zum Handel zu veröffentlichen ist, und zur Änderung der Richtlinie 2001/34/EG, vom Rat festgelegt am 24.3.2003, ABl. EU Nr. C 125 E v. 27.5.2003, S. 21.

3 Diese Ausnahme wurde im geänderten Vorschlag der Europäischen Kommission für die Prospektrichtlinie noch als nicht öffentliches Angebot definiert (siehe Art. 2 Abs. 2 lit. e des geänderten Vorschlags für eine Richtlinie des Europäischen Parlaments und des Rates betreffend den Prospekt, der beim öffentlichen Angebot von Wertpapieren oder bei deren Zulassung zum Handel zu veröffentlichen ist und zur Änderung der Richtlinie 2001/34/EG, von der Kommission vorgelegt am 9.8.2002, ABl. EG Nr. C 20 E v. 28.1.2003, S. 122). Der Rat der Europäischen Union setzte sich dafür ein, dass diese Kleinemissionen aus dem Anwendungsbereich herausgenommen wurden (vgl. Art. 2 lit. h der Begründung des Rates v. 24.3.2003, Interinstitutionelles Dossier 2001/0117 (COD), 5390/4/03 REV 4 ADD 1). In dem gemeinsamen Standpunkt des Europäischen Parlaments und des Rates der Europäischen Union waren die Kleinemissionen als Ausnahme von dem Anwendungsbereich der Richtlinie vorgesehen (Art. 1 Abs. 2 lit. h des gemeinsamen Standpunktes (EG) Nr. 25/2003 im Hinblick auf den Erlass der Richtlinie 2003/.../EG des Europäischen Parlaments und des Rates vom ... betreffend den Prospekt, der beim öffentlichen Angebot von Wertpapieren oder bei deren Zulassung zum Handel zu veröffentlichen ist, und zur Änderung der Richtlinie 2001/34/EG, vom Rat festgelegt am 24.3.2003, ABl. EU Nr. C 125 E v. 27.5.2003, S. 21) und wurden schließlich entsprechend in die Richtlinie aufgenommen. Vgl. auch *König*, ZEuS 2004, 251 (261).

4 Vgl. dazu *Holzborn/Schwarz-Gondek*, BKR 2003, 927 (929 f.); *König*, ZEuS 2004, 251 (263); *Kunold/Schlitt*, BB 2004, 501 (504); *Schlitt/Wilczek* in Habersack/Mülbert/Schlitt, Handbuch der Kapitalmarktinformation, § 4 Rz. 43.

Prospektpflicht für Wertpapieremissionen bis zu einer Grenze von zunächst 2,5 Mio. Euro vorzusehen. Für diesen Fall sollte jedoch sichergestellt werden, dass Emissionen mit einem Gesamtverkaufspreis von weniger als 100.000 Euro von der Prospektpflicht ausgenommen werden[1]. Dies gilt entsprechend weiterhin für die geänderte Obergrenze.

Nach dem PropektVO-E[2] des Europäischen Parlaments und des Rates soll es künftig den Mitgliedstaaten freigestellt sein, die Obergrenze im nationalen Recht zwischen 500.000 Euro und 10 Mio. Euro festzulegen (vgl. Artt. 1 lit. 2a i.V.m. Art. 3 lit. 2 ProspektVO-E)[3]. Siehe dazu iE Rz. 15 sowie § 3 WpPG Rz. 3. 8

Die in Art. 1 Abs. 2 lit. j Prospektrichtlinie normierte Ausnahme für **Daueremissionen für Kreditinstitute** wurde während des europäischen Gesetzgebungsverfahrens für die Richtlinie kontrovers diskutiert[4]. Die deutschen Vertreter befürworteten eine Aufnahme dieses sog. Dauermittentenprivilegs, damit auch kleinere Kreditinstitute, wie zum Beispiel Sparkassen, leichter am Kapitalmarkt teilnehmen können[5]. Das Europäische Parlament setzte sich dafür ein, dass die Ausnahme für Daueremissionen von Kreditinstituten in die Prospektrichtlinie aufgenommen wurde[6]. Die zunächst auf 50 Mio. Euro festgelegte Grenze für das Emissionsvolumen wurde im 9

---

1 Art. 3 Abs. 2 lit. e der Begründung des Rates v. 24.3.2003, Interinstitutionelles Dossier 2001/0117 (COD), 5390/4/03 REV 4 ADD 1, elektronisch verfügbar auf der Internetseite des Rates der Europäischen Union, http://www.consilium.europa.eu; Art. 3 Abs. 2 lit. e des gemeinsamen Standpunktes (EG) Nr. 25/2003 im Hinblick auf den Erlass der Richtlinie 2003/.../EG des Europäischen Parlaments und des Rates vom ... betreffend den Prospekt, der beim öffentlichen Angebot von Wertpapieren oder bei deren Zulassung zum Handel zu veröffentlichen ist, und zur Änderung der Richtlinie 2001/34/EG, vom Rat festgelegt am 24.3.2003, ABl. EU Nr. C 125 E v. 27.5.2003, S. 21; *Holzborn/Schwarz-Gondek*, BKR 2003, 927 (929 f.); *König*, ZEuS 2004, 251 (263); *Kunold/Schlitt*, BB 2004, 501 (504); *Schlitt/Wilczek* in Habersack/Mülbert/Schlitt, Handbuch der Kapitalmarktinformation, § 4 Rz. 43.
2 Vorschlag des Europäischen Parlaments und des Rates über den Prospekt, der beim öffentlichen Angebot von Wertpapieren oder bei deren Zulassung zum Handel zu veröffentlichen ist, 2015/0268 (COD) vom 3.6.2016.
3 Vgl. Erwägungsgründe (12) und (13) des Vorschlags des Europäischen Parlaments und des Rates über den Prospekt, der beim öffentlichen Angebot von Wertpapieren oder bei deren Zulassung zum Handel zu veröffentlichen ist, 2015/0268 (COD) vom 3.6.2016.
4 *Renz/Mentzer*, Leitfaden Wertpapierprospekte – Eine Darstellung der gesetzlichen Vorgaben für die Emissionspraxis, S. 46; vgl. auch *Elsen/Jäger*, ZfgK 2008, 615 (616).
5 *Renz/Mentzer*, Leitfaden Wertpapierprospekte – Eine Darstellung der gesetzlichen Vorgaben für die Emissionspraxis, S. 46; vgl. auch *Elsen/Jäger*, ZfgK 2008, 615 (616); *Spindler* in Holzborn, § 1 WpPG Rz. 23.
6 Wobei diese von dem Europäischen Parlament in seiner ersten Lesung noch nicht als Ausnahme vom Anwendungsbereich der Richtlinie, sondern als Ausnahme aufgrund der Angebotsart angesehen wurde (vgl. *Holzborn/Schwarz-Gondek*, BKR 2003, 927 [928]) und auch keine Beschränkung im Hinblick auf das Emissionsvolumen enthielt (siehe Art. 3 Abs. 3 lit. m des Standpunktes des Europäischen Parlaments im Hinblick auf den Erlass der Richtlinie 2002/.../EG des Europäischen Parlaments und des Rates über den Prospekt, der beim öffentlichen Angebot von Wertpapieren oder bei deren Zulassung zum Handel

Rahmen des Gesetzgebungsverfahrens für die Änderungsrichtlinie[1] auf 75 Mio. Euro erhöht (zur Erhöhung der Obergrenzen siehe auch Rz. 5). Eine weitere Erhöhung ist derzeit im Rahmen des ProspektVO-E nicht vorgesehen[2].

10 Im Zuge des europäischen Gesetzgebungsverfahrens zur Prospektrichtlinie entschied man sich dazu, die Möglichkeit der **freiwilligen Prospekterstellung** gemäß Art. 1 Abs. 3 Prospektrichtlinie auf alle Emittenten, Anbieter und Zulassungsantragsteller auszuweiten[3], nachdem zunächst nur die Mitgliedstaaten und einige ihrer staatlichen Einrichtungen, die Europäische Zentralbank sowie die Zentralbanken der Mitgliedstaaten privilegiert werden sollten[4].

11 Durch Art. 1 lit. b der Änderungsrichtlinie wurde Art. 1 der Prospektrichtlinie um einen Abs. 4 erweitert, der vorsieht, dass die Kommission durch **delegierte Rechtsakte** gemäß Art. 24 lit. a und unter den in Art. 24 lit. b und c genannten Bedingungen **Maßnahmen zur Anpassung** der in Abs. 2 lit. h und j der durch die Änderungsrichtlinie konsolidierten Prospektrichtlinie benannten **Obergrenzen** erlassen kann, um den technischen Entwicklungen auf den Finanzmärkten einschließlich der Inflation Rechnung zu tragen[5]. Sofern die Kommission von ihrer diesbezüglichen Ermächtigung Gebrauch macht, ist der deutsche Gesetzgeber zu einer entsprechenden Umsetzung verpflichtet[6]. Bis diese erfolgt ist, finden die entsprechenden Anpassungsregelungen im Wege einer richtlinienkonformen Auslegung bereits Anwendung[7].

12 Gemäß Art. 31 Prospektrichtlinie erfolgt eine **Überprüfung der Prospektrichtlinie** erneut fünf Jahre nach Inkrafttreten der Änderungsrichtlinie durch die Europäische Kommission; diese legt dem Europäischen Parlament und dem Rat der Europäi-

---

zu veröffentlichen ist, festgelegt in erster Lesung am 14.3.2002, ABl. EU Nr. C 47 E v. 27.2.2003, S. 525); vgl. auch *Wagner*, Die Bank 2003, 680 (681).

1 Richtlinie 2010/73/EU des Europäischen Parlaments und des Rates vom 24.11.2010.
2 Vgl. Vorschlag des Europäischen Parlaments und des Rates über den Prospekt, der beim öffentlichen Angebot von Wertpapieren oder bei deren Zulassung zum Handel zu veröffentlichen ist, 2015/0268 (COD) vom 3.6.2016.
3 Art. 1 Abs. 3 des gemeinsamen Standpunktes (EG) Nr. 25/2003 im Hinblick auf den Erlass der Richtlinie 2003/.../EG des Europäischen Parlaments und des Rates vom ... betreffend den Prospekt, der beim öffentlichen Angebot von Wertpapieren oder bei deren Zulassung zum Handel zu veröffentlichen ist, und zur Änderung der Richtlinie 2001/34/EG, vom Rat festgelegt am 24.3.2003, ABl. EU Nr. C 125 E v. 27.5.2003, S. 21.
4 Erläuterungen zu Art. 1 Abs. 3 des geänderten Vorschlags für eine Richtlinie des Europäischen Parlaments und des Rates betreffend den Prospekt, der beim öffentlichen Angebot von Wertpapieren oder bei deren Zulassung zum Handel zu veröffentlichen ist und zur Änderung der Richtlinie 2001/34/EG, von der Kommission vorgelegt am 9.8.2002, ABl. EG Nr. C 20 E v. 28.1.2003, S. 122.
5 Art. 1 lit. b der Änderungsrichtlinie (Richtlinie 2010/73/EU zur Änderung der Richtlinie 2003/71/EG).
6 Vgl. *Schnorbus* in FrankfurtKomm. WpPG, § 1 WpPG Rz. 44; *Groß*, Kapitalmarktrecht, § 1 WpPG Rz. 11; *Spindler* in Holzborn, § 1 WpPG Rz. 35.
7 Vgl. *Schnorbus* in FrankfurtKomm. WpPG, § 1 WpPG Rz. 44; *Groß*, Kapitalmarktrecht, § 1 WpPG Rz. 11; *Spindler* in Holzborn, § 1 WpPG Rz. 35.

schen Union wiederum einen Bericht, mit Vorschlägen für eine Revision der Richtlinie, vor.

Der ProspektVO-E[1] sieht derzeit den **Entwurf einer neuen, die Richtlinie ersetzenden Verordnung** anstelle einer Überarbeitung der Richtlinie vor. Ziel ist insoweit die Vollendung der Kapitalmarktunion durch eine weitergehende Harmonisierung unter anderem der prospektrechtlichen Vorschriften in den Mitgliedstaaten[2], nachdem die Prospektrichtlinie auch nach ihrer Reform 2010 noch in einigen Mitgliedstaaten uneinheitlich umgesetzt wurde[3]. Die Umwandlung der Richtlinie in eine Verordnung wurde – aufgrund ihrer unmittelbaren Anwendbarkeit – als adäquates Mittel zur Beseitigung von Problemen bei der Umsetzung sowie zur Sicherung der Kohärenz und einer tieferen Integration im Binnenmarkt gesehen[4]. Gleichzeitig solle eine neue Verordnung die Zahl der voneinander abweichenden und fragmentierten Regelungen im Einklang mit den Zielen der Kapitalmarktunion senken[5]. Grenzüberschreitende Angebote sollen gleichermaßen erleichtert werden[6].

13

Der ProspektVO-E sieht die Erweiterung des Art. 1 der Richtlinie, bzw. dann Art. 1 der VO, um die bislang in Art. 3 der Richtlinie verorteten Ausnahmen im Hinblick auf die Art des Angebotes vor. So sollen sich zukünftig die Ausnahmen der Artt. 3 und 4 der Richtlinie, die durch den deutschen Gesetzgeber in § 3 Abs. 2 und § 4 WpPG umgesetzt wurden, in Art. 1 Nr. 3 und Nr. 4 des ProspektVO-E[7] finden. Die Vorschriften sollen teilweise unter Anpassung der Schwellenwerte in Art. 1 des Pro-

14

---

1 Vorschlag des Europäischen Parlaments und des Rates über den Prospekt, der beim öffentlichen Angebot von Wertpapieren oder bei deren Zulassung zum Handel zu veröffentlichen ist, 2015/0268 (COD) vom 3.6.2016.
2 Vgl. Erwägungsgründe (1) ff., insbesondere (1), (2) des Vorschlags des Europäischen Parlaments und des Rates über den Prospekt, der beim öffentlichen Angebot von Wertpapieren oder bei deren Zulassung zum Handel zu veröffentlichen ist, 2015/0268 (COD) vom 3.6.2016.
3 Vgl. Vorschlag der Europäischen Kommission für eine Verordnung des Europäischen Parlaments und des Rates über den Prospekt, der beim öffentlichen Angebot von Wertpapieren oder bei deren Zulassung zum Handel zu veröffentlichen ist, COM(2015) 583 final, 2015/0268(COD) vom 30.11.2015 unter 2.
4 Vgl. Vorschlag der Europäischen Kommission für eine Verordnung des Europäischen Parlaments und des Rates über den Prospekt, der beim öffentlichen Angebot von Wertpapieren oder bei deren Zulassung zum Handel zu veröffentlichen ist, COM(2015) 583 final, 2015/0268(COD) vom 30.11.2015 unter 2.
5 Vgl. Vorschlag der Europäischen Kommission für eine Verordnung des Europäischen Parlaments und des Rates über den Prospekt, der beim öffentlichen Angebot von Wertpapieren oder bei deren Zulassung zum Handel zu veröffentlichen ist, COM(2015) 583 final, 2015/0268(COD) vom 30.11.2015 unter 2.
6 Vgl. Vorschlag der Europäischen Kommission für eine Verordnung des Europäischen Parlaments und des Rates über den Prospekt, der beim öffentlichen Angebot von Wertpapieren oder bei deren Zulassung zum Handel zu veröffentlichen ist, COM(2015) 583 final, 2015/0268(COD) vom 30.11.2015 unter 2.
7 Vorschlag des Europäischen Parlaments und des Rates über den Prospekt, der beim öffentlichen Angebot von Wertpapieren oder bei deren Zulassung zum Handel zu veröffentlichen ist, 2015/0268 (COD) vom 3.6.2016.

spektVO-E übernommen werden. Insoweit sollte zukünftig die **Systematik der Anwendungs- und Ausnahmevorschriften** übersichtlicher werden (siehe Rz. 8 und § 3 WpPG Rz. 3).

15 Durch Art. 1 lit. 2a ProspektVO-E[1] soll zudem eine weitere **Anpassung der Obergrenzen** des Art. 1 Abs. 2 lit. h von bislang 5 Mio. auf **500.000 bis 10 Mio. Wertpapiere eines Angebots mit einem Gesamtgegenwert in der Union über einen Zeitraum von 12 Monaten** stattfinden. Dies ergibt sich aus der Gesamtschau des Art. 1 lit. 2a ProspektVO-E iVm. Art. 3 Abs. 2 ProspektVO-E, der die Möglichkeit vorsieht, dass Mitgliedstaaten die Option eingeräumt wird, Wertpapiere von der Prospektpflicht zu befreien. Insoweit wird angenommen, dass die Kosten für die Erstellung eines Prospekts unverhältnismäßig sein können, sofern bei öffentlichen Angeboten von Wertpapieren der Gesamtgegenwert von 10 Mio. Euro nicht überschritten wird.

Den Mitgliedstaaten soll es somit freigestellt sein, den Schwellenwert für das Wirksamwerden dieser Ausnahme bezogen auf den Gesamtgegenwert des Angebots innerhalb eines Zeitraums von zwölf Monaten im nationalen Recht zwischen 500.000 Euro und 10 Mio. Euro festzulegen[2]. Voraussetzung ist allerdings, dass dies nur auf nationaler Ebene geschieht und keine Notifizierung iS. des Art. 24 ProspektVO-E erfolgen soll (vgl. Art. 3 Abs. 2 lit. a ProspektVO-E). Der Zeitraum von zwölf Monaten für die Beurteilung einer möglichen Überschreitung des Schwellenwertes soll insoweit gleich bleiben[3]. Mit dieser doch erheblichen Flexibilität soll dem Ziel der Kapitalmarktunion, Unternehmen den Zugang zu einer größeren Vielfalt an Finanzierungsquellen in der gesamten Europäischen Union zu erleichtern und damit ein effizienteres Funktionieren der Märkte zu gewährleisten, Rechnung getragen werden[4]. Siehe dazu Erwägungsgründe (12) und (13) des ProspektVO-E sowie Rz. 8 und § 3 WpPG Rz. 3.

16 Zusammenfassend **konsolidiert Art. 1 des ProspektVO-E damit insgesamt die Artikel der gültigen Prospektrichtlinie und konkretisiert den Anwendungsbereich** sowie die Ausnahmen von der Prospektpflicht[5]. Die Absätze 3 und 4 legen insbesondere fest, unter welchen Umständen ein öffentliches Wertpapierangebot oder

---

1 Vorschlag des Europäischen Parlaments und des Rates über den Prospekt, der beim öffentlichen Angebot von Wertpapieren oder bei deren Zulassung zum Handel zu veröffentlichen ist, 2015/0268 (COD) vom 3.6.2016.
2 Vgl. Erwägungsgründe (12) und (13) des Vorschlags des Europäischen Parlaments und des Rates über den Prospekt, der beim öffentlichen Angebot von Wertpapieren oder bei deren Zulassung zum Handel zu veröffentlichen ist, 2015/0268 (COD) vom 3.6.2016.
3 Vgl. Vorschlag des Europäischen Parlaments und des Rates über den Prospekt, der beim öffentlichen Angebot von Wertpapieren oder bei deren Zulassung zum Handel zu veröffentlichen ist, 2015/0268 (COD) vom 3.6.2016.
4 Vgl. Erwägungsgrund (1) des Vorschlags des Europäischen Parlaments und des Rates über den Prospekt, der beim öffentlichen Angebot von Wertpapieren oder bei deren Zulassung zum Handel zu veröffentlichen ist, 2015/0268 (COD) vom 3.6.2016.
5 Vgl. Vorschlag der Europäischen Kommission für eine Verordnung des Europäischen Parlaments und des Rates über den Prospekt, der beim öffentlichen Angebot von Wertpapieren oder bei deren Zulassung zum Handel zu veröffentlichen ist, COM(2015) 583 final, 2015/0268(COD) vom 30.11.2015 unter 5.

die Zulassung von Wertpapieren zum Handel auf einem geregelten Markt nicht unter die Pflicht zur Veröffentlichung eines Prospekts fällt[1].

Verzichtet wurde – entgegen der Empfehlung der Europäischen Kommission[2] – auf die **Streichung der in der Prospektrichtlinie gewährte Vorzugsbehandlung von Nichtdividendenwerten mit einer Mindeststückelung von 100.000 Euro**. Begründet wurde das Vorhaben damit, dass diese Ausnahmevorschrift unbeabsichtigte Folgen nach sich gezogen habe, wie Verzerrungen auf den europäischen Anleihemärkten, und dem Umstand, dass ein erheblicher Anteil der Schuldverschreibungen von Investment-Grade-Unternehmen für eine größere Anzahl von Anlegern unzugänglich geworden sei[3]. Dem so gesehenen Hemmnis für die Sekundärliquidität auf den europäischen Anleihemärkten sollten mit der Verordnung die Anreize zur Begebung von Schuldverschreibungen in großer Stückelung beseitigt werden[4]. Letztlich stieß der Vorschlag jedoch im Rahmen der Konsultation der Märkte auf wenig Anklang[5]. 17

Die aktuell in § 1 Abs. 3 WpPG statuierte **Möglichkeit der freiwilligen Prospekterstellung** findet sich in Art. 4 ProspektVO-E[6].

Der Anwendungsbereich des WpPG regelt einheitlich die Prospektpflicht für das öffentliche Angebot von Wertpapieren und die Zulassung von Wertpapieren an einem organisierten Markt. Der insoweit einheitliche Prospektbegriff sowie die einheitliche Prospektpflicht wurden durch das **Prospektrichtlinie-Umsetzungsgesetz**[7] als 18

---

1 Vgl. Vorschlag der Europäischen Kommission für eine Verordnung des Europäischen Parlaments und des Rates über den Prospekt, der beim öffentlichen Angebot von Wertpapieren oder bei deren Zulassung zum Handel zu veröffentlichen ist, COM(2015) 583 final, 2015/0268(COD) vom 30.11.2015 unter 5.
2 Vorschlag der Europäischen Kommission für eine Verordnung des Europäischen Parlaments und des Rates über den Prospekt, der beim öffentlichen Angebot von Wertpapieren oder bei deren Zulassung zum Handel zu veröffentlichen ist, COM(2015) 583 final, 2015/0268(COD) vom 30.11.2015.
3 Vorschlag der Europäischen Kommission für eine Verordnung des Europäischen Parlaments und des Rates über den Prospekt, der beim öffentlichen Angebot von Wertpapieren oder bei deren Zulassung zum Handel zu veröffentlichen ist, COM(2015) 583 final, 2015/0268(COD) vom 30.11.2015 unter 5.
4 Vgl. Vorschlag der Europäischen Kommission für eine Verordnung des Europäischen Parlaments und des Rates über den Prospekt, der beim öffentlichen Angebot von Wertpapieren oder bei deren Zulassung zum Handel zu veröffentlichen ist, COM(2015) 583 final, 2015/0268(COD) vom 30.11.2015 unter 5.
5 Vgl. im Einzelnen: Vorschlag der Europäischen Kommission für eine Verordnung des Europäischen Parlaments und des Rates über den Prospekt, der beim öffentlichen Angebot von Wertpapieren oder bei deren Zulassung zum Handel zu veröffentlichen ist, COM(2015) 583 final, 2015/0268(COD) vom 30.11.2015 unter 5.
6 Siehe dazu auch Vorschlag der Europäischen Kommission für eine Verordnung des Europäischen Parlaments und des Rates über den Prospekt, der beim öffentlichen Angebot von Wertpapieren oder bei deren Zulassung zum Handel zu veröffentlichen ist, COM(2015) 583 final, 2015/0268(COD) vom 30.11.2015 unter 2.
7 Gesetz zur Umsetzung der Richtlinie 2003/71/EG des Europäischen Parlaments und des Rates vom 4.11.2003 betreffend den Prospekt, der beim öffentlichen Angebot von Wertpapieren oder bei deren Zulassung zum Handel zu veröffentlichen ist, und zur Änderung

Novum eingeführt[1]. Zu dem Begriff des organisierten Marktes gemäß § 1 Abs. 1 WpPG iVm. § 2 Nr. 16 WpPG siehe Rz. 26 f. und § 2 WpPG Rz. 118 ff.[2]

19 Art. 1 Abs. 2 Prospektrichtlinie führt bestimmte **Wertpapiere, die vom Anwendungsbereich der Prospektrichtlinie ausgenommen sind**, auf. Dem deutschen Gesetzgeber stand es frei, die einzelnen Ausnahmen in deutsches Recht umzusetzen[3]. Davon hat er allerdings nur in geringem Maße Gebrauch gemacht. Ein Grund dafür war, dass die in Art. 1 Abs. 2 Prospektrichtlinie aufgeführten Ausnahmetatbestände teilweise auf unterschiedliche nationale Besonderheiten zugeschnitten sind[4], wie die Ausnahmen für Anteile am Kapital von Zentralbanken in der Form einer Aktiengesellschaft gemäß Art. 1 Abs. 2 lit. c Prospektrichtlinie, für Anteile, die in einigen Mitgliedstaaten, insbesondere in Finnland, mit dem Recht auf Nutzung einer Immobilie verbunden sind, gemäß Art. 1 Abs. 2 lit. g Prospektrichtlinie und für eine spezifische Art von Hypothekenanleihen, der sog. Bostadsobligationer, welche nur in Schweden emittiert wird, gemäß Art. 1 Abs. 2 lit. i Prospektrichtlinie[5]. In deutsches Recht umgesetzt wurde ebenfalls nicht die Ausnahme für Wertpapiere, die

---

der Richtlinie 2001/34/EG (Prospektrichtlinie-Umsetzungsgesetz) v. 22.6.2005, BGBl. I 2005, 1698.

1 Vgl. auch *Ritz/Voß* in Just/Voß/Ritz/Zeising, Einleitung WpPG Rz. 33; *Schlitt/Wilczek* in Habersack/Mülbert/Schlitt, Handbuch der Kapitalmarktinformation, § 4 Rz. 13; *Weber*, NZG 2004, 360 (361). Demgegenüber musste nach früherem nationalem Recht für ein öffentliches Angebot ein Verkaufsprospekt nach der alten Fassung des Verkaufsprospektgesetzes iVm. der damaligen Fassung der Verkaufsprospekt-Verordnung und für eine Zulassung von Wertpapieren zu den damaligen Zulassungssegmenten des amtlichen oder geregelten Marktes ein Börsenzulassungsprospekt bzw. Unternehmensbericht nach der alten Fassung des Börsengesetzes in Verbindung mit der damaligen Börsenzulassungs-Verordnung erstellt werden. Beim öffentlichen Angebot bereits zum Börsenhandel zugelassener Wertpapiere war kein Prospekt zu veröffentlichen (§§ 1, 7 VerkProspG aF). Grundlage des Verkaufsprospektgesetzes war die Emissionsrichtlinie; das Börsengesetz basierte auf der Börsenzulassungsrichtlinie.

2 Begr. RegE zu Allgemeiner Teil, WpPG, BT-Drucks. 15/4999 v. 3.3.2005, S. 25; siehe dazu auch *Groß*, Kapitalmarktrecht, WpPG, Vorbemerkungen Rz. 6; *Hamann* in Schäfer/Hamann, Vor § 1 WpPG Rz. 16; *Keunecke*, Prospekte im Kapitalmarkt, S. 105 f.; *Leuering*, Der Konzern 2006, 4 (5); *Ritz/Voß* in Just/Voß/Ritz/Zeising, Einleitung WpPG Rz. 33; *Schanz/Schalast*, Wertpapierprospekte, Markteinführungspublizität nach EU-Prospektverordnung und Wertpapierprospektgesetz 2005, S. 6; *Weber*, NZG 2004, 360 (361).

3 Begr. RegE zu § 1 Abs. 2 WpPG, BT-Drucks. 15/4999 v. 3.3.2005, S. 27; vgl. auch *Crüwell*, AG 2003, 243 (245); *Holzborn/Schwarz-Gondek*, BKR 2003, 927 (928); *König*, ZEuS 2004, 251 (261); *Ritz/Zeising* in Just/Voß/Ritz/Zeising, § 1 WpPG Rz. 9; *Spindler* in Holzborn, § 1 WpPG Rz. 7.

4 *Crüwell*, AG 2003, 243 (245); vgl. auch *Spindler* in Holzborn, § 1 WpPG Rz. 8.

5 Begründung des Rates zu Art. 1 des gemeinsamen Standpunktes (EG) Nr. 25/2003 im Hinblick auf den Erlass der Richtlinie 2003/.../EG des Europäischen Parlaments und des Rates vom ... betreffend den Prospekt, der beim öffentlichen Angebot von Wertpapieren oder bei deren Zulassung zum Handel zu veröffentlichen ist, und zur Änderung der Richtlinie 2001/34/EG, vom Rat festgelegt am 24.3.2003, ABl. EU Nr. C 125 E v. 27.5.2003, S. 21; *Spindler* in Holzborn, § 1 WpPG Rz. 8; vgl. auch *Ritz/Zeising* in Just/Voß/Ritz/Zeising, § 1 WpPG Rz. 9.

von Vereinigungen mit Rechtspersönlichkeit oder von einem Mitgliedstaat anerkannten Einrichtungen ohne Erwerbscharakter zum Zweck der Mittelbeschaffung für ihre nicht erwerbsorientierten Ziele ausgegeben werden, gemäß Art. 1 Abs. 2 lit. e Prospektrichtlinie. Diese wurde aus deutscher Sicht als systemfremd angesehen, da nur die Ziele einer Vereinigung und nicht die Mittelbeschaffung am Kapitalmarkt als gemeinnützig angesehen werden können und zudem hinsichtlich der Zweckverfolgung kein Anlegerschutzbezug gegeben ist[1]. Ferner wurde der in Art. 1 Abs. 2 lit. f Prospektrichtlinie aufgeführte Ausnahmetatbestand nicht in das WpPG übernommen. Im Unterschied zu Art. 1 Abs. 2 Prospektrichtlinie waren die Ausnahmen gemäß Artt. 3, 4 Prospektrichtlinie von den Mitgliedstaaten zwingend umzusetzen, ohne dass ihnen dabei ein Gestaltungsspielraum zukam (dazu auch Rz. 2; zu den Folgen bei einem öffentlichen Angebot oder einer Börsenzulassung sowohl in Deutschland als auch in einem anderen Mitgliedstaat siehe Rz. 33; zu den daraus folgenden Auswirkungen auf die freiwillige Prospekterstellung siehe Rz. 88 ff.)[2].

Mit § 1 Abs. 2 Nr. 1 WpPG, der sich an § 3 Nr. 3 VerkProspG aF orientierte[3], wurde Art. 1 Abs. 2 lit. a Prospektrichtlinie **in das deutsche Recht übernommen**. Da keine harmonisierte Definition des in Art. 1 Abs. 2 lit. a Prospektrichtlinie verwendeten Begriffs „Organismen für gemeinsame Anlagen eines geschlossenen Typs" existierte, fehlte es zunächst an klaren Bestimmungen zur Auflösung des Konkurrenzverhältnisses zwischen dem WpPG und dem InvG[4]. Diese Abgrenzungsproblematik besteht nach neuer Rechtslage nicht fort. Durch den inzwischen aufgrund des AIFM-Umsetzungsgesetzes eingeführten Wortlaut des Ausnahmetatbestandes ist nunmehr für die Definition des für die Abgrenzung zwischen den Anwendungsbereichen des WpPG und des KAGB zugrundezulegenden offenen Investmentvermögens § 1 Abs. 4 KAGB heranzuziehen. Im Einzelnen dazu siehe Rz. 34 ff. Die Ausnahme von der Prospektpflicht für Nichtdividendenwerte der Mitgliedstaaten oder ihrer Gebietskörperschaften sowie der Zentralbanken gemäß Art. 1 Abs. 2 lit. b Prospektrichtlinie wird durch § 1 Abs. 2 Nr. 2 WpPG umgesetzt. Diese Vorschrift ist § 3 Nr. 1 VerkProspG aF und den §§ 36, 52 BörsG aF nachgebildet[5]. § 1 Abs. 2 Nr. 3 WpPG, der sich an § 3 Nr. 4 VerkProspG aF orientiert[6], setzt die Ausnahme für von einem Staat des Europäischen Wirtschaftsraums oder seinen Gebietskörperschaften garantierte Wertpapiere gemäß Art. 1 Abs. 2 lit. d Prospektrichtlinie um. Gegenüber § 3 Nr. 4 VerkProspG aF, der eine Beschränkung der Ausnahme auf Schuldverschreibungen vorsah, umfasst der Ausnahmetatbestand des § 1 Abs. 2 Nr. 3 WpPG alle Wertpapierarten[7]. Aufgegeben wurde zudem die Ausnahme für eine Gesellschaft

---

1 *Crüwell*, AG 2003, 243 (245); *Spindler* in Holzborn, § 1 WpPG Rz. 9.
2 *Crüwell*, AG 2003, 243 (245); *Fürhoff/Ritz*, WM 2001, 2280 (2283); *Holzborn/Schwarz-Gondek*, BKR 2003, 927 (928); *König*, ZEuS 2004, 251 (261 f.).
3 Begr. RegE zu § 1 Abs. 2 Nr. 1 WpPG, BT-Drucks. 15/4999 v. 3.3.2005, S. 27.
4 Vgl. dazu auch die Darstellung der „großen Lösung" und der „kleinen Lösung", die von dem deutschen Gesetzgeber gewählt wurde, *Ritz/Zeising* in Just/Voß/Ritz/Zeising, § 1 WpPG Rz. 12 f.
5 Begr. RegE zu § 1 Abs. 2 Nr. 2 WpPG, BT-Drucks. 15/4999 v. 3.3.2005, S. 27.
6 Begr. RegE zu § 1 Abs. 2 Nr. 3 WpPG, BT-Drucks. 15/4999 v. 3.3.2005, S. 27.
7 *Spindler* in Holzborn, § 1 WpPG Rz. 17.

oder eine juristische Person, die ihre Tätigkeit unter einem Staatsmonopol ausübt[1]. Die in Art. 1 Abs. 2 lit. h Prospektrichtlinie vorgesehene Ausnahme von der Prospektpflicht bei Kleinemissionen ohne Einschränkung auf bestimmte Emittenten wurde bei der Umsetzung dieser Regelung in das deutsche Recht (§ 1 Abs. 2 Nr. 4 WpPG) auf Einlagenkreditinstitute – inzwischen CRR-Kreditinstitute – und Emittenten, deren Aktien bereits zum Handel an einem organisierten Markt zugelassen sind, beschränkt[2]. Hinsichtlich der Höhe des Emissionsvolumens, welches prospektfrei angeboten werden kann, hatte der deutsche Gesetzgeber das von Art. 1 Abs. 2 lit. h Prospektrichtlinie vorgegebene Emissionsvolumen von zunächst weniger als 2,5 Mio., inzwischen 5 Mio. Euro, voll ausgeschöpft. Damit ging auch eine erhebliche Erhöhung der ehemaligen Grenze für Kleinemissionen von 40.000 Euro (§ 2 Nr. 4 VerkProspG aF) einher[3]. § 1 Abs. 2 Nr. 5 WpPG setzt Art. 1 Abs. 2 lit. j Prospektrichtlinie um. Diese Ausnahme orientiert sich an § 3 Nr. 2 VerkProspG aF. Im Gegensatz dazu dürfen nach der Regelung im WpPG nur Nichtdividendenwerte in einem Gesamtgegenwert von inzwischen weniger als 75 Mio. Euro, bezogen auf einen Zeitraum von zwölf Monaten, prospektfrei emittiert werden[4]. Nach der ehemaligen Regelung des § 3 Nr. 2 VerkProspG aF war für dauernd oder wiederholt von Kredit- oder Finanzdienstleistungsinstituten ausgegebene Schuldverschreibungen kein Verkaufsprospekt zu veröffentlichen[5]. Für eine Zulassung derartiger Schuldverschreibungen musste der Börsenzulassungsprospekt nur wenigen Anforderungen genügen (§ 30 BörsG aF iVm. § 38 BörsZulV aF)[6]. Hinzu kam außerdem die Begrenzung der Nichtdividendenwerte auf die in § 1 Abs. 2 Nr. 5 lit. a und b WpPG genannten Arten[7]. Die in Art. 1 Abs. 3 Prospektrichtlinie vorgesehene Regelung der freiwilligen Prospekterstellung wurde für die in Art. 1 Abs. 2 lit. b, d, h und j Prospektrichtlinie vorgesehenen Ausnahmen inhaltsgleich in § 1 Abs. 3 WpPG übernommen. Bestimmungen der Begriffe Wertpapier, öffentliches Angebot und organisierter Markt, die innerhalb des Anwendungsbereichs des Art. 1 Prospektrichtlinie aufgeführt sind, wurden in § 2 Nr. 1, 4 und 16 WpPG übernommen.

21 Entsprechend legt § 1 WpPG in Abs. 1 den **Anwendungsbereich** des WpPG fest, bestimmt in Abs. 2 die **Ausnahmen vom Anwendungsbereich** und regelt in Abs. 3 die Möglichkeit der **freiwilligen Prospekterstellung**.

---

1 *Spindler* in Holzborn, § 1 WpPG Rz. 17.
2 Begr. RegE zu § 1 Abs. 2 Nr. 4 WpPG, BT-Drucks. 15/4999 v. 3.3.2005, S. 27.
3 Vgl. im Zusammenhang mit der Prospektrichtlinie *König*, ZEuS 2004, 251 (261).
4 Begr. RegE zu § 1 Abs. 2 Nr. 5 WpPG, BT-Drucks. 15/4999 v. 3.3.2005, S. 27; vgl. dazu auch *Keunecke*, Prospekte im Kapitalmarkt, S. 113; *Spindler* in Holzborn, § 1 WpPG Rz. 22.
5 Siehe dazu *Ritz* in Assmann/Lenz/Ritz, § 3 VerkProspG Rz. 9; *Renz/Mentzer*, Leitfaden Wertpapierprospekte – Eine Darstellung der gesetzlichen Vorgaben für die Emissionspraxis, S. 47 f.
6 Vgl. dazu *Renz/Mentzer*, Leitfaden Wertpapierprospekte – Eine Darstellung der gesetzlichen Vorgaben für die Emissionspraxis, S. 46 f.
7 Vgl. auch *Hamann* in Schäfer/Hamann, § 1 WpPG Rz. 19.

II. Anwendungsbereich (§ 1 Abs. 1 WpPG)

1. Tatbestandsmerkmale des § 1 Abs. 1 WpPG

Der **Anwendungsbereich** des Gesetzes erstreckt sich gemäß § 1 Abs. 1 WpPG auf die Erstellung, Billigung und Veröffentlichung von Prospekten für Wertpapiere, die öffentlich angeboten oder zum Handel an einem organisierten Markt zugelassen werden sollen.

22

Die Prospekterstellung ist in Abschnitt 2, §§ 5 bis 12 WpPG geregelt. Die Vorschriften zur Prospektbilligung und -veröffentlichung finden sich in Abschnitt 3, §§ 13 bis 16 WpPG[1]. Die für die Festlegung des Anwendungsbereiches des WpPG wesentlichen **Tatbestandsmerkmale** Wertpapiere, öffentliches Angebot und organisierter Markt sind in § 2 Nr. 1, 4 und 16 WpPG legaldefiniert (dazu § 2 WpPG Rz. 8 ff., Rz. 32 ff. und Rz. 118 ff.).

23

Der Begriff der **Zulassung** bezeichnet den Zulassungsbeschluss, der als Verwaltungsakt durch die Geschäftsführung der Börse erlassen wird[2]. Während die BaFin für die Prospektprüfung und -billigung zuständig ist, wird das Verfahren für die Zulassung der Wertpapiere an einem organisierten Markt bei der Börse durchgeführt[3]. Voraussetzung für die Zulassung ist die Veröffentlichung eines gebilligten Prospekts. Die Börse lässt sich daher den Prospekt und den Nachweis über dessen Veröffentlichung vorlegen. Sie unterzieht den Prospekt jedoch keiner Prüfung im Hinblick auf die Anforderungen des WpPG, sondern beschränkt sich darauf zu überprüfen, ob die Voraussetzungen für eine Zulassung gemäß §§ 32, 34 BörsG iVm. der BörsZulV vorliegen[4].

24

Das WpPG ist nicht anwendbar auf öffentliche Angebote, die keine **Wertpapiere** gemäß § 2 Nr. 1 WpPG zum Gegenstand haben (zu dem Begriff Wertpapier siehe § 2 WpPG Rz. 8 ff.)[5]. Für die in § 1 VermAnlG aufgeführten, nicht in den Anwendungsbereich des WpPG fallenden Vermögensanlagen besteht jedoch die Pflicht zur Prospekterstellung nach den Vorschriften des Vermögensanlagengesetzes. Im Rahmen der Abgrenzung ist zu beachten, dass sich der Regelungsgegenstand des § 1 VermAnlG bis zum 1.6.2012 in § 8f VerkProspG fand. Hiervon zu unterscheiden ist die alte Rechtslage, nach der für öffentlich angebotene Wertpapiere eine Prospektpflicht gemäß der alten Fassung des Verkaufsprospektgesetzes bestand (siehe dazu auch Rz. 18 Fn. 1)[6].

25

---

[1] Siehe auch *Hamann* in Schäfer/Hamann, § 1 WpPG Rz. 3; *Ritz/Zeising* in Just/Voß/Ritz/Zeising, § 1 WpPG Rz. 1.
[2] Vgl. auch *Grosjean* in Heidel, Aktienrecht und Kapitalmarktrecht, § 2 WpPG Rz. 36; *Groß*, Kapitalmarktrecht, § 32 BörsG Rz. 5.
[3] *Schlitt/Singhof/Schäfer*, BKR 2005, 251 (255); siehe dazu auch: *Groß*, Kapitalmarktrecht, § 32 BörsG Rz. 16 ff.
[4] *Groß*, Kapitalmarktrecht, § 32 BörsG Rz. 16 ff.
[5] Vgl. auch *Leuering*, Der Konzern 2006, 4 (9).
[6] Siehe auch *Hamann* in Schäfer/Hamann, § 1 WpPG Rz. 5.

26 Der Begriff des **organisierten Marktes** ist in § 2 Nr. 16 WpPG legaldefiniert. Die Definition des Begriffs organisierter Markt wurde im Zuge der Änderung des Investmentänderungsgesetzes neu formuliert (zu dem Begriff organisierter Markt siehe § 2 WpPG Rz. 118 ff.)[1]. In Deutschland handelt es sich bei dem regulierten Markt iS von §§ 32 f. BörsG um einen organisierten Markt gemäß § 1 Abs. 1 WpPG iVm. § 2 Nr. 16 WpPG, nachdem die ursprünglichen Marktsegmente amtlicher Markt und geregelter Markt am 1.11.2007 in den regulierten Markt zusammengeführt wurden[2]. Durch die Änderung des Börsengesetzes aufgrund des Finanzmarktrichtlinie-Umsetzungsgesetzes[3] wurde der Begriff des regulierten Marktes eingeführt.

27 Um keinen organisierten Markt iS von § 1 Abs. 1 WpPG iVm. § 2 Nr. 16 WpPG handelt es sich aufgrund der privatrechtlichen Organisationsform beim Freiverkehr gemäß § 48 BörsG[4], sowie bei sonstigen Multilateralen Handelssystemen (MTF), weshalb das WpPG auf die alleinige Einbeziehung von Wertpapieren in den **Freiverkehr oder in ein sonstiges Multilaterales Handelssystem** – anders als im Falle der alleinigen Zulassung zum regulierten Markt – nicht anwendbar ist[5]. Hingegen besteht eine Prospektpflicht nach dem WpPG, sofern die betreffenden Wertpapiere auch öffentlich angeboten werden.

2. Prospektbegriff

28 Das WpPG enthält **keine Legaldefinition** des Begriffs Prospekt[6]. In § 5 Abs. 1 Satz 1 und 2 WpPG sind jedoch allgemeine Anforderungen, die an einen Prospekt gestellt werden, genannt[7]. Danach muss er Angaben über den Emittenten und über die Wertpapiere, die öffentlich angeboten oder zum Handel an einem organisierten Markt zugelassen werden sollen, enthalten mit der Zielrichtung, dem Publikum ein zutref-

---

1 Art. 19a Gesetz zur Änderung des Investmentgesetzes und Anpassung anderer Vorschriften (Investmentänderungsgesetz) v. 21.12.2007, BGBl. I 2007, S. 3089.
2 Siehe auch *Meyer* in Habersack/Mülbert/Schlitt, Unternehmensfinanzierung am Kapitalmarkt, § 30 Rz. 8; *Ritz/Zeising* in Just/Voß/Ritz/Zeising, § 1 WpPG Rz. 2; *Schlitt/Wilczek* in Habersack/Mülbert/Schlitt, Handbuch der Kapitalmarktinformation, § 4 Rz. 39.
3 Gesetz zur Umsetzung der Richtlinie über Märkte für Finanzinstrumente und der Durchführungsrichtlinie der Kommission (Finanzmarktrichtlinie-Umsetzungsgesetz) v. 16.7.2007, BGBl. I 2007, S. 1330.
4 Begr. RegE zu § 1 Abs. 1 WpPG, BT-Drucks. 15/4999 v. 3.3.2005, S. 25, 27; *Grosjean* in Heidel, Aktienrecht und Kapitalmarktrecht, § 1 WpPG Rz. 2, § 2 WpPG Rz. 43; *Groß*, Kapitalmarktrecht, § 1 WpPG Rz. 2, § 2 WpPG Rz. 35; *Keunecke*, Prospekte im Kapitalmarkt, S. 110; *Meyer* in Habersack/Mülbert/Schlitt, Unternehmensfinanzierung am Kapitalmarkt, § 30 Rz. 5; *Renz/Mentzer*, Leitfaden Wertpapierprospekte – Eine Darstellung der gesetzlichen Vorgaben für die Emissionspraxis, S. 46; *Ritz/Zeising* in Just/Voß/Ritz/Zeising, § 1 WpPG Rz. 3.
5 Begr. RegE zu § 1 Abs. 1 WpPG, BT-Drucks. 15/4999 v. 3.3.2005, S. 27; *Grosjean* in Heidel, Aktienrecht und Kapitalmarktrecht, § 1 WpPG Rz. 2; *Ritz/Zeising* in Just/Voß/Ritz/Zeising, § 1 WpPG Rz. 3.
6 Vgl. zu dem Prospektbegriff im Rahmen der Prospektrichtlinie *Wiegel*, Die Prospektrichtlinie und Prospektverordnung.
7 *Keunecke*, Prospekte im Kapitalmarkt, S. 123.

fendes Urteil über die Vermögenswerte und Verbindlichkeiten, die Finanzlage, die Gewinne und Verluste, die Zukunftsaussichten des Emittenten und jedes Garantiegebers sowie über die mit diesen Wertpapieren verbundenen Rechte zu ermöglichen. Mithin dient der Prospekt als Informationspapier, zum einen als Grundlage für eine Anlageentscheidung[1] und damit dem Anlegerschutz[2], zum anderen soll er auch als Mittel zur Steigerung des Vertrauens in die Wertpapiere dienen und zu einer reibungslosen Funktionsweise und Entwicklung der Wertpapiermärkte beitragen[3]. Vor allem aber kommt dem Prospekt eine zentrale Bedeutung als Haftungsdokument zu, schließlich dient er als Grundlage für die Prospekthaftung nach den Vorschriften der §§ 21 ff. WpPG[4].

Als Prospektgegenstand kommen gemäß § 1 Abs. 1 WpPG ein öffentliches Angebot von Wertpapieren oder eine Zulassung von Wertpapieren zum Handel an einem organisierten Markt in Betracht. Für die Erstellung des Prospekts gelten das WpPG iVm. der ProspektVO[5]. Diese ist aufgrund des Verweises in § 7 WpPG vollständiger Gegenstand des WpPG[6]. Anders verhielt es sich nach der vor Inkrafttreten der Prospektrichtlinie geltenden Rechtslage, gemäß der bei der Erstellung von Prospekten für öffentliche Angebote und Börsenzulassungen unterschiedliche Regelungen zu berücksichtigen waren (Rz. 18). Unabhängig davon, welcher der beiden Teile des Anwendungsbereichs – das öffentliche Angebot oder die Zulassung von Wertpapieren zum Handel an einem organisierten Markt – des Gesetzes im Einzelfall relevant ist, sind dieselben Angaben des WpPG und der ProspektVO aufzunehmen[7]. Auch wenn in § 1 Abs. 1 WpPG die beiden Teile des Anwendungsbereiches alternativ aufgeführt sind, können beide Gegenstand eines Dokuments sein. Sollen dieselben Wertpapiere, die öffentlich angeboten werden, auch an einem organisierten Markt zugelassen werden, so reicht mithin die Erstellung eines Dokuments aus. 29

Zu berücksichtigen ist, dass der Begriff Prospekt auch in anderen Gesetzen, wie dem Vermögensanlagengesetz (VermAnlG) – ehemals Verkaufsprospektgesetz (Rz. 25) – 30

---

1 BGH v. 31.5.2011 – II ZR 141/09, NJW 2011, 2719 (2720) = AG 2011, 548; *Leuering*, NJW 2012, 1905 (1905).
2 Vgl. Erwägungsgrund 18 der Richtlinie 2003/71/EG des Europäischen Parlaments und des Rates vom 4.11.2003 betreffend den Prospekt, der beim öffentlichen Angebot von Wertpapieren oder bei deren Zulassung zum Handel zu veröffentlichen ist, und zur Änderung der Richtlinie 2001/34/EG, ABl. EU Nr. L 345 v. 31.12.2003, S. 64: siehe auch *Straßner* in Heidel, Aktienrecht und Kapitalmarktrecht, § 5 WpPG Rz. 1; *Wiegel*, Die Prospektrichtlinie und Prospektverordnung, S. 165.
3 Vgl. Erwägungsgrund 18 der Richtlinie 2003/71/EG des Europäischen Parlaments und des Rates vom 4.11.2003 betreffend den Prospekt, der beim öffentlichen Angebot von Wertpapieren oder bei deren Zulassung zum Handel zu veröffentlichen ist, und zur Änderung der Richtlinie 2001/34/EG, ABl. EU Nr. L 345 v. 31.12.2003, S. 64; siehe auch *Straßner* in Heidel, Aktienrecht und Kapitalmarktrecht, § 5 WpPG Rz. 1.
4 Ehemals §§ 44 ff. BörsG iVm. 13 VerkProspG aF.
5 Vgl. auch *Hamann* in Schäfer/Hamann, Vor § 1 WpPG Rz. 16 sowie § 1 WpPG Rz. 4.
6 Siehe auch *Leuering*, Der Konzern 2006, 4 (5).
7 Vgl. auch *Hamann* in Schäfer/Hamann, § 1 WpPG Rz. 4.

und dem Kapitalanlagegesetzbuch (KAGB)[1] – ehemals Investmentgesetz (Rz. 34 ff.) – verwendet wird.

III. Ausnahmetatbestände (§ 1 Abs. 2 WpPG)

1. Übersicht

31 § 1 Abs. 2 WpPG statuiert **Ausnahmen** vom Anwendungsbereich des Gesetzes und befreit von der Anwendung des WpPG insgesamt; dh. auch neben der Prospektpflicht von weiteren nach dem WpPG bestehenden Pflichten, wie der Mitteilung wesentlicher Informationen bei Nichtvorliegen einer Prospektpflicht (§ 15 Abs. 5 Satz 1 WpPG). Auch insoweit besteht ein Unterschied zu den Ausnahmen gemäß § 3 Abs. 2 WpPG und § 4 Abs. 1 und 2 WpPG; diese sehen nur eine Befreiung von der Pflicht zur Prospektveröffentlichung vor, die weiteren Pflichten bleiben jedoch bestehen[2].

32 Wertpapiere können gemäß § 32 Abs. 3 Nr. 2 BörsG **prospektfrei zugelassen** werden, sofern nach § 1 Abs. 2 oder nach § 4 Abs. 2 WpPG von der Veröffentlichung eines Prospekts abgesehen werden kann[3]. Eine prospektfreie Erstzulassung ist hingegen nicht möglich (Rz. 57).

33 Für den Fall, dass **ein öffentliches Angebot oder eine Börsenzulassung von Wertpapieren sowohl in Deutschland als auch in einem anderen Mitgliedstaat** stattfinden soll und die Wertpapiere in Deutschland aufgrund einer der in § 1 Abs. 2 WpPG aufgeführten Ausnahmen prospektfrei angeboten werden können, der nationale Gesetzgeber des anderen Mitgliedstaates jedoch den relevanten Ausnahmetatbestand des Art. 1 Abs. 2 Prospektrichtlinie nicht in nationales Gesetz umgesetzt hat, muss ein Prospekt für das öffentliche Angebot bzw. die Börsenzulassung in dem anderen Mitgliedstaat erstellt werden, sofern keine anderen Ausnahmen gemäß dem § 3 Abs. 2 WpPG und dem § 4 WpPG entsprechenden Vorschriften des anderen Mitgliedstaates in Betracht kommen (zu der Möglichkeit der freiwilligen Prospekterstellung in diesem Fall siehe Rz. 92). Umgekehrt ist ein Prospekt für ein öffentliche Angebot bzw. eine Börsenzulassung in Deutschland zu erstellen, sofern der andere Mitgliedstaat, in dem die Wertpapiere ebenfalls öffentlich angeboten oder zugelassen werden sollen, einen Ausnahmetatbestand des Art. 1 Abs. 2 Prospektrichtlinie umgesetzt hat, der deutsche Gesetzgeber jedoch nicht, und auch keine Ausnahme nach § 3 Abs. 2 WpPG und § 4 WpPG einschlägig ist[4].

---

[1] Gesetz vom 4.7.2013 (BGBl. I 2013, S. 1981), zuletzt geändert durch Art. 6 des Gesetzes vom 30.6.2016 (BGBl. I 2016, S. 1514).
[2] *Hamann* in Schäfer/Hamann, § 1 WpPG Rz. 8; *Heidelbach/Preuße*, BKR 2006, 316 (316).
[3] Siehe auch *Hamann* in Schäfer/Hamann, § 1 WpPG Rz. 9.
[4] Vgl. auch *Spindler* in Holzborn, § 1 WpPG Rz. 7.

2. Ausnahmetatbestände im Einzelnen

a) Anteile oder Aktien von offenen Investmentvermögen iS des § 1 Abs. 4 KAGB (§ 1 Abs. 2 Nr. 1 WpPG)

Gemäß § 1 Abs. 2 Nr. 1 WpPG findet das WpPG keine Anwendung auf Anteile oder Aktien von offenen Investmentvermögen iS des § 1 Abs. 4 des Kapitalanlagegesetzbuchs (KAGB)[1]. Das KAGB normiert die Prospektpflichten für OGAW[2] in §§ 164 ff. und für AIF[3] in den §§ 268 ff. Die Vorschriften sind in ihrer Ausgestaltung weniger detailliert, die Anforderungen sind weniger streng als diejenigen des WpPG nebst ProspektVO[4]. Die **Abgrenzung** zwischen den Prospektpflichten und mithin die Beurteilung dessen, ob die Ausnahme vom Anwendungsbereich des WpPG gegeben ist, erfolgt über den **Begriff des (offenen) Investmentvermögens** iS des § 1 Abs. 4 KAGB. Danach sind Offene Investmentvermögen OGAW und AIF, die die Voraussetzungen von Art. 1 Abs. 2[5] der Delegierten Verordnung (EU) Nr. 694/2014 der Kommission vom 17.12.2013 zur Ergänzung der Richtlinie 2011/61/EU des Europäischen Parlaments und des Rates im Hinblick auf technische Regulierungsstandards zur Bestimmung der Arten von Verwaltern alternativer Investmentfonds[6] erfüllen.

34

Die zunächst erforderliche Feststellung des Vorliegens eines Investmentvermögens iS des KAGB kann in der Praxis uU Probleme bereiten und erfordert eine Prüfung im Einzelfall. Als Investmentvermögen iS des § 1 Abs. 1 Satz 1 KAGB ist jeder Orga-

35

---

1 Gesetz vom 4.7.2013 (BGBl. I 2013, S. 1981), zuletzt geändert durch Art. 6 des Gesetzes vom 30.6.2016 (BGBl. I 2016, S. 1514).
2 Die Abkürzung steht für *Organismen für gemeinsame Anlagen in Wertpapieren* (siehe § 1 Abs. 2 KAGB).
3 Die Abkürzung steht für *Alternative Investmentfonds* und bezeichnet gemäß § 1 Abs. 3 KAGB alle Investmentvermögen, die nicht dem Begriff eines OGAW unterfallen.
4 So auch *Spindler* in Holzborn, § 1 WpPG Rz. 13; siehe im Einzelnen zu den Informationspflichten nach dem Kapitalanlagegesetzbuch *Weitnauer* in Möllers/Kloyer, S. 161 ff.
5 Dort heißt es: (1) Ein AIFM kann zu einer der folgenden Arten oder zu beiden Arten gehören: – ein AIFM offener AIF; – ein AIFM geschlossener AIF. (2) Ein AIFM eines offenen AIF ist ein AIFM, der einen AIF verwaltet, dessen Anteile vor Beginn der Liquidations- oder Auslaufphase auf Ersuchen eines Anteilseigners direkt oder indirekt aus den Vermögenswerten des AIF und nach den Verfahren und mit der Häufigkeit, die in den Vertragsbedingungen oder der Satzung, dem Prospekt oder den Emissionsunterlagen festgelegt sind, zurückgekauft oder zurückgenommen werden. Eine Kapitalherabsetzung des AIF im Zusammenhang mit Ausschüttungen gemäß den Vertragsbedingungen oder der Satzung des AIF, dem Prospekt oder den Emissionsunterlagen, einschließlich Unterlagen, die durch einen im Einklang mit den Vertragsbedingungen oder der Satzung, dem Prospekt oder den Emissionsunterlagen getroffenen Beschluss der Anteilseigner genehmigt wurden, wird bei der Feststellung, dass es sich bei dem AIF um einen offenen AIF handelt, nicht berücksichtigt. Die Tatsache, dass die Anteile eines AIF auf dem Sekundärmarkt gehandelt werden können und vom AIF nicht zurückgekauft oder zurückgenommen werden, wird bei der Feststellung, dass es sich um einen offenen AIF handelt, nicht berücksichtigt.
6 ABl. EU Nr. L 183 vom 24.6.2014, S. 18.

nismus für gemeinsame Anlagen, der von einer Anzahl von Anlegern Kapital einsammelt, um es gemäß einer festgelegten Anlagestrategie zum Nutzen dieser Anleger zu investieren und der kein operativ tätiges Unternehmen außerhalb des Finanzsektors ist, zu qualifizieren.

36 Auch wenn der Begriff **Organismus** weder durch die AIFM-Richtlinie[1] noch durch das KAGB konkretisiert wird, so ist wohl stets erforderlich, dass ein Vehikel vorliegt, in dem rechtlich oder wirtschaftlich verselbständigtes und „gepooltes" Vermögen aufgelegt wird[2]. Dies wird angenommen, sofern das eingesammelte Kapital zusammengeführt und rechtlich oder wirtschaftlich zusammengefasst und von anderem Vermögen verselbständigt und getrennt wird[3]. Als charakteristisch für diese Art des Vermögens wird ferner die Verbindung von Anlegern durch das gemeinsame Investitionsvehikel, das seinerseits die Investition durchführt, gesehen[4].

Nicht erforderlich ist hingegen das Vorliegen einer bestimmten Rechtsform oder Rechtsstruktur im Hinblick auf das Investmentvermögen sowie einer bestimmten Form der Beteiligung des Anlegers am Vermögen[5]. Damit wird eine große Bandbreite von Beteiligungsformen – wie zB stille Beteiligungen, Genussrechte oder Schuldverschreibungen – vom Begriff des Organismus erfasst[6].

37 Für die Annahme des Tatbestandsmerkmals **für gemeinsame Anlagen** ist die beabsichtigte Beteiligung der Anleger an den Chancen und Risiken – mithin sowohl eine Gewinn- als auch eine Verlustbeteiligung – des Organismus notwendig[7]. Voraussetzung hierfür ist, dass das vom Anleger aufgewendete Kapital nicht betragsmäßig festgelegt ist. Vielmehr bedarf es insoweit einer erfolgsbezogenen Ausgestaltung des vom Anleger eingebrachten Betrags[8]. Dies ist beispielsweise für den Fall eines Darlehensvertrags, da hier ein unbedingter Rückzahlungsanspruch besteht, sowie für die Ver-

---

1 Richtlinie 2011/61/EU vom 8.6.2011 über die Verwalter alternativer Investmentfonds und zur Änderung der Richtlinien 2003/41/EG und 2009/65/EG und der Verordnungen EG Nr. 1060/2009 und EU Nr. 1095/2010.
2 ESMA, Final Report Guidelines on key concepts of the AIMFD vom 24.5.2013, ESMA/2013/600; Auslegungsschreiben der BaFin zum Anwendungsbereich des KAGB und zum Begriff des „Investmentvermögens" vom 14.6.2013, zuletzt geändert am 9.3.2015, Geschäftszeichen Q 31-Wp 2137-2013/0006, verfügbar auf www.bafin.de; *Schneider* in Möllers/Kloyer, Rz. 195 ff.; *Kloyer* in Möllers/Kloyer, Rz. 228 ff.
3 Vgl. *Patzner/Schneider-Deters* in Patzner/Döser/Kempf, § 1 KAGB Rz. 4; ESMA, Final Report Guidelines on key concepts of the AIMFD vom 24.5.2013, ESMA/2013/600; Auslegungsschreiben der BaFin zum Anwendungsbereich des KAGB und zum Begriff des „Investmentvermögens" vom 14.6.2013, zuletzt geändert am 9.3.2015, Geschäftszeichen Q 31-Wp 2137-2013/0006, verfügbar auf www.bafin.de.
4 *Kloyer* in Möllers/Kloyer, Rz. 233.
5 Auslegungsschreiben der BaFin zum Anwendungsbereich des KAGB und zum Begriff des „Investmentvermögens" vom 14.6.2013, zuletzt geändert am 9.3.2015, Ziffer I.1; siehe auch *Patzner/Schneider-Deters* in Patzner/Döser/Kempf, § 1 KAGB Rz. 4.
6 So Auslegungsschreiben der BaFin vom 14.6.2013, Ziffer I.1; siehe dazu auch *Kloyer* in Möllers/Kloyer, Rz. 233 f.
7 Auslegungsschreiben der BaFin vom 14.6.2013, Ziffer I.2.
8 Auslegungsschreiben der BaFin vom 14.6.2013, Ziffer I.2.

einbarung eines qualifizierten Rangrücktritts, mangels genereller Verlustbeteiligung des Anlegers, abzulehnen.

Sofern eine Konzeption mit unbedingtem Rückzahlungsanspruch des Anlegers gegeben ist, fällt diese nach bislang entwickelter Auslegung unstreitig nicht in den Anwendungsbereich des KAGB[1].

Grundsätzlich ist dies wohl für **Schuldtitel** anzunehmen, sofern die Verlustbeteiligung des Anlegers in Gänze ausscheidet, somit die Rückzahlung zu 100% des Nennbetrages aus der Struktur des Wertpapiers resultiert und gewährleistet wird[2]. Anders verhält es sich demnach, sofern im Prospekt zwar ein Mindestrückzahlungsbetrag festgelegt ist, jedoch keine garantierte Rückzahlung zu 100% des Nennbetrages aus der Struktur der Wertpapiere heraus erfolgt, wie diese zB bei **Zertifikaten mit hundertprozentigem Kapitalschutz** erfolgen kann. Eine Partizipation des Anlegers an Chancen und Risiken ist hier aufgrund der Struktur des Wertpapiers, die eine Abhängigkeit von einem Basiswert vorsieht, nach wie vor möglich, da der Kapitalschutzbetrag erst aus den Mitteln der betreffenden Verwaltungsgesellschaft erfolgt[3]. 38

Gesellschaftereinlagen im Rahmen von Personengesellschaften sowie stille Beteiligungen erfüllen wohl in der Regel die Voraussetzung des Tatbestandsmerkmals für gemeinsame Anlagen, da eine Gewinn- und Verlustbeteiligung für die jeweiligen Gesellschafter bzw. Anleger gegeben ist[4]. 39

Weiterhin wird für die Annahme des Investmentvermögens vorausgesetzt, dass der Organismus für gemeinsame Anlagen **von einer Anzahl von Anlegern Kapital einsammelt.** Der im Hinblick auf die Abgrenzung im Rahmen des § 1 Abs. 2 Nr. 1 WpPG wenig trennscharfe Ansatz von ESMA[5] sieht dies als gegeben an, wenn ein Organismus oder eine Person oder Unternehmen für Rechnung dieses Organismus direkte oder indirekte Schritte unternimmt, um gewerblich bei einem oder mehreren Anlegern Kapital zu beschaffen, um es gemäß einer festgelegten Anlagestrategie zu investieren[6]. 40

Das Tatbestandsmerkmal **von einer Anzahl von Anlegern** wird in § 1 Abs. 1 Satz 2 KAGB definiert und ist erfüllt, wenn satzungs- oder gesellschaftsvertragsgemäß – auf die tatsächliche Beteiligung mehrerer Anleger am Organismus kommt es demnach nicht an – die Anzahl möglicher Anleger nicht auf einen Anleger begrenzt ist[7]. 41

---

1 *Kloyer* in Möllers/Kloyer, Rz. 237; siehe dazu auch *Schneider* in Möllers/Kloyer, Rz. 215; *Patzner/Schneider-Deters* in Patzner/Döser/Kempf, § 1 KAGB Rz. 5.
2 Siehe dazu auch *Schneider* in Möllers/Kloyer, Rz. 198.
3 Siehe dazu auch *Schneider* in Möllers/Kloyer, Rz. 198.
4 Auslegungsschreiben der BaFin vom 14.6.2013, Ziffer I.2a.
5 ESMA, Leitlinien zu Schlüsselbegriffen der Richtlinie über die Verwalter alternativer Investmentfonds (AIFMD) v. 13.8.2013, ESMA/2013/611, S. 6; Auslegungsschreiben der BaFin vom 14.6.2013.
6 Siehe auch Auslegungsschreiben der BaFin vom 13.6.2013, Ziffer I, 3.; vgl. *Schneider* in Möllers/Kloyer, Rz. 201.
7 Auslegungsschreiben der BaFin vom 14.6.2013, Ziffer I.4; siehe dazu auch *Schneider* in Möllers/Kloyer, Rz. 206 und *Kloyer* in Möllers/Kloyer, Rz. 246; *Patzner/Schneider-Deters* in Patzner/Döser/Kempf, § 1 KAGB Rz. 7.

42 Ferner muss der Organismus für gemeinsame Anlagen das von einer Anzahl von Anlegern eingesammelte Kapital **gemäß einer festgelegten Anlagestrategie** zum Nutzen dieser Anleger investieren. Eine festgelegte Anlagestrategie liegt vor, sofern Anlagekriterien genau bestimmt und die Handlungsspielräume des AIFM in den Anlagebedingungen der Satzung oder im Gesellschaftsvertrag eingeschränkt sind[1]. Als Abgrenzungskriterium erscheint auch dies wenig erhellend, da sowohl jeder Gesellschaftsvertrag eine feste Unternehmensstrategie, als auch jedes Unternehmen eine bestimmte Geschäftsstrategie verfolgen wird[2]. Für **Genossenschaften** wird inzwischen angenommen[3], dass bei wertender Gesamtschau nach § 1 Abs. 1 GenG regelmäßig keine festgelegte Anlagestrategie und mithin kein Investmentvermögen gegeben sein wird[4].

43 In Wertpapierprospekten kommt es vordergründig darauf an, ob Emissionserlöse zur Gewinnerzielung oder Risikoabsicherung verwendet werden[5]. Ist dies der Fall, so wird es aufgrund der Tatsache, dass die Anlegergelder allein zum Nutzen des Emittenten investiert werden, an einer für das Vorliegen eines OGAW zusätzlich erforderlichen **Investition zum Nutzen der Anleger** fehlen[6]. Anders, wenn Anlegern zugesichert wird, dass bspw. in selbsterstellte Indizes oder einem Referenzportfolio zugrundeliegende Vermögenswerte investiert werde[7]. Unter Berücksichtigung der gesetzgeberischen Intention, namentlich des Anlegerschutzes durch Einführung des neuen Kapitalanlagegesetzbuches, ist wohl von einem weiten Verständnis des Begriffs „Investition" zum Nutzen der Anleger auszugehen, womit nicht jegliches Eigeninteresse am betreffenden Unternehmen Beteiligter dazu führen wird, das Tatbestandsmerkmal abzulehnen[8].

44 Für das Vorliegen eines Investmentvermögens ist zudem erforderlich, dass keine **operative Tätigkeit des betreffenden Unternehmens außerhalb des Finanzsektors** gegeben ist. Als solche gelten nach ESMA insbesondere Unternehmen, die Immobi-

---

1 Auslegungsschreiben der BaFin vom 14.6.2013, Ziffer I.5., ESMA, Leitlinien zu Schlüsselbegriffen der Richtlinie über die Verwalter alternativer Investmentfonds (AIFMD) v. 13.8.2013, ESMA/2013/611, S. 7 f.; siehe auch *Patzner/Schneider-Deters* in Patzner/Döser/Kempf, § 1 KAGB Rz. 9 unter Bezugnahme auf die Gesetzesbegründung der Bundesregierung zum „Entwurf eines Gesetzes zur Umsetzung der Richtlinie 2011/61/EG über die Verwalter alternativer Investmentfonds (AIFM-Umsetzungsgesetz) vom 6.2.2013, BT-Drucks. 17/12294, S. 201, wonach die Abgrenzung von einer „bloßen Unternehmensstrategie" durch die genaue Bestimmtheit und Verschriftlichung der Kriterien, nach denen das eingesammelte Kapital angelegt werden soll, gesichert werden soll.
2 Vgl. *Schneider* in Möllers/Kloyer, Rz. 208.
3 Vgl. insoweit Änderung des Auslegungsschreibens der BaFin vom 14.6.2013, Ziffer II.3 vom 9.3.2015.
4 Vgl. Auslegungsschreiben der BaFin vom 14.6.2013, Ziffer II.3.
5 Auslegungsschreiben der BaFin vom 14.6.2013, Ziffer I.6.
6 Auslegungsschreiben der BaFin vom 14.6.2013, Ziffer I.6; sich dem anschließend *Patzner/Schneider-Deters* in Patzner/Döser/Kempf, § 1 KAGB Rz. 10.
7 Auslegungsschreiben der BaFin vom 14.6.2013, Ziffer I.6; so auch *Schneider* in Möllers/Kloyer, Rz. 215; ebenso *Patzner/Schneider-Deters* in Patzner/Döser/Kempf, § 1 KAGB Rz. 10.
8 So *Kloyer* in Möllers/Kloyer, Rz. 252.

lien entwickeln oder errichten, Güter und Handelswaren produzieren, kaufen, verkaufen, tauschen oder sonstige Dienstleistungen außerhalb des Finanzsektors anbieten[1]. Fraglich ist insoweit, ob es für die Annahme eines Investmentvermögens bereits ausreicht, wenn eine Immobilienaktiengesellschaft ihrem Unternehmensgegenstand nach nicht operativ tätig ist[2]. Bislang wird in diesen Abgrenzungsfällen zusätzlich die festgelegte Anlagestrategie gegen die allgemeine Unternehmensstrategie abgewogen[3].

Praxisrelevanz für die Abgrenzung zum Anwendungsbereich des WpPG kommt insoweit insbesondere **Immobilienaktiengesellschaften und REITs** zu[4]. Eine klare Trennlinie zwischen **operativem Geschäft und reiner Tätigkeit zu Investitionszwecken** für derartige Unternehmen zu ziehen, wird oftmals Schwierigkeiten bereiten[5]. Zwingend erforderlich ist insoweit eine Betrachtung im Einzelfall[6]. Als Kriterium für operative Tätigkeiten im Bereich der Immobilienaktiengesellschaften im Speziellen kann herangezogen werden, dass der Unternehmensgegenstand den (gewerblichen) Betrieb einer Immobilie, Verwaltungstätigkeiten („facility management"), die Projektentwicklung, dh. Konzeption und Ankauf mit dem Ziel der Entwicklung und des anschließenden Verkaufs, Makler-, Bewertungs- und Finanzierungsberatungstätigkeiten im Zusammenhang mit dem Erwerb oder Verkauf einer Immobilie vorsieht[7]. Dabei muss dies tatsächlich jeweils die Haupttätigkeit darstellen[8]. Reine Erwerbs-, Vermietungs- und Verpachtungstätigkeiten und der Verkauf stellen wohl hingegen keine operativen Tätigkeiten dar[9]. Die insoweit noch junge Auslegungspraxis hinsichtlich des Begriffes des Investmentvermögens bleibt zu beobachten. 45

Neben dem Vorliegen eines Investmentvermögens ist für den Ausschlusstatbestand des § 1 Abs. 2 Nr. 1 WpPG erforderlich, dass es sich um ein **offenes Investmentvermögen** (offene Fonds) handelt. Als entscheidendes Abgrenzungskriterium zu geschlossenen Fonds wird bislang die regelmäßige Rückgabemöglichkeit gesehen[10]. 46

---

1 Auslegungsschreiben der BaFin vom 14.6.2013, Ziffer I.7 orientiert sich an den Vorgaben der ESMA, Leitlinien zu Schlüsselbegriffen der Richtlinie über die Verwalter alternativer Investmentfonds (AIFMD) v. 13.8.2013, ESMA/2013/611, S. 3; siehe auch Fragenkatalog im Auslegungsschreiben der BaFin, II., zu unterschiedlichen Unternehmensarten im Einzelnen; kritisch hinsichtlich der bislang entwickelten Auslegungspraxis: *Kloyer* in Möllers/Kloyer, Rz. 254 ff.
2 Siehe dazu im Einzelnen *Patzner/Schneider-Deters* in Patzner/Döser/Kempf, § 1 KAGB Rz. 15.
3 Siehe dazu Auslegungsschreiben der BaFin vom 14.6.2013, Ziffer II.1; ebenso *Schneider* in Möllers/Kloyer, Rz. 219; Siehe auch *Patzner/Schneider-Deters* in Patzner/Döser/Kempf, § 1 KAGB Rz. 15.
4 Siehe auch *Patzner/Schneider-Deters* in Patzner/Döser/Kempf, § 1 KAGB Rz. 12.
5 Vgl. *Patzner/Schneider-Deters* in Patzner/Döser/Kempf, § 1 KAGB Rz. 12.
6 Ausführlich zu den Merkmalen, die im Hinblick auf die Abgrenzung bei Immobiliengesellschaften und REITs eine Rolle spielen: *Schneider* in Möllers/Kloyer, Rz. 210 ff.
7 Auslegungsschreiben der BaFin vom 14.6.2013, Ziffern I.7 a und II.1.
8 Auslegungsschreiben der BaFin vom 14.6.2013, Ziffern I.7 a und II.1.
9 Auslegungsschreiben der BaFin vom 14.6.2013, Ziffern I.7 a und II.1.
10 Vgl. *Patzner/Schneider-Deters* in Patzner/Döser/Kempf, § 1 KAGB Rz. 25, bezugnehmend auf Beschlussempfehlung und Bericht des Finanzausschusses (7. Ausschuss) zu dem Ge-

Als offenes Investmentvermögen iS des § 1 Abs. 4 KAGB gelten insoweit OGAW iS der OGAW-Richtlinie[1], da für diese das Rückgaberecht auf Verlangen des Anteilsinhabers konstitutive Voraussetzung ist und geschlossene Fonds gemäß Art. 3 lit. a der OGAW-Richtlinie vom Anwendungsbereich der OGAW-Richtlinie ausgenommen sind[2].

47 Die Feststellung, dass ein AIFM offene oder geschlossene AIF verwaltet, wird anhand der Tatsache vorgenommen, dass ein offener AIF seine **Anteile vor Beginn der Liquidations- oder Auslaufphase auf Ersuchen eines Anteilseigners** nach den Verfahren und mit der Häufigkeit, die in den Vertragsbedingungen oder der Satzung, dem Prospekt oder den Emissionsunterlagen festgelegt sind, von seinen Anlegern **zurückkauft oder zurücknimmt**[3].

Das Rückgaberecht findet, anders als im Gesetzeswortlaut des WpPG aF, keine explizite Erwähnung mehr, da schon per Definitionem iS des § 1 Abs. 4 Nr. 2 KAGB alle AIF erfasst werden, welche mindestens einmal jährlich ein Rückgaberecht gewähren[4].

48 Die BaFin prüft das **Vorliegen eines offenen Investmentvermögens** nach Eingang des Prospekts im Rahmen der ersten Einreichung. Liegt ein entsprechender Prospekt, der die Darstellung von Anteilen oder Aktien von offenen Investmentvermögen beschreibt vor, so erfolgt keine Prüfung und Billigung nach dem WpPG. Das Vorliegen eines geschlossenen Investmentvermögens steht einem Prospektprüfungsverfahren nach dem WpPG nicht per se entgegen; besteht jedoch keine Betriebserlaubnis nach dem KAGB, ist ein rechtstechnischer Verstoß gegen die Vorschriften des KAGB anzunehmen. Sofern der Anwendungsbereich des WpPG grundsätzlich gegeben ist[5] und ein Investmentvermögen nach den Vorschriften des KAGB vorliegt, besteht eine Prospektpflicht neben dem WpPG nach den §§ 268 ff. KAGB. § 268 Abs. 1 Satz 3 KAGB bestimmt insoweit, dass die vorgegebenen Mindestangaben des KAGB nicht ohne Weiteres durch die Prospektregelungen des WpPG ersetzt bzw. abgedeckt werden und sie deshalb zusätzlich, ggf. im Wertpapierprospekt, zu ergänzen

---

setzentwurf der Bundesregierung – Drucks. 17/1294 – Entwurf eines Gesetzes zur Umsetzung der Richtlinie 2011/61/EU [...] vom 10.5.2013, BT-Drucks. 17/13395, S. 401.

1 Richtlinie 85/611/EG des Rates vom 20.12.1985 zur Koordinierung der Recht- und Verwaltungsvorschriften betreffend bestimmte Organismen für gemeinsame Anlagen in Wertpapieren (OGAW), zuletzt neu gefasst durch die Richtlinie 2009/65/EG vom 13.7.2009 („OGAW IV").
2 *Patzner/Schneider-Deters* in Patzner/Döser/Kempf, § 1 KAGB Rz. 27.
3 Delegierte Verordnung (EU) Nr. 694/2014 der Kommission vom 17.12.2013 zur Ergänzung der Richtlinie 2011/61/EU des Europäischen Parlaments und des Rates im Hinblick auf technische Regulierungsstandards zur Bestimmung der Arten von Verwaltern alternativer Investmentfonds ABl. EU Nr. L 183 v. 17.12.2013, S. 18, Erwägungsgrund Nr. 3, siehe auch BT-Drucks. 18/1305 zu Artikel 12 Nr. 2 b; siehe dazu auch *Patzner/Schneider-Deters* in Patzner/Döser/Kempf, § 1 KAGB Rz. 28.
4 *Spindler* in Holzborn, § 1 WpPG Rz. 12.
5 Sofern auch nicht das Vermögensanlagegesetz einschlägig ist.

sind[1]. Dies lässt darauf schließen, dass die Vorschriften des KAGB wie auch die Prospektpflicht nach KAGB insoweit Vorrang genießen[2].

Vor dem Hintergrund der Abgrenzungsschwierigkeiten zwischen den Anwendungsbereichen des KAGB und des WpPG in der Praxis ist dies erst recht für einen möglichen Vergleich der **Auslegung im Bereich des Europäischen Wirtschaftsraums** zu erwarten. Mithin stellt sich die Frage, wie im Falle einer unterschiedlichen Bewertung im Einzelfall mit der Möglichkeit von notifizierten Prospekten für Produkte, die nach deutschem Recht dem Begriff des Investmentvermögens unterfallen und somit dem KAGB zuzuordnen wären, jedoch nach Auslegung der Herkunftsstaatbehörde (siehe Legaldefinition in § 2 WpPG Rz. 103 f.) nicht als Investmentvermögen einzuordnen sind und damit dem Wertpapierprospektrecht unterfallen, zu verfahren ist. Die BaFin nimmt im Rahmen der bei ihr eingehenden Prospekte, für die eine Bescheinigung der Billigung der zuständigen Behörde eines anderen Herkunftsstaates vorgelegt wird, keine weitere Billigung des Prospekts vor[3]. § 17 Abs. 3 WpPG bestimmt insoweit, dass ein von der zuständigen Behörde eines anderen Staates des Europäischen Wirtschaftsraumes gebilligter Prospekt einschließlich etwaiger Nachträge in Deutschland ohne zusätzliches Billigungsverfahren für ein öffentliches Angebot oder für die Zulassung zum Handel gültig ist, sofern die BaFin nach den § 18 WpPG entsprechenden Vorschriften des Herkunftsstaates unterrichtet wird und die Sprache des Prospekts die Anforderungen des § 19 Abs. 4 und 5 WpPG erfüllt. Da das Gesetz insoweit rein auf die Erfüllung von Formalia abstellt und eine inhaltliche Prüfung nicht erfolgt, wäre zunächst auch ein solcher Prospekt zu akzeptieren. Auch eine Prüfung des Wertpapierbegriffes ist in § 17 Abs. 3 WpPG nicht vorgesehen, die Vorschrift stellt rein auf die Gültigkeit des Prospekts ab, womit zunächst ein öffentliche Angebot und damit ein Vertrieb von geschlossenen Fonds an Privatanleger möglich wäre[4].

Fraglich ist, ob der **Entscheidung der Herkunftsstaatbehörde** insoweit **Bindungswirkung** zukommt. Die Vorschriften des WpPG geben darüber keinen weiteren Aufschluss, die Abgrenzungsproblematik ist ferner eine neue, da sie sich in diesem Maße erst seit der Neuordnung des KAGB stellt, womit nicht von einer bewussten gesetzgeberischen Entscheidung hinsichtlich der Vorschriften des WpPG ausgegangen werden kann. Auch die Vorschriften des neuen KAGB lassen nicht auf eine zwingende Bindungswirkung für die Aufnahmestaatbehörde (Legaldefinition Aufnahmestaat siehe § 2 Nr. 14 WpPG, § 2 WpPG Rz. 113) schließen. Ein eindeutiges Bild ergibt sich auch nicht unter Hinzuziehung der Vorschriften der §§ 320 ff. KAGB über die Anzeigepflicht beim beabsichtigten Vertrieb von EU-AIF oder von ausländischen AIF an Privatanleger im Inland, auch wenn die Regierungsbegründung zu § 320 KAGB[5] auf eine „Prüfung durch die Bundesanstalt" Bezug nimmt. Auch die Art. 43

---
1 So *Weitnauer* in Möllers/Kloyer, Rz. 463.
2 Siehe dazu auch *Kaufmann*, Die Prospektpflicht nach dem WpPG, S. 79 f.
3 Begr. RegE zu § 17 Abs. 1 WpPG, BT-Drucks. 15/4999 v. 3.3.2005, S. 37.
4 Siehe zur Problematik auch *Zetzsche* in Möllers/Kloyer, Rz. 348 ff.
5 Entwurf eines Gesetzes zur Umsetzung der Richtlinie 2011/61/EU über die Verwalter alternativer Investmentfonds (AIFM-Umsetzungsgesetz – AIFM-UmsG), BT-Drucks. 17/12294, S. 287.

der AIFM-Richtline zum Verhältnis von Prospektrichtlinie und AIFM-Richtlinie im Rahmen eines grenzüberschreitenden Vertriebs zugrunde legenden Auffassung der Europäischen Kommission[1] vermag keinen Aufschluss zu geben. Danach habe der Vertrieb an Kleinanleger „unbeschadet anderer Rechtsakte der Union" – wie eben auch der Prospektrichtlinie – zu erfolgen, womit beide Regimes nebeneinander stünden[2]. Legt man letztlich die Intention des Gesetzgebers der AIFM-Richtlinie, namentlich der Harmonisierung der Anforderung für die Zulassung von und der Aufsicht über AIFM[3] zugrunde und vertraut auf eine richtlinienkonforme Umsetzung in den Mitgliedstaaten, so wird es in der Praxis kaum möglich sein, eine bereits ergangene Entscheidung einer Behörde eines Mitgliedstaates in Gänze zu ignorieren, weshalb zumindest von einer gewissen **Indizwirkung der Entscheidung der Herkunftsstaatbehörde** ausgegangen werden sollte.

b) Nichtdividendenwerte der Staaten des Europäischen Wirtschaftsraums oder ihrer Gebietskörperschaften sowie der Zentralbanken (§ 1 Abs. 2 Nr. 2 WpPG)

51 Ausgenommen von der Prospektpflicht sind von **staatlichen Einrichtungen des Europäischen Wirtschaftsraums**[4], namentlich einem Mitgliedstaat oder seinen Gebietskörperschaften[5], von internationalen Organisationen des öffentlichen Rechts der Mitgliedstaaten[6], von der Europäischen Zentralbank oder den Zentralbanken der Mitgliedstaaten, ausgegebene Nichtdividendenwerte gemäß § 1 Abs. 2 Nr. 2 WpPG.

---

1 „If the possibility for derogation provided for in Article 43 is used by Member States, it seems that there is a possible overlap between the AIFMD and the Prospectus Directive. For this purpose, Article 43 starts with the wording ‚Without prejudice to other instruments of Union law …'. It follows that in such cases the rules of the Prospectus Directive will also apply. Therefore both regimes apply." Antwort der Europäischen Kommission im Rahmen der Q&A zur AIFMD, ID 1178 v. 25.3.2013, verfügbar unter www.ec.europa.eu/yqol/index.cfm?fuseaction=question.show&questionId=1178.
2 Sehr detailliert mit weiteren Überlegungen *Zetzsche* in Möllers/Kloyer, Rz. 348 ff.
3 Siehe auch Erwägungsgrund Nr. 2 der Richtlinie 2011/61/EU des Europäischen Parlaments und des Rates vom 8.6.2011 über die Verwalter alternativer Investmentfonds und zur Änderung der Richtlinien 2003/41/EG und 2009/65/EG und der Verordnungen (EG) Nr. 1060/2009 und (EU) Nr. 1095/2010; hier heißt es: „Diese Richtlinie zielt daher darauf ab, gemeinsame Anforderungen für die Zulassung von und Aufsicht über AIFM festzulegen, um für die damit zusammenhängenden Risiken und deren Folgen für Anleger und Märkte in der Union ein kohärentes Vorgehen zu gewährleisten."
4 Der Begriff Europäischer Wirtschaftsraum umfasst derzeit die 28 Mitgliedstaaten der Europäischen Union und die Mitgliedstaaten der Europäischen Freihandelsassoziation mit Ausnahme der Schweiz; vgl. auch *Spindler* in Holzborn, § 1 WpPG Rz. 15 Fn. 38.
5 Zu den Gebietskörperschaften in Deutschland gehören im Wesentlichen der Bund, die Bundesländer, Landkreise und Gemeinden.
6 Zu den internationalen Organisationen des öffentlichen Rechts der Mitgliedstaaten gehören die Europäische Union, der Europarat, der Internationale Währungsfonds, die Weltbank, die Europäische Investitionsbank, die Asiatische Entwicklungsbank und die Interamerikanische Entwicklungsbank; vgl. *Spindler* in Holzborn, § 1 WpPG Rz. 15 Fn. 40; vgl. auch *Groß*, Kapitalmarktrecht, § 1 WpPG Rz. 5.

Begründet wurde diese Ausnahme damit, dass grundsätzlich von einer positiven Bonität dieser Emittenten auszugehen sei[1] und der Anlegerschutz daher keinen Prospekt erfordere[2]. Eine Veranlassung zu einer entsprechenden Überarbeitung wurde insoweit bislang auch nach der Finanzkrise 2008 im Zuge der Änderungsrichtlinie nicht gesehen[3]. Der Begriff Nichtdividendenwerte ist in § 2 Nr. 3 WpPG legaldefiniert (dazu § 2 WpPG Rz. 31).

c) Von einem Staat des Europäischen Wirtschaftsraums oder seiner Gebietskörperschaften garantierte Wertpapiere (§ 1 Abs. 2 Nr. 3 WpPG)

Nicht vom Anwendungsbereich des WpPG umfasst sind nach § 1 Abs. 2 Nr. 3 WpPG uneingeschränkt und unwiderruflich von einem Mitgliedstaat des Europäischen Wirtschaftsraums (Rz. 51) oder seiner Gebietskörperschaften (Rz. 51) **garantierte Wertpapiere**. Begründet wird diese Ausnahme, ebenso wie in § 1 Abs. 2 Nr. 2 WpPG, mit der ausreichenden Bonität der genannten Emittenten[4] (Rz. 51). 52

Unter dem Begriff **Garantie** ist die Übernahme einer Einstandspflicht durch einen Garanten, dh. die Gewähr eines bestimmten Erfolges oder die Übernahme eines künftigen Schadens, zu verstehen[5]. Diese Bedeutung kommt ihr im Zivilrecht und Öffentlichen Recht zu. Die Verpflichtung des Garanten kann sich sowohl aus einer vertraglichen Vereinbarung als auch aus einer gesetzlichen Vorschrift ergeben[6]. 53

§ 1 Abs. 2 Nr. 3 WpPG setzt voraus, dass die Garantie **uneingeschränkt und unwiderruflich** ist. Das Tatbestandsmerkmal der Unwiderruflichkeit kann bejaht werden, sofern der Garantievertrag unkündbar ist[7]. Enthält der Garantievertrag oder die gesetzliche Vorschrift über die Garantieverpflichtung keine Regelung hinsichtlich einer Einschränkung und Widerrufsmöglichkeit der Garantie, kann sie in der Regel als uneingeschränkt und unwiderruflich angesehen werden. 54

---

1 *Groß*, Kapitalmarktrecht, § 1 WpPG Rz. 5; *Hamann* in Schäfer/Hamann, § 1 WpPG Rz. 13; *Spindler* in Holzborn, § 1 WpPG Rz. 10, 16; *Ritz/Zeising* in Just/Voß/Ritz/Zeising, § 1 WpPG Rz. 16.
2 *Groß*, Kapitalmarktrecht, § 1 WpPG Rz. 5; *Hamann* in Schäfer/Hamann, § 1 WpPG Rz. 13; *Spindler* in Holzborn, § 1 WpPG Rz. 16.
3 Dazu, dass keine „Anpassung an die Realität" stattgefunden habe: *Groß*, Kapitalmarktrecht, § 1 WpPG Rz. 5; zur Frage, ob die Ausnahme trotz der Finanzkrise bestehen bleiben könne, siehe auch *Kaufmann*, Die Prospektpflicht nach dem WpPG, S. 80.
4 *Groß*, Kapitalmarktrecht, § 1 WpPG Rz. 6; *Hamann* in Schäfer/Hamann, § 1 WpPG Rz. 14; *Spindler* in Holzborn, § 1 WpPG Rz. 10, 17; *Ritz/Zeising* in Just/Voß/Ritz/Zeising, § 1 WpPG Rz. 20; *Kaufmann*, Die Prospektpflicht nach dem WpPG, S. 81.
5 *Maunz* in Maunz/Dürig, Art. 115 GG Rz. 80; *Sprau* in Palandt, Bürgerliches Gesetzbuch, Einf v § 765 BGB Rz. 16; vgl. auch *Ritz/Zeising* in Just/Voß/Ritz/Zeising, § 1 WpPG Rz. 21.
6 Vgl. auch *Ritz/Zeising* in Just/Voß/Ritz/Zeising, § 1 WpPG Rz. 21; siehe zu Beispielen für durch gesetzliche Vorschriften begründete Garantien *Ritz/Zeising* in Just/Voß/Ritz/Zeising, § 1 WpPG Rz. 23 f.
7 Vgl. *Ritz/Zeising* in Just/Voß/Ritz/Zeising, § 1 WpPG Rz. 21.

55 Von dem Ausnahmetatbestand des § 1 Abs. 2 Nr. 3 WpPG umfasst sind von Unternehmen des Finanzsektors iS von § 2 Abs. 1 FMStFG[1] vom 18.10.2008 bis 31.12.2010 begebene Schuldtitel mit einer Laufzeit von bis zu 60 Monaten gemäß § 6 Abs. 1 FMStFG, für die der **Finanzmarktstabilisierungsfonds** (Sonderfonds Finanzmarktstabilisierung: „SoFFin")[2] eine Garantie gemäß § 6 FMStFG iVm. § 2 FMStFV[3] übernommen hat, sofern die Garantie uneingeschränkt und unwiderruflich iS von § 1 Abs. 2 Nr. 3 WpPG ist[4]. Gemäß § 2 Abs. 2 Satz 2 FMStFV werden die näheren Bedingungen der Garantiegewährung durch den Finanzmarktstabilisierungsfonds im Einzelfall festgelegt. Ob es sich um eine uneingeschränkte und unwiderrufliche Garantie handelt, ist anhand der Garantiebedingungen im Einzelfall zu beurteilen.

56 Eine **Bürgschaft** führt nicht dazu, dass der Ausnahmetatbestand des § 1 Abs. 2 Nr. 3 WpPG erfüllt ist[5]. Die Bürgschaft wird schon nicht vom Wortlaut dieser Ausnahmevorschrift, der als Voraussetzung eine uneingeschränkte und unwiderrufliche Garantie nennt, umfasst. Für diese Auffassung spricht zudem das Anlegerschutzinteresse. Auch wenn der wirtschaftliche Wert einer Garantie sowie einer Bürgschaft von der Bonität des Sicherungsgebers abhängt, bietet die Garantie dem Anleger den Vorteil, dass er seine Rechte mangels Einwendungsmöglichkeiten des Garanten leichter durchsetzen kann. Er muss das Bestehen der Grundforderung weder darlegen noch beweisen.

d) Wertpapiere mit einem Gesamtverkaufspreis von weniger als 5 Mio. Euro (§ 1 Abs. 2 Nr. 4 WpPG)

aa) Berechtigte Emittenten

57 Gemäß § 1 Abs. 2 Nr. 4 WpPG werden Kleinemissionen von weniger als 5 Mio. Euro vom Anwendungsbereich des WpPG nicht erfasst. Von dieser Ausnahmevorschrift können nur **Emittenten** Gebrauch machen, bei denen es sich um CRR-Kreditinstitute handelt, oder börsennotierte Unternehmen, deren Aktien bereits zum Handel an einem organisierten Markt zugelassen sind. Eine prospektfreie Erstzulassung von Wertpapieren an einem organisierten Markt ist damit nicht möglich (Rz. 32)[6]. Für den Begriff CRR-Kreditinstitut wird in § 2 Nr. 8 WpPG auf die Legaldefinition des § 1 Abs. 3d Satz 1 KWG verwiesen (zu dem Begriff CRR-Kreditinstitut siehe § 2 WpPG Rz. 86).

---

1 Finanzmarktstabilisierungsfondsgesetz (Art. 1 des Gesetzes zur Umsetzung eines Maßnahmenpakets zur Stabilisierung des Finanzmarktes [Finanzmarktstabilisierungsgesetz] v. 17.10.2008, BGBl. I 2008, 1982).
2 Zu dem Finanzmarktstabilisierungsfonds allgemein siehe *Ewer/Behnsen*, NJW 2008, 3457 (3457 ff.); *Horn*, BKR 2008, 452 (452 ff.).
3 Verordnung zur Durchführung des Finanzmarktstabilisierungsgesetzes (Finanzmarktstabilisierungsfonds-Verordnung) v. 20.10.2008, eBAnz. 2008, AT123 V1.
4 Vgl. dazu auch *Ritz/Zeising* in Just/Voß/Ritz/Zeising, § 1 WpPG Rz. 22.
5 AA, nach der der Ausnahmetatbestand des § 1 Abs. 2 Nr. 3 WpPG erfüllt ist, sofern die Bürgschaft als eine selbstschuldnerische Bürgschaft ausgestaltet ist, *Spindler* in Holzborn, § 1 WpPG Rz. 18.
6 *Grosjean* in Heidel, Aktienrecht und Kapitalmarktrecht, § 1 WpPG Rz. 5.

Die **Beschränkung** der Kleinemissionen auf CRR-Kreditinstitute und Emittenten, deren Aktien bereits zum Handel an einem organisierten Markt zugelassen sind, wird teilweise kritisch betrachtet, weil die Kosten des Prospektverfahrens bei derartigen Emissionen als unverhältnismäßig angesehen werden[1]. Zu berücksichtigen ist jedoch, dass der deutsche Gesetzgeber schon von der Möglichkeit, einzelne Ausnahmetatbestände aus dem Katalog des Art. 1 Abs. 2 Prospektrichtlinie in nationales Recht umzusetzen, nur eingeschränkt Gebrauch gemacht hat (Rz. 19). Er übernahm aus Art. 1 Abs. 2 Prospektrichtlinie die Ausnahmen in § 1 Abs. 2 WpPG, durch die eine Überschneidung von zwei Anwendungsbereichen ausgeschlossen wurde (§ 1 Abs. 2 Nr. 1 WpPG) (Rz. 34 ff.), und die mit der grundsätzlich ausreichenden Bonität der Emittenten begründet werden (§ 1 Abs. 2 Nr. 2 und 3 WpPG) (Rz. 51 und Rz. 52 ff.). Unter der Berücksichtigung, dass CRR-Kreditinstitute bereits den aufsichtsrechtlichen Vorschriften des KWG unterliegen und die Emittenten mit bereits an einem organisierten Markt zugelassenen Aktien Zulassungsfolgepflichten nachkommen müssen[2], erscheint die Beschränkung der Ausnahme der Kleinemissionen auf die in § 1 Abs. 2 Nr. 4 WpPG genannten Emittenten auch vor dem Hintergrund des Anlegerschutzes nur schlüssig[3]. Für die nicht unter diese Ausnahme von der Prospektpflicht fallenden Emittenten gilt bei Wertpapierangeboten nur die Grenze des § 3 Abs. 2 Nr. 5 WpPG[4].

bb) Angebotsvolumen

Für die Ausnahme des § 1 Abs. 2 Nr. 4 WpPG ist weiterhin Voraussetzung, dass der Verkaufspreis für alle von den berechtigten Emittenten (Rz. 57 f.) angebotenen Wertpapieren weniger als 5 Mio. Euro während eines Zeitraums von zwölf Monaten beträgt. Maßgeblich für die Berechnung der **Obergrenze** ist das Volumen der während des Zeitraums von zwölf Monaten emittierten Wertpapiere[5].

Der Begriff **Wertpapiere** umfasst alle Wertpapierarten, die unter die Definition des § 2 Nr. 1 WpPG fallen[6]. Zulässig ist, die Grenze von 5 Mio. Euro auf unterschiedliche Arten von Wertpapieren, wie Aktien und Schuldverschreibungen, getrennt anzuwenden; die jeweiligen Emissionsvolumina müssen nicht zusammengerechnet werden[7]. Sind jedoch die Wertpapiere verschiedener Tranchen einer Emission nicht

---

1 *Giedinghagen*, BKR 2007, 233 (235); *Groß*, Kapitalmarktrecht, § 1 WpPG Rz. 3; *Hamann* in Schäfer/Hamann, § 1 WpPG Rz. 15.
2 Vgl. auch *Hamann* in Schäfer/Hamann, § 1 WpPG Rz. 15.
3 Im Ergebnis gleich *Hamann* in Schäfer/Hamann, § 1 WpPG Rz. 15. *Kaufmann*, Die Prospektpflicht nach dem WpPG, S. 84, sieht die Regelungen als Kompromiss zwischen den weiteren Ausnahmen der Prospektrichtlinie und Anlegerschutzgesichtspunkten.
4 Vgl. auch *Hamann* in Schäfer/Hamann, § 1 WpPG Rz. 15; *Ritz/Zeising* in Just/Voß/Ritz/Zeising, § 1 WpPG Rz. 25.
5 Begr. RegE zu § 1 Abs. 2 Nr. 4 WpPG, BT-Drucks. 15/4999 v. 3.3.2005, S. 27.
6 *Hamann* in Schäfer/Hamann, § 1 WpPG Rz. 16.
7 ESMA, Questions and Answers Prospectuses, 25th updated version – July 2016, ESMA/2016/1133, Nr. 26 lit. b; Ausführungen für die Richtlinie, Europäische Kommission, 4th Informal Meeting on Prospectuses Transposition, 8.3.2005, MARKT/G3/WG D (2005),

vergleichbar, hat die BaFin zur Verhinderung der Umgehung einer Prospektpflicht die Möglichkeit, die verschiedenen Tranchen zusammenzufassen[1].

61 Der Rahmen des Volumens bezieht sich auf alle an allen **geregelten Märkten** der Mitgliedstaaten iS von Art. 2 lit. j Prospektrichtlinie angebotenen Wertpapiere[2]. Für die Beurteilung der Höhe des Volumens ist also nicht auf die jeweils in einem Mitgliedstaat angebotenen Wertpapiere abzustellen[3]. Dieses ergibt sich bei einem Vergleich des § 1 Abs. 2 Nr. 4 WpPG mit § 3 Abs. 2 Nr. 2 WpPG[4]. § 3 Abs. 2 Nr. 2 WpPG erwähnt ausdrücklich, dass für ein Eingreifen der Ausnahme die maximale Höhe der qualifizierten Anleger, an die sich das Angebot richten darf, für jeden Staat des Europäischen Wirtschaftsraumes (EWR) getrennt gilt; § 1 Abs. 2 Nr. 4 WpPG nimmt hingegen keine entsprechende Begrenzung auf jeden Staat des EWR vor[5]. Hätte der Gesetzgeber das Angebotsvolumen auf jeden Staat des EWR auch für die Ausnahme nach § 1 Abs. 2 Nr. 4 WpPG begrenzen wollen, hätte er dies wohl – entsprechend § 3 Abs. 2 Nr. 2 WpPG – explizit aufgenommen[6].

62 Der **Gesamtverkaufspreis** der angebotenen Wertpapiere darf die Grenze von 5 Mio. Euro nicht erreichen. Maßgeblich für die Berechnung des Ausgabevolumens ist der erste Ausgabepreis[7]. Ist ein Ausgabepreis nicht festgelegt, gilt als Ausgabepreis der erste nach der Einführung der Wertpapiere festgestellte oder gebildete Börsenpreis, im Fall einer gleichzeitigen Feststellung oder Bildung an mehreren Börsen der höchste erste Börsenpreis[8]. Bei der Einführung der Wertpapiere handelt es sich gemäß § 38 Abs. 1 Satz 1 BörsG um die Notierungsaufnahme zugelassener Wertpapiere im regulierten Markt[9]. Sofern Wertpapiere nicht börsennotiert sind, gilt als Verkaufspreis der Preis, den der Emittent seinem Kunden bzw. Vertriebspartner gegenüber festlegt; etwaige Auf- oder Abschläge eines Vertriebspartners gegenüber seinem Endkunden

---

zu Art. 1 Abs. 2 lit. h Prospektrichtlinie, S. 1 f.; vgl. auch *Ritz/Zeising* in Just/Voß/Ritz/Zeising, § 1 WpPG Rz. 28; im Ergebnis gleich *Wiegel*, Die Prospektrichtlinie und Prospektverordnung, S. 178; aA *Hamann* in Schäfer/Hamann, § 1 WpPG Rz. 16; *Heidelbach/Preuße*, BKR 2006, 316 (316).

1 Vgl. auch *Ritz/Zeising* in Just/Voß/Ritz/Zeising, § 1 WpPG Rz. 28.
2 ESMA, Questions and Answers Prospectuses, 25th updated version – July 2016, ESMA/2016/1133, Nr. 26 lit. a; *Grosjean* in Heidel, Aktienrecht und Kapitalmarktrecht, § 1 WpPG Rz. 6; *Groß*, Kapitalmarktrecht, § 1 WpPG Rz. 7; *Hamann* in Schäfer/Hamann, § 1 WpPG Rz. 16; *Ritz/Zeising* in Just/Voß/Ritz/Zeising, § 1 WpPG Rz. 29.
3 ESMA, Questions and Answers Prospectuses, 25th updated version – July 2016, ESMA/2016/1133, Nr. 26 lit. a; *Grosjean* in Heidel, Aktienrecht und Kapitalmarktrecht, § 1 WpPG Rz. 6; *Hamann* in Schäfer/Hamann, § 1 WpPG Rz. 16; *Ritz/Zeising* in Just/Voß/Ritz/Zeising, § 1 WpPG Rz. 29.
4 So auch *Grosjean* in Heidel, Aktienrecht und Kapitalmarktrecht, § 1 WpPG Rz. 6; vgl. dazu auch *Ritz/Zeising* in Just/Voß/Ritz/Zeising, § 1 WpPG Rz. 29.
5 *Grosjean* in Heidel, Aktienrecht und Kapitalmarktrecht, § 1 WpPG Rz. 6.
6 Im Ergebnis gleich *Grosjean* in Heidel, Aktienrecht und Kapitalmarktrecht, § 1 WpPG Rz. 6.
7 Begr. RegE zu § 1 Abs. 2 Nr. 4 WpPG, BT-Drucks. 15/4999 v. 3.3.2005, S. 27.
8 Begr. RegE zu § 1 Abs. 2 Nr. 4 WpPG, BT-Drucks. 15/4999 v. 3.3.2005, S. 27.
9 *Hamann* in Schäfer/Hamann, § 1 WpPG Rz. 17.

bleiben bei der Bestimmung des Preises unberücksichtigt[1]. Bei Wertpapieren mit derivativen Komponenten ist der Verkaufspreis des Wertpapiers und nicht der Basiswert für die Berechnung maßgeblich[2].

Das **Emissionsvolumen** kann ermittelt werden, indem die einzelnen Ausgabepreise aller ausgegebenen Wertpapiere addiert werden, unter der Berücksichtigung, dass die Grenze von 5 Mio. Euro für unterschiedliche Wertpapierarten auch getrennt genutzt werden kann (Rz. 60). Möglich wäre auch, bei der Berechnung des Volumens auf die tatsächlich verkauften Wertpapiere abzustellen; diese Methode dürfte jedoch für die Emittenten nicht praktikabel sein. 63

Bei der Berechnung des Emissionsvolumens ist die **aktuelle Emission**, die zu der Überschreitung der Grenze von 5 Mio. Euro führt, mit zu berücksichtigen, dh. für sie besteht eine Prospektpflicht[3]. Nicht prospektpflichtig werden mit Überschreiten der 5 Mio. Euro-Grenze die Emissionen, die vor der aktuellen Emission stattgefunden haben[4]. 64

Emittenten, die ehemals unter das **Daueremittentenprivileg** gemäß § 31 Abs. 2 WpPG aF fielen, benötigen nunmehr bereits seit dem 31.12.2008 einen Prospekt, sofern nicht die Voraussetzungen der Ausnahmeregelung des § 1 Abs. 2 Nr. 5 WpPG vorliegen (zu § 1 Abs. 2 Nr. 5 WpPG siehe Rz. 77 ff.). Alle Wertpapiere, die nach dem 31.12.2008 öffentlich angeboten wurden, waren zu berücksichtigen, auch wenn das öffentliche Angebot bereits vor dem Stichtag begonnen hatte[5]. Die bis zu dem Stichtag im Rahmen einer Emission tatsächlich verkauften Wertpapiere mussten bei der Berechnung des Angebotsvolumens nicht eingerechnet werden. Sofern die im Rahmen einer Emission verkauften Wertpapiere zum Stichtag nicht tatsächlich festgestellt werden konnten, wurde davon ausgegangen, dass die gesamte Emission angerechnet werden musste, mithin auch die bis zum Stichtag im Rahmen der Emission tatsächlich verkauften Wertpapiere. 65

Bei einer **Verschmelzung** zweier gemäß § 1 Abs. 2 Nr. 4 WpPG berechtigter Emittenten ist für die Berechnung der Grenze von weniger als 5 Mio. Euro auf die Angebotsvolumina beider Gesellschaften abzustellen[6]. Rechtlich besteht nur noch das 66

---

1 *Hamann* in Schäfer/Hamann, § 1 WpPG Rz. 17; *Heidelbach/Preuße*, BKR 2006, 316 (316, 323); *Ritz/Zeising* in Just/Voß/Ritz/Zeising, § 1 WpPG Rz. 27 f.
2 ESMA, Questions and Answers Prospectuses, 25th updated version – July 2016, ESMA/2016/1133, Nr. 40; siehe auch *Hamann* in Schäfer/Hamann, § 1 WpPG Rz. 17.
3 *Ritz/Zeising* in Just/Voß/Ritz/Zeising, § 1 WpPG Rz. 30.
4 *Ritz/Zeising* in Just/Voß/Ritz/Zeising, § 1 WpPG Rz. 30.
5 Vgl. auch BaFin, BaFinJournal April 2008, S. 4; *Elsen/Jäger*, ZfgK 2008, 615 (616); *Möllers/Voß*, BB 2008, 1131 (1131 f.); *Ritz/Zeising* in Just/Voß/Ritz/Zeising, § 31 WpPG Rz. 21 ff.; *Weber*, NJW 2009, 33 (34); aA *Heidelbach/Preuße*, BKR 2008, 10 (15).
6 So auch *Heidelbach/Preuße*, BKR 2006, 316 (318); vgl. dazu auch die Darstellung im Rahmen von § 1 Abs. 2 Nr. 5 WpPG *Ritz/Zeising* in Just/Voß/Ritz/Zeising, § 1 WpPG Rz. 38.

übernehmende Institut, auf den das Vermögen des übertragenden Rechtsträgers einschließlich der Verbindlichkeiten übergeht (§ 20 Abs. 1 Nr. 1 UmwG)[1].

67 Bei der Berechnung des Emissionsvolumens müssen Emissionen, die **unter Verwendung eines Prospekts** während des Zeitraums von zwölf Monaten ausgegeben wurden, nicht berücksichtigt werden[2]. Das Gleiche gilt für den Fall, dass Wertpapiere, die bereits emittiert und anschließend wieder zurückgekauft wurden, erneut emittiert werden sollen.

68 Die **Kombination** der Ausnahmen vom Anwendungsbereich des Gesetzes gemäß § 1 Abs. 2 Nr. 4 WpPG und einer Ausnahme von der Pflicht, einen Prospekt zu veröffentlichen, gemäß § 3 Abs. 2 WpPG und § 4 WpPG ist möglich. Bei der Berechnung der Grenze von 5 Mio. Euro sind damit nur diejenigen Emissionen zu berücksichtigen, die aufgrund des § 1 Abs. 2 Nr. 4 WpPG prospektfrei angeboten worden sind[3]. Emissionen, bei denen gemäß § 3 Abs. 2 WpPG, wie zB bei Angeboten an institutionelle Investoren[4], oder gemäß § 4 WpPG von der Prospektveröffentlichung abgesehen worden ist, werden folglich nicht berücksichtigt. Auch wenn eine Kombination einer Ausnahme vom Anwendungsbereich des Gesetzes und einer Ausnahme von der Prospektpflicht auf den ersten Blick nicht systematisch erscheint, kann der Anschein eines methodischen Bruchs unter der Berücksichtigung der Struktur der Prospektrichtlinie ausgeräumt werden. Die Systematik der Ausnahmeregelungen der Richtlinie, die entsprechend in das WpPG übernommen wurde, ist darin begründet, dass den Mitgliedstaaten unterschiedliche Gestaltungsspielräume bei der Umsetzung der Ausnahmeregelungen eingeräumt wurden (Rz. 2 f.).

69 Der ProspektVO-E[5] sieht insoweit eine Konsolidierung der Vorschriften in Art. 1, 3 und 4 der Prospektrichtlinie innerhalb des Art. 1 ProspektVO-E[6] vor. Eine künftige Änderung der Auslegungspraxis ist bislang nicht zu erwarten.

---

1 Zu unterschiedlichen Fallkonstellationen im Falle einer Verschmelzung von nach § 1 Abs. 2 Nr. 4 WpPG berechtigter Emittenten vgl. *Heidelbach/Preuße*, BKR 2006, 316 (316 f.).
2 ESMA, Questions and Answers Prospectuses, 25th updated version – July 2016, ESMA/2016/1133, Nr. 26 lit. d; vgl. auch *Ritz/Zeising* in Just/Voß/Ritz/Zeising, § 1 WpPG Rz. 28.
3 ESMA, Questions and Answers Prospectuses, 25th updated version – July 2016, ESMA/2016/1133, Nr. 26 lit. c; so auch *Ritz/Zeising* in Just/Voß/Ritz/Zeising, § 1 WpPG Rz. 29; aA *Hamann* in Schäfer/Hamann, § 1 WpPG Rz. 16; *Heidelbach/Preuße*, BKR 2006, 316 (316); *Spindler* in Holzborn, § 1 WpPG Rz. 20.
4 ESMA, Questions and Answers Prospectuses, 25th updated version – July 2016, ESMA/2016/11339, Nr. 26 lit. c.
5 Rat der Europäischen Union, Vorschlag für eine Verordnung des Europäischen Parlaments und des Rates über den Prospekt, der beim öffentlichen Angebot von Wertpapieren oder bei deren Zulassung zu veröffentlichen ist, vom 3.6.2016, 2015/0268 (COD), Dok.-Nr. 9801/16.
6 Rat der Europäischen Union, Vorschlag für eine Verordnung des Europäischen Parlaments und des Rates über den Prospekt, der beim öffentlichen Angebot von Wertpapieren oder bei deren Zulassung zu veröffentlichen ist, vom 3.6.2016, 2015/0268 (COD), Dok.-Nr. 9801/16.

Zu berücksichtigen sind ferner die neuen Schwellenwerte des ProspektVO-E[1]. Insoweit soll es den Mitgliedstaaten freigestellt sein, einen Schwellenwert im nationalen Recht zwischen 500.000 Euro und 10 Mio. Euro festzulegen[2]. Der Zeitraum von zwölf Monaten für die Beurteilung einer möglichen Überschreitung des Schwellenwertes soll insoweit gleich bleiben (vgl. Rz. 8 und Rz. 13 ff.)[3]. 70

cc) Zeitraum von zwölf Monaten

Die **Berechnung** der Frist von zwölf Monaten, innerhalb der Wertpapiere mit einem Gesamtverkaufspreis von weniger als 5 Mio. Euro angeboten werden dürfen, damit die Ausnahme für Kleinemissionen greift, erfolgt entsprechend den §§ 187 ff. BGB[4]. Für den Beginn der Frist von zwölf Monaten ist der Tag maßgeblich, an dem der Anbieter oder Zulassungsantragsteller erstmals einen Ausgabepreis veröffentlicht[5]. Dies ist bei einer Verwendung von endgültigen Angebotsbedingungen im Zusammenhang mit einem Basisprospekt gemäß § 6 Abs. 1 und 2 WpPG spätestens der Tag, an dem die endgültigen Angebotsbedingungen veröffentlicht werden und das öffentliche Angebot beginnt (§ 6 Abs. 3 Satz 1 WpPG)[6]. Bei einer bloßen Wertpapierzulassung dürfte dies der Tag des Zulassungsbeschlusses sein[7]. 71

Bei der Beurteilung der Prospektpflicht einer **neuen Wertpapieremission** sind für die Berechnung des gesamten Emissionsvolumens während des Zeitraums von zwölf Monaten alle während der vergangenen zwölf Monate emittierten Wertpapiere zu berücksichtigen[8]. Daraus folgt, dass nicht nur die Emissionen, deren Angebot während den vergangenen zwölf Monaten begonnen hat, einzubeziehen sind, sondern auch die Emissionen, bei denen der Angebotsbeginn vor diesem Zeitraum lag und noch währenddessen andauert. Diese Ansicht entspricht dem Wortlaut des Gesetzes. Die Wertpapiere wurden gemäß § 1 Abs. 2 Nr. 4 WpPG während der letzten zwölf Monate angeboten, auch wenn das Angebot vor diesem Zeitraum begann. Kann im Einzelfall nicht festgestellt werden, ob im Rahmen einer Emission Wert- 72

---

1 Rat der Europäischen Union, Vorschlag für eine Verordnung des Europäischen Parlaments und des Rates über den Prospekt, der beim öffentlichen Angebot von Wertpapieren oder bei deren Zulassung zu veröffentlichen ist, vom 3.6.2016, 2015/0268 (COD), Dok.-Nr. 9801/16.
2 Vgl. Erwägungsgründe (12) und (13) des Vorschlags des Europäischen Parlaments und des Rates über den Prospekt, der beim öffentlichen Angebot von Wertpapieren oder bei deren Zulassung zum Handel zu veröffentlichen ist, 2015/0268 (COD) vom 3.6.2016.
3 Vgl. Vorschlag des Europäischen Parlaments und des Rates über den Prospekt, der beim öffentlichen Angebot von Wertpapieren oder bei deren Zulassung zum Handel zu veröffentlichen ist, 2015/0268 (COD) vom 3.6.2016.
4 Begr. RegE zu § 1 Abs. 2 Nr. 4 WpPG, BT-Drucks. 15/4999 v. 3.3.2005, S. 27.
5 Begr. RegE zu § 1 Abs. 2 Nr. 4 WpPG, BT-Drucks. 15/4999 v. 3.3.2005, S. 27.
6 Siehe auch *Hamann* in Schäfer/Hamann, § 1 WpPG Rz. 18; *Heidelbach/Preuße*, BKR 2006, 316 (316); *Ritz/Zeising* in Just/Voß/Ritz/Zeising, § 1 WpPG Rz. 30.
7 *Grosjean* in Heidel, Aktienrecht und Kapitalmarktrecht, § 1 WpPG Rz. 6; *Hamann* in Schäfer/Hamann, § 1 WpPG Rz. 18.
8 *Ritz/Zeising* in Just/Voß/Ritz/Zeising, § 1 WpPG Rz. 31.

papiere vor dem relevanten Zeitraum von zwölf Monaten abverkauft wurden, so ist im Zweifel die gesamte Emission zu berücksichtigen.

73 Die Tatsache allein, dass für eine die 5-Mio.-Euro-Grenze überschreitenden Emission ein Prospekt erstellt und gebilligt wurde, stellt **keine zeitliche Zäsur** dar. Mithin handelt es sich bei der Prospektbilligung in diesem Fall nicht um ein Ereignis, das dazu geeignet wäre, die 12-Monats-Frist erneut beginnen zu lassen[1]. Vielmehr sind zuvor prospektfrei erfolgte Emissionen, die vor einer prospektierten Emission erfolgt sind, in die Berechnung miteinzubeziehen. Es kann nicht angenommen werden, dass sämtliche zuvor erfolgten Angebote im Prospekt beschrieben werden[2], schließlich beschränken sich die Angaben hinsichtlich vorangegangener Angebote in einem zeitlich auf diese folgenden Prospekt ausschließlich auf die Entwicklung des Grundkapitals und sind keinesfalls vergleichbar mit den erforderlichen Angebotsangaben der Prospektverordnung.

74 Legt man den reinen Wortlaut der Ausnahmevorschrift des § 1 Abs. 2 Nr. 4 WpPG zugrunde („… Verkaufspreis für alle angebotenen Wertpapiere …"), so liegt die Annahme nahe, dass **ausschließlich Angebote** erfasst werden. Demnach käme man zu dem Ergebnis, dass zwar keine Prospektpflicht für das öffentliche Angebot in diesen Fällen bestünde, für die **reine Zulassung** jedoch ein Prospekt zu erstellen wäre. Zieht man jedoch § 32 Abs. 3 Nr. 2 BörsG zur Auslegung heran, der insoweit vorsieht, dass Wertpapiere zuzulassen sind, wenn (…) ein nach den Vorschriften des WpPG gebilligter oder bescheinigter Prospekt (…) veröffentlicht worden ist, soweit nicht nach § 1 Abs. 2 oder § 4 WpPG von der Veröffentlichung eines Prospekts abgesehen werden kann, so wird deutlich, dass auch für die Zulassung im Falle des Vorliegens der weiteren Tatbestandsmerkmale des § 1 Abs. 2 Nr. 4 WpPG kein Prospekt zu erstellen ist. Die Vorschrift nimmt Bezug auf Abs. 2 insgesamt und nicht auf einzelne Tatbestände des § 1 Abs. 2 WpPG, womit von einer bewussten gesetzgeberischen Entscheidung dahingehend auszugehen ist, dass auch eine prospektfreie Zulassung in sämtlichen Fällen des Abs. 2 möglich ist[3].

dd) Verhältnis zu § 4 Abs. 2 Nr. 1 WpPG

75 Die **prospektfreie Zulassung von Aktien** kann grundsätzlich entweder auf eine Ausnahme vom Anwendungsbereich oder auf eine Ausnahme von der Prospektpflicht gestützt werden. So kann der Emittent wählen, ob er die prospektfreie Zulassung von Aktien auf die Ausnahme vom Anwendungsbereich gemäß § 1 Abs. 2 Nr. 4 WpPG oder auf die Ausnahme von der Prospektpflicht gemäß § 4 Abs. 2 Nr. 1 WpPG stützen möchte (Prinzip der sog. Meistbegünstigung)[4]. Innerhalb des Zeit-

---

[1] AA *Grosjean* in Heidel, § 1 WpPG Rz. 6, der insoweit davon ausgeht, dass sämtliche zuvor erfolgten Angebote im Prospekt hinreichend beschrieben würden.
[2] AA *Grosjean* in Heidel, § 1 WpPG Rz. 6, der insoweit davon ausgeht, dass sämtliche zuvor erfolgten Angebote im Prospekt hinreichend beschrieben würden.
[3] So auch *Ritz/Zeising* in Just/Voß/Ritz/Zeising, § 1 WpPG Rz. 32; *Groß*, Kapitalmarktrecht, § 32 BörsG Rz. 23.
[4] Siehe auch *Gebhardt* in Schäfer/Hamann, § 4 WpPG Rz. 23.

raums von zwölf Monaten, auf den beide Ausnahmeregelungen abstellen, können auch beide Vorschriften zur Anwendung gelangen[1].

Künftig werden sich beide Regelungen in Art. 1 der Verordnung finden – siehe Art. 1 Abs. 2a und Abs. 4a ProspektVO-E[2]. Von einer Änderung der Auslegungspraxis aufgrunddessen ist jedoch nicht auszugehen. 76

e) Daueremissionen von Nichtdividendenwerten der CRR-Kreditinstitute (§ 1 Abs. 2 Nr. 5 WpPG)

aa) Nichtdividendenwerte iS von § 1 Abs. 2 Nr. 5 WpPG

Von der Ausnahmeregelung des § 1 Abs. 2 Nr. 5 WpPG können CRR-Kreditinstitute, die Nichtdividendenwerte dauernd oder wiederholt für einen Verkaufspreis aller angebotenen Wertpapiere von weniger als 75 Mio. Euro ausgeben, wobei diese Obergrenze über einen Zeitraum von zwölf Monaten zu berechnen ist, Gebrauch machen. § 2 Nr. 3 WpPG enthält eine Legaldefinition des Begriffs Nichtdividendenwerte (dazu § 2 WpPG Rz. 31). Zu berücksichtigen ist, dass die Ausnahme gemäß **§ 1 Abs. 2 Nr. 5 lit. a und b WpPG** auf nicht nachrangige, wandelbare oder umtauschbare oder auf nicht zur Zeichnung oder zum Erwerb anderer Wertpapiere berechtigende und nicht an Derivate gebundene Nichtdividendenwerte beschränkt ist. Die Beschränkung ist vorgesehen, da die aufgezählten Wertpapiere – unabhängig von einer möglicherweise positiven Bonität des Emittenten – grundsätzlich mit einem höheren Risiko behaftet sind als diejenigen Wertpapiere, die letztlich in den Anwendungsbereich der Ausnahme fallen[3]. Schuldverschreibungen, bei denen der Emittent das Recht auf Rückkauf vor Fälligkeit besitzt, fallen auch unter die Ausnahme[4]. 77

Die **Verknüpfung** der beiden in § 1 Abs. 2 Nr. 5 lit. a und b WpPG aufgeführten Tatbestände durch ein „oder" entspricht zwar nicht Art. 1 Abs. 2 lit. j Prospektrichtlinie und dem Wortlaut der Gesetzesbegründung[5]. Da jedoch diese Merkmale nicht alle kumulativ in einem Wertpapier vereint sein können, erscheint die Verbindung durch ein „oder" schlüssig[6]. 78

---

1 Vgl. zu der Zulassungspraxis der Frankfurter Wertpapierbörse *Grosjean* in Heidel, Aktienrecht und Kapitalmarktrecht, § 1 WpPG Rz. 7; *Gebhardt* in Schäfer/Hamann, § 4 WpPG Rz. 29; aA *Gebhardt* in Schäfer/Hamann, § 4 WpPG Rz. 29.
2 Vorschlag des Europäischen Parlaments und des Rates über den Prospekt, der beim öffentlichen Angebot von Wertpapieren oder bei deren Zulassung zum Handel zu veröffentlichen ist, 2015/0268 (COD) vom 3.6.2016.
3 *Grosjean* in Heidel, Aktienrecht und Kapitalmarktrecht, § 1 WpPG Rz. 8.
4 ESMA, Questions and Answers Prospectuses, 25th updated version – July 2016, ESMA/2016/1133, Nr. 38.
5 Begr. RegE zu § 1 Abs. 2 Nr. 5 WpPG, BT-Drucks. 15/4999 v. 3.3.2005, S. 27; vgl. auch *Hamann* in Schäfer/Hamann, § 1 WpPG Rz. 21; *Heidelbach/Preuße*, BKR 2006, 316 (317 Fn. 16).
6 *Hamann* in Schäfer/Hamann, § 1 WpPG Rz. 21; vgl. auch *Ritz/Zeising* in Just/Voß/Ritz/Zeising, § 1 WpPG Rz. 40 f.; aA *Heidelbach/Preuße*, BKR 2006, 316 (317); *Seitz*, AG 2005, 678 (682); *Spindler* in Holzborn, § 1 WpPG Rz. 29 sieht die „oder"-Verknüpfung als Redaktionsversehen; vgl. in diesem Zusammenhang zu dem früheren Streit um den Begriff

79 Nachrangige Schuldverschreibungen, Wandelschuldverschreibungen und ähnliche Produkte werden von der Ausnahme nach § 1 Abs. 2 Nr. 5 lit. a WpPG aufgrund der Einschränkung auf **nicht nachrangige, nicht wandelbare und nicht umtauschbare Nichtdividendenwerte** nicht umfasst[1].

80 Die Nichtdividendenwerte dürfen **nicht zur Zeichnung oder zum Erwerb anderer Wertpapiere berechtigen** (§ 1 Abs. 2 Nr. 5 lit. b WpPG). Dabei muss die Berechtigung die Lieferung von Wertpapieren bezwecken[2].

81 Die Nichtdividendenwerte dürfen gemäß § 1 Abs. 2 Nr. 5 lit. b WpPG **nicht an ein Derivat gebunden** sein. § 2 Abs. 2 WpHG enthält eine Legaldefinition des Begriffs Derivate. Diese Definition gilt gemäß dem Wortlaut von § 2 Abs. 2 WpHG nur für dieses Gesetz, so dass sie nicht vorrangig maßgebend sein kann[3]. Zur Bestimmung des Begriffs für Zwecke des WpPG ist der rechtliche Rahmen des Prospektrechts heranzuziehen[4]. Hier hilft ein Vergleich der für Schuldtitel und derivative Wertpapiere relevanten Artt. 8 und 15 ProspektVO[5]. Nach Art. 8 Abs. 2 ProspektVO handelt es sich um einen Schuldtitel, wenn der Emittent aufgrund der Emissionsbedingungen verpflichtet ist, dem Anleger 100% des Nominalwertes zu zahlen, wobei zusätzlich noch eine Zinszahlung erfolgen kann. Gemäß Art. 15 Abs. 2 ProspektVO sind bei derivativen Wertpapieren die Zahlungs- und/oder Lieferverpflichtungen an ein zugrundeliegendes Wertpapier/Aktie gekoppelt. Somit fallen Schuldverschreibungen, bei denen die Rückzahlung des Nominalbetrags von einer derivativen Komponente abhängt, nicht unter die Ausnahme des § 1 Abs. 2 Nr. 5 WpPG; hingegen ist für Schuldverschreibungen, bei denen eine Rückzahlung zum Nominalbetrag vorgesehen ist, die Ausnahme eröffnet[6]. Auch ein Vergleich der in § 1 Abs. 2 Nr. 5 lit. a und b WpPG genannten Begriffe[7] führt zu dem gleichen Ergebnis. Das Kriterium der Abhängigkeit eines Wertpapiers von einem Basiswert muss für die Bestimmung des Begriffs „Bindung eines Wertpapiers an ein Derivat" maßgebend sein, weil alle in § 1 Abs. 2 Nr. 5 lit. a und b WpPG genannten Merkmale eine Abhängigkeit des Wertpapiers von einem anderen Wertpapier beinhalten – ausgenommen das Merkmal der Nachrangigkeit[8].

---

der Schuldverschreibung *Hamann* in Schäfer/Hamann, § 1 WpPG Rz. 26; *Ritz* in Assmann/Lenz/Ritz, § 3 VerkProspG Rz. 19 ff.; *Seitz*, AG 2005, 678 (682); *Spindler* in Holzborn, § 1 WpPG Rz. 28 f.; *Ritz/Zeising* in Just/Voß/Ritz/Zeising, § 1 WpPG Rz. 43.

1 *Hamann* in Schäfer/Hamann, § 1 WpPG Rz. 22; *Heidelbach/Preuße*, BKR 2006, 316 (317).
2 *Hamann* in Schäfer/Hamann, § 1 WpPG Rz. 23.
3 *Hamann* in Schäfer/Hamann, § 1 WpPG Rz. 24.
4 Im Ergebnis gleich *Heidelbach/Preuße*, BKR 2006, 316 (317); *Seitz*, AG 2005, 678 (682).
5 Im Ergebnis gleich *Heidelbach/Preuße*, BKR 2006, 316 (317); *Seitz*, AG 2005, 678 (682); aA *Hamann* in Schäfer/Hamann, § 1 WpPG Rz. 25.
6 *Heidelbach/Preuße*, BKR 2006, 316 (317); *Ritz/Zeising* in Just/Voß/Ritz/Zeising, § 1 WpPG Rz. 49; *Seitz*, AG 2005, 678 (682); *Spindler* in Holzborn, § 1 WpPG Rz. 30; vgl. zur Anwendung von § 1 Abs. 2 Nr. 5 WpPG auf Garantieprodukte *Ritz/Zeising* in Just/Voß/Ritz/Zeising, § 1 WpPG Rz. 48 f.
7 Siehe dazu *Hamann* in Schäfer/Hamann, § 1 WpPG Rz. 27.
8 *Hamann* in Schäfer/Hamann, § 1 WpPG Rz. 27.

Sofern die derivative Komponente allein in der **Verzinsung** des Nichtdividendenwertes liegt, sollte die Ausnahmeregelung einschlägig sein[1], da das Wertpapierrisiko darin zu sehen ist, dass der Investor keine Zinsen erhält und eben nicht der Wert des Nichtdividendenwertes und damit nicht auch das eingesetzte Kapital direkt von der Entwicklung eines Basiswertes abhängt. Auch das Ergebnis des bereits vorgenommenen Vergleichs der in § 1 Abs. 2 Nr. 5 lit. a und b WpPG aufgeführten Merkmale (Rz. 81) führt zu keiner anderen Beurteilung, da diese Fälle – mit Ausnahme der Nachrangigkeit – die Gemeinsamkeit der Abhängigkeit des Wertpapiers von einem anderen Wertpapier aufweisen (Rz. 81). Daher muss davon ausgegangen werden, dass mit der Bindung eines Wertpapiers an ein Derivat nicht auch die Bindung an eine derivativ strukturierte Verzinsung gemeint sein soll.

82

Die Ausnahmevorschrift des § 1 Abs. 2 Nr. 5 WpPG gelangt nicht zur Anwendung, sofern sich die derivative Komponente bei Schuldverschreibungen, hinsichtlich derer der Emittent ein Rückkaufsrecht besitzt, auf das **Recht des Investors** bezieht[2]. Schließt der Emittent für solche Wertpapiere derivative Verträge zur Absicherung seiner Risiken ab, ist die Anwendung der Ausnahme nicht ausgeschlossen[3].

83

Zusammengefasst fallen damit in die Ausnahmeregelung des § 1 Abs. 2 Nr. 5 lit. a und b WpPG nicht nachrangige fest und variabel verzinsliche Schuldverschreibungen sowie Null-Kupon-Anleihen; nicht erfasst hingegen sind nachrangige Schuldverschreibungen (Rz. 78), Wandelschuldverschreibungen (Rz. 78), nachrangige Genussscheine, Optionsscheine sowie Aktienanleihen[4].

84

bb) Weitere Tatbestandsmerkmale des § 1 Abs. 2 Nr. 5 WpPG

Daneben sind die folgenden **Begriffe** in § 2 WpPG legaldefiniert: CRR-Kreditinstitute (§ 2 Nr. 8 WpPG verweist auf die Legaldefinition des § 1 Abs. 3 lit. d Satz 1 KWG; zu dem Begriff CRR-Kreditinstitute siehe § 2 WpPG Rz. 86), dauernd oder wiederholte Ausgabe (§ 2 Nr. 12 WpPG, dazu § 2 WpPG Rz. 99 ff.)[5]. Hinsichtlich der Berechnung des Emissionsvolumens und des Beginns der Frist von zwölf Mona-

85

---

1 *Heidelbach/Preuße*, BKR 2006, 316 (317); *Seitz*, AG 2005, 678 (682); *Spindler* in Holzborn, § 1 WpPG Rz. 30; wohl auch *Ritz/Zeising* in Just/Voß/Ritz/Zeising, § 1 WpPG Rz. 44, 49; gleiche Ansicht bei Bezugnahme der Verzinsung auf einen Referenzzinssatz, jedoch aA, sofern auf andere Größen Bezug genommen wird, *Hamann* in Schäfer/Hamann, § 1 WpPG Rz. 28.
2 ESMA, Questions and Answers Prospectuses, 25th updated version – July 2016, ESMA/2016/1133, Nr. 38; *Hamann* in Schäfer/Hamann, § 1 WpPG Rz. 20.
3 ESMA, Questions and Answers Prospectuses, 25th updated version – July 2016, ESMA/2016/1133, Nr. 38; *Hamann* in Schäfer/Hamann, § 1 WpPG Rz. 20; *Ritz/Zeising* in Just/Voß/Ritz/Zeising, § 1 WpPG Rz. 49.
4 *Heidelbach/Preuße*, BKR 2006, 316 (317); *Ritz/Zeising* in Just/Voß/Ritz/Zeising, § 1 WpPG Rz. 44, 48 f.
5 Zu der Prospektpflicht bei verschiedenen Konstellationen der Verschmelzung von Daueremittenten bzw. nicht nach § 1 Abs. 2 Nr. 5 WpPG berechtigter Emittenten *Ritz/Zeising* in Just/Voß/Ritz/Zeising, § 1 WpPG Rz. 37 f.; *Heidelbach/Preuße*, BKR 2006, 316 (318 f., 323).

ten sowie ihrer Berechnung sind die Ausführungen zu § 1 Abs. 2 Nr. 4 WpPG heranzuziehen[1]. Daher wird für die Berechnung des Emissionsvolumens auf Rz. 59–67 und für den Fristbeginn und die Fristberechnung auf Rz. 71 f. verwiesen, Letzteres unter der Berücksichtigung, dass die Ausnahme nach § 1 Abs. 2 Nr. 5 WpPG auf die genannten Nichtdividendenwerte beschränkt ist und eine Obergrenze des Emissionsvolumens von weniger als 75 Mio. Euro gilt.

86 In Anlehnung an § 1 Abs. 2 Nr. 4 WpPG ist auch für die Ausnahme vom Anwendungsbereich des Gesetzes gemäß § 1 Abs. 2 Nr. 5 WpPG die **Kombination** mit einer Ausnahme von der Prospektpflicht gemäß § 3 Abs. 2 WpPG zulässig (Rz. 67).

cc) Auslauf des Daueremittentenprivilegs

87 Seit dem 31.12.2008 benötigen Emittenten, die bislang unter das **Daueremittentenprivileg** gemäß § 31 Abs. 2 WpPG aF fielen, einen Prospekt, sofern nicht die Voraussetzungen der Ausnahmeregelung des § 1 Abs. 2 Nr. 5 WpPG vorliegen. Seit dem 31.12.2008 ist es nicht mehr möglich, mit einem öffentlichen Angebot von in § 1 Abs. 2 Nr. 5 WpPG genannten Nichtdividendenwerten zu beginnen, ohne dass ein Prospekt gebilligt und veröffentlicht wurde.

IV. Freiwillige Prospekterstellung (§ 1 Abs. 3 WpPG)

88 § 1 Abs. 3 WpPG regelt die freiwillige Prospekterstellung. Damit besteht die Möglichkeit, einen Prospekt zu erstellen, auf den nach dem Willen der Berechtigten die Vorschriften des WpPG Anwendung finden sollen[2]. Sie besitzen damit die Wahl, ob sie einen Prospekt erstellen oder nicht[3], sog. **Opting In**[4]. Berechtigte sind gemäß § 1 Abs. 3 WpPG Emittenten, Anbieter und Zulassungsantragsteller; diese Begriffe sind in § 2 Nr. 9, 10 und 11 WpPG legaldefiniert (dazu § 2 WpPG Rz. 89 ff., Rz. 92 ff. und Rz. 98).

89 Dieses Wahlrecht bedeutet jedoch nicht, dass grundsätzlich bei Nichtanwendbarkeit des WpPG die allgemeine Möglichkeit, freiwillig einen Prospekt zu erstellen, besteht[5], wie zB die Erstellung eines Prospekts für die bloße Einbeziehung von Wertpapieren in den Freiverkehr, ohne dass damit auch ein öffentliches Angebot dieser Wertpapiere verbunden wäre (dazu auch Rz. 27)[6]. **Voraussetzung** für die freiwillige Prospekterstellung ist, dass ein öffentliches Angebot und/oder eine Zulassung von

---

[1] Begr. RegE zu § 1 Abs. 2 Nr. 5 WpPG, BT-Drucks. 15/4999 v. 3.3.2005, S. 27; vgl. auch *Ritz/Zeising* in Just/Voß/Ritz/Zeising, § 1 WpPG Rz. 50.
[2] Begr. RegE zu § 1 Abs. 3 WpPG, BT-Drucks. 15/4999 v. 3.3.2005, S. 27; *Groß*, Kapitalmarktrecht, § 1 WpPG Rz. 9.
[3] Begr. RegE zu § 1 Abs. 3 WpPG, BT-Drucks. 15/4999 v. 3.3.2005, S. 27 f.
[4] Vgl. *Holzborn/Schwarz-Gondek*, BKR 2003, 927 (929); *Kunold/Schlitt*, BB 2004, 501 (503); *Ritz/Zeising* in Just/Voß/Ritz/Zeising, § 1 WpPG Rz. 51; *Seitz*, AG 2005, 678 (684).
[5] *Grosjean* in Heidel, Aktienrecht und Kapitalmarktrecht, § 1 WpPG Rz. 9; *Hamann* in Schäfer/Hamann, § 1 WpPG Rz. 30.
[6] *Grosjean* in Heidel, Aktienrecht und Kapitalmarktrecht, § 1 WpPG Rz. 9.

Wertpapieren beabsichtigt ist, jedoch eine der Ausnahmen für eine Prospektpflicht gemäß § 1 Abs. 2 Nr. 2 bis 5 WpPG greift. Ein Prospekt kann hingegen nicht freiwillig erstellt werden, wenn einer der Ausnahmetatbestände des § 3 Abs. 2 WpPG und § 4 Abs. 1 und 2 WpPG vorliegt[1]. Dafür spricht die ausdrückliche Bezugnahme des § 1 Abs. 3 WpPG auf die Ausnahmevorschriften gemäß § 1 Abs. 2 Nr. 2 bis 5 WpPG[2]. Diese Ansicht wird gestützt durch die Gesetzesbegründung, wonach § 1 Abs. 3 WpPG den in § 1 Abs. 2 Nr. 2, 3, 4 und 5 WpPG genannten Emittenten die Möglichkeit eröffnet, einen Wertpapierprospekt zu erstellen[3]. Zu berücksichtigen ist auch die Systematik des Gesetzes. Die Regelung über das Opting In befindet sich innerhalb von § 1 WpPG, wohingegen in den §§ 3, 4 WpPG keine entsprechende Berechtigung normiert ist. Zudem waren die in Artt. 3, 4 Prospektrichtlinie aufgeführten Ausnahmetatbestände abschließend, so dass den Mitgliedstaaten bei der Umsetzung dieser Ausnahmetatbestände in nationales Recht keine Flexibilität zukam (dazu Rz. 2 f.)[4]. Daher besteht auch kein Bedarf an einer freiwilligen Prospekterstellung nach dem WpPG, da bei Vorliegen eines Ausnahmetatbestandes der §§ 3, 4 WpPG ein prospektfreies öffentliches Angebot im gesamten Europäischen Wirtschaftsraum erfolgen kann.

Gegenstand eines freiwillig erstellten Prospekts können nur **Wertpapiere iS von § 2 Nr. 1 WpPG** sein, ebenso wie bei einem Prospekt, der aufgrund einer nach dem WpPG bestehenden Prospektpflicht zu erstellen ist[5]. 90

Sofern sich die Berechtigten für die Prospekterstellung entscheiden, finden die **Vorschriften des WpPG in ihrer Gesamtheit, einschließlich der Prospektverordnung**, Anwendung[6]. Emittenten, Anbieter und Zulassungsantragssteller, die zwar aufgrund einer der Ausnahmen des § 1 Abs. 2 Nr. 2 bis 5 WpPG nicht der Prospektpflicht unterliegen, sich jedoch freiwillig für eine Prospekterstellung entscheiden, können sich folglich nicht darauf berufen, dass bestimmte Vorschriften des WpPG bei der Prospekterstellung nicht von ihnen erfüllt werden müssen, weil keine Prospektpflicht besteht. Dies gilt auch für den Fall, dass der Finanzmarktstabilisierungsfonds eine uneingeschränkte und unwiderrufliche Garantie für von Unternehmen des Finanzsektors begebene Schuldtitel gemäß § 6 FMStFG iVm. § 2 FMStFV übernimmt (dazu Rz. 55)[7]. Es kann nicht ausnahmsweise auf die Beschreibung des Garantiegebers 91

---

1 *Grosjean* in Heidel, Aktienrecht und Kapitalmarktrecht, § 1 WpPG Rz. 9; *Hamann* in Schäfer/Hamann, § 1 WpPG Rz. 30; *Keunecke*, Prospekte im Kapitalmarkt, S. 111; aA *Schnorbus*, AG 2008, 389 (401).
2 *Schnorbus*, AG 2008, 389 (401).
3 Begr. RegE zu § 1 Abs. 3 WpPG, BT-Drucks. 15/4999 v. 3.3.2005, S. 27; *Schnorbus*, AG 2008, 389 (401 und Fn. 116).
4 *Crüwell*, AG 2003, 243 (245); *Fürhoff/Ritz*, WM 2001, 2280 (2283); *Holzborn/Schwarz-Gondek*, BKR 2003, 927 (928).
5 *Hamann* in Schäfer/Hamann, § 1 WpPG Rz. 32.
6 Begr. RegE zu § 1 Abs. 3 WpPG, BT-Drucks. 15/4999 v. 3.3.2005, S. 28; *Groß*, Kapitalmarktrecht, § 1 WpPG Rz. 9; *Ritz/Zeising* in Just/Voß/Ritz/Zeising, § 1 WpPG Rz. 51; *Spindler* in Holzborn, § 1 WpPG Rz. 32.
7 So auch in ESMA, Questions and Answers Prospectuses, 25th updated version – July 2016, ESMA/2016/1133, Nr. 70 lit. 1; zu einem konkreten Beispiel und den dabei anwendbaren

gemäß § 7 WpPG iVm. den Anhängen VI und XVI ProspektVO verzichtet werden. Allerdings besteht für die Herkunftsmitgliedstaatbehörde die Möglichkeit, das Weglassen von Angaben nach § 8 WpPG und Art. 23 Abs. 4 ProspektVO zuzulassen[1].

92 Die Erstellung eines Prospektes ist zwar einerseits mit einem nicht unerheblichen Aufwand und mit Kosten verbunden. Auf der anderen Seite besteht jedoch der Vorteil eines gebilligten Prospekts in der Möglichkeit der Nutzung des **Europäischen Passes**, indem der Prospekt gemäß §§ 17, 18 WpPG notifiziert wird (dazu § 17 WpPG Rz. 1 ff. und § 18 WpPG Rz. 1 ff.)[2]. Damit können die Wertpapiere unter Verwendung eines nach den Vorschriften des WpPG iVm. der ProspektVO freiwillig erstellten Prospekts grenzüberschreitend öffentlich angeboten oder zum Handel an einem organisierten Markt eines anderen Mitgliedstaates zugelassen werden[3]. Insbesondere für den Fall, dass eine der Ausnahmeregelungen gemäß Art. 1 Abs. 2 Prospektrichtlinie in einem anderen Mitgliedstaat des Europäischen Wirtschaftsraums nicht umgesetzt wurde, ist die Möglichkeit der freiwilligen Prospekterstellung von Bedeutung. Hätten zum Beispiel andere Mitgliedstaaten Art. 1 Abs. 2 lit. d Prospektrichtlinie nicht in nationales Recht umgesetzt, könnte ein deutscher Emittent, Anbieter oder Zulassungsantragsteller, dessen Herkunftsstaat Deutschland ist, die Billigung eines Prospekts weder bei der BaFin noch bei den anderen Mitgliedstaatbehörden erhalten, um in den anderen Mitgliedstaaten Wertpapiere öffentlich anzubieten oder zuzulassen[4]. Aufgrund des § 1 Abs. 3 WpPG besitzt er die Möglichkeit, einen Prospekt nach den Vorschriften des WpPG zu erstellen und von der BaFin billigen zu lassen. Da der Prospekt im Bereich des Europäischen Wirtschaftsraums gültig wäre, könnte er an die zuständigen Behörden der anderen Mitgliedstaaten notifiziert werden.

93 Ein freiwillig erstellter Prospekt unterliegt nicht nur der **Prospekthaftung** gemäß §§ 21 ff. WpPG, sondern, den Vorschriften des WpPG in ihrer Gesamtheit[5]. Folglich muss er haftungsrechtlich bedeutsame Angaben, nämlich die Verantwortungserklärung gemäß § 5 Abs. 4 Satz 1 WpPG und den Warnhinweis über die Übernahme der Haftung für die Zusammenfassung des Prospekts gemäß § 5 Abs. 2b Nr. 4 WpPG, beinhalten. Zwar handelt es sich bei diesen beiden Normen nicht um Anspruchs-

---

Anhängen der Prospektverordnung vgl. ebenfalls ESMA, Questions and Answers Prospectuses, 25th updated version – July 2016, ESMA/2016/1133, Nr. 70 lit. 1; vgl. dazu auch *Ritz/Zeising* in Just/Voß/Ritz/Zeising, § 1 WpPG Rz. 22.

1 ESMA, Questions and Answers Prospectuses, 25th updated version – July 2016, ESMA/2016/1133, Nr. 70 lit. 1; zu einem konkreten Beispiel und den dabei anwendbaren Anhängen der Prospektverordnung vgl. ebenfalls Nr. 70 lit. 1 ESMA, Questions and Answers Prospectuses, 25th updated version – July 2016, ESMA/2016/1133.
2 *Grosjean* in Heidel, Aktienrecht und Kapitalmarktrecht, § 1 WpPG Rz. 9; *Spindler* in Holzborn, § 1 WpPG Rz. 32; vgl. auch Erwägungsgrund 17 Prospektrichtlinie.
3 Begr. RegE Allgemeiner Teil, WpPG, BT-Drucks. 15/4999 v. 3.3.2005, S. 25 f.; *Groß*, Kapitalmarktrecht, § 1 WpPG Rz. 9; siehe auch auch *Ritz/Zeising* in Just/Voß/Ritz/Zeising, § 1 WpPG Rz. 6.
4 Vgl. auch *Ritz/Zeising* in Just/Voß/Ritz/Zeising, § 1 WpPG Rz. 53.
5 Begr. RegE zu § 1 Abs. 3 WpPG, BT-Drucks. 15/4999 v. 3.3.2005, S. 28: „Absatz 3 eröffnet den in Absatz 2 Nr. 2, 3, 4 und 5 genannten Emittenten die Möglichkeit, einen Wertpapierprospekt zu erstellen, …"

grundlagen[1]. Aus § 5 Abs. 4 Satz 1 WpPG ergibt sich jedoch, wer im Falle einer Prospekthaftung für die Richtigkeit und Vollständigkeit einzustehen hat, und aus § 5 Abs. 2b Nr. 4 WpPG, dass sich Haftungsansprüche bei Vorliegen der entsprechenden Voraussetzungen ergeben können[2].

Die Möglichkeit der freiwilligen Prospekterstellung findet sich in Art. 4 Prospekt-VO-E[3]. Eine geänderte Auslegungspraxis ist jedoch auch insoweit nicht zu erwarten.   94

§ 2
Begriffsbestimmungen

Im Sinne dieses Gesetzes ist oder sind
1. Wertpapiere: übertragbare Wertpapiere, die an einem Markt gehandelt werden können, insbesondere
    a) Aktien und andere Wertpapiere, die Aktien oder Anteilen an Kapitalgesellschaften oder anderen juristischen Personen vergleichbar sind, sowie Zertifikate, die Aktien vertreten,
    b) Schuldtitel, insbesondere Schuldverschreibungen und Zertifikate, die andere als die in Buchstabe a genannten Wertpapiere vertreten,
    c) alle sonstigen Wertpapiere, die zum Erwerb oder zur Veräußerung solcher Wertpapiere berechtigen oder zu einer Barzahlung führen, die anhand von übertragbaren Wertpapieren, Währungen, Zinssätzen oder -erträgen, Waren oder anderen Indizes oder Messgrößen bestimmt wird, mit Ausnahme von Geldmarktinstrumenten mit einer Laufzeit von weniger als zwölf Monaten;
2. Dividendenwerte: Aktien und andere Wertpapiere, die Aktien vergleichbar sind, sowie jede andere Art übertragbarer Wertpapiere, die das Recht verbriefen, bei Umwandlung dieses Wertpapiers oder Ausübung des verbrieften Rechts die erstgenannten Wertpapiere zu erwerben, sofern die letztgenannten Wertpapiere vom Emittenten der zugrunde liegenden Aktien oder von einem zum Konzern des Emittenten gehörenden Unternehmen begeben wurden;
3. Nichtdividendenwerte: alle Wertpapiere, die keine Dividendenwerte sind;

---
1 So bzgl. § 5 Abs. 2 Satz 3 Nr. 4 WpPG auch *Straßner* in Heidel, Aktienrecht und Kapitalmarktrecht, § 5 WpPG Rz. 19.
2 *Straßner* in Heidel, Aktienrecht und Kapitalmarktrecht, § 5 WpPG Rz. 19.
3 Prospektverordnung-E, Vorschlag des Europäischen Parlaments und des Rates über den Prospekt, der beim öffentlichen Angebot von Wertpapieren oder bei deren Zulassung zum Handel zu veröffentlichen ist, 2015/0268 (COD) vom 3.6.2016.

4. öffentliches Angebot von Wertpapieren: eine Mitteilung an das Publikum in jedweder Form und auf jedwede Art und Weise, die ausreichende Informationen über die Angebotsbedingungen und die anzubietenden Wertpapiere enthält, um einen Anleger in die Lage zu versetzen, über den Kauf oder die Zeichnung dieser Wertpapiere zu entscheiden; dies gilt auch für die Platzierung von Wertpapieren durch Institute im Sinne des § 1 Abs. 1b des Kreditwesengesetzes oder ein nach § 53 Abs. 1 Satz 1 oder § 53b Abs. 1 Satz 1 oder Abs. 7 des Kreditwesengesetzes tätiges Unternehmen, wobei Mitteilungen auf Grund des Handels von Wertpapieren an einem organisierten Markt oder im Freiverkehr kein öffentliches Angebot darstellen;

5. Angebotsprogramm: einen Plan, der es erlauben würde, Nichtdividendenwerte ähnlicher Art oder Gattung sowie Optionsscheine jeder Art dauernd oder wiederholt während eines bestimmten Emissionszeitraums zu begeben;

6. qualifizierte Anleger:

   a) Kunden und Unternehmen, die vorbehaltlich einer Einstufung als Privatkunde professionelle Kunden oder geeignete Gegenparteien im Sinne des § 31a Absatz 2 oder 4 des Wertpapierhandelsgesetzes sind, oder die gemäß § 31a Absatz 5 Satz 1 oder Absatz 7 des Wertpapierhandelsgesetzes auf Antrag als solche eingestuft worden sind oder gemäß § 31a Absatz 6 Satz 5 des Wertpapierhandelsgesetzes weiterhin als professionelle Kunden behandelt werden,

   b) natürliche oder juristische Personen, die nach in anderen Staaten des Europäischen Wirtschaftsraums erlassenen Vorschriften zur Umsetzung der Bestimmungen des Anhangs II Abschnitt I Nummer 1 bis 4 der Richtlinie 2004/39/EG des Europäischen Parlaments und des Rates vom 21. April 2004 über Märkte für Finanzinstrumente, zur Änderung der Richtlinien 85/611/EWG und 93/6/EWG des Rates und der Richtlinie 2000/12/EG des Europäischen Parlaments und des Rates und zur Aufhebung der Richtlinie 93/22/EWG des Rates (ABl. L 145 vom 30.4.2004, S. 1) in der jeweils geltenden Fassung als professionelle Kunden angesehen werden und nicht eine Behandlung als nichtprofessionelle Kunden beantragt haben,

   c) natürliche oder juristische Personen, die nach in anderen Staaten des Europäischen Wirtschaftsraums erlassenen Vorschriften zur Umsetzung der Bestimmungen des Anhangs II der Richtlinie 2004/39/EG auf Antrag als professioneller Kunde behandelt werden,

   d) natürliche oder juristische Personen, die nach in anderen Staaten des Europäischen Wirtschaftsraums erlassenen Vorschriften zur Umsetzung des Artikels 24 der Richtlinie 2004/39/EG als geeignete Gegenpartei anerkannt sind und nicht eine Behandlung als nichtprofessioneller Kunde beantragt haben, und

   e) natürliche oder juristische Personen, die durch Wertpapierfirmen nach in anderen Staaten des Europäischen Wirtschaftsraums erlassenen Vorschriften zur Umsetzung des Artikels 71 Absatz 6 der Richtlinie 2004/39/EG als vor dem Inkrafttreten der Richtlinie bestehende professionelle Kunden weiterhin als solche behandelt werden;

7. *(weggefallen)*
8. CRR-Kreditinstitute: Unternehmen im Sinne des § 1 Abs. 3d Satz 1 des Kreditwesengesetzes;
9. Emittent: eine Person oder Gesellschaft, die Wertpapiere begibt oder zu begeben beabsichtigt;
10. Anbieter: eine Person oder Gesellschaft, die Wertpapiere öffentlich anbietet;
11. Zulassungsantragsteller: die Personen, die die Zulassung zum Handel an einem organisierten Markt beantragen;
12. dauernde oder wiederholte Ausgabe von Wertpapieren: die dauernde oder mindestens zwei Emissionen umfassende Ausgabe von Wertpapieren ähnlicher Art oder Gattung während eines Zeitraums von zwölf Monaten;
13. Herkunftsstaat:
    a) für alle Emittenten von Wertpapieren, die nicht in Buchstabe b genannt sind, der Staat des Europäischen Wirtschaftsraums, in dem der Emittent seinen Sitz hat,
    b) für jede Emission von Nichtdividendenwerten mit einer Mindeststückelung von 1.000 Euro sowie für jede Emission von Nichtdividendenwerten, die das Recht verbriefen, bei Umwandlung des Wertpapiers oder Ausübung des verbrieften Rechts übertragbare Wertpapiere zu erwerben oder einen Barbetrag in Empfang zu nehmen, sofern der Emittent der Nichtdividendenwerte nicht der Emittent der zugrunde liegenden Wertpapiere oder ein zum Konzern dieses Emittenten gehörendes Unternehmen ist, je nach Wahl des Emittenten, des Anbieters oder des Zulassungsantragstellers der Staat des Europäischen Wirtschaftsraums, in dem der Emittent seinen Sitz hat, oder der Staat des Europäischen Wirtschaftsraums, in dem die Wertpapiere zum Handel an einem organisierten Markt zugelassen sind oder zugelassen werden sollen, oder der Staat des Europäischen Wirtschaftsraums, in dem die Wertpapiere öffentlich angeboten werden; dies gilt auch für Nichtdividendenwerte, die auf andere Währungen als auf Euro lauten, wenn der Wert solcher Mindeststückelungen annähernd 1.000 Euro entspricht,
    c) für alle Drittstaatemittenten von Wertpapieren, die nicht in Buchstabe b genannt sind, je nach Wahl des Emittenten, des Anbieters oder des Zulassungsantragstellers entweder der Staat des Europäischen Wirtschaftsraums, in dem die Wertpapiere erstmals öffentlich angeboten werden sollen, oder der Staat des Europäischen Wirtschaftsraums, in dem der erste Antrag auf Zulassung zum Handel an einem organisierten Markt gestellt wird, vorbehaltlich einer späteren Wahl durch den Drittstaatemittenten, wenn der Herkunftsstaat nicht gemäß seiner Wahl bestimmt wurde oder die Wertpapiere nicht mehr zum Handel an einem organisierten Markt in dem Herkunftsmitgliedstaat, aber stattdessen in einem anderen Staat des

Europäischen Wirtschaftsraums zum Handel an einem organisierten Markt zugelassen sind;

14. Aufnahmestaat: der Staat, in dem ein öffentliches Angebot unterbreitet oder die Zulassung zum Handel angestrebt wird, sofern dieser Staat nicht der Herkunftsstaat ist;

15. Staat des Europäischen Wirtschaftsraums: die Mitgliedstaaten der Europäischen Union und die anderen Vertragsstaaten des Abkommens über den Europäischen Wirtschaftsraum;

16. Organisierter Markt: ein im Inland, in einem anderen Mitgliedstaat der Europäischen Union oder einem anderen Vertragsstaat des Abkommens über den Europäischen Wirtschaftsraum betriebenes oder verwaltetes, durch staatliche Stellen genehmigtes, geregeltes und überwachtes multilaterales System, das die Interessen einer Vielzahl von Personen am Kauf und Verkauf von dort zum Handel zugelassenen Finanzinstrumenten innerhalb des Systems und nach festgelegten Bestimmungen in einer Weise zusammenbringt oder das Zusammenbringen fördert, die zu einem Vertrag über den Kauf dieser Finanzinstrumente führt;

17. Bundesanstalt: die Bundesanstalt für Finanzdienstleistungsaufsicht;

18. Schlüsselinformationen: grundlegende und angemessen strukturierte Informationen, die dem Anleger zur Verfügung zu stellen sind, um es ihm zu ermöglichen, Art und Risiken des Emittenten, des Garantiegebers und der Wertpapiere, die ihm angeboten oder zum Handel an einem organisierten Markt zugelassen werden sollen, zu verstehen und unbeschadet des § 5 Absatz 2b Nummer 2 zu entscheiden, welchen Wertpapierangeboten er weiter nachgehen sollte.

In der Fassung vom 22.6.2005 (BGBl. I 2005, S. 1698), zuletzt geändert durch das Gesetz zur Umsetzung der Transparenzrichtlinie-Änderungsrichtlinie vom 20.11.2015 (BGBl. I 2015, S. 2029).

Schrifttum: *Becker/Pospiech*, Die Prospektpflicht beim Debt-to-Equity-Swap von Anleihen, NJW-Spezial 2014, 591; *Berrar/Wiegel*, Auswirkungen des vereinfachten Prospektregimes auf Bezugsrechtskapitalerhöhungen, CFL 2012, 97; *Cahn/Hutter/Kaulamo/Meyer/Weiß*, Regelungsvorschläge zu ausgewählten Rechtsfragen bei Debt-to-Equity Swaps von Anleihen, WM 2014, 1309; *Crüwell*, Die europäische Prospektrichtlinie, AG 2003, 243; *Fürhoff/Ritz*, Richtlinienentwurf der Kommission über den Europäischen Pass für Emittenten, WM 2001, 2280; *Giedinghagen*, Arbeitnehmerbeteiligungen im Lichte des Wertpapierprospektgesetzes, BKR 2007, 233; *Harrer/Müller*, Die Renaissance des Freiverkehrs – Eine aktuelle Analyse mit internationalem Vergleich, WM 2006, 653; *Heidelbach/Preuße*, Einzelfragen in der praktischen Arbeit mit dem neuen Wertpapierprospektregime, BKR 2006, 316; *Heidelbach/Preuße*, Zweieinhalb Jahre neues Prospektregime und noch viele Fragen offen, BKR 2008, 10; *Henningsen*, Änderungen im Wertpapierprospektrecht, BaFinJournal 09/12, 5; *Hess/Friedrich*, Das neue Bucheffektengesetz (BEG) – Hinweise auf Grundlagen und praktische Auswirkungen, GesKR 2008, 98; *Holzborn/Israel*, Das neue Wertpapierprospektrecht, ZIP 2005, 1668; *Holzborn/Schwarz-Gondek*, Die neue EU-Prospektrichtlinie, BKR 2003, 927; *von Ilberg/Neises*, Die Richtlinien-Vorschläge der EU Kommission zum „Einheitlichen Europäischen Prospekt" und zum „Marktmissbrach" aus Sicht der Praxis, WM 2002, 635; *König*, Die neue europäische Prospektrichtlinie – Eine kritische Analyse und Überlegungen zur Umsetzung in das deutsche Kapitalmarktrecht, ZEuS 2004, 251; *Kollmorgen/Feldhaus*, Neues von der Prospektpflicht für Mitarbeiterbeteiligungsprogramme, BB 2007, 2756; *Kollmorgen/Feldhaus*, Zur Prospektpflicht bei aktienbasierten Mitarbeiterbeteiligungsprogrammen, BB 2007, 225; *von Kopp-Colomb/Lenz*, Angebote von Wertpapieren über das Internet, BKR 2002, 5; *von Kopp-Colomb/Lenz*, Der europäische Pass für Emittenten, AG 2002, 24; *Kullmann/Sester*, Das Wertpapierprospektgesetz (WpPG) – Zentrale Punkte des neuen Regimes für Wertpapieremissionen, WM 2005, 1068; *Kullmann/Sester*, Inhalt und Format von Emissionsprospekten nach dem WpPG, ZBB 2005, 209; *Kunold/Schlitt*, Die neue EU-Prospektrichtlinie – Inhalt und Auswirkungen auf das deutsche Kapitalmarktrecht, BB 2004, 501; *Kusserow*, Zur Frage der Anwendbarkeit des SchVG auf Namensschuldverschreibungen, RdF 2012, 4; *Lawall/Maier*, Änderungen im Wertpapierprospektgesetz (Teil 1) – wesentliche Neuregelungen und aktuelle Auslegungsfragen, DB 2012, 2443; *Leuering*, Prospektpflichtige Anlässe im WpPG, Der Konzern 2006, 4; *Leuering/Stein*, Prospektpflichtige Anlässe im WpPG nach der Umsetzung der Änderungsrichtlinie, Der Konzern 2012, 382; *Leuering/Stein*, Prospektpflicht von Bezugsrechtsemissionen, NJW-Spezial 2012, 591; *Maerker/Biedermann*, Änderung der Prospektrichtlinie – Auswirkungen auf den deutschen Markt, RdF 2011, 90; *von Oppen/Richers*, Anleiherestrukturierung – Ausgewählte kapitalmarktrechtliche Besonderheiten bei Debt-to-Equity-Swaps, CF 2015, 95; *Pfeiffer/Buchinger*, Prospektpflicht bei Mitarbeiterbeteiligungsprogrammen US-amerikanischer Arbeitgeber, NZG 2006, 449; *Sandberger*, Die EU-Prospektrichtlinie – „Europäischer Pass für Emittenten", EWS 2004, 297; *Schanz/Schalast*, Wertpapierprospekte – Markteinführungspublizität nach EU-Prospektverordnung und Wertpapierprospektgesetz 2005, HfB-Working Paper No. 74, 2006; *Schlitt/Schäfer*, Auswirkungen des Prospektrichtlinie-Umsetzungsgesetzes auf Aktien- und Equity-linked Emissionen, AG 2005, 498; *Schlitt/Schäfer*, Auswirkungen der Umsetzung der Transparenzrichtlinie und der Finanzmarktrichtlinie auf Aktien- und Equity-Linked-Emissionen, AG 2007, 227; *J. Schneider*, Kollektive Investitionsentscheidungen als öffentliches Angebot i.S.d. § 2 Nr. 4 WpPG, AG 2016, 341; *Schnorbus*, Die prospektfreie Platzierung von Wertpapieren nach dem WpPG, AG 2008, 389; *Schulz/Hartig*, Vereinfachte Prospekte für Bezugsrechtsemissionen nach den „verhältnismäßigen Schemata" des Art. 26a EU-Prospekt-VO, WM 2014, 1567; *Seitz*, Das neue Wertpapierprospektrecht – Auswirkungen auf die Emission von Schuldverschreibungen, AG 2005, 678; *Thole*, Der Debt Equity Swap bei der Restrukturierung von Anleihen, ZIP 2014, 2365; *Voß*, Die Überarbeitung der Prospektrichtlinie, ZBB 2010, 194; *Wagner*, Der Europäische Pass für Emittenten – die neue Prospektrichtlinie, Die Bank 2003, 680; *Weber*, Unterwegs zu einer europäischen Prospektkultur, NZG 2004, 360.

I. Normentwicklung und Ausblick 1
II. Begriffsbestimmungen
 1. Wertpapiere (§ 2 Nr. 1 WpPG)
  a) Allgemeines 8
  b) Inländische Wertpapiere 14
  c) Ausländische Wertpapiere 17
   aa) Wertpapiere aus einem Staat des Europäischen Wirtschaftsraums 19
   bb) Wertpapiere aus einem Drittstaat 20
  d) Geldmarktinstrumente mit einer Laufzeit von weniger als zwölf Monaten 23
 2. Dividendenwerte (§ 2 Nr. 2 WpPG) 24
  a) Aktien und vergleichbare Wertpapiere 25
  b) Wandel- und Ausübungspapiere 28
 3. Nichtdividendenwerte (§ 2 Nr. 3 WpPG) 31
 4. Öffentliches Angebot von Wertpapieren (§ 2 Nr. 4 WpPG) 32

a) Normentwicklung und Ausblick	33	9. Emittent (§ 2 Nr. 9 WpPG)		89
b) Tatbestandsmerkmale	37	10. Anbieter (§ 2 Nr. 10 WpPG)		92
aa) Mitteilung in jedweder Form und auf jedwede Art und Weise	42	11. Zulassungsantragsteller (§ 2 Nr. 11 WpPG)		98
bb) An das Publikum	46	12. Dauernde oder wiederholte Ausgabe von Wertpapieren (§ 2 Nr. 12 WpPG)		99
cc) Ausreichende Information über die Angebotsbedingungen und die anzubietenden Wertpapiere, um die Anleger in die Entscheidungslage zu versetzen	53	13. Herkunftsstaat (§ 2 Nr. 13 WpPG) a) Grundregel nach § 2 Nr. 13 lit. a WpPG		103 105
dd) Konkrete Erwerbsmöglichkeit	58	b) Wahlrecht bei bestimmten Nichtdividendenwerten nach § 2 Nr. 13 lit. b WpPG		107
c) Platzierung durch Finanzintermediäre	71	c) Wahlrecht für Drittstaatemittenten nach § 2 Nr. 13 lit. c WpPG		111
d) Beginn und Ende des öffentlichen Angebots	72	14. Aufnahmestaat (§ 2 Nr. 14 WpPG)		113
5. Angebotsprogramm (§ 2 Nr. 5 WpPG)	74	15. Staat des Europäischen Wirtschaftsraums (§ 2 Nr. 15 WpPG)		114
6. Qualifizierte Anleger (§ 2 Nr. 6 WpPG)	78	16. Organisierter Markt (§ 2 Nr. 16 WpPG)		118
7. Kleine und mittlere Unternehmen (§ 2 Nr. 7 WpPG aF)	82	17. Bundesanstalt (§ 2 Nr. 17 WpPG)		121
8. CRR-Kreditinstitute (§ 2 Nr. 8 WpPG)	86	18. Schlüsselinformationen (§ 2 Nr. 18 WpPG)		123

I. Normentwicklung und Ausblick

1   Die Vorschrift des § 2 WpPG dient der Umsetzung von Art. 2 der Prospektrichtlinie[1]. In seinem Wortlaut entspricht § 2 WpPG weitgehend Art. 2 Abs. 1 der Richtlinie. Wie die **Prospektrichtlinie** übernimmt das WpPG damit angelsächsischer Regelungstypik folgend eine allg. einleitende Begriffsdefinition. Die einheitliche Definition der Begrifflichkeiten in der Prospektrichtlinie stellt einen wesentlichen Harmo-

---

1 Richtlinie 2003/71/EG des Europäischen Parlaments und des Rates vom 4.11.2003 betreffend den Prospekt, der beim öffentlichen Angebot von Wertpapieren oder bei deren Zulassung zum Handel zu veröffentlichen ist, und zur Änderung der Richtlinie 2001/34/EG, ABl. EU Nr. L 345 v. 31.12.2003, S. 64, zuletzt in ihrem Art. 2 geändert durch Art. 2 der Richtlinie 2013/50/EU des Europäischen Parlaments und des Rates vom 22.10.2013 zur Änderung der Richtlinie 2004/109/EG des Europäischen Parlaments und des Rates zur Harmonisierung der Transparenzanforderungen in Bezug auf Informationen über Emittenten, deren Wertpapiere zum Handel auf einem geregelten Markt zugelassen sind, der Richtlinie 2003/71/EG des Europäischen Parlaments und des Rates betreffend den Prospekt, der beim öffentlichen Angebot von Wertpapieren oder bei deren Zulassung zum Handel zu veröffentlichen ist, sowie der Richtlinie 2007/14/EG der Kommission mit Durchführungsbestimmungen zu bestimmten Vorschriften der Richtlinie 2004/109/EG (Transparenzrichtlinie-Änderungsrichtlinie), ABl. EU Nr. L 294 v. 6.11.2013.

nisierungsansatz auf europäischer Ebene dar. So wurde schon beim Abstecken des Rahmens für den sog. Financial Service Action Plan vom 28.10.1998 festgehalten, dass eine europaweit einheitliche Auslegung von Begrifflichkeiten notwendig ist[1]. Im ersten Bericht des Ausschusses der Weisen vom 9.11.2000 wurde – bezogen auf den Begriff des öffentlichen Angebots – als Manko konstatiert, dass die unterschiedlichen Begriffsverständnisse in den Mitgliedstaaten der EU einem einheitlichen Finanz- und Kapitalmarkt im Wege stehen[2]. Denn europaweit einheitliche Definitionen stellen eine unabdingbare Voraussetzung für das Funktionieren des Kernstücks der Richtlinie, des sog. Europäischen Passes, dar[3].

Im Laufe der Entwicklung der Richtlinie haben die Definitionsansätze vielfältige Änderungen erfahren[4]. Neben der Frage, welche Begriffe der Definition bedürfen, stellte sich auch die Aufgabe der Regelungstechnik. Diese Frage ist eng verknüpft mit der Entscheidung, welche Bereiche der **europaweiten Harmonisierung** bedürfen, und in welchen Bereichen den Mitgliedstaaten Regelungsspielräume verbleiben sollen. Wird bspw. ein Bagatellvolumen als negatives Abgrenzungskriterium zum Begriff des öffentlichen Angebots gewählt, erklärt man damit diese Definition einschließlich des negativen Elements als europaweit verbindlich. Unterscheidet man jedoch hinsichtlich dieses Umstands zwischen Anwendungsbereich der Richtlinie und der positiven Begriffsdefinition, kann der einzelne Mitgliedstaat eigenständig entscheiden, wie weit er den Anwendungsbereich über den Minimalansatz hinaus ausdehnen will[5]. Eine ähnliche Abgrenzungsfrage stellte sich auch im Hinblick auf Ausnahmeregelungen: So sollte zunächst der Begriff des öffentlichen Angebots zugleich durch die Einschränkungen um qualifizierte Anleger sowie einer bestimmten Mindeststückelung je Wertpapier (etc.) ergänzt werden[6]. Deshalb sollte bspw. ein Angebot an qualifizierte Anleger schon generell kein öffentliches Angebot darstellen und nicht

---

1 Mitteilung der Kommission „Finanzdienstleistungen: Abstecken eines Aktionsrahmens" vom 28.10.1998 (ohne Dok.-Nr.), S. 8 Rz. 13.
2 Erster Bericht des Ausschusses der Weisen über die Reglementierung der Europäischen Wertpapiermärkte vom 9.11.2000, S. 16 f., 24; vgl. ferner Schlussbericht des Ausschusses der Weisen über die Regulierung der Europäischen Wertpapiermärkte vom 15.2.2001, S. 18, 30.
3 Vgl. allg. Bemerkungen zum Vorschlag der Kommission für eine Richtlinie des europäischen Parlaments und des Rates über den Prospekt, der beim öffentlichen Angebot von Wertpapieren oder bei deren Zulassung zum Handel zu veröffentlichen ist, Dok.-Nr. KOM(2001) 280 endg. – 2001/0117 (COD) vom 30.5.2001, S. 3.
4 Hierzu sehr ausführlich *Ritz/Zeising* in Just/Voß/Ritz/Zeising, § 2 WpPG mit vielfältigen Beispielen und Nachweisen zur jeweiligen Begriffsdefinition.
5 Hierzu etwa *Holzborn/Schwarz-Gondek*, BKR 2003, 927 (928).
6 Erläuterung zu Art. 2, Vorschlag der Kommission für eine Richtlinie des Europäischen Parlaments und des Rates über den Prospekt, der beim öffentlichen Angebot von Wertpapieren oder bei deren Zulassung zum Handel zu veröffentlichen ist, Dok.-Nr. KOM(2001) 280 endg. – 2001/0117(COD) vom 30.5.2001, S. 8; konsequent dann die folgende Fassung: Geänderter Vorschlag der Kommission für eine Richtlinie des Europäischen Parlaments und des Rates über den Prospekt, der beim öffentlichen Angebot von Wertpapieren oder bei deren Zulassung zum Handel zu veröffentlichen ist und zur Änderung der Richtlinie 2001/34/EG, Dok.-Nr. KOM(2002) 460 endg. – 2001/0117(COD) vom 9.8.2002, bzw. ABl.

erst per Ausnahmevorschrift von der Prospektpflicht befreit werden[1]. Von alldem wurde jedoch abgesehen, um den Auslegungsspielraum der Nationalstaaten zugunsten einer weitestgehenden Harmonisierung auf ein Minimum zu reduzieren. Anders als noch in vorangegangenen Richtlinienentwürfen angedacht, entschied man sich daher letztendlich gegen eine Verknüpfung von Anwendungsbereich, Begriffsdefinitionen und Ausnahmen. Diese Dreiteilung findet sich auch im WpPG wieder, weshalb die Begriffsbestimmungen des § 2 WpPG weitgehend losgelöst von Anwendungsbereich und Ausnahmevorschriften betrachtet werden müssen.

3 Im Vergleich **zum Richtlinientext weicht § 2 WpPG ab**, soweit die Mitgliedstaaten Adressat sind und die Vorgabe der Richtlinie durch die Bundesrepublik Deutschland umgesetzt wurde, etwa bei Art. 2 Abs. 1 lit. a Satz 2 der Richtlinie, die dem Mitgliedstaat Ausgestaltungsspielraum hinsichtlich einer Prospektpflicht für Geldmarktinstrumente gewährt. Weiterhin werden Verweise auf andere Richtlinien entweder ausformuliert oder durch solche auf unmittelbar geltendes nationales Recht ersetzt. Eine Reihe von Definitionen der Richtlinie wurde nicht in das WpPG übernommen. Dies betrifft die Definitionen für „kleine und mittlere Unternehmen" (Art. 2 Abs. 1 lit. f), für „Organismen für gemeinsame Anlagen eines anderen als des geschlossenen Typs" (Art. 2 Abs. 1 lit. o), für „Anteile an Organismen für gemeinsame Anlagen" (Art. 2 Abs. 1 lit. p), für „Billigung" (Art. 2 Abs. 1 lit. q), für „Basisprospekt" (Art. 2 Abs. 1 lit. r) und für „Unternehmen mit geringer Marktkapitalisierung" (Art. 2 Abs. 1 lit. t). Eine gesonderte Definition dieser Begriffe erscheint entbehrlich, weil sie entweder am Verwendungsplatz unmittelbar bestimmt werden können (Art. 2 Abs. 1 lit. o und lit. p in § 1 Abs. 2 Nr. 1 WpPG sowie Art. 2 Abs. 1 lit. q in § 13 Abs. 1 WpPG, vgl. § 13 WpPG Rz. 1), oder sich aus der Verwendung am jeweiligen Ort unmissverständlich ergeben (Art. 2 Abs. 1 lit. r in § 6 WpPG, vgl. § 6 WpPG Rz. 3), ohne dass es einer weiteren Beschreibung bedarf, oder sich schließlich die Begriffe im weiteren WpPG nicht wiederfinden (Art. 2 Abs. 1 lit. f und lit. t, vgl. ausführlich Rz. 82 f.). Dagegen finden die Definitionen für „Zulassungsantragsteller" (§ 2 Nr. 11 WpPG), für „Staat des Europäischen Wirtschaftsraums" (§ 2 Nr. 15 WpPG) sowie für „Bundesanstalt" (§ 2 Nr. 17 WpPG) in der Richtlinie keine Entsprechung und dienen allein der sprachlichen Entlastung der Regelungen des WpPG. Art. 2 Abs. 4 der Richtlinie enthält bezogen auf die Begriffsdefinitionen ihres Art. 2 Abs. 1 die Ermächtigung für die Europäische Kommission zum Erlass delegierter Rechtsakte gemäß Art. 24a der Richtlinie, welche bislang aber nicht ausgeübt wurde[2].

EG Nr. C 20 E v. 28.1.2003, S. 122, insb. dort S. 127 und 130 sowie der Richtlinientext, S. 141 f. (insb. Art. 2 Abs. 2).

1 In dieser Eindeutigkeit die Kommission erstmals in The Proposed Prospectus Directive – Frequently Asked Questions vom 28.9.2001, Dok.-Nr. MARKT F2/HGD/NDB D(2001), S. 8 Nr. 11, obwohl der damalige Richtlinienentwurf noch eine andere Lesart nahe legte.

2 Vgl. Bericht der Kommission an das Europäische Parlament und den Rat über die Ausübung der der Kommission übertragenen Befugnis zum Erlass delegierter Rechtsakte gemäß der Richtlinie 2003/71/EG des Europäischen Parlaments und des Rates vom 4.11.2003 betreffend den Prospekt, der beim öffentlichen Angebot von Wertpapieren oder bei deren Zulassung zum Handel zu veröffentlichen ist, und zur Änderung der Richtlinie 2001/34/EG vom 13.4.2015, Dok.-Nr. COM(2015) 149 final, S. 2.

Als Ergebnis der ersten turnusmäßigen Überprüfung nach Art. 31 der Prospektrichtlinie wurden durch Art. 2 der **Änderungsrichtlinie**[1] die Definitionen für „Schlüsselinformationen" (Art. 2 Abs. 1 lit. s) und für „Unternehmen mit geringer Marktkapitalisierung" neu in die Prospektrichtlinie eingefügt sowie die Definition für „qualifizierte Anleger" (Art. 2 Abs. 1 lit. e) neu gefasst (vgl. Rz. 80). Diese Änderungen wurden – mit Ausnahme der Definition für „Unternehmen mit geringer Marktkapitalisierung" (vgl. Rz. 3 und 83) – durch das Gesetz zur Umsetzung der Richtlinie 2010/73/EU und zur Änderung des Börsengesetzes vom 26.6.2012[2] in § 2 WpPG entsprechend zum 1.7.2012 nachvollzogen. Aufgrund der Dynamisierung von Verweisen in den Definitionen der Prospektrichtlinie, waren bei gleichbleibendem Richtlinientext ferner Änderungen der konkretisierenden Definitionen des WpPG erforderlich (zB bei § 2 Nr. 16 WpPG, vgl. Rz. 118 f.). Zuletzt wurde die Begriffsdefinition für „Herkunftsstaat" in Art. 2 Abs. 1 lit. m der Prospektrichtlinie in ihrem Unterpunkt Nr. iii) durch die **Transparenzrichtlinie-Änderungsrichtlinie**[3] geändert. Diese Änderung wurde durch das Gesetz zur Umsetzung der Transparenzrichtlinie-Änderungsrichtlinie[4] in deutsches Recht umgesetzt (vgl. Rz. 112).

Im Rahmen der **neuerlichen Überprüfung der Prospektrichtlinie** durch die Europäische Kommission sollten gemäß Art. 4 Abs. 1 der Änderungsrichtlinie erneut die Definitionen für das „öffentliche Angebot" sowie den „Herkunftsstaat" im Fokus stehen. Zudem sollte überlegt werden, ob erstmals die Begriffe „Primärmarkt" und „Sekundärmarkt" definiert werden sollen (vgl. Rz. 44 aE). Die neuerliche Überprüfung der Prospektrichtlinie ist nunmehr aber insbesondere vor dem Hintergrund des Aktionsplans der Kommission zur Schaffung einer **Kapitalmarktunion** aus dem Herbst 2015 zu sehen, in dessen Rahmen die Kommission unter anderem die Modernisierung der Prospektrichtlinie anstrebt[5]. Ziel der Kommission ist es danach, die Vor-

---

1 Richtlinie 2010/73/EG vom 24.11.2010 zur Änderung der Richtlinie 2003/71/EG betreffend den Prospekt, der beim öffentlichen Angebot von Wertpapieren oder bei deren Zulassung zum Handel zu veröffentlichen ist, und der Richtlinie 2004/109/EG zur Harmonisierung der Transparenzanforderungen in Bezug auf Informationen über Emittenten, deren Wertpapiere zum Handel auf einem geregelten Markt zugelassen sind, ABl. EU Nr. L 327 v. 11.12.2010, S. 1.
2 BGBl. I 2012, S. 1375.
3 Richtlinie 2013/50/EU des Europäischen Parlaments und des Rates vom 22.10.2013 zur Änderung der Richtlinie 2004/109/EG des Europäischen Parlaments und des Rates zur Harmonisierung der Transparenzanforderungen in Bezug auf Informationen über Emittenten, deren Wertpapiere zum Handel auf einem geregelten Markt zugelassen sind, der Richtlinie 2003/71/EG des Europäischen Parlaments und des Rates betreffend den Prospekt, der beim öffentlichen Angebot von Wertpapieren oder bei deren Zulassung zum Handel zu veröffentlichen ist, sowie der Richtlinie 2007/14/EG der Kommission mit Durchführungsbestimmungen zu bestimmten Vorschriften der Richtlinie 2004/109/EG (Transparenzrichtlinie-Änderungsrichtlinie), ABl. EU Nr. L 294 v. 6.11.2013, S. 13.
4 BGBl. I 2015, S. 2029.
5 Mitteilung der Kommission an das Europäische Parlament, den Rat, den Europäischen Wirtschafts- und Sozialausschuss und den Ausschuss der Regionen: Aktionsplan zur Schaffung einer Kapitalmarktunion, 30.9.2015, Dok.-Nr. COM(2015) 468 final, insb. S. 5, 14, 32 f.

schriften zur Prospektpflicht zu aktualisieren, Informationspflichten und auch das Prospektbilligungsverfahren zu straffen und kleinen und mittleren Unternehmen Erleichterungen bei der Prospekterstellung und beim Zugang an die Kapitalmärkte einzuräumen. Am 30.11.2015 hat die **Europäische Kommission** den entsprechenden **Entwurf einer neuen Prospektverordnung** veröffentlicht[1], welche die bisherige Prospektrichtlinie ersetzen soll. Auf diesen Entwurf aufbauend hat der **Vorsitz des Rats der Europäischen Union** am 3.6.2016 einen Kompromissvorschlag für die neue Prospektverordnung veröffentlicht[2]. Allein aus dem Umstand heraus, dass das Ergebnis der neuerlichen Überprüfung der Prospektrichtlinie – dem allgemeinen Trend folgend – eine europäische Verordnung sein wird und nicht mehr eine Richtlinie, die der Umsetzung in nationales Recht bedarf, wird sich der Druck erhöhen, zu einer europaweit einheitlich(er)en Auslegung der in Art. 2 der neuen Prospektverordnung enthaltenen Begriffsbestimmungen zu gelangen[3]. Nationale Besonderheiten, die sich aus der jeweiligen Normentwicklung ergeben, oder Auslegungskriterien, die den Motiven des nationalen Gesetzgebers entspringen, werden damit deutlich in den Hintergrund gedrängt bzw. obsolet werden.

6 Nach dem Kompromissvorschlag für die neue Prospektverordnung vom 3.6.2016 (**ProspektVO-E**) werden **im Vergleich zur aktuellen Fassung der Prospektrichtlinie** zunächst eine Reihe von Begriffsbestimmungen unverändert beibehalten[4], nur redaktionell angepasst[5] oder aktualisiert (zB im Hinblick auf Verweise auf veraltete Richtlinien)[6], ohne dass dies zu einer Veränderung der Rechtslage führen wird. Für den Begriff „öffentliches Angebot von Wertpapieren" in Art. 2 Abs. 1 lit. d ProspektVO-E ist trotz eines unveränderten Wortlautes aufgrund des neuen Erwägungsgrundes 17 des ProspektVO-E mit einer in Teilen veränderten Auslegung zu rechnen (vgl. Rz. 68 ff.).

---

1 Europäische Kommission, Vorschlag für eine Verordnung des Europäischen Parlaments und des Rates über den Prospekt, der beim öffentlichen Angebot von Wertpapieren oder bei deren Zulassung zu veröffentlichen ist, vom 30.11.2015, 2015/0268 (COD), Dok.-Nr. COM(2015) 583 final.
2 Rat der Europäischen Union, Vorschlag für eine Verordnung des Europäischen Parlaments und des Rates über den Prospekt, der beim öffentlichen Angebot von Wertpapieren oder bei deren Zulassung zu veröffentlichen ist, vom 3.6.2016, 2015/0268 (COD), Dok.-Nr. 9801/16; veröffentlichte Zwischenentwürfe datieren vom 15.3.2016 (erster Kompromissvorschlag, Dok.-Nr. 7129/16), vom 17.5.2016 (vierter Kompromissvorschlag, Dok.-Nr. 8976/16), und vom 23.5.2016 (fünfter Kompromissvorschlag, Dok.-Nr. 9306/16).
3 Vgl. dazu Erwägungsgrund 4 und 5 des Vorschlags der Ratspräsidentschaft für eine Verordnung des Europäischen Parlaments und des Rates über den Prospekt, der beim öffentlichen Angebot von Wertpapieren oder bei deren Zulassung zu veröffentlichen ist, vom 3.6.2016, 2015/0268 (COD), Dok.-Nr. 9801/16.
4 So die Definitionen in Art. 2 Abs. 1 lit. c („Nichtdividendenwerte"), lit. n („Aufnahmemitgliedstaat") und lit. p („Anteile an Organismen für gemeinsame Anlagen") des ProspektVO-E.
5 So die Definitionen in Art. 2 Abs. 1 lit. b („Dividendenwerte"), lit. i („Anbieter") und lit. m („Herkunftsmitgliedstaat") des ProspektVO-E.
6 So die Definitionen in Art. 2 Abs. 1 lit. a („Wertpapiere"), lit. e („qualifizierte Anleger"), lit. g („Kreditinstitut"), lit. j („geregelter Markt") und lit. o („Organismen für gemeinsame Anlagen eines anderen als des geschlossenen Typs") des ProspektVO-E.

In der Definition für „Emittent" in Art. 2 Abs. 1 lit. h des ProspektVO-E wird nun der Begriff „juristische Person" anstatt des bislang in der deutschsprachigen Fassung der Prospektrichtlinie verwendeten Begriffes „Rechtspersönlichkeit" verwendet, was – bei der im Übrigen in den englischsprachigen Fassungen der Prospektrichtlinie und des ProspektVO-E einheitlich verwendeten Begrifflichkeit *legal entity* – zu einer veränderten Auslegung für Deutschland führen kann (vgl. Rz. 90). Zum derzeitigen und künftig ggf. veränderten Verhältnis der Vollständigkeitsprüfung zu der Prüfung der Kohärenz und der Verständlichkeit aufgrund der überarbeiten Definition für „Billigung" in Art. 2 Abs. 1 lit. q des ProspektVO-E siehe § 13 WpPG Rz. 5. Dagegen entfallen im ProspektVO-E die Definitionen für „Angebotsprogramm" (Art. 2 Abs. 1 lit. k der Prospektrichtlinie) und „dauernd oder wiederholt begebene Wertpapiere" (Art. 2 Abs. 1 lit. l der Prospektrichtlinie), die vor dem Hintergrund der Erweiterung des Anwendungsbereichs des Basisprospektregimes auf sämtliche Nichtdividendenwerte nicht mehr erforderlich sind (vgl. § 6 WpPG Rz. 14)[1]. Ebenfalls entfällt die Definition für „Schlüsselinformationen" (Art. 2 Abs. 1 lit. s der Prospektrichtlinie). Im Rahmen der Neukonzeption der Prospektzusammenfassung (vgl. § 5 WpPG Rz. 3, 43 ff.) wird in Art. 7 der deutschen Fassung des ProspektVO-E mit dem Begriff „Basisinformationen" zwar weiterhin eine dem Begriff der „Schlüsselinformationen" synonyme Begrifflichkeit verwendet[2], eine Definition im Rahmen von Art. 2 würde jedoch keinen regelungstechnischen Mehrwert mehr erbringen können. Des Weiteren entfällt die durch die Änderungsrichtlinie neu eingefügte Definition für „Unternehmen mit geringer Marktkapitalisierung" (Art. 2 Abs. 1 lit. t der Prospektrichtlinie), da die Definition für „kleine und mittlere Unternehmen" in Art. 2 Abs. 1 lit. f der Prospektrichtlinie im ProspektVO-E unter Verweis auf Art. 4 Abs. 1 Nr. 13 der Richtlinie 2014/65/EU (MiFID II)[3] um eine Alternative erweitert wird, welche die bisherigen „Unternehmen mit geringer Marktkapitalisierung" mitumfasst (vgl. Rz. 85). Die Ergänzung der bestehenden Definition für „kleine und mittlere Unternehmen" soll auch der Harmonisierung der Definitionen zwischen ProspektVO-E und MiFID II dienen[4].

Dagegen enthält der ProspektVO-E im Vergleich zur aktuellen Prospektrichtlinie auch einige **neue Begriffsbestimmungen**. An der Stelle des frei werdenden Art. 2 Abs. 1 lit. k sieht der ProspektVO-E eine Legaldefinition für „Werbung" vor (vgl. § 15 WpPG Rz. 2). An die Stelle des frei werdenden Art. 2 Abs. 1 lit. l wird eine Definition für „vorgeschriebene Informationen" in den ProspektVO-E eingefügt, welche für die erweiterten Möglichkeiten der Einbeziehung durch Verweis nach Art. 18 des ProspektVO-E relevant ist (vgl. § 11 WpPG Rz. 52). Sowohl der Begriff der „Werbung" als auch der Begriff „vorgeschriebene Information" sind bislang schon in Art. 2

---

1 Vgl. Erwägungsgrund 28 des ProspektVO-E.
2 In der englischsprachigen Fassung des ProspektVO-E (Art. 7) wird weiterhin wie in der englischsprachigen Fassung der Prospektrichtlinie der Terminus *„key information"* verwendet.
3 Richtlinie 2014/65/EU des Europäischen Parlaments und des Rates vom 15.5.2014 über Märkte für Finanzinstrumente sowie zur Änderung der Richtlinien 2002/92/EG und 2011/61/EU (Neufassung) (MiFID II), ABl. EU Nr. L 173 v. 12.6.2014, S. 349.
4 Vgl. Erwägungsgrund 45 Satz 2 des ProspektVO-E.

Nr. 9 bzw. Nr. 12 der geltenden ProspektVO[1] definiert. Dagegen findet sich in dem ProspektVO-E erstmals eine Definition für „Arbeitstage" (Art. 2 Abs. 1 lit. s), die insb. der europaweiten Vereinheitlichung der Prüfungsfristen im Rahmen des Prospektbilligungsverfahrens dienen soll (vgl. zu der sich dadurch verändernden Rechtslage in Deutschland § 13 WpPG Rz. 5). Des Weiteren finden sich in dem ProspektVO-E Definitionen für „multilaterales Handelssystem" (Art. 2 Abs. 1 lit. t), „organisiertes Handelssystem" (Art. 2 Abs. 1 lit. ta) und „KMU-Wachstumsmarkt" (Art. 2 Abs. 1 lit. u), welche der beibehaltenen Definition für „geregelter Markt" (Art. 2 Abs. 1 lit. j) zur Seite gestellt werden. So steht bspw. das neue sog. einheitliche Registrierungsformular Emittenten offen, deren Wertpapiere an einem geregelten Markt oder über ein multilaterales Handelssystem zugelassen sind (Art. 9 des ProspektVO-E). Von den erleichterten Offenlegungsregeln für sog. Sekundäremissionen nach Art. 14 des ProspektVO-E können neben Emittenten, deren Wertpapiere an einem geregelten Markt zugelassen sind, auch Emittenten profitieren, deren Wertpapiere an einem KMU-Wachstumsmarkt zugelassen sind. Schließlich finden sich in dem ProspektVO-E noch Definitionen für „Drittlandsemittent" (Art. 2 Abs. 1 lit. v), „Angebotsfrist" (Art. 2 Abs. 1 lit. w) und „Gebühr" (Art. 2 Abs. 1 lit. x), die wohl nicht zwingend „vor die Klammer" hätten gezogen werden müssen, da sich ihre Bedeutung bereits im Kontext der jeweils relevanten Normen ergeben dürfte.

II. Begriffsbestimmungen

1. Wertpapiere (§ 2 Nr. 1 WpPG)

a) Allgemeines

8 In § 2 Nr. 1 WpPG wird der Begriff „Wertpapier" definiert. Es ist einer der zentralen Begriffe des WpPG. Denn sofern kein Wertpapier vorliegt, findet das Gesetz nach seinem § 1 Abs. 1 keine Anwendung. Der Wertpapierbegriff des WpPG entspricht – mit einer Einschränkung für kurz laufende Geldmarktinstrumente (vgl. Rz. 23) – Art. 4 Abs. 1 Nr. 18 der Richtlinie 2004/39/EG über Märkte für Finanzinstrumente (**MiFID I**)[2] bzw. nunmehr Art. 4 Abs. 1 Nr. 44 der Richtlinie 2014/65/EU (**MiFID II**)[3]. Die Prospektrichtlinie stellt in Art. 2 Abs. 1 lit. a zwar noch auf

---

[1] Verordnung (EG) Nr. 809/2004 der Kommission vom 29.4.2004 zur Umsetzung der Richtlinie 2003/71/EG des Europäischen Parlaments und des Rates betreffend die in Prospekten enthaltenen Angaben sowie die Aufmachung, die Aufnahme von Angaben in Form eines Verweises und die Veröffentlichung solcher Prospekte sowie die Verbreitung von Werbung, ABl. EU Nr. L 215 v. 16.6.2004, S. 3.

[2] Richtlinie 2004/39/EG des Europäischen Parlaments und des Rates vom 21.4.2004 über Märkte für Finanzinstrumente, zur Änderung der Richtlinien 85/611/EWG und 93/6/EWG und der Richtlinie 2000/12/EG und zur Aufhebung der Richtlinie 93/22/EWG (MiFID I), ABl. EU Nr. L 145 v. 30.4.2004, S. 1.

[3] Richtlinie 2014/65/EU des Europäischen Parlaments und des Rates vom 15.5.2014 über Märkte für Finanzinstrumente sowie zur Änderung der Richtlinien 2002/92/EG und 2011/61/EU (Neufassung) (MiFID II), ABl. EU Nr. L 173 v. 12.6.2014, S. 349.

Art. 1 Abs. 4 der Wertpapierdienstleistungsrichtlinie aus dem Jahr 1993 ab[1]. Nach Art. 69 der MiFID I bzw. Art. 94 der MiFID II gelten Bezugnahmen auf Begriffsbestimmungen oder Artikel der Richtlinie 93/22/EWG jedoch als Bezugnahmen auf die entsprechenden Begriffsbestimmungen oder Artikel der neueren Richtlinie[2].

Nach Art. 4 Abs. 1 Nr. 44 der MiFID II sind Wertpapiere solche, die auf dem Kapitalmarkt gehandelt werden können mit Ausnahme von Zahlungsinstrumenten[3]. Beispielhaft und nicht abschließend werden sodann in den Buchst. a bis c typische Erscheinungsformen benannt. Da es sich um eine für die gesamte EU gleichermaßen gültige Definition handelt, folgt aus ihr ein einzig auf Basis der Handelbarkeit am Kapitalmarkt als gemeinsamem Nenner harmonisierter Wertpapierbegriff. Wertpapiere iS der MiFID sind also diejenigen Instrumente, die nach der jeweiligen Rechtsordnung eines Mitgliedstaats am dortigen Kapitalmarkt handelbar sind. Qualifiziert folglich ein Mitgliedstaat Instrumente als Wertpapiere, müssen diese Instrumente auch in allen anderen Mitgliedstaaten als Wertpapiere iS der MiFID anerkannt werden, ungeachtet dessen, ob der andere Mitgliedstaat nach seinen eigenen nationalstaatlichen Maßstäben das betreffende Instrument ebenfalls als fungibel und damit als Wertpapier klassifizieren würde. Anderenfalls würde das durch die MiFID verfolgte Ziel des harmonisierten, europaweit grenzüberschreitenden Wertpapierhandels nicht erreicht werden können. Die Auslegung des Wertpapierbegriffs hat somit kapitalmarktrechtlich und nicht klassisch wertpapierrechtlich zu erfolgen[4]. Der **Wertpapierbegriff der MiFID und** damit **der Prospektrichtlinie** stellt also nicht auf zusätzliche nationale Erfordernisse ab. Es kommt demnach zunächst nicht auf eine Verbriefung, den Übertragungsweg bzw. die Möglichkeit eines gutgläubigen und damit einredefreien Erwerbs (etc.) an. Umgekehrt berührt der Wertpapierbegriff der Prospektrichtlinie keine nationalen Wertpapierdefinitionen außerhalb des Prospektrechts (zB im Straf- oder Steuerrecht), worauf auch Erwägungsgrund 12 zur Prospektrichtlinie hinweist.

Der deutsche Gesetzgeber konstatiert in der Begründung zum WpPG, dass die Wertpapiere fungibel, nicht jedoch auch verbrieft sein müssten. Vielmehr genüge etwa auch eine Registereintragung, wie sie bspw. in manchen Mitgliedstaaten der

---

1 Richtlinie 93/22/EWG des Rates vom 10.5.1993 über Wertpapierdienstleistungen, ABl. EG Nr. L 141 v. 11.6.1993, S. 27.
2 Vgl. auch Begr. RegE zu § 2 Nr. 1 WpPG, BT-Drucks. 15/4999, S. 28.
3 Der Richtlinientext lautet: „übertragbare Wertpapiere" die Kategorien von Wertpapieren, die auf dem Kapitalmarkt gehandelt werden können, mit Ausnahme von Zahlungsinstrumenten, wie a) Aktien und andere, Aktien oder Anteilen an Gesellschaften, Personengesellschaften oder anderen Rechtspersönlichkeiten gleichzustellende Wertpapiere sowie Aktienzertifikate; b) Schuldverschreibungen oder andere verbriefte Schuldtitel, einschließlich Zertifikaten (Hinterlegungsscheinen) für solche Wertpapiere; c) alle sonstigen Wertpapiere, die zum Kauf oder Verkauf solcher Wertpapiere berechtigen oder zu einer Barzahlung führen, die anhand von übertragbaren Wertpapieren, Währungen, Zinssätzen oder -erträgen, Waren oder anderen Indizes oder Messgrößen bestimmt wird;"
4 *Assmann* in Assmann/Uwe H. Schneider, § 2 WpHG Rz. 5; *Schäfer* in Schäfer/Hamann, § 2 WpHG Rz. 7.

EU üblich ist[1]. Schon hieraus wird deutlich, dass der deutsche Gesetzgeber nachvollzieht, dass der **Wertpapierbegriff des WpPG** in seiner Dimension von anderen deutschen, sachrechtlich geprägten Wertpapierbegriffen abweichen kann[2].

11 Vereinzelt wird die Ansicht vertreten, der Wertpapierbegriff des WpPG entspreche nicht dem der MiFID und damit dem der Prospektrichtlinie, weil nach deutschem Recht gestaltete Anteile an Gesellschaften, Personengesellschaften oder anderen Rechtspersönlichkeiten gleichzustellende Wertpapiere entgegen der MiFID nicht erfasst seien[3]. Hierbei wird jedoch verkannt, dass das **alleinige Beurteilungskriterium die Handelbarkeit am Kapitalmarkt** darstellt, und es sich bei zuvor genannter Aufzählung um Beispiele des Art. 4 Abs. 1 Nr. 44 lit. a der MiFID II handelt, welche dieses Kriterium bereits beinhalten[4].

12 Mittelbar erlangt die Definition des Wertpapierbegriffs des WpPG zudem im weiterführenden nationalen Recht Bedeutung, weil § 1 Abs. 2 VermAnlG an diesen anknüpft und die jeweiligen Anwendungsbereiche voneinander abgrenzt. Danach kann **subsidiär eine Prospektpflicht nach dem VermAnlG** greifen, wenn nicht Wertpapiere iS des WpPG (etc.) betroffen sind (siehe hierzu § 1 VermAnlG Rz. 29 ff.).

13 Für die Wertpapiereigenschaft eines Instruments ist die Handelbarkeit am Kapitalmarkt jedoch zunächst allein ein abstraktes Kriterium, so dass **rechtsgeschäftliche Veräußerungsverbote** (zB Halte- und Marktschutzvereinbarungen, sog. Lock-up Agreements) oder mögliche gesetzliche Einschränkungen der Handelbarkeit in einzelnen Jurisdiktionen außerhalb des EWR die Qualifizierung eines Instruments als Wertpapier iS des WpPG grds. nicht beeinflussen[5].

b) Inländische Wertpapiere

14 Wertpapiere deutschen Rechts müssen die vom europäischen Wertpapierbegriff vorausgesetzte **Kapitalmarktfähigkeit** aufweisen[6]. Die Voraussetzungen einer Kapitalmarktfähigkeit hat der Gesetzgeber aus deutscher Perspektive in der Begründung zum WpPG konkretisiert. Demnach setzt die Umlauf- und Kapitalmarktfähigkeit nach deutschem Recht voraus, dass es sich um eine Gattung von Wertpapieren handelt, die am Kapital- oder Geldmarkt gehandelt werden kann, mithin die Wertpapiere also untereinander austauschbar sind (sog. Fungibilität)[7]. Dies schließt eine individuelle Ausgestaltung nach dem Wunsch einzelner Kunden aus. Klassische Namensschuldverschreibungen sowie Schuldscheindarlehen deutschen Rechts sind keine

---

1 Begr. RegE zu § 2 Nr. 1 WpPG, BT-Drucks. 15/4999, S. 28.
2 Vgl. *Heidelbach* in Schwark/Zimmer, § 2 WpPG Rz. 3.
3 *Volhard/Wilkens*, DB 2006, 2051 (2054).
4 Ausführlich hierzu *Ritz/Zeising* in Just/Voß/Ritz/Zeising, § 2 WpPG Rz. 12 ff.
5 ESMA, Questions and Answers – Prospectuses, 25th updated version – July 2016, ESMA/2016/1133, Frage Nr. 67, S. 55 f.; ferner *Schnorbus* in FrankfurtKomm. WpPG, § 2 WpPG Rz. 5; *Grosjean* in Heidel, Aktienrecht und Kapitalmarktrecht, § 2 WpPG Rz. 2 aE.
6 Vgl. zur parallelen Problematik im WpHG *Schäfer* in Schäfer/Hamann, § 2 WpHG Rz. 9; *Ritz* in Just/Voß/Ritz/Becker, § 2 WpHG Rz. 19 ff.
7 *Seitz*, AG 2005, 678 (680).

Wertpapiere, da diese nur mittels Abtretung übertragen werden können und individuelle Einreden somit nach deutschem Recht erhalten bleiben. Ihnen fehlt es also an der notwendigen Fungibilität[1]. Ausnahmsweise dürften Namensschuldverschreibungen jedoch dann als Wertpapiere iS des § 2 Nr. 1 WpPG zu qualifizieren sein, sofern sie im Einzelfall fungibel und kapitalmarktfähig ausgestaltet sind[2]. Keine Wertpapiere sind ferner Kommandit- oder GmbH-Anteile[3]. Soweit der deutsche Gesetzgeber in der Gesetzesbegründung feststellt, dass der Wertpapierbegriff des WpPG eine Verbriefung nicht voraussetzt, trifft dies grds. nicht auf am regulierten Markt zuzulassende Wertpapiere zu. Denn die Verbriefung wird für den Regelfall noch als Voraussetzung für die Börsenzulassung angesehen[4]. Dies wird aus § 32 BörsG gefolgert[5]. Insofern dürfte sich der Wertpapierbegriff des WpPG von dem des BörsG bzw. der BörsenZulV unterscheiden. Auch hieraus wird deutlich, dass der deutschrechtliche Maßstab des Eigentumserwerbs, wie ihn der Gesetzgeber in der Gesetzesbegründung anführt, nur als Beurteilungskriterium für deutsche Wertpapiere herangezogen werden kann, da nach deutschem Verständnis Eigentum an gegenständlich inexistenten Rechtsfiguren nicht erworben werden kann.

Nichtverbriefte Optionen auf den Erwerb von Wertpapieren **sind selbst keine Wertpapiere.** Allerdings kann es im Einzelfall der Schutzzweck des Gesetzes erfordern, den Erwerbszeitpunkt eines Wertpapiers auf den Zeitpunkt des Erwerbs der Option vorzuverlagern, wenn bspw. die Option zwingend und automatisch in den Erwerb eines Wertpapiers mündet oder aber zur missbräuchlichen Umgehung eines öffentlichen Angebots verwendet wird[6]. Bei genauer Betrachtung folgt diese Konsequenz allerdings aus der Definition des öffentlichen Angebots und nicht aus der des Wertpapierbegriffs (vgl. Rz. 40). Auch sind **Bezugsrechte** (§§ 186, 221 Abs. 4 AktG) oder **schuldvertragliche Erwerbsrechte**, die mit ihrer Ausübung einen Anspruch auf Zuteilung bzw. Übereignung von Wertpapieren entstehen lassen, selbst nicht als Wertpapiere iS des WpPG zu qualifizieren[7]. Für die zu erwerbenden Wertpapiere

15

---

1 Begr. RegE zu § 2 Nr. 1 WpPG, BT-Drucks. 15/4999, S. 28; ferner *Groß*, Kapitalmarktrecht, § 2 WpPG Rz. 3; *Schnorbus* in FrankfurtKomm. WpPG, § 2 WpPG Rz. 11; *Foelsch* in Holzborn, § 2 WpPG Rz. 6; *R. Müller*, § 2 WpPG Rz. 2.
2 Siehe dazu ausführlich *Kusserow*, RdF 2012, 4 (9 f.), ua. mit Hinweis auf den 2009 um Satz 2 ergänzten § 1 Abs. 1 DepotG; ferner *Lenenbach*, Kapitalmarktrecht, Rz. 10.257 iVm. Rz. 2.27 ff.; vgl. auch *Hartwig-Jacob* in FrankfurtKomm. SchVG, § 1 SchVG Rz. 54 ff.
3 Begr. RegE zu § 2 Nr. 1 WpPG, BT-Drucks. 15/4999, S. 28; ferner *Groß*, Kapitalmarktrecht, § 2 WpPG Rz. 3; *Schnorbus* in FrankfurtKomm. WpPG, § 2 WpPG Rz. 14; *Foelsch* in Holzborn, § 2 WpPG Rz. 6; *R. Müller*, § 2 WpPG Rz. 2.
4 Die MiFID steht dem nicht entgegen, vgl. Erwägungsgrund 57 zur MiFID I.
5 Vgl. (noch zum alten, insoweit jedoch identischen § 30 BörsG) *Gebhardt* in Schäfer/Hamann, § 30 BörsG Rz. 11 und Rz. 15 ff.; ferner *Ekkenga/Maas*, Das Recht der Wertpapieremissionen, § 1 Rz. 22 aE; *Hamann* in Schäfer/Hamann, § 2 WpPG Rz. 5; kritisch *Groß*, Kapitalmarktrecht, § 32 BörsG Rz. 12; *Heidelbach* in Schwark/Zimmer, § 32 BörsG Rz. 30.
6 Vgl. ESMA, Questions and Answers – Prospectuses, 25th updated version – July 2016, ESMA/2016/1133, Frage Nr. 5, S. 13.
7 Für Bezugsrechte ausführlich *Schnorbus* in FrankfurtKomm. WpPG, § 2 WpPG Rz. 15; ferner *Grosjean* in Heidel, Aktienrecht und Kapitalmarktrecht, § 2 WpPG Rz. 5; *Groß*, Kapi-

stellt sich jedoch die Frage nach dem Vorliegen eines öffentlichen Angebots iS von § 2 Nr. 4 WpPG, sobald die Bezugs- bzw. Erwerbsrechte ausgeübt werden können (vgl. Rz. 72).

16 In Ausgestaltung des Richtlinientexts hat der deutsche Gesetzgeber in Anlehnung an Art. 4 Abs. 1 Nr. 18 MiFID I in § 2 Nr. 1 lit. a bis c WpPG **beispielhaft** einige **Wertpapierarten aufgeführt**, ohne dass diese Aufzählung jedoch abschließend wäre. Demnach handelt es sich jedenfalls bei Aktien, denen vergleichbare Anteile sowie diese vertretende Zertifikate (§ 2 Nr. 1 lit. a WpPG), Schuldtiteln wie Schuldverschreibungen und Zertifikate (§ 2 Nr. 1 lit. b WpPG) und derivativen Wertpapieren (§ 2 Nr. 1 lit. c WpPG) um Wertpapiere iS des WpPG.

c) Ausländische Wertpapiere

17 Die Frage, wie ausländische Wertpapiere im Rahmen des WpPG zu behandeln sind, stellt keine kollisionsrechtliche, sondern eine **Frage der Auslegung deutschen Rechts** dar. Denn die Definition des § 2 Nr. 1 WpPG gilt für alle Wertpapiere im Anwendungsbereich des Gesetzes[1]. Nach dem deutschen Internationalen Privatrecht wird über Art. 43 EGBGB lediglich ermittelt, welche Rechtsordnung für das Recht aus dem Papier heranzuziehen ist (sog. Hauptstatut) bzw. nach welcher Rechtsordnung Rechte am Papier erworben werden (sog. Sachstatut). Entsprechend lässt sich auf diese Weise ermitteln, ob nach dem betreffenden ausländischen Recht ein Wertpapier vorliegt[2]. Nicht beantwortet wird dadurch jedoch die Frage, wie der Wertpapierbegriff des WpPG im Hinblick auf ausländische Rechtsfiguren auszulegen ist[3].

18 Bei derartigen Fällen ist differenziert vorzugehen: Muss eine deutsche Norm auf eine dem deutschen Recht unbekannte ausländische Rechtsfigur angewandt werden (sog. Substitution), wird eine **Gleichwertigkeitsprüfung** iS einer funktionellen Äquivalenz der ausländischen Rechtsfigur mit der deutschen Vorgabe durchgeführt[4]. Kann eine Gleichwertigkeit nicht festgestellt werden, muss geprüft werden, inwieweit auch eine Ähnlichkeit ausreichend erscheint. Maßstab dabei ist immer der Sinn und Zweck der deutschen Norm.

---

talmarktrecht, § 2 WpPG Rz. 3; aA wohl *Heidelbach* in Schwark/Zimmer, § 2 WpPG Rz. 9.

1 *Schnorbus* in FrankfurtKomm. WpPG, § 2 WpPG Rz. 11; *Heidelbach* in Schwark/Zimmer, § 2 WpPG Rz. 10; *Grosjean* in Heidel, Aktienrecht und Kapitalmarktrecht, § 2 WpPG Rz. 7; *Foelsch* in Holzborn, § 2 WpPG Rz. 7; *Hamann* in Schäfer/Hamann, § 2 WpPG Rz. 3; *R. Müller*, § 2 WpPG Rz. 2.
2 Ebenso *Groß*, Kapitalmarktrecht, § 2 WpPG Rz. 5.
3 Vgl. allg. *Sonnenberger* in MünchKomm. BGB, 5. Aufl. 2010, EGBGB Einl. IPR Rz. 602 ff.; sowie *von Hein* in MünchKomm. BGB, 6. Aufl. 2015, EGBGB Einl. IPR Rz. 227 ff.; jeweils mwN.
4 Vgl. *Thorn* in Palandt, (IPR) Einl. v. EGBGB Art. 3 Rz. 31; *S. Lorenz* in Bamberger/Roth, 3. Aufl. 2012, EGBGB Einl. IPR Rz. 91, jeweils mwN.

aa) Wertpapiere aus einem Staat des Europäischen Wirtschaftsraums

Da der Wertpapierbegriff durch die Prospektrichtlinie europaweit einheitlich vorgegeben ist (vgl. Rz. 9), folgt die europaweite Bewertung demselben Maßstab. Rechtsfiguren also, die nach dem richtlinienkonformen Recht eines EWR-Mitgliedstaats ein Wertpapier darstellen, müssen daher auch als Wertpapier iS des WpPG gelten. **Harmonisierte Rechtsfiguren** kann man folglich idR als **gleichwertig** ansehen[1]. Dies ist auch nur konsequent, wenn man zur Kenntnis nimmt, dass für solche Wertpapiere im Herkunftsmitgliedstaat richtlinienkonforme Wertpapierprospekte gebilligt und nach Deutschland notifiziert werden können. Sollte für dieselben Papiere nun im Aufnahmestaat Deutschland entschieden werden müssen, ob auf sie weitere Normen des Wertpapierprospektrechts Anwendung finden – bspw. eine spätere Anwendung von Ausnahmetatbeständen –, wäre es unverständlich und systemwidrig, dies nunmehr an der Wertpapiereigenschaft scheitern zu lassen. Allein die Bezeichnung im Ausland, etwa als Namensschuldverschreibungen nach luxemburger Recht, ist nicht entscheidend[2]. Konsequenz dessen ist bspw., dass Genossenschaftsanteile nach niederländischem Recht Wertpapiere darstellen können, während weitgehend identische Genossenschaftsanteile nach deutschem Recht als Vermögensanlagen nach dem VermAnlG einzuordnen sind. Die europäische Definitionsvorgabe beinhaltet also einen klassischen Fall der (zulässigen) Inländerdiskriminierung.

19

bb) Wertpapiere aus einem Drittstaat

Handelt es sich bei den zu beurteilenden Wertpapieren um solche, die nicht nach dem Recht eines Staats des EWR, sondern dem eines Drittstaats konzipiert sind, muss dessen **Gleichwertigkeit positiv festgestellt** werden. Es erscheint dabei schon fragwürdig, das Kriterium der Art und Weise der dinglichen Übertragung auf grenzüberschreitende Vorgänge zu übertragen[3]. Schließlich stellt dies keine Frage der Ausgestaltung des Wertpapiers dar, sondern eine der Anwendung ausländischen Rechts beim Erwerbsvorgang. Auch deutsche Wertpapiere werden, wenn sie im Ausland gelagert werden, nach dem Recht dieses Landes übertragen. Dies gilt auch für den Erwerb über eine deutsche Börse. Da dingliche Übertragung und Ausgestaltung eines Pa-

20

---

1 Vgl. *Sonnenberger* in MünchKomm. BGB, 5. Aufl. 2010, EGBGB Einl. IPR Rz. 603.
2 So auch *Ritz/Zeising* in Just/Voß/Ritz/Zeising, § 2 WpPG Rz. 60 bzgl. Namensschuldverschreibungen nach englischem Recht.
3 Wie zuvor festgestellt (Rz. 18), ist der Maßstab, an dem das Instrument des Drittstaats zu messen ist, die deutsche Sachnorm. Da der Gesetzgeber dieser jedoch zwei Ausprägungen mit auf den Weg gegeben hat, steht nunmehr in Frage, ob die Norm in ihrer deutschen oder ihrer europäischen Dimension heranzuziehen ist. Handelte es sich ausschließlich um einen europäischen Begriff, wäre alleiniges Kriterium die Handelbarkeit (siehe Rz. 9 und 19). Da sich der Gesetzgeber jedoch in der Begr. RegE zu § 2 Nr. 1 WpPG, BT-Drucks. 15/4999, S. 28, für eine deutschrechtliche Betrachtungsweise ausgesprochen hat, muss diese, soweit europarechtlich nicht anders geboten, den Ausschlag geben. Mittelbar folgt hieraus, dass Drittstaatenpapiere im EWR unterschiedlich behandelt werden können, dh. bspw. als Wertpapier in denjenigen Mitgliedstaat notifiziert werden können, der sie als solches nicht anerkennt.

piers jedoch miteinander verwoben sind, kann zumindest in strukturell ähnlichen Fällen dieses Kriterium herangezogen werden. Die Abgrenzung ist nach Art der Übertragung bei ausländischen Anlageinstrumenten deshalb immer dann praktikabel, wenn in der ausländischen Rechtsordnung ohnehin entsprechend dem deutschen Recht zwischen sachenrechtlicher Übertragung und Zession unterschieden wird. Bspw. können an schweizer Instrumente weitgehend die gleichen Maßstäbe wie an deutsche Wertpapiere gestellt werden.

21 Kennt das zu beurteilende Rechtssystem kein dem deutschen vergleichbares Abstraktionsprinzip, muss zur Substitution des Wertpapierbegriffs eine Prüfung der **Funktionsäquivalenz im ausländischen Recht** vorgenommen werden[1]. Die vom deutschen Gesetzgeber vorgegebenen Kriterien decken diese Fallgestaltungen nicht ab. Können bspw. die Anlageinstrumente tatsächlich an einer Börse gehandelt werden und kann eine börsenübliche Abwicklung (Clearing) stattfinden, erscheint es bedenklich, dem Emittenten die deutschrechtlich motivierten Bedenken des Gesetzgebers im Hinblick auf eine für Börsenzwecke hinreichende Übertragbarkeit der Anlageinstrumente entgegenzuhalten. Vielmehr erscheint es in einem solchen Fall sachgerecht, dann durch die Möglichkeit des Börsenhandels sowie einer börsenüblichen Abwicklung (Clearing) die Zweifel des deutschen Gesetzgebers an ausreichender Übertragbarkeit der Anlageinstrumente iS des Wertpapierbegriffs als ausgeräumt anzusehen. Das Erfordernis der börsenüblichen Abwicklung (Clearing) hat dabei zum einen die Funktion, die reibungslose bzw. gleichsam automatisiert funktionierende Übertragung der Wertpapiere zu belegen und zum anderen eine Abgrenzung zu Vermögensanlagen zu ermöglichen, die mitunter ebenfalls „über die Börse" gehandelt werden können (Anteile an geschlossenen Fonds), wobei jedoch keine börsenübliche Abwicklung (Clearing) erfolgt, sondern eine Art Vermittlung zwischen Käufer und Verkäufer. Sind die Zweifel an der für Börsenhandelszwecke erforderlichen Übertragbarkeit beseitigt, können die Papiere nach ausländischem Recht auch in Deutschland als Wertpapiere iS des WpPG angesehen werden, vorausgesetzt alle Merkmale des Wertpapierbegriffs sind erfüllt.

22 Diese Frage kann sich praktisch im Rahmen von Angebotsprogrammen auf subtile Weise stellen, wenn in einem Basisprospekt die Möglichkeit eröffnet wird, die zu emittierenden Anlageinstrumente **wahlweise nach unterschiedlichen Rechtsordnungen** zu bestimmen. So kommt es bspw. vor, dass eine Auswahloption Schweizer Recht in Gestalt der Emission sog. Wertrechte (Art. 973c OR) vorsieht, zu deren Übertragung es einer schriftlichen Abtretungserklärung bedarf. Da das Schweizer Recht ähnlich dem deutschen eine Unterscheidung zwischen schuldrechtlicher Zession (Art. 164 ff. OR) und dinglichem Erwerb (Art. 641 ff. ZGB) kennt, läge bei Wahl dieser Option kein Wertpapier iS des WpPG vor. Entsprechend kann diese Option auch nicht Gegenstand des Prospektes sein und eine kurze Beschreibung kann allenfalls im Rahmen der allg. Beschreibung des Angebotsprogrammes erfol-

---

1 Vgl. hierzu allg. *Sonnenberger* in MünchKomm. BGB, 5. Aufl. 2010, EGBGB Einl. IPR Rz. 602; *von Hein* in MünchKomm. BGB, 6. Aufl. 2015, EGBGB Einl. IPR Rz. 235 ff.; *Groß*, Kapitalmarktrecht, § 2 WpPG Rz. 5, und *Ritz/Zeising* in Just/Voß/Ritz/Zeising, § 2 WpPG Rz. 45, sprechen hier von Parallelwertung nach deutschem Recht.

gen. Nicht zulässig ist dagegen die Aufnahme einer ausführlichen Beschreibung einschließlich einer Auswahlmöglichkeit dieser Option in das Muster der endgültigen Bedingungen des Angebots, selbst wenn der Prospekt mit dem deutlichen Hinweis versehen ist, dass die betreffenden Passagen nicht von der Prüfung und der Billigung nach dem WpPG umfasst sind[1]. Denn unter einem „Prospekt" ist grds. das gesamte Prospektdokument vom Deckblatt bis zur Unterschriftenseite zu verstehen. Die künstliche Herauslösung einzelner Abschnitte, die nicht Teil des geprüften und gebilligten Wertpapierprospekts sein sollen, ist nicht möglich und würde in jedem Fall die Verständlichkeit und Analysierbarkeit des Prospekts übermäßig beeinträchtigen. Sofern keine Ausnahmen einschlägig sind, ist ohnehin schon ein gesonderter Prospekt nach den einschlägigen Vorschriften – etwa dem KAGB oder dem VermAnlG – zu erstellen. Der schweizer Gesetzgeber hat das bisherige Modell der Wertrechte sowohl als Fremdkörper im nationalen Rechtsrahmen als auch diesen Rahmen im internationalen Wettbewerb als nachteilig erkannt und daher eine Struktur entworfen, die sich vom nationalen Grundmodell löst. Seit 2010 existieren Bucheffekten als eine Rechtsfigur eigener Art, die per Definition alle Eigenschaften eines Wertpapiers nach schweizer Recht aufweisen, ohne jedoch eine Sache nach schweizer Sachenrecht darzustellen[2]. Da sich diese Bucheffekten dem hergebrachten Maßstab entziehen, sind sie bei der Einordnung als Wertpapier nach dem WpPG nicht vor dem System des schweizer Schuld- und Sachenrechts zu beurteilen, sondern ausschließlich vor dem eigens geschaffenen Rahmen des schweizer Bucheffektengesetzes.

d) Geldmarktinstrumente mit einer Laufzeit von weniger als zwölf Monaten

Entsprechend Art. 2 Abs. 1 lit. a der Prospektrichtlinie sind **Geldmarktinstrumente**, die unter den Wertpapierbegriff fallen, bei einer Gesamtlaufzeit von weniger als zwölf Monaten vom prospektrechtlichen Wertpapierbegriff ausgenommen mit der Folge, dass für diese Wertpapiere keine Prospektpflicht besteht. Der Wertpapierbegriff der MiFID wird insoweit für Zwecke des Prospektrechts eingeschränkt[3]. Zu den Geldmarktinstrumenten gemäß § 2 Abs. 1a WpHG bzw. § 1 Abs. 11 Satz 2 KWG zählen

23

---

1 Für eine solche Lösung jedoch noch die Voraufl. Rz. 18, sowie *Ritz/Zeising* in Just/Voß/Ritz/Zeising, § 2 WpPG Rz. 60; ferner *Seitz*, AG 2005, 678 (684).
2 Vgl. zum schweizer Bundesgesetz über Bucheffekten (Bucheffektengesetz, BEG) vom 3.10.2008 etwa *Hess/Friedrich*, GesKR 2008, 98; ferner Botschaft zum Bucheffektengesetz sowie zum Haager Wertpapierabkommen vom 15.11.2006, Dokument 06.089, BBl. 2006, S. 9315; sowie Bericht der vom Eidgenössischen Finanzdepartement eingesetzten technischen Arbeitsgruppe zum Entwurf eines Bundesgesetzes über die Verwahrung und Übertragung von Bucheffekten (Bucheffektengesetz) und zur Ratifikation des Haager Übereinkommens über die auf bestimmte Rechte an Intermediär verwahrten Wertpapieren anzuwendende Rechtsordnung (Haager Wertpapierübereinkommen) vom 15.6.2004.
3 *Groß*, Kapitalmarktrecht, § 2 WpPG Rz. 2. Die Begr. RegE zu § 2 Nr. 1 WpPG, BT-Drucks. 15/4999, S. 28, spricht davon, dass die „spezielle Regelung der Prospektrichtlinie … durch den Wertpapierbegriff der Richtlinie 2004/39/EG nicht verdrängt [wird]". Dies erscheint missverständlich, da die Prospektrichtlinie den Begriff des Wertpapiers für ihren Anwendungsbereich originär definiert.

bspw. Schatzanweisungen, Einlagenzertifikate und Commercial Papers[1]. Typische Emittenten dieser großvolumigen Papiere sind institutionelle Kapitalmarktteilnehmer, denen die Papiere auch zur Refinanzierung bei Zentralbanken dienen. Schuldverschreibungen für Kleinanleger sind daher keine Geldmarktinstrumente, auch wenn sie eine unterjährige Laufzeit aufweisen[2].

2. Dividendenwerte (§ 2 Nr. 2 WpPG)

24 § 2 Nr. 2 WpPG beinhaltet die Definition des Begriffs Dividendenwert. **Relevanz** entfaltet die Unterscheidung zwischen Dividendenwert und Nichtdividendenwert (§ 2 Nr. 3 WpPG) insb. für die Bestimmung des Anwendungsbereiches des Gesetzes (§ 1 Abs. 2 Nr. 2 und 5 WpPG) sowie für die Bestimmung des Herkunftsstaates (§ 2 Nr. 13 lit. b WpPG), aber auch bei der Frage, ob ein Basisprospekt erstellt werden darf (vgl. hierzu § 6 WpPG). Vor dem Hintergrund von Art. 7 Abs. 2 der Prospektrichtlinie hat die Einordnung allerdings nur indizielle Wirkung für die Frage, welche Anhänge der ProspektVO anzuwenden sind. Denn die ProspektVO verwendet die Begriffe „Dividendenwert" bzw. „Nichtdividendenwert" zur Differenzierung der Wertpapierarten nicht[3].

a) Aktien und vergleichbare Wertpapiere

25 Vom Begriff der Aktie erfasst sind neben den schon wörtlich genannten Aktien nach dem AktG auch Anteile an einer deutschen SE. Andere Wertpapiere, die Aktien oder Anteilen an Kapitalgesellschaften oder anderen juristischen Personen vergleichbar sind, stellen ggü. der Aktie ein **Aliud** dar, das jedoch wegen seiner Vergleichbarkeit gleichgestellt ist. Hiermit sind jedenfalls solche Beteiligungsformen gemeint, die ein Mitgliedschaftsrecht verbriefen und aufgrund derer daher ein statutorischer Dividendenanspruch, mithin also ein Anspruch auf Beteiligung am Bilanzgewinn, besteht. Daher gilt die Vorschrift auch für ausländische Eigenkapitalanteile[4], soweit sie denn Wertpapiere iS des WpPG (vgl. Rz. 17 ff.) darstellen.

26 Während unter § 2 Nr. 1 lit. a WpPG Zertifikate, die Aktien vertreten (sog. **Depositary Receipts**), noch explizit im Zusammenhang mit Aktien und vergleichbaren Wertpapieren genannt werden, finden diese unter § 2 Nr. 2 WpPG keine ausdrückliche Erwähnung mehr. Dies verdeutlicht, dass bei der Beurteilung, ob es sich bei

---

1 Vgl. Art. 4 Abs. 1 Nr. 17 der MiFID II.
2 So auch *Ritz/Zeising* in Just/Voß/Ritz/Zeising, § 2 WpPG Rz. 71.
3 Vgl. *Heidelbach* in Schwark/Zimmer, § 2 WpPG Rz. 11.
4 Ein früherer Richtlinienentwurf sprach denn auch ausdrücklich von „Eigenkapitalwertpapieren", vgl. Geänderter Vorschlag für eine Richtlinie des Europäischen Parlaments und des Rates betreffend den Prospekt, der beim öffentlichen Angebot von Wertpapieren oder bei deren Zulassung zum Handel zu veröffentlichen ist und zur Änderung der Richtlinie 2001/34/EG (2003/C 20 E/14) (KOM(2002) 460 endg. – 2001/0117(COD), ABl. EG Nr. C 20 E v. 28.1.2003, S. 122, 141, konnte sich allerdings in dieser Form nicht durchsetzen, siehe Gemeinsamen Standpunkt (EG) Nr. 25/2003 vom 24.3.2003, ABl. EU Nr. C 125 E v. 27.5.2003, S. 21, 49.

einem Wertpapier um einen Dividendenwert handelt, regelmäßig unmittelbar auf den Wert selbst zurückgegriffen wird[1]. Entsprechend heißt es in Erwägungsgrund 12 zur Prospektrichtlinie[2], dass Aktienzertifikate bzw. „depositary receipts" (so die Begrifflichkeit in der englischsprachigen Fassung der Richtlinie) Nichtdividendenwerte darstellen[3]. Konsequenterweise findet sich mit Anhang X zur ProspektVO ein eigenes Schema, welches diese Aktien vertretenden Zertifikate zum Gegenstand hat und erst im Hinblick auf die zugrundeliegenden Aktien weitgehend auf Angaben für Dividendenwerte zurückgreift[4].

Problematisch gestaltet sich die Einordnung bei sog. hybriden Finanzierungsformen, etwa bei **Genussscheinen**[5]. Diese verbriefen keine originären mitgliedschaftlichen Rechte, auch wenn solche schuldrechtlich vereinbart sein sollten. So ist weder die an den Bilanzgewinn gekoppelte Verzinsung einschließlich der Verlustteilnahme noch die Nachrangigkeit oder eine lange Laufzeit ein Alleinstellungsmerkmal von Dividendenwerten. Die bilanzielle Erfassung als Eigen- oder Fremdkapital stellt kein taugliches Abgrenzungskriterium dar[6], da die bilanzielle Beurteilung desselben Wertpapiers abhängig vom verwendeten Rechnungslegungsstandard (bspw. HGB/IRFS) als auch branchenspezifisch (vgl. etwa Formblatt 1 zur RechKredV) variieren kann. Die alleinige Feststellung einer „Eigenkapitalähnlichkeit" hilft nicht weiter, so dass als Einordnungskriterium letztlich nur eine formaljuristische Betrachtung bleibt. Danach handelt es sich bei einem Genussschein strukturell um eine Schuldverschreibung. Auch Genussscheine, die den Vorgaben für Instrumente des Ergänzungskapi- 27

---

1 So auch ESMA, Questions and Answers – 25th updated version – July 2016, ESMA/2016/1133, Frage Nr. 39, S. 35.
2 Erwägungsgrund 12 aE zur Richtlinie 2003/71/EG des Europäischen Parlaments und des Rates v. 4.11.2003 betreffend den Prospekt, der beim öffentlichen Angebot von Wertpapieren oder bei deren Zulassung zum Handel zu veröffentlichen ist, und zur Änderung der Richtlinie 2001/34/EG, ABl. EU Nr. L 345 v. 31.12.2003, S. 64.
3 Diese Annahme findet sich auch bei ESMA, Questions and Answers – 25th updated version – July 2016, ESMA/2016/1133, Frage Nr. 39, S. 35; ebenso ferner *Ritz/Zeising* in Just/Voß/Ritz/Zeising, § 2 WpPG Rz. 90; *Heidelbach* in Schwark/Zimmer, § 2 WpPG Rz. 13; aA *Crüwell*, AG 2003, 243 (245); *Kunold/Schlitt*, BB 2004, 501 (503), nach denen die Bezeichnung in Erwägungsgrund 12 zur Prospektrichtlinie nur versehentlich auf „Nichtdividendenwert" laute, sowie im jüngeren Schrifttum, dh. nach Veröffentlichung der vorgenannten Stellungnahme durch ESMA (bzw. seinerzeit CESR) im Dezember 2008, *Schnorbus* in FrankfurtKomm. WpPG, § 2 WpPG Rz. 20; *R. Müller*, § 2 WpPG Rz. 3.
4 Ebenso *Schlitt/Schäfer*, AG 2005, 498 (499 Fn. 14); *Schlitt/Wilczek* in Habersack/Mülbert/Schlitt, Handbuch der Kapitalmarktinformation, § 4 Rz. 26; ähnlich *Ritz/Zeising* in Just/Voß/Ritz/Zeising, § 2 WpPG Rz. 90.
5 Vgl. *Schlitt/Wilczek* in Habersack/Mülbert/Schlitt, Handbuch der Kapitalmarktinformation, § 4 Rz. 25; *Ritz/Zeising* in Just/Voß/Ritz/Zeising, § 2 WpPG Rz. 80 ff.
6 Vgl. auch *Heidelbach* in Schwark/Zimmer, § 2 WpPG Rz. 13; hingegen tendenziell für eine bilanzielle Betrachtung *Ritz/Zeising* in Just/Voß/Ritz/Zeising, § 2 WpPG Rz. 82 ff.; *Schnorbus* in FrankfurtKomm. WpPG, § 2 WpPG Rz. 21.

tals nach Art. 63 der Verordnung Nr. 575/2013/EU (CRR)[1] folgen, wird man daher tendenziell als Nichtdividendenwerte einordnen müssen mit der Konsequenz, dass sie im Rahmen eines Basisprospekts nach Maßgabe der Schuldverschreibungsanhänge dokumentiert werden können[2]. Dies entspricht auch der europäischen Praxis bei vergleichbaren hybriden Instrumenten. Einzelfallabhängig können und müssen darüber hinaus zusätzliche Prospektangaben verlangt werden, um der Ähnlichkeit zum Eigenkapital gerecht zu werden. Diese Möglichkeit wird über die Generalnorm des § 5 Abs. 1 WpPG hinaus auch ausdrücklich in Erwägungsgrund 23 zur ProspektVO angenommen, wobei die Grenzen der Geeignetheit und Verhältnismäßigkeit zu wahren sind. Letztendlich kann dies sogar bedeuten, dass auch eine Einordnung als Dividendenwert in Betracht kommen kann.

b) Wandel- und Ausübungspapiere

28 Jede andere Art von Wertpapieren, die das Recht verbriefen, bei Umwandlung dieses Wertpapiers oder Ausübung des verbrieften Rechts Aktien oder denen vergleichbare Wertpapiere zu erwerben, sofern die Wertpapiere vom Emittenten der zugrundeliegenden Aktien oder von einem zum Konzern des Emittenten (iS von § 18 AktG)[3] gehörenden Unternehmen begeben wurden, stellen ebenfalls Dividendenwerte dar. Technisch handelt es sich bei solchen Werten zum einen um das Recht auf Wandlung der Fremdkapitalposition in eine Eigenkapitalposition (Wandlungsrecht) und zum anderen um das Recht auf Umtausch des Rückzahlungsanspruchs in einen Lieferanspruch auf Aktien bzw. vergleichbarer Wertpapiere des Emittenten (Austauschrecht). In beiden Varianten mündet der vorherige Primäranspruch des Anlegers gleichermaßen in den Erwerb von Aktien bzw. vergleichbaren Wertpapieren des Emittenten. Solche Wertpapiere wurden vom europäischen Richtliniengeber in die Definition aufgenommen, um zu verhindern, dass die für Aktienemissionen zuständige **Herkunftsstaatsbehörde**[4] auf diese Weise **umgangen** werden kann[5].

29 Nicht entscheidend für die Tragweite der Definition soll nach der Europäischen Wertpapieraufsichtsbehörde ESMA sein, ob das **Wandlungs- bzw. Austauschrecht** dem Schuldner oder Gläubiger respektive beiden gleichermaßen zusteht. Denn entscheidend sei allein der Umstand, ob der Emittent der Wandel- und Umtauschpapiere auch der Emittent der zugrunde liegenden Aktien bzw. vergleichbaren Wertpapiere oder ein zum Konzern des Emittenten der zugrunde liegenden Aktien bzw. ver-

---

1 Verordnung (EU) Nr. 575/2013 des Europäischen Parlaments und des Rates vom 26.6.2013 über Aufsichtsanforderungen an Kreditinstitute und Wertpapierfirmen und zur Änderung der Verordnung (EU) Nr. 646/2012, ABl. EU Nr. L 176 v. 27.6.2013, S. 1.
2 Unentschieden *Ritz/Zeising* in Just/Voß/Ritz/Zeising, § 2 WpPG Rz. 85, allerdings noch bezogen auf § 10 Abs. 5 KWG aF.
3 Begr. RegE zu § 2 Nr. 2 WpPG, BT-Drucks. 15/4999, S. 28.
4 *Wagner*, Die Bank 2003, 680 (682), sieht dies gerade vor dem Hintergrund südeuropäischer Herkunftsstaatsbehörden.
5 *Ritz/Zeising* in Just/Voß/Ritz/Zeising, § 2 WpPG Rz. 75 f.

gleichbaren Wertpapiere gehörendes Unternehmen sei[1]. Über diese Frage herrschte Uneinigkeit. So hätte man der Sorge einer Umgehung der für Eigenkapitalemissionen zuständigen Herkunftsstaatsbehörde auch begegnen können, indem man unter dem erweiterten Dividendenbegriff lediglich Pflichtwandelanleihen und Umtauschanleihen fasste, deren Ausübungsrecht ausschließlich beim Emittenten liegt. Denn nur durch den Emittenten könnte eine Umgehung der Zuständigkeitsregelung erfolgen, während der Anleger nicht Adressat einer Prospektpflicht und damit der Zuständigkeitsregelung ist. Dieses Ergebnis hätte auch dem Wortlaut von Erwägungsgrund 12 zur Prospektrichtlinie entsprochen: Wertpapiere, die nach Wahl des Anlegers umgewandelt werden können, gelten demnach als Nichtdividendenwerte. Dagegen wurde eingewandt, Erwägungsgrund 12 beinhalte ein redaktionelles Versehen. Weil nämlich der Ausschuss für Wirtschaft und Währung des Europäischen Parlaments (ECON) die ausschließliche Geltung der in Erwägungsgrund 12 getroffenen Aussage vergeblich entsprechend klargestellt haben wollte[2], wurde hieraus gefolgert, das Gegenteil sei normiert worden. Vielmehr sei also gemeint, dass auch solche Schuldtitel, die auf Wunsch des Anlegers in Dividendenwerte des Schuldtitelemittenten zu wandeln sind, selbst Dividendenwerte darstellten. In Erwägungsgrund 12 sei daher lediglich versehentlich von Nichtdividendenwerten die Rede[3]. Durch die Positionierung von ESMA ist dagegen Klarheit für die Auslegungspraxis geschaffen und anderweitigen Spekulationen der Raum entzogen. Demnach ist Erwägungsgrund 12 nicht Teil der Definitionsfindung des Begriffs „Dividendenwerte", sondern bezieht sich von vorne herein ausschließlich auf solche Wertpapiere, die nicht vom Emittenten der zugrundeliegenden Aktien oder von einem zum Konzern des Emittenten gehörenden Unternehmen begeben wurden[4].

Unter den zugrundeliegenden Wertpapieren sind nicht nur die explizit erwähnten Aktien zu verstehen, sondern auch die mit diesen vergleichbare Wertpapiere. Anderenfalls ergäbe sich eine Regelungslücke.

30

---

1 ESMA, Questions and Answers – Prospectuses, 25th updated version – July 2016, ESMA/2016/1133, Frage Nr. 28, S. 28 f.; allg. zur Problematik *Wiegel*, Die Prospektrichtlinie und Prospektverordnung, S. 174 f.
2 Vgl. hierzu Änderungsantrag 5 der Empfehlung für die zweite Lesung betreffend den Gemeinsamen Standpunkt des Rates im Hinblick auf den Erlass der Richtlinie des Europäischen Parlaments und des Rates betreffend den Prospekt, der beim öffentlichen Angebot von Wertpapieren oder bei deren Zulassung zum Handel zu veröffentlichen ist (5390/4/2003 – C5-0143/2003 – 2001/0117(COD)), S. 8.
3 *Kunold/Schlitt*, BB 2004, 501 (503); *Schlitt/Wilczek* in Habersack/Mülbert/Schlitt, Handbuch der Kapitalmarktinformation, § 4 Rz. 24; unentschieden *Weber*, NZG 2004, 360 (362).
4 ESMA, Questions and Answers – Prospectuses, 25th updated version – July 2016, ESMA/2016/1133, Frage Nr. 28, S. 28 f.; ebenso *Ritz/Zeising* in Just/Voß/Ritz/Zeising, § 2 WpPG Rz. 78.

3. Nichtdividendenwerte (§ 2 Nr. 3 WpPG)

31 Nichtdividendenwerte sind negativ definiert als solche, die keine Dividendenwerte iS des vorangegangenen § 2 Nr. 2 WpPG darstellen. In den Erwägungsgründen zur Prospektrichtlinie ausdrücklich als Nichtdividendenwerte benannt werden bspw. **Schuldverschreibungen, Zertifikate** und **Optionsscheine** jeglicher Form (mit Ausnahme von bestimmten Wandel- und Ausübungspapieren, vgl. Rz. 28 f.)[1]. Insb. stellen deswegen auch solche Schuldtitel Nichtdividendenwerte dar, die zwar das Erwerbsrecht hinsichtlich einer zugrundeliegenden Aktie verbriefen, jedoch zwischen dem Emittenten der Schuldverschreibung und dem Emittenten der Aktien keine Identität besteht bzw. keinerlei Konzernverbindung herrscht[2]. Explizit als Nichtdividendenwerte werden in Erwägungsgrund 12 zur Prospektrichtlinie zudem **American bzw. Global Depositary Receipts** (ADR/GDR) genannt, auch wenn bzw. gerade weil sie lediglich Stellvertreter für Eigenkapitalanteile darstellen (vgl. Rz. 26).

4. Öffentliches Angebot von Wertpapieren (§ 2 Nr. 4 WpPG)

32 **Zentraler Anknüpfungspunkt** für die Anwendung des Gesetzes und einer Prospektpflicht ist neben der Zulassung zum Handel an einem organisierten Markt das öffentliche Angebot. Zugleich ist der Begriff einer der problematischsten des Gesetzes. Da im Hinblick auf viele Teilbereiche der Definition unterschiedliche Ansichten vertreten werden und es an klärenden gerichtlichen Entscheidungen bislang mangelt[3], bewegt sich der Anwender der Vorschrift – wie selbstverständlich bei anderen Vorschriften des WpPG auch – potentiell immer zugleich auch im Anwendungsbereich der Ordnungswidrigkeiten des § 35 WpPG sowie der Haftung bei fehlendem Prospekt nach § 24 WpPG. Insb. wird man sich in Haftungsprozessen nicht auf Einschätzungen und Entscheidungen der Bundesanstalt berufen können, da diese für die Gerichte keinerlei Bindungswirkung entfalten. Auch muss festgestellt werden, dass in anderen Mitgliedsstaaten andere Detailansichten vorherrschen können, ohne dass bisher eine europaweit einheitliche Verständigung erreicht werden konnte. Deshalb und auch wegen unterschiedlicher Haftungsregime[4] wird der Emittent bei grenzüberschreitenden Vorhaben besondere Sorgfalt walten lassen müssen.

---

1 Erwägungsgrund 13 zur Richtlinie 2003/71/EG des Europäischen Parlaments und des Rates vom 4.11.2003 betreffend den Prospekt, der beim öffentlichen Angebot von Wertpapieren oder bei deren Zulassung zum Handel zu veröffentlichen ist, und zur Änderung der Richtlinie 2001/34/EG, ABl. EU Nr. L 345 v. 31.12.2003, S. 65.

2 Wagner, Die Bank 2003, 680 (682); Foelsch in Holzborn, § 2 WpPG Rz. 9.

3 Nach dem Urteil des EuGH v. 17.9.2014 – C-441/12 – „Almer Beheer", ZIP 2014, 2342 = AG 2015, 496, besteht keine Prospektpflicht für eine öffentliche Zwangsversteigerung von Wertpapieren. Der EuGH etabliert mit dieser Entscheidung einen ungeschriebenen Ausnahmetatbestand zu Art. 3 Abs. 1 der Prospektrichtlinie bzw. § 3 Abs. 1 WpPG (vgl. J. Schneider, AG 2016, 341 (347 f.), ferner § 3 WpPG Rz. 16 f.). Die Definition des „öffentlichen Angebots" ist im Ergebnis jedoch nicht tangiert.

4 Eine Übersicht über die unterschiedlichen nationalen Haftungsregime in den Mitgliedstaaten des EWR (ohne Lichtenstein und noch ohne Kroatien) bietet der ESMA Report „Comparison of liability regimes in Member States in relation to the Prospectus Directive"

a) Normentwicklung und Ausblick

Der Begriff des öffentlichen Angebots wird in Art. 2 Abs. 1 lit. d der Richtlinie erstmals legal definiert. Wie auch in Erwägungsgrund 5 zur Richtlinie festgehalten, sah sich das Europäische Parlament und der Rat aufgrund der unterschiedlichen Definitionen des öffentlichen Angebots von Wertpapieren innerhalb der EU veranlasst, den Begriff nach den Erfahrungen der vorangegangenen Emissionsprospektrichtlinie[1], in der noch zu keiner einheitlichen Definition gefunden werden konnte, **europaweit einheitlich** vorzugeben. Auf europäischer Ebene zu einem gemeinsamen Verständnis zu gelangen, war in der Vergangenheit unmöglich[2], weshalb in der Formulierung der Richtlinie ein Meilenstein gesehen wird[3].

33

Da die europäische Definitionsvorgabe im Rahmen der Prospektrichtlinie der Umsetzung durch die Mitgliedstaaten bedarf, ist trotz angestrebter Maximalharmonisierung eine **Abweichung von Mitgliedstaat zu Mitgliedstaat** nicht ausgeschlossen. So zeigt schon das deutsche Beispiel, dass die Definition zwar weitestgehend an die Richtlinienvorgabe angelehnt, jedoch keineswegs mit ihr identisch ist (vgl. Rz. 43 und 71). Und während der deutsche Gesetzgeber die Prospektrichtlinie der Struktur nach in einem eigenständigen Gesetz übernommen hat, wurden die Vorgaben in anderen Ländern teilweise in bereits bestehende Regelungen mit eingeflochten. All dies lässt erahnen, dass schon ungeachtet der unterschiedlichen Regelungsmodelle, Rechtssysteme und Rechtstraditionen zwischen den Mitgliedstaaten allein der Wortlaut der vielleicht wichtigsten Definition der Prospektrichtlinie von Land zu Land abweicht[4]. Die verschiedenen Umsetzungsakte vermitteln einen eindrucksvollen Über-

34

---

vom 30.5.2013, Dok.-Nr. ESMA/2013/619. Der Bericht entstand aufgrund eines Mandates der Europäischen Kommission vom 20.1.2011, die ihrerseits aufgrund der Änderungsrichtlinie eine vergleichende Übersicht über die Haftungsvorschriften der Mitgliedstaaten erstellen sollte (vgl. Erwägungsgrund 12 zur Änderungsrichtlinie). In dem Bericht werden über die zivilrechtlichen Haftungsvorschriften hinaus auch die jeweiligen nationalen verwaltungs- und strafrechtlichen Sanktionssysteme sowie auch die teilweise gegebene Staatshaftung überblickartig dargestellt.

1 Richtlinie 89/298/EWG des Rates vom 17.4.1989 zur Koordinierung der Bedingungen für die Erstellung, Kontrolle und Verbreitung des Prospekts, der im Falle öffentlicher Angebote von Wertpapieren zu veröffentlichen ist, ABl. EG Nr. L 124 v. 5.5.1989, S. 8 (Emissionsprospektrichtlinie).
2 Vgl. Erwägungsgrund 7 zur Emissionsprospektrichtlinie (Richtlinie 89/298/EWG des Rates vom 17.4.1989 zur Koordinierung der Bedingungen für die Erstellung, Kontrolle und Verbreitung des Prospekts, der im Falle öffentlicher Angebote von Wertpapieren zu veröffentlichen ist, ABl. EG Nr. L 124 v. 5.5.1989, S. 8): „Zum gegenwärtigen Zeitpunkt ist es nicht möglich, für den Begriff „öffentliches Angebot" und alle seine Bestandteile eine gemeinsame Definition festzulegen."
3 *Crüwell*, AG 2003, 243 (244 f.).
4 Nur beispielhaft genannt sei die niederländische Definition des öffentlichen Angebots in Art. 5:1 Buchst. a des *Wet op het financieel toezicht* (Wft – Financial Supervision Act), welche in ihrer englischen Übersetzung lautet: „offering securities to the public: making a sufficiently specific offer addressed to more than one person as set out in Section 217(1) of Book 6 of the Dutch Civil Code to conclude a contract to purchase or otherwise acquire securities, or issuing an invitation to make an offer in respect of such securities."

blick über die Komplexität des Begriffs „öffentliches Angebot" in der europäischen Rechtspraxis[1]. Auch aus diesen Gründen dürfte die jetzige Definition noch nicht der Weisheit letzter Schluss sein[2], da die Grenzen der noch vertretbaren Auslegung als sehr weit erscheinen mit der Folge, dass in Teilbereichen gleiche Sachverhalte europaweit weiterhin unterschiedlich beurteilt werden. Daher ist es grds. zu begrüßen, dass die Änderungsrichtlinie in ihrem Art. 4 der Europäischen Kommission aufgeben hat, die bisherige Definition des Begriffs „öffentliches Angebot" zu überprüfen[3].

35 Bereits die Entscheidung, die **neuerliche Überarbeitung der Prospektrichtlinie** nicht erneut im Wege einer Richtlinie, sondern **in Form einer Verordnung** vorzunehmen (vgl. Rz. 5), wird zwangsläufig zu einer weitergehenden Harmonisierung des Begriffs „öffentliches Angebot" führen, da es künftig weder bei der Umsetzung in nationales Recht zu unterschiedlichen Auslegungen kommen kann, noch nationale Besonderheiten, zB aus der jeweiligen nationalen Normentwicklung heraus (für das deutsche Recht vgl. zB Rz. 36), bei der Auslegung den Ausschlag geben dürfen. Auch dürfte zu erwarten sein, dass ESMA, welche in der Vergangenheit bei der Auslegung des Begriffes „öffentliches Angebot" eher zurückhaltend agierte, eine aktivere Rolle bei der weitergehenden Vereinheitlichung der Auslegung spielen wird. In den Entwürfen zur neuen Prospektverordnung finden sich teilweise Ergänzungen der Definition des „öffentlichen Angebots" in Art. 2 Abs. 1 lit. d, um einzelne Auslegungsfragen zu klären[4], teilweise finden sich entsprechende Formulierungen aber auch nur in den jeweiligen Erwägungsgründen. Im Vorschlag der Ratspräsidentschaft vom 3.6.2016 (ProspektVO-E)[5] ist der **Wortlaut des Art. 2 Abs. 1 lit. d im Vergleich zur Pro-**

---

[1] Die Europäische Kommission hält auf ihrer Internetseite eine Liste aller nationalen Umsetzungsakte verfügbar, vgl. http://ec.europa.eu/internal_market/finances/actionplan/transposition. Es sei darauf hingewiesen, dass die abrufbaren Umsetzungsakte nicht auf dem aktuellen Stand sind und häufig nur in der jeweiligen Landessprache wiedergegeben werden.

[2] Weitergehend auf den mit der Richtlinie fast identischen Wortlaut des WpPG bezogen *Kuntz* in Ekkenga/Schröer, Handbuch der AG-Finanzierung, 2014, Kap. 8 Rz. 109, der die derzeitige Definition für „unbrauchbar" erachtet; sie sei bestenfalls als Postulat zu verstehen, dem einige Kriterien zu entnehmen seien, wann ein öffentliches Angebot vorliege.

[3] Entsprechend findet sich in dem Konsultationspapier der Europäischen Kommission zur Überprüfung der Prospektrichtlinie vom 18.2.2015 auch die Frage, ob ein Bedürfnis bestehe, den Begriff des „öffentlichen Angebots" besser zu definieren, und, wenn ja, wie (S. 26, Frage 48a). ESMA würde in diesem Kontext insb. eine weitergehende Konkretisierung der Definition begrüßen, vgl. „ESMA response to the European Commission consultation on the review of the Prospectus Directive" vom 13.5.2015, Dok.-Nr. 2015/ESMA/857, Rz. 64 f.

[4] Ergänzungen der Definition des „öffentlichen Angebots" in Art. 2 Abs. 1 lit. d enthält bspw. der veröffentlichte Zwischenentwurf der Ratspräsidentschaft vom 15.3.2016 (erster Kompromissvorschlag, 2015/0268 (COD), Dok.-Nr. 7129/16).

[5] Rat der Europäischen Union, Vorschlag für eine Verordnung des Europäischen Parlaments und des Rates über den Prospekt, der beim öffentlichen Angebot von Wertpapieren oder bei deren Zulassung zu veröffentlichen ist, vom 3.6.2016, 2015/0268 (COD), Dok.-Nr. 9801/16; veröffentlichte Zwischenentwürfe datieren vom 15.3.2016 (erster Kompro-

spektrichtlinie unverändert. Eine Änderung in der Auslegung dürfte sich aber aufgrund des neuen **Erwägungsgrundes 17 des ProspektVO-E** ergeben, der sich ua. äußert zur automatischen Zuteilung von Wertpapieren nach der Entscheidung eines Gerichts, zB im Falle einer Wertpapierzuteilung an bestehende Gläubiger im Zuge eines gerichtlichen Insolvenzverfahrens (dazu ausführlich Rz. 68 ff.).

Das deutsche Recht kannte unter dem alten Wertpapier-Verkaufsprospektgesetz keine gesetzliche Definition des öffentlichen Angebots. Deshalb sah sich das Bundesaufsichtsamt für den Wertpapierhandel (BAWe), das zum 1.5.2002 in der Bundesanstalt für Finanzdienstleistungsaufsicht (BaFin, vgl. hierzu § 2 Nr. 17 WpPG, Rz. 121 f.) aufgegangen ist, veranlasst, im Rahmen einer Bekanntmachung ua. eine Definition des öffentlichen Angebots unter dem **Wertpapier-Verkaufsprospektgesetz** zu veröffentlichen[1]. Zu dieser Definition versucht der deutsche Gesetzgeber auch unter dem neuen Rechtsregime eine weitgehende Kontinuität herzustellen[2]. Zum einen erweitert er hierzu die definitorische Vorgabe der Richtlinie durch eine Klarstellung, zum anderen interpretiert er die Definition in der begleitenden Begründung als dem Begriffsverständnis aus dem Wertpapier-Verkaufsprospektgesetz entsprechend[3]. Dies kann jedoch nur eingeschränkt gelingen, nämlich soweit es nicht dem durch die Richtlinie gesetzten Recht widerspricht[4]. Darüber hinaus ist zu konstatieren, dass sich über die Jahre das Begriffsverständnis durch europäische aber auch nationale Einflüsse verändert bzw. weiterentwickelt hat, und insb. nicht auf dem Stand der Bekanntmachung des BAWe aus dem Jahr 1999 stehengeblieben ist und auch nicht stehen bleiben konnte[5]. 36

b) Tatbestandsmerkmale

Beim öffentlichen Angebot handelt es sich nach dem **Gesetzeswortlaut** um „eine Mitteilung an das Publikum in jedweder Form und auf jedwede Art und Weise, die ausreichende Informationen über die Angebotsbedingungen und die anzubietenden 37

---

missvorschlag, Dok.-Nr. 7129/16), vom 17.5.2016 (vierter Kompromissvorschlag, Dok.-Nr. 8976/16), und vom 23.5.2016 (fünfter Kompromissvorschlag, Dok.-Nr. 9306/16).

1 Bekanntmachung des Bundesaufsichtsamts für den Wertpapierhandel zum Wertpapier-Verkaufsprospektgesetz vom 6.9.1999, BAnz. Nr. 177 v. 21.9.1999, S. 16180.
2 In dieser Erwartung schon *Wagner*, Die Bank 2003, 680 (682).
3 Begr. RegE zu § 2 Nr. 4 WpPG, BT-Drucks. 15/4999, S. 28.
4 Ebenso *Foelsch* in Holzborn, § 2 WpPG Rz. 10; anders wohl noch *Ritz/Zeising* in Just/Voß/Ritz/Zeising, § 2 WpPG Rz. 96 ff., die (zu) weitgehend die Auslegungspraxis des BAWe fortführen wollen.
5 Für die Weiterentwicklung des Begriffsverständnisses seien nur beispielhaft genannt (i) die aufgrund des durch die Änderungsrichtlinie neu eingefügten Art. 7 Abs. 2 lit. g der Prospektrichtlinie und der damit verbundenen verhältnismäßigen Schemata für Bezugsrechtemissionen (Art. 26a iVm. den Anhängen XXIII und XXIV der ProspektVO) zum 1.7.2012 geänderte Rechtsauffassung der Bundesanstalt zur Frage des öffentlichen Angebots bei Bezugsangeboten allein an Altaktionäre (vgl. Rz. 49), sowie (ii) das Auslegungsschreiben der Bundesanstalt zum Begriff des öffentlichen Angebots von Wertpapieren iS des § 2 Nr. 4 WpPG im Rahmen des Sekundärmarkthandels von Wertpapieren vom 24.6.2013 (vgl. Rz. 44).

Wertpapiere enthält, um einen Anleger in die Lage zu versetzen, über den Kauf oder die Zeichnung dieser Wertpapiere zu entscheiden".

38 Methodisch muss bei der Definition des öffentlichen Angebots von Wertpapieren grds. von einem weiten Auslegungsansatz ausgegangen werden[1]. Dies folgt aus dem systematischen Zusammenhang, wonach das öffentliche Angebot den **Regelfall** darstellt und diesem einige Ausnahmen von einer Prospektpflicht zur Seite gestellt sind. Zu erkennen ist der Regelfall daher zuweilen insb. über die negative Abgrenzung zur Ausnahme.

39 Die **Tatbestandsmerkmale müssen nicht alle zeitgleich vorliegen**[2]. Vielmehr genügt es, wenn die Wirkung des einen Merkmals über einen kurzen oder auch längeren Zeitraum bis zum Vorliegen des anderen fortbesteht, so dass das Gesamtgeschehen als einheitlicher Vorgang zu betrachten ist. Dies ist häufig der Fall, wenn zum Zeitpunkt der Mitteilung an das Publikum die betreffenden Wertpapiere noch nicht erworben werden können, dh. die Zeichnungs- oder Erwerbsphase noch nicht begonnen hat, und umgekehrt, zum Zeitpunkt der Erwerbsmöglichkeit keine Kommunikation hinsichtlich des Angebots mehr erfolgt. Dann wird grds. anzunehmen sein, dass die Mitteilung an das Publikum (zB in Form von Werbemaßnahmen) während der Zeichnungs- oder Erwerbsphase fortwirkt. Anderenfalls würde zu keinem Zeitpunkt ein öffentliches Angebot vorliegen. Für das Fortwirken eines Tatbestandsmerkmals ist es – dem weiten Definitionsansatz folgend – nicht erforderlich, dass die Tatbestandsmerkmale nahtlos, dh. ohne zeitliche Unterbrechung, miteinander verknüpft sind. Zwischen Werbemaßnahmen oder auch der Veröffentlichung eines Bezugs- oder Erwerbsangebots bis zum Beginn der Zeichnungs- oder Erwerbsphase kann also eine „Pause" gegeben sein. Ob im Einzelfall ein „Fortwirken" anzunehmen ist, dürfte von den jeweiligen äußeren Umständen abhängen.

40 **Nicht erforderlich** – und daher auch kein Tatbestandsmerkmal des öffentlichen Angebots – ist, **dass die betreffenden Wertpapiere** zum Zeitpunkt der Mitteilung oder auch während der Zeichnungs- oder Erwerbsphase **bereits existieren**. Es reicht aus, dass sich das Angebot auf Wertpapiere iS des § 2 Nr. 1 WpPG bezieht. Praktisch ist diese Fallgestaltung nicht selten, so etwa im Fall einer Kapitalerhöhung gegen Bareinlage: Zum Zeitpunkt der Veröffentlichung des Bezugs- oder Erwerbsangebots und auch zu Beginn oder während der Zeichnungs- oder Erwerbsphase sind die betreffenden Aktien noch nicht entstanden, so dass lediglich für zukünftige Wertpapiere geworben wird und nur zukünftige Wertpapiere gezeichnet werden können, während bei deren Entstehen diese uU nicht mehr öffentlich angeboten werden. In extremen Fällen können zwischen einem öffentlichen Angebot und dem Entstehen der betreffenden Wertpapiere Monate oder auch Jahre vergehen, wie bspw. in Fällen des Erwerbs rein schuldrechtlicher Optionen, welche isoliert betrachtet keine Wertpapiere iS von § 2 Nr. 1 WpPG darstellen (vgl. Rz. 15), die erst

---

[1] Im Ergebnis *Ekkenga/Maas*, Das Recht der Wertpapieremissionen, § 2 Rz. 112; ebenso wohl auch *Harrer/Müller*, WM 2006, 653 (656).
[2] *Groß*, Kapitalmarktrecht, § 2 WpPG Rz. 8a; *Schnorbus* in FrankfurtKomm. WpPG, § 2 WpPG Rz. 31.

nach dem Ablauf eines längeren Zeitraums automatisch in den Bezug von Wertpapieren münden. In diesen Fällen könnte im Einzelfall bereits in dem Angebot der Optionen ein Angebot der später erst entstehenden Wertpapiere gesehen werden[1].

Die **Tatbestandsmerkmale** müssen nicht alle durch dieselbe Person, sondern **können auch durch mehrere Akteure verwirklicht werden**. Notwendig ist dafür, dass die Verwirklichung der einzelnen Tatbestandsmerkmale einem Akteur oder auch wechselseitig zugerechnet werden kann (vgl. auch zur Mehrheit von Anbietern Rz. 95). Ein klassisches Beispiel mag die durch den Anbieter veranlasste, jedoch durch einen Dritten verbreitete Mitteilung an das Publikum sein. Die Mitteilung wird dann jedenfalls dem Anbieter zugerechnet (vgl. Rz. 51).   41

aa) Mitteilung in jedweder Form und auf jedwede Art und Weise

Schon das erste Tatbestandsmerkmal folgt dem **weiten Definitionsansatz**, indem klargestellt wird, dass die Mitteilungseigenschaft nicht durch die Wahl des Kommunikationsmediums beschränkt wird. So liegt eine Mitteilung vor ungeachtet dessen, ob sie (fern)mündlich, schriftlich, elektronisch oder auf sonstige Weise übermittelt wird. Die Beispiele reichen weit von qualifizierten Werbebroschüren über Internetwerbung (einschließlich der Kommunikation in sozialen Netzwerken) bis hin zu klassischen Zeitungsannoncen. Auf die rechtliche Qualifikation der Mitteilung kommt es nicht an, insb. muss es sich nicht um einen bindenden Antrag auf Abschluss eines Vertrages iS von § 145 BGB handeln[2]. Geradezu typisch zB bei einem Börsengang ist die Aufforderung zur Abgabe eines Kaufangebots (*invitatio ad offerendum*), ohne dass sich der Anbieter seinerseits binden will. Die schlichte Weiterleitung von Informationen durch die Depotbank an die Depotkunden begründet dagegen noch kein öffentliches Angebot der depotführenden Bank[3].   42

Sog. **Mitteilungen aufgrund des Handels** an einem organisierten Markt oder im Freiverkehr sind – über den Wortlaut der Richtlinie hinausgehend[4] – im letzten Halbsatz des § 2 Nr. 4 WpPG ausdrücklich vom Definitionsbereich ausgenommen, dh. sie begründen für sich genommen noch kein öffentliches Angebot. Ursprünglich wurde dieser Teilbereich von Mitteilungen ausgenommen, um Hinweise auf die Einbeziehung im Freiverkehr ohne Werbemaßnahmen oder das Veröffentlichen reiner Emissionsdaten nicht prospektpflichtig werden zu lassen[5]. Unter reinen Emis-   43

---

1 Siehe in diesem Kontext aber auch ESMA, Questions and Answers – 25th updated version – July 2016, ESMA/2016/1133, Frage Nr. 5, S. 13; vgl. ferner *Ritz/Zeising* in Just/Voß/Ritz/Zeising, § 2 WpPG Rz. 146.
2 Begr. RegE zu § 2 Nr. 4 WpPG, BT-Drucks. 15/4999, S. 28.
3 So ESMA bezüglich einer Depotbank, die Bezugsrechtsangebote aus einem anderen Mitgliedstaat an die betreffenden Kunden weiterleitet, in ESMA, Questions and Answers – 25th updated version – July 2016, ESMA/2016/1133, Frage Nr. 42, S. 36 f.
4 *Hamann* in Schäfer/Hamann, § 2 WpPG Rz. 18 und 31: „eigenständige Klarstellung"; ebenso *Ritz/Zeising* in Just/Voß/Ritz/Zeising, § 2 WpPG Rz. 153.
5 Vgl. nunmehr auch Erwägungsgrund 13b des Vorschlags der Ratspräsidentschaft für eine Verordnung des Europäischen Parlaments und des Rates über den Prospekt, der beim öffentlichen Angebot von Wertpapieren oder bei deren Zulassung zu veröffentlichen ist,

sionsdaten werden zB die Angabe der Wertpapierkennnummer (WKN) oder der International Securities Identification Number (ISIN), etwaiger Basiswerte oder der kleinsten handelbaren Einheit verstanden[1]. Nicht hierunter sollten nach der Bekanntmachung des BAWe jedoch Angaben zum aktuellen Kurs, zum Ausübungspreis und zu den Ausübungsmodalitäten fallen[2]. Nach Ansicht von ESMA soll allerdings gerade die Kursangabe im Zusammenhang mit der Nennung der WKN bzw. ISIN und ggf. auch Basisinformationen über den Emittenten im Regelfall noch kein öffentliches Angebot auslösen[3]. Dies vereinfacht insb. Zweitlistings von Wertpapieren, die bereits innerhalb des EWR an einem regulierten Markt zugelassen sind. Voraussetzung ist jedoch, dass die weiteren Umstände nicht doch auf ein öffentliches Angebot der betreffenden Wertpapiere schließen lassen.

44 Darüber hinaus gehend hat die Bundesanstalt – auch vor dem Hintergrund des in Deutschland vergleichsweise starken Zertifikatemarkts – in einem recht pragmatischen **Auslegungsschreiben** klargestellt und insoweit ihre Auslegung des Begriffs des öffentlichen Angebots konkretisiert, dass (i) die Wiedergabe sämtlicher Ausstattungsmerkmale eines Wertpapiers, (ii) die Veröffentlichung von An- und Verkaufskursen während der Handelszeiten des relevanten Marktes, sowie (iii) die Bekanntgabe weitergehender, nicht lediglich werblicher Informationen in Bezug auf die Wertpapiere, wenn und soweit sich der Emittent nach den Emissionsbedingungen zur Veröffentlichung verpflichtet hat oder nach den Regeln des jeweiligen Marktes dazu verpflichtet ist, nicht mehr als öffentliches Angebot zu qualifizieren sind, sofern jedenfalls (a) für das erstmalige öffentliche Angebot der Wertpapiere ein Prospekt veröffentlicht wurde, und (b) die Prospektdokumentation aktuell gehalten wurde, bis der Vertrieb im Primärmarkt abgeschlossen ist und die Wertpapiere nur noch im Sekundärmarkt gehandelt werden[4]. Für die Frage, wann der Vertrieb der Wertpapiere im Primärmarkt abgeschlossen ist, liefert das Auslegungsschreiben der

---

vom 3.6.2016, 2015/0268 (COD), Dok.-Nr. 9801/16: „Die bloße Zulassung von Wertpapieren zum Handel über ein multilaterales Handelssystem sollte nicht per se als öffentliches Angebot von Wertpapieren betrachtet werden und sollte daher nicht der Verpflichtung zur Erstellung eines Prospekts gemäß dieser Verordnung unterliegen. Nur wenn eine Zulassung von Wertpapieren zum Handel über ein multilaterales Handelssystem mit einer Mitteilung einhergeht, die der Begriffsbestimmung eines ‚öffentlichen Angebots von Wertpapieren' entspricht, sollte ein Prospekt verlangt werden. Die Veröffentlichung von Geld- und Briefkursen in Verbindung mit dem Handel an einem regulierten Markt oder über ein multilaterales Handelssystem sollte nicht der Pflicht zur Veröffentlichung eines Prospekts unterliegen, wenn sie mit keiner weiteren Mitteilung einhergeht, die der Begriffsbestimmung eines ‚öffentlichen Angebots von Wertpapieren' entspricht."

1 Vgl. die Bekanntmachung des Bundesaufsichtsamts für den Wertpapierhandel zum Wertpapier-Verkaufsprospektgesetz vom 6.9.1999, BAnz. Nr. 177 v. 21.9.1999, S. 16180.
2 Vgl. die Bekanntmachung des Bundesaufsichtsamts für den Wertpapierhandel zum Wertpapier-Verkaufsprospektgesetz vom 6.9.1999, BAnz. Nr. 177 v. 21.9.1999, S. 16180.
3 ESMA, Questions and Answers – Prospectuses, 25th updated version – July 2016, ESMA/2016/1133, Frage Nr. 74, S. 61.
4 Auslegungsschreiben der Bundesanstalt zum Begriff des öffentlichen Angebots von Wertpapieren iS des § 2 Nr. 4 WpPG im Rahmen des Sekundärmarkthandels von Wertpapieren vom 24.6.2013, abrufbar unter www.bafin.de.

Bundesanstalt eine sowohl detailreiche als auch praxistaugliche Antwort. So wird neben dem Ablauf der Angebotsfrist ua. gefordert, dass auf der Internetseite des Emittenten, auf welcher die Ausstattungsmerkmale der Wertpapiere abrufbar sind, keine direkten Verknüpfungen zu Online-Brokern oder zu den Betreibern des jeweiligen Sekundärmarktes bestehen und die Internetseite des Emittenten keine weiteren werblichen Aussagen in Bezug auf das jeweils dargestellte Wertpapier und die Möglichkeit zum Erwerb dieses im Sekundärmarkt enthält[1]. Das Auslegungsschreiben zeigt einmal mehr die Schwierigkeiten der Abgrenzung zwischen Primär- und Sekundärmarkt und auch der Frage, ob der Handel am Sekundärmarkt überhaupt ein öffentliches Angebot darstellen kann, so dass es grds. zu begrüßen ist, dass die Änderungsrichtlinie in ihrem Art. 4 der Europäischen Kommission aufgegeben hat zu überprüfen, ob die Begriffe „Primärmarkt" und „Sekundärmarkt" definiert werden müssen[2]. In den Entwürfen der Europäischen Kommission und der Ratspräsidentschaft zu einer neuen Prospektverordnung (vgl. Rz. 5) wurde diese Thematik jedoch nicht aufgegriffen.

In ihrem Auslegungsschreiben erklärt die Bundesanstalt zudem, dass die Veröffentlichung eines fortlaufend aktualisierten **Produktinformationsblatts** nach § 31 Abs. 3a WpHG durch den Emittenten für dessen Wertpapiere auch nach Ende des Vertriebs im Primärmarkt kein öffentliches Angebot darstellt, was zukünftig auch auf **Basisinformationsblätter** (sog. KID, *Key Information Documents*) nach der sog. PRIIPs-Verordnung[3] zu übertragen sein dürfte. Gleiches soll nach Ansicht der Bundesanstalt auch für die weitere Bereithaltung nicht mehr gültiger **(Basis)Prospekte** einschließlich der zugehörigen endgültigen Bedingungen des Angebots (sog. Final Terms) gelten[4]. Auch Angaben zu Stabilisierungsmaßnahmen nach Art. 9 Abs. 1 der Verordnung (EG) Nr. 2273/2003[5] alleine begründen noch kein öffentliches Angebot. Jedoch gilt dies nicht generell für alle gesetzlichen Pflichtangaben, da bspw.

45

---

1 Zu den weiteren Details vgl. Auslegungsschreiben der Bundesanstalt zum Begriff des öffentlichen Angebots von Wertpapieren iS des § 2 Nr. 4 WpPG im Rahmen des Sekundärmarkthandels von Wertpapieren vom 24.6.2013.
2 Entsprechend findet sich in dem Konsultationspapier der Europäischen Kommission zur Überprüfung der Prospektrichtlinie vom 18.2.2015 auch die Frage, ob ein Bedürfnis bestehe, die Begriffe „Primärmarkt" und „Sekundärmarkt" zu definieren, und, wenn ja, wie (S. 26, Frage 48b). ESMA würde eine Definition dieser Begriffe begrüßen, vgl. „ESMA response to the European Commission consultation on the review of the Prospectus Directive" vom 13.5.2015, Dok.-Nr. 2015/ESMA/857, Rz. 66.
3 Verordnung (EU) Nr. 1286/2014 des Europäischen Parlaments und des Rates v. 26.11.2014 über Basisinformationsblätter für verpackte Anlageprodukte für Kleinanleger und Versicherungsanlageprodukte (PRIIP), ABl. EU Nr. L 352 v. 9.12.2014, S. 1. Die PRIIPs-Verordnung gilt nach ihrem Art. 34 ab dem 31.12.2016.
4 Auslegungsschreiben der Bundesanstalt zum Begriff des öffentlichen Angebots von Wertpapieren iS des § 2 Nr. 4 WpPG im Rahmen des Sekundärmarkthandels von Wertpapieren vom 24.6.2013 aE.
5 Verordnung (EG) Nr. 2273/2003 der Kommission vom 22.12.2003 zur Durchführung der Richtlinie 2003/6/EG des Europäischen Parlaments und des Rates – Ausnahmeregelungen für Rückkaufprogramme und Kursstabilisierungsmaßnahmen, ABl. EU Nr. L 336 v. 23.12.2003, S. 33.

sog. **Ad-hoc-Mitteilungen** nach Art. 17 MAR[1] durchaus starken werblichen Charakter aufweisen können[2].

bb) An das Publikum

46 Adressatenkreis der Mitteilung ist das Publikum im Geltungsbereich des Gesetzes. Der Gesetzgeber ersetzt durch den Publikumsbegriff – der sich im Übrigen so nicht in der englischen Fassung der Richtlinie wiederfindet[3] – den Begriff der Öffentlichkeit des Angebots, ohne dass hierdurch allerdings eine tiefere Erkenntnis erreicht wird[4]. Entsprechend kann, soweit die Weite der Bedeutung nicht aus dem WpPG zu erschließen ist, auch hier auf die Definition des BAWe zum Wertpapier-Verkaufsprospektgesetz zurückgegriffen werden. Daher erfasst das Publikum zunächst **jeden denkbaren Adressatenkreis** ungeachtet dessen, ob jemand und ggf. wie viele Personen letztendlich auf das Angebot eingehen[5]. Unerheblich ist auch, von welchem Ort die Mitteilung ausgeht, etwa also aus dem Ausland. Denn solange sie auch nach Deutschland gelangen soll, richtet sie sich nicht nur zufällig an das Publikum in Deutschland. Indizielle Wirkung entfaltet dabei die Verwendung der deutschen Sprache oder die Nennung deutscher Kontaktdaten[6]. Lässt sich der Abruf wie bspw. im Internet nicht gänzlich verhindern, können angemessene Vorkehrungen wie etwa ein eindeutiger Disclaimer verbunden mit der Abfrage des Aufenthaltslandes[7] der Ver-

---

1 Verordnung (EU) Nr. 596/2014 des Europäischen Parlaments und des Rates vom 16.4.2014 über Marktmissbrauch (Marktmissbrauchsverordnung, MAR) und zur Aufhebung der Richtlinie 2003/6/EG des Europäischen Parlaments und des Rates und der Richtlinien 2003/124/EG, 2003/125/EG und 2004/72/EG der Kommission, ABl. EU Nr. L 173 v. 12.6.2014, S. 1.
2 Vgl. hierzu *Schnorbus* in FrankfurtKomm. WpPG, § 2 WpPG Rz. 49; *Schnorbus*, AG 2008, 389 (394); anders *R. Müller*, § 2 WpPG Rz. 6 aE, nach dem sämtliche Pflichtveröffentlichungen nach dem WpHG kein öffentliches Angebot auslösen können.
3 Art. 2 Abs. 1 lit. d der englischen Fassung der Prospektrichtlinie lautet „offer of securities to the public' means a communication **to persons** in any form and by any means ..."; Art. 2 Abs. 1 lit. d der deutschen Fassung der Prospektrichtlinie lautet „öffentliches Angebot von Wertpapieren' eine Mitteilung **an das Publikum** in jedweder Form und auf jedwede Art und Weise ..." (Hervorhebungen jeweils durch Verfasser).
4 So schon *Fürhoff/Ritz*, WM 2001, 2280 (2283); *von Ilberg/Neises*, WM 2002, 635 (641); *Leuering*, Der Konzern 2006, 4 (5); *Kollmorgen/Feldhaus*, BB 2007, 225 (226); *Pfeiffer/Buchinger*, NZG 2006, 449 (450).
5 *Giedinghagen*, BKR 2007, 233 (236), der sich in Bezug auf § 3 Abs. 2 Nr. 2 WpPG äußert.
6 Vgl. die Bekanntmachung des Bundesaufsichtsamts für den Wertpapierhandel zum Wertpapier-Verkaufsprospektgesetz vom 6.9.1999, BAnz. Nr. 177 v. 21.9.1999, S. 16180.
7 Vgl. dazu auch Art. 6 Abs. 4 sowie Erwägungsgrund Nr. 7 zur Delegierten Verordnung (EU) Nr. 2016/301 der Kommission vom 30.11.2015 zur Ergänzung der Richtlinie 2003/71/EG des Europäischen Parlaments und des Rates durch technische Regulierungsstandards für die Billigung und Veröffentlichung des Prospekts und die Verbreitung von Werbung und zur Änderung der Verordnung (EG) Nr. 809/2004, ABl. EU Nr. L 58 v. 4.3.2016, S. 13. Die Regelung betrifft zwar die Veröffentlichung des Prospekts, ist aber im gegebenen Kontext relevant, sofern dem Abruf von Angebot und Prospekt derselbe Disclaimer vorgeschaltet wer-

breitung in Deutschland entgegenwirken[1]. Zur Verwendung von entsprechenden Disclaimern vgl. auch § 3 WpPG Rz. 13 ff.

Das Gesetz bestimmt in § 3 Abs. 2 Nr. 1 und 2 WpPG **Ausnahmen** von der Prospektpflicht, die quantitativ und qualitativ am Adressatenkreis des öffentlichen Angebots anknüpfen. Der Richtliniengeber hat zwar ursprünglich erwogen, diese Kriterien als negative Bestandteile der Definition eines öffentlichen Angebots aufzunehmen, im Ergebnis jedoch hiervon abgesehen (vgl. Rz. 2 mwN). Ein Angebot an weniger als 150 nicht qualifizierte Anleger stellt mithin genauso ein öffentliches Angebot dar wie eines ausschließlich an qualifizierte Anleger, schließlich ist erst dann eine Ausnahme von der Prospektpflicht berechtigt[2]. Auch das Angebot an einen „begrenzten Personenkreis", wie es § 2 Nr. 2 des alten Wertpapier-Verkaufsprospektgesetzes kannte und § 2 Abs. 1 Nr. 6 VermAnlG für Vermögensanlagen heute noch kennt (vgl. § 2 VermAnlG Rz. 51), stellt **keine Einschränkung des Definitionsbereichs** des öffentlichen Angebots dar[3]. Grundsätzlich öffentlich ist also auch ein Angebot, welches sich an bestimmte oder bestimmbare Kreise richtet, bspw. an Gläubiger einer Anleihe, Insolvenzgläubiger, Kunden, Mitarbeiter[4] oder spezifische Berufsgruppen[5]. 47

---

den soll. In diesen Fällen muss der Disclaimer zwei scheinbar gegensätzlichen Anforderungen genügen: Er muss den Zugang zum Angebot beschränken, ohne einem leichten Zugang zum Prospekt entgegen zu stehen. Die vorgenannte Regelung wurde nunmehr – teilweise wortgleich – übernommen in Erwägungsgrund 55 und Art. 20 Abs. 4 des Vorschlags der Ratspräsidentschaft für eine Verordnung des Europäischen Parlaments und des Rates über den Prospekt, der beim öffentlichen Angebot von Wertpapieren oder bei deren Zulassung zu veröffentlichen ist, vom 3.6.2016, 2015/0268 (COD), Dok.-Nr. 9801/16.

1 *Ritz/Zeising* in Just/Voß/Ritz/Zeising, § 2 WpPG Rz. 174; zur alten Rechtslage umfassend *von Kopp-Colomb/Lenz*, BKR 2002, 5 (6); vgl. für den Fall, dass dennoch Investoren aus einem Staat, der vom öffentlichen Angebots ausgenommen ist, zeichnen: ESMA, Questions and Answers – Prospectuses, 25th updated version – July 2016, ESMA/2016/1133, Frage Nr. 43, S. 37.
2 Ebenso *Schnorbus* in FrankfurtKomm. WpPG, § 2 WpPG Rz. 54; *Groß*, Kapitalmarktrecht, § 2 WpPG Rz. 16; *R. Müller*, § 2 WpPG Rz. 7; vgl. auch *Hamann* in Schäfer/Hamann, § 2 WpPG Rz. 22; *Leuering*, Der Konzern 2006, 4 (6); *Kaufmann*, Die Prospektpflicht nach dem WpPG, S. 66; ferner *König*, ZEuS 2004, 251 (257); *Sandberger*, EWS 2004, 297 (299) (beide noch zum Richtlinientext); ausführlich *Wiegel*, Die Prospektrichtlinie und Prospektverordnung, S. 153 f.; aA jedoch *Heidelbach* in Schwark/Zimmer, § 2 WpPG Rz. 21; *Foelsch* in Holzborn, § 2 WpPG Rz. 14; *Kuntz* in Ekkenga/Schröer, Handbuch der AG-Finanzierung, 2014, Kap. 8 Rz. 113; ungenau bspw. *Heidelbach/Preuße*, BKR 2008, 10.
3 *J. Schneider*, AG 2016, 341 (348 f.).
4 *Groß*, Kapitalmarktrecht, § 2 WpPG Rz. 17; *Grosjean* in Heidel, Aktienrecht und Kapitalmarktrecht, § 2 WpPG Rz. 18; *Schnorbus* in FrankfurtKomm. WpPG, § 2 WpPG Rz. 81; vgl. auch *Hamann* in Schäfer/Hamann, § 2 WpPG Rz. 23 aE; zwar grds. ebenso *Kollmorgen/Feldhaus*, BB 2007, 225 (226), und *Kollmorgen/Feldhaus*, BB 2007, 2756 (2757), die jedoch bei fehlendem Informationsbedürfnis im Einzelfall die Möglichkeit sehen, bereits ein öffentliches Angebot zu verneinen.
5 *Schnorbus* in FrankfurtKomm. WpPG, § 2 WpPG Rz. 55; anders *Heidelbach* in Schwark/Zimmer, § 2 WpPG Rz. 25; ferner *Giedinghagen*, BKR 2007, 233 (234), der zielgerichtet angesprochene potentielle Anleger nicht als Öffentlichkeit qualifizieren möchte; ähnlich wohl auch *Leuering*, Der Konzern 2006, 4 (6); *Kaufmann*, Prospektpflicht nach dem

48 Teilweise wird noch für denkbar gehalten, dass die **individuellen Kenntnisse des Adressaten** ein Bedürfnis für eine Prospektpflicht entfallen lassen[1]. Dies entspräche im Wesentlichen der Fortgeltung des alten Rechts zur Abgrenzung des vormals vom öffentlichen Angebot explizit ausgenommenen begrenzten Personenkreises[2], wie ihn § 2 Nr. 2 des alten Wertpapier-Verkaufsprospektgesetzes bestimmte. Die Eingrenzung des Publikumskreises wird neben einer teleologischen Reduktion[3], einer restriktiven Auslegung des Merkmals „Publikum"[4] insb. auf ein zusätzliches ungeschriebenes qualitatives Element[5] gestützt. Voraussetzung dafür wäre wohl jeweils, dass beim potentiellen Anleger ein Informationsniveau vorherrscht, das auch durch Prospektinformationen nicht entscheidend gehoben werden könnte[6].

49 **Diesem Verständnis wurde** jedoch spätestens zum 1.7.2012 **die Grundlage entzogen**. Denn mit dem durch die Änderungsrichtlinie neu eingefügten Art. 7 Abs. 2 lit. g der Prospektrichtlinie und den damit verbundenen verhältnismäßigen Schemata für Bezugsrechtsemissionen (Art. 26a iVm. den Anhängen XXIII und XXIV der ProspektVO) stellt der Richtliniengeber implizit klar, dass auch Bezugsangebote, die sich ausschließlich an Altaktionäre richten, öffentliche Angebote iS des § 2 Nr. 4 WpPG darstellen. Aufgrund des erhöhten Informationsniveaus der Aktionäre[7] und auch zur effizienteren Gestaltung von Bezugsrechtsemissionen (so Erwägungsgrund 18 zur Änderungsrichtlinie) werden nach den neuen Regeln nunmehr unter bestimmten weiteren Voraussetzungen reduzierte Anforderungen an den Inhalt des Prospekts gestellt. Vor diesem Hintergrund konnte die deutsche Praxis, **Kapitalerhöhungen mit Bezugsrecht der Altaktionäre** nicht als öffentliches Angebot und damit als prospektfrei anzusehen, sofern nur zugleich kein Bezugsrechtshandel organisiert wurde, an dem Dritte teilnehmen konnten, nicht mehr aufrechterhalten werden. Kapitalerhöhungen mit einem Bezugsrecht der Altaktionäre sind daher seit dem 1.7.2012 auch

---

WpPG, S. 67 ff., verneint – anknüpfend ua. an die Begr. RegE zu § 1 Wertpapier-Verkaufsprospektgesetz, BT-Drucks. 11/6340, S. 11 – ein öffentliches Angebot bei Vorliegen einer „persönlichen Beziehung" zwischen Anleger und Anbieter.

1 *Kuntz* in Ekkenga/Schröer, Handbuch der AG-Finanzierung, 2014, Kap. 8 Rz. 113; *Groß*, Kapitalmarktrecht, § 2 WpPG Rz. 17a; *Schnorbus* in FrankfurtKomm. WpPG, § 2 WpPG Rz. 57, 59 und 82; *Foelsch* in Holzborn, § 2 WpPG Rz. 14 sowie 19; *Ritz/Zeising* in Just/Voß/Ritz/Zeising, § 2 WpPG Rz. 101; *Meyer* in Marsch-Barner/Schäfer, Handbuch börsennotierte AG, § 7 Rz 14; *Cahn/Hutter/Kaulamo/Meyer/Weiß*, WM 2014, 1309 (1314).
2 Vgl. die Bekanntmachung des Bundesaufsichtsamts für den Wertpapierhandel zum Wertpapier-Verkaufsprospektgesetz vom 6.9.1999, BAnz. Nr. 177 v. 21.9.1999, S. 16180.
3 *Grosjean* in Heidel, Aktienrecht und Kapitalmarktrecht, § 2 WpPG Rz. 20.
4 *Holzborn/Israel*, ZIP 2005, 1668 (1669); *Ritz/Zeising* in Just/Voß/Ritz/Zeising, § 2 WpPG Rz. 101 und 103.
5 *Groß*, Kapitalmarktrecht, § 2 WpPG Rz. 17 f.; *Schnorbus* in FrankfurtKomm. WpPG, § 2 WpPG Rz. 57, 59 und 82; *Kuntz* in Ekkenga/Schröer, Handbuch der AG-Finanzierung, 2014, Kap. 8 Rz. 113; ferner *Hamann* in Schäfer/Hamann, § 2 WpPG Rz. 23; *Schlitt/Schäfer*, AG 2005, 498 (500 Fn. 30).
6 Vgl. etwa *Schnorbus* in FrankfurtKomm. WpPG, § 2 WpPG Rz. 57, 59 und 82; *Foelsch* in Holzborn, § 2 WpPG Rz. 19.
7 Vgl. aber auch *Vaupel/Reers*, AG 2010, 93 (104), die ein ausreichendes Informationsniveau der Altaktionäre insb. in Sanierungssituationen anzweifeln.

in Deutschland als öffentliches Angebot anzusehen[1]. Schon zuvor hatte sich die Europäische Kommission – wenn auch nur informell und ohne eingehende Prüfung – während des Umsetzungsprozesses der Richtlinie in nationales Recht skeptisch zur Frage geäußert, ob Bezugsrechtsangebote kein öffentliches Angebot darstellen[2]. Auch auf der Ebene von CESR bzw. ESMA hatte sich die Praxis des prospektfreien Bezugsrechtsangebots vor der Änderung der Richtlinie nicht durchsetzen können[3].

Aus dem Umstand heraus, dass der Richtliniengeber selbst für Aktionäre kein hinreichendes Informationsniveau anerkennt, um auf ihre Unterrichtung mittels Prospekt zu verzichten, ist zu folgern, dass das Informationsniveau des Anlegers bzw. ein ggf. **fehlendes Informationsbedürfnis** für die Annahme eines öffentlichen Angebots generell **unbeachtlich** sein muss[4]. Das spezifische Informationsbedürfnis des Anlegers bleibt jedoch für die Diskussion und Einführung von Ausnahmen von der Prospektpflicht auf Richtlinienebene relevant[5]. So werden bspw. *de lege ferenda* großzügigere Ausnahmen von der Prospektpflicht oder zumindest geringere Prospektanforderungen für Wertpapiere diskutiert, deren Gattung bereits zum Handel an einem organisierten Markt zugelassen ist, da aufgrund der Regelpublizität ein bestimmtes Informationsniveau der Anleger vorausgesetzt werden darf und auch muss[6]. In Art. 14 des Vorschlags der Ratspräsidentschaft zu einer neuen Prospekt-

50

---

[1] Vgl. *Henningsen*, BaFinJournal 09/2012, 5 (7); ausführlich *Grosjean* in Heidel, Aktienrecht und Kapitalmarktrecht, § 2 WpPG Rz. 20; ferner *Herfs* in Habersack/Mülbert/Schlitt, Unternehmensfinanzierung am Kapitalmarkt, § 6 Rz. 119; *Groß*, Kapitalmarktrecht, § 2 WpPG Rz. 18a; *Foelsch* in Holzborn, § 2 WpPG Rz. 13; *R. Müller*, § 2 WpPG Rz. 7 aE; *Berrar/Wiegel*, CFL 2012, 97 (108); *Lawall/Maier*, DB 2012, 2443 (2444); *Leuering/Stein*, Der Konzern 2012, 382 (387 f.); *Leuering/Stein*, NJW-Spezial 2012, 591 (592); *Schulz/Hartig*, WM 2014, 1567 (1567 f.); vor dem Hintergrund der Änderungsrichtlinie bereits auf diese Thematik hinweisend *Voß*, ZBB 2010, 194 (209 f.); *Maerker/Biedermann*, RdF 2011, 90 (94).
[2] Siehe summary record des 4th Informal Meeting on Prospectus Transposition vom 8.3.2005, Dokument MARKT/G3/WG D(2005), S. 2.
[3] Vgl. ESMA, Questions and Answers – Prospectuses, 17nd updated version – September 2012, ESMA/2012/605, Frage Nr. 63, S. 51 f., noch mit Darstellung der abweichenden und inzwischen obsoleten Ansicht und Praxis der Bundesanstalt. Die Frage wurde vor dem Hintergrund der Änderungsrichtlinie und der darauf folgenden Anpassungen nationaler Aufsichtspraktiken gestrichen, vgl. ESMA, Questions and Answers – Prospectuses, 18nd updated version – December 2012, ESMA/2012/855, Frage Nr. 63, S. 50.
[4] *J. Schneider*, AG 2016, 341 (349); bereits früher *Heidelbach* in Schwark/Zimmer, § 2 WpPG Rz. 14 und 21; aA *Foelsch* in Holzborn, § 2 WpPG Rz. 14 sowie 19.
[5] Vgl. bspw. den gemeinsamen Standpunkt des Europäischen Parlaments und des Rats der Europäischen Union vom 24.3.2003, in dem der Kenntnisstand des nunmehr in § 4 Abs. 1 Nr. 5 WpPG erfassten Personenkreises im Kontext der Diskussion einer Ausnahme von der Prospektpflicht relevant erscheint, Gemeinsamer Standpunkt (EG) Nr. 25/2003, ABl. EU Nr. C 125 E v. 27.5.2003, S. 21, 51.
[6] Vgl. bspw. „ESMA response to the European Commission consultation on the review of the Prospectus Directive" vom 13.5.2015, Dok.-Nr. 2015/ESMA/857, Rz. 7 ff., 14 f.

verordnung vom 3.6.2016[1] ist jedenfalls ein erleichtertes Offenlegungsregime für Sekundäremissionen vorgesehen, welches unter bestimmten Voraussetzungen Anwendung finden kann[2].

51 Werden Informationen zunächst lediglich **Intermediären** unterbreitet – bspw. auf einer Analystenkonferenz oder im Rahmen einer Vertriebsorganisation an die Vermittler –, liegt hierin noch kein Angebot an das Publikum. Erst wenn diese ihrer Funktion als Informationsmittler und -multiplikator gerecht werden und potentielle Anleger mit den erhaltenen Informationen versorgen, richtet sich das Angebot via Intermediär an das Publikum[3]. Zu beachten ist jedoch, dass der Intermediär zugleich auch einen Anleger und als solcher Publikum darstellen kann. Praktisch relevant wird diese Fallgestaltung jedoch wohl erst dann, wenn die Intermediäre die Informationen zusätzlich aufbereiten und ohne weiteren Einfluss des Informationsgebers weiterreichen (vgl. hierzu nachstehend die Ausführungen zur ausreichenden Konkretisierung der Information, Rz. 53 ff., bzw. zur Anbietereigenschaft, Rz. 92).

52 Bereits aus der Formulierung „Mitteilung an das Publikum" ist ferner zu schließen, dass die **Initiative zur Kommunikation** in Bezug auf ein konkretes Angebot **vom Anbieter** ausgehen muss, dh. ein öffentliches Angebot liegt nicht vor, wenn die Initiative vom Anleger ausgeht, sofern jedenfalls vorab auch kein entsprechender Anreiz durch den Anbieter geschaffen wurde[4]. Aus diesem Grund wäre bspw. in einem Beschlussvorschlag an die Gläubigerversammlung nach dem SchVG über den Umtausch einer Anleihe in Aktien (sog. Debt-to-Equity-Swap, dazu näher Rz. 61 ff.) kein öffentliches Angebot zu sehen, wenn atypischer Weise die Initiative bezogen auf das konkrete Angebot, dh. nicht nur eine allg. Initiative, alleine von den Gläubigern, zB vertreten durch ihren gemeinsamen Vertreter, ausgehen würde[5].

cc) Ausreichende Information über die Angebotsbedingungen und die anzubietenden Wertpapiere, um die Anleger in die Entscheidungslage zu versetzen

53 Dem Anleger müssen ausreichende Informationen über die Angebotsbedingungen und die anzubietenden Wertpapiere mitgeteilt werden, um ihn in die Lage zu ver-

---

[1] Rat der Europäischen Union, Vorschlag für eine Verordnung des Europäischen Parlaments und des Rates über den Prospekt, der beim öffentlichen Angebot von Wertpapieren oder bei deren Zulassung zu veröffentlichen ist, vom 3.6.2016, 2015/0268 (COD), Dok.-Nr. 9801/16.
[2] Vgl. dazu die Erwägungsgründe 40 bis 42 des Vorschlags der Ratspräsidentschaft für eine Verordnung des Europäischen Parlaments und des Rates über den Prospekt, der beim öffentlichen Angebot von Wertpapieren oder bei deren Zulassung zu veröffentlichen ist, vom 3.6.2016, 2015/0268 (COD), Dok.-Nr. 9801/16.
[3] *Ritz/Zeising* in Just/Voß/Ritz/Zeising, § 2 WpPG Rz. 125.
[4] *Grosjean* in Heidel, Aktienrecht und Kapitalmarktrecht, § 2 WpPG Rz. 17; *Schnorbus* in FrankfurtKomm. WpPG, § 2 WpPG Rz. 47; *Schnorbus*, AG 2008, 394; *Ritz/Zeising* in Just/Voß/Ritz/Zeising, § 2 WpPG Rz. 114; *Hamann* in Schäfer/Hamann, § 2 WpPG Rz. 24 aE.
[5] *J. Schneider*, AG 2016, 341 (344).

setzen, über den Kauf oder die Zeichnung dieser Wertpapiere zu entscheiden. Dieses Tatbestandsmerkmal enthält zunächst **objektiv zu bestimmende Teilelemente**: Erforderlich ist (i) die ausreichende Information, die zu einer gewissen Steigerung des Informationsniveaus beim Anleger führt und ihn darüber hinaus (ii) in die Lage versetzt, kausal eine Investitionsentscheidung hinsichtlich der beworbenen Wertpapiere treffen zu können. Die Subsumtion unter die einzelnen Bestandteile könnte dazu verleiten, bei keinem messbaren Informationsgehalt (**ausreichende Information**) oder mangelnder **Entscheidungsrelevanz** der Information schon das Vorliegen eines öffentlichen Angebots zu verneinen[1]. Allerdings bedarf es gerade in dem Fall, in dem der Anleger gänzlich uninformiert ist oder schon vermeintlich genügend Information vorhält, des Schutzinstruments eines Prospekts. Anderenfalls könnte allein abhängig vom subjektiven Befinden des Anlegers von einem Prospekt abgesehen werden. Folglich müssen auch die qualitativen Anforderungen insgesamt objektiv bestimmt und dürfen – dem Schutzzweck entsprechend – nicht allzu hoch angesetzt werden[2].

Ausreichende Informationen über die Angebotsbedingungen können unter anderen Angaben zu Antrags- oder Zeichnungsverfahren oder dem Angebotszeitraum umfassen[3]. Die Mitteilung muss zudem einen **Informationsgehalt** bezüglich der Wertpapiere in sich tragen. Mitteilungen aufgrund des Handels (vgl. Rz. 43), allg. Werbemaßnahmen oder generelle Veröffentlichungen alleine genügen nicht[4]. Der Auslegung des BAWe folgend können hierunter die wesentlichen Merkmale des betreffenden Wertpapiers (unter anderem der Preis sowie Ausstattungsmerkmale, wie etwa Stamm- oder Vorzugsaktien) verstanden werden[5]. Im Einzelfall ist es schwer, Abgrenzungen zu reinen Hinweisen zu treffen, vielmehr tragen sie oft schon aufgrund ihres werbenden Charakters auch Angebotszüge in sich[6]. Die Informationen und die Eignung zur Beeinflussung der Investitionsentscheidung müssen sich auf dieselben Wertpapiere beziehen. Der allg. Hinweis auf Zertifikate oder bestimmte Zertifikatstypen eines Anbieters, der hiervon eine Vielzahl unterschiedlicher feilbietet, oder eine allg. Imagekampagne, genügen nicht. Würden diese Informationen jedoch durch Dritte (bspw. Intermediäre wie die Presse) aufbereitet, könnte der notwendige Grad an Informationsgehalt erreicht werden. Wem freilich diese qualifizierte Information verantwortlich zuzurechnen wäre, bliebe in der Folge zu klären. 54

---

1 So etwa *Ritz/Zeising* in Just/Voß/Ritz/Zeising, § 2 WpPG Rz. 101 mwN.
2 Im Ergebnis ebenso *Kollmorgen/Feldhaus*, BB 2007, 225 (226); vgl. ferner summary record des 3rd Informal Meeting on Prospectus Transposition vom 26.1.2005, Dokument MARKT/G3/WG D(2005), S. 2 f.: „The definition is intended to be broad."
3 *Ritz/Zeising* in Just/Voß/Ritz/Zeising, § 2 WpPG Rz. 123.
4 Vgl. Begr. RegE zu § 2 Nr. 4 WpPG, BT-Drucks. 15/4999, S. 28, ferner zB *Harrer/Müller*, WM 2006, 653 (656).
5 Bekanntmachung des Bundesaufsichtsamts für den Wertpapierhandel zum Wertpapier-Verkaufsprospektgesetz vom 6.9.1999, BAnz. Nr. 177 v. 21.9.1999, S. 16180.
6 Vgl. die Beispiele bei *Schnorbus*, AG 2008, 389 (392), wobei es bei diesen oftmals schon an der hier und auch von ihm vertretenen konkreten Erwerbsmöglichkeit der Wertpapiere fehlt; vgl. ferner *Ritz/Zeising* in Just/Voß/Ritz/Zeising, § 2 WpPG Rz. 124.

55 Daneben muss das Merkmal der **Entscheidungsrelevanz** gegeben sein. Die Definition des öffentlichen Angebots setzt voraus, dass der potenzielle Anleger eine Investitionsentscheidung treffen kann (vgl. Rz. 58). Im Umkehrschluss bedeutet dies, dass Zuteilungen und andere Erwerbsvorgänge (zB ausschließlich kraft Gesetzes), die dem Anleger keinerlei Wahl hinsichtlich des Erwerbs eines Wertpapieres lassen, kein öffentliches Angebot iS des § 2 Nr. 4 WpPG darstellen können[1]. Dieses Ergebnis wird auch durch den Regelungszweck des WpPG bzw. der Prospektrichtlinie getragen: Eines der Hauptziele des Prospektregimes ist der Schutz des Anlegers durch Information[2]. Durch Information kann der Anleger jedoch nur geschützt werden, sofern die zur Verfügung gestellten Informationen und das aus der systematischen Einordnung dieser Informationen (Informationsverarbeitung) resultierende Wissen auch in die Willensbildung des Anlegers miteinfließen können. Dies ist aber nur dann der Fall, wenn der Anleger Auswahloptionen hat, dh. er sich für oder gegen den Erwerb eines Wertpapiers entscheiden kann. Ohne das Bestehen von Auswahloptionen ist der Schutz des Anlegers nicht erforderlich, mögen ihn noch so viele, detailreiche und werbende Informationen über ein Wertpapier erreichen[3]. Sofern nur eine Investitionsentscheidung getroffen werden kann, stellen daher auch Angebote, die keine Gegenleistung für die angeboten Wertpapiere erfordern (sog. *„free offers"*), öffentliche Angebote dar[4]. Jedoch scheidet eine Prospektpflicht wegen der Ausnahme des § 3 Abs. 2 Nr. 5 WpPG aus. Kostenlose Zuteilungen ohne Entscheidungsmöglichkeit stellen dagegen nicht einmal ein öffentliches Angebot dar.

56 Beim verknüpfenden Element (*„um die Anleger ... zu versetzen"*) stellt sich die Frage, ob dies meint, die Anlageentscheidung muss lediglich kausal auf die Information zurückzuführen sein (konsekutive Konjunktion), oder ob hierdurch auch die **subjektive Handlungsmotivation des Anbietenden** zum Ausdruck kommt (finale Konjunktion). Die Frage steht in engem Zusammenhang mit der Anbietereigenschaft, die ebenfalls ein subjektives Element in sich trägt (vgl. zu letzterem Rz. 94). Wollte man im Rahmen der Definition des öffentlichen Angebots die Intention des Handelnden unberücksichtigt lassen, führte dies uU zu dem Phänomen eines öffentlichen Angebots ohne Anbieter. Von daher liegt es nahe, bei Fehlen eines subjektiven Elements in gegenseitiger Wechselwirkung sowohl das Vorliegen eines öffentlichen Angebots als auch die Annahme eines Anbieters zu verneinen. Dies bedeutet auch eine gewisse Fortsetzung der Verwaltungspraxis unter dem alten Wertpapier-Verkaufsprospektgesetz, bei dem von einer *zielgerichteten* Ansprache der Anle-

---

1 Vgl. nur ESMA, Questions and Answers – 25th updated version – July 2016, ESMA/2016/1133, Frage Nr. 6, S. 13: „element of choice".
2 Vgl. nur die Erwägungsgründe 10, 16 und 21 zur Prospektrichtlinie.
3 *J. Schneider*, AG 2016, 341 (341 f.).
4 Zutreffend *Groß*, Kapitalmarktrecht, § 2 WpPG Rz. 9; ferner ESMA, Questions and Answers – Prospectuses, 25th updated version – July 2016, ESMA/2016/1133, Frage Nr. 6, S. 13 f.; aA jedoch *Grosjean* in Heidel, Aktienrecht und Kapitalmarktrecht, § 2 WpPG Rz. 22; *Hamann* in Schäfer/Hamann, § 2 WpPG Rz. 43; *Schnorbus* in FrankfurtKomm. WpPG, § 2 WpPG Rz. 86.

ger ausgegangen wurde[1]. Konsequenz dieser Sicht ist, dass bspw. Zweitlistings oder verbale Maßnahmen der Kurspflege nicht zwingend ein öffentliches Angebots auslösen müssen[2].

Nicht zu übersehen ist jedoch, dass an die subjektive Handlungsmotivation keine übersteigernden Anforderungen zu stellen sind und sie auch bei **„unfreiwilligen" öffentlichen Angeboten** gegeben sein kann, dh. in Fällen in denen das öffentliche Angebot uU eine unerwünschte (Neben)Folge eines bestimmten Handels darstellt[3], oder in denen dem Emittenten die Durchführung des öffentlichen Angebots praktisch „aufgedrängt" wird[4]. Denn vor dem Hintergrund des Schutzzwecks des Gesetzes (ua. Anlegerschutz durch Information) erscheint es grds. unerheblich, ob ein Emittent bzw. Anbieter sein Angebot von Wertpapieren freiwillig oder faktisch, vertraglich oder gesetzlich gezwungen unterbreitet. In allen Fällen ist der Anleger gleich schutzbedürftig. 57

dd) Konkrete Erwerbsmöglichkeit

Hinsichtlich der angebotenen Wertpapiere muss zugleich auch eine konkrete Erwerbsmöglichkeit bestehen[5]. Insoweit herrscht Kontinuität zum alten Recht unter dem Wertpapier-Verkaufsprospektgesetz. Dieses Tatbestandsmerkmal findet sich 58

---

1 Bekanntmachung des Bundesaufsichtsamts für den Wertpapierhandel zum Wertpapier-Verkaufsprospektgesetz vom 6.9.1999, BAnz. Nr. 177 v. 21.9.1999, S. 16180.
2 Vgl. hierzu auch ESMA, Questions and Answers – 25th updated version – July 2016, ESMA/2016/1133, Frage Nr. 74, S. 61.
3 Bspw. (i) wenn das öffentliche Angebot Teil eines gerichtlichen oder außergerichtlichen Vergleichs ist, der uU notgedrungen eingegangen wird, oder (ii) bei Abschluss eines Beherrschungsvertrages, der den Emittenten nach § 305 Abs. 1 iVm. Abs. 2 Nr. 1 AktG verpflichtet, auf Verlangen die Aktien außenstehender Aktionäre gegen eine Abfindung in Form eigener Aktien zu erwerben, vgl. dazu den Wertpapierprospekt der Deutsche Wohnen AG vom 3.9.2014.
4 Bspw. bei einem Debt-to-Debt-Swap oder einem Debt-to-Equity-Swap im Rahmen eines Insolvenzplanverfahrens (vgl. ua. § 225a Abs. 2 InsO, siehe auch Rz. 64). Anbieter dürfte in diesen Fällen in aller Regel allein der Emittent sein, auch wenn der Insolvenzplan durch den Insolvenzverwalter ausgearbeitet und vorgelegt werden sollte (vgl. § 218 Abs. 1 Satz 1 InsO), dazu ausführlich *J. Schneider*, AG 2016, 341 (346 f.).
5 *Schnorbus* in FrankfurtKomm. WpPG, § 2 WpPG Rz. 44; *Groß*, Kapitalmarktrecht, § 2 WpPG Rz. 12 f.; *Ritz/Zeising* in Just/Voß/Ritz/Zeising, § 2 WpPG Rz. 128 f.; *Foelsch* in Holzborn, § 2 WpPG Rz. 12; *R. Müller*, § 2 WpPG Rz. 6; *Lenenbach*, Kapitalmarktrecht, Rz. 10.270; *Kaufmann*, Die Prospektpflicht nach dem WpPG, S. 56 ff.; *Schnorbus*, AG 2008, 389 (393 f.); *Giedinghagen*, BKR 2007, 233 (234); *Leuering*, Der Konzern 2006, 4 (5 f.); *Schanz/Schalast*, HfB-Working Paper No. 74, S. 9; vgl. schon zum Richtlinienentwurf *von Kopp-Colomb/Lenz*, AG 2002, 24 (27); siehe ferner Begr. RegE zu § 2 Nr. 4 WpPG, BT-Drucks. 15/4999, S. 28: „... bei denen noch keine Erwerbs- oder Zeichnungsmöglichkeit besteht." sowie Begr. RegE zu § 99 Abs. 7 Sanierungs- und AbwicklungsG, BT-Drucks. 18/2575, S. 177: „... handelt es sich nicht um ein öffentliches Angebot im Sinne des § 2 Nummer 4 WpPG, da der Anleger schon keine Entscheidung über den Kauf oder die Zeichnung der Wertpapiere treffen kann."

zwar nicht ausdrücklich niedergeschrieben in der Gesetzesdefinition, weshalb auch teilweise davon ausgegangen wird, es sei gänzlich entfallen[1]. Hierfür sprechen könnte der Umstand, dass sich im Rahmen der Verhandlungen der Richtlinie 2002 die Mitgliedsstaaten nicht haben einigen können, welche Rolle diesem Merkmal zuzumessen ist[2]. Konsequenterweise folgt das Merkmal aber aus dem Umstand, dass der umworbene Anleger eine **Investitionsentscheidung** treffen und sein Handeln folglich tatsächlich im Erwerb eines Wertpapiers münden können muss (vgl. Rz. 55)[3]. Dieser Anforderung ist ferner implizit, dass es sich bei der Investitionsentscheidung um die „**Letztentscheidung**" des Anlegers handeln muss, dh. um die Entscheidung, die ohne eine weitere Entscheidung des Anlegers über das „Ob" des Erwerbs zum Erwerb der Wertpapiere führen kann (für ein Beispiel vgl. das sog. „Zwei-Stufen-Modell" in Rz. 65)[4]. Der Schutzzweck des Gesetzes verlangt es nicht, dass der Anleger zu einem früheren Zeitpunkt, dh. dem Zeitpunkt einer Vor- oder Zwischenentscheidung, bereits durch einen Prospekt informiert sein muss[5].

59 Wird im Vorfeld eines Börsengangs geworben, ohne dass bereits eine Zeichnungsmöglichkeit besteht, liegt mangels einer konkreten Erwerbsmöglichkeit noch kein öffentliches Angebot der Wertpapiere vor[6]. Zu denken ist aber an einen Hinweis auf den ggf. zu veröffentlichenden Prospekt (vgl. § 15 WpPG). Fehlt es an der **Verknüpfung zwischen werbender Mitteilung und der Erwerbsmöglichkeit**, liegt kein öffentliches Angebot vor. Dieses gilt zum Beispiel für rein redaktionelle Beiträge, die objektiv alle Merkmale eines öffentlichen Angebots beinhalten, der Verfasser jedoch in keinem weiteren Zusammenhang mit dem Veräußerer der betreffenden Wertpapiere steht (vgl. Rz. 56). Letzterer profitiert eher zufällig. Fraglich erscheint daher auch, ob eine konkrete Erwerbsmöglichkeit etwa dadurch gegeben sein kann, dass Wertpapiere auf einer Internetseite beworben werden und gleichzeitig in engem Zusammenhang eine Verlinkung auf eine fremdbetriebene Handelsplattform besteht[7]. Denn in diesen Fällen mag der Veräußerer der Wertpapiere ebenso anonym sein und in keinem Verhältnis zu demjenigen stehen, der die Internetseite zu verantworten hat. Zur Vermei-

---

1 *König*, ZEuS 2004, 251 (257 f.); *Schlitt/Schäfer*, AG 2005, 498 (500); *Grosjean* in Heidel, Aktienrecht und Kapitalmarktrecht, § 2 WpPG Rz. 9; *Hamann* in Schäfer/Hamann, § 2 WpPG Rz. 26; unklar *Kunold/Schlitt*, BB 2004, 501 (503) sowie *Harrer/Müller*, WM 2006, 653 (656).
2 Vgl. Progress Report der belgischen Ratspräsidentschaft vom 16.5.2002, Ziffer II 7, Dok.-Nr. 8933/02 zu 2001/0117 (COD), zu beziehen über http://register.consilium.europa.eu.
3 Im Ergebnis auch *Schnorbus*, AG 2008, 389 (393); anders *Schlitt/Schäfer*, AG 2005, 498 (500); unentschieden *Seitz*, AG 2005, 678 (683).
4 Vgl. *Ritz/Zeising* in Just/Voß/Ritz/Zeising, § 2 WpPG Rz. 130 f.; *Grosjean* in Heidel, Aktienrecht und Kapitalmarktrecht, § 2 WpPG Rz. 16; *Schnorbus* in FrankfurtKomm. WpPG, § 2 WpPG Rz. 34 und 46.
5 *Ritz/Zeising* in Just/Voß/Ritz/Zeising, § 2 WpPG Rz. 131; *J. Schneider*, AG 2016, 341 (342).
6 So auch *Schnorbus* in FrankfurtKomm. WpPG, § 2 WpPG Rz. 45; *Foelsch* in Holzborn, § 2 WpPG Rz. 12 sowie 15.
7 Vgl. allg. zur Annahme eines öffentlichen Angebots bei verlinkten Internetseiten *Grosjean* in Heidel, Aktienrecht und Kapitalmarktrecht, § 2 WpPG Rz. 14; *Schnorbus*, AG 2008, 389 (392).

dung von Missbrauch, dh. der unzulässigen Umgehung einer Prospektpflicht, erscheint in solchen Fällen aber eine Einzelfallbetrachtung angezeigt.

Die konkrete Erwerbsmöglichkeit wird nicht einheitlich als Voraussetzung für das Vorliegen eines öffentlichen Angebots verstanden, da sie eben **nicht wörtlich in den Wortlaut der Gesetzesdefinition aufgenommen** wurde[1]. Die Vertreter dieser Ansicht gehen damit von einem weiteren Definitionsbereich des öffentlichen Angebots aus. Praktische Konsequenz dieser Sichtweise wäre ua., dass eine Werbung für eine bevorstehende Emission, die gegenwärtig noch nicht gezeichnet werden kann, dennoch schon ein öffentliches Angebot darstellte. Folglich wäre schon zu diesem frühen Zeitpunkt ein Prospekt zu veröffentlichen. Aus § 15 Abs. 2 und 3 Satz 3 aE WpPG geht jedoch hervor, dass auch für einen später prospektpflichtigen Umstand geworben werden kann, es mithin auf die Werbung als Auslöser für ein öffentliches Angebot alleine nicht ankommen kann[2]. 60

Im Zusammenhang mit der konkreten Erwerbsmöglichkeit ist umstritten, ob neben individuellen Investitionsentscheidungen auch **kollektive Investitionsentscheidungen**, dh. Entscheidungen, die von einer Mehrheit von Anlegern (zB in einer Versammlung) getroffen werden, unter den Begriff des öffentlichen Angebots iS von § 2 Nr. 4 WpPG fallen können[3]. Aus der Formulierung „über den Kauf oder die Zeichnung" oder auch der Ausgestaltung des Widerrufrechts in § 16 Abs. 3 WpPG kann allenfalls auf das gesetzliche Leitbild oder den Regelfall der Individualentscheidung geschlossen werden. Im Hinblick auf die Ausnahmen von der Prospektpflicht in § 4 Abs. 1 WpPG ergibt sich jedoch bereits ein anderes Bild. Denn dort werden Ausnahmen für Erwerbe von Wertpapieren geregelt, die ihre Grundlage in kollektiven Entscheidungen finden (zB § 4 Abs. 1 Nr. 3 WpPG: Zuteilung anlässlich einer Verschmelzung oder Spaltung)[4]. 61

Die Frage, ob über Individualentscheidungen hinaus auch Kollektiventscheidungen für ein öffentliches Angebot in Betracht zu ziehen sind, wird in der **Literatur** nur vereinzelt angesprochen: Teilweise wird davon ausgegangen, dass § 2 Nr. 4 WpPG nur Individualentscheidungen des Anlegers umfasse[5]. Dies wird im Wesentlichen 62

---

1 So etwa *Schlitt/Schäfer*, AG 2005, 498 (500); *Grosjean* in Heidel, Aktienrecht und Kapitalmarktrecht, § 2 WpPG Rz. 9; *König*, ZEuS 2004, 251 (257 f.); ferner wohl auch *Hamann* in Schäfer/Hamann, § 2 WpPG Rz. 26.
2 Ebenso *Wiegel*, Die Prospektrichtlinie und Prospektverordnung, S. 155.
3 Im Rahmen der Konsultation der Europäischen Kommission zur Überprüfung der Prospektrichtlinie regte ESMA an klarzustellen, ob neben individuellen auch kollektive Investitionsentscheidungen unter den Begriff des „öffentlichen Angebots" fallen, vgl. „ESMA response to the European Commission consultation on the review of the Prospectus Directive" vom 13.5.2015, Dok.-Nr. 2015/ESMA/857, Rz. 64.
4 Zugleich kann aus dem Vorliegen eines Ausnahmetatbestandes nicht immer im Umkehrschluss gefolgert werden, dass in den genannten Konstellationen auch immer ein öffentliches Angebot iS des § 2 Nr. 4 WpPG vorauszusetzen ist, vgl. dazu allgemein – und vorbehaltlich der weiteren Ausführungen in den nachfolgenden Rz. – *Groß*, Kapitalmarktrecht, § 4 WpPG Rz. 4 ff., Rz. 5.
5 *Groß*, Kapitalmarktrecht, § 2 WpPG Rz. 10; *Schnorbus* in FrankfurtKomm. WpPG, § 2 WpPG Rz. 39, und § 4 WpPG Rz. 30; *Bliesener/H. Schneider* in Langenbucher/Bliesener/

damit begründet, dass es bei kollektiven Entscheidungen schon an einer Investitionsentscheidung des einzelnen Anlegers fehle, insb. wenn er gegen eine Maßnahme stimme oder erst gar nicht an der Abstimmung teilnehme. Ferner handele es sich bei den Gesetzen, die Kollektiventscheidungen verlangten (zB SchVG, UmwG), jeweils um in sich abgeschlossene und eigenständige Informations- und Beschlussfassungssysteme, dh. *leges speciales*, welche den allg. Regelungen des WpPG vorgehen. Andere Stimmen in der Literatur gehen davon aus, dass auch Kollektiventscheidungen grds. Entscheidungen iS von § 2 Nr. 4 WpPG darstellen können[1]. So treffe der Anleger mit seiner Stimmabgabe in der Versammlung zunächst sehr wohl eine individuelle Investitionsentscheidung – sowohl mit einer Zustimmung als auch mit der Ablehnung eines bestimmten Beschlussvorschlags. Der Umstand, dass die Entscheidung letztlich für alle Anleger von der Mehrheit abhänge, stehe dem nicht entgegen. Ferner sei auch kein die Regeln des WpPG verdrängendes *lex specialis* gegeben. Denn dafür hätte sich der Gesetzgeber mit Fragen der Kapitalmarktinformation im Nexus der jeweiligen Gesetze beschäftigen müssen, was jedoch nicht der Fall gewesen sei.

63 Vor dem Hintergrund einer teleologischen Betrachtung dürfte der Begriff der Entscheidung iS des **§ 2 Nr. 4 WpPG** weit auszulegen sein und **umfasst auch Kollektiventscheidungen**: Denn es ist festzustellen, dass es für die Annahme eines öffentlichen Angebots ausreichend ist, dass die *Möglichkeit* einer Investitionsentscheidung gegeben ist. Es ist nicht zu verlangen, dass der Anleger tatsächlich eine Investitionsentscheidung trifft. Sofern der Anleger eine Investitionsentscheidung treffen will, sollen ihm nach der Intention des Gesetzes hinreichende Informationen als Grundlage für seine Entscheidung zur Verfügung stehen. Diese werden durch das Prospektrecht (insb. die ProspektVO) näher definiert. Anerkennt man dies, kann es keinen Unterschied machen, ob die Entscheidung des Anlegers unmittelbar wirkt oder erst mittelbar zusammen mit den – uU auch entgegengesetzten – (Individual)Entscheidungen anderer Anleger über das Abstimmungsergebnis. Denn es ist nicht ersichtlich, warum eine Mehrheit von Anlegern ihre Investitionsentscheidung auf einer anderen, ggf. „schlechteren" Informationsgrundlage treffen muss, als dies allein für Individualscheidungen der Fall ist. Auch stellt eine **Kollektiventscheidung** im Kern nichts anderes dar als die **Summe vieler Individualentscheidungen**. Sofern einzelne Gesetze, die kollektive Entscheidungen über den Erwerb von Wertpapieren vorsehen, nicht mit dem Prospektrecht hinsichtlich der erforderlichen Kapitalmarktinformation abgestimmt sind (so wie zB bislang das SchVG und die InsO),

---

Spindler, Bankrechts-Kommentar, 2. Aufl. 2016, Kap. 17, § 5 SchVG Rz. 37 f.; *Cahn/Hutter/Kaulamo/Meyer/Weiß*, WM 2014, 1309 (1314); wohl auch *Assmann*, ZHR 172 (2008), 635 (659 f.); vgl. ferner *Foelsch* in Holzborn, § 2 WpPG Rz. 13, der sogar grds. einen Kaufvertrag zu fordern scheint.

1 *Schmidtbleicher* in Ekkenga/Schröer, Handbuch der AG-Finanzierung, 2014, Kap. 12 Rz. 117 f.; *Friedl/Schmidtbleicher* in FrankfurtKomm. SchVG, § 5 SchVG Rz. 62 f.; *Ritz/Zeising* in Just/Voß/Ritz/Zeising, § 2 WpPG Rz. 139 ff. und 148; *Bachmann*, ZHR 172 (2008), 597 (618); *Becker/Pospiech*, NJW-Spezial 2014, 591; ferner wohl auch *von Oppen/Richers*, CF 2015, 95 (98 f.).

kann bei kollektiven Investitionsentscheidungen ein öffentliches Angebot iS des § 2 Nr. 4 WpPG grds. angenommen werden[1].

Daher sind bspw. (i) Entscheidungen durch **Mehrheitsbeschlüsse der Gläubiger** nach dem **SchVG** (bspw. über einen Debt-to-Debt-Swap oder einen Debt-to-Equity-Swap im Rahmen einer Restrukturierung) oder (ii) Mehrheitsbeschlüsse der **insolvenzrechtlichen Gläubigerversammlung**, dh. die Abstimmung der Gläubiger bzw. der einzelnen Gläubigergruppen über einen Insolvenzplan nach §§ 217 ff., 235 ff. InsO (der bspw. einen Debt-to-Equity-Swap vorsieht)[2], die jeweils ohne eine weitere Entscheidung des Gläubigers bzw. des Anlegers über das „Ob" des Erwerbs zu einem Wertpapiererwerb führen können, grds. als öffentliches Angebot iS des § 2 Nr. 4 WpPG zu qualifizieren[3]. In Abhängigkeit von der konkreten Ausgestaltung kann entsprechend auch ein sog. **Scheme of Arrangement** (zB nach englischem Recht) als öffentliches Angebot iS des § 2 Nr. 4 WpPG zu qualifizieren sein[4]. Zu möglichen **Änderungen durch** die **neue Prospektverordnung** vgl. Rz. 68 ff. 64

---

[1] *J. Schneider*, AG 2016, 341 (342 f.).

[2] AA *Thole*, ZIP 2014, 2365 (2372 f.), der wohl grds. anerkennt, dass auch kollektive Entscheidungen ein öffentliches Angebot auslösen können, gleichzeitig jedoch von einem Vorrang des Insolvenzverfahrens ausgeht, so dass er wohl ein öffentliches Angebot, im Ergebnis jedenfalls eine Prospektpflicht verneint, so auch *von Oppen/Richers*, CF 2015, 95 (99). Dies ist jedoch wenig überzeugend, da durch das Gesetz zur weiteren Erleichterung der Sanierung von Unternehmen (ESUG) vom 7.12.2011, BGBl. I 2011, S. 2582, ausweislich der Begr. RegE zum ESUG vom 4.5.2011, BT-Drucks. 17/5712, S. 18, unter A.II.2., das Gesellschaftsrecht und das Insolvenzrecht aufeinander abgestimmt werden sollten (vgl. insb. § 225a InsO). Eine darüber hinausgehende Abstimmung mit dem Kapitalmarktrecht ist aber gerade nicht erfolgt, obwohl dies zB in der Literatur angemahnt wurde, vgl. nur *Bauer/Dimmling*, NZI 2011, 517 (519 mit Fn. 26) sowie weiterführend die Wertung des § 11 WpHG. Auch steht das Urteil des EuGH v. 17.9.2014 – C-441/12 – „Almer Beheer", ZIP 2014, 2342 = AG 2015, 496, zunächst schon nicht der Annahme eines öffentlichen Angebots entgegen (vgl. Rz. 32 mit Fn. 3). Des Weiteren erscheint auch der vom EuGH angenommene ungeschriebene Ausnahmetatbestand zur Prospektpflicht nach § 3 Abs. 1 WpPG nicht auf das Insolvenzplanverfahren übertragbar, weil sich die öffentliche Zwangsversteigerung von (beliebigen) Wertpapieren, die sich im schuldnerischen Vermögen befinden, aus vielerlei Gründen schwerlich mit der (Neu)Emission von Wertpapieren eines Schuldners vergleichen lässt, vgl. *J. Schneider*, AG 2016, 341 (347 f.); ferner § 3 WpPG Rz. 16 f.

[3] Ausführlich *J. Schneider*, AG 2016, 341 (344 ff.).

[4] Vgl. *Ritz/Zeising* in Just/Voß/Ritz/Zeising, § 2 WpPG Rz. 148; für Beispiele vgl. den Wertpapierprospekt der TUI AG vom 2.10.2014 oder den Wertpapierprospekt der IBS Group Holding Ltd. v. 10.10.2014. Die Financial Conduct Authority (FCA) scheint wohl für das Vereinigte Königreich Großbritannien und Nordirland für die Frage nach einem öffentlichen Angebot eines Scheme of Arrangements danach zu differenzieren, ob das Scheme eine sog. „mix and match facility", dh. die Möglichkeit für den einzelnen Anleger die Art und Zusammensetzung der Gegenleistung (Aktien und/oder Barzahlung) zu wählen, vorsieht (öffentliches Angebot) oder nicht (kein öffentliches Angebot), vgl. die Veröffentlichungen der Behörde (seinerzeit noch Financial Services Authority, FSA) LIST! Issue No. 10 – June 2005, 4 f. und LIST! Issue No. 23 – December 2009, 2.

65 Da sich eine Prospekterstellung im Vorfeld einer Gläubigerversammlung aus zeitlichen Gründen und auch vor dem Hintergrund, dass sich der Emittent oftmals in einer Krise befinden mag, und begrenzte finanzielle und personelle Ressourcen erst bei gegebener Transaktionssicherheit eingesetzt werden sollen, schwierig gestaltet, wird **in der Praxis** für Restrukturierungen von Anleihen vielfach ein **zweistufiges Verfahren** angewendet (sog. „Zwei-Stufen-Modell"), mit dem der Zeitpunkt der Prospektpflicht nach hinten verlagert werden kann: Auf der ersten Stufe entscheidet die Gläubigerversammlung über den Umtausch der Anleiheforderungen in schuldrechtlich begründete Erwerbsrechte auf neue Aktien oder neue Schuldverschreibungen. Da diese Erwerbsrechte keine Wertpapiere iS des WpPG darstellen (vgl. Rz. 15), ist ihr Angebot kein öffentliches Angebot iS des § 2 Nr. 4 WpPG. Denn mit dem Umtausch der Anleihe in Erwerbsrechte trifft der Anleger noch keine Entscheidung, ob er in die Aktien oder eine andere Anleihe des Emittenten investiert. Auf der zweiten Stufe können dann die Erwerbsrechte innerhalb eines bestimmten Zeitraums (ggf. unter Zahlung eines Ausübungspreises) ausgeübt werden, um die neuen Aktien oder neuen Schuldverschreiben zu erhalten. Mit Beginn dieser Ausübungsfrist beginnt das öffentliche Angebot. Sofern der Anleger sein Erwerbsrecht nicht ausübt, erhält er eine Barzahlung, welche dem Verwertungserlös der nicht erworbenen Wertpapiere entspricht[1].

66 Die **Änderung von Anleihebedingungen** durch einen Beschluss der Gläubigerversammlung nach dem SchVG dürfte **im Regelfall kein öffentliches Angebot** darstellen, da schon kein neues Wertpapier erworben werden kann[2]. Etwas anderes mag in extremen Fällen gelten, in denen die Anleihebedingungen so umfangreich geändert werden, dass die Änderungen letztlich einem Debt-to-Debt-Swap oder in der Gesamtbetrachtung unter Berücksichtigung der weiteren Umstände insb. einem Debt-to-Equity-Swap gleichkommen[3].

67 Kein öffentliches Angebot dürfte ferner bei **Mehrheitsbeschlüssen im Rahmen von Haupt- und Gesellschafterversammlungen** anzunehmen sein, die ohne eine weitere Entscheidung des Gläubigers bzw. des Anlegers über das „Ob" des Erwerbs zu einem Wertpapiererwerb führen können[4]. Denn es dürfe an das allg. Verständnis des Begriffes „Angebot" anzuknüpfen sein, der auch im kapitalmarktrechtlichen Kontext gilt. Danach setzt ein Angebot ein Zwei-Personen-Verhältnis voraus: Eine Person, die ein Angebot abgibt, und eine andere Person, die dieses Angebot annehmen kann. Anders als in den vorgenannten Konstellationen der Gläubigerversammlung, in denen

---

1 Ausführlich *von Oppen/Richers*, CF 2015, 95 (98 ff.); ferner *Becker/Pospiech*, NJW-Spezial 2014, 591 (592); für ein Beispiel vgl. den Wertpapierprospekt der SolarWorld AG vom 27.1.2014 für das öffentliche Angebot und die Zulassung von Aktien bzw. die beiden (dreiteiligen) Wertpapierprospekte der SolarWorld AG vom 27.1.2014 für das öffentliche Angebot und die Zulassung von Anleihen, oder auch den Wertpapierprospekt der PROKON Regenerative Energien eG vom 13.5.2016 für das öffentliche Angebot von Schuldverschreibungen im Nachgang zu einem Insolvenzplanverfahren.
2 Vgl. *Groß*, Kapitalmarktrecht, § 2 WpPG Rz. 10 aE.
3 *J. Schneider*, AG 2016, 341 (345).
4 Eher kritisch *Bachmann*, ZHR 172 (2008), 597 (618 f.).

sich Emittent (Anbieter) und Gläubiger (Anleger) gegenüberstehen, handelt bspw. die Hauptversammlung als Organ der AG[1], so dass es im Ergebnis an einer zweiten, für das Angebot aber erforderlichen Person fehlt. Kein öffentliches Angebot stellen demnach dar, wenn auch der Anleger Wertpapiere infolge einer Entscheidung erhält: Beschlussfassungen über Kapitalerhöhungen aus Gesellschaftsmitteln (§§ 207 ff. AktG), Beschlussfassungen über Zustimmungen zu bestimmten Umwandlungsverträgen nach dem UmwG, insb. bei Verschmelzungen oder Spaltungen, bei denen den Gesellschaftern einer oder mehrerer übertragender Gesellschaften Aktien einer übernehmenden oder neu gegründeten AG gewährt werden, Beschlussfassungen über einen Formwechsel (zB in eine AG oder eine SE) oder Beschlussfassungen über die Umwandlung von Aktiengattungen (zB Vorzugs- in Stammaktien)[2].

Art. 2 Abs. 1 lit. d des Vorschlags der Ratspräsidentschaft zu einer neuen **Prospektverordnung** vom 3.6.2016[3] belässt die Begriffsbestimmung für „öffentliches Angebot von Wertpapieren" unverändert im Wortlaut der Prospektrichtlinie (vgl. Rz. 6). Zugleich enthält dieser Entwurf einer neuen Prospektverordnung einen **Erwägungsgrund 17**, der wie folgt lautet:

„Werden Wertpapiere zugeteilt, ohne dass auf Seiten des Empfängers die Möglichkeit einer individuellen Entscheidung gegeben ist, einschließlich bei Wertpapierzuteilungen ohne Recht auf Ablehnung der Zuteilung oder bei automatischer Zuteilung nach der Entscheidung eines Gerichts, z.B. im Falle einer Wertpapierzuteilung an bestehende Gläubiger im Zuge eines gerichtlichen Insolvenzverfahrens, gilt eine solche Transaktion nicht als öffentliches Angebot von Wertpapieren."

Es erscheint zunächst zweifelhaft, ob die Ratspräsidentschaft – und zuvor auch schon die Europäische Kommission[4] – mit dem Erwägungsgrund die von ESMA

---

1 Statt vieler *Spindler* in K. Schmidt/Lutter, § 118 AktG Rz. 10 ff. und *Kubis* in Münch-Komm. AktG, 3. Aufl. 2013, § 118 AktG Rz. 8 f.
2 *J. Schneider*, AG 2016, 341 (343 f.); im Ergebnis ebenso, allerdings mit der Begründung, dass die neuen Aktien allein kraft Gesetzes (*ex lege*) erworben werden, und schon daher mangels einer Investitionsentscheidung ein Angebot ausscheide, ua. *Groß*, Kapitalmarktrecht, § 2 WpPG Rz. 10; *Schnorbus* in FrankfurtKomm. WpPG, § 2 WpPG Rz. 38 f. und § 4 WpPG Rz. 26; *Grosjean* in Heidel, Aktienrecht und Kapitalmarktrecht, § 2 WpPG Rz. 22; *Heidelbach* in Schwark/Zimmer, § 2 WpPG Rz. 20; *Hamann* in Schäfer/Hamann, § 2 WpPG Rz. 38 und 42; aA zumindest für Umwandlungen *Ritz/Zeising* in Just/Voß/Ritz/Zeising, § 2 WpPG Rz. 139 ff.
3 Rat der Europäischen Union, Vorschlag für eine Verordnung des Europäischen Parlaments und des Rates über den Prospekt, der beim öffentlichen Angebot von Wertpapieren oder bei deren Zulassung zu veröffentlichen ist, vom 3.6.2016, 2015/0268 (COD), Dok.-Nr. 9801/16.
4 Im Vorschlag der Europäische Kommission für eine Verordnung des Europäischen Parlaments und des Rates über den Prospekt, der beim öffentlichen Angebot von Wertpapieren oder bei deren Zulassung zu veröffentlichen ist, vom 30.11.2015, 2015/0268 (COD), Dok.-Nr. COM(2015) 583 final, lautete der Erwägungsgrund 17 noch wie folgt: „Bei der Verwendung des Begriffs ‚öffentliches Angebot von Wertpapieren' sollte die Möglichkeit des Anlegers, sich individuell für den Kauf oder die Zeichnung von Wertpapieren zu entscheiden, ein entscheidendes Kriterium sein. Werden also Wertpapiere angeboten, ohne dass auf Sei-

angeregte Klarstellung, ob über rein individuelle auch kollektive Investitionsentscheidungen unter den Begriff des „öffentlichen Angebots" fallen[1], adressieren wollte. Denn im Kern bringt der erste Teil des vorgeschlagenen neuen Erwägungsgrundes keinen Erkenntnisgewinn. Auch im Rahmen von Kollektiventscheidungen hat der Anleger die Möglichkeit individuelle Entscheidungen zu treffen (zB bei Stimmabgabe). Im Ergebnis erscheint daher mehr als fraglich, ob kollektive Investitionsentscheidungen zukünftig aus dem Anwendungsbereich des öffentlichen Angebots herausfallen sollen. Dies gilt umso mehr, als dass die in Art. 1 Abs. 3 des Verordnungsentwurfs geregelten Ausnahmen von der Prospektpflicht teilweise (weiterhin) Maßnahmen aufgrund von Kollektiventscheidungen betreffen. Nach dem zweiten Teil des neuen Erwägungsgrundes sollen automatische Zuteilungen von Wertpapieren, die einer gerichtlichen Genehmigung folgen, kein öffentliches Angebot darstellen. Diese Erwägung dürfte insb. auf das sog. **Scheme of Arrangement** zielen, welches damit künftig – zumindest im Regelfall – kein öffentliches Angebot mehr begründen könnte. Gleiches gilt für einen Debt-to-Equity-Swap oder einen Debt-to-Debt-Swap im **Insolvenzplanverfahren**, da der Insolvenzplan – nach erfolgter Kollektiventscheidung – durch das Insolvenzgericht bestätigt werden muss (§ 248 InsO). Der Erwägungsgrund nennt das gerichtliche Insolvenzverfahren explizit als entsprechendes Beispiel.

70 Sollte es im weiteren Normgebungsverfahren bei diesem Erwägungsgrund bleiben, wäre es zumindest wünschenswert, wenn der Verordnungsgeber die dahinterstehende **Ratio** im Rahmen des Erwägungsgrundes offenlegen würde (zB Anlegerschutz durch gerichtliches Verfahren?). Auch mag zu fragen sein, ob ein schlichter Erwägungsgrund im gegebenen Kontext überhaupt ein geeignetes Mittel zur entsprechenden Klarstellung bzw. Harmonisierung sein kann. Aus systematischen Gründen erscheint darüber hinaus eine **Lösung über die Aufnahme konkreter Ausnahmen in den Katalog des Art. 1 Abs. 3 des Verordnungsentwurfs vorzugswürdig**. Denn eine Regelung im Rahmen von Ausnahmetatbeständen würde insb. eine differenzierte Ausgestaltung für die verschiedenen Kollektiventscheidungen ermöglichen, welche aufgrund der unterschiedlichen Interessenlagen sowie dem spezifischen Informationsbedürfnis des Anlegers durchaus angezeigt erscheint[2].

---

ten des Empfängers ein individuelles Entscheidungsmoment gegeben ist, insbesondere auch bei Wertpapierzuteilungen ohne Recht auf Ablehnung der Zuteilung, sollte dies nicht als ‚öffentliches Angebot von Wertpapieren' im Sinne dieser Verordnung gelten."

1 Vgl. „ESMA response to the European Commission consultation on the review of the Prospectus Directive" vom 13.5.2015, Dok.-Nr. 2015/ESMA/857, Rz. 64.

2 Vgl. *J. Schneider*, AG 2016, 341 (343 f.) noch zum ersten Kompromissvorschlag der Ratspräsidentschaft für eine Verordnung des Europäischen Parlaments und des Rates über den Prospekt, der beim öffentlichen Angebot von Wertpapieren oder bei deren Zulassung zu veröffentlichen ist, vom 15.3.2016, 2015/0268 (COD), Dok.-Nr. 7129/16), der im Vergleich zum Vorschlag der Europäischen Kommission unter Streichung des Erwägungsgrundes 17 die Definition des Art. 2 Abs. 1 lit. d um folgende Formulierung ergänzte: „Where securities are offered without an element of individual choice on the part of the recipient, including allocations of securities where there is no right to repudiate the allocation, or where allocation is automatic following approval of a court, such transaction shall

c) Platzierung durch Finanzintermediäre

Anbieter und derjenige, von dem das Wertpapier erworben werden kann, müssen nicht identisch sein. Schon die Vorschrift selbst stellt klar, dass es keinen Unterschied macht, wenn sich der Anbieter zur Platzierung gewerblicher Intermediäre bedient (vgl. zum Anbieterbegriff Rz. 92 ff.). Im Gegensatz zum Richtlinientext (und auch dem Vorschlag der Ratspräsidentschaft zu einer neuen Prospektverordnung vom 3.6.2016), der allg. Finanzintermediäre erwähnt, werden im WpPG ausschließlich **der KWG-Aufsicht unterworfene Institute** benannt, dem sie als Folge der Finanzmittlertätigkeit unterfallen. In diesen Fällen, die praktisch die Regel darstellen, bedient sich der Anbieter der Infrastruktur eines Dritten, ohne dass der Dritte dadurch jedoch zum Anbieter wird. Zu unterscheiden ist in diesem Zusammenhang das Angebot über Vertriebsketten (sog. Retail Cascades), bei denen ebenfalls von Intermediären gesprochen wird. Während es sich im ersten Fall um ein einheitliches Angebot mit mehreren Beteiligten handelt, stellt eine Vertriebskette uU mehrere nacheinander geschaltete Angebote dar. Zur prospektrechtlichen Konsequenz sog. Retail Cascades vgl. § 3 WpPG Rz. 45 ff.

71

d) Beginn und Ende des öffentlichen Angebots

Das öffentliche Angebot beginnt in dem Moment, in dem **sämtliche Tatbestandsmerkmale verwirklicht** sind und zumindest noch fortwirken (vgl. Rz. 39). Im Regelfall wird dies mit Vorliegen der konkreten Erwerbsmöglichkeit der Fall sein[1], da typischerweise die Mitteilung an das Publikum zeitlich früher oder zumindest gleichzeitig erfolgen wird. Entsprechend beginnt zB bei einer Bezugsrechtsemission das öffentliche Angebot mit der Möglichkeit zur Ausübung des Bezugsrechts, also mit Beginn der Bezugsfrist[2]. Bei **Kollektiventscheidungen** beginnt das öffentliche Angebot mit der Abstimmung über den entsprechenden Beschlussvorschlag, sei es in der Versammlung oder sei es – wie etwa im Fall des § 18 SchVG – in einem schriftlichen Verfahren[3]. Denn erst in diesem Zeitpunkt kann der Anleger seine Investitionsentscheidung treffen.

72

Zum Ende eines öffentlichen Angebots hat der Gesetzgeber keine Regelung getroffen, obwohl er an mehreren Stellen auf den „endgültigen Schluss des öffentlichen Angebots" rekurriert (ua. § 14 Abs. 2 Satz 3 WpPG und § 16 Abs. 1 Satz 1 WpPG). Jedenfalls führen das **Ende der Erwerbs- oder Zeichnungsfrist** oder die **vollständi-**

73

---

not qualify as an offer of securities to the public" (Eine deutsche Fassung dieses Kompromissvorschlages liegt nicht vor).

1 Vgl. *Kaufmann*, Die Prospektpflicht nach dem WpPG, S. 58.
2 So *Groß*, Kapitalmarktrecht, § 2 WpPG Rz. 13a aE; *Schnorbus* in FrankfurtKomm. WpPG, § 2 WpPG Rz. 43.
3 *J. Schneider*, AG 2016, 341 (349); in diese Richtung auch *von Oppen/Richers*, CF 2015, 95 (100), die etwas unklar auf den Zeitpunkt „unmittelbar vor der … Gläubigerversammlung" abstellen; aA *Becker/Pospiech*, NJW-Spezial 2014, 591, die davon ausgehen, dass bereits mit der Veröffentlichung der Einladung zur Anleihegläubigerversammlung ein öffentliches Angebot gegeben sei. Vielmehr dürfte in der Veröffentlichung der Einladung zunächst nur die Mitteilung an das Publikum liegen.

ge **Platzierung** aller Wertpapiere[1], dh. der Wegfall der konkreten Erwerbsmöglichkeit auch zum Ende des öffentlichen Angebots[2]. Weitere Werbemaßnahmen sind dann irrelevant, wenn keine Erwerbsmöglichkeit der Wertpapiere mehr besteht. Nicht zum Ende des öffentlichen Angebots führt – entgegen der alten Rechtslage – die Einbeziehung der Wertpapiere in den Handel an einem organisierten Markt[3]. Solch eine Safe-Harbour-Regelung – wegen des Eingreifens der Zulassungsfolgenpflichten wären ab diesem Zeitpunkt keine Transparenzeinbußen zu befürchten gewesen – war zwar während der Verhandlungen zur Richtlinie als auch des Gesetzgebungsverfahrens immer wieder erwogen oder fälschlich angenommen worden[4], findet jedoch im Gesetz keinen Rückhalt (vgl. auch zum Verhältnis von öffentlichem Angebot und Einführung oder Einbeziehung in den Handel § 16 WpPG Rz. 64 ff.)[5]. Bei **Kollektiventscheidungen** ist das Ende des öffentlichen Angebots mit Abschluss der Abstimmung gegeben[6].

5. Angebotsprogramm (§ 2 Nr. 5 WpPG)

74 § 2 Nr. 5 WpPG setzt Art. 2 Abs. 1 lit. k der Prospektrichtlinie um und definiert den Begriff des Angebotsprogramms. Relevanz entfaltet die Definition ua. im Rahmen von § 6 Abs. 1 Nr. 1 WpPG, da nur Wertpapiere je eines Angebotsprogramms in einen Basisprospekt aufgenommen werden können. Voraussetzung für ein Angebotsprogramm ist zunächst ein Plan und damit ein **zukunftsorientiertes Vor-**

---

1 Praktisch ist es jedoch teilweise nicht nachvollziehbar, ob manche Wertpapiere im Primär- oder im Sekundärmarkt gehandelt werden und ob eine Platzierung abgeschlossen ist. Denn wenn ein Anbieter Wertpapiere gleichzeitig verkauft, kauft und wieder verkauft, hängt es vom anzuwendenden Buchungsmechanismus (first in – first out, last in – first out, etc.) ab, ob das ursprüngliche Angebot abgeschlossen werden konnte oder nicht. Um dieser Unsicherheit zu begegnen, erstellen viele Anbieter vorsichtshalber Nachträge bzw. einen neuen Prospekt.
2 *Schnorbus* in FrankfurtKomm. WpPG, § 2 WpPG Rz. 45; *Groß*, Kapitalmarktrecht, § 2 WpPG Rz. 19; *Kuntz* in Ekkenga/Schröer, Handbuch der AG-Finanzierung, 2014, Kap. 8 Rz. 114; *Hamann* in Schäfer/Hamann, § 2 WpPG Rz. 29; *Kaufmann*, Die Prospektpflicht nach dem WpPG, S. 58 ff.; *Heidelbach/Preuße*, BKR 2006, 316 (320), vgl. auch Wortprotokoll Nr. 15/94 zur 94. Sitzung des Finanzausschusses in der 15. Wahlperiode vom 13.4.2005, S. 14 f.
3 *Schlitt/Schäfer*, AG 2005, 498 (500); *Leuering*, Der Konzern 2006, 4 (7); *Schlitt/Wilczek* in Habersack/Mülbert/Schlitt, Handbuch der Kapitalmarktinformation, § 4 Rz. 35.
4 So ging der Finanzausschuss davon aus, dass die Einführung von Wertpapieren in den amtlichen oder geregelten Markt oder deren Einbeziehung in den geregelten Markt stets zum endgültigen Schluss des Angebots führt, BT-Drucks. 15/5373, S. 50 zu § 16 Abs. 1 und 3 WpPG; ausdrücklich wurde eine entsprechende Änderung durch den Bundesrat gefordert, vgl. Stellungnahme des Bundesrats und Gegenäußerung der Bundesregierung zum Entwurf des Prospektrichtlinie-Umsetzungsgesetz (BT-Drucks. 15/4999) in BT-Drucks. 15/5219, S. 1 f., Nr. 2, während die Bundesregierung vom Fortbestand der bisherigen Rechtslage ausging (Gegenäußerung der Bundesregierung im selben Dokument, S. 7, Nr. 2), ohne dies jedoch konkret im Gesetz zu verankern.
5 AA offenbar *Ritz/Zeising* in Just/Voß/Ritz/Zeising, § 2 WpPG Rz. 167.
6 *J. Schneider*, AG 2016, 341 (349 f.).

haben, das keiner Historie bedarf. Dieser Plan muss auf die dauernde oder wiederholte, dh. zumindest zweimalige Ausgabe von Wertpapieren gerichtet sein. Die im Konjunktiv formulierten qualitativen Anforderungen an das Vorhaben verdeutlichen, dass es nicht darauf ankommt, dass der Plan auch umgesetzt wird[1]. Dementsprechend kann also bspw. ein mittels Basisprospekt dokumentiertes Angebotsprogramm immer wieder durch einen neuen Basisprospekt aktualisiert werden, ohne dass es auch nur einer einzigen Emission hierunter bedarf.

Mögliches Bezugsobjekt des Plans sind **Nichtdividendenwerte ähnlicher Art oder Gattung** sowie Optionsscheine jeder Art. Während Nichtdividendenwerte also qualitativ begrenzt werden, scheint die Vorschrift im Hinblick auf Optionsscheine keine Restriktionen aufzustellen. Der Wortlaut des Gesetzes ist insoweit irreführend, als Optionsscheine ebenfalls Nichtdividendenwerte darstellen (vgl. Rz. 31). Aus der Formulierung der Richtlinie ergibt sich, dass Optionsscheine nicht gleichberechtigt neben Nichtdividendenwerten angesiedelt sind („sowie"), sondern eine Untergruppe der Nichtdividendenwerte darstellen („wozu auch Optionsscheine jeder Art gehören"). Aus der englischen Richtlinienfassung folgt, dass sich der einschränkende Umstand auf Nichtdividendenwerte einschließlich der Optionsscheine bezieht, indem die Einschränkung beiden Begriffen nachgestellt wird („non-equity securities, including warrants in any form, having a similar type and/or class"). In Erwägungsgrund 13 zur Richtlinie wird erläutert, dass der umfasste Rahmen weit ausgestaltet sein kann. Umfasst sind also auch Zertifikate oder andere strukturierte Wertpapiere[2]. Ein Emissionsprogramm ist nicht ausschließlich auf identische Wertpapiere beschränkt, sondern kann auch Wertpapiere derselben Kategorie umfassen. So können bspw. Schuldverschreibungen, Zertifikate und Optionsscheine ohne Ansehen ihres Rangs, der Art der Basiswerte oder der Grundlage, auf der der Rückzahlungsbetrag oder die Kuponzahlung zu berechnen ist, nebeneinander in ein Angebotsprogramm aufgenommen werden[3].

75

Das weitere Erfordernis der dauernden oder wiederholten Ausgabe der Wertpapiere ist in § 2 Nr. 12 WpPG legal definiert, soweit es nicht den dort weiterhin aufgeführten Zeitraum von zwölf Monaten betrifft. Denn dass § 2 Nr. 5 WpPG vom bestimmten Zeitraum spricht, ohne diesen näher zu erläutern, verdeutlicht, dass die temporäre Bestimmung durch den Programmersteller erfolgt. Diese Bestimmung kann auch theoretisch dahingehend lauten, dass der Emissionszeitraum für das Angebotsprogramm **zeitlich unbegrenzt** ist[4].

76

---

1 *Heidelbach* in Schwark/Zimmer, § 2 WpPG Rz. 29; *Hamann* in Schäfer/Hamann, § 2 WpPG Rz. 48.
2 Vgl. *Kullmann/Sester*, ZBB 2005, 209 (211).
3 Ebenso *Ritz/Zeising* in Just/Voß/Ritz/Zeising, § 2 WpPG Rz. 179.
4 AA *Schnorbus* in FrankfurtKomm. WpPG, § 2 WpPG Rz. 92; ferner *Foelsch* in Holzborn, § 2 WpPG Rz. 20, der das Merkmal „bestimmter Zeitraum" als Abgrenzung zur Daueremission ansieht und folgert, dass Angebotsprogramme wegen § 9 WpPG jährlich auf eine neue Grundlage zu stellen seien. Dabei wird allerdings verkannt, dass zwischen Angebotsprogramm und seiner prospektrechtlichen Dokumentation zu differenzieren ist (vgl. zur Entstehungsgeschichte der Norm *Ritz/Zeising* in Just/Voß/Ritz/Zeising, § 2 WpPG Rz. 181). Allein die prospektrechtliche Dokumentation ist rechtlich zwingend entsprechend den

77 Vor dem Hintergrund der angestrebten Erweiterung des Anwendungsbereichs des Basisprospektregimes auf sämtliche Nichtdividendenwerte (vgl. Rz. 6 und insb. § 6 WpPG Rz. 14) entfällt im Rahmen des Vorschlags der Ratspräsidentschaft zu einer neuen **Prospektverordnung** vom 3.6.2016[1] die Definition für „Angebotsprogramm" (bislang Art. 2 Abs. 1 lit. k der Prospektrichtlinie).

6. Qualifizierte Anleger (§ 2 Nr. 6 WpPG)

78 § 2 Nr. 6 WpPG setzt die in Art. 2 Abs. 1 lit. e der Prospektrichtlinie enthaltene Definition der qualifizierten Anleger in deutsches Recht um. Die Definition ist insb. für die Ausnahmeregelung des § 3 Abs. 2 Nr. 1 WpPG von Bedeutung, nach der für ein Angebot, welches sich ausschließlich an qualifizierte Anleger richtet, keine Prospektpflicht besteht. Die Prospektrichtlinie verweist für die Definition der „qualifizierten Anleger" auf die maßgeblichen Regelungen der Finanzmarktrichtlinie (MiFID I)[2] zu **professionellen Kunden** (Anhang II sowie die Übergangsvorschrift des Art. 71 Abs. 6 der MiFID I) und zu geeigneten Gegenparteien (Art. 24 der MiFID I). **§ 31a WpHG** setzt diese Regelungen der MiFID I für in Deutschland ansässige Kunden um. Daher verweist § 2 Nr. 6 lit. a WpPG insoweit auf die entsprechenden Regelungen des § 31a WpHG. Für nicht in Deutschland ansässige Anleger verweisen § 2 Nr. 6 lit. b bis e WpPG pauschal auf die einschlägigen einzelstaatlichen Normen zur Umsetzung der MiFID I, dh. die Einstufung dieser Anleger erfolgt nach dem jeweiligen ausländischen Recht, welches die MiFID I im Herkunftsstaat des Anlegers umsetzt. Die dortige Einstufung wird für Angebote nach deutschem Recht zugrunde gelegt[3]. Der in Art. 2 Abs. 1 lit. e der Prospektrichtlinie enthaltene Verweis auf Regelungen der MiFID I ist grds. dynamisch, als dass die nachfolgende MiFID II[4] anordnet, dass Bezugnahmen auf die vorhergehende Richtlinie grds. als Bezugnah-

---

Vorgaben des WpPG zu aktualisieren, weil zur Fortsetzung eines öffentlichen Angebots bestimmter Wertpapiere unter einem Angebotsprogramm zB spätestens bei Ablauf der Gültigkeit eines Basisprospekts ein neuer Basisprospekt vorliegen muss, vgl. dazu auch ESMA, Questions and Answers – 25th updated version – July 2016, ESMA/2016/1133, Frage Nr. 98, S. 77 f., wobei Einigkeit besteht, dass das „expected end date" auch in fernster Zukunft liegen kann, so dass auch nach ESMA – zumindest praktisch – keinerlei zeitliche Begrenzung gegeben ist.

1 Rat der Europäischen Union, Vorschlag für eine Verordnung des Europäischen Parlaments und des Rates über den Prospekt, der beim öffentlichen Angebot von Wertpapieren oder bei deren Zulassung zu veröffentlichen ist, vom 3.6.2016, 2015/0268 (COD), Dok.-Nr. 9801/16.
2 Richtlinie 2004/39/EG des Europäischen Parlaments und des Rates vom 21.4.2004 über Märkte für Finanzinstrumente, zur Änderung der Richtlinien 85/611/EWG und 93/6/EWG und der Richtlinie 2000/12/EG und zur Aufhebung der Richtlinie 93/22/EWG (MiFID I), ABl. EU Nr. L 145 v. 30.4.2004, S. 1 ff.
3 So Begr. RegE zu § 2 Nr. 6 WpPG, BT-Drucks. 17/8684, S. 16; ferner *Lawall/Maier*, DB 2012, 2443.
4 Richtlinie 2014/65/EU des Europäischen Parlaments und des Rates vom 15.5.2014 über Märkte für Finanzinstrumente sowie zur Änderung der Richtlinien 2002/92/EG und 2011/61/EU (Neufassung) (MiFID II), ABl. EU Nr. L 173 v. 12.6.2014, S. 349.

men auf die neue Richtlinie gelten[1]. Dabei ist jedoch zu beachten, dass die Übergangsregelung des Art. 71 Abs. 6 der MiFID I gestrichen wurde, was im Rahmen der Umsetzung der MiFID II in deutsches Recht auch für das WpPG zu berücksichtigen sein wird[2]. In dem Vorschlag der Ratspräsidentschaft zu einer neuen **Prospektverordnung** vom 3.6.2016[3] ist in Art. 2 Abs. 1 lit. e der Verweis auf die Übergangsregelung des Art. 71 Abs. 6 der MiFID I entsprechend nicht mehr enthalten und die Vorschrift darüber hinaus aktualisiert.

Qualifizierte Anleger nach § 2 Nr. 6 lit. a WpPG iVm. § 31a Abs. 2 WpHG sind – vorbehaltlich einer abweichenden Einstufung als Privatkunden (vgl. § 31a Abs. 5 Satz 1 und Abs. 6 Satz 1 WpHG) – bspw. **Wertpapierdienstleistungsunternehmen iS des § 2 Abs. 4 WpHG** (zB Kreditinstitute), Versicherungsunternehmen, Pensionsfonds, Börsenhändler, Unternehmen, die nicht zulassungs- und aufsichtspflichtig sind, jedoch zwei von drei der nachfolgenden Kriterien erfüllen: 20 Mio. Euro Bilanzsumme, 40 Mio. Euro Umsatzerlöse, 2 Mio. Euro Eigenmittel, sowie der Bund, die Länder und Zentralenbanken (zB Bundesbank, EZB), internationale und überstaatliche Einrichtungen (zB Weltbank, Internationaler Währungsfonds). Auch können **Privatkunden**, dh. Kunden, die keine professionellen Kunden sind (§ 31a Abs. 3 WpHG), unter bestimmten Voraussetzungen und auf Antrag als professionelle Kunden eingestuft werden mit der Folge, dass sie nach § 2 Nr. 6 lit. a WpPG iVm. § 31a Abs. 7 WpHG als qualifizierte Anleger gelten. Die bislang kontrovers diskutierte Frage, ob neben dem Bund und den Ländern auch **Landkreise, Städte und Gemeinden** nach § 31a Abs. 2 Nr. 3 WpHG grds. als professionelle Anleger zu qualifizieren sind[4], dürfte durch die MiFID II geklärt sein. Nach Anhang II der MiFID II werden „kommunale Behörden und Gebietskörperschaften" nunmehr explizit als Kunden bezeichnet, die erst auf Antrag als professionelle Kunden eingestuft können[5]. 79

Der Begriff der qualifizierten Anleger wurde im Rahmen der Prospektrichtlinie zunächst gesondert und ohne Rückgriff auf die Definition der MiFID zu „professionellem Kunden" und in Anlehnung an die US-amerikanische Regelung der Rule 144A der SEC bestimmt, weil das Anforderungsprofil für Zwecke der Prospektricht- 80

---

1 Vgl. Art. 94 iVm. Anhang IV MiFID II.
2 So dürften § 2 Nr. 6 lit. e WpPG sowie in § 2 Nr. 6 lit. a WpPG die Bezugnahme auf § 31a Abs. 6 Satz 5 WpHG obsolet werden.
3 Rat der Europäischen Union, Vorschlag für eine Verordnung des Europäischen Parlaments und des Rates über den Prospekt, der beim öffentlichen Angebot von Wertpapieren oder bei deren Zulassung zu veröffentlichen ist, vom 3.6.2016, 2015/0268 (COD), Dok.-Nr. 9801/16.
4 So RegE FRUG zu § 31a Abs. 2 Nr. 3 WpPG, BT-Drucks. 16/4028, S. 66; allg. zur Diskussion vgl. nur *Koch* in Schwark/Zimmer, § 31a WpHG Rz. 12 mwN. Zur entsprechenden Fragestellung nach § 2 Nr. 6 lit. b WpPG aF vgl. nur *Heidelbach* in Schwark/Zimmer, § 2 WpPG Rz. 35 ff. und *Schnorbus* in FrankfurtKomm. WpPG, § 2 WpPG Rz. 94 aE, die zu dem Ergebnis kommen, dass Landkreise, Städte und Gemeinden als qualifizierte Anleger zu beurteilen sind.
5 Anhang II Abschnitt II.1 MiFID II; vgl. ferner Erwägungsgrund 104, letzter Satz, zur MiFID II.

linie ein gänzlich anderes sei[1]. Anlässlich der turnusgemäßen Überprüfung der Prospektrichtlinie durch die Europäische Kommission (vgl. Rz. 4) ist diese aufgrund von ihr durchgeführter und in Auftrag gegebener Untersuchungen zu der Einschätzung gelangt, dass die Definition eines qualifizierten Anlegers nach der Prospektrichtlinie derjenigen der MiFID entsprechen sollte[2]. So führt auch Erwägungsgrund 7 zur **Änderungsrichtlinie** aus, dass die **Angleichung der Bestimmungen der Finanzmarktrichtlinie (MiFID) und der Prospektrichtlinie** voraussichtlich für Wertpapierfirmen bei Privatplatzierungen die Lage vereinfachen und Kosten senken wird, weil die Firmen das Zielpublikum anhand ihrer eigenen Listen professioneller Kunden und geeigneter Gegenparteien bestimmen können. Dabei ist offenbar gewollt, dass die Klassifizierung als qualifizierter Anleger in diesen Fällen nur im Verhältnis des Kunden zur jeweiligen Bank Wirkung entfaltet, nicht jedoch allg. im Verhältnis zu Jedermann gilt[3]. Durch die Angleichung der Bestimmungen der Finanzmarktrichtlinie (MiFID) und der Prospektrichtlinie konnte als konsequente Folgeänderung auch das nationale Register nach Art. 2 Abs. 3 der Richtlinie (§ 27 WpPG aF) entfallen sowie auch Art. 2 Abs. 2 gestrichen werden.

81 Die zusätzlich in Art. 2 Abs. 1 lit. e der Prospektrichtlinie geregelte **Auskunftspflicht** von Kreditinstituten und Wertpapierfirmen ggü. Emittenten über die Einstufung eines Kunden wird durch § 32 WpPG umgesetzt.

7. Kleine und mittlere Unternehmen (§ 2 Nr. 7 WpPG aF)

82 § 2 Nr. 7 WpPG aF regelte die Merkmale, anhand derer sich die Einordnung als kleines oder mittleres Unternehmen bestimmt, und setzte damit Art. 2 Abs. 1 lit. f der Prospektrichtlinie um. Die **Definition** in § 2 Nr. 7 WpPG wurde durch das Gesetz

---

1 Begründung der Kommission der Europäischen Gemeinschaften in The Proposed Prospectus Directive – Frequently Asked Questions vom 28.9.2001, Nr. 13 S. 8 f.
2 Arbeitspapier der Kommissionsdienststellen – Begleitdokument zum Vorschlag für eine Richtlinie des Europäischen Parlaments und des Rates zur Änderung der Richtlinie 2003/71/EG betreffend den Prospekt, der beim öffentlichen Angebot von Wertpapieren oder bei deren Zulassung zum Handel zu veröffentlichen ist, und der Richtlinie 2004/109/EG zur Harmonisierung der Transparenzanforderungen in Bezug auf Informationen über Emittenten, deren Wertpapiere zum Handel auf einem geregelten Markt zugelassen sind – Zusammenfassung der Folgenabschätzung –, Dok.-Nr. SEK(2009) 1223 v. 23.9.2009, S. 8 ff.
3 Vgl. Begründung zum Vorschlag für eine Richtlinie des Europäischen Parlaments und des Rates zur Änderung der Richtlinie 2003/71/EG betreffend den Prospekt, der beim öffentlichen Angebot von Wertpapieren oder bei deren Zulassung zum Handel zu veröffentlichen ist, und der Richtlinie 2004/109/EG zur Harmonisierung der Transparenzanforderungen in Bezug auf Informationen über Emittenten, deren Wertpapiere zum Handel auf einem geregelten Markt zugelassen sind; Dokument v. 23.9.2009, 2009/0132(COD), KOM(2009) 491 endg., Ziffer 5.3.2, S. 6; sowie Bericht der Expertengruppe Europäische Wertpapiermärkte (European Securities Markets Expert Group, ESME), „Differences between the Definitions of ‚Qualified investor' in the Prospectus Directive and ‚Professional Client' and ‚Eligible Counterparty' in MiFID – Is Alignment Needed?" vom 18.9.2008 bzw. November 2008, S. 14.

zur Umsetzung der Richtlinie 2010/73/EU und zur Änderung des Börsengesetzes vom 26.6.2012[1] **zum 1.7.2012 gestrichen**. Hintergrund der Streichung war die gleichzeitige Neufassung der Definition für „qualifizierte Anleger" in § 2 Nr. 6 WpPG und der Wegfall des Registers nach § 27 WpPG aF, infolgedessen die Verwendung des Begriffes „kleine und mittlere Unternehmen" im WpPG entfiel[2].

Die Streichung der Definition für „kleine und mittlere Unternehmen" (sog. KMU oder auch SME, *small and medium-sized enterprises*) mag ebenso für konsequent zu erachten sein wie die Nichtaufnahme der Definition für **„Unternehmen mit geringer Marktkapitalisierung"** (Art. 2 Abs. 1 lit. t der Prospektrichtlinie, sog. *Small Caps*, vgl. Rz. 3) in das WpPG, weil eine Legaldefinition ohne Relevanz im weiteren Regelwerk sinnlos erscheint. Jedoch verwendet die **ProspektVO** die beiden Begriffe, ohne sie selbst zu definieren[3], dh. sie **setzt die Begriffsdefinitionen voraus**. Von Bedeutung sind die Begriffe in der ProspektVO insb. für die Anwendbarkeit der sog. verhältnismäßigen Schemata (Art. 26b ProspektVO). Daraus ergibt sich das Problem, dass sich die beiden Begriffsdefinitionen nur in der Richtlinie, dh. allein in mittelbar anwendbarem Recht finden. Im Ergebnis dürften die von der ProspektVO verwendeten Begriffe „kleine und mittlere Unternehmen" und „Unternehmen mit geringer Marktkapitalisierung" richtlinienkonform auszulegen sein, so dass auf die Definitionen der Prospektrichtlinie zurückzugreifen ist[4]. Ob die in der Richtlinie vorgegebenen Kriterien zur Annahme eines kleinen und mittleren Unternehmens vorliegen, ist dem Wortlaut folgend anhand des Einzel- bzw. Konzernabschlusses für das letzte Geschäftsjahr zu beurteilen. Entsprechend dürften neu gegründete Emittenten, die noch über keinen Jahresabschluss verfügen, (noch) nicht als kleines und mittleres Unternehmen zu qualifizieren sein. 83

Nach Art. 2 Abs. 4 der Richtlinie kann die Europäische Kommission delegierte Rechtsakte zur Anpassung der in den Definitionen genannten Schwellenwerte erlassen, dh. die Schwellenwerte erhöhen oder auch absenken. Auch vor diesem Hintergrund erscheint eine Übernahme der vorgenannten Definitionen in das WpPG problematisch. Von der Anpassungsmöglichkeit hat die Kommission bislang allerdings keinen Gebrauch gemacht[5]. 84

De lege ferenda erscheint eine Angleichung unterschiedlicher kapitalmarktrechtlicher Definitionen für den Begriff „kleine und mittlere Unternehmen" wünschens- 85

---

1 BGBl. I 2012, S. 1375.
2 Begr. RegE zu § 2 Nr. 7 WpPG, BT-Drucks. 17/8684, S.17.
3 Von der Aufnahme einer Definition in die ProspektVO war der deutsche Gesetzgeber aber offensichtlich ausgegangen, vgl. Begr. RegE zu § 2 Nr. 7 WpPG, BT-Drucks. 17/8684, S. 17.
4 *Henningsen*, BaFinJournal 09/2012, S. 5 (8); *Lawall/Maier*, DB 2012, 2443 (2445).
5 Vgl. Bericht der Kommission an das Europäische Parlament und den Rat über die Ausübung der der Kommission übertragenen Befugnis zum Erlass delegierter Rechtsakte gemäß der Richtlinie 2003/71/EG des Europäischen Parlaments und des Rates v. 4.11.2003 betreffend den Prospekt, der beim öffentlichen Angebot von Wertpapieren oder bei deren Zulassung zum Handel zu veröffentlichen ist, und zur Änderung der Richtlinie 2001/34/EG vom 13.4.2015, Dok.-Nr. COM(2015) 149 final, S. 2.

wert[1]. Diese Angleichung würde mit dem Vorschlag der Ratspräsidentschaft zu einer neuen **Prospektverordnung** vom 3.6.2016[2] umgesetzt werden[3]. So entfällt nach diesem Verordnungsentwurf die Definition für „Unternehmen mit geringer Marktkapitalisierung" (Art. 2 Abs. 1 lit. t der Prospektrichtlinie). Zugleich wird die Definition für „kleine und mittlere Unternehmen" in Art. 2 Abs. 1 lit. f der Prospektrichtlinie im Verordnungsentwurf unter Verweis auf Art. 4 Abs.1 Nr. 13 der Richtlinie 2014/65/EU (MiFID II)[4] um eine Alternative erweitertet, welche die bisherigen „Unternehmen mit geringer Marktkapitalisierung" mitumfasst. Da die neue Definition für „kleine und mittlere Unternehmen" nach Art. 4 Abs. 1 Nr. 13 der MiFID II auf eine durchschnittliche Marktkapitalisierung von weniger als 200 Mio. Euro abstellt, wird der praktische Anwendungsbereich der überarbeiteten Definition für „kleine und mittlere Unternehmen" sehr deutlich erweitert werden.

8. CRR-Kreditinstitute (§ 2 Nr. 8 WpPG)

§ 2 Nr. 8 WpPG bestimmt den Begriff des CRR-Kreditinstituts in **Anknüpfung an das Kreditwesengesetz**, welches in seinem § 1 Abs. 3d Satz 1 auf Art. 4 Abs. 1 Nr. 1 der Verordnung (EU) Nr. 575/2013 des Europäischen Parlaments und des Rates vom 26.6.2013 über Aufsichtsanforderungen an Kreditinstitute und Wertpapierfirmen und zur Änderung der Verordnung (EU) Nr. 646/2012 (CRD IV-Verordnung)[5] verweist. Der Verweis in Art. 2 Abs. 1 lit. g der Prospektrichtlinie auf Art. 1 Abs. 1 lit. a der Richtlinie 2000/12/EG des Europäischen Parlaments und des Rates vom 20.3.2000 über die Aufnahme und die Ausübung der Tätigkeit der Kreditinstitute[6] ist inzwischen als Verweis auf Art. 3 Abs. 1 Nr. 1 der Richtlinie 2013/36/EU des Eu-

---

1 Vgl. nur die Definition „kleine und mittlere Unternehmen" in Art. 4 Abs. 1 Nr. 13 der Richtlinie 2014/65/EU des Europäischen Parlaments und des Rates vom 15.5.2014 über Märkte für Finanzinstrumente sowie zur Änderung der Richtlinien 2002/92/EG und 2011/61/EU (Neufassung) (MiFID II), ABl. EU Nr. L 173 v. 12.6.2014, S. 349, die auf eine durchschnittliche Marktkapitalisierung von weniger als 200 Mio. Euro abstellt. Diese Definition gleicht damit eher der Definition der Prospektrichtlinie in Art. 2 Abs. 1 lit. t für Unternehmen mit geringer Marktkapitalisierung, wobei der Schwellenwert dort weniger als 100 Mio. Euro beträgt. Für die Forderung nach einer Angleichung der Definitionen vgl. zB summary record of the 14th meeting of the Expert Group of the European Securities Committee (EGESC) vom 2.7.2015, working document EGESC-6-2015, S. 3.
2 Rat der Europäischen Union, Vorschlag für eine Verordnung des Europäischen Parlaments und des Rates über den Prospekt, der beim öffentlichen Angebot von Wertpapieren oder bei deren Zulassung zu veröffentlichen ist, vom 3.6.2016, 2015/0268 (COD), Dok.-Nr. 9801/16.
3 Vgl. dazu den Erwägungsgrund 45 des Vorschlags der Ratspräsidentschaft für eine Verordnung des Europäischen Parlaments und des Rates über den Prospekt, der beim öffentlichen Angebot von Wertpapieren oder bei deren Zulassung zu veröffentlichen ist, vom 3.6.2016, 2015/0268 (COD), Dok.-Nr. 9801/16.
4 Richtlinie 2014/65/EU des Europäischen Parlaments und des Rates vom 15.5.2014 über Märkte für Finanzinstrumente sowie zur Änderung der Richtlinien 2002/92/EG und 2011/61/EU (Neufassung) (MiFID II), ABl. EU Nr. L 173 v. 12.6.2014, S. 349.
5 ABl. EU Nr. L 176 v. 27.6.2013, S. 1.
6 ABl. EG Nr. L 126 v. 26.5.2000, S. 1.

ropäischen Parlaments und des Rates vom 26.6.2013 über den Zugang zur Tätigkeit von Kreditinstituten und die Beaufsichtigung von Kreditinstituten und Wertpapierfirmen, zur Änderung der Richtlinie 2002/87/EG und zur Aufhebung der Richtlinien 2006/48/EG und 2006/49/EG (CRD IV-Richtlinie)[1] zu lesen[2], der seinerseits ebenso wie das KWG auf die CRD IV-Verordnung verweist. Nach der Definition der CRD IV-Verordnung ist ein „Kreditinstitut" ein Unternehmen, dessen Tätigkeit darin besteht, Einlagen oder andere rückzahlbare Gelder des Publikums entgegenzunehmen und Kredite für eigene Rechnung zu gewähren. Für die Zwecke dieses Gesetzes kommt es dabei allein darauf an, dass das Kreditinstitut eine Erlaubnis zum Betreiben des Einlagengeschäfts (§ 1 Abs. 1 Nr. 1 KWG) hat[3].

Aufgrund des Verweises auf das KWG können **ausländische CRR-Kreditinstitute** nur nach den Maßgaben des KWG von der Definition des § 2 Nr. 8 WpPG umfasst sein. Dies bedeutet ua., dass CRR-Kreditinstitute aus Staaten des EWR von dem sog. Europäischen Pass für CRR-Kreditinstitute nach § 53b KWG profitieren können[4]. Kreditinstitute aus Drittstaaten, dh. aus Staaten, die keine Staaten des EWR sind, fallen grds. nicht unter den Begriff des CRR-Kreditinstituts[5]. Hinzuweisen bleibt jedoch darauf, dass gemäß Art. 14 Abs. 2 ProspektVO[6] das Registrierungsformular für Banken auch für Banken aus Drittstaaten gelten soll, die nicht unter die Definition eines Kreditinstituts in diesem Sinne fallen, wohl aber ihren eingetragenen Sitz in einem

87

---

1 ABl. EU Nr. L 176 v. 27.2013, S. 338.
2 Durch die Richtlinie 2006/48/EG des Europäischen Parlaments und des Rates vom 14.6.2006 über die Aufnahme und Ausübung der Tätigkeit der Kreditinstitute (Neufassung) (ABl. EU Nr. L 177 v. 30.6.2006, S. 1) wurde die mehrfach geänderte Richtlinie 2000/12/EG des Europäischen Parlaments und des Rates vom 20.3.2000 über die Aufnahme und die Ausübung der Tätigkeit der Kreditinstitute aufgehoben und neugefasst. Die Richtlinie 2006/48/EG wurde wiederum durch die Richtlinie 2013/36/EU des Europäischen Parlaments und des Rates vom 26.6.2013 über den Zugang zur Tätigkeit von Kreditinstituten und die Beaufsichtigung von Kreditinstituten und Wertpapierfirmen, zur Änderung der Richtlinie 2002/87/EG und zur Aufhebung der Richtlinien 2006/48/EG und 2006/49/EG aufgehoben. Über Art. 163 der Richtlinie 2013/36/EU und Art. 158 Abs. 2 der Richtlinie 2006/48/EG gelten Verweisungen auf die jeweils aufgehobenen Richtlinien als Verweisungen auf die jeweils neuere Richtlinie und zwar nach der Maßgabe der jeweiligen Entsprechungstabelle. Danach gilt der Verweis in Art. 2 Abs. 1 lit. g der Prospektrichtlinie auf Art. 1 Abs. 1 lit. a der Richtlinie 2000/12/EG als Verweis auf Art. 3 Abs. 1 Nr. 1 der Richtlinie 2013/36/EU.
3 Begr. RegE zu § 2 Nr. 8 WpPG, BT-Drucks. 15/4999, S. 28 f.
4 *Schnorbus* in FrankfurtKomm. WpPG, § 2 WpPG Rz. 100; *Heidelbach* in Schwark/Zimmer, § 2 WpPG Rz. 47.
5 *Heidelbach* in Schwark/Zimmer, § 2 WpPG Rz. 47, mit dem Hinweis, dass für die Zweigniederlassung eines Drittstaateninstituts wiederum etwas anderes gelten kann.
6 Verordnung (EG) Nr. 809/2004 der Kommission vom 29.4.2004 zur Umsetzung der Richtlinie 2003/71/EG des Europäischen Parlaments und des Rates betreffend die in Prospekten enthaltenen Angaben sowie die Aufmachung, die Aufnahme von Angaben in Form eines Verweises und die Veröffentlichung solcher Prospekte sowie die Verbreitung von Werbung, ABl. EU Nr. L 215 v. 16.6.2004, S. 3.

Staat haben, der Mitglied der OECD ist (zB der Schweiz, nicht hingegen der Volksrepublik China).

88 Die Definition ist relevant für Ausnahmen von dem Anwendungsbereich des Gesetzes (§ 1 Abs. 2 Nr. 4 und Nr. 5 WpPG) sowie für die Möglichkeit einen Basisprospekt zu erstellen (§ 6 Abs. 1 Nr. 2 WpPG).

9. Emittent (§ 2 Nr. 9 WpPG)

89 § 2 Nr. 9 WpPG setzt Art. 2 Abs. 1 lit. h der Prospektrichtlinie um und bestimmt, dass eine Person oder Gesellschaft, die **Wertpapiere begibt** oder **zu begeben beabsichtigt**, deren Emittent ist. Das WpPG legt damit dem Begriff des Emittenten ein rein formales Begriffsverständnis zugrunde, dh. es kommt bspw. nicht darauf an, wem eine Emission „wirtschaftlich" zugerechnet werden kann (zB bei Verwendung eines sog. Emissionsvehikels). Dies ist bedeutsam, da Anknüpfungspunkt für die von der ProspektVO für den Prospekt geforderten Mindestangaben (§ 7 WpPG) zunächst nur der Emittent ist. Dem formalen Begriffsverständnis folgend ist auch bei **Zertifikaten, die Aktien vertreten** (zB bei American Depositary Receipts, ADRs, oder bei Global Depositary Receipts, GDRs), der Emittent dieser Wertpapiere als Emittent iS des § 2 Nr. 9 WpPG zu qualifizieren[1], was ua. für die Bestimmung des Herkunftsstaats (§ 2 Nr. 13 WpPG) bedeutsam ist.

90 Die **Unterscheidung zwischen Person und Gesellschaft** in § 2 Nr. 9 WpPG findet sich so nicht in der Richtlinie, wo in Art. 2 Abs. 1 lit. h von „Rechtspersönlichkeit" bzw. in der englischen Fassung von „legal entity" die Rede ist. Setzt man den Begriff „Person" mit natürlicher als auch juristischer Person sowohl des öffentlichen Rechts als auch des Privatrechts gleich[2], erlangt der Begriff „Gesellschaft" nur dann eigenständige Bedeutung, wenn er Gesellschaftsformen betrifft, die keine eigene Rechtspersönlichkeit aufweisen[3]. Dies erscheint iS des Anlegerschutzes konsequent, wenn auch die Richtlinie mit „legal entity" nicht eine natürliche Person zu meinen scheint, wie es sich im Vergleich zur Definition des Begriffes „Anbieter" in Art. 2 Abs. 1 lit. i der englischen Richtlinienfassung ergibt, die zusätzlich das „individual" iS einer natürlichen Person aufweist. Würde man jedoch diesem Ansatz – wie wohl die Mehrzahl der Staaten des EWR – folgen, wären bspw. natürliche Personen (zB auch ein eingetragener Kaufmann), die Schuldverschreibungen emittieren, nicht erfasst[4]. In diese

---

1 Vgl. ESMA, Questions and Answers – Prospectuses, 25th updated version – July 2016, ESMA/2016/1133, Frage Nr. 39, S. 35; aA *Schnorbus* in FrankfurtKomm. WpPG, § 2 WpPG Rz. 103.
2 In dieser Konsequenz Begr. RegE zu § 2 Nr. 9 WpPG, BT-Drucks. 15/4999, S. 29.
3 So auch *Hamann* in Schäfer/Hamann, § 2 WpPG Rz. 56.
4 Darin wäre dann jedoch wohl ein Bruch in der Regelungssystematik der Prospektrichtlinie zu erkennen. Denn die Begriffsdefinition für „Wertpapier" in Art. 2 Abs. 1 lit. a der Richtlinie unterscheidet nicht danach, ob die Wertpapiere von einer natürlichen oder von einer juristischen Person emittiert werden. Folglich besteht nach Art. 3 Abs. 1 der Richtlinie auch für das öffentliche Angebot von Wertpapieren, welche von einer natürlichen Person begeben werden, grds. eine Prospektpflicht. Wie dieser Verpflichtung allerdings nachzukommen ist, wenn eine natürliche Person nicht als valider Emittent unter der Richtlinie anerkannt ist,

Richtung ist aber der deutschsprachige Vorschlag der Ratspräsidentschaft zu einer neuen **Prospektverordnung** vom 3.6.2016[1] zu verstehen, wenn er in seinem Art. 2 Abs. 1 lit. h den Begriff „juristische Person" anstatt wie bislang die Prospektrichtlinie den Begriff der „Rechtspersönlichkeit" verwendet. In der englischen Fassung des Verordnungsentwurfs wird wie auch bislang in der Richtlinie der Begriff „legal entity" verwendet.

Emittent und Anbieter können, müssen jedoch nicht identisch sein (vgl. § 2 Nr. 10 WpPG, Rz. 94). 91

10. Anbieter (§ 2 Nr. 10 WpPG)

Anbieter ist eine Person oder Gesellschaft, **die Wertpapiere öffentlich anbietet.** 92
Der Anbieter ist Adressat zentraler Pflichten des WpPG, zB der Pflicht zur Veröffentlichung eines Prospekts nach § 3 Abs. 1 WpPG, der Pflicht nach § 5 Abs. 3 Satz 1 WpPG den Prospekt zu unterschreiben sowie der Pflicht den Prospekt nach § 16 Abs. 1 WpPG zu aktualisieren. Nur in bestimmten Konstellationen muss der Anbieter selbst keinen Prospekt veröffentlichen, zB wenn er Wertpapiere später anbietet, für die bereits ein gültiger Prospekt vorliegt und der Emittent oder die Personen, die die Verantwortung für den Prospekt übernommen haben, seiner Verwendung durch den Anbieter zugestimmt haben (§ 3 Abs. 3 WpPG)[2].

Die Definition des Begriffs „Anbieter" erscheint durch den Gebrauch des Wortes 93 „anbietet" zunächst ein Stück weit zirkulär, was nicht der Klarheit dient. Durch die Verwendung der Worte „öffentlich anbietet" rekurriert sie des Weiteren auf die Legaldefinition des „öffentlichen Angebots" in § 2 Nr. 4 WpPG. Daraus ist jedoch lediglich zu schließen, dass derjenige als Anbieter anzusehen ist, der die für das Vorliegen eines öffentlichen Angebots erforderlichen Tatbestandsmerkmale selbst verwirklicht oder dem ihre Verwirklichung zumindest zuzurechnen ist[3]. Hinsichtlich der Differenzierung zwischen der Person und der Gesellschaft in § 2 Nr. 10 WpPG ist die Formulierung im deutschen Gesetzestext mit der des § 2 Nr. 9 WpPG identisch (vgl. § 2 Nr. 9

---

bleibt offen. Eine weite Auslegung des Begriffes „legal entity" erscheint schon daher angezeigt. Auch ist darauf hinzuweisen, dass durch Art. 1 Nr. 1 lit. a i) der Transparenzrichtlinie-Änderungsrichtlinie (Richtlinie 2013/50/EU, ABl. EU Nr. L 294 v. 6.11.2013, S. 13), der Emittentenbegriff der Transparenzrichtlinie (Richtlinie 2004/109/EG) in ihrem Art. 2 Nr. 1 lit. d dahin gehend geändert wurde, dass nun auch explizit natürliche Personen umfasst sind („,Emittent' ist eine natürliche oder juristische Person ..."), vgl. auch Erwägungsgrund 18 zur Transparenzrichtlinie-Änderungsrichtlinie. Eine entsprechende Klarstellung in der Prospektrichtlinie wäre wünschenswert.

1 Rat der Europäischen Union, Vorschlag für eine Verordnung des Europäischen Parlaments und des Rates über den Prospekt, der beim öffentlichen Angebot von Wertpapieren oder bei deren Zulassung zu veröffentlichen ist, vom 3.6.2016, 2015/0268 (COD), Dok.-Nr. 9801/16.
2 Die ggf. bedingte Zustimmung zur Verwendung des Prospekts für spätere Angebote kann bereits im Prospekt dokumentiert werden, vgl. Art. 20a iVm. Anhang XXX der Prospekt-VO.
3 *Ritz/Zeising* in Just/Voß/Ritz/Zeising, § 2 WpPG Rz. 196.

WpPG, Rz. 90), während die Richtlinie in Art. 2 Abs. 1 lit. i von juristischer oder natürlicher Person spricht. Insoweit ist die Gesetzesfassung weiter, was jedoch durch die unterschiedlichen europäischen Rechtsordnungen, auf die der Richtlinientext abzielt, zu erklären ist.

94 Für die Interpretation des Begriffes „Anbieter" verweist die Gesetzesbegründung auf die alte Rechtslage unter dem Wertpapier-Verkaufsprospektgesetz. Danach ist derjenige Anbieter, der **für das öffentliche Angebot einer Emission verantwortlich** ist[1]. Die Verantwortlichkeit setzt entweder einen wesentlichen aktiven Beitrag oder aber die Kontrolle über das öffentliche Angebot voraus[2]. Ein Auftreten als Anbieter nach außen ist für die Qualifizierung als Anbieter daher für sich genommen nicht erforderlich[3], auch wenn tatsächlich ein solches Auftreten regelmäßig mit der Verantwortlichkeit für das öffentliche Angebot einhergeht und im Kontext der für das öffentliche Angebot nach § 2 Nr. 4 WpPG erforderlichen „Mitteilung an das Publikum" erfolgt. Daher ist zB ein Großaktionär, dessen Aktien öffentlich angeboten werden (bspw. bei einem IPO), regelmäßig Anbieter, weil er – ungeachtet eines fehlenden Außenauftritts – zumindest mitverantwortlich für das Angebot seiner Aktien sein dürfte[4]. Allein die passive Hinnahme des Emittenten, dass eigene Wertpapiere angeboten werden, genügt nicht, den Emittenten als Anbieter zu qualifizieren (zum „unfreiwilligen"

---

1 Begr. RegE zu § 2 Nr. 10 WpPG, BT-Drucks. 15/4999, S. 29, die zum Anbieterbegriff fast wortgleich ist mit der Bekanntmachung des Bundesaufsichtsamts für den Wertpapierhandel zum Wertpapier-Verkaufsprospektgesetz vom 6.9.1999, BAnz. Nr. 177 v. 21.9.1999, S. 16180.
2 *Schnorbus*, AG 2008, 389 (390); *Schnorbus* in FrankfurtKomm. WpPG, § 2 WpPG Rz. 104; *Foelsch* in Holzborn, § 2 WpPG Rz. 25.
3 AA *Groß*, Kapitalmarktrecht, § 2 WpPG Rz. 25 f., der wohl insb. aufgrund des Wortlautes des § 2 Nr. 10 WpPG allein für entscheidend erachtet, wer den Anlegern ggü. nach außen als Anbieter auftritt, ferner *Heidelbach* in Schwark/Zimmer, § 2 WpPG Rz. 51 und Rz. 57 f. sowie insb. *Ritz/Zeising* in Just/Voß/Ritz/Zeising, § 2 WpPG Rz. 197 ff., die grds. kumulativ einen entsprechenden Außenauftritt und eine Verantwortung bzw. Kontrolle über den Transaktionsablauf voraussetzen, wobei nach *Ritz/Zeising* in Just/Voß/Ritz/Zeising, § 2 WpPG Rz. 207, auch in einer Person ein alternatives Vorliegen von Außenauftritt oder Verantwortlichkeit genügen kann; vgl. auch *Foelsch* in Holzborn, § 2 WpPG Rz. 25, erster Absatz aE.
4 Vgl. *Kuntz* in Ekkenga/Schröer, Handbuch der AG-Finanzierung, 2014, Kap. 8 Rz. 103 ff., insb. Rz. 105, zweiter Absatz; *Ekkenga/Maas*, Das Recht der Wertpapieremissionen, § 2 Rz. 109; ferner *Grosjean* in Heidel, Aktienrecht und Kapitalmarktrecht, § 2 WpPG Rz. 34 (für die öffentliche Umplatzierung); unklar *Schnorbus* in FrankfurtKomm. WpPG, § 2 WpPG Rz. 114, der in diesem Kontext wohl den Emittenten allein deshalb als (weiteren) Anbieter qualifiziert, da er die Verantwortung für den Inhalt des Prospekts übernimmt. Jedoch begründet die Übernahme der Verantwortung für den Inhalt des Prospekts nach § 5 Abs. 4 WpPG noch nicht automatisch die Anbietereigenschaft, so zutreffend *Heidelbach* in Schwark/Zimmer, § 2 WpPG Rz. 54. In diesem Kontext, jedoch im Ergebnis nicht weiterführend ESMA, Questions and Answers – Prospectuses, 25th updated version – July 2016, ESMA/2016/1133, Frage Nr. 47, S. 39.

öffentlichen Angebot vgl. Rz. 57)[1]. Die Verantwortlichkeit wird idR auch mit einem eigenen wirtschaftlichen Interesse einhergehen, welches damit ein Indiz für die Anbietereigenschaft ist[2]. Der Anbieter muss weder mit dem Emittenten identisch sein noch muss der Emittent stets auch Anbieter sein[3]. Insb. bei Zweitplatzierungen kann diese Problematik auftreten (vgl. aber Rz. 56 aE), zumal wenn die Erstplatzierung prospektfrei erfolgt ist[4]. Rein praktisch kann sich dann für den Anbieter, der nicht zugleich Emittent der Wertpapiere ist, die Problematik stellen, wie er an alle notwendigen Prospektangaben des Emittenten gelangen kann.

Mehrere Personen können zugleich, dh. jeder für sich, **Anbieter desselben Angebots sein**[5]. So kann es bei mehreren Handelnden zu Funktionstrennungen kommen, die die Anbietereigenschaft des Einzelnen verschleiern. Bspw. kann sich ein Anbieter sog. Intermediäre bedienen (vgl. Rz. 71). Diese werden dadurch jedoch nicht zwingend zu Anbietern. Bei **Übernahmekonsortien** ist jedes Konsortialmitglied als Anbieter anzusehen, welches den Anlegern ggü. nach außen erkennbar, bspw. in Zeitungsanzeigen, als Anbieter auftritt[6]. Ohne einen Außenauftritt des einzelnen Konsortialmitglieds ist eine (Mit)Verantwortung für das öffentliche Angebot jedoch ausreichend für seine Qualifizierung als Anbieter (vgl. Rz. 94)[7]. Zudem ist der das Konsortium beauftragende Emittent Anbieter, weil er für das öffentliche Angebot verantwortlich ist[8]. Wenn der Vertrieb der Wertpapiere über Vertriebsorganisationen, ein Netz von angestellten oder freien Vermittlern oder einen Untervertrieb erfolgt, ist derjenige als Anbieter anzusehen, der die Verantwortung für die Koordination der Vertriebsaktivitäten innehat. Als Indiz hierfür dienen insb. entsprechende

95

---

1 *Schnorbus* in FrankfurtKomm. WpPG, § 2 WpPG Rz. 109 ff., 115; *Heidelbach* in Schwark/Zimmer, § 2 WpPG Rz. 53 und Rz. 59; *Foelsch* in Holzborn, § 2 WpPG Rz. 2, zweiter Absatz; *R. Müller*, § 2 Nr. 10 WpPG Rz. 13.
2 *Schnorbus* in FrankfurtKomm. WpPG, § 2 WpPG Rz. 104 aE und *Kaufmann*, Die Prospektpflicht nach dem WpPG, S. 105, gehen dagegen davon aus, dass ein eigenes wirtschaftliches Interesse erforderlich ist.
3 Begr. RegE zu § 2 Nr. 10 WpPG, BT-Drucks. 15/4999, S. 29.
4 Zu weiteren Konstellationen *Schnorbus*, AG 2008, 389 (391); *Schnorbus* in FrankfurtKomm. WpPG, § 2 WpPG Rz. 109 ff.
5 *Schnorbus* in FrankfurtKomm. WpPG, § 2 WpPG Rz. 105; *Hamann* in Schäfer/Hamann, § 2 WpPG Rz. 57 aE.
6 Begr. RegE zu § 2 Nr. 10 WpPG, BT-Drucks. 15/4999, S. 29; ferner *Grosjean* in Heidel, Aktienrecht und Kapitalmarktrecht, § 2 WpPG Rz. 34; *Schnorbus* in FrankfurtKomm. WpPG, § 2 WpPG Rz. 107; *Ekkenga/Maas*, Das Recht der Wertpapieremissionen, § 2 Rz. 109.
7 Vgl. *Ritz/Zeising* in Just/Voß/Ritz/Zeising, § 2 WpPG Rz. 203 f.; aA jedoch *Groß*, Kapitalmarktrecht, § 2 WpPG Rz. 26; *Heidelbach* in Schwark/Zimmer, § 2 WpPG Rz. 57 f., die einen Außenauftritt der Konsortialmitglieder für erforderlich erachten.
8 *Hamann* in Schäfer/Hamann, § 2 WpPG Rz. 58; aA wohl *Ekkenga/Maas*, Das Recht der Wertpapieremissionen, § 2 Rz. 109, die davon ausgehen, dass die Konsortialbanken den Emittenten vollständig aus der Anbietereigenschaft verdrängen können („Anbieter ... an seiner Stelle ...").

Vereinbarungen mit dem Emittenten, Aufträge an Untervertriebe und Provisionsvereinbarungen mit selbständigen oder freiberuflich tätigen Vermittlern[1].

96 Im Rahmen einer **Kapitalerhöhung mit mittelbarem Bezugsrecht** werden die neuen Aktien regelmäßig von einer Bank übernommen und zwar entsprechend den Vorgaben des AktG mit der Verpflichtung, sie den Aktionären zum Bezug „anzubieten" (§ 186 Abs. 5 AktG). Daraus folgt jedoch nicht, dass der Übernehmer der Aktien zwingend zum Anbieter iS des § 2 Nr. 10 WpPG wird. Denn die übernehmende Bank wird dann nicht als Anbieter zu qualifizieren sein, wenn sich ihre Dienstleistung allein auf die technische Abwicklung der Kapitalerhöhung bezieht und ggü. dem Anleger darüber hinaus gehend nicht in Erscheinung tritt. Ihr wirtschaftliches Interesse dürfte sich in diesen Fällen allein auf die Vergütung der technischen Abwicklung beschränken. In diesen Fällen ist idR allein der Emittent für das Angebot verantwortlich, so dass er als alleiniger Anbieter der Aktien zu qualifizieren ist mit der Folge, dass nur er – vorbehaltlich eines ggf. erforderlichen Zulassungsantragstellers (§ 2 Nr. 11 WpPG) – die Verantwortung für den Prospekt übernehmen muss.

97 Diskrepanzen bestehen zum **Haftungsrecht**: Sollte der Emittent nicht zugleich auch Anbieter sein, etwa wenn sich ein institutioneller Anleger von einem Aktienpaket, das er zuvor prospektfrei erworben hat, im Rahmen eines öffentlichen Angebots trennt, so soll er bei fehlendem Prospekt nach dem Wortlaut des § 24 WpPG (vormals § 13a VerkProspG) dennoch als Gesamtschuldner neben dem Anbieter haften[2]. Dies erscheint jedoch systemwidrig. Denn anerkennt man, dass der Emittent – wie dargelegt (Rz. 94) – nicht zwingend auch Anbieter sein muss und allein den Anbieter nach § 3 Abs. 1 WpPG für sein öffentliches Angebot von Wertpapieren die Pflicht zur Veröffentlichung des Prospekts trifft, erscheint es geradezu abstrus, die Haftung für einen fehlenden Prospekt neben dem Anbieter grds. auch dem Emittenten, der nicht Anbieter ist, aufzuerlegen. Dies käme einer Gefährdungshaftung für einmal emittierte Wertpapiere gleich, für die jedoch jede sachliche Begründung fehlt. Vor diesem Hintergrund spricht viel für die Annahme einer entsprechenden teleologischen Reduktion des § 24 WpPG (vgl. § 24 WpPG Rz. 15).

11. Zulassungsantragsteller (§ 2 Nr. 11 WpPG)

98 § 2 Nr. 11 WpPG definiert als Zulassungsantragsteller die Personen, die die Zulassung zum Handel an einem **organisierten Markt** (siehe § 2 Nr. 16 WpPG, Rz. 118 ff.) beantragen. Unerheblich dabei ist, in welchem Mitgliedstaat der organisierte Markt belegen ist. Zulassungsantragsteller ist damit auch eine Person, die die Zulassung an einem organisierten Markt außerhalb des Herkunftsmitgliedstaats stellt. Dies kann insoweit Relevanz entfalten, da der Zulassungsantragsteller, der zugleich auch die Verantwortung für den Prospekt übernehmen muss (§ 5 Abs. 4 WpPG), nicht per Nach-

---

1 Begr. RegE zu § 2 Nr. 10 WpPG, BT-Drucks. 15/4999, S. 29; vgl. insgesamt auch *Ritz/Zeising* in Just/Voß/Ritz/Zeising, § 2 WpPG Rz. 199 ff.
2 *Hamann* in Schäfer/Hamann, § 2 WpPG Rz. 60; *Groß*, Kapitalmarktrecht, § 2 WpPG Rz. 27.

trag gemäß § 16 Abs. 1 WpPG ergänzt werden darf (vgl. §§ 5, 16 WpPG)[1]. Denn sofern der Prospektgegenstand eine Zulassung an einem organisierten Markt umfasst, bedarf schon der Prospekt der Verantwortungsübernahme durch einen Zulassungsantragsteller. Eine nachträgliche Erweiterung des Prospektgegenstandes um eine Zulassung und damit die erstmalige Aufnahme der für den Zulassungsantragsteller erforderlichen Angaben wird als unzulässig erachtet[2]. Möglich erscheint hingegen der **Austausch des Zulassungsantragstellers** durch einen Nachtrag nach § 16 Abs. 1 WpPG. Der neue Zulassungsantragsteller muss dann über den Nachtrag die Verantwortung für den Inhalt des Prospekts übernehmen[3]. Wer einen Zulassungsantrag wirksam stellen kann bzw. stellen darf, folgt aus § 32 Abs. 2 BörsG. Grundsätzlich ist der Zulassungsantrag von dem Emittenten gemeinsam mit einem der in § 32 Abs. 2 BörsG genannten Institute oder Unternehmen zu stellen. Sofern der Emittent selbst ein solches Institut oder Unternehmen ist, kann er den Antrag auch alleine stellen. Wahlrechte (etwa § 2 Nr. 13 lit. b WpPG, siehe Rz. 107 f.), die auch dem Zulassungsantragsteller zustehen, können nur einheitlich durch alle Wahlberechtigten ausgeübt werden[4]. Für § 2 Nr. 11 WpPG hält die Richtlinie kein Vorbild bereit, sondern setzt das Verständnis einer Person, die die Zulassung eines Wertpapiers zum Handel an einem geregelten Markt beantragt, bei dessen Verwendung voraus, zB in Art. 4 Abs. 2 lit. h Nr. v oder Art. 5 Abs. 3 der Richtlinie.

12. Dauernde oder wiederholte Ausgabe von Wertpapieren (§ 2 Nr. 12 WpPG)

§ 2 Nr. 12 WpPG setzt Art. 2 Abs. 1 lit. l der Prospektrichtlinie um und bestimmt, unter welchen Voraussetzungen eine dauernde oder wiederholte Ausgabe von Wertpapieren vorliegt. Relevanz entfaltet der Begriff bspw. im Rahmen von § 1 Abs. 2 Nr. 5 und § 6 Abs. 1 Nr. 2 WpPG[5]. Verknüpfendes Merkmal zwischen mehreren Ausgaben von Wertpapieren muss deren Ähnlichkeit sein. Eine **Ähnlichkeit zwi-**

99

---

1 Begr. RegE zu § 5 Abs. 3 und 4 WpPG, BT-Drucks. 15/4999, S. 31 f.
2 *Ritz/Zeising* in Just/Voß/Ritz/Zeising, § 2 WpPG Rz. 225.
3 Insoweit mag die Begr. RegE zu § 5 Abs. 3 und 4 WpPG, BT-Drucks. 15/4999, S. 31 f., missverständlich erscheinen, wenn nach ihr eine Verantwortungserklärung nicht im Wege eines Nachtrags gemäß § 16 WpPG abgegeben werden kann. Denn im Wege eines Nachtrags könnten nur Angaben berichtigt oder ergänzt werden. Jedoch umfassen die von der ProspektVO geforderten Angaben auch Erklärungen, so dass eine grundlegende Differenzierung zwischen geforderten Angaben und Erklärungen nicht möglich erscheint. Ein anschauliches Beispiel aus der Praxis ist in diesem Kontext der Nachtrag der Commerzbank AG v. 8.4.2011, mit dem eine Reihe von Konsortialbanken als weitere Anbieter zum Prospekt für das öffentliche Angebot sowie die Zulassung von bedingten Pflichtumtauschanleihen (sog. CoMEN) vom 6.4.2011 nachgetragen wurden, und nachträglich die Verantwortung für den Prospekt übernahmen.
4 Begr. RegE zu § 2 Nr. 11 WpPG, BT-Drucks. 15/4999, S. 29.
5 Relevant war der Begriff zudem im Rahmen der Übergangsregelung des § 31 Abs. 2 WpPG aF. Danach konnten bestimmte Kreditinstitute bis zum 31.12.2008 weiterhin Schuldverschreibungen, die dauernd oder wiederholt begeben werden, im Inland prospektfrei anbieten (sog. „Daueremittentenprivileg").

schen Wertpapieren besteht nicht nur, wenn die Wertpapiere vergleichbare Ausstattungsmerkmale aufweisen. Denn die Formulierung entspricht – wie es auch die Richtlinie vorgibt („similar type and/or class") – der von § 2 Nr. 5 WpPG (siehe Rz. 75). Deshalb ist die Ähnlichkeit iS des Erwägungsgrunds 13 zur Prospektrichtlinie zu verstehen[1]. Die Regierungsbegründung zum WpPG[2] ist dahingehend zu eng[3].

100 Ein schon mit Beginn der ersten Emission **„dauerndes"** Angebot wird in der Praxis als vorliegend angesehen, wenn ein Wertpapier mindestens vier Wochen lang öffentlich angeboten werden soll[4]. Es soll also eine zukunftsbezogene Betrachtung genügen[5].

101 Auch im Hinblick auf das Merkmal **„wiederholte Ausgabe"** wird die Frage aufgeworfen, ob neben einer vergangenheitsbezogenen Betrachtung ebenfalls die zukunftsbezogene herangezogen werden kann. Teilweise wird vorausgesetzt, dass innerhalb von zwölf Monaten bereits eine entsprechende Emission vorausgegangen sein müsse[6]. Allerdings folgt dies nicht zwingend aus dem Wortlaut – anders als dies angeführt wird. Vielmehr ist zwischen „dauernd" und „wiederholt" insoweit kein Unterschied zu erkennen, und da ein dauerndes Angebot auch eine zukunftsbezogene Komponente aufweist, muss dies auch für eine wiederholte Ausgabe gelten. Außerdem kann das ins Feld geführte Folgeproblem, nachträglich könne sich bei Nichterfüllen aller Voraussetzungen der Ausnahmeregelung des § 1 Abs. 2 Nr. 5 WpPG doch noch eine Prospektpflicht ergeben, nicht maßgeblich eine Definition bestimmen. Vielmehr kann dieses Problem auch in anderer Ausgestaltung unter § 1 Abs. 2 Nr. 5 WpPG (siehe § 1 WpPG Rz. 77 ff.) auftreten: So kann auch eine „Überemission" nachträglich zur Anwendung des WpPG und damit zur nachträglichen Prospektpflicht führen. Es erscheint zudem kaum sachgerecht, zu verlangen, dass man sich mittels erstmaliger prospektpflichtiger Emission erst für eine wiederholte Ausgabe und damit bspw. das Privileg einer Prospektfreiheit qualifizieren muss. Es erscheint daher überzeugender, dass der Betrachtungszeitraum von zwölf Monaten eine vergangenheits- wie auch eine zukunftsgerichtete Beurteilung erlaubt[7]. Für die

---

1 Erwägungsgrund 13 zur Prospektrichtlinie lautet insoweit: „… Wertpapiere, die nach allgemeinen Gesichtspunkten in eine Kategorie gehören. Diese Wertpapiere können unterschiedliche Produkte, wie zum Beispiel Schuldverschreibungen, Zertifikate und Optionsscheine, oder gleiche Produkte in ein und demselben Programm zusammenfassen und unterschiedliche Merkmale, insbesondere hinsichtlich der Bedingungen für die Vorrangigkeit, der Typen der Basiswerte oder der Grundlage, auf der der Rückzahlungsbetrag oder die Kuponzahlung zu berechnen ist, aufweisen."
2 Begr. RegE zu § 2 Nr. 10 WpPG, BT-Drucks. 15/4999, S. 29.
3 *Ritz/Zeising* in Just/Voß/Ritz/Zeising, § 2 WpPG Rz. 237; aA unter Verweis auf die Begr. RegE *Grosjean* in Heidel, Aktienrecht und Kapitalmarktrecht, § 2 WpPG Rz. 37.
4 *Ritz/Zeising* in Just/Voß/Ritz/Zeising, § 2 WpPG Rz. 229; *Schnorbus* in FrankfurtKomm. WpPG, § 2 WpPG Rz. 125.
5 *Heidelbach* in Schwark/Zimmer, § 2 WpPG Rz. 67.
6 *Ritz/Zeising* in Just/Voß/Ritz/Zeising, § 2 WpPG Rz. 233 f.
7 So im Ergebnis auch *Heidelbach/Preuße*, BKR 2006, 316 (317); *Heidelbach* in Schwark/Zimmer, § 2 WpPG Rz. 66; *Schnorbus* in FrankfurtKomm. WpPG, § 2 WpPG Rz. 126; *R. Müller*, § 2 WpPG Rz. 14.

Annahme einer wiederholten Ausgabe ist es darüber hinaus aber bereits ausreichend, dass eine erste Emission wegen einer Ausnahme nach den §§ 3 oder 4 WpPG prospektfrei erfolgte[1].

Vor dem Hintergrund der angestrebten Erweiterung des Anwendungsbereichs des Basisprospektregimes auf sämtliche Nichtdividendenwerte (vgl. Rz. 6 und insb. § 6 WpPG Rz. 14) entfällt im Rahmen des Vorschlags der Ratspräsidentschaft zu einer neuen **Prospektverordnung** vom 3.6.2016[2] die Definition für „dauernd oder wiederholt begebene Wertpapiere" (bislang Art. 2 Abs. 1 lit. l der Prospektrichtlinie).

13. Herkunftsstaat (§ 2 Nr. 13 WpPG)

§ 2 Nr. 13 WpPG setzt Art. 2 Abs. 1 lit. m der Prospektrichtlinie um und definiert den Begriff „Herkunftsstaat". Bei dieser Regelung handelt es sich um eine verästelte Bestimmung, die vom politischen Kompromiss gezeichnet ist[3] und immer wieder von Neuem diskutiert wird[4]. Die Definition des „Herkunftsstaats" ist insb. für die Bestimmung des für das Prospektverfahren zuständigen Mitgliedstaates sowie des Sprachenregimes (§ 19 WpPG) von Bedeutung. Sofern Herkunftsstaat die Bundesrepublik Deutschland ist, ist die Bundesanstalt die für die Prospektprüfung und -billigung zuständige Behörde, ohne dass das Gesetz diesen Umstand an geeigneter Stelle erwähnen würde. Dies wird vielmehr vorausgesetzt (vgl. § 13 WpPG Rz. 8).

Die Vorschrift formuliert die Grundregel sowie Ausnahmen, in deren Anwendungsbereich der Emittent, der Anbieter und der Zulassungsantragsteller gemeinsam wählen können. Die Formulierung „je nach Wahl des Emittenten, des Anbieters oder des Zulassungsantragstellers" in § 2 Nr. 13 lit. b WpPG entspricht weitgehend derjenigen der Richtlinie, bedeutet aber nicht, dass das Wahlrecht „gespalten" ausgeübt werden darf. Vielmehr muss die Vorschrift so verstanden werden, dass das **Wahlrecht** nur gemeinsam und einheitlich ausgeübt werden kann[5], jedoch nur von denjenigen Beteiligten, die auch zur Prospekterstellung verpflichtet sind. Aus dem Wahlrecht folgt, dass von ein und demselben Emittenten Registrierungsformulare bei mehrerer Behörden gebilligt und hinterlegt worden sein können, weshalb durch die Einreichung eines Registrierungsformulars alleine noch keine Klarheit hergestellt wird.

---

1 *Ritz/Zeising* in Just/Voß/Ritz/Zeising, § 2 WpPG Rz. 236; *Heidelbach* in Schwark/Zimmer, § 2 WpPG Rz. 66 aE; *Schnorbus* in FrankfurtKomm. WpPG, § 2 WpPG Rz. 126 aE.
2 Rat der Europäischen Union, Vorschlag für eine Verordnung des Europäischen Parlaments und des Rates über den Prospekt, der beim öffentlichen Angebot von Wertpapieren oder bei deren Zulassung zu veröffentlichen ist, vom 3.6.2016, 2015/0268 (COD), Dok.-Nr. 9801/16.
3 Ausführlich zur Entstehungsgeschichte *Ritz/Zeising* in Just/Voß/Ritz/Zeising, § 2 WpPG Rz. 238 ff.
4 Siehe im Kontext der neuerlichen Überprüfung der Prospektrichtlinie nur Summary record of the 14th meeting of the Expert Group of the European Securities Committee (EGESC) vom 2.7.2015, working document EGESC-6-2015, S. 4 f.
5 Vgl. Begr. RegE zu § 2 Nr. 13 WpPG, BT-Drucks. 15/4999, S. 29.

a) Grundregel nach § 2 Nr. 13 lit. a WpPG

105 In § 2 Nr. 13 lit. a WpPG verortet ist die Grundregel für den Herkunftsstaat von Emittenten mit Sitz in der EU bzw. im EWR. Danach ist derjenige Staat Herkunftsmitgliedstaat, in dem der Emittent seinen **statutorischen Sitz** hat[1]. Dieser Sitz muss nicht identisch sein mit dem der tatsächlichen Verwaltung. So kann bspw. der Sitz einer englischen Limited in London verbleiben, während das Unternehmen ausschließlich von Berlin aus geführt wird. Herkunftsmitgliedstaat ist danach das Vereinigte Königreich Großbritannien und Nordirland, auch wenn dort ein öffentliches Angebot oder eine Zulassung der Wertpapiere niemals stattfinden sollte. Während es auch weiterhin nicht möglich ist, den statutorischen Sitz einer deutschen Gesellschaft unter Wahrung der Rechtsform ins Ausland zu verlegen[2], und Deutschland damit für deutsche Gesellschaftsformen Herkunftsmitgliedstaat bleibt, bleibt abzuwarten, ob und wann Deutschland Herkunftsmitgliedstaat für Wertpapiere ausländischer Gesellschaftsformen sein wird, die nicht von § 2 Nr. 13 lit. b WpPG erfasst sind (insb. Aktien bzw. Aktien vergleichbare Wertpapiere).

106 **Nicht** abschließend **geklärt ist der folgende Fall**: Sollen ausschließlich im Aufnahmemitgliedstaat Wertpapiere öffentlich angeboten werden, die im Herkunftsmitgliedstaat ebenfalls zwar Wertpapiere darstellen, aber wegen einer (erlaubten) Abweichung vom Anwendungsbereich des die Prospektrichtlinie umsetzenden nationalen Rechts (vgl. § 1 WpPG Rz. 2) nicht unter dieses, sondern unter nationales nicht harmonisiertes Recht fallen, stellt sich die Frage, welches Recht heranzuziehen ist. Aus Perspektive des Aufnahmemitgliedstaats, in dem das öffentliche Angebot stattfinden soll, wäre dies das Recht des Herkunftsmitgliedstaats. Dort müsste diesem Verständnis zufolge ein Prospekt gebilligt und in den Aufnahmemitgliedstaat notifiziert werden. Aus Sicht des Herkunftsmitgliedstaats dagegen ist diese Möglichkeit verstellt, da europäisches Prospektrecht mangels Anwendbarkeit nicht greift, sondern lediglich nationales Recht, das eine Notifizierung jedoch nicht erlaubt[3].

---

[1] Ebenso *Schnorbus* in FrankfurtKomm. WpPG, § 2 WpPG Rz. 129; *Groß*, Kapitalmarktrecht, § 2 WpPG Rz. 32; *Ritz/Zeising* in Just/Voß/Ritz/Zeising, § 2 WpPG Rz. 249; *Grosjean* in Heidel, Aktienrecht und Kapitalmarktrecht, § 2 WpPG Rz. 38; *Foelsch* in Holzborn, § 2 WpPG Rz. 33; sowie bereits *Kullmann/Sester*, WM 2005, 1068 (1070).

[2] Vgl. bspw. für die AG § 5 AktG: „Sitz der Gesellschaft ist der Ort im Inland, den die Satzung bestimmt."; dazu *Hüffer/Koch*, § 5 AktG Rz. 7 mwN.

[3] Die in Art. 13 Abs. 5 der Prospektrichtlinie vorgesehene Möglichkeit, dass der Herkunftsmitgliedstaat seine Billigungskompetenz mit dessen Einverständnis auf einen anderen Mitgliedstaat übertragen kann (eine solche Regelung im nationalen Recht des Heimatmitgliedstaats vorausgesetzt), findet im WpPG keine Entsprechung, vgl. § 13 WpPG Rz. 2. Zukünftig könnte diese Möglichkeit aber nach Art. 19 Abs. 7 des Vorschlags der Ratspräsidentschaft für eine neue Prospektverordnung vom 3.6.2016 auch für Deutschland gegeben sein.

b) Wahlrecht bei bestimmten Nichtdividendenwerten nach § 2 Nr. 13 lit. b WpPG

§ 2 Nr. 13 lit. b WpPG begründet im Fall der Emission bestimmter **Nichtdividendenwerte** für alle Emittenten, Anbieter und Zulassungsantragsteller ein Wahlrecht. Zur Auswahl stehen entweder (i) der Staat des EWR, in dem der Emittent seinen Sitz hat, oder (ii) der Staat des EWR, in dem die Wertpapiere zum Handel an einem organisierten Markt zugelassen sind oder zugelassen werden sollen, oder (iii) der Staat des EWR, in dem die Wertpapiere öffentlich angeboten werden. Das Wahlrecht kann durch ausdrückliche Erklärung ggü. der Bundesanstalt oder konkludent durch Einreichung eines ein- oder mehrteiligen (Basis)Prospekts ausgeübt werden[1]. Das Wahlrecht besteht isoliert zunächst für jede Emission von Nichtdividendenwerten mit einer Mindeststückelung von 1.000 Euro[2]. Das **Wahlrecht kann** also **für jede Emission erneut und abweichend** voneinander **ausgeübt werden**. Das Wahlrecht soll nach Ansicht von ESMA jedoch nicht ohne vernünftigen Grund ausgeübt werden dürfen, dh. der Emittent muss zumindest die hinreichend sichere Erwartung haben, in dem gewählten Herkunftsstaat unter dem gegenständlichen (Basis)Prospekt ein öffentliches Angebot von Wertpapieren durchzuführen oder die Zulassung zum Handel von Wertpapieren zu beantragen[3].

107

Darüber hinaus sind Emissionen von Nichtdividendenwerten von dem Wahlrecht erfasst, die das Recht verbriefen, bei Umwandlung des Wertpapiers oder Ausübung des verbrieften Rechts übertragbare Wertpapiere zu erwerben oder einen Barbetrag in Empfang zu nehmen, sofern der Emittent der Nichtdividendenwerte nicht der Emittent der zugrundeliegenden Wertpapiere oder ein zum Konzern dieses Emittenten gehörendes Unternehmen ist. Damit steht ua. Emittenten von sog. **Depositary Receipts** (zur Einordnung als Nichtdividendenwert Rz. 31), sofern sie ihrem Inhaber das Recht einräumen, die Lieferung der durch die Depositary Receipts vertretenen Aktien zu verlangen[4], und auch die weiteren Voraussetzungen der Norm erfüllt sind (zB die vertretenen Aktien müssen übertragbar sein), ein freies emissionsbezogenes Wahlrecht des Herkunftsstaates zu[5]. Die Formulierung entspricht im Wesentlichen der der Richtlinie. Im Vergleich zur entsprechenden Teildefinition der Dividendenwerte fällt auf, dass die Regelungen ähnlich, aber nicht identisch sind, es sich also auf den ersten Blick nicht um eine Wiederholung desselben Regelungsgehalts handelt. Denn während § 2 Nr. 2 WpPG bestimmte Wandel- und Aus-

108

---

[1] Vgl. Begr. RegE zu § 2 Nr. 13 WpPG, BT-Drucks. 15/4999, S. 29; ferner *Ritz/Zeising* in Just/Voß/Ritz/Zeising, § 2 WpPG Rz. 253.
[2] Dazu klarstellend ESMA, Questions and Answers – Prospectuses, 25th updated version – July 2016, ESMA/2016/1133, Frage Nr. 46a, S. 38.
[3] ESMA, Questions and Answers – Prospectuses, 25th updated version – July 2016, ESMA/2016/1133, Frage Nr. 46b, S. 39.
[4] Für eine Lieferung bedarf es im Einzelfall der Erfüllung weiterer Bedingungen, wie zB der Zahlung einer Gebühr. Das Recht auf Lieferung ergibt sich regelmäßig aus dem sog. Deposit Agreement zwischen dem Emittenten der vertretenen Aktien und dem Emittenten der sog. Depositary Receipts.
[5] Vgl. ESMA, Questions and Answers – Prospectuses, 25th updated version – July 2016, ESMA/2016/1133, Frage Nr. 39, S. 35.

übungspapiere als *Dividendenwert* qualifiziert, um sie einem Wahlrecht zu entziehen (vgl. Rz. 28 ff.), behandelt § 2 Nr. 13 lit. b WpPG ausschließlich *Nichtdividendenwerte*. Dies lässt zunächst nur den Schluss zu, dass auch Wertpapiere mit einem optionalen Wandlungs- oder Erwerbsanspruch auf Wertpapiere des gleichen Emittenten bzw. Unternehmen aus dessen Konzern – obwohl Nichtdividendenwert – **keinem Wahlrecht** unterliegen. Die Bestimmung des § 2 Nr. 13 lit. b WpPG wäre insoweit jedenfalls weiter als die Definition des § 2 Nr. 2 WpPG. Angesichts der weiten Lesart der Definition von Wandel- und Ausübungspapieren als Dividendenwerte – insb. durch ESMA (vgl. Rz. 29) – entfaltet der unterschiedliche Wortlaut jedoch keine praktische Relevanz.

109 Hinsichtlich der Nichtdividendenwerte, die auf andere Währungen als auf Euro lauten, ist für die Bestimmung der Schwelle von annähernd 1.000 Euro auf den **Wechselkurs** am Tag des Eingangs des Prospekts bei der Bundesanstalt abzustellen[1], was der Regierungsbegründung zufolge die für die Ausübung des Rechts zur Wahl des Herkunftsstaats erforderliche Sicherheit herstellt[2]. Da es sich beim Tageswechselkurs um einen Fixkurs handelt, bleibt jedoch für eine „annähernde" Berechnung der Kursschwelle nur insoweit Raum, als der Kurs im Promille-Euro-Bereich erstellt wird.

110 Die Europäische Kommission hatte bereits anlässlich der ersten Überarbeitung der Richtlinie vorgeschlagen, dass die **1.000 Euro-Schwelle** ersatzlos **entfallen sollte**[3]. Aus ihrer Sicht sprächen hierfür vornehmlich Effizienzgründe: So müsste insb. nicht mehr zwischen Prospekten unterschieden werden, die sich auf Wertpapiere mit einer Stückelung über oder unter 1.000 Euro beziehen, insb. aber könnte man auch für Wertpapiere ohne Denomination das Wahlrecht heranziehen[4]. Dieser Vorschlag scheiterte jedoch. Zugleich gibt aber Art. 4 der Änderungsrichtlinie der Europäischen Kommission auf, die durch die 1.000 Euro-Schwelle gegebene Beschränkung bei der Bestimmung des Herkunftsmitgliedstaates bei der kommenden Revision der Pro-

---

1 Ebenso ESMA, Questions and Answers – Prospectuses, 25th updated version – July 2016, ESMA/2016/1133, Frage Nr. 13, S. 17.
2 Begr. RegE zu § 2 Nr. 13 WpPG, BT-Drucks. 15/4999, S. 29.
3 Vorschlag für eine Richtlinie des Europäischen Parlaments und des Rates zur Änderung der Richtlinie 2003/71/EG betreffend den Prospekt, der beim öffentlichen Angebot von Wertpapieren oder bei deren Zulassung zum Handel zu veröffentlichen ist, und der Richtlinie 2004/109/EG zur Harmonisierung der Transparenzanforderungen in Bezug auf Informationen über Emittenten, deren Wertpapiere zum Handel auf einem geregelten Markt zugelassen sind, Dok.-Nr. KOM(2009) 491 endg. – 2009/0132 (COD) v. 23.9.2009, Art. 1 Abs. 2 lit. b, S. 16.
4 Arbeitspapier der Kommissionsdienststellen – Begleitdokument zum Vorschlag für eine Richtlinie des Europäischen Parlaments und des Rates zur Änderung der Richtlinie 2003/71/EG betreffend den Prospekt, der beim öffentlichen Angebot von Wertpapieren oder bei deren Zulassung zum Handel zu veröffentlichen ist, und der Richtlinie 2004/109/EG zur Harmonisierung der Transparenzanforderungen in Bezug auf Informationen über Emittenten, deren Wertpapiere zum Handel auf einem geregelten Markt zugelassen sind – Zusammenfassung der Folgenabschätzung –, Dok.-Nr. SEK(2009) 1223 v. 23.9.2009, Nr. 7.2.3, S. 35.

spektrichtlinie zu überprüfen[1]. Nach dem Vorschlag der Ratspräsidentschaft für eine neue **Prospektverordnung** vom 3.6.2016 wird an der bestehenden Regelung festgehalten. Im Rahmen der neuerlichen Überprüfung der Prospektrichtlinie war jedoch auch teilweise gefordert worden, das Wahlrecht abzuschaffen[2],

c) Wahlrecht für Drittstaatemittenten nach § 2 Nr. 13 lit. c WpPG

Für die Einordnung als Drittstaatemittent von Wertpapieren, die nicht in § 2 Nr. 13 lit. b WpPG genannt sind, ist wie bei den Emittenten des EWR der **statutorische Sitz des Emittenten entscheidend**. Zum Begriff des „Drittstaatemittenten" und in diesem Nexus mitunter praxisrelevanten Sonderfällen vgl. Rz. 116 f. **111**

Emittent, Anbieter und Zulassungsantragsteller können in diesem Fall nach § 2 Nr. 13 lit. c WpPG – und vorbehaltlich der Übergangsbestimmung des § 36 Abs. 1 WpPG – als Herkunftsstaat entweder (i) den Staat des EWR wählen, in dem die Wertpapiere erstmals öffentlich angeboten werden sollen, oder (ii) den Staat des EWR, in dem der erste Antrag auf Zulassung zum Handel an einem organisierten Markt gestellt wird. Anders als das Wahlrecht nach Buchst. b stellt das Wahlrecht nach Buchst. c grds. ein **einmaliges Wahlrecht** dar, dh. der Herkunftsstaat des Drittstaatemittenten steht auch für zukünftige Emissionen (außerhalb des Anwendungsbereichs des Buchst. b) fest[3]. Die Ausübung des Wahlrechts kann ebenfalls konkludent erfolgen[4]. Jedoch besteht die **Möglichkeit der Neuwahl** des Herkunftsstaats **in zwei Fällen**: Erstens in dem Fall, dass der Herkunftsstaat nicht gemäß der Wahl des Drittstaatemittenten bestimmt wurde (bspw. durch den Anbieter bei einem öffentlichen Angebot ohne Beteiligung des Drittstaatemittenten[5]), und zweitens in dem Fall, dass die Zulassung im bisherigen Herkunftsstaat entfallen ist. Die zweite Möglichkeit einer Neuwahl beruht auf einer Änderung der Prospektrichtlinie durch die Transparenzrichtlinie-Änderungsrichtlinie[6], welche durch das Gesetz zur Umset- **112**

---

1 Entsprechend findet sich in dem Konsultationspapier der Europäischen Kommission zur Überprüfung der Prospektrichtlinie vom 18.2.2015 auch die Frage, ob das bestehende System für die Bestimmung des Herkunftsstaats für Nichtdividendenwerte geändert werden sollte, und, wenn ja, wie (S. 23 f., Frage 42). Im Rahmen der Konsultation antwortete ESMA, dass die bestehende Regelung beibehalten werden solle, da ua. auch keine größeren Probleme in der Anwendung bestünden, so die „ESMA response to the European Commission consultation on the review of the Prospectus Directive" vom 13.5.2015, Dok.-Nr. 2015/ESMA/857, Rz. 51.
2 Vgl. Summary record of the 14th meeting of the Expert Group of the European Securities Committee (EGESC) vom 2.7.2015, working document EGESC-6-2015, S. 4 f.
3 *Grosjean* in Heidel, Aktienrecht und Kapitalmarktrecht, § 2 WpPG Rz. 40; *Schnorbus* in FrankfurtKomm. WpPG, § 2 WpPG Rz. 136.
4 Begr. RegE zu § 2 Nr. 13 WpPG, BT-Drucks. 15/4999, S. 29.
5 *Grosjean* in Heidel, Aktienrecht und Kapitalmarktrecht, § 2 WpPG Rz. 40; *Heidelbach* in Schwark/Zimmer, § 2 WpPG Rz. 76.
6 Richtlinie 2013/50/EU des Europäischen Parlaments und des Rates vom 22.10.2013 zur Änderung der Richtlinie 2004/109/EG des Europäischen Parlaments und des Rates zur Harmonisierung der Transparenzanforderungen in Bezug auf Informationen über Emittenten, deren Wertpapiere zum Handel auf einem geregelten Markt zugelassen sind, der

zung der Transparenzrichtlinie-Änderungsrichtlinie[1] in deutsches Recht umgesetzt wurde. Mit dieser weiteren Möglichkeit einer Neuwahl soll mehr Flexibilität geschaffen werden vor dem Hintergrund, dass die Aufsicht unter der Transparenzrichtlinie und der Prospektrichtlinie nach Möglichkeit durch einen EU-Mitgliedstaat erfolgen soll[2].

14. Aufnahmestaat (§ 2 Nr. 14 WpPG)

113 Die Definition des Begriffs „Aufnahmestaat" ist nahezu wortgleich mit Art. 2 Abs. 1 lit. n der Prospektrichtlinie. In Betracht kommen alle Staaten des **Europäischen Wirtschaftsraums** iS des § 2 Nr. 15 WpPG. Hinsichtlich der prospektrechtlichen Funktion des Aufnahmestaates vgl. auch den Abschnitt 4 des WpPG (§§ 17 f. WpPG).

15. Staat des Europäischen Wirtschaftsraums (§ 2 Nr. 15 WpPG)

114 § 2 Nr. 15 WpPG enthält eine dynamische Definition des Begriffs „Staat des Europäischen Wirtschaftsraums". Er umfasst die jeweiligen Mitgliedstaaten der **Europäischen Union** sowie die anderen Vertragsstaaten des Abkommens vom 2.5.1992 über den **Europäischen Wirtschaftsraum** (Island, Liechtenstein und Norwegen). Seit Inkrafttreten der Vorschrift hat sich der Kreis der erfassten Staaten um die neuen EU-Mitglieder, Bulgarien, Rumänien und Kroatien, erweitert. Für das Vereinigte Königreich Großbritannien und Nordirland bleiben der mögliche Vollzug des sog. **Brexit**s und der diesem ggf. folgende – auch prospektrechtliche – Status abzuwarten. Die prospektrechtliche Bedeutung der einzelnen Staaten wird durch die periodisch veröffentlichte Statistik von ESMA veranschaulicht, die die Zahl gebilligter sowie notifizierter Prospekte zeitraumbezogen aufführt[3].

115 Die Definition des § 2 Nr. 15 WpPG beruht nicht auf einer entsprechenden Regelung der Prospektrichtlinie und dient damit allein der besseren Übersichtlichkeit bzw. der sprachlichen Entlastung der Regelungen des WpPG. Die Prospektrichtlinie selbst stellt nur auf Mitgliedstaaten der EU ab, ist jedoch auch für die weiteren Staa-

---

Richtlinie 2003/71/EG des Europäischen Parlaments und des Rates betreffend den Prospekt, der beim öffentlichen Angebot von Wertpapieren oder bei deren Zulassung zum Handel zu veröffentlichen ist, sowie der Richtlinie 2007/14/EG der Kommission mit Durchführungsbestimmungen zu bestimmten Vorschriften der Richtlinie 2004/109/EG (Transparenzrichtlinie-Änderungsrichtlinie), ABl. EU Nr. L 294 v. 6.11.2013, S. 13.

1 BGBl. I 2015, S. 2029.
2 Vgl. Erwägungsgrund 22 zur Transparenzrichtlinie-Änderungsrichtlinie, ABl. EU Nr. L 294 v. 6.11.2013, S. 13, 17.
3 Vgl. bspw. die Statistik „Report – EEA prospectus activity in 2014" vom 23.7.2015, Dok.-Nr. ESMA/2015/1136, erhältlich über http://www.esma.europa.eu, wobei die Angaben auch zu Fehleinschätzungen verleiten können. So verbirgt sich hinter manchen Prospektvolumina bspw. eine Vielzahl nahezu identischer Einzelprospekte, wofür anderenorts Basisprospekte mit der entsprechenden Anzahl endgültiger Bedingungen des Angebots (sog. Final Terms) hinterlegt werden.

ten des EWR relevant¹. Die Definition ist für die Ausnahmen von dem Anwendungsbereich des Gesetzes (§ 1 Abs. 2 WpPG), die Bestimmung des Herkunftsstaates (§ 2 Nr. 13 WpPG) sowie auch für die Anwendung des sog. Europäischen Passes (§§ 17 ff. WpPG) von Bedeutung.

Darüber hinaus dient der Begriff „Staat des Europäischen Wirtschaftsraums" auch der näheren Bestimmung des Begriffes „Drittstaat", der an mehreren Stellen des WpPG im Zusammenhang mit dem Sitz eines Emittenten, des sog. „**Drittstaatemittent**" verwendet wird (zB § 2 Nr. 13 lit. c WpPG). Drittstaaten sind grds. alle Staaten, die nicht Staaten des EWR sind (vgl. § 20 Abs. 1 WpPG). In diesem Kontext ist zu beachten, dass die in Anhang II des EU-Arbeitsweisevertrages genannten Überseeischen Länder und Hoheitsgebiete von Mitgliedstaaten grds. aus dem räumlichen Anwendungsbereich der EU-Verträge herausfallen (derzeit zB die **Britischen Jungferninseln** oder **Bermuda**). Diese assoziierten Gebiete gelten daher als Drittstaaten². Ferner sind die britischen **Kanalinseln**, ua. Guernsey, Jersey, Alderney und Sark, sowie die **Insel Man** nicht Teil des Vereinigten Königreichs Großbritannien und Nordirland und damit nicht Teil der EU. Für sie gelten die EU-Verträge nur nach Maßgabe der Beitrittsakte von 1972³. Da die Prospektrichtlinie für sie entsprechend keine Geltung entfaltet, sind diese Gebiete prospektrechtlich als Drittstaaten zu qualifizieren. Die Prospektrichtlinie findet hingegen Anwendung auf das britische Überseegebiet **Gibraltar**, auf welches – mit einigen Ausnahmen – aufgrund von Art. 355 Abs. 3 des EU-Arbeitsweisevertrages grundsätzlich das Recht der EU anwendbar ist⁴. 116

Art. 2 Abs. 1 lit. v des Vorschlags der Ratspräsidentschaft zu einer neuen **Prospektverordnung** vom 3.6.2016⁵ sieht nunmehr eine Begriffsbestimmung für „**Drittlandsemittent**" vor. Danach bezeichnet „Drittlandsemittent" im Rahmen der Verordnung einen in einem Drittland ansässigen Emittenten. Da ua. auch „Drittland" nicht näher definiert ist, erscheint diese Begriffsbestimmung zirkulär und im Ergebnis eher unnötig. 117

---

1 Vgl. Art. 36 Abs. 2 des Abkommens über den Europäischen Wirtschaftsraum iVm. Anhang IX (Finanzdienstleistungen), Nr. 29b und Nr. 29ba; daher auch der Hinweis „(Text von Bedeutung für den EWR)" eingangs der Prospektrichtlinie und der ProspektVO.
2 Art. 355 Abs. 2 iVm. Anhang II EU-Arbeitsweisevertrag; vgl. ferner *Schmalenbach* in Callies/Ruffert, 4. Aufl. 2011, Art. 355 AEUV Rz. 6.
3 Art. 355 Abs. 5 lit. c EU-Arbeitsweisevertrag, vgl. ferner *Schmalenbach* in Callies/Ruffert, 4. Aufl. 2011, Art. 355 AEUV Rz. 14.
4 *Schmalenbach* in Callies/Ruffert, 4. Aufl. 2011, Art. 355 AEUV Rz. 9; ferner Urteil des EuGH v. 12.9.2006 – C-145/04 – „Königreich Spanien vs. Vereinigtes Königreich Großbritannien und Nordirland", Rz. 19.
5 Rat der Europäischen Union, Vorschlag für eine Verordnung des Europäischen Parlaments und des Rates über den Prospekt, der beim öffentlichen Angebot von Wertpapieren oder bei deren Zulassung zu veröffentlichen ist, vom 3.6.2016, 2015/0268 (COD), Dok.-Nr. 9801/16.

16. Organisierter Markt (§ 2 Nr. 16 WpPG)

118 § 2 Nr. 16 WpPG setzt Art. 2 Abs. 1 lit. j der Prospektrichtlinie in deutsches Recht um[1] und hat Relevanz für die Bestimmung des Anwendungsbereiches des Gesetzes (§ 1 Abs. 1 und Abs. 2 Nr. 4 WpPG), die Prospektpflicht (§ 3 Abs. 4 WpPG) sowie einzelne Ausnahmen von der Pflicht zur Erstellung eines Prospekts (§ 4 Abs. 1 Nr. 5 lit. b und Abs. 2 Nr. 1, 2, 5, 6 und 7 WpPG). Die in § 2 Nr. 16 WpPG enthaltene Definition des organisierten Markts entsprach dem Begriff des geregelten Markts in der Wertpapierdienstleistungsrichtlinie von 1993[2], der Eingang in § 2 Abs. 5 WpHG aF gefunden hatte. Nachdem das WpHG auch in diesem Punkt durch das FRUG[3] an die Finanzmarktrichtlinie (MiFID I)[4] angepasst wurde, ist der organisierte Markt in Deutschland deckungsgleich mit dem **regulierten Markt** des BörsG (einschließlich seiner Segmente)[5].

119 Durch Art. 19a Nr. 1 des Investmentänderungsgesetzes[6] wurde § 2 Nr. 16 WpPG im Wortlaut an § 2 Abs. 5 WpHG in der Fassung des FRUG[7] und damit an die Definition des „geregelten Marktes" in Art. 4 Abs. 1 Nr. 14 der MiFID I bzw. nunmehr Art. 4 Abs. 1 Nr. 21 der MiFID II[8] angeglichen. Gemäß Erwägungsgrund 6 zur MiFID I ist der Begriff „Interesse am Kauf und Verkauf" weit zu verstehen[9]. Die Interessen müssen zusammengeführt werden, ohne dass den Parteien dabei ein Entscheidungsspielraum verbleibt, ob sie im Einzelfall das Geschäft mit einem bestimmten Vertragspartner eingehen wollen. Um von einem System iS dieser Vorschrift zu sprechen, bedarf es zumindest eines Regelwerks über die Mitgliedschaft, die Han-

---

1 Der in Art. 2 Abs. 1 lit. j der Prospektrichtlinie enthaltene Verweis auf Art. 1 Abs. 1 der Richtlinie 93/22/EWG (Wertpapierdienstleistungsrichtlinie) ist dynamisch insofern, als dass die nachfolgenden Richtlinien anordnen, dass Bezugnahmen auf vorhergehende Richtlinien als Bezugnahmen auf die jeweils neue Richtlinie gelten (vgl. Art. 69 der Richtlinie 2004/39/EG – MiFID I, bzw. Art. 94 der Richtlinie 2014/65/EU – MiFID II).
2 Richtlinie 93/22/EWG des Rates vom 10.5.1993 über Wertpapierdienstleistungen, ABl. EG Nr. L 141 v. 11.6.1993, S. 27 ff.
3 Gesetz zur Umsetzung der Richtlinie über Märkte für Finanzinstrumente (2004/39/EG, MiFID I) und der Durchführungsrichtlinie (2006/73/EG) der Kommission (Finanzmarktrichtlinie-Umsetzungsgesetz) vom 16.7.2007, BGBl. I 2007, S. 1330.
4 Richtlinie 2004/39/EG des Europäischen Parlaments und des Rates vom 21.4.2004 über Märkte für Finanzinstrumente, zur Änderung der Richtlinien 85/611/EWG und 93/6/EWG und der Richtlinie 2000/12/EG und zur Aufhebung der Richtlinie 93/22/EWG (MiFID I), ABl. EU Nr. L 145 v. 30.4.2004, S. 1.
5 Vgl. hierzu *Schlitt/Schäfer*, AG 2007, 227; *Hamann* in Schäfer/Hamann, § 2 WpPG Rz. 69.
6 Gesetz zur Änderung des Investmentgesetzes und zur Anpassung anderer Vorschriften (Investmentänderungsgesetz) vom 21.12.2007, BGBl. I 2007, S. 3089.
7 Gesetz zur Umsetzung der Richtlinie über Märkte für Finanzinstrumente und der Durchführungsrichtlinie der Kommission (Finanzmarktrichtlinie-Umsetzungsgesetz) vom 16.7.2007, BGBl. I 2007, S. 1330.
8 Richtlinie 2014/65/EU des Europäischen Parlaments und des Rates vom 15.5.2014 über Märkte für Finanzinstrumente sowie zur Änderung der Richtlinien 2002/92/EG und 2011/61/EU (Neufassung) (MiFID II), ABl. EU Nr. L 173 v. 12.6.2014, S. 349.
9 So Begr. RegE zum FRUG vom 15.11.2006, BT-Drucks. 16/4028, S. 57.

delsaufnahme von Finanzinstrumenten, den Handel zwischen den Mitgliedern, Meldungen über abgeschlossene Geschäfte und Transparenzpflichten; eine Handelsplattform im technischen Sinne ist nicht erforderlich. Es ist ebenfalls nicht erforderlich, dass es sich im technischen Sinne um ein abgeschlossenes System handelt, sondern es dürfen mehrere, jeweils durch Regelwerke definierte, organisierte Märkte – auch neben multilateralen Handelssystemen – auf derselben technischen Handelsplattform betrieben werden. Vom multilateralen Handelssystem iS der MiFID bzw. von § 2 Abs. 3 Nr. 8 WpHG unterscheidet sich der organisierte Markt dadurch, dass er staatlich als solcher zugelassen ist und im Hinblick auf die Anforderungen der MiFID an geregelte Märkte überwacht wird[1]. Der Freiverkehr iS von § 48 BörsG stellt daher keinen organisierten Markt dar[2].

Eine regelmäßig aktualisierte **Liste aller organisierten Märkte** findet sich in der MiFID-Datenbank der Europäischen Wertpapieraufsichtsbehörde ESMA[3]. Keinen organisierten Markt stellen Märkte außerhalb der EU oder des EWR dar (bspw. in den USA, der Schweiz, Kanada, Japan), auch wenn diese einen vergleichbaren Organisationsgrad wie organisierte Märkte aufweisen[4].   120

17. Bundesanstalt (§ 2 Nr. 17 WpPG)

Als Bundesanstalt wird die Bundesanstalt für Finanzdienstleistungsaufsicht definiert, die ihren Namen selbst mit „BaFin" abkürzt. Die Definition dient der sprachlichen Entlastung des Gesetzes und findet selbstverständlich in dieser Form keine Entsprechung in der Prospektrichtlinie, die nur allg. von der „zuständigen Behörde des Herkunftsmitgliedstaats" spricht (zB in ihrem Art. 13 Abs. 1). Die Bundesanstalt ist die in der Bundesrepublik Deutschland für die Prüfung und Billigung von Wertpapierprospekten allein[5] zuständige Behörde. Praktisch relevant, bspw. für die physische Übersendung von Dokumenten, ist, dass die Zuständigkeit für prospektrechtliche Fragen dem Bereich **Wertpapieraufsicht** unterfällt, der in Frankfurt am Main konzentriert ist. Die Postanschrift lautet derzeit: Bundesanstalt für Finanzdienstleistungsaufsicht, Marie-Curie-Straße 24–28, 60439 Frankfurt am Main; telefonisch erreichbar ist die zuständige Abteilung WA 5 und die innerhalb dieser Abteilung für Wertpapierprospekte zuständigen Referate WA 52 und WA 53 durch Vermittlung über die Zentrale unter der Rufnummer 0228/4108-0. Bei konkreten Vorfragen kann idR vorab eine erste unverbindliche telefonische Einschätzung eingeholt werden. Sofern erforderlich steht die Bundesanstalt ferner auch für gemeinsame Gespräche vor Ort in deren Räumlichkeiten oder für Telefonkonferenzen zur Verfügung, die durch ein Schreiben vorbereitet werden sollten, welches eine Beschreibung des Sachverhaltes,   121

---

1 Begr. RegE zum FRUG vom 15.11.2006, BT-Drucks. 16/4028, S. 57.
2 Mit dem deutschen Freiverkehr nicht zu verwechseln ist der „Geregelte Freiverkehr" der Wiener Börse, welcher einen organisierten Markt iS von § 2 Nr. 16 WpPG darstellt.
3 Abrufbar unter www.esma.europa.eu, dort unter „Databases & Library" > „Registers and Data" > „Regulated Markets".
4 Vgl. *Pfeiffer/Buchinger*, NZG 2006, 449 (450).
5 Vgl. Art. 21 Abs. 1 sowie Erwägungsgrund 37 zur Prospektrichtlinie.

die Fragenstellung(en) sowie möglichst eine eigene rechtliche Würdigung enthalten sollte.

122 Die organisatorische Grundkonzeption der Bundesanstalt ist im Gesetz über die Bundesanstalt für Finanzdienstleistungsaufsicht (Finanzdienstleistungsaufsichtsgesetz – **FinDAG**)[1] niedergelegt. So handelt es sich bei der Bundesanstalt um eine dem Bundesministerium für Finanzen unmittelbar nachgeordnete und dessen Rechts- und Fachaufsicht unterliegende Bundesoberbehörde. Sie wird geleitet durch ein Direktorium, das durch einen Verwaltungsrat überwacht und sowohl durch einen Fachbeirat als auch durch einen Verbraucherbeirat beraten wird. Alle Beschäftigen der Bundesanstalt unterliegen einer generellen **Verschwiegenheitspflicht**, die für prospektrechtliche Zwecke nochmals gesondert in § 27 WpPG aufgenommen ist. Die Bundesanstalt deckt ihre Kosten im Wesentlichen durch Gebühren und Umlagen; für Amtshandlungen nach diesem Gesetz und nach Rechtsakten der EU folgen diese derzeit aus der Verordnung über die Erhebung von Gebühren nach dem Wertpapierprospektgesetz (sog. Wertpapierprospektgebührenverordnung – WpPGebV)[2] sowie dem Bundesgebührengesetz (BGebG)[3].

18. Schlüsselinformationen (§ 2 Nr. 18 WpPG)

123 Der durch das Gesetz zur Umsetzung der Richtlinie 2010/73/EU und zur Änderung des Börsengesetzes vom 26.6.2012[4] neu eingefügte § 2 Nr. 18 WpPG definiert den Begriff der Schlüsselinformation. Mit § 2 Nr. 18 WpPG wird der abstrakte Kern der Definition für Schlüsselinformation des Art. 2 Abs. 1 lit. s der Prospektrichtlinie in deutsches Recht umgesetzt. Die in Art. 2 Abs. 1 lit. s der Prospektrichtlinie genannten **Regelelemente** für Schlüsselinformationen werden dahingegen **in § 5 Abs. 2a WpPG wiedergegeben**. Über § 5 Abs. 2a WpPG hinaus wird der Begriff der Schlüsselinformation durch Art. 24 iVm. Anhang XXII der ProspektVO weiter inhaltlich konkretisiert[5]. Aufgrund dieser Aufteilung kommt der Definition in § 2 Nr. 18 WpPG kaum eine eigenständige Bedeutung zu. Sofern der Prospektverantwortliche eine Information als Schlüsselinformation iS des § 2 Nr. 18 WpPG bzw. § 5 Abs. 2a WpPG ansieht, ohne dass diese Angabe bereits durch Anhang XXII der ProspektVO

---

1 Verkündet als Art. 1 des Gesetzes über die integrierte Finanzdienstleistungsaufsicht vom 22.4.2002, BGBl. I 2002, S. 1310 und inzwischen mehrfach geändert.
2 Wertpapierprospektgebührenverordnung (WpPGebV) vom 29.6.2005, BGBl. I 2005, S. 1875 und inzwischen mehrfach geändert. Die WpPGebV wird zum 14.8.2018 aufgehoben, vgl. Art. 5 Abs. 3 iVm. 4 Abs. 56 des Gesetzes zur Strukturreform des Gebührenrechts des Bundes vom 7.8.2013, BGBl. I 2013, S. 3154. Die Gebühren richten sich im Anschluss nach einer noch aufgrund von § 22 Abs. 4 BGebG zu erlassenden Besonderen Gebührenverordnung.
3 Art. 1 des Gesetzes zur Strukturreform des Gebührenrechts des Bundes vom 7.8.2013, BGBl. I 2013, S. 3154.
4 BGBl. I 2012, S. 1375.
5 Als weitere Auslegungshilfe, zB für die Abgrenzung zwischen „Risiken" und „Schlüsselrisiken" vgl. ESMA, Questions and Answers – Prospectuses, 25th updated version – July 2016, ESMA/2016/1133, Frage Nr. 94, S. 74.

geford ert wird, ist die Aufnahme der Information in die Zusammenfassung auch vor dem Hintergrund des Art. 24 Abs. 1 Unterabs. 1 der ProspektVO, nach der der genaue Inhalt der Zusammenfassung durch den Prospektverantwortlichen festgelegt wird, in jedem Fall zulässig. Als Standort der Information dürfte das Element des Anhangs XXII der ProspektVO zu wählen sein, welches der Angabe inhaltlich oder aus dem Kontext heraus am nächsten steht.

Der Begriff der Schlüsselinformation ist maßgeblich für den Inhalt der Zusammenfassung sowie auch für die Frage der Haftung wegen fehlender oder falscher Informationen (vgl. zB § 23 Abs. 2 Nr. 5 WpPG)[1]. 124

Im Rahmen der Neukonzeption der Prospektzusammenfassung durch den Vorschlag der Ratspräsidentschaft zu einer neuen **Prospektverordnung** vom 3.6.2016[2] (vgl. § 5 WpPG Rz. 3, 43 ff.) entfällt die Definition des Begriffes „Schlüsselinformationen". 125

§ 3
Pflicht zur Veröffentlichung eines Prospekts und Ausnahmen im Hinblick auf die Art des Angebots

(1) Sofern sich aus den Absätzen 2 und 3 oder aus § 4 Absatz 1 nichts anderes ergibt, darf der Anbieter Wertpapiere im Inland erst dann öffentlich anbieten, wenn er zuvor einen Prospekt für diese Wertpapiere veröffentlicht hat.

(2) Die Verpflichtung zur Veröffentlichung eines Prospekts gilt nicht für ein Angebot von Wertpapieren,

1. das sich ausschließlich an qualifizierte Anleger richtet,

2. das sich in jedem Staat des Europäischen Wirtschaftsraums an weniger als 150 nicht qualifizierte Anleger richtet,

3. das sich an Anleger richtet, die Wertpapiere ab einem Mindestbetrag von 100.000 Euro pro Anleger je Angebot erwerben können,

4. die eine Mindeststückelung von 100.000 Euro haben oder

5. sofern der Verkaufspreis für alle angebotenen Wertpapiere im Europäischen Wirtschaftsraum weniger als 100.000 Euro beträgt, wobei diese Obergrenze über einen Zeitraum von zwölf Monaten zu berechnen ist.

---

1 So Begr. RegE zu § 2 Nr. 18 WpPG, BT-Drucks. 17/8684, S. 17.
2 Rat der Europäischen Union, Vorschlag für eine Verordnung des Europäischen Parlaments und des Rates über den Prospekt, der beim öffentlichen Angebot von Wertpapieren oder bei deren Zulassung zu veröffentlichen ist, vom 3.6.2016, 2015/0268 (COD), Dok.-Nr. 9801/16.

Jede spätere Weiterveräußerung von Wertpapieren, die zuvor Gegenstand einer oder mehrerer der in Satz 1 genannten Angebotsformen waren, ist als ein gesondertes Angebot anzusehen.

(3) Die Verpflichtung zur Veröffentlichung eines Prospekts gilt nicht für ein späteres Angebot oder eine spätere endgültige Platzierung von Wertpapieren durch Institute im Sinne des § 1 Absatz 1b des Kreditwesengesetzes oder ein nach § 53 Absatz 1 Satz 1 oder § 53b Absatz 1 Satz 1 oder Absatz 7 des Kreditwesengesetzes tätiges Unternehmen, solange für das Wertpapier ein gültiger Prospekt gemäß § 9 vorliegt und der Emittent oder die Personen, die die Verantwortung für den Prospekt übernommen haben, in dessen Verwendung schriftlich eingewilligt haben.

(4) Für Wertpapiere, die im Inland zum Handel an einem organisierten Markt zugelassen werden sollen, muss der Zulassungsantragsteller einen Prospekt veröffentlichen, sofern sich aus § 4 Absatz 2 nichts anderes ergibt.

In der Fassung vom 22.6.2005 (BGBl. I 2005, S. 1698), zuletzt geändert durch das Kleinanlegerschutzgesetz vom 3.7.2015 (BGBl. I 2015, S. 1114).

Schrifttum: *Ekkenga*, Änderungs- und Ergänzungsvorschläge zum Regierungsentwurf eines neuen Wertpapierprospektgesetzes, BB 2005, 56; *Elsen/Jäger*, Revision der Prospektrichtlinie? – Ein erster Ausblick, BKR 2008, 459; *Giedinghagen*, Arbeitnehmerbeteiligungen im Lichte des Wertpapierprospektgesetzes, BKR 2007, 233; *Heidelbach/Preuße*, Einzelfragen in der praktischen Arbeit mit dem neuen Wertpapierprospektregime, BKR 2006, 316; *Heidelbach/Preuße*, Zweieinhalb Jahre Prospektregime und noch viele Fragen offen, BKR 2008, 10; *Holzborn/Israel*, Das neue Wertpapierprospektrecht, ZIP 2005, 1668; *Kaufmann*, Die Prospektpflicht nach dem WpPG, Studien zum Bank- und Kapitalmarktrecht, 2015; *Kollmorgen/Feldhaus*, Zur Prospektpflicht bei aktienbasierten Mitarbeiterbeteiligungsprogrammen, BB 2007, 225; *von Kopp-Colomb/Seitz*, Das neue Prospektregime – Auswirkungen der Änderungen der Prospektverordnung auf Basisprospekte für die Emission von Anleihen und verbrieften Derivaten, WM 2012, 1220; *Kullmann/Metzger*, Der Bericht der Expertengruppe Europäische Wertpapiermärkte (ESME) zur Richtlinie 2003/71/EG (Prospektrichtlinie), WM 2008, 1292; *Kullmann/Sester*, Das Wertpapierprospektgesetz (WpPG) – Zentrale Punkte des neuen Regimes für Wertpapieremissionen, WM 2005, 1068; *Kunold/Schlitt*, Die neue EU-Prospektrichtlinie, Inhalt und Auswirkungen auf das deutsche Kapitalmarktrecht, BB 2004, 501; *Lawall/Maier*, Änderungen im Wertpapierprospektgesetz (Teil 1), DB 2012, 2443; *Leuering*, Prospektpflichtige Anlässe im WpPG, Der Konzern 2006, 4; *Leuering/Stein*, Prospektpflichtige Anlässe im WpPG nach der Umsetzung der Änderungsrichtlinie, Der Konzern 2012, 382; *Maerker/Biedermann*, Änderung der EU-Prospektrichtlinie – Auswirkungen auf den deutschen Markt, RdF 2011, 90; *Müller/Oulds*, Transparenz im europäischen Fremdkapitalmarkt, WM 2007, 573; *von Oppen/Richers*, Anleiherestrukturierung – Ausgewählte kapitalmarktrechtliche Besonderheiten bei Debt-to-Equity-Swaps, Corporate Finance 2015, 95; *Rothmund/Seitz*, Prospektrechtsreform und kein Ende in Sicht: VO (EU) Nr. 862/2012 und jüngste ESMA-Papiere, RdF 2013, 27; *Schlitt/Schäfer*, Auswirkungen des Prospektrichtlinie-Umsetzungsgesetzes auf Aktien- und Equity-linked Emissionen, AG 2005, 498; *Schlitt/Schäfer*, Drei Jahre Praxis unter dem Wertpapierprospektgesetz – eine Zwischenbilanz, AG 2008, 525; *J. Schneider*, Kollektive Investitionsentscheidungen als öffentliches Angebot i.S.d. § 2 Nr. 4 WpPG, AG 2016, 341; *Schnorbus*, Die prospektfreie Platzierung von Wertpapieren nach dem WpPG, AG 2008, 389; *Seitz*, Das neue Wertpapierprospektrecht – Auswirkungen auf die Emission von Schuldverschreibungen, AG 2005, 678; *Thole*, Der Debt Equity Swap bei der Restrukturierung von Anleihen, ZIP 2014, 2365; *Voß*, Die Überarbeitung der Prospektrichtlinie, ZBB 2010, 194.

I. Normentwicklung 1	b) Weniger als 150 nicht qualifizierte Anleger (§ 3 Abs. 2 Satz 1 Nr. 2 WpPG) 29
II. Übersicht 4	
III. Weitere relevante Vorschriften und Empfehlungen 9	c) Mindestbetrag 100.000 Euro (§ 3 Abs. 2 Satz 1 Nr. 3 WpPG) 35
IV. Prospektpflicht beim öffentlichen Angebot im Inland (§ 3 Abs. 1 WpPG) 10	d) Mindeststückelung 100.000 Euro (§ 3 Abs. 2 Satz 1 Nr. 4 WpPG) 38
1. Inlandsbezug des öffentlichen Angebots 11	e) Verkaufspreis aller angebotenen Wertpapiere unter 100.000 Euro (§ 3 Abs. 2 Satz 1 Nr. 5 WpPG) 41
2. Territoriale Eingrenzung beim Internetangebot 12	VII. Weiterveräußerung (§ 3 Abs. 2 Satz 2 WpPG) 44
3. Prospektpflicht bei Zwangsversteigerung 16	VIII. Platzierung durch Finanzintermediäre (§ 3 Abs. 3 WpPG)
4. Veröffentlichung eines Prospekts 18	1. Prospektpflicht bei Vertriebsketten 45
5. Gültigkeit des Prospekts 20	2. Alte Rechtslage 46
6. Verletzung der Prospektpflicht . . 22	3. Neuregelung in § 3 Abs. 3 WpPG 47
V. Wertpapierbezogene Ausnahmen von der Prospektpflicht (§ 3 Abs. 1 iVm. § 4 Abs. 1 WpPG) . . 23	4. Einwilligung 49
	5. Angaben zur Einwilligung im Prospekt 51
VI. Angebotsbezogene Ausnahmen von der Prospektpflicht (§ 3 Abs. 2 Satz 1 WpPG)	6. Zustimmung zur Prospektverwendung nach Prospektbilligung . . . 55
1. Rechtsnatur der Ausnahmetatbestände 24	7. Sonstige Dritte 57
2. Kombination von Ausnahmen . . 25	IX. Prospektpflicht bei Zulassung zum Handel an einem organisierten Markt (§ 3 Abs. 4 WpPG) . . 58
3. Rechtsfolgen 26	
4. Ausnahmetatbestände a) Qualifizierte Anleger (§ 3 Abs. 2 Satz 1 Nr. 1 WpPG) 27	

I. Normentwicklung

Am 22.6.2005 trat mit dem WpPG das neue Prospektrecht in Kraft. § 3 WpPG diente der **Umsetzung des Art. 3 der Richtlinie 2003/71/EG ("Prospektrichtlinie")**[1]. § 3 Abs. 1 WpPG orientierte sich an § 1 VerkProspG aF und § 3 Abs. 2 WpPG an § 2 Nr. 1 bis 4 VerkProspG aF[2]. Im Vergleich zur alten Rechtslage nach dem Verk-

---

1 Richtlinie 2003/71/EG des Europäischen Parlaments und des Rates vom 4.11.2003 betreffend den Prospekt, der beim öffentlichen Angebot von Wertpapieren oder bei deren Zulassung zum Handel zu veröffentlichen ist, und zur Änderung der Richtlinie 2001/34/EG, ABl. EU Nr. L 345 v. 31.12.2003, S. 64.
2 Begr. RegE zu § 3 WpPG, BT-Drucks. 15/4999 v. 3.3.2005, S. 29.

ProspG[1] zeigte sich eine erhebliche Verschärfung des Prospektrechts. Der europäische Gesetzgeber ging bei der Einführung des neuen Prospektregimes von einem qualitativen Unterschied zwischen dem bloßen Abverkauf von Wertpapieren über den Sekundärmarkt und einem öffentlichen Angebot aus. Die bloße Befolgung von Börsenzulassungspflichten wurde zur hinreichenden Information von Anlegern bei öffentlichen Angeboten von Wertpapieren als unzureichend angesehen. Das zuvor prospektfrei mögliche öffentliche Angebot von bereits zum Handel an einem organisierten Markt zugelassenen Wertpapieren wurde daher der generellen Prospektpflicht unterworfen[2]. Der Wortlaut des Art. 3 Prospektrichtlinie spiegelt diese gesetzgeberische Entscheidung eindeutig wider. Auf der Tatbestandsseite wurde die Prospektpflicht damit deutlich erweitert.

2 Wie in Art. 31 der Prospektrichtlinie vorgesehen, erfolgte in 2010 die Revision und **Änderung der Prospektrichtlinie durch die Richtlinie 2010/73/EU ("Änderungsrichtlinie")**[3]. Durch das Gesetz zur Umsetzung der Richtlinie 2010/73/EU und zur Änderung des Börsengesetzes (**"Prospektrichtlinie-Umsetzungsgesetz"**)[4] wurden die Änderungen mit Wirkung zum 1.7.2012 in deutsches Recht umgesetzt. § 3 Abs. 1 WpPG wurde überarbeitet, wobei § 3 Abs. 1 Satz 2, 1. Halbsatz WpPG aF entfiel[5]. In § 3 Abs. 2 Satz 1 Nr. 2 WpPG wurde die Anzahl der nicht qualifizierten Anleger, an die sich ein öffentliches Angebot ohne Prospekt richten darf, erhöht, die Ausnahme mithin erweitert. Hingegen schränkte die Anhebung der Investitionsschwellen für eine prospektfreie Platzierung in § 3 Abs. 2 Nr. 3 WpPG (Mindestinvestitionsbetrag pro Anleger) und § 3 Abs. 2 Nr. 4 WpPG (Mindeststückelung der Wertpapiere) die-

---

1 Die Prospektpflicht war zuvor für öffentliche Angebote von Wertpapieren im VerkProspG und für deren Börsenzulassung im BörsG geregelt.
2 *Groß*, Kapitalmarktrecht, § 3 WpPG Rz. 2; *Hamann* in Schäfer/Hamann, § 3 WpPG Rz. 10; *Meyer* in Habersack/Mülbert/Schlitt, Unternehmensfinanzierung am Kapitalmarkt, § 30 Rz. 45; *Kunold/Schlitt*, BB 2004, 501 (504); *Holzborn/Israel*, ZIP 2005, 1668 (1669). AA *Zeising* in Just/Voß/Ritz/Zeising, § 3 WpPG Rz. 8, 9; *Voß*, ZBB 2010, 194 (200), in der Annahme, eine Prospektpflicht für ein öffentliches Angebot bereits zum Handel an einem organisierten Markt zugelassener Wertpapiere widerspräche der Zielsetzung der Prospektrichtlinie, nämlich der Primärmarktpublizität, und die dies auf Erwägungsgrund 27 zur Prospektrichtlinie gestützt sehen.
3 Richtlinie 2010/73/EU des Europäischen Parlaments und des Rates vom 24.11.2010 zur Änderung der Richtlinie 2003/71/EG betreffend den Prospekt, der beim öffentlichen Angebot von Wertpapieren oder bei deren Zulassung zum Handel zu veröffentlichen ist, und der Richtlinie 2004/109/EG zur Harmonisierung der Transparenzanforderungen in Bezug auf Informationen über Emittenten, deren Wertpapiere zum Handel auf einem geregelten Markt zugelassen sind, ABl. EU Nr. L 327 v. 11.12.2010, S. 1. Zum Gang des Änderungsverfahrens siehe *von Kopp-Colomb/Seitz*, WM 2012, 1220 (1221); *Maerker/Biedermann*, RdF 2011, 90.
4 BGBl. I 2012, S. 1375; BR-Drucks. 291/12.
5 Nach § 3 Abs. 1 Satz 2, 1. Halbsatz WpPG aF bestand keine Prospektpflicht, „soweit ein Prospekt nach den Vorschriften dieses Gesetzes bereits veröffentlicht ist." Diese Formulierung war auf § 1 VerkProspG aF zurückzuführen und hatte neben der mit dem WpPG neu eingeführten Gültigkeitsregelung des § 9 Abs. 1 WpPG eine klarstellende Funktion.

se Ausnahmen weiter ein. Die zuvor in § 3 Abs. 2 Satz 3 WpPG aF[1] geregelte Platzierung durch Finanzintermediäre wurde in Abs. 3 neu gefasst. Dadurch wurde die früher in Abs. 3 geregelte Prospektpflicht des Zulassungsantragstellers für die Zulassung von Wertpapieren zum Handel an einem organisierten Markt jetzt in Abs. 4 verschoben.

Gemäß Art. 4 der Änderungsrichtlinie ist die Anwendung der Prospektrichtlinie erneut überprüft worden[2]. 3

Nach dem Vorschlag einer **neuen Prospektverordnung** in der finalen Fassung der Ratspräsidentschaft vom 3.6.2016[3] soll der Regelungsgehalt des Art. 3 der Prospektrichtlinie umstrukturiert und inhaltlich modifiziert werden. Die Ausnahme des Art. 3 Nr. 5 der Prospektrichtlinie für Wertpapierangebote im Gesamtgegenwert von weniger als 100.000 Euro wird gestrichen. Stattdessen sollen nach Art. 1 Abs. 2 lit. 2a der neuen Prospektverordnung Wertpapierangebote im Gesamtgegenwert in der Union von weniger als 500.000 Euro, berechnet über einen Zeitraum von 12 Monaten, gänzlich vom Anwendungsbereich der Prospektverordnung ausgenommen sein. Alle übrigen zwingenden Ausnahmen von der Prospektpflicht werden in gleichfalls in Art. 1 der neuen Prospektverordnung als Ausnahmen vom Anwendungsbereich geregelt: Die bisherigen Ausnahmen des Art. 3 Nr. 1–4 der Prospektrichtlinie werden in Art. 1 Abs. 3 Nr. (a)–(d) der neuen Prospektverordnung verschoben. Darüber hinaus wird eine optionale, nationale Ausnahme in Art. 3 Abs. 2 der Prospektverordnung eingeführt. Danach soll es den Mitgliedstaaten frei stehen, Wertpapierangebote auf nationaler Ebene von der Prospektpflicht zu befreien, sofern das Angebot nicht nach Art. 24 der Prospektverordnung notifiziert wird und der Gesamtgegenwert des Angebots in der Union einen Schwellenwert von 10 Mio. Euro, berechnet über einen Zeitraum von 12 Monaten, nicht überschreitet. Damit kann der Schwellenwert von 500.000 Euro im neuen Art. 1 Abs. 2 lit. 2a Prospektverordnung national auf bis zu 10 Mio. Euro angehoben werden[4]. Dies soll den Mitgliedstaaten Flexibilität vermitteln bei der Entlastung von kleinen und mittleren Unternehmen, für die sich nun eine Definition in Art. 2 Abs. 1 lit. f der neuen Prospektverordnung findet.

---

1 § 3 Abs. 2 Satz 3 WpPG aF lautete: „Bei der Platzierung von Wertpapieren durch Institute im Sinne des § 1 Abs. 1b des Kreditwesengesetzes oder ein nach § 53 Abs. 1 Satz 1 oder § 53b Abs. 1 Satz 1 oder Abs. 7 des Kreditwesengesetzes tätiges Unternehmen ist ein Prospekt zu veröffentlichen, wenn die endgültige Platzierung keine der unter Satz 1 Nr. 1 bis 5 genannten Bedingungen erfüllt."
2 Ergebnisse der am 13.5.2015 abgeschlossenen Konsultation zur Überprüfung der Prospektrichtlinie: Consultation on the Review of the Prospectus Directive 18/02-2015 – 13/05/2015 – Feedback statement on the public online consultation – sowie weitere Informationen zur Überprüfung der Prospektrichtlinie siehe www.ec.europa.eu/finance/securities/prospectus/index_de.htm.
3 Proposal for a Regulation of the European Parliament and of the Council on the prospectus to be published when securities are offered to the public or admitted to trading, 3 June 2016, 2015/0268 (COD); abrufbar unter http://eur-lex.europa.eu/legal-content/EN/TXT/?uri=CELEX%3A52015PC0583.
4 Siehe auch Erwägungsgründe 12, 13 des Vorschlags der neuen Prospektverordnung.

Die bisher für die spätere Weiterveräußerung von Wertpapieren und die Platzierung durch Finanzintermediäre relevanten Regelungen (siehe die Ausführungen zu § 3 Abs. 2 Satz 2 und Abs. 3 WpPG, Rz. 44 ff.) werden nach dem Vorschlag der Ratspräsidentschaft im neuen Art. 5 der Prospektverordnung zusammengefasst[1]. Insgesamt wird Art. 3 der neuen Prospektverordnung durch die Verschiebung der Ausnahmen von der Prospektpflicht in Art. 1 und der Regelung der Weiterveräußerung in Art. 5 auf die Statuierung der Prospektpflicht für öffentliche Angebote in Art. 3 Abs. 1 und für Börsenzulassungen in Abs. 3 sowie die optionale nationale Ausnahme in Abs. 2 reduziert werden.

Die Umwandlung der Prospektrichtlinie in eine unmittelbar anwendbare Verordnung soll Spielräume für Unterschiede bei der nationalen Umsetzung verringern und damit ein in der gesamten Europäischen Union einheitliches Prospektregime gewährleisten. Nach ihrem Art. 47 wird die neue Prospektverordnung 20 Tage nach ihrer Veröffentlichung im Europäischen Amtsblatt in Kraft treten und grundsätzlich 24 Monate, im Hinblick auf Art. 3 Abs. 2 bereits 12 Monate danach anwendbar sein. Der deutsche Gesetzgeber wird sodann über die Änderung des WpPG zu entscheiden haben. Die nachfolgenden Ausführungen basieren jedoch auf dem zum Zeitpunkt der Veröffentlichung geltenden Prospektregime.

II. Übersicht

4   Als **zentrale Vorschrift des WpPG** normiert § 3 WpPG die generelle Prospektpflicht, regelt einige Ausnahmen selbst und enthält darüber hinaus die Weichenstellung für weitere Ausnahmen. Außerdem bestimmt § 3 WpPG den Prospektpflichtigen, indem § 3 Abs. 1 WpPG bei einem öffentlichen Angebot den Anbieter (§ 2 Nr. 10 WpPG) und § 3 Abs. 4 WpPG bei der Zulassung zum Handel an einem organisierten Markt den Zulassungsantragsteller (§ 2 Nr. 11 WpPG) als die für die Veröffentlichung des Prospekts zuständige Person benennt.

5   Eine **Prospektpflicht** besteht bei zwei Tatbeständen, dem öffentlichen Angebot von Wertpapieren (**§ 3 Abs. 1 WpPG**) und ihrer Zulassung zum Handel an einem organisierten Markt (**§ 3 Abs. 4 WpPG**). Die in §§ 3 und 4 WpPG geregelten **Ausnahmen** von der Prospektpflicht knüpfen an diese Unterscheidung an. Systematisch verweist § 3 Abs. 1 WpPG dabei auf die Ausnahmen für öffentliche Angebote in **§ 3 Abs. 2 Satz 1** und § 4 Abs. 1 WpPG, und **§ 3 Abs. 4 WpPG** auf die Ausnahmen für die Zulassung zum Handel an einem organisierten Markt in § 4 Abs. 2 WpPG.

6   Die angebotsbezogenen Ausnahmen des **§ 3 Abs. 2 Satz 1 WpPG** unterscheiden nach dem Adressaten des Angebots (§ 3 Abs. 2 Nr. 1 WpPG: qualifizierte Anleger; § 3 Abs. 2 Nr. 2 WpPG: weniger als 150 nicht qualifizierte Anleger) und bestimmten, mit dem Angebot verbundenen Investitions- bzw. Emissionsschwellen (§ 3 Abs. 2 Nr. 3 WpPG: Mindestanlagebetrag 100.000 Euro[2]; § 3 Abs. 2 Nr. 4 WpPG: Mindeststü-

---
1 Siehe auch Erwägungsgrund 40 des Vorschlags der neuen Prospektverordnung.
2 Auch wenn der Wortlaut des § 3 Abs. 2 Nr. 3 WpPG („... das sich an Anleger richtet, die ...") eine Einordnung als adressatenbezogene Ausnahme nahe legt (so *Hamann* in

ckelung 100.000 Euro, § 3 Abs. 2 Nr. 5 WpPG: Verkaufspreis aller angebotenen Wertpapiere im Europäischen Wirtschaftsraum unter 100.000 Euro). Während für die Ausnahmen des § 3 Abs. 2 WpPG die Art des Angebots maßgeblich ist, stellen die Ausnahmen des § 4 WpPG auf die Art des Wertpapiers ab.

§ 3 Abs. 2 Satz 2 WpPG enthält eine Klarstellung: Für die Feststellung der Prospektpflicht ist es irrelevant, ob zugunsten eines vorherigen öffentlichen Angebots der Wertpapiere eine Ausnahme bestand, zB weil sich das frühere Angebot ausschließlich an qualifizierte Anleger richtete, die spätere Weiterveräußerung ist als gesondertes Angebot anzusehen. § 3 Abs. 3 WpPG regelt die Platzierung von Wertpapieren durch Finanzintermediäre (sog. Retail Cascades). 7

Trotz des anders anmutenden Wortlauts sind § 3 Abs. 1 und Abs. 4 WpPG als **Verbotstatbestände** anzusehen, denn der Schwerpunkt der Regelungen liegt im Verbot von öffentlichen Angeboten oder Zulassungen zum Handel an einem organisierten Markt ohne Prospekt[1]. Erst aus diesem Verbot resultiert die Verpflichtung eines Anbieters bzw. eines Zulassungsantragstellers, einen Prospekt zu veröffentlichen. Deutlicher reflektiert dies der Wortlaut des Art. 3 der Prospektrichtlinie[2]. Ein verbotswidriges öffentliches Angebot von Wertpapieren kann gemäß § 35 Abs. 1 Nr. 1 WpPG als Ordnungswidrigkeit sanktioniert und nach § 26 Abs. 4 Satz 1 WpPG untersagt werden. 8

III. Weitere relevante Vorschriften und Empfehlungen

Der Prospektinhalt richtet sich nach § 7 WpPG iVm. Verordnung (EG) Nr. 809/2004/EG der Kommission vom 29.4.2004 zur Umsetzung der Richtlinie 2003/71/EG des Europäischen Parlaments und des Rates betreffend die in Prospekten enthaltenen Angaben sowie die Aufmachung, die Aufnahme von Angaben in Form eines Verweises und die Veröffentlichung solcher Prospekte sowie die Verbreitung von Werbung[3] („**Prospektverordnung**"). Darüber hinaus wird die Kommission in zahlreichen Normen der Prospektrichtlinie ermächtigt, zu deren weiterer Ausgestaltung 9

Schäfer/Hamann, § 3 WpPG Rz. 1), steht nicht eine bestimmte Eigenschaft der Anleger, sondern ein mit dem Angebot der Wertpapiere verbundenes Merkmal – Mindestanlagebetrag von 100.000 Euro – im Vordergrund.

1 *Groß*, Kapitalmarktrecht, § 3 WpPG Rz. 2, Fn. 1; *Hamann* in Schäfer/Hamann, § 3 WpPG Rz. 3, 31; *Ekkenga/Maas* in Kümpel/Hammen/Ekkenga, Kapitalmarktrecht, Das Recht der Wertpapieremissionen, Rz. 191; *Ekkenga*, BB 2005, 561 (562).
2 Art. 3 Abs. 1 Prospektrichtlinie: „Member States shall not allow any offer of securities to be made to the public within their territories without prior publication of a prospectus."
3 Verordnung (EG) Nr. 809/2004/EG der Kommission vom 29.4.2004 zur Umsetzung der Richtlinie 2003/71/EG des Europäischen Parlaments und des Rates betreffend die in Prospekten enthaltenen Angaben sowie die Aufmachung, die Aufnahme von Angaben in Form eines Verweises und die Veröffentlichung solcher Prospekte sowie die Verbreitung von Werbung, ABl. EU Nr. L 186 v. 18.7.2005, S. 3.

delegierte Rechtsakte gemäß Art. 24a bis Art. 24c Prospektrichtlinie zu erlassen[1]. Hinsichtlich der Platzierung von Wertpapieren durch Finanzintermediäre nach § 3 Abs. 3 WpPG ist die Delegierte Verordnung (EU) 862/2012 vom 4.6.2012[2] („**Zweite Delegierte Verordnung**") von besonderer Relevanz (siehe Rz. 45). Die **Delegierte Verordnung (EU) 2016/301 vom 30.11.2015**[3] betrifft ua. den Zugang zu einem elektronisch veröffentlichten Prospekt. Hierzu enthält sie Technische Regulierungsstandards nach Art. 10 der Verordnung Nr. 1095/2010 („ESMA-Verordnung"). Große praktische Relevanz kommt außerdem den Veröffentlichungen und Konsultationen der European Securities and Markets Authority (**ESMA**) zu, siehe insbesondere die „ESMA Recommendations"[4] sowie die „ESMA FAQs"[5].

IV. Prospektpflicht beim öffentlichen Angebot im Inland (§ 3 Abs. 1 WpPG)

10 Ist ein öffentliches Angebot (§ 2 Nr. 4 WpPG) von Wertpapieren (§ 2 Nr. 1 WpPG) nach § 3 Abs. 1 WpPG gegeben und greift keine Ausnahmeregelung (§ 3 Abs. 2 Satz 1 oder § 4 Abs. 1 WpPG) ein, so muss der Anbieter (§ 2 Nr. 10 WpPG) einen Prospekt (§§ 5, 6 WpPG) veröffentlichen (§ 14 WpPG).

1. Inlandsbezug des öffentlichen Angebots

11 § 3 Abs. 1 WpPG statuiert die generelle Prospektpflicht für Wertpapiere (§ 2 Nr. 1 WpPG), die **im Inland** öffentlich angeboten (§ 2 Nr. 4 WpPG) werden. Laut Regierungsbegründung orientiert sich § 3 WpPG an § 1 VerkProspG aF[6]. Zweck der Pro-

---

[1] Die Art. 24a bis 24c wurden durch die Änderungsrichtlinie neu in die Prospektrichtlinie eingefügt und enthalten die Befugnis und Regeln zum Erlass von delegierten Rechtsakten durch die Kommission. Alle relevanten Delegierten Verordnungen der Kommission sind abrufbar unter http://ec.europa.eu/finance/securities/prospectus/index_de.htm.

[2] Delegierte Verordnung (EU) 862/2012 der Kommission vom 4.6.2012 zur Änderung der Verordnung (EG) Nr. 809/2004 in Bezug auf die Zustimmung zur Verwendung des Prospekts, die Informationen über Basisindizes und die Anforderungen eines von unabhängigen Buchprüfern oder Abschlussprüfern erstellten Berichts, ABl. EU Nr. L 256 v. 22.9.2012, S. 4.

[3] Delegierte Verordnung (EU) 2016/301 der Kommission vom 30.11.2015 zur Ergänzung der Richtlinie 2003/71/EG des Europäischen Parlaments und des Rates durch technische Regulierungsstandards für [die Billigung und Veröffentlichung eines Prospekts und Verbreitung von Werbung und der Änderung der Verordnung (EG) Nr. 809/2004], ABl. EU Nr. L 58 v. 4.3.2016, S. 13–20.

[4] ESMA's Recommendations for the consistent implementation of the Prospectus Regulation regarding mineral companies, ESMA/2012/607, abrufbar unter www.esma.europa.eu/systemn/files/2012-607.pdf.

[5] ESMA/2016/1133, Questions and Answers Prospectuses, 25nd updated version – July 2016, abrufbar unter https://www.esma.europa.eu/regulation/corporate-disclosure/prospectus.

[6] Begr. RegE zu § 3 WpPG, BT-Drucks. 15/4999 v. 3.3.2005, S. 29.

spektpflicht ist es, die Anleger vor ihrer Anlageentscheidung ausreichend über den Emittenten, die angebotenen Wertpapiere und die Anlagerisiken zu informieren[1]. Ausschlaggebend ist, ob mit dem Angebot potentielle **Anleger im Geltungsbereich des Gesetzes zielgerichtet angesprochen** werden[2]. Das WpPG verfolgt damit grundsätzlich den Schutz aller Personen, denen Wertpapiere in seinem Geltungsbereich angeboten werden. Daher kommt es allein darauf an, wo die Wirkung des Angebots eintritt und nicht darauf, wo das Angebot abgegeben wird oder wie ein vom Ausland an das Publikum im Inland gerichtetes Angebot nach ausländischem Recht zu beurteilen wäre[3]. Ebenso spielt die Nationalität der potentiellen Anleger keine Rolle, sofern sie das Angebot im Geltungsbereich des WpPG erreicht[4]. Hingegen fehlt Angeboten, die ausschließlich Personen im Ausland adressieren, der nach § 3 Abs. 1 WpPG erforderliche Inlandsbezug. Außerhalb des Geltungsbereichs des WpPG ist die Prospektpflichtigkeit nach dem einschlägigen ausländischen Recht zu beurteilen[5].

2. Territoriale Eingrenzung beim Internetangebot

Ein öffentliches Angebot kann mittels jeder Art von Medien erfolgen (§ 2 Nr. 4 WpPG, siehe § 2 WpPG Rz. 37 ff.). Als Informations- und Werbeträger können insbesondere auch elektronische Medien dienen[6]. Werden Wertpapiere im Internet beworben, kann die territoriale Eingrenzung des öffentlichen Angebots Fragen aufwerfen. Wie oben dargestellt, ist der Ort der Abgabe eines öffentlichen Angebots unerheblich. Es spielt also keine Rolle, wo der Upload der Daten erfolgt oder wo der Server mit den abrufbaren Daten steht[7]. Problematisch ist, dass die im Internet eingestellten Daten grundsätzlich weltweit abrufbar sind, so dass alle Informationen auch von Anlegern im Inland zur Kenntnis genommen werden können. Die territoriale Reichweite des Angebots ist in einem solchen Fall anhand von Indizien zu beurteilen. Erforderlich ist eine **Gesamtschau aller Indizien aus Anlegerperspektive**.

Ein an hervorgehobener Stelle stehender und in deutscher Sprache verfasster Hinweis (sog. **Disclaimer**), dass eine Zeichnung für Anleger in Deutschland nicht mög-

---

1 Erwägungsgründe 18 bis 20 der Prospektrichtlinie.
2 So bereits zu § 1 VerkProspG aF, Ziffer I. 2. a) der Bekanntmachung des Bundesaufsichtsamtes für den Wertpapierhandel zum Wertpapier-Verkaufsprospektgesetz (Verkaufsprospektgesetz) vom 6.9.1999, BAnz. Nr. 177 v. 21.9.1999, S. 16180.
3 *Grosjean* in Heidel, Aktienrecht und Kapitalmarktrecht, § 3 WpPG Rz. 1; *Hamann* in Schäfer/Hamann, § 3 WpPG Rz. 5; *Ekkenga/Maas* in Kümpel/Hammen/Ekkenga, Kapitalmarktrecht, Das Recht der Wertpapieremissionen, Rz. 111.
4 *Groß*, Kapitalmarktrecht, § 3 WpPG Rz. 4; *Heidelbach* in Schwark/Zimmer, § 3 WpPG Rz. 4.
5 *Hamann* in Schäfer/Hamann, § 3 WpPG Rz. 9 mwN.
6 Ziffer I. 2. b) der Bekanntmachung des Bundesaufsichtsamtes für den Wertpapierhandel zum Wertpapier-Verkaufsprospektgesetz (Verkaufsprospektgesetz) vom 6.9.1999, BAnz. Nr. 177 v. 21.9.1999, S. 16180.
7 Ziffer I. 2. b) der Bekanntmachung des Bundesaufsichtsamtes für den Wertpapierhandel zum Wertpapier-Verkaufsprospektgesetz (Verkaufsprospektgesetz) vom 6.9.1999, BAnz. Nr. 177 v. 21.9.1999, S. 16180.

lich ist, spricht gegen eine zielgerichtete Ansprache im Inland[1]. Dafür müssen inländische Anleger explizit und in unmissverständlicher Weise aus dem Kreis der Adressaten des öffentlichen Angebots ausgenommen werden. Dieser Gedanke schlägt sich auch in Art. 29 Abs. 2 Satz 2 der Prospektverordnung nieder, der für den Fall des Internetangebots bestimmt, dass Maßnahmen zu ergreifen sind, „mit denen vermieden wird, die Gebietsansässigen in Mitgliedstaaten oder Drittstaaten anzusprechen, in denen die Wertpapiere dem Publikum nicht angeboten werden. Dies kann z.B. durch eine deutliche Erklärung dahingehend erfolgen, wer die Adressaten des Angebots sind." Nach dem Wortlaut dieser Vorschrift ist sowohl eine negative als auch eine positive Bestimmung des Adressatenkreises denkbar, Letztere etwa durch die abschließende Aufzählung derjenigen Länder, in denen das öffentliche Angebot stattfindet.

14 Andererseits reicht ein Disclaimer allein nicht aus, wenn andere Anhaltspunkte für die zielgerichtete Ansprache inländischer Anleger sprechen. Die Verwendung der deutschen Sprache, die Nennung deutscher Ansprechpartner[2] oder Treuhänder[3], die Angabe eines Kaufpreises in Euro oder Hinweise auf das deutsche Steuerrecht[4] deuten darauf hin, dass das Angebot (auch) auf inländische Anleger abzielt. Nach Ansicht des damaligen Bundesaufsichtsamtes für den Wertpapierhandel (BAWe) sind zusätzlich zu einem Hinweis **angemessene Vorkehrungen** zu treffen, dass Anleger von Deutschland aus die Wertpapiere nicht erwerben können[5]. Beispielsweise könnte der Anbieter seine Mitarbeiter anweisen, Anträge von Absendern mit einer Adresse in Deutschland nicht zu bearbeiten[6]. Zwar dürfte nach neuer Rechtslage –

---

1 Ziffer I. 2. b) der Bekanntmachung des Bundesaufsichtsamtes für den Wertpapierhandel zum Wertpapier-Verkaufsprospektgesetz (Verkaufsprospektgesetz) vom 6.9.1999, BAnz. Nr. 177 v. 21.9.1999, S. 16180; so auch *Hamann* in Schäfer/Hamann, § 3 WpPG Rz. 8 und *Groß*, Kapitalmarktrecht, § 3 WpPG Rz. 4; *Ekkenga/Maas* in Kümpel/Hammen/Ekkenga, Kapitalmarktrecht, Das Recht der Wertpapieremissionen, Rz. 111.
2 Ziffer I. 2. b) der Bekanntmachung des Bundesaufsichtsamtes für den Wertpapierhandel zum Wertpapier-Verkaufsprospektgesetz (Verkaufsprospektgesetz) vom 6.9.1999, BAnz. Nr. 177 v. 21.9.1999, S. 16180; *Holzborn/Mayston* in Holzborn, § 3 WpPG Rz. 7.
3 *Grosjean* in Heidel, Aktienrecht und Kapitalmarktrecht, § 3 WpPG Rz. 1.
4 *Groß*, Kapitalmarktrecht, § 3 WpPG Rz. 4; *Grosjean* in Heidel, Aktienrecht und Kapitalmarktrecht, § 3 WpPG Rz. 1; Jahresbericht 1998 des BAWe, S. 15.
5 Ziffer I. 2. b) der Bekanntmachung des Bundesaufsichtsamtes für den Wertpapierhandel zum Wertpapier-Verkaufsprospektgesetz (Verkaufsprospektgesetz) vom 6.9.1999, BAnz. Nr. 177 v. 21.9.1999, S. 16180. Mit dem Erfordernis der angemessenen Vorkehrungen gab das damalige BAWe die noch im Jahresbericht des BAWe 1998, S. 96, vertretene strengere Auffassung auf, der Anbieter müsse „sicherstellen", dass ein Erwerb durch inländische Anleger nicht möglich ist, vgl. *Ritz* in Assmann/Lenz/Ritz (1. Aufl), § 1 VerkProspG Rz. 73. Selbst wenn auf der Zugangsseite zB die Angabe der postalischen Anschrift verlangt wird, ist die Richtigkeit dieser Angabe für den Anbieter nicht nachprüfbar. Insofern ist eine „Sicherstellung", dass inländische Anleger die Wertpapiere nicht erwerben, tatsächlich nicht möglich.
6 *Groß*, Kapitalmarktrecht, § 3 WpPG Rz. 4 Fn. 9, weist darauf hin, dass Maßnahmen, die erst bei der Zahlung und Lieferung der Wertpapiere ansetzen, aufgrund der zivilrechtlichen Verbindlichkeit des zuvor abgeschlossenen Kaufvertrags keine angemessenen Vorkehrungen darstellen.

Art. 29 Abs. 2 Satz 2 der Prospektverordnung – ein Hinweis grundsätzlich ausreichen, der Mangel von weiteren Vorkehrungen gegen den Wertpapiererwerb durch inländische Anleger könnte aber im Einzelfall als Indiz für ein territorial unbeschränktes öffentliches Angebot zu werten sein. Wenn ein Anbieter trotz seines Wissens um den Kauf der Wertpapiere durch inländische Anleger untätig bleibt, hat er nicht die iS des Anlegerschutzes erforderlichen Maßnahmen ergriffen.

Zu berücksichtigen ist in diesem Zusammenhang, dass gemäß **Art. 6 Abs. 4 der Delegierten Verordnung (EU) 2016/301 vom 30.11.2015** der Zugang zu einem elektronisch veröffentlichten Prospekt nicht beschränkt werden darf, indem der potentiellen Anleger aufgefordert wird, einen Registrierungsprozess zu durchlaufen, einer Haftungseinschränkung zuzustimmen oder eine Zahlung zu leisten. Die Delegierte Verordnung (EU) 2016/301 vom 30.11.2015 ist insoweit als Folge des Urteils des EuGH vom 15.5.2014[1] zu sehen. Das in Art. 29 Abs. 1 Nr. 1 der Prospektverordnung vorgesehene Erfordernis der leichten Zugänglichkeit eines elektronisch veröffentlichten Prospekts sei nicht erfüllt, wenn bei Aufrufen der Website eine mit einer Haftungsausschlussklausel und der Pflicht zur Bekanntgabe einer E-Mail-Adresse verbundene Registrierungspflicht bestehe, wenn der elektronische Zugang kostenpflichtig sei oder wenn die kostenlose Abrufbarkeit von Prospektteilen auf zwei Dokumente pro Monat beschränkt sei. Allerdings bestimmt Erwägungsgrund 7 zur Delegierten Verordnung (EU) 2016/301 vom 30.11.2015, dass „Filter", die das Land des öffentlichen Angebots benennen, oder den potentiellen Anleger auffordern, seinen Heimatstaat offenzulegen oder zu bestätigen, dass sich sein Wohnsitz nicht in einer von dem öffentlichen Angebot ausgeschlossenen Jurisdiktion befindet, nicht als unzulässige Haftungseinschränkungen anzusehen sind.

3. Prospektpflicht bei Zwangsversteigerung

In seinem Urteil vom 17.9.2014 in der Rechtssache „Almer Beheer BV u.a. gegen Van den Dungen Vastgoed BV u.a". befasste sich der EuGH mit der Frage, ob die Pflicht zur Veröffentlichung eines Prospekts auch für die Zwangsversteigerung von Wertpapieren gelte[2]. In der Sache ging es um den Verkauf und die Übertragung von Aktienzertifikaten an den Meistbietenden durch einen Gerichtsvollzieher im Rahmen einer in zwei überregionalen Zeitungen angezeigten öffentlichen Versteigerung[3]. Der **EuGH verneinte die Prospektpflicht** für eine Veräußerung von Wertpapieren im Wege eines solchen Zwangsvollstreckungsverfahrens. Diese falle nicht in den Rahmen der mit der Prospektrichtlinie verfolgten Ziele, nämlich dem Schutz der Anleger und die reibungslose Funktionsweise sowie die Entwicklung der Märkte, und damit nicht in deren Geltungsbereich[4]. Denn eine Zwangsversteigerung sei dadurch gekennzeichnet, dass keine normale Marktsituation vorliege. Zum einen akzeptiere der Käufer bei einer Zwangsversteigerung, dass die Waren mit unbekannten Mängeln behaftet sein

---

1 EuGH v. 15.5.2014 – C-359/12 – „Timmel", ZIP 2015, 119 = AG 2015, 234 – Rz. 50–59.
2 EuGH v. 17.9.2014 – C-441/12 – „Almer Beheer", ZIP 2014, 2342 = AG 2015, 496.
3 Vergleichbar mit dem Verfahren nach § 821 ZPO.
4 EuGH v. 17.9.2014 – C-441/12, „Almer Beheer", ZIP 2014, 2342 = AG 2015, 496 – Rz. 45.

könnten, was sich in der Regel in einem erheblich geringeren Kaufpreis widerspiegelt. Zum anderen würden die Wertpapiere nicht vom Emittenten oder Inhaber zur Gewinnerzielung veräußert, sondern von einem Gerichtsvollzieher auf Betreiben des Vollstreckungsgläubigers oder auf Anordnung einer Justizbehörde allein zum Zweck der Erfüllung einer Forderung. Es handle sich also nicht um die Teilnahme an einer wirtschaftlichen Tätigkeit auf dem Wertpapiermarkt. Die Annahme einer Prospektpflicht würde wegen der notwendigen Mitwirkung der leitenden Organe des Vollstreckungsschuldners zu erheblichen praktischen Problemen führen und die Befriedigung des Gläubigers im Zwangsvollstreckungsverfahren gefährden.

17 Auch in Deutschland dürfte daher nach dem Urteil des EuGH vom 17.9.2014 für den Verkauf von Wertpapieren aus dem schuldnerischen Vermögen im Rahmen von Zwangsversteigerungen oder Insolvenzverfahren (Regel- oder Insolvenzplanverfahren) kein Prospekt mehr erforderlich sein[1]. Um einer Umgehung der generellen Prospektpflicht für öffentliche Angebote von Wertpapieren Einhalt zu gebieten, ist eine äußerst **restriktive Anwendung der vom EuGH aufgestellten Kriterien** angezeigt. So kann beispielsweise die Neuemission von Wertpapieren eines Schuldners im Falle eines Debt-to-Equity-Swaps im Insolvenzverfahren keinesfalls mit der Verwertung von Wertpapieren aus dem schuldnerischen Vermögen verglichen werden[2]. Denn im Gegensatz dazu investiert der Anleger beim Kauf von neu emittierten Wertpapieren wirtschaftlich und ggf. langfristig in das zu sanierende Unternehmen mit dem Risiko des Totalverlusts bei Scheitern der Sanierungsbemühungen. Es handelt sich dabei um die Teilnahme an einer wirtschaftlichen Tätigkeit auf dem Wertpapiermarkt, die den allgemeinen Regeln des Prospektrechts unterfällt.

4. Veröffentlichung eines Prospekts

18 Bei einem öffentlichen Angebot muss der Anbieter „einen **Prospekt für diese Wertpapiere**" veröffentlichen. Der erforderliche Inhalt eines Prospekts richtet sich nach § 7 WpPG iVm. der Prospektverordnung. Prospekte nach VerkProspG aF oder BörsG aF bzw. der BörsZulV aF bleiben daher im Rahmen des § 3 Abs. 1 WpPG unberücksichtigt[3]. Nach altem Recht erstellte Prospekte sind in inhaltlicher Hinsicht auch nicht gleichwertig mit nach den Vorschriften des WpPG iVm. der Prospektverordnung erstellten Prospekten, so dass der Schutzzweck der Vorschrift eine Gleichstellung verbietet[4].

---

[1] Ob man hier eine teleologische Reduktion des Art. 3 Abs. 1 der Prospektrichtlinie bzw. § 3 Abs. 1 WpPG oder aber einen ungeschriebenen Ausnahmetatbestand annimmt, kann dahingestellt bleiben.

[2] *Schneider*, AG 10/2016, 341 (347/348); AA *Thole*, ZIP 2014, 2365 (2372, 2373); *von Oppen/Richers*, CF 2015, 95 (99): Der Insolvenzplan des Emittenten trete hinsichtlich des Anlegerschutzes an die Stelle des Wertpapierprospekts.

[3] *Grosjean* in Heidel, Aktienrecht und Kapitalmarktrecht, § 3 WpPG Rz. 2; *Meyer* in Habersack/Mülbert/Schlitt, Unternehmensfinanzierung am Kapitalmarkt, § 30 Rz. 7; *Schlitt/Schäfer*, AG 2005, 498 (500); *Schlitt/Schäfer*, AG 2008, 525 (527). Zu Übergangsvorschriften in diesem Zusammenhang siehe *Zeising* in Just/Voß/Ritz/Zeising, § 3 WpPG Rz. 17.

[4] *Hamann* in Schäfer/Hamann, § 3 WpPG Rz. 13.

Ein nach § 17 Abs. 3 WpPG in die Bundesrepublik Deutschland **notifizierter Prospekt** (Europäischer Pass) ist zwar nicht nach den Vorschriften des WpPG, sondern nach den entsprechenden Vorschriften des notifizierenden Herkunftsstaates veröffentlicht. Jedoch gelten mit der Prospektverordnung für den Prospektinhalt in allen Staaten des Europäischen Wirtschaftsraums die gleichen Anforderungen. Infolgedessen ist ein nach Deutschland notifizierter Prospekt einem nach den Vorschriften des WpPG gebilligten und veröffentlichten Prospekt gleichgestellt.

19

5. Gültigkeit des Prospekts

Der veröffentlichte Prospekt muss zum Zeitpunkt des öffentlichen Angebots gültig sein, § 9 WpPG[1]. Eine ausreichende Information des Anlegers ist nur während der Gültigkeit des Prospekts gewährleistet, da diese die Aktualisierung des Prospekts per Nachtrag voraussetzt. Relevante Dokumente (zB nach Anhang XI Ziffer 14 der Prospektverordnung) werden außerdem auch lediglich während der Gültigkeitsdauer des Prospekts zur Einsicht für den Anleger vorgehalten. Nach § 9 Abs. 5 WpPG kann ein Prospekt nach Ablauf seiner Gültigkeit nicht mehr für ein öffentliches Angebot von Wertpapieren genutzt werden. Eine über die Gültigkeit hinaus gehende Verwendung von Prospekten liefe dem Schutzzweck der generellen Prospektpflicht – einer ausreichenden Anlegerinformation – zuwider.

20

Fraglich ist, ob und unter welchen Voraussetzungen ein Prospekt im Rahmen seiner Gültigkeit für weitere öffentliche Angebote von Wertpapieren genutzt werden kann. § 3 Abs. 1 Satz 2, 1. Halbsatz WpPG aF, wonach die Prospektpflicht nicht galt, „soweit ein Prospekt nach den Vorschriften dieses Gesetzes bereits veröffentlicht worden ist", wurde bei der Revision der Prospektrichtlinie und Überarbeitung des § 3 WpPG gestrichen. Nach der Grundregel des § 3 Abs. 1 WpPG nF darf der Anbieter im Rahmen der Gültigkeit des Prospekts öffentlich anbieten, wenn er zuvor einen Prospekt für „diese Wertpapiere" veröffentlicht hat. Mehrfache Angebote sind dabei nicht ausgeschlossen. Der geänderte Wortlaut zeigt an, dass es sich dabei aber um **öffentliche Angebote derselben Wertpapiere** handeln muss, Angebote von Wertpapieren der gleichen Gattung oder mit gleichen Ausstattungsmerkmalen sind nicht erfasst[2]. Daraus folgt, dass auch bei der Emission von Wertpapieren, die mit zuvor emittierten Wertpapieren fungibel sind (Aufstockung), ein weiterer Prospekt erforderlich ist.

21

---

1 Begr. RegE ProspRLÄndRL-UmsG, BT-Drucks. 17/8684, S. 17; *Hamann* in Schäfer/Hamann, § 3 WpPG Rz. 12; *Seitz*, AG 2005, 678 (683); *Schlitt/Schäfer*, AG 2005, 498 (500).
2 Ebenso *Holzborn/Mayston* in Holzborn, § 3 WpPG Rz. 8; *Groß*, Kapitalmarktrecht, § 3 WpPG Rz. 10c; AA *Grosjean* in Heidel, Aktienrecht und Kapitalmarktrecht, § 3 WpPG Rz. 2; *Hamann* in Schäfer/Hamann, § 3 WpPG Rz. 12; *Heidelbach* in Schwark/Zimmer, § 3 WpPG Rz. 13; *Schnorbus* in FrankfurtKomm. WpPG, § 3 WpPG Rz. 13: gleiche Gattung von Wertpapieren reiche aus. Unklar *Zeising* in Just/Voß/Ritz/Zeising, § 3 WpPG Rz. 21, 22, der einerseits die Fungibilität der nachfolgend angebotenen Wertpapiere ausreichen lässt (Rz. 21), andererseits aber für Aufstockungen die Veröffentlichung eines neuen Prospekts fordert (Rz. 22).

6. Verletzung der Prospektpflicht

22 Vertreibt der Anbieter die Wertpapiere trotz bestehender Prospektpflicht ohne Prospekt, so stellt dies eine **Ordnungswidrigkeit gemäß § 35 WpPG** dar, mit der Folge der Untersagungsmöglichkeit des öffentlichen Angebots gemäß § 26 WpPG. Außerdem unterliegt er der **Haftung bei fehlendem Prospekt nach § 24 WpPG** (siehe die dortige Kommentierung). Ein unter Verstoß gegen die Prospektpflicht abgeschlossener Kaufvertrag ist jedoch trotzdem zivilrechtlich wirksam. § 3 Abs. 1 WpPG verbietet zwar das öffentliche Angebot von Wertpapieren ohne Prospekt, nicht aber deren Erwerb. Daher ist das Erwerbsgeschäft nicht gemäß § 134 BGB nichtig[1].

V. Wertpapierbezogene Ausnahmen von der Prospektpflicht (§ 3 Abs. 1 iVm. § 4 Abs. 1 WpPG)

23 Bestimmte Arten von Wertpapieren können gemäß § 3 Abs. 1 iVm. § 4 Abs. 1 WpPG prospektfrei öffentlich angeboten werden (siehe die dortige Kommentierung).

VI. Angebotsbezogene Ausnahmen von der Prospektpflicht (§ 3 Abs. 2 Satz 1 WpPG)

1. Rechtsnatur der Ausnahmetatbestände

24 § 3 Abs. 2 Satz 1 WpPG setzt **Art. 3 Abs. 2 der Prospektrichtlinie** um und befreit bestimmte Arten von öffentlichen Angeboten von der Prospektpflicht[2]. Bei § 3 Abs. 2 Satz 1 Nr. 2 und Nr. 5 WpPG handelt es sich um rein **quantitative Ausnahmen**, die auf der Einhaltung bestimmter Bagatellschwellen – Angebot an maximal 149 nicht qualifizierte Anleger oder Verkaufspreis aller angebotenen Wertpapiere unter 100.000 Euro – beruhen. Hingegen enthalten § 3 Abs. 2 Satz 1 Nr. 1, Nr. 3 und Nr. 4 WpPG **qualitative Ausnahmen**, da hier qualitative Kriterien – qualifizierte Anleger oder Anlagevolumina, die auf die Professionalität der Investoren schließen lassen – maßgeblich sind. Das Eingreifen einer Ausnahmevorschrift setzt stets zunächst voraus, dass der Tatbestand der Regelvorschrift erfüllt ist. Ist bereits ein öffentliches Angebot (§ 2 Nr. 4 WpPG, siehe § 2 WpPG Rz. 32 ff.) von Wertpapieren (§ 2 Nr. 1 WpPG, siehe § 2 WpPG Rz. 8 ff.) im Inland zu verneinen, besteht schon keine Prospektpflicht, ohne dass es auf eine Ausnahme ankäme. § 3 Abs. 2 Satz 1 WpPG gilt nur für öffentliche Angebote, so dass eine spätere Zulassung zum geregelten Markt von zuvor prospektfrei vertriebenen Wertpapieren die Veröffentlichung eines Prospekts erfordern kann[3].

---

[1] Näher *Groß*, Kapitalmarktrecht, § 3 WpPG Rz. 13, 14 mwN zur Rechtslage nach VerkProspG aF; *Holzborn/Mayston* in Holzborn, § 3 WpPG Rz. 11.

[2] Zu einem Vergleich mit §§ 2 bis 4 VerkProspG aF siehe *Kullmann/Sester*, WM 2005, 1068 (1070) und *Zeising* in Just/Voß/Ritz/Zeising, § 3 WpPG Rz. 29.

[3] *Hamann* in Schäfer/Hamann, § 3 WpPG Rz. 15; ESMA/2016/1133, Questions and Answers Prospectuses, 25nd updated version – July 2016, abrufbar unter https://www.esma.euro

2. Kombination von Ausnahmen

Eine Kombination der Ausnahmen des § 3 Abs. 2 Satz 1 WpPG im Rahmen eines öffentlichen Angebots ist uneingeschränkt möglich[1]. Dies gilt auch für eine Kombination von § 3 Abs. 2 Satz Nr. 1 und Nr. 2 WpPG, dh. der Anbieter kann qualifizierte Anleger und daneben in jedem Staat des Europäischen Wirtschaftsraum maximal 149 nicht qualifizierte Anleger adressieren[2]. Die Formulierung in § 3 Abs. 2 Satz 1 Nr. 1 WpPG („ausschließlich an qualifizierte Anleger") ist so zu verstehen, dass Angebote, die nur teilweise qualifizierte Anleger adressieren, auch nur hinsichtlich dieser qualifizierten Anleger von der Prospektpflicht befreit sind. Bei Angeboten sowohl an qualifizierte als auch nicht qualifizierte Anleger muss hinsichtlich der Letzteren eine weitere Ausnahme eingreifen, damit das Angebot insgesamt nicht der Prospektpflicht unterliegt. Dass **alle einzelnen Ausnahmen uneingeschränkt miteinander kombinierbar** sind, wird in der englischsprachigen Fassung der Prospektrichtlinie durch ihre Verbindung mit „and/or" angezeigt. Auch aus dem Gesichtspunkt des Anlegerschutzes bestehen keine Bedenken gegen eine kumulative Inanspruchnahme der Ausnahmen. Während § 3 Abs. 2 Satz 1 Nr. 1, Nr. 3 und Nr. 4 WpPG auf einem mangelnden Schutzbedürfnis der betreffenden Anleger basieren, sind § 3 Abs. 2 Satz 1 Nr. 2 und Nr. 5 WpPG aufgrund von Geringfügigkeit gerechtfertigt. Jede einzelne Ausnahme gründet also auf einer eigenständigen Berechtigung, die die parallele Ausnutzung weiterer Ausnahmen nicht tangiert. Insoweit ergeben sich keine Unterschiede zum alten Recht[3]. Zu sog. Kettenemissionen und der Frage, ob jede einzelne in eine Vertriebskette eingebundene Bank prospektfrei an weniger als 150 Anleger anbieten kann, siehe Rz. 45 ff.

25

3. Rechtsfolgen

Bei Vorliegen der Voraussetzungen entfällt die Prospektpflicht **ipso iure**. Die BaFin stellt kein Negativtestat über das Nichtbestehen der Prospektpflicht bzw. das Eingreifen einer Ausnahmevorschrift aus[4]. Die Billigung des Prospekts müsste aller-

26

---

pa.eu/regulation/corporate-disclosure/prospectus, Nr. 44: „Obligation to publish a prospectus for admission of securities to trading on a regulated market (Article 3.3 Directive)".

1 *Hamann* in Schäfer/Hamann, § 3 WpPG Rz. 24; *Groß*, Kapitalmarktrecht, § 3 WpPG Rz. 5; *Grosjean* in Heidel, Aktienrecht und Kapitalmarktrecht, § 3 WpPG Rz. 7; *Holzborn/Mayston* in Holzborn, § 3 WpPG Rz. 20; aA noch *Holzborn/Israel*, ZIP 2005, 1668 (1669), die eine „alternative Inanspruchnahme" als zulässig erachteten.
2 *Groß*, Kapitalmarktrecht, § 3 WpPG Rz. 6; *Grosjean* in Heidel, Aktienrecht und Kapitalmarktrecht, § 3 WpPG Rz. 5; aA *Holzborn/Mayston* in Holzborn, § 3 WpPG Rz. 20, die sog. gemischte Angebote nach Nr. 1 und Nr. 2 ausschließen; *Heidelbach/Preuße*, BKR 2006, 316 (319, 320).
3 Ziffer II. 1. der Bekanntmachung des Bundesaufsichtsamtes für den Wertpapierhandel zum Wertpapier-Verkaufsprospektgesetz (Verkaufsprospektgesetz) vom 6.9.1999, BAnz. Nr. 177 v. 21.9.1999, S. 16180; *Ritz* in Assmann/Lenz/Ritz, § 2 VerkProspG Rz. 4; *Heidelbach* in Schwark, 3. Aufl. 2004, § 2 VerkProspG Rz. 2.
4 *Grosjean* in Heidel, Aktienrecht und Kapitalmarktrecht, § 3 WpPG Rz. 6; zur verwaltungsverfahrensrechtlichen Beurteilung siehe *Zeising* in Just/Voß/Ritz/Zeising, § 3 WpPG Rz. 31 mwN.

dings versagt werden, wenn das öffentliche Angebot der Wertpapiere einer Ausnahme gemäß § 3 Abs. 2 Satz 1 WpPG unterfällt[1]. Da es sich bei den in §§ 3 und 4 WpPG um EU-weite Ausnahmen handelt, kann der Emittent im gesamten Europäischen Wirtschaftsraum prospektfrei anbieten. Daher besteht für einen Prospekt kein praktisches Bedürfnis. Aus diesem Grund kann bei Eingreifen einer Ausnahme nach §§ 3 oder 4 WpPG **kein freiwilliger Prospekt** erstellt und gebilligt werden[2].

4. Ausnahmetatbestände

a) Qualifizierte Anleger (§ 3 Abs. 2 Satz 1 Nr. 1 WpPG)

27   Ein öffentliches Wertpapierangebot ist gemäß § 3 Abs. 2 Satz 1 Nr. 1 WpPG von der Prospektpflicht befreit, wenn es sich ausschließlich an qualifizierte Anleger richtet. Die Legaldefinition des qualifizierten Anlegers in § 2 Nr. 6 wurde aufgrund der Änderung in Art. 1 Nr. 2 lit. a i) der Änderungsrichtlinie an die Definition des „professionellen Kunden" in der Richtlinie 2004/39/EG, umgesetzt in § 31a WpHG, angeglichen[3]. § 3 Abs. 2 Satz 1 Nr. 1 ist vergleichbar mit § 2 Nr. 1 VerkProspG aF (Angebot nur an Personen, die beruflich oder gewerblich für eigene oder fremde Rechnung Wertpapiere erwerben oder veräußern), ist aber nun weiter gefasst. Die Ausnahme rechtfertigt sich aufgrund der Vermutung, dass qualifizierten Anlegern **ausreichend anderweitige Informationsquellen** zur Verfügung stehen, um sich die für den Kauf von Wertpapieren notwendige Erkenntnisgrundlage zu schaffen[4] bzw. durch die Annahme, dass bei qualifizierten Anlegern aufgrund der Erfahrung in Wertpapiergeschäften ein erhöhtes Risikobewusstsein gegeben ist[5]. Ist der Anbieter

---

[1] Zur Frage, ob der Anbieter nicht aus § 38 VwVfG von der BaFin eine Zusicherung hinsichtlich des Nicht-Erlasses einer Untersagung des öffentlichen Angebots nach § 26 Abs. 4 WpPG verlangen kann, siehe *Groß*, Kapitalmarktrecht, § 3 WpPG Rz. 5.

[2] Anders gemäß § 1 Abs. 3 WpPG bei Ausnahmen vom Anwendungsbereich nach § 1 Abs. 2 WpPG (Begr. RegE zu § 1 Abs. 2 WpPG, BT-Drucks. 15/4999 v. 3.3.2005, S. 27): Bei der Umsetzung des Art. 1 Abs. 2 der Prospektrichtlinie war der nationale Gesetzgeber frei, die dort genannten Ausnahmen für bestimmte Wertpapiere ins nationale Recht umzusetzen. Weil aufgrund dessen zwar im Inland gemäß § 1 Abs. 2 WpPG die Prospektpflicht entfallen kann, der Emittent jedoch für das Angebot bzw. die Börsenzulassung in anderen EWR-Staaten einen Prospekt benötigen könnte, besteht hier die Möglichkeit eines freiwillig erstellten Prospekts (sog. „opt-in"), siehe § 1 WpPG Rz. 88 f. Unter Außerachtlassung dieses Hintergrundes aA *Holzborn/Mayston* in Holzborn, § 3 WpPG Rz. 10, und *Schnorbus* in FrankfurtKomm. WpPG, § 3 WpPG Rz. 39 ff., die nicht zwischen den Ausnahmen vom Anwendungsbereich gemäß § 1 Abs. 2 WpPG und den Ausnahmen von der Prospektpflicht gemäß § 3 Abs. 2 Satz 1 und § 4 WpPG differenzieren und in allen Fällen die Möglichkeit eines opt-in bejahen.

[3] Siehe die Kommentierung zu § 2 Nr. 6 WpPG (§ 2 WpPG Rz. 78 ff.) sowie *Kaufmann*, Die Prospektpflicht nach dem WpPG, S. 113.

[4] Begr. RegE zu § 3 WpPG, BT-Drucks. 15/4999 v. 3.3.2005, S. 29; *Leuering*, Der Konzern 2006, 4 (6).

[5] Kritisch zu Unternehmen, die nach § 31a Abs. 2 Nr. 2 WpHG unter die Definition des qualifizierten Anlegers fallen: *Kaufmann*, Die Prospektpflicht nach dem WpPG, S. 117; *Schnorbus* in FrankfurtKomm. WpPG, § 3 WpPG Rz. 26.

von der Prospektpflicht befreit, muss er gleichwohl § 15 Abs. 5 Satz 1 WpPG beachten.

Mittels eines entsprechenden Hinweises (sog. Disclaimer) kann ein Anbieter das öffentliche Angebot auf qualifizierte Anleger beschränken[1]. Ebenso wie bei der Feststellung des Inlandsbezugs beim Internetangebot (Rz. 12), kommt es auch hier auf eine **Gesamtschau aller Indizien aus Anlegerperspektive** an. Erforderlich ist zunächst ein an hervorgehobener Stelle stehender expliziter und unmissverständlicher Hinweis, das Angebot richte sich lediglich an qualifizierte Investoren. Darüber hinaus sollte eine Erklärung des Begriffs des qualifizierten Anlegers (§ 2 Nr. 6 WpPG) enthalten sein. Ohne eine Erläuterung ist nicht auszuschließen, dass sich auch nicht qualifizierte Anleger in der irrtümlichen Annahme, sie seien in diesem Sinne qualifiziert, angesprochen fühlen. Andererseits reicht ein Disclaimer allein nicht aus, wenn andere Anhaltspunkte gegen eine Beschränkung sprechen, zB die Ansprache natürlicher Personen durch die Emissionsbegleiter, ohne sich ihre Einstufung als Kunden nach § 32 WpPG i.V.m. § 31a WpHG bestätigen zu lassen. Wie auch beim Internetangebot kann ein Mangel an angemessenen Vorkehrungen gegen die Adressierung nicht qualifizierter Anleger gegen das Eingreifen der Ausnahmeregelung sprechen (vgl. die entsprechenden Ausführungen zum Internetangebot, Rz. 12)[2].

b) Weniger als 150 nicht qualifizierte Anleger (§ 3 Abs. 2 Satz 1 Nr. 2 WpPG)

Nach § 3 Abs. 2 Satz 1 Nr. 2 WpPG ist ein öffentliches Angebot[3] von der Prospektpflicht ausgenommen, wenn es sich an einen kleinen Personenkreis, nämlich an weniger als 150 nicht qualifizierte Anleger in jedem Staat des Europäischen Wirtschaftsraums richtet. Im Zuge der Revision der Prospektrichtlinie und Anpassung des WpPG wurde die Schwelle von 100 auf 150 nicht qualifizierte Anleger pro EWR-Staat angehoben. Die Grenze von mithin 149 nicht qualifizierten Anlegern ist für jedes Angebot sowie für jeden EWR-Staat gesondert zu bestimmen[4]. § 2 Nr. 2 VerkProspG aF, der das Angebot an einen begrenzten Personenkreis von der Prospektpflicht aus-

---

[1] Missverständlich *Hamann* in Schäfer/Hamann, § 3 WpPG Rz. 16, der bei einem Disclaimer bereits die „Öffentlichkeit" eines Angebots in Frage stellt.
[2] Auch *Grosjean* in Heidel, Aktienrecht und Kapitalmarktrecht, § 3 WpPG Rz. 6, *Hamann* in Schäfer/Hamann, § 3 WpPG Rz. 16 und *Holzborn/Mayston* in Holzborn, § 3 WpPG Rz. 15 fordern angemessene Vorkehrungen bzw. Disclaimer und entsprechendes Angebotsverhalten, damit nicht qualifizierte Anleger die Wertpapiere nicht erwerben können.
[3] Zu Recht weisen *Groß*, Kapitalmarktrecht, § 3 WpPG Rz. 7 Fn. 11 und *Leuering*, Der Konzern 2006, 4 (6) darauf hin, dass die Ausnahmeregelung zunächst das Vorliegen eines öffentlichen Angebots voraussetzt. Missverständlich *Grosjean* in Heidel, Aktienrecht und Kapitalmarktrecht, § 3 WpPG Rz. 9, der im Zusammenhang mit § 3 Abs. 2 Satz 1 Nr. 2 WpPG von einer „Privatplatzierung" spricht.
[4] Begr. RegE zu § 3 WpPG, BT-Drucks. 15/4999 v. 3.3.2005, S. 29. *Groß*, Kapitalmarktrecht, § 3 WpPG Rz. 7a, und *Zeising* in Just/Voß/Ritz/Zeising, § 3 WpPG Rz. 42, 46 weisen darauf hin, dass es für die Prospektpflicht in Deutschland jedoch allein auf die Anzahl der nicht qualifizierten Anleger in Deutschland bzw. bei Drittstaatenemittenten mit Herkunftsstaat Deutschland auf die Anzahl der nicht qualifizierten Anleger in dem Drittstaat ankommt; aA *Schnorbus* in FrankfurtKomm. WpPG, § 3 WpPG Rz. 31, 32.

nahm, stellte noch auf qualitative Kriterien ab[1]. So kam es für die Feststellung des begrenzten Personenkreises darauf an, ob die betreffenden Personen von dem Anbieter gezielt nach individuellen Gesichtspunkten ausgewählt und angesprochen wurden, ob zwischen dem Anbieter und dem Anleger eine persönliche oder gesellschaftsrechtliche Beziehung bestand und ein Verkaufsprospekt im Hinblick auf das Informationsbedürfnis des Anlegers erforderlich schien[2]. Im Gegensatz dazu stellt die 149-Personen-Grenze ein rein **quantitatives Kriterium** dar[3]. Mit der Einführung dieser quantitativen Grenze sollten die früheren Auslegungsprobleme hinsichtlich des Begriffs „begrenzter Personenkreis" behoben werden. Allerdings wirft die tatsächliche Feststellung des angesprochenen Anlegerkreises auch weiterhin praktische Probleme auf[4]. Qualitative Kriterien können bei der Feststellung, ob überhaupt ein öffentliches Angebot vorliegt, eine Rolle spielen (siehe § 2 WpPG Rz. 37 ff.). Aufgrund von qualitativen Kriterien kann auch bei einem Angebot, das sich an 150 oder mehr nicht qualifizierte Anleger richtet, die Öffentlichkeit des Angebots zu verneinen sein[5].

30 Gerechtfertigt ist die Ausnahme von der Prospektpflicht bei Angeboten an weniger als 150 nicht qualifizierte Anleger aufgrund von **Geringfügigkeit hinsichtlich der Anzahl möglicherweise geschädigter Personen**. Dies basiert auf der Annahme, Aufwand und Kosten einer Prospekterstellung würden außer Verhältnis zu dem potentiellen Schaden stehen. Das Angebotsvolumen und damit die Gesamtschadenshöhe ist jedoch nicht begrenzt. Sofern vorgeschlagen wird, zur Vermeidung von erheblichen Anlegerschäden eine Begrenzung des Angebotsumfangs in Nr. 2 einzuführen[6], wäre § 3 Abs. 2 Satz 1 Nr. 5 WpPG zu berücksichtigen. Ebenso wie bei Nr. 2 rechtfertigt sich Nr. 5 aufgrund von Geringfügigkeit, betrifft nicht qualifizierte Anleger, enthält aber eine das Verkaufsvolumen betreffende Obergrenze (Verkaufspreis bis zu 100.000 Euro im EWR innerhalb von 12 Monaten) für prospektfreie Angebote. Eine entsprechende Obergrenze in Nr. 2 würde zu einer teilweisen Doppelung der Kriterien führen und die Ausnahme der Nr. 2 als die dann strengere Vorschrift leerlaufen lassen. Eine über 100.000 Euro hinausgehende Obergrenze in Nr. 2 würde den sinnvollen Anwendungsbereich der Nr. 5 wiederum auf Angebote an mehr als 150 nicht qualifizierte Anleger einengen.

31 Nach dem Wortlaut des § 3 Abs. 2 Satz 1 Nr. 2 WpPG ist allein darauf abzustellen, ob sich das Angebot an weniger als 150 nicht qualifizierte Anleger *richtet*. Für diese Fest-

---

1 *Groß*, Kapitalmarktrecht, § 3 WpPG Rz. 7; *Grosjean* in Heidel, Aktienrecht und Kapitalmarktrecht, § 3 WpPG Rz. 9.
2 Ziffer II. 1. der Bekanntmachung des Bundesaufsichtsamtes für den Wertpapierhandel zum Wertpapier-Verkaufsprospektgesetz (Verkaufsprospektgesetz) vom 6.9.1999, BAnz. Nr. 177 v. 21.9.1999, S. 16180.
3 *Hamann* in Schäfer/Hamann, § 3 WpPG Rz. 17, 19; *Heidelbach/Preuße*, BKR 2006, 316 (319); *Kullmann/Sester*, WM 2005, 1068 (1069); *Kunold/Schlitt*, BB 2004, 501 (504); *Schlitt/Schäfer*, AG 2005, 498 (500); *Kollmorgen/Feldhaus*, BB 2007, 225 (227).
4 *Kunold/Schlitt*, BB 2004, 501 (504); *Schlitt/Schäfer*, AG 2005, 498 (500).
5 *Holzborn/Israel*, ZIP 2005, 1668 (1669); *Leuering*, Der Konzern 2006, 4 (6).
6 *Kaufmann*, Die Prospektpflicht nach dem WpPG, S. 120.

stellung ist der spätere **Angebotserfolg irrelevant**[1]. Ein von vornherein hinsichtlich des Adressatenkreises uneingeschränktes Angebot kann nicht von der Ausnahmeregelung profitieren, selbst wenn nach dem Angebot der Kaufvertrag mit nur 149 Anlegern zustande kommt. Schließlich besteht das Informationsbedürfnis von potentiellen Anlegern schon beim Angebot, so dass vor Beginn des Angebots zu entscheiden ist, ob eine Prospektpflicht besteht oder nicht. Andernfalls könnte ein gegen die Prospektpflicht verstoßendes öffentliches Angebot im Nachhinein legitimiert werden, indem der Anbieter nach der Angebotsphase beim Verkauf der Wertpapiere doch nur 149 Anleger berücksichtigt.

Die Feststellung, wie viele Personen das öffentliche Angebot tatsächlich adressiert, kann Probleme aufwerfen[2]. Wenn schon die Möglichkeit der Kenntnisnahme der Angebotsinformationen eingeschränkt ist – etwa indem die Angebotsinformationen lediglich 149 potentiellen nicht qualifizierten Anlegern gezeigt werden oder wenn bei einer Internetplatzierung das Angebot aufgrund technischer Maßnahmen maximal 149 Anleger erreicht – ist die Eingrenzung des Adressatenkreises unproblematisch. Problematisch ist, wenn die Angebotsinformationen mehr als 149 nicht qualifizierten Anlegern zugänglich sind, so zum Beispiel beim technisch unbegrenzten Zugriff auf die Angebotsinformationen im Internet oder dem Aushang von Werbematerial im Schaufenster einer Vertriebsfiliale. Wie bei dem Ausschluss des Inlandsbezugs beim Internetangebot (Rz. 12) und der Beschränkung des öffentlichen Angebots auf qualifizierte Anleger (Rz. 27) mittels entsprechender Hinweise, ist auch hier eine Gesamtschau aller Indizien aus Anlegerperspektive vorzunehmen. Allein ein Hinweis (sog. **Disclaimer**), das öffentliche Angebot richte sich an maximal 149 nicht qualifizierte Anleger, ist hier **zur Eingrenzung der Anzahl der Angebotsadressaten allerdings nicht geeignet**. Im Schaufenster einer Bank platziertes Werbematerial richtet sich an eine unendliche Anzahl von Passanten. Dies vermag auch ein Hinweis auf den hinsichtlich der Anlegerzahl eingeschränkten Abschlusswillen nicht zu ändern[3]. Aus Anlegerperspektive geht ein solcher Hinweis ins Leere, denn jeder potentielle Anleger kann sich berechtigterweise zum Kreis der 149 Personen zählen. Im Rahmen des § 3 Abs. 2 Satz 1 Nr. 2 WpPG muss daher bereits die faktische Zugänglichkeit der Angebotsinformationen beschränkt werden[4]. 32

Problematisch sind mehrere aufeinanderfolgende prospektfreie Angebote an jeweils weniger als 150 nicht qualifizierte Anleger, sog. **Kettenemissionen**. Hierzu wird vertreten, Kettenemissionen von Wertpapieren mit identischen Wertpapiermerkmalen 33

---

1 *Hamann* in Schäfer/Hamann, § 3 WpPG Rz. 18; *Heidelbach/Preuße*, BKR 2006, 316 (319); *Zeising* in Just/Voß/Ritz/Zeising, § 3 WpPG Rz. 43.
2 Zum Fall einer Kapitalerhöhung mit Bezugsrecht der Altaktionäre siehe *Holzborn/Mayston* in Holzborn, § 3 WpPG Rz. 16; Zur Berechnung bei retail cascades siehe *Grosjean* in Heidel, Aktienrecht und Kapitalmarktrecht, § 3 WpPG Rz. 7; *Schnorbus*, AG 2008, 406.
3 Ebenso *Groß*, Kapitalmarktrecht, § 3 WpPG Rz. 7; *Schnorbus* in FrankfurtKomm. WpPG, § 3 WpPG Rz. 29.
4 Im Ergebnis ebenso *Holzborn/Mayston* in Holzborn, § 3 WpPG Rz. 16; *Hamann* in Schäfer/Hamann, § 3 WpPG Rz. 18; *Giedinghagen*, BKR 2007, 233 (236); *Ekkenga/Maas* in Kümpel/Hammen/Ekkenga, Kapitalmarktrecht, Das Recht der Wertpapieremissionen, Rz. 117 mwN.

seien unzulässig, da sie dem Schutzzweck der Norm widersprächen. Für jeden einzelnen Fall könne die Ausnahmevorschrift nur dann greifen, wenn jeweils andere Wertpapiermerkmale gegeben seien[1]. Grundsätzlich ist hinsichtlich jedes einzelnen Angebots das Eingreifen einer Ausnahmevorschrift zu prüfen. Die Ausstattung der Wertpapiere ist zwar ein Indiz, aber kein zwingendes Abgrenzungskriterium eines oder mehrerer Angebote. So können dieselben Wertpapiere auch mehrmals angeboten werden oder es liegt im Falle einer Aufstockung bei gleichen Ausstattungsmerkmalen der Wertpapiere (ausgenommen Valuta, Emissionsvolumen) ein neues Angebot vor. Sollten Anhaltspunkte für eine Umgehung der engen Grenzen der Nr. 2 bestehen, könnten zeitlich gestaffelte Angebote derselben Wertpapiere nach einer Gesamtbetrachtung als ein einziges öffentliches Angebot zu werten sein. Damit wäre die 149-Personen-Grenze überschritten. Die Geringfügigkeit des Angebots und damit die Berechtigung für die Ausnahme wären in einem solchen Falle nicht gegeben.

34 Ein weiteres Problem stellt sich bei **Vertriebsketten**[2]. Unklar ist, ob jede einzelne in die Vertriebskette eingebundene Bank die Ausnahme des § 3 Abs. 2 Nr. 2 WpPG nutzen, mithin an jeweils bis zu 150 nicht qualifizierte Anleger öffentlich anbieten kann[3]. Grundsätzlich kann es nicht dem Emittenten überlassen bleiben, durch Hinzuziehung beliebig vieler Finanzintermediäre die Ausnahme der Nr. 2 auf einen unbegrenzten Kreis nicht qualifizierter Anleger zu erweitern. Ebenso wie bei Kettenemissionen ist darauf abzustellen, ob es sich um ein oder mehrere öffentliche Angebote handelt. Ein einheitlicher und zeitgleicher Auftritt könnte als Indiz für ein einziges öffentliches Angebot sprechen. Die Formulierung „endgültige Platzierung" in § 3 Abs. 3 WpPG kann im Hinblick auf die Ausnahme des § 3 Abs. 2 Nr. 2 WpPG so interpretiert werden, dass sich die für ein prospektfreies Angebot geltende Obergrenze von maximal 149 nicht qualifizierten Anlegern auf die gesamte Vertriebskette bezieht. Daher dürfte es unzulässig sein, die Wertpapiere ohne Prospekt auf jeder einzelnen Vertriebsstufe maximal 149 nicht qualifizierten Anlegern anzubieten.

c) Mindestbetrag 100.000 Euro (§ 3 Abs. 2 Satz 1 Nr. 3 WpPG)

35 Die Prospektpflicht entfällt, wenn sich das Angebot an Anleger richtet, die bei jedem gesonderten Angebot Wertpapiere ab einem Mindestbetrag von 100.000 Euro pro Anleger erwerben können[4]. Der Mindestbetrag ist durch das ProspRLÄndRL-

---

1 So auch *Holzborn/Mayston* in Holzborn, § 3 WpPG Rz. 21; *Heidelbach/Preuße*, BKR 2006, 316 (319).
2 Zu Vertriebsketten (Retail Cascades) siehe Rz. 45 ff.
3 So *Grosjean* in Heidel, Aktienrecht und Kapitalmarktrecht, § 3 WpPG Rz. 7: „Für sich genommen dürfte jeder Finanzintermediär bis zu 150 nicht qualifizierte Anleger im Rahmen ‚seines' Angebots ansprechen."
4 Nach Änderung durch das ProspRLÄndRL-UmsG galt die Ausnahme des Nr. 3 für ein Angebot von Wertpapieren, „das sich *nur* an Anleger richtet, …" Die Einfügung des Wortes „nur" wurde durch das Kleinanlegerschutzgesetz vom 3.7.2015 (BGBl. I 2015, S. 1114) mit Wirkung zum 10.7.2015 wieder rückgängig gemacht, um ein redaktionelles Versehen

UmsG von 50.000 Euro auf 100.000 Euro angehoben worden. Die bisherige Schwelle wurde als nicht mehr zeitgemäß angesehen, da sie die Unterscheidung von Privatanlegern und professionellen Investoren nicht mehr reflektiere. Es habe sich gezeigt, dass Privatanleger sehr wohl in eine Größenordnung von über 50.000 Euro investieren[1]. Die Ausnahmeregelung ist mit § 2 Nr. 4 Alt. 2 VerkProspG aF vergleichbar, der eine noch niedrigere Schwelle von 40.000 Euro enthielt[2]. Sie basiert auf der Annahme, dass in dieser Größenordnung Anleger **professionell investieren** und zu ihrer Information nicht auf einen Prospekt angewiesen sind. Mangels Informationsbedarfs sind professionelle Anleger nicht schutzbedürftig[3].

Die Investitionsschwelle von 100.000 Euro gilt nicht absolut per professionellem Anleger, sondern **„je Angebot"** (zuvor: „bei jedem gesonderten Angebot"). Ob die Platzierung von fungiblen Wertpapieren in mehreren (Teil-)Angeboten als ein einziges öffentliches Angebot von Wertpapieren zu werten ist, mit der Folge, dass der Anleger seine Investition von mindestens 100.000 Euro auf die verschiedenen Tranchen verteilen könnte, bestimmt sich nach den Umständen des Einzelfalls[4]. Ein größerer Zeitabstand zwischen den einzelnen Emissionen dürfte trotz Fungibilität der Wertpapiere der Annahme eines einzigen öffentlichen Angebots entgegenstehen. 36

Sowohl die Stückelung der Wertpapiere als auch ihr Nennwert sind irrelevant. Eine Stückelung von unter 100.000 Euro ermöglicht eine flexible Anlage oberhalb der Mindestinvestition von 100.000 Euro[5]. Für die Berechnung der Investitionsschwelle ist der tatsächliche **Kaufpreis** zugrunde zu legen. Dies wird durch die Formulierung „erwerben können" in § 3 Abs. 2 Satz 1 Nr. 3 WpPG angezeigt. Deutlicher macht dies Art. 3 Abs. 2 lit. c der Prospektrichtlinie: „investors who acquire securities for a total consideration of at least EUR 100 000". Zu Optionsscheinen und derivativen Instrumenten hat ESMA festgestellt, dass der Ausübungspreis der Option bzw. der derivativen Komponente nicht in den Kaufpreis einzurechnen ist[6]. Gebühren dürfen bei der Berechnung des Mindestbetrages ebenfalls nicht berücksichtigt werden, sodass 37

---

zu korrigieren und den Wortlaut wieder an Art. 3 Abs. 2 lit. c der Prospektrichtlinie anzupassen, siehe BT-Drucks. 18/3994 v. 11.2.2015, S. 55 zu Art. 4 Nr. 1.
1 Erwägungsgrund 9 zur EU-ProspRLÄndRL 2010/73/EU vom 24.11.2010.
2 Begr. RegE zu § 3 WpPG, BT-Drucks. 15/4999 v. 3.3.2005, S. 29.
3 *Groß*, Kapitalmarktrecht, § 3 WpPG Rz. 8; *Hamann* in Schäfer/Hamann, § 3 WpPG Rz. 20; *Grosjean* in Heidel, Aktienrecht und Kapitalmarktrecht, § 3 WpPG Rz. 8; *Heidelbach/Preuße*, BKR 2006, 316 (319); bereits zu § 2 Nr. 4 Alt. 2 VerkProspG aF *Heidelbach* in Schwark, 3. Aufl. 2004, § 2 VerkProspG Rz. 15.
4 Grundsätzlich bejahend für den Fall von fungiblen Wertpapieren *Zeising* in Just/Voß/Ritz/Zeising, § 3 WpPG Rz. 39.
5 *Groß*, Kapitalmarktrecht, § 3 WpPG Rz. 8; *Hamann* in Schäfer/Hamann, § 3 WpPG Rz. 20; *Heidelbach/Preuße*, BKR 2006, 316 (319).
6 ESMA/2016/1133, Questions and Answers Prospectuses, 25nd updated version – July 2016, abrufbar unter https://www.esma.europa.eu/regulation/corporate-disclosure/prospectus, Nr. 40: „Total consideration in warrants".

die Einrechnung eines Ausgabeaufschlags nicht zur Erreichung der 100.000-Euro-Schwelle beitragen kann[1].

d) Mindeststückelung 100.000 Euro (§ 3 Abs. 2 Satz 1 Nr. 4 WpPG)

38 Die Prospektpflicht gilt nicht, sofern die Wertpapiere eine Mindeststückelung von 100.000 Euro aufweisen. Im Rahmen der Revision der Prospektrichtlinie wurde die erforderliche Mindeststückelung von 50.000 Euro auf 100.000 Euro angehoben. Die Schwelle von 50.000 Euro wurde als nicht mehr zeitgemäß angesehen, da sie die Unterscheidung von Privatanlegern und professionellen Investoren nicht mehr reflektiere. Es habe sich gezeigt, dass Privatanleger sehr wohl in einer Größenordnung von über 50.000 Euro investieren[2]. Zur Ratio der Ausnahmeregelung gilt das zu § 3 Abs. 2 Satz 1 Nr. 3 WpPG Gesagte (Rz. 35). Hauptanwendungsfall ist die **Platzierung von Schuldverschreibungen an institutionelle Investoren**[3]. Eine Stückelung von 100.000 Euro bedeutet auch, dass aufgrund des sachenrechtlichen Bestimmtheitsgrundsatzes insgesamt nur in Schritten von 100.000 Euro investiert werden kann, das nächstmögliche Anlagevolumen also bereits bei 200.000 Euro liegt[4]. Lauten die Wertpapiere auf eine Fremdwährung, muss ihre Mindeststückelung umgerechnet ebenfalls mindestens 100.000 Euro betragen[5].

39 Problematisch ist der **Erwerb zu einem Kurs von unter 100%**, weil die Wertpapiere dann zwar die Mindeststückelung von 100.000 Euro aufweisen, der Anleger aber einen geringeren Betrag investiert. Der Wortlaut des § 3 Abs. 2 Satz 1 Nr. 4 WpPG stellt eindeutig auf die Ausstattung der Wertpapiere ab und nicht auf den Kurs, zu dem sie verkauft werden, so wie auch der Wortlaut des Art. 3 Abs. 2 lit. d der Prospektrichtlinie („securities whose denomination per unit amounts to at least EUR 100 000"). Allenfalls aus dem Grundgedanken des § 3 Abs. 2 Satz 1 Nr. 3 und Nr. 4 WpPG ließe sich schließen, dass lediglich oberhalb einer Investitionsschwelle von 100.000 Euro das Schutzbedürfnis der Anleger entfalle. Der Schutzzweck der generellen Prospektpflicht bleibt jedoch auch bei geringen Kursabschlägen auf Wertpapiere mit einer Mindeststückelung von 100.000 Euro gewahrt[6]. Würde im Rahmen von § 3 Abs. 2 Satz 1 Nr. 4 WpPG wie auch bei § 3 Abs. 2 Satz 1 Nr. 3 WpPG auf den Verkaufspreis abgestellt werden, so wäre Nr. 4 neben Nr. 3 überflüssig. Dem eindeutigen Wortlaut des § 3 Abs. 2 Satz 1 Nr. 4 WpPG nach ist damit die Ausstattung des Wertpapiers, also seine Mindeststückelung entscheidend.

---

1 Siehe zu § 2 Nr. 4 VerkProspG aF Ziffer II. 3.der Bekanntmachung des Bundesaufsichtsamtes für den Wertpapierhandel zum Wertpapier-Verkaufsprospektgesetz (Verkaufsprospektgesetz) vom 6.9.1999, BAnz. Nr. 177 v. 21.9.1999, S. 16180.
2 Erwägungsgrund 9 zur EU-ProspRLÄndRL.
3 *Schlitt/Schäfer*, AG 2005, 498 (500); *Heidelbach/Preuße*, BKR 2006, 316 (319).
4 *Heidelbach/Preuße*, BKR 2006, 316 (319); nach englischem Recht soll dagegen über die Mindeststückelung hinaus ein Erwerb von „incrementals" (durch 1.000 teilbare Beträge) möglich sein, siehe *Müller/Oulds*, WM 2007, 573.
5 Vgl. Erwägungsgrund 14 Satz 2 letzter Halbsatz der ProspektVO.
6 *Hamann* in Schäfer/Hamann, Kapitalmarktgesetze, § 3 WpPG Rz. 21.

Die Ausnahme gilt nur für öffentliche Angebote von Wertpapieren mit einer Mindeststückelung von 100.000 Euro, nicht aber für deren Börsenzulassung, für die auch § 4 Abs. 2 WpPG keine entsprechende Ausnahme enthält. Deswegen ist für die Zulassung der Wertpapiere zum regulierten Markt trotz einer hohen Mindeststückelung ein Prospekt zu veröffentlichen. Hinsichtlich der inhaltlichen Anforderungen ist damit der Anwendungsbereich der **Art. 12 iVm. Anhang IX und Art. 16 iVm. Anhang XIII der Prospektverordnung** auf Börsenzulassungsprospekte beschränkt. 40

e) Verkaufspreis aller angebotenen Wertpapiere unter 100.000 Euro (§ 3 Abs. 2 Satz 1 Nr. 5 WpPG)

Sofern der Verkaufspreis aller über einen Zeitraum von zwölf Monaten im Europäischen Wirtschaftsraum angebotenen Wertpapiere weniger als 100.000 Euro beträgt, besteht eine Ausnahme von der Prospektpflicht. Mit § 3 Abs. 2 Satz 1 Nr. 5 WpPG hat der Gesetzgeber die **Abwägung zwischen dem Anlegerschutz** einerseits und der mit der Prospekterstellung und -Veröffentlichung verbundenen **Kostenbelastung** unterhalb der Schwelle von 100.000 Euro andererseits zugunsten der Emittenten entschieden[1]. Die vergleichbare Vorgängerregelung des § 2 Nr. 4 Alt. 3 VerkProspG aF befreite Kleinstemissionen nur bis zu einer Schwelle von 40.000 Euro von der Prospektpflicht. Für die Berechnung der Schwelle und der Frist gelten die Ausführungen zu § 1 Abs. 2 Nr. 4 WpPG (siehe § 1 WpPG Rz. 57 ff.)[2]. Nach dieser Vorschrift können Einlagenkreditinstitute (§ 2 Nr. 8 WpPG) und Emittenten, deren Aktien bereits zum Handel an einem organisierten Markt zugelassen sind, bis zu 5 Mio. Euro prospektfrei emittieren. Im Rahmen der Revision der Prospektrichtlinie und deren Umsetzung durch das ProspRLÄndRL-UmsG wurde lediglich der Zusatz „im Europäischen Wirtschaftsraum" ergänzt. Diese Eingrenzung wurde früher aus einem Umkehrschluss zu § 3 Abs. 2 Satz 1 Nr. 2 WpPG abgeleitet[3]. 41

§ 3 Abs. 2 Satz 1 Nr. 5 WpPG setzt voraus, dass sich der Verkaufspreis *aller* im Europäischen Wirtschaftsraum angebotenen Wertpapiere auf unter 100.000 Euro beläuft. Der offene Wortlaut der Nr. 5 („Verkaufspreis aller angebotenen Wertpapiere") könnte dahingehend missverstanden werden, dass bei der Berechnung der 100.000-Euro-Grenze ungeachtet der Wertpapierart alle Angebote eines Emittenten zu berücksichtigen wären. Jedoch folgt aus dem Wortlaut des Art. 3 Abs. 2 lit. e der Prospektrichtlinie („an offer of securities"), dass nicht auf den Emittenten, sondern auf die angebotenen Wertpapiere abzustellen ist[4]. Innerhalb des Zwölf-Monats- 42

---

[1] *Groß*, Kapitalmarktrecht, § 3 WpPG Rz. 9; *Zeising* in Just/Voß/Ritz/Zeising, § 3 WpPG Rz. 55.
[2] Bei dem Verweis in der Begründung zu § 3 WpPG in Begr. RegE, BT-Drucks. 15/4999 v. 3.3.2005, S. 29, 30, auf § 1 Abs. 1 Nr. 4 WpPG handelt es sich wohl um ein redaktionelles Versehen. Richtigerweise sind die Ausführungen zu § 1 Abs. 2 Nr. 4 WpPG heranzuziehen.
[3] *Hamann* in Schäfer/Hamann, § 3 WpPG Rz. 22; *Grosjean* in Heidel, Aktienrecht und Kapitalmarktrecht, § 3 WpPG Rz. 11.
[4] *Zeising* in Just/Voß/Ritz/Zeising, § 3 WpPG Rz. 63.

Zeitraums kann ein Emittent daher verschiedene Wertpapiere prospektfrei anbieten, solange der jeweilige Verkaufspreis per Wertpapier die Bagatellgrenze nicht überschreitet. Bei der Berechnung ist damit der potentielle **Bruttoemissionserlös aller angebotenen Wertpapiere** zugrunde zu legen, unabhängig von der Anzahl der öffentlichen Angebote, Tranchen oder betroffenen EWR-Staaten. Grundlage der Berechnung ist der erste Ausgabepreis, wird ein solcher nicht festgelegt, der erste nach Einführung der Wertpapiere festgestellte oder gebildete Börsenpreis, bei mehreren Börsen der höchste erste Börsenpreis[1]. Zum unentgeltlichen Angebot von Wertpapieren siehe § 2 Nr. 4 WpPG (§ 2 WpPG Rz. 32 ff.).

43 Für die **Berechnung des Zeitraums von zwölf Monaten** entsprechend den §§ 187 ff. BGB ist auf den Beginn des öffentlichen Angebots bzw. den Tag der öffentlichen Bekanntmachung des Ausgabepreises abzustellen[2]. Ist das erste Angebot von Wertpapieren wegen § 3 Abs. 2 Satz 1 Nr. 5 WpPG prospektfrei möglich, so wird es im Nachhinein auch nicht prospektpflichtig, wenn ein zweites Angebot innerhalb des Zwölf-Monats-Zeitraums die 100.000-Euro-Schwelle überschreitet[3]. Denn die Beurteilung der Prospektpflichtigkeit ist im Zeitpunkt des jeweiligen Angebots vorzunehmen. Zur Berechnung des Zeitraumes von zwölf Monaten im Einzelnen siehe die entsprechenden Ausführungen zu § 4 Abs. 2 Nr. 1 WpPG (§ 4 WpPG Rz. 42).

VII. Weiterveräußerung (§ 3 Abs. 2 Satz 2 WpPG)

44 § 3 Abs. 2 Satz 2 WpPG ist eine beinahe wortwörtliche Übersetzung des ersten Halbsatzes des Art. 3 Abs. 2 Satz 2 der Prospektrichtlinie („However, any subsequent resale of securities which were previously the subject of one or more of the types of offer mentioned in this paragraph shall be regarded as a separate offer ..."). Der zweite Halbsatz des Art. 3 Abs. 2 Satz 2 der Prospektrichtlinie („... and the definition set out in Article 2(1)(d) shall apply for the purpose of deciding whether that resale is an offer of securities to the public.") wurde nicht in das WpPG übernommen. Er trägt jedoch zum Verständnis dieser Vorschrift wesentlich bei, weil er anzeigt, dass **jede Weiterveräußerung von Wertpapieren als gesondertes Angebot zu prüfen ist**[4]. Das Eingreifen einer Ausnahme von der Prospektpflicht ist hinsichtlich jedes späteren öffentlichen Angebots „gesondert" zu beurteilen, unabhängig davon, ob das frühere Angebot der Wertpapiere von der Prospektpflicht befreit war[5]. Praxisrelevant ist dieser Grundsatz insbesondere bei der Weiterplatzierung von Wertpapieren

---

1 Begr. RegE zu § 3 WpPG, BT-Drucks. 15/4999 v. 3.3.2005, S. 29, 30 verweist auf Begr. RegE zu § 1 Abs. 2 Nr. 4 WpPG, BT-Drucks. 15/4999 v. 3.3.2005, S. 27.
2 Begr. RegE zu § 1 Abs. 2 Nr. 4 WpPG, BT-Drucks. 15/4999 v. 3.3.2005, S. 27.
3 *Zeising* in Just/Voß/Ritz/Zeising, § 3 WpPG Rz. 60.
4 *Groß*, Kapitalmarktrecht, § 3 WpPG Rz. 10 weist zu Recht darauf hin, dass es nicht darum geht, jede spätere Weiterveräußerung von Wertpapieren als Angebot „anzusehen".
5 *Hamann* in Schäfer/Hamann, § 3 WpPG Rz. 27; *Ekkenga/Maas* in Kümpel/Hammen/Ekkenga, Kapitalmarktrecht, Das Recht der Wertpapieremissionen, Rz. 116. Die Begr. RegE zu § 3 WpPG, BT-Drucks. 15/4999 v. 3.3.2005, S. 30: „Satz 2 und 3 regeln die Geltung des Absatzes 1 auch für Angebote, die unter eine der Ausnahmevorschriften nach Abs. 2

durch einen oder mehrere, gegebenenfalls hintereinander geschaltete Vertriebsunternehmen (sog. Vertriebskette oder Retail Cascade)[1]. Die Prospektpflicht ist auf jeder Vertriebsstufe gesondert zu prüfen. Dies gilt auch, wenn eine Emission zeitgleich auf verschiedenen Vertriebsstufen angeboten wird[2]. Zur Problematik der Retail Cascades im Übrigen siehe Rz. 45 ff.

VIII. Platzierung durch Finanzintermediäre (§ 3 Abs. 3 WpPG)

1. Prospektpflicht bei Vertriebsketten

Bei der späteren Weiterplatzierung oder endgültigen Platzierung von Wertpapieren durch einen oder mehrere, gegebenenfalls hintereinander geschaltete Vertriebsunternehmen (sog. **Vertriebskette oder Retail Cascade**) stellt sich die Frage, wer und unter welchen Voraussetzungen den für das erste öffentliche Angebot oder für die Zulassung der Wertpapiere zum Handel an einem geregelten Markt erstellten Prospekt nutzen darf bzw. einen neuen Prospekt veröffentlichen muss. Ist von vornherein eine Weiterplatzierung der Wertpapiere durch nachfolgende Finanzintermediäre beabsichtigt, so ist aufgrund einer Gesamtbetrachtung der Vertriebskette bereits der Emittent als Anbieter prospektpflichtig[3]. Kooperiert der Emittent bei der Weiterplatzierung seiner Wertpapiere hingegen nicht mit dem weiterplatzierenden Erwerber, so ist er auch nicht prospektpflichtig, da ihm dann das Angebot nicht zugerechnet werden kann[4]. Die Prospektpflicht des oder der Weiterveräußerer ist, wie bereits § 3 Abs. 2 Satz 2 WpPG klarstellt, auf jeder Vertriebsstufe gesondert zu beurteilen.

45

2. Alte Rechtslage

Vor der Revision der Prospektrichtlinie wurde die Unklarheit im Hinblick auf die Prospektpflicht der Platzierer vielfach kritisiert[5]. Problematisch war, auf welcher Ebene der Vertriebskette eine Prospektpflicht besteht, inwieweit für den Emittenten eine Nachtragspflicht besteht sowie die Reichweite seiner Verantwortlichkeit für die Angaben im Prospekt im Hinblick auf die Vertriebskette[6]. Nach alter Rechtslage wurde in

46

---

fallen ..." ist insoweit missverständlich, da in diesen Fallgestaltungen nicht ein, sondern mehrere Angebote vorliegen.

1 *Hamann* in Schäfer/Hamann, § 3 WpPG Rz. 28; *Grosjean* in Heidel, Aktienrecht und Kapitalmarktrecht, § 3 WpPG Rz. 12; *Heidelbach/Preuße*, BKR 2008, 10.
2 *Heidelbach/Preuße*, BKR 2008, 10.
3 *Hamann* in Schäfer/Hamann, § 3 WpPG Rz. 28; *Heidelbach/Preuße*, BKR 2008, 10.
4 *Schlitt/Schäfer*, AG 2005, 498 (501), *Grosjean* in Heidel, Aktienrecht und Kapitalmarktrecht, § 3 WpPG Rz. 12; *Holzborn/Mayston* in Holzborn, § 3 WpPG Rz. 22.
5 *Kullmann/Metzger*, WM 2008, 1292 (1295 mwN).
6 CESR's Report on the supervisory functioning of the Prospectus Directive and Regulation, June 2007, Rz. 98, 99, 102; CSES, Study on the Impact of the Prospectus Regime on EU Financial Markets, Final Report, June 2008, S. 62–64.

Deutschland aus § 3 Abs. 1 Satz 2 Alt. 1 WpPG aF[1] geschlossen, dass ein später weiterplatzierender Finanzintermediär jedenfalls dann keinen weiteren Prospekt veröffentlichen muss, wenn ein gültiger Prospekt vorliegt[2]. Des Weiteren war ein Zusammenwirken („acting in association") zwischen dem Finanzintermediär und dem Emittenten erforderlich, um die Aktualität und damit die Gültigkeit des Prospekts zu gewährleisten[3]. § 3 Abs. 2 Satz 3 WpPG aF[4] bestätigte klarstellend die Prospektpflicht der genannten Finanzintermediäre, sofern die endgültige Platzierung nicht unter eine Ausnahme des § 3 Abs. 2 WpPG fiel. Im Rahmen der Änderung der Prospektrichtlinie und deren Umsetzung in deutsches Recht wurde § 3 Abs. 1 Satz 2 WpPG aF gestrichen sowie § 3 Abs. 2 Satz 3 WpPG aF geändert und in Abs. 3 neu gefasst[5].

3. Neuregelung in § 3 Abs. 3 WpPG

47 Wer und unter welchen Bedingungen den Prospekt des Emittenten für eine spätere Weiterplatzierung der Wertpapiere verwenden kann, ist nun in § 3 Abs. 3 WpPG geregelt. Danach gilt die Verpflichtung zur Veröffentlichung eines Prospekts nicht für eine spätere Weiterplatzierung oder eine spätere endgültige Platzierung von Wertpapieren durch die genannten Finanzintermediäre, solange für das Wertpapier ein gültiger Prospekt gemäß § 9 WpPG vorliegt und der Emittent oder die Personen, die die Verantwortung für den Prospekt übernommen haben, in dessen Verwendung schriftlich eingewilligt haben[6]. Damit wurden die bereits nach alter Rechtslage aufgestellten Kriterien explizit in die Prospektrichtlinie bzw. das WpPG hineingeschrieben. Wie zuvor ist also bei Retail Cascades ein **gültiger Prospekt** sowie eine Art Zusammenwirken zwischen Finanzintermediär und Emittent notwendig. Neu ist dabei lediglich das Erfordernis einer **schriftlichen Einwilligung des Emittenten oder**

---

1 Die Prospektpflicht „gilt nicht, soweit ein Prospekt nach den Vorschriften dieses Gesetzes bereits veröffentlicht worden ist ..."
2 *Kullmann/Metzger*, WM 2008, 1292 (1295); *Elsen/Jäger*, BKR 2008, 459 (462); *Leuering*, Der Konzern 2012, 382 (385).
3 So im Ergebnis auch *Schnorbus*, AG 2008, 389 (402).
4 „Bei der Platzierung von Wertpapieren durch Institute im Sinne des § 1b des Kreditwesengesetzes oder ein nach § 53 Abs. 1 Satz 1 oder § 53 Abs. 1 Satz 1 oder Abs. 7 des Kreditwesengesetzes tätiges Unternehmen ist ein Prospekt zu veröffentlichen, wenn die endgültige Platzierung keine der unter Satz 1 Nr. 1 bis 5 genannten Bedingungen erfüllt."
5 Zum Gang des europäischen Gesetzgebungsverfahrens und relevanten Dokumenten siehe die Übersicht bei *Voß*, ZBB 2010, 194 (195); Zu den inhaltlichen Neuerungen siehe *Lawall/Maier*, DB 2012, 2443 (2445), und *Leuering/Stein*, Der Konzern 2012, 382 (385).
6 So der Europäischer Rat betreffend den Vorschlag für eine Richtlinie des Europäischen Parlaments und des Rates zur Änderung der Richtlinie 2003/71/EG betreffend den Prospekt, der beim öffentlichen Angebot von Wertpapieren oder bei deren Zulassung zum Handel zu veröffentlichen ist, und der Richtlinie 2004/109/EG zur Harmonisierung der Transparenzanforderungen in Bezug auf Informationen über Emittenten, deren Wertpapiere zum Handel auf einem geregelten Markt zugelassen sind, Ref. 2009/0132 (COD) 10254/10 EF 49 ECOFIN 314 DRS 18 CODEC 480, datiert 28.5.2010, englische Fassung veröffentlicht auf http://register.consilium.europa.eu/pdf/en/10/st10/st10254.en10.pdf, Erwägungsgrund 8, Art. 1 Nr. 3 lit. b.

Prospektverantwortlichen in die Prospektverwendung. Die Änderung bekräftigt die gesetzgeberische Absage an die Forderung einer prospektfreien Weiterplatzierung, etwa aufgrund der Erfüllung von Zulassungsfolgepflichten nach §§ 15 ff., 30a ff. WpHG bei börsennotierten Wertpapieren[1]. Dies ist konsequent angesichts der mit der Prospektrichtlinie erfolgten Einführung der Prospektpflicht für öffentliche Angebote von Wertpapieren unabhängig davon, ob diese bereits zum Handel an einem organisierten Markt zugelassen sind oder nicht (siehe Rz. 1).

Einschränkend ist zu berücksichtigen, dass § 3 Abs. 3 WpPG nur auf eine spätere Weiterveräußerung oder endgültige Platzierung von Wertpapieren, **nicht** aber auf die **direkte Übernahme und Platzierung der Wertpapiere** durch emissionsbegleitende Finanzintermediäre anwendbar ist[2]. In diesem Fall wäre schon keine Vertriebskette gegeben und damit die Anwendbarkeit des § 3 Abs. 3 WpPG zu verneinen. Stattdessen wären gemäß der jeweiligen Nr. 5.4.1. der Anhänge III, V und XII der Prospektverordnung Angaben zum Koordinator und zu den Platzierern des Angebots in den Prospekt aufzunehmen. Eine zusätzliche schriftliche Vereinbarung erübrigt sich. 48

4. Einwilligung

Nur jeder mit der Einwilligung des Emittenten eingebundene Platzierer kann den gültigen Prospekt des Emittenten für ein späteres öffentliches Angebot der Wertpapiere nutzen. Schriftliche Einwilligung in § 3 Abs. 3 WpPG bedeutet, dass die Zustimmung unter Angabe etwaiger Bedingungen, an die sie geknüpft ist, im Wege einer **schriftlichen Vereinbarung zwischen den Beteiligten** erteilt werden sollte. Sie soll den Betroffenen die Überprüfung der Einhaltung der Vereinbarung bei der Weiterveräußerung oder der endgültigen Platzierung der Wertpapiere ermöglichen[3]. 49

Ein ohne die Einwilligung des Emittenten anbietender Weiterveräußerer muss einen eigenen Prospekt erstellen und dementsprechend auch für die Angaben im Prospekt haften, **Art. 20a Abs. 2 der Zweiten Delegierten Verordnung**. Bei der Prospekterstellung wird er auf die Mitwirkung des Emittenten angewiesen sein und die Veräußerungsbeschränkungen (selling restrictions) der Wertpapiere beachten müssen. Diese zielen u.a. darauf ab, bei einer Weiterveräußerung der Wertpapiere durch Erwerber eine etwaige Haftung des Emittenten aus § 21 WpPG zu vermeiden[4]. 50

---

1 Bericht des Wirtschafts- und Währungsausschusses des Europäischen Parlaments vom 26.3.2010, Dok. A 7 0102/2010, Änderung 28, abrufbar unter www.europarl.europa.eu/oeil/file.jsp?id=5804842: Der darin enthaltene Vorschlag, an einem geregelten Markt zugelassene Wertpapiere bei der Weiterplatzierung im Rahmen von Retail Cascades gänzlich von der Prospektpflicht zu befreien, wurde verworfen. AA *Maerker/Biedermann*, RdF 2011, 90 (92), und *Voß*, ZBB 2010, 194 (199), die die mangelnde Trennung zwischen Primär- und Sekundärmarkt und eine „doppelte Offenlegungspflicht" monieren.
2 *Rothmund/Seitz*, RdF 2013, 27 (29).
3 ProspRL-ÄndRL 2010/73/EU, Erwägungsgrund 10.
4 *Ekkenga/Maas* in Kümpel/Hammen/Ekkenga, Kapitalmarktrecht, Das Recht der Wertpapieremissionen, Rz. 115, Fn. 104 mwN. *Hamann* in Schäfer/Hamann, § 3 WpPG Rz. 29 und *Grosjean* in Heidel, Aktienrecht und Kapitalmarktrecht, § 3 WpPG Rz. 10 weisen da-

5. Angaben zur Einwilligung im Prospekt

51 Die schriftliche Einwilligung ist im Prospekt darzustellen, denn der von der Einwilligung begünstigte Finanzintermediär sowie der Zeitraum, für den die Einwilligung gelten soll, müssen im Interesse der Rechtssicherheit bestimmt oder bestimmbar sein[1]. Der durch die **Zweite Delegierte Verordnung** neu eingefügte **Art. 20a Abs. 1 Prospektverordnung** verweist auf das neue, in **Anhang XXX zur Prospektverordnung** enthaltene Angabemodul für die Zustimmung gemäß Art. 3 Abs. 2 Prospektrichtlinie. Danach müssen bestimmte Angaben zur Zustimmung des Emittenten bzw. Prospekterstellers zur Prospektverwendung in den Prospekt inkorporiert werden[2].

52 Unterschieden wird zwischen dem Fall, dass ein oder mehrere spezifische Finanzintermediäre die Zustimmung zur Prospektverwendung erhalten (Art. 20a Abs. 1 lit. a iVm. Anhang XXX Abschnitte 1 und 2A, sog. **Individualkonsens**) und einer generellen Zustimmung an alle Finanzintermediäre (Art. 20b Abs. 1 lit. b iVm. Anhang XXX Abschnitte 1 und 2B, sog. **Generalkonsens**). In jedem Fall erforderliche **allgemeine Angaben zur Zustimmung** nach Anhang XXX Abschnitt 1 betreffen unter anderem die Haftungsübernahme des Emittenten oder Prospektverantwortlichen für den Prospektinhalt auch hinsichtlich der späteren Weiterveräußerung oder endgültigen Platzierung, den Zeitraum und Bedingungen der Zustimmung sowie den deutlich hervorgehobenen Hinweis, dass der Finanzintermediär die Anleger zum Zeitpunkt der Angebotsvorlage über die Angebotsbedingungen unterrichtet.

53 Als **zusätzliche Angabe ist bei Individualkonsens** gemäß Anhang XXX Abschnitt 2A eine Liste und die Identität der betreffenden Finanzintermediäre offenzulegen sowie die Angabe, wie etwaige neue Informationen zu später hinzukommenden Finanzintermediären zu veröffentlichen sind sowie die Angabe des Ortes an dem sie erhältlich sind[3]. Ist dem Emittenten die Identität der individuellen Finanzintermediäre bei Prospektbilligung nicht bekannt, so ist gleichwohl eine Zustimmung in abstrakt-individueller Form denkbar. Die Zustimmung muss sich in dem Fall erkennbar nur an einzelne, zu einem späteren Zeitpunkt noch zu benennende Finanzintermediäre richten. Alle Angaben nach Anhang XXX Abschnitt 1 müssen enthalten sein.

54 Als **zusätzliche Angabe bei Generalkonsens** ist nach Anhang XXX Abschnitt 2B ein deutlich hervorgehobener Hinweis aufzunehmen, dass jeder den Prospekt ver-

---

rauf hin, dass der Emittent bei der Informationsweitergabe rechtlichen Restriktionen unterliegt, zB § 93 Abs. 1 Satz 2 AktG, §§ 53a, 131 Abs. 4 AktG, § 14 Abs. 1 Nr. 2 WpHG.
1 Begr. RegE zum ProspRLÄndRL-UmsG, BT-Drucks. 17/8684, S. 13, 17.
2 Allerdings ist nach der Übergangsbestimmung des Art. 2 Abs. 1 der Zweiten Delegierten Verordnung kein Nachtrag erforderlich, sofern der Prospekt oder Basisprospekt vor dem 22.9.2012 (Datum der Veröffentlichung im EU-Amtsblatt) gebilligt wurde, siehe auch BaFin, „Häufig gestellte Fragen zum neuen Basisprospektregime ab 1.7.2012" vom 31.5.2012, abrufbar unter www.bafin.de.
3 *Lawall/Maier*, DB 2012, 2443 (2446), weisen darauf hin, dass in der Praxis die Zustimmung zur Prospektverwendung häufig durch die Veröffentlichung auf der Website des Emittenten erfolgt.

wendende Finanzintermediär auf seiner Website anzugeben hat, dass er den Prospekt mit Zustimmung und gemäß den an die Zustimmung gebundenen Bedingungen verwendet[1]. Wegen der gemäß der Zweiten Delegierten Verordnung nun zwingend erforderlichen Aufnahme der Zustimmung zur Prospektnutzung im Prospekt selbst, ist die Erteilung einer zusätzlichen schriftlichen Zustimmung außerhalb des Prospekts entbehrlich[2].

6. Zustimmung zur Prospektverwendung nach Prospektbilligung

Anhang XXX Abschnitt 2A.2 der Zweiten Delegierten Verordnung erfordert die „Angabe, wie etwaige neue Informationen zu Finanzintermediären, die zum Zeitpunkt der Billigung des Prospekts, des Basisprospekts oder ggf. der Übermittlung der endgültigen Bedingungen unbekannt waren, zu veröffentlichen sind, und die Angabe des Ortes, an dem sie erhältlich sind." Sowohl im Wortlaut der deutschen, als auch der englischen Fassung bleibt unklar, ob lediglich neue Informationen zu den benannten Finanzintermediären gemeint sind oder die nachträgliche Erteilung der Zustimmung an neue Finanzintermediäre möglich sein soll. ESMA vertrat hierzu die Auffassung, dass bei **nachträglichem Individualkonsens zur Prospektverwendung** die Veröffentlichung von Informationen zu einer Weiterveräußerung durch neue Finanzintermediäre nach Art. 14 Abs. 2 lit. c der Prospektrichtlinie, mithin auf der Internetseite des Emittenten, ausreichend sein soll[3]. Aus Entstehungsgeschichte sowie Sinn und Zweck der Regelung ergibt sich somit zweifelsfrei, dass mit Anhang XXX Abschnitt 2A.2 der Zweiten Delegierten Verordnung die nachträgliche Zustimmung geregelt werden sollte. Sofern Umstände gegeben sind, die die Beurteilung des Wertpapiers beeinflussen könnten, kann im Einzelfall daneben ein Nachtrag gemäß § 16 Abs. 1 Satz 1 WpPG notwendig sein[4].

Im Gegensatz dazu ist beim **nachträglichen Generalkonsens zur Prospektverwendung** zwingend ein Nachtrag erforderlich, da andernfalls das Schriftformerfordernis des § 3 Abs. 3 WpPG nicht erfüllt wäre. Beim Individualkonsens wird eine individuelle Vereinbarung zwischen dem Emittenten und dem Finanzintermediär getroffen. Mangels einer Individualvereinbarung erfolgt die schriftliche Erteilung zur Prospektverwendung beim Generalkonsens jedoch allein mittels des Prospekts[5].

---

1 Zu den praktischen Erfahrungen mit den Vorgaben der Zweiten Delegierten Verordnung hinsichtlich der Festlegung des Angebotszeitraums und eines etwaigen Widerrufs einer Zustimmung siehe *Rothmund/Seitz*, RdF 2013, 27 (30).
2 ESMA, Finaler Bericht vom 29.2.2012, ESMA's technical advice on possible delegated acts concerning the Prospectus Directive as amended by the Directive 2010/73/EU, ESMA/2012/137, S. 21 Rz. 79, abrufbar unter www.esma.europa.eu/system/files/2012-137.pdf.
3 ESMA, Finaler Bericht vom 29.2.2012, Rz. 107.
4 ESMA, Finaler Bericht vom 29.2.2012, Rz. 101 („However, this is without prejudice to the requirement of a supplement …").
5 ESMA, Finaler Bericht vom 29.2.2012, Rz. 107.

7. Sonstige Dritte

57 Problematisch ist, ob sich der Anwendungsbereich des § 3 Abs. 3 WpPG auf die Weiterveräußerung von Wertpapieren durch die genannten **Finanzintermediäre** beschränkt[1] oder die Vorschrift auch sonstigen weiterveräußernden Dritten zugute kommt. Vor der Revision der Prospektrichtlinie wurde hier nicht unterschieden, alle weiterplatzierenden Dritten wurden unter § 3 Abs. 1 Satz 2 WpPG aF gefasst. Wortlaut und Wille des Gesetzgebers sprechen gegen eine direkte Anwendung auf sonstige Dritte. Es ist davon auszugehen, dass der Gesetzgeber bei der Streichung des § 3 Abs. 1 Satz 2 WpPG und Neufassung des Abs. 3 in erster Linie die Problematik der Retail Cascades im Blick hatte. Jedoch stehen Sinn und Zweck der Vorschrift ihrer entsprechenden Anwendung auf sonstige Dritte nicht entgegen. Das tatsächliche Bedürfnis einer entsprechenden Anwendung auf sonstige Dritte und damit die Relevanz dieser Problematik wird sich in der Praxis erweisen.

IX. Prospektpflicht bei Zulassung zum Handel an einem organisierten Markt (§ 3 Abs. 4 WpPG)

58 Für die Zulassung von Wertpapieren zum Handel an einem organisierten Markt verlangt § 32 Abs. 3 Nr. 2 BörsG die Vorlage eines gebilligten Prospekts. § 3 Abs. 4 WpPG normiert die diesem Erfordernis zugrunde liegende Prospektpflicht bei der Zulassung von Wertpapieren (§ 2 Nr. 1 WpPG) zum Handel an einem inländischen organisierten Markt (§ 2 Nr. 16 WpPG) und lässt im Übrigen die sich aus anderen Bestimmungen ergebenden Zulassungsvoraussetzungen unberührt. Die Regelung setzt Art. 3 Abs. 3 der Prospektrichtlinie um und orientiert sich an § 32 BörsG (§ 30 BörsG aF)[2]. Greift hinsichtlich der Zulassung keine Ausnahmeregelung (§ 3 Abs. 4 iVm. § 4 Abs. 2 WpPG) ein, so muss der Zulassungsantragsteller (§ 2 Nr. 11 WpPG) einen Prospekt (§§ 5, 6 WpPG) veröffentlichen (§ 14 WpPG). Der Inhalt des Prospekts richtet sich nach § 7 WpPG iVm. der Prospektverordnung.

59 Sofern der Prospekt für das öffentliche Angebot der Wertpapiere nicht auch bereits ihre **nachfolgende Börsenzulassung** abdeckt, ist er für diese auch im Rahmen des § 9 Abs. 1 WpPG untauglich. Denn die nach § 5 Abs. 4 Satz 2 iVm. Satz 1 WpPG erforderliche **Verantwortungserklärung des Emissionsbegleiters** kann laut Regierungsbegründung nicht im Wege eines Nachtrags gemäß § 16 WpPG nachgeholt werden[3]. Ein reiner Angebotsprospekt kann damit aufgrund der fehlenden Unterschrift des Zulassungsantragstellers nicht für nachfolgende Börsenzulassungen dienen[4].

---

1 So *Holzborn/Mayston* in Holzborn, § 3 WpPG Rz. 22; *Groß*, Kapitalmarktrecht, § 3 WpPG Rz. 10d.
2 Begr. RegE zu § 3 Abs. 3 WpPG, BT-Drucks. 15/4999 v. 3.3.2005, S. 30.
3 Begr. RegE zu § 5 Abs. 3 und 4 WpPG, BT-Drucks. 15/4999 v. 3.3.2005, S. 31, 32. Das Unterschriftserfordernis lässt *Zeising* in Just/Voß/Ritz/Zeising, § 3 WpPG Rz. 21 unberücksichtigt.
4 Zweifelhaft ist, ob ein Börsenzulassungsprospekt ohne weiteres für ein öffentliches Angebot genutzt werden kann, das im Anschluss an eine Börsenzulassung erfolgt. Bejahend wohl *Zei-*

§ 4
Ausnahmen von der Pflicht zur Veröffentlichung eines Prospekts im Hinblick auf bestimmte Wertpapiere

(1) Die Pflicht zur Veröffentlichung eines Prospekts gilt nicht für öffentliche Angebote folgender Arten von Wertpapieren:
1. Aktien, die im Austausch für bereits ausgegebene Aktien derselben Gattung ausgegeben werden, ohne dass mit der Ausgabe dieser neuen Aktien eine Kapitalerhöhung verbunden ist;
2. Wertpapiere, die anlässlich einer Übernahme im Wege eines Tauschangebots angeboten werden, sofern ein Dokument verfügbar ist, dessen Angaben denen des Prospekts gleichwertig sind;
3. Wertpapiere, die anlässlich einer Verschmelzung oder Spaltung angeboten oder zugeteilt werden oder zugeteilt werden sollen, sofern ein Dokument verfügbar ist, dessen Angaben denen des Prospekts gleichwertig sind;
4. an die Aktionäre ausgeschüttete Dividenden in Form von Aktien derselben Gattung wie die Aktien, für die solche Dividenden ausgeschüttet werden, sofern ein Dokument zur Verfügung gestellt wird, das Informationen über die Anzahl und die Art der Aktien enthält und in dem die Gründe und Einzelheiten zu dem Angebot dargelegt werden;
5. Wertpapiere, die derzeitigen oder ehemaligen Mitgliedern von Geschäftsführungsorganen oder Arbeitnehmern von ihrem Arbeitgeber oder einem anderen mit ihm verbundenen Unternehmen im Sinne des § 15 des Aktiengesetzes als Emittent angeboten werden, sofern ein Dokument zur Verfügung gestellt wird, das Informationen über die Anzahl und die Art der Wertpapiere informiert und in dem die Gründe und die Einzelheiten zu dem Angebot dargelegt werden, und
    a) der Emittent seine Hauptverwaltung oder seinen Sitz in einem Staat des Europäischen Wirtschaftsraums hat,
    b) Wertpapiere des Emittenten bereits an einem organisierten Markt zugelassen sind oder
    c) Wertpapiere des Emittenten bereits an dem Markt eines Drittlands zugelassen sind, die Europäische Kommission für diesen Markt einen Beschluss über die Gleichwertigkeit erlassen hat und ausreichende Informationen einschließlich des genannten Dokuments in einer der internationalen Finanzwelt üblichen Sprache vorliegen.

---

sing in Just/Voß/Ritz/Zeising, § 3 WpPG Rz. 11, zumindest für den Fall von Nichtdividendenwerten (§ 2 Nr. 3 WpPG). Allerdings könnte schon der Umstand, dass ein öffentliches Angebot stattfindet, die Gründe dafür oder die Verwendung der Erträge (Anhang III Ziffer 3.4. der Prospektverordnung) für die Beurteilung der Wertpapiere nachtragsrelevante neue Umstände darstellen.

(2) Die Pflicht zur Veröffentlichung eines Prospekts gilt nicht für die Zulassung folgender Arten von Wertpapieren zum Handel an einem organisierten Markt:

1. Aktien, die über einen Zeitraum von zwölf Monaten weniger als 10 Prozent der Zahl der Aktien derselben Gattung ausmachen, die bereits zum Handel an demselben organisierten Markt zugelassen sind;
2. Aktien, die im Austausch für bereits an demselben organisierten Markt zum Handel zugelassene Aktien derselben Gattung ausgegeben werden, ohne dass mit der Ausgabe dieser neuen Aktien eine Kapitalerhöhung verbunden ist;
3. Wertpapiere, die anlässlich einer Übernahme im Wege eines Tauschangebots angeboten werden, sofern ein Dokument verfügbar ist, dessen Angaben denen des Prospekts gleichwertig sind;
4. Wertpapiere, die anlässlich einer Verschmelzung oder Spaltung angeboten oder zugeteilt werden oder zugeteilt werden sollen, sofern ein Dokument verfügbar ist, dessen Angaben denen des Prospekts gleichwertig sind;
5. Aktien, die nach einer Kapitalerhöhung aus Gesellschaftsmitteln den Inhabern an demselben organisierten Markt zum Handel zugelassener Aktien derselben Gattung angeboten oder zugeteilt werden oder zugeteilt werden sollen, sowie Dividenden in Form von Aktien derselben Gattung wie die Aktien, für die solche Dividenden ausgeschüttet werden, sofern ein Dokument zur Verfügung gestellt wird, das Informationen über die Anzahl und die Art der Aktien enthält und in dem die Gründe und Einzelheiten zu dem Angebot dargelegt werden;
6. Wertpapiere, die derzeitigen oder ehemaligen Mitgliedern von Geschäftsführungsorganen oder Arbeitnehmern von ihrem Arbeitgeber oder von einem verbundenen Unternehmen im Sinne des § 15 des Aktiengesetzes angeboten oder zugeteilt werden oder zugeteilt werden sollen, sofern es sich dabei um Wertpapiere derselben Gattung handelt wie die Wertpapiere, die bereits zum Handel an demselben organisierten Markt zugelassen sind, und ein Dokument zur Verfügung gestellt wird, das Informationen über die Anzahl und den Typ der Wertpapiere enthält und in dem die Gründe und Einzelheiten zu dem Angebot dargelegt werden;
7. Aktien, die nach der Ausübung von Umtausch- oder Bezugsrechten aus anderen Wertpapieren ausgegeben werden, sofern es sich dabei um Aktien derselben Gattung handelt wie die Aktien, die bereits zum Handel an demselben organisierten Markt zugelassen sind;
8. Wertpapiere, die bereits zum Handel an einem anderen organisierten Markt zugelassen sind, sofern sie folgende Voraussetzungen erfüllen:
   a) die Wertpapiere oder Wertpapiere derselben Gattung sind bereits länger als 18 Monate zum Handel an dem anderen organisierten Markt zugelassen,
   b) für die Wertpapiere wurde, sofern sie nach dem 30. Juni 1983 und bis einschließlich 31. Dezember 2003 erstmalig börsennotiert wurden, ein Prospekt gebilligt nach den Vorschriften des Börsengesetzes oder den Vorschriften anderer Staaten des Europäischen Wirtschaftsraums, die auf Grund der Richtlinie 80/390/EWG des Rates vom 17. März 1980 zur Koordinierung der

Bedingungen für die Erstellung, die Kontrolle und die Verbreitung des Prospekts, der für die Zulassung von Wertpapieren zur amtlichen Notierung an einer Wertpapierbörse zu veröffentlichen ist (ABl. EG Nr. L 100 S. 1) in der jeweils geltenden Fassung oder auf Grund der Richtlinie 2001/34/EG des Europäischen Parlaments und des Rates vom 28. Mai 2001 über die Zulassung von Wertpapieren zur amtlichen Börsennotierung und über die hinsichtlich dieser Wertpapiere zu veröffentlichenden Informationen (ABl. EG Nr. L 184 S. 1) in der jeweils geltenden Fassung erlassen worden sind; wurden die Wertpapiere nach dem 31. Dezember 2003 erstmalig zum Handel an einem organisierten Markt zugelassen, muss die Zulassung zum Handel an dem anderen organisierten Markt mit der Billigung eines Prospekts einhergegangen sein, der in einer in § 14 Abs. 2 genannten Art und Weise veröffentlicht wurde,

c) der Emittent der Wertpapiere hat die auf Grund der Richtlinien der Europäischen Gemeinschaft erlassenen Vorschriften betreffend die Zulassung zum Handel an dem anderen organisierten Markt und die hiermit im Zusammenhang stehenden Informationspflichten erfüllt,

d) der Zulassungsantragsteller erstellt ein zusammenfassendes Dokument in deutscher Sprache,

e) das zusammenfassende Dokument nach Buchstabe d wird in einer in § 14 vorgesehenen Art und Weise veröffentlicht und

f) der Inhalt dieses zusammenfassenden Dokuments entspricht den Schlüsselinformationen gemäß § 5 Abs. 2a. Ferner ist in diesem Dokument anzugeben, wo der neueste Prospekt sowie Finanzinformationen, die vom Emittenten entsprechend den für ihn geltenden Publizitätsvorschriften offen gelegt werden, erhältlich sind.

(3) Das Bundesministerium der Finanzen kann im Einvernehmen mit dem Bundesministerium der Justiz und für Verbraucherschutz durch Rechtsverordnung, die nicht der Zustimmung des Bundesrates bedarf, bestimmen, welche Voraussetzungen die Angaben in den in Absatz 1 Nr. 2 und 3 sowie Absatz 2 Nr. 3 und 4 genannten Dokumenten im Einzelnen erfüllen müssen, um gleichwertig im Sinne des Absatzes 1 Nr. 2 oder 3 oder im Sinne des Absatzes 2 Nr. 3 oder 4 zu sein. Dies kann auch in der Weise geschehen, dass Vorschriften des deutschen Rechts oder des Rechts anderer Staaten des Europäischen Wirtschaftsraums bezeichnet werden, bei deren Anwendung die Gleichwertigkeit gegeben ist. Das Bundesministerium der Finanzen kann die Ermächtigung durch Rechtsverordnung auf die Bundesanstalt für Finanzdienstleistungsaufsicht übertragen.

In der Fassung vom 22.6.2005 (BGBl. I 2005, S. 1698), zuletzt geändert durch die Zehnte Zuständigkeitsanpassungsverordnung vom 31.8.2015 (BGBl. I 2015, S. 1474).

Schrifttum: *Angersbach/von der Chevallerie/Ulbricht*, Prospektfreie Börsenzulassung von neuen Aktien aus einer reinen Bezugsrechtskapitalerhöhung ohne Volumenbegrenzung nach § 4 Abs. 2 Nr. 7 WpPG, ZIP 2009, 1302; *Apfelbacher/Metzner*, Das Wertpapierprospektgesetz in der Praxis – Eine erste Bestandsaufnahme, BKR 2006, 81; *Bloß/Schneider*, Prospektfreie Teilzulassung für später ausgegebene Aktien, WM 2009, 879; *Crüwell*, Die europäische Prospektrichtlinie, AG 2003, 243; *Ekkenga*, Änderungs- und Ergänzungsvorschläge zum Regierungsentwurf eines neuen Wertpapierprospektgesetzes, BB 2005, 561; *Giedinghagen*, Arbeitnehmerbeteiligungen im Lichte des Wertpapierprospektgesetzes, BKR 2007, 233; *Harrer/Janssen*, Nachbesserung wünschenswert, Going Public 2009, 36; *Holzborn/Israel*, Das neue Wertpapierprospektrecht, ZIP 2005, 1668; *Holzborn/Schwarz-Gondek*, Die neue EU-Prospektrichtlinie, BKR 2003, 927; *Keller/Langner*, Überblick über die EU-Gesetzgebungsvorhaben im Finanzbereich, BKR 2003, 616; *Kollmorgen/Feldhaus*, Zur Prospektpflicht bei aktienbasierten Mitarbeiterbeteiligungsprogrammen, BB 2007, 225; *Kollmorgen/Feldhaus*, Neues von der Prospektpflicht für Mitarbeiterbeteiligungsprogramme, BB 2007, 2756; *Kullmann/Sester*, Das Wertpapierprospektgesetz (WpPG), WM 2005, 1068; *Kunold/Schlitt*, Die neue EU-Prospektrichtlinie, BB 2004, 501; *Lachner/von Heppe*, Die prospektfreie Zulassung nach § 4 Abs. 2 Nr. 1 WpPG („10%-Ausnahme") in der jüngsten Praxis, WM 2008, 576; *Lawall/Maier*, Änderungen im Wertpapierprospektgesetz, DB 2012, 2443 (Teil 1), DB 2012, 2503 (Teil 2); *Leuering*, Prospektpflichtige Anlässe im WpPG, Der Konzern 2006, 4; *Leuering/Stein*, Prospektpflichtige Anlässe im WpPG nach der Umsetzung der Änderungsrichtlinie, Der Konzern 2012, 382; *Mattil/Möslein*, Die Sprache des Emissionsprospekts, WM 2007, 819; *Mense/Klie*, HV-Saison 2015: Aktuelle Trends und rechtliche Entwicklungen für die Vorbereitung und Durchführung von Hauptversammlungen, GWR 2015, 45; *Mülbert/Steup*, Emittentenhaftung für fehlerhafte Kapitalmarktinformation am Beispiel der fehlerhaften Regelpublizität, WM 2005, 1633; *Pfeiffer/Buchinger*, Prospektpflicht bei Mitarbeiterbeteiligungsprogrammen US-amerikanischer Arbeitgeber, NZG 2006, 449; *Schlitt/Schäfer*, Alte und neue Fragen im Zusammenhang mit 10%-Kapitalerhöhungen, AG 2005, 67; *Schlitt/Schäfer*, Erstellung des Wertpapierprospekts, Going Public 2006, 26; *Schlitt/Schäfer*, Auswirkungen des Prospektrichtlinie-Umsetzungsgesetzes auf Aktien- und Equity-linked Emissionen, AG 2005, 498; *Schlitt/Schäfer*, Auswirkungen der Umsetzung der Transparenzrichtlinie und der Finanzmarktrichtlinie auf Aktien- und Equity-Linked-Emissionen, AG 2007, 227; *Schlitt/Schäfer*, Drei Jahre Praxis unter dem Wertpapierprospektgesetz – eine Zwischenbilanz, AG 2008, 525; *Schlitt/Singhof/Schäfer*, Aktuelle Rechtsfragen und neue Entwicklungen im Zusammenhang mit Börsengängen, BKR 2005, 251; *Schnorbus*, Die prospektfreie Platzierung von Wertpapieren nach dem WpPG, AG 2008, 389; *Schulz*, Die Reform des Europäischen Prospektrechts – Eine Analyse der geplanten Prospektverordnung und ihrer Praxisauswirkung, WM 2016, 1417; *Seibt/von Bonin/Isenberg*, Prospektfreie Zulassung von Aktien bei internationalen Aktientausch-Transaktionen mit gleichwertigen Dokumentangaben (§ 4 Abs. 2 Nr. 3 WpPG), AG 2008, 565; *Sickinger/Zipperle*, Die Aktiendividende – Trotz ungeklärter Rechtsfragen ein interessantes Kapitalmarktinstrument, AG 2015, R189; *Veil/Wundenberg*, Prospektpflichtbefreiung nach § 4 Abs. 2 Nr. 3 WpPG bei Unternehmensübernahmen, WM 2008, 1285; *Wettich*, Aktuelle Entwicklungen und Trends in der Hauptversammlungssaison 2014 und Ausblick auf 2015, AG 2014, 534.

I. Normentwicklung und Bedeutung 1
II. Prospektbefreiung bei öffentlichen Angeboten (§ 4 Abs. 1 WpPG)
   1. Aktientausch (§ 4 Abs. 1 Nr. 1 WpPG) 5
   2. Übernahmevorgänge (§ 4 Abs. 1 Nr. 2 WpPG) 8
   3. Verschmelzungs- und Spaltungsvorgänge (§ 4 Abs. 1 Nr. 3 WpPG) . . . 14
   4. Sach- und Aktiendividenden (§ 4 Abs. 1 Nr. 4 WpPG) 19
   5. Mitarbeiterbeteiligungsprogramme (§ 4 Abs. 1 Nr. 5 WpPG) 23
III. Prospektbefreiung bei Zulassung zum Handel an einem organisierten Markt (§ 4 Abs. 2 WpPG) . . . 34
   1. 10%-Kapitalerhöhungen (§ 4 Abs. 2 Nr. 1 WpPG) 38

2. Aktientausch
(§ 4 Abs. 2 Nr. 2 WpPG) 46
3. Übernahmevorgänge
(§ 4 Abs. 2 Nr. 3 WpPG) 47
4. Verschmelzungs- und Spaltungsvorgänge (§ 4 Abs. 2 Nr. 4 WpPG) ... 48
5. Kapitalerhöhungen aus Gesellschaftsmitteln sowie Sach- und Aktiendividenden (§ 4 Abs. 2 Nr. 5 WpPG).................... 49
6. Mitarbeiterbeteiligungsprogramme (§ 4 Abs. 2 Nr. 6 WpPG) 50
7. Aktien aus Umtausch- oder Bezugsrechten (§ 4 Abs. 2 Nr. 7 WpPG) .. 51
8. Einbeziehung von Altfällen
(§ 4 Abs. 2 Nr. 8 WpPG) 55
IV. Folgen der fälschlichen Annahme eines Befreiungstatbestands 58
V. Verordnungsermächtigung
(§ 4 Abs. 3 WpPG) 59
VI. Ausblick................... 62

I. Normentwicklung und Bedeutung

§ 4 WpPG setzt **Art. 4 Prospektrichtlinie**[1] ins deutsche Recht um[2]. Er sieht **transaktionsbezogene Privilegierungen** vor, die an die vor Inkrafttreten des WpPG geltenden, in § 45 BörsZulV aF und § 4 VerkProspG aF vorgesehenen Ausnahmebestimmungen anknüpfen. Sie befreien Transaktionen, die grundsätzlich der Prospektpflicht unterfallen (§ 3 Abs. 1, 3 WpPG), von der Pflicht zur Veröffentlichung eines Prospekts[3]. Systematisch wird insoweit zwischen öffentlichen Angeboten (§ 4 Abs. 1 WpPG) und der Zulassung zum Handel (§ 4 Abs. 2 WpPG) differenziert. Die in § 4 Abs. 1 WpPG enthaltenen Ausnahmen zur Prospektpflicht für öffentliche Angebote ergänzen die in § 3 Abs. 2 WpPG enthaltenen Ausnahmen. Die Ausnahmen des § 4 WpPG entsprechen weitgehend den bis zum Inkrafttreten des WpPG in § 4 VerkProspG aF und § 45 BörsZulV aF vorgesehenen Ausnahmen, sind jedoch teilweise im Vergleich restriktiver[4]. Entfallen ist die vor Inkrafttreten des WpPG geltende Ausnahme für Euro-Wertpapiere, wonach für das Angebot von Euro-Wertpapieren (dh. von einem internationalen Konsortium grenzüberschreitend angebotene Wertpapiere, die nur über Kredit- und Finanzdienstleistungsinstitute erworben werden können, § 4 Abs. 2 VerkProspG aF) kein Prospekt zu veröffentlichen war, sofern für diese nicht öffentlich geworben wurde und kein Angebot im Wege von Geschäften nach dem Haustürwiderrufsgesetz oder ähnlichen Geschäften erfolgte (§ 4 Abs. 1 Nr. 1 VerkProspG aF)[5]. In Reaktion auf die Richtlinie 2010/73/EU[6] zur

---

1 Zu Art. 4 Prospektrichtlinie siehe *Crüwell*, AG 2003, 243 (245); *Holzborn/Schwarz-Gondek*, BKR 2003, 927 (930); zur Prospektrichtlinie insgesamt siehe *Keller/Langner*, BKR 2003, 616 (617), zu den wesentlichen Neuerungen im Prospektrecht durch die Richtlinie 2010/73/EU siehe *Lawall/Maier*, DB 2012, 2443 ff. und DB 2012, 2503 ff.
2 *Angersbach/von der Chevallerie/Ulbricht*, ZIP 2009, 1302.
3 Zur Erstellung des Wertpapierprospekts und dessen Inhalt *Schlitt/Singhof/Schäfer*, BKR 2005, 251 ff.; *Schlitt/Schäfer*, Going Public 2006, 26 f.; *Alfes/Wieneke* in Holzborn, § 7 WpPG Rz. 3 ff.; überblicksartig hierzu auch § 7 WpPG Rz. 16 ff.
4 *Schnorbus*, AG 2008, 389 (399).
5 *Kullmann/Sester*, WM 2005, 1068 (1069).
6 ABl. EU Nr. L 327, S. 1.

Änderung der Prospektrichtlinie wurde § 4 WpPG durch das Gesetz zur Umsetzung der Richtlinie 2010/73/EU und zur Änderung des Börsengesetzes[1], am 1.7.2012 in Kraft getreten, geändert.

2 Das **Prospektrecht** soll auf europäischer Ebene weiter **reformiert** werden und weitestgehend vollharmonisiert werden. Im Rahmen der Schaffung einer europäischen Kapitalmarktunion[2] hat die Europäische Kommission am 30.11.2015 einen Reformvorschlag für eine neue Prospektverordnung, welche die derzeitige Prospektrichtlinie ersetzen soll, veröffentlicht[3]. Auf Basis des Vorschlags der Europäischen Kommission hat der Rat der EU am 17.6.2016 seinerseits einen Vorschlag für eine neue Prospektverordnung beschlossen[4]. Dieser Vorschlag sieht im Vergleich zum ursprünglichen Entwurf der Kommission einige – teils signifikante – Änderungen vor und ist Grundlage für Verhandlungen mit dem Europäischen Parlament im Hinblick auf eine Einigung in erster Lesung[5]. Die hier enthaltenen Ausblicke beziehen sich auf den Vorschlag des Rates für eine neue ProspektVO („ProspektVO-E"). Wann die neue Prospektverordnung gelten wird, ist aufgrund des laufenden Gesetzgebungsverfahrens noch nicht absehbar. Die neue Prospektverordnung soll am zwanzigsten Tag nach ihrer Veröffentlichung im Amtsblatt der Europäischen Union in Kraft treten und 24 Monate (mit einigen Ausnahmen) später anwendbar sein (Art. 47 Abs. 2 und 3 ProspektVO-E).

Art. 1 ProspektVO-E vereint fortan die **Ausnahmen** vom Anwendungsbereich der Verordnung (bisher § 1 Abs. 2 WpPG[6]) und die Prospektbefreiungstatbestände (bisher § 3 Abs. 2 WpPG) in einer Vorschrift[7].

3 Die verschiedenen Ausnahmetatbestände können in **Kombination** oder einzeln angewandt werden; die Berufung auf einen der Ausnahmetatbestände schließt die Berufung auf einen anderen Ausnahmetatbestand in nahem zeitlichen Zusammenhang nicht aus[8].

4 Bei Vorliegen der Voraussetzungen eines der Ausnahmetatbestände der § 4 Abs. 1 und 2 WpPG entfällt die Prospektpflicht kraft Gesetzes und somit ohne, dass es ei-

---

1 BGBl. I 2012, S. 1375.
2 Dazu allgemein *Heuer/Schütt*, BKR 2016, 45; *Kumpan*, ZGR 2016, 2.
3 Abrufbar unter http://ec.europa.eu/finance/securities/prospectus/index_de.htm; siehe dazu auch *Schulz*, WM 2016, 1417.
4 Der Entwurf selbst ist datiert vom 3.6.2016; abrufbar unter http://eur-lex.europa.eu/legal-content/DE/TXT/PDF/?uri=CONSIL:ST_9801_2016_INIT&from=EN.
5 Schreiben des Generalsekretariats des Europäischen Raes vom 3.6.2016, abrufbar unter http://eur-lex.europa.eu/legal-content/DE/TXT/PDF/?uri=CONSIL:ST_9800_2016_INIT&from=EN.
6 Vgl. dazu die Kommentierung zu § 1 WpPG Rz. 13 ff.
7 Vgl. zu den Änderungen hinsichtlich § 4 WpPG unten Rz. 25 und 62.
8 ESMA, Questions and Answers Prospectuses, 25th Updated Version – July 2016, ESMA/2016/1133, Ziffer 32; so auch *A. Meyer* in Habersack/Mülbert/Schlitt, Unternehmensfinanzierung am Kapitalmarkt, § 36 Rz. 7; *Holzborn/Mayston* in Holzborn, § 4 WpPG Rz. 22.

ner Befreiungsentscheidung seitens der BaFin bedarf[1]. Das **WpPG in seiner Gesamtheit** bleibt jedoch anwendbar[2].

II. Prospektbefreiung bei öffentlichen Angeboten (§ 4 Abs. 1 WpPG)

1. Aktientausch (§ 4 Abs. 1 Nr. 1 WpPG)

§ 4 Abs. 1 Nr. 1 WpPG setzt Art. 4 Abs. 1 lit. a Prospektrichtlinie ins deutsche Recht um. Er ersetzt die Vorgängerregelung des § 4 Abs. 1 Nr. 5 VerkProspG aF, der jedoch lediglich auf Zertifikate, die anstelle von Aktien derselben Gesellschaft ausgegeben werden, abstellte, während Zertifikate nunmehr vom Wortlaut ausgeschlossen sind[3]. § 4 Abs. 1 Nr. 1 WpPG korrespondiert hinsichtlich der Zulassung mit dem Befreiungstatbestand des § 4 Abs. 2 Nr. 2 WpPG.

§ 4 Abs. 1 Nr. 1 WpPG ist auf **Austauschangebote** für bereits existierende Aktien derselben Gattung, die nicht mit einer Erhöhung des Grundkapitals verbunden sind, anwendbar. Der Begriff der Gattung ist iS des § 11 Satz 2 AktG zu verstehen[4] (siehe dazu auch unten Rz. 41).

Typische Anwendungsfälle sind Neustückelungen des Grundkapitals und die Umstellung auf nennwertlose Stückaktien[5].

2. Übernahmevorgänge (§ 4 Abs. 1 Nr. 2 WpPG)

§ 4 Abs. 1 Nr. 2 WpPG setzt Art. 4 Abs. 1 lit. b Prospektrichtlinie ins deutsche Recht um. Er entspricht weitgehend der Vorgängerregelung des § 4 Abs. 1 Nr. 9 VerkProspG aF. Sein Anwendungsbereich ist jedoch insofern erweitert, als nicht mehr nur Angebote nach dem WpÜG, sondern auch Angebote nach ausländischen Vorschriften erfasst sind. Sein Pendant findet § 4 Abs. 1 Nr. 2 WpPG hinsichtlich der Zulassung in § 4 Abs. 2 Nr. 3 WpPG.

Voraussetzung für die Anwendbarkeit des § 4 Abs. 1 Nr. 2 WpPG ist, dass die öffentlich angebotenen Wertpapiere anlässlich einer **Übernahme im Wege des Tauschangebots** ausgegeben werden und ein Dokument verfügbar ist, dessen Angaben de-

---

[1] *Groß*, Kapitalmarktrecht, § 4 WpPG Rz. 1; *Schnorbus* in FrankfurtKomm. WpPG, § 4 WpPG Rz. 2.
[2] *Gebhardt* in Schäfer/Hamann, § 4 WpPG Rz. 2.
[3] So auch *Gebhardt* in Schäfer/Hamann, § 4 WpPG Rz. 6; *Grosjean* in Heidel, Aktienrecht und Kapitalmarktrecht, § 4 WpPG Rz. 3; *Zeising* in Just/Voß/Ritz/Zeising, § 4 WpPG Rz. 5.
[4] Zum Begriff derselben Gattung auch *Grosjean* in Heidel, Aktienrecht und Kapitalmarktrecht, § 4 WpPG Rz. 3; *Schnorbus* in FrankfurtKomm. WpPG, § 4 WpPG Rz. 4.
[5] *Holzborn/Mayston* in Holzborn, § 4 WpPG Rz. 5; *Grosjean* in Heidel, Aktienrecht und Kapitalmarktrecht, § 4 WpPG Rz. 3; zu den ähnlichen Voraussetzungen des § 45 BörsZulV aF *Schwark* in Schwark, § 45 BörsZulV Rz. 6.

nen eines Prospekts nach dem WpPG gleichwertig sind. Die Ausnahme von der Prospektpflicht nach § 4 Abs. 1 Nr. 2 WpPG ist daher unabhängig davon anwendbar, ob das Tauschangebot nach den Vorschriften des WpÜG oder nach den Vorschriften einer ausländischen Rechtsordnung erfolgt[1]. Allerdings muss es sich um einen Tausch von Wertpapieren anlässlich einer Übernahme handeln. Eine (wirtschaftlich auf einen Tausch hinauslaufende) Kombination einer Einziehung von Aktien unter anschließender Ausgabe neuer Aktien aus einer Kapitalerhöhung, wie sie für ein sog. Scheme of Arrangement nach englischem Gesellschaftsrecht typisch ist, stellt regelmäßig keinen solchen Tausch dar[2].

10 Erforderlich ist die **Verfügbarkeit eines dem Prospekt gleichwertigen Dokuments**. Das Tatbestandsmerkmal der Gleichwertigkeit ist ein unbestimmter Rechtsbegriff, über dessen Vorliegen die BaFin entscheidet[3]; ihre Entscheidung ist richtigerweise verwaltungsgerichtlich überprüfbar[4]. Im Regelfall eines Angebots wird es sich um die Angebotsunterlage, die im Zuge des Tauschangebots veröffentlicht wurde, handeln. Der **Maßstab für ihre Gleichwertigkeit** zu einem Prospekt richtet sich danach, ob das Tauschangebot nach den Vorschriften des WpÜG oder denen einer ausländischen Rechtsordnung erfolgt.

11 Handelt es sich um ein Angebot, bei dem die Gegenleistung in Aktien besteht, die zum Handel an einem organisierten Markt zugelassen sind (§ 31 Abs. 2 Satz 1 WpÜG), ist die **nach den Vorschriften des WpÜG erstellte Angebotsunterlage** inhaltlich einem Prospekt nach dem WpPG gleichwertig, da § 2 Nr. 2 WpÜG-AngV hinsichtlich des Inhalts der Angebotsunterlage auf die Prospektrichtlinie verweist[5].

12 Fällt das Angebot unter die **Vorschriften einer ausländischen Rechtsordnung**, richtet sich die Gleichwertigkeit nach einer in der Literatur vertretenen Auffassung danach, ob die betreffende Rechtsordnung ihrerseits eine Gleichwertigkeit annehmen würde[6]. Andere gehen von einer Gleichwertigkeit nur dann aus, wenn dies nach § 4 Abs. 3 WpPG im Wege einer Verordnung festgelegt wird. Da eine solche bisher nicht erlassen wurde, sei die Frage der Gleichwertigkeit einzelfallabhängig zu beantworten[7]. Richtigerweise ist zu prüfen, ob die die Angebotsunterlage nach ausländischem Recht regelnden Vorschriften hinsichtlich der **Informationspflichten abstrakt gleichwertig** mit einem (hypothetischen) Prospekt nach dem WpPG sind[8]. Hierzu zählt auch, dass das prospektersetzende Dokument einer ex-ante-Prüfung durch eine unabhän-

---

1 *Veil/Wundenberg*, WM 2008, 1285 (1286).
2 *Zeising* in Just/Voß/Ritz/Zeising, § 4 WpPG Rz. 7, 8.
3 *Schnorbus* in FrankfurtKomm. WpPG, § 4 WpPG Rz. 13.
4 *Gebhardt* in Schäfer/Hamann, § 4 WpPG Rz. 8.
5 *Schlitt/Wilczek* in Habersack/Mülbert/Schlitt, Handbuch der Kapitalmarktinformation, § 4 Rz. 54; *Grosjean* in Heidel, Aktienrecht und Kapitalmarktrecht, § 4 WpPG Rz. 4; *Keunecke*, Prospekte im Kapitalmarkt, Rz. 193; *Veil/Wundenberg*, WM 2008, 1285 (1287); *Seibt/von Bonin/Isenberg*, AG 2008, 565 (569).
6 *Grosjean* in Heidel, Aktienrecht und Kapitalmarktrecht, § 4 WpPG Rz. 4.
7 *Groß*, Kapitalmarktrecht, § 4 WpPG Rz. 3a.
8 *Veil/Wundenberg*, WM 2008, 1285 (1291); *Seibt/von Bonin/Isenberg*, AG 2008, 565 (573); *Holzborn/Mayston* in Holzborn, § 4 WpPG Rz. 6; ähnlich auch *Schnorbus* in Frankfurt-

gige Stelle unterliegen sollte und Sanktionsvorschriften existieren, die um die Ordnungsgemäßheit der gemachten Angaben bemüht sind[1]. Hierbei ist die abstrakte Gleichwertigkeit weniger anhand der quantitativen Vorgaben, als anhand der qualitativen Anforderungen zu beurteilen[2]. Bleiben die Informationspflichten inhaltlich hinter den nach § 5 WpPG erforderlichen Angaben zurück, steht es dem Emittenten offen, diese **Angaben freiwillig zu ergänzen** und damit die Gleichwertigkeit herzustellen[3]. In der Praxis empfiehlt es sich, diese Angaben von vorneherein bei der Erstellung des Dokuments zu berücksichtigen[4]. Dabei hindert die Erstellung des gleichwertigen Dokuments in einer in internationalen Finanzkreisen üblichen Sprache (englisch) die Gleichwertigkeit richtigerweise grundsätzlich nicht[5].

Ein entsprechendes Dokument ist jedenfalls im Falle einer Veröffentlichung nach § 14 Abs. 2 WpPG **verfügbar** iS des § 4 Abs. 1 Nr. 2 WpPG; eine elektronische Veröffentlichung auf der Website des Emittenten reicht daher aus[6]. Einer solchen Veröffentlichung bedarf es jedoch nicht zwingend[7].

3. Verschmelzungs- und Spaltungsvorgänge (§ 4 Abs. 1 Nr. 3 WpPG)

§ 4 Abs. 1 Nr. 3 WpPG setzt Art. 4 Abs. 1 lit. c Prospektrichtlinie ins deutsche Recht um. Er entspricht weitgehend der Vorgängerregelung des § 4 Abs. 1 Nr. 7 VerkProspG aF. Hinsichtlich der Zulassung sieht § 4 Abs. 2 Nr. 4 WpPG einen entsprechenden Befreiungstatbestand vor.

Voraussetzung für eine Befreiung von der Prospektpflicht nach § 4 Abs. 1 Nr. 3 WpPG ist, dass die öffentlich angebotenen Wertpapiere anlässlich einer Verschmelzung oder Spaltung[8] angeboten oder zugeteilt werden oder zugeteilt werden sollen und ein Dokument verfügbar ist, dessen Angaben denen eines Prospekts nach dem WpPG gleichwertig sind.

Komm. WpPG, § 4 WpPG Rz. 18 f.; *Grosjean* in Heidel, Aktienrecht und Kapitalmarktrecht, § 4 WpPG Rz. 4.
1 *Veil/Wundenberg*, WM 2008, 1285 (1289).
2 *Seibt/von Bonin/Isenberg*, AG 2008, 565 (573).
3 *Veil/Wundenberg*, WM 2008, 1285 (1289, 1291); *Seibt/von Bonin/Isenberg*, AG 2008, 565 (572).
4 So auch *Seibt/von Bonin/Isenberg*, AG 2008, 565 (577).
5 *Schnorbus* in FrankfurtKomm. WpPG, § 4 WpPG Rz. 18. So im Hinblick auf § 4 Abs. 2 Nr. 3 WpPG auch *Seibt/von Bonin/Isenberg*, AG 2008, 565 (575); aA *Gebhardt* in Schäfer/Hamann, § 4 WpPG Rz. 9.
6 *Veil/Wundenberg*, WM 2008, 1285 (1286); *Holzborn/Mayston* in Holzborn, § 4 WpPG Rz. 6; *Schnorbus* in FrankfurtKomm. WpPG, § 4 WpPG Rz. 20.
7 *Seibt/von Bonin/Isenberg*, AG 2008, 565 (567, 577) unter Verweis auf die prospektfreie Zulassung von Aktien der Evotec AG nach § 4 Abs. 2 Nr. 3 WpPG auf Grundlage eines US-amerikanischen Statement F-4; *Schnorbus* in FrankfurtKomm. WpPG, § 4 WpPG Rz. 20.
8 Die Erweiterung auf Spaltungen wurde in Reaktion auf die Änderungsrichtlinie 2010/73/EU durch das daraufhin erlassene Gesetz zur Umsetzung der Richtlinie 2010/73/EU und zur Änderung des BörsG (dort Art. 1 Nr. 5) in § 4 Abs. 1 Nr. 3 WpPG eingefügt.

16 Der Tatbestand des § 4 Abs. 1 Nr. 3 WpPG wird im Schrifttum als **weitgehend überflüssig** angesehen, da mit der Eintragung der erfolgten Verschmelzung der Wechsel in der Aktionärseigenschaft gemäß § 20 Abs. 1 Nr. 3 UmwG eintritt, so dass es bereits an einem von der Prospektpflicht auszunehmenden öffentlichen Angebot fehlt[1]. Ein zwischenzeitliches, kurzfristiges Erlöschen der Zulassung und der Börsennotierung des verschmolzenen Unternehmens bis zur Aufnahme der Notierung der Aktien des übernehmenden Rechtsträgers schadet hierbei richtigerweise nicht. Ein **Anwendungsbereich** verbleibt damit lediglich für solche Fälle, in denen auf Grund der gesetzlich geregelten Ausnahmefälle des § 29 UmwG ein Wahlrecht besteht oder in denen eine Zuzahlung erforderlich ist, so dass ein Angebot erfolgt[2]. Eine entsprechende Ausgestaltung ist zudem nach ausländischem Recht denkbar, da der Anwendungsbereich des § 4 Abs. 1 Nr. 3 WpPG nicht auf Verschmelzungen nach dem deutschen Umwandlungsgesetz beschränkt ist[3].

17 Teilweise wird vertreten, dass es bei einer Verschmelzung nach den Vorschriften des UmwG über den Verschmelzungsbericht hinaus grundsätzlich keiner weitergehenden Information bedarf. Aufgrund der Sicherstellung einer ausreichenden Wertrelation zwischen Leistung und Gegenleistung durch unabhängige Dritte, zB Verschmelzungsprüfer, seien weitergehende Maßnahmen des Anlegerschutzes nicht erforderlich[4]. Die wohl überwiegende Auffassung in der Literatur vertritt hingegen richtigerweise die Ansicht, dass ein **(aktueller)**[5] **Verschmelzungsbericht nach § 8 UmwG** bzw. nach einer entsprechenden ausländischen Vorschrift dem **Erfordernis eines gleichwertigen Dokuments** ausnahmsweise nur dann genügt, wenn solche Angaben, die nach § 7 WpPG iVm. den anwendbaren Anhängen der ProspektVO erforderlich sind, aber über den von § 8 UmwG vorgesehenen Umfang hinausgehen, in diesem auf-

---

1 Begr. RegE zum Prospektrichtlinie-Umsetzungsgesetz, BT-Drucks. 15/4999, S. 28, 30; Begr. RegE zum Prospektrichtlinie-Änderungsgesetz, BT-Drucks. 17/8684, S. 13, 17; *Holzborn/Mayston* in Holzborn, § 4 WpPG Rz. 7; *Heidelbach* in Schwark/Zimmer, § 4 WpPG Rz. 13; *Grosjean* in Heidel, Aktienrecht und Kapitalmarktrecht, § 4 WpPG Rz. 5; *Groß*, Kapitalmarktrecht, § 4 WpPG Rz. 4; *Wiegel*, Die Prospektrichtlinie und Prospektverordnung, S. 179; *Schnorbus* in FrankfurtKomm. WpPG, § 4 WpPG Rz. 26, der als zusätzliches Argument gegen das Vorliegen eines öffentlichen Angebots den „begrenzten Adressatenkreis" ins Feld führt; aA *Ritz/Zeising* in Just/Voß/Ritz/Zeising, § 2 WpPG Rz. 139 ff.; *Zeising* in Just/Voß/Ritz/Zeising, § 4 WpPG Rz. 13.
2 Begr. RegE zum Prospektrichtlinie-Umsetzungsgesetz, BT-Drucks. 15/4999, S. 28, 30; *Holzborn/Mayston* in Holzborn, § 4 WpPG Rz. 7; *Groß*, Kapitalmarktrecht, § 4 WpPG Rz. 4; *Grosjean* in Heidel, Aktienrecht und Kapitalmarktrecht, § 4 WpPG Rz. 5; *Gebhardt* in Schäfer/Hamann, § 4 WpPG Rz. 12.
3 So auch *Schnorbus* in FrankfurtKomm. WpPG, § 4 WpPG Rz. 30; *Holzborn/Mayston* in Holzborn, § 4 WpPG Rz. 7.
4 So *Groß*, Kapitalmarktrecht, § 4 WpPG Rz. 4.
5 Aufgrund der zeitlichen Differenz zum Verschmelzungsbericht kann die Veröffentlichung einer aktualisierten Fassung erforderlich sein. Je nach dem Umfang neu hinzugekommener Angaben kann sich in solchen Fällen die Veröffentlichung eines Prospekts anstelle des aktualisierten Verschmelzungsberichts anbieten. Gegen die Zulässigkeit einer Aktualisierung jedoch *Gebhardt* in Schäfer/Hamann, § 4 WpPG Rz. 13; *Zeising* in Just/Voß/Ritz/Zeising, § 4 WpPG Rz. 12.

genommen sind[1]. Hinzu kommt, dass ein Verschmelzungsbericht auf den Zeitpunkt der Einladung zur Hauptversammlung datiert und damit im Zeitpunkt der Zulassung der Aktien nicht mehr aktuell ist.

Auch in Bezug auf die Spaltung dürfte der Tatbestand des § 4 Abs. 1 Nr. 3 WpPG keine große praktische Bedeutung erlangen. Dies ist – wie bei der Verschmelzung (siehe Rz. 15) – darauf zurückzuführen, dass bei der Spaltung der „Erwerb" der Anteile ebenfalls kraft Gesetzes erfolgt (§ 131 Abs. 1 Nr. 3 UmwG)[2]. Ein Anwendungsbereich verbleibt jedoch auch hier für die Ausnahmefälle des § 29 UmwG, da diese Norm über die Verweisungsnorm des § 125 Satz 1 UmwG auch auf die Auf- und Abspaltung[3] Anwendung findet.

4. Sach- und Aktiendividenden (§ 4 Abs. 1 Nr. 4 WpPG)

§ 4 Abs. 1 Nr. 4 WpPG setzt Art. 4 Abs. 1 lit. d Prospektrichtlinie ins deutsche Recht um. Seine Vorgängerregelung ist § 4 Abs. 1 Nr. 4 VerkProspG aF, der nur solche Aktien erfasst hatte, die den Aktionären im Zuge einer Kapitalerhöhung aus Gesellschaftsmitteln zugeteilt wurden. Demgegenüber gilt § 4 Abs. 1 Nr. 4 WpPG in der aktuellen Fassung des Gesetzes zur Umsetzung der Richtlinie 2010/73/EU und zur Änderung des Börsengesetzes nunmehr nur noch für Dividenden in Form von Aktien und enthält das zusätzliche Erfordernis eines gleichwertigen Dokuments[4]. Bis Juni 2012 beinhaltete § 4 Abs. 1 Nr. 4 WpPG zusätzlich zu der Dividende in Form von Aktien auch die in § 4 Abs. 1 Nr. 4 VerkProspG aF enthaltene Prospektausnahme für Wertpapiere, die Aktionären nach einer Kapitalerhöhung aus Gesellschaftsmitteln angeboten wurden. Diese Alternative wurde jedoch durch das Gesetz zur Umsetzung der Richtlinie 2010/73/EU und zur Änderung des Börsengesetzes ersatzlos gestrichen. Der Gesetzgeber begründete diese Streichung damit, dass es sich bei einer Ausgabe von Aktien im Zuge einer Kapitalerhöhung aus Gesellschaftsmitteln um ein unentgeltliches Angebot handele, das aufgrund der Unentgeltlichkeit bereits nach § 3 Abs. 2 Satz 1 Nr. 5 WpPG von der Prospektpflicht befreit sei[5]. Aufgrund der Tatsache, dass die Aktien aus einer Kapitalerhöhung aus Gesellschaftsmitteln gem. § 212 AktG den Altaktionären gesetzlich eingeräumt werden und eine Prospektpflicht nach § 3 Abs. 1 WpPG mangels öffentlichem Angebot folgerichtig nicht gegeben ist, war diese Alternative

---

1 *Schlitt/Wilczek* in Habersack/Mülbert/Schlitt, Handbuch der Kapitalmarktinformation, § 4 Rz. 55; *Grosjean* in Heidel, Aktienrecht und Kapitalmarktrecht, § 4 WpPG Rz. 5; *Veil/Wundenberg*, WM 2008, 1285 (1288); *Seibt/von Bonin/Isenberg*, AG 2008, 565 (570); *Holzborn/Mayston* in Holzborn, § 4 WpPG Rz. 7.
2 So im Ergebnis auch Begr. RegE zum Prospektrichtlinie-Änderungsgesetz, BT-Drucks. 17/8684, S. 13, 17.
3 Für die Spaltung in Form der Ausgliederung findet § 29 UmwG nach § 125 Satz 1 UmwG hingegen keine Anwendung, sodass hier kein Wahlrecht und folgerichtig auch kein öffentliches Angebot vorliegt.
4 Siehe hierzu die Empfehlungen der ESMA, ESMA/2013/319, Nr. 173 ff.
5 Begr. RegE zum Prospektrichtlinie-Änderungsgesetz, BT-Drucks. 17/8684, S. 13, 17. Zustimmend *Leuering/Stein*, Der Konzern 2012, 382 (385).

bereits im Zeitpunkt ihres Bestehens ohne praktische Bedeutung[1]. Ein eigener Anwendungsbereich bestand hier allein für nach ausländischem Recht organisierte Emittenten[2,3].

20 Für die Frage der Anwendbarkeit des § 4 Abs. 1 Nr. 4 WpPG muss zwischen dem Fall, bei dem die Gesellschaft über eigene Aktien verfügt, die im Rahmen einer Sachdividende an Aktionäre ausgeschüttet werden, und dem Fall der Wahldividende, bei dem die Aktionäre zwischen einer Bardividende und Dividende in Form von Aktien der Gesellschaft (eigene oder neue aus einer Kapitalerhöhung) entscheiden können, differenziert werden. Im ersten Fall besteht kein Wahlrecht der Aktionäre, so dass § 4 Abs. 1 Nr. 4 WpPG direkt anwendbar ist, wenn man nicht bereits mangels Kaufentscheidung ein öffentliches Angebot ablehnen will. Gegen das Vorliegen eines öffentlichen Angebots spricht, dass sämtliche Aktien idR girosammelverwahrt sind, sodass die als Dividende ausgeschütteten Aktien auf Grund des Gewinnverwendungsbeschlusses nach § 58 Abs. 5 AktG **ohne Mitwirkung der Aktionäre** diesen im Giroverkehr automatisch zugebucht werden[4]. Im Fall der Wahldividende ist § 4 Abs. 1 Nr. 4 WpPG jedenfalls entsprechend anwendbar.

21 Der Inhalt des prospektersetzenden Dokuments (auch **„kleiner Prospekt"** genannt) wird in den Empfehlungen der Europäischen Wertpapier- und Marktaufsichtsbehörde (European Securities and Markets Authority, ESMA) näher spezifiziert[5].

22 Für Zwecke der prospektfreien Zulassung findet sich ein dem § 4 Abs. 1 Nr. 4 WpPG entsprechender Befreiungstatbestand in § 4 Abs. 2 Nr. 5 WpPG.

5. Mitarbeiterbeteiligungsprogramme (§ 4 Abs. 1 Nr. 5 WpPG)

23 **§ 4 Abs. 1 Nr. 5 WpPG** setzt Art. 4 Abs. 1 lit. e Prospektrichtlinie ins deutsche Recht um. Sein Anwendungsbereich ist gegenüber der Vorgängerregelung des § 2 Nr. 3 VerkProspG aF weiter gefasst. Im Hinblick auf die prospektfreie Zulassung wird er durch § 4 Abs. 2 Nr. 6 WpPG ergänzt.

---

1 So auch *Groß*, Kapitalmarktrecht, § 4 WpPG Rz. 5; *Holzborn/Mayston* in Holzborn, § 4 WpPG Rz. 8; *Schnorbus* in FrankfurtKomm. WpPG, § 4 WpPG Rz. 34; *Schlitt/Ponick* in Habersack/Mülbert/Schlitt, Handbuch der Kapitalmarktinformation, 2008, § 4 Rz. 56; *Ponick* in Grunewald/Schlitt, Einführung ins Kapitalmarktrecht, S. 207 Fn. 26; *Heidelbach* in Schwark/Zimmer, § 4 WpPG Rz. 17. Zur Vorgängerregelung des § 4 Abs. 1 Nr. 4 VerkProspG aF bereits entsprechend *Ritz* in Assmann/Lenz/Ritz, § 4 VerkProspG Rz. 25; *Heidelbach* in Schwark, § 4 VerkProspG Rz. 15; *Hamann* in Schäfer, § 4 VerkProspG Rz. 12.
2 So auch *Holzborn/Mayston* in Holzborn, § 4 WpPG Rz. 8; *Schnorbus* in FrankfurtKomm. WpPG, § 4 WpPG Rz. 36.
3 Durch die oben skizzierten inhaltlichen Änderungen in § 4 Abs. 1 Nr. 4 WpPG kann § 4 Abs. 1 Nr. 4 VerkProspG aF mittlerweile nur noch aus historischer Sicht als Vorgängerregelung dieser Norm angesehen werden.
4 *Groß*, Kapitalmarktrecht, § 4 WpPG Rz. 5; *Schnorbus* in FrankfurtKomm. WpPG, § 4 WpPG Rz. 34; *Grosjean* in Heidel, Aktienrecht und Kapitalmarktrecht, § 4 WpPG Rz. 6.
5 ESMA/2013/319, Ziffer 173 ff. Siehe zu den einzelnen ESMA-Empfehlungen Näheres unter Rz. 29.

§ 4 Abs. 1 Nr. 5 WpPG befreit Mitarbeiterbeteiligungsprogramme von der Prospektpflicht, wenn die Wertpapiere derzeitigen oder ehemaligen Mitgliedern von Geschäftsführungsorganen oder Arbeitnehmern von ihrem Arbeitgeber oder einem anderen mit ihm verbundenen Unternehmen iS des § 15 AktG als Emittent gewährt werden und diesen ein **Dokument** zur Verfügung gestellt wird, das über Art und Anzahl der Wertpapiere informiert und in dem die die Gründe und Einzelheiten des Angebots dargelegt werden. 24

Das Erfordernis, dass Unternehmen bereits über eine **Börsennotierung** verfügen müssen, um in den Genuss der Ausnahmebestimmung des § 4 Abs. 1 Nr. 5 WpPG zu gelangen, wurde im Zuge der Umsetzung der Richtlinie 2010/73/EU für Emittenten, die ihre Hauptverwaltung oder ihren Sitz in einem Staat des Europäischen Wirtschaftsraums haben, aufgehoben (§ 4 Abs. 1 Nr. 5 lit. a). Dadurch wurde die Begebung von Mitarbeiterbeteiligungsprogrammen, insbesondere für kleine und mittlere Unternehmen (KMU), erleichtert[1]. **Drittstaatenemittenten** steht eine prospektfreie Emission nach § 4 Abs. 1 Nr. 5 WpPG weiterhin aber nur dann zu, wenn ihre Aktien bereits an einem organisierten Markt im europäischen Wirtschaftsraum iS von § 2 Nr. 16 WpPG (§ 4 Abs. 1 Nr. 5 lit. b) oder an einem von der Europäischen Kommission als gleichwertig erachteten Markt außerhalb des Europäischen Wirtschaftsraums zum Handel zugelassen sind (§ 4 Abs. 1 Nr. 5 lit. c). Dabei müssen im letzteren Fall ausreichende Informationen einschließlich des prospektersetzenden Dokuments in einer in Finanzkreisen üblichen Sprache zur Verfügung gestellt werden. 25

Im Rahmen der **Reform** des Prospektrechts (vgl. dazu oben Rz. 2) soll die Differenzierung zwischen Drittstaatenemittenten und Emittenten, die ihre Hauptverwaltung oder ihren Sitz in einem Staat des Europäischen Wirtschaftsraums haben, wegfallen. Ein prospektfreies Angebot bei Mitarbeiterbeteiligungsprogrammen ist für alle Emittenten möglich, sofern ein Dokument zur Verfügung gestellt wird, das Informationen über Anzahl und Art der Wertpapiere enthält und in dem die Gründe und Einzelheiten des Angebots und der Zuteilung dargelegt werden (Art. 1 Abs. 3 lit. i Prospekt-VO-E). Diese Neuerung wird es vor allem Unternehmen aus den USA ermöglichen, Mitarbeiter im EWR an Mitarbeiterbeteiligungsprogrammen teilnehmen zu lassen[2].

Das **Erfordernis** für einen solchen Befreiungstatbestand war schon vor Inkrafttreten des WpPG hinsichtlich der Vorgängerregelung **umstritten**. Während teilweise ein fehlendes Schutzbedürfnis der Mitarbeiter wegen ausreichenden Informationszugangs angenommen wurde, so dass ein Befreiungstatbestand von der Prospektpflicht erforderlich sei[3], wurde andererseits auf die Fürsorgepflichten des Arbeitgebers als Grundlage einer Informationspflicht abgestellt und das Erfordernis einer Befreiung von der Prospektpflicht verneint[4]. Ob ein öffentliches Angebot beim An- 26

---

1 Begr. RegE zum Prospektrichtlinie-Änderungsgesetz, BT-Drucks. 17/8684, S. 13, 17; *Leuering/Stein*, Der Konzern 2012, 383 (386).
2 *Schulz*, WM 2016, 1417 (1424).
3 *Ritz* in Assmann/Lenz/Ritz, § 2 VerkProspG Rz. 23; *Groß*, Kapitalmarktrecht, 2006, § 2 VerkProspG Rz. 11.
4 *Heidelbach* in Schwark, 3. Aufl. 2004, § 2 VerkProspG Rz. 12.

gebot von Wertpapieren an Mitarbeiter besteht und damit die Regelung des § 4 Abs. 1 Nr. 5 WpPG überhaupt Relevanz hat, richtet sich nach Ansicht der BaFin nach dem Informationsbedürfnis der Wertpapierempfänger im Einzelfall[1], insbesondere nach der Funktion der mit dem Beteiligungsprogramm angesprochenen Mitarbeiter[2]. In der Regel wird hierbei jedoch von einer Informationsbedürftigkeit der Arbeitnehmer und einer damit einhergehenden Prospektpflicht auszugehen sein[3].

27 Darüber hinaus besteht für andere Fälle der Mitarbeiterbeteiligung keine Notwendigkeit zur Erstellung eines prospektersetzenden Dokuments, soweit bereits **kein prospektpflichtiges öffentliches Angebot von Wertpapieren** vorliegt. Hierzu zählen ua. Fälle, in denen (i) lediglich Wertrechte ausgegeben werden, so dass es bereits an der Wertpapiereigenschaft fehlt[4] oder (ii) Wertpapiere kostenlos zugeteilt werden (*free offer*), die Anleger also keine (mittelbare)[5] Vermögensdisposition treffen[6]. Handelt es sich bei den Wertrechten um Optionen, die zum Erwerb von Wertpapieren berechtigen, liegt nach Ansicht von ESMA (European Securities and Markets Authority) kein prospektpflichtiges Angebot von Wertpapieren vor, soweit es sich bei den Rechten um nicht übertragbare Optionen handelt[7]. Auch die zur Entstehung von Wertpapieren führende Ausübung von Optionen soll nach Auffassung von ESMA kein öffentliches Angebot darstellen[8]. Die BaFin hat ihre Auffassung, dass ein (grundsätzlich prospektpflichtiges) öffentliches Angebot zu dem Zeitpunkt vorliegt, zu dem die Option ausübbar ist und übertragbare Wertpapiere erworben werden können, mittlerweile aufgegeben[9].

---

1 *Groß*, Kapitalmarktrecht, § 2 WpPG Rz. 17; *Foelsch* in Holzborn, § 2 WpPG Rz. 19. So bereits *Ritz* in Assmann/Lenz/Ritz, § 2 VerkProspG Rz. 21; siehe auch *Apfelbacher/Metzner*, BKR 2006, 81 (83 f.); *Leuering*, Der Konzern 2006, 4 (9); *Kollmorgen/Feldhaus*, BB 2007, 225 (226); *Kollmorgen/Feldhaus*, BB 2007, 2756 (2758); *Pfeiffer/Buchinger*, NZG 2006, 449 (450).
2 *Foelsch* in Holzborn, § 2 WpPG Rz. 19.
3 *Schlitt/Wilczek* in Habersack/Mülbert/Schlitt, Handbuch der Kapitalmarktinformation, § 4 Rz. 61; *Foelsch* in Holzborn, § 2 WpPG Rz. 19.
4 *Kollmorgen/Feldhaus*, BB 2007, 225 f.
5 Eine mittelbare Vermögensdisposition liegt etwa vor, wenn die gewährten Wertpapierrechte auf das Gehalt der Mitarbeiter angerechnet werden, siehe ESMA, Questions and Answers Prospectuses, 25th Updated Version – July 2016, ESMA/2016/1133, Ziffer 6.
6 Siehe auch ESMA, Questions and Answers Prospectuses, 25th Updated Version – July 2016, ESMA/2016/1133, Ziffer 6; *Holzborn/Mayston* in Holzborn, § 4 WpPg Rz. 10; *Schlitt/Wilczek* in Habersack/Mülbert/Schlitt, Handbuch der Kapitalmarktinformation, § 4 Rz. 59; *Kollmorgen/Feldhaus*, BB 2007, 225 (227); *Kollmorgen/Feldhaus*, BB 2007, 2756 (2757); *Giedinghagen*, BKR 2007, 233 (234); *Grosjean* in Heidel, Aktienrecht und Kapitalmarktrecht, § 4 WpPG Rz. 9; *Wiegel*, Die Prospektrichtlinie und Prospektverordnung, S. 181.
7 ESMA, Questions and Answers Prospectuses, 25th Updated Version – July 2016, ESMA/2016/1133, Ziffer 5; so auch *Schlitt/Wilczek* in Habersack/Mülbert/Schlitt, Handbuch der Kapitalmarktinformation, § 4 Rz. 59; *Holzborn/Mayston* in Holzborn, § 4 WpPG Rz. 10.
8 ESMA, Questions and Answers Prospectuses, 25th Updated Version – July 2016, ESMA/2016/1133, Ziffer 5.
9 ESMA, Questions and Answers Prospectuses, 25th Updated Version – July 2016, ESMA/2016/1133, Ziffer 5, die anders als die im Zeitpunkt der Vorauflage gültigen Frequently

In der Praxis bedarf es einer Berufung auf § 4 Abs. 1 Nr. 5 WpPG nicht, wenn sich das Angebot in Deutschland an weniger als 150 Mitarbeiter richtet (§ 3 Abs. 2 Nr. 2 WpPG)[1]. Häufig wird eine Prospektpflicht auch bereits deshalb ausscheiden, weil der Verkaufspreis für alle angebotenen Wertpapiere innerhalb eines Jahres weniger als 100.000 Euro beträgt (§ 3 Abs. 2 Nr. 5 WpPG)[2] oder der Verkaufspreis für alle über einen Zeitraum von zwölf Monaten angebotenen Wertpapiere weniger als 5 Mio. Euro beträgt und die Aktien bereits zum Handel an einem organisierten Markt zugelassen sind (§ 1 Abs. 2 Nr. 4 WpPG)[3]. 28

Die um § 4 Abs. 1 Nr. 5 WpPG aF geführte Diskussion, ob die Vorschrift nur vom Arbeitgeber emittierte Wertpapiere oder auch **andere, zB von einem verbundenen Unternehmen ausgegebene, Wertpapiere**, die vom Arbeitgeber lediglich angeboten werden, erfasst, ist durch die im Zuge des Gesetzes zur Umsetzung der Richtlinie 2010/73/EU und zur Änderung des Börsengesetzes vorgenommene Änderung obsolet geworden. Die Vorschrift stellt nunmehr ausdrücklich klar, dass die als Mitarbeiterbeteiligung ausgegebenen Wertpapiere vom Arbeitgeber oder einem verbundenen Unternehmen **als Emittent** angeboten werden müssen, sodass Wertpapiere anderer Konzerngesellschaften, die den Mitarbeitern vom Arbeitgeber lediglich angeboten werden, nicht von § 4 Abs. 1 Nr. 5 WpPG erfasst werden[4]. 29

Ein prospektfreies öffentliches Angebot gem. § 4 Abs. 1 Nr. 5 lit. b und c WpPG setzt nicht voraus, dass die den Mitarbeitern prospektfrei angebotenen Wertpapiere zur gleichen Gattung gehören wie die börsennotierten Wertpapiere des Arbeitgebers[5]. Dementsprechend können auch Emittenten börsenzugelassener Schuldverschreibungen ohne Hauptverwaltung oder Sitz in einem Staat des EWR ihren Mitarbeitern **nicht börsenzugelassene** Aktien unter den Voraussetzungen des § 4 Abs. 1 Nr. 5 lit. b und c WpPG prospektfrei anbieten. 30

Sind die oben genannten Voraussetzungen des § 4 Abs. 1 Nr. 5 WpPG erfüllt, so hat der Emittent anstelle des Prospekts ein gleichwertiges (allerdings nicht gebilligtes) Dokument zur Verfügung zu stellen. Der Inhalt eines solchen so genannten **kleinen Prospekts** wird in den ESMA-Empfehlungen näher spezifiziert. Danach muss der kleine Prospekt Angaben zur Identität des Emittenten, Hinweise auf zusätzliche, zu- 31

---

asked questions der CESR, keinen Hinweis mehr auf diese veraltete Auffassung der BaFin beinhaltet. Siehe hierzu auch *Holzborn/Mayston* in Holzborn, § 4 WpPG Rz. 10.

1 *Kollmorgen/Feldhaus*, BB 2007, 2756 (2758); siehe auch *Heidelbach* in Schwark, § 2 VerkProspG Rz. 14.
2 *Holzborn/Mayston* in Holzborn, § 4 WpPG Rz. 10.
3 Zu den Voraussetzungen für das Eingreifen des § 1 Abs. 2 Nr. 4 WpPG siehe die Kommentierung zu § 1 WpPG Rz. 57 ff., zu § 3 Abs. 2 Satz 1 Nr. 5 WpPG siehe § 3 WpPG Rz. 41 ff.
4 *Holzborn/Mayston* in Holzborn, § 4 WpPG Rz. 12.
5 *A. Meyer* in Habersack/Mülbert/Schlitt, Unternehmensfinanzierung am Kapitalmarkt, § 36 Rz. 7; *Schlitt/Wilczek* in Habersack/Mülbert/Schlitt, Handbuch der Kapitalmarktinformation, § 4 Rz. 64; *Schanz*, Börseneinführung, § 13 Rz. 17; *Apfelbacher/Metzner*, BKR 2005, 81 (83); *Pfeiffer/Buchinger*, NZG 2006, 449 (450 f.); *Zeising* in Just/Voß/Ritz/Zeising, § 4 WpPG Rz. 26; aA *Holzborn/Israel* in Holzborn, § 4 WpPG Rz. 11.

gängliche Informationen über den Emittenten, Gründe für das Angebot, einen Verweis auf § 4 Abs. 1 Nr. 5 WpPG zur Erläuterung der Befreiung von der Prospektpflicht sowie nähere Angaben zum Angebot enthalten, die jedoch im Vergleich zu den Angaben in einem Prospekt nach dem WpPG abgekürzt und zusammengefasst werden können[1]. Ebenso wie ein Prospekt nach dem WpPG darf der kleine Prospekt nicht allein werbenden Charakter haben und sich nicht allein auf die Wiedergabe positiver Angaben beschränken, sondern muss als Informationsdokument eine ausgewogene Darstellung der Fakten enthalten. Zwar würde es zu weit gehen, die Aufnahme von Risikofaktoren und einer Darstellung der Vermögens-, Finanz- und Ertragslage zu fordern, die erst nach Durchführung einer Due Diligence abschließend formuliert werden können. Jedoch sollten dem Emittenten bekannte Risiken und negative Entwicklungen, etwa die im Konzernanhang und Lagebericht hierzu enthaltenen Angaben, in Form von Risikohinweisen auch im kleinen Prospekt enthalten sein.

32 Es bedarf keiner Veröffentlichung eines solchen kleinen Prospekts, vielmehr reicht es aus, dass dieser den Empfängern der Wertpapiere **zugänglich** gemacht wird[2].

33 Sind die oben genannten Voraussetzungen des § 4 Abs. 1 Nr. 5 WpPG hingegen **nicht** erfüllt und muss folgerichtig ein Prospekt erstellt werden, spricht sich die ESMA für die Zulässigkeit eines verkürzten Prospekts nach Art. 23 Abs. 4 der ProspektVO aus[3]. Voraussetzung hierfür ist jedoch, dass der Emittent bereits über eine Börsennotierung verfügt[4]. Ist dies der Fall, soll es dem Emittenten gestattet werden, folgende Angaben auszulassen[5]:

– in Anhang I Ziffer 5.1.2 bis 5.1.5, 5.2 (einzelne Angaben über den Emittenten),
– 6 (Geschäftsüberblick),
– 7 (Organisationsstruktur),
– 8 (Sachanlagen),
– 9 (Angaben zur Geschäfts- und Finanzlage),
– 10 (Eigenkapitalausstattung),
– 11 (Forschung und Entwicklung, Patente und Lizenzen),
– 15 (Bezüge und Vergünstigungen),
– 16 (Praktiken der Geschäftsführung),
– 17.1 (Anzahl der Beschäftigten),
– 18 (Hauptaktionäre),

---

1 ESMA update of the CESR recommendations, March 2013, ESMA/2013/319, Rz. 173–176.
2 ESMA update of the CESR recommendations, March 2013, ESMA/2013/319, Rz. 176.
3 So auch BaFin Workshop vom 5.6.2012.
4 ESMA, Questions and Answers Prospectuses, 25th Updated Version – July 2016, ESMA/2016/1133, Ziffer 71.
5 ESMA, Questions and Answers Prospectuses, 25th Updated Version – July 2016, ESMA/2016/1133, Ziffer 71.

- 19 (Geschäfte mit verbundenen Parteien),
- 20.1 bis 20.5, 20.6 (einzelne Finanzinformationen über die Vermögens-, Finanz-, und Ertragslage des Emittenten),
- 21 (zusätzliche Angaben),
- 22 (wesentliche Verträge),
- 25 (Angabe über Beteiligungen) sowie
- in Anhang III Ziffer 3.3 (Interessen von Seiten natürlicher und juristischer Personen, die an der Emission/dem Angebot beteiligt sind),
- 4.10 (Angaben zu öffentlichen Übernahmeangeboten),
- 5.1.9, 5.1.2010, 5.2, 5.4.1, 5.4.3, 5.4.4 (einzelne Bedingungen und Voraussetzungen für das Angebot),
- 6.3, 6.4, 6.5 (einzelne Angaben zur Zulassung zum Handel und zu Handelsregeln),
- 7 (Wertpapierinhaber mit Verkaufsposition) und
- 10.2 (Hinweise auf weitere geprüfte Angaben in der Wertpapierbeschreibung).

III. Prospektbefreiung bei Zulassung zum Handel an einem organisierten Markt (§ 4 Abs. 2 WpPG)

Flankierend zu den Ausnahmetatbeständen für ein öffentliches Angebot sieht § 4 Abs. 2 WpPG Ausnahmen von der Prospektpflicht für die Zulassung zum Handel vor. Während früher die Börse auf Antrag über eine Prospektbefreiung zu entscheiden hatte (§ 45 BörsZulV aF), sind die Befreiungstatbestände des § 4 Abs. 2 WpPG als **Legalausnahmen** ausgestaltet[1]. Zuständig für die Zulassung an einer deutschen Börse ist seit Umsetzung der Finanzmarktrichtlinie[2] deren Geschäftsleitung[3]. Sie hat aufgrund der Gestaltung der Prospektbefreiungen als Legalausnahmen kein Er-

34

---

[1] *Groß*, Kapitalmarktrecht, § 4 WpPG Rz. 8; *Grosjean* in Heidel, Aktienrecht und Kapitalmarktrecht, § 4 WpPG Rz. 12; *A. Meyer* in Habersack/Mülbert/Schlitt, Unternehmensfinanzierung am Kapitalmarkt, § 36 Rz. 12; *Holzborn/Mayston* in Holzborn, § 4 WpPG Rz. 2; *Holzborn/Schwarz-Gondek*, BKR 2003, 927 (930).

[2] Richtlinie 2004/39/EG des Europäischen Parlaments und des Rates vom 21.4.2004 über Märkte für Finanzinstrumente, zur Änderung der Richtlinien 85/611/EWG und 93/6/EWG des Rates und der Richtlinie 2000/12/EG des Europäischen Parlaments und des Rates und zur Aufhebung der Richtlinie 93/22/EWG des Rates, ABl. EG Nr. L 145 v. 30.4.2004. Die Finanzmarktrichtlinie wurde mittlerweile durch die Richtlinie 2014/65/EU des Europäischen Parlaments und des Rates vom 15.4.2014 über Märkte für Finanzinstrumente sowie zur Änderung der Richtlinien 2002/92/EG und 2011/61/EU (sog. MiFID II) geändert und neu gefasst.

[3] Zur Umsetzung der MiFID I und ihre Auswirkungen auf Aktien- und Equity-Linked Transaktionen siehe *Schlitt/Schäfer*, AG 2007, 227 ff. Die MiFID II muss bis zum 3.7.2017 in nationales Recht umgesetzt werden.

messen. Auch bedarf es keines Antrags, um sich auf einen der Ausnahmetatbestände des § 4 Abs. 2 WpPG zu berufen[1].

35 Die verschiedenen Legalausnahmen stehen **separat nebeneinander**, so dass sie kumuliert oder auch in engem zeitlichen Zusammenhang nacheinander genutzt werden können[2].

36 Die für die Börsenzulassung zuständigen Börsen gingen bei Inkrafttreten des WpPG zunächst davon aus, dass die BaFin Fälle des § 4 Abs. 2 WpPG prüfen und den Zulassungsantragstellern eine **Negativbescheinigung** ausstellen würde, auf deren Grundlage die Zulassung erfolgt[3]. Die BaFin hat eine entsprechende Praxis jedoch nicht aufgenommen, so dass die Prüfung, ob eine Berufung auf die Ausnahmetatbestände des § 4 Abs. 2 WpPG greift, dem Emittenten und der Börse obliegt[4]. In der Praxis beschränkt sich die Prüfung der Börse auf eine Abstimmung nach Ausfüllen eines Formblatts[5].

37 Vor diesem Hintergrund stellt sich hinsichtlich sämtlicher der nachfolgend im Einzelnen beschriebenen Ausnahmetatbestände die Frage, wie weit die **Prüfungskompetenz der Geschäftsleitung der Börse** reicht. Da § 4 Abs. 2 WpPG mit der alleinigen Kompetenz der BaFin zu Fragen der Prospektprüfung und -billigung bricht, hat die Börse im Rahmen der Zulassungsentscheidung eine materielle Prüfungskompetenz hinsichtlich prospektbefreiender Darstellungen, zB nach § 4 Abs. 2 Nr. 3 und 4 WpPG, und des Vorliegens der sonstigen Tatbestandsvoraussetzungen eines der Befreiungstatbestände des § 4 Abs. 2 WpPG[6]. Allerdings geht diese Prüfungskompetenz richtigerweise nicht weiter als die Reichweite der Prüfung eines Prospektes

---

1 Eine Antragspflicht darf auf nationaler Ebene nicht eingeführt werden, vgl. *Kunold/Schlitt*, BB 2004, 501 (505); *Schlitt/Wilczek* in Habersack/Mülbert/Schlitt, Handbuch der Kapitalmarktinformation, § 4 Rz. 73.
2 *Schlitt/Wilczek* in Habersack/Mülbert/Schlitt, Handbuch der Kapitalmarktinformation, § 4 Rz. 74; *Holzborn/Mayston* in Holzborn, § 4 WpPG Rz. 22 ff.; *Groß*, Kapitalmarktrecht, § 4 WpPG Rz. 9a.
3 Frankfurter Wertpapierbörse, Rundschreiben Listing 01/2005 v. 2.6.2005. Hiervon geht auch *Schanz*, Börseneinführung, § 13 Rz. 18 aus.
4 *Groß*, Kapitalmarktrecht, § 4 WpPG Rz. 8; *Seibt/von Bonin/Isenberg*, AG 2008, 565 (566); *Schnorbus*, AG 2008, 389 (400); *Gebhardt* in Schäfer/Hamann, § 4 WpPG Rz. 4; *Schnorbus* in FrankfurtKomm. WpPG, Vor §§ 1 WpPG Rz. 15. In Bezug auf § 4 Abs. 2 Nr. 4 WpPG siehe auch *Schnorbus* in FrankfurtKomm. WpPG, § 4 WpPG Rz. 82.
5 *Zeising* in Just/Voß/Ritz/Zeising, § 4 WpPG Rz. 27.
6 *Mülbert/Steup*, WM 2005, 1633 (1641); *Groß*, Kapitalmarktrecht, § 4 WpPG Rz. 9; *Grosjean* in Heidel, Aktienrecht und Kapitalmarktrecht, § 4 WpPG Rz. 12; *Veil/Wundenberg*, WM 2008, 1285 (1286); aA *Gebhardt* in Schäfer/Hamann, § 4 WpPG Rz. 20; unter Berufung auf die (zwischenzeitlich aufgegebene) Forderung der Börse nach einer Negativbescheinigung der BaFin *Schanz*, Börseneinführung, § 13 Rz. 16; *Holzborn/Israel*, ZIP 2005, 1668 (1670); *Holzborn/Mayston* in Holzborn, § 4 WpPG Rz. 12, die lediglich von einer formellen Prüfungskompetenz ausgehen.

nach dem WpPG durch die BaFin, die sich materiell auf die innere Widerspruchsfreiheit (Kohärenz) beschränkt[1].

1. 10%-Kapitalerhöhungen (§ 4 Abs. 2 Nr. 1 WpPG)

§ 4 Abs. 2 Nr. 1 WpPG setzt Art. 4 Abs. 2 lit. a Prospektrichtlinie ins deutsche Recht um[2]. 38

§ 4 Abs. 2 Nr. 1 WpPG ersetzt die Vorgängerregelung des § 45 Nr. 3 lit. b BörsZulV aF, enthält jedoch darüber hinausgehend eine zeitliche Einschränkung (Zwölf-Monats-Zeitraum, dazu unten Rz. 40). 39

Er nimmt die Börsenzulassung neuer Aktien von der Prospektpflicht aus, wenn der Emittent bereits an einem organisierten Markt zugelassen ist und die zuzulassenden Aktien über einen Zeitraum von zwölf Monaten weniger als 10% der Aktien derselben Gattung ausmachen, die bereits zum Handel an demselben organisierten Markt zugelassen sind. Wie seine Vorgängerregelung soll § 4 Abs. 2 Nr. 1 WpPG damit die kurzfristige Aufnahme von Kapital am Kapitalmarkt durch geringvolumige Aktienemissionen ermöglichen, die durch den langwierigen Prozess einer Prospekterstellung verhindert würde. 40

§ 4 Abs. 2 Nr. 1 WpPG ist das prospektrechtliche Pendant zur aktienrechtlichen Regelung zum Bezugsrechtsausschluss in **§ 186 Abs. 3 Satz 4 AktG**[3]. Danach sind Aktiengesellschaften im Falle so genannter **10%-Kapitalerhöhungen** von der Pflicht, ein (mindestens zweiwöchiges) Bezugsangebot durchzuführen, befreit. In Zusammenschau mit der in § 186 Abs. 3 Satz 4 AktG verankerten Möglichkeit zum vereinfachten Bezugsrechtsausschluss bietet § 4 Abs. 2 Nr. 1 WpPG iVm. § 3 Abs. 2 Nr. 1 WpPG die Möglichkeit, kleinere Kapitalerhöhungen börsennotierter Unternehmen prospektfrei bei institutionellen Investoren zu platzieren und die neuen Aktien im Anschluss prospektfrei zuzulassen. Leider wurde es versäumt, beide Bestimmungen aufeinander abzustimmen[4]. Dies äußert sich darin, dass § 4 Abs. 2 Nr. 1 WpPG lediglich die Zulassung neuer Aktien, die *weniger* als 10% der bereits zugelassenen Aktien derselben Gattung ausmachen, von der Prospektpflicht befreit, während § 186 Abs. 3 Satz 4 AktG auch Kapitalerhöhungen von genau 10% noch von der Pflicht zur Unterbreitung eines Bezugsangebots an die Altaktionäre befreit. Dies führt in der Praxis dazu, dass solche Kapitalerhöhungen **maximal 10% minus eine Aktie** betragen 41

---

[1] So auch *Groß*, Kapitalmarktrecht, § 4 WpPG Rz. 9; *Seibt/von Bonin/Isenberg*, AG 2008, 565 (567); in diesem Sinne auch *Veil/Wundenberg*, WM 2008, 1285 (1291). Zur Reichweite der Prüfung durch die BaFin siehe die Kommentierung zu § 13 WpPG Rz. 10 ff.
[2] Vgl. zu geplanten Änderungen im Rahmen der Reform der Prospektvorschriften unten Rz. 62.
[3] Zu Kapitalerhöhungen nach § 186 Abs. 3 Satz 4 AktG umfassend *R. Krause* in Habersack/Mülbert/Schlitt, Unternehmensfinanzierung am Kapitalmarkt, § 7; *Ries* in Grunewald/Schlitt, Einführung ins Kapitalmarktrecht, S. 55 ff.; *Busch* in Marsch-Barner/Schäfer, Handbuch börsennotierte AG, § 42 Rz. 88 ff.; *Schlitt/Schäfer*, AG 2005, 67 ff.
[4] Siehe auch *A. Meyer* in Habersack/Mülbert/Schlitt, Unternehmensfinanzierung am Kapitalmarkt, § 36 Rz. 12; *Schlitt/Schäfer*, AG 2008, 525 (527).

und der Begriff „10%-Kapitalerhöhung" unscharf ist. Hinzu kommt, dass die Zwölf-Monats-Frist des § 4 Abs. 2 Nr. 1 WpPG nicht berücksichtigt, dass nach hM Kapitalerhöhungen in einem Volumen von mehr als 10% innerhalb von zwölf Monaten unter Berufung auf § 186 Abs. 3 Satz 4 AktG vorgenommen werden können, sofern die Hauptversammlung zwischenzeitlich eine erneute Ermächtigung nach § 186 Abs. 3 Satz 4 AktG beschließt[1].

42 Die **Berechnung** des Zwölf-Monats-Zeitraums geht aus dem Wortlaut des § 4 Abs. 2 Nr. 1 WpPG nicht klar hervor. Richtigerweise ist bei der Errechnung des 10%-Volumens grundsätzlich auf die Anzahl der zugelassenen Aktien zum Zeitpunkt der gewünschten Zulassung[2] abzustellen[3]. Jede Nutzung der 10%-Ausnahme[4] setzt eine zwölfmonatige Frist in Gang, innerhalb derer maximal 10% minus eine Aktie des zu diesem Zeitpunkt zugelassenen Aktienbestands prospektfrei zugelassen werden dürfen. Im Falle mehrerer aufeinander folgender Kapitalerhöhungen mit erleichtertem Bezugsrechtsausschluss[5] können daher uU sich teilweise überschneidende Zwölf-Monats-Fristen zu beachten sein[6]. Die Berechnung der Frist richtet sich nach §§ 187 ff. BGB[7]. Die prospektfreie Zulassung von Aktien unter Nutzung anderer Ausnahmen von der Prospektpflicht nach § 4 Abs. 2 WpPG bleibt hingegen bei dieser Berechnung unberücksichtigt[8].

---

1 Siehe dazu *Ries* in Grunewald/Schlitt, Einführung ins Kapitalmarktrecht, S. 57 f. mwN.
2 Zum Börsenzulassungsverfahren siehe *Trapp* in Habersack/Mülbert/Schlitt, Unternehmensfinanzierung am Kapitalmarkt, § 37; *Groß* in Marsch-Barner/Schäfer, Handbuch börsennotierte AG, § 9.
3 ESMA, Questions and Answers Prospectuses, 25th Updated Version – July 2016, ESMA/2016/1133, Ziffer 31; *Schnorbus*, AG 2008, 389 (407); *Grosjean* in Heidel, Aktienrecht und Kapitalmarktrecht, § 4 WpPG Rz. 13; *Schlitt/Schäfer*, AG 2008, 525 (528); *Gebhardt* in Schäfer/Hamann, § 4 WpPG Rz. 27; *Holzborn/Mayston* in Holzborn, § 4 WpPG Rz. 14. Demgegenüber ging der Gesetzgeber von der Maßgeblichkeit des Zeitpunkts der Börseneinführung (Notierungsaufnahme) aus, Begr. RegE zum Prospektrichtlinie-Umsetzungsgesetz, BT-Drucks. 15/4999, S. 30.
4 Zeitpunkt der Nutzung ist nach der Praxis der Frankfurter Wertpapierbörse der Zeitpunkt des Zulassungsbeschlusses, siehe auch *Holzborn/Mayston* in Holzborn, § 4 WpPG Rz. 14; *Grosjean* in Heidel, Aktienrecht und Kapitalmarktrecht, § 4 WpPG Rz. 13; *Zeising* in Just/Voß/Ritz/Zeising, § 4 WpPG Rz. 34.
5 Zu den gesellschaftsrechtlichen Voraussetzungen für mehrere bis zu 10%ige Kapitalerhöhungen innerhalb eines Jahres *Scholz* in MünchHdb. AG, § 57 Rz. 126; *Peifer* in Münch-Komm. AktG, 4. Aufl. 2016, § 186 AktG Rz. 73 ff.; *Schwark* in FS Claussen, 1997, S. 357 (376); *Ihrig/Wagner*, NZG 2002, 657 (661); *Schlitt/Schäfer*, AG 2005, 67 (69).
6 Siehe dazu *Lachner/von Heppe*, WM 2008, 576 (578 f.); *Gebhardt* in Schäfer/Hamann, § 4 WpPG Rz. 29.
7 Begr. RegE zum Prospektrichtlinie-Umsetzungsgesetz, BT-Drucks. 15/4999, S. 30; *Keunecke*, Rz. 197.
8 ESMA, Questions and Answers Prospectuses, 25th Updated Version – July 2016, ESMA/2016/1133, Ziffer 31; *Lachner/von Heppe*, WM 2008, 576 (579); *Grosjean* in Heidel, Aktienrecht und Kapitalmarktrecht, § 4 WpPG Rz. 13; *Wiegel*, Die Prospektrichtlinie und Prospektverordnung, S. 183/184; *Schnorbus*, AG 2008, 389 (407). Eine Anrechnung nach § 1 Abs. 2 Nr. 4 WpPG prospektfrei erfolgter Zulassungen auf das nach § 4 Abs. 2 Nr. 1

Bezugsgröße des 10%igen Volumens ist die zu dem oben genannten maßgeblichen 43
Zeitpunkt bereits zugelassene Anzahl von Aktien einer Gattung iS des § 11 Satz 2
AktG, unabhängig davon, ob sie sich hinsichtlich des Beginns der Dividendenberechtigung unterscheiden[1]. Aufgrund der Verpflichtung, alle Aktien einer Gattung
am regulierten Markt zuzulassen, hat die vor Zusammenlegung des amtlichen und
geregelten Markts am 1.11.2007 umstrittene Frage, ob dabei nur die an demselben
organisierten Markt zugelassenen oder alle an einem organisierten Markt zugelassenen Aktien bei der Berechnung zu Grunde zu legen sind, keine Relevanz mehr[2].

Eine dem § 4 Abs. 2 Nr. 1 WpPG **entsprechende Regelung in § 4 Abs. 1 WpPG** 44
fehlt, so dass ein öffentliches Angebot von Aktien, anders als vor Inkrafttreten des
WpPG (§ 4 Abs. 1 Nr. 2 VerkProspG aF), auch bei Wahrung der Voraussetzungen
des § 4 Abs. 2 Nr. 1 WpPG einer Prospektpflicht unterliegen würde[3]. Da 10%-Kapitalerhöhungen jedoch typischerweise bei qualifizierten Anlegern platziert werden,
sind sie häufig ohnehin von der Prospektpflicht befreit (§ 3 Abs. 2 Nr. 1 WpPG)[4].

Neben 10%-Kapitalerhöhungen können nach richtiger Auffassung ausnahmsweise 45
auch **größervolumige Kapitalerhöhungen** unter Berufung auf die Befreiung von
der Prospektpflicht gemäß § 4 Abs. 2 Nr. 1 WpPG zum Börsenhandel zugelassen
werden. Auch nach Ansicht der Frankfurter Wertpapierbörse ist eine Berufung auf
die <10%-Ausnahme auch innerhalb mehrerer, aufeinander folgender Zwölf-Monats-Zeiträume möglich[5]. Zwar sind grundsätzlich alle neuen Aktien innerhalb von
einem Jahr nach ihrer Ausgabe zum Börsenhandel zuzulassen (§ 40 Abs. 1 BörsG
iVm. §§ 7 Abs. 1, 69 BörsZulV). Sind die Aktien jedoch nicht frei handelbar, ist der
Antrag auf Zulassung erst zum Zeitpunkt ihrer freien Handelbarkeit zu stellen (§ 69
Abs. 2 BörsZulV)[6]. Dementsprechend kann eine Kapitalerhöhung über 10% oder
mehr des Grundkapitals so strukturiert werden, dass zunächst Aktien in Höhe von
9,99% des Grundkapitals prospektfrei nach § 4 Abs. 2 Nr. 1 WpPG zugelassen werden und der Investor, der die übrigen Aktien erwirbt, eine harte Haltevereinbarung
für mindestens zwölf Monate eingeht. Der Emittent hat in diesem Fall der Börse gegenüber eine Stellungnahme abzugeben, warum eine Haltevereinbarung abgeschlos-

---

WpPG zur Verfügung stehende Volumen, wie es *Holzborn/Mayston* in Holzborn, § 4
WpPG Rz. 24 vertreten, ist ebenfalls abzulehnen.
1 Begr. RegE zum Prospektrichtlinie-Umsetzungsgesetz, BT-Drucks. 15/4999, S. 30. Siehe
auch *Holzborn/Mayston* in Holzborn, § 4 WpPG Rz. 5.
2 Siehe hierzu *Groß*, Kapitalmarktrecht, § 4 WpPG Rz. 10a; *Holzborn/Mayston* in Holzborn,
§ 4 WpPG Rz. 14. Zur Problematik vor Zusammenlegung des amtlichen und geregelten
Markts siehe *Schanz*, Börseneinführung, § 13 Rz. 14 Fn. 32; *Ekkenga/Maas*, Das Recht der
Wertpapieremissionen, § 2 Rz. 192.
3 *Holzborn/Schwarz-Gondek*, BKR 2003, 927 (930); *Schlitt/Schäfer*, AG 2005, 498 (501).
4 *Schlitt/Wilczek* in Habersack/Mülbert/Schlitt, Handbuch der Kapitalmarktinformation,
§ 4 Rz. 57 f.; *Wiegel*, Die Prospektrichtlinie und Prospektverordnung, S. 184; *Schäfer* in
Grunewald/Schlitt, Einführung ins Kapitalmarktrecht, S. 218; *Schlitt/Schäfer*, AG 2005,
498 (501); *Schnorbus*, AG 2008, 389 (407).
5 AA *Holzborn/Mayston* in Holzborn, § 4 WpPG Rz. 14 unter Berufung auf § 69 BörsZulV,
was jedoch Strukturierungen mit Haltevereinbarung ausblendet.
6 Zur Teilzulassung im Einzelnen *Bloß/Schneider*, WM 2009, 879 (887 ff.).

sen wurde (regelmäßig wird es sich dabei um eine entsprechende Investitionsvereinbarung zwischen Emittent und Investor handeln) und warum dem Investor daraus keine Nachteile erwachsen (zB aufgrund Kompensation durch ihm im Gegenzug gewährte Rechte). Die Beantragung einer Teilzulassung ist darüber hinaus zusammen mit den Gründen in einem Börsenpflichtblatt zu veröffentlichen. Die der Haltevereinbarung unterliegenden Aktien sind in diesem Fall mit einer separaten ISIN zu versehen. Nach Ablauf der Haltevereinbarung können dann erneut 9,99% der Aktien unter Nutzung der Ausnahme des § 4 Abs. 2 Nr. 1 WpPG prospektfrei zugelassen werden.

2. Aktientausch (§ 4 Abs. 2 Nr. 2 WpPG)

46 § 4 Abs. 2 Nr. 2 WpPG setzt Art. 4 Abs. 2 lit. b Prospektrichtlinie ins deutsche Recht um. Er ersetzt die Vorgängerregelung des § 45 Nr. 2 lit. c BörsZulV aF. Die Regelung bildet das Pendant zu § 4 Abs. 1 Nr. 1 WpPG. Siehe daher die Kommentierung oben Rz. 4 ff.

3. Übernahmevorgänge (§ 4 Abs. 2 Nr. 3 WpPG)

47 § 4 Abs. 2 Nr. 3 WpPG setzt Art. 4 Abs. 2 lit. c Prospektrichtlinie ins deutsche Recht um. Ihm entsprach vor Inkrafttreten des WpPG § 45 Nr. 1 lit. b Alt. 1 BörsZulV aF. Die Regelung bildet das Pendant zu § 4 Abs. 1 Nr. 2 WpPG. Siehe daher die Kommentierung oben Rz. 7 ff.

4. Verschmelzungs- und Spaltungsvorgänge (§ 4 Abs. 2 Nr. 4 WpPG)

48 § 4 Abs. 2 Nr. 4 WpPG setzt Art. 4 Abs. 2 lit. d Prospektrichtlinie ins deutsche Recht um. Er entspricht der Vorgängerregelung des § 45 Nr. 1 lit. b Alt. 2 BörsZulV aF[1]. Der Begriff des Zuteilens deckt nach der Regierungsbegründung (sprachlich etwas unscharf) auch die **Fälle einer reinen Zulassung** ohne (öffentliches) Angebot ab[2]. Die Regelung bildet das Pendant zu § 4 Abs. 1 Nr. 3 WpPG. Siehe daher die Kommentierung oben Rz. 13 ff.

5. Kapitalerhöhungen aus Gesellschaftsmitteln sowie Sach- und Aktiendividenden (§ 4 Abs. 2 Nr. 5 WpPG)

49 § 4 Abs. 2 Nr. 5 WpPG setzt Art. 4 Abs. 2 lit. e Prospektrichtlinie ins deutsche Recht um. Eine entsprechende Ausnahme enthielt vor Inkrafttreten des WpPG § 45 Nr. 2 lit. a BörsZulV aF, wobei diese auf Sachdividenden in Form von Aktien nicht ein-

---

1 Wie bei § 4 Abs. 1 Nr. 3 WpPG wurde die Erweiterung auf Spaltungen in Reaktion auf die Änderungsrichtlinie 2010/73/EU und das daraufhin erlassene Gesetz zur Umsetzung der Richtlinie 2010/73/EU und zur Änderung des BörsG (dort Art. 1 Nr. 5) in § 4 Abs. 2 Nr. 4 WpPG eingefügt.
2 Begr. RegE zum Prospektrichtlinie-Umsetzungsgesetz, BT-Drucks. 15/4999, S. 30; siehe auch *Grosjean* in Heidel, Aktienrecht und Kapitalmarktrecht, § 4 WpPG Rz. 15.

ging. § 4 Abs. 2 Nr. 5 WpPG bildet das Pendant zu § 4 Abs. 1 Nr. 4 WpPG, soweit es um die Ausschüttung einer Dividende in Form von Aktien derselben Gattung wie die Aktien, für die solche Dividenden ausgeschüttet werden, geht[1]. Allerdings ist für Zwecke der Zulassung zusätzlich erforderlich, dass Aktien derselben Gattung bereits zum Handel an demselben organisierten Markt zugelassen sind. Der Befreiungstatbestand des § 4 Abs. 2 Nr. 5 WpPG ist ähnlich wie die Regelung des § 4 Abs. 1 Nr. 4 Alt. 1 WpPG aF (siehe hierzu bereits Rz. 18) in Bezug auf Aktien aus einer Kapitalerhöhungen aus Gesellschaftsmitteln **deklaratorischer Natur**[2], da die Zulassung der neuen Aktien im Falle einer Kapitalerhöhung aus Gesellschaftsmitteln gemäß **§ 33 Abs. 4 EGAktG** kraft Gesetzes erfolgt, ohne dass es eines Zulassungsverfahrens bedarf[3]. Bedeutung erlangt die Vorschrift jedoch im Rahmen der Zulassung von Aktien, die im Rahmen einer Wahldividende ausgegeben werden (siehe Näheres hierzu bereits unter Rz. 19).

6. Mitarbeiterbeteiligungsprogramme (§ 4 Abs. 2 Nr. 6 WpPG)

§ 4 Abs. 2 Nr. 6 WpPG setzt Art. 4 Abs. 2 lit. f Prospektrichtlinie ins deutsche Recht um. Er ersetzt die Vorgängerregelung des § 45 Nr. 3 lit. c BörsZulV aF. Die Regelung bildet das Pendant zu § 4 Abs. 1 Nr. 5 WpPG, wobei auf Grund der inhaltlichen Änderung des § 4 Abs. 1 Nr. 5 WpPG durch das Gesetz zur Umsetzung der Richtlinie 2010/73/EU und zur Änderung des Börsengesetzes (siehe hierzu Rz. 22 ff.) eine Diskrepanz zwischen den beiden Regelungen entstanden ist. So dürfen Emittenten mit Hauptverwaltung oder Sitz in einem EWR-Staat gemäß § 4 Abs. 1 Nr. 5 WpPG ihren Mitarbeitern Wertpapiere prospektfrei anbieten, und zwar unabhängig davon, ob deren Wertpapiere bereits zugelassen sind (siehe bereits Rz. 23). Für die prospektfreie Zulassung gemäß § 4 Abs. 2 Nr. 6 WpPG ist es hingegen unerlässlich, dass Wertpapiere derselben Gattung bereits an demselben organisierten Markt zugelassen sind[4]. Die Frankfurter Wertpapierbörse verlangt regelmäßig, dass das Mitarbeiterbeteiligungsprogramm bereits konkretisiert ist, also beschlossen wurde[5]. Siehe im Übrigen die Kommentierung oben Rz. 22 ff.

50

---

1 Die zur Ausnahme des § 4 Abs. 2 Nr. 5 Alt. 1 WpPG (Kapitalerhöhung aus Gesellschaftsmitteln) parallel laufende Ausnahme in § 4 Abs. 1 Nr. 4 Alt. 1 WpPG aF wurde durch das Gesetz zur Umsetzung der Richtlinie 2010/73/EU und zur Änderung des Börsengesetzes ersatzlos gestrichen (siehe hierzu bereits Rz. 18), sodass § 4 Abs. 1 Nr. 4 WpPG mittlerweile nur noch in Bezug auf § 4 Abs. 2 Nr. 5 Alt. 2 WpPG als Pendant angesehen werden kann.
2 *Schnorbus* in FrankfurtKomm. WpPG, § 4 WpPG Rz. 84; *Holzborn/Mayston* in Holzborn, § 4 WpPG Rz. 18; *Groß*, Kapitalmarktrecht, § 4 Rz. 17; *Grosjean* in Heidel, Aktienrecht und Kapitalmarktrecht, § 4 WpPG Rz. 16; *Ekkenga/Maas*, Das Recht der Wertpapieremissionen, § 2 Rz. 193; *Ekkenga*, BB 2005, 561 (563).
3 Unter der Zulassung zum „amtlichen Handel" gemäß § 33 Abs. 4 EGAktG ist nach Umsetzung der Finanzmarktrichtlinie ins deutsche Recht die Zulassung zum regulierten Markt an einer oder mehreren der deutschen Wertpapierbörsen zu verstehen.
4 Siehe hierzu auch *Groß*, Kapitalmarktrecht, § 4 Rz. 18; *Holzborn/Mayston* in Holzborn, § 4 WpPG Rz. 19.
5 *Holzborn/Mayston* in Holzborn, § 4 WpPG Rz. 19.

7. Aktien aus Umtausch- oder Bezugsrechten (§ 4 Abs. 2 Nr. 7 WpPG)

51 § 4 Abs. 2 Nr. 7 WpPG setzt Art. 4 Abs. 2 lit. g Prospektrichtlinie ins deutsche Recht um. Er entspricht der Regelung des § 45 Nr. 2 lit. b BörsZulV aF.

52 § 4 Abs. 2 Nr. 7 WpPG ist für den Fall der Ausübung von Wandlungs- und Bezugsrechten aus anderen Wertpapieren, **insbesondere aus Wandel- und Umtauschanleihen**, von großer praktischer Bedeutung[1]. Voraussetzung für die prospektfreie Zulassung der Aktien, die nach Ausübung des (zuvor übertragbaren[2]) Wandlungs- oder Umtauschrechts durch den Anleihegläubiger an diesen geliefert werden, ist, dass die Aktien erst nach der Ausübung des Wandlungs- oder Umtauschrechts ausgegeben werden und derselben Gattung wie bereits zugelassene Aktien angehören. Werden Wandlungs- oder Umtauschanleihen mit eigenen Aktien bedient, scheidet die Anwendbarkeit des § 4 Abs. 2 Nr. 7 WpPG daher aus. Hierfür besteht jedoch zumindest seit der Zusammenlegung von amtlichem und geregeltem Markt kein Bedürfnis mehr, da im durch die Zusammenlegung entstandenen regulierten Markt alle ausstehenden Aktien der gleichen Gattung zugelassen sein müssen (§ 40 Abs. 1 BörsG), somit nicht erst bei der Lieferung an die Anleihegläubiger zuzulassen sind. Ein zur Absicherung von Wandlungs- oder Optionsrechten geschaffenes **bedingtes Kapital** kann hingegen prospektfrei nach § 4 Abs. 2 Nr. 7 WpPG zugelassen werden, wobei in der Praxis das Zulassungsverfahren in der Regel innerhalb der letzten drei Monate vor der Aktienausgabe durchgeführt wird[3], die ihrerseits Voraussetzung für die Einbeziehung der neuen Aktien in den Handel ist. Auch wenn der Wortlaut des § 4 Abs. 2 Nr. 7 WpPG nur auf Umtausch- und Bezugs*rechte* abstellt, können auch im Zuge von **Pflichtwandelanleihen** gewöhnlich ausgegebene Aktien prospektfrei zugelassen werden, da sich in diesem Fall der Anleger letztlich nur zur Ausübung seines Wandlungsrechts im Vorfeld verpflichtet hat[4].

53 Seit dem Inkrafttreten der delegierten Verordnung (EU) Nr. 486/2012 der Kommission zum 1.7.2012 können neue Aktien, die im Wege der **Bezugsrechtsemission** ausgegeben werden, faktisch nicht mehr von der Ausnahmeregelung des § 4 Abs. 2

---

1 *Schlitt/Wilczek* in Habersack/Mülbert/Schlitt, Handbuch der Kapitalmarktinformation, § 4 Rz. 71; *Schnorbus*, AG 2008, 389 (408).
2 ESMA, Questions and Answers Prospectuses, 25th Updated Version – July 2016, ESMA/2016/1133, Ziffer 29.
3 *Holzborn/Mayston* in Holzborn, § 4 WpPG Rz. 20. Zur Zulässigkeit dieses Vorgehens auch *Grosjean* in Heidel, Aktienrecht und Kapitalmarktrecht, § 4 WpPG Rz. 18; *Schlitt/Wilczek* in Habersack/Mülbert/Schlitt, Handbuch der Kapitalmarktinformation, § 4 Rz. 71; *Schnorbus*, AG 2008, 389 (408).
4 So auch *Groß*, Kapitalmarktrecht, § 4 WpPG Rz. 19; *Schlitt/Wilczek* in Habersack/Mülbert/Schlitt, Handbuch der Kapitalmarktinformation, § 4 Rz. 71; *Schlitt/Schäfer*, AG 2005, 498 (501); *Grosjean* in Heidel, Aktienrecht und Kapitalmarktrecht, § 4 WpPG Rz. 18; *Schanz*, Börseneinführung, § 13 Rz. 16 Fn. 40; *Zeising* in Just/Voß/Ritz/Zeising, § 4 WpPG Rz. 49. Zur Konstruktion von Pflichtwandelanleihen siehe *Schlitt/Seiler/Singhof*, AG 2003, 254 (266).

Nr. 7 WpPG profitieren[1]. Für Bezugsrechtsemissionen finden nunmehr die verhältnismäßigen Schemata der Anhänge XXIII und XXIV Anwendung (Art. 26a ProspektVO) mit der Konsequenz, dass mittlerweile auch die BaFin[2] bei einer Bezugsrechtsemission von einem öffentlichen Angebot ausgeht[3]. Folgerichtig unterliegen Bezugsrechtsemissionen seitdem regelmäßig[4] der Prospektpflicht aus § 3 Abs. 1 WpPG. Damit muss für das öffentliche Angebot ein Prospekt erstellt werden und demnach kommt einer prospektfreien Börsenzulassung nach § 4 Abs. 2 Nr. 7 WpPG in der Praxis kaum mehr Bedeutung zu[5]. Von Bedeutung bleibt der Befreiungstatbestand nur noch für die Einzelfälle, in denen ein Angebotsprospekt für das Bezugsangebot aufgrund von § 3 Abs. 2 WpPG nicht erstellt werden muss[6].

Eine dem § 4 Abs. 2 Nr. 7 WpPG entsprechende Regelung in § 4 Abs. 1 WpPG fehlt. Jedoch handelt es sich jedenfalls bei der Ausübung von Umtausch- oder Optionsrechten **nicht um ein öffentliches Angebot** iS des § 3 Abs. 1 WpPG, so dass es einer Befreiung von der Prospektpflicht für öffentliche Angebote nicht bedarf[7]. 54

8. Einbeziehung von Altfällen (§ 4 Abs. 2 Nr. 8 WpPG)

§ 4 Abs. 2 Nr. 8 WpPG setzt Art. 4 Abs. 2 lit. h Prospektrichtlinie ins deutsche Recht um. Er ähnelt der Regelung des § 45a Nr. 1 und 2 BörsZulV aF, wobei die seinerzeit geltende Übergangsfrist von drei Jahren durch eine 18-monatige Frist ersetzt wurde. 55

§ 4 Abs. 2 Nr. 8 WpPG betrifft Altfälle bereits an einem organisierten Markt zugelassener Wertpapiere, die nicht unter den europäischen Pass fallen[8]. **Voraussetzung** für eine prospektfreie Zulassung dieser Wertpapiere an einem weiteren organisierten Markt ist, dass die Wertpapiere oder Wertpapiere ihrer Gattung bereits länger als 18 Monate zum Handel an dem anderen organisierten Markt zugelassen sind, je nach dem Datum der ersten Notierungsaufnahme ein Prospekt (i) nach Vorschriften gebilligt wurde, die auf der Zulassungsrichtlinie beruhten, oder (ii) in einer nach § 14 Abs. 2 WpPG zulässigen Art und Weise veröffentlicht wurde, der Emittent bis- 56

---

1 Vor der angesprochenen Änderung der Prospektverordnung entsprach es der Praxis der Börsen, dass Bezugsangebote von neuen Aktien an Altaktionäre im Rahmen von Kapitalerhöhungen dem Befreiungstatbestand des § 4 Abs. 2 Nr. 7 WpPG unterfielen, *Grosjean* in Heidel, Aktienrecht und Kapitalmarktrecht, § 4 WpPG Rz. 18.
2 Die Behörden aller anderen Mitgliedstaaten – mit Ausnahme von Österreich – gingen bereits vor der Änderung der Prospektverordnung von einem öffentlichen Angebot aus, vgl. BaFin Journal 09/12, S. 7.
3 BaFin Journal 09/12, S. 7.
4 Es sei denn, auf die Bezugsrechtsemission findet einer der Befreiungstatbestände der §§ 3 Abs. 2, 4 Abs. 1 WpPG Anwendung oder der Anwendungsbereich des WpPG ist gem. § 1 Abs. 2 WpPG in seiner Gesamtheit bereits nicht anwendbar.
5 Auf den aus der angesprochenen Änderung einhergehenden Verlust an Bedeutung des Befreiungstatbestands für die Praxis ebenfalls hinweisend *Brocker/Wohlfarter*, BB 2013, 393 (395); *Groß*, Kapitalmarktrecht, § 4 WpPG Rz. 19, dort Fn. 84.
6 *Brocker/Wohlfarter*, BB 2013, 393 (395).
7 *Schnorbus* in FrankfurtKomm. WpPG, § 4 WpPG Rz. 89.
8 *Crüwell*, AG 2003, 243 (245); *Holzborn/Schwarz-Gondek*, BKR 2003, 927 (930).

lang seine Zulassungsfolgepflichten, soweit sie auf EU-rechtlichen Grundlagen beruhen, eingehalten hat und ein zusammenfassendes Dokument in deutscher Sprache[1] veröffentlicht wird, das inhaltlich den Schlüsselinformationen gemäß § 5 Abs. 2a WpPG entspricht und zusätzlich angibt, wo die jüngsten Finanzinformationen sowie ggf. ein zuletzt veröffentlichter Prospekt erhältlich sind.

57 Die nach § 45a Nr. 1 und 2 BörsZulV aF bestehende Problematik des **Konkurrenzverhältnis**ses zu § 35 BörsG aF (nunmehr geregelt in § 36 BörsG) und § 45 Nr. 1 lit. a BörsZulV aF[2] besteht seit Inkrafttreten des WpPG aufgrund der Aufhebung der §§ 45, 45a BörsZulV aF nicht mehr.

IV. Folgen der fälschlichen Annahme eines Befreiungstatbestands

58 Die Befreiungstatbestände des § 4 WpPG befreien den Anbieter bzw. Zulassungsantragsteller kraft Gesetzes von der Veröffentlichung eines Prospekts, wenn die jeweiligen Tatbestandsvoraussetzungen erfüllt sind (siehe hierzu bereits Rz. 3). Ein **Antragserfordernis** besteht nicht. Die Verantwortung für die Bejahung eines Befreiungstatbestands liegt daher beim Anbieter bzw. Zulassungsantragsteller[3]. Dies ist insbesondere im Hinblick auf die Haftung von Anbietern bei fehlendem Prospekt relevant (§ 24 WpPG). Die BaFin prüft die Voraussetzungen des § 4 Abs. 1 WpPG lediglich im Rahmen der **repressiven Eingriffsverwaltung** und kann bei fehlerhafter Bejahung eines Befreiungstatbestands ein dennoch prospektfrei erfolgendes Angebot gemäß § 26 Abs. 4 WpPG untersagen (siehe hierzu § 26 WpPG Rz. 22 ff.)[4]. Ihr obliegt hierbei nicht nur ein rein formales, sondern auch ein materielles Prüfungsrecht dahingehend, ob die in § 4 Abs. 1 Nr. 2 bis 5 WpPG normierten Voraussetzungen tatsächlich vorliegen[5].

V. Verordnungsermächtigung (§ 4 Abs. 3 WpPG)

59 § 4 Abs. 3 WpPG ermächtigt das Bundesministerium der Finanzen, im Einvernehmen mit dem Bundesministerium der Justiz durch Rechtsverordnung die Voraussetzungen für eine Gleichwertigkeit eines Dokuments nach § 4 Abs. 1 Nr. 2 und 3 sowie Abs. 2 Nr. 3 und 4 WpPG zu regeln. Diese Ermächtigung wurde gemäß § 4 Abs. 3 Satz 3 WpPG auf die BaFin übertragen, § 1 Nr. 7 BaFinBefugV.

---

1 Zur Sprache des Emissionsprospekts *Mattil/Möslein*, WM 2007, 819 ff.
2 Zum seinerzeitigen Konkurrenzproblem siehe *Groß*, Kapitalmarktrecht, 2. Aufl. 2002, §§ 45–47 BörsZulV Rz. 11.
3 *Schnorbus* in FrankfurtKomm. WpPG, Vor §§ 1 ff. WpPG Rz. 18.
4 *Groß*, Kapitalmarktrecht, § 4 WpPG Rz. 1; *Schnorbus* in FrankfurtKomm. WpPG, Vor §§ 1 ff. WpPG Rz. 14 ff.
5 *Groß*, Kapitalmarktrecht, § 4 WpPG Rz. 1.

Die BaFin hat von dieser Ermächtigung bisher jedoch **keinen Gebrauch** gemacht[1]. 60
Eine Richtschnur für die Gleichwertigkeit der in § 4 Abs. 1 Nr. 4 und 5 sowie Abs. 2
Nr. 5 und 6 WpPG genannten Dokumente geben die ESMA-Empfehlungen[2].

Nach Ansicht der ESMA finden die Regelungen zum **Europäischen Pass** (§ 17 61
WpPG bzw. Art. 17 der Prospektrichtlinie) auf die nach § 4 Abs. 1 und 2 WpPG
(Art. 4 der Prospektrichtlinie) zu erstellenden gleichwertigen Dokumente keine Anwendung[3].

VI. Ausblick

Die wesentlichen Änderungen, die im Zuge der Reform der Prospektvorschriften (vgl. 62
dazu oben Rz. 2) umgesetzt werden sollen, lassen sich wie folgt zusammenfassen:

Es ist eine Erweiterung der Prospektpflichtausnahme bei sog. 10%-Kapitalerhöhungen geplant. Die bisher in § 4 Abs. 2 Nr. 1 WpPG enthaltene **Grenze von 10%** soll zukünftig **auf 20% angehoben** werden. Die Pflicht zur Zulassung von Wertpapieren an einem geregelten Markt soll zukünftig bereits dann entfallen, wenn es sich um Wertpapiere handelt, die mit bereits zum Handel am selben geregelten Markt zugelassenen Wertpapieren fungibel sind, sofern sie über einen Zeitraum von zwölf Monaten weniger als 20% der Zahl der Wertpapiere ausmachen, die bereits zum Handel am selben geregelten Markt zugelassen sind (Art. 1 Abs. 4 lit. a ProspektVO-E; vgl. zur bisherigen Rechtslage Rz. 38 ff.). Außerdem gilt die Regelung nicht wie bisher nur für Aktien, sondern **auch für andere Wertpapiere**, wenn diese mit bereits zum Handel am geregelten Markt fungibel sind.

Die Regelung wird voraussichtlich insbesondere für die Aufstockung von Anleihen, welche an einem regulierten Markt zugelassen sind, praktische Bedeutung haben[4].

Auch für Aktienemissionen ist die ProspektVO-E praktisch relevant. Bei Aktienemissionen ist allerdings weiterhin die Grenze für einen vereinfachten Bezugsrechtsausschluss von 10% des Grundkapitals zu beachten (§ 186 Abs. 3 Satz 4 AktG). Denkbar sind allerdings zwei 10%-Kapitalerhöhungen nach § 186 Abs. 3 Satz 4 AktG innerhalb eines Jahres nach zwischenzeitlicher Erneuerung der Ermächtigung zum erleichterten Bezugsrechtsausschluss durch die Hauptversammlung. Relevant wird die Neuregelung auch für Sachkapitalerhöhungen, die zukünftig in größerem Umfang prospektfrei möglich sein werden. Gleiches gilt für Luxemburger Gesellschaften, bei denen Kapitalerhöhungen mit Bezugsrechtsausschluss aktienrechtlich nicht an so strenge Voraussetzungen geknüpft sind wie nach deutschem Recht.

---

1 Dies wird im Schrifttum bedauert und eine Verordnung als wünschenswert erachtet; siehe *Groß*, Kapitalmarktrecht, § 4 WpPG Rz. 1; *Veil/Wundenberg*, WM 2008, 1285 (1287); *Seibt/von Bonin/Isenberg*, AG 2008, 565 (577).
2 ESMA/2013/319, Ziffer 173 ff. Siehe zu gleichwertigen Dokumenten auch *Groß*, Kapitalmarktrecht, § 4 WpPG Rz. 3 ff.
3 ESMA, Questions and Answers Prospectuses, 25th Updated Version – July 2016, ESMA/2016/1133, Ziffer 30 Ab).
4 *Schulz*, WM 2016, 1417 (1419).

Zudem ist zu beachten, dass die Ausnahme lediglich für die Zulassung der Wertpapiere und nicht für öffentliche Angebote gilt. Bezugsrechtsemissionen, die stets als öffentliches Angebot gelten (siehe § 2 WpPG Rz. 49), sind daher nicht von der Erleichterung erfasst.

63 Außerdem soll die Möglichkeit der **Prospektbefreiung bei Mitarbeiterbeteiligungsprogrammen** erweitert werden. Diese Möglichkeit soll zukünftig auch für **Drittstaatenemittenten** bestehen (vgl. dazu oben Rz. 25).

Abschnitt 2
Erstellung des Prospekts

§ 5
Prospekt

(1) Der Prospekt muss unbeschadet der Bestimmungen des § 8 Abs. 2 in leicht analysierbarer und verständlicher Form sämtliche Angaben enthalten, die im Hinblick auf den Emittenten und die öffentlich angebotenen oder zum Handel an einem organisierten Markt zugelassenen Wertpapiere notwendig sind, um dem Publikum ein zutreffendes Urteil über die Vermögenswerte und Verbindlichkeiten, die Finanzlage, die Gewinne und Verluste, die Zukunftsaussichten des Emittenten und jedes Garantiegebers sowie über die mit diesen Wertpapieren verbundenen Rechte zu ermöglichen. Insbesondere muss der Prospekt Angaben über den Emittenten und über die Wertpapiere, die öffentlich angeboten oder zum Handel an einem organisierten Markt zugelassen werden sollen, enthalten. Der Prospekt muss in einer Form abgefasst sein, die sein Verständnis und seine Auswertung erleichtert.

(2) Der Prospekt muss vorbehaltlich des Satzes 5 eine Zusammenfassung enthalten, die die Schlüsselinformationen nach Absatz 2a und die Warnhinweise nach Absatz 2b umfasst. Die Zusammenfassung ist in derselben Sprache wie der ursprüngliche Prospekt zu erstellen. Form und Inhalt der Zusammenfassung müssen geeignet sein, in Verbindung mit den anderen Angaben im Prospekt den Anleger bei der Prüfung der Frage, ob sie in die betreffenden Wertpapiere investieren sollten, behilflich zu sein. Die Zusammenfassung ist nach dem einheitlichen Format zu erstellen, das durch die Delegierte Verordnung (EU) Nr. 486/2012 der Kommission vom 30. März 2012 zur Änderung der Verordnung (EG) Nr. 809/2004 in Bezug auf Aufmachung und Inhalt des Prospekts, des Basisprospekts, der Zusammenfassung und der endgültigen Bedingungen und in Bezug auf die Angabepflichten (ABl. L 150 vom 9.6.2012, S. 1) vorgegeben ist. Betrifft der Prospekt die Zulassung von Nichtdividendenwerten mit einer Mindeststückelung von 100.000 Euro an einem organisierten Markt, muss keine Zusammenfassung erstellt werden.

(2a) Die erforderlichen Schlüsselinformationen umfassen in kurzer Form und allgemein verständlicher Sprache unter Berücksichtigung des jeweiligen Angebots und der jeweiligen Wertpapiere:

1. eine kurze Beschreibung der Risiken und wesentlichen Merkmale, die auf den Emittenten und einen etwaigen Garantiegeber zutreffen, einschließlich der Vermögenswerte, Verbindlichkeiten und der Finanzlage des Emittenten und etwaigen Garantiegebers,

2. eine kurze Beschreibung der mit der Anlage in das betreffende Wertpapier verbundenen Risiken und der wesentlichen Merkmale dieser Anlage einschließlich der mit den Wertpapieren verbundenen Rechte,

3. die allgemeinen Bedingungen des Angebots einschließlich einer Schätzung der Kosten, die dem Anleger vom Emittenten oder Anbieter in Rechnung gestellt werden,
4. Einzelheiten der Zulassung zum Handel und
5. Gründe für das Angebot und die Verwendung der Erlöse.

(2b) Die erforderlichen Warnhinweise umfassen die Hinweise, dass
1. die Zusammenfassung als Einführung zum Prospekt verstanden werden sollte,
2. der Anleger jede Entscheidung zur Anlage in die betreffenden Wertpapiere auf die Prüfung des gesamten Prospekts stützen sollte,
3. für den Fall, dass vor einem Gericht Ansprüche auf Grund der in einem Prospekt enthaltenen Informationen geltend gemacht werden, der als Kläger auftretende Anleger in Anwendung der einzelstaatlichen Rechtsvorschriften der Staaten des Europäischen Wirtschaftsraums die Kosten für die Übersetzung des Prospekts vor Prozessbeginn zu tragen haben könnte und
4. diejenigen Personen, die die Verantwortung für die Zusammenfassung einschließlich etwaiger Übersetzungen hiervon übernommen haben oder von denen der Erlass ausgeht, haftbar gemacht werden können, jedoch nur für den Fall, dass die Zusammenfassung irreführend, unrichtig oder widersprüchlich ist, wenn sie zusammen mit den anderen Teilen des Prospekts gelesen wird, oder sie, wenn sie zusammen mit den anderen Teilen des Prospekts gelesen wird, nicht alle erforderlichen Schlüsselinformationen vermittelt.

(3) Der Prospekt ist mit dem Datum seiner Erstellung zu versehen und vom Anbieter zu unterzeichnen. Sollen auf Grund des Prospekts Wertpapiere zum Handel an einem organisierten Markt zugelassen werden, ist der Prospekt vom Zulassungsantragsteller zu unterzeichnen.

(4) Der Prospekt muss Namen und Funktionen, bei juristischen Personen oder Gesellschaften die Firma und den Sitz der Personen oder Gesellschaften angeben, die für seinen Inhalt die Verantwortung übernehmen; er muss eine Erklärung dieser Personen oder Gesellschaften enthalten, dass ihres Wissens die Angaben richtig und keine wesentlichen Umstände ausgelassen sind. Im Falle des Absatzes 3 Satz 2 hat stets auch das Kreditinstitut, Finanzdienstleistungsinstitut oder nach § 53 Abs. 1 Satz 1 oder § 53b Abs. 1 Satz 1 des Kreditwesengesetzes tätige Unternehmen, mit dem der Emittent zusammen die Zulassung der Wertpapiere beantragt, die Verantwortung zu übernehmen und muss der Prospekt dessen Erklärung nach Satz 1 enthalten.

In der Fassung vom 22.6.2005 (BGBl. I 2005, S. 1698), zuletzt geändert durch das Kleinanlegerschutzgesetz vom 3.7.2015 (BGBl. I 2015, S. 1114).

Schrifttum: *Apfelbacher/Metzner,* Das Wertpapierprospektgesetz in der Praxis – Eine erste Bestandsaufnahme, BKR 2006, 81; *Crüwell,* Die europäische Prospektrichtlinie, AG 2003, 243; *Groß,* Kapitalmarktrecht, 2. Aufl. 2002, 3. Aufl. 2006 und 6. Aufl. 2016; *Holzborn/Israel,* Das neue Wertpapierprospektrecht, ZIP 2005, 1668; *Holzborn/Schwarz-Gondek,* Die neue EU-Prospektrichtlinie, BKR 2003, 927; *von Kopp-Colomb/Lenz,* Der europäische Pass für

Emittenten, AG 2002, 24; *Kullmann/Sester*, Das Wertpapierprospektgesetz (WpPG), WM 2005, 1068; *Kullmann/Sester*, Inhalt und Format von Emissionsprospekten nach dem WpPG, ZBB 2005, 209; *Kunold/Schlitt*, Die neue EU-Prospektrichtlinie, BB 2004, 501; *Lawall/Maier*, Änderungen im Wertpapierprospektgesetz, DB 2012, 2443 (Teil 1), DB 2012, 2503 (Teil 2); *Mattil/Möslein*, Die Sprache des Emissionsprospekts, WM 2007, 819; *Schlitt/Schäfer*, Auswirkungen des Prospektrichtlinie-Umsetzungsgesetzes auf Aktien- und Equity-linked Emissionen, AG 2005, 498; *Schlitt/Singhof/Schäfer*, Aktuelle Rechtsfragen und neue Entwicklungen im Zusammenhang mit Börsengängen, BKR 2005, 251; *Schlitt/Smith/Werlen*, Die Going-Public-Grundsätze der Deutsche Börse AG, AG 2002, 478; *Schulz*, Die Reform des Europäischen Prospektrechts – Eine Analyse der geplanten Prospektverordnung und ihrer Praxisauswirkung, WM 2016, 1417; *Wagner*, Der Europäische Pass für Emittenten – die neue Prospektrichtlinie, Die Bank 2003, 680; *Weber*, Unterwegs zu einer europäischen Prospektkultur, NZG 2004, 360.

I. Normentwicklung und Bedeutung	1	1. Inhaltliche und formale Anforderungen (Schlüsselinformationen und Warnhinweise)	27
II. Allgemeine Anforderungen (§ 5 Abs. 1 WpPG)	8	2. Warnhinweise	34
1. Prospektvollständigkeit	11	3. Entbehrlichkeit der Zusammenfassung	38
2. Prospektklarheit	17	4. Ausblick	43
3. Prospektaktualität	24	**IV. Erstellungsdatum und Unterzeichnung (§ 5 Abs. 3 WpPG)**	50
4. Ausblick	25	**V. Verantwortlichkeitsklausel (§ 5 Abs. 4 WpPG)**	53
III. Zusammenfassung (§ 5 Abs. 2 WpPG)	26		

I. Normentwicklung und Bedeutung

§ 5 WpPG setzt Art. 5 Abs. 1 und 2 sowie (teilweise)[1] Art. 6 Abs. 1 Prospektrichtlinie ins deutsche Recht um[2]. Es handelt sich dabei um die zentrale Norm des Prospektrechts, da sie die **inhaltlichen Vorgaben** für jeden Prospekt bestimmt. 1

Mit dieser einheitlichen inhaltlichen Vorgabe für jeden Prospekt, unabhängig ob für Zwecke der Zulassung oder des öffentlichen Angebots, wurde die auf der Umsetzung der Börsenzulassungsrichtlinie einerseits (umgesetzt durch das Börsengesetz und die Börsenzulassungsverordnung aF) und der Wertpapierverkaufsprospektrichtlinie andererseits (umgesetzt durch das Verkaufsprospektgesetz und die Verkaufsprospektverordnung aF) beruhende **Differenzierung** zwischen öffentlichem Angebot und Zulassung von Wertpapieren **aufgegeben**[3]. 2

---

1 Den Anforderungen des Art. 6 Abs. 1 Prospektrichtlinie entsprechen im deutschen Recht § 5 Abs. 3 und 4 WpPG iVm. §§ 21 ff. WpPG.
2 Zur Umsetzung der Prospektrichtlinie siehe die Kommentierung zu § 7 WpPG Rz. 10.
3 *Kunold/Schlitt*, BB 2004, 501. Zu den Änderungen im WpPG durch die Richtlinie 2010/73/EU (Änderungsrichtlinie) siehe *Lawall/Maier*, DB 2012, 2443 und DB 2012, 2503.

3 § 5 Abs. 2 WpPG hat durch das Gesetz zur Umsetzung der Richtlinie 2010/73/EU und zur Änderung des Börsengesetzes eine weitgehende Änderung erfahren. So wurde § 5 Abs. 2a WpPG neu eingefügt und § 5 Abs. 2 Satz 3 Nr. 1–4 WpPG aF inhaltlich weitestgehend in § 5 Abs. 2b WpPG übernommen. Diese Änderungen sind in erster Linie auf die Einführung der sog. Schlüsselinformationen in § 5 Abs. 2a WpPG zurückzuführen, die neben den Warnhinweisen nach § 5 Abs. 2b WpPG Inhalt einer jeden Prospektzusammenfassung sein müssen (§ 5 Abs. 2 Satz 1 WpPG). Überdies wurde die Ausnahmevorschrift des § 5 Abs. 2 Satz 4 WpPG aF dahingehend verschärft, dass auf eine Zusammenfassung erst dann verzichtet werden kann, wenn der Prospekt die Zulassung von Nichtdividendenwerten mit einer Mindeststückelung von 100.000 Euro an einem organisierten Markt betrifft (§ 5 Abs. 2 Satz 5 WpPG nF). Die wohl bedeutendste Änderung ist in der Einfügung von § 5 Abs. 2 Satz 4 WpPG zu sehen, der wegen des für die Zusammenfassung zu verwendenden Formats auf die Delegierte Verordnung (EU) Nr. 486/2012 und damit im Ergebnis auf Anhang XXII der Prospektverordnung verweist. Anhang XXII ProspektVO legt ein einheitliches Format in Bezug auf Aufmachung und Inhalt der Zusammenfassung fest[1].

4 Die wichtige Bedeutung der Zusammenfassung wird durch die **prominente Positionierung** im Prospekt betont; sie hat ihren Platz zwischen Inhaltsverzeichnis und Risikofaktoren, Art. 25 Abs. 1 Nr. 2, Art. 26 Abs. 1 Nr. 2 ProspektVO.

5 § 5 Abs. 3 WpPG setzt nach der Gesetzesbegründung Art. 6 Abs. 1 Satz 2 Halbsatz 1 Prospektrichtlinie ins deutsche Recht um, ohne dass dieser das Datum und die Unterzeichnung ausdrücklich anspricht[2]. Er **entspricht den Vorgängerregelungen** des § 13 Abs. 1 Satz 5 BörsZulV aF und § 2 Abs. 2 Satz 1 VerkProspVO aF.

6 § 5 Abs. 4 WpPG setzt Art. 6 Abs. 1 Satz 2 Halbsatz 2 Prospektrichtlinie ins deutsche Recht um. Er entspricht im Wesentlichen den Vorgängerregelungen des § 14 BörsZulV aF und § 3 VerkProspVO aF. Konzeptionell stellt § 5 Abs. 4 WpPG **keine eigene Haftungsregel** auf, sondern bildet einen Anknüpfungspunkt für die Prospekthaftung[3], die ihrerseits in §§ 21 ff. WpPG verankert ist[4].

7 Im Zuge der Umsetzung der **Reform des Prospektrechts** (vgl. dazu allgemein Einl. WpPG Rz. 23 ff., § 4 WpPG Rz. 2) werden die in den einzelnen Absätzen des § 5 WpPG geregelten Punkte künftig in unterschiedlichen Artikeln der ProspektVO enthalten sein. So soll § 5 Abs. 1 zukünftig in Art. 6 ProspektVO-E geregelt werden; § 5 Abs. 2, 2a und 2b sollen in Art. 7 ProspektVO-E geregelt werden und § 5 Abs. 4 soll in Art. 11 Abs. 1 Satz 2 ProspektVO-E geregelt werden (vgl. dazu im Detail Rz. 25 und Rz. 43 ff.).

---

1 Zu Aufmachung und Inhalt der Zusammenfassung siehe Anhang XXII EU-ProspektVO Rz. 1 ff.
2 Kritisch auch *Groß*, Kapitalmarktrecht, § 5 Rz. 7.
3 *Holzborn/Mayston* in Holzborn, § 5 WpPg Rz. 34 f.
4 Zur Prospekthaftung, die jedenfalls diejenigen trifft, die die Verantwortung übernommen haben und diejenigen, von denen der Erlass des Prospekts ausgeht, siehe § 21–23 WpPG Rz. 74 ff.

II. Allgemeine Anforderungen (§ 5 Abs. 1 WpPG)

Art. 5 Abs. 1 Prospektrichtlinie stellt den **allgemeinen Grundsatz** auf, dass ein Prospekt alle Angaben enthalten muss, die erforderlich sind, um dem Anleger eine Beurteilung der finanziellen Situation des Emittenten und eines etwaigen Garantiegebers sowie der mit dem Wertpapier verbundenen Rechte zu ermöglichen.

In Umsetzung dieses Prinzips bestimmt der generalklauselartig formulierte **§ 5 Abs. 1 WpPG** in enger Anlehnung an die Formulierung der Prospektrichtlinie, dass Prospekte in **leicht analysierbarer und verständlicher Form** sämtliche Angaben enthalten müssen, die im Hinblick auf den Emittenten und die Wertpapiere notwendig sind, um dem Publikum ein zutreffendes Urteil über die Vermögenswerte und Verbindlichkeiten, die Finanzlage, die Gewinne und Verluste, die Zukunftsaussichten des Emittenten und ggf. jedes Garantiegebers sowie über die mit den Wertpapieren verbundenen Rechte zu ermöglichen.

Im Vergleich zum alten Recht (§ 7 VerkProspG aF, § 13 BörsZulV aF)[1] legt § 5 Abs. 1 WpPG die Betonung auf den **Grundsatz der Prospektvollständigkeit**, ohne dass dies mit einer inhaltlichen Änderung verbunden wäre[2]. Die in § 5 Abs. 1 Satz 3 WpPG enthaltene Anforderung der ausreichenden Klarheit ist, ebenso wie das Prinzip der Richtigkeit, Teil dieses Grundsatzes, da nur ein richtiger und nicht missverständlicher Prospektinhalt vollständig die erforderlichen Angaben wiedergibt, um dem Publikum ein zutreffendes Urteil über den Emittenten und die Wertpapiere zu ermöglichen. Wie bereits nach den Vorgängerregelungen besteht daher ein **Gleichlauf mit den inhaltlichen Anforderungen des § 21 WpPG** als korrespondierender Haftungsnorm[3].

1. Prospektvollständigkeit

§ 5 Abs. 1 WpPG postuliert ausdrücklich den **Grundsatz der Prospektvollständigkeit**, indem er „sämtliche Angaben" fordert. Der Gesetzgeber erstreckt das Vollständigkeitsprinzip sowohl auf die Schilderung des Emittenten (Vermögenswerte und Verbindlichkeiten, Finanzlage, Gewinne und Verluste, Zukunftsaussichten) bzw. Garanten, als auch auf die Emission (mit den Wertpapieren verbundene Rechte). **Unvollständig** ist ein Prospekt, wenn Angaben fehlen, die für eine Anlageentscheidung von wesentlicher Bedeutung sind oder sein können, dh. wenn objektiv wertbildende Faktoren, die ein durchschnittlicher Anleger „eher als nicht" bei seiner Anlageentscheidung berücksichtigen würde, fehlen[4].

---

1 So auch *Groß*, Kapitalmarktrecht, § 5 WpPG Rz. 2.
2 So auch *Ekkenga/Maas*, Das Recht der Wertpapieremissionen, § 2 Rz. 195; *Just* in Just/Voß/Ritz/Zeising, § 5 WpPG Rz. 9.
3 Zur Rechtslage vor der Verlagerung des Prospekthaftungsregime aus dem BörsG in das WpPG siehe *Meyer* in FrankfurtKomm. WpPG, § 5 WpPG Rz. 4 f.
4 BGH v. 6.10.1980 – II ZR 60/80, BGHZ 79, 337 (344); *Meyer* in FrankfurtKomm. WpPG, § 5 WpPG Rz. 91; *Habersack* in Habersack/Mülbert/Schlitt, Handbuch der Kapitalmarktinformation, § 29 Rz. 17; *Krämer* in Marsch-Barner/Schäfer, Handbuch börsennotierte AG, § 10 Rz. 321.

12 Der **Grundsatz der Prospektwahrheit** wird in § 5 Abs. 1 WpPG nicht ausdrücklich erwähnt. Er wird als Unterfall der Prospektvollständigkeit jedoch stillschweigend vorausgesetzt, wie sich aus der Wendung „ein zutreffendes Urteil ... zu ermöglichen" ergibt[1]. **Unrichtig** ist eine Prospektangabe tatsächlicher Art, wenn sie zum Zeitpunkt der Verwendung des Prospekts für Zwecke eines öffentlichen Angebots oder der Zulassung nicht mit den wirklichen Verhältnissen übereinstimmt. Voraussagen oder Werturteile sind dann als unrichtig zu betrachten, wenn sie nicht ausreichend durch Tatsachen gestützt und kaufmännisch nicht vertretbar sind[2]. Bezugspunkt der Richtigkeit der Prospektangaben ist eine **Gesamtschau des Prospekts**. Aus den an verschiedenen Stellen im Prospekt wiedergegebenen Informationen darf sich daher – auch wenn dabei die einzelne Information korrekt sein sollte – insgesamt kein irreführendes Bild über den Emittenten oder die Wertpapiere ergeben. Wie der BGH in seiner Entscheidung „Beton und Monierbau"[3] exemplarisch betonte, ist eine isolierte Betrachtung zwischen Inhalt und Form nicht zulässig; inhaltliche und äußere Gestaltung bilden eine untrennbare Einheit[4]. Daher ist nicht nur auf den Inhalt, sondern auch auf eine nüchterne und objektive Darstellungsweise bei der Erstellung eines Prospekts zu achten. Auf aus der Werbung bekannte Stilelemente und Gestaltungsmittel ist daher weitgehend zu verzichten. Zur Gestaltung siehe unten Rz. 16 ff.

13 Dem Grundsatz der Prospektvollständigkeit wird im Regelfall durch die **Aufnahme der Angaben nach § 7 WpPG** (der hinsichtlich der aufzunehmenden Mindestangaben auf die ProspektVO verweist) **iVm. der ProspektVO** Genüge getan[5]. Dabei ist jedoch zu beachten, dass die ProspektVO nur die Mindestangaben enthält. Bei der Erstellung eines Prospekts ist daher im Einzelfall zu prüfen, ob über die Anhangangaben der ProspektVO hinaus weitere Sachverhalte aufgrund des **übergeordneten Prinzips der Prospektwahrheit und -vollständigkeit** in den Prospekt aufzunehmen sind[6]. Die Aufnahme über die Anhangangaben der ProspektVO hinausgehender Informationen ist in Erwägungsgrund 5 ProspektVO vorgesehen. Hierbei ist jedoch ei-

---

1 *Groß*, Kapitalmarktrecht, § 5 WpPG Rz. 3; *Mülbert/Steup* in Habersack/Mülbert/Schlitt, Unternehmensfinanzierung am Kapitalmarkt, § 41 Rz. 38; *Straßner* in Heidel, Aktienrecht und Kapitalmarktrecht, § 5 WpPG Rz. 3; *Ekkenga/Maas*, Das Recht der Wertpapieremissionen, § 2 Rz. 195; *Schanz*, Börseneinführung, § 13 Rz. 20. Zu Art. 5 Prospektrichtlinie: *Ekkenga*, BB 2005, 561 (563); *Kunold/Schlitt*, BB 2004, 501 (507). Zur abweichenden Systematik des § 21 WpPG (Prospektvollständigkeit als Unterfall der Prospektrichtigkeit) *Habersack* in Habersack/Mülbert/Schlitt, Handbuch der Kapitalmarktinformation, § 29 Rz. 19.
2 BGH v. 12.7.1982 – II ZR 175/81, WM 1982, 862 (965); *Habersack* in Habersack/Mülbert/Schlitt, Handbuch der Kapitalmarktinformation, § 29 Rz. 16.
3 BGH v. 12.7.1982 – II ZR 175/81, WM 1982, 862 (863).
4 Siehe auch *Ekkenga/Maas*, Das Recht der Wertpapieremissionen, § 2 Rz. 197; *Schanz*, Börseneinführung, § 13 Rz. 21.
5 So auch *Groß*, Kapitalmarktrecht, § 7 WpPG Rz. 2 ff.; *Straßner* in Heidel, Aktienrecht und Kapitalmarktrecht, § 5 WpPG Rz. 12 ff.; vgl. auch *Holzborn/Israel*, ZIP 2005, 1668 (1671).
6 *Mülbert/Steup* in Habersack/Mülbert/Schlitt, Unternehmensfinanzierung am Kapitalmarkt, § 41 Rz. 40 f.

ne Orientierung am Wesentlichkeitsmaßstab erforderlich, so dass wesentliche Informationen nicht durch eine Überfrachtung des Prospekts mit Zusatzinformationen „versteckt" werden dürfen[1]. Andererseits ist auch denkbar, dass einzelne Informationsbestandteile, die in den Anhängen der ProspektVO als Mindestangaben vorgesehen sind, auf den Emittenten oder die Wertpapiere keine Anwendung finden, Art. 23 Abs. 4, Erwägungsgrund 24 ProspektVO. In diesem Fall ist auch ein Prospekt, der die entsprechenden Mindestangaben nicht enthält, ein vollständiger Prospekt iS des § 5 Abs. 1 WpPG.

Sollen auf Grundlage des Prospekts Wertpapiere zum Börsenhandel zugelassen werden, sind (wenige) **zusätzliche Informationen** in den Prospekt aufzunehmen (etwaiger Hinweis auf fehlende Volleinzahlung auf die Wertpapiere, Teilzulassung oder mangelnden Schutz der Druckausstattung der Wertpapiere gegen Fälschung), §§ 5 Abs. 2, 7 Abs. 1 Satz 3, 8 Abs. 2 BörsZulV. Zur Aufnahme von Angaben nach der BörsZulV siehe die Kommentierung zu § 7 WpPG Rz. 28.

14

Das Gesetz **durchbricht** den Grundsatz der Prospektvollständigkeit lediglich in § 8 WpPG (siehe dazu die Kommentierung zu § 8 WpPG Rz. 9 ff., 49 ff.). Die vor Inkrafttreten des WpPG geführte Diskussion, inwieweit Zukunftsaussichten iS von **Planungsüberlegungen des Emittenten** in den Prospekt aufzunehmen sind, hat in § 8 Abs. 2 Nr. 2 WpPG, der die Nichtaufnahme solcher Angaben gestattet, deren Verbreitung dem Emittenten erheblichen Schaden zufügt, sofern die Nichtveröffentlichung das Publikum nicht über die für eine fundierte Beurteilung des Emittenten, des Anbieters, eines etwaigen Garanten und der Wertpapiere wesentlichen Tatsachen und Umstände täuscht, eine Regelung erfahren. Sofern Planungen ausnahmsweise trotz ihrer Zukunftsbezogenheit und Ungewissheit als wesentlich zu erachten und daher grundsätzlich in den Prospekt aufzunehmen sind[2], ist ihre Auslassung am strengen Maßstab des § 8 Abs. 2 Nr. 2 WpPG innerhalb der dort vorgesehenen Abwägung zwischen dem Informationsinteresse des Anlegers und dem Vertraulichkeitsinteresse des Emittenten zu messen[3], wobei die Gestattung der Nichtaufnahme von Angaben ausschließlich im öffentlichen Interesse erfolgt[4]. Eine generelle Ausnahme von **Betriebsgeheimnissen** oder vertraulichen Informationen sieht das Gesetz nicht vor; das Informationsinteresse des Kapitalmarkts genießt – abgesehen von der engen Ausnahme des § 8 Abs. 2 Nr. 2 WpPG – Vorrang (siehe hierzu Näheres unter § 8 WpPG Rz. 44).

15

Die Grenzen der Prospektvollständigkeit und Prospektwahrheit zieht § 5 Abs. 1 WpPG dahingehend, dass nur Angaben, die *„notwendig* sind, um dem Publikum

16

---

1 *Mülbert/Steup* in Habersack/Mülbert/Schlitt, Unternehmensfinanzierung am Kapitalmarkt, § 41 Rz. 41; *Just* in Just/Voß/Ritz/Zeising, § 5 WpPG Rz. 17.
2 Für Gewinnprognosen und Gewinnschätzungen stellt die ProspektVO klar, dass diese allenfalls freiwillig in den Prospekt aufzunehmen sind; zur Problematik der Veröffentlichung von Gewinnprognosen und Gewinnschätzungen im Vorfeld siehe die Kommentierung zu Anhang I Ziffer 13 EU-ProspektVO Rz. 117.
3 *Ekkenga/Maas*, Das Recht der Wertpapieremissionen, § 2 Rz. 199 mwN.
4 Begr. RegE zum Prospektrichtlinie-Umsetzungsgesetz, BT-Drucks. 15/4999, S. 33; *Rauch* in Holzborn, § 8 WpPG Rz. 23; *Groß*, Kapitalmarktrecht, § 8 Rz. 9.

ein zutreffendes Urteil ... zu ermöglichen", in den Prospekt aufzunehmen sind. Es handelt sich dabei um die gesetzliche Verankerung der **Wesentlichkeitsschwelle**[1], die verhindern soll, dass der Prospekt bei Darstellung aller Angaben ohne Selektion überladen wäre und Investoren eher verwirren als informieren würde[2]. Wo die Wesentlichkeitsschwelle anzusiedeln ist, hängt unmittelbar von dem Anforderungsprofil des „Publikums" ab. Dazu unten Rz. 17 ff. Entscheidend ist, dass sich der Anleger auf Grundlage der Angaben im Prospekt ein eigenes Urteil bilden kann[3].

2. Prospektklarheit

17 § 5 Abs. 1 WpPG schreibt vor, dass der Prospektinhalt in „**leicht analysierbarer und verständlicher Form**" abgefasst werden muss. Zudem muss er „in einer Form abgefasst sein, die sein Verständnis und seine Auswertung erleichtern". Kriterien für die Bestimmung des Begriffs „erleichtern" fehlen. Da dieser nur relational zu verstehen ist, setzt er seinerseits bereits den **Maßstab**, an dem der Prospektinhalt zu messen ist, voraus.

18 Als solchen Maßstab hat der BGH in seiner Entscheidung „Beton und Monierbau" das **Anlegerleitbild des „durchschnittlichen Anlegers"** geprägt, der „zwar eine Bilanz zu lesen versteht, aber nicht unbedingt mit der in eingeweihten Kreisen gebräuchlichen Schlüsselsprache vertraut zu sein braucht"[4]. Vereinzelt wird demgegenüber vorgeschlagen, die Zusammenfassung in einer für natürliche Personen, die nicht zum Kreis qualifizierter Anleger gehören, verständlichen Art darzustellen, die übrigen Teile des Prospekts jedoch am Adressatenhorizont eines institutionellen Investors zu orientieren[5]. Die Vorgabe einer leicht analysierbaren und verständlichen Darstellung gilt jedoch nach dem Gesetzeswortlaut einheitlich für **sämtliche Teile des Prospekts**, was eine Differenzierung in der Darstellung zwischen Zusammenfassung und sonstigem Prospektinhalt zumindest bei Ansprache eines breiten Anlegerpublikums nicht zulässt. Dem steht auch Erwägungsgrund 14 ProspektVO nicht entgegen, der die unterschiedlichen Erwartungshorizonte institutioneller Anleger (bzw. qualifizierter Anleger iS des § 2 Nr. 6 WpPG) und Kleinanleger hervorhebt, da diese Differenzie-

---

1 Kritisch zur mangelnden Deutlichkeit der Hervorhebung des Wesentlichkeitsgrundsatzes *Groß*, Kapitalmarktrecht, § 5 WpPG Rz. 3 Fn. 8; *Ekkenga*, BB 2005, 561 (563).
2 So auch *Schanz*, Börseneinführung, § 13 Rz. 20 Fn. 50; zur Problematik der „overload information" siehe auch *Ekkenga/Maas*, Das Recht der Wertpapieremissionen, § 2 Rz. 198.
3 *Habersack* in Habersack/Mülbert/Schlitt, Handbuch der Kapitalmarktinformation, § 29 Rz. 21.
4 BGH v. 12.7.1982 – II ZR 175/81, WM 1982, 862 (863) = AG 1982, 278 (Beton- und Monierbau); OLG Düsseldorf v. 5.4.1984 – 6 U 239/82, WM 1984, 586 (595 f.) = AG 1984, 188 (Beton- und Monierbau); OLG Frankfurt v. 1.2.1994 – 5 U 213/92, WM 1994, 291 (295) = AG 1994, 184 (Bond I); OLG Frankfurt v. 17.3.1999 – 21 U 260/97, ZIP 1999, 1005 (1006) = AG 1999, 325 (MHM Mode); OLG Frankfurt v. 6.7.2004 – 5 U 122/03, AG 2004, 510 (512) (EM TV II); kritisch *Groß*, Kapitalmarktrecht, § 21 WpPG Rz. 41 f., der auf einen „verständigen Anleger" abstellt, inhaltlich mit der ständigen Praxis auf Grundlage der Beton- und Monierbauentscheidung des BGH aber übereinstimmt.
5 So *Wieneke*, NZG 2005, 109 (111).

rung als Grundlage für unterschiedliche gesetzliche Mindestangaben im Prospekt je nach dem betreffenden Wertpapier genannt wird, jedoch nicht im Zusammenhang mit der Art der Darstellung.

Davon zu unterscheiden ist eine freiwillige Prospekterstellung bei einer Emission an **qualifizierte Anleger**, wenn der Prospekt sich ausdrücklich lediglich an solche Anleger richtet. In diesem Fall kann im Prospekt auf einen **typisierten Kenntnismaßstab des angesprochenen Kreises der Anleger** abgestellt werden und damit ein anderer Maßstab für die Frage der Wesentlichkeit von Informationen und der Art der Darstellung als bei Angeboten an das breite Anlegerpublikum gelten[1]. 19

Nach einzelnen Stimmen im Schrifttum[2] passen die **Warnhinweise des § 5 Abs. 2b WpPG** nicht zu dem vom BGH entwickelten Anlegerleitbild, sondern zeichneten aufgrund ihrer „Banalität" ein Anlegerleitbild, das auf den „völlig ahnungslosen Verbraucher" abstellt. In der Konsequenz würde dies eine Verschärfung der Anforderungen an den Prospektinhalt und seine Darstellung bedeuten. Richtigerweise beziehen sich die Warnhinweise jedoch ausschließlich auf die Zusammenfassung. Insbesondere vor dem Hintergrund des europäischen Passes[3], bei dessen Nutzung häufig die Zusammenfassung der einzige Prospektteil ist, der in der Landessprache des Anlegers verfasst ist (vgl. § 19 Abs. 1, 3 und 4 WpPG), besteht hier ein weitreichenderes Bedürfnis für spezifische Warnhinweise[4], ohne dass dies Rückschlüsse auf die Vorkenntnisse des durchschnittlichen Anlegers und eine Absenkung des Darstellungsniveaus in der Zusammenfassung nahe legen würde[5]. Die in § 5 Abs. 2b WpPG genannten Warnhinweise sind daher nicht geeignet, das vom BGH entwickelte Anlegerleitbild zu erschüttern. 20

Demnach können Emittent und Emissionsbanken davon ausgehen, dass der Anleger im Grundsatz in der Lage ist, die Bilanzangaben nachzuvollziehen[6]. Des Weiteren ist die **gesetzgeberische Wertung** zu berücksichtigen, dass in bestimmten Konstellationen die Erstellung eines englischsprachigen Prospekts ausreichend sein kann (§ 19 WpPG)[7]. Die Verwendung englischer Begriffe in deutschsprachigen Prospekten ist hingegen weiterhin am vom BGH entwickelten Anlegerleitbild zu messen und ein restriktiver Umgang mit englischen Begriffen allgemeine Praxis. Sofern englische Begriffe, zB Bezeichnungen der Geschäftsbereiche des Emittenten, die in 21

---

1 *Habersack* in Habersack/Mülbert/Schlitt, Handbuch der Kapitalmarktinformation, § 29 Rz. 14.
2 Zu den nahezu gleichlautenden Warnhinweisen gemäß § 5 Abs. 2 WpPG aF: *Ekkenga/Maas*, Das Recht der Wertpapieremissionen, § 2 Rz. 197; neutraler in Bezug auf die Warnhinweise nach der aktuellen Fassung des § 5 Abs. 2b WpPG: *Schanz*, Börseneinführung, § 13 Rz. 14.
3 Zum europäischen Pass *von Kopp-Colomb/Lenz*, AG 2002, 24 ff.; *Wagner*, Die Bank 2003, 680 ff.
4 So auch *Meyer* in FrankfurtKomm. WpPG, § 5 WpPG Rz. 40.
5 AA *Wieneke*, NZG 2005, 109 (111).
6 *Hopt*, Die Verantwortlichkeit der Banken bei Emissionen, 1991, Rz. 185; kritisch zB *Groß*, Kapitalmarktrecht, § 21 WpPG Rz. 41 mwN.
7 Zur Sprache des Emissionsprospekts *Mattil/Möslein*, WM 2007, 819 ff.

22 Die Verständlichkeit der Darstellung bezieht sich auf die Form und damit Aufbau, Sprache, Stil und Satzbau[1]. Einer zusätzlichen, detaillierten Vorgabe durch die BaFin im Sinne der „**Plain English Rule**" der SEC[2] bedarf es daher nicht[3].

23 Der Grundsatz der Prospektklarheit wird in der Regel nicht bereits dann verletzt sein, wenn ein Prospekt einzelne Mängel in der Klarheit der Darstellung und der Übersichtlichkeit der Präsentation aufweist. Entscheidend ist der **Gesamteindruck**: eine Häufung solcher Mängel kann jedoch ein solches Gewicht annehmen, dass der Eindruck eines im Ganzen unrichtigen Prospekts entsteht[4]. Art. 25 und 26 ProspektVO schreiben konkretisierend vor, dass beim Aufbau des Prospekts eine bestimmte Reihenfolge einzuhalten ist: bei einem einteiligen Prospekt ist dies die Voranstellung eines Inhaltsverzeichnisses, gefolgt von der Zusammenfassung, den Risikofaktoren und den sonstigen Informationsbestandteilen (Art. 25 Abs. 1 ProspektVO)[5]. Eine diesen Anforderungen genügende, insgesamt jedoch unübersichtliche Gliederung wird im Regelfall nicht genügen, gegen den Grundsatz der Prospektklarheit zu verstoßen. Der Gesamteindruck kann zudem irreführend sein, wenn die im Prospekt enthaltenen Angaben falsch gewichtet sind (zB durch das Herunterspielen negativer Tatsachen)[6].

3. Prospektaktualität

24 Wie die Nachtragspflicht gemäß § 16 WpPG unterstreicht, muss der Prospekt den aktuellen Stand der Informationen widerspiegeln. Hierzu ist nicht in jedem Fall eine Angabe zum Stichtag der Prospektbilligung erforderlich[7]. Vielmehr hängt die Aktualität von der Art der Information ab: Finanzinformationen etwa werden üblicherweise zum Abschluss des letzten Berichtszeitraums wiedergegeben (siehe hierzu

---

[1] So im Ergebnis auch *Groß*, Kapitalmarktrecht, § 5 Rz. 4; *Schanz*, Börseneinführung, § 13 Rz. 25.
[2] Abrufbar unter https://www.sec.gov/pdf/handbook.pdf. Unter „plain english" wird eine klare und allgemein verständliche Ausdrucksweise verstanden. Die Plain English Rule sieht hierzu insbesondere die Verwendung kurzer Sätze, konkreter Alltagssprache, des Aktivs, tabellarische Darstellung komplexer Informationen, keine Verwendung von Rechts- oder Wirtschaftsfachsprache und das Verbot mehrfacher Verneinungen vor.
[3] *Groß*, Kapitalmarktrecht, § 5 WpPG Rz. 4; *Crüwell*, AG 2003, 243 (246).
[4] *Habersack* in Habersack/Mülbert/Schlitt, Handbuch der Kapitalmarktinformation, § 29 Rz. 22.
[5] So auch *Just* in Just/Voß/Ritz/Zeising, § 5 WpPG Rz. 22.
[6] *Mülbert/Steup* in Habersack/Mülbert/Schlitt, Unternehmensfinanzierung am Kapitalmarkt, § 41 Rz. 37 und 43. Zur alten Rechtslage siehe *Schwark* in Schwark/Zimmer, § 45 BörsG Rz. 26.
[7] *Mülbert/Steup* in Habersack/Mülbert/Schlitt, Unternehmensfinanzierung am Kapitalmarkt, § 41 Rz. 52 f.

die Kommentierung zu Anhang I EU-ProspektVO Rz. 167 ff. [zu Ziffer 20]). Hat sich eine wesentliche Kennziffer seitdem jedoch erheblich verändert, ist dies im Prospekt darzustellen, um eine Irreführung des Publikums zu vermeiden[1]. Zur Frage der Prospektaktualität siehe grundsätzlich die **Kommentierung zu § 16 WpPG**.

4. Ausblick

Art. 6 ProspektVO-E (vgl. dazu bereits oben Rz. 7 sowie Einl. WpPG Rz. 23 ff., § 4 WpPG Rz. 2) enthält zukünftig die bisher in § 5 Abs.1 WpPG geregelten Rahmenvorgaben zu den notwendigen Informationen des Prospekts. Im Vergleich zur derzeitigen Regelung sollen die notwendigen Informationen nun auch die Gründe für die Ausgabe der Wertpapiere sowie die Auswirkungen auf den Emittenten umfassen (Art. 6 Abs. 1a lit. c ProspektVO-E). Zudem wird spezifiziert, dass die Offenlegung im Prospekt folgende Faktoren enthalten soll: Merkmale des Emittenten; Art der Wertpapiere; Umstände des Emittenten und – sofern relevant – die Art der Investoren, welche angesprochen werden sollen, insbesondere ob es sich ausschließlich um qualifizierte Investoren handelt (Art. 6 Abs. 1a ProspektVO-E).

III. Zusammenfassung (§ 5 Abs. 2 WpPG)

Der Zusammenfassung kommt aufgrund ihrer Rolle im Zusammenhang mit dem **europäischen Pass** große Bedeutung zu. Das Grundkonzept der Prospektrichtlinie beruht auf der Verwendbarkeit eines in einem EWR-Staat gebilligten Prospekts in jedem anderen EWR-Staat (Aufnahmestaat) ohne Übersetzung in die jeweilige Amtssprache. Eine Einigung auf dieses Konzept war nur vor dem Hintergrund möglich, dass die Richtlinie jedem Aufnahmestaat das Wahlrecht zubilligte, eine Übersetzung der Zusammenfassung des Prospekts in seine Amtssprache zu verlangen (Art. 19 Abs. 2 Satz 2, Abs. 3 Satz 2, Abs. 4 Satz 2 Prospektrichtlinie). Der deutsche Gesetzgeber hat hiervon Gebrauch gemacht und fordert in diesen Fällen eine deutsche Übersetzung der Zusammenfassung (§ 19 Abs. 1 Satz 2, Abs. 3 Satz 2, Abs. 4 Satz 2 WpPG). § 5 Abs. 2 Satz 2 WpPG legt überdies fest, dass die Zusammenfassung in derselben Sprache wie der ursprüngliche Prospekt zu erstellen ist[2]. Demnach ist in den Fällen, in denen der Prospekt nicht in deutscher Sprache erstellt wird, sowohl eine deutschsprachige Zusammenfassung als auch eine Zusammenfassung in der jeweiligen Prospektsprache zu erstellen[3].

---

1 So auch *Groß*, Kapitalmarktrecht, § 21 WpPG Rz. 57.
2 Diese Vorgabe wurde im Zuge des Gesetzes zur Umsetzung der Richtlinie 2010/73/EU und zur Änderung des Börsengesetzes aufgenommen.
3 Begr. RegE zum Prospektrichtlinie-Umsetzungsgesetz, BT-Drucks. 15/4999, S. 31; *Holzborn/Mayston* in Holzborn, § 5 WpPG Rz. 19.

1. Inhaltliche und formale Anforderungen (Schlüsselinformationen und Warnhinweise)

27 Die Zusammenfassung muss – der Vorgabe in Art. 5 Abs. 2 Prospektrichtlinie entsprechend – die Schlüsselinformationen nach § 5 Abs. 2a WpPG und die Warnhinweise nach § 5 Abs. 2b WpPG enthalten (§ 5 Abs. 2 Satz 1 WpPG). Darüber hinaus müssen Form und Inhalt der Zusammenfassung geeignet sein, in Verbindung mit den anderen Angaben im Prospekt den Anlegern bei der Prüfung der Frage, ob sie in die betreffenden Wertpapiere investieren sollten, behilflich zu sein (§ 5 Abs. 2 Satz 3 WpPG). Überdies hat die Zusammenfassung in Bezug auf Aufmachung und Inhalt den Vorgaben des Anhangs XXII der ProspektVO zu entsprechen (§ 5 Abs. 2 Satz 4 WpPG iVm. Art. 24 Abs. 1 ProspektVO, Anhang XXII ProspektVO) (siehe hierzu auch Rz. 3).

28 Eine überblicksartige Konkretisierung des **Inhalts** der Zusammenfassung nimmt zunächst **Anhang IV Prospektrichtlinie** vor. Danach müssen in der Zusammenfassung **mindestens** folgende Punkte erläutert sein: Unternehmensleitung, Aufsichtsrat und Abschlussprüfer, Zeitplan, grundlegende Informationen zu ausgewählten Finanzdaten, Kapitalausstattung und Verschuldung, Gründe für das Angebot und Verwendung der Erlöse, Risikofaktoren, Informationen über den Emittenten, Betriebsergebnis, Finanzlage und Aussichten des Unternehmens, Arbeitnehmer, Hauptaktionäre und Geschäfte mit verbundenen Parteien, Einzelheiten zum Wertpapierangebot und Zulassung zum Handel. Die in Anhang IV Prospektrichtlinie vorgesehenen Angaben sind jedoch lediglich indikativer Natur[1]. Welche Informationen verbindlich in die Zusammenfassung aufzunehmen sind, ergibt sich insbesondere aus § 5 Abs. 2a und 2b WpPG, sowie Art. 24 und Anhang XXII der ProspektVO[2]. Überdies sind die Bestimmungen der Europäischen Wertpapier- und Marktaufsichtsbehörde (European Securities and Markets Authority, ESMA) zu den formalen Anforderungen an die Zusammenfassung[3] unter Zuhilfenahme des dort dargelegten Beispiels zu beachten[4]. Für den Fall, dass ein Informationsbestandteil für den Prospekt irrelevant ist, ist dies gem. Art. 24 Abs. 1 Unterabs. 1 Satz 2 ProspektVO an der betreffenden Stelle durch den Hinweis „entfällt" zu vermerken.

29 Die Schlüsselinformationen[5] umfassen gem. § 5 Abs. 2a WpPG in kurzer Form und allgemein verständlicher Sprache unter Berücksichtigung des jeweiligen Angebots und der jeweiligen Wertpapiere eine kurze Beschreibung der Risiken und wesentlichen Merkmale, die auf den Emittenten zutreffen, eine kurze Beschreibung der mit der Anlage in das betreffende Wertpapier verbundenen Risiken und der wesentlichen Merkmale der Anlage, die allgemeinen Bedingungen des Angebots, die Einzelheiten der Zulassung zum Handel und die Gründe für das Angebot und die Verwendung der

---

1 *Crüwell*, AG 2003, 243 (246); *Meyer* in FrankfurtKomm. WpPG, § 5 WpPG Rz. 93; *Groß*, Kapitalmarktrecht, § 5 Rz. 6d; *Schlitt/Smith/Werlen*, AG 2002, 478.
2 BaFin, Häufig gestellte Fragen zum Basisprospektregime, II. 2.
3 ESMA, Questions and Answers Prospectuses, 25th Updated Version – July 2016, ESMA/2016/1133, Ziffer 80.
4 BaFin, Häufig gestellte Fragen zum Basisprospektregime, II. 2.
5 Eine Legaldefinition dieses Begriffs findet sich in § 2 Nr. 18 WpPG.

Erlöse. Weiter konkretisiert werden die aufzunehmenden Informationen durch **Anhang XXII der ProspektVO**.

Die maximale **Länge der Prospektzusammenfassung** bestimmt sich nunmehr verbindlich nach dem zum 1.7.2012 neu gefassten Art. 24 Abs. 1 ProspektVO. Hiernach darf sie **nicht mehr als 7% des gesamten Prospektes oder nicht mehr als 15 Seiten betragen**, je nachdem, was länger ist (Art. 24 Abs. 1 Unterabs. 1 Satz 3 ProspektVO). Überdies soll die Beschreibung stets kurz und nicht länger sein, als es die jeweilige Angabe erfordert (Nr. 5 des Leitfadens zu Anhang XXII ProspektVO). Dem in der Regierungsbegründung[1] in Anlehnung an Erwägungsgrund 21 der Prospektrichtlinie enthaltenen Hinweis, wonach die Zusammenfassung auf 2.500 Worte begrenzt sein sollte, kommt seit der Neufassung des Art. 24 ProspektVO keine Bedeutung mehr zu[2].

Die Zusammenfassung darf keine Querverweise auf andere Teile des Prospekts enthalten (§ 11 Abs. 1 Satz 4 WpPG und Art. 24 Abs. 1 Unterabs. 1 Satz 4 ProspektVO in Verbindung mit Nr. 6 des Leitfadens in Anhang XXII ProspektVO). Dies gilt auch dann, wenn die Verweise letztlich auf eine Verkürzung der Zusammenfassung abzielen. Die Zusammenfassung ist in derselben Sprache wie der ursprüngliche Prospekt zu erstellen (§ 5 Abs. 2 Satz 2 WpPG) (siehe hierzu näheres bereits unter Rz. 24). Schließlich ist die Zusammenfassung klar verständlich zu formulieren und die zentralen Angaben auf **leicht zugängliche und verständliche Weise** zu präsentieren (Art. 24 Abs. 1 Unterabs. 2 Satz 2 ProspektVO).

Inhaltliche Vorgaben bezüglich der in einen **Basisprospekt** aufzunehmenden Zusammenfassung finden sich in Art. 24 Abs. 2 ProspektVO und bezüglich der Zusammenfassung der darauf aufbauenden Emission in Art. 24 Abs. 3 ProspektVO (siehe zu den Einzelheiten zum Basisprospekt die Kommentierung zu § 6 WpPG).

Der für Zusammenfassungen geltende Anhang XXII der ProspektVO ist nach Ansicht der ESMA auch auf die Zusammenfassungen derjenigen Prospekte anzuwenden, die nach einem der verhältnismäßigen Schemata der Anhänge XXIII bis XXIX ProspektVO erstellt wurden. Zwar nimmt Anhang XXII nicht ausdrücklich Bezug auf diese verhältnismäßigen Schemata. Dennoch ist Anhang XXII auch hier anzuwenden, jedoch mit der Maßgabe, dass diejenigen Elemente des Anhangs XXII, die nach dem jeweils einschlägigen verhältnismäßigen Schema nicht in den Prospekt aufzunehmen sind, auch nicht in dessen Zusammenfassung aufgenommen werden müssen[3].

---

1 Begr. RegE zu § 5 Abs. 2 WpPG, BT-Drucks. 15/4999, S. 31.
2 Damit ist auch die zuvor geltende Verwaltungspraxis der BaFin, wonach eine Zusammenfassung 5.000 Wörter nicht überschreiten durfte, durch die Neufassung des Art. 24 Abs. 1 ProspektVO hinfällig geworden, siehe BaFin, Häufig gestellte Fragen zum Basisprospektregime, II. 1.
3 Siehe ESMA, Questions and Answers Prospectuses, 25th Updated Version – July 2016, ESMA/2016/1133, Ziffer 82 mit einer Zuweisung der einzelnen verhältnismäßigen Schemata jeweils zu einem der in Anhang XXII in Bezug genommenen Anhänge.

2. Warnhinweise

34 **§ 5 Abs. 2b WpPG** sieht zwingend die Aufnahme von Warnhinweisen vor, die klarstellen, dass es sich bei der Zusammenfassung lediglich um eine Einleitung zum Prospekt handelt (§ 5 Abs. 2b Nr. 1 WpPG), ein Anleger seine Investitionsentscheidung in Wertpapiere nur auf der Grundlage des gesamten Prospekts treffen sollte (§ 5 Abs. 2b Nr. 2 WpPG), der Kläger im Falle der Geltendmachung von Prospekthaftungsansprüchen die Kosten für die Übersetzung des Prospekts zu tragen haben könnte (§ 5 Abs. 2b Nr. 3 WpPG) und die Haftung für die Zusammenfassung (einschließlich ihrer Übersetzung) ausgeschlossen ist, es sei denn, die Zusammenfassung ist – zusammen mit den anderen Teilen des Prospekts gesehen – irreführend, unrichtig oder widersprüchlich (§ 5 Abs. 2b Nr. 4 WpPG) oder sie vermittelt – zusammen mit den anderen Teilen des Prospekts gesehen – nicht alle erforderlichen Schlüsselinformationen.

35 Diese Warnhinweise sind insbesondere vor dem **Hintergrund** zu verstehen, dass die Zusammenfassung bei Nutzung des europäischen Passes in der Regel der einzige Prospektteil ist, der in der Amtssprache des Aufnahmestaats vorliegt (siehe dazu oben Rz. 24).

36 Die Hinweise in § 5 Abs. 2b Nr. 1 bis 3 WpPG sind als reine Warnhinweise zu verstehen. Die Regelung des § 5 Abs. 2b Nr. 4 WpPG stellt darüber hinausgehend eine **gesetzliche Haftungsbeschränkung** dar, die im Kern die Haftung nach § 23 Abs. 2 Nr. 5 WpPG konkretisiert. Danach kann ein Anspruch auf Prospekthaftung auf die **Unrichtigkeit, Unvollständigkeit (der Schlüsselinformationen) oder mangelnde Klarheit des Prospekts in der Zusammenfassung** nur dann geltend gemacht werden, wenn diese Unrichtigkeit, Unvollständigkeit oder mangelnde Klarheit auch bei Zugrundelegung des gesamten Prospekts besteht. Eine Irreführung bzw. ein Fehler oder Widerspruch allein aufgrund einer Unrichtigkeit der Zusammenfassung oder ihrer Übersetzung reicht daher zur Begründung einer Haftung nicht aus[1].

37 Zu den als für die Zusammenfassung **verantwortlich zu nennenden Personen** siehe unten Rz. 43 ff.

3. Entbehrlichkeit der Zusammenfassung

38 Gemäß **§ 5 Abs. 2 Satz 5 WpPG** ist die Aufnahme einer Zusammenfassung entbehrlich, wenn der Prospekt allein für Zwecke der Börsenzulassung von Nichtdividendenwerten mit einer Mindeststückelung von 100.000 Euro erstellt wird. Grund für diese Erleichterung ist die Annahme des Gesetzgebers, dass Nichtdividendenwerte mit einer Mindeststückelung von 100.000 Euro in der Regel nur von qualifizierten

---

1 *Groß*, Kapitalmarktrecht, § 23 Rz. 11; *Wackerbarth* in Holzborn, § 21–23 WpPG Rz. 103; *Crüwell*, AG 2003, 243 (248).

Anlegern erworben werden, so dass hier das inhaltlich geringste Aufklärungsbedürfnis besteht, Erwägungsgrund 14 ProspektVO[1].

Das öffentliche Angebot von Nichtdividendenwerten mit einer Mindeststückelung von 100.000 Euro findet keine Erwähnung, da in diesen (Ausnahme-)Fällen ohnehin gemäß § 3 Abs. 2 Satz 1 Nr. 4 WpPG keine Pflicht zur Prospektveröffentlichung besteht (siehe dazu § 3 WpPG Rz. 23 ff.). Wird der für Zwecke der Zulassung erstellte Prospekt **ausnahmsweise zugleich für Zwecke des öffentlichen Angebots** verwendet, ist daher gleichfalls keine Zusammenfassung zu erstellen[2]. 39

Die Ausnahme vom Erfordernis, eine Zusammenfassung in den Prospekt aufzunehmen, setzt voraus, dass es sich um einen **Nichtdividendenwert iS des § 2 Nr. 3 WpPG** handelt und dieser eine **Mindeststückelung von 100.000 Euro** aufweist[3]. Eine freiwillige Erstellung ist damit jedoch nicht ausgeschlossen. Wird eine Zusammenfassung freiwillig in den Prospekt aufgenommen, hat sie den Anforderungen, die an eine obligatorische Zusammenfassung gestellt werden, zu genügen[4]. 40

Unbeschadet dessen können die einzelnen Mitgliedstaaten vorschreiben, dass bei einer Erstellung des Prospekts in einer anderen Sprache **eine Zusammenfassung in der jeweiligen Amtssprache** in den Prospekt aufzunehmen ist (Art. 19 Abs. 4 Satz 2 Prospektrichtlinie). In diesem Fall kann nach nationalem Recht ausnahmsweise die Erstellung einer Zusammenfassung (doch) erforderlich sein. Der **deutsche Gesetzgeber** hat von dieser Möglichkeit indessen **keinen Gebrauch** gemacht (§ 19 Abs. 5 WpPG). Begibt eine deutsche Aktiengesellschaft eine Anleihe mit einer Stückelung von 100.000 Euro, die an einer ausländischen Börse zugelassen werden soll, kann die BaFin oder die zuständige Behörde am Sitz der Börse den Prospekt billigen. In beiden Fällen kann der Prospekt in englischer Sprache ohne Erstellung einer deutschen Zusammenfassung verfasst werden (§ 19 Abs. 5 WpPG)[5]. Soll der Prospekt im Rahmen des **europäischen Passes** in anderen EWR-Staaten notifiziert werden, kann jedoch nach nationalem Recht des Aufnahmestaats die Beifügung und damit die **Erstellung einer Zusammenfassung erforderlich** sein (Art. 18 Abs. 1 Satz 2 Prospektrichtlinie). 41

Zur nachträglichen Ergänzung der Zusammenfassung gemäß Art. 25 Abs. 5, 26 Abs. 7 ProspektVO siehe § 16 WpPG Rz. 94 ff. 42

---

1 Eine redaktionelle Anpassung des Erwägungsgrundes 14 der ProspektVO ist nicht erfolgt, sodass dort noch von der nach alter Rechtslage geltenden Mindeststückelung von 50.000 Euro die Rede ist.
2 *Holzborn/Mayston* in Holzborn, § 5 WpPG Rz. 25 mit dem zu Recht erfolgenden Hinweis, dass dies jedoch wegen des Wortlauts des § 5 Abs. 2 Satz 4 WpPG nur für öffentliche Angebote von Nichtdividendenwerten gelten kann. *Straßner* in Heidel, Aktienrecht und Kapitalmarktrecht, § 5 WpPG Rz. 23; *Kullmann/Sester*, WM 2005, 1068 (1071); *Kullmann/Sester*, ZBB 2005, 209 (211).
3 Siehe dazu § 2 WpPG Rz. 27. Im Zuge der Änderung der Prospektrichtlinie wurde die Schwelle von 50.000 Euro auf 100.000 Euro angehoben.
4 *Meyer* in FrankfurtKomm. WpPG, § 5 WpPG Rz. 70.
5 So das Beispiel bei *Schlitt/Wilczek* in Habersack/Mülbert/Schlitt, Handbuch der Kapitalmarktinformation, § 5 Rz. 49.

4. Ausblick

43 Die Fokussierung des Inhalts der Prospektzusammenfassung ist eines der Hauptziele der Reform des Prospektrechts (vgl. dazu allgemein oben Rz. 7 sowie Einl. WpPG Rz. 23 ff., § 4 WpPG Rz. 2) durch den europäischen Gesetzgeber. Die Zusammenfassung soll zukünftig kürzer gefasst werden und den Anleger zugleich besser informieren. Sie soll insbesondere für Kleinanleger eine nützliche Informationsquelle sein und sich daher auf Basisinformationen beschränken[1].

44 Die neuen Regelungen über die Zusammenfassung finden sich in Art. 7 ProspektVO-E. Bereits **nach aktuellem Recht** soll die Zusammenfassung **klar verständlich** formuliert sein und die zentralen Angaben auf leicht zugängliche und verständliche Weise präsentieren (Art. 24 Abs. 1 Unterabs. 2 Satz 2 ProspektVO). Diese Vorgabe wurde in der Praxis jedoch nach Ansicht des Gesetzgebers bisher teilweise verfehlt. Daher betont die ProspektVO-E, die Prospektzusammenfassung sollte kurz, einfach, klar und für die Anleger leicht verständlich sein. Sie sollte in einfacher, allgemeinverständlicher Sprache formuliert sein und die Informationen auf leicht zugängliche Weise darbieten (Erwägungsgrund 23 sowie Art. 7 Abs. 3 ProspektVO-E).

45 Außerdem soll die Zusammenfassung zukünftig nur noch **maximal sechs DIN-A4-Seiten** (in leserlicher Schriftgröße) umfassen (Art. 7 Abs. 3 ProspektVO-E). Diese nochmalige Verkürzung im Vergleich zur aktuellen Rechtslage[2] soll die Anleger dazu anhalten, die Zusammenfassung auch tatsächlich zu lesen und den Emittenten veranlassen, nur die für den Anleger wesentlichen Informationen auszuwählen[3]. Eine Verlängerung um maximal drei DIN-A4-Seiten soll möglich sein, wenn im Rahmen eines Basisprospekts für mehrere Wertpapiere nur eine Zusammenfassung erstellt wird (Art. 7 Abs. 7 aE ProspektVO-E). Die strikte Begrenzung des Umfangs der Zusammenfassung erscheint unter zwei Gesichtspunkten kritisch: Zum einen kann dadurch den Besonderheiten einzelner Emissionen möglicherweise nicht hinreichend Rechnung getragen werden und zum anderen wird die Erstellung der Zusammenfassung damit zukünftig wesentlich zeitaufwendiger, da genau abzuwägen ist, welche Informationen in die Zusammenfassung aufgenommen werden[4].

46 Die Zusammenfassung soll zukünftig **in vier Abschnitte untergliedert** sein: 1) eine Einleitung mit Warnhinweisen, 2) Basisinformationen über den Emittenten, 3) Basisinformationen über die Wertpapiere sowie 4) Basisinformationen über das öffentliche Angebot der Wertpapiere und/oder die Zulassung zum Handel.

Nach dem ProspektVO-E des Rats der EU vom 3.6.2016 werden im Vergleich zur derzeitigen Rechtslage **drei neue Inhalte der Einleitung** ergänzt: Zum einen muss der Hinweis enthalten sein, dass Format und Inhalt der Zusammenfassung von der (neuen) Verordnung vorgeschrieben sind und zum anderen soll – falls einschlägig –

---

1 Erwägungsgrund 22 des ProspektVO-E; vgl. zur Reform der Zusammenfassung auch *Schulz*, WM 2016, 1417 (1421).
2 Nicht mehr als 7% des gesamten Prospekts oder nicht mehr als 15 Seiten, je nachdem, was länger ist (Art. 24 Abs. 1 Unterabs. 1 Satz 3 ProspektVO); siehe hierzu oben Rz. 30.
3 Erwägungsgrund 23 ProspektVO-E.
4 *Schulz*, WM 2016, 1417 (1421).

der Hinweis aufgenommen werden, dass der Anleger sein ganzes oder Teile seines investierten Kapitals verlieren kann (Art. 7 Abs. 5 lit. a und ba ProspektVO-E). Falls die angebotenen Wertpapiere unter die sog. PRIIP-Verordnung[1] fallen und in dem danach zu erstellenden Basisinformationsblatt ebenfalls ein entsprechender **Hinweis** enthalten sein muss, muss ein Warnhinweis mit dem Wortlaut „Sie sind im Begriff, ein Produkt zu erwerben, das nicht einfach ist und schwer zu verstehen sein kann" aufgenommen werden[2].

Der **Abschnitt „Basisinformationen über den Emittenten"** enthält die Unterabschnitte „Wer ist der Emittent der Wertpapiere?"; „Welches sind die wesentlichen Finanzinformationen über den Emittenten?" und „Welches sind die zentralen Risiken, die für den Emittenten spezifisch sind?" (vgl. Art. 7 Abs.6 ProspektVO-E).

Der **Abschnitt „Basisinformationen über die Wertpapiere"** enthält die Unterabschnitte „Welches sind die wichtigsten Merkmale der Wertpapiere?"; „Wo werden die Wertpapiere gehandelt?"; „Wird für die Wertpapiere eine Garantie gestellt?"; falls eine Garantie gestellt wird „Welches sind die zentralen Risiken, die für den Garantiegeber spezifisch sind?" und „Welches sind die zentralen Risiken, die für die Wertpapiere spezifisch sind?" (vgl. Art. 7 Abs.7 ProspektVO-E).

Der **Abschnitt „Basisinformationen über das öffentliche Angebot von Wertpapieren und/oder die Zulassung zum Handel"** enthält die Unterabschnitte „Zu welchen Konditionen und nach welchem Zeitplan kann ich in dieses Wertpapier investieren?"; sofern es nicht dieselbe Person ist wie der Emittent „Wer ist der Anbieter und/oder die die Zulassung zum Handel beantragende Person?"; „Weshalb hat der Emittent (oder Anbieter) diesen Prospekt erstellt?" und „Sonstige relevante Informationen" (vgl. Art. 7 Abs.8 ProspektVO-E).

Die Unterabschnitte sind also im **„Fragenformat"** vorgesehen und die Inhalte der Unterabschnitte werden in der ProspektVO-E detailliert vorgeschrieben. Der Emittent kann bei Bedarf bei den vorgenannten drei Abschnitten weitere Unterüberschriften einfügen (Art. 7 Abs. 9 ProspektVO-E).

Eine Besonderheit gilt für Wertpapiere, für die gemäß der **PRIIP-Verordnung**[3] ein Basisinformationsblatt vorgeschrieben ist. In diesem Fall soll der Emittent, der Anbieter oder die die Zulassung zum Handel beantragende Person die in Abschnitt drei (Basisinformationen über Wertpapiere) genannten Inhalte durch die in Art. 8 Abs. 3 lit. b bis i der Verordnung (EU) Nr.1286/2014 genannten Angaben ersetzen dürfen (Art. 7 Abs. 7 aE ProspektVO-E). Dadurch sollen Kosten und Verwaltungsaufwand

---

1 Verordnung (EU) Nr. 1286/2014 des Europäischen Parlaments und des Rates vom 26. November 2014 über Basisinformationsblätter für verpackte Anlageprodukte für Kleinanleger und Versicherungsanlageprodukte (PRIIP).
2 Vgl. dazu auch Art. 8 Abs. 3 lit. b Verordnung (EU) Nr. 1286/2014 des Europäischen Parlaments und des Rates vom 26. November 2014 über Basisinformationsblätter für verpackte Anlageprodukte für Kleinanleger und Versicherungsanlageprodukte (PRIIP).
3 Verordnung (EU) Nr. 1286/2014 des Europäischen Parlaments und des Rates vom 26. November 2014 über Basisinformationsblätter für verpackte Anlageprodukte für Kleinanleger und Versicherungsanlageprodukte (PRIIP).

minimiert werden[1]. Zudem erhöht sich in diesem Fall der maximal zulässige **Umfang** der Zusammenfassung um maximal drei DIN-A4-Seiten (Art. 7 Abs. 7 aE ProspektVO-E).

48 Dabei sind auch drei Unterabschnitte zur **Zusammenfassung der Risikofaktoren** vorgesehen (dazu bereits Rz. 47). Insgesamt dürfen in den drei vorgenannten Unterabschnitten **maximal zehn Risikofaktoren** enthalten sein (Art. 7 Abs. 9a ProspektVO-E). Es wird somit eine strikte Begrenzung der Risikofaktoren angestrebt. Eine strikte Begrenzung der Anzahl der Risikofaktoren birgt durch die Auswahlnotwendigkeit möglicherweise ein erhöhtes Haftungsrisiko des Emittenten[2].

49 Weitestgehend unverändert soll die **Haftungsregelung**[3] hinsichtlich der Zusammenfassung bleiben. Ein Haftungsanspruch aus der Zusammenfassung kommt nach der ProspektVO-E weiterhin nur dann in Betracht, wenn die Zusammenfassung – jeweils zusammen mit anderen Teilen des Prospekts gelesen – irreführend, unpräzise oder inkohärent ist oder wenn sie wesentliche Angaben, welche eine Entscheidungshilfe wären, nicht enthält (Art. 11 Abs. 2 ProspektVO-E).

IV. Erstellungsdatum und Unterzeichnung (§ 5 Abs. 3 WpPG)

50 Der Prospekt ist mit dem **Datum seiner Erstellung** zu versehen (§ 5 Abs. 3 Satz 1 WpPG). Hierunter ist das tatsächliche Erstellungsdatum und damit nicht das mit dem Billigungsdatum idR identische Veröffentlichungsdatum[4] zu verstehen[5]. In der Praxis sind die Daten jedoch meist identisch.

51 Darüber hinaus ist der Prospekt zur Erlangung der Billigung je nach seiner Zweckrichtung vom Anbieter und/oder Zulassungsantragsteller **zu unterzeichnen** (§ 5 Abs. 3 Satz 1, 2 WpPG). Wer **Anbieter** und/oder Zulassungsantragsteller ist, bestimmt sich nach den Legaldefinitionen der § 2 Nr. 10 und 11 WpPG (siehe dazu § 2 WpPG Rz. 92 ff., 98). Da die Zulassung an einem organisierten Markt im Inland einen Zulassungsantrag des Emittenten zusammen mit mindestens einem Kreditinstitut oder einem nach § 53 Abs. 1 Satz 1 oder § 53b Abs. 1 Satz 1 KWG tätigen Unternehmen voraussetzt (§ 32 Abs. 2 BörsG), ist ein für Zwecke der Zulassung erstellter Prospekt auch von vertretungsberechtigten Mitarbeitern der begleitenden Konsortialbanken zu unterzeichnen. Eine Ausnahme besteht, wenn der Emittent selbst ein solches Kreditinstitut oder Unternehmen ist, das die Voraussetzungen des § 32 Abs. 2 BörsG erfüllt. Die Verpflichtung der Emissionsbanken zur Unterzeich-

---

1 Erwägungsgrund 25 ProspektVO-E.
2 So auch *Schulz*, WM 2016, 1417 (1421).
3 Bisher in Art. 6 Abs. 2 Unterabs 1 der Prospektrichtlinie iVm. § 23 Abs. 2 Nr. 5 WpPG geregelt.
4 Zur Verpflichtung der unverzüglichen Veröffentlichung des Prospekts siehe die Kommentierung zu § 14 WpPG.
5 *Meyer* in FrankfurtKomm. WpPG, § 5 WpPG Rz. 72 mit Verweis auf die gleichlaufende Ansicht der BaFin; *Straßner* in Heidel, Aktienrecht und Kapitalmarktrecht, § 5 WpPG Rz. 24.

nung des Prospekts kann sich nach dem Wortlaut des § 5 Abs. 3 Satz 1 WpPG darüber hinaus auch daraus ergeben, dass sie im Zuge des öffentlichen Angebots als Anbieter auftreten. Darüber hinaus wird teilweise eine Verpflichtung zur Unterzeichnung aus der Verantwortungsübernahme im Prospekt hergeleitet[1].

Werden die betreffenden Wertpapiere nicht (oder nicht von den Emissionsbanken) öffentlich angeboten und wird der Prospekt für Zwecke der **Zulassung** an einem organisierten Markt **im Ausland** erstellt, richtet sich die Frage, ob der Prospekt auch von den begleitenden Banken zu unterzeichnen ist, danach, ob sie nach der jeweiligen ausländischen Rechtsordnung den Zulassungsantrag (mit-)unterzeichnen müssen[2]. Daher kann beispielsweise bei einem von der BaFin zu billigenden Prospekt für die Zulassung der Wandelanleihe eines deutschen Emittenten an der Luxemburger Börse die Unterzeichnung durch die begleitenden Banken entbehrlich sein, was sich uU auch auf ihre Haftungsposition auswirkt. 52

V. Verantwortlichkeitsklausel (§ 5 Abs. 4 WpPG)

Wer Adressat der Pflicht zur Abgabe einer Verantwortlichkeitserklärung ist, bestimmt sich nach nationalem Recht[3]. Im Grundsatz besteht ein Gleichlauf mit der Vorschrift des § 5 Abs. 3 WpPG, so dass alle, die den Prospekt unterzeichnen, auch die Verantwortung übernehmen müssen. Damit unterfallen unter den oben zu § 5 Abs. 3 WpPG genannten Voraussetzungen auch die Emissionsbanken der Pflicht zur Verantwortungsübernahme[4]. Ist der Emittent der angebotenen oder zuzulassenden Wertpapiere weder als Anbieter noch als Zulassungsantragsteller an der Prospekterstellung beteiligt, gehört er entgegen einzelner Stimmen im Schrifttum nicht zum Adressatenkreis des § 5 Abs. 4 WpPG[5]. Über die Prospektunterzeichner hinaus kann im Einzelfall nach den **kumulativ anwendbaren Mindestangaben der ProspektVO** eine (teilweise) Verantwortungsübernahme weiterer Personen geboten erscheinen, sofern sie maßgeblich den Prospekt erstellt haben[6]. Im Zuge der Prospekt- 53

---

1 *Meyer* in FrankfurtKomm. WpPG, § 5 WpPG Rz. 73; *Just* in Just/Voß/Ritz/Zeising, § 5 WpPG Rz. 44.
2 *Groß*, Kapitalmarktrecht, § 5 WpPG Rz. 8 unter Verweis auf *Hopt/Voigt*, Prospekt- und Kapitalmarktinformationshaftung, 2004, zB für England S. 471 f., für Luxembourg S. 750 f.
3 Siehe dazu auch ESMA, Questions and Answers Prospectuses, 25th Updated Version – July 2016, ESMA/2016/1133, Ziffern 47, 48; *Wiegel*, Die Prospektrichtlinie und Prospektverordnung, S. 213.
4 Kritisch dazu *Groß*, Kapitalmarktrecht, § 5 WpPG Rz. 8.
5 Von der verpflichtenden Verantwortungsübernahme des Emittenten scheint *Wiegel*, Die Prospektrichtlinie und Prospektverordnung, S. 216, auszugehen. Dies mag jedoch der Rolle des Emittenten bei öffentlichen Zweitplatzierungen, die grundsätzlich der Prospektpflicht unterliegen (siehe dazu die Kommentierung zu § 3 WpPG Rz. 10 ff.), im Einzelfall nicht gerecht werden. Tritt hier der Emittent ausnahmsweise nicht als Anbieter auf, gehört er richtigerweise nicht zum Adressatenkreis des § 5 Abs. 4 WpPG.
6 Siehe dazu die Kommentierung zu Anhang I Ziffer 1, Anhang III Ziffer 1, Anhang IV Ziffer 1, Anhang V Ziffer 1, Anhang VII Ziffer 1, Anhang IX Ziffer 1, Anhang XI Ziffer 1, Anhang XII Ziffer 1 und Anhang XIII Ziffer 1 EU-ProspektVO.

erstellung eingeschaltete Berater wie Anwälte etc. gehören ebenso wie die Vorstandsmitglieder der Anbieter bzw. Zulassungsantragsteller, insbesondere des Emittenten, daher nach deutschem Recht **nicht zum Adressatenkreis**. Verantwortlich für den Prospekt sind damit nach deutschem Recht die Personen, die Prospekterlasser sind (§ 21 Abs. 1 Nr. 1 WpPG), nicht aber der bloße Prospektveranlasser (§ 21 Abs. 1 Nr. 2 WpPG). Während Anbieter und Zulassungsantragsteller Prospekterlasser sind, sind solche Personen, die ein eigenes wirtschaftliches Interesse an der Emission haben und Einfluss auf die Gestaltung des Prospekts nehmen, ohne Anbieter oder Zulassungsantragsteller zu sein, Prospektveranlasser[1]. Letztere Personengruppe ist zwar weder zur Verantwortungsübernahme noch zur Unterzeichnung des Prospekts verpflichtet, ist jedoch regelmäßig neben den Prospekterlassern Haftungsadressat des § 21 Abs. 1 WpPG[2]. Hierzu zählen, je nach den Umständen des Einzelfalls, beispielsweise die verkaufenden Aktionäre, die im Zuge des öffentlichen Angebots der Gesellschaft ebenfalls Aktien veräußern[3].

54 Der **Inhalt** der vorgeschriebenen Verantwortungsübernahme besteht zum einen aus der deskriptiven Nennung des Namens und der Stellung bzw. bei Gesellschaften der Firma und des Sitzes, zum anderen normativ aus der ausdrücklichen Verantwortungsübernahme. Sie bezieht sich sowohl auf die Prospektwahrheit („Angaben richtig") als auch die Prospektvollständigkeit („keine Umstände ausgelassen"), findet ihre Grenze jedoch im positiven Wissen der Erklärenden („ihres Wissens").

55 Inhaltlich erstreckt sich die Verantwortungsübernahme auf den **gesamten Prospekt**, einschließlich der **Zusammenfassung**, in der die Verantwortungsübernahme mit spezifischem Zuschnitt auf die Zusammenfassung vom gleichen Adressatenkreis zu wiederholen ist (§ 5 Abs. 2b Nr. 4 WpPG)[4].

56 Der Wortlaut der Verantwortungsübernahme ist vorgegeben (§ 5 Abs. 4 WpPG). **Haftungseinschränkungen oder -relativierungen** werden von der BaFin aufgrund der klaren Vorgabe des § 5 Abs. 4 WpPG iVm. dem jeweils anwendbaren Anhang zur ProspektVO **nicht akzeptiert**. Insbesondere eine zeitliche Beschränkung der Prospektverantwortung („bis zum Datum der Prospekterstellung") kann daher nicht in den Prospekt aufgenommen werden. Zulässig ist jedoch jedenfalls ein Hinweis, dass

---

1 *Mülbert/Steup* in Habersack/Mülbert/Schlitt, Unternehmensfinanzierung am Kapitalmarkt, § 41 Rz. 75 unter Hinweis auf die zu Recht kritisierte neuere Rechtsprechung des BGH, nach der statt einer unmittelbaren Mitwirkung an der Prospektgestaltung bereits die Kenntnis der Verantwortlichen vom Inverkehrbringen genügen soll, soweit diese Einfluss auf die Emission als solche genommen haben.
2 Zu den Haftungsadressaten im Einzelnen siehe *Assmann* in Assmann/Schütze, Handbuch des Kapitalanlagerechts, § 5 Rz. 152 ff.; *Habersack* in Habersack/Mülbert/Schlitt, Handbuch der Kapitalmarktinformation, § 29 Rz. 25 ff.; *Mülbert/Steup* in Habersack/Mülbert/Schlitt, Unternehmensfinanzierung am Kapitalmarkt, § 41 Rz. 61 ff. sowie die Kommentierung zu 21 WpPG.
3 So auch *Groß*, Kapitalmarktrecht, § 21 WpPG Rz. 35; *Mülbert/Steup* in Habersack/Mülbert/Schlitt, Unternehmensfinanzierung am Kapitalmarkt, § 41 Rz. 76.
4 Begr. RegE zum Prospektrichtlinie-Umsetzungsgesetz, BT-Drucks. 15/4999, S. 32; *Straßner* in Heidel, Aktienrecht und Kapitalmarktrecht, § 5 WpPG Rz. 25.

aufgrund von Änderungen, die nach der Erstellung des Prospekts eintreten, die Prospektangaben unrichtig oder unvollständig werden können, so dass gegebenenfalls ein Nachtrag nach § 16 WpPG erforderlich werden kann. Als (unzulässige) Haftungsbeschränkung könnte nach Auffassung der BaFin hingegen eine Formulierung angesehen werden, die die Verantwortungsübernahme auf die Haftung nach §§ 21, 22 und 24 WpPG bezieht, da der Eindruck erweckt werden könnte, andere Haftungsgrundlagen (zB § 826 BGB) seien ausgeschlossen. Diese Haftungsnormen können daher lediglich in einem gesonderten Absatz („haftet insbesondere nach den §§ 21, 22 und 24 WpPG") aufgeführt werden.

Zur Verantwortungsübernahme siehe auch die Kommentierung zu Anhang I EU-ProspektVO Rz. 2 ff. (zu Ziffer 1). 57

§ 6
Basisprospekt

(1) Für die folgenden Wertpapierarten kann der Anbieter oder der Zulassungsantragsteller einen Basisprospekt erstellen, der alle nach den §§ 5 und 7 notwendigen Angaben zum Emittenten und den öffentlich anzubietenden oder zum Handel an einem organisierten Markt zuzulassenden Wertpapieren enthalten muss, nicht jedoch die endgültigen Bedingungen des Angebots:

1. Nichtdividendenwerte sowie Optionsscheine jeglicher Art, die im Rahmen eines Angebotsprogramms ausgegeben werden;
2. Nichtdividendenwerte, die dauernd oder wiederholt von CRR-Kreditinstituten begeben werden,
    a) sofern die Wertpapiere durch in ein Deckungsregister eingetragene Vermögensgegenstände gedeckt werden, die eine ausreichende Deckung der aus den betreffenden Wertpapieren erwachsenden Verbindlichkeiten bis zum Fälligkeitstermin bieten, und
    b) sofern die Vermögensgegenstände im Sinne des Buchstaben a im Falle der Insolvenz des CRR-Kreditinstituts unbeschadet der auf Grund der Richtlinie 2001/24/EG des Europäischen Parlaments und des Rates vom 4. April 2001 über die Sanierung und Liquidation von Kreditinstituten (ABl. EG Nr. L 125 S. 15) erlassenen Vorschriften vorrangig zur Rückzahlung des Kapitals und der aufgelaufenen Zinsen bestimmt sind.

(2) Die Angaben des Basisprospekts sind erforderlichenfalls durch aktualisierte Angaben zum Emittenten und zu den Wertpapieren, die öffentlich angeboten oder zum Handel an einem organisierten Markt zugelassen werden sollen, nach Maßgabe des § 16 zu ergänzen.

(3) Werden die endgültigen Bedingungen des Angebots weder in den Basisprospekt noch in einen Nachtrag nach § 16 aufgenommen, so sind sie unverzüglich

bei Unterbreitung eines öffentlichen Angebots und, sofern möglich, vor dem Beginn des öffentlichen Angebots oder der Zulassung zum Handel vom Anbieter oder Zulassungsantragsteller in der in § 14 genannten Art und Weise zu veröffentlichen sowie bei der Bundesanstalt zu hinterlegen. § 8 Abs. 1 Satz 1 und 2 ist entsprechend anzuwenden. Die endgültigen Bedingungen des Angebots sind ausschließlich elektronisch über das Melde- und Veröffentlichungssystem der Bundesanstalt zu hinterlegen und bedürfen nicht der Unterzeichnung. Die Bundesanstalt übermittelt die endgültigen Bedingungen des Angebots der zuständigen Behörde des oder der Aufnahmestaaten sowie der Europäischen Wertpapier- und Marktaufsichtsbehörde.

In der Fassung vom 22.6.2005 (BGBl. I 2005, S. 1698), zuletzt geändert durch das Kleinanlegerschutzgesetz vom 3.7.2015 (BGBl. I 2015, S. 1114).

Schrifttum: *Assmann*, Prospektaktualisierungspflichten, in FS Ulmer, 2003, S. 757; *Bauer*, Das geänderte EU-Prospektregime: Praktische Auswirkungen auf Emissionsprogramme, CFL 2012, 91; *Burn/Wells*, The pan-European retail market – are we there yet?, CMLJ 2007, Vol. 2, No. 3, 263; *Ellenberger*, Prospekthaftung im Wertpapierhandel, 2001; *Elsen/Jäger*, Revision der Prospektrichtlinie? – Ein erster Ausblick, BKR 2008, 459; *Elsen/Jäger*, Revision der Prospektrichtlinie – Überblick wesentlicher Neuerungen, BKR 2010, 97; *Heidelbach/Preuße*, Einzelfragen in der praktischen Arbeit mit dem neuen Wertpapierprospektregime, BKR 2006, 316; *Heidelbach/Preuße*, Die Anwendung des neuen europäischen Prospektregimes in der Praxis – ausgewählte Probleme, BKR 2012, 397; *Holzborn/Israel*, Das neue Wertpapierprospektrecht, ZIP 2005, 1668; *Holzborn/Schwarz-Gondek*, Die neue EU-Prospektrichtlinie, BKR 2003, 927; *von Kopp-Colomb/Seitz*, Das neue Prospektregime – Auswirkungen, WM 2012, 1220; *von Livonius*, ESMA: Zweiter Teil der Vorschläge zu den delegierten Rechtsakten zur Prospektrechtlinie, RdF 2012, 133; *Kullmann/Metzger*, Der Bericht der Expertengruppe „Europäische Wertpapiermärkte" (ESME) zur Richtlinie 2003/71/EG („Prospektrichtlinie"), WM 2008, 1292; *Kullmann/Sester*, Inhalt und Format von Emissionsprospekten nach dem WpPG, ZBB 2005, 209; *Kullmann/Sester*, Das Wertpapierprospektgesetz (WpPG) – Zentrale Punkte des neuen Regimes für Wertpapieremissionen, WM 2005, 1068; *Kunold/Schlitt*, Die neue EU-Prospektrichtlinie, BB 2004, 501; *Kusserow*, Auswirkungen aktueller Regulierungsvorhaben auf Schuldverschreibungsemissionen von Kreditinstituten, WM 2013, 1581; *Kusserow/Scholl*, ESMA-Konsultationspapier und seine Auswirkungen auf Emissionsprogramme, RdF 2011, 310; *Lawall/Maier*, Änderungen im Wertpapierprospektgesetz, DB 2012, 2443 (Teil 1), DB 2012, 2503 (Teil 2); *Lenz/Ritz*, Die Bekanntmachung des Bundesaufsichtsamts für den Wertpapierhandel zum Wertpapier-Verkaufsprospektgesetz und zur Verordnung über Wertpapier-Verkaufsprospekte, WM 2000, 904; *Leuering*, Prospektpflichtige Anlässe im WpPG, Der Konzern 2006, 4; *Müller/Oulds*, Transparenz im europäischen Fremdkapitalmarkt, WM 2007, 573; *Oulds*, Die Nachtragspflicht gemäß § 16 WpPG – Abgrenzungen, Widerrufsrecht und die Novellierung der Prospektrichtlinie, WM 2011, 1452; *Rothmund/Seitz*, Prospektrechtsreform und kein Ende in Sicht: VO (EU) Nr. 862/2012 und jüngste ESMA-Papiere, RdF 2013, 27; *Schanz/Schalast*, Wertpapierprospekt – Markteinführungspublizität nach EU-Prospektverordnung und Wertpapierprospektgesetz 2005, HfB – Working Paper Nr. 74, Juli 2006; *Schäfer*, Stand und Entwicklungstendenzen der spezialgesetzlichen Prospekthaftung, ZGR 2006, 40; *Schlitt/Schäfer*, Auswirkungen des Prospektrichtlinie-Umsetzungsgesetzes auf Aktien- und Equity-linked Emissionen, AG 2005, 498; *Schwark*, Das neue Kapitalmarktrecht, NJW 1987, 2041; *Seitz*, Das neue Wertpapierprospektgesetz – Auswirkungen auf die Emission von Schuldverschreibungen, AG 2005, 678; *Seitz*, ESMA: Finaler Bericht zu den delegierten Rechtsakten zur Prospektrichtlinie, RdF 2011, 427; *Wagner*, Der Europäische Pass für Emittenten – die neue Prospektrichtlinie, Die Bank 2003, 680; *Weber*, Unterwegs zu einer europäischen Prospektkultur – Vorgaben der neuen Wertpapierprospektrichtlinie vom 4.11.2003, NZG 2004, 360.

I. Normentwicklung und Übersicht	
1. Entstehungsgeschichte, Überarbeitung der Prospektrichtlinie und der Prospektverordnung	1
2. Besonderheiten des Basisprospektregimes, Intention des Gesetzgebers	5
3. Weitere Konkretisierungen zum Basisprospektregime, Rechtsentwicklungen	11
II. Erfasste Wertpapierarten (§ 6 Abs. 1 WpPG)	
1. Allgemeines zum Anwendungsbereich, Differenzierung zwischen Wertpapierkategorien (Art. 22 Abs. 6 ProspektVO)	15
2. Nichtdividendenwerte sowie Optionsscheine jeglicher Art, die im Rahmen eines Angebotsprogramms ausgegeben werden (§ 6 Abs. 1 Nr. 1 WpPG)	17
a) Schuldverschreibungen als Gegenstand von Basisprospekten . .	18
b) Begriff des Angebotsprogramms	22
3. Nichtdividendenwerte mit besonderer Deckung und Insolvenzfestigkeit (§ 6 Abs. 1 Nr. 2 WpPG)	23
III. Anforderungen an den Aufbau und den Inhalt von Basisprospekten (§ 6 Abs. 1 WpPG)	29
1. Allgemeines zum Format von Basisprospekten	31
2. Gliederung und Bestandteile von Basisprospekten	
a) Aufbau, Gliederung	33
b) Zusammenfassung des Basisprospekts	34
c) Weitere Bestandteile des Basisprospekts	36
3. Endgültige Bedingungen	
a) Allgemeines	40
b) Gegenstand von endgültigen Bedingungen, Verhältnis zum Basisprospekt	42
c) Emissionsspezifische Zusammenfassung	52
d) Präsentation der endgültigen Bedingungen (Art. 26 Abs. 5 ProspektVO)	54
e) Sonderproblem: Aufstockung des Emissionsvolumens	59
IV. Nachtragspflicht bei Basisprospekten (§ 6 Abs. 2 WpPG)	68
1. Emittentenbezogene Angaben als Gegenstand von Nachträgen bei Basisprospekten	69
2. Wertpapierbezogene Angaben als Gegenstand von Nachträgen bei Basisprospekten, Abgrenzung zum Gegenstand von endgültigen Bedingungen	
a) Allgemeines	72
b) Aufnahme neuer wertpapierbezogener Angaben	77
c) Korrektur von in endgültigen Bedingungen enthaltenen wertpapierbezogenen Angaben, Ersetzung der endgültigen Bedingungen	80
3. Nachtrag zur Zusammenfassung . .	84
4. Zeitliche Abfolge im Verhältnis zur Billigung des Basisprospekts und der Hinterlegung der endgültigen Bedingungen	85
V. Veröffentlichung und Hinterlegung der endgültigen Bedingungen, Nichtaufnahme von Angaben (§ 6 Abs. 3 WpPG)	
1. Veröffentlichung der endgültigen Bedingungen (§ 6 Abs. 3 Satz 1 WpPG)	88

2. Hinterlegung der endgültigen Bedingungen (§ 6 Abs. 3 Satz 1, Satz 3 WpPG) 93	3. Entsprechende Anwendung von § 8 Abs. 1 Satz 1 und Satz 2 WpPG (§ 6 Abs. 3 Satz 2 WpPG) 98

I. Normentwicklung und Übersicht

1. Entstehungsgeschichte, Überarbeitung der Prospektrichtlinie und der Prospektverordnung

1 § 6 WpPG dient der Umsetzung von **Art. 5 Abs. 4 Prospektrichtlinie**, der die Möglichkeit der Erstellung eines Basisprospekts vorsieht. Daneben finden sich weitere Bestimmungen für Basisprospekte in § 9 Abs. 2 und Abs. 3 WpPG und der **ProspektVO**, insbesondere in den Art. 2a, 22, 24 Abs. 2, 26 und 33, in den Anhängen XX und XXI sowie in den Erwägungsgründen Nr. 21, 25, 26 und 27 ProspektVO.

2 Im **Rechtsetzungsverfahren zur Prospektrichtlinie** war im ersten Kommissionsvorschlag noch ausschließlich der ein- und dreiteilige Prospekt vorgesehen[1]. Erst nach und nach wurde in der Diskussion der Prospektrichtlinie im Rat deutlich, dass im Hinblick auf das Prospektformat eine Sonderregelung für Emissionsprogramme und Pfandbriefe sinnvoll ist[2]. Letztlich hat dies dazu geführt, dass die Kommission in dem geänderten Kommissionsvorschlag zur Prospektrichtlinie, auf dessen Grundlage die finale Abstimmung mit dem Rat und dem Parlament erfolgt ist, das Basisprospektregime aufgenommen hat[3]. In der Folge wurde weder im weiteren Rechtsetzungsverfahren zur Prospektrichtlinie noch im Nachgang die Sinnhaftigkeit des Basisprospektregimes in Frage gestellt[4].

3 Gemäß **Art. 2 Abs. 1 lit. r Prospektrichtlinie** ist ein Basisprospekt ein „Prospekt, der alle in den Artikeln 5, 7 und – im Falle eines Nachtrags – 16 bezeichneten notwendigen Angaben zum Emittenten und zu den öffentlich anzubietenden oder zum Handel zuzulassenden Wertpapieren sowie, nach Wahl des Emittenten, die endgültigen Bedingungen des Angebots enthält". Im Rahmen der Umsetzung in Deutschland wurde auf eine gesonderte Definition des Begriffes „Basisprospekt" verzichtet und durch die Formulierung in § 6 Abs. 1 WpPG deutlich gemacht, dass die endgültigen Bedingungen des Angebots nicht zu den notwendigen Bestandteilen des Basisprospekts gehören.

4 Das Konzept des Basisprospektregimes war im deutschen Recht nicht neu. Bereits vor dem Inkrafttreten des WpPG bestand die Möglichkeit, einen **unvollständigen**

---

[1] Vgl. KOM(2001) 280 endgültig v. 30.5.2001.
[2] Eine Auswertung der einzelnen Ratsdokumente findet sich bei *Just/Ritz* in Just/Voß/Ritz/Zeising, § 6 WpPG Rz. 2 bis 4.
[3] Vgl. KOM(2002) 460 endgültig v. 9.8.2002, Art. 5 Abs. 4.
[4] Vgl. ua. den Bericht der Expertengruppe „Europäische Wertpapiermärkte" (*European Securities Markets Experts* – ESME), Report on Directive 2003/71/EC of the European Parliament and of the Council on the prospectus to be published or admitted to trading vom 5.9.2007, S. 18 f., abrufbar unter http://ec.europa.eu/internal_market/securities/docs/esme/05092007_report_en.pdf.

Verkaufs- bzw. unvollständigen Börsenzulassungsprospekt zu veröffentlichen, vgl. § 10 VerkProspG aF und § 44 BörsZulV aF[1]. Ähnlich dem Basisprospektregime konnten mittels Nachträgen (nicht zu verwechseln mit den Nachträgen nach § 11 VerkProspG) einzelne Angebotsbedingungen kurz vor dem öffentlichen Angebot festgesetzt werden. Da im Zuge des Prospektrichtlinie-Änderungsrichtlinie-Umsetzungsgesetzes § 37 Abs. 1 WpPG, der vorsah, dass auf vor dem 1.7.2005 gebilligte Prospekte das Verkaufsprospektgesetz in der damals gültigen Fassung anzuwenden sei, gestrichen wurde[2], hat dies heute aber keine Relevanz mehr.

Im Rahmen der Überarbeitung der Prospektrichtlinie durch die Richtlinie 2010/73/EU („**Änderungsrichtlinie**")[3] und der ProspektVO durch die Verordnung Nr. 486/2012 („**Erste Delegierte Verordnung**")[4] wurden grundsätzliche Anpassungen an dem Basisprospektregime vorgenommen. Hintergrund dieser Anpassungen war, dass die Kommission in Einklang mit ihrer Verpflichtung aus der sogenannten „Revisionsklausel" (verankert in Art. 31 der Richtlinie 2003/71/EG) die Anwendung der Richtlinie anhand der Erfahrungen der Aufsichtsbehörden und der Rückmeldungen der Marktteilnehmer überprüft hat (vgl. die Erwägungsgründe Nr. 2 ff. der Änderungsrichtlinie). Für das Basisprospektregime hatte dies im Wesentlichen die folgenden Änderungen zur Folge[5]:

– Durch die Änderungsrichtlinie wurde Art. 5 Abs. 4 Unterabs. 3 Prospektrichtlinie um den Satz ergänzt, dass die endgültigen Bedingungen nur Angaben enthalten, welche die Wertpapierbeschreibung betreffen. Zugleich wurde klargestellt, dass endgültige Bedingungen nicht als Nachtrag zum Basisprospekt dienen dürfen[6]. Dadurch soll sichergestellt werden, dass die endgültigen Bedingungen zum Basis-

---

1 Vgl. auch Begr. RegE Prospektrichtlinie-Umsetzungsgesetz, BT-Drucks. 15/4999 v. 3.3.2005, S. 32 (Begründung zu § 6).
2 Art. 1 Nr. 24 des Gesetzes vom 26.6.2012, BGBl. I 2012, S. 1375.
3 Richtlinie 2010/73/EU des Europäischen Parlaments und des Rates vom 24.11.2010 zur Änderung der Richtlinie 2003/71/EG betreffend den Prospekt, der beim öffentlichen Angebot von Wertpapieren oder bei deren Zulassung zum Handel zu veröffentlichen ist, und der Richtlinie 2004/109/EG zur Harmonisierung der Transparenzanforderungen in Bezug auf Informationen über Emittenten, deren Wertpapiere zum Handel auf einem geregelten Markt zugelassen sind, ABl. EU Nr. L 327 v. 11.12.2010, S. 1; zur Diskussion auch *Elsen/Jäger*, BKR 2008, 459 ff.
4 Delegierte Verordnung (EU) Nr. 486/2012 der Kommission vom 30.3.2012 zur Änderung der Verordnung (EG) Nr. 809/2004 in Bezug auf Aufmachung und Inhalt des Prospekts, Basisprospekts, der Zusammenfassung und der endgültigen Bedingungen und in Bezug auf die Angabepflichten, ABl. EU Nr. L 150 v. 9.6.2012, S. 1.
5 Zu den Änderungen im Basisprospektregime aufgrund der Änderungsrichtlinie bzw. der Ersten Delegierten Verordnung im allgemeinen siehe *von Kopp-Colomb/Seitz*, WM 2012, 1220 sowie *Heidelbach/Preuße*, BKR 2012, 397; zum Gesetzgebungsverfahren *Kusserow/Scholl*, RdF 2011, 310; *Seitz*, RdF 2011, 427; *Bauer*, CFL 2012, 91 sowie *Livonius*, RdF 2012, 133; zu einzelnen Fragen des Basisprospektregimes *Lawall/Maier*, DB 2012, 2443 und DB 2012, 2503; *Oulds*, WM 2011, 1452; *Kusserow*, WM 2013, 1581 sowie *Rothmund/Seitz*, RdF 2013, 27.
6 Zur Diskrepanz zwischen der deutschen und der englischen Fassung der Änderungsrichtlinie siehe *von Kopp-Colomb/Seitz*, WM 2012, 1220 (1222 Fn. 19).

prospekt nur Informationen der Wertpapierbeschreibungen enthalten, die für eine konkrete Emission relevant sind und erst im Zeitpunkt der Emission festgelegt werden können. Erklärtes Ziel der European Securities and Markets Authority (ESMA) und der Europäischen Kommission ist es dabei, die Flexibilität von Emittenten einzuschränken und die Kontrolldichte bezüglich der in den endgültigen Bedingungen aufnehmbaren Informationen zu erhöhen[1] (zu dem Regulierungsansatz siehe näher unten unter Rz. 45).

– Zu diesem Zweck legt Art. 22 Abs. 4 Satz 1 ProspektVO nunmehr einen abschließenden Katalog der zulässigen Gegenstände von endgültigen Bedingungen fest (zu den zulässigen Gegenständen von endgültigen Bedingungen siehe näher unten unter Rz. 42 ff.).

– Flankiert wird dies durch die in Art. 2a Abs. 1 ProspektVO iVm. Anhang XX ProspektVO vorgesehene Kategorisierung von Informationsbestandteilen. Die jeweilige Kategorie ist entscheidend dafür, ob die jeweiligen Informationsbestandteile bereits im Basisprospekt abgebildet werden müssen oder auf Ebene der endgültigen Bedingungen ergänzt werden können (zur Kategorisierung siehe näher unten unter Rz. 47).

– Für die Präsentation von endgültigen Bedingungen sind nun in Art. 26 Abs. 5 ProspektVO striktere Vorgaben vorgesehen, die allerdings in Zusammenschau mit den allgemeinen Bestimmungen zu Basisprospekten zu lesen sind, insbesondere mit Art. 22 Abs. 1a ProspektVO, der die Möglichkeit vorsieht, optionale Elemente in dem Basisprospekt in den endgültigen Bedingungen zu wiederholen (zur Präsentation von endgültigen Bedingungen siehe näher unten unter Rz. 54 ff.).

– Hinsichtlich der Abgrenzung zwischen dem Gegenstand von endgültigen Bedingungen und dem Gegenstand von Nachträgen finden sich Regelungen in Art. 2a Abs. 2 ProspektVO sowie in Art. 22 Abs. 7 ProspektVO (zur Anwendung der Nachtragspflicht bei Basisprospekten siehe näher unten unter Rz. 68 ff.).

Schließlich schien es zunächst so, als sei durch die Änderungsrichtlinie das Basisprospektregime für das dreiteilige Prospektformat geöffnet worden, da ein dies bislang ausschließender Vorbehalt in Art. 5 Abs. 3 Prospektrichtlinie durch die Änderungsrichtlinie gestrichen wurde[2]. Die ESMA hat im Jahr 2013 jedoch eine Stellungnahme veröffentlicht, nach der trotz der erfolgten Streichung das **dreiteilige Prospektfor-**

---

[1] Siehe insb. ESMA, Finaler Bericht vom 4.10.2011 – ESMA's technical advice on possible delegated acts concerning the Prospectus Directive as amended by the Directive 2010/73/EU, ESMA/2011/323, Rz. 4, abrufbar unter https://www.esma.europa.eu/sites/default/files/library/2015/11/2011_323.pdf sowie in der Begründung zu dem Entwurf für die Änderungsverordnung unter 1., jeweils mit dem Hinweis darauf, dass Emittenten unterschiedliche Aufsichtspraktiken der zuständigen Behörden ausgenutzt und Informationen in die endgültigen Bedingungen aufgenommen hätten, die eigentlich von der zuständigen Behörde gebilligt hätten werden müssen.

[2] Vgl. *von Kopp-Colomb/Seitz*, WM 2012, 1220 (1226); *Lawall/Maier*, DB 2012, 2503 (2504); *Heidelbach/Preuße*, BKR 2012, 397 (399).

mat für Basisprospekte nicht zur Verfügung stehen soll[1] (siehe unten unter Rz. 31 und § 12 WpPG Rz. 5, 27 ff.).

Zuletzt ergaben sich Änderungen für das Basisprospektregime aufgrund der **Omnibus-II-Richtlinie**[2]. Nach dem neugefassten Art. 5 Abs. 4 Unterabs. 3 Prospektrichtlinie erfolgt die Übermittlung von endgültigen Bedingungen an die zuständigen Behörden in den Aufnahmemitgliedstaaten nunmehr direkt durch die Behörde des Herkunftsmitgliedstaats. Neu ist zudem, dass die endgültigen Bedingungen durch die Behörde des Herkunftsmitgliedstaats auch an ESMA übermittelt werden. Diese Vorgabe wurde im Zuge des **Kleinanlegerschutzgesetzes**[3] in Form einer Änderung des § 6 Abs. 3 WpPG in deutsches Recht umgesetzt (zum Verfahren der Hinterlegung der endgültigen Bedingungen siehe näher unten unter Rz. 93 ff.). Mit dem Inkrafttreten der RTS zur Omnibus-II-Richtlinie am 24.3.2016[4] ist gem. Art. 2 Abs. 1 Delegierte Verordnung (EU) 2016/301 die Einreichung von Basisprospekten und deren Begleitdokumenten nur noch auf elektronischem Weg zulässig. Die BaFin lässt hierfür nur eine Einreichung über das MVP Portal zu, nicht aber die Einreichung per E-Mail (siehe dazu näher unten unter Rz. 94). 4b

2. Besonderheiten des Basisprospektregimes, Intention des Gesetzgebers

Wesentliche Besonderheit des Basisprospektregimes ist, dass die endgültigen Konditionen eines konkreten Angebots nicht im Basisprospekt selbst enthalten sein müssen, sondern in ein gesondertes Dokument, die „**endgültigen Bedingungen des Angebots**" (im Englischen „*final terms of the offer*"), verlagert werden können (siehe unten unter Rz. 40 ff.). Der Basisprospekt stellt damit eine Alternative neben dem einteiligen und dreiteiligen Prospekt dar (zur Abgrenzung gegenüber dem dreiteiligen Prospekt siehe § 12 WpPG Rz. 25 ff.). 5

Nach Erwägungsgrund Nr. 21 zur ProspektVO sollen ein Basisprospekt und die zugehörigen endgültigen Bedingungen die gleichen Angaben wie ein Prospekt enthalten; sämtliche für einen Prospekt geltenden Grundsätze sind auch auf die end- 6

---

1 ESMA, Opinion on the Format of the base prospectus and consistent application of Article 26(4) of the Prospectus Regulation, ESMA/2013/1944, Rz. 2, 3, 6, 9, abrufbar unter https://www.esma.europa.eu/sites/default/files/library/2015/11/2013-1944_opinion_on_tri partite_base_prospectuses.pdf.
2 Richtlinie 2014/51/EU zur Änderung der Richtlinien 2003/71/EG und 2009/138/EG und der Verordnungen (EG) Nr. 1060/2009, (EU) Nr. 1094/2010 und (EU) Nr. 1095/2010 im Hinblick auf die Befugnisse der Europäischen Aufsichtsbehörde (Europäische Aufsichtsbehörde für das Versicherungswesen und die betriebliche Altersversorgung) und der Europäischen Aufsichtsbehörde (Europäische Wertpapier- und Marktaufsichtsbehörde), ABl. EU Nr. L 153 v. 22.5.2014, S. 1 ff.
3 Kleinanlegerschutzgesetz vom 3.7.2015, BGBl. I 2015, S. 1114.
4 Vgl. Delegierte Verordnung (EU) 2016/301 vom 30.11.2015 zur Ergänzung der Richtlinie 2003/71/EG des Europäischen Parlaments und des Rates durch technische Regulierungsstandards für die Billigung und Veröffentlichung des Prospekts und die Verbreitung von Werbung und zur Änderung der Verordnung (EG) Nr. 809/2004 der Kommission, ABl. EU Nr. L 58 v. 4.3.2016, S. 13 ff.

gültigen Bedingungen anwendbar; sind die endgültigen Bedingungen nicht im Basisprospekt enthalten, was in der Praxis regelmäßig der Fall ist, müssen sie von der zuständigen Behörde auch nicht gebilligt werden[1]. Konsequenterweise bestimmen § 6 Abs. 3 Satz 1 WpPG bzw. Art. 5 Abs. 4 Unterabs. 3 Prospektrichtlinie, dass die endgültigen Bedingungen bei der zuständigen Behörde zu „hinterlegen" sind (siehe näher dazu unten unter Rz. 93 ff.).

7 Mit der Aufnahme des Basisprospektregimes in die Prospektrichtlinie sollte ein Rahmen geschaffen werden, der Anlegern durch die Möglichkeit, bestimmte Angaben erst auf Ebene der sog. endgültigen Bedingungen festzulegen, größere Flexibilität, insbesondere durch den insoweit erfolgenden Wegfall des Billigungsverfahrens, einräumen sollte; letztlich geht es dabei um eine Abwägung zwischen Anlegerschutzgesichtspunkten und den Kapitalmarktbedürfnissen[2]. Diese Flexibilität wurde im Zuge der **Ersten Delegierten Verordnung** teilweise wieder eingeschränkt, indem anhand einer Kategorisierung strikte Vorgaben für die zulässigen Gegenstände von endgültigen Bedingungen gemacht wurden, so dass der bis dato bestehende Ermessensspielraum der Emittenten nicht nur unerheblich begrenzt wurde (siehe oben unter Rz. 4a und unten unter Rz. 42 ff.).

8 Das Ziel eines angemessenen Ausgleichs zwischen Kapitalmarktbedürfnissen und Anlegerschutz kommt auch in den entsprechenden Erwägungsgründen der Prospektrichtlinie bzw. der ProspektVO zum Ausdruck: In **Erwägungsgrund Nr. 24 Prospektrichtlinie** heißt es, dass der Inhalt des Basisprospekts insbesondere der Flexibilität Rechnung tragen soll, die in Bezug auf die Angaben zu den Wertpapieren erforderlich ist; in **Erwägungsgrund Nr. 25 ProspektVO** wird klargestellt, dass durch die verstärkte Flexibilität bei der Verbindung des Basisprospekts mit den zugehörigen endgültigen Bedingungen im Vergleich zu einem einzigen Emissionsprospekt der leichte Zugang des Anlegers zu wesentlichen Angaben nicht beeinträchtigt werden soll.

9 Ein Basisprospekt kann zusammen mit den endgültigen Bedingungen des Angebots **sowohl für das öffentliche Angebot als auch für die Börsenzulassung**, dh. für die Zulassung von Wertpapieren zum Handel an einem organisierten Markt, genutzt werden[3].

10 Im Hinblick auf die **Gültigkeitsdauer von Basisprospekten** ist auch nach der Änderung des § 9 WpPG durch das Kleinanlegerschutzgesetz zwischen Basisprospekten iS des § 6 Abs. 1 Nr. 1 WpPG und Basisprospekten iS des § 6 Abs. 1 Nr. 2 WpPG zu differenzieren: Basisprospekte iS des § 6 Abs. 1 Nr. 1 WpPG sind gemäß § 9 Abs. 2 WpPG zwölf Monate nach ihrer Billigung (nicht mehr nach ihrer Veröffentlichung) gültig, dh. es können in diesem Gültigkeitszeitraum unbegrenzt viele Emissionen durch nachfolgend erstellte und hinterlegte endgültige Bedingungen erfolgen; Basisprospekte iS des § 6 Abs. 1 Nr. 2 WpPG behalten dagegen gemäß § 9 Abs. 3 WpPG weiterhin ihre Gültigkeit bis keines der betroffenen Wertpapiere mehr

---

[1] Vgl. BT-Drucks. 15/4999 v. 3.3.2005, S. 32 (Begründung zu § 6 Abs. 2 WpPG).
[2] Vgl. ausführlich zur gesetzgeberischen Intention und den prinzipiellen Vorzügen des Basisprospektregimes *Seitz* in Assmann/Schlitt/von Kopp-Colomb, § 6 WpPG (Voraufl.) Rz. 7.
[3] BT-Drucks. 15/4999 v. 3.3.2005, S. 32 (Begründung zu § 6).

dauernd oder wiederholt ausgegeben wird (vgl. näher § 9 WpPG Rz. 46 ff.). Gestrichen wurde durch das Kleinanlegerschutzgesetz § 9 Abs. 2 Satz 2 WpPG aF[1]. Mithin kann sich der Gültigkeitszeitraum eines Basisprospekts iS des § 6 Abs. 1 Nr. 1 WpPG nicht mehr dadurch verlängern, dass während des Gültigkeitszeitraums eines Basisprospekts endgültige Bedingungen für ein Angebot hinterlegt werden (vgl. näher § 9 WpPG Rz. 69 ff.).

3. Weitere Konkretisierungen zum Basisprospektregime, Rechtsentwicklungen

Hinweise für Auslegungsfragen zur Anwendung des Basisprospektregimes geben zudem die von der **ESMA** veröffentlichten „**ESMA FAQs**"[2] (zum Basisprospektregime die Fragen Nr. 8, 36, 46, 64, 78, 83, 95, 98 – Frage 57 wurde gelöscht) sowie die von der **BaFin** veröffentlichten „Fragen und Antworten zum Basisprospektregime"[3]. 11

Die Europäische Kommission hat am 18.2.2015 ein **Konsultationspapier zur (erneuten) Überarbeitung der Prospektrichtlinie** veröffentlicht[4]. Dieses enthält auch Fragen betreffend das Basisprospektregime, ua. zu einer evtl. Öffnung des Basisprospektregimes für alle Arten von Wertpapieren, zum Verhältnis zum dreiteiligen Prospekt, zur Gültigkeitsdauer von Basisprospekten und zur Zusammenfassung bei Basisprospekten und dem Verhältnis zum „*key information document*" nach der PRIIPs-Verordnung[5]. 12

Die **ESMA** hat zu diesem Papier Stellung genommen und sich auch zu verschiedenen Themen geäußert, die das Basisprospektregime betreffen[6]. ESMA spricht darin unter anderem das Problem der beschränkten Gültigkeit von Basisprospekten (vgl. zur Problematik der über die Gültigkeit hinaus fortgesetzten Angebote § 9 WpPG 13

---

1 Vgl. Kleinanlegerschutzgesetz vom 3.7.2015, BGBl. I 2015, S. 1114 (1126), Art. 4 Nr. 4.
2 ESMA FAQs, Questions and Answers Prospectuses: 25th Updated Version – July 2016, ESMA/2016/1133, abrufbar unter https://www.esma.europa.eu/sites/default/files/library/2016-1133_25th_version_qa_document_prospectus_related_issues.pdf.
3 BaFin, Häufig gestellte Fragen zum Basisprospektregime vom 31.5.2012 (Stand 4.6.2014), abrufbar unter http://www.bafin.de/SharedDocs/Veroeffentlichungen/DE/FAQ/faq_1205_neues_basisprospektregime.html (Stand: 4.6.2014).
4 Europäische Kommission, Konsultationspapier zu „Review of the Prospectus Directive" vom 18.2.2015, abrufbar unter http://ec.europa.eu/finance/consultations/2015/prospectus-directive/docs/consultation-document_en.pdf.
5 Verordnung (EU) Nr. 1286/2014 des Europäischen Parlaments und des Rates vom 26.11.2014 über Basisinformationsblätter für verpackte Anlageprodukte für Kleinanleger und Versicherungsanlageprodukte (PRIIP), ABl. EU Nr. L 352 v. 9.12.2014, S. 1 ff.
6 Siehe insb. ESMA, Antwort auf das Konsultationspapier der Kommission vom 13.5.2015 – ESMA response to the European Commission consultation on the review of the Prospectus Directive, 2015/ESMA/857, abrufbar unter https://www.esma.europa.eu/sites/default/files/library/2015/11/esma-2015-857_response_to_the_ec_public_consultation_on_the_review_of_the_pd.pdf.

Rz. 69 ff.)[1] sowie der Geeignetheit des Basisprospektregimes für strukturierte Retail-Produkte[2] an.

14 Am 30.11.2015 hat die Europäische Kommission einen **Entwurf zu einer neuen Prospektverordnung (ProspektVO-E)**[3] veröffentlicht. Diese soll die Prospektrichtlinie (2003/71/EG) in der Form, die sie seit der Änderungsrichtlinie (2010/73/EU) hat, ersetzen. Der Prospektverordnungsentwurf sieht auch Änderungen im Rahmen des Basisprospektregimes vor. Die zuvor nur im Rahmen des Art. 5 Abs. 4 Prospektrichtlinie enthaltene Möglichkeit zur Erstellung eines Basisprospekts soll künftig in einem eigenen Artikel (Art. 8 ProspektVO-E) geregelt werden. Das Basisprospektregime bleibt im Vergleich zur aktuellen Rechtslage weitgehend unverändert mit Ausnahme der folgenden Punkte[4]:

– Ein Basisprospekt soll nunmehr für jede Art von Nichtdividendenwerten erstellt werden können und nicht mehr nur für solche, die im Rahmen eines Angebotsprogramms oder dauernd oder wiederholt von Kreditinstituten begeben werden (vgl. Art. 8 Abs. 1 ProspektVO-E).

– Der dreiteilige Basisprospekt soll entgegen der bislang von ESMA vertretenen Auffassung[5] ausdrücklich zulässig sein (Art. 8 Abs. 5 Unterabs. 1 ProspektVO-E).

– Das Registrierungsformular eines Basisprospekts soll auch die Form eines Einheitlichen Registrierungsformulars (definiert in Art. 9 ProspektVO-E) haben können (Art. 8 Abs. 5 Unterabs. 2 ProspektVO-E).

– Die verpflichtende Erstellung einer Zusammenfassung des Basisprospekts soll entfallen, wenn die endgültigen Bedingungen nicht im Basisprospekt enthalten sind, so dass nur die „emissionsspezifische" Zusammenfassung erstellt und den endgültigen Bedingungen bei deren Hinterlegung beigefügt werden muss (Art. 8 Abs. 7 ProspektVO-E).

– Fortgesetzte öffentliche Angebote sollen über die Gültigkeit des Basisprospekts hinaus zulässig sein, wenn sich der neue Basisprospekt lückenlos (Billigung spätestens am letzten Tag der Gültigkeit des bisherigen Basisprospekts) anschließt (Art. 8

---

1 ESMA, Antworten auf das Konsultationspapier der Kommission vom 13.5.2015 – ESMA response to the European Commission consultation on the review of the Prospectus Directive, 2015/ESMA/857, Rz. 48.
2 ESMA, Antworten auf das Konsultationspapier der Kommission vom 13.5.2015 – ESMA response to the European Commission consultation on the review of the Prospectus Directive, 2015/ESMA/857, Rz. 49.
3 Europäische Kommission, Vorschlag für eine Verordnung des Europäischen Parlaments und des Rates über den Prospekt, der beim öffentlichen Angebot von Wertpapieren oder bei deren Zulassung zum Handel zu veröffentlichen ist, 2015/0268(COD), abrufbar unter http://eur-lex.europa.eu/resource.html?uri=cellar:036c16c7-9763-11e5-983e-01aa75ed71a1.0001.02/DOC_1&format=PDF.
4 Vgl. insoweit Vorschlag für eine Verordnung des Europäischen Parlaments und des Rates über den Prospekt, der beim öffentlichen Angebot von Wertpapieren oder bei deren Zulassung zum Handel zu veröffentlichen ist, 2015/0268(COD), S. 15.
5 ESMA, Opinion on the Format of the base prospectus and consistent application of Article 26(4) of the Prospectus Regulation, ESMA/2013/1944, Rz. 2, 3, 6, 9.

Abs. 10 ProspektVO-E). In den endgültigen Bedingungen ist allerdings eine entsprechende Warnung aufzunehmen, die den letzten Tag der Gültigkeit des bisherigen Basisprospekts sowie einen Hinweis darauf enthält, wo der folgende Basisprospekt veröffentlicht wird[1].

– Die „Endlosgültigkeitsdauer" für Nichtdividendenwerte iS des § 6 Abs. 1 Nr. 2 WpPG wurde in Art. 12 ProspektVO-E, der die Gültigkeit von Prospekten betrifft, nicht wieder aufgenommen (Ziffer 12).

– Ein Basisprospekt soll nunmehr eine Zusammenstellung (Liste) der Informationen, die in die endgültigen Bedingungen des Angebots aufgenommen werden, enthalten (vgl. Art. 8 Abs. 2 lit. a ProspektVO-E).

Sowohl der Europäische Rat[2] als auch das Europäische Parlament[3] sind dem Vorschlag der Kommission weitgehend gefolgt. Nicht übernommen wurde vom Rat der Neuvorschlag der Kommission, dass das Basisprospekt eine Zusammenstellung (Liste) mit Informationen, die in endgültige Bedingungen aufgenommen werden, enthalten soll. Das Parlament hat hingegen den Kommissionsentwurf unverändert übernommen.

II. Erfasste Wertpapierarten (§ 6 Abs. 1 WpPG)

1. Allgemeines zum Anwendungsbereich, Differenzierung zwischen Wertpapierkategorien (Art. 22 Abs. 6 ProspektVO)

Die Vorschrift findet nur Anwendung auf die in § 6 Abs. 1 Nr. 1 und Nr. 2 WpPG abschließend genannten Wertpapierarten, welche den Gegenstand des Basisprospekts bilden. Konkretisiert wird der durch § 6 Abs. 1 Nr. 1 und Nr. 2 WpPG festgelegte Anwendungsbereich durch **Art. 22 Abs. 6 ProspektVO**, wonach nur die dort genannten **Wertpapierkategorien** Gegenstand eines Basisprospekts sein können. Es können mehrere Wertpapierkategorien in einem Basisprospekt zusammengefasst werden, sofern eine klare Trennung zwischen den spezifischen Informationen über die verschiedenen Wertpapierkategorien erfolgt[4].

---

1 Diese Auffassung wird von der ESMA bereits zum aktuell gültigen Prospektrecht vertreten, vgl. ESMA FAQs, Questions and Answers Prospectuses: 25th Updated Version – July 2016, ESMA/2016/1133, Nr. 98.
2 Rat der Europäischen Union, Interinstitutionelles Dossier 2015/0268 (COD) zum Vorschlag der Europäischen Kommission für eine Verordnung des Europäischen Parlaments und des Rates über den Prospekt, der beim öffentlichen Angebot von Wertpapieren oder bei deren Zulassung zum Handel zu veröffentlichen ist, 9800/16, 3.6.2016, abrufbar unter http://data.consilium.europa.eu/doc/document/ST-9800-2016-INIT/de/pdf.
3 ECON, Draft European Parliament legislative resolution on the proposal for a regulation of the European Parliament and of the Council on the prospectus to be published when securities are offered to the public or admitted to trading (2015/0268(COD)) vom 19.7.2016, abrufbar unter http://www.europarl.europa.eu/sides/getDoc.do?type=REPORT&mode=XML&reference=A8-2016-0238&language=EN#title1.
4 Zu der nicht durchgängig konsistenten Terminologie des Prospektrechts im Zusammenhang mit Schuldverschreibungen siehe *Seitz*, AG 2005, 678 (681).

16 Die Differenzierung zwischen den Wertpapierkategorien ist relevant für die Darstellung der Wertpapiere im Prospekt: Gemäß Art. 22 Abs. 6 Unterabs. 2 ProspektVO ist bei der Erstellung des Basisprospekts eine Trennung zwischen den spezifischen Angaben über die verschiedenen Wertpapiere vorzunehmen, die in den jeweiligen Wertpapierkategorien enthalten sind. Die in Art. 22 Abs. 6 Unterabs. 1 ProspektVO aufgeführten **unterschiedlichen Wertpapierkategorien** können durchaus **in einem einzigen Dokument** zusammengefasst werden (vgl. auch Art. 26 Abs. 8 und Abs. 6 ProspektVO). Dieses Dokument enthält dann mehrere Basisprospekte im rechtlichen Sinne. Klargestellt wird dies auch in Erwägungsgrund Nr. 13 Prospektrichtlinie. Danach sind die in den Anwendungsbereich von Art. 5 Abs. 4 Prospektrichtlinie fallenden Emissionen von Nichtdividendenwerten unter Angebotsprogrammen bzw. Emissionen von Wertpapieren, die dauernd oder wiederholt ausgegeben werden, so zu verstehen, dass nicht nur identische Wertpapiere abgedeckt werden, sondern auch Wertpapiere, die nach allgemeinen Gesichtspunkten in eine Kategorie gehören. Diese Wertpapiere können unterschiedliche Produkte, wie zum Beispiel Schuldverschreibungen, Zertifikate und Optionsscheine, oder gleiche Produkte in ein und demselben Programm umfassen und unterschiedliche Merkmale, insbesondere hinsichtlich der Bedingungen für die Vorrangigkeit, der Typen der Basiswerte oder der Grundlage, auf der der Rückzahlungsbetrag oder die Kuponzahlung zu berechnen sind, aufweisen[1]. In dem Fall, dass unterschiedliche Wertpapierkategorien iS des Art. 22 Abs. 6 Unterabs. 1 ProspektVO und damit mehrere Basisprospekte in einem Dokument zusammengefasst werden, entspricht es der gängigen Verwaltungspraxis der Prospektprüfungsbehörden, dass dies bereits auf dem Deckblatt des Dokuments deutlich gemacht wird, was zB bei Basisprospekten zu EMTN-Programmen relevant ist, in denen nicht nur die Emission von ungedeckten Schuldverschreibungen, sondern auch von Pfandbriefen vorgesehen ist.

2. Nichtdividendenwerte sowie Optionsscheine jeglicher Art, die im Rahmen eines Angebotsprogramms ausgegeben werden (§ 6 Abs. 1 Nr. 1 WpPG)

17 Der Wertpapierbegriff nach § 6 Abs. 1 Nr. 1 WpPG umfasst Nichtdividendenwerte und Optionsscheine jeglicher Art, die im Rahmen eines Angebotsprogramms ausgegeben werden.

a) Schuldverschreibungen als Gegenstand von Basisprospekten

18 Bei **Nichtdividendenwerten** handelt es sich nach der Definition in § 2 Nr. 3 WpPG um alle Wertpapiere, die keine Dividendenwerte sind, wobei der Begriff „Dividendenwerte" wiederum in § 2 Nr. 2 WpPG definiert ist (siehe auch § 2 WpPG Rz. 24 ff.).

19 Der Begriff „**Optionsscheine jeglicher Art**" ist weder in der Prospektrichtlinie noch im WpPG definiert. Fraglich ist insbesondere, wie das Verhältnis zum Begriff der

---

1 Zur Debatte bei der Entstehung der Prospektrichtlinie siehe *Wagner*, Die Bank 2003, 680 (683).

Nichtdividendenwerte ist. Während nach der Formulierung in Art. 5 Abs. 4 lit. a Prospektrichtlinie die Optionsscheine jeglicher Art als ein Unterfall der Nichtdividendenwerte anzusehen sind, legt die Formulierung im WpPG nahe, dass es zumindest auch Optionsscheine gibt, welche keine Nichtdividendenwerte sind. Stützen lässt sich eine derartige Auslegung auch auf Art. 22 Abs. 6 Unterabs. 1 ProspektVO, wonach sowohl Optionsscheine iS von Art. 17 ProspektVO (Art. 22 Abs. 6 Unterabs. 1 Nr. 2 ProspektVO) als auch sonstige Optionsscheine (Art. 22 Abs. 6 Unterabs. 1 Nr. 4 ProspektVO) Gegenstand eines Basisprospekts sein können. Daraus lässt sich folgern, dass sowohl Optionsscheine, die zu den Dividendenwerten zählen, als auch Optionsscheine, die zu den Nichtdividendenwerten zählen, zu den von § 6 Abs. 1 Nr. 1 WpPG erfassten Wertpapieren gehören. Die Unterscheidung zwischen Optionsscheinen nach Art. 17 ProspektVO und sonstigen Optionsscheinen ist auf die Besonderheit zurückzuführen, dass die Begriffe „Schuldverschreibungen" und „Nichtdividendenwerte" auseinander fallen können. Schuldverschreibungen sind zwar in der Regel Nichtdividendenwerte. Als Ausnahme dazu sind aber Wandel- und Optionsanleihen in der Regel als Dividendenwerte iS von § 2 Nr. 2 WpPG zu qualifizieren[1]. Für die in der Praxis häufig den Gegenstand von Basisprospekten bildenden derivativen Wertpapiere, wie Anlagezertifikate oder Hebelprodukte, spielt die Differenzierung letztlich keine Rolle. Sie gehören jedenfalls zu den von § 6 Abs. 1 Nr. 1 WpPG erfassten Wertpapieren – unabhängig davon, ob man sie als einen Unterfall der „Optionsscheine jeglicher Art"[2] oder allgemein der Nichtdividendenwerte ansieht, und es können jedenfalls auch Optionsscheine in den Basisprospekt einbezogen werden, bei denen der Basiswert Aktien des Emittenten sind[3].

Art. 22 Abs. 6 Unterabs. 1 Nr. 1 ProspektVO führt mit den **„Asset backed securities"** (ABS) einen weiteren Unterfall der Nichtdividendenwerte auf. ABS werden gesondert behandelt, da für diese gemäß Art. 11 ProspektVO ein eigenes Modul für die Wertpapierbeschreibung vorgesehen ist (siehe die Kommentierung zu Anhang VIII EU-ProspektVO Rz. 2 ff.).

Trotz der zum Teil bestehenden begrifflichen Unklarheiten in den verschiedenen Vorschriften des Prospektrechts kann jedenfalls festgehalten werden, dass unter deutschem Recht ausschließlich **Schuldverschreibungen iS des § 793 BGB** Gegenstand von Basisprospekten sein können. Umfasst sind damit also lediglich Inhaberpapiere, welche den Aussteller zur Leistung an den jeweiligen Inhaber des Papiers verpflichten, aber keine Namenspapiere, die den namentlich Berechtigten lediglich zur Geltendmachung des Anspruchs aus dem Papier befähigen[4].

---

1 Im Einzelnen *Seitz*, AG 2005, 678 (680 mwN); zur Entstehungsgeschichte siehe *Just/Ritz* in Just/Voß/Ritz/Zeising, § 6 WpPG Rz. 9.

2 Nach *Kullmann/Sester*, ZBB, 2005, 209 (211 f.) waren mit „Optionsscheinen jeglicher Art" die „derivativen Wertpapiere" iS des Art. 15 ProspektVO gemeint; dem folgend *Glismann* in Holzborn, § 6 WpPG Rz. 4.

3 Zur Debatte in Zusammenhang mit der Entstehung der Prospektrichtlinie siehe *Wagner*, Die Bank 2003, 680 (683).

4 Vgl. zum Wertpapierbegriff nach WpPG *Seitz*, AG 2005, 678 (680) mit dem Hinweis, dass sich ggf. eine andere Beurteilung ergeben kann, wenn Namensschuldverschreibungen unter

b) Begriff des Angebotsprogramms

22 Die Wertpapiere müssen weiterhin im Rahmen eines Angebotsprogramms angeboten werden. Dabei handelt es sich um einen **Plan, der es erlauben würde**, Nichtdividendenwerte ähnlicher Art oder Gattung sowie Optionsscheine jeder Art **dauernd oder wiederholt während eines bestimmten Emissionszeitraums zu begeben (§ 2 Nr. 5 WpPG)**. In der Praxis haben sich für Emissionsprogramme eine Vielzahl von Formen herausgebildet. Dazu zählen internationale Programme, wie Debt Issuance Programme (DIP) und Euro Medium Term Note Programme (EMTN)[1] oder Commercial Paper Programme, bei denen in der Regel mehrere Beteiligte (Emittent, Arranger, Dealer, Agents) sich vorab über die vertraglichen Bedingungen für die Platzierung von Anleihen am internationalen Kapitalmarkt geeinigt haben. Emissionsprogramme erfordern aber nicht zwingend mehrere Beteiligte; im Bereich der derivativen Wertpapiere kann ein Emissionsprogramm auch darin bestehen, dass ein Emittent mit einem Beschluss oder Arbeitsanweisungen den internen Rahmen für die Begebung von Schuldverschreibungen vorgegeben hat[2]. Entscheidend ist mithin, dass die dauernde oder wiederholte Ausgabe von Wertpapieren beabsichtigt ist: Dies ist dann gegeben, wenn die dauernde oder mindestens zwei Emissionen umfassende Ausgabe von Wertpapieren ähnlicher Art oder Gattung während eines Zeitraums von zwölf Monaten erfolgen soll (§ 2 Nr. 12 WpPG). Auf die Frage, inwiefern tatsächlich zwei Emissionen durchgeführt werden müssen, um das Merkmal einer wiederholten Ausgabe zu bejahen, kommt es im Rahmen des § 2 Nr. 5 WpPG nicht an, da entscheidend ist, dass das Angebotsprogramm die dauernde oder wiederholte Emission „erlauben" würde[3]. In der Praxis sind damit Fälle denkbar, in denen der Basisprospekt tatsächlich für nur eine Ziehung genutzt wird[4]. Insgesamt sind mithin an das Erfordernis des Vorliegens eines Angebotsprogramms keine zu hohen Anforderungen zu stellen.

3. Nichtdividendenwerte mit besonderer Deckung und Insolvenzfestigkeit (§ 6 Abs. 1 Nr. 2 WpPG)

23 Von § 6 Abs. 1 Nr. 2 WpPG sind Nichtdividendenwerte umfasst, die von CRR-Kreditinstituten dauernd oder wiederholt begeben werden, und welche die in § 6 Abs. 1 Nr. 2 lit. a und Nr. 2 lit. b WpPG normierten kumulativen Anforderungen erfüllen (vgl. auch Art. 22 Abs. 6 Unterabs. 1 Nr. 3 ProspektVO).

24 Erfasst sind nur entsprechende Emissionen durch **CRR-Kreditinstitute.** Gemäß § 2 Nr. 8 WpPG iVm. § 1 Abs. 3d Satz 1 KWG sind CRR-Kreditinstitute Kreditinstitute

---

einer anderen Rechtsordnung begeben werden (sog. „Opting-In"); vgl. zur Differenzierung zwischen Inhaber- und Namenspapieren *Sprau* in Palandt, Einf. v § 793 BGB Rz. 2 f.

1 Dazu *Rühlmann* in Habersack/Mülbert/Schlitt, Unternehmensfinanzierung am Kapitalmarkt, § 14 Rz. 37 ff.
2 Vgl. auch *Glismann* in Holzborn, § 6 WpPG Rz. 6.
3 AA *Glismann* in Holzborn, § 6 WpPG Rz. 7; zur Auslegung im Rahmen der Befreiung von der Prospektpflicht nach § 1 Abs. 2 Nr. 5 WpPG siehe § 1 WpPG Rz. 77 ff.
4 So auch *Just/Ritz* in Just/Voß/Ritz/Zeising, § 6 WpPG Rz. 6.

iS des Art. 4 Abs. 1 Nr. 1 der Verordnung (EU) Nr. 575/2013 des Europäischen Parlaments und des Rates vom 26.6.2013 über Aufsichtsanforderungen an Kreditinstitute und Wertpapierfirmen und zur Änderung der Verordnung (EU) Nr. 646/2012 (**CRR-Verordnung**)[1]. „Kreditinstitut" ist danach ein Unternehmen, dessen Tätigkeit darin besteht, Einlagen oder andere rückzahlbare Gelder des Publikums entgegenzunehmen und Kredite für eigene Rechnung zu gewähren (für weitere Ausführungen siehe Kommentierung zu § 2 WpPG Rz. 86 f.).

Unter der „**dauernden oder wiederholten Ausgabe**" von Wertpapieren ist gemäß § 2 Nr. 12 WpPG die dauernde oder mindestens zwei gesonderte Emissionen umfassende Ausgabe von Wertpapieren ähnlicher Art oder Gattung während eines Zeitraums von zwölf Monaten zu verstehen (eingehend dazu die Kommentierung in § 2 WpPG Rz. 99 ff.). 25

Die **besonderen Anforderungen an die Deckung und Insolvenzfestigkeit** ergeben sich aus § 6 Abs. 1 Nr. 2 lit. a und Nr. 2 lit. b WpPG. § 6 Abs. 1 Nr. 2 lit. a WpPG statuiert das Erfordernis einer ausreichenden Deckung durch in einem Deckungsregister eingetragene Vermögensgegenstände. § 6 Abs. 1 Nr. 2 lit. b WpPG verlangt zusätzlich, dass die Vermögensgegenstände auch im Fall der Insolvenz des emittierenden Kreditinstituts vorrangig zur Rückzahlung des Kapitals und der aufgelaufenen Zinsen bestimmt sind. 26

Unter deutschem Recht treffen diese Anforderungen auf **Hypothekenpfandbriefe, Öffentliche Pfandbriefe, Schiffspfandbriefe oder Flugzeugpfandbriefe** zu, welche unter dem Pfandbriefgesetz[2] begeben werden[3]. Andere spezialgesetzlich geregelte gedeckte Schuldverschreibungen sind grundsätzlich gleich zu behandeln[4]. 27

Besonderheit der Nichtdividendenwerte iS des § 6 Abs. 1 Nr. 2 WpPG ist, dass sie von einer „**Endlosgültigkeitsdauer**" des Prospekts nach § 9 Abs. 3 WpPG profitieren (siehe § 9 WpPG Rz. 46 ff.). 28

III. Anforderungen an den Aufbau und den Inhalt von Basisprospekten (§ 6 Abs. 1 WpPG)

Ein Basisprospekt muss nach § 6 Abs. 1 WpPG alle nach **§§ 5 und 7 WpPG** notwendigen Angaben zum Emittenten und den öffentlich anzubietenden oder zum Handel an einem organisierten Markt zuzulassenden Wertpapieren enthalten. Gemäß § 5 Abs. 1 Satz 1 WpPG muss demnach der Basisprospekt wie andere Prospekte auch in leicht analysierbarer und verständlicher Form sämtliche Angaben enthalten, die im Hinblick auf den Emittenten und die öffentlich angebotenen oder zum Handel an ei- 29

---
1 ABl. EU Nr. L 176 v. 27.6.2013, S. 1.
2 Pfandbriefgesetz vom 23.5.2005, BGBl. I 2005, S. 1373; zuletzt geändert durch Art. 5 des Gesetzes vom 2.11.2015, BGBl. I 2015, S. 1864.
3 Vgl. BT-Drucks. 15/4999 v. 3.3.2005, S. 32 (Begründung zu § 6 Abs. 1).
4 Vgl. ua. § 9 DG Bank-Umwandlungsgesetz vom 13.8.1998, BGBl. I 1998, S. 2102; siehe näher *Heidelbach/Preuße*, BKR 2008, 10 (13).

nem organisierten Markt zugelassenen Wertpapiere notwendig sind, um dem Publikum ein zutreffendes Urteil über die Vermögenswerte und Verbindlichkeiten, die Finanzlage, die Gewinne und Verluste, die Zukunftsaussichten des Emittenten und jedes Garantiegebers sowie über die mit diesen Wertpapieren verbundenen Rechte zu ermöglichen.

30 Bei Basisprospekten ergeben sich aber aufgrund des Umstands, dass ein Teil der Pflichtangaben in die endgültigen Bedingungen verlagert werden kann, **Besonderheiten hinsichtlich des Aufbaus und der Präsentation von einzelnen Prospektinhalten** (zur Frage der Beurteilung der Vollständigkeit des Basisprospekts siehe unten unter Rz. 41).

1. Allgemeines zum Format von Basisprospekten

31 Das Basisprospektregime ist in der Prospektrichtlinie als ein eigenständiges Prospektformat angelegt, das neben dem einteiligen und dreiteiligen Prospekt steht[1]. Bei Basisprospekten ist, anders als bei sonstigen Prospekten, die **Aufteilung in mehrere Einzeldokumente unzulässig** (vgl. näher § 12 WpPG Rz. 25 ff.). Im Rahmen der Änderungsrichtlinie wurde ein den dreiteiligen Prospekt für Basisprospekte ausschließender Vorbehalt in Art. 5 Abs. 3 Prospektrichtlinie gestrichen. In der Folge wurde auch § 12 Abs. 1 Satz 6 WpPG gestrichen, nach dem ein Basisprospekt nicht in mehreren Einzeldokumenten erstellt werden durfte[2]. Aus dieser Streichung wurde gefolgert, dass nunmehr auch bei Basisprospekten die Aufteilung in mehrere Einzeldokumente zulässig sei, dh. eine Öffnung des Basisprospektregimes für das dreiteilige Prospektformat stattgefunden habe[3]. Dieser Auffassung trat jedoch die ESMA in ihrer Stellungnahme zum Basisprospektformat entgegen[4]. Nach Auffassung der ESMA folge aus einer Gesamtschau der Vorschriften zum Basisprospektregime (insbesondere aus Art. 26 Abs. 4 und Abs. 5 ProspektVO), dass dieses mit dem dreiteiligen Prospektformat nicht kombinierbar ist. Die im Rahmen der Änderungsrichtlinie vorgenommene Streichung des Vorbehalts in Art. 5 Abs. 3 Prospektrichtlinie sei nicht ausreichend, um ein derartiges Konstrukt einzuführen. Es hätte vielmehr weitergehender Änderungen bedurft. Daher gehören weiterhin neben der Wertpapierbeschreibung die Zusammenfassung und die Emittentenbeschreibung zwingend zu den Bestandteilen eines Basisprospekts. Dies heißt allerdings nicht, dass ein

---

1 Zur entsprechenden Interpretation der Prospektrichtlinie siehe *Kunold/Schlitt*, BB 2004, 501 (506).
2 Art. 1 Nr. 13 lit. a) bb) des Gesetzes vom 26.6.2012 (Prospektrichtlinie-Änderungsrichtlinie-Umsetzungsgesetz), BGBl. I 2012, S. 1375.
3 *von Kopp-Colomb/Seitz*, WM 2012, 1220 (1226); *Heidelbach/Preuße*, BKR 2012, 397 (399); *Bauer*, CFL 2012, 91 (95); *Lawall/Maier*, DB 2012, 2503 (2504); *Bauer* in FrankfurtKomm. WpPG, § 6 WpPG Rz. 63; *Röhrborn* in Heidel, § 6 WpPG Rz. 3; *Meyer* in Habersack/Mülbert/Schlitt, Unternehmensfinanzierung am Kapitalmarkt, § 36 Rz. 62; so auch die Begründung des Regierungsentwurfs zum Prospektrichtlinie-Umsetzungsgesetz, BT-Drucks. 17/8684, S. 2, 13, 19.
4 ESMA, Opinion on the Format of the base prospectus and consistent application of Article 26(4) of the Prospectus Regulation, ESMA/2013/1944, Rz. 9 ff.

Registrierungsformular oder andere Informationen nicht durch Verweis in den Basisprospekt einbezogen werden können (vgl. dazu unten unter Rz. 36). Der ProspektVO-E sieht demgegenüber ausdrücklich die Zulässigkeit von dreiteiligen Basisprospekten vor (siehe oben unter Rz. 14).

Besonderheit von Basisprospekten ist, dass **mehrere Basisprospekte in einem einzigen Dokument** zusammengefasst werden können, wenn die Nichtdividendenwerte unterschiedlichen Wertpapierkategorien angehören (siehe oben unter Rz. 16). 32

2. Gliederung und Bestandteile von Basisprospekten

a) Aufbau, Gliederung

Basisprospekte besitzen gemäß Art. 26 Abs. 1 ProspektVO grundsätzlich die gleiche **Gliederung** wie sonstige Prospekte (vgl. Art. 25 Abs. 1 ProspektVO), dh. nach dem Inhaltsverzeichnis, der Zusammenfassung und den Risikofaktoren folgen die Informationsbestandteile, die Gegenstand der einschlägigen „Schemata" (Art. 2 Nr. 1 ProspektVO) und „Module" (Art. 2 Nr. 2 ProspektVO) sind, insbesondere das Registrierungsformular mit der Emittentenbeschreibung und die Wertpapierbeschreibung. Die in Art. 25 und 26 ProspektVO vorgegebene Reihenfolge ist zwingend; zulässig ist es jedoch, ein kurzes Deckblatt einzufügen, welches den Prospektgegenstand (Öffentliches Angebot, Zulassung etc.) benennt. Denkbar ist es zudem – in den Fällen, in denen keine Zusammenfassung zwingend vorgeschrieben ist – einen Abschnitt „Überblick" zu Beginn des Basisprospekts einzufügen[1]. Eine weitergehende Abweichungsmöglichkeit besteht nicht, insbesondere folgt eine solche nicht aus Art. 26 Abs. 2 ProspektVO. Dieser schließt bereits vom Wortlaut her aus, dass die von ihm eröffnete Abweichungsmöglichkeit des Emittenten auch beim Aufbau des Basisprospekts gilt („unbeschadet Abs. 1")[2]. Art. 26 Abs. 2 ProspektVO ermöglicht es aber, die in den Schemata und Modulen vorgegebene Reihenfolge zu verändern, soweit die verschiedenen im Basisprospekt enthaltenen Wertpapiere klar getrennt werden. In diesem Fall schreibt Art. 26 Abs. 3 ProspektVO wie bei sonstigen Prospekten (siehe dazu § 7 WpPG Rz. 28) vor, dass eine **Querverweisliste** für die Prüfung des Prospekts von der Prospektprüfungsbehörde verlangt werden kann. Nach der Verwaltungspraxis der BaFin ist in der Querverweisliste jeweils die Seite anzugeben, auf der die entsprechende Angabe gemacht wird[3]. Ein Hinweis auf Gliederungspunkte reicht nicht aus, kann aber als zusätzliche Angabe hilfreich sein, insbesondere vermindert die Aufnahme von Gliederungsebenen in der Querverweisliste den Aufwand bei künftigen Updates des Basisprospekts. Besonderheit der Querverweisliste von Basisprospekten ist zudem, dass es in dem Fall, dass mehrere Wertpapierarten in dem Basisprospekt enthalten sind, geboten sein kann, nicht nur einen Anhang der ProspektVO für die Wertpapierbeschreibung, sondern mehrere Anhänge der ProspektVO parallel auszufüllen (siehe näher unten unter Rz. 38). Nach Vorgabe der BaFin sollten sich fer- 33

---

[1] ESMA FAQs, Questions and Answers Prospectuses: 25th Updated Version – July 2016, ESMA/2016/1133, Nr. 9.
[2] So auch *Glismann* in Holzborn, § 6 WpPG, Rz. 15.
[3] So auch *Just/Ritz* in Just/Voß/Ritz/Zeising, § 6 WpPG Rz. 16.

ner bereits aus dem Inhaltsverzeichnis eindeutig die Fundstelle und die Art der Angaben zu den einzelnen Produktvarianten im Prospekt ergeben[1].

b) Zusammenfassung des Basisprospekts

34 Im Hinblick auf die Zusammenfassung des Basisprospekts stellt **Art. 26 Abs. 6 ProspektVO** klar, dass für Basisprospekte, auch wenn sie verschiedene Wertpapiere beinhalten, lediglich **eine einzige Zusammenfassung** zu erstellen ist, wobei allerdings die Angaben zu den verschiedenen Wertpapierarten voneinander zu trennen sind. Im Übrigen kommen für die Zusammenfassung von Basisprospekten die in Art. 24 Abs. 1 ProspektVO statuierten allgemeinen Gestaltungsvorgaben für Zusammenfassungen von Prospekten zur Anwendung. Diese wurden durch die Änderungsrichtlinie und die Erste Delegierte Verordnung wesentlich überarbeitet. Art. 24 sowie Anhang XXII ProspektVO beinhalten detaillierte Vorgaben, deren Ziel es ist, die Zusammenfassung als zentrales Informationsdokument für den Anleger auszugestalten (zu näheren Ausführungen zur Zusammenfassung siehe § 5 WpPG Rz. 16 ff.)[2]. **Besonderheit der Zusammenfassung von Basisprospekten** ist allerdings, dass gemäß **Art. 24 Abs. 2 ProspektVO** die Zusammenfassung des Basisprospekts nicht nur die im Basisprospekt enthaltenen Angaben, sondern auch Optionen für Angaben, die durch das Schema für die Wertpapierbeschreibung und/oder Module vorgeschrieben sind, und freie Stellen für die durch das Schema für die Wertpapierbeschreibung und/oder Module vorgeschriebenen Angaben, die später in den endgültigen Bedingungen ausgefüllt werden, enthalten kann. Damit wurde im Zuge der Ersten Delegierten Verordnung, durch die Art. 24 Abs. 2 ProspektVO seine heutige Form erhielt, klargestellt, inwiefern in der Zusammenfassung Angaben durch die endgültigen Bedingungen ergänzt werden können. Insoweit führt die BaFin bezugnehmend auf Art. 24 Abs. 2 ProspektVO aus, dass die Zusammenfassung zu einem Basisprospekt Optionen und im Rahmen der Kategorisierung (siehe unten unter Rz. 47) auch freie Stellen enthalten kann, welche dann im Rahmen der emissionsbezogenen Zusammenfassung wiederholt bzw. ausgefüllt werden können[3] (siehe zur emissionsbezogenen Zusammenfassung unten unter Rz. 52).

35 Um die Klarheit und Vergleichbarkeit von Zusammenfassungen zu gewährleisten hat die **ESMA** einige **formale Anforderungen** aufgestellt, die bei der Erstellung von Zusammenfassungen zu beachten sind[4]. So geht die ESMA ua. davon aus, dass die in Anhang XXII ProspektVO vorgesehene Nummerierung und eine kurze Beschreibung

---

1 BaFin, Häufig gestellte Fragen zum Basisprospektregime vom 31.5.2012 (Stand 4.6.2014), Ziffer I.4.
2 *Heidelbach/Preuße*, BKR 2012, 397 (401 f.).
3 BaFin, Häufig gestellte Fragen zum Basisprospektregime vom 31.5.2012 (Stand 4.6.2014), Ziffer II.6.
4 ESMA FAQs, Questions and Answers Prospectuses: 25th Updated Version – July 2016, ESMA/2016/1133, Frage 80.

der geforderten Angaben in die Zusammenfassung zu übernehmen sind[1]. Hinsichtlich des Formats sieht die ESMA in einem Muster der Zusammenfassung die tabellarische Form vor[2]. Ein Problem in der Praxis ist, ob die in Art. 24 Abs. 1 Unterabs. 2 Satz 3 ProspektVO enthaltene **Längenbegrenzung** auch bei Basisprospekten Anwendung findet. Gemäß Art. 24 Abs. 1 Unterabs. 2 Satz 3 ProspektVO darf die Zusammenfassung nicht mehr als 7% des Prospekts (einschließlich der per Verweis einbezogenen Dokumente) oder nicht mehr als 15 Seiten betragen, je nachdem, was länger ist[3]. Dabei ist zwar zu berücksichtigen, dass gemäß Art. 22 Abs. 1 Unterabs. 2 Satz 4 ProspektVO die Zusammenfassung keine Querverweise auf andere Teile des Prospekts enthaltenen darf, jedoch wurde die in Erwägungsgrund Nr. 21 der Prospektrichtlinie gemachte Vorgabe von „in der Regel nicht mehr als 2.500 Wörtern" deutlich erweitert. Für eine Anwendung der Vorschrift auch auf Basisprospekte spricht, dass Art. 24 Abs. 1 ProspektVO darüber hinausgehende und allgemein anzuwendende weitere Anforderungen enthält, wie beispielsweise den Verweis auf Anhang XXII ProspektVO[4]. Auch die ESMA geht insoweit von einer Anwendbarkeit der Längenbegrenzung aus[5].

c) Weitere Bestandteile des Basisprospekts

Bezüglich der **Emittentenbeschreibung** besteht die Besonderheit bei Basisprospekten darin, dass Emittenten von Schuldverschreibungen, welche Gegenstand von Basisprospekten sind, häufig mehrere Programme parallel etabliert haben und von daher ein besonderes Bedürfnis nach der einheitlichen Darstellung der Emittentenbeschreibung besteht. Berücksichtigt man zudem, dass die Basisprospekte zu den unterschiedlichen Programmen häufig mit einem unterschiedlichen Datum gebilligt werden, haben sich viele Emittenten dafür entschieden, ein Registrierungsformular mit der Emittentenbeschreibung als gesondertes Dokument iS des § 12 Abs. 1 Satz 3 WpPG billigen zu lassen und zu hinterlegen und dieses dann per Verweis in die jeweiligen Basisprospekte einzubeziehen (vgl. auch Art. 26 Abs. 4 Nr. 1 iVm. Art. 28 Abs. 1 Nr. 5 ProspektVO). Problematisch ist in diesem Fall, inwiefern im Zeitpunkt der Billigung des jeweiligen Basisprospekts alle Informationen in dem durch Querverweis einbezogenen Registrierungsformular aktuell sein müssen (zur Problematik der „dynamischen Verweise" siehe § 11 WpPG Rz. 20) und in welcher Form zu einem späte-

36

---

1 ESMA FAQs, Questions and Answers Prospectuses: 25th Updated Version – July 2016, ESMA/2016/1133, Frage 80 sowie BaFin, Häufig gestellte Fragen zum Basisprospektregime vom 31.5.2012 (Stand 4.6.2014), Ziffer II.4.
2 ESMA FAQs, Questions and Answers Prospectuses: 25th Updated Version – July 2016, ESMA/2016/1133, Frage 80 sowie BaFin, Häufig gestellte Fragen zum Basisprospektregime vom 31.5.2012 (Stand 4.6.2014), Ziffer II.5.
3 So auch BaFin, Häufig gestellte Fragen zum Basisprospektregime vom 31.5.2012 (Stand 4.6.2014), Ziffer II.1.
4 *von Kopp-Colomb/Seitz*, WM 2012, 1220 (1228).
5 Zur Diskussion siehe *von Kopp-Colomb/Seitz*, WM 2012, 1220 (1228) und *Seitz*, RdF 2011, 427 (428) jeweils mit Verweis auf ESMA, Finaler Bericht vom 4.10.2011 – ESMA's technical advice on possible delegated acts concerning the Prospectus Directive as amended by the Directive 2010/73/EU, ESMA/2011/323, Rz. 190.

ren Zeitpunkt eine Aktualisierung der im Registrierungsformular enthaltenen Informationen mittels eines Nachtrags nach § 16 WpPG vorgenommen werden kann (siehe § 9 WpPG Rz. 60 ff., § 12 WpPG Rz. 38 und § 16 WpPG Rz. 51).

37 Bei der Aufnahme der Informationen zur **Wertpapierbeschreibung und den wertpapierspezifischen Risikofaktoren** stellt sich aufbautechnisch die Frage, welche Informationen in den Basisprospekt bzw. in die endgültigen Bedingungen aufzunehmen sind (dazu gesondert unten unter Rz. 42 ff.). Wie bereits oben ausgeführt (Rz. 16), ist es grundsätzlich zulässig, einen einzigen Basisprospekt für jegliche vom Emittenten künftig zu emittierende Wertpapiere zu nutzen, solange eine Trennung der dort genannten Wertpapierkategorien erfolgt. Eine weitere Unterteilung innerhalb der Kategorien wird von der ProspektVO nicht verlangt. Insbesondere fehlt es für eine weitere Unterteilung an geeigneten Kriterien; besonders eine Orientierung an Anhang XVIII ProspektVO, der eine Übersicht zu den verschiedenen Kombinationsmöglichkeiten der in der ProspektVO vorgesehenen Schemata und Module enthält, ist für eine weitere Differenzierung wenig geeignet.

38 Bei den Wertpapierarten, welche gemäß § 6 Abs. 1 WpPG Gegenstand eines Basisprospekts sein können, kommen vor allem die **Schemata für die Wertpapierbeschreibung** für Schuldtitel mit einer Einzelstückelung von weniger als 100.000 Euro (Art. 8 iVm. Anhang V ProspektVO), für derivative Wertpapiere (Art. 15 iVm. Anhang XII ProspektVO) sowie für Schuldtitel mit einer Mindeststückelung von 100.000 Euro (Art. 16 iVm. Anhang XIII ProspektVO) in Betracht. Die Abgrenzung kann im Einzelfall, insbesondere bei Schuldverschreibungen mit einer derivativen Komponente, schwierig sein. Gemäß Art. 8 Abs. 2 bzw. Art. 16 Abs. 2 ProspektVO sind Anhang V bzw. Anhang XIII ProspektVO bei Schuldtiteln anzuwenden, bei denen eine Rückzahlung der Schuldtitel zu 100% des Nominalwerts erfolgt, wobei zusätzlich noch eine Zinszahlung erfolgen kann. Soweit sich somit die derivative Komponente von Schuldverschreibungen ausschließlich auf die Zinszahlung bezieht, kommen somit je nach der Mindeststückelung Anhang V bzw. Anhang XIII ProspektVO zur Anwendung. Soweit sich die derivative Komponente auf den Rückzahlungsbetrag bezieht, kommt – auch wenn die Rückzahlung zu 100% des Nominalwerts garantiert ist – Anhang XII ProspektVO zur Anwendung. In der Praxis ist die Abgrenzung lediglich von untergeordneter Bedeutung, da bei Basisprospekten in der Regel beide Fälle unter einem Basisprospekt denkbar sind, so dass in dem Basisprospekt ohnehin die Anforderungen sowohl von Anhang V ProspektVO (und natürlich auch von Anhang XIII ProspektVO) als auch von Anhang XII ProspektVO abgebildet werden müssen und entsprechend auch die Querverweisliste für diese Anhänge auszufüllen ist.

39 Zusätzlich zu den Angaben, welche die Schemata und Module der ProspektVO verlangen, sind die in **Art. 22 Abs. 5 ProspektVO aufgezählten weiteren Angaben** in den Basisprospekt aufzunehmen. Diese weiteren Angaben umfassen einen Hinweis auf die Angaben, die in die endgültigen Bedingungen aufzunehmen sind (siehe dazu ausführlich Rz. 40), einen Abschnitt mit einem Muster der endgültigen Bedingungen, das für jede einzelne Emission auszufüllen ist, die Angabe der Art der Veröffentlichung der endgültigen Bedingungen oder ggf. einen Hinweis darauf, wie das

Publikum über die Art, die für die Veröffentlichung der endgültigen Bedingungen verwendet werden soll, informiert wird, sowie im Falle der Emission von Nichtdividendenwerten iS von Art. 5 Abs. 4 lit. a Prospektrichtlinie (umgesetzt in § 6 Abs. 1 Nr. 1 WpPG) eine allgemeine Beschreibung des Programms. Unter der allgemeinen Beschreibung des Programms wird – wie insbesondere bei Basisprospekten zu EMTN-Programmen üblich – häufig ein Abschnitt in den Basisprospekt aufgenommen, in dem sich Informationen zu dem Programmaufstellungsbeschluss, beteiligten Parteien, Emissionsvolumina oder Ratings befinden; dies muss aber nicht zwingend in einem eigenen Abschnitt erfolgen, sondern es ist ausreichend, wenn sich entsprechende Informationen an irgendeiner Stelle des Basisprospekts wiederfinden.

3. Endgültige Bedingungen

a) Allgemeines

Erwägungsgrund Nr. 26 ProspektVO ergänzt Erwägungsgrund Nr. 25 ProspektVO (zu diesem oben unter Rz. 8) dahingehend, dass der Basisprospekt auf leicht verständliche Art und Weise erläutern soll, welche **Angaben in die endgültigen Bedingungen** aufgenommen werden sollen. Beispielhaft wird in der ProspektVO genannt, dass der Basisprospekt Lücken für Angaben enthalten kann, die noch in die endgültigen Bedingungen aufzunehmen sind, oder eine Liste mit noch fehlenden Angaben beinhalten kann. Dementsprechend finden sich in der Praxis in Basisprospekten häufig Platzhalter oder alternative, mit eckigen Klammern gekennzeichnete Textbausteine, die häufig mit einer Regieanweisung für das Ausfüllen auf Ebene der endgültigen Bedingungen versehen sind. Dies gilt, wenn auch eingeschränkt, auch noch im Rahmen des neuen Prospektrechts (siehe unten unter Rz. 46). Darüber hinaus ist in Basisprospekten ein Abschnitt mit einem Muster der endgültigen Bedingungen aufzunehmen, in dem die Struktur sowie der Inhalt der endgültigen Bedingungen aufgezeigt wird (Art. 22 Abs. 5 Nr. 1a ProspektVO).

Der Umstand, dass mittels der endgültigen Bedingungen Informationen im Verhältnis zum Basisprospekt ergänzt werden können, ist nicht zu verwechseln mit der Frage, inwiefern der Basisprospekt vollständig iS des § 13 WpPG ist (so genanntes **Vollständigkeitsgebot**; vgl. dazu § 13 WpPG Rz. 10). Selbstverständlich ist der Basisprospekt nur billigungsfähig, wenn er alle Mindestangaben gemäß § 7 WpPG abdeckt (siehe bereits oben unter Rz. 29), wobei dies auch dadurch geschehen kann, dass Mindestangaben, die der Kategorie B oder C zuzuordnen sind (siehe dazu unten unter Rz. 47), erst in den endgültigen Bedingungen spezifiziert werden, im Basisprospekt insoweit also nur ein Platzhalter vorhanden ist oder Mindestangaben aller drei Kategorien als auswählbare Optionen im Basisprospekt ausgestaltet sind, die im Rahmen der endgültigen Bedingungen konkretisiert werden (siehe dazu unten unter Rz. 50 f.). Dementsprechend kann die Einhaltung des Vollständigkeitsgebots für eine Einzelemission unter dem Basisprospekt nur auf der Basis einer Gesamtschau von Basisprospekt und endgültigen Bedingungen abschließend beurteilt werden[1].

---

[1] So noch zum alten Recht *Heidelbach/Preuße*, BKR 2008, 10 (14).

b) Gegenstand von endgültigen Bedingungen, Verhältnis zum Basisprospekt

42 Nach § 6 Abs. 1 WpPG sind in den Basisprospekt „alle nach den §§ 5 und 7 WpPG notwendigen Angaben zum Emittenten und den öffentlich anzubietenden oder zum Handel an einem organisierten Markt zuzulassenden Wertpapieren" aufzunehmen. Davon zu unterscheiden sind die „endgültigen Bedingungen des Angebots"[1].

43 Aus dieser **Formulierung in § 6 Abs. 1 WpPG** kann **wenig Konturschärfe** für den Gegenstand von endgültigen Bedingungen abgeleitet werden. Insbesondere sind Gegenstand der endgültigen Bedingungen nicht nur die „Bedingungen und Voraussetzungen für das Angebot", welche ua. in Ziffer 5 Anhang XII ProspektVO konkretisiert werden[2]. Würde man einer derartigen einengenden Auslegung folgen, würde dies bedeuten, dass lediglich Angaben zu der Platzierung, wie dem Emissionsvolumen und dem Preis, in die endgültigen Bedingungen aufgenommen werden können, was dem in § 6 WpPG zum Ausdruck kommenden Grundgedanken des Basisprospektregimes mit den entsprechenden Konkretisierungen in der ProspektVO widerspräche. Weiterhin wäre bei einer entsprechenden Auslegung auch die eigenständige Bedeutung der endgültigen Bedingungen neben der Möglichkeit der Nichtaufnahme von Angaben nach § 8 WpPG fraglich. Bei der Bestimmung der in endgültigen Bedingungen des Angebots zulässigen Informationsbestandteile ist daher von einem weiten Begriff des „Angebots" auszugehen.

44 Genaueres ergibt sich aber aus der **ProspektVO**, insbesondere nach der Überarbeitung im Zuge der Ersten Delegierten Verordnung. Bereits vor der Überarbeitung enthielt die ProspektVO eine Reihe von allgemeinen Regeln, auf deren Grundlage das Verhältnis von endgültigen Bedingungen zum Basisprospekt bestimmt werden kann. Diese allgemeinen Regeln bestehen unverändert fort. Im Einzelnen:

– **Art. 22 Abs. 2 ProspektVO** enthält die Grundregel zum Verhältnis zwischen Basisprospekt und endgültigen Bedingungen und stellt klar, dass (nur) auf die Aufnahme derjenigen Informationsbestandteile im Basisprospekt verzichtet werden kann, die zum Zeitpunkt der Billigung des Basisprospekts noch nicht bekannt sind und erst zum Zeitpunkt der jeweiligen Emission bestimmt werden können.

– **Art. 22 Abs. 5 Nr. 1 ProspektVO** bestimmt, dass der Basisprospekt einen Hinweis auf die Angaben enthalten muss, die in die endgültigen Bedingungen aufzunehmen sind.

– Nach **Satz 2 von Erwägungsgrund Nr. 21** zur **ProspektVO** sind sämtliche für einen Prospekt geltenden allgemeinen Grundsätze auch auf die endgültigen Bedingungen anwendbar.

45 Allerdings **schränkt** die ProspektVO in der durch die **Erste Delegierte Verordnung** geänderten Fassung den **bislang bestehenden Ermessensspielraum** der Emittenten

---

[1] Zur Debatte zum Gegenstand der nachzutragenden Angebotsbedingungen unter § 10 VerkProspG aF siehe *Ritz* in Assmann/Lenz/Ritz, § 10 VerkProspG Rz. 4 ff.
[2] So auch ESME, Report on Directive 2003/71/EC of the European Parliament and of the Council on the prospectus to be published when securities are offered to the public or admitted to trading v. 5.9.2007, S. 18.

bei der Auslegung dieser allgemeinen Regeln durch **konkrete Vorgaben bezüglich des zulässigen Gegenstandes von endgültigen Bedingungen** ein[1]. Dies geschieht vor dem Hintergrund, dass es das erklärte Ziel sowohl der ESMA als auch der Europäischen Kommission ist, für eine erhöhte Kontrolldichte bezüglich der in den endgültigen Bedingungen aufnehmbaren Informationen zu sorgen[2]. Eine solche erhöhte Kontrolldichte sei erforderlich geworden, da die Emittenten unterschiedliche Aufsichtspraktiken der zuständigen Behörden ausnutzten und Informationen in die endgültigen Bedingungen aufnahmen, die eigentlich von der zuständigen Behörde gebilligt hätten werden müssen[3].

Gemäß **Art. 22 Abs. 4 Satz 1 ProspektVO** dürfen die endgültigen Bedingungen nur die im Rahmen der verschiedenen Wertpapierbeschreibungsschemata als Kategorien „B" und „C" eingestuften, im Anhang XX ProspektVO aufgeführten Informationsbestandteile (siehe näher dazu unten unter Rz. 47) sowie auf freiwilliger Basis etwaige „zusätzliche Angaben" gemäß Anhang XXI ProspektVO und eine Wiederholung der oder einen Verweis auf die bereits im Basisprospekt genannten Optionen, die für die einzelne Emission gelten, enthalten. Daraus folgt, dass die endgültigen Bedingungen **nur Angaben zu den Wertpapieren**, nicht aber zu dem Emittenten enthalten dürfen. Letztere müssen im Basisprospekt eingefügt oder per Nachtrag nach § 16 WpPG ergänzt werden[4]. 46

Eine entscheidende Neuerung des Basisprospektregimes ist die **strenge Kategorisierung der Informationsbestandteile**. Die Zuordnung zu einer Kategorie entscheidet darüber, welche Informationen bereits im Basisprospekt enthalten sein müssen und welche ggf. später über endgültige Bedingungen eingefügt werden dürfen (vgl. **Art. 22 Abs. 4 Satz 1 Buchst. a ProspektVO**). Unterschieden werden nach **Art. 2a Abs. 1 ProspektVO** die folgenden drei Kategorien[5]: 47

– **Kategorie A**: Informationsbestandteile, die im Basisprospekt enthalten sein müssen und die nicht ausgelassen und zu einem späteren Zeitpunkt in die endgültigen Bedingungen eingefügt werden können.

– **Kategorie B**: Informationsbestandteile, bei denen der Basisprospekt alle grundsätzlichen Punkte der Informationen enthalten muss und nur Einzelheiten, die bei Billigung des Basisprospekts noch nicht bekannt sind, ausgelassen und zu einem

---

1 *von Kopp-Colomb/Seitz*, WM 2012, 1220 (1222); *Heidelbach/Preuße*, BKR 2012, 397 (398); *Bauer*, CFL 2012, 91 (92); *Röhrborn* in Heidel, § 6 WpPG Rz. 10.
2 Siehe insb. ESMA, Finaler Bericht vom 4.10.2011 – ESMA's technical advice on possible delegated acts concerning the Prospectus Directive as amended by the Directive 2010/73/EU, ESMA/2011/323, Rz. 4.
3 ESMA, Finaler Bericht vom 4.10.2011 – ESMA's technical advice on possible delegated acts concerning the prospectus Directive as amended by the Directive 2010/73/EU, ESMA/2011/323, Rz. 4, 103.
4 *Bauer* in FrankfurtKomm. WpPG, § 6 WpPG Rz. 40.
5 Kritisch bzgl. der im Konsultationspapier der ESMA enthaltenen und nunmehr in der ProspektVO aufrechterhaltenen Kategorisierung von Informationen *Kusserow/Scholl*, RdF 2011, 310 (314).

späteren Zeitpunkt in die endgültigen Bedingungen eingefügt werden können[1]. Die ESMA nennt als solche später einfügbare Einzelheiten nur Beträge, Währungen, Datumsangaben, Zeitperioden, Prozentangaben, Referenzsätze, Bildschirmseiten, Namen und Orte[2].

- **Kategorie C**: Informationsbestandteile, die bei Billigung des Basisprospekts nicht bekannt sind, können eine Auslassung enthalten, die zu einem späteren Zeitpunkt im Rahmen der endgültigen Bedingungen ergänzt wird.

Die Zuordnung der Informationsbestandteile der Wertpapierbeschreibung zu einer bestimmten Kategorie folgt aus dem neu eingefügten **Anhang XX ProspektVO**. Demnach sind Angaben zu den haftenden Personen sowie den Risikofaktoren beispielsweise Kategorie A Informationsbestandteile, wohingegen Angaben zur Art der Verzinsung der Wertpapiere Kategorie B und die Angabe der maßgeblichen Wertpapierkennnummern der Wertpapiere oder die Angabe der für das Wertpapier maßgeblichen Zinszahlungstage ein Kategorie C Informationsbestandteil ist (näheres ist insoweit auch den entsprechenden Kommentierungen der Anhänge zu entnehmen). Anhang XX ProspektVO beschränkt sich darauf, die entsprechenden Informationsbestandteile den oben skizzierten Kategorien zuzuordnen und nimmt keine inhaltliche Änderung der Anhänge selbst vor[3]. Hinsichtlich der Kategorisierung ist bei der Erstellung von Überkreuz-Checklisten bzw. Querverweislisten im Zusammenhang mit einem Billigungsverfahren (siehe dazu § 11 WpPG Rz. 47 f.) darauf zu achten, dass die entsprechende Überkreuz-Checkliste bzw. die Querverweisliste um die Erläuterung ergänzt wird, ob eine Angabe der Kategorie A, B oder C zuzuordnen ist[4].

48 **Art. 22 Abs. 4 Satz 2 ProspektVO** stellt klar, dass durch die endgültigen Bedingungen die im Basisprospekt enthaltenen Angaben **weder verändert noch ersetzt** werden dürfen. Dadurch soll sichergestellt werden, dass in den endgültigen Bedingungen nicht von dem durch den Basisprospekt vorgegebenen und von der Prospektprüfungsbehörde gebilligten Rahmen abgewichen wird[5]. Entsprechend Erwägungsgrund Nr. 7 Erste Delegierte Verordnung sollen alle neuen Informationen, die die Bewertung des Emittenten und der Wertpapiere durch den Anleger beeinflussen könnten, in einen Nachtrag oder einen neuen Basisprospekt aufgenommen werden, der vorab von der zuständigen Behörde gebilligt werden muss. Ausdrücklich wird in Erwägungsgrund Nr. 7 Erste Delegierte Verordnung darauf hingewiesen, dass die endgültigen Bedingungen keine Beschreibung etwaiger neuer, im Basisprospekt nicht enthaltener Zahlungskonditionen beinhalten sollten.

---

1 Siehe auch ESMA FAQs, Questions and Answers Prospectuses: 25th Updated Version – July 2016, ESMA/2016/1133, Nr. 78 bzw. BaFin, Häufig gestellte Fragen zum Basisprospektregime vom 31.5.2012 (Stand 4.6.2014), Ziffer I.3.
2 ESMA FAQs, Questions and Answers Prospectuses: 25th Updated Version – July 2016, ESMA/2016/1133, Nr. 78 sowie BaFin, Häufig gestellte Fragen zum Basisprospektregime vom 31.5.2012 (Stand 4.6.2014), Ziffer I.3.
3 *Glismann/Pegel* in Holzborn, Anhang XX EU-ProspV Rz. 1.
4 BaFin, Häufig gestellte Fragen zum Basisprospektregime vom 31.5.2012 (Stand 4.6.2014), Ziffer I.1.
5 *von Kopp-Colomb/Seitz*, WM 2012, 1220 (1223).

Das Hinzufügen von (neuen) Informationen ist lediglich in dem durch die Kategorisierung (bzgl. Pflichtangaben) bzw. durch die Liste in Anhang XXI ProspektVO (bzgl. freiwilliger „zusätzlicher Angaben") vorgegebenen Rahmen möglich[1]. Die gemäß Anhang XXI ProspektVO zulässigen zusätzlichen Angaben sind im Lichte des Erwägungsgrunds Nr. 6 Erste Delegierte Verordnung zu sehen. Danach soll es möglich sein, bestimmte zusätzliche Angaben, die sich nicht auf die Wertpapierbeschreibung beziehen, aufzunehmen, wenn dies als nützlich für die Anleger angesehen wird. 49

Nach dem durch die Erste Delegierte Verordnung neu eingefügten **Art. 26 Abs. 5 Unterabs. 2 ProspektVO** dürfen Informationen, die bereits im Basisprospekt enthalten sind, nicht in den endgültigen Bedingungen wiederholt werden. Allerdings gilt dieses Wiederholungsverbot nach Art. 22 Abs. 4 Satz 1 lit. c ProspektVO nicht für Informationen, die optional genannt sind[2]. Die Möglichkeit, Wertpapierangaben im Basisprospekt optional auszugestalten, besteht gem. Art. 22 Abs. 1a Satz 1 ProspektVO für Angaben aller drei Kategorien. Dies entspricht der in Erwägungsgrund Nr. 6 Erste Delegierte Verordnung zum Ausdruck kommenden Intention des Verordnungsgebers, wonach vorzusehen ist, dass der Basisprospekt für alle nach den einschlägigen Schemata und Modulen für die Wertpapierbeschreibung vorgeschriebenen Angaben verschiedene Optionen enthalten darf. Dies hat zur Folge, dass auch (optional ausgestaltete) Kategorie A bzw. Kategorie B Informationsbestandteile in den endgültigen Bedingungen wiederholt werden dürfen[3], mit der Konsequenz, dass auch Kategorie A bzw. B Informationsbestandteile, die an sich bereits im Basisprospekt enthalten sein müssen (bei Kategorie B Informationsbestandteilen betrifft dies nur grundsätzliche Punkte), in die endgültigen Bedingungen aufgenommen werden können. In den endgültigen Bedingungen werden nämlich die für die jeweilige Emission anwendbaren Optionen festgelegt[4]. Dies erfolgt entweder durch Verweis auf den entsprechenden Abschnitt im Basisprospekt oder durch Wiederholung der betreffenden Angaben (vgl. Art. 22 Abs. 1a Satz 2 ProspektVO sowie Erwägungsgrund Nr. 6 der Ersten Delegierten Verordnung). Die optionale Ausgestaltung von Angaben ist insbesondere für Prospektangaben der Kategorie A relevant[5]. Bei der Umsetzung der Optionen ist insbesondere auf eine transparente Darstellung zu achten[6]. Wenn von mehreren Optionen eine ausgewählt wird, ist im Hinblick auf die nicht gewähl- 50

---

1 Kritisch zur Begrenzung auf die in Anhang XXI ProspektVO genannten Informationen *von Kopp-Colomb/Seitz*, WM 2012, 1220 (1223).
2 *von Kopp-Colomb/Seitz*, WM 2012, 1220 (1225).
3 Siehe dazu auch BaFin, Häufig gestellte Fragen zum Basisprospektregime vom 31.5.2012 (Stand 4.6.2014), Ziffer I.2 sowie *Meyer* in Habersack/Mülbert/Schlitt, Unternehmensfinanzierung am Kapitalmarkt, § 36 Rz. 64.
4 *von Kopp-Colomb/Seitz*, WM 2012, 1220 (1224); *Heidelbach/Preuße*, BKR 2012, 397 (398).
5 Vgl. ausführlich zum Vorteil der optionalen Ausgestaltung bei Kategorie A Informationsbestandteilen *Glismann* in Holzborn, § 6 WpPG Rz. 10 sowie *Heidelbach/Preuße*, BKR 2012, 397 (399).
6 Vgl. *Heidelbach/Preuße*, BKR 2012, 397 (399), die auch ausführlich auf die einzelnen Gestaltungsmöglichkeiten eingehen.

te Option ein „entfällt"-Vermerk in den endgültigen Bedingungen nicht erforderlich (siehe dazu auch Rz. 57)[1].

51 Allerdings besteht die optionale Ausgestaltung des Basisprospekts und die Möglichkeit, Informationen aus dem Basisprospekt zu wiederholen, nicht grenzenlos[2]. Zwar geht die BaFin davon aus, dass es denkbar sei, dass die Emissionsbedingungen komplett geklammert als Option in den Prospekt aufgenommen und im Rahmen der endgültigen Bedingungen ausgewählt werden[3]. Dies entspricht faktisch konsolidierten Bedingungen[4]. Nicht zulässig ist es aber mit Blick auf die Beschränkung der zulässigen Angaben in endgültigen Bedingungen, die endgültigen Bedingungen insgesamt zu konsolidieren[5].

c) Emissionsspezifische Zusammenfassung

52 Zwingender Bestandteil der endgültigen Bedingungen ist seit der Änderung der ProspektVO auch eine Zusammenfassung (sog. emissionsspezifische Zusammenfassung). Eine entsprechende Regelung findet sich in **Art. 24 Abs. 3 ProspektVO**. Die emissionsspezifische Zusammenfassung enthält die nur für die einzelne Emission relevanten Angaben der Zusammenfassung des Basisprospekts, die nur für die einzelne Emission relevanten, im Basisprospekt genannten Optionen, wie sie in den endgültigen Bedingungen festgelegt wurden sowie die im Basisprospekt ausgelassenen, in den endgültigen Bedingungen genannten relevanten Angaben. Es ist nicht möglich, zusätzliche Informationen in die emissionsspezifische Zusammenfassung aufzunehmen, die weder in der Zusammenfassung des Basisprospekts noch in anderen Teilen des Basisprospekts (einschließlich der endgültigen Bedingungen) enthalten sind[6].

53 Im Falle von endgültigen Bedingungen, die sich auf mehrere Wertpapiere beziehen, kann für all diese Wertpapiere gemäß Art. 24 Abs. 3 Unterabs. 2 ProspektVO eine einzige emissionsspezifische Zusammenfassung erstellt werden, sofern die Angaben zu den verschiedenen Wertpapieren klar voneinander getrennt sind. Die Erstellung in einer einzigen emissionsspezifischen Zusammenfassung ist allerdings nur dann zulässig, wenn sich die verschiedenen Wertpapiere nur in einigen sehr beschränkten Einzelheiten, zB. im Hinblick auf den Emissionskurs oder den Fälligkeitstermin unterscheiden. Die in Art. 24 Abs. 3 Unterabs. 2 ProspektVO aufgeführten Kriterien sind aber nur als Beispiele zu verstehen, die verdeutlichen sollen, dass Unterschiede

---

1 BaFin, Häufig gestellte Fragen zum Basisprospektregime vom 31.5.2012 (Stand 4.6.2014), Ziffer IV.4.
2 ESMA, Finaler Bericht vom 4.10.2011 – ESMA's technical advice on possible delegated acts concerning the Prospectus Directive as amended by the Directive 2010/73/EU, ESMA/2011/323, Rz. 119; *von Kopp-Colomb/Seitz*, WM 2012, 1220 (1225).
3 BaFin, Häufig gestellte Fragen zum Basisprospektregime vom 31.5.2012 (Stand 4.6.2014), Ziffer IV.3.
4 *Heidelbach/Preuße*, BKR 2012, 397 (400).
5 BaFin, Häufig gestellte Fragen zum Basisprospektregime vom 31.5.2012 (Stand 4.6.2014), Ziffer IV.3.
6 ESMA FAQs, Questions ans Answers Prospectuses: 25th Updated Version – July 2016, ESMA/2016/1133, Frage 95.

zwischen den Wertpapieren tatsächlich nur bei wenigen Kriterien bestehen dürfen[1]. Auch ESMA vertritt die Auffassung, dass der Wortlaut des Art. 24 Abs. 3 Unterabs. 2 ProspektVO die möglichen Abweichungen zwischen den Wertpapieren begrenze, ohne jedoch eine Maximalanzahl an zulässigen Abweichungen festzulegen, wobei vor dem Hintergrund der Verständlichkeit der Zusammenfassung nur Wertpapiere mit Basiswerten der gleichen Art (bspw. Aktien oder Indizes) und mit den gleichen Risikofaktoren in einer gemeinsamen Zusammenfassung zusammengefügt werden sollen[2]. Für den Fall, dass mehrere Wertpapiere in einer einzigen Zusammenfassung zusammengefasst werden sollen, kommen die folgenden beiden Gestaltungsmöglichkeiten alternativ in Betracht[3]:

– In den jeweiligen Elementen der Zusammenfassung, in denen unterschiedliche Informationen für die verschiedenen Wertpapiere aufzunehmen sind (zB unterschiedliche Fälligkeitstage in Element C. 16 oder unterschiedliche Basiswerte in Element C. 20), werden jeweils Tabellen (sog. „Mini-Tabellen") eingefügt, in welche die unterschiedlichen wertpapierspezifischen Informationen integriert werden. Die jeweilige Zuordnung der entsprechenden wertpapierspezifischen Informationen in den Mini-Tabellen zu dem jeweiligen Wertpapier erfolgt dabei über die Nennung der maßgeblichen Wertpapierkennnummer. Die Praxisrelevanz dieser Gestaltungsmöglichkeit ist beschränkt. Dies liegt insbesondere daran, dass durch das Erfordernis, Mini-Tabellen an verschiedenen Stellen innerhalb der Zusammenfassung aufzunehmen, die Zusammenfassung sehr lang wird, wodurch auch die Lesbarkeit und Übersichtlichkeit der Zusammenfassung eingeschränkt wird.

– Am Ende der emissionsspezifischen Zusammenfassung wird eine zusätzliche Tabelle eingefügt, in der die abweichenden Informationen zwischen den Wertpapieren integriert werden, wobei auch hier eine Zuordnung der entsprechenden wertpapierspezifischen Informationen zu dem jeweiligen Wertpapier über die Nennung der maßgeblichen Wertpapierkennnummer erfolgt. In der Tabellenüberschrift ist eine aussagekräftige Beschreibung der Informationen, die in der Tabelle integriert werden, aufzunehmen. Weiterhin sind in der Tabellenüberschrift die Elementbezeichnungen der Elemente anzugeben, bezüglich derer Informationen in der Tabelle aufgenommen werden. In den maßgeblichen Elementen der emissionsspezifischen Zusammenfassung ist wiederum ein entsprechender Querverweis auf die Tabelle am Ende der emissionsspezifischen Zusammenfassung aufzunehmen.

Auch die emissionsspezifische Zusammenfassung unterliegt der Längenbegrenzung des Art. 24 Abs. 1 Unterabs. 2 Satz 3 ProspektVO[4], wobei dies von besonderer Relevanz ist, sofern mehrere gleichartige Wertpapiere in einer emissionsspezifischen Zu-

---
1 Siehe insoweit BaFin, Häufig gestellte Fragen zum Basisprospektregime vom 31.5.2012 (Stand 4.6.2014), Ziffer II.10.
2 ESMA FAQs, Questions and Answers Prospectuses: 25th Updated Version – July 2016, ESMA/2016/1133, Frage 91.
3 Siehe zu den unterschiedlichen Gestaltungsmöglichkeiten ESMA FAQs, Questions and Answers Prospectuses: 25th Updated Version – July 2016, ESMA/2016/1133, Frage 91.
4 ESMA FAQs, Questions and Answers Prospectuses: 25th Updated Version – July 2016, ESMA/2016/1133, Frage 91 sowie BaFin, Häufig gestellte Fragen zum Basisprospektregime vom 31.5.2012 (Stand 4.6.2014), Ziffer II.7.

sammenfassung zusammengefügt werden, was zu einer längeren Zusammenfassung führt[1].

d) Präsentation der endgültigen Bedingungen (Art. 26 Abs. 5 ProspektVO)

54 Die Art und Weise, wie die endgültigen Bedingungen zum Basisprospekt zu präsentieren sind, wird vor allem in **Art. 26 Abs. 5 ProspektVO** geregelt[2].

55 Auch nach der Überarbeitung der ProspektVO durch die Erste Delegierte Verordnung sind gemäß **Art. 26 Abs. 5 Unterabs. 1 ProspektVO** theoretisch zwei Präsentationsvarianten möglich: In Betracht kommt, die endgültigen Bedingungen durch Einfügung in den Basisprospekt darzustellen („**Einheitslösung**") oder diese zum Gegenstand eines gesonderten Dokuments zu machen, das nur die endgültigen Bedingungen enthält („**Trennungslösung**")[3]. Der Unterschied besteht dabei im Wesentlichen darin, dass bei der Einheitslösung alle relevanten Informationen aus einem Dokument, nämlich dem durch die endgültigen Bedingungen ergänzten Basisprospekt, entnommen werden können, während der Anleger bei der Trennungslösung zwei Dokumente zur Hand nehmen muss, um alle relevanten Informationen zu erhalten.

56 Die praktische Bedeutung der Unterscheidung ist allerdings vor dem Hintergrund, dass die ESMA in ihrem finalen Bericht vom 4.10.2011 den Standpunkt vertritt, dass die Einheitslösung impliziere, dass die Angebotsbedingungen bereits zum Zeitpunkt der Billigung des Basisprospekts bekannt sind und dementsprechend keine gesonderte Hinterlegung erforderlich sei[4], fraglich. Demzufolge ist davon auszugehen, dass für den Fall, dass endgültige Bedingungen **nach der Billigung des Basisprospekts** hinterlegt werden, dies auf der Grundlage der **Trennungslösung** geschieht.

Bereits vor der Veröffentlichung des finalen Berichts der ESMA kam die reine Einheitslösung in der Praxis selten vor, da die Gefahr bestand, dass der Umfang der endgültigen Bedingungen in diesem Fall relativ groß und mangels Fokussierung auf die für das jeweilige Produkt wesentlichen Informationen die Verständlichkeit der endgültigen Bedingungen gegebenenfalls beeinträchtigt gewesen wäre.

57 Gemäß **Art. 26 Abs. 5 Unterabs. 1 Satz 2 ProspektVO** sind die endgültigen Bedingungen in „leicht zu analysierender und verständlicher Form" abzufassen. Eine bestimmte Darstellungsform lässt sich dem Wortlaut insoweit aber nicht entnehmen[5]. Entgegen dem finalen Bericht der ESMA vom 4.10.2011, der vorgesehen hatte, dass

---

1 *von Kopp-Colomb/Seitz*, WM 2012, 1220 (1228).
2 *Kullmann/Sester*, ZBB 2005, 209 (213).
3 Vgl. dazu *von Kopp-Colomb/Seitz*, WM 2012, 1220 (1223); *Seitz*, AG 2005, 678 (686); vgl. auch *Just/Ritz* in Just/Voß/Ritz/Zeising, § 6 WpPG Rz. 30, die von der „Zwei-Dokumentenlösung" und der „Ein-Dokumentlösung" sprechen; im Ergebnis ist das Gleiche gemeint. Die Frage der Präsentation der endgültigen Bedingungen ist aber nicht mit der Frage der Präsentation eines Nachtrags iS des § 16 WpPG zu verwechseln (dazu § 16 WpPG Rz. 73 ff.).
4 ESMA, Finaler Bericht vom 4.10.2011 – ESMA's technical advice on possible delegated acts concerning the Prospectus Directive as amended by the Directive 2010/73/EU, ESMA/2011/323, Rz. 25.
5 *von Kopp-Colomb/Seitz*, WM 2012, 1220 (1223).

nicht-anwendbare Informationen aus den endgültigen Bedingungen gestrichen werden müssen[1], bestimmt Art. 22 Abs. 4 lit. a Satz 2 ProspektVO nunmehr, dass in den endgültigen Bedingungen an der betreffenden Stelle „entfällt" zu vermerken ist, wenn ein Informationsbestandteil für einen Prospekt irrelevant ist. Dies kann nicht vollends überzeugen[2]. Für eine solche Vorgehensweise mögen bei der Zusammenfassung noch Gründe der Vergleichbarkeit sprechen. Im Rahmen der endgültigen Bedingungen dürften an dieser Stelle jedoch die Bedenken überwiegen, da die zwingende Vorgabe auch eine Angabe zu nicht-anwendbaren Informationen zu machen, die Lesbarkeit der endgültigen Bedingungen eher beeinträchtigt als fördert[3]. Relativiert wird diese Vorgabe allerdings aufgrund ihrer systematischen Stellung in Art. 22 Abs. 4 lit. a Satz 2 ProspektVO. Mit Blick auf den vorangehenden Satz kann nämlich geschlussfolgert werden, dass sich ein entsprechender „entfällt"-Hinweis nur auf die Ergänzung von Kategorie B und Kategorie C Informationsbestandteilen bezieht[4].

Weiterhin ist es gemäß **Art. 26 Abs. 5 Unterabs. 4 ProspektVO** erforderlich, in den endgültigen Bedingungen entsprechende Warnhinweise zum Gegenstand der endgültigen Bedingungen und dem Verhältnis zum Basisprospekt aufzunehmen. Dies erfolgt in Form einer klaren und hervorgehobenen Erklärung, aus der hervorgeht, dass die vollständigen Angaben über den Emittenten und das Angebot sich aus dem Basisprospekt (inklusive etwaiger Nachträge) und den endgültigen Bedingungen zusammen ergeben, wo der Basisprospekt bzw. etwaige Nachträge verfügbar sind sowie dass den endgültigen Bedingungen eine Zusammenfassung für die einzelne Emission angefügt ist. 58

Hinsichtlich eines etwaigen Unterschrifterfordernisses verweist **Art. 26 Abs. 5 Unterabs. 5 ProspektVO** nunmehr auf die einschlägigen nationalen Rechtsvorschriften. Der ESMA-Rat hatte insoweit noch eine Kann-Bestimmung vorgesehen[5]. Die neue Regelung hat zur Folge, dass soweit aus den nationalen Rechtsvorschriften kein zwingendes Unterschriftserfordernis folgt, auch aus Art. 26 Abs. 5 Unterabs. 5 ProspektVO nichts Gegenteiliges gefolgert werden kann. Der deutsche Gesetzgeber hat insoweit in § 6 Abs. 3 Satz 5 WpPG[6] die klare Aussage getroffen, dass die endgültigen Bedingungen des Angebots der Unterschrift nicht bedürfen[7]. Dies überzeugt insbesondere auch mit Blick darauf, dass die endgültigen Bedingungen gem. 58a

---

1 ESMA, Finaler Bericht vom 4.10.2011 – ESMA's technical advice on possible delegated acts concerning the Prospectus Directive as amended by the Directive 2010/73/EU, ESMA/2011/323, Rz. 124.
2 von Kopp-Colomb/Seitz, WM 2012, 1220 (1224).
3 von Kopp-Colomb/Seitz, WM 2012, 1220 (1224).
4 Vgl. noch zur alten Fassung des § 6 Abs. 3 Satz 3 WpPG, der neben der elektronischen Hinterlegung auch noch die Hinterlegung in Textform vorsah von Kopp-Colomb/Seitz, WM 2012, 1220 (1224).
5 ESMA, Finaler Bericht vom 4.10.2011 – ESMA's technical advice on possible delegated acts concerning the Prospectus Directive as amended by the Directive 2010/73/EU, ESMA/2011/323, Rz. 129.
6 Eingefügt durch den Finanzausschuss, vgl. BT-Drucks. 17/9645, S. 14 (39).
7 von Kopp-Colomb/Seitz, WM 2012, 1220 (1224); Heidelbach/Preuße, BKR 2012, 397 (397).

§ 6 Abs. 3 Satz 3 WpPG mittlerweile nur noch elektronisch über das Melde- und Veröffentlichungssystem der Bundesanstalt hinterlegt werden können[1] (siehe dazu unten unter Rz. 94).

58b Neu aufgenommen wurde durch die Erste Delegierte Verordnung **Art. 26 Abs. 5a ProspektVO**. Danach sollen die endgültigen Bedingungen (und die Zusammenfassung) der einzelnen Emission grundsätzlich in derselben **Sprache** abgefasst werden wie die gebilligte Fassung des Musters der endgültigen Bedingungen im Basisprospekt (bzw. die Zusammenfassung des Basisprospekts), wobei einzelne Abweichungen von diesem Grundsatz explizit zugelassen sind[2].

e) Sonderproblem: Aufstockung des Emissionsvolumens

59 In Emissionsbedingungen von Schuldverschreibungen ist regelmäßig vorgesehen, dass der Emittent jederzeit berechtigt ist, das Emissionsvolumen einer bereits zuvor begebenen Emission durch **Ausgabe weiterer Wertpapiere mit identischer technischer und rechtlicher Ausstattung** (zB gleiche ISIN/WKN, gleiche Stückelung, gleicher Höchstrückzahlungsfaktor etc.) zu erhöhen (sog. Aufstockung). Dies ist grundsätzlich auch unter dem durch die Erste Delegierte Verordnung geänderten Prospektregime weiterhin möglich. Entscheidend ist dabei, dass die neuen Wertpapiere mit den bereits ausgegebenen Wertpapieren fungibel sind, dh., dass durch die neu ausgegebenen Wertpapiere die gleichen Rechte und Pflichten verbrieft werden und für einen Anleger kein Unterschied besteht, ob er ein Wertpapier aus der ursprünglichen Emission oder aus den im Rahmen der Aufstockung später begebenen Wertpapieren kauft oder verkauft. Dementsprechend wird bei der Aufstockung von Schuldverschreibungsemissionen in aller Regel die identische Wertpapierkennnummer für die Aufstockung und für die ursprüngliche Emission verwendet.

60 Soweit die **Aufstockung im Zusammenhang mit einer Emission von Schuldverschreibungen unter einem Basisprospekt** vorgenommen wird (zu Aufstockungen unter Einzelprospekten siehe § 16 WpPG Rz. 59), geht es also darum, das in den ursprünglichen endgültigen Bedingungen angegebene Emissionsvolumen einer bereits begebenen Emission zu erhöhen. Dies erfolgt dadurch, dass für das aufzustockende Volumen neue endgültige Bedingungen veröffentlicht und bei der BaFin hinterlegt werden. Dies beruht auf der Überlegung, dass das Angebot bzw. die Zulassung der im Rahmen der Aufstockung begebenen Wertpapiere als ein neues Angebot bzw. eine neue Zulassung iS des Prospektrechts zu qualifizieren sind. Dementsprechend müssen die neuen endgültigen Bedingungen nur das Emissionsvolumen im Hinblick auf die im Rahmen der Aufstockung neu begebenen Wertpapiere abdecken, nicht aber das Emissionsvolumen der gesamten Emission, insbesondere ist keine Ersetzung der ursprünglichen endgültigen Bedingungen vorzunehmen (zur Abgrenzung zur Ersetzung siehe unten unter Rz. 66).

---

1 *von Kopp-Colomb/Seitz*, WM 2012, 1220 (1224).
2 Vgl. mit weiteren Ausführungen und einer tabellarischen Übersicht zu den einzelnen Konstellationen und dem jeweils geltenden Sprachregime BaFin, Häufig gestellte Fragen zum Basisprospektregime vom 31.5.2012 (Stand 4.6.2014), Ziffer IV.1.

Im Hinblick auf die **Durchführung der Aufstockung** ist danach zu differenzieren, ob die Aufstockung unter einem noch gültigen Basisprospekt stattfindet oder erst nach Ablauf der Gültigkeit des Basisprospekts.

61

Sofern die **Aufstockung unter einem gültigen Basisprospekt** erfolgt, dh. im Fall von Wertpapieren iS des § 6 Abs. 1 Nr. 1 WpPG innerhalb der zwölfmonatigen Gültigkeitsfrist des Basisprospekts oder im Fall von Wertpapieren iS des § 6 Abs. 1 Nr. 2 WpPG zeitlich grundsätzlich unbegrenzt (siehe dazu oben unter Rz. 28 und § 9 WpPG Rz. 46 ff.), dient als Grundlage des öffentlichen Angebots der Aufstockung oder deren Zulassung an einem organisierten Markt der Basisprospekt, unter dem die ursprünglichen endgültigen Bedingungen erstellt wurden. Unter diesem Basisprospekt müssen neue endgültige Bedingungen für das aufzustockende Volumen an Wertpapieren erstellt werden. Um die Fungibilität zu gewährleisten, sind die Emissionsbedingungen der sich auf die Aufstockung beziehenden endgültigen Bedingungen mit den Emissionsbedingungen der ursprünglichen endgültigen Bedingungen weitestgehend identisch, insbesondere besitzen die Wertpapiere im Fall von Schuldverschreibungen regelmäßig die gleiche Wertpapierkennnummer. Ausnahmen davon stellen das Emissionsvolumen, das nur das Volumen der aufzustockenden Wertpapiere umfasst, und, falls diese auch Teil der Emissionsbedingungen sind, der Verkaufsbeginn und die Valutierung dar, die naturgemäß für die aufzustockenden Wertpapiere zeitlich später liegen. Für die Frage, ob eine Aufstockung innerhalb der zwölfmonatigen Gültigkeitsfrist des Basisprospekts erfolgt ist, ist es ausreichend, dass das Angebot hinsichtlich des aufgestockten Emissionsvolumens während der Gültigkeit des Basisprospekts beginnt. Das Verfahren zur Hinterlegung und Veröffentlichung der neuen endgültigen Bedingungen unterscheidet sich nicht von dem Verfahren bei den ursprünglichen endgültigen Bedingungen. Für die aufgestockten Wertpapiere wird bei Clearstream Banking Frankfurt (CBF), der einzigen Wertpapiersammelbank unter dem Depotgesetz, auch eine neue Globalurkunde hinterlegt. Die Globalurkunde bezieht sich dabei nur auf das aufgestockte Emissionsvolumen. Sie wird zusammen mit der Globalurkunde für die unter den ursprünglichen endgültigen Bedingungen begebenen Wertpapieren bei CBF hinterlegt, maW bei CBF sind in diesem Fall für Wertpapiere mit einer Wertpapierkennnummer zwei oder mehr (je nach Anzahl der Aufstockungen) Globalurkunden hinterlegt. Im Text der Globalurkunde für das aufgestockte Emissionsvolumen sollte darauf hingewiesen werden, dass die Wertpapiere mit den unter den ursprünglichen endgültigen Bedingungen begebenen Wertpapieren konsolidiert werden und eine einheitliche Emission bilden.

62

Auch wenn im Fall der Wertpapiere iS des § 6 Abs. 1 Nr. 1 WpPG die **zwölfmonatige Gültigkeitsfrist des Basisprospekts**, unter dem die ursprünglichen endgültigen Bedingungen erstellt wurden, **abgelaufen** ist, ist eine Aufstockung grundsätzlich möglich[1]. Als Grundlage für ein öffentliches Angebot der Aufstockung oder deren Zulassung zu einem organisierten Markt ist in diesem Fall aber ein neuer, im Zeitpunkt des

63

---

1 *Heidelbach/Preuße*, BKR 2012, 397 (401) mit Verweis auf ESMA FAQs, Questions and Answers Prospectuses: 16th Updated Version – December 2012, ESMA/2012/468, Nr. 8 (zum alten Recht), abrufbar unter https://www.esma.europa.eu/sites/default/files/library/2015/11/2012-468.pdf.

öffentlichen Angebots oder der Zulassung gültiger Basisprospekt erforderlich. In diesem Fall stellt sich im besonderen Maße die Frage nach der Fungibilität der Wertpapiere, da im Rahmen einer Prospektaktualisierung in der Regel auch Veränderungen an den Emissionsbedingungen vorgenommen werden. Damit die Fungibilität der unter den ursprünglichen endgültigen Bedingungen begebenen Wertpapiere mit den neu zu begebenden Wertpapieren sichergestellt ist, ist es in der Praxis üblich, die Emissionsbedingungen aus dem ursprünglichen Basisprospekt in den aktuell gültigen Basisprospekt durch Verweis gemäß § 11 WpPG einzubeziehen[1]. In den endgültigen Bedingungen, welche die neu zu begebenden Wertpapiere zum Gegenstand haben, werden die Emissionsbedingungen aus dem ursprünglichen Basisprospekt für auf diese Emission anwendbar erklärt. Zu diesem Zweck ist es bereits bei der Aktualisierung von Basisprospekten erforderlich zu klären, unter welchen ausgelaufenen Basisprospekten Emissionen begeben wurden, bei denen gegebenenfalls eine Aufstockung stattfinden kann. Die Emissionsbedingungen der entsprechenden ursprünglichen Basisprospekte sind dann in die Liste der durch Verweis einbezogenen Dokumente durch genaue Benennung der Seiten für die Emissionsbedingungen aufzunehmen (vgl. § 11 Abs. 2 WpPG)[2]. Relevant ist in diesem Zusammenhang, dass die inkorporierten Emissionsbedingungen der Aufstockungsemission die geänderten Anforderungen des neuen Wertpapierprospektregimes erfüllen müssen[3]. Die BaFin stellt insoweit klar, dass Aufstockungen mittels Einbeziehung alter Emissionsbedingungen, die den Anforderungen der neuen Kategorisierung nicht genügen, nicht mehr wie bisher möglich sind, sondern auch bei der Einbeziehung endgültiger Bedingungen eines Basisprospekts, der vor dem 1.7.2012 gebilligt wurde, das neue Basisprospektregime zur Anwendung kommt[4]. Neben der Einbeziehung der endgültigen Bedingungen durch Verweis gemäß § 11 WpPG ist es auch möglich, die Vorlage für die endgültigen Bedingungen (vgl. Art. 22 Abs. 5 Nr. 1a ProspektVO) aus dem jeweilgen Basisprospekt im Rahmen der Aufstockungsemission einzubeziehen.

64 Bei der **Gestaltung der sich auf die Aufstockung beziehenden endgültigen Bedingungen** ist es – insbesondere aus Gründen der Wertpapierabwicklung (siehe oben unter Rz. 62) – empfehlenswert, dass darauf hingewiesen wird, dass es sich um eine Aufstockung handelt und dass die sich auf die Aufstockung beziehenden endgültigen Bedingungen mit den ursprünglichen endgültigen Bedingungen eine einheitliche Emission bilden. Im Fall, dass der Basisprospekt bereits seine Gültigkeit ver-

---

1 Zur Anwendung der Verweistechnik bei Aufstockungen siehe ESMA FAQs, Questions and Answers Prospectuses: 25th Updated Version – July 2016, ESMA/2016/1133, Nr. 8; vgl. auch die Stellungnahme der luxemburgischen Aufsichtsbehörde, CSSF, The new ‚prospectus regime' in 40 Questions and Answers, Frage 10; danach soll es auch möglich sein, die alten Emissionsbedingungen als Anlage an die endgültigen Bedingungen beizufügen.
2 Vgl. *Friedl/Ritz* in Just/Voß/Ritz/Zeising, § 16 WpPG Rz. 118.
3 BaFin, Basisprospektregime nach neuem Recht (BaFin-Workshop vom 4. und 5.6.2012), S. 17, abrufbar unter https://www.bafin.de/SharedDocs/Downloads/DE/Rede_Vortrag/dl_120604_wppg-workshop_vortrag_neues_Basisprospektregime.pdf?__blob=publicationFile&v=1; *Heidelbach/Preuße*, BKR 2012, 397 (401).
4 BaFin, Basisprospektregime nach neuem Recht (BaFin-Workshop vom 4. und 5.6.2012), S. 17.

loren hat, ist es in der Praxis üblich, dass in den endgültigen Bedingungen für die Wertpapiere, welche den Gegenstand der Aufstockung bilden, auf die Einbeziehung der ursprünglichen Emissionsbedingungen per Verweis hingewiesen wird. Im Hinblick auf die Verständlichkeit und Transparenz ist es sinnvoll, wenn entsprechende Formulierungen bereits im Basisprospekt im Abschnitt „Muster der endgültigen Bedingungen" angelegt sind (vgl. oben unter Rz. 40).

Eine Aufstockung löst **keine Nachtragspflicht gemäß § 16 WpPG** aus, da ein Nachtrag nur dann in Betracht kommt, wenn tatsächlich neue Umstände oder wesentliche Unrichtigkeiten in Bezug auf die bereits im Basisprospekt enthaltenen Angaben vorliegen. Die Erhöhung des Emissionsvolumens ist aber ein Umstand, der sich alleine auf die jeweiligen endgültigen Bedingungen, nicht aber auf den Basisprospekt bezieht (zur Nachtragspflicht bei Basisprospekten siehe näher unten unter Rz. 68 ff.). Zudem spricht gegen eine Aufstockung mittels eines Nachtrags auch, dass das Angebot bzw. die Zulassung der im Rahmen der Aufstockung begebenen Wertpapiere als ein neues Angebot bzw. eine neue Zulassung zu qualifizieren sind (siehe oben unter Rz. 60). 65

Die Aufstockung einer Emission ist auch **von einer Ersetzung der endgültigen Bedingungen zu unterscheiden** (vgl. dazu unten unter Rz. 80 ff.). Eine Ersetzung der endgültigen Bedingungen ist dann möglich, wenn einzelne Angaben in den endgültigen Bedingungen korrigiert werden sollen, da in diesem Fall ein Nachtrag gemäß § 16 WpPG mangels tatsächlicher neuer Umstände oder wesentlicher Unrichtigkeiten in Bezug auf die im Basisprospekt enthaltenen Angaben ausscheidet. Dagegen ist eine Aufstockung – wie bereits oben erwähnt – dann möglich, wenn das Emissionsvolumen einer bereits begebenen Emission nachträglich erhöht werden soll, dh. im Fall der Aufstockung liegt keine Korrektur der ursprünglichen endgültigen Bedingungen vor und die alten endgültigen Bedingungen werden nicht ersetzt, sondern es werden zusätzliche endgültige Bedingungen hinterlegt. 66

Abzugrenzen ist die Aufstockung einer Emission auch von der **Fortsetzung des öffentlichen Angebots**. Während bei einer Aufstockung das Emissionsvolumen einer bereits zuvor begebenen Emission durch Ausgabe weiterer Wertpapiere mit identischer technischer und rechtlicher Ausstattung erhöht wird, lässt die Fortsetzung des öffentlichen Angebots das Emissionsvolumen grundsätzlich unberührt und verlängert lediglich den Angebotszeitraum, in dem das öffentliche Angebot fortgeführt wird. Eine derartige Verlängerung des Angebotszeitraums kann selbstverständlich mit einer Erhöhung des Emissionsvolumen einhergehen; eine solche ist aber nicht zwingend. **ESMA** hat jüngst die Voraussetzungen an eine Fortsetzung des öffentlichen Angebots über die Gültigkeitsdauer des Basisprospekts hinaus konkretisiert[1] (siehe dazu näher § 9 WpPG Rz. 69 ff.). 66a

Schließlich ist die Aufstockung, dh. die Erhöhung des Emissionsvolumens einer bereits begebenen Emission, welche den Gegenstand von endgültigen Bedingungen bildet, von der **Erhöhung des dem Basisprospekt zugrunde liegenden Programmvolumens** zu unterscheiden (näher dazu unten unter Rz. 75 und § 16 WpPG 67

---

1 ESMA FAQs, Questions and Answers Prospectuses: 25th Updated Version – July 2016, ESMA/2016/1133, Frage 98.

Rz. 57 ff., dort auch zur Abgrenzung zur Erhöhung des Emissionsvolumens bei Einzelprospekten).

IV. Nachtragspflicht bei Basisprospekten (§ 6 Abs. 2 WpPG)

68 Wie § 6 Abs. 2 WpPG klarstellt, besteht auch im Fall von Basisprospekten die **Nachtragspflicht gemäß § 16 WpPG**, dh., die Angaben des Basisprospekts sind erforderlichenfalls durch aktualisierte Angaben zum Emittenten und zu den Wertpapieren, die öffentlich angeboten oder zum Handel an einem organisierten Markt zugelassen werden sollen, nach Maßgabe des § 16 WpPG zu ergänzen (vgl. auch Art. 22 Abs. 7 ProspektVO). Das zunächst in Art. 16 Prospektrichtlinie aufgestellte und in § 16 WpPG umgesetzte Konzept der Nachtragspflicht blieb von der Änderungsrichtlinie im Grundsatz unverändert (vgl. § 16 WpPG Rz. 3), so dass sich auch für Nachträge im Fall von Basisprospekten keine wesentlichen Neuerungen ergaben. Auch für die Aktualisierung von Basisprospekten ist jedoch relevant, dass im Zuge der Nachtrag-RTS[1] für einzelne Situationen eine gesetzliche Nachtragspflicht festgelegt wurde (sog. systematische Nachtragspflicht; siehe dazu näher § 16 WpPG Rz. 36 ff.). Im Hinblick darauf, dass bei Basisprospekten durch einen Nachtrag nicht nur „laufende" öffentliche Angebote bzw. unmittelbar bevorstehende Zulassungen von Wertpapieren betroffen sind, sondern auch Angebote bzw. Zulassungen zu einem zukünftigen Zeitpunkt, gegebenenfalls am Ende des Gültigkeitszeitraums des Basisprospekts, hat die Nachtragspflicht bei Basisprospekten aufgrund des entsprechend längeren relevanten Zeitraums eine besondere Bedeutung.

1. Emittentenbezogene Angaben als Gegenstand von Nachträgen bei Basisprospekten

69 Die Nachtragspflicht gemäß § 16 WpPG greift ohne Weiteres für die **Angaben zum Emittenten (inklusive der emittentenbezogenen Risikofaktoren)** ein. Das Abgrenzungsproblem zum Gegenstand von endgültigen Bedingungen stellt sich hier nicht, da die emittentenbezogenen Angaben im Basisprospekt nicht offen gelassen werden können, dh., dass die emittentenbezogenen Angaben zwingend bereits im Basisprospekt enthalten sein müssen (siehe oben unter Rz. 46). Soweit das Registrierungsformular durch Verweis in den Basisprospekt einbezogen wurde, ist bei einer Aktualisierung der emittentenbezogenen Angaben nach Auffassung der BaFin neben dem Nachtrag des Registrierungsformulars auch ein Nachtrag zum Basisprospekt, der auf das aktualisierte Registrierungsformular hinweist, erforderlich[2] (siehe für weitere Einzelheiten § 12 WpPG Rz. 39).

---

1 Delegierte Verordnung (EU) Nr. 382/2014 der Kommission vom 7.3.2014 zur Ergänzung der Richtlinie 2003/71/EG des Europäischen Parlaments und des Rates im Hinblick auf technische Regulierungsstandards für die Veröffentlichung eines Prospektnachtrags, ABl. EU Nr. L 111 v. 7.3.2012, S. 36.
2 BaFin, Häufig gestellte Fragen zum neuen Basisprospektregime vom 31.5.2012 (Stand 4.6.2014), Ziffer III.3.

Ein Problem, das sich nur bei Basisprospekten stellt, ist die **Aufnahme eines neuen** 70
Emittenten in ein Emissionsprogramm. Gerade bei grenzüberschreitend tätigen
Banken ist es üblich, verschiedene Einheiten als Emittenten von Schuldverschreibungen zu nutzen. Die Verwaltungspraxis der BaFin ist insoweit restriktiv, da die
BaFin verlangt, dass im Fall der Aufnahme eines neuen Emittenten ein neuer Basisprospekt zu erstellen ist und es nicht ausreichend ist, Informationen über einen
neuen Emittenten mittels eines Nachtrags in den Basisprospekt aufzunehmen. Die
BaFin begründet ihre Haltung damit, dass es sich bei den Informationen zu dem
neuen Emittenten um völlig neue Informationen handle, die bisher keinen Anknüpfungspunkt im Prospekt hätten[1]. Dem ist entgegenzuhalten, dass der Unterscheidung, ob „im Prospekt enthaltene Angaben" (vgl. § 16 Abs. 1 WpPG) Gegenstand eines Nachtrags sein können oder auch sonstige Angaben, wenig Bedeutung zukommt
(grundsätzlich zu der Abgrenzung zwischen der Nachtragspflicht und der Neueinreichung eines Prospekts § 16 WpPG Rz. 62).

Die Konstellation der Aufnahme eines neuen Emittenten ist nicht zu verwechseln 71
mit dem Fall der (nachträglichen) **Ersetzung des Emittenten** über die in den Emissionsbedingungen unter deutschem Recht üblichen Ersetzungsklauseln, in denen
dem Emittenten ein einseitiges Leistungsbestimmungsrecht zur Ersetzung des Emittenten, zB im Fall einer Abspaltung, eingeräumt wird, oder dem Fall, dass die Ersetzung des Emittenten Gegenstand eines Beschlusses der Gläubigerversammlung ist
(vgl. § 5 Abs. 3 Nr. 9 SchVG). In dem Fall der Ersetzung des Emittenten muss regelmäßig eine Bekanntmachung gegenüber den Wertpapierinhabern erfolgen. Ob darüber hinaus ein Nachtrag erforderlich ist, hängt davon ab, ob das öffentliche Angebot noch andauert bzw. eine Zulassung der Wertpapiere noch bevorsteht.

2. Wertpapierbezogene Angaben als Gegenstand von Nachträgen bei Basisprospekten, Abgrenzung zum Gegenstand von endgültigen Bedingungen

a) Allgemeines

Problematisch ist die Abgrenzung im Hinblick auf die **Angaben zu den Wertpapie-** 72
ren (inklusive der wertpapierbezogenen Risikofaktoren), da diese auch in den endgültigen Bedingungen enthalten sein können. Für die Abgrenzung des Anwendungsbereichs eines Nachtrags gemäß § 16 WpPG von dem Anwendungsbereich von
endgültigen Bedingungen nach § 6 Abs. 3 WpPG ist grundsätzlich danach zu differenzieren, ob die wertpapierbezogenen Angaben bereits im Basisprospekt enthalten
sind oder erst in den endgültigen Bedingungen neu aufgenommen werden.

Gemäß des durch die Erste Delegierte Verordnung neu eingefügten Art. 2a Abs. 2 73
ProspektVO muss ein Nachtrag erfolgen, wenn die Voraussetzungen des Art. 16
Abs. 1 Prospektrichtlinie (umgesetzt in deutsches Recht durch § 16 Abs. 1 WpPG)
erfüllt sind. Ein Nachtrag kommt demnach in Betracht, wenn **wichtige neue Umstände oder wesentliche Unrichtigkeiten in Bezug auf die bereits im Basispro-**

---

[1] Zur Argumentation siehe *Friedl/Ritz* in Just/Voß/Ritz/Zeising, § 16 WpPG Rz. 103.

spekt enthaltenen Angaben** vorliegen, die die Beurteilung der Wertpapiere beeinflussen könnten und die nach der Billigung des Prospekts und vor dem endgültigen Schluss des öffentlichen Angebots oder, falls diese später erfolgt, der Einführung in den Handel an einem organisierten Markt auftreten oder festgestellt werden (siehe dazu näher § 16 WpPG Rz. 21, 24). Es muss sich dabei um Umstände handeln, welche der Emittent bei Bekanntsein im Zeitpunkt des Billigungsverfahrens bereits zu diesem Zeitpunkt in den Basisprospekt hätte aufnehmen müssen. Anders als die endgültigen Bedingungen unterliegt der Nachtrag gemäß § 16 Abs. 1 Satz 3 WpPG der **Billigungspflicht** durch die Prospektprüfungsbehörde.

74 Gegenstand von endgültigen Bedingungen sind dagegen **wertpapierbezogene Angaben, welche erst zum Zeitpunkt des Angebots oder kurz vorher feststehen und aus diesem Grund noch nicht in den Basisprospekt aufgenommen werden konnten** (zum Gegenstand von endgültigen Bedingungen siehe oben unter Rz. 42 ff.)[1]. Auf die Frage der Wesentlichkeit der Angaben kommt es nicht an. Andernfalls müssten zB auch bei technischen Ausstattungsmerkmalen, insbesondere Betrags- oder Datumsangaben, deren Einzelheiten, soweit sie bei Billigung des Basisprospekts noch nicht bekannt sind, auf Ebene der endgültigen Bedingungen festgelegt werden können (sog. Kategorie B Informationsbestandteile; siehe oben unter Rz. 47), geprüft werden, ob diese als wesentliche neue Informationen zu werten sind und evtl. anstelle von endgültigen Bedingungen ein Nachtrag erforderlich ist, was dem Sinn und Zweck des Basisprospektregimes widersprechen würde. Anders als im Fall eines Nachtrags erfolgt **keine Billigung** der endgültigen Bedingungen durch die Prospektprüfungsbehörde. Die endgültigen Bedingungen sind lediglich zu veröffentlichen und bei der Prospektprüfungsbehörde zu hinterlegen (siehe dazu unten unter Rz. 88 ff.). Ferner ist der Fall der Korrektur von unrichtigen Angaben auch kein typischer Anwendungsfall für endgültige Bedingungen (zur Korrektur von endgültigen Bedingungen siehe unten unter Rz. 80 ff.).

75 Für eine **Erhöhung des Programmvolumens** sieht Art. 2 lit. h) Nachtrag-RTS eine sog. systematische Nachtragspflicht vor (siehe dazu näher § 16 WpPG Rz. 36 ff.), dh. die Anpassung des Programmvolumens erfolgt mittels Nachtrag. Die Aufnahme des Programmvolumens ist nicht zwingend[2]. Erforderlich ist es lediglich, dass für die jeweiligen Emissionen das Volumen angegeben wird (siehe dazu Anhang XII EU-ProspektVO Rz. 155). Gerade bei internationalen Emissionsprogrammen, welche der Refinanzierung der jeweiligen Emittenten dienen, ist es aber üblich, das Programmvolumen im Basisprospekt anzugeben (siehe dazu näher – auch zur Abgrenzung zur Anpassung des Emissionsvolumens bei Einzelprospekten – § 16 WpPG Rz. 57 ff.). Die Anpassung des Programmvolumens ist von der Konstellation der Aufstockung, dh. der Erhöhung des Emissionsvolumens einer einzelnen Emission von Schuldverschreibungen, zu unterscheiden (siehe dazu oben unter Rz. 59 ff.).

---

1 So auch *Kullmann/Metzger*, WM 2008, 1292 (1296); *Just/Ritz* in Just/Voß/Ritz/Zeising, § 6 WpPG Rz. 32.
2 ESMA FAQs, Questions and Answers Prospectuses: 25th Updated Version – July 2016, ESMA/2016/1133, Nr. 36; siehe dazu auch *Friedl/Ritz* in Just/Voß/Ritz/Zeising, § 16 WpPG Rz. 125.

Abgrenzungsschwierigkeiten zwischen der Nachtragspflicht und endgültigen Bedingungen tauchen demnach vor allem in den folgenden Fällen jeweils zu unterschiedlichen Zeitpunkten im Emissionsprozess auf: 76

(i) Nach Billigung des Basisprospekts, aber vor der jeweiligen Emission: Aufnahme von neuen wertpapierbezogene Angaben, welche noch nicht im Basisprospekt angelegt sind (nachfolgend unter Rz. 77 ff.).

(ii) Nach Billigung des Basisprospekts und nach erfolgter Emission: Korrektur von wertpapierbezogenen Angaben, welche in endgültigen Bedingungen enthalten sind, welche bereits bei der BaFin hinterlegt wurden (nachfolgend unter Rz. 80 ff.).

(iii) Nach Billigung des Basisprospekts und nach erfolgter Emission: nachträgliche Zurverfügungstellung von wertpapierbezogenen Angaben in endgültigen Bedingungen, welche bereits bei der BaFin hinterlegt wurden (im Unterschied zu Fall (ii) geht es hier darum, dass Angaben in den endgültigen Bedingungen bewusst nicht oder nicht abschließend aufgenommen werden, nachfolgend unter Rz. 98 ff.).

b) Aufnahme neuer wertpapierbezogener Angaben

Für die Aufnahme von neuen wertpapierbezogenen Angaben in den Basisprospekt, die bisher in diesem noch nicht enthalten sind, kommt **grundsätzlich nur ein Nachtrag nach § 16 WpPG** in Betracht oder die Billigung eines neuen Basisprospekts. Eine entsprechende Klarstellung findet sich nunmehr auch in Art. 5 Abs. 4 Unterabs. 2 Prospektrichtlinie. 77

Anders zu beurteilen ist aber der Fall, dass die **Aufnahme der entsprechenden Angaben bereits im Basisprospekt angelegt** ist. In diesem Fall können diese Angaben im Zeitpunkt der Emission der Schuldverschreibungen auch in die endgültigen Bedingungen aufgenommen werden. Umgekehrt heißt dies, dass die Aufnahme von neuen wertpapierbezogenen Angaben (zB neue Auszahlungsstrukturen oder Basiswerte) über endgültige Bedingungen, auf die im Basisprospekt noch nicht hingewiesen wurde, nicht zulässig ist. Auch ergänzende Angaben setzen voraus, dass ein entsprechender Hinweis bereits im Basisprospekt enthalten ist und durch Platzhalter und Regieanweisungen die Ergänzung durch die endgültigen Bedingungen bereits im Basisprospekt kenntlich gemacht wird. Dies gilt aber lediglich für neue wertpapierbezogene Angaben der Kategorie B und der Kategorie C (siehe zur Zuordnung in die einzelnen Kategorien oben unter Rz. 47 und Anhang XX Prospekt-VO), da wertpapierbezogene Angaben der Kategorie A, außer im Rahmen von Optionen (siehe dazu oben unter Rz. 50 f.), nicht im Basisprospekt unter Verwendung von Platzhaltern ausgelassen werden dürfen, um sie später in den endgültigen Bedingungen zu ergänzen[1]. Dies hat insbesondere zur Folge, dass es nicht mehr möglich ist, wertpapierspezifische Risikofaktoren (zB hinsichtlich des Basiswerts für ein 78

---

1 Vgl. *Meyer* in Habersack/Mülbert/Schlitt, Unternehmensfinanzierung am Kapitalmarkt, § 36, Rz. 62, der auch neue Angaben, die der Kategorie B unterfallen, der Aufnahme in die endgültigen Bedingungen entzieht. Da Kategorie B Angaben in endgültigen Bedingun-

bestimmtes Wertpapier) auf Basis der endgültigen Bedingungen zu ergänzen (siehe dazu auch Anhang V EU-ProspektVO Rz. 18a).

79 Soweit die Aufnahme der neuen wertpapierbezogenen Angaben in den endgültigen Bedingungen ausscheidet, weil die **Angaben noch nicht im Basisprospekt angelegt** sind oder weil es sich um einen Kategorie A Informationsbestandteil handelt, ist in der Regel die Billigung eines neuen Basisprospekts erforderlich, weil wertpapierbezogene Angaben nur in sehr eingeschränktem Umfang über Nachträge in den Prospekt aufgenommen werden können (zu den sog. Produktnachträgen näher § 16 WpPG Rz. 48 und 55; siehe auch Erwägungsgrund Nr. 7 Erste Delegierte Verordnung)[1]

c) Korrektur von in endgültigen Bedingungen enthaltenen wertpapierbezogenen Angaben, Ersetzung der endgültigen Bedingungen

80 Von den bisher geschilderten Konstellationen zu unterscheiden ist der Fall, dass nach erfolgter Emission ein **neuer Umstand oder eine Unrichtigkeit in Bezug auf in den endgültigen Bedingungen enthaltenen wertpapierbezogenen Angaben** eintritt bzw. vorliegt. Zu unterscheiden ist dies auch vom Fall der Aufstockung (dazu oben unter Rz. 59 ff.) und von dem Fall, dass bestimmte Angaben in den endgültigen Bedingungen gänzlich offen gelassen oder eine flexible Angabe dazu aufgenommen wird (dazu unten unter Rz. 98 ff.).

81 In diesem Fall scheidet nach der Verwaltungspraxis der BaFin ein Nachtrag aus und es kommt nur eine **Ersetzung der endgültigen Bedingungen** in Betracht. Dafür spricht, dass es widersprüchlich wäre, wenn die endgültigen Bedingungen in der ursprünglichen Form nicht gebilligt werden müssen, die Korrektur nun aber der Billigung im Rahmen des Nachtragsverfahrens unterläge. Die Ersetzung erfolgt, indem korrigierte endgültige Bedingungen veröffentlicht und bei der BaFin hinterlegt werden. Es gelten mithin die gleichen Anforderungen wie für die Hinterlegung und Veröffentlichung der ursprünglichen endgültigen Bedingungen. Zusätzlich ist ein Hinweis auf die Korrektur auf dem Deckblatt der endgültigen Bedingungen aufzunehmen; dadurch wird gewährleistet, dass die neuen endgültigen Bedingungen erkennen lassen, dass sie die ursprünglichen endgültigen Bedingungen ersetzen. Inwiefern darüber hinaus die Korrektur innerhalb der endgültigen Bedingungen kenntlich gemacht werden muss, hängt vom Einzelfall ab und kann zB dadurch erfolgen, dass in den korrigierten endgültigen Bedingungen die vorgenommenen Korrekturen im Wege des Änderungsmodus sichtbar gemacht wurden. Es ist aber durchaus denkbar, dass der Hinweis auf dem Deckblatt ausreichend ist. Da das Erfordernis der Hinweisbekanntmachung aufgehoben wurde[2], stellt sich die Frage, in-

---

gen unter bestimmten Voraussetzungen aber enthalten sein können, muss dies auch für neue Angaben gelten, soweit sich ein entsprechender Hinweis im Basisprospekt findet.
1 Sich für eine Zulässigkeit von Produktnachträgen aussprechend *von Kopp-Colomb/Seitz*, WM 2012, 1220 (1224 f.); *Heidelbach/Preuße*, BKR 2012, 397 (404).
2 Siehe dazu näher *Seitz* in Assmann/Schlitt/von Kopp-Colomb, § 6 WpPG (Voraufl.) Rz. 90.

wiefern auch in der Hinweisbekanntmachung auf den Grund der Ersetzung hingewiesen werden muss, nicht mehr.

Eine Ersetzung von endgültigen Bedingungen ist allerdings nur in einem gewissen Rahmen zulässig. Die **BaFin** lässt eine Ersetzung nur zu, wenn sich ein Fehler in den endgültigen Bedingungen auch materiell auf das Wertpapier auswirkt, eine Ersetzung bei reinen Rechtschreibfehlern scheidet daher aus. Nach Auffassung der **ESMA** kommt es für die Zulässigkeit der Ersetzung regelmäßig darauf an, ob der neue Umstand oder die Unrichtigkeit wichtig bzw. wesentlich ist: Im Fall einer fehlenden Wichtigkeit oder Wesentlichkeit sei eine Ersetzung der endgültigen Bedingungen möglich, insbesondere wenn sich der Emittent dieses Recht in den endgültigen Bedingungen vorbehalten hat[1], andernfalls sei ein Nachtrag auf den Basisprospekt mit Bezugnahme auf die korrigierten endgültigen Bedingungen erforderlich und zusätzlich seien gegebenenfalls die endgültigen Bedingungen zu ersetzen, um dem Anleger einen klaren Überblick zu verschaffen[2]. Ob ein neuer Umstand oder die Unrichtigkeit wesentlich ist, soll nach Auffassung der ESMA – wie auch schon bei der Nachtragspflicht (vgl. dazu § 16 WpPG Rz. 30) – im Ermessen des Emittenten stehen[3]. 82

Von der prospektrechtlichen Zulässigkeit der Korrektur der endgültigen Bedingungen zu unterscheiden ist die zivilrechtliche Wirksamkeit einer derartigen Korrektur, insbesondere wenn Angaben in den Emissionsbedingungen betroffen sind. In den Emissionsbedingungen von strukturierten Schuldverschreibungen finden sich in der Praxis häufig sog. „**Berichtigungsklauseln**", nach denen der Emittent oder eine Berechnungsstelle berechtigt ist, in den Emissionsbedingungen ohne Zustimmung der Wertpapierinhaber offensichtliche Schreib- und Rechenfehler zu berichtigen bzw. widersprüchliche oder lückenhafte Bestimmungen zu ändern oder zu ergänzen. In der Praxis sind diese Klauseln unterschiedlich präzise gefasst und zum Teil auch weitergehenden Bedingungen unterworfen. Wie der BGH in einem Urteil v. 30.6.2009 klargestellt hat, sind entsprechende Klauseln strengen Anforderungen unterworfen[4]. Die zivilrechtliche Wirksamkeit einer derartigen Klausel wird von der BaFin nicht geprüft. Das Vorhandensein einer derartigen Klausel wird aber als Begründung dafür herangezogen, dass eine entsprechende Korrektur mittels Ersetzung der endgültigen Bedingungen auch prospektrechtlich zulässig ist[5]. 83

---

1 Siehe dazu ESMA FAQs, Questions and Answers Prospectuses: 25th Updated Version – July 2016, ESMA/2016/1133, Nr. 64; vgl. dazu auch *Just/Ritz* in Just/Voß/Ritz/Zeising, § 6 WpPG Rz. 41 noch mit Verweis auf die entsprechende CESR-Aussage, die so zu interpretieren sei, dass bei der Aufnahme eines Änderungsrechts in den Emissionsbedingungen die Wesentlichkeit zu verneinen sei.
2 ESMA FAQs, Questions and Answers Prospectuses: 25th Updated Version – July 2016, ESMA/2016/1133, Nr. 64.
3 ESMA FAQs, Questions and Answers Prospectuses: 25th Updated Version – July 2016, ESMA/2016/1133, Nr. 64.
4 BGH v. 30.6.2009 – XI ZR 364/08, WM 2009, 1500.
5 Vgl. ESMA FAQs, Questions and Answers Prospectuses: 25th Updated Version – July 2016, ESMA/2016/1133, Nr. 64 (unter 1., 2. Absatz) sowie *Just/Ritz* in Just/Voß/Ritz/Zeising, § 6 WpPG Rz. 41.

3. Nachtrag zur Zusammenfassung

84 Gemäß § 16 Abs. 2 WpPG ist die Zusammenfassung und eine etwaige Übersetzung davon um die in dem Nachtrag enthaltenen Informationen zu ergänzen. Für Basisprospekte stellt **Art. 26 Abs. 7 Unterabs. 1 ProspektVO** klar, dass die Aufnahme der neuen Angaben in die ursprüngliche Zusammenfassung – wie bei anderen Prospekten – entweder über die Erstellung einer neuen Zusammenfassung oder über einen Nachtrag zur Zusammenfassung möglich ist (zu Darstellungsfragen vgl. Art. 26 Abs. 7 Unterabs. 2 ProspektVO).

4. Zeitliche Abfolge im Verhältnis zur Billigung des Basisprospekts und der Hinterlegung der endgültigen Bedingungen

85 Im Hinblick auf die zeitliche Abfolge der Billigung eines Nachtrags zu einem Basisprospekt gilt aufgrund des Verweises in § 6 Abs. 2 WpPG auf § 16 Abs. 1 WpPG grundsätzlich die gleiche Abfolge wie bei anderen Prospekten. In Kombination mit der Hinterlegung der endgültigen Bedingungen sind grundsätzlich zwei Konstellationen denkbar:

86 Zum einen kann der **Nachtrag nach der Billigung des Basisprospekts, aber vor der Hinterlegung der endgültigen Bedingungen** gebilligt werden. Dieser Fall ist unproblematisch, da sich die endgültigen Bedingungen in der Regel auf den Basisprospekt in der Fassung ergänzt und aktualisiert um etwaige Nachträge beziehen und in der Regel alle Nachträge in den endgültigen Bedingungen genannt werden.

87 Zum anderen kann der **Nachtrag nach der Hinterlegung der endgültigen Bedingungen** erfolgen. In diesem Fall ist für fortdauernde öffentliche Angebote durch die Veröffentlichung des Nachtrags in derselben Art und Weise wie die Veröffentlichung des ursprünglichen Prospekts (vgl. § 16 Abs. 1 Satz 3 WpPG) sichergestellt, dass der Anleger die Möglichkeit zur Kenntnisnahme hat (siehe dazu § 16 WpPG Rz. 91). Letztlich gilt hier – auch wenn eine Vielzahl von fortlaufenden öffentlichen Angeboten betroffen sein können – für den Basisprospekt und die endgültigen Bedingungen nichts anderes als bei anderen Prospekten.

V. Veröffentlichung und Hinterlegung der endgültigen Bedingungen, Nichtaufnahme von Angaben (§ 6 Abs. 3 WpPG)

1. Veröffentlichung der endgültigen Bedingungen (§ 6 Abs. 3 Satz 1 WpPG)

88 Gemäß **§ 6 Abs. 3 Satz 1 WpPG** sind die endgültigen Bedingungen des Angebots, wenn diese weder in den Basisprospekt noch in einen Nachtrag nach § 16 WpPG aufgenommen wurden, unverzüglich bei Unterbreitung eines öffentlichen Angebots und, sofern möglich, vor dem Beginn des öffentlichen Angebots oder der Zulassung zum Handel vom Anbieter oder Zulassungsantragssteller in der in § 14 WpPG genannten Art und Weise zu veröffentlichen.

Endgültige Bedingungen können demnach **auf alle in § 14 Abs. 2 WpPG genannten Arten veröffentlicht werden**. In jedem Fall ist die elektronische Veröffentlichung erforderlich, vgl. § 14 Abs. 2 Satz 2 WpPG. **Art. 33 ProspektVO** stellt diesbezüglich klar, dass der Emittent, Zulassungsantragsteller oder Anbieter in der Wahl der Art der Veröffentlichung durch die Art der Veröffentlichung des Basisprospekts nicht eingeschränkt wird, da die Veröffentlichung der endgültigen Bedingungen zum Basisprospekt nicht mit der für den Basisprospekt gewählten identisch sein muss.

89

Unberührt von der Gesetzesänderung ist allerdings der Verweis in § 6 Abs. 3 Satz 1 WpPG **auf § 14 Abs. 3 WpPG** geblieben. Dementsprechend ist der BaFin Datum und Ort der Veröffentlichung der endgültigen Bedingungen unverzüglich mitzuteilen. In der Regel erfolgt dies in Zusammenhang mit der Hinterlegung der endgültigen Bedingungen. Für endgültige Bedingungen zu einem im Ausland gebilligten und nach Deutschland notifizierten Basisprospekt stellte die BaFin ursprünglich dieselben Anforderungen auf, verlangte insbesondere neben der Veröffentlichung einer Hinweisbekanntmachung zu den endgültigen Bedingungen, dass ihr das Datum und der Ort der Veröffentlichung der endgültigen Bedingungen mitgeteilt wird[1]. Diesen Standpunkt hat die BaFin aber mittlerweile aufgegeben, dh. es ist weder eine Information der BaFin bezüglich der Art und Weise der Veröffentlichung der endgültigen Bedingungen noch die Veröffentlichung einer Hinweisbekanntmachung[2] erforderlich.

90

Gemäß § 6 Abs. 3 Satz 1 WpPG sind die endgültigen Bedingungen unverzüglich bei Unterbreitung eines öffentlichen Angebots und, sofern möglich, vor dem Beginn des öffentlichen Angebots oder der Zulassung zum Handel vom Anbieter oder Zulassungsantragsteller zu veröffentlichen. Die **Veröffentlichung** soll also grundsätzlich **vor dem Beginn des Angebots** liegen, wobei eine Veröffentlichung auch im Laufe des Tages ausreichend ist, an dem das öffentliche Angebot beginnt. Die Einschränkung in § 6 Abs. 3 Satz 3 WpPG aF, nach der eine Nachholung der Veröffentlichung möglich war, wenn eine fristgerechte Veröffentlichung aus praktischen Gründen nicht durchführbar war, wurde im Zuge des Kleinanlegerschutzgesetzes gestrichen[3]. Nach der Verwaltungspraxis der BaFin ist es aber weiterhin möglich, in **eng begrenzten Ausnahmefällen** die endgültigen Bedingungen nachträglich zu veröffentlichen (zB bei technischen Störungen). Anknüpfungspunkt für die Zulässigkeit derartiger Ausnahmefälle ist der Gesetzeswortlaut des § 6 Abs. 3 Satz 1 WpPG, wonach die Veröffentlichung „sofern möglich" vor dem Beginn des öffentlichen Angebots oder der Zulassung zum Handel erfolgen soll.

91

Mit den prospektrechtlichen Veröffentlichungspflichten nicht zu verwechseln sind **Veröffentlichungspflichten unter dem WpHG bzw. HGB** zum Bundesanzeiger bzw. zum Unternehmensregister und **zivilrechtliche Veröffentlichungspflichten unter den Emissionsbedingungen der Schuldverschreibungen** im Fall von Wissenserklärungen (zB Eintritt einer Barriere), rechtsgestaltenden Willenserklärungen (zB im

92

---

1 So noch CESR, Frequently asked questions regarding Prospectuses: Common positions agreed by CESR Members, Stand Dezember 2008, CESR/08-1022, Frage 1 und Frage 2.
2 Vgl. zum Erfordernis einer Hinweisbekanntmachung auch ESMA FAQs, Questions and Answers Prospectuses: 25th Updated Version – July 2016, ESMA/2016/1133, Nr. 2.
3 Kleinanlegerschutzgesetz vom 3.7.2015, BGBl. I 2015, S. 1114.

Fall einer Anpassungsmaßnahme) oder rechtsvernichtenden Willenserklärungen (zB im Fall einer Kündigung).

2. Hinterlegung der endgültigen Bedingungen (§ 6 Abs. 3 Satz 1, Satz 3 WpPG)

93 Gemäß § 6 Abs. 3 Satz 1 WpPG sind die endgültigen Bedingungen bei der BaFin zu hinterlegen.

94 Im Zuge der Umsetzung der Omnibus-II-Richtlinie durch das Kleinanlegerschutzgesetz wurde § 6 Abs. 3 Satz 3 WpPG mit Wirkung zum 1.1.2016 neu gefasst und regelt nunmehr, dass die Hinterlegung von endgültigen Bedingungen **ausschließlich elektronisch** über das Melde- und Veröffentlichungssystem der Bundesanstalt erfolgt (sog. **MVP-Verfahren**[1]). Entsprechend ist eine Hinterlegung in Papierform nicht mehr möglich. In Anbetracht dessen erscheint es konsequent, dass eine Unterzeichnung der endgültigen Bedingungen gemäß § 6 Abs. 3 Satz 3 aE WpPG nicht mehr erforderlich ist[2] (vgl. oben unter Rz. 58a). Die Verwaltungspraxis der BaFin ist hinsichtlich der ausschließlich elektronischen Hinterlegung sehr strikt. Auch eine Übermittlung per Fax oder per E-Mail wird nicht akzeptiert. Um endgültige Bedingungen elektronisch über das Melde- und Veröffentlichungssystem der Bundesanstalt hinterlegen zu können, ist zunächst eine Registrierung im MVP-Portal und eine Anmeldung für das Fachverfahren „Hinterlegung endgültiger Angebotsbedingungen" notwendig. Im Rahmen der Anmeldung zum Fachverfahren „Hinterlegung endgültiger Angebotsbedingungen" ist auszuwählen, in welcher Funktion der „Melder" die endgültigen Angebotsbedingungen elektronisch hinterlegen möchte. Der „Melder" kann entweder Hinterlegungspflichtiger, also der Emittent selbst, oder ein Berechtigter Dritter, der die Hinterlegung für den Emittenten übernimmt, sein. Die Funktion, in der hinterlegt wird, hat Auswirkungen darauf, welche Unterlagen zusammen mit dem Antrag zur Teilnahme am Fachverfahren an die BaFin geschickt werden müssen[3].

Nach erfolgter Überprüfung der Angaben durch die BaFin schaltet diese den „Melder" zur Nutzung des Portals frei, so dass durch diesen die endgültigen Bedingungen elektronisch hinterlegt werden können.

95 Die Hinterlegung der endgültigen Bedingungen bei der zuständigen Behörde muss gem. § 6 Abs. 3 Satz 1 WpPG unverzüglich bei Unterbreitung eines öffentlichen Angebots und, sofern möglich, vor dem Beginn des öffentlichen Angebots oder der

---

1 Einzelheiten und weitere Informationen zum MVP-Verfahren finden sich auf der Internetseite der BaFin unter der Rubrik „MVP Portal", abrufbar unter http://www.bafin.de/DE/DatenDokumente/MVPportal/MVPportal_node.html.
2 *von Kopp-Colomb/Seitz*, WM 2012, 1220 (1224).
3 Siehe ausführlich zum Fachverfahren zur elektronischen Hinterlegung, insbesondere zu den erforderlichen Unterlagen BaFin, Informationsblatt zum Fachverfahren zur elektronischen Hinterlegung endgültiger Angebotsbedingungen nach § 6 Abs. 3 Satz 3 WpPG, Stand Februar 2016, S. 8, abrufbar unter http://www.bafin.de/SharedDocs/Downloads/DE/Infoblatt_mvp-portal_fachverfahren_pro.pdf?__blob=publicationFile&v=3.

Zulassung zum Handel vom Anbieter oder Zulassungsantragsteller erfolgen. Auch diese Formulierung wurde im Zuge der Umsetzung der Omnibus-II-Richtlinie durch das Kleinanlegerschutzgesetz geändert. Trotz der Änderung ist das allerdings weiterhin so zu interpretieren, dass eine Hinterlegung der endgültigen Bedingungen auch **im Laufe des Tages** möglich ist, an dem das öffentliche Angebot beginnt. Eine nachträgliche Hinterlegung ist nach der Verwaltungspraxis der BaFin hingegen ebenso wie die Veröffentlichung nur in sehr begrenzten Ausnahmefällen zulässig (vgl. zu den parallelen Fragen hinsichtlich der Veröffentlichung oben Rz. 91)[1].

Die **BaFin dient dabei nur als Evidenzzentrale**, dh. sie überprüft nicht die Vollständigkeit und den Inhalt der endgültigen Bedingungen (vgl. Erwägungsgrund Nr. 21 ProspektVO; zur Prüfung der Vollständigkeit auf Ebene des Basisprospekts siehe oben unter Rz. 41). Allerdings bleibt es der BaFin unbenommen, Emittenten auf offensichtliche Mängel hinzuweisen, die ihr bei der Archivierung auffallen (zB wenn es Abweichungen zwischen den endgültigen Bedingungen und dem Basisprospekt gibt, die entsprechend dem Basisprospekt nicht vorgesehen sind). 96

Sofern in einem anderen Staat des Europäischen Wirtschaftsraums die Zulassung zum Handel an einem geregelten Markt oder ein öffentliches Angebot erfolgen soll, kann für den Basisprospekt eine Notifizierung nach § 18 WpPG beantragt werden. Die **Notifizierung bezieht sich** dabei **nur auf den Basisprospekt und etwaige Nachträge, aber nicht auf die jeweiligen endgültigen Bedingungen**, da diese nicht der Billigungspflicht unterliegen. Endgültige Bedingungen eines Angebots werden nach Maßgabe des neu eingefügten § 6 Abs. 3 Satz 4 WpPG von der Bundesanstalt an die zuständige Behörde des oder der Aufnahmestaaten sowie der Europäischen Wertpapier- und Marktaufsichtsbehörde übermittelt. Damit gibt es keine Unterscheidung mehr zwischen Aufnahmestaaten, die eine Übermittlung der endgültigen Bedingungen im Falle eines öffentlichen Angebots erwarten und den Aufnahmestaaten, die dies nicht tun. Eine Übermittlung hat vielmehr stets zu erfolgen. Sie ist aber nicht Teil des Prospektbilligungsverfahrens, sondern dient ausschließlich Informationszwecken[2]. 97

3. Entsprechende Anwendung von § 8 Abs. 1 Satz 1 und Satz 2 WpPG (§ 6 Abs. 3 Satz 2 WpPG)

Nach **§ 6 Abs. 3 Satz 2 WpPG** findet § 8 Abs. 1 Satz 1 und Satz 2 WpPG in den in § 6 Abs. 3 Satz 1 WpPG genannten Fällen entsprechende Anwendung, dh. dann, wenn die endgültigen Bedingungen weder in einem Basisprospekt noch in einem Nachtrag enthalten sind. In diesem Fall müssen, wenn ein Ausgabepreis der Wertpapiere (Emissionspreis) oder die Gesamtzahl der öffentlich angebotenen Wertpapiere (Emissionsvolumen) nicht angegeben werden können, nach § 8 Abs. 1 Satz 1 WpPG zumindest die Kriterien oder die Bedingungen angegeben werden, anhand derer der Emissionspreis oder das Emissionsvolumen ermittelt werden können. Alternativ kann nach § 8 Abs. 1 Satz 2 WpPG bezüglich des Emissionspreises auch ein Höchstpreis angegeben werden. 98

---
1 Kleinanlegerschutzgesetz vom 3.7.2015, BGBl. I 2015, S. 1114 (1126).
2 BT-Drucks. 17/8684, S. 18; *Heidelbach/Preuße*, BKR 2012, 397 (398).

99 Da § 8 Abs. 1 WpPG nach der Gesetzesbegründung insbesondere den Besonderheiten bei der Preisbildung bei Aktienemissionen Rechnung tragen soll[1], ergeben sich eine Reihe von **Auslegungsfragen bei der Anwendbarkeit im Fall von Nichtdividendenwerten** und insbesondere **in Zusammenhang mit dem Zusammenspiel mit dem Basisprospektregime**. Bei Basisprospekten gibt es bereits mit dem Nachtrag und den endgültigen Bedingungen zwei Möglichkeiten, Informationen nach dem Zeitpunkt der Billigung des Basisprospekts zu „ergänzen". Insbesondere die endgültigen Bedingungen dienen dazu, in bestimmten im Basisprospekt definierten Fällen Angaben im Zeitpunkt der Emission ergänzen zu können.

100 Es sind aber dennoch in der Praxis Fälle denkbar, in denen ein **Bedürfnis** besteht, **Angaben auch in den endgültigen Bedingungen offen zu lassen oder lediglich eine Ersatzangabe zu machen**: ZB ist es denkbar, dass bei verbrieften Derivaten der tatsächliche Emissionspreis und das Emissionsvolumen erst nach der Durchführung einer Zeichnungsphase festgesetzt werden. Ein entsprechendes Bedürfnis kann sich auch auf andere Ausstattungsmerkmale, wie Kursschwellen, Höchstpreise, Mindestzinssätze oder Einzelheiten zu den Basiswerten beziehen. Bei international platzierten Schuldverschreibungen kann das Bedürfnis darin bestehen, endgültige Bedingungen bereits zu einem Zeitpunkt zu veröffentlichen, zu dem zwar das öffentliche Angebot schon begonnen hat, aber die Preisbildung der Schuldverschreibungen noch nicht beendet und damit der Emissionspreis noch offen ist.

101 Aufgrund des Umstands, dass in § 6 Abs. 3 Satz 2 WpPG lediglich auf § 8 Abs. 1 Satz 1 und Satz 2 WpPG verwiesen wird, kann gefolgert werden, dass es **nicht möglich ist, dass in den endgültigen Bedingungen eine Angabe zum Emissionspreis oder Emissionsvolumen gänzlich unterbleibt**. Unter dem Basisprospektregime ist es daher – anders als im Fall eines Einzelprospekts (dies ist besonders relevant im Hinblick auf das Widerrufsrecht nach § 8 Abs. 1 Satz 3 WpPG, vgl. § 8 WpPG Rz. 34 und unten unter Rz. 106) – nicht möglich, den Emissionspreis und das Emissionsvolumen, zB bei Zeichnungsprodukten, in den endgültigen Bedingungen gänzlich offen zu lassen[2].

102 Dem Bedürfnis nach Flexibilität wird aber dadurch Rechnung getragen, dass **entsprechend § 8 Abs. 1 Satz 1 WpPG Kriterien oder Bedingungen** angegeben werden, anhand derer der Emissionspreis oder das Emissionsvolumen bestimmt werden können, bzw. **entsprechend § 8 Abs. 1 Satz 2 WpPG** ein **Höchstpreis** angegeben wird. Dies befindet sich auch im Einklang damit, dass aus zivilrechtlichen Gründen, insbesondere aufgrund des AGB-rechtlichen Transparenzgebots, die Bestimmbarkeit der Leistungspflichten gegeben sein muss, dh. der Verwendungsgegner bei Vertragsschluss die auf ihn zukommenden Verpflichtungen aus der Klausel erkennen können muss[3].

---

1 Vgl. Begr. RegE Prospektrichtlinie-Umsetzungsgesetz, BT-Drucks. 15/4999 v. 3.3.2005, S. 32 (Begründung zu § 8).
2 So wohl auch *Just/Ritz* in Just/Voß/Ritz/Zeising, § 6 WpPG Rz. 34–37.
3 Vgl. grundlegend BGH. v. 8.10.1997 – IV ZR 220/96, WM 1998, 558.

Dementsprechend ist **in der Praxis im Hinblick auf Ersatzangaben** zwischen folgenden Fällen zu unterscheiden: 103

Soweit bezüglich des **Emissionspreises** auf den „**Schlusskurs des Basiswerts**" an einem anfänglichen Referenztag verwiesen wird, der zB nach dem Ende der Zeichnungsphase liegt, sind jedenfalls die Kriterien für die Ermittlung angegeben und die Notwendigkeit für eine gesonderte Veröffentlichung des Emissionspreises kann in Frage gestellt werden. Soweit es sich nämlich um den Schlusskurs und damit in der Regel um einen Kurs des Basiswerts handelt, der für den Anleger zugänglich ist und damit auch ohne weiteres für den Anleger eine Feststellung des Emissionspreises möglich ist, ist fraglich, ob eine darüber hinausgehende Veröffentlichung erforderlich ist, insbesondere vor dem Hintergrund, dass der Emissionspreis bei verbrieften Derivaten, welche fortlaufend verkauft werden, nur ein fiktiver Preis ist und der tatsächliche Verkaufspreis jeweils im jeweiligen Kaufzeitpunkt zu ermitteln ist und zB bei einem Kauf über die Börse auf dem Quote des börslichen Market Makers basiert. Dennoch kommt die BaFin auch in dem Fall, dass der Emissionspreis dem „Schlusskurs des Basiswerts" entspricht, offenbar gestützt auf Ziffer 5.3.1 Anhang V bzw. Ziffer 5.3 Anhang XII ProspektVO zu dem Ergebnis, dass auch das Verfahren der Offenlegung des Emissionspreises in den endgültigen Bedingungen aufzunehmen ist (zu einer etwaigen Veröffentlichung siehe Rz. 107). Der Fall, dass für den Emissionspreis ein **Höchstpreis** angegeben wird, ist bei Schuldverschreibungen und auch bei verbrieften Derivaten – obwohl im Einklang mit § 6 Abs. 3 Satz 2 iVm. § 8 Abs. 1 Satz 2 WpPG stehend – selten, da zB am Ende der Zeichnungsphase die Anpassung an die dann herrschenden Marktgegebenheiten in der Regel über die Anpassung anderer Ausstattungsmerkmale erfolgt (siehe unten unter Rz. 105).

Bei verbrieften Derivaten ist es üblich, bezüglich des angebotenen **Emissionsvolumens** eine feste Angabe in den endgültigen Bedingungen zu machen, auch wenn tatsächlich weniger Wertpapiere platziert werden. In dieser Konstellation stellt sich das Problem der Nichtaufnahme von Angaben und der evtl. Anwendbarkeit von § 8 WpPG nicht. Vereinzelt wird bezüglich des Emissionsvolumens auch eine sog. „**Bis zu-Angabe**" gemacht. In diesem Fall ist in den endgültigen Bedingungen anzugeben, wie das tatsächliche Emissionsvolumen ermittelt wird (§ 8 Abs. 1 Satz 1 WpPG; vgl. dazu auch § 8 WpPG Rz. 20)[1]. Zudem ist anzugeben, wann und wie das Emissionsvolumen veröffentlicht wird. Dies folgt zwar nicht aus dem Verweis in § 6 Abs. 3 Satz 2 WpPG, da nur auf § 8 Abs. 1 Satz 1 und Satz 2 verwiesen wird; eine entsprechende Angabe und demzufolge auch die entsprechende Veröffentlichung ist aber aufgrund von Ziffer 5.1.2 und Ziffer 5.1.7 Anhang V ProspektVO bzw. Ziffer 5.1.2 und Ziffer 5.1.6 Anhang XII ProspektVO geboten.   104

Soweit es sich bei den in den endgültigen Bedingungen noch nicht final festgelegten Angaben nicht um den Emissionspreis oder um das Emissionsvolumen handelt, sondern um andere **Angaben, wie eine Kursschwelle, einen Höchstpreis, Mindestzinssätze oder Einzelheiten zu den Basiswerten**, ist zu überlegen, inwiefern in diesem Fall die Anforderungen des § 8 Abs. 1 Satz 1 und Satz 2 WpPG entsprechen-   105

---

1 Anders offenbar *Just* in Just/Voß/Ritz/Zeising, § 8 WpPG Rz. 29.

de Anwendung finden. Gegen eine entsprechende Anwendung spricht insbesondere die Intention des Gesetzgebers, der besondere Preisbildungsmodelle bei Aktien im Auge hatte (siehe bereits oben unter Rz. 99)[1]. Für eine entsprechende Anwendung des § 8 Abs. 1 Satz 1 und Satz 2 WpPG spricht dagegen, dass sich der Wert eines Wertpapiers bei strukturierten Produkten nicht allein durch den Emissionspreis, sondern auch durch die jeweiligen Ausstattungsmerkmale des Produkts, wie zB einer Kursschwelle, eines Bonusbetrags oder eines Höchstbetrags, die einen wesentlichen Einfluss auf den Wert eines Wertpapiers haben, ausdrücken lässt. Dementsprechend hat ein Emittent die Möglichkeit, ein Produkt so zu strukturieren, dass er entweder sämtliche Ausstattungsmerkmale mit Ausnahme des Emissionspreises in den endgültigen Bedingungen festlegt oder dass er lediglich den Emissionspreis in den endgültigen Bedingungen festlegt und die konkreten Ausstattungsmerkmale erst zu einem späteren Zeitpunkt unter Berücksichtigung der dann geltenden Marktkonditionen fixiert. Wenn man eine entsprechende Anwendung des § 8 Abs. 1 Satz 1 und Satz 2 WpPG ablehnen würde, wäre der Emittent nur im ersten Fall verpflichtet, den endgültigen Emissionspreis zu veröffentlichen. Im zweiten Fall dagegen bestünde keine entsprechende Pflicht zur Veröffentlichung der Ausstattungsmerkmale. Da ein Anleger seine Anlageentscheidung aber nicht nur auf Basis des Emissionspreises bildet, sondern auch die jeweiligen Ausstattungsmerkmale eines Produkts für seine Entscheidung maßgeblich sind, sprechen die überwiegenden Argumente für eine entsprechende Anwendung des § 8 Abs. 1 Satz 1 und Satz 2 WpPG (zur Ausdehnung der Anwendung des § 8 WpPG auf andere Angaben siehe auch § 8 WpPG Rz. 15)[2]. Nur dadurch ist sichergestellt, dass Anlegern sämtliche Informationen, die für ihre Kaufentscheidung wesentlich sind, vorliegen und vermieden wird, dass mangels Vollständigkeit die endgültigen Bedingungen gegebenenfalls zu ersetzen sind (zur Ersetzung und Abgrenzung von der Nachtragspflicht siehe oben unter Rz. 80 ff.). Sofern Kursschwellen, Bonusbeträge, Höchstbeträge oder andere Ausstattungsmerkmale erst am Ende einer Zeichnungsphase festgelegt werden sollen, empfiehlt es sich, neben den prospektrechtlichen Gründen auch aus zivilrechtlichen Gründen, zumindest indikative Angaben oder Spannen in die endgültigen Bedingungen aufzunehmen und anzugeben, wann und wie eine Veröffentlichung der finalen Werte erfolgt, soweit die Art und Weise der Festsetzung nicht in unmittelbarer Abhängigkeit von einem Basiswert erfolgt. Darüber hinaus kann es auch empfehlenswert sein, eine Angabe dazu zu machen, auf welcher Basis der Emittent oder die Berechnungsstelle die tatsächlichen Werte festsetzt bzw. welche Parameter für die Festsetzung der tatsächlichen Werte entscheidend sind.

106 Da in § 6 Abs. 3 Satz 2 WpPG nur auf § 8 Abs. 1 Satz 1 und Satz 2 WpPG verwiesen wird und, wie oben festgestellt, das völlige Offenlassen des Emissionspreises bzw. des Emissionsvolumens in endgültigen Bedingungen nicht möglich ist, stellt

---

[1] Ausführlich zur Entstehungsgeschichte *Just/Ritz* in Just/Voß/Ritz/Zeising, § 6 WpPG Rz. 37.

[2] Anders wohl *Hamann* in Schäfer/Hamann, § 8 WpPG Rz. 4, wobei nicht danach differenziert wird, ob es um die Aufnahme von (Ersatz-)Angaben in endgültige Bedingungen oder um die entsprechende Aufnahme von Angaben bereits im (Basis-)Prospekt geht.

sich die Frage nach dem **Widerrufsrecht gemäß § 8 Abs. 1 Satz 3 WpPG** in diesem Fall nicht.

Soweit in endgültigen Bedingungen nur Ersatzangaben gemäß § 8 Abs. 1 Satz 1 und Satz 2 WpPG gemacht werden, greifen die **Anforderungen gemäß § 8 Abs. 1 Sätze 6 bis 9 WpPG** nicht ein, insbesondere gelten für eine etwaige Veröffentlichung der endgültigen Angaben nicht die Anforderungen des § 14 Abs. 2 WpPG. In der Praxis ist es üblich, in diesem Fall, zB in einer Fußnote, auf die in den Emissionsbedingungen enthaltene Bekanntmachungsvorschrift und gegebenenfalls die Website des Emittenten oder eine andere explizit angegebene Website zu verweisen. Es findet auch die Hinterlegungspflicht bezüglich des endgültigen Emissionspreises bzw. des endgültigen Emissionsvolumens gemäß § 8 Abs. 1 Satz 9 WpPG bei endgültigen Bedingungen keine Anwendung. 107

§ 7
Mindestangaben

Die Mindestangaben, die in einen Prospekt aufzunehmen sind, bestimmen sich nach der Verordnung (EG) Nr. 809/2004 der Kommission vom 29. April 2004 zur Umsetzung der Richtlinie 2003/71/EG des Europäischen Parlaments und des Rates betreffend die in Prospekten enthaltenen Informationen sowie das Format, die Aufnahme von Informationen mittels Verweis und die Veröffentlichung solcher Prospekte und die Verbreitung von Werbung (ABl. EU Nr. L 149 S. 1, Nr. L 215 S. 3) in der jeweils geltenden Fassung.

In der Fassung vom 22.6.2005 (BGBl. I 2005, S. 1698), zuletzt geändert durch das Gesetz zur Umsetzung der Richtlinie 2010/73/EU und zur Änderung des Börsengesetzes vom 26.6.2012 (BGBl. I 2012, S. 1375).

Schrifttum: *Apfelbacher/Metzner*, Das Wertpapierprospektgesetz in der Praxis – Eine erste Bestandsaufnahme, BKR 2006, 81; *Brocker/Sepp*, Die Auswirkungen der neuen Prospektpflicht für Bezugsrechtsemissionen auf die Eigenkapitalbeschaffung mittelständischer Unternehmen, DB 2013, 393; *Crüwell*, Die europäische Prospektrichtlinie, AG 2003, 243; *Ekkenga*, Änderungs- und Ergänzungsvorschläge zum Regierungsentwurf eines neuen Wertpapierprospektgesetzes, BB 2005, 561; *Elsen/Jäger*, Revision der Prospektrichtlinie? – Ein erster Ausblick, BKR 2008, 459; *Holzborn/Schwarz-Gondek*, Die neue EU-Prospektrichtlinie, BKR 2003, 927; *Holzborn/Israel*, Das neue Wertpapierprospektrecht, ZIP 2005, 1668; *Hupka*, Kapitalmarktaufsicht im Wandel, WM 2009, 1351; *von Ilberg/Neises*, Die Richtlinien-Vorschläge der EU-Kommission zum „Einheitlichen Europäischen Prospekt" und zum „Marktmissbrauch" aus Sicht der Praxis, WM 2002, 635; *von Kopp-Colomb/Lenz*, Der europäische Pass für Emittenten, AG 2002, 24; *Kullmann/Sester*, Inhalt und Format von Emissionsprospekten nach dem WpPG, ZBB 2005, 209; *Kunold/Schlitt*, Die neue EU-Prospektrichtlinie, BB 2004, 501; *Lawall/Maier*, Änderungen im Wertpapierprospektgesetz, Der Betrieb 2012, 2443 (Teil 1),

DB 2012, 2503 (Teil 2); *Leuering/Stein*, Prospektpflichtige Anlässe im WpPG nach der Umsetzung der Änderungsrichtlinie, Der Konzern 2012, 382; *Leuering/Stein*, Prospektpflicht von Bezugsrechtsemissionen, NJW-Spezial 2012, 591; *Müller/Oulds*, Transparenz im europäischen Fremdkapitalmarkt, WM 2007, 573; *Reger*, Die neue Prospektrichtlinie, Going Public 2005, 58; *Schlitt/Schäfer*, Auswirkungen des Prospektrichtlinie-Umsetzungsgesetzes auf Aktien- und Equity-linked Emissionen, AG 2005, 498; *Schlitt/Schäfer*, Drei Jahre Praxis unter dem Wertpapierprospektgesetz – eine Zwischenbilanz, AG 2008, 525; *Schnorbus*, Prospektanforderungen für bestimmte Emittenten („Special Issuers"), WM 2009, 249; *Seitz*, Das neue Wertpapierprospektrecht, AG 2005, 678; *Seitz*, Die Integration der europäischen Wertpapiermärkte und die Finanzmarktgesetzgebung in Deutschland, BKR 2002, 340.

I. Normentwicklung und Bedeutung	
1. Normbedeutung	1
2. Europäischer Regelungsrahmen	2
a) Prospektrichtlinie	4
b) Umsetzung ins deutsche Recht	10
c) Prospektverordnung	11
d) ESMA-Empfehlungen zu Auslegungsfragen (guidelines and recommendations)	13
e) Verwaltungspraxis der Bundesanstalt für Finanzdienstleistungsaufsicht (BaFin)	14
II. Prospektverordnung im Überblick	15
III. Prospektinhalt und -format	
1. Prospektinhalt – Mindestangaben (Art. 3–24 ProspektVO)	16
2. Prospektformat (Art. 25, 26 ProspektVO)	27

I. Normentwicklung und Bedeutung

1. Normbedeutung

1 § 7 WpPG setzt Art. 7 Prospektrichtlinie um. Er verweist auf die ProspektVO als unmittelbar geltendes Recht. § 7 WpPG hat daher lediglich **deklaratorischen Charakter**[1].

2. Europäischer Regelungsrahmen

2 § 7 WpPG und die Bestimmungen der ProspektVO gehen auf das so genannte **Lamfalussy-Verfahren** zurück, ein Vier-Stufen-Konzept für die beschleunigte Rechtsetzung zur Regulierung der europäischen Finanzmärkte, das im Schlussbericht des Ausschusses der Weisen über die Regulierung der europäischen Wertpapiermärkte v. 15.2.2001, dem so genannten Lamfalussy-Bericht[2], empfohlen wurde[3].

---

1 *Groß*, Kapitalmarktrecht, § 7 WpPG Rz. 1; *Holzborn* in Holzborn, § 7 WpPG Rz. 1.
2 Schlussbericht des Ausschusses der Weisen über die Regulierung der europäischen Wertpapiermärkte v. 15.2.2001, S. 10 und 26, sog. „Lamfalussy-Bericht", abrufbar unter http://ec.europa.eu/internal_market/securities/docs/lamfalussy/wisemen/final-report-wise-men_de.pdf.
3 Zur Entwicklung des europäischen Kapitalmarktrechts umfassend *Wiegel*, Die Prospektrichtlinie und Prospektverordnung, S. 10 ff.

Das Kernelement dieses Verfahrens[1] ist die **Konkretisierung von Basisrechtsakten** (im Falle des Prospektrechts der Prospektrichtlinie als Rahmenrichtlinie, so genannte Stufe 1) **durch Durchführungsbestimmungen** (im Falle des Prospektrechts die Prospektverordnung, so genannte Stufe 2), die unter Beteiligung zweier Ausschüsse, dem European Securities Counsel (ESC) und der Europäischen Wertpapier- und Marktaufsichtsbehörde (European Securities and Markets Authority, ESMA[2]) durch die Kommission ohne Mitwirkung des Rates und des Europäischen Parlaments erlassen werden (so genanntes **Komitologieverfahren**). Auf der so genannten Stufe 3 stellt ESMA[3] die einheitliche Umsetzung und Auslegung der Rechtsakte der Stufen 1 und 2 sicher[4], auf der sog. Stufe 4 überprüft die Kommission die Anwendung der Rechtsakte in den Mitgliedstaaten. 3

a) Prospektrichtlinie

Die Prospektrichtlinie (Richtlinie 2003/71/EG v. 4.11.2003, ABl. EU Nr. L 345, S. 64) auf der **ersten Stufe** des Lamfalussy-Verfahrens hob die Wertpapierverkaufsprospektrichtlinie (Richtlinie 89/298 v. 17.4.1989, ABl. EG Nr. L 124, S. 8)[5] auf und ersetzte die Vorgängerregelungen[6] der Kapitalmarktpublizitätsrichtlinie (Richtlinie 2001/34 v. 28.5.2001, ABl. EG Nr. L 217, S. 9)[7], in die zuvor die Regelungen der Börsenzulassungsrichtlinie (Richtlinie 80/390 v. 17.3.1980, ABl. EG Nr. L 100, S. 1)[8] aufgenommen worden waren[9]. 4

Ausgangspunkt für die Entstehung der Prospektrichtlinie war der **Aktionsplan Finanzdienstleistungen (FSAP)** v. 11.5.1999[10], der auf Vorarbeiten des Forum of European Securities Commissions (FESCO), der Vorgängerorganisation von CESR, be- 5

---

1 Zum Lamfalussy-Verfahren und der Entstehung der Prospektrichtlinie und ProspektVO siehe auch *Hupka*, WM 2009, 1351 ff.; *von Kopp-Colomb/Lenz*, AG 2002, 24 (25); *Kunold/Schlitt*, BB 2004, 501; *Seitz*, BKR 2002, 340 (341); *Seitz*, AG 2005, 678.
2 Die im Jahre 2011 gegründete ESMA führt als Rechtsnachfolgerin die Aufgaben des CESR fort, wobei sämtliche von CESR herausgegebenen Guidelines, Recommendations und weiteren Level 3-Materialien auch weiterhin Gültigkeit besitzen, soweit sie nicht durch ESMA ersetzt oder widerrufen werden.
3 „The Role of CESR at ‚Level 3' under the Lamfalussy Process", CESR/04-104b.
4 Insbesondere durch die ESMA updates of the CESR recommendations for the consistent implementation of Commission Regulation (EC) no. 809/2004 (zuletzt März 2013, ESMA/2013/319) und die regelmäßig aktualisierten ESMA, Questions and Answers Prospectuses (zuletzt 25th Updated Version – July 2016, ESMA/2016/1133).
5 Aufgehoben durch Art. 28 Prospektrichtlinie.
6 Zu den Vorgängerregelungen *von Kopp-Colomb/Lenz*, AG 2002, 24 f.; *von Ilberg/Neises*, WM 2002, 635 (637 f.). Zur Genese der Prospektrichtlinie *Wiegel*, Die Prospektrichtlinie und Prospektverordnung, S. 84 ff.
7 Art. 3, 20–41, 98–101, 104, 108 Abs. 2 lit. c Nr. ii und Anhang I aufgehoben durch Art. 27 Prospektrichtlinie.
8 Aufgehoben durch Art. 111 Kapitalmarktpublizitätsrichtlinie.
9 Erwägungsgrund 1 Prospektrichtlinie und Art. 27, 28 Prospektrichtlinie.
10 KOM(99) 232 v. 11.5.1999, S. 21 ff.

ruhte[1]. Mit der Prospektrichtlinie wurden **zwei Hauptziele** verfolgt: einerseits die Steigerung des Anlegerschutzes, andererseits die Markteffizienz bei Wertpapieremissionen[2].

6 Das **EU-Rechtssetzungsverfahren**[3] durchlief folgende Schritte:
   – Erster Kommissionsvorschlag v. 28.8.2001, ABl. EG Nr. C 240, S. 272
   – Stellungnahme Europäische Zentralbank v. 2.12.2001, ABl. EG Nr. C 344, S. 4
   – Stellungnahme Wirtschafts- und Sozialausschuss v. 3.4.2002, ABl. EG Nr. C 80, S. 52
   – Stellungnahme Parlament (Erste Lesung) v. 27.2.2003, ABl. EG Nr. C 47, S. 524
   – Zweiter Kommissionsvorschlag v. 28.1.2003, ABl. EG Nr. C 20, S. 122
   – Gemeinsamer Standpunkt v. 27.5.2003, ABl. EG Nr. C 125, S. 21
   – Stellungnahme Parlament (Zweite Lesung) v. 24.3.2004, ABl. EG Nr. C 72, S. 251
   – Stellungnahme Kommission v. 10.7.2003, KOM (2003) 432 endg.
   – Richtlinie 2003/71/EG des Europäischen Parlaments und des Rates v. 4.11.2003 betreffend den Prospekt, der beim öffentlichen Angebot von Wertpapieren oder bei deren Zulassung zum Handel zu veröffentlichen ist, und zur Änderung der Richtlinie 2001/34/EG, ABl. EU Nr. L 345, S. 64.

7 **Art. 7 Abs. 3 Prospektrichtlinie** iVm. Erwägungsgrund 22 Prospektrichtlinie gibt auf der ersten Stufe des Lamfalussy-Verfahrens Standards für die Aufnahme von Finanz- und der Nichtfinanzinformationen in den Prospekt vor, die von den internationalen Organisationen der Wertpapieraufsichtsbehörden ausgearbeitet wurden. Auf diesen Standards beruhen auch die (indikativen) Anhänge I bis IV zur Prospektrichtlinie. Dementsprechend finden sich in den Anhängen zur ProspektVO teilweise wörtliche Wiedergaben der **IOSCO-Standards**[4]. Art. 7 Abs. 3 Prospektrichtlinie ist in Zusammenschau mit Erwägungsgrund 22 Prospektrichtlinie zu sehen. Erwägungsgrund 22 Prospektrichtlinie beschreibt die Ziele, die mit der Zugrundelegung der IOSCO-Standards verfolgt wurden: Verbesserung der Anlegern zur Verfügung gestellten Informationen und Vereinfachung der Kapitalaufnahme in Drittländern (die häufig ihrerseits ebenfalls die IOSCO-Standards zu Grunde legen dürften).

8 Während die IOSCO-Standards an sich als **Maximalanforderungen** für die grenzüberschreitende Emission von Eigenkapitalwerten formuliert wurden, sahen die von CESR erarbeiteten Vorschläge für den Mindestinhalt von Prospekten diese zunächst als **Mindeststandards** vor. Dies wurde von den Marktteilnehmern insbesondere für die Emission von Schuldverschreibungen und derivativen Wertpapieren als unange-

---

1 „A European Passport for Issuers" v. 20.12.2000, FESCO-00-138b.
2 Art. 1 Abs. 1 iVm. Erwägungsgrund 10 Prospektrichtlinie.
3 Zum EU-Rechtsetzungsverfahren siehe *Crüwell*, AG 2003, 243 f.; *Holzborn/Schwarz-Gondek*, BKR 2003, 927 f.; *von Ilberg/Neises*, WM 2002, 635 (636).
4 International Disclosure Standards for cross-border offering and initial listings by foreign issuers, September 1998, abrufbar unter http://www.iosco.org; dazu *von Ilberg/Neises*, WM 2002, 635 (640).

messen angesehen. Aufgrund vielfacher Kritik reduzierte CESR die Offenlegungspflichten vor allem in Bezug auf Nichtdividendenwerte deutlich[1]. **Art. 7 Abs. 2 lit. a Prospektrichtlinie** bestimmt, dass den unterschiedlichen Angaben, die Anleger in Bezug auf Dividendenwerte und Nichtdividendenwerte benötigen, Rechnung zu tragen ist. Die Vorschrift trägt damit dem Differenzierungserfordernis zwischen Dividendenwerten und Nichtdividendenwerten, Angeboten unterschiedlicher Größenordnung und unterschiedlicher Emittenten Rechnung, was sich in den Anhängen zur ProspektVO widerspiegelt.

Im Hinblick auf die sog. Revisionsklausel (Art. 31 Prospektrichtlinie), die eine Überprüfung der Anwendung der Prospektrichtlinie fünf Jahre nach ihrem Inkrafttreten vorsieht, wurde die Prospektrichtlinie nach Durchführung einer Konsultation der Kommission[2] durch die **Prospektänderungsrichtlinie**[3] modifiziert. Die hierdurch eingetretenen Änderungen betreffen insbesondere die Erhöhung der Obergrenze für die Ausnahmen für Klein- und Daueremissionen vom Anwendungsbereich des WpPG, die Erhöhung der Schwellenwerte für Ausnahmen von der Prospektpflicht, die Erweiterung des Anwendungsbereichs der Prospektfreiheit von Mitarbeiterbeteiligungsprogrammen, die Herstellung eines Gleichlaufs zwischen dem Begriff des qualifizierten Anlegers nach dem WpPG und jenem des professionellen Kunden nach dem WpHG, die Zulässigkeit des dreiteiligen Prospekts auch bei Basisprospekten, die unmittelbare Aktualisierung des Registrierungsformulars durch Nachträge, die ersatzlose Abschaffung des jährlichen Dokuments und die Aufnahme von Schlüsselinformationen in die Zusammenfassung[4].

Im Rahmen der geplanten **Reform des Prospektrechts** (vgl. dazu bereits allgemein Einl. WpPG Rz. 23 ff., § 4 WpPG Rz. 2) soll auch die bisherige Prospektverordnung durch neue Vorschriften ersetzt werden. So soll die Kommission ermächtigt werden, **delegierte Rechtsakte** zum Format des Prospekts, des Basisprospekts und der endgültigen Bedingungen sowie zu den Schemata für die spezifischen Angaben, die in einen Prospekt aufzunehmen sind, zu erlassen (Art. 13 ProspektVO-E). Bei der Erstellung der verschiedenen Prospektschemata ist nach der ProspektVO-E insbesondere Folgendem Rechnung zu tragen (vgl. Art. 13 Abs. 1 ProspektVO-E):
– den unterschiedlichen Arten von Angaben, die Anleger in Bezug auf Dividendenwerte im Gegensatz zu Nichtdividendenwerten benötigen; die geforderten Angaben eines Prospekts in Bezug auf Wertpapiere mit einer ähnlichen wirtschaftlichen Grundlage, insbesondere Derivate, sind hierbei gemäß einem kohärenten Ansatz zu behandeln;

---

1 *Kunold/Schlitt*, BB 2004, 501 (507).
2 Consultation on a draft proposal for a Directive of the European Parliament and of the Council amending Directives 2003/71/EC on the prospectus to be published when securities are offered to the public or admitted to trading and 2004/109/EC on the harmonisation of transparency requirements in relation to information about issuers whose securities are admitted to trading on a regulated market.
3 Richtlinie 2010/73/EU v. 24.11.2010, ABl. EU Nr. L 327, S. 1.
4 Siehe zu den einzelnen Änderungen durch die Änderungsrichtlinie instruktiv *Lawall/Maier*, DB 2012, 1243 und DB 2012, 2503; *Leuering/Stein*, Der Konzern 2012, 382.

- den unterschiedlichen Arten und Eigenschaften des Angebots von Nichtdividendenwerten und deren Zulassung zum Handel an einem geregelten Markt. Bei Nichtdividendenwerten mit einer Mindeststückelung von 100.000 EUR müssen die geforderten Angaben eines Prospekts aus der Sicht des jeweiligen Anlegers angemessen sein;
- der Aufmachung und den geforderten Angaben der Basisprospekte in Bezug auf Nichtdividendenwerte, wozu auch Optionsscheine jeglicher Art gehören;
- gegebenenfalls dem öffentlich-rechtlichen Charakter des Emittenten;
- gegebenenfalls dem spezifischen Charakter der Tätigkeit des Emittenten.

b) Umsetzung ins deutsche Recht

10 Die Prospektrichtlinie wurde durch Art. 1 **Prospektrichtlinie-Umsetzungsgesetz** v. 22.6.2005 ins deutsche Recht umgesetzt[1]. Damit wurde die Zweigliedrigkeit zwischen Verkaufsprospekt und Börsenzulassungsprospekt, die auf der Börsenzulassungsrichtlinie und der Verkaufsprospektrichtlinie fußte, aufgehoben[2]. Mit Inkrafttreten des Prospektrichtlinie-Umsetzungsgesetzes zum 1.7.2005 sind zudem die „Going Public-Grundsätze" der Deutschen Börse AG, zuletzt v. 1.8.2004, ersatzlos entfallen[3].

c) Prospektverordnung

11 Die ProspektVO[4] wurde auf der **zweiten Stufe** des Lamfalussy-Verfahrens erlassen. Sie beruht auf den Vorarbeiten von CESR[5].

12 Die ProspektVO wurde bereits **neunmal geändert**, zuletzt durch die Delegierte Verordnung (EU) Nr. 2015/1604 vom 12.6.2015 in Bezug auf bestimmte Angaben für den Prospekt und auf Werbung. Eine tiefergreifende Überarbeitung erfuhr die ProspektVO überdies im März 2012 durch die Delegierte Verordnung (EU) Nr. 486/2012 in Bezug auf Aufmachung und Inhalt des Prospekts, des Basisprospekts, der Zusammenfassung und der endgültigen Bedingungen und in Bezug auf die Angabepflichten. So wurde im Zuge dieser Verordnung insbesondere eine generelle Prospektpflicht für Bezugsrechtsemissionen geschaffen (Art. 26a ProspektVO iVm. den Anhängen XXIII und XXIV ProspektVO). Im Gegensatz zu der früher allgemein vertretenen Ansicht[6] und der früheren Verwaltungspraxis der BaFin, nach der eine Bezugsrechtsemission

---
1 BGBl. I 2005, S. 1698.
2 *Ekkenga*, BB 2005, 561 (562); zur Umsetzung *Schlitt/Schäfer*, AG 2005, 498; *Seitz*, AG 2005, 678.
3 *Ekkenga/Maas*, Das Recht der Wertpapieremissionen, § 2 Rz. 218. Zu den Going-Public-Grundsätzen *Schlitt/Smith/Werlen*, AG 2002, 478.
4 Verordnung (EG) Nr. 809/2004 v. 29.4.2004, ABl. EU Nr. L 215, S. 3.
5 CESR Technical Advice, July 2003, CESR/03-208; CESR Technical Advice, September 2003, CESR/03-300; CESR Technical Advice, December 2003, CESR/03-399. Siehe hierzu auch Rz. 8.
6 *Schnorbus* in FrankfurtKomm. WpPG, § 2 WpPG Rz. 68; *Groß*, Kapitalmarktrecht, 4. Aufl. 2009, § 2 WpPG Rz. 18; *Herfs* in Habersack/Mülbert/Schlitt, Unternehmensfinanzierung am Kapitalmarkt, 2. Aufl. 2008, § 4 Rz. 36; *Holzborn/Israel*, ZIP 2005, 1668.

prospektfrei erfolgen konnte, wenn kein Bezugsrechtshandel eingerichtet wurde, muss nunmehr ein – wenn auch vereinfachter – Prospekt erstellt werden[1].

d) ESMA-Empfehlungen zu Auslegungsfragen (guidelines and recommendations)

Bedeutenden Einfluss auf die Verwaltungspraxis der BaFin und den Inhalt von Prospekten nimmt darüber hinaus ESMA, die zusätzlich zu den bereits bei Inkrafttreten des WpPG und der ProspektVO auf der **dritten Stufe** des Lamfalussy-Verfahrens veröffentlichten Empfehlungen (im Folgenden: ESMA-Empfehlungen)[2] einen regelmäßig aktualisierten Katalog häufig gestellter Fragen[3] veröffentlicht. Bei den ESMA-Empfehlungen handelt es sich nicht um einen europäischen Rechtsetzungsakt mit Rechtsnormcharakter, sondern lediglich um Empfehlungen, deren Befolgung durch die europäischen Wertpapieraufsichtsbehörden auf Freiwilligkeit beruht[4]. Ihre Befolgung kann grundsätzlich jedoch ein starkes Argument gegen den Vorwurf grober Fahrlässigkeit sowohl hinsichtlich zivilrechtlicher Haftung als auch hinsichtlich strafrechtlicher Verantwortung darstellen[5].

13

e) Verwaltungspraxis der Bundesanstalt für Finanzdienstleistungsaufsicht (BaFin)

Die BaFin hat auf Grundlage der Vielzahl der in den letzten drei Jahren durchgeführten Billigungsverfahren eine mittlerweile weitgehend gefestigte Verwaltungspraxis etabliert und hierzu in regelmäßigen Abständen Informationsveranstaltungen durchgeführt.

14

II. Prospektverordnung im Überblick

Die ProspektVO regelt in ihren Art. 3–24 innerhalb des durch Art. 7 Prospektrichtlinie gesteckten Rahmens die **Mindestangaben**, die in einen Prospekt aufzunehmen sind[6]. **Weitere Regelungsgegenstände** sind gemäß Art. 1 ProspektVO die Aufma-

15

---

1 Siehe zur Prospektpflicht bei Bezugsrechtsemission § 4 WpPG Rz. 51; *Brocker/Sepp*, BB 2013, 393; *Leuering/Stein*, NJW-Spezial 2012, 591.
2 ESMA update of the CESR recommendations (zuletzt März 2013, ESMA/2013/319), abrufbar unter http://www.esma.europa.eu.
3 ESMA, Questions and Answers Prospectuses (zuletzt 25th Updated Version – July 2016, ESMA/2016/1133).
4 ESMA update of the CESR recommendations, März 2013, ESMA/2013/319, Rz. 9; *Elsen/Jäger*, BKR 2008, 459 (460).
5 Ausnahmen bestehen ua., wenn sich eine abweichende nationale Verwaltungspraxis eingebürgert hat. Weitergehend (generelle Entlastung durch Einhaltung CESR- bzw. ESMA-Empfehlungen): *Hupka*, WM 2009, 1351.
6 Zum Prospektinhalt insgesamt siehe § 5 WpPG Rz. 10 ff.

chung des Prospekts (Art. 25 und 26)[1], die Modalitäten, nach denen Angaben in Form eines Verweises in den Prospekt aufgenommen werden können (Art. 28)[2], die Veröffentlichungsart eines Prospekts zur Sicherstellung der öffentlichen Verfügbarkeit (Art. 29–33)[3] und die Modalitäten der Verbreitung von Werbung (Art. 34)[4]. Darüber hinaus enthält die ProspektVO in Art. 2 Begriffsbestimmungen sowie in Art. 35 und 36 Übergangs- und Schlussbestimmungen.

III. Prospektinhalt und -format

1. Prospektinhalt – Mindestangaben (Art. 3–24 ProspektVO)

16 Die in Art. 7 Abs. 2 Prospektrichtlinie vorgesehene **Differenzierung** zwischen verschiedenen Wertpapierarten (insbesondere die Unterscheidung zwischen Dividendenwerten und Nichtdividendenwerten), Emittenten (zB Banken, Daueremittenten) und Angebotsformen (zB Aktienemissionen, Schuldverschreibungsprogramme) wird durch verschiedene Anhänge zur ProspektVO[5] umgesetzt, die für eine konkrete Emission nach dem in Art. 4–20 ProspektVO niedergelegten **Baukastenprinzip** zu kombinieren sind (*building block approach*)[6].

17 Die **Anhänge I-XVII**, die die Mindestangaben im Einzelnen aufführen, sind teilweise als Schemata, teilweise als Module ausgestaltet[7]. Nach den Begriffsbestimmungen des Art. 2 Nr. 1 und 2 ProspektVO bezeichnet ein **Schema** eine Liste von Mindestangaben, die auf die spezifische Natur der unterschiedlichen Arten von Emittenten und/oder die verschiedenen betreffenden Wertpapiere abgestimmt sind. **Modul** bezeichnet demgegenüber eine Liste zusätzlicher Angaben, die nicht in den Schemata enthalten sind und einem oder mehreren dieser Schemata anzufügen sind, je nachdem, um welches Instrument und welche Transaktion es sich handelt, für die ein Prospekt oder ein Basisprospekt erstellt wurden.

---

1 Zur Aufmachung des Basisprospekts und der endgültigen Bedingungen siehe § 6 WpPG Rz. 29 ff.
2 Zur Aufnahme von Angaben in den Prospekt in Form eines Verweises siehe § 11 WpPG Rz. 7 ff.; *A. Meyer* in Habersack/Mülbert/Schlitt, Unternehmensfinanzierung am Kapitalmarkt, § 36 Rz. 77; *Schlitt/Schäfer*, AG 2008, 525 (528); *Wiegel*, Die Prospektrichtlinie und Prospektverordnung, S. 323 ff.
3 Zur Veröffentlichung und Hinterlegung des Prospekts siehe § 14 WpPG Rz. 4 ff.
4 Zur Verbreitung von Werbung siehe § 15 WpPG Rz. 9 ff.
5 Die in den Prospekt aufzunehmenden Mindestangaben je nach anwendbaren Anhängen sind in der Kommentierung zu den Anhängen zur ProspektVO näher erläutert; siehe auch *A. Meyer* in Habersack/Mülbert/Schlitt, Unternehmensfinanzierung am Kapitalmarkt, § 36 Rz. 19 ff.; *Schlitt/Wilzcek* in Habersack/Mülbert/Schlitt, Handbuch der Kapitalmarktinformation, § 5 Rz. 17 ff.
6 Kritisch zum Baukastenprinzip *Kunold/Schlitt*, BB 2004, 501 (507), die das Fehlen eines allgemeinen Teils und die mangelnde Flexibilität kritisieren.
7 Zu speziellen Prospektanforderungen für bestimmte Emittenten („Special Issuers") siehe ESMA update of the CESR recommendations, März 2013, ESMA/2013/319, Rz. 128–145; siehe auch *Schnorbus*, WM 2009, 249 ff.

Die Schemata und Module enthalten die für die jeweiligen Emittenten und Wertpapiere geltenden Anforderungen und können damit quasi als „**Checklisten**" dienen[1]. 18

Ordnet man die Art. 4–22 ProspektVO den jeweiligen Anhängen zu, ergibt sich die folgende **Übersicht** anwendbarer Schemata und Module: 19

	Artikel	Anhang
1. Registrierungsformulare		
1.1 Schemata		
1.1.1 nach Wertpapieren		
Aktien	4	I
Schuldtitel und derivative Wertpapiere mit einer Stückelung von weniger als 100.000 Euro	7	IV
Schuldtitel und derivative Wertpapiere mit einer Mindeststückelung von 100.000 Euro	12	IX
Durch Vermögenswerte unterlegte Wertpapiere (ABS)	10	VII
1.1.2 nach Emittenten		
Banken (bezüglich Schuldtiteln und derivativen Wertpapieren)	14	XI
Organismen für gemeinsame Anlagen des geschlossenen Typs (dh. geschlossene Investmentfonds)	18	XV
Mitgliedstaaten, Drittstaaten, ihre regionalen und lokalen Gebietskörperschaften	19	XVI
Internationale öffentliche Organisationen und Emittenten von Schuldtiteln, deren Garantiegeber ein OECD-Mitgliedstaat ist	20	XVII
1.2 Modul		
Pro forma-Finanzinformation	5	II
2. Wertpapierbeschreibungen		
2.1 Schemata		
Aktien	6	III
Schuldtitel mit einer Stückelung von weniger als 100.000 Euro	8	V
Schuldtitel mit einer Mindeststückelung von 100.000 Euro	16	XIII
Zertifikate, die Aktien vertreten (*depository receipts*)	13	X
Derivative Wertpapiere	15	XII
2.2 Module		
Garantien	9	VI
Durch Vermögenswerte unterlegte Wertpapiere (ABS)	11	VIII
Zugrunde liegende Aktie in Form von Dividendenwerten (dh. Basistitel)	17	XIV

---

1 *Schlitt/Wilzcek* in Habersack/Mülbert/Schlitt, Handbuch der Kapitalmarktinformation, § 5 Rz. 19.

20 Die **Kombinationsmöglichkeiten**[1] der einzelnen Schemata und Module sind in Art. 21 ProspektVO iVm. Anhang XVIII niedergelegt. Die dort definierten Kombinationen der anwendbaren Mindestangaben zum Emittenten und den angebotenen oder zuzulassenden Wertpapieren ist grundsätzlich abschließend (Art. 21 Abs. 1 Satz 1 ProspektVO). Eine Ausnahme besteht für solche Wertpapiere, die aufgrund ihrer Ausgestaltung keiner der genannten Arten von Wertpapieren eindeutig unterfallen. Auf solche Wertpapiere können andere, möglichst angemessene Kombinationen angewendet werden (Art. 21 Abs. 1 Satz 2 ProspektVO). Informationsbestandteile, die in den grundsätzlich anwendbaren Schemata und Modulen gefordert werden, jedoch für ein Wertpapier im Einzelfall nicht relevant sind, können weggelassen werden, sog. *blanket clause* (Art. 23 Abs. 4 ProspektVO iVm. Erwägungsgrund 24 ProspektVO). Werden Angaben weggelassen, ist dies gegenüber der billigenden Behörde durch einen Vermerk in den einzureichenden Unterlagen, insbesondere der die Reihenfolge der vorgeschriebenen Informationen im Prospekt erläuternden Überkreuzcheckliste (Art. 25 Abs. 4 und Art. 26 Abs. 3 ProspektVO), zu vermerken[2]; eine explizite Negativaussage im Prospekt erscheint hingegen in der Regel entbehrlich, uU sogar irreführend[3]. Das System aus Schemata, Modulen und Kombinationstabelle ist somit nicht starr[4]. Bei innovativen Wertpapieren soll der Emittent mit der zuständigen Behörde den Inhalt der beizubringenden Informationen diskutieren, wobei zur Wahrung der Einheitlichkeit die Kommission hiervon unverzüglich in Kenntnis gesetzt werden muss (Art. 23 Abs. 3 ProspektVO).

21 Art. 21 Abs. 2 ProspektVO normiert eine **Rangfolge der einzelnen Schemata** untereinander. Danach ist das Schema für ein Registrierungsformular für Aktien umfassender und strenger als das für Schuldtitel und derivative Wertpapiere mit einer Stückelung von weniger als 100.000 Euro, die für den Anleger grundsätzlich ein geringeres Risikoprofil aufweisen[5]. Die geringsten Anforderungen werden an Registrierungsformulare für Schuldtitel und derivative Wertpapiere mit einer Mindeststückelung von 100.000 Euro gestellt, die aufgrund ihrer Denomination typischerweise von institutionellen Investoren erworben werden, die im Vergleich zu Privatanlegern grundsätzlich als weniger schützenswert angesehen werden (vgl. Erwägungsgrund 14 ProspektVO). Besteht Unsicherheit bezüglich der anwendbaren Schemata, empfiehlt es sich danach im Regelfall, das strengere Schema zu verwenden, da die-

---

1 Zu Beispielen zu den Kombinationsmöglichkeiten und Erläuterungen zu Auslegungsschwierigkeiten im Einzelfall siehe *Schlitt/Hemeling* in Habersack/Mülbert/Schlitt, Unternehmensfinanzierung am Kapitalmarkt, § 12 Rz. 84; *Kunold/Schlitt*, BB 2004, 501 (508); *Schlitt/Schäfer*, AG 2005, 498 (505) (insbesondere zur unterschiedlichen Kategorisierung von Wandelschuldverschreibungen bei Emission durch konzernangehörige Unternehmen); *Kullmann/Sester*, ZBB 2005, 209 (214) und *Seitz*, AG 2005, 678 (682, 687) (insbesondere zur Abgrenzung zwischen Schuldtiteln und derivativen Wertpapieren je nach 100%iger Rückzahlung des Nominalwerts, vgl. Art. 8 Abs. 2 bzw. Art. 16 Abs. 2 ProspektVO); *Holzborn/Israel*, ZIP 2005, 1668 (1672).
2 *Apfelbacher/Metzner*, BKR 2006, 81 (84); *Groß*, Kapitalmarktrecht, § 7 WpPG Rz. 6.
3 AA *Holzborn* in Holzborn, § 7 WpPG Rz. 4.
4 Siehe auch *Kullmann/Sester*, ZBB 2005, 209 (213).
5 *Holzborn/Israel*, ZIP 2005, 1668 (1672); *Müller/Oulds*, WM 2007, 573 (574).

ses jedenfalls auch die Mindestangaben des nächstschwächeren Schemas beinhaltet[1].

Eine zusätzliche Mindestangabe ergibt sich seit Dezember 2009 aus der VO (EG) Nr. 1060/2009[2]. Sie sieht in Art. 4 Abs. 1 Unterabs. 2 vor, dass ein Wertpapierprospekt, der einen Verweis auf ein oder mehrere Ratings enthält, auch klare und unmissverständliche Informationen darüber enthalten muss, ob diese von einer in der Europäischen Gemeinschaft ansässigen und nach der VO (EG) Nr. 1060/2009 registrierten Ratingagentur abgegeben wurden. Über die Anhänge I-XVII hinausgehende Informationen schreibt zudem die ProspektVO in dem im Jahr 2007 eingefügten Art. 4a für die Emission von Aktien vor, wenn der Emittent über eine komplexe finanztechnische Vorgeschichte verfügt oder bedeutende finanzielle Verpflichtungen eingegangen ist (*complex financial history*)[3]. Seitdem kann die zuständige Wertpapieraufsichtsbehörde die Aufnahme **zusätzlicher Finanzinformationen** in den Prospekt verlangen, wenn die historischen Finanzinformationen des Emittenten aufgrund seiner komplexen Finanzhistorie die Anleger nicht ausreichend informieren. Als solche zusätzlichen Finanzinformationen kommen sowohl die historischen Abschlüsse bedeutender Tochtergesellschaften bzw. früherer, vom Emittenten fortgeführter Unternehmenseinheiten, als auch Pro-Forma-Abschlüsse in Betracht. Letztere dürfen nach Auffassung der BaFin auch nach Änderung der ProspektVO nur für das letzte abgeschlossene Geschäftsjahr, den letzten abgeschlossenen Zwischenberichtszeitraum und den laufenden Berichtszeitraum aufgenommen werden[4]. **Typische Fälle** einer komplexen Finanzhistorie sind zum einen **Holdingstrukturen**, bei denen die Anteile der operativ tätigen Gesellschaften vor weniger als drei Jahren vom Emittenten erworben wurden[5]. Ebenso zählen dazu Emittenten, deren Geschäftstätigkeit und Finanzsituation sich innerhalb der letzten drei Jahre aufgrund einer **Akquisition** oder einer **Verschmelzung** wesentlich geändert hat[6]. Die Schwelle für eine wesentliche Änderung, die die Aufnahme zusätzlicher Finanzinformationen indiziert, entspricht grundsätzlich der für die Aufnahme von Pro-Forma-Finanzinformationen vorgesehenen Regel. Eine komplexe Finanzhistorie ist demnach anzunehmen, wenn aufgrund einer Akquisition oÄ innerhalb der letzten drei Geschäftsjahre eine Änderung eines oder mehrerer Indikatoren, die den Umfang der Geschäfts-

---

1 So wohl auch *Just* in Just/Voß/Ritz/Zeising, § 7 WpPG Rz. 26.
2 Verordnung (EG) Nr. 1060/2009 des Europäischen Parlaments und des Rates vom 16.9.2009 über Ratingagenturen, ABl. EU Nr. L 302 v. 17.11.2009, S. 1.
3 Zur Complex Financial History siehe auch *A. Meyer* in Habersack/Mülbert/Schlitt, Unternehmensfinanzierung am Kapitalmarkt, § 30 Rz. 36 ff.; *Schlitt/Schäfer*, AG 2008, 525 (530 f.); *Schlitt/Ponick* in Habersack/Mülbert/Schlitt, Handbuch der Kapitalmarktinformation, § 5 Rz. 74 ff.
4 Der Wortlaut des Anhangs II Ziffer 5 ProspektVO blieb unverändert.
5 Beispiele sind der Prospekt der Versatel AG v. 11.4.2007 und der Prospekt der SAF-Holland S.A. v. 6.7.2007.
6 So etwa im Prospekt der Wacker Construction Equipment AG v. 4.2.2008.

tätigkeit des Emittenten bestimmen, von mindestens 25% stattgefunden hat[1]. Als solche **wesentlichen Indikatoren** sind insbesondere die Bilanzsumme, Umsatzerlöse und Jahresergebnisse anzusehen[2].

23 **Steht eine wesentliche Änderung im laufenden Geschäftsjahr bevor**, etwa aufgrund eines bereits angekündigten Übernahmeangebots oder einer bereits hinreichend wahrscheinlichen Akquisition[3], sind gleichfalls zusätzliche Angaben im Prospekt erforderlich, um die künftige Gestalt des Emittenten und seine finanzielle Situation ausreichend abzubilden. Hierzu kommen in erster Linie Pro-Forma-Finanzinformationen im Einklang mit Anhang II ProspektVO in Betracht[4]. Zu den in den Prospekt aufzunehmenden Finanzinformationen siehe im Einzelnen die Kommentierung zu Anhang I Ziffer 20.1 ff.

24 Über die Anhänge hinausgehende Informationsbestandteile sind darüber hinaus bei der Erstellung eines **Basisprospekts**[5] zu beachten, für den Art. 22 Abs. 5 ProspektVO **Zusatzangaben** vorsieht.

25 Zusätzliche inhaltliche Anforderungen an den Prospekt ergeben sich für Zwecke der Zulassung von Wertpapieren am regulierten Markt in geringem Umfang aus der **BörsZulV**. Danach prüft die Geschäftsleitung der jeweiligen Börse im Rahmen des Zulassungsverfahrens, ob die Vorgaben nach §§ 1–12 BörsZulV eingehalten und damit ggf. die Angaben nach § 5 Abs. 2 Nr. 1, § 7 Abs. 1 Satz 3 und § 8 Abs. 2 BörsZulV im Prospekt enthalten sind. Entsprechende Angaben sind nicht Gegenstand des Prospektbilligungsverfahrens durch die BaFin (siehe dazu § 13 WpPG Rz. 6 ff.). Die Börse hat kein doppeltes Prüfungsrecht und muss den Prospekt ihrerseits nicht billigen. Um der Geschäftsleitung der Börse dennoch die Prüfung der Einhaltung der zulassungsspezifischen Vorgaben zu ermöglichen, entspricht es der üblichen Praxis, dass die Bank, die das Zulassungsverfahren begleitet, den Prospekt schon vor seiner Billigung der Börse zuleitet. Sofern im Ausnahmefall Angaben nach der BörsZulV in den Prospekt aufzunehmen sein sollten und dies von der Börse erst nach Billigung beanstandet wird, können die fehlenden Angaben jedenfalls im Wege des Nachtrags ergänzt werden[6].

---

1 Art. 1 Nr. 2 Abs. 6 der Verordnung (EG) Nr. 211/2007 iVm. ESMA update of the CESR recommendations, März 2013, ESMA/2013/319, Rz. 92.
2 ESMA update of the CESR recommendations, March 2013, ESMA/2013/319, Rz. 92.
3 Eine hinreichende Wahrscheinlichkeit tritt bei M&A-Transaktionen mitunter bereits mit der Unterzeichnung eines Letter of Intent (LoI) ein, wobei auf Einzelfallbasis zu beurteilen ist, ob eine hinreichende Wahrscheinlichkeit für die Durchführung der Transaktion vorliegt. Der Abschluss einer bindenden Vereinbarung, auch wenn sie noch an Bedingungen geknüpft ist, indiziert regelmäßig eine hinreichende Wahrscheinlichkeit, siehe auch *A. Meyer* in Habersack/Mülbert/Schlitt, Unternehmensfinanzierung am Kapitalmarkt, § 36 Rz. 44.
4 Ein Beispiel ist der IPO-Prospekt der Wacker Construction Equipment AG v. 30.4.2007.
5 Zum Basisprospekt und seinem Inhalt siehe die Kommentierung zu § 6 WpPG.
6 Siehe dazu die Kommentierung zu § 16 WpPG Rz. 1 ff. AA *Röhrborn* in Heidel, Aktienrecht und Kapitalmarktrecht, § 7 WpPG Rz. 3.

Art. 3 Abs. 2 ProspektVO stellt klar, dass die billigende Behörde über die Mindestangaben der ProspektVO hinaus **keine zusätzlichen Angaben** verlangen kann[1]. Der zuständigen Behörde steht es jedoch im Einzelfall offen, die Beibringung zusätzlicher Angaben im Billigungsverfahren zu fordern, damit die nach den anwendbaren Anhängen zur ProspektVO erforderlichen Mindestangaben im Prospekt enthalten sind (Art. 3 Abs. 3 ProspektVO)[2]. Eine **Ausnahme** vom Verbot, über die Anhänge I-XVII zur ProspektVO hinaus zusätzliche Angaben zu fordern, besteht lediglich im Hinblick auf die in Anhang XIX genannten besonderen Emittentenkategorien (*specialist issuers*)[3]. Hingegen ist es dem Prospektersteller unbenommen, weitergehende, **freiwillige Zusatzangaben** aufzunehmen, sofern diese der Art des Wertpapiers und des Emittenten angemessen sind[4] (Erwägungsgrund 5 ProspektVO).

26

2. Prospektformat (Art. 25, 26 ProspektVO)

Während § 12 WpPG in Umsetzung der Prospektrichtlinie die Wahl zwischen einem einteiligen und einem dreiteiligen Prospektformat einräumt[5], enthält die ProspektVO in Art. 25 Abs. 1 und 2, Art. 26 Abs. 1 und 2 **Angaben zum Aufbau**. Danach ist dem Prospektinhalt zwingend ein klares und detailliertes Inhaltsverzeichnis gefolgt von der Zusammenfassung voranzustellen[6]. Dies schließt es nicht aus, dass das Titelblatt gewisse Kurzinformationen enthält, die jedoch kein Substitut für die Zusammenfas-

27

---

1 Siehe auch *Wiegel*, Die Prospektrichtlinie und Prospektverordnung, S. 212. In der Konsequenz muss die zuständige Behörde daher auch einen unvollständigen Prospekt billigen, wenn dieser die Mindestangaben enthält, auch wenn die Behörde den Eindruck hat, dass der Prospekt ausnahmsweise trotz Einhaltung der Mindestangaben nicht vollständig iS des § 5 WpPG ist (so auch *Groß*, Kapitalmarktrecht, § 7 WpPG Rz. 6; *Ekkenga/Maas*, Das Recht der Wertpapieremissionen, § 2 Rz. 202). In diesem Fall ist die drohende Sanktion nicht die Versagung der Prospektbilligung, sondern die Geltendmachung von Prospekthaftungsansprüchen durch Anleger nach § 21 WpPG. Zum Verhältnis zwischen Mindestangaben und Vollständigkeit siehe die Kommentierung zu § 5 WpPG Rz. 13. Zur Prospekthaftung siehe § 21 WpPG und *Habersack* in Habersack/Mülbert/Schlitt, Handbuch der Kapitalmarktinformation, § 29 und *Mülbert/Steup* in Habersack/Mülbert/Schlitt, Unternehmensfinanzierung am Kapitalmarkt, § 41 jeweils mwN.
2 So auch *Ekkenga/Maas*, Das Recht der Wertpapieremissionen, § 2 Rz. 202.
3 Siehe hierzu die Kommentierung zu Anhang XIX EU-ProspektVO.
4 Besteht für die freiwilligen Zusatzangaben eine Regelung in der ProspektVO, ist diese jedoch zu beachten. So können wohl nach Auffassung der BaFin nicht freiwillig Pro-Forma-Finanzinformationen für Zeiträume, die vor dem letzten abgeschlossenen Geschäftsjahr liegen, in einen Prospekt aufgenommen werden, da dies der Regelung in Anhang II ProspektVO widerspricht, siehe ESMA, Questions and Answers Prospectuses, 25th Updated Version – July 2016, ESMA/2016/1133, Ziffer 54; siehe dazu auch die Kommentierung zu Anhang II EU-ProspektVO Rz. 30 ff. Zum Grundsatz der Prospektklarheit siehe die Kommentierung zu § 5 WpPG Rz. 17 ff.
5 Siehe dazu die Kommentierung zu § 12 WpPG Rz. 12; *Schlitt/Schäfer*, AG 2008, 525 (528); *Schanz*, Börseneinführung, § 13 Rz. 27 ff.
6 Ausgenommen sind lediglich Prospekte für die Zulassung von Nichtdividendenwerten mit einer Mindeststückelung von 100.000 Euro, für die eine Zusammenfassung nicht zwingend vorgesehen ist, § 5 Abs. 2 Satz 4 WpPG iVm. § 12 Abs. 1 Satz 5 WpPG; siehe

sung bilden können[1]. Danach müssen zwingend die in den Prospekt aufzunehmenden Risikofaktoren[2] folgen, bevor die übrigen in den Prospekt aufzunehmenden Angaben aufgeführt werden. **Zusammenfassung** und **Risikofaktoren** müssen als vom Gesetz zwingend den übrigen Prospektinhalten voranzustellende Kapitel aus sich heraus verständlich sein und dürfen daher keine Verweise auf andere Teile des Prospekts enthalten[3]. Die wesentlichen Aspekte der Risikofaktoren müssen seit Umsetzung der Prospektrichtlinie ebenfalls in der Zusammenfassung genannt werden. Dabei hat es sich in der Praxis bewährt, die Überschriften der Risikofaktoren in ganzen Sätzen wie Kurzfassungen auszuformulieren und diese so in die Zusammenfassung aufzunehmen.

28 Die übrigen Angaben können ihrerseits in einer beliebigen Reihenfolge angeordnet werden. Weicht die gewählte Reihenfolge von der in den anwendbaren Anhängen ab, kann die zuständige Behörde gemäß Art. 25 Abs. 4 bzw. Art. 26 Abs. 3 ProspektVO eine so genannte **Überkreuzcheckliste** fordern. Die BaFin macht von diesem Recht Gebrauch[4].

29 Die **Reihenfolge der Darstellung** folgt **in der Praxis**, soweit gesetzlich zulässig, der auch vor Geltung des WpPG gewohnten Darstellungsweise. Nach den gemäß Art. 25 Abs. 1 ProspektVO voranzustellenden Abschnitten Inhaltsverzeichnis, Zusammenfassung und Risikofaktoren folgen daher etwa bei Aktienemissionen in der Regel die Teile

– Allgemeine Informationen

– Das Angebot

– Gründe für das Angebot und Verwendung des Emissionserlöses

– Dividendenpolitik

---

auch *Schlitt/Wilczek* in Habersack/Mülbert/Schlitt, Handbuch der Kapitalmarktinformation, § 5 Rz. 4; *Apfelbacher/Metzner*, BKR 2006, 81 (85); *Reger*, Going Public 2005, 58.

1 ESMA, Questions and Answers Prospectuses, 25th Updated Version – July 2016, ESMA/2016/1133, Ziffer 9; *Just* in Just/Voß/Ritz/Zeising, § 7 WpPG Rz. 18.
2 Eine Legaldefinition des Begriffs „Risikofaktoren" findet sich in Art. 2 Nr. 3 ProspektVO. Sind Risikofaktoren als Mindestangabe vorgeschrieben, ist eine Abweichung hiervon auf Grundlage von Art. 23 Abs. 4 ProspektVO nicht zulässig, siehe ESMA, Questions and Answers Prospectuses, 25th Updated Version – July 2016, ESMA/2016/1133, Ziffer 11. Zur Darstellung der Risikofaktoren siehe *A. Meyer* in Habersack/Mülbert/Schlitt, Unternehmensfinanzierung am Kapitalmarkt, § 36 Rz. 53; *Schlitt/Wilczek* in Habersack/Mülbert/Schlitt, Handbuch der Kapitalmarktinformation, § 5 Rz. 53; *Wiegel*, Die Prospektrichtlinie und Prospektverordnung, S. 217 f.
3 Das Verweisverbot ergibt sich für die Zusammenfassung bereits aus Art. 24 der ProspektVO (siehe hierzu auch § 5 WpPG Rz. 26 ff.) und geht über das Verbot des Verweises auf andere Dokumente in der Zusammenfassung gemäß § 11 Abs. 1 Satz 3 WpPG hinaus. Das Verweisverbot bezüglich der Risikofaktoren entspricht der Praxis der BaFin. Siehe hierzu *Schlitt/Wilczek* in Habersack/Mülbert/Schlitt, Handbuch der Kapitalmarktinformation, § 5 Rz. 26 und 53.
4 *Witte/Karsch*, Hinterlegungsverfahren/Notifizierungsverfahren, BaFin-Workshop v. 29.5.2006; dazu auch *A. Meyer* in Habersack/Mülbert/Schlitt, Unternehmensfinanzierung am Kapitalmarkt, § 36 Rz. 22.

- Kapitalausstattung und Verschuldung
- Ausgewählte Finanzinformationen
- Darstellung und Analyse der Vermögens-, Finanz- und Ertragslage
- Geschäftstätigkeit
- Aktionärsstruktur
- Geschäfte und Rechtsbeziehungen mit nahe stehenden Personen
- Allgemeine Informationen über die Gesellschaft
- Angaben über das Kapital und anwendbare Vorschriften
- Angaben über die Organe
- Besteuerung
- Aktienübernahme
- Finanzteil
- Jüngster Geschäftsgang und Aussichten

§ 8
Nichtaufnahme von Angaben

(1) Für den Fall, dass der Ausgabepreis der Wertpapiere (Emissionspreis) und die Gesamtzahl der öffentlich angebotenen Wertpapiere (Emissionsvolumen) im Prospekt nicht genannt werden können, muss der Prospekt die Kriterien oder die Bedingungen angeben, anhand deren die Werte ermittelt werden. Abweichend hiervon kann bezüglich des Emissionspreises der Prospekt auch den Höchstpreis angeben. Enthält der Prospekt nicht die nach Satz 1 oder Satz 2 erforderlichen Kriterien oder Bedingungen, hat der Erwerber das Recht, seine auf den Abschluss des Vertrages gerichtete Willenserklärung innerhalb von zwei Werktagen nach Hinterlegung des endgültigen Emissionspreises und des Emissionsvolumens zu widerrufen. Der Widerruf muss keine Begründung enthalten und ist in Textform gegenüber der im Prospekt als Empfänger des Widerrufs bezeichneten Person zu erklären; zur Fristwahrung genügt die rechtzeitige Absendung. Auf die Rechtsfolgen des Widerrufs ist § 357a des Bürgerlichen Gesetzbuchs entsprechend anzuwenden. Der Anbieter oder Zulassungsantragsteller muss den endgültigen Emissionspreis und das Emissionsvolumen unverzüglich nach deren Festlegung in einer nach § 14 Abs. 2 zulässigen Art und Weise veröffentlichen. Erfolgt kein öffentliches Angebot, sind der endgültige Emissionspreis und das Emissionsvolumen spätestens einen Werktag vor der Einführung der Wertpapiere zu veröffentlichen. Werden Nichtdividendenwerte eingeführt, ohne dass ein öffentliches Angebot erfolgt, kann die Veröffentlichung nach Satz 6 nachträglich vorgenommen werden, wenn die Nichtdividendenwerte während einer längeren Dauer und zu veränderlichen Preisen ausgegeben werden. Der endgültige Emissionspreis und

das Emissionsvolumen sind zudem stets am Tag der Veröffentlichung bei der Bundesanstalt zu hinterlegen. Der Prospekt muss in den Fällen des Satzes 3 an hervorgehobener Stelle eine Belehrung über das Widerrufsrecht enthalten.

(2) Die Bundesanstalt kann gestatten, dass bestimmte Angaben, die nach diesem Gesetz oder der Verordnung (EG) Nr. 809/2004 vorgeschrieben sind, nicht aufgenommen werden müssen, wenn

1. die Verbreitung dieser Angaben dem öffentlichen Interesse zuwiderläuft,
2. die Verbreitung dieser Angaben dem Emittenten erheblichen Schaden zufügt, sofern die Nichtveröffentlichung das Publikum nicht über die für eine fundierte Beurteilung des Emittenten, des Anbieters, des Garantiegebers und der Wertpapiere, auf die sich der Prospekt bezieht, wesentlichen Tatsachen und Umstände täuscht, oder
3. die Angaben für das spezielle Angebot oder für die spezielle Zulassung zum Handel an einem organisierten Markt von untergeordneter Bedeutung und nicht geeignet sind, die Beurteilung der Finanzlage und der Entwicklungsaussichten des Emittenten, Anbieters oder Garantiegebers zu beeinflussen.

(3) Sind bestimmte Angaben, die nach der Verordnung (EG) Nr. 809/2004 in den Prospekt aufzunehmen sind, dem Tätigkeitsbereich oder der Rechtsform des Emittenten oder den Wertpapieren, auf die sich der Prospekt bezieht, ausnahmsweise nicht angemessen, hat der Prospekt unbeschadet einer angemessenen Information des Publikums Angaben zu enthalten, die den geforderten Angaben gleichwertig sind.

(4) Übernimmt ein Staat des Europäischen Wirtschaftsraums eine Garantie für ein Wertpapier, so muss der Prospekt keine Angaben über diesen Garantiegeber enthalten.

In der Fassung vom 22.6.2005 (BGBl. I 2005, S. 1698), zuletzt geändert durch das Gesetz zur Umsetzung der Verbraucherrechterichtlinie und zur Änderung des Gesetzes zur Regelung der Wohnungsvermittlung vom 20.9.2013 (BGBl. I 2013, S. 3642).

Schrifttum: *Brocker/Wohlfahrter*, Die Auswirkungen der neuen Prospektpflicht für Bezugsrechtsemissionen auf die Eigenkapitalbeschaffung mittelständischer Unternehmen, BB 2013, 393; *Crüwell*, Die europäische Prospektrichtlinie, AG 2003, 243; *Holzborn/Israel*, Das neue Wertpapierprospektrecht, ZIP 2005, 1668; *Kullmann/Sester*, Inhalt und Format von Emissionsprospekten nach dem WpPG, ZBB 2005, 209; *Schlitt/Ries*, Preisbestimmungsverfahren bei Aktienemissionen, in FS Schwark, 2009, S. 241; *Schlitt/Schäfer*, Auswirkungen des Prospektrichtlinie-Umsetzungsgesetzes auf Aktien- und Equity-linked Emissionen, AG 2005, 498; *Schlitt/Singhof/Schäfer*, Aktuelle Rechtsfragen und neue Entwicklungen im Zusammenhang mit Börsengängen, BKR 2005, 251; *Schulz/Hartig*, Vereinfachte Prospekte für Bezugsrechtsemissionen nach den „verhältnismäßigen Schemata" des Art. 26a ProspektVO, WM 2014, 1567; *Weber*, Unterwegs zu einer europäischen Prospektkultur, NZG 2004, 360.

I. Normentwicklung und Bedeutung 1	II. Vorläufige Nichtaufnahme von Emissionspreis und -volumen (§ 8 Abs. 1 WpPG) 7

1. Fehlende Angaben zu Emissionspreis und -volumen (§ 8 Abs. 1 Sätze 1 und 2 WpPG)
   a) Emissionspreis und -volumen .. 11
   b) Unmöglichkeit der Nennung... 17
   c) Erfordernis von Ersatzangaben 19
2. Nachholung durch endgültige Angaben (§ 8 Abs. 1 Sätze 6–9 WpPG) 28
3. Widerrufsrecht (§ 8 Abs. 1 Sätze 3–5, 10 WpPG)
   a) Konzeption und Anwendungsbereich 34
   b) Widerrufsvoraussetzungen (§ 8 Abs. 1 Sätze 3 und 4 WpPG) 35
   c) Rechtsfolge (§ 8 Abs. 1 Satz 5 WpPG) 42
   d) Widerrufsbelehrung (§ 8 Abs. 1 Satz 10 WpPG) 43

III. Nichtaufnahme sonstiger Angaben kraft Ermessensentscheidung, sog. Gestattung (§ 8 Abs. 2 WpPG)
1. Ermessensentscheidung 46
2. Fallgruppen 48
3. Konsequenzen für die Prospekthaftung 49

IV. Aufnahme von Ersatzangaben bei Unangemessenheit (§ 8 Abs. 3 WpPG) 51
1. Anwendungsbereich........... 52
2. Unangemessenheit 55
3. Ersatzangaben 56

V. Nichtaufnahme von Angaben über den Garantiegeber........ 57

VI. Ausblick.................. 58

I. Normentwicklung und Bedeutung

§ 8 WpPG setzt **Art. 8 Prospektrichtlinie** ins deutsche Recht um[1]. Entgegen der Ankündigung des Art. 8 Abs. 4 Prospektrichtlinie hat die Kommission bislang keine Durchführungsmaßnahme zu Art. 8 Abs. 2 Prospektrichtlinie erlassen[2], die bei der Anwendung und Auslegung des entsprechenden § 8 Abs. 2 WpPG zu berücksichtigen wäre.

§ 8 WpPG kommt eine große praktische Bedeutung zu. Er normiert die **einzigen Ausnahmen zum übergeordneten Grundsatz der Prospektvollständigkeit**, wie er von § 5 Abs. 1 WpPG postuliert wird (siehe daher auch die Kommentierung zu § 5 WpPG Rz. 11 ff.). In der Praxis spielt insbesondere die Ausnahme in § 8 Abs. 1 WpPG eine große Rolle, da sie eine gewisse Flexibilität hinsichtlich der Preisfestsetzung für die angebotenen Wertpapiere verschafft (dazu unten Rz. 11 ff.)[3]. Während der Regierungsentwurf zum WpPG zunächst so formuliert war, dass der endgültige Emissionspreis und das endgültige Emissionsvolumen spätestens am Tag des öffentlichen Angebots veröffentlicht werden müssen, wurde diese Formulierung, die nur noch Festpreisverfahren ermöglicht und jegliche Flexibilität in der Preisfestsetzung genommen hätte, nach Kritik aus den Reihen der Praxis aufgegeben und durch den

---

[1] Siehe dazu *Crüwell*, AG 2003, 243 (247).
[2] Siehe Bericht der Kommission an das Europäische Parlament und den Rat über die Ausübung der der Kommission übertragenen Befugnis zum Erlass delegierter Rechtsakte gemäß der Prospektrichtlinie vom 13.4.2015, abrufbar unter http://ec.europa.eu/finance/securities/docs/prospectus/com-2015-149_de.pdf.
[3] Siehe dazu auch *A. Meyer* in Habersack/Mülbert/Schlitt, Unternehmensfinanzierung am Kapitalmarkt, § 36 Rz. 75 f.

nunmehr vorgesehenen Wortlaut ersetzt. Danach sind diese Angaben nach ihrer Festlegung, aber nicht zwingend am Tag des öffentlichen Angebots zu veröffentlichen[1].

3 § 8 Abs. 2 WpPG setzt **Art. 8 Abs. 2 Prospektrichtlinie** ins deutsche Recht um. Er **entspricht im Wesentlichen den Vorgängerregelungen** des § 47 BörZulV aF und § 7 Abs. 3 VerkProspG aF iVm. § 14 Abs. 4 VerkProspVO aF.

4 § 8 Abs. 3 WpPG setzt **Art. 8 Abs. 3 Satz 1 Prospektrichtlinie** ins deutsche Recht um. Eine explizit **Art. 8 Abs. 3 Satz 2 Prospektrichtlinie** widerspiegelnde Formulierung („Gibt es keine entsprechenden Angaben, so besteht diese Verpflichtung [nach Satz 1] nicht.") findet sich hingegen im WpPG nicht. Dies wurde durch das DAI und den BDI zu Recht kritisiert[2].

5 § 8 Abs. 4 WpPG setzt den durch die Änderungsrichtlinie 2010/73/EU in die Prospektrichtlinie aufgenommenen **Art. 8 Abs. 3a** ins deutsche Recht um. Er wurde im Zuge des Gesetzes zur Umsetzung der Richtlinie 2010/73/EU und zur Änderung des Börsengesetzes in das WpPG aufgenommen.

6 Im Rahmen der **Reform des Prospektrechts** (vgl. dazu allgemein unter Einl. WpPG Rz. 23 ff., § 4 WpPG Rz. 2) soll die Nichtaufnahme von Angaben in Prospekten weitestgehend inhaltsgleich bleiben. Zu den Regelungen im Einzelnen unten Rz. 58.

II. Vorläufige Nichtaufnahme von Emissionspreis und -volumen (§ 8 Abs. 1 WpPG)

7 § 8 Abs. 1 WpPG gestattet, dass Emissionspreis und Emissionsvolumen nicht im Prospekt genannt werden, ohne dass der Prospekt damit unvollständig würde oder nicht der Billigung zugänglich wäre.

8 Er weicht damit von der vor Inkrafttreten des WpPG gängigen Konzeption ab. Diese sah vor, dass vor Beginn des öffentlichen Angebots zunächst ein sog. **unvollständiger Verkaufsprospekt** veröffentlicht wird. Dieser stellte zwar einen vollständigen Verkaufsprospekt iS des § 10 VerkProspG aF dar. Er enthielt jedoch entsprechend dem durch § 4 Nr. 1, 12 VerkProspVO aF ermöglichten Spielraum keine Angaben zum Emissionsvolumen und Emissionspreis, so dass er in der Praxis als unvollständig bezeichnet wurde. Ihm folgte nach Ergänzung der fehlenden Angaben am Ende des Angebots ein (vollständiger) **Verkaufs- und Börsenzulassungsprospekt**[3]. Insoweit entsprach die frühere Regelung eher dem US-amerikanischen Konzept eines sog. **Red**

---

1 Zum Gesetzgebungsverfahren auch *Just* in Just/Voß/Ritz/Zeising, § 8 WpPG Rz. 2; *Rauch* in Holzborn, § 8 WpPG Rz. 3.
2 Stellungnahme des DAI und des BDI v. 3.1.2005 zum DiskE des BMF, S. 9 f., abrufbar unter http://www.dai.de.
3 Zur Rechtslage vor Inkrafttreten des WpPG siehe *A. Meyer* in Habersack/Mülbert/Schlitt, Unternehmensfinanzierung am Kapitalmarkt, 2005, § 24 mwN, insbesondere S. 710 Fn. 3.

Herrings, dem regelmäßig die Veröffentlichung eines (vollständigen) Prospekts nach Abschluss des öffentlichen Angebots nachfolgt[1].

Anstelle dessen ist nunmehr die Veröffentlichung eines Prospekts getreten, der trotz des Fehlens bestimmter Angaben aufgrund der Privilegierung des § 8 WpPG einen **vollständigen Prospekt iS des § 5 WpPG** darstellt. Die Ergänzung des endgültigen Emissionspreises und -volumens erfolgt nicht mehr durch die Erstellung und Veröffentlichung eines weiteren Prospekts oder eines Nachtrags zum Prospekt, sondern allein in Form einer Bekanntmachung nach § 8 Abs. 1 Satz 6 WpPG (dazu unten Rz. 26 ff.). 9

Dem Anbieter bzw. Zulassungsantragsteller bleibt es weiterhin unbenommen, eine für Zwecke einer Privatplatzierung angefertigte unverbindliche Übersetzung des Prospekts ins Englische als **Preliminary International Offering Memorandum/Circular** (mit dem Hinweis „subject to completion") zu bezeichnen und wahlweise anstelle einer ergänzenden Bekanntmachung der fehlenden Angaben (*pricing supplement*) eine weitere Übersetzung des Prospekts ergänzt um die betreffenden Angaben als Final International Offering Memorandum/Circular zu veröffentlichen[2]. In diesem Zusammenhang besteht sowohl die Möglichkeit, im Preliminary International Offering Memorandum/Circular den **gleichen Wortlaut wie im deutschen Prospekt** in Übersetzung zu verwenden **oder** aber mit **Platzhaltern** zu arbeiten, die im Final International Offering Memorandum/Circular ausgefüllt werden. Nach richtiger Ansicht verstößt auch letztere Methode nicht gegen den Grundsatz der informationellen Gleichbehandlung (§ 15 Abs. 5 Satz 2 WpPG) und löst keine haftungsrechtlichen Folgen im Hinblick auf die Richtigkeit und Vollständigkeit des deutschen Prospekts aus, solange die Angaben im Final International Offering Memorandum/Circular innerhalb der im deutschen Prospekt angegebenen Spannen bleiben bzw. von dort enthaltenen Durchschnittsangaben nicht wesentlich abweichen[3]. 10

---

1 Zur Konzeption in den USA siehe *Wiegel*, Die Prospektrichtlinie und Prospektverordnung, S. 347 f.; *Werlen/Sulzer* in Habersack/Mülbert/Schlitt, Unternehmensfinanzierung am Kapitalmarkt, § 45 Rz. 30 ff.; *A. Meyer* in Habersack/Mülbert/Schlitt, Unternehmensfinanzierung am Kapitalmarkt, § 36 Rz. 101 f.
2 Zur üblichen Erstellung eines englischsprachigen Angebotsdokuments bei internationalen Wertpapieremissionen siehe *A. Meyer* in Habersack/Mülbert/Schlitt, Unternehmensfinanzierung am Kapitalmarkt, § 30 Rz. 100 ff.
3 Dies betrifft insbesondere die Angaben zur Verwässerung nach Durchführung der Emission sowie zum Emissionserlös und den Emissionskosten, zu denen vor Durchführung des Angebots lediglich jeweils eine Spanne oder ein Durchschnittswert angegeben werden kann und die im Zuge der Bekanntmachung des endgültigen Emissionspreises und Emissionsvolumens nach § 8 Abs. 1 Satz 6 WpPG nicht konkretisiert werden. Zur Art der Darstellung im deutschen Prospekt siehe unten Rz. 15 ff.

1. Fehlende Angaben zu Emissionspreis und -volumen (§ 8 Abs. 1 Sätze 1 und 2 WpPG)

a) Emissionspreis und -volumen

11 Nach § 8 Abs. 1 Satz 1 und 2 WpPG ist die **Angabe des Emissionspreises und Emissionsvolumens** öffentlich angebotener Wertpapiere im Prospekt **entbehrlich**, wenn entweder die Kriterien oder Bedingungen angegeben werden, anhand derer diese ermittelt werden, oder, hinsichtlich des Emissionspreises, ein Höchstpreis (Maximalpreis) genannt ist.

12 Der Begriff des **Emissionspreis**es bzw. **Ausgabepreis**es der Wertpapiere meint den Preis, zu dem die öffentlich angebotenen Wertpapiere im Zuge des öffentlichen Angebots verkauft werden[1]. Der Ausgabepreis ist also nicht notwendigerweise identisch mit dem im Aktiengesetz verwendeten Begriff des Ausgabebetrags, der in vielen Fällen den Betrag bezeichnet, zu dem neue Aktien gezeichnet werden, und im Regelfall dem geringsten Ausgabebetrag (anteiliger Betrag am Grundkapital bzw. Nennbetrag) der Aktien entspricht.

13 Der Begriff des **Emissionsvolumen**s bezeichnet die Gesamtzahl der öffentlich angebotenen Wertpapiere.

14 § 8 Abs. 1 Satz 1 WpPG spricht zunächst nur von den öffentlich angebotenen Wertpapieren. Daraus könnte der Rückschluss gezogen werden, dass das Emissionsvolumen nur dann offen bleiben kann, wenn Wertpapiere öffentlich angeboten werden. Wie sich aus der Formulierung der § 8 Abs. 1 Sätze 7 und 8 WpPG ergibt („erfolgt kein öffentliches Angebot ..."), ist dies jedoch im (seltenen) Fall der Kombination einer **Privatplatzierung** mit einer Zulassung von Wertpapieren entsprechend anzuwenden.

15 **Andere Angaben** liegen zum Zeitpunkt der Prospektbilligung ebenfalls nicht abschließend vor, da sie sich aus dem Emissionspreis und Emissionsvolumen berechnen. Hierzu zählen etwa der Emissionserlös, die Emissionskosten sowie die Angaben zur Verwässerung in Folge des Angebots. Entsprechend der früheren Praxis zum VerkProspG aF iVm. VerkProspVO aF ist der Befreiungstatbestand des § 8 Abs. 1 WpPG auf diese Angaben zu erstrecken. Indessen entspricht dies nicht der Praxis der BaFin[2], so dass diese Angaben regelmäßig in den Prospekt aufgenommen und ggf. durch einen Nachtrag nach § 16 WpPG konkretisiert werden. Diese Auffassung führt in der Praxis zu wenig aussagekräftigen, vorläufigen Angaben im gebilligten Prospekt und verringert die Flexibilität, die § 8 Abs. 1 WpPG im Übrigen gewährt[3].

16 § 8 Abs. 1 Sätze 1 und 2 WpPG regeln lediglich die Voraussetzungen für eine Nichtaufnahme des Emissionspreises und Emissionsvolumens in den Prospekt. Nicht ge-

---

1 Die Begriffswahl in Art. 8 Abs. 1 Prospektrichtlinie des „endgültigen Emissionskurses" ist daher wenig geglückt.
2 *Straßner* in Heidel, Aktienrecht und Kapitalmarktrecht, § 8 WpPG Rz. 2.
3 Zu den Auswirkungen im Einzelnen unten Rz. 24. Kritisch auch *A. Meyer* in Habersack/Mülbert/Schlitt, Unternehmensfinanzierung im Kapitalmarkt, § 36 Rz. 75 f.; *Just* in Just/Voß/Ritz/Zeising, § 8 WpPG Rz. 31 ff.

regelt ist, wie bei einer **Änderung** der üblicherweise vor Beginn des Angebots festgelegten Preisspanne **während des** laufenden **Angebots** zu verfahren ist. Da die Veröffentlichung des endgültigen Emissionspreises keinen nachtragspflichtigen Umstand darstellt, ist richtigerweise davon auszugehen, dass auch die Änderung der Preisspanne während des laufenden Angebots nicht nachtrags-, sondern lediglich veröffentlichungspflichtig ist, wenn auf eine mögliche Änderung der Bookbuilding-Spanne bereits im Angebot hingewiesen wurde und/oder die Änderung nicht wesentlich ist[1]. Die BaFin geht jedoch im Regelfall wohl von einem Nachtragserfordernis aus[2].

b) Unmöglichkeit der Nennung

Voraussetzung für die Entbehrlichkeit der Nennung des Emissionspreises und -volumens ist nach § 8 Abs. 1 Satz 1 WpPG, dass sie nicht genannt werden können. Nach dem Wortlaut ist erforderlich, dass weder der Emissionspreis noch das Emissionsvolumen genannt werden können, was ein kumulatives Erfordernis nahe legt. Richtigerweise besteht **kein Schutzbedürfnis der Anleger für ein kumulatives Erfordernis**. Steht das Emissionsvolumen von vorneherein fest (zB bei einer nicht als „Bis-zu-Kapitalerhöhung" ausgestalteten Bezugsrechtsemission mit späterer Preisfestlegung) und soll lediglich der Preis nach Veröffentlichung des Prospekts festgelegt werden, ist es ebenso statthaft, lediglich den endgültigen Preis im Prospekt offen zu lassen und insofern entweder die Kriterien oder Bedingungen für seine Festsetzung oder einen Maximalpreis zu nennen.

17

§ 8 Abs. 1 Sätze 1 und 2 WpPG sind damit zugeschnitten auf Fallkonstellationen, in denen aufgrund des gewählten Angebotsverfahrens das endgültige Emissionsvolumen und/oder der endgültige Angebotspreis bei Veröffentlichung des Prospekts noch nicht feststehen. Hierzu zählen alle „**Bis-zu-Kapitalerhöhungen**", die insbesondere bei Börsengängen praktiziert werden, aber auch bei Bezugsrechtsemissionen börsennotierter Unternehmen möglich sind[3]. Des Weiteren unterfallen alle Angebote im Wege des **Bookbuilding-Verfahrens** und **Decoupled Bookbuilding-Verfahrens**, die beide häufig bei Börsengängen praktiziert werden, und Bezugsrechtsemissionen mit einer **Festlegung des Bezugspreises erst während des laufenden Bezugsangebots**, Auktionsverfahren sowie sonst denkbare Angebotsgestaltungen, in denen Preis und/oder Volumen noch nicht zum Zeitpunkt der Prospektveröffentlichung feststehen, der Regelung der § 8 Abs. 1 Sätze 1 und 2 WpPG[4].

18

---

1 Siehe schon *Schlitt/Singhof/Schäfer*, BKR 2005, 251 (261).
2 So auch *Straßner* in Heidel, Aktienrecht und Kapitalmarktrecht, § 8 WpPG Rz. 6.
3 Ausführlich dazu *Schlitt/Ries* in FS Schwark, 2009, S. 241 (242 ff., 254 ff.). Siehe zur neuen Prospektpflicht bei Bezugsrechtsemissionen § 4 WpPG Rz. 51; *Brocker/Wohlfahrter*, BB 2013, 393 und zum vereinfachten Prospekt bei derartigen Emissionen *Schulz/Hartig*, WM 2014, 1567.
4 Siehe dazu die Beispielsfälle bei *Schäfer* in Grunewald/Schlitt, Einführung in das Kapitalmarktrecht, S. 226 f.; zu § 8 Abs. 1 WpPG *A. Meyer* in Habersack/Mülbert/Schlitt, Unternehmensfinanzierung am Kapitalmarkt, § 36 Rz. 75; *A. Meyer* in FrankfurtKomm. WpPG, § 8 WpPG Rz. 8 ff.

c) Erfordernis von Ersatzangaben

19 Die Angabe des Emissionspreises und Emissionsvolumens ist nach § 8 Abs. 1 Sätze 1 und 2 WpPG nur dann entbehrlich, wenn der Prospekt die **Kriterien oder Bedingungen**, anhand derer sie ermittelt werden, oder, bezüglich des Emissionspreises, einen **Höchstpreis** enthält. Nach Auffassung der Europäischen Wertpapier- und Marktaufsichtsbehörde (European Securities and Markets Authority, ESMA) reicht es im Hinblick auf Art. 8 Abs. 1 der Prospektrichtlinie[1] und Anhang III Ziffer 5.3.1 ProspektVO aus, dass der Prospekt für die Bestimmung des Angebotspreises Bezug auf den Marktpreis nimmt (zB x% Discount auf den durchschnittlichen Marktpreis), soweit ein liquider Markt für Wertpapiere der angebotenen Art existiert. Existiert ein solcher liquider Markt hingegen nicht, ist nach Auffassung von ESMA in Einklang mit Anhang III Ziffer 5.3.1 der ProspektVO neben dem Höchstpreis die Angabe der Kriterien und Bedingungen für die Preisermittlung sowie die Angabe der Person, die die Kriterien festgelegt hat oder offiziell für deren Festlegung verantwortlich ist, erforderlich[2]. Diese Auffassung ist abzulehnen, da sie über den Wortlaut des § 8 Abs. 1 WpPG und den entsprechenden Wortlaut des Art. 8 Abs. 1 Prospektrichtlinie hinausgeht, der Anforderungen aufstellt, die ihrerseits gerade eine Ausnahme von den nach den Anhängen der ProspektVO erforderlichen Mindestangaben beinhalten und daher gegenüber Anhang III Ziffer 5.3.1 Vorrang hat.

20 Die Nennung eines maximalen Emissionsvolumens lässt das Gesetz hingegen nicht als Ersatzangabe zu. Vielmehr sind in jedem Fall die Kriterien oder Bedingungen seiner Festlegung darzustellen. Eine solche rein abstrakte Umschreibung des zukünftig zu bestimmenden **Angebotsvolumens** lässt die BaFin jedoch allein nicht als Ersatz für die Angabe eines feststehenden Emissionsvolumens gelten; vielmehr fordert sie – neben den nach dem Gesetzeswortlaut anzugebenden Kriterien oder Bedingungen – in jedem Fall quantitative Angaben in Form einer „bis zu"-Angabe des maximalen Angebotsvolumens[3].

21 Die zu nennenden Einzelheiten sind für Aktienemissionen in Anhang III Ziffer 5.1.2 und 5.3.1 aufgezählt. Daher sind neben den Kriterien oder Bedingungen die Personen anzugeben, die die Kriterien festgelegt haben oder offiziell für deren Festlegung verantwortlich sind (zB bei einem Börsengang der Vorstand des Emittenten in Abstimmung mit den Emissionsbanken), sowie etwaige Vereinbarungen und der geplante **Zeitpunkt der Ankündigung** des endgültigen Emissionsvolumens.

---

[1] Entspricht der Vorschrift des § 8 Abs. 1 WpPG.
[2] ESMA, Questions and Answers Prospectuses, 25th Updated Version – July 2016, ESMA/2016/1133, Ziffer 58.
[3] *A. Meyer* in Habersack/Mülbert/Schlitt, Unternehmensfinanzierung am Kapitalmarkt, § 36 Rz. 75; *A. Meyer* in FrankfurtKomm. WpPG, § 8 WpPG Rz. 21; *Weber*, NZG 2004, 360 (364).

Wird der Preis im Wege des **Bookbuilding-Verfahrens**[1] festgelegt, enthält der Prospekt zunächst eine Preisspanne (also auch einen Höchstpreis), innerhalb derer der endgültige Emissionspreis auf Grundlage der in das Orderbuch (*book*) eingestellten Angebote zum Kauf der Wertpapiere festgelegt wird, und eine Beschreibung des Bookbuilding-Verfahrens. Das endgültige Emissionsvolumen errechnet sich in diesem Fall ebenfalls über den Emissionspreis, wobei der vor Beginn des Bookbuildings veröffentlichte Prospekt zunächst das maximale Emissionsvolumen angibt. Nach Abschluss des Angebots werden der ermittelte Preis und das ermittelte Emissionsvolumen nach § 8 Abs. 1 Satz 6 WpPG bekannt gemacht (siehe dazu unten Rz. 26 ff.).

22

Beim sog. **Decoupled Bookbuilding-Verfahren** enthält der Prospekt keine Preisspanne. Die Preisspanne wird in diesem Fall erst einige Tage nach Prospektveröffentlichung auf Grundlage der ersten Vermarktungsbemühungen mit dem Prospekt festgelegt. Da entweder der Emissionspreis oder (als gesetzlich privilegierte Ersatzangaben) Preisspanne und Kriterien der Preisfestlegung zu nennen sind, ist der Prospekt ohne diese Angaben nach Ansicht der BaFin zunächst unvollständig. Diese Angaben sind daher nach Ansicht der BaFin im Wege eines Nachtrags nach § 16 WpPG zu veröffentlichen, wobei sich die BaFin bemüht, einen solchen Nachtrag tagggleich zu billigen[2]. Hingegen werden der endgültige Emissionspreis und das Emissionsvolumen wie im Falle des Bookbuilding-Verfahrens gemäß § 8 Abs. 1 Satz 6 WpPG nach Abschluss des Angebots veröffentlicht[3].

23

Auch wenn der Angebotspreis zum Zeitpunkt der Prospektbilligung noch nicht feststeht, sind bei beiden Preisfestsetzungsverfahren nach Auffassung der BaFin **Angaben zum erwarteten Emissionserlös** erforderlich[4]. Gegen diese Auffassung spricht, dass das Gesetz ersichtlich flexible Preisfestsetzungsverfahren erleichtern und daher von der Verpflichtung zur Aufnahme damit zusammenhängender Angaben in den Prospekt, die zum Zeitpunkt der Prospektbilligung bzw. -veröffentlichung noch nicht bekannt sein können, dispensiert. Die Verpflichtung zur Aufnahme des erwarteten Emissionserlöses schränkt im Gegensatz dazu die Flexibilität hinsichtlich des Preisfindungsverfahrens ein – Investoren werden den geschätzten Emissionserlös in aller Regel bei preislich limitierten Orders berücksichtigen und aus dieser Angabe (mehr oder weniger eindeutige) Rückschlüsse auf die vom Emittenten zu Grunde gelegte Unternehmensbewertung ziehen. Gerade beim Decoupled-Bookbuilding sind man-

24

---

1 Zum Bookbuilding-Verfahren *Schlitt/Wilzeck* in Habersack/Mülbert/Schlitt, Handbuch der Kapitalmarktinformation, § 5 Rz. 99; *Groß*, ZHR 162 (1998), 318 (320); *Hein*, WM 1996, 1; *Schanz*, Börseneinführung, § 10 Rz. 80 ff.; *Singhof/Weber* in Habersack/Mülbert/Schlitt, Unternehmensfinanzierung am Kapitalmarkt, § 4 Rz. 76.
2 Siehe auch *Straßner* in Heidel, Aktienrecht und Kapitalmarktrecht, § 8 WpPG Rz. 2.
3 *Schlitt/Wilczek* in Habersack/Mülbert/Schlitt, Handbuch der Kapitalmarktinformation, § 5 Rz. 101; *Schlitt/Schäfer*, AG 2005, 498 (505).
4 Zu den Einzelheiten *Schlitt/Wilczek* in Habersack/Mülbert/Schlitt, Handbuch der Kapitalmarktinformation, § 5 Rz. 98 ff.; kritisch *Schlitt/Schäfer*, AG 2008, 525 (532); *A. Meyer* in Habersack/Mülbert/Schlitt, Unternehmensfinanzierung am Kapitalmarkt, § 36 Rz. 75 Fn. 4; *Schlitt/Singhof/Schäfer*, BKR 2005, 251 (261).

gels Preisspanne nur sehr vage Angaben möglich[1], so dass ein Verzicht auf die Angabe des erwarteten Emissionserlöses und seine nachträgliche Bekanntgabe in dem die Preisspanne enthaltenden Nachtrag vorzugswürdig erschiene.

25 Um den Anforderungen der BaFin zu genügen, kann im Falle des „einfachen" Bookbuilding-Verfahrens entweder eine Erlösspanne (entsprechend der Preisspanne) oder der Emissionserlös angegeben werden, der sich bei Zugrundelegung von Ober- und Untergrenze der Preisspanne als Mittelwert ergibt. Dabei darf die untere Grenze der anzugebenden Spanne **nicht weniger als 50%** der oberen Grenze betragen[2].

26 Da die Angabe einer Emissionserlösspanne zusammen mit der Angabe eines maximalen Emissionsvolumens letztlich gewisse Rückschlüsse auf den erwarteten Angebotspreis pro Aktie zulässt, ist Emittent und Emissionsbanken daran gelegen, die Angaben möglichst vage zu halten, um eine „Konditionierung" des Marktes zu vermeiden[3]. Das Decoupled Bookbuilding-Verfahren wurde daher zunächst versucht, dahingehend weiterzuentwickeln, dass eine Angabe zur Maximalzahl der angebotenen Aktien nicht erfolgte, sondern diese einer späteren Festlegung und der Veröffentlichung in dem auch die Preisspanne enthaltenden Nachtrag vorbehalten blieb. Nachdem dieses sog. **„erweiterte Decoupled Bookbuilding"** einige Male praktiziert wurde[4], änderte die BaFin ihre Verwaltungspraxis und billigte Prospekte ohne Angabe des geschätzten oder zumindest des angestrebten Emissionserlöses und kumulativer Angabe der Maximalzahl angebotener Aktien nicht mehr. Sie stützte dies auf die Erwägung, dass ohne maximales Angebotsvolumen der Prospekt in die Nähe eines Basisprospekts nach § 6 WpPG gerückt würde, der jedoch vom Gesetzgeber nicht für Aktienemissionen vorgesehen ist. Die Ansicht der BaFin überzeugt jedoch nicht. In den von der Prospektverordnung geforderten Angaben für Aktienemissionen findet diese Ansicht keine Stütze. Zwar deutet auch Art. 8 Abs. 1 lit. a der Prospektrichtlinie in diese Richtung, jedoch hat der deutsche Gesetzgeber eine Einschränkung dieser Art nicht in das WpPG aufgenommen[5]. Vor dem Hintergrund dieser Entwicklung wurde das Decoupled Bookbuilding jedoch derart **weiter modifiziert**, dass zwar auch eine Maximalzahl der angebotenen Aktien im Prospekt angegeben wird, diese jedoch vorsorglich tendenziell hoch angesetzt und unter den Vorbehalt abweichender Gremienbeschlüsse des Emittenten gestellt wird. Zugleich wird häufig lediglich der angestrebte Emissionserlös und keine Spanne genannt. Dies gewährt den Beteiligten insofern ein erhöhtes Maß an Flexibilität, als nach Prospektbilligung

---

1 Diese Angaben werden im Nachtrag, der die Preisspanne und ggf. eine Konkretisierung des Angebotszeitraums enthält, auf Grundlage der Preisspanne konkretisiert.
2 *Schlitt/Wilczek* in Habersack/Mülbert/Schlitt, Handbuch der Kapitalmarktinformation, § 5 Rz. 99.
3 Siehe auch *A. Meyer* in Habersack/Mülbert/Schlitt, Unternehmensfinanzierung am Kapitalmarkt, § 36 Rz. 75.
4 Beispielsfälle waren die Prospekte der Wacker Chemie AG v. 24.3.2006 und der Klöckner & Co. AG v. 12.6.2006.
5 *Schlitt/Wilczek* in Habersack/Mülbert/Schlitt, Handbuch der Kapitalmarktinformation, § 5 Rz. 102.

ein geringeres maximales Emissionsvolumen beschlossen und dieses zusammen mit der Preisspanne in einem Nachtrag bekannt gemacht werden kann[1].

Vor allem bei volatilen Märkten besteht nicht nur bei Börsengängen, sondern auch bei **Bezugsrechtsemissionen** bereits börsennotierter Emittenten Bedarf für ein flexibles Preisfestsetzungsverfahren. Dies gilt auch für die Fälle eines sog. „Uplistings", in denen bislang im Open Market (Entry Standard) der Frankfurter Wertpapierbörse notierte Unternehmen im Zusammenhang mit einer Bezugsrechtsemission den Wechsel in den regulierten Markt (Prime Standard) vollziehen[2]. Auf Grundlage der durch das TransPuG im Jahr 2002[3] geschaffenen Regelung des § 186 Abs. 2 Satz 2 AktG, die es ermöglicht, den endgültigen Bezugspreis erst drei Tage vor Ende der Bezugsfrist festzulegen und zunächst nur die Grundlagen für seine Festsetzung bekannt zu machen[4], wird zunehmend häufig im Bezugsangebot und Prospekt zunächst lediglich ein Höchstpreis genannt. Als Kriterien oder Bedingungen der Preisfestsetzung wird häufig auf die Vornahme eines marktüblichen Abschlags vom volumengewichteten Durchschnittskurs während der Bezugsfrist verwiesen[5]. In diesem Fall bedarf es hinsichtlich der Preisfestsetzung und -bekanntmachung keines Nachtrags; der endgültige Bezugspreis kann vielmehr, ähnlich wie bei Durchführung eines Bookbuildings, in einer Preisbekanntmachung nach § 8 Abs. 1 Satz 6 WpPG veröffentlicht werden. Eine Nennung allein eines Höchstpreises, wie er nach § 8 Abs. 1 Satz 2 WpPG im Prospekt ausreichen würde, reicht nach richtiger Auffassung ebenfalls aus, um den Anforderungen des § 186 Abs. 2 Satz 2 AktG zu genügen[6]. 27

2. Nachholung durch endgültige Angaben (§ 8 Abs. 1 Sätze 6–9 WpPG)

Macht ein Anbieter (oder Zulassungsantragsteller) von der Ausnahme der § 8 Abs. 1 Sätze 1 und 2 WpPG Gebrauch, ist er verpflichtet, nach § 8 Abs. 1 Sätze 6–9 WpPG die nicht im Prospekt enthaltene Angabe des endgültigen Emissionspreises und endgültigen Emissionsvolumens später zu veröffentlichen. Die **Veröffentlichung** hat in einer nach § 14 Abs. 2 WpPG zulässigen Art und Weise zu erfolgen (siehe dazu § 14 WpPG Rz. 13 ff.). § 8 Abs. 1 Sätze 6–9 WpPG **privilegieren** die spätere Veröffentlichung des Emissionspreises und Emissionsvolumens gegenüber der späteren Veröffentlichung anderer Prospektangaben gemäß § 16 WpPG. Ein Billigungserfordernis besteht für die Preisveröffentlichung daher nicht. Auch löst sie in den Fällen der § 8 Abs. 1 Sätze 1 und 2 WpPG **kein Widerrufsrecht** der Anleger aus. Solange die Vo- 28

---

1 Beispielsfälle sind die Prospekte der Versatel AG v. 11.4.2007 und der Symrise AG v. 24.11.2006.
2 Siehe dazu auch *Schlitt/Schäfer*, AG 2005, 525 (532).
3 Gesetz zur weiteren Reform des Aktien- und Bilanzrechts, zu Transparenz und Publizität (Transparenz- und Publizitätsgesetz) vom 19.7.2002, BGBl. I 2002, S. 2681.
4 Siehe zur Preisfestsetzung bei Bezugsrechtsemissionen *Schlitt/Ries* in FS Schwark, 2009, S. 241 (249 ff.); *Schlitt/Seiler*, AG 2003, 2175 (2180).
5 Beispielsfälle sind der Prospekt der Roth & Rau AG v. 1.4.2008 und der Prospekt der Manz Automation AG v. 11.6.2008.
6 So auch *Schlitt/Seiler*, WM 2006, 2180 f.; offen: *Busch* in Marsch-Barner/Schäfer, Handbuch börsenorientierte AG, § 42 Rz. 54 mwN.

raussetzungen der § 8 Abs. 1 Sätze 1 und 2 WpPG eingehalten sind, besteht kein Raum für eine Berichtigung oder Vervollständigung des Prospekts im Wege eines zu billigenden Nachtrags, da bereits von Gesetzes wegen ein Prospekt ohne endgültiges Emissionsvolumen und endgültigen Emissionspreis vollständig ist (siehe dazu oben Rz. 5).

29 Wurde im Prospekt **lediglich das Emissionsvolumen** offen gelassen und statt dessen zulässige Ersatzangaben aufgenommen, bedarf es richtigerweise nach Festlegung des endgültigen Emissionsvolumens **keiner Mitteilung** nach § 8 Abs. 1 Satz 6 WpPG, solange das endgültige Emissionsvolumen innerhalb der im Prospekt genannten Volumensgrenzen bleibt und bereits im Wege der Ad-hoc-Mitteilung des Emittenten veröffentlicht wurde. Denn anders als der Emissionspreis hat das Emissionsvolumen für den Erwerber der Wertpapiere lediglich mittelbare Bedeutung (insbesondere hinsichtlich der tatsächlichen Verwässerung).

30 **In zeitlicher Hinsicht** gibt das Gesetz vor, dass der endgültige Emissionspreis und das endgültige Emissionsvolumen unverzüglich nach ihrer Festlegung zu veröffentlichen sind. Die ursprünglich im Regierungsentwurf vorgesehene Pflicht zur Veröffentlichung bereits am Tag des öffentlichen Angebots war nach Kritik der Interessenverbände auf Vorschlag des Bundesrats abgeändert worden, um die **Anwendung flexibler Preisfestsetzungsverfahren** wie des Bookbuilding-Verfahrens zu ermöglichen[1].

31 Erfolgt kein öffentliches Angebot, sind nach **§ 8 Abs. 1 Satz 7 WpPG** der endgültige Emissionspreis und das endgültige Emissionsvolumen spätestens einen Werktag vor Notierungsaufnahme zu veröffentlichen. Dies gilt jedoch richtigerweise nur dann, wenn in zeitlichem Zusammenhang zur Prospektveröffentlichung Wertpapiere verkauft werden, zB im Wege einer Privatplatzierung. Für Nichtdividendenwerte sieht **§ 8 Abs. 1 Satz 8 WpPG** hiervon eine Ausnahme vor. Wird im Zusammenhang mit der Zulassung und Notierungsaufnahme von Nichtdividendenwerten[2] kein öffentliches Angebot durchgeführt und werden die Nichtdividendenwerte während einer längeren Dauer und zu veränderlichen Preisen ausgegeben, kann die Veröffentlichung des endgültigen Emissionspreises und -volumens auch zu einem späteren Zeitpunkt erfolgen. Hiervon werden insbesondere Emissionsprogramme erfasst, bei denen das endgültige Volumen und der Preis der jeweiligen Einzelemission nicht von Beginn an feststehen[3].

32 Am Tag der Veröffentlichung sind der endgültige Emissionspreis und das endgültige Emissionsvolumen zusätzlich bei der BaFin **zu hinterlegen, § 8 Abs. 1 Satz 9 WpPG**. Die Hinterlegung erfolgt üblicherweise durch Übersendung einer Kopie der Preisbekanntmachung.

33 Steht vor der Notierungsaufnahme noch kein endgültiger Emissionspreis fest, soll nach der Regierungsbegründung der erste nach Notierungsaufnahme festgestellte

---

1 RegE, BT-Drucks. 15/5219, S. 1, 2, 7; Stellungnahme des Bundesrats, BT-Drucks. 15/5219, S. 4.
2 Zum Begriff des Nichtdividendenwerts siehe die Kommentierung zu § 2 WpPG Rz. 27.
3 Zu Emissionsprogrammen siehe § 2 WpPG Rz. 74 ff.; § 6 WpPG Rz. 22.

bzw. gebildete **Börsenpreis**, bei einer Feststellung an mehreren Märkten der höchste dieser Preise, als Höchstpreis gelten[1]. Dies setzt voraus, dass ein Angebot von Wertpapieren im Zusammenhang mit der Notierungsaufnahme erfolgt, wobei die Angebotsfrist noch nach der Notierungsaufnahme fortdauert, ohne dass der endgültige Emissionspreis veröffentlicht worden wäre. Zumindest bei Aktienemissionen besteht hierfür kein Anwendungsbereich, da der Emissionspreis nach der üblichen Strukturierung vor der Notierungsaufnahme festgelegt und veröffentlicht wird.

3. Widerrufsrecht (§ 8 Abs. 1 Sätze 3–5, 10 WpPG)

a) Konzeption und Anwendungsbereich

Aus **§ 8 Abs. 1 Satz 3 WpPG** ergibt sich, dass die Angabe des Emissionspreises und Emissionsvolumens im Prospekt auch dann entbehrlich ist, dh. eine Billigung des Prospekts trotz ihres Fehlens erfolgen kann, wenn die Voraussetzungen der § 8 Abs. 1 Sätze 1 und 2 WpPG nicht eingehalten werden. Anders als im Falle der § 8 Abs. 1 Sätze 1 und 2 WpPG ist der **Prospekt jedoch in diesem Fall nicht vollständig** iS des § 5 Abs. 1 WpPG. Daher sind etwaig vorab veröffentlichte Kriterien und Bedingungen für Emissionspreis und -volumen im Wege eines zu billigenden Nachtrags gemäß § 16 Abs. 1 WpPG zu veröffentlichen, der ein Widerrufsrecht auslöst[2]. Die Veröffentlichung des endgültigen Emissionspreises und -volumens darf ihrerseits zwar im Wege der Veröffentlichung nach § 8 Abs. 1 Satz 6 WpPG erfolgen. Ausnahmsweise gilt aber auch im Falle einer solchen Veröffentlichung dann ein **Widerrufsrecht**, sofern die Kriterien und Bedingungen nicht zuvor noch durch einen Nachtrag bekannt gemacht wurden.

34

b) Widerrufsvoraussetzungen (§ 8 Abs. 1 Sätze 3 und 4 WpPG)

Das Widerrufsrecht des § 8 Abs. 1 Satz 3 WpPG setzt nach dem Wortlaut des Gesetzes voraus, dass der Emissionspreis und das -volumen im Prospekt nicht angegeben und die in § 8 Abs. 1 Sätze 1 und 2 WpPG geforderten Ersatzangaben ebenfalls nicht im Prospekt enthalten sind. Nach dem Wortlaut ist also ein **kumulatives Fehlen erforderlich**. Insofern stellt sich entsprechend der Frage der Unmöglichkeit der Nennung nach § 8 Abs. 1 Satz 1 WpPG (dazu oben Rz. 15) die Frage, ob bei Angabe eines der beiden Parameter im Prospekt oder Ersatzangaben zu einem der beiden Parameter und Fehlen entsprechender Angaben für den zweiten Parameter ein Widerrufsrecht der Anleger besteht. Richtigerweise ginge ein Widerrufsrecht der Anleger in diesem Falle zu weit und ist vom Wortlaut der Vorschrift nicht gedeckt[3].

35

Weitere (ungeschriebene) Voraussetzung für ein Widerrufsrecht der Anleger ist nach dem Sinn und Zweck des § 8 Abs. 1 Satz 3 WpPG, dass die Anleger ihre auf den Er-

36

---

1 Begr. RegE zum Prospektrichtlinie-Umsetzungsgesetz, BT-Drucks. 15/4999, S. 32.
2 Zu Einzelheiten des Widerrufsrechts nach § 16 Abs. 3 WpPG vgl. die Kommentierung zu § 16 WpPG Rz. 99 ff.
3 So auch *Groß*, Kapitalmarktrecht, § 8 WpPG Rz. 6; aA *Rauch* in Holzborn, § 8 WpPG Rz. 18; *A. Meyer* in FrankfurtKomm. WpPG, § 8 WpPG Rz. 38.

werb der Wertpapiere abzielende **Willenserklärung bereits vor Veröffentlichung** des (endgültigen) Emissionspreises und -volumens abgegeben haben, da sonst die Kausalität für die Anlageentscheidung fehlt[1]. Wird die Willenserklärung erst nach Veröffentlichung des Emissionspreises und -volumens oder zumindest der Kriterien oder Bedingungen bzw. des Höchstpreises abgegeben oder eine zuvor abgegebene Willenserklärung nicht widerrufen, kann daher aufgrund des ursprünglichen Fehlens der Angaben aus dem Gesichtspunkt der Prospektvollständigkeit **kein Anspruch aus Prospekthaftung** geltend gemacht werden.

37 Analog der Regelung des § 16 Abs. 3 Satz 1 WpPG **erlischt** das Widerrufsrecht des § 8 Abs. 1 Satz 3 WpPG **mit Erfüllung**, dh. Lieferung der vom Anleger erworbenen Wertpapiere[2] (siehe auch die Kommentierung zur entsprechenden Regelung des § 16 Abs. 3 Satz 1 WpPG, § 16 WpPG Rz. 101 ff.).

38 Der Widerruf muss **innerhalb von zwei Werktagen nach Hinterlegung** des endgültigen Emissionspreises bzw. -volumens iS des § 8 Abs. 1 Satz 9 WpPG erklärt werden. Da die Hinterlegung (wenn auch zumeist am gleichen Tag) nach der Veröffentlichung erfolgt, stellt sich die Frage, ob ein **Widerruf auch bereits vor der Hinterlegung** nach dem Wortlaut der Vorschrift möglich ist. Nach Sinn und Zweck der Bestimmung, dem Anleger ein Recht zu geben, sich im Lichte der Informationen über die Konditionen vom Angebot zu lösen, ist dies zu bejahen.

39 Als **Erwerber** iS des § 8 Abs. 1 Satz 3 WpPG ist derjenige zu verstehen, an den sich das im Prospekt genannte Angebot richtet. Treten daher im Falle einer Aktienemission, wie üblich, die Emissionsbanken und der Emittent gemeinsam als Anbieter auf oder ist eine Bank im Prospekt als Vertriebsstelle (*selling agent*) genannt, sind die genannten Banken nicht durch § 8 Abs. 1 Satz 3 WpPG geschützt. Widerrufsberechtigt sind vielmehr die Anleger, an die sich das Angebot nach den Angaben im Prospekt richtet (beim öffentlichen Angebot in Deutschland also das deutsche Anlegerpublikum) und die eine entsprechende Willenserklärung abgegeben haben (dazu oben Rz. 34).

40 Der Widerruf muss nach § 8 Abs. 1 Satz 4 WpPG in **Textform** (§ 126b BGB) erfolgen. Einer Begründung des Widerrufs bedarf es nicht.

41 **Adressat des Widerrufs** ist die im Prospekt als Empfänger bezeichnete Person. Daraus lässt sich ableiten, dass der Adressat des Widerrufs im Prospekt zu nennen ist. Fehlt diese Angabe (was idR zur Nichterteilung der Billigung führen dürfte), ist Widerrufsempfänger richtigerweise jeder Anbieter bzw. Zulassungsantragsteller, der den Prospekt unterschrieben hat.

---

1 Begr. RegE zum Prospektrichtlinie-Umsetzungsgesetz, BT-Drucks. 15/4999, S. 32; *Straßner* in Heidel, Aktienrecht und Kapitalmarktrecht, § 8 WpPG Rz. 4; *A. Meyer* in FrankfurtKomm. WpPG, § 8 WpPG Rz. 43; *Keunecke*, Prospekte im Kapitalmarkt, Rz. 522.

2 Ganz hM, so auch *Straßner* in Heidel, Aktienrecht und Kapitalmarktrecht, § 8 WpPG Rz. 4; *Rauch* in Holzborn, § 8 WpPG Rz. 20; *A. Meyer* in FrankfurtKomm. WpPG, § 8 WpPG Rz. 43; *Kullmann/Sester*, ZBB 2005, 209 (212); *Holzborn/Israel*, ZIP 2005, 1668 (1674).

c) Rechtsfolge (§ 8 Abs. 1 Satz 5 WpPG)

Gemäß § 8 Abs. 1 Satz 5 WpPG ist auf die Rechtsfolgen des Widerrufs § **357a BGB** entsprechend anzuwenden. 42

d) Widerrufsbelehrung (§ 8 Abs. 1 Satz 10 WpPG)

Über das Widerrufsrecht muss im Prospekt gemäß § 8 Abs. 1 Satz 10 WpPG an hervorgehobener Stelle belehrt werden. Diese Belehrung muss den **Hinweis** umfassen, dass der endgültige Emissionspreis bzw. das endgültige Emissionsvolumen sowie die Kriterien und Bedingungen ihrer Ermittlung bzw. ein Höchstpreis noch nicht feststehen und später veröffentlicht werden. Außerdem ist deutlich auf das Bestehen eines Widerrufsrechts innerhalb von zwei Werktagen nach Veröffentlichung der fehlenden Angaben hinzuweisen und ein Widerrufsempfänger zu benennen. Ergänzend ist nach Auffassung der BaFin anzugeben, wann und in welcher Art die fehlenden Angaben veröffentlicht werden. „**An hervorgehobener Stelle**" meint innerhalb des Prospektkapitels „Das Angebot". 43

Unterbleibt die Belehrung, ist der Prospekt nicht billigungsfähig, da er nicht vollständig iS des § 13 Abs. 1 WpPG ist[1]. Am Widerrufsrecht der Anleger ändert die fehlende Belehrung jedoch nichts. 44

Das Widerrufsrecht des § 8 Abs. 1 Satz 3 WpPG besteht unabhängig von sonstigen Rechten der Anleger, insbesondere unabhängig von der Widerruflichkeit von Angeboten auf den Erwerb von Aktien im Rahmen eines Bookbuilding-Verfahrens[2]. Über das **allgemeine Widerrufsrecht** hinaus sind die Anleger durch § 8 Abs. 1 Satz 3 WpPG in der Zeit zwischen Annahme des Angebots durch die Anbieter im Wege der Zuteilung bis zwei Werktage nach Hinterlegung des endgültigen Emissionspreises bzw. -volumens geschützt, sofern nicht zwischenzeitlich Erfüllung eingetreten ist, also die Aktien geliefert wurden. Da die Anleger bei kurserheblichen Informationen schon vor Billigung und Veröffentlichung des Nachtrags durch eine Ad-hoc-Mitteilung des Emittenten informiert werden, können sie im Zuge eines Bookbuildings aufgrund des allgemeinen Widerrufsrechts bereits Abstand von ihren Kaufangeboten nehmen. Tun sie dies nicht, kann der Emittent einem späteren, auf § 8 Abs. 1 Satz 3 WpPG gestützten Widerruf daher den Einwand widersprüchlichen Verhaltens entgegenhalten[3]. 45

---

[1] Zum Prüfungsmaßstab der BaFin siehe die Kommentierung zu § 13 WpPG Rz. 10 ff.
[2] Siehe dazu die Kommentierung zu Anhang III EU-ProspektVO Rz. 47; *Schlitt/Singhof/Schäfer*, BKR 2005, 251 (256/257); *Groß*, Kapitalmarktrecht, § 8 WpPG Rz. 6; *Groß* in BuB, Rz. 10/266 mwN; *Just* in Just/Voß/Ritz/Zeising, § 8 WpPG Rz. 42.
[3] *Schlitt/Singhof/Schäfer*, BKR 2005, 251 (257).

III. Nichtaufnahme sonstiger Angaben kraft Ermessensentscheidung, sog. Gestattung (§ 8 Abs. 2 WpPG)

1. Ermessensentscheidung

46 Über die Angaben nach § 8 Abs. 1 WpPG hinaus können in Ausnahmefällen bestimmte Angaben im Prospekt unterbleiben, wenn die Voraussetzungen des § 8 Abs. 2 WpPG erfüllt sind. Hierzu muss eine **auf wichtige Gründe gestützte Befreiung**, die gegen die Aufnahme bestimmter Angaben in den Prospekt sprechen, zusammen mit der Einreichung des ersten Prospektentwurfs bzw. während der Prospektprüfung bei der BaFin beantragt werden[1]. Die BaFin „kann gestatten", trifft also eine **Ermessensentscheidung**[2]. Sie geht hierbei auf Grundlage der Regierungsbegründung[3] restriktiv vor und sieht zum Schutz des Informationsinteresses des Publikums nur einen **engen Anwendungsbereich**, der auf Ausnahmefälle beschränkt bleiben muss[4]. In der Praxis wird von dieser Möglichkeit nur selten Gebrauch gemacht[5].

47 Eine Gestattung ist nach hM nicht möglich, wenn, unterstellt, Art. 17 Marktmissbrauchsverordnung[6] fände Anwendung auf den Emittenten, die fragliche Information nach **Art. 17 Abs. 1 Marktmissbrauchsverordnung** zu veröffentlichen wäre[7]. Dabei muss die Befreiungsmöglichkeit des Art. 17 Abs. 4 Marktmissbrauchsverordnung unberücksichtigt bleiben. Das Angebot von Wertpapieren in Kenntnis einer aufgrund Art. 17 Abs. 4 Marktmissbrauchsverordnung unveröffentlicht gebliebenen Insiderinformation würde grundsätzlich vom Insiderhandelsverbot des Art. 14 Marktmissbrauchsverordnung erfasst, so dass solche Informationen in den Prospekt aufzunehmen sind, um einen Insiderhandel des Anbieters zu vermeiden.

2. Fallgruppen

48 Gemäß § 8 Abs. 2 WpPG können bestimmte Angaben im Prospekt unterbleiben, wenn die Verbreitung dieser Angaben dem **öffentlichen Interesse zuwiderläuft** (§ 8

---

[1] Die Einreichung eines begründeten Antrags ergibt sich nunmehr explizit aus Art. 2 Abs. 2 lit. b der Delegierten Verordnung (EU) 2016/301, die solange gilt, bis die neue ProspektVO Anwendung findet; vgl. dazu § 15 WpPG Rz. 12.
[2] *Rauch* in Holzborn, § 8 WpPG Rz. 23.
[3] Begr. RegE zum Prospektrichtlinie-Umsetzungsgesetz, BT-Drucks. 15/4999, S. 33.
[4] So auch *Groß*, Kapitalmarktrecht, § 8 WpPG Rz. 9; *A. Meyer* in FrankfurtKomm. WpPG, § 8 WpPG Rz. 60; *Keunecke*, Prospekte im Kapitalmarkt, Rz. 526.
[5] Vgl. *Holzborn/Israel*, ZIP 2005, 1668 (1674).
[6] Verordnung (EU) Nr. 596/2014 des Europäischen Parlaments und des Rates vom 16. April 2014 über Marktmissbrauch (Marktmissbrauchsverordnung) und zur Aufhebung der Richtlinie 2003/6/EG des Europäischen Parlaments und des Rates und der Richtlinien 2003/124/EG, 2003/125/EG und 2004/72/EG der Kommission, ABl. EU Nr. L 173 v. 12.6.2014, S. 1.
[7] *A. Meyer* in FrankfurtKomm. WpPG, § 8 WpPG Rz. 60; *Straßner* in Heidel, Aktienrecht und Kapitalmarktrecht, § 8 WpPG Rz. 13 (jeweils noch zur Vorgängerregelung des Art. 17 Marktmissbrauchsverordnung, § 15 WpHG aF).

Abs. 2 Nr. 1 WpPG), wenn dem Emittenten **erheblicher Schaden** zugefügt würde, sofern dadurch nicht über für die Beurteilung des Emittenten oder der Wertpapiere wesentliche Umstände getäuscht wird (§ 8 Abs. 2 Nr. 2 WpPG) oder wenn die Angaben im konkreten Fall **von untergeordneter Bedeutung** und nicht geeignet sind, die Beurteilung der Finanzlage und der Entwicklungsaussichten des Emittenten zu beeinflussen (§ 8 Abs. 2 Nr. 3 WpPG, *de minimis*-Regel)[1]. Im Zuge der Ermessensentscheidung ist (aufgrund der Verwendung unbestimmter Rechtsbegriffe) eine **Abwägung** zwischen dem Interesse des Emittenten an der Geheimhaltung und dem Interesse des Publikums an der Publizität vorzunehmen[2]. Ein Absatzinteresse des Emittenten bezüglich der angebotenen Wertpapiere ist nicht in die Interessenabwägung einzustellen.

3. Konsequenzen für die Prospekthaftung

Werden Angaben in einen Prospekt aufgrund des § 8 Abs. 2 WpPG nicht aufgenommen, stellt sich die Frage, ob der Prospekt dennoch vollständig und richtig iS des § 5 Abs. 1 WpPG und des § 21 WpPG ist. Würde der Prospekt trotz der Auslassung alle Mindestangaben enthalten, würde es keiner Gestattung durch die BaFin bedürfen, da die Billigung ohnehin auszusprechen wäre[3]. Enthält der Prospekt jedoch nicht alle Mindestangaben, ist er nicht als vollständig iS der § 5 WpPG, §§ 21 f. WpPG anzusehen. Daher schließt die Gestattung durch die BaFin nach § 8 Abs. 2 WpPG nach dem Willen des Gesetzgebers[4] **etwaige Prospekthaftungsansprüche** wegen Unvollständigkeit oder Unrichtigkeit des Prospekts im Grundsatz nicht aus[5]. Jedoch dürfte ein Prospekt, der gemäß § 8 Abs. 2 Nr. 3 WpPG Angaben auslässt, die nicht für die Beurteilung des Emittenten bzw. Anbieters erheblich sind, nicht allein unvollständig oder unrichtig sein, weil er nach der ProspektVO an sich erforderliche Angaben nicht enthält, da sich das Gebot der Richtigkeit und Vollständigkeit auf wesentliche Angaben bezieht[6].

49

Die BaFin haftet ihrerseits für die Billigung eines solchermaßen unvollständigen bzw. unrichtigen Prospekts nicht, da die Gestattung nach § 8 Abs. 2 WpPG ausschließlich im öffentlichen Interesse erfolgt und sich hieran **keine (Amts-)Haftungsansprüche** anschließen[7].

50

---

[1] Zur Ermessensreduktion bei Vorliegen einer der Fallgruppen siehe *Wiegel*, Die Prospektrichtlinie und Prospektverordnung, S. 291.

[2] *Straßner* in Heidel, Aktienrecht und Kapitalmarktrecht, § 8 WpPG Rz. 10; *A. Meyer* in FrankfurtKomm. WpPG, § 8 WpPG Rz. 60; *Ekkenga/Maas*, Das Recht der Wertpapieremissionen, 2006, § 2 Rz. 195.

[3] Siehe hierzu die Kommentierung zu § 13 Abs. 1 Satz 2 WpPG, § 13 WpPG Rz. 16.

[4] Begr. RegE zum Prospektrichtlinie-Umsetzungsgesetz, BT-Drucks. 15/4999, S. 31.

[5] *Groß*, Kapitalmarktrecht, § 8 WpPG Rz. 10; *Straßner* in Heidel, Aktienrecht und Kapitalmarktrecht, § 8 WpPG Rz. 12; *Rauch* in Holzborn, § 8 WpPG Rz. 23; *Keunecke*, Prospekte im Kapitalmarkt, Rz. 526; *Schanz*, Börseneinführung, § 13 Rz. 24.

[6] Siehe dazu die Kommentierung zu § 5 WpPG Rz. 12 ff.

[7] Hiervon geht auch der Gesetzgeber aus, Begr. RegE zum Prospektrichtlinie-Umsetzungsgesetz, BT-Drucks. 15/4999, S. 31; *Straßner* in Heidel, Aktienrecht und Kapitalmarktrecht,

IV. Aufnahme von Ersatzangaben bei Unangemessenheit (§ 8 Abs. 3 WpPG)

51 Wenn bestimmte Prospektangaben für den Emittenten nicht angemessen sind, kann nach § 8 Abs. 3 WpPG ebenfalls auf eine Aufnahme verzichtet werden, solange im Prospekt Angaben enthalten sind, die im Hinblick auf die **angemessene Information des Publikums** gleichwertig sind.

1. Anwendungsbereich

52 Grundsätzlich sind zwei Szenarien in Zusammenhang mit § 8 Abs. 3 WpPG zu unterscheiden. Zum einen der Fall (A), dass Angaben, die nach den einschlägigen Anhängen der ProspektVO in den Prospekt als Mindestangaben aufzunehmen wären, **nicht einschlägig** sind[1]. Eine Aussage in den Prospekt ist dazu nur dann aufzunehmen, wenn die einschlägigen Anhänge der ProspektVO eine sog. Negativaussage fordern[2]. Ein anderer Fall (B) liegt hingegen vor, wenn Sachverhalte, die nach den einschlägigen Anhängen der ProspektVO in den Prospekt als Mindestangaben aufzunehmen wären, im Grundsatz vorliegen, jedoch eine Aufnahme in den Prospekt **nicht angemessen** erscheint.

53 Im oben genannten Fall (A) findet § 8 Abs. 3 WpPG keine Anwendung[3]. Dieser Fall wird vielmehr durch **Erwägungsgrund 24 ProspektVO** adressiert. Eine Aussage hierzu ist in den Prospekt nur dann aufzunehmen, wenn die einschlägigen Anhänge der ProspektVO eine Negativaussage hierzu fordern[4]. Ansonsten ist der Prospekt auch ohne eine entsprechende Angabe richtig und vollständig. Nach der **Verwaltungspraxis der BaFin** ist in diesen Fällen in der Überkreuzcheckliste kenntlich zu machen, dass die Angabe nicht einschlägig ist (zB durch ein „n.a.").

54 Im Fall (B) findet hingegen § 8 Abs. 3 WpPG iVm. Art. 23 Abs. 4 ProspektVO Anwendung.

---

§ 8 WpPG Rz. 12; *Rauch* in Holzborn, § 8 WpPG Rz. 23; *Keunecke*, Prospekte im Kapitalmarkt, Rz. 526.

1 Hierzu zählen beispielsweise verschiedene Mindestangaben zu angebotenen Aktien nach Anhang III ProspektVO, die bei einer deutschen Aktiengesellschaft aufgrund ihrer Ausgestaltung nach dem Aktiengesetz nicht möglich sind; siehe dazu die Kommentierung zu Anhang III EU-ProspektVO Rz. 28 ff.
2 So zB bezüglich der Abhängigkeit von Patenten, Lizenzen uÄ Anhang I Ziffer 6.4 ProspektVO, siehe dazu die Kommentierung zu den Anhängen. AA (Empfehlung der Aufnahme von Negativattesten in den Prospekt) *Just* in Just/Voß/Ritz/Zeising, § 8 WpPG Rz. 55.
3 So auch Begr. RegE Prospektrichtlinie-Umsetzungsgesetz, BT-Drucks. 15/4999, S. 31; *Groß*, Kapitalmarktrecht, § 8 WpPG Rz. 11; *Keunecke*, Prospekte im Kapitalmarkt, Rz. 526.
4 Weitergehend und eine Negativaussage zu jeder nicht einschlägigen Mindestangabe fordernd *Straßner* in Heidel, Aktienrecht und Kapitalmarktrecht, § 8 WpPG Rz. 15.

2. Unangemessenheit

Da in den Prospekt alle wesentlichen Informationen nach dem übergreifenden Grundsatz der Prospektvollständigkeit und Prospektwahrheit aufgenommen werden müssen, können nur solche Angaben nach § 8 Abs. 3 WpPG ersetzt werden, die nicht wesentlich sind. Dabei dürfte es sich vor allem um die eher technischen Angaben, die die Anhänge zur ProspektVO fordern, handeln, während wertbildende Informationen keinem Ersatz zugänglich sind.

3. Ersatzangaben

Ob Ersatzangaben für solche nicht wesentlichen Informationen, die jedoch zu den Mindestangaben nach den anwendbaren Anhängen der ProspektVO gehören, angemessen sind, ist nach dem Tätigkeitsbereich des Emittenten, seiner Rechtsform und den angebotenen bzw. zuzulassenden Wertpapieren zu bestimmen. Die Ersatzangaben müssen gleichwertig zu den eigentlich geforderten Angaben sein; dürfen jedenfalls hinter diesen nicht so weit zurückbleiben, dass der Prospekt hierdurch unrichtig oder unvollständig würde. Letztlich dürfte der **praktische Anwendungsbereich** der Norm daher **gering** bleiben.

V. Nichtaufnahme von Angaben über den Garantiegeber

Für den Fall, dass ein Staat des Europäischen Wirtschaftsraums eine Garantie für ein Wertpapier übernimmt, legt § 8 Abs. 4 WpPG fest, dass Angaben im Prospekt über diesen Garantiegeber entbehrlich sind. Die Begründung hierfür sieht der europäische Gesetzgeber in dem Umstand, dass Staaten sowieso reichlich allgemein zugängliche Informationen über ihre Finanzlage veröffentlichen würden[1]. Ob sich ein Anleger anhand dieser veröffentlichten Informationen aber tatsächlich ein zutreffendes Bild über die Bonität eines Staats machen kann, erscheint durchaus fraglich[2].

VI. Ausblick

Eine mit § 8 WpPG fast inhaltsgleiche Regelung findet sich in den Art. 17 und 17a ProspektVO-E (vgl. dazu oben Rz. 6 sowie allgemein Einl. WpPG Rz. 23 ff., § 4 WpPG Rz. 2). Die Regelungen über die Nichtaufnahme des Angebotspreises in den Prospekt (bisher § 8 Abs. 1 WpPG) und die Nichtaufnahme von sonstigen Angaben (bisher § 8 Abs. 2–4 WpPG) werden somit zukünftig in separaten Artikeln geregelt.

---

1 Erwägungsgrund 19 der Prospektänderungsrichtlinie 2010/73/EU, ABl. EU Nr. L 327, S. 1.
2 Kritisch hierzu auch *Rauch* in Holzborn, § 8 WpPG Rz. 26 mwN.

Inhaltlich ergeben sich kaum Unterschiede. Art. 17a Abs. 4 ProspektVO-E ermächtigt zukünftig die Kommission zum Erlass delegierter Rechtsakte, um die Zulässigkeit der Nichtaufnahme von Informationen zu konkretisieren.

§ 9
Gültigkeit des Prospekts, des Basisprospekts und des Registrierungsformulars

(1) Ein Prospekt ist nach seiner Billigung zwölf Monate lang für öffentliche Angebote oder Zulassungen zum Handel an einem organisierten Markt gültig, sofern er um die nach § 16 erforderlichen Nachträge ergänzt wird.

(2) Im Falle eines Angebotsprogramms ist der Basisprospekt nach seiner Billigung zwölf Monate lang gültig.

(3) Bei Nichtdividendenwerten im Sinne des § 6 Abs. 1 Nr. 2 ist der Prospekt gültig, bis keines der betroffenen Wertpapiere mehr dauernd oder wiederholt ausgegeben wird.

(4) Ein zuvor gebilligtes und hinterlegtes Registrierungsformular im Sinne des § 12 Absatz 1 Satz 2 und 3 ist nach seiner Billigung bis zu zwölf Monate lang gültig. Ein Registrierungsformular, das gemäß § 12 Absatz 3 oder § 16 aktualisiert worden ist, ist zusammen mit der Wertpapierbeschreibung und der Zusammenfassung als gültiger Prospekt anzusehen.

In der Fassung vom 22.6.2005 (BGBl. I 2005, S. 1698), zuletzt geändert durch das Kleinanlegerschutzgesetz vom 3.7.2015 (BGBl. I 2015, S. 1114).

Schrifttum: *Assmann*, Prospektaktualisierungspflichten, in FS Ulmer, 2003, S. 757; *Assmann*, Prospekthaftung, in Assmann/Schütze (Hrsg.), Handbuch des Kapitalanlagerechts, 3. Aufl. 2007, § 6; *Ellenberger*, Prospekthaftung im Wertpapierhandel, 2001; *Elsen/Jäger*, Revision der Prospektrichtlinie – Überblick wesentlicher Neuerungen, BKR 2010, 97; *Heidelbach/Preuße*, Einzelfragen in der praktischen Arbeit mit dem neuen Wertpapierprospektregime, BKR 2006, 316; *Heidelbach/Preuße*, Zweieinhalb Jahre neues Prospektregime und noch viele Fragen offen, BKR 2008, 10; *Heidelbach/Preuße*, Die Anwendung des neuen europäischen Prospektregimes in der Praxis – ausgewählte Probleme, BKR 2012, 397; *Holzborn/Schwarz-Gondek*, Die neue EU-Prospektrichtlinie, BKR 2003, 927; *von Ilberg/Neises*, Die Richtlinien-Vorschläge der EU-Kommission, WM 2002, 635; *von Kopp-Colomb/Seitz*, Das neue Prospektregime – Auswirkungen der Änderungen der Prospektverordnung auf Basisprospekte für die Emission von Anleihen und verbrieften Derivaten, WM 2012, 1220; *Kullmann/Metzger*, Der Bericht der Expertengruppe „Europäische Wertpapiermärkte" (ESME) zur Richtlinie 2003/71/EG („Prospektrichtlinie") – Ausgewählte Aspekte des ESME-Berichts unter Berücksichtigung der Stellungnahme des Ausschusses der Europäischen Wertpapierregulierungsbehörden (CESR) zu „Retail Cascades" und der inhaltlichen Abgrenzung von Basisprospekt und endgültigen Bedingungen, WM 2008, 1292; *Kullmann/Sester*, Das Wertpapierprospektgesetz (WpPG) – Zentrale Punkte des neuen Regimes für Wertpapieremissionen, WM 2005, 1068; *Kunold/Schlitt*, Die neue EU-Prospektrichtlinie, BB 2004, 501; *Lawall/Maier*, Änderungen im Wertpapierprospektgesetz (Teil 2), DB 2012, 2503; *Schlitt/Schäfer*, Auswirkungen des Prospektrichtlinie-Umsetzungsgesetzes auf Aktien- und Equity-linked Emissionen, AG 2005, 498; *Schwark*, Das neue Kapitalmarktrecht, NJW 1987, 2041; *Seitz*, Das neue Wertpapierprospektgesetz – Auswirkungen auf die Emission von Schuldverschreibungen, AG 2005, 678; *Seitz*, Die Integration der europäischen Wertpapiermärkte und die Finanzmarktgesetzgebung in Deutschland, BKR 2002, 340; *Stephan*, Prospektaktualisierung, AG 2002, 3; *Weber*, Unterwegs zu einer europäischen Prospektkultur – Vorgaben der neuen Wertpapierprospektrichtlinie vom 4.11.2003, NZG 2004, 360.

	Rz.		Rz.
I. Normentwicklung und Überblick		**IV. Gültigkeit bei Emissionen von Nichtdividendenwerten mit besonderer Deckung und Insolvenzfestigkeit (§ 9 Abs. 3 WpPG)**	46
1. Entstehungsgeschichte, Überarbeitung der Prospektrichtlinie	1		
2. Bedeutung und Systematik der Vorschrift	6	1. Sachlicher Anwendungsbereich, erfasste Nichtdividendenwerte	48
a) Relevante Sachverhaltskonstellationen, Differenzierung zwischen Schuldverschreibungs- und Aktienemissionen	7	2. Nachtragspflicht im Fall des § 9 Abs. 3 WpPG	51
b) Gültigkeitsdauer und Begriff des öffentlichen Angebots	10	**V. Gültigkeitsdauer eines Registrierungsformulars (§ 9 Abs. 4 WpPG)**	52
c) Aufbau und Abgrenzung zu anderen Vorschriften	13	1. Unterschiedliche Konstellationen der gesonderten Hinterlegung eines Registrierungsformulars	53
3. Weitere Konkretisierungen zur Gültigkeitsdauer, Rechtsentwicklungen	19	2. Maßgeblicher Zeitpunkt für den Fristbeginn	57
II. Gültigkeit des Prospekts und Nachtragspflicht (§ 9 Abs. 1 WpPG)	25	3. Aktualisierungspflicht bei einem gesondert hinterlegten Registrierungsformular	60
1. Berechnung der Zwölfmonatsfrist	26	4. Verhältnis von Gültigkeitsdauer des Registrierungsformulars zur Gültigkeitsdauer des Prospekts	63
2. Gültigkeit und Nachtragspflicht	28		
a) Nachtragspflicht und allgemeine Aktualisierungspflicht	29	**VI. Fortgesetzte Angebote nach Ablauf der Gültigkeit**	69
b) Dispositionsrecht des Emittenten	37	**VII. Rechtsfolge eines Verstoßes gegen § 9 WpPG**	72
c) Sonderproblem: Sammelnachträge	40a		
III. Gültigkeit bei Vorliegen eines Angebotsprogramms (§ 9 Abs. 2 WpPG)	41		

I. Normentwicklung und Überblick

1. Entstehungsgeschichte, Überarbeitung der Prospektrichtlinie

§ 9 WpPG setzt Art. 9 Prospektrichtlinie um und regelt das **Gültigkeitsregime für Wertpapierprospekte**. Danach ist ein Prospekt nach seiner Billigung zwölf Monate lang für öffentliche Angebote oder Zulassungen zum Handel an einem organisierten Markt gültig, sofern er um die nach § 16 WpPG erforderlichen Nachträge ergänzt wird.

2 Art. 9 Prospektrichtlinie bzw. § 9 WpPG statuieren **keine allgemeine Aktualisierungspflicht**[1], sondern beschränken die Nutzbarkeit von Prospekten grundsätzlich auf eine Dauer von zwölf Monaten und verbinden diese mit der Nachtragspflicht (zum Zusammenspiel mit der Nachtragspflicht siehe näher unten unter Rz. 29 ff.).

3 Im Zuge der Überarbeitung der Prospektrichtlinie wurde die Verlängerung der Prospektgültigkeitsdauer, insbesondere bei Basisprospekten, eingehend diskutiert[2]. Diese Diskussion gipfelte darin, dass die Europäische Kommission in ihrem im September 2009 veröffentlichten Entwurf zur Änderung der Prospektrichtlinie eine Verlängerung der Gültigkeitsdauer sowohl für Prospekte und Basisprospekte als auch für Registrierungsformulare von 12 auf 24 Monate vorschlug[3]. Entgegen diesem Entwurf wurde die Gültigkeitsdauer von Prospekten, Basisprospekten und Registrierungsformularen im Rahmen der am 30.12.2010 in Kraft getretenen **Änderungsrichtlinie**[4] jedoch nicht verlängert. Dies wurde damit begründet, dass durch eine Ausweitung der Gültigkeitsdauer auf 24 Monate das Risiko veralteter Prospekte erhöht würde, da nicht alle Informationen durch einen Nachtrag aktualisiert werden können. Zudem würde sich durch eine Ausweitung der Gültigkeitsdauer die Zahl der Nachträge deutlich erhöhen, was negative Auswirkungen auf die Verständlichkeit für den Anleger sowie auf die Lesbarkeit der Prospekte hätte[5].

4 Abgesehen von der Frage der Verlängerung der Gültigkeitsdauer hat die **Änderungsrichtlinie** sowie das Gesetz zur Umsetzung der Richtlinie 2010/73/EU und zur Änderung des Börsengesetzes (**„Prospektrichtlinie-Änderungsrichtlinie-Umsetzungsgesetz"**)[6] zu einer Reihe von anderen Änderungen am Gültigkeitsregime für Wertpapierprospekte geführt[7], wobei durch das Prospektrichtlinie-Änderungs-

---

1 Zu den unterschiedlichen Formen von Aktualisierungspflichten vor dem Inkrafttreten des WpPG siehe *Assmann* in FS Ulmer, 2003, S. 757 (760).
2 Vgl. ausführlich zu dieser Diskussion *Seitz* in Assmann/Schlitt/von Kopp-Colomb, § 9 WpPG (Voraufl.), Rz. 26 ff.
3 Vgl. KOM(2009) 491 endgültig v. 23.9.2009, S. 18, abrufbar unter http://eur-lex.europa.eu/legal-content/DE/TXT/PDF/?uri=CELEX:52009PC0491&from=DE.
4 Richtlinie 2010/73/EU des Europäischen Parlaments und des Rates vom 24.11.2010 zur Änderung der Richtlinie 2003/71/EG betreffend den Prospekt, der beim öffentlichen Angebot von Wertpapieren oder bei deren Zulassung zum Handel zu veröffentlichen ist, und der Richtlinie 2004/109/EG zur Harmonisierung der Transparenzanforderungen in Bezug auf Informationen über Emittenten, deren Wertpapiere zum Handel auf einem geregelten Markt zugelassen sind, ABl. EU Nr. L 327 v. 11.12.2010, S. 1.
5 Vgl. Begründung zu den Änderungen Nr. 49 und Nr. 50 im Bericht des Wirtschafts- und Währungsausschusses des Europäischen Parlaments vom 26.3.2010, A7-0102/2010, abrufbar unter http://www.europarl.europa.eu/sides/getDoc.do?pubRef=-//EP//TEXT+REPORT+A7-2010-0102+0+DOC+XML+V0//EN.
6 BGBl. I 2012, S. 1375; BR-Drucks. 291/12.
7 *Elsen/Jäger*, BKR 2010, 97 (101); *Heidelbach/Preuße*, BKR 2012, 397 (401); *von Kopp-Colomb/Seitz*, WM 2012, 1220 (1228); *Lawall/Maier*, DB 2012, 2503 (2503 ff.).

richtlinie-Umsetzungsgesetz auch einige über die Änderungsrichtlinie hinausgehende Änderungen im Wertpapierprospektgesetz vorgenommen wurden. Insbesondere wurden folgende Änderungen eingeführt:

– Die zwölfmonatige Gültigkeitsfrist beginnt gemäß dem geänderten § 9 Abs. 1 WpPG nunmehr mit dem **Tag der Billigung** des Prospekts (siehe unten unter Rz. 26 f.). In der bis zum 30.6.2012 anwendbaren Fassung des § 9 WpPG war der Tag der Veröffentlichung des Prospekts für den Beginn der Gültigkeitsfrist maßgebend. Gesetzgeberische Intention dieser Neuregelung war es, die Rechtssicherheit hinsichtlich der Gültigkeitsdauer des Prospekts zu erhöhen (vgl. auch Erwägungsgrund Nr. 20 Änderungsrichtlinie)[1].

– Gemäß § 9 Abs. 2 Satz 2 WpPG, der im Zuge des Kleinanlegerschutzgesetzes[2] wieder aufgehoben wurde (siehe dazu unten unter Rz. 5 und Rz. 69), sollte sich der **Gültigkeitszeitraum eines Basisprospekts** für ein öffentliches Angebot dadurch verlängern, dass während des Gültigkeitszeitraums des Basisprospekts für dieses öffentliche Angebot endgültige Bedingungen hinterlegt werden. Die Verlängerung galt bis zu dem Ablauf des öffentlichen Angebots, höchstens jedoch für weitere zwölf Monate ab Hinterlegung der endgültigen Bedingungen bei der Bundesanstalt.

– Schließlich wurde § 9 Abs. 5 WpPG, der ein neues öffentliches Angebot von Wertpapieren nach Ablauf der Gültigkeit eines Prospektes untersagte, gestrichen und damit die im deutschen Recht bis dato geltende Privilegierung von Daueremissionen aufgehoben (siehe unten unter Rz. 69).

Eine erneute Änderung erfuhr § 9 WpPG durch das Kleinanlegerschutzgesetz. Im Zuge der mit diesem einhergehenden Änderung des WpPG wurde der erst durch das Prospektrichtlinie-Änderungsrichtlinie-Umsetzungsgesetz eingefügte § 9 Abs. 2 Satz 2 WpPG wieder aufgehoben (siehe unten unter Rz. 69). 5

2. Bedeutung und Systematik der Vorschrift

Die Festlegung der Gültigkeit des Prospekts auf eine grundsätzliche Dauer von zwölf Monaten soll dazu dienen, veraltete Informationen zu vermeiden (vgl. Erwägungsgrund Nr. 26 Prospektrichtlinie) und soll in Kombination mit der Verknüpfung mit der Nachtragspflicht sicherstellen, dass das Publikum jederzeit Zugang zu aktuellen Angaben hat[3]. 6

a) Relevante Sachverhaltskonstellationen, Differenzierung zwischen Schuldverschreibungs- und Aktienemissionen

Bedeutung hat § 9 WpPG vor allem in den Fällen, in denen im Zuge einer Platzierung von Wertpapieren oder allgemein von Vertriebsaktivitäten **mehrere oder fortdauernde prospektpflichtige Ereignisse** eintreten und eine zeitliche Spanne zwi- 7

---

1 Vgl. BT-Drucks. 17/8684, S. 18; siehe auch *Lawall/Maier*, DB 2012, 2503 (2503).
2 Kleinanlegerschutzgesetz vom 3.7.2015, BGBl. I 2015, S. 1114.
3 Begr. RegE, BT-Drucks 15/1499, S. 33 (Begründung zu § 9 Abs. 1 WpPG).

8 Diese Situation tritt häufig bei **Schuldverschreibungen** ein, die im Freiverkehr notiert sind und über einen längeren Zeitraum aktiv vertrieben werden, zB im Fall einer mehrwöchigen Zeichnungsphase oder im Falle eines fortlaufenden Abverkaufs der Schuldverschreibungen. Einen fortlaufenden Abverkauf gibt es in der Praxis häufig bei verbrieften Derivaten, die zum Teil keinen Endfälligkeitstag haben, dh. vorbehaltlich der Ausübung zB eines Einlösungsrechts durch den Wertpapierinhaber oder einer Kündigung durch die Emittentin, mit Endlosdauer emittiert werden. Die Frage nach der Gültigkeit des Prospekts ist auch im Fall von Aufstockungen von Schuldverschreibungen relevant (siehe unten unter Rz. 45). Bei Schuldverschreibungen kommt hinzu, dass diese häufig unter Basisprospekten iS des § 6 Abs. 1 Nr. 1 WpPG emittiert werden. Aufgrund der dauernden und wiederholten Ausgabe von Wertpapieren, die auch erst kurz vor Ende des Ablaufs der Gültigkeit erfolgen kann, kommt der zeitlichen Gültigkeit des Prospekts in dieser Konstellation naturgemäß eine besondere Bedeutung zu (siehe näher zu fortgesetzten Angeboten unten unter Rz. 69 ff.).

9 Bei **Aktienemissionen** ist die Bedeutung der Gültigkeitsbeschränkung des Prospekts geringer; das Angebot ist häufig auf einen begrenzten Platzierungszeitraum beschränkt und die Nachtragspflicht ist bei einer Zulassung am organisierten Markt zeitlich begrenzt. Ausnahmen sind denkbar bei Aufstockungen oder bei Greenshoe-Emissionen, die der Hauptemission nachfolgen[1] oder im Fall der Nutzung eines gesondert hinterlegten Registrierungsformulars für eine nachfolgende Kapitalerhöhung (siehe unten unter Rz. 16).

b) Gültigkeitsdauer und Begriff des öffentlichen Angebots

10 Es besteht eine enge Beziehung zwischen der Frage der Gültigkeit des Prospekts einerseits und dem Vorliegen der Prospektpflicht andererseits. Denn nur wenn ein prospektpflichtiges Ereignis erneut oder nach wie vor vorliegt, stellt sich die Frage nach der Gültigkeit des Prospekts. Da erneute oder spätere prospektpflichtige Ereignisse in der Praxis weniger in Zusammenhang mit der Zulassung von Wertpapieren zum organisierten Markt, sondern vor allem aufgrund von Angeboten in Zusammenhang mit dem Vertrieb der Wertpapiere eintreten, hat die **Auslegung des Begriffs „öffentliches Angebot"** eine besondere Bedeutung für die Beurteilung der Gültigkeit des Prospekts (vgl. zum Begriff des öffentlichen Angebots § 2 WpPG Rz. 37 ff. und § 3 WpPG Rz. 10 ff.).

11 Im Fall von mehreren oder fortdauernden prospektpflichtigen Ereignissen stellt sich das Problem einer evtl. Begrenzung der Gültigkeit des Prospekts nur, wenn tatsächlich bei **späteren Ereignissen die Prospektpflicht** ausgelöst wird, dh. ein öffentliches Angebot iS des § 3 Abs. 1 WpPG vorliegt. Fraglich ist dabei, ob bei den jeweiligen Ereignissen tatsächlich erneut ein öffentliches Angebot ausgelöst wird oder

---

[1] Vgl. *Kunold/Schlitt*, BB 2004, 501 (510).

aber das öffentliche Angebot fortbesteht. Während unter dem Verkaufsprospektgesetz (gestützt auf den Wortlaut von § 1 VerkProspG) die entsprechenden Vorschriften noch so interpretiert wurden, dass nur auf die erste Emission abzustellen sei[1], ist seit der Umsetzung der Prospektrichtlinie (Art. 3 Abs. 2 Unterabs. 2 Satz 1 Prospektrichtlinie) in deutsches Recht in § 3 Abs. 2 Satz 2 WpPG explizit geregelt, dass jede Weiterveräußerung von Wertpapieren grundsätzlich als ein gesondertes Angebot anzusehen ist (vgl. § 3 WpPG Rz. 44).

Soweit man zu dem Ergebnis gelangt, dass ein prospektpflichtiges Ereignis bei einem späteren Angebot vorliegt, stellt sich die Frage, ob dies als eine **Fortsetzung des ursprünglichen Angebots oder** als ein **erneutes Angebot** zu qualifizieren ist. Solange der **Prospekt noch gültig** ist, ist dies allerdings nur beschränkt relevant. Aus § 3 Abs. 1 Satz 2 Alt. 1 WpPG aF wurde geschlossen, dass eine Ausnahme von der Prospektpflicht bestehe, wenn ein Prospekt nach den Vorschriften des WpPG bereits veröffentlicht worden ist (vgl. dazu § 3 WpPG Rz. 46)[2]. Der im Rahmen der Änderungsrichtlinie und deren Umsetzung in das nationale Recht durch das Prospektrichtlinie-Änderungsrichtlinie-Umsetzungsgesetz neu gefasste § 3 Abs. 3 WpPG geht in die gleiche Richtung, aber schränkt dies insofern ein, als die Verpflichtung zur Veröffentlichung eines Prospekts für ein späteres Angebot oder eine spätere endgültige Platzierung von Wertpapieren durch Institute iS des § 1 Abs. 1b KWG oder ein nach § 53 Abs. 1 Satz 1 oder § 53b Abs. 1 Satz 1 oder Abs. 7 KWG tätiges Unternehmen nicht gilt, solange für das Wertpapier ein gültiger Prospekt gemäß § 9 WpPG vorliegt und der Emittent oder die Personen, die die Verantwortung für den Prospekt übernommen haben, in dessen Verwendung schriftlich eingewilligt haben (vgl. dazu § 3 WpPG Rz. 47). Für den Fall, dass der **Prospekt seine Gültigkeit verloren hat**, ist eine **Fortsetzung** des ursprünglichen Angebots unter diesem Prospekt hingegen **nicht mehr möglich** (zum Wegfall des § 9 Abs. 5 WpPG aF, der das Fortführen von öffentlichen Angeboten regelte, auch wenn der Gültigkeitszeitraum des Prospekts bereits abgelaufen war, sowie zu den Voraussetzungen eines fortgesetzten Angebots nach geltendem Recht siehe unten unter Rz. 69 ff.).

c) Aufbau und Abgrenzung zu anderen Vorschriften

§ 9 WpPG regelt die Gültigkeit des Prospekts (§ 9 Abs. 1 WpPG), des Basisprospekts (§ 9 Abs. 2 WpPG) und des Registrierungsformulars (§ 9 Abs. 4 WpPG) und begrenzt diese auf zwölf Monate. § 9 Abs. 3 WpPG behandelt die Gültigkeit von Prospekten für Nichtdividendenwerte iS des § 6 Abs. 1 Nr. 2 WpPG (zB Pfandbriefe).

§ 9 Abs. 1 WpPG enthält die **Grundregel für die Gültigkeit von Prospekten** und ist von einer – im Prospektrecht nicht vorgesehen – allgemeinen Aktualisierungspflicht abzugrenzen[3]. Die Verweisung auf § 16 WpPG in § 9 Abs. 1 WpPG hat Kon-

---

1 Überblicksartig *Ritz* in Assmann/Lenz/Ritz, § 1 VerkProspG Rz. 88 ff.
2 Eingehend zur Historie dieser Bestimmung *Kunold/Schlitt*, BB 2004, 501 (510, insbesondere Fn. 117).
3 Siehe zur diesbezüglichen Debatte im Richtlinien-Rechtsetzungsverfahren *Seitz* in Assmann/Schlitt/von Kopp-Colomb, § 9 WpPG (Voraufl.), Rz. 3 ff.

sequenzen für künftige Emissionen unter dem Prospekt, weshalb ihr nicht nur deklaratorische Bedeutung zukommt (siehe näher unten unter Rz. 29 ff.). Die Koppelung der Gültigkeit an die Nachtragspflicht ist in § 9 Abs. 1 WpPG und im Falle von gesondert hinterlegten Registrierungsformularen gemäß § 9 Abs. 4 WpPG explizit vorgesehen, ist aber auch in den Fällen von Basisprospekten gemäß § 9 Abs. 2 WpPG (siehe unten unter Rz. 41) und Prospekten für Nichtdividendenwerte iS des § 6 Abs. 1 Nr. 2 WpPG gemäß § 9 Abs. 3 WpPG (siehe unten unter Rz. 46) zu beachten.

15 Besonderheiten bestehen hinsichtlich der **Gültigkeit von Prospekten, welche Nichtdividendenwerte zum Gegenstand haben,** wobei die Gültigkeit des Prospekts im Fall von Angebotsprogrammen einerseits und im Fall der Emission gedeckter Nichtdividendenwerte durch CRR-Kreditinstitute andererseits in **§ 9 Abs. 2 und Abs. 3 WpPG** jeweils einer gesonderten Regelung unterworfen ist. Die Prospekte für gedeckte Nichtdividendenwerte sind privilegiert, da sie von der sog. „Endlosgültigkeitsdauer" profitieren (vgl. § 6 WpPG Rz. 23 ff. und unten unter Rz. 47). Vor dem Hintergrund, dass unter Angebotsprogrammen alle Nichtdividendenwerte begeben werden können und von dem Basisprospektregime gemäß § 6 Abs. 1 WpPG sowohl ungedeckte als auch gedeckte Nichtdividendenwerte erfasst sind, ist die Differenzierung nicht ohne Weiteres einleuchtend. Eine Rechtfertigung für geringere Anforderungen an die Aktualität von Prospekten im Fall von gedeckten Nichtdividendenwerten ist aber darin zu sehen, dass für gedeckte Nichtdividendenwerte in der Regel gesonderte Transparenzanforderungen bestehen, zB unter dem Pfandbriefgesetz für Pfandbriefbanken (vgl. § 28 PfandBG)[1]. Derartige Emissionen unterfielen vor Inkrafttreten des WpPG regelmäßig nicht der Prospektpflicht, da die Emittenten, als der Bankenaufsicht unterliegende Einlagenkreditinstitute, in der Regel von den Ausnahmen von der Prospektpflicht für daueremittierende Kreditinstitute gemäß dem VerkProspG aF und der BörsZulV aF profitierten.

16 Die Regelung zur **Gültigkeit eines gebilligten und hinterlegten Registrierungsformulars** in **§ 9 Abs. 4 WpPG** betrifft Aktienemittenten und Emittenten von Schuldverschreibungen gleichermaßen. Bei Schuldverschreibungsemissionen ist dies ohne Weiteres einleuchtend, da Schuldverschreibungen regelmäßig in kürzeren Abständen platziert werden als Aktien und damit der Mehrwert einer gesonderten Hinterlegung des Registrierungsformulars evident ist. Aber auch bei Aktienemissionen ist zB die Konstellation denkbar, dass ein bereits hinterlegtes Registrierungsformular für eine Kapitalerhöhung genutzt werden soll[2]. In Bezug auf Schuldverschreibungsemissionen ergibt sich die Besonderheit, dass ein gesondert hinterlegtes Registrierungsformular entweder für einen dreiteiligen Prospekt verwendet oder durch Verweis in einen (Basis-)Prospekt einbezogen werden kann; in der letztgenannten Konstellation bestehen Folgefragen hinsichtlich der Anwendbarkeit von § 9 Abs. 4 Satz 1 WpPG (unten unter Rz. 53 ff.) und hinsichtlich der Auswirkung der Gültigkeitsbeschränkung des Registrierungsformulars auf den gesamten (Basis-)Prospekt (dazu unten unter Rz. 63 ff.).

---

1 So nun auch *Heidelbach/Preuße*, BKR 2012, 397 (401).
2 *Kunold/Schlitt*, BB 2004, 501 (510).

Von der Gültigkeit eines Prospekts zu unterscheiden ist die Frage, in welchem Zeitraum eine **Haftung der Prospektverantwortlichen** besteht. Das Prospekthaftungsrecht enthält eigenständige Regelungen, die von der Gültigkeitsdauer der Prospekte nach § 9 WpPG unabhängig sind. Insbesondere kann nicht aus dem Umstand, dass in § 9 Abs. 1 WpPG auf die Nachtragspflicht verwiesen wird, gefolgert werden, dass zur Vermeidung einer Prospekthaftung innerhalb der Gültigkeitsdauer ein Prospekt auch außerhalb des für Nachträge relevanten Zeitraums von dem Emittenten aktuell gehalten werden müsse (siehe zum Zusammenspiel zwischen der Aktualisierungspflicht und der Prospekthaftung unten unter Rz. 36). Das Verhältnis zwischen Gültigkeit und Prospekthaftung ist relevant, soweit ein Prospekt verwendet wird, obwohl ein erforderlicher Nachtrag nicht erstellt wurde. Hier ist zu beachten, dass im Rahmen der Vorschriften zur Prospekthaftung mit der Sechsmonatsfrist gemäß § 21 Abs. 1 Satz 1 WpPG bzw. § 24 Abs. 1 Satz 1 WpPG, die mit dem Zeitpunkt der Einführung der Wertpapiere bzw. dem ersten öffentlichen Angebot beginnt und innerhalb der das Erwerbsgeschäft abgeschlossen sein muss, eigenständige Regelungen bestehen, die unabhängig von der Gültigkeitsdauer nach § 9 WpPG sind. 17

Die Gültigkeit eines Prospekts ist grundsätzlich auch unabhängig von der Gültigkeitsdauer der durch **Verweis gemäß § 11 WpPG** einbezogenen Dokumente (siehe § 11 WpPG Rz. 35 ff.). Im Fall der Einbeziehung der Emitteninformationen über ein gesondert hinterlegtes Registrierungsformular durch Verweis ist aber die Aktualität der Informationen zu beachten (siehe unten unter Rz. 60). 18

3. Weitere Konkretisierungen zur Gültigkeitsdauer, Rechtsentwicklungen

Die ProspektVO enthält keine weiteren Details zur Regelung der Gültigkeit, da in Art. 9 Prospektrichtlinie keine Ermächtigungsgrundlage für präzisierende Maßnahmen auf dem sog. Level II enthalten ist. 19

Hinweise zur Auslegung und zum Verständnis der die Gültigkeit von Prospekten betreffenden Vorschriften gibt ua. die ESMA in ihren regelmäßig veröffentlichten „**ESMA FAQs**"[1] (zu Einzelfragen im Zusammenhang mit der Gültigkeitsdauer des Prospekts die Fragen 8, 37 und 98). 20

Um das Basisprospektregime flexibler zu gestalten, gab es im Rahmen der **Konsultation der Kommission** zur zweiten Überarbeitung der Prospektrichtlinie erneut Überlegungen, die Gültigkeitsdauer von Basisprospekten zu verlängern[2]. ESMA hatte sich in ihrer Stellungnahme für eine generelle Verlängerung der Gültigkeit von Basis- 21

---

[1] ESMA FAQs, Questions and Answers Prospectuses: 25th Updated Version – July 2016, ESMA/2016/1133, abrufbar unter https://www.esma.europa.eu/sites/default/files/library/2016-1133_25th_version_qa_document_prospectus_related_issues.pdf.

[2] Die Kommission hatte den Auftrag, die Anwendung der Prospektrichtlinie bis zum 1.1.2016 zu überprüfen (vgl. Art. 4 der Änderungsrichtlinie); siehe auch das Consultation Document of the European Commission, Review of the Prospectus Directive, S. 22 f., abrufbar unter http://ec.europa.eu/finance/consultations/2015/prospectus-directive/docs/consultation-document_en.pdf.

prospekten oder für eine Regelung, die § 9 Abs. 2 Satz 2 WpPG aF (siehe oben unter Rz. 4) entspricht, ausgesprochen[1].

22 In ihrem am 30.11.2015 veröffentlichten Entwurf einer neuen Prospektverordnung (**ProspektVO-E**) hat die Kommission die allgemeine Gültigkeitsdauer von Prospekten bei zwölf Monaten nach der Billigung des Prospekts bzw. der Wertpapierbeschreibung im Falle eines dreiteiligen Prospekts belassen[2]. Für Registrierungsformulare soll ebenfalls eine Gültigkeitsdauer von zwölf Monaten ab Hinterlegung bzw. Billigung gelten, wobei das Gültigkeitsende eines Registrierungsformulars die Gültigkeit des Prospekts, dessen Bestandteil das Registrierungsformular ist, nicht berühren soll (siehe näher unten unter Rz. 65). Auch der Europäische Rat[3] und das Europäische Parlament[4] stellen in ihren Stellungnahmen zum Entwurf einer neuen Prospektverordnung vom 3.6.2016 die Gültigkeitsdauer von zwölf Monaten nicht in Frage.

23 Von der **allgemeinen Gültigkeitsdauer** zu unterscheiden ist die von Art. 8 Abs. 10 ProspektVO-E eröffnete Möglichkeit der **fortbestehenden Angebote von Wertpapieren**, die unter Basisprospekten begeben wurden. Art. 8 Abs. 10 ProspektVO-E regelt diesbezüglich, dass ein öffentliches Angebot nach Gültigkeitsablauf des ursprünglichen Basisprospekts fortgeführt werden kann, wenn ein Anschluss-Basisprospekt spätestens am letzten Gültigkeitstag des ursprünglichen Basisprospekts gebilligt wird. In einem solchen Fall haben die endgültigen Bedingungen auf der ersten Seite einen prominenten **Warnhinweis** zu enthalten, welcher den **letzten Gültigkeitstag** des Basisprospekts sowie den **Veröffentlichungsort des Anschluss-Basisprospekts** nennt. Für den Anschluss-Basisprospekt sieht Art. 8 Abs. 10 ProspektVO-E vor, dass dieser das Muster der endgültigen Bedingungen des ursprünglichen Basisprospekts enthalten oder per Verweis einbeziehen muss und auf die für das fortgeführte Angebot relevanten endgültigen Bedingungen bzw. Wertpapiere referenzieren muss.

---

1 Vgl. ESMA, Antworten auf das Konsultationspapier der Kommission vom 13.5.2015 – ESMA response to the European Commission consultation on the review of the Prospectus Directive, 2015/ESMA/857, S. 12, abrufbar unter https://www.esma.europa.eu/sites/default/files/library/2015/11/esma-2015-857_response_to_the_ec_public_consultation_on_the_review_of_the_pd.pdf.
2 Vorschlag für eine Verordnung des Europäischen Parlaments und des Rates über den Prospekt, der beim öffentlichen Angebot von Wertpapieren oder bei deren Zulassung zum Handel zu veröffentlichen ist, 2015/0268(COD), Art. 12, abrufbar unter http://eur-lex.europa.eu/resource.html?uri=cellar:036c16c7-9763-11e5-983e-01aa75ed71a1.0001.02/DOC_1&format=PDF.
3 Rat der Europäischen Union, Interinstitutionelles Dossier 2015/0268 (COD) zum Vorschlag der Europäischen Kommission für eine Verordnung des Europäischen Parlaments und des Rates über den Prospekt, der beim öffentlichen Angebot von Wertpapieren oder bei deren Zulassung zum Handel zu veröffentlichen ist, 9800/16, 3.6.2016, abrufbar unter http://data.consilium.europa.eu/doc/document/ST-9800-2016-INIT/de/pdf.
4 ECON, Draft European Parliament legislative resolution on the proposal for a regulation of the European Parliament and of the Council on the prospectus to be published when securities are offered to the public or admitted to trading (2015/0268(COD) vom 19.7.2016, abrufbar unter http://www.europarl.europa.eu/sides/getDoc.do?type=REPORT&mode=XML&reference=A8-2016-0238&language=EN#title1.

Diese Regelung würde die nunmehr von der ESMA festgelegten Handhabung von fortbestehenden Angeboten unter dem aktuellen Prospektrecht[1] (siehe dazu näher unten unter Rz. 71) auch künftig fortschreiben.

Die bislang geltende **„Endlosgültigkeitsdauer"** für Nichtdividendenwerte iS des § 6 Abs. 1 Nr. 2 WpPG (siehe näher dazu unten unter Rz. 46 f.) findet sich im ProspektVO-E nicht wieder. 24

II. Gültigkeit des Prospekts und Nachtragspflicht (§ 9 Abs. 1 WpPG)

Vorbehaltlich der erforderlichen Aktualisierung durch Nachträge gemäß § 16 WpPG darf ein Emittent oder Anbieter einen Prospekt, nachdem dieser durch die zuständige Behörde gebilligt wurde, für zwölf Monate für ein öffentliches Angebot von Wertpapieren oder eine Zulassung zum Handel an einem organisierten Markt nutzen. 25

1. Berechnung der Zwölfmonatsfrist

Die Berechnung der Zwölfmonatsfrist richtet sich nach den **allgemeinen Vorschriften der §§ 187 ff. BGB**. Anknüpfungspunkt für den Beginn der Zwölfmonatsfrist ist die **Billigung des Prospekts**. Da es sich bei der Billigung um ein „Ereignis" handelt, wird gemäß § 187 Abs. 1 BGB der Tag, an dem das Ereignis, dh. die Billigung erfolgt ist, bei der Berechnung der Frist nicht mitgerechnet, und die Frist endet gemäß § 188 Abs. 2 Alt. 1 BGB mit dem Ablauf des Tages des letzten Monats, welcher durch seine Zahl dem Tag entspricht, in den das Ereignis fällt, dh. das Fristende tritt mit Ablauf des Tages ein, an dem zwölf Monate vorher die Billigung des Prospekts stattgefunden hat. Demnach beginnt die Frist, wenn der Prospekt zB am 25.11.2015 gebilligt wurde, grundsätzlich am 26.11.2015 und die Frist endet mit Ablauf des 25.11.2016. 26

Durch die im Rahmen der Änderungsrichtlinie erfolgte **Anknüpfung an die Billigung des Prospekts** anstatt an dessen Veröffentlichung soll ausweislich Erwägungsgrund Nr. 20 Änderungsrichtlinie die Rechtssicherheit hinsichtlich der Geltungsdauer des Prospekts erhöht werden, da die Billigung im Gegensatz zu der Veröffentlichung des Prospekts ein von der zuständigen Behörde leicht zu überprüfender Zeitpunkt ist. Auch die Frage, welche Veröffentlichung im Falle einer Mehrfachveröffentlichung maßgebend ist, stellt sich nicht mehr[2]. Bei nach Deutschland notifizierten Prospekten kommt es für die Gültigkeit des jeweiligen Prospekts auf die Billigung durch die Aufsichtsbehörde im Herkunftsstaat an[3]. 27

---

[1] ESMA FAQs, Questions and Answers Prospectuses: 25th Updated Version – July 2016, ESMA/2016/1133, Frage 98.
[2] Siehe noch zur alten Rechtslage *Seitz* in Assmann/Schlitt/von Kopp-Colomb, § 9 WpPG (Voraufl.), Rz. 32 f.
[3] So auch *Ebermann* in Holzborn, § 9 WpPG Rz. 5.

2. Gültigkeit und Nachtragspflicht

28 Die Gültigkeit eines Prospekts innerhalb der Zwölfmonatsfrist hängt davon ab, ob der Prospekt um die nach § 16 WpPG erforderlichen Nachträge ergänzt wurde. Wie § 9 WpPG insgesamt (siehe oben unter Rz. 6) soll auch die Nachtragspflicht sicherstellen, dass keine veralteten Informationen verwendet werden (siehe § 16 WpPG Rz. 5 f.). Von daher ist es nahe liegend, dass eine Reihe von Abgrenzungsproblemen zwischen der Gültigkeitsbeschränkung nach § 9 WpPG und der Nachtragspflicht nach § 16 WpPG bestehen.

a) Nachtragspflicht und allgemeine Aktualisierungspflicht

29 Die Frage der Abgrenzung der Gültigkeit eines Prospekts zur Nachtragspflicht und zu einer allgemeinen Aktualisierungspflicht[1] stellt sich vor allem im Hinblick auf die **Rechtsfolgen des Unterlassens eines Nachtrags**.

30 Im Hinblick darauf, dass die Nachtragspflicht bereits unabhängig von der Gültigkeitsbeschränkung unter den Voraussetzungen des § 16 WpPG besteht, ist fraglich, ob dem **Verweis in § 9 Abs. 1 WpPG auf die Nachtragspflicht eine eigenständige Bedeutung** zukommt.

31 Zu beachten ist, dass die **Nachtragspflicht in § 16 WpPG grundsätzlich auf einen bestimmten Zeitraum** beschränkt ist, nämlich den Zeitraum nach der Billigung und vor dem endgültigen Schluss des öffentlichen Angebots oder, falls dieser später erfolgt, vor der Einführung der Wertpapiere an einem organisierten Markt (siehe näher § 16 WpPG Rz. 60 ff.). Die Gültigkeit eines Prospekts ist dagegen vom Richtliniengesetzgeber bewusst auf einen festen Zeitraum festgesetzt (vgl. Erwägungsgrund Nr. 26 Prospektrichtlinie). Es ist daher denkbar, dass zwar ein wichtiger neuer Umstand oder eine wesentliche Unrichtigkeit in Bezug auf die im Prospekt gemachten Angaben eintritt, mangels einschlägigen prospektpflichtigen Ereignisses iS des § 16 Abs. 1 WpPG aber eine Aktualisierung mittels Nachtrag (vorübergehend) nicht erforderlich ist (zu einem etwaigen Dispositionsrecht des Emittenten bezüglich der Gültigkeitsdauer siehe unten unter Rz. 37 ff.).

32 In diesem Fall ist **für künftige Emissionen** der Hinweis in § 9 Abs. 1 WpPG auf die Nachtragspflicht so auszulegen, dass jedenfalls vor dem Beginn eines neuen Angebots oder einer Zulassung von neuen Wertpapieren die Aktualisierung des Prospekts gemäß § 16 Abs. 1 WpPG erfolgt sein muss[2]. Dies kann durch einen einzelnen Nachtrag geschehen, in dem mehrere, gegebenenfalls zeitlich versetzt eingetretene neue Umstände oder Unrichtigkeiten gebündelt werden und für dessen Erstellung und Veröffentlichung lediglich die zeitliche Vorgabe besteht, dass dies vor der beabsichtigten erneuten Verwendung des Prospekts vollzogen sein muss. Dementsprechend ist die Koppelung der Gültigkeit an die Nachtragspflicht für zukünftige Emissionen rele-

---

1 Vgl. zur Diskussion der Einführung einer derartigen Pflicht im Richtlinien-Rechtsetzungsverfahren *Seitz* in Assmann/Schlitt/von Kopp-Colomb, § 9 WpPG (Voraufl.), Rz. 3 ff.
2 So auch *Friedl/Ritz* in Just/Voß/Ritz/Zeising, § 16 WpPG Rz. 184.

vant (zur Bedeutung bei Basisprospekten siehe § 16 WpPG Rz. 63, 71)[1]. Es kann offen bleiben, ob bei einem Unterlassen eines Nachtrags die Gültigkeit des Prospekts für künftige Emissionen „ausgesetzt" ist[2]. Jedenfalls besteht die Gültigkeit des Prospekts für neue öffentliche Angebote oder Zulassungen zum Handel an einem organisierten Markt solange nicht, bis der Prospekt um die nach § 16 WpPG erforderlichen Nachträge ergänzt wurde.

Aus der Koppelung der Gültigkeitsdauer an die Nachtragspflicht kann dagegen nicht abgeleitet werden, dass ein **Prospekt bei Unterlassen des Nachtrags seine Gültigkeit für laufende Emissionen verliert**[3]. Für bereits laufende Angebote führt der Eintritt eines nachtragspflichtigen Ereignisses nach Beginn des Angebots nur dazu, dass die Nachtragspflicht entsteht. Der Prospekt behält innerhalb des Zwölfmonatszeitraums aber seine Gültigkeit. Dies beruht vor allem auf der Überlegung, dass es für die Gültigkeit des Prospekts auf den Zeitpunkt des Beginns des Angebots ankommt.

Relevant ist die Differenzierung im Hinblick auf die Rechtsfolgen des Unterlassens eines Nachtrags vor allem für die Frage, ob die BaFin gemäß § 26 Abs. 4 WpPG befugt ist, ein **öffentliches Angebot wegen fehlender Gültigkeit** zu untersagen (zur Untersagung nach Ablauf der Gültigkeitsdauer siehe unten unter Rz. 74). Dies gilt nicht für bereits laufende Emissionen innerhalb des Gültigkeitszeitraums, da der Prospekt für diese Angebote seine Gültigkeit behält (zu den Rechtsfolgen des Unterlassens eines Nachtrags, insbesondere zu einer etwaigen Prospekthaftung im Fall von laufenden Angeboten nach §§ 21 ff. WpPG, siehe § 16 WpPG Rz. 139 ff.). Wenn allerdings ein neues Angebot auf der Grundlage eines bestehenden Prospekts erfolgen soll, der nicht gemäß § 16 WpPG aktualisiert wurde, besitzt der Prospekt auch dann, wenn die Gültigkeitsdauer noch nicht abgelaufen ist, keine Gültigkeit für dieses Angebot und die BaFin kann das Angebot gemäß § 26 Abs. 4 WpPG untersagen (vgl. § 26 WpPG Rz. 22 ff.)[4].

Für **Emissionen, deren Angebot bereits abgeschlossen ist oder die bereits in den Handel eingeführt oder einbezogen sind**, greift die Nachtragspflicht nicht ein. Gegenteiliges ist nicht aus § 9 Abs. 1 WpPG abzuleiten, dh. es besteht keine Verpflichtung der Emittenten, den Prospekt unabhängig von dem Eintritt von prospektpflichtigen Ereignissen mittels Nachträgen während der Gültigkeitsdauer aktuell zu halten. Der Richtliniengesetzgeber hat sich vielmehr bewusst gegen eine **allgemeine Aktualisierungsverpflichtung** der Emittenten, dh. einer Aktualisierungsverpflichtung unabhängig vom Eintritt eines prospektpflichtigen Ereignisses, entschieden[5].

---

1 Im Ergebnis ebenso *Friedl/Ritz* in Just/Voß/Ritz/Zeising, § 16 WpPG Rz. 182; *Kunold/Schlitt*, BB 2004, 501 (510) und *Schlitt/Schäfer*, AG 2005, 498 (507); unklar dagegen *Hamann* in Schäfer/Hamann, § 9 WpPG Rz. 3.
2 So *Ebermann* in Holzborn, § 9 WpPG Rz. 6.
3 *Friedl/Ritz* in Just/Voß/Ritz/Zeising, § 9 WpPG Rz. 28.
4 Im Ergebnis ebenso *Friedl/Ritz* in Just/Voß/Ritz/Zeising, § 9 WpPG Rz. 29, es wird dort allerdings die Aussage vermieden, dass der Prospekt für künftige Angebote keine Gültigkeit besitzt.
5 Siehe zur Debatte im Zuge des Richtlinien-Rechtsetzungsverfahrens *Seitz* in Assmann/Schlitt/von Kopp-Colomb, § 9 WpPG (Voraufl.), Rz. 3 ff.

36 Eine allgemeine Aktualisierungspflicht lässt sich auch **nicht aus der Zusammenschau mit Prospekthaftungsansprüchen** ableiten. Im Hinblick darauf, dass Prospekthaftungsansprüche gemäß § 21 WpPG nicht nur auf den Ersterwerb beschränkt sind, sondern auch bei allen Folgeerwerben innerhalb von sechs Monaten nach der erstmaligen Einführung der Wertpapiere in den Handel Anwendung finden, stellt sich die Frage, ob der Emittent zur Verhinderung einer Inanspruchnahme gemäß § 21 WpPG verpflichtet ist, den Prospekt zu aktualisieren. Gemäß § 16 Abs. 1 WpPG endet zwar die Nachtragspflicht mit der Einführung der Wertpapiere in den Handel an einem organisierten Markt (vgl. § 16 WpPG Rz. 64 ff.), im Schrifttum wird jedoch zum Teil die Ansicht vertreten, dass aus § 21 WpPG eine Aktualisierungspflicht des Emittenten bezüglich des Prospekts folge, da sich der Anleger insofern zumindest innerhalb der Frist des § 21 WpPG auf den Inhalt des Prospekts verlassen können müsse und der Prospekt daher auch iS von § 9 Abs. 1 WpPG gültig und somit aktualisiert sein müsse[1]. Diese Ansicht ist abzulehnen[2]. Sie kann weder auf § 23 Abs. 2 Nr. 5 WpPG, der lediglich Haftungsbegrenzungen, jedoch keine Haftungsverschärfungen regelt, noch auf das Urteil des Bundesgerichtshof in Sachen Elsflether Werft[3] gestützt werden. In dieser Entscheidung hat der BGH lediglich ausgeführt, dass die Aktualisierungspflicht jedenfalls bis zum Ende der Zeichnungsfrist bestehe[4]. Die Zeichnungsfrist endet jedoch vor der Einführung der Wertpapiere in den Handel, da die Einführung in den Handel gemäß § 38 Abs. 2 BörsG erst nach erfolgter Zuteilung vorgenommen werden kann. Die Zuteilung wiederum kann erst nach Abschluss der Zeichnungsfrist erfolgen[5]. Es besteht auch keine ausfüllungsbedürftige Gesetzeslücke[6]. Der Gesetzgeber hat die Gültigkeit des Prospekts in § 9 Abs. 1 WpPG nutzungsbezogen definiert[7] und in § 16 Abs. 1 WpPG nur für den Fall der fortgesetzten oder erneuten Verwendung des Prospekts für ein fortgesetztes oder neues öffentliches Angebot oder die Zulassung der Wertpapiere in den Handel an einem organisierten Markt eine Nachtragspflicht statuiert.

b) Dispositionsrecht des Emittenten

37 In der Literatur wird unter Bezugnahme auf § 9 Abs. 1 Halbsatz 2 WpPG bzw. die entsprechende Formulierung in der Prospektrichtlinie diskutiert, ob Emittenten hinsichtlich der Gültigkeitsdauer eines Prospekts ein Dispositionsrecht haben. Emitten-

---

1 In diesem Sinne noch zu § 44 BörsG *Assmann* in Assmann/Schütze, § 6 Rz. 113; *Assmann* in FS Ulmer, 2003, S. 757 (770 ff.); *Ellenberger*, Prospekthaftung im Wertpapierhandel, S. 17 f.
2 So auch *Groß*, Kapitalmarktrecht, § 21 WpPG Rz. 56 ff.; *Stephan*, AG 2002, 3 ff.; *Holzborn/Schwarz-Gondek*, BKR 2003, 927 (933); *Ebermann* in Holzborn, § 9 WpPG Rz. 22 f.; für die Rechtslage vor Inkrafttreten des WpPG ua.: *Schwark* in Schwark/Zimmer, §§ 44, 45 BörsG Rz. 32.
3 BGH v. 14.7.1998 – XI ZR 173/97, BGHZ 139, 225.
4 BGH v. 14.7.1998 – XI ZR 173/97, BGHZ 139, 225 (232).
5 *Groß*, Kapitalmarktrecht, § 21 WpPG Rz. 56 ff.
6 Dazu ausführlich OLG Frankfurt a.M. v. 6.7.2004 – 5 U 122/03, ZIP 2004, 1411 (1413) und LG Frankfurt a.M. v. 17.1.2003 – 3-07 O 26/01, ZIP 2003, 400 (404 f.).
7 Vgl. *Weber*, NZG 2004, 360 (365).

ten sollen danach die **Gültigkeitsdauer eines Prospekts verkürzen können**, indem sie den Prospekt nicht durch Nachträge nach § 16 WpPG ergänzen[1]. Dies basiert auf der Überlegung, dass es im Interesse der Emittenten sei, wenn sie durch die Nichtvornahme eines Nachtrags entscheiden könnten, dass die Gültigkeit des Prospekts zu einem bestimmten Zeitpunkt ende. Die Entscheidung eines Emittenten, nicht unverzüglich nach Bekanntwerden entsprechender Umstände oder Unrichtigkeiten einen Nachtrag zur Billigung einzureichen, müsse als endgültig angesehen werden und es sei somit vom Ende der Gültigkeit des Prospekts mit Abschluss des öffentlichen Angebots bzw. der Einführung oder Einbeziehung in den Handel in den organisierten Markt auszugehen.

Das **WpPG** selbst **enthält keine Aussage dazu, ob Emittenten ein derartiges Dispositionsrecht** zusteht. Wie oben festgestellt, bestehen durchaus Unklarheiten bezüglich des Verweises in § 9 Abs. 1 WpPG auf § 16 WpPG, welcher im Rahmen der Überarbeitung der Prospektrichtlinie unverändert blieb (siehe oben unter Rz. 30 ff.). Für die Beantwortung ist daher unter Anwendung der oben geschilderten Konstellationen danach zu differenzieren, ob unter dem Prospekt ein nachtragspflichtiges Ereignis während eines relevanten Zeitraums iS des § 16 WpPG, dh. vor dem endgültigen Schluss des öffentlichen Angebots oder – falls später – vor der Einführung in den Handel an einem organisierten Markt, eintritt oder außerhalb eines entsprechenden Zeitraums. 38

Soweit der nachtragspflichtige Umstand **während eines für § 16 WpPG relevanten Zeitraums** unter dem Prospekt eintritt, besteht jedenfalls kein Dispositionsrecht des Emittenten. Emittenten haben nach § 16 WpPG die Pflicht, wichtige neue Umstände oder wesentliche Unrichtigkeiten in Bezug auf die im Prospekt enthaltenen Angaben, die die Beurteilung der Wertpapiere beeinflussen können und die nach Billigung und vor dem endgültigen Schluss des öffentlichen Angebots oder der Einführung in den Handel an einem organisierten Markt auftreten oder festgestellt werden, in einem Nachtrag zum Prospekt aufzunehmen. 39

Soweit der Umstand **außerhalb des für § 16 WpPG relevanten Zeitraums** eintritt, ist der Emittent lediglich dann zur Erstellung eines Nachtrags verpflichtet, wenn er den Prospekt für ein künftiges Angebot nutzen will (vgl. oben unter Rz. 32). Dies ist jedoch nicht mit einem Dispositionsrecht des Emittenten bezüglich der Gültigkeit gleichzusetzen, da aus der Nichtvornahme eines Nachtrags gerade nicht die uneingeschränkte Ungültigkeit des Prospekts folgt, sondern ein Nachtrag auch kurz vor dem Beginn eines neuen Angebots erfolgen kann. Insbesondere auch für bereits abgeschlossene Emissionen behält der Prospekt seine Gültigkeit (vgl. oben unter Rz. 35). Die Gültigkeitsdauer wurde vom Richtliniengesetzgeber bewusst als feste zeitliche Grenze formuliert (vgl. oben unter Rz. 31) mit den oben geschilderten, differenziert zu beurteilenden Rechtsfolgen. Dem widerspräche es, wenn die Gültigkeitsdauer zur Disposition durch den Emittenten gestellt wäre. 40

---

1 *Holzborn/Schwarz-Gondek*, BKR 2003, 927 (933); vgl. zur Diskussion um ein Dispositionsrecht auch ausführlich *Friedl/Ritz* in Just/Voß/Ritz/Zeising, § 9 WpPG Rz. 52 bis 59.

c) Sonderproblem: Sammelnachträge

40a Es ist denkbar, dass bei Eintritt eines nachtragspflichtigen Ereignisses bezüglich der Emitteninformationen ein Emittent eine Vielzahl von (Basis-)Prospekten aktualisieren muss, nämlich alle (Basis-)Prospekte, unter denen noch laufende Angebote stattfinden und bei denen die Zwölfmonatsfrist noch nicht abgelaufen ist[1]. In der Praxis hat sich in diesem Zusammenhang das Modell der **Sammelnachträge** herausgebildet, insbesondere in den Fällen, in denen in mehreren (Basis-)Prospekten identische oder ähnliche Informationen nachgetragen werden müssen (zB emittenten- oder garantenspezifische Informationen). Mittels der Sammelnachträge werden die nachtragspflichtigen Informationen in eine Vielzahl von (Basis-)Prospekten eingefügt. Dies geschieht in der Regel dadurch, dass im Sammelnachtrag die nachtragspflichtigen Informationen als Textblock einmal aufgeführt werden und zB in Form einer Tabelle angegeben wird, auf welcher Seite in dem jeweiligen (Basis-)Prospekt diese Informationen ergänzt werden.

III. Gültigkeit bei Vorliegen eines Angebotsprogramms (§ 9 Abs. 2 WpPG)

41 In § 9 Abs. 2 WpPG wird für Basisprospekte, denen Angebotsprogramme iS des § 2 Nr. 5 WpPG zugrunde liegen, klargestellt, dass auch für diese die Gültigkeitsfrist von zwölf Monaten gilt. Auch wenn in § 9 Abs. 2 WpPG, anders als in der Grundnorm nach § 9 Abs. 1 WpPG (siehe oben unter Rz. 14) und in § 9 Abs. 4 WpPG betreffend die Gültigkeit von Registrierungsformularen (siehe unten unter Rz. 52 ff.), der Verweis auf die Nachtragspflicht fehlt, steht auch die Gültigkeit von Basisprospekten unter dem Vorbehalt der Ergänzung durch evtl. erforderliche Nachträge; dies folgt vor allem daraus, dass die explizite Anwendbarkeit der Nachtragspflicht auf Basisprospekte bereits in § 6 Abs. 2 WpPG geregelt ist, so dass es eines Hinweises auf die Nachtragspflicht in § 9 Abs. 2 WpPG nicht bedurfte (siehe § 6 WpPG Rz. 68)[2].

42 In Abgrenzung zu den von § 9 Abs. 3 WpPG erfassten Basisprospekten iS des § 6 Abs. 1 Nr. 2 WpPG sind im Fall des § 9 Abs. 2 WpPG die **Basisprospekte iS des § 6 Abs. 1 Nr. 1 WpPG** gemeint, welche neben Nichtdividendenwerten auch Optionsscheine jeglicher Art, die im Rahmen eines Angebotsprogramms begeben werden können, zum Gegenstand haben (zur Differenzierung näher § 6 WpPG Rz. 17 ff.; zur Entstehungsgeschichte siehe oben unter Rz. 15).

43 Anknüpfungspunkt für die **Berechnung der Zwölfmonatsfrist** ist die Billigung des Basisprospekts und nicht die Veröffentlichung der endgültigen Bedingungen. Es können somit endgültige Bedingungen zum letzten Mal an dem Tag gemäß § 14 WpPG

---

[1] Bei Geltung von § 9 Abs. 5 WpPG aF bzw. § 9 Abs. 2 Satz 2 WpPG aF (siehe Rz. 69 ff.) war es daneben erforderlich, auch Nachträge für solche (Basis-)Prospekte zu erstellen, bei denen die Gültigkeitsdauer bereits abgelaufen war, aber unter denen noch öffentliche Angebote andauerten.

[2] So auch *Friedl/Ritz* in Just/Voß/Ritz/Zeising, § 9 WpPG Rz. 23.

veröffentlicht und bei der BaFin hinterlegt werden (vgl. § 6 Abs. 3 WpPG), welcher zwölf Monate nach dem Tag der Billigung des Basisprospekts liegt (zur Fristberechnung siehe oben unter Rz. 26 ff.).

Zur Frage, unter welchen Voraussetzungen **fortgesetzte Angebote** über die grundsätzliche Gültigkeitsdauer hinaus möglich sind, siehe unten unter Rz. 69 ff. 44

Die Frage nach der Gültigkeit stellt sich in der Praxis häufig auch bei einer **Aufstockung** von Schuldverschreibungsemissionen, dh. dann, wenn weitere Wertpapiere mit identischer technischer und rechtlicher Ausstattung begeben werden. Grundsätzlich ist das Angebot der aufgestockten Wertpapiere als ein neues Angebot anzusehen (vgl. § 6 WpPG Rz. 60). Voraussetzung für das Angebot der aufgestockten Wertpapiere ist daher das Vorhandensein eines gültigen Prospekts. ESMA lässt es in diesem Zusammenhang aber zu, dass Emissionen, die unter einem abgelaufenen Basisprospekt begebenen wurden, unter bestimmten Voraussetzungen aufgestockt werden können[1]. In diesem Fall sind die ursprünglichen Emissionsbedingungen des abgelaufenen Basisprospekts durch Verweis gem. § 11 WpPG in den aktuell gültigen Basisprospekt einzubeziehen (dazu auch § 6 WpPG Rz. 63). Zu beachten ist in diesem Zusammenhang bei Basisprospekten, die vor dem 1.7.2012 gebilligt wurden, dass die Emissionsbedingungen die durch Verweis in den neuen Basisprospekt einbezogen werden sollen, den Anforderungen des Basisprospektregimes in der Form nach der Änderungsrichtlinie entsprechen müssen[2] (siehe dazu näher § 6 WpPG Rz. 63). 45

IV. Gültigkeit bei Emissionen von Nichtdividendenwerten mit besonderer Deckung und Insolvenzfestigkeit (§ 9 Abs. 3 WpPG)

Hinsichtlich der dauernden oder wiederholten Ausgabe von Nichtdividendenwerten iS des § 6 Abs. 1 Nr. 2 WpPG bestimmt § 9 Abs. 3 WpPG, dass der Prospekt solange gültig ist, bis auf Grund dieses Prospekts keines der betroffenen Wertpapiere mehr dauernd oder wiederholt ausgegeben wird. Daraus folgt, dass ein Basisprospekt, welches die dauernde oder wiederholte Ausgabe von Nichtdividendenwerten iS des § 6 Abs. 1 Nr. 2 WpPG zum Gegenstand hat, einen längeren Gültigkeitszeitraum als 12 Monate haben kann[3]. Auch die Gültigkeit der von § 9 Abs. 3 WpPG erfassten Prospekte steht aber während des gesamten Zeitraums der Gültigkeit des 46

---

1 ESMA FAQs, Questions and Answers Prospectuses: 25th Updated Version – July 2016, ESMA/2016/1133, Frage 8.
2 BaFin, Basisprospektregime nach neuem Recht (BaFin-Workshop vom 4. und 5.6.2012), S. 17, abrufbar unter http://www.bafin.de/SharedDocs/Downloads/DE/Rede_Vortrag/dl_120604_wppg-workshop_vortrag_neues_Basisprospektregime.pdf?__blob=publicationFile &v=5; *Heidelbach/Preuße*, BKR 2012, 397 (401).
3 ESMA FAQs, Questions and Answers Prospectuses: 25th Updated Version – July 2016, ESMA/2016/1133, Frage 37.

Prospekts unter dem Vorbehalt der Ergänzung durch evtl. erforderliche Nachträge[1] (vgl. oben unter Rz. 14 sowie unten unter Rz. 51).

47 Die so genannte „**Endlosgültigkeitsdauer**" stellt eine Durchbrechung der grundsätzlich auf zwölf Monate beschränkten Gültigkeitsdauer von Prospekten dar (zur Rechtfertigung siehe oben unter Rz. 15). Durch die erste Überarbeitung der Prospektrichtlinie und den Folgeänderungen am WpPG haben sich keine Änderungen an § 9 Abs. 3 WpPG ergeben. Art. 12 ProspektVO-E sieht jedoch keine Ausnahmeregelung für diese Nichtdividendenwerte mehr vor, dh. die bestehende Durchbrechung der Beschränkung der Gültigkeitsdauer von grundsätzlich zwölf Monaten würde dann künftig nicht mehr bestehen (vgl. oben Rz. 24).

1. Sachlicher Anwendungsbereich, erfasste Nichtdividendenwerte

48 Der Anwendungsbereich von § 9 Abs. 3 WpPG erstreckt sich auf **Nichtdividendenwerte iS des § 6 Abs. 1 Nr. 2 WpPG**, dh. auf Nichtdividendenwerte, die dauernd oder wiederholt von CRR-Kreditinstituten begeben werden und welche die in § 6 Abs. 1 Nr. 2 lit. a und Nr. 2 lit. b WpPG normierten kumulativen Anforderungen an die Deckung und Insolvenzfestigkeit erfüllen (siehe § 6 WpPG Rz. 23 ff.).

49 Die Regelung in § 9 Abs. 3 WpPG ist nach dem Wortlaut nicht auf ein bestimmtes **Prospektformat** beschränkt. Da jedoch nur solche Nichtdividendenwerte erfasst sind, die dauernd oder wiederholt begeben werden, liegt es nahe, dass auch nur diejenigen Basisprospekte von der Gültigkeitsregelung erfasst sind, denen Nichtdividendenwerte iS des § 6 Abs. 1 Nr. 2 WpPG zugrunde liegen.

50 Die Regelung findet keine Anwendung auf **Daueremissionen anderer Wertpapiere** durch Emittenten von gedeckten Nichtdividendenwerten, mit der Konsequenz, dass entsprechende Prospekte unter den Voraussetzungen des § 9 Abs. 1 WpPG nur zwölf Monate gültig sind.

2. Nachtragspflicht im Fall des § 9 Abs. 3 WpPG

51 Die Verwendung eines Prospekts für eine wiederholte Emission oder bis zum Ende einer Daueremission ist nur zulässig, sofern der Prospekt unter den Voraussetzungen des § 16 WpPG aktualisiert wird. Auch wenn in § 9 Abs. 3 WpPG, anders als in § 9 Abs. 1 WpPG, die Nachtragspflicht nicht ausdrücklich erwähnt ist, sind Daueremittenten von gedeckten Nichtdividendenwerten ebenfalls zur Erstellung von Nachträgen verpflichtet, wenn sie einen entsprechenden Prospekt nach Eintritt eines nachtragspflichtigen Ereignisses weiterverwenden möchten (vgl. oben unter Rz. 46). Die Verpflichtung zur Aktualisierung des Prospekts mittels eines Nachtrags gilt in diesem Fall während der gesamten Gültigkeitsdauer des Prospekts[2].

---

[1] ESMA FAQs, Questions and Answers Prospectuses: 25th Updated Version – July 2016, ESMA/2016/1133, Frage 37.
[2] ESMA FAQs, Questions and Answers Prospectuses: 25th Updated Version – July 2016, ESMA/2016/1133, Frage 37.

V. Gültigkeitsdauer eines Registrierungsformulars (§ 9 Abs. 4 WpPG)

§ 9 Abs. 4 Satz 1 WpPG erstreckt die zwölfmonatige Gültigkeit auch auf ein gebilligtes und hinterlegtes Registrierungsformular iS von § 12 Abs. 1 Satz 2 und 3 WpPG, dh. auf ein Registrierungsformular, das als ein **Einzeldokument bei der Aufsichtsbehörde** hinterlegt wurde. 52

1. Unterschiedliche Konstellationen der gesonderten Hinterlegung eines Registrierungsformulars

Eine **gesonderte Hinterlegung des Registrierungsformulars** kommt in zwei Fällen in Betracht, nämlich wenn der Emittent oder Anbieter das dreiteilige Prospektformat verwendet (vgl. auch § 9 Abs. 4 Satz 2 WpPG) oder wenn das Registrierungsformular durch Verweis gemäß § 11 WpPG in (mehrere) (Basis-)Prospekte einbezogen werden soll (vgl. Art. 26 Abs. 4 ProspektVO; siehe dazu § 6 WpPG Rz. 36 und § 12 WpPG Rz. 32). Die Einbeziehung des Registrierungsformulars durch Verweis ist in der Praxis der weitaus häufigere Fall; dies liegt vor allem daran, dass bei Basisprospekten das Format des dreiteiligen Prospekts ausgeschlossen ist (siehe § 6 WpPG Rz. 4a, 31 und § 12 WpPG Rz. 25 ff.). Neben der Einbeziehung der Emitteninformationen über ein gesondert hinterlegtes Registrierungsformular ist es auch denkbar, dass die Emitteninformationen, die in einem früheren (Basis-)Prospekt enthalten sind, durch Verweis in später zu billigende (Basis-)Prospekte einbezogen werden. Grundsätzlich gelten die nachfolgenden Ausführungen auch für diesen Fall. Nachfolgend liegt der Fokus aus Sicht des § 9 Abs. 4 WpPG aber auf dem Fall der Abbildung der Emitteninformation über ein gesondert hinterlegtes Registrierungsformular. 53

Die Tatsache, dass in § 9 Abs. 4 Satz 1 WpPG auf § 12 Abs. 1 Satz 2 und 3 WpPG verwiesen wird und in § 9 Abs. 4 Satz 2 WpPG eine explizite Regelung für den dreiteiligen Prospekt besteht, legt die Schlussfolgerung nahe, dass die **Gültigkeitsbeschränkung nach § 9 Abs. 4 Satz 1 WpPG nur im Fall des dreiteiligen Prospekts zu beachten ist**[1]. Dies ist getragen von der Überlegung, dass die Aufnahme eines Registrierungsformulars in einen dreiteiligen Prospekt prospektrechtlich etwas anderes ist als die Aufnahme von einzelnen Angaben aus einem gesondert hinterlegten Registrierungsformular per Verweis in einen (Basis-)Prospekt. ESMA hat auch bezüglich Angaben aus einem nicht mehr gültigen Basisprospekt klargestellt, dass diese per Verweis in einen neuen Basisprospekt übernommen werden können (vgl. näher § 11 WpPG Rz. 38)[2]. 54

Für die **Einbeziehung des Registrierungsformulars durch Verweis in (Basis-)Prospekte** ist die Gültigkeitsbeschränkung gemäß § 9 Abs. 4 Satz 1 WpPG hingegen nicht relevant, dh. die Einbeziehung der Informationen in dem Registrierungsformular ist grundsätzlich auch nach Ablauf der Gültigkeit des Registrierungsformu- 55

---

1 So auch *Friedl/Ritz* in Just/Voß/Ritz/Zeising, § 9 WpPG Rz. 17.
2 ESMA FAQs, Questions and Answers Prospectuses: 25th Updated Version – July 2016, ESMA/2016/1133, Frage 8.

lars möglich. Es ist aber zu beachten, dass bei der Einbeziehung von Informationen **gemäß § 11 Abs. 1 Satz 2 WpPG die aktuellsten Angaben** verwendet werden sollen, die dem Emittenten zur Verfügung stehen (vgl. auch Art. 28 Abs. 3 Prospekt-VO)[1]. Dieses Aktualitätserfordernis wird bei einem Registrierungsformular, bei dem die Zwölfmonatsfrist überschritten ist und mit dem nicht nur einzelne Angaben (vgl. Art. 28 Abs. 4 ProspektVO), wie zB Finanzinformationen für frühere Finanzjahre, sondern die Emittentenangaben als Ganzes abgedeckt werden sollen, regelmäßig nicht erfüllt sein. Zu beachten ist auch, dass es denkbar ist, dass ein und dasselbe Registrierungsformular sowohl für einen oder mehrere dreiteilige Prospekte als auch für die Einbeziehung durch Verweis in einen oder mehrere (Basis-)Prospekte genutzt wird. In diesem Fall würde für die Nutzbarkeit des Registrierungsformulars für dreiteilige Prospekte jedenfalls die Gültigkeitsbeschränkung gemäß § 9 Abs. 4 Satz 1 WpPG eingreifen. In der Praxis wird man daher auch ohne die unmittelbare Anwendbarkeit der Gültigkeitsbeschränkung in der Regel zu dem Ergebnis kommen, dass ein gesondert hinterlegtes Registrierungsformular auch im Fall der Einbeziehung durch Verweis in neue (Basis-)Prospekte jährlich zu aktualisieren ist.

56 Wenn die Gültigkeit im Zeitpunkt der Prospektveröffentlichung im Fall des dreiteiligen Prospekts bzw. die Aktualität des durch Verweis einbezogenen Registrierungsformulars im Zeitpunkt der Billigung des (Basis-)Prospekts gegeben ist, stellt sich die Frage, ob während der gesamten **Dauer der Nutzung des (Basis-)Prospekts die Gültigkeit bzw. Aktualität des Registrierungsformulars** gegeben sein muss (dazu näher unten unter Rz. 63 ff.).

2. Maßgeblicher Zeitpunkt für den Fristbeginn

57 Entsprechend § 9 Abs. 1 WpPG wurde durch das Prospektrichtlinie-Änderungsrichtlinie-Umsetzungsgesetz in § 9 Abs. 4 Satz 1 WpPG im Interesse der Rechtssicherheit eine Regelung aufgenommen, wonach auch Registrierungsformulare bis zu zwölf Monate **nach deren Billigung** gültig sind, sofern die darin enthaltenen Angaben durch Nachträge gemäß § 16 WpPG oder Aktualisierungen in der Wertpapierbeschreibung aktualisiert werden (dazu näher unten unter Rz. 60 ff.).

58 Auch wenn der Gesetzgeber klargestellt hat, dass bei der Gültigkeitsdauer des Registrierungsformulars auf das Datum der Billigung abzustellen ist, ist damit die Frage offen, ob es für die Beurteilung des Fristbeginns auf die Gesamtheit der einzelnen Prospektteile oder auf jedes einzelne Dokument ankommt. Während beim dreiteiligen Prospekt die Zusammenfassung und die Wertpapierbeschreibung in der Regel zeitgleich hinterlegt und gebilligt werden, wird die Hinterlegung und Billigung des Registrierungsformulars in der Regel nur bei der ersten Emission in einem zeitlichen Zusammenhang erfolgen. Bei einer späteren Verwendung gibt es naturgemäß einen größeren zeitlichen Abstand, da das Registrierungsformular nicht erneut hinterlegt und gebilligt wird (vgl. auch § 14 Abs. 4 WpPG). Diese Konstellation der mehrfachen Verwendung macht deutlich, dass es nur auf **die Billigung des Registrierungsformu-**

---

1 *Friedl* in Just/Voß/Ritz/Zeising, § 11 WpPG Rz. 27.

lars ankommen kann und nachfolgende Billigungen anderer Prospektbestandteile für die Gültigkeitsfrist des Registrierungsformulars nicht maßgeblich sind[1].

Diese Überlegungen gelten auch für den Fall, dass das **Registrierungsformular durch Verweis in einen (Basis-)Prospekt** einbezogen wird (siehe oben unter Rz. 53), dh. es kommt auch in diesem Fall für die Berechnung der Gültigkeitsdauer auf das Datum der Billigung des Registrierungsformulars an (siehe zur Weiternutzung eines Registrierungsformulars nach Ablauf der Gültigkeit des Prospekts unten unter Rz. 64 ff.). 59

3. Aktualisierungspflicht bei einem gesondert hinterlegten Registrierungsformular

Wie auch in den Fällen des § 9 Abs. 1 bis Abs. 3 WpPG (vgl. oben unter Rz. 14) steht bei einem Registrierungsformular ebenfalls die Gültigkeit unter dem **Vorbehalt einer eventuell erforderlichen Aktualisierung im Rahmen des § 16 WpPG**. Dies wurde durch die Neuregelung in § 9 Abs. 4 Satz 2 WpPG, die der Umsetzung von Art. 9 Abs. 4 Prospektrichtlinie dient, explizit klargestellt (zur Aktualisierung im Wege des § 12 Abs. 3 WpPG siehe § 12 WpPG Rz. 34 ff.). Damit können Registrierungsformulare gemäß § 16 WpPG durch Nachträge aktualisiert werden, selbst wenn kein öffentliches Angebot unter Verwendung des entsprechenden Registrierungsformulars stattfindet[2]. 60

Gemäß der **Rechtslage bis zum 30.6.2012** war ein Nachtrag zu einem Registrierungsformular nicht möglich. Stattdessen konnten die in einem Registrierungsformular enthaltenen Angaben nur über einen Nachtrag zum (Basis-)Prospekt in Bezug auf die Wertpapierbeschreibung aktualisiert werden, unabhängig davon, ob das Registrierungsformular Teil eines dreiteiligen Prospekts war oder ob die Informationen aus dem Registrierungsformular gemäß § 11 WpPG per Verweis in einen Prospekt einbezogen wurden[3]. 61

Die zunächst angenommene Öffnung des dreiteiligen Prospektformats auch auf das Basisprospektregime (siehe § 6 WpPG Rz. 31 und § 12 WpPG Rz. 25 ff.) ermöglichte unter Berücksichtigung der Neuregelung in § 9 Abs. 4 Satz 2 WpPG eine **dynamische Wirkung von Nachträgen auf ein Registrierungsformular**. Dies bedeutete, dass im Falle eines Nachtrags zu einem Registrierungsformular die nachgetragenen Informationen automatisch in den jeweiligen Prospekt einbezogen waren, so dass ein Nachtrag, vorbehaltlich etwaiger Änderungen in der Zusammenfassung, zu dem einzelnen Prospekt nicht mehr erforderlich war (siehe im Einzelnen § 12 WpPG Rz. 28). Da sich die **ESMA** in ihrer Stellungnahme vom 17.12.2013 jedoch **gegen die Zulässigkeit eines dreiteiligen Basisprospekts ausgesprochen hat** (siehe § 6 WpPG Rz. 31 und § 12 WpPG Rz. 29), ist eine dynamische Wirkung von Nachträgen derzeit ausgeschlossen (zur beabsichtigten ausdrücklichen Zulässigkeit des dreiteiliges 62

---

1 Anders wohl *Friedl/Ritz* in Just/Voß/Ritz/Zeising, § 9 WpPG Rz. 30.
2 *Lawall/Maier*, DB 2012, 2503 (2504).
3 Siehe *Seitz* in Assmann/Schlitt/von Kopp-Colomb, § 9 WpPG (Voraufl.), Rz. 67 ff. sowie *Lawall/Maier*, DB 2012, 2503 (2504).

Prospektformats für Basisprospekte im Rahmen des ProspektVO-E siehe § 6 WpPG Rz. 14).

4. Verhältnis von Gültigkeitsdauer des Registrierungsformulars zur Gültigkeitsdauer des Prospekts

63 § 9 Abs. 4 WpPG regelt die Gültigkeit des hinterlegten Registrierungsformulars im Fall des dreiteiligen Prospekts. Zum **Verhältnis zwischen der Gültigkeitsdauer des Registrierungsformulars zur Gültigkeitsdauer des dreiteiligen Prospekts**, dessen Bestandteil das Registrierungsformular bildet, besteht **keine ausdrückliche gesetzliche Regelung**. Fraglich ist, ob die Gültigkeit des Registrierungsformulars für die gesamte Dauer des öffentlichen Angebots bzw. dem Zeitpunkt weiterer prospektpflichtiger Ereignisse gegeben sein muss, dh. die Nutzbarkeit des Prospekts durch die Gültigkeit des Registrierungsformulars beschränkt wird.

64 Zu einer **Begrenzung der Gültigkeitsdauer des Prospekts auf den Zeitraum der Gültigkeit des Registrierungsformulars** würde man kommen, wenn der EU-Richtliniengesetzgeber bzw. der deutsche Gesetzgeber eine allgemeine Aktualisierungspflicht bezüglich der emittentenbezogenen Angaben hätte einführen wollen, da in diesem Fall mit dem Ablauf der Gültigkeit des Registrierungsformulars automatisch eine Aktualisierungspflicht für das Registrierungsformular entstehen würde, mit der Konsequenz, dass es auch nicht mehr als Bestandteil des dreiteiligen Prospekts benutzt werden könnte. Wie oben festgestellt (siehe oben unter Rz. 2), war dies aber nicht gewollt.

65 Die besseren Argumente sprechen dafür, **eine Begrenzung der Gültigkeitsdauer des Prospekts aufgrund des Ablaufs der Gültigkeit des Registrierungsformulars abzulehnen**. Dementsprechend ist es unabhängig von der Restgültigkeitsdauer des Registrierungsformulars allein entscheidend, dass im Fall des dreiteiligen Prospekts im Zeitpunkt der Billigung der Zusammenfassung und der Wertpapierbeschreibung ein gültiges Registrierungsformular vorliegt. Damit wird dem Gedanken des § 9 Abs. 4 WpPG ausreichend Rechnung getragen: Gegen einen Gleichlauf der Gültigkeitsdauer von Prospekt und Registrierungsformular spricht auch die praktische Handhabbarkeit: In der Praxis wird das Registrierungsformular häufig zeitlich versetzt für eine Vielzahl von Prospekten verwendet, deren Gültigkeit allesamt an die Gültigkeitsdauer des Registrierungsformulars gekoppelt wäre, was kaum vom Gesetzgeber gewollt gewesen sein kann, da er für Registrierungsformulare eine gesonderte Regelung getroffen hat.

66 Im Fall der **Einbeziehung des Registrierungsformulars durch Verweis in einen (Basis-)Prospekt** ist die Gültigkeitsbeschränkung nach § 9 Abs. 4 Satz 1 WpPG für die Einbeziehung ohne unmittelbare Relevanz, es ist aber die Aktualität der in dem Registrierungsformular enthaltenen Informationen zu beachten (vgl. oben unter Rz. 55). Dementsprechend ist gegebenenfalls ein Nachtrag zu dem (Basis-)Prospekt zu erstellen (vgl. oben unter Rz. 61). Eine Gültigkeitsbeschränkung des Basisprospekts ist daraus aber nicht abzuleiten, dh. ein Basisprospekt kann grundsätzlich weiterverwendet werden, auch wenn die Gültigkeit des gesondert hinterlegten Re-

gistrierungsformulars, das die durch Verweis einbezogenen Emittentenangaben enthält, abgelaufen ist.

Auch wenn somit die Gültigkeitsdauer des Prospekts grundsätzlich unabhängig von der Gültigkeitsdauer des Registrierungsformulars ist, ist es in der Praxis sowohl im Fall des dreiteiligen Prospekts als auch im Fall der Einbeziehung des Registrierungsformulars durch Verweis in einen (Basis-)Prospekt häufig dennoch **ratsam**, das Registrierungsformular nach zwölf Monaten **zu aktualisieren** und das aktualisierte Registrierungsformular mittels eines Nachtrags gemäß § 16 WpPG in die noch „laufenden" (Basis-)Prospekte „einzubeziehen", dh. in (Basis-)Prospekte unter denen noch prospektpflichtige Ereignisse stattfinden (zur Thematik der Sammelnachträge siehe oben unter Rz. 40a). Damit ist sichergestellt, dass alle relevanten Informationen in diesen (Basis-)Prospekten in der aktuellsten Fassung enthalten sind. 67

Die Kommission hat die Unsicherheit, die nach aktueller Gesetzeslage in Bezug auf das Verhältnis zwischen der Gültigkeitsdauer des Registrierungsformulars zur Gültigkeitsdauer des dreiteiligen Prospekts herrscht, im Rahmen der zweiten Überarbeitung der Prospektrichtlinie berücksichtigt. Art. 12 Abs. 2 Unterabs. 2 ProspektVO-E sieht ausdrücklich vor, dass **das Ende der Gültigkeit eines Registrierungsformulars die Gültigkeit des dreiteiligen Prospekts**, dessen Bestandteil das Registrierungsformular ist, **nicht berührt**. 68

VI. Fortgesetzte Angebote nach Ablauf der Gültigkeit

Im Hinblick darauf, dass bei Schuldverschreibungen in der Praxis das öffentliche Angebot häufig länger als zwölf Monate dauert und es denkbar ist, dass unter einem Basisprospekt erst am letzten Tag der Gültigkeit das öffentliche Angebot für eine bestimmte Schuldverschreibung beginnt, hatte der deutsche Gesetzgeber im Wege eines **deutschen Sonderwegs** zunächst vorgesehen, die Fortführung des öffentlichen Angebots für solche Schuldverschreibungen zu ermöglichen. Instrumentarien des deutschen Gesetzgebers waren insoweit die Regelung des **§ 9 Abs. 5 WpPG aF**[1] und – nach deren Streichung im Zuge des Prospektrichtlinie-Änderungsrichtlinie-Umsetzungsgesetzes – die Regelung des **§ 9 Abs. 2 Satz 2 WpPG aF**[2]. Auch die Regelung in § 9 Abs. 2 Satz 2 WpPG aF wurde mittlerweile durch den deutschen Gesetzgeber im Rahmen des Kleinanlegerschutzgesetzes wieder aufgehoben, da eine entsprechende Regelung in der Prospektrichtlinie nicht vorgesehen ist und daher Bedenken bezüglich der Europarechtskonformität bestanden haben[3]. 69

---

[1] Vgl. zu Einzelheiten der Regelung des § 9 Abs. 5 WpPG aF *Seitz* in Assmann/Schlitt/von Kopp-Colomb, § 9 WpPG (Voraufl.), Rz. 77 ff. sowie zur Bedeutung des § 9 Abs. 5 WpPG aF und mit der Streichung verbundenen Implikationen *von Kopp-Colomb/Seitz*, WM 2012, 1220 (1228).

[2] Vgl. zur Regelung des § 9 Abs. 2 Satz 2 WpPG aF *Ebermann* in Holzborn, § 9 WpPG, Rz. 7 sowie zur Frage der etwaigen Europarechtskonformität *Heidelbach/Preuße*, BKR 2012, 397 (401).

[3] Begr. RegE, BT-Drucks. 18/3994, S. 55 (Begründung zu § 9 WpPG).

70 Infolge des Wegfalls von § 9 Abs. 2 Satz 2 WpPG stellte sich für Emittenten die Frage, inwiefern es möglich ist, ein öffentliches Angebot von Schuldverschreibungen nach Ablauf der Gültigkeit des Prospekts, unter dem die Schuldverschreibungen emittiert worden sind, weiter fortzusetzen. In der Praxis wurde dieses Problem bislang dadurch gelöst, dass Emittenten nach dem Ablauf der Gültigkeit eines Prospekts neue endgültige Bedingungen für die bereits begebenen Schuldverschreibungen unter einem dann aktuellen Prospekt erstellt haben (sog. *„Repapering Final Terms"*) und auf Basis dieser endgültigen Bedingungen das öffentliche Angebot weiter fortgesetzt wurde.

71 Die Erstellungvon sog. *„Repapering Final Terms"* für die Fortführung öffentlicher Angebote von Schuldverschreibungen haben die **Verfahrensabläufe** sowohl auf Emittentenseite, die ihre Prozesse entsprechend anpassen mussten, als auch auf Seiten der Aufsichtsbehörden, bei denen jährlich neue *Repapering Final Terms* hinterlegt werden mussten und sich daher die Zahl an endgültigen Bedingungen deutlich erhöht, **erschwert**. **ESMA** hat ua. vor diesem Hintergrund und im Vorgriff auf die geplanten Neuregelungen in der Prospektverordnung[1] ihre FAQs überarbeitet und das **Verfahren für die Fortsetzung öffentlicher Angebote unter Basisprospekten deutlich vereinfacht**. Es ist entsprechend nunmehr ausreichend, wenn in den endgültigen Bedingungen bei Emission darauf hingewiesen wird, wann die Gültigkeit des ursprünglichen Prospekts ausläuft und dass das öffentliche Angebot nach Ablauf der Gültigkeit des Prospekts unter einem Anschluss-Prospekt weiter fortgeführt werden soll[2]. Ferner muss in den endgültigen Bedingungen klargestellt werden, wo der jeweilige Anschluss-Prospekt abrufbar ist. Bei der Gestaltung des Anschluss-Prospekts ist darauf zu achten, dass dieser eine Übersicht enthält, für welche Schuldverschreibungen das öffentliche Angebot weiter fortgesetzt werden soll, zB indem eine Tabelle mit ISINs aufgenommen wird; ferner ist das Muster der Endgültigen Bedingungen aus dem Prospekt, unter dem die Schuldverschreibungen erstmalig emittiert worden sind, per Verweis in den Anschluss-Prospekt aufzunehmen[3]. Bezüglich der Billigung des Anschluss-Prospekts ist darauf zu achten, dass die Erleichterungen für die Fortsetzung des öffentlichen Angebots nur dann greifen, wenn das öffentliche Angebot ununterbrochen aufrechterhalten bleibt, dh. es ist erforderlich, dass der Anschluss-Prospekt gebilligt und veröffentlicht ist, bevor die Gültigkeit des ursprünglichen Basisprospekts ausläuft[4].

---

[1] Siehe dazu Entwurf der Europäischen Kommission zu einer neuen Prospektverordnung, vgl. Art. 8 Abs. 10 ProspektVO-E, der entsprechende Regelungen zur Fortsetzung öffentlicher Angebote enthält.

[2] ESMA FAQs, Questions and Answers Prospectuses: 25th Updated Version – July 2016, ESMA/2016/1133, Frage 98 unter Qb) Ab) ii).

[3] ESMA FAQs, Questions and Answers Prospectuses: 25th Updated Version – July 2016, ESMA/2016/1133, Frage 98 unter Qb) Ab) ii).

[4] ESMA FAQs, Questions and Answers Prospectuses: 25th Updated Version – July 2016, ESMA/2016/1133, Frage 98 unter Qb) Ab) i).

VII. Rechtsfolge eines Verstoßes gegen § 9 WpPG

Ein Verstoß gegen § 9 WpPG liegt dann vor, wenn trotz Ablauf der Gültigkeit des Prospekts ein Angebot der Wertpapiere oder eine Zulassung zum Handel an einem organisierten Markt erfolgt. Die **Rechtsfolgen von Verstößen bei Ablauf der Gültigkeit sind nicht in § 9 WpPG** geregelt. Vielmehr sind in Abhängigkeit von der konkreten Situation des Verstoßes verschiedene Rechtsfolgen denkbar. Dabei ist allerdings der Fall, dass die Wertpapiere zum Handel an einem organisierten Markt nach Ablauf der Gültigkeitsdauer zugelassen werden, in der Praxis kaum relevant, da die für die Zulassung zum Handel an einem organisierten Markt zuständigen Börsen im Fall des Ablaufs der Gültigkeit des Prospekts die beantragte Zulassung von vornherein verweigern werden. 72

In der Praxis ist aber der Fall denkbar, dass **nach Ablauf der Gültigkeitsdauer des Prospekts ein neues öffentliches Angebot** erfolgt oder **ein öffentliches Angebot fortgeführt** wird. Soweit nach Ablauf der Gültigkeit ein neues Angebot beginnt oder ein Angebot fortgesetzt wird, ist zwischen den öffentlich-rechtlichen Rechtsfolgen (siehe unten unter Rz. 74) und den zivilrechtlichen Rechtsfolgen im Verhältnis zwischen Emittent oder Anbieter einerseits und Anleger andererseits (siehe unten unter Rz. 75 f.) zu unterscheiden. 73

Von öffentlich-rechtlicher Seite besteht die Möglichkeit, dass die BaFin **das öffentliche Angebot, das ohne einen gültigen Prospekt stattfindet, gemäß § 26 Abs. 4 WpPG untersagt** (zur Untersagung im Fall eines Prospekts, dessen Gültigkeitsdauer noch nicht abgelaufen ist, siehe oben unter Rz. 34). Sofern gegen die Untersagungsverfügung der BaFin verstoßen wird, stellt dies eine Ordnungswidrigkeit gemäß § 35 Abs. 2 Nr. 2 WpPG dar, die gemäß § 35 Abs. 3 WpPG mit einer Geldbuße von bis zu 500.000 Euro geahndet werden kann. Gemäß § 35 Abs. 1 Nr. 1 WpPG handelt zudem ordnungswidrig, wer vorsätzlich oder leichtfertig, entgegen § 3 Abs. 1 Satz 1 WpPG, also ohne zuvor einen Prospekt veröffentlicht zu haben, ein Wertpapier anbietet. Im Falle des „Auslaufens eines Prospekts", dh. in dem Fall, in dem ein Prospekt nach den gesetzlichen Vorschriften veröffentlicht wurde, das Angebot aber nach Ablauf von dessen Gültigkeitsdauer erfolgt, liegt hingegen keine Ordnungswidrigkeit nach § 35 Abs. 1 Nr. 1 WpPG vor, da es am Erfordernis der fehlenden Veröffentlichung fehlt (siehe dazu § 35 WpPG Rz. 26 und § 16 WpPG Rz. 151). 74

Erfolgt ein neues Angebot von Wertpapieren nach Ablauf der Gültigkeit des Prospekts, besteht keine ausdrückliche Regelung hinsichtlich der **Prospekthaftung**. (siehe zum Verhältnis zwischen Gültigkeit und Prospekthaftung im Allgemeinen oben unter Rz. 25). Es wird aber diskutiert, ob der Fall eines neuen öffentlichen Angebots nach Ablauf der Gültigkeit des Prospekts mit dem in § 24 WpPG geregelten Fall gleichzusetzen ist, dass ein (erstes) Angebot auf Basis eines fehlenden Prospekts erfolgt[1]. Die Haftung bei fehlendem Prospekt nach § 24 WpPG knüpft daran an, dass entweder gar kein oder ein nicht gebilligter Prospekt veröffentlicht wurde. 75

---

[1] *Groß*, Kapitalmarktrecht, § 24 WpPG Rz. 4; *Kumpan* in Baumbach/Hopt, HGB, § 24 WpPG Rz. 1.

Der hier betrachtete Fall ist damit nicht gleichzusetzen, denn es lag zunächst ein gebilligter Prospekt vor, der jedoch infolge Zeitablaufs ungültig geworden ist. Es wäre unbillig, wenn der Anbieter nach § 24 WpPG auch dann haftet, wenn der ungültig gewordene Prospekt nach wie vor inhaltlich vollständig und richtig ist. Vielmehr kommt in diesem Fall nur eine Haftung unter den Voraussetzungen der §§ 21, 22 WpPG in Betracht. Im Hinblick auf eine Haftung nach §§ 21, 22 WpPG ist aber zu beachten, dass im Fall des Ablaufs der Gültigkeitsdauer die Sechsmonatsfrist nach §§ 21 Abs. 1 Satz 1, 22 WpPG in aller Regel verstrichen ist (vgl. auch oben unter Rz. 17), so dass eine Haftung nach den spezialgesetzlichen Prospekthaftungsvorschriften in dieser Konstellation kaum in Betracht kommt.

76 Im Einzelfall kann daneben eine **Haftung des Prospektverantwortlichen aus unerlaubter Handlung** nach § 823 Abs. 2 BGB iVm. einem Schutzgesetz in Betracht kommen. Als Schutzgesetz kommt hier insbesondere der Straftatbestand des Kapitalanlagebetrugs (§ 264a StGB) in Betracht[1]. Hingegen kann ein bloßer Verstoß gegen § 9 WpPG eine deliktische Haftung nach § 823 Abs. 2 BGB nicht begründen, da § 9 WpPG die erforderliche Schutzgesetzeigenschaft fehlt[2].

§ 10
Jährliches Dokument

Aufgehoben durch das Gesetz zur Umsetzung der Richtlinie 2010/73/EU und zur Änderung des Börsengesetzes v. 26.6.2012 (BGBl. I 2012, S. 1375).

1 Die Pflicht zur Erstellung eines jährlichen Dokuments gemäß § 10 WpPG wurde in Umsetzung von Art. 1 Nr. 10 der Änderungsrichtlinie 2010/73/EU vom 24.11.2010[3] durch das am 1.7.2012 in Kraft getretene Gesetz zur Umsetzung der Richtlinie 2010/73/EU und zur Änderung des Börsengesetzes **ersatzlos gestrichen**. Begründet wurde dies damit, dass seit Inkrafttreten der Transparenzrichtlinie 2004/109/EG sich die Pflicht für die Emittenten verdoppelt habe[4] und kein entsprechendes Infor-

---

1 *Worms* in Assmann/Schütze, § 11 Kapitalanlagebetrug Rz. 5.
2 So auch *Friedl/Ritz* in Just/Voß/Ritz/Zeising, § 9 WpPG Rz. 45.
3 Richtlinie 2010/73/EU des Europäischen Parlaments und des Rates v. 24.11.2010 zu Änderung der Richtlinie 2003/71/EG betreffend den Prospekt, der beim öffentlichen Angebot von Wertpapieren oder bei deren Zulassung zum Handel zu veröffentlichen ist, und der Richtlinie 2004/109/EG zur Harmonisierung der Transparenzanforderungen in Bezug auf Informationen über Emittenten, deren Wertpapiere zum Handel auf einem geregelten Markt zugelassen sind, ABl. EU Nr. L 327 v. 11.12.2010, S. 1 (9).
4 Erwägungsgrund 21 der Änderungsrichtlinie 2010/73/EU, ABl. EU Nr. L 327 v. 11.12.2010, S. 1 (4).

mationsbedürfnis mehr bestehe[1]. Die aufgehobene Vorschrift des § 10 WpPG setzte **Art. 10 Prospektrichtlinie** um. Art. 10 Prospektrichtlinie sah eine jährliche Informationspflicht für Emittenten, deren Wertpapiere zum Handel an einem organisierten Markt zugelassen sind, vor. Danach waren mindestens einmal jährlich in einem Dokument alle gesetzlich vorgeschriebenen Kapitalmarktinformationen, die ein Emittent in den vergangenen zwölf Monaten veröffentlicht hatte, der Öffentlichkeit zur Verfügung zu stellen. Um etwaigen Fragen der Rückwirkung zu begegnen, hatte die BaFin die Veröffentlichung und Hinterlegung des jährlichen Dokuments erstmalig für das erste volle Geschäftsjahr, das nach dem 1.7.2005 begonnen hat, verlangt[2]. Das bedeutete für den Regelfall (Geschäftsjahr gleich Kalenderjahr), dass Emittenten das erste jährliche Dokument für das Geschäftsjahr 2006 nach Veröffentlichung des diesbezüglichen Jahresabschlusses in 2007 erstellen mussten.

Die Pflicht zur Veröffentlichung des jährlichen Dokuments galt grundsätzlich so lange, wie die nationalen Gesetze zur Umsetzung der Prospektrichtlinie diese Änderung noch nicht entsprechend umgesetzt hatten. Mit Aufhebung des § 10 WpPG war von Emittenten mit Herkunftsmitgliedstaat Deutschland, deren Wertpapiere an einem organisierten Markt zugelassen sind[3], das jährliche Dokument gemäß § 36 Abs. 3 WpPG **letztmalig für vor dem 1.7.2012 veröffentlichte Jahresabschlüsse** zu erstellen, dem Publikum zur Verfügung zu stellen und bei der BaFin zu hinterlegen (siehe auch § 36 WpPG Rz. 14 f.).

Die **Streichung** von Art. 10 Prospektrichtlinie und § 10 WpPG stellte den **Schlusspunkt einer kontroversen Diskussion** dar, die bereits bei Einführung der Pflicht zur Erstellung eines jährlichen Dokuments geführt wurde. Die Regelung basierte auf einem im Richtlinienentstehungsprozess erzielten **Kompromiss**. Ursprünglich war in Anlehnung an in den USA bestehenden Publizitätspflichten („*shelf registration*"-System)[4] eine **Pflicht zur jährlichen Aktualisierung der im Prospekt oder im Registrierungsformular enthaltenen Emittentenangaben** vorgesehen. Die EU-Kommis-

---

1 Begr. RegE für ein Gesetz zur Umsetzung der Richtlinie 2010/73/EU und zur Änderung des Börsengesetzes, BT-Drucks. 17/8684 v. 15.2.2012, S. 19 mit Verweis auf Erwägungsgrund 21 der Änderungsrichtlinie; zum Wegfall des § 10 WpPG auch *Hennigsen*, BaFin-Journal 09/12, S. 5 (10), abrufbar unter http://www.bafin.de unter „Publikationen > BaFinJournal > BaFinJournal: Alle Ausgaben".
2 Vgl. BaFin, Häufig gestellte Fragen zum jährlichen Dokument, V. 2. Zweifelsfragen ergaben sich daraus, dass das jährliche Dokument für die letzten zwölf Monate zu erstellen war, die Prospektrichtlinie jedoch unterjährig umgesetzt wurde, was bedeutet hätte, dass ein auf 2005 bezogenes jährliches Dokument auch die ersten sechs Monate in 2005 vor Inkrafttreten des WpPG umfasst hätte (so aber die aufsichtsrechtliche Praxis im Vereinigten Königreich und Österreich, wo die Erstellung des jährlichen Dokuments erstmalig für das Geschäftsjahr 2005 verlangt wurde). Teilweise haben auch in Deutschland die Emittenten das jährliche Dokument freiwillig bereits für das Geschäftsjahr 2005 erstellt (*Wagner* in Holzborn, 1. Aufl. 2008, § 10 WpPG Rz. 14).
3 Zum Anwendungsbereich des § 10 WpPG ausführlich Voraufl., § 10 Rz. 6.
4 So auch der Bericht des Wirtschafts- und Währungsausschusses (ECON) des Europäischen Parlaments v. 27.2.2002 zu dem ersten Kommissionsvorschlag, PE 307.441, A5-0072/2002, S. 56.

sion wollte hiermit eine jährliche Berichtspflicht vergleichbar dem bei der SEC einzureichenden Jahresbericht nach Form 20-F für *foreign private issuers*[1] oder nach Form 10-K für US-amerikanische Emittenten im Falle von bei der US-amerikanischen Securities Exchange Commission (SEC) registrierten Wertpapieren einführen. Mit einer jährlichen Aktualisierung sollten ein angemessenes Niveau an Anlegerinformationen gewährleistet und die laufenden Offenlegungspflichten ergänzt werden[2]. Eine derartige jährliche Aktualisierungspflicht stieß jedoch bei den Marktteilnehmern auf erhebliche Kritik[3]. Im Ausschuss für Wirtschaft und Währung (ECON) des EU-Parlaments wurde im Zuge dessen ua. (i) eine freiwillige jährliche Aktualisierung der Emittentenangaben, (ii) eine verpflichtende Aktualisierung der Emittentenangaben nur dann, wenn gleichzeitig die Wertpapiere auch in den USA bei der SEC registriert sind, (iii) die Ausnahme von kleineren und mittleren Unternehmen von einer Aktualisierungspflicht und (iv) eine Differenzierung nach Wertpapierarten vorgeschlagen[4]. Auch in dem Geänderten Kommissionentwurf v. 9.8.2002[5] war weiterhin eine Verpflichtung zu einer jährlichen Aktualisierung vorgesehen, jedoch mit einer Ausnahme von dieser Verpflichtung für Emittenten von Wertpapieren mit einem Nennbetrag von mindestens 50.000 Euro. Zudem sollte es für die jährliche Aktualisierungspflicht kleinerer und mittlerer Unternehmen ausreichend sein, wenn diese ihren Jahresbericht bei der zuständigen Behörde einreichen[6]. In dem am 24.3.2003 als Gemeinsamer Standpunkt förmlich vom Rat verabschiedeten Kompromisstext, über den der Rat am 5.11.2002 politisches Einvernehmen erzielt hatte, war erstmalig anstelle eines jährlich zu aktualisierenden Registrierungsformulars bzw. Prospekts eine Regelung zum jährlichen Dokument überschrieben mit „Information" enthalten. Damit wurde die Anknüpfung an das Registrierungsformular und damit an den Prospekt aufgegeben. Systematisch handelte es sich daher bei der Pflicht zur Veröffentlichung des jährlichen Dokuments nicht um eine Prospekt-

---

[1] SEC Regulation C Rule 405.
[2] Begründung zu (damals noch) Art. 9, Vorschlag der EU-Kommission v. 30.5.2001 für eine Richtlinie des Europäischen Parlaments und des Rates über den Prospekt, der beim öffentlichen Angebot von Wertpapieren oder bei deren Zulassung zum Handel zu veröffentlichen ist, KOM/2001/280 endg., ABl. EG Nr. C 240 E v. 28.8.2001, S. 272.
[3] Vgl. *Neundörfer*, Deutsche Bank Research, EU-Finanzmarkt Spezial, Aktuelle Themen Nr. 245 v. 26.11.2002, 8, abrufbar unter https://www.dbresearch.de unter der Rubrik „Research > Publikationen > Reihen im Überblick > Aktuelle Themen" unter dem Datum 26.11.2002 (https://www.dbresearch.de/PROD/DBR_INTERNET_DE-PROD/PROD00000 00000048072/EU-Prospektrichtlinie_auf_der_Zielgeraden.pdf).
[4] Vgl. die Änderungsanträge 33, 104, 105 und 106, Entwurf eines Berichts des Berichterstatters *Christopher Huhne* des Wirtschafts- und Währungsausschusses (ECON) des Europäischen Parlaments v. 23.11.2001, PE 307.441, S. 26 f. sowie weitere, dazugehörige Änderungsanträge v. 4.2.2002, PE 307.441/60-138.
[5] Geänderter Vorschlag der EU-Kommission v. 9.8.2002, KOM(2002) 460 endg., ABl. EG Nr. C 20 E v. 28.1.2003, S. 122; vgl. *Kunold/Schlitt*, BB 2004, 501 (509).
[6] Geänderter Vorschlag der EU-Kommission v. 9.8.2002, KOM(2002) 460 endg., ABl. EG Nr. C 20 E v. 28.1.2003, S. 132, 146.

pflicht, sondern um eine an eine **Börsenzulassung anknüpfende Zulassungsfolgepflicht**[1].

Im Rahmen der Überprüfung der Regelungen der Prospektrichtlinie nach Ablauf von fünf Jahren (Art. 31 Prospektrichtlinie) hatte die **EU-Kommission am 23.9.2009 einen Vorschlag zur Änderung der Prospektrichtlinie** vorgelegt, der ua. die **Streichung des Art. 10 Prospektrichtlinie** und damit das ersatzlose Entfallen des jährlichen Dokuments vorsah. Dies wurde mit Recht damit begründet, dass nach Inkrafttreten der Transparenzrichtlinie (Richtlinie 2004/109/EG)[2] und deren Implementierung in nationales Recht für das Erstellen eines jährlichen Dokuments kein Informationsbedürfnis mehr bestehe, da dieses nur zu einer Duplizierung von Kapitalmarktinformationen führe[3]. Die Pflicht zur Erstellung des jährlichen Dokuments sei ohnehin nur als vorübergehende Anforderung gedacht gewesen und ein entsprechendes Regelungsbedürfnis sei durch die Offenlegungspflichten der Transparenzrichtlinie entfallen[4]. Hinzu kam die bereits im Entstehungsprozess der Prospektrichtlinie[5] und auch fortlaufend geäußerte nachhaltige Kritik aus dem Markt an der Verdopplung von Informationen ohne zusätzlichen Nutzen für die Marktteilnehmer sowie das erklärte Ziel, administrative Kosten zu senken[6]. Des Weiteren müssen börsennotierte Unternehmen die von ihnen veröffentlichten Informationen nach § 8b Abs. 2 HGB an das elektronische Unternehmensregister[7] übermitteln, die

4

---

1 *Leuring*, Der Konzern 2006, 4 (10); *Friedl* in Just/Voß/Ritz/Zeising, § 10 WpPG Rz. 7; vgl. auch *Götze/Wunderlich* in Habersack/Mülbert/Schlitt, Handbuch der Kapitalmarktinformation, 1. Aufl. 2008, § 11 Rz. 1.
2 Richtlinie 2004/109/EG des Europäischen Parlaments und des Rates v. 15.12.2004 zur Harmonisierung der Transparenzanforderungen in Bezug auf Informationen über Emittenten, deren Wertpapiere zum Handel auf einem regulierten Markt zugelassen sind, und zur Änderung der Richtlinie 2001/34/EG, ABl. EU Nr. L 390 v. 31.12.2004, S. 38.
3 Vorschlag der EU-Kommission zur Änderung der Prospektrichtlinie v. 23.9.2009, COM(2009) 491 final, S. 9, abrufbar unter http://ec.europa.eu/finance/index_de.htm unter der Rubrik „Wertpapiere > Prospekte".
4 *Singhof* in FrankfurtKomm. WpPG, § 10 WpPG Rz. 7 mit Hinweis auf die Aussagen der Europäischen Kommission in ihrem Background Document „Review of Directive 2003/71/EC on the prospectus to be published when securities are offered or admitted to trading and amending Directive 2001/34/EC (Prospectus Directive)", veröffentlicht am 9.1.2009, S. 8, abrufbar unter http://ec.europa.eu/finance/index_de.htm unter der Rubrik „Wertpapiere > Prospekte > 9.1.2012 Konsultation anlässlich der Überprüfung der Prospektrichtlinie (Richtline 2003/71/EG) > Konsultation".
5 Vgl. etwa Deutsches Aktieninstitut e.V., Stellungnahme v. 2.9.2002, NZG 2002, 1100.
6 *Elsen/Jäger*, BKR 2010, 97 (99); *Elsen/Jäger*, BKR 2008, 459 (460 ff.).
7 Das Unternehmensregister (https://www.unternehmensregister.de/ureg) wurde zum 1.1.2007 durch das Gesetz über elektronische Handelsregister und Genossenschaftsregister sowie das Unternehmensregister (EHUG) v. 10.11.2006 (BGBl. I 2006 v. 15.11.2006, S. 2553) eingeführt. Die Einführung des Unternehmensregisters basiert auf Art. 21 Abs. 2 iVm. Art. 2 Abs. 1 lit. k der Transparenzrichtlinie (Richtlinie 2004/109/EG des Europäischen Parlaments und des Rates v. 15.12.2004 zur Harmonisierung der Transparenzanforderungen in Bezug auf Informationen über Emittenten, deren Wertpapiere zum Handel auf einem geregelten Markt zugelassen sind, und zur Änderung der Richtlinie 2001/34/EG

dort zum kostenlosen Abruf zur Verfügung stehen, auch wenn diese Informationen mit den Angaben, die nach der aufgehobenen Regelung des § 10 Abs. 1 WpPG aufzunehmen waren, nicht ganz deckungsgleich[1] sind. Dementsprechend hatten auch der Abschlussbericht zur Studie des Centre for Strategy & Evaluation Services (CSES) zu den Auswirkungen des Prospektregimes auf die Finanzmärkte in der EU[2], der Bericht von CESR betreffend das Funktionieren der Prospektrichtlinie und der ProspektVO[3] sowie Berichte der von der EU-Kommission eingesetzten European Securities Markets Expert Group (ESME) festgestellt, dass der Nutzen des jährlichen Dokuments, nicht zuletzt auch vor dem Hintergrund der Transparenzrichtlinie, den Aufwand nicht rechtfertige[4]. Auch der ECOFIN-Rat[5], der Bericht des Wirtschafts- und Währungsausschusses des EU-Parlaments[6] und die Stellungnahme des Europäischen Wirtschafts- und Sozialausschusses (EWSA)[7] hatten keine Bedenken hin-

---

v. 15.12.2004, ABl. EU Nr. L 390 v. 31.12.2004, S. 38) sowie auf Art. 3 Abs. 1 und Abs. 2, Art. 2 Abs. 1 der geänderten Publizitätsrichtlinie (Richtlinie 2003/58/EG des Europäischen Parlaments und des Rates v. 15.7.2003 zur Änderung der Richtlinie 68/151/EWG des Rates in Bezug auf Offenlegungspflichten von Gesellschaften bestimmter Rechtsformen, ABl. EU Nr. L 221 v. 4.9.2003, S. 13).

1 Vgl. hierzu *Götze/Wunderlich* in Habersack/Mülbert/Schlitt, Handbuch der Kapitalmarktinformation, 1. Aufl. 2008, § 11 Rz. 2 Fn. 5. Hierzu auch *Singhof* in FrankfurtKomm. WpPG, § 10 WpPG Rz. 8, der eine Einbeziehung der in dem Unternehmensregister verfügbaren Informationen durch Verweis gem. § 11 WpPG für wünschenswert hält und in diesem Zusammenhang eine Überprüfung des Katalogs des § 8b Abs. 2 HGB oder der jeweiligen nationalen Gesetze der übrigen Mitgliedstaaten hinsichtlich einer Erweiterung der in ein Unternehmensregister aufzunehmenden Informationen vorschlägt, um eine Übereinstimmung mit dem Katalog des aufgehobenen Art. 10 Prospektrichtlinie und des aufgehobenen § 10 WpPG zu erreichen.
2 Centre for Strategy & Evaluation Services (CSES), Study on the Impact of the Prospectus Regime on EU Financial Markets v. Juni 2008, S. 54, 67, abrufbar unter http://ec.europa.eu/finance/securities/docs/prospectus/cses_report_en.pdf.
3 CESR's Report on the supervisory functioning of the Prospectus Directive and Regulation v. Juni 2007, CESR/07-225, Rz. 164–168, 249.
4 ESME, Position on Article 10 of the Prospectus Directive in relation to the Transparency Directive v. 4.6.2008, abrufbar unter http://ec.europa.eu/finance/securities/docs/esme/position_prospectus_directive_en.pdf; ESME, Report on Directive 2003/71/EC of the European Parliament and of the Council on the prospectus to be published when securities are offered to the public or admitted to trading – Report – v. 5.9.2007, Annex S. 21, abrufbar unter http://ec.europa.eu/finance/securities/docs/esme/05092007_annex_en.pdf.
5 Kompromissentwurf der schwedischen Ratspräsidentschaft v. 11.12.2009, 2009/0132(COD), 17451/09, EF 196, ECOFIN 87, DRS 79, CODEC 1447, abrufbar unter http://data.consilium.europa.eu/doc/document/ST-17451-2009-INIT/en/pdf.
6 Bericht des Ausschusses für Wirtschaft und Währung (ECON) des Europäischen Parlaments (Berichterstatter *Wolf Klinz*) v. 26.3.2010 mit Änderungsanträgen zu dem Kommissionsentwurf, PE 431.183v02-00, A7-0102/2010 Dossier ECON/7/01050, abrufbar unter http://www.europarl.europa.eu/sides/getDoc.do?pubRef=-//EP//NONSGML+REPORT+A7-2010-0102+0+DOC+PDF+V0//EN&language=EN.
7 Europäischer Wirtschafts- und Sozialausschuss (EWSA) zu dem Vorschlag für eine Richtlinie des Europäischen Parlaments und des Rates zur Änderung der Richtlinien 2003/71/EG und 2004/109/EG, ECO 270 „Wertpapierprospekt" v. 19.2.2010, Tz. 3.2.9.1. Der

sichtlich der Abschaffung des jährlichen Dokuments geäußert bzw. eine Aufhebung des Art. 10 Prospektrichtlinie begrüßt.

§ 11
Angaben in Form eines Verweises

(1) Der Prospekt kann Angaben in Form eines Verweises auf eines oder mehrere zuvor oder gleichzeitig veröffentlichte oder der Öffentlichkeit zur Verfügung gestellte Dokumente enthalten,

1. die nach diesem Gesetz von der Bundesanstalt gebilligt oder bei ihr hinterlegt wurden, oder
2. deren Veröffentlichung der Bundesanstalt nach § 2b Absatz 1, § 15 Absatz 1 oder Absatz 2, § 26 Absatz 2, den §§ 26a, 29a Absatz 2, § 30e Absatz 1, § 30f Absatz 2 des Wertpapierhandelsgesetzes, jeweils auch in Verbindung mit der Wertpapierhandelsanzeige- und Insiderverzeichnisverordnung, mitgeteilt worden ist, oder
3. deren öffentliches Zurverfügungstellen der Bundesanstalt nach § 37v Absatz 1, § 37w Absatz 1, § 37x Absatz 2, § 37y oder § 37z des Wertpapierhandelsgesetzes, jeweils auch in Verbindung mit der Wertpapierhandelsanzeige- und Insiderverzeichnisverordnung, mitgeteilt worden ist.

Der Prospekt kann auch Angaben in Form eines Verweises auf ein oder mehrere zuvor oder gleichzeitig veröffentlichte Dokumente enthalten, die nach den in anderen Staaten des Europäischen Wirtschaftsraums zur Umsetzung der Richtlinie 2003/71/EG des Europäischen Parlaments und des Rates vom 4. November 2003 betreffend den Prospekt, der beim öffentlichen Angebot von Wertpapieren oder bei deren Zulassung zum Handel zu veröffentlichen ist, und zur Änderung der Richtlinie 2001/34/EG (ABl. L 345 vom 31.12.2003, S. 64) in der jeweils geltenden Fassung oder zur Umsetzung der Richtlinie oder zur Umsetzung der Richtlinie 2004/109/EG des Europäischen Parlaments und des Rates vom 15. Dezember 2004 zur Harmonisierung der Transparenzanforderungen in Bezug auf Informationen über Emittenten, deren Wertpapiere zum Handel auf einem geregelten Markt zugelassen sind, und zur Änderung der Richtlinie 2001/34/EG (ABl. L 390 vom 31.12.2004, S. 38) in der jeweils geltenden Fassung erlassenen Vorschriften von der zuständigen Behörde gebilligt oder bei ihr hinterlegt wurden. Dabei muss

---

EWSA begrüßt den Vorschlag zur Aufhebung von Artikel 10 der Richtlinie, da die Pflicht zur Veröffentlichung aller Informationen der letzten zwölf Monate, die ja bereits zur Verfügung gestellt wurden, dem Emittenten unnötige Mehrkosten verursachen, ohne dem Anleger irgendeinen Nutzen zu bringen (abrufbar unter https://dm.eesc.europa.eu/EESC DocumentSearch/Pages/opinionsresults.aspx?k=(documenttype:AC)%20(documentlanguage:de)%20(documentnumber:257)%20(documentyear:2010)).

es sich um die aktuellsten Angaben handeln, die dem Emittenten zur Verfügung stehen. Die Zusammenfassung darf keine Angaben in Form eines Verweises enthalten.

(2) Werden Angaben in Form eines Verweises aufgenommen, muss der Prospekt eine Liste enthalten, an welchen Stellen Angaben im Wege des Verweises in den Prospekt aufgenommen worden sind, um welche Angaben es sich handelt und wo die im Wege des Verweises einbezogenen Angaben veröffentlicht sind.

In der Fassung vom 22.6.2005 (BGBl. I 2005, S. 1698), zuletzt geändert durch das Erste Gesetz zur Novellierung von Finanzmarktvorschriften auf Grund europäischer Rechtsakte (Erstes Finanzmarktnovellierungsgesetz – 1. FiMaNoG) vom 30.6.2016 (BGBl. I 2016, S. 1514).

Schrifttum: *Apfelbacher/Metzner,* Das Wertpapierprospektgesetz in der Praxis – Eine erste Bestandsaufnahme, BKR 2006, 81; *Christ,* Der Einfluss der EU-Prospektrichtlinie auf das Wertpapierprospekthaftungsrecht in der Bundesrepublik Deutschland, 2007; *Crüwell,* Die europäische Prospektrichtlinie, AG 2003, 243; *Ekkenga,* Änderungs- und Ergänzungsvorschläge zum Regierungsentwurf eines neuen Wertpapierprospektgesetzes, BB 2005, 561; *Fürhoff/Ritz,* Richtlinienentwurf der Kommission über den Europäischen Pass für Emittenten, WM 2001, 2280; *Grundmann,* Europäisches Gesellschaftsrecht, 2004; *Heidelbach/Preuße,* Zweieinhalb Jahre neues Prospektregime und noch viele Fragen offen, BKR 2008, 10; *Heidelbach/Preuße,* Die Anwendung des neuen europäischen Prospektregimes in der Praxis, BKR 2012, 397; *Holzborn/Israel,* Das neue Wertpapierprospektrecht, ZIP 2005, 1668; *Holzborn/Schwarz-Gondek,* Die neue EU-Prospektrichtlinie, BKR 2003, 927; *Kaum/Zimmermann,* Das „jährliche Dokument" nach § 10 WpPG, BB 2005, 1466; *König,* Die neue europäische Prospektrichtlinie – Eine kritische Analyse und Überlegungen zur Umsetzung in das deutsche Kapitalmarktrecht, ZEuS 2004, 251; *von Kopp-Colomb/Lenz,* Der europäische Pass für Emittenten, AG 2002, 24; *Kullmann/Sester,* Das Wertpapierprospektgesetz (WpPG) – Zentrale Punkte des neuen Regimes für Wertpapieremissionen, WM 2005, 1068; *Kullmann/Sester,* Inhalt und Format von Emissionsprospekten nach dem WpPG, ZBB 2005, 209; *Kunold/Schlitt,* Die neue EU-Prospektrichtlinie – Inhalt und Auswirkungen auf das deutsche Kapitalmarktrecht, BB 2004, 501; *Lawall/Maier,* Änderungen im Wertpapierprospektgesetz (Teil 2), DB 2012, 2503; *Mattil/Möslein,* Die Sprache des Emissionsprospekts – Europäisierung des Prospektrechts und Anlegerschutz, WM 2007, 819; *Schanz/Schalast,* HfB – Business School of Finance, Working Paper Series, No. 74, Wertpapierprospekte – Markteinführungspublizität nach EU-Prospektverordnung und Wertpapierprospektgesetz 2005, Juli 2006; *Schlitt/Schäfer,* Drei Jahre Praxis unter dem Wertpapierprospektgesetz – eine Zwischenbilanz, AG 2008, 525; *Schlitt/Schäfer,* Auswirkungen des Prospektrichtlinie-Umsetzungsgesetzes auf Aktien- und Equity-linked Emissionen, AG 2005, 498; *von Kopp-Colomb/Seitz,* Das neue Prospektregime – Auswirkungen der Prospektverordnung auf Basisprospekte für die Emission von Anleihen und verbrieften Derivaten, WM 2012, 1220; *Weber,* Unterwegs zu einer europäischen Prospektkultur – Vorgaben der neuen Wertpapierprospektrichtlinie vom 4.11.2003, NZG 2004, 360; *Wieneke,* Emissionspublizität, NZG 2005, 109; *Zuffer,* Der Europäische Pass für Wertpapieremissionen, ecolex 2004, 180.

I. Regelungsinhalt	1		IV. Grundtatbestände des § 11 Abs. 1 WpPG	7
II. Normentwicklung	3		1. Billigung und Hinterlegung	
III. Intention des Gesetzgebers	6		(§ 11 Abs. 1 Satz 1 Nr. 1 WpPG)	8

2. Mitteilung und Veröffentlichung (§ 11 Abs. 1 Satz 1 Nr. 2 WpPG)	9
3. Mitteilung und Zurverfügungstellen (§ 11 Abs. 1 Satz 1 Nr. 3 WpPG)	10
4. Form der Veröffentlichung	11
V. Sonderfälle	
1. Zulassung des Verweisdokumentes durch eine ausländische Behörde (§ 11 Abs. 1 Satz 2 WpPG)	12
2. Drittstaatemittenten	13
3. Sonstige Verweisungsmöglichkeiten	14
4. Weitere Voraussetzungen für einen Verweis nach § 11 Abs. 1 WpPG	18
5. Kettenverweisung	24
6. Teilverweise	25
7. Verweise auf Nachträge	27
8. Verweise in Nachträgen	28
9. Sprachenregelung	29
10. Verhältnis von § 11 WpPG zu § 10 WpPG aF	34
11. Gültigkeit	35
VI. Aktualität (§ 11 Abs. 1 Satz 3 WpPG)	41
VII. Verweise in der Zusammenfassung (§ 11 Abs. 1 Satz 4 WpPG) und in den Risikofaktoren	
1. Verweise in der Zusammenfassung	43
2. Verweise in den Risikofaktoren	46
VIII. Übersicht über die Verweise (§ 11 Abs. 2 WpPG)	47
IX. Prospekthaftung/Haftungsbeschränkung	49
X. Neuere Entwicklungen/Ausblick	51

I. Regelungsinhalt

§ 11 WpPG eröffnet die Möglichkeit, in den Wertpapierprospekt andere Dokumente in Form eines Verweises einzubeziehen, die zuvor oder gleichzeitig außerhalb des Wertpapierprospekts veröffentlicht und von der zuständigen Behörde gebilligt oder bei ihr hinterlegt wurden, sog. **„incorporation by reference"**[1]. 1

Die Norm führt **nicht zu einer Verringerung** der in einen Wertpapierprospekt aufzunehmenden Mindestangaben[2]. Diese bleiben gleich; § 11 Abs. 1 WpPG gestattet nicht, diese wegzulassen, sondern nur, sie nicht in den Wertpapierprospekt selbst aufzunehmen und stattdessen im Prospekt darauf zu verweisen, wo diese Angaben veröffentlicht wurden. Damit werden diese Angaben zum Prospektinhalt[3]. 2

---

1 *Holzborn/Israel*, ZIP 2005, 1668 (1673); *Schlitt/Schäfer*, AG 2005, 498 (502); *Ekkenga*, BB 2005, 561 (562); *Heidelbach/Preuße*, BKR 2012, 397 (401); *Groß*, Kapitalmarktrecht, § 11 WpPG Rz. 1; *Holzborn/Schwarz-Gondek*, BKR 2003, 927 (932); *Zuffer*, ecolex 2004, 180 (184); CESR's Advice on possible Level 2 Implementing Measures for the Proposed Prospectus Directive – Consultation Paper, October 2002, CESR/02.185b, S. 51 Punkt 268: „With incorporation by reference the issuer, when drafting a prospectus or the documents composing it, instead of including the infomation required by the minimum information requirements directly in the prospectus, may include such information by means of a reference made to an already published document that contains the required information."
2 Begr. RegE zum Prospektrichtlinie-Umsetzungsgesetz, BT-Drucks. 15/4999 v. 3.3.2005, S. 34; *Groß*, Kapitalmarktrecht, § 11 WpPG Rz. 2; *Keunecke*, Prospekte im Kapitalmarkt, S. 131, Rz. 226; *Becker* in Heidel, Aktienrecht und Kapitalmarktrecht, 2014, § 11 WpPG Rz. 3.
3 Begr. RegE zum Prospektrichtlinie-Umsetzungsgesetz, BT-Drucks. 15/4999 v. 3.3.2005, S. 34.

II. Normentwicklung

3 § 11 WpPG beruht auf Art. 11 der Prospektrichtlinie in der durch die Änderungsrichtlinie aktualisierten Fassung. Die durch § 11 WpPG eröffnete **Verweisungstechnik** war dem deutschen Prospektrecht **vor Inkrafttreten des WpPG fremd**[1]. In Deutschland wurde die Möglichkeit des Verweises auf Dokumente außerhalb des Prospekts im Rahmen des dritten Finanzmarktförderungsgesetzes[2] zwar thematisiert[3], aber noch nicht eingeführt. Durch das Gesetz zur Umsetzung der Richtlinie 2010/73/EU und zur Änderung des Börsengesetzes vom 26.6.2012 wurde der Anwendungsbereich des § 11 WpPG und damit die Möglichkeit, Verweise einzusetzen, erheblich erweitert. Dadurch wurde der Kritik an einem zu engen Anwendungsbereich von § 11 WpPG Rechnung getragen[4]. Die geänderte Prospektrichtlinie lässt im Prospekt Verweise auch auf Dokumente zu, die nach ihrer Veröffentlichung gemäß der Transparenzrichtlinie (Richtlinie 2004/109/EG)[5] bei der zuständigen Behörde hinterlegt wurden. In Deutschland wurde diese „Hinterlegung" nach Art. 19 Abs. 1 Unterabs. 1 der Transparenzrichtlinie durch bloße „Mitteilung" der Veröffentlichung an die Bundesanstalt im WpHG umgesetzt. Somit können in den Prospekt nun alle aufgeführten Dokumente einbezogen werden, sofern sie veröffentlicht wurden, diese Veröffentlichung der Bundesanstalt mitgeteilt wurde und die Dokumente für jedermann auf der Internetseite der Bundesanstalt oder des Unternehmensregisters während der gesamten Dauer des öffentlichen Angebots abrufbar sind[6].

4 Ein vergleichbares Verfahren der Einbeziehung per Verweis besteht in den **USA**, wo Dokumente, die bereits bei der Securities and Exchange Commission (SEC) registriert sind, durch Verweis in sog. short-form registration statements einbezogen werden können[7].

5 Da es sich bei § 11 WpPG um die Umsetzung europäischen Rechts in nationales Recht handelt, muss die Norm gemeinschaftskonform und damit **richtlinienkonform** ausgelegt werden.

III. Intention des Gesetzgebers

6 Die Regelung des § 11 WpPG war im Lichte des generellen Reformprozesses auf dem deutschen Kapitalmarkt zu sehen. Die durch § 11 WpPG damals neu eröffnete Mög-

---

1 *Apfelbacher/Metzner*, BKR 2006, 81 (82); *Christ*, EU-Prospektrichtlinie, S. 65; *Kunold/Schlitt*, BB 2004, 501 (506); *König*, ZEuS 2004, 251 (274); Gemeinsame Stellungnahme des Deutschen Aktieninstituts (DAI) und des Bundesverbands der Deutschen Industrie (BDI) v. 3.1.2005, S. 10; *Singhof* in FrankfurtKomm. WpPG, § 11 WpPG Rz. 1.
2 Gesetz zur weiteren Fortentwicklung des Finanzplatzes Deutschland (Drittes Finanzmarktförderungsgesetz) v. 24.3.1998, BGBl. I 1998, S. 529 ff.
3 *Kunold/Schlitt*, BB 2004, 501 (506, Fn. 79); *Groß*, Kapitalmarktrecht, § 11 WpPG Rz. 1.
4 Vgl. Voraufl., § 11 Rz. 11 ff. mwN.
5 ABl. EU Nr. L 390 v. 31.12.2004, S. 38.
6 BT-Drucks. 17/8684, S. 19, zu Nr. 12; *Klöckner/Assion* in Holzborn, § 11 WpPG Rz. 2.
7 *Kunold/Schlitt*, BB 2004, 501 (506, Fn. 79).

lichkeit der Einbeziehung per Verweis sollte in Anlehnung an angelsächsisches Recht eine **Erleichterung der Prospekterstellung** im Gegensatz zum bisher geltenden Recht darstellen: die Möglichkeit, im Wertpapierprospekt auf externe Dokumente Bezug nehmen zu können[1]. Die Verweisungsmöglichkeit sollte das Verfahren der Prospekterstellung erleichtern und die Kosten für die Emittenten senken[2]. Es sollte ein Ausgleich geschaffen werden zwischen den Interessen des Emittenten einerseits und dem Schutz des Investors andererseits[3].

IV. Grundtatbestände des § 11 Abs. 1 WpPG

Durch die Einbeziehung im Wege des Verweises werden die einbezogenen Dokumente **Bestandteil des Wertpapierprospekts**[4]. Voraussetzung ist jedoch, dass auf die Dokumente überhaupt verwiesen werden darf. Denn nicht alle Angaben können in Form eines Verweises einbezogen werden. Der Katalog der **verweisungsfähigen Dokumente** wurde durch die Einführung der § 11 Abs. 1 Satz 1 Nr. 1–3 WpPG erheblich erweitert. Hierunter fallen nun insbesondere auch – außer der in Art. 28 Abs. 1 Prospekt-VO genannten Verweisungsmöglichkeiten – Jahresberichte, Halbjahresfinanzberichte und Zwischenmitteilungen der Geschäftsführung nach §§ 37v, w und x WpHG. Allerdings ist dabei zu beachten, dass die gewöhnliche Stelle für eine Veröffentlichung der Information immer noch der Wertpapierprospekt selbst ist[5]. Nicht als Verweis

7

---

1 Begr. RegE zum Prospektrichtlinie-Umsetzungsgesetz, BT-Drucks. 15/4999 v. 3.3.2005, S. 34; *Weber*, NZG 2004, 360 (363); *Groß*, Kapitalmarktrecht, § 11 WpPG Rz. 2; Stellungnahme des Zentralen Kreditausschusses (ZKA) v. 17.1.2005, S. 8.
2 Richtlinienvorschlag des europäischen Parlaments und des Rates der Europäischen Union (2001/C 240 E/33), vorgelegt am 1.6.2001, ABl. EG Nr. C 240 E v. 28.8.2001, S. 272 (273); *Becker* in Heidel, Aktienrecht und Kapitalmarktrecht, § 11 WpPG Rz. 1; *Renz/Mentzer*, Leitfaden Wertpapierprospekte, S. 71; *von Kopp-Colomb/Lenz*, AG 2002, 24 (28); *Keunecke*, Prospekte im Kapitalmarkt, S. 131, Rz. 226; kritisch hierzu wegen des eingeschränkten Anwendungsbereichs: *Schlitt/Schäfer*, AG 2005, 498 (503); CESR's Advice on possible Level 2 Implementing Measures for the Proposed Prospectus Directive – Consultation Paper, October 2002, CESR/02.185b, S. 51 Punkt 270: „[…], it is fundamental to recall that the aim of incorporation by reference is to simplify and reduce the costs of drafting a prospectus".
3 ESMA Consultation Paper on Draft Regulatory Standards on prospectus related issues under the Omnibus II Directive, ESMA/2014/1186, S. 19 Punkt 71, abrufbar unter http://www.esma.europa.eu/system/files/2014-1186_consultation_paper_on_omnibus_ii_rts.pdf.
4 Begr. RegE zum Prospektrichtlinie-Umsetzungsgesetz, BT-Drucks. 15/4999 v. 3.3.2005, S. 34; *Becker* in Heidel, Aktienrecht und Kapitalmarktrecht, § 11 WpPG Rz. 3; *Christ*, EU-Prospektrichtlinie, S. 65 f.; *Singhof* in FrankfurtKomm. WpPG, § 11 WpPG Rz. 25; CESR's Advice on possible Level 2 Implementing Measures for the Proposed Prospectus Directive – Consultation Paper, October 2002, CESR/02.185b, S. 51 Punkt 268: „The information contained in the referred to document is therefore considered as being part of the prospectus as if it were restated in it."
5 CESR's Advice on possible Level 2 Implementing Measures for the Proposed Prospectus Directive – Consultation Paper, October 2002, CESR/02.185b, S. 51 f. Punkt 270; CESR's Advice on Level 2 Implementing Measures for the Prospectus Directive, July 2003, CESR/03-208

iS des § 11 WpPG gelten **interne Querverweise** innerhalb des Prospekts; diese sind im Hauptteil des Prospekts zulässig[1].

1. Billigung und Hinterlegung (§ 11 Abs. 1 Satz 1 Nr. 1 WpPG)

8   Nach § 11 Abs. 1 Satz 1 Nr. 1 WpPG kann auf Dokumente verwiesen werden, die von der Bundesanstalt für Finanzdienstleistungsaufsicht (BaFin) nach dem WpPG gebilligt oder bei ihr hinterlegt wurden. Dies betrifft gemäß §§ 13, 14, 16 WpPG nur Wertpapierprospekte und Nachträge. Hinzu kommen – als lediglich bei der BaFin nach dem WpPG zu hinterlegende Dokumente gem. § 6 Abs. 3 Satz 2 WpPG – endgültige Bedingungen und gem. § 12 Abs. 4 WpPG nicht gebilligte Registrierungsformulare.

2. Mitteilung und Veröffentlichung (§ 11 Abs. 1 Satz 1 Nr. 2 WpPG)

9   Nach § 11 Abs. 1 Satz 1 Nr. 2 WpPG kann auf Dokumente verwiesen werden, deren Veröffentlichung gemäß der Transparenzrichtlinie der BaFin mitgeteilt worden ist. Eine Verweisungsmöglichkeit auf Veröffentlichungen nach § 2b Abs. 1, § 15 Abs. 1 oder Abs. 2, § 26 Abs. 2 WpPG sowie auf § 26a, § 29a Abs. 2, § 30e Abs. 1, § 30f Abs. 2 WpHG ist so realisiert worden. Eine solche Mitteilung der Veröffentlichung an die BaFin ersetzt im deutschen Recht die entsprechende Hinterlegung gem. Art. 19 Abs. 1 der Transparenzrichtlinie[2]. Voraussetzung für eine Verweisung auf die in § 11 Abs. 1 Satz 1 Nr. 2 WpPG aufgeführten Dokumente ist die Mitteilung von deren Veröffentlichung an die BaFin nach den Vorschriften des WpPG in Verbindung mit der Wertpapierhandelsanzeige- und Insiderverzeichnisverordnung (WpAIV).

Die BaFin verlangt in diesen Fällen die **konkrete Benennung** der Vorschrift, auf die durch die Einbeziehung Bezug genommen wird, entweder im Anschreiben zum Prospektbilligungsantrag oder im Prospekt selbst[3].

3. Mitteilung und Zurverfügungstellen (§ 11 Abs. 1 Satz 1 Nr. 3 WpPG)

10   Insbesondere praxisrelevant ist die neu in § 11 Abs. 1 Nr. 3 WpPG aufgenommene Verweisungsmöglichkeit auf die in den §§ 37v ff. WpHG aufgeführten **Finanzinformationen**. Nunmehr kann also auf Jahresberichte (§ 37v WpHG), Halbjahresfinanzberichte (§ 37w WpHG) und Zwischenmitteilungen der Geschäftsführung (§ 37x

---

S. 18 Punkt 91: „[…], when evaluating whether documents may or may not be incorporated by reference, besides the simplification of procedures and reduction of costs for issuers, the circumstance that the natural location of the information required is the prospectus, should be considered."

1 So auch *Becker* in Heidel, Aktienrecht und Kapitalmarktrecht, § 11 WpPG Rz. 2; vgl. hierzu aber unten Rz. 43 ff.: Verweise in der Zusammenfassung auf den Hauptteil des Prospekts sind nicht zulässig. Gleiches gilt für Verweise innerhalb der Risikofaktoren auf andere Prospektteile.
2 ABl. EU Nr. L 390 v. 31.12.2004, S. 38.
3 So auch *Klöckner/Assion* in Holzborn, § 11 WpPG Rz. 13 und 14.

WpHG) von Emittenten verwiesen werden. Voraussetzung ist lediglich die Mitteilung von deren öffentlicher Zurverfügungstellung (= Veröffentlichung) an die BaFin nach den Vorschriften des WpPG in Verbindung mit Wertpapierhandelsanzeige- und Insiderverzeichnisverordnung. Wiederum muss aber entweder im Anschreiben zum Prospektbilligungsantrag oder im Prospekt selbst die für die Einbeziehung in Bezug genommene Vorschrift konkret benannt werden[1].

4. Form der Veröffentlichung

Eine bestimmte Form der Veröffentlichung der einzubeziehenden Dokumente sieht das WpPG nicht vor, sie müssen lediglich entsprechend der Art und Weise ihres Inhalts einem unbestimmten Personenkreis zugänglich gemacht werden[2]. Werden Angaben aus nach dem bisherigen Recht (Stichtag: 1.7.2012) gebilligten Dokumenten einbezogen, so müssen diese Dokumente auch den Anforderungen des aktuellen Prospektrechts genügen[3]. Im Inland kommt nach der Aktualisierung von § 11 WpPG nur noch die **BaFin** als taugliche **inländische Stelle** in Betracht, bei der die einbezogenen Dokumente gebilligt oder hinterlegt sein müssen bzw. der deren Veröffentlichung angezeigt oder der deren öffentliches Zurverfügungstellen mitgeteilt worden sein muss.

11

V. Sonderfälle

1. Zulassung des Verweisdokumentes durch eine ausländische Behörde (§ 11 Abs. 1 Satz 2 WpPG)

Nach § 11 Abs. 1 Satz 2 WpPG kann auch auf Dokumente verwiesen werden, die von einer entsprechenden zuständigen **ausländischen Behörde** in einem anderen Staat des EWR gebilligt oder bei dieser hinterlegt wurden. Wird auf ein von einer ausländischen Behörde gebilligtes oder dort hinterlegtes Dokument verwiesen, hat der Emittent dieses Dokument seinem Billigungsantrag beizufügen[4]. Die BaFin prüft dieses dann als Teil des von ihr zu billigenden Prospekts vollumfänglich mit.

12

2. Drittstaatemittenten

Ebenfalls zulässig ist die Einbeziehung von Dokumenten durch einen **Drittstaatemittent**, wenn diese Dokumente durch die für den Emittenten zuständige Aufsichtsbehörde gebilligt oder bei dieser hinterlegt wurden. Allerdings setzt dies die vorherige Hinterlegung (nach den dort anwendbaren Vorschriften) bei einer Aufsichtsbehörde in einem EWR-Staat voraus[5].

13

---

[1] So auch *Klöckner/Assion* in Holzborn, § 11 WpPG Rz. 13 und 14.
[2] *Heidelbach/Preuße*, BKR 2008, 10 (11).
[3] *Lawall/Maier*, DB 2012, 2503 (2506); *von Kopp-Colomb/Seitz*, WM 2012, 1220 (1229).
[4] *Friedl* in Just/Voß/Ritz/Zeising, § 11 WpPG Rz. 24.
[5] *Klöckner/Assion* in Holzborn, § 11 WpPG Rz. 11 mwN.

3. Sonstige Verweisungsmöglichkeiten

14 Wegen des (vor der Aktualisierung von § 11 WpPG) engen Wortlauts der Norm wurde teilweise gefordert, dass eine **freiwillige Hinterlegung** bei der Behörde gestattet werden soll, so dass auf Dokumente, die der Emittent dort eingereicht und hinterlegt hat, verwiesen werden könne[1]. Damit wurde eine Lockerung des Merkmals „gebilligt oder hinterlegt" angestrebt. Die BaFin vertritt dazu die Meinung, dass eine Hinterlegung aufgrund **gesetzlicher Vorschriften** zwingend erforderlich sei, eine freiwillige Hinterlegung reiche demgegenüber nicht aus[2]. Ebenso hat die ESMA einer solchen Auslegung eine Absage erteilt[3]. Dieser Ansicht ist aufgrund des eindeutigen Wortlauts von § 11 Abs. 1 Satz 1 und Satz 2 WpPG zu folgen.

15 Im Ergebnis ist der Anwendungsbereich der Einbeziehung durch Verweis durch die Novelle des § 11 WpPG erheblich erweitert worden. Diese Erweiterungen dürften sehr praxisrelevant sein. Insbesondere wegen der jetzt eröffneten Möglichkeit, nunmehr **Finanzinformationen** des Emittenten per Verweis in Prospekte einbeziehen zu können. Damit wurde der Kritik in der Vergangenheit Rechnung getragen, dass § 11 Abs. 1 WpPG aF hinter der Prospektrichtlinie zurückbleibe und insoweit die Prospekterstellung in Deutschland erschwere[4].

16 Da bestimmte Informationen **beim Handelsregister hinterlegt** werden, könnte daran gedacht werden, auch auf diese Hinterlegung abzustellen und solche Dokumente gleichfalls per Verweis in den Wertpapierprospekt einzubeziehen[5]. Durch die Einführung eines elektronischen Handels- und Unternehmensregisters zum 1.1.2007[6] ist zwar die für die Bedürfnisse des Kapitalmarkts angemessene Schnelligkeit des Zugriffs auf dort hinterlegte Dokumente gewährleistet. Die ausdrückliche Voraussetzung einer Hinterlegung bei der BaFin nach den Bestimmungen des WpPG spricht jedoch gegen einen Verweis auf die beim Handelsregister und beim Unternehmensregister hinterlegten Dokumente[7].

17 Eine Aufzählung weiterer Dokumente, die durch Verweis einbezogen werden können, enthält Art. 28 ProspektVO. Diese ist allerdings nicht abschließend („insbesondere"). Aufgrund der Novelle von § 11 WpPG durch das Gesetz zur Umsetzung der

---

1 Stellungnahme zur Prospektrichtlinie von Morgan Stanley, 15.12.2003, S. 12.
2 So auch: *Schlitt/Schäfer*, AG 2005, 498 (503); *Holzborn/Israel*, ZIP 2005, 1668 (1674); *Schanz/Schalast*, HfB – Business School of Finance, Working Paper Series, No. 74, Wertpapierprospekte – Markteinführungspublizität nach EU-Prospektverordnung und Wertpapierprospektgesetz 2005, Juli 2006, S. 34; *Christ*, EU-Prospektrichtlinie, S. 66.
3 ESMA Consultation Paper, Draft Regulatory Technical Standards on prospectus related issues under the Omnibus II Directive, ESMA/2014/1186, S. 21 Punkt 83, abrufbar unter http://www.esma.europa.eu/system/files/2014-1186_consultation_paper_on_omnibus_ii_rts.pdf.
4 *R. Müller*, Nomos Kommentar zum Wertpapierprospektgesetz, 2012, § 11 WpPG Rz. 2.
5 *Schlitt/Schäfer*, AG 2005, 498 (503 Fn. 69).
6 Gesetz über das elektronische Handelsregister und Genossenschaftsregister sowie das Unternehmensregister (EHUG) v. 10.11.2006, BGBl. I 2006, S. 2553.
7 So iE auch *Schlitt/Schäfer*, AG 2005, 498 (503 Fn. 69); *Heidelbach/Preuße*, BKR 2008, 10 (11).

Richtlinie 2010/73/EU und zur Änderung des Börsengesetzes vom 26.6.2012 wird ein Rückgriff auf die in Art. 28 ProspektVO enthaltene Auflistung von Dokumenten im Ergebnis **kaum mehr erforderlich** sein, da der Anwendungsbereich des § 11 WpPG nunmehr erheblich erweitert wurde und insbesondere Finanzinformationen des Emittenten durch Verweis in den Prospekt einbezogen werden können.

4. Weitere Voraussetzungen für einen Verweis nach § 11 Abs. 1 WpPG

Ein Verweis auf die in Art. 28 ProspektVO genannten Dokumente ist im Übrigen nur dann möglich, wenn das betreffende Dokument bei der BaFin oder der entsprechenden ausländischen Aufsichtsbehörde **hinterlegt** oder durch sie **gebilligt** worden ist. Diese Auffassung vertritt auch die BaFin in ihrer Verwaltungspraxis, obwohl diese restriktive Auffassung teilweise kritisiert wird[1]. Durch diese restriktive Auslegung soll verhindert werden, dass der Wertpapierprospekt letztlich nur noch aus Verweisen besteht. Eine Ausuferung der Verweisungsmöglichkeit liegt nicht im Interesse des Anlegerschutzes.

In zeitlicher Hinsicht besteht insofern eine Einschränkung, als dass die in Bezug genommenen Dokumente vorher oder gleichzeitig veröffentlicht worden sein müssen. Ausgeschlossen ist folglich ein Verweis auf Dokumente, die erst in der Zukunft veröffentlicht werden sollen[2]. Nur dann stellt die Verweistechnik ein sinnvolles Instrument bei der Prospekterstellung dar[3]. Damit sind auch **sog. dynamische Verweisungen**, dh. Verweisungen auf ein Dokument „in seiner jeweils aktuellsten Fassung" bzw. auf das „jeweils gültige Dokument" nicht zulässig[4]. Aufgrund dieser Einschränkungen in zeitlicher Hinsicht kommt die Verweistechnik bei erstmaligen Börsengängen (IPO) allenfalls dann in Betracht, wenn der Emittent vor dem Börsengang bereits Schuldtitel oder andere Wertpapiere öffentlich platziert hat oder diese zum Börsenhandel zugelassen wurden[5].

---

1 Verband der Auslandsbanken in Deutschland am 29.1.2007, Stellungnahme zum Call for Evidence des CESR v. 13.11.2006 (CESR/06~515), S. 2, abrufbar unter: https://www.esma.europa.eu/sites/default/files/library/2015/11/06_515.pdf; Deutsches Derivate Institut am 15.1.2007, Comment on the Call for Evidence, S. 3.
2 ESMA Consultation Paper on Draft Regulatory Standards on prospectus related issues under the Omnibus II Directive, ESMA/2014/1186, S. 20 Punkt 75; S. 24 ff. Punkt 95 ff., abrufbar unter http://www.esma.europa.eu/system/files/2014-1186_consultation_paper_on_omnibus_ii_rts.pdf.
3 Vgl. auch CESR's Advice on possible Level 2 Implementing Measures for the Proposed Prospectus Directive – Consultation Paper, October 2002, CESR/02.185b, S. 52 Punkt 275: „Only if the documents incorporated by reference have been published before the drawing up of the prospectus or the documents composing it, does incorporation by reference appear to be useful for the achievement of the said goal."
4 *Hamann* in Schäfer/Hamann, § 11 WpPG Rz. 3; *Klöckner/Assion* in Holzborn, § 11 WpPG Rz. 12; *Singhof* in FrankfurtKomm. WpPG, § 11 WpPG Rz. 6.
5 *Apfelbacher/Metzner*, BKR 2006, 81 (82 Fn. 7); *Friedl* in Just/Voß/Ritz/Zeising, § 11 WpPG Rz. 13.

20 Vom Gesetz ist eine **zahlenmäßige Begrenzung** der Verweise, die in einem Wertpapierprospekt gemacht werden dürfen, nicht vorgesehen. Weder CESR[1] noch ESMA[2] legen sich auf eine bestimmte Anzahl von Verweisen fest. Einen indirekten Einfluss haben die über einen Verweis in den Prospekt einbezogenen Dokumente: Nach Art. 24 Abs. 1 ProspektVO darf die Länge der Zusammenfassung des Prospekts höchstens 7 Prozent des Prospekts einnehmen oder 15 Seiten lang sein, je nachdem, welche Vorgabe länger ist. Die BaFin rechnet bei der Bestimmung der Gesamtlänge des Prospekts die historischen Finanzinformationen, die durch Verweis einbezogenen Dokumente sowie die Zusammenfassung selbst als Teil des Prospekts mit ein[3].

21 Berücksichtigt man jedoch, dass der Wertpapierprospekt das wichtigste (und oft einzige) Informationsmedium für den Anleger darstellt, von dem er sich eine umfassende Berichterstattung über den Emittenten verspricht, die dann Grundlage für seine Anlageentscheidung wird, muss davon abgesehen werden, ein **Übermaß an Verweisen** aufzunehmen. Der Wertpapierprospekt soll auf einfache Art und Weise und möglichst prägnant Auskunft erteilen. Zu viele Verweise würden den Lesefluss hemmen und den Aussagegehalt des Prospekts selbst verwässern. Insbesondere muss eine Abwägung erfolgen zwischen einer Vereinfachung der Anforderungen an die Erstellung eines Prospekts und der damit einhergehenden Kostenersparnis für den Emittenten einerseits und dem Schutz der Investoren andererseits[4].

22 Keinem Anbieter kann daran gelegen sein, den Investor dadurch zu verstimmen, dass dieser sich trotz Vorliegens eines Wertpapierprospekts weitere wichtige Informationen gewissermaßen „zusammensuchen" muss. Es ist **Aufgabe des Emittenten** dafür zu sorgen, dass die im Wertpapierprospekt enthaltene Information einer leicht auszuwertenden und verständlichen Form entspricht[5].

---

1 CESR's Advice on Level 2 Implementing Measures for the Prospectus Directive, July 2003, CESR/03-208, S. 19 Punkt 99: „CESR does not consider appropriate to indicate a specific limit to the number of references allowed in a prospectus."
2 Siehe oben Rz. 19 Fn. 2.
3 *Henningsen*, Änderungen im Wertpapierprospektrecht, BaFinJounal 09/12 v. 5.9.2012, abrufbar unter http://www.bafin.de; *Meyer* in Habersack/Mülbert/Schlitt, Unternehmensfinanzierung am Kapitalmarkt, § 36 Rz. 24.
4 Rz. 29 der Prospektrichtlinie (2003/71/EG): „[t]he opportunity of allowing issuers to incorporate by reference documents containing the information to be disclosed in a prospectus – provided that the documents incorporated by reference have been previously filed with or accepted by the competent authority – should facilitate the procedure of drawing up a prospectus and lower the costs for the issuers without endangering investor protection." bzw. „Die Möglichkeit, dass Emittenten Angaben in Form eines Verweises auf Dokumente aufnehmen können, die die im Prospekt geforderten Angaben enthalten, sofern die betreffenden Dokumente zuvor bei der zuständigen Behörde hinterlegt oder von ihr gebilligt wurden, sollte die Erstellung eines Prospekts erleichtern und die Kosten für die Emittenten senken, ohne dass dadurch der Anlegerschutz beeinträchtigt wird."
5 CESR's Advice on possible Level 2 Implementing Measures for the Proposed Prospectus Directive – Consultation Paper, October 2002, CESR/02.185b, S. 52 Punkt 271; CESR's Advice on Level 2 Implementing Measures for the Prospectus Directive, July 2003, CESR/03-208, S. 18 Punkt 92: „[…] These aspects should also be borne in mind by the competent authori-

Maßgebliche Informationen gehören nach der Natur des Wertpapierprospekts stets in diesen selbst[1]. Es dürfen also nur so viele Dokumente einbezogen werden, dass das Interesse des Investors, einen **leicht analysierbaren Wertpapierprospekt** zu erhalten, geschützt bleibt. Diese Prospektklarheit ist dann nicht mehr gewährleistet, wenn im Extremfall ein Ein-Seiten-Prospekt entsteht, der nur aus Verweisen auf andere Dokumente besteht[2]. Da jedoch ein Verweis ohnehin nur auf eine überschaubare Anzahl von Dokumentarten gestattet ist (siehe ab Rz. 7 ff.), dürften in der Praxis kaum Probleme mit unverhältnismäßig vielen Verweisen auftreten.

23

5. Kettenverweisung

Ein Verweis auf ein anderes Dokument, das wiederum Verweise auf die fraglichen Angaben enthält, ist als Kettenverweisung **unzulässig**[3].

24

6. Teilverweise

Ein Verweis nur **auf bestimmte Teile** eines Dokuments, nicht auf das ganze Dokument selbst, ist zulässig, vgl. Art. 28 Abs. 4 ProspektVO. Teilverweise können insbesondere, wenn es um die Angabe von historischen Informationen geht, eine Rolle spielen, vor allem dann, wenn gleichzeitig sichergestellt werden soll, dass der Investor nicht mit einem Großteil nicht relevanter Informationen überladen wird[4].

25

---

ty that, when approving the prospectus, should allow incorporation by reference only to the extent that procedures are simplified for issuers but not complicated for investors also in terms of comprehensibility and accessibility of the information. Therefore, adequately balancing the interests of issuers and those of investors, it should be possible provided that the interest of investors of receiving at no cost an easily analysable prospectus is duly protected."

1 CESR's Advice on possible Level 2 Implementing Measures for the Proposed Prospectus Directive – Consultation Paper, October 2002, CESR/02.185b, S. 51 f. Punkt 270.
2 CESR Prospectus Consultation – Feedback Statement, July 2003, CESR/03-209, S. 67 Punkt 384: „Nevertheless, in order to avoid, as indicated by several respondents, that the prospectus ends up becoming a one page document imply containing references to other documents, CESR has advised that the issuer, when drafting the prospectus, should duly consider whether the comprehensibility of the prospectus is endangered."
3 *Holzborn/Israel*, ZIP 2005, 1668 (1674); *Becker* in Heidel, Aktienrecht und Kapitalmarktrecht, 2014, § 11 WpPG Rz. 7; *R. Müller*, Nomos Kommentar Wertpapierprospektgesetz, 2012, § 11 WpPG Rz. 4; *Renz/Mentzer*, Leitfaden Wertpapierprospekte, S. 72; *Hamann* in Schäfer/Hamann, § 11 WpPG Rz. 3; *Schlitt/Schäfer*, AG 2005, 498 (503) (dort: sog. „doppelter Verweis"); *Meyer* in Habersack/Mülbert/Schlitt, Unternehmensfinanzierung am Kapitalmarkt, § 36 Rz. 77; *Klöckner/Assion* in Holzborn, § 11 WpPG Rz. 18, 19.
4 CESR Prospectus Consultation – Feedback Statement, July 2003, CESR/03-209, S. 69 Punkt 393: „CESR is of the opinion that this practice [partial incorporation of a document] might prove useful especially when historical information is incorporated and in order not to overburden investors with an excessive amount of unnecessary information."; CESR's Advice on Level 2 Implementing Measures for the Prospectus Directive, July 2003, CESR/03-208, S. 19 Punkt 100: „Overburdening investors with a large quantity of information may hamper the comprehension of the prospectus."

26 Bei Teilverweisen muss jedoch darauf geachtet werden, dass sie **nicht irreführend** sind. Dazu muss auch erklärt werden, dass die nicht aufgenommenen Teile entweder für den Anleger nicht relevant sind oder bereits an anderer Stelle im Wertpapierprospekt erfasst wurden, Art. 28 Abs. 4 Satz 2 ProspektVO[1].

7. Verweise auf Nachträge

27 Da Nachträge (§ 16 WpPG) einer Billigung durch die zuständige Behörde unterliegen, kann auch ein Verweis auf einen früher gebilligten und veröffentlichten Nachtrag erfolgen[2].

8. Verweise in Nachträgen

28 Ein **Verweis in einem Nachtrag** (§ 16 WpPG) selbst ist nicht zulässig. Zwar wird der Inhalt des Nachtrags im Hinblick auf eine mögliche Prospekthaftung zum Inhalt des Prospekts (siehe § 16 WpPG Rz. 145), aber formal handelt es sich gleichwohl um ein separates Dokument, und der Wortlaut von § 11 Abs. 1 WpPG spricht nur von „Prospekt" und nicht von Nachtrag. Formal gesehen ist der Nachtrag daher nicht „der Prospekt" bzw. ein Teil des Prospekts iS von § 11 Abs. 1 WpPG, der Angaben in Form eines Verweises enthalten kann[3].

9. Sprachenregelung

29 Im Gesetz nicht geregelt ist die Frage, ob im Rahmen des § 11 WpPG nur auf solche Dokumente verwiesen werden darf, die **in derselben Sprache abgefasst** sind wie der Hauptprospekt.

30 Ein **Teil der Literatur** hält eine solche Auslegung für zu restriktiv. Der Verweis in Art. 28 Abs. 2 ProspektVO auf Art. 19 der Prospektrichtlinie sei nicht ganz klar, da Art. 19 nur eine Sprachenregelung für den Wertpapierprospekt, nicht aber für sonstige Dokumente enthält[4]. Da eine ausdrückliche Sprachregelung für Verweisdokumente nicht bestehe, könne auch auf solche Dokumente verwiesen werden, die nicht in der Prospektsprache abgefasst sind[5]. Entscheidend sei allein, ob diese den Anfor-

---

1 CESR's Advice on Level 2 Implementing Measures for the Prospectus Directive, July 2003, CESR/03-208, S. 19 Punkt 100: „[…] provided that this is not misleading and that it declares that the not incorporated parts are not relevant for the investor or covered elsewhere in the prospectus."; *Renz/Mentzer*, Leitfaden Wertpapierprospekte, S. 72; *Friedl* in Just/Voß/Ritz/Zeising, § 11 WpPG Rz. 12.
2 *Crüwell*, AG 2003, 243 (248).
3 So auch die Amtspraxis der BaFin; aA *Hamann* in Schäfer/Hamann, § 11 WpPG Rz. 3; *Klöckner/Assion* in Holzborn, § 11 WpPG Rz. 4 mit der Begründung, dass ein Nachtrag zu einer Ergänzung bzw. Änderung des Prospekts führt.
4 *König*, ZEuS 2004, 251 (274, Fn. 114).
5 *Holzborn/Israel*, ZIP 2005, 1668 (1674); *Schlitt/Wilczek* in Habersack/Mülbert/Schlitt, Handbuch der Kapitalmarktinformation, § 5 Rz. 31.

derungen des § 11 Abs. 1 WpPG gerecht werden, dh. entsprechend gebilligt oder hinterlegt sind[1].

Die **ganz überwiegende Ansicht** legt die Regelung eng aus in dem Sinne, dass das Dokument, auf welches verwiesen wird, grundsätzlich in der Sprache des jeweiligen Wertpapierprospekts verfasst sein muss, oder auf Englisch, soweit Englisch als Prospektsprache zugelassen ist[2]. 31

Dieser Ansicht ist **zuzustimmen**. Sonst wäre der Verweis auf Art. 19 der Prospektrichtlinie überflüssig gewesen. Auch in zwei CESR-Stellungnahmen kommt dies zum Ausdruck. Argumentiert wird damit, dass die einbezogenen Dokumente Teil des Wertpapierprospekts werden und somit auch den gleichen Bestimmungen unterfallen sollen, insbesondere dem gleichen Sprachregime[3]. Aus diesem Grund spricht sich CESR auch im Rahmen der „Frequently asked questions regarding Prospectuses" dafür aus, dass Übersetzungen von Dokumenten als Verweis einbezogen werden dürfen, solange sie mit Art. 11 und Art. 19 der Prospektrichtlinie übereinstimmen[4]. Allerdings wurde durch eine Aktualisierung der ESMA-Stellungnahmen im November 2010 eine andere Stellungnahme getroffen[5]. Darin heißt es, dass über Art. 28 der Prospektrichtlinie (2003/71/EG) generell ein Verweis in ein anderssprachiges Dokument möglich sei. Die Voraussetzung dafür sei jedoch, dass die Sprache des Dokuments, auf das verwiesen wird, in dem Land, in dem der Prospekt veröffentlicht wird, von der zuständigen Behörde anerkannt ist[6]. 32

---

1 *Holzborn/Israel*, ZIP 2005, 1668 (1674, Fn. 92).
2 *König*, ZEuS 2004, 251 (274, Fn. 114); *Groß*, Kapitalmarktrecht, § 11 WpPG Rz. 3, *Kunold/Schlitt*, BB 2004, 501 (506); *Weber*, NZG 2004, 360 (363); *Keunecke*, Prospekte im Kapitalmarkt, S. 132, Rz. 228; *Becker* in Heidel, Aktienrecht und Kapitalmarktrecht, § 11 WpPG Rz. 8; *Christ*, EU-Prospektrichtlinie, S. 69; *Hamann* in Schäfer/Hamann, § 11 WpPG Rz. 11; *Mattil/Möslein*, WM 2007, 819 (821), die allerdings in Ausnahmefällen eine „gespaltene Sprachwahl" in Betracht ziehen.
3 CESR Prospectus Consultation – Feedback Statement, July 2003, CESR/03-209, S. 67 Punkt 385; CESR's Advice on possible Level 2 Implementing Measures for the Proposed Prospectus Directive – Consultation Paper, October 2002, CESR/02.185b, S. 52 Punkt 272 f.: „[…] CESR still considers that the documents incorporated by reference are part of the prospectus and should follow the same rules in relation to language." und CESR's Advice on Level 2 Implementing Measures for the Prospectus Directive, July 2003, CESR/03-208, S. 10 Punkt 98: „In other words the language regime applicable to the documents incorporated by reference is the same as that of the prospectus."
4 CESR, Frequently asked questions regarding Prospectuses: Common positions agreed by CESR members, 10th Updated Version – December 2009, CESR/09-1148, S. 8, Nr. 7: „Ab) The translation of a document may be incorporated by reference as long as it complies with Article 11 and 19 of the Directive."
5 ESMA, Questions and Answers, Prospectuses, 25th updated version, July 2016, Question 7.
6 ESMA, Questions and Answers, Prospectuses, 25th updated version, July 2016, Question 7: „Yes, the issuer can incorporate a document drawn up in a different language than that of the prospectus provided that the language of the incorporated document complies with the language rules of the Directive. For example: the competent authority of Poland approves a prospectus drawn up in English that incorporates by reference the annual finan-

33 Eine Ausnahme kommt allenfalls im Rahmen des „**gebrochenen Sprachregimes**" in eng begrenzten Einzelfällen (zB für den Finanzteil) in Betracht. Es gelten die gleichen Grundsätze, die gemäß § 19 WpPG für den Prospekt als solche gelten, auch für Dokumente, auf die zulässigerweise im Rahmen von § 11 WpPG verwiesen wird (siehe § 19 WpPG Rz. 68 ff.). Denkbar ist somit zB die Verweisung auf einen englischsprachigen Jahresabschluss in einem deutschsprachigen Prospekt. Nachteile entstehen hier für den Anleger nicht: Hätte sich der Emittent, anstatt von der Verweismöglichkeit Gebrauch zu machen, für einen Vollabdruck der Angaben im Prospekt entschieden, hätte er diese ebenfalls auf Englisch abdrucken können. Für einbezogene Dokumente kann daher nichts anderes gelten.

10. Verhältnis von § 11 WpPG zu § 10 WpPG aF

34 Das in § 10 WpPG aF geregelte jährliche Dokument ist im Rahmen der Richtlinie 2010/73/EU und der Änderung des Börsengesetzes auch im Wertpapierprospektgesetz ersatzlos gestrichen worden, so dass sich hieraus keine Probleme mehr im Zusammenhang mit § 11 WpPG ergeben. Zur früheren Rechtslage vor dieser Streichung siehe Voraufl.

11. Gültigkeit

35 Der Gesetzgeber hat, obwohl es den Anlegerschutz nicht beeinträchtigt und den Marktteilnehmern Rechtssicherheit hinsichtlich einer praxistauglichen Handhabung der Einbeziehung per Verweis verschafft hätte, keine klarstellende Regelung getroffen, ob die Gültigkeit des Wertpapierprospekts, in dem ein Verweis auf ein anderes Dokument vorgenommen wird, an die Gültigkeit des einbezogenen Dokuments **gekoppelt** ist[1].

36 Die **Praxistauglichkeit** der Einbeziehung mittels Verweises hängt aber maßgeblich davon ab, dass die Gültigkeit des Wertpapierprospektes, in dem ein Verweis auf ein anderes Prospektdokument vorgenommen wird, nicht an dessen Gültigkeitsdauer gekoppelt wird[2].

37 Daher muss § 11 WpPG so verstanden werden, dass keine Koppelung der Gültigkeitszeiträume besteht[3]. Dies steht auch im Einklang mit dem **Wortlaut** von § 11 WpPG. Außerdem spricht dafür, dass mittels der Verweistechnik ein vollständig neuer Wertpapierprospekt erstellt wird, der von der zuständigen Behörde einschließlich

---

cial statements drawn up in Polish. However, if the issuer wishes to passport this prospectus it could do so only to countries where Polish is accepted by the host competent authorities."

1 Gemeinsame Stellungnahme des Deutschen Aktieninstituts (DAI) und des Bundesverbands der Deutschen Industrie (BDI) v. 3.1.2005, S. 10 f.
2 Stellungnahme des Zentralen Kreditausschusses (ZKA) v. 17.1.2005, S. 8.
3 Zustimmend: *Becker* in Heidel, Aktienrecht und Kapitalmarktrecht, § 11 WpPG Rz. 5; *Hamann* in Schäfer/Hamann, § 11 WpPG Rz. 10; *Friedl* in Just/Voß/Ritz/Zeising, § 11 WpPG Rz. 30.

aller einbezogenen Teile gesondert zu billigen und damit in seiner Gesamtheit, vorbehaltlich Aktualisierung, bis zu zwölf Monate gültig ist[1]. Es ist daher möglich, zB in einen aktuell einzureichenden Basisprospekt ein vor zehn oder elf Monaten gebilligtes Registrierungsformular des Emittenten mittels Verweises einzubeziehen[2].

Ebenso ist es zulässig, auf Dokumente, die zum Zeitpunkt der Einbeziehung **nicht mehr gültig** sind, zu verweisen[3]. Begrifflich muss bei dieser Fragestellung zwischen „Gültigkeit" und „Aktualität" der Dokumente differenziert werden. Nicht mehr gültig sind Dokumente, die inhaltlich zwar noch aktuell sind, aber ihre Gültigkeit durch Zeitablauf verloren haben, zB alte Registrierungsformulare. Deshalb sind etwa in den Prospekt aufzunehmende historische Finanzinformationen wie zurückliegende Jahresabschlüsse nicht von dieser Frage erfasst, da diese ihrer Natur nach gerade nicht aktuell sind, sondern einen zurückliegenden Zeitraum dokumentieren sollen. 38

Da es nicht auf die Gültigkeit des einzubeziehenden Dokuments, sondern auf die Gültigkeit der einzelnen einbezogenen Angaben ankommt, ist die oben gestellte Frage grundsätzlich zu **bejahen**. Sofern es sich bei diesen immer noch um die **aktuellsten Informationen** handelt, die dem Emittenten zur Verfügung stehen (§ 11 Abs. 1 Satz 3 WpPG), spricht in formaler Hinsicht nichts gegen eine Einbeziehung dieser Angaben per Verweis in den Wertpapierprospekt[4]. 39

Der Emittent muss sich jedoch überlegen, ob es in materieller Hinsicht **sinnvoll** ist, nicht mehr aktuelle Dokumente in den Prospekt einzubeziehen, da sich hier das Risiko einer eventuellen Prospekthaftung gegenüber den Anlegern möglicherweise erhöht. 40

VI. Aktualität (§ 11 Abs. 1 Satz 3 WpPG)

§ 11 Abs. 1 Satz 3 WpPG stellt klar, dass bei der Einbeziehung im Wege des Verweises nur die dem Emittenten zur Verfügung stehenden aktuellsten Daten verwendet werden dürfen. Maßstab hierfür ist und bleibt, insbesondere in den Fällen, in denen der Anbieter vom Emittenten verschieden ist, die Perspektive des Emittenten[5]. 41

---

1 Stellungnahme des Zentralen Kreditausschusses (ZKA) v. 17.1.2005, S. 8; Gemeinsame Stellungnahme des Deutschen Aktieninstituts (DAI) und des Bundesverbands der Deutschen Industrie (BDI) v. 3.1.2005, S. 11; zustimmend: *Hamann* in Schäfer/Hamann, § 11 WpPG Rz. 10.
2 *Glomb-Schmidt/Gockel*, Ausgewählte Rechtsfragen in der Aufsichtsrechtspraxis, BaFin Workshop v. 4.9.2007.
3 *Friedl* in Just/Voß/Ritz/Zeising, § 11 WpPG Rz. 26; ESMA, Questions and Answers, Prospectuses, 25th updated version, July 2016, Question 8.
4 So auch ESMA, Questions and Answers, Prospectuses, 25th updated version, July 2016, Question 8; *Heidelbach/Preuße*, BKR 2008, 10 (12); *Hamann* in Schäfer/Hamann, § 11 WpPG Rz. 10.
5 Begr. RegE zum Prospektrichtlinie-Umsetzungsgesetz, BT-Drucks. 15/4999 v. 3.3.2005, S. 34; *Singhof* in FrankfurtKomm. WpPG, § 11 WpPG Rz. 19.

Hierdurch wird gewährleistet, dass der Anleger seine Entscheidung nicht auf Angaben stützt, die eventuell schon überholt und daher **nicht mehr zutreffend** sind.

42 Dass dem Verweis immer die neueste erhältliche Information zugrunde zu legen ist, schließt nicht aus, dass nicht auch auf **historische Daten**, wie zB Jahresabschlüsse für vergangene Geschäftsjahre, zurückgegriffen werden kann. Wird aus dem Wertpapierprospekt jedoch auf Dokumente verwiesen, welche nicht mehr die aktuellste Information enthalten, so ist im Prospekt oder im Basisprospekt auf diesen Umstand hinzuweisen und die aktualisierte Information ist anzufügen, Art. 28 Abs. 3 ProspektVO[1].

VII. Verweise in der Zusammenfassung (§ 11 Abs. 1 Satz 4 WpPG) und in den Risikofaktoren

1. Verweise in der Zusammenfassung

43 Neben den im Rahmen des § 11 Abs. 1 Satz 1 WpPG schon beschriebenen Einschränkungen enthält § 11 Abs. 1 Satz 4 WpPG eine ausdrückliche Untersagung der Möglichkeit, in der **Zusammenfassung** eines Wertpapierprospekts Angaben durch Verweise einzubeziehen[2].

44 Dies liegt daran, dass die Zusammenfassung als eigenständiger, in sich konsistenter und abgeschlossener Teil in manchen Fällen der einzige Teil des Wertpapierprospekts ist, der in der jeweiligen Amtssprache des Aufnahmestaates[3] abgefasst ist. Würde hier wiederum auf – unter Umständen fremdsprachige – Dokumente außerhalb des Wertpapierprospekts verwiesen, wäre dem Anleger damit nicht geholfen.

45 Die Zusammenfassung soll dem Anleger außerdem ermöglichen, einen groben, aber dennoch **umfassenden Überblick** zu bekommen. Wenn die Zusammenfassung aber – im schlimmsten Falle – zahlreiche Verweisungen enthält, erschwert das einerseits

---

1 Verordnung (EG) Nr. 809/2004 der Kommission v. 29.4.2004, ABl. EU Nr. L 186 v. 18.7.2005, S. 3, 15; CESR's Advice on possible Level 2 Implementing Measures for the Proposed Prospectus Directive – Consultation Paper, October 2002, CESR/02.185b, S. 53 Punkt 277; CESR Prospectus Consultation – Feedback Statement, July 2003, CESR/03-209 S. 69 Punkt 394: „As suggested by other respondents CESR has also clarified that if the document incorporated by reference contains information which has undergone material changes, the prospectus should clearly state such a circumstance including the updated information."

2 *Groß,* Kapitalmarktrecht, § 11 WpPG Rz. 3; *Holzborn/Schwarz-Gondek,* BKR 2003, 927 (932); *Kunold/Schlitt,* BB 2004, 501 (506); *Weber,* NZG 2004, 360 (363); *Holzborn/Israel,* ZIP 2005, 1668 (1674); Begr. RegE zum Prospektrichtlinie-Umsetzungsgesetz, BT-Drucks. 15/4999 v. 3.3.2005, S. 34; *Zuffer,* ecolex 2004, 180 (184); *Becker* in Heidel, Aktienrecht und Kapitalmarktrecht, § 11 WpPG Rz. 9; *Christ,* EU-Prospektrichtlinie, S. 70; *Grundmann,* Europäisches Gesellschaftsrecht, § 19 Rz. 674.

3 Begr. RegE zum Prospektrichtlinie-Umsetzungsgesetz, BT-Drucks. 15/4999 v. 3.3.2005, S. 34; *Keunecke,* Prospekte im Kapitalmarkt, S. 132, Rz. 227; *Hamann* in Schäfer/Hamann, § 11 WpPG Rz. 12.

erheblich den Lesefluss, anderseits müsste sich der Anleger dann mühsam die Fundstellen zusammensuchen, was er gerade mit der Lektüre einer Zusammenfassung vermeiden wollte. Eine Zusammenfassung soll kompakt gefasst sein und gerade nicht auf andere Dokumente außerhalb ihrer selbst verweisen (vgl. § 5 WpPG Rz. 31 f.). Auch Verweise aus der Zusammenfassung auf den Hauptteil des Dokuments sind nach Auffassung und ständiger Praxis der BaFin aus demselben Grund nicht zulässig (vgl. § 5 WpPG Rz. 31 f.).

2. Verweise in den Risikofaktoren

Verweise in den Risikofaktoren auf andere Dokumente sind ebenfalls **nicht zulässig**[1]. Dies widerspräche der Wichtigkeit und Bedeutung dieser Prospektangaben, die aus Gründen des Anlegerschutzes in einem eigenen Prospektabschnitt darzustellen sind. Auch Verweise auf **andere Prospektteile** sind in den Risikofaktoren zu vermeiden[2] und werden seitens der BaFin grds. nicht akzeptiert.

VIII. Übersicht über die Verweise (§ 11 Abs. 2 WpPG)

§ 11 Abs. 2 WpPG bestimmt, dass im Falle der Aufnahme von Verweisen gemäß § 11 Abs. 1 WpPG hierüber in den Wertpapierprospekt eine **Liste der Verweisdokumente** aufzunehmen ist, die angibt, an welchen Stellen des Prospekts (Seitenzahl!) Verweise aufgenommen wurden, um welche Angaben es sich dabei handelt und wo diese im Volltext veröffentlicht sind. Diese Liste mit Querverweisen soll den Investoren das Auffinden von Angaben erleichtern[3], ist also aus Gründen des Schutzes des Publikums geboten[4].

Hierbei handelt es sich **nicht** um die **sog. Überkreuz-Checkliste** gemäß Art. 25 Abs. 4 ProspektVO. Diese erleichtert der Aufsichtsbehörde die Prüfung des Prospekts, wenn bei der Prospekterstellung vom Aufbau der in der Verordnung beschriebenen Schemata und Module abgewichen wird.

---

1 *Friedl* in Just/Voß/Ritz/Zeising, § 11 WpPG Rz. 37; *Klöckner/Assion* in Holzborn, § 11 WpPG Rz. 22.
2 *Friedl* in Just/Voß/Ritz/Zeising, § 11 WpPG Rz. 37 aE; *Klöckner/Assion* in Holzborn, § 11 WpPG Rz. 22; *Straßner* in Heidel, Aktienrecht und Kapitalmarktrecht, § 5 WpPG Rz. 15; *Becker* in Heidel, Aktienrecht und Kapitalmarktrecht, § 11 WpPG Rz. 10.
3 *Kunold/Schlitt*, BB 2004, 501 (506); *Schlitt/Schäfer*, AG 2005, 498 (502); *Becker* in Heidel, Aktienrecht und Kapitalmarktrecht, § 11 WpPG, Rz. 11; *Hamann* in Schäfer/Hamann, § 11 WpPG Rz. 13; *Friedl* in Just/Voß/Ritz/Zeising, § 11 WpPG Rz. 38; *Singhof* in FrankfurtKomm. WpPG, § 11 WpPG Rz. 23.
4 *Groß*, Kapitalmarktrecht, § 11 WpPG Rz. 5; *Keunecke*, Prospekte im Kapitalmarkt, S. 132, Rz. 228; *Christ*, EU-Prospektrichtlinie, S. 72; *Heidelbach/Preuße*, BKR 2012, 397 (401).

IX. Prospekthaftung/Haftungsbeschränkung

49 Unabhängig von dem jeweiligen Haftungsregime können besondere **Haftungsfallen** aus der Möglichkeit der Einbeziehung externer Dokumente resultieren[1]. Da durch die Einbeziehung im Wege des Verweises die einbezogenen Dokumente Bestandteil des Wertpapierprospekts werden[2], erstreckt sich auch die Prospekthaftung gemäß §§ 21 ff. WpPG auf diese einbezogenen Angaben. Der Prospektverantwortliche haftet damit für die Richtigkeit und Vollständigkeit der darin enthaltenen Informationen, als ob er die in Bezug genommenen Angaben selbst im Wertpapierprospekt dargestellt hätte.

50 Ob es hier möglich ist, die **Haftung für die einbezogenen Informationen zu beschränken**, ist insbesondere relevant in den Fällen, in denen Anbieter und Emittent verschieden sind, oder aber in den Fällen von Umtausch- oder Aktienanleihen, bei denen die wesentlichen Informationen für die Aktienkomponente von einem Dritten stammen[3]. Richtigerweise ist in diesen Fällen die Möglichkeit einer Haftungsbeschränkung aber abzulehnen, denn es kann keinen Unterschied machen, ob die Angaben im Prospekt selbst dargestellt werden oder ob diese Angaben durch einen Verweis in den Prospekt einbezogen werden[4]. Im ersten Fall ist eine Haftungsbeschränkung ausgeschlossen. Es ist daher interessengerecht, dass derjenige, der sich zur Erleichterung der Einbeziehung per Verweis bei der Prospekterstellung bedient, konsequenterweise auch das erhöhte Haftungsrisiko zu tragen hat. Unter diesem Aspekt ist bei der Einbeziehung von Dokumenten mittels Verweises ein **hohes Maß an Sorgfalt** an den Tag zu legen hinsichtlich der Prüfung des jeweiligen Dokuments auf Richtigkeit und Vollständigkeit.

X. Neuere Entwicklungen/Ausblick

51 **ESMA** hat im Rahmen ihres finalen RTS-Reports im Zusammenhang mit der Umsetzung der Omnibus II-Richtlinie[5] einen **abschließenden Katalog** von Dokumen-

---

1 *Weber*, NZG 2004, 360 (366).
2 Begr. RegE zum Prospektrichtlinie-Umsetzungsgesetz, BT-Drucks. 15/4999 v. 3.3.2005, S. 34; *Friedl* in Just/Voß/Ritz/Zeising, § 11 WpPG Rz. 39; *Becker* in Heidel, Aktienrecht und Kapitalmarktrecht, § 11 WpPG Rz. 3 und 12.
3 *Groß*, Kapitalmarktrecht, § 11 WpPG Rz. 2.
4 So auch *Friedl* in Just/Voß/Ritz/Zeising, § 11 WpPG Rz. 43; *Becker* in Heidel, Aktienrecht und Kapitalmarktrecht, § 11 WpPG Rz. 12; aA *Groß*, Kapitalmarktrecht, § 11 WpPG Rz. 2; Seminar Deutsches Aktieninstitut e.V. v. 27.4.2006 zum Thema „Wertpapierprospekte – Praxiserfahrungen aus 10 Monaten WpPG"; Vortrag Dr. *W. Groß*, „Haftung für fehlerhafte Prospekte und Comfort Letter", S. 6; vermittelnd: *Hamann* in Schäfer/Hamann, § 11 WpPG Rz. 14, der eine Haftungsbeschränkung durch einen entsprechenden Hinweis „nur ausnahmsweise und nur in Übereinstimmung mit den allgemeinen Grundsätzen" für möglich hält; *Singhof* in FrankfurtKomm. WpPG, § 11 WpPG Rz. 26.
5 ESMA Consulation Paper on Draft Regulatory Technical Standards on prospectus related issues under the Omnibus II Directive, ESMA/2014/1186, abrufbar unter http://www.esma.europa.eu/system/files/2014-1186_consultation_paper_on_omnibus_ii_rts.pdf.

ten erstellt, auf die innerhalb eines Prospektes verwiesen werden können soll. Voraussetzung für einen möglichen Verweis auf ein Dokument ist danach lediglich, dass dieses zuvor bei der zuständigen Bundesanstalt gemäß der Prospektrichtlinie oder der Transparenzrichtlinie gebilligt und/oder hinterlegt wurde.

Im Februar 2015 hat die **Europäische Kommission** angekündigt, die Prospektrichtlinie zu überarbeiten[1]. Dabei soll auch auf die Verweisungsmöglichkeit in bereits gebilligte und veröffentlichte Dokumente, die durch § 11 WpPG umgesetzt wurde, eingegangen werden[2]. Es geht vor allem um eine Erweiterung der möglichen Dokumente, auf die verwiesen werden kann, um so die Kosten der Emittenten zu verringern, ohne den Anlegerschutz zu sehr preiszugeben[3]. Die ESMA Draft Regulatory Technical Standards (RTS) (vgl. oben Rz. 51 Fn. 5) dienen dabei als Vorlage[4]. 52

Der Legislativvorschlag der Kommission zur Prospektverordnung wurde angenommen und wird derzeit (Stand Mitte 2016) dem **Europäischen Parlament** und dem Rat der EU zur Beratung und Verabschiedung unterbreitet.

§ 12
Prospekt aus einem oder mehreren Einzeldokumenten

(1) Der Prospekt kann als ein einziges Dokument oder in mehreren Einzeldokumenten erstellt werden. Besteht ein Prospekt aus mehreren Einzeldokumenten, so sind die geforderten Angaben auf ein Registrierungsformular, eine Wertpapierbeschreibung und eine Zusammenfassung aufzuteilen. Das Registrierungsformular muss die Angaben zum Emittenten enthalten. Die Wertpapierbeschreibung muss die Angaben zu den Wertpapieren, die öffentlich angeboten oder zum Handel an einem organisierten Markt zugelassen werden sollen, enthalten. Für die Zusammenfassung gilt § 5 Abs. 2 Satz 2 bis 2b.

(2) Ein Emittent, dessen Registrierungsformular bereits von der Bundesanstalt gebilligt wurde, ist zur Erstellung der Wertpapierbeschreibung und der Zusammenfassung verpflichtet, wenn die Wertpapiere öffentlich angeboten oder zum Handel an einem organisierten Markt zugelassen werden.

---

1 Consultation Document on the Review of the Prospectus Directive, abrufbar unter http://ec.europa.eu/finance/consultations/2015/prospectus-directive/index_en.htm.
2 Consultation Document on the Review of the Prospectus Directive, S. 15 B.3, abrufbar unter http://ec.europa.eu/finance/consultations/2015/prospectus-directive/index_en.htm.
3 Consultation Document on the Review of the Prospectus Directive, S. 15 B.3, abrufbar unter http://ec.europa.eu/finance/consultations/2015/prospectus-directive/index_en.htm.
4 Consultation Document on the Review of the Prospectus Directive, S. 15 B.3, abrufbar unter http://ec.europa.eu/finance/consultations/2015/prospectus-directive/index_en.htm.

(3) Im Fall des Absatzes 2 muss die Wertpapierbeschreibung die Angaben enthalten, die im Registrierungsformular enthalten sein müssen, wenn es seit der Billigung des letzten aktualisierten Registrierungsformulars zu erheblichen Veränderungen oder neuen Entwicklungen gekommen ist, die sich auf die Beurteilung durch das Publikum auswirken könnten. Satz 1 ist nicht anzuwenden, wenn das Registrierungsformular wegen dieser neuen Umstände bereits nach § 16 aktualisiert worden ist. Die Wertpapierbeschreibung und die Zusammenfassung werden von der Bundesanstalt gesondert gebilligt.

(4) Hat ein Emittent nur ein nicht gebilligtes Registrierungsformular hinterlegt, so bedürfen alle Dokumente der Billigung der Bundesanstalt.

In der Fassung vom 22.6.2005 (BGBl. I 2005, S. 1698), zuletzt geändert durch das Gesetz zur Umsetzung der Richtlinie 2010/73/EU und zur Änderung des Börsengesetzes vom 26.6.2012 (BGBl. I 2012, 1375).

Schrifttum: *Heidelbach/Preuße*, Die Anwendung des neuen europäischen Prospektregimes in der Praxis – ausgewählte Probleme, BKR 2012, 397; *von Kopp-Colomb/Seitz*, Das neue Prospektregime – Auswirkungen, WM 2012, 1220; *Kullmann/Sester*, Inhalt und Format von Emissionsprospekten nach dem WpPG, ZBB 2005, 209; *Kullmann/Sester*, Das Wertpapierprospektgesetz (WpPG) – Zentrale Punkte des neuen Regimes für Wertpapieremissionen, WM 2005, 1068; *Kunold/Schlitt*, Die neue EU-Prospektrichtlinie, BB 2004, 501; *Lawall/Maier*, Änderungen im Wertpapierprospektgesetz, DB 2012, 2443 (Teil 1), DB 2012, 2503 (Teil 2); *Müller/Oulds*, Transparenz im europäischen Fremdkapitalmarkt, WM 2007, 573; *Oulds*, Die Nachtragspflicht gemäß § 16 WpPG – Abgrenzungen, Widerrufsrecht und die Novellierung der Prospektrichtlinie, WM 2011, 1452.

I. Normentwicklung und Übersicht
1. Entstehungsgeschichte, Überarbeitung der Prospektrichtlinie 1
2. Bedeutung und Aufbau der Vorschrift 4
3. Weitere Konkretisierungen zum dreiteiligen Prospekt, Rechtsentwicklungen 8

II. Prospekt als einziges Dokument oder aus mehreren Einzeldokumenten (§ 12 Abs. 1 WpPG)
1. Wahlmöglichkeit bezüglich des Prospektformats (§ 12 Abs. 1 Satz 1 WpPG) 12
2. Prospekt als einziges Dokument (§ 12 Abs. 1 Satz 1 WpPG) 13
3. Prospekt aus mehreren Einzeldokumenten (§ 12 Abs. 1 Satz 2–5 WpPG und § 12 Abs. 3 Satz 3 WpPG) ... 16
4. Besonderheiten bei Basisprospekten 25

III. Regelungen zum gesondert hinterlegten Registrierungsformular (§ 12 Abs. 2–4 WpPG)
1. Billigung des Registrierungsformulars (§ 12 Abs. 2 WpPG) 30
2. Aktualisierung des Registrierungsformulars (§ 12 Abs. 3 Satz 1 und 2 WpPG) 34
3. Hinterlegung eines nicht gebilligten Registrierungsformulars (§ 12 Abs. 4 WpPG) 43

I. Normentwicklung und Übersicht

1. Entstehungsgeschichte, Überarbeitung der Prospektrichtlinie

Mit § 12 Abs. 1 WpPG wird **Art. 5 Abs. 3 Prospektrichtlinie** und mit § 12 Abs. 2 bis 4 WpPG wird **Art. 12 Prospektrichtlinie** umgesetzt[1]. § 12 WpPG beinhaltet insbesondere die Ausgestaltung der Anforderungen an den Prospekt aus mehreren Einzeldokumenten, den so genannten „dreiteiligen Prospekt", der Emittenten oder Anbietern als optionales Prospektformat neben dem Prospekt als einziges Dokument, dem so genannten „einteiligen Prospekt", zur Verfügung steht.

Der Einführung des dreiteiligen Prospektformats und der damit verbundenen Möglichkeit bzw. Pflicht der gesonderten Hinterlegung eines Registrierungsformulars war eine intensive **Diskussion im Zuge des Richtlinien-Rechtsetzungsverfahrens** vorausgegangen[2]. Diese Diskussion endete mit der Schaffung des Art. 5 Abs. 3 Prospektrichtlinie, der neben dem einteiligen Prospekt das dreiteilige Prospektformat vorsieht (zur Diskussion der Anwendbarkeit auf Basisprospekte siehe unten unter Rz. 25 ff. und § 6 WpPG Rz. 31).

Im Zuge der **Konsultation der Europäischen Kommission zur Überarbeitung der Prospektrichtlinie** wurden eine Reihe von Änderungsvorschlägen zum dreiteiligen Prospektformat unterbreitet. Dazu zählten unter anderem die Öffnung des Basisprospektregimes für das dreiteilige Prospektformat und die Erweiterung der Möglichkeiten der Aktualisierung von Registrierungsformularen[3]. Die **Änderungsrichtlinie**[4] sowie das Gesetz zur Umsetzung der Richtlinie 2010/73/EU und zur Änderung des Börsengesetzes („**Prospektrichtlinie-Änderungsrichtlinie-Umsetzungsgesetz**")[5] haben schließlich zu folgenden Änderungen geführt:

– Der Vorbehalt in Art. 5 Abs. 3 Prospektrichtlinie, aus dem geschlossen wurde, dass das dreiteilige Prospektformat im Rahmen des Basisprospektregimes nicht zur Verfügung steht, und der der Umsetzung des Art. 5 Abs. 3 Prospektrichtlinie

---

[1] Vgl. auch Begr. RegE Prospektrichtlinie-Umsetzungsgesetz, BT-Drucks. 15/4999 v. 3.3.2005, S. 34 (Begründung zu § 12 Abs. 1 und Abs. 2 WpPG).
[2] Vgl. allgemein zum Richtlinienrechtsetzungsverfahren und den entsprechenden Vorgängervorschriften in einzelnen nationalen Rechtsordnungen Seitz in Assmann/Schlitt/von Kopp-Colomb, § 12 WpPG (Voraufl.) Rz. 3 ff.
[3] Vgl. Deutscher Derivate Verband (DDV), Response to the Consultation Paper of the European Commission „Review of the Prospectus Directive", 6.3.2009, S. 11 und 15 f.; abrufbar unter http://www.derivateverband.de/DE/MediaLibrary/Document/Politik/09%2003%2006%20Response%20by%20DDV%20to%20the%20Consultation%20Paper%20of%20the%20EC,%20Review%20of%20the%20Prospectus%20Directive%20.pdf.
[4] Richtlinie 2010/73/EU des Europäischen Parlaments und des Rates v. 24.11.2010 zur Änderung der Richtlinie 2003/71/EG betreffend den Prospekt, der beim öffentlichen Angebot von Wertpapieren oder bei deren Zulassung zum Handel zu veröffentlichen ist, und der Richtlinie 2004/109/EG zur Harmonisierung der Transparenzanforderungen in Bezug auf Informationen über Emittenten, deren Wertpapiere zum Handel auf einem geregelten Markt zugelassen sind, ABl. EU Nr. L 327 v. 11.12.2010, S. 1.
[5] BGBl. I 2012, 1375.

dienende § 12 Abs. 1 Satz 6 WpPG, der die Erstellung eines Basisprospekts in mehreren Einzeldokumenten explizit verbot, wurden gestrichen (siehe zu den Besonderheiten beim Basisprospektregime unten unter Rz. 25 ff.).

– Die Aktualisierung eines Registrierungsformulars im Wege eines Nachtrags ist nunmehr gemäß Art. 12 Abs. 2 Satz 1 Prospektrichtlinie bzw. gemäß § 12 Abs. 3 Satz 2 WpPG ausdrücklich zulässig (siehe dazu ausführlich unten unter Rz. 34 ff.).

– Der Verweis auf die Regelungen über die Zusammenfassung in § 12 Abs. 1 Satz 5 WpPG wurde angepasst (siehe dazu unten unter Rz. 22 f.).

2. Bedeutung und Aufbau der Vorschrift

4   § 12 Abs. 1 Satz 1 WpPG gibt Emittenten die Möglichkeit, einen Prospekt als einzelnes Dokument oder in mehreren Einzeldokumenten zu erstellen. Die **Wahlmöglichkeit zwischen ein- und dreiteiligem Prospekt** sowie die damit verbundene Möglichkeit, ein Registrierungsformular für mehrere Emissionen zu nutzen, soll eine Erleichterung für Emittenten darstellen, die häufig Kapital aufnehmen (vgl. auch Erwägungsgrund Nr. 23 Prospektrichtlinie), und allgemein die Flexibilität von Emittenten erhöhen[1].

5   **In der Praxis** kommt der Verwendung des dreiteiligen Prospekts bisher **keine allzu große Bedeutung** zu. Von Anfang an herrschte Skepsis bezüglich des Mehrwerts dieser Regelung[2] und letztlich liegt die mangelnde Bedeutung in der Praxis vor allem daran, dass mit dem Basisprospektregime bei Schuldverschreibungsemissionen ein eigenständiges Regime für Emittenten besteht, welche häufige Emissionen tätigen[3]. Zudem besteht mit der Möglichkeit, Informationen aus einem Registrierungsformular auch durch Verweis gemäß § 11 WpPG in Prospekte bzw. Basisprospekte einzubeziehen (siehe zur Einbeziehung durch Verweis § 11 WpPG Rz. 7 ff.), neben dem dreiteiligen Prospektformat eine weitere Möglichkeit, ein gesondert hinterlegtes Registrierungsformular für eine Vielzahl von (Basis-)Prospekten zu nutzen (vgl. zu den unterschiedlichen Konstellationen der gesonderten Hinterlegung eines Registrierungsformulars § 9 WpPG Rz. 53 ff. und unten Rz. 30 ff.). Mit der Entscheidung von ESMA vom 17.12.2013, wonach das Basisprospektregime nicht mit dem dreiteiligen Prospektformat kombiniert werden kann (siehe näher unten unter Rz. 25 ff.), hat die Verwendung des dreiteiligen Prospektformats, zumindest für von der BaFin gebilligte Prospekte, weiter an Bedeutung verloren und derzeit kaum praktische Relevanz.

6   Soweit das Prospekt aus mehreren Einzeldokumenten besteht, sind gemäß § 12 Abs. 1 Satz 2 WpPG die geforderten Angaben auf ein Registrierungsformular, eine Wertpapierbeschreibung und eine Zusammenfassung aufzuteilen. Aufgrund dieser Aufteilung spricht man vom sog. **dreiteiligen Prospekt**. Während die Angaben

---

1 Vgl. Begr. RegE Prospektrichtlinie-Umsetzungsgesetz, BT-Drucks. 15/4999 v. 3.3.2005, S. 34 (Begründung zu § 12 Abs. 1 WpPG).
2 Vgl. zur Kritik *Seitz* in Assmann/Schlitt/von Kopp-Colomb, § 12 WpPG (Voraufl.) Rz. 3.
3 Siehe dazu näher *Seitz* in Assmann/Schlitt/von Kopp-Colomb, § 12 WpPG (Voraufl.) Rz. 4.

zum Emittenten gemäß § 12 Abs. 1 Satz 3 WpPG im Registrierungsformular enthalten sind, enthält die Wertpapierbeschreibung gemäß § 12 Abs. 1 Satz 4 WpPG die Angaben zu den Wertpapieren (siehe dazu näher unten unter Rz. 21). Für die Zusammenfassung gelten gemäß § 12 Abs. 1 Satz 5 WpPG die Vorgaben des § 5 Abs. 2 Satz 2 bis 2b WpPG (siehe dazu näher unten unter Rz. 22 f.). Auch wenn § 12 Abs. 1 Satz 2 WpPG nur für Prospekte aus mehreren Einzeldokumenten gilt, so sind die entsprechenden Inhalte dennoch entsprechend auch in Prospekten aus einem einzigen Dokument abzudecken.

§ 12 Abs. 2–4 WpPG enthält Regelungen für den Fall der **gesonderten Hinterlegung eines Registrierungsformulars**. Die gesonderte Hinterlegung und Billigung des Registrierungsformulars (sog. *„shelf registration system"*) macht es möglich, dass ein Registrierungsformular für mehrere Emissionen genutzt werden kann, und gewährt dadurch den Emittenten zusätzliche Flexibilität bei der Prospekterstellung[1]. Die gesonderte Hinterlegung des Registrierungsformulars ist nicht nur im Fall des dreiteiligen Prospekts relevant, sondern auch im Fall der Einbeziehung von im Registrierungsformular enthaltenen Informationen per Verweis in einen Prospekt (siehe unten unter Rz. 15) bzw. in einen Basisprospekt (siehe unten unter Rz. 25 ff.).

3. Weitere Konkretisierungen zum dreiteiligen Prospekt, Rechtsentwicklungen

Die **Prospektverordnung** enthält lediglich in **Art. 25 Abs. 2 ProspektVO** eine Regelung zum dreiteiligen Prospekt, in der der Aufbau der Wertpapierbeschreibung und des Registrierungsformulars im Fall des dreiteiligen Prospekts festgelegt wird (siehe dazu näher unten unter Rz. 19).

Hinweise für Auslegungsfragen zur Anwendung des dreiteiligen Prospektformats geben zudem die von der **ESMA** veröffentlichten „**ESMA FAQs**"[2] (zu Einzelfragen im Zusammenhang mit dem dreiteiligen Prospektformat siehe die Fragen 10, 34, 75) sowie die von der **BaFin** veröffentlichten „**Fragen und Antworten zum Basisprospektregime**"[3].

Im Rahmen der **zweiten Überarbeitung der Prospektrichtlinie** durch die Kommission wird die Zulässigkeit des dreiteiligen Prospektformats im Hinblick auf Basisprospekte erneut thematisiert[4]. Insbesondere die ESMA hat sich in der Konsultation

---

[1] Begr. RegE Prospektrichtlinie-Umsetzungsgesetz, BT-Drucks. 15/4999 v. 3.3.2005, S. 34 (Begründung zu § 12 Abs. 2 WpPG).
[2] ESMA FAQs, Questions and Answers Prospectuses: 25th Updated Version – July 2016, ESMA/2016/1133, abrufbar unter https://www.esma.europa.eu/sites/default/files/library/2016-1133_25th_version_qa_document_prospectus_related_issues.pdf.
[3] BaFin, Häufig gestellte Fragen zum Basisprospektregime vom 31. Mai 2012 (Stand 4.6.2014), abrufbar unter http://www.bafin.de/SharedDocs/Veroeffentlichungen/DE/FAQ/faq_1205_neues_basisprospektregime.html (Stand 4.6.2014).
[4] Consultation Document of the European Commission, Review of the Prospectus Directive, S. 23, abrufbar unter: http://ec.europa.eu/finance/consultations/2015/prospectus-directive/docs/consultation-document_en.pdf.

für die Möglichkeit ausgesprochen, dreiteilige Basisprospekte erstellen zu können[1]. Die Europäische Kommission hat dies in ihrem Vorschlag einer neuen Prospektverordnung (**ProspektVO-E**) aufgegriffen und sieht nunmehr in Art. 8 Abs. 5 Unterabs. 1 ProspektVO-E die ausdrückliche Zulässigkeit von dreiteiligen Basisprospekten vor[2]. Nach der Vorstellung der Kommission soll dieses Format insbesondere die Flexibilität und die Wirtschaftlichkeit des Basisprospektregimes für Daueremittenten (sog. *frequent issuers*) verbessern (vgl. Erwägungsgrund Nr. 31 ProspektVO-E). Der Vorschlag der Öffnung des dreiteiligen Prospektformats für Basisprospekte wurde sowohl vom Europäischen Rat[3] als auch vom Europäischen Parlament[4] übernommen.

11 Der ProspektVO-E sieht zudem die **Einführung eines einheitlichen Registrierungsformulars** (sog. *universal registration document*) vor, welches für Emittenten Erleichterungen in Form von kürzeren Billigungsfristen oder des Wegfalls des Billigungserfordernisses vorsieht[5]. Der Wegfall des Billigungserfordernisses wird dabei an die Voraussetzung geknüpft, dass in drei aufeinanderfolgenden Geschäftsjahren ein einheitliches Registrierungsformular des Emittenten von der zuständigen nationalen Behörde gebilligt wurde; nachfolgende einheitliche Registrierungsformulare sollen dann ohne vorherige Billigung bei der zuständigen Behörde hinterlegt werden können. Die Möglichkeit ein einheitliches Registrierungsformular zu erstellen, soll unabhängig von der Gattung der zu begebenden Wertpapiere bestehen, so dass Emittenten zB ein einheitliches Registrierungsdokument sowohl für die Emission von Aktien als auch für Schuldtitel und derivative Wertpapiere verwenden können. Sowohl der Europäische Rat als auch das Europäische Parlament sind dem Vorschlag der Kommission im Wesentlichen gefolgt. Im Gegensatz zum Kommissionsentwurf soll es nach Auffassung des Parlaments für den Wegfall des Billigungserfordernisses aber bereits ausreichen, dass ein einheitliches Registrierungsformular in **zwei** aufeinanderfolgenden Jahren gebilligt worden ist. Die Vorteile des einheitlichen Registrierungsformulars werden bei der Verwendung in dreiteiligen Prospek-

---

1 Vgl. ESMA, Review of the Prospectus Directive: Public Consultation, 2015/ESMA/857, S. 12, abrufbar unter: http://www.esma.europa.eu/system/files/esma-2015-857_response_to_the_ec_public_consultation_on_the_review_of_the_pd.pdf.
2 Vgl. Vorschlag für eine Verordnung des Europäischen Parlaments und des Rates über den Prospekt, der beim öffentlichen Angebot von Wertpapieren oder bei deren Zulassung zum Handel zu veröffentlichen ist, 2015/0268(COD), Art. 8 Abs. 5.
3 Rat der Europäischen Union, Interinstitutionelles Dossier 2015/0268 (COD) zum Vorschlag der Europäischen Kommission für eine Verordnung des Europäischen Parlaments und des Rates über den Prospekt, der beim öffentlichen Angebot von Wertpapieren oder bei deren Zulassung zum Handel zu veröffentlichen ist, 9800/16, 3.6.2016, abrufbar unter http://data.consilium.europa.eu/doc/document/ST-9800-2016-INIT/de/pdf.
4 ECON, Draft European Parliament legislative resolution on the proposal for a regulation of the European Parliament and of the Council on the prospectus to be published when securities are offered to the public or admitted to trading (2015/0268(COD) vom 19.7.2016, abrufbar unter http://www.europarl.europa.eu/sides/getDoc.do?type=REPORT&mode=XML&reference=A8-2016-0238&language=EN#title1.
5 Vgl. Vorschlag für eine Verordnung des Europäischen Parlaments und des Rates über den Prospekt, der beim öffentlichen Angebot von Wertpapieren oder bei deren Zulassung zum Handel zu veröffentlichen ist, 2015/0268(COD), Art. 9.

ten aber größtenteils wieder eingeschränkt. So sieht Art. 10 Abs. 2 Unterabs. 2 ProspektVO-E vor, dass für den Fall, dass ein Emittent ein einheitliches Registrierungsformular ohne Billigung hinterlegt hat, die gesamte Dokumentation einer Billigung bedarf und zwar unbeschadet der Tatsache, dass es sich weiterhin um separate Dokumente handelt. Daraus folgt, dass bei der Verwendung in dreiteiligen Prospekten eine Billigung des einheitlichen Registrierungsformulars erforderlich ist. Interessant ist mit Blick auf die Verwendbarkeit des einheitlichen Registrierungsformular, dass nach der Position sowohl des Rates als auch des Parlaments, eine Notifizierung des einheitlichen Registrierungsformulars möglich sein soll. Allerdings ist – soweit eine Notifizierung beabsichtigt ist – (ebenfalls) eine Billigung des einheitlichen Registrierungsformulars erforderlich. Es ist also nicht möglich, gleichzeitig vom Wegfall des Billigungserfordernisses und der Möglichkeit der Notifzierung zu profitieren.

II. Prospekt als einziges Dokument oder aus mehreren Einzeldokumenten (§ 12 Abs. 1 WpPG)

1. Wahlmöglichkeit bezüglich des Prospektformats (§ 12 Abs. 1 Satz 1 WpPG)

Gemäß § 12 Abs. 1 Satz 1 WpPG kann der Prospekt als ein einziges Dokument oder in mehreren Einzeldokumenten erstellt werden, dh. dem Emittenten oder Anbieter wird diesbezüglich ein **Wahlrecht bezüglich des Prospektformats** eingeräumt. Dieses Wahlrecht besteht unabhängig davon, ob es sich bei dem Prospekt um einen Prospekt in Zusammenhang mit der Zulassung von Wertpapieren an einem organisierten Markt (früher Börsenzulassungsprospekt) oder um einen Prospekt in Zusammenhang mit dem öffentlichen Angebot von Wertpapieren handelt (früher Verkaufsprospekt). Neben dem einteiligen Prospekt und dem dreiteiligen Prospekt stellt der Basisprospekt ein eigenständiges Prospektformat dar (dazu § 6 WpPG Rz. 31 und unten unter Rz. 25 ff.). Unabhängig von der Wahl des Prospektformats bestehen grundsätzlich die gleichen inhaltlichen Anforderungen an den Prospekt (vgl. zum dreiteiligen Prospekt unten unter Rz. 17 ff.).

12

2. Prospekt als einziges Dokument (§ 12 Abs. 1 Satz 1 WpPG)

Sofern ein Prospekt als einziges Dokument erstellt wird, ist der **Prospekt gemäß Art. 25 Abs. 1 ProspektVO** wie folgt **aufzubauen**:

13

1. Klares und detailliertes Inhaltsverzeichnis;
2. Zusammenfassung iS des Art. 5 Abs. 2 Prospektrichtlinie;
3. Angabe der Risikofaktoren, die mit dem Emittenten und der Art von Wertpapieren, die Bestandteil der Emission ist, einhergehen/verbunden sind;
4. Angabe der sonstigen Informationsbestandteile, die Gegenstand der Schemata und Module sind, auf deren Grundlage der Prospekt erstellt wurde.

Die Reihenfolge der Präsentation dieser Bestandteile ist zwingend, dh. die Zusammenfassung muss vor den Risikofaktoren und den dann nachfolgenden Prospektteilen dargestellt sein (vgl. auch § 7 WpPG Rz. 29).

14 Die **sonstigen Informationsbestandteile, die Gegenstand der einschlägigen Schemata (vgl. Art. 2 Nr. 1 ProspektVO) und Module (vgl. Art. 2 Nr. 2 ProspektVO)** sind, sind in den Anhängen I bis XVII ProspektVO geregelt, wobei die Art. 4 bis 20a der ProspektVO maßgeblich dafür sind, welches Schemata oder Modul anwendbar ist, und Art. 21 ProspektVO Vorgaben für Kombinationsmöglichkeiten für die verschiedenen Arten von Wertpapieren enthält (vgl. Art. 3 Satz 1 und Satz 2 ProspektVO; dazu auch § 7 WpPG Rz. 20 ff.). Soweit in den jeweiligen Schemata oder Modulen eine Reihenfolge vorgegeben ist, ist diese – anders als der grundsätzliche Aufbau des Prospekts (siehe oben unter Rz. 13) – nicht zwingend (vgl. Art. 25 Abs. 3 ProspektVO). Im Fall von Abweichungen kann die zuständige Behörde allerdings gemäß Art. 25 Abs. 4 ProspektVO verlangen, dass für die Prüfung des Prospekts eine Querverweisliste beigefügt wird (vgl. § 7 WpPG Rz. 28).

15 Aus § 12 Abs. 1 Satz 1 WpPG könnte gefolgert werden, dass eine **Einbeziehung eines Registrierungsformulars per Verweis gemäß § 11 WpPG** in einen einteiligen Prospekt (vgl. dazu oben unter Rz. 5) ausgeschlossen ist. Der Wortlaut des § 12 Abs. 1 Satz 1 WpPG legt scheinbar die Auslegung nahe, dass im Fall eines einteiligen Prospekts der Prospekt auch tatsächlich nur aus einem Dokument bestehen dürfe. Wie das Beispiel der Basisprospekte zeigt, für die in Art. 26 Abs. 4 ProspektVO explizit geregelt ist, dass ein zu einem früheren Zeitpunkt hinterlegtes Registrierungsformular per Verweis in einen Basisprospekt einbezogen werden kann, ist diese Auslegung aber nicht zwingend, vielmehr sind die per Verweis nach § 11 WpPG einbezogenen Dokumente nicht als Einzeldokumente iS des § 12 Abs. 1 Satz 1 WpPG aufzufassen. Da jedenfalls einzelne Informationen aus anderen Prospekten und Registrierungsformularen einbezogen werden können (siehe Art. 28 Abs. 1 Nr. 5 ProspektVO)[1] und in § 11 WpPG bzw. in Art. 28 ProspektVO eine Obergrenze für den Umfang der einbeziehbaren Informationen nicht vorgesehen ist, muss es daher auch bei einem einteiligen Prospekt möglich sein, sämtliche Informationen zum Emittenten durch ein gesondert hinterlegtes Registrierungsformular abzudecken (zu einer etwaigen Begrenzung aufgrund der Gültigkeit des Registrierungsformulars siehe § 9 WpPG Rz. 55 und aufgrund der Abhängigkeit der Gültigkeitsdauer des Prospekts von der Gültigkeitsdauer des Registrierungsformulars § 9 WpPG Rz. 63 ff.)[2].

3. Prospekt aus mehreren Einzeldokumenten (§ 12 Abs. 1 Satz 2–5 WpPG und § 12 Abs. 3 Satz 3 WpPG)

16 Besteht ein Prospekt aus mehreren Einzeldokumenten, sind gemäß **§ 12 Abs. 1 Satz 2 WpPG** die geforderten Angaben auf ein **Registrierungsformular, eine Wertpapierbeschreibung und eine Zusammenfassung** aufzuteilen, so dass der Prospekt grundsätzlich aus drei Teilen besteht. Eine Aufteilung in weitere Einzeldokumente ist nicht zulässig[3]. Einzige Ausnahme von dieser Regel sind die Fälle, in denen eine Zusammenfassung entbehrlich ist (vgl. unten unter Rz. 23).

---

1 Dazu auch *Kullmann/Sester*, ZBB 2005, 209 (214 f.).
2 Ebenso *Friedl* in Just/Voß/Ritz/Zeising, § 12 WpPG Rz. 10.
3 *Röhrborn* in Heidel, Aktienrecht und Kapitalmarktrecht, § 11 WpPG Rz. 2.

Auch bei einem dreiteiligen Prospekt sind die **allgemeinen Anforderungen an Prospekte nach den §§ 5 ff. WpPG** einzuhalten. Im Hinblick auf den Inhalt kommen die §§ 5 und 7 WpPG zur Anwendung und es ist insbesondere das Gebot der Verständlichkeit zu beachten[1]. Bei der Prospektgestaltung ist – wie Erwägungsgrund Nr. 4 ProspektVO explizit für Prospekte aus mehreren Dokumenten bestimmt – darauf zu achten, dass eine Wiederholung von Angaben vermieden wird. Zu diesem Zweck sieht die ProspektVO vor, dass jeweils ein gesondertes Schema für das Registrierungsformular und die Wertpapierbeschreibung verwendet wird, das auf die jeweilige Art des Emittenten und die entsprechenden Wertpapiere abgestimmt ist, um so jede Art von Wertpapier zu erfassen[2]. Bei dreiteiligen Prospekten sind auch die Gültigkeitsvorschriften der Prospektbestandteile zu beachten, insbesondere im Hinblick auf die Verwendbarkeit des Registrierungsformulars (dazu unten unter Rz. 31)[3].

17

Auch im Fall des dreiteiligen Prospekts müssen alle Dokumente gemäß dem Verfahren in § 13 WpPG **gebilligt** werden; ein Registrierungsformular kann auch gesondert gebilligt werden (vgl. dazu unten unter Rz. 30)[4].

18

Im Fall eines dreiteiligen Prospekts schreibt **Art. 25 Abs. 2 ProspektVO für die Wertpapierbeschreibung und das Registrierungsformular den folgenden Aufbau** vor:

19

1. Klares und detailliertes Inhaltsverzeichnis;
2. je nach Fall Angabe der Risikofaktoren, die mit dem Emittenten bzw. der Art des Wertpapiers, das Bestandteil der Emission ist, verbunden sind;
3. Angabe der sonstigen Informationsbestandteile, die Gegenstand der Schemata und Module sind, auf deren Grundlage der Prospekt erstellt wurde.

Diese Reihenfolge ist – wie im Fall des Prospekts als einziges Dokument (siehe oben unter Rz. 13) – zwingend.

Das **Registrierungsformular** muss die Angaben zum Emittenten enthalten (§ 12 Abs. 1 Satz 3 WpPG). Der Inhalt des Registrierungsformulars bestimmt sich nach der ProspektVO, vor allem nach den Anhängen I, IV, IX und XI ProspektVO für den Emittenten (entsprechend nach BaFin-Lesart im Fall eines Garanten). Zu beachten ist, dass mit der Wahl eines bestimmten Anhangs für die Abbildung der Emitteneninformationen auch gleichzeitig eine Festlegung auf bestimmte Emissionen stattfindet. Wenn zB ein Emittent ein Registrierungsformular basierend auf Anhang IV ProspektVO (Registrierungsformular für Schuldtitel und derivative Wertpapiere mit einer Stückelung von weniger als 100.000 Euro) erstellt, dann kann er dieses Registrierungsformular nicht für die Emission von Aktien nutzen, da in die-

20

---

[1] Vgl. auch Begr. RegE Prospektrichtlinie-Umsetzungsgesetz, BT-Drucks. 15/4999 v. 3.3.2005, S. 34 (Begründung zu § 12 Abs. 1 WpPG).
[2] Für den Fall von Doppelungen von Informationen vgl. auch ESMA FAQs, Questions and Answers Prospectuses: 25th Updated Version – July 2016, ESMA/2016/1133, Frage 10.
[3] Begr. RegE Prospektrichtlinie-Umsetzungsgesetz, BT-Drucks. 15/4999 v. 3.3.2005, S. 34 (Begründung zu § 12 Abs. 2 WpPG).
[4] Vgl. Begr. RegE Prospektrichtlinie-Umsetzungsgesetz, BT-Drucks. 15/4999 v. 3.3.2005, S. 34 (Begründung zu § 12 Abs. 2 WpPG).

sem Fall Anhang I ProspektVO hätte angewendet werden müssen (zur Abgrenzung zwischen den beiden Registrierungsformularen siehe Anhang IV EU-ProspektVO Rz. 7).

21 Die **Wertpapierbeschreibung** enthält die Angaben zu den Wertpapieren, die öffentlich angeboten oder zum Handel an einem organisierten Markt zugelassen werden sollen (**§ 12 Abs. 1 Satz 4 WpPG**). Die entsprechenden Vorgaben für den Mindestinhalt finden sich in den Anhängen III, V, VIII, XII, XIII, XIV und XXIV ProspektVO. Soweit in der Wertpapierbeschreibung – gleiches gilt auch für das Registrierungsformular – von der Reihenfolge in den jeweiligen Anhängen abgewichen wird, muss gegebenenfalls eine Querverweisliste erstellt werden (vgl. oben unter Rz. 14).

22 Der Inhalt der **Zusammenfassung** richtet sich gemäß **§ 12 Abs. 1 Satz 5 WpPG** nach § 5 Abs. 2, 2a und 2b WpPG. Hiernach soll der Prospekt eine Zusammenfassung enthalten, welche in knapper Form die wichtigsten Schlüsselinformationen und Warnhinweise in der Sprache enthält, in der der Prospekt erstellt wurde und welche in einem einheitlichen Format abzufassen ist. Die für das Format der Zusammenfassung relevanten Vorgaben finden sich in Art. 24 und Anhang XXII ProspektVO. Durch die Vorgabe eines einheitlichen Formats soll die Vergleichbarkeit der Zusammenfassungen, welche sich auf ähnliche Wertpapiere beziehen, aber von verschiedenen Emittenten ausgegeben werden, erhöht werden[1]. Die erforderlichen **Schlüsselinformationen** werden in § 5 Abs. 2a WpPG konkretisiert, der insoweit an die Definition des durch das Prospektrichtlinie-Änderungsrichtlinie-Umsetzungsgesetz neu eingefügten § 2 Nr. 18 WpPG anknüpft (vgl. näher § 5 WpPG Rz. 27 ff.).

23 Weiterhin muss die Zusammenfassung entsprechend § 5 Abs. 2b Nr. 1–4 WpPG **Warnhinweise** darauf enthalten, dass die Zusammenfassung lediglich als Einführung zum Prospekt verstanden werden sollte, eine Anlageentscheidung aber auf den gesamten Prospekt gestützt werden sollte und Prospekthaftungsansprüche nur in dem Fall auf die Zusammenfassung gestützt werden können, wenn diese irreführend, unrichtig oder widersprüchlich ist, wenn sie zusammen mit den anderen Teilen des Prospekts gelesen wird oder wenn sie nicht alle erforderlichen Schlüsselinformationen enthält. Die Anforderungen an die Warnhinweise entsprechen weitestgehend den Anforderungen, die bereits gemäß § 5 Abs. 2 WpPG aF galten[2]. Durch das Prospektrichtlinie-Änderungsrichtlinie-Umsetzungsgesetz wurde der erweiterte Warnhinweis in Bezug auf die Schlüsselinformationen neu eingeführt. Unter der Voraussetzung, dass der Prospekt die Zulassung von Nichtdividendenwerten mit einer Mindeststückelung von 100.000 Euro zum Handel an einem organisierten Markt betrifft, ist eine Zusammenfassung nicht erforderlich (§ 5 Abs. 2 Satz 5 WpPG). In diesem Fall ist somit auch beim Prospekt aus mehreren Einzeldokumenten eine Zusammenfassung entbehrlich[3].

---

1 Begr. RegE, BT-Drucks 17/8664, S. 18 (Begründung zu § 5 Abs. 2 bis 2b WpPG).
2 *Lawall/Maier*, DB 2012, 2443 (2446).
3 So auch *Holzborn* in Holzborn, § 12 WpPG, Rz. 1 und *Kullmann/Sester*, WM 2005, 1068 (1071).

Die **Risikofaktoren** sind je nach Art, dh., ob sie sich auf die Wertpapiere oder den Emittenten beziehen, entweder in der Wertpapierbeschreibung oder in dem Registrierungsformular aufzunehmen[1]. 24

§ 12 Abs. 3 Satz 3 WpPG stellt klar, dass die Wertpapierbeschreibung und die Zusammenfassung in dem Fall, dass ein gesondertes Registrierungsformular verwendet wird, von der Bundesanstalt gesondert gebilligt werden. 24a

4. Besonderheiten bei Basisprospekten

Bei Basisprospekten war nach der gesetzlichen Vorgabe in **§ 12 Abs. 1 Satz 6 WpPG in der Fassung bis zum Inkrafttreten des Prospektrichtlinie-Änderungsrichtlinie-Umsetzungsgesetzes** eine Wahlmöglichkeit, einen Basisprospekt aus einem oder mehreren Einzeldokumenten zu erstellen, explizit ausgeschlossen (siehe dazu auch § 6 WpPG Rz. 31). 25

In der **Prospektrichtlinie** selbst fehlt eine korrespondierende Bestimmung. Aus der Formulierung in Art. 5 Abs. 3 Prospektrichtlinie („Vorbehaltlich des Absatzes 4 ...") wurde jedoch gefolgert, dass sich auch nach dem Willen des Richtliniengebers Basisprospekte und dreiteilige Prospekte ausschließen[2]. 26

Infolge der Neufassung des Art. 5 Abs. 3 Prospektrichtlinie im Rahmen der Änderungsrichtlinie entfiel der oben genannte Vorbehalt. Daraufhin strich der deutsche Gesetzgeber durch das Prospektrichtlinie-Änderungsrichtlinie-Umsetzungsgesetz § 12 Abs. 1 Satz 6 WpPG aF, mit der Absicht, künftig das **dreiteilige Prospektformat bei Basisprospekten zuzulassen**[3]. Diese Prospektstruktur war zuvor nur Dividendenwerten zugänglich und versprach für Emittenten von Anleihen und derivativen Wertpapieren größere Flexibilität (vgl. zum Regelungsziel der erhöhten Flexibilität auch Erwägungsgrund Nr. 20 Änderungsrichtlinie)[4]. 27

Infolge der aus der Streichung abgeleiteten Öffnung des dreiteiligen Prospektformats für Basisprospekte wurde unter Berücksichtigung des § 9 Abs. 4 Satz 2 WpPG auch bei Basisprospekten die Frage diskutiert, ob bei Änderungen der Emittentenbeschreibung allein ein **Nachtrag** auf das Registrierungsformular genüge, um einen bestehenden dreiteiligen Basisprospekt zu aktualisieren (siehe allgemein zur Diskussion sowie zu etwaigen Vorteilen einer derartigen „**dynamischen Wirkung**" unten unter Rz. 37). 28

---

1 *Friedl* in Just/Voß/Ritz/Zeising, § 12 WpPG, Rz. 14.
2 Vgl. zum alten Meinungsstand und zur Kritik an der Anwendbarkeit des dreiteiligen Prospektregimes auf Basisprospekte *Seitz* in Assmann/Schlitt/von Kopp-Colomb, § 12 WpPG (Vorauﬂ.) Rz. 27 sowie *Friedl* in Just/Voß/Ritz/Zeising, § 12 WpPG Rz. 6. CESR hat dazu im Rahmen der Vorbereitungsmaßnahmen zu der ProspektVO festgestellt, dass die Prospektrichtlinie die Anwendung des sog. „*shelf registration*" Systems nicht explizit gestattet, vgl. CESR/03-300, Rz. 51 sowie CESR/03-301, Rz. 104.
3 Vgl. Begründung des Regierungsentwurfs zum Prospektrichtlinie-Änderungsrichtlinie-Umsetzungsgesetz, BT-Drucks. 17/8684, S. 13.
4 *von Kopp-Colomb/Seitz*, WM 2012, 1220 (1226 mwN).

29 Die Diskussion hinsichtlich der Zulässigkeit von dreiteiligen Basisprospekten und die Frage der dynamischen Wirkung von Nachträgen bei Basisprospekten wurde allerdings (vorerst) dadurch beendet, dass die **ESMA** am 17.12.2013 eine Stellungnahme[1] veröffentlichte, in der sie das **dreiteilige Basisprospektformat für nicht zulässig erklärte**[2]. Die ESMA führte dazu aus, dass Art. 26 Abs. 4 ProspektVO ausdrücklich fordere, dass ein Basisprospekt die Angaben eines bereits hinterlegten Registrierungsformulars enthalten müsse, indem diese per Verweis gemäß Art. 28 ProspektVO einbezogen werden. Das geltende Prospektregime biete nicht den erforderlichen Rechtsrahmen für dreiteilige Basisprospekte; die Änderungen aufgrund der Änderungsrichtlinie reichten hierfür nicht aus (siehe auch § 6 WpPG Rz. 31). Bedeutung könnte der Frage wieder im Rahmen der nächsten Prospektrechtsüberarbeitung zukommen. Sowohl der von der Europäischen Kommission veröffentlichte **ProspektVO-E** als auch die diesbezüglichen Stellungnahmen des Europäischen Rats und Europäischen Parlaments sehen aktuell die **Zulässigkeit der Anwendung des dreiteiligen Prospektformats auf Basisprospekte** explizit vor (siehe dazu oben unter Rz. 10).

III. Regelungen zum gesondert hinterlegten Registrierungsformular (§ 12 Abs. 2–4 WpPG)

1. Billigung des Registrierungsformulars (§ 12 Abs. 2 WpPG)

30 Nach § 12 Abs. 2 WpPG ist ein Emittent, dessen Registrierungsformular bereits von der BaFin gebilligt worden ist, zur Erstellung der Wertpapierbeschreibung und der Zusammenfassung verpflichtet, wenn die Wertpapiere öffentlich angeboten oder zum Handel an einem organisierten Markt zugelassen werden. Daraus lässt sich im Umkehrschluss folgern, dass die **Billigung des Registrierungsformulars** im Fall des dreiteiligen Prospekts **unabhängig von der Billigung der anderen Prospektteile**, nämlich der Wertpapierbeschreibung und der Zusammenfassung, erfolgen kann (vgl. auch unten unter Rz. 43).

31 Im Rahmen der auch bei einem dreiteiligen Prospekt zu beachtenden allgemeinen Anforderungen an Prospekte (vgl. oben unter Rz. 17) besitzt für das Registrierungsformular vor allem die **Gültigkeitsbeschränkung gemäß § 9 Abs. 4 Satz 1 WpPG** eine besondere Bedeutung. Dabei ist zwischen der Gültigkeit des Registrierungsformulars im Zeitpunkt der Prospektbilligung (siehe dazu auch § 9 WpPG Rz. 53 ff.) und der Abhängigkeit der Gültigkeitsdauer des Prospekts von der Gültigkeit des Registrierungsformulars (siehe dazu auch § 9 WpPG Rz. 63 ff.) zu differenzieren. Im Fall des dreiteiligen Prospekts ist grundsätzlich die Gültigkeit des Registrierungsformulars im Zeitpunkt der Prospektbilligung erforderlich, wobei entsprechend § 12 Abs. 1 Satz 2 WpPG auf die Billigung aller Einzeldokumente, dh. nicht nur des Re-

---

1 ESMA, Opinion on the Format of the Base Prospectus and consistent Application of Article 26(4) of the Prospectus Regulation, ESMA/2013/1944.
2 ESMA, Opinion on the Format of the Base Prospectus and consistent Application of Article 26(4) of the Prospectus Regulation, ESMA/2013/1944, Rz. 9.

gistrierungsformulars, sondern auch der Wertpapierbeschreibung und der Zusammenfassung, abzustellen ist[1]. Demgegenüber besteht grundsätzlich keine Abhängigkeit der Gültigkeitsdauer des Prospekts von der Gültigkeitsdauer des Registrierungsformulars[2]. Daraus folgt, dass ein für sich genommen nicht mehr gültiges Registrierungsformular als Teil eines dreiteiligen Prospekts noch Gültigkeit haben kann[3]. In einem solchen Fall kann das Registrierungsformular allerdings nur noch durch einen Nachtrag, der sich auf den ganzen dreiteiligen Prospekt bezieht, aktualisiert werden[4].

Soweit das gesondert hinterlegte Registrierungsformular nicht für einen dreiteiligen Prospekt, sondern dafür genutzt wird, dass es als Ganzes oder Teile davon in einen anderen (Basis-)Prospekt per **Verweis gemäß § 11 WpPG** einbezogen wird bzw. werden, ergeben sich eine Reihe von Besonderheiten (zur Einbeziehbarkeit im Hinblick auf einteilige Prospekte bereits oben unter Rz. 15). Im Hinblick auf die Gültigkeitsbeschränkung sind die Vorschriften zum dreiteiligen Prospekt jedenfalls nicht ohne Weiteres übertragbar (siehe § 9 WpPG Rz. 54 f.), wohingegen bei der Aktualisierung Parallelen bestehen (siehe § 9 WpPG Rz. 60 ff. und unten unter Rz. 34 ff.). Soweit in das gesondert hinterlegte Registrierungsformular andere Informationen, zB Finanzinformationen aus Jahresabschlüssen, durch Verweis einbezogen werden, ist darauf zu achten, dass keine unzulässigen Kettenverweise (vgl. § 11 WpPG Rz. 24) auftreten. In der Praxis ist das dadurch zu lösen, dass die entsprechenden Informationen gegebenenfalls noch einmal per Verweis in die Wertpapierbeschreibung bzw. in den (Basis-)Prospekt aufgenommen werden. 32

Ein Registrierungsformular kann grundsätzlich in einer anderen Sprachfassung als der übrige Prospekt erstellt werden (so genanntes „**gebrochenes Sprachenregime**", vgl. dazu § 19 WpPG Rz. 69 und im Fall der Einbeziehung per Verweis § 11 WpPG Rz. 29 ff.). 33

2. Aktualisierung des Registrierungsformulars (§ 12 Abs. 3 Satz 1 und 2 WpPG)

Sofern es seit der Billigung des Registrierungsformulars zu erheblichen Veränderungen oder neuen Entwicklungen gekommen ist, die sich auf die Beurteilung des Publikums auswirken können, sind im Fall des dreiteiligen Prospekts die **neuen emittentenbezogenen Angaben in die Wertpapierbeschreibung** aufzunehmen. 34

Nach dem im Zuge des Prospektrichtlinie-Änderungsrichtlinie-Umsetzungsgesetz neu eingefügten **§ 12 Abs. 3 Satz 2 WpPG** gilt dies jedoch nicht, wenn das **Registrierungsformular wegen dieser neuen Umstände bereits nach § 16 WpPG aktualisiert** worden ist. Vor der Einfügung des § 12 Abs. 3 Satz 2 WpPG bestand die 35

---

1 Im Ergebnis wohl ähnlich *Friedl/Ritz* in Just/Voß/Ritz/Zeising, § 9 WpPG Rz. 19.
2 ESMA FAQs, Questions and Answers Prospectuses: 25th Updated Version – July 2016, ESMA/2016/1133, Frage 75.
3 *von Kopp-Colomb/Seitz*, WM 2012, 1220 (1226).
4 BaFin, Häufig gestellte Fragen zum neuen Basisprospektregime vom 31. Mai 2012 (Stand 4.6.2014), Ziffer III.2.

Unsicherheit, ob die aktualisierten emittentenbezogenen Informationen immer in die Wertpapierbeschreibung aufzunehmen sind oder ob es stattdessen auch möglich ist, einen Nachtrag zu dem Registrierungsformular zu erstellen, durch den die neuen emittentenbezogenen Informationen unmittelbar in das Registrierungsformular einbezogen werden[1].

36 Der im Rahmen der ersten Überarbeitung der Prospektrichtlinie geänderte Wortlaut des Art. 12 Abs. 2 Prospektrichtlinie bzw. § 12 Abs. 3 WpPG stellt nun ausdrücklich klar, dass neben der Aufnahme der neuen Umstände in die Wertpapierbeschreibung auch die **Möglichkeit eines Nachtrags nach § 16 WpPG zum Registrierungsformular** besteht. Somit stehen beide Alternativen, die Aufnahme in die Wertpapierbeschreibung und der Nachtrag auf ein Registrierungsformular, nebeneinander zur Verfügung, um erhebliche Veränderungen bzw. neue Entwicklungen nach § 12 Abs. 3 Satz 1 WpPG zu berücksichtigen[2]. Die BaFin hat entsprechend klargestellt, dass ein separater Nachtrag zum Registrierungsformular möglich ist, und zwar auch dann, wenn gerade kein öffentliches Angebot unter Einbindung des Registrierungsformulars stattfindet[3].

37 Infolge dieser Gesetzesänderung stellen sich eine Reihe von Folgefragen, zB ob bei bereits laufenden Emissionen eine Aktualisierung des Registrierungsformulars ohne Weiteres auch zu einer Aktualisierung eines dreiteiligen Prospekts (sog. „dynamische Wirkung") bzw. eines (Basis-)Prospekts, in den das Registrierungsformular per Verweis nach § 11 WpPG einbezogen wurde, führt (sog. **„dynamische Verweise"**, vgl. dazu § 11 WpPG Rz. 19).

38 Die **BaFin** geht in diesem Zusammenhang davon aus, dass im Falle eines dreiteiligen Prospekts Nachträge allein auf das Registrierungsformular ausreichend sein können, soweit der nachtragspflichtige Umstand nur das Registrierungsformular betrifft[4]. Dies bedeutet, dass eine Änderung der Emitteninformation allein durch einen Nachtrag nach § 16 WpPG auf das Registrierungsformular aktualisiert werden kann, wenn auf Basis eines gebilligten und veröffentlichten Registrierungsformular mehrere Wertpapierbeschreibungen und Zusammenfassungen gebilligt und veröffentlicht und somit dreiteilige Prospekte erstellt wurden. Dies stellt insbesondere für Emittenten mit umfangreicher Emissionstätigkeit eine nicht unbeachtliche Erleichterung dar[5]. Sollten aber von dem nachtragspflichtigen Umstand – wie in der Praxis leider häufig – auch die Wertpapierbeschreibung und die Zusammenfassung betroffen sein – müssen hierfür auch Nachträge erstellt werden.

---

[1] Vgl. zum damaligen Meinungsstand *Seitz* in Assmann/Schlitt/von Kopp-Colomb, § 12 WpPG (Voraufl.) Rz. 35 ff.
[2] Begr. RegE Prospektrichtlinie-Änderungsrichtlinie-Umsetzungsgesetz, BT-Drucks. 17/8684 v. 15.2.2012, S. 19; *Holzborn* in Holzborn, § 12 WpPG Rz. 3; *Groß*, Kapitalmarktrecht § 12 WpPG, Rz. 4.
[3] Vgl. BaFin Häufig gestellt Fragen zum Basisprospektregime vom 31. Mai 2012 (Stand 4.6.2014), Ziffer III.1.
[4] BaFin, Häufig gestellte Fragen zum neuen Basisprospektregime vom 31. Mai 2012 (Stand 4.6.2014), Ziffer III.3.
[5] *Oulds*, WM 2011, 1452 (1460).

Werden in einen einteiligen (Basis-)Prospekt Angaben per Verweis nach § 11 WpPG auf ein Registrierungsformular einbezogen und wird das Registrierungsformular per Nachtrag geändert, ist – soweit der Nachtrag per Verweis einbezogene Angaben betrifft – auch ein **Nachtrag auf den (Basis-)Prospekt erforderlich, in dem auf das aktualisierte Registrierungsformular hinzuweisen ist**[1]. Zudem muss der Nachtrag auf das Registrierungsformular per Verweis in den (Basis-)Prospekt einbezogen werden. Der Hintergrund ist, dass im Gegensatz zu dem dreiteiligen Prospektformat das Registrierungsformular im Falle einer Einbeziehung per Verweis nach § 11 WpPG nicht selbst Bestandteil des (Basis-)Prospekts wird, sondern lediglich die Angaben aus dem Registrierungsformular in den (Basis-)Prospekt einbezogen werden[2].

Hinsichtlich der **Art und Weise der Aktualisierung eines gesondert hinterlegten Registrierungsformulars** stellt § 9 Abs. 4 Satz 2 WpPG nunmehr klar, dass diese durch Nachtrag gemäß § 16 WpPG erfolgt (vgl. auch § 9 WpPG Rz. 60).

In dem Fall, in dem die zu aktualisierenden Angaben **zwischen der Billigung des Registrierungsformulars und der Billigung der Wertpapierbeschreibung** vorliegen bzw. eintreten, ist nach § 12 Abs. 3 Satz 1 WpPG die **Aktualisierung über die Wertpapierbeschreibung** möglich. Nach § 12 Abs. 3 Satz 1 WpPG wird eine derartige Aktualisierungspflicht durch erhebliche Veränderungen oder neue Entwicklungen, die sich auf die Beurteilung durch das Publikum auswirken können, ausgelöst. Fraglich ist, wie dies zu interpretieren ist. Nach dem Wortlaut des § 12 Abs. 3 Satz 1 WpPG ist nicht jede Veränderung oder neue Entwicklung in die Wertpapierbeschreibung aufzunehmen, sondern es muss eine gewisse Schwelle überschritten sein. Diese Formulierung ähnelt der im Fall von nachtragspflichtigen Umständen oder Unrichtigkeiten nach § 16 Abs. 1 Satz 1 WpPG, ist mit dieser aber nicht identisch (dies gilt auch für die jeweiligen englischen Fassungen in Art. 12 Abs. 2 Prospektrichtlinie bzw. Art. 16 Abs. 1 Prospektrichtlinie). Es würde aber wenig Sinn machen, im Fall des § 12 Abs. 3 Satz 1 WpPG eine von der Nachtragspflicht abweichende Schwelle anzuwenden, die zwischen der Pflicht, aktuelle Angaben aufzunehmen, und der Nachtragspflicht liegen würde. Dementsprechend sind die **Grundsätze für die Beurteilung der Aktualisierungspflicht unter § 16 Abs. 1 WpPG** (dazu § 16 WpPG Rz. 21 ff.) **auf die Konstellation des gesondert hinterlegten Registrierungsformulars entsprechend anzuwenden**. Für diese Auslegung spricht auch, dass das Registrierungsformular wegen dieser neuen Umstände auch nach § 12 Abs. 3 Satz 2 WpPG nach § 16 WpPG direkt aktualisiert werden kann und vom Richtliniengeber nur ein Gleichlauf der Aktualisierung nach § 12 Abs. 3 Satz 1 WpPG und § 12 Abs. 3 Satz 2 WpPG gewollt sein kann (vgl. oben unter Rz. 36). Für den Fall, dass das Registrierungsformular durch Verweis gemäß § 11 WpPG in den (Basis-)Prospekt einbezogen wird, kann nichts anderes gelten, dh. die zu aktualisierenden Angaben sind in den (Basis-)Prospekt aufzunehmen, wobei eine Aktualisierung nur unter den entsprechend anwendbaren Voraussetzungen des § 12 Abs. 3 Satz 1

---

1 BaFin, Häufig gestellte Fragen zum neuen Basisprospektregime vom 31. Mai 2012 (Stand 4. Juni 2014), Ziffer III.3.
2 *Lawall/Maier*, DB 2012, 2503 (2504).

WpPG erforderlich ist und damit eine bestimmte Wesentlichkeitsschwelle überschritten sein muss. Es wäre nicht einsichtig, wenn man hier einen anderen Maßstab für die zu aktualisierenden Angaben anlegen würde als beim dreiteiligen Prospekt. Soweit sich somit zB lediglich die Mandate der Vorstandsmitglieder des Emittenten gegenüber der Angabe in dem Registrierungsformular ändern (siehe zB Ziffer 10.1 Anhang IV ProspektVO), muss die entsprechende Liste mit den Vorstandsmandaten in der Wertpapierbeschreibung regelmäßig nicht aktualisiert werden. Etwas anderes gilt aber gegebenenfalls in dem Fall, dass das Registrierungsformular in einem dreiteiligen Prospekt verwendet werden soll und zu diesem Zeitpunkt die Neunmonatsfrist für das Erfordernis von Zwischenfinanzinformationen (vgl. zB Ziffer 13.5.2 Anhang IV ProspektVO) abgelaufen ist. In diesem Fall sind gegebenenfalls Zwischenfinanzinformationen in die Wertpapierbeschreibung oder in das Registrierungsformular durch einen Nachtrag nach § 16 WpPG aufzunehmen, jedenfalls dann, wenn diese als eine erhebliche Veränderung oder neue Entwicklung zu qualifizieren sind, die für die Beurteilung durch das Publikum relevant sein können.

42 Soweit die zu aktualisierenden Angaben erst **nach der Billigung der Wertpapierbeschreibung bzw. des (Basis-)Prospekts** vorliegen bzw. eintreten, ist es erforderlich, dass ein Nachtrag auf die Wertpapierbeschreibung bzw. den (Basis-)Prospekt bzw. das Registrierungsformular geschaltet wird. Es gilt dabei ohne Weiteres der **Maßstab des § 16 Abs. 1 WpPG**, dh. es sind nur wichtige neue Umstände oder wesentliche Unrichtigkeiten nachzutragen, welche die Beurteilung der Wertpapiere beeinflussen können. Es stellt sich hier auch die Frage nach der unterschiedlichen Behandlung des dreiteiligen Prospekts und des durch Verweis einbezogenen, gesondert hinterlegten Registrierungsformulars nicht. Für den Fall, dass das Registrierungsformular für eine Vielzahl von Prospekten verwendet wurde, ist es vorzugswürdig, die Änderung der Emitteninformationen durch einen Nachtrag in das Registrierungsformular aufzunehmen und den Nachtrag auf das Registrierungsformular per Verweis in den (Basis-)Prospekt einzubeziehen, sofern keine Änderungen an der Wertpapierbeschreibung oder der Zusammenfassung erforderlich sein sollten.

3. Hinterlegung eines nicht gebilligten Registrierungsformulars (§ 12 Abs. 4 WpPG)

43 Sofern ein Emittent nur ein nicht gebilligtes Registrierungsformular hinterlegt hat, bedürfen gemäß § 12 Abs. 4 WpPG alle Dokumente der Billigung durch die BaFin. Durch diese Regelung wird klargestellt, dass bei einem dreiteiligen Prospekt auch das Registrierungsformular stets der Billigung bedarf[1]. Der Mehrwert dieser Bestimmung in der Praxis ist allerdings fraglich. Auch bei der Einbeziehung von Informationen aus einem gesondert hinterlegten Registrierungsformular per Verweis ist die Billigung des Registrierungsformulars erforderlich (vgl. Art. 28 Abs. 1 Nr. 5 und Art. 26 Abs. 4 Nr. 1 ProspektVO).

---

1 Begr. RegE Prospektrichtlinie-Umsetzungsgesetz, BT-Drucks. 15/4999 v. 3.3.2005, S. 34 (Begründung zu § 12 Abs. 1 WpPG).

Abschnitt 3
Billigung und Veröffentlichung des Prospekts

§ 13
Billigung des Prospekts

(1) Ein Prospekt darf vor seiner Billigung nicht veröffentlicht werden. Die Bundesanstalt entscheidet über die Billigung nach Abschluss einer Vollständigkeitsprüfung des Prospekts einschließlich einer Prüfung der Kohärenz und Verständlichkeit der vorgelegten Informationen.

(2) Die Bundesanstalt teilt dem Anbieter oder dem Zulassungsantragsteller innerhalb von zehn Werktagen nach Eingang des Prospekts ihre Entscheidung mit, unterrichtet im Fall der Billigung gleichzeitig die Europäische Wertpapier- und Marktaufsichtsbehörde und übermittelt dieser gleichzeitig eine Kopie des Prospekts. Die Frist beträgt 20 Werktage, wenn das öffentliche Angebot Wertpapiere eines Emittenten betrifft, dessen Wertpapiere noch nicht zum Handel an einem in einem Staat des Europäischen Wirtschaftsraums gelegenen organisierten Markt zugelassen sind und der Emittent zuvor keine Wertpapiere öffentlich angeboten hat.

(3) Hat die Bundesanstalt Anhaltspunkte, dass der Prospekt unvollständig ist oder es ergänzender Informationen bedarf, so gelten die in Absatz 2 genannten Fristen erst ab dem Zeitpunkt, an dem diese Informationen eingehen. Die Bundesanstalt soll den Anbieter oder Zulassungsantragsteller hierüber innerhalb von zehn Werktagen ab Eingang des Prospekts unterrichten.

(4) Die Bundesanstalt macht die gebilligten Prospekte auf ihrer Internetseite für jeweils zwölf Monate zugänglich.

(5) Der zu billigende Prospekt einschließlich der Übersetzung der Zusammenfassung ist der Bundesanstalt sowohl in Papierform als auch elektronisch über das Melde- und Veröffentlichungssystem der Bundesanstalt oder auf einem Datenträger zu übermitteln.

In der Fassung vom 22.6.2005 (BGBl. I 2005, S. 1698), zuletzt geändert durch das Gesetz zur Umsetzung der Richtlinie 2010/73/EU und zur Änderung des Börsengesetzes vom 26.6.2012 (BGBl. I 2012, S. 1375).

Schrifttum: *Apfelbacher/Metzner*, Das Wertpapierprospektgesetz in der Praxis – Eine erste Bestandsaufnahme, BKR 2006, 81; *Binder*, Staatshaftung für fehlerhafte Bankenaufsicht gegenüber Bankeinlegern? – Verfassungs- und aufsichtsrechtliche Überlegungen nach der Entscheidung des Bundesgerichtshofs vom 20.1.2005 (WM 2005, 369), WM 2005, 1781; *Crüwell*, Die europäische Prospektrichtlinie, AG 2003, 243; *Fleischer*, Prospektpflicht und Prospekthaftung für Vermögensanlagen des Grauen Kapitalmarkts nach dem Anlegerschutzverbesserungsgesetz, BKR 2004, 339; *Fürhoff/Ritz*, Richtlinienentwurf der Kommission über den Europäischen Pass für Emittenten, WM 2001, 2280; *Holzborn/Schwarz-Gondek*, Die neue EU-Prospektrichtlinie, BKR 2003, 927; *Jaskulla*, Anmerkungen zum BGH-Urteil vom 20.1.2005 – III ZR 48/01, BKR 2005, 231; *Keller/Langner*, Überblick über die EU-Gesetzgebungsvorhaben im Finanzbereich, BKR 2003, 616; *von Kopp-Colomb/Lenz*, Der europäische Pass für Emittenten, AG 2002, 24; *Kopp/Ramsauer*, Verwaltungsverfahrensgesetz, 16. Aufl. 2015; *Kullmann/Sester*, Das Wertpapierprospektgesetz (WpPG) – Zentrale Punkte des neuen Regimes für Wertpapieremisionen, WM 2005, 1068; *Kunold/Schlitt*, Die neue EU-Prospektrichtlinie, Inhalt und Auswirkungen auf das deutsche Kapitalmarktrecht, BB 2004, 501; *Mülbert/Steup*, Emittentenhaftung für fehlerhafte Kapitalmarktinformation am Beispiel der fehlerhaften Regelpublizität – das System der Kapitalmarktinformationshaftung nach AnSVG und WpPG mit Ausblick auf die Transparenzrichtlinie, WM 2005, 1633; *Reischauer/Kleinhans*, Kreditwesengesetz, Loseblatt; *Rohlfing*, Wirtschaftsaufsicht und amtshaftungsrechtlicher Drittschutz, WM 2005, 311; *Schindele*, Der Grundsatz der Prospektverständlichkeit am Beispiel des Börsenzulassungsprospekts für den amtlichen Markt – eine Studie zur deutschen und US-amerikanischen Rechtslage, 2008; *Schlitt/Schäfer*, Auswirkungen des Prospektrichtlinie-Umsetzungsgesetzes auf Aktien- und Equity-linked Emissionen, AG 2005, 498; *Schlitt/Schäfer*, Drei Jahre Praxis unter dem Wertpapierprospektgesetz – eine Zwischenbilanz, AG 2008, 525; *Seidel*, Amtshaftung für fehlerhafte Bilanzkontrolle, DB 2005, 651; *Seitz*, Die Integration der europäischen Wertpapiermärkte und die Finanzmarktgesetzgebung in Deutschland, BKR 2002, 340; *Seitz*, Das neue Wertpapierprospektrecht – Auswirkungen auf die Emission von Schuldverschreibungen, AG 2005, 678; *Stelkens/Bonk/Sachs* (Hrsg.), Verwaltungsverfahrensgesetz, 8. Aufl. 2014; *Wagner*, Der Europäische Pass für Emittenten – die neue Prospektrichtlinie, Die Bank 2003, 680; *Weber*, Unterwegs zu einer europäischen Prospektkultur, NZG 2004, 360.

I. Normentwicklung 1	2. Antragsteller und Antrag 23
II. **Prüfung und Billigung des Prospekts durch die BaFin (§ 13 Abs. 1 WpPG)**	3. Prüfungsfristen 28
	IV. **Verlauf der Prüfungsfristen bei Nachforderungen der BaFin (§ 13 Abs. 3 WpPG)** 31
1. Übersicht 6	
2. Zuständigkeit der BaFin 8	V. **Zugänglichmachen der gebilligten Prospekte auf der BaFin-Internetseite (§ 13 Abs. 4 WpPG)** 36
3. Prospekt 9	
4. Prüfungsumfang 10	
5. Billigung 16	VI. **Übermittlung des Prospekts in Papierform (§ 13 Abs. 5 WpPG)** 37
6. Rechtsbehelfe 19	
7. Gebühren 20	VII. **Staatshaftung**
8. Unterrichtung der Europäischen Wertpapier- und Marktaufsichtsbehörde 21	1. Übersicht 38
	2. Amtshaftungsansprüche des Anlegers 39
III. **Antragsteller und Prüfungsfristen (§ 13 Abs. 2 WpPG)**	3. Amtshaftungsansprüche des Anbieters oder Zulassungsantragstellers 42
1. Übersicht 22	

I. Normentwicklung

§ 13 WpPG dient der Umsetzung von Art. 13 **Prospektrichtlinie**[1] und – soweit der 1
Umfang der Prospektprüfung betroffen ist – von Art. 2 Abs. 1 lit. q Prospektrichtlinie[2] sowie im Hinblick auf das Zugänglichmachen der Prospekte auf der Internetseite der BaFin von Art. 14 Abs. 4 Prospektrichtlinie[3]. Streitpunkte während des europäischen Gesetzgebungsverfahrens waren die Fristen für die Prüfung der Prospekte, die Zuständigkeitsregelung und die genaue Formulierung des Prüfungsumfangs. Statt der schließlich in Art. 13 Abs. 2 Prospektrichtlinie auf zehn Arbeitstage festgelegten Prüfungsfrist wurden auch 15 Tage[4] oder sieben Werktage[5] vorgeschlagen und statt der jetzt zwanzigtägigen Prüfungsfrist in Art. 13 Abs. 3 Prospektrichtlinie wurden auch 40 Tage[6] oder 30 Arbeitstage[7] diskutiert. Während die Prospektrichtlinie in der verabschiedeten Fassung in Art. 13 Abs. 2 Unterabs. 2 klarstellt, dass die Fristversäumung durch die Behörde nicht zu einer Billigung des Prospekts führt, gingen

---

1 Richtlinie 2003/71/EG des Europäischen Parlaments und des Rates vom 4.11.2003 betreffend den Prospekt, der beim öffentlichen Angebot von Wertpapieren oder bei deren Zulassung zum Handel zu veröffentlichen ist, und zur Änderung der Richtlinie 2001/34/EG, ABl. EU Nr. L 345 v. 31.12.2003, S. 64.
2 Begr. RegE zu § 13 Abs. 1 WpPG, BT-Drucks. 15/4999 v. 3.3.2005, S. 34.
3 Begr. RegE zu § 13 Abs. 1 WpPG, BT-Drucks. 15/4999 v. 3.3.2005, S. 35.
4 Art. 11 Abs. 2 des Vorschlags für eine Richtlinie des Europäischen Parlaments und des Rates über den Prospekt, der beim öffentlichen Angebot von Wertpapieren oder bei deren Zulassung zum Handel zu veröffentlichen ist, von der Kommission vorgelegt am 1.6.2001, ABl. EG Nr. C 240 E v. 28.8.2001, S. 272, 277; siehe zu den Fristen dieses Vorschlags ua. *Fürhoff/Ritz*, WM 2001, 2285 oder *von Kopp-Colomb/Lenz*, AG 2002, 24 (28); Art. 13 Abs. 2 des geänderten Vorschlags für eine Richtlinie des Europäischen Parlaments und des Rates betreffend den Prospekt, der beim öffentlichen Angebot von Wertpapieren oder bei deren Zulassung zum Handel zu veröffentlichen ist, und zur Änderung der Richtlinie 2001/34/EG, vorgelegt von der Kommission am 9.8.2002, ABl. EG Nr. C 20 E v. 28.1.2003, S. 122, 147.
5 Art. 10 Abs. 2 des Standpunkts des Europäischen Parlaments festgelegt in erster Lesung am 14.3.2002 im Hinblick auf den Erlass der Richtlinie 2002/.../EG des Europäischen Parlaments und des Rates über den Prospekt, der beim öffentlichen Angebot von Wertpapieren oder deren Zulassung zum Handel zu veröffentlichen ist, ABl. EU Nr. C 47 E v. 27.2.2003, S. 525, 536.
6 Art. 11 Abs. 3 des Vorschlags für eine Richtlinie des Europäischen Parlaments und des Rates über den Prospekt, der beim öffentlichen Angebot von Wertpapieren oder bei deren Zulassung zum Handel zu veröffentlichen ist, von der Kommission vorgelegt am 1.6.2001, ABl. EG Nr. C 240 E v. 28.8.2001, S. 272, 277; die 40-Tages-Prüfungsfrist wurde allgemein als zu lang angesehen, vgl. ua. *Wagner*, Die Bank 2003, 680.
7 Art. 13 Abs. 3 des geänderten Vorschlags für eine Richtlinie des Europäischen Parlaments und des Rates betreffend den Prospekt, der beim öffentlichen Angebot von Wertpapieren oder bei deren Zulassung zum Handel zu veröffentlichen ist, und zur Änderung der Richtlinie 2001/34/EG, vorgelegt von der Kommission am 9.8.2002, ABl. EG Nr. C 20 E v. 28.1.2003, S. 122, 147.

die Entwürfe teilweise von einer Ablehnung[1] oder aber auch Gestattung[2] durch Fristablauf aus. Was die zuständige Behörde anbelangt, stellte die Kommission in erster Linie auf das Land des Sitzes des Emittenten ab[3] während das Europäische Parlament weitgehende Wahlmöglichkeiten wünschte[4]. Die Regelung in Art. 2 Abs. 1 lit. m Prospektrichtlinie und Art. 13 Prospektrichtlinie, der in seinem Abs. 5 auch die Möglichkeit zur Übertragung der Prospektprüfung auf die Behörde eines anderen Mitgliedstaates vorsieht[5], stellt letztlich einen Kompromiss der verschiedenen Ansichten dar[6]. Ein weiterer zentraler Aspekt der auf europäischer Ebene geregelten Zuständigkeit ist eine innerstaatliche Kompetenzregelung[7] in Art. 21 Abs. 1 Prospektrichtlinie, wonach jeder Mitgliedstaat eine zentrale zuständige Verwaltungsbehörde benennt, die für die Erfüllung der in der Prospektrichtlinie festgelegten Pflichten und für die Anwendung der nach der Prospektrichtlinie erlassenen Bestimmungen zuständig ist. Von der in Art. 30 Abs. 3 Prospektrichtlinie der Bundesrepublik Deutschland bis 31.12.2008 eingeräumten Übergangsfrist, die vorerst die Beibehaltung der damaligen Zuständigkeitsverteilung bei der Prospektprüfung zwischen Börsen und BaFin ermöglicht hätte[8], wurde kein Gebrauch gemacht. Ebenfalls kein Gebrauch gemacht wurde von der Möglichkeit der Aufgabendelegation von der zuständigen Behörde des Mitgliedstaats auf andere Behörden dieses Staates (Art. 21 Abs. 2 Prospektrichtlinie). Schließlich wurden auch der Begriff der Billigung und insbesondere der Prüfungsumfang näher diskutiert. Im ersten Entwurf der Richtlinie (dort Art. 11 Abs. 1)

---

[1] Art. 11 Abs. 4 des Vorschlags für eine Richtlinie des Europäischen Parlaments und des Rates über den Prospekt, der beim öffentlichen Angebot von Wertpapieren oder bei deren Zulassung zum Handel zu veröffentlichen ist, von der Kommission vorgelegt am 1.6.2001, ABl. EG Nr. C 240 E v. 28.8.2001, S. 272, 277.

[2] Art. 13 Abs. 5 des geänderten Vorschlags für eine Richtlinie des Europäischen Parlaments und des Rates betreffend den Prospekt, der beim öffentlichen Angebot von Wertpapieren oder bei deren Zulassung zum Handel zu veröffentlichen ist, und zur Änderung der Richtlinie 2001/34/EG, vorgelegt von der Kommission am 9.8.2002, ABl. EG Nr. C 20 E v. 28.1.2003, S. 122, 147.

[3] Art. 11 Abs. 1 iVm. Art. 2 Abs. 1 lit. g des Vorschlags für eine Richtlinie des Europäischen Parlaments und des Rates über den Prospekt, der beim öffentlichen Angebot von Wertpapieren oder bei deren Zulassung zum Handel zu veröffentlichen ist, von der Kommission vorgelegt am 1.6.2001, ABl. EG Nr. C 240 E v. 28.8.2001, S. 272.

[4] Art. 10 Abs. 1 iVm. Art. 2 Abs. 1 lit. g des Standpunkts des Europäischen Parlaments festgelegt in erster Lesung am 14.3.2002 im Hinblick auf den Erlass der Richtlinie 2002/.../EG des Europäischen Parlaments und des Rates über den Prospekt, der beim öffentlichen Angebot von Wertpapieren oder deren Zulassung zum Handel zu veröffentlichen ist, ABl. EU Nr. C 47 E v. 27.2.2003, S. 525; kritisch zur eingeschränkten Wahlmöglichkeit *Seitz*, BKR 2002, 340 (346).

[5] Siehe dazu *Crüwell*, AG 2003, 243 (250) und *Kullmann/Sester*, WM 2005, 1068 (1070), die als Hauptanwendungsfall für eine derartige Delegation Angebotsprogramme sehen (mit Stückelungen unter 1.000 Euro).

[6] Zur endgültigen Regelung in der Prospektrichtlinie ua. *Holzborn/Schwarz-Gondek*, BKR 2003, 927 (933 f.); *Keller/Langner*, BKR 2003, 616 (617); *Seitz*, AG 2005, 678 (687 f.); *Wagner*, Die Bank 2003, 680 (682).

[7] *Seitz*, BKR 2002, 340 (346).

[8] *Weber*, NZG 2004, 360 (364).

wurde die Billigung erwähnt, aber nicht näher umschrieben[1]. Nach schwierigen Diskussionen wurde dann später[2] eine Definition der Billigung/Genehmigung aufgenommen, die nach einer Vollständigkeitsprüfung des Prospekts, einschließlich der Kohärenz und Verständlichkeit der vorgelegten Informationen (Art. 2 Abs. 1 lit. q Prospektrichtlinie).

Die Umsetzung des Art. 13 Prospektrichtlinie erfolgte durch das **Prospektrichtlinie-Umsetzungsgesetz**[3] stark am europäischen Wortlaut orientiert[4]. Nicht in das WpPG übernommen wurde zum einen die in Art. 13 Abs. 5 Prospektrichtlinie vorgesehene Möglichkeit der Übertragung der Prospektprüfung auf die Behörde eines anderen Mitgliedstaates. Art. 13 Abs. 5 Prospektrichtlinie ist eine Ermessensvorschrift, bei der bereits der deutsche Gesetzgeber die Wahlmöglichkeit abschlägig entschieden hat. Abgesehen davon dürfte die Einräumung einer Delegationsmöglichkeit bei der BaFin verfassungsrechtlich problematisch sein (insbesondere vor dem Hintergrund des Art. 23 GG). Zum anderen musste Art. 13 Abs. 6 Prospektrichtlinie, wonach die Haftung der zuständigen Behörde weiterhin ausschließlich nach innerstaatlichem Recht geregelt wird, nicht spezialgesetzlich im WpPG umgesetzt werden. Vielmehr gelten hier die allgemeinen Amtshaftungsgrundsätze. Was das in § 13 Abs. 4 WpPG vorgesehene Zugänglichmachen der gebilligten Prospekte auf der Internetseite der Aufsichtsbehörde anbelangt, wurde das in Art. 14 Abs. 4 Prospektrichtlinie vorgesehene Alternativverfahren nicht mit umgesetzt. Das europäische Recht sieht alternativ vor, dass auch eine Liste der gebilligten Prospekte veröffentlicht werden kann, einschließlich einer Verknüpfung zu dem auf der Webseite des Emittenten oder des geregelten Marktes veröffentlichten Prospekt.

Die **Auswirkungen** des Prospektrichtlinie-Umsetzungsgesetzes waren nicht unerheblich, denn es wurde nicht nur die Unterscheidung zwischen Börsenzulassungsprospekt (§ 30 Abs. 3 BörsG aF) und Verkaufsprospekt (§§ 8 f. VerkProspG aF) auf-

---

1 Art. 11 Abs. 1 des Vorschlags für eine Richtlinie des Europäischen Parlaments und des Rates über den Prospekt, der beim öffentlichen Angebot von Wertpapieren oder bei deren Zulassung zum Handel zu veröffentlichen ist, von der Kommission vorgelegt am 1.6.2001, ABl. EG Nr. C 240 E v. 28.8.2001, S. 272, 277.
2 Art. 2 Abs. 1 lit. q des geänderten Vorschlags für eine Richtlinie des Europäischen Parlaments und des Rates betreffend den Prospekt, der beim öffentlichen Angebot von Wertpapieren oder bei deren Zulassung zum Handel zu veröffentlichen ist, und zur Änderung der Richtlinie 2001/34/EG, vorgelegt von der Kommission am 9.8.2002, ABl. EG Nr. C 20 E v. 28.1.2003, S. 122, 142.
3 Gesetz zur Umsetzung der Richtlinie 2003/71/EG des Europäischen Parlaments und des Rates vom 4.11.2003 betreffend den Prospekt, der beim öffentlichen Angebot von Wertpapieren oder bei deren Zulassung zum Handel zu veröffentlichen ist, und zur Änderung der Richtlinie 2001/34/EG (Prospektrichtlinie-Umsetzungsgesetz) v. 22.6.2005, BGBl. I 2005, S. 1698.
4 Nach *Crüwell*, AG 2003, 243 (251) wäre eine derart nah am europäischen Wortlaut orientierte Umsetzung nicht zwingend gewesen, so hätte der deutsche Gesetzgeber beispielsweise kürzere Prüfungsfristen vorsehen können; siehe auch *Kunold/Schlitt*, BB 2004, 501 (509).

gehoben[1], sondern auch die Billigung, die zuvor durch die Börsen oder die BaFin ausgesprochen wurde, bei der BaFin zentralisiert[2]. Das Börsenzulassungsverfahren nach §§ 32 ff. BörsG und der BörsZulV erfolgt aber weiterhin durch die Börsen. Durch den Prospekt, der der Information der Anleger vor einer Anlageentscheidung dient, und dessen Prüfung soll der Anlegerschutz gestärkt werden[3].

4 Die **Errichtung des Europäischen Finanzaufsichtssystems** machte sich auch durch eine Änderung der Prospektrichtlinie und in der Folge durch eine entsprechende Änderung des Gesetzeswortlauts[4] von § 13 Abs. 2 WpPG bemerkbar, indem nicht nur der Emittent, der Anbieter bzw. die die Zulassung zum geregelten Markt beantragende Person über die Billigung des Prospekts zu unterrichten ist, sondern auch die Europäische Wertpapieraufsichtsbehörde, der der Prospekt bzw. Nachtrag zu übermitteln ist. Als Ergänzung dazu wurde in einem späteren Schritt[5] § 13 Abs. 5 WpPG dahingehend geändert, dass es nicht mehr im Ermessen der BaFin steht, eine elektronische Fassung des zu billigenden Prospekts zu verlangen, sondern dass dies immer erfolgen muss, damit die BaFin ihren Unterrichtungspflichten gegenüber ESMA nachkommen kann. Auf der Ebene europäischer Durchführungsverordnungen wird der rechtliche Rahmen ergänzt und ausgefüllt durch die Delegierte Verordnung (EU) Nr. 2016/301 der Kommission vom 30.11.2015 zur Ergänzung der Richtlinie 2003/71/EG des Europäischen Parlaments und des Rates durch technische Regulierungsstandards für die Billigung und Veröffentlichung des Prospekts und die Verbreitung von Werbung und zur Änderung der Verordnung (EG) Nr. 809/2014 der Kommission (Prospekt-Verfahrens- und Werbungs-Durchführungsverordnung)[6].

5 Als **Ausblick** kann derzeit festgehalten werden, dass die Umarbeitung der Prospektrichtlinie zu einer Prospektverordnung vermutlich keine größeren materiellen Änderungen im Hinblick auf das Prospektprüfungsverfahren bringen dürfte. In dem Kommissionsvorschlag für eine neue Prospektverordnung vom 30.11.2015[7] wie auch in der Fassung des Rates vom 3.6.2016[8] findet sich das Prospektprüfungsverfahren in Art. 19 wieder. Änderungen können sich insbesondere im Hinblick auf die Prüfungsfristen ergeben, zB beim einheitlichen Registrierungsformular, aber auch vor dem Hintergrund von Art. 2 Abs. 1 lit. s Prospektverordnungsentwurf, wonach Samstage nicht mehr als Arbeitstage gelten. Neu für Deutschland ist die bislang nicht in nationales Recht umgesetzte, durch eine europäische Verordnung aber unmittelbar

---

1 *Groß*, Kapitalmarktrecht, § 13 WpPG Rz. 1; *Kullmann/Sester*, WM 2005, 1068; *Kunold/Schlitt*, BB 2004, 501 (502); *Weber*, NZG 2004, 360 (361).
2 *Apfelbacher/Metzner*, BKR 2006, 81; *Groß*, Kapitalmarktrecht, § 13 WpPG Rz. 1.
3 Erwägungsgrund 10 der Prospektrichtlinie; *Groß*, Kapitalmarktrecht, § 13 WpPG Rz. 1; *Grosjean* in Heidel, Aktienrecht und Kapitalmarktrecht, § 13 WpPG Rz. 1.
4 Art. 3 des Gesetzes zur Umsetzung der Richtlinie 2010/78/EU vom 24.11.2010 im Hinblick auf die Errichtung des Europäischen Finanzaufsichtssystems vom 4.12.2011 (BGBl. I 2011, S. 2427).
5 Art. 1 des Gesetzes zu Umsetzung der Richtlinie 2010/73/EU und zur Änderung des Börsengesetzes vom 26.6.2012 (BGBl. I 2012, S. 1375).
6 ABl. EU Nr. L 58 v. 4.3.2016, S. 13.
7 COM/2015/0583 final – 2015/0268 (COD).
8 9801/16 – 2015/0268 (COD).

geltende Möglichkeit der Übertragung der Prospektprüfung auf eine andere nationale Behörde. Bemerkenswert ist eine kleine, auf den ersten Blick unscheinbare Änderung in der Definition des Begriffs der „Billigung" in Art. 4 Abs. 1 lit. q des Entwurfs, da das Wort „einschließlich" gestrichen wurde, dh. abgestellt wird nunmehr nicht mehr auf eine Billigung des Prospekts nach der Prüfung der Vollständigkeit, „einschließlich" der Kohärenz und Verständlichkeit (siehe Rz. 10), sondern alle drei Prüfungsziele erscheinen nun gleichwertig nebeneinander. Den Gesetzesmaterialien lässt sich aber nicht entnehmen, ob damit eine vermeintlich rein sprachliche oder materielle Änderung angestrebt wird. Mit einer immer stärkeren Rolle von ESMA im Hinblick auf eine gleichförmige Prospektprüfung (siehe Erwägungsgrund 53 des Verordnungsentwurfes) dürfte diese Frage mit der Zeit an praktischer Bedeutung verlieren.

II. Prüfung und Billigung des Prospekts durch die BaFin (§ 13 Abs. 1 WpPG)

1. Übersicht

Das **Prospektprüfungs- und Billigungsverfahren** wird in § 13 WpPG und der europäischen Prospekt-Verfahrens- und Werbungs-Durchführungsverordnung geregelt, ist aber auch im Zusammenhang mit den anderen Normen des WpPG zu lesen (siehe für die Befugnisse der BaFin § 26 WpPG, aber auch für die Ermittlung der zuständigen Behörde ist auf andere Regelungen des WpPG Rückgriff zu nehmen). Wesentliche Punkte des Prospektprüfungs- und Billigungsverfahrens sind bereits in § 13 WpPG angelegt. Angesprochen, wenn auch nicht immer wirklich geregelt, ist die Zuständigkeit, der Prüfungsumfang, die Billigung als Abschluss des Verfahrens, der Antragsteller und der Verlauf der Fristen für die Prospektprüfung durch die BaFin. Im Übrigen finden, insbesondere soweit das WpPG und die europäische Durchführungsverordnung keine speziellen Vorschriften vorsehen, die allgemeinen verwaltungsverfahrensrechtlichen Vorschriften Anwendung.

§ 13 Abs. 1 WpPG setzt Art. 13 Abs. 1 und Art. 2 Abs. 1 Buchstabe lit. q **Prospektrichtlinie** um. Nach § 13 Abs. 1 WpPG darf der Prospekt vor seiner Billigung nicht veröffentlicht werden. Die Veröffentlichung des Prospekts unterliegt demnach dem Billigungsvorbehalt[1] durch die BaFin, dh. für die Billigung ist eine ausdrückliche Entscheidung durch die Behörde erforderlich (siehe dazu auch oben Rz. 1). Die BaFin (Rz. 8) entscheidet nach einer Vollständigkeitsprüfung (Rz. 10, 11) des Prospekts (Rz. 9) einschließlich einer Prüfung der Kohärenz (Rz. 10, 12 f.) und Verständlichkeit (Rz. 10, 14) der vorgelegten Informationen über die Billigung (Rz. 16 ff.). Für ihr Verwaltungshandeln erhebt die BaFin Gebühren (Rz. 20).

---

1 Anders als in Fällen des § 14 WpÜG; *Preuße* in Holzborn, § 13 WpPG Rz. 4.

2. Zuständigkeit der BaFin

8 § 13 Abs. 1 WpPG äußert sich nicht hinreichend genau zur **Zuständigkeit der BaFin**, sondern besagt lediglich, dass die BaFin nach Abschluss der Prüfung über die Billigung entscheidet. Wie bereits unter Rz. 1 dargelegt, ist die Zuständigkeitsregelung als Kompromiss auf europäischer Ebene etwas komplexer erfolgt. Art. 13 Abs. 1 Prospektrichtlinie spricht von einer Billigung durch die „zuständige Behörde des Herkunftsmitgliedstaats" und verweist damit auf Art. 2 Abs. 1 lit. m Prospektrichtlinie, der durch § 2 Nr. 13 WpPG umgesetzt wurde. § 13 WpPG enthält zwar keinen ausdrücklichen Verweis auf § 2 Nr. 13 WpPG. Letztlich ergibt sich dies aber mittelbar vor dem europäischen Hintergrund, denn schließlich wollte der deutsche Gesetzgeber mit § 13 Abs. 1 WpPG Art. 13 Abs. 1 Prospektrichtlinie umsetzen[1] und damit nicht vom europäischen Recht abweichen[2]. Grundsätzlich ist danach die BaFin zuständig für Emittenten mit Sitz in Deutschland, was insbesondere für Aktienwerte gilt. So wird beispielsweise ein Prospekt für das Angebot und die Zulassung von Aktien einer Aktiengesellschaft mit Sitz in Deutschland selbst dann von der BaFin geprüft, wenn Angebot und Zulassung ausschließlich im europäischen Ausland erfolgen sollen. Umgekehrt werden Prospekte für das Angebot oder die Zulassung von Aktien einer Gesellschaft mit Sitz im europäischen Ausland von der entsprechenden ausländischen Behörde geprüft und gebilligt, selbst wenn Angebot und Zulassung ausschließlich in Deutschland erfolgen sollen. Bei Nichtdividendenwerten bestehen gegebenenfalls nach § 2 Nr. 13 lit. b WpPG Wahlrechte. Wichtig zu beachten ist noch, dass die BaFin keine „freiwillig" erstellten Prospekte prüft. Wird beispielsweise ein Prospekt im Rahmen der Ausnahmetatbestände des § 4 WpPG erstellt, dh. obwohl ein Prospekt nicht erforderlich ist, ist die BaFin sachlich für die Prüfung nicht zuständig[3]. Eine Möglichkeit, Prospekte freiwillig zu erstellen (opt in), sieht § 1 Abs. 3 WpPG vor. Näheres zur zuständigen Behörde kann der Kommentierung zu § 2 Nr. 13 WpPG entnommen werden (siehe unter § 2 WpPG Rz. 103 ff.). Zur internen Zuständigkeit innerhalb der BaFin siehe § 2 WpPG Rz. 121. Ein öffentliches Angebot oder eine Zulassung von Wertpapieren kann gemäß § 17 Abs. 3 WpPG auch auf Grund eines im Ausland gebilligten Prospekts erfolgen (siehe dazu unter § 17 WpPG Rz. 33 ff.)[4].

3. Prospekt

9 Gegenstand der Billigung und demgemäß auch des Billigungsantrags ist ein Prospekt iS von § 5 WpPG, bestehend aus einem oder mehreren Einzeldokumenten (§ 12 WpPG), oder § 6 WpPG (Basisprospekt). Besteht ein Prospekt aus mehreren Einzeldokumenten, sind jeweils die einzelnen Dokumente zu billigen (siehe dazu

---

1 Begr. RegE zu § 13 Abs. 1 WpPG, BT-Drucks. 15/4999 v. 3.3.2005, S. 34.
2 Im Ergebnis auch *Groß*, Kapitalmarktrecht, § 13 WpPG Rz. 5; *Preuße* in Holzborn, § 13 WpPG Rz. 6; *Ritz/Voß* in Just/Voß/Ritz/Zeising, § 13 WpPG Rz. 29; *Apfelbacher/Metzner*, BKR 2006, 81 (83); *Kullmann/Sester*, WM 2005, 1068 (1070); *Kunold/Schlitt*, BB 2004, 501 (509); *Seitz*, AG 2005, 678 (687).
3 *Berrar* in FrankfurtKomm. WpPG, § 13 WpPG Rz. 22.
4 *Preuße* in Holzborn, § 13 WpPG Rz. 9.

§ 12 WpPG Rz. 18). Anwendung findet § 13 WpPG auch auf die Prüfung und Billigung von Nachträgen (siehe dazu § 16 WpPG Rz. 84). Zu den einzureichenden Unterlagen siehe unten Rz. 25.

4. Prüfungsumfang

Nach § 13 Abs. 1 Satz 2 WpPG entscheidet die BaFin über die Billigung „nach Abschluss einer Vollständigkeitsprüfung des Prospekts einschließlich einer Prüfung der Kohärenz und Verständlichkeit der vorgelegten Informationen." Darin wird zumindest eine Änderung des bisherigen **Prüfungsmaßstab**es gesehen[1], teilweise auch eine deutliche Intensivierung der bisherigen Prüfungsdichte[2] bis hin zu einer eingeschränkt materiellen Prüfung[3]. Gegen eine materielle Prüfung[4] spricht einmal der Wortlaut des § 13 Abs. 1 Satz 2 WpPG, der durch die Verwendung des Wortes „einschließlich" die Kohärenz- und Verständlichkeitsprüfung in die Nähe der formaleren Vollständigkeitsprüfung rückt. Auch die Regierungsbegründung stellt klar, dass geprüft werden soll, ob die Angaben des Prospekts konsistent sind, dh. ob der Prospekt keine inneren Widersprüche enthält. Eine Prüfung der Bonität des Emittenten und der inhaltlichen Richtigkeit des Prospekts durch die BaFin erfolgt nicht[5], was auch im Rahmen von § 26 Abs. 8 WpPG betont wird[6]. Es kann also durchaus sein, dass ein Prospekt gebilligt und anschließend – aufgrund Hinweise Dritter – Maßnahmen nach § 26 Abs. 8 WpPG ergriffen werden[7]. Dass sich die Prüfung nicht auf den Inhalt erstreckt und zwar auch nicht am Rande, ist bei einer näheren Betrachtung der Prüfungskriterien ersichtlich.

Die **Vollständigkeitsprüfung** ist schon vom Grundsatz her eine formale Prüfung. Mit Hilfe der vom Antragsteller mit eingereichten Überkreuzchecklisten erfolgt ein Abgleich der im Prospekt enthaltenen Informationen mit den einschlägigen Anhän-

---

1 *Groß*, Kapitalmarktrecht, § 13 WpPG Rz. 8.
2 Ein Hinausgehen über die Prüfungsdichte des § 8a VerkProspG aF sehen *Schlitt/Schäfer*, AG 2005, 498 (506), ebenso *Mülbert/Steup*, WM 2005, 1633 (1640), die dadurch aber kein Erreichen der Intensität der eingeschränkt materiellen Prüfung in Form einer Plausibilitätskontrolle, die im Rahmen von Börsenprospekten durch die Zulassungsstelle nach § 30 Abs. 4 Satz 1 BörsG aF erfolgte, sehen, während *Kunold/Schlitt*, BB 2004, 501 (509) auch im Vergleich zum alten Börsenrecht von einer größeren Prüfungsdichte ausgehen.
3 *Heidelbach* in Schwark/Zimmer, § 13 WpPG Rz. 11, die auf die Prospektvollständigkeit und -wahrheit nach § 5 WpPG abstellt, die von der BaFin bei der Prüfung zu berücksichtigen sei; *Berrar* in FrankfurtKomm. WpPG, § 13 WpPG Rz. 12; *Crüwell*, AG 2003, 243 (250); *Ekkenga/Maas*, Das Recht der Wertpapieremission, S. 154; *Wiegel*, Die Prospektrichtlinie und Prospektverordnung, S. 417.
4 *Grosjean* in Heidel, Aktienrecht und Kapitalmarktrecht, § 13 WpPG Rz. 5, sieht die Prüfung eher als eine rein formelle Prüfung an.
5 Begr. RegE zu § 13 Abs. 1 WpPG, BT-Drucks. 15/4999 v. 3.3.2005, S. 34.
6 Begr. RegE zu § 26 Abs. 8 WpPG (vormals § 21), BT-Drucks. 15/4999 v. 3.3.2005, S. 39.
7 Um derartige missliche Vorkommnisse auszuschließen, geht *Preuße* in Holzborn, § 13 WpPG Rz. 22, von einer begrenzt materiellen Prüfung aus.

gen zur EU-Prospektverordnung[1]. Bei den geforderten historischen Finanzinformationen müsste beispielsweise geprüft werden, ob diese überhaupt im Prospekt enthalten sind und ob diese alle erforderlichen Bestandteile enthalten (einschließlich des Prüfertestats, soweit es gefordert ist). Eine inhaltliche Prüfung erfolgt dagegen nicht.

12 Theoretisch lässt sich die **Kohärenzprüfung** (im englischen Richtlinientext „consistency") als eine Prüfung des Prospekts im Hinblick auf sich widersprechende Aussagen einfach definieren. In der Praxis stellt dies aber angesichts der teilweise recht umfangreichen Prospekte und der Prüfungsfristen eine nicht zu unterschätzende Herausforderung dar. Andererseits dürften die Anforderungen an die Kohärenzprüfung angesichts einer in der Regel nur zehntägigen Prüfungsfrist nicht zu hoch gesteckt werden[2]. Dennoch müssen beispielsweise Finanzangaben, die außerhalb der Finanzseiten eines Prospekts wiederholt werden, vielleicht auch nur in einer beschreibenden Form, mit denen der Finanzseite im Hinblick auf eventuelle Widersprüche abgeglichen werden. Von der Kohärenzprüfung nicht mehr umfasst ist dagegen beispielsweise die inhaltliche Prüfung von sich widersprechenden Finanzangaben. Die BaFin stellt den Widerspruch fest, prüft aber nicht, welche der Angaben gegebenenfalls richtig ist[3]. Nicht mehr von der Kohärenzprüfung umfasst und damit eine komplett inhaltliche Prüfung wäre die Überprüfung eines im Prospekt dargestellten Produkts im Hinblick auf die Angemessenheit der konkreten Produktausgestaltung. An diesen Beispielen zeigt sich auch, dass die Kohärenzprüfung der formal betrachteten Vollständigkeitsprüfung sehr nahe steht. Bei sich widersprechenden Angaben stellt sich die Frage, ob diese dann überhaupt gemacht wurden. Stehen beispielsweise die ausgewählten Finanzinformationen im Widerspruch zu den historischen Finanzinformationen, so kann es sich begriffsnotwendig bereits nicht um eine „Auswahl" der an anderer Stelle dargestellten historischen Finanzinformationen handeln. Werden im Prospekt mehrere sich widersprechende Gründungsdaten des Emittenten genannt, so ist der Emittent nicht in der Lage, das eine für die Emittentenbeschreibung geforderte Gründungsdatum zu nennen, was den Prospekt in gewisser Weise wiederum unvollständig macht.

13 Um auf einige **Einzelfälle der Kohärenzprüfung** einzugehen, so sind bei einem aus mehreren Einzeldokumenten bestehenden Prospekt (§ 12 Abs. 1 Satz 2 WpPG) alle Teile des Prospekts im Zusammenhang zueinander auf Kohärenz (und Vollständigkeit) zu überprüfen, denn nur alle Teildokumente zusammen ergeben einen Prospekt[4]. Entsprechendes gilt auch im Hinblick auf die Dokumente, die nach § 11

---

[1] Berichtigte Fassung der Verordnung (EG) Nr. 809/2004 der Kommission vom 29.4.2004 zur Umsetzung der Richtlinie 2003/71/EG des Europäischen Parlaments und des Rates betreffend die in Prospekten enthaltenen Angaben sowie die Aufmachung, die Aufnahme von Angaben in Form eines Verweises und die Veröffentlichung solcher Prospekte sowie die Verbreitung von Werbung, ABl. EU Nr. L 186 v. 18.7.2005, S. 3.
[2] Vgl. *Ritz/Voß* in Just/Voß/Ritz/Zeising, § 13 WpPG Rz. 42.
[3] *Grosjean* in Heidel, Aktienrecht und Kapitalmarktrecht, § 13 WpPG Rz. 5, der die Prüfung in Fn. 11 als „umgekehrte" Vollständigkeitsprüfung bezeichnet.
[4] ESMA Report Prospectus Directive: Peer Review Report on good practices in the approval process, ESMA/2012/300, S. 13; *Berrar* in FrankfurtKomm. WpPG, § 13 WpPG Rz. 14.

WpPG per Verweis in den Prospekt einbezogen und damit zu dessen Bestandteil werden[1]. Bei der Kohärenzprüfung von Nachträgen stellt sich die Frage, ob sich die Prüfung nur auf den Nachtrag als solchen beschränkt oder ob dieser zusammen mit dem Prospekt, auf den sich der Nachtrag bezieht, zu prüfen ist. Weder der Wortlaut des § 16 Abs. 1 Satz 3 WpPG noch die Gesetzesbegründung[2] stellen diesbezüglich einen Bezug zu dem Prospekt her, auf den sich der Nachtrag bezieht. Verwiesen wird nur auf den für die Prüfung von Prospekten geltenden Maßstab. Gegen eine umfassende Prüfung des Nachtrags zusammen mit dem betreffenden Prospekt spricht auch die Frist: Die Prüfung des Nachtrags zusammen mit dem Prospekt wäre mit sieben Werktagen kürzer als die Prüfung allein des Prospekts mit zehn Werktagen[3]. Ziel des Nachtrags ist zudem, den Anleger möglichst zügig über wichtige neue Umstände oder wesentliche Unrichtigkeiten zu informieren. Eine sehr umfassende Prüfung steht allerdings einer möglichst zügigen Billigung entgegen[4]. Schließlich kann noch auf mehrsprachig gestaltete Prospekte eingegangen werden, wie zB die komplett zweisprachige Fassung eines Prospekts oder die – verbindliche oder unverbindliche – Übersetzung der Emissionsbedingungen in einem (Basis)Prospekt. Selbst wenn die BaFin beide Sprachfassungen prüfen muss, weil beide Bestandteil des zu billigenden Prospekts sind und verbindlich sind bzw. es im Falle eines Basisprospekts sein können, so erfolgt kein Abgleich der Übersetzungen. Prospektrechtlich handelt es sich dann um verschiedene Prospekte oder mögliche verschiedene Emissionsbedingungen, die in sich aber nicht untereinander geprüft werden[5].

In der Praxis schwieriger umreißen lässt sich der Begriff der **Verständlichkeit**. Nach § 5 Abs. 1 WpPG muss der Prospekt in leicht analysierbarer und verständlicher Form alle erforderlichen Angaben enthalten und so abgefasst sein, dass sein Verständnis und seine Auswertung erleichtert werden. Allein die nach § 19 WpPG berechtigte Verwendung einer anderen als der deutschen Sprache macht den Prospekt genauso wenig unverständlich wie allein die Nutzung der nach § 5 WpPG gegebenen Möglichkeit der Erstellung eines Basisprospektes[6]. Die Verständlichkeit dürfte vor dem Hintergrund der Ziele der gesetzlichen Regelungen[7] und der Ausnahmen von der Prospektpflicht für qualifizierte Anleger nach § 3 Abs. 2 Nr. 1 WpPG aus der Perspektive eines durchschnittlichen Privatanlegers zu bemessen sein[8]. Ergänzend herangezogen

---

1 ESMA Report Prospectus Directive: Peer Review Report on good practices in the approval process, ESMA/2012/300, S. 13.
2 Begr. RegE zu § 16 Abs. 1 WpPG, BT-Drucks. 15/4999 v. 3.3.2005, S. 36.
3 So auch *Ritz/Voß* in Just/Voß/Ritz/Zeising, § 13 WpPG Rz. 45.
4 AA *Berrar* in FrankfurtKomm. WpPG, § 13 WpPG Rz. 15.
5 So im Ergebnis auch *Ritz/Voß* in Just/Voß/Ritz/Zeising, § 13 WpPG Rz. 44.
6 So auch der ESMA Peer Review Report zum Peer Review on Prospectus Approval Process, 30.6.2016, ESMA/2016/1055, Rz. 23, 30.
7 Siehe in den Erwägungsgründen 10 und 16 der Prospektrichtlinie den Anlegerschutz als Ziel für den Erlass der Prospektrichtlinie wie auch das besondere Augenmerk auf den Kleinanleger bei der Wahrnehmung von Durchführungsbefugnissen durch die Europäische Kommission in Erwägungsgrund 41 der Prospektrichtlinie.
8 *Schindele*, Der Grundsatz der Prospektverständlichkeit am Beispiel des Börsenzulassungsprospekts für den amtlichen Markt – eine Studie zur deutschen und US-amerikanischen

werden können die verschiedenen Ansichten zum Adressatenhorizont zu § 21 WpPG bzw. der Vorgängernorm § 44 Abs. 1 BörsG aF[1]. Hinzuweisen ist auch auf das von der Rechtsprechung aufgestellte Anforderungsprofil eines aufmerksamen Lesers, „der zwar eine Bilanz zu lesen versteht, aber nicht unbedingt mit der in eingeweihten Kreisen gebräuchlichen Schlüsselsprache vertraut zu sein braucht" und der den Prospekt einer „unbefangenen Betrachtung" unterzieht[2]. Die Verständlichkeit erschweren können beispielsweise übermäßig viele Verweise innerhalb des Prospekts, unspezifische Verweise oder nicht erläuterte Fachausdrücke[3]. Gerade bei derivativen Wertpapieren sollte eine verständliche Beschreibung der Funktionsweise erfolgen[4]. Ab einem gewissen Grad der Unverständlichkeit kann auch von einer Unvollständigkeit des Prospekts gesprochen werden.

15 Dem Wortlaut des § 13 Abs. 1 Satz 2 WpPG bzw. von Art. 2 Abs. 1 lit. q Prospektrichtlinie folgend bezieht sich die Prüfung auf die der BaFin **vorgelegten Informationen**. In erster Linie sind dies die in dem Prospekt, dessen Billigung beantragt wird, enthaltenen Informationen. Ergibt die Prospektprüfung, dass weitere Informationen erforderlich sind (zB auch im Hinblick auf Art. 4a oder Art. 23 Prospekt-VO), kann die BaFin diese verlangen (§ 13 Abs. 3 Satz 1 WpPG). Auch diese Informationen sind dann vom Prüfungsumfang erfasst. Keine der Behörde „vorgelegten Informationen" sind allerdings solche aus Quellen außerhalb des Prüfungsverfahrens, wie zB aus den Medien.

5. Billigung

16 Die Entscheidung über die Billigung regelt, auch wenn die Billigung abgelehnt wird, einen Einzelfall im öffentlichen Interesse, dh. auf dem Gebiet des öffentlichen Rechts, mit Außenwirkung und ist damit als **Verwaltungsakt** zu qualifizieren[5]. Die Billigung ist ausdrücklich auszusprechen und erfolgt nicht durch Fristablauf, denn eine Billigung ohne aktives Tun der Behörde ist nur möglich, wenn dies im Gesetz ausdrücklich vorgesehen ist[6]. Die BaFin versendet den Billigungsbescheid in der Regel per Telefax an den Antragsteller bzw. dessen Bevollmächtigten. Die Billigung kann wie alle Verwaltungsakte unter den Voraussetzungen von § 48 VwVfG zurückgenommen bzw. nach § 49 VwVfG (iVm. § 26 Abs. 8 Satz 3 WpPG) widerrufen

---

Rechtslage, S. 109 ff.; siehe auch ESMA Report Prospectus Directive: Peer Review Report on good practices in the approval process, ESMA/2012/300, S. 16.

1 Siehe dazu ua. *Wackerbarth* in Holzborn, § 21–23 WpPG Rz. 67 ff.; *Schwark* in Schwark/Zimmer, §§ 44, 45 BörsG Rz. 21 ff.
2 BGH v. 12.7.1982 – II ZR 175/81, NJW 1982, 2823 (2824); auf das Urteil verweisen auch *Grosjean* in Heidel, Aktienrecht und Kapitalmarktrecht, § 13 WpPG Rz. 4 unter Verweis auf die Kommentierung § 5 WpPG Rz. 2 (mwN) sowie *Berrar* in FrankfurtKomm. WpPG, § 13 WpPG Rz. 12.
3 *Ritz/Voß* in Just/Voß/Ritz/Zeising, § 13 WpPG Rz. 46.
4 Siehe auch ESMA Report Prospectus Directive: Peer Review Report on good practices in the approval process, ESMA/2012/300, S. 16.
5 Begr. RegE zu § 13 Abs. 1 WpPG, BT-Drucks. 15/4999 v. 3.3.2005, S. 34.
6 Begr. RegE zu § 13 Abs. 2 WpPG, BT-Drucks. 15/4999 v. 3.3.2005, S. 34 f.

werden[1]. Bei der Prospektbilligung handelt es sich um eine gebundene Entscheidung, da der Gesetzeswortlaut kein Ermessen vorsieht, so dass der Antragsteller einen Anspruch auf die Billigung hat, wenn die Voraussetzungen dafür vorliegen[2].

Rechtsfolge der Billigung ist die Möglichkeit, nach einer Prospektveröffentlichung die betreffenden Wertpapiere anbieten zu können, oder eine Zulassungsvoraussetzung zu erfüllen[3]. Dem Wortlaut von § 14 Abs. 1 Satz 1 WpPG entsprechend stellt die Veröffentlichung des Prospekts eine auf die Billigung folgende Pflicht dar[4]. Mit der Billigung des Prospekts übernimmt die BaFin dem Prüfungsumfang folgend keinerlei Verantwortung für den Inhalt[5]. Entsprechend kann die BaFin Werbung, die geeignet ist, über den Umfang der Prüfung irrezuführen, nach § 15 Abs. 6 Satz 2 WpPG untersagen. Vor dem Hintergrund des sich nicht auf den Inhalt beziehenden Prüfungsumfangs werden folgerichtig durch die Billigungsentscheidung auch keine Prospekthaftungsansprüche ausgeschlossen[6]. Denkbar sind allenfalls Haftungsansprüche, wenn die BaFin einen Prospekt nur billigt, wenn bestimmte Informationen, die der Antragsteller ursprünglich in den Prospekt aufgenommen hatte, aus dem Dokument entfernt werden[7]. Gerade vor dem Hintergrund des Prospekts als Haftungsdokument spricht sich die BaFin praktisch nie gegen die Aufnahme bestimmter Informationen aus[8]. Darüber hinaus ist zu beachten, dass die Prospektbilligung keine Vertriebserlaubnis bedeutet[9], was im Hinblick auf Prospekte für Alternative Investmentfonds von Bedeutung sein kann (siehe dazu § 1 WpPG Rz. 48 ff.).

17

Liegen die Voraussetzungen für eine Billigung nicht vor, kann das Prospektprüfungsverfahren auch mit der **Ablehnung eines Billigungsantrages** enden. Ob vorher eine Anhörung nach § 28 Abs. 1 VwVfG erfolgen muss, ist umstritten[10]. Nach § 28 Abs. 1 VwVfG muss eine Anhörung vor Erlass eines Verwaltungsakts erfolgen, der in die Rechte eines Beteiligten eingreift. In die Rechte eines Beteiligten wird nach der Rechtsprechung nur eingegriffen, wenn durch den Verwaltungsakt die bis-

18

---

1 *Ritz/Voß* in Just/Voß/Ritz/Zeising, § 13 WpPG Rz. 58 f.; *Berrar* in FrankfurtKomm. WpPG, § 13 WpPG Rz. 50.
2 *Groß*, Kapitalmarktrecht, § 13 WpPG Rz. 11; *Grosjean* in Heidel, Aktienrecht und Kapitalmarktrecht, § 13 WpPG Rz. 14; *Heidelbach* in Schwark/Zimmer, § 13 WpPG Rz. 18; *Ritz/Voß* in Just/Voß/Ritz/Zeising, § 13 WpPG Rz. 22 und 68; *Berrar* in FrankfurtKomm. WpPG, § 13 WpPG Rz. 8.
3 *Groß*, Kapitalmarktrecht, § 13 WpPG Rz. 12.
4 *Grosjean* in Heidel, Aktienrecht und Kapitalmarktrecht, § 13 WpPG Rz. 15; *Berrar* in FrankfurtKomm. WpPG, § 13 WpPG Rz. 46.
5 Begr. RegE zu § 13 Abs. 1 WpPG, BT-Drucks. 15/4999 v. 3.3.2005, S. 34; *Groß*, Kapitalmarktrecht, § 13 WpPG Rz. 12; *Grosjean* in Heidel, Aktienrecht und Kapitalmarktrecht, § 13 WpPG Rz. 16.
6 Begr. RegE zu § 13 Abs. 1 WpPG, BT-Drucks. 15/4999 v. 3.3.2005, S. 34; *Groß*, Kapitalmarktrecht, § 13 WpPG Rz. 12; *Grosjean* in Heidel, Aktienrecht und Kapitalmarktrecht, § 13 WpPG Rz. 16; *Berrar* in FrankfurtKomm. WpPG, § 13 WpPG Rz. 47.
7 So ähnlich *Berrar* in FrankfurtKomm. WpPG, § 13 WpPG Rz. 47.
8 Dies kann gerade bei der Zusammenfassung problematisch sein.
9 *Berrar* in FrankfurtKomm. WpPG, § 13 WpPG Rz. 49.
10 *Kopp/Ramsauer*, § 28 VwVfG Rz. 26 ff. mwN.

herige Rechtsstellung des Beteiligten zu seinem Nachteil verändert, ihm eine rechtliche Verpflichtung auferlegt, insbesondere von ihm ein Tun oder Unterlassen gefordert wird. Dagegen genüge es nicht, wenn der Erlass eines Verwaltungsakts abgelehnt wird, der erst eine Rechtsposition gewähren soll[1]. Letzteres trifft auch auf das Billigungsverfahren des WpPG zu. In der Praxis wird dem Antragsteller im Rahmen der Hinweise der BaFin nach § 13 Abs. 3 Satz 2 WpPG vor der Ablehnung in der Regel ausreichend Gelegenheit geboten, sich zu dem Vorbringen der BaFin zu äußern. Im Einzelfall kann davon allerdings abgewichen werden, wie zB bei wiederholt eingereichten, trotz eines Anhörungsschreibens der BaFin identischen und nicht billigungsfähigen Prospekten[2].

6. Rechtsbehelfe

19   Da das Prospektbilligungsverfahren ein auf den Erlass eines Verwaltungsaktes abzielendes Verwaltungsverfahren ist, stehen dem Antragsteller die üblichen Rechtsbehelfe zur Verfügung: Bleibt die BaFin nach beantragter Prospektbilligung untätig, kann der Antragsteller gemäß § 75 VwGO Untätigkeitsklage erheben[3]. Wird die beantragte Billigung abgelehnt, kann der belastende Verwaltungsakt mit Widerspruch sowie Anfechtungs- und Verpflichtungsklage angegriffen werden[4]. Gerade wenn die Refinanzierung eines Emittenten von einer rechtzeitigen Platzierung der Wertpapiere und das wiederum von einer Prospektbilligung abhängt, kann theoretisch auch der einstweilige Rechtsschutz in Anspruch genommen werden (§ 123 Abs. 1 Satz 2 VwGO)[5]. Klagegegner ist gemäß § 78 Abs. 1 Nr. 1 VwGO die nach § 1 Abs. 1 FinDAG[6] bundesunmittelbare, rechtsfähige Anstalt des öffentlichen Rechts BaFin. Nach § 1 Abs. 3 FinDAG gilt für Klagen gegen die BaFin Frankfurt am Main als Sitz der Behörde. Dem am Verfahren nicht unmittelbar beteiligten Anleger dürfte allerdings keine Widerspruchs- oder Klagebefugnis zustehen, da er nicht Adressat des Verwaltungsaktes ist und die Entscheidung der BaFin allein im öffentlichen Interesse erfolgt[7] (zum Tätigwerden der BaFin im öffentlichen Interesse siehe auch unten Rz. 39).

7. Gebühren

20   Für die Entscheidung über die Billigung, ob gewährend oder ablehnend, werden von der BaFin Gebühren nach § 33 WpPG iVm. der **Verordnung über die Erhe-**

---

1 BVerwG v. 14.10.1982 – 3 C 46/81, NJW 1983, 2044 (2045).
2 *Ritz/Voß* in Just/Voß/Ritz/Zeising, § 13 WpPG Rz. 31.
3 *Groß*, Kapitalmarktrecht, § 13 WpPG Rz. 13; *Grosjean* in Heidel, Aktienrecht und Kapitalmarktrecht, § 13 WpPG Rz. 20.
4 *Groß*, Kapitalmarktrecht, § 13 WpPG Rz. 14; *Grosjean* in Heidel, Aktienrecht und Kapitalmarktrecht, § 13 WpPG Rz. 20; *Ritz/Voß* in Just/Voß/Ritz/Zeising, § 13 WpPG Rz. 72 ff.
5 *Ritz/Voß* in Just/Voß/Ritz/Zeising, § 13 WpPG Rz. 77.
6 Gesetz über die Bundesanstalt für Finanzdienstleistungsaufsicht (Finanzdienstleistungsaufsichtsgesetz – FinDAG) vom 22.4.2002 (BGBl. I 2002, S. 1310), zuletzt geändert durch Gesetz vom 30.6.2016 (BGBl. I 2016, S. 1514).
7 *Groß*, Kapitalmarktrecht, § 13 WpPG Rz. 15; *Grosjean* in Heidel, Aktienrecht und Kapitalmarktrecht, § 13 WpPG Rz. 20; *Berrar* in FrankfurtKomm. WpPG, § 13 WpPG Rz. 67.

bung von Gebühren nach dem Wertpapierprospektgesetz[1] erhoben. Für die Billigung eines Basisprospekts oder eines aus einem Dokument bestehenden Prospekts werden beispielsweise 6.500 Euro (Ziffer 3 des Gebührenverzeichnisses zu § 2 WpPGebV) erhoben. Für die Widerspruchsbearbeitung im Falle einer teilweisen oder vollständigen Zurückweisung ist § 3 Abs. 2 WpPGebV anzuwenden. Im Übrigen gilt das Bundesgebührengesetz[2], wie zB in Fällen der Ablehnung eines Billigungsantrags (§ 10 Abs. 2 BGebG) oder der Rücknahme des Billigungsantrags (§ 10 Abs. 5 BGebG, wonach die BaFin regelmäßig 75% der vollen Gebühr erhebt, wenn der Antrag auf Billigung nach Beginn der sachlichen Bearbeitung durch die Behörde zurückgenommen wird).

8. Unterrichtung der Europäischen Wertpapier- und Marktaufsichtsbehörde

Nach § 13 Abs. 2 WpPG ist die Europäische Wertpapier- und Marktaufsichtsbehörde (ESMA) von der Billigung zu unterrichten und ihr ist eine „Kopie"[3] des Prospekts zu übermitteln. Diese Unterrichtungspflicht ist Bestandteil des Europäischen Finanzaufsichtssystems[4]. Es soll sichergestellt werden, dass die ESMA über alle Informationen verfügt und im Fall der Billigung von Prospekten diese als eine Liste auf der Internetseite veröffentlicht (Art. 14 Abs. 4a Prospektrichtlinie). Eine derart zentrale Liste kann durchaus sehr nützlich sein, wie sich im Falle der Insolvenz der Lehman-Gruppe zeigte, wo unklar war, zu welchem Wertpapier bei welcher Aufsichtsbehörde die Dokumentation vorlag. Das Abstellen der Unterrichtungspflicht auf eine Prospektkopie unterstreicht, dass keine originalen Fassungen (zB mit Unterschriften) an die ESMA zu übermitteln sind. Praktisch kann dies daher rein elektronisch erfolgen, indem die Datenbanken der einzelnen nationalen Aufsichtsbehörden mit der von der ESMA verbunden werden. 21

III. Antragsteller und Prüfungsfristen (§ 13 Abs. 2 WpPG)

1. Übersicht

§ 13 Abs. 2 WpPG setzt Art. 13 Abs. 2 und 3 Prospektrichtlinie um. Nach § 13 Abs. 2 WpPG teilt die BaFin dem Antragsteller (Rz. 23 ff.) innerhalb von zehn Werktagen oder im Falle eines erstmaligen öffentlichen Angebots innerhalb von 20 Werktagen (Rz. 28 ff.) die Entscheidung über die Billigung mit und unterrichtet die Europäische Wertpapier- und Marktaufsichtsbehörde über die Billigung (siehe dazu oben unter Rz. 16 ff.). 22

---

1 Wertpapierprospektgebührenverordnung (WpPGebV) vom 29.6.2005 (BGBl. I 2005, S. 1875), zuletzt geändert durch Gesetz vom 7.8.2013 (BGBl. I 2013, S. 3154).
2 Bundesgebührengesetz (BGebG) vom 7.8.2013 (BGBl. I 2013, S. 3154).
3 Entspricht dem Wortlaut von Art. 13 Abs. 2 Prospektrichtlinie.
4 Siehe zum Europäischen Finanzaufsichtssystem näher unter der Kommentierung zu § 28a WpPG.

2. Antragsteller und Antrag

23 Der Antrag auf Billigung eines Prospekts wird vom **Anbieter oder Zulassungsantragsteller** gestellt. Im Gegensatz zum Zulassungsverfahren muss das Prospektbilligungsverfahren nicht durch ein das Emissionsverfahren eventuell begleitendes Kreditinstitut mitbeantragt werden[1]. Nicht genannt wird in diesem Zusammenhang der Emittent. In vielen Fällen dürfte der aber auch Anbieter sein (wenn zB an Zertifikateemittenten gedacht wird, die – neben White-Label-Produkten – in erster Linie Produkte unter der eigenen Marke/Firma emittieren und anbieten) oder Zulassungsantragsteller (zB im Fall von Börsengängen)[2].

24 Der **Antrag** auf Billigung des Prospekts ist schriftlich zu stellen[3] und kann bereits mit einem Antrag auf Notifizierung des Prospekts ins europäische Ausland verbunden werden (siehe auch Art. 2 Abs. 2 lit. c Prospekt-Verfahrens- und Werbungs-Durchführungsverordnung), was die Bearbeitungsfrist für die Notifizierung nach § 18 Abs. 1 Satz 2 WpPG von drei auf einen Werktag nach Billigung verkürzt. Der Eingang des Antrags wird durch die BaFin bestätigt, damit der Antragsteller die Fristen berechnen kann und die Ansprechpartner erfährt[4] (Art. 5 Abs. 1 Prospekt-Verfahrens- und Werbungs-Durchführungsverordnung). Der Antrag und die beizufügenden Unterlagen (siehe dazu Rz. 25) sind grundsätzlich, dh. bis auf die Billigungsfassung des Prospekts, ausschließlich auf elektronischem Wege zu übermitteln (Art. 2 Abs. 1 Satz 1 Prospekt-Verfahrens- und Werbungs-Durchführungsverordnung). Die BaFin gestattet die Übermittlung über die webbasierte Melde- und Veröffentlichungsplattform MVP Portal[5]. Die Kommunikation erfolgt unter Verwendung von der BaFin zugewiesener Benutzernamen und Kennwort.

25 Dem Antrag sind die für die Prospektprüfung erforderlichen **Unterlagen** beizufügen. Dazu gehört in erster Linie der Prospekt. Sollte der Aufbau des Prospekts von der Reihenfolge der Angaben in den Anhängen zur ProspektVO abweichen, ist dem Prospekt eine nach Art. 25 Abs. 4 bzw. Art. 26 Abs. 3 ProspektVO erstellte Aufstellung von Querverweisen (Überkreuzcheckliste) beizufügen (Art. 2 Abs. 2 lit. a Prospekt-Verfahrens- und Werbungs-Durchführungsverordnung)[6]. Aus dieser Überkreuzcheckliste hat synopsenartig hervorzugehen, an welcher konkreten Stelle im Prospekt (Seitenzahl, Gliederungsnummer) sich die jeweils im Anhang geforderte Angabe befindet. Sofern einzelne Punkte nicht anwendbar sind, ist dies kurz zu erklären. Dem Antrag auf Billigung sind ferner noch die gegebenenfalls nach § 11 WpPG per Verweis einbezogenen Dokumente beizufügen (soweit diese der BaFin

---

1 *Groß*, Kapitalmarktrecht, § 13 WpPG Rz. 4; *Grosjean* in Heidel, Aktienrecht und Kapitalmarktrecht, § 13 WpPG Rz. 8, *Berrar* in FrankfurtKomm. WpPG, § 13 WpPG Rz. 18.
2 Im Ergebnis ähnlich in der Einschätzung *Berrar* in FrankfurtKomm. WpPG, § 13 WpPG Rz. 17 mwN.
3 *Groß*, Kapitalmarktrecht, § 13 WpPG Rz. 3, 4a.
4 *Berrar* in FrankfurtKomm. WpPG, § 13 WpPG Rz. 42.
5 Dass die Behörde die elektronischen Zugangswege genauer festlegen kann, ergibt sich auch aus Erwägungsgrund 3 der Prospekt-Verfahrens- und Werbungs-Durchführungsverordnung.
6 Die BaFin verlangt neben der Überkreuzcheckliste keine Anotierung des Prospekts.

nicht bereits vorliegen, Art. 2 Abs. 2 lit. d Prospekt-Verfahrens- und Werbungs-Durchführungsverordnung), erforderlichenfalls auch eine Übersetzung der Zusammenfassung für angestrebte Notifizierungen und im Falle der Vertretung des Antragstellers die Vollmacht des Vertreters im Original.

Die **Rücknahme des Antrages** auf Billigung des Prospekts durch den Antragsteller ist während des Verwaltungsverfahrens bis zum Erlass des Billigungsbescheides möglich. Die Befugnis zur Rücknahme des Antrags folgt aus der Verfügungsbefugnis des Antragstellers[1]. Wurde von Seiten der BaFin mit der sachlichen Bearbeitung begonnen, wird auch in diesen Fällen eine Gebühr fällig (§ 10 Abs. 5 BGebG, siehe oben Rz. 20). Rechtlich zweifelhaft ist dagegen, ob eine Rücknahme des Billigungsantrages noch nach Erlass des Billigungsbescheides und vor der Veröffentlichung des Prospekts oder gar noch nach der Veröffentlichung des Prospekts möglich ist. Uneinigkeit besteht schon bei der Frage, wie lange ein Verwaltungsverfahren dauert, verbunden mit der Folgefrage, wie lange ein Antrag zurückgenommen werden kann. Teilweise wird vertreten, dass mit der Entscheidung über den Antrag das Verwaltungsverfahren beendet sei (ein Widerspruchsverfahren also ein neues Verwaltungsverfahren wäre)[2], andererseits aber auch, dass der maßgebliche Zeitpunkt der des Eintritts der Unanfechtbarkeit des Verwaltungsakts sei[3]. Selbst wenn der letztgenannten Ansicht gefolgt wird, besteht darüber hinaus Uneinigkeit in der Frage der Rechtsfolge, dh. ob der Verwaltungsakt durch die Erklärung der Rücknahme unwirksam oder rechtswidrig wird[4]. Diese Rechtsunsicherheit ist äußerst misslich für ein Verfahren, welches bereits ein gebilligtes Haftungsdokument hervorgebracht hat.

26

Möchte der Antragsteller nach der Billigung des Prospekts der sich daraus ergebenden Pflicht, den Prospekt zu veröffentlichen (siehe oben Rz. 17), oder aus anderen Gründen den Billigungsbescheid wieder beseitigen, so bleibt der **Verzicht auf die Rechtsfolgen der Billigung**. Eine behördliche Genehmigung erlischt auch dann, wenn der Begünstigte auf sie verzichtet[5]. Durch Verzicht erledigt sich der Verwaltungsakt „auf andere Weise" iS von § 43 Abs. 2 VwVfG[6]. Der Verzicht muss eindeutig und unmissverständlich erklärt werden[7]. Zumindest vor der Veröffentlichung des Prospekts besteht noch kein Informationsinteresse des Anlegers im Hinblick auf den Prospekt, so dass die Dispositionsbefugnis über das durch die Billigungsentscheidung gewährte Recht allein beim Billigungsadressaten liegt. Nach der Veröffentlichung des Prospekts dürfte ein Verzicht nur in Ausnahmefällen möglich sein (zB nach der Veröffentlichung eines Registrierungsformulars, welches für sich genommen keine hinreichenden Informationen für eine Anlageentscheidung des Anlegers enthält, wenn es nicht verwendet wird, dh. nicht Bestandteil eines Prospekts wird).

27

---

1 *Kopp/Ramsauer*, Verwaltungsverfahrensgesetz, § 22 VwVfG Rz. 80, so auch *Berrar* in FrankfurtKomm. WpPG, § 13 WpPG Rz. 33.
2 *Schmitz* in Stelkens/Bonk/Sachs, Verwaltungsverfahrensgesetz, § 9 VwVfG Rz. 193 f.
3 *Kopp/Ramsauer*, § 22 VwVfG Rz. 85.
4 *Kopp/Ramsauer*, § 22 VwVfG Rz. 91.
5 BVerwG v. 15.12.1989 – 4 C 36.86, DVBl. 1990, 427.
6 *Sachs* in Stelkens/Bonk/Sachs, § 43 VwVfG Rz. 209.
7 *Sachs* in Stelkens/Bonk/Sachs, § 53 VwVfG Rz. 33.

3. Prüfungsfristen

28 Die Prüfungsfrist beträgt nach § 13 Abs. 2 Satz 1 WpPG grundsätzlich zehn Werktage. Die Frist beträgt nach § 13 Abs. 2 Satz 2 WpPG allerdings 20 Werktage, wenn ein Emittent, dessen Wertpapiere noch nicht zum Handel an einem organisierten Markt zugelassen sind, erstmals Wertpapiere öffentlich anbietet, es sich also um ein IPO (Initial Public Offering) handelt. Dem Wortlaut folgend, gilt die Zehntagesfrist allerdings dann, wenn der Emittent bereits andere Wertpapiere (zB Anleihen) öffentlich angeboten hat[1]. Von der zwanzigtägigen Prüfungsfrist erfasst sein können auch sogenannte Transfer-IPOs vom Freiverkehr in den regulierten Markt, wenn die Einbeziehung in den Freiverkehr ohne ein öffentliches Angebot erfolgte.

29 Der **Beginn des Fristlaufs** ist abhängig von der Einreichung aller vollständigen Unterlagen, also nicht nur des Prospekts, sondern auch der Überkreuzcheckliste[2]. Dass die Prüfungsfristen erst dann zu laufen beginnen, ergibt sich aus § 13 Abs. 3 WpPG. Diese Vorschrift (näher dazu unten Rz. 31 ff.) besagt für den Fall, dass die BaFin Anhaltspunkte für eine Unvollständigkeit des Prospekts hat oder sie ergänzende Informationen benötigt, die Fristen erst ab Eingang der fehlenden Informationen zu laufen beginnen[3]. Der Eingang der Unterlagen wird von der BaFin unter Angabe des Eingangsdatums per Telefax bestätigt.

30 Die **Berechnung der Frist** folgt den Vorgaben von § 31 VwVfG iVm. §§ 187 ff. BGB, dh. für den Fristbeginn wird der Tag der Einreichung der Antragsunterlagen nicht mitgezählt und die Frist endet mit dem Ablauf des letzten Tages der Zehn- bzw. 20-Werktags-Frist. Werktage sind alle Tage außer Sonntage und Feiertage, dh. auch der Samstag ist ein Werktag. Das Fristende kann demnach auch nicht auf einen Sonntag oder Feiertag fallen. Auch wenn nach § 31 Abs. 3 Satz 1 VwVfG die Frist, die an sich an einem Samstag endet, erst an dem dann folgenden Werktag endet, äußert sich die BaFin immer an dem Werktag vor dem Samstag. Diese Praxis entspricht der Auslegung[4] zum alten VerkProspG. Es wurde davon ausgegangen, dass § 31 Abs. 3 Satz 1 VwVfG keine Anwendung findet, da sie sich nur auf Handlungs- und Erklärungsfristen, die das Gesetz oder eine Behörde gegenüber dem Bürger setzt, beziehe. Die Bestimmung solle dem Bürger gewährleisten, die Fristen gegenüber einer Behörde voll ausschöpfen zu können, nicht aber die Tätigkeit der Behörde als Verfahrensträger zu schützen[5].

---

1 *Berrar* in FrankfurtKomm. WpPG, § 13 WpPG Rz. 35.
2 Zur Abhängigkeit des Fristlaufs von der Einreichung der Überkreuzcheckliste siehe Begr. RegE zu § 13 Abs. 3 WpPG, BT-Drucks. 15/4999 v. 3.3.2005, S. 35.
3 *Groß*, Kapitalmarktrecht, § 13 WpPG Rz. 10; *Grosjean* in Heidel, Aktienrecht und Kapitalmarktrecht, § 13 WpPG Rz. 11; *Berrar* in FrankfurtKomm. WpPG, § 13 WpPG Rz. 36; *Apfelbach/Metzner*, BKR 2006, 81 (83).
4 Ziffer VII. 1. der Bekanntmachung des Bundesaufsichtsamtes für den Wertpapierhandel zum Wertpapier-Verkaufsprospektgesetz (Verkaufsprospektgesetz) v. 6.9.1999, BAnz. Nr. 177 v. 21.9.1999, S. 16180.
5 *Lenz/Ritz*, WM 2000, 904 (907).

IV. Verlauf der Prüfungsfristen bei Nachforderungen der BaFin (§ 13 Abs. 3 WpPG)

Stellt die BaFin bei der Prüfung des Prospekts fest, dass der **Prospekt unvollständig** ist oder ergänzende Informationen erforderlich sind, teilt sie dies dem Antragsteller mit (Art. 5 Abs. 2 Prospekt-Verfahrens- und Werbungs-Durchführungsverordnung). Mit der Bezugnahme auf den „unvollständigen Prospekt" hat der deutsche Gesetzgeber den in Art. 13 Abs. 4 Prospektrichtlinie enthaltenen Begriff der „unvollständigen Unterlagen" konkretisiert. Die zehn- bzw. 20tägigen Fristen des § 13 Abs. 2 WpPG beginnen erst dann zu laufen, wenn die fehlenden Unterlagen und Informationen nachgereicht werden. Die Anknüpfung des Fristlaufs an den Eingang der fehlenden Unterlagen ist nach Ansicht des Gesetzgebers gerechtfertigt, weil erst zu diesem Zeitpunkt eine auf die Billigung ausgerichtete Prüfung des Prospektentwurfs möglich ist[1]. Dem folgend scheint der Gesetzgeber von einem anderen Vollständigkeitsbegriff als in § 13 Abs. 1 WpPG auszugehen, nämlich einem sehr engen Vollständigkeitsbegriff als vorbereitende Prüfung zu der dann darauf aufbauenden Prüfung auf Kohärenz und Verständlichkeit[2]. Denn ansonsten wäre ein Fristlauf von zehn Werktagen nach § 13 Abs. 3 Satz 2 WpPG im Hinblick auf den möglichen Fristlauf von 20 Werktagen nach § 13 Abs. 2 Satz 2 WpPG widersprüchlich. Ergänzenden Informationen iS von § 13 Abs. 3 Satz 1 WpPG sind insbesondere die Überkreuzchecklliste (siehe dazu oben unter Rz. 29)[3]. Nach § 13 Abs. 3 Satz 2 WpPG „soll"[4] die BaFin den Antragsteller darüber innerhalb von zehn Werktagen informieren. Insgesamt wurde in der Fristenregelung des § 13 Abs. 3 WpPG die Gefahr gesehen, dass durch häufige Nachforderungen der BaFin das gesamte Emissionsverfahren, insbesondere bei weniger standardisierten Produkten, unberechenbar wird[5]. Teilweise wird vorgeschlagen, dass kleinere Nachforderungen die Frist nicht auslösen, sondern als Anregungen iS von § 25 VwVfG zu verstehen sind[6]. Soweit die Nachforderungen der BaFin allerdings den Prüfungsumfang nach § 13 WpPG betreffen, ist auch von Nachforderungen iS des § 13 Abs. 3 WpPG auszugehen mit den entsprechenden Auswirkungen auf den Fristverlauf. 31

Interessanterweise geht Art. 5 Abs. 3 Prospekt-Verfahrens- und Werbungs-Durchführungsverordnung davon aus, dass bei einer mündlichen Anhörung keine Unterbrechung des Fristlaufs erfolgt. Abgesehen davon hat die Praxis inzwischen gezeigt, dass die Fristverläufe die Emissionsverfahren nicht übermäßig und unberechenbar in die Länge ziehen. Erfahrungsgemäß wird die Frist von zehn Werktagen nur ein bis zwei Mal je Verfahren voll ausgenutzt, wobei dann noch einige Tage für die abschließende Bearbeitung folgen. Bei Börsengängen sah der **Zeitplan** häufig wie folgt 32

---
1 Begr. RegE zu § 13 Abs. 3 WpPG, BT-Drucks. 15/4999 v. 3.3.2005, S. 35.
2 Im Ergebnis so *Groß*, Kapitalmarktrecht, § 13 WpPG Rz. 10; *Ritz/Voß* in Just/Voß/Ritz/Zeising, § 13 WpPG Rz. 49.
3 Begr. RegE zu § 13 Abs. 3 WpPG, BT-Drucks. 15/4999 v. 3.3.2005, S. 35.
4 Auf den ermessenslenkenden Charakter der Formulierung verweist *Berrar* in Frankfurt-Komm. WpPG, § 13 WpPG Rz. 37.
5 *Crüwell*, AG 2003, 243 (251); *Kunold/Schlitt*, BB 501 (509).
6 *Groß*, Kapitalmarktrecht, § 13 WpPG Rz. 10; *Preuße* in Holzborn, § 13 WpPG Rz. 29.

aus, wobei die erste Einreichung mit einem weitestgehend vollständigen Prospektentwurf erfolgt (ausgenommen einige angebotsspezifische Angaben und nach Abstimmung einige historische Finanzinformationen):

– 13 Arbeitstage (nicht Werktage, aber immer noch deutlich kürzer als die für solche Fälle in § 13 Abs. 2 Satz 2 WpPG vorgesehenen 20 Werktage) Prüfungszeit nach der ersten Einreichung,
– ca. zehn Werktage Prüfungszeit nach der zweiten Einreichung und abschließend
– zwei bis fünf Werktage Prüfungszeit nach der dritten Einreichung bis zur Billigung[1].

33 Voraussetzung für ein zügiges Verfahren ist, dass bei einer erneuten Einreichung auf Grund von Anmerkungen der BaFin neben der Prospektversion im Billigungsformat auch eine **änderungsmarkierte Fassung** eingereicht wird, bei der alle Änderungen (Einfügungen und Streichungen) gegenüber der Vorfassung markiert sind (Art. 3 Abs. 1 Prospekt-Verfahrens- und Werbungs-Durchführungsverordnung)[2]. Zu diesem Prospekt im Überarbeitungsmodus ist die Erklärung abzugeben, dass der erneut eingereichte Prospekt mit der Vorfassung übereinstimmt, mit Ausnahme der seitdem vorgenommenen und im Überarbeitungsmodus gekennzeichneten Änderungen.

34 Bei **komplexen Transaktionen**, bei denen sich beispielsweise Fragen zu den im Prospekt aufzunehmenden historischen Finanzinformationen stellen, empfiehlt es sich, bereits vor dem Beginn des Prospektbilligungsverfahrens Kontakt mit der BaFin aufzunehmen. Im Vorfeld können die Anforderungen an den Prospekt wie auch die Einzelheiten des Zeitplans besprochen werden. So kann auch erörtert werden, ob gegebenenfalls bestimmte Informationen (wie zB Quartalsberichte) erst in einer späteren Einreichungsfassung eingearbeitet werden und wie sich dann der Zeitplan gestaltet. Auf diese Weise lässt sich eine höhere Transaktionssicherheit erreichen.

35 Auswirkungen auf den Fristverlauf können auch **weitere im Zusammenhang mit der Prospektbilligung gestellte Anträge** haben, wie Anträge nach § 19 Abs. 1 Satz 2 WpPG, um die Gestattung der Verwendung einer anderen als der deutschen Sprache zu erwirken, oder nach § 8 Abs. 2 WpPG, um von der Aufnahme bestimmter Angaben befreit zu werden. Die Fristen in § 13 Abs. 2 und 3 WpPG beginnen nicht vor Bescheidung dieser Anträge zu laufen. Diese Vorschriften enthalten – anders als § 18 Abs. 1 WpPG für den Fall der beantragten Notifizierung – keine Bearbeitungsfristen für die Behörde. Hätte die Stellung und Bearbeitung der Anträge keine Auswirkung auf die Fristen nach § 13 Abs. 2 und 3 WpPG, würden faktisch die Prospektprüfungsfristen für die Bearbeitung der Anträge eingeführt. Ferner kann die BaFin über die Billigung oder über die Frage, ob Informationen fehlen, erst dann entscheiden, wenn die von den Anträgen betroffenen Vorfragen geklärt wurden. Die Entscheidung über die Anträge erfolgt im Übrigen auch nach einem

---

1 Vgl. auch *Meyer* in Habersack/Mülbert/Schlitt, Unternehmensfinanzierung am Kapitalmarkt, § 30 Rz. 81; *Singhof/Weber* in Habersack/Mülbert/Schlitt, Unternehmensfinanzierung am Kapitalmarkt, § 4 Rz. 108; *Groß*, Kapitalmarktrecht, § 13 WpPG Rz. 10; *Berrar* in FrankfurtKomm. WpPG, § 13 WpPG Rz. 41; *Schlitt/Schäfer*; AG 2008, 525 (529).
2 *Apfelbach/Metzner*, BKR 2006, 81 (83).

anderen als in § 13 Abs. 1 WpPG vorgesehenen Prüfungsmaßstab. Bislang gab es in der Praxis allerdings keine zeitlichen Probleme. Es ist ratsam, die mit derartigen Anträgen zusammenhängenden Fragen im Vorfeld zu klären.

V. Zugänglichmachen der gebilligten Prospekte auf der BaFin-Internetseite (§ 13 Abs. 4 WpPG)

§ 13 Abs. 4 WpPG setzt Art. 14 Abs. 4 Prospektrichtlinie um (siehe dazu oben Rz. 2). Nach § 13 Abs. 4 WpPG macht die BaFin die gebilligten Prospekte auf ihrer Internetseite für zwölf Monate zugänglich, und zwar im Volltext. Nach Ablauf der zwölf Monate ist dann zwar das Prospektdokument nicht mehr im Volltext abrufbar, aber die übrigen Daten erscheinen noch. Der deutsche Gesetzgeber hat sich also nicht für die in Art. 14 Abs. 4 Prospektrichtlinie befindliche zweite Möglichkeit einer reinen Liste der gebilligten Prospekte entschieden (für die im Übrigen dann noch Art. 32 ProspektVO zu beachten wäre, wonach im Internet auch anzugeben wäre, wie diese Prospekte dem Publikum zur Verfügung gestellt wurden und wo sie erhältlich sind). Die Veröffentlichung durch die BaFin erfolgt unabhängig davon, dass der Anbieter oder Zulassungsantragsteller den Prospekt nach § 14 WpPG veröffentlichen muss. Das „Zugänglichmachen" des Prospekts auf der Internetseite der BaFin ist also keine Veröffentlichung iS von § 14 WpPG[1]. Die Frist von zwölf Monaten beginnt jeweils mit dem der Einstellung des Prospekts auf der Internetseite der BaFin folgenden Werktag. Eingestellt werden auch Nachträge, nicht dagegen endgültige Bedingungen. Ferner weist die BaFin auf ihrer Internetseite darauf hin, dass auch Veröffentlichungen nach § 15 WpHG weitere wesentliche Angaben zum Emittenten oder zu den Wertpapieren enthalten können[2].

36

VI. Übermittlung des Prospekts in Papierform (§ 13 Abs. 5 WpPG)

§ 13 Abs. 5 WpPG ergänzte das ursprünglich ausschließlich papierhafte Prospektprüfungsverfahren um eine elektronische Komponente. Der Absatz erhielt seine heutige Gestalt, um der BaFin zu ermöglichen, ihrer Verpflichtung zur Unterrichtung von der ESMA über erfolgte Billigungen nachkommen[3] und die gebilligten Prospekte auf der eigenen Homepage zur Verfügung stellen und erforderlichenfalls notifizieren zu können[4]. Durch die Wandlung der Prospektprüfung zu einem elektronischen Verfahren (siehe oben Rz. 24) hat sich die Bedeutung des Absatzes dahin-

37

---

1 Vgl. auch ESMA, Questions and Answers Prospectuses, 25th updated version, Juli 2016, Nr. 4; *Groß*, Kapitalmarktrecht, § 13 WpPG Rz. 6; *Grosjean* in Heidel, Aktienrecht und Kapitalmarktrecht, § 13 WpPG Rz. 17; *Preuße* in Holzborn, § 13 WpPG Rz. 31; *Berrar* in FrankfurtKomm. WpPG, § 13 WpPG Rz. 54 ff.
2 Begr. RegE zu § 13 Abs. 4 WpPG, BT-Drucks. 15/4999 v. 3.3.2005, S. 35.
3 Begr. RegE zur Änderung von § 13 Abs. 5 WpPG, BT-Drucks. 17/8684 v. 15.2.2012, S. 19.
4 Begr. RegE zu § 13 Abs. 5 WpPG, BT-Drucks. 15/4999 v. 3.3.2005, S. 35.

gehend geändert, dass neben der der elektronischen Billigungsfassung auch eine Papierform des Prospekts gefordert wird. Auch wenn die Prospekt-Verfahrens-und-Werbungs-Durchführungsverordnung mit ihrer Vorgabe einer elektronischen Prospekteinreichung als unmittelbar anwendbares europäisches Recht der nationalen Ausgestaltung der Prospektrichtlinie im WpPG vorgeht, dürfte dieser Absatz europarechtskonform auslegbar sein. Verfahrenstechnisch hat der Einreicher eine Erklärung dahingehend abzugeben, dass elektronische Fassung und Papierversion übereinstimmen. Vor der eingangs erwähnten Gesetzesänderung ergab sich dies aus dem dann gestrichenen Satz 2 des § 13 Abs. 5 WpPG. Diese Streichung dürfte ein Redaktionsversehen sein[1]. Unabhängig davon ergibt sich die Pflicht zur Abgabe einer Identitätserklärung schon allein aus dem Umstand, dass der „zu billigende" Prospekt in Papierform und in elektronischer Form einzureichen ist, was sinnvoll nur durch eine entsprechende Erklärung belegt werden kann[2]. Die in der Papierversion enthaltene Unterschrift unter den Prospekt kann für die Zwecke der elektronischen Fassung des Prospekts entweder eingescannt werden oder durch die Ergänzung der Namen durch ein „gez." kenntlich gemacht werden.

VII. Staatshaftung

1. Übersicht

38 Das WpPG enthält keine spezialgesetzliche Regelung zur Staatshaftung, womit grundsätzlich erst einmal die allgemeinen **Amtshaftungsgrundsätze** gelten. Bei möglichen Ansprüchen nach § 839 BGB iVm. Art. 34 GG stellt sich die Frage, welchen Dritten gegenüber die BaFin Amtspflichten erfüllt. Nach ständiger höchstrichterlicher Rechtsprechung[3] führt nach § 839 BGB nicht jede Verletzung von Amtspflichten eines Beamten zu Haftungsansprüchen eines von der Amtspflichtverletzung nachteilig Betroffenen. Erforderlich ist vielmehr, dass der Amtsträger „die ihm einem Dritten gegenüber obliegende Amtspflicht" verletzt hat. Auch die Überleitungsnorm des Art. 34 Satz 1 GG für die Haftung der öffentlichen Hand nimmt diese Begrenzung auf. Ob im Einzelfall ein Geschädigter zu dem Kreis der Dritten iS des § 839 BGB gehört, wird danach beurteilt, ob die Amtspflicht – wenn auch nicht notwendig allein, so doch auch – den Zweck hat, das Interesse gerade dieses Geschädigten wahrzunehmen. Nur wenn sich aus den die Amtspflicht begründenden und sie umreißenden Bestimmungen sowie aus der besonderen Natur des Amtsgeschäfts ergibt, dass der Geschädigte zu dem Personenkreis zählt, dessen Belange nach dem Zweck und der rechtlichen Bestimmung des Amtsgeschäfts geschützt und gefördert werden sollen, besteht ihm gegenüber bei schuldhafter Pflichtverletzung eine Schadensersatzpflicht. Dabei genügt es, dass die Amtspflicht neben der Erfüllung allgemeiner

---

1 Darauf deutet ua. die Begr. RegE zu § 13 Abs. 5 WpPG, BR-Drucks. 846/11 v. 30.12.2011, S. 27 hin, die eine Begründung für „§ 13 Abs. 5 Satz 1" bietet und damit Satz 2 unberührt lässt.
2 Die BaFin könnte die Erklärung auch nach § 13 Abs. 3 WpPG als „ergänzende Information" anfordern.
3 Statt vieler BGH v. 20.1.2005 – III ZR 48/01, ZIP 2005, 287 (289).

Interessen und öffentlicher Zwecke auch den Zweck verfolgt, die Interessen Einzelner wahrzunehmen[1]. Die Frage, wer als Geschädigter zu dem Kreis der Dritten iS des § 839 BGB gehört, lässt sich für diejenigen, die als Antragsteller unmittelbar am Verwaltungsverfahren beteiligt sind (wie zB im Falle des WpPG der Anbieter oder Zulassungsantragsteller, der den Antrag auf Billigung des Prospekts stellt), einfacher beantworten als für Anleger.

2. Amtshaftungsansprüche des Anlegers

Im Hinblick auf Amtshaftungsansprüche des Anlegers erlangt § 4 Abs. 4 FinDAG besondere Bedeutung. Nach § 4 Abs. 4 FinDAG nimmt die BaFin ihre Befugnisse und Aufgaben nur im öffentlichen Interesse wahr, was Amtshaftungsansprüche von Anlegern letztlich ausschließen dürfte. Die Vorschrift entspricht unter anderem dem früheren § 6 Abs. 4 KWG bzw. § 4 Abs. 2 WpHG[2]. § 6 Abs. 4 KWG wurde – damals noch als § 6 Abs. 3 KWG – nach dem „Wetterstein"-Urteil[3] und dem „Herstatt"-Urteil[4] des BGH, nach denen den Maßnahmen der Aufsicht im Einzelfall drittschützende Wirkung zukommen konnte, in das KWG eingefügt[5]. In der Gesetzesbegründung der Bundesregierung heißt es zu dieser Vorschrift: „Die Änderung stellt für sämtliche dem Bundesaufsichtsamt zugewiesene Aufgaben klar, dass sie zur Sicherstellung der Funktionsfähigkeit der Kreditwirtschaft ausschließlich im öffentlichen Interesse wahrgenommen werden. Amtspflichten gegenüber den durch das Wirken des Bundesaufsichtsamtes nur mittelbar geschützten Personen oder Personenkreisen werden bei der Tätigkeit des Bundesaufsichtsamtes nicht begründet."[6] Dadurch sollte ausgeschlossen werden, „dass einzelne Personen, die in geschäftlichen Beziehungen zu Kreditinstituten oder sonstigen Unternehmen stehen, an die das Bundesaufsichtsamt Maßnahmen richten kann, wegen eines bestimmten Verhaltens der Behörde Schadensersatzansprüche gegen den Staat erheben können."[7] Dieser Haftungsausschluss wurde teilweise heftig kritisiert, da darin ein Verstoß gegen das Gewaltenteilungsprinzip, gegen Art. 14 GG und gegen Art. 3 GG gesehen wurde. Auch die Vereinbarkeit mit dem europäischen Recht wurde bezweifelt[8]. Der BGH hat allerdings im Jahre 2005 entschieden, dass § 6 Abs. 4 KWG und der an seine Stelle getretene § 4 Abs. 4 FinDAG mit dem Europäischen Gemeinschaftsrecht und dem Grund-

---

1 BGH v. 20.1.2005 – III ZR 48/01, ZIP 2005, 287 (289).
2 Begr. zu § 4 Abs. 4 FinDAG im RegE eines Gesetzes über die integrierte Finanzdienstleistungsaufsicht, BT-Drucks. 14/7033 v. 5.10.2001, S. 34.
3 BGH v. 15.2.1979 – III ZR 108/76, NJW 1979, 1354.
4 BGH v. 12.7.1979 – III ZR 154/77, NJW 1979, 1879.
5 Zur Entwicklung der Amtshaftung im KWG-Bereich siehe ua. *Reischauer/Kleinhans*, § 6 KWG Rz. 56 ff.; *Binder*, WM 2005, 1781 (1782 ff.); *Jaskulla*, BKR 2005, 231; *Schenke/Ruthig*, NJW 1994, 2324 (2325), die die Regelung für verfassungswidrig halten.
6 BT-Drucks. 10/1441 v. 14.5.1984, S. 20.
7 BT-Drucks. 10/1441 v. 14.5.1984, S. 20.
8 Zu den Bedenken siehe *Schenke/Ruthig*, NJW 1994, 2324; *Papier* in MünchKomm. BGB, 5. Aufl. 2009, § 839 BGB Rz. 255.

gesetz vereinbar sei[1]. Der Gesetzgeber sei befugt, Inhalt, Umfang und Zweckrichtung von Amtspflichten zu regeln und damit auch mittelbar den Umfang der Haftung zu bestimmen[2]. Zuvor hatte der EuGH festgestellt, dass den Haftungsausschlüssen europäisches Gemeinschaftsrecht nicht entgegensteht[3]. Die in dem Verfahren betroffenen europäischen Richtlinien könnten nicht so verstanden werden, „dass sie dem Einzelnen im Fall der Nichtverfügbarkeit seiner Einlagen auf Grund einer unzureichenden Aufsicht der zuständigen nationalen Behörden Rechte verleihen, die die Staatshaftung auf der Grundlage des Gemeinschaftsrechts begründen können."[4] An dieser Einschätzung dürfte auch der neue § 4 Abs. 1a FinDAG wenig ändern, der die BaFin zum kollektiven Verbraucherschutz verpflichtet. Auch dies erfolgt nur im Rahmen der bestehenden Gesetze und im allgemeinen öffentlichen Interesse[5].

40 Da § 4 Abs. 4 FinDAG für alle von der BaFin ergriffene Maßnahmen Anwendung findet, hat der Anleger auch im Hinblick auf von der BaFin nach dem **WpPG** ergriffene Maßnahmen keinen Amtshaftungsanspruch. Auf europäischer Ebene stellt Art. 13 Abs. 6 Prospektrichtlinie ausdrücklich fest, dass die Haftung der zuständigen Behörde ausschließlich durch das innerstaatliche Recht geregelt werde[6]. Auch wenn das WpPG dem Anlegerschutz dient und die BaFin diesbezüglich auch Maßnahmen nach § 26 WpPG ergreifen kann[7], wies der Gesetzgeber im Rahmen des WpPG-Gesetzgebungsverfahrens noch einmal deutlich darauf hin, dass die Billigung nach § 13 Abs. 1 WpPG ausschließlich im öffentlichen Interesse erfolge[8]. Darüber hinaus hat die Rechtsprechung – unabhängig von § 4 Abs. 4 FinDAG – für einen mit der Prospektprüfung nach dem WpPG nicht unähnlichen Fall entschieden, dass die Zulassungsprüfung durch die Börsen dem Schutz des Publikums und der Verhinderung einer Schädigung erheblicher allgemeiner Interessen diene, also über den Schutz des einzelnen Anlegers hinausgehe und damit auch keine besondere Beziehung zum Anleger begründe[9].

41 Da das BVerfG den Haftungsausschluss noch nicht überprüft hat, werden weiterhin **Bedenken** vorgetragen[10]. Der Anwendung des Haftungsausschlusses nach § 4 Abs. 4 FinDAG könnten die Grundsätze der Normenkonflikte entgegenstehen. Denkbar wäre der Normenkonflikt-Grundsatz des „lex specialis derogat legi generali"[11]. Danach könnte das WpPG als das speziellere Gesetz das FinDAG als das allgemeine Gesetz

---

1 BGH v. 20.1.2005 – III ZR 48/01, ZIP 2005, 287; dazu *Binder*, WM 2005, 1781; *Jaskulla*, BKR 2005, 231.
2 BGH v. 20.1.2005 – III ZR 48/01, ZIP 2005, 287 (291).
3 EuGH v. 12.10.2004 – C-222/02, NJW 2004, 3479.
4 EuGH v. 12.10.2004 – C-222/02, NJW 2004, 3479 (3481).
5 Begr. RegE zu § 4 Abs. 1a FinDAG, BT-Drucks. 18/3994 v. 11.2.2015, S. 36 f.
6 Vgl. dazu *Fleischer*, BKR 2004, 339 (343).
7 *Preuße* in Holzborn, § 13 WpPG Rz. 34, schließt die Drittbezogenheit von Amtspflichten daher nicht ausnahmslos aus.
8 Begr. RegE zu § 13 Abs. 1 WpPG, BT-Drucks. 15/4999 v. 3.3.2005, S. 34.
9 LG Frankfurt/M. v. 3.9.2004 – 2/4 O 435/02, WM 2004, 2155.
10 *Fleischer*, BKR 2004, 339 (343); *Rohlfing*, WM 2005, 311.
11 Vgl. dazu im Hinblick auf das Verhältnis des jüngeren Bilanzkontrollgesetzes zu § 4 Abs. 4 FinDAG *Seidel*, DB 2005, 651 (654).

verdrängen, mit der Folge, dass der Haftungsausschluss nach § 4 Abs. 4 FinDAG auf Grund der speziellen Ausformung der Prüfungspflichten (ua. in § 13 WpPG) nicht zur Anwendung käme. Eine derartige Normenkonfliktlage ist hier allerdings nicht gegeben. Das FinDAG ist nicht als das allgemeine Gesetz im Verhältnis zum WpPG anzusehen. Das FinDAG regelt umfassend für alle kapitalmarktrechtlichen Regelungen, die Aufgaben und Befugnisse der BaFin vorsehen, die organisationsrechtlichen Grundlagen. Das materielle Aufsichtsrecht wurde durch das FinDAG dagegen nicht geändert[1]. Daher besteht zwischen dem WpPG und der Regelung des § 4 Abs. 4 FinDAG kein Konkurrenzverhältnis, das durch die Normenkonfliktgrundsätze berührt wird.

3. Amtshaftungsansprüche des Anbieters oder Zulassungsantragstellers

Im Gegensatz zu Anlegern können direkt am Verfahren Beteiligten, wie dem Anbieter oder Zulassungsantragsteller, die die Billigung eines Prospekts beantragt haben, Amtshaftungsansprüche zustehen. Da die Entscheidung über die Billigung auf Grund der mit ihr verbundenen Außenwirkung einen Verwaltungsakt darstellt, stehen den beaufsichtigten Personen subjektiv-öffentliche Rechte gegen die Verwaltungsentscheidung zu, die nicht durch den Haftungsausschluss nach § 4 Abs. 4 FinDAG erfasst werden[2]. Denkbarer Fall könnte die Nichteinhaltung der Fristen nach § 13 Abs. 2 und Abs. 3 WpPG durch die BaFin sein[3]. 42

§ 14
Hinterlegung und Veröffentlichung des Prospekts

(1) Nach seiner Billigung hat der Anbieter oder Zulassungsantragsteller den Prospekt bei der Bundesanstalt zu hinterlegen und unverzüglich, spätestens einen Werktag vor Beginn des öffentlichen Angebots, nach Absatz 2 zu veröffentlichen. Werden die Wertpapiere ohne öffentliches Angebot in den Handel an einem organisierten Markt eingeführt, ist Satz 1 mit der Maßgabe entsprechend anzuwenden, dass für den Zeitpunkt der spätesten Veröffentlichung anstelle des Beginns des öffentlichen Angebots die Einführung der Wertpapiere maßgebend ist. Findet vor der Einführung der Wertpapiere ein Handel von Bezugsrechten im organisierten Markt statt, muss der Prospekt mindestens einen Werktag vor dem Be-

---

1 *Döhmel* in Assmann/Uwe H. Schneider, Vor § 3 WpHG Rz. 2.
2 *Groß*, Kapitalmarktrecht, § 13 WpPG Rz. 16; *Grosjean* in Heidel, Aktienrecht und Kapitalmarktrecht, § 13 WpPG Rz. 21.
3 *Groß*, Kapitalmarktrecht, § 13 WpPG Rz. 17, der unabhängig von der Billigungsfähigkeit des Prospekts einen Verstoß gegen die Fristen in § 13 Abs. 2 oder Abs. 3 WpPG für möglich hält, so auch *Preuße* in Holzborn, § 13 WpPG Rz. 36, während *Kullmann/Sester*, WM 2005, 1068 (1073) diese Fallgestaltung unter dem Gesichtspunkt des dann allerdings nicht greifenden Einwandes rechtmäßigen Alternativverhaltens lösen.

ginn dieses Handels veröffentlicht werden. Im Falle eines ersten öffentlichen Angebots einer Gattung von Aktien, für die der Emittent noch keine Zulassung zum Handel an einem organisierten Markt erhalten hat, muss die Frist zwischen dem Zeitpunkt der Veröffentlichung des Prospekts nach Satz 1 und dem Abschluss des Angebots mindestens sechs Werktage betragen.

(2) Der Prospekt ist zu veröffentlichen

1. in einer oder mehreren Wirtschafts- und Tageszeitungen, die in den Staaten des Europäischen Wirtschaftsraums, in denen das öffentliche Angebot unterbreitet oder die Zulassung zum Handel angestrebt wird, weit verbreitet sind,
2. indem der Prospekt in gedruckter Form zur kostenlosen Ausgabe an das Publikum bereitgehalten wird

    a) bei den zuständigen Stellen des organisierten Marktes, an dem die Wertpapiere zum Handel zugelassen werden sollen,

    b) beim Emittenten,

    c) bei den Instituten im Sinne des § 1 Abs. 1b des Kreditwesengesetzes oder den nach § 53 Abs. 1 Satz 1 oder § 53b Abs. 1 Satz 1 des Kreditwesengesetzes tätigen Unternehmen, die die Wertpapiere platzieren oder verkaufen, oder

    d) bei den Zahlstellen,
3. auf der Internetseite

    a) des Emittenten,

    b) der Institute im Sinne des § 1 Abs. 1b des Kreditwesengesetzes oder der nach § 53 Abs. 1 Satz 1 oder § 53b Abs. 1 Satz 1 des Kreditwesengesetzes tätigen Unternehmen, die die Wertpapiere platzieren oder verkaufen, oder

    c) der Zahlstellen oder
4. auf der Internetseite des organisierten Marktes, für den die Zulassung zum Handel beantragt wurde.

Sofern der Prospekt nach Nummer 1 oder Nummer 2 veröffentlicht wird, ist er zusätzlich nach Nummer 3 zu veröffentlichen. Die Bereitstellung nach den Nummern 2, 3 und 4 muss mindestens bis zum endgültigen Schluss des öffentlichen Angebots oder, falls diese später erfolgt, bis zur Einführung in den Handel an einem organisierten Markt andauern.

(3) Der Anbieter oder der Zulassungsantragsteller hat der Bundesanstalt Datum und Ort der Veröffentlichung des Prospekts unverzüglich schriftlich mitzuteilen.

(4) Wird der Prospekt in mehreren Einzeldokumenten erstellt oder enthält er Angaben in Form eines Verweises, können die den Prospekt bildenden Dokumente und Angaben getrennt in einer der in Absatz 2 genannten Art und Weise veröffentlicht werden. In jedem Einzeldokument ist anzugeben, wo die anderen Einzeldokumente erhältlich sind, die zusammen mit diesem den vollständigen Prospekt bilden.

(5) Wird der Prospekt im Internet veröffentlicht, so muss dem Anleger vom Anbieter, vom Zulassungsantragsteller oder von den Instituten im Sinne des § 1

Abs. 1b des Kreditwesengesetzes oder den nach § 53 Abs. 1 Satz 1 oder § 53b Abs. 1 Satz 1 des Kreditwesengesetzes tätigen Unternehmen, die die Wertpapiere platzieren oder verkaufen, auf Verlangen eine Papierversion kostenlos zur Verfügung gestellt werden.

(6) Der hinterlegte Prospekt wird von der Bundesanstalt zehn Jahre aufbewahrt. Die Aufbewahrungsfrist beginnt mit dem Schluss des Kalenderjahres, in dem der Prospekt hinterlegt worden ist.

In der Fassung vom 22.6.2005 (BGBl. I 2005, 1698), zuletzt geändert durch das Gesetz zur Umsetzung der Richtlinie 2010/73/EU und zur Änderung des Börsengesetzes vom 26.6.2012 (BGBl. I 2012, 1375).

Schrifttum: *Apfelbacher/Metzner*, Das Wertpapierprospektgesetz in der Praxis – eine erste Bestandsaufnahme, BKR 2006, 81; *Crüwell*, Die europäische Prospektrichtlinie, AG 2003, 243; *Heidelbach/Preuße*, Einzelfragen in der praktischen Arbeit mit dem neuen Wertpapierprospektregime, BKR 2006, 316; *Jäger/Maas*, Hinweisbekanntmachungen – Neue Divergenz im Prospektrecht, BB 2009, 852; *Kullmann/Sester*, Das Wertpapierprospektgesetz (WpPG) – Zentrale Punkte des neuen Regimes für Wertpapieremissionen, WM 2005, 1068; *Kunold/Schlitt*, Die neue EU-Prospektrichtlinie, BB 2004, 501; *Lenz/Ritz*, Die Bekanntmachung des Bundesaufsichtsamts für den Wertpapierhandel zum Wertpapier-Verkaufsprospektgesetz und zur Verordnung über Wertpapier-Verkaufsprospekte, WM 2000, 904; *Maerker/Biedermann*, Änderung der EU-Prospektrichtlinie – Auswirkungen auf den deutschen Markt, RdF 2011, 90; *Müller/Oulds*, Transparenz im europäischen Fremdkapitalmarkt, WM 2007, 573; *Schlitt/Schäfer*, Auswirkungen des Prospektrichtlinie-Umsetzungsgesetzes auf Aktien- und Equity-linked Emissionen, AG 2005, 498; *Schulz*, Die Reform des Europäischen Prospektrechts – Eine Analyse der geplanten Prospektverordnung und ihrer Praxisauswirkungen, WM 2016, 1417; *Seitz*, Das neue Wertpapierprospektrecht, AG 2005, 678.

I. Normentwicklung und Überblick 1	c) Veröffentlichung im Internet (§ 14 Abs. 2 Satz 1 Nr. 3 und 4, Satz 2 WpPG) 24
II. Hinterlegung des Prospekts 4	d) Dauer der Veröffentlichung (§ 14 Abs. 2 Satz 3 WpPG) 34
III. Veröffentlichung des Prospekts	3. Mitteilung von Datum und Ort an die BaFin (§ 14 Abs. 3 WpPG) ... 36
1. Veröffentlichungspflicht und Zeitpunkt der Veröffentlichung (§ 14 Abs. 1 WpPG)	4. Veröffentlichung von Einzeldokumenten und Prospektbestandteilen (§ 14 Abs. 4 WpPG) 40
a) Öffentliches Angebot 6	
b) Börseneinführung ohne öffentliches Angebot 11	5. Papierversion bei Veröffentlichung des Prospekts im Internet (§ 14 Abs. 5 WpPG) 42
2. Art der Veröffentlichung (§ 14 Abs. 2 WpPG) 13	6. Aufbewahrung des Prospekts durch die BaFin (§ 14 Abs. 6 WpPG) ... 46
a) Veröffentlichung in einer Tages- oder Wirtschaftszeitung (§ 14 Abs. 2 Satz 1 Nr. 1 WpPG) 14	7. Anwendbarkeit des § 14 WpPG auf nach Deutschland notifizierte Prospekte 47
b) Veröffentlichung durch Bereithalten des Prospekts (§ 14 Abs. 2 Satz 1 Nr. 2 WpPG) 17	**IV. Ausblick** 52

I. Normentwicklung und Überblick

1 § 14 WpPG setzt **Art. 14 Prospektrichtlinie** in deutsches Recht um. Ebenso wie Art. 14 Prospektrichtlinie regelt § 14 WpPG neben der Pflicht zur **Hinterlegung des Prospekts** und einer entsprechenden **Aufbewahrungspflicht der BaFin** (§ 14 Abs. 1 und Abs. 6 WpPG) insbesondere die Pflicht zur **Veröffentlichung des gebilligten Prospekts** einschließlich des Zeitpunkts der Veröffentlichung (§ 14 Abs. 1 WpPG) sowie die Art der Veröffentlichung und die Dauer der Bereitstellung (§ 14 Abs. 2 WpPG). Hinsichtlich des **Zeitpunkts der Veröffentlichung** unterscheidet § 14 Abs. 1 WpPG danach, ob ein öffentliches Angebot erfolgt (§ 14 Abs. 1 Satz 1 WpPG) oder ob die Wertpapiere ohne öffentliches Angebot in den Handel an einem organisierten Markt eingeführt werden (§ 14 Abs. 1 Satz 2 WpPG). Besondere Regeln gelten dabei für den Fall des Handels von Bezugsrechten vor der Einführung in einen organisierten Markt (§ 14 Abs. 1 Satz 3 WpPG) sowie für das öffentliche Angebot von Aktien, die noch nicht zum Handel an einem organisierten Markt zugelassen sind (§ 14 Abs. 1 Satz 4 WpPG). Im Vergleich zum Wertpapierprospektrecht vor Umsetzung der Prospektrichtlinie, das nur die Veröffentlichung in einem Börsenpflichtblatt oder die sog. Schalterpublizität kannte (§ 9 Abs. 2 und 3 VerkProspG[1]), sieht § 14 Abs. 2 WpPG einen umfangreicheren **Katalog von Veröffentlichungsarten** vor, die wahlweise zur Verfügung stehen[2]. So ist seit Geltung des WpPG auch die **Veröffentlichung im Internet** gemäß § 14 Abs. 2 Satz 1 Nr. 3 und 4 WpPG möglich, wobei gemäß § 14 Abs. 5 WpPG jedoch immer auch eine Papierversion zur Verfügung zu stellen ist. Von der nach Art. 14 Abs. 2 Satz 2 Prospektrichtlinie möglichen Implementierung einer Pflicht zur Veröffentlichung des Prospekts (auch) im Internet, hatte der deutsche Gesetzgeber zunächst abgesehen. Mit Änderung der Prospektrichtlinie durch die Änderungsrichtlinie 2010/73/EU vom 24.11.2010[3] ist das Wahlrecht der Mitgliedstaaten jedoch entfallen (siehe hierzu unten näher Rz. 25), und die Mitgliedstaaten müssen gemäß Art. 14 Abs. 2 Unterabs. 2 der geänderten Prospektrichtlinie in den Fällen einer Veröffentlichung des Prospekts in der Zeitung oder im Wege der sog. Schalterpublizität **zusätzlich** auch die in Art. 14 Abs. 2 Satz 2 Prospektrichtlinie vorgesehe-

---

1 Das Verkaufsprospektgesetz wurde am 31.5.2012 aufgehoben und durch das am 1.6.2012 in Kraft getretene Gesetz über Vermögensanlagen ersetzt (siehe Gesetz zur Novellierung des Finanzanlagenvermittler- und Vermögensanlagenrechts v. 6.12.2011, BGBl. I Nr. 63 v. 12.12.2011, S. 2481).
2 Demgegenüber sieht der Entwurf für eine neue Prospektverordnung, die die Prospektrichtlinie ersetzen soll, nur noch die Internetveröffentlichung vor (mit der Pflicht, auf Verlangen eine Papierversion oder einen dauerhaften Datenträger zur Verfügung zu stellen). Siehe unten Rz. 53 und 45.
3 Richtlinie 2010/73/EU des Europäischen Parlaments und des Rates v. 24.11.2010 zu Änderung der Richtlinie 2003/71/EG betreffend den Prospekt, der beim öffentlichen Angebot von Wertpapieren oder bei deren Zulassung zum Handel zu veröffentlichen ist, und der Richtlinie 2004/109/EG zur Harmonisierung der Transparenzanforderungen in Bezug auf Informationen über Emittenten, deren Wertpapiere zum Handel auf einem geregelten Markt zugelassen sind, ABl. EU Nr. L 327 v. 11.12.2010, S. 1 ff.

ne **Veröffentlichung des Prospekts im Internet verpflichtend** vorschreiben[1]. Dies hat der deutsche Gesetzgeber in § 14 Abs. 2 Satz 2 WpPG umgesetzt[2]. Eine nicht oder fehlerhaft erfolgte Veröffentlichung des Prospekts oder ein Verstoß gegen die Mitteilung der Veröffentlichung des Prospekts an die BaFin sind nach § 35 Abs. 1 Nr. 6–8 iVm. Abs. 3 WpPG **bußgeldbewehrt**, wenn sie vorsätzlich oder leichtfertig erfolgt sind (vgl. § 35 WpPG Rz. 36–46). Gemäß § 14 Abs. 4 WpPG können im Fall eines Prospekts, der aus mehreren Einzeldokumenten besteht, die einzelnen Teile getrennt in einer der in § 14 Abs. 2 Satz 1 WpPG genannten Veröffentlichungsformen veröffentlicht werden. **Weitere Einzelheiten** zur Veröffentlichung finden sich in **Art. 6 bis 9 der Delegierten Verordnung (EU) 2016/301** der Kommission vom 30.11.2015[3], die an die Stelle der Art. 29–33 ProspektVO getreten sind. Die Regelungen zur Veröffentlichung von Prospekten gelten entsprechend auch im Fall von **Nachträgen** (§ 16 Abs. 1 Satz 4 WpPG) und **endgültigen Bedingungen** eines Angebots (§ 6 Abs. 3 Satz 1 WpPG).

§ 14 Abs. 3 WpPG verlangt, dass der Anbieter bzw. Zulassungsantragsteller **Datum und Ort der Veröffentlichung** der BaFin unverzüglich schriftlich **mitteilen** muss. Diese Regelung ist in der Prospektrichtlinie nicht vorgegeben. Eine vergleichbare Mitteilungspflicht hatte die BaFin bereits unter altem Recht aus § 8c Abs. 1 VerkProspG abgeleitet, um die Erfüllung der Veröffentlichungspflichten leichter überwachen zu können[4].

Darüber hinaus sah § 14 Abs. 3 WpPG in einem Satz 2 zunächst vor, dass eine Mitteilung zu veröffentlichen ist, aus der hervorgeht, wie der Prospekt veröffentlicht worden ist und wo er erhältlich ist (sog. **Hinweisbekanntmachung**). Damit hatte der deutsche Gesetzgeber von einem entsprechenden, in Art. 14 Abs. 3 Prospektrichtlinie vorgesehenen Wahlrecht der Mitgliedstaaten, eine solche Hinweisbekanntmachung

---

1 Zur Vorgeschichte dieser Änderung vgl. das vom Ausschuss der ständigen Vertreter (COREPER) gebilligte Schreiben des Rates an das Europäische Parlament, in welchem der Rat zu dem diesem Schreiben beigefügten Kompromissvorschlag zur Änderung der Prospektrichtlinie vorab seine Zustimmung erklärt, Dokument v. 28.5.2010, S. 29, 2009/132(COD), 10254/10, EF 49, ECOFIN 314, DRS 18, CODEC 480, abrufbar unter http://register.consilium.europa.eu/pdf/en/10/st10/st10254.en10.pdf.
2 Gesetz zur Umsetzung der Richtlinie 2010/73/EU und zur Änderung des Börsengesetzes v. 26.6.2012, BGBl. I Nr. 28 v. 29.6.2012, S. 1375 (1378) und Begr. RegE für ein Gesetz zur Umsetzung der Richtlinie 2010/73/EU und zur Änderung des Börsengesetzes, BT-Drucks. 17/8684 v. 15.2.2012, S. 20.
3 Delegierte Verordnung (EU) 2016/301 der Kommission v. 30.11.2015 zur Ergänzung der Richtlinie 2003/71/EG des Europäischen Parlaments und des Rates durch technische Regulierungsstandards für die Billigung und Veröffentlichung des Prospekts und die Verbreitung von Werbung und zur Änderung der Verordnung (EG) Nr. 809/2004 der Kommission, ABl. EU Nr. L 58 v. 4.3.2016, S. 13 ff.
4 Vgl. *Lenz* in Assmann/Lenz/Ritz, § 8 VerkProspG Rz. 17 ff. und Ziffer VI der Bekanntmachung des BaWe zum Wertpapier-Verkaufsprospektgesetz (Verkaufsprospektgesetz) idF der Bekanntmachung v. 9.9.1998 (BGBl. I, S. 2701 ff.) und zur Verordnung über Wertpapier-Verkaufsprospekte (Verkaufsprospekt-Verordnung) idF der Bekanntmachung v. 9.9.1998 (BGBl. I, S. 2835 ff.) v. 6.9.1999, BAnz. Nr. 177 v. 21.9.1999.

zu verlangen, Gebrauch gemacht. Durch Art. 36 Nr. 1 des Jahressteuergesetzes 2009 vom 19.12.2008 wurde die ursprünglich in § 14 Abs. 3 Satz 2 WpPG vorgesehene Pflicht zur Veröffentlichung einer Hinweisbekanntmachung jedoch aufgehoben. Die Aufhebung des § 14 Abs. 3 Satz 2 WpPG ist am 25.12.2008 in Kraft getreten[1]. Die Streichung des § 14 Abs. 3 Satz 2 WpPG erfolgte vor dem Hintergrund, dass Deutschland nicht nur einer der wenigen Mitgliedstaaten war, die von dem Wahlrecht des Art. 14 Abs. 3 Prospektrichtlinie Gebrauch gemacht hatten, sondern dass die BaFin Hinweisbekanntmachungen zusätzlich auch für die Veröffentlichung von endgültigen Bedingungen verlangte[2] und zudem noch die Auffassung vertrat, dass die Pflicht zur Hinweisbekanntmachung entgegen der ausdrücklichen Regelung von Art. 14 Abs. 3 Prospektrichtlinie selbst für Prospekte gelten sollte, die von der zuständigen Behörde eines anderen Mitgliedstaats nach den dort geltenden Bestimmungen gebilligt und nach Deutschland notifiziert wurden[3]. Insbesondere die im

---

1 Art. 39 Abs. 1 Jahressteuergesetz 2009, BGBl. I 2008 v. 24.12.2008, S. 2794 (2842).
2 Für die BaFin-Auffassung sprach auf den ersten Blick die Tatsache, dass § 6 Abs. 3 WpPG anders als noch in der Fassung des Diskussionsentwurfs, der auf § 14 Abs. 2 WpPG verwies, in der abschließenden Fassung auf § 14 WpPG in seiner Gesamtheit (und damit scheinbar auch auf § 14 Abs. 3 Satz 2 WpPG aF) verweist. Allerdings spricht § 6 Abs. 3 WpPG trotz der Bezugnahme auf den gesamten § 14 WpPG weiterhin nur von Veröffentlichung (und nicht von einer Mitteilung über die Veröffentlichung), und die amtliche Begründung zu § 14 Abs. 3 WpPG aF verdeutlicht zwar die Anwendbarkeit dieser Vorschrift auch auf Nachträge, erwähnt jedoch mit keinem Wort eine Anwendbarkeit auf endgültige Bedingungen. Auch Art. 33 ProspektVO kennt kein Wahlrecht der Mitgliedstaaten hinsichtlich einer Hinweisbekanntmachung bei endgültigen Bedingungen, zumal Informationen über die Zurverfügungstellung der endgültigen Bedingungen bereits im Basisprospekt enthalten sein müssen (Art. 22 Abs. 5 Nr. 2 ProspektVO), was eine zusätzliche Hinweisbekanntmachung überflüssig macht. Selbst wenn die im Rahmen des Gesetzgebungsverfahrens vorgenommene Erweiterung der Bezugnahme in § 6 Abs. 3 WpPG auf den gesamten § 14 WpPG gerade auch im Hinblick auf § 14 Abs. 3 Satz 2 WpPG aF motiviert gewesen sein sollte, sprachen daher im Rahmen einer systematischen und europarechtskonformen Auslegung gute Argumente gegen eine Anwendung von § 14 Abs. 3 Satz 2 WpPG aF auf die Veröffentlichung von endgültigen Bedingungen. Siehe dazu *Kullmann/Sester*, WM 2005, 1068 (1074); *Heidelbach/Preuße*, BKR 2006, 316 (322); *Müller/Oulds*, WM 2007, 573 (576); die BaFin-Auffassung ablehnend auch *Seitz*, AG 2005, 678 (688).
3 Diese innerhalb der Mitgliedstaaten nahezu singuläre und lediglich von der österreichischen Aufsichtsbehörde FMA geteilte, im März 2007 aber von dieser im Hinblick auf nach Österreich notifizierte Prospekte aufgegebene Auffassung (vgl. § 10 Abs. 4 KMG; Rundschreiben der österreichischen Finanzmarktaufsicht v. 29.3.2007 zu Fragen der Umsetzung der Prospektrichtlinie in Kapitalmarktgesetz und Börsegesetz, Nr. 30, wonach die Verpflichtung zur Veröffentlichung einer Hinweisbekanntmachung nur für Prospekte gilt, für die die FMA die zuständige Behörde des Herkunftsmitgliedstaats ist, sowie das Rundschreiben der FMA zu Fragen des Prospektrechts v. 4.12.2012, Rz. 31, abrufbar unter http://www.fma.gv.at unter der Rubrik „Rechtliche Grundlagen > Rundschreiben > Emittenten") wurde auch von CESR abgelehnt (vgl. bereits CESR, Frequently Asked Questions regarding Prospectuses: Common positions agreed by CESR Members (FAQs) v. 18.7.2006, CESR/06-296d, Frage 2; der Hinweis auf die Sondermeinung der BaFin entfiel ab der 8th Updated Version der FAQs von CESR v. 10.2.2009, CESR/09-103, Frage 2 infolge der Änderung des WpPG durch das Jahressteuergesetz 2009). Kritisch ebenso *Groß*, Kapitalmarktrecht, § 14

Fall von endgültigen Bedingungen zu veröffentlichenden Hinweisbekanntmachungen stellten aufgrund der großen Anzahl derartiger Emissionen, vor allem im Bereich des Zertifikatemarkts, einen erheblichen Verwaltungs- und Kostenaufwand dar, der sich im Fall der Beibehaltung der Hinweisbekanntmachung durch den Wegfall des Daueremittentenprivilegs zum 31.12.2008 noch einmal erheblich erhöht hätte[1]. Abgesehen von den rechtlichen Bedenken gegenüber der Auffassung der BaFin hinsichtlich der Hinweisbekanntmachungen bei endgültigen Bedingungen stand diesem Aufwand auch bei gebilligten Prospekten und Nachträgen kein signifikanter Nutzen der Hinweisbekanntmachung aus Sicht des Anlegerschutzes gegenüber. Eine für den jeweiligen Anleger relevante Hinweisbekanntmachung ist von diesem mangels Kenntnis des konkreten Datums der Veröffentlichung der Hinweisbekanntmachung und aufgrund der Vielzahl der für die Veröffentlichung in Betracht kommenden verschiedenen Zeitungen wesentlich schwerer aufzufinden als etwa ein auf der Website des Emittenten veröffentlichter Prospekt[2]. Der Gesetzgeber hat sich dementsprechend nicht darauf beschränkt klarzustellen, dass Hinweisbekanntmachungen bei endgültigen Bedingungen sowie bei nach Deutschland notifizierten Prospekten nicht erforderlich sind, sondern er hat die Pflicht zur Veröffentlichung einer **Hinweisbekanntmachung vollständig abgeschafft**. Dieser konsequente Schritt hat zugleich eine Benachteiligung deutscher Emittenten bzw. eine Umgehung der Hinweisbekanntmachung durch Wahl eines anderen Herkunftsstaates als Deutschland mit anschließender Notifizierung des Prospekts nach Deutschland vermieden, die im Fall einer Pflicht zur Hinweisbekanntmachung, die auf von der BaFin gebilligte Prospekte beschränkt ist, hätte eintreten können[3]. Da das Erfordernis einer Hinweisbekanntmachung in Deutschland nicht mehr besteht, sind die Anforderungen an die Veröffentlichung derartiger Hinweisbekanntmachungen gemäß Art. 9 der Delegierten

---

WpPG Rz. 7a; *Müller/Oulds*, WM 2007, 573 (575 f.); *Heidelbach/Preuße*, BKR 2006, 316 (321 f.); *Berrar* in FrankfurtKomm. WpPG, § 14 WpPG Rz. 3.

1 Vgl. den Bericht der Bundesregierung über die praktischen Erfahrungen mit Veröffentlichungen von Emittenten gemäß Wertpapierhandelsgesetz und Hinweisbekanntmachungen in Zeitungen gemäß Wertpapierprospektgesetz, BT-Drucks. 16/9568 v. 10.6.2008; hierzu ausführlich auch *Jäger/Maas*, BB 2009, 852 (854).
2 Ebenso *Groß*, Kapitalmarktrecht, § 14 WpPG Rz. 7 (siehe insbesondere 4. Aufl. 2009, § 14 WpPG Rz. 7); *Gebhardt* in Schäfer/Hamann, § 14 WpPG Rz. 16. Siehe zu diesen Gesichtspunkten auch den Bericht der Bundesregierung über die praktischen Erfahrungen mit Veröffentlichungen von Emittenten gemäß Wertpapierhandelsgesetz und Hinweisbekanntmachungen in Zeitungen gemäß Wertpapierprospektgesetz, BT-Drucks. 16/9568 v. 10.6.2008. Die amtliche Begründung zum Regierungsentwurf zu § 14 Abs. 3 WpPG (Begr. RegE Prospektrichtlinie-Umsetzungsgesetz, BT-Drucks. 15/4999 v. 3.3.2005, S. 35) ging demgegenüber noch davon aus, dass die Hinweisbekanntmachung dem Publikum einen einfacheren Zugang zum Prospekt ermöglicht.
3 Auch diese Aspekte werden bereits in dem Bericht der Bundesregierung über die praktischen Erfahrungen mit Veröffentlichungen von Emittenten gemäß Wertpapierhandelsgesetz und Hinweisbekanntmachungen in Zeitungen gemäß Wertpapierprospektgesetz angesprochen, BT-Drucks. 16/9568 v. 10.6.2008, S. 1 (2).

Verordnung (EU) 2016/301, der Art. 31 ProspektVO ersetzt[1], für von der BaFin gebilligte Prospekte ohne Bedeutung. Vor dem Hintergrund einer nunmehr verpflichtenden Veröffentlichung des Prospekts im Internet erscheint eine solche Verpflichtung zur Hinweisbekanntmachung ohnehin obsolet.

II. Hinterlegung des Prospekts

4 Gemäß **§ 14 Abs. 1 Satz 1 Halbsatz 1 WpPG** ist der Prospekt nach der Billigung durch die BaFin bei dieser zu **hinterlegen**. Die Hinterlegung ist eine Pflicht des Anbieters bzw. im Fall der Zulassung der Wertpapiere zum Handel an einem organisierten Markt eine Pflicht des Zulassungsantragstellers[2]. Diese auf Art. 14 Abs. 1 der Prospektrichtlinie beruhende Vorschrift soll sicherstellen, dass die Aufsichtsbehörde die Endfassung des Prospekts nach Billigung im Original zur Aufbewahrung erhält (sog. „Evidenzzentrale"[3]) und die BaFin ihrer in § 13 Abs. 4 WpPG statuierten Aufgabe, die gebilligten Prospekte im Internet zu veröffentlichen, nachkommen kann. Darüber hinaus sieht Art. 14 Abs. 1 Satz 1 der Prospektrichtlinie vor, dass der gebilligte Prospekt der ESMA über die zuständige Aufsichtsbehörde zugänglich zu machen ist. Diese in Art. 14 Abs. 1 der Prospektrichtlinie an den Antragsteller der Prospektprüfung gerichtete Pflicht ist so nicht in § 14 WpPG übernommen worden. Eine an den Antragsteller gerichtete Norm wurde offenbar für überflüssig gehalten, da die Weiterleitung an die ESMA nur durch die BaFin erfolgen kann. Letzteres ist in § 13 Abs. 2 Satz 1 WpPG geregelt, wonach die BaFin die ESMA über die von ihr gebilligten Prospekte unterrichten und der ESMA eine Kopie des Prospekts übermitteln muss. Diese Regelung beruht auf Art. 13 Abs. 2 der Prospektrichtlinie in der Fassung der sog. Omnibus I-Richtlinie[4]. Auf dieser Grundlage veröffentlicht

---

1 Inhaltlich sind die Anforderungen an eine Hinweisbekanntmachung im Wesentlichen gleich geblieben. Nicht in Art. 9 der Delegierten Verordnung (EU) 2016/301 übernommen wurde die Regelung des Art. 31 Abs. 3 Nr. 5 ProspektVO zur Hinweisbekanntmachung des Prospekts in gedruckter Form, was im Hinblick auf die allgemeine Regelung von Art. 31 Abs. 3 Nr. 4 ProspektVO und Art. 9 Abs. 3 lit. d der Delegierten Verordnung (EU) 2016/301 auch entbehrlich ist.
2 Anders als in der zugrunde liegenden Regelung des Art. 14 Abs. 1 der Prospektrichtlinie wird der Emittent in § 14 Abs. 1 Satz 1 Halbsatz 1 WpPG als Adressat der Hinterlegungspflicht nicht genannt. Zum Teil wird die Auffassung vertreten, dass § 14 Abs. 1 Satz 1 Halbsatz 1 WpPG entsprechend richtlinienkonform auszulegen ist (so *Heidelbach* in Schwark/Zimmer, § 14 WpPG Rz. 4). Mit Recht weist *Berrar* in FrankfurtKomm. WpPG, § 14 WpPG Rz. 7 sowie in Fn. 17 jedoch darauf hin, dass der insoweit eindeutige Wortlaut von § 14 Abs. 1 Satz 1 Halbsatz 1 WpPG der Auslegung Grenzen setzt.
3 Vgl. *Ritz/Voß* in Just/Voß/Ritz/Zeising, § 14 WpPG Rz. 15 und 64; *Preuße* in Holzborn, § 14 WpPG Rz. 4.
4 Richtlinie 2010/78/EU („Omnibus I") des Europäischen Parlaments und des Rates v. 24.11.2010 zur Änderung der Richtlinien 98/26/EG, 2002/87/EG, 2003/6/EG, 2003/41/EG, 2003/71/EG, 2004/39/EG, 2004/109/EG, 2005/60/EG, 2006/48/EG, 2006/49/EG und 2009/65/EG im Hinblick auf die Befugnisse der Europäischen Bankenaufsichtsbehörde (EBA), der Europäischen Aufsichtsbehörde für das Versicherungswesen und die betriebliche Al-

die ESMA gemäß dem ebenfalls durch die Omnibus I-Richtlinie eingefügten Art. 14 Abs. 4a der Prospektrichtlinie auf ihrer Website eine Liste der gebilligten Prospekte[1].

Die Pflicht zur Hinterlegung des gebilligten Prospekts ist vor dem Hintergrund zu sehen, dass nach Art. 13 Abs. 2 Prospektrichtlinie der Aufsichtsbehörde an sich zunächst lediglich ein Prospektentwurf zum Zweck der Prüfung zu übermitteln ist[2]. In der Vergangenheit hatte die BaFin allerdings entgegen der Konzeption der Prospektrichtlinie in Fortführung ihrer vor Umsetzung der Prospektrichtlinie geübten Verwaltungspraxis nur unterzeichnete Fassungen von Prospekten zur Prüfung entgegengenommen, so dass mit Billigung der BaFin regelmäßig eine mit Originalunterschrift versehene Endfassung des Prospekts vorlag, die von der BaFin als hinterlegte Fassung akzeptiert wurde. Dies führt dazu, dass mit der Billigung des Prospekts dessen Hinterlegung bereits erfolgt ist und der Pflicht zur Hinterlegung des gebilligten Prospekts gemäß § 14 Abs. 1 Satz 1 Halbsatz 1 WpPG **in der Praxis keine selbständige Bedeutung** zukommt[3]. Art. 2 Abs. 1 der Delegierten Verordnung (EU) 2016/301 der Kommission vom 30.11.2015 sieht allerdings nunmehr ausdrücklich vor, dass die zu billigenden Prospektentwürfe der zuständigen Behörde auf elektronischem Wege in durchsuchbarem elektronischem Format zu übermitteln sind. Das Einreichen eines original unterzeichneten Prospekts im Papierformat ist hiermit nicht vereinbar. Dementsprechend hat auch die BaFin seit 24.3.2016 ihre Praxis der Entgegennahme von Prospektentwürfen einschließlich aller dazugehörigen Unterlagen auf die elektro-

---

tersversorgung (EIOPA) und der Europäischen Wertpapier- und Marktaufsichtsbehörde (ESMA), ABl. EU Nr. L 331 v. 15.12.2010, S. 120 ff.

1 Die Liste der gebilligten Prospekte ist abrufbar unter http://registers.esma.europa.eu/publication unter der Rubrik „Prospectus", in welcher auf den jeweils von der nationalen Aufsichtsbehörde veröffentlichen Prospekt verlinkt wird, sofern ein entsprechender Hyperlink von der nationalen Aufsichtsbehörde, die den Prospekt gebilligt hat, zur Verfügung gestellt wurde.

2 Hierauf weisen auch *Ritz/Voß* in Just/Voß/Ritz/Zeising, § 13 WpPG Rz. 9 mit Recht hin. Ob die Konzeption der Prospektrichtlinie hinsichtlich der Einreichung eines Prospektentwurfs tatsächlich nicht in das WpPG übernommen wurde (so *Ritz/Voß* in Just/Voß/Ritz/Zeising, § 13 WpPG Rz. 9), erscheint vor dem Hintergrund der aus der Prospektrichtlinie in das WpPG übernommenen Hinterlegungspflicht des gebilligten Prospekts gemäß § 14 Abs. 1 Satz 1 WpPG allerdings fraglich. So stellt die amtliche Begründung zu § 14 WpPG ausdrücklich fest, dass eine Hinterlegung des Prospekts erst nach dessen Billigung erfolgen kann (Begr. RegE Prospektrichtlinie-Umsetzungsgesetz, BT-Drucks. 15/4999 v. 3.3.2005, S. 35). Auch aus den Anforderungen der Anhänge der ProspektVO ergibt sich (entgegen *Ritz/Voß* in Just/Voß/Ritz/Zeising, § 13 WpPG Rz. 13) nicht, dass die Originalunterschrift eine Mindestangabe und damit Gegenstand der Vollständigkeitsprüfung der Aufsichtsbehörde ist. Für eine Unterzeichnung des Prospekts vor Billigung spricht dagegen § 5 Abs. 3 WpPG, der systematisch in die allgemeinen Anforderungen an den von der BaFin zu prüfenden Prospektinhalt eingebettet ist. In dieser Form hat § 5 Abs. 3 WpPG allerdings keine Grundlage in der Prospektrichtlinie.

3 Siehe Voraufl., Rz. 5 sowie *Kunold/Schlitt*, BB 2004, 501 (510); ebenso *Ritz/Voß* in Just/Voß/Ritz/Zeising, § 14 WpPG Rz. 10 ff.; *Berrar* in FrankfurtKomm. WpPG, § 14 WpPG Rz. 9 f.

nische Übermittlung umgestellt und hierfür ihre Melde- und Veröffentlichungsplattform, das sog. **MVP Portal**, zur Verfügung gestellt[1]. Insofern könnte der Pflicht zur Hinterlegung gemäß § 14 Abs. 1 Satz 1 Halbsatz 1 WpPG nunmehr ein selbständiger Regelungsgehalt zukommen. Allerdings verlangt die BaFin auf Grundlage des § 5 Abs. 3 WpPG weiterhin, dass jedenfalls die finale Einreichungsfassung des Prospekts für Zwecke der Billigung (und damit vor Billigung) neben der elektronischen Übermittlung über das MVP Portal **auch in einer im Original unterzeichneten Papierversion** zu übermitteln ist (siehe auch die Kommentierung zu § 13 WpPG Rz. 24)[2]. Das in § 5 Abs. 3 WpPG vorgesehene Erfordernis eines im Original unterzeichneten Prospekts in Papierform kann jedoch in dieser Form, dh. als Voraussetzung der Billigung, den Regelungen der Art. 5 und 14 der Prospektrichtlinie nicht entnommen werden. Auch Art. 4 der Delegierten Verordnung (EU) 2016/301 geht von einer Billigung des endgültigen Prospektentwurfs aus und die in Art. 4 der Delegierten Verordnung (EU) 2016/301 an die Übermittlung des endgültigen Prospektentwurfs gestellten Anforderungen sehen keine Unterzeichnung einer Papierversion des Prospekts im Original vor.

III. Veröffentlichung des Prospekts

1. Veröffentlichungspflicht und Zeitpunkt der Veröffentlichung (§ 14 Abs. 1 WpPG)

a) Öffentliches Angebot

6   Nach der Billigung durch die BaFin muss im Fall eines öffentlichen Angebots der Anbieter oder Zulassungsantragsteller gemäß **§ 14 Abs. 1 Satz 1 Halbsatz 2 WpPG** den Prospekt unverzüglich, spätestens einen Werktag vor Beginn des öffentlichen Angebots bzw. – im Fall des § 14 Abs. 1 Satz 2 WpPG – spätestens einen Werktag vor Einführung der Wertpapiere in den Handel, **veröffentlichen**. Die Veröffentlichung hat demnach **unverzüglich** im Anschluss an die Billigung zu erfolgen. Dabei werden die Anforderungen an die unverzügliche Veröffentlichung in den Mitgliedstaaten unterschiedlich gehandhabt. Die Verwendung des Begriffs „unverzüglich" in § 14 Abs. 1 Satz 2 WpPG soll ersichtlich den in Art. 14 Abs. 1 Satz 1 Prospektrichtlinie verwendeten, dem angelsächsischen Rechtskreis entnommenen Ausdruck „so bald wie praktisch möglich" (*as soon as practicable*) in die deutsche Rechtsterminologie umsetzen[3]. Nach dem Grundsatz der Einheit der Rechtsordnung bedeutet „unverzüglich" „ohne schuldhaftes Zögern" (§ 121 Abs. 1 Satz 1 BGB)[4]. Die Unverzüglichkeit ist dabei nach Inhalt und Funktion der jeweiligen kapitalmarktrechtlichen Handlungspflicht zu

---

1 *BaFin*, Schreiben an die Verbände der Deutschen Kreditwirtschaft, den Verband der Auslandsbanken e.V. und den Deutschen Derivate Verband e.V. v. 7.3.2016.
2 *BaFin*, Schreiben an die Verbände der Deutschen Kreditwirtschaft, den Verband der Auslandsbanken e.V. und den Deutschen Derivate Verband e.V. v. 7.3.2016.
3 Zu Art. 14 Abs. 1 Prospektrichtlinie siehe *Kunold/Schlitt*, BB 2004, 501 (510).
4 Ebenso *Gebhardt* in Schäfer/Hamann, § 14 WpPG Rz. 4.

bestimmen[1]. Bei der Veröffentlichungspflicht gemäß § 14 Abs. 1 WpPG geht es um einen Ausgleich zwischen den Interessen des Anlegerpublikums an einer möglichst frühzeitigen Veröffentlichung des Prospekts und den Interessen des Emittenten bzw. Anbieters oder Zulassungsantragstellers an einer möglichst flexiblen Handhabung[2]. Dabei ist zu berücksichtigen, dass der Prospekt für den Anleger erst dann von Interesse ist, wenn ein konkretes Wertpapierangebot erfolgen soll bzw. ein Börsenhandel möglich ist. Auch wenn die Veröffentlichung in § 14 Abs. 1 Satz 1 WpPG als Pflicht ausgestaltet ist, ist sie letzlich eine Voraussetzung für das öffentliche Angebot bzw. die Zulassung zum Handel an einem regulierten Markt (§ 3 Abs. 1 WpPG, § 32 Abs. 3 Nr. 2 BörsG)[3]. Daher ist die Frage, wann ein Prospekt als noch „unverzüglich" veröffentlicht anzusehen ist, immer im Hinblick auf ein öffentliches Angebot bzw. eine Börsenzulassung zu beurteilen. Maßgeblich ist letztlich, dass ein Prospekt rechtzeitig (spätestens einen Werktag, dazu unten Rz. 8) vor Beginn des öffentlichen Angebots veröffentlicht wird[4]. So folgt aus dem Erfordernis der Unverzüglichkeit nicht etwa, dass zB ein **Basisprospekt** zwingend sofort nach Billigung zu veröffentlichen ist. Vielmehr genügt es (auch unter Anlegerschutzgesichtspunkten), den Basisprospekt rechtzeitig vor Beginn des öffentlichen Angebots (und der diesbezüglichen Veröffentlichung von endgültigen Bedingungen) zu veröffentlichen[5]. Auch in anderen Fällen kann es sinnvoll sein, eine Billigung zu erhalten, den Prospekt aber erst dann zu veröffentlichen, wenn das Angebot aufgrund des **aktuellen Marktumfelds** zweckmäßig erscheint[6]. Eine unverzügliche Veröffentlichung wird allerdings dann nicht mehr gegeben sein, wenn das zeitliche Auseinanderfallen von Billigung und Veröffentlichung in rechtsmissbräuchlicher Weise genutzt wird (etwa zur Umgehung der Aufnahme von Mindestangaben[7]).

---

1 Insoweit im Ergebnis zutreffend *Ritz/Voß* in Just/Voß/Ritz/Zeising, § 14 WpPG Rz. 18. Dabei ist es nicht erforderlich, hier eine eigenständige kapitalmarktrechtliche Bedeutung von „unverzüglich" zu postulieren (so *Ritz/Voß* in Just/Voß/Ritz/Zeising, § 14 WpPG Rz. 18 mwN). Naheliegender ist es, die Frage, ob ein schuldhaftes Zögern vorliegt, allgemeinen Auslegungsgrundsätzen folgend im Rahmen einer wertenden Betrachtungsweise unter Berücksichtigung insbesondere von Sinn und Zweck der betreffenden Normen zu beurteilen.
2 *Groß*, Kapitalmarktrecht, § 14 WpPG Rz. 2; *Kunold/Schlitt*, BB 2004, 501 (510). Vgl. auch Begr. RegE Prospektrichtlinie-Umsetzungsgesetz, BT-Drucks. 15/4999 v. 3.3.2005, S. 35.
3 So wohl auch *Ritz/Voß* in Just/Voß/Ritz/Zeising, § 14 WpPG Rz. 16. Zum Verhältnis des an § 14 Abs. 1 Satz 1 und 2 WpPG anknüpfenden Ordnungswidrigkeitentatbestandes des § 35 Abs. 1 Nr. 6 WpPG zu § 35 Abs. 1 Nr. 1 WpPG (öffentliches Angebot ohne Veröffentlichung eines Prospekts) siehe § 35 WpPG Rz. 39 und zu § 30 WpPG aF *Voß* in Just/Voß/Ritz/Zeising, § 30 WpPG Rz. 48.
4 Vgl. auch *Groß*, Kapitalmarktrecht, § 14 WpPG Rz. 4; *Ritz/Voß* in Just/Voß/Ritz/Zeising, § 14 WpPG Rz. 16.
5 Ebenso *Ritz/Voß* in Just/Voß/Ritz/Zeising, § 14 WpPG Rz. 22.
6 Dazu näher *Ritz/Voß* in Just/Voß/Ritz/Zeising, § 14 WpPG Rz. 22. Gegebenenfalls kann es bei Unsicherheiten in Bezug auf das Marktumfeld in der Praxis jedoch zweckmäßiger sein, die Billigung des Prospekts aufzuschieben, insbesondere dann, wenn der Prospekt einen Zeitplan für das Angebot enthält, *Berrar* in FrankfurtKomm. WpPG, § 14 WpPG Rz. 18.
7 *Ritz/Voß* in Just/Voß/Ritz/Zeising, § 14 WpPG Rz. 22.

7   In Einzelfällen kann der Emittent aufgrund besonderer Umstände ein Interesse daran haben, den gebilligten Prospekt nicht zu verwenden und **von der Veröffentlichung** des Prospekts **Abstand zu nehmen.** Solange der Prospekt noch nicht veröffentlicht worden ist, kann in solchen Fällen nach der Verwaltungspraxis der BaFin auf die bereits erfolgte Billigung und daraus folgende Rechte nachträglich **verzichtet werden** mit der Folge, dass auch die Pflicht zur Veröffentlichung entfällt (siehe näher zur Möglichkeit des Verzichts § 13 WpPG Rz. 27). Auch hier ist in dem Fall, dass die Behörde eines anderen Mitgliedstaates für die Prospektbilligung zuständig ist, zu beachten, dass in anderen Mitgliedstaaten die jeweilige nationale Verwaltungspraxis maßgeblich ist[1].

8   Sowohl die Prospektrichtlinie als auch das WpPG sehen einen auf das öffentliche Angebot bezogenen spätesten Zeitpunkt für die Veröffentlichung des Prospekts (bzw. Basisprospekts) vor. Dabei verlangt das WpPG in § 14 Abs. 1 Satz 1 Halbsatz 2, dass der Prospekt **spätestens einen Werktag vor Beginn des öffentlichen Angebots** zu veröffentlichen ist. Wird dieses späteste Veröffentlichungsdatum nicht eingehalten, kommt es auf ein Verschulden des Anbieters nicht an[2]. Diese Regelung entspricht dem Wortlaut der Vorgängervorschrift in § 9 Abs. 1 VerkProspG. Sie setzt jedoch Art. 14 Abs. 1 der Prospektrichtlinie in einer von dessen Inhalt abweichenden und die zeitliche Flexibilität des Emittenten bzw. Anbieters einschränkenden Art und Weise um[3]. Denn Art. 14 Abs. 1 Prospektrichtlinie enthält zwar grundsätzlich eben-

---

1 So verlangt die Irish Central Bank als zuständige Aufsichtsbehörde im Falle eines von ihr gebilligten Prospekts grundsätzlich aufgrund der sich aus der Billigung ergebenden Pflicht, den Prospekt zu veröffentlichen, dass dieser auch veröffentlicht wird, und veröffentlicht ihn selbst auf ihrer Website bzw. veröffentlicht einen Hyperlink des auf der Website des Emittenten veröffentlichten Prospekts (s. Regulation 50 der Irish Prospectus (Directive 2013/71/EC) Regulations 2005). Ein dem deutschen Recht vergleichbares Rechtsinstitut des Verzichts auf die Billigung und die Recht hieraus kennt das irische Recht nicht. Nur ausnahmsweise wird der gebilligte Prospekt nicht auf der Website der Irish Central Bank veröffentlicht, sondern lediglich eine kurze Mitteilung, dass der Prospekt gebilligt wurde unter Angabe des Namens des Emittenten, einer kurzen Beschreibung des Wertpapiers und des Datums der Veröffentlichung der Mitteilung. Hierzu ist erforderlich, dass der Emittent/Zulassungsantragsteller kurz schriftlich begründet, warum der Prospekt nicht veröffentlicht wird, und schriftlich bestätigt, dass weder mit einer Privatplatzierung noch mit einem öffentlichen Angebot begonnen und dass der gebilligte Prospekt keinem Dritten zur Verfügung gestellt wurde sowie – im Falle einer bereits erfolgten Notifizierung des Prospekts – die zuständigen Aufsichtsbehörden des jeweiligen Aufnahmestaats über ein Abstandnehmen von der Verwendung des gebilligten Prospekts informiert wurden und keine weitere Veröffentlichungspflicht in diesen Staaten besteht.
2 Begr. RegE Prospektrichtlinie-Umsetzungsgesetz, BT-Drucks. 15/4999 v. 3.3.2005, S. 35.
3 Ebenso *A. Meyer* in Habersack/Mülbert/Schlitt, Unternehmensfinanzierung am Kapitalmarkt, § 36 Rz. 87; *Preuße* in Holzborn, § 14 WpPG Rz. 7; *Groß*, Kapitalmarktrecht, § 14 WpPG Rz. 4; *Kullmann/Sester* WM 2005, 1068 (1073); *Heidelbach* in Schwark/Zimmer, § 14 WpPG Rz. 8; *Berrar* in FrankfurtKomm. WpPG, § 14 WpPG Rz. 14 mit Fn. 30; **aA** *Ritz/Voß* in Just/Voß/Ritz/Zeising, § 14 WpPG Rz. 21, die nicht hinreichend würdigen, dass Art. 14 Abs. 1 Prospektrichtlinie gegebenenfalls auch eine Veröffentlichung mit Beginn des öffentlichen Angebots als ausreichend ansieht und diese Möglichkeit daher auch

falls das Erfordernis einer „rechtzeitigen" Veröffentlichung des Prospekts vor Beginn des öffentlichen Angebots. Aufgrund der erst spät durch den Gemeinsamen Standpunkt des Rates vom 24.3.2003 in Art. 14 Abs. 1 Prospektrichtlinie eingefügten Formulierung, dass auch eine Veröffentlichung „spätestens mit Beginn des öffentlichen Angebots" ausreichend ist[1], hat die Prospektrichtlinie Emittenten und Anbietern eine zeitliche Flexibilität zugestanden[2], die im WpPG aufgrund der Vorfrist von einem Werktag nicht abgebildet ist.

Anders als nach altem Recht im Rahmen von § 9 Abs. 1 VerkProspG verlangt die BaFin hinsichtlich der **Berechnung der Frist** allerdings nicht mehr, dass nach Maßgabe von § 31 Abs. 1 VwVfG iVm. §§ 187 Abs. 1, 188 Abs. 1 BGB zwischen der Veröffentlichung des Prospekts und dem öffentlichen Angebot mindestens ein voller Werktag verstreichen muss[3]. Vielmehr kann das öffentliche Angebot an dem Werk-

---

in nationales Recht umzusetzen war. Hierbei handelt es sich entgegen *Ritz/Voß* nicht bloß um die Verdeutlichung einer Selbstverständlichkeit. Es ist kaum anzunehmen, dass der Gemeinsame Standpunkt des Rates v. 24.3.2003 (Gemeinsamer Standpunkt (EG) Nr. 25/2003 vom Rat festgelegt am 24.3.2003 im Hinblick auf den Erlass der Richtlinie 2003/.../EG des Europäischen Parlaments und des Rates vom ... betreffend den Prospekt, der beim öffentlichen Angebot von Wertpapieren oder bei deren Zulassung zum Handel zu veröffentlichen ist, und zur Änderung der Richtlinie 2001/34/EG, ABl. EU Nr. C 125 E v. 27.5.2003, S. 21 [33, 53]) lediglich noch eine an sich überflüssige Selbstverständlichkeit in die Prospektrichtlinie aufnehmen wollte, zumal die in Art. 14 Abs. 1 Prospektrichtlinie enthaltene Formulierung „rechtzeitig vor Beginn des öffentlichen Angebots" die von *Ritz/Voß* postulierte Selbstverständlichkeit bereits ausreichend deutlich gemacht hätte. Vielmehr handelt es sich um eine (zum Teil aufgrund von eingefügten Änderungsvorschlägen, vgl. hierzu auch *Neundörfer*, EU-Prospektrichtlinie auf der Zielgeraden, Deutsche Bank Research, EU-Finanzmarkt Spezial, Aktuelle Themen Nr. 245 v. 26.11.2002, S. 10, 11, abrufbar unter https://www.dbresearch.de/PROD/DBR_INTERNET_DE-PROD/PROD0000000000048072/EU-Prospektrichtlinie_auf_der_Zielgeraden.pdf) „dreistufig" ausgestaltete Zeitvorgabe, die nach dem Konzept der Prospektrichtlinie gegebenenfalls auch eine Veröffentlichung erst mit Beginn des öffentlichen Angebots ermöglichen würde (vgl. *Kunold/Schlitt*, BB 2004, 501 [510]). Diese Regelung sollte den praktischen Erfordernissen Rechnung tragen und nicht etwa dem nationalen Gesetzgeber Gestaltungsspielraum eröffnen (aA *Gebhardt* in Schäfer/Hamann, § 14 WpPG Rz. 4).

1 Gemeinsamer Standpunkt (EG) Nr. 25/2003 vom Rat festgelegt am 24.3.2003 im Hinblick auf den Erlass der Richtlinie 2003/.../EG des Europäischen Parlaments und des Rates vom ... betreffend den Prospekt, der beim öffentlichen Angebot von Wertpapieren oder bei deren Zulassung zum Handel zu veröffentlichen ist, und zur Änderung der Richtlinie 2001/34/EG, ABl. EU Nr. C 125 E v. 27.5.2003, S. 21 (33, 53); *Kunold/Schlitt*, BB 2004, 501 (510).
2 So auch *Crüwell*, AG 2003, 243 (251).
3 Ziff. VIII der Bekanntmachung des Bundesaufsichtsamts für den Wertpapierhandel (BAWe) zum Wertpapier-Verkaufsprospektgesetz (Verkaufsprospektgesetz) idF der Bekanntmachung v. 9.9.1998 (BGBl. I, S. 2701 ff.) und zur Verordnung über Wertpapier-Verkaufsprospekte (Verkaufsprospekt-Verordnung) idF der Bekanntmachung v. 9.9.1998 (BGBl. I, S. 2835 ff.) v. 6.9.1999, BAnz. Nr. 177 v. 21.9.1999. Zustimmend zur Auffassung des BAWe *Lenz/Ritz*, WM 2000, 904 (908); *Ritz* in Assmann/Lenz/Ritz, § 9 VerkProspG Rz. 4. Ausführlich zu dem Meinungsstreit *Heidelbach* in Schwark, 3. Aufl. 2004, § 43 BörsZulV Rz. 2 f.

tag beginnen, der unmittelbar auf die Veröffentlichung des Prospekts folgt[1]. Dies entspricht der Praxis der Börsenzulassungsstelle hinsichtlich der vor Börseneinführung zu veröffentlichenden Prospekte nach altem Recht (§ 43 Abs. 1 Satz 1 BörsZulV aF) sowie der von einem Teil der Literatur[2] bereits zur alten Rechtslage vertretenen Auffassung, wonach die Veröffentlichung kein Ereignis iS des § 187 Abs. 1 BGB und für die Fristberechnung daher § 187 Abs. 2 BGB maßgeblich sei. Die geänderte Praxis wird von einem Teil der Literatur kritisch gesehen, weil die BaFin ihre Auffassung aus reinem Pragmatismus geändert habe[3]. Für die geänderte Praxis der BaFin spricht jedoch – neben den bereits nach alter Rechtslage gegen die damalige Auffassung der BaFin angeführten rechtlichen Argumenten[4] –, dass nach Art. 14 Abs. 1 der Prospektrichtlinie eine Veröffentlichung des Prospekts ggf. sogar noch mit Beginn des öffentlichen Angebots erfolgen kann (siehe dazu oben Rz. 8). Von dieser europarechtlichen Vorgabe würde sich das deutsche Recht noch weiter entfernen, als es aufgrund der Vorfrist von einem Werktag vor dem öffentlichen Angebot ohnehin schon der Fall ist, wenn § 14 Abs. 1 Satz 1 WpPG so ausgelegt würde, dass zwischen Veröffentlichung des Prospekts und Beginn des öffentlichen Angebots ein voller Werktag verstreichen muss. Eine solche richtlinienkonforme Auslegung ist geboten und auch möglich, da bei der Frage der Anwendbarkeit von § 187 Abs. 1 und 2 BGB immer auch der „Wille des Gesetzes", das die betreffende Frist enthält, zu berücksichtigen ist[5] und § 14 Abs. 1 WpPG der Umsetzung von Art. 14 Abs. 1 Prospektrichtlinie dient. Auch aus Gründen des Anlegerschutzes bedarf es nicht des Ablaufs eines vollen Werktags zwischen Veröffentlichung des Prospekts und dem Beginn des öffentlichen Angebots, da für den Anleger entscheidend ist, dass der Prospekt dann zur Verfügung steht, wenn ihm die Wertpapiere angeboten werden[6]. Dabei ist auch ein Sonnabend ein Werktag (vgl. § 13 WpPG Rz. 30), so dass im Falle einer Veröffentlichung des Prospekts an einem Sonnabend das öffentliche Angebot am darauf folgenden Montag beginnen kann.

10 Eine Besonderheit ist bei einem **ersten öffentlichen Angebot einer Gattung von Aktien**, die noch nicht zum Handel an einem organisierten Markt zugelassen sind, zu beachten. Gemäß **§ 14 Abs. 1 Satz 4 WpPG** muss in diesem Fall die Frist zwischen der Veröffentlichung des Prospekts und dem Abschluss des Angebots mindestens sechs Werktage betragen, wobei der Tag der Veröffentlichung bei der Berechnung der Frist nicht mitzurechnen ist[7]. Hintergrund der Regelung ist, dass bei einem

---

1 BaFin, http://www.bafin.de unter der Rubrik „Aufsicht > Prospekte > Prospekte für Wertpapiere > Prospekterstellung und Billigungsverfahren".
2 *Groß*, Kapitalmarktrecht, 2. Aufl. 2002, § 9 VerkProspG Rz. 5.
3 *Ritz/Voß* in Just/Voß/Ritz/Zeising, § 14 WpPG Rz. 20.
4 Siehe hierzu im Einzelnen *Groß*, Kapitalmarktrecht, 2. Aufl. 2002, § 9 VerkProspG Rz. 5; *Heidelbach* in Schwark, 3. Aufl. 2004, § 9 VerkProspG Rz. 3 f., § 43 BörsZulV Rz. 3.
5 Gemeinsamer Senat der obersten Gerichtshöfe des Bundes v. 6.7.1972 – GmS-OGB 2/71, NJW 1972, 2035 f.
6 Vgl. auch die Stellungnahme des *Deutschen Aktieninstituts e.V.* v. 8.4.2005 für den Finanzausschuss des Deutschen Bundestages zum RegE eines Prospektrichtlinie-Umsetzungsgesetzes, S. 13.
7 Siehe Begr. RegE Prospektrichtlinie-Umsetzungsgesetz, BT-Drucks. 15/4999 v. 3.3.2005, S. 35.

ersten öffentlichen Angebot von noch nicht zugelassenen Aktien, typischerweise im Falle eines IPOs, der Gesetzgeber von einem erhöhten Informationsbedürfnis der Anleger ausgeht[1]. Entgegen der Gesetzesbegründung[2] bedeutet dies nicht, dass das öffentliche Angebot für einen entsprechenden Zeitraum aufrechterhalten werden muss. Insbesondere schreibt Satz 4 nicht vor, dass eine Zeichnungsfrist von mindestens sechs Werktagen vorzusehen ist. Vielmehr genügt es entsprechend dem insoweit eindeutigen Wortlaut von § 14 Abs. 1 Satz 4 WpPG und Art. 14 Abs. 1 Satz 4 der Prospektrichtlinie[3], dass der Prospekt so rechtzeitig veröffentlicht wird, dass er mindestens sechs Werktage vor Ende des öffentlichen Angebots zur Verfügung steht[4]. Dies kann bei sehr kurzen Zeichnungsfristen bedeuten, dass der Prospekt gegebenenfalls mehrere Tage vor Beginn der Zeichnungsfrist veröffentlicht werden muss[5]. Zum Teil wird vertreten, dass mit dem „Abschluss des Angebots" der Tag des der Lieferung und Abrechnung der Wertpapiere gegen Zahlung, also Closing/Settlement, gemeint sei, so dass eine kürzere Angebotsfrist mit Veröffentlichung des Prospekts zu Beginn des Angebots unschädlich sei, wenn jedenfalls der Tag des Closing/Settlement sechs Werktage nach Veröffentlichung des Prospekts liege[6]. Der Tag des Closing/Settlement ist jedoch für die Investitionsentscheidung des Investors ohne Belang, da an diesem Tag lediglich die Erfüllung des Zeichnungsvertrags erfolgt und der Investor sich regelmäßig bereits zuvor zum Erwerb der Wertpapiere verpflichtet hat. Sinn und Zweck des § 14 Abs. 1 Satz 4 WpPG sprechen daher gegen eine solche Auslegung[7]. Auch der Wortlaut „Abschluss des Angebots" spricht eher dafür, dass hier das Ende der Angebotsfrist gemeint ist[8], zumal die englischsprachige Fassung von Art. 14 Abs. 1 der Prospektrichtlinie hier die Formulierung „end of offer" (und nicht „closing") verwendet. Letztlich sind die Regelungen von Art. 14 Abs. 1 der Prospektrichtlinie und der darauf beruhende § 14 Abs. 1 Satz 4 WpPG in der Formulierung aber unklar und in der praktischen Handhabung problematisch.

---

1 Siehe Begr. RegE Prospektrichtlinie-Umsetzungsgesetz, BT-Drucks. 15/4999 v. 3.3.2005, S. 35; *Heidelbach* in Schwark/Zimmer, § 14 WpPG Rz. 12.
2 Begr. RegE Prospektrichtlinie-Umsetzungsgesetz, BT-Drucks. 15/4999 v. 3.3.2005, S. 35; dieser folgend *Gebhardt* in Schäfer/Hamann, § 14 WpPG Rz. 6.
3 Die Regelung beruht auf einem Änderungsvorschlag des Europäischen Parlaments v. 14.3.2002, Bulletin/2002/3; dazu *Neundörfer*, EU-Prospektrichtlinie auf der Zielgeraden, Deutsche Bank Research, EU-Finanzmarkt Spezial, Aktuelle Themen Nr. 245 v. 26.11.2002, S. 10, abrufbar unter https://www.dbresearch.de/PROD/DBR_INTERNET_DE-PROD/PROD0000000000048072/EU-Prospektrichtlinie_auf_der_Zielgeraden.pdf.
4 Ebenso *Schlitt/Schäfer*, AG 2005, 498 (508); *Ritz/Voß* in Just/Voß/Ritz/Zeising, § 14 WpPG Rz. 27 mwN; *Preuße* in Holzborn, § 14 WpPG Rz. 11.
5 *Kunold/Schlitt*, BB 2004, 501 (510); siehe auch das Beispiel bei *Heidelbach* in Schwark/Zimmer, § 14 WpPG Rz. 14.
6 *Berrar* in FrankfurtKomm. WpPG, § 14 WpPG Rz. 29.
7 Dies spricht auch *Berrar* in FrankfurtKomm. WpPG, § 14 WpPG Rz. 29 an, der jedoch letztlich auf den Wortlaut abstellt, der seiner Auffassung nach dafür spreche, dass mit Abschluss des Angebots der Tag des Closing/Settlement gemeint sei.
8 **AA** *Berrar* in FrankfurtKomm. WpPG, § 14 WpPG Rz. 29.

b) Börseneinführung ohne öffentliches Angebot

11 Sofern eine Einführung der Wertpapiere in den Handel an einem organisierten Markt ohne öffentliches Angebot erfolgt, gelten die Ausführungen zur Veröffentlichung bei einem öffentlichen Angebot in den Rz. 6–10 entsprechend mit der Maßgabe, dass gemäß § 14 Abs. 1 Satz 2 WpPG die Veröffentlichung des Prospekts **spätestens einen Werktag vor der Einführung** der Wertpapiere gemäß § 38 Abs. 1 BörsG in den Handel zu erfolgen hat. Aus der Gesetzesbegründung[1], dem systematischen Zusammenhang zu Satz 1 und dem Sinn und Zweck der Regelung ergibt sich, dass die Worte „ohne öffentliches Angebot" zu lesen sind als „ohne vorheriges oder gleichzeitiges öffentliches Angebot". Beginnt ein öffentliches Angebot erst nach der Einführung in den Handel, dann muss es selbstverständlich bei der Regelung des § 14 Abs. 1 Satz 2 WpPG bleiben, dh. der Prospekt muss vor der Börseneinführung veröffentlicht werden. Zu beachten ist allerdings, dass bereits die der Börseneinführung vorausgehende Zulassung von Wertpapieren zum regulierten Markt gemäß § 32 Abs. 3 Nr. 2 BörsG voraussetzt, dass zuvor ein Prospekt veröffentlicht worden ist. Die Veröffentlichungspflicht gemäß § 14 Abs. 1 Satz 2 WpPG wird daher regelmäßig bereits aufgrund der für die Zulassung erforderlichen Veröffentlichung des Prospekts erfüllt sein[2]. Zur Dauer der Veröffentlichung eines Prospekts vgl. unten Rz. 34.

12 Gemäß **§ 14 Abs. 1 Satz 3 WpPG** ist der Prospekt bereits vor der Börseneinführung der betreffenden Wertpapiere zu veröffentlichen, wenn ein **Handel von Bezugsrechten** an einem organisierten Markt stattfindet[3]. In diesem Fall ist der Prospekt bereits spätestens einen Werktag vor Beginn des Bezugsrechtshandels zu veröffentlichen. Da die Durchführung eines Bezugsrechtshandels an einem organisierten Markt regelmäßig ein öffentliches Angebot auslöst, dürfte der eigenständige Regelungsgehalt des § 14 Abs. 1 Satz 3 WpPG als gering anzusehen sein[4]. Auch durch Bezugsrechtsangebote an Altaktionäre kann mit Umsetzung der Änderungsrichtlinie 2010/73/EU seit 1.7.2012 eine vorgezogene Prospektpflicht nicht mehr vermieden werden[5]. Entgegen der früheren Praxis in Deutschland stellt seit 1.7.2012 ein Bezugsrechtsangebot, das auf Altaktionäre beschränkt ist, ein öffentliches Angebot und damit keine bloße Privatplatzierung mehr dar (siehe hierzu § 2 WpPG Rz. 49).

2. Art der Veröffentlichung (§ 14 Abs. 2 WpPG)

13 § 14 Abs. 1 WpPG regelt, wie bzw. wo ein Prospekt zu veröffentlichen ist, und sieht zu diesem Zweck einen Katalog verschiedener Veröffentlichungsarten vor. Dabei be-

---

1 Begr. RegE Prospektrichtlinie-Umsetzungsgesetz, BT-Drucks. 15/4999 v. 3.3.2005, S. 35.
2 Hierauf weist auch *Preuße* in Holzborn, § 14 WpPG Rz. 9 mit Recht hin; vgl. auch *Ekkenga/Maas*, Das Recht der Wertpapieremissionen, § 2 Rz. 159 ff.
3 Eine derartige Regelung ist in Art. 14 Prospektrichtlinie nicht vorgesehen.
4 Ebenso *Berrar* in FrankfurtKomm. WpPG, § 14 WpPG Rz. 25.
5 Zur Möglichkeit der Vermeidung einer vorverlagerten Pflicht zur Prospektveröffentlichung nach altem Recht *Heidelbach* in Schwark/Zimmer, § 14 WpPG Rz. 11; *Berrar* in FrankfurtKomm. WpPG, § 14 WpPG Rz. 25.

steht ein Wahlrecht hinsichtlich der verschiedenen Veröffentlichungsarten[1], dh. es genügt, wenn die Veröffentlichung nach einer der in § 14 Abs. 2 WpPG aufgeführten Veröffentlichungsmethoden erfolgt. Im Fall eines Basisprospekts gilt die Veröffentlichungspflicht auch für die endgültigen Bedingungen (§ 6 Abs. 3 WpPG). Dabei müssen die endgültigen Bedingungen gemäß Art. 7 der Delegierten Verordnung (EU) 2016/301, der Art. 33 ProspektVO ersetzt, nicht auf demselben Weg wie der Basisprospekt veröffentlicht werden. Es genügt, wenn eine der zulässigen Veröffentlichungsmethoden gewählt wird, wobei in der Praxis häufig die endgültigen Bedingungen in derselben Art und Weise wie der Basisprospekt veröffentlicht werden. Gemäß dem aufgrund der Änderungsrichtlinie 2010/73/EU mit Wirkung zum 1.7.2012 eingefügten Satz 2 des § 14 Abs. 2 WpPG ist ein Prospekt (ebenso wie ein Nachtrag oder endgültige Bedingungen) allerdings zusätzlich immer auch im Internet zu veröffentlichen (siehe unten Rz. 25). In dem vorliegenden Entwurf für eine neue Prospektverordnung ist die Veröffentlichung im Internet als einzige verpflichtende Veröffentlichungsform vorgesehen (siehe unten Rz. 53).

a) Veröffentlichung in einer Tages- oder Wirtschaftszeitung (§ 14 Abs. 2 Satz 1 Nr. 1 WpPG)

Gemäß § 14 Abs. 2 Satz 1 Nr. 1 WpPG kann ein Prospekt in einer oder mehreren **Tages- und Wirtschaftszeitungen** veröffentlicht werden. Eine Veröffentlichung in mehr als einer Tages- oder Wirtschaftszeitung trägt insbesondere dem Umstand Rechnung, dass das öffentliche Angebot bzw. die Zulassung der Wertpapiere zum Handel an einem organisierten Markt in mehr als einem Mitgliedstaat erfolgen kann. Der Kreis der geeigneten Zeitungen ist dabei größer als nach altem Recht (§ 9 Abs. 2 und 3 VerkProspG), da eine Veröffentlichung nicht nur in Börsenpflichtblättern, sondern auch in sonstigen überregionalen Tages- oder Wirtschaftszeitungen möglich ist. Die Verwendung des Begriffspaars „Tages- und Wirtschaftszeitung", das in Art. 14 Abs. 2 lit. a Prospektrichtlinie nicht enthalten ist, dürfte in Anlehnung an Art. 30 Abs. 1 ProspektVO aF[2] („in einer allgemeinen Zeitung oder in einer Finanzzeitung") erfolgt sein. Die Abweichungen im Wortlaut sind ersichtlich dem Bemühen des deutschen Gesetzgebers, eine in der deutschen Sprache üblichere Begrifflichkeit zu verwenden, geschuldet[3]. Voraussetzung ist, dass die betreffende Zeitung in den Staaten, in denen das öffentliche Angebot unterbreitet oder die Zulassung zum Handel angestrebt wird, **weit verbreitet** ist. Dies bedeutet, dass die jeweilige Zeitung in dem betreffenden Mitgliedstaat **landesweit bzw. überregional** erscheinen muss (Art. 30 Abs. 1 ProspektVO aF und ebenso Art. 8 Abs. 1 der Delegierten Verordnung (EU) 2016/301). In

---

1 Begr. RegE Prospektrichtlinie-Umsetzungsgesetz, BT-Drucks. 15/4999 v. 3.3.2005, S. 35.
2 Nunmehr geregelt in Art. 8 Abs. 1 der Delegierten Verordnung (EU) 2016/301.
3 Die deutsche Fassung des Art. 30 Abs. 1 ProspektVO aF stellte ebenso wie Art. 8 Abs. 1 der Delegierten Verordnung (EU) 2016/301 eine sehr eng am Wortlaut der englischen Fassung orientierte „buchstabengetreue" Übersetzung dar. Die Gesetzesbegründung verweist auf Art. 30 ProspektVO, ohne dass es einen Hinweis darauf gibt, dass der deutsche Gesetzgeber inhaltlich abweichen wollte.

Deutschland gehören hierzu auch, jedoch nicht ausschließlich[1], die gemäß § 32 Abs. 5 BörsG von der Geschäftsführung der Börse bekannt gemachten überregionalen Börsenpflichtblätter. Der Begriff Wirtschaftszeitung umfasst dabei auch solche Zeitungen, die einen unter Berücksichtigung der Lesegewohnheiten (vgl. Art. 8 Abs. 2 der Delegierten Verordnung (EU) 2016/301) bedeutsamen Wirtschaftsteil enthalten, wobei es sich bei Wirtschaftszeitungen – anders als bei Tageszeitungen – auch um periodisch erscheinende Zeitungen handeln kann[2].

15 Eine der Bekanntmachung von Börsenpflichtblättern gemäß § 32 Abs. 5 BörsG vergleichbare allgemeine Bekanntgabe von geeigneten Zeitungen durch die BaFin ist weder im WpPG noch in der Delegierten Verordnung (EU) 2016/301 vorgesehen. Gemäß Art. 8 Abs. 2 der Delegierten Verordnung (EU) 2016/301 kann die **BaFin** allerdings unter Berücksichtigung der in Art. 8 Abs. 2 der Delegierten Verordnung (EU) 2016/301 aufgeführten Maßstäbe (insbesondere Auflage, geographischer Raum, Zahl der Einwohner und Lesegewohnheiten in dem jeweiligen Mitgliedstaat) eine für die betreffende Veröffentlichung **angemessene Zeitung bestimmen**, wenn sie der Auffassung ist, dass die vom Anbieter bzw. Zulassungsantragsteller gewählte Zeitung den Anforderungen von Art. 8 Abs. 1 der Delegierten Verordnung (EU) 2016/301 nicht entspricht. Wird der von der BaFin gebilligte Prospekt an die jeweils zuständige Behörde eines anderen Mitgliedstaats notifiziert, so kann auch in diesem Fall die BaFin ggf. eine angemessene Zeitung in dem Aufnahmestaat bestimmen[3]. Im umgekehrten Fall der Notifizierung eines Prospekts nach Deutschland ist dementsprechend die zuständige Behörde des Herkunftsstaats (und nicht die BaFin) für die Bestimmung einer angemessenen Zeitung zuständig[4].

16 Unter Veröffentlichung des Prospekts in einer Tages- oder Wirtschaftszeitung ist der **Vollabdruck** des Prospekts in einer solchen Zeitung zu verstehen. Aufgrund des Umfangs der heutigen Wertpapierprospekte, die den inhaltlichen Anforderungen des WpPG und der ProspektVO Rechnung tragen müssen, und der mit einem Vollabdruck verbundenen Kosten und praktischen Schwierigkeiten ist die Veröffentlichung des Prospekts durch Vollabdruck in der Zeitung in der Praxis ohne Bedeutung[5]. Hinzu kommt, dass gemäß § 14 Abs. 2 Satz 2 WpPG heute zusätzlich ohnehin eine Veröffentlichung über das Internet erfolgen muss (siehe unten Rz. 25). Auch vor Umsetzung der Prospektrichtlinie hat diese nach altem Recht bereits vorgesehene Veröffentlichungsform praktisch keine Verwendung gefunden[6]. In dem vorlie-

---

1 So auch *Heidelbach* in Schwark/Zimmer, § 14 WpPG Rz. 19.
2 Ebenso *Ritz/Voß* in Just/Voß/Ritz/Zeising, § 14 WpPG Rz. 32 mit einzelnen Beispielen.
3 ESMA, Questions and Answers Prospectuses, 25th updated version – Juli 2016 v. 15.7.2016, ESMA/2016/1133, Frage 3 „Publication of a prospectus in the host Member States" (December 2012).
4 *Heidelbach* in Schwark/Zimmer, § 14 WpPG Rz. 20.
5 Hierzu auch *Jäger/Maas*, BB 2009, 852; *Heidelbach* in Schwark/Zimmer, § 14 WpPG Rz. 17.
6 Nach Angaben von *Ritz/Voß* in Just/Voß/Ritz/Zeising, § 14 WpPG Rz. 34 wurde diese Möglichkeit in der Praxis (nach altem Recht) nur in einem einzigen Fall gewählt, wobei es sich um einen lediglich zwei Seiten umfassenden Prospekt handelte. Prospekte derart geringen Umfangs sind schon aufgrund der prospektrechtlichen Mindestangaben auf der

b) Veröffentlichung durch Bereithalten des Prospekts (§ 14 Abs. 2 Satz 1 Nr. 2 WpPG)

Gemäß § 14 Abs. 2 Satz 1 Nr. 2 WpPG kann ein Prospekt auch dadurch veröffentlicht werden, dass er bei einer der in Nr. 2 lit. a bis d genannten Stellen in gedruckter Form zur kostenlosen Ausgabe an das Publikum bereitgehalten wird (sog. **Schalterpublizität**). Bei diesen nach dem Wortlaut des § 14 Abs. 2 Satz 1 Nr. 2 lit. b-d WpPG **alternativ** zur Auswahl stehenden Stellen handelt es sich um a) im Fall einer Zulassung zum Handel an einem organisierten Markt die zuständigen Stellen des betreffenden organisierten Marktes, b) den Emittenten, c) den (einer entsprechenden Aufsicht unterstehenden) Unternehmen, die die Wertpapiere platzieren oder verkaufen, und d) die Zahlstelle. In diesen Fällen muss der Prospekt gemäß § 14 Abs. 2 Satz 2 WpPG zusätzlich auch im Internet bereitgestellt werden (siehe unten Rz. 25). Die Regelung des § 14 Abs. 2 Satz 1 Nr. 2 lit. b-d WpPG weicht allerdings ebenso wie die deutsche Fassung der Prospektrichtlinie von Art. 14 Abs. 2 Satz 1 lit. b Prospektrichtlinie der englischen, französischen und spanischen Sprachfassung ab, wonach der Prospekt entweder bei dem betreffenden organisierten Markt oder **kumulativ** beim Emittenten und den Finanzintermediären (einschließlich der Zahlstellen) verfügbar sein muss. Der Europäische Gerichtshof hat im Hinblick auf die abweichende Sprachfassungen in seinem *Timmel*-Urteil[1] festgestellt, dass nach dem Willen des Richtliniengebers sowie dem Sinn und Zweck der Regelungen zur Veröffentlichung unter Berücksichtigung des Anlegerschutzes Art. 14 Abs. 2 Satz 1 lit. b der Prospektrichtlinie dahingehend auszulegen ist, dass der Prospekt sowohl am Sitz des Emittenten als auch bei den Finanzintermediären zur Verfügung gestellt werden muss. Vor diesem Hintergrund wird die Auffassung vertreten, dass abweichende nationale Regelungen wie § 14 Abs. 2 Satz 1 Nr. 2 lit. b–d WpPG nicht mehr als „oder"-, sondern als „und"-Bestimmungen zu lesen sind[2]. Dies erscheint vor dem Hintergrund, dass der Wortlaut des § 14 Abs. 2 Satz 1 Nr. 2 lit. b–d WpPG hinsichtlich der „oder"-Regelung an sich keinen Beurteilungsspielraum lässt, nicht unproblematisch[3]. Die hiermit verbundenen Fragen werden in Zukunft voraus-

---

Grundlage des WpPG und der ProspektVO seit Inkrafttreten des EU-Prospektrechts zum 1.7.2005 praktisch nicht denkbar.

1 EuGH v. 15.5.2014 – Rs. C-359/12 – „Timmel/Aviso Zeta AG ua", Rz. 60 ff. sowie Nr. 4 des Tenors, ECLI:EU:C:2014:325, abrufbar über die Website des EuGH unter http://curia.europa.eu/jcms/jcms/j_6/de; AG 2015, 234 (237).
2 Zu § 14 Abs. 2 lit. b WpPG *Buck-Heeb/Diekmann*, LMK 2014, 359156, die allerdings bezweifelt, dass die vom EuGH angenommene Gefahr für den *Anlegerschutz*, wenn die gedruckte Fassung nur beim Emittenten oder einem Finanzintermediär verfügbar ist, tatsächlich gegeben ist. Aus der Perspektive des österreichischen Rechts *Russ*, EuZW 2014, 581 (585).
3 Eine richtlinienkonforme Auslegung auch gegen den Wortlaut des nationalen Gesetzes ist zwar grundsätzlich möglich. Dies setzt jedoch voraus, dass sie nicht *contra legem* erfolgt, dh. dass sie nach den nationalen Auslegungsmethoden zulässig ist, was nach deutschem

sichtlich nicht mehr bestehen, da in dem vorliegenden Entwurf für eine neue Prospektverordnung die Veröffentlichung durch Schalterpublizität nicht mehr vorgesehen ist (siehe unten Rz. 53).

18 Gemäß § 14 Abs. 2 Satz 1 Nr. 2 lit. a WpPG können Prospekte durch kostenlose Bereithaltung zur Ausgabe bei den **zuständigen Stellen des organisierten Marktes** veröffentlicht werden. Bei einer Zulassung der Wertpapiere zum Handel am regulierten Markt einer deutschen Wertpapierbörse ist die zuständige Stelle regelmäßig die Geschäftsführung (§ 15 BörsG) der betreffenden Börse[1]. So kann etwa im Fall der Zulassung zum Handel an der Frankfurter Wertpapierbörse der Prospekt bei der Geschäftsführung der Frankfurter Wertpapierbörse bereitgehalten werden[2].

19 Hinsichtlich des Bereithaltens beim **Emittenten** enthält § 14 Abs. 2 Satz 1 Nr. 2 lit. b WpPG keine ausdrückliche Regelung dazu, ob der Prospekt nur am Sitz des Emittenten oder auch an anderen Adressen des Emittenten bereitgehalten werden kann. Die allgemeine Bezugnahme auf den Emittenten legt es nahe, dass im Fall einer ausschließlich im Wege der Emittenten-Schalterpublizität erfolgenden Prospektveröffentlichung der Prospekt zumindest **auch am Sitz des Emittenten** zur Verfügung stehen muss. Diese Auslegung wird gestützt durch Art. 14 Prospektrichtlinie, wo ausdrücklich auf den (satzungsmäßigen) Sitz des Emittenten (in der englischen Sprachfassung der Prospektrichtlinie das *"registered office"* des Emittenten) abgestellt wird.

20 Darüber hinaus kann der Prospekt gemäß § 14 Abs. 2 Satz 1 Nr. 2 lit. c und d WpPG auch bei den **Instituten** (§ 1 Abs. 1b KWG) oder den über eine Niederlassung oder grenzüberschreitend in Deutschland tätigen **ausländischen Finanzinter-**

Recht die richterliche Rechtsfortbildung einschließt (BGH v. 26.11.2008 – VIII ZR 200/05, NJW 2009, 427 [428 f.]). Im Rahmen der richtlinienkonformen Auslegung durch richterliche Rechtsfortbildung kommen insbesondere die Instrumente der teleologischen Reduktion und der Analogie in Betracht (näher dazu *Kroll-Ludwigs/Ludwigs*, ZJS 2009, 123 [127]). Zwar mag es vorliegend der Wille des Gesetzgebers gewesen sein, die Prospektrichtlinie in ihrer „richtigen" Fassung umzusetzen. Doch verbleibt kein Spielraum, den Wortlaut des § 14 Abs. 2 lit. b WpPG im Wege der richterlichen Rechtsfortbildung teleologisch zu reduzieren, da von der „oder"-Regelung kein Anwendungsbereich mehr verbleibt, wenn man sie als „und"-Regelung liest. Auch eine Analogie kommt nicht in Betracht, da die „oder"-Regelung gerade nicht gelten soll und daher auch keinen analogiefähigen Kern enthält. Gegebenenfalls ließe sich argumentieren, dass die in der deutschen Fassung der Prospektrichtlinie enthaltene Abweichung von der nach dem EuGH zutreffenden Fassung der Prospektrichtlinie zugleich als offensichtlicher redaktioneller Fehler des § 14 Abs. 2 lit. b WpPG angesehen und dementsprechend korrigiert werden kann. Zu bedenken ist jedoch, dass § 14 Abs. 2 lit. b WpPG dem Anbieter bzw. Zulassungsantragsteller aufsichtsrechtliche Pflichten auferlegt, deren Verletzung eine Ordnungswidrigkeit darstellt, was eine Auslegung oder Korrektur gegen den Wortlaut problematisch erscheinen lässt. In der Praxis dürfte es sich aus Vorsichtsgründen empfehlen, den Prospekt beim Emittenten und allen Finanzintermediären (einschließlich der Zahlstelle) bereit zu halten.

1 Vgl. auch *Gebhardt* in Schäfer/Hamann, § 14 WpPG Rz. 11.
2 Siehe Ziffer 9 des Antrags auf Zulassung von Wertpapieren zum Börsenhandel im regulierten Markt der Frankfurter Wertpapierbörse, abrufbar unter http://deutsche-boerse-cash-market .com/dbcm-de unter „Primary Market > Publikationen > Anträge".

mediären (§§ 53 Abs. 1 Satz 1, 53b Abs. 1 Satz 1 KWG), die die Wertpapiere platzieren oder verkaufen, sowie bei den **Zahlstellen** bereitgehalten werden (zur möglichen Pflicht, den Prospekt zusätzlich zur Bereithaltung beim Emittenten auch bei den Finanzintermediären bereit zu stellen, siehe Rz. 17). Durch die klare Trennung zwischen § 14 Abs. 2 Satz 1 Nr. 2 lit. c und lit. d WpPG ist im WpPG – anders als in Art. 14 Abs. 2 lit. c der Prospektrichtlinie – klargestellt, dass die Zahlstellen auch dann den Prospekt bereithalten können, wenn sie nicht zugleich auch die Wertpapiere platzieren oder verkaufen. Da § 14 Abs. 2 WpPG auch für öffentliche Angebote und Zulassungen von Wertpapieren zum Handel gilt, die auf der Grundlage eines von der BaFin gebilligten Prospekts in anderen Mitgliedstaaten erfolgen (vgl. zB die Zeitungsveröffentlichung in den betreffenden Mitgliedstaaten, siehe oben Rz. 14 sowie zum Herkunftsstaatsprinzip unten Rz. 49 f.), greift die Regelung des § 14 Abs. 2 Satz 1 Nr. 2 lit. c WpPG allerdings zu kurz. Denn bei Angeboten im Ausland oder der Zulassung der Wertpapiere zum Handel an einem ausländischen organisierten Markt erfolgt die Platzierung bzw. der Verkauf nicht notwendigerweise durch Institute, die – wie in § 14 Abs. 2 Satz 1 Nr. 2 lit. c WpPG vorausgesetzt – in Deutschland gemäß §§ 32, 1 Abs. 1 und 1a KWG oder gemäß §§ 53 oder 53b KWG reguliert werden. In diesem Fall kommt daher nur eine analoge Anwendung von § 14 Abs. 2 Satz 1 Nr. 2 lit. c WpPG in Betracht.

Auch wenn eine Bereithaltung des Prospekts in jedem Mitgliedstaat, in dem die Wertpapiere angeboten bzw. zum Handel zugelassen werden, dem Zweck der Schalterpublizität am besten gerecht würde, schreibt das WpPG die Bereithaltung des Prospekts bei einer (aus Sicht des Anlegers) **inländischen Stelle** nicht vor. Im Fall der Bereithaltung bei einem ausländischen Emittenten oder der zuständigen Stelle eines ausländischen organisierten Marktes ergibt sich das Fehlen des Erfordernisses einer ausländischen Stelle aus der Natur der Sache. Aber auch in den Fällen des § 14 Abs. 2 Satz 1 Nr. 2 lit. c und d WpPG besteht weder nach dem WpPG noch nach der Prospektrichtlinie eine Pflicht zur Bereithaltung im Inland[1]. Hinzu kommt, dass das Bestehen einer inländischen Zahlstelle für ein öffentliches Angebot in Deutschland (ohne Zulassung der Wertpapiere zum Handel an einem organisierten Markt[2]) aufsichtsrechtlich nicht zwingend vorgeschrieben ist.

Der Prospekt muss nach dem Wortlaut des § 14 Abs. 1 Satz 1 Nr. 2 WpPG in „**gedruckter Form**" bereitgehalten werden. Dh., er muss als physische Papierversion erhältlich sein. ZT wird mit Hinweis auf den in § 14 Abs. 7 WpPG (basierend auf Art. 14 Abs. 7 Prospektrichtlinie) verwendeten Begriff „Papierversion" und die Verwendung der Begriffe „Papierversion" und „dauerhafter Datenträger" in § 34 Abs. 2 WpHG[3] die Auffassung vertreten, dass der Begriff „gedruckte Form" weiter sei als

---
[1] Ebenso *Ritz/Voß* in Just/Voß/Ritz/Zeising, § 14 WpPG Rz. 36.
[2] In diesem Fall ist eine Zahlstelle in Deutschland vorgeschrieben, wenn Deutschland Herkunftsstaat des Emittenten ist (§ 30a Abs. 1 Nr. 4 WpHG).
[3] Der Begriff des dauerhaften Datenträgers wird in § 3 WpDVerOV konkretisiert, der Art. 2 Abs. 2 und Art. 3 der Richtlinie 2006/73/EG vom 10.8.2006 zur Durchführung der Richtlinie 2004/39/EG des Europäischen Parlaments und des Rates (MiFID) in Bezug auf die organisatorischen Anforderungen an Wertpapierfirmen und die Bedingungen für die Aus-

der Begriff der Papierversion und auch elektronische Datenträger (zB eine CD-ROM) die Anforderungen an die gedruckte Form erfüllen[1]. Allerdings wird der im Zusammenhang mit der Bereitstellung von Kundeninformationen nach dem WpHG verwendete und in § 126b BGB legaldefinierte Begriff des dauerhaften Datenträgers weder in § 14 Abs. 1 Satz 1 Nr. 2 WpPG noch in der Prospektrichtlinie verwendet. Zudem bedeutet bei allgemeinem Sprachverständnis eine Bereitstellung in gedruckter Form, dass dem Anleger zumindest ein Ausdruck zur Verfügung gestellt wird. Des Weiteren würde ein derart weites Verständnis der „gedruckten Form" im Rahmen von § 14 Abs. 2 Nr. 2 WpPG zu dem Wertungswiderspruch führen, dass die Anforderungen an das auszuhändigende Dokument bei der Schalterpublizität geringer wären als im Fall des § 14 Abs. 5 WpPG, der die Bereitstellung einer Papierversion lediglich zusätzlich zur Internetveröffentlichung (und nur auf Verlangen eines Anlegers) vorsieht. Teilweise wird der Begriff der gedruckten Form demgegenüber als eine Papierversion mit erhöhten Anforderungen verstanden und eine gebundene Fassung mit Layout/gesetztem Text für erforderlich gehalten[2]. Auch dies kann dem Wortlaut des § 14 Abs. 1 Satz 1 Nr. 2 WpPG jedoch nicht entnommen werden. Hinsichtlich der Druckausstattung selbst bestehen daher keine besonderen Anforderungen und eine ausgedruckte Fassung ist ausreichend[3]. In Zukunft dürften diese Fragen durch das Gesetz selbst beantwortet werden. Nach dem Entwurf der neuen Prospektverordnung wird die Schalterpublizität und damit die Möglichkeit, den Prospekt ausschließlich durch Bereithalten in gedruckter Form zu veröffentlichen, abgeschafft (siehe dazu unten Rz. 53). Zugleich hat der Ausschuss für Wirtschaft und Währung (ECON) des Europäische Parlaments vorgeschlagen, dass in Zukunft ein im Internet veröffentlichter Prospekt nicht mehr (wie bislang in Art. 14 Abs. 7 Prospektrichtlinie und § 14 Abs. 5 WpPG vorgesehen) zwingend in einer Papierversion (*paper copy*) verfügbar sein muss, sondern dass hierfür auch ein dauerhafter Datenträger (*durable medium*) ausreichend ist[4].

23 Aufgrund des insoweit eindeutigen Wortlauts von § 14 Abs. 2 Satz 1 Nr. 2 WpPG („zur kostenlosen Ausgabe") ist der Prospekt dem Anleger auf Anfrage **kostenlos**

übung ihrer Tätigkeit sowie in Bezug auf die Definition bestimmter Begriffe für die Zwecke der genannten Richtlinie umsetzt.

1 So *Heidelbach* in Schwark/Zimmer, § 14 WpPG Rz. 23 f., die unter Hinweis auf den in § 34 Abs. 2 WpHG verwendeten Begriff des dauerhaften Datenträgers daher auch die Zurverfügungstellung auf einer DVD, einer CD-ROM und im Hinblick auf § 3 Abs. 3 und 4 WpDVerOV offenbar auch im Internet ausreichen lässt, wenn die diesbezüglichen Vorgaben eingehalten werden.
2 So *Berrar* in FrankfurtKomm. WpPG, § 14 WpPG Rz. 37.
3 So auch *Gebhardt* in Schäfer/Hamann, § 14 WpPG Rz. 10.
4 Ausschuss für Wirtschaft und Währung (ECON) des Europäisches Parlaments, Bericht über den Vorschlag für eine Verordnung des Europäischen Parlaments und des Rates über den Prospekt, der beim öffentlichen Angebot von Wertpapieren oder bei deren Zulassung zum Handel zu veröffentlichen ist, (COM(2015)0583 – C8-0375/2015 – 2015/0268(COD)) v. 19.7.2016, PE578.833v02-00, A08-0238/2016, S. 57 der englischen Fassung, abrufbar unter http://www.europarl.europa.eu/oeil/popups/ficheprocedure.do?lang=en&reference=2015/0268(OLP)#keyPlayers.

auszuhändigen[1]. Ein Bereithalten zur bloßen Einsichtnahme durch den Anleger reicht zur Erfüllung der Veröffentlichungspflicht daher nicht aus. Es besteht aber keine prospektrechtliche Übergabpflicht ohne entsprechende Anfrage des Anlegers[2]. Dies entspricht der Rechtslage nach der Vorgängerregelung in § 9 Abs. 2 VerkProspG, der mit identischem Wortlaut ebenfalls ein Bereithalten zur kostenlosen Ausgabe vorsah[3]. Ein Anspruch auf (kostenlosen) Versand per Post besteht nicht, da dieses über das bloße „Bereithalten zur Ausgabe" hinausgeht und ein Mitnahmerecht nicht mit einem Anspruch auf (kostenlose) Übersendung gleichgesetzt werden kann[4]. Eine andere Frage ist, ob insbesondere zB im Fall einer Schalterpublizität beim Emittenten oder den Finanzintermediären es aus eigenem Verkaufs- und Vertriebsinteresse zweckmäßig ist, den Prospekt auf Anforderung kostenlos zu versenden. Unzulässig ist hingegen das Erheben einer Schutzgebühr für den Prospekt oder das Inrechnungstellen eines Verwaltungsaufwands.

c) Veröffentlichung im Internet (§ 14 Abs. 2 Satz 1 Nr. 3 und 4, Satz 2 WpPG)

Abweichend von der Rechtslage vor Umsetzung der Prospektrichtlinie sieht das WpPG eine Veröffentlichung im Internet vor[5], die hinsichtlich der veröffentlichenden Stellen **analog zur Schalterpublizität** ausgestaltet ist. Eine Veröffentlichung im Internet kann gemäß § 14 Abs. 2 Satz 1 Nr. 3 lit. a bis c und Nr. 4 WpPG auf der **Internetseite** einer der Stellen erfolgen, die auch für die Schalterpublizität zur Verfügung stehen (**Emittent, Finanzintermediäre und Zahlstellen, organisierter Markt**). Auch hier besteht ein Wahlrecht, dh. es genügt, wenn die Veröffentlichung auf einer der genannten Internetseiten (Websites) erfolgt[6]. Zu beachten ist jedoch,

---

1 Im Ergebnis ebenso *Ritz/Voß* in Just/Voß/Ritz/Zeising, § 14 WpPG Rz. 38, die sich hinsichtlich des Mitnahmerechts des Anlegers insbesondere auf eine richtlinienkonforme Auslegung stützen. Dieses Instruments bedarf es aufgrund der bereits vom Wortlaut her in diesem Punkt eindeutigen Regelung des WpPG jedoch nicht. Eine andere, hiervon zu unterscheidende Frage ist, ob dem Anleger über das Mitnahmerecht hinaus auch ein Anspruch auf Übersendung des Prospekts ohne Erstattung der Versandkosten zusteht.
2 Ebenso zur Vorgängerregelung § 9 VerkProspG *Bruchwitz* in Arndt/Voß, § 9 VerkProspG Rz. 17 und zur Bereithaltung von Wertpapierprospekten nach § 9 VerkProspG aF vor Inkrafttreten des WpPG *Meyding*, DB 1993, 419 (422).
3 Zur alten Rechtslage *Ritz* in Assmann/Lenz/Ritz, § 9 VerkProspG Rz. 11.
4 Ebenso *Gebauer* in Kümpel/Hammen/Ekkenga, Nr. 100, S. 57; *Gebhardt* in Schäfer/Hamann, § 14 WpPG Rz. 10; *Berrar* in FrankfurtKomm. WpPG, § 14 WpPG Rz. 38; aA offenbar *Ritz/Voß* in Just/Voß/Ritz/Zeising, § 14 WpPG Rz. 37 und zum vormaligen Verkaufsprospektgesetz § 9 VerkProspG Rz. 16.
5 Zu den Neuerungen der Prospektrichtlinie hinsichtlich der Veröffentlichungsarten *Kunold/Schlitt*, BB 2004, 501 (510 f.); zu den Änderungen im Vergleich zu den vor Umsetzung der Prospektrichtlinie bestehenden Veröffentlichungsformen im deutschen Prospektrecht auch *Apfelbacher/Metzner*, BKR 2006, 81 (84).
6 Anders als § 14 Abs. 2 Nr. 3 WpPG sah Art. 14 Abs. 2 Satz 1 lit. c Prospektrichtlinie seinem Wortlaut nach eine kumulative („und") Internetveröffentlichung durch die genannten Stellen vor. Dies ist jedoch im Zuge der Änderungsrichtlinie 2010/73/EU v. 24.11.2010 (siehe oben Rz. 1, dritte Fn.) mittels Ersetzung des Wortes „und" durch das Wort „oder" korrigiert worden.

dass bei einer Veröffentlichung im Internet immer auch **Papierversionen** des Prospekts nach Maßgabe von § 14 Abs. 5 WpPG zur Verfügung stehen müssen (siehe unten Rz. 42 ff.). Auch hier meint Papierfassung, dass eine ausgedruckte Fassung ausreichend ist (siehe oben Rz. 22).

25 Die Veröffentlichung im Internet hat aufgrund von § 14 Abs. 2 Satz 2 WpPG weiter an Bedeutung gewonnen. Danach sind Prospekte, die gemäß § 14 Abs. 2 Satz 1 Nr. 1 WpPG in einer Tages- oder Wirtschaftszeitung oder gemäß § 14 Abs. 2 Satz 1 Nr. 2 WpPG durch Bereithaltung bei einer der dort genannten Stellen veröffentlicht werden, **stets auch in elektronischer Form** zu veröffentlichen. Diese Regelung beruht auf Art. 14 Abs. 2 Unterabs. 2 der Prospektrichtlinie in der Fassung der Änderungsrichtlinie 2010/73/EU vom 24.11.2010, die anstelle des zuvor bestehenden Wahlrechts der Mitgliedstaaten hinsichtlich einer verpflichtenden Internetveröffentlichung nunmehr vorsieht, dass die Mitgliedstaaten eine Veröffentlichung des Prospekts im Internet vorschreiben müssen[1]. Beweggrund für die Anpassung war für den europäischen Richtliniengeber die leichte Zugänglichkeit von Informationen im Internet (siehe Erwägungsgrund 22 der Änderungsrichtlinie 2010/73/EU). Was auf den ersten Blick vor dem Hintergrund der zuvor schon weit verbreiteten Veröffentlichung von Prospekten im Internet unproblematisch erscheint, wirft in bestimmten Fällen jedoch Fragen auf. Da zumindest die BaFin mit dem Hinweis auf den Wortlaut „auf der Internetseite" die Auffassung vertritt, dass die betreffende Website für die Allgemeinheit und nicht nur den angesprochenen Investorenkreis zugänglich sein muss, müssen nunmehr auch Prospekte für Wertpapiere, die nur einem bestimmten Adressatenkreis angeboten werden (wie etwa Mitarbeiterbeteiligungsprogramme für den Erwerb von Aktien[2]), auf die allgemein zugängliche Website des Emittenten gestellt werden[3]. Die zuvor mögliche reine Schalterpublizität bei dem Emittenten genügt nicht mehr.

---

1 Anders die Begründung zum Gesetzentwurf der Bundesregierung, die bei der Umsetzung weiterhin von einer „Option" des Gesetzgebers ausging (BT-Drucks. 17/8684 v. 15.2.2012), S. 20; ebenso *Preuße* in Holzborn, § 14 WpPG Rz. 1. Dieses Missverständnis dürfte auf der deutschen Sprachfassung der Änderungsrichtlinie beruhen, die weiterhin das Wort „können" verwendet und damit scheinbar unverändert ein Wahlrecht vorsieht, das jedoch schon in der ursprünglichen Fassung von Art. 14 der Prospektrichtlinie vorgesehen war. Dieser Punkt sollte aber gerade geändert werden, wie etwa die englische Sprachfassung des durch die Änderungsrichtlinie geänderten zweiten Unterabsatzes von Art. 14 Abs. 2 der Prospektrichtlinie zeigt („Member States shall require issuers ...").

2 Ein Drittstaatenemittent, der sich nicht auf eine prospektfreie Emission nach § 4 Abs. 1 Nr. 5 WpPG stützen und sich auch darüber hinaus nicht auf Ausnahmen von der Prospektpflicht (wie das Angebot in einem Mitgliedstaat an weniger als 150 Mitarbeiter gemäß § 3 Abs. 2 Nr. 2 WpPG) berufen kann, muss einen verkürzten Prospekt nach Art. 23 Abs. 4 ProspektVO erstellen (siehe zu den Anforderungen an einen verkürzten Prospekt für Mitarbeiterbeteiligungsprogramme ESMA, Questions and Answers Prospectuses, 25th updated version – Juli 2016 v. 15.7.2016, ESMA/2016/1133, Frage 71 „Employee Share Scheme Prospectuses: Short-form disclosure regime for offers to employees in those cases where a prospectus is required (application of Article 23.4 of the Prospectus Regulation)" (December 2012)).

3 Eine Veröffentlichung nur im Intranet eines Emittenten ist nach Ansicht der BaFin also nicht ausreichend.

Dies wird sich aller Voraussicht nach auch durch die geplante neue Prospektverordnung nicht ändern, die in dem vorliegenden Entwurf die Veröffentlichung im Internet als einzige anerkannte Veröffentlichungsform vorsieht (siehe unten Rz. 53). Das ist unbefriedigend, da derartige Wertpapiere für die Allgemeinheit als Anlagemöglichkeit ohne Relevanz sind[1].

Von der in Art. 14 Abs. 2 lit. e Prospektrichtlinie enthaltenen Möglichkeit, eine Veröffentlichung des Prospekts auch über die **Website der zuständigen Behörde** (dh. in Deutschland die BaFin) vorzusehen, hat das WpPG keinen Gebrauch gemacht. Dessen ungeachtet macht die BaFin Prospekte auf ihrer Internetseite für zwölf Monate zugänglich (§ 13 Abs. 4 WpPG, siehe dazu § 13 WpPG Rz. 36). Hierbei handelt es sich jedoch nicht um eine Veröffentlichungsform iS von § 14 Abs. 2 WpPG, deren Verwendung eine Erfüllung der Veröffentlichungspflichten des Anbieters bzw. Zulassungsantragsstellers darstellt. Vielmehr tritt die Veröffentlichung des Prospekts durch die BaFin als zusätzliche Maßnahme der Aufsichtsbehörde neben die Veröffentlichungsarten des § 14 Abs. 2 WpPG[2]. 26

Darüber hinaus stellt **Art. 6 der Delegierten Verordnung (EU) 2016/301** spezielle Anforderungen an die Veröffentlichung des Prospekts in elektronischer Form auf einer Website des Emittenten, der Finanzintermediäre, der Zahlstellen oder des organisierten Markts. Art. 6 der Delegierten Verordnung (EU) 2016/301 ist an die Stelle des Art. 29 ProspektVO getreten. Zum Verständnis der Regelung ist Erwägungsgrund 31 der ProspektVO jedoch weiterhin von Bedeutung. Danach erfordert die Veröffentlichung im Internet die Verwendung gängiger („*best practices*") **Sicherheitsmaßnahmen**, um die Integrität der Angaben zu wahren, eine Manipulation oder Abänderung durch nicht berechtigte Personen zu verhindern, einer Veränderung der Verständlichkeit entgegen zu wirken und möglichen negativen Konsequenzen unterschiedlicher Ansätze beim Angebot von Wertpapieren in Drittländern zu entgehen. 27

Gemäß Art. 6 Abs. 1 lit. a der Delegierten Verordnung (EU) 2016/301 muss der Prospekt beim Aufruf der Website **ohne Weiteres zugänglich** sein. Der in der deutschsprachigen Fassung verwendete Ausdruck „ohne Weiteres zugänglich" weicht von der vorherigen Regelung in Art. 29 Abs. 1 Nr. 1 ProspektVO ab, wonach der Prospekt beim Aufruf der Website „leicht zugänglich" sein musste. Inhaltlich ist mit dieser offenbar übersetzungsbedingten Wortlautänderung jedoch keine Änderung der Anforderungen verbunden. So verwendet auch die englischsprachige Fassung in Art. 6 Abs. 1 lit. a der Delegierten Verordnung (EU) 2016/301 weiterhin die Formulierung „easily accessible". Mit dieser Vorgabe soll dem Anleger das Auffinden des Prospekts 28

---

1 Im Falle einer prospektpflichtigen Emission von Aktien eines Drittstaatenemittenten im Rahmen eines Mitarbeiterbeteiligungsprogrammes dürfte sich diese Frage jedoch erledigt haben, wenn nach Art. 1 Abs. 3 lit. i des Entwurfs für eine neue Prospektverordnung auch für Drittstaatenemittenten – unabhängig von einer Entscheidung, dass die Aktien an einem als gleichwertig erachteten Markt außerhalb des Europäischen Wirtschaftsraums zum Handel zugelassen sind – eine Ausnahme von der Prospektpflicht vorgesehen wird.
2 Ebenso *Kullmann/Sester*, WM 2005, 1068 (1074); *Preuße* in Holzborn, § 14 WpPG Rz. 16; *Schanz*, Börseneinführung, § 13 Rz. 57; siehe auch Begr. RegE Prospektrichtlinie-Umsetzungsgesetz zu § 13 Abs. 4 WpPG-E, BT-Drucks. 15/4999 v. 3.3.2005, S. 35.

auf der betreffenden Website erleichtert werden[1]. Das bedeutet, dass dem Anleger keine besonderen technischen oder praktischen Hürden im Wege stehen dürfen, wenn er sich Zugang zu dem Prospekt verschaffen will. Eine starre Regel, wonach mehr als ein weiterführender Link schädlich ist[2], kann in dieser Allgemeinheit der Regelung des Art. 6 Abs. 1 lit. a der Delegierten Verordnung (EU) 2016/301 (ebenso wie schon Art. 29 Abs. 1 Nr. 1 ProspektVO) nicht entnommen werden. Es genügt, wenn der Prospekt von einem durchschnittlichen Anleger ohne größeren Suchaufwand über die betreffende Website auffindbar ist[3]. Darüber hinaus hat ein Anleger jedenfalls immer auch die Möglichkeit, die Aushändigung einer Papierversion des Prospekts zu verlangen (§ 14 Abs. 5 WpPG).

29 Nicht zulässig ist es jedoch, den Zugriff auf den Prospekt davon abhängig zu machen, dass der potentielle Investor zuvor einer Haftungsbegrenzungsklausel zustimmen, eine Gebühr entrichten oder ein Registrierungsverfahren durchlaufen muss. Dies ergibt sich aus Satz 2 des Erwägungsgrundes 7 der Delegierten Verordnung (EU) 2016/301. Der Vorschlag der Kommission für eine neue Prospektverordnung, die die Prospektrichtlinie ersetzen soll, sieht diese Anforderungen ebenfalls vor, und zwar nicht nur in den Erwägungsgründen, sondern als gesetzliche Norm in Art. 20 Abs. 4 des Entwurfs für eine neue Prospektverordnung[4]. Diese Neuregelungen beruhen auf dem Urteil des Europäischen Gerichtshofs vom 15.5.2014 im sog. **Timmel-Fall**[5], das aufgrund eines Vorabentscheidungsersuchens des Handelsgerichts Wien zu mehreren Vorlagefragen zur Auslegung der ProspVO, ua. zur Auslegung von Art. 29 Abs. 1 Nr. 1 ProspektVO aF, ergangen ist. Dem *Timmel*-Fall lag ua. die frühere Praxis der Luxemburger Börse zu Grunde, den Zugriff auf den auf ihrer Website veröffentlichten Prospekt davon abhängig zu machen, dass sich der Anleger registriert und dabei einem Haftungsausschluss zustimmt. Zudem war ein kostenloser Zugriff auf zwei Dokumente pro Monat beschränkt, so dass etwa in Fällen, in denen – wie im *Timmel*-Fall – für ein Wertpapierangebot mehr als zwei Dokumente herunterzuladen waren, eine kostenlose Verfügbarkeit nicht gewährleistet war[6]. Die Luxemburger Börse hat daraufhin am 6.6.2014 bekanntgegeben, dass sie ihre Praxis mit Wirkung zum 13.6.2014 ändert und Investoren ohne Beschränkungen Zugang zu den veröffentlichten Prospekten einschließlich per Verweis einbezogener Dokumente und etwaiger Nachträge haben.

---

1 *Preuße* in Holzborn, Art. 29 EU-ProspVO Rz. 2.
2 *Ritz/Voß* in Just/Voß/Ritz/Zeising, § 14 WpPG Rz. 43.
3 *Preuße* in Holzborn, Art. 29 EU-ProspVO Rz. 2.
4 Europäische Kommission, Vorschlag für neue Verordnung des Europäischen Parlaments und des Rates über den Prospekt, der beim öffentlichen Angebot von Wertpapieren oder bei der Zulassung zum Handel zu veröffentlichen ist, 30.11.2015, COM(2015) 583 final, 2015/0268 (COD), S. 65.
5 EuGH v. 15.5.2014 – Rs. C-359/12 – „Timmel/Aviso Zeta AG ua", ECLI:EU:C:2014:325, abrufbar über die Website des EuGH unter http://curia.europa.eu/jcms/jcms/j_6/de sowie in großen Teilen abgedruckt zB in AG 2015, 234 ff.; vgl. auch ESMA, Final Report, Draft RTS on prospectus related issues under the Omnibus II Directive, ESMA/2015/1014, 26.6.2015, Rz. 79.
6 EuGH v. 15.5.2014 – Rs. C-359/12 – „Timmel/Aviso Zeta AG ua", Rz. 59 sowie Nr. 3 des Tenors.

Nach der Entscheidung des Europäischen Gerichtshofs bestand zunächst Unsicherheit, inwieweit die übliche Praxis, den Zugriff auf den Prospekt von einer Bestätigung des potentiellen Investors hinsichtlich des Landes, in dem er seinen Wohnsitz hat, abhängig zu machen, fortgeführt werden konnte. Dies beruhte darauf, dass in der englischsprachigen Fassung des Urteils des Europäischen Gerichtshofs die „acceptance of a disclaimer" als unzulässige Zugangsbedingung bezeichnet wird. Wie der deutschsprachigen Fassung des Urteils zu entnehmen ist, ging es im *Timmel*-Fall um die Anerkennung eines Haftungsausschlusses, die als unzulässig verworfen wurde. Nicht Gegenstand der Entscheidung war einer der üblichen Disclaimer, in denen der Emittent oder Anbieter das Angebot auf bestimmte Länder begrenzt und/oder sich vom Anleger bestätigen lässt, dass dieser seinen Wohnsitz in einem der zulässigen Länder hat. Derartige **Disclaimer und Warnfilter** sind gemäß Art. 6 Abs. 3 der Delegierten Verordnung (EU) 2016/301 mögliche Maßnahmen zur Vermeidung der Ansprache von Investoren in Ländern, in denen die Wertpapiere nicht angeboten werden, und daher zulässige Maßnahmen, was in Satz 3 des Erwägungsgrundes 7 der Delegierten Verordnung (EU) 2016/301 auch ausdrücklich anerkannt wird (siehe unten Rz. 32).

30

Bei den weiteren Anforderungen in Art. 6 Abs. 1 lit. b bis d der Delegierten Verordnung (EU) 2016/301 handelt es sich im Wesentlichen um technische Vorgaben: So darf gemäß Art. 6 Abs. 1 lit. b der Delegierten Verordnung (EU) 2016/301 nur ein **veränderungssicheres Dateiformat** verwendet werden. Hierfür reicht es aus, dass ein Prospekt im PDF-Format ins Internet eingestellt wird, das im Rahmen der zumutbaren *best practice* gegen Änderungen geschützt ist[1]. Gegenüber der Vorgängerregelung in Art. 29 Abs. 1 Nr. 2 ProspektVO neu ist die Anforderung, dass der im Internet veröffentlichte Prospekt ein durchsuchbares, elektronisches Format aufweisen muss. Allerdings ist diese Anforderung in Art. 20 Abs. 3 des Vorschlags der Kommission für eine unmittelbar geltende Prospektverordnung, die die Prospektrichtlinie ersetzen soll, nicht mehr erwähnt[2]. Darüber hinaus darf der Prospekt gemäß Art. 6 Abs. 1 lit. c der Delegierten Verordnung (EU) 2016/301 nicht seinerseits wiederum sog. **Hyperlinks** enthalten (mit Ausnahme solcher Links, die auf Dokumente verweisen, die gemäß § 11 WpPG per Verweis in den Prospekt einbezogen sind). Auch wenn das „Anklicken" von Hyperlinks im technischen Sinn nur bei elektronisch verfügbaren Prospekten möglich ist, handelt es bei dem Verbot von Hyperlinks im Ergebnis weniger um eine Anforderung an die Veröffentlichung des Prospekts im Internet, als vielmehr um eine zusätzliche Vorgabe zum (von der Billi-

31

---

1 So *Ritz/Voß* in Just/Voß/Ritz/Zeising, § 14 WpPG Rz. 44; ebenso *Berrar* in FrankfurtKomm. WpPG, Art. 29 ProspektVO Rz. 5 f., der jedoch zugleich darauf verweist, dass auch bei einem gesicherten Dokument eine Veränderung technisch niemals vollständig ausgeschlossen werden kann. Anders wohl *Heidelbach* in Schwark/Zimmer, § 14 WpPG Rz. 37, die ein Dokument im PDF-Format als solches – ohne weiteren, technisch möglichen und zumutbaren Veränderungsschutz – offenbar für ausreichend hält.

2 Europäische Kommission, Vorschlag für neue Verordnung des Europäischen Parlaments und des Rates über den Prospekt, der beim öffentlichen Angebot von Wertpapieren oder bei der Zulassung zum Handel zu veröffentlichen ist, 30.11.2015, COM(2015) 583 final, 2015/0268 (COD), S. 65.

gung umfassten) Inhalt eines Prospekts. So akzeptiert die BaFin in ihrer Prospektprüfungspraxis keine im Prospekt enthaltenen weiterführenden Links, unabhängig davon, ob der Prospekt im Internet oder auf andere Weise veröffentlicht wird[1]. Schließlich dürfen Anleger nicht darauf beschränkt sein, den Prospekt am Bildschirm zu lesen. Vielmehr muss es ihnen gemäß Art. 6 Abs. 1 lit. d der Delegierten Verordnung (EU) 2016/301 möglich sein, den Prospekt **herunterzuladen und auszudrucken** und sich so eine lesbare und dauerhafte Fassung zu verschaffen.

32 Gemäß Art. 6 Abs. 3 der Delegierten Verordnung (EU) 2016/301 sind im Fall einer Veröffentlichung des Prospekts auf der Website des Emittenten, der Finanzintermediäre oder der geregelten Märkte Maßnahmen zur **Bestimmung des Adressatenkreises** zu ergreifen. Diese Regelung ist vor dem Hintergrund zu sehen, dass bei Internetveröffentlichungen die Gefahr besteht, dass ein wesentlich größerer Kreis potentieller Anleger angesprochen wird oder sich ggf. angesprochen fühlt, als dieses vom Anbieter beabsichtigt und von etwaigen Notifizierungsverfahren (oder Prospektbilligungsverfahren in Drittländern) abgedeckt ist. Wie sich aus dem Beispiel des Art. 6 Abs. 3 der Delegierten Verordnung (EU) 2016/301 ergibt, werden hierfür nicht zwingend zugangsbeschränkende technische Maßnahmen gefordert[2], sondern es genügt, wenn eine entsprechende **deutliche Erklärung** (sog. Disclaimer) hinsichtlich des Adressatenkreises auf der Website eingestellt ist. Darüber hinaus werden regelmäßig von einem interessierten Anleger, der auf den Prospekt zugreifen will, vorgeschaltet Angaben zu seinem Wohnsitz (wie Land Ort und Postleitzahl) verlangt, sog. **Filter**[3]. Damit die von Art. 6 Abs. 1 lit. a der Delegierten Verordnung (EU) 2016/301 geforderte leichte Zugänglichkeit zu dem Prospekt gewahrt bleibt, dürfen die mit Disclaimern und Filtern verbundenen Hürden zum Abruf des Prospekts jedoch nicht zu hoch sein (siehe oben Rz. 29 f.). Das Verbot entsprechender Zugangsbeschränkungen in Abgrenzung von zulässigen und gebotenen Warnhinweisen und Filtern sollen nach dem Entwurf der neuen Prospektverordnung und der diesbezüglichen Position des Rates zukünftig ausdrücklich gesetzlich geregelt werden (siehe unten Rz. 55).

33 Nicht ausdrücklich geregelt ist in Art. 6 der Delegierten Verordnung (EU) 2016/301, welche **Rechtsfolgen** an die **Nichteinhaltung der Anforderungen an die Veröffentlichung des Prospekts im Internet** zu knüpfen sind[4]. Da es sich um Anforderungen an die Art und Weise der Veröffentlichung handelt, könnte die Nichteinhaltung eine Ordnungswidrigkeit nach § 30 Abs. 1 Nr. 6 WpPG darstellen. Des Weiteren könnte bei Nichteinhaltung der Anforderungen an die Veröffentlichung im Internet die wirksame Veröffentlichung des Prospekts insgesamt entfallen. Diese Rechtsfolge wäre wesentlich schwerwiegender, da dies nicht nur eine Ordnungswidrigkeit wegen

---

1 *Berrar* in FrankfurtKomm. WpPG, Art. 29 ProspektVO Rz. 8.
2 Technische Sperren zur Beschränkung des Zugriffs sind jedoch zulässig und können sinnvoll sein, siehe auch *Ding* in Heidel, Aktienrecht und Kapitalmarktrecht, § 14 WpPG Rz. 10; *Berrar* in FrankfurtKomm. WpPG, Art. 29 ProspektVO Rz. 14, Fn. 7.
3 Siehe dazu *Berrar* in FrankfurtKomm. WpPG, Art. 29 ProspektVO Rz. 16.
4 Diese Frage wird mit Recht von *Berrar* in FrankfurtKomm. WpPG, Art. 29 ProspektVO Rz. 3 aufgeworfen.

eines öffentlichen Angebots ohne veröffentlichten Prospekt gemäß § 30 Abs. 1 Nr. 1 WpPG darstellen würde, sondern Fragen der Prospekthaftung nach sich ziehen kann. Im *Timmel*-Fall (siehe oben Rz. 29 f.) ging das nationale Gericht ersichtlich davon aus, dass die Erfüllung der Anforderungen an den leichten Zugang zum Prospekt eine Frage der ordnungsgemäßen (wirksamen) Veröffentlichung ist, deren Fehlen nach dem dort einschlägigen österreichischen Kapitalmarktrecht den Anleger zum Rücktritt vom Erwerb der Wertpapiere berechtigte[1]. Für das vollständige Entfallen einer ordnungsgemäßen Veröffentlichung spricht zunächst der Wortlaut des Art. 6 Abs. 1 der Delegierten Verordnung (EU) 2016/301, wonach der Prospekt bei der Veröffentlichung in elektronischer Form die dort genannten Anforderungen erfüllen muss[2]. Im Übrigen wird man jedoch auf den Sinn und Zweck der jeweiligen Anforderung und die Schwere des Verstoßes abzustellen haben[3]. Ist der Prospekt für den Anleger aufgrund der Nichteinhaltung der Anforderungen nicht oder in nicht zumutbarer Weise abrufbar, dann dürfte eine ordnungsgemäße Veröffentlichung nicht gegeben sein. Anderes dürfte bei kleineren Verstößen gelten, die die Abrufbarkeit und Lesbarkeit des Prospekts im Ergebnis nicht wesentlich beeinträchtigen. Des Weiteren dürfte eine Nichteinhaltung der Anforderungen der Art. 6 Abs. 2 und insbesondere Art. 6 Abs. 3 der Delegierten Verordnung (EU) 2016/301 die ordnungsgemäße Veröffentlichung des Prospekts als solche nicht berühren.

d) Dauer der Veröffentlichung (§ 14 Abs. 2 Satz 3 WpPG)

§ 14 WpPG enthielt bis zur Änderungsrichtlinie 2010/73/EU und deren Umsetzung in § 14 Abs. 2 Satz 3 WpPG keine Regelung zu der Dauer der Veröffentlichung eines Prospekts. Ein Prospekt musste nach altem Recht mindestens so lange veröffentlicht werden, wie das öffentliche Angebot der Wertpapiere andauerte. Soweit der Prospekt auch einer Börsenzulassung diente, wurde die Auffassung vertreten, dass er auch über das Ende des öffentlichen Angebots hinaus, mindestens für die Dauer der Gültigkeit des Prospekts (§ 9 WpPG), nach Maßgabe von § 14 Abs. 2 WpPG bereit zu halten sei[4], wobei zum Teil auch auf den Zeitpunkt der Einführung in den Handel abgestellt wurde[5]. Durch § 14 Abs. 2 Satz 3 WpPG ist nunmehr gesetzlich geregelt, dass der Prospekt, soweit die Veröffentlichung nicht in einer Wirtschafts- oder Tageszeitung erfolgt, **mindestens bis zum Ende des öffentlichen Angebots** bzw., im Fall einer anschließenden Notierung an einem organisierten/regulierten Markt, **spätestens bis zur Einführung in den Handel an dem betreffenden Markt** bereitgestellt werden muss. Damit ist die Dauer der Veröffentlichung nicht an den Zeitraum der Gültigkeit des Prospekts oder etwaige Verjährungsfristen gekoppelt, sondern sie knüpft an

---

1 EuGH v. 15.5.2014 – Rs. C-359/12 – „Timmel/Aviso Zeta AG ua", Rz. 19.
2 *Berrar* in FrankfurtKomm. WpPG, Art. 29 ProspektVO Rz. 3 zur Vorfassung.
3 Ähnlich auch *Berrar* in FrankfurtKomm. WpPG, Art. 29 ProspektVO Rz. 3.
4 Siehe Vorauflage, Rz. 9. Ähnlich *Gebhardt* in Schäfer/Hamann, § 14 WpPG Rz. 14, der aber nach altem Recht generell darauf abstellt, dass der Prospekt mindestens für die Dauer seiner gesetzlich bestimmten Gültigkeit bereit zu halten ist.
5 So *Berrar* in FrankfurtKomm. WpPG, § 14 WpPG Rz. 47.

die Ereignisse an, die die Prospektpflicht begründen und für die der Prospekt erstellt wird.

35 Diese für die Prospektpflichtigen eher günstige kurze Dauer der Veröffentlichung soll in der geplanten neuen Prospektverordnung allerdings durch eine deutlich längere Dauer von zehn (nach dem Standpunkt des Rates vom 3.6.2016 fünf) Jahren ab erstmaliger Veröffentlichung des Prospekts ersetzt werden (siehe dazu unten Rz. 57).

3. Mitteilung von Datum und Ort an die BaFin (§ 14 Abs. 3 WpPG)

36 Gemäß § 14 Abs. 3 WpPG hat der Anbieter bzw. Zulassungsantragsteller der BaFin Ort und Datum der Prospektveröffentlichung unverzüglich schriftlich mitzuteilen. Hinsichtlich des Erfordernisses der **Schriftform** finden die §§ 126, 126a BGB im Verwaltungsverfahren zwar keine unmittelbare Anwendung[1]. Doch es genügt auch im Verwaltungsverfahren regelmäßig die Einhaltung der Form des § 126 BGB, der – nicht zuletzt aufgrund des Grundsatzes der Nichtförmlichkeit des Verwaltungsverfahrens[2] – telekommunikative und andere moderne Kommunikationsformen gleichgestellt werden[3]. Für die Einhaltung der Schriftform genügt dementsprechend nach der Verwaltungspraxis der BaFin eine Übermittlung mittels Telefax oder E-Mail bzw. das Melde- und Veröffentlichungssystem der Bundesanstalt[4]. Seit Inkrafttreten der Delegierten Verordnung (EU) 2016/301 am 24.3.2016 ist die Mitteilung an die BaFin als Begleitdokument im Zusammenhang mit dem Prospektbilligungsverfahren **mittels des MPV Portals** zu übermitteln (siehe hierzu oben Rz. 5).

37 Des Weiteren muss die Mitteilung **unverzüglich** erfolgen. Hiermit soll sichergestellt werden, dass die BaFin ihrer Aufsichtsfunktion nachkommen kann. Vor diesem Hintergrund erscheint ein Zeitraum von drei Tagen nach Veröffentlichung noch angemessen[5].

38 Die Mitteilung von **Datum und Ort** der Veröffentlichung erfolgte vor Abschaffung der Hinweisbekanntmachung gemäß § 14 Abs. 3 Satz 2 WpPG aF (siehe oben Rz. 3) in der Praxis regelmäßig durch Übersenden einer Kopie der Hinweisbekanntmachung. Nach Streichung des § 14 Abs. 3 Satz 2 WpPG aF sind der BaFin Ort

---

[1] *Ellenberger* in Palandt, § 126 BGB Rz. 1 mwN.
[2] *Schmitz* in Stelkens/Bonk/Sachs, Verwaltungsverfahrensgesetz, 8. Aufl. 2014, § 3a VwVfG Rz. 4.
[3] *Schmitz* in Stelkens/Bonk/Sachs, Verwaltungsverfahrensgesetz, 8. Aufl. 2014, § 22 VwVfG Rz. 32.
[4] Anders noch *Gebhardt* in Schäfer/Hamann, § 14 WpPG Rz. 15.
[5] Ebenso *Ritz/Voß* in Just/Voß/Ritz/Zeising, § 14 WpPG Rz. 52 mit Verweis auf OLG Frankfurt/M. v. 22.4.2003 – WpÜG-OWi 3/02, NZG 2003, 638; vgl. auch *Gebhardt* in Schäfer/Hamann, § 14 WpPG Rz. 15, der „in Anbetracht des überschaubaren Organisations- und Überlegungsaufwands" von wenigen Tagen ausgeht; *Heidelbach* in Schwark/Zimmer, § 14 WpPG Rz. 42; anders noch *Heidelbach* in Schwark, 3. Aufl. 2004, § 9 VerkProspG Rz. 9, die in Bezug auf § 9 VerkProspG eine Obergrenze von in der Regel zwei Wochen annahm.

und Datum separat in einem formlosen Schreiben mitzuteilen. Die Angaben richten sich dabei nach der Art der jeweiligen Veröffentlichung, anzugeben sind also der Name der Zeitung und das Erscheinungsdatum (§ 14 Abs. 2 Satz 1 Nr. 1 WpPG), Adresse und Zeitpunkt, wo bzw. ab wann der Prospekt bereitgehalten wird (§ 14 Abs. 2 Satz 1 Nr. 2 WpPG) und/oder die Webadresse[1] und das Datum, ab dem der Prospekt dort zum Download bzw. Ausdrucken zur Verfügung steht. Ein Muster für eine solche Mitteilung hat die BaFin auf ihrer Website zur Verfügung gestellt[2]. Bei einer Veröffentlichung des Prospekts im Internet kann die Mitteilung an die BaFin auch durch Übersendung eines Ausdrucks der betreffenden Internetseite erfolgen, aus dem die Webadresse und das Datum der Veröffentlichung des Prospekts hervorgehen.

Die Mitteilung nach § 14 Abs. 3 WpPG stellt eine Mitteilung an die BaFin über eine kapitalmarktrechtliche Veröffentlichung iS von § 8b Abs. 2 Nr. 10 HGB dar[3]. Neben der nach § 14 Abs. 3 WpPG erforderlichen Mitteilung an die BaFin, wo und wann der Prospekt veröffentlicht wurde, sind diese Informationen daher gemäß § 8b Abs. 3 Satz 1 Nr. 2, Abs. 2 Nr. 10 HGB von dem Veröffentlichungspflichtigen, also dem Anbieter oder dem Zulassungsantragsteller, auch an das elektronische **Unternehmensregister**[4] zu übermitteln. Gleiches gilt für Mitteilungen über die Veröffentlichung von Nachträgen gemäß § 16 Abs. 1 WpPG und endgültigen Bedingungen gemäß § 6 Abs. 3 WpPG[5]. Gemäß § 104a Abs. 1 HGB kann eine vorsätzliche oder leichtfertige nicht richtige oder nicht vollständige Übermittlung als Ordnungswidrigkeit mit einer Geldbuße bis zu 200.000 Euro geahndet werden. Zudem stellt es eine Ordnungswidrigkeit gemäß § 35 Abs. 1 Nr. 7 WpPG dar, die mit einem Bußgeld von bis zu 50.000 Euro geahndet werden kann, wenn entgegen § 14 Abs. 3 WpPG eine Mitteilung an die BaFin aufgrund leichtfertigen oder vorsätzlichen Verhaltens nicht, nicht richtig, nicht vollständig, nicht in der vorgeschriebenen Weise oder nicht rechtzeitig erfolgt.

39

---

[1] Es ist der genaue Uniform Resource Locator (URL) der Website anzugeben.
[2] Abrufbar unter http://www.bafin.de unter der Rubrik „Aufsicht > Prospekte > Prospekte für Wertpapiere > Prospekterstellung und Billigungsverfahren".
[3] Vgl. auch Begr. RegE Gesetz über elektronische Handelsregister und Genossenschaftsregister sowie das Unternehmensregister (EHUG), BT-Drucks. 16/960 v. 15.3.2006, S. 41.
[4] Das Unternehmensregister (https://www.unternehmensregister.de/ureg) wurde zum 1.1.2007 durch das Gesetz über elektronische Handelsregister und Genossenschaftsregister sowie das Unternehmensregister (EHUG) v. 10.11.2006 (BGBl. I 2006 v. 15.11.2006, S. 2553) eingeführt.
[5] Vgl. auch BaFin, Rundschreiben 11/2009 (WA) zu den Übermittlungspflichten an das Unternehmensregister v. 11.5.2009, Ziffer 5, abrufbar unter http://www.bafin.de unter der Rubrik „Daten und Dokumente > Aufsichtspraxis > Rundschreiben". Insbesondere die Übermittlung der Daten zu endgültigen Bedingungen führt bei Emittenten, die in großem Umfang Anlageprodukte emittieren, zu einer Meldeflut, bei der dem Aufwand kein entsprechender Nutzen gegenübersteht. Derartige, das tägliche Massengeschäft betreffende Meldungen führen letztlich zu einem Weniger an Transparenz, da die große Zahl derartiger Informationen in keinem Verhältnis zu den wirklich wichtigen Unternehmensnachrichten steht.

4. Veröffentlichung von Einzeldokumenten und Prospektbestandteilen (§ 14 Abs. 4 WpPG)

40 Ein Prospekt kann gemäß § 12 WpPG auch als **dreiteiliger Prospekt** aus mehreren Einzeldokumenten bestehen und gemäß § 11 WpPG **Angaben in Form eines Verweises** auf andere Dokumente enthalten. In diesem Fall stellt sich die Frage, ob alle Einzel- oder Teildokumente zusammen und in derselben Weise veröffentlicht werden müssen. In Art. 14 Abs. 5 Prospektrichtlinie und der entsprechenden Umsetzung in § 14 Abs. 4 WpPG wurde die Frage dahingehend entschieden, dass diese **Dokumente und Angaben getrennt** in einer der nach § 14 Abs. 2 WpPG zulässigen Weise **veröffentlicht** werden können[1], wobei unterschiedliche Veröffentlichungsarten gewählt werden können. Zur Orientierung des Anlegers bei dreiteiligen Prospekten schreibt § 14 Abs. 4 Satz 2 WpPG jedoch vor, dass in jedem Einzeldokument anzugeben ist, wo die anderen Einzeldokumente erhältlich sind. Dies bedeutet, dass nach dem Wortlaut von § 14 Abs. 4 WpPG etwa in einem Registrierungsformular bereits festgelegt werden muss, wo die übrigen Einzeldokumente (Wertpapierbeschreibung, Zusammenfassung) erhältlich sein werden, auch wenn an sich ausreichend wäre, wenn ein Anleger im Zusammenhang mit der konkreten Emission in der diesbezüglichen Wertpapierbeschreibung und Zusammenfassung auf die Verfügbarkeit des Registrierungsformulars hingewiesen wird. Auf die Einbeziehung von Angaben in anderen Dokumenten per Verweis findet die Regelung des § 14 Abs. 4 Satz 2 WpPG keine Anwendung, da sie sich nur auf Einzeldokumente und nicht auf per Verweis einbezogene Angaben gemäß § 11 WpPG bezieht und § 11 Abs. 2 WpPG eine eigenständige Regelung enthält (vgl. § 11 WpPG Rz. 47)[2].

41 Im Fall eines mehrteiligen Prospekts gelten auch die übrigen Regelungen des § 14 WpPG für jedes Einzeldokument separat[3]. Sind ein oder mehrere Einzeldokumente im Internet veröffentlicht worden (§ 14 Abs. 2 Satz 1 Nr. 3 und 4 WpPG), andere Teile des Prospekts jedoch nicht, so muss die nach § 14 Abs. 5 WpPG auf Verlangen zur Verfügung stehende **Papierversion sämtliche Einzeldokumente enthalten**, aus denen der Prospekt besteht[4].

---

1 Diese Regelung ergänzt die in § 11 Abs. 1 WpPG vorausgesetzte Veröffentlichung der einbezogenen Dokumente.
2 **AA** offenbar *Heidelbach* in Schwark/Zimmer, § 14 WpPG Rz. 65, die § 14 Abs. 4 Satz 2 WpPG auch bei per Verweis einbezogenen Angaben grundsätzlich für anwendbar hält, den Anwendungsbereich dann jedoch teleologisch reduziert. Nach dem Standpunkt des Rates soll in der neuen Prospektverordnung nunmehr in Art. 20 Abs. 8 Satz 2 klargestellt werden, dass die Pflicht zur Angabe, wo die anderen Dokumente erhältlich sind, nicht für per Verweis einbezogene Dokumente gilt.
3 Begr. RegE Prospektrichtlinie-Umsetzungsgesetz, BT-Drucks. 15/4999 v. 3.3.2005, S. 36.
4 Begr. RegE Prospektrichtlinie-Umsetzungsgesetz, BT-Drucks. 15/4999 v. 3.3.2005, S. 36; *Groß*, Kapitalmarktrecht, § 14 WpPG Rz. 8; *Heidelbach* in Schwark/Zimmer, § 14 WpPG Rz. 64.

5. Papierversion bei Veröffentlichung des Prospekts im Internet (§ 14 Abs. 5 WpPG)

Gemäß § 14 Abs. 5 WpPG ist dem Anleger im Fall einer Veröffentlichung des Prospekts im Internet (§ 14 Abs. 2 Satz 1 Nr. 3 und 4 WpPG) auf Verlangen eine **Papierversion** des Prospekts zur Verfügung zu stellen. Dabei sind die Stellen, bei denen eine Papierversion ggf. angefordert werden kann, mit dem Inhaber der Internetseiten, auf denen der Prospekt veröffentlicht werden kann, nicht identisch. Als „Informationsstelle" für die Papierversion kommen der **Anbieter**, der **Zulassungsantragsteller** sowie die **regulierten Finanzintermediäre**, die als **Platzeure** bzw. **Verkaufsstellen** tätig sind, in Betracht. Lediglich die letztgenannten Finanzintermediäre (nicht jedoch der Anbieter und die Zulassungsantragsteller als solche[1]) können auch Inhaber einer Internetseite sein, über die der Prospekt veröffentlicht werden kann.

42

Eine Verletzung der Pflicht gemäß § 14 Abs. 5 WpPG führt nicht dazu, dass der Prospekt als nicht wirksam im Internet veröffentlicht gilt[2]. Das Zuverfügungstellen der **Papierversion** ist **keine Veröffentlichung** iS des § 14 Abs. 2 WpPG; es handelt sich nur um eine ergänzende Pflicht im Fall der Internetveröffentlichung, deren Verletzung eine Ordnungswidrigkeit gemäß § 35 Abs. 1 Nr. 8 WpPG darstellt und die mit einer Geldbuße von bis zu 50.000 Euro geahndet werden kann. Ähnlich wie die zwischenzeitlich gestrichene Pflicht zur Hinweisbekanntmachung ist sie nur eine der Veröffentlichung des Prospekts nachgelagerte Pflicht („Wird der Prospekt im Internet veröffentlicht, …"). Neben dem Wortlaut des § 14 Abs. 5 WpPG spricht hierfür auch, dass Abs. 5 ein individuelles Zuverfügungstellen „auf Verlangen" vorschreibt, im Gegensatz zur Veröffentlichung durch allgemeines Bereithalten im Fall der Schalterpublizität. Es soll lediglich sichergestellt werden, dass ein Anleger, der im konkreten Einzelfall über keinen Internetzugang verfügt, auch eine Papierversion erhalten kann.

43

Nach *Ritz/Voß*[3] besteht – anders als im Fall der Schalterpublizität („bereithalten") – aufgrund der Formulierung „**zur Verfügung stellen**" kein Zweifel, dass dem Anleger bei einer Internetveröffentlichung eine Papierversion auf Verlangen auch kostenlos übersandt werden muss. Hierfür könnte der von § 14 Abs. 2 Satz 1 Nr. 2 WpPG abweichende Wortlaut sowie die englische Sprachfassung von Art. 14 Abs. 7 Prospektrichtlinie („*a paper copy must nevertheless be delivered to the investor*") sprechen. Letztlich können die Anforderungen des § 14 Abs. 5 WpPG, der die eigentliche Veröffentlichung des Prospekts nur ergänzt, unter systematischen Gesichtspunkten nicht über die Anforderungen an die Schalterpublizität hinausgehen (vgl. oben Rz. 22 f.). Des Weiteren gilt § 14 Abs. 5 WpPG nur für eine Veröffentlichung im Internet gemäß § 14 Abs. 2 Satz 1 Nr. 3 und 4 WpPG. Wird die Veröffentlichungspflicht anderweitig erfüllt (zB im Wege der Schalterpublizität), dann kann eine freiwillige, zusätzliche Veröffentlichung des Prospekts im Internet auch ohne Zurverfügungstellen einer

44

---

1 Zu berücksichtigen ist jedoch, dass in der Praxis der Anbieter und der Zulassungsantragsteller gleichzeitig häufig auch der Emittent bzw. der Finanzintermediär sind.
2 **AA** *Ritz/Voß* in Just/Voß/Ritz/Zeising, § 14 WpPG Rz. 40.
3 *Ritz/Voß* in Just/Voß/Ritz/Zeising, § 14 WpPG Rz. 63.

Papierversion bei den in § 14 Abs. 5 WpPG genannten (und mit § 14 Abs. 2 Satz 1 Nr. 2 WpPG nicht vollständig identischen) Stellen erfolgen.

45 Im Zusammenhang mit der Überarbeitung der Prospektrichtlinie war im Jahr 2009 im Rahmen des Konsultationsprozesses ua. von der High Level Group of Independent Stakeholders on Administrative Burdens gefordert worden, dass die Pflicht, bei elektronischer Veröffentlichung zusätzlich eine Papierversion des Prospekts zu Verfügung zu stellen, abgeschafft wird. Dieser Vorschlag ist jedoch verworfen worden und hat daher in die geänderte Prospektrichtlinie keinen Eingang gefunden[1]. Auch der Kommissionsentwurf der neuen, die Prospektrichtlinie ersetzenden Prospektverordnung sieht in Art. 20 Abs. 10 weiterhin vor, dass **auf Verlangen eine Papierversion** oder nach dem Vorschlag des Wirtschafts- und Währungsausschusses (ECON) des Europäischen Parlaments ein dauerhafter Datenträger (siehe hierzu oben Rz. 22 aE) zur Verfügung zu stellen ist.

6. Aufbewahrung des Prospekts durch die BaFin (§ 14 Abs. 6 WpPG)

46 Die am Ende des Kalenderjahres, in dem der Prospekt hinterlegt worden ist, beginnende **zehnjährige Aufbewahrungsfrist** gemäß § 14 Abs. 6 WpPG begrenzt den Zeitraum, in dem die BaFin einen Prospekt in ihrer Funktion als Evidenzzentrale (siehe Rz. 4) zu Beweiszwecken in etwaigen Prospekthaftungsangelegenheiten vorrätig halten muss. § 8 Sätze 4 und 5 VerkProspG enthielten eine vergleichbare Aufbewahrungspflicht, die durch das Vierte Finanzmarktförderungsgesetz eingeführt wurde und bei der sich der Gesetzgeber an den Aufbewahrungsfristen der §§ 147 Abs. 3 AO und 257 Abs. 4 HGB orientiert hat[2]. Von der Pflicht zur Aufbewahrung des gebilligten und unterzeichneten Originalprospekts zu unterscheiden ist die in § 13 Abs. 4 WpPG statuierte Aufgabe der BaFin, einen gebilligten Prospekt für zwölf Monate auf ihrer Internetseite zu veröffentlichen (siehe dazu oben Rz. 26 sowie § 13 WpPG Rz. 36).

---

[1] Impact Assessment (Commission Staff Working Document), SEC(2009) 1223 v. 23.9.2009, Ziff. 3.2.6. und 7.2.8., abrufbar unter http://eur-lex.europa.eu/legal-content/DE/TXT/?uri =CELEX:52009SC1223, sowie die Summary of Impact Assessment (Commission Staff Working Document), SEC(2009) 1222 v. 23.9.2009, Ziff. 1.2.6. und 4.2.8. als Begleitdokumente zu dem Kommissionsentwurf für eine Änderungsrichtlinie der Prospektrichtlinie, abrufbar unter http://eur-lex.europa.eu/legal-content/DE/TXT/?uri=CELEX:52009SC1222; *Berrar* in FrankfurtKomm. WpPG, § 14 WpPG Rz. 6. Für eine Abschaffung der Pflicht, im Falle einer Veröffentlichung des Prospekts im Internet eine Papierversion zur Verfügung stellen zu müssen, *Preuße* in Holzborn, § 14 WpPG Rz. 15 und 20.

[2] Begr. RegE Viertes Finanzmarktförderungsgesetz zu § 8 VerkProspG, BT-Drucks. 14/8017 v. 18.1.2002, S. 109. § 14 Abs. 2 VermAnlG sieht für Vermögensanlagen-Verkaufsprospekte ebenfalls eine zehnjährige Aufbewahrungsfrist vor (ebenso bereits die Vorgängerregelung in § 8i Abs. 3 VerkProspG). Kritisch zur rechtspolitischen Notwendigkeit einer zehnjährigen Aufbewahrungsfrist *Ritz/Voß* in Just/Voß/Ritz/Zeising, § 14 WpPG Rz. 65 f.

7. Anwendbarkeit des § 14 WpPG auf nach Deutschland notifizierte Prospekte

Seinem Wortlaut nach und aufgrund seiner Systematik gilt § 14 WpPG **ausschließlich für von der BaFin gebilligte Prospekte**[1]. So regelt § 14 Abs. 1 Satz 1 WpPG ausdrücklich nur die Hinterlegung und Veröffentlichung des Prospekts nach Billigung durch die BaFin. Im Fall eines von der Aufsichtsbehörde eines anderen Mitgliedstaates gebilligten und nach Deutschland notifizierten Prospekts wird der BaFin gemäß § 17 Abs. 3 WpPG iVm. § 18 WpPG von der betreffenden Aufsichtsbehörde lediglich eine Kopie des Prospekts übermittelt. Eine **Hinterlegung** iS von § 14 Abs. 1 Satz 1 WpPG erfolgt nicht.

47

Die Veröffentlichung eines nach Deutschland notifizierten Prospekts regelt § 17 Abs. 3 WpPG zwar nicht ausdrücklich. Vielmehr scheint § 17 Abs. 3 WpPG seinem Wortlaut nach sogar nur die **Anerkennung von in anderen Mitgliedstaaten gebilligten Prospekten** zu regeln, was im Prinzip Raum für weitere prospektrechtliche Anforderungen an ein öffentliches Angebot bzw. die Zulassung nach nationalem Recht zuließe. So hat die BaFin etwa bis zur allgemeinen Abschaffung der Hinweisbekanntmachung gemäß § 14 Abs. 3 Satz 2 WpPG aF durch das Jahressteuergesetz 2009 Hinweisbekanntmachungen auch für notifizierte Prospekte selbst dann verlangt, wenn das Recht des Herkunftsstaates diese nicht vorgesehen hat (siehe oben Rz. 3).

48

Die fehlende Erwähnung der Veröffentlichung des notifizierten Prospekts in § 14 WpPG und § 17 Abs. 3 WpPG hat jedoch ihren Grund darin, dass die Veröffentlichung des Prospekts nach dem Konzept von Art. 14 Prospektrichtlinie iVm. Art. 13 Abs. 1 Prospektrichtlinie **nach den Vorschriften des Herkunftsstaats** zu erfolgen hat, dessen Aufsichtsbehörde den Prospekt gebilligt hat, und daher nicht Regelungsgegenstand des WpPG sein kann[2]. Dieses Konzept zeigt sich etwa auch in Art. 14 Abs. 2 Satz 2 WpPG und Art. 14 Abs. 3 Prospektrichtlinie, wonach nur der Herkunftsstaat (und nicht der Aufnahmemitgliedstaat) eine Veröffentlichung in elektronischer Form bzw. eine Hinweisbekanntmachung vorschreiben kann. Dementsprechend hat auch ESMA klargestellt, dass der Aufnahmemitgliedstaat hinsichtlich der Veröffentlichung keine eigenen Maßnahmen ergreifen kann und selbst die Erfordernisse einer Veröffentlichung in einer Tageszeitung des Aufnahmemitgliedstaates von der zuständigen Behörde des Herkunftmitgliedstaats festgelegt werden[3]. Des Weiteren beruht auch § 14 Abs. 2 Satz 1 Nr. 1 WpPG ersichtlich auf der Vorstellung, dass das deutsche Recht (und nicht das Recht des Aufnahmemitgliedstaats) die Veröffentlichung in allen Staaten des Europäischen Wirtschaftsraums, in

49

---

1 Von dieser Annahme gehen ersichtlich auch *Ritz/Voß* in Just/Voß/Ritz/Zeising, § 14 WpPG Rz. 48 aus; ebenso *Berrar* in FrankfurtKomm. WpPG, § 14 WpPG Rz. 3.
2 Im Ergebnis ebenso *Berrar* in FrankfurtKomm. WpPG, § 14 WpPG Rz. 3. Zur Schwierigkeit der Umsetzung von Richtlinien, die gemeinschaftsweite Geltung beanspruchen, siehe auch *Groß*, Kapitalmarktrecht, § 17 WpPG Rz. 2 ff.
3 ESMA, Questions and Answers Prospectuses, 25th updated version – Juli 2016 v. 15.7.2016, ESMA/2016/1133, Frage 3 „Publication of a prospectus in the host Member States" (December 2012).

denen das öffentliche Angebot unterbreitet oder die Zulassung zum Handel angestrebt wird, regelt und dementsprechend eine Veröffentlichung in Zeitungen, die in den betreffenden Mitgliedstaaten verbreitet sind, vorschreiben kann. Auch Art. 8 Abs. 2 der Delegierten Verordnung (EU) 2016/301 geht im Zusammenhang mit der Eignung einer Zeitung für die Veröffentlichung des Prospekts davon aus, dass (nur) die zuständige Behörde, also die für die Prospektbilligung zuständige Behörde, entsprechende Maßnahmen ergreifen kann. Eine Geltung der Veröffentlichungsvorschriften jedes einzelnen Angebotslands würde – bei aller Harmonisierung der Vorschriften durch die Prospektrichtlinie – letztlich doch eine Beachtung der einzelstaatlichen Umsetzung erfordern und damit dem Ziel der Prospektrichtlinie, das Prospektrecht gemeinschaftsweit zu harmonisieren und anzuerkennen, zuwider laufen. Etwaigen praktischen Schwierigkeiten in der Anwendung des Rechts des Herkunftsstaats auf öffentliche Angebote bzw. Börsenzulassungen in den Aufnahmemitgliedstaaten muss durch Zusammenarbeit der Aufsichtsbehörden (§ 23 WpPG) begegnet werden.

50 Dementsprechend müssen, etwa wenn der Prospekt in Luxemburg gebilligt und dann nach Deutschland notifiziert wurde, die in Luxemburg in Umsetzung von Art. 14 Prospektrichtlinie erlassenen Veröffentlichungsvorschriften beachtet werden. Ist der Prospekt nach diesen Vorschriften gebilligt und veröffentlicht, so kann ein öffentliches Angebot bereits **am Tage der Notifizierung** gemäß § 17 Abs. 3 WpPG erfolgen[1]. Eine separate Pflicht zur Veröffentlichung gemäß § 14 Abs. 2 WpPG besteht nicht.

51 Auch die Mitteilungspflicht gemäß **§ 14 Abs. 3 WpPG** (siehe oben Rz. 3) und die Aufbewahrungsfrist des **§ 14 Abs. 6 WpPG** gelten nicht für notifizierte Prospekte[2]. Das Gleiche gilt für das Zuverfügungstellen der Papierversion bei einer Internetveröffentlichung gemäß **§ 14 Abs. 4 WpPG** und die Veröffentlichung von Einzeldokumenten und per Verweis einbezogenen Angaben gemäß **§ 14 Abs. 5 WpPG**, für die jedoch das Recht des jeweiligen Herkunftsstaates entsprechende Vorschriften in Umsetzung der Prospektrichtlinie enthalten sollte.

IV. Ausblick

52 Am 30.11.2015 hat die Europäische Kommission im Rahmen ihres Aktionsplans zur Schaffung einer Kapitalmarktunion einen Legislativvorschlag für eine neue europäische Prospektverordnung im ordentlichen Gesetzgebungsverfahren gemäß Art. 294 AEUV veröffentlicht[3], mit der die Prospektrichtlinie überarbeitet und ersetzt

---

1 Ebenso *Ritz/Voß* in Just/Voß/Ritz/Zeising, § 14 WpPG Rz. 48.
2 Ebenso *Berrar* in FrankfurtKomm. WpPG, § 14 WpPG Rz. 3; hierzu eingehend *Heidelbach* in Schwark/Zimmer, § 14 WpPG Rz. 46 f.
3 Europäische Kommission, Vorschlag für neue Verordnung des Europäischen Parlaments und des Rates über den Prospekt, der beim öffentlichen Angebot von Wertpapieren oder bei der Zulassung zum Handel zu veröffentlichen ist, 30.11.2015, COM(2015) 583 final, 2015/0268 (COD), abrufbar unter https://ec.europa.eu/transparency/regdoc/rep/1/2015/

werden soll[1]. Der Ausschuss der Ständigen Vertreter des Rates hat sich am 8.6.2016 auf eine Position[2] zum Vorschlag für eine neue Prospektverordnung geeinigt, die vom Rat (ECOFIN) am 17.6.2016 förmlich angenommen wurde, und die als Grundlage für informelle Trilog-Verhandlungen mit dem Europäischen Parlament mit dem Ziel einer Einigung über die neue Prospektverordnung in erster Lesung dienen soll. Im Wesentlichen folgt der Rat dabei dem Vorschlag der Kommission, weicht aber bei einzelnen Punkten ab.

Der Entwurf der neuen Prospektverordnung sieht in Kapitel IV (Art. 19 ff.) Regeln über die Billigung und Veröffentlichung des Prospekts vor. Die bislang in Art. 14 Prospektrichtlinie und in Art. 6 bis 9 der Delegierten Verordnung (EU) 2016/301 (vormals Art. 29 bis 33 ProspektVO) enthaltenen Vorschriften über die **Veröffentlichung des Prospekts** sollen in **Art. 20 der neuen Prospektverordnung (ProspektVO-E)** zusammengefasst werden.

Neu ist insbesondere, dass Art. 20 des Entwurfs der Prospektverordnung nur noch die **Bereitstellung auf der Website** als **einzige verpflichtende Form der Veröffentlichung** des Prospekts vorsieht. Die Veröffentlichung in einer Zeitung und die sog. Schalterpublizität sollen gestrichen werden, da sie von der Kommission als veraltet angesehen werden[3]. Dies erscheint konsequent, da bereits durch die aufgrund der Änderungsrichtlinie 2010/73/EU erfolgte Ergänzung von Art. 14 Abs. 2 Prospektrichtlinie zwingend eine Veröffentlichung des Prospekts im Internet vorgesehen ist und allein durch eine der anderen Formen der Veröffentlichung wie der sog. Schalterpublizität die Veröffentlichungspflicht nicht mehr erfüllt werden kann (siehe oben Rz. 25). Eine Papierversion des elektronisch veröffentlichten Prospekts wird nach dem Entwurf der Prospektverordnung jedoch weiterhin auf Verlangen zur Verfügung zu stellen sein, wobei nach Vorschlag des Wirtschafts- und Währungsausschusses (ECON) des Europäischen Parlaments ein dauerhafter Datenträger ausreichen soll (siehe oben Rz. 45).

Gemäß Art. 20 Abs. 3 des Verordnungsentwurfs soll der Prospekt (einschließlich etwaiger Nachträge, endgültiger Bedingungen und nach der Fassung der Ratsposition vom Juni 2016 auch die Zusammenfassung als separates Dokument) in Zukunft

---

DE/1-2015-583-DE-F1-1.PDF oder unter http://data.consilium.europa.eu/doc/document/ST-14890-2015-INIT/de/pdf. Zum Stand des Verfahrens siehe http://eur-lex.europa.eu/procedure/EN/2015_268.

1 Der Vorschlag ist außerdem Teil des Programms der Kommission zur Vereinfachung von EU-Rechtsvorschriften und zur Erhöhung ihrer Effizienz und Leistungsfähigkeit (REFIT).
2 Rat, Position zum Vorschlag für neue Verordnung des Europäischen Parlaments und des Rates über den Prospekt, der beim öffentlichen Angebot von Wertpapieren oder bei der Zulassung zum Handel zu veröffentlichen ist, 3.6.2016, 2015/0268 (COD), 9801/16, abrufbar unter http://data.consilium.europa.eu/doc/document/ST-9801-2016-INIT/en/pdf (im Folgenden als „Position des Rates" oder als „Ratsposition" bezeichnet).
3 Siehe Begr. zu Art. 20 des Vorschlags der Kommission für eine neue Verordnung des Europäischen Parlaments und des Rates über den Prospekt, der beim öffentlichen Angebot von Wertpapieren oder bei der Zulassung zum Handel zu veröffentlichen ist, 30.11.2015, COM(2015) 583 final, 2015/0268 (COD), S. 20.

beim Aufrufen der Website in einer leicht zugänglichen **eigenen Rubrik** veröffentlicht werden (siehe auch Erwägungsgrund 55 des Verordnungsentwurfs). In dieser Rubrik sollen auch alle per Verweis einbezogenen Dokumente, Nachträge und endgültigen Bedingungen eingestellt werden. Nach dem Bericht des Ausschusses für Wirtschaft und Währung des Europäischen Parlaments (ECON) des Europäischen Parlaments vom 19.7.2016 zu dem Vorschlag für eine neue Prospektordnung soll in Art. 20 Abs. 3 ProspektVO-E in einem neuen Unterabsatz 3 vorgesehen werden, dass ein Daueremittent, der auf das in Art. 9 ProspektVO-E vorgesehene **einheitliche Registrierungsformular** (*universal registration document*) zurückgreift, dieses nicht nur durch einen Nachtrag, sondern auch mittels eines **dynamischen Verweises** auf die jeweils aktuelle Fassung des einheitliches Registrierungsformulars aktualisieren kann[1].

55 Hinsichtlich der Frage, was „**leicht zugänglich**" bedeutet, sollen die Grundsätze des sog. *Timmel*-Urteils des EuGH zur Unzulässigkeit bestimmter Schritte, die ein interessierter Anleger vor Kenntnisnahme von einem auf einer Website bereitgestellten Prospekt durchführen muss, erstmalig in eine gesetzliche Regelung aufgenommen werden (Art. 20 Abs. 4 des Entwurfs der neuen Prospektverordnung). Bislang ist das im *Timmel*-Urteil des EuGH ausgesprochene Verbot bestimmter Zugangsbeschränkungen (vorherige Registrierung des Anlegers, vorherige Akzeptierung einer Haftungsausschlussklausel und Entrichtung einer Gebühr für den Zugang zu Prospektdokumenten) lediglich in einem Erwägungsgrund der Delegierten Verordnung (EU) 2016/301 niedergelegt (siehe oben Rz. 29 ff.). Nach der Position des Rates zum Entwurf der neuen Prospektverordnung soll dabei in Art. 20 Abs. 4 ProspektVO-E durch einen weiteren Satz klargestellt werden, dass die in der Praxis üblichen Warnhinweise und Filter zulässig sind, in denen auf Beschränkungen des Kreises der Anleger, an die sich das Angebot richtet, hingewiesen wird und die vor Gewährung des Zugriffs auf den Prospekt von dem potentiellen Anleger Angaben dazu verlangen, in welchem Staat er ansässig ist bzw. dass er in einem bestimmten Staat nicht ansässig ist.

56 Ähnlich der bislang in Art. 14 Abs. 4a Prospektrichtlinie (in der Fassung der Omnibus I-Richtlinie 2010/78/EU) vorgesehenen Veröffentlichung einer Liste gebilligter Prospekte auf der Website der ESMA mit elektronischer Verknüpfung (Hyperlink) zu dem auf der Website der zuständigen Behörde veröffentlichten Prospekt sehen auch Art. 20 Abs. 5 und 6 ProspektVO-E vor, dass die gebilligten Prospekte (oder jedenfalls eine Liste mit Hyperlinks) auf der **Website der zuständigen Behörde** veröffentlicht werden und auch die **ESMA** die von der zuständige Behörde übermittelten Prospekte (einschließlich Prospektnachträge, endgültiger Bedingungen und et-

---

1 Ausschuss für Wirtschaft und Währung (ECON) des Europäischen Parlaments, Bericht über den Vorschlag für eine Verordnung des Europäischen Parlaments und des Rates über den Prospekt, der beim öffentlichen Angebot von Wertpapieren oder bei deren Zulassung zum Handel zu veröffentlichen ist, (COM(2015)0583 – C8-0375/2015 – 2015/0268(COD)) v. 19.7.2016, PE578.833v02-00, A08-0238/2016, S. 56, abrufbar unter http://www.europarl.europa.eu/oeil/popups/ficheprocedure.do?lang=en&reference=2015/0268(OLP)#key Players.

waiver Übersetzungen) **auf ihrer Website veröffentlicht.** ESMA soll eine **zentrale Datenbank** („centralised storage mechanism") für Prospekte zu Verfügung stellen, die einen kostenfreien Zugang ermöglicht und eine angemessene Suchfunktion bietet (siehe Erwägungsgrund 55 ProspektVO-E). Geplant ist also ein dem US-amerikanischen EDGAR-System vergleichbares Speichersystem auf europäischer Ebene als einheitliches Portal für alle in der EU gebilligten Wertpapierprospekte. Die Veröffentlichung des Prospekts durch ESMA auf ihrer Website muss dabei nach dem Entwurf der Kommission spätestens **bei Beginn des öffentlichen Angebots** bzw. **bei Zulassung der Wertpapiere zum Handel** erfolgen, also gleichzeitig mit oder nur unwesentlich später als die Veröffentlichung auf der Website des Emittenten oder Anbieters bzw. Zulassungsantragstellers. Dies würde voraussetzen, dass der Ablauf von Billigung des Prospekts, die Übermittlung der Billigungsfassung an die zuständige Behörde sowie die Veröffentlichung des Prospekts durch die zuständige Behörde, die Übermittlung des Prospekts an die ESMA gemäß Art. 20 Abs. 5 ProspektVO-E durch die ESMA effizient gehandhabt werden und die entsprechenden technischen Voraussetzungen gegeben sind. Nach der Position des Rates soll Art. 20 Abs. 6 ProspektVO-E jedoch vorsehen, dass ESMA die von den zuständigen Aufsichtsbehörden übermittelten Prospekte „so bald wie praktisch möglich" veröffentlicht, so dass die Veröffentlichung durch ESMA ggf. nicht zwingend bereits bei Beginn des öffentlichen Angebots bzw. bei Zulassung zum Handel erfolgen muss. In diesem Zusammenhang ist auch eine **Klassifizierung von Prospekten** geplant, für die die zuständige Behörde der ESMA entsprechende Metadaten (wie Art des Emittenten, Art des Wertpapiers, Art des Handelsplatzes, Art des Angebots, Art der Gegenleistung, Art der Emission: Primär- oder Sekundäremission etc.)[1] übermitteln muss (Art. 20 Abs. 5 Unterabs. 2 des Entwurfs der neuen Prospektverordnung). Basierend auf der Stellungnahme der EZB[2] zu dem Entwurf für eine neue Prospektverordnung hat der Wirtschafts- und Währungsausschuss (ECON) des Europäischen Parlaments in seinem Bericht vorgeschlagen, Art. 20 Abs. 6 ProspektVO-E durch einen Satz 2 im Hinblick auf maschinenlesbare Basisinformationen wie zB die Internationale Wertpapierkennnummer ISIN des betreffenden Wertpapiers sowie den Legal Entity Identifier Code (LEI) als Rechtsträgerkennung des Emittenten, Anbieter und Garantiegebers zu ergänzen, auch wenn Metadaten verwendet werden[3]. Diese Merkmale zur eindeutigen Identifizierbarkeit des Wertpapiers als auch des Emittenten sollen über die vorgeschlagene zentrale Datenbank suchbar sein.

---

1 Siehe Begr. zu Art. 20 des Vorschlags der Kommission für eine neue Verordnung des Europäischen Parlaments und des Rates über den Prospekt, der beim öffentlichen Angebot von Wertpapieren oder bei der Zulassung zum Handel zu veröffentlichen ist, 30.11.2015, COM(2015) 583 final, 2015/0268 (COD), S. 20.
2 EZB, Stellungnahme v. 17.3.2016, ABl. EU Nr. C 195 v. 2.6.2016, S. 2 f.
3 Ausschuss für Wirtschaft und Währung (ECON) des Europäischen Parlaments, Bericht über den Vorschlag für eine Verordnung des Europäischen Parlaments und des Rates über den Prospekt, der beim öffentlichen Angebot von Wertpapieren oder bei deren Zulassung zum Handel zu veröffentlichen ist, (COM(2015)0583 – C8-0375/2015 – 2015/0268(COD)) v. 19.7.2016, PE578.833v02-00, A08-0238/2016, S. 20, 57, abrufbar unter http://www.europarl.europa.eu/oeil/popups/ficheprocedure.do?lang=en&reference=2015/0268(OLP)#key Players.

57 Neu ist ferner eine erhebliche Ausdehnung der **Dauer der Bereitstellung des Prospekts**. So sieht der Vorschlag der Kommission vor, dass alle gebilligten Prospekte – unabhängig davon, ob diese für ein öffentliches Angebot oder eine Börsenzulassung erstellt wurden – nach ihrer Veröffentlichung mindestens **zehn Jahre** lang auf den betreffenden Websites öffentlich zugänglich sein müssen (Art. 20 Abs. 7 ProspektVO-E). Nach der Position des Rates soll der in Art. 20 Abs. 7 ProspektVO-E vorgesehene Bereitstellungszeitraum noch fünf Jahre betragen[1]. In beiden Fällen wird dies mit einer Vereinheitlichung der prospektrechtlichen Veröffentlichung mit der Dauer der öffentlichen Verfügbarkeit von Jahres- und Halbjahresfinanzberichten nach der Transparenzrichtlinie 2004/109/EG begründet (siehe Erwägungsgrund 55 ProspektVO-E), die im Zuge der Transparenzrichtlinie-Änderungsrichtlinie von fünf auf zehn Jahre verlängert wurde[2]. Dies gilt auch für das Zugänglichmachen des Prospekts auf den Websites der zuständigen Behörde und der ESMA.

58 Des Weiteren soll der Prospekt nach der Position des Rates gemäß Art. 20 Abs. 7a ProspektVO-E in Zukunft einen deutlich hervorgehobenen **Warnhinweis** enthalten, der angibt, **wann die Gültigkeit des Prospekts endet**[3]. Dieser Hinweis soll offenbar in den Prospekt selbst aufgenommen und nicht als Disclaimer dem Zugriff auf den veröffentlichten Prospekt vorgeschaltet werden. Damit würde es sich trotz der systematischen Stellung in Art. 20 Abs. 7a ProspektVO-E weniger um eine Regelung zur Veröffentlichung des Prospekts als vielmehr der Sache nach um eine Vorgabe für den Prospektinhalt handeln.

59 Art. 20 Abs. 11 und 12 des Entwurfs der neuen Prospektverordnung enthalten schließlich noch Ermächtigungen der ESMA, Entwürfe für **technische Regulierungsstandards** für die Veröffentlichung von Prospekten und die Übermittlung von Daten für die Klassifizierung von Prospekten zu erstellen, sowie Ermächtigungen der Kommission, entsprechende technische Regulierungsstandards zu erlassen.

---

1 Rat, Position zum Vorschlag für neue Verordnung des Europäischen Parlaments und des Rates über den Prospekt, der beim öffentlichen Angebot von Wertpapieren oder bei der Zulassung zum Handel zu veröffentlichen ist, 3.6.2016, COM(2015) 583 final, 2015/0268 (COD), 9801/16, S. 75 der englischen Fassung; kritisch hierzu *Schulz*, WM 2016, 1417. (1424), der die Notwendigkeit eines derartig langen Zeitraums der Bereithaltung durch den Emittenten bezweifelt.
2 Richtlinie 2013/50/EU des Europäischen Parlaments und des Rates v. 22.10.2013 zur Änderung der Richtlinie 2004/109/EG des Europäischen Parlaments und des Rates zur Harmonisierung der Transparenzanforderungen in Bezug auf Informationen über Emittenten, deren Wertpapiere zum Handel auf einem geregelten Markt zugelassen sind, der Richtlinie 2003/71/EG des Europäischen Parlaments und des Rates betreffend den Prospekt, der beim öffentlichen Angebot von Wertpapieren oder bei deren Zulassung zum Handel zu veröffentlichen ist, sowie der Richtlinie 2007/14/EG der Kommission mit Durchführungsbestimmungen zu bestimmten Vorschriften der Richtlinie 2004/109/EG, ABl. EU Nr. L 294 v. 6.11.2013, S. 13.
3 Rat, Position zum Vorschlag für neue Verordnung des Europäischen Parlaments und des Rates über den Prospekt, der beim öffentlichen Angebot von Wertpapieren oder bei der Zulassung zum Handel zu veröffentlichen ist, 3.6.2016, COM(2015) 583 final, 2015/0268 (COD), 9801/16, S. 75 der englischen Fassung.

Ein **Verstoß gegen die Veröffentlichungspflichten** gemäß Art. 20 Abs. 1–4 und 7–10 ProspektVO-E soll nach Art. 36 Abs. 1 lit. a ProspektVO-E die Mitgliedstaaten verpflichten, im Einklang mit nationalem Recht die jeweils zuständigen Behörden mit der Befugnis auszustatten, bei einem Verstoß **geeignete Verwaltungsmaßnahmen** vorzunehmen sowie **verwaltungsrechtliche Sanktionen** zu verhängen. Anders als nach der bisherigen Regelung in § 35 Abs. 3 WpPG, wonach der Höchstbetrag eines Bußgeldes 500.000 Euro betragen kann, ist in Art. 36 Abs. 2 lit. d ProspektVO-E im Fall von juristischen Personen eine deutliche Erhöhung des Bußgeldrahmens vorgesehen, wobei die Mitgliedstaaten einen Höchstbetrag von mindestens 5 Mio. Euro oder 3% des Umsatzes gerechnet auf der Grundlage des letzten verfügbaren und gebilligten Jahresabschlusses festsetzen müssen. Im Fall einer natürlichen Person muss der Höchstbetrag für Bußgelder mindestens 700.000 Euro betragen (§ 36 Abs. 2 lit. e ProspektVO-E). Wie auch schon in anderen europäischen Rechtsakten im Kapitalmarktrecht aus jüngerer Zeit (siehe Art. 28b Abs. 1 lit. a Transparenzrichtlinie und Art. 34 Abs. 1 Unterabs. 1 Marktmissbrauchsverordnung [MAR], umgesetzt in deutsches Recht durch §§ 40b–40d WpHG) ist auch in dem Entwurf für eine neue Prospektverordnung das sog. *naming and shaming* von Maßnahmen und Sanktionen vorgesehen, wonach die zuständigen Behörden – auch vor Bestandskraft einer Maßnahme – Verstöße auf ihrer Website bekanntmachen sollen (Art. 40 iVm. Art. 36 Abs. 2 lit. a ProspektVO-E).

60

§ 15
Werbung

(1) Jede Art von Werbung, die sich auf ein öffentliches Angebot von Wertpapieren oder auf eine Zulassung zum Handel an einem organisierten Markt bezieht, muss nach Maßgabe der Absätze 2 bis 5 erfolgen. Die Absätze 2 bis 4 sind nur anzuwenden, wenn das öffentliche Angebot von Wertpapieren oder die Zulassung von Wertpapieren zum Handel an einem organisierten Markt prospektpflichtig ist.

(2) In allen Werbeanzeigen ist darauf hinzuweisen, dass ein Prospekt veröffentlicht wurde oder zur Veröffentlichung ansteht und wo die Anleger ihn erhalten können.

(3) Werbeanzeigen müssen als solche klar erkennbar sein. Die darin enthaltenen Angaben dürfen nicht unrichtig oder irreführend sein. Die Angaben dürfen darüber hinaus nicht im Widerspruch zu den Angaben stehen, die der Prospekt enthält oder die im Prospekt enthalten sein müssen, falls dieser erst zu einem späteren Zeitpunkt veröffentlicht wird.

(4) Alle über das öffentliche Angebot oder die Zulassung zum Handel an einem organisierten Markt verbreiteten Informationen, auch wenn sie nicht zu Werbe-

zwecken dienen, müssen mit den im Prospekt enthaltenen Angaben übereinstimmen.

(5) Besteht nach diesem Gesetz keine Prospektpflicht, muss der Anbieter wesentliche Informationen über den Emittenten oder über ihn selbst, die sich an qualifizierte Anleger oder besondere Anlegergruppen richten, einschließlich Informationen, die im Verlauf von Veranstaltungen betreffend Angebote von Wertpapieren mitgeteilt werden, allen qualifizierten Anlegern oder allen besonderen Anlegergruppen, an die sich das Angebot ausschließlich richtet, mitteilen. Muss ein Prospekt veröffentlicht werden, sind solche Informationen in den Prospekt oder in einen Nachtrag zum Prospekt gemäß § 16 Abs. 1 aufzunehmen.

(6) Hat die Bundesanstalt Anhaltspunkte für einen Verstoß gegen die Absätze 2 bis 5, kann sie anordnen, dass die Werbung für jeweils höchstens zehn aufeinander folgende Tage auszusetzen ist. Die Bundesanstalt kann die Werbung mit Angaben untersagen, die geeignet sind, über den Umfang der Prüfung nach § 13 oder § 16 irrezuführen. Vor allgemeinen Maßnahmen nach Satz 2 sind die Spitzenverbände der betroffenen Wirtschaftskreise und des Verbraucherschutzes zu hören.

In der Fassung vom 22.6.2005 (BGBl. I 2005, S. 1698).

Schrifttum: *Achleitner/Bassen*, Investor Relations am Neuen Markt, 2001; *Apfelbacher/Metzner*, Das Wertpapierprospektgesetz in der Praxis – Eine erste Bestandsaufnahme, BKR 2006, 81, *Baums/Hutter*, Die Information des Kapitalmarkts beim Börsengang (IPO), in FS Ulmer, 2003, S. 778; *Crüwell*, Die europäische Prospektrichtlinie, AG 2003, 243; *Grundmann/Schwintowski/Singer/Weber*, Anleger- und Funktionsschutz durch Kapitalmarktrecht, 2005; *Lawall/Maier*, Änderungen im Wertpapierprospektgesetz, DB 2012, 2443 (Teil 1), DB 2012, 2503 (Teil 2); *Schlitt/Singhof/Schäfer*, Aktuelle Rechtsfragen und neue Entwicklungen im Zusammenhang mit Börsengängen, BKR 2005, 251; *Schlitt/Smith/Werlen*, Die Going-Public-Grundsätze der Deutsche Börse AG, AG 2002, 478; *Weber*, Unterwegs zu einer europäischen Prospektkultur, NZG 2004, 360.

I. Normentwicklung und Bedeutung	**V. Informationelle Gleichbehandlung** (§ 15 Abs. 5 WpPG)
1. Europäischer Regelungsrahmen .. 1	1. Regelungszweck 23
2. Normbedeutung............ 4	2. Tatbestand und Rechtsfolge 28
II. Begriff der Werbung (§ 15 Abs. 1 Satz 1 WpPG) 9	**VI. Einzelne Vermarktungsmaßnahmen** 34
III. Regelungssystematik (§ 15 Abs. 1 Satz 2 WpPG) 13	**VII. Befugnisse der Bundesanstalt** (§ 15 Abs. 6 WpPG) 38
IV. Anforderungen bei Prospektpflichtigkeit (§ 15 Abs. 2–4 WpPG)	1. Aussetzung der Werbung (§ 15 Abs. 6 Satz 1 WpPG) 40
1. Hinweispflicht 15	2. Untersagung der Werbung (§ 15 Abs. 6 Sätze 2 und 3 WpPG) 41
2. Konsistenzgebot 19	3. Zuständigkeit und grenzüberschreitende Sachverhalte 43

I. Normentwicklung und Bedeutung

1. Europäischer Regelungsrahmen

§ 15 WpPG setzt **Art. 15 Abs. 1 bis 5 Prospektrichtlinie sowie Art. 15 Abs. 6 iVm. Art. 21 Abs. 3 lit. e Prospektrichtlinie** ins deutsche Recht um[1]. Hintergrund der europäischen Regelung war das Bestreben um eine Vereinheitlichung der unterschiedlichen nationalen Konzepte zur Regelung von Werbung[2]. 1

Die geplante **Reform des Prospektrechts** (vgl. dazu allgemein Einl. WpPG Rz. 23 ff., § 4 WpPG Rz. 2) dürfte die Regelungen über Werbung weitestgehend unberührt lassen. Ergänzt wird insbesondere die Befugnis der nationalen Behörden, entsprechende Kontrollmaßnahmen zu ergreifen (Art. 21 Abs. 5 ProspektVO-E). Die ESMA soll zudem Richtlinien hinsichtlich der Kontrollmaßnahmen erarbeiten (Art. 21 Abs. 7 ProspektVO-E). Die bisher in Art. 2 Nr. 9 ProspektVO enthaltene Definition von Werbung findet sich künftig fast inhaltsgleich in Art. 2 Abs. 1 lit. k ProspektVO-E. 2

Regelungen anderer einschlägiger Gesetze wie insbesondere das UWG, bleiben von der Regelung unberührt[3]. 3

2. Normbedeutung

Der **Normtitel** „Werbung" deckt den Regelungsgehalt des § 15 WpPG nicht vollständig ab. Die Vorschrift befasst sich nicht nur mit der Verbreitung von Werbung, sondern auch der Verbreitung von Informationen (dazu Rz. 11)[4]. 4

§ 15 WpPG regelt erstmals gesetzlich das Verhältnis von Informationen innerhalb und außerhalb des Prospekts. Zuvor bestand lediglich eine rechtlich unverbindliche Regelung in Ziffer 5 der **Going-Public-Grundsätze** der Deutschen Börse AG (Fassung v. 1.8.2004)[5]. Die **Zulässigkeit von Finanzkommunikation** wurde insbesondere an den **Regelungen des Insiderrechts** (§§ 13 ff. WpHG) gemessen[6], die nunmehr durch die **Vorgaben des § 15 WpPG** ergänzt werden. Zentrale Bedeutung hat das allgemeine Konsistenzgebot des § 15 Abs. 4 WpPG, an dem sämtliche Kom- 5

---

1 Zur Prospektrichtlinie vgl. *Crüwell*, AG 2003, 243 (251); *Weber*, NZG 2004, 360 (365). Zu den Änderungen im WpPG durch die Umsetzung der Änderungsrichtlinie 2010/73/EU vgl. *Lawall/Maier*, DB 2012, 2443 und DB 2012, 2503.
2 Vgl. CESR, CESR's Advice on Level 2 Implementing Measures for the Prospectus Directive, CESR/03-399, Ziffer 61; *Groß*, Kapitalmarktrecht, § 15 WpPG Rz. 1 Fn. 5.
3 *Berrar* in FrankfurtKomm. WpPG, § 15 WpPG Rz. 7; *Voß* in Just/Voß/Ritz/Zeising, § 15 WpPG Rz. 7.
4 So auch *Berrar* in FrankfurtKomm. WpPG, § 15 WpPG Rz. 4; *Voß* in Just/Voß/Ritz/Zeising, § 15 WpPG Rz. 4; *Grosjean* in Heidel, Aktienrecht und Kapitalmarktrecht, § 15 WpPG Rz. 1.
5 Zu den Going-Public-Grundsätzen *Schlitt/Smith/Werlen*, AG 2002, 478.
6 Dazu *Schäfer/Ernst* in Habersack/Mülbert/Schlitt, Handbuch der Kapitalmarktinformation, § 7 Rz. 45 f. zu den insiderrechtlichen Aspekten auch *Klawitter/Schlitt* in Habersack/Mülbert/Schlitt, Unternehmensfinanzierung am Kapitalmarkt, § 38 Rz. 1 ff.

munikation und Information im zeitlichen und sachlichen Zusammenhang mit einer Prospektveröffentlichung zu messen sind (dazu Rz. 18 ff.).

6 Ähnlich wie die Regelung in den Going-Public-Grundsätzen greift die Regelung des § 15 WpPG **zeitlich** schon im Vorfeld der Veröffentlichung eines Wertpapierprospekts ein (vgl. § 15 Abs. 2 WpPG „[…] zur Veröffentlichung ansteht" und § 15 Abs. 3 Satz 3 WpPG „[…] die im Prospekt enthalten sein müssen, falls dieser erst zu einem späteren Zeitpunkt veröffentlicht wird")[1].

7 Über diese Anforderungen hinaus gilt es zu beachten, dass Kommunikationsmaßnahmen im Vorfeld einer Kapitalmarkttransaktion **nicht** die Qualität eines **öffentlichen Angebotes** haben dürfen[2]. Insbesondere darf die Ansprache der Öffentlichkeit nicht so ausgestaltet sein, dass eine konkrete Zeichnungsmöglichkeit besteht[3], bevor ein Wertpapierprospekt veröffentlicht wurde.

8 Vor diesem Hintergrund entspricht es einer verbreiteten Praxis, dass bei Kapitalmarkttransaktionen vom Emittenten und seinen anwaltlichen Beratern **Publizitätsrichtlinien** (*publicity guidelines*) erstellt und an die übrigen Beteiligten, insbesondere die Konsortialbanken und involvierten Altaktionäre, verteilt werden[4]. Diese Richtlinien enthalten detaillierte Regelungen für die Abstimmung über und die Durchführung von Kommunikationsmaßnahmen vor, während und nach Abschluss der Transaktion. Die Publizitätsrichtlinien erfassen dabei jedwede Kommunikation (Roadshows, Pressegespräche, Homepage etc.) und decken in zeitlicher Hinsicht die Phase vom Beginn der Transaktion bis zu idR 40 Tage nach Abschluss der Platzierung (*restricted period*) ab[5].

II. Begriff der Werbung (§ 15 Abs. 1 Satz 1 WpPG)

9 Der Begriff der **Werbung** ist in Art. 2 Nr. 9 ProspektVO legaldefiniert. Danach umfasst der Begriff der Werbung alle Bekanntmachungen, die sich auf ein bestimmtes öffentliches Angebot von Wertpapieren oder deren Zulassung zum Handel auf einem geregelten Markt beziehen und das Ziel haben, den Verkauf der Wertpapiere

---

1 *Berrar* in FrankfurtKomm. WpPG, § 15 WpPG Rz. 13; *Grosjean* in Heidel, Aktienrecht und Kapitalmarktrecht, § 15 WpPG Rz. 1; *Voß* in Just/Voß/Ritz/Zeising, § 15 WpPG Rz. 4.
2 *Schäfer/Ernst* in Habersack/Mülbert/Schlitt, Handbuch der Kapitalmarktinformation, § 7 Rz. 13; *Schanz*, Börseneinführung, § 10 Rz. 56 f.
3 Nach deutschem Recht stellen Werbemaßnahmen und sonstige Informationen, in denen auf die Möglichkeit zum Erwerb von Wertpapieren hingewiesen wird, kein öffentliches Angebot dar, soweit damit noch nicht die Möglichkeit zum Kauf verbunden ist; *Singhof/Weber* in Habersack/Mülbert/Schlitt, Unternehmensfinanzierung am Kapitalmarkt, § 4 Rz. 46.
4 *Singhof/Weber* in Habersack/Mülbert/Schlitt, Unternehmensfinanzierung am Kapitalmarkt, § 4 Rz. 45.
5 Ausführlich zu Publicity Guidelines *Schäfer/Ernst* in Habersack/Mülbert/Schlitt, Handbuch der Kapitalmarktinformation, § 7 Rz. 12 ff.

zu fördern[1]. Hierunter fallen nach Art. 34 aF[2] ProspektVO ua. Anzeigen in der Presse, Fernsehspots, Präsentationen, Broschüren und Werbebanner im Internet.

Der Begriff der **Werbeanzeige** in § 15 Abs. 2 und 3 WpPG (und in Art. 15 Abs. 2 und 3 Prospektrichtlinie) ist gleichbedeutend mit dem Begriff der Werbung zu sehen. Dies ergibt sich aus der englischen Fassung der Richtlinie, in der einheitlich vom Begriff „advertisement" die Rede ist[3]. 10

Der Begriff der **Information**, wie er in § 15 Abs. 4 und 5 WpPG verwendet wird, ist als Oberbegriff zum Begriff der Werbung zu verstehen. Damit ist es ohne Belang, ob die Information mit der Intention veröffentlicht wurde, den Absatz der Wertpapiere zu fördern[4]. Richtigerweise ist der Begriff jedoch dahingehend einschränkend auszulegen, dass er lediglich Informationen, die vom Emittenten oder Anbieter ausgehen bzw. veranlasst sind, erfasst. Äußerungen unbeteiligter Dritter unterliegen hingegen nicht den Beschränkungen nach § 15 Abs. 4 und 5 WpPG[5]. 11

Am 30.11.2015 hat die Europäische Kommission eine **Delegierte Verordnung** zur Ergänzung der derzeit noch geltenden Prospektrichtlinie durch technische Regulierungsstandards bezüglich der Prospektbilligung, Prospektveröffentlichung und Verbreitung von Werbung sowie zur Änderung der Prospektverordnung erlassen[6]. Die- 12

---

1 Zu den einzelnen Vermarktungsmaßnahmen siehe auch *Schäfer/Ernst* in Habersack/Mülbert/Schlitt, Handbuch der Kapitalmarktinformation, § 8 Rz. 17 ff. Zum Marketing allgemein siehe *Schäcker/Kunze/Wohlgefahrt* in Habersack/Mülbert/Schlitt, Unternehmensfinanzierung am Kapitalmarkt, § 3 Rz. 38 ff.
2 Art. 34 ProspektVO wurde durch Art. 13 der Delegierten Verordnung (EU) 2016/301 der Kommission vom 30.11.2015 zur Ergänzung der Richtlinie 2003/71/EG des Europäischen Parlaments und des Rates durch technische Regulierungsstandards für die Billigung und Veröffentlichung des Prospekts und die Verbreitung von Werbung und zur Änderung der Verordnung (EG) Nr. 809/2004 der Kommission, ABl. Nr. L 58/13 (vgl. dazu unten Rz. 12) aufgehoben. Dies dürfte jedoch keine Auswirkungen auf das Verständnis des Begriffs der Werbung haben.
3 So auch *Voß* in Just/Voß/Ritz/Zeising, § 15 WpPG Rz. 18; *Wiegel*, Die Prospektrichtlinie und Prospektverordnung, S. 351; (mittelbar) *Singhof/Weber* in Habersack/Mülbert/Schlitt, Unternehmensfinanzierung am Kapitalmarkt, § 4 Rz. 46; aA *Heidelbach/Preuße*, BKR 2006, 316 (322) unter Berufung auf die unterschiedliche Verwendung des Begriffs „advertisement" in Art. 15 Prospektrichtlinie („any type of advertisement" in Art. 15 Abs. 1 und 4, „advertisements" in Art. 15 Abs. 2 und 3). Eine Unterscheidung zwischen (ohnehin schwer abzugrenzen) Werbeanzeigen und anderen Formen der Werbung ist jedoch im Hinblick auf das gleiche Schutzbedürfnis der Anleger nicht sachgerecht.
4 Zur Zielsetzung der Information siehe auch *Wiegel*, Die Prospektrichtlinie und Prospektverordnung, S. 352, 355; eine Vermutung, dass jede gesetzlich vorgeschriebene Äußerung im Zusammenhang mit der Emission Werbung beinhaltet, erscheint jedoch zu weitgehend.
5 *Wiegel*, Die Prospektrichtlinie und Prospektverordnung, S. 355.
6 Delegierte Verordnung (EU) 2016/301 der Kommission vom 30.11.2015 zur Ergänzung der Richtlinie 2003/71/EG des Europäischen Parlaments und des Rates durch technische Regulierungsstandards für die Billigung und Veröffentlichung des Prospekts und die Verbreitung von Werbung und zur Änderung der Verordnung (EG) Nr. 809/2004 der Kommission, ABl. Nr. L 58/13.

se ist am 24.4.2016 in Kraft getreten und wird so lange gelten, bis die im Zuge der Prospektreform neu geschaffene ProspektVO[1] Anwendung findet[2].

Nach der Delegierten Verordnung muss für den Fall, dass der Emittent einen **Nachtrag** zum Prospekt veröffentlichen muss und durch den nachtragspflichtigen Umstand eine zuvor neben dem Prospekt verbreitete Werbung unrichtig oder irreführend wird, eine **geänderte Werbung** unter Verweis auf die vorhergehende (nunmehr unrichtige oder irreführende) Werbung verbreitet werden (Art. 11 Abs. 1 und 2 der Delegierten Verordnung). Der Verweis auf die vorhergehende Werbung muss den **Hinweis** enthalten, dass diese geändert wurde, weil sie unrichtige oder irreführende Angaben enthielt. Überdies muss auf die Unterschiede zwischen den beiden Werbeversionen hingewiesen werden (Art. 11 Abs. 2 der Delegierten Verordnung). Die geänderte Werbung muss unverzüglich nach der Veröffentlichung des Nachtrags auf demselben Wege wie die ursprüngliche Werbung[3] verbreitet werden (Art. 11 Abs. 3 der Delegierten Verordnung). Die Pflicht zur Verbreitung der geänderten Werbung gilt nur bis zum Schluss des öffentlichen Angebots bzw. bis zur Eröffnung des Handels an einem geregelten Markt, je nachdem, welches Ereignis später eintritt (Art. 11 Abs. 4 der Delegierten Verordnung). Durch diese Regelung wurde im Ergebnis die Veröffentlichung von Werbung an die Nachtragsvorschrift in Art. 16 Prospektrichtlinie bzw. § 16 WpPG angepasst.

Weiterhin legt die Delegierte Verordnung für den Fall, dass keine Prospektpflicht besteht, fest, dass jede Werbung einen entsprechenden **Warnhinweis** enthalten muss, es sei denn der Emittent, der Anbieter oder die die Zulassung zum Handel an einem geregelten Markt beantragende Person entscheidend sich dafür, freiwillig einen Wertpapierprosekt zu erstellen (Art. 11 Abs. 4 der Delegierten Verordnung).

Schließlich wurden durch die Delegierte Verordnung die Art. 29–34 der ProspektVO, die die Veröffentlichung und Verbreitung von Werbung regelten, ersatzlos gestrichen (Art. 13 der Delegierten Verordnung).

III. Regelungssystematik (§ 15 Abs. 1 Satz 2 WpPG)

13   Die Systematik des § 15 WpPG ist unübersichtlich. § 15 Abs. 1 Satz 2 WpPG **differenziert** hinsichtlich der Vorgaben zur Finanzkommunikation nach der **Prospektpflichtigkeit** einer Platzierung bzw. Zulassung von Wertpapieren. Nur im Falle, dass ein Prospekt zu veröffentlichen ist, gelten § 15 Abs. 2–4 WpPG. Richtigerweise sind sie auch im Falle eines Opt-in nach § 1 Abs. 3 WpPG anwendbar, da auch in diesem Fall ein Prospekt zu veröffentlichen ist[4]. Hingegen enthält § 15 Abs. 5 WpPG den

---

1 Siehe zur geplanten Prospektreform bereits unter § 4 WpPG Rz. 2 sowie oben Rz. 2. Der Entwurf einer neuen Prospektverordnung sieht vor, dass zukünftig die Europäische Kommission technische Regulierungsstandards zu Verbreitung von Werbung auf Grundlage von Vorschlägen der ESMA erlässt, vgl. Art. 21 Abs. 6 ProspektVO-E.
2 Begründung des Entwurfs zur Delegierten Verordnung C(2015) 8379, abrufbar unter http://ec.europa.eu/finance/securities/docs/prospectus/151130-delegated-regulation_de.pdf.
3 Es sei denn, sie wurde mündlich verbreitet.
4 So auch *Rauch* in Holzborn, § 15 WpPG Rz. 7.

allgemein geltenden Grundsatz der informationellen Gleichbehandlung, der sowohl ohne Prospektpflicht (§ 15 Abs. 5 Satz 1 WpPG) als auch bei Prospektpflicht (über die Verweisung in § 15 Abs. 5 Satz 2 WpPG)[1] gilt.

Daneben **differenziert § 15 WpPG nach dem Werbezweck**: Nur bei einer Zielgerichtetheit einer Information auf die Förderung des Absatzes von Wertpapieren handelt es sich um Werbung mit der Folge der Anwendbarkeit der § 15 Abs. 2 und 3 WpPG. Unabhängig von der Verfolgung eines Werbezwecks gelten für alle Informationen die § 15 Abs. 4 und 5 WpPG.

IV. Anforderungen bei Prospektpflichtigkeit (§ 15 Abs. 2–4 WpPG)

1. Hinweispflicht

Gemäß **§ 15 Abs. 2 WpPG** ist in jeder Werbung darauf hinzuweisen, dass ein Prospekt veröffentlicht wurde oder zur Veröffentlichung ansteht und wo die Anleger ihn erhalten können[2].

Eine ähnliche Regelung enthielt § 12 VerkProspG aF. Sowohl nach dieser **Vorgängerregelung** als auch nach § 15 Abs. 2 WpPG wird die Hinweispflicht durch jede Veröffentlichung einer Werbung ausgelöst[3]. Da der Begriff der Werbung sehr weit zu verstehen ist, fällt hierunter nach hM auch eine (freiwillig erstellte) Übersetzung des Prospekts in Form eines International Offering Circular, so dass auch in diesem ein Hinweis auf die Erhältlichkeit des deutschsprachigen Prospekts enthalten sein sollte[4]. Anders als nach der Vorgängerregelung des § 12 VerkProspG aF besteht jedoch nunmehr kein Anlass zur Diskussion, ob nur Veröffentlichungen in Textform von der Hinweispflicht erfasst sein sollen, da eine Unterscheidung zwischen den Begriffen der Werbung und Werbeanzeige nach richtiger Auffassung nicht besteht und die (von der Hinweispflicht erfassten) Veröffentlichungsformen für Werbung europarechtlich in Art. 34 aF[5] ProspektVO vorgegeben sind (siehe auch Rz. 9).

---

1 AA wohl *Voß* in Just/Voß/Ritz/Zeising, § 15 WpPG Rz. 54.
2 *Apfelbacher/Metzner*, BKR 2006, 81 (89).
3 *Singhof/Weber* in Habersack/Mülbert/Schlitt, Unternehmensfinanzierung am Kapitalmarkt, § 4 Rz. 46 Fn. 7.
4 *Singhof/Weber* in Habersack/Mülbert/Schlitt, Unternehmensfinanzierung am Kapitalmarkt, § 4 Rz. 46; *Schäfer/Ernst* in Habersack/Mülbert/Schlitt, Handbuch der Kapitalmarktinformation, § 7 Rz. 6 Fn. 5. Dies stellt regelmäßig kein Problem dar, da der übersetzte deutsche Prospekt bereits einen entsprechenden Hinweis enthält.
5 Art. 34 ProspektVO wurde durch Art. 13 der Delegierten Verordnung (EU) 2016/301 der Kommission vom 30.11.2015 zur Ergänzung der Richtlinie 2003/71/EG des Europäischen Parlaments und des Rates durch technische Regulierungsstandards für die Billigung und Veröffentlichung des Prospekts und die Verbreitung von Werbung und zur Änderung der Verordnung (EG) Nr. 809/2004 der Kommission, ABl. Nr. L 58/13 (vgl. dazu bereits oben Rz. 12) aufgehoben. Dies dürfte jedoch keine Auswirkungen auf das Verständnis des Begriffs der Werbung haben.

17 Die **Hinweispflicht** bezieht sich zum einen auf die (bereits erfolgte oder noch anstehende) Prospektveröffentlichung (**„ob"**) und zum anderen auf die Möglichkeit, einen Prospekt zu erhalten (Bezugsmöglichkeit, **„wo"**). Die Möglichkeit, den Prospekt über das Internet zu erhalten (*download*) genügt hierbei den Anforderungen nicht, da den Anlegern auf Verlangen eine Papierversion[1] zur Verfügung zu stellen ist (§ 14 Abs. 5 WpPG). Daher bedarf es regelmäßig der Angabe einer Postanschrift oder Faxnummer, unter der der Prospekt in Papierform angefordert werden kann.

18 **§ 15 Abs. 3 Satz 1 WpPG** schreibt zudem vor, dass der werbende Charakter der Veröffentlichung klar erkennbar sein muss. Dies kann etwa durch einen Aufdruck „Werbung" oder einen angefügten so genannten Disclaimer erfolgen, der betont, dass es sich bei der Veröffentlichung nicht um einen Prospekt handelt und der zudem den Hinweis auf den Prospekt nach § 15 Abs. 2 WpPG enthält. Zwingend erforderlich ist dies jedoch nicht, ausreichend für Zwecke der klaren Erkennbarkeit des werbenden Charakters ist regelmäßig bereits die klare Abgrenzung der Anzeige vom redaktionellen Teil eines Mediums[2].

2. Konsistenzgebot

19 Praktisch zentrale Bedeutung hat das Konsistenzgebot des **§ 15 Abs. 3 Satz 3 und Abs. 4 WpPG**. § 15 Abs. 4 WpPG stellt den allgemeinen Grundsatz für Informationen über das öffentliche Angebot oder die Zulassung zum Handel auf, der aufgrund der Verwendung des Oberbegriffs „Information" auch Werbung umfasst[3]. Es ist kein unterschiedlicher Maßstab für Werbung und sonstige Informationen zu Grunde zu legen, auch wenn es geringe Abweichungen in der deutschen Fassung des § 15 Abs. 3 Satz 3 WpPG („nicht im Widerspruch [...] stehen") und des § 15 Abs. 4 WpPG („übereinstimmen") gibt. Wie sich aus der englischen Fassung, die in beiden Sätzen die Wendung „shall be consistent with" enthält, ergibt, ist in beiden Fällen gleichermaßen die **Widerspruchsfreiheit** gemeint[4]. Es handelt sich mithin um ein **Konsistenz-, kein Kongruenzgebot**. § 15 Abs. 3 Satz 3 WpPG wäre daher entbehrlich und hat keinen zusätzlichen Anwendungsbereich[5].

---

1 Sofern der Prospekt von einem Drucker gebunden und gedruckt wurde, erfüllt die Übersendung eines Exemplars der Druckfassung die Anforderung einer Zurverfügungstellung in Papierform ebenso wie ein reiner Ausdruck des gebilligten Prospekts auf Papier in ungebundener Fassung.
2 *Wiegel*, Die Prospektrichtlinie und Prospektverordnung, S. 353.
3 *Apfelbacher/Metzner*, BKR 2006, 81 (89).
4 Das Wort „übereinstimmen" kann bereits denklogisch nur in dem Sinne verstanden werden, dass eine sonstige Information mit den im Prospekt enthaltenen Angaben zum gleichen Thema nicht in Widerspruch stehen darf, schon aus Platzgründen nicht aber alle im Prospekt enthaltenen Informationen im Sinne einer 1:1-Wiedergabe enthalten kann.
5 Zum Konsistenzgebot siehe auch *Schanz*, Börseneinführung, § 10 Rz. 45 Fn. 85; *Schlitt/Singhof/Schäfer*, BKR 2005, 251 (257 Fn. 90); *Grosjean* in Heidel, Aktienrecht und Kapitalmarktrecht, § 15 Rz. 6 Fn. 12; *Schäfer/Ernst* in Habersack/Mülbert/Schlitt, Handbuch der Kapitalmarktinformation, § 7 Rz. 7 Fn. 7; *Baums/Hutter* in FS Ulmer, 2003, S. 779 (792 f.); aA wohl *Wiegel*, Die Prospektrichtlinie und Prospektverordnung, S. 353.

Zeitlich greift das Konsistenzgebot bereits im Vorfeld der Veröffentlichung eines Wertpapierprospekts (§ 15 Abs. 2 WpPG: „[…] zur Veröffentlichung ansteht", § 15 Abs. 3 Satz 3 WpPG: „[…] die im Prospekt enthalten sein müssen, falls dieser erst zu einem späteren Zeitpunkt veröffentlicht wird"). Aus dem Umstand, dass **§ 15 Abs. 4 WpPG** keine ausdrückliche Formulierung hinsichtlich eines erst künftig zu veröffentlichenden Prospekts enthält, lassen sich mE keine Rückschlüsse dahingehend ziehen, dass das Konsistenzgebot nur bezüglich *Werbung* im Vorfeld einer Prospektveröffentlichung gilt. Vielmehr gilt es auch für alle sonstigen Informationen. Denn in beiden Fällen geht es darum, eine Irreführung des Publikums durch die Veröffentlichung widersprüchlicher Angaben zu vermeiden, so dass sowohl hinsichtlich Werbung als auch sonstiger Informationen das gleiche Schutzinteresse greift.

Anders als die Going-Public-Grundsätze[1] sieht § 15 WpPG **keine zeitliche Beschränkung** oder **Quiet Period**[2] vor, sondern schließt die Weitergabe wesentlicher Informationen, die nicht auch im Prospekt enthalten sind, unabhängig von einer bestimmten Frist aus (siehe oben Rz. 6). Dies kann freilich nicht bedeuten, dass jede Information, die im Vorfeld einer Kapitalmarkttransaktion einem Dritten, etwa einem Gesellschafter, zur Verfügung gestellt wurde, vom Konsistenzgebot erfasst wäre. Erforderlich ist vielmehr ein zeitlicher und sachlicher Zusammenhang und dass die Information wesentlich und noch aktuell ist. Allerdings dürfte es angesichts des Schutzgedankens des Konsistenzgebots im Regelfall zu kurz greifen, den zeitlichen Anwendungsbereich erst mit Beginn des öffentlichen Angebots oder seiner Ankündigung zu eröffnen, wie teilweise im Schrifttum vertreten[3].

Da der Prospekt keine irreführenden oder unrichtigen Angaben enthalten darf (siehe § 5 WpPG Rz. 11), ergibt sich bereits aus dem Konsistenzgebot ohnehin, dass Werbung keine irreführenden oder unrichtigen Angaben enthalten darf. Die entsprechende inhaltliche Vorgabe des **§ 15 Abs. 3 Satz 2 WpPG**, der ausdrücklich vorschreibt, dass Werbung keine irreführenden oder unrichtigen Angaben enthalten darf, ist daher weitgehend deklaratorisch. Ein Anwendungsfall liegt nach Auffassung der BaFin vor, wenn die Werbung den Eindruck erweckt, dass die BaFin nicht nur den Prospekt, sondern auch den Vertrieb der Wertpapiere gebilligt hat oder gar von einem „von der BaFin gebilligten Produkt" gesprochen wird[4].

---

1 Nach Ziffer 5 der Going-Public-Grundsätze durften Emittenten ab spätestens vier Wochen vor dem öffentlichen Angebot bis spätestens 30 Kalendertage nach Notierungsaufnahme keine Informationen über ihr Geschäft oder ihre Finanz- und Ertragslage zur Verfügung stellen, die wesentlich und nicht im Prospekt enthalten sind.
2 Siehe hierzu *Schäfer/Ernst* in Habersack/Mülbert/Schlitt, Handbuch der Kapitalmarktinformation, § 7 Rz. 11; *Schlitt/Smith/Werlen*, AG 2002, 478; *Grosjean* in Heidel, Aktienrecht und Kapitalmarktrecht, § 15 WpPG Rz. 12.
3 *Groß*, Kapitalmarktrecht, § 15 WpPG Rz. 1b.
4 Siehe auch LG Hamburg v. 27.4.2007 – 406 O 24/07, WM 2007, 1738; dazu auch *Schäfer/Ernst* in Habersack/Mülbert/Schlitt, Handbuch der Kapitalmarktinformation, § 7 Rz. 6 Fn. 6.

V. Informationelle Gleichbehandlung (§ 15 Abs. 5 WpPG)

1. Regelungszweck

23 § 15 Abs. 5 WpPG soll sicherstellen, dass im Falle eines Angebots, unabhängig davon, ob dieses prospektpflichtig ist oder nicht, alle wesentlichen Informationen die angesprochenen Anlegergruppen gleichermaßen erreichen (**Grundsatz der informationellen Gleichbehandlung**)[1]. Wird ein Prospekt veröffentlicht, ist dies über eine Aufnahme der Informationen in den Prospekt sicherzustellen. Ist ein Angebot nicht prospektpflichtig und wird auch nicht freiwillig auf Grundlage der Opt-in-Regelung des § 1 Abs. 3 WpPG ein Prospekt erstellt, so hat der Anbieter auf anderem Wege die gleichmäßige Information der angesprochenen Anleger sicherzustellen.

24 Anknüpfungspunkt für die informationelle Gleichbehandlung ist der **Kreis der angesprochenen Anleger**. Ein Anspruch auf Gleichbehandlung aufgrund anderer Kriterien wie zB der Aktionärseigenschaft kann daher nicht auf § 15 Abs. 5 WpPG gestützt werden[2].

25 Für die Platzierungspraxis bedeutet dies, dass eine **selektive Weitergabe wesentlicher Informationen** (*selective disclosure*) nicht zulässig ist. Eine Analystenpräsentation, die mittelbar über die Weitergabe der auf ihrer Grundlage erstellten Finanzanalysen zumeist nur einen Teil der Anleger erreicht, und eine Roadshowpräsentation, mit der der Emittent besonders wichtigen qualifizierten Anlegern vorgestellt wird, dürfen daher keine weitergehenden wesentlichen Angaben enthalten als der Prospekt. Wird kein Prospekt erstellt, müssen die darin enthaltenen Informationen allen angesprochenen Investoren zugänglich gemacht werden[3]. Zu den einzelnen Vermarktungsmaßnahmen vgl. unten Rz. 33 ff.

26 Die Regelung entspricht **international üblichen Standards**, insbesondere der Regulation über Fair Disclosure der SEC in den USA vom 15.8.2000[4].

27 Wie oben unter Rz. 19 beschrieben, weicht der zeitliche Anwendungsbereich des § 15 WpPG vom Konzept der **Quiet Period**, wie sie in den früher freiwillig geltenden Going-Public-Grundsätzen, Ziffer 5[5], enthalten war, ab[6]. Dies kann freilich nicht bedeuten, dass jede Information, die im Vorfeld einer Kapitalmarkttransaktion einem

---

[1] So auch *Grosjean* in Heidel, Aktienrecht und Kapitalmarktrecht, § 15 WpPG Rz. 7; *Berrar* in FrankfurtKomm. WpPG, § 15 WpPG Rz. 2.
[2] *Grosjean* in Heidel, Aktienrecht und Kapitalmarktrecht, § 15 WpPG Rz. 7 Fn. 15.
[3] *Schanz*, Börseneinführung, § 10 Rz. 46 Fn. 88.
[4] Zum internationalen Standard vgl. auch *Crüwell*, AG 2003, 251; *Grosjean* in Heidel, Aktienrecht und Kapitalmarktrecht, § 15 WpPG Rz. 7 Fn. 13.
[5] Nach Ziffer 5 der Going-Public-Grundsätze durften Emittenten ab spätestens vier Wochen vor dem öffentlichen Angebot bis spätestens 30 Kalendertage nach Notierungsaufnahme keine Informationen über ihr Geschäft oder ihre Finanz- und Ertragslage zur Verfügung stellen, die wesentlich und nicht im Prospekt enthalten sind.
[6] *Schäfer/Ernst* in Habersack/Mülbert/Schlitt, Handbuch der Kapitalmarktinformation, § 7 Rz. 11; *Schlitt/Singhof/Schäfer*, BKR 2005, 251 (258); *Grosjean* in Heidel, Aktienrecht und Kapitalmarktrecht, § 15 Rz. 12.

Dritten, etwa einem Gesellschafter, der später auch als Anleger angesprochen wird, zur Verfügung gestellt wurde, vom Grundsatz der informationellen Gleichbehandlung erfasst wäre. Erforderlich ist vielmehr ein **zeitlicher und sachlicher Zusammenhang** und dass die Information wesentlich und noch aktuell ist (siehe Rz. 20).

2. Tatbestand und Rechtsfolge

§ 15 Abs. 5 WpPG schreibt vor, dass wesentliche Informationen (unabhängig von einer Prospekterstellung) im Zusammenhang mit einem Angebot allen angesprochenen Anlegern gleichermaßen zugänglich zu machen sind. Eine Differenzierung zwischen Privatanlegern und institutionellen Anlegern ist aufgrund dieser Pflicht zur informationellen Gleichbehandlung nicht zulässig. 28

Normadressat des § 15 Abs. 5 WpPG ist der Anbieter gemäß § 2 Nr. 10 WpPG. 29

Gegenstand der Regelung ist jede wesentliche Information über den Emittenten oder den Anbieter. Wann eine Information wesentlich ist, definiert § 15 WpPG nicht. Insofern gilt der allgemeine, in §§ 5, 16 WpPG verankerte Wesentlichkeitsmaßstab[1]. 30

Die Frage, ob eine Information wesentlich ist und daher bei Veröffentlichung im Vorfeld in den später veröffentlichten Prospekt aufgenommen werden muss oder noch im Vorfeld veröffentlicht werden kann, stellt sich mit besonderer Schärfe in Bezug auf die Kommunikation von **Gewinnprognosen und Gewinnschätzungen** an den Kapitalmarkt (siehe hierzu ausführlich die Kommentierung zu Anhang I EU-ProspektVO Rz. 116 ff.). Um diese Problematik bereits im Vorfeld zu entschärfen, sehen die Publizitätsrichtlinien (*publicity guidelines*, siehe oben Rz. 8) häufig vor, dass zukunftsgerichtete Aussagen während der Vorbereitung eines Angebots nicht mehr getätigt werden dürfen[2]. 31

Hinsichtlich der **angesprochenen Anlegergruppen** hebt der Gesetzgeber in § 15 Abs. 5 Satz 1 WpPG die qualifizierten Anleger besonders hervor. Dies entspricht der Bedeutung, die so genannte Privatplatzierungen ausschließlich an qualifizierte Anleger iS des § 2 Nr. 6 WpPG in der Praxis haben. Sie stellen einen der häufigsten Fälle nicht prospektpflichtiger Angebote dar. Ihre Nennung ist exemplarisch zu verstehen. Das Gesetz adressiert darüber hinaus besondere Anlegergruppen. Ein gesetzliches Beispiel für „besondere" Anlegergruppen, die im Zuge eines Angebots angesprochen werden, sind solche, „denen Informationen im Verlauf von Veranstaltungen betreffend Angebote von Wertpapieren mitgeteilt werden", dh. die durch eine Roadshow, 32

---

1 *Rauch* in Holzborn, § 15 WpPG Rz. 16; *Berrar* in FrankfurtKomm. WpPG, § 15 WpPG Rz. 45; *Voß* in Just/Voß/Ritz/Zeising, § 15 WpPG Rz. 61. So im Ergebnis wohl auch *Grosjean* in Heidel, Aktienrecht und Kapitalmarktrecht, § 15 WpPG Rz. 10, der jedoch in Hinblick auf den Normzweck eine weite Auslegung befürwortet. Zum Begriff der Wesentlichkeit siehe daher auch die Kommentierung zu § 5 WpPG Rz. 16 und zu § 16 WpPG Rz. 26.
2 *Singhof/Weber* in Habersack/Mülbert/Schlitt, Unternehmensfinanzierung am Kapitalmarkt, § 4 Rz. 46; *Schäfer/Ernst* in Habersack/Mülbert/Schlitt, Handbuch der Kapitalmarktinformation, § 7 Rz. 14; *Schlitt/Singhof/Schäfer*, BKR 2005, 251 (258 Fn. 96).

Unternehmensgespräche oder Einzelgespräche („one-on-ones") zum Erwerb von Wertpapieren animiert werden. Im Regelfall dürfte es sich dabei gleichfalls um qualifizierte Anleger handeln, so dass die genannten Beispiele einer gezielten Ansprache einzelner Anlegerkategorien letztlich den gleichen Anlegertypus vor Augen haben.

33 **Rechtsfolge** bei Erfüllung der Tatbestandsvoraussetzungen ist im Falle einer Prospekterstellung die Pflicht zur Aufnahme der entsprechenden Angaben in den Prospekt (ggf. im Wege eines Nachtrags), im Falle eines prospektfreien Angebots die Mitteilung an alle angesprochenen Anleger, zB durch eine individuelle Ansprache mit der gleichen Präsentation. Je breiter der Kreis angesprochener Anleger, desto eher wird hierzu ein geeignetes Medium eine Pressemitteilung sein.

VI. Einzelne Vermarktungsmaßnahmen

34 In bestimmten Fällen wird im Vorfeld eines Angebots ein **Pilotfishing** (auch **Pre-Sounding** genannt) durchgeführt[1]. Dabei handelt es sich um die selektive Ansprache einer geringen Zahl ausgewählter Investoren, um ein Gefühl (*sentiment*) für die Vermarktbarkeit der Wertpapiere, insbesondere die Attraktivität des Geschäftsmodells aus Investorensicht, sowie erste Indizien für die Preisvorstellung der Investoren zu gewinnen. Den Investoren dürfen hierbei nur solche Informationen präsentiert werden, die – ihre Wesentlichkeit unterstellt – später auch Eingang in den Prospekt finden (**§ 15 Abs. 4 WpPG**). Hinzu treten ggf. **insiderrechtliche Beschränkungen**, wenn der Emittent Tochtergesellschaft oder eine – zB im Wege der Abspaltung (*spin-off*) entstandene – Schwestergesellschaft einer börsennotierten Gesellschaft ist. In diesem Fall kann der geplante Börsengang eine Insidertatsache darstellen. Gleiches gilt auch bezüglich der Schwestergesellschaft, wenn ein bislang nur in den Freiverkehr einbezogener Emittent in den regulierten Markt zu wechseln beabsichtigt, da das Insiderrecht auch auf im Freiverkehr gehandelte Werte anwendbar ist (Art. 2 Abs. 1 lit. b Marktmissbrauchsverordnung[2]).

35 Insbesondere bei Börsengängen werden die Analysten der Emissionsbanken ca. zwei Monate zuvor über die anstehende Transaktion informiert (*bringing over the wall*). Um sie in die Lage zu versetzen, Finanzanalysen (*research reports*) über die später angebotenen Wertpapiere zu erstellen, hält das Management des Emittenten eine so genannte Analystenpräsentation, in der es das Unternehmen den Analysten vorstellt. Auf Grundlage dieser Präsentation und ihrer Branchenkenntnisse erstellen die Analysten ihre Finanzanalysen, die ausgewählten Kunden der Emissionsbank zur Verfügung gestellt werden. Während für die Erstellung von Finanzanalysen strikte recht-

---

[1] Zu den einzelnen Vermarktungsmaßnahmen ausführlich *Schäfer/Ernst* in Habersack/Mülbert/Schlitt, Handbuch der Kapitalmarktinformation, § 7 Rz. 17 f.
[2] Verordnung (EU) Nr. 596/2014 des Europäischen Parlaments und des Rates vom 16. April 2014 über Marktmissbrauch (Marktmissbrauchsverordnung) und zur Aufhebung der Richtlinie 2003/6/EG des Europäischen Parlaments und des Rates und der Richtlinien 2003/124/EG, 2003/125/EG und 2004/72/EG der Kommission, ABl. EU Nr. L 173 v. 12.6.2014, S. 1.

liche Vorgaben[1] einzuhalten sind, regelt das Gesetz **Analystenpräsentationen** nicht explizit. Da die im Zuge der Analystenpräsentation übermittelten Informationen mittelbar einer bestimmten Anlegergruppe, nämlich den ausgewählten Kunden der Emissionsbanken, zur Verfügung gestellt werden[2], gilt insoweit das **Konsistenzgebot** des § 15 Abs. 3 Satz 3, Abs. 4 WpPG. Alle wesentlichen, in der Präsentation getroffenen Aussagen müssen sich daher auch im Prospekt wiederfinden. Eine sklavische Identität im Wortlaut und der Darstellungsform (Graphik, Text etc.) ist jedoch nicht erforderlich[3].

Unter Verwendung der von den Analysten der Emissionsbanken erstellten Finanzanalysen findet im Vorfeld des Angebotsbeginns häufig ein so genanntes **Pre-Marketing** statt[4]. Dabei handelt es sich um eine gegenüber dem Pilot-Fishing intensivierte Sondierung des Investoreninteresses, häufig mit dem Ziel, eine angemessene Preisspanne für das Bookbuilding vor Angebotsbeginn festzulegen. Im Zuge dessen werden die Finanzanalysen (*research reports*) von ihren Erstellern den Investoren erläutert (*investor education*). Hierbei ist im Hinblick auf die Anwendbarkeit des Konsistenzgebots zu unterscheiden: die **Finanzanalysen und ihre Erläuterung** unterliegen eigenen rechtlichen Rahmenbedingungen[5]. Es ist daher dem Finanzanalysten überlassen, aufgrund seiner Branchenkenntnis eine subjektive Bewertung der erhaltenen Informationen vorzunehmen und diese in seine Finanzanalyse und ihre Erläuterung einfließen zu lassen; das Konsistenzgebot gilt insoweit nicht[6]. Da ihm vom Emittenten ausschließlich solche Informationen zur Verfügung gestellt werden dürfen, die auch, sofern sie wesentlich sind, in den Prospekt Eingang finden, müssen objektive, wesentliche Angaben in der Finanzanalyse hingegen entweder im Prospekt wiederzufinden sein oder aus einer vom Emittenten unabhängigen Quelle stammen (beispielsweise aus eigenen Schätzungen des Analysten).

36

---

1 Siehe dazu *Schäfer/Ernst* in Habersack/Mülbert/Schlitt, Handbuch der Kapitalmarktinformation, § 7 Rz. 31 ff.
2 Einzelne Emissionsbanken stellen ihre Finanzanalysen auch Privatanlegern zur Verfügung, siehe dazu *Härtl*, Going Public, 2004, 45 (46).
3 So bereits *Schäfer/Ernst* in Habersack/Mülbert/Schlitt, Handbuch der Kapitalmarktinformation, § 7 Rz. 19 ff.
4 Zum Pre-Marketing ausführlich *Schanz*, Börseneinführung, § 10 Rz. 18 ff.; *Schäfer/Ernst* in Habersack/Mülbert/Schlitt, Handbuch der Kapitalmarktinformation, § 7 Rz. 23 f.
5 Dies verkennt *Wiegel*, wenn er Finanzanalysen grundsätzlich als (dem Konsistenzgebot unterliegende) Werbung charakterisiert, siehe *Wiegel*, Die Prospektrichtlinie und Prospektverordnung, S. 352.
6 Vor diesem Hintergrund haben Privatanleger auch unter dem Grundsatz der informationellen Gleichbehandlung keinen Anspruch auf Erhalt der Finanzanalysen der Emissionsbanken; siehe auch *Schäfer/Ernst* in Habersack/Mülbert/Schlitt, Handbuch der Kapitalmarktinformation, § 7 Rz. 42; *Wieneke* in Grundmann/Schwintowski/Singer/Weber, Anleger- und Funktionsschutz durch Kapitalmarktrecht, 2005, S. 37, 47.

37 Für die **Roadshowpräsentationen**, mit denen der Emittent ausgewählten qualifizierten Anlegern vorgestellt wird, gelten die Ausführungen zur Analystenpräsentation (oben Rz. 34) entsprechend[1].

VII. Befugnisse der Bundesanstalt (§ 15 Abs. 6 WpPG)

38 § 15 Abs. 6 WpPG gibt der BaFin die Befugnis, bei einem Verstoß gegen § 15 Abs. 2–5 WpPG die Werbung auszusetzen[2]. Im Falle einer Werbung mit Angaben, die geeignet sind, über den Umfang der Prüfung des Prospekts bzw. etwaiger Nachträge durch die BaFin irrezuführen, kann die BaFin die Werbung darüber hinausgehend untersagen. Ein **Verstoß gegen eine solche Aussetzung oder Untersagung** stellt ihrerseits nach § 30 Abs. 2 Nr. 1 WpPG eine Ordnungswidrigkeit dar.

39 Neben den in § 15 Abs. 6 WpPG genannten Sanktionen kann die BaFin Werbung vor der Prospektbilligung indirekt sanktionieren, indem sie die **Billigung des Prospekts von der Aufnahme der entsprechenden Informationen in den Prospekt abhängig macht**[3].

1. Aussetzung der Werbung (§ 15 Abs. 6 Satz 1 WpPG)

40 Voraussetzung für eine Anordnung zur Aussetzung von Werbung ist ein Verstoß gegen § 15 Abs. 2–5 WpPG. Die Aussetzung kann für jeweils höchstens zehn aufeinander folgende Tage angeordnet werden. Bei der Fristberechnung ist zu berücksichtigen, dass diese auch Sonn- und Feiertage umfasst, § 193 BGB findet keine Anwendung[4].

2. Untersagung der Werbung (§ 15 Abs. 6 Sätze 2 und 3 WpPG)

41 § 15 Abs. 6 Sätze 2 und 3 WpPG entsprechen im Wesentlichen der Vorgängerregelung des § 8e VerkProspG. Weitergehende Regelungen finden sich in § 36b WpHG und § 23 Abs. 1 KWG. **Voraussetzung** für eine Untersagung ist die Werbung mit Angaben, die geeignet sind, über die Prüfung nach §§ 13, 16 WpPG in die Irre zu führen. Dies ist beispielsweise der Fall, wenn beim Empfänger der Werbung die Vorstellung hervorgerufen wird, der Prospekt sei von der BaFin auf seine inhaltliche Richtigkeit geprüft worden[5]. Ein weiteres Beispiel ist die Werbung mit dem Hinweis

---

1 Ausführlich zur Roadshowpräsentation und One-on-Ones *Schäfer/Ernst* in Habersack/Mülbert/Schlitt, Handbuch der Kapitalmarktinformation, § 7 Rz. 25 f.
2 *Apfelbacher/Metzner*, BKR 2006, 81 (89).
3 So auch *Schanz*, Börseneinführung, § 10 Rz. 47.
4 Begr. RegE zum Prospektrichtlinie-Umsetzungsgesetz, BT-Drucks. 15/4999, S. 36; *Groß*, Kapitalmarktrecht, § 15 WpPG Rz. 3; *Straßner* in Heidel, Aktienrecht und Kapitalmarktrecht, § 15 WpPG Rz. 13.
5 Finanzausschuss des Deutschen Bundestages bei der Beratung des Dritten Finanzmarktförderungsgesetzes, BT-Drucks. 13/9874, S. 132; *Groß*, Kapitalmarktrecht, § 15 WpPG Rz. 3; *Rauch* in Holzborn, § 15 WpPG Rz. 21; *Berrar* in FrankfurtKomm. WpPG, § 15 WpPG Rz. 59.

„BaFin-geprüftes Produkt"[1]. Ein Gegenbeispiel ist hingegen der bloße Hinweis auf die Hinterlegung des Prospekts[2].

Rechtsfolge ist die Untersagung der Werbung, die im Ermessen der BaFin steht („kann"). Sie erfolgt **gegenüber dem Werbenden**, der nicht notwendig identisch mit dem Anbieter oder Emittenten sein muss (§ 15 Abs. 6 Satz 2 WpPG). Alternativ können auch bestimmte Werbemaßnahmen oder -methoden durch eine generelle Untersagung im Wege der **Allgemeinverfügung** untersagt werden (§ 15 Abs. 6 Satz 3 WpPG). In letzterem Fall ist verfahrensrechtlich eine vorherige Anhörung der Spitzenverbände der betroffenen Wirtschaftskreise und des Verbraucherschutzes erforderlich (§ 15 Abs. 6 Satz 3 WpPG). Die BaFin hat bislang keine solche Allgemeinverfügung erlassen.   42

3. Zuständigkeit und grenzüberschreitende Sachverhalte

Die Befugnisse der BaFin nach § 15 Abs. 6 WpPG beschränken sich auf Angebote, bei denen die **Bundesrepublik Deutschland der Herkunftsstaat** iS des § 2 Nr. 13 WpPG ist[3]. Die Zuständigkeit ist damit unabhängig vom Ort des Angebots und der Verbreitung der Werbung[4].   43

Werden **grenzüberschreitende Medien** (zB deutschsprachige Printmedien, Radio- oder Fernsehsender im Ausland) genutzt, ist die BaFin daher gegebenenfalls auf Hinweise der zuständigen Behörden anderer EWR-Staaten angewiesen[5].   44

§ 16
Nachtrag zum Prospekt; Widerrufsrecht des Anlegers

(1) Jeder wichtige neue Umstand oder jede wesentliche Unrichtigkeit in Bezug auf die im Prospekt enthaltenen Angaben, die die Beurteilung der Wertpapiere beeinflussen könnten und die nach der Billigung des Prospekts und vor dem endgültigen Schluss des öffentlichen Angebots oder, falls diese später erfolgt, der Einführung in den Handel an einem organisierten Markt auftreten oder festgestellt

---

1 LG Hamburg v. 27.4.2007 – 406 O 24/07, WM 2007, 1738.
2 *Voß* in Just/Voß/Ritz/Zeising, § 15 WpPG Rz. 40.
3 Begr. RegE zum Prospektrichtlinie-Umsetzungsgesetz, BT-Drucks. 15/4999, S. 36; *Groß*, Kapitalmarktrecht, § 15 WpPG Rz. 1a; *Rauch* in Holzborn, § 15 WpPG Rz. 24; *Grosjean* in Heidel, Aktienrecht und Kapitalmarktrecht, § 15 WpPG Rz. 13.
4 *Schäfer/Ernst* in Habersack/Mülbert/Schlitt, Handbuch der Kapitalmarktinformation, § 7 Rz. 15.
5 *Grosjean* in Heidel, Aktienrecht und Kapitalmarktrecht, § 15 WpPG Rz. 13; *Schäfer/Ernst* in Habersack/Mülbert/Schlitt, Handbuch der Kapitalmarktinformation, § 7 Rz. 15; *Schlitt/Schäfer*, AG 2005, 498 (510); kritisch zur gesetzgeberischen Konzeption: *Kunold/Schlitt*, BB 2004, 501 (511); *Weber*, NZG 2004, 360 (365).

werden, müssen in einem Nachtrag zum Prospekt genannt werden. Der Emittent, Anbieter oder Zulassungsantragsteller muss den Nachtrag bei der Bundesanstalt einreichen. Der Nachtrag ist innerhalb von höchstens sieben Werktagen nach Eingang bei der Bundesanstalt nach § 13 zu billigen. § 13 Absatz 2 Satz 1 Halbsatz 2 gilt entsprechend. Nach der Billigung muss der Anbieter oder Zulassungsantragsteller den Nachtrag unverzüglich in derselben Art und Weise wie den ursprünglichen Prospekt nach § 14 veröffentlichen.

(2) Die Zusammenfassung und etwaige Übersetzungen davon sind um die im Nachtrag enthaltenen Informationen zu ergänzen.

(3) Betrifft der Nachtrag einen Prospekt für ein öffentliches Angebot von Wertpapieren, haben Anleger, die vor der Veröffentlichung des Nachtrags eine auf den Erwerb oder die Zeichnung der Wertpapiere gerichtete Willenserklärung abgegeben haben, das Recht diese innerhalb einer Frist von zwei Werktagen nach Veröffentlichung des Nachtrags zu widerrufen, sofern der neue Umstand oder die Unrichtigkeit gemäß Absatz 1 vor dem endgültigen Schluss des öffentlichen Angebots und vor der Lieferung der Wertpapiere eingetreten ist. Die Widerrufsfrist kann vom Emittenten, Anbieter oder Zulassungsantragsteller verlängert werden. Der Nachtrag muss an hervorgehobener Stelle eine Belehrung über das Widerrufsrecht nach Satz 1 enthalten; die Widerrufsfrist ist anzugeben. § 8 Absatz 1 Satz 4 und 5 ist mit der Maßgabe entsprechend anzuwenden, dass an die Stelle der im Prospekt als Empfänger des Widerrufs bezeichneten Person die im Nachtrag als Empfänger des Widerrufs bezeichnete Person tritt.

In der Fassung vom 22.6.2005 (BGBl. I 2005, S. 1698), zuletzt geändert durch das Gesetz zur Umsetzung der Richtlinie 2010/73/EU und zur Änderung des Börsengesetzes vom 26.6.2012 (BGBl. I 2012, S. 1375).

Schrifttum: *Apfelbacher/Metzner*, Das Wertpapierprospektgesetz in der Praxis – Eine erste Bestandsaufnahme, BKR 2006, 81; *Assmann*, Prospektaktualisierungspflichten, in FS Ulmer, 2003, S. 757 ff.; *Boos/Preuße*, Die Umsetzung der EU-Prospektrichtlinie in Deutschland – Folgen für daueremittierende Banken, Kreditwesen 2005, 523; *Bosch/Groß*, Emissionsgeschäft, Bankrecht und Bankpraxis, Loseblatt, Stand 2003; *Crüwell*, Die europäische Prospektrichtlinie, AG 2003, 243; *Ellenberger*, Prospekthaftung im Wertpapierhandel, 2001; *Elsen/Jäger*, Revision der Prospektrichtlinie – Überblick wesentlicher Neuerungen, BKR 2010, 97; *Ekkenga*, Änderungs- und Ergänzungsvorschläge zum Regierungsentwurf eines neuen Wertpapierprospektgesetzes, BB 2005, 561; *Groß*, Bookbuilding, ZHR 162 (1998), 318; *Heidelbach/Preuße*, Einzelfragen in der praktischen Arbeit mit dem neuen Wertpapierprospektregime, BKR 2006, 316; *Heidelbach/Preuße*, Die Anwendung des neuen europäischen Prospektregimes in der Praxis – ausgewählte Probleme, BKR 2012, 397; *Hein*, Rechtliche Fragen des Bookbuildings nach deutschem Recht, WM 1996, 1; *Holzborn/Israel*, Das neue Wertpapierprospektrecht, ZIP 2005, 1668, 1674; *von Kopp-Colomb/Seitz*, Das neue Prospektregime – Auswirkungen der Änderungen der Prospektverordnung auf Basisprospekte für die Emission von Anleihen und verbrieften Derivaten, WM 2012, 1220; *Kullmann/Metzger*, Der Bericht der Expertengruppe „Europäische Wertpapiermärkte" (ESME) zur Richtlinie 2003/71/EG („Prospektrichtlinie") – Ausgewählte Aspekte des ESME-Berichts unter Berücksichtigung der Stellungnahme des Ausschusses der Europäischen Wertpapierregulierungsbehörden (CESR) zu „Retail Cascades" und der inhaltlichen Abgrenzung von Basisprospekt und endgültigen

Bedingungen, WM 2008, 1292; *Kullmann/Sester*, Das Wertpapierprospektgesetz (WpPG), WM 2005, 1068; *Kunold/Schlitt*, Die neue EU-Prospektrichtlinie, BB 2004, 501; *Lawall/Maier*, Änderungen im Wertpapierprospektgesetz (Teil 2), BB 2012, 2505; *Lenz/Ritz*, Die Bekanntmachung des Bundesaufsichtsamts für den Wertpapierhandel zum Wertpapier-Verkaufsprospektgesetz und zur Verordnung über Wertpapier-Verkaufsprospekte, WM 2000, 904; *Mattil/Möslein*, Die Sprache des Emissionsprospekts – Europäisierung des Prospektrechts und Anlegerschutz, WM 2007, 819 ff.; *Markwardt/Kracke*, Auf dem Prüfstand: Das Widerrufsrecht nach § 11 Abs. 2 VermAnlG, BKR 2012, 149; *Möllers*, Zur „Unverzüglichkeit" einer Ad-hoc-Mitteilung im Kontext nationaler und europäischer Dogmatik, in FS Horn, 2006, S. 473; *Müller/Oulds*, Transparenz im europäischen Fremdkapitalmarkt, WM 2007, 573; *Oulds*, Die Nachtragspflicht gemäß § 16 WpPG – Abgrenzungen, Widerrufsrecht und die Novellierung der Prospektrichtlinie, WM 2011, 1452; *Parmentier*, Ad-hoc-Publizität bei Börsengang und Aktienplatzierung, NZG 2007, 407; *Schlitt/Schäfer*, Auswirkungen des Prospektrichtlinie-Umsetzungsgesetzes auf Aktien- und Equity-linked Emissionen, AG 2005, 498; *Schlitt/Schäfer*, Drei Jahre Praxis unter dem Wertpapierprospektgesetz – eine Zwischenbilanz, AG 2008, 525; *Schlitt/Singhof/Schäfer*, Aktuelle Rechtsfragen und neue Entwicklungen im Zusammenhang mit Börsengängen, BKR 2005, 251; *Seitz*, Das neue Wertpapierprospektrecht – Auswirkungen auf die Emission von Schuldverschreibungen, AG 2005, 678; *Willamowski*, Bookbuilding – Die marktorientierte Emission von Aktien nach deutschem und U.S.-amerikanischem Recht, 2000.

I. Normentwicklung und Überblick
(Seitz/Scholl)
1. Allgemeines, Überarbeitung der Prospektrichtlinie 1
2. Bedeutung und Systematik der Vorschrift 5
3. Verhältnis zu anderen Vorschriften
   a) Die Stellung der Nachtragspflicht im WpPG 10
   b) Bezüge der Nachtragspflicht zu Vorschriften außerhalb des WpPG 15
4. Weitere Konkretisierungen zur Nachtragspflicht, Rechtsentwicklungen 18

II. Nachtragspflicht (§ 16 Abs. 1 WpPG) *(Seitz/Scholl)*
1. Sachlicher und zeitlicher Anwendungsbereich der Nachtragspflicht (§ 16 Abs. 1 Satz 1 WpPG) 21
   a) Anlass der Nachtragspflicht ... 23
      aa) Umstand oder Unrichtigkeit 24
      bb) Wichtigkeit des neuen Umstands bzw. Wesentlichkeit der Unrichtigkeit 26
      cc) Relevanz für die Beurteilung der Wertpapiere 28
      dd) Gesetzliche Festlegung von Situationen, die eine Nachtragspflicht auslösen (Systematische Nachtragspflicht) 36
      ee) Nachtragspflicht bei periodischen Finanzinformationen 39
      ff) Weitere Einzelfälle 43
   b) Nachtragsfähigkeit 50
      aa) Nachtragsfähigkeit des Registrierungsformulars... 51
      bb) Verhältnis zu endgültigen Bedingungen nach § 6 Abs. 3 WpPG 52
      cc) Keine Erweiterung des Billigungsgegenstandes 54
   c) Nachtragsrelevanter Zeitraum, Zeitpunkt der Einreichung eines Nachtrags 60
      aa) Beginn der Nachtragspflicht 61
      bb) Ende der Nachtragspflicht 64
      cc) Zeitpunkt der Einreichung eines Nachtrags......... 67
2. Form und Inhalt des Nachtrags (§ 16 Abs. 1 Satz 1 WpPG)
   a) Präsentation des Nachtrags ... 73
   b) Inhalt des Nachtrags 78

- 3. Nachtragsverfahren (§ 16 Abs. 1 Satz 2 bis 4 WpPG)
  - a) Allgemeines 82
  - b) Billigungsverfahren 84
  - c) Veröffentlichungspflicht 91
- III. **Ergänzung der Zusammenfassung** (§ 16 Abs. 2 WpPG) *(Seitz/Scholl)* 94
- IV. **Widerrufsrecht** (§ 16 Abs. 3 WpPG) *(Seitz/Scholl)*
  - 1. Überblick zum Widerrufsrecht ... 99
  - 2. Voraussetzungen des Widerrufsrechts
    - a) Entstehung, inhaltliche Reichweite, Berechtigung 101
    - b) Dauer der Ausübung des Widerrufsrechts 106
  - 3. Ausübung des Widerrufsrechts ... 108
  - 4. Rechtsfolgen des Widerrufs 111
- V. **Besonderheiten bei Aktienemissionen** *(Schlitt)*
  - 1. Zeitliche Reichweite der Nachtragspflicht 114
  - 2. Verhältnis zur Nichtaufnahme von Angaben nach § 8 Abs. 1 WpPG .. 118
  - 3. Verhältnis zur Ad-hoc-Publizität nach Art. 17 Abs. 1 MMVO 122
  - 4. Verlängerung des öffentlichen Angebots 126
  - 5. Verschiebung der Emission 127
- VI. **Besonderheiten bei Schuldverschreibungsemissionen** *(Seitz/Scholl)*
  - 1. Besonderheiten bei Schuldverschreibungen im Allgemeinen ... 130
  - 2. Besonderheiten bei Basisprospekten 132
- VII. **Folgen einer Verletzung der Nachtragspflicht** *(Seitz/Scholl)*
  - 1. Ungültigkeit des Prospekts bei Unterlassen der Einreichung eines Nachtrags 139
  - 2. Befugnisse der BaFin 142
  - 3. Nachtragspflicht und Prospekthaftung
    - a) Prospekthaftung aufgrund eines inhaltlich fehlerhaften Nachtrags; Besonderheiten in Zusammenhang mit der Nachtragspflicht 145
    - b) Prospekthaftung aufgrund des vorübergehend fehlerhaften Prospekts 147
    - c) Unterlassen der Einreichung eines Nachtrags trotz nachträglich eingetretener Nachtragspflicht 150

I. Normentwicklung und Überblick *(Seitz/Scholl)*

1. Allgemeines, Überarbeitung der Prospektrichtlinie

1 § 16 WpPG begründet und regelt die Pflicht des Nachtragspflichtigen (siehe unten unter Rz. 85), einen Nachtrag zu einem gebilligten Prospekt zu erstellen, billigen zu lassen und zu veröffentlichen. Er etabliert zudem ein Widerrufsrecht des Anlegers in Bezug auf seine Zeichnungserklärung oder eine andere auf den Erwerb der Wertpapiere gerichtete Willenserklärung im Anschluss an die Veröffentlichung eines Nachtrags.

2 § 16 WpPG setzt die Nachtragspflicht nach **Art. 16 Prospektrichtlinie** in der durch die **Richtlinie 2010/73/EU** („**Änderungsrichtlinie**")[1] geänderten Fassung um. Er

---

[1] Richtlinie 2010/73/EU des Europäischen Parlaments und des Rates vom 24.11.2010 zur Änderung der Richtlinie 2003/71/EG betreffend den Prospekt, der beim öffentlichen Angebot von Wertpapieren oder bei deren Zulassung zum Handel zu veröffentlichen ist, und der Richtlinie 2004/109/EG zur Harmonisierung der Transparenzanforderungen in

trat an die Stelle der § 52 Abs. 2 BörsZulV aF und § 11 VerkProspG aF, welche jedoch ein zivilrechtliches Widerrufsrecht im Falle der Veröffentlichung eines Nachtrags nicht vorsahen[1]. Bei der Umsetzung der Prospektrichtlinie und der Änderungsrichtlinie ist der deutsche Gesetzgeber teilweise von der Struktur des Art. 16 Prospektrichtlinie abgewichen, indem er in § 16 Abs. 2 WpPG – in der Prospektrichtlinie Art. 16 Abs. 1 Satz 3 – einen eigenen Absatz zu der Aktualisierung der Zusammenfassung eingefügt hat. Eine weitere Besonderheit der deutschen Regelung bestand darin, dass der deutsche Gesetzgeber abweichend von Art. 16 Abs. 2 Prospektrichtlinie in § 16 Abs. 3 Satz 1 WpPG das Widerrufsrecht des Anlegers durch die Erfüllung des Rechtsgeschäfts begrenzte. Diese Begrenzung wurde im Zuge der Umsetzung der Änderungsrichtlinie durch das deutsche **Umsetzungsgesetz zur Änderungsrichtlinie**[2] angepasst (siehe dazu unten unter Rz. 99).

Die **Änderungsrichtlinie** ließ das durch Art. 16 Prospektrichtlinie aufgestellte Konzept der Nachtragspflicht im Grundsatz unverändert und behob zwei Rechtsunsicherheiten, die sich bei der Anwendung des Art. 16 Prospektrichtlinie aF ergaben.

– Zum einen schaffte der Wortlaut des Art. 16 Abs. 1 Prospektrichtlinie aF eine erhebliche Unsicherheit im Hinblick auf das Ende der Nachtragspflicht bei öffentlichen Angeboten von Wertpapieren, wenn diese auch zum Handel an einem geregelten Markt zugelassen werden sollten[3]. Art. 16 Prospektrichtlinie sah für das Ende der Nachtragspflicht den endgültigen Schluss des öffentlichen Angebots „bzw." die Eröffnung des Handels an einem geregelten Markt vor, verknüpfte diese beiden Zeitpunkte jedoch nicht mit einem Anwendungsvorrang[4]. Die Änderungsrichtlinie stellte klar, dass die Nachtragspflicht in einem solchen Fall mit dem späteren dieser beiden Zeitpunkte endet (siehe näher unten unter Rz. 62, 66).

– Zum anderen wurde der Zeitraum für die Ausübung des Widerrufsrechts einer Klarstellung unterworfen, da die Frist für den Widerruf unter den alten Prospektregelungen nicht harmonisiert und daher in den jeweiligen Mitgliedstaaten Art. 16 Abs. 2 Prospektrichtlinie unterschiedlich umgesetzt wurde[5]. Bei grenzüberschreitenden öffentlichen Angeboten von Wertpapieren war deswegen unklar, ob die gesetzliche Regelung des Widerrufsrechts des Mitgliedstaats der Billigungsbehörde

---

Bezug auf Informationen über Emittenten, deren Wertpapiere zum Handel auf einem geregelten Markt zugelassen sind, ABl. EU Nr. L 327 v. 11.12.2010, S. 1.

1 Vgl. zu der mit der Einführung der Prospektrichtlinie vorangegangenen Diskussion, zum Gesetzgebungsverfahren sowie zu einem Vergleich mit der alten Rechtslage die Kommentierung in der Vorauflage: *Seitz* in Assmann/Schlitt/von Kopp-Colomb, § 16 WpPG (Voraufl.), Rz. 2 ff.
2 Gesetz zur Umsetzung der Richtlinie 2010/73/EU und zur Änderung des Börsengesetzes, BGBl. I 2012, S. 1375.
3 Vgl. Änderungsrichtlinien-Vorschlag v. 23.9.2009, KOM(2009) 491 endgültig, S. 10 (Begründung zu Art. 16).
4 Vgl. ausführlich zur Problematik *Seitz* in Assmann/Schlitt/von Kopp-Colomb, § 16 WpPG (Voraufl.) Rz. 8, 27.
5 Vgl. Änderungsrichtlinien-Vorschlag v. 23.9.2009, KOM(2009) 491 endgültig, S. 10 (Begründung zu Art. 16).

oder des Mitgliedstaats, in dem das jeweilige öffentliche Angebot der Wertpapiere bzw. die Zulassung zum Handel erfolgte, gilt[1]. Die Widerrufsfrist wurde nunmehr auf zwei Werktage nach der Veröffentlichung des Nachtrags fixiert und kann vom Emittenten oder Anbieter des Wertpapiers verlängert werden (siehe näher unten unter Rz. 106). In diesem Zusammenhang wurde auch die Berechtigung zur Ausübung des Widerrufsrechts erheblich ausgeweitet (siehe näher unten unter Rz. 99 und 103).

4 Die Aktualisierungsverpflichtung nach Art. 16 Prospektrichtlinie bzw. § 16 WpPG ist **von einer allgemeinen Aktualisierungsverpflichtung zu unterscheiden**, welche die Kommission in ihren Entwürfen zur Prospektrichtlinie ursprünglich vorgesehen hatte und nach welcher der Prospekt unabhängig vom Eintritt eines nachtragspflichtigen Umstands oder einer nachtragspflichtigen Unrichtigkeit und ohne Beschränkung auf einen bestimmten, von dem tatsächlichen Angebot abhängigen Zeitraum hätte aktualisiert werden müssen (dazu näher § 9 WpPG Rz. 4 f.). Insofern gibt es im gegenwärtigen Prospektrecht gerade keine öffentlich-rechtliche Pflicht zur Aktualisierung eines gültigen Prospekts, sofern der in § 16 WpPG vorgesehene Nachtragstest in sachlicher und zeitlicher Hinsicht nicht erfüllt ist. Eine allgemeine Aktualisierungspflicht lässt sich auch nicht aus Art. 9 Prospektrichtlinie bzw. § 9 WpPG ableiten (siehe ausführlich § 9 WpPG Rz. 35 ff.).

2. Bedeutung und Systematik der Vorschrift

5 Nach **Erwägungsgrund Nr. 34 Prospektrichtlinie** soll jeder neue Umstand, der die Anlageentscheidung beeinflussen könnte und der nach der Veröffentlichung des Prospekts, aber vor dem Schluss eines öffentlichen Angebots oder Aufnahme des Handels an einem organisierten Markt eintritt, von den Anlegern angemessen bewertet werden können. Ein entsprechender Umstand erfordert deshalb die Billigung und Verbreitung eines Nachtrags zum Prospekt. Nicht berücksichtigt wird in der Formulierung, dass neben neuen Umständen auch von Anfang an bestehende Unrichtigkeiten einen Nachtrag auslösen können. Diese Unschärfe basiert darauf, dass in den entsprechenden Vorschlägen der Kommission die Aktualisierungsverpflichtung zunächst nur auf neue Umstände beschränkt war[2]. **Erwägungsgrund Nr. 23 der Änderungsrichtlinie** ergänzt, dass zur Erhöhung der Rechtssicherheit die Pflicht zur Erstellung eines Prospektnachtrags mit dem endgültigen Auslaufen der Angebotsfrist bzw. dem Handelsbeginn an einem geregelten Markt endet, je nachdem, welcher der beiden Zeitpunkte später eintritt. Die öffentlich-rechtliche Nachtragspflicht ist Ausprägung des dem Prospektrecht als übergreifendes Prinzip zugrunde liegenden Anlegerschutzes.

---

1 Vgl. Änderungsrichtlinien-Vorschlag v. 23.9.2009, KOM(2009) 491 endgültig, S. 10 (Begründung zu Art. 16).
2 Vgl. zu der mit der Einführung der Prospektrichtlinie vorangegangenen Diskussion die Kommentierung in der Vorauflage: Seitz in Assmann/Schlitt/von Kopp-Colomb, § 16 WpPG (Voraufl.) Rz. 2 ff.

Bei der Nachtragspflicht stehen zwar die Interessen der Anleger an der Aktualität und Richtigkeit der im Prospekt enthaltenen Angaben im Vordergrund, es werden aber **auch die Interessen der Emittenten berücksichtigt**. Die Nachtragspflicht nach § 16 WpPG stellt eine wesentliche Veränderung gegenüber der Rechtslage vor der Implementierung der Prospektrichtlinie dar[1]. Insbesondere die mit der Billigung verbundene zeitliche Verzögerung sowie das Widerrufsrecht des Anlegers können die Emissionsfähigkeit von Emittenten beeinträchtigen. Vor diesem Hintergrund wurde im Zuge der Implementierung der Prospektrichtlinie in deutsches Recht versucht, einen Ausgleich zwischen den Interessen der Emittenten und dem Anlegerschutz zu finden[2]. Im Zusammenhang mit der Umsetzung der Änderungsrichtlinie mussten jedoch einige der emittentenfreundlichen Gestaltungen im deutschen Recht, insbesondere zum Ende der Nachtragspflicht und zur Begrenzung des Widerrufsrechts durch die Erfüllung des Rechtsgeschäfts, wieder aufgegeben werden. Dies führte im Ergebnis zu einer Ausweitung der zeitlichen Nachtragspflicht und zu einer Erweiterung der Berechtigung zur Ausübung des Widerrufsrechts, auch wenn die Widerrufsfrist nunmehr gesetzlich auf zwei Werktage festgelegt wurde.

Der deutsche Gesetzgeber ist beim Aufbau der Norm geringfügig von der Prospektrichtlinie abgewichen (siehe oben unter Rz. 2), wobei sich die in **§ 16 Abs. 1 WpPG geregelte Pflicht zur Veröffentlichung des Nachtrags** an der entsprechenden Verpflichtung in § 11 VerkProspG aF sowie § 52 Abs. 2 BörsZulV aF orientierte[3]. In der Ausgestaltung der Details bestehen aber erhebliche Unterschiede im Vergleich zur Rechtslage vor Einführung des WpPG[4].

Die in **§ 16 Abs. 2 WpPG** angeordnete **Pflicht zur Ergänzung der Zusammenfassung und etwaiger Übersetzungen** soll dem Anleger einen erleichterten Zugang zu den im Nachtrag enthaltenen Informationen ermöglichen (siehe dazu näher unten unter Rz. 94 ff.)[5].

§ 16 Abs. 3 WpPG enthält entsprechend Art. 16 Abs. 2 Prospektrichtlinie ein **Widerrufsrecht des Anlegers**. Danach haben Anleger, die vor der Veröffentlichung eines Nachtrags in Bezug auf einen Prospekt für ein öffentliches Angebot von Wertpapieren eine auf den Erwerb oder die Zeichnung der Wertpapiere gerichtete Willenserklärung abgegeben haben, grundsätzlich ein Widerrufsrecht, sofern der neue Umstand oder die Unrichtigkeit gemäß § 16 Abs. 1 WpPG vor dem endgültigen Schluss des öffentlichen Angebots und vor der Lieferung der Wertpapiere eingetreten ist (siehe dazu näher unten unter Rz. 99 ff.). In der Ausgestaltung des Widerrufsrechts hat der deutsche Gesetzgeber in § 16 Abs. 3 Satz 4 Halbsatz 1 WpPG Ergänzungen gegenüber dem Text der Prospektrichtlinie aufgenommen, insbeson-

---

1 Vgl. zu einem Vergleich mit der alten Rechtslage die Kommentierung in der Vorauflage: *Seitz* in Assmann/Schlitt/von Kopp-Colomb, § 16 WpPG (Voraufl.) Rz. 2 ff.
2 Vgl. Stellungnahme des Bundesrates und Gegenäußerung der Bundesregierung, BT-Drucks. 15/5219, S. 3.
3 Vgl. Regierungsentwurf, BT-Drucks. 15/4999, S. 36 (Begründung § 16 Abs. 1 WpPG).
4 Vgl. zu einem Vergleich mit der alten Rechtslage die Kommentierung in der Vorauflage: *Seitz* in Assmann/Schlitt/von Kopp-Colomb, § 16 WpPG (Voraufl.) Rz. 2 ff.
5 Vgl. Regierungsentwurf, BT-Drucks. 15/4999, S. 36 (Begründung § 16 Abs. 2 WpPG).

dere das Erfordernis der Belehrung über das Widerrufsrecht (siehe dazu näher unten unter Rz. 87). Mit dem Umsetzungsgesetz zur Änderungsrichtlinie wurde § 16 Abs. 3 WpPG neu gefasst und in Umsetzung der Änderungsrichtlinie insbesondere der Zeitraum für die Ausübung des Widerrufsrechts konkretisiert (siehe dazu näher unten unter Rz. 99).

3. Verhältnis zu anderen Vorschriften

a) Die Stellung der Nachtragspflicht im WpPG

10 Es bestehen **vielfältige Interdependenzen zwischen der Nachtragspflicht und anderen Regelungsbereichen im WpPG**. So wird auf § 16 WpPG in folgenden Vorschriften im WpPG verwiesen: § 6 Abs. 2 WpPG (grundsätzliche Anwendbarkeit der Nachtragspflicht auf Basisprospekte), § 6 Abs. 3 WpPG (Verhältnis zwischen endgültigen Bedingungen und Nachtragspflicht), § 9 Abs. 1 WpPG (Gültigkeit und Nachtragspflicht), § 9 Abs. 4 WpPG (Gültigkeit Registrierungsformular und Nachtragspflicht), § 12 Abs. 3 WpPG (Aktualisierung von Emittentenangaben beim dreiteiligen Prospekt), § 15 Abs. 5 und Abs. 6 WpPG (Werbung und Nachtragspflicht), § 17 Abs. 2 WpPG (grenzüberschreitendes Angebot und Nachtragspflicht) und § 35 Abs. 1 Nr. 9 WpPG (Ordnungswidrigkeit im Fall eines Verstoßes gegen die Nachtragspflicht).

11 Von grundsätzlicher Bedeutung ist dabei das **Verhältnis der Nachtragspflicht nach § 16 WpPG zur Gültigkeit eines Prospekts nach § 9 WpPG** (dazu ausführlich § 9 WpPG Rz. 34 ff.). Nach § 9 Abs. 1 WpPG ist die Gültigkeit eines Prospekts davon abhängig, dass dieser durch die nach § 16 WpPG erforderlichen Nachträge ergänzt wurde. In beiden Vorschriften geht es darum sicherzustellen, dass keine veralteten Informationen verwendet werden (vgl. oben unter Rz. 3 und § 9 WpPG Rz. 6). Auch wenn lediglich in § 9 Abs. 1 und Abs. 4 WpPG auf die Nachtragspflicht verwiesen wird, findet die Nachtragspflicht ebenfalls auf die in § 9 Abs. 2 und 3 WpPG genannten Fälle Anwendung (vgl. § 9 WpPG Rz. 16). Entscheidend ist, dass weder aus § 9 WpPG noch aus § 16 WpPG eine allgemeine Aktualisierungspflicht abzuleiten ist (dazu bereits oben unter Rz. 4). Es ist daher im Einzelfall nach Maßgabe von § 16 WpPG zu prüfen, ob tatsächlich eine Nachtragspflicht besteht und in welcher Form die Aktualisierung durch einen Nachtrag vorzunehmen ist. Zu den Auswirkungen auf den Zeitpunkt der Erstellung eines Nachtrags siehe unten unter Rz. 66 ff. Zu den Rechtsfolgen des Unterlassens eines Nachtrags siehe § 9 WpPG Rz. 35 ff. und unten unter Rz. 139 ff.

12 Gemäß § 6 Abs. 2 WpPG gilt die **Nachtragspflicht gemäß § 16 WpPG auch bei Basisprospekten** (dazu ausführlich § 6 WpPG Rz. 68 ff. und überblicksartig unten unter Rz. 132 ff.).

13 Besonderheiten ergeben sich auch bei der **Aktualisierung von Angaben in einem dreiteiligen Prospekt**. Gemäß § 12 Abs. 3 WpPG sind nämlich die neuen emittentenbezogenen Angaben in die Wertpapierbeschreibung aufzunehmen. Möglich ist aber gemäß § 9 Abs. 4 WpPG i.V.m. § 12 Abs. 3 Satz 2 WpPG auch ein Nachtrag

zum Registrierungsformular (siehe unten unter Rz. 51; dies war zum Zeitpunkt der Umsetzung der Änderungsrichtlinie in das deutsche Recht noch umstritten, siehe dazu und den sich daraus ergebenen Folgefragen ausführlich § 12 WpPG Rz. 34 ff.)[1].

Auch wenn § 16 WpPG in § 8 WpPG nicht erwähnt wird, so ergeben sich doch eine Reihe von Abgrenzungsfragen zwischen diesen beiden Vorschriften, da die **Nichtaufnahme von Angaben zum Emissionspreis oder zum Emissionsvolumen nach § 8 Abs. 1 WpPG** ebenfalls wichtige neue Umstände nach der Prospektbilligung betrifft. Grundsätzlich gilt dabei, insbesondere bei Aktienemissionen aber auch bei Angeboten von Unternehmensanleihen, dass § 8 Abs. 1 WpPG eine Spezialregelung darstellt[2]. Es ist aber im Einzelfall der Anwendungsbereich von § 8 Abs. 1 WpPG zu beachten, so dass gegebenenfalls doch die Nachtragspflicht eingreift (zu Details siehe unten unter Rz. 118 ff.).

14

b) Bezüge der Nachtragspflicht zu Vorschriften außerhalb des WpPG

Von großer Bedeutung für die Praxis ist das Verhältnis der Nachtragspflicht zur **Ad-hoc-Pflicht nach Art. 17 Abs. 1 MMVO** (§ 15 Abs. 1 WpHG aF). Diese Bedeutung rührt insbesondere daher, dass eine Ad-hoc-Mitteilung unverzüglich und ohne vorherige Billigung zu veröffentlichen ist, während ein Nachtrag innerhalb von sieben Werktagen von der zuständigen Behörde gebilligt und dann veröffentlicht werden muss. Zudem kann ein Nachtrag zu einem Widerrufsrecht des Anlegers führen (dazu näher unten unter Rz. 99 ff.). Das Problem der Abgrenzung zwischen den beiden Vorschriften stellt sich immer dann, wenn Wertpapiere der jeweiligen Emittenten zum organisierten Markt zugelassen sind. Grundsätzliche Regel dabei ist, dass die beiden Pflichten unterschiedlichen Zielen dienen: Während die Ad-hoc-Pflicht dazu dient, bei bereits an einem organisierten Markt zugelassenen Finanzinstrumenten sowohl für Käufer als auch Verkäufer eine entsprechende Informationsgrundlage für die Anlageentscheidung zu bieten, ist der Nachtrag vor allem aus Primärmarktsicht, dh. für gerade stattfindende oder künftige öffentliche Angebote oder eine künftige Zulassung der Wertpapiere zum Handel an einem organisierten Markt, relevant (siehe dazu und zur Problematik der Unterscheidung in der Praxis unten unter Rz. 33). Das Abgrenzungsproblem stellt sich zum Beispiel aber dann, wenn Aktien einer Gesellschaft bereits börsennotiert sind und eine Kapitalerhöhung mit der Ausgabe weiterer Aktien stattfinden soll (zum Verhältnis der Ad-hoc-Pflicht zur Nachtragspflicht bei Aktienemittenten ausführlich unten unter Rz. 122 ff.). Das Thema ist aber gleichermaßen bei Schuldverschreibungen von Relevanz[3].

15

Für **Verkaufsprospekte für Vermögensanlagen** existiert eine **eigenständige Nachtragspflicht in § 11 VermAnlG**. Im Gegensatz zur Vorgängervorschrift in § 11 Verk-

16

---

1 BaFin, Häufig gestellte Fragen zum Basisprospektregime vom 31.5.2012 (zuletzt geändert am 4.6.2014), abrufbar unter http://www.bafin.de/SharedDocs/Veroeffentlichungen/DE/FAQ/faq_1205_neues_basisprospektregime.html.
2 So auch A. Meyer in Habersack/Mülbert/Schlitt, Unternehmensfinanzierung am Kapitalmarkt, § 36 Wertpapierprospekt Rz. 90.
3 Siehe dazu Seitz, AG 2005, 678 (688).

ProspG enthält § 11 VermAnlG eine dem § 16 WpPG sehr ähnliche Regelung[1]. Insbesondere ist auch ein Nachtrag nach § 11 VermAnlG von der Bundesanstalt zu billigen. Dies war unter dem Regime des § 11 VerkProspG nicht der Fall[2]. Die Billigungsfrist ist im Fall des § 11 Abs. 2 VermAnlG mit zehn Werktagen länger als im WpPG. Ebenso wie § 16 Abs. 3 WpPG sieht § 11 Abs. 2 VermAnlG ein Widerrufsrecht für den Anleger vor. Anders als bei § 16 Abs. 3 WpPG, wo eine entsprechende Einschränkung des Zeitraums der Ausübung des Widerrufsrechts im Zuge der Umsetzung der Änderungsrichtlinie gestrichen wurde (siehe näher unten unter Rz. 99), ist das Widerrufsrecht nach § 11 Abs. 2 VermAnlG dahingehend beschränkt, dass noch keine Erfüllung eingetreten ist. Zudem muss der Anbieter gemäß § 11 Abs. 3 VermAnlG eine um sämtliche Nachträge ergänzte Fassung des Verkaufsprospekts veröffentlichen, wobei die jeweiligen Änderungen kenntlich zu machen sind. Insoweit unterscheidet sich die Nachtragspflicht des § 11 VermAnlG von der des § 16 WpPG. § 16 Abs. 1 Satz 4 WpPG fordert lediglich, dass der Nachtrag in derselben Art und Weise wie der ursprüngliche Prospekt veröffentlicht wird, nicht aber dass ein um den Nachtrag ergänzter Prospekt zwingend zu veröffentlichen ist.

17 Abzugrenzen ist die Nachtragspflicht auch von der in § 23 Abs. 2 Nr. 4 WpPG vorgesehenen **Berichtigungsmöglichkeit** (siehe auch §§ 21–23 WpPG Rz. 69 ff.)[3]. Nach § 23 Abs. 2 Nr. 4 WpPG ist die Prospekthaftung ausgeschlossen, sofern vor Abschluss des Erwerbsgeschäfts im Rahmen des Jahresabschlusses oder Zwischenberichts des Emittenten, einer Veröffentlichung nach Art. 17 Marktmissbrauchsverordnung[4] oder einer vergleichbaren Bekanntmachung eine deutlich gestaltete Berichtigung der unrichtigen oder unvollständigen Angaben im Inland veröffentlicht wurde. In der Zielrichtung, nämlich dem Ausschluss der Haftung, sind sich somit die Berichtigungsmöglichkeit nach § 23 Abs. 2 Nr. 4 WpPG und die Nachtragspflicht nach § 16 WpPG ähnlich[5]. Ansonsten bestehen aber grundlegende Unterschiede: Die Berichtigung nach § 23 Abs. 2 Nr. 4 WpPG unterliegt im Gegensatz zu Nachträgen gemäß § 16 WpPG keiner behördlichen Billigung[6] und lässt für den Anleger kein Widerrufsrecht entstehen. Die Berichtigung kann daher vor allem im Hinblick auf das dem Anleger zustehende Widerrufsrecht eine etwaige noch bestehende öffentlich-rechtliche Nachtragspflicht nach § 16 WpPG nicht erfüllen, wenn sich die Berichtigung auf eine wesentliche Unrichtigkeit im Prospekt bezieht. Bei

---

1 Vgl. BT-Drucks. 17/7453, S. 72 sowie *Markwardt/Kracke*, BKR 2012, 149 (150), die davon sprechen, dass § 16 Abs. 3 WpPG „für § 11 Abs. 2 VermAnlG Pate gestanden hat".
2 Vgl. *Seitz* in Assmann/Schlitt/von Kopp-Colomb, § 16 WpPG (Voraufl.), Rz. 4 ff.
3 Zur Abgrenzung zur Berichtigungspflicht siehe *Groß*, Kapitalmarktrecht, §§ 45 BörsG (4. Auflage), Rz. 65.
4 Verordnung (EU) Nr. 596/2014 des Europäischen Parlaments und des Rates vom 16.4.2014 über Marktmissbrauch und zur Aufhebung der Richtlinie 2003/6/EG des Europäischen Parlaments und des Rates und der Richtlinien 2003/124/EG, 2003/125/EG und 2004/72/EG der Kommission, ABl. EU Nr. L 173 v. 12.6.2014, S. 1.
5 So auch *Friedl/Ritz* in Just/Voß/Ritz/Zeising, § 16 WpPG Rz. 44 ff.
6 Siehe noch zur Vorgängerregelung des § 45 Abs. 2 Nr. 4 BörsG *Schwark* in Schwark/Zimmer, §§ 45 BörsG Rz. 62; *Groß*, Kapitalmarktrecht, § 23 WpPG Rz. 9; *Oulds*, WM 2011, 1452 (1454).

der Ermittlung der Wesentlichkeit hat der potentiell Nachtragspflichtige ein eigenes Ermessen (siehe näher unten unter Rz. 30) und kann sich für einen Nachtrag iS des § 16 Abs. 1 WpPG entscheiden, auch wenn letztlich eine Berichtigung nach § 23 Abs. 2 Nr. 4 WpPG vielleicht sogar ausreichen würde. Der Emittent oder Anbieter kann damit auch dem Risiko entgegentreten, dass die BaFin eine Berichtigung nach § 23 Abs. 2 Nr. 4 WpPG zum Anlass nehmen könnte, ein ggf. künftiges öffentliches Angebot zu untersagen, wenn nach ihrer Ansicht und mangels eines Nachtrags kein gültiger Prospekt mehr vorliegen würde (zu den Rechtsfolgen des Unterlassens eines Nachtrags siehe unten unter Rz. 139 ff. sowie Rz. 150 ff.). Zudem ist bei grenzüberschreitenden Angeboten zu beachten, dass nur ein Nachtrag die Möglichkeit bietet, die entsprechende Information im Rahmen des Notifizierungsverfahrens auch in den anderen Mitgliedstaaten zum Bestandteil des Prospekts zu machen. Dementsprechend hat in der Praxis die Berichtigungsmöglichkeit gemäß § 23 Abs. 2 Nr. 4 WpPG nur eine eingeschränkte Bedeutung und empfielt sich nur dann, wenn der sachliche Anwendungsbereich der Nachtragspflicht nicht erfüllt ist (vgl. aber unten unter Rz. 49 und 70 und zur Qualifizierung des Nachtrags als Berichtigung iS des § 23 Abs. 2 Nr. 4 WpPG unten unter Rz. 147).

4. Weitere Konkretisierungen zur Nachtragspflicht, Rechtsentwicklungen

Art. 16 Prospektrichtlinie enthält seit seiner Änderung durch die **Omnibus-Richtlinie**[1] in Abs. 3 Ermächtigungen für Durchführungsmaßnahmen zur inhaltlichen Konkretisierung der sachlichen Nachtragspflicht. Gemäß Art. 16 Abs. 3 Unterabs. 2 Prospektrichtlinie wird der Kommission die Befugnis übertragen, die in Unterabs. 1 genannten, von der ESMA entwickelten technischen Regulierungsstandards gemäß dem in Art. 10 bis 14 der Verordnung (EU) Nr. 1095/2010 („**ESMA-Verordnung**")[2] vorgesehen Verfahren zu erlassen. Davon machte die Kommission Gebrauch und erließ am 7.3.2014 eine Delegierte Verordnung im Hinblick auf technische Regulierungsstandards für die Veröffentlichung eines Prospektnachtrags (nachfolgend „**Nachtrag-RTS**")[3]. Auf die sich aus den Nachtrag-RTS ergebenen Konkretisierungen wird unten unter Rz. 36 ff. näher eingegangen.

18

---

1 Richtlinie 2010/78/EU des Europäischen Parlaments und des Rates vom 24.11.2010 zur Änderung der Richtlinien 98/26/EG, 2002/87/EG, 2003/6/EG, 2003/41/EG, 2003/71/EG, 2004/39/EG, 2004/109/EG, 2005/60/EG, 2006/48/EG, 2006/49/EG und 2009/65/EG im Hinblick auf die Befugnisse der Europäischen Aufsichtsbehörde (Europäische Bankenaufsichtsbehörde), der Europäischen Aufsichtsbehörde (Europäische Aufsichtsbehörde für das Versicherungswesen und die betriebliche Altersversorgung) und der Europäischen Aufsichtsbehörde (Europäische Wertpapier-und Marktaufsichtsbehörde), ABl. EU Nr. L 331 v. 15.12.2010, S. 120 ff.
2 Verordnung (EU) Nr. 1095/2010 des Europäischen Parlaments und des Rates vom 24.11.2010 zur Errichtung einer Europäischen Aufsichtsbehörde (Europäische Wertpapier- und Marktaufsichtsbehörde), zur Änderung des Beschlusses Nr. 716/2009/EG und zur Aufhebung des Beschlusses 2009/77/EG der Kommission, ABl. EU Nr. L 331 v. 15.12.2010, S. 84 ff.
3 Delegierte Verordnung (EU) Nr. 382/2014 der Kommission vom 7.3.2014 zur Ergänzung der Richtlinie 2003/71/EG des Europäischen Parlaments und des Rates im Hinblick auf

18a Darüber hinaus enthält die **ProspektVO** weitere Konkretisierungen zur Ausgestaltung der Nachtragspflicht. So ist im Hinblick auf die Nachtragspflicht von Basisprospekten in Art. 22 Abs. 7 ProspektVO die Geltungsdauer der Nachtragspflicht sowie das Widerrufsrecht bei Nachträgen, die sich nur auf eine oder mehrere spezifische Emissionen im Rahmen eines Basisprospekts beziehen, konkretisiert (vgl. § 6 WpPG Rz. 68) sowie im Hinblick auf das Formerfordernis bei einem Nachtrag auf eine Zusammenfassung in Art. 25 Abs. 5 bzw. Art. 26 Abs. 7 ProspektVO eine Regelung enthalten (vgl. auch § 6 WpPG Rz. 84 und zu den Konsequenzen für die Präsentation eines Nachtrags unten unter Rz. 73 ff.).

19 Hinweise zur Auslegung der Bestimmungen zur Nachtragspflicht werden auch durch die ESMA gegeben, welche im Rahmen ihrer regelmäßig veröffentlichten „**ESMA FAQs**"[1] Antworten auf auftretende Fragen ua. im Zusammenhang mit der Nachtragspflicht gibt (zu Einzelfragen im Zusammenhang mit der Nachtragspflicht siehe die Fragen 19, 20, 21, 22 und 23). Dazu zählen die Fragen der Auslösung der Nachtragspflicht bei Zwischenfinanzinformationen (siehe auch unten unter Rz. 39 ff.)[2] und bei einer Veröffentlichung einer Gewinnprognose vor dem Ende des öffentlichen Angebots[3] sowie zum Zeitpunkt der Einreichung eines Nachtrags nach Eintritt der Nachtragspflicht (dazu unten unter Rz. 67 ff.)[4]. Auch die national zuständige Aufsichtsbehörde BaFin veröffentlicht auf ihrer Homepage Interpretationshilfen oder Informationen zur aktuellen Verwaltungspraxis, insbesondere in ihren „**Häufig gestellte Fragen zum Basisprospektregime**"[5] (siehe speziell zur Nachtragspflicht die Fragen III.1, III.2, III.3, III.4 und III.5), in ihren Hinweisen zu „**Prospekterstellung und Billigungsverfahren**"[6] (siehe zur Nachtragspflicht unter II.4.b) sowie in ihren **Folien zum BaFin-Workshop** „Die wesentlichen Änderungen des Prospektrechts zum 1.7.2012"[7] (siehe speziell zur Nachtragspflicht die Folien 14 und 15).

---

technische Regulierungsstandards für die Veröffentlichung eines Prospektnachtrags, ABl. EU Nr. L 111 v. 7.3.2012, S. 36.

1 ESMA FAQs, Questions and Answers Prospectuses: 25th Updated Version – July 2016, ESMA/2016/1133, abrufbar unter https://www.esma.europa.eu/sites/default/files/library/2016-1133_25th_version_qa_document_prospectus_related_issues.pdf.
2 ESMA FAQs, Questions and Answers Prospectuses: 25th Updated Version – July 2016, ESMA/2016/1133, Frage 19.
3 ESMA FAQs, Questions and Answers Prospectuses: 25th Updated Version – July 2016, ESMA/2016/1133, Frage 20.
4 ESMA FAQs, Questions and Answers Prospectuses: 25th Updated Version – July 2016, ESMA/2016/1133, Frage 22.
5 BaFin, Häufig gestellte Fragen zum Basisprospektregime vom 31.5.2012, zuletzt geändert am 4.6.2014, abrufbar unter http://www.bafin.de/SharedDocs/Veroeffentlichungen/DE/FAQ/faq_1205_neues_basisprospektregime.html.
6 BaFin, Prospekterstellung und Billigungsverfahren (Stand März 2016), abrufbar unter http://www.bafin.de/DE/Aufsicht/Prospekte/Wertpapiere/ErstellungBilligung/erstellung_billigung_node.html.
7 BaFin-Workshop vom 4. und 5.6.2012, Die wesentlichen Änderungen des Prospektrechts zum 1.7.2012, abrufbar unter http://www.bafin.de/SharedDocs/Downloads/DE/Rede_Vortrag/dl_120604_wppg-workshop_vortrag_aenderungen_prospektrecht.pdf?__blob=publicationFile&v=6.

- Am 30.11.2015 hat die Europäische Kommission einen **Entwurf zu einer neuen Prospektverordnung** (ProspektVO-E)[1] veröffentlicht. Diese soll die Prospektrichtlinie in der Form, die sie seit der Änderungsrichtlinie hat, ersetzen. Entsprechend Art. 288 Abs. 2 AEUV hätte die Verordnung allgemeine Geltung und wäre in allen ihren Teilen verbindlich und würde unmittelbar in jedem Mitgliedstaat gelten. Der Prospektverordnungsentwurf sieht auch einige Änderungen und Ergänzungen betreffend die Nachtragspflicht vor. Die Nachtragspflicht ist in Art. 22 ProspektVO-E vorgesehen. Im Einzelnen: Nicht mehr nur jeder wichtige neue Umstand und jede wesentliche Unrichtigkeit, sondern auch jede wesentliche Ungenauigkeit soll die Nachtragspflicht auslösen, vgl. Art. 22 Abs. 1 ProspektVO-E.

20

- Nach Art. 22 Abs. 1 Unterabs. 1 ProspektVO-E müssen die Umstände, die die Nachtragspflicht auslösen nunmehr „unverzüglich" in einem Nachtrag zum Prospekt genannt werden.

- Die Frist innerhalb der ein Nachtrag zu billigen ist, verkürzt sich gem. Art. 22 Abs. 1 Unterabs. 2 ProspektVO-E von sieben auf fünf Arbeitstage.

- Art. 22 Abs. 2 ProspektVO-E enthält weitestgehend eine dem Art. 16 Abs. 2 Prospektrichtlinie entsprechende Regelung bezüglich des Widerrufsrechts des Anlegers. Hinsichtlich der Berechtigung zum Widerruf wird jedoch die Änderung eingeführt, dass der neue Umstand oder die Unrichtigkeit oder Ungenauigkeit vor dem endgültigen Schluss des öffentlichen Angebots oder – falls früher – der Lieferung der Wertpapiere eingetreten sein muss. In der aktuellen Version der Prospektrichtlinie sind diese beiden relevanten Zeitpunkte mit einem „und" verbunden.

- Art. 22 Abs. 3 ProspektVO-E enthält die – derzeit in Art. 22 Abs. 7 Unterabs. 2 ProspktVO vorgesehene – Klarstellung, dass soweit ein Nachtrag sich im Rahmen von Basisprospekten nur auf eine oder mehrere Einzelemissionen bezieht, das entsprechende Widerrufsrecht nach Art. 22 Abs. 2 ProspektVO-E auch nur für die betroffenen Emissionen besteht.

- Wenn ein einheitliches Registrierungsformular verwendet wird und ein nachtragspflichtiger Umstand allein das einheitliche Registrierungsformular betrifft, genügt es gemäß Art. 22 Abs. 4 ProspektVO-E einen Nachtrag auf das einheitliche Registrierungsformular zu erstellen. Der Nachtrag muss jedoch alle Prospekte benennen, deren Bestandteil dieses einheitliche Registrierungsformular ist.

- Neu ist, dass die zuständige Behörde gemäß Art. 22 Abs. 5 ProspektVO-E bei der Prüfung eines Nachtrags vor dessen Billigung verlangen kann, dass der Nachtrag in der Anlage eine konsolidierte Fassung des ergänzten Prospekts enthält, sofern dies zur Gewährleistung der Verständlichkeit der Angaben des Prospekts erforderlich ist.

---

[1] Vorschlag für eine Verordnung des Europäischen Parlaments und des Rates über den Prospekt, der beim öffentlichen Angebot von Wertpapieren oder bei deren Zulassung zum Handel zu veröffentlichen ist, 2015/0268(COD), abrufbar unter http://eur-lex.europa.eu/resource.html?uri=cellar:036c16c7-9763-11e5-983e-01aa75ed71a1.0001.02/DOC_1&format=PDF.

Auch im Rahmen des Entwurfs zu einer neuen Prospektverordnung bleibt schließlich die Befugnis der Kommission zum Erlass von technischen Regulierungsstandards erhalten (vgl. Art. 22 Abs. 6 ProspektVO-E).

Sowohl der Europäische Rat[1] als auch das Europäische Parlament[2] sind dem Vorschlag der Kommission im Wesentlichen gefolgt. Im Gegensatz zum Kommissionsentwurf soll aber nach Auffassung des Parlaments (ECON) das Widerrufsrecht auf fünf Arbeitstage nach Veröffentlichung des Nachtrags ausgeweitet werden. Zudem sehen sowohl der Europäische Rat als auch das Europäische Parlament eine Ausweitung der für die Aktualisierung eines einheitlichen Registrierungsformulars geltenden Erleichterung auf alle gesonderten Registrierungsformulare vor.

II. Nachtragspflicht (§ 16 Abs. 1 WpPG) *(Seitz/Scholl)*

1. Sachlicher und zeitlicher Anwendungsbereich der Nachtragspflicht (§ 16 Abs. 1 Satz 1 WpPG)

21 Der **sachliche Anwendungsbereich** der Nachtragspflicht wird gemäß § 16 Abs. 1 Satz 1 WpPG auf zweifache Art und Weise eingeschränkt:

- Es lösen nur bestimmte Umstände oder Unrichtigkeiten die Nachtragsschwelle aus. In diesem Zusammenhang wird auch von dem „Anlass der Nachtragspflicht" gesprochen (siehe unten unter Rz. 23 ff.)[3].
- Daneben muss auch ein Bezug zu den im Prospekt enthaltenen Angaben bestehen, dh. der Gegenstand eines Nachtrags ist auf die im Prospekt enthaltenen Angaben beschränkt und muss somit „nachtragsfähig" sein (siehe unten unter Rz. 50 ff.).

22 Davon zu unterscheiden ist der **zeitliche Anwendungsbereich** der Nachtragspflicht. § 16 Abs. 1 Satz 1 WpPG enthält sowohl für den Beginn als auch für das Ende Vorgaben, so dass der nachtragsrelevante Zeitraum im Einzelfall zu bestimmen ist (siehe unten unter Rz. 60 ff.)[4].

---

[1] Rat der Europäischen Union, Interinstitutionelles Dossier 2015/0268 (COD) zum Vorschlag der Europäischen Kommission für eine Verordnung des Europäischen Parlaments und des Rates über den Prospekt, der beim öffentlichen Angebot von Wertpapieren oder bei deren Zulassung zum Handel zu veröffentlichen ist, 9800/16, 3.6.2016, abrufbar unter http://data.consilium.europa.eu/doc/document/ST-9800-2016-INIT/de/pdf.

[2] ECON, Draft European Parliament legislative resolution on the proposal for a regulation of the European Parliament and of the Council on the prospectus to be published when securities are offered to the public or admitted to trading (2015/0268(COD)) vom 19.7.2016, abrufbar unter http://www.europarl.europa.eu/sides/getDoc.do?type=REPORT&mode=XML&reference=A8-2016-0238&language=EN#title1.

[3] So ua. *Friedl/Ritz* in Just/Voß/Ritz/Zeising, § 16 WpPG Rz. 23.

[4] Siehe auch ESMA, Consultation Paper v. 15.3.2013 – Draft Regulatory Technical Standards on specific situations that require the publication of a supplement to the prospectus, ESMA/2013/316, Rz. 11.

a) Anlass der Nachtragspflicht

Gemäß § 16 Abs. 1 Satz 1 WpPG können jeder wichtige neue Umstand oder jede wesentliche Unrichtigkeit, welche die Beurteilung der Wertpapiere beeinflussen könnten, Anlass der Nachtragspflicht sein. 23

aa) Umstand oder Unrichtigkeit

Im Rahmen des § 16 Abs. 1 Satz 1 WpPG ist zwischen der **Aktualisierungspflicht im engeren Sinne** und der **Berichtigungspflicht** zu unterscheiden. Die Aktualisierungspflicht im engeren Sinne hat die Aktualisierung des Inhalts des Prospekts um nach der Billigung des Prospekts neu hinzugetretene Umstände zum Gegenstand, während sich die Berichtigungspflicht auf die Berichtigung von Angaben im Prospekt bezieht, die bereits im Zeitpunkt der Billigung des Prospekts (unerkannt) unrichtig oder unvollständig waren[1]. Im Hinblick darauf, dass im WpPG und in der Prospektrichtlinie an anderen Stellen nicht strikt zwischen den beiden Tatbeständen unterschieden wird und letztlich auch in der Praxis die Differenzierung keine weitere Bedeutung hat, kann im Fall der Ergänzung des Prospekts durch einen Nachtrag gemäß § 16 WpPG (vgl. die Formulierung in § 6 Abs. 2 WpPG oder § 9 Abs. 1 WpPG) allgemein von der Aktualisierung gesprochen werden, und dementsprechend ist zwischen der Aktualisierungspflicht im engeren Sinne und der Berichtigungspflicht als Unterfälle der Aktualisierung zu differenzieren. 24

Der Vollständigkeit halber sei darauf hingewiesen, dass die Aktualisierungspflicht iS des § 16 WpPG **von einer allgemeinen Aktualisierungspflicht abzugrenzen** ist (siehe oben unter Rz. 4). 25

bb) Wichtigkeit des neuen Umstands bzw. Wesentlichkeit der Unrichtigkeit

Die Nachtragspflicht wird jedoch gemäß § 16 Abs. 1 Satz 1 WpPG nur ausgelöst, sofern der **Umstand wichtig** oder die **Unrichtigkeit wesentlich** ist. Dies heißt aber nicht, dass nicht wichtige Umstände oder nicht wesentliche Unrichtigkeiten in einem Nachtrag nicht auch (mit-)geändert werden können (siehe dazu unten unter Rz. 49). 26

Ob ein neuer Umstand „wichtig" oder eine Unrichtigkeit „wesentlich" ist und damit der Test für die Nachtragspflicht in sachlicher Hinsicht erfüllt ist, bestimmt sich – vorbehaltlich einer systematischen Nachtragspflicht gemäß der Nachtrag-RTS (siehe unten unter Rz. 36 ff.) – anhand des **Maßstabs des § 5 Abs. 1 Satz 1 WpPG**[2]. Die Prüfung der Nachtragspflicht in sachlicher Hinsicht wird somit vom gleichen 27

---

1 Zur Differenzierung zwischen der Aktualisierungs- und Berichtigungspflicht im Richtlinien-Gesetzgebungsverfahren vgl. *Seitz* in Assmann/Schlitt/von Kopp-Colomb, § 16 WpPG (Voraufl.), Rz. 2.
2 Vgl. ESMA, Final Report v. 17.12.2013 – Draft Regulatory Technical Standards on specific situations that require the publication of a supplement to the prospectus, ESMA/2013/1970, Rz. 26; siehe auch Regierungsentwurf, BT-Drucks. 15/4999, S. 36 (Begründung § 16 Abs. 1); *Friedl/Ritz* in Just/Voß/Ritz/Zeising, § 16 WpPG Rz. 25; *Groß*, Kapitalmarktrecht,

übergeordneten Rechtsgedanken getragen, wie die Prüfung der Mindestinhalte eines Prospekts[1]. Dementsprechend sind sämtliche Angaben als „wichtig" bzw. „wesentlich" anzusehen, die im Hinblick auf den Emittenten und/oder die Wertpapiere notwendig sind, um dem Publikum ein zutreffendes Urteil über die Vermögenswerte und Verbindlichkeiten, die Finanzlage, die Gewinne und Verluste, die Zukunftsaussichten des Emittenten und jedes Garantiegebers sowie über die mit diesen Wertpapieren verbundenen Rechte zu ermöglichen (zur Verankerung der Wesentlichkeitsschwelle in § 5 Abs. 1 WpPG siehe auch § 5 WpPG Rz. 16). Der Differenzierung zwischen der Wichtigkeit bei einem neuen Umstand und der Wesentlichkeit bei einer Unrichtigkeit kommt keine eigenständige Bedeutung zu, da es in beiden Fällen darauf ankommt, dass die entsprechende Information die Beurteilung der Wertpapiere beeinflussen kann.

cc) Relevanz für die Beurteilung der Wertpapiere

28 Sowohl die Aktualisierungspflicht im engeren Sinne als auch die Berichtigungspflicht wird nach § 16 Abs. 1 Satz 1 WpPG nur dann ausgelöst, wenn die neuen Umstände oder die Unrichtigkeiten die Beurteilung der Wertpapiere beeinflussen können. Maßgeblich für die Beurteilung ist der **verobjektivierte Maßstab eines verständigen Anlegers**[2]. Wenn demnach die neuen Umstände oder die Unrichtigkeiten objektiv geeignet sind, den Anleger zu einer anderen oder modifizierten Anlageentscheidung zu veranlassen[3], ist von der Relevanz für die Beurteilung der Wertpapiere auszugehen.

29 **Nicht jeder neue Umstand oder jede Unrichtigkeit ist für die Beurteilung der Wertpapiere relevant.** Entsprechend löst auch nicht jede Änderung oder Unrichtigkeit bezüglich der Detailangaben in einem Wertpapierprospekt die Nachtragspflicht aus[4]. Eine ähnliche Frage stellt sich im Übrigen bei der Aktualisierung eines gesondert hinterlegten Registrierungsformulars mittels einer Wertpapierbeschreibung gemäß § 12 Abs. 3 Satz 1 WpPG (zur Vergleichbarkeit des Maßstabs und dem Ver-

---

§ 16 WpPG Rz. 2; *Hamann* in Schäfer/Hamann, § 16 WpPG Rz. 4; *Heidelbach/Preuße*, BKR 2006, 316 (320); *Apfelbacher/Metzner*, BKR 2006, 81 (85).

1 Vgl. ESMA, Final Report v. 17.12.2013 – Draft Regulatory Technical Standards on specific situations that require the publication of a supplement to the prospectus, ESMA/2013/1970, Rz. 28.

2 So bereits zu § 11 VerkProspG aF BAWe-Bekanntmachung v. 6.9.1999, BGBl. I 1999, S. 16180 (unter Ziffer X.1) sowie *Lenz/Ritz*, WM 2000, 904 (908); zur Auslegung von § 16 WpPG siehe *Friedl/Ritz* in Just/Voß/Ritz/Zeising, § 16 WpPG Rz. 26; *Heidelbach/Preuße*, BKR 2006, 316 (320); *Becker* in Heidel, Aktienrecht und Kapitalmarktrecht, § 16 WpPG Rz. 3 und *Hamann* in Schäfer/Hamann, § 16 WpPG Rz. 4. Ähnlich im Zusammenhang mit dem Begriff der „Insiderinformation" nach § 13 WpHG *Assmann* in Assmann/Uwe H. Schneider, § 15 WpHG Rz. 58.

3 Vgl. BAWe-Bekanntmachung v. 6.9.1999, BGBl. I 1999, S. 16180, Ziffer X.1.

4 Vgl. ESMA, Final Report v. 17.12.2013 – Draft Regulatory Technical Standards on specific situations that require the publication of a supplement to the prospectus, ESMA/2013/1970, Rz. 27; vgl. auch *Heidelbach/Preuße*, BKR 2006, 316 (320), die insofern von einer „Bagatellgrenze" sprechen.

hältnis zur Aktualisierung eines Registrierungsformulars mittels eines Nachtrags siehe § 12 WpPG Rz. 34 ff.).

Bezüglich der Entscheidung über die Relevanz für die Beurteilung der Wertpapiere wird **den potentiell Nachtragspflichtigen** ein **Ermessen** eingeräumt[1]. Dies ist auch im Zusammenhang damit zu sehen, dass Verstöße gegen die Nachtragspflicht an sich – anders lediglich bei der Nichtveröffentlichung eines Nachtrags (siehe unten unter Rz. 144) – nicht bußgeldbewehrt sind. Korrektiv ist aber jedenfalls die Prospekthaftung im Fall einer Fehleinschätzung.

Grundsätzlich muss **jeder Sachverhalt einzeln bewertet werden**. In der Praxis gibt es aber häufig Situationen, in denen eine Vielzahl von Faktoren zu einem bestimmten Zeitpunkt zusammentreffen, zB in einer Krisensituation des Emittenten. In diesem Fall werden in der Praxis regelmäßig, ohne im Einzelfall zu differenzieren, alle Änderungen in einen einheitlichen Nachtrag aufgenommen (zum Zusammenhang mit der Präsentationsweise des Nachtrags siehe unten unter Rz. 73 ff.). Dies entspricht der Überlegung, dass in einen Nachtrag auch Änderungen aufgenommen werden können, die (für sich genommen) unter der Nachtragsschwelle liegen. Aufgrund der Tatsache, dass die Aufnahme von Informationen in einen Nachtrag eine Ermessensentscheidung des Emittenten ist, ist dies konsequent. Aus der Formulierung in § 16 Abs. 1 WpPG lässt sich schließlich nicht folgern, dass ein Nachtrag nur auf wichtige Umstände bzw. wesentliche Unrichtigkeiten beschränkt ist, sondern es ist nur geregelt, dass in diesen Fällen eine Nachtrags*pflicht* besteht. Konsequenterweise kann aus der Aktualisierung einer Angabe in einem Prospekt mittels eines Nachtrags nicht der Schluss gezogen werden, dass jede Änderung die Nachtragsschwelle überschreitet.

Ob ein wichtiger neuer Umstand oder eine wesentliche Unrichtigkeit für die Beurteilung der Wertpapiere relevant ist, hängt von der **Art der Wertpapiere** ab. Während für die Bewertung einer Aktie vor allem die unternehmerischen Entscheidungen des Emittenten relevant sind, hängt die Bewertung von Schuldverschreibungen von der Fähigkeit des Emittenten ab, die fälligen Zahlungen entsprechend der Bedingungen für die Schuldverschreibungen leisten zu können[2]. Für Aktien sind damit regelmäßig mehr Umstände oder Unrichtigkeiten nachtragsrelevant. Auswirkungen hat dies zB für die Beurteilung der Nachtragspflicht im Fall von Zwischenfinanzinformationen (siehe unten unter Rz. 39 ff.).

---

[1] Vgl. ESMA, Consultation Paper v. 15.3.2013 – Draft Regulatory Technical Standards on specific situations that require the publication of a supplement to the prospectus, ESMA/2013/316, Rz. 28 sowie auch *Rauch* in Holzborn, § 16 WpPG Rz. 5 und *Friedl/Ritz* in Just/Voß/Ritz/Zeising, § 16 WpPG Rz. 34.

[2] Vgl. ESMA, Final Report v. 17.12.2013 – Draft Regulatory Technical Standards on specific situations that require the publication of a supplement to the prospectus, ESMA/2013/1970, Rz. 59 unter Verweis auf Annex I Ziff. 4 und Annex IV Ziffer 4 der ProspektVO sowie *Heidelbach* in Schwark/Zimmer, § 16 WpPG Rz. 12 f.; *Heidelbach/Preuße*, BKR 2006, 316 (320) und *Friedl/Ritz* in Just/Voß/Ritz/Zeising, § 16 WpPG Rz. 29; so bereits BAWe-Bekanntmachung v. 6.9.1999, BGBl. I 1999, S. 16180 (unter Ziffer X.1).

33 Die Nachtragspflicht gemäß § 16 Abs. 1 WpPG besteht grundsätzlich unabhängig davon, ob die **Umstände oder Unrichtigkeiten positiv oder negativ** sind (Gleiches gilt nunmehr auch im Hinblick auf das Widerrufsrecht des Anlegers gemäß § 16 Abs. 3 WpPG, dazu unten unter Rz. 104)[1]. Im Gegensatz zur Ad-hoc-Pflicht ist der Nachtrag zwar in erster Linie aus Primärmarktsicht, dh. für gerade stattfindende oder künftige öffentliche Angebote bzw. eine künftige Zulassung der Wertpapiere an einem organisierten Markt relevant (siehe dazu oben unter Rz. 15), also vor allem für Situationen, in denen Anleger die Wertpapiere erwerben. Dementsprechend sind vor allem negative Umstände für den Anleger von Interesse, die ihn eventuell von einem Kauf der Wertpapiere abhalten würden. Dies führt aber letztlich nicht zu der Konsequenz, dass nur in diesen Fällen eine Beeinflussung der Beurteilung der Wertpapiere oder des Emittenten tangiert wird. Entsprechend enthält § 16 Abs. 1 WpPG auch keine diesbezügliche Differenzierung. Die ESMA weist schließlich darauf hin, dass die Einordnung als positiver oder negativer Umstand oder postive oder negative Unrichtigkeit aus der Perspektive des einzelnen Anlegers durchaus unterschiedlich gewürdigt werden könne[2]. Im Zusammenhang mit der Überarbeitung der Prospektrichtlinie durch die Änderungsrichtlinie wurde gefordert, die Nachtragspflicht auf Umstände oder Unrichtigkeiten zu begrenzen, welche sich nachteilig auf die Bewertung der Wertpapiere auswirken[3]. Im Kompromissvorschlag vom 28.5.2010 wurde dies nicht berücksichtigt[4].

34 In einen Nachtrag können auch **künftige Umstände** aufgenommen werden, zB anstehende Beschlüsse einer Hauptversammlung zu einem Squeeze-out-Verfahren oder Angaben zu einem Gerichtsverfahren mit noch unbekanntem Ausgang. Ein erneuter Nachtrag bei Eintritt der Umstände in der Zukunft ist allerdings nur dann nicht erforderlich, wenn die Umstände in der für die Beurteilung durch den Anleger erforderlichen Konkretheit beschrieben wurden und die Umstände auch tatsächlich so eintreten, wie im ursprünglichen Nachtrag angelegt[5]. In den genannten Beispielen würde zB der Squeeze-out-Beschluss durch die Hauptversammlung nicht zwingend einen erneuten Nachtrag erfordern, wenn bereits die Mehrheitsverhältnisse innerhalb der Aktionärsstruktur und der Antrag des Mehrheitsaktionärs für eine bereits terminierte Hauptversammlung im ursprünglichen Nachtrag (oder gegebenenfalls schon im Prospekt) erwähnt sind; es ist aber die (erneute) Nachtragspflicht im Einzelfall zu prüfen, wenn Aktionäre Klagen einreichen und dies gegebenenfalls die Eintragung des Squeeze-outs im Handelsregister durch das zuständige Gericht verzögert. Gleiches gilt im Fall von Gerichtsverfahren: Soweit im Prospekt oder in

---

1 Siehe ESMA, Final Report v. 17.12.2013 – Draft Regulatory Technical Standards on specific situations that require the publication of a supplement to the prospectus, ESMA/2013/1970, Rz. 21; a.A. *Heidelbach* in Schwark/Zimmer, § 16 WpPG Rz. 14.
2 Vgl. ESMA, Final Report v. 17.12.2013 – Draft Regulatory Technical Standards on specific situations that require the publication of a supplement to the prospectus, ESMA/2013/1970, Rz. 22.
3 ZKA, Stellungnahme v. 10.3.2009 in Zusammenhang mit der Konsultation der Europäischen Kommission zur Prospektrichtlinie (englische Fassung S. 5).
4 Ratsdokument 10254/10 v. 28.5.2010.
5 Ausführlich dazu *Friedl/Ritz* in Just/Voß/Ritz/Zeising, § 16 WpPG Rz. 35.

einem vorangegangenen Nachtrag bereits angelegt ist, dass eine bestimmte Entscheidung des Gerichts wahrscheinlich ist, muss der tatsächliche Ausgang des Gerichtsverfahrens nicht zwingend einen Nachtrag auslösen. Etwas anderes kann aber dann gelten, wenn sich die streitige Summe erhöht oder das Gericht anders entscheidet als erwartet. Von der Frage, inwiefern durch die Abbildung von künftigen Umständen ein Nachtrag in der Zukunft vermieden werden kann, ist die Frage zu unterscheiden, ab welchem Zeitpunkt eine Information so konkret ist, dass sie die Nachtragspflicht auslöst (dazu unten unter Rz. 72).

Auch das **Wegfallen von Tatsachen** kann einen wichtigen neuen Umstand darstellen, wenn die weggefallenen Tatsachen für die Beurteilung der Wertpapiere von wesentlicher Bedeutung sind; dies gilt etwa für das Wegfallen einer Sicherungsmöglichkeit[1] oder die Kündigung eines im Prospekt beschriebenen wesentlichen Vertrages[2].

dd) Gesetzliche Festlegung von Situationen, die eine Nachtragspflicht auslösen (Systematische Nachtragspflicht)

Die **Omnibus-Richtlinie** hat mit Einführung des neuen Abs. 3 zu Art. 16 der Prospektrichtlinie die Möglichkeit geschaffen, dass die Kommission auf Vorschlag der ESMA technische Regulierungsstandards gemäß dem in den Art. 10 bis 14 der ESMA-Verordnung vorgesehenem Verfahren erlassen kann, um die Situationen zu benennen, in denen ein wichtiger neuer Umstand oder eine wesentliche Unrichtigkeit oder Ungenauigkeit in Bezug auf die im Prospekt enthaltenen Angaben die Veröffentlichung eines Prospektnachtrags erfordert (sog. „**Systematische Nachtragspflicht**"). Gestützt auf diese Grundlage hat die ESMA im Jahr 2013 eine öffentliche Konsultation[3] zu einer systematischen Nachtragspflicht für bestimmte Situationen betreffend den Emittenten oder die Wertpapiere durchgeführt und ihre Ergebnisse in einem Final Report[4] der Kommission zugeleitet. Die systematische Nachtragspflicht betrifft daher nur bestimmte definierte „wichtige" Umstände, also die Aktualisierungspflicht im engeren Sinne. Hinsichtlich der Berichtigungspflicht sah die ESMA kein Bedürfnis für eine systematische Nachtragspflicht, da hier weniger häufig Interpretationsspielräume bestehen würden[5]. Die Kommission hat basierend auf dem Final Report die Nachtrag-RTS veröffentlicht (siehe oben unter Rz. 18).

---

1 So bereits zu § 11 VerkProspG BAWe-Bekanntmachung v. 6.9.1999, BGBl. I 1999, S. 16180, Ziffer X.1.
2 *Becker* in Heidel, Aktienrecht und Kapitalmarktrecht, § 16 WpPG Rz. 4.
3 ESMA, Consultation Paper v. 15.3.2013 – Draft Regulatory Technical Standards on specific situations that require the publication of a supplement to the prospectus, ESMA/2013/316, abrufbar unter https://www.esma.europa.eu/sites/default/files/library/2015/11/2013-316.pdf.
4 ESMA, Final Report v. 17.12.2013 – Draft Regulatory Technical Standards on specific situations that require the publication of a supplement to the prospectus, ESMA/2013/1970, abrufbar unter https://www.esma.europa.eu/sites/default/files/library/2015/11/2013-1970_report_on_draft_rts_for_supplements_to_prospectuses.pdf.
5 ESMA, Final Report v. 17.12.2013 – Draft Regulatory Technical Standards on specific situations that require the publication of a supplement to the prospectus, ESMA/2013/

37 Der Zweck der Nachtrag-RTS liegt ausweislich der Erwägungsgründe Nr. 3 und 4 Nachtrag-RTS in der europaweiten Harmonisierung der Situationen, die im Hinblick auf den Anlegerschutz **zwingend** und **ohne weiteren Ermessensspielraum** des Nachtragspflichtigen bzgl. der Wesentlichkeit eines neuen Umstandes die **Veröffentlichung eines Nachtrags** zu einem Prospekt im Rahmen des nachtragsrelevanten Zeitraums (siehe unten unter Rz. 60 ff.) **erfordern** (nachfolgend als „Pflichtsituationen" bezeichnet). Diese Pflichtsituationen sind jedoch in den Nachtrag-RTS aufgrund der oftmals gerade notwendigen Einzelfallbetrachtung hinsichtlich des betreffenden Emittenten oder der betreffenden Wertpapiere auf ein Minimum beschränkt worden (vgl. Erwägungsgrund Nr. 5 Nachtrag-RTS). Dies bedeutet gleichwohl nicht – und die ESMA weist in dem Final Report ausdrücklich darauf hin[1] –, dass die anderen im Rahmen der Konsultation von der ESMA diskutierten Sachverhalte im Wege eines „erst-Recht"-Schlusses nicht mehr dem sachlichen Anwendungsbereich der Nachtragspflicht unterliegen würden. Die Prüfungspflicht des potentiell Nachtragspflichtigen hinsichtlich des Bestehens der Aktualisierungspflicht im engeren Sinne und der Berichtigungspflicht im jeweiligen Einzelfall, der keine Pflichtsituation darstellt, bleibt durch die Nachtrag-RTS unberührt.

38 Die folgenden Pflichtsituationen werden von den Nachtrag-RTS der gesetzlichen sachlichen Nachtragspflicht ohne Ermessensspielraum des Emittenten unterstellt, wobei kein Unterschied gemacht wird, ob die Pflichtsituation einen positiven, negativen oder neutralen neuen Umstand darstellt[2]:
– gemäß Art. 2 lit. a) Nachtrag-RTS bei **Veröffentlichung neuer geprüfter Jahresabschlüsse** durch: (1) einen Emittenten, wenn der Prospekt sich auf Aktien und andere übertragbare, aktienähnliche Wertpapiere gemäß Art. 4 Abs. 2 Nr. 1 ProspektVO bezieht; (2) einen Emittenten der zugrunde liegenden Aktien oder anderer übertragbarer, aktienähnlicher Wertpapiere im Falle von Dividendenwerten in Form von Wandel- oder Umtauschwertpapieren, dh. solche, die die Bedingungen des Art. 17 Abs. 2 ProspektVO erfüllen; (3) einen Emittenten der zugrunde liegenden Aktien, wenn der Prospekt sich auf Hinterlegungsscheine („*depositary receipts*") gemäß Anhang X oder XXVIII ProspektVO bezieht (vgl. zur Begründung Erwägungsgrund Nr. 6 Nachtrag-RTS). Bei Prospekten auf Nichtdividendenwerte verbleibt es daher bei der bisherigen Rechtslage und der Ermessensentscheidung des Nachtragspflichtigen (siehe unten unter Rz. 41 f.), wobei die ESMA darauf hinweist, dass ein besonderes Augenmerk auf die Nachtragspflicht

---

 1970, Rz. 15 und ESMA, Consultation Paper v. 15.3.2013 – Draft Regulatory Technical Standards on specific situations that require the publication of a supplement to the prospectus, ESMA/2013/316, Rz. 13.
1 Siehe ESMA, Final Report v. 17.12.2013 – Draft Regulatory Technical Standards on specific situations that require the publication of a supplement to the prospectus, ESMA/2013/1970, Rz. 16.
2 Siehe auch ESMA, Consultation Paper v. 15.3.2013 – Draft Regulatory Technical Standards on specific situations that require the publication of a supplement to the prospectus, ESMA/2013/316, Rz. 17 f.

bei Angeboten an Privatanleger gelegt werden sollte[1]. Ebenfalls nicht als Pflichtsituation erfasst, ist die Veröffentlichung von Zwischenfinanzinformationen für alle Wertpapierarten;

– gemäß Art. 2 lit. b) Nachtrag-RTS bei **Veröffentlichung von Änderungen einer bereits in den Prospekt aufgenommenen Gewinnprognose oder -schätzung** durch: (1) einen Emittenten, wenn der Prospekt sich auf **Aktien und andere übertragbare, aktienähnliche Wertpapiere** gemäß Art. 4 Abs. 2 Nr. 1 ProspektVO bezieht; (2) einen Emittenten der zugrunde liegenden Aktien oder anderer übertragbarer, aktienähnlicher Wertpapiere, wenn der Prospekt sich auf Dividendenwerte in Form von Wandel- oder Umtauschwertpapieren, dh. solche, die die Bedingungen des Art. 17 Abs. 2 ProspektVO erfüllen, bezieht; (3) einen Emittenten der zugrunde liegenden Aktien, wenn der Prospekt sich auf Hinterlegungsscheine („*depositary receipts*") gemäß Anhang X oder XXVIII ProspektVO bezieht (vgl. zur Begründung Erwägungsgrund Nr. 7 Nachtrag-RTS). Erforderlich ist damit, dass eine Gewinnprognose oder -schätzung bereits im Prospekt enthalten ist. In diesem Fall löst jede Veröffentlichung von Änderungen die sachliche Nachtragspflicht aus;

– gemäß Art. 2 lit. c) Nachtrag-RTS bei **Veränderungen der Kontrollverhältnisse** bei: (1) einem Emittenten, wenn der Prospekt sich auf **Aktien und andere übertragbare, aktienähnliche Wertpapiere** gemäß Art. 4 Abs. 2 Nr. 1 ProspektVO bezieht; (2) einem Emittenten der zugrunde liegenden Aktien oder anderer übertragbarer, aktienähnlicher Wertpapiere, wenn der Prospekt sich auf Dividendenwerte in Form von Wandel- oder Umtauschwertpapieren, dh. solche, die die Bedingungen des Art. 17 Abs. 2 ProspektVO erfüllen, bezieht; (3) einem Emittenten der zugrunde liegenden Aktien, wenn der Prospekt sich auf Hinterlegungsscheine („*depositary receipts*") gemäß Anhang X oder XXVIII ProspektVO bezieht. In Erwägungsgrund Nr. 8 der Nachtrag-RTS wird hervorgehoben, dass Angaben zu den Hauptaktionären oder etwaigen beherrschenden Unternehmen bei Anlageentscheidung hinsichtlich dieser Dividendenwerten und Hinterlegungsscheinen besonders ins Gewicht fallen. Der entscheidende sachliche Prüfungspunkt für das Vorliegen einer Pfichtsituation ist die Änderung der Kontrollverhältnisse nach dem jeweils einschlägigen Gesellschaftsrecht;

– gemäß Art. 2 lit. d) Nachtrag-RTS bei einem neuen öffentlichen **Übernahmeangebot** von Dritten im Sinne von Art. 2 Abs. 1 lit. a) der Richtlinie 2004/25/EG („**Übernahme-Richtlinie**")[2] und bei Vorliegen des Ergebnisses eines öffentlichen Übernahmeangebots bezüglich: (1) des Eigenkapitals des Emittenten, wenn der Prospekt sich auf **Aktien und andere übertragbare, aktienähnliche Wertpapiere** gemäß Art. 4 Abs. 2 Nr. 1 ProspektVO bezieht; (2) des Eigenkapitals des Emittenten der zugrunde liegenden Aktien oder anderer übertragbarer, aktienähn-

---

[1] Siehe ESMA, Final Report v. 17.12.2013 – Draft Regulatory Technical Standards on specific situations that require the publication of a supplement to the prospectus, ESMA/2013/1970, Rz. 64.
[2] Richtlinie 2004/25/EG des Europäischen Parlaments und des Rates vom 21.4.2004 betreffend Übernahmeangebote, ABl. EU Nr. L 142 v. 30.4.2004, S. 12 ff.

licher Wertpapiere, wenn der Prospekt sich auf Dividendenwerte in Form von Wandel- oder Umtauschwertpapieren, dh. solche, die die Bedingungen des Art. 17 Abs. 2 ProspektVO erfüllen, bezieht; (3) des Eigenkapitals des Emittenten der zugrunde liegenden Aktien, wenn der Prospekt sich auf Hinterlegungsscheine (*„depositary receipts"*) gemäß Anhang X oder XXVIII ProspektVO bezieht. Nach Erwägungsgrund Nr. 9 der Nachtrag-RTS sind sowohl die Bedingungen des öffentlichen Übernahmeangebots als auch das Ergebnis des öffentlichen Übernahmeangebots wichtige Aspekte im Rahmen der Anlageentscheidungen und daher die Rechtfertigung für die Festlegung als Pflichtsituation;

– gemäß Art. 2 lit. e) Nachtrag-RTS bei einer Veränderung der in einen Prospekt aufgenommenen **Erklärung zum Geschäftskapital in Bezug auf Aktien und andere übertragbare, aktienähnliche Wertpapiere** gemäß Art. 4 Abs. 2 Nr. 1 ProspektVO sowie bei Dividendenwerten in Form von Wandel- oder Umtauschwertpapieren, die die Bedingungen des Art. 17 Abs. 2 ProspektVO erfüllen, wenn dadurch das Geschäftskapital im Hinblick auf die aktuellen Verpflichtungen des Emittenten eine ausreichende bzw. nicht ausreichende Höhe erreicht. Anleger sollten nach dem Erwägungsgrund Nr. 10 der Nachtrag-RTS ihre Anlageentscheidungen unter Berücksichtigung der neuen Informationen über die Fähigkeit des Emittenten, sich zur Bedienung seiner Verbindlichkeiten Barmittel und andere liquide Mittel zu verschaffen, einer Neubewertung unterziehen können. Im Unterschied zu den meisten anderen Pflichtsituationen ist mit der Referenz auf eine ausreichende bzw. nicht ausreichende Höhe des Geschäftskapitals eine emittentenspezifische Messgröße im Rahmen der Feststellung der Pflichtsituation von Bedeutung. Insofern können sich in der Praxis auch entsprechende Beurteilungsfragen zur Grenzziehung stellen;

– gemäß Art. 2 lit. f) Nachtrag-RTS bei **Antrag eines Emittenten auf Zulassung zum Handel an einem zusätzlichen geregelten Markt** oder zusätzlichen geregelten Märkten eines zusätzlichen Mitgliedstaats oder zusätzlicher Mitgliedstaaten oder geplantem öffentlichen Angebot in einem zusätzlichen Mitgliedstaat oder zusätzlichen Mitgliedstaaten, sofern diese Angaben noch nicht im Prospekt enthalten sind. Diese Pflichtsituation bezieht sich auf die Änderungen von Angaben zum öffentlichen Angebot oder zur Börsenzulassung in einem Prospekt in Bezug auf die betreffenden Mitgliedstaaten, in denen ein öffentliches Angebot oder eine Einbeziehung in den Handel an einem organisierten Markt nachträglich auch noch erfolgen soll. Diese Angaben seien für den Anleger wichtig (vgl. zur Begründung Erwägungsgrund Nr. 11 Nachtrag-RTS) und daher in einem Nachtrag zu veröffentlichen;

– gemäß Art. 2 lit. g) Nachtrag-RTS **bei neuen, bedeutenden finanziellen Verpflichtungen**, die voraussichtlich eine bedeutende Bruttoveränderung im Sinne von Art. 4a Abs. 6 ProspektVO bewirken, wenn der Prospekt sich auf **Aktien und andere übertragbare, aktienähnliche Wertpapiere** gemäß Art. 4 Abs. 2 Nr. 1 ProspektVO und Dividendenwerte in Form von Wandel- oder Umtauschwertpapieren, dh. solche, die die Bedingungen des Art. 17 Abs. 2 ProspektVO erfüllen, bezieht. Anleger sollen in einem solchen Fall zusätzliche Informationen über die Folgen solcher Verpflichtungen erhalten (vgl. zur Begründung Erwägungsgrund

Nr. 12 Nachtrag-RTS). Gleichwohl sind im Rahmen dieser Pflichtsituation nur bedeutende Verpflichtungen mit voraussichtlich bedeutender Bruttoveränderung relevant. Es ist anzunehmen, dass sich in der Praxis bei diesem Test die gleichen Fragen zur Beurteilung stellen werden, wie bei der sachlichen Nachtragspflicht (siehe oben unter Rz. 26 f.);

– gemäß Art. 2 lit. h) Nachtrag-RTS bei **Erhöhung des aggregierten Nominalbetrags des Angebotsprogramms** (vgl. zur Begründung Erwägungsgrund Nr. 13 Nachtrag-RTS). Diese Pflichtsituation bezieht sich entsprechend auf Basisprospekte und nach Ansicht der ESMA folgt die systematische Nachtragspflicht in diesem Fall der ohnehin bereits bestehenden Marktpraxis für eine Erhöhung des Emissionsvolumens eines Angebotsprogramms[1].

ee) Nachtragspflicht bei periodischen Finanzinformationen

Ein zentrales Thema ist in der Praxis, inwiefern im Rahmen der Regelpublizität, dh. **im Fall von periodischen Finanzinformationen wie Jahres- oder Halbjahresabschlüssen**, eine Nachtragspflicht ausgelöst wird. Inlandsemittenten sind – beruhend auf der Transparenzrichtlinie – verpflichtet, Jahresfinanzberichte (§ 37v WpHG) und Halbjahresfinanzberichte (§ 37w WpHG) zu erstellen. Die gesetzliche Pflicht zur Erstellung von Zwischenmitteilungen (§ 37x WpHG aF) bzw. Quartalsfinanzberichte (§ 37x Abs. 3 WpHG aF) wurde im Zuge der Umsetzung der Transparenzrichtlinie-Änderungsrichtlinie ersatzlos gestrichen[2]. Für Emittenten von Aktien kann sich jedoch eine Pflicht zur Erstellung von Quartalsmitteilungen zB aufgrund der einschlägigen Börsenordnung ergeben[3].

Mit Ausnahme der in den Nachtrag-RTS festgelegten Situation eines neuen geprüften Jahresabschlusses eines Emittenten von Dividendenwerten oder Hinterlegungsscheinen oder eines Emittenten von Dividendenwerten, die Wandel- oder Umtauschwertpapieren zu Grunde liegen (siehe oben unter Rz. 38), besteht im Rahmen des § 16 WpPG **keine allgemeingültige Regel für die Behandlung von periodischen Finanzinformationen**. Es ist vielmehr und auch trotz der Nichterwähnung in den Nachtrag-RTS im Einzelfall zu prüfen, ob die jeweiligen Abschlüsse Informationen enthalten, die für sich genommen oder in der Zusammenschau einen neuen Umstand bilden, der für die Beurteilung der Wertpapiere wichtig ist[4]. Dabei kommt es maßgeblich auf die Zusammenschau mit den im Prospekt bereits enthaltenen Finanzinformationen an. Nur wenn sich im Einzelfall wesentliche Veränderungen im

---

1 Siehe ESMA, Final Report v. 17.12.2013 – Draft Regulatory Technical Standards on specific situations that require the publication of a supplement to the prospectus, ESMA/2013/1970, Rz. 158.
2 Gesetz zur Umsetzung der Transparenzrichtlinie-Änderungsrichtlinie vom 20.11.2015, BGBl. I 2015, S. 2929.
3 Vgl. zB § 51a der Börsenordnung der Frankfurter Wertpapierbörse.
4 So auch ESMA FAQs, Questions and Answers Prospectuses: 25th Updated Version – July 2016, ESMA/2016/1133, Frage 19.

Hinblick auf die im Prospekt bereits enthaltenen Informationen ergeben, wird die Nachtragspflicht ausgelöst[1].

41 Für die Beurteilung der Nachtragspflicht bei periodischen Finanzinformationen kommt es auch auf die **Art des Wertpapiers** an (siehe dazu bereits oben unter Rz. 32)[2]. Während bei Aktien oder Genussscheinen zB auch schon eine geringfügige Veränderung der Gewinnsituation relevant sein kann, da dies Auswirkungen auf Dividendenzahlungen bzw. Zinszahlungen hat, ist dies bei Schuldverschreibungen nicht zwingend der Fall. Bei Schuldverschreibungen ist vielmehr entscheidend, ob die Solvenz des Emittenten (bzw. eines etwaigen Garantiegebers) beeinträchtigt wird. Daher können bei Schuldverschreibungen zB Veränderungen des Eigenkapitals oder Wertberichtigungen auf Vermögenswerte zu berücksichtigen sein[3].

42 In der **Anwendungspraxis** führt das Thema „periodische Finanzinformationen" regelmäßig zu Diskussionen, insbesondere wenn bei einer Emission nicht nur der Emittent, sondern weitere Banken beteiligt sind. Entsprechend hat auch die ESMA in ihrer Konsultation zum Erlass der Nachtrag-RTS keinen Grund gesehen, mit Ausnahme der Pflichtsituation eines neuen geprüften Jahresabschlusses eines Emittenten von Dividendenwerten oder Hinterlegungsscheinen oder eines Emittenten von Dividendenwerten, denen Wandel- oder Umtauschwertpapiere zu Grunde liegen (siehe oben unter Rz. 38), eine Pflichtsituation oder ein Regel-Ausnahmeverhältnis anzunehmen[4]. Es ist vielmehr im Einzelfall zu entscheiden, ob ein Nachtrag erforderlich ist oder nicht[5]. Dabei ist bei Nichtdividendenwerten auch zu berücksichtigen, ob die jeweiligen Finanzinformationen geprüfte Zahlen beinhalten oder nicht. In der Regel enthält lediglich der Jahresabschluss geprüfte Zahlen (vgl. § 37v Abs. 2 Nr. 1 WpHG). Zwischenfinanzinformationen müssen dagegen nach den entsprechenden Bestimmungen des WpHG nicht von Abschlussprüfern geprüft werden. Dies ist von Bedeutung für die nach der ProspektVO geforderte Aussage zu Trendinformationen des Emittenten. Diese Aussage ist grundsätzlich auf den Zeitraum seit dem Stichtag des letzten geprüften Jahresabschlusses bezogen (vgl. zB Ziffer 8.1 Anhang IV ProspektVO). Des Weiteren gilt im Hinblick auf Veränderungen der Finanzlage oder der Handelsposition des Emittenten, dass eine Aussage zu entsprechenden Veränderungen seit dem Stichtag des letzten Abschlusses in den Prospekt aufzunehmen ist (vgl. zB Ziffer 13.7 Anhang IV ProspektVO). Im Gegensatz zu der Aussage zu Trendinformationen kommt es hier nicht zwingend auf einen geprüften Abschluss an, sondern es genügen auch (ungeprüfte) Zwischenfinanzinformationen (vgl. dazu Anhang IV

---

1 *Heidelbach/Preuße*, BKR 2006, 316 (320).
2 ESMA FAQs, Questions and Answers Prospectuses: 25th Updated Version – July 2016, ESMA/2016/1133, Frage 19.
3 *Heidelbach/Preuße*, BKR 2006, 316 (320).
4 ESMA, Consultation Paper v. 15.3.2013 – Draft Regulatory Technical Standards on specific situations that require the publication of a supplement to the prospectus, ESMA/2013/316 und ESMA, Final Report v. 17.12.2013 – Draft Regulatory Technical Standards on specific situations that require the publication of a supplement to the prospectus, ESMA/2013/1970.
5 Zurückhaltend zur Nachtragspflicht bei Zwischenberichten auch *Müller/Oulds*, WM 2007, 573 (576).

EU-ProspektVO Rz. 65). Um das Risiko einer Haftung zu minimieren, drängen gerade bei internationalen Anleiheemissionen, bei denen weitere Banken (so genannte Dealer) an der Platzierung der Schuldverschreibungen beteiligt sind, die Beteiligten darauf, den durch die Trendinformationen bzw. durch die Aussage zu Veränderungen in der Finanzlage oder Handelsposition abgedeckten Zeitraum möglichst gering zu halten. Ein bisher im Prospekt noch nicht enthaltener Jahresabschluss mit geprüften Zahlen wird in diesem Fall regelmäßig aufzunehmen sein und im Fall von Zwischenfinanzinformationen kann es sein, dass die beteiligten Banken ebenfalls auf eine Aufnahme und gegebenfalls sogar auf eine Prüfung drängen. Es ist jedenfalls nicht selten, dass sich Emittenten oder Anbieter von Nichtdividendenwerten, die dauerhaft angeboten werden, zur Veröffentlichung eines Nachtrags zu Basisprospekten auch bei ungeprüften Zwischeninformationen mit Blick auf das bestehende Haftungsrisiko entscheiden. Dadurch soll insbesondere die den endgültigen Bedingungen angehängte emissionsspezifische Zusammenfassung im Hinblick auf die Finanzinformationen möglichst aktuell gehalten werden. Nach Ansicht der ESMA sollte jedenfalls im Zweifel ein Nachtrag erfolgen[1].

ff) Weitere Einzelfälle

Vor allem bei Aktienemissionen aber auch beim Angebot von Unternehmensanleihen stellt sich die Frage nach dem Verhältnis der Nachtragspflicht zur **Nichtaufnahme von Angaben zum Emissionspreis oder zum Emissionsvolumen nach § 8 Abs. 1 WpPG.** § 8 Abs. 1 Satz 1 und Satz 2 WpPG beinhaltet die Voraussetzungen, unter denen Angaben im Prospekt zum Emissionspreis oder zum Emissionsvolumen unterbleiben können bzw. unter denen durch eine Veröffentlichung der endgültigen Angaben den prospektrechtlichen Anforderungen Genüge getan wird. Grundsätzlich ist dies vom Nachtragsverfahren zu unterscheiden, bei dem neue Umstände unmittelbar in den Prospekt integriert oder Unrichtigkeiten (im Falle der Prospektrichtlinie auch Ungenauigkeiten) korrigiert werden. In der Praxis ergeben sich hier eine Reihe von Abgrenzungsproblemen, insbesondere bei der Angabe von Preisspannen im Prospekt (siehe dazu im Einzelnen unten unter Rz. 118), der Angabe eines Höchstpreises im Prospekt und anschließender Bezugspreisfeststellung (dazu unten unter Rz. 119) oder im Fall einer fehlenden Angabe zum Emissionspreis (siehe unten unter Rz. 120). Jedenfalls bei neuen Informationen hinsichtlich des Emissionspreises oder des im Prospekt beschriebenen Preisfestsetzungsverfahrens kann eine Nachtragspflicht entstehen[2]. Zu der ähnlich gelagerten Problematik bei endgültigen Bedingungen zu Basisprospekten für Nichtdividendenwerte siehe § 6 WpPG Rz. 98 ff.

43

Im Falle, dass bei einem laufenden öffentlichen Angebot eine **Gewinnprognose** veröffentlicht wird, die in der Form noch nicht im Prospekt enthalten war, ist nach ESMA danach zu differenzieren, ob es sich bei den angebotenen Wertpapieren um

44

---

1 ESMA FAQs, Questions and Answers Prospectuses: 25th Updated Version – July 2016, ESMA/2016/1133, Frage 19.
2 Vgl. ESMA FAQs, Questions and Answers Prospectuses: 25th Updated Version – July 2016, ESMA/2016/1133, Frage 58; siehe dazu, zum Teil auch ablehnend *Groß*, Kapitalmarktrecht, § 23 WpPG Rz. 8, 8a und 8b.

Aktien oder Nichtdividendenwerte handelt; während bei Aktien nach Ansicht von ESMA die Vermutung besteht, dass dies ein wesentlicher neuer Umstand ist (kritisch dazu Anhang I EU-ProspektVO Rz. 117), der für die Beurteilung der Wertpapiere relevant ist, ist dies bei Nichtdividendenwerten nicht der Fall[1]. Im Falle der Änderung einer im Prospekt enthaltenen Gewinnprognose wird bei Aktien die systematische Nachtragspflicht ausgelöst (siehe oben unter Rz. 38).

45 **Rating-Änderungen** haben in den letzten Jahren vor allem durch die zunehmende Regulierung von Banken aber auch im Hinblick auf Änderungen der Ratingmethoden der Rating-Agenturen zugenommen. Zum Teil gab es Ratingänderungen für ganze Branchen (zB der Bankenbranche). Insofern haben sich auch in der Praxis die Anzahl der Nachträge zu Prospekten, vor allem zu Basisprospekten, aufgrund von Ratingänderungen erhöht. Im Zuge der Einführung der Nachtrag-RTS hat die ESMA eine systematische Nachtragspflicht bei Rating-Änderungen unter Verweis auf die Verordnung 2013/462/EU („**Ratingagenturen-Änderungsverordnung**")[2] abgelehnt[3]. Es bleibt insoweit beim allgemeinen Test für die sachliche Nachtragspflicht und der Ermessensentscheidung des Nachtragspflichtigen auch im Hinblick auf den materiellen Inhalt der Ratingänderung, wobei nicht ausgeschlossen ist, dass auch eine positive Ratingänderung eine Nachtragspflicht auslöst (siehe oben unter Rz. 31)[4]. Für einen Nachtrag auch schon bei kleinsten Änderungen des Ratings kann neben dem Maßstab des § 5 Abs. 1 Satz 1 WpPG und den Mindestangaben der ProspektVO (zB Anhang V Ziffer 7.5 bei Schuldtitel mit einer Stückelung von weniger als EUR 100.000 oder Anhang XXII Element B.17 bei allen Schuldtiteln außer derivativen Schuldtiteln) sprechen, dass andere Angebotsunterlagen auf das Rating des Emittenten rekurrieren und damit in das Spektrum von Informationen, welche die Grundlage für die Beurteilung der Wertpapiere bilden, einbezogen werden.

46 In jüngster Zeit haben auch **Gesetzesänderungen** die Diskussion um die Nachtragspflicht bei Nichtdividendenwerten entstehen lassen, wenn diese geeignet sind, das Risiko einer Anlage in diese Wertpapiere zu ändern. Prominentes Beispiel sind die zuletzt neu eingeführten Bestimmungen zur Gläubigerbeteiligung (Bail-in) bei behördlichen Abwicklungsmaßnahmen und zur Rangfolge vor und in der Insolvenz

---

1 ESMA FAQs, Questions and Answers Prospectuses: 25th Updated Version – July 2016, ESMA/2016/1133, Frage 20; siehe zudem ESMA, Final Report v. 17.12.2013 – Draft Regulatory Technical Standards on specific situations that require the publication of a supplement to the prospectus, ESMA/2013/1970, Rz. 80 sowie ESMA, Consultation Paper v. 15.3.2013 – Draft Regulatory Technical Standards on specific situations that require the publication of a supplement to the prospectus, ESMA/2013/316, Rz. 44–48.
2 Verordnung (EU) Nr. 462/2013 des Europäischen Parlaments und des Rates vom 21.5.2013 zur Änderung der Verordnung (EG) Nr. 1060/2009 über Ratingagenturen, ABl. EU Nr. L 146 v. 31.5.2013, S. 1 ff.
3 ESMA, Final Report v. 17.12.2013 – Draft Regulatory Technical Standards on specific situations that require the publication of a supplement to the prospectus, ESMA/2013/1970, Rz. 164.
4 Siehe auch ESMA, Final Report v. 17.12.2013 – Draft Regulatory Technical Standards on specific situations that require the publication of a supplement to the prospectus, ESMA/2013/1970, Rz. 21.

der Befriedigung bei Bankanleihen. Analog zur Diskussion zu Gerichtsentscheidungen (siehe dazu oben unter Rz. 34) kann eine sachliche Nachtragspflicht im Einzelfall verneint werden, wenn der Prospekt bereits eine Darstellung hinsichtlich zukünftiger Änderungen regulatorischer Rahmenbedingungen enthält. Darüber hinaus verlangt der Maßstab des § 5 Abs. 1 Satz 1 WpPG i.V.m. § 7 WpPG im Regelfall gerade keine allumfassende Darstellung oder Aufklärung über die rechtlichen Rahmenbedingungen einer Schuldverschreibungsemission (beispielsweise über das einschlägige Insolvenzrecht). Gleichwohl kann im Einzelfall eine Nachtragspflicht angenommen werden, wenn die Gesetzesänderung eine Neuerung in den rechtlichen Rahmenbedingungen enthält, die einen Einfluss auf die allgemeine Markterwartung einer Anlegergruppe, insbesondere bei Privatanlegern oder internationalen Anleger, hat und damit zu rechnen ist, dass diese (noch) nicht darüber informiert sein könnten.

Im Rahmen der ESMA-Konsultation zum Erlass der Nachtrag-RTS wurde auch die Einführung einer systematischen Nachtragspflicht bei **Verwaltungs-, Gerichts- oder Schiedsgerichtsverfahren**, die im Prospekt beschrieben werden, diskutiert. Richtigerweise hat die ESMA es bei dem allgemeinen Test für die Nachtragspflicht belassen und eine Pflichtsituation nicht begründet[1]. Zu unterschiedlich können nicht nur die jeweiligen Verfahren, sondern auch deren Ergebnisse und ihre Auswirkungen auf die Beurteilung der Wertpapiere sein. Für den Fall, dass der Prospekt bereits den potentiellen Verfahrensausgang beschreibt oder der Emittent gegebenenfalls bereits Rücklagen gebildet hat, kann eine Nachtragspflicht im Einzelfall ausscheiden (siehe dazu oben unter Rz. 34).

47

Mit der Änderung des Basisprospektregimes durch die Änderungsrichtlinie und der Einführung des Art. 2a Abs. 2 der ProspektVO durch die Erste Delegierte Verordnung Nr. 486/2012[2] trat auch eine neue Abgrenzungsthematik zwischen **Informationen betreffend die Wertpapierbeschreibung**, die in dem Dokument mit den endgültigen Bedingungen aufgenommen werden dürfen, und solchen, die einen Nachtrag zum Basisprospekt erfordern, auf. Gleichzeitig haben sich die ESMA und die BaFin gegen die Zulässigkeit von sog. **Produktnachträgen** entschieden (siehe auch Erwägungsgrund Nr. 7 Erste Delegierte Verordnung)[3]. Produktnachträge sollen es ermöglichen, einen Basisprospekt hinsichtlich derjenigen Informationen zu aktualisieren, die aufgrund der Angabekategorien des Art. 2a Abs. 2 ProspektVO nicht in das Dokument mit den endgültigen Bedingungen aufgenommen werden dürfen bzw. im Basisprospekt nicht als Auswahlmöglichkeit für die endgültigen Bedingungen angelegt sind.

48

---

1 Siehe ESMA, Final Report v. 17.12.2013 – Draft Regulatory Technical Standards on specific situations that require the publication of a supplement to the prospectus, ESMA/2013/1970, Rz. 144–152.
2 Delegierte Verordnung (EU) Nr. 486/2012 der Kommission vom 30.3.2012 zur Änderung der Verordnung (EG) Nr. 809/2004 in Bezug auf Aufmachung und Inhalt des Prospekts, Basisprospekts, der Zusammenfassung und der endgültigen Bedingungen und in Bezug auf die Angabepflichten, ABl. EU Nr. L 150 v. 9.6.2012, S. 1 ff.
3 Dagegen sprechen sich *von Kopp/Colomb/Seitz*, WM 2012 1220 (1224 f.) und *Heidelbach/Preuße*, BKR 2012, 397 (404) zumindest für die eingeschränkte Zulässigkeit von Produktnachträgen aus.

Letztlich kann durch derartige Produktnachträge eine Änderung des Billigungsgegenstandes erreicht werden. Derzeit besteht daher auf der Grundlage der Verwaltungspraxis nur die – kostenintensive – Möglichkeit, solche Aktualisierungen durch eine erneute Billigung des entsprechend geänderten Basisprospekts vorzunehmen (siehe zu den vereinzelten von der BaFin anerkannten Ausnahmen unten unter Rz. 55).

49 **Rechtschreibfehler, Rechenfehler oder offensichtliche Unrichtigkeiten** lösen gemäß § 16 Abs. 1 Satz 1 WpPG grundsätzlich keine Nachtragspflicht aus, da sie in der Regel keine „wesentliche Unrichtigkeit" darstellen oder oftmals für die Beurteilung der Wertpapiere nicht maßgeblich sind. Es ist daher nicht möglich, diese Fehler mittels eines ausschließlich auf diese Fehler bezogenen Nachtrags zu korrigieren, da der Prospekt in der gebilligten Fassung zu veröffentlichen ist (vgl. § 13 Abs. 4 WpPG)[1]. Dies heißt jedoch nicht, dass der Emittent, Anbieter oder Zulassungsantragsteller diese unwesentlichen Unrichtigkeiten nicht im Zuge eines aufgrund einer wesentlichen Unrichtigkeit oder eines neuen Umstands erforderlichen Nachtrags ändern könnte (vgl. zum Ermessen des Emittenten oben unter Rz. 30). Nach der in den ESMA FAQs sowie im Zuge der Konsultation zu delegierten Rechtsakten zur Prospektrichtlinie von der ESMA geäußerten Ansicht ist es jedoch möglich, unwesentliche Unrichtigkeiten im Wege einer Mitteilung an den Markt gemäß den nationalen Gesetzen zu erläutern[2]. Sofern eine solche unwesentliche Unrichtigkeit in dem Dokument mit den endgültigen Bedingungen enthalten ist, kann nach der ESMA gemäß den nationalen Gesetzen auch eine korrigierte Version der endgültigen Bedingungen erstellt und bei der zuständigen Behörde hinterlegt werden (zu Einzelheiten siehe § 6 WpPG Rz. 80 ff.)[3].

b) Nachtragsfähigkeit

50 Die neuen Umstände bzw. die Unrichtigkeiten müssen auch nachtragsfähig sein. Das ist dann der Fall, wenn die Aktualisierungen auf die **im Prospekt enthaltenen Angaben bezogen sind**. Nach dem Wortlaut von § 16 Abs. 1 Satz 1 WpPG gilt dies ohne Weiteres im Fall von Unrichtigkeiten. Die Einschränkung auf den Prospekt als Bezugsobjekt eines Nachtrags ist aber auch im Fall von neuen Umständen relevant. Um nachtragsfähig zu sein, muss sich die Aktualisierung somit auf eine Angabe beziehen, die sich entweder im Prospekt iS des § 5 WpPG oder im Basisprospekt iS des § 6 WpPG befindet. Die Nachtragsfähigkeit eines Prospekts kann nach der ESMA jedoch in Frage stehen, wenn die zuständige Behörde der Auffassung ist, dass durch die Aufnahme des neuen Umstandes die Kohärenz und Verständlichkeit

---

[1] Vgl. auch *Rauch* in Holzborn, § 16 WpPG Rz. 13.
[2] Vgl. ESMA FAQs, Questions and Answers Prospectuses: 25th Updated Version – July 2016, ESMA/2016/1133, Frage 23, sowie ESMA, Finaler Bericht v. 4.10.2011 – ESMA's technical advice on possible delegated acts concerning the prospectus Directive as amended by the Directive 2010/73/EU, ESMA/2011/323, Rz. 125.
[3] Vgl. ESMA FAQs, Questions and Answers Prospectuses: 25th Updated Version – July 2016, ESMA/2016/1133, Frage 64.

nicht mehr gegeben sei und daher ein neuer Prospekt gebilligt werden müsse[1]. Diese Grenzziehung zu einem neuen Prospekt sollte jedoch nur in ganz extremen Ausnahmefällen einmal einschlägig sein.

aa) Nachtragsfähigkeit des Registrierungsformulars

Aufgrund der **Bezugnahme in § 16 WpPG auf den „Prospekt"** war umstritten, ob sich ein Nachtrag auch direkt auf ein Registrierungsformular beziehen kann (vgl. dazu bereits § 12 WpPG Rz. 35 f.)[2]. Die Umsetzung der Änderungsrichtlinie hat zu einer Klarstellung hinsichtlich dieser Auslegungsfrage geführt. Gemäß §§ 9 Abs. 4 und 12 Abs. 3 WpPG ist der Nachtrag eines Registrierungsformulars nunmehr explizit zulässig, was auch von der BaFin entsprechend kommuniziert wird[3]. Die BaFin bejaht auch dann die Möglichkeit eines Nachtrags zum Registrierungsformular, wenn gerade kein öffentliches Angebot unter Einbindung des entsprechenden Registrierungsformulars stattfindet. Dies gilt aber nur soweit das Registrierungsformular selbst noch gültig ist. Das bedeutet, dass im Falle eines nicht mehr gültigen Registrierungsformulars, welches Bestandteil eines noch gültigen Prospekts ist (siehe zu dieser Konstellation näher § 12 WpPG Rz. 31), die emittentenbezogenen Angaben nur durch einen Nachtrag auf den gesamten dreiteiligen Prospekt aktualisiert werden können[4]. Ein Nachtrag nur auf das Registrierungsformular ist insoweit nicht möglich. Soweit jedoch ein gültiges Registrierungsformular vorliegt und die nachtragsrelevanten Änderungen allein die Emitteninformationen und nicht die Wertpapierbeschreibung betreffen, genügt ein Nachtrag auf das Registrierungsformular. Dieser wirkt dann dynamisch für alle unter Verwendung dieses Registrierungsformulars erstellten dreiteiligen Prospekten. Da die ESMA derzeit noch von der Unzulässigkeit des dreiteiligen Prospektformats für Basisprospekte ausgeht (vgl. § 6 WpPG Rz. 31 und § 12 WpPG Rz. 29), gibt es im Basisprospektregime derzeit den Vorteil der dynamischen Wirkung eines Nachtrags nicht (vgl. § 12 WpPG Rz. 29). Ein weiterer Nachtrag in Bezug auf den dreiteiligen Prospekt kann jedoch daneben erforderlich werden, wenn sich die durch den Nachtrag erfolgten Änderungen auch in der Wertpapierbeschreibung und insbesondere in der Zusammenfassung niederschlagen[5]. Soweit in einen einteiligen Prospekt Angaben per Verweis auf ein zuvor gebilligtes und veröffentlichtes Registrierungsformular einbezogen werden und das Registrierungsformular durch Nachtrag geändert wird, kann ein Nachtrag auf den Prospekt erfor-

---

[1] Vgl. ESMA, Consultation Paper v. 15.3.2013 – Draft Regulatory Technical Standards on specific situations that require the publication of a supplement to the prospectus, ESMA/2013/316, Rz. 15.
[2] Vgl. auch *Heidelbach* in Schwark/Zimmer, Kapitalmarktrechts-Kommentar, § 16 WpPG Rz. 4; *Oulds*, WM 2011, 1452 (1460) sowie mit einer ablehnenden Argumentation *Friedl/Ritz* in Just/Voß/Ritz/Zeising, § 16 WpPG Rz. 18 ff.
[3] BaFin, Häufig gestellte Fragen zum Basisprospektregime v. 31.5.2012, Ziffer III.1.
[4] BaFin, Häufig gestellte Fragen zum Basisprospektregime v. 31.5.2012, Ziffer III.2.
[5] BaFin, Häufig gestellte Fragen zum neuen Basisprospektregime v. 31.5.2012 (Stand 4.6.2014), Ziffer III.4.

derlich sein, der auf das aktualisierte Registrierungsformular hinweist[1] (vgl. insoweit auch § 12 WpPG Rz. 39). Schließlich kann durch einen Nachtrag das Registrierungsformular eines bestehenden und noch gültigen dreiteiligen Prospekts durch ein aktuelles Registrierungsformular ersetzt werden[2].

bb) Verhältnis zu endgültigen Bedingungen nach § 6 Abs. 3 WpPG

52 Gemäß § 6 Abs. 3 WpPG besteht die Möglichkeit, die **endgültigen Bedingungen des Angebots** (zum Begriff § 6 WpPG Rz. 42 ff.) weder in den Basisprospekt noch in einen Nachtrag nach § 16 WpPG aufzunehmen, sondern diese zu einem späteren Zeitpunkt zu veröffentlichen (zu den verschiedenen Präsentationsformen der endgültigen Bedingungen siehe § 6 WpPG Rz. 54 ff.). Für die Abgrenzung des Anwendungsbereichs eines Nachtrags nach § 16 WpPG vom Anwendungsbereich von endgültigen Bedingungen gemäß § 6 Abs. 3 WpPG kommt es primär darauf an, ob die entsprechenden Angaben bereits im Basisprospekt enthalten waren oder erst in den endgültigen Bedingungen aufgenommen werden sollen und auch nach Anhang XX der ProspektVO aufgenommen werden dürfen (siehe auch oben unter Rz. 48). Ein Nachtrag nach § 16 WpPG kommt nur dann in Betracht, wenn wichtige neue Umstände oder wesentliche Unrichtigkeiten in Bezug auf die bereits im Basisprospekt enthaltenen Angaben vorliegen (zu Einzelheiten siehe § 6 WpPG Rz. 72 ff.).

53 Damit zusammenhängend stellt sich die Frage, in welcher Weise eine **Korrektur von wertpapierbezogenen Angaben** möglich ist, **die in endgültigen Bedingungen enthalten sind**, die bereits bei der BaFin hinterlegt wurden. Ein Nachtrag kann jedenfalls dann erforderlich werden, wenn der Test für die sachliche Nachtragspflicht hinsichtlich der in dem Dokument mit den endgültigen Bedingungen enthaltenen Angaben gemäß Art. 2a Abs. 2 Unterabs. 2 ProspektVO erfüllt ist. In diesem Fall empfiehlt die ESMA auch die Hinterlegung und Veröffentlichung einer korrigierten Fassung des Dokuments mit den endgültigen Bedingungen[3]. In allen anderen Fällen ist eine erneute Hinterlegung und Veröffentlichung von korrigierten endgültigen Bedingungen bei der zuständigen Behörde und ggf. eine Hinweisbekanntmachung möglich[4] (zu Einzelheiten siehe § 6 WpPG Rz. 80 ff.).

cc) Keine Erweiterung des Billigungsgegenstandes

54 Aus der Tatsache, dass gemäß § 16 Abs. 1 Satz 1 WpPG der Prospekt Bezugsobjekt ist, leitet die BaFin des Weiteren ab, dass **durch einen Nachtrag keine sachliche Er-**

---

[1] BaFin, Häufig gestellte Fragen zum neuen Basisprospektregime v. 31.5.2012 (Stand 4.6.2014), Ziffer III.3.

[2] BaFin, Häufig gestellte Fragen zum neuen Basisprospektregime v. 31.5.2012 (Stand 4.6.2014), Ziffer III.4.

[3] Vgl. ESMA FAQs, Questions and Answers Prospectuses: 25th Updated Version – July 2016, ESMA/2016/1133, Frage 64.

[4] Vgl. ESMA FAQs, Questions and Answers Prospectuses: 25th Updated Version – July 2016, ESMA/2016/1133, Frage 64.

weiterung des Billigungsgegenstandes des Prospekts erfolgen dürfe[1]. Die sachliche Erweiterung des Billigungsgegenstandes des Prospekts erfordert vielmehr die erneute Billigung des Prospekts nach § 13 WpPG.

Relevant ist dies vor allem bei Basisprospekten, wenn nachträglich die **Produktpalette des Basisprospekts erweitert** werden soll, zB wenn eine neue Art eines Basiswerts aufgenommen oder die Auszahlungsstruktur verändert werden soll. Die **BaFin** lehnt in diesem Fall die Anpassung des Prospekts mittels eines Produktnachtrags ab (siehe dazu auch oben unter Rz. 48 sowie zu Besonderheiten bei vom Emittenten selbsterstellten (proprietären) Indizes siehe Anhang XII EU-ProspektVO Rz. 132a). 55

Interessant ist in diesem Zusammenhang, dass die **ESMA** in der öffentlichen Konsultation zum Entwurf für eine neue Prospektverordnung[2] diesen rigiden Ansatz zu Produktanträgen nicht vertreten hat, sondern für eine Klarstellung hinsichtlich der Frage plädiert, wann ein (Produkt-)Nachtrag und wann ein neuer Basisprospekt erforderlich ist. Dabei weist sie darauf hin, dass die nicht bestehende Möglichkeit, neue Produkte mittels eines Nachtrags einzubringen, zu einer bedeutenden Anzahl von Basisprospekten und einer damit einhergehenden Ineffizienz für Anleger führe. Zudem seien erhöhte Kosten für den Emittenten und damit letztlich für den Anleger die Folge. Da jeder Nachtrag von der zuständigen Behörde auch gebilligt werden muss, sehe sie auch keinen Grund, warum durch die Gestattung der Erstellung eines Nachtrags statt eines Basisprospekts, der Anlegerschutz gefährdet würde[3]. 55a

Aus dem Verbot der Erweiterung des Billigungsgegenstandes leitet die BaFin auch ab, dass mittels eines Nachtrags kein **neuer Emittent in einen Basisprospekt aufgenommen** werden könne (dazu und zu dem davon zu unterscheidenden Fall einer Ersetzung des Emittenten § 6 WpPG Rz. 70 f.). 56

Die Begrenzung durch den Billigungsgegenstand kommt auch in den Fällen zum Tragen, in denen nach der Billigung des Prospekts das **Emissionsvolumen der Wertpapiere erhöht** werden soll. Zu unterscheiden ist hier zwischen einteiligen Prospekten iS von § 12 Abs. 1 Satz 1 WpPG und Basisprospekten iS von § 6 WpPG: 57

– Bei der **Erhöhung des Emissionsvolumens von einteiligen Prospekten** ist umstritten, ob ein neuer Prospekt erforderlich ist, sofern damit das im Prospekt angegebene Maximalvolumen der angebotenen oder zuzulassenden Wertpapiere überschritten wird. Bei Aktienprospekten hat die BaFin jüngst ihre Verwaltungs- 58

---

1 Vgl. BaFin, Basisprospektregime nach neuem Recht (BaFin-Workshop vom 4. und 5.6.2012), S. 15, abrufbar unter https://www.bafin.de/SharedDocs/Downloads/DE/Rede_Vortrag/dl_120604_wppg-workshop_vortrag_neues_Basisprospektregime.pdf?__blob=publicationFile&v=1.
2 ESMA, Antwort auf das Konsultationspapier der Kommission v. 13.5.2015 – ESMA response to the European Commission consultation on the review of the Prospectus Directive, 2015/ESMA/857.
3 ESMA, Antwort auf das Konsultationspapier der Kommission v. 13.5.2015 – ESMA response to the European Commission consultation on the review of the Prospectus Directive, 2015/ESMA/857, Rz. 33.

praxis geändert[1] und läßt einen Nachtrag zum Prospekt bei einer Erhöhung der angebotenen neuen und/oder bestehenden Aktien oder zuzulassenden Aktien zu, wenn es sich innerhalb desselben Angebots oder derselben Zulassung um Aktien mit identischer Ausstattung handelt[2]. Zu aktualisieren sind in diesem Zusammenhang auch die Angaben, die in Abhängigkeit von der Anzahl der angebotenen Aktien stehen (zB Angaben zur Verwässerung, Angaben zu den Brutto- und Nettoerlösen und zur Erlösverwendung, mögliche Angaben zur künftigen Kapitalisierung und Verschuldung sowie zur künftigen Aktionärsstruktur)[3]. Unzulässig ist jedoch die Erweiterung des Prospektgegenstandes um ein weiteres Angebot oder eine neue Zulassung von Aktien des Emittenten mit abweichender Dividendenberechtigung[4]. Unklar bleibt indessen, ob diese Grundsätze auch im Falle einer Erhöhung des Angebotsvolumens bzw. der Anzahl der an einem organisierten Markt zuzulassenden Nichtdividendenwerten über das im Prospekt angegebene Volumen hinaus gilt oder ob es diesbezüglich bei der Verpflichtung zur Erstellung eines neuen Prospektes entsprechend der vorherigen Verwaltungspraxis bleibt. An und für sich sprechen die Argumente der BaFin analog zu den aufgezeigten Grenzen erst Recht auch für eine entsprechende Handhabe bei Nichtdividendenwerten. Zu unterscheiden ist dies von dem Fall, dass das Emissionsvolumen zum Zeitpunkt der Billigung des Prospekts noch nicht feststeht (dazu unten unter Rz. 120).

59 – **Bei Basisprospekten** ist nach Ansicht der BaFin zwischen einer „Einzelerweiterung" und einer „Rahmenerweiterung" zu differenzieren. Eine **Einzelerweiterung** zeichnet sich dadurch aus, dass das Emissionsvolumen für bereits emittierte Wertpapiere erhöht werden soll, dh. Wertpapiere für die bereits endgültige Bedingungen für ein öffentliches Angebot bzw. eine Zulassung zum Handel an einem organisierten Markt bei der zuständigen Behörde hinterlegt und veröffentlicht wurden. Dies ist der in der Praxis sehr häufige Fall der Aufstockung von Schuldverschreibungen, die entsprechend der Logik bei Einzelprospekten nicht mittels eines Nachtrags, sondern nur über die Hinterlegung und Veröffentlichung von neuen endgültigen Bedingungen möglich ist (siehe ausführlich § 6 WpPG Rz. 59 ff., dort auch zur Differenzierung zwischen Aufstockungen unter noch gültigen Basisprospekten und nicht mehr gültigen Basisprospekten). Davon unterscheidet sich die **Rahmenerweiterung** dadurch, dass nicht das Emissionsvolumen einer konkreten Emission, sondern das im Basisprospekt angegebene Emissionsvolumen, das so genannte Programmvolumen, erhöht werden soll. Die Erhöhung erfolgt durch Nachtrag zum Basisprospekt was nunmehr durch Art. 2 lit. h) Nachtrag-RTS klargestellt wird (siehe dazu oben unter Rz. 38).

---

1 Vgl. zur ursprünglichen Argumentation der BaFin *Friedl/Ritz* in Just/Voß/Ritz/Zeising, § 16 WpPG Rz. 120 ff.
2 Vgl. BaFin, Prospekterstellung und Billigungsverfahren (Stand März 2016), Ziffer 5.b.
3 Vgl. BaFin, Prospekterstellung und Billigungsverfahren (Stand März 2016), Ziffer 5.b.
4 Vgl. BaFin, Prospekterstellung und Billigungsverfahren (Stand März 2016), Ziffer 5.b.

c) Nachtragsrelevanter Zeitraum, Zeitpunkt der Einreichung eines Nachtrags

Nach § 16 Abs. 1 Satz 1 WpPG beginnt die Verpflichtung zur Erstellung eines Nachtrags mit der Billigung des Prospekts und endet mit dem endgültigen Schluss des öffentlichen Angebots oder der Einführung in den Handel an einem organisierten Markt, wobei aufgrund der erfolgten Klarstellung im Zuge der Implementierung der Änderungsrichtlinie durch das Prospektrichtlinie-Änderungsrichtlinie-Umsetzungsgesetz der spätere dieser beiden Zeitpunkte entscheidend ist. In der Bindung an diesen Zeitraum liegt ein wesentlicher Unterschied der Nachtragspflicht gemäß § 16 WpPG gegenüber einer allgemeinen Aktualisierungspflicht (siehe oben unter Rz. 4).

aa) Beginn der Nachtragspflicht

Die Nachtragspflicht beginnt mit der **Billigung des Prospekts**. Das in § 13 WpPG geregelte Billigungsverfahren durch die BaFin ist dann beendet, wenn gemäß § 13 Abs. 2 Satz 2 WpPG dem Antragsteller von der BaFin schriftlich die Entscheidung über die Billigung des Prospekts mitgeteilt wurde (siehe dazu § 13 WpPG Rz. 16).

Vor der Billigung eines Prospekts kann dieser nicht durch einen Nachtrag aktualisiert bzw. ergänzt werden. Für den Fall, dass zwischen der Einreichung des Prospekts bei der BaFin und der Billigung des Prospekts wichtige neue Umstände eintreten oder wesentliche Unrichtigkeiten bekannt werden sollten, ist der Antragsteller vor dem Hintergrund des § 5 Abs. 1 WpPG stattdessen verpflichtet, die sich ergebenden Änderungen in den Prospektentwurf einzuarbeiten und der BaFin diese überarbeitete Fassung des Prospekts zur Billigung zukommen zu lassen[1].

Für den Beginn des nachtragsrelevanten Zeitraums **kommt es nicht darauf an, dass bereits ein prospektpflichtiges Ereignis eingetreten ist**, dh. ein öffentliches Angebot begonnen hat oder die Zulassung der Wertpapiere zum Handel an einem organisierten Markt erfolgt ist. Dies ergibt sich aus der Zusammenschau von § 16 WpPG mit § 9 WpPG. Gemäß § 9 WpPG ist die Gültigkeit eines Prospekts nämlich daran gebunden, dass der Prospekt durch die nach § 16 WpPG erforderlichen Nachträge aktualisiert wurde. Gerade unter einem Basisprospekt sind nämlich Fälle denkbar, in denen auch außerhalb des Zeitraums, in dem prospektpflichtige Ereignisse eintreten, ein Nachtrag zu veröffentlichen ist (siehe dazu unten unter Rz. 71).

bb) Ende der Nachtragspflicht

Die Nachtragspflicht endet gemäß § 16 Abs. 1 Satz 1 WpPG mit dem **endgültigen Schluss des öffentlichen Angebots oder** der **Einführung in den Handel an einem organisierten Markt**. Für den Fall, dass ein Wertpapier öffentlich angeboten und in den Handel an einem organisierten Markt eingeführt wird, endet die Nachtragspflicht mit dem späteren der beiden Zeitpunkte (zu einer evtl. Nachtragspflicht nach dem Ende des nachtragsrelevanten Zeitraums siehe unten unter Rz. 70). Die auf dem Inhalt der Änderungsrichtlinie beruhende Ergänzung des § 16 Abs. 1 Satz 1 WpPG

---

[1] *Heidelbach/Preuße*, BKR 2006, 316 (320), *Groß*, Kapitalmarktrecht, § 16 WpPG Rz. 4.

um die Worte „falls diese später erfolgt" hat damit die im Zuge der Einführung des § 16 WpPG bestehenden Unklarheiten zur zeitlichen Rangfolge zwischen dem Ende des öffentlichen Angebots und der Börseneinführung bei der Festlegung des Endes der Nachtragspflicht beseitigt[1]. Die Nachtragspflicht endet also gerade nicht mehr mit einer Börseneinführung und wurde dadurch – gerade bei Wertpapieren, die fortlaufend angeboten werden – erheblich verlängert[2]. Zudem wurde durch die Änderung des § 16 Abs. 1 Satz 1 WpPG durch das Prospektrichtlinie-Änderungsrichtlinie-Umsetzungsgesetz die streitige Frage aufgelöst, ob auch eine Einbeziehung der Wertpapiere in den Freiverkehr die Nachtragspflicht beenden könne. Der zuvor nicht weiter definierte Begriff „Handel" wurde durch die Worte „an einem organisierten Markt" ergänzt, so dass nunmehr klargestellt ist, dass die Einbeziehung von Wertpapieren in den Freiverkehr nicht in jedem Fall zum Ende des öffentlichen Angebots führt, sondern dass es von den Umständen des Einzelfalls abhängt, wann das öffentliche Angebot und damit die Nachtragspflicht endet[3].

65 Von einem **endgültigen Schluss des öffentlichen Angebots** ist in der Regel dann auszugehen, wenn beispielsweise der im Prospekt festgelegte Angebotszeitraum bzw. die Zeichnungsfrist, innerhalb der Wertpapiere gezeichnet werden können, abgelaufen ist (siehe auch Erwägungsgrund Nr. 23 Änderungsrichtlinie)[4]. Darüber hinaus ist – wie bereits unter der Vorgängervorschrift des § 11 VerkProspG aF – von einem endgültigen Schluss des öffentlichen Angebots auch dann auszugehen, wenn die angebotenen Wertpapiere vollständig platziert sind[5]. Für den Fall, dass die Wertpapiere während der Gültigkeit des Prospekts (bzw. eines Basisprospekt und dem jeweiligen darauf bezogenen Dokumenten mit den endgültigen Bedingungen) **fortlaufend öffentlich angeboten** werden, greift diese Regelung, die vor allem auf Zeichnungsfristen im Fall von Aktienemissionen zugeschnitten ist, dagegen nicht[6]. In diesem Fall endet die Nachtragspflicht für einen Prospekt spätestens mit dem Ablauf seiner Gültigkeit.

---

1 Siehe auch S. 7, Rz. 12 des ESMA Consultation Paper (Draft Regulatory Technical Standards on specific situations that require the publication of a supplement to the prospectus) v. 15.3.2013 (ESMA/2013/316) sowie *Groß*, Kapitalmarktrecht, § 16 Rz. 5 und die Kommentierung in der Vorauflage: *Seitz* in Assmann/Schlitt/von Kopp-Colomb, § 16 WpPG (Voraufl.), Rz. 72.
2 Siehe auch *Heidelbach/Preuße*, BKR 2012, 397 (403); *Lawall/Maier*, DB 2012, 2503 (2505).
3 Siehe auch Regierungsentwurf, BT-Drucks. 17/8684, S. 20 (Begründung zu § 16 Abs. 1 WpPG); *Heidelbach/Preuße*, BKR 2012, 397 (403) und zur Diskussion im Rahmen der alten Rechtslage *Heidelbach* in Schwark/Zimmer, Kapitalmarktrechts-Kommentar Rz. 4; *Heidelbach/Preuße*, BKR 2006, 316 (321) und die Kommentierung in der Vorauflage: *Seitz* in Assmann/Schlitt/von Kopp-Colomb, § 16 WpPG (Voraufl.), Rz. 69.
4 *Heidelbach/Preuße*, BKR 2006, 316 (320). Kritisch im Falle von Aktienangeboten *Berrar* in FrankfurtKomm. WpPG, § 16 WpPG Rz. 79 ff., mit Argumenten, dass das zeitlich später stattfindende Closing/Settlement der Emission relevant sein könnte.
5 Vgl. *Heidelbach* in Schwark/Zimmer, Kapitalmarktrechts-Kommentar § 16 WpPG Rz. 7.
6 *Ekkenga*, BB 2005, 561 (564).

Eine **Einführung der Wertpapiere in den Handel an einen organisierten Markt** 66
liegt gemäß § 38 Abs. 1 Satz 1 BörsG mit Aufnahme der Notierung zugelassener
Wertpapiere am regulierten Markt vor. Für die Aufnahme der Notierung ist es erforderlich, dass ein Preis für ein Wertpapier durch ein elektronisches Handelssystem
oder einen Skontroführer berechnet wird[1].

cc) Zeitpunkt der Einreichung eines Nachtrags

Aus dem Umstand, dass in § 16 Abs. 1 Satz 1 WpPG – anders als zB in § 11 Verk- 67
ProspG aF oder in § 15 WpHG aF – **keine zeitliche Vorgabe für die Einreichung eines Nachtrags** enthalten ist, lässt sich nicht ableiten, dass der Emittent bezüglich des
Zeitpunkts der Einreichung eines Nachtrags nach Eintritt einer Nachtragssituation
völlig frei wäre.

Es ist diesbezüglich zwischen **unterschiedlichen Konstellationen** zu unterscheiden, 68
die nach der Billigung eines Prospekts eintreten können (zum Beginn des nachtragsrelevanten Zeitraums und zum Zusammenspiel mit § 9 WpPG siehe bereits oben unter Rz. 63):

– Soweit im Rahmen einer laufenden Emission ein **prospektpflichtiges Ereignis gerade stattfindet bzw. unmittelbar bevorsteht**, dh. insbesondere ein öffentliches 69
Angebot gerade stattfindet bzw. eine Einführung von Wertpapieren zum Handel
am organisierten Markt unmittelbar bevorsteht, hat der Nachtragspflichtige ein
Interesse daran, den Nachtrag möglichst schnell zu veröffentlichen, um den Zeitraum, in dem ein Widerrufsrecht des Anlegers besteht, möglichst kurz zu halten.
Zu beachten ist zudem, dass eine Verzögerung der Einreichung eines Nachtrags zur
Billigung durch die BaFin bei Eintritt eines neuen Umstands auch haftungsrechtliche Konsequenzen für den Nachtragspflichtigen hätte: Soweit die Verzögerung
von ihm zu verantworten ist, wird sich ein Prospektverantwortlicher kaum gemäß
§ 23 Abs. 1 WpPG von seiner Prospekthaftung exkulpieren können[2]. Dementsprechend wird ein Nachtragspflichtiger – auch wenn keine entsprechende gesetzliche
Regelung besteht – einen Nachtrag so schnell wie dies praktisch möglich ist bei der
BaFin einreichen[3]. Eine gesetzlich definierte Frist, die mit dem Zeitpunkt des
Eintritts eines neuen Umstands oder der Identifizierung einer Unrichtigkeit, zu
laufen beginnt, besteht aber gerade nicht. Damit wird auch dem Umstand Rechnung getragen, dass anders als bei der Ad-hoc-Pflicht die Aufnahme von neuen
Umständen in einen Prospekt regelmäßig mehr Vorbereitungszeit erfordert und
daher eine pauschale Anknüpfung an den Zeitpunkt des Eintritts eines Ereignisses in der Praxis schwierig sein kann. Die Pflicht zum unverzüglichen Vorgehen

---

1 *Heidelbach/Preuße*, BKR 2006, 316 (321).
2 Vgl. dazu auch *Becker* in Heidel, Aktienrecht und Kapitalmarktrecht, § 16 WpPG Rz. 11 sowie *Friedl/Ritz* in Just/Voß/Ritz/Zeising, § 16 WpPG Rz. 74.
3 Vgl. Auch ESMA FAQs, Questions and Answers Prospectuses: 25th Updated Version – July 2016, ESMA/2016/1133, Frage 22.

kann daher dem aktuellen Wortlaut nicht entnommen werden[1]. Im Gegensatz dazu sieht der am 30.11.2015 veröffentlichte ProspektVO-E der Europäischen Kommission ein unverzügliches Vorgehen explizit vor (vgl. Art. 22 Abs. 1 Unterabs. 1 ProspektVO-E).

70 – Soweit zum Zeitpunkt des Eintritts eines nachtragspflichtigen Umstandes **kein prospektpflichtiges Ereignis stattfindet und auch künftig kein prospektpflichtiges Ereignis geplant ist,** was in der Regel der Fall ist, wenn ein öffentliches Angebot von unter dem Prospekt begebenen Wertpapieren bereits abgeschlossen ist oder die Wertpapiere bereits zum Handel im organisierten Markt zugelassen sind, besteht keine Nachtragspflicht gemäß § 16 Abs. 1 Satz 1 WpPG. Dies ist regelmäßig der Fall bei einteiligen Prospekten, die zB für eine Aktienemission genutzt werden (zu Aufstockungen siehe oben unter Rz. 57 ff.). Zu fragen ist, ob in diesem Fall ein Nachtrag trotz nicht bestehender Nachtragspflicht auf einer freiwilligen Basis erstellt werden kann[2]. Dagegen spricht, dass sich – außerhalb des Basisprospektregimes – bei einer Einzelemissionen der betreffende Prospekt mit dem Ende des öffentlichen Angebots und einer erfolgten Einbeziehung der Wertpapiere in einen organisierten Markt erledigt hat. Zudem steht mit der Berichtigungsmöglichkeit nach § 23 Abs. 2 Nr. 4 WpPG eine alternative Form der Berichtigung zur Verfügung, um eine Haftung zu vermeiden (dazu oben unter Rz. 17).

71 – **Soweit derzeit kein prospektpflichtiges Ereignis** unter dem Prospekt stattfindet, aber eine **künftige Emission unter dem Prospekt, die mit einem prospektpflichtigen Ereignis verbunden sein wird, geplant** ist, kann der Nachtragspflichtige grundsätzlich den Zeitpunkt des Nachtrags frei bestimmen[3]. Diese Konstellation tritt regelmäßig nur bei Basisprospekten auf, die für die wiederholte Emission von Wertpapieren genutzt werden (vgl. § 6 WpPG Rz. 22 und 25)[4]. In dieser Konstellation ist allerdings aus § 9 WpPG zu folgern, dass die Aktualisierung des Prospekts gemäß § 16 Abs. 1 WpPG spätestens vor dem Beginn eines neuen Angebots oder einer Zulassung von neuen Wertpapieren zum Handel am organisierten Markt erfolgen muss (siehe näher § 9 WpPG Rz. 38).

72 In der Praxis stellt es regelmäßig ein Problem dar, den **Zeitpunkt** zu bestimmen, **zu dem ein neuer wichtiger Umstand tatsächlich eingetreten ist**. Der Zeitpunkt des Eintritts eines wichtigen neuen Umstandes ist im Nachtrag selbst möglichst genau

---

1 Anders hingegen *Becker* in Heidel, Aktienrecht und Kapitalmarktrecht, § 16 WpPG Rz. 10; *Berrar* in FrankfurtKomm. WpPG, § 16 WpPG Rz. 106, § 16 WpPG Rz. 9; *Friedl/Ritz* in Just/Voß/Ritz/Zeising, § 16 WpPG Rz. 74; *Hamann* in Schäfer/Hamann, § 16 WpPG Rz. 14; *Heidelbach* in Schwark/Zimmer, Kapitalmarktrechts-Kommentar § 16 WpPG Rz. 24; *Rauch* in Holzborn (Hrsg.), WpPG, § 16 Rz. 17.
2 Vgl. dagegen *Rauch* in Holzborn (Hrsg.), WpPG, § 16 Rz. 19; *Berrar* in FrankfurtKomm. WpPG, § 16 WpPG Rz. 92 f.
3 Vgl. auch *Rauch* in Holzborn (Hrsg.), WpPG, § 16 Rz. 19.
4 Vgl. *Berrar* in FrankfurtKomm. WpPG, § 16 WpPG Rz. 92 ff. zur Zulässigkeit eines Nachtrags für den Fall einer erst später nach einem öffentlichen Angebot geplanten Einführung in den geregelten Markt.

aufzunehmen (siehe dazu näher unten unter Rz. 78)[1]. Vor dem Hintergrund, dass auch künftige Informationen in einen Nachtrag aufgenommen werden können (siehe oben unter Rz. 34), aber zB nicht jedes Gerücht oder Werturteil auch tatsächlich geeignet ist, die Anlageentscheidung zu beeinflussen, ist hier zu differenzieren. Dabei können die von der BaFin im Rahmen der Ad-hoc-Pflicht entwickelten Grundsätze zur Konkretheit einer Information[2] eine Hilfestellung für die Auslegung bieten[3]. Danach ist die Konkretheit einer Information zu bejahen, wenn sie so bestimmt ist, dass sie hinreichende Grundlage für eine Einschätzung über den zukünftigen Verlauf des Börsen- oder Marktpreises der Wertpapiere bilden kann. Bei den so genannten „mehrstufigen Entscheidungsprozessen" liegt dagegen eine konkrete Tatsache vor, wenn mit der Umsetzung des Gesamtvorhabens wahrscheinlich zu rechnen ist oder der Vorgang unternehmensintern abgeschlossen ist. Wie im Fall der Ad-hoc-Pflicht, ist dabei grundsätzlich jede Entscheidungsstufe eigenständig zu bewerten.

2. Form und Inhalt des Nachtrags (§ 16 Abs. 1 Satz 1 WpPG)

a) Präsentation des Nachtrags

73 § 16 Abs. 1 Satz 1 WpPG enthält keine Regelung zur **Form des Nachtrags**. Unter Rückgriff auf Art. 25 Abs. 5 und Art. 26 Abs. 7 der ProspektVO (vgl. dazu bereits oben unter Rz. 18) sind jedoch grundsätzlich zwei unterschiedliche Gestaltungsmöglichkeiten für die Präsentation eines Nachtrags nach § 16 WpPG denkbar (vgl. zur ähnlich gelagerten Debatte bei der Präsentation von endgültigen Bedingungen § 6 WpPG Rz. 55 ff.).

74 Bei der **integrierten Lösung** werden die Aktualisierungen in den ursprünglichen Prospekt eingearbeitet. Die Aktualisierungen müssen sich in diesem Fall nach der ständigen BaFin-Verwaltungspraxis durch deutliche Hervorhebungen von der ursprünglichen Version des Prospekts absetzen. Dies ist beispielsweise durch besondere Formatierungen zu erreichen. Problematisch ist, ob bei zeitlich aufeinander folgenden Nachträgen die vorhergehenden Aktualisierungen weiterhin durch Hervorhebungen deutlich gemacht werden müssen. Würde man die vorherigen Nachträge weiterhin durch Hervorhebungen kennzeichnen, würde der Prospekt für den Anleger sehr unübersichtlich. Es ist deshalb vorzugswürdig, stets nur den aktuellen Nachtrag durch Hervorhebungen zu kennzeichnen und in dem jeweiligen erneuerten Prospekt durch ein Deckblatt zum Nachtrag deutlich zu machen, um welchen Nachtrag es sich handelt[4]. Die Historie der Nachträge ist für den Anleger somit über die verschiedenen Prospektversionen nachvollziehbar. Zudem besteht für den Anleger die Möglichkeit,

---

1 Vgl. BaFin, Häufig gestellte Fragen zum Basisprospektregime v. 31.5.2012, Ziffer III.5.; BaFin, Prospekterstellung und Billigungsverfahren (Stand März 2016), Ziffer 5.b; *Heidelbach/Preuße*, BKR 2012, 397 (403); *Lawall/Maier*, DB 2012, 2503 (2505 f.).
2 BaFin, Emittentenleitfaden, Stand Juli 2013, Ziffer III.2.1.1.
3 Vgl. zum zeitlichen Zusammenhang einer Ad-hoc-Pflicht und Nachtragspflicht auch *Müller*, § 16 WpPG Rz. 5.
4 So auch *Friedl/Ritz* in Just/Voß/Ritz/Zeising, § 16 WpPG Rz. 78.

alle gebilligten Nachträge gemäß § 13 Abs. 4 WpPG zwölf Monate auf der Internetseite der BaFin einzusehen.

75 Als Alternativform der Präsentation eines Nachtrags kann der Nachtragspflichtige auch die **Zwei-Dokumenten-Lösung** wählen. Bei dieser Nachtragsform erfolgen die Aktualisierungen in einem separaten Dokument. Dies erfolgt regelmäßig in der Form, dass nicht nur die neue Information in dem Nachtrag enthalten ist, sondern in dem Nachtrag unter Bezugnahme auf die Seiten oder die Gliederung im ursprünglichen Basisprospekt genau angegeben wird, welche Änderungen sich gegenüber dem ursprünglichen Prospekt im Rahmen der Aktualisierung ergeben. ZB kann der geänderte Abschnitt aus dem ursprünglichen Prospekt wiedergegeben werden und in dem Nachtrag deutlich gemacht werden, dass ein Satz hinzugefügt wird, oder es kann in dem Nachtrag unter Bezugnahme auf den ursprünglichen Prospekt der Absatz aus dem ursprünglichen Prospekt ersatzlos gestrichen oder ersetzt werden. Diese Nachtragsform hat den Vorteil, dass sie die Erstellung von Sammelnachträgen ermöglicht (siehe dazu unten unter Rz. 77a) und dem Anleger die Möglichkeit gibt, die Änderungen komprimiert zu erfassen, ohne den gesamten Prospekt durchsehen zu müssen. Der Nachteil der Zwei-Dokumenten-Lösung liegt in der drohenden Unübersichtlichkeit der Änderungen bei einer Vielzahl von Nachträgen. Hier bietet es sich nach der BaFin Praxis an, auf die Gliederung des Prospekts bezogene Übersichtstabellen zu erstellen, welche dem Anleger mitteilen, in welchem Dokument bzw. Nachtrag sich die jeweils aktuellste Version eines Gliederungspunkts befindet.

76 Die reine integrierte Lösung kommt **in der Emissionspraxis** kaum vor, da die Abgrenzung der geänderten Angaben von den nicht geänderten Angaben – gerade bei kleineren Änderungen oder redaktionellen Änderungen – graphisch aufwendig sein kann und zudem jeweils die Frage aufwirft, was tatsächlich Gegenstand des Nachtrags ist. Gerade bei Emissionsprogrammen mit mehreren beteiligten Banken, hätte die integrierte Lösung deshalb den Nachteil, dass unter Umständen das gesamte Dokument mit den beteiligten Banken abgestimmt werden müsste. Vor diesem Hintergrund ist die Zwei-Dokumenten-Lösung üblich.

77 Um bei der Wahl der Zwei-Dokumenten-Lösung die Übersichtlichkeit zu steigern, gestattet es die BaFin auch, dass eine **konsolidierte, um die Änderungen der jeweiligen Nachträge angepasste Fassung der Basisprospektinformationen zu Informationszwecken** veröffentlicht wird. Dies soll allerdings nur unter folgenden Voraussetzungen möglich sein:

i. Es muss ein gebilligter Nachtrag veröffentlicht worden sein;
ii. es muss eine Klarstellung aufgenommen werden, wonach es sich bei der Prospektfassung lediglich um eine Zusammenstellung der Informationen aus den gebilligten Bezugsobjekten handelt, wobei die Bezugsobjekte, dh. der Prospekt und die sich darauf beziehenden Nachträge, genau zu bezeichnen sind;
iii. es muss ein Hinweis aufgenommen werden, wo die gebilligten Bezugsobjekte veröffentlicht sind; und
iv. es ist ein hervorgehobener Hinweis auf das Widerrufsrecht basierend auf der Veröffentlichung des jeweils letzten Nachtrags erforderlich.

Zu beachten ist, dass es sich bei dieser Lösung um keine Veröffentlichung iS des Prospektrechts handelt. Allerdings hat diese Lösung in der Praxis keine größere Bedeutung.

In Zusammenhang mit Basisprospekten besteht in der Praxis häufig das praktische Bedürfnis den Prospekt mittels sog. „**Sammelnachträge**" zu aktualisieren, wenn der Gegenstand des Nachtrags einheitlich in mehreren Basisprospekten nachzutragen ist. Dieses Vorgehen reduziert den Umfang der zu erstellenden Dokumente und erleichtert zugleich die Prüfung durch die Billigungsbehörde. Ein Sammelnachtrag bezieht sich daher auf dem Deckblatt auf mehrere Basisprospekte, auch wenn er prospektrechtlich jeweils einen Nachtrag je Basisprospekt darstellt (siehe auch § 9 WpPG Rz. 40a). 77a

b) Inhalt des Nachtrags

Der Nachtrag muss die wichtigen neuen Umstände und/oder die wesentlichen Unrichtigkeiten, welche die Nachtragspflicht ausgelöst haben, genau angeben[1]. Dabei können auch die in den Prospekt bzw. das Registrierungsformular per Verweis einbezogenen Teile geändert oder erweitert werden. Bei Vorliegen einer systematischen Nachtragspflicht gemäß den Nachtrag-RTS sollten für die Darstellung der betreffenden Pflichtsituation in dem Nachtrag auch die begleitenden Hinweise in den Erwägungsgründen beachtet werden (vgl. zB Erwägungsgrund Nr. 3 oder 12 Nachtrag-RTS). Zudem ist nach der BaFin der Zeitpunkt des Eintritt eines wichtigen neuen Umstandes möglichst genau aufzunehmen[2]. Hintergrund ist, dass dieser Zeitpunkt für die Frage der Berechtigung zum Widerruf eine besondere Bedeutung hat. Dabei reicht jedoch im Regelfall die Angabe des Datums, oder sofern kein spezifisches Datum angegeben werden kann, eine zeitliche Umschreibung des relevanten Zeitpunkts. Bei mehreren nachtragspflichtigen Sachverhalten ist es regelmäßig ausreichend, eine Datumsanzeige bezüglich des ersten nachtragspflichtigen Ereignisses zu benennen, da das frühere Datum den Zeitpunkt des Beginns der Widerrufsberechtigung markiert[3]. Zur Aufnahme von Informationen unterhalb der Wichtigkeits- bzw. Wesentlichkeitsschwelle siehe bereits oben unter Rz. 26 und Rz. 49. 78

Pflichtbestandteil eines Nachtrags ist daneben gemäß § 16 Abs. 3 Satz 3 WpPG eine **Belehrung über das Widerrufsrecht**, die **Angabe der Widerrufsfrist** sowie gemäß § 16 Abs. 3 Satz 4 WpPG die **Bezeichnung des Empfängers des Widerrufs**, die in dem Nachtrag an hervorgehobener Stelle enthalten sein muss (vgl. zur Abweichung gegenüber der Prospektrichtlinie in diesem Punkt bereits oben unter Rz. 9). Im Rahmen der Belehrung über das Widerrufsrecht verlangt die BaFin, dass gemäß § 16 Abs. 3 Satz 4 WpPG in Verbindung mit § 8 Abs. 1 Satz 4 WpPG im Nachtrag der Hinweis enthalten ist, dass der Widerruf **keine Begründung** enthalten muss, **in Text-** 79

---
1 Vgl. BaFin, Prospekterstellung und Billigungsverfahren (Stand März 2016), Ziffer 5.b.
2 Vgl. BaFin, Häufig gestellte Fragen zum Basisprospektregime v. 31.5.2012, Ziffer III.5.; BaFin, Prospekterstellung und Billigungsverfahren (Stand März 2016), Ziffer 5.b; *Heidelbach/Preuße*, BKR 2012, 397 (403).
3 Vgl. *Lawall/Maier*, DB 2012, 2503 (2506).

form gegenüber der im Prospekt als Empfänger des Widerrufs bezeichneten Person zu klären ist und dass zur **Fristwahrung** die **rechtzeitige Absendung** genügt.

80 Ein Muster für das Deckblatt eines Nachtrags könnte demnach wie folgt aussehen (sowohl der nachstehende Mustertext als auch Rz. 81 entsprechen dem Muster, das auf der Website der BaFin abrufbar ist)[1]:

**Nachtrag nach § 16 Abs. 1 Wertpapierprospektgesetz
der
[Emittentin]
vom
[Datum des Nachtrages]
zum [[Prospekt [Prospekttitel]] [Basisprospekt [Prospekttitel]] [dreiteiligen Prospekt oder Basisprospekt] [Registrierungsformular] vom [Datum]]
[zuletzt aktualisiert durch Nachtrag vom [Datum]]**

Nach § 16 Abs. 3 Wertpapierprospektgesetz können Anleger, die vor der Veröffentlichung des Nachtrags eine auf den Erwerb oder die Zeichnung der Wertpapiere gerichtete Willenserklärung abgegeben haben, diese innerhalb einer Frist von zwei Werktagen nach Veröffentlichung des Nachtrags widerrufen, sofern der neue Umstand oder die Unrichtigkeit gemäß § 16 Abs. 1 Wertpapierprospektgesetz vor dem endgültigen Schluss des öffentlichen Angebots oder vor der Lieferung der Wertpapiere eingetreten ist.

Der Widerruf ist an [Empfänger des Widerrufs, Anschrift] zu richten.

Die [Emittenten] gibt folgende eingetretene Veränderungen im Hinblick auf [den] [das] bereits veröffentlichten [Prospekt] [Basisprospekt] [Registrierungsformular] vom [Datum des Prospekts/Basisprospekts/Registrierungsformulars] bekannt:

→ Nennung des wesentlichen neuen Umstandes unter Angabe des Datums, an dem der wesentliche neue Umstand eingetreten ist

[Ort, Datum des Nachtrags]   [Firma des Emittenten]

---

81 Ein Nachtrag nach § 16 Abs. 1 WpPG muss folgende Mindestangaben enthalten:
– eindeutige Angabe, dass es sich um einen Nachtrag nach § 16 Abs. 1 WpPG handelt,
– Datum und/oder Nummer des betreffenden Nachtrags,
– bei einem Nachtrag auf ein Registrierungsformular sind die betreffenden dreiteiligen Prospekte auf dem Deckblatt des Nachtrags zu benennen,

---

1 BaFin, Muster Nachtrag § 16 Abs. 1 WpPG v. 27.5.2013, abrufbar unter http://www.bafin.de/SharedDocs/Downloads/DE/Formular/WA/fo_muster_nachtragemission_wppg16_1.html (abgerufen am 13.10.2016).

– eine Belehrung über das Widerrufsrecht nach § 16 Abs. 3 WpPG an hervorgehobener Stelle,
– Nennung des Prospekts/Basisprospekts/Registrierungsformulars (einschließlich dazugehöriger Nachträge nach § 16 WpPG), auf den sich der Nachtrag bezieht, mit Angabe des diesbezüglichen Datums und ggf. Angabe des Datums des letzten Nachtrags,
– Nennung der wesentlichen neuen Umstände oder Unrichtigkeiten, die die Emittentin zur Erstellung des Nachtrags veranlasst haben, an hervorgehobener Stelle,
– eine Erklärung dahingehend, dass der Prospekt/Basisprospekt bzw. das Registrierungsformular, auf den sich der Nachtrag bezieht, veröffentlicht wurde und wo das Dokument erhältlich ist,
– eine Angabe, wo der Nachtrag veröffentlicht wird und für den Anleger erhältlich sein wird.

3. Nachtragsverfahren (§ 16 Abs. 1 Satz 2 bis 4 WpPG)

a) Allgemeines

Ein Nachtrag muss gemäß § 16 Abs. 1 Satz 3 WpPG von der BaFin gebilligt werden. Dieses **Billigungserfordernis** wurde im Zuge der Umsetzung der Prospektrichtlinie eingeführt[1]. 82

Im Rahmen des Billigungsverfahrens prüft die BaFin den Nachtrag auf Verständlichkeit, Kohärenz und Vollständigkeit (siehe zu den Begriffen auch § 13 WpPG Rz. 10 ff.). Die Prüfung erstreckt sich allerdings nur auf Verständlichkeit, Kohärenz und Vollständigkeit der **nachgetragenen Informationen**. Es findet kein Abgleich hinsichtlich Verständlichkeit, Kohärenz und Vollständigkeit der nachgetragenen Informationen mit den im Prospekt enthaltenen Angaben statt, da ansonsten die BaFin verpflichtet wäre, den Nachtrag in einer kürzeren Frist als den Prospekt selbst zu prüfen[2]. Des Weiteren prüft die BaFin nicht, ob die im Nachtrag enthaltenen Informationen als wichtige neue Umstände oder als Änderung einer wesentlichen Unrichtigkeit gemäß § 16 Abs. 1 Satz 1 WpPG zu beurteilen sind, da diese Entscheidung dem Emittenten obliegt (zur Einschätzungsprärogative des Emittenten siehe oben unter Rz. 30)[3]. 83

b) Billigungsverfahren

Für das Billigungsverfahren eines Nachtrags gelten grundsätzlich die gleichen Anforderungen wie für das Billigungsverfahren eines Prospekts[4], insbesondere beginnt 84

---

1 Kritisch hinsichtlich des Erfordernisses eines Billigungsverfahrens und der damit verbundenen Verzögerung der Information der Anleger *Groß*, Kapitalmarktrecht, § 16 WpPG Rz. 9 und *Friedl/Ritz* in Just/Voß/Ritz/Zeising, § 16 Rn. 130 ff.
2 So auch *Friedl/Ritz* in Just/Voß/Ritz/Zeising, § 16 Rn. 137; aA *Berrar* in FrankfurtKomm. WpPG, § 16 WpPG Rz. 116; *Rauch* in Holzborn, § 16 WpPG Rz. 24.
3 *Rauch* in Holzborn, § 16 WpPG Rz. 24.
4 Regierungsentwurf, BT-Drucks. 15/4999, S. 36 (Begründung zu § 16 Abs. 1 WpPG).

das Billigungsverfahren gemäß § 16 Abs. 1 Satz 2 WpPG mit der **Einreichung des zu billigenden Nachtrags** bei der BaFin durch den Nachtragspflichtigen (zum Fristbeginn siehe auch unten unter Rz. 88).

85 **Nachtragspflichtiger** ist gemäß § 16 Abs. 1 Satz 2 WpPG der Emittent, der Anbieter oder der Zulassungsantragsteller. Im Rahmen der Umsetzung der Änderungsrichtlinie in das deutsche Recht durch das Prospektrichtlinie-Änderungsrichtlinie-Umsetzungsgesetz hat der deutsche Gesetzgeber den Begriff „Emittenten" in die Umschreibung der nachtragspflichtigen Personen gemäß § 16 Abs. 1 Satz 2 WpPG aufgenommen. Der Gesetzgeber bezweckte damit die Klarstellung, dass auch ein Emittent, wenn er nicht mehr Anbieter der Wertpapiere ist, einen Nachtrag zum Prospekt einreichen können soll, zB weil eine entsprechende Verpflichtung gegenüber einem Finanzintermediär über die Vertriebskette besteht[1].

86 Neben dem Nachtrag selbst (zu Form und Inhalt vgl. oben unter Rz. 73 ff.) ist auch ein **Billigungsantrag** zu formulieren[2], der gegebenenfalls mit einem Antrag auf Notifizierung des Nachtrags verbunden werden kann (vgl. für den Fall der Billigung des Prospekts § 13 WpPG Rz. 23). Ein Antrag auf Notifizierung des Nachtrags richtet sich nach § 18 Abs. 2 iVm. Abs. 1 WpPG (vgl. näher § 18 WpPG Rz. 14). Voraussetzung für die Notifizierung des Nachtrags ist allerdings, dass bereits der Prospekt notifziert wurde, auf den sich der Nachtrag bezieht. Umgekehrt heißt dies nicht, dass bei einem notifizierten Prospekt ein Nachtrag auch in jeden Aufnahmestaat notifiziert werden muss. Gerade bei Basisprospekten ist es nämlich denkbar, dass ein Basisprospekt nur für einen bestimmten Zeitraum in einem anderen Mitgliedstaat für öffentliche Angebote genutzt werden soll.

87 Im Hinblick auf die **Form der Einreichung des Nachtrags** gelten die gleichen Anforderungen für eine elektronische Übermittlung wie im Fall der Einreichung eines Prospekts gemäß der **Fünften Delegierten Verordnung Nr. 2016/301**[3]. Der Nachtrag ist daher zusammen mit dem Billigungsantrag, einem Notifizierungantrag und ggf. einer Vollmacht elektronisch und in einer Form, die eine Suchfunktion ermöglicht, der zuständigen Prospektbehörde gemäß Art. 2 der Fünften Delegierten Verordnung zu übermitteln. Bei der BaFin steht hierfür das Fachverfahren „Prospekte (WpPG/VermAnlG)" des MVP Portals zur Verfügung. Für die Billigung des Nachtrags verlangt die BaFin jedoch neben der per MVP eingereichten elektronischen Fassung des Nachtrags eine im Original unterschriebene Papierversion des Nachtrags. Dabei ist die Übereinstimmung der beiden Fassungen – abgesehen von der Unterschrift – vom Antrag-

---

1 Regierungsentwurf, BT-Drucks. 17/8684, S. 20 (Begründung zu § 16 Abs. 1 WpPG).
2 Ein Muster ist auf der Internetseite der BaFin unter http://www.bafin.de/SharedDocs/Downloads/DE/Formular/WA/fo_muster_antragnachtrag_wppg16_1.doc?__blob=publicationFile&v=6 abrufbar (Stand 13.10.2016).
3 Delegierte Verordnung (EU) Nr. 2016/301 der Kommission vom 30.11.2015 zur Ergänzung der Richtlinie 2003/71/EG des Europäischen Parlaments und des Rates durch technische Regulierungsstandards für die Billigung und Veröffentlichung des Prospekts und die Verbreitung von Werbung und zur Änderung der Verordnung (EG) Nr. 809/2004 der Kommission, ABl. EU Nr. L 58 v. 4.3.2016, S. 13 ff.

steller zu bestätigen. Andere Prospektprüfungsbehörden, wie zB die luxemburgische CSSF, akzeptieren schon seit längerem die Übermittlung des Nachtrags per E-Mail, dh. es ist dort ein ausschließlich elektronisches Nachtragsbilligungsverfahren möglich.

Die **Billigung durch die BaFin** muss nach § 16 Abs. 1 Satz 3 WpPG – abweichend von der Frist für die Billigung des Prospekts gemäß § 13 Abs. 2 WpPG – **innerhalb von höchstens sieben Werktagen** erfolgen, wobei die Frist mit Eingang des Nachtrags bei der BaFin beginnt (siehe oben unter Rz. 84). Die BaFin bestätigt dem Einreichenden gegenüber den Eingang des Nachtrags durch eine Eingangsbestätigung per Telefax (auch im Rahmen des neuen Art. 5 Abs. 1 Fünfte Delegierte Verordnung). Sie prüft zuvor bereits die Vollständigkeit der Unterlagen. Wenn Anhaltspunkte vorliegen, dass die übermittelten Unterlagen unvollständig sind oder es ergänzender Informationen bedarf, beginnt die Billigungsfrist erst dann zu laufen, wenn die entsprechenden Informationen von dem Nachtragspflichtigen bei der BaFin nachgereicht wurden[1]. Die BaFin sendet in diesem Fall in der Regel ein Anhörungsschreiben per Telefax. Es wird kritisiert, dass eine entsprechende Anwendung der Billigungsfrist im Fall eines Nachtrags dem Zweck der unverzüglichen Information des Kapitalmarkts widerspräche[2]. Allerdings ist im Fall von kleineren Mängeln davon auszugehen, dass die BaFin nicht von § 13 Abs. 3 Satz 1 WpPG Gebrauch macht, sondern stattdessen § 25 VwVfG anwendet und dem Emittenten die Möglichkeit gibt, den Mangel innerhalb der Billigungsfrist zu beheben[3]. Außerdem gewährt Art. 5 Abs. 3 Fünfte Delegierte Verordnung eine Ausnahme von der Unterbrechung der Billigungsfrist, wenn die Unvollständigkeit von untergeordneter Bedeutung, die Zeitplanung jedoch von höchster Wichtigkeit ist. In der Praxis ist es regelmäßig auch möglich, einen Zeitplan hinsichtlich des Ablaufs des Billigungsverfahrens mit der BaFin abzustimmen. 88

Im Fall des Verstreichens der Billigungsfrist, besteht **keine Billigungsfiktion** im Hinblick auf den Nachtrag (zu potentiellen Amtshaftungsansprüchen des Nachtragspflichtigen siehe § 13 WpPG Rz. 39 ff.). 89

Im Anschluss an ihre Prüfung teilt die BaFin dem Nachtragspflichtigen mit, ob der Nachtrag gebilligt oder ob der Antrag auf Billigung abgelehnt wird. Die **Mitteilung der Entscheidung der BaFin** stellt einen Verwaltungsakt gemäß § 35 VwVfG dar. Die Mitteilung erfolgt – wie bereits die Eingangsbestätigung und ein etwaiges Anhörungsschreiben – per Telefax. Im Anschluss an die Billigung veröffentlicht die BaFin den Nachtrag nach § 16 Abs. 1 Satz 3 WpPG iVm. § 13 Abs. 4 WpPG für zwölf Monate auf ihrer Internetseite. Zudem wird gemäß § 16 Abs. 1 Satz 4 WpPG die ESMA über die Billigung des Nachtrags unterrichtet und erhält eine Kopie des Nachtrags. 90

---

1 Regierungsentwurf, BT-Drucks. 15/4999, S. 36 (Begründung zu § 16 Abs. 1 WpPG).
2 *Crüwell*, AG 2003, 243 (251); *Groß*, Kapitalmarktrecht, § 16 WpPG Rz. 9, *Rauch* in Holzborn § 16 WpPG Rz. 25.
3 So auch *Groß*, Kapitalmarktrecht, § 16 WpPG Rz. 10; *Friedl/Ritz* in Just/Voß/Ritz/Zeising, § 16 WpPG Rn. 136.

c) Veröffentlichungspflicht

91 Nach der Billigung des Nachtrags muss der Anbieter oder Zulassungsantragsteller den Nachtrag gemäß § 16 Abs. 1 Satz 5 WpPG unverzüglich **in derselben Art und Weise wie den ursprünglichen Prospekt nach § 14 WpPG** veröffentlichen. Aus dem Verweis ist allerdings nicht zu folgern, dass auch das gleiche Veröffentlichungsmedium iS des § 14 Abs. 2 WpPG wie im Fall der Veröffentlichung des Prospekts gewählt werden muss. Eine einengende Auslegung würde unnötigerweise die Flexibilität der Emittenten einschränken, insbesondere in Konstellationen, in denen ein Prospekt mittels Nachträgen über den Ablauf der Gültigkeit hinaus gegebenenfalls für eine lange Dauer aktuell gehalten wird[1].

92 Nach § 16 Abs. 1 Satz 5 WpPG muss die Veröffentlichung des Nachtrags nach seiner Billigung **unverzüglich** erfolgen. In der Praxis bedeutet dies regelmäßig, dass der Nachtrag noch am Tag des Zugangs der Entscheidung der BaFin oder bei einem Zugang zu einem späteren Zeitpunkt im Laufe des Tages am Folgetag veröffentlicht wird. Das WpPG selbst enthält keine Klarstellung dazu, was unter „unverzüglich" zu verstehen ist. Üblicherweise wird zur Auslegung auf die in § 121 Abs. 1 Satz 1 BGB enthaltene Legaldefinition abgestellt[2]. Danach bedeutet „unverzüglich" ein Handeln ohne schuldhaftes Zögern, wobei insoweit eine nach den Umständen des Einzelfalls zu bemessende Prüfungs- und Überlegungsfrist eingeräumt wird[3]. Abweichend davon wird neuerdings in Zusammenhang mit Kapitalmarktinformationspflichten, die eine „unverzügliche" Veröffentlichungspflicht beinhalten, ein sofortiges Handeln gefordert. Dies wird damit begründet, dass dies dem Bedürfnis der Anleger entspräche, über wichtige, neue Umstände oder wesentliche Unrichtigkeiten sofort nach der Billigung des Nachtrags informiert zu werden[4]. Im Ergebnis ist der Unterschied im Fall der Veröffentlichung eines Nachtrags aufgrund der eingangs geschilderten Praxis eher theoretischer Natur. Da gemäß § 16 Abs. 3 Satz 1 WpPG mit der Veröffentlichung des Nachtrags die Frist für die Ausübung des Widerrufsrechts zu laufen beginnt, besteht auch ein Interesse des Nachtragspflichtigen an der sofortigen Veröffentlichung des Nachtrags[5].

93 Aufgrund des Verweises in § 16 Abs. 1 Satz 5 WpPG auf die gesamte Vorschrift des § 14 WpPG gelten ferner die übrigen Pflichten des Anbieters oder Zulassungsantragstellers, insbesondere die unverzügliche Mitteilung des Datums und des Ortes

---

1 Wie hier gestützt auf den Wortlaut von Art. 16 Abs. 2 Prospektrichtlinie *Friedl/Ritz* in Just/Voß/Ritz/Zeising, § 16 WpPG Rz. 139; anders dagegen *Rauch* in Holzborn, § 16 WpPG Rz. 29; *Groß*, Kapitalmarktrecht, § 16 WpPG Rz. 11; *Berrar* in FrankfurtKomm. WpPG, § 16 WpPG Rz. 125; *Heidelbach* in Schwark/Zimmer, Kapitalmarktrechts-Kommentar § 16 WpPG Rz. 34; *Heidelbach/Preuße*, BKR 2006, 316 (321).
2 *Heidelbach* in Schwark/Zimmer, Kapitalmarktrechts-Kommentar § 16 WpPG Rz. 38; *Berrar* in FrankfurtKomm. WpPG, § 16 WpPG Rz. 124.
3 *Ellenberger* in Palandt, § 121 BGB, Rz. 3.
4 Instruktiv dazu *Möllers* in FS Horn, 2006, S. 479 ff.; in die gleiche Richtung gehend *Friedl/Ritz* in Just/Voß/Ritz/Zeising, § 16 WpPG Rz. 146 ff.
5 Vgl. auch *Heidelbach* in Schwark/Zimmer, Kapitalmarktrechts-Kommentar § 16 WpPG Rz. 38; *Berrar* in FrankfurtKomm. WpPG, § 16 WpPG Rz. 124.

der Veröffentlichung des Nachtrags gemäß § 14 Abs. 3 WpPG. Allerdings sind Emittenten gemäß § 8b Abs. 2 Nr. 10 HGB verpflichtet, im Fall der Veröffentlichung eines Nachtrags eine entsprechende **Mitteilung im Unternehmensregister** zu veröffentlichen. In der Mitteilung müssen ua. Angaben dazu aufgenommen werden, wann und wo die Veröffentlichung des Nachtrags erfolgt ist.

III. Ergänzung der Zusammenfassung (§ 16 Abs. 2 WpPG)
(Seitz/Scholl)

Um die **Zusammenfassung** und etwaige **Übersetzungen** auf dem neuesten Stand zu halten, schreibt § 16 Abs. 2 WpPG vor, dass diese um die im Nachtrag enthaltenen Informationen zu ergänzen sind. Die Vorschrift soll dazu dienen, dem Publikum einen erleichterten Zugang zu den im Nachtrag enthaltenen Informationen zu ermöglichen (siehe oben unter Rz. 8). Dies ist auch konsequent, da die Zusammenfassung Teil des Prospekts ist und nicht in Widerspruch zu den nachgetragenen Emittentenangaben oder Wertpapierinformationen stehen darf[1]. Die Aufnahme von wichtigen neuen Umständen oder die Korrektur von wesentlichen Unrichtigkeiten im Prospekt im Wege eines Nachtrags führt **in der Praxis** regelmäßig dazu, dass im Rahmen des Nachtrags auch die Zusammenfassung des jeweiligen Prospekts entsprechend angepasst wird. 94

Nach **Art. 25 Abs. 5 ProspektVO** bzw. **Art. 26 Abs. 7 ProspektVO** kann der Emittent, der Anbieter bzw. die Person, welche die Zulassung zum Handel beantragt hat, auf Einzelfallbasis entscheiden, ob die neuen Informationen in die ursprüngliche Zusammenfassung eingegliedert werden, indem eine neue Zusammenfassung erstellt wird oder ob ein Nachtrag zur Zusammenfassung erstellt wird (siehe dazu bereits oben unter Rz. 18). Letztlich gelten somit für die Aktualisierung der Zusammenfassung die gleichen Anforderungen wie für die Präsentation des Nachtrags im Übrigen (zur integrierten Lösung und zur Zwei-Dokumenten-Lösung vgl. oben unter Rz. 73 ff.). 95

Sofern die **neuen Informationen in die ursprüngliche Zusammenfassung integriert** werden, ist sicherzustellen, dass Anleger die Änderungen leicht erkennen können. Wie Art. 25 Abs. 5 Unterabs. 2 ProspektVO bzw. Art. 26 Abs. 7 Unterabs. 2 ProspektVO klarstellen, kann dies beispielsweise mittels Fußnoten erfolgen. Dies ist allerdings nicht zwingend. Letztlich gelten die für die integrierte Lösung maßgeblichen Grundsätze entsprechend (siehe oben unter Rz. 74). 96

Im Zusammenhang mit der sachlichen Nachtragspflicht stellt sich die Frage, ob aufgrund der besonderen **Beschränkung der Zusammenfassung auf Schlüsselinformationen** gemäß § 5 Abs. 2 WpPG der Schluss gezogen werden kann, dass eine Nachtragspflicht betreffend den Prospekt jedenfalls immer dann besteht, wenn die Informationen in der Zusammenfassung nicht mehr aktuell sind (zB bei Änderungen in den Ratinginformationen im Punkt B.17 der Zusammenfassung gemäß An- 97

---
1 *Berrar* in FrankfurtKomm. WpPG, § 16 WpPG Rz. 129.

hang XXII ProspekVO). Dies ist in dieser Allgemeinheit jedoch abzulehnen. Zwar sind die Informationen in der Zusammenfassung normativ als Schlüsselinformationen zu qualifizieren. Im Rahmen des § 16 Abs. 1 Satz 1 WpPG ist jedoch für den Test hinsichtlich der sachlichen Nachtragspflicht entscheidend, dass ein wichtiger neuer Umstand bzw. eine wesentliche Unrichtigkeit vorliegt. Auch bei Schlüsselinformationen ist es denkbar, dass eine Veränderung keinen wichtigen neuen Umstand darstellt und insofern bleibt es bei der Einzelfallprüfung des potentiell Nachtragspflichtigen[1].

98 Ein **Nachtrag muss in der Sprache des Prospekts** erstellt werden[2]. Im Hinblick auf das Sprachenregime ist zu beachten, dass soweit eine Zusammenfassung in einer weiteren Sprache bereits im Prospekt enthalten ist, diese auch anzupassen ist. Falls die Übersetzung einer Zusammenfassung als gesondertes Dokument bei der Prospektbilligungsbehörde für ein Notifizierungsverfahren eingereicht wurde (vgl. § 18 Abs. 1 Satz 3 WpPG), gilt dies – soweit auch der entsprechende Nachtrag gemäß § 18 Abs. 2 WpPG notifiziert werden soll – entsprechend für diese Übersetzung.

IV. Widerrufsrecht (§ 16 Abs. 3 WpPG) *(Seitz/Scholl)*

1. Überblick zum Widerrufsrecht

99 Nach § 16 Abs. 3 Satz 1 WpPG haben Anleger, die vor der Veröffentlichung eines Nachtrags in Bezug auf einen Prospekt für ein öffentliches Angebot von Wertpapieren eine auf den Erwerb oder die Zeichnung der Wertpapiere gerichtete Willenserklärung abgegeben haben, **grundsätzlich ein Widerrufsrecht**, sofern der neue Umstand oder die Unrichtigkeit gemäß § 16 Abs. 1 WpPG vor dem endgültigen Schluss des öffentlichen Angebots und vor der Lieferung der Wertpapiere eingetreten ist. Das Widerrufsrecht des Anlegers stellte eine der wesentlichen Neuerungen in der Ausgestaltung des Nachtragsrechts nach der Implementierung der Prospektrichtlinie in das deutsche Recht dar (vgl. oben unter Rz. 2). Es war in den Kommissionsvorschlägen zur Prospektrichtlinie noch nicht enthalten, sondern geht auf einen Vorschlag des Rats zurück[3]. Die ursprüngliche deutsche Umsetzung der Prospektrichtlinie ging dabei etwas über die Regelung des Art. 16 Abs. 2 Prospektrichtlinie aF hinaus. Der nationale Gesetzgeber begrenzte auf Vorschlag des Finanzausschusses des Bundestages in § 16 Abs. 3 WpPG aF das Widerrufsrecht des Anlegers zusätzlich mit dem Aspekt der Erfüllung des Wertpapiererwerbs, um die Interessen der Emittenten zu schützen[4]. Die Änderungsrichtlinie gestaltete die zeitliche Dimension des Widerrufsrechts je-

---

1 Zu weitgehend jedoch die Meinung von *Heidelbach* in Schwark/Zimmer, Kapitalmarktrechts-Kommentar § 16 WpPG Rz. 40, dass keine sachliche Nachtragspflicht besteht, wenn die neue Situation nicht in der Zusammenfassung enthalten ist.
2 Vgl. *Mattil/Möslein*, WM 2007, 819 (822).
3 Vgl. zu der mit der Einführung der Prospektrichtlinie vorangegangenen Diskussion die Kommentierung in der Vorauflage: *Seitz* in Assmann/Schlitt/von Kopp-Colomb, § 16 WpPG (Voraufl.), Rz. 2 ff.
4 Beschlussempfehlung und Bericht des Finanzausschusses, BT-Drucks. 15/5373, S. 50.

doch erheblich um. Ein Widerrufsrecht besteht bei Veröffentlichung eines Nachtrags nunmehr für alle Anleger, die vor der Veröffentlichung des Nachtrags eine Willenserklärung zum Erwerb des Wertpapiers abgegeben haben, also grundsätzlich auch vor Eintritt des nachtragspflichtigen Sachverhaltes. Das Widerrufsrecht besteht auch dann, wenn vor dem Zeitpunkt der Veröffentlichung des Nachtrags eine Lieferung der Wertpapiere erfolgt. Sofern jedoch der nachtragspflichtige Umstand nach der Abgabe der Willenserklärung zum Erwerb des Wertpapiers und nach der Lieferung der Wertpapiere eingetreten ist, haben Anleger kein Widerrufsrecht (siehe dazu unten unter Rz. 103). Die neue Gestaltung des Widerrufsrechts stellt daher vor allem für die Emittenten eine signifikante Änderung dar, da das Widerrufsrecht zugunsten der Anleger erheblich erweitert wurde[1].

Die besondere Herausforderung bei der gesetzlichen Ausgestaltung eines Widerrufsrechts infolge der Veröffentlichung eines Nachtrags besteht rechtspolitisch darin, einen angemessenen **Ausgleich zwischen den Interessen des Anlegers und den Interessen des Emittenten** zu finden. Die Funktion des Widerrufsrechts ist der Schutz der Anlegerinteressen vor allem in der zeitlichen Schwebelage zwischen dem Eintritt des nachtragspflichtigen Sachverhaltes und dem Zeitpunkt der Veröffentlichung des Nachtrags. Die gesetzliche Regelung geht jedoch darüber hinaus und erweitert den Anlegerschutz auch auf Fälle, in denen Anleger bereits ihre Investitionsentscheidung getroffen haben. Daher hat die neue Gestaltung des Widerrufsrechts im Schrifttum auch Kritik erfahren[2]. Teile des Schrifttums befürworten daher auch eine telelogische Reduktion des Widerrufsrechts im Fall eines nachtragspflichtigen neuen Umstandes und der Abgabe der auf den Erwerb gerichteten Willenserklärung vor Eintritt dieses Umstandes unter Bezugnahme auf die Gesetzbegründung zu § 16 Abs. 3 WpPG aF[3]. Auf der Grundlage des Wortlauts des Art. 16 Abs. 2 Änderungsrichtlinie wird man jedoch davon ausgehen müssen, dass die damalige Gesetzesbegründung nicht mehr zur Begründung einer teleologischen Reduktion herangezogen werden kann, auch da der Gesetzgeber in der Gesetzesbegründung zum Prospektrichtlinie-Änderungsrichtlinie-Umsetzungsgesetz nicht mehr auf diesen Aspekt eingegangen ist[4]. Zu berücksichtigen ist aber, dass eine zeitliche Begrenzung des Widerrufsrechts durch die Lieferung der Wertpapiere erfolgt, dh. in dem Fall dass eine auf den Erwerb der Wertpapiere gerichtete Willenserklärung vor dem Eintritt des nachtragspflichtigen Umstands abgegeben wurde, ist ein Widerruf nur möglich, soweit noch keine Lieferung der Wertpapiere stattgefunden hat (vgl. unten Rz. 103).

---

1 Siehe auch *Heidelbach/Preuße*, BKR 2012, 397 (403); *Lawall/Maier*, DB 2012, 2503 (2505).
2 Siehe auch *Heidelbach/Preuße*, BKR 2012, 397 (403); *Lawall/Maier*, DB 2012, 2503 (2505).
3 Vgl. *A. Meyer* in Habersack/Mülbert/Schlitt, Unternehmensfinanzierung am Kapitalmarkt, § 36 Wertpapierprospekt, Rz. 96; *Rauch* in Holzborn, § 16 WpPG Rz. 32; *Müller*, § 16 WpPG Rz. 5; *Becker* in Heidel, Aktienrecht und Kapitalmarktrecht, § 16 WpPG Rz. 21.
4 Siehe Regierungsentwurf, BT-Drucks. 17/8684, S. 20 (Begründung zu § 16 Abs. 3 WpPG); so auch die BaFin, vgl. BaFin-Workshop vom 4. und 5.6.2012, Die wesentlichen Änderungen des Prospektrechts zum 1.7.2012, Folie 15 und 17.

2. Voraussetzungen des Widerrufsrechts

a) Entstehung, inhaltliche Reichweite, Berechtigung

101 Das Recht zum Widerruf nach § 16 Abs. 3 Satz 1 WpPG entsteht mit der Veröffentlichung eines Nachtrags.

102 Das Widerufsrecht bezieht sich inhaltlich auf Willenserklärungen zum Erwerb von Wertpapieren bzw. zur Zeichnung von Wertpapieren, die Gegenstand des nachgetragenen Prospekts sind und **im Rahmen eines öffentlichen Angebots** erworben wurden. Anlegern, die Wertpapiere – auch bei einem parallel stattfindenden öffentlichen Angebot – über einen organisierten Markt erworben haben, steht daher kein Widerrufsrecht zu[1]. Diese Beschränkung dient dem Schutz des reibungslosen Ablaufs des Handels. Zudem ist bei Basisprospekten Art. 22 Abs. 7 ProspektVO zu beachten. Sofern sich daher ein Nachtrag zu einem Basisprospekt nur auf eine oder mehrere (aber nicht alle) Emissionen im Rahmen dieses Basisprospekts bezieht, haben nur diejenigen Anleger dieser betreffenden Emissionen nicht aber die Anleger anderer Emissionen im Rahmen dieses Basisprospekts ein Widerrufsrecht[2].

103 Die Berechtigung eines Anlegers zum Widerruf seiner auf den Erwerb bzw. die Zeichnung solcher Wertpapiere gerichteten Willenserklärung setzt voraus, dass die **zeitlichen Vorgaben des § 16 Abs. 3 Satz 1 WpPG** erfüllt sind. Eine Berechtigung zum Widerruf besteht daher generell nicht für Anleger, die Willenserklärungen zum Erwerb von Wertpapieren nach der Veröffentlichung des Nachtrags abgegeben haben. Darüber hinaus muss der nachtragspflichtige Umstand vor dem endgültigen Schluss des öffentlichen Angebots und vor der Lieferung der Wertpapiere eingetreten sein. In den folgenden Situationen liegt daher eine Berechtigung zur Ausübung des Widerrufs vor:

– Die Abgabe der Willenserklärung erfolgt nach Eintritt des nachtragspflichtigen Umstands und vor Veröffentlichung des Nachtrags. Der Zeitpunkt der Beendigung des öffentlichen Angebots oder der Lieferung der Wertpapiere spielt in dieser Konstellation keine Rolle.

– Die Abgabe der Willenserklärung erfolgt vor Eintritt des nachtragspflichtigen Umstands und der nachtragspflichtige Umstand tritt vor dem endgültigen Schluss des öffentlichen Angebots und vor der Lieferung der Wertpapiere oder zwischen dem endgültigen Schluss des öffentlichen Angebots und vor der Lieferung der Wertpapiere ein[3].

Dagegen besteht keine Berechtigung zum Widerruf, wenn die Abgabe der Willenserklärung sowie der endgültige Schluss des öffentlichen Angebots und die Lieferung der Wertpapiere vor Eintritt des nachtragspflichtigen Umstands erfolgt. Da dem Zeitpunkt des den Nachtrag auslösenden Umstands damit für die Frage der Berechtigung des Anlegers zum Widerruf auf der Grundlage der Vorgaben des § 16 Abs. 3

---

[1] Siehe Regierungsentwurf, BT-Drucks. 17/8684, S. 20 (Begründung zu § 16 Abs. 3 WpPG); *Heidelbach/Preuße*, BKR 2012, 397 (403 f.).
[2] So bereits *von Kopp-Colomb/Seitz*, WM 2012, 1220 (1225).
[3] So auch *Groß*, Kapitalmarktrecht, § 16 WpPG Rz. 14.

Satz 1 WpPG besondere Bedeutung zukommt, verlangt die BaFin eine möglichst genau zeitliche Angabe zum Eintritt des nachtragspflichtigen Umstands in dem Nachtrag (vgl. dazu oben unter Rz. 78)[1]. Der Gesetzgeber hat des Weiteren klargestellt, dass im Falle einer von Anfang an bestehenden wesentlichen Unrichtigkeit des Prospekts, die Unrichtigkeit und damit der nachtragspflichtige Umstand bereits mit der Veröffentlichung des Prospekts eingetreten ist[2]. Auf die ggf. erst später eintretende Kenntnis über die Unrichtigkeit kommt es daher nicht an.

Darüber hinaus stellt sich die Frage, ob das Widerrufsrecht zum Schutz des Emittenten noch weiterer teleologischer Beschränkungen unterliegt (vgl. dazu bereits oben unter Rz. 100). Diskutiert wurde in diesem Zusammenhang, ob das Widerrufsrecht im Wege einer teleologischen Reduktion auf die Fälle zu beschränken ist, in denen die **neuen Umstände bzw. die korrigierten Unrichtigkeiten negativ** für den Anleger sind[3]. Gegen das Zugeständnis eines Widerrufsrecht bei positiven Umständen wurde argumentiert, dass sich der insoweit erforderliche Nachtrag (vgl. oben unter Rz. 33) wohl kaum in der Form ausgewirkt hätte, dass der Anleger seine Willenserklärungen auf den Erwerb oder die Zeichnung der Wertpapiere nicht abgegeben hätte. Die Einräumung eines Widerrufsrechts wäre im Fall der Aufnahme von neuen positiven Umständen oder im Fall einer für den Anleger positiven Korrektur von Unrichtigkeiten daher nicht billig. Vor diesem Hintergrund wurde eine entsprechende Einschränkung des Widerrufsrechts gefordert[4]. Dem ist jedoch die ESMA in ihrem Final Report vom 17.12.2013 entgegengetreten. Obwohl auch die ESMA anerkennt, dass es unangemessen erscheinen mag, dem Anleger auch im Falle von neuen positiven Umständen ein Widerrufsrecht zuzugestehen, geht sie im Ergebnis aufgrund des klaren Wortlauts des § 16 Abs. 3 WpPG, der nicht zwischen positiven und negativen neuen Umständen unterscheidet, davon aus, dass dem Anleger auch im Falle eines auf neuen positiven Umständen gegründeten Nachtrags ein Widerrufsrecht zusteht[5]. Es ist also nicht erforderlich, dass die im Nachtrag enthaltenen Informationen sich zwingend nachteilig auf die Bewertung der Wertpapiere auswirken, in der Praxis ist die Abgrenzung, ob ein Umstand tatsächlich (ausschließlich) positiv oder negativ für den Anleger ist, auch nicht immer eindeutig möglich. Vielmehr muss der potentielle Anleger in Kenntnis aller wesentlichen Umstände eine informierte Anlageentscheidung treffen

104

---

[1] Vgl. BaFin, Häufig gestellte Fragen zum Basisprospektregime v. 31.5.2012, Ziffer III.5.; BaFin, Prospekterstellung und Billigungsverfahren (Stand März 2016), Ziffer 5.b; *Heidelbach/Preuße*, BKR 2012, 397 (403); *Lawall/Maier*, DB 2012, 2503 (2505 f.).

[2] BaFin-Workshop vom 4. und 5.6.2012, Die wesentlichen Änderungen des Prospektrechts zum 1.7.2012, Folie 14; siehe auch Regierungsentwurf, BT-Drucks. 17/8684, S. 20 (Begründung zu § 16 Abs. 3 WpPG).

[3] Für eine Begrenzung des Widerrufsrechts in diesem Fall *Friedl/Ritz* in Just/Voß/Ritz/Zeising, § 16 WpPG Rz. 160; anders dagegen *Apfelbacher/Metzner*, BKR 2006, 81 (86); *Berrar* in FrankfurtKomm. WpPG, § 16 WpPG Rz. 144.

[4] Vgl. dazu *Kullmann/Metzger*, WM 2008, 1292 (1297).

[5] Vgl. ESMA, Final Report v. 17.12.2013 – Draft Regulatory Technical Standards on specific situations that require the publication of a supplement to the prospectus, ESMA/2013/1970, Rz. 21.

können, so dass eine Begrenzung des Nachtrags auf Umstände mit negativem Kursbeeinflussungspotential kaum möglich ist[1].

105 Weiterhin wird diskutiert, ob dem Anleger das Widerrufsrecht gegebenenfalls dann zu versagen ist, wenn er seine Willenserklärung zwar nach Eintritt des nachtragspflichtigen Umstands abgegeben hat, aber bereits vor Abgabe dieser Willenserklärung eine **Ad-hoc-Mitteilung über den nachtragspflichtigen Umstand** veröffentlicht wurde (zum Verhältnis der Ad-hoc-Pflicht gegenüber der Nachtragspflicht siehe oben unter Rz. 15 und unten unter Rz. 122 ff.). Aus den Wortlauten des Art. 17 MMVO/ § 15 WpHG aF bzw. des § 16 Abs. 3 Satz 1 WpPG ist eine derartige Einschränkung des Widerrufrechts nicht unmittelbar zu folgern. Für eine teleologische Reduktion des Widerrufsrechts wird zum Teil auf den Rechtsgedanken des § 22 Abs. 2 Nr. 3 WpPG verwiesen[2]. Jedenfalls kann in besonderen Fallgestaltungen dem Widerruf eines Anlegers im Falle der Veröffentlichung einer Ad-hoc-Mitteilung vor Abgabe der Willenserklärung der Einwand des Verbots widersprüchlichen Verhaltens (*venire contra factum proprium*, § 242 BGB) entgegengehalten werden, wenn der Anleger Kenntnis von der Ad-hoc Mitteilung hatte und sich der Nachtrag im Wesentlichen mit dem Inhalt der Ad-hoc-Mitteilung deckt[3]. Eine allgemein Begrenzung des Widerrufsrechts aber in dem Fall, dass der Anleger zwar keine positive Kenntnis von der Ad-hoc-Mitteilung hatte, der Emittent aber zum Zeitpunkt der Abgabe der Willenserklärung des Anlegers die Ad-hoc-Mitteilung bereits veröffentlicht hatte, ist fragwürdig, da die Ad-hoc-Mitteilung in gewissen Konstellationen parallel zur Nachtragspflicht zur Anwendung kommt (vgl. unten unter Rz. 122)[4].

b) Dauer der Ausübung des Widerrufsrechts

106 Gemäß § 16 Abs. 3 Satz 1 WpPG kann das Widerrufsrecht nur **innerhalb von zwei Werktagen nach der Veröffentlichung des Nachtrags** erfolgen. Dies gilt im Falle einer Notifizierung des Nachtrags gemäß § 18 Abs. 2 WpPG auch in den jeweiligen Aufnahmestaaten[5], so dass etwaige Verzögerungen aufgrund einer Notifizierung un-

---

1 *Berrar* in FrankfurtKomm. WpPG, § 16 WpPG Rz. 144.
2 Vgl. zur Argumentation in Bezug auf die Vorgängernorm des § 45 Abs. 2 Nr. 3 BörsG auch: *Friedl/Ritz* in Just/Voß/Ritz/Zeising, § 16 WpPG Rz. 162 f.; vgl. zur vorgeschlagenen teleologischen Reduktion *Rauch* in Holzborn, § 16 WpPG Rz. 33 mwN.
3 Weitergehend *Rauch* in Holzborn, § 16 WpPG Rz. 33; *Müller/Oulds*, WM 2007, 573 (577); *Becker* in Heidel, Aktienrecht und Kapitalmarktrecht, § 16 WpPG Rz. 21; *Oulds*, WM 2011, 1452 (1457). Siehe auch *Heidelbach* in Schwark/Zimmer, § 16 WpPG Rz. 45, nach deren Auffassung es gleich sein soll, ob die Kenntnis aus einer Ad-hoc-Veröffentlichung, einer Pressemitteilung, einem anderweitig veröffentlichten Prospekt oder einer anderen Quelle resultiert.
4 Weitergehend *Schlitt/Schäfer*, AG 2005, 498 (507) sowie *Müller/Oulds*, WM 2007, 573 (577), wonach sich ein Anleger, der sein Widerrufsrecht ausüben möchte, obwohl bereits eine Ad-hoc-Meldung hinsichtlich des nachtragspflichtigen Umstands veröffentlicht worden ist, den Einwand widersprüchlichen Verhaltens entgegenhalten lassen muss, wobei insoweit nicht danach differenziert wird, ob der Anleger positive Kenntnis von der Ad-hoc-Mitteilung hatte oder nicht.
5 *Oulds*, WM 2011, 1452 (1459).

berücksichtigt bleiben. Die Widerrufsfrist kann vom Emittenten, Anbieter oder Zulassungsantragsteller (freiwillig) verlängert werden (zur Angabe der Widerrufsfrist im Nachtrag siehe oben Rz. 87). Entsprechend gewinnt im Hinblick auf den Fristbeginn die Frage an Bedeutung, wann tatsächlich der Nachtrag veröffentlicht wurde. Es liegt daher auch im Interesse des Emittenten, den Nachtrag unverzüglich nach der Billigung durch die BaFin zu veröffentlichen (vgl. dazu oben unter Rz. 92).

Für die **Ermittlung der Widerrufsfrist** sind dabei die allgemeinen zivilrechtlichen Regelungen, insbesondere die §§ 187 Abs. 1, 188 Abs. 1 BGB, maßgeblich. 107

3. Ausübung des Widerrufsrechts

§ 16 Abs. 3 Satz 4 WpPG erklärt für die Ausübung des Widerrufs **§ 8 Abs. 1 Satz 4 und 5 WpPG** für **anwendbar** mit der Ergänzung, dass der Widerruf an die im Nachtrag als Empfänger des Widerrufs bezeichnete Person zu richten ist (zur Belehrung über das Widerrufsrecht im Nachtrag siehe oben unter Rz. 79). In der Regel wird in der Praxis der Emittent als Empfänger des Widerrufs im Nachtrag angegeben. In der Praxis werden daneben zum Teil auch (oder auch nur) die im Rahmen des Vertriebs eingeschalteten Finanzintermediäre als Empfänger des Widerrufs benannt[1]. 108

Der Widerruf gemäß § 8 Abs. 1 Satz 4 WpPG muss **keine Begründung** enthalten und ist in Textform (siehe dazu § 126b BGB) innerhalb der gesetzlichen oder der im Nachtrag angegebenen längeren Widerrufsfrist nach Veröffentlichung des Nachtrags gegenüber der im Nachtrag als Empfänger des Widerrufs bezeichneten Person zu erklären. Zur **Fristwahrung** des Widerrufs reicht gemäß § 8 Abs. 1 Satz 4 Halbsatz 2 WpPG die rechtzeitige Absendung der Widerrufserklärung aus. 109

Ein dem Anleger neben dem Widerrufsrecht nach § 16 Abs. 3 WpPG in irgendeiner Form **vertraglich** zugesichertes Widerrufsrecht **oder sonstiges gesetzliches Widerrufsrecht** kann dem Widerrufsrecht nach § 16 Abs. 3 WpPG nur vorgehen, wenn das vertraglich zugesicherte oder sonstige gesetzliche Widerrufsrecht für den Anleger weiter geht, als das ihm nach § 16 Abs. 3 WpPG eingeräumte Widerrufsrecht[2]. Damit ein vertraglich vereinbartes Widerrufsrecht dem Widerrufsrecht nach § 16 Abs. 3 WpPG vorgeht, ist dementsprechend erforderlich, dass das vertragliche Widerrufsrecht sowohl hinsichtlich seiner Voraussetzungen als auch hinsichtlich seiner Rechtsfolgen für den Anleger günstiger ist als § 16 Abs. 3 WpPG (zum Widerrufsrecht im Rahmen des Bookbuilding-Verfahrens siehe § 8 WpPG Rz. 45). 110

4. Rechtsfolgen des Widerrufs

Die Rechtsfolgen eines Widerrufs ergeben sich aus § 16 Abs. 3 Satz 4 WpPG iVm. § 8 Abs. 1 Satz 5 WpPG, dh. es finden die **Regelungen über den Widerruf von Verträgen über Finanzdienstleistungen nach § 357a BGB** entsprechende Anwendung. 111

---

1 Vgl. auch *Heidelbach/Preuße*, BKR 2012, 397 (404).
2 *Friedl/Ritz* in Just/Voß/Ritz/Zeising, § 16 WpPG Rz. 166.

112 Die Regelung ist nicht ganz schlüssig, da nicht in jedem Fall des Widerrufs in der Praxis tatsächlich auch ein **Rückabwicklungsverhältnis** mit der Pflicht entsteht, die bereits erhaltenen Leistungen zurückzugewähren. Ein echtes Rückabwicklungsverhältnis wird nur dann entstehen, wenn es tatsächlich zu einem Leistungsaustausch kam, also die Wertpapiere geliefert wurden und/oder der Anleger den Emissionspreis für die Wertpapiere entrichtet hat. Dies wird in der Praxis eher die Ausnahme sein. In allen anderen Fällen führt der Widerruf zum Erlöschen der Primärleistungspflichten aus dem Kauf- oder Zeichnungsvertrag ohne dass es einer Rückabwicklung bedarf.

113 Im Falle einer Rückabwicklung sind gemäß § 357a Abs. 1 BGB die empfangenen Leistungen spätestens nach 30 Tagen zurückzugewähren. Die Rückabwicklung im Fall eines Widerrufs kann rechtlich sehr komplex werden, wenn der Wertpapiererwerb im Rahmen einer sog. Vertriebskette erfolgte. Das Prospektrecht enthält hierfür keine Regelung. Vielmehr richtet sich die Rückabwicklung nach den zivilrechtlichen Grundsätzen des Rücktrittsrechts. Entsprechend wird bei Vertriebsketten eine Rückabwicklung entlang der Vertragsverhältnisse erfolgen und zwar auch dann, wenn der Anleger den Widerruf entsprechend der Belehrung in dem Nachtrag (auch) an den Emittenten und nicht (oder nicht nur) an seinen Vertragspartner richten kann. Man wird in diesem Fall annehmen müssen, dass der Emittent zum Schutz des Anlegers als Empfangsbote des Vertriebspartners agiert.

V. Besonderheiten bei Aktienemissionen *(Schlitt)*

1. Zeitliche Reichweite der Nachtragspflicht

114 Tritt nach Prospektbilligung ein wichtiger neuer Umstand ein oder kommt eine wesentliche Unrichtigkeit des Prospekts zu Tage[1], muss dies in einem nach Billigung durch die BaFin zu veröffentlichenden **Nachtrag** offen gelegt werden (§ 16 Abs. 1 WpPG)[2]. Auch die Zusammenfassung ist entsprechend zu korrigieren (§ 16 Abs. 2 WpPG)[3].

115 Wie bei Debt-Emissionen **beginnt** die Nachtragspflicht bei Aktienemissionen erst mit der Billigung des **Prospekts**. Während des Billigungsverfahrens gilt die Aktualisierungspflicht, die sich aus dem Gebot der Richtigkeit und Vollständigkeit (§ 5 Abs. 1 WpPG; siehe dazu die Kommentierung zu § 5 WpPG Rz. 11 ff.) ergibt und der

---

1 Nach ESMA kann dies insbesondere bei der Veröffentlichung von Zwischenfinanzinformationen und Gewinnprognosen der Fall sein; siehe ESMA, Questions and Answers Prospectuses, 25th Updated Version – July 2016, ESMA/2016/1133, Ziffern 19 bis 23.
2 Siehe dazu auch *Oulds*, WM 2011, 1452; *Schlitt/Schäfer*, AG 2005, 498 (507); *Schlitt/Singhof/Schäfer*, BKR 2005, 251 (256 f.). Aufgrund möglicher Haftungsfolgen in anderen Jurisdiktionen ist auch die englische Übersetzung des Prospekts, die häufig für Zwecke der Privatplatzierung im Ausland erstellt und verwendet wird, um entsprechende Nachträge (*supplements*) zu erweitern und diese den Investoren zugänglich zu machen.
3 Kritisch zur Nachtragspflicht *Crüwell*, AG 2003, 243 (251).

durch bloße Berichtigung der finalen Antragsfassung des Prospekts genügt werden kann[1].

Die Nachtragspflicht **endet** mit dem endgültigen Schluss des öffentlichen Angebots oder, falls diese später erfolgt, der Einführung in den Handel an einem organisierten Markt (§ 16 Abs. 1 Satz 1 WpPG). Dieses Fristende betrifft allein die formelle Nachtragspflicht nach § 16 Abs. 1 WpPG. Soll der Prospekt ausnahmsweise für weitere Emissionen verwendet werden, kann er auch nach dem Schluss des öffentlichen Angebots oder der Einführung in den Handel durch Nachträge aktualisiert werden, um so seine Gültigkeit für bis zu zwölf Monate zu bewahren (§ 9 Abs. 1 WpPG)[2]. Ansonsten findet **nach dem Ende der Nachtragspflicht** eine Aktualisierung des Prospekts, insbesondere im Hinblick auf § 23 Abs. 2 Nr. 4 WpPG, durch Berichtigungen im Jahresabschluss, Zwischenabschluss und vor allem in Form von Ad-hoc-Mitteilungen nach Art. 17 Abs. 1 MMVO (vormals § 15 WpHG aF) statt[3]. Eine gewisse Aktualisierung in Gestalt einer Informationszusammenfassung ergab sich nach alter Rechtslage auch aus der Veröffentlichung des jährlichen Informationsdokuments nach § 10 WpPG aF, die jedoch inhaltlich nicht über die bereits veröffentlichten Informationen hinausging. Im Zuge des Gesetzes zur Umsetzung der Richtlinie 2010/73/EU und zur Änderung des Börsengesetzes wurde § 10 WpPG jedoch ersatzlos gestrichen, sodass eine Aktualisierung in Gestalt des jährlichen Informationsdokuments fortan nicht mehr erfolgt.

Nach dem Wortlaut gilt die Nachtragspflicht bis zum Ende des **öffentlichen Angebots** *oder*, falls diese später erfolgt, bis zur Einführung in den Handel an einem organisierten Markt[4]. Typischerweise liegt bei einer Aktienemission das Ende des öffentlichen Angebots vor der Notierungsaufnahme[5]. Im Zuge des Gesetzes zur Umsetzung der Richtlinie 2010/73/EU und zur Änderung des Börsengesetzes wurde § 16 Abs. 1 Satz 1 WpPG dahingehend modifiziert, dass die Einführung der Wertpapiere in den Handel an einem organisierten Markt die Nachtragspflicht nunmehr nur noch dann zeitlich begrenzen soll, wenn sie nach dem endgültigen Schluss des öffentlichen Angebots erfolgt[6]. Die Diskussion darüber, in welchem zeitlichen Verhältnis die beiden in § 16 Abs. 1 Satz 1 WpPG genannten Alternativen (Schluss des öffentlichen Angebots oder Einführung in den Handel) zueinander stehen[7], ist so-

---

1 *Groß*, Kapitalmarktrecht, § 16 WpPG Rz. 4; *Berrar* in FrankfurtKomm. WpPG, § 16 WpPG Rz. 75.
2 So auch *Rauch* in Holzborn, § 16 WpPG Rz. 18.
3 Zur Aktualisierungspflicht bis sechs Monate nach der Einführung siehe *Groß*, Kapitalmarktrecht, § 21 WpPG Rz. 59 ff. mwN; siehe auch ESMA, Questions and Answers Prospectuses, 25th Updated Version – July 2016, ESMA/2016/1133, Ziffer 34.
4 Der Begriff der Einführung wird als Notierungsaufnahme definiert, vgl. § 38 Abs. 1 Satz 1 BörsG.
5 Zum zeitlichen Ablauf siehe *Ries/Murr* in Grunewald/Schlitt, Einführung in das Kapitalmarktrecht, S. 44.
6 Siehe zu den das Nachtragserfordernis betreffenden Änderungen der Prospektrichtlinie und des WpPG auch *Oulds*, WM 2011, 1452 (1459 f.); *Heidelbach/Preuße*, BKR 2012, 397 (402 ff.).
7 Siehe hierzu noch die Voraufl., § 16 WpPG Rz. 127.

mit nach neuer Rechtslage obsolet geworden. Maßgeblich für die zeitliche Begrenzung der Nachtragspflicht ist nunmehr entweder der endgültige Schluss des öffentlichen Angebots oder aber die Einführung, letztere allerdings nur, soweit sie dem Schluss des öffentlichen Angebots nachfolgt. Hieraus folgt im Umkehrschluss, dass eine Nachtragspflicht auch nach der Einführung noch bestehen kann, soweit das öffentliche Angebot diese überdauert[1].

117a Darüber hinaus wurde durch Art. 1 Nr. 16 lit. b des Gesetzes zur Umsetzung der Richtlinie 2010/73/EU und zur Änderung des Börsengesetzes die Einbeziehung in den Handel als mögliche zeitliche Begrenzung der Nachtragspflicht aus dem Wortlaut des § 16 Abs. 1 Satz 1 WpPG gestrichen. Hierdurch wollte der Gesetzgeber klarstellen, dass die Einbeziehung von Wertpapieren in den **Freiverkehr** nicht in jedem Fall zum Ende des öffentlichen Angebots und demzufolge auch zum Ende der Nachtragspflicht führt, sondern es hier von den Umständen des Einzelfalls abhängt, wann öffentliches Angebot und Nachtragspflicht enden[2].

2. Verhältnis zur Nichtaufnahme von Angaben nach § 8 Abs. 1 WpPG

118 § 8 Abs. 1 Sätze 1 und 2 WpPG regeln die Voraussetzungen für eine Nichtaufnahme des Emissionspreises und Emissionsvolumens in den Prospekt. Nicht geregelt ist, wie bei einer **Änderung** der üblicherweise vor Beginn des Angebots festgelegten **Preisspanne** während des laufenden Angebots zu verfahren ist. Entgegen einer teilweise vertretenen Ansicht, die in der nachträglichen Änderung der Preisspanne stets ein nachtragspflichtiges Ereignis sieht[3], ist zwischen der Verengung und der Erhöhung bzw. Verringerung der Preisspanne zu differenzieren[4]. Während im Falle einer bloßen Verengung der Preisspanne (Erhöhung der unteren Grenze der Preisspanne und/oder Reduzierung der Obergrenze) keine Nachtragspflicht besteht, stellt die Erhöhung der Preisspanne regelmäßig einen nachtragspflichtigen Umstand dar. Die Verringerung der Preispanne erfordert dann keinen Nachtrag, wenn sie unwesentlich[5] ist und im Prospekt bereits auf die Möglichkeit einer solchen hingewiesen wurde. Die BaFin geht jedoch im Regelfall von einem Nachtragserfordernis im Falle einer Änderung der Preisspanne aus. Eine Nachtragsrelevanz kann sich aus weitergehenden inhaltlichen Auswirkungen vorgenommener Änderungen der Preisspanne und des erwarteten Emissionsvolumens ergeben[6], zB im Falle einer daraus resultierenden,

---

1 *Groß*, Kapitalmarktrecht, § 16 WpPG Rz. 5; *Heidelbach/Preuße*, BKR 2012, 397 (402 f.).
2 BT-Drucks. 17/8684, S. 13, 20.
3 *Rauch* in Holzborn, § 16 WpPG Rz. 7; *Becker* in Heidel, Aktienrecht und Kapitalmarktrecht, § 16 WpPG Rz. 5.
4 So auch *Berrar* in FrankfurtKomm. WpPG, § 16 WpPG Rz. 62 ff.; *Groß*, Kapitalmarktrecht, § 16 WpPG Rz. 8b.
5 Unwesentlich dürfte eine Verringerung der ursprünglichen Preisspanne um bis zu 10% sein, vgl. auch *Berrar* in FrankfurtKomm. WpPG, § 16 WpPG Rz. 64.
6 *Groß*, Kapitalmarktrecht, § 16 WpPG Rz. 8 f.; *Becker* in Heidel, Aktienrecht und Kapitalmarktrecht, § 16 WpPG Rz. 5 f.; *Schlitt/Schäfer*, AG 2008, 525 (536).

zuvor nicht im Prospekt berücksichtigten wesentlichen Änderung der Mehrheitsverhältnisse, insbesondere im Hinblick auf die Kontrolle über den Emittenten[1].

Fraglich ist, ob ein Nachtrag zur Änderung der Preisspanne noch möglich ist, wenn die **Angebotsfrist bereits abgelaufen** ist. Die BaFin hat dies richtigerweise in der Vergangenheit zugelassen, wenn der Nachtrag noch am gleichen Tag gebilligt wurde. 118a

Zum Fall der **Aufnahme eines Höchstpreises** siehe die Kommentierung zu § 8 WpPG Rz. 19 f. 119

Aufgrund der Privilegierung des § 8 Abs. 1 Satz 6 WpPG ist für die Veröffentlichung des endgültigen **Emissionspreises** und **Emissionsvolumens** keine Nachtragsveröffentlichung erforderlich. Die **von diesen abhängigen Angaben**, etwa des endgültigen Emissionserlöses und der endgültigen Emissionskosten, sind im Regelfall keine wesentlichen neuen Informationen, da sie regelmäßig innerhalb der im Prospekt angegebenen Spannen liegen bzw. sich bereits aus den im Prospekt veröffentlichten Preisspannen errechnen lassen[2]. Eine Nachtragspflicht bezüglich dieser vom Emissionspreis und Emissionsvolumen abhängigen Informationen besteht daher nur ausnahmsweise dann, wenn sie nicht bereits durch die im Prospekt genannten Angaben gedeckt sind und von diesen mehr als geringfügig abweichen. Eine solche **geringfügige Über- bzw. Unterschreitung** dürfte, wie nach der Praxis der SEC, auf Grundlage einer **20%-Schwelle** zu beurteilen sein[3]. Vor Inkrafttreten des WpPG wurde zur Vorgängerregelung des § 11 VerkProspG aF teilweise eine 10%-Grenze unter Verweis auf § 4 Abs. 1 Nr. 2 und 3 VerkProspG aF angenommen. 120

Wird das **Decoupled Bookbuilding-Verfahren** zur Preisfestsetzung angewandt, lässt sich die Veröffentlichung eines Nachtrags nach der Praxis der BaFin nicht vermeiden. Während beim Bookbuilding-Verfahren eine Preisspanne[4] für den Angebotspreis bereits im Prospekt enthalten ist, wird beim Decoupled Bookbuilding der Prospekt zunächst ohne jegliche Preisangabe veröffentlicht und die Preisspanne erst nach sondierenden Gesprächen mit Investoren festgelegt und im Wege des gebilligten Nachtrags veröffentlicht[5]. Sie sind daher nach der Praxis der BaFin im Wege eines Nachtrags 121

---

1 Zu den hierzu erforderlichen Prospektangaben siehe die Kommentierung zu Anhang I EU-ProspektVO Rz. 155 ff.
2 So auch *A. Meyer* in Habersack/Mülbert/Schlitt, Unternehmensfinanzierung am Kapitalmarkt, § 36 Rz. 90; *Becker* in Heidel, Aktienrecht und Kapitalmarktrecht, § 16 WpPG Rz. 5; aA wohl *Schanz*, Börseneinführung, § 13 Rz. 74 Fn. 188; *Apfelbacher/Metzner*, BKR 2006, 81 (87 Fn. 72).
3 So bereits *Schlitt/Singhof/Schäfer*, BKR 2005, 251 (261). So wohl auch *Straßner* in Heidel, Aktienrecht und Kapitalmarktrecht, § 8 WpPG Rz. 6 Fn. 13.
4 Nach Auffassung der BaFin darf der untere Wert der Preisspanne nicht mehr als 50% unter dem oberen Wert der Preisspanne liegen, um zu vermeiden, dass rein fiktive Preisangaben in den Prospekt aufgenommen werden.
5 Mit Beispielen zu den verschiedenen Angebotsverfahren *Schäfer* in Grunewald/Schlitt, Einführung ins Kapitalmarktrecht, S. 226/227. Siehe dazu auch *Schlitt/Wilczek* in Habersack/Mülbert/Schlitt, Handbuch der Kapitalmarktinformation, § 5 Rz. 100 ff. sowie die Kommentierung zu § 8 WpPG Rz. 23 ff.

nach § 16 WpPG zu veröffentlichen, den die BaFin, wenn möglich, taggleich billigt[1]. Hingegen werden der endgültige Emissionspreis und das Emissionsvolumen wie im Falle des Bookbuilding-Verfahrens gemäß § 8 Abs. 1 Satz 6 WpPG nach Abschluss des Angebots veröffentlicht[2].

3. Verhältnis zur Ad-hoc-Publizität nach Art. 17 Abs. 1 MMVO

122 Die Gesetzesbegründung **differenziert** im Hinblick auf das Verhältnis des Art. 17 Abs. 1 MMVO[3] zu § 16 WpPG je nachdem, ob der Prospekt für Zwecke der Zulassung an einem organisierten Markt dient[4]. Danach besteht in dem Fall, dass der Prospekt **allein für Zwecke eines öffentlichen Angebots** ohne Zulassung erstellt wurde, ein **Vorrang des Art. 17 Abs. 1 MMVO** vor § 16 WpPG in dem Sinne, dass es keines zusätzlichen Nachtrags, sondern lediglich der Ergänzung des Prospekts um einen (nicht dem Billigungserfordernis unterliegenden) Hinweis auf die Ad-hoc-Veröffentlichung bedarf[5], wobei dies richtigerweise einer freiwilligen Nachtragsveröffentlichung nicht entgegensteht[6]. Hingegen sieht der Gesetzgeber im Falle, dass der Prospekt auch für Zwecke der Zulassung an einem organisierten Markt dient, aufgrund der besonderen Anlagestimmung keinen Vorrang des Art. 17 MMVO vor § 16 WpPG, sondern ein **Nebeneinander** beider Bestimmungen vor, wobei die Ver-

---

1 Siehe auch *Straßner* in Heidel, Aktienrecht und Kapitalmarktrecht, § 8 WpPG Rz. 2.
2 *Schlitt/Wilczek* in Habersack/Mülbert/Schlitt, Handbuch der Kapitalmarktinformation, § 5 Rz. 101; *Schlitt/Schäfer*, AG 2005, 498 (505).
3 Verordnung (EU) Nr. 596/2014 des Europäischen Parlaments und des Rates vom 16.4.2014 über Marktmissbrauch (Marktmissbrauchsverordnung) und zur Aufhebung der Richtlinie 2003/6/EG des Europäischen Parlaments und des Rates und der Richtlinien 2003/124/EG, 2003/125/EG und 2004/72/EG der Kommission, ABl. EU Nr. L 173, 1. Die Gesetzesbegründung bezieht sich noch auf die Vorgängervorschrift § 15 Abs. 1 WpHG (aF). Im Vergleich zu Art. 17 Abs. 1 MMVO dürften sich allerdings keine Änderungen ergeben.
4 Begr. RegE zum Prospektrichtlinie-Umsetzungsgesetz, BT-Drucks. 15/4999, S. 36.
5 Vgl. Begr. RegE zum Prospektrichtlinie-Umsetzungsgesetz, BT-Drucks. 15/4999, S. 36; *Becker* in Heidel, Aktienrecht und Kapitalmarktrecht, § 16 WpPG Rz. 14; *Ekkenga/Maas*, Das Recht der Wertpapieremissionen, Rz. 248; *Kullmann/Sester*, WM 2005, 1068 (1075); *Keunecke*, Prospekte im Kapitalmarkt, Rz. 555. Kritisch: *Groß*, Kapitalmarktrecht, § 16 WpPG Rz. 19; *Holzborn/Israel*, ZIP 2005, 1668 (1674); *Müller/Oulds*, WM 2007, 573 (577); *Rauch* in Holzborn, § 16 WpPG Rz. 41. Da die Ad-hoc-Mitteilung bereits das Publikum über eine etwaige Unrichtigkeit oder Unvollständigkeit aufklärt, besteht ein Prospekthaftungsanspruch jedenfalls nicht bei Erwerb der angebotenen Wertpapiere nach Veröffentlichung der Ad-hoc-Mitteilung.
6 Eine solche freiwillige Erstellung bietet sich aus Haftungsgesichtspunkten je nach den Umständen an, wenn der Prospekt zuvor unrichtig oder unvollständig war, bereits abgegebene Willenserklärungen, die auf den Erwerb der angebotenen Wertpapiere gerichtet sind, sonst nicht mehr widerruflich wären und den Anlegern mit der Hinweisveröffentlichung nicht freiwillig ein Widerrufsrecht eingeräumt wurde. Dazu auch *Friedl/Ritz* in Just/Voß/Ritz/Zeising, § 16 WpPG Rz. 179.

öffentlichung des Nachtrags frühestens zum Zeitpunkt der Veröffentlichung nach Art. 17 Abs. 1 MMVO erfolgt[1].

Die Ad-hoc-Pflicht setzt mit der Stellung des Zulassungsantrags ein, Art. 17 Abs. 1 Unterabs. 3 MMVO[2], wobei der Zulassungsantrag erst wenige Tage vor der Zulassung gestellt werden muss[3]. 123

In **inhaltlicher Hinsicht** wird teilweise trotz des weitergehenden Wortlauts des § 16 Abs. 1 Satz 1 WpPG angenommen, dass eine Nachtragspflicht zugleich stets eine Ad-hoc-Pflicht auslöse[4]. Dies lässt jedoch außer Betracht, dass die Nachtragspflicht des § 16 Abs. 1 Satz 1 WpPG auch an die Unrichtigkeit oder Unvollständigkeit der Mindestangaben nach den Anhängen der ProspektVO anknüpfen kann, ohne dass es auf deren Kurserheblichkeit ankäme[5]. Daher führt nicht jeder Nachtrag zu einer **Ad-hoc-Pflicht**. Insbesondere bei Nachträgen, mit denen Angaben zur Angebotsstruktur nachgetragen werden, wie es bei Börsengängen mit Decoupled Bookbuilding-Angebotsstruktur typischerweise der Fall ist, ist grundsätzlich mangels zu diesem Zeitpunkt beeinflussbarem Markt- oder Börsenpreis keine Ad-hoc-Mitteilung erforderlich[6]. Umgekehrt ist bei Vorliegen einer ad-hoc-pflichtigen Information in aller Regel eine Pflicht zur **Nachtragsveröffentlichung** anzunehmen[7]. 124

Läge im Grundsatz eine Ad-hoc-Pflicht vor, würde jedoch eine **Befreiung** nach Art. 17 Abs. 4 MMVO eingreifen, so stellt sich die Frage, ob die Nachtragspflicht unabhängig davon greift oder ob auch der Nachtrag aufgeschoben werden kann. Die Befreiung nach Art. 17 Abs. 4 MMVO würde faktisch konterkariert, würde dennoch eine unverzügliche Veröffentlichung eines Nachtrags gefordert werden[8]. Auf dieser Grundlage ließe sich argumentieren, dass auch der Nachtrag aufgeschoben werden kann. Jedoch würde eine Befreiung von der unverzüglichen Nachtragsver- 125

---

1 *Becker* in Heidel, Aktienrecht und Kapitalmarktrecht, § 16 WpPG Rz. 15; *Kullmann/Sester*, WM 2005, 1068 (1075); kritisch: *Groß*, Kapitalmarktrecht, § 16 WpPG Rz. 19.
2 Zur Ad-hoc-Pflicht nach der Marktmissbrauchsverordnung umfassend: *Klöhn*, AG 2016, 423.
3 Nach § 50 BörsZulV muss der Zulassungsantrag spätestens am Tag vor der Zulassung gestellt werden. Die Geschäftsleitung der Börse benötigt jedoch einen gewissen Vorlauf für das Zulassungsverfahren, so dass idR der Zulassungsantrag in Abstimmung mit der Börse ca. eine Woche vor der Zulassung gestellt wird.
4 *Apfelbacher/Metzer*, BKR 2006, 81 (85 f.).
5 Zum weiteren Anwendungsbereich des § 16 Abs. 1 WpPG vgl. auch *Wiegel*, Die Prospektrichtlinie und Prospektverordnung, S. 364; *Becker* in Heidel, Aktienrecht und Kapitalmarktrecht, § 16 WpPG Rz. 3.
6 *Wiegel*, Die Prospektrichtlinie und Prospektverordnung, S. 366.
7 *Schlitt/Schäfer*, AG 2008, 525 (536); *Rauch* in Holzborn, § 16 WpPG Rz. 40; *Friedl/Ritz* in Just/Voß/Ritz/Zeising, § 16 WpPG Rz. 175; zum Verhältnis der Nachtragspflicht zur Ad-hoc-Pflicht siehe auch *Schlitt/Wilczek* in Habersack/Mülbert/Schlitt, Handbuch der Kapitalmarktinformation, § 6 Rz. 25 ff.; *Schäfer* in Grunewald/Schlitt, Einführung in das Kapitalmarktrecht, S. 231. Für die Einführung einer Subsidiaritätsregel iS des § 10 Abs. 6 WpÜG de lege ferenda *Ekkenga*, BB 2005, 561 (564), de lege lata im Falle eines IPO *Wiegel*, Die Prospektrichtlinie und Prospektverordnung, S. 366.
8 *Schanz*, Börseneinführung, § 13 Rz. 78; *Schlitt/Schäfer*, AG 2005, 498 (507).

öffentlichungspflicht mangels Privilegierung in §§ 21 ff. WpPG nicht vor etwaigen Prospekthaftungsansprüchen schützen. Diese können geltend gemacht werden, wenn der Prospekt zum Zeitpunkt der Erwerbsentscheidung unrichtig oder unvollständig war, die auf den Erwerb der angebotenen Wertpapiere gerichtete Erklärung des Anlegers vor der späteren Veröffentlichung der Ad-hoc-Mitteilung erfolgte und ein Widerruf weder nach den allgemeinen Grundsätzen für Bookbuilding-Verfahren nach der Veröffentlichung der Ad-hoc-Mitteilung noch nach der späteren Nachtragsveröffentlichung (etwa aufgrund zwischenzeitlicher Lieferung der Wertpapiere) erklärt werden konnte[1].

4. Verlängerung des öffentlichen Angebots

126 Die Billigungspflicht für Nachträge, das Widerrufsrecht der Anleger und die hierdurch entstehende Unsicherheit über die Anzahl der verkauften Wertpapiere können die **Durchführung eines Angebots** erheblich beeinträchtigen[2]. Da ein gebilligter Prospekt Voraussetzung für die Zulassung der Aktien ist (§ 3 Abs. 4 WpPG), verzögert sich bis zur Billigung eines Nachtrags deren Zulassung zum Börsenhandel. In diesem Zusammenhang stellt sich regelmäßig die Frage, ob bei Einreichung eines Nachtrags zur Billigung auch das öffentliche **Angebot zu verlängern** ist. Da die Anleger bei kurserheblichen Informationen schon vor Billigung und Veröffentlichung des Nachtrags durch die Ad-hoc-Mitteilung des Emittenten informiert werden und sie zumindest nach der bisher herrschenden Meinung im Schrifttum ohnehin jederzeit Abstand von ihren Kaufangeboten nehmen können[3], können sie die neue Information bereits vor der Nachtragsveröffentlichung in ihre Anlageentscheidung einfließen lassen, so dass kein Bedürfnis für eine zwingende Verlängerung der Angebotsfrist bis zur Veröffentlichung des gebilligten Nachtrags und zu einem darauf folgenden Widerruf besteht[4]. Bei einem späteren **Widerruf** müssten sie sich darüber hinaus nach richtiger Ansicht den Einwand **widersprüchlichen Verhaltens** entgegenhalten lassen[5]. Eine praktische Notwendigkeit zur Verlängerung des Angebots kann sich aber daraus ergeben, dass erst nach Ablauf der Nachtragsfrist und der sich anschließenden Widerrufsfrist endgültig feststeht, wie viele Aktien aufgrund des Nachtrags nicht abgenommen wurden und demzufolge noch zu platzieren sind. Die begleitende Bank wird daher im Einzelfall gemeinsam mit dem Emittenten entscheiden, ob das Angebot verlängert werden soll.

---

1 Zum Widerrufsrecht siehe oben Rz. 99 ff. sowie die Kommentierung zu § 8 WpPG Rz. 34 ff.
2 Zu Recht kritisch *Crüwell*, AG 2003, 243 (251); *Kunold/Schlitt*, BB 2004, 501 (510).
3 *Groß*, ZHR 162 (1998), 318 (329); *Lenenbach*, Kapitalmarkt- und Börsenrecht, Rz. 10.192; *Willamowski*, Bookbuilding, Rz. 446 ff.; *Hein*, WM 1996, 1 (4).
4 *Friedl/Ritz* in Just/Voß/Ritz/Zeising, § 16 WpPG Rz. 99.
5 Ähnlich zum Widerruf trotz Ad-hoc-Veröffentlichung vor der Anlageentscheidung *Rauch* in Holzborn, § 16 WpPG Rz. 33. Zum Einwand des widersprüchlichen Verhaltens (*venire contra factum proprium*) *Grüneberg* in Palandt, § 242 BGB Rz. 55 ff. mwN.

5. Verschiebung der Emission

In Zeiten volatiler Märkte, aufgrund einer unvorhergesehenen negativen Marktentwicklung oder in Fällen quantitativ oder qualitativ nicht befriedigender Nachfrage, kommt es bei Aktienemissionen, insbesondere Börsengängen, bisweilen zur **Verschiebung** der geplanten Emission. 127

Entscheidet sich der Emittent gemeinsam mit den Emissionsbanken zur Verschiebung noch **vor der Prospektbilligung**, äußert sich diese Entscheidung im Hinblick auf das laufende Prospektbilligungsverfahren durch eine Rücknahme des Billigungsantrags, die das Billigungsverfahren beendet. Wird das Emissionsvorhaben wieder aufgenommen, ist der Prospekt zu aktualisieren, der neue Zeitplan mit der BaFin abzustimmen und erneut ein Billigungsantrag zu stellen. 128

Fällt die Entscheidung zur Verschiebung der Emission hingegen erst **nach der Prospektbilligung**, möglicherweise sogar erst nach Beginn der Angebotsfrist, sind verschiedene Maßnahmen erforderlich. Wurde bereits ein Zulassungsantrag zur Zulassung von Aktien am regulierten Markt gestellt, ist der Emittent grundsätzlich nach Art. 17 Abs. 1 MMVO zur unverzüglichen Veröffentlichung der Verschiebung der Emission verpflichtet (Ad-hoc-Publizität). Anderenfalls wird es im Regelfall im Interesse des Emittenten liegen, das angesprochene Publikum durch eine Pressemitteilung zu informieren. Aufgrund der mit der Verschiebung verbundenen Änderung der Angebotsbedingungen werden bereits abgegebene Orders hinfällig. Bei einer nur kurzfristigen Verschiebung bietet es sich an, den Prospekt durch einen Nachtrag zu aktualisieren. Dies ist auch dann erforderlich, wenn der Emittent und die Emissionsbanken sich entschließen, von dem geplanten öffentlichen Angebot gänzlich abzusehen und stattdessen eine reine Zulassung von Aktien oder auch eine Privatplatzierung von Aktien bei institutionellen Investoren anstelle des öffentlichen Angebots vorzunehmen, da der Prospekt auch in diesen Fällen Haftungsgrundlage bleibt, § 21 WpPG. Verschiebt sich die Emission für mehr als nur wenige Tage, so ist eine Aktualisierung per Nachtrag zwar von Gesetzes wegen möglich, solange die Zwölf-Monats-Frist des § 9 Abs. 1 WpPG gewahrt bleibt. Allerdings leidet die Darstellung, insbesondere, wenn ein neuer Abschluss in den Prospekt aufgenommen werden muss, aufgrund der Fülle der neuen Informationen derart, dass in diesen Fällen idR die Einreichung einer neuen Prospektfassung zur Billigung vorzugswürdig sein wird. 129

VI. Besonderheiten bei Schuldverschreibungsemissionen
(Seitz/Scholl)

1. Besonderheiten bei Schuldverschreibungen im Allgemeinen

Der wesentliche Unterschied von Schuldverschreibungsemissionen gegenüber Aktienemissionen besteht in der Frage der **Beurteilung des Anlasses der Nachtragspflicht** gemäß § 16 Abs. 1 WpPG. Während für die Bewertung einer Aktie vor allem die unternehmerischen Entscheidungen des Emittenten relevant sind, hängt die Bewertung von Schuldverschreibungen von der Fähigkeit des Emittenten ab, die fäl- 130

131 Daneben ergeben sich Besonderheiten insbesondere aufgrund des Umstands, dass Schuldverschreibungen iS des § 793 BGB jedenfalls im Rahmen von **Basisprospekten** begeben werden können (vgl. § 6 WpPG Rz. 18 ff.), was in der Praxis das bei weitem überwiegende Prospektformat darstellt.

2. Besonderheiten bei Basisprospekten

132 Für Basisprospekte stellt **§ 6 Abs. 2 WpPG** klar, dass auch im Fall von Basisprospekten die Nachtragspflicht gemäß § 16 WpPG Anwendung findet. Es stellen sich aber eine Reihe von besonderen Problemstellungen, die an anderer Stelle ausführlich behandelt (insbesondere § 6 WpPG Rz. 68 ff. WpPG) und im Folgenden noch einmal überblicksartig zusammengestellt werden:[1]

133 — Die BaFin lehnt es ab, dass mittels eines Nachtrags die **Produktpalette eines Basisprospekts erweitert** wird (dazu in Zusammenhang mit der Nachtragsfähigkeit und dem Grundsatz des Verbots der sachlichen Erweiterung des Billigungsgegenstandes oben Rz. 59 und § 6 WpPG Rz. 79). Zulässig ist jedoch beispielsweise bei Basisprospekten, die Schuldverschreibungen bezogen auf selbsterstellte Indizes beschreiben, einen weiteren solchen Basiswert im Wege eines Nachtrags zum Basisprospekt zu ergänzen[2] (siehe auch bereits oben unter Rz. 55).

134 — Nur bei Basisprospekten stellt sich das Problem, dass gegebenenfalls **nachträglich ein neuer Emittent** in einen Basisprospekt aufgenommen werden soll (dazu in Zusammenhang mit der Nachtragsfähigkeit und dem Grundsatz des Verbots der sachlichen Erweitung des Billigungsgegenstandes oben Rz. 56 und § 6 WpPG Rz. 70 f.).

135 — Zwischen dem Gegenstand eines Nachtrags und den in **endgültigen Bedingungen aufnehmbaren Angaben zum Angebot** ist strikt zu trennen (dazu in Zusammenhang mit der Nachtragsfähigkeit oben Rz. 52 f. und § 6 WpPG Rz. 72 ff.).

136 — Bezüglich einer **Anpassung des Emissionsvolumens** nach Prospektbilligung ist bei Basisprospekten zwischen einer Einzel- und einer Rahmenerweiterung zu differenzieren (vgl. in Zusammenhang mit der Nachtragsfähigkeit und dem Grundsatz des Verbots der sachlichen Erweiterung des Billigungsgegenstandes oben Rz. 59 und § 6 WpPG Rz. 75).

---

[1] Vgl. auch BaFin, Häufig gestellte Fragen zum Basisprospektregime v. 31.5.5.2012 (zuletzt geändert am 4.6.2014), abrufbar unter http://www.bafin.de/SharedDocs/Veroeffentlichungen/DE/FAQ/faq_1205_neues_basisprospektregime.html, unter III. zu allen Fragen in Zusammenhang mit Nachträgen.

[2] Vgl. BaFin, Basisprospektregime nach neuem Recht (BaFin-Workshop vom 4. und 5.6.2012), S. 15; ablehnend hingegen *Groß*, Kapitalmarktrecht, § 23 WpPG Rz. 8a und 8b.

- In Zusammenhang mit Basisprospekten besteht in der Praxis häufig das Bedürfnis, den Prospekt mittels so genannter „**Sammelnachträge**" auch über den Ablauf der Gültigkeit hinaus aktuell zu halten (dazu § 9 WpPG Rz. 40a). 137

- Bei Basisprospekten bestehen Besonderheiten im Hinblick auf das **zeitliche Erfordernis** eines Nachtrags (siehe oben Rz. 79), insbesondere kann die Situation eintreten, dass aufgrund des Unterlassens eines Nachtrags der Prospekt seine Gültigkeit für künftige Emissionen verliert (dazu § 9 WpPG Rz. 32 und unten Rz. 140). 138

- Besonderheit bestehen bei Basisprospekten auch im Fall eines gesonderten durch Verweis einbezogenen Registrierungsformulars (dazu § 12 WpPG Rz. 34 ff.). 138a

VII. Folgen einer Verletzung der Nachtragspflicht *(Seitz/Scholl)*

1. Ungültigkeit des Prospekts bei Unterlassen der Einreichung eines Nachtrags

Aus dem **Unterlassen der Einreichung eines Nachtrags** durch den Nachtragspflichtigen trotz des Eintritts eines nachtragspflichtigen Umstands folgt nicht zwingend die Ungültigkeit des Prospekts. Im Hinblick auf den Zusammenhang zwischen der Gültigkeit des Prospekts und der Nachtragspflicht ist vielmehr zwischen künftigen Emissionen und laufenden Emissionen zu differenzieren (ausführlich § 9 WpPG Rz. 35 ff.): 139

- **Für künftige Emissionen** ist der Verweis in § 9 Abs. 1 WpPG auf § 16 WpPG so auszulegen, dass jedenfalls vor dem Beginn eines neuen öffentlichen Angebots oder einer Zulassung von Wertpapieren zum organisierten Markt die Aktualisierung des Prospekts gemäß § 16 WpPG erfolgt sein muss (vgl. zum Zeitpunkt der Einreichung eines Nachtrags auch oben Rz. 67 ff., insbesondere Rz. 71). 140

- **Für laufende Emissionen** behält der Prospekt dagegen seine Gültigkeit, auch wenn trotz Eintritts eines nachtragspflichtigen Umstands von dem Nachtragspflichtigen kein Nachtrag eingereicht wurde (zu den Konsequenzen im Hinblick auf die Prospekthaftung siehe unten Rz. 150 ff.). 141

2. Befugnisse der BaFin

Die **Befugnis der BaFin zur Untersagung bzw. Aussetzung eines Angebots** gemäß § 26 Abs. 4 WpPG knüpft ua. an die Frage der Gültigkeit des Prospekts an (siehe auch § 9 WpPG Rz. 41). Dementsprechend kann die BaFin nur bei einem neuen öffentlichen Angebot auf der Grundlage eines bestehenden Prospekts das Angebot untersagen oder aussetzen, nicht aber bei bereits laufenden Angeboten (vgl. auch § 26 WpPG Rz. 24)[1]. 142

---

1 *Friedl/Ritz* in Just/Voß/Ritz/Zeising, § 16 WpPG Rz. 186; *Becker* in Heidel, Aktienrecht und Kapitalmarktrecht, § 16 WpPG Rz. 18; im Ergebnis wohl ähnlich *Hamann* in Schäfer/Hamann, § 16 WpPG Rz. 33.

143 Das **Unterlassen der Einreichung eines Nachtrags** ist nicht bußgeldbewehrt[1], dh. ein öffentliches Angebot oder eine Zulassung von Wertpapieren am organisierten Markt, das auf der Basis eines Prospekts stattfindet, der nicht um einen erforderlichen Nachtrag aktualisiert wurde, löst keine Ordnungswidrigkeit aus. Dies gilt sowohl für bereits laufende Emissionen, als auch für künftige Emissionen. Für künftige Emissionen kann auch aus § 35 Abs. 1 Nr. 1 WpPG nichts Gegenteiliges abgeleitet werden, da im Fall des Unterlassens der Einreichung eines Nachtrags ein Prospekt – auch wenn er gegebenenfalls nicht gültig ist – zumindest vorliegt. Der Tatbestand der Ordnungswidrigkeiten in § 35 Abs. 1 WpPG erwähnt § 9 WpPG gerade nicht und bestehende Ordnungswidrigkeitentatbestände können nicht ohne weiteres ausgedehnt werden (vgl. näher dazu und zu evtl. strafrechtlichen Konsequenzen § 35 WpPG Rz. 47 ff.).

144 Etwas anderes gilt lediglich im Fall eines **Verstoßes gegen die Veröffentlichungspflicht in Bezug auf einen gebilligten Nachtrag gemäß § 16 Abs. 1 Satz 4 WpPG**. Wenn ein von der BaFin gebilligter Nachtrag entgegen § 16 Abs. 1 Satz 4 WpPG nicht richtig, nicht vollständig, nicht in der vorgesehenen Weise oder nicht rechtzeitig veröffentlicht wurde, liegt gemäß § 35 Abs. 1 Nr. 9 WpPG eine Ordnungswidrigkeit vor, die gemäß § 35 Abs. 3 WpPG mit einer Geldbuße von bis zu 50.000 Euro geahndet werden kann. Auch wenn dies somit im Ergebnis verwundern mag[2], sind somit nur Formalverstöße bei der Nachtragspflicht als Ordnungswidrigkeit bußgeldbewehrt.

3. Nachtragspflicht und Prospekthaftung

a) Prospekthaftung aufgrund eines inhaltlich fehlerhaften Nachtrags; Besonderheiten in Zusammenhang mit der Nachtragspflicht

145 Da der Nachtrag den Prospekt aktualisiert bzw. ihn berichtigt und wie ein Prospekt veröffentlicht wird, kann auch der **Nachtrag selbst**, sollte er **inhaltlich fehlerhaft** sein, Gegenstand der Prospekthaftung gemäß §§ 21 ff. WpPG sein[3]. Grundsätzlich finden die allgemeinen Regeln in Zusammenhang mit einem fehlerhaften Prospekt Anwendung.

146 Darüberhinausgehend treten aber in **Zusammenhang mit der Nachtragspflicht eine Reihe von besonderen Fragen bei der Beurteilung einer potentiellen Haftung ein**: Von der Frage der Haftung für einen inhaltlich fehlerhaften Nachtrag zu unterscheiden sind nämlich die Fragen, inwiefern trotz eines inhaltlich richtigen Nachtrags eine Haftung für den nachträglich unvollständigen bzw. ursprünglich fehlerhaften Prospekt in Betracht kommt (unten Rz. 147 ff.) und inwiefern das Unterlassen eines Nachtrags trotz nachträglich eingetretener Nachtragspflicht haftungsrechtliche Konsequenzen auslösen kann (unten Rz. 150 ff.).

---

1 *Rauch* in Holzborn, WpPG, 2008, § 16 WpPG Rz. 23.
2 Vgl. *Friedl/Ritz* in Just/Voß/Ritz/Zeising, § 16 WpPG Rz. 188.
3 *Hamann* in Schäfer/Hamann, § 16 WpPG Rz. 27.

b) Prospekthaftung aufgrund des vorübergehend fehlerhaften Prospekts

Die Veröffentlichung eines Nachtrags ist als **Berichtigung iS des § 23 Abs. 2 Nr. 4 WpPG** zu qualifizieren (vgl. dazu bereits oben Rz. 17)[1]. Soweit somit die Voraussetzungen des § 23 Abs. 2 Nr. 4 WpPG erfüllt sind, scheidet eine Haftung für den ursprünglich fehlerhaften oder nachträglich unvollständigen Prospekt aus.

Für die Reichweite der Prospekthaftung in diesem Fall, kommt es entscheidend darauf an, ob der Anleger seine auf den Erwerb der Wertpapiere gerichtete Willenserklärung **nach Veröffentlichung des Nachtrags** oder vor Veröffentlichung des Nachtrags abgegeben hat (vgl. auch §§ 21–23 WpPG Rz. 70). Hat der Anleger seine Willenserklärung nach Veröffentlichung des Nachtrags abgegeben, kann er seine Erwerbsentscheidung nicht auf einen unrichtigen Prospekt gestützt haben und es stehen ihm somit keine Prospekthaftungsansprüche nach §§ 21 ff. WpPG gegenüber dem Prospektverantwortlichen zu, da bei Abgabe der Willenserklärung des Anlegers gemäß § 23 Abs. 2 Nr. 4 WpPG kein unrichtiger oder unvollständiger Prospekt mehr vorlag[2].

Hat der Anleger hingegen seine auf den Erwerb der Wertpapiere gerichtete Willenserklärung **vor Veröffentlichung des Nachtrags** abgegeben, heißt dies nicht zwangsläufig, dass damit auch eine Prospekthaftung eingreift. Gemäß § 23 Abs. 2 Nr. 4 WpPG besteht eine Haftung nicht, wenn die Bekanntmachung „vor dem Abschluss des Erwerbsgeschäft" erfolgt. Eine Prospekthaftung scheidet insbesondere dann aus, wenn der Anleger seine auf den Erwerb der Wertpapiere gerichtete Willenserklärung noch widerrufen kann. In Betracht kommt dies zB bei Bookbuilding-Verfahren, bei denen regelmäßig bis zur Zuteilung durch die Konsortialbanken keine bindende vertragliche Verpflichtung besteht[3]. Gleiches gilt in dem Fall, dass das Widerrufsrecht gemäß § 16 Abs. 3 Satz 1 WpPG besteht. Bei Ausübung seines Widerrufsrechts verliert der Anleger seine Prospekthaftungsansprüche gegenüber dem Emittenten, da es zu keinem Erwerb der Wertpapiere kommt. Aber auch in den Fällen, in denen ein Widerrufsrecht gemäß § 16 Abs. 3 WpPG besteht, dieses aber nicht ausgeübt wird, kann argumentiert werden, dass ein Prospekthaftungsanspruch ausscheidet. Wirtschaftlich ist das Bestehen eines Widerrufsrechts mit der Situation „vor Abschluss eines Erwerbsgeschäfts" vergleichbar, insbesondere besteht kein höheres Schutzbedürfnis des Anlegers[4].

---

1 *Friedl/Ritz* in Just/Voß/Ritz/Zeising, § 16 WpPG Rz. 193; *Hamann* in Schäfer/Hamann, § 16 WpPG Rz. 27.
2 *Friedl/Ritz* in Just/Voß/Ritz/Zeising, § 16 WpPG Rz. 198.
3 Vgl. *Friedl/Ritz* in Just/Voß/Ritz/Zeising, § 16 WpPG Rz. 196.
4 Im Ergebnis ebenso *Friedl/Ritz* in Just/Voß/Ritz/Zeising, § 16 Rz. 205; *Groß*, Kapitalmarktrecht, § 16 WpPG Rz. 18; *Becker* in Heidel, Aktienrecht und Kapitalmarktrecht, § 16 WpPG Rz. 25; *Berrar* in FrankfurtKomm. WpPG, § 16 WpPG Rz. 162; *Heidelbach* in Schwark/Zimmer, § 16 WpPG Rz. 51; zurückhaltend *Hamann* in Schäfer/Hamann, § 16 WpPG Rz. 27.

c) Unterlassen der Einreichung eines Nachtrags trotz nachträglich eingetretener Nachtragspflicht

150 Im Fall des **Unterlassens der Einreichung eines Nachtrags** trotz des nachträglichen Entstehens der Nachtragspflicht gemäß § 16 Abs. 1 WpPG stellt sich die Frage, inwiefern dadurch eine Prospekthaftung ausgelöst wird.

151 Den Nachtragspflichtigen trifft in diesem Fall jedenfalls nicht die **verschuldensunabhängige Prospekthaftung nach § 24 WpPG**. Voraussetzung dieser Norm ist es, dass der Emittent es entgegen § 3 WpPG unterlassen hat, einen Prospekt zu veröffentlichen. Die Nachtragspflicht aufgrund eines neuen Umstands bezieht sich jedoch auf einen bereits veröffentlichten Prospekt, so dass die verschuldensunabhängige Prospekthaftung nach § 24 WpPG aufgrund eines veröffentlichten, jedoch nachtragspflichtigen Prospekts nicht greift (vgl. § 24 WpPG Rz. 8; ähnlich für den Fall eines Angebots nach Ablauf der Gültigkeit eines Prospekts, § 9 WpPG Rz. 73).

152 Es trifft den Prospektverantwortlichen aber grundsätzlich die **Prospekthaftung nach §§ 21 ff. WpPG**, wenn der Anleger Wertpapiere nach Eintritt eines nachtragspflichtigen Umstands erworben hat und noch kein Nachtrag durch den Emittenten erfolgt ist, da der Anleger auf die Richtigkeit des Prospekts vertraut hat[1].

153 Die Voraussetzungen für die Prospekthaftung sind aber mangels der **Kausalität der die Nachtragspflicht auslösenden Umstände für die Anlageentscheidung** dann nicht erfüllt, wenn der neue Umstand erst nach Vertragsschluss entstanden ist, dh. bei Vertragsschluss ein richtiger Prospekt vorlag[2]. Zudem ist die Prospekthaftung ausgeschlossen, wenn der Anleger bei Erwerb der Wertpapiere den nachtragspflichtigen Umstand kannte, da es an der erforderlichen Kausalität zwischen dem nicht aktualisierten Prospekt und dem Erwerb der Wertpapiere mangelt[3].

154 Eine Prospekthaftung ist auch dadurch begrenzt, dass diese nur innerhalb der **Sechsmonatsfrist gemäß § 21 Abs. 1 Satz 1 WpPG** möglich ist, die mit dem Zeitpunkt der Einführung der Wertpapiere bzw. dem ersten öffentlichen Angebot beginnt und innerhalb derer das Erwerbsgeschäft abgeschlossen sein muss.

---

1 *Groß*, Kapitalmarktrecht, § 16 WpPG Rz. 17 (Fn. 27).
2 *Becker* in Heidel, Aktienrecht und Kapitalmarktrecht, § 16 WpPG Rz. 25.
3 *Hamann* in Schäfer/Hamann, § 16 WpPG Rz. 27.

Abschnitt 4
Grenzüberschreitende Angebote und Zulassung zum Handel

§ 17
Grenzüberschreitende Geltung gebilligter Prospekte

(1) Soll ein Wertpapier auch oder ausschließlich in einem oder mehreren anderen Staaten des Europäischen Wirtschaftsraums öffentlich angeboten oder zum Handel an einem organisierten Markt zugelassen werden, so ist unbeschadet des § 29 der von der Bundesanstalt gebilligte Prospekt einschließlich etwaiger Nachträge in beliebig vielen Aufnahmestaaten ohne zusätzliches Billigungsverfahren für ein öffentliches Angebot oder für die Zulassung zum Handel gültig, sofern die Europäische Wertpapier- und Marktaufsichtsbehörde und die zuständige Behörde jedes Aufnahmestaates nach § 18 unterrichtet werden.

(2) Sind seit der Billigung des Prospekts wichtige neue Umstände oder wesentliche Unrichtigkeiten im Sinne von § 16 aufgetreten, hat die Bundesanstalt vom Anbieter oder Zulassungsantragsteller die Einreichung eines Nachtrags zum Prospekt zur Billigung und dessen Veröffentlichung zu verlangen. Hat die Bundesanstalt Anhaltspunkte dafür, dass ein Nachtrag nach § 16 zu veröffentlichen ist, kann sie diese nach § 28 der zuständigen Behörde des Herkunftsstaates übermitteln.

(3) Ein von der zuständigen Behörde eines anderen Staates des Europäischen Wirtschaftsraums gebilligter Prospekt einschließlich etwaiger Nachträge ist in der Bundesrepublik Deutschland ohne zusätzliches Billigungsverfahren für ein öffentliches Angebot oder für die Zulassung zum Handel gültig, sofern die Bundesanstalt nach den § 18 entsprechenden Vorschriften des Herkunftsstaates unterrichtet wird und die Sprache des Prospekts die Anforderungen des § 19 Abs. 4 und 5 erfüllt.

In der Fassung vom 22.6.2005 (BGBl. I 2005, S. 1698), zuletzt geändert durch das Gesetz zur Novellierung des Finanzanlagenvermittler- und Vermögensanlagenrechts vom 6.12.2011 (BGBl. I 2011, S. 2481).

Schrifttum: *Crüwell*, Die europäische Prospektrichtlinie, AG 2003, 243; *Ekkenga/Maas* in Kümpel/Hammen/Ekkenga (Hrsg.), Kapitalmarktrecht, Das Recht der Wertpapieremissionen, Loseblatt; *Fürhoff/Ritz*, Richtlinienentwurf der Kommission über den Europäischen Pass für Emittenten, WM 2001, 2280; *Heidelbach/Preuße*, Einzelfragen in der praktischen Arbeit mit dem neuen Wertpapierprospektregime, BKR 2006, 316; *von Ilberg/Neises*, Die Richtlinien-Vorschläge der EU Kommission zum „Einheitlichen Europäischen Prospekt" und zum „Marktmissbrauch" aus Sicht der Praxis, WM 2002, 635; *König*, Die neue europäische Prospektrichtlinie – Eine kritische Analyse und Überlegungen zur Umsetzung in das deutsche Kapitalmarktrecht, ZEuS 2004, 251; *König*, Die neue EU-Prospektrichtlinie aus gemeinschaftsprivatrechtlicher Perspektive, GPR 3/03–4, 152; *von Kopp-Colomb/Lenz*, Angebote von

Wertpapieren über das Internet, BKR 2002, 5; *von Kopp-Colomb/Lenz,* Der europäische Pass für Emittenten, AG 2002, 24; *Kullmann/Sester,* Das Wertpapierprospektgesetz (WpPG) – Zentrale Punkte des neuen Regimes für Wertpapieremissionen, WM 2005, 1068; *Kunold/ Schlitt,* Die neue EU-Prospektrichtlinie, Inhalt und Auswirkungen auf das deutsche Kapitalmarktrecht, BB 2004, 501; *Mattil/Möslein,* Die Sprache des Emissionsprospekts – Europäisierung des Prospektrechts und Anlegerschutz, WM 2007, 819; *Müller/Oulds,* Transparenz im europäischen Fremdkapitalmarkt, WM 2007, 573; *Sandberger,* Die EU-Prospektrichtlinie – „Europäischer Pass für Emittenten", EWS 2004, 297; *Schanz/Schalast,* Wertpapierprospekte, Markteinführungspublizität nach EU-Prospektverordnung und Wertpapierprospektgesetz 2005, 2006; *Seitz,* Das neue Wertpapierprospektrecht – Auswirkungen auf die Emission von Schuldverschreibungen, AG 2005, 678; *Seitz,* Die Integration der europäischen Wertpapiermärkte und die Finanzmarktgesetzgebung in Deutschland, BKR 2002, 340; *Schlitt/Schäfer,* Auswirkungen des Prospektrichtlinie-Umsetzungsgesetzes auf Aktien- und Equity-linked Emissionen, AG 2005, 498; *Schlitt/Singhof/Schäfer,* Aktuelle Rechtsfragen und neue Entwicklungen im Zusammenhang mit Börsengängen, BKR 2005, 251.

I. Normentwicklung 1	2. Befugnis zur Übermittlung von Anhaltspunkten für eine Nachtragspflicht (§ 17 Abs. 2 Satz 2 WpPG) 28
II. Gemeinschaftsweite Geltung von Prospekten (§ 17 Abs. 1 WpPG) . . 12	
III. Befugnisse der BaFin (§ 17 Abs. 2 WpPG)	IV. Gültigkeit von nach Deutschland notifizierten Prospekten und Nachträgen (§ 17 Abs. 3 WpPG) 33
1. Befugnis, die Einreichung und Veröffentlichung eines Nachtrags zu verlangen (§ 17 Abs. 2 Satz 1 WpPG) 24	

I. Normentwicklung

1 Als grundlegendes **Ziel der Prospektrichtlinie**[1] wird die Sicherstellung des Anlegerschutzes und der Markteffizienz in dem Europäischen Wirtschaftraum[2] zur Vollendung des Binnenmarktes[3] gesehen. Insbesondere im Hinblick auf die Förderung der Markteffizienz und des Binnenmarktes galt es insoweit die in den Mitgliedstaa-

---

[1] Richtlinie 2003/71/EG des Europäischen Parlaments und des Rates vom 4.11.2003 betreffend den Prospekt, der beim öffentlichen Angebot von Wertpapieren oder bei deren Zulassung zum Handel zu veröffentlichen ist, und zur Änderung der Richtlinie 2001/34/EG, ABl. EU Nr. L 345 v. 31.12.2003, S. 64; zum Umsetzungsziel von § 1 WpPG siehe Begr. RegE zu § 1 Abs. 1 WpPG, BT-Drucks. 15/4999 v. 3.3.2005, S. 27.

[2] Siehe Erwägungsgrund Nr. 10 der Richtlinie 2003/71/EG des Europäischen Parlaments und des Rates vom 4.11.2003 betreffend den Prospekt, der beim öffentlichen Angebot von Wertpapieren oder bei deren Zulassung zum Handel zu veröffentlichen ist, und zur Änderung der Richtlinie 2001/34/EG; vgl. dazu auch *Alfes* in Holzborn, § 17 WpPG Rz. 1; *Hamann* in Schäfer/Hamann, Vor § 1 WpPG Rz. 3; *König,* GPR 3/03-04, 152 (153); *König,* ZEuS 2004, 251 (254); *Kunold/Schlitt,* BB 2004, 501 (502); *Wolf* in FrankfurtKomm. WpPG, § 17 WpPG Rz. 1; *Schlitt/Wilczek* in Habersack/Mülbert/Schlitt, Handbuch der Kapitalmarktinformation, § 4 Rz. 11; *Spindler* in Holzborn, Einleitung Rz. 20.

[3] Vgl. *Wolf* in FrankfurtKomm. WpPG, § 17 WpPG Rz. 1; *Hamann* in Schäfer/Hamann, Vor § 1 WpPG Rz. 3.

ten¹ bestehenden verschiedenen Regelungen für Prospekte, die öffentliche Angebote von Wertpapieren oder Zulassungen von Wertpapieren an einem geregelten Markt zum Gegenstand hatten, aufzuheben und zu harmonisieren und damit Unternehmen, die in mehr als einem Mitgliedstaat Kapital aufnehmen oder Wertpapiere zulassen, und in einem Mitgliedstaat niedergelassenen Anlegern, die Wertpapiere in allen Mitgliedstaaten des Europäischen Wirtschaftsraumes erwerben wollten, dies entsprechend zu ermöglichen bzw. zu erleichtern². Die europäischen Vorgängerregelungen zum Verfahren der gegenseitigen Anerkennung brachten keine mit dem heutigen Europäischen Pass vergleichbaren Erleichterungen im Hinblick auf grenzüberschreitende Wertpapierangebote³.

Mit Art. 17 Prospektrichtlinie wurde der **Europäische Pass für Emittenten** als ein zentraler Punkt der Prospektrichtlinie⁴ etabliert und mit ihm die Möglichkeit der gemeinschaftsweiten Geltung gebilligter Prospekte geschaffen⁵. Erstmals hatte sich die FESCO⁶ im Jahr 2000 mit Nachdruck für die Einführung eines Europäischen Passes für Emittenten eingesetzt⁷ und eine Überarbeitung der bis dato existierenden Vorschriften gefordert⁸. 2

---

1 Der Begriff Mitgliedstaaten meint die Staaten des Europäischen Wirtschaftsraums; zu dem Begriff des Europäischen Wirtschaftsraums vgl. § 1 WpPG Rz. 51, § 2 WpPG Rz. 114 f.
2 Vgl. Erwägungsgrund 30 der Richtlinie 2003/71/EG des Europäischen Parlaments und des Rates vom 4.11.2003 betreffend den Prospekt, der beim öffentlichen Angebot von Wertpapieren oder bei deren Zulassung zum Handel zu veröffentlichen ist, und zur Änderung der Richtlinie 2001/34/EG, ABl. EU Nr. L 345 v. 31.12.2003, S. 64; Begr. RegE zu Allgemeiner Teil, WpPG, BT-Drucks. 15/4999 v. 3.3.2005, S. 26.
3 Siehe *Crüwell*, AG 2003, 243 (244); *Fürhoff/Ritz*, WM 2001, 2280 (2281 f.); *von Kopp-Colomb/Lenz*, AG 2002, 24 (25); *von Kopp-Colomb/Lenz*, BKR 2002, 5 (10); *Kunold/Schlitt*, BB 2004, 501 (502); *Sandberger*, EWS 2004, 297 (298); *Schlitt/Schäfer*, AG 2005, 498 (508); *Seitz*, BKR 2002, 340 (344).
4 Siehe auch *Groß*, Kapitalmarktrecht, § 17 WpPG Rz. 1; *Linke* in Schäfer/Hamann, § 17 WpPG Rz. 1 und *R. Müller*, § 17 WpPG Rz. 1, die den Europäischen Pass insoweit als „Kernstück der Prospektrichtlinie" bezeichnen, und *Wolf* in FrankfurtKomm. WpPG, § 17 WpPG Rz. 1.
5 Siehe *Groß*, Kapitalmarktrecht, § 17 WpPG Rz. 1; *Kullmann/Sester*, WM 2005, 1068 (1069).
6 Forum of European Securities Commissions, die Vorgängerorganisation von CESR (The Committee of European Securities Regulators) und ESMA (The European Securities and Markets Authority).
7 Zunächst im Jahr 2000 in ihrem Konsultationspapier A European Passport for Issuers, Consultation Paper, Fesco/99-098e, 10.5.2000; vgl. auch *Crüwell*, AG 2003, 243 (243); *Fürhoff/Ritz*, WM 2001, 2280 (2282); *Holzborn/Schwarz-Gondek*, BKR 2003, 927 (931); *Linke* in Schäfer/Hamann, § 17 WpPG Rz. 1; *Ritz/Voß* in Just/Voß/Ritz/Zeising, Einleitung WpPG Rz. 6; *Zeising* in Just/Voß/Ritz/Zeising, § 17 WpPG Rz. 2.
8 Zunächst im Jahr 2000 in ihrem Konsultationspapier A European Passport for Issuers, Consultation Paper, Fesco/99-098e, 10.5.2000 (siehe vorige Fn.); im Anschluss daran veröffentlichte die FESCO den Bericht an die Europäische Kommission mit dem Titel „A ‚European Passport' for Issuers". In beiden Dokumenten wurde eine dringende Überarbeitung der bestehenden Vorschriften gefordert; sie führten, zusammen mit dem Bericht des Ausschusses der Weisen und der Mitteilung der Kommission mit dem Titel „Umsetzung des Finanzrah-

3   Der Europäische Pass ermöglicht es Emittenten, Wertpapiere aufgrund eines einmal im Herkunftsmitgliedstaat gemäß Art. 2 Abs. 1 lit. m Prospektrichtlinie gebilligten Prospekts **ohne ein weiteres Prüfungsverfahren** in einem anderen Mitgliedstaat des EWR **grenzüberschreitend** öffentlich anzubieten oder zum Handel an einem organisierten Markt zulassen zu können. Damit ein öffentliches Angebot und eine Börsenzulassung von Wertpapieren in einem anderen Mitgliedstaat stattfinden können, bedarf es lediglich der Übermittlung einer **Bescheinigung über die Billigung** des Prospekts, aus der hervorgeht, dass der Prospekt gemäß der Richtlinie und den jeweiligen Vorschriften des Herkunftsstaates zur Umsetzung der Richtlinie erstellt wurde, sowie einer Kopie des Prospekts durch die zuständige Behörde des Herkunftsmitgliedstaates an die zuständige Behörde des Aufnahmemitgliedstaates gemäß Art. 2 Abs. 1 lit. n Prospektrichtlinie. Dieser Vorgang stellt die sog. **Notifizierung** gemäß Art. 18 Prospektrichtlinie dar (zum Notifizierungsverfahren § 18 WpPG Rz. 1 ff.)[1]. Seit der Änderung durch Art. 5 Nr. 9 Unterabs. 2 der Richtlinie 2010/78/EU ist zudem auch die **Europäische Wertpapier- und Marktaufsichtsbehörde nach § 18 WpPG zu unterrichten**. Ein weiteres Billigungsverfahren führen die zuständigen Behörden der Aufnahmemitgliedstaaten gemäß Art. 17 Abs. 1 Satz 2 Prospektrichtlinie nicht durch.

4   Zwar bestand nach **europäischer Rechtslage vor der Prospektrichtlinie** die Möglichkeit, einen gebilligten Börsenzulassungsprospekt gemäß Artt. 38 f. Börsenzulassungsrichtlinie[2] in einem anderen Mitgliedstaat anerkennen zu lassen[3]. Dies erwies sich jedoch aufgrund der unterschiedlichen Anforderungen in verschiedenen Mitgliedstaaten hinsichtlich der Notwendigkeit einer Übersetzung eines Prospekts und des Erfordernisses länderspezifischer Prospektangaben sowie aufgrund unterschiedlicher Ausnahmetatbestände in den Mitgliedstaaten als nicht praktikabel[4]. Die gegen-

---

mens: Aktionsplan">, letztlich zur Prospektrichtlinie. „A ‚European Passport' for Issuers", A Report for the EU Commission, Fesco/00-138b, 20.12.2000; vgl. auch *Fürhoff/Ritz*, WM 2001, 2280 (2282); *Linke* in Schäfer/Hamann, § 17 WpPG Rz. 1; Erster Bericht des Ausschusses der Weisen – Die Reglementierung der europäischen Wertpapiermärkte, Brüssel, 9.11.2000; Schlussbericht des Ausschusses der Weisen über die Regulierung der europäischen Wertpapiermärkte, Brüssel, 15.2.2001; Mitteilung der Kommission v. 11.5.1999 mit dem Titel „Umsetzung des Finanzrahmens: Aktionsplan", KOM (1999) 232.

1 Das Notifizierungsverfahren war bereits Gegenstand des Berichts der FESCO an die Europäische Kommission, siehe Ziff. I. 5. „A ‚European Passport' for Issuers", A Report for the EU Commission, Fesco/00-138b, 20.12.2000.

2 Richtlinie 2001/34/EG des Europäischen Parlaments und des Rates vom 28.5.2001 über die Zulassung von Wertpapieren zur amtlichen Börsennotierung und über die hinsichtlich dieser Wertpapiere zu veröffentlichenden Informationen, ABl. EG Nr. L 184 v. 6.7.2001, S. 1.

3 Vgl. zu dem System der gegenseitigen Anerkennung auch *Crüwell*, AG 2003, 243 (244); *Fürhoff/Ritz*, WM 2001, 2280 (2281 f.); *von Ilberg/Neises*, WM 2002, 635 (638 f.); *von Kopp-Colomb/Lenz*, AG 2002, 24 (25); *von Kopp-Colomb/Lenz*, BKR 2002, 5 (10); *Kunold/Schlitt*, BB 2004, 501 (502).

4 *Fürhoff/Ritz*, WM 2001, 2280 (2281 f.); *von Ilberg/Neises*, WM 2002, 635 (638 f.); *König*, GPR 3/03-04, 152 (153); *König*, ZEuS 2004, 251 (254); *von Kopp-Colomb/Lenz*, AG 2002,

seitige Anerkennung von reinen Verkaufsprospekten war überhaupt nicht möglich[1]. Dies hatte zur Folge, dass für grenzüberschreitende Angebote und Börsenzulassungen nicht selten mehr als ein Prospekt erstellt werden musste[2]. Nach **Art. 21 Abs. 1 Emissionsrichtlinie**[3] bzw. **Art. 38 Abs. 1 Börsenzulassungsrichtlinie**[4] konnte die zuständige Behörde des Aufnahmemitgliedstaates ferner noch eine Übersetzung des vollständigen Prospekts in die jeweilige Landessprache des Aufnahmemitgliedstaates fordern[5]. Seit der Einführung des Europäischen Passes kann von den zuständigen Behörden der Aufnahmemitgliedstaaten gemäß Art. 18 Abs. 1 Satz 2 Prospektrichtlinie iVm. Art. 19 Abs. 2 Unterabs. 1 Satz 2 und Abs. 3 Satz 2 Prospektrichtlinie lediglich eine Übersetzung der Zusammenfassung in ihren jeweiligen Amtssprachen gefordert werden[6].

Verbunden mit dem Europäischen Pass ist neben einer **erleichterten grenzüberschreitenden Kapitalaufnahme** auf dem europäischen Markt auch der Vorteil, dass der Aufwand und die Kosten des Emittenten für eine Kapitalaufnahme gegenüber dem früheren Verfahren der gegenseitigen Anerkennung geringer sind[7]. Auch wenn der Europäische Pass vornehmlich Erleichterungen für grenzüberschreitende öffentliche Angebote und Zulassungen von Wertpapieren mit sich bringt, ist im Falle von Gerichtsverfahren, die Prospekthaftungsansprüche zum Gegenstand haben, nicht ausgeschlossen, dass die einzelnen Gerichte der Mitgliedstaaten unterschiedlich beurteilen, ob ein Prospekt vollständig und verständlich ist[8]. Dies ist wohl auch ein möglicher Grund dafür, dass bislang nicht in allen Mitgliedstaaten vermehrt Gebrauch

---

24 (25); *von Kopp-Colomb/Lenz*, BKR 2002, 5 (10); *Kunold/Schlitt*, BB 2004, 501 (502); *Sandberger*, EWS 2004, 297 (298); *Schlitt/Schäfer*, AG 2005, 498 (508).

1 *Crüwell*, AG 2003, 243 (244); *von Kopp-Colomb/Lenz*, AG 2002, 24 (25); *Kunold/Schlitt*, BB 2004, 501 (502); *Ritz* in Assmann/Lenz/Ritz, § 15 VerkProspG Rz. 14.

2 Vgl. *Kunold/Schlitt*, BB 2004, 501 (502).

3 Richtlinie 89/298/EWG des Rates vom 17.4.1989 zur Koordinierung der Bedingungen für die Erstellung, Kontrolle und Verbreitung des Prospekts, der im Falle öffentlicher Angebote von Wertpapieren zu veröffentlichen ist, ABl. EG Nr. L 124 v. 5.5.1989, S. 8.

4 Richtlinie 2001/34/EG des Europäischen Parlaments und des Rates vom 28.5.2001 über die Zulassung von Wertpapieren zur amtlichen Börsennotierung und über die hinsichtlich dieser Wertpapiere zu veröffentlichenden Informationen, ABl. EG Nr. L 184 v. 6.7.2001, S. 1.

5 *Straßner* in Heidel, Aktienrecht und Kapitalmarktrecht, § 17 WpPG Rz. 2; vgl. auch *Fürhoff/Ritz*, WM 2001, 2280 (2282).

6 *Straßner* in Heidel, Aktienrecht und Kapitalmarktrecht, § 17 WpPG Rz. 2; vgl. auch *Fürhoff/Ritz*, WM 2001, 2280 (2282); *von Kopp-Colomb/Lenz*, BKR 2002, 5 (10); dieses entsprach bereits dem Bericht der FESCO an die Europäische Kommission siehe Ziffer I. 5. „A ‚European Passport' for Issuers", A Report for the EU Commission, Fesco/00-138b, 20.12.2000; *Crüwell*, AG 2003, 243 (253).

7 *von Kopp-Colomb/Lenz*, AG 2002, 24 (25); *Kunold/Schlitt*, BB 2004, 501 (502); *Schlitt/Ponick* in Habersack/Mülbert/Schlitt, Handbuch der Kapitalmarktinformation, § 7 Rz. 36.

8 *Alfes* in Holzborn, § 17 WpPG Rz. 1; *Heidelbach* in Schwark/Zimmer, § 17 WpPG Rz. 2; *Schanz/Schalast*, Wertpapierprospekte, Markteinführungspublizität nach EU-Prospektverordnung und Wertpapierprospektgesetz 2005, S. 43; *Schlitt/Singhof/Schäfer*, BKR 2005, 251 (257).

von der Möglichkeit des Europäischen Passes gemacht wird[1]. Das Notifizierungsverfahren wird zwar im Hinblick auf **grenzüberschreitende Angebote von Nichtdividendenwerten** zwischen Deutschland, Luxemburg und auch Großbritannien in erheblichem Maße genutzt[2], andere Staaten des EWR nutzen den Europäischen Pass bislang jedoch eher zurückhaltend[3]. Ob dies hauptsächlich einer Abwägung der Emittenten zwischen möglichen Vertriebschancen auf der einen und Aufwand sowie Haftungsrisiko auf der anderen Seite zuzuschreiben ist[4], lässt sich nur vermuten. So stellt sich bisweilen die Frage, ob der Vorschrift rückblickend bislang letztlich tatsächlich das ihr im Rahmen des Europäischen Gesetzgebungsprozesses zur Prospektrichtlinie zugeschriebene Gewicht im Hinblick auf die Förderung des grenzüberschreitenden Kapitalmarktverkehrs zukommt[5].

6 Bis zu ihrer endgültigen Fassung durchlief die Vorschrift über die gemeinschaftsweite Geltung von Prospekten im Zuge des **europäischen Gesetzgebungsverfahrens** eine deutliche Wandlung. Gemäß dem Vorschlag der Kommission sollte der Prospekt nicht älter als drei Monate sein dürfen, damit die Aufnahmemitgliedstaatbehörde den Prospekt ohne weitere Bedingungen anerkennt[6]. Nach mehr als drei Monaten seit der Genehmigung durch die Herkunftsmitgliedstaatbehörde sollte diese dazu befugt sein, eine aktualisierte Wertpapierbeschreibung und Zusammenfassung bzw. einen aktualisierten Prospekt zu verlangen[7]. Daneben sah der Kommissionsvorschlag vor, dass die Aufnahmemitgliedstaatbehörde die Annahme des Prospekts verweigern kann, wenn in dem Prospekt bestimmte Wertpapierangaben fehlten[8]. Infolge der Stellungnahme des Europäischen Parlaments in seiner ersten Lesung[9] stellte der ge-

---

1 So auch *Alfes* in Holzborn, § 17 WpPG Rz. 1.
2 Vgl. *Wolf* in FrankfurtertKomm. WpPG, § 17 WpPG Rz. 4; *Alfes* in Holzborn, § 17 WpPG Rz. 1; kritisch *Heidelbach* in Schwark/Zimmer, § 17 WpPG Rz. 2.
3 Vgl. *Wolf* in FrankfurtKomm. WpPG, § 17 WpPG Rz. 4; *Alfes* in Holzborn, § 17 WpPG Rz. 1; kritisch *Heidelbach* in Schwark/Zimmer, § 17 WpPG Rz. 2.
4 So *Heidelbach* in Schwark/Zimmer, § 17 WpPG Rz. 2.
5 Siehe dazu auch *Wolf* in FrankfurtKomm. WpPG, § 17 WpPG Rz. 4; *Alfes* in Holzborn, § 17 WpPG Rz. 1; kritisch *Heidelbach* in Schwark/Zimmer, § 17 WpPG Rz. 2.
6 Art. 15 Abs. 1 des Vorschlags für eine Richtlinie des Europäischen Parlaments und des Rates über den Prospekt, der beim öffentlichen Angebot von Wertpapieren oder bei deren Zulassung zum Handel zu veröffentlichen ist, von der Kommission vorgelegt am 1.6.2001, ABl. EG Nr. C 240 E v. 28.8.2001, S. 272; vgl. auch *Alfes* in Holzborn, § 17 WpPG Rz. 3.
7 Art. 15 Abs. 2 des Vorschlags für eine Richtlinie des Europäischen Parlaments und des Rates über den Prospekt, der beim öffentlichen Angebot von Wertpapieren oder bei deren Zulassung zum Handel zu veröffentlichen ist, von der Kommission vorgelegt am 1.6.2001, ABl. EG Nr. C 240 E v. 28.8.2001, S. 272; vgl. auch *Alfes* in Holzborn, § 17 WpPG Rz. 3.
8 Art. 15 Abs. 3 des Vorschlags für eine Richtlinie des Europäischen Parlaments und des Rates über den Prospekt, der beim öffentlichen Angebot von Wertpapieren oder bei deren Zulassung zum Handel zu veröffentlichen ist, von der Kommission vorgelegt am 1.6.2001, ABl. EG Nr. C 240 E v. 28.8.2001, S. 272; vgl. auch *Alfes* in Holzborn, § 17 WpPG Rz. 3.
9 Art. 14 des Standpunktes des Europäischen Parlaments im Hinblick auf den Erlass der Richtlinie 2002/.../EG des Europäischen Parlaments und des Rates über den Prospekt, der beim öffentlichen Angebot von Wertpapieren oder bei deren Zulassung zum Handel

änderte Vorschlag der Kommission klar, dass die Aufnahmemitgliedstaatbehörden **keine Genehmigungs- und Verwaltungsverfahren** für den Prospekt durchführen[1]. Anstelle der im Rahmen der Stellungnahme des Europäischen Parlaments in seiner ersten Lesung aufgeführten Möglichkeit der Aufnahmemitgliedstaatbehörde, die Veröffentlichung eines ergänzenden Dokuments zu verlangen, welches von der Herkunftsmitgliedstaatbehörde zu billigen ist[2], sah der geänderte Vorschlag der Kommission vor, dass die Herkunftsmitgliedstaatbehörde bei Eintritt bedeutender Faktoren ein von ihr zu genehmigendes Nachtragsdokument vorschreibt[3] und die Aufnahmemitgliedstaatbehörde die Herkunftsmitgliedstaatbehörde lediglich auf den eventuellen Bedarf neuer Informationen aufmerksam machen kann[4]. Ergänzt wurde die **Befugnis der Aufnahmemitgliedstaatbehörde zur Übermittlung** von neuen Informationen an die Herkunftsmitgliedstaatbehörde[5]. Daneben sollte der Prospekt gemäß dem geänderten Kommissionsvorschlag **unbeschadet der Vorsichtsmaßnahmen des Art. 23 Prospektrichtlinie gültig** sein[6]. Bis auf wenige Anpassungen einzelner Begriffe wurde diese Fassung des Art. 17 Prospektrichtlinie von dem Rat

---

zu veröffentlichen ist, festgelegt in erster Lesung am 14.3.2002, ABl. EU Nr. C 47 E v. 27.2.2003, S. 525.

1 Art. 17 Abs. 1 Satz 2 des geänderten Vorschlags für eine Richtlinie des Europäischen Parlaments und des Rates betreffend den Prospekt, der beim öffentlichen Angebot von Wertpapieren oder bei deren Zulassung zum Handel zu veröffentlichen ist und zur Änderung der Richtlinie 2001/34/EG, von der Kommission vorgelegt am 9.8.2002, ABl. EG Nr. C 20 E v. 28.1.2003, S. 122; vgl. auch *Alfes* in Holzborn, § 17 WpPG Rz. 4 f.

2 Art. 14 Abs. 3 des Standpunktes des Europäischen Parlaments im Hinblick auf den Erlass der Richtlinie 2002/.../EG des Europäischen Parlaments und des Rates über den Prospekt, der beim öffentlichen Angebot von Wertpapieren oder bei deren Zulassung zum Handel zu veröffentlichen ist, festgelegt in erster Lesung am 14.3.2002, ABl. EU Nr. C 47 E v. 27.2.2003, S. 525; vgl. auch *Alfes* in Holzborn, § 17 WpPG Rz. 4.

3 Art. 17 Abs. 2 Satz 1 des geänderten Vorschlags für eine Richtlinie des Europäischen Parlaments und des Rates betreffend den Prospekt, der beim öffentlichen Angebot von Wertpapieren oder bei deren Zulassung zum Handel zu veröffentlichen ist und zur Änderung der Richtlinie 2001/34/EG, von der Kommission vorgelegt am 9.8.2002, ABl. EG Nr. C 20 E v. 28.1.2003, S. 122; vgl. auch *Alfes* in Holzborn, § 17 WpPG Rz. 5.

4 Art. 17 Abs. 2 Satz 2 des geänderten Vorschlags für eine Richtlinie des Europäischen Parlaments und des Rates betreffend den Prospekt, der beim öffentlichen Angebot von Wertpapieren oder bei deren Zulassung zum Handel zu veröffentlichen ist und zur Änderung der Richtlinie 2001/34/EG, von der Kommission vorgelegt am 9.8.2002, ABl. EG Nr. C 20 E v. 28.1.2003, S. 122; vgl. auch *Alfes* in Holzborn, § 17 WpPG Rz. 5.

5 Art. 17 Abs. 2 Satz 2 des geänderten Vorschlags für eine Richtlinie des Europäischen Parlaments und des Rates betreffend den Prospekt, der beim öffentlichen Angebot von Wertpapieren oder bei deren Zulassung zum Handel zu veröffentlichen ist und zur Änderung der Richtlinie 2001/34/EG, von der Kommission vorgelegt am 9.8.2002, ABl. EG Nr. C 20 E v. 28.1.2003, S. 122.

6 Art. 17 Abs. 2 Satz 1 des geänderten Vorschlags für eine Richtlinie des Europäischen Parlaments und des Rates betreffend den Prospekt, der beim öffentlichen Angebot von Wertpapieren oder bei deren Zulassung zum Handel zu veröffentlichen ist und zur Änderung der Richtlinie 2001/34/EG, von der Kommission vorgelegt am 9.8.2002, ABl. EG Nr. C 20 E v. 28.1.2003, S. 122.

der Europäischen Union angenommen[1] und[2] in die Prospektrichtlinie übernommen.

7 2015 erfolgte erneut turnusgemäß die **Überprüfung der Prospektrichtlinie**. Die Europäische Kommission hat insoweit im Rahmen der Vollendung der Kapitalmarktunion am 30.11.2015 einen Vorschlag für eine neue Verordnung ausgearbeitet[3]. Der Entwurf der Kommission dient als Grundlage für den vom Vorsitz des Rats der Europäischen Union am 3.6.2016 veröffentlichten Kompromissvorschlag („Prospekt-VO-E")[4].

Der harmonisierte EU-Prospekt wird für Emittenten mit Finanzierungsbedarf mehr denn je als das „Zugangstor" zu den europäischen Kapitalmärkten gesehen[5]. Ein einheitliches Regelwerk mit direkter Geltung in den Mitgliedstaaten soll nunmehr künftig die Harmonisierung der prospektrechtlichen Vorschriften sicherstellen. Es

---

1 Art. 17 des gemeinsamen Standpunktes (EG) Nr. 25/2003 im Hinblick auf den Erlass der Richtlinie 2003/.../EG des Europäischen Parlaments und des Rates vom ... betreffend den Prospekt, der beim öffentlichen Angebot von Wertpapieren oder bei deren Zulassung zum Handel zu veröffentlichen ist, und zur Änderung der Richtlinie 2001/34/EG, vom Rat festgelegt am 24.3.2003, ABl. EU Nr. C 125 E v. 27.5.2003, S. 21.
2 Nachdem das Europäische Parlament in seiner Stellungnahme in zweiter Lesung einige Änderungen zu dem weiteren Richtlinienentwurf aufgeführt hatte (Standpunkt des Europäischen Parlaments im Hinblick auf den Erlass der Richtlinie 2003/.../EG des Europäischen Parlaments und des Rates über den Prospekt, der beim öffentlichen Angebot von Wertpapieren oder bei deren Zulassung zum Handel zu veröffentlichen ist, und zur Änderung der Richtlinie 2001/34/EG, festgelegt in zweiter Lesung am 2.7.2003, ABl. EU Nr. C 74 E v. 24.3.2004, S. 251) wurde der gesamte Entwurf von der Europäischen Kommission akzeptiert (Stellungnahme der Kommission gemäß Art. 251 Abs. 2 Unterabs. 3 lit. c EG-Vertrag zu den Änderungen des Europäischen Parlaments am gemeinsamen Standpunkt des Rates zum Vorschlag für eine Richtlinie des Europäischen Parlaments und des Rates, betreffend den Prospekt, der beim öffentlichen Angebot von Wertpapieren oder bei deren Zulassung zum Handel zu veröffentlichen ist, und zur Änderung der Richtlinie 2001/34/EG, KOM (2003) 432 endgültig v. 10.7.2003) und auch von dem Rat der Europäischen Union angenommen (Addendum zum Entwurf eines Protokolls über die 2520. Tagung des Rates der Europäischen Union (Wirtschaft und Finanzen) v. 15.7.2003, 11463/03 ADD 1, PV/CONS 43 ECOFIN 222).
3 Europäische Kommission, Vorschlag für eine Verordnung des Europäischen Parlaments und des Rates über den Prospekt, der beim öffentlichen Angebot von Wertpapieren oder bei deren Zulassung zu veröffentlichen ist vom 30.11.2015, 2015/0268 (COD), Dok.-Nr. COM(2015) 583 final.
4 Rat der Europäischen Union, Vorschlag für eine Verordnung des Europäischen Parlaments und des Rates über den Prospekt, der beim öffentlichen Angebot von Wertpapieren oder bei deren Zulassung zu veröffentlichen ist vom 3.6.2015, 2015/0268 (COD), Dok.-Nr. 9801/16.
5 Siehe Europäische Kommission, Vorschlag für eine Verordnung des Europäischen Parlaments und des Rates über den Prospekt, der beim öffentlichen Angebot von Wertpapieren oder bei deren Zulassung zu veröffentlichen ist vom 30.11.2015, 2015/0268 (COD), Dok.-Nr. COM(2015) 583 final unter 1.

soll sowohl Emittenten als auch Anlegern erleichtert werden, auch grenzüberschreitend Kapital zu beschaffen oder zu investieren[1].

Auch wenn sich künftig – vor allem technische – **Änderungen** für das Notifizierungsverfahren ergeben, vgl. Art. 24 und 24a ProspektVO-E[2] (siehe dazu § 18 WpPG Rz. 4), ist bislang nicht zu erwarten, dass dies zu einer erheblichen Änderung der Rechtslage hinsichtlich des Europäischen Passes führen wird. Insgesamt ist tendenziell von einer Zunahme der elektronischen Übermittlungsverpflichtungen der Mitgliedstaaten an ESMA auszugehen (vgl. Art. 24 Abs. 1 und 4 ProspektVO-E), ferner wird künftig die Notifizierung von Registrierungsformularen oder einheitlichen Registrierungsformularen bei der Wahlmöglichkeit des Emittenten hinsichtlich des Herkunftmitgliedstaats möglich sein, Art. 24 a ProspektVO-E (vgl. § 18 WpPG Rz. 17). 8

§ 17 WpPG dient der Umsetzung des Art. 17 der Prospektrichtlinie. Die Umsetzung erfolgte durch das **Prospektrichtlinie-Umsetzungsgesetz**[3]. Durch § 17 Abs. 1 und 3 WpPG, die Art. 17 Abs. 1 Prospektrichtlinie umsetzen, fand die Regelung über die gemeinschaftsweite Geltung von Prospekten gemäß Art. 1 Prospektrichtlinie Eingang in nationales Recht und ersetzte in Deutschland das ehemalige System der gegenseitigen Anerkennung für das öffentliche Angebot, ehemals geregelt in §§ 14 f. VerkProspG aF, und für die Zulassung zum Handel, ehemals geregelt in §§ 34 f. BörsG aF[4]. Das Konzept der gemeinschaftsweiten Geltung von Prospekten konnte innerhalb der Richtlinie einheitlich für alle Mitgliedstaaten formuliert werden. Im Rahmen des WpPG musste jedoch eine Differenzierung nach der Gültigkeit von in Deutschland gebilligten Prospekten und Nachträgen auch in anderen Mitgliedstaaten und nach der Gültigkeit von in anderen Mitgliedstaaten gebilligten Prospekten auch in Deutschland vorgenommen werden[5]. Die Regelung des ersten Sachverhalts besitzt lediglich deklaratorischen Charakter, da sich eine inländische nationale Vor- 9

---

1 Siehe Europäische Kommission, Vorschlag für eine Verordnung des Europäischen Parlaments und des Rates über den Prospekt, der beim öffentlichen Angebot von Wertpapieren oder bei deren Zulassung zu veröffentlichen ist vom 30.11.2015, 2015/0268 (COD), Dok.-Nr. COM(2015) 583 final unter 1.
2 Rat der Europäischen Union, Vorschlag für eine Verordnung des Europäischen Parlaments und des Rates über den Prospekt, der beim öffentlichen Angebot von Wertpapieren oder bei deren Zulassung zu veröffentlichen ist vom 3.6.2015, 2015/0268 (COD), Dok.-Nr. 9801/16.
3 Gesetz zur Umsetzung der Richtlinie 2003/71/EG des Europäischen Parlaments und des Rates vom 4.11.2003 betreffend den Prospekt, der beim öffentlichen Angebot von Wertpapieren oder bei deren Zulassung zum Handel zu veröffentlichen ist, und zur Änderung der Richtlinie 2001/34/EG (Prospektrichtlinie-Umsetzungsgesetz) v. 22.6.2005, BGBl. I 2005, S. 1698.
4 Vgl. zu dem System der gegenseitigen Anerkennung auch *Crüwell*, AG 2003, 243 (244); *Fürhoff/Ritz*, WM 2001, 2280 (2281 f.); *von Ilberg/Neises*, WM 2002, 635 (638 f.); *von Kopp-Colomb/Lenz*, AG 2002, 24 (25); *von Kopp-Colomb/Lenz*, BKR 2002, 5 (10); *Kunold/Schlitt*, BB 2004, 501 (502); *Zeising* in Just/Voß/Ritz/Zeising, § 17 WpPG Rz. 5; *Wolf* in FrankfurtKomm. WpPG, § 17 WpPG Rz. 1.
5 Vgl. dazu auch *Alfes* in Holzborn, § 17 WpPG Rz. 6.

schrift nicht auch auf den Rechtsraum anderer Mitgliedstaaten erstrecken kann[1] (siehe dazu Rz. 12). Für die Gültigkeit von in Deutschland gebilligten Prospekten und Nachträgen in anderen Mitgliedstaaten ist deren nationales Recht maßgeblich[2]. Insofern bestimmt § 17 Abs. 1 WpPG nur, dass die Verwendung eines in Deutschland gebilligten Prospekts und Nachtrags für ein öffentliches Angebot oder eine Zulassung von Wertpapieren in anderen Mitgliedstaaten grundsätzlich möglich ist. Im Gegensatz dazu ist § 17 Abs. 3 WpPG konstitutiv. Durch diese Regelung wurde die Gültigkeit von Prospekten und Nachträgen, die von der zuständigen Behörde eines anderen Mitgliedstaates gebilligt worden sind, ohne zusätzliches Billigungsverfahren auch in Deutschland eingeführt[3]. Die Befugnis des Herkunftsmitgliedstaates und des Aufnahmemitgliedstaates im Zusammenhang mit Nachträgen gemäß Art. 17 Abs. 2 Prospektrichtlinie wurde durch § 17 Abs. 2 WpPG auch in nationales Recht umgesetzt. Auch der ProspektVO-E[4] sieht diese in Art. 23 Abs. 2 weiter vor.

10 Eine Änderung erfuhr die Vorschrift des § 17 WpPG ferner durch Art. 3 Nr. 4 des Gesetzes zur Umsetzung der Omnibus I-Richtlinie[5], die neben der Errichtung der drei neuen Europäischen Aufsichtsbehörden („ESA")[6] als grundlegendes Ziel hatte, die internationale Koordinierung zwischen den Aufsichtsbehörden zu verstärken und die Qualität und Kohärenz der nationalen Aufsichten zu verbessern[7]. Insoweit novelliert wurde, dass neben der zuständigen Behörde des Aufnahmestaates nunmehr auch die Europäische Wertpapier- und Marktaufsichtsbehörde (ESMA) nach § 18 WpPG zu unterrichten ist.

11 Durch Art. 36 Nr. 1 Jahressteuergesetz 2009[8] wurde § 14 Abs. 3 Satz 2 WpPG aF, der Art. 14 Abs. 3 Prospektrichtlinie in deutsches Recht umsetzte, aufgehoben, so dass seitdem keine Pflicht zur Veröffentlichung einer **Hinweisbekanntmachung** mehr

---

[1] Vgl. auch *Alfes* in Holzborn, § 17 WpPG Rz. 7; *Ekkenga/Maas* in Kümpel/Hammen/Ekkenga, Kapitalmarktrecht, Das Recht der Wertpapieremissionen, Rz. 192; *Groß*, Kapitalmarktrecht, § 17 WpPG Rz. 3; *Linke* in Schäfer/Hamann, § 17 WpPG Rz. 6; *Zeising* in Just/Voß/Ritz/Zeising, § 17 WpPG Rz. 17; siehe auch *Wolf* in FrankfurtKomm. WpPG, § 17 WpPG Rz. 1.
[2] *Alfes* in Holzborn, § 17 WpPG Rz. 7; *Groß*, Kapitalmarktrecht, § 17 WpPG Rz. 3; *Linke* in Schäfer/Hamann, § 17 WpPG Rz. 6; *Straßner* in Heidel, Aktienrecht und Kapitalmarktrecht, § 17 WpPG Rz. 2 Fn. 4; siehe auch *Wolf* in FrankfurtKomm. WpPG, § 17 WpPG Rz. 24.
[3] Vgl. dazu auch *Groß*, Kapitalmarktrecht, § 17 WpPG Rz. 3.
[4] Richtlinie 2001/34/EG des Europäischen Parlaments und des Rates vom 28.5.2001 über die Zulassung von Wertpapieren zur amtlichen Börsennotierung und über die hinsichtlich dieser Wertpapiere zu veröffentlichenden Informationen, ABl. EG Nr. L 184 v. 6.7.2001, S. 1.
[5] Richtlinie 2010/78/EU vom 24.11.2010 im Hinblick auf die Errichtung des Europäischen Finanzaufsichtssystems vom 4.12.2011, BGBl. I 2011, S. 2427.
[6] Die Europäischen Aufsichtsbehörden, namentlich der Europäischen Bankenaufsicht (EBA), der Europäischen Versicherungsaufsicht (EIOPA) und der Europäischen Wertpapier- und Marktaufsichtsbehörde (ESMA).
[7] Siehe insbesondere Erwägungsgründe Nr. 1, 8 und 38 der Richtlinie 2010/78/EU des Europäischen Parlaments und des Rates vom 24.11.2010.
[8] Jahressteuergesetz 2009 (JStG 2009) v. 19.12.2008, BGBl. I 2008, S. 2794.

besteht (vgl. auch § 14 WpPG Rz. 3). Die Umsetzung in deutsches Recht hatte zur Folge, dass eine Hinweisbekanntmachung sowohl für durch die BaFin gebilligte Prospekte und Nachträge als auch für von anderen Herkunftsstaatbehörden an die BaFin notifizierte Prospekte, sowie für endgültige Angebotsbedingungen zu veröffentlichen war. Gründe für die Gesetzesänderung waren vor diesem Hintergrund im Wesentlichen, dass den hohen Kosten für die Marktteilnehmer nur ein geringer Nutzen der Hinweisbekanntmachungen gegenüber stand und Hinweisbekanntmachungen in den anderen größeren europäischen Märkten nicht üblich sind und einen Wettbewerbsnachteil für den deutschen Finanzplatz darstellen[1].

II. Gemeinschaftsweite Geltung von Prospekten (§ 17 Abs. 1 WpPG)

§ 17 Abs. 1 WpPG stellt die **gemeinschaftsweite Geltung** von durch die BaFin in Deutschland gebilligten Prospekten fest[2]. Diese Regelung ist im Wesentlichen deklaratorischer Natur, da durch das WpPG als maßgebendes nationales Gesetz in Deutschland nicht bestimmt werden kann, dass ein von der BaFin als zuständige Behörde gebilligter Prospekt auch in anderen Mitgliedstaaten als solcher gültig ist (Rz. 9)[3]. Insoweit fehlte es an einer entsprechenden rechtlichen Verbindlichkeit einer europaweit gültigen Regelung durch den deutschen Gesetzgeber[4].

Festgelegt wird jedoch durch § 17 Abs. 1 WpPG, dass ein in Deutschland gebilligter Prospekt in anderen Mitgliedstaaten für ein öffentliches Angebot von Wertpapieren oder eine Zulassung von Wertpapieren zum Handel an einem organisierten Markt verwendet werden kann. Voraussetzung dafür ist, dass die BaFin eine Bescheinigung über die Billigung des Prospekts bzw. Nachtrags gemäß § 18 WpPG an die Europäische Wertpapier- und Marktaufsichtsbehörde und die zuständige Behörde des Aufnahmestaates übermittelt hat und der Prospekt dem Sprachenregime gemäß § 19 Abs. 2 bis 3 WpPG entspricht.

Die BaFin ist für die Billigung von Prospekten und Nachträgen **zuständig**, sofern sie die zuständige Behörde des Herkunftsstaates darstellt (zur Zuständigkeit der BaFin siehe § 13 WpPG Rz. 7)[5]. Für den Begriff des Herkunftsstaates gilt die Legaldefinition des § 2 Nr. 13 WpPG (dazu § 2 WpPG Rz. 103 ff.). Danach ergibt sich eine Zuständigkeit der BaFin für Prospekte, die Aktien von Emittenten mit Sitz in

---

1 Begr. zu Art. 36 Nr. 1 JStG 2009 im Bericht des Finanzausschusses (7. Ausschuss), BT-Drucks. 16/11108 v. 27.11.2008, S. 71 f.
2 Begr. RegE zu § 17 Abs. 1 WpPG, BT-Drucks. 15/4999 v. 3.3.2005, S. 37.
3 Vgl. auch *Alfes* in Holzborn, § 17 WpPG Rz. 7; *Ekkenga/Maas* in Kümpel/Hammen/Ekkenga, Kapitalmarktrecht, Das Recht der Wertpapieremissionen, Rz. 192; *Groß*, Kapitalmarktrecht, § 17 WpPG Rz. 3; *Linke* in Schäfer/Hamann, § 17 WpPG Rz. 6; *Zeising* in Just/Voß/Ritz/Zeising, § 17 WpPG Rz. 17; *Wolf* in FrankfurtKomm. WpPG, § 17 WpPG Rz. 24.
4 Siehe insoweit auch *Alfes* in Holzborn, § 17 WpPG Rz. 7; *Groß*, Kapitalmarktrecht, § 17 WpPG Rz. 3; *Wolf* in FrankfurtKomm. WpPG, § 17 WpPG Rz. 24.
5 Vgl. mit weiteren Ausführungen zur Zuständigkeit der BaFin auch *Alfes* in Holzborn, § 17 WpPG Rz. 9; *Linke* in Schäfer/Hamann, § 17 WpPG Rz. 2.

Deutschland zum Gegenstand haben (§ 2 Nr. 13 lit. a WpPG). Emittenten von Nichtdividendenwerten und Drittstaatenemittenten besitzen ein umfangreiches Wahlrecht (§ 2 Nr. 13 lit. b und c WpPG). Ihnen steht es insoweit frei, die Billigung ihres Prospekts in ihrem Herkunftsstaat oder in dem Land zu beantragen, in dem die Wertpapiere angeboten oder zugelassen werden sollen[1].

14 Der Mitgliedstaat, in dem das öffentliche Angebot unterbreitet oder die Zulassung zum Handel angestrebt wird, und der nicht der Herkunftsstaat ist, wird gemäß § 2 Nr. 14 WpPG als **Aufnahmestaat** bezeichnet (dazu § 2 WpPG Rz. 113).

15 Der Europäische Pass kann für ein- sowie dreiteilige **Prospekte und Nachträge** genutzt werden, nicht jedoch für isolierte Prospektteile, wie Registrierungsformulare und Wertpapierbeschreibungen oder endgültige Bedingungen[2] (vgl. zu den Dokumenten im Einzelnen § 18 WpPG Rz. 17 f.). Nach Art. 24a des ProspektVO-E[3] soll künftig die Notifizierung von Registrierungsformularen oder einheitlichen Registrierungsformularen bei der Wahlmöglichkeit des Emittenten hinsichtlich des Herkunftmitgliedstaats möglich sein[4].

Bevor der Prospekt oder Nachtrag notifiziert werden kann, müssen sie von der BaFin als zuständige Herkunftsstaatbehörde (dazu siehe Rz. 13, zu der Zuständigkeit der BaFin siehe § 13 WpPG Rz. 7) gebilligt worden sein.

16 Im Zusammenhang mit einer Notifizierung eines von der BaFin als zuständige Behörde des Herkunftsmitgliedstaates gebilligten Prospekts an eine Behörde eines anderen Mitgliedstaates ist das **Sprachenregime** gemäß § 19 Abs. 2 und 3 WpPG (dazu § 19 WpPG Rz. 39 ff., Rz. 42 ff. und § 19 WpPG Rz. 48 ff., 72 ff.) zu berücksichtigen. Sofern ein öffentliches Angebot oder eine Börsenzulassung in Deutschland als Herkunftsstaat und in einem anderen Mitgliedstaat erfolgen soll, ist der Prospekt nach § 19 Abs. 3 WpPG in **deutscher** oder in einer in **internationalen Finanzkreisen gebräuchlichen Sprache**, dh. regelmäßig auf Englisch[5], zu erstellen (zu einer in internationalen Finanzkreisen gebräuchlichen Sprache siehe § 19 WpPG Rz. 21 ff.). Ist der Prospekt nicht auf Deutsch erstellt, muss er nach § 19 Abs. 3 Satz 2 WpPG auch eine

---

1 *Linke* in Schäfer/Hamann, § 17 WpPG Rz. 2; *Alfes* in Holzborn, § 17 WpPG Rz. 9.
2 Siehe auch *Wolf* in FrankfurtKomm. WpPG, § 17 WpPG Rz. 7.
3 Vorschlag der Europäischen Kommission für eine Verordnung des Europäischen Parlaments und des Rates über den Prospekt, der beim öffentlichen Angebot von Wertpapieren oder bei deren Zulassung zum Handel zu veröffentlichen ist vom 30.11.2015, 2015/0268 (COD), Dok.-Nr. COM(2015) 583 final.
4 Siehe Erwägungsgrund (60a) des Vorschlags der Europäischen Kommission für eine Verordnung des Europäischen Parlaments und des Rates über den Prospekt, der beim öffentlichen Angebot von Wertpapieren oder bei deren Zulassung zum Handel zu veröffentlichen ist vom 30.11.2015, 2015/0268 (COD), Dok.-Nr. COM(2015) 583 final.
5 Einzelbegr. zu § 19 Abs. 3 WpPG in Beschlussempfehlung und Bericht des Finanzausschusses, BT-Drucks. 15/5373 v. 21.4.2005, S. 50; *Alfes* in Holzborn, § 17 WpPG Rz. 30; *Crüwell*, AG 2003, 243 (248); im Ergebnis gleich, jedoch findet die Idee Erwähnung, nach der die in internationalen Finanzkreisen übliche Sprache jeweils im Einzelfall von den Mitgliedstaaten, in denen das öffentliche Angebot bzw. die Börsenzulassung stattfinden soll, abhängig gemacht werden sollte, *Mattil/Möslein*, WM 2007, 819 (821).

Übersetzung der Zusammenfassung in die deutsche Sprache enthalten. Ist zwar Deutschland der Herkunftsstaat, ein öffentliches Angebot oder eine Börsenzulassung jedoch nicht in Deutschland, sondern in einem anderen Mitgliedstaat beabsichtigt, ist der Prospekt gemäß § 19 Abs. 2 Satz 1 WpPG in einer von der zuständigen Behörde des Aufnahmestaates anerkannten Sprache oder in einer in internationalen Finanzkreisen gebräuchlichen Sprache zu erstellen. Sofern der Prospekt nach einer von der zuständigen Behörde des Aufnahmemitgliedstaates anerkannten Sprache, die jedoch nicht von der BaFin anerkannt ist, erstellt wurde, muss der Prospekt nach § 19 Abs. 2 Satz 2 WpPG zusätzlich in einer von der BaFin anerkannten oder in internationalen Finanzkreisen gebräuchlichen Sprache erstellt werden. In der Regel erfolgt die Prospekterstellung insoweit in englischer Sprache, da sie in internationalen Finanzkreisen gebräuchlich und sowohl von der BaFin als zuständige Behörde des Herkunftsstaates als auch von den zuständigen Behörden aller in Betracht kommenden Aufnahmestaaten anerkannt ist. Die zuständige Behörde im Aufnahmemitgliedstaat kann dann gemäß Art. 19 Abs. 2 Satz 2 Prospektrichtlinie auch nur eine Übersetzung der Zusammenfassung in ihre Amtssprache verlangen[1].

Im Rahmen von Notifizierungen an die jeweils zuständigen Behörden der Aufnahmemitgliedstaaten sind deren unterschiedliche **Sprachanforderungen** zu beachten. Eine Übersicht von ESMA[2] enthält Hinweise zu den Sprachen, die von den einzelnen Mitgliedstaaten für die Prospektprüfung akzeptiert werden[3]. Eine Rücksprache des Emittenten, Anbieters oder Zulassungsantragstellers mit den zuständigen Behörden in besonderen Konstellationen oder Zweifelsfällen ist darüber hinaus stets anzuraten (vgl. auch § 18 WpPG Rz. 8, 16 und 21).

Ein **vollständig in deutscher Sprache abgefasster Prospekt** wird nur von wenigen Mitgliedstaaten, wie zum Beispiel von Österreich, Luxemburg und Liechtenstein, im Rahmen einer Notifizierung anerkannt[4]. Für den Fall, dass ein vollständig in deutscher Sprache erstellter Prospekt gebilligt wurde und eine Notifizierung an eine Aufnahmestaatbehörde, die keine entsprechenden Prospekte akzeptiert, notifiziert werden soll, besteht die Möglichkeit, einen weiteren englischsprachigen Prospekt zur Billigung einzureichen und diesen dann zu notifizieren[5]. Alternativ kann dem Notifizierungsantrag eine Übersetzung des Prospekts in eine von der Aufnahmestaatbehörde akzeptierten Sprache beigefügt werden[6]. Die Übersetzung muss dann einen Hin-

---

1 Vgl. auch *Straßner* in Heidel, Aktienrecht und Kapitalmarktrecht, § 19 WpPG Rz. 3.
2 The European Securities and Markets Authority.
3 Siehe im Einzelnen dazu: ESMA, Languages accepted for the purpose of the scrutiny of the Prospectus and requirements of translation of the Summary, 31.3.2014, ESMA/2014/342.
4 *Linke* in Schäfer/Hamann, § 18 WpPG Rz. 8; *Wolf* in FrankfurtKomm. WpPG, § 17 WpPG Rz. 14.
5 *Linke* in Schäfer/Hamann, § 18 WpPG Rz. 8.
6 Vgl. auch 3rd CESR meeting to discuss practical issues on the application of the Directive 2003/71 and the Commission Regulation 809/2004, May 2006, Markt/G3/RW D (2006), zu Art. 19 Abs. 3 Prospektrichtlinie, S. 1 f.; *Linke* in Schäfer/Hamann, § 18 WpPG Rz. 8; *Zeising* in Just/Voß/Ritz/Zeising, § 18 WpPG Rz. 13; siehe dazu auch *Ritz/Voß* in Just/Voß/Ritz/Zeising, § 19 WpPG Rz. 22 ff.

weis enthalten, dass es sich bei ihr um eine unverbindliche Übersetzung des Prospekts handelt[1]. Daneben ist eine Bestätigung, dass die Übersetzung des Prospekts und der gebilligte deutschsprachige Prospekt einander entsprechen, erforderlich[2]. Eine zusätzliche Prüfung der Prospektübersetzung durch die BaFin erfolgt nicht[3]. Entsprechend dem üblichen Notifizierungsvorgang wird der Prospekt in diesem Fall, nebst Übersetzung des Prospekts und der Bescheinigung nach § 18 Abs. 1 Satz 1 WpPG sowie der nach § 18 Abs. 1 Satz 3 WpPG notwendigen Zusammenfassung, an die entsprechende Aufnahmestaatbehörde übermittelt (zu dem Notifizierungsvorgang siehe § 18 WpPG Rz. 7 ff.)[4]. Ferner besteht die Möglichkeit, einen weder in deutscher noch in einer in internationalen Finanzkreisen gebräuchlichen Sprache erstellten Prospekt bei der BaFin einzureichen und eine Übersetzung des Prospekts in die deutsche oder englische Sprache beizufügen. Grundlage für die Prüfung ist in diesem Fall die Übersetzung des Prospekts, Gegenstand der Billigung der weder auf Deutsch noch in einer in internationalen Finanzkreisen gebräuchlichen Sprache erstellte Prospekt. Auch hier ist gegenüber der BaFin zu bestätigen, dass der Prospekt und die Übersetzung des Prospekts einander entsprechen.

19 Die **Marktpraxis im Hinblick auf das Sprachenregime** in Fällen des § 17 Abs. 1 WpPG, in denen die BaFin somit als Herkunftsstaatbehörde fungiert, hat sich entgegen dem vom WpPG in § 19 Abs. 1 statuierten Grundsatz entwickelt, so dass § 19 Abs. 2 und insbesondere Abs. 3 WpPG inzwischen keine Ausnahmevorschriften mehr darstellen, sondern dass im Hinblick auf das Sprachenregime insoweit nahezu eine Umkehr des Regel-Ausnahme-Prinzips erfolgt ist. Zur Erreichung eines möglichst breiten Anlegerspektrums und -publikums und vor dem Hintergrund der gängigen Marktusancen wird ein beträchtlicher Anteil der Prospekte in Deutschland inzwischen in englischer Sprache erstellt[5]. Da es insoweit gemäß § 19 Abs. 2 und 3 WpPG eines grenzüberschreitenden Tatbestandes bedarf, liegt es nahe, dass Notifizierungsanträge – unabhängig von der tatsächlichen Absicht, ein öffentliches Angebot oder die Zulassung zum Handel an einem regulierten Markt in einem anderen Mitgliedstaat des EWR zu beginnen – als „Schlüssel" zu einem englischsprachigen Prospekt genutzt werden[6].

20 Im Zusammenhang mit den nach dem WpPG bestehenden **Veröffentlichungs-, Mitteilungs- und Hinterlegungspflichten** ist bei einem in Deutschland von der BaFin als zuständige Herkunftsstaatbehörde gebilligten und in einen anderen Mitgliedstaat notifzierten Prospekt zu berücksichtigen dass, unabhängig davon, ob das öffentliche Angebot bzw. die Börsenzulassung auch in Deutschland oder nur in dem Aufnahmestaat stattfinden soll, die endgültigen Angebotsbedingungen bei der BaFin zu hinterlegen sind (vgl. § 6 Abs. 3 Satz 2 WpPG und entsprechend Art. 5

---

1 *Zeising* in Just/Voß/Ritz/Zeising, § 18 WpPG Rz. 14.
2 *Linke* in Schäfer/Hamann, § 18 WpPG Rz. 8; *Zeising* in Just/Voß/Ritz/Zeising, § 18 WpPG Rz. 14.
3 *Linke* in Schäfer/Hamann, § 18 WpPG Rz. 8.
4 Vgl. auch *Linke* in Schäfer/Hamann, § 18 WpPG Rz. 8.
5 Siehe dazu auch *Wolf* in FrankfurtKomm. WpPG, § 18 WpPG Rz. 13.
6 Siehe *Wolf* in FrankfurtKomm. WpPG, § 17 WpPG Rz. 4.

Abs. 4 Unterabs. 3 Prospektrichtlinie). Daneben müssen die endgültigen Angebotsbedingungen gemäß § 6 Abs. 3 Satz 1 WpPG in der in § 14 WpPG genannten Art und Weise veröffentlicht werden. Im Übrigen sind die weiteren nach § 14 WpPG bestehenden Veröffentlichungs- und Mitteilungspflichten für Prospekte, Nachträge und endgültige Bedingungen in Deutschland einzuhalten. Sofern ein öffentliches Angebot von Wertpapieren stattfindet, ohne dass ein Prospekt nach den Vorschriften des WpPG veröffentlicht wurde, ist eine Ordnungswidrigkeit gemäß § 35 Abs. 1 Nr. 1 bzw. 6 WpPG in Betracht zu ziehen. Zu den Veröffentlichungspflichten im umgekehrten Fall, dass die BaFin als Aufnahmestaatbehörde agiert, siehe Rz. 34. Zu Veröffentlichungspflichten allgemein siehe auch ESMA Q&A Nr. 3[1].

Im Hinblick auf endgültige Bedingungen wurden durch die Omnibus II-Richtlinie[2] in Art. 1 Änderungsvorgaben zu Art. 5 Abs. 4 Unterabs. 3 der Prospektrichtlinie gestellt. Insoweit novelliert wurde, dass neben der zuständigen Behörde des Aufnahmemitgliedstaats bzw. der Aufnahmemitgliedstaaten auch der **ESMA durch die zuständige Behörde des Herkunftmitgliedstaates die endgültigen Bedingungen mitzuteilen** sind. Durch Art. 4 Nr. 3 des **Kleinanlegerschutzgesetzes**[3] wurde diese Vorgabe bereits in einer Neufassung des § 6 Abs. 3 Satz 4 WpPG berücksichtigt. 21

Nach § 17 Abs. 1 WpPG soll ein von der BaFin gebilligter Prospekt **unbeschadet der Vorsichtsmaßnahmen gemäß § 29 WpPG** in einem oder mehreren Mitgliedstaaten gelten. Die Aufnahme dieses Tatbestandsmerkmals innerhalb von § 17 Abs. 1 WpPG ist jedoch unsystematisch. § 17 Abs. 1 WpPG setzt voraus, dass die BaFin die zuständige Herkunftsstaatbehörde darstellt[4]. § 29 WpPG sieht hingegen vor, dass ein anderer Mitgliedstaat Herkunftsstaatbehörde ist[5]. Dieser Umstand dürfte bei der Umsetzung des Art. 17 Abs. 1 Satz 1 Prospektrichtlinie sowie auch im Zuge der Änderungsrichtlinie nicht bedacht worden sein[6]. Systematischer erschiene eine Einordnung des Zusatzes „unbeschadet § 29 WpPG" insoweit in § 17 Abs. 3 WpPG, da hier von Anbietern und Zulassungsantragstellern, deren Herkunftsstaat eben nicht Deutschland ist und gegenüber denen die BaFin Maßnahmen iS des § 29 WpPG ergreifen kann, die Rede ist[7]. 22

---

1 ESMA, Questions and Answers Prospectuses, 25nd updated version – July 2016, ESMA/2016/1133, Nr. 3.
2 Richtlinie 2014/51/EU des Europäischen Parlaments und des Rates vom 16.4.2014 zur Änderung der Richtlinien 2003/71/EG, (EU) Nr. 1094/2010 und (EU) Nr. 1095/2010 im Hinblick auf die Befugnisse der Europäischen Aufsichtsbehörde (Europäische Aufsichtsbehörde für das Versicherungswesen und die betriebliche Altersversorgung) und der Europäischen Aufsichtsbehörde (Europäische Wertpapier- und Marktaufsichtsbehörde).
3 Kleinanlegerschutzgesetz vom 3.7.2015 (BGBl. I 2015, S. 1114).
4 Vgl. auch *Alfes* in Holzborn, § 17 WpPG Rz. 13; *Zeising* in Just/Voß/Ritz/Zeising, § 17 WpPG Rz. 26.
5 Vgl. auch *Alfes* in Holzborn, § 17 WpPG Rz. 13.
6 Vgl. auch *Alfes* in Holzborn, § 17 WpPG Rz. 13; vgl. auch *Zeising* in Just/Voß/Ritz/Zeising, § 17 WpPG Rz. 26.
7 So auch *Alfes* in Holzborn, § 17 WpPG Rz. 13.

23 Die Unterrichtung der Europäischen Wertpapier- und Marktaufsichtsbehörde ESMA erfolgt durch die BaFin in Form einer Übermittlung der jeweils angefallenen Notifizierungen an das **ESMA-Register** (siehe § 18 WpPG Rz. 9). Die Unterrichtung der ESMA kann insoweit **nicht** wie die Übermittlung an die Aufnahmestaatbehörde **als konstitutiver, grundlegender Vorgang** für das Notifizierungsverfahren („Passporting") gesehen werden, da der Übermittlung an das ESMA-Register nicht, wie im Rahmen der Übermittlung an die Aufnahmestaatbehörde eine sofortige Prüfung der eingegangenen Dokumente folgt und damit Rechtsunsicherheit hinsichtlich des tatsächlichen Eingangs bestünde. Demzufolge kann es auch für die Frage, ob ein öffentliches Angebot stattfinden darf, nicht darauf ankommen, ob die ESMA bereits eine entsprechende Mitteilung über die Notifizierung erhalten hat.

III. Befugnisse der BaFin (§ 17 Abs. 2 WpPG)

1. Befugnis, die Einreichung und Veröffentlichung eines Nachtrags zu verlangen (§ 17 Abs. 2 Satz 1 WpPG)

24 Nach § 17 Abs. 2 Satz 1 WpPG hat die BaFin die **Einreichung eines Nachtrags** zur Billigung und dessen Veröffentlichung vom Anbieter oder Zulassungsantragsteller zu verlangen, **sofern eine Nachtragspflicht** gemäß § 16 WpPG **besteht**. Auf den ersten Blick erscheint diese Bestimmung nicht notwendig, da die Nachtragspflicht bereits in § 16 WpPG normiert ist[1]. Demgegenüber enthält § 17 Abs. 2 Satz 1 WpPG den Zusatz über die Befugnis der BaFin, die Einreichung eines Nachtrags zu fordern. Diese Befugnis steht der BaFin allein im öffentlichen Interesse zu[2], der Vorschrift kommt damit kein individualschützender Charakter zu[3]. Mangels drittschützender Wirkung stellt sie insoweit auch keine dem Anlegerschutz dienliche Vorschrift dar[4]. Die Einhaltung der Nachtragspflicht bleibt auch im Fall eines bescheinigten Prospekts im Verantwortungsbereich des Anbieters oder Zulassungsantragstellers, da nur diese den erforderlichen umfassenden Einblick in die Verhältnisse, die eine Nachtragspflicht nach § 16 WpPG auslösen, besitzen[5]. Ist einem Anleger infolge der Nichtveröffentlichung eines Nachtrags durch den Anbieter oder Zulassungsantragsteller ein Schaden entstanden, besteht kein Regressanspruch des Anlegers aufgrund von Amtshaftungsvorschriften gegenüber der BaFin[6].

25 Der **Umfang** der der BaFin zustehenden Befugnis lässt sich anhand des Wortlautes des § 17 Abs. 2 WpPG nicht hinreichend bestimmen, da dieser insoweit nicht eindeutig ist. § 17 Abs. 2 Satz 1 WpPG könnte bei isolierter Betrachtung dahingehend verstanden werden, dass die BaFin nicht nur dazu berechtig sein soll, die Einrei-

---

1 Vgl. auch *Groß*, Kapitalmarktrecht, § 17 WpPG Rz. 4.
2 Begr. RegE zu § 17 Abs. 2 WpPG, BT-Drucks. 15/4999 v. 3.3.2005, S. 37.
3 Vgl. *Wolf* in FrankfurtKomm. WpPG, § 17 WpPG Rz. 29; *Alfes* in Holzborn, § 17 WpPG Rz. 17.
4 Vgl. im Einzelnen *Alfes* in Holzborn, § 17 WpPG Rz. 17.
5 Begr. RegE zu § 17 Abs. 2 WpPG, BT-Drucks. 15/4999 v. 3.3.2005, S. 37.
6 *Linke* in Schäfer/Hamann, § 17 WpPG Rz. 7.

chung von Nachträgen zu von ihr als Herkunftsstaat gebilligten Prospekten zu verlangen, sondern auch zu Prospekten, die nicht von ihr, sondern von der zuständigen Behörde eines anderen Mitgliedsstaates gebilligt und nach Deutschland notifiziert werden. Fraglich ist dann jedoch, aus welchem Grund sie noch nach § 17 Abs. 2 Satz 2 WpPG befugt sein soll, der zuständigen Behörde des Herkunftsmitgliedstaates Anhaltspunkte für eine nach § 16 WpPG bestehende Nachtragspflicht mitzuteilen. Für die Bestimmung des Umfangs der Befugnis der BaFin ist daher Art. 17 Abs. 2 Satz 1 Prospektrichtlinie, heranzuziehen[1]. Dieser weist die Berechtigung, die Einreichung eines Nachtrags zu verlangen, eindeutig nur dem Herkunftsmitgliedstaat zu[2]. Damit steht der BaFin die Befugnis nach § 17 Abs. 2 Satz 1 WpPG nur als zuständige Behörde des Herkunftsstaates zu[3]. Sie ist damit als Aufnahmestaatbehörde nur zu der Übermittlung von Anhaltspunkten für eine Nachtragspflicht an die zuständige Behörde des ausländischen Herkunftsstaates berechtigt (dazu Rz. 28 ff.)[4]. Daneben ist sie nicht dazu befugt, die Einreichung eines Nachtrags von dem Anbieter oder Zulassungsantragsteller zu verlangen, sofern der Prospekt nicht von ihr, sondern von der zuständigen Behörde eines anderen Herkunftsstaates gebilligt und nach Deutschland notifiziert wurde[5]. Eine andere Auslegung wäre auch vor dem Hintergrund, dass insoweit mangels einer entsprechenden Regelung in § 16 WpPG für Inlandsemittenten keine vergleichbare gesetzlich normierte Befugnis existiert, kaum vertretbar[6].

Auch wenn die **Begriffe des wichtigen neuen Umstands und der wesentlichen Unrichtigkeiten** in § 17 Abs. 2 Satz 1 WpPG jeweils in der Mehrzahl aufgeführt sind, muss § 17 Abs. 1 Satz 1 WpPG in Anlehnung an § 16 Abs. 1 Satz 1 WpPG bereits Anwendung finden, wenn nur ein neuer Umstand oder eine wesentliche Unrichtigkeit aufgetreten sind[7]. Nicht nachvollziehbar wäre, wenn zwar bereits mit Vorliegen eines neuen Umstands oder einer wesentlichen Unrichtigkeit bereits eine Nachtragspflicht gemäß § 16 WpPG begründet wäre, die BaFin jedoch abwarten müsste, bis sich ein weiteres Tatbestandsmerkmal realisiert, um die Einreichung eines Nachtrags verlangen zu können. Die Nachtragspflicht besteht – entsprechend § 16 Abs. 1 Satz 1 WpPG – bis zu dem endgültigen Schluss des öffentlichen Angebots oder der Einführung der Wertpapiere in den Handel an einem organisierten Markt[8].

26

---

1 Vgl. auch *Groß*, Kapitalmarktrecht, § 17 WpPG Rz. 4.
2 So im Ergebnis auch *Groß*, Kapitalmarktrecht, § 17 WpPG Rz. 4.
3 So im Ergebnis auch *Groß*, Kapitalmarktrecht, § 17 WpPG Rz. 4.
4 So im Ergebnis auch *Groß*, Kapitalmarktrecht, § 17 WpPG Rz. 4; *Linke* in Schäfer/Hamann, § 17 WpPG Rz. 7.
5 *Groß*, Kapitalmarktrecht, § 17 WpPG Rz. 4; *Linke* in Schäfer/Hamann, § 17 WpPG Rz. 7; *Straßner* in Heidel, Aktienrecht und Kapitalmarktrecht, § 17 WpPG Rz. 3.
6 Zu Begründung, weshalb die Befugnis nur im Zusammenhang mit notifizierten Prospekten aufgenommen wurde, siehe oben Rz. 4; zur Entstehungsgeschichte der Norm ausführlich *Zeising* in Just/Voß/Ritz/Zeising, § 17 WpPG Rz. 30; *Wolf* in FrankfurtKomm. WpPG, § 17 WpPG Rz. 27.
7 *Alfes* in Holzborn, § 17 WpPG Rz. 15.
8 *Zeising* in Just/Voß/Ritz/Zeising, § 17 WpPG Rz. 17.

27 Verlangt die BaFin einen Nachtrag gemäß § 17 Abs. 2 Satz 1 WpPG, stellt dieses **keinen Verwaltungsakt** gemäß § 35 VwVfG dar[1]. Das Verlangen besitzt keinen Regelungsgehalt, da es nur das wiederholt, was bereits Gegenstand des Gesetzes ist[2]. Sofern der Anbieter und Zulassungsantragsteller der Ansicht sind, eine Nachtragspflicht bestehe nicht, können sie im Wege der Feststellungsklage gemäß § 43 VwGO gegen das Verlangen eines Nachtrags vorgehen[3]. Vor dem Hintergrund einer drohenden Prospekthaftung und der zeitkritischen Beurteilung ist jedoch davon auszugehen, dass bei Vorliegen eines wichtigen neuen Umstands oder einer wesentlichen Unrichtigkeit ein Nachtrag zur Billigung bei der BaFin eingereicht wird[4]. Da der BaFin zudem ein erheblicher Beurteilungsspielraum zukommt, ist fraglich, inwieweit dieser gerichtlich überprüft werden kann[5].

2. Befugnis zur Übermittlung von Anhaltspunkten für eine Nachtragspflicht (§ 17 Abs. 2 Satz 2 WpPG)

28 Gemäß § 17 Abs. 2 Satz 2 WpPG ist die BaFin befugt, der zuständigen Behörde des Herkunftsstaates **Anhaltspunkte** für eine bestehende Nachtragspflicht nach § 16 WpPG zu übermitteln. Anhaltspunkte für eine Nachtragspflicht gemäß § 16 WpPG sind gegeben, wenn Indizien, dh. Hinweise, die für sich allein oder in ihrer Gesamtheit mit anderen Hinweisen den Rückschluss auf das Vorliegen eines wichtigen neuen Umstands oder einer wesentlichen Unrichtigkeit iS von § 16 Abs. 1 Satz 1 WpPG zulassen, vorliegen[6]. Dabei muss es sich um mehr als eine Behauptung und kann es sich um weniger als einen Beweis handeln. Letztlich ist wohl entscheidend, ob die Erforderlichkeit eines Nachtrags nach den Erfahrungen der BaFin – der insoweit ein deutlicher Beurteilungsspielraum zukommt – wahrscheinlich ist[7]. Als Anhaltspunkte kommen insoweit Ad-hoc-, Presse- und Internetveröffentlichungen in Betracht[8].

29 Die **Übermittlung** der Anhaltspunkte muss gemäß den Bestimmungen über die Zusammenarbeit mit zuständigen Stellen in anderen Mitgliedstaaten nach § 28 WpPG erfolgen. Dabei kann der Verweis auf § 28 WpPG nicht dahingehend ausgelegt werden, dass er entsprechend dem Verweis in § 29 Abs. 1 Satz 2 WpPG nur als ein Verweis auf § 28 Abs. 3 bis 5 WpPG zu verstehen ist, weil § 28 WpPG keine über die Befugnis nach § 17 Abs. 2 Satz 2 WpPG hinausgehende Ermächtigung enthalte[9]. Insbesondere legt § 28 Abs. 2 Satz 2 WpPG fest, dass die BaFin bei der Über-

---

1 Vgl. auch *Alfes* in Holzborn, § 17 WpPG Rz. 16.
2 Vgl. auch *Alfes* in Holzborn, § 17 WpPG Rz. 16; *Groß*, Kapitalmarktrecht, § 17 WpPG Rz. 4.
3 Vgl. dazu auch *Alfes* in Holzborn, § 17 WpPG Rz. 16.
4 Vgl. auch *Alfes* in Holzborn, § 17 WpPG Rz. 16.
5 Vgl. auch *Alfes* in Holzborn, § 17 WpPG Rz. 19.
6 Zu der Definition des Begriffs Anhaltspunkte iS des § 17 Abs. 2 Satz 2 WpPG siehe auch *Alfes* in Holzborn, § 17 WpPG Rz. 19.
7 *Alfes* in Holzborn, § 17 WpPG Rz. 19.
8 *Alfes* in Holzborn, § 17 WpPG Rz. 19.
9 AA, nach der sich der Verweis in § 17 Abs. 2 Satz 2 WpPG – entsprechend dem Verweis in § 29 Abs. 1 WpPG – nur auf § 28 Abs. 3 bis 5 WpPG beziehe, weil § 28 WpPG keine

mittlung von Informationen den Empfänger darauf hinzuweisen hat, dass er die Informationen nur für die in § 28 Abs. 2 Satz 1 und 2 WpPG aufgeführten Zwecke verwenden darf. Daneben ist zu berücksichtigen, dass § 17 Abs. 2 Satz 2 WpPG gemäß seinem Wortlaut auf § 28 WpPG insgesamt und nicht nur auf einzelne Absätze verweist, womit insoweit von einer bewussten gesetzgeberischen Entscheidung auszugehen ist. Daher ist im Zusammenhang mit der Übermittlung der gesamte § 28 WpPG zu berücksichtigen.

Eine Anhörung des Anbieters und Zulassungsantragstellers vor der Übermittlung der Anhaltspunkte an die Herkunftsstaatbehörde durch die BaFin **ist nicht erforderlich**. Bei der Übermittlung von Anhaltspunkten für eine Nachtragspflicht an die Herkunftsstaatbehörde durch die BaFin als Aufnahmestaatbehörde handelt es sich nicht um einen Verwaltungsakt, da es insoweit an dem per definitionem erforderlichen Regelungsgehalt fehlt[1]. Ein solcher wird jedoch von § 28 VwVfG, der die Anhörung Beteiligter im Verwaltungsverfahren regelt, vorausgesetzt. Daneben ist zu berücksichtigen, dass nur die zuständige Behörde des Herkunftsmitgliedstaates dazu berechtigt ist, die Einreichung eines Nachtrags zu verlangen (Rz. 25). Die BaFin als Aufnahmestaatbehörde ist lediglich zu der Übermittlung von Anhaltspunkten für eine Nachtragspflicht an die zuständige Behörde des ausländischen Herkunftsstaates befugt (Rz. 25). Diese gesetzlich normierte strikte Trennung der unterschiedlichen Befugnisse, gemäß der eine Aufnahme eines Kontaktes zu dem Anbieter und Zulassungsantragsteller der Herkunftsstaatbehörde vorbehalten ist, ist nicht aufzuweichen. Zudem wäre anderenfalls nicht auszuschließen, dass die Herkunftsstaatbehörde gegenüber dem Anbieter oder Zulassungsantragsteller einen Nachtrag verlangt und die Aufnahmestaatbehörde zeitgleich eine Anhörung durchführt. Ausreichend wäre, wenn die Herkunftsstaatbehörde, die den Prospekt geprüft und gebilligt hat und auch die Prüfung und Billigung des Nachtrags vornehmen würde, der Umsetzung der Nachtragspflicht nachginge[2]. 30

Da die Übermittlung von Anhaltspunkten an die Herkunftsstaatbehörde durch die BaFin als Aufnahmestaatbehörde keinen Verwaltungsakt darstellt (vgl. Rz. 30), käme grundsätzlich allenfalls eine **allgemeine Leistungs-Unterlassungsklage** als für den Anbieter und Zulassungsantragsteller geeignete Klageart in Betracht, um gegen die Übermittlung der Anhaltspunkte vorzugehen[3]. Diese wird jedoch – neben ihrer kaum vorhandenen Praxisrelevanz – wohl in einem Großteil der Fälle am Rechtsschutzbedürfnis scheitern, da für den insoweit begehrten vorbeugenden Rechtsschutz ein Abwarten des Betroffenen nicht zuzumuten sein darf[4]. Die Zumutbarkeit wird in den meisten Fällen jedoch nicht abzulehnen sein – die anzugreifenden behördlichen Maßnahmen ergehen schließlich erst durch die jeweils zuständige Behörde des Auf- 31

---

weitergehende Ermächtigung als § 17 Abs. 2 Satz 2 WpPG enthalte, *Alfes* in Holzborn, § 17 WpPG Rz. 21.
1 *Alfes* in Holzborn, § 17 WpPG Rz. 20.
2 So im Ergebnis nun auch *Alfes* in Holzborn, § 17 WpPG Rz. 20.
3 *Alfes* in Holzborn, § 17 WpPG Rz. 20.
4 *Alfes* in Holzborn, § 17 WpPG Rz. 20.

nahmestaates[1]. Es erscheint mithin fraglich, ob überhaupt gegen die Weitergabe der Information an die zuständige Herkunftsstaatbehörde vorgegangen werden kann.

32 Wird trotz der von der zuständigen Behörde des Herkunftsmitgliedstaates ergriffenen Maßnahmen oder aufgrund der Unzweckmäßigkeit der Maßnahmen der Herkunftsstaatbehörde gegen die einschlägigen Rechts- oder Verwaltungsbestimmungen verstoßen, so kann die BaFin gemäß § 29 Abs. 2 Satz 1 WpPG nach vorheriger Unterrichtung der Herkunftsstaatbehörde und der Europäischen Wertpapier- und Marktaufsichtsbehörde (ESMA) alle für den Schutz des Publikums erforderlichen **Vorsichtsmaßnahmen** ergreifen[2]. Die Europäische Kommission und die Europäische Wertpapier- und Marktaufsichtbehörde sind nach § 29 Abs. 2 Satz 2 WpPG über diese Maßnahmen frühestmöglich zu unterrichten.

IV. Gültigkeit von nach Deutschland notifizierten Prospekten und Nachträgen (§ 17 Abs. 3 WpPG)

33 § 17 Abs. 3 WpPG besitzt im Gegensatz zu § 17 Abs. 1 WpPG rein konstitutive Wirkung (dazu Rz. 9 und Rz. 12). Diese Bestimmung regelt die **räumliche Geltung** von Prospekten und Nachträgen, die von den zuständigen Behörden der anderen Mitgliedstaaten gebilligt worden sind, in Deutschland[3]. Nach § 17 Abs. 3 WpPG ist ein von der zuständigen Behörde eines anderen Mitgliedstaates gebilligter Prospekt einschließlich etwaiger Nachträge in Deutschland ohne zusätzliches Billigungsverfahren für ein öffentliches Angebot oder für eine Zulassung zum Handel gültig.

34 Im Zusammenhang mit § 17 Abs. 3 WpPG gilt Deutschland als **Aufnahmestaat** gemäß § 2 Nr. 14 WpPG (dazu Rz. 14 und § 2 WpPG Rz. 113).

35 Die Gültigkeit eines an die BaFin notifizierten Prospekts steht unter der Bedingung, dass der Prospekt dem **Sprachenregime** gemäß § 19 Abs. 4 und 5 WpPG (dazu § 19 WpPG Rz. 76 ff. und § 19 WpPG Rz. 85 ff.) entspricht. Sofern ein Prospekt nicht in deutscher Sprache abgefasst ist, muss er nach § 19 Abs. 4 Satz 1 WpPG entweder in einer von der BaFin anerkannten Sprache oder in einer in internationalen Finanzkreisen gebräuchlichen Sprache verfasst sein, dh. regelmäßig in Englisch (zu der in Finanzkreisen gebräuchlichen Sprache siehe Rz. 16 und § 19 WpPG Rz. 21 ff.). Zudem muss ein solcher Prospekt nach § 19 Abs. 4 Satz 2 WpPG auch eine Übersetzung der Zusammenfassung in die deutsche Sprache beinhalten. Wurde der Prospekt in der Sprache des Herkunftsstaates, bei der es sich jedoch weder um eine von der BaFin als Aufnahmestaatbehörde anerkannte noch um eine in internationalen Finanzkreisen gebräuchliche Sprache handelt, erstellt und von der zuständigen Behörde des anderen Mitgliedstaates gebilligt, ist der Prospekt für Zwecke eines öffentlichen Angebots oder einer Zulassung in Deutschland in einer von der BaFin anerkannten

---

1 *Alfes* in Holzborn, § 17 WpPG Rz. 20.
2 Vgl. im Zusammenhang mit der Prospektrichtlinie *Wiegel*, Die Prospektrichtlinie und Prospektverordnung, S. 427.
3 Begr. RegE zu § 17 Abs. 3 WpPG, BT-Drucks. 15/4999 v. 3.3.2005, S. 37.

Sprache oder in einer in internationalen Finanzkreisen gebräuchlichen Sprache zur Verfügung zu stellen (Art. 19 Abs. 3 Satz 1 Prospektrichtlinie)[1]. Wird ein in der Sprache des Herkunftsstaates erstellter und von dem Herkunftsstaat gebilligter Prospekt an die BaFin notifiziert, so ist der BaFin im Rahmen dieser Notifizierung auch eine Übersetzung des Prospekts in einer von der BaFin anerkannten Sprache oder in einer in internationalen Finanzkreisen gebräuchlichen Sprache, einschließlich einer ggf. erforderlichen Übersetzung der Zusammenfassung, zu übermitteln[2]. Bei einer Zulassung von Nichtdividendenwerten mit einer Mindeststückelung von 100.000 Euro ist § 19 Abs. 5 WpPG zu berücksichtigen.

Für die grenzüberschreitende Gültigkeit des Prospekts ist zudem Voraussetzung, dass der BaFin als zuständige Behörde des Aufnahmestaates (Rz. 34) eine **Bescheinigung** über die Billigung des Prospekts, das sog. Certificate of Approval, übermittelt wurde. § 17 Abs. 3 WpPG ist zu entnehmen, dass diese Bescheinigung den parallelen Vorschriften des Herkunftsstaates zu § 18 WpPG entsprechen muss. Wird in der an die BaFin übermittelten Bescheinigung der zuständigen Herkunftsstaatbehörde bestätigt, dass der Prospekt gemäß dem Gesetz des Herkunftslandes, welches die Prospektrichtlinie in dort geltendes nationales Recht umsetzt, erstellt wurde, muss die BaFin die Bescheinigung anerkennen. Die BaFin überprüft lediglich die Richtigkeit der Billigungsbescheinigung hinsichtlich formeller Mängel, die Vollständigkeit der ihr übersandten Dokumente, und die Berücksichtigung des Sprachenregimes. Sie führt folglich keine Sachprüfung des nach Deutschland notifizierten Prospekts durch. Eine solche wäre mit dem Grundsatz des Europäischen Passes, Wertpapiere aufgrund eines einmal im Herkunftsstaat gebilligten Prospekts auch grenzüberschreitend öffentlich anbieten oder zum Handel an einem organisierten Markt zulassen zu können, nicht vereinbar. Danach müsste die BaFin auch für den Fall, dass ein an die BaFin notifizierter Prospekt zwar Wertpapiere nach dem Recht des Herkunftsstaates zum Gegenstand hat, es sich bei diesen jedoch nicht um Wertpapiere gemäß § 2 Nr. 1 WpPG handelt, den Prospekt akzeptieren[3].

36

Die BaFin nimmt im Rahmen der bei ihr eingehenden Prospekte, für die eine Bescheinigung der Billigung der zuständigen Behörde eines anderen Herkunftsstaates vorgelegt wird, keine weitere Billigung des Prospekts vor[4]. Auf die **zeitliche Gültigkeit** hat die Übermittlung eines Prospekts keinen Einfluss[5]. Diese bestimmt sich

37

---

1 Vgl. auch 3rd CESR meeting to discuss practical issues on the application of the Directive 2003/71 and the Commission Regulation 809/2004, May 2006, Markt/G3/RW D (2006), zu Art. 19 Abs. 3 Prospektrichtlinie, S. 1 f.
2 Vgl. dazu auch 3rd CESR meeting to discuss practical issues on the application of the Directive 2003/71 and the Commission Regulation 809/2004, May 2006, Markt/G3/RW D (2006), zu Art. 19 Abs. 3 Prospektrichtlinie, S. 1 f.
3 So auch *Wolf* in FrankfurtKomm. WpPG, § 17 WpPG Rz. 8.
4 Begr. RegE zu § 17 Abs. 1 WpPG, BT-Drucks. 15/4999 v. 3.3.2005, S. 37.
5 Begr. RegE zu § 17 Abs. 3 WpPG, BT-Drucks. 15/4999 v. 3.3.2005, S. 37; *Linke* in Schäfer/Hamann, § 17 WpPG Rz. 8; *Straßner* in Heidel, Aktienrecht und Kapitalmarktrecht, § 17 WpPG Rz. 4.

nach dem Recht des Mitgliedstaates aufgrund dessen die Billigung des Prospekts erfolgt ist[1].

38 Der BaFin sind im Rahmen des **Notifizierungsvorgangs** das Certificate of Approval, der Prospekt oder Nachtrag sowie ggf. die Übersetzung der Zusammenfassung in die deutsche Sprache von der zuständigen Behörde des Herkunftsstaates per E-Mail zu übermitteln[2]. Nicht notwendig ist die Übermittlung von per Verweis einbezogenen Angaben nach den dem § 11 WpPG entsprechenden Vorschriften des Herkunftsstaates, wie zB von per Verweis einbezogenen Finanzinformationen oder – im Falle von einteiligen Prospekten – Registrierungsformularen. Vor dem Hintergrund, dass die BaFin gemäß § 17 Abs. 3 WpPG lediglich nach den § 18 WpPG entsprechenden Vorschriften des Herkunftsstaates unterrichtet werden muss und sie keine weitere Prüfung vornimmt, ist die Übermittlung des Certificate of Approval, des Prospekts bzw. Nachtrags und ggf. einer deutschen Übersetzung der Zusammenfassung ausreichend (vgl. Art. 17 Abs. 1 Prospektrichtlinie iVm. Art. 18 Abs. 1 Prospektrichtlinie). Die Übermittlung des Certificate of Approval kann per E-Mail an die BaFin erfolgen.

39 Sollte dem Sprachenregime gemäß § 17 Abs. 3 WpPG iVm. § 19 Abs. 4 und 5 WpPG nicht entsprochen worden sein und handelt es sich dabei nicht um einen Fehler, der allein aufgrund des Certificate of Approval, des Prospekts bzw. Nachtrags und ggf. einer deutschen Übersetzung der Zusammenfassung erkennbar ist, wäre die Ausräumung dieses Fehlers im Wege des § 28 WpPG möglich. Ist hingegen Gegenstand der Notifizierung ein dreiteiliger Prospekt nach den dem § 12 Abs. 1 WpPG entsprechenden Vorschriften des Herkunftsstaates, müssen alle drei Prospektteile (Zusammenfassung, Registrierungsformular und Wertpapierbeschreibung) sowie ggf. die in die deutsche Sprache übersetzte Zusammenfassung per E-Mail an die BaFin übermittelt werden. Die BaFin übersendet der zuständigen Behörde des Herkunftsstaates eine Bestätigung über den Eingang der E-Mail bzw. teilt ihr mit, dass die Notifizierung aufgrund **formeller Mängel** der Billigungsbescheinigung, der **Unvollständigkeit** der ihr übersandten Dokumente oder aufgrund von **Unzulänglichkeiten hinsichtlich des Sprachenregimes** nicht akzeptiert wird.

40 Wurde die Billigung des Prospekts nicht durch eine Bescheinigung gemäß § 17 Abs. 3 WpPG iVm. § 18 Abs. 1 WpPG nachgewiesen, muss die BaFin das **öffentliche Angebot** gemäß § 26 Abs. 4 Satz 1 WpPG **untersagen**[3]. Sofern der Prospekt nicht den Sprachenregelungen des § 19 Abs. 4 und 5 WpPG genügt, würde die BaFin von der Möglichkeit einer grenzüberschreitenden Zusammenarbeit mit der zuständigen Behörde des Herkunftsmitgliedstaates gemäß § 28 WpPG Gebrauch machen und eine

---

1 Begr. RegE zu § 17 Abs. 3 WpPG, BT-Drucks. 15/4999 v. 3.3.2005, S. 37; *Linke* in Schäfer/Hamann, § 17 WpPG Rz. 8; *Straßner* in Heidel, Aktienrecht und Kapitalmarktrecht, § 17 WpPG Rz. 4.
2 Vgl. auch *Zeising* in Just/Voß/Ritz/Zeising, § 17 WpPG Rz. 39.
3 Vgl. auch *Mattil/Möslein*, WM 2007, 819 (823).

einvernehmliche Lösung suchen[1]. Daneben dürfte sich die **Eingriffsmöglichkeit** der BaFin bei gemeinschaftskonformer Auslegung auf die Vorsichtsmaßnahmen des § 26 WpPG beschränken[2]. Zwar schreibt § 26 Abs. 4 Satz 1 WpPG vor, dass das öffentliche Angebot zu untersagen ist, sofern der Prospekt nicht der Sprachenregelung des § 19 WpPG genügt; jedoch macht Art. 17 Abs. 1 Prospektrichtlinie die gemeinschaftsweite Geltung gebilligter Prospekte nur von der Unterrichtung der Europäischen Wertpapier- und Marktaufsichtsbehörde sowie der zuständigen Behörde des Aufnahmemitgliedstaates durch eine Bescheinigung gemäß Art. 18 Abs. 1 Prospektrichtlinie abhängig und nicht – wie § 17 Abs. 3 WpPG – auch von einer § 19 Abs. 4 und 5 WpPG entsprechenden Sprachenregelung[3]. Eine Untersagung des öffentlichen Angebots würde somit einer Grundlage auf europäischer Ebene entbehren[4].

Die **Dokumente**, welche die BaFin als zuständige Behörde des Aufnahmemitgliedstaats im Zusammenhang mit einer eingehenden Notifizierung akzeptiert, entsprechen denen, die nach der Billigung Gegenstand einer Notifizierung durch die BaFin an zuständige Behörden anderer Mitgliedstaaten sein können (zu den Dokumenten im Einzelnen siehe § 18 WpPG Rz. 9). 41

Unbeschadet der Vorschriften des Herkunftsstaates besteht **keine Pflicht zur Veröffentlichung eines Prospekts, der an die BaFin notifiziert** wurde, nach § 14 Abs. 2 WpPG in Deutschland als Aufnahmestaat, ebenso nicht eines Nachtrags[5]. Das Gleiche gilt auch für endgültige Angebotsbedingungen[6]. Datum und Ort der Veröffentlichung eines Prospekts oder Nachtrags müssen der BaFin nicht mitgeteilt werden. Die endgültigen Angebotsbedingungen müssen zwar nicht bei der BaFin hinterlegt werden, jedoch ist aufgrund der Änderung der Prospektrichtlinie durch Art. 1 der Omnibus II-Richtlinie[7] erforderlich, dass sie von der Herkunftsstaatbehörde so bald wie möglich nach Unterbreitung eines öffentlichen Angebots und, sofern möglich, 42

---

1 Vgl. auch *Mattil/Möslein*, WM 2007, 819 (823).
2 *Mattil/Möslein*, WM 2007, 819 (824).
3 Vgl. *Mattil/Möslein*, WM 2007, 819 (823 f.).
4 *Mattil/Möslein*, WM 2007, 819 (824).
5 Vgl. ESMA, Questions and Answers Prospectuses 22nd Updated Version – October 2014, ESMA/2014/1279, Nr. 3; *Wiegel*, Die Prospektrichtlinie und Prospektverordnung, S. 427 f.; aA *Ekkenga/Maas* in Kümpel/Hammen/Ekkenga, Kapitalmarktrecht, Das Recht der Wertpapieremissionen, Rz. 192; *Linke* in Schäfer/Hamann, § 17 WpPG Rz. 4; *Straßner* in Heidel, Aktienrecht und Kapitalmarktrecht, § 17 WpPG Rz. 4; *Wolf* in FrankfurtKomm. WpPG, § 17 WpPG Rz. 16; *Schanz/Schalast*, Wertpapierprospekte, Markteinführungspublizität nach EU-Prospektverordnung und Wertpapierprospektgesetz 2005, S. 42.
6 Nr. 146 CESR's Report on supervisory functioning of the Prospectus Directive and Regulation, Juni 2007, CESR/07-225; aA die für Deutschland beschriebene Praxis, Nr. 146 CESR's Report on supervisory functioning of the Prospectus Directive and Regulation, Juni 2007, CESR/07-225.
7 Richtlinie 2014/51/EU des Europäischen Parlaments und des Rates vom 16.4.2014 zur Änderung der Richtlinien 2003/71/EG, (EU) Nr. 1094/2010 und (EU) Nr. 1095/2010 im Hinblick auf die Befugnisse der Europäischen Aufsichtsbehörde (Europäische Aufsichtsbehörde für das Versicherungswesen und die betriebliche Altersversorgung) und der Europäischen Aufsichtsbehörde (Europäische Wertpapier- und Marktaufsichtsbehörde).

vor Beginn des öffentlichen Angebots bzw. vor der Zulassung zum Handel der zuständigen Behörde des Aufnahmemitgliedstaats bzw. der Aufnahmemitgliedstaaten und der ESMA mitgeteilt werden. Die Umsetzung des Art. 1 der Omnibus II-Richtlinie erfolgte in Deutschland über Art. 4 Nr. 3 des Kleinanlegerschutzgesetzes[1] in § 6 Abs. 3 WpPG (siehe auch Rz. 21). Die insoweit eingeführte Vorschrift wurde sinngemäß[2] auch in Art. 24 Abs. 4 ProspektVO-E[3] aufgenommen.

Eine freiwillige Hinterlegung der endgültigen Angebotsbedingungen bei der BaFin ist darüber hinaus möglich. Die entsprechende Hinterlegungsgebühr von derzeit 1,55 Euro fällt jedoch auch für den Fall der freiwilligen Hinterlegung an. (Ziff. 1 der Anlage zu § 2 Abs. 1 WpPGebV/Gebührenverzeichnis). Wurde in einem an die BaFin notifizierten sog. „stand alone"-Prospekt der Emissionspreis und das Emissionsvolumen gemäß § 8 Abs. 1 WpPG nicht aufgenommen, müssen diese Angaben nicht bei der BaFin als Aufnahmestaatbehörde hinterlegt werden[4]. Zu den Veröffentlichungspflichten im umgekehrten Fall, dass die BaFin als Herkunftsstaatbehörde agiert, siehe Rz. 16.

43 Wird ein von der Herkunftsstaatbehörde gebilligter Prospekt mindestens einen Tag vor der Notifizierung an die BaFin in einer in der § 14 Abs. 2 WpPG entsprechenden Vorschrift des Herkunftsstaates genannten Art und Weise veröffentlicht, kann ein **öffentliches Angebot** in Deutschland am Tag der Notifizierung beginnen.

§ 18
Bescheinigung der Billigung

(1) Die Bundesanstalt übermittelt den zuständigen Behörden der Aufnahmestaaten und gleichzeitig der Europäischen Wertpapier- und Marktaufsichtsbehörde auf Antrag des Anbieters oder Zulassungsantragstellers innerhalb von drei Werk-

---

1 Kleinanlegerschutzgesetz vom 3.7.2015 (BGBl. I 2015, S. 1114).
2 Hier heißt es „Sind die endgültigen Bedingunen eines bereits notifizierten Basisprospekts weder im Basisprospekt noch in einem Nachtrag enthalten, so übermittelt die zuständige Behörde des Herkunftsmitgliedstaats diese auf elektronischem Wege der zuständigen Behörde der Aufnahmemitgliedstaaten und der ESMA so bald wie möglich nach deren Hinterlegung."
3 Nach Art. 24a des ProspektVO-E soll künftig die Notifizierung von Registrierungsformularen oder einheitlichen Registrierungsformularen bei der Wahlmöglichkeit des Emittenten hinsichtlich des Herkunftmitgliedstaats möglich sein.
4 AA, nach der zwar nicht die Hinterlegung des Emissionspreises und des Emissionsvolumens bei den Aufnahmemitgliedstaatbehörden gefordert werden kann, die Aufnahmemitgliedstaatbehörden den Erhalt des Emissionspreises und des Emissionserlöses jedoch erwarten, Questions and Answers Prospetuses, 22nd Updated Version – October 2014, ESMA/2014/1279, Nr. 1 lit. a; entsprechend der aA *Zeising* in Just/Voß/Ritz/Zeising, § 17 WpPG Rz. 14, 41, § 18 WpPG Rz. 18.

tagen eine Bescheinigung über die Billigung des Prospekts, aus der hervorgeht, dass der Prospekt gemäß diesem Gesetz erstellt wurde, sowie eine Kopie dieses Prospekts. Wird der Antrag zusammen mit der Einreichung des Prospekts zur Billigung gestellt, so beträgt die Frist nach Satz 1 einen Werktag nach Billigung des Prospekts. Der Anbieter oder Zulassungsantragsteller hat dem Antrag die Übersetzungen der Zusammenfassung gemäß der für den Prospekt geltenden Sprachenregelung des jeweiligen Aufnahmemitgliedstaates beizufügen. Dem Anbieter oder Zulassungsantragsteller wird die Bescheinigung zur gleichen Zeit übermittelt wie den zuständigen Behörden der Aufnahmestaaten.

(2) Absatz 1 ist auf gebilligte Nachträge zum Prospekt entsprechend anzuwenden.

(3) Im Falle einer Gestattung nach § 8 Abs. 2 oder Abs. 3 sind die Vorschriften, auf denen sie beruht, in der Bescheinigung zu nennen und ihre Anwendung zu begründen.

(4) Erhält die Bundesanstalt als zuständige Behörde des Aufnahmestaates Bescheinigungen über die Billigung von Prospekten und Prospektnachträgen nach den Absatz 1 Satz 1 entsprechenden Vorschriften eines Herkunftsstaates, veröffentlicht sie auf ihrer Internetseite eine Liste der übermittelten Bescheinigungen, gegebenenfalls einschließlich einer elektronischen Verknüpfung zu den Prospekten und Prospektnachträgen auf der Internetseite der zuständigen Behörde des Herkunftsstaates, des Emittenten oder des organisierten Marktes. Die Bundesanstalt hält die Liste nach Satz 1 stets auf dem aktuellen Stand und sorgt dafür, dass jeder Eintrag für mindestens zwölf Monate zugänglich ist.

In der Fassung vom 22.6.2005 (BGBl. I 2005, S. 1698), zuletzt geändert durch das Gesetz zur Umsetzung der Richtlinie 2010/73/EU und zur Änderung des Börsengesetzes vom 26.6.2012 (BGBl. I 2012, S. 1375).

Schrifttum: *von Kopp-Colomb/Lenz,* Angebote von Wertpapieren über das Internet, BKR 2002, 5; *von Kopp-Colomb/Seitz,* Das neue Prospektregime, WM 2012, 1220; *Kullmann/Sester,* Das Wertpapierprospektgesetz (WpPG) – Zentrale Punkte des neuen Regimes für Wertpapieremissionen, WM 2005, 1068; *Schmidt/Weinandy/Naumann,* Basisprospektregime nach neuem Recht, BaFin-Workshop vom 4. und 5.6.2012.

I. Normentwicklung	1	III. Begründung bei der Nichtaufnahme von Angaben gemäß § 8 Abs. 2 oder Abs. 3 WpPG (§ 18 Abs. 3 WpPG)	32
II. Notifizierungsverfahren (§ 18 Abs. 1 und Abs. 2 WpPG)			
1. Erteilung der Bescheinigung (§ 18 Abs. 1 und Abs. 2 WpPG)	7	IV. Veröffentlichung der Liste der übermittelten Bescheinigungen durch die BaFin (§ 18 Abs. 4 WpPG)	33
2. Fristen (§ 18 Abs. 1 Satz 1 und Satz 2 und Abs. 2 WpPG)	27	V. Gebühren	36

I. Normentwicklung

1 § 18 WpPG dient der Umsetzung von Art. 18 **Prospektrichtlinie**[1]. Art. 18 Abs. 1 Prospektrichtlinie beschreibt das in Art. 17 Abs. 1 Satz 1 Prospektrichtlinie genannte Verfahren der Unterrichtung der zuständigen Behörden der Aufnahmemitgliedstaaten (Art. 2 Abs. 1 lit. n Prospektrichtlinie) sowie aufgrund der Änderung der Vorschrift durch Art. 5 Nr. 9 Unterabs. 2 der Richtlinie 2010/78/EU zudem auch der Europäischen Wertpapier- und Marktaufsichtsbehörde über die Billigung des Prospekts bzw. Nachtrags durch die zuständige Behörde des Herkunftsmitgliedstaates (Art. 2 Abs. 1 lit. m Prospektrichtlinie) zur Verwendung des Prospekts für öffentliche Angebote oder Börsenzulassungen von Wertpapieren sowie etwaiger Nachträge in beliebig vielen Aufnahmemitgliedstaaten, das sog. **Notifizierungsverfahren**. Danach ist die Übermittlung einer Bescheinigung über die Billigung des Prospekts, aus der hervorgeht, dass der Prospekt gemäß der Richtlinie erstellt wurde, dem sog. Certificate of Approval, sowie einer Kopie des Prospekts durch die zuständige Behörde des Herkunftsmitgliedstaates an die zuständige Behörde des Aufnahmemitgliedstaates und an die Europäische Wertpapier- und Marktaufsichtsbehörde, erforderlich.

2 Nach dem ehemaligen **Verfahren der gegenseitigen Anerkennung** gemäß Art. 21 Emissionsrichtlinie[2] bzw. Artt. 38 f. Börsenzulassungsrichtlinie[3] musste die Aufnahmemitgliedstaatbehörde noch eine Entscheidung treffen, ob sie den Prospekt anerkennt oder nicht[4]. Diese Entscheidung war gebunden, dh. der Prospekt musste anerkannt werden, sofern die entsprechenden Voraussetzungen des Art. 21 Emissionsrichtlinie bzw. der Artt. 38 f. Börsenzulassungsrichtlinie vorlagen[5]. Die Aufnahmemitgliedstaatbehörde konnte die Anerkennung verweigern, sofern der Prospekt nicht den Vorschriften des Aufnahmestaates genügte, weil entsprechende Ausnahmeregelungen zwar in dem Herkunftsmitgliedstaat in nationales Recht umgesetzt wurden, in dem Aufnahmemitgliedstaat jedoch nicht[6]. Im Unterschied zu Art. 21 Abs. 1 Emissionsrichtlinie bzw. Art. 38 Abs. 1 Börsenzulassungsrichtlinie ist die zuständige Behörde des Aufnahmemitgliedstaates nicht mehr dazu berechtigt, eine Übersetzung des vollständigen Prospekts in die jeweilige Landessprache des Aufnahmemitglied-

---

1 Richtlinie 2003/71/EG des Europäischen Parlaments und des Rates vom 4.11.2003 betreffend den Prospekt, der beim öffentlichen Angebot von Wertpapieren oder bei deren Zulassung zum Handel zu veröffentlichen ist, und zur Änderung der Richtlinie 2001/34/EG, ABl. EU Nr. L 345 v. 31.12.2003, S. 64; zum Umsetzungsziel von § 1 WpPG siehe Begr. RegE zu § 1 Abs. 1 WpPG, BT-Drucks. 15/4999 v. 3.3.2005, S. 27.
2 Richtlinie 89/298/EWG des Rates vom 17.4.1989 zur Koordinierung der Bedingungen für die Erstellung, Kontrolle und Verbreitung des Prospekts, der im Falle öffentlicher Angebote von Wertpapieren zu veröffentlichen ist, ABl. EG Nr. L 124 v. 5.5.1989, S. 8.
3 Richtlinie 2001/34/EG des Europäischen Parlaments und des Rates vom 28.5.2001 über die Zulassung von Wertpapieren zur amtlichen Börsennotierung und über die hinsichtlich dieser Wertpapiere zu veröffentlichenden Informationen, ABl. EG Nr. L 184 v. 6.7.2001, S. 1.
4 *Wiegel*, Die Prospektrichtlinie und Prospektverordnung, S. 428.
5 *Wiegel*, Die Prospektrichtlinie und Prospektverordnung, S. 428.
6 *Wiegel*, Die Prospektrichtlinie und Prospektverordnung, S. 428 f.

staates zu fordern[1]. Verlangt werden kann von den zuständigen Behörden der Aufnahmemitgliedstaaten gemäß Art. 18 Abs. 1 Satz 2 Prospektrichtlinie iVm. Art. 19 Abs. 2 Unterabs. 1 Satz 2 und Abs. 3 Satz 2 Prospektrichtlinie lediglich eine Übersetzung der Zusammenfassung in ihre jeweiligen Amtssprachen[2].

Zuletzt wurde Art. 18 der Richtlinie durch Art. 5 Nr. 9 Unterabs. 2 der Änderungsrichtlinie 2010/78/EU um die Verpflichtung in Abs. 1 Satz 1, neben der Behörde des Aufnahmestaates gleichzeitig auch der ESMA[3] eine Bescheinigung über die Billigung sowie eine Kopie des Prospekts zu übermitteln, sowie durch Abs. 4 ergänzt. Nach Abs. 4 veröffentlicht die zuständige Behörde des Aufnahmemitgliedstaates auf ihrer Internetseite eine Liste der übermittelten Bescheinigungen, gegebenenfalls einschließlich einer elektronischen Verknüpfung zu den Prospekten und Prospektnachträgen auf der Internetseite, hält die Liste stets auf dem aktuellen Stand und sorgt dafür, dass jeder Eintrag für mindestens zwölf Monate zugänglich ist.

Bereits zuvor wurde die Vorschrift durch die Änderungsrichtlinie 2010/73/EU[4] erweitert. Eingeführt wurde durch Art. 1 Nr. 17 der Änderungsrichtlinie Satz 4 in Art. 18 Abs. 1 Prospektrichtlinie. Danach hat die zuständige Behörde des Herkunftsmitgliedsstaates dem Emittenten oder der für die Prospekterstellung zuständigen Person die Bescheinigung zur gleichen Zeit wie der zuständigen Behörde des Aufnahmemitgliedstaates zu übermitteln.

Die Änderung folgte insoweit dem Vorschlag des Europäischen Parlaments und des Rates[5]. In Erwägungsgrund Nr. 25 der Änderungsrichtlinie, der insoweit der Begründung des Vorschlags der Kommission[6] folgt, wird als Grund für diese Ergänzung angeführt, dass in der Praxis für Emittenten **Sicherheit dahingehend** verschafft werden soll, **ob und wann eine Übermittlung des Prospekts bzw. des Nachtrags tatsäch-**

---

1 *Straßner* in Heidel, Aktienrecht und Kapitalmarktrecht, § 17 WpPG Rz. 2; vgl. auch *Fürhoff/Ritz*, WM 2001, 2280 (2282).
2 *Straßner* in Heidel, Aktienrecht und Kapitalmarktrecht, § 17 WpPG Rz. 2; vgl. auch *Fürhoff/Ritz*, WM 2001, 2280 (2282); *von Kopp-Colomb/Lenz*, BKR 2002, 5 (10).
3 European Securities and Markets Authority, Europäische Wertpapier- und Marktaufsichtsbehörde.
4 Gesetz zur Umsetzung der Richtlinie 2010/73/EU und zur Änderung des Börsengesetzes vom 26.6.2012, BGBl. I 2012, S. 1375.
5 Art. 18 Abs. 1 Satz 4 Vorschlag für eine Richtlinie des Europäischen Parlaments und des Rates zur Änderung der Richtlinie 2003/71/EG betreffend den Prospekt, der beim öffentlichen Angebot von Wertpapieren oder bei deren Zulassung zum Handel zu veröffentlichen ist, und der Richtlinie 2004/109/EG zur Harmonisierung der Transparenzanforderungen in Bezug auf Informationen über Emittenten, deren Wertpapiere zum Handel auf einem geregelten Markt zugelassen sind, v. 28.5.2010, 10254/10, 2009/0132 (COD), englische Fassung S. 32.
6 Vorschlag für eine Richtlinie des Europäischen Parlaments und des Rates zur Änderung der Richtlinie 2003/71/EG betreffend den Prospekt, der beim öffentlichen Angebot von Wertpapieren oder bei deren Zulassung zum Handel zu veröffentlichen ist, und der Richtlinie 2004/109/EG zur Harmonisierung der Transparenzanforderungen in Bezug auf Informationen über Emittenten, deren Wertpapiere zum Handel auf einem geregelten Markt zugelassen sind, v. 23.9.2009, KOM(2009) 491 endgültig, 2009/0132 (COD), S. 11.

lich stattgefunden hat. Zudem wurde insoweit auch mit einer **Reduzierung der Kosten und Risiken des Emittenten** oder der für die Erstellung des Prospekts zuständigen Person begründet. Durch den Zusatz sollte dahingehend Sicherheit geschaffen werden, dass ein öffentliches Angebot von Wertpapieren in einem Mitgliedstaat, in dem die Notifizierung aufgrund eines Versehens oder Fehlers der zuständigen Behörde des Herkunftsmitgliedstaates noch nicht wirksam ist, nicht unbeabsichtigt in Widerspruch mit den gesetzlichen Vorschriften stehen sollte[1].

4   Die **Überprüfung der Prospektrichtlinie** erfolgte turnusgemäß nach Art. 31 der Prospektrichtlinie 2015 im Rahmen des Voranschreitens der Kapitalmarktunion. Nachdem die Europäische Kommission am 30.11.2015 den Entwurf einer neuen Prospektverordnung, die die Prospektrichtlinie vollständig ersetzen soll, erstellt hat[2], hat die Ratspräsidentschaft auf dieser basierend einen Kompromissvorschlag veröffentlicht[3]. Der Kompromissvorschlag vom 3.6.2016 („ProspektVO-E")[4] sieht für die § 18 WpPG entsprechende Vorschrift des Art. 24 ProspektVO-E[5] einige technische Neuerungen vor.

So sieht Art. 24 Abs. 1 als Frist für die Übermittlung der Bescheinigung über die Billigung einen Werktag nach Eingang des Antrags bzw. nach Billigung des Prospekts vor und damit eine Verkürzung der bisherigen Frist für den Fall, dass der Antrag auf Notifizierung nicht zeitgleich mit der Ersteinreichung („Prospektentwurf") des zu billigenden Dokuments gestellt wird (vgl. Rz. 27).

In Art. 24 Abs. 4 des ProspektVO-E ist vorgesehen, dass sofern die endgültigen Bedingungen eines bereits notifizierten Basisprospekts weder im Basisprospekt noch

---

1 Vorschlag für eine Richtlinie des Europäischen Parlaments und des Rates zur Änderung der Richtlinie 2003/71/EG betreffend den Prospekt, der beim öffentlichen Angebot von Wertpapieren oder bei deren Zulassung zum Handel zu veröffentlichen ist, und der Richtlinie 2004/109/EG zur Harmonisierung der Transparenzanforderungen in Bezug auf Informationen über Emittenten, deren Wertpapiere zum Handel auf einem geregelten Markt zugelassen sind, v. 23.9.2009, KOM(2009) 491 endgültig, 2009/0132 (COD), S. 11.
2 Europäische Kommission, Vorschlag für eine Verordnung des Europäischen Parlaments und des Rates über den Prospekt, der beim öffentlichen Angebot von Wertpapieren oder bei deren Zulassung zu veröffentlichen ist vom 30.11.2015, 2015/0268 (COD), Dok.-Nr. COM(2015) 583 final.
3 Rat der Europäischen Union, Vorschlag für eine Verordnung des Europäischen Parlaments und des Rates über den Prospekt, der beim öffentlichen Angebot von Wertpapieren oder bei deren Zulassung zu veröffentlichen ist vom 3.6.2015, 2015/0268 (COD), Dok.-Nr. 9801/16; veröffentlichte Zwischenentwürfe datieren vom 15.3.2016 (erster Kompromissvorschlag, Dok.-Nr. 7129/16), vom 17.5.2016 (vierter Kompromissvorschlag, Dok.-Nr. 8976/16) und vom 23.5.2016 (fünfter Kompromissvorschlag, Dok.-Nr. 9306/16).
4 Vorschlag der Europäischen Kommission für eine Verordnung des Europäischen Parlaments und des Rates über den Prospekt, der beim öffentlichen Angebot von Wertpapieren oder bei deren Zulassung zum Handel zu veröffentlichen ist vom 30.11.2015, 2015/0268 (COD), Dok.-Nr. COM(2015) 583 final.
5 Rat der Europäischen Union, Vorschlag für eine Verordnung des Europäischen Parlaments und des Rates über den Prospekt, der beim öffentlichen Angebot von Wertpapieren oder bei deren Zulassung zu veröffentlichen ist vom 3.6.2015, 2015/0268 (COD), Dok.-Nr. 9801/16.

in einem Nachtrag enthalten sind, die zuständige Behörde des Herkunftsmtgliedstaats diese auf elektronischem Wege der zuständigen Behörde der Aufnahmemitgliedstaaten und der ESMA schnellstmöglich nach deren Hinterlegung zu übermitteln hat[1]. Damit findet sich die bereits in der Omnibus II-Richtlinie[2] in Art. 1 Änderungsvorgaben zu Art. 5 Abs. 4 Unterabs. 3 der Prospektrichtlinie angelegte Vorschrift nun im ProspektVO-E[3]. Siehe dazu auch Rz. 14.

Weiterhin führt Art. 24 Abs. 5 ProspektVO-E als Novum ein, dass Notifizierungen sowie auch die Entgegennahme von Notifizierungen gebührenfrei erfolgen (vgl. Rz. 37).

Nach Art. 24a des ProspektVO-E[4] soll zudem künftig die Notifizierung von Registrierungsformularen oder einheitlichen Registrierungsformularen bei der Wahlmöglichkeit des Emittenten hinsichtlich des Herkunftmitgliedstaats möglich sein (Rz. 17).

Die Umsetzung des Art. 18 Prospektrichtlinie in deutsches Recht erfolgte durch das **Prospektrichtlinie-Umsetzungsgesetz**[5]. Durch § 18 WpPG wurden die Regelungen zunächst nur über das Verfahren bei *ausgehenden* Notifizierungen in deutsches Recht übernommen. Die nationalen Bestimmungen orientieren sich dabei stark am Wortlaut des Art. 18 Prospektrichtlinie. Bei den Fristen stellt Art. 18 Abs. 1 Satz 1 Prospektrichtlinie jedoch auf Arbeitstage ab, wohingegen für die Fristberechnung gemäß § 18 Abs. 1 Satz 1 WpPG Werktage maßgebend sind. Die Antragsteller einer Notifizierung wurden in § 18 Abs. 1 WpPG auf den Anbieter und Zulassungsantragsteller konkretisiert. Die Umsetzung des Art. 1 Nr. 17 der Änderungsrichtlinie erfolgte durch das Gesetz zur **Umsetzung der Richtlinie 2010/73/EU** und zur Änderung

5

---

1 Vgl. Art. 24 Abs. 4 des Vorschlags der Europäischen Kommission für eine Verordnung des Europäischen Parlaments und des Rates über den Prospekt, der beim öffentlichen Angebot von Wertpapieren oder bei deren Zulassung zum Handel zu veröffentlichen ist vom 30.11.2015, 2015/0268 (COD), Dok.-Nr. COM(2015) 583 final.

2 Richtlinie 2014/51/EU des Europäischen Parlaments und des Rates vom 16.4.2014 zur Änderung der Richtlinien 2003/71/EG, (EU) Nr. 1094/2010 und (EU) Nr. 1095/2010 im Hinblick auf die Befugnisse der Europäischen Aufsichtsbehörde (Europäische Aufsichtsbehörde für das Versicherungswesen und die betriebliche Altersversorgung) und der Europäischen Aufsichtsbehörde (Europäische Wertpapier- und Marktaufsichtsbehörde), ABl. EU Nr. L 153 v. 16.4.2014, S. 1.

3 Rat der Europäischen Union, Vorschlag für eine Verordnung des Europäischen Parlaments und des Rates über den Prospekt, der beim öffentlichen Angebot von Wertpapieren oder bei deren Zulassung zu veröffentlichen ist vom 3.6.2015, 2015/0268 (COD), Dok.-Nr. 9801/16.

4 Rat der Europäischen Union, Vorschlag für eine Verordnung des Europäischen Parlaments und des Rates über den Prospekt, der beim öffentlichen Angebot von Wertpapieren oder bei deren Zulassung zu veröffentlichen ist vom 3.6.2015, 2015/0268 (COD), Dok.-Nr. 9801/16.

5 Gesetz zur Umsetzung der Richtlinie 2003/71/EG des Europäischen Parlaments und des Rates vom 4.11.2003 betreffend den Prospekt, der beim öffentlichen Angebot von Wertpapieren oder bei deren Zulassung zum Handel zu veröffentlichen ist, und zur Änderung der Richtlinie 2001/34/EG (Prospektrichtlinie-Umsetzungsgesetz) v. 22.6.2005, BGBl. I 2005, 1698.

des Börsengesetzes[1]. Die Umsetzung des Art. 5 Nr. 9 Unterabs. 2 der **Richtlinie 2010/78/EU**[2] erfolgte durch Art. 3 Nr. 4 des Gesetzes zur Umsetzung der Richtlinie 2010/78/EU. Damit wurde die Vorschrift des § 18 WpPG durch Art. 3 Nr. 4 des Gesetzes zur Umsetzung der Richtlinie 2010/78/EU um die Verpflichtung in Abs. 1 Satz 1, neben der Behörde des Aufnahmestaates gleichzeitig auch der ESMA eine Bescheinigung über die Billigung sowie eine Kopie des Prospekts zu übermitteln, sowie durch Abs. 4 in deutsches Recht übernommen. Damit findet sich nunmehr durch Abs. 4 in § 18 WpPG auch eine Regelung im Hinblick auf *eingehende* Notifizierungen. Die BaFin hat damit als zuständige Behörde des Aufnahmestaates auf ihrer Internetseite eine Liste der übermittelten Bescheinigungen, gegebenenfalls einschließlich einer elektronischen Verknüpfung zu den Prospekten und Prospektnachträgen bereitzustellen, die Liste stets auf dem aktuellen Stand zu halten und dafür Sorge zu tragen, dass jeder Eintrag für mindestens zwölf Monate zugänglich ist.

Die unmittelbar zuvor erfolgte Änderung durch das Umsetzungsgesetz zur Änderungsrichtlinie 2010/73/EU[3] führte Satz 4 in § 18 Abs. 1 WpPG ein. Danach hat die BaFin als zuständige Behörde dem Anbieter oder Zulassungsantragsteller die Bescheinigung zur gleichen Zeit wie den zuständigen Behörden der Aufnahmestaaten zu übermitteln. Die bereits zuvor in der Praxis übliche Benachrichtigung über die Durchführung der Notifizierung wurde damit gesetzlich fixiert[4]. Insoweit kommt der Neuerung klarstellender Charakter zu; zudem dient sie der Rechtssicherheit von Emittenten[5].

6 Dem trägt auch Art. 24 Abs. 3 ProspektVO-E[6] weiterhin Rechnung. Die zuständige Behörde des Herkunftsmitgliedstaates übermittelt auch demnach der ESMA die Bescheinigung über die Billigung des Prospekts oder Nachtrags zur gleichen Zeit wie der zuständigen Behörde des Aufnahmemitgliedstaats[7].

---

1 Gesetz zur Umsetzung der Richtlinie 2010/73/EU und zur Änderung des Börsengesetzes v. 26.6.2012, BGBl. I 2012, S. 1375.
2 Vgl. *Groß*, Kapitalmarktrecht, § 18 WpPG Rz. 5.
3 Gesetz zur Umsetzung der Richtlinie 2010/73/EU und zur Änderung des Börsengesetzes v. 26.6.2012, BGBl. I 2012, S. 1375.
4 Siehe dazu auch: *Alfes* in Holzborn, § 18 WpPG Rz. 13.
5 Siehe Erwägungsgrund 25 der EU-ProspektRL-Änderungsrichtlinie 2010/73/EU.
6 Vorschlag der Europäischen Kommission für eine Verordnung des Europäischen Parlaments und des Rates über den Prospekt, der beim öffentlichen Angebot von Wertpapieren oder bei deren Zulassung zum Handel zu veröffentlichen ist vom 30.11.2015, 2015/0268 (COD), Dok.-Nr. COM(2015) 583 final.
7 So der Wortlaut des Art. 24 Abs. 3 des Vorschlags der Europäischen Kommission für eine Verordnung des Europäischen Parlaments und des Rates über den Prospekt, der beim öffentlichen Angebot von Wertpapieren oder bei deren Zulassung zum Handel zu veröffentlichen ist vom 30.11.2015, 2015/0268 (COD), Dok.-Nr. COM(2015) 583 final.

II. Notifizierungsverfahren (§ 18 Abs. 1 und Abs. 2 WpPG)

1. Erteilung der Bescheinigung (§ 18 Abs. 1 und Abs. 2 WpPG)

§ 18 Abs. 1 WpPG regelt das sog. **Notifizierungsverfahren**. Bei der Notifizierung handelt es sich um die Übermittlung der Bescheinigung über die Billigung des Prospekts, dem sogenannten Certificate of Approval, aus dem hervorgeht, dass der Prospekt gemäß den Vorschriften des WpPG erstellt wurde, sowie einer Kopie des Prospekts durch die BaFin an die zuständige Behörde des Aufnahmestaates, in dem das öffentliche Angebot oder die Börsenzulassung von Wertpapieren stattfinden soll und gleichzeitig der ESMA. Der Prospektkopie ist eine ggf. erforderliche Übersetzung der Zusammenfassung entsprechend der für den Prospekt geltenden Sprachenregelung des jeweiligen Aufnahmestaates beizufügen (§ 18 Abs. 1 Satz 3 WpPG)[1]. Auf Grundlage einer erfolgreich durchgeführten Notifizierung kann der Prospekt für ein öffentliches Angebot oder eine Zulassung von Wertpapieren zum Handel in anderen Mitgliedstaaten genutzt werden[2]. Damit kann ein durch die BaFin gebilligter Prospekt in beliebig vielen Aufnahmemitgliedstaaten verwendet werden[3].

Zuständig für die sog. ausgehenden Notifizierungen ist die BaFin als zuständige Behörde des Herkunftsstaates gemäß § 2 Nr. 13 WpPG (zur Zuständigkeit der BaFin siehe § 13 WpPG Rz. 7 und § 17 WpPG Rz. 13). Ihr allein obliegt damit die Durchführung des Notifizierungsverfahrens. Die Übermittlung der Bescheinigung über die Billigung und die Prospektkopie kann nicht wirksam im Sinne des Notifizierungsverfahrens durch den Emittenten, den Anbieter oder den Zulassungsantragsteller selbst übermittelt werden[4].

Grundlegende Voraussetzung für die Durchführung eines Notifizierungsverfahrens ist die Stellung des **Notifizierungsantrags** gegenüber der BaFin, mit dem Inhalt, die Bescheinigung über die Billigung des betreffenden Prospekts durch die BaFin an die zuständige Behörde des Aufnahmestaates zu übermitteln. **Antragsberechtigt** sind insoweit Anbieter und Zulassungsantragsteller bzw. Bevollmächtigte[5]. Der Antragsteller muss den Antrag **schriftlich**[6] im Original bei der BaFin einreichen. Im Antrag ist die Behörde des Aufnahmestaates, an die die Billigungsbescheinigung übermittelt werden soll, nebst dem entsprechenden Land zu benennen[7]. Diese Voraussetzungen lassen sich zwar nicht der Norm direkt entnehmen, sie ergeben sich jedoch zwingend aus Praktikabilitätsgründen im Wege einer praxiskonformen und

---

1 Siehe im Einzelnen dazu: ESMA, Languages accepted for the purpose of the scrutiny of the Prospectus and requirements of translation of the Summary, 31.3.2014, ESMA/2014/342.
2 Vgl. *Linke* in Schäfer/Hamann, § 18 WpPG Rz. 1.
3 Vgl. *Keunecke*, Prospekte im Kapitalmarkt, S. 296.
4 Vgl. auch *Linke* in Schäfer/Hamann, § 18 WpPG Rz. 2.
5 Vgl. auch *Alfes* in Holzborn, § 18 WpPG Rz. 4; *Linke* in Schäfer/Hamann, § 18 WpPG Rz. 3; *Zeising* in Just/Voß/Ritz/Zeising, § 17 WpPG Rz. 14, § 18 WpPG Rz. 1 f.
6 AA, nach der der Antrag formlos sei, *Wolf* in FrankfurtKomm. WpPG, § 18 WpPG Rz. 4.
7 *Straßner* in Heidel, Aktienrecht und Kapitalmarktrecht, § 18 WpPG Rz. 4; vgl. auch *Zeising* in Just/Voß/Ritz/Zeising, § 18 WpPG Rz. 3.

-nahen Auslegung[1]. Der Antrag ist darüber hinaus hinreichend deutlich zu stellen. Nicht ausreichend ist der Hinweis im Anschreiben an die BaFin darauf, dass auch in einem anderen Staat des EWR angeboten werde. Auch erfolgt durch die BaFin keine konkludente Auslegung der Tatsache, dass im Prospekt dargestellt wird, dass ein öffentliches Angebot oder eine Zulassung in einem anderen Staat des EWR als dem Herkunftsstaat erfolgen werde, dahingehend, dass damit auch gleichzeitig ein entsprechender Notifizierungsantrag gestellt sei[2].

10 Der Notifizierungsantrag kann sowohl **mit der Einreichung des Prospekts zur Billigung** als auch für einen **bereits gebilligten Prospekt** gestellt werden[3]. Auch im erstgenannten Fall erfolgt die Bescheinigung der Billigung sachlogisch zwingend erst nach der Billigung des Prospekts[4]. Nach den im Rahmen der **Omnibus II-Richtlinie**[5] ausgearbeiteten technischen Regulierungsstandards[6] soll der Antrag auf Notifizierung in diesen Fällen nunmehr zwingend bereits im Rahmen der Ersteinreichung eines Prospekts bei der zuständigen Aufsichtsbehörde und damit nicht erst im Laufe des Verfahrens erfolgen[7], was bereits zuvor überwiegend der Praxis entsprach.

11 Eine **Abstimmung der die Notifizierung betreffenden Einzelheiten**, wie insbesondere der Zeitplan für die Notifizierung, mögliche mit dem Sprachenregime verknüpfte Besonderheiten sowie das Erfordernis einer Übersetzung der Zusammenfassung **durch den Antragsteller direkt mit den jeweiligen Aufnahmestaatbehörden** vor Antragstellung erscheint zweckdienlich (vgl. auch Rz. 22 und Rz. 29 sowie § 17

---

1 So im Ergebnis auch, wenn auch kritisch im Hinblick auf die zwingende Nennung der zuständigen Behörde im Antrag auf Notifizierung: *Alfes* in Holzborn, § 18 WpPG Rz. 5 f.; *Linke* in Schäfer/Hamann, § 18 WpPG Rz. 3; *Straßner* in Heidel, Aktienrecht und Kapitalmarktrecht, § 18 WpPG Rz. 4; vgl. auch *Zeising* in Just/Voß/Ritz/Zeising, § 18 WpPG Rz. 3; aA, nach der der Antrag formlos sei, *Wolf* in FrankfurtKomm. WpPG, § 18 WpPG Rz. 4.
2 So auch *Wolf* in FrankfurtKomm. WpPG, § 18 WpPG Rz. 4.
3 Begr. RegE zu § 18 Abs. 1 und 2 WpPG, BT-Drucks. 15/4999 v. 3.3.2005, S. 37; vgl. auch *Zeising* in Just/Voß/Ritz/Zeising, § 18 WpPG Rz. 3.
4 Begr. RegE zu § 18 Abs. 1 und 2 WpPG, BT-Drucks. 15/4999 v. 3.3.2005, S. 37; vgl. auch *Zeising* in Just/Voß/Ritz/Zeising, § 18 WpPG Rz. 3.
5 Richtlinie 2014/51/EU des Europäischen Parlaments und des Rates vom 16.4.2014 zur Änderung der Richtlinien 2003/71/EG, (EU) Nr. 1094/2010 und (EU) Nr. 1095/2010 im Hinblick auf die Befugnisse der Europäischen Aufsichtsbehörde (Europäische Aufsichtsbehörde für das Versicherungswesen und die betriebliche Altersversorgung) und der Europäischen Aufsichtsbehörde (Europäische Wertpapier- und Marktaufsichtsbehörde).
6 Vgl. Delegierte Verordnung (EU) Nr. 2016/301 vom 30.11.2015 zur Ergänzung der Richtlinie 2003/71/EG des Europäischen Parlaments und des Rates im Hinblick auf technische Regulierungsstandards für die Billigung und Veröffentlichung eines Prospekts und Verbreitung von Werbung und der Änderung der Verordnung (EG) Nr. 809/2004, ABl. EU Nr. L 58 v. 30.11.2015, S. 13.
7 Vgl. dazu Art. 2 Abs. 2 lit. c Delegierte Verordnung (EU) Nr. 2016/301 vom 30.11.2015 zur Ergänzung der Richtlinie 2003/71/EG des Europäischen Parlaments und des Rates im Hinblick auf technische Regulierungsstandards für die Billigung und Veröffentlichung eines Prospekts und Verbreitung von Werbung und der Änderung der Verordnung (EG) Nr. 809/2004, ABl. EU Nr. L 58 v. 30.11.2015, S. 13.

WpPG Rz. 17)[1]. Sofern ein Nachtrag notifiziert werden soll, ist zu berücksichtigen, dass für diesen ein weiterer Notifizierungsantrag zu stellen ist, da der Antrag auf Notifizierung eines Prospekts nicht auch konkludent für zugehörige Nachträge gilt[2].

Eine Liste der Internetseiten der **jeweils zuständigen Behörden** der einzelnen Mitgliedstaaten findet sich auf der Internetseite der Europäischen Wertpapier- und Marktaufsichtsbehörde unter www.esma.europa.eu/page/Prospectuses-and-supplements. 12

Die gemäß § 18 Abs. 1 Satz 1 WpPG an die ESMA übermittelten Notifizierungen werden auf der ESMA-Homepage im sog. ESMA-Register unter registers.esma.europa.eu/publication/searchProspectus veröffentlicht.

Der ProspektVO-E[3] sieht in Art. 24 Abs. 1 die Übermittlung einer elektronischen Kopie des betreffenden Prospekts vor; in Abs. 4 ist die Übermittlung von endgültigen Bedingungen auf elektronischem Wege vorgesehen. Insgesamt ist man auf dem Wege die elektronische Veröffentlichung weiter auszubauen. Die elektronische Veröffentlichung innerhalb einer zentralen Datenbank der ESMA ermöglicht und erleichtert die Recherche und stellt insoweit ein wesentliches Hilfsmittel für die Online-Verfügbarkeit von Prospekten im EWR dar, womit sie der Steigerung der Effizienz des europäischen Passes dient[4]. 13

Dem Antrag auf Notifizierung ist gemäß § 18 Abs. 1 Satz 3 WpPG die **Übersetzung der Zusammenfassung** entsprechend der für den Prospekt geltenden Sprachenregelung des jeweiligen Aufnahmemitgliedstaats beizufügen. Eine von ESMA aufgestellte Übersicht enthält neben den Sprachen, die von den einzelnen Mitgliedstaaten für die Prospektprüfung akzeptiert werden, auch die in den einzelnen Mitgliedstaaten bestehenden Anforderungen hinsichtlich der Übersetzung der Zusammenfassung (vgl. auch § 17 WpPG Rz. 17)[5]. 14

Von den Sprachanforderungen für die Zusammenfassung des Prospekts im Falle der Notifizierung zu unterscheiden sind, wenn auch in ihren Anforderungen meist 15

---

1 Vgl. zu der Abstimmung mit den Aufnahmestaatbehörden auch *Meyer* in Habersack/Mülbert/Schlitt, Unternehmensfinanzierung am Kapitalmarkt, § 30 Rz. 66; *Schlitt/Ponick* in Habersack/Mülbert/Schlitt, Handbuch der Kapitalmarktinformation, § 7 Rz. 38. So auch: *Alfes* in Holzborn, § 18 WpPG Rz. 6; zustimmend *Groß*, Kapitalmarktrecht, § 17 WpPG Rz. 3 Fn. 2.
2 Vgl. auch *Zeising* in Just/Voß/Ritz/Zeising, § 18 WpPG Rz. 4; *Wolf* in FrankfurtKomm. WpPG, § 18 WpPG Rz. 4.
3 Rat der Europäischen Union, Vorschlag für eine Verordnung des Europäischen Parlaments und des Rates über den Prospekt, der beim öffentlichen Angebot von Wertpapieren oder bei deren Zulassung zu veröffentlichen ist vom 3.6.2015, 2015/0268 (COD), Dok.-Nr. 9801/16.
4 Vgl. Vorschlag für eine Verordnung des Europäischen Parlaments und des Rates über den Prospekt, der beim öffentlichen Angebot von Wertpapieren oder bei deren Zulassung zum Handel zu veröffentlichen ist vom 30.11.2015, 2015/0268 (COD), Dok.-Nr. COM(2015) 583 final unter 3.
5 ESMA, Languages accepted for the purpose of the scrutiny of the Prospectus and requirements of translation of the Summary, 31.3.2014, ESMA/2014/342.

gleichlaufend[1], die Sprachanforderungen für die **emissionsspezifische Zusammenfassung** im Rahmen der endgültigen Bedingungen. Diese richten sich grundsätzlich nach Art. 26 Abs. 5 lit. a der Prospektverordnung[2].

16 Dem Notifizierungsantrag sind der zu notifizierende Prospekt oder Nachtrag sowie die ggf. nach § 18 Abs. 1 Satz 3 WpPG notwendige Übersetzung der Zusammenfassung in **elektronischer Form** beizufügen[3]. Nicht elektronisch an die BaFin übersandt werden müssen nach § 11 WpPG **per Verweis einbezogene Angaben**, wie zB per Verweis einbezogenen Finanzinformationen oder – im Falle von einteiligen Prospekten – Registrierungsformulare (dazu auch Rz. 17). Soll ein **dreiteiliger Prospekt** nach § 12 Abs. 1 WpPG notifiziert werden, sind alle drei Prospektteile (Zusammenfassung, Registrierungsformular, und Wertpapierbeschreibung) sowie eine ggf. nach § 18 Abs. 1 Satz 3 WpPG notwendige Zusammenfassung der BaFin in elektronischer Form zur Verfügung zu stellen. Soll ein **vollständig in deutscher Sprache** erstellter Prospekt an eine Aufnahmestaatbehörde, die keine entsprechenden Prospekte akzeptiert, unter Beifügung einer Übersetzung in eine Sprache, die von der Aufnahmestaatbehörde akzeptiert wird, notifiziert werden (siehe dazu Rz. 22 sowie § 17 WpPG Rz. 18), ist sowohl der Prospekt als auch die Übersetzung der BaFin elektronisch zur Verfügung zu stellen[4]. Im Falle der Notifizierung eines Nachtrags sind dem Notifizierungsantrag durch den Antragsteller neben den Dokumenten, die der BaFin für die Notifizierung eines Prospekts elektronisch zur Verfügung zu stellen sind, zusätzlich etwaige Übersetzungen der Zusammenfassung, welche gemäß § 16 Abs. 2 WpPG um die im Nachtrag enthaltenen Informationen ergänzt wurden, in elektronischer Form beizufügen. Diese Dokumente in elektronischer Form werden entweder jeweils in Form einer Pdf-Datei auf einer CD oder über die Melde- und Veröffentlichungsplattform der BaFin (sog. MVP) eingereicht[5]. Zu berücksichtigen ist, dass die Übersetzungen der Zusammenfassung gemäß der für den Prospekt geltenden Sprachenregelung des jeweiligen Aufnahmestaates nach § 18 Abs. 1 Satz 3 WpPG (dazu Rz. 14) grundsätzlich nicht Gegenstand des Prospekts sind[6], sondern jeweils als gesonderte Pdf-Dateien auf der CD abgespeichert sein sollen (vgl. auch Rz. 22). Die für die Notifizierung erforderlichen Dokumente können seitens des Antragstellers nicht per E-Mail an die BaFin gesandt werden[7]. Für die Übermittlung von E-Mails

---

1 Siehe dazu BaFin-Workshop vom 4. und 5.6.2012, *Schmidt/Weinandy/Naumann*, Basisprospektregime nach neuem Recht, 6. Internationale Verwendung von BP und eB.
2 Verordnung (EG) Nr. 809/2004 der Kommission vom 29.4.2004 zur Umsetzung der Richtlinie 2003/71/EG des Europäischen Parlaments und des Rates betreffend die in Prospekten enthaltenen Angaben sowie die Aufmachung, die Aufnahme von Angaben in Form eines Verweises und die Veröffentlichung solcher Prospekte sowie die Verbreitung von Werbung (ABl. EU Nr. L 149 v. 30.4.2004, S. 3), zuletzt geändert durch die Delegierte Verordnung (EU) Nr. 759/2013 der Kommission vom 30.4.2013.
3 Vgl. auch für den dem Notifizierungsantrag beizufügenden Prospekt und Nachtrag *Zeising* in Just/Voß/Ritz/Zeising, § 18 WpPG Rz. 6.
4 Vgl. auch *Zeising* in Just/Voß/Ritz/Zeising, § 18 WpPG Rz. 14.
5 Die Übermittlung eines Dokuments über die Melde- und Veröffentlichungsplattform der BaFin setzt eine Zertifizierung voraus.
6 Vgl. auch *Zeising* in Just/Voß/Ritz/Zeising, § 18 WpPG Rz. 10.
7 *Linke* in Schäfer/Hamann, § 17 WpPG Rz. 4.

bei Notifizierungen hat die BaFin keinen Zugang gemäß § 3a Abs. 1 VwVfG eingerichtet. In dem Notifizierungsantrag ist zu bestätigen, dass die elektronisch eingereichten Dokumente dem gebilligten Prospekt oder Nachtrag sowie einer ggf. nach § 18 Abs. 1 Satz 3 WpPG notwendigen Zusammenfassung entsprechen[1]. Wurde der Notifizierungsantrag bereits vor der Billigung gestellt, kann diese Identitätserklärung erst mit Einreichung der elektronischen Dokumente abgegeben werden.

Das Notifizierungsverfahren ist **anwendbar** auf Prospekte (§ 18 Abs. 1 Satz 1 WpPG), dh. ein- und dreiteilige Prospekte, Basisprospekte nach § 6 WpPG[2] sowie Prospekte, in die Angaben per Verweis einbezogen sind. Nach § 18 Abs. 2 WpPG gelten die Regelungen über die Notifizierung von Prospekten gemäß § 18 Abs. 1 WpPG entsprechend für gebilligte Nachträge[3]. Nicht notifiziert werden können bislang isolierte Registrierungsformulare und Wertpapierbeschreibungen[4], da der Wortlaut des § 18 Abs. 1 WpPG – ebenso wie § 17 Abs. 1 WpPG – auf den Prospekt in seiner Gesamtheit und nicht auf die einzelnen Bestandteile abstellt. Registrierungsformulare können demnach nach noch aktueller Rechtslage überhaupt nur als Bestandteil eines dreiteiligen Prospekts und dann auch nur mit den anderen Bestandteilen zusammen notifiziert werden[5]. Notifiziert werden kann jedoch derzeit bereits ein Nachtrag auf ein Registrierungsformular aus einem dreiteiligen Prospekt. In diesem Fall hat der Antragsteller im Anschreiben anzugeben, welche dreiteiligen Prospekte jeweils von der dem Nachtrag zugrundeliegenden Aktualisierung umfasst werden.

Nach Art. 24a des ProspektVO-E[6] soll künftig die Notifizierung von Registrierungsformularen oder einheitlichen Registrierungsformularen bei der Wahlmöglichkeit des Emittenten hinsichtlich des Herkunftmitgliedstaats möglich sein[7].

---

1 Vgl. auch für die sich auf den Prospekt beziehende Identitätserklärung *Zeising* in Just/Voß/Ritz/Zeising, § 18 WpPG Rz. 6.
2 Siehe auch *Linke* in Schäfer/Hamann, § 17 WpPG Rz. 5; *Straßner* in Heidel, Aktienrecht und Kapitalmarktrecht, § 17 WpPG Rz. 1; vgl. auch *Zeising* in Just/Voß/Ritz/Zeising, § 17 WpPG Rz. 14, § 18 WpPG Rz. 16.
3 Siehe auch *Linke* in Schäfer/Hamann, § 17 WpPG Rz. 5; *Straßner* in Heidel, Aktienrecht und Kapitalmarktrecht, § 17 WpPG Rz. 1; *Zeising* in Just/Voß/Ritz/Zeising, § 18 WpPG Rz. 16.
4 Siehe auch *Linke* in Schäfer/Hamann, § 17 WpPG Rz. 5; *Straßner* in Heidel, Aktienrecht und Kapitalmarktrecht, § 17 WpPG Rz. 1; in der Darstellung der Praxis gleich, jedoch wird die Ansicht vertreten, dass zumindest die Notifizierung eines separaten Registrierungsformulars möglich sein sollte, *Zeising* in Just/Voß/Ritz/Zeising, § 17 WpPG Rz. 14, 20 ff., § 18 WpPG Rz. 17.
5 Theoretische Überlegungen im Rahmen der ehemals kurzzeitigen Möglichkeit eines dreiteiligen Basisprospektes und der hiermit verbundenen Notifizierung bei *von Kopp-Colomb/Seitz*, WM 2012, 1220 (1226).
6 Vorschlag der Europäischen Kommission für eine Verordnung des Europäischen Parlaments und des Rates über den Prospekt, der beim öffentlichen Angebot von Wertpapieren oder bei deren Zulassung zum Handel zu veröffentlichen ist vom 30.11.2015, 2015/0268 (COD), Dok.-Nr. COM(2015) 583 final.
7 Siehe Erwägungsgrund (60a) des Vorschlags der Europäischen Kommission für eine Verordnung des Europäischen Parlaments und des Rates über den Prospekt, der beim öffent-

19 Die Notifizierung von endgültigen Angebotsbedingungen in Bezug auf einen Basisprospekt gemäß § 6 Abs. 3 WpPG ist ebenfalls nicht möglich, da diese weder geprüft[1] noch gebilligt werden[2] und auch nicht vom Wortlaut des § 18 Abs. 1 und 2 WpPG umfasst sind. Im Hinblick auf endgültige Bedingungen enthält die Omnibus II-Richtlinie[3] in Art. 1 Änderungsvorgaben zu Art. 5 Abs. 4 Unterabs. 3 der Prospektrichtlinie, nach welchen neben der zuständigen Behörde des Aufnahmemitgliedstaats bzw. der Aufnahmemitgliedstaaten auch der ESMA durch die zuständige Behörde des Herkunftmitgliedstaates die endgültigen Bedingungen mitzuteilen sind. Durch Art. 4 Nr. 3 des Kleinanlegerschutzgesetzes[4] wurde diese Vorgabe bereits in einer Neufassung des § 6 Abs. 3 Satz 4 WpPG umgesetzt. Die Mitteilung an ESMA stellt jedoch keine Notifizierung dar (siehe dazu auch § 17 WpPG Rz. 21). Dieser Verpflichtung wird im Rahmen des Art. 24 Abs. 4 des ProspektVO-E[5] ebenfalls Rechnung getragen. Sofern die endgültigen Bedingungen eines bereits notifizierten Basisprospekts weder im Basisprospekt noch in einem Nachtrag enthalten sind, hat die zuständige Behörde des Herkunftsmtgliedstats diese auf elektronischem Wege der zuständigen Behörde der Aufnahmemitgliedstaaten und der ESMA schnellstmöglich nach deren Hinterlegung zu übermitteln[6].

20 Nach § 18 Abs. 2 WpPG gelten die Regelungen für Prospekte gemäß § 18 Abs. 1 WpPG entsprechend für gebilligte **Nachträge**. Sofern ein Nachtrag zur Billigung eingereicht wird und der nachzutragende Prospekt bereits an andere Aufnahmestaatbehörden notifiziert wurde, liegt es nahe, die Notifizierung des Nachtrags an alle entsprechenden Aufnahmestaatbehörden zu beantragen[7]. Ansonsten besteht die Gefahr, dass der Prospekt in den Aufnahmestaaten ungültig wird[8] und dort kein öffentliches Angebot und keine Börsenzulassung stattfinden darf. Wird ein Prospekt

---

lichen Angebot von Wertpapieren oder bei deren Zulassung zum Handel zu veröffentlichen ist vom 30.11.2015, 2015/0268 (COD), Dok.-Nr. COM(2015) 583 final.

1 Vgl. auch *Linke* in Schäfer/Hamann, § 17 WpPG Rz. 5; *Straßner* in Heidel, Aktienrecht und Kapitalmarktrecht, § 17 WpPG Rz. 1.
2 Vgl. auch *Zeising* in Just/Voß/Ritz/Zeising, § 17 WpPG Rz. 20, § 18 WpPG Rz. 17.
3 Richtlinie 2014/51/EU des Europäischen Parlaments und des Rates vom 16.4.2014 zur Änderung der Richtlinien 2003/71/EG, (EU) Nr. 1094/2010 und (EU) Nr. 1095/2010 im Hinblick auf die Befugnisse der Europäischen Aufsichtsbehörde (Europäische Aufsichtsbehörde für das Versicherungswesen und die betriebliche Altersversorgung) und der Europäischen Aufsichtsbehörde (Europäische Wertpapier- und Marktaufsichtsbehörde).
4 Kleinanlegerschutzgesetz vom 3.7.2015 (BGBl. I 2015, S. 1114).
5 Rat der Europäischen Union, Vorschlag für eine Verordnung des Europäischen Parlaments und des Rates über den Prospekt, der beim öffentlichen Angebot von Wertpapieren oder bei deren Zulassung zu veröffentlichen ist vom 3.6.2015, 2015/0268 (COD), Dok.-Nr. 9801/16.
6 Vgl. Art. 24 lit. 4 des Vorschlags für eine Verordnung des Europäischen Parlaments und des Rates über den Prospekt, der beim öffentlichen Angebot von Wertpapieren oder bei deren Zulassung zum Handel zu veröffentlichen ist vom 30.11.2015, 2015/0268 (COD), Dok.-Nr. COM(2015) 583 final.
7 *Wiegel*, Die Prospektrichtlinie und Prospektverordnung, S. 426 f.; vgl. dazu auch *Zeising* in Just/Voß/Ritz/Zeising, § 18 WpPG, Rz. 23.
8 *Wiegel*, Die Prospektrichtlinie und Prospektverordnung, S. 427.

zunächst nur in Deutschland verwendet, soll er jedoch im weiteren Zeitverlauf auch in anderen Mitgliedstaaten genutzt werden, muss sich der Notifizierungsantrag sowohl auf den Prospekt als auch auf etwaige Nachträge zu dem Prospekt beziehen[1].

Die Bescheinigung, das sog. **Certificate of Approval**, wird in deutscher Sprache oder einer in internationalen Finanzkreisen gebräuchlichen Sprache, dh. Englisch (zu der in Finanzkreisen gebräuchlichen Sprache siehe § 17 WpPG Rz. 16 und § 19 WpPG Rz. 21 ff.), erstellt[2]. Die BaFin nutzt letztere Alternative und versendet die Bescheinigung nach § 18 Abs. 1 Satz 1 WpPG in der Regel auf Englisch. 21

Im Rahmen des **Notifizierungsvorgangs** übersendet die BaFin der zuständigen Behörde des Aufnahmestaates eine E-Mail, welcher das Certificate of Approval und der zu notifizierende Prospekt oder Nachtrag sowie eine ggf. nach § 18 Abs. 1 Satz 3 WpPG notwendige Zusammenfassung, jeweils in Form einer Pdf-Datei, als Anhänge angefügt sind. Die Übersetzungen der Zusammenfassung gemäß der für den Prospekt geltenden Sprachenregelung des jeweiligen Aufnahmestaates gemäß § 18 Abs. 1 Satz 3 WpPG (dazu Rz. 11 und 14) sollen dabei grundsätzlich nicht Gegenstand des Prospekts, sondern jeweils gesonderte Anhänge der E-Mail sein (vgl. auch Rz. 16). Dadurch wird klargestellt, dass die Übersetzungen der Zusammenfassung nicht von der Billigung der BaFin umfasst sind und auch nicht von ihr geprüft wurden. Wurde zur Gewährleistung des Sprachenregimes und aus Praktikabilitätsgründen neben dem gebilligten in deutscher Sprache verfassten Prospekt auch eine **Übersetzung des Prospekts** in eine Sprache, die von der Aufnahmestaatbehörde akzeptiert wird, erstellt (dazu siehe Rz. 16 sowie § 17 WpPG Rz. 18), übermittelt die BaFin den Prospekt unter Beifügung der Übersetzung elektronisch an die Aufnahmestaatbehörde[3]. Die Übermittlung von nach § 11 WpPG **per Verweis einbezogenen Angaben**, wie zB von per Verweis einbezogenen Finanzinformationen oder – im Falle von einteiligen Prospekten – Registrierungsformularen, ist nicht erforderlich. Die Voraussetzungen des § 18 Abs. 1 und 2 WpPG und der dem § 17 Abs. 3 WpPG entsprechenden Vorschriften des Aufnahmestaates sind erfüllt, auch wenn per Verweis einbezogene Angaben nicht an die Aufnahmestaatbehörde übermittelt werden. Ausreichend ist die Übermittlung des Certificates of Approval, des Prospekts bzw. Nachtrags und einer ggf. nach § 18 Abs. 1 Satz 3 WpPG notwendigen Zusammenfassung, da die Aufnahmestaatbehörde nach § 18 Abs. 1 und 2 WpPG und den dem § 17 Abs. 3 WpPG entsprechenden Vorschriften des Aufnahmestaates lediglich zu unterrichten ist und sie keine Prüfung vorzunehmen hat (vgl. Art. 17 Abs. 1 Prospektrichtlinie iVm. Art. 18 Abs. 1 Prospektrichtlinie). Sofern Gegenstand der Notifizierung ein dreiteiliger Prospekt nach § 12 Abs. 1 WpPG ist, sind alle drei Prospektteile (Zusammenfassung, Registrierungsformular und Wertpapierbeschreibung) sowie eine ggf. nach § 18 Abs. 1 Satz 3 WpPG notwendige Zusammenfassung per E-Mail an die Aufnah- 22

---

1 *Wiegel*, Die Prospektrichtlinie und Prospektverordnung, S. 427 f.
2 Begr. RegE zu § 18 Abs. 1 und 2 WpPG, BT-Drucks. 15/4999 v. 3.3.2005, S. 37; vgl. auch *Alfes* in Holzborn, § 18 WpPG Rz. 11; *Groß*, Kapitalmarktrecht, § 18 WpPG Rz. 2.
3 Vgl. auch *Ritz/Voß* in Just/Voß/Ritz/Zeising, § 19 WpPG Rz. 24; anders noch *Alfes* in Holzborn, § 18 WpPG Rz. 13; *Straßner* in Heidel, Aktienrecht und Kapitalmarktrecht, § 18 WpPG Rz. 3.

mestaatbehörde zu übermitteln. Im Falle der Notifizierung eines Nachtrags sind neben den Dokumenten, welche die BaFin bei der Notifizierung eines Prospekts per E-Mail an die Aufnahmestaatbehörden zu übermitteln hat, zusätzlich etwaige Übersetzungen der Zusammenfassung, welche gemäß § 16 Abs. 2 WpPG um die im Nachtrag enthaltenen Informationen ergänzt wurden, per E-Mail zu übermitteln. Eine Übersendung des Certificates of Approval per Fax oder per Post wird von den zuständigen Behörden der anderen Mitgliedstaaten nicht gefordert.

23 Nach § 18 Abs. 1 Satz 4 WpPG wird dem **Anbieter oder Zulassungsantragsteller** die **Bescheinigung** zur gleichen Zeit **übermittelt** wie den zuständigen Behörden der Aufnahmestaaten. Die in der Praxis bereits zuvor übliche Mitteilung wurde damit in die Vorschrift des § 18 WpPG übernommen. Sie dient insoweit der Rechtssicherheit von Emittenten und Anbietern (siehe Rz. 2). Die Mitteilung selbst stellt jedoch insoweit keine Wirksamkeitsvoraussetzung für die Notifizierung dar und kann mithin keine Auswirkung auf die Frage haben, ob bzw. wann ein öffentliches Angebot stattfinden darf. Darüber hinaus stellt die Mitteilung auch keine Bestätigung des Umstands dar, dass die Notifizierung bei der zuständigen Behörde des Aufnahmemitgliedstaates auch tatsächlich eingegangen ist[1] und von dieser auch akzeptiert wird.

24 Art. 24 Abs. 3 des ProspektVO-E[2] sieht weiterhin die gleichzeitige Übermittlung der Bescheinigung an ESMA und und an die zuständige Behörde des Aufnahmemitgliedstaats vor.

25 Die zuständige Behörde des Aufnahmestaates bestätigt der BaFin entweder den **Eingang der E-Mail** wiederum per E-Mail oder teilt mit, dass die **Notifizierung nicht akzeptiert** werden konnte. Letzteres kann sich nur auf formelle Mängel der Billigungsbescheinigung, eine Unvollständigkeit der übersandten Dokumente oder Unzulänglichkeiten hinsichtlich des Sprachenregimes beziehen (vgl. auch § 17 WpPG Rz. 12 und Rz. 36). Da die Reaktion der Aufnahmestaatbehörde teilweise nicht an dem Tag der Notifizierung durch die BaFin erfolgt, muss sich der Antragsteller selbst an die entsprechende Behörde wenden, um sicherzustellen, dass die Voraussetzungen für ein öffentliches Angebot bzw. eine Börsenzulassung auch in dem Aufnahmestaat vorliegen (vgl. auch Rz. 9 und Rz. 29 sowie § 17 WpPG Rz. 17).[3]

26 Die Notifizierung stellt keinen **Verwaltungsakt gemäß § 35 VwVfG** dar[4], weil ihr keine Regelungsfunktion zukommt[5]. Daher ist die allgemeine Leistungsklage der ge-

---

1 Vgl. *Alfes* in Holzborn, § 18 WpPG Rz. 13.
2 Rat der Europäischen Union, Vorschlag für eine Verordnung des Europäischen Parlaments und des Rates über den Prospekt, der beim öffentlichen Angebot von Wertpapieren oder bei deren Zulassung zu veröffentlichen ist vom 3.6.2015, 2015/0268 (COD), Dok.-Nr. 9801/16.
3 Vgl. zu der Abstimmung mit den Aufnahmestaatbehörden auch *Meyer* in Habersack/Mülbert/Schlitt, Unternehmensfinanzierung am Kapitalmarkt, § 30 Rz. 66; *Zeising* in Just/Voß/Ritz/Zeising, § 18 WpPG Rz. 22.
4 Vgl. auch *Zeising* in Just/Voß/Ritz/Zeising, § 18 WpPG Rz. 19.
5 *Alfes* in Holzborn, § 18 WpPG Rz. 13, 19.

eignete Rechtsbehelf, für den Fall, dass eine beantragte Notifizierung unterbleibt[1]. Sofern der Antragsteller sämtliche Voraussetzungen des § 18 Abs. 1 Satz 1 WpPG erfüllt, ist die Notifizierung grundsätzlich vorzunehmen. Ein **Ermessen seitens der BaFin** besteht insoweit nicht, womit im Regelfall auf den Antrag hin auch eine Notifizierung erfolgen wird[2], weshalb dem Rechtsbehelf in Form der Leistungsklage keine Praxisrelevanz zukommt[3].

2. Fristen (§ 18 Abs. 1 Satz 1 und Satz 2 und Abs. 2 WpPG)

Der **Zeitpunkt, an dem die Notifizierung durchzuführen ist**, hängt von dem Zeitpunkt der Stellung des Notifizierungsantrags ab. Wird der Notifizierungsantrag für einen bereits gebilligten Prospekt gestellt, beträgt die Frist, innerhalb der die BaFin den Prospekt an den Aufnahmemitgliedstaat notifizieren muss, nach § 18 Abs. 1 Satz 1 WpPG drei Werktage nach der Stellung des Notifizierungsantrags. Sofern der Notifizierungsantrag zusammen mit der Einreichung des Prospekts zur Billigung gestellt wird, findet die Notifizierung erst nach der Prospektbilligung statt (§ 18 Abs. 1 Satz 2 WpPG). Die Notifizierung muss dann gemäß § 18 Abs. 1 Satz 2 WpPG innerhalb einer Frist von einem Werktag nach der Prospektbilligung erfolgen. Dieses gilt auch unter der Voraussetzung, dass der Notifizierungsantrag zwar nicht mit der Einreichung der ersten Prospektfassung, jedoch vor der Billigung des Prospekts während des Prospektprüfungsverfahrens gestellt wird[4]. Da auch in diesem Fall die Notifizierung erst nach der Prospektbilligung durchgeführt werden kann und somit eine dem § 18 Abs. 1 Satz 2 WpPG vergleichbare Sachlage vorliegt, muss auch hier die Frist von einem Werktag nach der Prospektbilligung gelten[5]. Bei Ablauf der Frist für die Notifizierung wird die Notifizierung nicht fingiert, da das Gesetz auf die Übermittlung und nicht auf den Zugang abstellt und diesbezüglich auch keine gesetzliche Regelung für eine Zugangsfiktion existiert[6].

Art. 24 Abs. 1 des ProspektVO-E[7] sieht die Übermittlung der Bescheinigung über die Billigung bereits innerhalb eines Werktages nach Eingang eines entsprechenden

---

1 *Alfes* in Holzborn, § 18 WpPG Rz. 19.
2 Vgl. *Heidelbach* in Schwark/Zimmer, § 18 WpPG Rz. 10; so auch *Alfes* in Holzborn, § 18 WpPG Rz. 11.
3 Vgl. *Alfes* in Holzborn, § 18 WpPG Rz. 19.
4 Vgl. auch *Alfes* in Holzborn, § 18 WpPG Rz. 15; *Linke* in Schäfer/Hamann, § 18 WpPG Rz. 5; aA, nach der die Frist von drei Werktagen auch dann gilt, wenn der Notifizierungsantrag nach der Prospekteinreichung, aber noch vor der Billigung gestellt wird, *Kullmann/Sester*, WM 2005, 1068 (1069 f.); *Zeising* in Just/Voß/Ritz/Zeising, § 18 WpPG Rz. 5.
5 Vgl. auch *Alfes* in Holzborn, § 18 WpPG Rz. 15; *Linke* in Schäfer/Hamann, § 18 WpPG Rz. 5; aA, gemäß der § 18 Abs. 1 Satz 1 WpPG auf eine Stellung eines Notifizierungsantrags vor der Billigung während des Prüfungsverfahrens Anwendung findet und daher die Notifizierung innerhalb einer Frist von drei Werktagen nach der Prospektbilligung erfolgen muss, *Kullmann/Sester*, WM 2005, 1068 (1069 f.); *Straßner* in Heidel, Aktienrecht und Kapitalmarktrecht, § 18 WpPG Rz. 5.
6 Vgl. auch *Alfes* in Holzborn, § 18 WpPG Rz. 17.
7 Rat der Europäischen Union, Vorschlag für eine Verordnung des Europäischen Parlaments und des Rates über den Prospekt, der beim öffentlichen Angebot von Wertpapieren oder

Antrags des Emittenten, Anbieters oder der für die Erstellung des Prospekts verantwortlichen Person vor. Falls der Antrag zusammen mit dem Prospektentwurf, also der Ersteinreichung des Prospekts, vorgelegt wird, muss die Übermittlung ebenfalls innerhalb eines Werktages nach Billigung des betreffenden Prospekts erfolgen.

29 Insbesondere für den Fall, dass ein öffentliches Angebot in verschiedenen Mitgliedstaaten gleichzeitig beginnen soll, sollte eine zeitnahe **Abstimmung** des Notifizierungsverfahrens direkt mit den jeweiligen Aufnahmestaatbehörden durch den Antragsteller vorgenommen werden (vgl. auch Rz. 9 und Rz. 19 sowie § 17 WpPG Rz. 17)[1].

30 Die Frist für die Übermittlung der Bescheinigung der Billigung **berechnet** sich nach § 31 VwVfG iVm. §§ 187 BGB ff.[2]. Der Tag der Antragstellung wird bei der Berechnung der Frist von einem bzw. drei Werktagen nicht mitgerechnet.

31 Die Regelungen der Fristen gemäß § 18 Abs. 1 Satz 1 und 2 WpPG sind gemäß § 18 Abs. 2 WpPG entsprechend auf **Nachträge** anzuwenden.

III. Begründung bei der Nichtaufnahme von Angaben gemäß § 8 Abs. 2 oder Abs. 3 WpPG (§ 18 Abs. 3 WpPG)

32 § 18 Abs. 3 WpPG regelt, dass bei einer Gestattung zur Nichtaufnahme von Angaben gemäß § 8 Abs. 2 und 3 WpPG die **Nennung der Vorschriften, auf denen die Gestattung beruht, und der Begründung ihrer Anwendung in der Bescheinigung** erforderlich sind. Sofern die BaFin also ihr Ermessen ausgeübt hat mit der Folge, dass Pflichtangaben nicht in den Prospekt aufgenommen werden müssen, oder sie festgestellt hat, dass bestimmte Pflichtangaben ausnahmsweise nicht angemessen sind und durch gleichwertige Angaben ersetzt wurden, muss dieser Umstand in dem Certificate of Approval genannt und begründet werden[3]. Zwar erfordert eine Nichtaufnahme von Angaben nach § 8 Abs. 3 WpPG im Gegensatz zu § 8 Abs. 2 WpPG keine Gestattung[4] und damit auch keinen Gestattungsantrag. Die BaFin erlangt jedoch Kenntnis von einem Fall des § 8 Abs. 3 WpPG während der Prospektprüfung, ggf. unter Hinzuziehung einer Querverweisliste gemäß Art. 25 Abs. 4 ProspektVO[5] bzw.

---

bei deren Zulassung zu veröffentlichen ist vom 3.6.2015, 2015/0268 (COD), Dok.-Nr. 9801/16.
1 *Meyer* in Habersack/Mülbert/Schlitt, Unternehmensfinanzierung am Kapitalmarkt, § 30 Rz. 66.
2 Begr. RegE zu § 18 Abs. 1 und 2 WpPG, BT-Drucks. 15/4999 v. 3.3.2005, S. 37.
3 Vgl. auch *Zeising* in Just/Voß/Ritz/Zeising, § 18 WpPG, Rz. 21.
4 Siehe auch *Straßner* in Heidel, Aktienrecht und Kapitalmarktrecht, § 18 WpPG Rz. 8.
5 Berichtigung der Verordnung (EG) Nr. 809/2004 der Kommission vom 29.4.2004 zur Umsetzung der Richtlinie 2003/71/EG des Europäischen Parlament und des Rates betreffend die in Prospekten enthaltenen Angaben sowie die Aufmachung von Angaben in Form eines Verweises und die Veröffentlichung solcher Prospekte sowie die Verbreitung von Werbung, ABl. EU Nr. L 186 v. 18.7.2005, S. 3.

Art. 26 Abs. 3 ProspektVO[1]. Die Vorschrift des § 18 Abs. 3 WpPG dient ausschließlich dem öffentlichen Interesse[2].

In Art. 24 Abs. 2 des ProspektVO-E[3] findet sich eine entsprechende Vorschrift.

IV. Veröffentlichung der Liste der übermittelten Bescheinigungen durch die BaFin (§ 18 Abs. 4 WpPG)

33 Die Verpflichtung aus § 18 Abs. 4 WpPG besteht darin, eine **Liste der an die BaFin übermittelten Notifizierungen** auf deren Internetseite zu veröffentlichen.

Zu veröffentlichen sind aus datenschutzrechtlichen Gründen nur die Informationen, die das jeweilige Certificate of Approval enthält, und nicht das jeweilige Dokument in Form des Certificate of Approval selbst.

34 Auslegungsbedürftig ist darüber hinaus die Formulierung, dass mit der Liste *gegebenenfalls* eine **elektronische Verknüpfung** zu den Prospekten und Prospektnachträgen auf der Internetseite der zuständigen Behörde des Herkunftsstaates, des Emittenten oder des organisierten Marktes zu veröffentlichen ist.

Betrachtet man rein den Wortsinn so ist anzunehmen, dass der BaFin als der zuständigen Aufsichtsbehörde insoweit Ermessen zukommt, es ihr mithin freisteht, ob eine entsprechende Verlinkung vorzunehmen ist. Die wortgleiche Formulierung in der Richtlinie gibt hierüber insoweit keinen weiteren Aufschluss[4]. Auch wenn teilweise angenommen wird[5], dass der BaFin kein Ermessensspielraum einzuräumen sei, sie mithin zwingend eine Verlinkung anzulegen habe, da die Richtlinie 2010/78/EU in Erwägungsgrund 29 als Zweck der Änderung die Erhöhung der Transparenz sehe[6], ist das Wortlautargument in den Vordergrund zu stellen, womit von einer Optionalität und eben keiner die betreffenden Aufsichtsbehörden zwingend bindenden Vorgabe auszugehen ist. Hätte der Gesetzgeber eine ermessensfreie Ausgestaltung der Vorschrift bezweckt, hätte er sie dementsprechend gewählt. Die Überlegungen sollten obsolet werden, sofern die neue Prospektverordnung wie im ProspektVO-E[7] vorgesehen in Kraft tritt, da hier die aktuell in § 18 Abs. 4 gewählte Formulierung bislang nicht vorgesehen ist.

---

1 Vgl. auch *Linke* in Schäfer/Hamann, § 18 WpPG Rz. 9; *Straßner* in Heidel, Aktienrecht und Kapitalmarktrecht, § 18 WpPG Rz. 8.
2 Begr. RegE zu § 18 Abs. 3 WpPG, BT-Drucks. 15/4999 v. 3.3.2005, S. 37.
3 Rat der Europäischen Union, Vorschlag für eine Verordnung des Europäischen Parlaments und des Rates über den Prospekt, der beim öffentlichen Angebot von Wertpapieren oder bei deren Zulassung zu veröffentlichen ist vom 3.6.2015, 2015/0268 (COD), Dok.-Nr. 9801/16.
4 So auch: *Alfes* in Holzborn, § 18 WpPG Rz. 23.
5 So: *Alfes* in Holzborn, § 18 WpPG Rz. 23.
6 *Alfes* in Holzborn, § 18 WpPG Rz. 23.
7 Rat der Europäischen Union, Vorschlag für eine Verordnung des Europäischen Parlaments und des Rates über den Prospekt, der beim öffentlichen Angebot von Wertpapieren oder bei deren Zulassung zu veröffentlichen ist vom 3.6.2015, 2015/0268 (COD), Dok.-Nr. 9801/16.

35 Die BaFin kommt dem Erfordernis aus § 18 Abs. 4 WpPG nach, indem sie neben sämtlichen von ihr gebilligten Prospekten auch diejenigen, die hereinnotifiziert wurden, in einer **Datenbank**[1] auf ihrer Internetseite bereitstellt.

Von der durch die BaFin zu führenden Liste zu unterscheiden ist das **ESMA-Register**, unter dem sich sämtliche nach § 18 Abs. 1 WpPG bzw. der jeweiligen nach Art. 18 Abs. 1 der Prospektrichtlinie umsetzenden Vorschrift der einzelnen Mitgliedstaaten, an ESMA übermittelten Notifizierungen finden (siehe dazu oben Rz. 12)[2].

V. Gebühren

36 Die Gebühren für **Notifizierungen**, die die BaFin für ihre Amtshandlungen gemäß § 18 Abs. 1–3 WpPG erhebt, bestimmen sich derzeit nach § 33 Abs. 1 WpPG iVm. § 2 Abs. 1 WpPGebV iVm. Ziff. 9 der Anlage zu § 2 Abs. 1 WpPGebV/Gebührenverzeichnis. Danach beläuft sich die Gebühr für die Übermittlung einer Bescheinigung iS des § 18 Abs. 1 WpPG über die Billigung des Prospekts auf 8,55 Euro. Für die Notifizierung eines Nachtrags gilt die gleiche Gebührenregelung (Ziff. 9 der Anlage zu § 2 Abs. 1 WpPGebV/Gebührenverzeichnis iVm. § 18 Abs. 2 WpPG). Entgegen der früheren Fassung des Gebührenverzeichnisses ist es inzwischen unerheblich, ob die Bescheinigung über die Billigung nach § 18 Abs. 1 Satz 2 WpPG innerhalb von einem oder innerhalb von drei Werktagen zu erfolgen hat[3]. Unerheblich ist ferner inzwischen, ob die Bescheinigung über die Billigung eine Angabe nach § 18 Abs. 3 WpPG enthält; es fällt keine erhöhte Gebühr an[4]. Wird die Bescheinigung an die zuständigen Behörden mehrerer Aufnahmestaaten übermittelt, vervielfacht sich die jeweilige Gebühr entsprechend der Anzahl der Aufnahmestaaten. Sofern ein Dokument, welches in einen anderen Mitgliedstaat notifiziert wurde, rechtlich zwei Prospekte enthält, wird nur eine Gebühr berechnet, da nur ein Certificate of Approval erstellt werden muss und es sich nur um einen Notifizierungsvorgang handelt. Für Notifizierungen eines solchen Dokuments in weitere Mitgliedstaaten wird für die Gebührenberechnung die Anzahl der Aufnahmestaatbehörden, an die die Notifizierungen erfolgen, zu Grunde gelegt. Werden ein früher gebilligter Prospekt und ein aktuell gebilligter Nachtrag zusammen in einen anderen Mitgliedstaat notifiziert, fällt nur eine Gebühr an.

37 Erfolgt eine **Rücknahme eines Notifizierungsantrags nach Übermittlung der Bescheinigung** an die zuständige Behörde des Aufnahmestaates, fällt die für die Amts-

---

1 Siehe https://portal.mvp.bafin.de/database/VPInfo/index3.jsp.
2 Siehe www.registers.esma.europa.eu/publication/searchProspectus.
3 Nach altem Recht wurde wie folgt unterschieden: War die Bescheinigung über die Billigung nach § 18 Abs. 1 Satz 2 WpPG innerhalb von einem Werktag zu übermitteln, betrug die Gebühr 150 Euro; sofern innerhalb von drei Werktagen übermittelt werden sollte, betrug die Gebühr 100 Euro.
4 Enthielt die Bescheinigung über die Billigung nach altem Recht eine Angabe nach § 18 Abs. 3 WpPG, erhöhte sich die jeweilige Gebühr um 50 Euro.

handlung gemäß Ziff. 9 der Anlage zu § 2 Abs. 1 WpPGebV/Gebührenverzeichnis relevante Gebühr vollständig an.

Auf Grund des ProspektVO-E[1] wird sich auch das Gebührenrecht im Hinblick auf das Notifizierungsverfahren **künftig** ändern. So sieht Art. 24 Abs. 5 des Prospekt-VO-E[2] vor, dass das gesamte Notifizierungsverfahren, mithin die Notifizierung durch die Herkunftstaatsbehörde wie auch die Entgegennahme der Notifizierung durch die Aufnahmestaatbehörde, **gebührenfrei** erfolgt. 38

---

[1] Rat der Europäischen Union, Vorschlag für eine Verordnung des Europäischen Parlaments und des Rates über den Prospekt, der beim öffentlichen Angebot von Wertpapieren oder bei deren Zulassung zu veröffentlichen ist vom 3.6.2015, 2015/0268 (COD), Dok.-Nr. 9801/16.
[2] Rat der Europäischen Union, Vorschlag für eine Verordnung des Europäischen Parlaments und des Rates über den Prospekt, der beim öffentlichen Angebot von Wertpapieren oder bei deren Zulassung zu veröffentlichen ist vom 3.6.2015, 2015/0268 (COD), Dok.-Nr. 9801/16.

Abschnitt 5
Sprachenregelung und Emittenten mit Sitz in Drittstaaten

§ 19
Sprachenregelung

(1) Werden Wertpapiere, für die der Herkunftsstaat des Emittenten die Bundesrepublik Deutschland ist, im Inland öffentlich angeboten oder wird im Inland die Zulassung zum Handel an einem organisierten Markt beantragt und nicht auch in einem anderen Staat oder mehreren anderen Staaten des Europäischen Wirtschaftsraums, ist der Prospekt in deutscher Sprache zu erstellen. Die Bundesanstalt kann die Erstellung eines Prospekts in einer in internationalen Finanzkreisen gebräuchlichen Sprache gestatten, sofern der Prospekt auch eine Übersetzung der Zusammenfassung in die deutsche Sprache enthält und im Einzelfall unter Berücksichtigung der Art der Wertpapiere eine ausreichende Information des Publikums gewährleistet erscheint.

(2) Werden Wertpapiere, für die der Herkunftsstaat des Emittenten die Bundesrepublik Deutschland ist, nicht im Inland öffentlich angeboten und wird nicht im Inland die Zulassung an einem organisierten Markt beantragt, sondern nur in einem anderen Staat oder mehreren anderen Staaten des Europäischen Wirtschaftsraums, kann der Anbieter oder Zulassungsantragsteller den Prospekt nach seiner Wahl in einer von der zuständigen Behörde des Aufnahmestaates oder den zuständigen Behörden der Aufnahmestaaten anerkannten Sprache oder in einer in internationalen Finanzkreisen gebräuchlichen Sprache erstellen. In den Fällen des Satzes 1 ist der Prospekt zusätzlich in einer von der Bundesanstalt anerkannten oder in internationalen Finanzkreisen gebräuchlichen Sprache zu erstellen, sofern eine solche Sprache nicht bereits nach Satz 1 gewählt worden ist.

(3) Werden Wertpapiere, für die der Herkunftsstaat des Emittenten die Bundesrepublik Deutschland ist, im Inland öffentlich angeboten oder wird im Inland die Zulassung an einem organisierten Markt beantragt und werden die Wertpapiere auch in einem anderen Staat oder mehreren anderen Staaten des Europäischen Wirtschaftsraums öffentlich angeboten oder wird auch dort die Zulassung zum Handel beantragt, ist der Prospekt in deutscher oder in einer in internationalen Finanzkreisen gebräuchlichen Sprache zu erstellen. Ist der Prospekt nicht in deutscher Sprache erstellt, muss er auch eine Übersetzung der Zusammenfassung in die deutsche Sprache enthalten.

(4) Werden Wertpapiere, für die der Herkunftsstaat des Emittenten nicht die Bundesrepublik Deutschland ist, im Inland öffentlich angeboten oder wird im Inland die Zulassung zum Handel an einem organisierten Markt beantragt, kann der Prospekt in einer von der Bundesanstalt anerkannten Sprache oder in einer in internationalen Finanzkreisen gebräuchlichen Sprache erstellt werden.

Ist der Prospekt nicht in deutscher Sprache erstellt, muss er auch eine Übersetzung der Zusammenfassung in die deutsche Sprache enthalten.

(5) Wird die Zulassung von Nichtdividendenwerten mit einer Mindeststückelung von 100.000 Euro zum Handel an einem organisierten Markt in einem Staat oder mehreren Staaten des Europäischen Wirtschaftsraums beantragt, kann der Prospekt in einer von der Bundesanstalt und der zuständigen Behörde des Aufnahmestaates oder den zuständigen Behörden der Aufnahmestaaten anerkannten Sprache oder in einer in internationalen Finanzkreisen gebräuchlichen Sprache erstellt werden.

In der Fassung vom 22.6.2005 (BGBl. I 2005, 1698), zuletzt geändert durch das Gesetz zur Umsetzung der Richtlinie 2010/73/EU und zur Änderung des Börsengesetzes vom 26.6.2012 (BGBl. I 2015, S. 1375).

Schrifttum: *Apfelbacher/Metzner*, Das Wertpapierprospektgesetz in der Praxis – Eine erste Bestandsaufnahme, BKR 2006, 81; *Baumbach/Lauterbach/Albers/Hartmann*, ZPO, 75. Aufl. 2016; *Boos/Preuße*, Die Umsetzung der EU-Prospektrichtlinie in Deutschland – Folgen für daueremittierende Banken, Kreditwesen 2005, 523; *Christ*, Der Einfluss der EU-Prospektrichtlinie auf das Wertpapierprospekthaftungsrecht in der Bundesrepublik Deutschland, 2007; *Crüwell*, Die europäische Prospektrichtlinie, AG 2003, 243; *Fürhoff/Ritz*, Richtlinienentwurf der Kommission über den Europäischen Pass für Emittenten, WM 2001, 2280; *Grub/Thiem*, Das neue Wertpapierprospektgesetz – Anlegerschutz und Wettbewerbsfähigkeit des Finanzplatzes Deutschland, NZG 2005, 750; *Heidelbach/Preuße*, Die Anwendung des neuen europäischen Prospektregimes in der Praxis – ausgewählte Probleme, BKR 2012, 397; *Holzborn/Israel*, Das neue Wertpapierprospektrecht, ZIP 2005, 1668; *König*, Die neue europäische Prospektrichtlinie – Eine kritische Analyse und Überlegungen zur Umsetzung in das deutsche Kapitalmarktrecht, ZEuS 2004, 251; *von Kopp-Colomb/Lenz*, Der europäische Pass für Emittenten, AG 2002, 24; *von Kopp-Colomb/Seitz*, Das neue Prospektregime – Auswirkungen der Änderungen der Prospektverordnung auf Basisprospekte für die Emission von Anleihen und verbrieften Derivaten, WM 2012, 1220; *Kullmann/Sester*, Inhalt und Format von Emissionsprospekten nach dem WpPG, ZBB 2005, 209; *Kullmann/Sester*, Das Wertpapierprospektgesetz (WpPG) – Zentrale Punkte des neuen Regimes für Wertpapieremissionen, WM 2005, 1068; *Kunold/Schlitt*, Die neue EU-Prospektrichtlinie – Inhalt und Auswirkungen auf das deutsche Kapitalmarktrecht, BB 2004, 501; *Mattil/Möslein*, Die Sprache des Emissionsprospekts – Europäisierung des Prospektrechts und Anlegerschutz, WM 2007, 819; *Sandberger*, Die EU-Prospektrichtlinie – Europäischer Pass für Emittenten, EWS 2004, 297; *Schanz/Schalast*, HfB – Business School of Finance, Working Paper Series, No. 74, Wertpapierprospekte – Markteinführungspublizität nach EU-Prospektverordnung und Wertpapierprospektgesetz 2005, Juli 2006; *Schlitt/Schäfer*, Auswirkungen des Prospektrichtlinie-Umsetzungsgesetzes auf Aktien- und Equity-linked Emissionen, AG 2005, 498; *Schlitt/Schäfer*, Drei Jahre Praxis unter dem Wertpapierprospektgesetz – eine Zwischenbilanz, AG 2008, 525; *Schlitt/Singhof/Schäfer*, Aktuelle Rechtsfragen und neue Entwicklungen im Zusammenhang mit Börsengängen, BKR 2005, 251; *Seitz*, Das neue Wertpapierprospektgesetz, AG 2005, 678; *Siller*, Kapitalmarktrecht, 2006; *von Ilberg/Neises*, Die Richtlinien-Vorschläge der EU Kommission zum „Einheitlichen Europäischen Prospekt" und zum „Marktmissbrauch" aus Sicht der Praxis, WM 2002, 635; *Weber*, Unterwegs zu einer europäischen Prospektkultur – Vorgaben der neuen Wertpapierprospektrichtlinie vom 4.11.2003, NZG 2004, 360; *Wieneke*, Emissionspublizität, NZG 2005, 109; *Wieneke*, Anleger- und Funktionsschutz durch Kapitalmarktrecht, 2006; *Zimmer/*

Binder, Prospekthaftung von Experten? Kritik eines Gesetzentwurfs, WM 2005, 577; *Zöller*, ZPO, 31. Aufl. 2016; *Zuffer*, Die Umsetzung des Europäischen Passes der Prospektrichtlinie, ecolex 2006, 267.

I. Regelungsinhalt	1
II. Normentwicklung	6
III. Intention des Gesetzgebers	8
IV. Herkunftsstaat Deutschland, Angebot/Zulassung in Deutschland (§ 19 Abs. 1 Satz 1 WpPG)	13
1. Voraussetzungen	14
2. Rechtsfolge: Wertpapierprospekt in deutscher Sprache	17
3. Nachteile	18
4. Vorteile	19
V. Ausnahmeregelung zu § 19 Abs. 1 Satz 1 WpPG (§ 19 Abs. 1 Satz 2 WpPG)	20
1. Eine in internationalen Finanzkreisen gebräuchliche Sprache	21
2. Zusammenfassung in deutscher Sprache	24
3. Ausreichende Information im Einzelfall	26
4. Restriktive Auslegung der Ausnahme	27
5. Beispiele	30
6. Freiwillige Erstellung eines fremdsprachigen Wertpapierprospekts bei Versagung	34
7. Exkurs: Übersetzung in Prospekthaftungsverfahren (§ 184 GVG)	36
VI. Herkunftsstaat Deutschland, Angebot/Zulassung im Ausland (§ 19 Abs. 2 Satz 1 WpPG)	39
VII. Zusatzerfordernis zu § 19 Abs. 2 Satz 1 WpPG (§ 19 Abs. 2 Satz 2 WpPG)	42
1. Eine in internationalen Finanzkreisen gebräuchliche Sprache	43
2. Von der BaFin anerkannte Sprachen	44
VIII. Herkunftsstaat Deutschland, Angebot/Zulassung im In- und Ausland (§ 19 Abs. 3 Satz 1 WpPG)	48
1. Sprachenregelung	49
2. Bisherige Rechtslage	50
3. Entwicklung des Wahlrechts	51
4. Sinn und Zweck der flexiblen Sprachenregelung in § 19 Abs. 3 Satz 1 WpPG	56
5. „Gebrochenes Sprachregime"	68
6. Problem: Basisprospekte	71
IX. Zusatzerfordernis zu § 19 Abs. 3 Satz 1 WpPG (§ 19 Abs. 3 Satz 2 WpPG)	
1. Regelungsinhalt	72
2. Zusammenfassung als „milderes Mittel"	73
3. Bedeutung der Zusammenfassung	75
X. Herkunftsstaat Ausland, Angebot/Handel in Deutschland (§ 19 Abs. 4 Satz 1 WpPG)	
1. Herkunftsstaat innerhalb des EWR	76
2. Herkunftsstaat außerhalb des EWR	77
XI. Zusatzerfordernis zu § 19 Abs. 4 Satz 1 WpPG (§ 19 Abs. 4 Satz 2 WpPG)	
1. Übersetzung der Zusammenfassung	78
2. Nachteile des Erfordernisses einer Zusammenfassung	79
3. § 19 Abs. 4 Satz 1 WpPG als „Kann"-Vorschrift?	81
XII. Nichtdividendenwerte (§ 19 Abs. 5 WpPG)	
1. Sonderregelung	85
2. Kein Übersetzungserfordernis	87
3. Sachlicher Anwendungsbereich	88

I. Regelungsinhalt

§ 19 WpPG regelt die Sprache, in der ein Wertpapierprospekt erstellt werden muss und unterscheidet hierbei zwischen rein nationalen Emissionen/Zulassungen einerseits und grenzüberschreitenden Emissionen/Zulassungen andererseits. Im letzten Fall wird zusätzlich danach differenziert, ob die betroffenen Wertpapiere auch im Herkunftsmitgliedstaat angeboten oder zugelassen werden. Von der Sprachregelung erfasst ist nicht nur der Wertpapierprospekt selbst, sondern auch Prospektnachträge (§ 16 WpPG) und Dokumente, auf die im Wege der Einbeziehung per Verweis, sog. incorporation by reference, verwiesen wird (§ 11 WpPG). 1

§ 19 Abs. 1 bis 3 WpPG regeln die Sprache, in der Wertpapierprospekte zu erstellen sind, bei denen **Herkunftsstaat iS von § 2 Nr. 13 WpPG die Bundesrepublik Deutschland** ist, dh. die von der BaFin gebilligt werden. 2

§ 19 Abs. 4 WpPG regelt das Sprachenregime für Wertpapierprospekte, die von der zuständigen Behörde eines anderen Mitgliedstaates des europäischen Wirtschaftsraums, also nicht von der BaFin, gebilligt werden. Bei diesen Wertpapierprospekten ist ein **anderer EWR-Staat Herkunftsstaat** iS von § 2 Nr. 13 WpPG. 3

§ 19 Abs. 5 WpPG enthält eine **Sonderregelung** für die Sprache von Wertpapierprospekten für Nichtdividendenwerte mit einer Mindeststückelung von 100.000 Euro, für die die Zulassung an einem organisierten Markt in einem oder mehreren EWR-Mitgliedstaaten beantragt wird. 4

Es wird – bezogen auf das Sprachenregime – nicht mehr danach unterschieden, ob der Emittent seinen Sitz im Inland oder im Ausland hat, sondern vielmehr danach, ob das Angebot/die Zulassung in mehreren Mitgliedstaaten des europäischen Wirtschaftsraums oder nur in Deutschland erfolgt[1]. 5

II. Normentwicklung

Mit dem WpPG setzte Deutschland als einer der ersten europäischen Staaten die Prospektrichtlinie um[2]. § 19 WpPG enthält die Umsetzung von Art. 19 Prospektrichtlinie. Er gehört zu den im Gesetzgebungsverfahren am stärksten umstrittenen Bestimmungen des WpPG[3]. Dies gilt insbesondere für § 19 Abs. 1 und 3 WpPG. Während die Bundesregierung im Laufe des Gesetzgebungsverfahrens bei § 19 Abs. 3 WpPG ihre restriktive Auffassung etwas gelockert hat, ist es bei § 19 Abs. 1 WpPG bei einer sehr stark an der deutschen Sprache orientierten Regelung geblieben[4]. 6

---

1 *Weber*, NZG 2004, 360 (364); *Kunold/Schlitt*, BB 2004, 501 (508).
2 *Kullmann/Sester*, ZBB 2005, 209 (209); *Seitz*, AG 2005, 678 (678).
3 *Groß*, Kapitalmarktrecht, § 19 WpPG Rz. 1.
4 Näheres hierzu bei der Kommentierung der jeweiligen Absätze; so auch *Wolf* in Frankfurt-Komm. WpPG, § 19 WpPG Rz. 4.

7 Da es sich beim WpPG um die Umsetzung europäischen Rechts in nationales Recht handelt, sind die Normen dieses Gesetzes, und damit auch § 19 WpPG, gemeinschaftsrechtskonform und damit **richtlinienkonform** auszulegen[1].

7a Im Zuge der Umsetzung der Richtlinie 2010/73/EU und der Änderung des Börsengesetzes vom 26.6.2012 wurde der Wert der Mindeststückelung der Prospektpflicht von früher 50.000 Euro auf nunmehr 100.000 Euro angehoben.

III. Intention des Gesetzgebers

8 Dass die meisten Mitgliedstaaten eine Übersetzung des vom Sitzstaat des Emittenten gebilligten Wertpapierprospekts in die Muttersprache der angesprochenen Anleger verlangten, hat sich in der Vergangenheit in Anbetracht des damit verbundenen Zeit- und Kostenaufwands sowie der Haftungsrisiken als wichtiges **Hindernis für die gegenseitige Anerkennung** und Verwendung von Wertpapierprospekten bei grenzüberschreitenden Emissionen bzw. Mehrfachzulassungen erwiesen[2].

9 Übersetzungen von Wertpapierprospekten sind sehr aufwändig und können auch von spezialisierten Übersetzungsbüros nicht ohne anschließende Prüfung und Überarbeitung von **Rechtsanwälten und Wirtschaftsprüfern** erstellt werden[3], da der Wertpapierprospekt als Grundlage der Prospekthaftung nicht nur einer sprachlichen, sondern auch einer „rechtlichen" Übersetzung bedarf[4]. Außerdem ist der Prospektverantwortliche ebenfalls verantwortlich für sämtliche Übersetzungen des gebilligten Prospekts[5].

10 Diese Probleme will das vereinfachte Angebotsverfahren im Rahmen des Europäischen Passes für Emittenten vermeiden und sieht in § 19 WpPG eine detaillierte Sprachregelung vor, die versucht, **Anlegerschutz und gleichzeitige Sicherstellung von Markteffizienz** in Einklang zu bringen[6]. Denn Anleger können nur bei hinreichender Information rationale Anlageentscheidungen treffen, wobei ihr Informati-

---

1 *Groß*, Kapitalmarktrecht, Vorbemerkungen zum WpPG, Rz. 5; *Seitz*, AG 2005, 678 (678).
2 *Fürhoff/Ritz*, WM 2001, 2280 (2281); *König*, ZEuS 2004, 251 (273); *Kunold/Schlitt*, BB 2004, 501 (508); *von Kopp-Colomb/Lenz*, AG 2002, 24 (29); Richtlinienvorschlag des Europäischen Parlaments und des Rates der Europäischen Union (2001/C 240 E/33), vorgelegt am 1.6.2001, ABl. EG Nr. C 240 E v. 28.8.2001, S. 272, 274; *von Ilberg/Neises*, WM 2002, 635 (639).
3 *Wieneke*, NZG 2005, 109 (110); *Wieneke*, Anleger- und Funktionsschutz durch Kapitalmarktrecht, S. 42; *Zimmer/Binder*, WM 2005, 577 (578); *Schanz/Schalast*, HfB – Business School of Finance, Working Paper Series, No. 74, Wertpapierprospekte – Markteinführungspublizität nach EU-Prospektverordnung und Wertpapierprospektgesetz 2005, Juli 2006, S. 34.
4 *Sandberger*, EWS 2004, 297 (298); *Crüwell*, AG 2003, 243 (248).
5 ESMA, Questions and Answers, Prospectuses, 25th updated version – July 2016, Question 33.
6 *Holzborn/Israel*, ZIP 2005, 1668 (1673).

onsniveau in hohem Maße von der Verständlichkeit des Wertpapierprospekts abhängt[1].

Zweck der Prospektrichtlinie ist ua., Emittenten einen leichten und unbürokratischen Weg zu eröffnen, auch in anderen Mitgliedstaaten der EU Wertpapiere öffentlich anzubieten bzw. zuzulassen, ihnen also mit dem europäischen Pass den „Rechtsvorteil der Einmalzulassung"[2] zu geben. Dass die Möglichkeiten des **europäischen Passes** stark genutzt werden, sieht man an den erhobenen Daten: Im Jahr 2014 notifizierte die BaFin 3.281 (in 2013: 5.738) der von ihr gebilligten Wertpapierprospekte (einschließlich Nachträge) in andere EU-/EWR-Staaten, 1.455 (in 2013: 1.529) Emittenten ließen ihre Prospekte bei ausländischen Aufsichtsbehörden billigen und nach Deutschland notifizieren[3]. 11

Die Sprachregelung des § 19 WpPG soll zu einer **Vereinfachung** von grenzüberschreitenden Angeboten führen. Sie ist daher nicht nur für den Anlegerschutz, sondern auch für die **Konkurrenzfähigkeit des inländischen Finanzplatzes**[4] und damit auch für Arbeitsplätze in Deutschland von erheblicher Bedeutung[5]. 12

Die **Änderung des Schwellenwertes** für eine Mindeststückelung von 50.000 Euro auf **100.000 Euro** ist die vollständige Umsetzung der Richtlinienänderungen, die eine Erhöhung der Obergrenzen und Schwellenwerte für die Anwendbarkeit von Ausnahmen vom Anwendungsbereich des Wertpapierprospektgesetzes bzw. der Prospektpflicht vorsieht[6]. Im Rahmen des § 19 Abs. 5 WpPG geschah dies in Angleichung an § 3 WpPG. 12a

IV. Herkunftsstaat Deutschland, Angebot/Zulassung in Deutschland (§ 19 Abs. 1 Satz 1 WpPG)

Grundsätzlich gilt, dass ein Wertpapierprospekt für eine ausschließliche Emission/Zulassung im Herkunftsmitgliedstaat in einer von der zuständigen Behörde des Herkunftsmitgliedstaates anerkannten Sprache erstellt werden muss. Für Deutschland bestimmt § 19 Abs. 1 Satz 1 WpPG, dass der Wertpapierprospekt in deutscher Sprache zu erstellen ist, wenn die Voraussetzungen des § 19 Abs. 1 Satz 1 WpPG vorliegen. 13

1. Voraussetzungen

Für die Eröffnung des sachlichen Anwendungsbereiches des § 19 Abs. 1 Satz 1 WpPG muss es sich um **Wertpapiere** iS des WpPG handeln. Insofern kann auf die Ausfüh- 14

---

[1] *Mattil/Möslein*, WM 2007, 819 (820); *von Kopp-Colomb/Seitz*, WM 2012, 1220 (1227).
[2] Erwägungsgrund Nr. 17 der Prospektrichtlinie, ABl. EU Nr. L 345 v. 31.12.2003, S. 64–89; *Wieneke*, NZG 2005, 109 (110).
[3] Vgl. den Jahresbericht 2014 der BaFin, S. 228, abrufbar unter: http://www.bafin.de.
[4] *Von Rosen*, Börsenzeitung v. 26.4.2005, S. 6.
[5] Stellungnahme des Deutschen Aktieninstituts (DAI) v. 22.2.2005, S. 14.
[6] BT-Drucks. 17/8684, Begründung zur Gesetzesänderung, S. 13.

rungen zu § 2 Nr. 1 WpPG verwiesen werden (siehe die Kommentierung zu § 2 WpPG Rz. 8 ff.). Ferner muss ein öffentliches Angebot iS des § 2 Nr. 4 WpPG **im Inland** erfolgen oder im Inland die Zulassung zum Handel an einem organisierten Markt (dh. im regulierten Markt) beantragt werden. Außerdem muss der **Herkunftsstaat** des Emittenten die Bundesrepublik Deutschland sein. Zur zutreffenden Beurteilung, welcher Staat im Einzelfall als Herkunftsstaat zu betrachten ist, vgl. die Kommentierung zu § 2 WpPG Rz. 103 ff.

15 § 19 Abs. 1 Satz 1 WpPG enthält außerdem noch das „negative Tatbestandsmerkmal", dass das öffentliche Angebot **nicht auch zugleich in einem anderen Staat oder mehreren anderen Staaten des Europäischen Wirtschaftsraums** erfolgen darf bzw. keine Zulassung dort beantragt werden darf[1]. Dieses Merkmal grenzt § 19 Abs. 1 Satz 1 WpPG von § 19 Abs. 3 Satz 1 WpPG ab. Ist nämlich neben dem Angebot im Inland zusätzlich ein internationales Angebot oder zusätzlich eine Zulassung zum Handel an einem organisierten Markt außerhalb des Herkunftsstaats beabsichtigt, ist § 19 Abs. 3 WpPG einschlägig, der andere Anforderungen an die Sprachgestaltung stellt.

16 Eine Abgrenzung von § 19 Abs. 1 zu Abs. 3 WpPG wird in der Praxis insbesondere bei **Basisprospekten (§ 6 WpPG)** schwierig. Diese zeichnen sich dadurch aus, dass die „endgültigen Bedingungen" des Angebots zunächst nicht genannt werden müssen (§ 6 Abs. 1 WpPG). Hier muss entschieden werden, ob sie der Gruppe der grenzüberschreitenden oder der Gruppe der rein nationalen Fälle zuzurechnen sind[2].

2. Rechtsfolge: Wertpapierprospekt in deutscher Sprache

17 Nach § 19 Abs. 1 Satz 1 WpPG dürfen Wertpapiere, die ausschließlich in Deutschland öffentlich angeboten bzw. zum Handel zugelassen werden sollen, und die von Emittenten stammen, deren Herkunftsstaat Deutschland ist, grundsätzlich nur auf Basis eines **deutschsprachigen Wertpapierprospekts** angeboten bzw. zugelassen werden.

3. Nachteile

18 Dieses **strikte Sprachenregime** benachteiligt grundsätzlich öffentliche Angebote und Zulassungen im Inland, da die BaFin als zuständige Behörde beispielsweise englischsprachige Wertpapierprospekte nicht akzeptieren muss. Da bei öffentlichen Angeboten, insbesondere von Aktien, im Inland regelmäßig ein englischsprachiger Wertpapierprospekt für die (Privat-)Platzierung bei institutionellen Investoren im europäischen Ausland erstellt wird, führt dieses strikte Sprachenregime dazu, dass der Emittent zwei Wertpapierprospekte zu erstellen hat. Dies wurde vielfach als

---

1 Zum Begriff des Staates des Europäischen Wirtschaftsraums (§ 2 Nr. 15 WpPG) vgl. die Kommentierung zu § 2 WpPG Rz. 114 ff.
2 *Kullmann/Sester*, ZBB 2005, 209 (210); Näheres dazu bei § 19 Abs. 3 WpPG Rz. 71.

Standortnachteil kritisiert[1]. Marktteilnehmer plädierten dafür, dass auch bei rein inländischen Angeboten bzw. Börsenzulassungen die Erstellung nur eines Wertpapierprospekts in englischer Sprache ausreichen sollte. Dies sei dann ein international wichtiges Signal für den Finanzplatz Deutschland[2], denn es stünde zu erwarten, dass durch den EU-Pass für Emittenten ein **Wettbewerb zwischen den Finanzplätzen** einsetzen werde und die Emittenten von Wertpapieren diejenigen Finanzplätze wählen würden, die eine möglichst schnelle, flexible und kostengünstige Emission von Wertpapieren ermöglichten[3]. Inzwischen kombinieren viele Emittenten ein öffentliches Angebot im Inland mit einem zusätzlichen öffentlichen Angebot in einem weiteren EWR-Mitgliedstaat und können von daher einen englischsprachigen Prospekt erstellen und veröffentlichen, § 19 Abs. 3 WpPG (siehe unten Rz. 33).

4. Vorteile

Andererseits kann diese Regelung auch von **Vorteil für bestimmte potenzielle Anleger** sein. Obwohl der Finanzsektor sich weitgehend der englischen Sprache bedient, kann insbesondere nicht von allen Privatanlegern erwartet werden, dass sie der englischen Sprache so mächtig sind, einen Wertpapierprospekt mit unter Umständen zahlreichen Fachbegriffen vollumfänglich richtig zu verstehen. Mit einem Wertpapierprospekt in Deutsch können die Emittenten im Inland ein **breiteres Publikum** ansprechen, so dass diese Regelung sich in der Praxis auch zugunsten der Emittenten auswirken kann. Außerdem wurde durch die Ausnahmeregelung in § 19 Abs. 1 Satz 2 WpPG (siehe hierzu Rz. 20 ff.) die restriktive Regelung in § 19 Abs. 1 Satz 1 WpPG (zumindest theoretisch) abgeschwächt.

19

V. Ausnahmeregelung zu § 19 Abs. 1 Satz 1 WpPG (§ 19 Abs. 1 Satz 2 WpPG)

Um die strikte Regelung des § 19 Abs. 1 Satz 1 WpPG etwas abzuschwächen, ist in § 19 Abs. 1 Satz 2 WpPG eine **Ausnahmeregelung** vorgesehen. In den von § 19 Abs. 1 Satz 1 WpPG geregelten Fällen kann die BaFin nämlich ausnahmsweise und auf **Antrag** des Prospekterstellers gestatten, dass der Wertpapierprospekt in einer **anderen Sprache** als Deutsch erstellt wird[4], sofern diese Sprache eine solche ist, die in internationalen Finanzkreisen gebräuchlich ist.

20

---

1 *König*, ZEuS 2004, 251 (273).
2 *von Rosen*, Börsenzeitung v. 26.4.2005, S. 6.
3 *Grub/Thiem*, NZG 2005, 750 (751), Stellungnahme des Zentralen Kreditausschusses (ZKA) v. 17.1.2005, S. 2.
4 Begr. RegE zum Prospektrichtlinie-Umsetzungsgesetz, BT-Drucks. 15/4999 v. 3.3.2005, S. 37; *Siller*, Kapitalmarktrecht, S. 90.

1. Eine in internationalen Finanzkreisen gebräuchliche Sprache

21 Eine in internationalen Finanzkreisen gebräuchliche Sprache ist unzweifelhaft die **englische Sprache**[1]. Denn auf Grund der tatsächlichen Gegebenheiten auf dem europäischen Kapitalmarkt ist zu konstatieren, dass sich Englisch als allgemein anerkannte Finanzsprache seit vielen Jahren in Europa etabliert hat[2].

22 Zum Teil wird in der Literatur in Erwägung gezogen, das Merkmal der „gebräuchlichen Sprache" nicht EU-weit auszulegen, sondern in Abhängigkeit von der **„räumlichen Streubreite"** der jeweiligen Emission zu bestimmen[3]. Dies würde zu der Konsequenz führen, dass bei einer Emission, die sich ausschließlich in Deutschland, Luxemburg und Österreich abspielt, Deutsch als eine gebräuchliche Sprache aufgefasst werden könnte. Zu Recht wird aber dagegen eingeräumt, dass sich diese Auslegung nur schwer mit Art. 17 Abs. 1 der Prospektrichtlinie in Einklang bringen lässt: Die Tatsache, dass die gebilligten Wertpapierprospekte gemeinschaftsweite Gültigkeit entfalten, steht einer örtlichen Eingrenzung bei der Auslegung von Tatbestandsmerkmalen entgegen[4]. Außerdem spricht schon der Wortlaut der Norm dagegen: Es soll sich gerade um eine in internationalen Finanzkreisen gebräuchliche Sprache handeln und nicht um eine lediglich in einer Gruppe von betroffenen Mitgliedstaaten gebräuchliche Sprache.

23 Zurzeit gibt es außer Englisch keine weitere Sprache, die dieses Merkmal erfüllt[5]. Da der Gesetzeswortlaut aber bewusst offen gehalten ist, ist es theoretisch möglich, dass in Zukunft auch **andere Sprachen** als in internationalen Finanzkreisen gebräuchlich anzuerkennen sind.

---

1 Beschlussempfehlung und Bericht des Finanzausschusses zum RegE, BT-Drucks. 15/5373 v. 21.4.2005, S. 85; *Kunold/Schlitt*, BB 2004, 501 (508); *Boos/Preuße*, Kreditwesen 2005, 523 (525); *von Kopp-Colomb/Lenz*, AG 2002, 24 (28); *Straßner* in Heidel, Aktienrecht und Kapitalmarktrecht, § 19 WpPG Rz. 2 Fn. 3; *Wieneke*, Anleger- und Funktionsschutz durch Kapitalmarktrecht, S. 42; *Renz/Mentzer*, Leitfaden Wertpapierprospekte, S. 73; *Christ*, EU-Prospektrichtlinie, S. 73; *Linke* in Schäfer/Hamann, § 19 WpPG Rz. 3; *Schlitt/Wilczek* in Habersack/Mülbert/Schlitt, Handbuch der Kapitalmarktinformation, § 5 Rz. 35-36; *Ritz/Voß* in Just/Voß/Ritz/Zeising, § 19 WpPG Rz. 11; *Preuße* in Holzborn, § 19 WpPG Rz. 13; *Meyer* in Habersack/Mülbert/Schlitt, Unternehmensfinanzierung am Kapitalmarkt, § 36 Rz. 78; *Wolf* in FrankfurtKomm. WpPG, § 19 WpPG Rz. 6.
2 Stellungnahme des Zentralen Kreditausschusses (ZKA) v. 17.1.2005, S. 5 und Gemeinsame Stellungnahme des Zentralen Kreditausschusses (ZKA), des Deutschen Derivate Instituts (DDI), des Derivate Forums und des Verbands der Auslandsbanken in Deutschland v. 22.2.2005, S. 6; Stellungnahme des Deutschen Derivate Instituts (DDI) v. 8.4.2005, S. 3.
3 So jedenfalls *Mattil/Möslein*, WM 2007, 819 (821), siehe dort auch das folgende Beispiel.
4 Dies räumen auch *Mattil/Möslein*, WM 2007, 819 (821) ein, ohne iE Stellung zu beziehen.
5 Vgl. insofern die eindeutigen Aussagen der Zitate in Rz. 21 Fn. 1, 2, die keine Alternativen in Erwägung ziehen.

2. Zusammenfassung in deutscher Sprache

Für eine Gestattung nach § 19 Abs. 1 Satz 2 WpPG müssen **zwei wesentliche** 24
Voraussetzungen vorliegen: Eine Gestattung ist nur dann möglich, wenn der fremdsprachige Wertpapierprospekt eine **Übersetzung der Zusammenfassung** in die deutsche Sprache enthält und im Einzelfall unter Berücksichtigung der Art der Wertpapiere eine **ausreichende Information** des Publikums gewährleistet erscheint.

Die Zusammenfassung iS des § 5 Abs. 2 Satz 1 WpPG stellt ein **Resümee** der Haupt- 25
bestandteile des Wertpapierprospekts dar und soll dem Anleger eine schnelle und umfassende Kenntnisnahme der wichtigsten Angaben ermöglichen[1]. Außerdem erlangt sie dadurch große Bedeutung, dass sie unter Umständen der einzige Teil des Wertpapierprospekts in der jeweiligen Landessprache ist und neben zusammenhangspezifischen Warnhinweisen auch Hinweise auf Risiken enthalten muss[2]. Dieses Erfordernis trägt der Tatsache Rechnung, dass unter dem neuen Sprachregime des WpPG keine Übersetzung des gesamten Wertpapierprospekts mehr erforderlich ist; aus Gründen des Anlegerschutzes ist jedoch zumindest eine **Übersetzung der Zusammenfassung**, die gemäß § 5 Abs. 2 Satz 1 WpPG Bestandteil des Wertpapierprospekts ist, in die jeweilige Amtssprache des Aufnahmemitgliedstaates erforderlich[3].

3. Ausreichende Information im Einzelfall

Die Gestattung der Verwendung einer in internationalen Finanzkreisen gebräuchli- 26
chen Sprache anstelle der deutschen Sprache darf gemäß § 19 Abs. 1 Satz 2 WpPG nur „**im Einzelfall**" gewährt werden[4]. Es muss also durch die BaFin immer eine ermessensfehlerfreie Einzelfallentscheidung gefällt werden, in der die Besonderheiten des jeweiligen Sachverhalts Berücksichtigung finden. Ein Anspruch auf Gestattung besteht nach dem eindeutigen Wortlaut des § 19 Abs. 1 Satz 2 WpPG nicht. Bei der Einzelfallentscheidung muss außerdem unter Berücksichtigung der Art der Wertpapiere gewährleistet sein, dass das Publikum noch ausreichend informiert wird[5].

4. Restriktive Auslegung der Ausnahme

Die **BaFin** hat sich in ihrer Verwaltungspraxis einer restriktiven Auslegung an- 27
geschlossen. Es haben sich daher noch keine Fallgruppen entwickelt.

Die in § 19 Abs. 1 Satz 2 WpPG enthaltene Ausnahme ist **eng auszulegen**[6]. Dies ge- 28
bietet der **Schutz des Publikums**, denn in den Fällen des § 19 Abs. 1 Satz 1 WpPG

---

1 *von Kopp-Colomb/Lenz*, AG 2002, 24 (27 f.).
2 *Schlitt/Singhof/Schäfer*, BKR 2005, 251 (252).
3 *König*, ZEuS 2004, 251 (274).
4 *Groß*, Kapitalmarktrecht, § 19 WpPG Rz. 3; *Holzborn/Israel*, ZIP 2005, 1668 (1673); *Wolf* in FrankfurtKomm. WpPG, § 19 WpPG Rz. 15.
5 *Kullmann/Sester*, WM 2005, 1068 (1071); *Linke* in Schäfer/Hamann, § 19 WpPG Rz. 3.
6 Begr. RegE zum Prospektrichtlinie-Umsetzungsgesetz, BT-Drucks. 15/4999 v. 3.3.2005, S. 37; *Keunecke*, Prospekte im Kapitalmarkt, S. 133, Rz. 229; *Renz/Mentzer*, Leitfaden Wert-

werden ausschließlich oder vorrangig in Deutschland ansässige Anleger angesprochen[1]. Diese Ansicht wird gestützt durch das allgemeine **Regel-Ausnahme-Prinzip** im deutschen Rechtssystem, das davon ausgeht, dass Ausnahmen restriktiv zu interpretieren sind und zB Analogien nur in seltenen Fällen zulässig sind[2].

29 Diese restriktive Haltung, die **nicht von Art. 19 Abs. 1 Prospektrichtlinie vorgegeben** ist, war einer der Hauptkritikpunkte im Gesetzgebungsverfahren. Sie weicht von den offeneren Regelungen zB in Österreich (§ 7b Abs. 1 KMG) und Luxemburg ab, die sogar jeweils ausdrücklich Englisch als Prospektsprache auch bei ausschließlich in den jeweiligen Ländern erfolgenden öffentlichen Angeboten oder Zulassungen gestatten[3]. Aufgrund des Wortlauts von § 19 Abs. 1 Satz 2 WpPG verbietet sich jedoch eine großzügigere Interpretation[4].

5. Beispiele

30 Nach überwiegender Ansicht kommt eine Ausnahmegestattung nach § 19 Abs. 1 Satz 2 WpPG insbesondere dann in Betracht, wenn die Wertpapiere im Inland ausschließlich **institutionellen Anlegern** angeboten werden[5].

31 Dagegen wird richtigerweise angeführt, dass dieses Beispiel nicht von Relevanz ist, da in diesen Fällen regelmäßig eine Ausnahme von der Prospektpflicht nach § 3 Abs. 2 Nr. 1 WpPG gelten wird[6]. Denn qualifizierte Anleger iS des § 3 Abs. 2 Nr. 1 WpPG sind nach der Legaldefinition des § 2 Nr. 6 lit. a–e WpPG insbesondere die dort aufgeführten Institute. Ein Wertpapierprospekt kann jedoch in diesen Fällen für die **Zulassung** der Wertpapiere an einer Wertpapierbörse erforderlich sein (vgl. Beispiel in Rz. 27).

32 Die BaFin vertritt die Auffassung, dass bei der Emission von Aktien aufgrund der höheren Risiken eines Aktieninvestments grundsätzlich **keine Ausnahmen** gemäß

---

papierprospekte, S. 73; *Christ*, EU-Prospektrichtlinie, S. 73; *Straßner* in Heidel, Aktienrecht und Kapitalmarktrecht, § 19 WpPG Rz. 2 mit dem Hinweis in Fn. 5, dass dies sowohl für Dividendenwerte iS des § 2 Nr. 2 WpPG als auch für Nichtdividendenwerte iS des § 2 Nr. 3 WpPG gelte. Allerdings ist die bisherige Aufsichtspraxis der BaFin die, dass bei Aktienemissionen grundsätzlich keine Ausnahme gemäß § 19 Abs. 1 Satz 2 WpPG gestattet wird.

1 Begr. RegE zum Prospektrichtlinie-Umsetzungsgesetz, BT-Drucks. 15/4999 v. 3.3.2005, S. 37; *Christ*, EU-Prospektrichtlinie, S. 74.
2 Vgl. *Sprau* in Palandt, Einleitung Rz. 53.
3 *Groß*, Kapitalmarktrecht, § 19 WpPG Rz. 4; *Zuffer*, ecolex 2006, 267 (269 f.); *R. Müller*, Nomos Kommentar Wertpapierprospektgesetz, 2012, § 19 WpPG Rz. 1.
4 Kritisch *Meyer* in Habersack/Mülbert/Schlitt, Unternehmensfinanzierung am Kapitalmarkt, § 36 Rz. 78.
5 Begr. RegE zum Prospektrichtlinie-Umsetzungsgesetz, BT-Drucks. 15/4999 v. 3.3.2005, S. 37; *Kullmann/Sester*, ZBB 2005, 209 (210); *Kullmann/Sester*, WM 2005, 1068 (1071); *Keunecke*, Prospekte im Kapitalmarkt, S. 133, Rz. 229; *Renz/Mentzer*, Leitfaden Wertpapierprospekte, S. 73.
6 *Holzborn/Israel*, ZIP 2005, 1668 (1673 Fn. 87); *Straßner* in Heidel, Aktienrecht und Kapitalmarktrecht, § 19 WpPG Rz. 2 Fn. 6; *Preuße* in Holzborn, § 19 WpPG Rz. 12.

§ 19 Abs. 1 Satz 2 WpPG zuzulassen sind (siehe oben Rz. 28 Fn. 2). Dies führt dazu, dass die Ausnahme in § 19 Abs. 1 Satz 1 WpPG in der Praxis keine Relevanz hat. Es entspricht allerdings der oben erörterten restriktiven Handhabung der Ausnahmevorschrift, die gewährleisten soll, dass – wenn überwiegend deutsche Anleger angesprochen werden – diesen nach Möglichkeit auch **immer ein deutschsprachiger Prospekt** zur Verfügung gestellt werden soll.

Allerdings kann ein Inlandsemittent die Veröffentlichung eines deutschsprachigen Wertpapierprospekts vermeiden, indem er neben dem öffentlichen Angebot in Deutschland auch ein öffentliches Angebot in einem oder mehreren anderen Staat(en) des Europäischen Wirtschaftsraums durchführt. Ein solches Angebot in mehreren Staaten fällt in den Anwendungsbereich von § 19 Abs. 3 WpPG (siehe unten Rz. 48 ff.), so dass die Veröffentlichung lediglich eines **englischsprachigen** Wertpapierprospekts möglich und ausreichend ist.

6. Freiwillige Erstellung eines fremdsprachigen Wertpapierprospekts bei Versagung

Sollte die Gestattung durch die BaFin nicht erteilt werden und der Wertpapierprospekt zwingend in deutscher Sprache nach § 19 Abs. 1 Satz 1 WpPG verfasst werden müssen, lässt dies natürlich die Möglichkeit, **freiwillig** eine (zusätzliche) englische Fassung des deutschen Wertpapierprospekts für **Marketing-Zwecke** zu erstellen, unberührt[1]. Zulässig wäre es auch, eine freiwillige englische Fassung des Wertpapierprospekts, oder von einzelnen Prospektteilen, deutlich getrennt in den deutschen Prospekt aufzunehmen, etwa als Anhang des (deutschsprachigen) Prospekts nach den Unterschriftenseiten und mit ausdrücklichem Hinweis auf die **Unverbindlichkeit** dieses Abschnitts auf einem separaten Deckblatt[2].

Sofern in dem Prospekt selber Teile in englischer Sprache verfasst werden, ist hierfür ein entsprechender Befreiungsantrag gemäß § 19 Abs. 1 Satz 2 WpPG bei der BaFin zu stellen. Wenn es sich bei den englischsprachigen Teilen des Prospekts um über den Mindestinhalt des Prospekts hinausgehende, zusätzliche Informationen handelt, wird die BaFin einem solchen Antrag in der Regel stattgeben[3].

7. Exkurs: Übersetzung in Prospekthaftungsverfahren (§ 184 GVG)

Die Möglichkeit, in den Fällen des § 19 Abs. 1, 3 und 4 WpPG die Übersetzung des Wertpapierprospekts in die deutsche Sprache auf die Zusammenfassung zu begrenzen, ändert nichts daran, dass Anleger ihre **Investitionsentscheidung** in der Regel immer auf den **gesamten** Wertpapierprospekt stützen werden[4]. Dies bedeutet, dass das zuständige Gericht den Wertpapierprospekt insgesamt zu würdigen hat.

---

1 So auch *Schlitt/Schäfer*, AG 2005, 498 (509 Fn. 170).
2 *Schlitt/Schäfer*, AG 2008, 525 (529).
3 *Ritz/Voß* in Just/Voß/Ritz/Zeising, § 19 WpPG Rz. 20 (mit Beispiel).
4 *König*, ZEuS 2004, 251 (274).

37 Aufgrund der geltenden **Beweislastregeln** trifft einen Anleger, der in einem Prozess Ansprüche aus Prospekthaftung herleitet, die Beweislast für die anspruchsbegründenden Tatsachen. Die Regelung des § 184 Satz 1 GVG („Die Gerichtssprache ist deutsch.") bedeutet allerdings nicht, dass eine Übersetzung des gesamten Wertpapierprospekts zwingend notwendig wird, wenn er Gegenstand eines Rechtsstreits wird[1]. Diese Norm gilt ausschließlich für Erklärungen des Gerichts und gegenüber dem Gericht, nicht jedoch für Beweismittel[2]. Fremdsprachliches Entscheidungsmaterial, namentlich Urkunden als Beweismittel oder die maßgeblichen Auszüge daraus (§ 131 Abs. 2 ZPO[3]) sind unmittelbar zu verwerten[4].

38 Eine teilweise oder vollständige Übersetzung kann aber erforderlich werden, wenn das Gericht diese gemäß § 142 Abs. 3 ZPO **anordnet**. Kommt der Kläger dem nicht nach, riskiert er die Nichtbeachtung der fremdsprachlichen Urkunde[5]. Das Gericht kann aber auch von einer solchen Übersetzungsanordnung absehen, zB weil alle erkennenden Richter die Sprache verstehen[6]. Dies gilt trotz Art. 103 Abs. 1 GG auch dann, wenn die übrigen Prozessbeteiligten über keine ausreichenden Sprachkenntnisse verfügen[7]. In diesem Fall – oder wenn der Prozessgegner eine Übersetzung zur Darlegung seiner Position für erforderlich hält – kann er eine solche einholen und die Kosten hierfür gemäß § 91 ZPO als außergewöhnliche Prozesskosten geltend machen[8]. Auch die auf Grund einer Anordnung entstehenden Kosten werden Teil der Prozesskosten und sind im Rahmen der §§ 91 ff. ZPO erstattungsfähig[9]. Auf dieses **erhöhte Prozesskostenrisiko** sind Anleger gemäß § 5 Abs. 2b Nr. 3 WpPG in der Zusammenfassung ausdrücklich hinzuweisen.

---

1 AA *König*, ZEuS 2004, 251 (274); *Crüwell*, AG 2003, 243 (249).
2 *Lückemann* in Zöller, § 184 GVG Rz. 1; OLG Brandenburg v. 30.9.2004 – 9 UF 186/04, FamRZ 2005, 1842 (1842).
3 § 131 ZPO bezieht sich gerade auf die fremdsprachige Urkunde, so *Baumbach/Lauterbach/Albers/Hartmann*, § 131 ZPO, 74. Aufl., Rz. 6; zu den Voraussetzungen des § 131 Abs. 2 ZPO siehe dort Rz. 11 ff.
4 *Lückemann* in Zöller, § 184 GVG, Rz. 1; *Baumbach/Lauterbach/Albers/Hartmann*, § 184 GVG Rz. 6 und § 142 ZPO Rz. 17; BVerwG v. 9.2.1996 – 9 B 418/95, NJW 1996, 1553; BGH v. 2.3.1988 – IVb ZB 10/88, NJW 1989, 1432 (1433).
5 *Greger* in Zöller, § 142 ZPO, Rz. 17; *Baumbach/Lauterbach/Albers/Hartmann*, § 184 GVG Rz. 6; BVerwG v. 9.2.1996 – 9 B 418/95, NJW 1996, 1553; OLG Brandenburg v. 30.9.2004 – 9 UF 186/04, FamRZ 2005, 1842 (1842).
6 *Greger* in Zöller, § 142 ZPO, Rz. 17; *Baumbach/Lauterbach/Albers/Hartmann*, § 142 ZPO Rz. 18; LG Freiburg v. 16.8.1960 – 1 O 169/59, NJW 1961, 736.
7 *Baumbach/Lauterbach/Albers/Hartmann*, § 142 ZPO Rz. 18.
8 *Greger* in Zöller, § 142 ZPO Rz. 17; LG Freiburg v. 16.8.1960 – 1 O 169/59, NJW 1961, 736; *Baumbach/Lauterbach/Albers/Hartmann*, § 142 ZPO Rz. 18.
9 *Baumbach/Lauterbach/Albers/Hartmann*, § 142 ZPO Rz. 26.

VI. Herkunftsstaat Deutschland, Angebot/Zulassung im Ausland (§ 19 Abs. 2 Satz 1 WpPG)

§ 19 Abs. 2 WpPG regelt die Anforderungen an die Sprache des Wertpapierprospekts eines Emittenten, für den der Herkunftsstaat Deutschland ist, und dessen Wertpapiere **ausschließlich außerhalb der Bundesrepublik Deutschland** öffentlich angeboten oder an einem organisierten Markt, der nicht im Inland liegt, zum Handel zugelassen werden sollen.

39

Für diese Fälle gilt gemäß § 19 Abs. 2 Satz 1 WpPG, dass der Wertpapierprospekt in einer von der zuständigen Behörde des **Aufnahmestaats** anerkannten Sprache oder in einer in internationalen Finanzkreisen gebräuchlichen Sprache erstellt werden kann. Folglich besteht bei solchen grenzüberschreitenden Angeboten ein **Wahlrecht** des Emittenten[1].

40

Zum Begriff der internationalen Gebräuchlichkeit kann auf die Ausführungen zu § 19 Abs. 1 Satz 2 WpPG verwiesen werden (Rz. 21 ff.). Welches die dort von der zuständigen Behörde jeweils anerkannten Sprachen sind, ist den entsprechenden **Gesetzen des Aufnahmestaates** oder der Praxis der zuständigen Behörde in dem jeweiligen Aufnahmestaat zu entnehmen[2].

41

VII. Zusatzerfordernis zu § 19 Abs. 2 Satz 1 WpPG (§ 19 Abs. 2 Satz 2 WpPG)

§ 19 Abs. 2 Satz 2 WpPG enthält eine Erweiterung dahingehend, dass der Wertpapierprospekt **zusätzlich** in einer von der BaFin anerkannten Sprache oder in einer in internationalen Finanzkreisen gebräuchlichen Sprache verfasst werden muss, sofern eine solche Sprache nicht bereits im Rahmen des § 19 Abs. 2 Satz 1 WpPG gewählt wurde. § 19 Abs. 2 Satz 2 WpPG bedeutet somit, dass der betroffene Emittent in diesem Fall **zwei** Prospekte zu erstellen hat: einen für die Vermarktung/Zulassung der Wertpapiere im Aufnahmestaat in der dort anerkannten Sprache (nach den Regelungen zum gebrochenen Sprachenregime [siehe zu diesem Begriff Rz. 68 ff.] evtl. auch mehrsprachig) und einen für die Billigung im Herkunftsstaat (Deutschland). Diese Regelung beruht darauf, dass die BaFin in der Lage sein muss, den Inhalt des zu billigenden Wertpapierprospekts auch **zu verstehen**, um eine Prüfung vornehmen zu können[3]. Daher dürfen in dem durch die BaFin zu prüfenden Prospekt keine Teile in der Sprache des für das Angebot bzw. die Zulassung in dem Aufnahmestaat erstellten Prospekts verfasst sein. Allerdings gelten auch für die Prüfungsfassung die Grundsätze des gebrochenen Sprachenregimes.

42

---

1 *Sandberger*, EWS 2004, 297 (300); *Holzborn/Israel*, ZIP 2005, 1668 (1673); *Siller*, Kapitalmarktrecht, S. 90; *Wolf* in FrankfurtKomm. WpPG, § 19 WpPG Rz. 17.
2 Einen Überblick gibt die Aufstellung von ESMA, „Languages accepted for the purpose of the scrutiny of the Prospectus and requirements of translation of the Summary", March 2014, ESMA/2014/342, abrufbar unter www.esma.europa.eu.
3 *Ritz/Voß* in Just/Voß/Ritz/Zeising, § 19 WpPG Rz. 22.

1. Eine in internationalen Finanzkreisen gebräuchliche Sprache

43 Wie bereits in der Kommentierung zu § 19 Abs. 1 Satz 2 WpPG erläutert, ist eine in internationalen Finanzkreisen gebräuchliche Sprache die **englische Sprache** (Rz. 21 ff.).

2. Von der BaFin anerkannte Sprachen

44 Als anerkannte Sprache kann die zuständige Behörde die Landessprache als verpflichtend ansehen[1]. Dies hat die BaFin getan. Von ihr anerkannt ist derzeit nur die **deutsche Sprache**. Der Prozess bis zu diesem Ergebnis wurde jedoch heftig debattiert.

45 Es wurde gefordert, auch Englisch als eine von der BaFin anerkannte Sprache aufzunehmen. Für eine Gleichberechtigung dieser beiden Sprachen sprach sich beispielsweise der Verband der Auslandsbanken in Deutschland e. V. aus, ebenso der Zentrale Kreditausschuss (ZKA)[2]. Für diesen Vorschlag wurde angeführt, dass dies aus Sicht des **Anlegerschutzes** die optimale Lösung sei[3]. Denn wenn englischsprachige Wertpapierprospekte von der BaFin nicht gebilligt würden, dann würden die betreffenden Prospekte dennoch in Englisch aufgesetzt, von einer ausländischen Behörde, die Englisch gestattet, gebilligt, mit dem Europäischen Pass nach Deutschland notifiziert und dort für den Vertrieb genutzt[4], sofern der Emittent die Freiheit hat, als Herkunftsstaat das Land zu wählen, in dem die Wertpapiere öffentlich angeboten oder zugelassen werden sollen[5]. Die BaFin hätte dann de facto keine nennenswerten **Einflussmöglichkeiten** mehr[6]. Würde hingegen Englisch als Prospektsprache auch von der Bafin akzeptiert und Emittenten damit nicht an andere Standorte „gezwungen", fiele der BaFin die Prospektprüfung weiterhin zu[7]. Wichtige europäische Finanzplätze hätten insoweit schon Maßstäbe gesetzt[8]. Hinter diese dürfe Deutschland schon aus **Wettbewerbsgründen** nicht zurückfallen. Denn Emittenten würden voraussichtlich diejenigen Finanzplätze wählen, die eine unkomplizierte Emission von Wertpapieren ermöglichten (zur Intention des Gesetzgebers siehe Rz. 8 ff.). Ein allzu starres Festhalten an der Amtssprache könne unter diesem Aspekt hinderlich sein. Selbst wenn eine Emission nur bei deutschen Investoren

---

1 *Weber*, NZG 2004, 360 (364).
2 Stellungnahme des Verbands der Auslandsbanken in Deutschland v. 8.4.2005, S. 6.
3 Stellungnahme des Verbands der Auslandsbanken in Deutschland v. 8.4.2005, S. 7.
4 Stellungnahme des Verbands der Auslandsbanken in Deutschland v. 8.4.2005, S. 7; Stellungnahme des Deutschen Derivate Instituts (DDI) v. 8.4.2005, S. 18.
5 Dies ist nur in den Fällen von § 2 Nr. 13 lit. b und c WpPG möglich. Bei Aktien zB hat der Emittent wegen der Regelung des § 2 Nr. 13 lit. a WpPG nicht die Möglichkeit, Einfluss auf die Bestimmung des Herkunftsstaates zu nehmen, da dies zwingend der Staat ist, in dem der Emittent seinen Sitz hat. Ausnahmen daran gelten nur für Emittenten aus Nicht-EWR Staaten.
6 Stellungnahme des Verbands der Auslandsbanken in Deutschland v. 8.4.2005, S. 7.
7 Stellungnahme des Verbands der Auslandsbanken in Deutschland v. 8.4.2005, S. 7.
8 Stellungnahme des Verbands der Auslandsbanken in Deutschland v. 8.4.2005, S. 7.

platziert werde, könne es erforderlich sein, die englische Sprache zu wählen[1]. Denn der Emittent sichere sich häufig durch **derivative Geschäfte** mit internationalen Investmentbanken ab[2]. Derartige Hedging-Geschäfte würden aber in der Regel auf der Basis des englischen ISDA Master Agreements abgeschlossen[3]. Ein Emittent werde sich aber scheuen, einen englischsprachigen Wertpapierprospekt ins Deutsche übersetzen zu lassen, wenn er anderswo genau diesen bereits erstellten Wertpapierprospekt billigen lassen könne.

Trotz der erheblichen Anzahl ihrer Fürsprecher hat sich diese Ansicht **nicht durchsetzen** können. Denn der deutschen Sprache sollte im Rahmen der Prospektgestaltung eine angemessene Geltung verschafft werden. Bei der Festlegung, welche Prospektsprache generell als zulässig anerkannt wird, stand der **Anlegerschutz** im Vordergrund – auf eine andere Art und Weise verstanden, als das die Befürworter der englischen Sprache taten. Es wurde argumentiert, dass eine flexible Handhabung der Sprachenregelung nicht zu Lasten des Informationsbedürfnisses des Anlegers gehen dürfe[4]. Dieser sollte die wesentlichen Informationen in deutscher Sprache erhalten[5]. 46

Die **offen gehaltene Formulierung** („[…] von der Bundesanstalt anerkannten Sprache […]") lässt es aber zu, dass die BaFin in der Zukunft weitere Sprachen anerkennt, wenn sich ein Bedürfnis hierfür ergibt. Der oben genannte Streit ändert nichts an der Tatsache, dass beispielsweise ein Emittent mit Herkunftsstaat Deutschland, der seine Wertpapiere in Italien mit einem italienischsprachigen Prospekt anbieten möchte, bei der BaFin einen englischsprachigen Wertpapierprospekt einreichen kann. Die englische Sprache unterfällt dann zwar nicht dem Merkmal „von der Bundesanstalt anerkannte Sprache", aber dem alternativen Merkmal des § 19 Abs. 2 Satz 2 WpPG „in internationalen Finanzkreisen gebräuchliche Sprache". Der Streit um die „anerkannte" Sprache ist somit eher theoretischer Natur. 47

VIII. Herkunftsstaat Deutschland, Angebot/Zulassung im In- und Ausland (§ 19 Abs. 3 Satz 1 WpPG)

§ 19 Abs. 3 WpPG regelt die Fälle, in denen ein Angebot bzw. eine Zulassung von Wertpapieren eines Emittenten, dessen Herkunftsstaat Deutschland ist, nicht bloß ausschließlich entweder in Deutschland oder im Ausland erfolgen soll, sondern, dass **kumulativ** das Inland sowie ein oder mehrere andere Länder betroffen sind. Insofern handelt es sich bei § 19 Abs. 3 WpPG um eine Kombination aus § 19 Abs. 1 und Abs. 2 WpPG. 48

---

1 Stellungnahme des Verbands der Auslandsbanken in Deutschland v. 8.4.2005, S. 7.
2 Stellungnahme des Verbands der Auslandsbanken in Deutschland v. 8.4.2005, S. 7.
3 Stellungnahme des Verbands der Auslandsbanken in Deutschland v. 8.4.2005, S. 7.
4 Stellungnahme Verbraucherzentrale Bundesverband (vzbv) v. 15.4.2005, S. 4.
5 Stellungnahme Verbraucherzentrale Bundesverband (vzbv) v. 15.4.2005, S. 4.

1. Sprachenregelung

49 Erfolgen Angebot oder Antragstellung auf Zulassung von Wertpapieren deutscher Emittenten **nicht nur im Inland**, sondern auch in anderen Staaten des Europäischen Wirtschaftsraums – liegt mithin ein grenzüberschreitender Sachverhalt vor[1] –, so kann der Wertpapierprospekt nach § 19 Abs. 3 Satz 1 WpPG in **Deutsch** oder einer anderen in internationalen Finanzkreisen gebräuchlichen Sprache, dh. **Englisch**[2], erstellt werden. Bei grenzüberschreitenden Emissionen wird dem Emittenten folglich ein **Wahlrecht** eingeräumt, ob er den Wertpapierprospekt in deutscher oder in einer in internationalen Finanzkreisen gebräuchlichen Sprache erstellen will[3]. Bei der Entscheidung für eine deutsche Fassung dürften die Vermarktungsanforderungen sowie prospekthaftungsrechtliche Gründe eine Rolle spielen.

2. Bisherige Rechtslage

50 Vor Inkrafttreten des WpPG konnten in Deutschland englischsprachige Wertpapierprospekte nur dann gebilligt werden, wenn der Emittent seinen Sitz im Ausland hatte[4]. Für deutsche Emittenten gab es **keine Möglichkeit eines rein fremdsprachigen Wertpapierprospekts** bei einer Billigung in Deutschland (auch bei grenzüberschreitenden Fällen)[5]. Bei der gleichzeitigen Durchführung von öffentlichen Angeboten bzw. der Zulassung in mehreren europäischen Staaten ermöglicht das WpPG nunmehr die Billigung von Wertpapierprospekten deutscher Emittenten durch die BaFin in englischer Sprache.

3. Entwicklung des Wahlrechts

51 § 19 Abs. 3 Satz 1 WpPG eröffnet in seiner geltenden Fassung eine **echte Wahlmöglichkeit**, ob der Wertpapierprospekt in deutscher oder in englischer Sprache erstellt wird[6].

52 Der **ursprüngliche Regierungsentwurf**[7] sah in diesen Fällen für die Erstellung des Wertpapierprospekts noch die deutsche Sprache **als Regelfall** vor[8], eine Verwendung einer anderen als der deutschen Sprache sollte aber im Einzelfall von der Ba-

---

1 Beispiel: Ein deutscher Emittent von Aktien bietet diese sowohl in Deutschland als auch in Luxemburg öffentlich an.
2 Siehe auch schon unter Rz. 21 ff.; Beschlussempfehlung und Bericht des Finanzausschusses, BT-Drucks. 15/5373 v. 21.4.2005, S. 85.
3 Beschlussempfehlung und Bericht des Finanzausschusses, BT-Drucks. 15/5373 v. 21.4.2005, S. 85; *Christ*, EU-Prospektrichtlinie, S. 75; *Wolf* in FrankfurtKomm. WpPG, § 19 WpPG Rz. 21.
4 *Kullmann/Sester*, ZBB 2005, 209 (210).
5 *Kullmann/Sester*, ZBB 2005, 209 (210); *Apfelbacher/Metzner*, BKR 2006, 81 (81).
6 *Groß*, Kapitalmarktrecht, § 19 WpPG Rz. 7; *Ritz/Voß* in Just/Voß/Ritz/Zeising, § 19 WpPG Rz. 28.
7 Begr. RegE zum Prospektrichtlinie-Umsetzungsgesetz, BT-Drucks. 15/4999 v. 3.3.2005, S. 14.
8 *Grub/Thiem*, NZG 2005, 750 (751, Fn. 18).

Fin ausdrücklich gestattet werden können, ähnlich der Regelung in § 19 Abs. 1 Satz 2 WpPG.

Dieser Entwurf stieß auf erhebliche **Kritik**. Es wurde vorgebracht, dass die Ausnahmefälle, in denen eine Gestattung denkbar wäre, sehr restriktiv ausgestaltet seien und nur dann greifen würden, wenn sichergestellt sei, dass die emittierten Wertpapiere nicht an inländische Privatanleger verkauft bzw. weiterveräußert würden[1]. Letzteres ließe sich aber auch bei Emissionen, die sich am Primärmarkt nur an institutionelle Anleger richten, in der Praxis nie sicherstellen[2].

53

Der Bundesrat[3], der Finanzausschuss[4], der Zentrale Kreditausschuss (ZKA)[5] sowie die Deutsche Bundesbank[6] sprachen sich daher gegen ein solches Gestattungserfordernis aus und schlugen eine **Änderung der Sprachregelung** in § 19 Abs. 3 WpPG vor. Sie befürworteten, bei gebilligten Wertpapierprospekten grenzüberschreitend tätiger Emittenten darauf zu verzichten, die Erstellung eines Wertpapierprospekts in deutscher Sprache als Regelfall vorzusehen[7]. Sie argumentierten damit, dass während bei rein national angebotenen Emissionen mit der damit verbundenen ausschließlich deutschsprachigen Zielgruppe eine Erstellung des Wertpapierprospekts in deutscher Sprache grundsätzlich als zumutbar erscheine, deutschen und ausländischen Emittenten bei **grenzüberschreitenden Angeboten** die Wahl eingeräumt werden müsse, ob sie neben der englischsprachigen Fassung des Wertpapierprospekts auch eine deutsche Fassung erstellen wollten[8]; dies gelte umso mehr, als Anlegerschutzgesichtspunkte dies nicht als zwingend geboten erscheinen ließen[9]. Als Begründung wurde angeführt, dass das **Interesse der Anleger** innerhalb des Sprachenregimes dadurch gewahrt werde, dass in jedem Fall eine Zusammenfassung des Wertpapierprospekts in deutscher Sprache erforderlich sei[10].

54

---

1 Stellungnahme des Zentralen Kreditausschusses (ZKA) v. 17.1.2005, S. 5.
2 Stellungnahme des Zentralen Kreditausschusses (ZKA) v. 17.1.2005, S. 6.
3 Stellungnahme des Bundesrates zum Entwurf des Prospektrichtlinie-Umsetzungsgesetzes, BR-Drucks. 85/05 v. 18.3.2005, S. 8.
4 Beschlussempfehlung und Bericht des Finanzausschusses, BT-Drucks. 15/5373 v. 21.4.2005, S. 85.
5 Gemeinsame Stellungnahme des Zentralen Kreditausschusses (ZKA), des Deutschen Derivate Instituts (DDI), des Derivate Forums und des Verbands der Auslandsbanken in Deutschland v. 22.2.2005, S. 6.
6 Stellungnahme der Deutschen Bundesbank v. 6.4.2005, S. 3 f.
7 Beschlussempfehlung und Bericht des Finanzausschusses zum RegE, BT-Drucks. 15/5373 v. 21.4.2005, S. 78; Stellungnahme des Bundesrates, BT-Drucks. 15/5219 v. 7.4.2005, S. 4.
8 Stellungnahme des Bundesrates, BT-Drucks. 15/5219 v. 7.4.2005, S. 4; Gemeinsame Stellungnahme des Zentralen Kreditausschusses (ZKA), des Deutschen Derivate Instituts (DDI), des Derivate Forums und des Verbands der Auslandsbanken in Deutschland v. 22.2.2005, S. 24.
9 Stellungnahme des Bundesrates, BT-Drucks. 15/5219 v. 7.4.2005, S. 4.
10 Beschlussempfehlung und Bericht des Finanzausschusses zum RegE, BT-Drucks. 15/5373 v. 21.4.2005, S. 81.

55 Dieser Auffassung schloss sich der **Bundestag** an. Die daraufhin vom Bundestag verabschiedete Regelung enthielt eine weitergehende Flexibilität, für den Fall, dass die Wertpapiere im In- und Ausland angeboten bzw. zugelassen werden[1]. Emittenten sollten in diesen Fällen nicht mehr gezwungen sein, einen deutschsprachigen Wertpapierprospekt zu erstellen, sondern es sollte ein englischsprachiger Prospekt **mit deutscher Zusammenfassung** genügen. Die ursprünglich vorgesehene Ermessensentscheidung der BaFin über die Gestattung entfiel. Dieser Regelung entspricht auch das verabschiedete WpPG, insbesondere § 19 Abs. 3 WpPG.

4. Sinn und Zweck der flexiblen Sprachenregelung in § 19 Abs. 3 Satz 1 WpPG

56 Hat der Emittent ein Wahlrecht, seinen Herkunftsstaat zu bestimmen (das ist in den Fällen des § 2 Nr. 13 lit. b und lit. c WpPG möglich), so wird er sich typischerweise für den Staat entscheiden, der ihm bei der Wertpapieremission die wenigsten Hindernisse bereitet, dh. er wird den Wertpapierprospekt dort billigen lassen, wo die Prüfung mit dem **geringsten Zeit- und Kostenaufwand** verbunden ist[2]. Denn gerade grenzüberschreitend tätige Emittenten haben ein erhebliches Interesse daran, ohne wesentliche Zeitverzögerungen und Kostenbelastungen im europäischen Raum aufgrund eines gebilligten Wertpapierprospekts Emissionen begeben zu können[3].

57 Die Übersetzung von Wertpapierprospekten ist jedoch mit **erheblichen Kosten** (ca. 15.000 bis 50.000 Euro pro Prospekt) und **zeitlichem Mehraufwand** verbunden[4]. Es würde zu zusätzlichen zeitlichen Verzögerungen führen, müsste man die gesamten Finanzinformationen in die deutsche Sprache übersetzen[5].

58 Vor diesem Hintergrund wurde vom Bundesrat eine zeit- und kostenträchtige Pflicht zur Erstellung eines zweisprachigen Wertpapierprospekts abgelehnt. Es wurde zur Begründung angeführt, dass anderenfalls zu befürchten gewesen sei, dass **ausländische Emittenten eine Prüfung in Deutschland** von vornherein **nicht in Betracht ziehen**[6]. Auch die Deutsche Bundesbank befürchtete eine Verlagerung der Emissionstätigkeit

---

1 *von Rosen*, Börsenzeitung v. 26.4.2005, S. 6.
2 Gemeinsame Stellungnahme des Deutsches Aktieninstituts (DAI) und des Bundesverbands der Deutschen Industrie (BDI) v. 3.1.2005, S. 14, Stellungnahme des Zentralen Kreditausschusses (ZKA) v. 17.1.2005, S. 2.
3 Stellungnahme des Bundesrates, BR-Drucks. 85/05 v. 18.3.2005, S. 8; Gemeinsame Stellungnahme des Zentralen Kreditausschusses (ZKA), des Deutschen Derivate Instituts (DDI), des Derivate Forums und des Verbands der Auslandsbanken in Deutschland v. 22.2.2005, S. 6.
4 Stellungnahme des Deutschen Derivate Instituts (DDI) v. 8.4.2005, S. 3; *von Iberg/Neises*, WM 2002, 635 (639); Stellungnahme des Deutschen Aktieninstituts (DAI) v. 8.4.2005, S. 18; *Crüwell*, AG 2003, 243 (248).
5 Stellungnahme des Bundesrates, BR-Drucks. 85/05 v. 18.3.2005, S. 8.
6 Gemeinsame Stellungnahme des Deutschen Aktieninstituts (DAI) und des Bundesverbands der Deutschen Industrie (BDI) v. 3.1.2005, S. 15.

in Länder, die eine für die Emittenten kostengünstigere Sprachenregelung anbieten[1].

Durch die neue, flexiblere Regelung in § 19 Abs. 3 WpPG werden wesentliche **Zeitverzögerungen und Kostenbelastungen** durch die Erstellung gesetzlich vorgeschriebener Übersetzungen des gesamten Prospekttextes vermieden[2]. Aus Sicht der Emittenten hat die jetzige Regelung noch einen weiteren Vorteil: Wäre eine Übersetzung des gesamten Prospekts erforderlich, bestünde für den Emittenten ein erhebliches **Haftungsrisiko**, da er für die Richtigkeit und Vollständigkeit der Übersetzung des gesamten Prospekttextes einzustehen hätte[3]. Selbst ein erheblicher Zeit- und Kostenaufwand für eine derartige Übersetzung kann **Ungenauigkeiten und Fehler** nicht völlig ausschließen, die zu Haftungsfällen mit erheblichen finanziellen Risiken für den Emittenten führen können[4]. 59

Die Frage, ob ein inländischer Emittent für grenzüberschreitende Emissionen einen (zusätzlichen) deutschsprachigen Wertpapierprospekt erstellen muss, ist auch ein wesentliches Kriterium für die **Attraktivität des Finanzplatzes**[5]. Die Sprachenregelung kann somit für die Wettbewerbsfähigkeit des Finanzplatzes Deutschland von erheblicher Bedeutung sein[6]. 60

Wäre es bei der strikt an der deutschen Sprache orientierten Fassung geblieben, hätte dies nach Ansicht des Zentralen Kreditausschusses[7] zu einer für den Finanzplatz Deutschland **nachteiligen Konstellation** geführt: Wählt der Emittent einen anderen Staat als Deutschland als Herkunftsstaat[8], kann er gleichwohl seine Wertpapiere in Deutschland öffentlich anbieten, ohne einen deutschsprachigen – von der BaFin geprüften – Wertpapierprospekt vorlegen zu müssen. Er hat lediglich für eine deutschsprachige Zusammenfassung seines regelmäßig in englischer Sprache abgefassten Wertpapierprospektes zu sorgen. Dies ergibt sich aus § 19 Abs. 4 WpPG im Zusammenhang mit § 18 WpPG. Wählt hingegen der Emittent für seine Emission Deutschland als Herkunftsstaat, muss er den gesamten Wertpapierprospekt in deutscher Sprache abfassen und – notgedrungen – zugleich in englischer Sprache, wenn er sein Angebot nicht auf Deutschland beschränken, sondern auch auf andere EU-Mitgliedstaaten ausdehnen will. Dies hätte sicherlich im Ergebnis dazu geführt, dass in- und ausländische Emittenten Deutschland als Ausgangspunkt für ihre Emissionen gemieden hätten. 61

Da es aber nicht im Sinne des Gesetzgebers sein konnte, dass der Finanzplatz Deutschland im internationalen Vergleich hinter **andere europäische Finanzplätze** 62

---

1 Stellungnahme der Deutschen Bundesbank v. 6.4.2005, S. 4.
2 *Grub/Thiem*, NZG 2005, 750 (751); *Sandberger*, EWS 2004, 297 (302).
3 *Grub/Thiem*, NZG 2005, 750 (751); *Crüwell*, AG 2003, 243 (248).
4 Stellungnahme des Deutschen Aktieninstituts (DAI) v. 8.4.2005, S. 18.
5 Stellungnahme des Zentralen Kreditausschusses (ZKA) v. 17.1.2005, S. 5; *Crüwell*, AG 2003, 243 (248), *Wolf* in FrankfurtKomm. WpPG, § 19 WpPG Rz. 4.
6 Stellungnahme des Deutschen Aktieninstituts (DAI) v. 22.2.2005, S. 3, 14.
7 Stellungnahme des Zentralen Kreditausschusses (ZKA) v. 17.1.2005, S. 6.
8 Dies ist allerdings nicht möglich in den Fällen des § 2 Nr. 13 lit. a WpPG (zB Aktien), wohl aber bei § 2 Nr. 13 lit. b und c WpPG.

zurückfällt, die bereits positiv im Gesetz die Verwendung anderer Sprachen erlauben[1], war eine Erweiterung des Vorschlags zu § 19 Abs. 3 WpPG, wie sie der Bundesrat vorgeschlagen hat, geboten. Genannt seien etwa Österreich oder Luxemburg, die ausdrücklich die Erstellung eines Wertpapierprospekts auch ausschließlich in der englischen, also der in Finanzkreisen gebräuchlichen, Sprache zulassen[2].

63 Die abgeänderte Sprachregelung des § 19 Abs. 3 WpPG ist damit geeignet, die **Wettbewerbsfähigkeit** des deutschen Finanzplatzes zu erhöhen[3] und der Erhaltung und Erhöhung der internationalen **Attraktivität des Finanzplatzes Deutschland** zu dienen[4]. Sie stellt einen weiteren Schritt zur Europäisierung des deutschen Finanzmarktes dar[5].

64 Ohnehin war eine solche Lockerung der gesetzlichen Vorgabe nötig, denn in der Praxis hätten sich Wege ergeben, das strenge Sprachregime zu umgehen. So wurde bereits ganz zu Anfang befürchtet, dass bei deutschen Emittenten die nach geltendem Recht bereits vorhandene Tendenz, unter Verwendung **ausländischer Tochtergesellschaften** auf der Basis eines englischsprachigen Wertpapierprospekts, Anleihen, Derivate oder (indirekte) Wandel- oder Optionsanleihen zu emittieren (sog. Emissionsvehikel[6]), noch weiter verstärkt werden würde[7]. Deutschland wäre dann nur noch Vermarktungsort gewesen, womit dem Anlegerschutz in keiner Weise gedient gewesen wäre[8].

65 Ein weiteres Argument für die flexible Sprachwahl ergab sich aus folgender Überlegung[9]: Ein Emittent mit Sitz im Ausland konnte vor Inkrafttreten des WpPG die Abfassung seines Verkaufsprospekts bzw. Börsenzulassungsprospekts in **englischer Sprache** von der BaFin gestatten lassen (§ 15 Abs. 1 Satz 2 VerkProspG aF bzw. § 13 Abs. 1 Satz 3 BörsZulV aF). Nach dem ursprünglichen Gesetzesentwurf für das WpPG wäre ihm diese Möglichkeit der Gestattung verwehrt worden, wenn er trotz

---

1 Gemeinsame Stellungnahme des Zentralen Kreditausschusses (ZKA), des Deutschen Derivate Instituts (DDI), des Derivate Forums und des Verbands der Auslandsbanken in Deutschland v. 22.2.2005, S. 25; Stellungnahme des Bundesrates, BT-Drucks. 15/5219 v. 7.4.2005, S. 4.
2 Gemeinsame Stellungnahme des Zentralen Kreditausschusses (ZKA), des Deutschen Derivate Instituts (DDI), des Derivate Forums und des Verbands der Auslandsbanken in Deutschland v. 22.2.2005, S. 25; Stellungnahme des Deutschen Aktieninstituts (DAI) v. 22.2.2005, S. 13 f. und v. 8.4.2005, S. 18 (in Bezug auf die dortigen Gesetzesentwürfe).
3 *Grub/Thiem*, NZG 2005, 750 (751).
4 *Grub/Thiem*, NZG 2005, 750 (751); Beschlussempfehlung und Bericht des Finanzausschusses, BT-Drucks. 15/5373 v. 21.4.2005, S. 85; Stellungnahme des Bundesrates, BT-Drucks. 15/5219 v. 7.4.2005, S. 4; Stellungnahme des Deutschen Aktieninstituts (DAI) v. 22.2.2005, S. 14; *Straßner* in Heidel, Aktienrecht und Kapitalmarktrecht, § 19 WpPG Rz. 4.
5 Beschlussempfehlung und Bericht des Finanzausschusses zum RegE, BT-Drucks. 15/5373 v. 21.4.2005, S. 81.
6 *Boos/Preuße*, Kreditwesen 2005, 523 (525).
7 Stellungnahme des Deutschen Aktieninstituts (DAI) v. 8.4.2005, S. 19.
8 Gemeinsame Stellungnahme des Deutschen Aktieninstituts (DAI) und des Bundesverbands der Deutschen Industrie (BDI) v. 3.1.2005, S. 15.
9 Stellungnahme des Zentralen Kreditausschusses (ZKA) v. 17.1.2005, S. 5 f.

seines Sitzes im Ausland Deutschland als Herkunftsmitgliedstaat gewählt hätte (möglich in den Fällen des § 2 Nr. 13 lit. b WpPG). Denn dann wäre **Deutsch die zwingend vorgeschriebene Sprache** gewesen. Für bestimmte Emittenten mit Sitz im Ausland wäre dies somit ein Rückschritt gewesen.

Es sprachen damit insgesamt überzeugende Argumente für eine **Öffnung des Wortlauts** des § 19 Abs. 3 Satz 1 WpPG hin zur Gestattung der Abfassung des Wertpapierprospekts in einer „in internationalen Finanzkreisen gebräuchlichen Sprache". 66

Dass von der Möglichkeit für Emittenten mit Herkunftsstaat Bundesrepublik Deutschland, Wertpapiere mittels eines von der BaFin gebilligten englischen Prospekts öffentlich anzubieten, Gebrauch gemacht wird, zeigen eine Vielzahl von Transaktionen seit Inkrafttreten des WpPG, bei denen ein Inlandsemittent seine Wertpapiere öffentlich sowohl im Inland als auch im europäischen Ausland angeboten hat. In vielen Fällen wurden die Wertpapiere dabei außer im Inland auch in **Luxemburg** oder **Österreich** öffentlich angeboten. Nach Notifizierung (siehe § 18 WpPG Rz. 7 ff.) des von der BaFin gebilligten Wertpapierprospekts erfolgt durch die BaFin keine Überprüfung, ob in den jeweiligen ausländischen Staaten tatsächlich ein öffentliches Angebot erfolgt ist[1]. 67

5. „Gebrochenes Sprachregime"

Grundsätzlich ist der Prospekt in sprachlicher Hinsicht **einheitlich** zu verfassen[2]. Die Einreichung eines vollständig zweisprachig verfassten Wertpapierprospekts, bei dem beide Sprachfassungen rechtsverbindlich sind, sieht die BaFin wie die Einreichung von zwei Prospekten an, die beide unabhängig voneinander geprüft und gebilligt werden müssen. Einen Abgleich hinsichtlich möglicher Widersprüche zwischen den beiden Prospekten nimmt die BaFin dabei nicht vor (siehe § 13 WpPG Rz. 12). Anleger könnten zwar möglicherweise von Ausführungen in einer zweiten Sprache profitieren[3], für die Aufsichtsbehörde und den Einreicher bedeutet dies jedoch einen erheblichen Mehraufwand und zusätzliche Kosten und Gebühren, und außerdem besteht das Risiko von Widersprüchen zwischen den beiden Sprachfassungen. Möchte der Emittent trotzdem eine Vollübersetzung des Prospekts aus **Marketinggründen** (also nicht als rechtlich verbindliche Fassung) benutzen, hat er darauf hinzuweisen, dass diese Prospektfassung nicht rechtlich verbindlich ist und nicht Gegenstand der behördlichen Billigung war. Sollen beide Prospektfassungen in einem Dokument abgedruckt werden, so müssen beide Teile dort deutlich getrennt werden (siehe oben Rz. 34)[4]. 68

Unter gewissen Umständen besteht jedoch die Möglichkeit, **einzelne Teile** des Wertpapierprospekts in **verschiedenen Sprachen** zu verfassen (sog. gebrochenes Sprachregime). Dieses Thema spielt insbesondere bei den Finanzinformationen eine Rolle, 69

---
1 *Linke* in Schäfer/Hamann, § 19 WpPG Rz. 5.
2 *Renz/Mentzer*, Leitfaden Wertpapierprospekte, S. 72; *Meyer* in Habersack/Mülbert/Schlitt, Unternehmensfinanzierung am Kapitalmarkt, § 36 Rz. 79.
3 So *Mattil/Möslein*, WM 2007, 819 (823).
4 *Ritz/Voß* in Just/Voß/Ritz/Zeising, § 19 WpPG Rz. 53.

da deren Übersetzung mit erheblichem zeitlichen Aufwand, hohen Kosten und zusätzlichen Haftungsrisiken verbunden ist. Nach Ansicht der BaFin (bezogen auf die von der BaFin anerkannten Sprachen, also Deutsch und Englisch) soll ein gebrochenes Sprachregime dann erlaubt sein, wenn (1.) eine Kohärenzprüfung möglich bleibt, (2.) der Prospekt lesbar und verständlich bleibt und (3.) die Sprachunterschiede auf klar abgrenzbare Teile des Prospekts beschränkt sind. Dies ist insbesondere der Fall bei dem Finanzteil, den Angaben zur Garantin, der Garantieerklärung, dem Registrierungsformular und den (verbindlichen) Emissionsbedingungen[1]. Zulässig ist es daher, zB die (verbindlichen) Emissionsbedingungen für eine durch einen deutschen Emittenten begebene Anleihe in dem deutschen Prospekt in englischer Sprache abzudrucken. Handelt es sich bei den englischsprachigen Emissionsbedingungen jedoch nur um eine unverbindliche Übersetzung, wäre ein Abdruck im Hauptteil des Prospekts nicht zulässig. Denkbar wäre dann nur der Abdruck in einem deutlich getrennten Anhang zum Wertpapierprospekt und mit ausdrücklichem Hinweis auf die Unverbindlichkeit der Übersetzung[2].

70 Die European Securities Markets Expert Group (ESME) hat in einem Bericht v. 5.9.2007[3] Kritik daran geäußert, dass es den Emittenten bislang nicht möglich ist, einen **vollständig zweisprachigen gebilligten Prospekt** zu veröffentlichen und hat daher eine Änderung der Prospektrichtlinie vorgeschlagen bzw. Schritte der zuständigen Behörden gefordert, die Einreichung eines bilingual verfassten Prospekts zu ermöglichen. Es wird damit argumentiert, dass oftmals ein Interesse der Emittenten bestehe, den Anlegern in der Sprache des Aufnahmemitgliedstaates mehr Informationen zur Verfügung zu stellen als es bisher möglich sei. Eine Übersetzung der Zusammenfassung werde teils als unzureichend angesehen. Mit einer Änderung der bestehenden unflexiblen Regelung könne verhindert werden, dass die „second language version" als ungebilligter Prospekt eingestuft werde oder als „marketing material". Es bleibt abzuwarten, ob die europäischen Gesetzgeber sich dieser Argumentation anschließen und im Rahmen der anstehenden Reform des europäischen Prospektrechts entsprechend berücksichtigen werden.

6. Problem: Basisprospekte

71 Aus dem Gesetzeswortlaut ist nicht ersichtlich, wie § 19 Abs. 3 Satz 1 WpPG auf Basisprospekte für den Fall auszulegen ist, dass unter dem Basisprospekt sowohl grenz-

---

1 *Mattil/Möslein*, WM 2007, 819 (823); *Straßner* in Heidel, Aktienrecht und Kapitalmarktrecht, § 19 WpPG Rz. 7; *Renz/Mentzer*, Leitfaden Wertpapierprospekte, S. 73; *Linke* in Schäfer/Hamann, § 19 WpPG Rz. 6; *Schlitt/Schäfer*, AG 2008, 525 (529); *Ritz/Voß* in Just/Voß/Ritz/Zeising, § 19 WpPG Rz. 45, 46.
2 *Ritz/Voß* in Just/Voß/Ritz/Zeising, § 19 WpPG Rz. 48.
3 Report on Directive 2003/71/EC of the European Parliament and of the Council on the prospectus to be published when securities are offered to the public or admitted to trading, abrufbar unter http://tinyurl.com/2xssmu, S. 22 f., vgl. hierzu auch den Annex unter http://tinyurl.com/2xlzw5, S. 27.

überschreitende als auch rein nationale Emissionen begeben werden[1]. Mit Rücksicht auf die **selbstständige Bedeutung** des Basisprospekts und die Wettbewerbsfähigkeit des Emissionsstandorts Deutschland ist die Wahlmöglichkeit des § 19 Abs. 3 Satz 1 WpPG **extensiv auszulegen**, so dass es zulässig ist, einen Basisprospekt in Englisch mit deutscher Zusammenfassung abzufassen, wenn mindestens eine Emission unter dem Basisprospekt grenzüberschreitend erfolgen soll[2]. Um diese Absicht glaubhaft zu machen, ist ein Antrag auf Notifizierung gemäß § 18 WpPG in einem weiteren EWR-Staat ausreichend. Ebenfalls zulässig ist der Abdruck von zweisprachigen Emissionsbedingungen und von zweisprachigen Risikohinweisen in einem Basisprospekt, wenn die Festlegung der rechtsverbindlichen Fassung erst in den endgültigen Bedingungen des Angebots erfolgt[3].

IX. Zusatzerfordernis zu § 19 Abs. 3 Satz 1 WpPG (§ 19 Abs. 3 Satz 2 WpPG)

1. Regelungsinhalt

In Übereinstimmung mit der in Art. 19 Abs. 2 Satz 2 Prospektrichtlinie enthaltenen Ermächtigung ist in § 19 Abs. 3 Satz 2 WpPG geregelt, dass, wird der Wertpapierprospekt eines inländischen Emittenten nicht in der deutschen Sprache erstellt, eine Übersetzung der **Zusammenfassung in die deutsche Sprache** erforderlich ist. Der ursprüngliche Regierungsentwurf sah hier noch ein Ermessen der BaFin entsprechend § 19 Abs. 1 WpPG vor[4]. 72

2. Zusammenfassung als „milderes Mittel"

Gerade um bei **grenzüberschreitenden Angeboten** die Anfertigung zahlreicher Übersetzungen zu vermeiden, kann die zuständige Behörde des Aufnahmemitgliedstaates gemäß Art. 19 Abs. 2 Satz 2 Prospektrichtlinie nicht fordern, dass der gesamte Wertpapierprospekt in ihre Amtssprache übersetzt wird[5]. Eine Pflicht, den gesamten Prospekt in alle relevanten Amtssprachen übersetzen zu müssen, würde grenzüber- 73

---

1 *Kullmann/Sester*, WM 2005, 1068 (1071); *Straßner* in Heidel, Aktienrecht und Kapitalmarktrecht, § 19 WpPG Rz. 5.
2 *Kullmann/Sester*, WM 2005, 1068 (1071); *Preuße* in Holzborn, § 19 WpPG Rz. 18; *Wolf* in FrankfurtKomm. WpPG, § 19 WpPG Rz. 23; BaFin in der Erklärung zu den Fragen zum Basisprospektregime vom 31.5.2012, zuletzt geändert am 4.6.2014, abrufbar unter http://www.bafin.de/SharedDocs/Veroeffentlichungen/DE/FAQ/faq_1205_neues_basisprospektregime.html; vgl. für weitere Argumente auch *von Kopp-Colomb/Seitz*, WM 2012, 1220 (1227), die davon sprechen, dass (*nur*) die Zusammenfassung in einer für den Anleger verständlichen Sprache zu präsentieren ist.
3 *Ritz/Voß* in Just/Voß/Ritz/Zeising, § 19 WpPG Rz. 49, 50; zum Prüfungsumfang der BaFin in diesen Fällen siehe Kommentierung zu § 13 WpPG Rz. 12.
4 Begr. RegE zum Prospektrichtlinie-Umsetzungsgesetz, BT-Drucks. 15/4999 v. 3.3.2005, S. 37.
5 *Fürhoff/Ritz*, WM 2001, 2280 (2282).

schreitende Angebote oder Mehrfachzulassungen behindern[1]. Zweck der Prospektrichtlinie war unter anderem, den Emittenten mit dem europäischen Pass den **„Rechtsvorteil der Einmalzulassung"** zu geben[2]. Da Prospektübersetzungen in der Praxis extrem aufwändig sind und trotz Einschaltung von spezialisierten Übersetzungsbüros nicht ohne die nachherige Prüfung und Überarbeitung von Rechtsanwälten und Wirtschaftsprüfern erstellt werden können[3], kann – vereinfachend gesprochen – bei grenzüberschreitenden Tatbeständen nur eine Übersetzung der Zusammenfassung in die Amtssprache des Aufnahmestaates verlangt werden, sofern der Prospekt „in einer in internationalen Finanzkreisen gebräuchlichen Sprache", dh. in Englisch, erstellt wurde[4]. Die Übersetzung der Zusammenfassung ist damit ein **Minus** verglichen mit dem Erfordernis einer Gesamtübersetzung.

74 Einen vollständigen Verzicht auf eine deutschsprachige Zusammenfassung hat der deutsche Gesetzgeber in Art. 19 Abs. 3 Satz 2 WpPG deshalb nicht zugelassen, weil es dem deutschen Anlegerpublikum ermöglicht werden soll, sich in einfacher Weise und in deutscher Sprache über das Angebot **zu informieren**[5].

3. Bedeutung der Zusammenfassung

75 Wichtig im vorliegenden Zusammenhang ist in erster Linie die Bedeutung, die hierdurch der Zusammenfassung zukommt. Nur diese steht dem breiten Anlegerpublikum des Zielstaates **in der Landessprache** zur Verfügung, was man aus Sicht des Anlegerschutzes kritisieren mag[6]. Bei grenzüberschreitenden Emissionen wendet sich der verbleibende Teil des Wertpapierprospekts in erster Linie an die „internationalen Finanzkreise"[7]. Die Zusammenfassung muss in den Hauptteil des Prospekts aufgenommen werden. Eine Beifügung als Anhang nach den Unterschriftenseiten ist nicht zulässig.

X. Herkunftsstaat Ausland, Angebot/Handel in Deutschland (§ 19 Abs. 4 Satz 1 WpPG)

1. Herkunftsstaat innerhalb des EWR

76 § 19 Abs. 4 WpPG regelt die Anforderungen an die Sprache für Wertpapierprospekte, die nicht von der BaFin gebilligt worden sind, also bei denen der **Herkunftsstaat**

---

1 *Wieneke*, NZG 2005, 109 (110).
2 *Wieneke*, NZG 2005, 109 (110); Erwägungsgrund Nr. 17 der Prospektrichtlinie, ABl. EU Nr. L 345 v. 31.12.2003, S. 64–89.
3 *Wieneke*, NZG 2005, 109 (110); *Crüwell*, AG 2003, 243 (248).
4 *Wieneke*, NZG 2005, 109 (110).
5 Beschlussempfehlung und Bericht des Finanzausschusses, BT-Drucks. 15/5373 v. 21.4.2005, S. 85; *Keunecke*, Prospekte im Kapitalmarkt, S. 134, Rz. 231.
6 *Wieneke*, NZG 2005, 109 (110); *Wieneke*, Anleger- und Funktionsschutz durch Kapitalmarktrecht, S. 42; kritisch: *Crüwell*, AG 2003, 243 (249).
7 *Wieneke*, NZG 2005, 109 (110).

des Emittenten nicht Deutschland ist, aber mittels denen im Inland ein öffentliches Angebot oder die Zulassung zum Handel an einem im Inland gelegenen organisierten Markt erfolgen soll. In diesen Fällen ist der Wertpapierprospekt in einer von der BaFin anerkannten oder in einer in internationalen Finanzkreisen gebräuchlichen Sprache, also auf Deutsch oder Englisch, zu erstellen. Der Wertpapierprospekt wird durch die zuständige Herkunftsstaat-Behörde gebilligt und an die BaFin notifiziert[1]. Diese prüft dann nicht mehr den Inhalt des Wertpapierprospekts, sondern nur, ob das Sprachregime des WpPG eingehalten wurde, also ob der Wertpapierprospekt in einer gemäß § 19 Abs. 4 WpPG zulässigen Sprache vorliegt[2] und – sofern erforderlich – eine deutsche Zusammenfassung (siehe oben Rz. 72 ff.) erstellt wurde[3]. Aufgrund eines Vorschlags von CESR werden in der Praxis auch im Herkunftsstaat gebilligte Prospekte von der BaFin im Notifizierungsverfahren anerkannt, wenn diese in einer vom Herkunftsstaat anerkannten Sprache verfasst sind, die nicht Deutsch oder Englisch ist, sofern eine (nicht im Herkunftsstaat gebilligte) Übersetzung des Prospekts in die deutsche oder englische Sprache mit an die BaFin übersandt wird und der gebilligte Prospekt eine deutsche Zusammenfassung enthält[4].

2. Herkunftsstaat außerhalb des EWR

Die Regelung des § 19 Abs. 4 WpPG gilt über die Verweisungsnorm des § 20 Abs. 2 WpPG auch für Prospekte, die nach den Rechtsvorschriften eines **Drittstaates** erstellt worden sind[5]. 77

XI. Zusatzerfordernis zu § 19 Abs. 4 Satz 1 WpPG (§ 19 Abs. 4 Satz 2 WpPG)

1. Übersetzung der Zusammenfassung

Gemäß § 19 Abs. 4 Satz 2 WpPG muss, falls der Wertpapierprospekt nicht gemäß § 19 Abs. 4 Satz 1 WpPG in deutscher Sprache erstellt wurde, eine **Übersetzung der Zusammenfassung** in die deutsche Sprache vorgelegt werden. Dies entspricht den Regelungen in § 19 Abs. 1 Satz 2 und Abs. 3 Satz 2 WpPG. Wertpapiere von Emittenten, deren Herkunftsstaat nicht Deutschland ist, können somit stets auf der Grundlage eines englischsprachigen Wertpapierprospekts angeboten werden, sofern dieser eine deutsche Übersetzung der Zusammenfassung enthält[6]. 78

---

1 *Schlitt/Wilczek* in Habersack/Mülbert/Schlitt, Handbuch der Kapitalmarktinformation, § 6 Rz. 36.
2 Nicht notwendig ist dabei die Übermittlung von per Verweis einbezogenen Angaben an die BaFin; vgl. Kommentierung zu § 17 WpPG Rz. 35; so auch *Wolf* in FrankfurtKomm. WpPG, § 19 WpPG Rz. 29.
3 § 17 Abs. 3 WpPG; zur Problematik der Veröffentlichung im Inland von nach Deutschland notifizierten Prospekten vgl. Kommentierung zu § 17 WpPG Rz. 25.
4 *Ritz/Voß* in Just/Voß/Ritz/Zeising, § 19 WpPG Rz. 58.
5 *Straßner* in Heidel, Aktienrecht und Kapitalmarktrecht, § 19 WpPG Rz. 8.
6 *Schlitt/Schäfer*, AG 2005, 498 (509).

2. Nachteile des Erfordernisses einer Zusammenfassung

79 Das **luxemburgische Gesetz** zur Umsetzung der Prospektrichtlinie sieht beispielsweise kein Übersetzungserfordernis der Zusammenfassung vor, wenn der Wertpapierprospekt auf Deutsch, Französisch, Englisch oder Luxemburgisch abgefasst ist[1]. Dass der deutsche Gesetzgeber von der optional in der Prospektrichtlinie vorgesehenen Möglichkeit Gebrauch gemacht hat, eine Übersetzung der Zusammenfassung vorzuschreiben, erweist sich somit sowohl im Hinblick auf Aktien von Emittenten, deren Herkunftsstaat nicht Deutschland ist, als auch indirekt begebener Wandel- oder Optionsanleihen als **Wettbewerbsnachteil** für die deutschen Börsen[2].

80 Außerdem bedeutet die Regelung einen **Rückschritt** im Vergleich zu der bis zur Umsetzung der Prospektrichtlinie geltenden Rechtslage, da bisher vom Erfordernis einer Übersetzung regelmäßig abgesehen wurde[3]. Insoweit gibt es dagegen die gleichen Kritikpunkte wie bei § 19 Abs. 3 Satz 2 WpPG.

3. § 19 Abs. 4 Satz 1 WpPG als „Kann"-Vorschrift?

81 Auffällig ist, dass der Gesetzgeber in den Fällen des § 19 Abs. 1 und 3 WpPG von „ist zu erstellen" spricht, in § 19 Abs. 2, 4 und 5 WpPG jedoch die Formulierung „kann erstellen" bzw. „kann erstellt werden" gebraucht hat. Dies eröffnet die Frage, ob § 19 Abs. 4 WpPG als echte **„Kann"-Vorschrift** auszulegen ist. Denn angenommen, der zugrundeliegende Wertpapierprospekt wurde in Portugal in Portugiesisch gebilligt und wird anschließend via europäischem Pass nach Deutschland notifiziert, dann dürfte streng nach dem Wortlaut des § 19 Abs. 4 WpPG das Wertpapier sogar auf Basis eines in Portugiesisch verfassten Prospekts, allerdings mit deutscher Übersetzung, im Inland angeboten werden[4] – vorausgesetzt, es ist dem Anbieter tatsächlich freigestellt, nach seinem Ermessen den Wertpapierprospekt übersetzen zu lassen.

82 Dagegen spricht, dass Art. 19 Abs. 3 der Prospektrichtlinie als zugrunde liegende umzusetzende Norm als „Muss"-Vorschrift konzipiert ist („… wird erstellt …"). Bei **europarechtskonformer Auslegung** des WpPG muss der Wertpapierprospekt folglich zusätzlich entweder in Deutsch oder in Englisch mit deutscher Zusammenfassung veröffentlicht werden[5].

83 Für eine zwingende Übersetzung spricht auch der **Anlegerschutz**, denn ein in einer anderen Sprache als Deutsch oder Englisch verfasster Wertpapierprospekt ist – abgesehen von der deutschen Übersetzung – für einen Großteil der potenziellen Anleger im Inland **unbrauchbar**. Während Englisch in Deutschland von nahezu allen am Finanzleben teilhabenden Personen so sicher beherrscht wird, dass ein englischsprachiger Wertpapierprospekt noch Informationszwecken dienen kann, gilt das für

---

[1] *Schlitt/Schäfer*, AG 2005, 498 (509); *Groß*, Kapitalmarktrecht, § 19 WpPG Rz. 4.
[2] *Schlitt/Schäfer*, AG 2005, 498 (509).
[3] *Schlitt/Schäfer*, AG 2005, 498 (509); *Heidelbach/Preuße*, BKR 2012, 402.
[4] *Kullmann/Sester*, WM 2005, 1068 (1071).
[5] *Kullmann/Sester*, WM 2005, 1068 (1071); *Straßner* in Heidel, Aktienrecht und Kapitalmarktrecht, § 19 WpPG Rz. 8 Fn. 25; *Preuße* in Holzborn, § 19 WpPG Rz. 20.

die anderen Sprachen des europäischen Auslands gerade nicht mehr. Damit wäre dem Wertpapierprospekt aber jede Grundlage entzogen, so dass man auch direkt bloß eine Zusammenfassung einzureichen und zu veröffentlichen bräuchte.

Außerdem spricht gegen eine Auslegung als echte **„Kann"-Vorschrift**, dass es einer solchen gar nicht bedurft hätte. Dass ein Emittent den Wertpapierprospekt außer in seiner Heimatsprache zusätzlich auf freiwilliger Basis in etlichen anderen Sprachen erstellen kann (die nicht Gegenstand der Billigung durch die zuständige Behörde sind), ist selbstverständlich und bedarf keiner gesetzlichen Klarstellung. Ob er in einer bestimmten Sprache erstellt werden **muss**, ist hingegen eine Information von weitreichender Bedeutung für den Emittenten, an deren gesetzlicher Klarstellung ein hohes Bedürfnis besteht. Somit ist die Formulierung in § 19 Abs. 4 WpPG als „muss" zu verstehen bzw. – da dem Emittenten ja immerhin ein eingeschränktes Wahlrecht eingeräumt wird – als **„kann ausschließlich"**. 84

XII. Nichtdividendenwerte (§ 19 Abs. 5 WpPG)

1. Sonderregelung

§ 19 Abs. 5 WpPG enthält eine **Sonderregelung** für die Sprache eines Wertpapierprospekts, mittels dessen Nichtdividendenwerte[1] mit einer Mindeststückelung von 100.000 Euro zum Handel an einem organisierten Markt zugelassen werden sollen. Die Erhöhung von 50.000 Euro auf 100.000 Euro im Zuge der Umsetzung der Richtlinie 2010/73/EU und der Änderung des Börsengesetzes vom 26.6.2012 folgt der Anhebung der Mindeststückelung zur Befreiung von der Prospektpflicht in § 3 Abs. 2 Nr. 3 und Nr. 4 WpPG. Hieran wurde § 19 Abs. 5 WpPG angeglichen. 85

In diesen Fällen kann der gesamte Wertpapierprospekt in einer von der BaFin und der zuständigen Behörde des Aufnahmestaats anerkannten[2] oder in einer in internationalen Finanzkreisen gebräuchlichen Sprache, also **in Deutsch oder Englisch**, erstellt werden, wobei das Wort „können" wie in § 19 Abs. 4 WpPG so zu verstehen ist, dass damit ein ausschließliches Können innerhalb des vorgeschlagenen Rahmens gemeint ist, nicht jedoch insgesamt von den gesetzlichen Vorschlägen abgewichen werden darf. 86

2. Kein Übersetzungserfordernis

Abweichend von der Regelung des § 19 Abs. 1 WpPG können Wertpapierprospekte dieser Art also **immer in Englisch** verfasst werden[3]. Ein Übersetzungserfordernis für eine Zusammenfassung ist nicht vorgesehen[4]. Das beruht darauf, dass gemäß 87

---

1 Vgl. Definition dieses Begriffs in § 2 Nr. 3 WpPG.
2 Dies bedeutet, dass sich die BaFin und alle betroffenen Aufsichtsbehörden „einig" sein müssen; dh. es käme derzeit nur Deutsch in Betracht.
3 *König*, ZEuS 2004, 251 (273).
4 *Holzborn/Israel*, ZIP 2005, 1668 (1673); *Schlitt/Wilczek* in Habersack/Mülbert/Schlitt, Handbuch der Kapitalmarktinformation, § 5 Rz. 39; *Schlitt/Schäfer*, AG 2005, 498 (509);

§ 5 Abs. 2 Satz 2 WpPG in dieser Fallkonstellation gar keine Zusammenfassung erstellt werden muss. Der Verzicht auf eine Zusammenfassung und daher auch auf eine Übersetzung derselben beruht darauf, dass es sich bei den Investoren in diese Wertpapiere aufgrund der hohen Mindeststückelung in der Regel nicht um Kleinanleger handelt, so dass ein in englischer Sprache abgefasster Prospekt ohne deutsche Zusammenfassung keine Verständnisschwierigkeiten bereiten sollte.

3. Sachlicher Anwendungsbereich

88 Der Handel mit den Nichtdividendenwerten muss an einem organisierten Markt in einem Staat oder mehreren Staaten des Europäischen Wirtschaftsraums stattfinden. Darunter fällt auch der Handel an einem organisierten Markt in der Bundesrepublik Deutschland.

§ 20
Drittstaatemittenten

(1) Die Bundesanstalt kann einen Prospekt, der von einem Emittenten nach den für ihn geltenden Rechtsvorschriften eines Staates, der nicht Staat des Europäischen Wirtschaftsraums ist, erstellt worden ist, für ein öffentliches Angebot oder die Zulassung zum Handel an einem organisierten Markt billigen, wenn

1. dieser Prospekt nach den von internationalen Organisationen von Wertpapieraufsichtsbehörden festgelegten internationalen Standards, einschließlich der Offenlegungsstandards der International Organisation of Securities Commissions (IOSCO), erstellt wurde und
2. die Informationspflichten, auch in Bezug auf Finanzinformationen, den Anforderungen dieses Gesetzes gleichwertig sind.

(2) Die §§ 17, 18 und 19 sind entsprechend anzuwenden.

(3) Das Bundesministerium der Finanzen kann im Einvernehmen mit dem Bundesministerium der Justiz und für Verbraucherschutz durch Rechtsverordnung, die nicht der Zustimmung des Bundesrates bedarf, bestimmen, unter welchen Voraussetzungen die Informationspflichten gleichwertig im Sinne des Absatzes 1 Nr. 2 sind. Dies kann auch in der Weise geschehen, dass Vorschriften bezeichnet werden, bei deren Anwendung die Gleichwertigkeit gegeben ist. Das Bundesministerium der Finanzen kann die Ermächtigung durch Rechtsverordnung auf die Bundesanstalt für Finanzdienstleistungsaufsicht übertragen.

Renz/Mentzer, Leitfaden Wertpapierprospekte, S. 74; *Wolf* in FrankfurtKomm. WpPG, § 19 WpPG Rz. 33.

In der Fassung vom 22.6.2005 (BGBl. I 2005, S. 1698), zuletzt geändert durch die Zehnte Zuständigkeitsanpassungsverordnung vom 31.8.2015 (BGBl. I 2015, S. 1474).

Schrifttum: *Christ*, Der Einfluss der EU-Prospektrichtlinie auf das Wertpapierprospekthaftungsrecht in der Bundesrepublik Deutschland, 2007; *Crüwell*, Die europäische Prospektrichtlinie, AG 2003, 243; *König*, Die neue europäische Prospektrichtlinie – Eine kritische Analyse und Überlegungen zur Umsetzung in das deutsche Kapitalmarktrecht, ZEuS 2004, 251; *Kollmorgen/Feldhaus*, Zur Prospektpflicht bei aktienbasierten Mitarbeiterbeteiligungsprogrammen, BB 2007, 225; *Kunold/Schlitt*, Die neue EU-Prospektrichtlinie – Inhalt und Auswirkungen auf das deutsche Kapitalmarktrecht, BB 2004, 501; *Sandberger*, Die EU-Prospektrichtlinie – Europäischer Pass für Emittenten, EWS 2004, 297; *Schlitt/Schäfer*, Auswirkungen des Prospektrichtlinie-Umsetzungsgesetzes auf Aktien- und Equity-linked Emissionen, AG 2005, 498; *Seitz*, Das neue Wertpapierprospektgesetz, AG 2005, 678; *Wagner*, Der Europäische Pass für Emittenten – die neue Prospektrichtlinie, Die Bank 2003, 680.

I. Regelungsinhalt	1	b) Ausblick	17a
II. Normentwicklung	5	6. Liste über erfolgreiche Verfahren	18
III. Intention des Gesetzgebers	7	7. Rechtsfolge: Ermessen	20
IV. Billigungsmöglichkeit für Prospekte eines Drittstaatemittenten (§ 20 Abs. 1 WpPG)	8	V. Entsprechende Anwendung der §§ 17–19 WpPG (§ 20 Abs. 2 WpPG)	23
1. Drittstaatemittent	9	VI. Verordnungsermächtigung (§ 20 Abs. 3 WpPG)	24
2. Andere Rechtsvorschriften	10	1. Allgemeines	25
3. Zuständige Behörde	11	2. Vorgehensweise bei der Erstellung der Verordnung (§ 20 Abs. 3 Satz 2 WpPG)	26
4. Internationale Standards (§ 20 Abs. 1 Nr. 1 WpPG)	13		
5. Gleichwertigkeit der Informationen (§ 20 Abs. 1 Nr. 2 WpPG)	15	3. Übertragung der Verordnungsermächtigung (§ 20 Abs. 3 Satz 3 WpPG)	27
a) Neue ESMA-Rahmenbedingungen für Drittstaatenprospekte	17		

I. Regelungsinhalt

Will ein Drittstaatemittent Wertpapiere in einem Mitgliedstaat des EWR anbieten oder zum Handel an einem geregelten Markt zulassen, so ist auch er **prospektpflichtig**; er hat einen Wertpapierprospekt nach den Vorschriften der EU-Prospektrichtlinie zu erstellen, diesen durch die zuständige Behörde eines EWR-Mitgliedstaates prüfen und billigen zu lassen und anschließend zu veröffentlichen[1]. Die Voraussetzungen für die Billigung eines solchen Wertpapierprospekts durch die BaFin regelt § 20 WpPG.

---

1 *Sandberger*, EWS 2004, 297 (302).

2 § 20 Abs. 1 WpPG gibt der BaFin die Befugnis, einen nach den Rechtsvorschriften eines Drittstaates erstellten Wertpapierprospekt zu billigen.

3 § 20 Abs. 2 WpPG verweist hinsichtlich des Verfahrens und der Sprachanforderungen, wenn der gemäß § 20 Abs. 1 WpPG erstellte und gebilligte Wertpapierprospekt für ein grenzüberschreitendes öffentliches Angebot oder die Zulassung von Wertpapieren zum Handel an einem organisierten Markt genutzt werden, auf die §§ 17 bis 19 WpPG. In diesen Fällen sind insbesondere das Notifizierungsverfahren nach § 18 WpPG durchzuführen und die Sprachanforderungen des § 19 WpPG zu erfüllen[1].

4 § 20 Abs. 3 WpPG regelt, dass die näheren Einzelheiten hinsichtlich der Voraussetzungen, die Informationspflichten gemäß den Rechtsvorschriften eines Drittstaats erfüllen müssen, damit die nach jenen Pflichten erstellten Wertpapierprospekte gebilligt werden können, durch Rechtsverordnung geregelt werden können[2].

II. Normentwicklung

5 § 20 WpPG dient der Umsetzung von Art. 20 der Prospektrichtlinie[3]. Im ursprünglichen Richtlinienvorschlag[4] war die Regelung bezüglich Drittstaatemittenten noch in Art. 18 der Prospektrichtlinie enthalten, seit dem geänderten Kommissionsvorschlag[5] wurde die Regelung in Art. 20 der Prospektrichtlinie verlagert. Anders als beispielsweise § 19 WpPG unterlag § 20 WpPG im nationalen Gesetzgebungsverfahren **keinen Veränderungen**[6]. Lediglich der Wortlaut der Prospektrichtlinie wurde im Laufe des Verfahrens auf europarechtlicher Ebene abgewandelt.

6 Da es sich bei dem WpPG um die Umsetzung europäischen Rechts in nationales Recht handelt, sind die Normen dieses Gesetzes gemeinschaftsrechtskonform und damit richtlinienkonform auszulegen[7].

III. Intention des Gesetzgebers

7 § 20 WpPG ermöglicht es, Emittenten aus Drittstaaten[8] in das Notifizierungsverfahren einzubeziehen. Dadurch, dass auch solche Emittenten die Möglichkeit ha-

---

1 *Groß*, Kapitalmarktrecht, § 20 WpPG Rz. 2; *R. Müller*, Nomos Kommentar Wertpapierprospektgesetz, 2012, § 20 WpPG Rz. 2.
2 *Groß*, Kapitalmarktrecht, § 20 WpPG Rz. 3.
3 Begr. RegE Prospektrichtlinie-Umsetzungsgesetz, BT-Drucks. 15/4999 v. 3.3.2005, S. 38.
4 Kommissionsvorschlag, ABl. EG Nr. C 240 E v. 28.8.2001, S. 272, 279.
5 Geänderter Kommissionsvorschlag v. 9.8.2002, ABl. EG Nr. C 20 E v. 28.1.2003, S. 122, 149.
6 Stellvertretend hierfür: Beschlussempfehlung und Bericht des Finanzausschusses, BT-Drucks. 15/5373 v. 21.4.2005, S. 32.
7 *Groß*, Kapitalmarktrecht, Vorbemerkungen zum WpPG Rz. 5; *Seitz*, AG 2005, 678 (678).
8 Dh. Staaten, die nicht solche des Europäischen Wirtschaftsraums (EWR) sind.

ben, Inhaber des sog. „**Europäischen Passes**" für Emittenten zu werden, wird die Attraktivität des europäischen Finanzmarktes erheblich gesteigert[1].

IV. Billigungsmöglichkeit für Prospekte eines Drittstaatemittenten (§ 20 Abs. 1 WpPG)

§ 20 Abs. 1 WpPG regelt die Befugnis der BaFin, einen nach den Rechtsvorschriften eines Drittstaats erstellten Wertpapierprospekt zu billigen mit der Folge einer europaweit möglichen Verwendung[2]. Mit der erfolgreichen Billigung des Wertpapierprospekts durch die BaFin erhält der Emittent aus dem Drittstaat den sog. „Europäischen Pass" auf gleicher Grundlage wie europäische Emittenten[3]. 8

1. Drittstaatemittent

Damit der Anwendungsbereich des § 20 WpPG eröffnet ist, muss es sich um einen Emittenten aus einem Drittstaat (siehe oben Rz. 7 Fn. 8) handeln. 9

2. Andere Rechtsvorschriften

Es muss ein Wertpapierprospekt vorliegen, der nach Rechtsvorschriften erstellt wurde, die nicht für Staaten des europäischen Wirtschaftsraums gelten, also zB ein Wertpapierprospekt, der nach US-amerikanischem Recht erstellt worden ist. 10

3. Zuständige Behörde

Die BaFin muss als **zuständige Behörde** mit der Billigung betraut sein. Für Drittstaatemittenten gilt grundsätzlich als zuständig diejenige Behörde des Mitgliedstaates, in dem der Drittstaatenemittent Wertpapiere erstmals nach In-Kraft-Treten der Prospektrichtlinie öffentlich anbieten möchte oder in dem zum ersten Mal eine Zulassung von Wertpapieren zum Handel an einen organisierten Markt erfolgen soll, § 2 Nr. 13 lit. c WpPG[4]. Damit ist festgelegt, dass dieser Staat zukünftig für alle öffentlichen Wertpapierangebote und -zulassungen des betreffenden Drittstaatenemittenten im europäischen Wirtschaftsraum Herkunftsmitgliedstaat ist. Diesbezüglich hat der Emittent somit ein **einmaliges Wahlrecht**. Er kann durch sein Verhalten bestimmen, welches Land „sein" Herkunftsstaat sein soll. 11

---

1 *Crüwell*, AG 2003, 243 (249); *Straßner* in Heidel, Aktienrecht und Kapitalmarktrecht, § 20 WpPG Rz. 1; *Linke* in Schäfer/Hamann, § 20 WpPG Rz. 1.
2 Begr. RegE Prospektrichtlinie-Umsetzungsgesetz, BT-Drucks. 15/4999 v. 3.3.2005, S. 38.
3 *Straßner* in Heidel, Aktienrecht und Kapitalmarktrecht, § 20 WpPG Rz. 1.
4 *Wagner*, Die Bank 2003, 680 (684); *Sandberger*, EWS 2004, 297 (302); *König*, ZEuS 2004, 251 (269); *Kunold/Schlitt*, BB 2004, 501 (511); *Schlitt/Schäfer*, AG 2005, 498 (509); *Wolf* in FrankfurtKomm. WpPG, § 20 WpPG Rz. 2.

12 Beschließt der Drittstaatemittent also, seine Wertpapiere erstmals in Deutschland öffentlich anzubieten oder in Deutschland zum ersten Mal zum Handel an einem organisierten Markt zuzulassen, ist die BaFin **zuständige Prospekt-Billigungsbehörde**. Waren die Wertpapiere dagegen bereits zum Handel an einem organisierten Markt zugelassen, ohne dass der Emittent diesen gewählt hat, konnten Drittstaatemittenen Deutschland noch bis spätestens **31.12.2005** durch Mitteilung an die BaFin als Herkunftsmitgliedstaat wählen (§ 31 Abs. 1 Satz 1 WpPG).

4. Internationale Standards (§ 20 Abs. 1 Nr. 1 WpPG)

13 Für die Prospekterstellung eines Emittenten aus einem Drittstaat gilt, dass sein Wertpapierprospekt nach **internationalen Offenlegungsstandards**, zB der Offenlegungsstandards der International Organization of Securities Commissions (IOSCO, siehe unten Rz. 16), erstellt worden sein muss und die Informationspflichten auch in Bezug auf Finanzinformationen mit den Anforderungen der Richtlinie gleichwertig sein müssen[1].

14 Da außerhalb der europäischen Mitgliedstaaten die Anforderungen an die Prospekterstellung sehr unterschiedlich ausgestaltet sind, ist es notwendig, dass die zu billigenden nichteuropäischen Wertpapierprospekte, sofern sie im europäischen Wirtschaftsraum verwendet werden, einem ähnlich strengen Prüfungsmaßstab unterzogen werden. Ohne eine gewisse Übereinstimmung mit europäischen Standards kann und soll Drittstaatemittenten kein „Europäischer Pass" ausgestellt werden. Daher ist das Erfordernis der Einhaltung eines internationalen Standards von großer Bedeutung. Im Vorfeld der Verabschiedung der Prospektrichtlinie wurde von Marktteilnehmern verschiedentlich vertreten, dass die Einhaltung der **IOSCO-Standards** eine notwendige Voraussetzung für die mitgliedstaatliche Genehmigung eines Wertpapierprospekts sei, der für ein Angebot oder eine Zulassung zum Handel in einem Drittland erstellt wurde[2]. Diese Standards helfen dem Emittenten einzuschätzen, ob sein Wertpapierprospekt einer Billigung standhalten kann, sind also gewissermaßen eine Orientierungshilfe. **Beispielhaft** sind daher in § 20 Abs. 1 Nr. 1 WpPG die Offenlegungsstandards der International Organization of Securities Commissions (IOSCO) genannt[3]. Es ist derzeit noch unklar, auf welche sonstigen Offenlegungsstandards von welchen sonstigen internationalen Organisationen von Wertpapier-

---

1 *Wagner*, Die Bank 2003, 680 (684); *Sandberger*, EWS 2004, 297 (302); *Renz/Mentzer*, Leitfaden Wertpapierprospekte, S. 26; *Christ*, EU-Prospektrichtlinie, S. 113; *Kollmorgen/Feldhaus*, BB 2007, 225 (228).
2 So zB die Stellungnahme der Europäischen Zentralbank v. 16.11.2001 zum Richtlinienvorschlag, ABl. EG Nr. C 344 v. 6.12.2001, S. 4, 5.
3 Für *Equity* Securities: International Disclosure Standards for Cross-Border Offerings and Initial Listings by Foreign Issuers, September 1998, abrufbar unter: http://www.iosco.org/library/pubdocs/pdf/IOSCOPD81.pdf; für *Debt* Securities: International Disclosure Principles for Cross-Border Offerings and Listings of Debt Securities by Foreign Issuers, March 2007, abrufbar unter: http://www.iosco.org/library/pubdocs/pdf/IOSCOPD242.pdf.

behörden außer IOSCO hier Bezug genommen wird[1], da solche derzeit nicht existieren[2].

5. Gleichwertigkeit der Informationen (§ 20 Abs. 1 Nr. 2 WpPG)

Zusätzlich[3] müssen die Informationspflichten, denen der außereuropäische Emittent durch das jeweilige ausländische Recht unterliegt, den Anforderungen des WpPG **gleichwertig** sein. Dieses Entsprechenserfordernis ist zwar im zweiten Kommissionsvorschlag auf Vorschlag des Europäischen Parlaments[4] etwas abgeschwächt worden („broadly equivalent" statt „equivalent" bzw. „nahezu gleichwertig" statt „gleichwertig"), diese abgeschwächte Form fand aber keine Mehrheit. Stattdessen wurde der Wortlaut von § 20 Abs. 1 Nr. 2 WpPG wieder gestrafft: Es wird letztendlich gefordert, dass die genannten Informationspflichten gleichwertig und nicht nur weitgehend gleichwertig sind[5].

15

In der Praxis werden also grundsätzlich nur Emittenten weniger Staaten eine Prospektanerkennung erreichen können[6]. Die nächstliegenden Kandidaten sind Emittenten aus den **USA**, bei denen allerdings angesichts der erheblichen, in Teil II der IOSCO Standards beschriebenen Abweichungen von den IOSCO Standards Zweifel angebracht sind, ob eine Gleichwertigkeit zu bejahen sein wird[7]. In **Frankreich** und den **Niederlanden**, wo jeweils die Prospektrichtlinie auch umgesetzt wurde, gab es allerdings bereits Billigungen von Wertpapierprospekten amerikanischer Emittenten durch die jeweilige Aufsichtsbehörde[8]. Aufgrund der europaweiten Geltung über das Notifizierungsverfahren (siehe unten Rz. 23) konnten diese Wertpapierprospekte sodann auch in Deutschland verwendet werden. Fälle aus der deutschen Praxis sind bislang noch nicht bekannt[9]. Daher kann derzeit noch nicht beurteilt werden, welche gesetzlichen Regelungen zur Erstellung, Billigung und Veröffentlichung von Wertpapierprospekten eines ausländischen Staates gemäß § 20 Abs. 1 Nr. 2 WpPG als gleichwertig einzustufen sind. CESR hatte am 17.12.2008 eine Stellungnahme veröffentlicht, in der es ankündigte, dass es dabei sei zu prüfen, wie die gesetzlichen Prospektanforderungen in den **USA** und in **Israel** seien, und dass nach Abschluss

16

---

1 *Kollmorgen/Feldhaus*, BB 2007, 225 (228); *Just* in Just/Voß/Ritz/Zeising, § 20 WpPG Rz. 9; *Straßner* in Heidel, Aktienrecht und Kapitalmarktrecht, § 20 WpPG Rz. 4 Fn. 8.
2 *Straßner* in Heidel, Aktienrecht und Kapitalmarktrecht, § 20 WpPG Rz. 2; *Wolf* in FrankfurtKomm. WpPG, § 20 WpPG Rz. 6.
3 Vgl. den Wortlaut: „und".
4 Standpunkt des Europäischen Parlaments v. 14.3.2002, ABl. EU Nr. C 47 E v. 27.2.2003, S. 525, 539.
5 Gemeinsamer Standpunkt (EG) Nr. 25/2003, vom Rat festgelegt am 24.3.2003, ABl. EU Nr. C 125 E v. 27.5.2003, S. 21, 55.
6 *Crüwell*, AG 2003, 243 (249); *R. Müller*, Nomos Kommentar Wertpapierprospektgesetz, 2012, § 20 WpPG Rz. 1.
7 *Crüwell*, AG 2003, 243 (249).
8 *Michels/Zech*, Going Public Magazin, Sonderheft Kapitalmarktrecht 2009, S. 33; vgl. auch *Wolf* in FrankfurtKomm. WpPG, § 20 WpPG Rz. 9 Fn. 22.
9 Auskunft der BaFin, Stand September 2016.

dieser Prüfung hierzu eine neue Stellungnahme ergehen werde[1]. Erst im Juni 2015 erfolgte dann eine darauf bezogene konkrete Aussage zu Israel (siehe Rz. 17 aE).

a) Neue ESMA-Rahmenbedingungen für Drittstaatenprospekte

17 Im März 2013 hat die ESMA Rahmenbedingungen für die Überprüfung von Drittstaatenprospekten veröffentlicht[2]. Dort wird beschrieben, wie ein Drittstaatenemittent, der einen Prospekt im Einklang mit den dortigen Voraussetzungen veröffentlicht hat, die Anforderungen an die Prospektrichtlinie erfüllen kann. Der Vorschlag sieht vor, dass die für eine Veröffentlichung im EWR **zusätzlich erforderlichen Informationen** in einem externen Dokument (sog. *Wrap*) dem Prospekt beigefügt werden können, um eine Übereinstimmung mit der Prospektrichtlinie zu erreichen[3]. Der Drittstaatenprospekt und die ergänzten Dokumente können dann von der zuständigen Behörde eines Mitgliedstaates zusammen als ein einheitlicher Prospekt gebilligt werden[4]. Der Vertrieb im EWR ist dann ausschließlich als **zusammengesetzter Prospekt** möglich[5]. ESMA hat dabei die zusätzlich notwendigen Angaben in den Annexen I, II, III, XXIII, XXIV, XXV und XXX aufgelistet und in die Kategorien A und B unterteilt[6]. Fehlende Informationen der Kategorie A müssen in jedem Fall im Zusatzdokument unter denselben Voraussetzungen wie in der Prospektrichtlinie aufgeführt sein[7]. Fehlende Informationen der Kategorie B müssen im Zusatzdokument ebenfalls aufgeführt werden, wenn der Drittstaatemittent nicht nachweist, dass sein Prospekt den Mitteilungspflichten nach der Prospektrichtlinie genügt[8]. Im Gegensatz zu Informationen nach Kategorie A genügt es für Angaben

---

1 CESR Statement, Assessment on the Equivalence of Prospectuses from non-EEA Jurisdictions (Article 20.1 Prospectus Directive), 17.12.2008, CESR/08-972; *Straßner* in Heidel, Aktienrecht und Kapitalmarktrecht, § 20 WpPG Rz. 2.
2 ESMA/2013/317, Opinion: Framework for the assessment of third country prospectuses under Article 20 of the Prospectus Directive, abrufbar unter http://www.esma.europa.eu/system/files/2013-317.pdf.
3 Vgl. ESMA/2013/317, Opinion: Framework for the assessment of third country prospectuses under Article 20 of the Prospectus Directive, abrufbar unter http://www.esma.europa.eu/system/files/2013-317.pdf, S. 1 Nr. 4.
4 Vgl. ESMA/2013/317, Opinion: Framework for the assessment of third country prospectuses under Article 20 of the Prospectus Directive, abrufbar unter http://www.esma.europa.eu/system/files/2013-317.pdf, S. 3 Nr. 6, 8.
5 Vgl. ESMA/2013/317, Opinion: Framework for the assessment of third country prospectuses under Article 20 of the Prospectus Directive, abrufbar unter http://www.esma.europa.eu/system/files/2013-317.pdf, S. 3 Nr. 7.
6 Vgl. ESMA/2013/317, Opinion: Framework for the assessment of third country prospectuses under Article 20 of the Prospectus Directive, abrufbar unter http://www.esma.europa.eu/system/files/2013-317.pdf, S. 2 Nr. 2.1 ff.; *Preuße* in Holzborn, § 20 WpPG Rz. 3.
7 Vgl. ESMA/2013/317, Opinion: Framework for the assessment of third country prospectuses under Article 20 of the Prospectus Directive, abrufbar unter http://www.esma.europa.eu/system/files/2013-317.pdf, S. 2 Nr. 2.2.a.
8 Vgl. ESMA/2013/317, Opinion: Framework for the assessment of third country prospectuses under Article 20 of the Prospectus Directive, abrufbar unter http://www.esma.europa.eu/system/files/2013-317.pdf, S. 2 Nr. 2.2.b.

nach Kategorie B, dass sie substanziell im Drittstaatenprospekt vorhanden sind[1]. Es bleibt abzuwarten, wie und ob sich dieser Vorschlag in der Praxis durchsetzen wird. Am 29.6.2015 hat die ESMA basierend auf Art. 29(1)(a) der ESMA Regulation[2] eine sog. Opinion veröffentlicht[3], in der ESMA die Meinung äußert, dass ein Prospekt, der im Einklang mit den geltenden **israelischen** Gesetzen und Regularien erstellt wurde, zusammen mit einem entsprechenden Wrap, in dem die zusätzliche Informationen enthalten sind, die in Annex A, B und C zu der ESMA Opinion aufgelistet werden, einen wirksamen Prospekt iS der Prospektrichtlinie darstellen könne und daher durch die zuständige Aufsichtsbehörde in dem betroffenen Mitgliedstaat gebilligt werden könne[4]. Weitere konkrete Aussagen zur Einstufung von Prospekten von einzelnen Drittstaatenemittenten sind bisher nicht erfolgt[5].

b) Ausblick

Im Februar 2015 hat die Europäische Kommission angekündigt, die **Prospektrichtlinie zu überarbeiten**[6]. Im Hinblick auf Art. 20 der Richtlinie wird die Einführung einheitlicher Kriterien für Drittstaatenprospekte auf europäischer Ebene angedacht. Die momentanen Einzelentscheidungen, ob ein Drittstaatenprospekt nach nationalem Recht gebilligt werde, könnten grenzüberschreitende Investitionen behindern, so die Kommission[7]. Ohnehin seien die von ESMA entwickelten Rahmenbedingungen für eine Billigung von Drittstaatenprospekten bisher nur unzureichend angewendet worden und zudem nicht bindend[8]. Die im Rahmen der Konsultation vom

17a

---

1 *Preuße* in Holzborn, § 20 WpPG Rz. 3.
2 Regulation (EU) No 1095/2010 of the European Parliament and of the Council of 24 November 2010 establishing a European Supervisory Authority (European Securities and Markets Authority), amending Decision No 716/2009/EC and repealing Commission Decision 2009/77/EC.
3 ESMA assessment of Israeli laws and regulations on prospectuses, ESMA/2015/1015, abrufbar unter www.esma.europa.eu/sites/default/files/library/2015/11/esma-2015-1015-opinion_on_israel_prospectus_framework.pdf.
4 Siehe vorherige Fn., im dortigen Dokument S. 2, Rz. 7: „In ESMA's view, a prospectus drawn up according to Israeli laws and regulations, together with a wrap containing the information set out in the annex A, B or C to this opinion (as applicable), could constitute a valid prospectus under the Prospectus Directive for the purposes of its approval by the home competent authority of a Member State."
5 Stand: September 2016.
6 Consultation Document on the Review of the Prospectus Directive 2003/71/EC, abrufbar unter http://ec.europa.eu/finance/consultations/2015/prospectus-directive/docs/consultation-document_en.pdf.
7 Consultation Document on the Review of the Prospectus Directive 2003/71/EC, S.25 C.6., abrufbar unter http://ec.europa.eu/finance/consultations/2015/prospectus-directive/docs/consultation-document_en.pdf.
8 Consultation Document on the Review of the Prospectus Directive 2003/71/EC, S.25 C.6., abrufbar unter http://ec.europa.eu/finance/consultations/2015/prospectus-directive/docs/consultation-document_en.pdf.

18.2. bis zum 13.5.2015 bei der EU-Kommission eingegangenen Stellungnahmen[1] werden derzeit ausgewertet. Die weitere Entwicklung bleibt hier abzuwarten[2].

6. Liste über erfolgreiche Verfahren

18 Der erste Kommissionsvorschlag enthielt zunächst eine Regelung, die besagte, dass jeder Mitgliedstaat der Kommission unverzüglich eine Liste der Emittenten, die ihren Sitz in einem Drittland haben und deren Wertpapierprospekte genehmigt wurden, übermitteln solle. Diese Liste wäre dann zweimal jährlich zu aktualisieren gewesen[3]. Dieser Vorschlag wurde jedoch **nicht in die Richtlinie aufgenommen**[4] und ist daher auch nicht im WpPG enthalten, auch wenn eine solche Liste aus Sicht der Emittenten sinnvoll gewesen wäre. Man hätte so in der Praxis eine Orientierung gehabt und abschätzen können, welche fremden Rechtsvorschriften die BaFin im Rahmen von § 20 Abs. 1 WpPG akzeptiert.

19 Auch in der **Literatur** entstand bereits frühzeitig der Vorschlag, die BaFin solle eine Liste der Staaten erstellen, deren Wertpapierprospekte die Anforderungen erfüllen[5]. So könne die Arbeitsbelastung reduziert werden und das Billigungsverfahren übersichtlicher gestaltet werden. Bislang ist dieser Vorschlag jedoch (noch) nicht umgesetzt worden. Allerdings hat die **ESMA** im Zusammenhang mit der Veröffentlichung der neuen Rahmenbedingungen für Drittstaatenprospekte im März 2013 angekündigt, ein spezielles Informationspapier herauszubringen, in dem aufgelistet werden soll, welche zusätzlichen Angaben bei einem unter einem bestimmten Drittstaatenregime gebilligten Prospekt notwendig sind[6]. Dies ist bisher nicht erfolgt[7].

7. Rechtsfolge: Ermessen

20 § 20 Abs. 1 WpPG räumt der BaFin einen **Ermessensspielraum** dadurch ein, dass sie gemäß seinem Wortlaut den Wertpapierprospekt **billigen kann**[8]. Dies trägt vor allem dem Umstand Rechnung, dass das Merkmal „gleichwertig" ein unbestimmter Rechtsbegriff ist. Die BaFin muss jeweils im Einzelfall prüfen, ob tatsächlich eine Gleichwertigkeit bejaht werden kann. Die BaFin prüft im Rahmen eines Billigungsverfahrens nach § 20 WpPG also nicht die Vollständigkeit, Kohärenz und Verständ-

---

1 Abrufbar unter: http://ec.europa.eu/finance/consultations/2015/prospectus-directive/index_de.htm.
2 Stand: September 2016.
3 Richtlinienvorschlag der Kommission v. 1.6.2001, ABl. EG Nr. C 204 E v. 28.8.2001, S. 272, 279, Art. 18 Abs. 1.
4 Vgl. die Prospektrichtlinie (2003/71/EG), ABl. EU Nr. L 345 v. 31.12.2003, S. 64.
5 *Crüwell*, AG 2003, 243 (249).
6 Vgl. ESMA/2013/317, Opinion: Framework for the assessment of third country prospectuses under Article 20 of the Prospectus Directive, abrufbar unter http://www.esma.europa.eu/system/files/2013-317.pdf, S- 2 f. Nr. 2.
7 Stand: September 2016.
8 *Preuße* in Holzborn, § 20 WpPG Rz. 2; *Straßner* in Heidel, Aktienrecht und Kapitalmarktrecht, § 20 WpPG Rz. 6.

lichkeit des Prospekts wie bei einem inländischen Billigungsverfahren gemäß § 13 Abs. 1 WpPG, sondern nur, ob die Bestimmungen des jeweiligen Drittstaates erfüllt sind (Plausibilitätskontrolle) und der Prospektinhalt den IOSCO-Standards entspricht und den Anforderungen des WpPG gleichwertig ist[1].

Liegen die Voraussetzungen für eine Billigung nach sorgfältiger Einschätzung der Sachlage vor, **reduziert** sich das **Ermessen** der BaFin **auf Null**. Der Anspruch auf ermessensfehlerfreie Entscheidung verdichtet sich dann zu einem **Anspruch auf Billigung**. 21

Wird der Wertpapierprospekt durch die BaFin gebilligt, erhält der Emittent einen „Europäischen Pass". Der Drittstaatemittent kann diesen Prospekt dann nach einer Antragsstellung gemäß § 18 WpPG für die Emission/Zulassung in jedem EWR-Mitgliedstaat nutzen[2]. 22

V. Entsprechende Anwendung der §§ 17–19 WpPG (§ 20 Abs. 2 WpPG)

§ 20 Abs. 2 WpPG regelt das **Verfahren und die Sprachanforderungen**, wenn der gemäß § 20 Abs. 1 WpPG erstellte und gebilligte Wertpapierprospekt für ein grenzüberschreitendes öffentliches Angebot oder die Zulassung von Wertpapieren zum Handel an einem organisierten Markt genutzt werden soll[3]. Er verweist dazu auf die §§ 17–19 WpPG. Es sind also insbesondere das Notifizierungsverfahren durchzuführen und die Sprachanforderungen des § 19 WpPG zu erfüllen[4]. Der Prospekt muss also entweder in englischer Sprache mit deutscher Zusammenfassung oder komplett in deutscher Sprache vorliegen. 23

VI. Verordnungsermächtigung (§ 20 Abs. 3 WpPG)

Nähere Einzelheiten hinsichtlich der Voraussetzungen, die Informationspflichten gemäß den Rechtsvorschriften eines Drittstaates erfüllen müssen, damit die nach jenen Pflichten erstellten Wertpapierprospekte gebilligt werden können, können durch **Rechtsverordnung** geregelt werden[5]. 24

---

1 *Just* in Just/Voß/Ritz/Zeising, § 20 WpPG Rz. 6.
2 *Sandberger*, EWS 2004, 297 (302); *Kollmorgen/Feldhaus*, BB 2007, 225 (228).
3 Begr. RegE Prospektrichtlinie-Umsetzungsgesetz, BT-Drucks. 15/4999 v. 3.3.2005, S. 38; *Straßner* in Heidel, Aktienrecht und Kapitalmarktrecht, § 20 WpPG Rz. 7; *Preuße* in Holzborn, § 20 WpPG Rz. 4.
4 Begr. RegE Prospektrichtlinie-Umsetzungsgesetz, BT-Drucks. 15/4999 v. 3.3.2005, S. 38; *Kollmorgen/Feldhaus*, BB 2007, 225 (228); *Christ*, EU-Prospektrichtlinie, S. 113; Näheres hierzu in der Kommentierung der jeweiligen Normen.
5 Begr. RegE Prospektrichtlinie-Umsetzungsgesetz, BT-Drucks. 15/4999 v. 3.3.2005, S. 38.

1. Allgemeines

25 Die Verordnungsermächtigung aus § 20 Abs. 3 Satz 1 richtet sich an das Bundesministerium der Finanzen, das im Einvernehmen mit dem Bundesministerium der Justiz und für Verbraucherschutz bestimmen kann, wann Informationspflichten „gleichwertig" iS von § 20 Abs. 1 Nr. 2 WpPG sind. Eine solche Verordnung ist aus Gründen der Rechtssicherheit sehr wünschenswert. Von dieser Befugnis wurde jedoch **noch kein Gebrauch gemacht**.

2. Vorgehensweise bei der Erstellung der Verordnung (§ 20 Abs. 3 Satz 2 WpPG)

26 § 20 Abs. 3 Satz 2 WpPG erweitert die Ermächtigung aus § 20 Abs. 3 Satz 1 WpPG, indem darin vorgeschlagen wird, wie eine solche Bestimmung aussehen kann. Die ausdrückliche **Nennung ausländischer Vorschriften**, die geeignet sind, den Anforderungen des § 20 Abs. 1 Nr. 2 WpPG gerecht zu werden, ist aus Sicht der Drittstaatemittenten sinnvoll und würde erheblich zur Rechtssicherheit beitragen[1].

3. Übertragung der Verordnungsermächtigung (§ 20 Abs. 3 Satz 3 WpPG)

27 Abschließend bestimmt § 20 Abs. 3 Satz 3 WpPG, dass der Adressat der Verordnungsermächtigung, das Bundesministerium der Finanzen, die Befugnis auf die BaFin übertragen darf. Dies trägt dem Umstand Rechnung, dass die BaFin als Billigungsbehörde über mehr Erfahrungswerte in der Praxis und mehr Sachkunde verfügt. Die Ermächtigung wurde inzwischen tatsächlich auch **auf die BaFin übertragen**, vgl. § 1 Nr. 7 BAFinBefugV[2].

---

[1] So auch *Kollmorgen/Feldhaus*, BB 2007, 225 (228).

[2] Verordnung zur Übertragung von Befugnissen zum Erlass von Rechtsverordnungen auf die Bundesanstalt für Finanzdienstleistungsaufsicht vom 13.12.2002 (BGBl. I 2003, S. 3), zuletzt geändert durch die Verordnung vom 8.4.2016 (BGBl. I 2016, S. 622), abrufbar unter: http://www.bundesrecht.juris.de.

Abschnitt 6
Prospekthaftung

Vorbemerkung vor §§ 21–25 WpPG

Schrifttum: *Angersbach/von der Chevallerie/Ulbricht*, Prospektfreie Zulassung von neuen Aktien aus einer reinen Bezugsrechtskapitalerhöhung ohne Volumenbegrenzung nach § 4 Abs 2 Nr 7 WpPG, ZIP 2009, 1302; *Arnold/Aubel*, Einlagenrückgewähr, Prospekthaftung und Konzernrecht bei öffentlichen Angeboten von Aktien, ZGR 2012, 113; *Assmann*, Informationspflicht des Anlagevermittlers und Mitverschulden des Anlegers, NJW 1982, 1083; *Assmann*, Entwicklungstendenzen der Prospekthaftung, WM 1983, 138; *Assmann*, Prospekthaftung, 1985; *Assmann*, Prospekthaftung als unerlaubter Haftungsdurchgriff?, in Richterliche Rechtsfortbildung, FS der Juristischen Fakultät zur 600-Jahr-Feier der Ruprecht-Karls-Universität Heidelberg, 1986, S. 299; *Assmann*, Haftung gegenüber dem Anleger (I) – Prospekthaftung, in Köndgen (Hrsg.), Neue Entwicklungen im Bankhaftungsrecht, 1987, S. 55; *Assmann*, Neues Recht für den Wertpapiervertrieb, die Förderung der Vermögensbildung durch Wertpapieranlage und die Geschäftstätigkeit von Hypothekenbanken, NJW 1991, 528; *Assmann*, Der Inhalt des Schadensersatzanspruchs fehlerhaft informierter Kapitalanleger, in FS Hermann Lange, 1992, S. 345; *Assmann*, Das künftige deutsche Insiderrecht, AG 1994, 196 (I), 237 (II); *Assmann*, Die Befreiung von der Pflicht zur Veröffentlichung eines Börsenzulassungsprospekts nach § 45 Nr. 1 BörsZulVO und die Prospekthaftung: Eine Lücke im Anlegerschutz?, AG 1996, 508; *Assmann*, Entwicklungslinien und Entwicklungsperspektiven der Prospekthaftung, in Assmann/Brinkmann/Gounalakis/Kohl/Walz (Hrsg.), Wirtschafts- und Medienrecht in der offenen Demokratie, Freundesgabe für Friedrich Kübler, 1997, S. 317; *Assmann*, Negativberichterstattung als Gegenstand der Nachforschungs- und Hinweispflichten von Anlageberatern und Anlagevermittlern, ZIP 2002, 637; *Assmann*, Prospektaktualisierungspflichten, in FS Ulmer, 2003, S. 757; *Assmann*, Die Prospekthaftung beruflicher Sachkenner, AG 2004, 435; *Assmann*, Civil liability for the prospectus, in Instituto dos valores mobiliarios, Direito dos valores mobiliários, vol. VI, Coimbra 2006, S. 163; *Assmann*, Die Pflicht von Anlageberatern und Anlagevermittlern zur Offenlegung von Innenprovisionen, ZIP 2009, 2125; *von Bar*, Vertrauenshaftung ohne Vertrauen, ZGR 1983, 476; *Barta*, Der Prospektbegriff in der neuen Verkaufsprospekthaftung, NZG 2005, 305; *Beck*, Kapitalmarktrechtliche Prospekthaftung im Konzern, NZG 2014, 1410; *Benecke*, Haftung für Inanspruchnahme von Vertrauen – Aktuelle Fragen zum neuen Verkaufsprospektgesetz, BB 2006, 2597; *Bischoff*, Internationale Börsenprospekthaftung, WM 2002, 489; *Bloß/Schneider*, Prospektfreie Teilzulassung für später ausgegebene Aktien, WM 2009, 879; *Bohlken/Lange*, Die Prospekthaftung im Bereich geschlossener Fonds nach §§ 13 Abs. 1 Nr. 3, 13a Verkaufsprospektgesetz n. F., DB 2005, 1259; *Bongertz*, Verschuldensunabhängige Haftung bei fehlendem Prospekt trotz Abstimmung mit der BaFin?, BB 2012, 470; *Bosch*, Expertenhaftung gegenüber Dritten – Überlegungen aus der Sicht der Bankpraxis, ZHR 163 (1999), 274; *Brocker/Wohlfarter*, Die Auswirkungen der neuen Prospektpflicht für Bezugsrechtsemissionen auf die Eigenkapitalbeschaffung mittelständischer Unternehmen, BB 2013, 393; *Brondics/Mark*, Die Börsenprospekthaftung der Banken nach deutschem Recht, in Yamauchi (Hrsg.), Beiträge zum japanischen und ausländischen Bank- und Finanzrecht, Tokio 1987, S. 23; *Brondics/Mark*, Die Verletzung von Informationspflichten im amtlichen Markt nach der Reform des Börsengesetzes, AG 1989, 339; *Canaris*, Bankvertragsrecht, 2. Aufl. 1981; *Degner*, Börsenprospekt und Prospekthaftung, WP 1963, 54; *Ehricke*, Zur zivilrechtlichen Prospekthaftung der Emissionsbanken gegenüber dem Wertpapieranleger, DB 1980, 2429; *Einsele*, Internationales

Prospekthaftungsrecht, ZEuP 2012, 23; *Ellenberger,* Prospekthaftung im Wertpapierhandel, 2001; *Ellenberger,* Die Börsenprospekthaftung nach dem Dritten Finanzmarktförderungsgesetz, in FS Schimansky, 1999, S. 591; *Erman,* Zur Prospekthaftung aus § 45 Börsen-Gesetz, AG 1964, 327; *Fleischer,* Empfiehlt es sich, im Interesse des Anlegerschutzes und zur Förderung des Finanzplatzes Deutschland das Kapitalmarkt- und Börsenrecht neu zu regeln?, Gutachten F für den 64. Deutschen Juristentag, 2002; *Fleischer,* Zur Haftung bei fehlendem Verkaufsprospekt im deutschen und US-amerikanischen Kapitalmarktrecht, WM 2004, 1897; *Fleischer,* Prospektpflicht und Prospekthaftung für Vermögensanlagen des Grauen Kapitalmarkts nach dem Anlegerschutzverbesserungsgesetz, BKR 2004, 339; *Fleischer,* Zur zivilrechtlichen Teilnehmerhaftung für fehlerhafte Kapitalmarktinformationen nach deutschem und US-amerikanischem Recht, AG 2008, 265; *Fleischer/Kalss,* Kapitalmarktrechtliche Schadensersatzpflichten und Kurseinbrüche an der Börse, AG 2002, 329; *Fleischer/Thaten,* Einlagenrückgewähr und Übernahme des Prospekthaftungsrisikos durch die Gesellschaft bei der Platzierung von Altaktien, NZG 2011, 1081; *Förster,* Die Prospekthaftung der organisierten und grauen Kapitalmärkte, 2002; *Freitag,* Internationale Prospekthaftung revisited – Zur Auslegung des europäischen Kollisionsrechts vor dem Hintergrund der „Kolassa"-Entscheidung des EuGH, WM 2015, 1165; *Frohne,* Prospektpflicht und Prospekthaftung in Deutschland, Frankreich und den USA, 1974; *Gebauer,* Börsenprospekthaftung und Kapitalerhaltungsgrundsatz in der Aktiengesellschaft, 1999; *Gerber,* Die Prospekthaftung bei Wertpapieremissionen nach dem Dritten Finanzmarktförderungsgesetz, 2001; *Grimme/Ritz,* Die Novellierung verkaufsprospektrechtlicher Vorschriften durch das Dritte Finanzmarktförderungsgesetz, WM 1998, 2091; *Groß,* Die börsengesetzliche Prospekthaftung, AG 1999, 199; *Grundmann/Selbherr,* Börsenprospekthaftung in der Reform, WM 1996, 985; *Haas/Hanowski,* Keine Haftung für Werbeaussagen?, NZG 2010, 254; *Hasche-Preuße,* Verkaufsprospekte bei Wertpapieren, Die Bank 1990, 713 = Sparkasse 1990, 549 = WP 1991, 108; *Hauptmann,* Die spezialgesetzliche Prospekthaftung gemäß Börsengesetz und Verkaufsprospektgesetz, in Vortmann (Hrsg.), Prospekthaftung und Anlageberatung, 2000, § 3; *Heidel* (Hrsg.), Aktienrecht und Kapitalmarktrecht, 3. Aufl. 2011 und 4. Aufl. 2014; *Heidelbach/Preuße,* Einzelfragen in der praktischen Arbeit mit dem neuen Wertpapierprospektregime, BKR 2006, 316; *Hellgardt,* Kapitalmarktdeliktsrecht, 2008; *Henningsen,* Änderungen im Wertpapierprospektrecht, in: BaFin-Journal, September 2012, S. 5; *Holzborn/Israel,* Das neue Wertpapierprospektrecht, ZIP 2005, 1668; *Hopt,* Der Kapitalanlegerschutz im Recht der Banken, 1975; *Hopt,* Die Verantwortlichkeit der Banken bei Emissionen, 1991; *Hopt,* Emission, Prospekthaftung und Anleihetreuhand im internationalen Recht, in FS Lorenz, 1991, S. 413; *Hopt,* Das Dritte Finanzmarktförderungsgesetz, in FS Drobnig, 1998, S. 525; *Hopt,* Kapitalmarktrecht (mit Prospekthaftung) in der Rechtsprechung des Bundesgerichtshofs, in 50 Jahre Bundesgerichtshof, Festgabe aus der Wissenschaft, Bd. II, 2000, S. 497; *Hopt,* Die Haftung für Kapitalmarktinformationen – Rechtsvergleichende, rechtsdogmatische und rechtspolitische Überlegungen, WM 2013, 101; *Hopt/Voigt* (Hrsg.), Prospekt- und Kapitalmarktinformationshaftung, 2005; *Hüffer,* Das Wertpapier-Verkaufsprospektgesetz. Prospektpflicht und Anlegerschutz, 1996; *Kaufmann,* Die Prospektpflicht nach dem WpPG, 2015; *Keusch/Wankerl,* Die Haftung der Aktiengesellschaft für fehlerhafte Kapitalmarktinformationen im Spannungsfeld zum Gebot der Kapitalerhaltung, BKR 2003, 744; *Kiener/Neumayr,* Deliktsgerichtsstand für internationale Prospekthaftung, ZFR 2015, 505; *Kiethe,* Prospekthaftung und grauer Kapitalmarkt, ZIP 2000, 216; *Kirchner,* Zur Prospektpublizität bei der Zulassung von Wertpapieren zur amtlichen Notierung, in Claussen/Hübl/Schneider (Hrsg.), Zweihundert Jahre Geld und Brief, S. 301; *Kleinwächter,* Die Prospekthaftung der Bank für Aktienplatzierungen außerhalb des amtlichen Börsenhandels, BB 1987, 1541; *Klöhn,* Grund und Grenzen der Haftung wegen unterlassener Prospektveröffentlichung gem. § 24 WpPG, § 21 VermAnlG, DB 2012, 1854; *Klöhn,* Prospekthaftung bei (scheinbarer) Ausnahme von der Prospektpflicht gem. §§ 3 Abs. 1 WpPG, 6 VermAnlG, in FS Hoffmann-Becking, 2013, S. 679; *Klühs*, Die Börsenprospekthaftung für alte Stücke gemäß § 44 Abs. 1 S. 3 BörsG, BKR 2008, 154; *Klumpe/Kießling*, Prospekthaftung, HdB Fach 4500 (1983); *Köndgen*, Selbstbindung ohne Vertrag, 1981; *Köndgen*, Zur Theorie der Prospekthaftung, AG 1983, 85 (I), 120 (II); *Kort*, Neuere Entwicklungen im Recht der Börsenprospekthaftung (§§ 45 ff. BörsG) und der Unternehmensberichtshaftung (§ 77 BörsG), AG 1999, 9; *Krämer/Baudisch*, Neues zur Börsenprospekthaftung und zu den Sorgfaltsanforderungen beim Unternehmenskauf, WM 1998, 1161; *Krug*, Gestaltungsfragen bei marktpreisnahen Bezugsemissionen, BKR 2005, 302; *Kümpel/Wittig*, Bank- und Kapitalmarktrecht, 4. Aufl. 2011; *Kunz*, Die Börsenprospekthaftung nach Umsetzung der EG-Richtlinien in innerstaatliches Recht, 1992; *Kullmann/Sester*, Das Wertpapierprospektgesetz, WM 2005, 1068; *Kunold/Schlitt*, Die neue EU-Prospektrichtlinie, BB 2004, 501; *Kuntz*, Internationale Prospekthaftung nach Inkrafttreten des Wertpapierprospektgesetzes, WM 2007, 432; *Lenenbach*, Kapitalmarktrecht, 2. Aufl. 2010; *Leuering*, Die Neuordnung der gesetzlichen Prospekthaftung, NJW 2012, 1905; *Leuschner*, Öffentliche Umplatzierung, Prospekthaftung und Innenregress, NJW 2011, 3275; *v. Livonius*, Aktuelle Rechtsfragen des Vertriebs von Finanzprodukten, BKR 2005, 12; *Lux*, Beschränkung der Prospekthaftung im Prospekt?, ZfBR 2003, 633; *Lux*, Verjährung von Prospekthaftungsansprüchen, NJW 2003, 2966; *Maaß/Troidl*, Haftung des Großaktionärs bei Einlagenrückgewähr – Folgen aus dem Telekom-KfW-Urteil, BB 2011, 2563; *Manzei*, Einzelne Aspekte der Prospektpflicht am Grauen Kapitalmarkt, WM 2006, 845; *Meixner*, Das Dritte Finanzmarktförderungsgesetz, NJW 1998, 1896; *Meyding*, Zweifelsfragen bei Anwendung des Wertpapier-Verkaufsprospektgesetzes, DB 1993, 419; *Meyer*, Aspekte einer Reform der Prospekthaftung, WM 2003, 1301 (I), 1349 (II); *Meyer-Cording*, Die Börsenprospekthaftung heute?, BB 1984, 2092; *Mink*, Gesetzliche Prospekthaftung, HdB Fach 4520 (1989); *Mülbert/Steup*, Emittentenhaftung für fehlerhafte Kapitalmarktinformation am Beispiel der fehlerhaften Regelpublizität, WM 2005, 1633; *Müller*, EuGVVO: Gerichtsstand für Schadensersatzklage eines Verbrauchers wegen Wertverlust einer Finanzinvestition, EuZW 2015, 218; *Nußbaum*, Kommentar zum Börsengesetz, 1910; *Ochs*, Die einheitliche kapitalmarktrechtliche Prospekthaftungstheorie, 2005; *Oulds*, Prospekthaftung bei grenzüberschreitenden Kapitalmarkttransaktionen, WM 2008, 1573; *Paskert*, Informations- und Prüfungspflichten bei Wertpapieremissionen, 1991; *Piekenbrock*, Der Kausalitätsbeweis im Kapitalanlegerprozess: ein Beitrag zur Dogmatik der „ungesetzlichen" tatsächlichen Vermutungen, WM 2012, 429; *Pleyer*, Zur Grundlage des Schadensersatzanspruches wegen fehlerhafter Prospekte beim Vertrieb von Anteilen an einer Publikums-KG in der Rechtsprechung des BGH, in FS Stimpel, 1985, S. 335; *Pleyer/Hegel*, Zur Grundlage der Prospekthaftung bei der Publikums-KG in der Literatur, ZIP 1986, 681; *Pleyer/Hegel*, Die Prospekthaftung bei der Publikums-KG, ZIP 1985, 1370; *Pötzsch*, Das Dritte Finanzmarktförderungsgesetz, WM 1998, 949; *Reinelt*, Haftung aus Prospekt und Anlageberatung bei Kapitalanlagefonds, NJW 2009, 1; *Roller*, Die Prospekthaftung im Englischen und im Deutschen Recht, 1991; *Rothenhöfer*, Mitverschulden des unrichtig informierten Anlegers?, WM 2003, 2021; *Schäfer*, Grundzüge des neuen Börsenrechts, ZIP 1987, 953; *Schäfer*, Emission und Vertrieb von Wertpapieren nach dem Wertpapierverkaufsprospektgesetz, ZIP 1991, 1557; *Schäfer*, Stand und Entwicklungstendenzen der spezialgesetzlichen Prospekthaftung, ZGR 2006, 40; *Schimansky/Bunte/Lwowski*, Bankrechts-Handbuch, 4. Aufl. 2011; *Schlitt/Schäfer*, Auswirkungen des Prospektrichtlinie-Umsetzungsgesetzes auf Aktien- und Equity-linked Emissionen, AG 2005, 498; *Schmitt*, Prospekthaftung von Abschlussprüfern?, DStR 2013, 1688; *Schnorbus*, Die prospektfreie Platzierung von Wertpapieren nach dem WpPG, AG 2008, 389; *Schwark*, Anlegerschutz durch Wirtschaftsrecht, 1979; *Schwark*, Die Haftung aus dem Prospekt über Kapitalanlagen, BB 1979, 897; *Schwark*, Zur Haftung der Emissionsbank bei Aktienemissionen, ZGR 1983, 162; *Schwark*, Das neue Kapitalmarktrecht, NJW 1987, 2041; *Schwark*, Zur Aussagefähigkeit des Emissionsprospekts, in Lüthje (Hrsg.), Bankbetrieb und Eigenkapitalfinanzierung, 1990,

S. 229; *Schwark*, Börsengesetz, 2. Aufl. 1994; *Schwark*, Prospekthaftung und Kapitalerhaltung in der AG, in FS Raisch, 1995, S. 269; *Siebel/Gebauer*, Prognosen im Aktien- und Kapitalmarktrecht, WM 2001, 118 (I), 173 (II); *Siemon*, Börsenprospekt und Prospekthaftung, WP 1962, 781; *Sittmann*, Die Aktivlegitimation bei der börsengesetzlichen Prospekthaftung, DB 1997, 1701; *Sittmann*, Modernisierung der börsengesetzlichen Prospekthaftung, NJW 1998, 3761; *Sittmann*, Die Prospekthaftung nach dem Dritten Finanzmarktförderungsgesetz, NZG 1998, 490; *Stephan*, Prospektaktualisierung, AG 2002, 3; *Steinrötter*, Der notorische Problemfall der grenzüberschreitenden Prospekthaftung, RIW 2015, 407; *Steuer*, Umfang der Prospekthaftung nach dem Börsengesetz, Die Bank 1982, 490; *Thode*, Haftung für Prospektangaben, in Reithmann/Meichssner/v. Heymann, Kauf vom Bauträger, 7. Aufl. 1995, Teil N; *Vortmann* (Hrsg.), Prospekthaftung und Anlageberatung, 2000; *Wackerbarth*, Prospektveranlassung durch Altaktionäre und Einlagenrückgewähr, WM 2011, 193; *Wagner*, Prospekthaftung bei fehlerhaften Prognosen?, NZG 2010, 857; *Wahl*, Primärmarkthaftung und Vermögensbindung der Aktiengesellschaft, 2013; *Waldeck/Süßmann*, Die Anwendung des Wertpapier-Verkaufsprospektgesetzes, WM 1993, 361; *Chr. A. Weber*, Internationale Prospekthaftung nach der Rom II-Verordnung, WM 2008, 1581; *Chr. A. Weber*, Kapitalmarktinformationshaftung und gesellschaftsrechtliche Kapitalbindung – ein einheitliches Problem mit rechtsformübergreifender Lösung?, ZHR 176 (2012), 184; *Westermann/Paefgen*, Kritische Überlegungen zum Telekom III-Urteil des BGH und seinen Folgen, in FS Hoffmann-Becking, 2013, S. 1363; *Wieneke*, Haftung der Konzernspitze für die (unrichtige) Darstellung des Unternehmensvertrags im Wertpapierprospekt der Konzerntochter, NZG 2012, 1420; *Wilczek*, § 12 Prospekthaftung, in Grunewald/Schlitt (Hrsg.), Einführung in das Kapitalmarktrecht, 3. Aufl. 2014, S. 235; *Wink*, Übernahme des Prospekthaftungsrisikos durch die Gesellschaft bei der Umplatzierung von Aktien und Verbot der Einlagenrückgewähr nach § 57 AktG, AG 2011, 569; *Wittmann*, Zivilrechtliche Prospekthaftung beim Vertrieb von steuerbegünstigten Kapitalanlagen, DB 1980, 1579; *Wunderlich*, Haftungsfragen im Zusammenhang mit öffentlich angebotenen Vermögensanlagen, DStR 1975, 688; *Zacher/Stöcker*, Die Haftung von Wirtschaftsprüfern bei steuerorientierten Kapitalanlagen – Überblick und aktuelle Tendenzen, DStR 2004, 1494 (I), 1537 (II); *Zech/Hanowski*, Haftung für fehlerhaften Prospekt aus § 13 VerkProspG aF – Maßgeblicher Empfängerhorizont bei der Beurteilung der Unrichtigkeit eines Prospekts, NJW 2013, 510; *Ziegler*, Die Rechtsfolge der §§ 13, 13a VerkProspG n.F. und der Kapitalerhaltungsgrundsatz, NZG 2005, 301; *Ziemons*, Die Übernahme von Transaktionskosten und Prospektrisiken durch die Aktiengesellschaft nach der BGH-Entscheidung „Dritter Börsengang" der Telekom, GWR 2011, 404; *Zimmer/Binder*, Prospekthaftung von Experten? Kritik eines Gesetzesentwurfs, WM 2005, 577; *Zoller*, Die Haftung bei Kapitalanlagen, 2012. Siehe im Übrigen das allgemeine Schrifttumsverzeichnis.

I. Das deutsche Prospekthaftungsregime 1
II. Die Prospekthaftung nach dem WpPG
1. Die Entstehung des WpPG und seiner Prospekthaftungstatbestände .. 13
2. Übersicht: Die Prospekthaftungstatbestände des WpPG 19
3. Übergangsbestimmungen 26
III. Die rechtliche Qualifikation von Prospekthaftungsansprüchen und ihre gerichtliche Geltendmachung 30
IV. Ausblick: Die vorgeschlagene Prospektverordnung 32

I. Das deutsche Prospekthaftungsregime

Die **Haftung für fehlerhafte oder fehlende Prospekte**, unter deren Verwendung Kapitalanlagen öffentlich angeboten werden, beschränkte sich bis weit in die Nachkriegszeit hinein auf die Haftung für fehlerhafte **Börsenzulassungsprospekte** nach Maßgabe der seinerzeitigen §§ 45, 46 BörsG[1]. Erst mit der Belebung des Investmentmarkts durch den Absatz ausländischer **Investmentanteile** und den damit verbundenen neuen Vertriebsmethoden traten neben die börsengesetzlichen Prospekthaftungsbestimmungen vergleichbare investmentrechtliche Regelungen (in Gestalt der seinerzeitigen § 20 KAGG und § 12AuslInvG)[2]. **Börsen- und investmentrechtliche Prospekthaftungsbestimmungen** beschränkten sich indes auf den Vertrieb von Wertpapieren (in Gestalt vor allem von Aktien) bzw. von Investmentanteilen, erfassten aber nicht die Kapitalanlagen, die auf dem in den 1970er Jahren entstandenen so genannten **grauen Kapitalmarkt** angeboten wurden. Bei diesen Anlagen handelte es sich um nicht wertpapiermäßig verbriefte oder dem Investmentrecht unterfallende Beteiligungen am Erfolg von Unternehmen, die anfänglich durchweg vermeintlich steuersparende Gestaltungskomponenten aufwiesen. Sie wurden mit Prospekten beworben, für deren Erstellung es weder eine rechtliche Verpflichtung noch gesetzlichen Vorgaben gab und für deren fehlerhafte Angaben – vor allem wenn dafür allenfalls fahrlässiges Verhalten in Betracht kam – keine gesetzliche Haftungsgrundlage existierte. 1

Beeindruckt von der Vielzahl gescheiterter Anlageprojekte und immensen Anlegerschäden hat die Rechtsprechung selbst die Grundlage einer Haftung für fehlerhafte Prospekte zum Vertrieb von Kapitalanlagen des grauen Kapitalmarkts geschaffen. Sie tat dies in Gestalt der Entwicklung der **allgemein-zivilrechtlichen Prospekthaftung** (auch als bürgerlichrechtliche Prospekthaftung bezeichnet)[3] und im Wesentlichen in Weiterführung des Gedankens einer Vertrauenshaftung aus *culpa in contrahendo*. Diese Rechtsfortbildung folgte der Überlegung, Grundlage einer Vertrauenshaftung könne nicht nur das von einem bestimmten Menschen ausgehende persönliche, sondern auch ein **typisiertes Vertrauen** sein; ein Vertrauen, das sich aus einer **Garantenstellung** der Person herleite, die für die Geschicke der Projektgesellschaft und für den Prospekt verantwortlich ist, der für die Zwecke des Vertriebs der Beteiligung an 2

---

[1] Zur Entwicklung der Prospekthaftung in Deutschland siehe *Assmann*, Prospekthaftung, 1985, S. 7 ff. und die neuesten Entwicklungen einbeziehend *Assmann* in Assmann/Schütze, § 5 Rz. 5 ff.

[2] Das KAGG in seiner ursprünglichen Fassung v. 16.4.1957 (BGBl. I 1957, S. 328) war ein rein organisations- und aufsichtsrechtlich ausgerichtetes Gesetz und statuierte weder einen Prospektzwang noch enthielt es Vorschriften über die Haftung für Prospekte oder Vertriebsmaterialien. Diese gelangten erst durch die Angleichung der Bestimmungen des KAGG an entsprechende Bestimmungen des AuslInvG (Teil 1 des Gesetzes v. 28.7.1969, BGBl. I 1969, S. 986) in das Gesetz; Teil 2 des Gesetzes v. 28.7.1969, BGBl. I 1969, S. 986 (992). Zur Entwicklung der investmentrechtlichen Prospekthaftung siehe *Assmann*, Prospekthaftung, 1985, S. 71, 74 ff.

[3] Zur allgemein-zivilrechtlichen Prospekthaftung und zu deren Entwicklung s. *Assmann* in Assmann/Schütze, § 5 Rz. 7 f.

der Gesellschaft erstellt wurde[1]. An den börsengesetzlichen Prospekthaftungsbestimmungen orientiert, sich von diesen aber auch vielfach unterscheidend, hat die (ihrerseits beständig konkretisierte und weitergebildete) allgemein-zivilrechtliche Prospekthaftung später die Reform der börsengesetzlichen Prospekthaftung nicht unerheblich beeinflusst und diese (mit ihrer Neugestaltung durch das 3. FFG vom 24.3.1998[2]) wiederum zur Referenz für eine Regelung der Prospekthaftung werden lassen. Das ändert allerdings nichts daran, dass sich das deutsche Prospekthaftungsregime mit der Herausbildung der allgemein-zivilrechtlichen Prospekthaftung **zweigleisig** entwickelte, geteilt in die gesetzlich geregelten Prospekthaftungstatbestände und einer diesen zugrunde liegenden Prospektpflicht einerseits und die richterrechtlich begründete Haftung für außerhalb des Anwendungsbereichs der gesetzlich geregelten Prospekthaftung ohne eine entsprechende Prospektpflicht („freiwillig") verwandten Prospekte. Dieser **Zweiteilung** folgte die Unterscheidung des deutschen Kapitalmarkts in einen organisierten und einen sog. grauen Kapitalmarkt.

3 Diente die **allgemein-zivilrechtliche Prospekthaftung** als (Auffangs-)Haftungstatbestand für alle fehlerhaften Prospekte, die weder Börsenzulassungsprospekte noch Verkaufsprospekte iS der seinerzeitigen Investmentgesetze waren, so stellt sich die weitere Entwicklung des deutschen Prospekthaftungsregimes als sukzessive Einschränkung ihres Anwendungsbereichs dar.

4 (1) Das geschah zu allererst durch das **Verkaufsprospektgesetz** (VerkProspG) vom 13.12.1990[3], mit dem Wertpapiere, die erstmals im Inland öffentlich angeboten werden sollten und nicht zum Handel an einer inländischen Börse zugelassen waren, einer Pflicht zur Erstellung und Veröffentlichung eines Prospekts unterworfen wurden, für dessen Richtigkeit und Vollständigkeit die Verantwortlichen gemäß § 13 VerkProspG (aF) nach Maßgabe der börsengesetzlichen Bestimmungen einzustehen hatten.

5 (2) Eine weitere Einschränkung des Anwendungsbereichs der allgemein-zivilrechtlichen Prospekthaftung war des Weiteren damit verbunden, dass mit der Reform des VerkProspG durch das **Anlegerschutzverbesserungsgesetz** (AnSVG)

---

[1] Grundlegend BGH v. 24.4.1978 – II ZR 172/76, BGHZ 71, 284 (287 ff.) = NJW 1978, 1625; BGH v. 16.11.1978 – II ZR 94/77, BGHZ 72, 284 (287) = NJW 1979, 430; BGH v. 6.10.1980 – II ZR 60/80, BGHZ 79, 337 (341 f.) = NJW 1981, 1449; BGH v. 22.3.1982 – II ZR 114/81, BGHZ 83, 222 (223 f.) = NJW 1982, 1514. Siehe auch BGH v. 5.7.1993 – II ZR 194/92, BGHZ 123, 106 (109 f.) = NJW 1993, 2865 = AG 1994, 32; BGH v. 2.6.2008 – II ZR 210/06, AG 2008, 662 (663 f.); BGH v. 19.11.2009 – III ZR 109/08, NJW 2010, 1279 (1280 f.); BGH v. 7.12.2009 – II ZR 15/08, NJW 2010, 1077 (1079).

[2] Gesetz zur weiteren Fortentwicklung des Finanzplatzes Deutschland (Drittes Finanzmarktförderungsgesetz) v. 24.3.1998, BGBl. I 1998, S. 529. Zur Änderung der börsengesetzlichen Prospekthaftung durch das Gesetz siehe etwa *Ellenberger* in FS Schimansky, S. 591 ff.; *Gerber*, S. 112 ff.; *Hopt* in FS Drobnig, S. 526 ff.; *Pötzsch*, ZIP 1998, 949 ff.; *Sittmann*, NJW 1998, 3761 ff.; *Sittmann*, NZG 1998, 490 ff.

[3] BGBl. I 1990, S. 2749. Zur Bedeutung des VerkProspG in der Entwicklung des deutschen Kapitalmarktrechts siehe *Assmann* in Assmann/Lenz/Ritz, Einl. Rz. 1 ff.

vom 28.10.2004[1] und dem seinerzeit neu in das VerkProspG eingefügten § 8f (VerkProspG aF) die Prospektpflicht auch für im Inland öffentlich angebotene, aber *nicht* in Wertpapieren verbriefte Kapitalanlagen in Gestalt von Beteiligungen am Ergebnis eines Unternehmens, von Anteilen an einem Treuhandvermögen, von Anteilen an einem sonstigen geschlossenen Fonds und von Namensschuldverschreibungen eingeführt wurde.

(3) Nachdem die Regelungen des VerkProspG teils (was wertpapiermäßig verbriefte Anlagen betrifft) in das WpPG und teils (was nicht wertpapiermäßig verbriefte Anlagen angeht) in das Vermögensanlagengesetz (VermAnlG) überführt und das Gesetz aufgehoben wurde (siehe unten Rz. 15 f.), hat zuletzt das **Kapitalanlagegesetzbuch** vom 4.7.2013 (KAGB)[2], in welchem wiederum das an die Stelle von KAGG und AuslInvG getretene Investmentgesetz (InvG) aufging, dafür gesorgt, dass die allgemein-zivilrechtliche Prospekthaftung nahezu jede praktische Bedeutung verlor[3]. Grund dafür ist der weite Anwendungsbereich des KAGB, der – neben der klassischen Investmentanlage – den größten Teil der Anlagen umfasst, die bislang noch dem grauen Kapitalmarkt unterfielen. Regelungstechnisch erfolgt diese über einen weiten materiellen Begriff des Investmentvermögens, der jeden Organismus für gemeinsame Anlagen einbezieht, der von einer Anzahl von Anlegern Kapital einsammelt, um es gemäß einer festgelegten Anlagestrategie zum Nutzen dieser Anleger zu investieren und der kein operativ tätiges Unternehmen außerhalb des Finanzsektors ist (§ 1 Abs. 1 Satz 1 KAGB).

So steht am vorläufigen Ende der Entwicklung des deutschen Prospekthaftungsregimes, die hier nicht im Einzelnen nachzuzeichnen ist[4], eine nahezu vollständige **Aufhebung der bisherigen Zweigleisigkeit der Prospekthaftung** in Gestalt der gesetzlich geregelten Prospektpflicht und Prospekthaftung für das öffentliche Angebot bestimmter Kapitalanlagen (Anlagen des so genannten organisierten Kapitalmarkts) einerseits und derjenigen Anlagen, deren Vertrieb keiner gesetzlichen Prospektpflicht und Prospekthaftung unterfiel (Anlagen des so genannten grauen Kapitalmarkts) andererseits zugunsten einer gesetzlichen Regelung von Prospektpflicht und Prospekthaftung beim öffentlichen Angebot von Kapitalanlagen[5].

Das **deutsche Prospekthaftungsregime** wird deshalb heute durch die **gesetzlich geregelten Fälle der Prospekthaftung** beherrscht:

---

1 Gesetz zur Verbesserung des Anlegerschutzes (Anlegerschutzverbesserungsgesetz – AnSVG) v. 28.10.2004, BGBl. I 2004, S. 2630.
2 Eingeführt durch Art. 1 des Gesetzes zur Umsetzung der Richtlinie 2011/61/EU über die Verwalter alternativer Investmentfonds (AIFM-Umsetzungsgesetz – AIFM-UmsG) v. 4.7.2013, BGBl. I 2013, S. 1981, und gem. Art. 28 Abs. 2 AIFM-UmsG am 22.7.2013 in Kraft getreten.
3 *Assmann* in Assmann/Schütze, § 5 Rz. 21, 27 ff.
4 *Assmann* in Assmann/Schütze, § 5 Rz. 5 ff.
5 Näher hierzu *Assmann* in Assmann/Schütze, § 5 Rz. 20 f., 27 ff., und zum verbleibenden Anwendungsbereich ebd. Rz. 31 f.

9 (1) Die **Prospekthaftung nach §§ 21–25 WpPG**, dh. die Haftung für fehlerhafte oder gesetzeswidrig fehlende Prospekte in Bezug auf Wertpapiere, die öffentlich angeboten oder zum Handel an einem organisierten Markt zugelassen werden sollen.

Kraft ausdrücklicher Regelung in §§ 21 Abs. 4, 22 WpPG steht eine **schriftliche Darstellung**, aufgrund deren Veröffentlichung der Emittent von der Pflicht zur Veröffentlichung eines Prospekts befreit wurde, einem Prospekt gleich und unterfällt damit der Prospekthaftung nach §§ 21–25 WpPG (näher dazu unten Rz. 21).

10 (2) Die **Prospekthaftung nach §§ 306 Abs. 1 und 3–6, 307 Abs. 3 KAGB**, dh. die Haftung für fehlerhafte oder gesetzeswidrig nicht veröffentlichte Prospekte („Verkaufsprospekte") in Bezug auf Anteile oder Aktien an einem OGAW-Investmentvermögen oder an einem Alternativen Investmentfonds (AIF). OGAW-Investmentvermögen sind nach § 1 Abs. 2 KAGB Investmentvermögen iS des § 1 Abs. 1 KAGB, die die Anforderungen der Richtlinie 2009/65/EG des Europäischen Parlaments und des Rates vom 13.7.2009 zur Koordinierung der Rechts- und Verwaltungsvorschriften betreffend bestimmte Organismen für gemeinsame Anlagen in Wertpapieren (OGAW)[1], erfüllen; Alternative Investmentfonds (AIF) sind nach § 1 Abs. 3 KAGB alle Investmentvermögen, die keine OGAW sind.

Der Haftung für fehlerhafte Verkaufsprospekte entsprechend, sieht § 306 Abs. 2 KAGB die **Haftung für wesentliche Anlegerinformationen** vor, dh. für Anlegerinformationen, die dem Publikum nach Maßgabe des KAGB als „wesentliche Anlegerinformationen"[2] zugänglich zu machen sind.

11 (3) Die **Prospekthaftung nach §§ 20, 21 VermAnlG**, dh. die Haftung für fehlerhafte oder gesetzeswidrig nicht veröffentlichte Prospekte („Verkaufsprospekte") in Bezug auf Vermögensanlagen. Vermögensanlagen iS der §§ 20, 21 VermAnlG sind nicht in Wertpapieren iS des WpPG verbriefte und nicht als Anteile an Investmentvermögen iS des § 1 Abs. 1 des KAGB ausgestaltete (i) Anteile, die eine Beteiligung am Ergebnis eines Unternehmens gewähren, (ii) Anteile an einem Vermögen, das der Emittent oder ein Dritter in eigenem Namen für fremde Rechnung hält oder verwaltet (Treuhandvermögen), (iii) Genussrechte und (iv) Namensschuldverschreibungen.

Der Prospekthaftung bei fehlerhaftem oder fehlendem Prospekt entspricht die **Haftung nach § 22 VermAnlG bei unrichtigem oder fehlendem Vermögensanlagen-Informationsblatt**, das gem. § 13 VermAnlG von einem Anbieter, der im Inland Vermögensanlagen öffentlich anbietet, vor Beginn des öffentlichen Angebots neben dem Verkaufsprospekt zu erstellen ist.

12 Von den vorstehend angeführten Prospekthaftungstatbeständen im engeren Sinne ist die gesetzlich nicht geregelte so genannte **Prospekthaftung im weiteren Sinne** zu unterscheiden. Letztere betrifft die Haftung von Personen, die gegenüber Anlageinteres-

---

[1] ABl. EU Nr. L 302 v. 17.11.2009, S. 1.
[2] Zu den wesentlichen Anlegerinformationen, die nach dem KAGB dem Publikum zugänglich zu machen sind, siehe *Assmann* in Assmann/Schütze, § 5 Rz. 424.

senten gesetzlich, vertraglich oder vorvertraglich auskunfts- und beratungspflichtig sind und sich zur Erfüllung dieser Pflicht eines von Dritten erstellten fehlerhaften Prospekts bedienen[1]. Die Haftung dieser Personen besteht mithin nicht darin, dass sie zum Kreis derer gehören, die kraft Gesetzes für die Erstellung eines richtigen und vollständigen Prospekts nach Maßgabe der angeführten Prospekthaftungstatbestände (im engeren Sinne) einzustehen haben, als vielmehr darin, dass sie sich zur Erfüllung eigener Auskunfts- und Beratungspflichten eines von Dritten erstellt Prospekts bedienen. Dabei ist die Frage, ob der Prospekt, dessen sich die auskunfts- und beratungspflichtige Person bediente, fehlerhaft war, nach den Vorschriften zu beantworten, nach denen der jeweilige Prospekt zu erstellen war.

II. Die Prospekthaftung nach dem WpPG

1. Die Entstehung des WpPG und seiner Prospekthaftungstatbestände

Die Vorschriften der §§ 21–25 WpPG über die Haftung für fehlerhafte oder gesetzeswidrig fehlende Prospekte in Bezug auf Wertpapiere, die öffentlich angeboten oder zum Handel an einem organisierten Markt zugelassen werden sollen, beruhen auf der durch Art. 6 des Gesetzes zur Novellierung des Finanzanlagenvermittler- und Vermögensanlagenrechts vom 6.12.2011[2] bewirkten Überführung der Vorschriften über die Haftung für Börsenzulassungsprospekte nach Maßgabe von §§ 44 ff. BörsG aF und der Haftung für Prospekte betreffend das öffentliche Angebot von Wertpapieren, die nicht zum Handel an einer inländischen Börse zugelassen sind, nach Maßgabe von § 13 VerkProspG aF, in das WpPG. Damit sind die Regelungen über die Pflicht zur Erstellung eines Prospekts und die Haftung bei fehlerhaften oder fehlenden Prospekten beim öffentlichen Angebot wertpapiermäßig verbriefter Kapitalanlagen in einem Gesetz – dem Wertpapierprospektgesetz – vereint.

Dem war nicht immer so. Das deutsche Prospekthaftungsregime sah zunächst nur eine **Haftung für Börsenzulassungsprospekte** nach Maßgabe des BörsG vor: anfänglich nach §§ 45 ff. BörsG, welche durch das 3. FFG vom 24.3.1998[3] inhaltlich gestaltet wurden; und später, nach einer Änderung des BörsG durch das 4. FFG vom 21.6.2002[4], und bis zur Überführung der börsengesetzlichen Prospekthaftungsvorschriften ins WpPG, nach §§ 44 ff. BörsG. Für wertpapiermäßig verbriefte Kapitalanlagen, die nicht zum Handel an einer inländischen Börse zugelassen werden sollten, bestand weder eine gesetzliche Prospektpflicht noch eine an eine solche anknüpfende gesetzliche Prospekthaftung. Abgesehen davon, dass die im Wege der richterlichen Rechtsfortbildung geschaffene allgemein-zivilrechtliche Prospekthaftung diese Lücke zumindest partiell schloss, indem sie auch eine Haftung für freiwillig erstell-

---
1 Siehe dazu *Assmann* in Assmann/Schütze, § 5 Rz. 1, 24.
2 BGBl. I 2011, S. 2481.
3 Gesetz zur weiteren Fortentwicklung des Finanzplatzes Deutschland (Drittes Finanzmarktförderungsgesetz – 3. FFG) v. 24.3.1998, BGBl. I 1998, S. 529.
4 Gesetz zur weiteren Fortentwicklung des Finanzplatzes Deutschland (Viertes Finanzmarktförderungsgesetz – 4. FFG) v. 21.6.2002, BGBl. I 2002, S. 2010.

te Prospekte einführte (siehe oben Rz. 2), hat erst das **Verkaufsprospektgesetz** (VerkProspG) vom 13.12.1990[1] den Vertrieb von wertpapiermäßig verbrieften Kapitalanlagen einer Prospektpflicht (§ 1 VerkProspG aF) und Prospekthaftung (§ 13 VerkProspG) unterworfen. Dabei beschränkte sich die Prospekthaftung nach dem VerkProspG anfänglich nur auf die Haftung bei fehlerhaften Prospekten, die sich gemäß § 13 VerkProspG nach den (mit geringen Modifikationen) für entsprechend anwendbar erklärten Vorschriften der börsengesetzlichen Prospekthaftung (seinerzeit §§ 45–48 BörsG aF) richtete[2]. Entsprechend dieser Anbindung der verkaufsprospektgesetzlichen Prospekthaftung an deren börsengesetzliche Regelung profitierte Erstere auch von der Reform der börsengesetzlichen Prospekthaftung durch das 3. FFG vom 24.3.1998[3]. Mit dem Anlegerschutzverbesserungsgesetz (AnSVG) vom 28.10.2004[4] wurde der Anwendungsbereich des VerkProspG mit dem neuen § 8f VerkProspG (aF) auf bestimmte nicht wertpapiermäßig verbriefte Kapitalanlagen ausgeweitet (siehe oben Rz. 5) und die Haftung bei fehlerhaftem Prospekt durch Einfügung des § 13a VerkProspG (aF) auf eine solche auch bei fehlendem Prospekt erstreckt.

15 Schon kurz nach dieser Änderung des VerkProspG veranlasste das Prospektrichtlinie-Umsetzungsgesetz vom 22.6.2005[5], das die EG-Emissionsprospektrichtlinie 2003/71/EG vom 4.11.2003[6] in deutsches Recht transformierte, die Überführung nicht nur der Prospektpublizität für wertpapiermäßig verbriefte Kapitalanlagen nach dem VerkProspG, sondern auch der entsprechenden Regelungen des BörsG für Prospekte in Bezug auf Wertpapiere, die zum Handel an einem organisierten Markt zugelassen werden sollen, in das mit Art. 1 Prospektrichtlinie-Umsetzungsgesetz neu eingeführte **Wertpapierprospektgesetz** (WpPG). Damit verbunden war eine Neuordnung der Prospektinhaltsanforderungen an Verkaufsprospekte, wie sie die alten Regelungen des VerkProspG für Verkaufsprospekte und des BörsG für Börsenzulassungsprospekte vorsahen. Das WpPG regelt seitdem die Erstellung, Billigung und Veröffentlichung von Prospekten sowohl für den Fall des öffentlichen Angebots von Wertpapieren als auch für den bisher im BörsG und der BörsZulV geregelten Fall, dass die Wertpapiere zum Handel an einem organisierten Markt zugelassen werden sollen. Damit zusammenhängend wurde die den Inhalt von Verkaufsprospekten nach dem VerkProspG konkretisierende Verkaufsprospekt-Verordnung idF der Bekannt-

---

1 BGBl. I 1990, S. 2749.
2 Der Gesetzentwurf der Bundesregierung zu einem VerkProspG – RegE VerkProspG, BT-Drucks. 11/6340 v. 1.2.1990, S. 6 f. (14) – sah demgegenüber noch in seinen §§ 13, 14 eine eigenständige verkaufsprospektrechtliche Regelung vor, die sich am Vorbild der investmentrechtlichen Prospekthaftungsregelung (§ 20 KAGG und § 12 AuslInvestmG in ihren seinerzeitigen Fassungen) orientierte. Gegen diesen Vorschlag erhob der Finanzausschuss des Bundestags jedoch Bedenken (BT-Drucks. 11/8328 v. 29.10.1990, S. 24 und 26), die zur Änderung des RegE nach Maßgabe der Beschlussempfehlung des Finanzausschusses (BT-Drucks. 11/8328 v. 29.10.1990, S. 12) führten.
3 BGBl. I 1998, S. 529.
4 BGBl. I 2004, S. 2630.
5 BGBl. I 2005, S. 1698.
6 ABl. EU Nr. L 345 v. 31.12.2003, S. 64.

machung vom 9.9.1998[1] aufgehoben[2]. Die **Mindestangaben in Wertpapierprospekten** nach dem WpPG waren danach der **Verordnung (EG) Nr. 809/2004** vom 29.4.2004 zur Umsetzung der Richtlinie 2003/71/EG des Europäischen Parlaments und des Rates betreffend die in Prospekten enthaltenen Informationen sowie das Format, die Aufnahme von Informationen mittels Verweis und die Veröffentlichung solcher Prospekte und die Verbreitung von Werbung[3] zu entnehmen, auf die § 7 WpPG bis heute verweist[4].

Erfasste das VerkProspG danach nur noch „im Inland öffentlich angebotene nicht in Wertpapieren im Sinne des Wertpapierprospektgesetzes verbriefte Anteile, die eine Beteiligung am Ergebnis eines Unternehmens gewähren" (§ 8f Abs. 1 Satz 1 VerkProspG aF), so wurde auch dieser Regelungskomplex in das mit Art. 1 des Gesetzes zur Novellierung des Finanzanlagenvermittler- und Vermögensanlagenrechts vom 6.12.2011[5] neu geschaffene **Vermögensanlagegesetz** überführt und das VerkProspG aufgehoben[6]. Die auf der Ermächtigungsgrundlage des § 8g Abs. 2 und 3 VerkProspG (aF) ergangene **Vermögensanlagen-Verkaufsprospektverordnung** (VermVerkProspV) vom 16.12.2004[7] gilt jedoch auf der Grundlage der sich aus § 7 Abs. 3 VermAnlG ergebenden Ermächtigung mit den Änderungen, die sie durch Art. 15 des Gesetzes zur Novellierung des Finanzanlagenvermittler- und Vermögensanlagenrechts vom 6.12.2011[8] erfahren hat, fort.

16

Mit dem Prospektrichtlinie-Umsetzungsgesetz vom 22.6.2005[9] wurden zwar die Regelungen über die Erstellung, die Billigung und die Veröffentlichung von Prospekten für Wertpapiere, die öffentlich angeboten oder zum Handel an einem organisierten Markt zugelassen werden sollen, aus dem BörsG und dem VerkProspG herausgenommen und in das WpPG überführt, doch wurde dem WpPG **keine eigenständige Prospekthaftungsregelung** eingefügt (schon Voraufl., Rz. 3). Die Haftung für die Richtigkeit und Vollständigkeit der nach Maßgabe des WpPG zu erstellenden Prospekte richtete sich vielmehr, ohne dass das WpPG einen entsprechenden Verweis enthielt, nach §§ 44–47 BörsG (aF): im Falle von Prospekten für Wertpapiere, die öffentlich angeboten oder zum Handel an einem organisierten Markt zugelassen werden sollen, aufgrund der unmittelbaren Anwendung dieser Vorschrif-

17

---

1 BGBl. I 1998, S. 2853.
2 Art. 9 des Prospektrichtlinie-Umsetzungsgesetzes vom 22.6.2005, BGBl. I 2005, S. 1698.
3 ABl. EU Nr. L 149 v. 30.4.2004, S. 1; berichtigte Fassung ABl. EU Nr. L 154 v. 16.6.2004, S. 3.
4 Die Verordnung ist durch Art. 1 der Delegierten Verordnung (EU) Nr. 486/2012 v. 30.3.2012 zur Änderung der Verordnung (EG) Nr. 809/2004 in Bezug auf Aufmachung und Inhalt des Prospekts, des Basisprospekts, der Zusammenfassung und der endgültigen Bedingungen und in Bezug auf die Angabepflichten, ABl. EU Nr. L 150 v. 9.6.2012, S. 1 (2 ff.), in wesentlichen Punkten geändert worden.
5 BGBl. I 2011, S. 2481.
6 Letzteres erfolgte durch Art. 2 des Gesetzes zur Novellierung des Finanzanlagenvermittler- und Vermögensanlagenrechts v. 6.12.2011, BGBl. I 2011, S. 2481.
7 BGBl. I 2004, S. 3464.
8 BGBl. I 2011, S. 2481.
9 BGBl. I 2005, S. 1698.

ten; im Falle von Prospekten für Wertpapiere, die nicht zum Handel an einer inländischen Börse zugelassen sind, über § 13 VerkProspG (aF), der die Vorschriften der §§ 44–47 BörsG (aF) mit geringen Modifikationen für entsprechend anwendbar erklärte. Demzufolge richtete sich auch die Haftung bei gesetzwidrig fehlenden Prospekten in Bezug auf Wertpapiere, die nicht zum Handel an einer inländischen Börse zugelassen sind, ohne entsprechenden Hinweis im WpPG nach § 13a VerkProspG (aF). Das wurde aus systematischen Gründen und wegen mangelnder Regelungstransparenz allgemein als wenig glücklich empfunden. Die diesbezügliche schon im Gesetzgebungsverfahren erhobene Rüge[1] fand zunächst keinen Widerhall[2], hat aber zwischenzeitlich zu **Abhilfe** geführt: Mit dem Gesetz zur Novellierung des Finanzanlagenvermittler- und Vermögensanlagenrechts vom 6.12.2011[3] wurde dem WpPG mit **§§ 21–25 WpPG** und mit Wirkung ab 1.6.2012 eine derjenigen des Börsengesetzes und des Verkaufsprospektgesetzes ähnliche, nunmehr aber **eigenständige Regelung der Haftung für fehlerhafte und fehlende Wertpapierprospekte** hinzugefügt.

18 Nach wie vor[4] stellen die Prospekthaftungsbestimmungen der **§§ 21–25 WpPG** – anders als Bestimmungen über die Erstellung, die Billigung und die Veröffentlichung von Prospekten – **kein angeglichenes, richtlinienkonform auszulegendes Recht** dar[5]. Mit ihnen genügt der deutsche Gesetzgeber zwar seinen Verpflichtungen aus der Emissionsprospektrichtlinie 2003/71/EG vom 4.11.2003[6], für Verstöße gegen die gemäß dieser Richtlinie erlassenen innerstaatlichen Rechtsvorschriften Sanktionen festzulegen und alle notwendigen Maßnahmen zu ergreifen, um die Anwendung dieser Sanktionen zu gewährleisten, doch enthält die Richtlinie für die Ausgestaltung dieser Sanktionen keine weitergehenden Angaben als die Vorgabe, sie müssten wirksam, verhältnismäßig und abschreckend sein[7].

---

1 Der Bundesrat bat in seiner Stellungnahme zum Gesetzesentwurf, „im weiteren Gesetzgebungsverfahren eine Regelung der Prospekthaftung im Wertpapierprospektgesetz zu prüfen", Stellungnahme des Bundesrates und Gegenäußerung der Bundesregierung zum RegE Prospektrichtlinie-Umsetzungsgesetz, BT-Drucks. 15/5219 v. 7.4.2005, S. 1.
2 Eine solche Prüfung sagte die Bundesregierung zwar zu, erklärte aber, die Prüfung werde „allerdings nicht im vorliegenden Gesetzgebungsverfahren" erfolgen können, sondern erst „im Rahmen eines weiteren Gesetzgebungsvorhabens, dass sich u. a. mit der Prospekthaftung befassen" werde; eine „Berücksichtigung im laufenden Verfahren würde die Verabschiedung des Gesetzes unnötig verzögern", Stellungnahme des Bundesrates und Gegenäußerung der Bundesregierung zum RegE Prospektrichtlinie-Umsetzungsgesetz, BT-Drucks. 15/5219 v. 7.4.2005, S. 7.
3 BGBl. I 2011, S. 2481.
4 Zur vormaligen Regelungslage siehe Voraufl., Einl. VerkProspG Rz. 29 und § 13 VerkProspG Rz. 5.
5 Auch *Mülbert/Steup* in Habersack/Mülbert/Schlitt, Unternehmensfinanzierung, § 41 Rz. 2.
6 ABl. EU Nr. L 345 v. 31.12.2003, S. 64.
7 Erwägungsgrund 43 und Art. 35 der Emissionsprospektrichtlinie 2003/71/EG v. 4.11.2003, ABl. EU Nr. L 345 v. 31.12.2003, S. 64.

2. Übersicht: Die Prospekthaftungstatbestände des WpPG

In der **Neuregelung der Haftung für Wertpapierprospekte nach §§ 21–25 WpPG** werden „sämtliche Haftungsvorschriften für fehlerhafte und fehlende Prospekte für Wertpapiere unabhängig davon, ob sie Grundlage für die Zulassung von Wertpapieren zum Handel an einer inländischen Börse sind oder nicht, in dem auf sämtliche Prospekte für Wertpapiere anwendbaren Wertpapierprospektgesetz" zusammengeführt[1]. Das war insoweit angezeigt und auf unkomplizierte Weise zu bewerkstelligen, als die Haftung für diese Prospekte schon bisher einheitlichen Regeln folgte, indem die Haftung für sonstige Prospekte für Wertpapiere nach dem VerkProspG kraft Verweises und weniger Modifikationen den Prospekthaftungsbestimmungen des BörsG für Börsenzulassungsprospekte entsprach. Deshalb führen die wertpapierprospektgesetzlichen Prospekthaftungsbestimmungen **kein neues Regelungsregime** ein, sondern übernehmen das bisherige, mit nur einer **Ausnahme**: Die bislang in § 46 BörsG enthaltene Sonderverjährungsvorschrift entfällt ersatzlos, sodass seit dem Inkrafttreten der Neuregelung zum 1.6.2012[2] für Haftungsansprüche wegen fehlerhafter oder fehlender Prospekte die allgemeinen Verjährungsvorschriften der §§ 195 ff. BGB Anwendung finden.

19

Betrachtet man die **Systematik** der Prospekthaftung in Abschnitt 6 (§§ 21–25) des WpPG, so unterscheidet das Gesetz zwar zwischen der Haftung bei fehlerhaftem Börsenzulassungsprospekt (§ 21 WpPG) und der Haftung bei sonstigem fehlerhaften Prospekt (§ 22 WpPG), folgt aber in Bezug auf **fehlerhafte Prospekte** einem einheitlichen Regelungsregime, indem § 22 WpPG mit nur geringen Anpassungen in Nrn. 1 und 2 der Vorschrift die entsprechende Anwendung des § 21 WpPG anordnet. Diese Prospekthaftungsregelungen werden ergänzt durch beide betreffende Bestimmungen über den Haftungsausschluss in § 23 WpPG und Sonderregelungen über die **Haftung bei fehlendem Prospekt** in § 24 WpPG sowie über unwirksame Haftungsbeschränkungen und sonstige Ansprüche in § 25 WpPG.

20

Kernvorschrift der Prospekthaftungsregelung in Abschnitt 6 des WpPG „Prospekthaftung" ist **§ 21 WpPG**, der die **Haftung bei fehlerhaftem Börsenzulassungsprospekt** regelt. Dabei folgt die Vorschrift weitgehend dem Wortlaut des aufgehobenen § 44 BörsG (aF). Nach ausdrücklicher Regelung in § 21 Abs. 4 WpPG steht einem Prospekt iS des § 21 Abs. 1 WpPG eine **schriftliche Darstellung** gleich, auf Grund deren Veröffentlichung der Emittent von der Pflicht zur Veröffentlichung eines Prospekts befreit wurde[3]. Auch sie unterfällt damit der Prospekthaftung nach § 21 WpPG. Bei einer schriftlichen Darstellung iS des § 21 Abs. 4 WpPG handelt es sich um das „Dokument", das verfügbar sein muss, um eine Ausnahme von der Pflicht zur Veröffentlichung eines Prospekts im Hinblick auf die Zulassung von Wertpapie-

21

---

1 RegE eines Gesetzes zur Novellierung des Finanzanlagenvermittler- und Vermögensanlagenrechts, BT-Drucks. 17/6051 v. 6.6.2011, S. 1 (46).
2 Art. 26 Abs. 3 des Gesetzes zur Novellierung des Finanzanlagenvermittler- und Vermögensanlagenrechts, BGBl. I 2011, S. 2481.
3 Damit wird eine Lücke im früheren Recht – siehe *Assmann*, AG 1996, 508 – geschlossen.

22 § 22 WpPG regelt die **Haftung „bei sonstigem fehlerhaften Prospekt"**, dh. bei einem nach § 3 Abs. 1 WpPG veröffentlichten Prospekt, der nicht Grundlage für die Zulassung von Wertpapieren zum Handel an einer inländischen Börse ist, und unterstellt diese kraft Verweisung und nur geringen Modifikationen in § 22 Nr. 1 und 2 WpPG dem Regelungsregime des § 21 WpPG. Kraft der Verweisung auf § 21 WpPG wird nach §§ 22, 21 Abs. 3 WpPG auch für eine schriftliche Darstellung gehaftet, auf Grund deren Veröffentlichung der Emittent von der Pflicht zur Veröffentlichung eines Prospekts, der nicht Börsenzulassungsprospekt ist, befreit wurde.

23 § 23 WpPG regelt den **Haftungsausschluss** unter Übernahme des Wortlauts des § 45 BörsG. Gemäß § 23 Abs. 1 WpPG kann nach § 21 oder § 22 WpPG nicht in Anspruch genommen werden, wer nachweist, dass er die Unrichtigkeit oder Unvollständigkeit der Angaben des Prospekts nicht gekannt hat und dass die Unkenntnis nicht auf grober Fahrlässigkeit beruht. Darüber hinaus benennt § 23 Nr. 1–5 WpPG fünf Fallgestaltungen, die eine Haftung nach §§ 21, 22 WpPG ausschließen.

24 § 24 WpPG begründet eine Haftung für den Fall, dass ein **Prospekt entgegen § 3 Abs. 1 WpPG nicht veröffentlicht** worden ist. Die Vorschrift folgt weitgehend – bis auf die Verjährungsregelung – dem aufgehobenen § 13a VerkProspG (aF). Mit dieser durch Art. 2 Nr. 6 AnSVG vom 28.10.2004[2] in das zwischenzeitlich aufgehobene VerkProspG eingeführten Vorschrift reagierte der Gesetzgeber auf den Umstand, dass das öffentliche Angebot von Kapitalanlagen unter Verletzung der Pflicht zur Veröffentlichung eines Verkaufsprospekts zwar aufsichtsrechtliche und ordnungswidrigkeitsrechtliche Folgen nach sich ziehen konnte, ein Schadensersatzanspruch der Anleger, welche gleichwohl die angebotenen Anlagen erwarben, aber rechtlich nicht leicht zu begründen und durchzusetzen war[3].

25 **§ 25 WpPG**, der in seinem Abs. 1 Vereinbarungen, durch die Ansprüche „nach §§ 21, 23 oder 24 WpPG" – gemeint sind §§ 21, 22 und 24 WpPG (s. § 25 WpPG Rz. 3) – im Voraus ermäßigt oder erlassen werden, für unwirksam erklärt, und in seinem Abs. 2 bestimmt, dass weitergehende Ansprüche, die nach den Vorschriften des bürgerlichen Rechts auf Grund von Verträgen oder unerlaubten Handlungen erhoben werden können, von den Prospekthaftungsbestimmungen des 6. Abschnitts des WpPG unberührt bleiben, übernimmt den Wortlaut des aufgehobenen § 47 BörsG (aF).

---

1 Zwar setzt auch der Befreiungstatbestand des § 4 Abs. 2 Nr. 5 WpPG ein „Dokument" voraus, doch kommt für dieses eine Haftung nach § 21 Abs. 1 und 4 WpPG nicht in Betracht. Siehe dazu §§ 21–23 WpPG Rz. 24.
2 BGBl. I 2004, S. 2630.
3 Hierzu ausführlich Voraufl., § 13a VerkProspG Rz. 2.

3. Übergangsbestimmungen

Die wertpapierprospektgesetzlichen Prospekthaftungsvorschriften sind **zum 1.6.2012 in Kraft getreten**[1]. Im Hinblick auf die Gesetzesänderung und namentlich die Überführung der börsengesetzlichen Prospekthaftungsbestimmungen ins WpPG bei gleichzeitiger Aufhebung des Verkaufsprospektgesetzes enthalten die durch Art. 6 Nr. 15 und Art. 7 Nr. 5 des Gesetzes zur Novellierung des Finanzanlagenvermittler- und Vermögensanlagenrechts vom 6.12.2011[2] eingeführten § 37 WpPG und § 52 BörsG **Übergangsbestimmungen**:

(1) Nach § 52 Abs. 8 BörsG sind auf **Ansprüche wegen fehlerhafter Börsenzulassungsprospekte**, dh. von Prospekten, die Grundlage für die Zulassung von Wertpapieren zum Handel an einer inländischen Börse sind und die vor dem 1.6.2012 im Inland veröffentlicht wurden, die §§ 44–47 BörsG in der bis zum 31.5.2012 geltenden Fassung weiterhin anzuwenden. Die Trennlinie bildet der Zeitpunkt der Prospektveröffentlichung.

(2) Nach § 37 Satz 1 WpPG sind für Ansprüche wegen **fehlerhafter Prospekte, die nicht Grundlage für die Zulassung** von Wertpapieren zum Handel an einer inländischen Börse sind und die vor dem 1.6.2012 im Inland veröffentlicht wurden, das Verkaufsprospektgesetz – § 13 VerkProspG – und die §§ 44–47 BörsG jeweils in der bis zum 31.5.2012 geltenden Fassung weiterhin anzuwenden. Auch hier ist Trennlinie der Zeitpunkt der Prospektveröffentlichung.

(3) Nach § 37 Satz 2 WpPG ist im Hinblick auf Ansprüche wegen eines **fehlenden Prospekts**, dh eines entgegen § 3 Abs. 1 WpPG nicht veröffentlichten Prospekts, die bis zum Ablauf des 31.5.2012 entstanden sind, das Verkaufsprospektgesetz – § 13a VerkProspG – in der bis zum 31.5.2012 geltenden Fassung weiterhin anzuwenden. Die Trennlinie bildet hier der Zeitpunkt der Entstehung und damit im Ausgangspunkt der des Erwerbs der Wertpapiere.

III. Die rechtliche Qualifikation von Prospekthaftungsansprüchen und ihre gerichtliche Geltendmachung

Die **rechtliche Qualifikation von Prospekthaftungsansprüchen** ist sowohl im Hinblick auf die Ermittlung und die Auslegung einzelner Tatbestandsmerkmale als auch im Hinblick auf die nationaler und internationaler gerichtlicher Zuständigkeiten von Bedeutung. Ansprüche aus gesetzlichen Prospekthaftungsbestimmungen sind, auch wenn ihre Rechtsfolgen prospekthaftungsspezifisch geregelt sind und sie diesbezüglich nicht auf die allgemeinen Bestimmungen des Schadensersatzrechts verweisen, deliktische Ansprüche (synonym: Ansprüche aus unerlaubter Handlung, außervertrag-

---

[1] Art. 26 Abs. 2 des Gesetzes zur Novellierung des Finanzanlagenvermittler- und Vermögensanlagenrechts v. 6.12.2011, BGBl. I 2011, S. 2481.
[2] BGBl. I 2011, S. 2481.

liche Ansprüche)¹. Das hat zuletzt die Entscheidung des EuGH vom 28.1.2015 zumindest hinsichtlich der internationalprivatrechtlichen Qualifikation der Prospekthaftung bestätigt².

31 Zur **gerichtlichen Geltendmachung von Prospekthaftungsansprüchen**, namentlich zum Gerichtsstand und zur internationalen Zuständigkeit, siehe die Ausführungen zu §§ 21–23 WpPG Rz. 136 ff.

IV. Ausblick: Die vorgeschlagene Prospektverordnung

32 Die vorgeschlagene Prospektverordnung – siehe dazu Einl. WpPG Rz. 23 – wird die Regelung der Prospekthaftung in §§ 21–25 WpPG **nicht unmittelbar beeinflussen**. Mangels einer Rechtsetzungskompetenz der EU im Bereich der zivilrechtlichen Haftung für fehlerhafte oder fehlende Prospekte beschränkt sich der Vorschlag der Kommission für eine Prospektverordnung vom 30.11.2015³ und – diesem ohne inhaltliche Änderung folgend – auch der Vorschlag des Rats vom 3.6.2015⁴ auf eine Verpflichtung der Mitgliedstaaten, für die Haftung nach Maßgabe des vorgeschlagenen Art. 11 Sorge zu tragen.

---

1 Das darf heute als herrschende Meinung gelten. Siehe etwa, jeweils mwN, *Assmann*, Prospekthaftung, S. 241 ff.; *Assmann* in Assmann/Schütze, Handbuch des Kapitalanlagerechts, 3. Aufl. 2007, § 6 Rz. 28; *v. Bar*, ZGR 1983, 496 ff.; *Bischoff*, WM 2002, 491; *Einsele*, ZEuP 2012, 46 f.; *Frohne*, Prospektpflicht, S. 66; *Gebauer*, S. 77 ff.; *Habersack* in Habersack/Mülbert/Schlitt, Kapitalmarktinformation, § 29 Rz. 3 („besondere Ausprägung der Haftung für Verkehrspflichtverletzung"); *Hellgardt*, S. 25 ff., 239 ff.; *Hopt*, WM 2013, 104, unter Hinweis auf die entsprechende Qualifikation im internationalen Kontext; *Lenenbach*, Rz. 14.428; *Pankoke* in Just/Voß/Ritz/Zeising, Vor § 44 BörsG, § 13 VerkProspG Rz. 16. Nach aA – und noch unter dem Eindruck der Herausbildung der allgemein-zivilrechtlichen Prospekthaftung, die heute nahezu völlig in gesetzliche Prospekthaftungstatbestände überführt wurde, die ihrerseits keinerlei Spuren einer Vertrauens-, geschweige denn Berufshaftung mehr aufweisen – handelt es sich um einen Fall der kraft Gesetzes eintretenden Vertrauenshaftung. Siehe etwa *Ellenberger*, Prospekthaftung, S. 9; *Hamann* in Schäfer/Hamann, §§ 44, 45 BörsG Rz. 36; *Kumpan* in Baumbach/Hopt, (15a) Vor §§ 21–25 WpPG Rz. 5, § 21 WpPG Rz. 11 (internationalprivatrechtlich: Deliktsstatut); *Schwark* in Schwark/Zimmer, §§ 44, 45 BörsG Rz. 7.
2 EuGH v. 28.1.2015 – Rs. C-375/13 – „Kolassa", ZIP 2015, 1456 (1459 Rz. 48: „Somit ist davon auszugehen, dass für Haftungsklagen gegen einen Emittenten aus Prospekthaftung und wegen Verletzung sonstiger gesetzlicher Informationspflichten von Emittenten der Gerichtsstand der unerlaubten Handlung gilt").
3 Vorschlag für eine Verordnung des Europäischen Parlaments und des Rates über den Prospekt, der beim öffentlichen Angebot von Wertpapieren oder bei deren Zulassung zum Handel zu veröffentlichen ist, Brüssel, 30.11.2015, COM(2015) 583 final.
4 Council of the European Union, Proposal for a regulation of the European Parliament and of the Council on the prospectus to be published when securities are offered to the public or admitted to trading Interinstitutional File: 2015/0268 (COD), Brussels, 3 June 2016.

Im Einzelnen lautet **Art. 11 der vorgeschlagenen Prospektverordnung** in der Fassung des Kommissionsvorschlags[1]:

„1. Die Mitgliedstaaten stellen sicher, dass der Emittent oder dessen Verwaltungs-, Leitungs- oder Aufsichtsorgan, der Anbieter, die Person, die die Zulassung zum Handel an einem geregelten Markt beantragt, oder der Garantiegeber für die Richtigkeit der in einem Prospekt enthaltenen Angaben haftet. Die verantwortlichen Personen sind im Prospekt eindeutig unter Angabe ihres Namens und ihrer Funktion – bei juristischen Personen ihres Namens und ihres Sitzes – zu benennen; der Prospekt muss zudem Erklärungen der betreffenden Personen enthalten, dass ihres Wissens die Angaben in dem Prospekt richtig sind und darin keine Tatsachen verschwiegen werden, die die Aussage des Prospekts verändern können.

2. Die Mitgliedstaaten stellen sicher, dass ihre Rechts- und Verwaltungsvorschriften im Bereich der Haftung für die Personen gelten, die für die in einem Prospekt enthaltenen Angaben verantwortlich sind.

Die Mitgliedstaaten gewährleisten jedoch, dass niemand lediglich aufgrund der Zusammenfassung einschließlich deren Übersetzung haftet, es sei denn, die Zusammenfassung ist, wenn sie zusammen mit den anderen Teilen des Prospekts gelesen wird, irreführend, unpräzise oder inkohärent oder lässt, wenn sie zusammen mit den anderen Teilen des Prospekts gelesen wird, wesentliche Angaben vermissen, die in Bezug auf Anlagen in die betreffenden Wertpapiere für die Anleger eine Entscheidungshilfe darstellen würden. Die Zusammenfassung muss diesbezüglich einen eindeutigen Warnhinweis enthalten.

3. Die Haftung für die in einem einheitlichen Registrierungsformular enthaltenen Informationen liegt nur in den Fällen bei den in Absatz 1 genannten Personen, in denen das einheitliche Registrierungsformular als Bestandteil eines gebilligten Prospekts verwendet wird. Dies gilt unbeschadet der Artikel 4 und 5 der Richtlinie 2004/109/EG, wenn die gemäß diesen Artikeln offenzulegenden Informationen in einem einheitlichen Registrierungsformular enthalten sind."

§ 21
Haftung bei fehlerhaftem Börsenzulassungsprospekt

(1) Der Erwerber von Wertpapieren, die auf Grund eines Prospekts zum Börsenhandel zugelassen sind, in dem für die Beurteilung der Wertpapiere wesentliche Angaben unrichtig oder unvollständig sind, kann

---

[1] Vorschlag für eine Verordnung des Europäischen Parlaments und des Rates über den Prospekt, der beim öffentlichen Angebot von Wertpapieren oder bei deren Zulassung zum Handel zu veröffentlichen ist, Brüssel, 30.11.2015, COM(2015) 583 final, S. 56 f. Die englische Fassung dieses Vorschlags und desjenigen des Rats sind wortgleich.

1. von denjenigen, die für den Prospekt die Verantwortung übernommen haben, und

2. von denjenigen, von denen der Erlass des Prospekts ausgeht,

als Gesamtschuldnern die Übernahme der Wertpapiere gegen Erstattung des Erwerbspreises, soweit dieser den ersten Ausgabepreis der Wertpapiere nicht überschreitet, und der mit dem Erwerb verbundenen üblichen Kosten verlangen, sofern das Erwerbsgeschäft nach Veröffentlichung des Prospekts und innerhalb von sechs Monaten nach erstmaliger Einführung der Wertpapiere abgeschlossen wurde. Ist kein Ausgabepreis festgelegt, gilt als Ausgabepreis der erste nach Einführung der Wertpapiere festgestellte oder gebildete Börsenpreis, im Falle gleichzeitiger Feststellung oder Bildung an mehreren inländischen Börsen der höchste erste Börsenpreis. Auf den Erwerb von Wertpapieren desselben Emittenten, die von den in Satz 1 genannten Wertpapieren nicht nach Ausstattungsmerkmalen oder in sonstiger Weise unterschieden werden können, sind die Sätze 1 und 2 entsprechend anzuwenden.

(2) Ist der Erwerber nicht mehr Inhaber der Wertpapiere, so kann er die Zahlung des Unterschiedsbetrags zwischen dem Erwerbspreis, soweit dieser den ersten Ausgabepreis nicht überschreitet, und dem Veräußerungspreis der Wertpapiere sowie der mit dem Erwerb und der Veräußerung verbundenen üblichen Kosten verlangen. Absatz 1 Satz 2 und 3 ist anzuwenden.

(3) Sind Wertpapiere eines Emittenten mit Sitz im Ausland auch im Ausland zum Börsenhandel zugelassen, besteht ein Anspruch nach Absatz 1 oder 2 nur, sofern die Wertpapiere auf Grund eines im Inland abgeschlossenen Geschäfts oder einer ganz oder teilweise im Inland erbrachten Wertpapierdienstleistung erworben wurden.

(4) Einem Prospekt steht eine schriftliche Darstellung gleich, auf Grund deren Veröffentlichung der Emittent von der Pflicht zur Veröffentlichung eines Prospekts befreit wurde.

In der Fassung vom 6.12.2011 (BGBl. I 2011, S. 2481).

§ 22
Haftung bei sonstigem fehlerhaften Prospekt

Sind in einem nach § 3 Absatz 1 Satz 1 veröffentlichten Prospekt, der nicht Grundlage für die Zulassung von Wertpapieren zum Handel an einer inländischen Börse ist, für die Beurteilung der Wertpapiere wesentliche Angaben unrichtig oder unvollständig, ist § 21 entsprechend anzuwenden mit der Maßgabe, dass

1. bei der Anwendung des § 21 Absatz 1 Satz 1 für die Bemessung des Zeitraums von sechs Monaten anstelle der Einführung der Wertpapiere der Zeitpunkt des ersten öffentlichen Angebots im Inland maßgeblich ist und
2. § 21 Absatz 3 auf diejenigen Emittenten mit Sitz im Ausland anzuwenden ist, deren Wertpapiere auch im Ausland öffentlich angeboten werden.

In der Fassung vom 6.12.2011 (BGBl. I 2011, S. 2481).

§ 23
Haftungsausschluss

(1) Nach den §§ 21 oder 22 kann nicht in Anspruch genommen werden, wer nachweist, dass er die Unrichtigkeit oder Unvollständigkeit der Angaben des Prospekts nicht gekannt hat und dass die Unkenntnis nicht auf grober Fahrlässigkeit beruht.

(2) Ein Anspruch nach den §§ 21 oder 22 besteht nicht, sofern

1. die Wertpapiere nicht auf Grund des Prospekts erworben wurden,
2. der Sachverhalt, über den unrichtige oder unvollständige Angaben im Prospekt enthalten sind, nicht zu einer Minderung des Börsenpreises der Wertpapiere beigetragen hat,
3. der Erwerber die Unrichtigkeit oder Unvollständigkeit der Angaben des Prospekts bei dem Erwerb kannte,
4. vor dem Abschluss des Erwerbsgeschäfts im Rahmen des Jahresabschlusses oder Zwischenberichts des Emittenten, einer Veröffentlichung nach Artikel 17 der Verordnung (EU) Nr. 596/2014 des Europäischen Parlaments und des Rates vom 16. April 2014 über Marktmissbrauch (Marktmissbrauchsverordnung) und zur Aufhebung der Richtlinie 2003/6/EG des Europäischen Parlaments und des Rates und der Richtlinien 2003/124/EG, 2003/125/EG und 2004/72/EG der Kommission (ABl. L 173 vom 12.6.2014, S. 1) in der jeweils geltenden Fassung oder einer vergleichbaren Bekanntmachung eine deutlich gestaltete Berichtigung der unrichtigen oder unvollständigen Angaben im Inland veröffentlicht wurde oder
5. er sich ausschließlich auf Grund von Angaben in der Zusammenfassung oder einer Übersetzung ergibt, es sei denn, die Zusammenfassung ist irreführend, unrichtig oder widersprüchlich, wenn sie zusammen mit den anderen Teilen des Prospekts gelesen wird, oder sie enthält, wenn sie zusammen mit den anderen Teilen des Prospekts gelesen wird, nicht alle gemäß § 5 Absatz 2 Satz 1 in Verbindung mit Absatz 2a erforderlichen Schlüsselinformationen.

§§ 21–23 WpPG | Haftung bei fehlerhaftem Prospekt

In der Fassung vom 6.12.2011 (BGBl. I 2011, S. 2481), zuletzt geändert durch das Erste Gesetz zur Novellierung von Finanzmarktvorschriften auf Grund europäischer Rechtsakte vom 30.6.2016 (BGBl. I 2016, S. 1514).

Schrifttum: Siehe Vor §§ 21–25.

I. Regelungsgegenstand und Normentwicklung
1. Regelungsgegenstand 1
2. Normentwicklung
   a) Haftung für Börsenzulassungsprospekte (§ 21 WpPG) 4
   b) Haftung bei sonstigem fehlerhaften Prospekt (§ 22 WpPG) .. 7
   c) Haftungsausschluss (§ 23 WpPG) 8
II. Voraussetzungen und Inhalt der Haftung
1. Anwendungsbereich 10
   a) Börsenzulassungsprospekte (§ 21 Abs. 1 Sätze 1, 3 WpPG) und schriftliche Darstellungen (§ 21 Abs. 4 WpPG) 11
      aa) Börsenzulassungsprospekte (§ 21 Abs. 1 Satz 1 WpPG) 12
      bb) Schriftliche Darstellungen (§ 21 Abs. 4 WpPG) 21
      cc) Erstreckung der Prospekthaftung auf Wertpapiere mit gleichen Ausstattungsmerkmalen (§ 21 Abs. 1 Satz 3 WpPG) 28
   b) Sonstige Wertpapierprospekte (§ 22 WpPG) 29
2. Fehlerhaftigkeit des Prospekts oder der schriftlichen Darstellung (§ 21 Abs. 1 Satz 1, Abs. 4 und § 22 WpPG)
   a) Übersicht 35
   b) Maßstab zur Beurteilung der Richtigkeit und Unvollständigkeit eines Prospekts 37
   c) Beurteilungszeitpunkt 41
   d) Wesentliche Angaben 45
   e) Unrichtigkeit 50
   f) Unvollständigkeit 55
   g) Gesamtbild 66

h) Berichtigung (§ 23 Abs. 2 Nr. 4 WpPG) 69
3. Anspruchsgegner – Die Adressaten der Prospekthaftung (§ 21 Abs. 1 Satz 1 und § 22 Abs. 1 WpPG) ... 74
   a) Personen, die für den Prospekt die Verantwortung übernommen haben (Prospekterlasser) 75
   b) Personen, von denen der Erlass des Prospekts ausgeht (Prospektveranlasser) 81
   c) Abschließende Regelung der Anspruchsgegner 84
   d) Gesamtschuldnerische Haftung 86
4. Anspruchsberechtigte (§ 21 Abs. 1 und § 22 WpPG)
   a) Übersicht 88
   b) Erwerbszeitraum (§ 21 Abs. 1 Satz 1 und § 22 Nr. 1 WpPG) .. 90
   c) Erfasste Wertpapiere (§ 21 Abs. 1 Satz 3, Abs. 3 und § 22 Nr. 2 WpPG) 93
   d) Erwerb 96
5. Kausalität
   a) Haftungsbegründende Kausalität (§ 21 Abs. 1 Satz 1, § 22 und § 23 Abs. 2 Nrn. 1 und 3 WpPG) 99
   b) Haftungsausfüllende Kausalität (§ 23 Abs. 2 Nr. 2 WpPG) 103
6. Verschulden und Mitverschulden (§ 21 Abs. 1, § 22 und § 23 Abs. 1 WpPG)
   a) Übersicht 107
   b) Vorsatz und grobe Fahrlässigkeit 109
   c) Mitverschulden (§ 23 Abs. 2 Nr. 3 WpPG) 114
7. Schadensersatz (§ 21 Abs. 1 Satz 1, Abs. 2 und § 22 WpPG)
   a) Übersicht 117
   b) Erwerber ist noch Inhaber der Wertpapiere (§ 21 Abs. 1 Sätze 1 und 2 und § 22 WpPG) 119

c) Erwerber ist nicht mehr Inhaber der Wertpapiere (§ 21 Abs. 2 und § 22 WpPG) 124
8. Haftungsfreizeichnung (§ 25 Abs. 1 WpPG) 127

III. Geltendmachung des Anspruchs und anderweitige Ansprüche

1. Verjährung 130
2. Streitgegenstand einer Prospekthaftungsklage und Folgerungen . . . 135
3. Gerichtsstand 136
4. Konkurrenzen 141
5. Rechtsschutz(versicherung) 144

I. Regelungsgegenstand und Normentwicklung

1. Regelungsgegenstand

§§ 21–23 WpPG haben die **Haftung für fehlerhafte Wertpapierprospekte** zum Gegenstand. 1

– Dabei regelt **§ 21 WpPG** die Haftung bei fehlerhaftem **Börsenzulassungsprospekt**, dem § 21 Abs. 4 WpPG eine schriftliche Darstellung, aufgrund deren Veröffentlichung der Emittent von der Pflicht zur Veröffentlichung eines Prospekts befreit wurde, gleichstellt.

– Unter Verweis auf § 21 WpPG regelt **§ 22 WpPG** die Haftung „**bei sonstigem fehlerhaften Prospekt**", dh. bei einem aufgrund der Prospektpflicht aus § 3 Abs. 1 WpPG veröffentlichten Prospekt, der nicht Grundlage für die Zulassung von Wertpapieren zum Handel an einer inländischen Börse ist. Der mit nur geringfügigen Modifikationen in § 22 Nrn. 1 und 2 WpPG versehene Verweis des § 22 WpPG auf § 21 WpPG bezieht sich auf alle Vorschriften des § 21 WpPG[1].

– Unter dem Titel „**Haftungsausschluss**" werden in **§ 23 WpPG** verschiedene Umstände angeführt, unter denen ein Anspruchsgegner nicht aus § 21 oder § 22 WpPG in Anspruch genommen werden kann (Abs. 1) oder ein Anspruch aus § 21 oder § 22 WpPG nicht besteht (Abs. 2).

Zur **Systematik** der Regelung Prospekthaftung in Abschnitt 6 (§§ 21–25 WpPG) und insbesondere der Regelung für fehlerhafte Wertpapierprospekte in §§ 21–23 WpPG siehe im Übrigen die Erläuterungen Vor §§ 21–25 WpPG Rz. 19 ff.

Weil § 22 WpPG die Haftung „bei sonstigem fehlerhaften Prospekt" mit nur wenigen Modifikationen der Prospekthaftungsregelung für Börsenzulassungsprospekte nach § 21 WpPG unterstellt und die Haftungsausschlüsse nach § 23 WpPG sowohl Ansprüche aus § 21 und aus § 22 WpPG betreffen, werden diese Bestimmungen – in systematischer, nach Anspruchsvoraussetzungen und Rechtsfolgen gegliederter Darstellung – **gemeinsam erläutert**. 2

Im Hinblick auf die systematische Darstellung der Haftung für fehlerhafte Prospekte findet sich nachfolgend eine **Zuordnung der Ausführungen zu den einzelnen Bestimmungen der §§ 21–23 WpPG:** 3

---

[1] *Wackerbarth* in Holzborn, §§ 21–23 WpPG Rz. 25.

§ 21 WpPG		
	Abs. 1	
		Satz 1 — Rz. 1 f., 4 ff., 11–21, 35–73, 74–87, 88–98, 99–102, 107–116, 117 f., 119–123, 124, 131–134, 136, 141–143, 144
		Satz 2 — Rz. 121, 125
		Satz 3 — Rz. 11, 28, 93 f.
	Abs. 2	
		Satz 1 — Rz. 96, 98, 118, 123, 124
		Satz 2 — Rz. 96, 98, 118, 123, 124 f.
	Abs. 3	Rz. 93–95
	Abs. 4	Rz. 1, 11, 21–27, 35–73, 93
§ 22 WpPG		Rz. 1 f., 7, 18, 20 f., 29–34, 35–73, 74–87, 88–98, 99–102, 107–116, 117 f., 119–123, 124–126, 131–134, 136, 141–143, 144
	Nr. 1	Rz. 1, 44, 88, 90–92, 101
	Nr. 2	Rz. 94 f.
§ 23 WpPG		
	Abs. 1	Rz. 1 f., 8, 107
	Abs. 2	
		Nr. 1 — Rz. 8, 99, 101
		Nr. 2 — Rz. 8, 103–106
		Nr. 3 — Rz. 8, 15, 102, 108, 114–116
		Nr. 4 — Rz. 8, 44, 69–73, 89
		Nr. 5 — Rz. 8 f., 40, 43, 60

2. Normentwicklung

a) Haftung für Börsenzulassungsprospekte (§ 21 WpPG)

4 § 21 WpPG hat die **Haftung bei fehlerhaftem**, das heißt unrichtigem oder unvollständigem **Börsenzulassungsprospekt** zum Gegenstand. Die Haftung für nach dem WpPG fehlerhafte Prospekte war zuvor teils im Börsengesetz (betreffend Börsenzulassungsprospekte), teils im VerkProspG (betreffend das öffentliche Angebot von Wertpapieren, die nicht zum Handel an einem organisierten Markt zugelassen werden sollen) geregelt. Einzelheiten dieser Entwicklung und die Stellung der Vorschrift im Rahmen der Prospekthaftungsbestimmungen des WpPG sind Vor §§ 21–25 WpPG Rz. 13 ff. bzw. Rz. 19 ff. dargestellt.

Die Vorschrift **folgt** weitgehend dem Wortlaut des aufgehobenen § 44 BörsG (aF). Sie hat die Haftung für fehlerhafte Börsenzulassungsprospekte zum Gegenstand (Abs. 1), begründet aber auch eine Haftung für fehlerhafte schriftliche Darstellungen, deren Verfügbarkeit Voraussetzung einer Ausnahme von der Pflicht zur Veröffentlichung eines Prospekts bei Zulassung von Wertpapieren zum Handel an einem organisierten Markt ist (Abs. 4); im Einzelnen kommen dafür nur die Dokumente nach § 4 Abs. 2 Nr. 3 und Nr. 4 WpPG in Betracht (dazu unten Rz. 27). 5

Im Hinblick auf die mit dem Gesetz zur Novellierung des Finanzanlagenvermittler- und Vermögensanlagenrechts vom 6.12.2011[1] eingetretenen Gesetzesänderung enthalten § 37 WpPG und § 52 BörsG **Übergangsbestimmungen** (siehe Vor §§ 21–25 WpPG Rz. 26 ff.). Zu diesen gehört die Regelung, dass auf Ansprüche nach § 21 Abs. 1 WpPG wegen fehlerhafter Börsenzulassungsprospekte, die vor dem 1.6.2012 im Inland veröffentlicht wurden, §§ 44–47 BörsG in der bis zum 31.5.2012 geltenden Fassung weiterhin anzuwenden ist. 6

b) Haftung bei sonstigem fehlerhaften Prospekt (§ 22 WpPG)

Zur Regelung der Haftung bei fehlerhaften Prospekten für Wertpapiere, die **keine Börsenzulassungsprospekte** sind, übernimmt § 22 WpPG das Haftungsregime des aufgehobenen § 13 VerkProspG, das – mit einigen Modifikationen – seinerseits auf demjenigen der gleichermaßen aufgehobenen §§ 44 ff. BörsG basiert[2]. Die Vorschrift beruht auf Art. 6 Nr. 4 des Gesetzes zur Novellierung des Finanzanlagenvermittler- und Vermögensanlagenrechts vom 6.12.2011[3], trat zum 1.6.2012 in Kraft[4] und ist seitdem nicht geändert worden. 7

c) Haftungsausschluss (§ 23 WpPG)

§ 23 WpPG über den **Ausschluss der Haftung** nach §§ 21, 22 WpPG übernimmt den Wortlaut des aufgehobenen § 45 BörsG[5]. Die Vorschrift beruht auf Art. 6 Nr. 4 des Gesetzes zur Novellierung des Finanzanlagenvermittler- und Vermögensanlagenrechts vom 6.12.2011[6] und trat zum 1.6.2012 in Kraft[7]. 8

Durch Art. 1 Nr. 19 des Gesetzes zur Umsetzung der Richtlinie 2010/73/EU und zur Änderung des Börsengesetzes vom 26.6.2012[8] wurde § 23 Abs. 2 Nr. 5 WpPG um ei- 9

---

1 BGBl. I 2011, S. 2481.
2 Die Aufhebung der vorgenannten Vorschriften erfolgte durch Art. 2 (Aufhebung des Verkaufsprospektgesetzes) bzw. Art. 7 Nr. 1 (Wegfall der §§ 44–47 BörsG) des Gesetzes zur Novellierung des Finanzanlagenvermittler- und Vermögensanlagenrechts v. 6.12.2011, BGBl. I 2011, S. 2481.
3 BGBl. I 2011, S. 2481 (2498).
4 Art. 26 Abs. 3 des Gesetzes v. 6.12.2011, BGBl. I 2011, S. 2481 (2506).
5 Art. 7 Nr. 1 (Wegfall der §§ 44–47 BörsG) des Gesetzes zur Novellierung des Finanzanlagenvermittler- und Vermögensanlagenrechts v. 6.12.2011, BGBl. I 2011, S. 2481.
6 BGBl. I 2011, S. 2481 (2498).
7 Art. 26 Abs. 3 des Gesetzes v. 6.12.2011, BGBl. I 2011, S. 2481 (2506).
8 BGBl. I 2012, S. 1375 (1379).

ne Regelung ergänzt, welche die Haftung für **fehlende Schlüsselinformationen im Prospekt**, insbesondere in der Zusammenfassung, zum Gegenstand hat[1]. Die Ergänzung dient der Umsetzung der Neufassung von Art. 6 Abs. 2 Unterabs. 2 der (Prospekt-)Richtlinie 2003/71/EG vom 4.11.2003[2] durch Art. 1 Nr. 6 der Änderungsrichtlinie 2010/73/EU[3]. Eine reine Folgeänderung hat § 23 Abs. 2 Nr. 4 WpPG durch Art. 16 Abs. 7 Nr. 2 des Ersten Gesetzes zur Novellierung von Finanzmarktvorschriften auf Grund europäischer Rechtsakte (Erstes Finanzmarktnovellierungsgesetz – 1. FiMaNoG) vom 30.6.2016 (BGBl. I 2016, S. 1514) mit Wirkung zum 2.7.2016 (siehe Art. 17 Abs. 4 1. FiMaNoG) erfahren: Die Wörter „Veröffentlichung nach § 16 WpHG" wurden durch die Wörter „Artikel 17 der Verordnung (EU) Nr. 596/2014 des Europäischen Parlaments und des Rates vom 16. April 2014 über Marktmissbrauch (Marktmissbrauchsverordnung) und zur Aufhebung der Richtlinie 2003/6/EG des Europäischen Parlaments und des Rates und der Richtlinien 2003/124/EG, 2003/125/EG und 2004/72/EG der Kommission (ABl. L 173 vom 12.6.2014, S. 1) in der jeweils geltenden Fassung" ersetzt.

II. Voraussetzungen und Inhalt der Haftung

1. Anwendungsbereich

10 Nach §§ 21, 22 WpPG wird für nach § 3 Abs. 1 WpPG veröffentlichte fehlerhafte Wertpapierprospekte gehaftet, wobei § 21 WpPG die Haftung für fehlerhafte Börsenzulassungsprospekte (Abs. 1 Sätze 1, 3) und schriftliche Darstellungen (Abs. 4) betrifft und § 22 WpPG die Haftung für fehlerhafte Prospekte zum Gegenstand hat, die nicht Grundlage für die Zulassung von Wertpapieren zum Handel an einer inländischen Börse sind.

a) Börsenzulassungsprospekte (§ 21 Abs. 1 Sätze 1, 3 WpPG) und schriftliche Darstellungen (§ 21 Abs. 4 WpPG)

11 Eine Prospekthaftung nach § 21 Abs. 1 Satz 1 WpPG setzt den Erwerb von Wertpapieren voraus, die aufgrund eines Prospekts – dem **Börsenzulassungsprospekt** – zum Börsenhandel an einer inländischen Börse zugelassen wurden und in dem für

---

1 RegE eines Gesetzes zur Umsetzung der Richtlinie 2010/73/EU und zur Änderung des Börsengesetzes v. 15.2.2012, BT-Drucks. 17/8684, S. 1 (20).
2 Richtlinie 2003/71/EG des Europäischen Parlaments und des Rates v. 4.11.2003 betreffend die in Prospekten enthaltenen Informationen sowie das Format, die Aufnahme von Informationen mittels Verweis und die Veröffentlichung solcher Prospekte und die Verbreitung von Werbung, ABl. EU Nr. 345 v. 31.12.2003, S. 64.
3 Richtlinie 2010/73/EG des Europäischen Parlaments und des Rates v. 24.11.2010 zur Änderung der Richtlinie 2003/71/EG betreffend den Prospekt, der beim öffentlichen Angebot von Wertpapieren oder bei deren Zulassung zum Handel zu veröffentlichen ist, und der Richtlinie 2004/109/EG zur Harmonisierung der Transparenzanforderungen in Bezug auf Informationen über Emittenten, deren Wertpapiere zum Handel auf einem geregelten Markt zugelassen sind, ABl. EU Nr. L 327 v. 11.12.2010, S. 1.

die Beurteilung der Wertpapiere wesentliche Angaben unrichtig oder unvollständig sind. Der Prospekthaftung nach § 21 Abs. 1 Satz 1 WpPG unterliegen nach § 21 Abs. 1 Satz 3 WpPG aber auch Wertpapiere desselben Emittenten, die von den in Satz 1 der Vorschrift genannten Wertpapieren nicht nach Ausstattungsmerkmalen oder in sonstiger Weise unterschieden werden können. Dem Börsenzulassungsprospekt steht nach § 21 Abs. 4 WpPG eine **schriftliche Darstellung** gleich, aufgrund deren Veröffentlichung der Emittent von der Pflicht zur Veröffentlichung eines Prospekts befreit wurde.

aa) Börsenzulassungsprospekte (§ 21 Abs. 1 Satz 1 WpPG)

Der Anwendungsbereich der Prospekthaftung nach § 21 WpPG ist auf fehlerhafte Prospekte für Wertpapiere, die aufgrund eines Prospekts zum Börsenhandel zugelassen sind, beschränkt. Dabei handelt es sich um **Börsenzulassungsprospekte** iS von § 32 Abs. 3 Nr. 2 BörsG und § 48 Abs. 2 Satz 1 BörsZulV. Für die Beantwortung der Frage, ob es sich bei einem Prospekt um einen Börsenzulassungsprospekt in diesem Sinne handelt, kommt es entscheidend darauf an, dass die Zulassung der Wertpapiere **auf der Grundlage** des hinsichtlich seiner Richtigkeit und Vollständigkeit zu beurteilenden Prospekts erfolgte[1]. Unerheblich ist, ob dieser Prospekt, aufgrund dessen Wertpapiere zum Börsenhandel zugelassen wurden, infolge einer **gesetzlichen Prospektpflicht** oder, wegen des Eingreifens einer Ausnahme von der Prospektpflicht, **freiwillig** erstellt wurde, solange er nur der Börsenzulassung zugrunde lag[2]. Insbesondere kommt es nicht darauf an, ob die Wertpapiere, auf die sich der Prospekt bezieht, unter einen der Ausnahmetatbestände des § 1 Abs. 2 Nr. 2–5 WpPG fallen und ein Prospekt iS des WpPG gemäß § 1 Abs. 3 WpPG nur deshalb erstellt wurde, um die Wertpapiere zum Handel am organisierten Markt zuzulassen (§ 1 Abs. 3 WpPG)[3]. Wird, obwohl eine **Ausnahme von der Prospektpflicht** besteht, gleichwohl ein Dokument erstellt, **ohne dass es zur Börsenzulassung der Wertpapiere kommt**, auf die sich das Dokument bezieht, so handelt es sich bei diesem, auch wenn es als Prospekt oder nach den Anforderungen an einen solchen erstellt wurde, weder um einen Börsenzulassungsprospekt iS des § 21 Abs. 1 Satz 1 WpPG noch – mangels Billigung und Veröffentlichung – um einen solchen, der eine Haftung nach § 22 WpPG zur Folge haben kann[4]. Ebenso wenig kommt in diesem Falle, weil es an einer Pflicht zur Veröffentlichung eines Prospekts nach § 3 Abs. 1 WpPG fehlt, eine Haftung bei fehlendem Prospekt nach § 24 WpPG in Betracht[5]. Eine andere

12

---

1 Ganz hM, etwa *Assmann* in Assmann/Schütze, § 5 Rz. 123; *Ellenberger*, Prospekthaftung, S. 12; *Groß*, § 21 WpPG Rz. 23; *Krämer* in Marsch-Barner/Schäfer, § 10 Rz. 313; *Mülbert/Steup* in Habersack/Mülbert/Schlitt, Unternehmensfinanzierung, § 41 Rz. 19; *Schwark* in Schwark/Zimmer, §§ 44, 45 BörsG Rz. 16.
2 Ebenso *Groß*, § 21 WpPG Rz. 23; *Krämer* in Marsch-Barner/Schäfer, § 10 Rz. 313; *Schwark* in Schwark/Zimmer, §§ 44, 45 BörsG Rz. 16.
3 *Assmann* in Assmann/Schütze, § 5 Rz. 124; *Groß*, § 21 WpPG Rz. 23; *Mülbert/Steup* in Habersack/Mülbert/Schlitt, Unternehmensfinanzierung, § 41 Rz. 19.
4 *Klöhn* in FS Hoffmann-Becking, 2013, S. 685.
5 *Klöhn* in FS Hoffmann-Becking, 2013, S. 684.

Frage ist es, ob dieses Dokument der allgemein-zivilrechtlichen Prospekthaftung unterliegen kann[1].

13 Dessen ungeachtet kann **Börsenzulassungsprospekt** aber gemäß § 32 Abs. 3 Nr. 2 BörsG und § 48 Abs. 2 Satz 1 BörsZulV nur ein nach den Vorschriften des WpPG **gebilligter oder bescheinigter** (§§ 13 bzw. 18 Abs. 3 WpPG) **und veröffentlichter** (§ 14 WpPG) Prospekt (gemäß der Prospektpflicht aus § 3 Abs. 1, 4 WpPG) sein[2]. Wurde ein nicht gebilligter oder bescheinigter Prospekt veröffentlicht und der Börsenzulassung zugrunde gelegt, so wird nicht (nach § 21 Abs. 1 WpPG) für die Fehlerhaftigkeit dieses Prospekts gehaftet, sondern nach § 24 WpPG – zumindest aber in analoger Anwendung von § 24 WpPG[3] – für das Fehlen eines Prospekts iS des § 32 Abs. 3 Nr. 2 BörsG, der allein Börsenzulassungsprospekt sein kann[4]. Nichts anderes gilt für den Fall, dass der als Börsenzulassungsprospekt in Betracht kommende und dem Zulassungsantrag zugrunde liegende Prospekt nicht veröffentlicht wurde[5]. Für die **Anwendung der allgemein-zivilrechtlichen Prospekthaftung** auf Dokumente,

---

1 Dies bejaht *Klöhn* in FS Hoffmann-Becking, 2013, S. 687 (688 ff., 695) mit dem Vorbehalt, dass das Dokument nach den Grundsätzen der allgemein-zivilrechtlichen Prospekthaftung als Prospekt anzusehen ist und die Haftung aufgrund derselben „nicht zu einer weitergehenden Haftung als nach den §§ 20–23 WpPG, 20 VermAnlG führen" dürfe. Die hier nicht im Detail zu behandelnde Frage ist dagegen zu verneinen. Die allgemein-zivilrechtlichen Prospekthaftung verstand der BGH „als Weiterführung der Grundgedanken einer Vertrauenshaftung, wie sie für die Grundfälle eines Verschuldens bei Vertragsverhandlungen entwickelt worden ist, in einem bestimmten, vom Gesetzgeber als regelungsbedürftig nicht vorhergesehenen, aber ausfüllungsbedürftigen Bereich"; BGH v. 6.10.1980 – II ZR 60/80, BGHZ 79, 337 (341). Die Unterstellung des öffentlichen Angebots praktisch aller Kapitalanlagen unter einen gesetzlichen Prospekthaftungstatbestand – siehe Vor §§ 21–25 WpPG Rz. 6; *Assmann* in Assmann/Schütze, § 5 Rz. 21 (27 ff.) – ist, gerade wegen der zahlreichen Ausnahmen, als eine abschließende Regelung der Haftung für Prospekte im materiellen Sinne – also als Instrumente, die dem Anleger eine informierte Anlageentscheidung ermöglichen sollen – anzusehen. Ein vom Gesetzgeber „als regelungsbedürftig nicht vorhergesehene(r), aber ausfüllungsbedürftige(r) Bereich" ist hier nicht mehr zu erkennen. Vor allem kommen in sämtlichen Ausnahmen von einer Prospektpflicht bereits Erwägungen über die Schutzbedürftigkeit des Publikums und der in diesen Fällen in Betracht kommenden Investoren zum Tragen. Ansprüche auf Haftung für die Richtigkeit von Darstellungen, die im Falle der Ausnahme von einer Prospektpflicht verwandt werden, folgt damit den Vorschriften des bürgerlichen Rechts aufgrund von Verträgen oder unerlaubten Handlungen. Das führt fraglos – namentlich im Bereich der für die fehlerhafte Darstellungen Verantwortlichen, der enger ist als derjenige nach der allgemein-zivilrechtlichen Prospekthaftung – zu einer Verengung der Haftung, jedoch nicht zu einer Schutzlücke.

2 Entsprechend zum aufgehobenen § 13 VerkProspG Vorauf l., § 13 VerkProspG Rz. 16; *Gebauer* in Kümpel/Hammen/Ekkenga, Nr. 100, S. 66; *Klöhn* in FS Hoffmann-Becking, 2013, S. 687 und 694; *Lenenbach*, Rz. 14.433; *Wackerbarth* in Holzborn, §§ 21–23 WpPG Rz. 31. Im Zusammenhang mit der Haftung für fehlende Prospekte *Klöhn*, DB 2012, 1858.

3 Zur Haftung für fehlende Börsenzulassungsprospekte nach § 24 WpPG siehe die Erläuterungen zu § 24 WpPG Rz. 6.

4 Voraufl., § 13a VerkProspG Rz. 31; *Assmann* in Assmann/Schütze, § 5 Rz. 125; *Groß*, § 24 WpPG Rz. 4.

5 *Assmann* in Assmann/Schütze, § 5 Rz. 125.

die nicht den gesetzlichen Anforderungen an einen nach § 3 Abs. 1 WpHG zu erstellenden und nach § 14 WpPG zu veröffentlichenden Prospekt erfüllen, ist kraft dieser spezialgesetzlichen Regelung der Prospekthaftung in Bezug auf wertpapiermäßig verbriefte Kapitalanlagen kein Raum[1]. Entsprechendes gilt für Nachträge iS des § 16 WpPG, für die wie für den Prospekt nach § 21 WpPG gehaftet wird (unten Rz. 15).

Kraft ausdrücklicher, von der Rückausnahme in § 1 Abs. 3 WpPG nicht erfasster Regelung in § 1 Abs. 2 Nr. 1 WpPG findet das WpPG mitsamt seinen prospekthaftungsrechtlichen Bestimmungen **keine Anwendung** auf **Anteile oder Aktien von offenen Investmentvermögen** iS des § 1 Abs. 4 KAGB, dh. auf Organismen für gemeinsame Anlagen in Wertpapieren (OGAW) sowie auf Alternative Investmentfonds (AIF), deren Anleger oder Aktionäre mindestens einmal pro Jahr das Recht zur Rückgabe gegen Auszahlung ihrer Anteile oder Aktien aus dem AIF haben, iS von § 1 Abs. 2 und Abs. 3 KAGB.

Nach § 16 Abs. 1 Satz 1 WpPG müssen jeder wichtige neue Umstand oder jede wesentliche Unrichtigkeit in Bezug auf die im Prospekt enthaltenen Angaben, die die Beurteilung der Wertpapiere beeinflussen könnten und die nach der Billigung des Prospekts in einem **Nachtrag** zum Prospekt genannt werden. Für die Richtigkeit und Vollständigkeit dieses Nachtrags wird nach § 21 Abs. 1 WpPG gehaftet[2]. Wird ein solcher Nachtrag **pflichtwidrig nicht erstellt und veröffentlicht** (§ 16 Abs. 1 Satz 5 WpPG), so hat dies, da es sich bei dem Nachtrag nicht um einen selbstständigen Prospekt iS des § 3 WpPG handelt, keine Haftung für einen fehlenden Prospekt nach § 24 WpPG zur Folge[3]. Vielmehr wird mangels eines Nachtrags der Börsenzulassungsprospekt unrichtig oder unvollständig, was eine Haftung nach § 21 Abs. 1 WpPG nach sich ziehen kann. Die fehlerhafte Veröffentlichung des Nachtrags lässt die Haftung für dessen Richtigkeit und Vollständigkeit nach § 21 Abs. 1 WpPG unberührt[4]. Werden **statt Nachträgen andere Darstellungen** verwandt, um auf Änderungen zu reagieren, die einen Prospekt unrichtig oder unvollständig machen, so besteht auch hier kein Bedarf für die Anwendung des § 24 WpPG, da sich in diesem Falle der Anspruchsgegner zur Abwendung einer Haftung nach § 21 WpPG nur dann auf die Richtigstellung berufen kann, wenn er nachzuweisen vermag, dass der Anleger sie zur Kenntnis genommen hat und damit iS von § 23 Abs. 2 Nr. 3 WpPG die Unrichtigkeit oder Unvollständigkeit der Angaben des Prospekts bei dem Erwerb kannte[5]. Die Prospekthaftung nach §§ 21, 22 WpPG scheidet nicht bereits deshalb aus, weil der gebilligte Prospekt oder Nachtrag unter formalem Verstoß gegen die Bestimmungen in § 14 WpPG **fehlerhaft veröffentlicht** wurde[6].

---

1 *Assmann* in Assmann/Schütze, § 5 Rz. 125. Ebenso *Mülbert/Steup* in Habersack/Mülbert/Schlitt, Unternehmensfinanzierung, § 41 Rz. 151.
2 Mit ausführlicher Begründung *Assmann* in Assmann/Schütze, § 5 Rz. 128. Ebenso *Groß*, § 21 WpPG Rz. 23; *Mülbert/Steup* in Habersack/Mülbert/Schlitt, Unternehmensfinanzierung, § 41 Rz. 62.
3 *Assmann* in Assmann/Schütze, § 5 Rz. 128; *Groß*, § 21 WpPG Rz. 23.
4 Voraufl., § 13 VerkProspG Rz. 18.
5 *Assmann* in Assmann/Schütze, § 5 Rz. 128.
6 *Assmann* in Assmann/Schütze, § 5 Rz. 129. Siehe schon, in Bezug auf § 13 VerkProspG aF, Voraufl., § 13 VerkProspG Rz. 17; *Assmann* in Assmann/Lenz/Ritz, § 13 VerkProspG

16 Die Haftung nach § 21 Abs. 1 WpPG für Börsenzulassungsprospekte und Nachträge erfasst auch Prospekte und Nachträge, die von der zuständigen **Behörde eines anderen Staates des EWR**[1] **gebilligt** wurden und gemäß § 17 Abs. 3 WpPG ohne zusätzliches Billigungsverfahren für die Zulassung zum Handel gültig sind[2].

17 Die für die **Einbeziehung von Wertpapieren in den Freiverkehr** nach den jeweils anzuwendenden Freiverkehrsrichtlinien zu erstellenden Dokumente stellen keine Börsenzulassungsprospekte dar und unterliegen damit nicht der Haftung nach § 21 WpPG. Ebenso wenig kommen sie als Prospekte iS der allgemein-zivilrechtlichen Prospekthaftung in Betracht. Darüber hinaus liegt in der Einbeziehung von Wertpapieren in den Freiverkehr als solche kein prospektpflichtiges öffentliches Angebot iS von §§ 2 Nr. 4, 3 Abs. 1 WpPG[3]. Das schließt es nicht aus, dass die in den Freiverkehr einbezogenen Wertpapiere in einer Art und Weise angeboten werden, welche die Voraussetzungen eines öffentlichen Angebots nach § 2 Nr. 4 WpPG erfüllen und damit eine Prospektpflicht nach § 3 Abs. 1 WpPG auslöst. Wird dieser nicht genügt, hat dies eine Haftung für den fehlenden Prospekt nach § 24 WpPG zu Folge.

18 Im Falle von **Bezugsrechtsemissionen**, dh. von Emissionen neuer Aktien, die dem Bezugsrecht der Aktionäre nach § 186 Abs. 1 AktG unterliegen, ist – entgegen einer früher herrschenden Meinung[4] und Übung der BaFin[5], aber im Gegensatz zur Praxis aller anderen Mitgliedstaaten der EU mit Ausnahme Österreichs[6] – heute davon auszugehen[7], dass bereits das **Bezugsangebot** nach § 186 Abs. 2 Satz 1, Abs. 5 Satz 2 AktG – unabhängig davon, ob zugleich ein Bezugsrechtshandel stattfindet, an dem Dritte teilnehmen können[8] – ein öffentliches Angebot iS von § 2 Nr. 4 WpPG dar-

---

Rz. 10. **AA** *Mülbert/Steup* in Habersack/Mülbert/Schlitt, Unternehmensfinanzierung, § 41 Rz. 58.

1 Vertragsstaaten des Abkommens über den Europäischen Wirtschaftsraum vom 2.5.1992 (BGBl. II 1993, S. 266) sind die Mitgliedsstaaten der EU sowie Island, Liechtenstein und Norwegen.
2 *Groß*, § 21 WpPG Rz. 23.
3 *Mülbert/Steup* in Habersack/Mülbert/Schlitt, Unternehmensfinanzierung, § 41 Rz. 25.
4 Siehe etwa, jeweils mwN auch zur seinerzeitigen Kommentarliteratur, Voraufl., § 2 WpPG Rz. 38; *Angersbach/von der Chevallerie/Ulbricht*, ZIP 2009, 1303; *Bloß/Schneider*, WM 2009, 879 f.; *Krug*, BKR 2005, 306; *Krämer* in Marsch-Barner/Schäfer, § 10 Rz. 379; *Schlitt/Schäfer*, AG 2005, 500; *Schnorbus*, AG 2008, 397; *Schwark* in Schwark/Zimmer, §§ 44, 45 BörsG Rz. 17.
5 Bekanntmachung des Bundesaufsichtsamtes für den Wertpapierhandel zum Wertpapier-Verkaufsprospektgesetz (Verkaufsprospektgesetz) v. 6.9.1999 (http://www.bafin.de/SharedDocs/Downloads/DE/Rundschreiben/dl_rs_bek99_01.pdf?__blob=publicationFile&v=5), S. 4; *Henningsen*, Änderungen im Wertpapierprospektrecht, S. 5 (7).
6 So *Henningsen*, Änderungen im Wertpapierprospektrecht, S. 7.
7 Siehe etwa *Busch* in Marsch-Barner/Schäfer, § 41 Rz. 9; *Groß*, § 2 WpPG Rz. 18a.
8 In diesem Falle wurde schon bisher überwiegend ein öffentliches Angebot angenommen. Siehe etwa, jeweils mwN, Voraufl., § 2 WpPG Rz. 38; *Groß*, § 2 WpPG Rz. 18a; *Schnorbus*, AG 2008, 397.

stellt, das eine Prospektpflicht nach § 3 Abs. 1 WpPG auslöst. Diese neue Sichtweise geht auf den Umstand zurück, dass durch Art. 1 Nr. 13 der Delegierten Verordnung (EU) Nr. 486/2012 der Kommission vom 30.3.2012[1] der Verordnung (EG) Nr. 809/2004 der Kommission vom 9.4.2004[2] zur Umsetzung der (Prospekt-)Richtlinie 2003/71/EG vom 4.11.2003[3] ein neuer Art. 26a hinzugefügt wurde, der – zusammen mit den dazugehörigen neuen Anhängen XXIII und XXIV – für Bezugsrechtsemissionen im Verhältnis zu den Angabepflichten nach Anhängen I und III der Verordnung (EG) Nr. 809/2004 erleichterte Angabepflichten einführte. Diese Neuregelung, so begründet die BaFin ihre Neubewertung der Prospektpflicht bei Bezugsrechtsemissionen[4], setze voraus, dass es sich bei den betreffenden Fallgestaltungen um ein öffentliches Angebot handelt. Wäre es anders, hätte es der Prospekterleichterungen für Bezugsrechtsemissionen in den neuen Vorschriften nicht bedurft. Greift im Falle eines Bezugsangebots einer börsennotierten Gesellschaft keine Ausnahme von der Pflicht zur Veröffentlichung eines Prospekts ein, wie etwa nach § 4 Abs. 2 Nr. 1 WpPG oder nach § 32 Abs. 3 Nr. 2 BörsG, so ist der nach § 3 Abs. 1 WpPG zu veröffentlichende Prospekt ein der Haftung nach § 21 Abs. 1 WpPG unterliegender Börsenzulassungsprospekt, wenn die neuen Aktien aufgrund dieses Prospekts zum Börsenhandel zugelassen wurden; ansonsten unterliegt der Prospekt der Haftung nach § 22 WpPG.

Für den von einem vom Emittenten veranlassten[5] börslichen Handel von Bezugsrechten vor der Einführung der Wertpapiere (**Bezugsrechtshandel**)[6], auf die sich die Bezugsrechte beziehen, ist kein diesbezüglicher spezieller Zulassungsprospekt erforderlich. Vielmehr verlangt § 14 Abs. 1 Satz 3 WpPG für diesen Fall nur, dass der

---

1 Delegierte Verordnung (EU) Nr. 486/2012 der Kommission v. 30.3.2012 zur Änderung der Verordnung (EG) Nr. 809/2004 in Bezug auf Aufmachung und Inhalt des Prospekts, des Basisprospekts, der Zusammenfassung und der endgültigen Bedingungen und in Bezug auf die Angabepflichten, ABl. EU Nr. L 150 v. 9.6.2012, S. 1.
2 Verordnung (EG) Nr. 809/2004 der Kommission v. 9.4.2004 zur Umsetzung der Richtlinie 2003/71/EG des Europäischen Parlaments und des Rates vom betreffend die in Prospekten enthaltenen Informationen sowie das Format, die Aufnahme von Informationen mittels Verweis und die Veröffentlichung solcher Prospekte und die Verbreitung von Werbung, ABl. EU Nr. L 149 v. 30.4.2004, S. 1.
3 Richtlinie 2003/71/EG v. 4.11.2003, ABl. EU Nr. 345 v. 31.12.2003, S. 64.
4 Siehe *Henningsen*, Änderungen im Wertpapierprospektrecht, S. 6 f. Kritisch dazu *Brocker/Wohlfarter*, BB 2013, 393 ff.
5 Obwohl eine Zulassung der Bezugsrechte zum Börsenhandel nicht erforderlich ist, weil sie Annex der aus dem Erwerb zugelassener Wertpapiere folgenden Aktionärsrechte darstellen – siehe *Heidelbach* in Schwark/Zimmer, § 32 BörsG Rz. 16 – erfolgt die Aufnahme einer Notierung der Bezugsrechte im regulierten Markt nicht automatisch, sondern verlangt eine von der Notierung der Wertpapiere separate Aufnahme der Notierung (Einführung) nach § 38 BörsG. Allein, ob die Aktionäre hierauf einen Anspruch haben oder nicht – Letzteres ist hM, siehe *Veil* in K. Schmidt/Lutter, § 186 AktG Rz. 6 –, ist umstritten, spielt in diesem Zusammenhang aber keine Rolle.
6 Zum Bezugsrechtshandel siehe etwa *Busch* in Marsch-Barner/Schäfer, § 41 Rz. 68 ff.; *Schüppen/Schaub* in Schüppen/Schaub (Hrsg.), Münchener Anwaltshandbuch Aktienrecht, 2. Aufl. 2010, § 33 Rz. 86.

Prospekt, aufgrund dessen die Wertpapiere (in diesem Fall die neuen Aktien, die Gegenstand des Bezugsrechts sind) zum Börsenhandel zugelassen werden, mindestens einen Werktag vor dem Beginn des Handels der Bezugsrechte *veröffentlicht* werden muss. Für die Richtigkeit und Vollständigkeit dieses Prospekts, der Börsenzulassungsprospekt ist, wird nach § 21 Abs. 1 WpPG gehaftet[1].

20 **Werbung**, die sich auf ein öffentliches Angebot von Wertpapieren oder auf eine Zulassung zum Handel an einem organisierten Markt bezieht, hat den sich aus § 15 WpPG ergebenden Anforderungen zu genügen, kann im Falle eines Verstoßes gegen diese Bestimmung eine Ordnungswidrigkeit darstellen (§ 35 Abs. 2 Nr. 1 WpPG) und nach Maßgabe von § 15 Abs. 5 WpPG unterbunden werden, unterliegt aber nicht der Haftung nach §§ 21, 22 WpPG[2]. Da das WpPG im Hinblick auf die Verantwortlichkeit für dem Gesetz unterfallende Werbung sowie Prospekte und Darstellungen eine abschließende Regelung darstellt, ist für die Anwendung der **allgemein-zivilrechtlichen Prospekthaftung** auch dann kein Raum, wenn diese Werbung mittels Dokumenten erfolgt, die den Begriff des Prospekts der **allgemein-zivilrechtlichen Prospekthaftung** erfüllen[3]. Das schließt es allerdings nicht aus, dass aufgrund der Werbung weitergehende Ansprüche nach den Vorschriften des bürgerlichen Rechts aufgrund von Verträgen oder unerlaubten Handlungen bestehen (§ 25 Abs. 2 WpPG). Gleiches gilt für ein **Produktinformationsblatt**, das dem Kunden nach § 31 Abs. 3 WpHG iVm. § 5a WpDVerOV im Zusammenhang mit einer Anlageberatung vor dem Abschluss eines Geschäfts über Finanzinstrumente zur Verfügung zu stellen ist[4]. Es unterliegt schon deshalb nicht der Prospekthaftung nach §§ 21, 22 WpPG, weil es kein Prospekt iS dieser Bestimmungen ist[5].

bb) Schriftliche Darstellungen (§ 21 Abs. 4 WpPG)

21 Nach § 21 Abs. 4 WpPG **steht eine schriftliche Darstellung**, aufgrund deren Veröffentlichung der Emittent von der Pflicht zur Veröffentlichung eines Prospekts befreit wurde, **einem Prospekt iS von § 21 Abs. 1 WpPG gleich**. Die Gesetzesformulierung ist ein Relikt aus der Zeit, in der die Befreiung von der Pflicht zur Erstellung eines Börsenzulassungsprospekts, anders als heute, nicht kraft Gesetzes eintrat, sondern eine Entscheidung der Zulassungsstelle (§§ 45–47 BörsZulVO aF[6]) voraussetz-

---

1 So auch *Schwark* in Schwark/Zimmer, §§ 44, 45 BörsG Rz. 16.
2 *Assmann* in Assmann/Schütze, § 5 Rz. 127; *Groß*, § 21 WpPG Rz. 25; *Habersack* in Habersack/Mülbert/Schlitt, Kapitalmarktinformation, § 29 Rz. 13; *Krämer* in Marsch-Barner/Schäfer, § 10 Rz. 315; *Mülbert/Steup* in Habersack/Mülbert/Schlitt, Unternehmensfinanzierung, § 41 Rz. 31.
3 *Assmann* in Assmann/Schütze, § 5 Rz. 127. So iE auch *Hebrandt*, ZBB 2011, 453 ff.; *Klöhn*, WM 2012, 106; *Mülbert/Steup* in Habersack/Mülbert/Schlitt, Unternehmensfinanzierung, § 41 Rz. 31, 151. AA aber jetzt wohl *Klöhn* in FS Hoffmann-Becking, 2013, S. 689 f. (695).
4 *Assmann* in Assmann/Schütze, § 5 Rz. 37, 127.
5 *Assmann* in Assmann/Schütze, § 5 Rz. 128. So iE auch *Schäfer/Schäfer*, ZBB 2013, 28 f.
6 Dh. in der Fassung bis zur Aufhebung der §§ 45–47 BörsZulVO durch Art. 4 Nr. 1 lit. a) des Prospektrichtlinie-Umsetzungsgesetzes (BGBl. I 2005, S. 1698) mit Wirkung v. 1.7.2005.

te und das Gesetz zur Befreiung von der Pflicht zur Veröffentlichung eines Börsenzulassungsprospekts nach § 38 Abs. 2 BörsG aF iVm. § 45 Nr. 1 BörsZulVO aF eine „schriftliche Darstellung" verlangte. § 21 Abs. 4 WpPG ist deshalb der heutigen Gesetzeslage anzupassen. Zum einen sind die Ausnahmen von der Pflicht zur Veröffentlichung eines Prospekts nach den Bestimmungen des WpPG heute sämtlich als **Legalausnahmen** ausgestaltet. Und zum anderen wird der Begriff der schriftlichen Darstellung heute außerhalb des § 21 Abs. 4 WpPG nicht mehr verwandt. Der „schriftlichen Darstellung" äquivalent sind heute die **Dokumente**, die verfügbar gehalten werden müssen, um eine Ausnahme von der Pflicht zur Veröffentlichung eines **Börsenzulassungsprospekts** iS von § 21 WpPG nach § 4 Abs. 2 Nrn. 3–6 und 8 WpPG[1] oder der Pflicht zur Veröffentlichung eines **Wertpapierprospekts** iS von § 22 WpPG nach § 4 Abs. 1 Nrn. 2 WpPG[2] zu begründen.

Fraglich ist aber, ob alle **Dokumente**, die im Hinblick auf eine Ausnahme von der Pflicht zur Veröffentlichung eines **Börsenzulassungsprospekts** verfügbar gehalten werden müssen, um eine der Ausnahmen des § 4 Abs. 2 Nrn. 3–6 oder 8 WpPG zu begründen, schriftliche Darstellungen iS des § 21 Abs. 4 WpPG darstellen. Bei der Beantwortung dieser Frage ist zu berücksichtigen, dass der seinerzeit durch Art. 1 Nr. 19 des Dritten Finanzmarktförderungsgesetzes vom 24.3.1998[3] neu in das Gesetz eingefügte und § 21 Abs. 4 WpPG entsprechende § 45 Abs. 4 BörsG aF (und spätere § 44 BörsG aF) darauf reagierte, dass die im Falle der Befreiung von der Pflicht zur Veröffentlichung eines Börsenzulassungsprospekts nach § 38 Abs. 2 BörsG aF iVm. § 45 Nr. 1 BörsZulVO aF erforderliche „schriftliche Darstellung" zwar weder als Börsenzulassungsprospekt noch als Prospekt iS eines anderen Prospekthaftungstatbestands betrachtet werden konnte, aber gleichwohl das „einzige originäre und emissionsspezifische Informationsinstrument zur Unterrichtung des Publikums darstellte"[4], ohne dass die Richtigkeit und Vollständigkeit von dessen Angaben einer Haftung unterlagen[5]. Des Weiteren gehen sämtliche Prospekthaftungsbestimmungen von einer Anlageentscheidung aus, für die der Prospekt ursächlich geworden ist. Und schließlich können nur solche Darstellungen einem Prospekt gleichgestellt und der Prospekthaftung unterworfen werden, die Bestandteil einer Ausnahme von einer Prospektpflicht nach § 3 WpPG sind und „auf Grund deren Veröffentlichung der Emittent von der Pflicht zur Veröffentlichung eines Prospekts befreit wurde" (§ 21 Abs. 4 WpPG).

Auf der Grundlage vorstehender Überlegungen ist das jeweils nach **§ 4 Abs. 2 Nrn. 3, 4, 6 und 8 WpPG** zur Verfügung zu haltende Dokument als eine dem Börsenzulas-

---

1 *Krämer* in Marsch-Barner/Schäfer, § 10 Rz. 314.
2 *Wackerbarth* in Holzborn, §§ 21–23 WpPG Rz. 25.
3 BGBl. I 1998, S. 529.
4 *Assmann*, AG 1996, 515.
5 Das hat *Assmann*, AG 1996, 512 ff., zur Annahme einer planwidrigen Lücke und zum Vorschlag einer analogen Anwendung der §§ 45, 46 BörsG aF bewogen. Der Gesetzgeber hat das Problem dann durch die Einführung des § 44 Abs. 4 BörsG (aF) beseitigt.

sungsprospekt gleich zu stellende „schriftliche Darstellung" anzusehen, während dies allein bei dem nach § 4 Nr. 5 WpPG angeführten Dokument nicht der Fall ist. Im Einzelnen:

24 Im Falle des **§ 4 Abs. 2 Nr. 5 WpPG** betreffend sog. **Gratisaktien und Aktiendividenden** fehlt es schon an einer Prospektpflicht nach § 3 WpPG. Aktien aus einer **Kapitalerhöhung aus Gesellschaftsmitteln** werden den Aktionären nicht öffentlich iS von § 2 Nr. 4 WpPG angeboten, sondern stehen, nach entsprechendem Beschluss der Hauptversammlung über eine solche Kapitalerhöhung (§§ 207, 210 AktG), den Aktionären im Verhältnis ihrer Anteile am bisherigen Grundkapital zu (§ 212 AktG). Ebenso wenig beruht die **Dividendenzahlung in Form von eigenen Aktien** nach Maßgabe von § 58 Abs. 5 AktG auf dem öffentlichen Angebot der Wertpapiere als vielmehr auf einem entsprechenden Beschluss der Hauptversammlung und der nachfolgenden Durchführung des Beschlusses. Im Falle der aus einer Kapitalerhöhung aus Gesellschaftsmitteln hervorgehenden neuen Aktien kommt hinzu, dass diese nach § 33 Abs. 4 EGAktG als zugelassen gelten, wenn die Aktien, auf die sie entfallen, an einer deutschen Börse zum amtlichen Handel zugelassen sind, weshalb nicht, wie von § 21 Abs. 4 WpPG verlangt, davon ausgegangen werden kann, die neuen Aktien seien erst aufgrund des nach § 4 Abs. 2 Nr. 5 WpPG zur Verfügung zu stellenden Dokuments von der Pflicht zur Veröffentlichung eines Prospekts befreit worden[1]. Die Ausnahme nach § 4 Abs. 2 Nr. 5 WpPG wird durchweg als bedeutungslos, teils sogar als ohne jeden Anwendungsbereich eingestuft[2], so dass auch der Beantwortung der Frage, ob ein Dokument iS dieser Vorschrift eine schriftliche Darstellung iS von § 21 Abs. 4 WpPG sein kann, praktisch keine Bedeutung zukommt.

25 Der im Schrifttum vertretenen Ansicht, das für die Ausnahme nach **§ 4 Abs. 2 Nr. 6 WpPG** betreffend **Mitarbeiterprogramme** zur Verfügung zu haltende Dokument sei nicht als schriftliche Darstellung iS des § 21 Abs. 4 WpHG anzusehen, weil der in Nr. 6 genannte Personenkreis keines besonderen prospekthaftungsrechtlichen Schutzes bedürfe und das von Nr. 6 verlangte Dokument keine wesentlichen Angaben iS des § 21 Abs. 1 WpPG enthalten könne[3], ist nicht beizutreten. Schon der Umstand, dass Mitarbeiterprogramme iS der Nr. 6 durchaus als öffentliche Angebote iS des § 2 Nr. 4 WpPG ausgestaltet sein und der Prospektpflicht nach § 3 WpPG unterliegen

---

[1] *Mülbert/Steup* in Habersack/Mülbert/Schlitt, Unternehmensfinanzierung, § 41 Rz. 28. IE auch *Lenenbach*, Rz. 14.437; *Schwark* in Schwark/Zimmer, §§ 44, 45 BörsG Rz. 15; *Wackerbarth* in Holzborn, §§ 21–23 WpPG Rz. 24. Andere behandeln die „Ausnahme" nach § 4 Abs. 2 Nr. 5 WpHG für Aktien aus einer Kapitalerhöhung aus Gesellschaftsmitteln als rein „deklaratorische"; siehe die Nachw. in § 4 WpPG Rz. 49.

[2] Siehe *Busch* in Marsch-Barner/Schäfer, § 45 Rz. 48 mwN; *Schnorbus* in FrankfurtKomm. WpPG, § 4 WpPG Rz. 84.

[3] So *Mülbert/Steup* in Habersack/Mülbert/Schlitt, Unternehmensfinanzierung, § 41 Rz. 28. Ohne Begründung auch *Schwark* in Schwark/Zimmer, §§ 44, 45 BörsG Rz. 15. *Wackerbarth* in Holzborn, §§ 21–23 WpPG Rz. 24 mit dem Hinweis, es handele sich um keine Darstellung, aufgrund derer von der Prospektpflicht befreit worden sei; ebenso *Lenenbach*, Rz. 14.437.

können[1], belegt, dass der Gesetzgeber den Adressaten von Mitarbeiterprogrammen die Schutzbedürftigkeit nicht generell abspricht. Hinzu kommt, dass die Ausnahme nach Nr. 6 auch nur daran anknüpft, dass Wertpapiere derselben Gattung angeboten werden wie diejenigen, die bereits zum Handel an demselben organisierten Markt zugelassen sind. Darüber hinaus muss ein Dokument, in dem neben eher formellen Angaben über die Anzahl und den Typ der Wertpapiere auch solche über die „Gründe und Einzelheiten zu dem Angebot" zu machen sind, im Rahmen der Letzteren zwangsläufig auch Angaben machen, die die Adressaten des Angebots zur Annahme oder zur Ablehnung desselben veranlassen können. Es ist dann eine andere Frage (namentlich eine solche der Kenntnis eines Dokumentenmangels, der Ursächlichkeit desselben für den Anlageentschluss oder des Mitverschuldens), ob ein aktives oder ehemaliges „Mitglied von Geschäftsführungsorganen" bei einem fehlerhaften Dokument das Vorliegen der übrigen Tatbestandsvoraussetzungen des § 21 Abs. 1 WpPG nachweisen kann.

Auch der Ansicht, das Dokument, das für die Ausnahme nach **§ 4 Abs. 2 Nr. 8 WpPG** betreffend **Wertpapiere, die bereits zum Handel an einem anderen organisierten Markt zugelassen** sind, gemäß dessen lit. d) und e) zu erstellen und zu veröffentlichen ist, stelle keine schriftliche Darstellung iS des § 21 Abs. 4 WpPG dar[2], ist nicht zu folgen. Begründet wird diese Auffassung mit der Erwägung, aufgrund des Haftungsausschlusses in § 23 Abs. 5 WpPG für „Angaben in der Zusammenfassung" komme eine Haftung für ein nach § 4 Abs. 2 Nr. 8 lit. d) WpPG zu erstellendes „zusammenfassendes Dokument in deutscher Sprache" nicht in Betracht, weil es dem Dokument an einem Prospekt fehle, auf den die Zusammenfassung zur Begründung eines Prospektfehlers iS von § 23 Abs. 2 Nr. 5 WpPG bezogen werden könne. Dabei wird übersehen, dass es sich bei der „Zusammenfassung" iS des § 4 Abs. 2 Nr. 8 lit. d) WpPG nicht um eine solche iS des § 23 Abs. 2 Nr. 5 WpPG handelt. Letztere Bestimmung bezieht sich allein auf Zusammenfassungen, die ein nach dem WpPG zu erstellender sowie im Hinblick auf seine Fehlerhaftigkeit zu beurteilender Prospekt gemäß § 5 Abs. 2 Satz 1 WpPG enthalten muss, und nicht auf ein kraft der Regelung in § 21 Abs. 4 WpPG als eigenständiger Prospekt und Gegenstand der Haftung nach § 21 Abs. 1 WpPG zu behandelndes „zusammenfassendes Dokument", welches zum Zwecke der Erlangung der Ausnahme nach § 4 Abs. 2 Nr. 8 WpPG zu erstellen ist.

Im Hinblick auf die Dokumente, die verfügbar sein müssen, um eine Ausnahme nach **§ 4 Abs. 2 Nr. 3 WpPG** betreffend Wertpapiere zu begründen, die anlässlich einer Übernahme im Wege eines **Tauschangebots** angeboten werden, und eine Ausnahme nach **§ 4 Abs. 2 Nr. 4 WpPG** betreffend Wertpapiere, die anlässlich einer **Verschmel-**

---

[1] Vor allem lässt sich nicht ohne weiteres – mit einem rein qualitativen Begriff des Publikums – argumentieren, solche Angebote richteten sich lediglich an den feststehenden Kreis von Mitarbeitern und damit an einen nur begrenzten Personenkreis. Siehe, jeweils mwN, § 2 WpPG Rz. 47; *Foelsch* in Holzborn, § 2 WpPG Rz. 14.
[2] So *Mülbert/Steup* in Habersack/Mülbert/Schlitt, Unternehmensfinanzierung, § 41 Rz. 28. Folgend *Habersack* in Habersack/Mülbert/Schlitt, Kapitalmarktinformation, § 29 Rz. 11; *Lenenbach*, Rz. 14.437 („aus kollisionsrechtlichen Gründen"); *Schwark* in Schwark/Zimmer, §§ 44, 45 BörsG Rz. 15; *Wackerbarth* in Holzborn, §§ 21–23 WpPG Rz. 24.

zung oder **Spaltung** angeboten oder zugeteilt werden oder zugeteilt werden sollen, bestehen keine Zweifel, sie als schriftliche Darstellungen iS des § 21 Abs. 4 WpPG zu qualifizieren[1].

cc) Erstreckung der Prospekthaftung auf Wertpapiere mit gleichen Ausstattungsmerkmalen (§ 21 Abs. 1 Satz 3 WpPG)

28 Werden **Wertpapiere** des Emittenten erworben, die nicht aufgrund des Börsenzulassungsprospekts zugelassen wurden, die von den aufgrund des **Börsenzulassungsprospekt** zugelassenen Wertpapieren aber **nach Ausstattungsmerkmalen oder in sonstiger Weise nicht unterschieden werden können**, so wird auch den Erwerbern jener Wertpapiere gegenüber nach § 21 Abs. 1 Satz 1 WpPG für die Fehlerhaftigkeit des Prospekts gehaftet (§ 21 Abs. 1 Satz 3 WpPG). Gleiches gilt für den Erwerb von Wertpapieren desselben Emittenten, die nach Ausstattungsmerkmalen oder in sonstiger Weise nicht von den Wertpapieren unterschieden werden können, auf die sich eine **schriftliche Darstellung** iS des § 21 Abs. 4 WpPG bezog. Siehe dazu auch unten Rz. 93.

b) Sonstige Wertpapierprospekte (§ 22 WpPG)

29 Bezugspunkt der Haftung aus § 22 WpPG ist ein nach § 3 Abs. 1 WpPG veröffentlichter **Prospekt, der nicht Grundlage für die Zulassung von Wertpapieren zum Handel an einer inländischen Börse ist**, also kein Börsenzulassungsprospekt iS des § 21 Abs. 1 Satz 1 WpPG darstellt. Wenn § 22 WpPG einen – Hervorhebung hinzugefügt – „nach § 3 Absatz 1 *Satz 1* veröffentlichten Prospekt" in Bezug nimmt, so handelt es sich bei dem Verweis auf „Satz 1" um ein Relikt des Verweises auf einen ehemals aus 2 Sätzen bestehenden § 3 Abs. 1 WpPG, dessen Satz 2 aber aufgrund der Neufassung des § 3 WpPG durch Art. 1 Nr. 4 des Gesetzes zur Umsetzung der Richtlinie 2010/73/EU vom 26.6.2012[2] entfallen ist.

30 Ein **Prospekt**, der gemäß § 1 Abs. 3 WpPG **freiwillig erstellt** sowie gebilligt und veröffentlicht (unten Rz. 33) wurde, obwohl es um Wertpapieremissionen geht, die das Gesetz nach **§ 1 Abs. 2 Nrn. 2–5 WpPG** von seinem Anwendungsbereich ausnimmt[3], unterliegt der Haftung nach § 22 WpPG und nicht derjenigen nach den Grundsätzen der allgemein-zivilrechtlichen Prospekthaftung[4]. Fraglich ist dagegen, wie ein trotz

---

1 Ebenso *Mülbert/Steup* in Habersack/Mülbert/Schlitt, Unternehmensfinanzierung, § 41 Rz. 28; *Habersack* in Habersack/Mülbert/Schlitt, Kapitalmarktinformation, § 29 Rz. 11; *Wackerbarth* in Holzborn, §§ 21–23 WpPG Rz. 22, 23.
2 BGBl. I 2012, S. 1375 (1376).
3 Das sich aus § 1 Abs. 3 WpPG ergebende Recht, freiwillig einen Prospekt zu erstellen, beschränkt sich nach ganz hM auf die Anwendungsbereichs-Ausnahmen nach § 1 Abs. 1 Nrn. 2–5 WpPG, wohingegen die Ausnahmebestimmungen der §§ 3 Abs. 2, 4 WpPG nicht erfasst sind. Siehe § 1 WpPG Rz. 89 mwN; *Grosjean* in Heidel, § 1 WpPG Rz. 9; *Klöhn* in FS Hoffmann-Becking, 2013, S. 686; *Spindler* in Holzborn, § 1 WpPG Rz. 32. **AA** *Wackerbarth* in Holzborn, §§ 21–23 WpPG Rz. 26.
4 *Wackerbarth* in Holzborn, §§ 21–23 WpPG Rz. 26.

bestehender Ausnahme freiwillig erstellter und verwandter, aber nicht gebilligter und ordnungsgemäß veröffentlichter Prospekt zu behandeln ist. Mangels Prospektpflicht kommt hier eine unmittelbare Anwendung des § 24 WpPG betreffend die Haftung bei fehlendem Prospekt nicht in Betracht, doch liegt hier eine analoge Anwendung des § 24 WpPG näher als die Anwendung der Grundsätze der allgemein-zivilrechtlichen Prospekthaftung[1]. Gegen die Anwendung der letzteren spricht, dass Prospekte für Wertpapieremissionen, die nur kraft des Eingreifens einer der Ausnahmen von der Prospektpflicht nach § 3 Abs. 1 WpPG von der Pflicht zur Veröffentlichung eines Prospekts befreit sind, aber gleichwohl erstellt werden, wie nach dieser Bestimmung zu veröffentlichende Prospekte zu behandeln sind. Mangels Veröffentlichung des zu billigenden Prospekts ist dieser deshalb in entsprechender Anwendung von § 24 Abs. 1 Satz 1 WpPG so zu behandeln, wie wenn ein Prospekt entgegen § 3 Abs. 1 WpPG nicht veröffentlicht worden ist. Eine die entsprechende Anwendung von § 24 WpPG rechtfertigende Schutzlücke besteht hier deshalb, weil nur so die Richtigkeits- und Vollständigkeitsgewähr für einen Wertpapierprospekt gewährleistet werden kann, der trotz des Eingreifens einer Ausnahme von der grundsätzlich bestehenden Prospektpflicht freiwillig erstellt und so dem formalen und inhaltlichen Ordnungsrahmen des WpPG unterstellt wurde. Wer trotz des Vorliegens einer Ausnahme von der Prospektpflicht nach § 3 Abs. 1 WpPG freiwillig einen Prospekt erstellt, die Billigungs- und Veröffentlichungsprozedur für Wertpapierprospekte jedoch unterlässt, sollte so behandelt werden wie ein Prospektpflichtiger, der entgegen § 3 Abs. 1 WpPG einen Prospekt nicht veröffentlicht hat und so der Haftung nach § 24 WpPG bei fehlendem Prospekt unterliegen. Diese nicht auf die Feststellung von Prospektmängeln des freiwillig erstellten Prospekts beschränkte und insoweit weitergehende Haftung nach § 24 WpPG erscheint gegenüber einer analogen Anwendung des auf gebilligte und veröffentlichte Prospekte (unten Rz. 33) bezogenen § 22 WpPG (iVm. § 21 WpPG) vorzugwürdig. Die Entscheidung des BGH, für einen im Jahr 2000 freiwillig erstellten Wertpapierverkaufsprospekt, der der Umplatzierung bereits an der Börse gehandelter Wertpapiere diente, die damals geltende gesetzliche Prospekthaftung gem. § 13 VerkProspG aF iVm. §§ 45 ff. BörsG aF für entsprechend anwendbar zu sehen[2], steht dem nicht entgegen, da das VerkProspG seinerzeit weder eine Prospektpflicht noch eine gesetzliche Regelung der Haftung bei fehlendem Wertpapier-Verkaufsprospekt kannte.

---

1 Für Letztere *Wackerbarth* in Holzborn, §§ 21–23 WpPG Rz. 26. Auch nach *Klöhn* in FS Hoffmann-Becking, 2013, S. 687, unterliegen nach § 1 Abs. 3 WpPG freiwillig erstellte Prospekte dem Haftungsregime des WpPG. Unter anderen rechtlichen Randbedingungen (siehe dazu die Ausführungen in dieser Rz. am Ende) hat der BGH für einen im Jahr 2000 freiwillig erstellten Wertpapierverkaufsprospekt, der der Umplatzierung bereits an der Börse gehandelter Wertpapiere diente, nicht die bürgerlich-rechtliche Prospekthaftung im engeren Sinne, sondern die damals geltende gesetzliche Prospekthaftung gem. § 13 VerkProspG aF iVm. §§ 45 ff. BörsG aF für entsprechend anwendbar angesehen; BGH v. 21.10.2014 – XI ZB 12/12, ZIP 2015, 25 Ls. 3 (29 Rz. 64 ff., insbes. Rz. 71) = BGHZ 203, 1 = AG 2015, 351.

2 BGH v. 21.10.2014 – XI ZB 12/12, ZIP 2015, 25 Ls. 3 (29 Rz. 64 ff., insbes. Rz. 71) = BGHZ 203, 1 = AG 2015, 351.

31 Ist ein Wertpapierangebot **nach § 3 Abs. 2 oder § 4 WpPG von der Prospektpflicht ausgenommen**, kommt eine dem WpPG unterstellte freiwillige Erstellung eines Prospekts nach derzeitiger Rechtslage (oben Rz. 30) nicht in Betracht. Werden statt eines Prospekts iS des WpPG andere Dokumente erstellt, so unterliegen diese – da es sich nicht um Prospekte iS der §§ 3 Abs. 1, 22, 24 WpPG handelt – weder den Prospektanforderungen der §§ 5 ff. WpPG und der VO (EG) Nr. 809/2004 vom 29.4.2004[1] gemäß ihrer Änderungen durch die VO (EU) Nr. 486/2012 vom 30.3.2012[2] noch der Prospekthaftung nach § 22 iVm. § 21 WpPG. Dass solche **Angebotsunterlagen** nicht erstellt werden dürften, wenn eine Ausnahme von der Prospektpflicht nach § 3 Abs. 1 WpPG in Anspruch genommen wird, lässt sich den Regelungen des WpPG ebenso wenig entnehmen wie der Umstand, diese Dokumente unterlägen keinerlei rechtlicher Richtigkeits- und Vollständigkeitskontrolle[3]. Ungeklärt ist indes, welchem Haftungsregime solche Unterlagen unterliegen sollen. Naheliegend freilich ist, hierbei nicht allein die allgemeinen haftungsrechtlichen Bestimmungen – wie namentlich die mindestens bedingten Vorsatz voraussetzenden § 826 BGB oder § 823 Abs. 2 BGB iVm. § 264a StGB[4] – für anwendbar zu erklären, sondern auf solche Vorschriften und Grundsätze zurückzugreifen, die bereits auf die Besonderheiten eines prospektvermittelten Angebots von Kapitalanlagen eingestellt sind. Da keines der hierzu in Frage kommenden Prospekthaftungsregime die Besonderheiten eines aufgrund einer Ausnahme von einer Prospektpflicht erstellten Dokuments reflektiert, kommen insoweit nur eine modifizierte analoge Anwendung der §§ 22 f. iVm. § 21 WpPG oder die modifizierte Anwendung der Grundsätze der allgemein-zivilrechtlichen Prospekthaftung in Frage[5]. *Klöhn* hat sich für den letzteren Weg ausgesprochen und eine Modifikation der Grundsätze der allgemein-zivilrechtlichen Prospekthaftung an die weniger weitgehende Haftung nach den §§ 21 ff. WpPG vorgeschlagen[6], die mangels einer Ausnahme zur Anwendung gekommen wären. Bei seinen ihn hierzu veranlassenden Überlegungen hat er allerdings nur eine *unmodifizierte* analoge Anwendung der §§ 21 ff. WpPG erwogen und diese zu Recht verworfen. Eine modifizierte Anwendung der §§ 21 ff. WpPG erschiene indes angesichts der offenkundigen Absicht einer nahezu vollständigen Erfassung aller Kapitalanlageangebote durch gesetzliche Prospekthaftungsbestimmungen als der systemgerechtere Weg, wenngleich die erforderlichen Modifikationen beider in Betracht kommen Prospekthaftungsregime, etwa im Hinblick auf die den modifizierten

---

1 ABl. EU Nr. L 149 v. 30.4.2004, S. 1.
2 ABl. EU Nr. L 150 v. 9.6.2012, S. 1.
3 Ebenso *Klöhn* in FS Hoffmann-Becking, 2013, S. 687 zu (2).
4 Zum subjektiven Tatbestand des § 264a StGB – Vorsatz mindestens in der Form bedingten Vorsatzes – siehe statt vieler *Perron* in Schönke/Schröder, 29. Aufl. 2014, § 264a StGB Rz. 36: Zuletzt zur Haftung aus § 823 Abs. 2 BGB iVm.§ 264a StGB für einen unrichtigen Prospekt (für eine Beteiligung an einer KG) BGH v. 12.5.2015 – VI ZR 102/14, ZIP 2015, 1835.
5 Anders *Wackerbarth* in Holzborn, §§ 21–23 WpPG Rz. 26, der eine direkte Anwendung der Grundsätze der allgemein-zivilrechtlichen Prospekthaftung befürwortet.
6 *Klöhn* in FS Hoffmann-Becking, 2013, S. 688 ff. (695). Dagegen – allerdings mit dem unbegründeten Hinweis, *Klöhn* führe für eine modifizierte Anwendung der Grundsätze der allgemein-zivilrechtlichen Prospekthaftung keine hinreichenden Gründe an – *Wackerbarth* in Holzborn, §§ 21–23 WpPG Rz. 26 Fn. 63.

Bestimmungen unterfallende Dokumente, Inhalts-, Richtigkeits- und Vollständigkeitsanforderungen, den Kreis der für fehlerhafte Dokumente Verantwortlichen, die Kausalitätsanforderungen oder den Verschuldensmaßstab gleichlaufenden Erwägungen folgen und zu vergleichbaren Ergebnissen führen dürften.

Mit der Formulierung „Sind in einem nach § 3 Absatz 1 Satz 1 veröffentlichten *Prospekt, der nicht Grundlage für die Zulassung von Wertpapieren zum Handel an einer inländischen Börse ist*, für die Beurteilung der Wertpapiere wesentliche Angaben unrichtig oder unvollständig ..." (Hervorhebung hinzugefügt), die an die Stelle der bisherigen Formulierung „Sind für die Beurteilung der *Wertpapiere, die nicht zum Handel an einer inländischen Börse zugelassen sind* ..." in § 13 VerkProspG (Hervorhebung hinzugefügt) getreten ist, soll – eine frühere Unsicherheit beseitigend[1] – **klargestellt** werden, dass § 22 WpPG „für sämtliche Prospekte im Sinne des Wertpapierprospektgesetzes" gilt, „die keine Börsenzulassungsprospekte sind, unabhängig davon, ob die Wertpapiere, auf die sich der Prospekt bezieht, **zu einem früheren Zeitpunkt** (auf der Grundlage eines anderen Prospektes) **zum Handel an einer inländischen Börse zugelassen** wurden"[2]. Plant der Aktionär einer börsennotierten AG oder KGaA die Veräußerung seiner Wertpapiere mittels eines öffentlichen Angebots derselben (sog. **öffentliche Umplatzierung**, auch *secondary public offering*)[3], so ist nach § 3 Abs. 1 Satz 1 WpPG ein Prospekt zu erstellen, für dessen Richtigkeit und Vollständigkeit nach § 22 WpPG gehaftet wird. Wird dieser Prospekt – wie im Falle des „dritten Börsengangs" der Telekom AG im Jahre 2000[4] – von der Emittentin erstellt, so kann in der damit verbundenen **Übernahme des Prospekthaftungsrisikos** nach § 22 iVm. § 21 Abs. 1 Satz 1 WpPG die Rückgewähr von Einlagen an den veräußerungswilligen Aktionär entgegen § 57 Abs. 1 Satz 1 AktG liegen (siehe dazu unten Rz. 77).

Wie als Börsenzulassungsprospekte kommen auch als Prospekte iS des § 22 WpPG **nur gebilligte und veröffentlichte Prospekte** in Betracht, dh. Prospekte, die der Veröffentlichungspflicht nach § 3 Abs. 1 WpPG unterliegen sowie nach § 13 WpPG gebilligt und veröffentlicht wurden (siehe dazu bereits oben Rz. 13). Ist ein Prospekt erstellt, möglicherweise sogar gebilligt und verwandt, aber **nicht veröffentlicht** worden, so kann er nicht Gegenstand der Prospekthaftung nach § 22 WpPG sein, sondern unterliegt der Haftung bei fehlendem Prospekt nach § 24 WpPG, die eingreift, wenn ein Prospekt entgegen § 3 Abs. 1 WpPG nicht veröffentlicht wurde. Nicht anders verhält es sich, wenn ein **nicht gebilligter Prospekt** entgegen § 13 Abs. 1 Satz 1 WpPG **veröffentlicht** wurde (näher § 24 WpPG Rz. 7). In den vorgenannten Fällen ist – nicht anders als in denjenigen betreffend eine Haftung aus § 21 WpPG für Börsenzulassungsprospekte (oben Rz. 13) – neben der spezialgesetzlichen Regelung der Prospekthaftung bei wertpapiermäßig verbrieften Kapitalanlagen für die **Anwendung**

---

1 Siehe Voraufl., § 13 VerkProspG Rz. 15; *Assmann* in Assmann/Schütze, § 5 Rz. 123.
2 RegE eines Gesetzes zur Novellierung des Finanzanlagenvermittler- und Vermögensanlagenrechts, BT-Drucks. 17/6051 v. 6.6.2011, S. 1 (46). Hervorhebung hinzugefügt.
3 Dazu etwa *Leuschner*, NJW 2011, 3275.
4 Dieser ist Gegenstand des Beschlusses des BGH v. 21.10.2014 – XI ZB 12/12, ZIP 2015, 25 = BGHZ 203, 1 = AG 2015, 351.

der allgemein-zivilrechtlichen Prospekthaftung ist kein Raum. Gleiches gilt für Dokumente, die bei der Platzierung von Wertpapieren verwandt werden, die nach § 1 Abs. 2 WpPG von der Anwendung des WpPG oder nach §§ 3 Abs. 2, 4 WpPG ausgeschlossen sind.

34 Im Hinblick auf die Haftung für einen nicht nach Maßgabe von § 16 Abs. 1 WpPG erstellten und veröffentlichten **Nachtrag**, einen fehlerhaften Nachtrag oder eine statt eines Nachtrags verwandte Darstellung ist auf die diesbezüglichen Ausführungen im Zusammenhang mit Börsenzulassungsprospekten oben in Rz. 15 zu verweisen. Gleiches gilt für die oben in Rz. 20 behandelte haftungsrechtliche Beurteilung der neben oder anstatt von Prospekten oder Nachträgen eingesetzten **Werbemaßnahmen** beim öffentlichen Angebot von Wertpapieren iS des § 22 WpPG sowie eines **Produktinformationsblatts**, das dem Kunden nach § 31 Abs. 3 WpHG iVm. § 5a WpDVerOV im Zusammenhang mit einer Anlageberatung vor dem Abschluss eines Geschäfts über Finanzinstrumente zur Verfügung zu stellen ist.

2. Fehlerhaftigkeit des Prospekts oder der schriftlichen Darstellung (§ 21 Abs. 1 Satz 1, Abs. 4 und § 22 WpPG)

a) Übersicht

35 Die Haftung bei fehlerhaftem Börsenzulassungsprospekt, fehlerhafter schriftlicher Darstellung oder bei sonstigem fehlerhaften Prospekt nach § 21 Abs. 1 Satz 1, Abs. 4 und § 22 WpPG setzt voraus, dass in dem jeweiligen Dokument für die Beurteilung der Wertpapiere wesentliche Angaben **unrichtig oder unvollständig** sind. Wenn die Bestimmung zwischen der Unrichtigkeit oder Unvollständigkeit wesentlicher Angaben unterscheidet, obwohl im Falle unvollständiger Angaben die Prospektangaben in ihrer Gesamtheit immer zugleich auch unrichtig sind und es sich bei dem Kriterium der Unvollständigkeit nur um einen Sonderfall der Unrichtigkeit handelt[1], so hat dies, neben einer klarstellenden Funktion, v.a. historische Gründe, da die §§ 21, 22 WpPG zugrundeliegende börsengesetzliche Prospekthaftungsregelung in § 45 BörsG in seiner ursprünglichen und bis zur Reform der börsengesetzlichen Prospekthaftung durch das Dritte Finanzmarktförderungsgesetz vom 24.3.1998[2] geltenden Fassung die Unrichtigkeit und die Unvollständigkeit eines Prospekts im Hinblick auf den für eine Haftung erforderlichen Verschuldensmaßstab unterschiedlich behandelte.

36 Darüber hinaus betrachtet die Rechtsprechung einen Prospekt aber nicht nur dann als unrichtig oder unvollständig, wenn einzelne seiner Angaben unrichtig oder unvollständig sind, sondern nimmt einen Prospektmangel auch für den Fall an, dass der Prospekt im Hinblick auf die Vermögens-, Ertrags- und Liquiditätslage des Emittenten ein **unzutreffendes Gesamtbild** zeichnet (Näheres unten Rz. 66).

---

1 RegE Drittes Finanzmarktförderungsgesetz, BT-Drucks. 13/8933 v. 6.11.1997, S. 76 (80). Unstr.
2 BGBl. I 1998, S. 525. Siehe auch RegE Drittes Finanzmarktförderungsgesetz, BT-Drucks. 13/8933 v. 6.11.1997, S. 55.

b) Maßstab zur Beurteilung der Richtigkeit und Unvollständigkeit eines Prospekts

Die Beantwortung der Frage, ob Angaben richtig oder unvollständig sind und es sich bei diesen jeweils um wesentliche Angaben handelt, hängt maßgeblich vom **Empfängerhorizont** der Prospektadressaten ab. Ebenso wenig wie der Prospektinhalt und insbesondere der Katalog von Mindestangaben nach einzelnen Anlegern oder nach Bildung, Erfahrung oder Risikotragungsfähigkeit zu unterscheidenden Anlegergruppen differenziert, ist eine solche Differenzierung hinsichtlich der Prospektadressaten angezeigt. Vielmehr geht es um die Bestimmung des **Marktpublikums**, an welches sich der Prospekt richtet[1]. Aber auch diesbezüglich sind ganz unterschiedliche Standards vertreten worden, beginnend beim „Fachmann"[2] über den „verständigen Anleger"[3] bis hin zum Maßstab des „unbewanderten Laien"[4]. Rechtsprechung und herrschende Meinung haben stattdessen auf den **„durchschnittlichen Anleger"**[5] abgestellt und diesen durch seinen Sachverstand, seine Erfahrungen und seine Kenntnisse umschrieben.

37

Allerdings hat sich die Rechtsprechung im Hinblick auf Prospekte für öffentlich angebotene Wertpapiere, die nicht an der Börse gehandelt werden sollen, durchaus bereit gezeigt, eine **adressatenbezogene Differenzierung** vorzunehmen, wenn sich das Angebot und der Prospekt ausdrücklich an ein bestimmtes Publikum richten[6]. Wendet sich der Emittent von Wertpapieren etwa „ausdrücklich auch an das unkundige

38

---

1 Auch § 5 Abs. 1 Satz 1 WpPG spricht ausdrücklich davon, der Prospekt müsse Angaben enthalten, die notwendig seien, um dem „Publikum" ein zutreffendes Urteil über die Anlage zu ermöglichen. *Mülbert/Steup* in Habersack/Mülbert/Schlitt, Unternehmensfinanzierung, § 41 Rz. 33.
2 Etwa LG Düsseldorf v. 24.10.1980 – 1 O 148/80, WM 1981, 102 (106); *Wittmann*, DB 1980, 1579 (1583).
3 *Fleischer*, Gutachten, S. F 44; *Groß*, § 21 WpPG Rz. 41; *Habersack* in Habersack/Mülbert/Schlitt, Kapitalmarktinformation, § 29 Rz. 15; *Pankoke* in Just/Voß/Ritz/Zeising, § 44 BörsG, § 13 VerkProspG Rz. 39. Mit Sympathien für ein höheres Qualifikationsniveau des Prospektadressaten *Oulds* in Kümpel/Wittig, Rz. 15.198.
4 Etwa *Wunderlich*, DStR 1975, 690.
5 BGH v. 12.7.1982 – II ZR 175/81, ZIP 1982, 923 (924); anders noch die Vorinstanz OLG Düsseldorf v. 14.7.1981 – 6 U 2597/80, WM 1981, 960 (964 f.); BGH v. 14.6.2007 – III ZR 125/06, ZIP 2007, 1993 – Rz. 10; BGH v. 13.12.2011 – II ZB 6/09, ZIP 2012, 117 (120 Rz. 25) = AG 2012, 250; BGH v. 18.9.2012 – XI ZR 344/11, AG 2012, 874 (876 Rz. 25). OLG Frankfurt/M. v. 6.7.2004 – 5 U 122/03, AG 2004, 510; OLG Frankfurt/M. v. 19.7.2005 – 5 U 182/03, AG 2005, 851. *Habersack* in Habersack/Mülbert/Schlitt, Kapitalmarktinformation, § 29 Rz. 15; *Krämer* in Marsch-Barner/Schäfer, § 10 Rz. 318; *Mülbert/Steup* in Habersack/Mülbert/Schlitt, Unternehmensfinanzierung, § 41 Rz. 34.
6 BGH v. 18.9.2012 – XI ZR 344/11, AG 2012, 874 Ls. 1 (876 Rz. 25) zur Prospekthaftung nach § 13 VerkProspG in der aufgehobenen Fassung, unter Berufung auf BGH v. 5.7.1993 – II ZR 194/92, BGHZ 123, 106 (110). Für die Zulässigkeit der Einschränkung des Kreises der Emissions- und Prospektadressaten auch *Habersack* in Habersack/Mülbert/Schlitt, Kapitalmarktinformation, § 29 Rz. 14 (bei Ansprache eines breiten Publikums dagegen: verständiger Anleger); *Hamann* in Schäfer/Hamann, §§ 44, 45 BörsG Rz. 191; *Nobbe*, WM 2013, 194.

und börsenunerfahrene Publikum", so soll „sich der Empfängerhorizont für Prospekterklärungen nach den Fähigkeiten und Erkenntnismöglichkeiten eines durchschnittlichen (Klein-)Anlegers, der sich allein anhand der Prospektangaben über die Kapitalanlage informiert und über keinerlei Spezialkenntnisse verfügt", bestimmen[1]. In diesem Fall soll „zu den tatsächlichen und rechtlichen Verhältnissen, die für die Beurteilung der angebotenen Wertpapiere notwendig und daher richtig und vollständig in einem Wertpapierprospekt darzustellen sind, auch die Möglichkeit der Erteilung nachteiliger Weisungen durch eine beherrschende Konzernmuttergesellschaft an eine beherrschte Konzerntochtergesellschaft und die damit verbundene – erhöhte – Gefahr für die Rückzahlung der an die Konzerntochtergesellschaft gezahlten Anlegergelder" gehören[2].

39 Das ändert jedoch nichts daran, dass auch die Rechtsprechung für den Regelfall – dh. für eine nicht ausdrückliche Adressatenbestimmung, die beim Börsenzulassungsprospekt ohnehin ausscheidet – davon ausgeht, dass für die Beurteilung eines Prospekts die **Kenntnisse und Erfahrungen eines durchschnittlichen Anlegers** maßgeblich sind[3]. Dieser soll nach höchstrichterlicher Rechtsprechung nicht mit der gebräuchlichen Schlüsselsprache vertraut sein[4] und einen Prospekt nicht nur flüchtig, sondern sorgfältig und eingehend lesen[5]. Darüber hinaus besteht kein Grund, einzelne Prospektteile unterschiedlichen Adressatenkreisen zuzuordnen und nach deren jeweiligen Verständnismöglichkeiten auf die Richtigkeit und Vollständigkeit ihrer Angaben zu überprüfen[6]. Weder die Prospektrichtlinie noch das WpPG haben sich vom Gedanken der Einheitlichkeit des Prospekts verabschiedet. Das kommt etwa auch darin zum Ausdruck, dass die Zusammenfassung nach § 5 Abs. 2 Satz 3 Nr. 1 WpPG den Hinweis enthalten muss, sie sei als Einführung zum Prospekt zu verstehen. Dement-

---

1 BGH v. 18.9.2012 – XI ZR 344/11, AG 2012, 874 Ls. 1 (876 Rz. 25).
2 BGH v. 18.9.2012 – XI ZR 344/11, AG 2012, 874 Ls. 2 (876 Rz. 29).
3 BGH v. 18.9.2012 – XI ZR 344/11, AG 2012, 874 (876 Rz. 25 mwN).
4 BGH v. 12.7.1982 – II ZR 175/81, ZIP 1982, 923 (924).
5 BGH v. 12.7.1982 – II ZR 175/81, ZIP 1982, 923 (924) – anders noch die Vorinstanz OLG Düsseldorf v. 14.7.1981 – 6 U 2597/80, WM 1981, 960 (964 f.: „kundiger Prospektleser"); BGH v. 31.3.1992 – XI ZR 70/91, ZIP 1992, 912, (915 – „Die sorgfältige und eingehende Lektüre des Inhalts der Dokumentationsmappe durfte sie bei jedem Anleger voraussetzen"); BGH v. 22.2.2005 – XI ZR 359/03, ZIP 2005, 808 (810 – Angaben müssen „einem durchschnittlichen Anleger, nicht einem flüchtigen Leser" verständlich sein); BGH v. 14.6.2007 – III ZR 125/06, ZIP 2007, 1993 – Rz. 10; BGH v. 17.4.2008 – III ZR 227/06, NJOZ 2008, 2685 (2687 – „Dabei dürfen die Prospektverantwortlichen allerdings eine sorgfältige und eingehende Lektüre des Prospekts bei den Anlegern voraussetzen"); BGH v. 23.10.2012 – II ZR 294/11, ZIP 2013, 315 – Rz. 12; BGH v. 24.4.2014 – III ZR 389/12, NJW-RR 2014, 1075 (1076 Rz. 12); BGH v. 21.10.2014 – XI ZB 12/12, ZIP 2015, 25 (34 Rz. 118) = BGHZ 203, 1 = AG 2015, 351; OLG Frankfurt/M. v. 6.7.2004 – 5 U 122/03, AG 2004, 510; OLG Frankfurt/M. v. 19.7.2005 – 5 U 182/03, AG 2005, 851 („Sicht eines aufmerksamen Lesers und durchschnittlichen Anlegers"). In Anlehnung an § 265b StGB soll nach den Darlegungen im RegE 2. WiKG (BT-Drucks. 10/318, S. 24) in Bezug auf § 264a StGB vom „verständigen, durchschnittlich vorsichtigen" Anleger auszugehen sein.
6 So aber *Wieneke*, NZG 2005, 111. Ablehnend auch *Hamann* in Schäfer/Hamann, §§ 44, 45 BörsG Rz. 190.

sprechend kann die Zusammenfassung gemäß § 23 Abs. 2 Nr. 5 WpPG nur mit Blick auf die anderen Teile des Prospekts unrichtig sein und eine Prospekthaftung nach §§ 21, 22 WpPG auslösen. Gänzlich unbegründet ist darüber hinaus die Annahme, ein Prospekt müsse auch für von dem „unerfahrene(n) Kapitalanleger nach schneller Durchsicht" des Prospekts verstanden werden können[1], zumal ein Prospekt niemals Aufgaben der Anlageberatung zu übernehmen vermag[2]. Die in einer frühen Entscheidung des BGH zu findende Vorstellung, der durchschnittliche Anleger sei in der Lage, eine Bilanz zu lesen[3], wird zwar selbst heute von der Rechtsprechung mitunter noch mitzitiert[4], doch ist schwerlich anzunehmen, dass diese Auffassung in einem Falle, in dem es darauf ankäme, entgegen der durchweg geäußerten Kritik im Schrifttum[5], aufrecht erhalten würde. Zur Bestimmung der Kenntnisse und Erfahrungen eines durchschnittlichen Anlegers ist auch die Emissionsprospektrichtlinie 2003/71/EG vom 4.11.2003 hilfreich, die – ohne zwischen Börsenzulassungsprospekt und sonstigen Wertpapierprospekten zu unterscheiden und in § 5 Abs. 1 Satz 1 WpPG umgesetzt – in Erwägungsgrund 20 und Art. 5 Abs. 1 Satz 2 verlangt, die Prospekte sollten in **leicht zu analysierender und verständlicher Form** abgefasst werden[6].

Der Empfängerhorizont des durchschnittlichen Anlegers ist darüber hinaus für die Beurteilung der Richtigkeit und Vollständigkeit der Angaben in der nach § 5 Abs. 2 WpPG zu erstellenden **Zusammenfassung** maßgeblich. Der Umstand, dass die Zu- **40**

---

1 Direkter Anlegerschutz, herausgegeben und dokumentiert von *Heinz Gerlach* in Zusammenarbeit mit *Sylvia Hotz* und *Maria Lattka*, 16. Jg., Nr. 8–9/1995 v. 31.12.1995, S. 224.
2 *Assmann*, Freundesgabe Kübler, S. 345 ff. Ablehnend im Hinblick auf die Forderung „anlegergerechter" Prospekte wie hier auch *Hamann* in Schäfer/Hamann, §§ 44, 45 BörsG Rz. 191.
3 BGH v. 12.7.1982 – II ZR 175/81, ZIP 1982, 923 (924). Ausdrücklich folgend (die nicht rechtskräftig gewordene Entscheidung des) OLG Frankfurt/M. v. 6.7.2004 – 5 U 122/03, ZIP 2004, 1411 (1414).
4 BGH v. 18.9.2012 – XI ZR 344/11, AG 2012, 874 (876 Rz. 25). BGH v. 21.10.2014 – XI ZB 12/12, ZIP 2015, 25 (34 Rz. 118) = BGHZ 203, 1 = AG 2015, 351, lässt es dahingestellt, „ob Maßstab zur Auslegung des Prospekts ein (Klein-)Anleger oder ein mit den Marktgegebenheiten vertrauter, börsenkundiger Anleger ist, der die Begriffe Buchgewinn, Übertragung, konsolidierter Abschluss und nicht konsolidierte Fassung einzuordnen weiß".
5 Etwa *Assmann*, Prospekthaftung, 1985, S. 317; *Bergdolt* in Heidel, 3. Aufl. 2011 (4. Aufl. 2014 verweist zu § 21 WpPG auf 3. Aufl.), § 44 BörsG Rz. 18; *Brondics/Mark*, AG 1989, 341; *Canaris*, Bankvertragsrecht, 2. Aufl. 1981, Rz. 2279; *Schwark* in Schwark/Zimmer, §§ 44, 45 BörsG Rz. 22; *Hamann* in Schäfer/Hamann, §§ 44, 45 BörsG Rz. 191 f.; *Schwark*, ZGR 1983, 168; *Schwark* in Schwark/Zimmer, §§ 44, 45 BörsG Rz. 22; *Schwark*, WuB I G 9.-2.94 (Anm. zu OLG Frankfurt/M. v. 1.2.1994 – 5 U 213/92, ZIP 1994, 282) zu 2. Zustimmend dagegen *Lenenbach*, Rz. 14.448 f., der argumentiert, der durchschnittliche Anleger lese den Prospekt, der ansonsten übermäßig anschwellen würde, ohnehin nicht, sondern stütze sich bei seiner Anlageentscheidung auf Fachpresse oder Anlageberater und damit einen Personenkreis, der in der Lage sei, eine Bilanz zu lesen; *Krämer* in Marsch-Barner/Schäfer, § 10 Rz. 319, der diesen „Maßstab" für sachangemessen hält, weil sonst der Prospektumfang anschwellen würde.
6 Richtlinie 2003/71/EG v. 4.11.2003, ABl. EU Nr. L 345 v. 31.12.2003, S. 64, 66 bzw. 72.

sammenfassung kurz und allgemein verständlich die wesentlichen, den Emittenten und die Wertpapiere betreffenden Merkmale und Risiken sowie Warnhinweise aufzuführen hat, gibt keinen Anlass, den Prospektadressaten auf denjenigen eines aufmerksamen Lesers allein der Zusammenfassung zu reduzieren. Dagegen spricht zum einen, dass die Zusammenfassung lediglich die Funktion einer Einleitung in den Prospekt haben soll (siehe § 5 Abs. 2 Satz 3 Nr. 1 WpPG) und zum anderen die Regelung des § 23 Abs. 2 Nr. 5 WpPG, demzufolge ein Anspruch wegen eines Prospektmangels nach §§ 21, 22 WpPG ausscheidet, wenn „er sich ausschließlich auf Grund von Angaben in der Zusammenfassung" und nicht daraus ergibt, dass die Zusammenfassung, wenn sie zusammen mit den anderen Teilen des Prospekts gelesen wird, irreführend, unrichtig oder widersprüchlich ist. Zur Richtigkeits- und Vollständigkeitskontrolle von Zusammenfassungen siehe im Übrigen unten Rz. 53.

c) Beurteilungszeitpunkt

41 Die Beurteilung der Richtigkeit und Vollständigkeit eines Prospekts sowie insbesondere der Wesentlichkeit der unrichtigen oder der nicht in den Prospekt aufgenommenen Angaben hat aus einer so genannten **Ex-ante-Betrachtung** heraus zu erfolgen[1]. Das heißt, dass sie von Erkenntnissen abstrahieren muss, die erst nach dem Zeitpunkt eingetreten sind, der für die Beurteilung der Richtigkeit und Vollständigkeit des Prospekts maßgeblich ist. Vor allem ist darauf zu achten, dass Prospektangaben nicht im Lichte des eingetretenen Schadens und des Schadensverlaufs sowie der daraus erwachsenen Erkenntnisse auf ihre Richtigkeit und Vollständigkeit beurteilt werden. Der für die Feststellung einer Prospektunrichtigkeit **maßgebliche Zeitpunkt** ist die **Billigung des Wertpapierprospekts**. Das folgt aus § 13 Abs. 1 WpPG, welcher die Veröffentlichung des Prospekts von seiner Billigung abhängig macht, und § 16 Abs. 1 Satz 1 WpPG, der Nachtragspflichten auf die Zeit „nach der Billigung des Prospekts" bezieht. Der nach Billigung des Wertpapierprospekts veröffentlichte Prospekt muss mithin alle Informationen widerspiegeln, die zum Zeitpunkt seiner Billigung den Prospektverantwortlichen vorlagen oder im Wege der gebotenen (zumutbaren) Nachforschungen hätten ermittelt werden können.

42 Ein Prospekt ist nicht deshalb als mangelfrei zu behandeln, weil er **von der BaFin gebilligt** wurde[2]. Vielmehr kann er sogar, selbst wenn er im Zeitpunkt der Billigung

---

[1] *Assmann* in Assmann/Schütze, § 5 Rz. 132 ff.; *Assmann* in Assmann/Lenz/Ritz, § 13 VerkProspG Rz. 24. Siehe auch *Bergdolt* in Heidel, 3. Aufl. 2011 (4. Aufl. 2014 verweist zu § 21 WpPG auf Altauflage), § 44 BörsG Rz. 243; *Wackerbarth* in Holzborn, §§ 21–23 WpPG Rz. 69; *Wagner*, NZG 2010, 857.

[2] BGH v. 18.9.2012 – XI ZR 344/11, AG 2012, 874 (878 Rz. 45). Schon OLG Frankfurt/M. v. 1.2.1994 – 5 U 213/92, ZIP 1994, 282 (286 mwN), betreffend die Zulassung des Prospekts durch die Frankfurter Wertpapierbörse; RegE Drittes Finanzmarktförderungsgesetz, BT-Drucks. 13/8933 v. 6.11.1997, S. 76. Das entspricht auch einhelliger Meinung im Schrifttum. Siehe etwa *Bergdolt* in Heidel, 3. Aufl. 2011 (4. Aufl. 2014 verweist zu § 21 WpPG auf Altauflage), § 44 BörsG Rz. 20; *Bosch* in Bankrecht und Bankpraxis, Rz. 10/128; *Ellenberger* in FS Schimansky, S. 595; *Krämer* in Marsch-Barner/Schäfer, § 10 Rz. 331; *Lenenbach*, Rz. 14.518; *Mülbert/Steup* in Habersack/Mülbert/Schlitt, Unternehmensfinanzierung, § 41 Rz. 47;

richtig und vollständig war, auch **nachträglich unrichtig oder unvollständig werden** und damit Gegenstand der Prospekthaftung nach §§ 21, 22 WpPG sein[1]. Davon ist auszugehen, wenn nach der Billigung des Prospekts und vor dem endgültigen Schluss des öffentlichen Angebots oder, falls diese später erfolgt, der Einführung in den Handel an einem organisierten Markt, wichtige neue Umstände auftreten, die die Beurteilung der Wertpapiere beeinflussen könnten. Gleiches gilt aber auch dann, wenn wesentliche Unrichtigkeiten – das sind auch Unvollständigkeiten – in Bezug auf die im Prospekt enthaltenen Angaben festgestellt werden.

In diesen Fällen müssen die neuen Umstände oder wesentlichen Unrichtigkeiten in einem **Nachtrag zum Prospekt** genannt bzw. angeführt und richtig gestellt werden (§ 16 Abs. 1 Satz 1 WpPG, oben Rz. 15)[2]. Die **Zusammenfassung**, die der Prospekt gem. § 5 Abs. 2 WpPG enthalten muss, und etwaige Übersetzungen von derselben sind – nicht zuletzt zum Zwecke der Vermeidung der Gefahr einer dadurch verursachten Fehlerhaftigkeit des Prospekts (siehe § 23 Abs. 2 Nr. 5 WpPG) – um die im Nachtrag enthaltenen Informationen zu ergänzen (§ 16 Abs. 2 WpPG). Der Nachtrag bedarf der **Billigung** durch die BaFin (§ 16 Abs. 1 Satz 3 WpPG) und der nachfolgenden **Veröffentlichung** (§ 16 Abs. 1 Satz 5 WpPG). Wie ein Prospekt zu behandeln (siehe oben Rz. 15), muss der Nachtrag im Zeitpunkt der Billigung zutreffend und vollständig sein. Ist, obschon dies erforderlich gewesen wäre, **kein Nachtrag erstellt**, gebilligt und veröffentlicht worden, so löst dies keine Haftung wegen eines fehlenden Nachtrags entsprechend § 24 WpPG aus (oben Rz. 15). Vielmehr haften die Prospektverantwortlichen gegenüber den Erwerbern der Wertpapiere nach §§ 21, 22 WpPG für die Unrichtigkeit oder Unvollständigkeit des Prospekts. 43

Die **Nachtragspflicht und die Haftung für einen unrichtig gewordenen Prospekt endet** mit dem endgültigen Schluss des öffentlichen Angebots oder, falls diese später erfolgt, der Einführung in den Handel an einem organisierten Markt (§ 16 Abs. 1 44

Oulds in Kümpel/Wittig, Rz. 15.199; *Schwark* in Schwark/Zimmer, §§ 44, 45 BörsG Rz. 35; *Groß*, § 21 WpPG Rz. 39; *Groß*, AG 1999, 202; *Pankoke* in Just/Voß/Ritz/Zeising, § 44 BörsG, § 13 VerkProspG Rz. 31. Für den ehemaligen Verkaufsprospekt *Hamann* in Schäfer, § 13 VerkProspG aF Rz. 5; *Hüffer*, S. 142 f.

1 *Groß*, Kapitalmarktrecht, § 21 WpPG Rz. 57 mit Fn. 257; *Habersack* in Habersack/Mülbert/Schlitt, Kapitalmarktinformation, § 29 Rz. 23 f.; *Mülbert/Steup* in Habersack/Mülbert/Schlitt, Unternehmensfinanzierung, § 41 Rz. 53. So schon in Bezug auf die Haftung aus § 13 VerkProspG in der aufgehobenen Fassung *Assmann* in Voraufl., § 13 VerkProspG Rz. 36 mwN. **AA** zu § 13 VerkProspG in der aufgehobenen Fassung. *Groß*, Kapitalmarktrecht, 4. Aufl. 2009, §§ 44, 45 BörsG Rz. 59 ff.; *Habersack* in Habersack/Mülbert/Schlitt, Kapitalmarktinformation, 1. Aufl. 2008, § 28 Rz. 24; *Hamann* in Schäfer/Hamann, §§ 44, 45 BörsG Rz. 200; *Hauptmann* in Vortmann, § 3 Rz. 79; *Hopt*, Verantwortlichkeit, Rz. 209 ff.; *Kort*, AG 1999, 9 (15 f.); *Pankoke* in Just/Voß/Ritz/Zeising, § 44 BörsG, § 13 VerkProspG Rz. 41. Das OLG Frankfurt/M. – OLG Frankfurt/M. v. 6.7.2004 – 5 U 122/03, AG 2004, 510 (511); OLG Frankfurt/M. v. 10.5.2005 – 5 U 133/03, AG 2006, 162 (165) – hatte sich dieser Ansicht nicht anschließen wollen, weil sie sich zu weit von der Haftungsnorm entferne; die Einführung einer derartigen Regelung müsse dem Gesetzgeber überlassen bleiben.
2 Zur Nachtragspflicht nach § 16 WpPG näher *Oulds*, WM 2011, 1452.

Satz 1 WpPG)[1]. Davon unabhängig ist zu beachten, dass die Haftung für die Richtigkeit und Vollständigkeit des Wertpapierprospekts nach §§ 21, 22 WpPG nur dann eingreift, wenn das **Erwerbsgeschäft** nach Veröffentlichung des Prospekts und **innerhalb von sechs Monaten** nach erstmaliger Einführung der Wertpapiere (§ 21 Abs. 1 Satz 1 WpPG) bzw. des ersten öffentlichen Angebots im Inland (§ 22 Nr. 1 WpPG) abgeschlossen wurde. Spätestens in diesen Zeitpunkten entfällt dann zwangsläufig auch eine haftungsbewehrte Nachtragspflicht. Im Übrigen können unrichtige oder unvollständige Prospektangaben auch durch eine deutliche gestaltete **Berichtigung** in einem der in § 23 Abs. 2 Nr. 4 WpPG angeführten Dokumente, namentlich in einer Ad-hoc-Veröffentlichung nach Art. 17 der Verordnung (EU) Nr. 596/2014 (ABl. EU Nr. L 173 v. 12.6.2014, S. 1) in der jeweils geltenden Fassung, erfolgen (unten Rz. 69) und damit eine Nachtragspflicht entfallen lassen[2].

d) Wesentliche Angaben

45 Eine Haftung nach § 21 WpPG setzt voraus, dass **wesentliche Angaben** eines Börsenzulassungsprospekts oder einer schriftlichen Darstellung **unrichtig oder unvollständig** sind. Entsprechendes gilt für die Angaben in einem Prospekt, welcher der Haftung nach § 22 WpPG unterliegt.

46 **Angaben** iS der §§ 21 Abs. 1 Satz 1, 22 WpPG sind alle im Prospekt enthaltenen oder fehlenden Informationen über **Tatsachen**, dh. alle der äußeren Wahrnehmung und damit des Beweises zugängliche Geschehnisse oder Zustände[3] der Außenwelt (so genannte äußere Tatsachen) und des menschlichen Innenlebens (so genannte innere Tatsachen)[4]. Zu den der Prospekthaftung unterfallenden Angaben gehören darüber hinaus aber auch **Meinungen, Werturteile** und **zukunftsbezogene Informationen** wie etwa **Prognosen** oder Informationen über **Vorhaben**[5]. Obschon keine Tatsachen und damit nicht dem Beweise zugänglich, sind auch sie einer Kontrolle im Hinblick auf ihre Richtigkeit in Gestalt ihrer Vertretbarkeit zugänglich (unten Rz. 50).

---

1 HM, siehe *Habersack* in Habersack/Mülbert/Schlitt, Kapitalmarktinformation, § 29 Rz. 24; *Mülbert/Steup* in Habersack/Mülbert/Schlitt, Unternehmensfinanzierung, § 41 Rz. 55 mwN. **AA** *Wackerbarth* in Holzborn, §§ 21–23 WpPG Rz. 80.
2 *Assmann* in Assmann/Schütze, § 5 Rz. 135.
3 Hess. VGH v. 4.6.1998 – 8 TG 4000/97, AG 1998, 436, mit Anm. *Assmann*.
4 In Bezug auf den insiderrechtlichen Tatsachenbegriff *Assmann* in Assmann/Uwe H. Schneider, § 13 Rz. 12 mwN; *Burgard*, ZHR 162 (1998), 63; *Gehrt*, S. 120 f.; *Pananis*, WM 1997, 461 f. mwN insbes. zu dem auf die Rechtsprechung des RG zurückgehenden strafrechtlichen Tatsachenbegriff; *Soesters*, S. 141.
5 BGH v. 12.7.1982 – II ZR 175/81, ZIP 1982, 923 (924); BGH v. 27.10.2009 – XI ZR 337/08 ZIP 2009, 2377 (2378 Rz. 18). Heute unstreitig. Aus dem Schrifttum etwa *Assmann* in Assmann/Schütze, § 5 Rz. 140; *Ellenberger*, Prospekthaftung, S. 32; *Groß*, § 21 WpPG Rz. 40; *Habersack* in Habersack/Mülbert/Schlitt, Kapitalmarktinformation, § 29 Rz. 16; *Hamann* in Schäfer/Hamann, §§ 44, 45 BörsG Rz. 140; *Mülbert/Steup* in Habersack/Mülbert/Schlitt, Unternehmensfinanzierung, § 41 Rz. 36; *Nobbe*, WM 2013, 194; *Oulds* in Kümpel/Wittig, Rz. 15.196 f.; *Schwark* in Schwark/Zimmer, §§ 44, 45 BörsG Rz. 24; *Wackerbarth* in Holzborn, §§ 21–23 WpPG Rz. 69.

Bei der Beurteilung der Frage, ob eine einzelne Angabe oder Angaben in einem einzelnen Angabenkomplex **wesentlich** sind, kann auf allgemeine, jeweils verschiedene Ausprägungen der Prospekthaftung übergreifende Grundsätze zurückgegriffen werden, wie sie sich im Zuge der Entwicklung der Prospekthaftung zur Beurteilung der Wesentlichkeit von Prospektangaben herausgebildet haben. Unter Berücksichtigung der Zielsetzung der Prospekthaftung, dem Anlageinteressenten ein zutreffendes Bild von der angebotenen Kapitalbeteiligung[1], namentlich den ihre Chancen und Risiken begründenden Umstände zu vermitteln[2], lassen sich danach solche Angaben als wesentlich – oder, synonym, als notwendig oder erheblich – bezeichnen, welche Umstände betreffen, die **objektiv zu den wertbildenden Faktoren** einer Anlage gehören und die ein durchschnittlicher, verständiger Anleger „eher als nicht" bei seiner Anlageentscheidung berücksichtigen würde[3]. Dem entspricht die Formulierung des § 5 Abs. 1 Satz 1 WpPG, demzufolge der Prospekt alle Angaben enthalten muss, die notwendig sind, um dem Publikum ein zutreffendes Urteil über die Vermögenswerte und Verbindlichkeiten, die Finanzlage, die Gewinne und Verluste, die Zukunftsaussichten des Emittenten und jedes Garantiegebers sowie über die mit diesen Wertpapieren verbundenen Rechte zu ermöglichen. Zu den objektiv wertbildenden Faktoren gehören die mit der Anlage verbundenen **Nachteile und Risiken**[4], vor allem aber Umstände, die den Vertragszweck vereiteln können[5]. Ebenso kann ein für die

47

---

1 BGH v. 3.12.2007 – II ZR 21/06, ZIP 2008, 412 (413 Rz. 7).
2 *Assmann* in Assmann/Schütze, § 5 Rz. 49; *Pleyer/Hegel*, ZIP 1985, 1371 mwN in Fn. 6. Zur Angewiesenheit des Anlegers auf die Prospektinformation als Grundlage der Prospekthaftung siehe insbes. BGH v. 10.10.1994 – II ZR 95/93, ZIP 1994, 1851; BGH v. 19.7.2004 – II ZR 218/03, BGHZ 160, 134 (138) = ZIP 2004, 1599; BGH v. 31.5.2011 – II ZR 141/09, ZIP 2011, 1307 (1309 Rz. 18: „Der Prospekt stellt in der Regel für den Anlageinteressenten die wichtigste und häufigste Informationsquelle dar und bildet die Grundlage für seine Anlageentscheidung").
3 BGH v. 18.9.2012 – XI ZR 344/11, AG 2012, 874 (876 Rz. 24); BGH v. 21.10.2014 – XI ZB 12/12, ZIP 2015, 25 (30 Rz. 74) = BGHZ 203, 1 = AG 2015, 351; *Assmann*, Prospekthaftung, 1985, S. 319; *Assmann* in Assmann/Schütze, § 5 Rz. 49. Ebenso etwa *Ellenberger*, Prospekthaftung, S. 33; *Förster*, S. 55; *Groß*, § 21 WpPG Rz. 68; *Habersack* in Habersack/Mülbert/Schlitt, Kapitalmarktinformation, § 29 Rz. 17; *Hamann* in Schäfer/Hamann, §§ 44, 45 BörsG Rz. 148; *Krämer* in Marsch-Barner/Schäfer, § 10 Rz. 321; *Mülbert/Steup* in Habersack/Mülbert/Schlitt, Unternehmensfinanzierung, § 41 Rz. 48; *Nobbe*, WM 2012, 194: *Oulds* in Kümpel/Wittig, Rz. 15.291; *Pfüller* in Brinkhaus/Scherer, § 12 AuslInvestmG Rz. 10; *Schödermeier/Baltzer* in Brinkhaus/Scherer, § 20 KAGG Rz. 5; *Wackerbarth* in Holzborn, §§ 21–23 WpPG Rz. 70.
4 BGH v. 6.10.1980 – II ZR 60/80, BGHZ 79, 337 (344); BGH v. 7.4.2003 – II ZR 160/02, WM 2003, 1086 (1088); BGH v. 7.12.2009 – II ZR 15/08, WM 2010, 262 (263 f. Rz. 18); BGH v. 1.3.2010 – II ZR 213/08, WM 2010, 796 (797 Rz. 13); BGH v. 22.3.2010 – II ZR 66/08, WM 2010, 972 (973 Rz. 9); BGH 23.4.2012 – II ZR 211/09, WM 2012, 1184 (Rz. 13); BGH v. 14.5.2012 – II ZR 69/12, WM 2012, 1298 (Rz. 10); BGH v. 29.7.2014 – II ZB 30/12, ZIP 2014, 2284 (2287 Rz. 46). *Krämer* in Marsch-Barner/Schäfer, § 10 Rz. 328; *Nobbe*, WM 2013, 194 (198).
5 BGH v. 6.10.1980 – II ZR 60/80, BGHZ 79, 337 (344) = ZIP 1980, 517; BGH v. 29.5.2000 – II ZR 280/98, NJW 2000, 3346; BGH v. 21.10.1991 – II ZR 204/90, BGHZ 116, 7 (12) = ZIP 1991, 1597 (1598); BGH v. 7.4.2003 – II ZR 160/02, WM 2003, 1086 (1088); BGH v.

Anlageentscheidung wesentlicher Umstand der Erfolg oder Misserfolg zuvor aufgelegter vergleichbarer Anlagen sein[1]. Beachtlich sind des Weiteren Umstände, die – wie etwa die auf Grund hoher „weicher Kosten" nur begrenzte Weiterleitung der aufgebrachten Mittel in das Anlageobjekt – den Vertragszweck vereiteln können[2] oder geeignet sind, potentielle Anleger von dem Erwerb der Anlage abzuhalten[3].

48 Allein der Umstand, dass der Prospekt die gesetzlich nach § 7 WpPG iVm. der VO (EG) Nr. 809/2004 vom 29.4.2004[4] gemäß ihrer Änderungen durch die VO (EU) Nr. 486/2012 vom 30.3.2012[5] **erforderlichen Mindestangaben nicht enthält**, macht ihn deshalb noch nicht in wesentlichen Angaben unrichtig oder unvollständig iS der §§ 21 Abs. 1 Satz 1, 22 WpPG, denn nicht alle Pflichtangaben sind Angaben, die für die Beurteilung der jeweils angebotenen Wertpapiere oder der Vermögensanlage und ihrer Emittenten stets von wesentlicher Bedeutung sind[6].

49 Einzelne Angaben, die je für sich genommen nicht unbedingt als wesentlich zu betrachten sind, können jedoch im Hinblick auf die Chancen und Risiken einer Anlage oder die Vermögens-, Ertrags- und Liquiditätslage eines Unternehmens ein **Gesamtbild** erzeugen, das mit den tatsächlichen und für einen Anleger entscheidungserheblichen Verhältnissen nicht in Einklang steht und so einen der Prospekthaftung unterliegenden Prospektmangel begründen (unten Rz. 66).

23.4.2012 – II ZR 211/09, WM 2012, 1184 (Rz. 13); *Nobbe*, WM 2013, 198; *Oulds* in Kümpel/Wittig, Rz. 15.202; *Siol* in Schimanski/Bunte/Lwowski, § 45 Rz. 54.

1 BGH v. 1.3.2010 – II ZR 213/08, ZIP 2010, 933 (934 Rz. 14), hier eines Vorgängerfonds.
2 BGH v. 6.10.1980 – II ZR 60/80, BGHZ 79, 337 (344); BGH v. 21.10.1991 – II ZR 204/90, BGHZ 116, 7 (12); BGH v. 10.10.1994 – II ZR 95/93, WM 1994, 2192 (2193); BGH v. 14.7.1998 – XI ZR 173/97, BGHZ 139, 225 (231); BGH v. 29.5.2000 – II ZR 280/98, WM 2000, 1503 (1504); BGH v. 1.3.2004 – II ZR 88/02, WM 2004, 928 (930 – Erzielbarkeit der angesetzten Mieterlöse); BGH v. 1.3.2004 – II ZR 88/02, NJW 2004, 2228 (2229 f.); BGH v. 14.6.2007 – III ZR 125/06, ZIP 2007, 1993. Dazu gehören auch Umstände, von denen zwar noch nicht sicher, jedoch schon mit einiger Wahrscheinlichkeit gesagt werden kann, dass sie den von dem Anleger verfolgten Zweck gefährden werden: BGH v. 16.11.1978 – II ZR 94/77, BGHZ 72, 382 (388); BGH v. 30.10.1987 – V ZR 144/86, WM 1988, 48 (50); BGH v. 26.9.1991 – VII ZR 376/89, WM 1991, 2092 (2094 – insoweit nicht in BGHZ 115, 214 abgedruckt).
3 BGH v. 14.7.1998 – XI ZR 173/97, BGHZ 139, 225 (231).
4 ABl. EU Nr. L 149 v. 30.4.2004, S. 1.
5 ABl. EU Nr. L 150 v. 9.6.2012, S. 1.
6 So ausdrücklich auch RegE Drittes Finanzmarktförderungsgesetz BT-Drucks. 13/8933 v. 6.11.1997, S. 76, zu § 45 Abs. 1 BörsG. Entscheidend sei vielmehr, „ob sich im konkreten Fall bei einer ordnungsgemäßen Angabe die für die Beurteilung der Wertpapiere relevanten maßgeblichen tatsächlichen oder rechtlichen Verhältnisse verändern würden". Aus dem Schrifttum *Assmann* in Assmann/Schütze, § 5 Rz. 150; *Groß*, § 21 WpPG Rz. 45 f., 68; *Habersack* in Habersack/Mülbert/Schlitt, Kapitalmarktinformation, § 29 Rz. 19; *Hauptmann*, § 3 Rz. 64; *Krämer* in Marsch-Barner/Schäfer, § 10 Rz. 326; *Oulds* Kümpel/Wittig, Rz. 15.202; *Pankoke* in Just/Voß/Ritz/Zeising, § 44 BörsG, § 13 VerkProspG Rz. 28; *Schwark* in Schwark/Zimmer, §§ 44, 45 BörsG Rz. 35; *Stephan*, AG 2002, 7.

e) Unrichtigkeit

Ein Anspruch aus § 21 oder § 22 WpPG setzt weiter voraus, dass wesentliche Angaben im Prospekt unrichtig oder unvollständig sind. Handelt es sich bei den in Frage stehenden Angaben um **Tatsachen** (oben Rz. 46), so sind diese unrichtig, wenn sie nachweislich unwahr sind, dh. zum Zeitpunkt der Billigung des Prospekts (oben Rz. 41) mit den wirklichen Verhältnissen nicht übereinstimmen[1]. **Prognosen** sowie **Meinungen** und **Werturteile** sind dann als unrichtig zu betrachten, wenn sie nicht ausreichend durch Tatsachen gestützt und kaufmännisch nicht vertretbar sind[2].

50

Beispiele für die von der Rechtsprechung angenommene **Unrichtigkeit** eines Prospekts sind: Bezeichnung eines Geschäftsbetriebs als „gekauft", obwohl kein wirksamer Kaufvertrag vorlag[3], oder als bereits erworben, obwohl der Eigentumserwerb grundbuchmäßig nicht gesichert war[4]; Angabe, der Absatz einer herzustellenden Ware sei gesichert, ohne dass hinreichende Abnahmeverpflichtungen Dritter vorlagen[5]; Erweckung des Eindrucks, das Vorhaben sei planerisch und rechnerisch gesichert, obwohl Umstände vorlagen, die geeignet waren, die Erreichung des Vertragszwecks zu gefährden[6]; Darstellungen, welche die Vorstellung hervorriefen, durch Einzahlung der Einlagen auf ein Rechtsanwalt-Anderkonto sei deren vertragsgemäße Verwendung gesichert, obwohl dies tatsächlich nicht der Fall war[7]; Erklärung, die baurechtliche Zulässigkeit eines Projekts sei gesichert, obwohl die Stadtverwaltung nicht mehr als Sympathie für die „Projektierungsarbeiten" gezeigt hatte[8]; die Grundstücksbewertung, deren Bewertungsergebnis sich im Rahmen zulässiger Toleranzen bewegt und damit noch „vertretbar" ist, wobei die Ziehung der Toleranzgrenze im Einzelfall der

51

---

1 Etwa *Assmann* in Assmann/Schütze, § 5 Rz. 50, 144; *Ellenberger*, Prospekthaftung, S. 33; *Groß*, § 21 WpPG Rz. 44; *Hamann* in Schäfer/Hamann, §§ 44, 45 BörsG Rz. 149; *Kind* in Arndt/Voß, § 13 VerkProspG Rz. 18; *Schödermeier/Baltzer* in Brinkhaus/Scherer, § 20 KAGG Rz. 6.
2 BGH v. 12.7.1982 – II ZR 175/81, ZIP 1982, 923 (924); OLG Düsseldorf v. 5.4.1984 – 6 U 239/82, WM 1984, 586 (592); OLG Frankfurt/M. v. 1.2.1994 – 5 U 213/92, ZIP 1994, 282 (284); *Assmann* in Assmann/Schütze, § 5 Rz. 50, 144; *Bergdolt* in Heidel, 3. Aufl. 2011 (4. Aufl. 2014 verweist zu § 21 WpPG auf Altauflage) § 44 BörsG Rz. 22; *Ellenberger*, Prospekthaftung, S. 31 f.; *Eyles* bzw. *Hauptmann*, § 2 Rz. 73 bzw. § 3 Rz. 65; *Gerber*, S. 119; *Groß*, § 21 WpPG Rz. 44; *Habersack* in Habersack/Mülbert/Schlitt, Kapitalmarktinformation, § 28 Rz. 18; *Hamann* in Schäfer/Hamann, §§ 44, 45 BörsG Rz. 149; *Krämer* in Marsch-Barner/Schäfer, § 10 Rz. 322; *Mülbert/Steup* in Habersack/Mülbert/Schlitt, Unternehmensfinanzierung, § 33 Rz. 30; *Wackerbarth* in Holzborn, §§ 21–23 WpPG Rz. 69; *Wagner*, NZG 2010, 857.
3 BGH v. 24.4.1978 – II ZR 172/76, BGHZ 71, 284 (289); BGH v. 16.11.1978 – II ZR 94/77, BGHZ 72, 382 (388); BGH v. 22.3.1982 – II ZR 114/81, BGHZ 83, 222 (223).
4 BGH v. 28.9.1992 – II ZR 224/91, WM 1992, 1892.
5 BGH v. 22.3.1990 – VII ZR 259/77, BGHZ 74, 103 (110).
6 BGH v. 6.10.1980 – II ZR 60/80, BGHZ 79, 337 (344); BGH v. 21.10.2014 – XI ZB 12/12, ZIP 2015, 25 (32 Rz. 96) = BGHZ 203, 1 = AG 2015, 351.
7 BGH v. 21.11.1983 – II ZR 27/83, WM 1984, 19 (20).
8 BGH v. 7.4.2003 – II ZR 160/02, WM 2003, 1086 (1087 f.).

tatrichterlichen Beurteilung unterliegen soll[1]; die Bezeichnung der Übertragung eines erheblichen Aktienpakets von der Emittentin auf eine Konzerntochter – hier eine Holding – im Wege der Sacheinlage als Verkauf innerhalb des Konzerns, welche selbst bilanzkundige Anleger bei der gebotenen sorgfältigen und eingehenden Lektüre des gesamten Prospekts nicht erkennen lässt, dass die Aktien nicht verkauft, sondern im Wege der Sacheinlage auf eine hundertprozentige Konzerntochter übertragen werden (sog. Umhängung)[2].

52 Werden Vorschriften über die **Gliederung** und die **Gestaltung** sowie die **sprachliche Darstellung** des Prospekts – darunter auch das in § 5 Abs. 1 Satz 3 WpPG enthaltene Gebot, den Prospekt in einer Form abzufassen, die sein Verständnis und seine Auswertung erleichtern – nicht eingehalten, wird dies regelmäßig dazu führen, dass der Prospekt nicht gebilligt bzw. seine Veröffentlichung nicht gestattet wird. Geschieht dies gleichwohl, so ist der Prospekt dadurch weder der Kontrolle auf die Richtigkeit und Vollständigkeit seiner Angaben entzogen noch bereits deswegen unrichtig, weil er gegen die besagten gesetzlichen Gestaltungsanforderungen verstößt[3]. Unrichtig wird ein **formale und stilistische**[4] **Mängel** aufweisender Prospekt vielmehr erst dann, wenn diese die Verständlichkeit des Prospekts erheblich erschweren[5] oder sich aus diesem Defizit ein für den durchschnittlichen Anleger unzutreffendes **Gesamtbild** (unten Rz. 66) ergibt[6]. Das wird in der Regel nur dann der Fall sein, wenn die Gestaltungsmängel den gesamten Prospekt durchziehen oder einzelne Prospektbestandteile so unter stilistisch-sprachlichen Mängeln leiden, dass wesentliche Teile des Prospekts für einen durchschnittlichen Anleger nicht mehr durchgängig analysierbar und verständlich sind[7] oder insgesamt ein solches Gewicht annehmen, dass ein im Ganzen unrichtiger Prospekt vorliegt[8]. Schon von jeher befremden musste deshalb

---

1 BGH v. 21.10.2014 – XI ZB 12/12, ZIP 2015, 25 Ls. 4 (33 Rz. 105) = BGHZ 203, 1 = AG 2015, 351.
2 BGH v. 21.10.2014 – XI ZB 12/12, ZIP 2015, 25 Ls. 5 (34 Rz. 118) = BGHZ 203, 1 = AG 2015, 351.
3 Ebenso *Bergdolt* in Heidel, 3. Aufl. 2011 (4. Aufl. 2014 verweist zu § 21 WpPG auf Altauflage) § 44 BörsG Rz. 24; *Ellenberger*, Prospekthaftung, S. 37; *Groß*, § 21 WpPG Rz. 67; *Groß*, AG 1999, 204; *Hamann* in Schäfer/Hamann, §§ 44, 45 BörsG Rz. 189; *Kind* in Arndt/Voß, § 13 VerkProspG Rz. 25.
4 So verlangt § 5 Abs. 1 Satz 1 WpPG eine Darstellung „in leicht analysierbarer und verständlicher Form". Ähnlich heißt es in § 2 Abs. 1 Satz 3 VermVerkProspV, der Verkaufsprospekt sei in einer Form abzufassen, die sein Verständnis und seine Auswertung erleichtere.
5 *Krämer* in Marsch-Barner/Schäfer, § 10 Rz. 324; *Lenenbach*, Rz. 14.461.
6 OLG Frankfurt/M. v. 1.2.1994 – 5 U 213/92, ZIP 1994, 282 (284 f.); *Assmann* in Assmann/Schütze, § 5 Rz. 145. Ebenso *Groß*, § 21 WpPG Rz. 67; *Habersack* in Habersack/Mülbert/Schlitt, Kapitalmarktinformation, § 28 Rz. 22; *Kind* in Arndt/Voß, § 13 VerkProspG Rz. 25; *Pankoke* in Just/Voß/Ritz/Zeising, § 44 BörsG, § 13 VerkProspG Rz. 36, 51.
7 Ebenso etwa *Förster*, S. 59; *Groß*, § 21 WpPG Rz. 49; *Habersack* in Habersack/Mülbert/Schlitt, Kapitalmarktinformation, § 29 Rz. 20; *Mülbert/Steup* in Habersack/Mülbert/Schlitt, Unternehmensfinanzierung, § 41 Rz. 35, 41; *Siol*, DRiZ 2003, 206.
8 Ähnlich *Hopt*, Verantwortlichkeit, Rz. 153; *Hamann* in Schäfer/Hamann, §§ 44, 45 BörsG Rz. 194.

die Ansicht des BGH, es sei nicht zu beanstanden, dass eine für die Beurteilung der Anlage erhebliche Tatsache nur in einer dem Prospekt beigefügten „Dokumentationsmappe", nicht aber im eigentlichen Prospekt enthalten sei[1], doch dürfte ein Prospekt unter dem Prospektierungsregime des WpPG mit einer solchen Gestaltung und einem solchen Mangel nur schwerlich die Prospektkontrolle passieren.

Für die **Zusammenfassung**, die der Prospekt nach § 5 Abs. 2 Satz 1 WpPG enthalten muss[2], ist im Hinblick auf die Haftung für den Prospekt in § 23 Abs. 2 Nr. 5 WpPG[3] eine **beschränkte Richtigkeitskontrolle** angeordnet. Dieser Bestimmung zufolge scheidet ein Anspruch wegen eines Prospektmangels nach §§ 21, 22 WpPG aus, wenn der Mangel sich ausschließlich aufgrund von Angaben in der **Zusammenfassung oder einer Übersetzung** und nicht daraus ergibt, dass die Zusammenfassung, wenn sie zusammen mit den anderen Teilen des Prospekts gelesen wird, irreführend, unrichtig oder widersprüchlich ist. Zu der darüber hinaus **eingeschränkten Vollständigkeitskontrolle** siehe unten Rz. 60.

53

Dabei trägt das Fehlermerkmal der **Irreführung** dem Umstand Rechnung, dass eine komprimierte Darstellung wie eine Zusammenfassung zwangsläufig nicht den an den Prospekt zu stellenden Vollständigkeitserfordernissen genügen kann, aber gleichwohl keine unzutreffenden Vorstellungen über die Merkmale, Chancen und Risiken der angebotenen Wertpapiere hervorrufen darf. Darüber hinaus reagiert der Begriff der Irreführung aber auch auf den Umstand, dass komprimierte Informationen mitunter nur „die halbe Wahrheit" wiedergeben, ohne dabei bereits unrichtig zu sein (siehe dazu näher § 22 VermAnlG Rz. 24 f.). Angaben der Zusammenfassung sind danach – auch wenn sie isoliert betrachtet nicht ohne Weiteres als unrichtig zu beanstanden sind – als irreführend zu betrachten, wenn sie **unzutreffende Vorstellungen** über die wesentlichen **Merkmale** der angebotenen Wertpapiere sowie die mit deren Erwerb verbundenen **Chancen und Risiken** erwecken (siehe dazu näher § 22 VermAnlG Rz. 25) oder – falls solche Vorstellungen auf anderweitigen, im Markt bekannten Informationen beruhen – aufrechterhält[4]. Dabei können **einzelne Anga-**

54

---

1 BGH v. 31.3.1992 – XI ZR 70/91, WM 1992, 901, 904. Kritisch auch *Förster*, S. 59.
2 Für den Inhalt der Zusammenfassung ist Art. 24 der VO (EG) Nr. 809/2004, ABl. EU Nr. L 149 v. 30.4.2004, S. 1, in der Fassung zu beachten, die dieser durch Art. 1 Nr. 10 der Delegierten Verordnung (EU) Nr. 486/2012 v. 30.3.2012, ABl. EU Nr. L 150 v. 9.6.2012, S. 1, 5 f., erfahren hat. Zum Format der Zusammenfassung siehe ESMA (European Securities and Markets Authority), Questions and Answers, Prospectuses, 25th updated version – July 2016, https://www.esma.europa.eu/sites/default/files/library/2016-1133_25th_version_qa_document_prospectus_related_issues.pdf, Nr. 80, S. 65 ff.
3 Die Vorschrift entspricht dem Wortlaut des aufgehobenen § 45 Abs. 2 Nr. 5 BörsG. Siehe dazu oben Rz. 9.
4 Siehe dazu – in Bezug auf die Befreiung des Emittenten von der Ad-hoc-Veröffentlichung einer Insiderinformation für den Fall, dass „keine Irreführung der Öffentlichkeit zu befürchten ist" (§ 15 Abs. 3 Satz 1 WpHG) – *Assmann* in Assmann/Uwe H. Schneider, § 15 WpHG Rz. 160. Auch OLG Stuttgart v. 22.4.2009 – 20 Kap 1/08, AG 2009, 454 (Rz. 122): Irreführung liegt vor, wenn „im Markt schon konkrete Informationen ‚gehandelt' werden, so dass ein weiteres Schweigen des Emittenten dazu in die Irre führt".

ben der Zusammenfassung, aber auch das von dieser erzeugte **Gesamtbild**[1] (siehe dazu oben Rz. 49 und unten Rz. 66) unzutreffende Vorstellungen über Chancen und Risiken der Anlage hervorrufen.

f) Unvollständigkeit

55 **Unvollständig** ist ein Prospekt, wenn Angaben fehlen, die für einen Anlageentschluss von wesentlicher Bedeutung (oben Rz. 45 ff.) sind oder sein können[2]. Dabei handelt es sich um Angaben über Umstände, die objektiv zu den wertbildenden Faktoren einer Anlage gehören und die ein durchschnittlicher, verständiger Anleger „eher als nicht" bei seiner Anlageentscheidung berücksichtigen würde (oben Rz. 47, 50). Nichts anderes folgt aus § 5 Abs. 1 Satz 1 WpPG, demzufolge der Prospekt alle Angaben enthalten muss, die notwendig sind, um dem Publikum ein zutreffendes Urteil über die Vermögenswerte und Verbindlichkeiten, die Finanzlage, die Gewinne und Verluste, die Zukunftsaussichten des Emittenten und jedes Garantiegebers sowie über die mit diesen Wertpapieren verbundenen Rechte zu ermöglichen. Dementsprechend ist ein Prospekt auch nicht bereits deshalb unrichtig, weil er nicht alle der nach § 7 WpPG iVm. der VO (EG) Nr. 809/2004 vom 29.4.2004[3] gemäß ihrer Änderungen durch die VO (EU) Nr. 486/2012 vom 30.3.2012[4] erforderlichen Mindestangaben enthält (oben Rz. 48).

56 Insbesondere im Hinblick auf die **Zukunftsaussichten** des Emittenten ist zu beachten, dass ein Prospekt keine diesbezüglichen Aussagen enthalten muss, er vielmehr nach § 5 Abs. 1 Satz 1 WpPG nur Angaben zu enthalten hat, die notwendig sind, um dem Publikum ein Urteil über die Zukunftsaussichten des Emittenten zu erlauben[5]. Insbesondere sind nach der VO (EG) Nr. 809/2004[6] **Gewinnprognosen oder Gewinnschätzungen** nicht zwingend in einen Prospekt aufzunehmen[7]. So wie im Hinblick auf Risiken einer Anlage grundsätzlich keine besonderen Risikohinweise

---

1 Hierbei lässt sich an die Gesamtbild-Beurteilung anknüpfen, wie sie die Rechtsprechung zur Beurteilung der – über die Fehlerhaftigkeit einzelner Angaben hinausgehende – Unrichtigkeit und namentlich Unvollständigkeit von Wertpapierprospekten und Verkaufsprospekten entwickelt hat. Siehe dazu Rz. 49, 66 und § 20 VermAnlG Rz. 17. *Assmann* in Assmann/Schütze § 5 Rz. 429 zu § 306 Abs. 2 Satz 1 KAGB. Ähnlich zu dem durch § 306 Abs. 2 Satz 1 KAGB abgelösten und aufgehobenen § 127 InvG *Heisterhagen* in Emde/Dornseifer/Dreibus/Hölscher, 2013, § 127 InvG Rz. 31 (wenn die Angaben „zwar sachlich zutreffend sind, ihre Darstellung aber unklar und missverständlich ist, sodass beim Anleger ein unzutreffender Eindruck entsteht"); *Müchler*, WM 2012, 978.
2 BGH v. 21.10.1991 – II ZR 204/90, BGHZ 116, 7 (12); BGH v. 29.5.2000 – II ZR 280/98, WM 2000, 1503 (1504).
3 ABl. EU Nr. L 149 v. 30.4.2004, S. 1.
4 ABl. EU Nr. L 150 v. 9.6.2012, S. 1.
5 *Assmann* in Assmann/Schütze, § 5 Rz. 59, 148.
6 ABl. EU Nr. L 149 v. 30.4.2004, S. 1.
7 Das ergibt sich aus Erwägungsgrund 8 der VO (EG) Nr. 809/2004 sowie aus deren Anhang I Nr. 13. Aus Letzterem ergibt sich auch, dass ein Emittent, wenn er sich dazu entscheidet, eine Gewinnprognose oder eine Gewinnschätzung aufzunehmen, die unter Punkt 13.1. und 13.2. der Anlage I angeführten Angaben machen muss.

zu verlangen sind, im Einzelfall spezielle Risiken aber gleichwohl besondere Risikohinweise erforderlich machen können (unten Rz. 63), so können unter besonderen Umständen unter dem Gesichtspunkt der Vollständigkeit von Prospektangaben auch konkrete Ausführungen über die Zukunftsaussichten erforderlich sein. Das wird man, insbesondere wenn die Zukunftsaussichten eines Unternehmens problematisch bis schlecht sind, etwa für den Fall annehmen dürfen, dass die Beurteilung der Zukunftsaussichten erst aus einer Zusammenschau disparater Prospektangaben möglich ist oder der Prospekt ein diesbezüglich unzutreffendes Gesamtbild zeichnet. Finden sich im Prospekt Ausführungen zu den Zukunftsaussichten eines Unternehmens, müssen sie ausreichend durch Tatsachen gestützt und kaufmännisch vertretbar sein (siehe oben Rz. 50). **Unternehmensplandaten**, etwa in Gestalt einer **Ertrags- und Liquiditätsvorschau** oder eines **Geschäftsplans**, stellen noch weit mehr als Gewinnprognosen oder Gewinnschätzungen interne Steuerungsinstrumente dar und können deshalb, wie diese, in einen Prospekt nach § 3 Abs. 1 WpPG aufgenommen werden, müssen es aber nicht. Darüber hinaus wird sich ein Emittent in der Regel darauf berufen können, dass ihm die Verbreitung solcher Angaben erheblichen Schaden zufügen würde (§ 8 Abs. 2 Nr. 2 WpPG). Dessen ungeachtet in den Prospekt aufgenommen, unterliegen diese Angaben der (vorstehend beschriebenen) Richtigkeitskontrolle zukunftsbezogener Informationen.

Anders als bei Unternehmensplandaten, Gewinnprognosen oder Gewinnschätzungen, handelt es sich bei den von der nach der VO (EG) Nr. 809/2004 verschiedentlich verlangten Informationen über **Trends**[1] nicht um zukunftsbezogene Informationen, sondern um solche, die auf der Auswertung zurückliegender Entwicklungen basieren[2]. 57

Zur Kontrolle der Vollständigkeit eines Prospekts unter dem Gesichtspunkt des von einem Prospekt erzeugten **Gesamtbilds** siehe oben Rz. 49 und unten Rz. 66. 58

Dass die BaFin einen **Wertpapierprospekt gebilligt** hat, weil sie ihn als vollständig betrachtete, vermag der Annahme der Unvollständigkeit eines Prospekts ebenso wenig entgegenzustehen (siehe dazu, mwN, oben Rz. 42) wie der Umstand, dass der Prospekt tatsächlich alle Pflichtangaben nach § 7 WpPG iVm. der VO (EG) Nr. 809/2004 gemäß ihrer Änderungen durch die VO (EU) Nr. 486/2012[3] enthält[4]. Ist Letzteres der Fall, spricht dies allerdings regelmäßig dafür, dass der Prospekt auch vollständig iS von § 21 Abs. 1 Satz 1 WpPG ist[5]. Umgekehrt ist nicht jede der nach den vor- 59

---

1 Siehe Anhänge I Nr. 12, IV Nr. 8, IX Nr. 7, X Nr. 12 und XI Nr. 7 zur VO (EG) Nr. 809/2004, ABl. EU Nr. L 149 v. 30.4.2004, S. 1.
2 So heißt es in Erwägungsgrund 8 der VO (EG) Nr. 809/2004, die Veröffentlichung von Gewinnprognosen „sollte nicht mit der Veröffentlichung *bekannter Trends* oder *sonstiger faktischer Daten* verwechselt werden, die eine wesentliche Auswirkung auf die Geschäftsaussichten des Emittenten zeitigen" (Hervorhebung hinzugefügt). In den in vorstehender Fn. aufgezählten Anhangsbestimmungen ist von „Angabe der wichtigsten Trends in jüngster Zeit" oder von „Informationen über bekannte Trends" die Rede.
3 ABl. EU Nr. L 149 v. 30.4.2004, S. 1 bzw. ABl. EU Nr. L 150 v. 9.6.2012, S. 1.
4 *Assmann* in Assmann/Schütze, § 5 Rz. 149.
5 *Assmann* in Assmann/Schütze, § 5 Rz. 59, 148. Ebenso *Groß*, § 21 WpPG Rz. 45, 47; *Habersack* in Habersack/Mülbert/Schlitt, Kapitalmarktinformation, § 29 Rz. 19.

stehenden Vorschriften vorgeschrieben Angaben auch eine Angabe, deren Fehlen ohne weiteres dazu führt, dass wesentliche Angaben des Prospekts unvollständig sind (oben Rz. 48).

60 Eine *uneingeschränkte* **Haftung für die Unvollständigkeit einer Zusammenfassung**, die ein nach dem WpPG zu erstellender Prospekt nach § 5 Abs. 2 Satz 1 WpPG enthalten muss, kennt das Gesetz nicht. Das kommt in **§ 23 Abs. 2 Nr. 5 WpPG** zum Ausdruck, demzufolge ein Anspruch aus § 21 oder § 22 WpPG nicht besteht, wenn er sich ausschließlich auf Grund von Angaben in der Zusammenfassung oder einer Übersetzung ergibt. Damit verbunden ordnet § 23 Abs. 2 Nr. 5 WpPG aber zugleich eine **modifizierte Richtigkeits- und eine beschränkte Vollständigkeitshaftung** für Zusammenfassungen und Übersetzungen an. In ersterer Hinsicht wird nach §§ 21, 22 WpPG gehaftet, wenn die Zusammenfassung oder Übersetzung irreführend, unrichtig oder – zusammen mit den anderen Teilen des Prospekts gelesen – widersprüchlich ist; siehe dazu oben Rz. 53. Zur Frage, wann Angaben in einer Zusammenfassung als **irreführend** anzusehen sind, siehe oben Rz. 54. In zweiter Hinsicht – eine **beschränkte Vollständigkeitskontrolle** begründend – wird nach §§ 21, 22 WpPG gehaftet, wenn die Zusammenfassung oder Übersetzung – liest man sie zusammen mit den anderen Teilen des Prospekts – nicht alle gemäß § 5 Abs. 2 Satz 1 iVm. Abs. 2a WpPG erforderlichen Schlüsselinformationen enthält. Aus der solchermaßen auf **Schlüsselinformationen** iS von § 5 Abs. 2 iVm. Abs. 2a WpPG beschränkten Rückausnahme ergibt sich, dass – anders als bei fehlendem Warnhinweis iS von § 13 Abs. 5 VermAnlG in einem Vermögensanlagen-Informationsblatt und einer daran anknüpfenden Haftung nach § 22 Abs. 4a Satz 1 Nr. 2 VermAnlG – kein nach §§ 21, 22 WpPG haftungsbewehrter Prospektmangel vorliegt, wenn die in der Zusammenfassung zu gebenden **Warnhinweise** nach § 5 Abs. 2b WpPG fehlen, was allerdings in einem veröffentlichten Prospekt angesichts der Vollständigkeitskontrolle des Prospekts durch die BaFin wenig wahrscheinlich sein dürfte.

61 Zu den Umständen, deren fehlende Offenbarung im Prospekt die Rechtsprechung zur Annahme der Unvollständigkeit des Prospekts in einem wesentlichen Punkt veranlasste, gehören vor allem bedeutende **kapitalmäßige und personelle Verflechtungen**[1]. Hierzu werden auch Angaben über die Verhältnisse derjenigen Gesellschaft gezählt, die bei wirtschaftlicher Betrachtung über den Emittenten hinaus als Anlageobjekt anzusehen ist[2], oder über die den Gründungsgesellschaftern gewährten **Sondervorteile**[3]. Auch geplante **Kurspflegemaßnahmen**[4] oder die **Anhängig-**

---

1 BGH v. 6.10.1980 – II ZR 60/80, BGHZ 79, 337 (345); BGH v. 4.3.1987 – IVa 122/85, WM 1987, 495; BGH v. 10.10.1994 – II ZR 95/93, WM 1994, 2192 (2193); BGH v. 7.4.2003 – II ZR 160/02, WM 2003, 1086 (1088); KG v. 21.3.2005 – 8 U 185/04, WM 2005, 1748.
2 BGH v. 25.11.1981 – IVa 286/80, WM 1982, 90 (91).
3 BGH v. 14.1.1985 – II ZR 41/84, WM 1985, 533 (534); BGH v. 10.10.1994 – II ZR 95/93, WM 1994, 2192 (2193); BGH v. 7.4.2003 – II ZR 160/02, WM 2003, 1086, (1088 – auch dann, wenn sie bereits vor dem Beitritt eines Anlegers gewährt wurden, aber im Zusammenhang mit dem Anlageprojekt stehen).
4 BGH v. 5.7.1993 – II ZR 194/92, BGHZ 123, 106 (115 f.).

keit einer **Anfechtungsklage**[1] hält die Rechtsprechung für berichtspflichtig. Wird in einem Prospekt ein **Gutachten über zu erzielende Erträge** des Anlageprojekts wiedergegeben, wird aber verschwiegen, dass die Gutachter Sicherheitsabschläge empfohlen haben, so stellt dies einen Prospektfehler dar[2]. Zumal für den Fall, dass das Eigenkapital eines Emittenten zu einem beträchtlichen Teil aus Immobilien besteht, ist im Wertpapierprospekt der **Wert des Immobilienvermögens** derselben auszuweisen und, sofern dies für die sachgerechte Einschätzung des Grundstückswerts erforderlich ist, der gewählte Bewertungsansatz und das angewandte Bewertungsverfahren offenzulegen[3]. Weiter ist ein Prospekt unvollständig, wenn nicht erkennbar ist, dass ein **Gewinn aus der Offenlegung stiller Reserven** stammt[4]. So ist ein Wertpapierprospekt unvollständig, wenn nicht erläutert wird, dass der im Jahr der Übertragung eines erheblichen Aktienpakets von der Emittentin auf eine Konzerntochter im Wege der Sacheinlage (so genannte **Umhängung**) durch die Aufdeckung stiller Reserven erzielte Buchgewinn bei einer später erforderlich werdenden Sonderabschreibung des Beteiligungsbuchwerts an der Konzerntochter zu einem entsprechenden Verlust der Emittentin in künftigen Geschäftsjahren führen kann, der die Dividendenerwartung der neu geworbenen Aktionäre beeinträchtigt[5].

Negativratings, Downratings und **Negativberichterstattung** in Bezug auf den Emittenten sind weder zu recherchieren noch in Prospekte aufzunehmen[6]. Weder der höchstrichterlichen Rechtsprechung noch der Rechtsprechung der Oberlandesgerichte[7] lassen sich einschlägige Anforderungen entnehmen. Soweit sich diese Gerichte   62

---

1 BGH v. 14.7.1998 – XI ZR 173/97, BGHZ 139, 225 (231).
2 BGH v. 14.1.2008 – II ZR 85/07, WM 2008, 1116 mit dem Hinweis, beim Anleger werde damit in einem für die Rentabilität der Anlage maßgeblichen Punkt der fehlerhafte Eindruck erweckt, die Ertragsangaben im Gutachten seien vom Gutachter „abschließend als prognostizierte Erträge" dargestellt worden.
3 BGH v. 21.10.2014 – XI ZB 12/12, ZIP 2015, 25 Ls. 4 (30 Rz. 75 ff.) = BGHZ 203, 1 = AG 2015, 351.
4 BGH v. 21.10.2014 – XI ZB 12/12, ZIP 2015, 25 (31 Rz. 81) = BGHZ 203, 1 = AG 2015, 351; *Groß*, § 21 WpPG Rz. 50.
5 BGH v. 21.10.2014 – XI ZB 12/12, ZIP 2015, 25 Ls. 5 (34 Rz. 119 ff.) = BGHZ 203, 1 = AG 2015, 351.
6 Näher hierzu, jeweils mwN, *Assmann*, Freundesgabe Kübler, 1997, S. 350 f.; *Assmann* in Assmann/Schütze, § 5 Rz. 56; *Assmann*, ZIP 2002, 637 ff. Ebenso *Ellenberger*, Prospekthaftung, S. 36; *Fleischer*, Gutachten, S. F 50 f.; *Groß*, § 21 WpPG Rz. 51; *Habersack* in Habersack/Mülbert/Schlitt, Kapitalmarktinformation, § 29 Rz. 21; *Hamann* in Schäfer/Hamann, §§ 44, 45 BörsG Rz. 145 ff.; *Hauptmann*, § 3 Rz. 75; *Mülbert/Steup* in Habersack/Mülbert/Schlitt, Unternehmensfinanzierung, § 41 Rz. 45; *Pankoke* in Just/Voß/Ritz/Zeising, § 44 BörsG, § 13 VerkProspG Rz. 50; *Schwark* in Schwark, Kapitalmarktrechtskommentar, 3. Aufl. 2004, § 45 BörsG Rz. 33. Teilweise einschränkend: *Wackerbarth* in Holzborn, §§ 21–23 WpPG Rz. 75 („Einstufung durch Rating-Agenturen, soweit sich dies unmittelbar auf die wirtschaftlichen Verhältnisse ... des Emittenten" auswirken). **AA** LG Frankfurt/M. v. 6.10.1992 – 3/10 O 173/91, WM 1992, 1768 (1770); *Bergdolt* in Heidel, 3. Aufl. 2011 (4. Aufl. 2014 verweist zu § 21 WpPG auf Altauflage), § 44 BörsG Rz. 40.
7 Das OLG Frankfurt/M. v. 1.2.1994 – 5 U 213/92, ZIP 1994, 282 (286/287) kontrolliert die Vollständigkeit des Prospekts, ohne eine Prospektierungspflicht von Negativkritiken oder

mit Recherche- und Informationspflichten über Downratings oder Negativkritik zu befassen hatten, waren nicht Prospektierungs-, sondern Aufklärungspflichten von Anlageberatern und Anlagevermittlern Entscheidungsgegenstand[1].

63 Von jeher muss ein Prospekt richtig und vollständig über die Umstände informieren, die für die Beurteilung der **Chancen und Risiken** einer Anlage erheblich sind[2]. Die Frage, ob es ausreicht, wenn sich die mit einer Anlage verbundenen Risiken aus den Prospektangaben ergeben oder ermitteln lassen, oder ob es **spezieller Risikohinweise** in einer entsprechend bezeichneten **selbständigen Rubrik** bedarf, hat die Rechtsprechung grundsätzlich in die erste Richtung entschieden[3], doch hat sie im Fall spezieller Risiken auch **besondere Risikohinweise** verlangt[4]. Insbesondere soll bei Anlagen, die dem Risiko eines Totalverlustes und nicht lediglich eines begrenzten Verlustes unterliegen, deutlich auf diesen Umstand hinzuweisen sein[5]. Für Prospekte, die nach § 3 WpPG beim öffentlichen Angebot von Wertpapieren oder bei deren Zulassung zum Handel zu veröffentlichen sind und der Haftung nach §§ 21, 22 WpPG unterliegen, sind diese Anforderungen allerdings weitgehend obsolet ge-

---

Downratings zu begründen, allein unter dem Gesichtspunkt des vermittelten Gesamtbilds, wobei Negativkritiken oder *Downratings* nur zur Beurteilung des Verschuldens der Anspruchsgegner, dh. der Beantwortung der Frage herangezogen werden sollen, ob die jeweiligen Prospektverantwortlichen einzelne Unrichtigkeiten, eventuelle Unvollständigkeiten oder den unzutreffenden Gesamteindruck des Prospekts durch das Vorhandensein solcher Kritik und der hierfür angegebenen Gründe hätten erkennen können. Zustimmend insoweit *Schwark*, WuB I G 9. – 2.94 zu 1. (aE); *Groß*, §§ 44, 45 BörsG Rz. 51.

1 Zur Pflicht des Anlageberaters, die Wirtschaftspresse im Hinblick auf für die von ihm vertriebenen Anlageprodukte relevante Pressemitteilungen zeitnah durchzusehen, siehe BGH v. 6.11.2009 – III ZR 302/08, ZIP 2010, 526 (527 Rz. 16).
2 Zuletzt und ausführlich mwN BGH v. 3.12.2007 – II ZR 21/06, ZIP 2008, 412 = AG 2008, 260. Siehe auch *Krämer* in Marsch-Barner/Schäfer, § 10 Rz. 328.
3 Vgl. BGH v. 31.3.1992 – XI ZR 70/91, WM 1992, 901 (904); hier wurde nicht beanstandet, dass die für die Beurteilung der Risiken erheblichen Tatsachen nur in einer dem Prospekt beigefügten „Dokumentationsmappe" enthalten waren; BGH v. 12.1.2006 – III ZR 407/04, WM 2006, 522 (523); hier wurde es nicht als Verschleierung der Risiken der Anlage betrachtet, dass die Darstellung der Risiken einer Anlage in dem Prospektabschnitt „Chancen und Risiken" mit einer umfassenden Schilderung der zahlreichen Einzelinvestitionen eines Fonds einhergeht und nicht in eine zusammenfassende überblicksartige Risikodarstellung mündete. Siehe dazu *Assmann* in Assmann/Schütze, § 5 Rz. 57.
4 So führt der BGH v. 3.12.2007 – II ZR 21/06, ZIP 2008, 412 Ls. 1 = AG 2008, 260 aus, zu den Nachteilen und Risiken eines angebotenen Kapitalanlagemodells, der Anlageinteressent in dem Emissionsprospekt zutreffend und vollständig aufgeklärt werden müsse, gehöre auch, dass er auf *Risiken hingewiesen* werde, die ausschließlich Altverträge beträfen, aber dazu führen können, dass die Anlagegesellschaft in wirtschaftliche Schwierigkeiten gerät. Ebenso sei das Bestehen eines Verlustübernahmevertrages mitzuteilen, weil dieser nicht nur die *Gefahr des Verlustes* der Anlage heraufbeschwöre, sondern zusätzliche Zahlungspflichten auslösen könne.
5 Das gilt v.a. im Zusammenhang mit Angaben zu einem „*Worst-case*-Szenario" oder zu einer „Restrisiko-Betrachtung". Siehe BGH v. 14.6.2007 – III ZR 300/05, WM 2007, 1507 (Rz. 13 f.); BGH v. 14.6.2007 – III ZR 125/06, ZIP 2007, 1993 (Rz. 14 f.); BGH v. 29.1.2009 – III ZR 74/08, ZIP 2009, 1577 (Rz. 5); BGH v. 29.1.2009 – III ZR 99/08, NZG 2009, 432 (Rz. 5).

worden. Im Hinblick auf diese Prospekte verlangen das WpPG und die VO (EG) Nr. 809/2004 entsprechend ihren Änderungen durch die VO (EU) Nr. 486/2012[1] **Risikohinweise** im Zusammenhang mit den jeweils erforderlichen Angaben zum Emittenten und den Kapitalanlagen. So gehören nach Art. 25 Abs. 1 Nrn. 1 und 2, 26 Abs. 1 Nr. 3 VO (EG) Nr. 809/2004 zu den Mindestangaben der unterschiedlichen Prospektformate stets Angaben über die „Risikofaktoren, die mit dem Emittenten und dem Wertpapiertyp einhergehen, der von der Emission abgedeckt ist", wobei Art. 2 Nr. 3 VO (EG) Nr. 809/2004 „Risikofaktoren" als eine „Liste von Risiken, die für die jeweilige Situation des Emittenten und/oder der Wertpapiere spezifisch sind und die Anlageentscheidungen erheblich beeinflussen". Soweit die in den Anhängen zur VO (EG) Nr. 809/2004 für verschiedene Emissionsarten aufgeführten Mindestangaben die Darstellung der Risikofaktoren zum Gegenstand haben, verlangen sie klare und deutliche Angaben zu denselben[2]. Weiter muss die Zusammenfassung, die der Prospekt iS von § 3 Abs. 1 WpPG nach § 5 Abs. 2 Satz 1 WpPG aufzuweisen hat und deren Format durch die Delegierte Verordnung (EU) Nr. 486/2012 zur Änderung der Verordnung (EG) Nr. 809/2004[3] vorgegeben ist, Schlüsselinformationen enthalten, die nach § 5 Abs. 2a Nr. 1 WpPG „eine kurze Beschreibung der Risiken und wesentlichen Merkmale" umfassen müssen, „die auf den Emittenten und einen etwaigen Garantiegeber zutreffen, einschließlich der Vermögenswerte, Verbindlichkeiten und der Finanzlage des Emittenten und etwaigen Garantiegebers".

Fehlen in dem Prospekt Angaben, die nach dem WpPG oder der VO (EG) Nr. 809/2004[4] gemäß ihrer Änderungen durch die VO (EU) Nr. 486/2012[5] vorgeschrieben sind, so kann sich der Emittent auf **Geheimhaltungsinteressen** nur insoweit berufen, als die Voraussetzungen des **§ 8 Abs. 2 Nr. 2 WpPG** vorliegen und die BaFin gestattet hat, dass die fraglichen Angaben nicht in den Prospekt aufgenommen werden müssen. Bestand anfänglich im Hinblick auf die Beantwortung der Frage, ob Angaben, die Geschäfts- oder Betriebsgeheimnisse darstellten, von einer Aufnahme in den Prospekt ausgenommen werden durften, ohne den Prospekt unvollständig zu machen, Unsicherheit[6], so ist in § 8 Abs. 2 Nr. 2 WpPG eine ab- 64

---

1 ABl. EU Nr. L 149 v. 30.4.2004, S. 1 bzw. ABl. EU Nr. L 150 v. 9.6.2012, S. 1.
2 So verlangen beispielsweise Anhang I Nr. 4 der VO (EG) Nr. 809/2004 für das Registrierungsformular für Aktien „Klare Offenlegung von Risikofaktoren, die für den Emittenten oder seine Branche spezifisch sind" oder Anhang III Nr. 2 betreffend Mindestangaben für die Wertpapierbeschreibung für Aktien „Klare Offenlegung der Risikofaktoren, die für die anzubietenden und/oder zum Handel zuzulassenden Wertpapiere von ausschlaggebender Bedeutung sind, wenn es darum geht, das Marktrisiko zu bewerten, mit dem diese Wertpapiere behaftet sind". Im Hinblick auf die Wertpapierbeschreibung verlangt der mit der VO (EU) Nr. 486/2012 eingeführte Anhang XX in Nr. 2.1 „Klare und deutliche Angabe der Risikofaktoren, die für die Bewertung der Marktrisiken der zum Handel angebotenen und/ oder zuzulassenden Wertpapiere wesentlich sind".
3 ABl. EU Nr. L 150 v. 9.6.2012, S. 1.
4 ABl. EU Nr. L 149 v. 30.4.2004, S. 1.
5 ABl. EU Nr. L 150 v. 9.6.2012, S. 1.
6 Siehe Voraufl., § 13 VerkProspG Rz. 63. Grundsätzliche Ablehnung der Beachtlichkeit von Geheimhaltungsinteressen: *Assmann*, Prospekthaftung, 1985, S. 324; *Canaris*, Bankvertragsrecht, Rz. 2279; *Ehricke*, DB 1982, 2431 f. Geheimhaltungsinteressen auch im Hin-

schließende Regelung¹ dieser Frage zu sehen. Bei dieser Bestimmung handelt es sich nicht um eine Legalausnahme von der Pflicht zur Veröffentlichung eines vollständigen Prospekts. Vielmehr können die Prospektverantwortlichen nur dann unter Berufung auf § 8 Abs. 2 Nr. 2 WpPG von der Veröffentlichung einzelner Angaben im Prospekt absehen, wenn die BaFin dies genehmigt hat. Dies wiederum setzt die Feststellung voraus, dass die Verbreitung der fraglichen Angaben dem Emittenten erheblichen Schaden zufügt und die Nichtveröffentlichung das Publikum nicht über die für eine fundierte Beurteilung des Emittenten, des Anbieters, des Garantiegebers und der Wertpapiere, auf die sich der Prospekt bezieht, wesentlichen Tatsachen und Umstände täuscht. Angesichts dessen mag es zunächst Widerspruch hervorrufen, wenn es im Regierungsentwurf des Prospektrichtlinie-Umsetzungsgesetzes zur Begründung des § 8 Abs. 2 WpPG unter Gefolgschaft der Schrifttums² heißt, die dieser Bestimmung folgende Gestattung der Nichtaufnahme bestimmter Angaben **schließe Prospekthaftungsansprüche nicht aus**³. Dabei würde jedoch übersehen, dass sich die Befreiung nach § 8 Abs. 2 Nr. 2 WpPG nicht nur auf wesentliche Angaben, sondern auf alle Angaben bezieht, die nach dem WpPG oder der VO (EG) Nr. 809/2004 vorgeschrieben sind, um die Gestattung der Nichtaufnahme der jeweiligen Angaben davon abhängig zu machen, dass nicht über die für die Beurteilung der Anlage *wesentliche* Tatsachen und Umstände getäuscht wird.

65 § 8 Abs. 2 Nr. 2 WpPG ist folglich **keine vorbehaltlose, vollständige Durchbrechung des Vollständigkeitsgrundsatzes** des § 5 Abs. 1 Satz 1 WpPG („sämtliche Angaben ..., die ... notwendig sind") durch berechtigte Geheimhaltungsinteressen des Emittenten, sondern erlaubt diese nur für den Fall, dass das Publikum nicht über wesentliche Tatsachen und Umstände zur Beurteilung der Wertpapiere getäuscht wird⁴. Das bedeutet, dass die BaFin nicht von der Aufnahme solcher Angaben in den Prospekt befreien kann, die für eine fundierte Beurteilung des Emittenten, des Anbieters, des Garantiegebers und der Wertpapiere unerlässlich sind und deren Nichtaufnahme eine Täuschung des Publikums mit sich brächten. Damit wird zum Ausdruck gebracht, dass es – auch unter Berufung auf Geheimhaltungsinteressen des Emittenten – keine Befreiung von der Aufnahme von Angaben geben kann, deren Nichtveröffentlichung eine Täuschung des Publikums mit sich brächte. Genehmigt die BaFin einen Gestattungsantrag fehlerhaft und sieht der Emittent daraufhin von der Aufnahme der fraglichen Angaben in den Prospekt ab, so ist dieser

---

blick auf Prospektierungspflichten nicht *a limine* unbeachtlich: BGH v. 12.7.1982 – II ZR 175/81, ZIP 1982, 923 (924); OLG Düsseldorf v. 14.7.1981 – 6 U 259/80, WM 1981, 960 (965). Differenzierte Einzelfallentscheidung geboten: *Krämer* in Marsch-Barner/Schäfer, § 10 Rz. 330.

1 Voraufl., § 13 VerkProspG Rz. 64.
2 Siehe § 8 WpPG Rz. 49; *Groß*, § 8 WpPG Rz. 10; *Hamann* in Schäfer/Hamann, § 8 WpPG Rz. 23; *Wackerbarth* in Holzborn, §§ 21–23 WpPG Rz. 66.
3 RegE Prospektrichtlinie-Umsetzungsgesetz, BT-Drucks. 15/4999 v. 8.3.2005, S. 1 (33).
4 Das entspricht der schon bisher ganz hM, dass von der Aufnahme wesentliche Angaben in den Prospekt nicht aus Geheimhaltungsinteressen abgesehen werden dürfe. Siehe *Habersack* in Habersack/Mülbert/Schlitt, Kapitalmarktinformation, § 29 Rz. 40; *Krämer* in Marsch-Barner/Schäfer, § 10 Rz. 330.

damit zwar objektiv unvollständig, doch ist in diesem Fall – der sich von dem unterscheidet, dass der Prospekt in seiner Gesamtheit nicht deshalb richtig und vollständig informiere, weil er in seiner Gesamtheit von der BaFin gebilligt wurde (oben Rz. 42) – davon auszugehen, dass den Emittenten im Hinblick auf den daraus folgenden Prospektmangel **kein Verschulden** trifft[1]. Will man dies vermeiden, bedarf es anderer Maßnahmen als des bereits angeführten Hinweises in der Begründung des Regierungsentwurfs des Prospektrichtlinie-Umsetzungsgesetzes, die Gestattung der Nichtaufnahme bestimmter Angaben schließe Prospekthaftungsansprüche nicht aus (siehe oben Rz. 64), wie beispielsweise der – § 15 Abs. 2 VermVerkProspV entsprechenden – Überführung des Gestattungsverfahrens in eine Legalausnahme, die Emittenten das Risiko der Nichtaufnahme von wesentlichen Angaben auferlegte.

g) Gesamtbild

Für die Beurteilung, ob ein Prospekt unrichtig oder unvollständig ist, ist nicht isoliert auf einzelne Angaben oder eine bestimmte Formulierung, sondern auf das **Gesamtbild** – anfänglich war vom **Gesamteindruck** die Rede[2] – abzustellen[3], das er dem Anleger unter Berücksichtigung der von ihm zu fordernden sorgfältigen und eingehenden Lektüre (siehe oben Rz. 39) vermittelt[4]. Danach ist ein Prospekt auch dann unrichtig oder unvollständig, wenn er unter Betrachtung aller seiner Angaben bei den Prospektadressaten (oben Rz. 37) Vorstellungen über die Chancen und Risi-

66

---

1 Zustimmend *Groß*, § 8 WpPG Rz. 10.
2 Siehe BGH v. 12.7.1982 – II ZR 175/81, ZIP 1982, 923 (924).
3 BGH v. 14.6.2007 – III ZR 125/06, ZIP 2007, 1993 (1994 Rz. 9); BGH v. 28.2.2008 – III ZR 149/07, VuR 2008, 178 (Rz. 8); BGH v. 31.5.2010 – II ZR 30/09, ZIP 2010, 1397 Rz. 11; BGH v. 18.9.2012 – XI ZR 344/11, ZIP 2012, 2199 (2201 Rz. 23) = AG 2012, 874; BGH v. 5.3.2013 – II ZR 252/11, ZIP 2013, 773 Rz. 14; BGH v. 24.4.2014 – III ZR 389/12, NJW-RR 2014, 1075 (1076 Rz. 12). OLG Frankfurt/M. v. 1.2.1994 – 5 U 213/92, ZIP 1994, 282 (284) = AG 1994, 184; OLG Frankfurt/M. v. 17.3.1999 – 21 U 260/97, ZIP 1999, 1005 (1007) = AG 1999, 325; LG Frankfurt/M. v. 7.10.1997 – 3/11 O 44/96, WM 1998, 1181 (1184) = AG 1998, 488; BGH v. 14.6.2007 – III ZR 125/06, ZIP 2007, 1993 Rz. 9. *Assmann* in Assmann/Schütze, § 5 Rz. 143; *Groß*, §§ 44, 45 BörsG Rz. 40, 44; *Groß*, AG 1999, 202; *Hauptmann*, § 3 Rz. 66 f.; *Hüffer*, S. 138 ff.; *Kind* in Arndt/Voß, § 13 VerkProspG Rz. 19; *Mülbert/Steup* in Habersack/Mülbert/Schlitt, Unternehmensfinanzierung, § 33 Rz. 37; *Pankoke* in Just/Voß/Ritz/Zeising, § 44 BörsG, § 13 VerkProspG Rz. 36. Kritisch *Kirchner*, Prospektpublizität, S. 307 ff. Zur Kontrolle werblicher Aussagen im Prospekt an dem (auch dadurch vermittelten) Gesamtbild *Haas/Hanowski*, NZG 2010, 254.
4 OLG Frankfurt/M. v. 1.2.1994 – 5 U 213/92, ZIP 1994, 282 (284) = AG 1994, 184; OLG Frankfurt/M. v. 17.3.1999 – 21 U 260/97, ZIP 1999, 1005 (1007) = AG 1999, 325; LG Frankfurt/M. v. 7.10.1997 – 3/11 O 44/96, WM 1998, 1181 (1184) = AG 1998, 488; BGH v. 14.6.2007 – III ZR 125/06, ZIP 2007, 1993 Rz. 9. *Assmann* in Assmann/Schütze, § 5 Rz. 61 f.; *Groß*, §§ 44, 45 BörsG Rz. 40, 44; *Groß*, AG 1999, 202; *Hauptmann*, § 3 Rz. 66 f.; *Hüffer*, S. 138 ff.; *Kind* in Arndt/Voß, § 13 VerkProspG Rz. 19; *Mülbert/Steup* in Habersack/Mülbert/Schlitt, Unternehmensfinanzierung, § 33 Rz. 37; *Lenenbach*, Rz. 11.448; *Pankoke* in Just/Voß/Ritz/Zeising, § 44 BörsG, § 13 VerkProspG Rz. 36. Kritisch *Kirchner*, Prospektpublizität, S. 307 ff.

ken und insbesondere über die Vermögens-, Ertrags- und Liquiditätslage des Emittenten[1] der angebotenen Anlage erweckt, die den tatsächlichen Verhältnissen nicht entsprechen.

67 Das kann etwa aufgrund einer Anhäufung positiver, je für sich noch vertretbarer, in ihrer Gesamtheit aber Fehlvorstellungen weckenden **Werturteile** der Fall sein. Denkbar ist aber auch, dass im Prospekt Angaben unrichtig sind oder fehlen, welche je für sich keine wesentlichen Umstände betreffen, **zusammengenommen** aber das Anlagerisiko verzerrt darstellen[2]. So kann etwa die Ausnutzung bilanzieller Spielräume unter Anwendung eines zwar noch vertretbaren, aber risikobehafteten Bewertungsverfahrens ein zu positives Gesamtbild der Bilanz und der Vermögenslage zeichnen[3].

68 Über die Erfüllung der gesetzlichen Prospektanforderungen hinaus ist der Prospekt deshalb einer **Endkontrolle** im Hinblick auf die Frage zu unterziehen, ob er dem maßgeblichen Adressatenkreis ein realistisches Bild von den mit dem Erwerb der angebotenen Wertpapiere verbundenen Chancen und Risiken bietet. Besteht die Möglichkeit, dass durch einzelne Prospektangaben oder den Prospekt insgesamt ein zu positives Gesamtbild gezeichnet wird, ist dieses durch entsprechende, eine sachgerechte Beurteilung der Vermögens-, Ertrags- und Liquiditätslage des Emittenten ermöglichende **Hinweise** zurechtzurücken[4].

h) Berichtigung (§ 23 Abs. 2 Nr. 4 WpPG)

69 An einer Unrichtigkeit oder Unvollständigkeit des Prospekts, die eine Haftung nach § 21 oder § 22 WpPG nach sich ziehen könnte, fehlt es, wenn der Prospektmangel durch einen **Nachtrag** (unten Rz. 73) oder eine **Berichtigung** nach § 23 Abs. 2 Nr. 4 WpPG (die Vorschrift entspricht § 45 Abs. 2 Nr. 4 BörsG aF) beseitigt wurde. Eine Ansprüche nach §§ 21, 22 WpPG beseitigende Berichtigung setzt voraus, dass vor dem Abschluss des Erwerbsgeschäfts im Rahmen des Jahresabschlusses oder Zwischenberichts des Emittenten, einer Veröffentlichung nach Art. 17 der Verordnung (EU) Nr. 596/2014 des Europäischen Parlaments und des Rates vom 16. April 2014 über Marktmissbrauch (Marktmissbrauchsverordnung) und zur Aufhebung der Richtlinie 2003/6/EG des Europäischen Parlaments und des Rates und der Richtlinien 2003/124/EG, 2003/125/EG und 2004/72/EG der Kommission (ABl. EU Nr. L 173 v. 12.6.2014, S. 1) in der jeweils geltenden Fassung oder einer vergleichbaren Bekanntmachung eine **deutlich gestaltete Berichtigung** der unrichtigen oder unvollständigen Angaben im Inland veröffentlicht wurde. Die Berichtigung ist damit als nachträgliche, aber nur in die Zukunft wirkende (unten Rz. 70) Herstellung eines richtigen

---

1 BGH v. 12.7.1982 – II ZR 175/81, ZIP 1982, 923 (924).
2 Vgl. dazu *Schwark*, ZGR 1983, 176.
3 BGH v. 21.10.2014 – XI ZB 12/12, ZIP 2015, 25 (30 Rz. 77) = BGHZ 203, 1 = AG 2015, 351.
4 BGH v. 21.10.2014 – XI ZB 12/12, ZIP 2015, 25 (30 Rz. 77) = BGHZ 203, 1 = AG 2015, 351.

Prospekts anzusehen[1], ohne selbst als Prospekt angesehen werden zu können[2], ihrerseits der Haftung nach §§ 21, 22 WpPG zu unterliegen und einer Billigung durch die BaFin zu bedürfen[3]. Für eine fehlerhafte Berichtigung wird damit nur in der Weise gehaftet, dass sie Prospekthaftungsansprüche wegen des Mangels des Prospekts, auf den sie sich bezieht, nicht beseitigt. Wollte man den Ausschluss der Haftung gegenüber Anlegern, die erst nach der Berichtigung des Prospekts Wertpapiere erworben haben, dagegen – wie die Kenntnis des Anlegers vom Prospektmangel[4] und unabhängig davon, ob sie die Berichtigung kannten oder nicht – als eine gesetzliche Sonderregelung des Mitverschuldens des Erwerbers sehen, so würde dies zu keinen anderen Ergebnissen führen. Darüber hinaus führt eine Berichtigung nicht zur Verlängerung der **Sechs-Monats-Erwerbsfrist** des § 21 Abs. 1 Satz 1 WpPG[5].

Erwerbsvorgänge vor der ordnungsgemäßen Berichtigung werden von der Regelung des § 23 Abs. 2 Nr. 4 WpPG nicht erfasst[6], dh. die Berichtigung hat keine Rückwirkung und lässt bereits dem Grunde nach entstandene, auf die frühere Fehlerhaftigkeit des Prospekts zurückgehende Ansprüche aus §§ 21, 22 WpPG unberührt. Dagegen ist Anlegern, welche die betroffenen Wertpapiere erst **nach der Berichtigung** des Prospekts gekauft haben, die Geltendmachung eines Prospekthaftungsanspruchs auch dann verwehrt, wenn sie die Berichtigung nicht gekannt haben[7].

70

Auf die **Berichtigung** können sich die für einen fehlerhaften Prospekt Verantwortlichen nur dann berufen, wenn sie **nach Inhalt und Form deutlich** erfolgt. Das soll dann der Fall sein, wenn sich „einem verständigen Leser, dem sowohl der fehlerhafte Prospekt als auch die Berichtigung vorliegt, ohne aufwendige Nachforschung erschließ(t), daß die Berichtigung von dem Prospekt abweichende Angaben ent-

71

---

1 *Sittmann*, NZG 1998, 493 (Anleger, die nach der Berichtigung Wertpapiere erworben haben, werden so gestellt, „als habe der Prospekt niemals Fehler oder Unrichtigkeiten aufgewiesen").
2 *Groß*, § 23 WpPG Rz. 9; *Kumpan* in Baumbach/Hopt, (15a) § 23 WpPG Rz. 5; *Mülbert/Steup* in Habersack/Mülbert/Schlitt, Unternehmensfinanzierung, § 41 Rz. 143.
3 *Groß*, § 21 WpPG Rz. 66, § 23 WpPG Rz. 9; *Habersack* in Habersack/Mülbert/Schlitt, Kapitalmarktinformation, § 29 Rz. 53; *Stephan*, AG 2002, 11.
4 RegE Drittes Finanzmarktförderungsgesetz, BT-Drucks. 13/8933 v. 6.11.1997, S. 80.
5 *Kumpan* in Baumbach/Hopt, (15a) § 23 WpPG Rz. 5.
6 RegE Drittes Finanzmarktförderungsgesetz, BT-Drucks. 13/8933 v. 6.11.1997, S. 80. *Ellenberger* in FS Schimansky, S. 602; *Groß*, § 23 WpPG Rz. 10; *Habersack* in Habersack/Mülbert/Schlitt, Kapitalmarktinformation, § 29 Rz. 51; *Mülbert/Steup* in Habersack/Mülbert/Schlitt, Unternehmensfinanzierung, § 41 Rz. 140.
7 Zur Rechtfertigung dieser Regelung werden im RegE Drittes Finanzmarktförderungsgesetz, BT-Drucks. 13/8933 v. 6.11.1997, S. 80 f., drei Gründe angeführt: Erstens wird geltend gemacht, der Verzicht des Nachweises der Kenntnis des Erwerbers von der Berichtigung entspreche dem Verzicht des Nachweises der Kenntnis des Erwerbers vom Prospekt; zweitens wird argumentiert, die Berichtigung eines anlageerheblichen Sachverhalts löse eine Marktreaktion in Form einer Preisanpassung aus, die denjenigen, der nach diesem Zeitpunkt erwerbe, so stelle, als ob der Prospekt von vornherein nicht fehlerhaft gewesen sei; und drittens soll dem Emittenten eine rechtssichere Möglichkeit gegeben werden, die Gefahr einer Haftung wegen eines fehlerhaften Prospekts begrenzen zu können.

hält"[1]. Ein ausdrücklicher Hinweis auf einen Prospektfehler ist nicht erforderlich, da eine solche Verpflichtung in der Praxis einer Aufforderung aller bisherigen Erwerber zur Geltendmachung von Prospekthaftungsansprüchen gleichkäme und damit einen Anreiz böte, von einer Berichtigung des Prospekts abzusehen[2]. Im Falle der **Korrektur eines unrichtigen Jahresabschlusses** soll jedoch auf die Abweichungen vom testierten Jahresschluss hinzuweisen und die fehlerhaften Passagen des Abschlusses zu kennzeichnen sein: Wenn schon keine neuerliche Prüfung des korrigierten Abschlusses durch einen Wirtschaftsprüfer verlangt werde, so müsse der Anleger doch fehlerhafte Angaben sofort als solche erkennen können[3].

72 Eine **Berichtigung** kann bereits **vor der Einführung der Wertpapiere zum Börsenhandel** erfolgen[4]. Ist eine Berichtigung iS von § 23 Abs. 2 Nr. 4 WpPG erfolgt, entfällt eine Nachtragspflicht nach § 16 Abs. 1 WpPG.

73 Von der Möglichkeit, die Haftung für Prospektmängel durch Berichtigung derselben abwenden zu können, ist ein **Nachtrag** zu einem Prospekt nach § 16 Abs. 1 WpPG (oben Rz. 15, 43 f.) zu unterscheiden: Während eine Berichtigung einen fehlerhaften Prospekt zum Gegenstand hat und freiwillig erfolgt, um nicht weitere Prospekthaftungsansprüche wegen eines fehlerhaften Prospekts entstehen zu lassen, soll ein Nachtrag aufgrund einer entsprechenden Nachtragspflicht vermeiden helfen, dass einen Prospekt fehlerhaft wird, und unterliegt seinerseits der Prospekthaftung nach §§ 21, 22 WpPG (oben Rz. 15).

3. Anspruchsgegner – Die Adressaten der Prospekthaftung (§ 21 Abs. 1 Satz 1 und § 22 Abs. 1 WpPG)

74 Die **Adressaten** der Haftung für fehlerhafte Prospekte nach WpPG sind in §§ 21 Abs. 1 Satz 1, 22 Abs. 1 WpPG im Zusammenhang mit den Voraussetzungen des jeweiligen Anspruchs abschließend aufgezählt. Für fehlerhafte **Prospekte** haften danach diejenigen, die für den Prospekt die Verantwortung übernommen haben (Rz. 75 ff.), und diejenigen, von denen der Erlass des Prospekts ausgeht (Rz. 81 ff.). Diese Haftung umfasst auch einen fehlerhaften **Nachtrag** zum Prospekt (oben Rz. 15 und 43). Die Anspruchsgegner haften nach §§ 21 Abs. 1, 22 WpPG als **Gesamtschuldner.**

---

1 RegE Drittes Finanzmarktförderungsgesetz, BT-Drucks. 13/8933 v. 6.11.1997, S. 81.
2 RegE Drittes Finanzmarktförderungsgesetz, BT-Drucks. 13/8933 v. 6.11.1997, S. 81. Vgl. auch *Groß*, §§ 44, 45 BörSG Rz. 95; *Hopt* in FS Drobnig, S. 531; *Kind* in Arndt/Voß, § 13 VerkProspG Rz. 26; *Kümpel*, Rz. 9.361. Mit Bedenken *Schwark* in Schwark, Kapitalmarktrechtskommentar, 3. Aufl. 2004, § 45 BörsG Rz. 57. AA *Ellenberger*, Prospekthaftung, S. 70.
3 OLG Frankfurt/M. v. 17.3.1999 – 21 U 260/97, ZIP 1999, 1005 (1006) = AG 1999, 325; *Kort*, AG 1999, 9 (17); *Krämer/Baudisch*, WM 1998, 1172. AA *Groß*, AG 1999, 203 f.; *Hauptmann*, § 3 Rz. 70.
4 *Habersack* in Habersack/Mülbert/Schlitt, Kapitalmarktinformation, § 29 Rz. 52; *Mülbert/Steup* in Habersack/Mülbert/Schlitt, Unternehmensfinanzierung, § 41 Rz. 139.

a) Personen, die für den Prospekt die Verantwortung übernommen haben (Prospekterlasser)

Zu denen, die **für den Prospekt die Verantwortung übernommen** haben, gehört jede Person, die nach außen erkennbar[1] den Prospekt **erlassen** hat. Diese Umschreibung greift auf den Wortlaut der ehemaligen börsengesetzlichen Regelung der Prospekthaftung in § 45 Abs. 1 Satz 1 Nr. 1 BörsG aF zurück, der durch das Dritte Finanzmarktförderungsgesetz vom 24.3.1998[2] seine heutige Fassung erhielt. Das ist angezeigt, weil sich mit der neuen Formulierung lediglich eine Klarstellung und keine materiellrechtliche Änderung verbinden sollte[3]. 75

Prospekterlasser sind auf jeden Fall jene, die den Prospekt **unterzeichnet** und damit erklärt haben, für seinen Inhalt verantwortlich zu sein[4]. Zu unterzeichnen sind nach dem WpPG zu erstellende Prospekte vom **Anbieter** (§ 5 Abs. 3 Satz 1 WpPG) oder – falls aufgrund des Prospekts Wertpapiere zum Handel an einem organisierten Markt zugelassen werden sollen, es sich also um einen Börsenzulassungsprospekt handelt – vom **Zulassungsantragsteller** (§ 5 Abs. 3 Satz 2 WpPG). Letzteres ist nach § 32 Abs. 2 Satz 1 BörsG der **Emittent** der Wertpapiere zusammen mit dem **Emissionsbegleiter** in Gestalt eines Kreditinstituts, Finanzdienstleistungsinstituts oder eines nach § 53 Abs. 1 Satz 1 oder § 53b Abs. 1 Satz 1 KWG tätigen Unternehmens. Diesbezüglich stellt § 5 Abs. 4 Satz 2 WpPG klar, dass stets auch die vorgenannten Institute bzw. Unternehmen, mit dem der Emittent zusammen die Zulassung der Wertpapiere beantragt, durch entsprechende Erklärung die Verantwortung zu übernehmen haben. 76

Die **Prospekthaftung des Emittenten** in der Rechtsform einer Aktiengesellschaft oder KGaA verstößt nicht gegen **Kapitalerhaltungsvorschriften** und genießt diesen gegenüber generell Vorrang: Sie ist weder unzulässige Risikoübernahme durch die Gesellschaft iS des § 56 Abs. 3 AktG[5] noch stellt sie einen Verstoß gegen das Verbot der Einlagenrückgewähr nach § 57 Abs. 1 AktG oder dasjenige der Rückgewähr eigener Aktien[6] dar. Des Hinweises, mit der Modernisierung der börsengesetzlichen 77

---

1 Vgl. *Bergdolt* in Heidel, 3. Aufl. 2011 (4. Aufl. 2014 verweist zu § 21 WpPG auf Altauflage), § 44 BörsG Rz. 53; *Groß*, § 21 WpPG Rz. 30; *Habersack* in Habersack/Mülbert/Schlitt, Kapitalmarktinformation, § 29 Rz. 26; *Mülbert/Steup* in Habersack/Mülbert/Schlitt, Unternehmensfinanzierung, § 41 Rz. 65; *Oulds* in Kümpel/Wittig, Rz. 15.208; *Pankoke* in Just/Voß/Ritz/Zeising, § 44 BörsG, § 13 VerkProspG Rz. 19, 20; *Schwark* in Schwark/Zimmer, §§ 44, 45 BörsG Rz. 8; *Wackerbarth* in Holzborn, §§ 21–23 WpPG Rz. 34.
2 BGBl. I 1998, S. 529 (530).
3 RegE Drittes Finanzmarktförderungsgesetz, BT-Drucks. 13/8933 v. 6.11.1997, S. 78.
4 *Groß*, § 21 WpPG Rz. 30; *Habersack* in Habersack/Mülbert/Schlitt, Kapitalmarktinformation, § 29 Rz. 26 f.; *Mülbert/Steup* in Habersack/Mülbert/Schlitt, Unternehmensfinanzierung, § 41 Rz. 66; *Oulds* in Kümpel/Wittig, Rz. 15.208; *Wackerbarth* in Holzborn, §§ 21–23 WpPG Rz. 35.
5 Siehe etwa *Cahn/v. Spannenberg* in Spindler/Stilz, § 56 AktG Rz. 49.
6 Ganz hM. Siehe *Assmann* in Assmann/Schütze, § 5 Rz. 153 mwN; *Krämer* in Marsch-Barner/Schäfer, § 10 Rz. 365. Auch der BGH sieht Schadensersatzansprüche von Aktionären gegen die AG „nicht durch die besonderen aktienrechtlichen Gläubigerschutzvorschriften über das Verbot der Einlagenrückgewähr (§ 57 AktG) und das Verbot des Erwerbs eigener Aktien (§ 71 AktG) begrenzt oder gar ausgeschlossen", BGH v. 9.5.2005 – II ZR 287/02,

Prospekthaftung durch das Dritte Finanzmarktförderungsgesetz stellten die ehedem börsengesetzlichen und heute wertpapierprospektgesetzlichen Prospekthaftungsbestimmungen die jüngeren Vorschriften dar, welche den älteren aktienrechtlichen Bestimmungen zur Kapitalerhaltung vorgingen[1], bedarf es deshalb nicht[2]. Darüber hinaus verstößt die Prospekthaftung des Emittenten auch nicht gegen **europäisches Recht** über die Kapitalerhaltung der AG in Gestalt der Richtlinie 77/91/EWG vom 13.12.1976[3]. Nach dem Urteil des EuGH vom 19.12.2013 sind die einschlägigen Artikel der Richtlinie „dahin auszulegen, dass sie einer nationalen Regelung nicht entgegenstehen, die im Rahmen der Umsetzung der [Richtlinien] 2003/71/EG, 2004/109/EG und 2003/6/EG zum einen die Haftung einer AG als Emittentin gegenüber einem Erwerber von Aktien dieser Gesellschaft wegen Verletzung von Informationspflichten gemäß den genannten Richtlinien vorsieht und zum anderen die Verpflichtung der AG beinhaltet, aufgrund dieser Haftung dem Erwerber den dem Erwerbspreis der Aktien entsprechenden Betrag zurückzuzahlen und die Aktien zurückzunehmen[4]. Allerdings ist zu beachten, dass mit der **Übernahme des Prospekthaftungsrisikos** durch die Gesellschaft bei der Platzierung von Altaktien an der Börse entgegen § 57 Abs. 1 Satz 1 AktG Einlagen an den Altaktionär zurückgewährt werden, wenn dieser die Gesellschaft nicht von der Prospekthaftung freistellt, wobei die Pflicht zur Rückgewähr der entgegen § 57 AktG erhaltenen Leistung wegen der Übernahme der Prospektverantwortung einen Anspruch der Aktiengesellschaft gegen den Altaktionär auf Freistellung begründet[5].

AG 2005, 609 (610) in Bezug auf Ansprüche aus § 826 BGB für fehlerhafte Ad-hoc-Mitteilungen. Anders verhält es sich im Falle der Übernahme des Prospekthaftungsrisikos durch die Gesellschaft bei der Platzierung von Altaktien an der Börse. Mit ihr werden nach dem Urteil des BGH v. 31.5.2011 – II ZR 141/09, AG 2011, 548, entgegen § 57 Abs. 1 Satz 1 AktG Einlagen an den Altaktionär zurückgewährt, wenn dieser die Gesellschaft nicht von der Prospekthaftung freistellt. Dazu *Wink*, AG 2011, 569 ff.

1 Dazu etwa, jeweils mwN, *Groß*, § 21 WpPG Rz. 14; *Kumpan* in Baumbach/Hopt, (15a) § 21 WpPG Rz. 6.
2 So auch *Groß*, § 21 WpPG Rz. 16.
3 Zweite Richtlinie 77/91/EWG des Rates v. 13.12.1976 zur Koordinierung der Schutzbestimmungen, die in den Mitgliedstaaten den Gesellschaften im Sinne des Artikels 58 Absatz 2 des Vertrages im Interesse der Gesellschafter sowie Dritter für die Gründung der Aktiengesellschaft sowie für die Erhaltung und Änderung ihres Kapitals vorgeschrieben sind, um diese Bestimmungen gleichwertig zu gestalten, ABl. EWG Nr. L 26 v. 31.1.1977, S. 1.
4 EuGH v. 19.12.2013 – Rs. C-174/12 – „Hirmann", ZIP 2014, 121 Ls. 1 (122) = AG 2014, 444.
5 BGH v. 31.5.2011 – II ZR 141/09, AG 2011, 548. Dazu etwa *Arnold/Aubel*, ZGR 2012, 113; *Fleischer/Thaten*, NZG 2011, 1081; *Krämer* in Marsch-Barner/Schäfer, § 10 Rz. 366 ff.; *Leuschner*, NJW 2011, 3275 f.; *Maaß/Troidl*, BB 2011, 2563; *Wackerbarth*, WM 2011, 193; *Westermann/Paefgen* in FS Hoffmann-Becking, S. 1363; *Wink*, AG 2011, 569; *Ziemons*, GWR 2011, 404.

Anbieter und Emittent der Wertpapiere können und werden in der Regel identisch sein, doch ist dies nicht zwingend[1]. **Anbieter** ist nach § 2 Nr. 10 WpPG jede Person oder Gesellschaft, die Wertpapiere öffentlich anbietet und damit nicht notwendigerweise der Emittent. Als **öffentliches Angebot von Wertpapieren** definiert § 2 Nr. 4 Halbsatz 1 WpPG eine Mitteilung an das Publikum in jedweder Form und auf jedwede Art und Weise, die ausreichende Informationen über die Angebotsbedingungen und die anzubietenden Wertpapiere enthält, um einen Anleger in die Lage zu versetzen, über den Kauf oder die Zeichnung dieser Wertpapiere zu entscheiden[2]. Unter Rückgriff auf die Grundsätze, die sich bereits zum aufgehobenen § 8f VerkProspG (aF) herausgebildet hatten, gilt als **Anbieter** in vorstehendem Sinne jeder, „der für das öffentliche Angebot der Vermögensanlage verantwortlich" ist *und* „den Anlegern gegenüber nach außen erkennbar als Anbieter" auftritt[3]. Ist der Emittent nicht Anbieter der Wertpapiere, was bei Zweitemissionen börsenzugelassener Wertpapiere oder beim Angebot von Wertpapieren, die nicht zum Börsenhandel zugelassen werden sollen, der Fall sein wird, so scheidet mangels einer Prospektverantwortung des Emittenten sowohl dessen Haftung für einen fehlerhaften Prospekt als auch diejenige für einen fehlenden Prospekt aus[4].

78

Über diejenigen hinaus, die den Prospekt als Anbieter oder Zulassungsantragsteller zu unterzeichnen haben, können aber auch **Dritte** gemäß § 5 Abs. 4 WpPG durch entsprechende **Prospekterklärung** die **Verantwortung für den Prospekt übernehmen** und so in den Kreis der Adressaten der Prospekthaftung nach §§ 21, 22 WpPG fallen[5].

79

---

1 RegE AnSVG, BT-Drucks. 15/3174 v. 24.5.2004, S. 42; RegE Prospektrichtlinie-Umsetzungsgesetz, BT-Drucks. 15/4999 v. 8.3.2005, S. 29. Näher hierzu und zur Unterscheidung von Emittenten und Anbieter siehe Voraufl., § 13a VerkProspG Rz. 11 ff. (insbes. 15 ff.). Siehe auch *Mülbert/Steup* in Habersack/Mülbert/Schlitt, Unternehmensfinanzierung, § 41 Rz. 67.

2 In § 2 Nr. 4 Halbsatz 2 WpPG ist hinzugefügt: „dies gilt auch für die Platzierung von Wertpapieren durch Institute im Sinne des § 1 Abs. 1b des Kreditwesengesetzes oder ein nach § 53 Abs. 1 Satz 1 oder § 53b Abs. 1 Satz 1 oder Abs. 7 des Kreditwesengesetzes tätiges Unternehmen, wobei Mitteilungen auf Grund des Handels von Wertpapieren an einem organisierten Markt oder im Freiverkehr kein öffentliches Angebot darstellen". Zur Auslegung des § 2 Nr. 4 WpPG hat die BaFin das „Auslegungsschreiben zum Begriff des öffentlichen Angebots von Wertpapieren im Sinne des § 2 Nr. 4 WpPG im Rahmen des Sekundärmarkthandels von Wertpapieren" v. 24.6.2013, Geschäftszeichen PRO 1 – Wp 2030 – 2012/0013, veröffentlicht.

3 RegE AnSVG, BT-Drucks. 15/3174 v. 24.5.2004, S. 42 zu § 8f Abs. 1 VerkProspG. Ähnlich schon Bekanntmachung des BAWe v. 6.9.1999 zum Verkaufsprospektgesetz und zur Verkaufsprospektverordnung, BAnz. Nr. 177 v. 21.9.1999, S. 16180, Ziff. I. 3.

4 *Assmann* in Assmann/Schütze, § 5 Rz. 220; *Klöhn*, DB 2012, 1859; *Mülbert/Steup* in Habersack/Mülbert/Schlitt, Unternehmensfinanzierung, § 41 Rz. 78; *Pankoke* in Just/Voß/Ritz/Zeising, § 44 BörsG, § 13a VerkProspG Rz. 8; *Schäfer*, ZGR 2006, 59 f.

5 RegE Drittes Finanzmarktförderungsgesetz, BT-Drucks. 13/8933, S. 54 (78); *Assmann* in Assmann/Schütze, Handbuch des Kapitalanlagerechts, 3. Aufl. 2007, § 6 Rz. 222 f.; *Groß*, § 21 WpPG Rz. 30, 34; *Habersack* in Habersack/Mülbert/Schlitt, Kapitalmarktinformation,

80 **Emissionshelfer oder Vertriebshelfer** haften für den Prospekt nur bei einem entsprechenden **Kundgebungstatbestand** im Prospekt: sei es, indem sie diesen als Anbieter oder Emissionsbegleiter und Zulassungsantragsteller unterzeichnet haben oder sei es durch eine entsprechende Erklärung der Übernahme der Verantwortung für den Prospekt[1]. In Betracht kommt etwa die Übernahme der Prospektverantwortung durch ein **Emissions- oder Vertriebskonsortium**. Sofern nur der **Konsortialführer** eines solchen Konsortiums den Prospekt unterzeichnet oder die Verantwortung für diesen übernimmt, vermag allein dieser Umstand nicht die Haftung des Konsortiums und der übrigen Konsortialführer zu begründen[2], es sei denn, durch entsprechende (zusätzliche) Prospekterklärungen wird von den Konsorten zurechenbar der Eindruck hervorgerufen, auch die übrigen **Konsortialmitglieder** seien für den Prospekt (mit)verantwortlich oder übernähmen zumindest die Verantwortung für denselben[3].

b) Personen, von denen der Erlass des Prospekts ausgeht (Prospektveranlasser)

81 Nach §§ 21, 22 WpPG haften des Weiteren diejenigen, von denen der **Erlass des Prospekts ausgeht**. Damit sollen die hinter dem Prospekt Stehenden, das heißt diejenigen erfasst werden, die nicht durch ihre Unterschrift die Verantwortung übernommen haben, aber als dessen **tatsächliche Urheber**[4] (auch **Hintermänner**, Mitglieder der Leitungsgruppe[5] oder **Prospektveranlasser**[6] genannt) zu betrachten sind, selbst wenn sie nicht nach außen in Erscheinung traten[7]. Zu diesen Prospektverantwortlichen können etwa eine **Konzernmuttergesellschaft**, „deren Finanzierungstochter auf Veranlassung der Muttergesellschaft Wertpapiere emittiert" oder der „Großaktionär, der seine Beteiligung veräußert und maßgeblich auf die Erstellung des Prospekts Einfluss genommen hat", gehören[8].

---

§ 29 Rz. 26 f.; *Mülbert/Steup* in Habersack/Mülbert/Schlitt, Unternehmensfinanzierung, § 41 Rz. 66.
1 Vgl. *Pankoke* in Just/Voß/Ritz/Zeising, § 44 BörsG, § 13 VerkProspG Rz. 21; auch *Habersack* in Habersack/Mülbert/Schlitt, Kapitalmarktinformation, § 29 Rz. 28; *Mülbert/Steup* in Habersack/Mülbert/Schlitt, Unternehmensfinanzierung, § 41 Rz. 73.
2 Etwa *Groß*, § 21 WpPG Rz. 33; *Habersack* in Habersack/Mülbert/Schlitt, Kapitalmarktinformation, § 29 Rz. 28; *Mülbert/Steup* in Habersack/Mülbert/Schlitt, Unternehmensfinanzierung, § 41 Rz. 70 f.; *Wackerbarth* in Holzborn, §§ 21–23 WpPG Rz. 39.
3 So wohl auch *Bergdolt* in Heidel, 3. Aufl. 2011 (4. Aufl. 2014 verweist zu § 21 WpPG auf Altauflage) § 44 BörsG Rz. 256; *Schwark* in Schwark/Zimmer, §§ 44, 45 BörsG Rz. 10 (S. 483); *Wackerbarth* in Holzborn, §§ 21–23 WpPG Rz. 40. IE auch *Groß*, § 21 WpPG Rz. 33 f.
4 RegE Drittes Finanzmarktförderungsgesetz, BT-Drucks. 13/8933, S. 78.
5 BGH v. 6.10.1980 – II ZR 60/80, BGHZ 79, 337 (341).
6 *Fleischer*, AG 2008, 272; *Groß*, § 21 WpPG Rz. 35; *Habersack* in Habersack/Mülbert/Schlitt, Kapitalmarktinformation, § 29 Rz. 29.
7 BGH v. 16.11.1978 – II ZR 94/77, BGHZ 72, 382 (387); BGH v. 6.10.1980 – II ZR 60/80, BGHZ 79, 337 (340).
8 RegE Drittes Finanzmarktförderungsgesetz, BT-Drucks. 13/8933, S. 78. Unter Berufung hierauf BGH v. 18.9.2012 – XI ZR 344/11, ZIP 2012, 2199 Ls. 3 (2203 Rz. 36) = AG 2012,

Wie bei der allgemein-zivilrechtlichen Prospekthaftung[1] sind hier diejenigen von der Verantwortlichkeit auszunehmen, die lediglich an der Prospekterstellung beteiligt waren[2], nur in Teilbereichen Einfluss ausübten[3], nur Material zur Erstellung des Prospekts geliefert haben[4] oder, ohne tatsächlichen Einfluss auf die Prospekterstellung auszuüben, nur eine unwesentliche Beteiligung an dem Emittenten innehaben. Allgemein formuliert trifft die Haftung deshalb nur jene, die „ein **eigenes geschäftliches Interesse** an der Emission" haben und „darauf hinwirkten", dass ein unrichtiger oder unvollständiger Prospekt erstellt und veröffentlicht wurde[5].

82

Ob jemand als **Hintermann** anzusehen ist, von dem der Erlass des Prospekts ausgeht, beurteilt sich nicht nach der gesellschaftsorganisationsrechtlichen Stellung der Person, sondern allein danach, ob dieser in der Gesellschaft und im Hinblick auf die Emission eine Schlüsselfunktion zukommt. Das im jeweiligen Fall festzustellen, ist eine im Wesentlichen tatrichterliche Aufgabe[6].

83

c) Abschließende Regelung der Anspruchsgegner

Ihrem eindeutigen Wortlaut nach kennen die Prospekthaftungsbestimmungen der §§ 21 Abs. 1 Satz 1, 22 WpPG nur die Haftung derjenigen, die für den Prospekt bzw. die Angebotsunterlage die Verantwortung übernommen haben oder von denen der Erlass des Prospekts ausgeht. Im Prospekt mit eigenen Erklärungen angeführte **berufliche Sachkenner ("Experten")** im Allgemeinen und **Wirtschaftsprüfer**, die mit einem Testat im Prospekt in Erscheinung treten, im Besonderen, gehören damit – an-

84

---

874. Kritisch *Wieneke*, NZG 2012, 1422: „Ob allerdings die vom dritten Leitsatz nahegelegte Auslegung, dass durch die Veranlasserhaftung gerade ‚Konzernmuttergesellschaften in die Haftung einbezogen werden [sollen], wenn eine Konzerntochtergesellschaft Wertpapiere emittiert', ist höchst fraglich. Das mag bei reinen Finanzierungstöchtern zutreffen, kann aber in der Allgemeinheit nicht gelten … Hier ist außer dem immer bestehenden (mittelbaren) Interesse der Konzernmutter noch ein Mehr an Eigeninteresse und Einflussnahme im konkreten Fall erforderlich." Zustimmend *Beck*, NZG 2014, 1411 ff.: sowohl im Vertragskonzern wie im faktischen Konzern ist tatsächliches Einwirken auf die Prospekterstellung dergestalt erforderlich, dass Fehlerhaftigkeit auf das herrschende Unternehmen zurückzuführen ist.

1 Siehe *Assmann* in Assmann/Schütze, § 5 Rz. 72 ff.
2 BGH v. 6.10.1980 – II ZR 60/80, BGHZ 79, 337 (348 f.).
3 BGH v. 31.3.1992 – XI ZR 70/91, ZIP 1992, 912 (918).
4 Ebenso *Hamann* in Schäfer/Hamann, §§ 44, 45 BörsG Rz. 93; *Schwark* in Schwark/Zimmer, §§ 44, 45 BörsG Rz. 12.
5 BGH v. 18.9.2012 – XI ZR 344/11, ZIP 2012, 2199 Ls. 3 (2203 Rz. 36) = AG 2012, 874. Zurückgehend auf *Schwark*, BörsG, 1. Aufl. 1976, §§ 45, 46 Rz. 3. Auch *Schwark* in Schwark/Zimmer, §§ 44, 45 BörsG Rz. 9; *Groß*, § 21 WpPG Rz. 35; *Habersack* in Habersack/Mülbert/Schlitt, Kapitalmarktinformation, § 29 Rz. 29; *Hamann* in Schäfer/Hamann, §§ 44, 45 BörsG Rz. 92; *Oulds* in Kümpel/Wittig, Rz. 15.210; *Mülbert/Steup* in Habersack/Mülbert/Schlitt, Unternehmensfinanzierung, § 41 Rz. 75; *Wackerbarth* in Holzborn, §§ 21–23 WpPG Rz. 42 f.
6 BGH v. 14.6.2007 – III ZR 125/06, ZIP 2007, 1993 (Rz. 19); BGH v. 14.6.2007 – III ZR 185/05, NJW-RR 2007, 1479 (Rz. 11).

ders als in der allgemein-zivilrechtlichen Prospekthaftung[1] und entgegen einer verschiedentlich zu der börsengesetzlichen Vorgängerregelung vertretenen Ansicht[2] – nicht zu denen, die für die Richtigkeit und Vollständigkeit des Prospekts einzustehen haben[3].

85 Gleiches gilt für die Prospekthaftung von **Prominenten** oder anderen **Personen des öffentlichen Interesses**, die sich im Prospekt selbst oder in Begleitbroschüren als Referenz für die Seriosität des Anlagekonzepts und der Beteiligten benennen lassen und sich gegebenenfalls gar in Interviews aktiv an der Werbung für die Anlage beteiligen. Sie gehören zwar in den Adressatenkreis der allgemein-zivilrechtlichen Prospekthaftung[4], nicht aber der wertpapierprospektgesetzlichen Prospekthaftung. Die Haftung der vorgenannten Personen für **Erklärungen**, mit denen sie mit ihrem Wissen und Wollen im Prospekt erscheinen und denen sich nicht entnehmen lässt, sie wollten für den gesamten Prospekt die Verantwortung übernehmen, kann sich demnach nur aus den **allgemeinen Haftungsbestimmungen** ergeben[5].

---

1 Siehe *Assmann* in Assmann/Schütze, § 5 Rz. 68, 54 ff.
2 *Groß*, Kapitalmarktrecht, 2. Aufl. 2002, §§ 45, 46 BörsG Rz. 21; *Groß*, AG 1999, 200 f.; *Bosch*, ZHR 163 (1999), 279 ff.; auch zum WpPG *Kumpan* in Baumbach/Hopt, (15a) § 21 WpPG Rz. 4.
3 *Assmann*, AG 2004, 436 f.; *Assmann* in Assmann/Lenz/Ritz, § 13 VerkProspG Rz. 50 mit Fn. 113; *Assmann* in Assmann/Schütze, § 5 Rz. 158. Ebenso *Benecke*, BB 2006, 2599; *Ehricke*, Prospekt- und Kapitalmarktinformationshaftung, S. 228 f.; *Ellenberger*, Prospekthaftung, S. 28; *Fleischer*, Gutachten, S. F 67, mit Änderungsvorschlägen S. F 67 f.; *Förster*, S. 133; *Gerber*, S. 128; *Habersack* in Habersack/Mülbert/Schlitt, Kapitalmarktinformation, § 29 Rz. 30 f.; *Hamann* in Schäfer/Hamann, §§ 44, 45 BörsG Rz. 93, 101; *Hauptmann* in Vortmann, § 3 Rz. 54, 55; *Köndgen*, AG 1983, 125; *Kunz*, S. 129; *Lenenbach*, Rz. 11.483 ff.; *Meyer*, WM 2003, 1306 ff. (1311: „Haftungslücke"); *Mülbert/Steup* in Habersack/Mülbert/Schlitt, Unternehmensfinanzierung, § 41 Rz. 81 f.; *Pankoke* in Just/Voß/Ritz/Zeising, § 44 BörsG, § 13 VerkProspG Rz. 23 f.; *Schmitt*, DStR 2013, 1690; *Schwark* in Schwark/Zimmer, §§ 44, 45 BörsG Rz. 12; *Sittmann*, NZG 1998, 493; *Wackerbarth* in Holzborn, §§ 21–23 WpPG Rz. 49. Für die Einführung einer – seinerzeit börsengesetzlichen – Prospekthaftung für Experten *de lege ferenda*: *Assmann*, AG 2004, 436; *Fleischer*, Gutachten, S. F 66 ff.; *Groß*, § 21 WpPG Rz. 37; *Hopt/Voigt*, WM 2004, 1803; *Krämer* in Marsch-Barner/Schäfer, § 10 Rz. 355; *Meyer*, AG 2003, 1312 f. Diskussionsentwurf KapInHaG v. 7.10.2004 (abgedruckt in NZG 2004, 1042 ff.), der in einem vorgeschlagenen § 44a BörsG die Haftung von Dritten, die bei der Erstellung der Prospektangaben mitgewirkt und hierfür ausdrücklich die Verantwortung übernommen haben, einführen wollte. Auch für die Prospekthaftung nach dem WpPG weiter *Kumpan* in Baumbach/Hopt, (15a) Einl §§ 21–25 WpPG Rz. 3. Kritisch dazu *Zimmer/Binder*, WM 2005, 577 ff.; DAV-Stellungnahme, ZIP 2004, 2348 (2352).
4 Siehe *Assmann* in Assmann/Schütze, § 5 Rz. 85.
5 Zu den möglichen Anspruchsgrundlagen siehe *Assmann* in Voraufl., § 13 VerkProspG Rz. 77. Siehe auch *Fleischer*, AG 2008, 265; *Habersack* in Habersack/Mülbert/Schlitt, Kapitalmarktinformation, § 29 Rz. 32; *Mülbert/Steup* in Habersack/Mülbert/Schlitt, Unternehmensfinanzierung, § 41 Rz. 84.

d) Gesamtschuldnerische Haftung

Sind die übrigen Voraussetzungen der Prospekthaftung nach §§ 21, 22 WpPG in der Person eines jeden von **mehreren Anspruchsgegnern** – insbesondere das Verschulden eines jeden derselben (§ 425 Abs. 2 BGB)[1] – gegeben, so haften diese gemäß § 21 Abs. 1 Satz 1, 22 WpPG als **Gesamtschuldner** nach Maßgabe von §§ 421 ff. BGB. Abweichende Vereinbarungen unter den Anspruchsgegnern sind im Innenverhältnis, nicht aber gegenüber den Anspruchsberechtigten beachtlich[2]. 86

Für den **Innenregress** der Gesamtschuldner nach § 426 BGB ist, unter analoger Anwendung oder zumindest Heranziehung des Rechtsgedankens des § 254 BGB als einer anderen Bestimmung des Schadensausgleichs iS von § 426 Abs. 1 BGB[3], ein Ausgleich nach dem **Maß der Mitverantwortlichkeit** der Anspruchsgegner unter Berücksichtigung des Beitrags eines jeden Gesamtschuldners zur Fehlerhaftigkeit des Prospekts und seines diesbezüglichen Verschuldens vorzunehmen[4]. 87

4. Anspruchsberechtigte (§ 21 Abs. 1 und § 22 WpPG)

a) Übersicht

Bei der Beantwortung der Frage, wer einen Prospekthaftungsanspruch nach §§ 21, 22 WpPG geltend machen kann, ist – unter Zugrundelegung des vom Gesetzgeber vorgeschriebenen **Zeitkorridors**, innerhalb dessen der Anleger die fraglichen Wertpapiere erworben haben muss – zu unterscheiden zwischen (1) den Erwerbern von Wertpapieren, die aufgrund eines unrichtigen oder unvollständigen Prospekts **zum Börsenhandel an einer inländischen Börse zugelassen** sind (§ 21 Abs. 1 Satz 1 WpPG), und (2) den Erwerbern von Wertpapieren, die **nicht zum Handel an einer inländischen Börse zugelassen** sind. Im ersten Falle ist es erforderlich, dass das Erwerbsgeschäft auf jeden Fall nach Veröffentlichung des fehlerhaften Prospekts und im Übrigen innerhalb von sechs Monaten nach erstmaliger Einführung der Wertpapiere (das heißt, nach § 38 Abs. 1 Satz 1 BörsG, der Aufnahme der Notierung) abgeschlossen wurde (§ 21 Abs. 1 Satz 1 WpPG). Im zweiten Falle muss das Erwerbsgeschäft innerhalb von sechs Monaten nach dem Zeitpunkt des ersten öffentlichen Angebots der Wertpapiere im Inland abgeschlossen worden sein (§ 22 Nr. 1 WpPG). 88

---

1 Etwa *Schwark* in Schwark/Zimmer, §§ 44, 45 BörsG Rz. 74 (wechselseitige Verhaltenszurechnung nach § 278 BGB scheidet aus).
2 *Schwark* in Schwark/Zimmer, §§ 44, 45 BörsG Rz. 74.
3 Zu dessen Anwendbarkeit beim Gesamtschuldnerausgleich etwa BGH v. 13.5.1955 – I ZR 137/53, BGHZ 17, 214 (222) = NJW 1955, 1314 (1316); BGH v. 19.12.1968 – VII ZR 23/66, BGHZ 51, 275 (279) = NJW 1969, 653 (654); BGH v. 29.6.1972 – VII ZR 190/71, BGHZ 59, 97 (103) = NJW 1972, 1802 (1803). Siehe etwa *Bydlinski* in MünchKomm. BGB, 6. Aufl. 2012, § 426 BGB Rz. 21; *Looschelders* in Staudinger, Neubearbeitung 2012, § 426 BGB Rz. 63 (analoge Anwendung), 64 ff. mwN.
4 *Schwark* in Schwark/Zimmer, §§ 44, 45 BörsG Rz. 75.

89 Weder eine **Berichtigung** des fehlerhaften Prospekts nach § 23 Abs. 2 Nr. 4 WpPG[1] noch die Veröffentlichung eines Nachtrags führen zur Verlängerung des Zeitkorridors. Ob der **Erwerber noch Inhaber der Wertpapiere** ist oder nicht, ist erst im Hinblick auf die Rechtsfolge des Prospekthaftungsanspruchs von Bedeutung.

b) Erwerbszeitraum (§ 21 Abs. 1 Satz 1 und § 22 Nr. 1 WpPG)

90 Nach der bis zum Dritten Finanzmarktförderungsgesetz vom 24.3.1998[2] geltenden Fassung der börsengesetzlichen Prospekthaftung (in Gestalt von §§ 45 Abs. 1, 46 Abs. 1 BörsG aF) war Voraussetzung eines Prospekthaftungsanspruchs, dass der Anspruchsteller noch im Besitz der Wertpapiere war, die aufgrund des fehlerhaften Prospekts zum Börsenhandel zugelassen wurden[3]. Heute genügt sowohl im Falle börsenzugelassener wie nichtbörsenzugelassener Wertpapiere der **bloße Nachweis des Erwerbs** solcher Wertpapiere in dem jeweils in § 21 Abs. 1 Satz 1 bzw. § 22 Nr. 1 WpPG genannten, vorstehend (Rz. 88) angeführten **Zeitkorridor**. Mit dieser Regelung beseitigte der Gesetzgeber einen allseits kritisierten vormaligen Schwachpunkt der Haftung für Börsenzulassungsprospekte. Dieser bestand darin, dass dem Anleger, der zur Minimierung seines Schadens die fehlerhaft prospektierten Wertpapiere veräußerte, selbst dann ein Prospekthaftungsanspruch versagt wurde, wenn ihn der fehlerhafte Prospekt zum schadensstiftenden Erwerb der Papiere veranlasste[4]. Ob der Erwerber noch Inhaber der erworbenen Wertpapiere ist, ist nach der Änderung dieser Regelung nur noch im Hinblick auf die Rechtsfolge von Bedeutung, doch darf dies nicht zu der Annahme verleiten, der Gesetzgeber hätte mit dem neuen Regelungsregime auf jeden **Nachweis der Ursächlichkeit** von fehlerhaftem Prospekt und Erwerb der Wertpapiere verzichtet (siehe dazu unten Rz. 99).

91 Das in § 21 Abs. 1 Satz 1 bzw. § 22 Nr. 1 WpPG benannte **Zeitfenster**, innerhalb dessen der Anspruchsteller die Wertpapiere, auf die sich der fehlerhafte Prospekt bezieht, erworben haben muss, **ersetzt das Kausalitätskonstrukt der Anlagestimmung**: Für die Ursächlichkeit zwischen Prospektmangel und Wertpapiererwerb hatte die Rechtsprechung eine Vermutung sprechen lassen, welche davon ausging, dass nach Veröffentlichung des Prospekts eine **Anlagestimmung** erzeugt werde, die auch auf dieje-

---

1 *Groß*, § 21 WpPG Rz. 71; *Habersack* in Habersack/Mülbert/Schlitt, Kapitalmarktinformation, § 29 Rz. 36; *Mülbert/Steup* in Habersack/Mülbert/Schlitt, Unternehmensfinanzierung, § 41 Rz. 97.
2 BGBl. I 1998, S. 529.
3 Siehe *Assmann* in Assmann/Schütze, Handbuch des Kapitalanlagerechts, 2. Aufl. 1997, § 7 Rz. 206 f.
4 Zur Begründung der Neuregelung wurde insbesondere angeführt, eine unterschiedliche Schutzbedürftigkeit der Erwerber, die noch Inhaber der Wertpapiere seien, und derjenigen, welche die Wertpapiere (wegen des Kursverfalls aufgrund des Durchsickerns negativer Nachrichten) weiterveräußert hätten, sei nicht erkennbar. RegE Drittes Finanzmarktförderungsgesetz, BT-Drucks. 13/8933 v. 6.11.1997, S. 79, 55. *Sittmann*, NZG 1998, 493, weist darüber hinaus auf die mit der Neuregelung verbundene Anpassung an die Regelung in anderen „Rechtskreisen" hin.

nigen einwirke, die den fehlerhaften Prospekt nicht gelesen hätten[1]. Ungeachtet des Umstands, dass sich das Konstrukt der Anlagestimmung auf die Einführung von Wertpapieren zum Börsenhandel und Börsenzulassungsprospekte bezog und sich heute angesichts der Breite der Finanzmärkte einer einzelnen Emission allenfalls in Ausnahmefällen noch so etwas wie eine Anlagestimmung zuschreiben lässt, ist in der Einführung des Zeitkorridors, innerhalb dessen der Erwerbsvorgang stattgefunden haben muss, die endgültige Verabschiedung der Kausalitätsvermutung der Anlagestimmung zu sehen (unten Rz. 101). Das bedeutet, dass für Erwerber, die Wertpapiere außerhalb des durch §§ 21 Abs. 1 Satz 1, 22 Nr. 1 WpPG gesetzten Zeitkorridors erworben haben, ein Anspruch aus §§ 21, 22 WpHG ausgeschlossen ist und damit nicht mehr argumentiert werden kann, es habe auch nach Ablauf des Zeitkorridors eine Anlagestimmung bestanden.

Bei der Beurteilung der Frage, ob der Erwerb der Wertpapiere **innerhalb der Frist von sechs Monaten** nach erstmaliger Einführung der Wertpapiere bzw. nach deren erstem öffentlichen Angebot im Inland erfolgte, ist auf den Zeitpunkt des Abschlusses des **Verpflichtungsgeschäfts** abzustellen[2]. 92

c) Erfasste Wertpapiere (§ 21 Abs. 1 Satz 3, Abs. 3 und § 22 Nr. 2 WpPG)

Einen Prospekthaftungsanspruch aus §§ 21 Abs. 1 Satz 1, 22 WpPG kann geltend machen, wer Wertpapiere erwarb, auf die sich der fehlerhafte Wertpapierprospekt bzw. die schriftliche Darstellung iS von § 21 Abs. 4 WpPG bezieht. Dessen ungeachtet erstreckt sich der Prospekthaftungsanspruch aus §§ 21, 22 WpPG gemäß § 21 Abs. 1 Satz 3 WpPG aber auch auf den Erwerb solcher **Wertpapiere** des fraglichen Emittenten, die nach ihren Ausstattungsmerkmalen oder in sonstiger Weise **nicht von denjenigen unterschieden werden können**, die Gegenstand des fehlerhaften Prospekts sind, sofern sie nur innerhalb der Sechsmonatsfrist erworben wurden (siehe schon oben Rz. 28). 93

Der Prospekthaftungsanspruch aus § 21 Abs. 1 Satz 1 WpPG bezieht sich auch auf im Inland zum Börsenhandel zugelassene **Wertpapiere eines Emittenten mit Sitz** 94

---

[1] BGH v. 12.7.1982 – II ZR 172/81, ZIP 1982, 930 f.; BGH v. 14.7.1998 – XI ZR 173/97, BGHZ 139, 225 (233) = ZIP 1998, 1528 (1529); OLG Düsseldorf v. 5.4.1984 – 6 U 239/82, WM 1984, 586 (596); OLG Frankfurt/M. v. 1.2.1994 – 5 U 213/92, ZIP 1994, 282 (287). Näher *Assmann* in Assmann/Schütze, Handbuch des Kapitalanlagerechts, 2. Aufl. 1997, § 7 Rz. 213 mwN.
[2] RegE Drittes Finanzmarktförderungsgesetz, BT-Drucks. 13/8933 v. 6.11.1997, S. 77, mit dem Hinweis, zu diesem Zeitpunkt habe sich die durch den fehlerhaften Prospekt beeinflusste Kaufentscheidung bereits manifestiert. *Bergdolt* in Heidel, 3. Aufl. 2011 (4. Aufl. 2014 verweist zu § 21 WpPG auf Altauflage) § 44 BörsG Rz. 48; *Ellenberger*, Prospekthaftung, S. 41; *Groß*, § 21 WpPG Rz. 71; *Habersack* in Habersack/Mülbert/Schlitt, Kapitalmarktinformation, § 29 Rz. 36; *Hamann* in Schäfer/Hamann, §§ 44, 45 BörsG Rz. 125; *Heidelbach* in Schwark/Zimmer, § 13 VerkProspG Rz. 7; *Kind* in Arndt/Voß, § 13 VerkProspG Rz. 27; *Mülbert/Steup* in Habersack/Mülbert/Schlitt, Unternehmensfinanzierung, § 41 Rz. 96; *Oulds* in Kümpel/Wittig, Rz. 15.204; *Pankoke* in Just/Voß/Ritz/Zeising, § 44 BörsG, § 13 VerkProspG Rz. 5; *Schwark* in Schwark/Zimmer, §§ 44, 45 BörsG Rz. 38.

im Ausland. Sind diese darüber hinaus aber **auch im Ausland zum Börsenhandel zugelassen**, besteht der Anspruch nach **§ 21 Abs. 3 WpPG** nur im Falle eines **Inlandsbezugs** des Geschäfts, das heißt nur für den Fall, dass die Wertpapiere aufgrund eines im Inland abgeschlossenen Geschäfts oder einer ganz oder teilweise im Inland erbrachten Wertpapierdienstleistung (iS von § 2 Abs. 3 WpHG) erworben wurden. Eine entsprechende Regelung gilt nach **§ 22 Nr. 2 WpPG** iVm. **§ 21 Abs. 3 WpPG** für Wertpapiere eines Emittenten mit Sitz im Ausland, die aufgrund eines Prospekts angeboten werden, der nicht Grundlage für die Zulassung von Wertpapieren zum Handel an einer inländischen Börse ist, wenn die Wertpapiere **auch im Ausland öffentlich angeboten werden.** Auch hier besteht der Prospekthaftungsanspruch nur, sofern die Wertpapiere aufgrund eines im Inland abgeschlossenen Geschäfts oder einer ganz oder teilweise im Inland erbrachten Wertpapierdienstleistung erworben wurden.

95 Gegenstand eines Anspruchs aus § 22 iVm. § 21 Abs. 1 Satz 1 WpPG sind nur solche Wertpapiere, die **im Inland öffentlich angeboten** werden (§§ 3 Abs. 1, 22 Nr. 2 iVm. 21 Abs. 3 WpPG). Diese Einschränkung ist dem Umstand zu verdanken, dass allein in diesem Fall eine Zuständigkeit der deutschen Aufsichtsbehörde begründet ist. Der **Inlandsbezug** ist anzunehmen, wenn auch in Deutschland wohnhafte oder ansässige Anleger angesprochen werden sollen, wovon wiederum auszugehen ist, wenn das Angebot, von wo auch immer es abgegeben wird, vom Inland aus zugänglich ist[1]. In Deutschland zugängliche Internetangebote ohne Zugangsbeschränkung nach Art. 29 Abs. 2 Satz 1 oder ohne einschränkende Erklärung nach Art. 29 Abs. 2 Satz 2 VO (EG) Nr. 809/2004[2] sind deshalb inländische öffentliche Angebote.

d) Erwerb

96 Anspruchsberechtigter **Erwerber** von Wertpapieren ist nur, wer diese aufgrund eines **entgeltlichen Erwerbsgeschäfts** erworben hat. Das folgt schon daraus, dass der Erwerbspreis eine der Größen ist, auf welcher die Regelungen der Rechtsfolgen in §§ 21 Abs. 1 Satz 1, 22 WpPG (Übernahme der Wertpapiere bzw. Vermögensanlagen gegen Erstattung des Erwerbspreises) und in § 21 Abs. 2, 22 WpPG (Erstattung des Differenzbetrags zwischen Erwerbs- und Veräußerungspreis) abstellen[3].

97 Der **Erbe** oder **Vermächtnisnehmer** soll dadurch von der Möglichkeit, einen Prospekthaftungsanspruch geltend zu machen, nicht ausgeschlossen sein, da in diesem

---

[1] Zu Einzelheiten siehe § 3 WpPG Rz. 11 ff.
[2] ABl. EU Nr. L 149 v. 30.4.2004, S. 1.
[3] RegE Drittes Finanzmarktförderungsgesetz, BT-Drucks. 13/8933 v. 6.11.1997, S. 76; *Habersack* in Habersack/Mülbert/Schlitt, Kapitalmarktinformation, § 29 Rz. 34; *Hamann* in Schäfer/Hamann, §§ 44, 45 BörsG Rz. 122; *Mülbert/Steup* in Habersack/Mülbert/Schlitt, Unternehmensfinanzierung, § 41 Rz. 95; *Pankoke* in Just/Voß/Ritz/Zeising, § 44 BörsG, § 13 VerkProspG Rz. 7. Kritisch *Schwark* in Schwark/Zimmer, §§ 44, 45 BörsG Rz. 40; auch *Hamann* in Schäfer/Hamann, §§ 44, 45 BörsG Rz. 122. **AA** *Krämer* in Marsch-Barner/Schäfer, § 10 Rz. 343 (Entgeltlichkeit des Erwerbs ist nicht zwingend).

Falle der vom Erblasser gezahlte Erwerbspreis zu Grunde gelegt werden[1] und eine Vervielfachung der Anspruchsberechtigten nicht eintreten kann, doch sind solche Überlegungen müßig, weil es in diesem Falle an der Ursächlichkeit von Prospekt und Wertpapiererwerb in Person des Erben oder Vermächtnisnehmers fehlt. Das ist indes unproblematisch, da der Prospekthaftungsanspruch des Erblassers vererblich ist und vom Erben oder Vermächtnisnehmer geltend gemacht werden kann. Im Übrigen kommt als Erwerb jedes entgeltliche Geschäft in Betracht, durch das der Besitzer der Papiere Verfügungsmacht über dieselben erlangt[2]. Anders verhält es sich bei einer **Schenkung**[3], die aber vielfach – jedoch ohne Auseinandersetzung mit der Frage, ob hier überhaupt ein prospekthaftungsrechtliches Schutzbedürfnis des Beschenkten besteht und ob der Beschenkte den erforderlichen Nachweis der Ursächlichkeit von Prospekt und Wertpapiererwerb wird führen können – als Erwerbsgeschäft iS der §§ 21 Abs. 1 Satz 1, 22 WpPG angesehen wird[4].

Schon nach der früheren börsengesetzlichen Prospekthaftungsregelung war es im Falle des Erwerbs von Wertpapieren, die aufgrund eines Prospekts zum Börsenhandel zugelassen sind, unerheblich, ob die Wertpapiere **börslich oder außerbörslich** erworben wurden[5]. Das hat sich mit ihrer Überführung in das WpPG nicht geändert. Ebenso unbeachtlich ist, ob es sich bei dem Erwerber um einen **Ersterwerber oder Zweiterwerber** handelt[6] oder ob der Anleger die Wertpapiere **vom Anbieter selbst oder von einem Dritten** erwirbt[7]. Die Frage, ob der **Erwerber noch Inhaber** der Wertpapiere ist, stellt sich gemäß § 21 Abs. 2 WpPG nur bei der Rechtsfolge eines Anspruchs aus §§ 21, 22 WpPG. 98

---

1 *Assmann* in Vorauf l., § 13 VerkProspG Rz. 83; *Bergdolt* in Heidel, 3. Aufl. 2011 (4. Aufl. 2014 verweist zu § 21 WpPG auf Altauflage) § 44 BörsG Rz. 49; *Hamann* in Schäfer/Hamann, §§ 44, 45 BörsG Rz. 122; *Krämer* in Marsch-Barner/Schäfer, § 10 Rz. 343; *Schwark* in Schwark/Zimmer, §§ 44, 45 BörsG Rz. 40; *Wackerbarth* in Holzborn, §§ 21–23 WpPG Rz. 57.
2 *Hamann* in Schäfer/Hamann, §§ 44, 45 BörsG Rz. 121.
3 Ebenso *Wackerbarth* in Holzborn, §§ 21–23 WpPG Rz. 57.
4 So zu § 44 Abs. 1 Satz 1 BörsG aF *Hamann* in Schäfer, §§ 44, 45 BörsG Rz. 122; *Hauptmann*, § 3 Rz. 94; *Hopt* in Baumbach/Hopt, HGB, 35. Aufl. 2012, (14) § 44 BörsG Rz. 8.
5 *Hamann* in Schäfer/Hamann, §§ 44, 45 BörsG Rz. 12; *Hauptmann* in Vortmann, § 3 Rz. 93; *Schwark* in Schwark/Zimmer, §§ 44, 45 BörsG Rz. 38; *Wackerbarth* in Holzborn, §§ 21–23 WpPG Rz. 56.
6 *Bergdolt* in Heidel, 3. Aufl. 2011 (4. Aufl. 2014 verweist zu § 21 WpPG auf Altauflage) § 44 BörsG Rz. 48; *Groß*, § 21 WpPG Rz. 70; *Hauptmann*, § 3 Rz. 123; *Habersack* in Habersack/Mülbert/Schlitt, Kapitalmarktinformation, § 29 Rz. 34; *Heidelbach* in Schwark/Zimmer, § 13 VerkProspG Rz. 21; *Kumpan* in Baumbach/Hopt, (15a) § 21 WpPG Rz. 7; *Kort*, AG 1999, 9 (12 f.); *Kind* in Arndt/Voß, § 13 VerkProspG Rz. 27; *Wackerbarth* in Holzborn, §§ 21–23 WpPG Rz. 56.
7 *Assmann* in Assmann/Lenz/Ritz, 2001, § 13 VerkProspG Rz. 53; *Assmann* in Assmann/Schütze, § 5 Rz. 170; *Mülbert/Steup* in Habersack/Mülbert/Schlitt, Unternehmensfinanzierung, § 41 Rz. 89.

5. Kausalität

a) Haftungsbegründende Kausalität (§ 21 Abs. 1 Satz 1, § 22 und § 23 Abs. 2 Nrn. 1 und 3 WpPG)

99 Ein Anspruch aus §§ 21, 22 WpPG steht nur demjenigen zu, der **aufgrund der unrichtigen oder unvollständigen Angaben im Prospekt** Wertpapiere, auf die sich der Prospekt bezieht, erworben hat[1]. Das war nach § 45 Abs. 1 BörsG in seiner bis zur Änderung durch das Dritte Finanzmarktförderungsgesetz vom 24.3.1998[2] geltenden Fassung unstreitig. Nach dieser Vorschrift musste derjenige, der einen Prospekthaftungsanspruch geltend machen wollte, nachweisen, dass ihn der fehlerhafte Verkaufsprospekt zum Erwerb der Wertpapiere **veranlasst** hat[3], wobei die Rechtsprechung durch die Entwicklung des Konstrukts der **Anlagestimmung** Beweiserleichterung in Gestalt einer **Ursächlichkeitsvermutung** gewährte (oben Rz. 91). Die Änderung dieser Regelung durch das Dritte Finanzmarktförderungsgesetz führte nicht zur Aufhebung des Kausalitätserfordernisses[4], sondern lediglich dazu, dass die **Beweislast** für die Ursächlichkeit des Prospekts für den Erwerb von Wertpapieren – den Regeln der allgemein-zivilrechtlichen Prospekthaftung entsprechend[5] – auf den Anspruchsgegner verlagert wurde[6]. Das erfolgte zunächst durch die auf das Dritte Finanzmarktförderungsgesetz zurückgehende Neuregelung in § 46 Abs. 2 Nr. 1 BörsG aF[7], die bestimmte, ein Prospekthaftungsanspruch bestehe nicht, „sofern die Wertpapiere nicht auf Grund des Prospekts erworben" worden seien. Diese Bestimmung wurde später – bis zur Überführung der börsengesetzlichen Prospekthaftungsbestimmungen in das WpPG (oben Rz. 4) – zu § 45 Abs. 2 Nr. 1 BörsG aF. Ihr entspricht die heutige Regelung in **§ 23 Abs. 2 Nr. 1 WpPG**. Die Neuregelung, so begründete der RegE des Dritten Finanzmarktförderungsgesetzes[8] die Änderung, greife „Überlegun-

---

[1] Etwa *Habersack* in Habersack/Mülbert/Schlitt, Kapitalmarktinformation, § 29 Rz. 35; *Kumpan* in Baumbach/Hopt, (15a) § 21 WpPG Rz. 7; *Mülbert/Steup* in Habersack/Mülbert/Schlitt, Unternehmensfinanzierung, § 41 Rz. 96; *Schwark* in Schwark/Zimmer, §§ 44, 45 BörsG Rz. 46.

[2] BGBl. I 1998, S. 529.

[3] S. *Assmann* in Assmann/Schütze, Handbuch des Kapitalanlagerechts, 2. Aufl. 1997, § 7 Rz. 212.

[4] Zu § 46 Abs. 2 BörsG in der Fassung des Dritten Finanzmarktförderungsgesetzes BGH v. 4.6.2007 – II ZR 147/05, ZIP 2007, 1560 (1563 f., Rz. 33) = AG 2007, 620. Zu § 13 VerkProspG und § 45 Abs. 2 Nr. 1 BörsG jeweils in der Fassung bis zu ihrer Aufhebung noch BGH v. 18.9.2012 – XI ZR 344/11, ZIP 2012, 2199 = AG 2012, 874.

[5] Siehe *Assmann* in Assmann/Schütze, § 5 Rz. 91.

[6] RegE Drittes Finanzmarktförderungsgesetz, BT-Drucks. 13/8933 v. 6.11.1997, S. 1 (80); *Ellenberger*, Prospekthaftung, S. 40; *Groß*, AG 1999, 205; *Habersack* in Habersack/Mülbert/Schlitt, Kapitalmarktinformation, § 29 Rz. 35, 37; *Hamann* in Schäfer/Hamann, §§ 44, 45 BörsG Rz. 256; *Hauptmann*, § 3 Rz. 123; *Holzborn/Foelsch*, NJW 2003, 934; *Mülbert/Steup* in Habersack/Mülbert/Schlitt, Unternehmensfinanzierung, § 41 Rz. 96; *Schwark* in Schwark/Zimmer, §§ 44, 45 BörsG Rz. 46. **AA** nur *Wackerbarth* in Holzborn, §§ 21–23 WpPG Rz. 83.

[7] Siehe BGH v. 19.7.2004 – II ZR 218/03, ZIP 2004, 1599 (1603) = AG 2004, 543.

[8] RegE Drittes Finanzmarktförderungsgesetz, BT-Drucks. 13/8933 v. 6.11.1997, S. 1 (76).

gen der Rechtsprechung" auf, derzufolge „aufgrund der Anlagestimmung ... von einer tatsächlichen Vermutung auszugehen sei, daß der unrichtige und unvollständige Prospekt für den Erwerb der Wertpapiere ursächlich war". Das geschehe in der Weise, dass „§ 46 Abs. 2 Nr. 1 die Beweislast für die Kausalität zwischen Veröffentlichung des Prospekts und Erwerb der Wertpapiere zugunsten des Anlegers" umkehre.

Die Umkehr der Beweislast für die Ursächlichkeit des fehlerhaften Prospekts für den Wertpapiererwerb auf den Antragsgegner impliziert, dass es diesem offen steht nachzuweisen, der fehlerhafte Prospekt habe den Antragsteller nicht zum Erwerb der Wertpapiere veranlasst. Dem ist die Rechtsprechung zur Umkehr der Beweislast aufgrund erzeugter Anlagestimmung jedoch mit dem Hinweis entgegengetreten, für die Dauer der Anlagestimmung sei die **Vermutung der Ursächlichkeit** des Prospektmangels für den Wertpapiererwerb nicht durch den Nachweis zu widerlegen, der Anleger habe den Prospekt zum Zeitpunkt des Wertpapiererwerbs gar nicht gekannt[1] oder nicht zur Kenntnis genommen. Nicht diese von der Rechtsprechung aufgestellte Regel, sondern die Unklarheit in Bezug auf die Dauer der durch einen Prospekt erzeugten Anlagestimmung[2] wollte der Gesetzgeber beseitigen, indem er gleichzeitig Haftungsansprüche auf den Fall beschränkte, dass „Wertpapiere erworben wurden, deren erstmalige Einführung an einer inländischen Börse nicht länger als sechs Monate zurückliegt"[3].

Das bedeutet: Kann der Anspruchsteller nachweisen, die Wertpapiere **innerhalb des** durch §§ 21 Abs. 1 Satz 1, 22 Nr. 1 WpPG bestimmten **Zeitkorridors** erworben zu haben, so spricht eine **Vermutung** dafür, dass der Prospektmangel für den Wertpapiererwerb ursächlich war[4]. Diese Vermutung kann nicht durch den Nachweis widerlegt werden, der Anleger habe den Prospekt zum Zeitpunkt des Wertpapiererwerbs gar nicht gekannt[5]. Das schließt es nicht aus, dass dem Anspruchsteller ein Anspruch aus § 21 oder § 22 WpPG versagt ist, wenn nachgewiesen werden kann, dass die Wertpapiere aus anderweitigen Gründen als der Prospektunkenntnis „nicht auf Grund des Prospekts erworben wurden" (§ 23 Abs. 2 Nr. 1 WpPG)[6]. Erfolgt der

---

1 Siehe etwa BGH v. 14.7.1998 – XI ZR 173/97, BGHZ 139, 225 (233) = ZIP 1998, 1528 (1531: „Dabei kommt es ... nicht darauf an, ob der Anleger den Bericht gelesen oder gekannt hat. Ausschlaggebend ist, dass der Bericht die Einschätzung eines Wertpapiers in Fachkreisen mitbestimmt und damit eine Anlagestimmung erzeugt").
2 RegE Drittes Finanzmarktförderungsgesetz, BT-Drucks. 13/8933 v. 6.11.1997, S. 1 (S. 76: „... wobei allerdings offen geblieben ist, wie lange nach Veröffentlichung des Prospekts eine Anlagestimmung anhält"; S. 77: die Regelung schafft „für alle Beteiligten Rechtssicherheit" und „Überschaubarkeit der Haftung aufgrund fehlerhafter Prospekte für die Prospektverantwortlichen").
3 RegE Drittes Finanzmarktförderungsgesetz, BT-Drucks. 13/8933 v. 6.11.1997, S. 1 (76).
4 RegE Drittes Finanzmarktförderungsgesetz, BT-Drucks. 13/8933 v. 6.11.1997, S. 1 (76); *Kumpan* in Baumbach/Hopt, (15a) § 21 WpPG Rz. 7; *Krämer* in Marsch-Barner/Schäfer, § 10 Rz. 346; *Mülbert/Steup* in Habersack/Mülbert/Schlitt, Unternehmensfinanzierung, § 41 Rz. 96; *Pankoke* in Just/Voß/Ritz/Zeising, § 44 BörsG, § 13 VerkProspG Rz. 52.
5 *Kumpan* in Baumbach/Hopt, (15a) § 21 WpPG Rz. 7, § 23 WpPG Rz. 2; *Lenenbach*, Rz. 14.498. Anders noch Voraufl., § 13 VerkProspG Rz. 87 aE und *Assmann* in Assmann/Schütze, § 5 Rz. 171 aE.
6 *Lenenbach*, Rz. 14.498.

Erwerb der Wertpapiere **außerhalb des Zeitkorridors**, ist dem Anspruchsteller nicht etwa die Möglichkeit eröffnet, die Ursächlichkeit des Prospektmangels für seinen Wertpapiererwerb nachzuweisen, vielmehr scheidet dadurch ein Anspruch aus §§ 21, 22 WpPG von vornherein aus[1]; Haftungsansprüche bestehen mithin nur bei Erwerben innerhalb des Zeitkorridors[2]. Umgekehrt kann der Anspruchsgegner nicht argumentieren, die widerlegliche Vermutung greife nicht, weil die **Anlagestimmung bereits vor Ablauf des Zeitkorridors entfallen** sei[3]. Dagegen spricht vor allem, dass die Festlegung der Sechsmonatsfrist für „alle Beteiligten Rechtssicherheit"[4] schaffen sollte: sowohl im Hinblick auf den Ausschluss späterer Erwerbe von Ansprüchen aus Prospekthaftung als auch in Bezug auf die Zulässigkeit des alles andere als rechtssicher zu führenden Nachweises, wegen des Wegfalls der Anlagestimmung könne nicht mehr vermutet werden, der Prospekt sei Grundlage der Erwerbsentscheidung gewesen. Soll sich der Anspruchsgegner dagegen auf Wegfall der Anlagestimmung innerhalb der Sechs-Monats-Frist berufen können, so wird teilweise für die Widerlegung der Vermutung der Nachweis verlangt, dass der Erwerber von den zum Wegfall führenden Umständen Kenntnis hatte[5]. Auf den **Ursächlichkeitsnachweis** ist § 286 ZPO anzuwenden.

102 **Kannte der Erwerber die Unrichtigkeit oder Unvollständigkeit der Angaben** des Prospekts bei dem Erwerb, schließt dies nach § 23 Abs. 2 Nr. 3 WpPG einen Anspruch nach den § 21 oder § 22 WpPG aus. Während nach hier vertretener Ansicht eine mitverschuldensrechtliche Sonderregelung darstellt, wird diese Bestimmung im Schrifttum aber auch als eine solche zur fehlenden haftungsbegründenden Kausalität betrachtet (unten Rz. 114).

b) Haftungsausfüllende Kausalität (§ 23 Abs. 2 Nr. 2 WpPG)

103 Gegenstand der regelmäßig im Rahmen der Schadensermittlung zu prüfenden haftungsausfüllenden Kausalität ist die von einem Verschulden des Anspruchsgegners unabhängige Zurechnung eines bestimmten Schadens zum Normverstoß. Nachzuweisen ist, dass die **Pflichtverletzung** – hier die Veröffentlichung eines fehlerhaften Prospekts – zumindest mitursächlich[6] **zu dem geltend gemachten Schaden geführt**

---

1 *Kumpan* in Baumbach/Hopt, (15a) § 21 WpPG Rz. 8; *Lenenbach*, Rz. 14.498. Noch zu § 45 Abs. 1 Satz 1 BörsG aF BGH v. 19.7.2004 – II ZR 218/03, ZIP 2004, 1599 (1603) = AG 2004, 543.
2 RegE Drittes Finanzmarktförderungsgesetz, BT-Drucks. 13/8933 v. 6.11.1997, S. 1 (76 aE).
3 *Assmann* in Assmann/Schütze, § 5 Rz. 172; *Wackerbarth* in Holzborn, §§ 21, 22 WpPG Rz. 83. AA Voraufl., § 13 VerkProspG Rz. 88; *Ellenberger*, Prospekthaftung, S. 40; *Groß*, AG 1999, 205; *Habersack* in Habersack/Mülbert/Schlitt, Kapitalmarktinformation, § 29 Rz. 37; *Hamann* in Schäfer/Hamann, §§ 44, 45 BörsG Rz. 256; *Hauptmann*, § 3 Rz. 123; *Krämer* in Marsch-Barner/Schäfer, § 10 Rz. 346; *Mülbert/Steup* in Habersack/Mülbert/Schlitt, Unternehmensfinanzierung, § 41 Rz. 98; *Schwark* in Schwark/Zimmer, §§ 44, 45 BörsG Rz. 47.
4 RegE Drittes Finanzmarktförderungsgesetz, BT-Drucks. 13/8933 v. 6.11.1997, S. 1 (77).
5 *Kumpan* in Baumbach/Hopt, (15a) § 23 WpPG Rz. 2.
6 *Mülbert/Steup* in Habersack/Mülbert/Schlitt, Unternehmensfinanzierung, § 41 Rz. 102.

hat. Im Bereich der allgemein-zivilrechtlichen Prospekthaftung stellt dies regelmäßig vor keine besonderen Probleme, weil der Schaden bereits im Erwerb der auf einen fehlerhaften Prospekt zurückgehenden Anlage als erstes Glied einer möglichen Kausalkette gesehen wird und es mithin nicht auf weitere Glieder in einer Kette der für den Vermögensverlust maßgeblichen Ursachen ankommt[1]. Ist der Schaden bereits im prospektveranlassten Erwerb der Anlage zu sehen, kommt der Wertentwicklung der Anlage für den Ersatz des Schadens in Gestalt des Erwerbspreises der Anlage keine Bedeutung zu[2]. Dementsprechend kann es bei der allgemein-zivilrechtlichen Prospekthaftung auch nicht darauf ankommen, ob ein Wertverlust gerade auf falsch oder gar nicht prospektierte Angaben oder auf anderen Umständen beruht[3]. Es besteht kein Grund, dies bei der gesetzlichen Prospekthaftung nach §§ 21, 22 WpPG anders zu handhaben, doch ist bei dieser zu beachten, dass nach § 23 Abs. 2 Nr. 2 WpPG, der aufgehobenen Vorschrift des § 45 Abs. 2 Nr. 2 BörsG (aF) entsprechend, ein Anspruch nach den §§ 21, 22 WpPG nicht besteht, sofern der Sachverhalt, über den unrichtige oder unvollständige Angaben im Prospekt enthalten sind, **nicht zu einer Minderung des Börsenpreises der Wertpapiere beigetragen** hat.

Wenn die Bestimmung nur an eine Minderung des **Börsenpreises** anknüpft, so ist der in § 23 Abs. 2 Nr. 2 WpPG statuierte Ausschluss der Prospekthaftung nach §§ 21, 22 WpPG doch nicht nur für Angebote von Wertpapieren gedacht, die zum Börsenhandel zugelassen sind und einen Börsenpreis aufweisen. Vielmehr handelt es sich um ein Redaktionsversehen aus der Übernahme der früheren börsengesetzlichen Prospekthaftungsregelung, bei der übersehen wurde, dass die wertpapierprospektgesetzliche Prospekthaftung in Gestalt von § 22 WpPG auch den Erwerb von nicht zum Börsenhandel zugelassenen Wertpapieren erfasst. Dieser Problematik hatte der aufgehobene § 13 VerkProspG (aF) im Hinblick auf Vermögensanlagen dadurch Rechnung getragen, dass er in seinem Abs. 1 Nr. 3 lit. d) in Bezug auf Vermögensanlagen anordnete, an die Stelle des Börsenpreises in § 45 Abs. 2 Nr. 2 BörsG (aF) trete der „Erwerbspreis". Auch in dieser Regelung hatte der Gesetzgeber zwar übersehen, dass auch bei den von § 13 Abs. 1 VerkProspG erfassten Wertpapieren kein Börsenpreis vorliegt, hatte aber immerhin deutlich gemacht, worauf in diesem Falle und damit auch im Rahmen von §§ 21, 22 und 23 Abs. 2 Nr. 2 WpPG für Vermögensanlagen in Gestalt nicht börsengehandelter Wertpapiere abzustellen ist: den **Erwerbspreis**[4]. 104

Die **Beweislast** für das Vorliegen der Voraussetzungen des durch § 23 Abs. 2 Nr. 2 WpPG geregelten Ausschlusses der wertpapiergesetzlichen Prospekthaftung liegt bei den Prospektverantwortlichen[5]. Der Anspruchsgegner muss nachweisen, dass allein 105

---

1 Siehe *Assmann* in Assmann/Schütze, Handbuch des Kapitalanlagerechts, 3. Aufl. 2007, § 6 Rz. 178 mwN.
2 BGH v. 5.7.1993 – II ZR 194/92, ZIP 1993, 1467 (1469 f.), mit zustimmenden Anmerkungen von *Assmann*, WuB I G 9. – 1.94 und *Jasper*, WiB 1994, 79 (80).
3 Ebenso *Kind* in Arndt/Voß, § 13 VerkProspG Rz. 37.
4 Ebenso *Mülbert/Steup* in Habersack/Mülbert/Schlitt, Unternehmensfinanzierung, § 41 Rz. 102 mit Fn. 2.
5 RegE Drittes Finanzmarktförderungsgesetz, BT-Drucks. 13/8933 v. 6.11.1997, S. 1 (80); *Kumpan* in Baumbach/Hopt, (15a) § 23 WpPG Rz. 2; *Krämer* in Marsch-Barner/Schäfer,

nachträglich eingetretene unternehmensinterne oder unternehmensexterne Ereignisse die Minderung des Börsenpreises herbeigeführt und die fehlerhaften Prospektangaben nicht zu dieser beigetragen haben. Dabei wird ihm der Umstand zugutekommen, dass es sich bei der Regelung des § 23 Abs. 2 Nr. 2 WpPG um eine solche der haftungsausfüllenden Kausalität[1] handelt und deshalb auf den zu erbringenden **Nachweis** § 287 Abs. 1 ZPO anzuwenden ist[2].

106 Eine **Kursbeeinflussung** durch den fraglichen Prospektmangel ist auszuschließen, wenn dieser erst sechs Monate nach der erstmaligen Börseneinführung des Prospekts bekannt wurde[3]. Aber auch umgekehrt wird man den Nachweis der fehlenden Beeinflussung des Börsenpreises dann als geführt ansehen dürfen, wenn der Prospektmangel bekannt wurde, aber zum einen keine nennenswerte Veränderung des Kurses des fraglichen Papiers nach sich gezogen hat und zum anderen keine sonstigen – zwangsläufig „positiven" – Tatsachen eingetreten sind, die neutralisierend auf den Börsenkurs hätten wirken können. Des Weiteren wird der fehlerhafte Prospekt nicht zu einer Minderung des Börsenpreises beigetragen haben, wenn der Emittent nach der Prospektveröffentlichung insolvent wird und der Anleger das Wertpapier nach Bekanntwerden der Insolvenz auf der Basis eines erheblich verminderten Börsenpreises erwirbt[4]. Darüber hinaus wird der Nachweis der fehlenden Kursbeeinflussung durch den Prospektmangel dann als geführt anzusehen sein, wenn sich der Kursverfall mit dem Bekanntwerden eines Umstands verbindet, dem als solcher regelmäßig Kursrelevanz zukommt, wie etwa nach der Bekanntmachung eines Dividendenabschlags[5] oder einer so genannten Gewinnwarnung. Entsprechendes gilt für Sachverhalte, die im Prospekt betreffend nicht zum Börsenhandel zugelassene Wertpapiere unrichtig oder unvollständig dargestellt sind, aber nicht zur **Minderung des Preises** beigetragen haben, zu dem der Erwerber die Wertpapiere erwarb.

6. Verschulden und Mitverschulden (§ 21 Abs. 1, § 22 und § 23 Abs. 1 WpPG)

a) Übersicht

107 Gemäß **§ 23 Abs. 1 WpPG** kann nach §§ 21, 22 WpPG nicht in Anspruch genommen werden, wer nachweist, dass er die Unrichtigkeit oder Unvollständigkeit der Angaben des Prospekts nicht gekannt hat und dass die Unkenntnis nicht auf grober Fahrlässigkeit beruht. Daraus folgt zweierlei: Zum einen ist (auch) die wertpapierprospektgesetzliche Prospekthaftung Verschuldenshaftung, wobei allerdings nur für

---

§ 10 Rz. 363; *Mülbert/Steup* in Habersack/Mülbert/Schlitt, Unternehmensfinanzierung, § 41 Rz. 103; *Oulds* in Kümpel/Wittig, Rz. 15.233; *Schwark* in Schwark/Zimmer, §§ 44, 45 BörsG Rz. 34.

1 *Hamann* in Schäfer/Hamann, §§ 44, 45 BörsG Rz. 259; *Hopt/Voigt* in Hopt/Voigt, S. 98; *Schäfer*, ZGR 2006, 53; *Schwark* in Schwark/Zimmer, §§ 44, 45 BörsG Rz. 58.
2 Zur Anwendung dieser Bestimmung auf den Nachweis der haftungsausfüllenden Kausalität BGH v. 15.6.1993 – XI ZR 111/92, NJW 1993, 3073 (3076).
3 Ebenso *Hamann* in Schäfer/Hamann, §§ 44, 45 BörsG Rz. 260.
4 RegE Drittes Finanzmarktförderungsgesetz, BT-Drucks. 13/8933 v. 6.11.1997, S. 1 (80).
5 *Sittmann*, NZG 1998, 492.

Vorsatz und grobe Fahrlässigkeit gehaftet wird[1], und zum anderen begründet § 23 Abs. 1 WpPG eine **Verschuldensvermutung**, dh. der Prospektverantwortliche muss nachweisen, dass ihn kein Verschulden an dem Prospektmangel trifft[2]. Die Verschuldensvermutung und die mit ihr einhergehende **Beweislastumkehr** wird mit der Überlegung begründet, die für die Beurteilung der Verschuldensfrage maßgeblichen Umstände lägen ausschließlich in der Sphäre der Prospektverantwortlichen und seien für den Anspruchsteller praktisch nicht nachweisbar[3]. Durchaus mit den Grundsätzen der Beweislastverteilung nach Gefahrenbereichen vereinbar, stellt die Beweislastumkehr in der Sache gleichsam den Ausgleich dafür dar, dass sich der Gesetzgeber nicht zu einer Verschärfung des **Haftungsmaßstabs** auf einfache Fahrlässigkeit entschließen konnte. Dafür wiederum war die Überlegung ausschlaggebend, einerseits mangele es für einen solchen Schritt an einem rechtsgeschäftlichen Kontakt zwischen Anlegern und Prospektverantwortlichen und andererseits würde eine Haftungsverschärfung namentlich die Bereitschaft der Emissionsbegleiter mindern, die Emittenten bei der Aufnahme von Risikokapital zu unterstützen, und so eines der Ziele der Reform gefährden[4].

§ 23 Abs. 2 Nr. 3 WpPG enthält eine Sonderregelung im Hinblick auf die Berücksichtigung des **Mitverschuldens** des Anlegers bei Schadensersatzansprüchen aus Prospekthaftung. Nach dieser Bestimmung scheidet ein Anspruch aus §§ 21, 22 WpPG aus, wenn der Erwerber die Unrichtigkeit oder Unvollständigkeit der Angaben des Prospekts bei dem Erwerb der Wertpapiere kannte. Nach anderer Ansicht handelt es sich bei dieser Vorschrift um eine die haftungsbegründenden Kausalität betreffende Regelung (siehe Rz. 102 und 114). 108

b) Vorsatz und grobe Fahrlässigkeit

Jeder als Anspruchsgegner in Betracht kommende Prospektverantwortliche haftet im Hinblick auf den fehlerhaften Prospekt für **Vorsatz und grobe Fahrlässigkeit**. Unter Heranziehung der auch hier einschlägigen zivilrechtlichen Grundsätze ist **Vorsatz** das Wissen („intellektuelles Element") und Wollen („voluntatives Element") der Tatbestandsverwirklichung und in der Regel des damit verbundenen rechtswidrigen Erfolgs. **Vorsätzlich handelt** danach, wer einen rechtswidrigen Erfolg mit Wissen und Willen verwirklicht, obwohl ihm ein rechtmäßiges Handeln zugemutet werden kann, sodass auch das Bewusstsein der Pflichtwidrigkeit oder des Unerlaubten erforder- 109

---

[1] Kritisch zur Beschränkung auf grobe Fahrlässigkeit *Grundmann/Selherr*, WM 1996, 986 ff.; *Kumpan* in Baumbach/Hopt, (15a) § 23 WpPG Rz. 1; *Hopt* in FS Drobnig, S. 530. Verteidigend und zustimmend *Ehricke*, Prospekt- und Kapitalmarktinformationshaftung, S. 234 f.; *Groß*, § 21 WpPG Rz. 74; *Kort*, AG 1999, 9 (20).
[2] Die Beweislast liegt mithin beim Prospektverantwortlichen. Siehe etwa *Ellenberger* in FS Schimansky, S. 607; *Kumpan* in Baumbach/Hopt, (15a) § 23 WpPG Rz. 1.
[3] RegE Drittes Finanzmarktförderungsgesetz, BT-Drucks. 13/8933 v. 6.11.1997, S. 1 (80).
[4] RegE Drittes Finanzmarktförderungsgesetz, BT-Drucks. 13/8933 v. 6.11.1997, S. 1 (80). Vgl. statt vieler *Grundmann* in MünchKomm. BGB, 6. Aufl. 2012, § 276 BGB Rz. 150 ff.; *Löwisch/Caspers* in Staudinger, Neubearbeitung 2009, § 276 BGB Rz. 21 ff.

lich ist, wobei es genügt, wenn der Handelnde nur mit der Möglichkeit des pflichtwidrigen Erfolgs rechnet, dessen Eintritt aber billigt[1].

110 In Bezug auf die **Unkenntnis eines Prospektmangels** ist **grobe Fahrlässigkeit** etwa dann anzunehmen, wenn die erforderliche Sorgfalt bei der Erstellung eines Prospekts bzw. der Mitwirkung bei der Erstellung desselben in besonders schwerem Maße verletzt wurde, ganz naheliegende Überlegungen nicht angestellt wurden und unbeachtet blieb, was im gegebenen Fall jedem hätte einleuchten müssen[2]. Die Anwendung vorstehender Grundsätze auf die Prospekthaftung hat vor allem die unterschiedliche fachliche und sachliche Kenntnis, die unterschiedliche Sachnähe, die unterschiedlichen Nachforschungsmöglichkeiten eines jeden der in den Kreis der Prospektverantwortlichen Gehörenden zu berücksichtigen[3]. Bloß **fahrlässige** Unkenntnis der Prospektmängel führt nicht etwa zu einer anteilsmäßigen Minderung des Prospekthaftungsanspruchs, sondern ist unbeachtlich[4].

111 **Grobe Fahrlässigkeit** in vorstehendem Sinne ist etwa gegeben, wenn ein Prospektverantwortlicher konkrete Anhaltspunkte für die Unrichtigkeit von Prospektangaben hat oder Informationen vorliegen[5], die Zweifel an der Richtigkeit der Angaben wecken müssen[6], ohne dass er diesen nachgeht. An einem grob fahrlässigen Verhalten fehlt es dagegen, wenn die Prospektverantwortlichen nachweisen können[7], dass sie

---

1 So BGH v. 8.2.1965 – III ZR 170/63, NJW 1965, 962 (963).
2 Grundlegend BGH v. 11.5.1953 – IV ZR 170/52, BGHZ 10, 14 (17); BGH v. 5.12.1983 – II ZR 252/82, BGHZ 89, 153 (161); BGH v. 8.5.1984 – VI ZR 296/82, VersR 1984, 775 (776); BGH v. 12.1.1988 – VI ZR 158/87, NJW 1988, 1265; BGH v. 18.10.1988 – VI ZR 15/88, VersR 1989, 109; BGH v. 30.1.2001 – VI ZR 49/00, NJW 2001, 2092; BGH v. 12.7.2005 – VI ZR 83/04, BGHZ 163, 351 (353); BGH v. 10.2.2009 – VI ZR 28/08, VersR 2009, 558 (561); BGH v. 17.2.2009 – VI ZR 86/08, VersR 2009, 839; BGH v. 10.11.2009 – VI ZR 247/08, VersR 2010, 214 (Rz. 18). Wiederum statt vieler *Grundmann* in MünchKomm. BGB, 6. Aufl. 2012, § 276 BGB Rz. 83 ff.; *Löwisch/Caspers* in Staudinger, Neubearbeitung 2009, § 276 BGB Rz. 98 ff. Für den prospekthaftungsrechtlichen Zusammenhang etwa *Groß*, § 21 WpPG Rz. 75; *Groß*, AG 1999, 206; *Hamann* in Schäfer/Hamann, §§ 44, 45 BörsG Rz. 213; *Habersack* in Habersack/Mülbert/Schlitt, Kapitalmarktinformation, § 29 Rz. 38; *Hauptmann*, § 3 Rz. 104; *Oulds* in Kümpel/Wittig, Rz. 15.213; *Schwark* in Schwark/Zimmer, §§ 44, 45 BörsG Rz. 45.
3 *Assmann* in Voraufl., § 13 VerkProspG Rz. 93; *Bergdolt* in Heidel, 3. Aufl. 2011 (4. Aufl. 2014 verweist zu § 21 WpPG auf Altauflage) § 45 BörsG Rz. 5; *Groß*, § 21 WpPG Rz. 75 ff.; *Habersack* in Habersack/Mülbert/Schlitt, Kapitalmarktinformation, § 29 Rz. 38; *Hamann* in Schäfer/Hamann, §§ 44, 45 BörsG Rz. 213; *Mülbert/Steup* in Habersack/Mülbert/Schlitt, Unternehmensfinanzierung, § 41 Rz. 105; *Oulds* in Kümpel/Wittig, Rz. 15.214; *Schwark* in Schwark/Zimmer, § 45 BörsG Rz. 48; *Wackerbarth* in Holzborn, §§ 21–23 WpPG Rz. 91.
4 Siehe schon *Assmann* in Assmann/Lenz/Ritz, § 13 VerkProspG Rz. 59; *Kort*, AG 1999, 9 (14).
5 Schon RG v. 11.10.1912 – Rep. II. 106/12, RGZ 80, 196 (199).
6 So für den vergleichbaren Fall der bürgerlichrechtlichen Prospekthaftung BGH v. 4.3.1987 – IVa ZR 122/85, WM 1987, 495 (497). Wie hier auch *Groß*, § 21 WpPG Rz. 80; *Hamann* in Schäfer/Hamann, §§ 44, 45 BörsG Rz. 224, 226, 234, 237.
7 BGH v. 16.6.1977 – III ZR 179/75, BGHZ 69, 128 (143).

im Hinblick auf die fehlerhaften Prospektangaben inhaltlich unbeeinflussten Gutachten oder Auskünften von **Sachverständigen**, etwa namhaften Anwaltskanzleien oder Wirtschaftsprüfungsgesellschaften, folgten[1]. Den Prospektverantwortlichen ist das Verschulden der Sachverständigen nicht nach § 278 BGB zuzurechnen, da diese nicht Erfüllungsgehilfen der Ersteren sind[2]. Dessen ungeachtet sind aber im Rahmen des Zumutbaren Plausibilitätskontrollen von Gutachten, Expertisen und Auskünften geboten[3], es sei denn, es handelt sich um solche, die sich auf technische oder naturwissenschaftliche Fragen beziehen[4]. Bei der Auswahl der Personen, auf deren diesbezügliche Expertise sich der Prospektverantwortliche stützt, kann ihn ein **Auswahlverschulden**[5] treffen. Die **Gestattung** der Prospektveröffentlichung durch die **BaFin** kann nach ganz einhelliger Meinung nicht als Entschuldigungsgrund angeführt werden[6]. Im Übrigen ist das Verschulden eines jeden Prospektverantwortlichen für den Prospektmangel **individuell**[7] und unter Beachtung der Möglichkeiten zu bestimmen, die sich ihm zur Vermeidung des Prospektmangels zumutbar eröffnet hätten.

---

1 OLG Düsseldorf v. 5.4.1984 – 6 U 239/82, WM 1984, 586 (595). Ebenso *Bergdolt* in Heidel, 3. Aufl. 2011 (4. Aufl. 2014 verweist zu § 21 WpPG auf Altauflage) § 45 BörsG Rz. 10; *Groß*, § 21 WpPG Rz. 82; *Schwark* in Schwark/Zimmer, §§ 44, 45 BörsG Rz. 49. Zurückhaltender *Hamann* in Schäfer/Hamann, §§ 44, 45 BörsG Rz. 233.
2 *Canaris*, Bankvertragsrecht, Rz. 2280a; *Groß*, § 21 WpPG Rz. 82; *Habersack* in Habersack/Mülbert/Schlitt, Kapitalmarktinformation, § 29 Rz. 42; *Hamann* in Schäfer/Hamann, §§ 44, 45 BörsG Rz. 233; *Mülbert/Steup* in Habersack/Mülbert/Schlitt, Unternehmensfinanzierung, § 41 Rz. 114; *Schwark* in Schwark/Zimmer, §§ 44, 45 BörsG Rz. 49.
3 BGH v. 4.3.1987 – IVa 122/85, WM 1987, 495 (497); OLG Frankfurt/M. v. 17.3.1999 – 21 U 260/97, ZIP 1999, 1005 (1007). *Groß*, § 21 WpPG Rz. 81; *Habersack* in Habersack/Mülbert/Schlitt, Kapitalmarktinformation, § 29 Rz. 42; *Mülbert/Steup* in Habersack/Mülbert/Schlitt, Unternehmensfinanzierung, § 41 Rz. 116; *Schwark* in Schwark/Zimmer, §§ 44, 45 BörsG Rz. 49.
4 Hier ist keine Kontrolle geboten: *Canaris*, Bankvertragsrecht, Rz. 2280a; *Köndgen*, AG 1983, 127. Erstreckend auf Informationen durch Rechtsanwälte, Patentanwälte, Notare und Steuerfachleute, es sei denn „Gründe bzw. Zweifel" drängten eine Prüfung nahezu auf, *Groß*, § 21 WpPG Rz. 82.
5 *Bergdolt* in Heidel, 3. Aufl. 2011 (4. Aufl. 2014 verweist zu § 21 WpPG auf Altauflage) § 45 BörsG Rz. 10; *Groß*, § 21 WpPG Rz. 82; *Hamann* in Schäfer/Hamann, §§ 44, 45 BörsG Rz. 233; *Hopt*, Verantwortlichkeit, S. 101 f.; *Mülbert/Steup* in Habersack/Mülbert/Schlitt, Unternehmensfinanzierung, § 41 Rz. 117; *Schwark* in Schwark/Zimmer, §§ 44, 45 BörsG Rz. 49.
6 BGH v. 18.9.2012 – XI ZR 344/11, AG 2012, 874 (878 Rz. 45); OLG Frankfurt/M. v. 1.2.1994 – 5 U 213/92, ZIP 1994, 282 (287 mwN), betreffend die Zulassung des Prospekts durch die Frankfurter Wertpapierbörse. Aus dem Schrifttum *Groß*, § 21 WpPG Rz. 85; *Pankoke* in Just/Voß/Ritz/Zeising, § 45 BörsG Rz. 9; *Schwark* in Schwark/Zimmer, §§ 44, 45 BörsG Rz. 54. Siehe schon oben Rz. 42 zur Frage der Unrichtigkeit eines gebilligten Prospekts.
7 *Assmann* in Assmann/Lenz/Ritz, § 13 VerkProspG Rz. 58; *Bergdolt* in Heidel, 3. Aufl. 2011 (4. Aufl. 2014 verweist zu § 21 WpPG auf Altauflage) § 45 BörsG Rz. 5; *Groß*, § 21 WpPG Rz. 75; *Groß*, AG 1999, 206; *Hamann* in Schäfer/Hamann, §§ 44, 45 BörsG Rz. 220; *Hauptmann*, § 3 Rz. 104; *Hopt*, Verantwortlichkeit, Rz. 56; *Pankoke* in Just/Voß/Ritz/Zeising, § 45 BörsG Rz. 20; *Wackerbarth* in Holzborn, §§ 21–23 WpPG Rz. 91.

112 Inweweit **Kontroll- und Nachforschungspflichten** der neben dem Anbieter für den Prospekt Verantwortlichen anzuerkennen sind, wird unterschiedlich beantwortet. Einigkeit besteht im Hinblick auf den Ausgangspunkt, die Prospektverantwortlichen dürften sich nicht generell und ohne eigene Kontrollen vorzunehmen darauf verlassen, die von anderen stammenden und in den Prospekt aufgenommenen Angaben seien zutreffend[1]. Übereinstimmend lehnen Rechtsprechung und hM. dagegen eine Verpflichtung derjenigen ab, die der Haftung für den Prospekt unterliegen, die Buchführung des betroffenen Unternehmens kontrollieren zu müssen[2]. Auch wird eine allgemeine Pflicht zur Kontrolle des Jahresabschlusses verneint[3], es sei denn, es sind Umstände bekannt, die Zweifel an dessen ordnungsgemäßer Erstellung rechtfertigen[4]. Darüber hinaus verlangt das Erfordernis, der Prospekt dürfe kein unzutreffendes Gesamtbild von der Lage und den Zukunftsaussichten der Gesellschaft zeichnen (oben Rz. 66), von jedem Prospektverantwortlichen zumindest eine gewisse Kontrolle der Schlüssigkeit der aus dem Datenmaterial gezogenen Folgerungen[5]. Auch auf Prospektangaben, die auf Vorarbeiten und Informationen unabhängiger und unbeeinflusster Sachverständiger – wie etwa Rechtsanwälte, Notare, Steuerfachleute – beruhen, sollte sich ein Prospektverantwortlicher regelmäßig verlassen dürfen[6].

113 Für die Mitglieder eines **Anbieterkonsortiums** gilt, dass sie sich **nach außen** nicht generell entschuldigend auf die Delegation ihrer Pflichten auf den Konsortialführer berufen können[7]. Auch können sie sich ihrer Verantwortlichkeit für den Prospektinhalt nicht dadurch entledigen, dass sie im Prospekt darauf hinweisen, dieser sei

---

1 RG v. 11.10.1912 – Rep. II. 106/12, RGZ 80, 196 (198 ff.); BGH v. 22.3.1990 – VII ZR 259/77, BGHZ 74, 103 (111); *Assmann*, WM 1983, 141; *Bergdolt* in Heidel, 3. Aufl. 2011 (4. Aufl. 2014 verweist zu § 21 WpPG auf Altauflage), § 45 BörsG Rz. 7 f.; *Erman*, AG 1964, 328 f. („verantwortliche Nachprüfung"); *Frohne*, Prospektpflicht, S. 62 ff.; *Hamann* in Schäfer/Hamann, §§ 44, 45 BörsG Rz. 224; *Hauptmann*, § 3 Rz. 105; *Hopt*, Verantwortlichkeit, S. 98 ff.; *Köndgen*, AG 1983, 127; *Schwark*, ZGR 1983, 173; *Schwark* in Schwark/Zimmer, §§ 44, 45 BörsG Rz. 49. Dafür, Angaben des Emittenten ohne eigene Prüfung übernehmen zu können, es sei denn es liegen „Anhaltspunkte für Zweifel" an der Richtigkeit derselben vor, *Groß*, § 21 WpPG Rz. 82. Eine „sorgfältige Prüfung" solcher Angaben für „unerlässlich" hält dagegen *Fleischer*, Gutachten, S. F 65.
2 RG v. 11.10.1912 – Rep. II. 106/12, RGZ 80, 196 (198 f.); *Groß*, § 21 WpPG Rz. 81; *Schwark* in Schwark/Zimmer, §§ 44, 45 BörsG Rz. 50.
3 BGH v. 12.7.1982 – II ZR 175/81, ZIP 1982, 923 (925); *Bergdolt* in Heidel, 3. Aufl. 2011 (4. Aufl. 2014 verweist zu § 21 WpPG auf Altauflage), § 45 BörsG Rz. 11; *Groß*, § 21 WpPG Rz. 81; *Habersack* in Habersack/Mülbert/Schlitt, Kapitalmarktinformation, § 29 Rz. 42; *Schwark*, ZGR 1983, 173.
4 Siehe BGH v. 12.7.1982 – II ZR 175/81, ZIP 1982, 923 (925).
5 Vgl. *Schwark* in Schwark/Zimmer, §§ 44, 45 BörsG Rz. 49.
6 Vgl. BGH v. 17.1.1985 – III ZR 135/83, BGHZ 93, 264 (266). Wie hier *Hopt*, Verantwortlichkeit, S. 100 f.
7 Ebenso *Hamann* in Schäfer/Hamann, §§ 44, 45 BörsG Rz. 90, 220; *Hauptmann*, § 3 Rz. 108; *Hopt*, Verantwortlichkeit, S. 57; *Köndgen*, AG 1983, 127; *Kunz*, Börsenprospekthaftung, S. 128; *Schwark* in Schwark/Zimmer, §§ 44, 45 BörsG Rz. 11.

von der Konsortialführerin, dem Emittenten oder einem Dritten erstellt worden[1]. Andererseits macht es keinen Sinn, jedem Konsortialmitglied die gleichen Prospektkontrollpflichten aufzuerlegen, insbesondere die Nachprüfung der Prospektangaben beim Emittenten zu verlangen[2], und so jeden Vorteil arbeitsteiligen Zusammenwirkens zu vereiteln und den Umstand zu ignorieren, dass nicht alle den gleichen Zugang zum Emittenten und zu den fraglichen Informationen haben. Gleichwohl ist davon auszugehen, dass die Kontrollpflichten der einzelnen Konsortialmitglieder über eine bloße Plausibilitätskontrolle des Prospekts hinausgehen und eine Überwachung der Pflichterfüllung durch den Konsortialführer mit einschließen[3]. Im Hinblick auf die Beurteilung der Erfüllung dieser Pflichten ist den einzelnen Konsorten das Verhalten der anderen Konsorten (in Betracht kommt insoweit § 278 BGB) oder der konsortialführenden Bank (in Betracht kommt insoweit § 831 BGB direkt oder analog) nicht zuzurechnen[4].

c) Mitverschulden (§ 23 Abs. 2 Nr. 3 WpPG)

Eine gesetzliche Sonderregelung der Frage der **Berücksichtigung eines Mitverschuldens**[5] des Anspruchstellers enthält § 23 Abs. 2 Nr. 3 WpPG: Nach dieser Be-

---

[1] So der aufgehobene § 45 Abs. 2 BörsG in einer alten, auf der Bekanntmachung vom 17.7.1996 (BGBl. I 1996, 1030) beruhenden Fassung: „Die Ersatzpflicht wird dadurch nicht ausgeschlossen, daß der Prospekt die Angaben als von einem Dritten herrührend bezeichnet". Siehe auch *Hamann* in Schäfer/Hamann, §§ 45, 46 BörsG aF Rz. 41, 106; *Kunz*, S. 128.

[2] Ablehnend zu Recht etwa *Groß*, § 21 WpPG Rz. 83; *Habersack* in Habersack/Mülbert/Schlitt, Kapitalmarktinformation, § 29 Rz. 43; *Hopt*, Verantwortlichkeit, Rz. 118; *Krämer* in Marsch-Barner/Schäfer, § 10 Rz. 336; *Mülbert/Steup* in Habersack/Mülbert/Schlitt, Unternehmensfinanzierung, § 41 Rz. 118.

[3] *Assmann*, Prospekthaftung, 1985, S. 391; *Assmann* in Assmann/Lenz/Ritz, § 13 VerkProspG Rz. 18; *Assmann* in Voraufl., § 13 VerkProspG Rz. 96; *Groß*, § 21 WpPG Rz. 83; *Groß*, AG 1999, 207; *Grundmann* in Bankrechtshandbuch, § 112 Rz. 57; *Habersack* in Habersack/Mülbert/Schlitt, Kapitalmarktinformation, § 29 Rz. 43; *Hamann* in Schäfer/Hamann, §§ 44, 45 BörsG Rz. 120 (Plausibilitätskontrolle und Kontrolle einer ausreichenden *Due diligence*-Prüfung durch den Konsortialführer); *Hopt*, Verantwortlichkeit, Rz. 119; *Schwark* in Schwark/Zimmer, §§ 44, 45 BörsG Rz. 11; *Mülbert/Steup* in Habersack/Mülbert/Schlitt, Unternehmensfinanzierung, § 41 Rz. 118; *Sittmann*, NZG 1998, 494. AA, lediglich Plausibilitätskontrolle verlangend, *Krämer* in Marsch-Barner/Schäfer, § 10 Rz. 336.

[4] *Assmann*, Prospekthaftung, S. 391; *Bosch* in Bankrecht und Bankpraxis, Rz. 10/145; *Groß*, § 21 WpPG Rz. 83; *Habersack* in Habersack/Mülbert/Schlitt, Kapitalmarktinformation, § 29 Rz. 43; *Hamann* in Schäfer/Hamann, §§ 44, 45 BörsG Rz. 220; *Hopt*, Verantwortlichkeit, Rz. 116; *Mülbert/Steup* in Habersack/Mülbert/Schlitt, Unternehmensfinanzierung, § 41 Rz. 118; *Schwark* in Schwark/Zimmer, §§ 44, 45 BörsG Rz. 11.

[5] Auch *Groß*, § 23 WpPG Rz. 7; *Hamann* in Schäfer/Hamann, §§ 44, 45 BörsG Rz. 264; *Wackerbarth* in Holzborn, §§ 21–23 WpPG Rz. 100. Wohl auch *Kumpan* in Baumbach/Hopt, (15a) § 23 WpPG Rz. 4. AA, eine Regelung zur fehlenden haftungsbegründenden Kausalität annehmend, *Habersack* in Habersack/Mülbert/Schlitt, Kapitalmarktinformation, § 29 Rz. 50; *Nobbe*, WM 2013, 196; *Mülbert/Steup* in Habersack/Mülbert/Schlitt, Unternehmensfinanzierung, § 41 Rz. 138; *Schwark* in Schwark/Zimmer, §§ 44, 45 BörsG Rz. 59.

stimmung entfällt ein Prospekthaftungsanspruch nach §§ 21, 22 WpPG, wenn der **Erwerber die Unrichtigkeit oder Unvollständigkeit** der Angaben des Prospekts bei dem Erwerb **kannte**[1]. Bloß fahrlässige Unkenntnis der Prospektmängel führt dementsprechend nicht etwa zu einer anteilsmäßigen Minderung des Prospekthaftungsanspruchs, sondern ist gänzlich unbeachtlich. Bei § 23 Abs. 2 Nr. 3 WpPG handelt es sich um eine **abschließende Regelung** der Berücksichtigung eines Anlegermitverschuldens, mit der Folge, dass ein diesbezüglicher Einwand „außerhalb des Anwendungsbereichs" dieser Vorschrift ausgeschlossen sein soll[2]. Das gilt jedenfalls im Hinblick auf ein Mitverschulden im Rahmen der Haftungsbegründung[3].

115 Im Bereich der **Schadensermittlung** und der haftungsausfüllenden Kausalität ist ein **Mitverschulden** des Anlegers nach § 254 BGB grundsätzlich zu berücksichtigen[4]. Das gilt vor allem im Hinblick auf eine **Schadensminderungspflicht** des Anspruchstellers (§ 254 Abs. 2 Satz 1, 2. Alt. BGB). Diese umfasst aber nicht die **Pflicht zur Veräußerung** der Wertpapiere, dh. die Pflicht des Erwerbers, den Markt zu beobachten und im Falle eines Wertverfalls (etwa infolge des Durchsickerns der Prospektmängel) die erworbenen Wertpapiere zu verkaufen[5]. Schon nach der Änderung der börsengesetzlichen Prospekthaftungsbestimmungen durch das Dritte Finanzmarktförderungsgesetz vom 24.3.1998[6] als den Vorläuferbestimmungen der wertpapierprospektgesetzlichen Prospekthaftungsvorschriften war jeglicher Grund entfallen, weshalb ein Anleger – wie vereinzelt angenommen – verpflichtet sein sollte, den Prospektverantwortlichen einen **Prospektmangel** unverzüglich **anzuzeigen**[7].

---

1 Die Regelung entspricht § 45 Abs. 2 Nr. 3 BörsG in der aufgehobenen Fassung, die wiederum derjenigen der investmentrechtlichen Prospekthaftungsbestimmungen in § 20 Abs. 3 Satz 2 KAGG aF und § 12 Abs. 3 Satz 2 AuslInvestmG aF folgte, welche sich später in § 127 Abs. 3 Satz 2 InvG in der aufgehobenen Fassung fand.

2 So zu der gleichlautenden Bestimmung des § 45 Abs. 2 Nr. 3 BörsG in der aufgehobenen Fassung RegE Drittes Finanzmarktförderungsgesetz, BT-Drucks. 13/8933 v. 6.11.1997, S. 80.

3 *Ellenberger*, Prospekthaftung, S. 66; *Hamann* in Schäfer/Hamann, §§ 44, 45 BörsG Rz. 298; *Pankoke* in Just/Voß/Ritz/Zeising, § 44 BörsG, § 13 VerkProspG Rz. 68; *Schwark* in Schwark/Zimmer, §§ 44, 45 BörsG Rz. 46, 59, 72.

4 *Ellenberger*, Prospekthaftung, S. 66; *Hamann* in Schäfer/Hamann, §§ 44, 45 BörsG Rz. 298; *Kumpan* in Baumbach/Hopt, (15a) § 23 WpPG Rz. 4; *Pankoke* in Just/Voß/Ritz/Zeising, § 44 BörsG, § 13 VerkProspG Rz. 69; *Schwark* in Schwark/Zimmer, §§ 44, 45 BörsG Rz. 72.

5 Ein solcher Versuch findet sich aber bei *Sittmann*, NZG 1998, 495. Ablehnend *Ehricke*, Prospekt- und Kapitalmarktinformationshaftung, S. 243; *Ellenberger*, Prospekthaftung, S. 67 f.; *Fleischer*, Gutachten, S. F 70 f.; *Fleischer/Kalss*, AG 2002, 334 f.; *Habersack* in Habersack/Mülbert/Schlitt, Kapitalmarktinformation, § 29 Rz. 47; *Hamann* in Schäfer/Hamann, §§ 44, 45 BörsG Rz. 304 f.; *Hauptmann*, § 3 Rz. 119; *Kumpan* in Baumbach/Hopt, (15a) § 21 WpPG Rz. 10; *Krämer* in Marsch-Barner/Schäfer, § 10 Rz. 364; *Lenenbach*, Rz. 14.516; *Mülbert/Steup* in Habersack/Mülbert/Schlitt, Unternehmensfinanzierung, § 41 Rz. 134; *Pankoke* in Just/Voß/Ritz/Zeising, § 44 BörsG, § 13 VerkProspG Rz. 72; *Rothenhöfer*, WM 2003, 2033 f.

6 BGBl. I 1998, S. 525.

7 Wie hier *Ellenberger*, Prospekthaftung, S. 67; *Fleischer/Kalss*, AG 2002, 335 f.; *Habersack* in Habersack/Mülbert/Schlitt, Kapitalmarktinformation, § 29 Rz. 45; *Kumpan* in Baumbach/

Ein Mitverschulden des Anlegers ist **vom Anspruchsgegner nachzuweisen**[1]. 116

7. Schadensersatz (§ 21 Abs. 1 Satz 1, Abs. 2 und § 22 WpPG)

a) Übersicht

Die in das wertpapierprospektgesetzliche Prospekthaftungsregime überführte börsengesetzliche Prospekthaftungsregelung (oben Rz. 4) enthielt bis zu ihrer **Änderung durch das Dritte Finanzmarktförderungsgesetz** vom 24.3.1998[2] keine anspruchsspezifische Regelung des zu ersetzenden Schadens. § 45 Abs. 1 Satz 1 BörsG in der bis zu dieser Änderung geltenden Fassung bestimmte vielmehr allgemein, es sei derjenige **Schaden** zu ersetzen, der dem Anleger aus der von den Prospektangaben abweichenden Sachlage erwachse. Das hatte zur Folge, dass sich die Schadensbemessung nach den allgemeinen Vorschriften der §§ 249 ff. BGB richtete. § 46 Abs. 2 BörsG aF räumte jedoch den Ersatzpflichtigen die Möglichkeit ein, ihre Schadensersatzpflicht dadurch zu ersetzen, dass sie die vom Anleger erworbenen Papiere gegen Erstattung des Erwerbspreises oder des Preises, den die Wertpapiere zur Zeit der Einführung hatten, übernehmen. Demgegenüber wurden bereits in der auf dem Dritten Finanzmarktförderungsgesetz beruhenden und in das WpPG überführten Fassung des aufgehobenen § 44 BörsG die **Rechtsfolgen** des Prospekthaftungsanspruchs prospekthaftungsspezifisch und ausgerichtet auf die **Rückabwicklung des Wertpapiergeschäfts** festgelegt. 117

Die **Rechtsfolgen differieren**, je nachdem ob der Erwerber noch Inhaber der Wertpapiere ist (§§ 21 Abs. 1 Satz 1, 22 WpPG) oder nicht (§ 21 Abs. 2, 22 WpPG). Im Zusammenhang mit der Frage, **ob der Erwerber der Wertpapiere noch Inhaber derselben ist oder nicht**, stellen sich vielfach im Zusammenhang mit dem Inhalt eines Prospekthaftungsanspruchs aufgeworfene Fragen wie etwa die nach einer der Schadensminderung dienenden Veräußerungspflicht oder einer Pflicht des Erwerbers zur Anzeige eines Prospektmangels. Sie sind der Sache nach solche nach einem Mitverschulden des Anlegers und dementsprechend an dieser Stelle zu behandeln (oben Rz. 115). 118

b) Erwerber ist noch Inhaber der Wertpapiere (§ 21 Abs. 1 Sätze 1 und 2 und § 22 WpPG)

Ist der Anspruchsberechtigte noch Inhaber der Wertpapiere bzw. der Vermögensanlage, so kann er nach **§§ 21 Abs. 1 Satz 1, 22 WpPG** von den Prospektverantwortlichen als Gesamtschuldner die **Übernahme der Wertpapiere gegen Erstattung des Er-** 119

Hopt, (15a) § 21 WpPG Rz. 9; *Rothenhöfer*, WM 2003, 2036; *Schwark* in Schwark/Zimmer, §§ 44, 45 BörsG Rz. 72; *Wackerbarth* in Holzborn, §§ 21–23 WpPG Rz. 112. Differenzierungsversuche bei *Pankoke* in Just/Voß/Ritz/Zeising, § 44 BörsG, § 13 VerkProspG Rz. 71. AA *Hauptmann*, § 3 Rz. 119; *Mülbert/Steup* in Habersack/Mülbert/Schlitt, Unternehmensfinanzierung, § 41 Rz. 134 (ohne Begründung).
1 Auch *Schäfer*, ZGR 2006, 55.
2 BGBl. I 1998, S. 525.

werbspreises (unten Rz. 120) verlangen, der allerdings der Höhe nach auf den ersten Ausgabepreis begrenzt ist. Darüber hinaus sind gemäß §§ 21 Abs. 1 Satz 1, 22 WpPG die mit dem Erwerb verbundenen **üblichen** Kosten (unten Rz. 120) zu erstatten. Die **Beschränkung des Erwerbspreises auf den Ausgabepreis** geht auf die Erwägung zurück, die Veränderung des Preises der dem Prospekthaftungsanspruch unterliegenden Wertpapiere sei von einer Vielzahl anderer Faktoren – unter anderem von der Marktentwicklung und den Marktdaten – abhängig, über die der Prospekt teils keine Angaben enthalte, teils keine Aussagen treffen könne[1].

120 Der **Erwerbspreis** ist der vom Erwerber der Wertpapiere bzw. der Vermögensanlagen und Anspruchsteller tatsächlich gezahlte Preis. Zu den **üblichen Kosten (Aufwendungen)** für den Erwerb der der Prospekthaftung unterfallenden Wertpapiere bzw. Vermögensanlage gehören vor allem die im Zusammenhang mit dem jeweiligen Geschäft zu zahlenden Provisionen und Transaktionskosten[2]. Wurden die fraglichen Wertpapiere kraft Ausübung eines Bezugsrechts erworben, gehören zu den üblichen Erwerbskosten auch die Aufwendungen für den Erwerb der Bezugsrechte[3]. Beim Kauf von Schuldverschreibungen anfallende Stückzinsen sollen dagegen nicht erstattungsfähig sein[4].

121 Der das Angebot von Wertpapieren betreffende **Ausgabepreis** ist gleichbedeutend mit dem im WpPG verwandten Begriff des Emissionspreises (§ 8 Abs. 1 Satz 1 WpPG) und dem in der VO (EG) Nr. 809/2004[5] verwandten Begriff des Angebotskurses (Anhang III und V jeweils Nr. 5.3.1 und Anhang X Nr. 29.3.1 VO [EG] Nr. 809/2004). Bei ihm handelt es sich in der Sache um den bei der Emission von Wertpapieren regelmäßig nach den Prospektangaben bei Zuteilung der Wertpapiere zu zahlenden Preis. Für den Fall, dass der Ausgabepreis der Wertpapiere (Emissionspreis) und die Gesamtzahl der öffentlich angebotenen Wertpapiere (Emissionsvolumen) **im Prospekt nicht genannt** werden können, ist Ausgabepreis der Preis, zu dem der Emittent die Wertpapiere veräußert[6]. Der endgültige Emissionspreis und das Emissionsvolumen sind zudem stets am Tag der Veröffentlichung bei der BaFin zu hinterlegen (§ 8 Abs. 1 Satz 9 WpPG) und so unschwer zu ermitteln. Entsprechend gilt für so genannte **Sekundär- oder Reemissionen** zunächst nicht prospektpflichtig platzierter Wertpapiere als Ausgabepreis der im Prospekt angegebene oder vom Veräußerer im Zuge der Platzierung verlangte Preis[7]. Für die der Prospekthaftung nach §§ 21, 22 WpPG unterfallenden Wertpapiere – selbst im Falle des öffentlichen An-

---

1 RegE Drittes Finanzmarktförderungsgesetz, BT-Drucks. 13/8933 v. 6.11.1997, S. 1 (78).
2 RegE Drittes Finanzmarktförderungsgesetz, BT-Drucks. 13/8933 v. 6.11.1997, S. 1 (78: Maklercourtage, Provision).
3 RegE Drittes Finanzmarktförderungsgesetz, BT-Drucks. 13/8933 v. 6.11.1997, S. 1 (78).
4 *Hauptmann* in Vortmann, § 3 Rz. 114; *Mülbert/Steup* in Habersack/Mülbert/Schlitt, Unternehmensfinanzierung, § 41 Rz. 132; *Wackerbarth* in Holzborn, §§ 21, 22 WpPG Rz. 104.
5 ABl. EU Nr. L 149 v. 30.4.2004, S. 1.
6 RegE Drittes Finanzmarktförderungsgesetz, BT-Drucks. 13/8933 v. 6.11.1997, S. 1 (78).
7 Ebenso *Mülbert/Steup* in Habersack/Mülbert/Schlitt, Unternehmensfinanzierung, § 41 Rz. 126.

gebots bereits börsenzugelassener Wertpapiere – praktisch gegenstandslos ist die in § 21 Abs. 1 Satz 2 WpPG enthaltene Regelung: **Fehlt es an der Festlegung eines Ausgabepreises**, gilt als Ausgabepreis der erste nach Einführung der Wertpapiere iS von § 38 Abs. 1 Satz 1 BörsG festgestellte oder gebildete Börsenpreis[1]. Werden die Papiere an mehreren inländischen Börsen eingeführt und weichen die an diesen gleichzeitig als erste Börsenpreise festgestellten oder gebildeten Preise voneinander ab, so ist der Ausgabepreis der höchste dieser Preise.

Dem Anspruch des Anlegers auf die Übernahme der Wertpapiere gegen Erstattung des auf den Ausgabepreis begrenzten Erwerbspreises steht dessen Verpflichtung gegenüber, den Anspruchsgegnern die erworbenen, der Prospekthaftung unterliegenden **Wertpapiere bzw. Vermögensanlagen herauszugeben.** Die Erstattung des Erwerbspreises und die Übergabe der Wertpapiere bzw. der Vermögensanlagen sind Leistungen, die, was im Klageantrag zu berücksichtigen ist, **Zug um Zug** zu erfolgen haben[2]. 122

Wurden **Wertpapiere** erworben und weisen diese **keinerlei wirtschaftlichen Wert** mehr auf, etwa weil das in ihnen verbriefte Bezugs- oder Optionsrecht erloschen ist, so verliert das Übernahmerecht der Anspruchsgegner seinen Sinn. Seine Geltendmachung ist unter den geschilderten Umständen als rechtsmissbräuchlich anzusehen[3]. Wurden indes Wertpapiere erworben, die gesondert und trennbar unterschiedliche Rechte verbriefen und ist nur eines der Rechte erloschen, so bleibt der Herausgabeanspruch hinsichtlich des Wertpapiers, welches das fortbestehende Recht verbrieft, bestehen. Wurde eines der trennbaren Rechte veräußert, ist das Wertpapier herauszugeben, welches das verbliebene Recht verbrieft; in diesem Falle ist der Erwerbspreis, der für das Wertpapier mit den trennbaren Rechten gezahlt wurde, um den Veräußerungspreis für das abgetrennte Recht zu mindern. Hat der Anleger Wertpapiere erworben, die ein Erwerbsrecht (etwa in Bezug auf ein anderes Wertpapier) zum Gegenstand haben, so ist die Ausübung des Rechts wie die Veräußerung des fraglichen Papiers zu behandeln und unterliegt den diesbezüglichen Regeln des § 21 Abs. 2 WpPG (unten Rz. 126). 123

---

1 RegE Drittes Finanzmarktförderungsgesetz, BT-Drucks. 13/8933 v. 6.11.1997, S. 1 (78).
2 BGH v. 3.12.2007 – II ZR 21/06, ZIP 2008, 412 (413 Rz. 7) mwN; RegE Drittes Finanzmarktförderungsgesetz, BT-Drucks. 13/8933 v. 6.11.1997, S. 78; *Habersack* in Habersack/Mülbert/Schlitt, Kapitalmarktinformation, § 29 Rz. 45; *Mülbert/Steup* in Habersack/Mülbert/Schlitt, Unternehmensfinanzierung, § 41 Rz. 124, 129; *Pankoke* in Just/Voß/Ritz/Zeising, § 44 BörsG, § 13 VerkProspG Rz. 64.
3 Hierzu und zum Folgenden RegE 3. Finanzmarktförderungsgesetz, BT-Drucks. 13/8933 v. 6.11.1997, S. 1 (78); *Bergdolt* in Heidel, 3. Aufl. 2011 (4. Aufl. 2014 verweist zu § 21 WpPG auf Altauflage), § 44 BörsG Rz. 71; *Wackerbarth* in Holzborn, §§ 21–23 WpPG Rz. 108. IE ebenso (Anspruch auf Rückgabe ausgeschlossen) *Schwark* in Schwark/Zimmer, §§ 44, 45 BörsG Rz. 66; *Mülbert/Steup* in Habersack/Mülbert/Schlitt, Unternehmensfinanzierung, § 41 Rz. 129. **AA** *Habersack* in Habersack/Mülbert/Schlitt, Kapitalmarktinformation, § 29 Rz. 45.

c) Erwerber ist nicht mehr Inhaber der Wertpapiere (§ 21 Abs. 2 und § 22 WpPG)

124 Nach **§§ 21 Abs. 2 Satz 1, 22 WpPG** kann der Erwerber, der nicht mehr Inhaber (dh. Besitzer) der Wertpapiere ist, die Zahlung des Unterschiedsbetrags zwischen dem Erwerbspreis und dem Veräußerungspreis der Wertpapiere bzw. der Vermögensanlagen sowie die Erstattung der mit dem Erwerb und der Veräußerung verbundenen **üblichen Kosten** (oben Rz. 120) verlangen. Übersteigt der Veräußerungspreis den Erwerbspreis, so scheidet ein Schadensersatzanspruch aufgrund der Sonderregelung der §§ 21 Abs. 2 Satz 1, 22 WpPG aus[1]. Der Anspruch ist unabhängig davon, ob der Anspruchsteller die Wertpapiere, auf die sich der fehlerhafte Prospekt bezieht, vor oder nach dem Zeitpunkt veräußerte, zu dem er von dem Prospektmangel Kenntnis erlangt hat. Soweit die übrigen Voraussetzungen des § 21 Abs. 1 Satz 1 WpPG erfüllt sind, steht der Anspruch aufgrund des Verweises des § 21 Abs. 2 Satz 2 auf § 21 Abs. 1 Satz 3 WpPG auch demjenigen zu, der nach Veröffentlichung des fehlerhaften Prospekts Wertpapiere erwarb und veräußerte, die nicht Gegenstand des Prospekts waren, die aber von den Wertpapieren, auf die sich der Prospekt bezieht, nicht nach Ausstattungsmerkmalen oder in sonstiger Weise unterschieden werden können.

125 **Erwerbspreis** ist der vom Anspruchsteller tatsächlich gezahlte Preis (oben Rz. 120). **Veräußerungspreis** ist der bei dem Weiterverkauf der Wertpapiere erzielte Gegenwert einschließlich aller nichtpekuniären Gegenleistungen[2]. Auch hier kann als **Erwerbspreis** nur ein Preis bis zur Höhe des ersten Ausgabepreises bzw. des ersten Erwerbspreises geltend gemacht werden. Wurde ein Ausgabepreis nicht festgelegt, gilt nach §§ 21 Abs. 2 Satz 2, 22 WpPG die Regelung in § 21 Abs. 1 Satz 2 WpPG entsprechend. Im Übrigen sind die Begriffe des **Erwerbs- und Ausgabepreises** sowie der **üblichen Kosten** so auszulegen wie bei der den Fall betreffenden Regelung, dass der Erwerber noch Inhaber der Wertpapiere ist (oben Rz. 120). Ist der **Veräußerungspreis** der tatsächlich erlangte Kaufpreis, so steht dem Anspruchsteller der Unterschiedsbetrag zwischen dem Erwerbspreis und dem Veräußerungspreis der Wertpapiere doch nur dann zu, wenn der Veräußerungspreis dem im Zeitpunkt der Veräußerung erzielbaren Börsenpreis entspricht. Verkauft der Anleger die Wertpapiere unterhalb ihres Börsenpreises, muss er sich dies als Verstoß gegen seine **Schadensminderungspflicht** (§ 254 Abs. 2 Satz 1, 2. Alt. BGB) entgegenhalten lassen, sodass er nur die Differenz zwischen Erwerbspreis und erzielbarem Börsenpreis nicht geltend machen kann[3].

126 Wurden Wertpapiere erworben, die das **Recht zum Erwerb eines anderen Wertpapiers** (oder sonstigen Gegenstands) einräumen (wie etwa Optionsscheine oder Wandelschuldverschreibungen), so ist die Ausübung des Rechts wie eine Veräuße-

---

[1] RegE Drittes Finanzmarktförderungsgesetz, BT-Drucks. 13/8933 v. 6.11.1997, S. 1 (79).
[2] Vgl. *Schwark* in Schwark/Zimmer, §§ 44, 45 BörsG Rz. 69.
[3] RegE Drittes Finanzmarktförderungsgesetz, BT-Drucks. 13/8933 v. 6.11.1997, S. 1 (79); *Assmann* in Assmann/Schütze, § 5 Rz. 195; *Groß*, § 21 WpPG Rz. 87; *Habersack* in Habersack/Mülbert/Schlitt, Kapitalmarktinformation, § 29 Rz. 47; *Mülbert/Steup* in Habersack/Mülbert/Schlitt, Unternehmensfinanzierung, § 41 Rz. 130, 134; *Schwark* in Schwark/Zimmer, §§ 44, 45 BörsG Rz. 73.

rung des Wertpapiers zu behandeln[1]. Bei der **Bemessung des Ersatzanspruchs** des Anlegers ist dementsprechend als **Veräußerungspreis** der Wert des durch die Ausübung des Erwerbsrechts erlangten Wertpapiers oder sonstigen Gegenstands anzusetzen. Bei **Optionsscheinen** ist Veräußerungspreis der Unterschiedsbetrag zwischen dem zum Zeitpunkt der Rechtsausübung geltenden Markt- oder Börsenpreis des durch Ausübung des Rechts erworbenen Optionsgegenstands und dem Preis, zu dem das Recht zum Bezug desselben ausgeübt wurde; bei **Wandelschuldverschreibungen** ist Veräußerungspreis der im Zeitpunkt der Wandelung geltende Markt- oder Börsenpreis der durch diese erworbenen Wertpapiere[2].

8. Haftungsfreizeichnung (§ 25 Abs. 1 WpPG)

Nach **§ 25 Abs. 1 WpPG** ist eine Vereinbarung, durch die Ansprüche nach § 21, 22 WpPG[3] **im Voraus ermäßigt oder erlassen** werden, unwirksam. Nachträgliche Vereinbarungen über einen Anspruch, wie etwa ein Vergleich oder ein (befristeter) Verzicht auf die Geltendmachung des Anspruchs, sind von der Bestimmung nicht erfasst und zulässig. Unbedenklich sind damit jedenfalls nach der Entstehung eines Anspruchs nach §§ 21, 22 WpPG getroffene Dispositionen der Beteiligten, doch ist Voraussetzung, dass der **Anspruchsberechtigte von der Entstehung eines Anspruchs Kenntnis** hatte, wobei die Möglichkeit eines Prospekthaftungsanspruchs genügt, das heißt aufgrund der objektiven Umstände (wie etwa Pressemeldungen) davon auszugehen war, ein Anspruch aus §§ 21, 22 WpPG könnte entstanden sein. Siehe dazu im Einzelnen § 25 WpPG Rz. 4. 127

§ 25 Abs. 1 WpPG steht im Übrigen **interne Vereinbarungen der Prospektverantwortlichen** und Anspruchsgegner über den Umfang der Haftung – etwa in Gestalt einer internen Haftungsfreistellung der Emissionsbegleiter durch den Emittenten – nicht entgegen (siehe § 25 WpPG Rz. 5). 128

Andere, gem. § 25 Abs. 2 WpPG mit dem wertpapierprospektgesetzlichen Prospekthaftungsanspruch **konkurrierende Ansprüche**, sind von der Regelung des § 25 Abs. 1 WpPG nicht betroffen (siehe § 25 WpPG Rz. 5). 129

---

1 Im RegE Drittes Finanzmarktförderungsgesetz, BT-Drucks. 13/8933 v. 6.11.1997, S. 1 (79), wird dies damit begründet, dass sich der Anleger mit der Ausübung des Rechts, wie bei der Veräußerung des Wertpapiers, der Verfügungsgewalt über das Papier begeben und dafür ein wirtschaftliches Äquivalent erhalten habe, das dem Veräußerungspreis beim Verkauf des Papiers entspreche. Siehe auch *Habersack* in Habersack/Mülbert/Schlitt, Kapitalmarktinformation, § 29 Rz. 48; *Mülbert/Steup* in Habersack/Mülbert/Schlitt, Unternehmensfinanzierung, § 41 Rz. 131; *Schwark* in Schwark/Zimmer, §§ 44, 45 BörsG Rz. 69.
2 RegE Drittes Finanzmarktförderungsgesetz, BT-Drucks. 13/8933 v. 6.11.1997, S. 1 (79).
3 § 25 Abs. 1 WpPG nennt Ansprüche aus §§ 21 und 23 WpPG, doch handelt es sich bei dem Verweis auf § 23 WpPG – anstelle des § 22 WpPG – um ein Redaktionsversehen, siehe § 25 WpPG Rz. 3.

III. Geltendmachung des Anspruchs und anderweitige Ansprüche

1. Verjährung

130 Nach seiner Änderung durch das Vierte Finanzmarktförderungsgesetz vom 21.6.2002[1] sah das **börsengesetzliche Prospekthaftungsregime** in § 46 BörsG aF vor, dass Prospekthaftungsansprüche in einem Jahr seit dem Zeitpunkt verjähren, zu dem der Erwerber von der Unrichtigkeit oder Unvollständigkeit der Angaben des Prospekts Kenntnis erlangt hat, spätestens jedoch in drei Jahren seit der Veröffentlichung des Prospekts[2]. Diese Verjährungsregel wurde von dem Gesetz zur Novellierung des Finanzanlagenvermittler- und Vermögensanlagenrechts vom 6.12.2011[3], welches die börsengesetzliche Prospekthaftung in das WpPG und die verkaufsprospektrechtliche Prospekthaftung teils in das WpPG, teils in das VermAnlG überführte, nicht übernommen. Das hatte zur Folge, dass sich mit dem Inkrafttreten der Neuregelung zum 1.6.2012 die Verjährung von börsengesetzlichen und verkaufsprospektgesetzlichen Prospekthaftungsansprüchen nach der **allgemeinen Regelverjährung von Ansprüchen nach §§ 195, 199 BGB** richtet[4].

131 Danach **verjähren Ansprüche aus §§ 21, 22 WpPG** gemäß § 195 BGB in drei Jahren, gemäß § 199 Abs. 1 BGB beginnend mit dem Schluss des Jahres, in dem der Anspruch entstanden ist und der Anspruchsteller von den Umständen, die den Anspruch begründen, und der Person des Schuldners Kenntnis erlangt hat (positive Kenntnis) oder ohne grobe Fahrlässigkeit hätte erlangen müssen (grob fahrlässige Unkenntnis). Ohne Rücksicht auf die Kenntnis oder grob fahrlässige Unkenntnis verjähren diese Ansprüche **spätestens** in zehn Jahren von ihrer Entstehung an und ohne Rücksicht auf ihre Entstehung und die Kenntnis oder grob fahrlässige Unkenntnis spätestens in 30 Jahren beginnend mit der Begehung der Handlung, der Pflichtverletzung oder dem sonstigen, den Schaden auslösenden Ereignis (§ 199 Abs. 3 BGB).

132 Hinsichtlich der **Entstehung des Prospekthaftungsanspruchs** aus §§ 21, 22 WpPG ist nicht auf den Zeitpunkt der Prospektveröffentlichung, sondern auf den Zeitpunkt des Erwerbs der Wertpapiere abzustellen[5]. Die **Beweislast** in Bezug auf die Kenntnis oder die grob fahrlässige Unkenntnis des Anspruchstellers und damit zu Beginn und Ablauf der Verjährungsfrist liegt beim Anspruchsgegner[6].

133 Die auf die Veröffentlichung eines fehlerhaften Prospekts gestützte **Schadensersatzklage hemmt die Verjährung** nicht nur in Bezug auf Prospektfehler, die in der Kla-

---

1 BGBl. I 2002, S. 2010.
2 Zur Entwicklung der börsengesetzlichen Verjährungsregelung siehe *Assmann* in Voraufl., § 13 VerkProspG Rz. 111 f.
3 BGBl. I 2011, S. 2481.
4 Kritisch *Lorenz/Schönemann/Wolf*, CFL 2011, 347 ff.
5 *Mülbert/Steup* in Habersack/Mülbert/Schlitt, Unternehmensfinanzierung, § 41 Rz. 147.
6 *Habersack* in Habersack/Mülbert/Schlitt, Kapitalmarktinformation, § 29 Rz. 55; *Leuering*, NJW 2012, 1906; *Mülbert/Steup* in Habersack/Mülbert/Schlitt, Unternehmensfinanzierung, § 41 Rz. 148. Zu § 46 BörsG aF BGH v. 30.1.1980 – VIII ZR 237/78, WM 1980, 532 (534); *Hamann* in Schäfer/Hamann, § 46 BörsG Rz. 4; *Schwark* in Schwark/Zimmer, § 46 BörsG Rz. 2.

geschrift geltend gemacht worden sind, sondern auch für solche, die erst nach Klageerhebung in den Prozess eingeführt werden, weil es sich bei einzelnen Fehlern des Prospekts nur um Bestandteile eines einheitlichen Geschehensablaufs und damit um denselben prozessualen Streitgegenstand handelt[1]. Entsprechendes gilt bereits für das einer der Schadensersatzklage vorausgegangene Mahn- oder Güteverfahren, wobei den Anforderungen an die erforderliche Individualisierung des geltend gemachten Anspruchs bereits durch die Angabe des Zeitpunkts des Erwerbs der Aktien unter Benennung des angeblich fehlerhaften Prospekts genügt wird, ohne dass es der Benennung der einzelnen Prospektfehler im Antrag bedarf[2].

In einem Mahn- oder Güteverfahren wird der erforderlichen Individualisierung des geltend gemachten prozessualen Anspruchs durch die Angabe des Zeitpunkts des Erwerbs der Aktien unter Angabe des angeblich fehlerhaften Prospekts genügt. Der Benennung der einzelnen Prospektfehler bedarf es im Mahnbescheids- bzw. Güteantrag nicht. 134

2. Streitgegenstand einer Prospekthaftungsklage und Folgerungen

Streitgegenstand der Klage sind bei einer Prospekthaftungsklage alle Ansprüche wegen Prospektfehlern, da die im Prospekt enthaltenen unrichtigen oder unvollständigen Angaben keine selbstständigen Geschehensabläufe, sondern Bestandteile des einheitlich zu beurteilenden Erwerbs der Aktien auf Grundlage des Prospekts als einheitlichem Lebenssachverhalt sind[3]. Daraus folgt, dass die auf die Veröffentlichung eines fehlerhaften Prospekts gestützte **Schadensersatzklage die Hemmung der Verjährung** nicht nur in Bezug auf Prospektfehler bewirkt, die in der Klageschrift geltend gemacht worden sind, sondern auch für solche, die erst nach Klageerhebung in den Prozess eingeführt werden (oben Rz. 133). Das hat aber auch zur Folge, dass die **Rechtskraft einer klageabweisenden Entscheidung** über einen Schadensersatzanspruch wegen Prospektfehlern einer erneuten Klage auf Ersatz desselben Schadens wegen anderer Prospektfehler in demselben Prospekt entgegensteht[4]. 135

3. Gerichtsstand

Nach § 32b Abs. 1 ZPO ist ua. für Klagen, mit denen der Ersatz eines aufgrund falscher, irreführender oder unterlassener öffentlicher Kapitalmarktinformationen verursachten Schadens geltend gemacht wird, und damit auch für Prospekthaftungs- 136

---

1 BGH v. 21.10.2014 – XI ZB 12/12, ZIP 2015, 25 Ls. 6 (36 Rz. 145) = BGHZ 203, 1 = AG 2015, 351.
2 BGH v. 21.10.2014 – XI ZB 12/12, ZIP 2015, 25 Ls. 6 (36 Rz. 146) = BGHZ 203, 1 = AG 2015, 351.
3 BGH v. 21.10.2014 – XI ZB 12/12, ZIP 2015, 25 Ls. 6 (36 Rz. 145) = BGHZ 203, 1 = AG 2015, 351.
4 OLG München v. 13.2.2014 – 19 U 4042/13, WM 2014, 743 (den Beschluss als Fortführung von BGH v. 22.10.2013 – XI ZR 42/12, ZIP 2013, 2281, betrachtend).

ansprüche aus §§ 21, 22 WpPG¹, ausschließlich das **Gericht am Sitz des betroffenen Emittenten** zuständig, sofern sich der Sitz des Emittenten oder der Zielgesellschaft nicht im Ausland befindet. Einige Landesregierungen – wie die von Bayern, Hessen, Nordrhein-Westfalen und Thüringen – haben von der sich aus § 32b Abs. 1 ZPO ergebenden Ermächtigung, durch Rechtsverordnung die in § 32b Abs. 1 ZPO genannten Klagen einem Landgericht für die Bezirke mehrerer Landgerichte zuzuweisen, Gebrauch gemacht².

137 Befindet sich der Sitz des Emittenten oder der Zielgesellschaft, dem Anwendungsvorbehalt des § 32b Abs. 1 ZPO entsprechend, im Ausland, richtet sich die internationale Zuständigkeit danach, ob die Zuständigkeitsregelungen des **EuGVVO** – und, hier zu vernachlässigen, im Verhältnis zu wenigen überseeischen Gebieten das alte EuGVÜ (Art. 68 EuGVVO) und im Verhältnis zur Schweiz, zu Island und Norwegen das LugÜ II³ – **zur Anwendung kommen oder nicht:**

138 – Die EuGVVO ist auf Prospekthaftungsansprüche anwendbar und verdrängt die Regelung der örtlichen Zuständigkeit durch § 32b Abs. 1 ZPO⁴, wenn es um Klagen gegen natürliche oder juristische Personen geht, die ihren Wohnsitz bzw. ihren satzungsmäßigen Sitz, ihre Hauptverwaltung oder ihre Hauptniederlassung (Art. 60 Abs. 1 EuGVVO) im Hoheitsgebiet eines **Mitgliedstaats der EU** haben. Hier ist nach Art. 3, 5 Nr. 3 EuGVVO das Gericht des Ortes maßgeblich, an dem die schädigende Handlung vorgenommen oder das schädigende Ereignis eingetreten ist⁵. Letzteres ist allerdings nicht schon deshalb der Ort des Klägerwohnsitzes als Ort des Mittelpunkts seines Vermögens, weil dem Kläger an diesem Platz (mittelbar) ein finanzieller Schaden durch den (unmittelbar) in einem anderen Mitgliedstaat eingetretenen und erlittenen Verlust von Vermögensbestandteilen entstanden ist⁶. Dementsprechend rechtfertigt allein die Tatsache, dass den Anspruchsteller aufgrund des Prospektfehlers oder nicht veröffentlichten Prospekts „finanzielle Konsequenzen treffen, nicht die Zuweisung der Zuständigkeit an die Gerichte seines Wohnsitzes, wenn sowohl das ursächliche Geschehen als

---

1 Nach § 1 Abs. 1 Satz 3 KapMuG sind öffentliche Kapitalmarktinformationen „für eine Vielzahl von Kapitalanlegern bestimmte Informationen über Tatsachen, Umstände, Kennzahlen und sonstige Unternehmensdaten, die einen Emittenten von Wertpapieren oder Anbieter von sonstigen Vermögensanlagen betreffen", wobei § 1 Abs. 1 Satz 4 Nr. 1 und 2 KapMuG dazu insbesondere Angaben in Prospekten nach dem Wertpapierprospektgesetz und in Verkaufsprospekten nach Verkaufsprospektgesetz sowie dem Investmentgesetz zählt. Zur Erfassung von Prospekthaftungsansprüchen etwa *Toussaint* in Vorwerk/Wolf, BeckOK ZPO (Stand 1.6.2015), § 32b ZPO Rz. 2 ff.
2 Siehe dazu *Patzina* in MünchKomm. ZPO, 4. Aufl. 2013, § 32b ZPO Rz. 2.
3 Der Anwendungsbereich des EuGVÜ ist seit dem Beitritt auch Dänemarks zur EuGVVO äußerst gering. Das mit dem EuGVÜ weitgehend übereinstimmende LugÜ II ist noch im Verhältnis zur Schweiz, zu Island und zu Norwegen von Bedeutung.
4 *Heinrich* in Musielak, 12. Aufl. 2015, § 32b ZPO Rz. 7; *Patzina* in MünchKomm. ZPO, 4. Aufl. 2013, § 32b ZPO Rz. 10; *Toussaint* in Vorwerk/Wolf, BeckOK ZPO (Stand 1.6.2015), § 32b ZPO Rz. 27.
5 IE auch *Habersack* in Habersack/Mülbert/Schlitt, Kapitalmarktinformation, § 29 Rz. 57.
6 EuGH v. 10.6.2004 – Rs. C-168/02 – „Kronhofer", NJW 2004, 2441 (2442 Rz. 21).

auch die Verwirklichung des Schadenserfolgs im Hoheitsgebiet eines anderen Mitgliedstaats anzusiedeln sind"[1]. Anders verhält es sich dagegen, wenn der Wohnsitz des Klägers tatsächlich der **Ort des ursächlichen Geschehens oder der Verwirklichung des Schadenserfolgs** ist[2]. Ersteres ist im Falle eines Anspruchs bei fehlerhaftem oder fehlendem Prospekt sicher auszuschließen, wenn man, wie der EuGH in seiner „Kolassa"-Entscheidung vom 28.1.2015[3], allein auf den Ort abstellt, an dem „die Entscheidungen" über die „Modalitäten" der angebotenen Anlagen" und den Inhalt des Prospekts fielen oder der Prospekt „notifiziert"[4] wird, und den Ort außer Acht lässt, an dem solche Prospekte veröffentlicht oder zugänglich gemacht oder die Wertpapiere oder Vermögensanlagen vertrieben wurden, den sog. Marktort[5]. Dafür geht das Gericht aber davon aus, dass die Verwirklichung des Schadenserfolgs an dem Ort eintritt, an dem der Investor den Schaden, wie zuvor ausgeführt, *unmittelbar* erleidet[6]. Im entschiedenen Fall, in dem ein Anleger über eine Bank Zertifikate erwarb, die der im Ausland ansässige Emittent an institutionelle Investoren veräußert hatte, die sie ihrerseits an Anleger weiterverkauften, sah das Gericht den Schadenserfolg an dem Ort verwirklicht, an dem sich der behauptete Schaden unmittelbar auf einem Bankkonto des Anspruchstellers bei einer Bank im Zuständigkeitsbereich des angerufenen Gerichte verwirklicht[7], das heißt regelmäßig dem Bankkonto, über das der Erwerb der Anlage vorgenommen wurde, auf die sich der fehlerhafte (oder fehlende) Prospekt bezieht.

– Hat der Anspruchsgegner keinen Wohnsitz im Hoheitsgebiet eines Mitgliedstaats 139
der EU und kommt auch das EuGVÜ nicht zu Anwendung, so ergibt sich die internationale Zuständigkeit bei Geltendmachung eines Anspruchs nach §§ 21, 22 WpPG aus Art. 4 Abs. 1 EuGVVO iVm. § 32b ZPO[8], da unter diesen Voraussetzungen – nach dem Grundsatz der Doppelfunktionalität – § 32b ZPO auch die internationale Zuständigkeit regelt[9]. Die hierdurch begründete *internationale Zuständigkeit* ist allerdings keine ausschließliche; ausschließlich ist allein die in § 32b ZPO angeordnete örtliche Zuständigkeit[10].

---

1 EuGH v. 28.1.2015 – Rs. C-375/13 – „Kolassa", ZIP 2015, 1456 (1459 Rz. 49).
2 EuGH v. 28.1.2015 – Rs. C-375/13 – „Kolassa", ZIP 2015, 1456 (1459 Rz. 50).
3 EuGH v. 28.1.2015 – Rs. C-375/13 – „Kolassa", ZIP 2015, 1456 (1460 Rz. 53).
4 EuGH v. 28.1.2015 – Rs. C-375/13 – „Kolassa", ZIP 2015, 1456 (1460 Rz. 56).
5 Zustimmend aber *Müller*, EuZW 2015, 223: Ein „Abstellen auf die Handlungen des Vertriebs des Prospekts in verschiedenen Staaten [würde] zu einer dem Grundsatz des Beklagtengerichtsstands unangemessenen Vervielfältigung der Gerichtsstände führen"). Kritisch und für eine Marktortanknüpfung dagegen *Freitag*, WM 2015, 1165 f., 1170 ff.; *Kiener/Neumayr*, ZFR 2015, 509 ff.; *Kumpan* in Baumbach/Hopt, (15a) § 21 WpPG Rz. 11 (Platzierungsmarkt).
6 EuGH v. 28.1.2015 – Rs. C-375/13 – „Kolassa", ZIP 2015, 1456 (1460 Rz. 54 ff.).
7 EuGH v. 28.1.2015 – Rs. C-375/13 – „Kolassa", ZIP 2015, 1456 (Ls. 3 und 1460 Rz. 57 – nicht in ZIP abgedruckt, aber in NJW 2015, 1581 [1584] –, auch 1460 Rz. 54).
8 Für den Fall eines deliktischen Anspruchs und die Anwendung von § 32 ZPO BGH v. 5.5.2011 – IX ZR 176/10, NJW 2011, 2518 (2519 Rz. 5 ff. mwN).
9 Siehe *Heinrich* in Musielak, 12. Aufl. 2015, § 32b ZPO Rz. 7; *Toussaint* in Vorwerk/Wolf, Beck'scher Online-Kommentar ZPO (Stand 1.6.2015), § 32b ZPO Rz. 26.
10 Siehe *Heinrich* in Musielak, 12. Aufl. 2015, § 32b ZPO Rz. 7 mwN.

140 Nach § 71 Abs. 2 Nr. 3 GVG sind für Schadensersatzansprüche aufgrund falscher, irreführender oder unterlassener öffentlicher Kapitalmarktinformationen ohne Rücksicht auf den Wert des Streitgegenstandes die Landgerichte zuständig.

4. Konkurrenzen

141 Nach § 25 Abs. 2 WpPG schließt ein Prospekthaftungsanspruch nach § 21 oder § 22 WpPG **weitergehende Ansprüche**, die nach den Vorschriften des bürgerlichen Rechts aufgrund von Verträgen oder unerlaubten Handlungen erhoben werden können, nicht aus. Für die Anwendung der allgemein-zivilrechtlichen Prospekthaftung neben §§ 21, 22 WpPG ist dabei kein Raum[1] (s. dazu auch schon oben Rz. 13, 17, 20 und 33).

142 Von §§ 21, 22 WpPG unberührt bleibt namentlich die Haftung **organschaftlicher Vertreter eines Emittenten**, die Anlageinteressenten persönlich mit dem Anspruch gegenübertreten, sie – über den Prospekt hinaus – über die für eine Anlageentscheidung wesentlichen Umstände zu informieren, nach den Grundsätzen des **Verschuldens bei Vertragsschluss** für die Richtigkeit und Vollständigkeit ihrer Aussagen[2]. Unberührt bleibt darüber hinaus vor allem die Geltendmachung eines Anspruchs wegen vorsätzlicher **unerlaubter Handlung** aus § 823 Abs. 2 BGB iVm. einem Schutzgesetz (namentlich § 263 StGB[3], § 264a StGB[4] und § 400 AktG[5]) sowie aus § 826 BGB[6].

143 Da § 25 Abs. 2 WpPG weder **vertragliche Ansprüche** noch solche **aufgrund schuldrechtlicher Sonderverbindungen** ausschließt, kann neben einem Anspruch aus §§ 21, 22 WpPG auch ein Anspruch aus *culpa in contrahendo* (§ 311 Abs. 2 und 3

---

1 RegE Drittes Finanzmarktförderungsgesetz, BT-Drucks. 13/8933 v. 6.11.1997, S. 81. Siehe etwa *Groß*, § 25 WpPG Rz. 3; *Habersack* in Habersack/Mülbert/Schlitt, Kapitalmarktinformation, § 29 Rz. 73; *Hauptmann* in Vortmann, § 3 Rz. 136; *Krämer* in Marsch-Barner/Schäfer, § 10 Rz. 377; *Mülbert/Steup* in Habersack/Mülbert/Schlitt, Unternehmensfinanzierung, § 41 Rz. 151; *Schwark* in Schwark/Zimmer, §§ 44, 45 BörsG Rz. 79.
2 BGH v. 2.6.2008 – II ZR 210/06, ZIP 2008, 1526 (1528 Rz. 13) = AG 2008, 662.
3 *Habersack* in Habersack/Mülbert/Schlitt, Kapitalmarktinformation, § 29 Rz. 58; *Schwark* in Schwark/Zimmer, §§ 44, 45 BörsG Rz. 80.
4 Vgl. BVerfG v. 29.2.2008 – 1 BvR 371/07, ZIP 2008, 1078 (Behandlung richtiger, aber schwer verständlicher Darstellungen von Tatsachen im Anlageprospekt als Kapitalanlagebetrug als Voraussetzung eines Anspruchs aus § 823 Abs. 2 BGB iVm. § 264a StGB); BGH v. 21.10.1991 – II ZR 204/90, ZIP 1991, 1597 (1599); BGH v. 29.5.2000 – II ZR 280/98, ZIP 2000, 1296 (1297); BGH v. 19.7.2004 – II ZR 218/03, ZIP 2004, 1599 (1601, 1602) = AG 2004, 543; BGH v. 1.3.2010 – II ZR 213/08, ZIP 2010, 933 (934); BGH v. 8.1.2013 – VI ZR 386/11, ZIP 2013, 580 = AG 2013, 350; BGH v. 24.6.2014 – VI ZR 560/13, ZIP 2014, 1635 (1636) = AG 2014, 787; BGH v. 12.5.2015 – VI ZR 102/14, ZIP 2015, 1835 (1836).
5 *Schwark* in Schwark/Zimmer, §§ 44, 45 BörsG Rz. 80.
6 Zur Prospekthaftung nach § 826 BGB siehe etwa BGH v. 28.2.2005 – II ZR 13/03, ZIP 2005, 709. Weiter die „ComROAD"-Fälle, zuletzt BGH v. 3.3.2008 – II ZR 310/06, WM 2008, 790 Rz. 10 ff. mwN. Aus dem Schrifttum *Habersack* in Habersack/Mülbert/Schlitt, Kapitalmarktinformation, § 29 Rz. 58; *Schwark* in Schwark/Zimmer, §§ 44, 45 BörsG Rz. 80.

BGB) wegen persönlich in Anspruch genommenen Vertrauens (etwa eines Emissionshelfers und Prospektverantwortlichen) geltend gemacht werden[1]. Darüber hinaus können auf vertraglicher Grundlage für Prospektverantwortliche erstellte und in den Prospekt aufgenommene **Gutachten, Expertisen oder Testate**, die ihren Urheber erkennen lassen, unter dem Gesichtspunkt des **Vertrags mit Schutzwirkung zugunsten Dritter** Grundlage von Schadensersatzansprüchen von Wertpapiererwerbern sein. So wurde der Erwerber eines Wertpapiers einer Emittentin in den Schutzbereich des Vertrags derselben mit einer Wirtschaftsprüfungsgesellschaft einbezogen, aufgrund dessen diese ein vertragsgemäß in den Wertpapierprospekt aufgenommenes, fehlerhaftes Testat betreffend die Prüfung der Gewinnprognosen nach § 7 WpPG iVm. Art. 3 und Anhang I Nr. 13.2. der VO (EG) Nr. 809/2004 abgegeben hatte, mit der Folge, dass die Wirtschaftsprüfungsgesellschaft nach den Grundsätzen des Vertrags mit Schutzwirkung zugunsten Dritter haftbar gemacht wurde[2].

5. Rechtsschutz(versicherung)

Unter dem durch das WpPG und das VermAnlG abgelösten börsen- und verkaufsprospektgesetzlichen Prospekthaftungsregime war anerkannt, dass die Geltendmachung eines börsengesetzlichen Prospekthaftungsanspruchs die Erhebung eines Schadensersatzanspruchs aufgrund einer gesetzlichen Haftpflichtbestimmung darstellt. Eine Versicherungsgesellschaft kann deshalb ihrem Kunden, der bei ihr eine Rechtsschutzversicherung abgeschlossen hat, nicht entgegenhalten, die Geltendmachung eines Anspruchs nach § 21, 22 WpPG stelle die Wahrnehmung rechtlicher Interessen aus dem Bereich des „Rechts der Handelsgesellschaften" dar, für die ein Rechtsschutz nach den Allgemeinen Versicherungsbedingungen der Versicherungsgesellschaft ausgeschlossen sei[3].

144

§ 24
Haftung bei fehlendem Prospekt

(1) Ist ein Prospekt entgegen § 3 Absatz 1 Satz 1 nicht veröffentlicht worden, kann der Erwerber von Wertpapieren von dem Emittenten und dem Anbieter als Gesamtschuldnern die Übernahme der Wertpapiere gegen Erstattung des Erwerbspreises, soweit dieser den ersten Erwerbspreis nicht überschreitet, und der mit dem Erwerb verbundenen üblichen Kosten verlangen, sofern das Erwerbsgeschäft vor Veröffentlichung eines Prospekts und innerhalb von sechs Monaten

---

1 So schon zu § 48 Abs. 2 BörsG aF *Kort*, AG 1999, 9 (18 f.). Siehe auch *Habersack* in Habersack/Mülbert/Schlitt, Kapitalmarktinformation, § 29 Rz. 58; *Mülbert/Steup* in Habersack/Mülbert/Schlitt, Unternehmensfinanzierung, § 41 Rz. 152.
2 BGH v. 24.4.2014 – III ZR 156/13, ZIP 2014, 972 (974 Rz. 15 ff.) = AG 2014, 710.
3 BGH v. 21.5.2003 – IV ZR 327/02, ZIP 2003, 1245.

nach dem ersten öffentlichen Angebot im Inland abgeschlossen wurde. Auf den Erwerb von Wertpapieren desselben Emittenten, die von den in Satz 1 genannten Wertpapieren nicht nach Ausstattungsmerkmalen oder in sonstiger Weise unterschieden werden können, ist Satz 1 entsprechend anzuwenden.

(2) Ist der Erwerber nicht mehr Inhaber der Wertpapiere, so kann er die Zahlung des Unterschiedsbetrags zwischen dem Erwerbspreis und dem Veräußerungspreis der Wertpapiere sowie der mit dem Erwerb und der Veräußerung verbundenen üblichen Kosten verlangen. Absatz 1 Satz 1 gilt entsprechend.

(3) Werden Wertpapiere eines Emittenten mit Sitz im Ausland auch im Ausland öffentlich angeboten, besteht ein Anspruch nach Absatz 1 oder Absatz 2 nur, sofern die Wertpapiere auf Grund eines im Inland abgeschlossenen Geschäfts oder einer ganz oder teilweise im Inland erbrachten Wertpapierdienstleistung erworben wurden.

(4) Der Anspruch nach den Absätzen 1 bis 3 besteht nicht, sofern der Erwerber die Pflicht, einen Prospekt zu veröffentlichen, beim Erwerb kannte.

In der Fassung vom 6.12.2011 (BGBl. I 2011, S. 2481).

Schrifttum: Siehe Vor §§ 21–25.

I. Regelungsgegenstand, Normentwicklung, Übergangsregelung ... 1
II. Voraussetzungen und Inhalt der Haftung
 1. Fehlender Prospekt (§ 24 Abs. 1 Satz 1 WpPG) 4
 2. Anspruchsberechtigte (§ 24 Abs. 1 Sätze 1 und 2, Abs. 2, Abs. 3 WpPG) 9
 3. Anspruchsgegner (§ 24 Abs. 1 Satz 1 WpPG) 14
 4. Kausalität 18
 5. Verschulden 20
 6. Mitverschulden (§ 24 Abs. 4 WpPG) 24
 7. Anspruchsinhalt – Schadensersatz (§ 24 Abs. 1 Satz 1, Abs. 2 WpPG) 26
 8. Haftungsfreizeichnung 30
III. Geltendmachung des Anspruchs
 1. Verjährung 31
 2. Gerichtliche Zuständigkeit 33
 3. Konkurrenzen 36

I. Regelungsgegenstand, Normentwicklung, Übergangsregelung

1 § 24 WpPG hat die **Haftung bei fehlendem Prospekt** zum Gegenstand, das heißt die Haftung für den Fall, dass ein Prospekt entgegen § 3 Abs. 1 WpPG nicht veröffentlicht wurde. Mit Ausnahme der nicht übernommenen Verjährungsregelung des § 13a Abs. 4 VerkProspG aF, der in § 25 WpPG überführten Regelung des § 13a Abs. 6 VerkProspG aF und dem entfallenen Hinweis auf § 32b ZPO in § 13a Abs. 7 VerkProspG aF folgt der aufgrund von Art. 6 Nr. 4 des Gesetzes zur Novellierung des Finanzanlagenvermittler- und Vermögensanlagenrechts vom 6.12.2011[1] in das

---

1 BGBl. I 2011, S. 2481.

WpPG gelangte § 24 WpPG dem aufgehobenen § 13a **VerkProspG** (aF) über die Haftung bei fehlendem Prospekt. Diese Bestimmung war ihrerseits erst durch Art. 2 Nr. 6 AnSVG vom 28.10.2004[1] in das inzwischen aufgehobene VerkProspG gelangt und war mit dem AnSVG zum 1.7.2005 in Kraft getreten[2]. Mit der **Einführung der Haftung für pflichtwidrig nicht veröffentlichte Prospekte** in § 13a VerkProspG aF reagierte der Gesetzgeber auf den Umstand, dass das öffentliche Angebot von Kapitalanlagen unter Verletzung der Pflicht zur Veröffentlichung eines Verkaufsprospekts zwar aufsichtsrechtliche und ordnungswidrigkeitsrechtliche Folgen nach sich ziehen konnte, ein Schadensersatzanspruch der Anleger, welche gleichwohl die angebotenen Anlagen erwarben, aber rechtlich weder leicht zu begründen noch durchzusetzen war[3].

Die **Modalitäten der Haftung** aus § 24 WpPG bei fehlendem Prospekt entsprechen weitgehend denjenigen der Haftung bei fehlerhaftem Prospekt, so wie diejenigen der Haftung nach dem in § 24 WpPG überführten § 13a VerkProspG aF im Wesentlichen denjenigen des § 13 VerkProspG aF nachgebildet waren[4]. 2

Im Hinblick auf die mit dem Gesetz zur Novellierung des Finanzanlagenvermittler- und Vermögensanlagenrechts vom 6.12.2011[5] eingetretene Gesetzesänderung enthalten § 37 WpPG und § 52 BörsG **Übergangsbestimmungen** (siehe Vor §§ 21–25 WpPG Rz. 26 ff.). Zu diesen gehört die Regelung des § 37 Satz 2 WpPG, dass auf Ansprüche wegen entgegen § 3 Abs. 1 Satz 1 WpPG nicht veröffentlichter Prospekte, die bis zum Ablauf des 31.5.2012 entstanden sind, das Verkaufsprospektgesetz in der bis zum 31.5.2012 geltenden Fassung weiterhin anzuwenden ist. 3

II. Voraussetzungen und Inhalt der Haftung

1. Fehlender Prospekt (§ 24 Abs. 1 Satz 1 WpPG)

Die Haftung bei fehlendem Prospekt nach § 24 WpPG setzt voraus, dass „**entgegen § 3 Abs. 1 Satz 1 WpPG ein Prospekt nicht veröffentlicht**" wurde (§ 24 Abs. 1 Satz 1 WpPG). Der vorstehend wiedergegebene Verweis des § 24 Abs. 1 Satz 1 WpPG – Hervorhebung hinzugefügt – auf „§ 3 Absatz 1 *Satz 1* WpPG" geht darauf zurück, dass § 3 Abs. 1 WpPG ehemals aus 2 Sätzen bestand, doch entfiel Satz 2 aufgrund der Neufassung des § 3 WpPG durch Art. 1 Nr. 4 des Gesetzes zur Umsetzung der 4

---

1 BGBl. I 2004, S. 2630.
2 Art. 6 AnSVG, BGBl. I 2004, S. 2630 (2650).
3 Hierzu ausführlich Voraufl., § 13a VerkProspG Rz. 2. Zur unterschiedlichen Sichtweise betreffend den Haftungsgrund für eine Haftung für fehlende Prospekte *Klöhn*, DB 2012, 1854 ff., der allerdings übersieht, dass sich die verschiedenen Positionen in Rechtsprechung und Schrifttum zu den Tatbestandsmerkmalen der Haftung für fehlende Prospekte nicht schematisch der einen oder anderen der ebenfalls holzschnittartig unterschiedenen Grundpositionen zuordnen lassen.
4 RegE AnSVG, BT-Drucks. 15/3174 v. 24.5.2004, S. 1 (44).
5 BGBl. I 2011, S. 2481.

Richtlinie 2010/73/EU vom 26.6.2012[1], ohne dass § 24 Abs. 1 WpPG – wie auch § 22 WpPG (siehe §§ 21–23 WpPG Rz. 29) – entsprechend angepasst worden wäre.

5 Ein Prospekt ist **entgegen § 3 Abs. 1 WpPG nicht veröffentlicht** worden, wenn ein Anbieter im Inland öffentlich Wertpapiere anbietet, ohne zuvor einen (nach §§ 13 bzw. 18 Abs. 3 WpPG gebilligten bzw. bescheinigten) Prospekt für diese Wertpapiere (nach Maßgabe von § 14 WpPG) veröffentlicht zu haben. Das betrifft auf jeden Fall das öffentliche Angebot von **Wertpapieren, die *nicht* im Inland zum Handel an einem organisierten Markt zugelassen werden sollen.**

6 Fraglich ist aber, ob die Prospektpflicht nach § 3 Abs. 1 WpPG auch Wertpapiere betrifft, die **im Inland zum Handel an einem organisierten Markt zugelassen werden** sollen, denn für diesen Fall bestimmt der in § 24 Abs. 1 WpPG nicht erwähnte **§ 3 Abs. 4 WpPG** eine Prospektpflicht des Zulassungsantragstellers. Daraus ließe sich folgern, dass nach § 24 WpPG nicht für fehlende Börsenzulassungsprospekte gehaftet werde und sich die Prospektpflicht für Börsenzulassungsprospekte allein aus § 3 Abs. 4 WpPG iVm. dem sich aus § 32 Abs. 3 Nr. 2 BörsG ergebenden Zulassungserfordernis eines nach den Vorschriften des WpPG veröffentlichten Prospekts ergebe[2]. Dagegen lässt sich einwenden, dass § 3 Abs. 1 WpPG hinsichtlich der Wertpapiere, deren öffentliches Angebot im Inland nicht ohne vorherige Veröffentlichung eines Prospekts erfolgen darf, keinerlei Einschränkung im Hinblick auf solche Wertpapiere enthält, die zum Handel an einem organisierten Markt zugelassen werden sollen und solchen, bei denen dies nicht der Fall ist. Eine Differenzierung nimmt diesbezüglich erst § 3 Abs. 4 WpPG vor, der für Wertpapiere, die zum Handel an einem organisierten Markt zugelassen werden sollen, die – börsenrechtliche Zulassungsanforderungen reflektierende – Sonderregelung enthält, dass der Prospekt unter diesen Voraussetzungen vom *Zulassungsantragsteller* iS von § 32 Abs. 2 BörsG statt dem *Anbieter* zu veröffentlichen ist. Von diesem Umstand geht auch die Begründung des Regierungsentwurfs eines Gesetzes zur Novellierung des Finanzanlagenvermittler- und Vermögensanlagenrechts vom 8.6.2011[3] aus, die den Anwendungsbereich des § 24 WpPG nur „faktisch" auf Prospekte beschränkt sieht, „die nicht Grundlage für die Zulassung von Wertpapieren zum Handel an einer inländischen Börse sind" und sich dabei auf den Umstand bezieht, dass „die Zulassung zum Handel an einer inländischen Börse denknotwendig das Vorliegen eines Prospekts voraussetzt (§ 32 Absatz 3 Nummer 2 des Börsengesetzes)" und deshalb eine entsprechende Klarstellung im Gesetzestext entbehrlich sei. Dürfte die Zulassung ei-

---

[1] BGBl. I 2012, S. 1375 (1376).
[2] So im Hinblick auf die Prospektpflicht § 3 WpPG Rz. 58 und in Bezug auf die Haftung nach § 24 WpPG *Assmann* in Assmann/Schütze, § 5 Rz. 211; *Becker* in Heidel, § 24 WpPG Rz. 13.
[3] BT-Drucks. 17/6051, S. 1 (46/47: „Da die Zulassung zum Handel an einer inländischen Börse denknotwendig das Vorliegen eines Prospekts voraussetzt (§ 32 Absatz 3 Nummer 2 des Börsengesetzes), ist der Anwendungsbereich dieser Haftungsnorm faktisch auf Prospekte beschränkt, die nicht Grundlage für die Zulassung von Wertpapieren zum Handel an einer inländischen Börse sind. Eine entsprechende Klarstellung im Gesetzestext ist jedoch entbehrlich").

nes Wertpapiers zum Börsenhandel ohne Nachweis der Veröffentlichung eines nach den Bestimmungen des WpPG erstellten, gebilligten und veröffentlichten Prospekts in der Praxis ausgeschlossen sein, so ist es – umgekehrt – „denklogisch" doch möglich, dass ein Prospekt in Bezug auf die zuzulassenden und zugelassenen Prospekte nicht gebilligt und/oder veröffentlicht wurde. Da in diesem Falle ein entgegen einer Prospektpflicht nicht veröffentlichter Prospekt fehlt, sollte dieser die Haftung nach § 24 WpPG bei fehlendem Prospekt nach sich ziehen. Wollte man gleichwohl in § 3 Abs. 4 WpPG eine von § 3 Abs. 1 WpPG dem Grunde nach nicht erfasste, selbständige Prospektpflicht sehen, so wäre § 24 WpPG in diesem Fall zumindest analog anzuwenden.

Die Haftung bei fehlendem Prospekt nach § 24 WpPG greift auch dann ein, wenn eine Prospektpflicht nach § 3 Abs. 1 WpPG besteht und ein **Prospekt gebilligt, aber nicht veröffentlicht wurde** (siehe §§ 21–23 WpPG Rz. 33). Eine spätere Veröffentlichung des Prospekts lässt die Ansprüche derjenigen aus § 24 WpPG unberührt, die vor der Veröffentlichung Wertpapiere erworben haben, auf die sich der Prospekt bezieht[1]. Nicht anders verhält es sich, wenn ein **nicht gebilligter Prospekt veröffentlicht** wurde[2], selbst wenn er hätte gebilligt werden können, weil er die Voraussetzungen erfüllte[3] (siehe auch §§ 21–23 WpPG Rz. 33). Das wird als formale Sichtweise[4] kritisiert, die im Wortlaut des WpPG keine Stütze finde, doch lese man, um der hier vertretenen Ansicht zu folgen, § 3 Abs. 1 WpPG zusammen mit § 13 Abs. 1 Satz 1 WpPG[5], demzufolge – bußgeldrechtlich bewehrt (§ 35 Abs. 1 Nr. 5 WpPG) – ein Prospekt vor seiner Billigung nicht veröffentlicht werden darf, und bedenke die mit der Prospektbilligungspflicht verknüpften Zwecke des Schutzes der Anleger und des Drucks zur Einhaltung der – auch formalen – Anforderung beim öffentlichen Angebot von Wertpapieren. Dagegen löst die bloß **fehlerhafte Veröffentlichung** eines gebilligten Verkaufsprospekts keine Haftung nach § 24 WpPG aus[6] (siehe auch §§ 21–23 WpPG Rz. 15).

---

1 RegE AnSVG, BT-Drucks. 15/3174 v. 24.5.2004, S. 1 (44).
2 OLG München v. 2.11.2011 – 20 U 2289/11, BeckRS 2011, 25505 = juris, unter II.1.; *Groß*, § 24 WpPG Rz. 4; *Kind* in Arndt/Voß, § 13a VerkProspG Rz. 5; *Klöhn*, DB 2012, 1858; *Mülbert/Steup* in Habersack/Mülbert/Schlitt, Unternehmensfinanzierung, § 41 Rz. 58. IE ebenso, aber auf der Grundlage einer nicht erforderlichen teleologischen Reduktion, *Bongertz*, BB 2012, 473. So wohl auch *Becker* in Heidel, § 24 WpPG Rz. 7. AA *Wackerbarth* in Holzborn, § 24 WpPG Rz. 5.
3 *Barta*, NZG 2005, 308; *Becker* in Heidel, 3. Aufl. 2011, § 13a VerkProspG Rz. 8; *Heidelbach* in Schwark/Zimmer, § 13a VerkProspG Rz. 9; *Kind* in Arndt/Voß, § 13a VerkProspG Rz. 5; *Klöhn*, DB 2012, 1858. AA *Benecke*, BB 2006, 2599; *Bongertz*, BB 2012, 473; *Fleischer*, WM 2004, 1902 f.; *Mülbert/Steup* in Habersack/Mülbert/Schlitt, Unternehmensfinanzierung, § 41 Rz. 58; *Panetta/Zessel*, NJOZ 2010, 419 f.
4 Für eine solche formelle Sichtweise und Bestimmung des Haftungsgrunds für fehlende Prospekte nachdrücklich *Klöhn*, DB 2012, 1854.
5 *Assmann* in Assmann/Schütze, § 5 Rz. 129; Voraufl., § 13a VerkProspG Rz. 17. **AA** *Mülbert/Steup* in Habersack/Mülbert/Schlitt, Unternehmensfinanzierung, § 41 Rz. 58.
6 Im Grundsatz ebenso, aber mit dem Vorbehalt der Haftung für einen fehlenden Prospekt, wenn der Veröffentlichungsfehler so schwer wiege wie die vollständig unterbliebene Ver-

8 Entgegen § 16 Abs. 1 WpPG **unterlassene Nachträge** sind nicht Gegenstand einer Haftung nach § 24 WpPG (siehe §§ 21–23 WpPG Rz. 15 und 34)[1]. Da ein Nachtrag nach § 16 Abs. 1 Satz 1 WpPG nur dann erforderlich ist, wenn nach der Billigung des Prospekts wichtige neue Umstände auftreten oder eine wesentliche Unrichtigkeit in Bezug auf die im Prospekt enthaltenen Angaben festgestellt werden, stehen dem Anleger mangels der Veröffentlichung eines solchen Nachtrags wegen der Unrichtigkeit oder Unvollständigkeit des Prospekts Ansprüche aus §§ 21, 22 WpPG zu (siehe §§ 21–23 WpPG Rz. 15 und 34). Werden **statt Nachträgen andere Darstellungen** verwandt, um auf Änderungen zu reagieren, die einen Prospekt unrichtig oder unvollständig machen, so besteht auch hier kein Bedarf für die Anwendung des § 24 WpPG (näher §§ 21–23 WpPG Rz. 15 und 37).

2. Anspruchsberechtigte (§ 24 Abs. 1 Sätze 1 und 2, Abs. 2, Abs. 3 WpPG)

9 Ein Anspruch wegen eines fehlenden Prospekts kann nach § 24 Abs. 1 Satz 1 WpPG **nur vom Erwerber** von Wertpapieren geltend gemacht werden, für die entgegen § 3 Abs. 1 WpPG ein Prospekt nicht veröffentlicht wurde. Das gilt ohne Einschränkung für den Erwerber, der **noch Inhaber der Wertpapiere** ist. Ist der Erwerber dagegen **nicht mehr Inhaber der Wertpapiere**, so steht dies – wie sich aus § 24 Abs. 2 Satz 1 WpPG ergibt – einem Anspruch nicht entgegen, vielmehr ändert sich in diesem Fall lediglich dessen Inhalt[2] (unten Rz. 28).

10 Gleich ob der Erwerber noch Inhaber der Wertpapiere ist, muss das **Erwerbsgeschäft** in Bezug auf die fraglichen Anlagen auf jeden Fall **innerhalb von sechs Monaten nach dem ersten öffentlichen Angebot** im Inland abgeschlossen worden sein. Das entspricht der Regelung der §§ 21 Abs. 1 Satz 1, 22 WpPG betreffend die Haftung bei fehlerhaften Prospekten. Maßgeblich ist der Zeitpunkt, in dem das **Verpflichtungsgeschäft**, dh. die obligatorische Seite des Erwerbsgeschäfts, vorgenommen wurde. Eine Ausdehnung der Haftung auf Erwerbsgeschäfte, die **nach dem Ablauf des Sechsmonatszeitraums** erfolgten, ist *de lege lata* nicht begründbar. Nicht zu folgen ist auch dem Vorschlag einer teleologischen Reduktion der Vorschrift[3], da sich keine Anhaltspunkte dafür finden, der Wortlaut der Bestimmung enge den Anwendungsspielraum planwidrig ein. Eine andere Frage ist, ob der Versuch, das Haftungsrisiko aus § 24 WpPG zu beschränken, durch die zeitliche Limitierung einerseits und die Wahl einer Frist von sechs Monaten andererseits rechtspolitisch korrekturbedürftig ist[4].

11 Darüber hinaus muss das **Erwerbsgeschäft vor Veröffentlichung des Prospekts** erfolgt sein. Zu diesem Erfordernis, mit dem die **Ursächlichkeit** der unterlassenen Prospektveröffentlichung für den Anlegerschaden formuliert wird, unten Rz. 18.

öffentlichung: *Klöhn*, DB 2012, 1858 f.; *Mülbert/Steup* in Habersack/Mülbert/Schlitt, Unternehmensfinanzierung, § 41 Rz. 60.

1 IE auch *Becker* in Heidel, § 24 WpPG Rz. 11.
2 Die Regelung entspricht §§ 21 Abs. 2, 22 WpPG betreffend die Haftung bei fehlerhaften Prospekten sowie §§ 20 Abs. 5, 21 Abs. 5 VermAnlG betreffend Verkaufsprospekte.
3 So aber *Kind* in Arndt/Voß, § 13a VerkProspG Rz. 7.
4 Gegen jede zeitliche Beschränkung *Schäfer*, ZGR 2006, 48 f.

Auf den **Erwerb von Wertpapieren desselben Emittenten**, die von den in § 24 Abs. 1 Satz 1 WpPG genannten Wertpapieren nicht nach Ausstattungsmerkmalen oder in sonstiger Weise unterschieden werden können, ist nach **§ 24 Abs. 1 Satz 2 WpPG** die Regelung in § 24 Abs. 1 Satz 1 WpPG entsprechend anzuwenden. Die Vorschrift entspricht §§ 21 Abs. 1 Satz 3, 22 WpPG.

Werden Wertpapiere oder Vermögensanlagen eines **Emittenten mit Sitz im Ausland** auch im Ausland öffentlich angeboten, besteht ein Anspruch des Erwerbers wegen fehlenden Prospekts nach **§ 24 Abs. 3 WpPG** nur für den Fall, dass die Wertpapiere oder Vermögensanlagen aufgrund eines **im Inland abgeschlossenen Geschäfts** oder einer ganz oder teilweise **im Inland erbrachten Wertpapierdienstleistung** (iS von § 2 Abs. 3 WpHG) erworben wurden. Im Umkehrschluss heißt dies, dass es des Nachweises eines Inlandsgeschäfts oder einer im Inland erbrachten Wertpapierdienstleistung auch dann nicht bedarf, wenn die Anlagen auch im Ausland öffentlich angeboten werden, der Emittent seinen Sitz jedoch im Inland hat. Die Vorschrift entspricht §§ 21 Abs. 3, 22 WpPG.

3. Anspruchsgegner (§ 24 Abs. 1 Satz 1 WpPG)

Der Anspruch wegen eines fehlenden Prospekts richtet sich gegen den **Emittenten** und den **Anbieter** der erworbenen Wertpapiere. Diese haften nach § 24 Abs. 1 Satz 1 WpPG **als Gesamtschuldner**.

Fraglich ist allerdings, ob ein **Emittent** auch dann haftet, wenn er **nicht zugleich Anbieter** der erworbenen Wertpapiere war und keiner Prospektpflicht nach § 3 Abs. 1 Satz 1 WpPG unterlag. Der Wortlaut des § 24 Abs. 1 Satz 1 WpPG legt die Annahme nahe, der Emittent hafte auch in diesem Fall für das Fehlen eines Prospekts. Ihr kann aber nicht gefolgt werden, denn die Haftung nach § 24 WpPG ist eine Haftung für die pflichtwidrige Nichterstellung eines Prospekts und kann deshalb nur den treffen, dem das Gesetz eine solche Pflicht auferlegt[1]. Auch die Haftung für fehlerhafte Prospekte trifft den Emittenten nicht *per se* als Emittenten, sondern gemäß §§ 21 Abs. 1 Satz 1, 22 WpPG nur, wenn er für den Prospekt die Verantwortung übernommen hat, was nur im Falle seiner Prospektpflicht als Anbieter nach § 3 Abs. 1 Satz 1 WpPG zwangsläufig der Fall ist, oder wenn der Erlass des Prospekts von ihm ausgeht. Deshalb kann es nur dann zu einer gesamtschuldnerischen Haftung von Emittent und Anbieter kommen, wenn der Emittent auch prospektpflichtiger Anbieter ist und neben ihm andere Anbieter auftreten[2]. Das mag die Regel sein, ist aber nicht zwingend, was insbesondere der Fall einer nicht prospektpflichtigen Erstplatzierung und einer (ohne jedes Zutun des Emittenten) durch öffentliches Angebot an das Publikum vorgenommenen und damit nach § 3 Abs. 1 Satz 1 WpPG prospektpflichtigen

---

[1] RegE AnSVG, BT-Drucks. 15/3174 v. 24.5.2004, S. 1 (44).
[2] Ebenso *Kumpan* in Baumbach/Hopt, (15a) § 24 WpPG Rz. 2; *Klöhn*, DB 2012, 1859; *Mülbert/Steup* in Habersack/Mülbert/Schlitt, Unternehmensfinanzierung, § 41 Rz. 78; *Pankoke* in Just/Voß/Ritz/Zeising, § 44 BörsG, § 13a VerkProspG Rz. 8; *Schäfer*, ZGR 2006, 59 f.; *Wackerbarth* in Holzborn, § 24 WpPG Rz. 9.

Zweitplatzierung durch den Ersterwerber belegt[1]. Alles andere käme einer systemwidrigen Gefährdungshaftung des Emittenten gleich.

16 Im wertpapierrechtlichen Sinne ist **Emittent** eines Wertpapiers, wer dieses als Aussteller desselben in den Verkehr bringt oder – in der Umschreibung von § 2 Nr. 9 WpPG, die auch im verkaufsprospekthaftungsrechtlichen Kontext in Bezug auf Emittenten von Wertpapieren anzuwenden ist[2] – jede Person oder Gesellschaft, die Wertpapiere begibt oder zu begeben beabsichtigt. Als **Anbieter** von Wertpapieren gilt nach § 2 Nr. 10 WpPG eine Person oder Gesellschaft, die Wertpapiere öffentlich anbietet. Als **öffentliches Angebot** wiederum ist nach § 2 Nr. 4 Halbsatz 1 WpPG eine Mitteilung an das Publikum in jedweder Form und auf jedwede Art und Weise anzusehen, die ausreichende Informationen über die Angebotsbedingungen und die anzubietenden Wertpapiere enthält, um einen Anleger in die Lage zu versetzen, über den Kauf oder die Zeichnung dieser Wertpapiere zu entscheiden[3]. Die Grenzen der Auslegung sind überschritten, wenn auch die Personen, „die hinter dem öffentlichen Angebot stehen" als Anbieter in vorstehendem Sinne betrachtet werden sollen[4], zumal auch für die vorgeschlagene „extensive Auslegung" eine Schutzlücke in Gestalt der Nichteinbeziehung solcher Personen in die Haftung bei fehlendem Prospekt nicht erkennbar ist.

17 **Emittent und der Anbieter von Wertpapieren oder Vermögensanlagen** können und werden in der Regel identisch sein, doch ist dies nicht zwingend erforderlich[5]. Greift der Emittent bei der **Emission von Aktien** auf die Hilfe eines Konsortiums von Banken zurück, um die Papiere beim Publikum zu platzieren, so sind sowohl der Emittent wie die Mitglieder des Emissionskonsortiums als Anbieter anzusehen[6]: Der **Emittent**, weil er im Sinne der vorstehend wiedergegebenen Umschreibung des Anbieters als derjenige gelten muss, „der für das öffentliche Angebot der Vermögens-

---

1 Für eine „teleologische Reduktion" der Vorgängervorschrift des § 24 Abs. 1 Satz 1 WpPG in Gestalt von § 13a Abs. 1 Satz 1 VerkProspG (aF) für diesen Fall *Schäfer*, ZGR 2006, 60.
2 Vgl. RegE Prospektrichtlinie-Umsetzungsgesetz, BT-Drucks. 15/4999 v. 8.3.2005, S. 1 (29) zu § 2 Nr. 9 WpPG („Diese Begrifflichkeit findet sich auch im Verkaufsprospektgesetz").
3 Nach § 2 Nr. 4 Halbsatz 2 VermAnlG gilt dies auch für die Platzierung von Wertpapieren durch Institute iS des § 1 Abs. 1b KWG oder ein nach § 53 Abs. 1 Satz 1 oder § 53b Abs. 1 Satz 1 oder Abs. 7 KWG tätiges Unternehmen, wobei Mitteilungen aufgrund des Handels von Wertpapieren an einem organisierten Markt oder im Freiverkehr kein öffentliches Angebot darstellen. Zur Auslegung des § 2 Nr. 4 WpPG hat die BaFin das „Auslegungsschreiben zum Begriff des öffentlichen Angebots von Wertpapieren im Sinne des § 2 Nr. 4 WpPG im Rahmen des Sekundärmarkthandels von Wertpapieren" v. 24.6.2013, Geschäftszeichen PRO 1 – Wp 2030 – 2012/0013, veröffentlicht.
4 *Mülbert/Steup* in Habersack/Mülbert/Schlitt, Unternehmensfinanzierung, § 41 Rz. 79. Dagegen schon Voraufl., § 13a VerkProspG Rz. 14.
5 RegE AnSVG, BT-Drucks. 15/3174 v. 24.5.2004, S. 1 (42); RegE Prospektrichtlinie-Umsetzungsgesetz, BT-Drucks. 15/4999 v. 8.3.2005, S. 1 (29).
6 So iE auch RegE Prospektrichtlinie-Umsetzungsgesetz, BT-Drucks. 15/4999 v. 8.3.2005, S. 1 (29) zu § 2 Nr. 10 WpPG. Nicht vertretbar ist nach Vorstehendem die Ansicht von *Manzei*, WM 2006, 848, in der Praxis könne es immer nur *einen* Anbieter geben.

anlage verantwortlich" ist und möglicherweise sogar – je nach den Umständen und den Kundgebungen an das Publikum – „den Anlegern gegenüber nach außen erkennbar als Anbieter" erscheint; und das jeweilige **Mitglied des Emissionskonsortiums**, weil auch dieses in der Regel „den Anlegern gegenüber nach außen erkennbar als Anbieter" auftritt. Nicht anders verhält es sich, wenn sich der Emittent bei der **Emission anderer Wertpapiere** zur Platzierung der Papiere hierauf spezialisierter **Vertriebsorganisationen** bedient. In diesen Fällen ist vor allem auch „derjenige als Anbieter anzusehen, der die Verantwortung für die Koordination der Vertriebsaktivitäten innehat. Als Indiz hierfür dienen insbesondere entsprechende Vereinbarungen mit dem Emittenten, Aufträge an Untervertriebe und Provisionsvereinbarungen"[1].

4. Kausalität

Die Haftung bei fehlendem Prospekt setzt voraus, dass die pflichtwidrige Nichtveröffentlichung eines Prospekts für den Erwerb der fraglichen Wertpapiere **ursächlich** ist, dh. der Erwerber das Wertpapier bei Veröffentlichung eines Prospekts nicht erworben hätte[2]. Hierzu ist es allerdings nicht erforderlich, dass der Anspruchsteller die Ursächlichkeit des pflichtwidrigen Fehlens eines Prospekts für den Erwerb der Anlage nachweist. Vielmehr wird die **haftungsbegründende Kausalität** der Pflichtverletzung vermutet[3], wenn der Erwerb der Wertpapiere vor der Veröffentlichung eines das Angebot der Wertpapiere betreffenden Prospekts erfolgte. Die Vermutung ist widerleglich[4]. Hinsichtlich des **Erwerbs** ist auf die obligatorische Seite des Erwerbsgeschäfts abzustellen. Folgte diesem die verspätete Veröffentlichung eines Prospekts, lässt dies den Anspruch aus § 24 WpPG unberührt[5]. § 24 Abs. 4 WpPG, demzufolge ein Anspruch wegen fehlenden Prospekts ausscheidet, wenn der **Erwerber die Prospektveröffentlichungspflicht beim Erwerb kannte**, wird wie die Regelung eines haftungsausschließenden Mitverschuldens betrachtet[6] und dementsprechend nachfolgend in Rz. 24 behandelt.

18

Wendet der Anspruchsgegner ein, der Erfolg in Gestalt des Erwerbs der Anlage wäre auch bei **rechtmäßigem Alternativverhalten** eingetreten, weil der Anleger

19

---

1 RegE Prospektrichtlinie-Umsetzungsgesetz, BT-Drucks. 15/4999 v. 8.3.2005, S. 1 (29) zu § 2 Nr. 10 WpPG.
2 Schon Voraufl., § 13a VerkProspG Rz. 19; *Habersack* in Habersack/Mülbert/Schlitt, Kapitalmarktinformation, § 29 Rz. 66; *Mülbert/Steup* in Habersack/Mülbert/Schlitt, Unternehmensfinanzierung, § 41 Rz. 100; *Schäfer*, ZGR 2006, 53. **AA** OLG München v. 2.11.2011 – 20 U 2289/11, BeckRS 2011, 25505 = juris, ohne Begründung; *Becker* in Heidel, § 24 WpPG Rz. 18 (Präventionsgedanke); *Bohlken/Lange*, DB 2005, 1261; *Fleischer*, WM 2004, 1902; *Kind* in Arndt/Voß, § 13a VerkProspG Rz. 12; *Schüppen* in IDW, WP Handbuch 2014, Bd. II, 14. Aufl. 2014, Rz. T 123; *Wackerbarth* in Holzborn, § 24 WpPG Rz. 7.
3 *Schäfer*, ZGR 2006, 53; *Mülbert/Steup* in Habersack/Mülbert/Schlitt, Unternehmensfinanzierung, § 41 Rz. 100 f.
4 *Habersack* in Habersack/Mülbert/Schlitt, Kapitalmarktinformation, § 29 Rz. 66; *Mülbert/Steup* in Habersack/Mülbert/Schlitt, Unternehmensfinanzierung, § 41 Rz. 100.
5 Vgl. RegE AnSVG, BT-Drucks. 15/3174 v. 24.5.2004, S. 1 (44).
6 Siehe dazu § 21–23 WpPG Rz. 102, 114. Die Vorschrift entspricht dem auf Ansprüche aus §§ 21, 22 WpPG anwendbaren § 23 Abs. 2 Nr. 3 WpPG.

die fragliche Anlage auch bei ordnungsgemäßer Prospektveröffentlichung erworben hätte, so wird damit ein allgemein und im Zusammenhang mit der Prospekthaftung zu beachtender[1] fehlender **Pflichtwidrigkeitszusammenhang**[2] geltend gemacht[3]. Der Wegfall der Haftung bei fehlendem Pflichtwidrigkeitszusammenhang hat in § 23 Abs. 2 Nr. 1 WpPG Anerkennung gefunden und ist damit schon kraft gesetzlicher Regelung auch bei der Prospekthaftung nach §§ 21, 22 WpPG zu berücksichtigen. Dass eine entsprechende gesetzliche Regelung in § 24 WpPG fehlt, spricht nicht gegen die Anwendung des allgemeinen Grundsatzes[4]. Die fehlende Ursächlichkeit der Prospektveröffentlichung für den Anlageerwerb ist vom Anspruchsgegner zu beweisen[5].

5. Verschulden

20 Die Haftung bei fehlendem Prospekt nach § 24 WpPG setzt voraus, dass der Anspruchsgegner schuldhaft einen Prospekt entgegen § 3 Abs. 1 Satz 1 WpPG nicht veröffentlicht hat[6]. Zu den maßgeblichen **Verschuldensformen** unten Rz. 23.

---

1 Im Zusammenhang mit der allgemein-zivilrechtlichen Prospekthaftung etwa BGH v. 28.11.1983 – II ZR 72/83, ZIP 1984, 547 (548); BGH v. 19.12.1989 – XI ZR 29/89, WM 1990, 681 (683); BGH v. 31.5.1990 – VII ZR 340/88, ZIP 1990, 928, 932 (insoweit nicht in BGHZ 111, 314 abgedruckt); BGH v. 26.9.1991 – VII ZR 376/89, BGHZ 115, 214 (223) = ZIP 1992, 552 (556); BGH v. 5.7.1993 – II ZR 194/92, BGHZ 123, 106 (114) = ZIP 1993, 1467 (1470); BGH v. 14.7.2003 – II ZR 202/02, ZIP 2003, 1651 (1653). OLG Stuttgart v. 7.9.2004 – 1 U 17/04, WM 2005, 2382 (2384); OLG Bamberg v. 21.2.2006 – 5 U 196/05, WM 2006, 960 (966).
2 Bei fehlendem Pflichtwidrigkeitszusammenhang wird der Erfolg eines tatbestandsmäßigen und rechtswidrigen Handelns oder Unterlassens dem Betreffenden nicht zugerechnet und kann von daher als eine Frage der Kausalität und der Zurechenbarkeit derselben angesehen werden. Vgl. zum Ganzen *Eisele* in Schönke/Schröder, 29. Aufl. 2014, Vor §§ 13 ff. StGB Rz. 91 f., 99. Aus zivilrechtlicher Sicht etwa *Oetker* in MünchKomm. BGB, 6. Aufl. 2012, § 249 BGB Rz. 217 ff.
3 AA, in vermeintlich zwingender Herleitung aus einem formal verstandenen Haftungsgrund für fehlerhafte Prospekte, *Klöhn*, DB 2012, 1859.
4 Ohne auf die § 45 Abs. 2 Nr. 1 BörsG aF zu Grunde liegenden allgemeinen Rechtsgedanken einzugehen, lehnt *Fleischer*, BKR 2004, 346 f., diese Ansicht unter Berufung auf den Wortlaut des § 13a VerkProspG aF, der keine der börsengesetzlichen Regelung entsprechende Bestimmung enthalte, ab. Diesem zustimmend *Manzei*, WM 2006, 851. Die Anwendung des allgemeinen Grundsatzes wäre aber selbst dann nicht ausgeschlossen, wenn man in § 13a VerkProspG aF und dem diesem nachfolgenden § 24 WpPG eine strikte, verschuldenslose Haftung sehen wollte, da in diesem Falle nachgewiesen werden müsste, dass sich das einer Gefährdungshaftung unterworfene Risiko tatsächlich nicht realisiert hat.
5 Nicht zu folgen ist der Ansicht von *Bohlken/Lange*, DB 2005, 1261, ein Anlageerwerb auch bei Prospektveröffentlichung ließe sich, ohne den Inhalt des nicht veröffentlichten Prospekts in die Betrachtung mit einzubeziehen, nicht beweisen und müsse von daher ausscheiden.
6 *Kumpan* in Baumbach/Hopt, (15a) § 24 WpPG Rz. 4; *Mülbert/Steup* in Habersack/Mülbert/Schlitt, Unternehmensfinanzierung, § 41 Rz. 119. **AA** OLG München v. 2.11.2011 – 20 U 2289/11, BeckRS 2011, 25505 = juris (eindeutiger Gesetzeswortlaut); *Becker* in Hei-

Wie seine Vorgängervorschrift in Gestalt des § 13a VerkProspG (aF) enthält auch 21
§ 24 WpPG **keine Formulierung, die ausdrücklich ein solches Verschulden verlangt.** Das hat schon im Hinblick auf eine Haftung nach § 13a Abs. 1 und Abs. 2 VerkProspG aF zu der Ansicht geführt, die Haftung bei fehlendem Prospekt sei eine verschuldenslose[1], zumal sich im Referentenentwurf des AnSVG[2] eine § 45 Abs. 1 BörsG entsprechende Verschuldensregelung fand, die im Regierungsentwurf des § 13a VerkProspG[3] fehlte. Jedoch überwiegen schon zu dieser Bestimmung die Zweifel, ob der Gesetzgeber damit die Haftung aus § 13a Abs. 1 und Abs. 2 VerkProspG aF als eine verschuldenslose Haftung ausgestalten wollte, weshalb auch die Haftung bei fehlendem Prospekt als Verschuldenshaftung betrachtet wurde[4].

Zunächst war und ist darauf hinzuweisen, dass die Haftung für einen fehlenden 22 Prospekt eine **Haftung für pflichtwidriges Handeln** darstellt[5], die im deutschen Rechtssystem regelmäßig als Verschuldenshaftung ausgestaltet ist[6]. Das gilt sowohl für die Verletzung von Pflichten aus dem Schuldverhältnis (§§ 280 ff. BGB) als auch für die Verletzung von Verkehrspflichten und die Deliktshaftung. Qualifiziert man die Haftung für einen fehlenden Prospekt als deliktische[7], so würde der mit einer verschuldenslosen Haftung begründete Gefährdungshaftungstatbestand nur schwer-

---

del, § 24 WpPG Rz. 18 (Präventionsgedanke); *Habersack* in Habersack/Mülbert/Schlitt, Kapitalmarktinformation, § 29 Rz. 66; *Wackerbarth* in Holzborn, § 24 WpPG Rz. 10.
1 Namentlich *Fleischer*, BKR 2004, 346, und *Fleischer*, WM 2004, 1901. Ebenso *Barta*, NZG 2005, 306 f.; *Benecke*, BB 2006, 2600; *Becker* in Heidel, § 13a VerkProspG Rz. 14; *Feldmann/Löwisch* in Staudinger, BGB, Neubearb. 2012, § 311 BGB Rz. 186; *Habersack* in Habersack/Mülbert/Schlitt, Handbuch der Kapitalmarktinformation, 1. Aufl. 2008, § 28 Rz. 66; *Kind* in Arndt/Voß, § 13a VerkProspG Rz. 14; *Klöhn*, DB 2012, 1859; *Panetta/Zessel*, NJOZ 2010, 418 f.
2 RefE AnSVG zu § 13a Abs. 4 Satz 1, abgedruckt in ZBB 2004, 168 (194).
3 RegE AnSVG, BT-Drucks. 15/3174 v. 24.5.2004, S. 1 (24).
4 Ebenso *Bohlken/Lange*, DB 2005, 1261; *Mülbert/Steup* in Habersack/Mülbert/Schlitt, Unternehmensfinanzierung, 2. Aufl. 2008, § 33 Rz. 111; *Schäfer*, ZGR 2006, 52; *Spindler*, NJW 2004, 3455 (eindeutiger Verweis auf § 13 VerkProspG [aF] und vom Gesetzgeber gewollter Gleichlauf mit den übrigen Prospekthaftungsnormen).
5 RegE AnSVG, BT-Drucks. 15/3174 v. 24.5.2004, S. 1 (44, „pflichtwidrige Nichterstellung").
6 Eine Garantiehaftung für fehlenden Prospekt wäre auch nach *Mülbert/Steup* in Habersack/Mülbert/Schlitt, Unternehmensfinanzierung, § 41 Rz. 111, ein Fremdkörper im System der Haftung für fehlerhafte Kapitalmarktinformation; auch *Schäfer*, ZGR 2006, 52.
7 Das entspricht dem verbreiteten Verständnis der gesetzlichen Prospekthaftungsbestimmungen – namentlich der börsengesetzlichen – als deliktische. Siehe etwa *Assmann*, Prospekthaftung, S. 241 ff.; *v. Bar*, ZGR 1983, 496 ff.; *Bischoff*, WM 2002, 491; *Frohne*, Prospektpflicht, S. 66; *Gebauer*, S. 77 ff.; *Hopt*, WM 2013, 104, unter Hinweise auf die entsprechende Qualifikation im internationalen Kontext. Nach **aA** handelt es sich um einen Fall der kraft Gesetzes eintretenden Vertrauenshaftung. Siehe etwa, ebenfalls jeweils mwN, *Canaris*, Bankvertragsrecht, Rz. 2277; *Ellenberger*, Prospekthaftung, S. 9; *Hamann* in Schäfer/Hamann, §§ 44, 45 BörsG Rz. 36; *Schwark* in Schwark/Zimmer, §§ 44, 45 BörsG Rz. 7. Aber auch die im Übrigen zur kraft Gesetzes eintretenden Vertrauenshaftung gezählten Fälle sind Verschuldenshaftung für in Anspruch genommenes Vertrauen.

lich in das für die Gefährdungshaftung geltende deutsche System passen. Dieses knüpft daran an, dass jemand eine Gefahrenquelle zum eigenen Vorteil unterhält und beherrscht und deshalb die Schäden soll ersetzen müssen, die Dritten – unabhängig davon, ob sich diese Schäden durch Maßnahmen pflichtgemäßer Sorgfalt hätten vermeiden lassen – aus der Realisierung der mit dem Betrieb verbundenen Gefahren entstehen[1]. Dessen ungeachtet hätte der Gesetzgeber den außergewöhnlichen Fall der Einführung einer verschuldenslosen Haftung, wäre er gewollt gewesen, begründet und nicht unkommentiert gelassen. Entsprechende Ausführungen wären für diesen Fall umso mehr zu erwarten gewesen, als in der Regierungsbegründung zu § 13a VerkProspG aF mehrfach hervorgehoben wird, die in dieser Bestimmung statuierten Anspruchsvoraussetzungen seien denjenigen der – unstreitig als Verschuldenshaftung ausgestalteten – Haftung für einen fehlerhaften Wertpapierprospekt oder Vermögensanlage-Verkaufsprospekt nachgebildet[2]. Auch systematisch betrachtet wäre es ein Systembruch[3], die Haftung für fehlende Prospekte einer strengeren Haftung zu unterwerfen als die für fehlerhafte Prospekte, nachdem der Gesetzgeber über Jahrzehnte eine zivilrechtliche Haftung für fehlende Prospekte nicht für regelungsbedürftig und bei Einführung des § 13a VerkProspG aF für nicht gegeben betrachtete[4]. Dementsprechend wurde die **fehlende Verschuldensregelung** in § 13a VerkProspG aF auch als **planwidrige Lücke** angesehen[5]. Folgt man dem, lässt sich die Haftung aus § 24 WpPG dafür, dass ein Emittent **nach Abstimmung mit der BaFin** von der Erstellung und Veröffentlichung eines Prospekts abgesehen hat, schon mangels eines Ver-

---

1 Vgl. statt vieler und mwN *Deutsch/Ahrens*, Deliktsrecht, 5. Aufl. 2009, § 24 Rz. 519 ff.; *Esser/Weyers*, Schuldrecht, Bd. II Teilband 2, 8. Aufl. 2000, S. 129 f., 147 f.; *Kötz*, Gefährdungshaftung, in Bundesminister der Justiz, Gutachten und Vorschläge zur Überarbeitung des Schuldrechts, Bd. II, 1981, S. 1781 (1786 ff.); *Wagner* in MünchKomm. BGB, 6. Aufl. 2013, Vor § 823 BGB Rz. 17.
2 RegE AnSVG, BT-Drucks. 15/3174 v. 24.5.2004, S. 1 (44), Hervorhebung hinzugefügt: „Durch die Einführung des § 13a wird eine entsprechende Haftungsnorm geschaffen, wenn ein Wertpapier-Verkaufsprospekt oder ein Verkaufsprospekt für die Anlageformen des § 8f *pflichtwidrig* nicht erstellt wurde. Dabei sind die Anspruchsvoraussetzungen und -ausschlüsse denen des Anspruchs wegen eines fehlerhaften Prospekts *nachgebildet*." Darauf weist auch *Schäfer*, ZGR 2006, 51, hin.
3 Zutreffend *Schäfer*, ZGR 2006, 52 („systemwidrig"); ähnlich *Bohlken/Lange*, DB 2005, 1261, mit dem Hinweis, sonst träten „Wertungswidersprüche" auf. Da es um das deutsche Haftungssystem geht, lässt sich dagegen nicht – etwa mit *Fleischer*, BKR 2004, 346 – anführen, die strikte Haftung fände im US-amerikanischen Recht einen Rückhalt. Nicht zwingend ist allerdings auch der Hinweis, die Nichtveröffentlichung eines Prospekts nach § 17 Abs. 1 Nr. 1 VerkProspG aF stelle eine Ordnungswidrigkeit nur bei Vorsatz und Leichtfertigkeit (welche in etwa grober Fahrlässigkeit entspricht) dar, weil sich zivilrechtliche und ordnungswidrigkeitsrechtliche Sanktionen nicht decken müssen und letztere stets Verschulden voraussetzen.
4 So die Feststellung im RegE AnSVG, BT-Drucks. 15/3174 vom 24.5.2004, S. 44: „Nach der bisherigen Rechtslage besteht ein Anspruch des Anlegers nur bei fehlerhaften Prospekten".
5 Wie hier *Bohlken/Lange*, DB 2005, 1261; *Schäfer*, ZGR 2006, 53. AA *Barta*, NZG 2005, 307 („kein Versehen").

schuldens zurückweisen – vorausgesetzt, dies war Teil der gebotenen Prüfung der Rechtslage[1].

Geht man deshalb auch im Hinblick auf § 24 WpPG von einem Verschuldenserfordernis aus, so legt das Vorhaben des Gesetzgebers, die Haftung bei fehlenden Prospekten derjenigen bei fehlerhaften Prospekten nachzubilden, die **entsprechende Anwendung von § 21 Abs. 1 Satz 1 iVm. § 23 Abs. 1 WpPG** nahe[2]. Diese sehen im Hinblick auf den Verschuldensnachweis eine **Umkehr der Beweislast** zu Lasten des Anspruchsgegners vor[3], beschränken dessen Haftung aber, entgegen § 276 Abs. 1 Satz 1 BGB, auf **Vorsatz und *grobe* Fahrlässigkeit**. Dem damit verbundenen Nachteil des Ausschlusses der Haftung für leichte Fahrlässigkeit steht der unbestreitbare Vorteil einer rechtlich abgesicherten Beweislastumkehr gegenüber, was im Interesse des Anlegerschutzes gegen eine Heranziehung von § 276 Abs. 1 BGB zur Lückenfüllung spricht.

6. Mitverschulden (§ 24 Abs. 4 WpPG)

Eine gesetzliche Sonderregelung der Frage der Berücksichtigung eines **Mitverschuldens** des Anspruchstellers – nach anderer Ansicht eine Regelung zur fehlenden haftungsbegründenden Kausalität (siehe dazu § 21–23 WpPG Rz. 102, 114) – enthält § 24 Abs. 4 WpPG[4]. Nach dieser Bestimmung scheidet eine Haftung bei fehlendem Prospekt aus, wenn der Erwerber die Pflicht, einen Prospekt zu veröffentlichen, beim Erwerb kannte. Bloß fahrlässige Unkenntnis der Prospektpflicht und des Umstands, dass ein Prospekt nicht veröffentlicht wurde, ist damit unbeachtlich (siehe schon §§ 21–23 WpPG Rz. 114). Die haftungsausschließende Kenntnis des Anlegers ist vom Anspruchsgegner nachzuweisen[5].

Auch § 24 Abs. 4 WpPG ist – wie § 23 Abs. 2 Nr. 3 WpPG (§§ 21–23 WpPG Rz. 114) – als eine abschließende Regelung der Berücksichtigung eines Anlegermitverschuldens anzusehen, mit der Folge, dass ein Mitverschuldenseinwand „außerhalb des Anwendungsbereichs" dieser Vorschrift ausgeschlossen ist. Das schließt ein **Mitverschulden** des Anlegers im Bereich der haftungsausfüllenden Kausalität nach § 254 BGB nicht aus[6]. Das gilt vor allem im Hinblick auf eine **Schadensminderungspflicht** des Anspruchstellers nach § 254 Abs. 2 Satz 1, 2. Alt. BGB (siehe §§ 21–23

---

1 IE auch *Klöhn*, DB 2012, 1859, mit allerdings gezwungener und nicht überzeugender Begründung (kein Verstoß gegen Verfahrensvorschriften bezüglich Prospekterstellung und -veröffentlichung).
2 Zu § 13a VerkProspG aF auch *Schäfer*, ZGR 2006, 52.
3 Ebenso *Kumpan* in Baumbach/Hopt, (15a) § 24 WpPG Rz. 4; *Mülbert/Steup* in Habersack/Mülbert/Schlitt, Unternehmensfinanzierung, § 41 Rz. 120.
4 Die Vorschrift entspricht dem auf Ansprüche aus §§ 21, 22 WpPG anwendbaren § 23 Abs. 2 Nr. 3 WpPG.
5 Vgl. auch *Schäfer*, ZGR 2006, 55.
6 Zur Haftung bei fehlerhaften Prospekten *Ellenberger*, Prospekthaftung, S. 66; *Hamann* in Schäfer/Hamann, §§ 44, 45 BörsG Rz. 298; *Kumpan* in Baumbach/Hopt, (15a) § 23 WpPG Rz. 4; *Pankoke* in Just/Voß/Ritz/Zeising, § 44 BörsG, § 13 VerkProspG Rz. 69; *Schwark* in Schwark/Zimmer, §§ 44, 45 BörsG Rz. 72. Siehe auch §§ 21–23 WpPG Rz. 115.

WpPG Rz. 115). Den Erwerber der Wertpapiere, die unter Verletzung der Prospektpflicht angeboten wurden, trifft aber weder eine Pflicht zur Veräußerung der Wertpapiere ab Kenntniserlangung des Fehlens eines Prospekts noch eine Anzeigepflicht gegenüber denjenigen, die es verabsäumt haben, einen Prospekt zu veröffentlichen (siehe §§ 21–23 WpPG Rz. 115).

7. Anspruchsinhalt – Schadensersatz (§ 24 Abs. 1 Satz 1, Abs. 2 WpPG)

26 Wie bei der Haftung für fehlerhafte Prospekte nach §§ 21, 22 WpPG ist ausweislich §§ 24 Abs. 1 Satz 1, Abs. 2 WpPG auch bei derjenigen für fehlende Prospekte im Hinblick auf das Anspruchsziel danach zu **differenzieren**, ob der **Erwerber noch Inhaber der Wertpapiere ist oder nicht.**

27 Ist der Anspruchsteller **noch Inhaber der Wertpapiere**, so kann er nach § 24 Abs. 1 Satz 1 WpPG von dem Emittenten und dem Anbieter als **Gesamtschuldner** die Übernahme der Wertpapiere oder Vermögensanlagen gegen Erstattung des Erwerbspreises und der mit dem Erwerb verbundenen üblichen Kosten verlangen. Allerdings besteht der Anspruch auf Erstattung des Erwerbspreises nur in dem Umfang, in dem dieser den ersten Erwerbspreis nicht überschreitet. Die Regelung entspricht derjenigen in §§ 21 Abs. 1 Satz 1, 22 WpPG und unterscheidet sich von dieser nur in der Hinsicht, dass der in § 21 Abs. 1 Satz 1 WpPG verwandte und auf die Zulassung der Wertpapiere zum Börsenhandel zurückgehende Maßstab des „Ausgabepreises der Wertpapiere" durch denjenigen des ersten Erwerbspreises der Wertpapiere, auf die sich die Prospektpflicht nach § 3 Abs. 1 Satz 1 WpPG bezieht, ersetzt wird. Mit dieser Maßgabe gelten die Ausführungen zur Regelung des § 21 Abs. 1 Satz 1 WpPG – §§ 21–23 WpPG Rz. 125 f. – entsprechend.

28 Ist der Anspruchsteller **nicht mehr Inhaber** der Wertpapiere oder Vermögensanlagen, so kann er nach **§ 24 Abs. 2 Satz 1 WpPG** die Zahlung des Unterschiedsbetrags zwischen dem Erwerbspreis und dem Veräußerungspreis der Wertpapiere oder Vermögensanlagen sowie der mit dem Erwerb und der Veräußerung verbundenen üblichen Kosten verlangen. Die Vorschrift entspricht §§ 21 Abs. 2, 22 WpPG, mit dem Unterschied, dass die auf den Börsenzulassungsprospekt ausgerichtete Regelung für entbehrlich angesehen wurde, derzufolge der Erwerbspreis den ersten Ausgabepreis der Wertpapiere nicht überschreiten darf. Mit dieser Einschränkung gelten die Ausführungen zur Regelung des § 21 Abs. 2 WpPG entsprechend. Auch hier haften Emittent und Anbieter als **Gesamtschuldner** (§ 24 Abs. 1 Satz 1, Abs. 2 Satz 2 WpPG). Mit dieser Maßgabe gelten die Ausführungen zur Regelung des § 21 Abs. 1 Satz 1 WpPG – §§ 21–23 WpPG Rz. 120 ff. – entsprechend.

29 Wie zu § 21 Abs. 1 Satz 1, Abs. 2 WpPG gilt auch hier, dass die Übernahme der Wertpapiere durch einen Emittenten in der Rechtsform einer Aktiengesellschaft oder KGaA bzw. die Zahlung des Unterschiedsbetrags zwischen Erwerbspreis und Veräußerungspreis durch denselben nicht gegen **Kapitalerhaltungsvorschriften** des Aktiengesetzes verstößt: auf § 24 WpPG als *lex specialis* und als *lex posterior* beruhend, ist sie ist weder unzulässige Risikoübernahme durch die Gesellschaft iS des § 56 Abs. 3 AktG noch stellt sie einen Verstoß gegen das Verbot der Einlagenrückgewähr

nach § 57 Abs. 1 AktG oder dasjenige der Rückgewähr eigener Aktien dar (siehe §§ 21–23 WpPG Rz. 77)[1].

8. Haftungsfreizeichnung

Nach § 25 Abs. 1 WpPG ist eine Vereinbarung, durch die ein Anspruch nach § 24 WpPG **im Voraus ermäßigt oder erlassen** wird, unwirksam. Die Vorschrift betrifft auch Ansprüche bei fehlerhaftem Prospekt nach §§ 21, 22 WpPG, weshalb auf die diesbezüglichen Ausführungen in §§ 21–23 WpPG Rz. 127 ff. und im Übrigen auf die Erläuterungen in § 25 WpPG Rz. 3 ff. verwiesen werden kann.

30

III. Geltendmachung des Anspruchs

1. Verjährung

Nach der Vorgängervorschrift des § 24 WpPG – § 13a Abs. 5 VerkProspG aF – verjähren Ansprüche bei fehlendem Prospekt in einem Jahr seit dem Zeitpunkt, zu dem der Erwerber Kenntnis von der Pflicht, einen Prospekt oder Verkaufsprospekt zu veröffentlichen, erlangt hat, spätestens jedoch in drei Jahren seit dem Abschluss des Erwerbsgeschäfts. Mit dem Gesetz zur Novellierung des Finanzanlagenvermittler- und Vermögensanlagenrechts vom 6.12.2011[2] wurde sowohl diese Bestimmung (mitsamt dem VerkProspG) als auch diese Sonderverjährungsregelung mit Wirkung zum 1.6.2012 aufgegeben. Die Nachfolgevorschrift des § 24 WpPG sieht eine solche nicht mehr vor.

31

Das hat zur Folge, dass Ansprüche aus § 24 WpPG nach § 195 BGB **in drei Jahren verjähren.** Gemäß § 199 Abs. 1 BGB **beginnt die Verjährung** mit dem Schluss des Jahres, in dem der Anspruch entstanden ist und der Anspruchsteller von den Umständen, die den Anspruch begründen, und der Person des Schuldners Kenntnis erlangt hat (positive Kenntnis) oder ohne grobe Fahrlässigkeit hätte erlangen müssen (grob fahrlässige Unkenntnis). Ohne Rücksicht auf die Kenntnis oder grob fahrlässige Unkenntnis verjähren diese Ansprüche **spätestens** in zehn Jahren von ihrer Entstehung an und ohne Rücksicht auf ihre Entstehung und die Kenntnis oder grob fahrlässige Unkenntnis spätestens in 30 Jahren beginnend mit der Begehung der Handlung, der Pflichtverletzung oder dem sonstigen, den Schaden auslösenden Ereignis (§ 199 Abs. 3 BGB). Die **Beweislast** in Bezug auf die Kenntnis oder die grob fahrlässige Unkenntnis des Anspruchstellers und damit zu Beginn und Ablauf der Verjährungsfrist liegt beim Anspruchsgegner[3].

32

---

[1] In Bezug auf § 24 WpPG *Becker* in Heidel, § 24 WpPG Rz. 21.
[2] BGBl. I 2011, S. 2481.
[3] *Mülbert/Steup* in Habersack/Mülbert/Schlitt, Unternehmensfinanzierung, § 41 Rz. 120. Siehe im Übrigen §§ 21–23 WpPG Rz. 132 am Ende mwN.

2. Gerichtliche Zuständigkeit

33 Nach § 32b Abs. 1 ZPO ist für Klagen, mit denen der Ersatz eines aufgrund falscher, irreführender oder unterlassener öffentlicher Kapitalmarktinformationen verursachten Schadens geltend gemacht wird, und damit auch für Ansprüche bei fehlendem Prospekt nach § 24 WpPG[1], ausschließlich das **Gericht am Sitz des betroffenen Emittenten** zuständig, sofern sich der Sitz des Emittenten oder der Zielgesellschaft nicht im Ausland befindet. Hierzu und zu weiteren Einzelheiten kann auf die Ausführungen zu §§ 21–23 WpPG Rz. 136 ff. verwiesen werden.

34 Befindet sich der Sitz des Emittenten oder der Zielgesellschaft, dem Anwendungsvorbehalt des § 32b Abs. 1 ZPO entsprechend, im Ausland, richtet sich die internationale Zuständigkeit danach, ob die Zuständigkeitsregelungen der **EuGVVO** – und, hier zu vernachlässigen, im Verhältnis zu wenigen überseeischen Gebieten das alte EuGVÜ (Art. 68 EuGVVO) und im Verhältnis zur Schweiz, zu Island und Norwegen das LugÜ II[2] – **zur Anwendung kommen oder nicht**. Siehe dazu die Ausführungen zu §§ 21–23 WpPG Rz. 137 ff.

35 Nach § 71 Abs. 2 Nr. 3 GVG sind für Schadensersatzansprüche aufgrund falscher, irreführender oder unterlassener öffentlicher Kapitalmarktinformationen ohne Rücksicht auf den Wert des Streitgegenstandes die **Landgerichte** zuständig.

3. Konkurrenzen

36 **Weitergehende Ansprüche**, die nach den Vorschriften des bürgerlichen Rechts aufgrund von Verträgen oder vorsätzlichen unerlaubten Handlungen erhoben werden können, bleiben gemäß § 25 Abs. 2 WpPG unberührt. Zu Einzelheiten ist auf die Ausführungen in §§ 21–23 WpPG Rz. 142 ff. und § 25 WpPG Rz. 7 f. zu verweisen.

---

[1] Nach § 1 Abs. 1 Satz 3 KapMuG sind öffentliche Kapitalmarktinformationen „für eine Vielzahl von Kapitalanlegern bestimmte Informationen über Tatsachen, Umstände, Kennzahlen und sonstige Unternehmensdaten, die einen Emittenten von Wertpapieren oder Anbieter von sonstigen Vermögensanlagen betreffen", wobei § 1 Abs. 1 Satz 4 Nr. 1 und 2 KapMuG dazu insbesondere Angaben in Prospekten nach dem Wertpapierprospektgesetz und in Verkaufsprospekten nach Verkaufsprospektgesetz sowie dem Investmentgesetz zählt. Zur Erfassung von Prospekthaftungsansprüchen etwa *Toussaint* in Vorwerk/Wolf, BeckOK ZPO (Stand 15.3.2014), § 32b ZPO Rz. 2 ff.

[2] Der Anwendungsbereich des EuGVÜ ist seit dem Beitritt auch Dänemarks zur EuGVVO äußerst gering. Das mit dem EuGVÜ weitgehend übereinstimmende LugÜ II ist noch im Verhältnis zur Schweiz, zu Island und zu Norwegen von Bedeutung.

§ 25
Unwirksame Haftungsbeschränkung; sonstige Ansprüche

(1) Eine Vereinbarung, durch die Ansprüche nach §§ 21, 23 oder 24 im Voraus ermäßigt oder erlassen werden, ist unwirksam.

(2) Weitergehende Ansprüche, die nach den Vorschriften des bürgerlichen Rechts auf Grund von Verträgen oder unerlaubten Handlungen erhoben werden können, bleiben unberührt.

In der Fassung vom 6.12.2011 (BGBl. I 2011, S. 2481.

Schrifttum: Siehe Vor §§ 21–25.

I. Regelungsgegenstand und Normentwicklung 1	III. Weitergehende Ansprüche (§ 25 Abs. 2 WpPG) 7
II. Unwirksame Haftungsbeschränkung (§ 25 Abs. 1 WpPG) 3	

I. Regelungsgegenstand und Normentwicklung

§ 25 WpPG enthält für die Prospekthaftungsansprüche aus §§ 21, 22 und 24 WpPG gleichermaßen verbindliche **Regelungen über unwirksame Haftungsbeschränkungen** und die Möglichkeit, **weitergehende Ansprüche** geltend zu machen. 1

§ 25 WpPG ist durch Art. 6 Nr. 4 des Gesetzes zur Novellierung des Finanzanlagenvermittler- und Vermögensanlagenrechts vom 6.12.2011[1] in das WpPG gelangt und ist gemäß Art. 26 Abs. 2 dieses Gesetzes zum 1.6.2012 in Kraft getreten. Die Vorschrift übernimmt den Wortlaut des aufgehobenen § 47 BörsG (aF). Für ihre Anwendung sind die Übergangsbestimmungen in § 37 WpPG und § 52 BörsG maßgeblich, die auf Art. 6 Nr. 15 und Art. 7 Nr. 5 des Gesetzes zur Novellierung des Finanzanlagenvermittler- und Vermögensanlagenrechts vom 6.12.2011[2] beruhen; siehe dazu Vor §§ 21–25 WpPG Rz. 26 ff. 2

II. Unwirksame Haftungsbeschränkung (§ 25 Abs. 1 WpPG)

Nach § 25 Abs. 1 WpPG ist eine Vereinbarung, durch die Ansprüche nach §§ 21, 23 oder 24 WpPG **im Voraus ermäßigt oder erlassen werden**, unwirksam. Gemeint sind Ansprüche nach §§ 21, 22 oder 24 WpPG. Bei dem Verweis auf § 23 WpPG, 3

---

1 BGBl. I 2011, S. 2481.
2 BGBl. I 2011, S. 2481.

4 Steht damit außer Frage, dass die Beteiligten nach der **Entstehung eines Anspruchs** aus §§ 21, 23 oder 24 WpPG beliebig über diesen disponieren dürfen, so ist doch unklar, ob dies die **Kenntnis des Anspruchsberechtigten von der Entstehung eines Anspruchs** verlangt. Der mit der Unwirksamkeitsanordnung einer Vorausvereinbarung über die Ermäßigung oder den Erlass eines Anspruchs aus §§ 21, 22 oder 24 WpPG verbundene Schutzzweck spricht dafür, denn eine im Voraus eingegangene generelle Ermäßigungs- oder Erlassvereinbarung ist nicht anders zu beurteilen als eine Verpflichtung, die in Unkenntnis eines dem Grunde nach entstandenen Anspruchs eingegangen wurde[1]. Soweit dies im Schrifttum anders beurteilt wird, wird behauptet, der „eindeutige Wortlaut und der Wille des Gesetzgebers" sprächen gegen eine solche Auslegung und den mit ihr verbundenen „weitergehenden Schutz" des Anlegers[2]. Die „für den eindeutigen Willen" angeführte Begründung im RegE eines 3. FFG[3] ist indes alles andere als eindeutig, denn sie besagt lediglich, was unbestritten ist (nämlich: „Ist der Anspruch entstanden, können die Beteiligten dagegen über diesen beliebig ... verfügen"), lässt aber nicht erkennen, dass es für eine wirksame Ermäßigungs- oder Erlassvereinbarung allein auf das objektive Merkmal des Zeitpunkts der Entstehung des Anspruchs ankommen soll. Im Übrigen ist den schutzwürdigen Interessen des Anspruchsberechtigten und dem Erfordernis der Kenntnis von der Entstehung des Anspruchs aber auch nach der hier vertretenen Ansicht genügt, wenn **die Möglichkeit eines Prospekthaftungsanspruchs** im Raume stand und zumindest auf Grund der objektiven Umstände (wie etwa Pressemeldungen) davon auszugehen war, ein Anspruch aus § 44 BörsG könnte entstanden sein[4]. Schon wer sich bei Kenntnis der geringsten Möglichkeit eines Anspruchs aus § 44 BörsG auf eine Vereinbarung iS von § 47 Abs. 1 BörsG einlässt, ist nicht mehr schutzbedürftig.

5 § 25 Abs. 1 BörsG betrifft im Übrigen nur das Verhältnis der gesamtschuldnerisch Haftenden gegenüber dem Anspruchsteller und steht der **Wirksamkeit interner Vereinbarungen der Haftenden** über den Umfang der Haftung nicht entgegen[5].

---

1 *Kumpan* in Baumbach/Hopt, (15a) § 25 WpPG Rz. 1; *Wackerbarth* in Holzborn, § 25 WpPG Rz. 1. IE auch – noch zur Vorgängerregelung des § 47 BörsG aF – wie hier *Hamann* in Schäfer/Hamann, § 47 BörsG Rz. 2.

2 So *Pankoke* in Just/Voß/Ritz/Zeising, § 47 BörsG Rz. 1; *Schwark* in Schwark/Zimmer, § 47 BörsG Rz. 1.

3 RegE Drittes Finanzmarktförderungsgesetz, BT-Drucks. 13/8933 v. 6.11.1997, S. 1 (81). Unter Hinweis auf den RegE, aber ansonsten ohne nähere Begründung auf den Zeitpunkt der Anspruchsentstehung abstellend *Becker* in Heidel, § 24 WpPG Rz. 25.

4 Enger *Hamann* in Schäfer/Hamann, § 47 BörsG Rz. 2 (unter unzutreffender Berufung auf *Assmann* in Assmann/Schütze, Handbuch des Kapitalanlagerechts, 2. Aufl. 1997, § 7 Rz. 176, in welcher der Beginn der Verjährung behandelt wird).

5 *Groß*, AG 1999, 208, zugleich unter Zurückweisung möglicher Bedenken hiergegen unter dem Gesichtspunkt der Einlagenrückgewähr (§§ 57, 71 ff. AktG); *Habersack* in Habersack/Mülbert/Schlitt, Kapitalmarktinformation, § 29 Rz. 9; *Oulds* in Kümpel/Wittig, Rz. 15.232.

Andere, gemäß § 25 Abs. 2 WpPG mit dem wertpapierprospektgesetzlichen Prospekthaftungsanspruch **konkurrierende Ansprüche**, sind von der Regelung des § 25 Abs. 1 WpPG nicht betroffen[1] und können Gegenstand einer Voraus-Disposition der Beteiligten sein.

III. Weitergehende Ansprüche (§ 25 Abs. 2 WpPG)

Nach § 25 Abs. 2 WpPG lässt ein Prospekthaftungsanspruch nach §§ 21, 22 oder 24 WpPG weitergehende Ansprüche, die nach den Vorschriften des bürgerlichen Rechts auf Grund von Verträgen oder unerlaubten Handlungen erhoben werden können, unberührt. Dagegen werden alle anderen Ansprüche, die tatbestandlich an die Fehlerhaftigkeit eines Prospekts anknüpfen, namentlich solche aus allgemein-zivilrechtlicher Prospekthaftung[2], durch §§ 21, 22 WpPG verdrängt[3].

Zu den Ansprüchen, die neben solchen aus §§ 21 und 22 WpPG bei fehlerhaften Prospekten und solchen aus § 24 WpPG bei fehlendem Prospekt geltend gemacht werden können, ist auf die Ausführungen zu §§ 21–23 WpPG Rz. 142 ff. bzw. § 24 WpPG Rz. 36 zu verweisen.

---

1 *Groß*, AG 1999, 208, zugleich unter Zurückweisung möglicher Bedenken hiergegen unter dem Gesichtspunkt der Einlagenrückgewähr (§§ 57, 71 ff. AktG); *Habersack* in Habersack/Mülbert/Schlitt, Kapitalmarktinformation, § 29 Rz. 9; *Oulds* in Kümpel/Wittig, Rz. 15.232.
2 RegE Drittes Finanzmarktförderungsgesetz, BT-Drucks. 13/8933 v. 6.11.1997, S. 1 (81). Siehe etwa *Groß*, § 25 WpPG Rz. 3; *Habersack* in Habersack/Mülbert/Schlitt, Kapitalmarktinformation, § 29 Rz. 73; *Hauptmann* in Vortmann, § 3 Rz. 136; *Krämer* in Marsch-Barner/Schäfer, § 10 Rz. 377; *Mülbert/Steup* in Habersack/Mülbert/Schlitt, Unternehmensfinanzierung, § 41 Rz. 151; *Schwark* in Schwark/Zimmer, §§ 44, 45 BörsG Rz. 79.
3 RegE Drittes Finanzmarktförderungsgesetz, BT-Drucks. 13/8933 v. 6.11.1997, S. 81 begründet dies mit der Überlegung, dass andernfalls die unter anderem mit der Neuregelung beabsichtigte Begrenzung des Haftungsrisikos für die Prospektverantwortlichen unterlaufen würde.

Abschnitt 7
Zuständige Behörde und Verfahren

§ 26
Befugnisse der Bundesanstalt

(1) Ist bei der Bundesanstalt ein Prospekt zur Billigung eingereicht worden, kann sie vom Anbieter oder Zulassungsantragsteller die Aufnahme zusätzlicher Angaben in den Prospekt verlangen, wenn dies zum Schutz des Publikums geboten erscheint.

(2) Die Bundesanstalt kann vom Emittenten, Anbieter oder Zulassungsantragsteller Auskünfte, die Vorlage von Unterlagen und die Überlassung von Kopien verlangen, soweit dies zur Überwachung der Einhaltung der Bestimmungen dieses Gesetzes erforderlich ist. Die Befugnis nach Satz 1 besteht auch gegenüber

1. einem mit dem Emittenten, dem Anbieter oder Zulassungsantragsteller verbundenen Unternehmen,
2. demjenigen, bei dem Tatsachen die Annahme rechtfertigen, dass er Anbieter im Sinne dieses Gesetzes ist.

Im Falle des Satzes 2 Nr. 2 dürfen Auskünfte, die Vorlage von Unterlagen und die Überlassung von Kopien nur insoweit verlangt werden, als sie für die Prüfung, ob es sich um einen Anbieter im Sinne dieses Gesetzes handelt, erforderlich sind.

(2a) Kommt ein Emittent, Anbieter oder Zulassungsantragsteller einem sofort vollziehbaren Verlangen nach Absatz 2 innerhalb angemessener Frist unberechtigt nicht oder trotz erneuter Aufforderung innerhalb angemessener Frist unberechtigt nicht oder nur unvollständig nach, kann die Bundesanstalt diesen Umstand auf ihrer Internetseite öffentlich bekanntmachen, wenn Anhaltspunkte dafür vorliegen, dass entgegen § 3 dieses Gesetzes kein Prospekt veröffentlicht wurde oder entgegen § 13 dieses Gesetzes ein Prospekt veröffentlicht wird oder der Prospekt oder das Registrierungsformular nicht mehr nach § 9 dieses Gesetzes gültig ist. In dem Auskunfts- und Vorlegungsersuchen nach Absatz 2 ist auf die Befugnis nach Satz 1 hinzuweisen. Die Bekanntmachung darf nur diejenigen personenbezogenen Daten enthalten, die zur Identifizierung des Anbieters oder Emittenten erforderlich sind. Bei nicht bestandskräftigen Maßnahmen ist folgender Hinweis hinzuzufügen: „Diese Maßnahme ist noch nicht bestandskräftig". Wurde gegen die Maßnahme ein Rechtsmittel eingelegt, sind der Stand und der Ausgang des Rechtsmittelverfahrens bekannt zu machen. Die Bekanntmachung ist spätestens nach fünf Jahren zu löschen.

(2b) Die Bundesanstalt sieht von einer Bekanntmachung nach Absatz 2a ab, wenn die Bekanntmachung die Finanzmärkte der Bundesrepublik Deutschland oder eines oder mehrerer Staaten des Europäischen Wirtschaftsraums erheblich gefährden würde. Die Bundesanstalt kann von einer Bekanntmachung außerdem absehen, wenn eine Bekanntmachung nachteilige Auswirkungen auf die Durchführung strafrechtlicher, ordnungswidrigkeitenrechtlicher oder disziplinarischer Ermittlungen haben kann.

(3) Die Bundesanstalt kann von den Abschlussprüfern und Mitgliedern von Aufsichts- oder Geschäftsführungsorganen des Emittenten, des Anbieters oder Zulassungsantragstellers sowie von den mit der Platzierung des öffentlichen Angebots oder der Zulassung zum Handel beauftragten Instituten im Sinne des § 1 Abs. 1b des Kreditwesengesetzes oder einem nach § 53 Abs. 1 Satz 1 oder § 53b Abs. 1 Satz 1 des Kreditwesengesetzes tätigen Unternehmen Auskünfte, die Vorlage von Unterlagen und die Überlassung von Kopien verlangen, soweit dies zur Überwachung der Einhaltung der Bestimmungen dieses Gesetzes erforderlich ist.

(4) Die Bundesanstalt hat ein öffentliches Angebot zu untersagen, wenn entgegen § 3 kein Prospekt veröffentlicht wurde, entgegen § 13 ein Prospekt veröffentlicht wird, der Prospekt oder das Registrierungsformular nicht mehr nach § 9 gültig ist, die Billigung des Prospekts nicht durch eine Bescheinigung im Sinne des § 18 Abs. 1 nachgewiesen worden ist oder der Prospekt nicht der Sprachenregelung des § 19 genügt. Hat die Bundesanstalt Anhaltspunkte dafür, dass gegen eine oder mehrere der in Satz 1 genannten Bestimmungen verstoßen wurde, kann sie jeweils anordnen, dass ein öffentliches Angebot für höchstens zehn Tage auszusetzen ist. Die nach Satz 2 gesetzte Frist beginnt mit der Bekanntgabe der Entscheidung.

(5) Die Bundesanstalt kann der Geschäftsführung der Börse und der Zulassungsstelle Daten einschließlich personenbezogener Daten übermitteln, wenn Tatsachen den Verdacht begründen, dass gegen Bestimmungen dieses Gesetzes verstoßen worden ist und die Daten zur Erfüllung der in der Zuständigkeit der Geschäftsführung der Börse oder der Zulassungsstelle liegenden Aufgaben erforderlich sind.

(6) Der zur Erteilung einer Auskunft Verpflichtete kann die Auskunft auf solche Fragen verweigern, deren Beantwortung ihn selbst oder einen der in § 383 Abs. 1 Nr. 1 bis 3 der Zivilprozessordnung bezeichneten Angehörigen der Gefahr strafgerichtlicher Verfolgung oder eines Verfahrens nach dem Gesetz über Ordnungswidrigkeiten aussetzen würde. Der Verpflichtete ist über sein Recht zur Verweigerung der Auskunft zu belehren.

(7) Die Bundesanstalt darf personenbezogene Daten nur zur Erfüllung ihrer aufsichtlichen Aufgaben und für Zwecke der Zusammenarbeit nach Maßgabe des § 28 verwenden.

(8) Werden der Bundesanstalt bei einem Prospekt, auf Grund dessen Wertpapiere zum Handel an einem organisierten Markt zugelassen werden sollen, Umstände bekannt gegeben, auf Grund derer begründete Anhaltspunkte für die wesentliche inhaltliche Unrichtigkeit oder wesentliche inhaltliche Unvollständigkeit des Prospekts bestehen, die zu einer Übervorteilung des Publikums führen, stehen ihr die Befugnisse des Absatzes 2 zu. Die Bundesanstalt kann in den Fällen des Satzes 1 vom Anbieter verlangen, das öffentliche Angebot bis zur Klärung des Sachverhalts auszusetzen. Steht die inhaltliche Unrichtigkeit oder inhaltliche Unvollständigkeit des Prospekts fest, kann die Bundesanstalt die Billigung widerrufen und das öffentliche Angebot untersagen. Die Bundesanstalt kann nach Satz 1 erhobene

Daten sowie Entscheidungen nach den Sätzen 2 und 3 der Geschäftsführung der Börse und inländischen sowie ausländischen Zulassungsstellen übermitteln, soweit diese Informationen zur Erfüllung deren Aufgaben erforderlich sind.

In der Fassung vom 22.6.2005 (BGBl. I 2005, S. 1698), zuletzt geändert durch das Kleinanlegerschutzgesetz vom 3.7.2015 (BGBl. I 2015, S. 1114).

Schrifttum: *Crüwell*, Die europäische Prospektrichtlinie, AG 2003, 243; *Greger* in Zöller, Zivilprozessordnung, 31. Aufl. 2016; *von Kopp-Colomb/Lenz*, Der europäische Pass für Emittenten, AG 2002, 24; *Kopp/Ramsauer*, Verwaltungsverfahrensgesetz, 16. Aufl. 2015; *Schantz*, Der Zugriff auf E-Mails durch die BaFin, WM 2009, 2112.

I. Normentwicklung 1	VIII. Datenschutz (§ 26 Abs. 7 WpPG) 38
II. Aufnahme zusätzlicher Angaben (§ 26 Abs. 1 WpPG) 5	IX. Aussetzung bzw. Untersagung des Angebots sowie Widerruf der Billigung bei Zulassungsprospekten (§ 26 Abs. 8 WpPG)
III. Auskunfts-, Vorlage- und Überlassungspflicht (§ 26 Abs. 2 ff. WpPG) 9	1. Übersicht 39
IV. Erweiterte Auskunfts-, Vorlage- und Überlassungspflicht (§ 26 Abs. 3 WpPG) 18	2. Aussetzungs- und Erkundigungsbefugnisse bei Anhaltspunkten (§ 26 Abs. 8 Satz 1 und 2 WpPG) 41
V. Untersagung und Aussetzung eines öffentlichen Angebots (§ 26 Abs. 4 WpPG)	3. Untersagung des Angebots und Widerruf des Billigungsbescheides bei feststehender Unrichtigkeit oder Unvollständigkeit des Prospekts (§ 26 Abs. 8 Satz 3 WpPG) 45
1. Übersicht 22	
2. Untersagung des öffentlichen Angebots 23	4. Gebühren 46
3. Aussetzung des öffentlichen Angebots 29	5. Datenübermittlung (§ 26 Abs. 8 Satz 4 WpPG) 47
4. Gebühren 32	X. Verwaltungsakte auf Grund von § 26 WpPG, deren Vollziehung und Durchsetzung, Rechtsschutz 48
VI. Datenübermittlung (§ 26 Abs. 5 WpPG) 33	
VII. Auskunftsverweigerungsrecht (§ 26 Abs. 6 WpPG) 35	

I. Normentwicklung

1 § 26 WpPG, ursprünglich § 21 WpPG, dient der Umsetzung von Art. 21 **Prospektrichtlinie**[1], der eine hinreichende Ausstattung der Behörde mit Befugnissen

---

1 Richtlinie 2003/71/EG des Europäischen Parlaments und des Rates vom 4.11.2003 betreffend den Prospekt, der beim öffentlichen Angebot von Wertpapieren oder bei deren Zulassung zum Handel zu veröffentlichen ist, und zur Änderung der Richtlinie 2001/34/EG, ABl. EU Nr. L 345 v. 31.12.2003, S. 64; zum Umsetzungsziel von § 26 WpPG (vormals § 21

bezweckt[1]. Ein Blick auf Art. 21 Prospektrichtlinie zeigt allerdings, dass sich ein großer Teil der Vorschrift nicht in § 26 WpPG wiederfindet. So wird von Art. 21 Abs. 3 Prospektrichtlinie der Buchstabe a in § 26 Abs. 1 WpPG, Buchstabe b in § 26 Abs. 2 WpPG, Buchstabe c in § 26 Abs. 3 WpPG, Buchstabe d in § 26 Abs. 4 Satz 2 WpPG und Buchstabe f in § 26 Abs. 4 Satz 1 WpPG umgesetzt. Art. 21 Abs. 1 Prospektrichtlinie wird in § 13 Abs. 1 WpPG mit umgesetzt (siehe unter § 13 WpPG Rz. 1), von der in Art. 21 Abs. 2 Prospektrichtlinie vorgesehenen Möglichkeit der Aufgabendelegation auf andere Behörden des Mitgliedstaates hat Deutschland keinen Gebrauch gemacht, Art. 21 Abs. 3 lit. e Prospektrichtlinie findet sich in § 15 Abs. 6 WpPG wieder und Art. 21 Abs. 3 lit. g, h und i Prospektrichtlinie sowie Art. 21 Abs. 4 Prospektrichtlinie bedurften nach Ansicht des Gesetzgebers im Hinblick auf bereits vorhandene vergleichbare Vorschriften keiner Umsetzung. Damals befanden sich diese Vorschriften vornehmlich im Börsengesetz[2], heute durch Erweiterungen oder Neufassungen in § 4 Abs. 2 Satz 2, Abs. 4 WpHG, §§ 30a ff. WpHG und § 3 Abs. 4 Satz 5 f. BörsG, §§ 25, 41 Abs. 2 BörsG. Die dadurch erfolgte stärkere Verlagerung der Befugnisse auf die BaFin wird auch den Zielen einer zentralen Verwaltungsbehörde in Art. 21 Abs. 1 Prospektrichtlinie gerecht[3].

Art. 21 Abs. 3 lit. a bis d und f Prospektrichtlinie wurden stark am europäischen Wortlaut orientiert in § 26 Abs. 1 bis 3 WpPG, ergänzend auch in § 26 Abs. 8 Satz 3 WpPG umgesetzt. Im Rahmen der **Umsetzung** wurden die europäischen Vorgaben teilweise konkreter gefasst (§ 26 Abs. 3 und 4 Satz 1 WpPG), im Hinblick auf den „Scheinanbieter" in § 26 Abs. 2 Satz 2 Nr. 2 WpPG leicht erweitert, oder – im Hinblick auf die börsenrechtlichen Vorschriften für Zulassungen – auf Angebote eingeschränkt (§ 26 Abs. 4 Satz 1 WpPG). Im Übrigen wurden während des Gesetzgebungsverfahrens an den Umsetzungsvorschriften und den weiteren Regelungen in § 26 WpPG gegenüber der Entwurfsfassung nur wenige Änderungen vorgenommen[4]. § 26 Abs. 5 bis 8 WpPG enthält Regelungen, die zwar im Sachzusammenhang mit den anderen Absätzen der Vorschrift stehen, aber in erster Linie nicht der Umsetzung der Prospektrichtlinie dienen. Die Befugnisse der BaFin beschränken sich auf das deutsche Hoheitsgebiet. Die BaFin übt sie ausschließlich im öffentlichen Interesse aus[5].

WpPG) siehe Begr. RegE zu § 26 WpPG (vormals § 21), BT-Drucks. 15/4999 v. 3.3.2005, S. 38.
1 Zum europäischen Hintergrund von Art. 21 Prospektrichtlinie siehe *von Kopp-Colomb/Lenz*, AG 2002, 24 (29); *Crüwell*, AG 2003, 243 (250).
2 Begr. RegE zu § 26 Abs. 8 WpPG (vormals § 21 Abs. 8) (2. und 3. Absatz der Begründung), BT-Drucks. 15/4999 v. 3.3.2005, S. 39; *Groß*, Kapitalmarktrecht, § 26 WpPG Rz. 1.
3 *Groß*, Kapitalmarktrecht, § 26 WpPG Rz. 2, sieht es als fraglich an, dass die gesetzliche Umsetzung der Richtlinie der Verpflichtung der Einrichtung einer zentralen Verwaltungsbehörde zuvor hinreichend Rechnung getragen hat; aA *Müller* in FrankfurtKomm. WpPG, § 21 WpPG Rz. 1.
4 Siehe die Stellungnahme des Bundesrates, BR-Drucks. 85/05 (Beschluss) v. 18.3.2005, S. 9 und die Beschlussempfehlung des Finanzausschusses, BT-Drucks. 15/5373 v. 21.4.2005, S. 25 f., 50.
5 Begr. RegE zu § 26 WpPG (vormals § 21), BT-Drucks. 15/4999 v. 3.3.2005, S. 38.

3 Die derzeitige Nummerierung erhielt die Vorschrift durch Art. 6 des Gesetzes zur Novellierung des Finanzanlagenvermittler- und Vermögensanlagenrechts vom 6.12.2011 (BGBl. I 2011, S. 2481). Absätze 2a und 2b wurden eingefügt im Rahmen des Kleinanlegerschutzgesetzes und sollen der Konkretisierung der Generalnorm in Art. 21 Abs. 1 Satz 1 Prospektrichtlinie dienen[1].

4 Bei einem **Ausblick** auf Art. 30 Prospektverordnungsentwurf der Kommission vom 30.11.2015[2] wie auch in der Fassung des Rates vom 3.6.2016[3], der inhaltlich ähnlich zum bisherigen Recht die Befugnisse der Behörden festlegt, sind einige neue Befugnisse auffallend. Dazu gehört auch die Möglichkeit, bei wiederholten und schwerwiegenden Verstößen bestimmten Emittenten, Anbietern oder Zulassungsantragstellern für maximal fünf Jahre die Prospektbilligung zu verweigern. Die Befugnisse können auf mehrere Behörden verteilt werden.

II. Aufnahme zusätzlicher Angaben (§ 26 Abs. 1 WpPG)

5 § 26 Abs. 1 WpPG setzt Art. 21 Abs. 3 lit. a Prospektrichtlinie um, ohne allerdings den Emittenten als Adressaten der Norm vorzusehen, was auch nicht erforderlich ist, da nur der Anbieter oder der Zulassungsantragsteller nach § 3 Abs. 1 und Abs. 4 WpPG prospektpflichtig sind[4]. § 26 Abs. 1 WpPG gibt der BaFin die Befugnis, im Rahmen des Billigungsverfahrens vom Anbieter oder Zulassungsantragsteller die Aufnahme zusätzlicher Angaben in den Prospekt zu verlangen, wenn dies zum Schutz des Publikums erforderlich ist. Diese Befugnis tritt neben die Vorschriften zum **Billigungsverfahren** in § 13 WpPG. Für Emittenten der in Anhang XIX der ProspektVO genannten Kategorien ist daneben noch zu beachten, dass die Behörde gemäß Art. 23 Abs. 1 Unterabs. 1 ProspektVO im Hinblick auf die besondere Art der Tätigkeit des Emittenten zusätzliche Angaben verlangen kann.

6 Ob **zusätzliche Angaben** erforderlich sind, bestimmt die BaFin anhand § 7 WpPG iVm. der ProspektVO[5] im Rahmen des von § 13 Abs. 1 WpPG festgelegten Prüfungsmaßstabs[6]. Eine inhaltliche Prüfung findet daher nicht statt[7]. Verantwortlich für den Inhalt bleibt stets der Prospektverantwortliche. Dh. nur wenn die BaFin im Rahmen der anhand der Anhänge zur ProspektVO durchgeführten Vollständig-

---

1 Begr. RegE zu § 26 Abs. 2a und 2b WpPG, BT-Drucks. 18/3994 v. 11.2.2015, S. 56.
2 COM/2015/0583 final – 2015/0268 (COD).
3 9801/16 – 2015/0268 (COD).
4 So auch *Müller* in FrankfurtKomm. WpPG, § 21 WpPG Rz. 19.
5 Berichtigte Fassung der Verordnung (EG) Nr. 809/2004 der Kommission vom 29.4.2004 zur Umsetzung der Richtlinie 2003/71/EG des Europäischen Parlaments und des Rates betreffend die in Prospekten enthaltenen Angaben sowie die Aufmachung, die Aufnahme von Angaben in Form eines Verweises und die Veröffentlichung solcher Prospekte sowie die Verbreitung von Werbung, ABl. EU Nr. L 186 v. 18.7.2005, S. 3.
6 Begr. RegE zu § 26 Abs. 1 WpPG (vormals § 21 Abs. 1), BT-Drucks. 15/4999 v. 3.3.2005, S. 38.
7 *Röhrborn* in Heidel, Aktienrecht und Kapitalmarktrecht, § 26 WpPG Rz. 2; *Linke* in Schäfer/Hamann, § 21 WpPG Rz. 3; *Eckner* in Holzborn, § 26 WpPG Rz. 8.

keits-, Kohärenz- und Verständlichkeitsprüfung Ergänzungsbedarf im Prospekt sieht, kann sie diesen auf Grund von § 26 Abs. 1 WpPG geltend machen. Vor diesem Hintergrund ist allerdings fraglich, inwieweit § 26 Abs. 1 WpPG neben den Regelungen zum Billigungsverfahren in § 13 WpPG einen eigenen Anwendungsbereich hat, denn die Aufnahme zusätzlicher Angaben zur Gewährleistung eines vollständigen, kohärenten und verständlichen Prospekts kann die BaFin bereits nach § 13 WpPG fordern. Dies gilt auch für die Angaben, die eine Behörde nach Art. 23 Abs. 1 Unterabs. 1 ProspektVO verlangen kann, denn bereits die Überschrift der Norm besagt, dass die geforderten Informationen auch Mindestangaben sind. Ohne diese Angaben wäre ein Prospekt nicht vollständig iS von § 13 Abs. 1 WpPG[1].

Der für die Maßnahme erforderliche **Schutz des Publikums**, der bei der Ermessensausübung der Behörde zu berücksichtigen ist, dürfte vor dem Hintergrund des Billigungsmaßstabes in § 13 Abs. 1 WpPG und des Anlegerschutzziels des Gesetzes regelmäßig gegeben sein, da der Prospekt ohne die geforderten Ergänzungen nicht vollständig bzw. nicht kohärent oder verständlich wäre[2].

Adressaten des Verlangens der BaFin sind der Anbieter oder Zulassungsantragsteller. Die Aufforderung zur Aufnahme zusätzlicher Angaben in den Prospekt stellt einen **Verwaltungsakt** dar (siehe unten Rz. 48 ff.). Da der Prospekt ohne die geforderten zusätzlichen Angaben unvollständig bzw. nicht kohärent oder unverständlich bliebe, kann die BaFin alternativ auch die Billigung versagen[3].

III. Auskunfts-, Vorlage- und Überlassungspflicht (§ 26 Abs. 2 ff. WpPG)

§ 26 Abs. 2 WpPG setzt Art. 21 Abs. 3 lit. b Prospektrichtlinie um, erweitert diesen um den „Scheinanbieter" als weiteren Adressaten des Auskunfts-, Vorlage- und Überlassungsverlangens in § 26 Abs. 2 Satz 2 Nr. 2 WpPG und ist mit dem alten § 8c Abs. 1 und 2 VerkProspG vergleichbar[4]. § 26 Abs. 2 WpPG gibt der BaFin die Befugnis, vom Emittenten, Anbieter oder Zulassungsantragsteller Auskünfte einzuholen sowie die Vorlage von Unterlagen und die Überlassung von Kopien zu verlangen, soweit dies zur Überwachung der Einhaltung der Bestimmungen des WpPG erforderlich ist. Die Vorschrift beschränkt sich nicht auf das Billigungsverfahren[5],

---

1 So im Ergebnis auch *Ritz/Voß* in Just/Voß/Ritz/Zeising, § 21 WpPG Rz. 5 f.; *Heidelbach* in Schwark/Zimmer, § 21 WpPG Rz. 10; aA *Müller* in FrankfurtKomm. WpPG, § 21 WpPG Rz. 9, die die Vorschrift in Einzelfällen für zweckmäßig hält, beispielsweise um die Auffassung der BaFin zum Inhalt des Prospektentwurfs gegenüber einem unkooperativen Antragsteller zu verdeutlichen, wenn dieser ein eingeleitetes Billigungsverfahren nicht weiter betreibt; aber auch in solchen Fällen können Anhörungen nach § 13 WpPG oder nach dem VwVfG erfolgen.
2 *Eckner* in Holzborn, § 26 WpPG Rz. 13.
3 *Röhrborn* in Heidel, Aktienrecht und Kapitalmarktrecht, § 26 WpPG Rz. 3.
4 Begr. RegE zu § 26 Abs. 2 (vormals § 21 Abs. 2) WpPG, BT-Drucks. 15/4999 v. 3.3.2005, S. 38.
5 *Eckner* in Holzborn, § 26 WpPG Rz. 18.

insbesondere kann an Ermittlungen im Zusammenhang mit Werbungen (§ 15 WpPG) gedacht werden.

10 **Adressaten** des Auskunfts-, Vorlage- und Überlassungsverlangens können zum einen Emittenten, Anbieter und Zulassungsantragsteller sein. Zum anderen aber sind nach § 26 Abs. 2 Satz 2 Nr. 1 WpPG auch die damit verbundenen Unternehmen erfasst. Der Begriff des verbundenen Unternehmens entspricht dem des § 15 AktG[1], wobei europarechtskonform daneben noch der Wortlaut von Art. 21 Abs. 3 lit. b Prospektrichtlinie berücksichtigt werden sollte („Personen, die diese kontrollieren oder von diesen kontrolliert werden")[2]. § 26 Abs. 2 Satz 2 Nr. 2 WpPG bezieht des Weiteren die juristischen und natürlichen Personen ein, bei denen Tatsachen die Annahme rechtfertigen, dass sie Anbieter iS des WpPG sind (Scheinanbieter), wobei diese Personen die den Anschein begründenden Tatsachen nicht selbst gesetzt haben müssen[3]. In diesem Fall geht das Auskunfts-, Vorlage- und Überlassungsverlangen nach § 26 Abs. 2 Satz 3 WpPG nur soweit, wie es für die Prüfung, ob es sich bei der betreffenden Person um einen Anbieter iS des WpPG handelt, erforderlich ist. Zwischen diesen Adressaten steht der BaFin ein Auswahlermessen zu[4].

11 Die **Auskunftspflicht** beschränkt sich auf Tatsachen. Rechtsfragen und subjektive Wertungen können demnach nicht Gegenstand eines Auskunftsverlangens sein, wenn sie denn keinen Tatsachenkern enthalten[5]. Die Auswertung und Beurteilung der Informationen im Hinblick auf die Einhaltung der Vorgaben des WpPG erfolgt durch die BaFin (auch vor dem Hintergrund eventuell weiterer zu ergreifender Maßnahmen). Die Tatsachen müssen ferner im Bereich des Auskunftspflichtigen liegen, darüber hinausgehende Nachforschungen sind nicht erforderlich[6].

12 Gegenstand einer **Vorlagepflicht** können sämtliche Arten von Unterlagen sein, dh. nicht nur Dokumente in Papierversion, sondern auch elektronisch gespeicherte Dokumente. In der Praxis können es beispielsweise Verträge als schriftliche Papierdokumente sein wie auch elektronische Speichermedien (USB-Sticks, CDs, DVDs etc.) mit der Geschäftskorrespondenz[7], aber auch E-Mails des Unternehmens bzw. seiner Mitarbeiter[8].

---

1 Begr. RegE zu § 26 Abs. 2 WpPG (vormals § 21 Abs. 2), BT-Drucks. 15/4999 v. 3.3.2005, S. 38.
2 *Eckner* in Holzborn, § 26 WpPG Rz. 24.
3 *Heidelbach* in Schwark/Zimmer, § 21 WpPG Rz. 25; *Müller* in FrankfurtKomm. WpPG, § 21 WpPG Rz. 24; *Eckner* in Holzborn, § 26 WpPG Rz. 26.
4 *Eckner* in Holzborn, § 26 WpPG Rz. 27.
5 Siehe zum Tatsachenbegriff auch § 27 WpPG Rz. 11 und zum europarechtlichen Hintergrund *Eckner* in Holzborn, § 26 WpPG Rz. 20.
6 *Röhrborn* in Heidel, Aktienrecht und Kapitalmarktrecht, § 26 WpPG Rz. 5; *Linke* in Schäfer/Hamann, § 21 WpPG Rz. 7; *Müller* in FrankfurtKomm. WpPG, § 21 WpPG Rz. 26; *Eckner* in Holzborn, § 26 WpPG Rz. 21.
7 *Röhrborn* in Heidel, Aktienrecht und Kapitalmarktrecht, § 26 WpPG Rz. 6; *Linke* in Schäfer/Hamann, § 21 WpPG Rz. 8.
8 Vgl. die Rechtsprechung zum vergleichbaren § 4 Abs. 3 Satz 1 WpHG: VG Frankfurt/M. v. 6.11.2008 – 1 K 628/08.F, WM 2009, 948; HessVGH v. 19.5.2009 – 6 A 2672/08.Z, WM 2009, 2004; Bedenken insbesondere im Hinblick auf das Grundrecht auf Gewährleistung

Nur eine leichte Variante[1] der Vorlagepflicht ist die **Pflicht zur Überlassung von Kopien**. Die Übersendung von Kopien hat für den Auskunftspflichtigen den Vorteil, dass er weiterhin über die für die laufende Geschäftstätigkeit möglicherweise wichtigen Originaldokumente verfügt.

Grund und gleichzeitig Begrenzung der Pflichten ist das Erfordernis der Auskünfte, Unterlagen und Kopien für die **Überwachung der Einhaltung der Bestimmungen des WpPG**. Besonders relevant sind öffentliche Angebote ohne Prospekt oder ohne gültigen Prospekt, die nach § 26 Abs. 4 WpPG zu untersagen sind. Kein zu überwachender Bestandteil der Bestimmungen des WpPG ist die inhaltliche Richtigkeit eines Prospekts[2].

Maßnahmen der BaFin nach § 26 Abs. 2 WpPG sind **Verwaltungsakte** (siehe dazu unten Rz. 48 ff.). Zu beachten ist, dass das Verlangen der BaFin mit einer Ermessensausübung verbunden ist und der Verpflichtete über sein Zeugnisverweigerungsrecht zu belehren ist (§ 26 Abs. 6 WpPG, siehe unten Rz. 35 ff.).

Kommt der Auskunftspflichtige dem Auskunftsverlangen nicht nach, kann die BaFin diesen Umstand bekanntmachen. Diese Befugnis dient dem Anlegerschutz. Ist der Veranlasser eines öffentlichen Angebots für die Aufsicht nicht greifbar, so sollten doch wenigstens die Anleger über den Umstand eines möglichen Angebots ohne gültigen Prospekt informiert werden. Diese **Veröffentlichung der fehlenden oder nicht hinreichenden Reaktion des Auskunftspflichtigen** hängt allerdings von mehreren Voraussetzungen ab:

– ein sofort vollziehbares Auskunftsverlangen der BaFin (zur sofortigen Vollziehbarkeit siehe § 30 WpPG),
– in dem auf die Möglichkeit der Veröffentlichung einer unzureichenden Reaktion des Auskunftspflichtigen hingewiesen wird,
– dem innerhalb angemessener Frist unberechtigt nicht oder nur unvollständig nachgekommen wird,
– Anhaltspunkte (siehe dazu unten Rz. 29) für ein öffentliches Angebot ohne gültigen Prospekt,
– keine Gefährdung der Finanzmärkte durch die Veröffentlichung (§ 26 Abs. 2b WpPG).

Berechtigt ist eine Auskunftsverweigerung, wenn vom Auskunftsverweigerungsrecht nach § 26 Abs. 6 WpPG Gebrauch gemacht wird[3]. Unvollständig wird das Auskunftsverlangen beantwortet, wenn die Fragen der BaFin im Hinblick auf ein öffentliches Angebot ohne Prospekt unzureichend oder zeitlich verzögert beantwortet

---

der Vertraulichkeit und Integrität informationstechnischer Systeme und das Fernmeldegeheimnis *Schantz*, WM 2009, 2112.
1 *Ritz/Voß* in Just/Voß/Ritz/Zeising, § 21 WpPG Rz. 16 sehen dies als Präzisierung des Begriffs „Unterlage" an.
2 Vgl. Begr. RegE zu § 26 Abs. 3 WpPG (vormals § 21 Abs. 3), BT-Drucks. 15/4999 v. 3.3.2005, S. 38.
3 Begr. RegE zu § 26 Abs. 2a und 2b WpPG, BT-Drucks. 18/3994 v. 11.2.2015, S. 56.

werden[1]. Die Entscheidung über eine Veröffentlichung liegt im Ermessen der BaFin. Bei der Ermessensausübung zu berücksichtigen sind insbesondere die Erfolgsaussichten weiterer Ermittlungsschritte der BaFin, ggf. auch mit Mitteln des Verwaltungszwangs (siehe dazu Rz. 47), die Interessen des Emittenten und Anbieters und sonstige Ermittlungsverfahren (§ 26 Abs. 2b WpPG). Ist das Vorlageersuchen der BaFin noch nicht bestandskräftig, ist in der Veröffentlichung darauf hinzuweisen und der Stand des Rechtsmittelverfahrens ist anzugeben.

17 Die Bekanntmachung der fehlenden oder nicht hinreichenden Reaktion des Auskunftspflichtigen stellt keinen Verwaltungsakt, sondern **schlichtes Verwaltungshandeln** dar. Weder die Entscheidung über die Veröffentlichung noch die Veröffentlichung selbst stellen eine Regelung dar. Ein Verwaltungsakt ist gerade dadurch gekennzeichnet, dass dieser nach seinem objektiven Sinngehalt auf eine unmittelbare, für den Betroffenen verbindliche Festlegung von Rechten und Pflichten oder eines Rechtsstatus gerichtet sein muss, dh. darauf, Rechte des Betroffenen zu begründen, zu konkretisieren, abzuändern, verbindlich festzustellen oder genau dieses abzulehnen[2]. Diese Merkmale liegen bei der Bekanntmachung gerade nicht vor.

IV. Erweiterte Auskunfts-, Vorlage- und Überlassungspflicht (§ 26 Abs. 3 WpPG)

18 § 26 Abs. 3 WpPG setzt Art. 21 Abs. 3 lit. c Prospektrichtlinie um und erweitert den Kreis der in § 26 Abs. 2 WpPG genannten Verpflichteten. Die Vorschrift entspricht ansonsten § 26 Abs. 2 WpPG.

19 **Adressaten** des Auskunfts-, Vorlage- und Überlassungsverlangens können Abschlussprüfer und Mitglieder von Aufsichts- oder Geschäftsführungsorganen des Emittenten, des Anbieters oder Zulassungsantragstellers, die nach § 5 Abs. 3 WpPG den Prospekt unterzeichnen, sowie von den mit der Platzierung des öffentlichen Angebots oder der Zulassung zum Handel beauftragten Kredit- oder Finanzdienstleistungsinstituten sein. Der Gesetzestext erwähnt neben den letztgenannten Instituten noch ausdrücklich die grenzüberschreitend oder im Wege einer Zweigniederlassung in Deutschland nach § 53b KWG tätigen Institute des EWR sowie die Zweigstellen vergleichbar tätiger Unternehmen mit Sitz im außereuropäischen Ausland. Auch zwischen diesen Adressaten steht der BaFin ein Auswahlermessen zu[3].

20 Der **Umfang der Pflichten** entspricht dem von § 26 Abs. 2 WpPG (siehe oben Rz. 11 ff.). Der Gesetzgeber betont in diesem Zusammenhang, dass die Befugnis der BaFin durch den für die Billigung geltenden Prüfungsmaßstab begrenzt sei. Nur soweit die Billigung reiche, bestehe ein Bedürfnis, auch Auskünfte einzuholen[4]. Ab-

---
1 Begr. RegE zu § 26 Abs. 2a und 2b WpPG, BT-Drucks. 18/3994 v. 11.2.2015, S. 56.
2 *Kopp/Ramsauer*, § 35 VwVfG Rz. 88.
3 *Heidelbach* in Schwark/Zimmer, § 13 WpPG Rz. 30; *Eckner* in Holzborn, § 26 WpPG Rz. 36.
4 Begr. RegE zu § 26 Abs. 3 WpPG (vormals § 21 Abs. 3), BT-Drucks. 15/4999 v. 3.3.2005, S. 38.

schlussprüfer können sich insoweit nicht auf ihre Verschwiegenheitsverpflichtung berufen, da die Auskunfts-, Vorlage- und Überlassungspflicht als spezialgesetzliche Regelung der Verschwiegenheitsverpflichtung vorgeht[1]. Auskunftspflichtig sind Wirtschaftsprüfer freilich nur für den von ihnen verantworteten Zeitraum[2], was relevant werden kann bei einem Prüferwechsel während des durch historische Finanzinformationen abgedeckten Zeitraums.

Ebenso wie die Maßnahmen der BaFin nach § 13 Abs. 2 WpPG sind die nach § 13 Abs. 3 WpPG **Verwaltungsakte** (siehe dazu unten Rz. 48 ff.). Zu beachten ist, dass das Verlangen der BaFin mit einer Ermessensausübung verbunden ist und der Verpflichtete über sein Zeugnisverweigerungsrecht zu belehren ist (§ 26 Abs. 6 WpPG, siehe unten Rz. 35 ff.). 21

V. Untersagung und Aussetzung eines öffentlichen Angebots (§ 26 Abs. 4 WpPG)

1. Übersicht

§ 26 Abs. 4 Satz 1 WpPG dient der Umsetzung von Art. 21 Abs. 3 lit. f Prospektrichtlinie, der an sich bei jeglichem Verstoß gegen Bestimmungen der Prospektrichtlinie die Möglichkeit der Untersagung des öffentlichen Angebots vorsieht, und § 26 Abs. 4 Satz 2 WpPG der Umsetzung von Art. 21 Abs. 4 lit. d Prospektrichtlinie. Nach § 26 Abs. 4 Satz 1 WpPG hat die BaFin ein öffentliches Angebot zu untersagen, wenn kein Prospekt veröffentlicht wurde, der Prospekt nicht mehr gültig ist, die Billigungsbescheinigung iS von § 18 Abs. 1 WpPG nicht nachgewiesen worden ist oder der Prospekt nicht der Sprachenregelung des § 19 WpPG entspricht (Rz. 23 ff.). Nach § 26 Abs. 4 Satz 2 WpPG kann die BaFin im Falle von Anhaltspunkten für die zuvor beschriebenen Verstöße das öffentliche Angebot für höchstens zehn Tage aussetzen (Rz. 29 ff.). Von der Untersagung des öffentlichen Angebots mangels Prospekts ist die Versagung der Billigung zu unterscheiden, bei der der BaFin ein Prospekt zur Prüfung und Billigung vorliegt, aber im Hinblick auf den Prüfungsmaßstab von § 13 Abs. 1 WpPG nicht gebilligt werden kann[3]. 22

2. Untersagung des öffentlichen Angebots

§ 26 Abs. 4 Satz 1 WpPG verlangt von der BaFin die Untersagung eines öffentlichen Angebots, wenn bestimmte **Verstöße gegen Gebote** des WpPG vorliegen. Die im Gesetz genannten Gebote stellen eine für die Untersagung eines öffentlichen Angebots abschließende Aufzählung dar. Für die Definition des öffentlichen Angebots kann auf § 2 Nr. 4 WpPG verwiesen werden. 23

---

[1] *Eckner* in Holzborn, § 26 WpPG Rz. 37; *Müller* in FrankfurtKomm. WpPG, § 21 WpPG Rz. 32.
[2] *Heidelbach* in Schwark/Zimmer, § 21 WpPG Rz. 27; *Eckner* in Holzborn, § 26 WpPG Rz. 33.
[3] *Linke* in Schäfer/Hamann, § 21 WpPG Rz. 10.

24 Bei der ersten Fallgruppe hat die BaFin ein öffentliches Angebot zu untersagen, wenn **entgegen § 3 WpPG kein Prospekt veröffentlicht** wurde. Im Gegensatz zur nächsten Fallgruppe wird hier davon ausgegangen, dass gar kein Prospekt vorliegt, weder gebilligt noch ungebilligt. Das Fehlen eines Prospekts genügt aber noch nicht, um einen Verstoß gegen § 3 WpPG zu begründen. Vielmehr ist zu prüfen, ob der Anwendungsbereich des WpPG eröffnet ist, es sich bei dem Angebot insbesondere um Wertpapiere iS von § 2 Nr. 1 WpPG handelt und keine Ausnahmen nach § 3 Abs. 2 WpPG oder § 4 Abs. 1 WpPG einschlägig sind.

25 Ferner hat die BaFin ein öffentliches Angebot zu untersagen, wenn **entgegen § 13 WpPG ein Prospekt veröffentlicht** wurde. Maßgeblich ist hier, dass der Prospekt nicht gebilligt wurde. Ob der Prospekt dagegen unter Beachtung von § 14 Abs. 2 WpPG oder anderweitig veröffentlicht wurde, ist vor dem Hintergrund des Schutzzwecks für eine Untersagung des öffentlichen Angebots ohne Bedeutung (wird der Prospekt beispielsweise nur in gedruckter Form, aber nicht kostenlos ausgegeben, liegt keine wirksame Veröffentlichung iS von § 14 Abs. 2 WpPG vor, aber der Prospekt ist für den Anleger dennoch zugänglich und „veröffentlicht" iS von § 26 Abs. 4 Satz 1 WpPG). Ferner ist zu prüfen, ob der Prospekt überhaupt einer Billigung bedurft hätte, dh. ob überhaupt Wertpapiere angeboten werden, nicht Ausnahmen einschlägig sind etc. (siehe oben Rz. 24).

26 Bei **Ablauf der Gültigkeit des Prospekts oder des Registrierungsformulars** ist das öffentliche Angebot ebenfalls zu untersagen. Wegen der Gültigkeit verweist § 26 Abs. 4 Satz 1 WpPG auf § 9 WpPG. Danach verliert der Prospekt seine Gültigkeit grundsätzlich spätestens nach zwölf Monaten, gegebenenfalls aber auch schon vorher, wenn das Angebot vorher geschlossen und daher nicht durch Nachträge aktualisiert wird oder der Prospekt im Falle eines länger laufenden Angebots nicht durch die nach § 16 WpPG erforderlichen Nachträge ergänzt wird[1]. Eine Konfliktlage kann aber dann entstehen, wenn ein Anbieter oder Zulassungsantragsteller einen Nachtrag zur Billigung bei der BaFin einreicht, also § 16 WpPG gerecht werden möchte, die Billigung aber erst nach sieben Werktagen oder wegen Unvollständigkeit, Inkohärenz oder Unverständlichkeit der Angaben nicht auf Grund der ersten Einreichungsfassung innerhalb von sieben Werktagen erfolgen kann. Diese Bearbeitungs- und auch Überarbeitungszeit gesteht das Gesetz dem Nachtragspflichtigen und der BaFin zu und hält sie folglich auch vor dem Hintergrund des Anlegerschutzes für angemessen. Das spricht dafür, dass während der Prüfung eines Nachtrags

---

1 So auch *Linke* in Schäfer/Hamann, § 21 WpPG Rz. 11; *Röhrborn* in Heidel, Aktienrecht und Kapitalmarktrecht, § 26 WpPG Rz. 22 betrachtet die Gültigkeit unabhängig von der Nachtragspflicht, ua. da das Billigungsverfahren mit der Billigung abgeschlossen sei und im Interesse der Rechtssicherheit die Prüfungspflicht der BaFin ende. Dies sei auch daran erkenntlich, dass es keinen Bußgeldtatbestand für die Verletzung der Nachtragspflicht gebe und die BaFin die Emittenten nicht laufend beaufsichtige. Dem ist entgegenzuhalten, dass auch die anderen Tatbestände nicht von einer lückenlosen Überwachung durch die BaFin ausgehen.

das öffentliche Angebot grundsätzlich nicht untersagt werden kann. Sachgerechter und letztlich auch das mildere Mittel wäre in Extremfällen eine Aussetzung des öffentlichen Angebots. Dadurch gewinnt der Antragsteller Zeit und dem Anlegerschutz wird gleichfalls Genüge getan[1].

Als weitere Tatbestände kommen das **Fehlen der Billigungsbescheinigung und ein Verstoß gegen die Sprachenregelung** in Betracht. Die Billigungsbescheinigung wird nach Art. 18 Prospektrichtlinie an sich von der zuständigen europäischen Behörde an die BaFin übermittelt. Diese ist Voraussetzung, wenn Wertpapiere auf Grund eines im Ausland gebilligten Prospekts in Deutschland öffentlich angeboten werden sollen. Im Hinblick auf die Eingriffsmöglichkeiten bei Prospekten, die von der Behörde eines anderen europäischen Mitgliedstaats gebilligt und nach Deutschland notifiziert wurden, aber nicht der Sprachfassung des § 19 WpPG entsprechen, kann auf § 17 WpPG Rz. 35 verwiesen werden. Im Übrigen hat die BaFin § 29 WpPG zu beachten. 27

Die BaFin hat bei Vorliegen der Voraussetzungen das öffentliche Angebot zu untersagen, hat also **kein Entschließungsermessen**. Die Untersagung stellt einen Verwaltungsakt dar (siehe dazu unten Rz. 48 ff.). Die Voraussetzungen für die Untersagung muss die BaFin vorher ermittelt haben, vage Anhaltspunkte genügen nicht. Gegebenenfalls ist der Sachverhalt durch Maßnahmen nach § 26 Abs. 2 WpPG aufzuklären und der Betroffene vorher gemäß § 28 VwVfG anzuhören. Liegen Anhaltspunkte für Verstöße vor, kann für die Zeit der Ermittlung das öffentliche Angebot für zehn Tage ausgesetzt werden (§ 26 Abs. 4 Satz 2 WpPG). 28

3. Aussetzung des öffentlichen Angebots

Bestehen **Anhaltspunkte** für Verstöße gegen die in § 26 Abs. 4 Satz 1 WpPG genannten Gebote (siehe dazu oben Rz. 23 ff.), kann die BaFin nach § 26 Abs. 4 Satz 2 WpPG das öffentliche Angebot für bis zu zehn Tage aussetzen. Bei der näheren Eingrenzung des Begriffs des Anhaltspunktes ist zu berücksichtigen, dass die Entscheidung der BaFin nach § 26 Abs. 4 Satz 2 WpPG eine Ermessensentscheidung ist, die Aussetzungsdauer bis zur Maximaldauer von zehn Tagen ebenfalls im Ermessen der BaFin steht und der Eingriff zwar eine Unterbrechung des öffentlichen Angebots zur Folge hat, aber dieser Eingriff weniger belastend ist als die Untersagung des öffentlichen Angebots. Einerseits sind bloße Befürchtungen einer abstrakten Gefahr keine ausreichenden Anhaltspunkte, andererseits muss der Sachverhalt von der BaFin nicht komplett aufgeklärt sein, insbesondere nicht im Hinblick auf eventuell einschlägige Ausnahmen von einer Prospektpflicht. Es können also durchaus auch 29

---

[1] So *Linke* in Schäfer/Hamann, § 21 WpPG Rz. 11; aA *Müller* in FrankfurtKomm. WpPG, § 21 WpPG Rz. 44, die davon ausgeht, dass das Angebot für die Bearbeitungszeit unterbrochen werden könne; dies mag in vielen Fällen zutreffen, aber die Praxis zeigte doch, dass laufende Angebote im Einzelfall nicht unterbrochen werden können und trotz guter Vorbereitung eine gewisse Bearbeitungszeit für Nachträge erforderlich war.

schon Verdachtsmomente, die auf konkreten Tatsachen gründen[1], Anhaltspunkte für die Aussetzung eines öffentlichen Angebots bieten[2].

30 Die für die Dauer der Aussetzung des öffentlichen Angebots festgesetzte **Frist** beginnt nach § 26 Abs. 4 Satz 3 WpPG mit der Bekanntgabe der Entscheidung. Die Bekanntgabe erfolgt nach den allgemeinen Vorschriften (§ 41 VwVfG). Da § 26 Abs. 4 Satz 2 WpPG von Tagen spricht und nicht wie in § 13 Abs. 2 und 3 WpPG, § 16 Abs. 1 Satz 3 WpPG oder § 18 Abs. 1 Satz 2 und 3 WpPG auf Werktage abgestellt wird, sind auch Sonntage und Feiertage bei der Fristberechnung mitzuzählen.

31 Die Verfügung der BaFin über die Aussetzung des öffentlichen Angebots stellt einen **Verwaltungsakt** dar (siehe dazu unten Rz. 48 ff.).

4. Gebühren

32 Für die Untersagung oder Aussetzung eines öffentlichen Angebots werden von der BaFin **Gebühren** nach § 28 WpPG iVm. der Verordnung über die Erhebung von Gebühren nach dem Wertpapierprospektgesetz[3] erhoben. Nach § 2 Abs. 1 WpPGebV iVm. Ziffer 12 des Gebührenverzeichnisses beträgt die Gebühr für die Untersagung des öffentlichen Angebots 4.000 Euro und für die Aussetzung des öffentlichen Angebots nach Ziffer 13 des genannten Gebührenverzeichnisses 2.500 Euro. Für die teilweise oder vollständige Zurückweisung eines Widerspruchs können ebenfalls Gebühren erhoben werden (§ 3 Abs. 2 WpPGebV).

VI. Datenübermittlung (§ 26 Abs. 5 WpPG)

33 Nach § 26 Abs. 5 WpPG kann die BaFin der **Geschäftsführung der Börse** Daten einschließlich personenbezogener Daten übermitteln, wenn Tatsachen den Verdacht begründen, dass gegen Bestimmungen des WpPG verstoßen worden ist und die Daten zur Erfüllung der Zuständigkeiten der Geschäftsführung liegenden Aufgaben erforderlich sind. Diese Norm geht insoweit dem BDSG vor (§ 1 Abs. 3 Satz 1 BDSG) und ist wichtig, um einen reibungslosen Ablauf zwischen Prospektbilligungsverfahren bei der BaFin und Zulassung durch die Geschäftsführung der Börse zu ermöglichen. Dies erfolgte auch vor dem Hintergrund der Umsetzung von Art. 21 Abs. 3 lit. g und h Prospektrichtlinie, weil sich die dort genannten Befugnisse bei der Börse befinden. Der Verweis auf die Zulassungsstelle neben der Geschäftsführung der Börse in § 26 Abs. 5 WpPG läuft inzwischen ins Leere, da die Zulassung gemäß § 32

---

1 Bei der Auskunftsnorm des WpHG, § 4 Abs. 3 WpHG, die auf „konkrete Anhaltspunkte" abstellt, verlangt der Gesetzgeber in Erläuterung dieses Begriffs einen „konkreten Tatsachenkern", Begr. zu § 4 Abs. 3 WpHG in der Beschlussempfehlung des Finanzausschusses, BT-Drucks. 15/3493 v. 1.7.2004, S. 51.
2 *Linke* in Schäfer/Hamann, § 21 WpPG Rz. 13; ähnlich *Eckner* in Holzborn, § 26 WpPG Rz. 47.
3 Wertpapierprospektgebührenverordnung (WpPGebV) v. 29.6.2005, BGBl. I 2005, S. 1875, zuletzt geändert durch Art. 4 des Gesetzes v. 7.8.2013 (BGBl. I 2013, S. 3154).

Abs. 1 BörsG durch die Geschäftsführung der Börse erfolgt. Eine weitere Befugnis zur Datenübermittlung enthält § 26 Abs. 8 Satz 4 WpPG.

Die Entscheidung, wann Tatsachen (zu diesem Begriff Rz. 11) den Verdacht eines Verstoßes begründen, steht im **Ermessen** der BaFin. Da die Vorschrift für die Datenübermittlung einen „Verdacht" ausreichen lässt, muss ein Gesetzesverstoß nicht bewiesen sein[1]. Bei der Ermessensausübung ist ferner zu berücksichtigen, ob und inwieweit die Daten zur Erfüllung der in der Zuständigkeit der Geschäftsführung der Börse liegenden Aufgaben erforderlich sind. Letztlich überprüft aber die Geschäftsführung der Börse selbst ihren Aufgabenbereich, weshalb diesbezüglich § 26 Abs. 5 WpPG eher extensiv als restriktiv auszulegen ist[2]. 34

VII. Auskunftsverweigerungsrecht (§ 26 Abs. 6 WpPG)

§ 26 Abs. 6 WpPG ist dem alten § 8c Abs. 3 VerkProspG nachgebildet[3]. Dem Auskunftspflichtigen steht ein Auskunftsverweigerungsrecht zu, wenn und soweit die Beantwortung der Fragen ihn selbst oder einen der in § 383 Abs. 1 Nr. 1 bis 3 ZPO bezeichneten Angehörigen der Gefahr strafgerichtlicher Verfolgung oder eines Verfahrens nach dem OWiG aussetzen würde. Damit wird dem rechtsstaatlichen Gedanken der Unzumutbarkeit einer Selbstanzeige Rechnung getragen[4]. Zu den Angehörigen gehören der Verlobte, der Ehegatte oder Lebenspartner, selbst wenn die Ehe oder die Lebenspartnerschaft nicht mehr besteht, sowie diejenigen, die mit dem Auskunftspflichtigen in gerader Linie verwandt (vgl. § 1589 BGB) oder verschwägert (vgl. § 1590 BGB), in der Seitenlinie bis zum dritten Grad verwandt oder bis zum zweiten Grad verschwägert sind oder waren. Die Auskunftsverweigerung ist ausdrücklich zu erklären. 35

Das Auskunftsverweigerungsrecht bezieht sich dem eindeutigen Wortlaut von § 26 Abs. 6 WpPG folgend nur auf die Verweigerung der geforderten **Auskunft**, nicht jedoch auf die Vorlage von Unterlagen oder Kopien. Unterlagen und Kopien sind also trotz Auskunftsverweigerungsrechts vorzulegen[5]. 36

---

1 Vgl. *Eckner* in Holzborn, § 26 WpPG Rz. 54 unter Verweis auf die Vorauflage.
2 *Eckner* in Holzborn, § 26 WpPG Rz. 56.
3 Begr. RegE zu § 26 Abs. 6 WpPG (vormals § 21 Abs. 6), BT-Drucks. 15/4999 v. 3.3.2005, S. 38.
4 *Groß*, Kapitalmarktrecht, § 26 WpPG Rz. 9.
5 VG Berlin v. 12.6.1978 – VG 14 A 8/78 zu § 44 KWG aF in Beckmann/Bauer, Bankenaufsichtsrecht Entscheidungssammlung, § 44 Abs. 2 Nr. 19, S. 32 (3); *Röhrborn* in Heidel, Aktienrecht und Kapitalmarktrecht, § 26 WpPG Rz. 13; *Linke* in Schäfer/Hamann, § 21 WpPG Rz. 18; *Müller* in FrankfurtKomm. WpPG, § 21 WpPG Rz. 37; aA, dh. das Auskunftsverweigerungsrecht bezieht sich auch auf die Vorlage von Unterlagen, *Heidelbach* in Schwark/Zimmer, § 21 WpPG Rz. 33, mit der Begründung, dass nur so dem der Vorschrift zugrunde liegenden rechtsstaatlichen Grundsatz hinreichend Rechnung getragen werde; mit letztlich ähnlicher Begründung *Ritz/Voß* in Just/Voß/Ritz/Zeising, § 21 WpPG Rz. 46 f.

37 Nach § 26 Abs. 6 Satz 2 WpPG hat eine **Belehrung** des Verpflichteten über sein Recht zur Verweigerung der Auskunft zu erfolgen. Unterbleibt die Belehrung, so ist grundsätzlich von einer Unverwertbarkeit der erhaltenen Auskünfte auszugehen[1].

VIII. Datenschutz (§ 26 Abs. 7 WpPG)

38 § 26 Abs. 7 WpPG regelt die Speicherung, Nutzung und Veränderung personenbezogener Daten und hat § 4 Abs. 10 WpHG zum Vorbild[2]. § 4 Abs. 10 WpHG schränkte die Nutzung dienstlich erforderlicher Daten auf „speichern, verändern und nutzen" ein. Ursprünglich stand an die Stelle dieser Worte der auch in § 26 Abs. 7 WpPG enthaltene Begriff des „Verwendens", da dieser Begriff das Nutzen und Verarbeiten und damit auch das Speichern, Verändern und Weitergeben von Daten umfasst[3]. Die Verwendung personenbezogener Daten darf nur zur Erfüllung der Aufsichtsaufgaben der BaFin erfolgen. Personenbezogene Daten sind Einzelangaben über persönliche oder sachliche Verhältnisse einer bestimmten oder bestimmbaren natürlichen Person (§ 3 Abs. 1 BDSG). Nicht mehr benötigte Daten sind zu löschen[4].

IX. Aussetzung bzw. Untersagung des Angebots sowie Widerruf der Billigung bei Zulassungsprospekten (§ 26 Abs. 8 WpPG)

1. Übersicht

39 Die Gesetzesbegründung zu § 26 Abs. 8 WpPG verweist nicht auf eine Norm der Prospektrichtlinie, die dadurch umgesetzt werden soll[5]. Zumindest soweit nach § 26 Abs. 8 Satz 3 WpPG das öffentliche Angebot untersagt werden kann, kann darin aber auch eine Umsetzung von Art. 21 Abs. 3 lit. f Prospektrichtlinie gesehen werden[6]. Als Hauptgrund für § 26 Abs. 8 WpPG stellte sich während des Gesetzgebungsverfahrens allerdings die Streichung von § 30 Abs. 3 Nr. 3 BörsG heraus[7]. § 30 Abs. 3 Nr. 3 BörsG aF besagte damals, dass Wertpapiere zuzulassen sind, „wenn (3.) keine Umstände bekannt sind, die bei der **Zulassung** der Wertpapiere zu einer Übervorteilung des Publikums oder einer Schädigung erheblicher allgemei-

---

1 Vgl. ua. *Greger* in Zöller, Zivilprozessordnung, § 383 ZPO Rz. 21; *Röhrborn* in Heidel, Aktienrecht und Kapitalmarktrecht, § 26 WpPG Rz. 14; *Eckner* in Holzborn, § 26 WpPG Rz. 61.
2 Begr. RegE zu § 26 Abs. 7 WpPG (vormals § 21 Abs. 7), BT-Drucks. 15/4999 v. 3.3.2005, S. 39.
3 Begr. RegE zu § 4 Abs. 10 WpHG, BT-Drucks. 15/3174 v. 24.5.2004, S. 31.
4 Siehe die Begr. RegE zur Parallelnorm § 4 Abs. 10 WpHG, BT-Drucks. 15/3174 v. 24.5.2004, S. 31; vgl. auch § 20 BDSG.
5 Begr. RegE zu § 26 Abs. 8 WpPG (vormals § 21 Abs. 8), BT-Drucks. 15/4999 v. 3.3.2005, S. 39.
6 *Groß*, Kapitalmarktrecht, § 26 WpPG Rz. 11.
7 Begr. zu § 26 Abs. 8 WpPG (vormals § 21 Abs. 8) in Beschlussempfehlung und Bericht des Finanzausschusses, BT-Drucks. 15/5373 v. 21.4.2005, S. 50.

ner Interessen führen." Durch die Streichung dieser börsengesetzlichen Vorschrift und der Einführung des § 26 Abs. 8 WpPG sollte eine Doppelprüfung von Prospekten vermieden werden[1]. Dem Wortlaut nach soll § 26 Abs. 8 WpPG nur für die Prospekte Anwendung finden, auf Grund derer Wertpapiere zum Handel an einem organisierten (regulierten) Markt zugelassen werden sollen.

§ 26 Abs. 8 WpPG unterscheidet zwischen **zwei Fallgruppen** abhängig vom Kenntnisstand der BaFin. § 26 Abs. 8 Satz 1 und Satz 2 WpPG geben der BaFin Ermittlungsbefugnisse und die Möglichkeit zur vorübergehenden Aussetzung des öffentlichen Angebots für den Fall, dass ihr Umstände bekannt gegeben werden, auf Grund derer begründete Anhaltspunkte für die wesentliche inhaltliche Unrichtigkeit oder wesentliche inhaltliche Unvollständigkeit des Prospekts bestehen, die zu einer Übervorteilung des Publikums führen. Steht die inhaltliche Unrichtigkeit oder inhaltliche Unvollständigkeit bereits fest, kann die BaFin nach § 26 Abs. 8 Satz 3 WpPG die Billigung widerrufen und das öffentliche Angebot untersagen. Was die Vorschrift als Fremdkörper im WpPG erscheinen lässt, ist der häufige Bezug auf die inhaltliche Unrichtigkeit und Unvollständigkeit. Der Prüfungsmaßstab des § 13 Abs. 1 WpPG umfasst gerade nicht eine inhaltliche Überprüfung des Prospekts. Auch die Gesetzesbegründung zu § 26 Abs. 8 WpPG betont, dass im Billigungsverfahren keine inhaltliche Prüfung des Prospekts erfolge[2].

2. Aussetzungs- und Erkundigungsbefugnisse bei Anhaltspunkten (§ 26 Abs. 8 Satz 1 und 2 WpPG)

Auf Grund von § 26 Abs. 8 Satz 1 und Satz 2 WpPG wird die BaFin tätig, wenn ihr bestimmte **Umstände bekannt gegeben** werden. Die Vorschrift ändert also nicht grundsätzlich den Prüfungsmaßstab der BaFin, so dass diese von sich aus Überprüfungen im Hinblick auf die inhaltliche Richtigkeit oder Vollständigkeit aufnehmen müsste. Untersuchungen werden erst dann aufgenommen, wenn die Behörde auf entsprechende Umstände hingewiesen wird.

Die Umstände müssen **begründete Anhaltspunkte** für die Unrichtigkeit oder Unvollständigkeit enthalten. Während § 26 Abs. 4 Satz 2 WpPG nur von Anhaltspunkten spricht, müssen diese hier auch begründet sein. Das bedeutet zwar nicht gleich, dass die Unrichtigkeit oder Unvollständigkeit feststehen muss (dann gilt § 26 Abs. 8 Satz 3 WpPG), aber Beweise für eine wahrscheinliche Unrichtigkeit oder Unvollständigkeit müssten schon vorliegen. Mit Vorsicht zu handhaben sind anonyme telefonische oder schriftliche Hinweise. Gerade anonyme telefonische Hinweise ermöglichen der BaFin keinen Rückgriff auf den Anrufer als Zeugen, und es liegt kein Schriftstück vor.

---

[1] Begr. zu § 26 Abs. 8 WpPG (vormals § 21 Abs. 8) und zur Änderung von § 30 Abs. 3 BörsG in Beschlussempfehlung und Bericht des Finanzausschusses, BT-Drucks. 15/5373 v. 21.4.2005, S. 50, 51.
[2] Begr. RegE zu § 26 Abs. 8 WpPG (vormals § 21 Abs. 8), BT-Drucks. 15/4999 v. 3.3.2005, S. 39; kritisch zu dieser Vorschrift *Röhrborn* in Heidel, Aktienrecht und Kapitalmarktrecht, § 26 WpPG Rz. 16 ff.

43 Die Anhaltspunkte müssen sich auf eine wesentliche inhaltliche Unrichtigkeit oder eine wesentliche inhaltliche Unvollständigkeit beziehen, die zu einer **Übervorteilung des Publikums** führen können. Die Unrichtigkeit oder Unvollständigkeit muss folglich ein gewisses Gewicht haben, was im Zusammenhang mit der Gefahr der Übervorteilung des Publikums, dh. der Anleger, zu beurteilen ist. Eine Übervorteilung des Publikums wurde bislang immer dann angenommen, wenn die Anhaltspunkte einen erheblichen Kursverfall befürchten lassen[1] oder die Rentabilität des Unternehmens für die Zukunft unwahrscheinlich erscheinen lassen[2]. Teilweise wurde eine Übervorteilung nur dann angenommen, wenn nicht nur zwischen der objektiven oder der im Prospekt umschriebenen Renditeerwartung und dem Wertverlustrisiko des Wertpapiers ein Missverhältnis bestand, sondern zudem das Publikum hierüber im Prospekt nicht, nicht vollständig oder unrichtig aufgeklärt wurde[3]. Dieser Ansatz scheint einerseits angesichts der zahlreichen Risikofaktoren, die die Prospekte regelmäßig enthalten, die Folge zu haben, dass der Anwendungsbereich der Norm sich dadurch verkleinert, hat aber andererseits den Vorteil, dass es an die Publizitätswirkung des Prospekts anknüpft.

44 Bei Vorliegen dieser Voraussetzungen erhält die BaFin die **Befugnis**, Auskünfte, die Vorlage von Unterlagen oder die Überlassung von Kopien nach § 26 Abs. 2 WpPG zu verlangen (siehe dazu oben Rz. 9 ff.), und ferner kann sie nach § 26 Abs. 8 Satz 2 WpPG vom Anbieter die Aussetzung des öffentlichen Angebots bis zur Aufklärung des Sachverhalts verlangen. Die Befugnisse stehen im Ermessen der BaFin. Gerade bei einer Aussetzung, die insbesondere bei Börsengängen zum regulierten Markt die Zeitpläne praktisch aushebeln, kommt der Ermessensausübung eine große Bedeutung zu. Macht die BaFin von ihren Befugnissen Gebrauch, stellt dies einen Verwaltungsakt dar (siehe dazu unten Rz. 48 ff.).

3. Untersagung des Angebots und Widerruf des Billigungsbescheides bei feststehender Unrichtigkeit oder Unvollständigkeit des Prospekts (§ 26 Abs. 8 Satz 3 WpPG)

45 Steht die inhaltliche Unrichtigkeit oder die inhaltliche Unvollständigkeit fest (gegebenenfalls nach Einholung von Auskünften nach § 26 Abs. 8 Satz 1 und 2 WpPG), kann die BaFin das öffentliche Angebot untersagen, wenn dies noch nicht abgeschlossen ist, oder die Billigung widerrufen (§ 26 Abs. 8 Satz 3 WpPG). Die Untersagung des öffentlichen Angebots erfolgt durch Verwaltungsakt (siehe dazu unten Rz. 48 ff.). Die in der Norm enthaltene Befugnis zum Widerruf des Billigungsbescheides stellt eine spezialgesetzliche Ermächtigung zum Widerruf eines begünstigenden Verwaltungsaktes iS von § 49 Abs. 2 Nr. 1 VwVfG dar[4]. Selbst bei einer inhaltlichen Unrichtigkeit oder inhaltlichen Unvollständigkeit war der Billigungsbescheid der BaFin vor dem Hintergrund des Prüfungsmaßstabes in § 13 Abs. 1 WpPG, der sich

---

1 *Groß*, Kapitalmarktrecht, § 26 WpPG Rz. 11.
2 *Heidelbach* in Schwark, 3. Aufl. 2004, § 30 BörsG Rz. 21.
3 *Gebhardt* in Schäfer/Hamann, § 30 BörsG Rz. 73.
4 *Heidelbach* in Schwark/Zimmer, § 21 WpPG Rz. 47, hält den Regelungsgehalt von § 26 Abs. 8 WpPG insofern für obsolet.

gerade nicht auf den Inhalt bezieht, rechtmäßig. Der Widerruf stellt wiederum einen Verwaltungsakt dar. Nach § 49 Abs. 6 VwVfG steht dem Anbieter kein Entschädigungsanspruch gegen die BaFin zu[1].

4. Gebühren

Für Maßnahmen nach § 26 Abs. 8 WpPG sieht § 33 WpPG iVm. der Verordnung über die Erhebung von Gebühren nach dem Wertpapierprospektgesetz[2] keine besonderen Gebühren mehr vor, insbesondere gibt es keinen Gebührentatbestand für die Untersagung des öffentlichen Angebots nach § 26 Abs. 8 WpPG. Nach den allgemeinen Vorschriften können jedoch Gebühren für den Widerruf von Verwaltungsakten erhoben werden (§ 10 Abs. 4 BGebG). Für die teilweise oder vollständige Zurückweisung eines Widerspruchs können ebenfalls Gebühren erhoben werden (§ 3 Abs. 2 WpPGebV). 46

5. Datenübermittlung (§ 26 Abs. 8 Satz 4 WpPG)

Nach § 26 Abs. 8 Satz 4 WpPG kann die BaFin die nach § 26 Abs. 8 Satz 1 WpPG erhobenen Daten und die Entscheidungen nach § 26 Abs. 8 Sätze 2 und 3 WpPG der Geschäftsführung der Börse und ausländischen Zulassungsstellen übermitteln, soweit diese Informationen zur Erfüllung von deren Aufgaben erforderlich sind. Was die Zusammenarbeit mit ausländischen Zulassungsstellen anbelangt, so tritt die Möglichkeit der Datenübermittlung neben die Möglichkeiten zur Zusammenarbeit nach §§ 28 f. WpPG. 47

X. Verwaltungsakte auf Grund von § 26 WpPG, deren Vollziehung und Durchsetzung, Rechtsschutz

Mit dem Verlangen zur Aufnahme zusätzlicher Angaben in den Prospekt (§ 26 Abs. 1 WpPG), dem Auskunfts-, Vorlage- und Überlassungsverlangen nach § 26 Abs. 2 und 3 WpPG (gegebenenfalls iVm. § 26 Abs. 8 Satz 1 WpPG), der Untersagung des öffentlichen Angebots (§ 26 Abs. 4 Satz 1, Abs. 8 Satz 3 WpPG), der Aussetzung des öffentlichen Angebots nach § 26 Abs. 4 Satz 2 oder Abs. 8 Satz 2 WpPG und dem Widerruf der Billigung (§ 26 Abs. 8 Satz 3 WpPG) ergreift die BaFin eine hoheitliche Maßnahme zur Regelung eines Einzelfalls auf dem Gebiet des öffentlichen Rechts mit Außenwirkung, womit die Maßnahmen als **Verwaltungsakt** iS des § 35 VwVfG zu qualifizieren sind. Der Erlass der Verwaltungsakte ist nicht an eine Form gebunden. Regelmäßig werden die Verfügungen allerdings schriftlich ergehen, insbesondere wenn ein erheblicher Eingriff damit verbunden ist. Kein Verwaltungsakt, sondern schlichtes Verwaltungshandeln ist die Veröffentlichung der fehlenden oder unzurei- 48

---

[1] *Linke* in Schäfer/Hamann, § 21 WpPG Rz. 23.
[2] Wertpapierprospektgebührenverordnung (WpPGebV) v. 29.6.2005, BGBl. I 2005, S. 1875, zuletzt geändert durch Art. 4 des Gesetzes v. 7.8.2013 (BGBl. I 2013, S. 3154).

49 Nach § 31 Nr. 1 WpPG haben Widerspruch und Anfechtungsklage gegen die auf Grund von § 26 WpPG erlassenen Verwaltungsakte **keine aufschiebende Wirkung**.

50 Da Rechtsbehelfen keine aufschiebende Wirkung beigelegt ist, kann ein nach § 26 WpPG erlassener Verwaltungsakt gemäß § 6 Abs. 1 VwVG mit **Zwangsmitteln** durchgesetzt werden. § 9 VwVG sieht als mögliche Zwangsmittel die Ersatzvornahme (§ 10 VwVG), das Zwangsgeld (§ 11 VwVG) und den unmittelbaren Zwang (§ 12 VwVG) vor. Da es sich bei den auf Grund von Verfügungen nach § 26 WpPG auferlegten Pflichten um solche handelt, die nur der Pflichtige vornehmen kann, es also in der Regel unvertretbare Handlungen sind, kommt praktisch nur das Zwangsgeld in Betracht. Nach § 17 Satz 4 FinDAG[1] beträgt die Höhe des Zwangsgelds bis zu 250.000 Euro. Nach § 13 VwVG ist das Zwangsgeld schriftlich anzudrohen und eine angemessene Frist für die Befolgung der Verfügung zu bestimmen. Wird der Verpflichtung nicht innerhalb der Frist Folge geleistet, wird das Zwangsgeld festgesetzt (§ 14 VwVG) und angewendet (§ 15 VwVG).

51 Als **Rechtsbehelf** gegen den Verwaltungsakt kommt neben dem Widerspruch insbesondere ein Antrag nach § 80 Abs. 5 VwGO auf Anordnung der aufschiebenden Wirkung in Betracht. Die Verwaltungsakte können ferner mit einer Anfechtungsklage angegriffen werden. Klagegegner ist gemäß § 78 Abs. 1 Nr. 1 VwGO die nach § 1 Abs. 1 FinDAG bundesunmittelbare, rechtsfähige Anstalt des öffentlichen Rechts BaFin. Nach § 1 Abs. 3 Satz 1 FinDAG gilt für Klagen gegen die BaFin Frankfurt am Main als Sitz der Behörde. Dem am Verfahren nicht unmittelbar beteiligten Anleger dürfte allerdings keine Widerspruchs- oder Klagebefugnis zustehen, da er nicht Adressat des Verwaltungsaktes ist und die Entscheidung der BaFin allein im öffentlichen Interesse erfolgt[2] (zum Tätigwerden der BaFin im öffentlichen Interesse siehe auch unter § 13 WpPG Rz. 39 f.). Die Rechtsmittel gegen Zwangsmittel ergeben sich unter anderem aus § 18 VwVG.

§ 27
Verschwiegenheitspflicht

(1) **Die bei der Bundesanstalt Beschäftigten und die nach § 4 Abs. 3 des Finanzdienstleistungsaufsichtsgesetzes beauftragten Personen dürfen die ihnen bei ihrer Tätigkeit bekannt gewordenen Tatsachen, deren Geheimhaltung im Interesse eines nach diesem Gesetz Verpflichteten oder eines Dritten liegt, insbesondere**

---

[1] Gesetz über die Bundesanstalt für Finanzdienstleistungsaufsicht (Finanzdienstleistungsaufsichtsgesetz – FinDAG) vom 22.4.2002 (BGBl. I 2002, S. 1310), zuletzt geändert durch Art. 9 des Gesetzes vom 30.6.2016 (BGBl. I 2016, S. 1514).
[2] Begr RegE zu § 26 WpPG (vormals § 21), BT-Drucks. 15/4999 v. 3.3.2005, S. 38.

Geschäfts- und Betriebsgeheimnisse sowie personenbezogene Daten, nicht unbefugt offenbaren oder verwerten, auch wenn sie nicht mehr im Dienst sind oder ihre Tätigkeit beendet ist. Dies gilt auch für andere Personen, die durch dienstliche Berichterstattung Kenntnis von den in Satz 1 bezeichneten Tatsachen erhalten. Ein unbefugtes Offenbaren oder Verwerten im Sinne des Satzes 1 liegt insbesondere nicht vor, wenn Tatsachen weitergegeben werden an

1. Strafverfolgungsbehörden oder für Straf- und Bußgeldsachen zuständige Gerichte,
2. kraft Gesetzes oder im öffentlichen Auftrag mit der Überwachung von Börsen oder anderen Märkten, an denen Finanzinstrumente gehandelt werden, des Handels mit Finanzinstrumenten oder Devisen, von Kreditinstituten, Finanzdienstleistungsinstituten, Investmentgesellschaften, Finanzunternehmen oder Versicherungsunternehmen betraute Stellen sowie von diesen beauftragte Personen,
3. die Europäische Wertpapier- und Marktaufsichtsbehörde, die Europäische Aufsichtsbehörde für das Versicherungswesen und die betriebliche Altersversorgung, die Europäische Bankenaufsichtsbehörde, den Gemeinsamen Ausschuss der Europäischen Finanzaufsichtsbehörden, den Europäischen Ausschuss für Systemrisiken oder die Europäische Kommission, soweit diese Stellen die Informationen zur Erfüllung ihrer Aufgaben benötigen. Für die bei den in Satz 3 Nummer 1 und 2 genannten Stellen beschäftigten Personen sowie von diesen Stellen beauftragten Personen gilt die Verschwiegenheitspflicht nach Satz 1 entsprechend. Befindet sich eine in Satz 3 Nummer 1 oder 2 genannte Stelle in einem anderen Staat, so dürfen die Tatsachen nur weitergegeben werden, wenn die bei dieser Stelle beschäftigten und die von dieser Stelle beauftragten Personen einer dem Satz 1 entsprechenden Verschwiegenheitspflicht unterliegen.

(2) Die §§ 93, 97 und 105 Absatz 1, § 111 Absatz 5 in Verbindung mit § 105 Absatz 1 sowie § 116 Absatz 1 der Abgabenordnung gelten nicht für die in Absatz 1 Satz 1 und 2 bezeichneten Personen nur, soweit die Finanzbehörden die Kenntnisse für die Durchführung eines Verfahrens wegen einer Steuerstraftat sowie eines damit zusammenhängenden Besteuerungsverfahrens benötigen. Die in Satz 1 genannten Vorschriften sind jedoch nicht anzuwenden, soweit Tatsachen betroffen sind,

1. die den in Absatz 1 Satz 1 oder Satz 2 bezeichneten Personen durch eine Stelle eines anderen Staates im Sinne von Absatz 1 Satz 3 Nummer 2 oder durch von dieser Stelle beauftragte Personen mitgeteilt worden sind oder
2. von denen bei der Bundesanstalt beschäftigte Personen dadurch Kenntnis erlangen, dass sie an der Aufsicht über direkt von der Europäischen Zentralbank beaufsichtigte Institute mitwirken, insbesondere in gemeinsamen Aufsichtsteams nach Artikel 2 Nummer 6 der Verordnung (EU) Nr. 468/2014 der Europäischen Zentralbank vom 16. April 2014 zur Einrichtung eines Rahmenwerks für die Zusammenarbeit zwischen der Europäischen Zentralbank und den nationalen zuständigen Behörden und den nationalen benannten Behörden innerhalb des einheitlichen Aufsichtsmechanismus (SSM-Rahmen-

verordnung) (EZB/2014/17) (ABl. L 141 vom 14.5.2014, S. 1), und die nach den Regeln der Europäischen Zentralbank geheim sind.

In der Fassung vom 22.6.2005 (BGBl. I 2005, S. 1698), zuletzt geändert durch das Gesetz zur Anpassung des nationalen Bankenabwicklungsrechts an den Einheitlichen Abwicklungsmechanismus und die europäischen Vorgaben zur Bankenabgabe (Abwicklungsmechanismusgesetz) vom 2.11.2015 (BGBl. I 2015, S. 1864).

Schrifttum: *Berger/Roth/Scheel* (Hrsg.), Informationsfreiheitsgesetz, 2006; *Berger/Schirmer*, Informationsfreiheit und Finanzaufsicht – Fragen zum Informationszugang im „Single Supervisory Mechanism, SSM", DVBl 2015, 608; *Fischer*, Strafgesetzbuch und Nebengesetze, 63. Aufl. 2016; *Gurlit*, Gläserne Banken- und Kapitalmarktaufsicht? – Zur Bedeutung des Informationsfreiheitsgesetzes des Bundes für die Aufsichtspraxis, WM 2009, 773; *Gurlit*, Informationsfreiheit und Verschwiegenheitspflichten der BaFin, NZG 2014, 1161; *Jastrow/Schlatmann*, Informationsfreiheitsgesetz, 2006; *Kloepfer/Greve*, Das Informationsfreiheitsgesetz und der Schutz von Betriebs- und Geschäftsgeheimnissen, NVwZ 2011, 577; *Meyer-Goßner/Schmitt*, Strafprozessordnung, 58. Aufl. 2015; *Möllers/Wenninger*, Informationsansprüche gegen die BaFin im Lichte des neuen Informationsfreiheitsgesetzes (IFG), ZHR 170 (2006), 455; *Rossi*, Informationsfreiheitsgesetz, 2006; *Rossi*, Das Informationsfreiheitsrecht in der gerichtlichen Praxis, DVBl 2010, 554; *Schmitz/Jastrow*, Das Informationsfreiheitsgesetz des Bundes, NVwZ 2005, 984; *Schoch*, Informationsfreiheitsgesetz, 2. Aufl. 2016; *Schoch*, Verselbständigung des „in camera"-Verfahrens im Informationsfreiheitsrecht?, NVwZ 2012, 85; *Schoch*, Rechtsprechungsentwicklung, NVwZ 2013, 1033; *Scholz*, Informationsfreiheitsgesetz (IFG) als verfassungswidriger Systembruch zu staatlichen Finanz- und Wirtschaftsaufsichten?, BKR 2008, 485; *Sellmann/Augsberg*, Chancen und Risiken des Bundesinformationsfreiheitsgesetzes – Eine „Gebrauchsanleitung" für (private) Unternehmen, WM 2006, 2293; *Spindler*, Informationsfreiheit und Finanzmarktaufsicht, ZGR 2011, 690; *Wilsing/Paul*, Gläserne BaFin-Akten – Reaktionsmöglichkeiten der Praxis auf Verurteilung der BaFin zur Auskunftserteilung, BB 2009, 114; *Zietsch/Weigand*, Auskunftsanspruch der BaFin und Akteneinsichtsrecht gegenüber der BaFin – ein rechtsfreier Raum?, WM 2013, 1785.

I. Normentwicklung 1	8. Weitergabe von Informationen an Finanzbehörden (§ 27 Abs. 2 WpPG) 30
II. Verschwiegenheitspflicht	
1. Übersicht 6	
2. Adressaten 7	III. Informationsansprüche
3. Tatsachen 12	1. Akteneinsichtsrecht des Verfahrensbeteiligten nach § 29 VwVfG 32
4. Bei der Tätigkeit bekannt geworden 13	
5. Geheimhaltungsinteresse	2. Informationsansprüche des Geschädigten nach §§ 406e, 475 StPO iVm. §§ 46 Abs. 3 Satz 4, 49b OWiG . . . 34
a) Schutzrichtung 14	
b) Geschäfts- und Betriebsgeheimnisse 15	3. Informationsanspruch nach § 1 IFG 37
c) Personenbezogene Daten 16	IV. Folgen eines Verstoßes gegen die Verschwiegenheitspflicht 51
6. Offenbaren und Verwerten 17	
7. Unbefugt 20	

I. Normentwicklung

§ 27 WpPG dient der Umsetzung von Art. 22 Abs. 1[1] und Abs. 3[2] **Prospektrichtlinie**[3]. Nach Art. 22 Abs. 1 Prospektrichtlinie sind alle Personen, die für die zuständige Behörde sowie für Stellen, denen zuständige Behörden gegebenenfalls bestimmte Aufgaben übertragen haben, tätig sind oder waren, an das Berufsgeheimnis gebunden. Die unter das Berufsgeheimnis fallenden Informationen dürfen nicht an andere Personen oder Behörden weitergegeben werde, es sei denn auf Grund gesetzlicher Bestimmungen. Art. 22 Abs. 2 Prospektrichtlinie behandelt die Zusammenarbeit der zuständigen Behörden in den einzelnen Mitgliedstaaten und Art. 22 Abs. 3 Prospektrichtlinie betont, dass diese Vorgaben einem Austausch vertraulicher Informationen zwischen den zuständigen Behörden und den europäischen Aufsichtsbehörden nicht entgegensteht. Das Berufsgeheimnis gilt auch für die Empfänger. 1

Ziel derartiger Verschwiegenheitsverpflichtungen ist, der Aufsicht Zugang zu Informationen zu ermöglichen, an denen Betroffene Geheimhaltungsinteressen haben[4]. Beim Prospektbilligungsverfahren kann sich das an vielen Stellen zeigen, beginnend bei der Tatsache, dass überhaupt ein Prospektbilligungsverfahren begonnen wurde, welche konkreten Angaben in den Prospekt müssen, dass Informationen im Rahmen des Verfahren bearbeitet werden, die noch nicht öffentlich bekannt sind und gegebenenfalls in dem schließlich gebilligten Prospekt auch nicht auftauchen. Ähnliches gilt für die Informationen, die die BaFin auf Grund von Auskunfts- und Vorlageersuchen erhält[5]. Bei derart weitgehenden Befugnissen der BaFin ist das Vertrauen der Marktteilnehmer in die Integrität der Aufsicht wichtig, um die Kooperationsbereitschaft zu erhalten[6]. Durch die Verschwiegenheitsverpflichtung soll aber nicht die Arbeit von Strafverfolgungsbehörden behindert und die wirksame Zusammenarbeit zwischen verschiedenen Kapitalmarktaufsichtsbehörden im In- und Ausland eingeschränkt werden. 2

In Deutschland erfolgte die **Umsetzung** von Art. 22 Abs. 1 und Abs. 3 Prospektrichtlinie durch § 27 WpPG. Die Vorschrift orientiert sich an § 8 WpHG und füllt mit vergleichbaren Verschwiegenheitsverpflichtungen in anderen Aufsichtsgesetzen (§ 9 KWG, § 9 WpÜG, § 4 VermAnlG) den von § 11 FinDAG[7] gesetzten Rahmen. Nach 3

---

1 Begr. RegE zu § 27 WpPG (vormals § 22), BT-Drucks. 15/4999 v. 3.3.2005, S. 39.
2 Begr. RegE zur Änderung von § 27 Abs. 1 Satz 3 WpPG (vormals 22), BT-Drucks. 17/6255 v. 22.6.2011, S. 31.
3 Richtlinie 2003/71/EG des Europäischen Parlaments und des Rates vom 4.11.2003 betreffend den Prospekt, der beim öffentlichen Angebot von Wertpapieren oder bei deren Zulassung zum Handel zu veröffentlichen ist, und zur Änderung der Richtlinie 2001/34/EG, ABl. EU Nr. L 345 v. 31.12.2003, S. 64.
4 *Möllers/Wenninger* in KölnKomm. WpHG, § 8 WpHG Rz. 6.
5 *Linke* in Schäfer/Hamann, § 22 WpPG Rz. 1.
6 *Röhrborn* in Heidel, Aktienrecht und Kapitalmarktrecht, § 27 WpPG Rz. 2; *Möllers/Wenninger* in KölnKomm. WpHG, § 8 WpHG Rz. 7.
7 Gesetz über die Bundesanstalt für Finanzdienstleistungsaufsicht (Finanzdienstleistungsaufsichtsgesetz – FinDAG) v. 22.4.2002 (BGBl. I 2002, 1310), zuletzt geändert durch Art. 9 des Gesetzes vom 30.6.2016 (BGBl. I 2016, S. 1514).

§ 11 FinDAG bestimmt sich die Verschwiegenheitspflicht der Beschäftigten der BaFin in Bezug auf Tatsachen, die ihnen bei ihrer Tätigkeit bekannt geworden sind, nach den aufsichtsrechtlichen Bestimmungen, auf Grund deren der einzelne Beschäftigte tätig geworden ist. Die Verschwiegenheitsverpflichtungen in den Aufsichtsgesetzen sind Spezialvorschriften zu § 30 VwVfG[1].

4 Die **Errichtung des Europäischen Finanzaufsichtssystems** führte zur Ergänzung von § 27 Abs. 1 Satz 3 WpPG um die Nr. 3[2], um den für die europäische Aufsicht erforderlichen Informationsfluss zwischen den nationalen und europäischen Behörden zu ermöglichen[3].

5 Ein **Ausblick** auf Art. 33 Prospektverordnungsentwurf der Kommission vom 30.11.2015[4] wie auch in der Fassung des Rates vom 3.6.2016[5] zeigt, dass auch dort die Verschwiegenheitspflichten in ähnlicher Weise wie bisher geregelt werden.

II. Verschwiegenheitspflicht

1. Übersicht

6 Die Verschwiegenheitspflicht in § 27 WpPG besagt, dass bestimmte Adressaten (Rz. 7 ff.) die Tatsachen (Rz. 12), die ihnen bei ihrer Tätigkeit bekannt geworden sind (Rz. 13) und einem Geheimhaltungsinteresse unterliegen (Rz. 14 ff.) nicht unbefugt (Rz. 20 ff.) offenbaren und verwerten (Rz. 17 ff.) dürfen. Für Finanzbehörden enthält § 27 Abs. 2 WpPG eine zusätzliche Regelung (Rz. 30 ff.).

2. Adressaten

7 Adressaten der Verschwiegenheitspflicht und des Verwertungsverbotes sind alle **Beschäftigten der BaFin**, auch wenn sie nicht mehr im Dienst sind oder ihre Tätigkeit beendet ist. Beschäftigte der BaFin sind in erster Linie die Beamten und Angestellten, die zur BaFin in einem Dienst- oder Anstellungsverhältnis stehen. Als Mitarbeiter gelten aber auch Praktikanten und Rechtsreferendare[6]. Der Verschwiegenheitsverpflichtung unterliegen zudem die externen Personen und Einrichtungen, denen sich die BaFin nach § 4 Abs. 3 FinDAG zur Durchführung ihrer Aufgaben bedient.

---

1 *Röhrborn* in Heidel, Aktienrecht und Kapitalmarktrecht, § 27 WpPG Rz. 2; für das WpHG siehe ua. *Möllers/Wenninger* in KölnKomm. WpHG, § 8 WpHG Rz. 10.
2 Art. 3 des Gesetzes zur Umsetzung der Richtlinie 2010/78/EU vom 24.11.2010 im Hinblick auf die Errichtung des Europäischen Finanzaufsichtssystems vom 4.12.2011 (BGBl. I 2011, S. 2427).
3 *Höninger/Eckner* in Holzborn, § 27 WpPG Rz. 10.
4 COM/2015/0583 final – 2015/0268 (COD).
5 9801/16 – 2015/0268 (COD).
6 *Müller* in FrankfurtKomm. WpPG, § 22 WpPG Rz. 9; *Möllers/Wenninger* in KölnKomm. WpHG, § 8 WpHG Rz. 12.

Die für die Beschäftigten der BaFin geltende Verschwiegenheitspflicht gilt nach § 11 Satz 2 FinDAG auch für die **Mitglieder des Verwaltungsrates** der BaFin und der Beiräte hinsichtlich der ihnen bei der Wahrnehmung ihrer Aufgaben bekannt gewordenen Tatsachen.

8

Darüber hinaus unterliegen nach § 27 Abs. 1 Satz 2 WpPG auch die Personen der Verschwiegenheitsverpflichtung, die im Rahmen **dienstlicher Berichterstattung** Kenntnis von geheimhaltungsbedürftigen Tatsachen erhalten. Zu den Behörden, an die die BaFin berichten muss, gehört insbesondere das Bundesministerium der Finanzen, das die Rechts- und Fachaufsicht über die BaFin ausübt (§ 2 FinDAG).

9

Werden nach § 27 Abs. 1 Satz 3 WpPG Informationen weitergeleitet, so gilt die Verschwiegenheitspflicht nach § 27 Abs. 1 Satz 4 WpPG auch für die **Mitarbeiter der die Informationen empfangenden Stelle** (zB Strafverfolgungsbehörde) sowie von diesen beauftragten Personen, was durch eine entsprechende Gesetzesergänzung klargestellt wurde[1].

10

Von der Verschwiegenheitsverpflichtung miterfasst ist auch die **BaFin** selbst. Die BaFin handelt durch ihre zur Vertretung befugten natürlichen Personen, die der Verschwiegenheitsverpflichtung unterliegen. Die Verschwiegenheitsverpflichtung kann dann aber wiederum nur ihre Wirkung entfalten, wenn diese sich auch auf die BaFin selbst bezieht[2].

11

3. Tatsachen

Tatsachen sind nach allgemeinem Rechtsverständnis gegenwärtige oder vergangene Verhältnisse, Zustände oder Geschehnisse, die grundsätzlich dem Beweis zugänglich sind[3]. Innersubjektive Zustände, Vorgänge, Kenntnisse und Absichten können Tatsachen sein[4]. Werturteile wären nach allgemeinem Verständnis dann keine Tatsachen, wenn sie nur eine innersubjektive Bewertung enthalten. Bei der im Einzelfall schwierigen Abgrenzung ist darauf abzustellen, ob das Werturteil iS einer reinen Meinungsäußerung einer empirischen Überprüfung von vornherein entzogen ist. Nicht gänzlich einer Beweisführung entzogen ist danach eine Meinungsäußerung, wenn diese einen Tatsachenkern enthält[5]. Für eine weite Auslegung des Tatsachenbegriffs spricht der Wortlaut von Art. 22 Abs. 1 Prospektrichtlinie, der von „unter das Berufsgeheimnis fallenden Informationen" und eben nicht Tatsachen spricht[6].

12

---

1 Dies war zuvor str., siehe ua. *Beck* in Schwark/Zimmer, § 8 WpHG Rz. 3.
2 *Ritz* in Just/Voß/Ritz/Zeising, § 22 WpPG Rz. 8; *Döhmel* in Assmann/Uwe H. Schneider, § 8 WpHG Rz. 5; *Reischauer/Kleinhans*, § 9 KWG Rz. 6; siehe auch VG Frankfurt/M. v. 23.1.2008 – 7 E 3280/06 (V), NVwZ 2008, 1384 (1386).
3 *Fischer*, § 263 StGB Rz. 6.
4 *Fischer*, § 263 StGB Rz. 8.
5 *Fischer*, § 263 StGB Rz. 9.
6 *Ritz/Voß* in Just/Voß/Ritz/Zeising, § 22 WpPG Rz. 9; *Beck* in Schwark/Zimmer, § 8 WpHG Rz. 6; *Höninger/Eckner* in Holzborn, § 27 WpPG Rz. 5; vgl. zu § 8 WpHG auch *Schlette/Bouchon* in Fuchs, § 8 WpHG Rz. 7; aA, dh. eine Gesetzesänderung für erforderlich haltend, *Möllers/Wenninger* in KölnKomm. WpHG, § 8 WpHG Rz. 19.

4. Bei der Tätigkeit bekannt geworden

13 Die Verschwiegenheitsverpflichtung knüpft an Tatsachen an, die bei der Tätigkeit bekannt geworden sind. Damit ist nicht allein die Kenntniserlangung erfasst, die auf Grund der konkreten Befassung eines Mitarbeiters mit einem Vorgang erfolgt. Der Zweck der Vorschrift erfordert vielmehr, den Kreis des dienstlich Bekanntgewordenen möglichst weit zu ziehen, da ansonsten die Vorschrift ausgehöhlt würde[1]. Erfasst ist also beispielsweise auch die Weitergabe von Informationen unter Kollegen, selbst wenn sie nicht mit dem konkreten Vorgang befasst sind. Die Weitergabe erfolgt, weil die Kollegen von der Verschwiegenheitsverpflichtung aller Mitarbeiter ausgehen[2]. Dies ist unabhängig davon zu beurteilen, ob die Weitergabe von Informationen unter Mitarbeitern in Diensträumen oder außerhalb stattfindet[3]. Besteht ein derartiger oder vergleichbarer Bezug zum Dienstverhältnis nicht, ist die Tatsache außerdienstlich, dh. nicht bei der Tätigkeit bekannt geworden.

5. Geheimhaltungsinteresse

a) Schutzrichtung

14 Die Verschwiegenheitsverpflichtung erfasst bei der dienstlichen Tätigkeit bekannt gewordene Tatsachen, „deren **Geheimhaltung im Interesse eines nach diesem Gesetz Verpflichteten** oder eines Dritten liegt." Maßgeblich ist also beispielsweise das Interesse an Geheimhaltung der Emittenten, Anbieter und Zulassungsantragsteller, die im Kontakt zur BaFin stehen oder standen im Zusammenhang mit Billigungsverfahren, Vorbesprechungen dazu oder mit Maßnahmen nach § 26 WpPG. Dritte, die neben den nach dem WpPG Verpflichteten vom Geheimhaltungsinteresse umfasst sind, sind beispielsweise die Kunden der Emittenten, Anbieter und Zulassungsantragsteller, aber auch deren Geschäftsleiter, Organmitglieder und Mitarbeiter[4]. Dieser Schutzzielrichtung folgend, kann an allgemein öffentlich bekannten Tatsachen kein Geheimhaltungsinteresse (mehr) bestehen[5]. Daneben besteht kein Geheimhaltungsinteresse, wenn der Berechtigte deutlich erkennbar keinen Willen zur Geheimhaltung hat[6]. Das Gesetz nennt zwei Beispiele, bei denen das Geheimhaltungsinteresse regelmäßig sehr groß ist, nämlich Geschäfts- und Betriebsgeheimnisse und personenbezogene Daten.

---

1 *Reischauer/Kleinhans*, § 9 KWG Rz. 16.
2 *Döhmel* in Assmann/Uwe H. Schneider, § 8 WpHG Rz. 11.
3 *Müller* in FrankfurtKomm. WpPG, § 22 WpPG Rz. 16; *Höninger/Eckner* in Holzborn, § 27 WpPG Rz. 6; *Reischauer/Kleinhans*, § 9 KWG Rz. 16.
4 Vgl. *Beck* in Schwark/Zimmer, § 8 WpHG Rz. 8.
5 *Ritz/Voß* in Just/Voß/Ritz/Zeising, § 22 WpPG Rz. 13; *Müller* in FrankfurtKomm. WpPG, § 22 WpPG Rz. 18; *Döhmel* in Assmann/Uwe H. Schneider, § 8 WpHG Rz. 7.
6 *Möllers/Wenninger* in KölnKomm. WpHG, § 8 WpHG Rz. 25.

b) Geschäfts- und Betriebsgeheimnisse

Als Geschäfts- und Betriebsgeheimnis werden alle auf ein Unternehmen bezogene Tatsachen, Umstände und Vorgänge verstanden, die nicht offenkundig, sondern nur einem begrenzten Personenkreis zugänglich sind und an deren Nichtverbreitung der Rechtsträger ein berechtigtes Interesse hat[1], weil eine Aufdeckung der Tatsachen geeignet wäre, dem Geheimnisträger wirtschaftlichen Schaden zuzufügen[2]. Geschäftsgeheimnisse betreffen vornehmlich kaufmännisches Wissen, wie zB Umsätze, Ertragslagen, Geschäftsbücher, Kundenlisten, Bezugsquellen, Konditionen, Marktstrategien, Unterlagen zur Kreditwürdigkeit, Kalkulationsunterlagen, Patentanmeldungen und sonstige Forschungs- und Entwicklungsprojekte, durch welche die wirtschaftlichen Verhältnisse des Betriebs maßgeblich bestimmt werden können. Betriebsgeheimnisse umfassen dagegen das technische Wissen[3]. 15

c) Personenbezogene Daten

Personenbezogene Daten sind Einzelangaben über persönliche oder sachliche Verhältnisse einer bestimmten oder bestimmbaren natürlichen Person (§ 3 Abs. 1 BDSG). 16

6. Offenbaren und Verwerten

Geheimhaltungsbedürftige Tatsachen dürfen nicht offenbart oder verwertet werden. 17

Unter **Offenbaren** ist jede Form der Weitergabe geheimhaltungsbedürftiger Tatsachen zu verstehen. Diese Weitergabe kann auf vielfältige Weise erfolgen, wie zB mündlich, schriftlich, auf elektronischem Wege, durch offenes Liegenlassen von Akten in der Absicht, dass ein Unbefugter Einsicht nehme[4]. 18

Verwerten ist das Verwenden der geheimbehaltungsbedürftigen Tatsachen zu eigenem oder fremden Vorteil[5]. Eine Verwertung iS von § 27 WpPG liegt aber dann nicht mehr vor, wenn die Informationen in hinreichend anonymisierter Form verwendet werden, zB für wissenschaftliche Zwecke[6]. 19

---

1 BVerfG v. 14.3.2006 – 1 BvR 2087/03, NVwZ 2006, 1041 (1042); nach VG Frankfurt/M. v. 12.3.2008 – 7 E 5426/06, ZIP 2008, 2138 (2142) und *Rossi*, Informationsfreiheitsgesetz, § 6 IFG Rz. 77 besteht ein berechtigtes Interesse des Betroffenen an der Geheimhaltung zumindest dann nicht, wenn sich die Information auf strafbare Handlungen oder sonstige Rechtsverstöße bezieht.
2 BGH v. 10.5.1995 – 1 StR 764/94, NJW 1995, 2301.
3 BVerfG v. 14.3.2006 – 1 BvR 2087/03, NVwZ 2006, 1041 (1042).
4 *Müller* in FrankfurtKomm. WpPG, § 22 WpPG Rz. 20; *Döhmel* in Assmann/Uwe H. Schneider, § 8 WpHG Rz. 12; *Möllers/Wenninger* in KölnKomm. WpHG, § 8 WpHG Rz. 29; *Reischauer/Kleinhans*, § 9 KWG Rz. 17; *Beck* in Schwark/Zimmer, § 8 WpHG Rz. 11.
5 *Müller* in FrankfurtKomm. WpPG, § 22 WpPG Rz. 21; *Möllers/Wenninger* in KölnKomm. WpHG, § 8 WpHG Rz. 30; *Reischauer/Kleinhans*, § 9 KWG Rz. 17; *Beck* in Schwark/Zimmer, § 8 WpHG Rz. 12; *Döhmel* in Assmann/Uwe H. Schneider, § 8 WpHG Rz. 13.
6 *Höninger/Eckner* in Holzborn, § 27 WpPG Rz. 9; *Müller* in FrankfurtKomm. WpPG, § 22 WpPG Rz. 21; *Döhmel* in Assmann/Uwe H. Schneider, § 8 WpHG Rz. 13; *Möllers/Wennin-*

7. Unbefugt

20 Verboten ist das **unbefugte** Offenbaren oder Verwerten von geheimhaltungsbedürftigen Tatsachen. Unbefugt ist das Offenbaren oder Verwerten, wenn es an einem Rechtfertigungsgrund dafür fehlt[1]. Ein derartiger Rechtfertigungsgrund kann die Zustimmung des Geheimnisträgers sein[2] oder eine gesetzliche Befugnis zur Weitergabe der Informationen[3].

21 Für die Fälle eines **befugten** Offenbarens oder Verwertens nennt das Gesetz in § 27 Abs. 1 Satz 3 WpPG einige Ausnahmen. Durch diese Ausnahmen wird der Schutzzweck der Verschwiegenheitsverpflichtung nicht ausgehöhlt, weil diese Stellen ebenfalls einer Verschwiegenheitsverpflichtung unterliegen und sie die Informationen nur zur Erfüllung der eigenen Aufgaben nutzen dürfen[4]. Die dort genannten Ausnahmen sind nicht abschließend.

22 Nach § 27 Abs. 1 Satz 3 Nr. 1 WpPG liegt ein unbefugtes Offenbaren oder Verwerten nicht vor, wenn Tatsachen weitergegeben werden an **Strafverfolgungsbehörden** oder für Straf- und Bußgeldsachen zuständige Gerichte, soweit diese Stellen die Informationen zur Erfüllung ihrer Aufgaben benötigen. Zu den Strafverfolgungsbehörden gehören in erster Linie die Staatsanwaltschaften, soweit sie auf dem Gebiet der Strafverfolgung tätig sind. Die Rechtsgrundlage für ein Auskunftsersuchen der Staatsanwaltschaft an die BaFin findet sich insbesondere in § 161 Abs. 1 Satz 1 StPO. Auf Grund von §§ 95 f. StPO und gegebenenfalls auch im Wege der Rechts- und Amtshilfe kann die Staatsanwaltschaft die Vorlage von Unterlagen verlangen. Strafverfolgungsbehörden sind daneben auch die Polizei und die Kriminalämter, soweit sie polizeiliche Aufgaben auf dem Gebiet der Strafverfolgung wahrnehmen. Sie können auf Grund von § 161 Abs. 1 Satz 2 StPO Auskünfte verlangen. Bei Gefahr im Verzug gilt § 163 Abs. 1 Satz 2 StPO. Auch das Bundeskriminalamt nimmt nach § 4 BKAG polizeiliche Aufgaben als Strafverfolgungsbehörde wahr. Befugt ist die Weitergabe nicht nur in Straf-, sondern auch Ordnungswidrigkeitsverfahren (unter Berücksichtigung des Opportunitätsprinzips in § 47 Abs. 1 OWiG). Befugt ist die Weitergaben von Tatsachen auch an Strafgerichte, die entsprechende Auskünfte und Unterlagen nach §§ 202, 244 Abs. 2 StPO verlangen können. Befugt ist die Weitergabe an die Strafverfolgungsbehörden und die für Straf- und Bußgeldsachen zuständigen Gerichte nur, soweit diese Stellen die Informationen zur Erfüllung ihrer Aufgaben benötigen.

---

ger in KölnKomm. WpHG, § 8 WpHG Rz. 30; *Beck* in Schwark/Zimmer, § 8 WpHG Rz. 12.

1 *Beck* in Schwark/Zimmer, § 8 WpHG Rz. 11; *Möllers/Wenninger* in KölnKomm. WpHG, § 8 WpHG Rz. 32.
2 *Döhmel* in Assmann/Uwe H. Schneider, § 8 WpHG Rz. 14; *Reischauer/Kleinhans*, § 9 KWG Rz. 18; *Möllers/Wenninger* in KölnKomm. WpHG, § 8 WpHG Rz. 32.
3 *Döhmel* in Assmann/Uwe H. Schneider, § 8 WpHG Rz. 14; *Möllers/Wenninger* in KölnKomm. WpHG, § 8 WpHG Rz. 32.
4 Begr. RegE zu § 8 Abs. 2 WpHG (Zweites Finanzmarktförderungsgesetz), BT-Drucks. 12/6679 v. 27.1.2994, S. 43.

Nach § 27 Abs. 1 Satz 3 Nr. 2 WpPG liegt ein unbefugtes Offenbaren oder Verwerten nicht vor, wenn Tatsachen weitergegeben werden an kraft Gesetzes oder im öffentlichen Auftrag mit der **Überwachung von Börsen** oder anderen Märkten, an denen Finanzinstrumente gehandelt werden, des Handels mit Finanzinstrumenten oder Devisen, von Kreditinstituten, Finanzdienstleistungsinstituten, Investmentgesellschaften, Finanzunternehmen oder Versicherungsunternehmen betraute Stellen sowie von diesen beauftragte Personen, soweit diese Stellen die Informationen zur Erfüllung ihrer Aufgaben benötigen. Im besonderen Maße gilt das für die Geschäftsführungen der Börsen, die über die Zulassung von Wertpapieren entscheiden. Diese Bedeutung zeigt sich auch an der Befugnis zum Informationsaustausch nach § 26 Abs. 5 WpPG.

23

Wie sich aus § 27 Abs. 1 Satz 5 WpPG ergibt, können Informationen auch an **ausländische Stellen** weitergegeben werden, wenn diese Stelle und die von ihr beauftragten Personen einer vergleichbaren Verschwiegenheitsverpflichtung unterliegen. Erfasst sind nur ausländische Stellen iS von § 27 Abs. 1 Satz 3 Nr. 2 WpPG, dh. keine Strafverfolgungsbehörden[1]. Bereits auf Grund der einheitlichen europarechtlichen Grundlage für die Verschwiegenheitsverpflichtung in Art. 22 Abs. 1 und 3 Prospektrichtlinie ist ein Informationsaustausch innerhalb Europas in der Regel unproblematisch[2]. Im Hinblick auf die Zusammenarbeit mit den europäischen Aufsichtsbehörden wurde in § 27 Abs. 1 Satz 3 Nr. 3 WpPG ausdrücklich klargestellt, dass eine Übermittlung an diese unter den genannten Voraussetzungen kein unbefugtes Offenbaren oder Verwerten darstellt[3].

24

Befugt ist darüber hinaus auch die Berichterstattung an die **Mitglieder des Verwaltungsrates** und das **Bundesministerium der Finanzen**, da diese ebenfalls der Verschwiegenheitsverpflichtung unterliegen (siehe oben Rz. 8 und 9).

25

Auf **Parlamentarische Untersuchungsausschüsse** finden gemäß Art. 44 Abs. 2 Satz 1 GG die strafprozessualen Vorschriften sinngemäße Anwendung. Auch hier kann eine befugte Weitergabe von Tatsachen erfolgen, wenn die Vorgaben des Gesetzes zur Regelung des Rechts der Untersuchungsausschüsse des Deutschen Bundestages[4] beachtet werden. Wichtig ist, dass die Informationsweitergabe vom Untersuchungsauftrag gedeckt ist. In problematischen Fällen kann die Weitergabe von

26

---

1 *Beck* in Schwark/Zimmer, § 8 WpHG Rz. 16, der auf den ähnlichen Wortlaut unter Verwendung des Begriffs „Stelle" verweist; für Strafverfolgungsbehörden gelten im Übrigen die Regelungen über die internationale Rechtshilfe in Strafsachen, § 28 Abs. 5 WpPG.
2 Ähnlich *Höninger/Eckner* in Holzborn, § 27 WpPG Rz. 13.
3 Die Beschäftigten dort unterliegen ebenfalls einer Verschwiegenheitsverpflichtung, siehe für die ESMA Art. 70 der Verordnung (EU) Nr. 1095/2010 des Europäischen Parlaments und des Rates vom 24.11.2010 zur Errichtung einer Europäischen Aufsichtsbehörde (Europäische Wertpapier- und Marktaufsichtsbehörde), zur Änderung des Beschlusses Nr. 716/2009/EG und zur Aufhebung des Beschlusses 2009/77/EG der Kommission, ABl. EU Nr. L 331 v. 15.12.2010, S. 84.
4 Untersuchungsausschussgesetz (PUAG) v. 19.6.2001 (BGBl. I 2001, S. 1142), geändert durch Art. 4 Abs. 1 des Gesetzes v. 5.5.2004 (BGBl. I 2004, S. 718).

Tatsachen unter erhöhter Geheimhaltungsstufe bzw. in nicht-öffentlicher Sitzung erfolgen.

27 Ein befugtes Offenbaren erfolgt auch im Rahmen der Befolgung von **Landespressegesetzen**, die auch für Bundesbehörden gelten[1]. Nach den Landespressegesetzen[2] sind die Behörden verpflichtet, der Presse die gewünschten Auskünfte zu erteilen. Sie können die Auskünfte nur verweigern, soweit dadurch die sachgemäße Durchführung eines straf- oder dienststrafgerichtlichen Verfahrens vereitelt, erschwert, verzögert oder gefährdet werden könnte, soweit Auskünfte über persönliche Angelegenheiten Einzelner verlangt werden, an deren öffentlicher Bekanntgabe kein berechtigtes Interesse besteht und soweit Maßnahmen, die im öffentlichen Interesse liegen, durch ihre vorzeitige öffentliche Erörterung vereitelt, erschwert, verzögert oder gefährdet werden. Konfliktfälle sind im Einzelfall zu lösen[3].

28 Auch eine Weitergabe von Informationen im Rahmen der **Amtshilfe** nach Art. 35 GG, §§ 4 ff. VwVfG ist denkbar und kann auch befugt erfolgen[4]. Zwar ist auch die BaFin grundsätzlich zur Amtshilfe verpflichtet, aber sie darf diese nach § 5 Abs. 2 VwVfG nicht leisten, wenn sie dazu aus rechtlichen Gründen nicht in der Lage ist, insbesondere wenn eine gesetzliche Verschwiegenheitsverpflichtung dem entgegensteht. Eine Weitergabe von Informationen wird also nur ausnahmsweise befugt im Rahmen der Amtshilfe erfolgen können, wenn dies durch höherwertige Interessen gerechtfertigt und geboten ist[5] und die empfangende Stelle der Verschwiegenheitsverpflichtung unterliegt[6].

29 Die Weitergabe von Informationen an **Gerichte**, die nicht mit Straf- oder Bußgeldsachen befasst sind, erfolgt in der Regel nicht befugt. Dies gilt für insbesondere für Zivilgerichte[7]. Nach § 99 Abs. 1 VwGO sind Behördenakten den Verwaltungsgerichten grundsätzlich vorzulegen, was bei Eingreifen der Verschwiegenheitsverpflichtung verweigert werden kann[8].

---

1 *Döhmel* in Assmann/Uwe H. Schneider, § 8 WpHG Rz. 21.
2 Vgl. § 3 Abs. 1 HPresseG (Hessisches Gesetz über Freiheit und Recht der Presse) v. 23.6.1949 (GVBl. S. 75) in der Fassung v. 12.12.2003 (GVBl. I 2004, 2), zuletzt geändert durch Art. 18 des Gesetzes v. 13.12.2012 (GVBl. S. 622).
3 *Möllers/Wenninger* in KölnKomm. WpHG, § 8 WpHG Rz. 55; siehe zur verfassungsrechtlichen Güterabwägung auch *Gurlit*, WM 2009, 773 (778).
4 *Beck* in Schwark/Zimmer, § 8 WpHG Rz. 24; *Döhmel* in Assmann/Uwe H. Schneider, § 8 WpHG Rz. 37.
5 *Reischauer/Kleinhans*, § 9 KWG Rz. 21; *Döhmel* in Assmann/Uwe H. Schneider, § 8 WpHG Rz. 37; *Möllers/Wenninger* in KölnKomm. WpHG, § 8 WpHG Rz. 46.
6 *Döhmel* in Assmann/Uwe H. Schneider, § 8 WpHG Rz. 37; *Möllers/Wenninger* in KölnKomm. WpHG, § 8 WpHG Rz. 46.
7 *Höninger/Eckner* in Holzborn, § 27 WpPG Rz. 15, der darauf verweist, dass dies durch die Ansprüche nach dem IFG in der Spruchpraxis erheblich relativiert wird; differenzierend *Döhmel* in Assmann/Uwe H. Schneider, § 8 WpHG Rz. 37.
8 *Möllers/Wenninger* in KölnKomm. WpHG, § 8 WpHG Rz. 49.

8. Weitergabe von Informationen an Finanzbehörden (§ 27 Abs. 2 WpPG)

§ 27 Abs. 2 WpPG beinhaltet ein besonderes Verwertungsverbot für die im Rahmen der Aufsichtstätigkeit erlangten Informationen im Verhältnis zu den **Finanzbehörden**. Die Vorschrift nimmt die nach § 27 Abs. 1 Satz 1 und 2 WpPG zur Verschwiegenheit Verpflichteten von bestimmten, genau aufgezählten Pflichten der Abgabenordnung aus. Es handelt sich dabei um Pflichten zur Auskunftserteilung, Vorlage von Unterlagen, Amtshilfe oder Anzeige. Damit tritt das öffentliche Interesse an einer gleichmäßigen Besteuerung gegenüber den Zielen einer wirkungsvollen Finanzaufsicht zurück[1]. Eine wirkungsvolle Aufsicht hängt im hohen Maße von der Kooperationsbereitschaft aller Beteiligten ab, die ohne dieses Verwertungsverbot nur sehr eingeschränkt erfolgen würde[2]. Wer Finanzbehörde ist, ergibt sich aus § 6 Abs. 2 AO.

Die in § 27 Abs. 2 Satz 1 WpPG genannten Auskunfts-, Vorlage-, Amtshilfe- und Anzeigepflichten kommen allerdings dann zur Anwendung, wenn die Informationen für die Durchführung eines Verfahrens wegen einer **Steuerstraftat** sowie eines damit zusammenhängenden Besteuerungsverfahren benötigt werden, an deren Verfolgung ein zwingendes öffentliches Interesse besteht. Wird ausschließlich wegen einer Steuerstraftat ermittelt, können die Finanzbehörden nach § 386 Abs. 2 AO das Ermittlungsverfahren selbständig durchführen. Ihr stehen dann dieselben Befugnisse zu wie der Staatsanwaltschaft (§ 399 Abs. 1 AO). Bei Wahrnehmung dieser Befugnisse werden die Finanzbehörden nicht Strafverfolgungsbehörden iS von § 27 Abs. 1 Satz 3 Nr. 1 WpPG, da eine solche Auslegung den zweiten Absatz dieser Norm praktisch überflüssig machen würde[3]. Für das zwingende öffentliche Interesse kann auf § 30 Abs. 4 Nr. 5 AO verwiesen werden[4], dh. letztlich wären schwere Nachteile für das allgemeine Wohl zu erwarten, wenn die Informationen nicht weitergegeben würden. Die Weitergabe von Informationen kann auch bei Vorliegen beider Voraussetzungen, dh. bei Durchführung eines Verfahrens wegen einer Steuerstraftat und dem Bestehen eines zwingenden öffentlichen Interesses an dessen Verfolgung, nur dann erfolgen, wenn die von § 27 WpPG erfassten Personen die betreffende Information nicht von einer Überwachungs- oder Aufsichtsbehörde eines anderen Staates oder innerhalb des einheitlichen Aufsichtsmechanismus erhalten haben. Anderenfalls wäre der Informationsaustausch auf internationaler Ebene[5] bzw. innerhalb des einheitlichen Aufsichtsmechanismus gefährdet.

---

[1] *Höninger/Eckner* in Holzborn, § 27 WpPG Rz. 20.
[2] Begr. RegE zu § 8 Abs. 2 WpHG (Zweites Finanzmarktförderungsgesetz), BT-Drucks. 12/6679 v. 27.1.1994, S. 43; *Röhrborn* in Heidel, Aktienrecht und Kapitalmarktrecht, § 27 WpPG Rz. 8; *Linke* in Schäfer/Hamann, § 22 WpPG Rz. 7.
[3] Vgl. auch *Fingerhut/Voß* in Just/Voß/Ritz/Zeising, § 22 WpPG Rz. 37 ff.
[4] *Beck* in Schwark/Zimmer, § 8 WpHG Rz. 28; *Höninger/Eckner* in Holzborn, § 27 WpPG Rz. 20.
[5] Begr. RegE zu § 8 Abs. 2 WpHG (Zweites Finanzmarktförderungsgesetz), BT-Drucks. 12/6679 v. 27.1.2994, S. 43; *Höninger/Eckner* in Holzborn, § 27 WpPG Rz. 21 verweist in diesem Zusammenhang auf die im Rahmen der Doppelbesteuerungsabkommen bestehenden Bestimmungen zum Informationsaustausch.

III. Informationsansprüche

1. Akteneinsichtsrecht des Verfahrensbeteiligten nach § 29 VwVfG

32 Nach § 29 Abs. 1 Satz 1 VwVfG hat die Behörde den **Verfahrensbeteiligten** (§ 13 VwVfG) Einsicht in die das Verfahren betreffenden Akten zu gewähren, soweit deren Kenntnis zur Geltendmachung oder Verteidigung ihrer Interessen erforderlich ist. Das Akteneinsichtsrecht wird durch §§ 29 Abs. 2, 30 VwVfG eingeschränkt, wenn die ordnungsgemäße Erfüllung der Aufgaben der Behörde beeinträchtigt würde, das Bekanntwerden des Inhalts der Akten dem Wohl des Bundes oder Landes Nachteile bereiten würde oder die in den Akten enthaltenen Informationen einer Geheimhaltungspflicht unterliegen.

33 Eine Akteneinsicht dürfte zumindest dann nicht gegen die **Verschwiegenheitsverpflichtung** nach § 27 WpPG verstoßen, wenn die betreffenden Akten nur Informationen des Antragstellers beinhalten[1].

2. Informationsansprüche des Geschädigten nach §§ 406e, 475 StPO iVm. §§ 46 Abs. 3 Satz 4, 49b OWiG

34 Das Strafverfahren sieht umfangreiche **Akteneinsichtsrechte** vor (siehe dazu §§ 80 Abs. 2, 147, 385, 397, 406e StPO, § 69 Abs. 3 JGG). Ähnliche Rechte sieht das Bußgeldverfahren vor. Hier von besonderem Interesse sind die Informationsansprüche des Verletzten nach §§ 406e, 475 StPO, die bei Bußgeldverfahren über §§ 46 Abs. 3 Satz 4, 49b OWiG zur Anwendung gelangen können. Auf diese Weise könnte die Verschwiegenheitsverpflichtung nach § 27 WpPG in Teilen ausgehöhlt werden. Die Weitergabe von Informationen an Strafverfolgungsbehörden kann zwar nach § 27 Abs. 1 Satz 3 WpPG befugt erfolgen. Die dort Beschäftigten unterliegen zudem nach § 27 Abs. 1 Satz 4 WpPG ebenfalls der Verschwiegenheitsverpflichtung nach § 27 WpPG. Aus der dann einzunehmenden Perspektive der Staatsanwaltschaft oder des Gerichts sind die strafprozessualen Normen allerdings die spezielleren[2].

35 Das Akteneinsichtsrecht nach **§ 406e StPO** steht dem Verletzten zu, wenn er ein berechtigtes Interesse an der Akteneinsicht hat und der Einsichtnahme keine überwiegenden schutzwürdigen Interessen des Beschuldigten oder anderer Personen entgegenstehen oder das Verfahren dadurch gefährdet wird. Ein berechtigtes Interesse kann dann angenommen werden, wenn die Akteneinsicht der Klärung der Frage dient, ob eine Einstellungsbeschwerde nach § 172 Abs. 1 StPO eingelegt oder ein Klageerzwingungsantrag nach § 172 Abs. 2 StPO gestellt werden soll oder ob und in welchem Umfang der Verletzte gegen den Beschuldigten zivilrechtliche Ansprüche geltend machen kann[3]. Die Akteneinsicht ist zu versagen, wenn die Interessen des Beschuldigten oder anderer Personen an der Geheimhaltung ihrer in den Akten enthaltenen persönlichen Daten größer ist als das berechtigte Interesse des Verletz-

---

1 *Möllers/Wenninger*, ZHR 170 (2006), 455 (459).
2 *Möllers/Wenninger*, ZHR 170 (2006), 455 (459).
3 *Meyer-Goßner/Schmitt*, § 406e StPO Rz. 3.

ten, den Akteninhalt kennen zu lernen[1]. Gegebenenfalls kann teilweise Akteneinsicht gewährt werden[2].

§ 475 StPO bietet einem deutlich größeren als in § 406e StPO genannten Personenkreis die Möglichkeit der Akteneinsichtnahme, nämlich Privatpersonen – unabhängig von der Verletzteneigenschaft – und sonstigen Stellen. Der Antragsteller muss ein berechtigtes Interesse an der Informationserteilung darlegen, dh. Tatsachen vortragen, aus denen sich Grund und Umfang der benötigten Auskünfte ergeben. Das Interesse muss nicht auf die Wahrnehmung formal eingeräumter Rechte gerichtet sein[3]. Die Auskunft ist zu versagen, wenn der Betroffene ein schutzwürdiges Interesse hat, das den Interessen des Antragstellers überwiegt. Relevant wird dies beispielsweise bei Geschäfts- und Betriebsgeheimnissen[4]. 36

3. Informationsanspruch nach § 1 IFG

Das **Informationsfreiheitsgesetz**[5] soll jedem einen Anspruch auf Informationen geben, ohne hierfür ein rechtliches oder berechtigtes Interesse geltend machen zu müssen[6], es soll ein voraussetzungsloser Informationszugangsanspruch[7] gewährt werden: „Jeder hat nach Maßgabe dieses Gesetzes gegenüber den Behörden des Bundes einen Anspruch auf Zugang zu amtlichen Informationen" (§ 1 Abs. 1 Satz 1 IFG). Die Informationen können auch dann begehrt werden, wenn diese für spätere zivilrechtliche Auseinandersetzungen gegenüber der auskunftsverpflichteten Behörde verwendet werden sollen[8]. Dieser grundsätzlich weitgehende Anspruch ist gerade im Hinblick auf die Tätigkeit einer Finanzdienstleistungsaufsichtsbehörde und die dort vorhandenen Geschäfts- und Betriebsgeheimnisse (einschließlich zahlreicher Daten von Bankkunden) nicht unproblematisch[9]. In der Praxis ist die BaFin erheblich von Ansprüchen nach dem IFG betroffen[10]. Auf politischer Ebene bestanden zwischenzeitlich Überlegungen, die Ansprüche auf Zugang zu Informationen gegenüber Behörden wie der BaFin und der Deutschen Bundesbank einzuschränken, soweit diese auf Grund von besonderen Gesetzen Aufgaben der Finanz-, Wertpapier- und Ver- 37

---

1 *Meyer-Goßner/Schmitt*, § 406e StPO Rz. 6.
2 *Meyer-Goßner/Schmitt*, § 406e StPO Rz. 7.
3 *Meyer-Goßner/Schmitt*, § 475 StPO Rz. 2.
4 *Meyer-Goßner/Schmitt*, § 475 StPO Rz. 3.
5 Gesetz zur Regelung des Zugangs zu Informationen des Bundes (Informationsfreiheitsgesetz – IFG) v. 5.9.2005, BGBl. I 2005, S. 2722, zuletzt geändert durch Art. 2 Abs. 6 des Gesetzes v. 7.8.2013, BGBl. I 2013, S. 3154.
6 Begr. RegE Allgemeiner Teil, Zielsetzung, BT-Drucks. 15/4493 v. 14.12.2004, S. 6.
7 Begr. RegE zu § 1 Abs. 1 IFG, BT-Drucks. 15/4493 v. 14.12.2004, S. 7.
8 VG Frankfurt/M. v. 28.1.2009 – 7 K 4037/07.F(3), S. 12; HessVGH v. 2.3.2010 – 6 A 1684/08, II.1.
9 Zu den verfassungsrechtlichen Fragestellungen *Scholz*, BKR 2008, 485; allgemein zu den verfassungsrechtlichen Grundlagen *Spindler*, ZGR 2011, 690.
10 2015 gingen bei der BaFin 1.048 Anfragen nach dem IFG ein, 1.079 Widersprüche, und in 491 Fällen wurden Rechtsmittel eingelegt, vgl. BaFin Jahresbericht 2015, S. 87.

sicherungsaufsicht wahrnehmen[1]. Aktuelle Entwicklungen der europäischen Rechtsprechung, die das im europäischen Recht geregelte Berufsgeheimnis streng auslegt, scheinen einen deutlich restriktiveren Zugang zu Informationen zur Folge zu haben (siehe dazu Rz. 45).

38 Für die **Anwendbarkeit** des IFG ist § 1 Abs. 3 IFG zu beachten, wonach das IFG abgesehen vom Akteneinsichtsrecht nach § 29 VwVfG und § 25 SGB X spezialgesetzliche Informationszugangsregelungen nicht verdrängt; diese gehen vielmehr vor[2], was beispielsweise auf strafprozessuale oder ordnungswidrigkeitsrechtliche Informationsansprüche zutrifft. Nicht ausgeschlossen sind Informationsansprüche dagegen durch Transparenzvorschriften, da diese Offenlegungspflichten normieren, aber keine Auskunftsansprüche[3].

39 An besondere **Voraussetzungen** ist der Anspruch nicht geknüpft. § 1 Abs. 1 Satz 1 IFG gilt für In- und Ausländer, natürliche oder juristische Personen[4]. Der Begriff der amtlichen Informationen, auf den sich der Anspruch bezieht, ist weit zu verstehen und wird in § 2 Nr. 1 IFG definiert. Umfasst sind danach alle amtlichen Zwecken dienenden Aufzeichnungen, unabhängig von der Art der Speicherung (zB Schriften, Tabellen, Diagramme, Bilder, Pläne, Karten, Tonaufzeichnungen, Magnetbänder, Magnetplatten, Disketten, CD-ROMs, DVDs)[5]. Entwürfe und Notizen, etwa handschriftliche Aufzeichnungen oder Gliederungen, sind auch nach Abschluss des Verfahrens ausgenommen, wenn sie nicht Bestandteil des Vorgangs werden sollen[6]. Auch wenn der Informationsanspruch voraussetzungslos ist, muss für dessen Geltendmachung ein allgemeines Rechtsschutzinteresse bestehen[7].

40 Das IFG enthält auch einige **Ausnahmetatbestände**. §§ 3 und 4 IFG enthalten Ausnahmetatbestände, die im öffentlichen Interesse liegen, §§ 5 und 6 IFG Ausnahmetatbestände, die im privaten Interesse liegen. Nach den üblichen Auslegungsregeln sind die Ausnahmetatbestände eng zu verstehen[8]. Auf einige gerade im Hinblick auf die Tätigkeit der BaFin relevante Ausnahmetatbestände wird im Folgenden eingegangen.

41 § 3 Nr. 1 IFG enthält verschiedene Fallgruppen, bei denen ein Informationsanspruch nicht besteht, wenn das Bekanntwerden der Information nachteilige Auswirkungen auf öffentliche Belange haben kann. Der Informationsanspruch kann nicht schon abgelehnt werden, wenn er die Belange der Behörde berührt, sondern er muss eine

---

1 Nach einem Vorschlag des Bundesrates sollte in diesen Fällen ein Anspruch auf Informationszugang ausgeschlossen sein (durch eine entsprechende Ergänzung von § 3 IFG), Stellungnahme des Bundesrates zum Entwurf eines Gesetzes zur Umsetzung der aufsichtsrechtlichen Vorschriften der Zahlungsdiensterichtlinie (Zahlungsdiensteumsetzungsgesetz), BR-Drucks. 827/08 v. 19.12.2008, S. 3 f.
2 Begr. RegE zu § 1 Abs. 3 IFG, BT-Drucks. 15/4493 v. 14.12.2004, S. 8.
3 HessVGH v. 29.11.2013 – 6 A 1426/13, juris Rz. 28.
4 Begr. RegE zu § 1 Abs. 1 IFG, BT-Drucks. 15/4493 v. 14.12.2004, S. 7.
5 Begr. RegE zu § 2 Nr. 1 IFG, BT-Drucks. 15/4493 v. 14.12.2004, S. 8.
6 Begr. RegE zu § 2 Nr. 1 IFG, BT-Drucks. 15/4493 v. 14.12.2004, S. 9.
7 VG Frankfurt/M. v. 10.11.2015 – 7 K 2707/15.F, juris Rz. 16.
8 Begr. RegE zu den §§ 3 bis 6 IFG, BT-Drucks. 15/4493 v. 14.12.2004, S. 9.

nachteilige Auswirkung auf das jeweilige Schutzgut haben[1]. Es genügt aber, dass der Informationsanspruch nachteilige Auswirkungen „haben kann", dh. die Behörde muss zwar im Einzelfall darlegen, dass durch die Auskunft die konkrete Möglichkeit der Beeinträchtigung öffentlicher Belange besteht, eine sich konkret realisierende Gefahr muss dagegen nicht bestehen[2].

Nach **§ 3 Nr. 1 lit. a IFG** besteht ein Anspruch auf Information nicht, wenn das Bekanntwerden der Information nachteilige Auswirkungen haben kann auf die internationalen Beziehungen. Geschützt werden soll das diplomatische Vertrauensverhältnis zu ausländischen Staaten, zwischen- sowie überstaatlichen Organisationen[3]. Insbesondere wenn Informationen von einer ausländischen Behörde stammen und diese sich gegen eine Weitergabe ausgesprochen hat, dürfte die Weitergabe an Dritte ausgeschlossen sein[4]. 42

Nach **§ 3 Nr. 1 lit. d IFG** besteht ein Anspruch auf Information nicht, wenn das Bekanntwerden der Information nachteilige Auswirkungen haben kann auf Kontroll- oder Aufsichtsaufgaben der Finanz-, Wettbewerbs- und Regulierungsbehörden. Zu diesen Behörden gehört auch die BaFin[5]. Die Rechtsprechung sieht sie als Finanzbehörde, da sie eine dem Bundesministerium der Finanzen nachgeordnete Behörde ist[6]. Ebenso vertretbar erscheint es, die BaFin als Regulierungsbehörde anzusehen. Die Gesetzesbegründung legt zwar nahe, dass damit in erster Linie die Bundesnetzagentur gemeint ist[7], aber die BaFin reguliert den Kapitalmarkt, auch im Hinblick auf den Zugang zu diesem Markt. Mit der Einordnung der BaFin als Behörde iS von § 3 Nr. 1 lit. d IFG sind aber nicht automatisch alle Informationsansprüche ausgeschlossen[8]. Vielmehr muss im konkreten Fall dargelegt werden, dass die Weitergabe der Informationen nachteilige und spürbare Auswirkungen auf die Kontroll- oder Aufsichtsaufgaben haben kann[9]. Die Einschränkung der Kooperationsbereitschaft der Beaufsichtigten mit der BaFin dürfte dagegen nicht ausreichen, da Betriebs- und Geschäftsgeheimnisse geschützt sind[10]. 43

Zu beachten ist auch **§ 3 Nr. 1 lit. g IFG**, der einen Informationsanspruch ausschließt, wenn das Bekanntwerden der Information nachteilige Auswirkungen haben kann auf die Durchführung eines laufenden Gerichtsverfahrens, den Anspruch einer Person auf ein faires Verfahren oder die Durchführung strafrechtlicher, ord- 44

---

1 *Rossi*, Informationsfreiheitsgesetz, § 3 IFG Rz. 9.
2 *Jastrow/Schlatmann*, Informationsfreiheitsgesetz, § 3 IFG Rz. 17.
3 Begr. RegE zu § 3 Nr. 1 lit. a IFG, BT-Drucks. 15/4493 v. 14.12.2004, S. 9.
4 *Möllers/Wenninger* in KölnKomm. WpHG, § 8 WpHG Rz. 74.
5 AA *Möllers/Wenninger*, ZHR 170 (2006), 455 (467); *Gurlit*, WM 2009, 773 (776).
6 Siehe ua. HessVGH v. 29.11.2013 – 6 A 1426/13, juris Rz. 30.
7 Begr. RegE zu § 3 Nr. 1 lit. d IFG, BT-Drucks. 15/4493 v. 14.12.2004, S. 9.
8 Anders als nach § 3 Nr. 8 IFG, der eine organisatorische Bereichsausnahme für Nachrichtendienste des Bundes vorsieht, VG Frankfurt/M. v. 23.1.2008 – 7 E 3280/06 (V), NVwZ 2008, 1384 (1385); *Schmitz/Jastrow*, NVwZ 2005, 984 (992); *Schoch*, NVwZ 2013, 1033 (1036).
9 Siehe auch *Gurlit*, NZG 2014, 1161 (1166); *Schoch*, § 3 IFG Rz. 88 ff.
10 HessVGH v. 29.11.2013 – 6 A 1426/13, juris Rz. 34 ff.; *Schoch*, § 3 IFG Rz. 90.

nungswidrigkeitsrechtlicher oder disziplinarischer Ermittlungen[1]. Während auf die Akten im Rahmen des jeweiligen Ermittlungs-, Gerichts oder ordnungsbehördlichen Verfahrens statt des IFG die spezialgesetzlichen Vorschriften Anwendung finden (siehe oben Rz. 38), gilt diese IFG-Vorschrift für die der Ausgangsbehörde vorliegenden Akten[2].

45 Nach § 3 Nr. 4 IFG besteht ein Informationsanspruch dann nicht, wenn die Information ua. einem besonderen Amtsgeheimnis unterliegt. Da ein besonderes Amtsgeheimnis vorausgesetzt wird, genügt die allgemeine Pflicht zur Amtsverschwiegenheit (beispielsweise nach § 61 BBG) nicht, um einen Informationsanspruch abzulehnen[3]. Einschlägig können allerdings besondere, spezialgesetzliche Geheimhaltungsregelungen sein, wie die nach dem KWG[4] oder die Parallelvorschrift in § 27 WpPG. In der deutschen Rechtsprechung wurden bislang die spezialgesetzlichen Verschwiegenheitsverpflichtungen ähnlich gesehen wie die allgemeine Pflicht zur Amtsverschwiegenheit, dh. allein durch diese sei ein Informationsanspruch nicht ausgeschlossen. Schutzwürdig seien nur die einzelnen, im konkreten Fall zu ermittelnden Betriebs- und Geschäftsgeheimnisse sowie personenbezogenen Daten Dritter[5]. Vor dem Hintergrund der Verschwiegenheitsverpflichtungsnorm in Art. 54 MiFID I[6] hat der EuGH das Berufsgeheimnis weit verstanden mit der Folge, dass sich die Aufsichtsbehörde auf das Berufsgeheimnis berufen kann für die Informationen, die bei der Aufsichtstätigkeit nach den Richtlinien gewonnen wird[7]. Diese Entschei-

---

[1] Siehe zB VG Frankfurt/M. v. 11.11.2008 – 7 E 1675/07(2), juris Rz. 25; HessVGH v. 21.3.2012 – 6 A 1150/10, DVBl 2012, 701 (702 ff.).

[2] Begr. RegE zu § 3 Nr. 1 lit. g IFG, BT-Drucks. 15/4493 v. 14.12.2004, S. 10; kritisch *Zietsch/Weigand*, WM 2013, 1785.

[3] Vgl. die Begr. RegE zu § 5 Abs. 2 IFG, BT-Drucks. 15/4493 v. 14.12.2004, S. 13; *Jastrow/Schlatmann*, Informationsfreiheitsgesetz, § 3 IFG Rz. 86.

[4] Begr. RegE zu § 4 IFG, BT-Drucks. 15/4493 v. 14.12.2004, S. 11. Die Begründung unterscheidet zwischen besonders wichtigen Geheimnistatbeständen und gesetzlichen Geheimhaltungsregeln, zu denen auch die des KWG gehört. Bei beiden Geheimniskategorien soll der Zugang insoweit ausgeschlossen sein, was auch der sich der Kategorisierung anschließende Satz belegt („Der Zugang soll auch ausgeschlossen sein, …").

[5] HessVGH v. 29.11.2013 – 6 A 1426/13, juris Rz. 65 f.; aA ua.VG Frankfurt/M. v. 12.3.2008 – 7 E 5426/06, ZIP 2008, 2138 (2142), wonach ein Informationsanspruch grundsätzlich soweit ausgeschlossen ist wie der betreffende Akteninhalt von der spezialgesetzlichen Verschwiegenheitsverpflichtung erfasst ist, also insbesondere bei Geschäfts- und Betriebsgeheimnissen; schützenswerte und damit in diesem Zusammenhang zu berücksichtigende Geschäfts- und Betriebsgeheimnisse lägen allerdings dann nicht vor, wenn das dafür vorausgesetzte berechtigte Interesse des Betroffenen an der Geheimhaltung von Informationen deshalb nicht besteht, weil sich die Information auf strafbare Handlungen oder sonstige Rechtsverstöße bezieht.

[6] Richtlinie 2004/39/EG des Europäischen Parlaments und des Rates vom 21.4.2004 über Märkte für Finanzinstrumente, zur Änderung der Richtlinien 85/611/EWG und 93/6/EWG des Rates und der Richtlinie 2000/12/EG des Europäischen Parlaments und des Rates und zur Aufhebung der Richtlinie 93/22/EWG des Rates, ABl. EU Nr. L 145 v. 30.4.2004, S. 1.

[7] Schlussanträge des EuGH-Generalanwalts v. 4.9.2014 – Rs. C-140/13, ZIP 2014, 2052 und EuGH v. 12.11.2014 – Rs. C-140/13, ZIP 2014, 2307.

dung wurde in der verwaltungsrechtlichen Rechtsprechung – auch vor dem Hintergrund der Verschwiegenheitsnorm in Art. 53 f. CRD IV[1] – rezipiert[2]. Art. 22 Abs. 1 Prospektrichtlinie ist anders gefasst als die zuvor genannten Verschwiegenheitsnormen in der MiFID I und CRD IV, indem unter das Berufsgeheimnis fallende Informationen nicht weitergegeben werden dürfen, „es sei denn aufgrund gesetzlicher Bestimmungen." Vor dem Hintergrund der engen europäischen Auslegung, der ja auch einen Informationsaustausch zwischen den zuständigen Behörden mehrerer Mitgliedstaaten ermöglichen soll[3], dürften unter den „gesetzlichen Bestimmungen" nur die der Prospektrichtlinie selbst und ggf. solche der diese umsetzenden nationalen Gesetze zu verstehen sein.

Weitere relevante Ausnahmetatbestände nach §§ 3 f. IFG sind § 3 Nr. 7 IFG, der den Informanten („whistle blower") schützen soll, soweit das Interesse des Dritten an der vertraulichen Behandlung noch fortbesteht[4], oder auch § 3 Nr. 3 lit. b und § 4 IFG, wenn und solange Beratungen in der Behörde andauern oder der Entscheidungsprozess noch nicht beendet ist[5]. 46

Bedeutende Ausschlussgründe können sich noch aus **§§ 5 und 6 IFG** ergeben. § 5 IFG bezweckt den Schutz personenbezogener Daten. Zugang zu diesen Daten darf nur gewährt werden, soweit das Informationsinteresse des Antragstellers das schutzwürdige Interesse des Dritten am Ausschluss des Informationszwangs überwiegt oder der Dritte eingewilligt hat (zur Beteiligung Dritter siehe § 8 IFG und unten Rz. 49). Nach § 6 Satz 2 IFG besteht ein Zugang zu Betriebs- und Geschäftsgeheimnissen[6] nur, soweit der Betroffene eingewilligt hat (hier ist wiederum § 8 IFG zu berücksichtigen)[7]. Zu dem Begriff des Betriebs- und Geschäftsgeheimnisses kann auf Rz. 15 verwiesen werden. 47

Nach **§ 9 Abs. 3 IFG** kann der Antrag auf Informationszugang dann abgelehnt werden, wenn der Antragsteller bereits über die begehrten Informationen verfügt oder sich diese in zumutbarer Weise aus allgemein zugänglichen Quellen beschaffen kann. Davon erfasst ist beispielsweise der Schriftverkehr mit dem Antragsteller selbst[8]. Allgemein zugängliche Quellen können behördliche Publikationen oder auch das Inter- 48

---

1 Richtlinie 2013/36/EU des Europäischen Parlaments und des Rates vom 26.6.2013 über den Zugang zur Tätigkeit von Kreditinstituten und die Beaufsichtigung von Kreditinstituten und Wertpapierfirmen, zur Änderung der Richtlinie 2002/87/EG und zur Aufhebung der Richtlinien 2006/48/EG und 2006/49/EG, ABl. EU Nr. L 176 v. 27.6.2013, S. 338.
2 HessVGH v. 11.3.2015 – 6 A 1071/13, juris Rz. 44 ff.; siehe auch *Berger/Schirmer*, DVBl 2015, 608 (611 f.); *Schoch*, § 3 IFG Rz. 223.
3 EuGH v. 12.11.2014 – Rs. C-140/13 – Rz. 31, ZIP 2014, 2307.
4 Vgl. auch *Sellmann/Augsberg*, WM 2006, 2293 (2300); *Wilsing/Paul*, BB 2009, 114 (117).
5 Kritisch zu dieser Vorschrift *Schoch*, NVwZ 2013, 1033 (1037).
6 Zu den verfassungsrechtlichen Grundlagen des Schutzes des Geschäfts- und Betriebsgeheimnisses siehe *Kloepfer/Greve*, NVwZ 2011, 577 (578).
7 Die Einwilligung des Dritten kann auch nicht durch eine „Stillschweigeerklärung" des die Information Beantragenden „ersetzt" werden, VG Frankfurt/M. v. 28.1.2009 – 7 K 4037/07.F(3), S. 20.
8 *Döhmel* in Assmann/Uwe H. Schneider, § 8 WpHG Rz. 34.

net sein, selbst wenn diese Informationen kostenpflichtig sind[1]. Gerade Prospekte sind häufig im Internet zu finden. Zu beachten ist auch, dass Mitteilungen an die BaFin nach § 8b Abs. 2 Nr. 10 HGB im Unternehmensregister zugänglich gemacht werden müssen. Mit der Zumutbarkeitsklausel werden die individuellen Umstände des Antragstellers berücksichtigt[2].

49 Zu beachten sind die formellen Voraussetzungen von **§§ 7 und 8 IFG**. Zu dem Antrag auf Informationszugang kann allgemein angemerkt werden, dass sich daraus die Art, der Umfang und das Ziel der begehrten Information bestimmen lassen müssen. Anträge, auf Grund derer auf Seiten der Behörde erst eine Rechtsanwendung oder die Klärung einer Rechtsfrage durchgeführt werden muss, damit die begehrte Information bestimmt werden kann, richten sich nicht mehr auf bei einer Behörde vorhandene Informationen[3]. Einem Antrag kann nach § 7 Abs. 2 IFG auch teilweise stattgegeben werden, wenn nicht ein damit verbundener unverhältnismäßiger Verwaltungsaufwand zu einem Ausschluss des Zugangs führt (§ 7 Abs. 2 Satz 1 IFG, siehe auch § 1 Abs. 2 Satz 3 IFG). Der unverhältnismäßige Verwaltungsaufwand wird teilweise durch Seitenzahlen und Personalaufwand konkretisiert[4], teilweise wird aber auch auf die konkrete Behörde abgestellt und ob diese – wie die BaFin – typischerweise häufig mit umfangreicheren und inhaltlich schwierigen Informationszugangsanträgen konfrontiert ist und sich organisatorisch und personell entsprechend darauf einstellen muss[5]. Nach § 8 Abs. 1 IFG sind Dritte, deren Belange durch den Antrag auf Informationszugang berührt sind, zu beteiligen[6]. Für die Beurteilung, ob die Belange des Dritten berührt sind, ist eine niedrige Schwelle anzusetzen. Sie sind dann berührt, wenn die Informationen sich weitgehend auf ihn beziehen, er mithin individualisierbar ist und keine Ausnahmegründe für ein Absehen von der Einleitung eines Verfahrens bei Beteiligung Dritter gegeben sind (§ 5 Abs. 3 und 4 IFG)[7].

50 **Rechtsfolge** eines positiv beschiedenen Informationsanspruches ist der (teilweise) Informationszugang unter Beachtung der vom Antragsteller gegebenenfalls gewählten Art des Zugangs (§§ 1 Abs. 2, 7 IFG). Nach § 9 Abs. 4 IFG sind gegen ablehnende Entscheidungen Widerspruch und Verpflichtungsklage zulässig. Der bisherigen deutschen Rechtsprechung folgend kann noch darauf hingewiesen werden, dass die Vorlage von Unterlagen nach § 99 Abs. 1 Satz 1 VwGO verlangt und deren Ablehnung im Rahmen eines In-Camera-Verfahrens nach § 99 Abs. 2 VwGO überprüft werden kann, was angesichts des Einsichtsrechts der Beteiligten nach § 100 VwGO

---

1 Begr. RegE zu § 9 Abs. 3 IFG, BT-Drucks. 15/4493 v. 14.12.2004, S. 16.
2 Begr. RegE zu § 9 Abs. 3 IFG, BT-Drucks. 15/4493 v. 14.12.2004, S. 16.
3 VG Frankfurt/M. v. 23.1.2008 – 7 E 1487/07(3), S. 10.
4 Das VG Frankfurt/M. geht von einem unverhältnismäßigen Verwaltungsaufwand bei einem einschlägigen Aktenbestand von 45.000 Seiten aus, plausibilisiert durch Inhaltsverzeichnisse und verbunden mit einem Aufwand von 80 Monaten für eine Person für das Fertigen von Kopien, das Schwärzen etc., VG Frankfurt/M. v. 23.4.2013 – 7 K 129/10.F.
5 HessVGH v. 29.11.2013 – 6 A 1426/13, juris Rz. 43 ff.; *Schoch*, NVwZ 2013, 1033 (1037).
6 Das VG Frankfurt/M. stellt in seinem Urteil v. 28.1.2009 – 7 K 4037/07.F(3), S. 11, klar, dass ein Verfahrensverstoß gegen das Beteiligungsgebot freilich nur dann relevant sei, wenn Informationszugang gewährt wird.
7 VG Frankfurt/M. v. 22.4.2008 – 7 L 635/08.F(3), S. 14 f.

und einer damit einhergehenden faktischen Vorwegnahme der Hauptsache nicht unproblematisch ist[1]. Von den drei möglichen und in § 99 Abs. 1 Satz 2 VwGO genannten Informationsverweigerungsgründen wird in der Rechtsprechungspraxis im Hinblick auf die BaFin nur der dritte anerkannt. Insbesondere seien die spezialgesetzlichen Verschwiegenheitsnormen keine Gesetze iS von § 99 Abs. 1 Satz 2 VwGO, nach denen Vorgänge geheim gehalten werden müssen, da die spezialgesetzlichen Verschwiegenheitsnormen nicht dem Schutz eines grundrechtlich geschützten Lebensbereichs von hoher Bedeutung dienten[2]. Schutzwürdigen Belangen Betroffener sei vielmehr im Rahmen des Weigerungsgrundes der wesensmäßigen Geheimhaltungsbedürftigkeit Rechnung zu tragen, wozu neben Betriebs- und Geschäftsgeheimnissen auch die durch das Grundrecht auf informationelle Selbstbestimmung geschützten personenbezogenen Daten gehören[3]. Die Sperrerklärung iS von § 99 Abs. 1 Satz 2 VwGO ist im übrigen eine Ermessensentscheidung, bei der auch die Interessen des Informationsanspruchsberechtigten zu berücksichtigen sind[4]. Wird dem weiten Verständnis der europäischen Berufsgeheimnisnormen gefolgt (siehe Rz. 45), bestünde für ein In-Camera-Verfahren kein Anwendungsbereich[5]. Für die Amtshandlungen nach dem IFG werden nach § 10 IFG Gebühren erhoben[6].

IV. Folgen eines Verstoßes gegen die Verschwiegenheitspflicht

Strafrechtliche Konsequenzen einer unbefugten Weitergabe oder Verwertung geschützter Informationen können sich auf Grund von §§ 203, 204, 353b StGB ergeben. Zivilrechtlich kommen bei einem Verstoß gegen die Verschwiegenheitsverpflichtung des § 27 WpPG Amtshaftungsansprüche in Betracht. Die Verschwiegenheitsverpflichtung ist eine drittbezogene Amtspflicht[7]. Der Beamtenbegriff ist weit zu verstehen, kann also Arbeiter, Angestellte und auch die Stellen, denen sich die BaFin zur Erfüllung ihrer hoheitlichen Aufgaben bedient, umfassen[8]. Wurde die Verschwiegenheitsverpflichtung durch den Beschäftigten in Ausübung seines öffentlichen Amtes verletzt, so tritt nach Art. 34 Satz 1 GG an die Stelle seiner Haftung die des Bundes. Bei grob fahrlässigem oder vorsätzlichem Handeln des Amtsträgers kann der Bund

51

---

1 *Schoch*, NVwZ 2012, 85 (87); *Schoch*, § 9 IFG Rz. 97 ff.
2 Kritisch *Schoch*, NVwZ 2012, 85 (86); *Schoch*, NVwZ 2013, 1033 (1040).
3 Ständige Rspr., ua. BVerwG v. 23.6.2011 – 20 F 21/10, DVBl 2011, 1092 (1093) = NVwZ 2012, 112 (113); BVerwG v. 19.6.2013 – 20 F 10/12, ZIP 2014, 442 (443); zu den personenbezogenen Daten können auch die Daten der Mitarbeiter gehören, ua. BVerwG v. 25.4.2012 – 20 F 6/11, juris Rz. 12; aA HessVGH v. 2.8.2012 – 27 F 96/11, juris Rz. 17.
4 BVerwG v. 8.3.2010 – 20 F 11/09, NJW 2010, 2295 (2297).
5 HessVGH v. 11.3.2015 – 6 A 1071/13, juris Rz. 49.
6 Siehe die Verordnung über die Gebühren und Auslagen nach dem Informationsfreiheitsgesetz (Informationsgebührenverordnung – IFGGebV) v. 2.1.2006, BGBl. I 2006, S. 6, zuletzt geändert durch Art. 2 Abs. 7 des Gesetzes v. 7.8.2013, BGBl. I 2013, S. 3154.
7 *Höninger/Eckner* in Holzborn, § 27 WpPG Rz. 15; für das WpHG ua. *Beck* in Schwark/Zimmer, § 8 WpHG Rz. 29; *Döhmel* in Assmann/Uwe H. Schneider, § 8 WpHG Rz. 45; *Möllers/Wenninger* in KölnKomm. WpHG, § 8 WpHG Rz. 89.
8 *Möllers/Wenninger* in KölnKomm. WpHG, § 8 WpHG Rz. 89.

wiederum bim Bediensteten Rückgriff nehmen. Schließlich können sich für den Beschäftigten noch disziplinar- und arbeitsrechtliche Konsequenzen ergeben.

§ 28
Zusammenarbeit mit zuständigen Stellen in anderen Staaten des Europäischen Wirtschaftsraums

(1) Der Bundesanstalt obliegt die Zusammenarbeit mit den für die Überwachung öffentlicher Angebote oder die Zulassung von Wertpapieren an einem organisierten Markt zuständigen Stellen der Europäischen Union und der anderen Staaten des Europäischen Wirtschaftsraums. Die Bundesanstalt kann im Rahmen ihrer Zusammenarbeit zum Zweck der Überwachung der Einhaltung der Bestimmungen dieses Gesetzes und entsprechender Bestimmungen der in Satz 1 genannten Staaten von allen ihr nach dem Gesetz zustehenden Befugnissen Gebrauch machen, soweit dies geeignet und erforderlich ist, einem Ersuchen der in Satz 1 genannten Stellen nachzukommen.

(2) Auf Ersuchen der in Absatz 1 Satz 1 genannten zuständigen Stellen kann die Bundesanstalt Untersuchungen durchführen und Informationen übermitteln, soweit dies für die Überwachung von organisierten Märkten sowie von Emittenten, Anbietern oder Zulassungsantragstellern oder deren Abschlussprüfern oder Geschäftsführungs- und Aufsichtsorganen nach den Vorschriften dieses Gesetzes und entsprechenden Vorschriften der in Absatz 1 genannten Staaten oder damit zusammenhängender Verwaltungs- oder Gerichtsverfahren erforderlich ist. Bei der Übermittlung von Informationen hat die Bundesanstalt den Empfänger darauf hinzuweisen, dass er unbeschadet seiner Verpflichtungen im Rahmen von Strafverfahren die übermittelten Informationen einschließlich personenbezogener Daten nur zur Erfüllung von Überwachungsaufgaben nach Satz 1 und für damit zusammenhängende Verwaltungs- und Gerichtsverfahren verwenden darf.

(3) Die Bundesanstalt kann eine Untersuchung oder die Übermittlung von Informationen verweigern, wenn

1. hierdurch die Souveränität, die Sicherheit oder die öffentliche Ordnung der Bundesrepublik Deutschland beeinträchtigt werden könnte,
2. auf Grund desselben Sachverhalts gegen die betreffenden Personen bereits ein gerichtliches Verfahren eingeleitet worden oder eine unanfechtbare Entscheidung ergangen ist oder
3. die Untersuchung oder die Übermittlung von Informationen nach dem deutschen Recht nicht zulässig ist.

(4) Die Bundesanstalt kann die in Absatz 1 Satz 1 genannten zuständigen Stellen um die Durchführung von Untersuchungen und die Übermittlung von Informationen ersuchen, die für die Erfüllung ihrer Aufgaben nach den Vorschriften die-

ses Gesetzes erforderlich sind, insbesondere wenn für einen Emittenten mehrere Behörden des Herkunftsstaates zuständig sind, oder wenn die Aussetzung oder Untersagung des Handels bestimmter Wertpapiere verlangt wird, die in mehreren Staaten des Europäischen Wirtschaftsraums gehandelt werden. Werden der Bundesanstalt von einer Stelle eines anderen Staates des Europäischen Wirtschaftsraums Informationen mitgeteilt, so darf sie diese unbeschadet ihrer Verpflichtungen in strafrechtlichen Angelegenheiten, die Verstöße gegen Vorschriften dieses Gesetzes zum Gegenstand haben, nur zur Erfüllung von Überwachungsaufgaben nach Absatz 2 Satz 1 und für damit zusammenhängende Verwaltungs- und Gerichtsverfahren offenbaren oder verwerten. Eine anderweitige Verwendung der Informationen ist nur mit Zustimmung der übermittelnden Stelle zulässig. Die Bundesanstalt kann die Europäische Wertpapier- und Marktaufsichtsbehörde nach Maßgabe des Artikels 19 der Verordnung (EU) Nr. 1095/2010 des Europäischen Parlaments und des Rates vom 24. November 2010 zur Errichtung einer Europäischen Aufsichtsbehörde (Europäische Wertpapier- und Marktaufsichtsbehörde), zur Änderung des Beschlusses Nr. 716/2009/EG und zur Aufhebung des Beschlusses 2009/77/EG der Kommission (ABl. L 331 vom 15.12.2010, S. 84) um Hilfe ersuchen, wenn ein Ersuchen nach Satz 1 zurückgewiesen worden ist oder innerhalb einer angemessenen Frist zu keiner Reaktion geführt hat.

(5) Die Vorschriften des Wertpapierhandelsgesetzes über die Zusammenarbeit mit den entsprechenden zuständigen Stellen anderer Staaten sowie die Regelungen über die internationale Rechtshilfe in Strafsachen bleiben unberührt.

In der Fassung vom 22.6.2005 (BGBl. I 2005, S. 1698), zuletzt geändert durch das Gesetz zur Novellierung des Finanzanlagenvermittler- und Vermögensanlagenrechts vom 6.12.2011 (BGBl. I 2011, S. 2481).

Schrifttum: *Gola/Schomerus*, Bundesdatenschutzgesetz (BDSG), 12. Aufl. 2015; *Schmolke*, Der Lamfalussy-Prozess im Europäischen Kapitalmarktrecht – eine Zwischenbilanz, NZG 2005, 912.

I. Normentwicklung 1	3. Übermittlung von Informationen 14
II. Europäische Zusammenarbeit (§ 28 Abs. 1 WpPG)	IV. Verweigerung der Zusammenarbeit (§ 28 Abs. 3 WpPG) 17
1. Begriff der Zusammenarbeit 6	V. Unterstützung der BaFin durch ausländische Stellen (§ 28 Abs. 4 WpPG)
2. Zuständige Stellen der Europäischen Union und anderer Staaten des EWR 8	1. Ersuchen an zuständige Stellen im Ausland 18
3. Gebrauch von Befugnissen 9	2. Untersuchungen 19
III. Ersuchen ausländischer Stellen (§ 28 Abs. 2 WpPG)	3. Erhalt von Informationen 21
1. Ersuchen 11	VI. Sonstige Zusammenarbeit (§ 28 Abs. 5 WpPG)
2. Untersuchungen 12	

1. Zusammenarbeit mit nicht-europäischen Stellen 23	2. Internationale Rechtshilfe in Strafsachen 25

I. Normentwicklung

1 § 28 WpPG dient der Umsetzung von Art. 22 Abs. 2[1], im Hinblick auf die Stellen der Europäischen Union von Art. 21 Abs. 1a[2] **Prospektrichtlinie**[3]. Die Prospektrichtlinie sieht eine weitgehende Kooperation der Aufsichtsbehörden der Mitgliedstaaten im Wege der Amtshilfe und des Informationsaustausches vor. Als einen wichtigen Anlass für die Zusammenarbeit nennt die Richtlinie – in ihrer englischen Sprachfassung – die Zuständigkeit von Behörden aus mehreren Mitgliedstaaten für einen Emittenten, dem für verschiedene Wertpapiere entsprechende Wahlrechte zustanden[4], oder auch die Aussetzung oder das Verbot des Handels von Wertpapieren, „um einheitliche Wettbewerbsbedingungen zwischen den verschiedenen Handelsplätzen sicherzustellen und den Anlegerschutz zu gewährleisten."[5] Als weiteren Beispielsfall für einen Anlass für eine Amtshilfe nennt der Richtlinientext Untersuchungen der Aufnahmemitgliedstaatsbehörde. Umgekehrt benötigt die Herkunftsmitgliedstaatsbehörde im Falle einer Notifizierung des Prospekts ins Ausland gegebenenfalls nähere Informationen über den Markt des Aufnahmemitgliedstaats. Die Ausweitung der Zusammenarbeit auf zuständige Stellen der europäischen Union und die mögliche Einbindung der Europäischen Wertpapier- und Marktaufsichtsbehörde (European Securities and Markets Authority – ESMA) in eine eventuell erforderliche Streitschlichtung in § 28 Abs. 4 WpPG erfolgte durch Art. 3 Nr. 7 des Gesetzes zur Umsetzung der Richtlinie 2010/78/EU vom 24.11.2010 im Hinblick auf die Errichtung des Europäischen Aufsichtssystems vom 4.12.2011[6] (EUFAAnpG). Diese gesetzlichen Änderungen waren erforderlich, da die Prospektrichtlinie entsprechend geändert wurde durch Art. 5 Nr. 10 (a), 1. Unterabsatz und Art. 5 Nr. 11 (a)[7] der Richtlinie 2010/78/EU[8] (**Omnibusrichtlinie I**).

---

1 Begr. RegE zu § 28 WpPG (vormals § 23), BT-Drucks. 15/4999 v. 3.3.2005, S. 39; im Hinblick auf Art. 22 Abs. 2 Unterabs. 3 Prospektrichtlinie siehe Begr. RegE zur Änderung von § 28 WpPG (vormals § 23), BT-Drucks. 17/6255 v. 22.6.2011, S. 31.
2 Begr. RegE zur Änderung von § 28 WpPG (vormals § 23), BT-Drucks. 17/6255 v. 22.6.2011, S. 31.
3 Richtlinie 2003/71/EG des Europäischen Parlaments und des Rates vom 4.11.2003 betreffend den Prospekt, der beim öffentlichen Angebot von Wertpapieren oder bei deren Zulassung zum Handel zu veröffentlichen ist, und zur Änderung der Richtlinie 2001/34/EG, ABl. EU Nr. L 345 v. 31.12.2003, S. 64.
4 Die deutsche Fassung der Richtlinie spricht von „mehr als eine(r) Behörde des Herkunftsmitgliedstaats", während die englische Fassung von einem Emittenten ausgeht, der „more than one home competent authority" hat.
5 Mit Art. 41 MiFID dürfte die Zusammenarbeit auf dem Gebiet der Handelsaussetzungen und Handelsausschlüsse inzwischen deutlich konkreter gefasst sein.
6 BGBl. I 2011, S. 2427.
7 Begr. RegE zu § 28a WpPG (vormals: § 23a), BT-Drucks. 17/6255 v. 22.6.2011, S. 31.
8 Richtlinie 2010/78/EU des Europäischen Parlaments und des Rates vom 24.11.2010 zur Änderung der Richtlinien 98/26/EG, 2002/87/EG, 2003/6/EG, 2003/41/EG, 2003/71/EG,

Das **Ziel** einer verstärkten Zusammenarbeit liegt auf der Hand. Die Überwachung weitgehend internationalisierter Märkte kann nur im Rahmen einer starken Kooperation erfolgen. Dies gilt umso mehr für den europäischen Kapitalmarkt. Dieser sollte durch den Financial Services Action Plan (FSAP)[1] gestärkt werden, in dessen Planung die „Nachbesserung der Börsenzulassungs- und Prospekt-Richtlinie" oberste Priorität hatte[2]. Die Kooperationsbeispiele in Art. 22 Abs. 2 Prospektrichtlinie zeigen, dass eine stärkere Harmonisierung, auch verbunden mit konkreten Wahlmöglichkeiten des Emittenten, eine starke Zusammenarbeit erfordert. Dies gilt für Einzelfälle wie auch abstraktere Fragestellungen im Rahmen des so genannten Lamfalussy-Verfahrens, dem vierstufigen Rechtssetzungsverfahren, welches auch gerade die Aufsichtsbehörden mit einbezieht[3] und durch den Aufbau eines europäischen Finanzaufsichtssystems weiter gestärkt wurde[4].

Die **Umsetzung** in deutsches Recht erfolgte weniger dem Wortlaut von Art. 22 Abs. 2 Prospektrichtlinie folgend, sondern orientierte sich vielmehr an den bereits bestehen Zusammenarbeitsvorschriften in anderen Aufsichtsgesetzen, wie zB § 7 WpHG. Im Hinblick auf die in der Richtlinie genannten Handelsaussetzungen und Handelsverbote stellt der Gesetzgeber fest, dass eine Zusammenarbeit der BaFin nicht erfolge, um einheitliche Wettbewerbsbedingungen zwischen den verschiedenen Handelsplätzen sicherzustellen, was vielmehr Aufgabe der Börsenbehörde sei[5].

Die **Struktur** von § 28 WpPG stellt sich wie folgt dar. § 28 Abs. 1 bis 4 WpPG behandeln die Zusammenarbeit zwischen den im Hinblick auf die vom WpPG umfassten Aufgaben zuständigen Stellen der Europäischen Union und der anderen Staaten des Europäischen Wirtschaftsraums (EWR) und § 28 Abs. 5 WpPG enthält Hinweise auf die Zusammenarbeit mit den zuständigen Stellen anderer Staaten und auf die Regelungen über die internationale Rechtshilfe in Strafsachen. Innerhalb der Absätze 1 bis 4 weist § 28 Abs. 1 WpPG der BaFin die Aufgabe der Zusammenarbeit mit anderen Behörden der Europäischen Union und anderer EWR-Staaten im Bereich öffentlicher Angebote oder Zulassungen von Wertpapieren zu, bei der die BaFin alle ihr zustehenden Befugnisse einsetzen kann. § 28 Abs. 2 WpPG geht auf das Ersuchen einer zuständigen Behörde eines anderen EWR-Staates ein, auf Grund des-

---

2004/39/EG, 2004/109/EG, 2005/60/EG, 2006/48/EG, 2006/49/EG und 2009/65/EG im Hinblick auf die Befugnisse der Europäischen Aufsichtsbehörde (Europäische Bankenaufsichtsbehörde), der Europäischen Aufsichtsbehörde (Europäische Aufsichtsbehörde für das Versicherungswesen und die betriebliche Altersvorsorge) und der Europäischen Aufsichtsbehörde (Europäische Wertpapier- und Marktaufsichtsbehörde), ABl. EU Nr. L 331 v. 15.12.2010, S. 120.

1 Finanzdienstleistungen: Umsetzung des Finanzmarktrahmens: Aktionsplan, Mitteilung der Kommission KOM (1999) 232 v. 11.5.1999.
2 Siehe insbesondere Finanzdienstleistungen: Umsetzung des Finanzmarktrahmens: Aktionsplan, Mitteilung der Kommission KOM (1999) 232 v. 11.5.1999, S. 22.
3 Zum FSAP und dem Lamfalussy-Verfahren siehe ua. *Schmolke*, NZG 2005, 912.
4 Siehe dazu die Kommentierung zu § 28a WpPG.
5 Begr. RegE zu § 28 WpPG (vormals § 23), BT-Drucks. 15/4999 v. 3.3.2005, S. 39, was sich durch die Finanzmarktrichtlinie und deren Umsetzung zumindest etwas geändert haben dürfte (siehe Art. 41 MiFID und §§ 4 Abs. 2, 7 Abs. 1 WpHG).

sen die BaFin Untersuchungen durchführen und Informationen übermitteln darf. § 28 Abs. 3 WpPG nennt die Gründe, bei deren Vorliegen die BaFin die gewünschten Untersuchungen oder Informationen verweigern kann. § 28 Abs. 4 WpPG stellt die Kehrseite von § 28 Abs. 2 WpPG dar, indem das Ersuchen der BaFin an die zuständigen Behörden anderer EWR-Staaten um Durchführung von Untersuchungen oder der Übermittlung von Informationen geregelt wird. Damit einher geht auch die nähere Beschreibung der Verwendungsmöglichkeiten der dann erhaltenen Informationen.

5 Ein **Ausblick** auf Art. 31 Prospektverordnungsentwurf der Kommission vom 30.11.2015[1] wie auch in der Fassung des Rates vom 3.6.2016[2] belegt die immer stärkere europäische Zusammenarbeit. Interessant sind die Regelungen zu grenzüberschreitenden Vor-Ort-Prüfungen. Die Prospektrichtlinie sah schon bisher Inspektionen vor Ort vor (Art. 21 Abs. 4 lit. d), aber deren Durchführung war ausdrücklich auf das eigene Staatsgebiet beschränkt. Zukünftig könnte eine Behörde auch derartige Inspektionen in einem anderen Staat veranlassen, wobei dieser andere Staat die Wahl der Mittel hat. Bei einer Verweigerung der Zusammenarbeit können sich die Behörden an ESMA wenden.

II. Europäische Zusammenarbeit (§ 28 Abs. 1 WpPG)

1. Begriff der Zusammenarbeit

6 Der Begriff der Zusammenarbeit wird im Gesetzestext **thematisch eingegrenzt**, nämlich auf die Überwachung öffentlicher Angebote oder die Zulassung von Wertpapieren zum organisierten Markt, nicht dagegen auf welche Arten von Fragestellungen sich die Zusammenarbeit beziehen soll. Dem folgend ist der Begriff der Zusammenarbeit weit zu verstehen, so dass davon nicht nur die gegenseitige Unterstützung in konkret-individuellen Einzelfällen umfasst ist, sondern abstrakt-generelle Fragestellungen, die gegebenenfalls mehrere Behörden betreffen können.

7 Prominentes Beispiel für die Zusammenarbeit ist der Europäische Pass für Prospekte (§§ 17 f. WpPG). In der Praxis tauschen sich die Behörden darüber hinaus insbesondere zu Fragen der Auslegung von Prospektrichtlinie und EU-Prospektverordnung[3] aus. Eine besondere Bedeutung kommt in diesem Zusammenhang der Europäischen Wertpapier- und Marktaufsichtsbehörde **ESMA** (European Securities and Markets Authority) zu. ESMA ist nicht nur im Rahmen des Lamfalussy-Verfahrens (siehe auch oben Rz. 2 und die Kommentierung zu § 28a WpPG) am europäischen Gesetzgebungsverfahren beteiligt, sondern befasst sich im Anschluss daran mit den aufkommenden Auslegungsfragen, um eine dem harmonisierten Recht angemessene und

---

1 COM/2015/0583 final – 2015/0268 (COD).
2 9801/16 – 2015/0268 (COD).
3 Berichtigte Fassung der Verordnung (EG) Nr. 809/2004 der Kommission vom 29.4.2004 zur Umsetzung der Richtlinie 2003/71/EG des Europäischen Parlaments und des Rates betreffend die in Prospekten enthaltenen Angaben sowie die Aufmachung, die Aufnahme von Angaben in Form eines Verweises und die Veröffentlichung solcher Prospekte sowie die Verbreitung von Werbung, ABl. EU Nr. L 186 v. 18.7.2005, S. 3.

möglichst einheitliche Auslegung zu finden. Zu den Ergebnissen der Arbeit gehören unter anderem die durch ESMA aktualisierten CESR's recommendations for the consistent implementation of the European Commission's Regulation on Prospectuses no. 809/2004 (20.3.2013, ESMA/2013/319)[1] und eine ständig aktualisierte Fragen-Antwort-Liste zum Thema Prospekte (Questions and Answers Prospectuses)[2].

2. Zuständige Stellen der Europäischen Union und anderer Staaten des EWR

Welche „zuständigen Stellen" iS von § 28 Abs. 1 WpPG gemeint sind, umschreibt das Gesetz mit der von der betreffenden Stelle ausgeübten Tätigkeit. Zuständige Stellen sind folglich die Stellen, die die öffentlichen Angebote oder die Zulassung von Wertpapieren an einen organisierten Markt überwachen. Was die Ebene der Europäischen Union anbelangt, ist damit die Europäische Wertpapier- und Marktaufsichtsbehörde gemeint[3]. Bei den anderen EWR-Staaten bestimmt sich die Stelle nach dem nationalen Recht des entsprechenden Staates[4]. Wie die Stelle organisiert ist, insbesondere in welcher Rechtsform, bleibt ebenfalls dem nationalen Recht vorbehalten[5]. Was in diesem Zusammenhang eine Erleichterung darstellt, ist die gesetzliche Vorgabe des Art. 21 Abs. 1 Prospektrichtlinie, dass jeder Mitgliedstaat eine zentrale zuständige Verwaltungsbehörde benennen soll, die für die Erfüllung der in der Richtlinie festgelegten Pflichten und für die Anwendung der nach dieser Richtlinie erlassenen Bestimmungen zuständig ist.

8

3. Gebrauch von Befugnissen

Nach § 28 Abs. 1 Satz 2 WpPG kann die BaFin im Rahmen der Zusammenarbeit zum Zweck der Überwachung der Einhaltung der Bestimmungen des WpPG und entsprechender Bestimmungen der ausländischen Staaten von allen ihr nach dem „Gesetz", gemeint sein dürfte ausschließlich das WpPG, zustehenden **Befugnissen** Gebrauch machen. Die ausländischen Vorschriften müssen nicht identisch mit denen des WpPG sein, wobei vor dem europarechtlichen Hintergrund ohnedies keine größeren Unterschiede bestehen dürften. Dies bedeutet aber auch, dass für die Wahrnehmung der Befugnisse nicht zwingend ein Verstoß gegen das WpPG vorliegen muss, dh. die Befugnisse nach § 26 WpPG auch dann der BaFin zustehen, wenn zwar keine Verstöße gegen das deutsche Recht vorliegen, aber möglicherweise gegen entsprechendes ausländisches Recht. Die Art der Befugnisse und wie diese wahrzunehmen sind, wird durch § 28 Abs. 1 WpPG nicht erweitert[6].

9

---

[1] Dazu *Fischer zu Cramburg*, AG 2005, R114.
[2] Die Dokumente und weitere Informationen zu ESMA sind im Internet erhältlich: http://www.esma.europa.eu.
[3] Begr. RegE zur Änderung von § 28 WpPG (vormals § 23), BT-Drucks. 17/6255 v. 22.6.2011, S. 31.
[4] *Carny* in KölnKomm. WpHG, § 7 WpHG Rz. 12.
[5] *Beck* in Schwark/Zimmer, § 7 WpHG Rz. 8; *Döhmel* in Assmann/Uwe H. Schneider, § 7 WpHG Rz. 14.
[6] *Höninger/Eckner* in Holzborn, § 28 WpPG Rz. 14.

10 Die BaFin kann von den ihr zustehenden Befugnissen Gebrauch machen, soweit dies **geeignet und erforderlich** ist. Die BaFin muss also eine eigene Prüfung der Verhältnismäßigkeit durchführen[1].

III. Ersuchen ausländischer Stellen (§ 28 Abs. 2 WpPG)

1. Ersuchen

11 An das Ersuchen zuständiger Stellen anderer EWR-Staaten an die BaFin stellt das Gesetz keine besonderen Anforderungen. Es muss erkenntlich sein, dass die benötigten Informationen für die Überwachung von organisierten Märkten sowie von Emittenten, Anbietern oder Zulassungsantragstellern oder deren Abschlussprüfern oder Geschäftsführungs- und Aufsichtsorganen nach den dem WpPG entsprechenden Vorschriften des ausländischen Staates oder damit zusammenhängender Verwaltungs- und Gerichtsverfahren benötigt werden[2]. Die BaFin muss allerdings nicht überprüfen, ob die angeforderten Informationen objektiv für eine entsprechende Überwachungsaufgabe im Ausland benötigt werden[3]. Eine derartige Überprüfung wäre praktisch nicht leistbar.

2. Untersuchungen

12 Die Untersuchungen können durch die BaFin insbesondere auf Grund von § 26 WpPG durchgeführt werden, aber auch im Wege der Amtshilfe (§§ 4 f. VwVfG). Ein Verstoß gegen deutsches Recht muss dabei nicht vorliegen (siehe oben Rz. 9).

13 Die BaFin kann Untersuchung durchführen, soweit dies für die in § 28 Abs. 2 Satz 1 WpPG genannten Überwachungsaufgaben (siehe oben Rz. 11) **erforderlich** ist. Die BaFin muss also eine eigene Prüfung der Erforderlichkeit durchführen.

3. Übermittlung von Informationen

14 Von der BaFin gewonnene oder dort bereits vorhandene Informationen können an den Empfänger übermittelt werden, soweit dies für die in § 28 Abs. 2 Satz 1 WpPG genannten Überwachungsaufgaben (siehe oben Rz. 11) **erforderlich** ist. Auch an dieser Stelle muss die BaFin eine eigene Prüfung der Erforderlichkeit durchführen.

15 Die Übermittlung von Informationen an die zuständigen Stellen des ausländischen Staates ist nach § 28 Abs. 2 Satz 2 WpPG mit einer **Zweckbestimmung** zu versehen.

---

1 *Heidelbach* in Schwark/Zimmer, § 23 WpPG Rz. 11; *Müller* in FrankfurtKomm. WpPG, § 23 WpPG Rz. 13; *Bosse/Katko* in Heidel, Aktienrecht und Kapitalmarktrecht, § 28 WpPG Rz. 2; *Höninger/Eckner* in Holzborn, § 28 WpPG Rz. 16.

2 Vgl. zu den Anforderungen an ein Ersuchen an Daten unter § 15 Abs. 1 Satz 1 Nr. 1 Alt. 1 BDSG, der nach § 4b Abs. 1 BDSG auch auf den Datenaustausch innerhalb des EWR Anwendung findet, *Gola/Schomerus*, Bundesdatenschutzgesetz, § 15 BDSG Rz. 6.

3 *Höninger/Eckner* in Holzborn, § 28 WpPG Rz. 19; *Carny* in KölnKomm. WpHG, § 7 WpHG Rz. 20.

Die BaFin weist den Empfänger darauf hin, dass er unbeschadet seiner Verpflichtungen im Rahmen von Strafverfahren die übermittelten Informationen einschließlich personenbezogener Daten nur zur Erfüllung von Überwachungsaufgaben nach § 28 Abs. 2 Satz 1 WpPG und für damit zusammenhängende Verwaltungs- und Gerichtsverfahren verwenden darf. Der Empfängerbehörde ist es daher möglich, die erhaltenen Informationen auch an Strafverfolgungsbehörden und Gerichte weiterzuleiten, wenn das die Überwachungsaufgaben regelnde Recht des Empfängerlandes strafrechtliche Sanktionen vorsieht[1]. Nicht davon erfasst ist dagegen die Verwendung für Strafverfahren wegen anderer, insbesondere steuerlicher Straftaten[2]. Der BaFin ist es nicht möglich, die Verwendung der übermittelten Informationen weiter einzuschränken[3].

Die ESMA gestaltete den administrativen Rahmen durch die Leitlinien zu Kooperationsvereinbarungen und Informationsaustausch zwischen den zuständigen Behörden sowie zwischen den zuständigen Behörden und ESMA[4], die durch den Abschluss des **Multilateral Memorandum of Understanding** on Cooperation Arrangements and Exchange of Information[5] umgesetzt wurden.

IV. Verweigerung der Zusammenarbeit (§ 28 Abs. 3 WpPG)

Die BaFin kann eine Untersuchung oder die Übermittlung von Informationen **bei Vorliegen bestimmter Gründe** verweigern. Aus anderen als den im Gesetz genannten Gründen können Untersuchungen oder die Weitergabe von Informationen nicht verweigert werden. Wenn die gesetzlichen Verweigerungsgründe vorliegen, liegt die Entscheidung über die Zusammenarbeit im Ermessen der BaFin. Da die Verweigerungsgründe sehr gewichtig sind, ist fraglich, inwieweit die BaFin bei deren Vorliegen das Ermessen zugunsten einer Zusammenarbeit ausüben kann[6]. Der erste Verweigerungsgrund ist die mögliche Beeinträchtigung der Souveränität, der Sicherheit oder öffentlichen Ordnung der Bundesrepublik Deutschland durch die Untersuchung oder Informationsübermittlung. Der zweite Verweigerungsgrund ist die bereits erfolgte Einleitung eines gerichtlichen Verfahrens oder das Vorliegen einer unanfechtbaren Entscheidung gegen die von der Untersuchung oder der Informationsübermittlung betroffenen Personen. Es soll verhindert werden, dass der Fortgang des

---

1 *Müller* in FrankfurtKomm. WpPG, § 23 WpPG Rz. 19.
2 *Höninger/Eckner* in Holzborn, § 28 WpPG Rz. 22; *Döhmel* in Assmann/Uwe H. Schneider, § 7 WpHG Rz. 18.
3 *Carny* in KölnKomm. WpHG, § 7 WpHG Rz. 25.
4 ESMA/2014/298 v. 27.3.2014.
5 ESMA/2014/608.
6 *Schlette/Bouchon* in Fuchs, § 7 WpHG Rz. 36 gehen bei Vorliegen der in den ersten beiden Nummern des Gesetzes genannten Verweigerungsgründen davon aus, dass die BaFin ohne Ermessensspielraum zur Verweigerung der Zusammenarbeit verpflichtet sei, da es sich um massive völker-, verfassungs- und verwaltungsrechtliche Hemmnisse für eine Informationsweitergabe handele; ebenso *Höninger/Eckner* in Holzborn, § 28 WpPG Rz. 25; *Beck* in Schwark/Zimmer, § 7 WpHG Rz. 28.

Gerichtsverfahrens oder der durch eine unanfechtbare Entscheidung erzielte Rechtsfrieden gestört werden[1]. Der Verweigerungsgrund ist damit dem rechtsstaatlichen Grundsatz „ne bis in idem" (Art. 103 Abs. 3 GG) geschuldet[2]. Der dritte und letzte Verweigerungsgrund ist dann einschlägig, wenn die Untersuchung oder die Übermittlung von Informationen nach deutschem Recht nicht zulässig ist. Hier ist insbesondere an die Verschwiegenheitspflicht nach § 27 WpPG zu denken. Das Gesetz verlangt für die Verweigerung der Zusammenarbeit keine Darlegung der Begründung, die aber spätestens im Rahmen einer Streitschlichtung nach Art. 19 ESMA-Verordnung[3] erforderlich würde[4].

V. Unterstützung der BaFin durch ausländische Stellen (§ 28 Abs. 4 WpPG)

1. Ersuchen an zuständige Stellen im Ausland

18 Spiegelbildlich zu § 28 Abs. 2 WpPG kann auch die BaFin die zuständigen Stellen anderer EWR-Staaten (siehe oben Rz. 8) um Unterstützung bitten, die auch hier Untersuchungen oder die Übermittlung von Informationen sein kann. Die BaFin muss darlegen, dass sie Informationen für die Erfüllung ihrer Aufgaben nach dem WpPG benötigt. Sollte das Ersuchen von der zuständigen Stelle des anderen EWR-Staates zurückgewiesen oder innerhalb einer angemessenen Frist nicht bearbeitet werden, stellt § 28 Abs. 4 Satz 4 WpPG klar, dass die BaFin bei der Europäischen Wertpapier- und Marktaufsichtsbehörde **ESMA** ein Streitschlichtungsverfahren nach Art. 19 ESMA-Verordnung anstrengen kann. Ob die Fallgruppen gegeben sind, ist im Einzelfall zu prüfen, dh. es dürfen keine berechtigten Verweigerungsgründe vorliegen und die abgelaufene Frist muss im Hinblick auf den konkreten Fall ausreichend bemessen sein[5]. Inwieweit das Verfahren allerdings auf die beiden Fallgruppen beschränkt ist, ist angesichts des Wortlauts von Art. 19 ESMA-Verordnung fraglich, der in seinem ersten Absatz von Fällen ausgeht, in denen die eine zuständige Behörde mit „dem Vorgehen oder dem Inhalt der Maßnahme" einer anderen zuständigen Behörde nicht einverstanden ist. Das Verfahren beginnt mit dem Ersuchen einer zuständigen Behörde, hier konkret der BaFin nach § 28 Abs. 4 Satz 4 WpPG[6], und gestaltet sich dann mehrstufig: auf der ersten Stufe versucht die ESMA als Vermittlerin unter Setzung von angemessenen Fristen die Meinungsverschiedenheit zu

---

1 *Carny* in KölnKomm. WpHG, § 7 WpHG Rz. 29.
2 *Schlette/Bouchon* in Fuchs, § 7 WpHG Rz. 36.
3 Verordnung (EU) Nr. 1095/2010 des Europäischen Parlaments und des Rates vom 24.11.2010 zur Errichtung einer Europäischen Aufsichtsbehörde (Europäische Wertpapier- und Marktaufsichtsbehörde), zur Änderung des Beschlusses Nr. 716/2009/EG und zur Aufhebung des Beschlusses 2009/77/EG der Kommission, ABl. EU Nr. L 331 v. 15.12.2010, S. 84.
4 *Höninger/Eckner* in Holzborn, § 28 WpPG Rz. 27.
5 *Höninger/Eckner* in Holzborn, § 28 WpPG Rz. 35 f.
6 Art. 19 Abs. 1 Unterabs. 2 ESMA-Verordnung ermöglicht der ESMA auch den Beginn des Verfahrens von Amts wegen, wenn sie Meinungsverschiedenheiten feststellt.

schlichten (Art. 19 Abs. 2 ESMA-Verordnung). Auf der zweiten Stufe kann ESMA einen Beschluss mit verbindlicher Wirkung für die Behörden fassen (Art. 19 Abs. 3 ESMA-Verordnung). Sollte eine Behörde dem nicht nachkommen, kann die ESMA auch Maßnahmen direkt gegenüber einem Marktteilnehmer ergreifen (Art. 19 Abs. 4 ESMA-Verordnung).

2. Untersuchungen

Die BaFin darf andere zuständige Stellen im EWR-Ausland um die Durchführung von Untersuchungen bitten. Die ausländischen Behörden verfügen im Hinblick auf die einheitliche, europäische Rechtsgrundlage in Art. 21 Prospektrichtlinie über ähnliche Befugnisse wie die BaFin.

Es dürfen in diesem Zusammenhang nur die Untersuchungen erbeten werden, die für die Erfüllung der Aufgaben der BaFin nach dem WpPG **erforderlich** sind. Eine Prüfung der Erforderlichkeit muss also nicht nur bei den Ersuchen, die die BaFin aus dem Ausland erhält, sondern auch bei denen, die sie an ausländische Stellen richtet, erfolgen. Das Gesetz nennt zwei mögliche Situationen, in denen eine Zusammenarbeit im besonderen Maße erforderlich sein kann. Zum einen kann eine Zusammenarbeit dann erforderlich sein, wenn für einen Emittenten mehrere Behörden des Herkunftsstaates zuständig sind. Für die Prospektprüfung und die Notifizierung von Prospekten gibt es entsprechend Art. 21 Abs. 1 Prospektrichtlinie in den EWR-Staaten in der Regel eine zuständige Behörde. Die Zulassung kann allerdings durch eine andere Stelle erfolgen. Gemeint ist hier aber wahrscheinlich der im englischsprachigen Richtlinientext deutlich zum Vorschein kommende Fall, dass ein Emittent auf Grund seiner ausgeübten Wahlrechte mehrere Herkunftsmitgliedstaatsbehörden hat (siehe auch oben Rz. 1)[1]. Zum anderen nennt das Gesetz als weiteres Beispiel die Koordination der Aussetzung oder Untersagung des Handels von Wertpapieren, die in mehreren EWR-Staaten gehandelt werden. Der Gesetzeswortlaut ist hier widersprüchlich, denn die BaFin hat nach dem WpPG gar nicht diese Befugnisse. Abgesehen davon dürfte das Beispiel vor dem Hintergrund von § 7 Abs. 1 Satz 3 WpHG und Art. 41 MiFID, der die Zusammenarbeit der Aufsichtsbehörden bei Handelsaussetzungen und Handelsausschlüssen regelt, eine hier ohnedies nur eingeschränkte Bedeutung haben[2].

3. Erhalt von Informationen

Neben Untersuchungen kann die BaFin auch um die Übermittlung der Informationen bitten, die für die Erfüllung der Aufgaben der BaFin nach dem WpPG **erforderlich** sind (siehe oben Rz. 20).

---

[1] *Heidelbach* in Schwark/Zimmer, § 23 WpPG Rz. 11; *Müller* in FrankfurtKomm. WpPG und zur EU-ProspektVO, § 23 WpPG Rz. 25; *Höninger/Eckner* in Holzborn, § 28 WpPG Rz. 31.

[2] Als gegenstandslos betrachtet das Regelbeispiel *Höninger/Eckner* in Holzborn, § 28 WpPG Rz. 32.

22 Die Informationen, die der BaFin übermittelt werden, unterliegen einer gesetzlichen **Zweckbindung** nach § 28 Abs. 4 Satz 2 und 3 WpPG. Abgesehen davon werden die Daten mit einer ähnlichen Zweckbestimmung von den ausländischen Behörden übersandt. Die BaFin darf die erhaltenen Informationen nur für die Überwachung von organisierten Märkten sowie von Emittenten, Anbietern oder Zulassungsantragstellern oder deren Abschlussprüfern oder Geschäftsführungs- und Aufsichtsorganen nach den Vorschriften des WpPG und für damit zusammenhängende Verwaltungs- und Gerichtsverfahren offenbaren oder verwerten. Für Strafverfahren, die nicht Verstöße gegen das WpPG zum Gegenstand haben (wobei das WpPG selbst keine Straftatbestände enthält!), dürfen die Informationen nicht verwendet werden. Jede andere Verwendung der erhaltenen Informationen ist nur mit Zustimmung der übermittelten Stelle zulässig, dh. insbesondere dürfen ohne eine solche Zustimmung die Informationen nicht anderen Behörden in Deutschland übermittelt werden.

VI. Sonstige Zusammenarbeit (§ 28 Abs. 5 WpPG)

1. Zusammenarbeit mit nicht-europäischen Stellen

23 Die Internationalisierung der Märkte (siehe oben Rz. 2) betrifft zwar im besonderen Maße den europäischen Wirtschaftsraum. Aber Kooperationen sind auch darüber hinaus erforderlich. Dies gilt für Einzelfälle wie auch für eine eher generelle Koordination der Aufsichtsansätze. In diesem Zusammenhang ist insbesondere die internationale Vereinigung der Wertpapieraufsichtsbehörden **IOSCO** (International Organization of Securities Commissions) zu nennen. Von der IOSCO erarbeitet wurden unter anderem die „International Disclosure Standards for Cross-Border Offerings and Initial Listings by Foreign Issuers" (September 1998) und die „International Disclosure Principles for Cross-Border Offerings and Listings of Debt Securities by Foreign Issuers" (März 2007)[1], deren Bedeutung in § 20 Abs. 1 Nr. 1 WpPG sichtbar wird.

24 Für die Zusammenarbeit mit anderen Staaten als denen des EWR findet das WpHG Anwendung. Nach **§ 7 Abs. 7 WpHG** erfolgt die Zusammenarbeit grundsätzlich ähnlich wie mit den Staaten des EWR. Besonders hervorgehoben wird, dass die BaFin mit diesen Staaten Vereinbarungen über den Informationsaustausch abschließen kann. Zu beachten ist, dass die ausländische Stelle für die an die BaFin übermittelten Informationen eine engere Zweckbestimmung als die in § 28 Abs. 4 Satz 2 WpPG vorsehen kann. Erfolgt keine Zweckbestimmung durch die ausländische Stelle, gilt die normale gesetzliche Zweckbindung (vergleiche dazu oben Rz. 22). Für die Übermittlung personenbezogener Daten wird auf § 4b BDSG verwiesen.

2. Internationale Rechtshilfe in Strafsachen

25 § 28 Abs. 5 WpPG stellt ferner klar, dass die Regelungen über die internationale Rechtshilfe in Strafsachen unberührt bleiben. Durch die Zusammenarbeit im Rah-

---

[1] Die Dokumente sind im Internet erhältlich: http://www.iosco.org.

men des § 28 WpPG soll die **Zusammenarbeit im Rahmen der internationalen Rechtshilfe in Strafsachen** nicht ausgehöhlt werden. Wird die BaFin um Zusammenarbeit im Rahmen von Strafsachen gebeten, kann eine Mithilfe nicht nach § 28 WpPG erfolgen.

Die Zusammenarbeit im Rahmen der internationalen Rechtshilfe in Strafsachen erfolgt nach dem Gesetz über die internationale Rechtshilfe in Strafsachen (**IRG**)[1]. Nach § 1 Abs. 2 IRG sind strafrechtliche Angelegenheiten auch Verfahren einer Tat, die nach deutschem Recht als Ordnungswidrigkeit mit Geldbuße oder die nach ausländischem Recht mit einer vergleichbaren Sanktion bedroht ist, sofern über deren Festsetzung ein auch für Strafsachen zuständiges Gericht entscheiden kann. Die Rechtshilfe erfolgt dann nach den §§ 59 ff. IRG. 26

Vor dem Hintergrund des weiten, auch Ordnungswidrigkeiten umfassenden Begriffs der strafrechtlichen Angelegenheiten, wird eine klare **Abgrenzung** nicht immer möglich sein. Gerade das (Verwaltungs-)Aufsichtsrecht hat als Ergänzung auch repressive Züge in der Form von Bußgeldtatbeständen (siehe § 30 WpPG) und teilweise auch durch strafrechtliche Sanktionen. § 28 Abs. 2 und 4 WpPG wird diesem Umstand auch gerecht, indem eine Verwertung von Informationen in Strafverfahren nicht gänzlich ausgeschlossen wird (siehe oben Rz. 15 und 22). Dies ergibt sich bereits aus dem europäischen Recht, indem die Prospektrichtlinie einerseits in Art. 22 Abs. 2 und Art. 23 eine weitgehende Zusammenarbeit erwartet, andererseits aber auch in Art. 25 Sanktionen vorsieht. Wird allerdings von vornherein nur vor einem strafrechtlichen Hintergrund um Unterstützung ersucht, muss die Zusammenarbeit (auch) nach § 28 Abs. 5 WpPG iVm. §§ 59 ff. IRG erfolgen[2]. 27

§ 28a
Zusammenarbeit mit der Europäischen Wertpapier- und Marktaufsichtsbehörde

Die Bundesanstalt stellt der Europäischen Wertpapier- und Marktaufsichtsbehörde gemäß Artikel 35 der Verordnung (EU) Nr. 1095/2010 auf Verlangen unverzüglich alle für die Erfüllung ihrer Aufgaben erforderlichen Informationen zur Verfügung.

In der Fassung vom 4.12.2011 (BGBl. I 2011, S. 2427), geändert durch das Gesetz zur Novellierung des Finanzanlagenvermittler- und Vermögensanlagenrechts vom 6.12.2011 (BGBl. I 2011, S. 2481).

---

1 Gesetz über die internationale Rechtshilfe in Strafsachen (IRG) in der Fassung der Bekanntmachung v. 27.6.1994 (BGBl. I 1994, S. 1537), zuletzt geändert durch Art. 5 des Gesetzes vom 31.7.2016 (BGBl. I 2016, S. 1914).
2 Vgl. dazu *Vogel* in Assmann/Uwe H. Schneider, § 7 WpHG Rz. 31 ff.

Schrifttum: *Baur/Boegl*, Die neue europäische Finanzmarktaufsicht – Der Grundstein ist gelegt, BKR 2011, 177; *Binder*, Verbesserte Krisenprävention durch paneuropäische Aufsicht? Zur neuen Aufsichtsinfrastruktur auf EU-Ebene, GPR 2011, 34; *Häde*, Jenseits der Effizienz: Wer kontrolliert die Kontrolleure? – Demokratische Verantwortlichkeit und rechtsstaatliche Kontrolle der europäischen Finanzaufsichtsbehörden, EuZW 2011, 662; *Kämmerer*, Das neue Europäische Finanzaufsichtssystem (ESFS) – Modell für eine europäisierte Verwaltungsarchitektur?, NVwZ 2011, 1281; *Lehmann/Manger-Nestler*, Die Vorschläge zur neuen Architektur der europäischen Finanzaufsicht, EuZW 2010, 87; *Rötting/Lang*, Das Lamfalussy-Verfahren im Umfeld der Neuordnung der europäischen Finanzmarktaufsichtsstrukturen, EuZW 2012, 8; *Stelkens*, Art. 291 AEUV, das Unionsverwaltungsrecht und die Verwaltungsautonomie der Mitgliedstaaten – zugleich zur Abgrenzung der Anwendungsbereiche von Art. 290 und Art. 291 AEUV, EuR 2012, 511; *Walla*, Die Europäische Wertpapier- und Marktaufsichtsbehörde (ESMA) als Akteur bei der Regulierung der Kapitalmärkte Europas – Grundlagen, erste Erfahrungen und Ausblick, BKR 2012, 265; *Wymeersch*, Das neue europäische Finanzmarktregulierungs- und Aufsichtssystem, ZGR 2011, 443.

I. Normentwicklung	1	4. Rechtmäßiger Zugang der BaFin zu den Informationen	14
II. Informationsübermittlungspflicht der BaFin		5. Erforderlichkeit des Informationsgesuchs	15
1. Übersicht	8	6. Verfahren	16
2. Informationsverlangen von der ESMA	10	III. Informationsrecht der BaFin gegenüber der ESMA	
3. Notwendigkeit der Information zur Aufgabenwahrnehmung der ESMA	12	1. Übersicht	19
		2. Voraussetzungen	20

I. Normentwicklung

1   Die Informationsübermittlungspflicht der BaFin gegenüber der Europäischen Wertpapier- und Marktaufsichtsbehörde (European Securities and Markets Authority – ESMA) in § 28a WpPG[1] wurde als § 23a WpPG durch Art. 3 Nr. 8 des Gesetzes zur Umsetzung der Richtlinie 2010/78/EU vom 24.11.2010 im Hinblick auf die Errichtung des Europäischen Aufsichtssystems vom 4.12.2011[2] (EUFAAnpG) in das Gesetz eingefügt und erhielt seine derzeitige Nummerierung durch Art. 6 des Gesetzes zur Novellierung des Finanzanlagenvermittler- und Vermögensanlagenrechts vom 6.12.2011[3] (VermAnlGEG). Die Vorschrift dient der Umsetzung von Art. 5 Nr. 10 (a), 2. Unterabsatz[4] der Richtlinie 2010/78/EU[5] (**Omnibusrichtlinie I**), mit dem Art. 21 Abs. 1a

---

1 Siehe auch die im Wortlaut sehr ähnlichen Normen in § 7a WpHG, § 7b KWG, neben anderen Normen zur europäischen Zusammenarbeit.
2 BGBl. I 2011, S. 2427.
3 BGBl. I 2011, S. 2481.
4 Begr. RegE zu § 28a WpPG (vormals § 23a), BT-Drucks. 17/6255 v. 22.6.2011, S. 31.
5 Richtlinie 2010/78/EU des Europäischen Parlaments und des Rates vom 24.11.2010 zur Änderung der Richtlinien 98/26/EG, 2002/87/EG, 2003/6/EG, 2003/41/EG, 2003/71/EG, 2004/39/EG, 2004/109/EG, 2005/60/EG, 2006/48/EG, 2006/49/EG und 2009/65/EG im

und 1b in die **Prospektrichtlinie**[1] eingefügt wird. Die genannten Rechtsgrundlagen in der Richtlinie wie auch im nationalen Gesetzestext beziehen sich auf Art. 35 der **ESMA-Verordnung**[2]. Fraglich ist, warum die Verpflichtung der Informationsübermittlung an die ESMA zugleich in der unmittelbar Anwendung findenden ESMA-Verordnung wie auch in der noch in nationales Recht umzusetzenden Omnibusrichtlinie I aufgenommen wurde. Vielleicht wollte der europäische Gesetzgeber die verstärkte europäische Zusammenarbeit nicht nur in den die europäische Aufsichtsbehörde schaffenden Rechtstext, sondern auch explizit in die Fachgesetze aufnehmen, oder er wollte durch die doppelte Regulierung zumindest rechtstechnisch den Informationsfluss zwischen nationalen und europäischen Behörden sicherstellen[3].

Ein **Ausblick** auf Art. 32 Prospektverordnungsentwurf der Kommission vom 30.11.2015[4] wie auch in der Fassung des Rates vom 3.6.2016[5] zeigt im Hinblick auf die Zusammenarbeit der nationalen Behörden mit ESMA keine wesentlichen Änderungen, vielmehr besteht auch die entworfene Vorschrift kaum mehr als aus einem Verweis auf die ESMA-Verordnung. Ergänzt würde es in den Entwürfen um eine Ermächtigungsgrundlage für ESMA technische Durchführungsstandards für den Informationsaustausch zu entwerfen. 2

Als **Ziel** der Vorschrift festzuhalten ist die Sicherstellung des Informationsflusses zwischen den Behörden des Europäischen Systems der Finanzaufsicht (European System of Financial Supervision – ESFS), damit dieses eine größtmögliche Wirkung entfalten kann. 3

Das **ESFS** bedarf an dieser Stelle keiner ausführlichen Beschreibung[6]. Geschaffen wurde das Aufsichtssystem auf Grundlage der Vorschläge der High Level Group on Financial Supervision in the EU vom 25.2.2009 unter der Leitung von *Jacques de* 4

Hinblick auf die Befugnisse der Europäischen Aufsichtsbehörde (Europäische Bankenaufsichtsbehörde), der Europäischen Aufsichtsbehörde (Europäische Aufsichtsbehörde für das Versicherungswesen und die betriebliche Altersvorsorge) und der Europäischen Aufsichtsbehörde (Europäische Wertpapier- und Marktaufsichtsbehörde), ABl. EU Nr. L 331 v. 15.12.2010, S. 120.

1 Richtlinie 2003/71/EG des Europäischen Parlaments und des Rates vom 4.11.2003 betreffend den Prospekt, der beim öffentlichen Angebot von Wertpapieren oder bei deren Zulassung zum Handel zu veröffentlichen ist, und zur Änderung der Richtlinie 2001/34/EG, ABl. EU Nr. L 345 v. 31.12.2003, S. 64.
2 Verordnung (EU) Nr. 1095/2010 des Europäischen Parlaments und des Rates vom 24.11.2010 zur Errichtung einer Europäischen Aufsichtsbehörde (Europäische Wertpapier- und Marktaufsichtsbehörde), zur Änderung des Beschlusses Nr. 716/2009/EG und zur Aufhebung des Beschlusses 2009/77/EG der Kommission, ABl. EU Nr. L 331 v. 15.12.2010, S. 84.
3 *Eckner* in Holzborn, § 28a WpPG Rz. 5, misst § 28a WpPG nur deklaratorische Bedeutung bei, da sich die Verpflichtung zur Informationsübermittlung an ESMA unmittelbar aus Art. 35 ESMA-Verordnung ergebe.
4 COM/2015/0583 final – 2015/0268 (COD).
5 9801/16 – 2015/0268 (COD).
6 Aus den zahlreichen Veröffentlichungen, die einen Überblick über das ESFS und die europäischen Aufsichtsbehörden geben, kann ua. verwiesen werden auf *Walla*, BKR 2012, 265

Larosière, der bereits zwischen einer Aufsicht auf Mikro- und Makroebene unterscheidet[1] und die Einrichtung eines europäischen Finanzaufsichtssystems vorschlägt[2]. Die Aufsicht auf makroökonomischer Ebene wird durch das ESRB (European Systemic Risk Board, Europäischer Ausschuss für Systemrisiken) übernommen und die Aufsicht auf „mikroprudenzieller" Ebene durch europäische und nationale Aufsichtsbehörden.

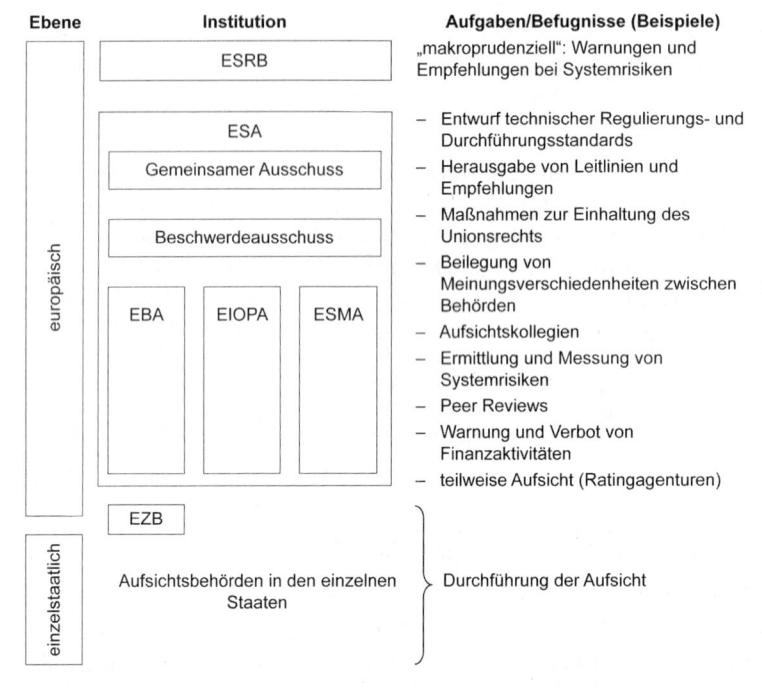

Ebene	Institution	Aufgaben/Befugnisse (Beispiele)
europäisch	ESRB	„makroprudenziell": Warnungen und Empfehlungen bei Systemrisiken
	ESA / Gemeinsamer Ausschuss / Beschwerdeausschuss / EBA, EIOPA, ESMA	– Entwurf technischer Regulierungs- und Durchführungsstandards – Herausgabe von Leitlinien und Empfehlungen – Maßnahmen zur Einhaltung des Unionsrechts – Beilegung von Meinungsverschiedenheiten zwischen Behörden – Aufsichtskollegien – Ermittlung und Messung von Systemrisiken – Peer Reviews – Warnung und Verbot von Finanzaktivitäten – teilweise Aufsicht (Ratingagenturen)
einzelstaatlich	EZB / Aufsichtsbehörden in den einzelnen Staaten	Durchführung der Aufsicht

5 Das **ESRB** ist für die Makroaufsicht über das Finanzsystem zuständig und sammelt dafür entsprechende Informationen, analysiert diese, spricht Empfehlungen und Warnungen aus und überwacht deren Umsetzung[3]. Dem ESRB müssen die erforderlichen Informationen zur Verfügung gestellt werden[4]. Die Warnungen und Empfehlungen des ESRB können allgemeiner oder spezifischer Art sein[5].

---

mit Bezug auf ESMA; allgemeiner *Lehmann/Mange-Nestler*, EuZW 2010, 87; *Binder*, GPR 2011, 34; *Baur/Boegl*, BKR 2011, 177; *Wymeersch*, ZGR 2011, 443.
1 Siehe im Larosière-Report, Rz. 145 ff.
2 Larosière-Report, Empfehlungen 16 ff.
3 Art. 3 der Verordnung (EU) Nr. 1092/2010 des Europäischen Parlaments und des Rates vom 24.11.2010 über die Finanzaufsicht der Europäischen Union auf Makroebene und zur Errichtung eines Europäischen Ausschusses für Systemrisiken (ESRB-Verordnung), ABl. EU Nr. L 331 v. 15.12.2010, S. 1.
4 Art. 15 ESRB-Verordnung.
5 Art. 16. Abs. 2 ESRB-Verordnung; Beispiel für eine allgemeine Empfehlung ist die Empfehlung des Europäischen Ausschusses für Systemrisiken vom 4.4.2013 zu Zwischenzielen und Instrumenten für makroprudenzielle Maßnahmen (ESRB/2013/1), ABl. EU Nr. C

Auf mikroprudenzieller Aufsichtsebene wurden drei **europäische Aufsichtsbehör-** 6
den geschaffen[1]: die Europäische Bankenaufsichtsbehörde (European Banking Authority – EBA)[2], die Europäische Aufsichtsbehörde für das Versicherungswesen und die betriebliche Altersvorsorge (European Insurance and Occupational Pensions Authority – EIOPA)[3] sowie die Europäische Wertpapier- und Marktaufsichtsbehörde (European Securities and Markets Authority – ESMA). Die Aufsichtstätigkeit der europäischen Aufsichtsbehörden wird sektorübergreifend im Gemeinsamen Ausschuss der Aufsichtsbehörden koordiniert[4]. Daneben gibt es einen Beschwerdeausschuss als ein gemeinsames Gremium der Aufsichtsbehörden[5].

ESMA als die ua. für die Prospektrichtlinie maßgebliche europäische Aufsichts- 7
behörde verfolgt nach Art. 8 ESMA-Verordnung das Ziel eines hochwertigen gemeinsamen Aufsichtsstandards und einer kohärenten Anwendung der Regulierung. Dafür kann sie insbesondere technische Regulierungsstandards gemäß Art. 290 AEUV (Art. 10 ff. ESMA-Verordnung) und technische Durchführungsstandards gemäß Art. 291 AEUV[6] (Art. 15 ff. ESMA-Verordnung) entwerfen, wovon auch im Prospektbereich Gebrauch gemacht wurde[7]. Diese Standards werden in einem beschleunigten Verfahren erlassen: grundsätzlich werden die Standards von der ESMA entworfen und öffentlich angehört und dann an die Kommission übermittelt, die die Standards erlässt, wenn sie nicht selbst oder das Europäische Parlament oder der Rat Einwände dagegen erhebt. Nur in Ausnahmefällen darf die Kommission selbst Vorschläge entwerfen. Grundsätzlich solle sich die Kommission aber an die ESMA-Entwürfe halten[8]. Daneben kann die ESMA Leitlinien und Empfehlungen herausgeben, die die zuständigen Behörden beachten oder mit Begründung ableh-

---

170 v. 15.6.2013, S. 1; für weitere, auch besondere Empfehlungen, siehe unter www.esrb.europa.eu.

1 Kritisch mit der Errichtung der europäischen Aufsichtsbehörden setzen sich auseinander *Häde*, EuZW 2011, 662; *Rötting/Lang*, EuZW 2012, 8.
2 Verordnung (EU) Nr. 1093/2010 des Europäischen Parlaments und des Rates vom 24.11.2010 zur Errichtung einer Europäischen Aufsichtsbehörde (Europäische Bankaufsichtsbehörde), zur Änderung des Beschlusses Nr. 716/2009/EG und zur Aufhebung des Beschlusses 2009/77/EG der Kommission, ABl. EU Nr. L 331 v. 15.12.2010, S. 12.
3 Verordnung (EU) Nr. 1094/2010 des Europäischen Parlaments und des Rates vom 24.11.2010 zur Errichtung einer Europäischen Aufsichtsbehörde (Europäische Aufsichtsbehörde für das Versicherungswesen und die betriebliche Altersvorsorge), zur Änderung des Beschlusses Nr. 716/2009/EG und zur Aufhebung des Beschlusses 2009/77/EG der Kommission, ABl. EU Nr. L 331 v. 15.12.2010, S. 48.
4 Art. 54 ff. der Verordnungen zur Errichtung der Europäischen Aufsichtsbehörden.
5 Art. 58 ff. der Verordnungen zur Errichtung der Europäischen Aufsichtsbehörden.
6 Allgemein dazu *Stelkens*, EuR 2012, 511.
7 Delegierte Verordnung (EU) Nr. 382/2014 der Kommission vom 7.3.2014 zur Ergänzung der Richtlinie 2003/71/EG des Europäischen Parlaments und des Rates im Hinblick auf technische Regulierungsstandards für die Veröffentlichung eines Prospektnachtrags, ABl. EU Nr. L 111 v. 15.4.2014, 36.
8 Erwägungsgrund 23 der ESMA-Verordnung; *Eckner* in Holzborn, § 28a WpPG Rz. 13, sieht dieses Gesetzgebungsverfahren zu Recht als verfassungsrechtlich zweifelhafte Quasi-Gesetzgebungsbefugnis von ESMA.

nen müssen (comply or explain, Art. 16 ESMA-Verordnung)[1], sie achtet auf die Einhaltung des Kapitalmarktrechts (Art. 17 ESMA-Verordnung), kann im Krisenfall Maßnahmen ergreifen (im Zweifelsfall kann die ESMA sogar anstatt der zuständigen Behörde Maßnahmen ergreifen, Art. 18 ESMA-Verordnung)[2], kann schlichtend bei Meinungsverschiedenheiten zwischen zuständigen Behörden bei grenzüberschreitenden Fällen eingreifen (Art. 19 ESMA-Verordnung, was im Prospektbereich insbesondere in Notifizierungsfällen eintreten könnte) und sie kann vergleichende Analysen („Peer Reviews") durchführen (Art. 30 ESMA-Verordnung)[3]. Warnungen oder der Verbot von Finanztätigkeiten (Art. 9 ESMA-Verordnung) können sich mittelbar in den Prospektbereich auswirken. ESMAs Mitwirkung an Aufsichtskollegien (Art. 21 ESMA-Verordnung), an Sanierungs- und Abwicklungsverfahren (Art. 25 ESMA-Verordnung) oder im Rahmen nationaler Anlegerentschädigungssysteme (Art. 26 ESMA-Verordnung) oder dem Europäischen System der Abwicklungs- und Finanzierungsvorkehrung (Art. 27 ESMA-Verordnung) dürfte keine größere Bedeutung für den Bereich der Prospektrichtlinie haben.

II. Informationsübermittlungspflicht der BaFin

1. Übersicht

8   Die **Voraussetzungen**, unter denen die BaFin Informationen an die ESMA übermitteln muss, ergeben sich aus Art. 35 ESMA-Verordnung und § 28a WpPG, wobei die Voraussetzung des § 28a WpPG, wonach die Informationen für die Erfüllung der Aufgaben von der ESMA erforderlich sein müssen, bereits in Art. 35 Abs. 1 ESMA-Verordnung enthalten ist[4]. Die BaFin muss Informationen unverzüglich (Rz. 16) an die ESMA übermitteln, wenn (1) ein entsprechendes Verlangen von der ESMA vorliegt (Rz. 10), (2) diese Informationen zur Wahrnehmung der Aufgaben von der ESMA benötigt werden (Rz. 12), (3) die BaFin rechtmäßigen Zugang zu diesen Informationen hat (Rz. 14), (4) das Informationsgesuch angesichts der Art der betreffenden Aufgabe erforderlich ist, insbesondere sich die Informationen nicht bereits bestehenden Statistiken entnehmen lassen (Rz. 15). Werden Informationen nicht geliefert, bestehen Eskalationsmöglichkeiten (Rz. 17). Ferner hat die ESMA Einschränkungen der Informationsverwendung zu berücksichtigen (Rz. 18).

9   Bereits an dieser Stelle sei darauf hingewiesen, dass mit dem Informationsrecht der ESMA auch ein **Informationsrecht der BaFin gegenüber der ESMA** korrespondiert (Art. 35 Abs. 3 ESMA-Verordnung, dazu unten Rz. 19).

---

1 Die ESMA-Empfehlungen im Prospektbereich (ESMA update of the CESR recommendations) stellen ausdrücklich keine Empfehlungen iS von Art. 16 ESMA-Verordnung dar, siehe Einleitung des ESMA update of the CESR recommendations.
2 Zu diesem weitreichenden Selbsteintritt siehe *Kämmerer*, NVwZ 2011, 1281.
3 CESR hat bereits Peer Reviews auch im Prospektbereich durchgeführt, siehe den Report unter www.esma.europa.eu.
4 Der Wortlaut unterscheidet sich leicht, da § 28a WpPG von „Erfüllung" der Aufgaben spricht, während Art. 35 Abs. 1 ESMA-Verordnung auf die „Wahrnehmung" der Aufgaben abstellt, was im Ergebnis aber keine Auswirkung haben dürfte.

2. Informationsverlangen von der ESMA

An das Informationsverlangen von der ESMA gegenüber der BaFin werden in der Verordnung keine Formerfordernisse gestellt, dh. ein derartiges Verlangen könnte auch **formlos** gestellt werden. Um der BaFin die Prüfung der Rechtmäßigkeit des Informationsverlangens zu ermöglichen, sollten neben der verlangten Information auch die Voraussetzungen für die Übermittlung der Informationen dargelegt werden. Anders als in den Fällen des Art. 35 Abs. 3, 5 f. ESMA-Verordnung wird nach Art. 35 Abs. 1 ESMA-Verordnung aber keine Begründung des Ersuchens verlangt.

Nach Art. 35 Abs. 2 ESMA-Verordnung kann die ESMA auch verlangen, dass ihr die Informationen nicht nur im Einzelfall, sondern auch **regelmäßig** und in vorgegebenen Formaten (möglichst gemeinsamen Berichtsformaten) zur Verfügung gestellt werden[1]. Die ESMA sammelt im Prospektbereich beispielsweise regelmäßig bestimmte statistische Informationen von den einzelnen nationalen Behörden und damit auch der BaFin[2].

3. Notwendigkeit der Information zur Aufgabenwahrnehmung der ESMA

Eine weitere Voraussetzung von Art. 35 Abs. 1 ESMA-Verordnung ist, dass die verlangte Information für die ESMA „**zur Wahrnehmung der ihr durch diese Verordnung übertragenen Aufgaben benötigt**" wird. Wie oben bereits dargestellt (Rz. 7) verfügt die ESMA durchaus über sehr weitgehende Kompetenzen, so dass sich auch entsprechend weitgehende Informationsbegehren begründen lassen. Auch wenn die Informationsverpflichtung des Art. 35 ESMA-Verordnung in § 28a WpPG aufgenommen wurde, heißt das nicht, dass sich die Informationsbegehren auf die Prospektrichtlinie beschränken müssen bzw. von der BaFin nur dann nach § 28a WpPG bearbeitet werden dürfen, wenn sich ein prospektrechtlicher Bezug ergibt. Allerdings wird die ESMA nur innerhalb bestimmter kapitalmarktrechtlicher Richtlinien tätig[3], was sich aus dem Informationsbegehren ergeben müsste. Neben der Richtlinie müsste dann noch die konkrete Aufgabe der ESMA nach der ESMA-Verordnung benannt werden (siehe dazu Rz. 7). Auf den Prospektbereich bezogen könnten folgende Fallgruppen beispielhaft denkbar sein:

– Sammlung statistischer Informationen oder der Inhalte von Anfragen zur Auslegung des Prospektrechts, die die Behörden erhalten haben, um einen technischen Regulierungs- oder Durchführungsstandard zu entwerfen,

---

1 AA *Eckner* in Holzborn, § 28a WpPG Rz. 8, der darauf hinweist, dass im Gegensatz zu anderen Richtlinien (zB Art. 54 Abs. 4 MiFID) in der Prospektrichtlinie das regelmäßige Übermitteln von Informationen gerade nicht vorgesehen ist.
2 ESMA Data on Prospectuses Approved and Passported, abrufbar unter www.esma.europa.eu. Diese Daten werden allerdings schon seit mehreren Jahren und damit bereits vor Inkrafttreten der ESMA-Verordnung geliefert, weshalb dies nicht zwingend unter den Voraussetzungen von Art. 35 ESMA-Verordnung erfolgt. Zukünftig wird sich diese statistische Abfrage weitestgehend erübrigen, da die ESMA unmittelbar von Billigungen und Notifizierungen erfährt.
3 Art. 1 Abs. 2 ESMA-Verordnung.

- Vorlage des E-Mail-Verkehrs zwischen zwei zuständigen Behörden im Hinblick auf die Notifizierung eines Prospekts, um diesbezügliche Meinungsverschiedenheiten der beteiligten Behörden beilegen zu können,
- Vorlage behördeninterner Unterlagen, um vergleichend analysieren zu können, wie die Prospektprüfung in den einzelnen Behörden durchgeführt wird (zB Arbeitsanweisungen oder Prozesshandbücher).

13 Ein in der Praxis zu lösendes Problem dürfte die **Sprache** der zu übermittelnden Informationen sein. Arbeitssprache bei der ESMA ist Englisch[1]. Für statistische Informationen dürfte eine Übermittlung in englischer Sprache unproblematisch sein; anders wäre dies bei umfangreichen Dokumenten, die in der Verwaltungssprache der einzelstaatlichen Behörde verfasst sind.

4. Rechtmäßiger Zugang der BaFin zu den Informationen

14 Nach Art. 35 Abs. 1 ESMA-Verordnung muss die BaFin „rechtmäßigen Zugang zu den Informationen haben." Sollte die BaFin nicht bereits über die gewünschten Informationen verfügen (zB aus der Prospektprüfungspraxis oder den bei ihr hinterlegten Dokumenten), kann sie nur dann zu einer Informationserlangung verpflichtet werden, wenn sie dafür auch eine Rechtsgrundlage hat, dh. allein das Informationsbegehren der ESMA nach Art. 35 ESMA-Verordnung ist keine **Rechtsgrundlage**, um damit beispielsweise Informationen von Marktteilnehmern anzufordern. Dies schränkt die Informationsmöglichkeit nicht unerheblich ein, da beispielsweise Auskunftsbegehren nach § 26 WpPG einen konkreten prospektrechtlichen Anlass voraussetzen[2].

5. Erforderlichkeit des Informationsgesuchs

15 Nach Art. 35 Abs. 1 ESMA-Verordnung muss das Informationsgesuch der ESMA „angesichts der Art der betreffenden Aufgabe erforderlich" sein, dh. die Informationen dürfen letztlich nicht auf einem alternativen und leichteren Weg zu beschaffen sein. Als Beispiel nennt Art. 35 Abs. 4 ESMA-Verordnung einschlägige Statistiken vom Europäischen Statistischen System[3] und vom Europäischen System der Zentralbanken[4]. Im Hinblick auf den Bereich der Prospektrichtlinie dürften diese statistischen Angaben allerdings kaum hilfreich sein[5].

6. Verfahren

16 § 28a WpPG bestimmt, dass die BaFin die Informationen **unverzüglich zur Verfügung zu stellen** hat, was in Deutschland allgemein als „ohne schuldhaftes Ver-

---

1 Decision of the Management Board v. 11.1.2011, ESMA/2011/MB/3, abrufbar unter www.esma.europa.eu.
2 Rechtsgrundlagen anderer Aufsichtsgesetze dürften insofern weitergehender sein, im Hinblick auf Marktteilnehmer ua. § 35 Abs. 2 WpHG.
3 Siehe im Internet unter ec.europa.eu/eurostat.
4 Siehe im Internet unter www.ecb.europa.eu/stats.
5 So auch *Eckner* in Holzborn, § 28a WpPG Rz. 18.

zögern" verstanden wird (vgl. § 121 Abs. 1 BGB). Der BaFin dürfte zumindest so viele Zeit zuzubilligen sein, um die Rechtmäßigkeit des Informationsgesuchs wie auch der Informationserlangung prüfen zu können[1]. Eine gegebenenfalls noch erforderliche Informationserlangung ist zeitlich ebenfalls zu berücksichtigen.

Verfügt die BaFin nicht über die gewünschten Informationen oder übermittelt diese nicht rechtzeitig, so kann sich die ESMA an **andere Aufsichtsbehörden**, das Bundesfinanzministerium, die Deutsche Bundesbank oder das Statistische Bundesamt (Destatis) wenden (siehe Art. 35 Abs. 5 ESMA-Verordnung) oder – falls auch dieses Informationsbegehren nicht erfolgreich ist – direkt an die betreffenden **Finanzmarktteilnehmer** (Art. 35 Abs. 6 ESMA-Verordnung). In allen diesen Fällen muss das Informationsbegehren hinreichend begründet sein. Die BaFin wird über die Informationsgesuche in Kenntnis gesetzt und soll die ESMA auf Verlangen bei der Informationseinholung unterstützen (Art. 35 Abs. 6 ESMA-Verordnung). 17

Die ESMA darf **vertrauliche Informationen**, die sie im Rahmen eines Auskunftsersuchens nach Art. 35 ESMA-Verordnung erhält, nur für die Wahrnehmung der ihr durch diese Verordnung übertragenen Aufgaben verwenden (Art. 35 Abs. 7 ESMA-Verordnung). Dies schließt aber nicht aus, dass die erhaltenen Informationen für verschiedene Aufgaben der ESMA verwendet werden, indem zB die im Rahmen eines Peer Reviews erhaltenen Informationen auch als Grundlage für den Entwurf technischer Regulierungs- oder Durchführungsstandards verwendet werden. Nicht unproblematisch, aber auch nicht auszuschließen sind die vielfältigen Informationszugangsrechte auf einzelstaatlicher wie auch auf europäischer Ebene, denen die übermittelten Informationen ausgesetzt sein können[2]. 18

III. Informationsrecht der BaFin gegenüber der ESMA

1. Übersicht

Art. 35 Abs. 3 ESMA-Verordnung beinhaltet einen Rechtsanspruch der nationalen Behörden gegenüber der ESMA auf Übermittlung von Informationen, der allerdings von mehreren (sogleich in Rz. 20 aufgeführten) Voraussetzungen abhängt. 19

2. Voraussetzungen

Anders als die Informationsverlangen der ESMA an die BaFin sind die Informationsersuchen der BaFin hinreichend zu begründen. Dies ist insofern verständlich, als dass im Regelfall die für die tägliche Aufsicht erforderlichen Informationen bei den nationalen Behörden, aber kaum bei der ESMA vorhanden sein dürften. Ferner 20

---

[1] *Eckner* in Holzborn, § 28a WpPG Rz. 19.
[2] Vgl. Art. 72 ESMA-Verordnung iVm. der Verordnung (EG) Nr. 1049/2001 des Europäischen Parlaments und des Rates vom 30.5.2001 über den Zugang der Öffentlichkeit zu Dokumenten des Europäischen Parlaments, des Rates und der Kommission iVm. der ESMA Decision of the Management Board v. 24.5.2011, ESMA/2011/MB/69, abrufbar unter www.esma.europa.eu.

müssen die Informationen erforderlich für die Aufgabenwahrnehmung der BaFin sein. Zudem ist das Berufsgeheimnis nach Art. 70 ESMA-Verordnung zu beachten. Schließlich steht die Entscheidung, ob die ESMA die gewünschten Informationen zur Verfügung stellt, in deren Ermessen („... kann ... vorlegen ..."). Im Prospektbereich dürfte diese Anspruchsgrundlage derzeit keine große Bedeutung erlangen.

§ 29
Vorsichtsmaßnahmen

(1) Verstößt der Emittent, ein mit der Platzierung des öffentlichen Angebots beauftragtes Institut im Sinne des § 1 Abs. 1b des Kreditwesengesetzes oder ein mit der Platzierung beauftragtes nach § 53 Abs. 1 Satz 1, § 53b Abs. 1 oder 7 des Kreditwesengesetzes tätiges Unternehmen gegen § 3 Absatz 1 oder 4, die §§ 7, 9, 10, 14 bis 16, 18 oder 19 oder gegen Zulassungsfolgepflichten, übermittelt die Bundesanstalt diese Informationen der zuständigen Behörde des Herkunftsstaates und der Europäischen Wertpapier- und Marktaufsichtsbehörde. § 28 Abs. 3 bis 5 findet entsprechende Anwendung.

(2) Verstößt der Emittent, ein mit der Platzierung des öffentlichen Angebots beauftragtes Institut im Sinne des § 1 Abs. 1b des Kreditwesengesetzes oder ein mit der Platzierung beauftragtes nach § 53 Abs. 1 Satz 1 oder § 53b Abs. 1 Satz 1 des Kreditwesengesetzes tätiges Unternehmen trotz der von der zuständigen Behörde des Herkunftsstaates ergriffenen Maßnahmen oder weil Maßnahmen der Behörde des Herkunftsstaates unzweckmäßig sind, gegen die einschlägigen Rechts- oder Verwaltungsbestimmungen, so kann die Bundesanstalt nach vorheriger Unterrichtung der zuständigen Behörde des Herkunftsstaates und der Europäischen Wertpapier- und Marktaufsichtsbehörde alle für den Schutz des Publikums erforderlichen Maßnahmen ergreifen. Die Europäische Kommission und die Europäische Wertpapier- und Marktaufsichtsbehörde sind zum frühestmöglichen Zeitpunkt über derartige Maßnahmen zu unterrichten.

In der Fassung vom 22.6.2005 (BGBl. I 2005, S. 1698), zuletzt geändert durch das Gesetz zur Umsetzung der Richtlinie 2010/73/EU und zur Änderung des Börsengesetzes vom 26.6.2012 (BGBl. I 2012, S. 1375).

I. Normentwicklung 1	3. Informationsübermittlung 6
II. Unterrichtung über Verstöße (§ 29 Abs. 1 WpPG)	III. Vorsichtsmaßnahmen (§ 29 Abs. 2 WpPG)
1. Verstöße 4	1. Nicht wirkende oder unzweckmäßige Maßnahmen 8
2. Emittent oder ein mit der Platzierung des öffentlichen Angebots beauftragtes Institut 5	2. Maßnahmen der BaFin 9

I. Normentwicklung

Mit § 29 WpPG soll Art. 23 **Prospektrichtlinie**[1] umgesetzt werden[2]. Art. 23 Prospektrichtlinie spricht grenzüberschreitende Fälle (innerhalb des EWR)[3] an. Wird beispielsweise ein Emittent außerhalb seines Herkunftsmitgliedstaats tätig und treten Unregelmäßigkeiten beim öffentlichen Angebot oder im Rahmen der Zulassung von Wertpapieren auf, soll die Behörde des Aufnahmemitgliedstaats in einem ersten Schritt die Behörde des Herkunftsmitgliedstaats und die Europäische Wertpapier- und Marktaufsichtsbehörde (European Securities and Markets Authority – ESMA) unterrichten. Die Herkunftsmitgliedstaatsbehörde kann aufsichtsrechtliche Maßnahmen gegen den Emittenten in der Regel eher durchsetzen. Sind die dann ergriffenen Maßnahmen nicht ausreichend, kann die Aufnahmemitgliedstaatbehörde selber Maßnahmen ergreifen und muss dann – neben der Herkunftsmitgliedstaatsbehörde und ESMA – die Kommission der Europäischen Gemeinschaften unterrichten. Entwürfe der Prospektrichtlinie gingen noch weiter, indem die Kommission nach Konsultation der Behörden entscheiden sollte, dass die zuständige Behörde des Aufnahmemitgliedstaats die ergriffenen Maßnahmen ändern oder abschaffen müsse[4]. Vorgeschlagen wurde auch eine Ergänzung des ersten Absatzes dahingehend, dass der Aufnahmemitgliedstaat und der Herkunftsmitgliedstaat gegebenenfalls bereits bei der Anlage des Dossiers zusammenarbeiten könnten[5]. Diese in den Entwürfen enthaltenen Vorschläge fanden ebenso wenig Eingang in die letztlich verabschiedete Fassung der Prospektrichtlinie wie ein in den Entwürfen enthaltener dritter Absatz, wonach die zuständige Aufnahmemitgliedstaatsbehörde ihre getroffenen Entscheidungen angemessen zu rechtfertigen hätte und die Einlegung von Rechtsmitteln ermöglicht werden sollte[6]. Auch im Rahmen der Errichtung des Europäischen Systems der Finanzaufsicht (European System of Financial Supervision – ESFS) wurden diese Vorschläge nicht wieder aufgegriffen, dafür aber die ESMA mit

---

1 Richtlinie 2003/71/EG des Europäischen Parlaments und des Rates vom 4.11.2003 betreffend den Prospekt, der beim öffentlichen Angebot von Wertpapieren oder bei deren Zulassung zum Handel zu veröffentlichen ist, und zur Änderung der Richtlinie 2001/34/EG, ABl. EU Nr. L 345 v. 31.12.2003, S. 64.
2 Begr. RegE zu § 29 WpPG (vormals § 24), BT-Drucks. 15/4999 v. 3.3.2005, S. 39.
3 So auch *Linke* in Schäfer/Hamann, § 24 WpPG Rz. 1.
4 Art. 21 Abs. 2 des Vorschlags für eine Richtlinie des Europäischen Parlaments und des Rates über den Prospekt, der beim öffentlichen Angebot von Wertpapieren oder bei deren Zulassung zum Handel zu veröffentlichen ist, von der Kommission vorgelegt am 1.6.2001, ABl. EG Nr. C 240 E v. 28.8.2001, S. 272, 280.
5 Art. 20 Abs. 1 des Standpunkts des Europäischen Parlaments festgelegt in erster Lesung am 14.3.2002 im Hinblick auf den Erlass der Richtlinie 2002/…/EG des Europäischen Parlaments und des Rates über den Prospekt, der beim öffentlichen Angebot von Wertpapieren oder deren Zulassung zum Handel zu veröffentlichen ist, ABl. EU Nr. C 47 E v. 27.2.2003, S. 525, 540.
6 Art. 21 Abs. 3 des Vorschlags für eine Richtlinie des Europäischen Parlaments und des Rates über den Prospekt, der beim öffentlichen Angebot von Wertpapieren oder bei deren Zulassung zum Handel zu veröffentlichen ist, von der Kommission vorgelegt am 1.6.2001, ABl. EG Nr. C 240 E v. 28.8.2001, S. 272, 280.

in den Kreis der zu unterrichtenden Einheiten aufgenommen durch Art. 5 Nr. 12[1] der Richtlinie 2010/78/EU[2] (**Omnibusrichtlinie I**), welcher durch Art. 3 Nr. 9 des Gesetzes zur Umsetzung der Richtlinie 2010/78/EU vom 24.11.2010 im Hinblick auf die Errichtung des Europäischen Aufsichtssystems vom 4.12.2011[3] (EUFAAnpG) in deutsches Recht umgesetzt wurde.

2 Ein **Ausblick** auf Art. 35 Prospektverordnungsentwurf der Kommission vom 30.11.2015[4] wie auch in der Fassung des Rates vom 3.6.2016[5] lässt bei den Vorsichtsmaßnahmen kaum Änderungen erwarten.

3 Die **zwei Stufen** der grenzüberschreitenden Kooperation bei Verstößen zeigen sich in den beiden Absätzen von § 29 WpPG: Nach § 29 Abs. 1 WpPG hat die BaFin bei bestimmten Verstößen (Rz. 3) des Emittenten oder eines mit der Platzierung des öffentlichen Angebots beauftragten Instituts/Unternehmens (Rz. 4) diese Informationen an die Behörde des Herkunftsstaates und die ESMA zu übermitteln (Rz. 5 f.). Wirken die daraufhin von der Behörde des Herkunftsstaats ergriffenen Maßnahmen nicht oder sind diese unzweckmäßig (Rz. 7), kann die BaFin nach § 29 Abs. 2 WpPG Maßnahmen ergreifen (Rz. 8).

II. Unterrichtung über Verstöße (§ 29 Abs. 1 WpPG)

1. Verstöße

4 Das Gesetz benennt die möglichen Verstöße **enumerativ**, über die die BaFin die Herkunftsstaatsbehörde zu unterrichten hat, durch Verweis auf entsprechende Normen des WpPG, ist also nicht ganz so offen formuliert wie Art. 23 Abs. 1 Prospektrichtlinie. Wichtige Fälle sind das öffentliche Angebot von Wertpapieren ohne Prospekt, das Angebot ohne gültigen Prospekt, ohne durch einen erforderlichen Nachtrag aktualisierten Prospekt, ohne eine erforderliche Notifizierung oder mit einem entgegen der Sprachenregelung verfassten Prospekt. Auch Verstöße gegen die Zulassungsfolgepflichten werden von § 29 Abs. 1 Satz 1 WpPG erfasst, dh. die Fälle, in denen die Wertpapiere des Emittenten in Deutschland als Aufnahmestaat zum Handel an einem organisierten Markt zugelassen sind. Es sind allerdings nur die

---

1 Begr. RegE zu § 29 WpPG (vormals § 24), BT-Drucks. 17/6255 v. 22.6.2011, S. 31 f.
2 Richtlinie 2010/78/EU des Europäischen Parlaments und des Rates vom 24.11.2010 zur Änderung der Richtlinien 98/26/EG, 2002/87/EG, 2003/6/EG, 2003/41/EG, 2003/71/EG, 2004/39/EG, 2004/109/EG, 2005/60/EG, 2006/48/EG, 2006/49/EG und 2009/65/EG im Hinblick auf die Befugnisse der Europäischen Aufsichtsbehörde (Europäische Bankenaufsichtsbehörde), der Europäischen Aufsichtsbehörde (Europäische Aufsichtsbehörde für das Versicherungswesen und die betriebliche Altersvorsorge) und der Europäischen Aufsichtsbehörde (Europäische Wertpapier- und Marktaufsichtsbehörde), ABl. EU Nr. L 331 v. 15.12.2010, S. 120.
3 BGBl. I 2011, S. 2427.
4 COM/2015/0583 final – 2015/0268 (COD).
5 9801/16 – 2015/0268 (COD).

Zulassungsfolgepflichten gemeint, die sich aus dem WpPG ergeben[1], was den diesbezüglichen Anwendungsbereich deutlich einschränkt[2]. Fraglich ist, inwieweit der Verstoß bereits sicher feststehen, dh. bewiesen sein muss. Der Gesetzeswortlaut spricht, da gerade nicht – wie es teilweise in § 26 WpPG erfolgt – auf Verdachtsmomente oder Anhaltspunkte abgestellt wird, eher dafür, dass der Verstoß durch entsprechende Tatsachen begründet sein muss[3].

2. Emittent oder ein mit der Platzierung des öffentlichen Angebots beauftragtes Institut

Die BaFin unterrichtet die Herkunftsstaatsbehörde nach § 29 Abs. 1 WpPG nur bei Verstößen, die durch bestimmte, **im Gesetz genannte Unternehmen** erfolgen. In erster Linie kann dies der Emittent selber sein, der beispielsweise ohne einen in den Aufnahmestaat notifizierten Prospekt dort seine Wertpapiere anbietet. Er kann mit der Platzierung aber auch ein Kredit- oder Finanzdienstleistungsinstitut (§ 1 Abs. 1b KWG) oder Zweigstellen von ausländischen Instituten (§ 53 Abs. 1 Satz 1 KWG) oder auch grenzüberschreitend im Rahmen des EWR tätige Unternehmen beauftragt haben. Bei diesen Instituten ist allerdings fraglich, wer Herkunftsstaatsbehörde ist, denn diese werden von der Definition in § 2 Nr. 13 WpPG, die auf Emittenten abstellt, nicht erfasst. In der Praxis dürften dann aber auch andere Informationsaustauschwege (zB WpHG oder MiFID bei Verstößen gegen dort geregelte Vorschriften) zur Verfügung stehen.

3. Informationsübermittlung

Nach **§ 29 Abs. 1 Satz 1 WpPG** hat die BaFin Verstöße des Emittenten oder eines von ihm mit der Platzierung des öffentlichen Angebots beauftragten Instituts an die Behörde des Herkunftsstaats und die ESMA zu übermitteln. Eine diesbezügliche Ermessensentscheidung der BaFin ist im Gegensatz zum ursprünglichen Wortlaut der Vorschrift nicht vorgesehen[4]. Art. 23 Abs. 1 Prospektrichtlinie sieht eine Ermessensausübung der Aufnahmestaatsbehörde ebenfalls nicht vor.

Gemäß **§ 29 Abs. 1 Satz 2 WpPG** finden auf die Informationsübermittlung § 28 Abs. 3 bis 5 WpPG entsprechend Anwendung. Dieser Verweis ist insofern etwas missverständlich, da § 28 Abs. 4 WpPG nicht die Informationsübermittlung der BaFin an

---

1 Begr. RegE zu § 29 Abs. 1 WpPG (vormals § 24 Abs. 1), BT-Drucks. 15/4999 v. 3.3.2005, S. 39; ESMA Questions and Answers Prospectuses, 25th updated version, Juli 2016.
2 *Heidelbach* in Schwark/Zimmer, § 24 WpPG Rz. 5; *Eckner* in Holzborn, § 29 WpPG Rz. 10.
3 *Eckner* in Holzborn, § 29 WpPG Rz. 11; aA *Müller* in FrankfurtKomm. WpPG, § 24 WpPG Rz. 11.
4 Die Gesetzesbegründung ging ohnedies davon aus, dass sich das Ermessen hin zu einer Übermittlungspflicht reduziere, wenn gesicherte Erkenntnisse über Verstöße vorliegen, Begr. RegE zu § 29 Abs. 1 WpPG (vormals § 24 Abs. 1), BT-Drucks. 15/4999 v. 3.3.2005, S. 39.

andere Behörden regelt, was hier der zutreffende Sachverhalt wäre, sondern genau den spiegelbildlichen Fall. Klar ist der Verweis, soweit § 28 Abs. 3 WpPG gemeint ist. Eine Information der anderen Herkunftsstaatsbehörde hat zu unterbleiben, wenn überragende Belange der Bundesrepublik Deutschland beeinträchtigt würden, wenn auf Grund des in Rede stehenden Sachverhalts bereits ein gerichtliches Verfahren eingeleitet wurde bzw. eine unanfechtbare Entscheidung ergangen ist oder die Informationsübermittlung nach deutschem Recht nicht zulässig wäre (siehe dazu § 28 WpPG Rz. 17). Dem Verweis auf § 28 Abs. 4 und 5 WpPG entnimmt die Gesetzesbegründung, dass eine Informationsübermittlung nach § 29 Abs. 1 WpPG nur dann erfolgen kann, wenn in einem anderen Gesetz nicht eine insoweit abschließende Regelung getroffen wird. Dann kommt eine Zusammenarbeit nur nach den Vorschriften des entsprechenden Gesetzes in Betracht, was insbesondere bei im WpHG geregelten Geboten und Verboten der Fall sei[1]. Dies gilt im besonderen Maße für die Zulassungsfolgepflichten.

III. Vorsichtsmaßnahmen (§ 29 Abs. 2 WpPG)

1. Nicht wirkende oder unzweckmäßige Maßnahmen

8 § 29 Abs. 2 WpPG unterscheidet **zwei Fälle**: Einmal könnten von der Herkunftsstaatsbehörde ergriffene Maßnahmen nicht wirken, dh. der Emittent oder die von ihm mit der Platzierung des öffentlichen Angebots beauftragten Institute oder Unternehmen verstoßen weiterhin gegen die einschlägigen Rechts- oder Verwaltungsbestimmungen, obwohl Maßnahmen ergriffen wurden, oder zum anderen könnten Maßnahmen der Herkunftsstaatsbehörde unzweckmäßig sein. Letzteres könnte beispielsweise der Fall sein, wenn ein inländisches Institut oder Unternehmen Wertpapiere des Emittenten in dessen Auftrag in Deutschland öffentlich anbietet[2]. Dann sind Maßnahmen der BaFin nach § 26 WpPG denkbar.

2. Maßnahmen der BaFin

9 Nach Unterrichtung der Behörde des Herkunftsstaates kann die BaFin „**alle für den Schutz des Publikums erforderlichen Maßnahmen** ergreifen." Mangels Bestimmtheit stellt dies keine eigenständige Rechtsgrundlage für Maßnahmen der BaFin dar[3], die vielmehr in den anderen Normen des Gesetzes zu finden ist. Dabei ist insbesondere an Maßnahmen nach § 26 WpPG zu denken[4]. Im Hinblick auf das Ergreifen der Maßnahmen steht der BaFin – im Gegensatz zur Unterrichtungspflicht nach § 29

---

1 Begr. RegE zu § 29 Abs. 1 WpPG (vormals § 24 Abs. 1), BT-Drucks. 15/4999 v. 3.3.2005, S. 39.
2 Begr. RegE zu § 29 Abs. 1 WpPG (vormals § 24 Abs. 1), BT-Drucks. 15/4999 v. 3.3.2005, S. 39.
3 *Eckner* in Holzborn, § 29 WpPG Rz. 34.
4 *Bosse/Katko* in Heidel, Aktienrecht und Kapitalmarktrecht, § 29 WpPG Rz. 3.

Abs. 1 WpPG – ein **Ermessen** zu, welches nach den allgemeinen verwaltungsrechtlichen Grundsätzen auszuüben ist. Verbunden ist das Ergreifen der Maßnahmen durch die BaFin mit einer doppelten Informationsverpflichtung: Vor dem Ergreifen der Maßnahme (und damit als Voraussetzung für das Ergreifen der Maßnahme[1]) ist die zuständige Behörde des Herkunftsstaates und die ESMA zu unterrichten, nach dem Ergreifen „zum frühestmöglichen Zeitpunkt" die Europäische Kommission und nochmals ESMA, die folglich zwei Mal unterrichtet wird.

§ 30
Bekanntmachung von Maßnahmen

Die Bundesanstalt kann unanfechtbare Maßnahmen, die sie wegen Verstößen gegen Verbote oder Gebote dieses Gesetzes getroffen hat, auf ihrer Internetseite öffentlich bekannt machen, soweit dies zur Beseitigung oder Verhinderung von Missständen geboten ist, es sei denn, diese Veröffentlichung würde die Finanzmärkte erheblich gefährden oder zu einem unverhältnismäßigen Schaden bei den Beteiligten führen.

In der Fassung vom 22.6.2005 (BGBl. I 2005, S. 1698), geändert durch das Gesetz zur Novellierung des Finanzanlagenvermittler- und Vermögensanlagenrechts vom 6.12.2011 (BGBl. I 2011, S. 2481).

Schrifttum: *Bachmann/Prüfer*, Korruptionsprävention und Corporate Governance, ZRP 2005, 109; *Becker/Blackstein*, Der transparente Staat – Staatliche Verbraucherinformation über das Internet, NJW 2011, 490; *Fleischer*, Erweiterte Außenhaftung der Organmitglieder im Europäischen Gesellschafts- und Kapitalmarktrecht, ZGR 2004, 437; *Kopp/Ramsauer*, Verwaltungsverfahrensgesetz, 15. Aufl. 2014; *Schmieszek/Langner*, Der Pranger: Instrument moderner Finanz- und Wirtschaftsregulierung?, WM 2014, 1893.

I. Normentwicklung............ 1	3. Güterabwägung............. 9
II. Veröffentlichung unanfechtbarer Maßnahmen	4. Veröffentlichung 10
1. Unanfechtbare Maßnahmen 5	III. Rechtsschutz 11
2. Veröffentlichung geboten 7	

---

[1] *Eckner* in Holzborn, § 29 WpPG Rz. 21.

I. Normentwicklung

1 Mit § 30 WpPG soll Art. 25 Abs. 2 **Prospektrichtlinie**[1] umgesetzt werden und er ist § 40b WpHG nachgebildet[2].

2 Ein **Ausblick** auf Art. 40 Prospektverordnungsentwurf der Kommission vom 30.11.2015[3] wie auch in der Fassung des Rates vom 3.6.2016[4] belegt die bedeutende Rolle, die das Sanktionsregime zukünftig wahrscheinlich einnehmen wird. Art. 40 Prospektverordnungsentwurf geht dabei von dem Grundsatz aus, dass jede Entscheidung, wegen eines Verstoßes gegen die Verordnung eine verwaltungsrechtliche Sanktion oder Maßnahme zu verhängen, von der zuständigen Behörde auf ihrer offiziellen Website bekannt zu machen ist, sobald der Adressat der Maßnahme unterrichtet wurde. Im Gegensatz zum bisherigen Recht gilt das auch, wenn die Maßnahme noch nicht unanfechtbar ist, wobei das Einlegen von Rechtsmitteln ebenfalls auf der Website bekanntzumachen ist. Der Verordnungsentwurf sieht im Einzelfall auch eine spätere oder anonymisierte Veröffentlichung vor oder sogar den Verzicht auf eine Veröffentlichung zu Wahrung der Stabilität der Finanzmärkte oder aus Verhältnismäßigkeitserwägungen.

3 Das **Ziel** einer Bekanntmachung von Maßnahmen, die die Aufsichtsbehörde wegen Verstößen gegen die Verbote und Gebote des Gesetzes getroffen hat, wird in der Prospektrichtlinie und im WpPG leicht unterschiedlich betont. So erhalten Bekanntmachungen abhängig von der konkreten Aufmachung und der Verwendung eine stark repressive oder eine eher präventive Ausrichtung. Der öffentliche Ausdruck einer Missbilligung kann einen strafenden Charakter haben, da derartige Maßnahmen häufig mit einem Reputationsverlust einhergehen. Gleichzeitig entfalten sie eine Abschreckungswirkung und disziplinieren auf diese Weise die Marktteilnehmer (negative Generalprävention)[5]. Dass die Prospektrichtlinie vielleicht eher zu dem „strafenden" Charakter einer Bekanntmachung neigen könnte, zeigt die Einordnung der Bekanntmachung in Art. 25 Prospektrichtlinie, der mit „Sanktionen" überschrieben ist. Der Begriff der Sanktion wird in der Norm wiederum sehr weit verstanden und umfasst auch Verwaltungssanktionen. Öffentliche Bekanntmachungen von Maßnahmen gegen Verstöße haben insbesondere dann einen präventiven[6], wenn sie einen warnenden Charakter haben. Eher mit dieser Ausrichtung hat der deutsche Gesetzgeber die europäischen Vorgaben umgesetzt. Maßnahmen der BaFin können dann bekannt gemacht werden, „soweit sie zur Beseitigung oder Verhinderung von

---

1 Richtlinie 2003/71/EG des Europäischen Parlaments und des Rates vom 4.11.2003 betreffend den Prospekt, der beim öffentlichen Angebot von Wertpapieren oder bei deren Zulassung zum Handel zu veröffentlichen ist, und zur Änderung der Richtlinie 2001/34/EG, ABl. EU Nr. L 345 v. 31.12.2003, S. 64.
2 Begr. RegE zu § 30 WpPG (vormals § 25), BT-Drucks. 15/4999 v. 3.3.2005, S. 39.
3 COM/2015/0583 final – 2015/0268 (COD).
4 9801/16 – 2015/0268 (COD).
5 *Fleischer*, ZGR 2004, 437 (476); *Bachmann/Prüfer*, ZRP 2005, 109 (113); erhebliche verfassungsrechtliche Bedenken gegenüber derartigen Bekanntmachungsnormen äußern *Becker/Blackstein*, NJW 2011, 490 ff. und *Schmieszek/Langner*, WM 2014, 1893 ff.
6 *Müller* in FrankfurtKomm. WpPG, § 25 WpPG Rz. 2.

Missständen geboten ist", eine Ergänzung, die gegenüber dem Wortlaut der Prospektrichtlinie vorgenommen wurde.

§ 30 WpPG statuiert eine Ausnahme von der **Verschwiegenheitspflicht** nach § 27 WpPG[1] und bildet die gesetzliche Grundlage zum Eingriff in das **Recht auf informationelle Selbstbestimmung**[2].

II. Veröffentlichung unanfechtbarer Maßnahmen

1. Unanfechtbare Maßnahmen

Veröffentlicht werden können grundsätzlich alle unanfechtbaren **Maßnahmen** der BaFin, die diese wegen Verstößen gegen Gebote und Verbote des WpPG getroffen hat. Nicht davon umfasst sind Entscheidungen, die nicht die BaFin getroffen hat (wie zB Urteile in Strafverfahren)[3]. Im Vordergrund stehen nach § 26 WpPG ergriffene Maßnahmen, wie zB die Untersagung des öffentlichen Angebots (§ 26 Abs. 4 Satz 1 WpPG oder § 26 Abs. 8 Satz 3 WpPG) oder der Widerruf der Billigung (§ 26 Abs. 8 Satz 3 WpPG). Daneben zählt auch die Untersagung von Werbung nach § 15 Abs. 6 Satz 2 WpPG zu den für eine Veröffentlichung in Frage kommenden Maßnahmen wie auch Bußgeldbescheide[4], die mit den in Art. 25 Abs. 1 Prospektrichtlinie genannten Verwaltungssanktionen gemeint sein könnten. In jedem Fall müssen es Maßnahmen der BaFin und nicht anderer Behörden sein. Ergreift beispielsweise die Europäische Wertpapier- und Marktaufsichtsbehörde (European Securities and Markets Authority – ESMA) im Krisenfall nach Art. 18 ESMA-Verordnung[5] Maßnahmen direkt gegenüber einem Finanzmarktteilnehmer, weil die BaFin entsprechenden Anforderungen nicht nachgekommen ist, handelt es sich um keine Maßnahme der BaFin[6].

Eine Maßnahme der BaFin ist **unanfechtbar**, wenn kein Widerspruch eingelegt wurde, auf Rechtsbehelfe verzichtet oder eine gegen die Maßnahme gerichtete Klage rechtskräftig abgewiesen wurde.

---

1 *Linke* in Schäfer/Hamann, § 25 WpPG Rz. 1; *Müller* in FrankfurtKomm. WpPG, § 25 WpPG Rz. 3.
2 *Eckner* in Holzborn, § 30 WpPG Rz. 3; *Waßner* in Fuchs, § 40b WpHG Rz. 2 und § 40a WpHG Rz. 19.
3 *Müller* in FrankfurtKomm. WpPG, § 25 WpPG Rz. 5; *Eckner* in Holzborn, § 30 WpPG Rz. 11.
4 *Ritz/Voß* in Just/Voß/Ritz/Zeising, § 25 WpPG Rz. 5 ff. ua. unter Verweis auf die präventiven Ziele der Norm.
5 Verordnung (EU) Nr. 1095/2010 des Europäischen Parlaments und des Rates vom 24.11.2010 zur Errichtung einer Europäischen Aufsichtsbehörde (Europäische Wertpapier- und Marktaufsichtsbehörde), zur Änderung des Beschlusses Nr. 716/2009/EG und zur Aufhebung des Beschlusses 2009/77/EG der Kommission, ABl. EU Nr. L 331 v. 15.12.2010, S. 84.
6 *Eckner* in Holzborn, § 30 WpPG Rz. 11, sieht hier die Möglichkeit einer Veröffentlichung nach § 30 WpPG, wenn durch die Maßnahme von ESMA die Befugnisse der BaFin rechtlich gebunden werden.

2. Veröffentlichung geboten

7 Unanfechtbare Maßnahmen kann die BaFin nur veröffentlichen, soweit dies zur Beseitigung oder Verhinderung von **Missständen** geboten ist. Missstand ist jedes Verhalten, das den Aufsichtszielen des WpPG, insbesondere dem Anlegerschutz durch Information[1], wie sie in den Normen des Gesetzes manifestiert sind, widerspricht[2]. Missstände sind damit sämtliche Verstöße gegen das WpPG oder in diesem Zusammenhang anwendbaren Rechts (wie zB die ProspektVO). Da die Veröffentlichung von Maßnahmen nach § 30 WpPG nicht nur der Beseitigung, sondern auch der Verhinderung von Missständen dient, müssen diese nicht bereits eingetreten sein, der Eintritt muss aber hinreichend wahrscheinlich sein[3].

8 Die Veröffentlichung ist **geboten**, wenn sie geeignet und erforderlich ist, um den Missständen zu begegnen[4]. Geeignet ist die Veröffentlichung insbesondere dann, wenn dadurch Anleger gewarnt oder andere Emittenten, Anbieter und Zulassungsantragsteller von einem vergleichbaren Verhalten abgehalten werden. Erforderlich ist die Maßnahme, wenn kein milderes Mittel zur Verfügung steht. Die Aufsicht bearbeitet in erster Linie Einzelfälle. Liegen allerdings keine Einzelfälle mehr vor, sondern tritt ein Verstoß massenhaft auf, kann die Veröffentlichung ein erforderliches Mittel sein. Eine Veröffentlichung kann auch dazu dienen, das Vertrauen der Anleger in den Markt zu erhalten[5]. Bei der Veröffentlichung kann auch überlegt werden, ob nicht eine anonymisierte Form ausreichend ist[6].

3. Güterabwägung

9 Die BaFin hat eine umfassende Güterabwägung vorzunehmen[7] zwischen dem durch den Missstand drohenden Schaden einerseits und der erheblichen Gefährdung der Finanzmärkte, eventuellen Schäden bei den Beteiligten sowie sonstigen Beeinträchtigungen bei natürlichen Personen im Hinblick auf deren Grundrecht auf informationelle Selbstbestimmung andererseits. Eine erhebliche Gefährdung der Finanzmärkte ist anzunehmen, wenn negative Konsequenzen auch bei unbeteiligten Finanzmarktteilnehmern mit erheblicher Auswirkung zu erwarten sind[8] (beispielsweise durch Panikreaktionen)[9]. Die Beteiligten können durch die Veröffentlichung erhebliche Reputations- und dadurch wie auch auf Grund von einer durch die Veröffentlichung bewirkten negativen Kursentwicklung erhebliche wirtschaftliche Schäden davontragen.

---

1 Siehe ua. Erwägungsgrund 10 der Prospektrichtlinie.
2 Vgl. den Wortlaut von § 298 Abs. 1 i.V.m. § 294 Abs. 1 VAG und § 4 Abs. 1 Satz 2 WpHG; ähnlich *Eckner* in Holzborn, § 30 WpPG Rz. 4.
3 *Müller* in FrankfurtKomm. WpPG, § 25 WpPG Rz. 9; *Eckner* in Holzborn, § 30 WpPG Rz. 4.
4 Vgl. den Wortlaut von § 40b WpHG.
5 *Altenhain* in KölnKomm. WpHG, § 40b WpHG Rz. 14.
6 *Vogel* in Assmann/Uwe H. Schneider, § 40b WpHG Rz. 6.
7 Begr. RegE zu § 40b WpHG, BT-Drucks. 15/3174 v. 24.5.2004, S. 41.
8 *Bosse/Katko* in Heidel, Aktienrecht und Kapitalmarktrecht, § 30 WpPG Rz. 1.
9 *Vogel* in Assmann/Uwe H. Schneider, § 40b WpHG Rz. 7.

4. Veröffentlichung

Die Veröffentlichung hat auf der Internetseite der BaFin (http://www.bafin.de) zu erfolgen, was auch durch eine Verlinkung auf eine andere Internetseite geschehen kann[1]. Selbst wenn alle anderen Voraussetzungen bereits erfüllt sind, steht die Veröffentlichung im Ermessen der BaFin. Sie kann die gesamte Maßnahme, also Tenor und Gründe, oder auch nur den Tenor veröffentlichen.

III. Rechtsschutz

Die Bekanntmachung von Maßnahmen im Internet stellt keinen Verwaltungsakt, sondern **schlichtes Verwaltungshandeln** dar. Weder die Entscheidung über die Veröffentlichung noch die Veröffentlichung selbst stellen eine Regelung dar. Ein Verwaltungsakt ist gerade dadurch gekennzeichnet, dass dieser nach seinem objektiven Sinngehalt auf eine unmittelbare, für den Betroffenen verbindliche Festlegung von Rechten und Pflichten oder eines Rechtsstatus gerichtet sein muss, dh. darauf, Rechte des Betroffenen zu begründen, zu konkretisieren, abzuändern, verbindlich festzustellen oder genau dieses abzulehnen[2]. Das erfolgt zwar durch die zu veröffentlichende Maßnahme, aber deren Veröffentlichung für sich genommen stellt keine Regelung dar[3]. Widerspruch und Anfechtungsklage gegen die Veröffentlichung scheiden daher aus. Denkbar ist allenfalls eine Leistungsklage.

§ 31
Sofortige Vollziehung

Keine aufschiebende Wirkung haben
1. Widerspruch und Anfechtungsklage gegen Maßnahmen nach § 15 Abs. 6 und § 26 sowie
2. Widerspruch und Anfechtungsklage gegen die Androhung oder Festsetzung von Zwangsmitteln.

---

1 Vgl. die Begr. RegE zum vergleichbaren § 40b WpHG, BT-Drucks. 15/3174 v. 24.5.2004, S. 41.
2 *Kopp/Ramsauer*, § 35 VwVfG Rz. 88.
3 *Müller* in FrankfurtKomm. WpPG, § 25 WpPG Rz. 16; vgl. zum vergleichbaren § 44 WpÜG *Klepsch* in Steinmeyer, § 44 WpÜG Rz. 7; *Holst* in KölnKomm. WpÜG, § 44 WpÜG Rz. 25; *Assmann* in Assmann/Pötzsch/Uwe H. Schneider, § 44 WpÜG Rz. 7; aA zum ebenfalls vergleichbaren § 40b WpHG *Altenhain* in KölnKomm. WpHG, § 40b WpHG Rz. 17; *Eckner* in Holzborn, § 30 WpPG Rz. 15, spricht sich einerseits für das Vorliegen eines Realakts aus, andererseits hält er es angesichts der Schwere des Eingriffs für vertretbar, mit Widerspruch und Anfechtungsklage gegen die Veröffentlichung vorzugehen.

In der Fassung vom 22.6.2005 (BGBl. I 2005, S. 1698), geändert durch das Gesetz zur Novellierung des Finanzanlagenvermittler- und Vermögensanlagenrechts vom 6.12.2011 (BGBl. I 2011, S. 2481).

Schrifttum: *Engelhardt/App/Schlatmann*, VwVG/VwZG, 10. Aufl. 2014.

I. Normentwicklung 1
II. Sofortige Vollziehbarkeit
  1. Maßnahmen nach § 15 Abs. 6 WpPG 2
  2. Maßnahmen nach § 26 WpPG . . . 3
  3. Androhung und Festsetzung von Zwangsmitteln 4
III. Aufhebung des Sofortvollzugs, Rechtsschutz 7

I. Normentwicklung

1 § 31 WpPG, der nicht der Umsetzung einer bestimmten Norm der Prospektrichtlinie dient, ist § 8d VerkProspG aF, §§ 42, 46 Satz 3 WpÜG und § 8i Abs. 5 VerkProspG aF nachgebildet[1]. Diese Vorschriften bestimmen abweichend von § 80 Abs. 1 VwGO, dass Widerspruch und Anfechtungsklage gegen die in den Vorschriften genannten Maßnahmen keine aufschiebende Wirkung haben (§ 80 Abs. 2 Nr. 3 VwGO)[2]. Maßnahmen nach § 15 Abs. 6 und § 26 WpPG stellen Verwaltungsakte dar[3].

II. Sofortige Vollziehbarkeit

1. Maßnahmen nach § 15 Abs. 6 WpPG

2 Nach § 15 Abs. 6 WpPG kann die BaFin Werbung, die gegen § 15 Abs. 2 bis 5 WpPG verstößt, für bis zu zehn aufeinander folgende Tage aussetzen, oder die Werbung mit Angaben untersagen, die geeignet sind, über den Prüfungsumfang irrezuführen. Wären diese Maßnahmen nicht sofort vollziehbar, könnte bei Einlegung von Rechtsbehelfen weiterhin irreführend geworben werden. Eine zehntägige Aussetzung der Werbung wäre dann eine völlig wirkungslose Maßnahme, was dem Anlegerschutz zuwiderliefe.

2. Maßnahmen nach § 26 WpPG

3 Ohne eine sofortige Vollziehbarkeit wären auch Auskunfts-, Vorlage- und Überlassungsersuchen in ihrer Wirkung erheblich eingeschränkt. Die BaFin könnte Verstöße gegen das WpPG nicht zügig aufklären und zum Schutze der Anleger zügig un-

---

[1] Begr. RegE zu § 31 WpPG (vormals § 26), BT-Drucks. 15/4999 v. 3.3.2005, S. 40.
[2] *Müller* in FrankfurtKomm. WpPG, § 26 WpPG Rz. 4; *Eckner* in Holzborn, § 31 WpPG Rz. 1.
[3] Siehe die Kommentierung der jeweiligen Vorschriften; *Müller* in FrankfurtKomm. WpPG, § 26 WpPG Rz. 7; *Eckner* in Holzborn, § 31 WpPG Rz. 3.

terbinden. Ähnlich verhält es sich bei Anordnungen zur Aussetzung oder Untersagung des öffentlichen Angebots. Ohne eine sofortige Vollziehbarkeit könnte das Angebot unter Verstoß gegen das WpPG weiter fortgeführt werden.

3. Androhung und Festsetzung von Zwangsmitteln

Um Maßnahmen wirkungsvoll durchsetzen zu können, müssen die geforderten Handlungen oder Unterlassungen auch erzwungen werden können und das wiederum sehr zügig[1]. Wird beispielsweise das öffentliche Angebot von bestimmten Wertpapieren untersagt und ist diese Maßnahmen sofort vollziehbar, so muss ebenso schnell reagiert werden können, wenn die Wertpapiere trotzdem weiter angeboten werden.

Nach dem klarstellenden Hinweis in § 17 Satz 1 FinDAG[2] kann die BaFin ihre Verfügungen, die sie innerhalb ihrer gesetzlichen Befugnisse trifft, mit Zwangsmitteln nach den Bestimmungen des Verwaltungs-Vollstreckungsgesetzes (**VwVG**) durchsetzen. § 17 Satz 2 bis 4 FinDAG enthält vom VwVG abweichende Sonderregelungen, insbesondere kann die BaFin Zwangsgelder in der Höhe von bis zu 250.000 Euro festsetzen. Im Übrigen ergeben sich die zulässigen Zwangsmittel und das Verfahren aus dem VwVG. Da die Verwaltungsakte der BaFin in der Regel von ihren Adressaten unvertretbare Handlungen verlangen (man denke beispielsweise an ein Auskunfts- und Vorlageersuchen), kommt als zulässiges Zwangsmittel insbesondere das Zwangsgeld (§ 11 VwVG) in Betracht. Das Zwangsmittel ist anzudrohen (§ 13 VwVG, der auch die Zustellung der Androhung verlangt) und nach Ablauf einer Frist und der Nichterfüllung der Verpflichtung festzusetzen (§ 14 VwVG). Erst danach kann das Zwangsmittel angewendet (§ 15 VwVG) und vollstreckt (§ 3 VwVG) werden.

Gegen die Androhung von Zwangsmitteln sind die gleichen **Rechtsmittel** möglich wie gegen den Verwaltungsakt, dessen Durchsetzung erzwungen werden soll (§ 18 Abs. 1 VwVG). Die Festsetzung des Zwangsgeldes stellt einen anfechtbaren Verwaltungsakt dar[3], was sich auch im Umkehrschluss aus § 31 Nr. 2 WpPG ergibt. Ohne § 31 Nr. 2 WpPG würde bei Einlegung von Rechtsmitteln die Erzwingung von Maßnahmen der BaFin, wie zB der Unterlassung des öffentlichen Angebots, deutlich erschwert und sich vor allem zeitlich stark verzögern.

III. Aufhebung des Sofortvollzugs, Rechtsschutz

Die BaFin kann die Maßnahme, die sofort vollziehbar ist, **aufheben**. Denkbar ist das beispielsweise im Falle der Untersagung eines öffentlichen Angebots ohne Pro-

---
[1] Vgl. Begr. RegE zu § 31 WpPG (vormals § 26), BT-Drucks. 15/4999 v. 3.3.2005, S. 40.
[2] Gesetz über die Bundesanstalt für Finanzdienstleistungsaufsicht (Finanzdienstleistungsaufsichtsgesetz – FinDAG) v. 22.4.2002 (BGBl. I 2002, S. 1310), zuletzt geändert durch Art. 9 des Gesetzes vom 30.6.2016 (BGBl. I 2016, S. 1514).
[3] *Troidl* in Engelhardt/App/Schlatmann, VwVG/VwZG, § 14 VwVG Rz. 2, *Stammberger* in Engelhardt/App/Schlatmann, VwVG/VwZG, § 18 VwVG Rz. 10.

spekt, wenn zu einem späteren Zeitpunkt für das Angebot ein Prospekt gebilligt wird.

8 Der Betroffene kann nach **§ 80 Abs. 5 VwGO** beim Gericht der Hauptsache die Anordnung der aufschiebenden Wirkung beantragen. Nach § 1 Abs. 3 Satz 1 FinDAG gilt für Klagen gegen die BaFin Frankfurt am Main als Sitz der Behörde.

Abschnitt 8
Sonstige Vorschriften

§ 32
Auskunftspflicht von Wertpapierdienstleistungsunternehmen

Vorbehaltlich der schriftlichen Einwilligung des jeweiligen Kunden haben Wertpapierdienstleistungsunternehmen im Sinne des § 2 Absatz 4 des Wertpapierhandelsgesetzes Emittenten oder Anbietern auf Anfrage unverzüglich ihre Einstufung dieses Kunden nach § 31a des Wertpapierhandelsgesetzes mitzuteilen.

In der Fassung vom 22.6.2005 (BGBl. I 2005, S. 1698), zuletzt geändert durch das Gesetz zur Umsetzung der Richtlinie 2010/73/EU und zur Änderung des Börsengesetzes vom 26.6.2012 (BGBl. I 2012, S. 1375).

Schrifttum: Siehe Einl. WpPG und das allgemeine Schrifttumsverzeichnis.

I. Regelungsgegenstand und Normentwicklung 1	2. Ausgestaltung des Auskunftsanspruchs 9
II. Auskunftsanspruch	3. Schutzgesetz 16
1. Von der Registereintragung zum Auskunftsanspruch 3	

I. Regelungsgegenstand und Normentwicklung

Die Vorschrift verpflichtet Wertpapierdienstleistungsunternehmen iS des § 2 Abs. 4 WpHG, Emittenten oder Anbietern auf Anfrage unverzüglich ihre Einstufung von Kunden nach § 31a WpHG als professioneller Kunde, Privatkunde oder geeignete Gegenpartei mitzuteilen. Die **Auskunftspflicht** besteht nur, falls der jeweilige Kunde in die Auskunft schriftlich eingewilligt hat. Die Kenntnis des Emittenten oder des Anbieters von Wertpapieren von der Einstufung von Kunden nach § 31a WpHG ist erforderlich, um die Zulässigkeit eines prospektfreien Angebots von Wertpapieren an „qualifizierte Anleger" nach § 3 Abs. 2 Satz 1 Nr. 1 und 2 WpPG prüfen und überwachen zu können. 1

Nach einer früheren Regelung galten nach § 2 Nr. 6 lit. d und e WpPG aF als qualifizierte Anleger auch kleine und mittlere Unternehmen iS von § 2 Nr. 7 WpPG aF sowie natürliche Personen, sofern sie jeweils in ein nach Maßgabe des § 27 WpPG aF geführtes Register eingetragen waren. Nach der **Neufassung** von § 2 Nr. 6 WpPG und dem Wegfall des Registers für qualifizierte Anleger aufgrund von Art. 1 Nr. 21 des Gesetzes zur Umsetzung der Richtlinie 2010/73/EU und zur Änderung des Bör- 2 sengesetzes vom 26.6.2012[1] ist die Registerpflicht nach § 27 WpPG aF, die nach der Änderung des WpPG aufgrund von Art. 6 Nr. 12 des Gesetzes zur Novellierung des Finanzanlagenvermittler- und Vermögensanlagenrechts vom 6.12.2011[2] im neuen § 32 WpPG geregelt war, mit Wirkung zum 1.6.2012 entfallen. An ihre Stelle ist die Auskunftspflicht nach § 32 WpPG getreten, die auf der in Art. 1 Nr. 2 lit. a Ziff. i der Richtlinie 2010/73/EU zur Änderung der Prospektrichtlinie 2003/71/EG (Prospektrichtlinie-Änderungsrichtlinie)[3] enthaltenen Neufassung von Art. 2 Abs. 1 lit. e der Prospektrichtlinie[4] beruht.

II. Auskunftsanspruch

1. Von der Registereintragung zum Auskunftsanspruch

3   Nach § 3 Abs. 2 Satz 1 Nr. 1 und 2 WpPG gilt die **Verpflichtung zur Veröffentlichung eines Prospekts** nicht für ein Angebot von Wertpapieren, das sich ausschließlich an **qualifizierte Anleger** richtet oder das sich in jedem Staat des EWR an weniger als 150 nicht qualifizierte Anleger wendet. Entfiel die Verpflichtung zur Veröffentlichung eines Prospekts, weil sich das Angebot an qualifizierte Anleger richtete, so unterlag der Anbieter einer informationellen Gleichbehandlungspflicht, nach der er dafür Sorge zu tragen hatte, dass an solche Anleger gerichtete wesentliche Informationen über den Emittenten allen qualifizierten Anlegern mitgeteilt wurden (§ 15 Abs. 5 WpPG aF). Ob ein Investor als qualifizierter Anleger anzusehen war, bestimmte sich bis zur Änderung der Vorschrift durch Art. 1 Nr. 21 des Gesetzes zur Umsetzung der Richtlinie 2010/73/EU und zur Änderung des Börsengesetzes vom 26.6.2012[5] nach § 2 Nr. 6 WpPG (aF). Korrespondierend zu diesem Regelungssystem wurde, in Umsetzung von Art. 2 Abs. 1 lit. e und f, Abs. 2 und Abs. 3 der Prospektrichtlinie[6] bei der BaFin ein **Register** eingerichtet[7], in das sich nach § 27 Abs. 1 WpPG aF kleine und mittlere Unternehmen sowie natürliche Personen eintragen lassen konnten, um die Eigenschaft eines qualifizierten Anlegers zu erlangen. Die in § 27 WpPG aF enthaltene Regelung wurde durch Art. 1 Nr. 21 des Gesetzes zur Novellierung des Finanzanlagenvermittler- und Vermögensanlagenrechts vom

---

1 BGBl. I 2012, S. 1375.
2 BGBl. I 2011, S. 2481.
3 Richtlinie 2010/73/EU des Europäischen Parlaments und des Rates vom 24.11.2010 zur Änderung der Richtlinie 2003/71/EG betreffend den Prospekt, der beim öffentlichen Angebot von Wertpapieren oder bei deren Zulassung zum Handel zu veröffentlichen ist, und der Richtlinie 2004/109/EG zur Harmonisierung der Transparenzanforderungen in Bezug auf Informationen über Emittenten, deren Wertpapiere zum Handel auf einem geregelten Markt zugelassen sind, ABl. EU Nr. L 327 vom 11.12.2010, S. 1.
4 Richtlinie 2003/71/EG des Europäischen Parlaments und des Rates vom 4.11.2003 betreffend den Prospekt, der beim öffentlichen Angebot von Wertpapieren oder bei deren Zulassung zum Handel zu veröffentlichen ist, und zur Änderung der Richtlinie 2001/34/EG, ABl. EU Nr. L 345/84 vom 31.12.2003, S. 64.
5 BGBl. I 2012, S. 1375.
6 ABl. EU Nr. L 345/84 vom 31.12.2003, S. 64.
7 Voraufl., § 27 WpPG Rz. 7, 8 ff.

6.12.2011[1] mit Wirkung zum 1.6.2012 inhaltlich unverändert in den seinerzeit neuen und zwischenzeitlich geänderten § 32 WpPG (aF) überführt.

Die **Regelungsidee**, welche der publizitätsbezogenen Sonderbehandlung von Angeboten an qualifizierte Anleger zugrunde lag, war die, dass es einer Prospektpflicht nicht bedürfe, wenn sich das Angebot an Adressaten wende, die über „ausreichend anderweitige Informationsquellen" verfügten, „um sich die für den Kauf von Wertpapieren notwendige Erkenntnisgrundlage zu schaffen"[2]. Durch die Registereintragung als Voraussetzung des Status eines qualifizierten Anlegers sollte es in die Hand des jeweiligen Anlegers gelegt werden, ob er Wertpapiere erwerben will, für die kein Prospekt veröffentlicht wurde. An dieser Regelungsidee hat sich grundsätzlich nichts geändert, auch wenn im Gefolge der Änderung des WpPG durch das Gesetz zur Umsetzung der Richtlinie 2010/73/EU und zur Änderung des Börsengesetzes vom 26.6.2012[3] ein neues Regelungssystem eingeführt wurde.

Grundlage des neuen Regelungssystems ist die Angleichung des in der Prospektrichtlinie[4] verwandten Begriffs des qualifizierten Anlegers und des in der Richtlinie 2004/39/EG vom 21.4.2004 über Märkte für Finanzinstrumente (MiFID)[5] verwandten Begriffs des professionellen Anlegers als Voraussetzung für das Eingreifen von Sonderregelungen der Kapitalmarkt- und Anlegerinformation einerseits und der Abschaffung des bisherigen Regelungsmodells der Registereintragung andererseits:

– Die Angleichung des Begriffs des **qualifizierten Anlegers** und desjenigen des **professionellen Anlegers** erfolgt durch Art. 1 Nr. 2 lit. a Ziff. i der Prospektrichtlinie-Änderungsrichtlinie[6], der Art. 2 Abs. 1 lit. e der Prospektrichtlinie dahingehend ändert, dass für die Definition qualifizierter Anleger auf Anhang II sowie Art. 24 und 71 Abs. 6 der MiFID[7] über professionelle Kunden bzw. geeignete Gegenparteien Bezug genommen wird. In der Neuregelung des WpPG spiegelt sich das in zweierlei Weise wider: Zum einen wird in § 32 WpPG auf die Einstufung des Kunden nach § 31a WpHG Bezug genommen, in dem seinerseits – durch Art. 1 Nr. 17 des Finanzmarktrichtlinie-Umsetzungsgesetzes (FRUG) vom 16.7.2004[8] – die einschlägigen Vorgaben der MiFID umgesetzt wurden[9]. Zum anderen verweist der

---

1 BGBl. I 2011, S. 2481.
2 Begr. RegE Prospektrichtlinie-Umsetzungsgesetz, BT-Drucks. 15/4999 v. 3.3.2005, S. 29, zu § 3 Abs. 2.
3 BGBl. I 2012, S. 1375.
4 ABl. EU Nr. L 345/84 vom 31.12.2003, S. 64.
5 Richtlinie 2004/39/EG des Europäischen Parlaments und des Rates vom 21.4.2004 über Märkte für Finanzinstrumente, zur Änderung der Richtlinien 85/611/EWG und 93/6/EWG des Rates und der Richtlinie 2000/12/EG des Europäischen Parlaments und des Rates und zur Aufhebung der Richtlinie 93/22/EWG des Rates, ABl. EU Nr. L 145 vom 30.4.2004, S. 1.
6 ABl. EU Nr. L 327 vom 11.12.2010, S. 1.
7 ABl. EU Nr. L 145 vom 30.4.2004, S. 1.
8 Gesetz zur Umsetzung der Richtlinie über Märkte für Finanzinstrumente und der Durchführungsrichtlinie der Kommission vom 16.7.2007, BGBl. I 2007, S. 1330.
9 Vgl. RegE Finanzmarktrichtlinie-Umsetzungsgesetz, BT-Drucks. 16/4028 v. 12.1.2007, S. 1 (65 f.).

den Begriff des qualifizierten Anlegers definierende § 2 Nr. 6 lit. a WpPG „für in Deutschland ansässige Kunden"[1] auf § 31a WpHG. „Für die entsprechenden Anleger im Europäischen Wirtschaftsraum", so begründet der RegE eines Gesetzes zur Umsetzung der Richtlinie 2010/73/EU und zur Änderung des Börsengesetzes vom 26.6.2012[2] die Regelungsstruktur des neuen § 2 Nr. 6 WpPG, „muss jedoch der Bezug auf die entsprechenden Abschnitte der Finanzmarktrichtlinie in § 2 Nummer 6 Buchstabe b bis e übernommen werden, da die Einstufung dieser Anleger nach ausländischem Recht, das die Finanzmarktrichtlinie im Herkunftsstaat des Anlegers umsetzt, erfolgt", und stellt weiter fest, die dortige Einstufung dürfe auch für Angebote nach deutschem Recht zugrunde gelegt werden.

7 – Aufgrund der Streichung von Art. 2 Abs. 2 und 3 der Prospektrichtlinie durch Art. 1 Nr. 2 lit. b der Prospektrichtlinie-Änderungsrichtlinie sowie der Neufassung von Art. 2 Abs. 1 lit. e Satz 2 der Prospektrichtlinie ist an die Stelle des Informationsinstruments Registereintragung dasjenige eines **Auskunftsanspruchs** getreten. „Die Wertpapierfirmen und Kreditinstitute", so heißt es in dieser Richtlinienbestimmung, „teilen ihre Einstufung unbeschadet der einschlägigen Vorschriften über den Datenschutz auf Antrag dem Emittenten mit".

8 Zur Begründung und zum **Zweck der Neuregelung** der §§ 2 Nr. 6, 32 WpPG findet sich in Erwägungsgrund 7 der Prospektrichtlinie-Änderungsrichtlinie[3] der Hinweis: „Eine solche Angleichung der einschlägigen Bestimmungen der Richtlinien 2003/71/EG und 2004/39/EG wird voraussichtlich für Wertpapierfirmen bei Privatplatzierungen die Lage vereinfachen und Kosten senken, weil die Firmen das Zielpublikum anhand ihrer eigenen Listen professioneller Kunden und geeigneter Gegenparteien bestimmen könnten. Der Emittent sollte sich auf die Liste der professionellen Kunden und geeigneten Gegenparteien, die gemäß Anhang II der Richtlinie 2004/39/EG erstellt wurde, verlassen können. Aus diesem Grund sollte die Definition des qualifizierten Anlegers in der Richtlinie 2003/71/EG um diese Personen oder Einrichtungen erweitert werden und keine getrennte Registrierung mehr vorgeschrieben werden."

2. Ausgestaltung des Auskunftsanspruchs

9 **Auskunftsberechtigt** sind Emittenten und Anbieter. Erst durch ihr Auskunftsersuchen (§ 32 WpPG spricht von „**Anfrage**") wird die Auskunftspflicht des Wertpapierdienstleistungsunternehmens ausgelöst. **Emittent** ist eine Person oder Gesellschaft, die Wertpapiere begibt oder zu begeben beabsichtigt (§ 2 Nr. 9 WpPG); **Anbieter** ist eine Person oder Gesellschaft, die Wertpapiere öffentlich anbietet (§ 2 Nr. 10 WpPG).

10 **Auskunftspflichtig** sind Wertpapierdienstleistungsunternehmen iS des § 2 Abs. 4 WpHG, dh. Kreditinstitute iS von § 1 Abs. 1 KWG, Finanzdienstleistungsinstitute

---

[1] RegE Gesetz zur Umsetzung der Richtlinie 2010/73/EU und zur Änderung des Börsengesetzes, BT-Drucks. 17/8684 v. 15.2.2012, S. 1 (16).
[2] BT-Drucks. 17/8684 v. 15.2.2012, S. 1 (16).
[3] ABl. EU Nr. L 327 vom 11.12.2010, S. 1 (2).

iS von § 1 Abs. 1a KWG und nach § 53 Abs. 1 Satz 1 KWG tätige Unternehmen, die Wertpapierdienstleistungen allein oder zusammen mit Wertpapiernebendienstleistungen gewerbsmäßig oder in einem Umfang erbringen, der einen in kaufmännischer Weise eingerichteten Geschäftsbetrieb erfordert.

Gegenstand der Auskunftspflicht ist die Einstufung eines Kunden durch ein Wertpapierdienstleistungsunternehmen als professioneller Kunde, Privatkunde oder geeignete Gegenpartei nach Maßgabe von § 31a WpHG. **Kunde** ist dabei jede natürliche oder juristische Person, für die Wertpapierdienstleistungsunternehmen Wertpapierdienstleistungen iS von § 2 Abs. 3 WpHG oder Wertpapiernebendienstleistungen iS von § 2 Abs. 3a WpHG erbringen oder anbahnen (§ 31a Abs. 1 WpHG). 11

Die Auskunft darf nur erteilt werden, wenn der **Kunde**, über dessen Einstufung Auskunft erteilt werden soll, gegenüber dem Wertpapierdienstleistungsunternehmen seine **Einwilligung zur Auskunft** erteilt hat. Damit soll nicht nur den „geltenden datenschutzrechtlichen Bestimmungen" und dem „Bankgeheimnis" Rechnung getragen werden[1], vielmehr bleibt es dadurch auch dem Kunden überlassen, ob er im Hinblick auf die Prüfung und Annahme eines Wertpapiererwerbsangebots auf den Schutz verzichten will, den eine Prospektveröffentlichung mit sich brächte. 12

Die **Einwilligung** kann generell oder einzelfallbezogen erteilt werden[2]. Als „**vorherige Zustimmung**" (§ 183 Satz 1 BGB) muss die Einwilligung vor der Auskunftserteilung vorliegen und, da mit ihr den „geltenden datenschutzrechtlichen Bestimmungen" entsprochen werden soll, den **Anforderungen des § 4a Abs. 1 BDSG** genügen. Nach dieser Vorschrift ist die Einwilligung nur wirksam, wenn sie auf der **freien Entscheidung** des Betroffenen beruht (§ 4a Abs. 1 Satz 1 BDSG) und auf den vorgesehenen Zweck der Erhebung, Verarbeitung oder Nutzung sowie, soweit nach den Umständen des Einzelfalles erforderlich oder auf Verlangen, auf die Folgen der Verweigerung der Einwilligung **hingewiesen** wurde (§ 4a Abs. 1 Satz 2 BDSG). Die Einwilligung bedarf nach § 4a Abs. 1 Satz 3 BDSG der **Schriftform**, soweit nicht wegen besonderer Umstände eine andere Form angemessen ist. Das ist vorliegend aber schon deshalb nicht der Fall, weil § 32 WpPG ausdrücklich eine schriftliche Einwilligung verlangt. Die Anforderungen an die Schriftform nach § 4a Abs. 1 Satz 2 BDSG richten sich nach §§ 126, 126a BGB. Deshalb kann dahinstehen, ob die Vorschriften der §§ 126, 126a BGB betreffend die Schriftform bereits kraft der Anordnung in § 32 WpPG oder erst aufgrund des Schriftformerfordernisses des § 4a Abs. 1 Satz 3 BDSG anwendbar sind[3]. Schließlich bestimmt § 4a Abs. 1 Satz 4 BDSG, dass die Einwilligung besonders hervorzuheben ist, wenn sie **zusammen mit anderen Erklärungen** schriftlich erteilt werden soll. 13

---

1 RegE Gesetz zur Umsetzung der Richtlinie 2010/73/EU und zur Änderung des Börsengesetzes, BT-Drucks. 17/8684 v. 15.2.2012, S. 1 (16).
2 RegE Gesetz zur Umsetzung der Richtlinie 2010/73/EU und zur Änderung des Börsengesetzes, BT-Drucks. 17/8684 v. 15.2.2012, S. 1 (22).
3 Nach *Leuering* in Holzborn, § 32 WpPG Rz. 5, kann das Erfordernis der Schriftlichkeit in § 32 WpPG nicht unmittelbar als Verweis auf § 126 Abs. 1 BGB verstanden werden, müsse aber „europarechtskonform als Verweis auf das Formerfordernis der Einwilligung zur Datenverarbeitung nach dem Bundesdatenschutzgesetz gelesen werden".

14 § 32 WpPG begründet **allein eine Pflicht zur Erteilung einer Auskunft über Einstufungen von Kunden** durch das Wertpapierdienstleistungsunternehmen nach § 31a WpHG. Wenn es diese Auskunft nur mit Einwilligung des jeweils betroffenen Kunden erteilen darf und eine solche nicht vorliegt, so besteht gegenüber dem Auskunftsersuchenden **keine Pflicht, den Kunden auf das Fehlen einer Einwilligung hinzuweisen**, um diese gegebenenfalls nachzuholen. Der Zweck des Auskunftsanspruchs, Emittenten oder Anbietern eine schnelle Entscheidung über die Möglichkeit eines Wertpapierangebots unter Inanspruchnahme der Ausnahme von der Prospektpflicht nach § 3 Abs. 2 Satz 1 Nr. 1 und 2 WpPG zu erlauben, gebietet es aber, das Wertpapierdienstleistungsunternehmen in einem solchen Fall zur Auskunft darüber als verpflichtet anzusehen, dass eine Auskunft nach § 32 WpPG mangels Einwilligung des Kunden nicht erteilt werden darf.

15 Die Auskunft über die Einstufung eines Kunden nach § 31a WpHG muss **unverzüglich** erteilt werden, dh. ohne schuldhaftes Zögern (§ 121 Abs. 1 BGB). Da sich die Prüfung des Auskunftsverlangens im Wesentlichen auf tatsächliche Umstände in Gestalt der Berechtigung des Anfragenden, der Einstufung des Kunden und der Kontrolle des Vorliegens von dessen Einwilligung bezieht, ist die Einräumung von Prüfungs- und Überlegungsfristen im Regelfall nicht erforderlich. Da das Wertpapierdienstleistungsunternehmen gegenüber dem um Auskunft Ersuchenden im Übrigen nicht verpflichtet ist, den Kunden auf das Fehlen einer Einwilligung hinzuweisen und diesem die Möglichkeit zur Erteilung einer Einwilligung einzuräumen, können Verzögerungen der Auskunft hieraus nicht hergleitet werden. Dessen ungeachtet muss die Information des Anfragenden, dass eine Auskunft mangels Einwilligung des Kunden nicht möglich ist (siehe oben Rz. 14), unverzüglich erfolgen.

3. Schutzgesetz

16 Auskunftsrecht und Auskunftsplicht nach § 32 WpPG dienen dem Schutz der Interessen von Emittenten und Anbietern im Hinblick auf die Möglichkeit eines prospektfreien Angebots von Wertpapieren. Sie umfassen damit auch deren Vermögensinteressen[1]. § 32 WpPG ist deshalb als **Schutzgesetz iS des § 823 Abs. 2 BGB** anzusehen.

---

[1] Auf die finanzielle „Entlastung" von Emittenten und Anbietern durch die Neufassung von Art. 2 Abs. 1 lit. e der Prospektrichtlinie durch Art. 1 Nr. 2 lit. a Ziff. I der Prospektrichtlinie-Änderungsrichtlinie sowie der §§ 2 Nr. 3, 32 WpPG (siehe oben Rz. 2) weisen auch Erwägungsgrund 7 der Prospektrichtlinie-Änderungsrichtlinie, ABl. EU Nr. L 327 vom 11.12.2010, S. 1 f. bzw. RegE Gesetz zur Umsetzung der Richtlinie 2010/73/EU und zur Änderung des Börsengesetzes, BT-Drucks. 17/8684 v. 15.2.2012, S. 1 (21) hin.

§ 33
Gebühren und Auslagen

(1) Für individuell zurechenbare öffentliche Leistungen nach diesem Gesetz, nach den auf diesem Gesetz beruhenden Rechtsvorschriften und nach Rechtsakten der Europäischen Union kann die Bundesanstalt Gebühren und Auslagen erheben.

(2) Das Bundesministerium der Finanzen wird ermächtigt, durch Rechtsverordnung, die nicht der Zustimmung des Bundesrates bedarf, die gebührenpflichtigen Tatbestände und die Gebühren nach festen Sätzen oder als Rahmengebühren näher zu bestimmen. Die Gebührensätze und die Rahmengebühren sind so zu bemessen, dass zwischen der den Verwaltungsaufwand berücksichtigenden Höhe und der Bedeutung, dem wirtschaftlichen Wert oder dem sonstigen Nutzen der individuell zurechenbaren öffentlichen Leistung ein angemessenes Verhältnis besteht. Das Bundesministerium der Finanzen kann die Ermächtigung durch Rechtsverordnung auf die Bundesanstalt für Finanzdienstleistungsaufsicht übertragen.

In der Fassung vom 22.6.2005 (BGBl. I 2005, S. 1698), zuletzt geändert durch das Gesetz zur Strukturreform des Gebührenrechts des Bundes vom 7.8.2013 (BGBl. I 2013, S. 3154).

Verordnung über die Erhebung von Gebühren nach dem Wertpapierprospektgesetz (Wertpapierprospektgebührenverordnung – WpPGebV)

vom 29.6.2005 (BGBl. I 2005, S. 1875), zuletzt geändert durch Art. 2 Abs. 67 des Gesetzes zur Strukturreform des Gebührenrechts des Bundes vom 7.8.2013 (BGBl. I 2013, S. 3154) und mit Wirkung vom 1.10.2021 aufgehoben durch das Gesetz zur Aktualisierung der Strukturreform des Gebührenrechts des Bundes vom 18.7.2016[1].

Auf Grund des § 28 Abs. 2 Satz 1 und 2 des Wertpapierprospektgesetzes[2] vom 22.6.2005 (BGBl. I S. 1698) in Verbindung mit dem 2. Abschnitt des Verwaltungskostengesetzes vom 23.6.1970 (BGBl. I S. 821) und § 1 Nr. 7 der Verordnung zur Übertragung von Befugnissen zum Erlass von Rechtsverordnungen auf die Bundesanstalt für Finanzdienstleistungsaufsicht, § 1 Nr. 7 eingefügt durch Artikel 7 Nr. 3 des Gesetzes vom 22.6.2005 (BGBl. I S. 1698), verordnet die Bundesanstalt für Finanzdienstleistungsaufsicht:

---

1 BGBl. I 2016, S. 1666. Art. 2 dieses Gesetzes hebt Art. 4 des Gesetzes zur Strukturreform des Gebührenrechts des Bundes vom 7.8.2013 (BGBl. I 2013, S. 3154) auf, in dessen Abs. 55 Nr. 2 und Abs. 56 die Aufhebung von § 33 WpPG und der Wertpapierprospektgebührenverordnung mit Wirkung vom 14.8.2018 bestimmt war. Ab diesem Zeitpunkt gilt ausschließlich das Bundesgebührengesetz, siehe unten Rz. 3.
2 Bei dieser Vorschrift handelt es sich um die Vorgängerbestimmung des heutigen § 33 Abs. 2 Satz 1 und 2 WpPG, siehe unten Rz. 2.

§ 1 Anwendungsbereich

Die Bundesanstalt für Finanzdienstleistungsaufsicht erhebt für individuell zurechenbare öffentliche Leistungen nach dem Wertpapierprospektgesetz und nach Rechtsakten der Europäischen Union Gebühren nach dieser Verordnung; Auslagen werden nicht gesondert erhoben. Im Übrigen gilt das Bundesgebührengesetz.

§ 2 Gebühren

Die gebührenpflichtigen individuell zurechenbaren öffentlichen Leistungen und die Gebührensätze bestimmen sich vorbehaltlich der Regelungen in § 3 nach dem anliegenden Gebührenverzeichnis.

§ 3 Gebührenerhebung in besonderen Fällen

(1) *(aufgehoben)*

(2) Für die vollständige oder teilweise Zurückweisung eines Widerspruchs wird eine Gebühr bis zur Höhe von 50 Prozent der für den angefochtenen Verwaltungsakt festgesetzten Gebühr erhoben; dies gilt nicht, wenn der Widerspruch nur deshalb keinen Erfolg hat, weil die Verletzung einer Verfahrens- oder Formvorschrift nach § 45 des Verwaltungsverfahrensgesetzes unbeachtlich ist. War für den angefochtenen Verwaltungsakt eine Gebühr nicht vorgesehen oder wurde eine Gebühr nicht erhoben, wird eine Gebühr bis zu 1.500 Euro erhoben. Bei einem erfolglosen Widerspruch, der sich ausschließlich gegen eine Gebührenentscheidung richtet, beträgt die Gebühr bis zu 10 Prozent des streitigen Betrags; Absatz 3 bleibt unberührt. Wird ein Widerspruch nach Beginn seiner sachlichen Bearbeitung jedoch vor deren Beendigung zurückgenommen, ist keine Gebühr zu erheben. Das Verfahren zur Entscheidung über einen Widerspruch, der sich ausschließlich gegen die festgesetzte Widerspruchsgebühr richtet, ist gebührenfrei. Die Gebühr beträgt in den Fällen der Sätze 1 bis 3 mindestens 50 Euro.

§ 4 Inkrafttreten

Diese Verordnung tritt am 1. Juli 2005 in Kraft.

Anlage (zu § 2) Gebührenverzeichnis

in der Fassung der Ersten Verordnung zur Änderung der Wertpapierprospektgebührenverordnung (BGBl. I 2010, S. 1826), zuletzt geändert durch das Gesetz zur Umsetzung der Richtlinie 2010/73/EU und zur Änderung des Börsengesetzes vom 26.6.2012 (BGBl. I 2012, S. 1375).

Nr.	Gebührentatbestand	Gebühr in Euro
1	Für die Hinterlegung der endgültigen Bedingungen des Angebots (§ 6 Abs. 3 Satz 2, auch in Verbindung mit Satz 3 WpPG) oder des endgültigen Emissionspreises und des Emissionsvolumens (§ 8 Abs. 1 Satz 9 WpPG)	1,55
2	(weggefallen)	
3	Billigung eines Prospekts, der als ein einziges Dokument im Sinne des § 12 Abs. 1 Satz 1, 1. Alt. des WpPG erstellt worden ist, oder eines Basisprospekts im Sinne des § 6 Abs. 1 WpPG (§ 13 Abs. 1 und § 14 Abs. 1 Satz 1 WpPG) und für deren Hinterlegung	6.500
4	Billigung eines Registrierungsformulars im Sinne des § 12 Abs. 1 Satz 2 und 3 WpPG (§ 13 Abs. 1 und § 14 Abs. 1 Satz 1 WpPG) und für dessen Hinterlegung	3.250
5	Billigung einer Wertpapierbeschreibung und Zusammenfassung im Sinne des § 12 Abs. 1 Satz 2, 4 und 5 WpPG oder eines Basisprospekts im Sinne des § 6 Abs. 1 WpPG in den Fällen, in denen nach Artikel 26 Abs. 4 der Verordnung (EG) Nr. 809/2004 der Kommission vom 29.4.2004 die Informationen eines Registrierungsformulars durch Verweis einbezogen wurden (§ 13 Abs. 1 und § 14 Abs. 1 Satz 1 WpPG) und für deren Hinterlegung	3.250
6	Anordnung, dass die Werbung für jeweils zehn aufeinanderfolgende Tage auszusetzen ist (§ 15 Abs. 6 Satz 1 WpPG)	1.250
7	Untersagung der Werbung (§ 15 Abs. 6 Satz 2 WpPG)	2.000
8	Billigung eines Nachtrags im Sinne des § 16 Abs. 1 WpPG (§ 16 Abs. 1 Satz 3 in Verbindung mit § 13 Abs. 1 WpPG) und für dessen Hinterlegung	84
9	Übermittlung einer Bescheinigung im Sinne des § 18 Abs. 1 WpPG über die Billigung des Prospekts für jeden Mitgliedstaat, an dessen zuständige Behörde eine solche Bescheinigung übermittelt wird (§ 18 Abs. 1 Satz 1, auch in Verbindung mit Abs. 2 WpPG)	8,55
10	Gestattung nach § 19 Abs. 1 Satz 2 WpPG	100
11	Billigung eines Prospekts, der von einem Emittenten nach den für ihn geltenden Rechtsvorschriften eines Staates, der nicht Staat des Europäischen Wirtschaftsraums ist, erstellt worden ist, für ein öffentliches Angebot oder die Zulassung zum Handel an einem organisierten Markt und für dessen Hinterlegung (§ 20 Abs. 1 und § 14 Abs. 1 Satz 1 WpPG)	9.750
12	Untersagung eines öffentlichen Angebots (§ 26 Abs. 4 Satz 1 WpPG)	4.000
13	Anordnung, dass ein öffentliches Angebot für höchstens zehn Tage auszusetzen ist (§ 26 Abs. 4 Satz 2 WpPG)	2.500

Schrifttum: Siehe Einl. WpPG und das allgemeine Schrifttumsverzeichnis.

I. Übersicht und Normentwicklung	1	1. Festsetzungsermächtigung	8
II. Ermächtigung zur Erhebung von Gebühren und Auslagen (§ 33 Abs. 1 WpPG)	4	2. Wertpapierprospektgebührenverordnung	11
III. Festsetzung der gebührenpflichtigen Tatbestände und Gebühren (§ 33 Abs. 2 WpPG)		3. Schuldner und Festsetzung einer Gebühr – Rechtsbehelf – Festsetzungsfrist und Verjährung	14

I. Übersicht und Normentwicklung

1 Der BaFin entstehen bei der Wahrnehmung ihrer Aufgaben nach dem WpPG, nach den auf diesem Gesetz beruhenden Rechtsvorschriften und nach europäischen Rechtsakten Kosten. § 33 Abs. 1 WpPG ermächtigt die Aufsichtsbehörde, zur Deckung dieser Kosten Gebühren und Auslagen zu erheben. Dazu bedarf es einer Festsetzung der gebührenpflichtigen Tatbestände und der zu erhebenden Gebühren. Die diesbezügliche Ermächtigung wird in § 33 Abs. 2 Satz 1 WpPG dem Bundesministerium der Finanzen erteilt. Nach dieser Vorschrift kann das Bundesministerium die einzelnen gebührenpflichtigen Tatbestände und die jeweiligen Gebühren nach festen Sätzen oder als Rahmengebühren durch Rechtsverordnung, die nicht der Zustimmung des Bundesrates bedarf, bestimmen. Bei der Festlegung der Gebührensätze und der Rahmengebühren sind die in § 33 Abs. 2 Satz 2 WpPG niedergelegten Grundsätze zu berücksichtigen. § 33 Abs. 2 Satz 3 WpPG erlaubt es dem Bundesministerium der Finanzen, die Ermächtigung nach § 33 Abs. 1 Satz 1 WpPG durch Rechtsverordnung auf die Bundesanstalt für Finanzdienstleistungsaufsicht zu übertragen. § 33 WpPG und die auf seiner Grundlage ergangene Wertpapierprospektgebührenverordnung (siehe unten Rz. 8) stellen eine Sonderregelung zu der allgemeinen Gebührenregelung in §§ 13 Abs. 1, 14 Abs. 1 FinDAG dar.

2 In der Zählweise der ursprünglichen Fassung des WpPG vom 22.6.2005[1] war die Bestimmung in dessen § 28 zu finden. Nach den Änderungen des WpPG durch Art. 6 des Gesetzes zur Novellierung des Finanzanlagenvermittler- und Vermögensanlagenrechts vom 6.12.2011[2] ist § 28 WpPG aF gemäß Art. 6 Nr. 12 dieses Gesetzes zum neuen § 33 WpPG geworden. Durch Art. 2 Abs. 66 des Gesetzes zur Strukturreform des Gebührenrechts des Bundes vom 7.8.2013[3] wurde das seinerzeit in Abs. 1 und Abs. 2 Satz 2 der Vorschrift verwandte Wort „Amtshandlungen" durch die Wörter „individuell zurechenbare öffentliche Leistungen" ersetzt. Grundlage dieser Änderung ist die Strukturreform des Gebührenrechts des Bundes durch das Gesetz vom 2.8.2012[4], in deren Mittelpunkt die Einführung des – an die Stelle des Verwaltungskostengesetzes getretenen – Gesetzes über Gebühren und Auslagen des Bundes (Bun-

---

[1] Art. 1 des Prospektrichtlinie-Umsetzungsgesetzes vom 22.6.2005 (BGBl. I 2005, S. 1698).
[2] BGBl. I 2011, S. 2481.
[3] BGBl. I 2013, S. 3154.
[4] Gesetz zur Strukturreform des Gebührenrechts des Bundes vom 7.8.2013 (BGBl. I 2013, S. 3154).

desgebührengesetz – BGebG)[1] stand. In diesem wiederum wurde der Begriff der „Amtshandlung" als bisheriger Anknüpfungspunkt der Gebührenpflicht durch den Begriff der „individuell zurechenbaren öffentlichen Leistung" ersetzt und erweitert (§§ 1, 3 BGebG). Diesem Umstand und dem § 1 BGebG als nunmehr zentrale Ermächtigungsgrundlage für die Gebührenerhebung[2] war der Wortlaut des § 33 WpPG anzupassen.

Als weitere Folge der Strukturreform des Gebührenrechts des Bundes ordnet Art. 4 Abs. 52 und. Abs. 53 des Gesetzes zur Aktualisierung der Strukturreform des Gebührenrechts des Bundes vom 18.7.2016[3] – gemäß dessen Art. 7 Abs. 3 mit Wirkung vom 1.10.2021 – die **Aufhebung des § 33 WpPG** und der Wertpapierprospektgebührenverordnung an. Ab diesem Zeitpunkt ist gem. Art. 5 Abs. 1 des Gesetzes zur Strukturreform des Gebührenrechts des Bundes vom 7.8.2013[4] das mit dessen Art. 1 eingeführte Gesetz über Gebühren und Auslagen des Bundes (Bundesgebührengesetz – BGebG) anwendbar. 3

II. Ermächtigung zur Erhebung von Gebühren und Auslagen (§ 33 Abs. 1 WpPG)

§ 33 Abs. 1 WpPG enthält die Ermächtigung der BaFin, für individuell zurechenbare öffentliche Leistungen der Aufsichtsbehörde nach dem WpPG, nach den auf diesem Gesetz beruhenden Rechtsvorschriften und nach Rechtsakten der Europäischen Union Gebühren und Auslagen zu erheben. Während § 16 Abs. 2 VerkProspG aF die Gebührentatbestände noch an der „Hinterlegung des Verkaufsprospekts" festmachte[5], enthält der dieser Bestimmung funktional entsprechende § 33 Abs. 1 WpPG keine gesetzlichen Anordnungen, für welche Amtshandlungen der BaFin Gebühren zu erheben und Auslagen zu ersetzen sind, sondern überlässt dies dem Bundesministerium der Finanzen und der von diesem oder nach entsprechender Delegation auf die BaFin (siehe unten Rz. 8 ff.) von dieser gemäß § 33 Abs. 2 WpPG zu erlassenden Rechtsverordnung. 4

Gebühren und Auslagen dürfen nach § 33 Abs. 1 WpPG nur für „individuell zurechenbare öffentliche Leistungen" erhoben werden. Mit dem Austausch des bisherigen Begriffs der „Amtshandlung" durch denjenigen der „individuell zurechenbaren öffentlichen Leistung" (siehe oben Rz. 2) verbindet sich nicht nur eine nomenklato- 5

---

[1] Die Einführung erfolgte durch Art. 1 des Gesetzes zur Strukturreform des Gebührenrechts des Bundes vom 7.8.2013 (BGBl. I 2013, S. 3154).
[2] RegE eines Gesetzes zur Strukturreform des Gebührenrechts des Bundes, BT-Drucks. 17/10422 v. 2.8.2012, S. 1 (88).
[3] BGBl. I 2016, S. 1666. Art. 2 dieses Gesetzes hebt Art. 4 des Gesetzes zur Strukturreform des Gebührenrechts des Bundes vom 7.8.2013 (BGBl. I 2013, S. 3154) auf, in dessen Abs. 55 Nr. 2 und Abs. 56 die Aufhebung von § 33 WpPG und der Wertpapierprospektgebührenverordnung mit Wirkung vom 14.8.2018 bestimmt war.
[4] BGBl. I 2013, S. 3154.
[5] Siehe dazu *Ritz* in Assmann/Lenz/Ritz, § 16 VerkProspG Rz. 6 f.

rische Änderung. Vielmehr soll mit dem Begriff der „individuell zurechenbaren öffentlichen Leistung", der Terminologie der Leitentscheidung des BVerfG zum Gebührenbegriff folgend[1], sichergestellt werden, dass Hoheitsmaßnahmen („Amtshandlungen"), die ausschließlich aus allgemeinen Steuereinnahmen zu finanzieren sind, von denjenigen abgegrenzt werden, die sich durch ein besonderes Leistungsverhältnis auszeichnen und deshalb durch Erhebung von Gebühren und Auslagen finanziert werden dürfen[2]. Darin wird eine „Stärkung des Kostendeckungsprinzips"[3] und eine „Anpassung der Begrifflichkeiten an den betriebswirtschaftlichen Kostenbegriff"[4] gesehen, die gewährleisten soll, „dass die Kosten, die durch eine dem Einzelnen ‚individuell zurechenbare öffentliche Leistung' entstanden sind, ihm und nicht der Allgemeinheit zur Last fallen"[5]. Anders als nach dem bisherigen Verwaltungskostengesetz soll damit die Deckung der Kosten einer individuell zurechenbaren öffentlichen Leistung zum wichtigsten Maßstab von Gebühren werden und die Kosten einer individuell zurechenbaren öffentlichen Leistung, welche der Staat im Interesse oder auf Veranlassung des Einzelnen diesem zu seinem individuellen Vorteil erbringt, über die Gebührenhöhe bestimmen[6].

6 Öffentliche Leistungen, die für eine individuelle Zurechnung in Betracht kommen, sind nach § 3 Abs. 1 BGebO (1) in Ausübung hoheitlicher Befugnisse erbrachte Handlungen, (2) die Ermöglichung der Inanspruchnahme von vom Bund oder von bundesunmittelbaren Körperschaften, Anstalten und Stiftungen unterhaltenen Einrichtungen und Anlagen sowie von Bundeswasserstraßen, soweit die Ermöglichung der Inanspruchnahme öffentlich-rechtlich geregelt ist, (3) Überwachungsmaßnahmen, Prüfungen und Untersuchungen sowie (4) sonstige Handlungen, die im Rahmen einer öffentlich-rechtlichen Verwaltungstätigkeit erbracht werden, soweit ihnen Außenwirkung zukommt. Individuell zurechenbar ist eine Leistung, die (1) beantragt oder sonst willentlich in Anspruch genommen wird, (2) zugunsten des von der Leistung Betroffenen erbracht wird, (3) durch den von der Leistung Betroffenen veranlasst wurde oder bei der ein Anknüpfungspunkt im Pflichtenkreis des von der Leistung Betroffenen rechtlich begründet ist; für Stichprobenkontrollen gilt dies nur, soweit diese nach anderen Gesetzen des Bundes oder Rechtsakten der Europäischen

---

[1] BVerfG v. 6.2.1979 – 2 BvL 5/76, BVerfGE 50, 217 (226).
[2] RegE eines Gesetzes zur Strukturreform des Gebührenrechts des Bundes, BT-Drucks. 17/10422 v. 2.8.2012, S. 1 (95).
[3] RegE eines Gesetzes zur Strukturreform des Gebührenrechts des Bundes, BT-Drucks. 17/10422 v. 2.8.2012, S. 1 (78). Nach einem Urteil des Hessischen VGH v. 16.6.2010 – 6 A 2243/09, ZIP 2010, 1756 – Rz. 60, konnte „aus dem Wesen der Gebühr … eine allgemeine Geltung des Kostendeckungsprinzips … nicht hergeleitet werden". Dieses ist aber nun durch die Strukturreform des Gebührenrechts inauguriert.
[4] RegE eines Gesetzes zur Strukturreform des Gebührenrechts des Bundes, BT-Drucks. 17/10422 v. 2.8.2012, S. 1 (97).
[5] RegE eines Gesetzes zur Strukturreform des Gebührenrechts des Bundes, BT-Drucks. 17/10422 v. 2.8.2012, S. 1 (78).
[6] RegE eines Gesetzes zur Strukturreform des Gebührenrechts des Bundes, BT-Drucks. 17/10422 v. 2.8.2012, S. 1 (78).

Union besonders angeordnet sind und von dem Gegenstand der Kontrolle eine erhebliche Gefahr ausgeht (§ 3 Abs. 2 BGebO).

Gebühren iS von § 32 Abs. 1 WpPG sind entsprechend § 3 Abs. 4 BGebO öffentlich-rechtliche Geldleistungen, die der Gebührengläubiger vom Gebührenschuldner für individuell zurechenbare öffentliche Leistungen erhebt und Auslagen sind entsprechend § 3 Abs. 4 BGebO nicht von der Gebühr umfasste Kosten, die die Behörde für individuell zurechenbare öffentliche Leistungen im Einzelfall nach § 12 Abs. 1 oder 2 BGebO erhebt. Allerdings bestimmt § 1 Satz 1 Halbsatz 2 WpPGebV (zu dieser siehe unten Rz. 11), dass Auslagen nicht gesondert erhoben werden.

III. Festsetzung der gebührenpflichtigen Tatbestände und Gebühren (§ 33 Abs. 2 WpPG)

1. Festsetzungsermächtigung

§ 33 Abs. 2 Satz 1 WpPG ermächtigt das Bundesministerium der Finanzen, durch Rechtsverordnung, die nicht der Zustimmung des Bundesrats bedarf, die auf Amtshandlungen der BaFin beruhenden gebührenpflichtigen Tatbestände sowie die hierfür von der BaFin zu erhebenden Gebühren nach festen Sätzen oder als Rahmengebühren näher zu bestimmen.

Bei der Bemessung der Gebührensätze und der Rahmengebühren sind nach § 33 Abs. 2 Satz 2 WpPG der Verwaltungsaufwand einerseits und die Bedeutung, der wirtschaftliche Wert und der sonstige Nutzen der Amtshandlung andererseits so zu berücksichtigen, dass zwischen diesen Größen ein angemessenes Verhältnis besteht.

Das Bundesministerium der Finanzen kann gemäß § 33 Abs. 2 Satz 3 WpPG die Ermächtigung zum Erlass einer Verordnung iS von § 3 Abs. 2 Satz 1 WpPG durch Rechtsverordnung auf die Bundesanstalt für Finanzdienstleistungsaufsicht übertragen. Hiervon hat das Bundesministerium mit der auf Art. 7 Nr. 3 des Prospektrichtlinien-Umsetzungsgesetzes vom 22.6.2005[1] zurückgehenden Einfügung des § 1 Nr. 7 in die Verordnung vom 13.12.2002 zur Übertragung von Befugnissen zum Erlass von Rechtsverordnungen auf die Bundesanstalt für Finanzdienstleistungsaufsicht (BAFinBefugV)[2] Gebrauch gemacht.

---

[1] BGBl. I 2005, S. 1698.
[2] BGBl. I 2003, S. 3, zuletzt geändert durch das Gesetz zur Umsetzung der Richtlinie über alternative Streitbeilegung in Verbraucherangelegenheiten und zur Durchführung der Verordnung über Online-Streitbeilegung in Verbraucherangelegenheiten vom 19.2.2016 (BGBl. I 2016, S. 254). § 1 Nr. 7 in seiner aktuellen Fassung lautet: „Rechtsverordnungen nach Maßgabe des § 4 Abs. 3 Satz 1 und § 20 Abs. 3 Satz 1 und 2 des Wertpapierprospektgesetzes im Einvernehmen mit dem Bundesministerium der Justiz und für Verbraucherschutz sowie Rechtsverordnungen nach § 27 Abs. 5 Satz 1 und § 28 Abs. 2 Satz 1 und 2 des Wertpapierprospektgesetzes". Bei den beiden letztgenannten Vorschriften sind die Änderungen des WpPG nicht angepasst; bei dem erwähnten § 28 handelt es sich um § 33 WpPG.

2. Wertpapierprospektgebührenverordnung

11 Auf der Grundlage der Ermächtigung des Bundesministeriums der Finanzen nach § 33 Abs. 1 Satz 1 WpPG und der Übertragung dieser Ermächtigung auf die BaFin entsprechend § 28 Abs. 2 Satz 3 WpPG aF iVm. dem 2. Abschnitt des Verwaltungskostengesetzes vom 23.6.1970[1] hat die BaFin die Verordnung über die Erhebung von Gebühren nach dem Wertpapierprospektgesetz (Wertpapierprospektgebührenverordnung – WpPGebV) vom 29.6.2005 erlassen. Die aktuelle Fassung der Wertpapierprospektgebührenverordnung ist oben nach dem Gesetzestext von § 33 WpPG wiedergegeben.

12 In der Wertpapierprospektgebührenverordnung sind die gebührenpflichtigen individuell zurechenbaren öffentlichen Leistungen der Aufsichtsbehörde und die Gebührensätze geregelt. Sie bestimmen sich, außer in den in § 3 WpPGebV angeführten besonderen Fällen, gemäß § 2 Abs. 1 WpPGebV nach dem der Verordnung angefügten, oben widergegebenen Gebührenverzeichnis. Auslagen werden nach § 1 Satz 1 Halbsatz 2 WpPGebV nicht gesondert erhoben. Im Übrigen gilt gemäß § 1 Satz 2 WpPGebV das Bundesgebührengesetz (zu diesem siehe oben Rz. 2).

13 Nach einem Urteil des Hessischen Verwaltungsgerichtshofs vom 16.6.2010[2] fehlt es den Vorschriften der Wertpapierprospektgebührenverordnung nicht an der erforderlichen hinreichenden Bestimmtheit. Der Inhalt der Gebührentatbestände in § 3 WpPGebV[3] sowie der Anlage zu § 2 Abs. 1 WpPGebV sei durch Auslegung zu ermitteln. Im Hinblick darauf, dass das gefundene Auslegungsergebnis der emissionsbezogenen Gebührenerhebung mit der Pflicht zur Erstellung und Hinterlegung eines Prospekts für jede Wertpapierserie mit einheitlicher Wertpapierkennnummer korrespondiert, bestehen keine Bedenken gegen die hinreichende Bestimmtheit der getroffenen Regelung.

3. Schuldner und Festsetzung einer Gebühr – Rechtsbehelf – Festsetzungsfrist und Verjährung

14 Als Gebührenschuldner für die nach § 33 WpPG iVm. der WpPGebV zu erhebenden Gebühren kommen gemäß § 6 Abs. 1 BGebO diejenigen in Betracht, denen die öffentliche Leistung individuell zurechenbar ist, die die Gebührenschuld eines anderen durch eine gegenüber der Behörde abgegebene oder ihr mitgeteilte Erklärung übernommen haben oder die für die Gebührenschuld eines anderen kraft Gesetzes haften. Führt dies zu einer Mehrzahl von Gebührenschuldnern, haften diese gemäß § 6 Abs. 2 BGebG als Gesamtschuldner.

15 Als individuell zurechenbare gebührenpflichtige Leistungen der BaFin, die von der Aufsichtsbehörde aufgrund entsprechender Bestimmungen des WpPG vorgenom-

---

1 BGBl. I 1970, S. 821.
2 Hessischer VGH v. 16.6.2010 – 6 A 2243/09, ZIP 2010, 1756 – Rz. 61.
3 Erwähnt wird auch § 2 WpPGebV, der seinerzeit noch Gebührentatbestände enthielt. Die Gebührentatbestände des § 3 WpPGebV sowie der Anlage zu § 2 Abs. 1 WpPGebV sind weitgehend unverändert geblieben.

men werden, kommen dabei in erster Linie und regelmäßig solche Leistungen in Betracht, die (1) nach dem Gesetz beantragt (Antragsteller) oder sonst willentlich in Anspruch genommen (§ 3 Abs. 2 Nr. 1 BGebG) oder die (2) durch den von der öffentlichen Leistung (§ 3 Abs. 1 BGebG) Betroffenen veranlasst wurden (§ 3 Abs. 2 Nr. 3 BGebG). Unter Berücksichtigung der im Gebührenverzeichnis in der Anlage zu § 2 WpPGebV aufgeführten Gebührentatbestände fallen in die erste Gruppe gebührenpflichtiger Leistungen bspw. die in Nrn. 3, 4, 5, 8 und 11 aufgeführten Billigungstatbestände sowie die in Nrn. 1, 9 und 10 benannten Leistungen und in die zweite etwa die Anordnungs- und Untersagungstatbestände in Nrn. 6, 7, 12 und 13.

Die Gebührenfestsetzung erfolgt von Amts wegen in schriftlicher oder elektronischer Form und soll zusammen mit der Sachentscheidung erfolgen (§ 13 Abs. 1 Sätze 1 und 2 BGebG). Gebühren, die bei richtiger Behandlung der Sache durch die Behörde nicht entstanden wären, können nicht erhoben werden (§ 13 Abs. 1 Satz 3 BGebG). Nach § 14 BGebG wird die Gebühr zehn Tage nach der Bekanntgabe der Gebührenfestsetzung an den Gebührenschuldner fällig, sofern die Behörde keinen anderen Zeitpunkt festlegt. 16

Rechtsbehelf gegen eine Gebührenentscheidung ist die Anfechtung derselben. Sie kann selbständig oder zusammen mit der Sachentscheidung angefochten werden (§ 20 Abs. 1 Satz 1 BGebG). Im ersteren Falle ist das Rechtsbehelfsverfahren gebührenrechtlich als selbständiges Verfahren zu behandeln (§ 20 Abs. 2 BGebG). Wird eine Sachentscheidung angefochten, so erstreckt sich die Anfechtung auch auf die Gebührenfestsetzung (§ 20 Abs. 1 Satz 2 BGebG). 17

Die Festsetzungsfrist, dh. die Frist, innerhalb derer die BaFin für eine gebührenpflichtige Leistung eine Gebühr festsetzen und erheben kann, beträgt vier Jahre (§ 13 Abs. 3 Sätze 2, 4 BGebG). Der Anspruch auf Zahlung der innerhalb dieser Festsetzungsfrist festgesetzten Gebühr verjährt nach fünf Jahren, beginnend mit dem Ablauf des Kalenderjahres, in dem der Anspruch erstmals fällig geworden ist (§ 18 Abs. 1 BGebG). 18

§ 34
Benennungspflicht

Ist für einen Emittenten mit Sitz im Ausland gemäß § 2 Nr. 13 Buchstabe b oder c die Bundesanstalt zuständig, so hat er im Inland einen Bevollmächtigten zu benennen. § 15 Satz 2 und 3 des Verwaltungsverfahrensgesetzes gilt entsprechend.

In der Fassung vom 22.6.2005 (BGBl. I 2005, S. 1698), zuletzt geändert durch das Gesetz zur Novellierung des Finanzanlagenvermittler- und Vermögensanlagenrechts vom 6.12.2011 (BGBl. I 2011, S. 2481).

Schrifttum: Siehe Einl. WpPG und das allgemeine Schrifttumsverzeichnis.

I. Normentwicklung	1	2. Folgen der Nichtbenennung eines Bevollmächtigten (§ 34 Satz 2 WpPG)	6
II. Regelungsgegenstand			
1. Benennungspflicht (§ 34 Satz 1 WpPG)	2		

I. Normentwicklung

1   Der Wortlaut der Vorschrift ist seit ihrem Erlass (mit dem WpPG in Art. 1 Prospektrichtlinie-Umsetzungsgesetz vom 22.6.2005[1]) unverändert geblieben. Aufgrund von Änderungen des WpPG durch das Gesetz zur Novellierung des Finanzanlagenvermittler- und Vermögensanlagenrechts vom 6.12.2011[2] wurde aus dem ursprünglichen § 29 WpPG (aF) der heutige § 34 WpPG.

II. Regelungsgegenstand

1. Benennungspflicht (§ 34 Satz 1 WpPG)

2   Auch **Emittenten mit Sitz im Ausland** können kraft eines in § 2 Nr. 13 lit. b und c WpPG geregelten Wahlrechts der Zuständigkeit der BaFin unterfallen, obwohl für sie Deutschland nicht der Herkunftsstaat iS des § 2 Nr. 13 lit. a WpPG ist. Um sicherzustellen, dass auch bei solchen Emittenten „die für eine zügige Billigung des Prospekts und Überwachung der sich aus diesem Gesetz ergebenden Pflichten eine erforderliche, zeitnahe Kommunikation möglich ist"[3], müssen sie nach § 34 Satz 1 WpPG über einen **Bevollmächtigten in Deutschland** (siehe unten Rz. 4) verfügen und diesen der Aufsichtsbehörde benennen. Die Vorschrift ist § 131 InvG aF nachgebildet, der wiederum dem vom InvG abgelösten § 15a AuslInvestmG aF entsprach. Eine explizit auf **Bekanntgabe und Zustellung** von Verfügungen der BaFin ausgerichtete, in diesem Rahmen aber vergleichbaren Regelungszwecken dienende Vorschrift fand sich auch in § 16a VerkProspG aF und findet sich in § 5 Abs. 3 VermAnlG und § 43 WpÜG. Aber auch ohne eine den vorgenannten Bestimmungen textlich entsprechende Formulierung hat die Benennung eines inländischen Bevollmächtigten durch einen Emittenten mit Sitz im Ausland vor allem die Aufgabe, die für das Wirksamwerden von Verwaltungsakten der Aufsichtsbehörde erforderliche Bekanntgabe zu ermöglichen, die nach § 41 Abs. 1 VwVfG auch gegenüber einem bestellten Bevollmächtigten des Adressaten des Verwaltungsakts vorgenommen werden kann. Entsprechendes gilt für die Zustellung (als „Bekanntgabe eines schriftlichen oder elektronischen Dokuments in der in diesem Gesetz bestimmten Form", § 2 VwZG) eines Verwaltungsakts, die nach § 7 Abs. 1 VwZG an den allgemeinen oder für bestimmte Angelegenheiten bestellten Bevollmächtigten gerichtet werden kann.

---

1 BGBl. I 2005, S. 1698.
2 BGBl. I 2011, S. 2481.
3 RegE Prospektrichtlinie-Umsetzungsgesetz, BT-Drucks. 15/4999 vom 3.3.2005, S. 40.

Die **Pflicht zur Benennung** eines Bevollmächtigten besteht nur für den **Emittenten mit Sitz im Ausland**, für den die BaFin gemäß § 2 Nr. 13 lit. b oder c WpPG kraft einer entsprechenden Wahl des Emittenten zuständig ist. Emittent ist jede Person oder Gesellschaft, die Wertpapiere begibt oder zu begeben beabsichtigt (§ 2 Nr. 9 WpPG). Anbieter (Personen oder Gesellschaften, die Wertpapiere öffentlich anbieten, § 2 Nr. 10 WpPG) oder Zulassungsantragsteller (Personen, die die Zulassung zum Handel an einem organisierten Markt beantragen, § 2 Nr. 11 WpPG) unterfallen nicht der Benennungspflicht nach § 34 WpPG.

Ein nach der Formulierung des § 34 Satz 1 WpPG im Inland ernannter **Bevollmächtigter** kann jede natürliche oder juristische Person sein, die in Deutschland ihren Wohnsitz[1] oder ihren Sitz iS seines tatsächlichen Verwaltungssitzes[2] hat[3] und dort über eine Adresse (**zustellungsfähige Adresse**) verfügt[4]. Darüber hinaus kommt aber auch jede rechtsfähige Personengesellschaft – OHG, KG, Partnerschaftsgesellschaft (§ 7 PartGG) oder Gesellschaft bürgerlichen Rechts[5] – mit ladungsfähiger inländischer Anschrift in Betracht. Schon weil als Benennungspflichtiger nur ein Emittent mit Sitz im Ausland in Betracht kommt, aber auch weil Bevollmächtigender und Bevollmächtigter nicht personenidentisch sein können, reicht dazu eine Adresse des Emittenten im Inland nicht aus[6].

Für die Benennung des Bevollmächtigten gegenüber der BaFin ist keine besondere **Form** erforderlich. Zu **benennen** sind Name bzw. Firma und inländische Anschrift des Bevollmächtigten. Ist dem Benannten nicht bereits durch rechtsgeschäftliche Erklärung ihm gegenüber **Vollmacht** erteilt worden, so ist in der Benennung des Bevollmächtigten gegenüber der BaFin die Erteilung der Vollmacht gegenüber dem Benannten zu sehen (§ 167 Abs. 1 BGB). In beiden Fällen hängt der **Umfang der Vollmacht** von der Erklärung des Bevollmächtigenden ab, beschränkt sich aber bei der Bevollmächtigung einer Person als Bevollmächtigter iS von § 34 WpPG auf das Verwaltungsverfahren auf der Grundlage der Bestimmung des WpPG. Die Benennung hat zu dem **Zeitpunkt** zu erfolgen, in dem der Emittent nach § 2 Nr. 13 lit. b oder c WpPG durch Mitteilung gegenüber der BaFin Deutschland als Herkunftsstaat wählt[7] und seine Registrierungsformulare einreicht und damit als zur Prospekterstellung Verpflichteter der Beaufsichtigung durch die BaFin unterfällt.

---

[1] Der Wohnsitz einer Person bestimmt sich hier nach deutschem Sachrecht und damit nach § 7 BGB.
[2] Zur zustellungsfähigen Adresse einer natürlichen Person und eines Unternehmens siehe OLG Düsseldorf v. 20.12.2012 – I-2 U 25/10, BeckRS 2013, 10038 unter II.2.b)aa) mwN.
[3] Ebenso *Heidelbach* in Schwark/Zimmer, § 29 WpPG Rz. 4.
[4] IE auch *Leuering* in Holzborn, § 34 WpPG Rz. 9; *Ritz/Voß* in Just/Voß/Ritz/Zeising, § 29 WpPG Rz. 7.
[5] BGH v. 29.1.2001 – II ZR 331/00, NJW 2001, 1056 = AG 2001, 307.
[6] IE ebenso *Leuering* in Holzborn, § 34 WpPG Rz. 9; *Ritz/Voß* in Just/Voß/Ritz/Zeising, § 29 WpPG Rz. 7.
[7] Ebenso *Müller* in FrankfurtKomm. WpPG, § 29 WpPG Rz. 8.

2. Folgen der Nichtbenennung eines Bevollmächtigten (§ 34 Satz 2 WpPG)

6 Die Anordnung der entsprechenden Anwendung von § 15 Satz 2 und 3 VwVfG in § 34 Satz 2 WpPG hat zu Folge, dass im Falle der **Nichtbenennung eines Bevollmächtigten** entgegen § 34 Satz 1 WpPG ein an den betroffenen Emittenten gerichtetes Schriftstück am siebenten Tage nach der Aufgabe zur Post und ein elektronisch übermitteltes Dokument am dritten Tage nach der Absendung als zugegangen gilt, es sei denn, es steht fest, dass das Dokument den Empfänger nicht oder zu einem späteren Zeitpunkt erreicht hat (§ 15 Sätze 2 und 3 VwVfG).

7 Die BaFin ist – was sich bereits daraus ergibt, dass § 34 Satz 2 WpPG keinen Verweis auf § 15 Satz 4 VwVfG enthält – **nicht verpflichtet, die Erfüllung der Benennungspflicht zu prüfen** und einen Emittenten darauf hinzuweisen, dass er seine Benennungspflicht (noch) nicht erfüllt hat.

8 Der Emittent kann die **unterlassene Benennung** eines Bevollmächtigenden mit Wirkung für die Zukunft jederzeit **nachholen**.

§ 35
Bußgeldvorschriften

(1) Ordnungswidrig handelt, wer vorsätzlich oder leichtfertig
1. entgegen § 3 Absatz 1 ein Wertpapier anbietet,
2. entgegen § 8 Abs. 1 Satz 6 oder 7 den Emissionspreis oder das Emissionsvolumen nicht, nicht richtig, nicht in der vorgeschriebenen Weise oder nicht rechtzeitig veröffentlicht,
3. entgegen § 8 Abs. 1 Satz 9 den Emissionspreis oder das Emissionsvolumen nicht oder nicht rechtzeitig hinterlegt,
4. *(weggefallen)*
5. entgegen § 13 Abs. 1 Satz 1 einen Prospekt veröffentlicht,
6. entgegen § 14 Abs. 1 Satz 1, auch in Verbindung mit Satz 2, einen Prospekt nicht, nicht richtig, nicht vollständig, nicht in der vorgeschriebenen Weise oder nicht rechtzeitig veröffentlicht,
7. entgegen § 14 Abs. 3 eine Mitteilung nicht, nicht richtig, nicht vollständig, nicht in der vorgeschriebenen Weise oder nicht rechtzeitig macht,
7a. entgegen § 14 Absatz 4 Satz 2 eine Angabe nicht, nicht richtig, nicht vollständig oder nicht rechtzeitig macht,
8. entgegen § 14 Abs. 5 eine Papierversion des Prospekts nicht zur Verfügung stellt oder

9. entgegen § 16 Absatz 1 Satz 5 einen Nachtrag nicht, nicht richtig, nicht vollständig, nicht in der vorgeschriebenen Weise oder nicht rechtzeitig veröffentlicht.

(2) Ordnungswidrig handelt, wer vorsätzlich oder fahrlässig einer vollziehbaren Anordnung nach

1. § 15 Abs. 6 Satz 1 oder 2 oder § 26 Abs. 2 Satz 1 oder
2. § 26 Abs. 4 Satz 1 oder 2

zuwiderhandelt.

(3) Die Ordnungswidrigkeit kann in den Fällen des Absatzes 1 Nummer 1 und 5 und des Absatzes 2 Nummer 2 mit einer Geldbuße bis zu fünfhunderttausend Euro, in den Fällen des Absatzes 1 Nummer 6 mit einer Geldbuße bis zu einhunderttausend Euro und in den übrigen Fällen mit einer Geldbuße bis zu fünfzigtausend Euro geahndet werden.

(4) Verwaltungsbehörde im Sinne des § 36 Abs. 1 Nr. 1 des Gesetzes über Ordnungswidrigkeiten ist die Bundesanstalt.

In der Fassung vom 22.6.2005 (BGBl. I 2005, S. 1698), zuletzt geändert durch das Kleinanlegerschutzgesetz vom 3.7.2015 (BGBl. I 2015, S. 1114).

Schrifttum: *Bohnert*, Kommentar zum Ordnungswidrigkeitenrecht, 3. Aufl. 2010; *Erbs/Kohlhaas*, Strafrechtliche Nebengesetze, Loseblatt, Stand Oktober 2015; *Göhler*, Gesetz über Ordnungswidrigkeiten, 16. Aufl. 2012; *Senge* (Hrsg.), Karlsruher Kommentar zum Ordnungswidrigkeitengesetz, 4. Aufl. 2014. Siehe im Übrigen Einl. WpPG und das allgemeine Schrifttumsverzeichnis.

I. Normentwicklung und Übersicht ... 1	1. Verstöße gegen die allgemeine Prospektpflicht (§ 35 Abs. 1 Nr. 1 WpPG) ... 24
II. Allgemeine ordnungswidrigkeitenrechtliche Anwendungsfragen der Vorschrift ... 6	2. Verstöße gegen die Pflicht zur Veröffentlichung des Emissionspreises und des Emissionsvolumens (§ 35 Abs. 1 Nr. 2 WpPG) ... 28
1. Zeitlicher und räumlicher Geltungsbereich ... 7	3. Verstöße gegen die Hinterlegung des endgültigen Emissionspreises und des Emissionsvolumens (§ 35 Abs. 1 Nr. 3 WpPG) ... 31
2. Begehungsformen: Vorsatz, Fahrlässigkeit, Leichtfertigkeit ... 11	
a) Vorsatz ... 12	
b) Leichtfertigkeit ... 15	4. § 35 Abs. 1 Nr. 4 WpPG (weggefallen) ... 32
c) Fahrlässigkeit ... 16	
3. Keine Ahndung des Versuchs ... 17	5. Verstöße gegen das Verbot der Veröffentlichung des Prospekts vor seiner Billigung (§ 35 Abs. 1 Nr. 5 WpPG) ... 33
4. Täter und Beteiligte ... 18	
5. Verjährung ... 21	
6. Zusammentreffen von Ordnungswidrigkeit und Straftat ... 22	6. Verstöße gegen die Pflicht zur ordnungsgemäßen Veröffentlichung des Prospekts (§ 35 Abs. 1 Nr. 6 WpPG) ... 36
III. Ordnungswidrigkeiten nach § 35 Abs. 1 WpPG ... 23	

7. Verstoß gegen die Mitteilungspflicht gegenüber der BaFin (§ 35 Abs. 1 Nr. 7 WpPG) 40	1. Vollziehbare Anordnung der BaFin (§ 35 Abs. 2 Nr. 1 und 2 WpPG) .. 53
8. Verstöße gegen die Pflicht zur Angabe des Veröffentlichungsorts der jeweils anderen Einzeldokumente (§ 35 Abs. 1 Nr. 7a WpPG) 43	2. Zuwiderhandlung gegen die vollziehbare Anordnung wegen unzulässiger Werbung und wegen Auskunfts- und Herausgabepflichten (§ 35 Abs. 2 Nr. 1 WpPG) 57
9. Verstöße gegen die Pflicht zur Überlassung einer Papierversion des Prospekts (§ 35 Abs. 1 Nr. 8 WpPG) .. 45	3. Zuwiderhandlung gegen die vollziehbare Anordnung über die Untersagung oder Aussetzung eines öffentlichen Angebotes (§ 35 Abs. 2 Nr. 2 WpPG) 59
10. Verstöße gegen die Pflicht, einen erforderlichen Nachtrag zu veröffentlichen (§ 35 Abs. 1 Nr. 9 WpPG) .. 47	V. **Bußgeldrahmen** (§ 35 Abs. 3 WpPG) 60
IV. **Ordnungswidrigkeiten nach § 35 Abs. 2 WpPG** 51	VI. **Zuständige Behörde** (§ 35 Abs. 4 WpPG) 70

I. Normentwicklung und Übersicht

1 **Ursprünglich § 30 WpPG** (aF), wurde die Vorschrift aufgrund von Art. 6 Nr. 13 des Gesetzes zur Novellierung des Finanzanlagenvermittler- und Vermögensanlagenrechts vom 6.12.2011[1] zum heutigen § 35 WpPG. Darüber hinaus ist die Vorschrift durch Art. 36 Nr. 2 des Jahressteuergesetzes 2009 vom 19.12.2008[2], Art. 1 Nr. 22 des Gesetzes zur Umsetzung der Richtlinie 2010/73/EU und zur Änderung des Börsengesetzes vom 26.6.2012[3] und Art. 4 Nr. 6 des Kleinanlegerschutzgesetzes vom 3.7.2015[4] geringfügigen **Änderungen** unterzogen worden. Auf Einzelheiten wird im Zusammenhang mit der Erläuterung der einzelnen Vorschriften eingegangen. Mit der **Bußgeldvorschrift** des § 30 WpPG aF und des heutigen § 35 WpPG ist Art. 25 Abs. 1 der Prospektrichtlinie 2003/71/EG[5] umgesetzt worden. In Art. 25 Abs. 1 der Richtlinie ist den Mitgliedstaaten aufgegeben, sicherzustellen, dass bei Missachtung der zur Durchführung der Richtlinie erlassenen Bestimmungen „angemessene Verwaltungsmaßnahmen getroffen oder Verwaltungssanktionen verhängt werden können". Dabei sollen die Maßnahmen wirksam, verhältnismäßig und abschreckend sein. Diesem Zweck dienen v.a. die Bußgeldbestimmungen des § 35 WpPG.

---

1 BGBl. I 2011, S. 2481.
2 BGBl. I 2008, S. 2794.
3 BGBl. I 2012, S. 1375.
4 BGBl. I 2015, S. 1114.
5 Richtlinie 2003/71/EG des Europäischen Parlaments und des Rates vom 4.11.2003 betreffend den Prospekt, der beim öffentlichen Angebot von Wertpapieren oder bei deren Zulassung zum Handel zu veröffentlichen ist, und zur Änderung der Richtlinie 2001/34/EG, ABl. EG Nr. L 325 vom 31.12.2003, S. 64 ff. Siehe auch Einl. WpPG Rz. 5. Art. 25 ist von Änderungen der Prospektrichtlinie durch die Prospektrichtlinie-Änderungsrichtlinie 2010/73/EU, ABl. EU Nr. L 327 vom 11.12.2010, S. 1, unberührt geblieben.

Ausweislich der Gesetzesbegründung orientieren sich die Bußgeldtatbestände des 2
§ 30 WpPG aF, mit dem § 35 WpPG weitgehend identisch ist, an § 17 VerkProspG
aF und § 71 Abs. 1 BörsZulV aF[1]. Die in § 35 WpPG als Ordnungswidrigkeiten erfassten Verhaltensweisen beziehen sich allesamt auf Bestimmungen, die die Pflicht
zur Veröffentlichung eines Prospekts bei dem Angebot von Wertpapieren im Inland, die Veröffentlichung und Hinterlegung eines Prospekts oder Nachtrags, alle
damit in Zusammenhang stehenden Anforderungen sowie Zuwiderhandlungen gegen Anordnungen der BaFin zum Gegenstand haben und für sich genommen nicht
als Ordnungswidrigkeitenvorschriften zu qualifizieren sind. Aufgrund der Trennung
von Ge- und Verboten sowie Anordnungen nach dem WpPG (sog. Ausfüllungsnormen) auf der einen Seite und der bußgeldrechtlichen Sanktion des Verstoßes gegen
dieselben im gleichen Gesetz (sog. Sanktionsnormen) auf der anderen Seite handelt
es sich bei den in § 35 WpPG erfassten Ordnungswidrigkeitentatbeständen um **unechte Blanketttatbestände**[2].

Nicht jeder Verstoß gegen eine der im WpPG formulierten Pflichten stellt eine Ord- 3
nungswidrigkeit dar: eine Ordnungswidrigkeit iS von **§ 35 Abs. 1 WpPG** begeht vielmehr nur die Person, die vorsätzlich oder leichtfertig gegen eine der in der Vorschrift
durch Verweis auf ihre entsprechende Regelung im Gesetz aufgeführten Verhaltenspflichten verstößt. **§ 35 Abs. 2 WpPG** ahndet vorsätzliche oder fahrlässige Zuwiderhandlungen gegen vollziehbare Anordnungen der BaFin. **§ 35 Abs. 3 WpPG** setzt den
abgestuften Bußgeldrahmen für Ordnungswidrigkeiten nach Maßgabe von Abs. 1
und Abs. 2 fest. **§ 35 Abs. 4 WpPG** regelt, den Erfordernissen der §§ 35, 36 Abs. 1
Nr. 1 OWiG entsprechend, die sachliche Zuständigkeit für die Verfolgung und Ahndung von Ordnungswidrigkeiten, indem er sie der BaFin überträgt.

Die **einzelnen Bußgeldtatbestände** nach § 35 Abs. 1 und Abs. 2 WpPG lassen sich 4
nach ihrem **primären Schutzzweck** unterteilen. Während ein Teil der Tatbestände
(etwa § 35 Abs. 1 Nr. 3 und 7 oder Abs. 2 Nr. 1 Alt. 3 WpPG) die Kontrollbefugnisse
der BaFin sichern soll, zielt ein anderer (etwa § 35 Abs. 1 Nr. 1 und 2, Abs. 2 Nr. 2
WpPG) in erster Linie darauf ab, die Transparenz, die Integrität und den Anlegerschutz am deutschen Kapitalmarkt zu verbessern und auf diese Weise die Leistungsfähigkeit des Finanzplatzes Deutschland im internationalen Wettbewerb zu erhöhen[3].
Wie die Pflichten, deren Verletzung die Ordnungswidrigkeitentatbestände des § 35
Abs. 1 und 2 WpPG zur Grundlage haben, dienen auch die Ordnungswidrigkeitentatbestände dem Schutz des Anlegerpublikums[4] und dem Funktionenschutz des Ka-

---

[1] RegE Prospektrichtlinie-Umsetzungsgesetz, BT-Drucks. 15/4999 v. 3.3.2005, S. 40.
[2] *Wehowsky* in Erbs/Kohlhaas, § 30 WpPG Rz. 2. Unechte Blanketttatbestände sind dadurch gekennzeichnet, dass sich die in Bezug genommenen Vorschriften in ein und demselben Gesetz finden, das von ein und demselben Gesetzgeber erlassen worden ist, so dass weder ein Normgeber- noch ein Normebenensprung vorliegt; vgl. *Vogel* in Assmann/Uwe H. Schneider, Vor § 38 WpHG Rz. 7. Zu Blanketttatbeständen im Ordnungswidrigkeitenrecht siehe etwa *Rogall* in Karlsruher Kommentar zum Ordnungswidrigkeitengesetz, Vor § 1 OWiG Rz. 15 ff.
[3] RegE Prospektrichtlinie-Umsetzungsgesetz, BT-Drucks. 15/4999 v. 3.3.2005, S. 25.
[4] Vgl. *Wehowsky* in Erbs/Kohlhaas, § 30 WpPG Rz. 1.

pitalmarkts. Dem steht nicht entgegen, dass einzelne Pflichtverletzungen – wie namentlich Verstöße gegen die Prospektpflicht (§ 3 WpPG) und die Pflicht zu vollständigen und richtigen Prospektangaben (§ 5 WpPG) – Gegenstand besonderer, zu Schadensersatz verpflichtender Haftungstatbestände nach Maßgabe von §§ 21 ff. WpPG sind. Darf man gerade im Hinblick auf solche haftungsbegründenden Sondertatbestände davon ausgehen, dass der Gesetzgeber Pflichten, die den Individualschutz bezwecken, besondere Haftungstatbestände zur Seite gestellt hat, kann den Ordnungswidrigkeitstatbeständen in § 35 Abs. 1 und 2 WpPG als solchen **kein Schutzgesetzcharakter** iS des § 823 Abs. 2 BGB zugewiesen werden.

5 Um die bußgeldbewehrten Ordnungswidrigkeitentatbestände des WpPG erfassen zu können, zwingt die **Blanketttechnik** des § 35 WpPG (siehe oben Rz. 2) zur Zusammenschau[1] einerseits der in § 35 Abs. 1 Nr. 1–9 WpPG und der in § 35 Abs. 2 Nr. 1 und 2 WpPG enthaltenen Sanktionsnormen und andererseits der jeweils in Bezug genommenen Verhaltenspflichten. Dem wird bereits in der Kommentierung der nach § 35 Abs. 1 Nr. 1–9 WpPG und § 35 Abs. 2 Nr. 1 und 2 WpPG sanktionierten Verhaltensweisen in der Weise Rechnung getragen, dass im Zusammenhang mit den Erläuterungen der erfassten Ge- und Verbote – idR am Ende der Kommentierung der jeweiligen Norm – zugleich deren ordnungswidrigkeitenrechtliche Sanktion dargestellt ist. Im Folgenden kann es deshalb bei einer Übersicht über die durch § 35 Abs. 1 WpPG (siehe unten Rz. 23 ff.) und § 35 Abs. 2 WpPG (siehe unten Rz. 51 ff.) sanktionierten Gebote und Verbote sein Bewenden haben. Dieser vorangestellt sind für die Anwendung des § 35 WpPG maßgebliche Vorschriften und Grundsätze des Ordnungswidrigkeitenrechts (Rz. 6 ff.).

II. Allgemeine ordnungswidrigkeitenrechtliche Anwendungsfragen der Vorschrift

6 Auf die Ordnungswidrigkeiten nach § 35 Abs. 1 und 2 WpPG findet gemäß § 2 OWiG das **Gesetz über Ordnungswidrigkeiten** Anwendung. Darüber hinaus gelten die allgemeinen **Grundsätze des Ordnungswidrigkeitenrechts**[2].

1. Zeitlicher und räumlicher Geltungsbereich

7 Für die zeitliche und räumliche Geltung der Ordnungswidrigkeiten nach § 35 Abs. 1 und 2 WpPG sind §§ 4, 5, 7 OWiG maßgeblich.

---

1 *Rogall* in Karlsruher Kommentar zum Ordnungswidrigkeitengesetz, Vor § 1 OWiG Rz. 15: Aus der Zusammenschau ergibt sich die „Vollvorschrift". Die Verweisung der Sanktionsnorm auf die sachlich-rechtliche Vorschrift – der Ausfüllungsnorm – führt zur „Inkorporierung" der letzteren in die Verweisungsnorm, und zwar in der Form, in der die Verweisung dies bestimmt.

2 *Wehowsky* in Erbs/Kohlhaas, § 30 WpPG Rz. 3. Vgl. zu den Parallelvorschriften im WpHG *Vogel* in Assmann/Uwe H. Schneider, § 39 WpHG Rz. 51 ff. mwN.

In **zeitlicher Hinsicht** werden Verstöße erfasst, die sich nach dem Inkrafttreten des Prospektrichtlinie-Umsetzungsgesetzes vom 22.6.2005[1] zum 1.7.2005 ereignet haben.

8

Sieht man von dem sog. Flaggenprinzip bei der Tatbegehung auf Schiffen ab, können gemäß § 5 OWiG nur Ordnungswidrigkeiten geahndet werden, die im **räumlichen Geltungsbereich** des betreffenden Gesetzes begangen werden (**Territorialitätsprinzip**). Das ist nach § 7 OWiG allerdings nicht nur dann der Fall, wenn die Tathandlung – als Tun oder Unterlassen – im Geltungsbereich des Gesetzes vorgenommen wurde, sondern auch dann, wenn der zum Tatbestand gehörende **Erfolg** in diesem eingetreten ist (§ 7 Abs. 1 OWiG) oder der Ordnungswidrigkeitentatbestand im Inland erfüllt werden sollte (§ 7 Abs. 2 OWiG)[2].

9

Nach Maßgabe der §§ 5, 7 OWiG können deshalb auch **Ausländer** oder **Gesellschaften mit Sitz im Ausland** Täter einer Ordnungswidrigkeit nach § 35 Abs. 1 und Abs. 2 WpPG sein. Soweit § 30 OWiG heranzuziehen ist, ist im Hinblick auf die Anwendung der in dieser Vorschrift verwandten Begriffe auf ausländischem Recht unterliegende Gesellschaften zu fragen, inwieweit dem jeweiligen inländischen Rechtsbegriff (etwa demjenigen des Generalbevollmächtigten) ein entsprechender Begriff des fremden Rechts entspricht, oder umgekehrt, ob der in Betracht kommende ausländische Rechtsbegriff den Inländischen zu **substituieren** vermag[3].

10

2. Begehungsformen: Vorsatz, Fahrlässigkeit, Leichtfertigkeit

Nach § 35 Abs. 1 WpPG stellt nur die vorsätzliche oder leichtfertige und nach § 35 Abs. 2 WpPG nur die vorsätzliche oder fahrlässige Tatbegehung eine Ordnungswidrigkeit dar.

11

a) Vorsatz

Bei allen in § 35 Abs. 1 und Abs. 2 WpPG aufgeführten Ordnungswidrigkeiten wird die **vorsätzliche Begehung** sanktioniert. Im Ordnungswidrigkeitenrecht gilt – wie aus §§ 10, 11 Abs. 1 OWiG ableitbar – derselbe Vorsatzbegriff wie im Strafrecht. Demnach versteht man unter Vorsatz das Wissen und Wollen der Tatbestandsverwirklichung. Erforderlich ist eine Unterscheidung zwischen dem intellektuellen Element und dem voluntativen Element[4]. Ersteres verlangt die Kenntnis der Umstände, die zum gesetzlichen Tatbestand iS von § 11 OWiG gehören; nach Letzterem ist

12

---

[1] BGBl. I 2005, S. 1698.
[2] Dazu (im Zusammenhang mit § 39 WpHG) näher *Vogel* in Assmann/Uwe H. Schneider, § 39 WpHG Rz. 52. Siehe ferner *Gürtler* in Göhler, § 7 OWiG Rz. 6 ff.; *Rogall* in Karlsruher Kommentar zum Ordnungswidrigkeitengesetz, § 7 OWiG Rz. 10 ff.
[3] Zum Vorgang der Substitution siehe etwa *von Bar/Mankowski*, Internationales Privatrecht, Bd. I, 2. Aufl. 2003, § 7 V; *Kropholler*, Internationales Privatrecht, 6. Aufl. 2006, § 33.
[4] BGH v. 25.11.1987 – 3 StR 449/87, NStZ 1988, 175; BGH v. 4.11.1988 – 1 StR 262/88, NJW 1989, 781. Näher *Sternberg-Lieben/Schuster* in Schönke/Schröder, 29. Aufl. 2014, § 15 StGB Rz. 60; *Gürtler* in Göhler, § 10 OWiG Rz. 2.

es erforderlich, dass der Täter die von ihm erkannte Möglichkeit der Tatbestandsverwirklichung in seinen Willen aufgenommen hat. Dies kann in Gestalt eines direkten Vorsatzes (*dolus directus*) oder eines Eventualvorsatzes (*dolus eventualis*) geschehen. Der geringe Anforderungen stellende Eventualvorsatz liegt vor, wenn der Erfolg vom Täter als möglich und nicht ganz fern liegend erkannt und billigend in Kauf genommen wird[1].

13 **Tatbestands- und Verbotsirrtum** sind in § 11 OWiG geregelt. Liegt ein **vorsatzausschließender Tatbestandsirrtum** iS von § 11 Abs. 1 Satz 1 OWiG[2] vor, so kommt nach § 11 Abs. 1 Satz 2 OWiG doch immer noch die Ahndung der Tat wegen leichtfertigen Handelns des Täters in Betracht. Ein die Vorwerfbarkeit der Tat ausschließender **Verbotsirrtum** ist nur dann gegeben, wenn dieser **unvermeidbar** war, dh. der Täter nach seinen individuellen Fähigkeiten bei Einsatz aller seiner Erkenntniskräfte und sittlichen Wertvorstellungen nicht zur zutreffenden Einsicht hätte kommen können[3]. Da der den wertpapierprospektrechtlichen Pflichten unterliegende Personenkreis beruflich bzw. gewerblich handelt, wird das Kriterium der Unvermeidbarkeit nur selten erfüllt sein. Jedenfalls gilt aufgrund der beruflichen Stellung eine besondere Prüfungs- und Erkundigungspflicht[4].

14 Ein unvermeidbarer Verbotsirrtum schließt die Ahndung auch wegen bewusst oder unbewusst fahrlässigen Handelns aus[5].

b) Leichtfertigkeit

15 Neben der vorsätzlichen erfasst § 35 Abs. 1 WpPG auch die leichtfertige Tatbegehung. Letztere ist eine besondere Form der Fahrlässigkeit, zu der neben der Leichtfertigkeit die einfache Fahrlässigkeit gehört, wie sie § 35 Abs. 2 WpPG als Begehungsform genügen lässt. Unter **Leichtfertigkeit** als einer qualifizierten Fahrlässigkeit[6] ist ein objektiv besonders schwerer Sorgfaltsverstoß und subjektiv besonderer Leichtsinn oder Gleichgültigkeit zu verstehen[7]. Ein besonders schwerer Pflichtverstoß ist – unter

---

1 BGH v. 4.11.1988 – 1 StR 262/88, NJW 1989, 781; vgl. *Sternberg-Lieben/Schuster* in Schönke/Schröder, 29. Aufl. 2014, § 15 StGB Rz. 84. Vgl. auch *Gürtler* in Göhler, § 10 OWiG Rz. 5; *Rengier* in Karlsruher Kommentar zum Ordnungswidrigkeitengesetz, § 10 OWiG Rz. 11 f.
2 Siehe dazu näher *Vogel* in Assmann/Uwe H. Schneider, § 39 WpHG Rz. 42 f.; *Gürtler* in Göhler, § 11 OWiG Rz. 2 ff.; *Rengier* in Karlsruher Kommentar zum Ordnungswidrigkeitengesetz, § 11 OWiG Rz. 10 ff.
3 BGH v. 27.1.1966 – KRB 2/65, BGHSt 21, 20; OLG Köln v. 25.7.1995 – Ss 340/95, NJW 1996, 474; *Bohnert*, § 11 OWiG Rz. 33.
4 *Lenz* in Assmann/Lenz/Ritz, § 17 VerkProspG Rz. 16.
5 *Bohnert*, § 11 OWiG Rz. 36.
6 *Rengier* in Karlsruher Kommentar zum Ordnungswidrigkeitengesetz, § 10 OWiG Rz. 46 (mwN): „graduell gesteigerte (grobe) Fahrlässigkeit".
7 BGH v. 9.11.1984 – 2 StR 257/84, BGHSt 33, 66 (67). Siehe auch *Wehowsky* in Erbs/Kohlhaas, § 30 WpPG Rz. 29. Im Schrifttum ist teilweise auch von „vorsatznahem Verhalten" die Rede, etwa: *Rengier* in Karlsruher Kommentar zum Ordnungswidrigkeitengesetz, § 10 OWiG Rz. 48 ff.

Zugrundelegung einschlägiger Rechtsprechung[1] – anzunehmen, wenn der Täter die gebotene Sorgfalt „in ungewöhnlich grobem Maß" verletzt, „einfachste ganz nahe liegende Überlegungen" nicht anstellt oder nicht erkennt und beachtet, „was im gegebenen Fall jedem hätte einleuchten müssen". Angesichts dieser strengen Voraussetzungen bedarf es für eine Ahndung durch die BaFin eines erheblichen Begründungsaufwands. Der Täter muss gerade das unberücksichtigt gelassen haben, was jedem Dritten an seiner Stelle hätte einleuchten müssen.

c) Fahrlässigkeit

Neben der vorsätzlichen Tatbegehung erfasst § 35 Abs. 2 WpPG auch die fahrlässige Tatbegehung in Form der sog. **einfachen Fahrlässigkeit**. Nach dieser ist nicht mehr als die schlichte Außerachtlassung der nach den Umständen zu erwartenden Sorgfalt bei Voraussehbarkeit des Taterfolgs erforderlich[2]. Dabei geht es – anders als nach § 276 BGB – nicht um die Außerachtlassung der objektiv im Verkehr erforderlichen Sorgfalt. Vielmehr ist auf die persönlichen Fähigkeiten des Täters abzustellen, den an ihn gerichteten Sorgfaltsanforderungen gerecht werden zu können[3]. Fahrlässig handelt danach, wer die Möglichkeit der Tatbestandsverwirklichung nicht erkennt, aber erkennen kann (unbewusste Fahrlässigkeit) oder sie zwar erkennt, aber darauf vertraut, sie werde nicht eintreten (bewusste Fahrlässigkeit)[4].

3. Keine Ahndung des Versuchs

Mangels ausdrücklicher Anordnung ist der **Versuch** einer der in § 35 Abs. 1 und Abs. 2 WpPG aufgeführten Ordnungswidrigkeit **nicht zu ahnden** (§ 11 Abs. 2 OWiG).

4. Täter und Beteiligte

Im Ordnungswidrigkeitenrecht gilt – im Gegensatz zum allgemeinen Strafrecht – das **Prinzip des Einheitstäters** (§ 14 Abs. 1 Satz 1 OWiG). Ordnungswidrig handelt danach jeder, der an der Tat als Täter oder Mittäter, Anstifter oder Gehilfe beteiligt ist. Somit können etwa auch **unternehmensexterne Berater** eine der Ordnungswidrigkeiten des § 35 Abs. 1 und Abs. 2 WpPG begehen. Damit keine Lücken im Ordnungswidrigkeitensystem entstehen, ordnet die Zurechnungsnorm[5] des **§ 9 OWiG** an, dass

---

1 Dazu näher *Rengier* in Karlsruher Kommentar zum Ordnungswidrigkeitengesetz, § 10 OWiG Rz. 49 mwN.
2 Näher zu den fahrlässigen Begehungsformen *Vogel* in Assmann/Uwe H. Schneider, § 39 WpHG Rz. 65 ff. mwN.
3 Vgl. zu § 39 WpHG *Vogel* in Assmann/Uwe H. Schneider, § 39 WpHG Rz. 67; *Gürtler* in Göhler, § 10 OWiG Rz. 6; *Rengier* in Karlsruher Kommentar zum Ordnungswidrigkeitengesetz, § 10 OWiG Rz. 15.
4 *Vogel* in Assmann/Uwe H. Schneider, § 39 WpHG Rz. 67; *Rengier* in Karlsruher Kommentar zum Ordnungswidrigkeitengesetz, § 10 OWiG Rz. 15 ff.
5 *Wehowsky* in Erbs/Kohlhaas, § 30 WpPG Rz. 5.

besondere persönliche Merkmale „übergewälzt" werden können. Demnach werden beim **Handeln für einen anderen** sowohl der Vertreter als auch der Vertretene ordnungswidrigkeitenrechtlich erfasst[1]. Relevant wird dies beim Handeln als vertretungsberechtigtes Organ einer juristischen Person oder als Mitglied eines solchen Organs (§ 9 Abs. 1 Nr. 1 OWiG), als vertretungsberechtigter Gesellschafter einer rechtsfähigen Personengesellschaft (§ 9 Abs. 1 Nr. 2 OWiG) oder als gesetzlicher Vertreter eines anderen (§ 9 Abs. 1 Nr. 3 OWiG).

19 Neben natürlichen Personen können auch **juristische Personen und Personenvereinigungen** nach Maßgabe von **§ 30 OWiG** mit einer **Geldbuße** belegt werden, wenn jemand

– als vertretungsberechtigtes Organ einer juristischen Person oder als Mitglied eines solchen Organs (§ 30 Abs. 1 Nr. 1 OWiG),

– als vertretungsberechtigter Gesellschafter einer rechtsfähigen Personengesellschaft (§ 30 Abs. 1 Nr. 3 OWiG)[2],

– als Generalbevollmächtigter oder in leitender Stellung als Prokurist oder Handlungsbevollmächtigter einer juristischen Person oder einer rechtsfähigen Personengesellschaft (§ 30 Abs. 1 Nr. 4 OWiG) oder

– als sonstige Person, die für die Leitung des Betriebs oder Unternehmens einer juristischen Person oder einer rechtsfähigen Personenvereinigung verantwortlich handelt (§ 30 Abs. 1 Nr. 5 OWiG),

eine Ordnungswidrigkeit iS von § 35 Abs. 1 oder Abs. 2 WpPG (iVm. § 9 OWiG und gegebenenfalls § 130 OWiG) begangen hat (sog. Bezugstat einer natürlichen Person).

20 Gemäß **§ 130 OWiG**, der eine selbstständige Ordnungswidrigkeit wegen der **Verletzung der Aufsichtspflicht in Betrieben und Unternehmen** normiert, handeln der Inhaber eines Betriebs oder Unternehmens oder jeder der nach § 9 Abs. 1 und 2 OWiG im Hinblick auf Betrieb oder Unternehmen Vertretungsbefugten bzw. Leitungsbeauftragten[3] ordnungswidrig, wenn er „vorsätzlich oder fahrlässig die Aufsichtsmaßnahmen unterlässt, die erforderlich sind, um in dem Betrieb oder Unternehmen Zuwiderhandlungen gegen Pflichten zu verhindern, die den Inhaber treffen und deren Verletzung mit Strafe oder Geldbuße bedroht ist, [...] wenn eine solche Zuwiderhandlung begangen wird, die durch gehörige Aufsicht verhindert

---

1 Vgl. *Bohnert*, § 9 OWiG Rz. 1 ff.; *Vogel* in Assmann/Uwe H. Schneider, § 39 WpHG Rz. 54 ff. mwN; *Pelz* in Holzborn, § 30 WpPG Rz. 32 f.; *Wolf* in FrankfurtKomm. WpPG, § 30 WpPG Rz. 74.

2 Zu den rechtsfähigen Personengesellschaften gehören nicht nur die OHG oder die KG, sondern nach dem Urteil des BGH v. 29.1.2001 – II ZR 331/00, NJW 2001, 1056, auch die Gesellschaft bürgerlichen Rechts als Außengesellschaft. Auch die Vorgründungsgesellschaften in dieser Rechtsform sind damit erfasst. Siehe im Übrigen zu den in § 30 Abs. 1 OWiG erfassten Verbänden und Gesellschaften *Gürtler* in Göhler, § 30 OWiG Rz. 1 ff.; *Rogall* in Karlsruher Kommentar zum Ordnungswidrigkeitengesetz, § 30 OWiG Rz. 31 ff. bzw. Rz. 52 ff.

3 Vgl. *Vogel* in Assmann/Uwe H. Schneider, § 39 WpHG Rz. 62 iVm. Rz. 57.

oder wesentlich erschwert worden wäre" (§ 130 Abs. 1 Satz 1 OWiG). Zu den erforderlichen Aufsichtsmaßnahmen gehören nach § 130 Abs. 1 Satz 2 OWiG auch die Bestellung, sorgfältige Auswahl und Überwachung von Aufsichtspersonen. § 130 OWiG ist als Auffangtatbestand konzipiert und kommt dementsprechend nur dann in Betracht, wenn dem Aufsichtspflichtigen nicht eine straf- oder anderweitig zu ahndende Beteiligung nach §§ 13, 25 ff. StGB, §§ 8, 9, 14 OWiG nachgewiesen werden kann[1].

5. Verjährung

Das WpPG enthält keine Bestimmungen über die **Verfolgungsverjährung**, doch findet § 31 Abs. 2 Nr. 1 OWiG Anwendung, da der in § 35 Abs. 3 WpPG festgelegte Bußgeldrahmen durchweg über dem von der erstgenannten Vorschrift genannten Schwellenwert von 15.000 Euro liegt. Nach § 31 Abs. 2 Nr. 1 OWiG können Ordnungswidrigkeiten nicht mehr verfolgt werden, wenn seit Beendigung der als Ordnungswidrigkeit erfassten Handlung drei Jahre verstrichen sind (§ 31 Abs. 3 Satz 1 OWiG). Tritt ein zum Tatbestand gehörender Erfolg erst später ein, so beginnt die Verjährung mit diesem Zeitpunkt (§ 31 Abs. 3 Satz 2 OWiG). Regeln zur **Vollstreckungsverjährung** finden sich in § 34 OWiG. Nach diesen beträgt die Vollstreckungsverjährungsfrist fünf Jahre ab Rechtskraft des Bußgeldbescheids.

6. Zusammentreffen von Ordnungswidrigkeit und Straftat

Wird mit dem Verhalten, das eine Ordnungswidrigkeit nach § 35 Abs. 1 oder Abs. 2 WpPG begründet, **zugleich ein Straftatbestand verwirklicht**, treffen mithin Straftat und Ordnungswidrigkeit tateinheitlich zusammen, so wird nur das Strafgesetz angewandt (§ 21 Abs. 1 Satz 1 OWiG).

III. Ordnungswidrigkeiten nach § 35 Abs. 1 WpPG

Sämtliche Verstöße gegen die in § 35 Abs. 1 WpPG in Bezug genommenen Ge- und Verbote stellen ausweislich der Eingangsformulierung der Vorschrift Ordnungswidrigkeiten nur dann dar, wenn sie **vorsätzlich oder leichtfertig** (siehe oben Rz. 12 ff. bzw. Rz. 15) begangen wurden.

1. Verstöße gegen die allgemeine Prospektpflicht (§ 35 Abs. 1 Nr. 1 WpPG)

Die ursprüngliche Fassung von § 35 Abs. 1 Nr. 1 WpPG hat durch Art. 1 Nr. 22 lit. a des Gesetzes zur Umsetzung der Richtlinie 2010/73/EU vom 26.6.2012[2] eine

---

[1] *Vogel* in Assmann/Uwe H. Schneider, § 39 WpHG Rz. 62.
[2] Gesetz zur Umsetzung der Richtlinie 2010/73/EU und zur Änderung des Börsengesetzes vom 26.6.2012, BGBl. I 2012, S. 1375.

lediglich redaktionelle **Änderung** erfahren, die auf einer Neufassung des § 3 Abs. 1 WpPG durch dieses Gesetz beruht[1].

25 Die in § 35 Abs. 1 Nr. 1 WpPG in Bezug genommene Bestimmung des § 3 Abs. 1 WpPG betrifft die **allgemeine Prospektpflicht** bei Angebot von Wertpapieren im Inland. Nach § 3 Abs. 1 WpPG darf der Anbieter, sofern sich aus § 3 Abs. 2 und 3 WpPG oder aus § 4 Abs. 1 WpPG nichts anderes ergibt, Wertpapiere im Inland erst dann öffentlich anbieten, wenn er zuvor einen Prospekt für diese Wertpapiere veröffentlicht hat. Mit Bußgeld wird belegt, wer dieser Prospektpflicht nicht nachkommt und gleichwohl Wertpapiere im Inland öffentlich anbietet. Der Tatbestand ist auch erfüllt, wenn ein Angebot unter Veröffentlichung eines noch der BaFin zur Billigung vorliegenden Prospektentwurfs erfolgt. Hier stellt sich die Frage nach dem Verhältnis zwischen § 35 Abs. 1 Nr. 1 und 5 WpPG (dazu unten Rz. 35).

26 Keine Ordnungswidrigkeit nach § 35 Abs. 1 Nr. 1 WpPG lag nach der durch Art. 1 Nr. 4 des Gesetzes zur Umsetzung der Richtlinie 2010/73/EU und zur Änderung des Börsengesetzes vom 26.6.2012[2] mit Wirkung vom 30.6.2012 gestrichenen alten Fassung des § 3 Abs. 1 Satz 2 Alt. 1 WpPG vor, wenn ein **Prospekt** nach den Vorschriften dieses Gesetzes **bereits veröffentlicht wurde**. In der Sache hat sich durch die Streichung des § 3 Abs. 1 Satz 2 WpPG an der Ausnahme nichts geändert, doch greift diese nunmehr nur unter den gegenüber der alten Regelung zusätzlichen Voraussetzungen ein, die der neue, ebenfalls auf das Gesetz zur Umsetzung der Richtlinie 2010/73/EU und zur Änderung des Börsengesetzes vom 26.6.2012 zurückgehende § 3 Abs. 3 WpPG aufstellt. Zu Einzelheiten ist auf die diesbezüglichen Erläuterungen des § 3 Abs. 3 WpPG zu verweisen. Eine **nachträgliche Veröffentlichung des Prospekts** beseitigt die Ordnungswidrigkeit nicht.

27 Nicht unter § 35 Abs. 1 Nr. 1 WpPG fällt die „**Schlechterfüllung**" der **Prospektpflicht** etwa bei inhaltlichen Mängeln des Prospekts[3].

2. Verstöße gegen die Pflicht zur Veröffentlichung des Emissionspreises und des Emissionsvolumens (§ 35 Abs. 1 Nr. 2 WpPG)

28 Die in § 35 Abs. 1 Nr. 2 WpPG angeführte Vorschrift des § 8 Abs. 1 Sätze 6 und 7 WpPG hat die Pflicht zur **Veröffentlichung des Emissionspreises und des Emissionsvolumens** zum Gegenstand. In personeller Hinsicht betrifft die Bestimmung den **Anbieter** oder den **Zulassungsantragsteller**, die nebeneinander für die ordnungsgemäße Veröffentlichung verantwortlich sind[4].

29 Ahndbar ist zunächst die **unterlassene Veröffentlichung** des Emissionspreises oder des Emissionsvolumens („nicht ... veröffentlicht"). Ordnungswidrig ist des Weite-

---

1 RegE Gesetz zur Umsetzung der Richtlinie 2010/73/EU und zur Änderung des Börsengesetzes, BT-Drucks. 17/8684 v. 15.2.2012, S. 1 (21).
2 BGBl. I 2012, S. 1375.
3 *Pelz* in Holzborn, § 30 WpPG Rz. 3; *Wolf* in FrankfurtKomm. WpPG, § 30 WpPG Rz. 17.
4 Auch *Pelz* in Holzborn, § 30 WpPG Rz. 5.

ren die zwar vorgenommene, aber **unwahre Angabe** über Emissionspreis und Emissionsvolumen enthaltene Veröffentlichung[1]. Diese Auslegung des Merkmals „nicht richtig … veröffentlicht", die die Unrichtigkeit der Veröffentlichung nicht nur auf die Fehlerhaftigkeit der Veröffentlichung bezieht, ist geboten, weil diese mit der Begehungsalternative einer „nicht in der vorgeschriebenen Weise" vorgenommenen Veröffentlichung eine selbständige Ahndung erfährt. Sie entspricht im Übrigen der Auslegung des Merkmals im Zusammenhang mit der ordnungswidrigkeitenrechtlichen Sanktionierung kapitalmarktrechtlicher Transparenz- und Publizitätspflichten[2].

Ordnungswidrigkeitenrechtlich ahndbar ist des Weiteren eine **„nicht in der vorgeschriebenen Weise"** vorgenommene Veröffentlichung, dh. ein Verstoß gegen die in § 8 Abs. 1 Sätze 6 und 7 WpPG vorgeschriebenen Veröffentlichungsmodalitäten. Gleiches gilt für eine **nicht rechtzeitige Veröffentlichung**. Das ist für den von § 8 Abs. 1 Satz 6 WpPG erfassten Fall, dass ein öffentliches Angebot erfolgt, die nicht unverzüglich (dh. ohne schuldhaftes Zögern iS von § 121 BGB[3]) in einer nach § 14 Abs. 2 WpPG zulässigen Art und Weise vorgenommene Veröffentlichung des vom Anbieter oder Zulassungsantragsteller festgelegten endgültigen Emissionspreises und Emissionsvolumens. Erfolgt kein öffentliches Angebot, ist eine Veröffentlichung verspätet, wenn der endgültige Emissionspreis und das Emissionsvolumen entgegen § 8 Abs. 1 Satz 6 WpPG nicht spätestens einen Werktag vor der Einführung der Wertpapiere veröffentlicht wird. 30

3. Verstöße gegen die Hinterlegung des endgültigen Emissionspreises und des Emissionsvolumens (§ 35 Abs. 1 Nr. 3 WpPG)

§ 35 Abs. 1 Nr. 3 WpPG erfasst die in § 8 Abs. 1 Satz 9 WpPG normierte Pflicht zur **Hinterlegung des endgültigen Emissionspreises und des Emissionsvolumens**. Diese sind am Tag der Veröffentlichung bis 24 Uhr bei der BaFin zu hinterlegen. Nur das vollständige Unterlassen führt zur Sanktion. Die Pflicht trifft den **Anbieter** oder den **Zulassungsantragsteller**. Sofern die Veröffentlichung über unterschiedliche der in § 14 Abs. 2 WpPG genannten Wege erfolgt, ist der erste Veröffentlichungszeitpunkt maßgeblich[4]. 31

---

[1] *Pelz* in Holzborn, § 35 Rz. 7; *Voß* in Just/Voß/Ritz/Zeising, § 30 WpPG Rz. 54; *Wolf* in FrankfurtKomm. WpPG, § 30 WpPG Rz. 22. Anders noch Vorauflage., § 30 WpPG Rz. 2.
[2] Siehe dazu nur *Vogel* in Assmann/Uwe H. Schneider, § 39 WpHG Rz. 7, 12, 15, 20, 33.
[3] Teilweise wird ein eigenständiger, kapitalmarktrechtlicher Begriff *unverzüglichen* Handelns vertreten, so *Ritz/Voß* in Just/Voß/Ritz/Zeising, § 14 WpPG Rz. 18 und *Voß* in Just/Voß/Ritz/Zeising, § 30 WpPG Rz. 67 (zu § 30 Abs. 1 Nr. 4 WpPG aF). Dazu besteht indes kein Bedarf, weil die Beurteilung der Schuldhaftigkeit des Zögerns genügend Raum lässt, um Besonderheiten des Kapitalmarkts gerecht zu werden, und darüber hinaus Verzögerungen wegen Rechtsirrtums entschuldbar sein können.
[4] Ebenso *Pelz* in Holzborn, § 35 WpPG Rz. 11.

4. § 35 Abs. 1 Nr. 4 WpPG *(weggefallen)*

32 In § 35 Abs. 1 Nr. 4 WpPG aF, wortgleich mit dem ihm vorausgegangenen § 30 Abs. 1 Nr. 4 WpPG aF, wurden Verstöße gegen die in § 10 Abs. 1 Satz 1 und Abs. 2 Satz 1 WpPG aF enthaltenen Pflichten zur Veröffentlichung des jährlichen Dokuments zur Ordnungswidrigkeit erklärt. Aufgrund von Art. 1 Nr. 11 des Gesetzes zur Umsetzung der Richtlinie 2010/73/EU[1] wurde § 10 WpPG (aF) aufgehoben. Die Aufhebung dieser Bestimmung dient der Umsetzung von Art. 1 Nr. 10 der Prospektrichtlinie-Änderungsrichtlinie[2], durch den Art. 10 der Prospektrichtlinie[3] aufgehoben wurde[4]. Das wiederum war dem Umstand geschuldet, dass sich mit den Publizitätsbestimmungen der Transparenzrichtlinie[5] die in der Prospektrichtlinie festgelegte Pflicht des Emittenten, einmal jährlich ein Dokument vorzulegen, das alle in den 12 Monaten vor Ausgabe des Prospekts veröffentlichten Informationen enthält oder auf diese verweist, verdoppelt hätte, weshalb der Wegfall dieses Informationsinstruments angezeigt war[6]. Als Folge der Aufhebung von § 10 WpPG (aF) wurde durch Art. 1 Nr. 22 lit. a bb) des Gesetzes zur Umsetzung der Richtlinie 2010/73/EU[7] auch § 35 Abs. 1 Nr. 4 WpPG aufgehoben[8]. Gemäß der Übergangsvorschrift des § 36 Abs. 3 WpPG war das jährliche Dokument nach § 10 WpPG in dessen bis zum 30.6.2012 geltenden Fassung letztmalig für den Zeitraum des vor dem 1.7.2012 zu veröffentlichenden Jahresabschlusses zu erstellen, dem Publikum zur Verfügung zu stellen und bei der Bundesanstalt zu hinterlegen.

5. Verstöße gegen das Verbot der Veröffentlichung des Prospekts vor seiner Billigung (§ 35 Abs. 1 Nr. 5 WpPG)

33 Durch § 35 Abs. 1 Nr. 5 WpPG werden Verstöße gegen das **Verbot der Veröffentlichung des Prospekts vor seiner Billigung** durch die BaFin nach § 13 Abs. 1 Satz 1 WpPG als Ordnungswidrigkeiten sanktioniert. Das Publikum soll auf diese Weise nachdrücklich davor geschützt werden, nicht von der BaFin geprüfte und zur Veröffentlichung freigegebene Prospekte zu erhalten[9]. Auch die Veröffentlichung eines

---

1 Gesetz zur Umsetzung der Richtlinie 2010/73/EU und zur Änderung des Börsengesetzes vom 26.6.2012, BGBl. I 2012, S. 1375.
2 Richtlinie 2010/73/EU vom 24.11.2010, ABl. EU Nr. L 327 vom 11.12.2010, S. 1.
3 Richtlinie 2003/71/EG vom 4.11.2003 ABl. EU Nr. L 345 vom 31.12.2003, S. 64.
4 RegE Gesetz zur Umsetzung der Richtlinie 2010/73/EU und zur Änderung des Börsengesetzes, BT-Drucks. 17/8684 v. 15.2.2012, S. 1 (19, zu Art. 1 Nr. 11).
5 Richtlinie 2004/109/EG vom 15.12.2004, ABl. EU Nr. L 390/38 vom 31.12.2004, S. 38.
6 Vgl. Erwägungsgrund 21 der Richtlinie 2004/109/EG vom 15.12.2004, ABl. EU Nr. L 390/38 vom 31.12.2004, S. 38.
7 Gesetz zur Umsetzung der Richtlinie 2010/73/EU und zur Änderung des Börsengesetzes vom 26.6.2012, BGBl. I 2012, S. 1375.
8 RegE Gesetz zur Umsetzung der Richtlinie 2010/73/EU und zur Änderung des Börsengesetzes, BT-Drucks. 17/8684 v. 15.2.2012, S. 1 (21, zu Art. 1 Nr. 22 Buchstabe a).
9 Vgl. zu § 17 Abs. 1 Nr. 2 VerkProspG aF *Lenz* in Assmann/Lenz/Ritz, § 17 VerkProspG Rz. 30. Auch *Wolf* in FrankfurtKomm. WpPG, § 30 WpPG Rz. 37.

gegenüber der gebilligten Fassung abgeänderten Prospekts wird erfasst[1]. Wegen der mit dem WpPG eingeführten strengeren Regelung der formalen Prospektgestaltung wird man nunmehr auch Änderungen des Layouts des zur Veröffentlichung freigegebenen Prospekts als Ordnungswidrigkeit anzusehen haben[2].

Zur Beantwortung der Frage, unter welchen Voraussetzungen davon ausgegangen werden kann, dass ein Prospekt entgegen § 13 Abs. 1 Satz 1 WpPG **veröffentlicht** wurde, kann auf die Definition des Begriffs des öffentlichen Angebots in § 2 Nr. 4 WpPG zurückgegriffen werden, wonach als **öffentliches** Angebot jede ein Angebot enthaltende „Mitteilung an das Publikum in jedweder Form und auf jedwede Art und Weise" genügt. Zu Einzelheiten hierzu ist auf die Erläuterungen zu § 2 Nr. 4 WpPG zu verweisen. Außer Frage steht aber jedenfalls, dass die Bekanntmachung eines Prospekts durch dessen Einstellung in das Internet oder dessen Abdruck in der Presse als Veröffentlichung desselben anzusehen ist[3].

Zum **Verhältnis von § 35 Abs. 1 Nr. 5 zu Nr. 1 WpPG**: Wird ein Prospekt – gleich ob er der BaFin zur Gestattung der Veröffentlichung vorgelegt wurde oder werden sollte – vor seiner Billigung veröffentlicht, ohne dass mit ihm bereits ein öffentliches Angebot zum Kauf oder zur Zeichnung dieser Wertpapiere iS von § 2 Nr. 4 WpPG einhergeht, liegt eine Ordnungswidrigkeit nach § 35 Abs. 1 Nr. 5 WpPG, mangels öffentlichem Angebot indes keine solche nach § 35 Abs. 1 Nr. 1 WpPG vor. Anders verhält es sich, wenn die gegen § 13 Abs. 1 WpPG verstoßende und von § 35 Abs. 1 Nr. 5 WpPG als Ordnungswidrigkeit erfasste Veröffentlichung des Prospekts mit einem öffentlichen Angebot zum Erwerb der Wertpapiere verbunden ist. In diesem Falle ist **tateinheitlich**[4] auch eine Ordnungswidrigkeit iS von § 35 Abs. 1 Nr. 1 WpPG gegeben, weil in der in Nr. 1 in Bezug genommenen Vorschrift des § 3 Abs. 1 Satz 1 WpPG nicht jedweder Prospekt gemeint ist, sondern nur ein Prospekt, der – entsprechend der Formulierung in § 13 Abs. 1 Satz 2 WpPG – „nach den Vorschriften dieses Gesetzes ... veröffentlicht" wurde.

6. Verstöße gegen die Pflicht zur ordnungsgemäßen Veröffentlichung des Prospekts (§ 35 Abs. 1 Nr. 6 WpPG)

§ 35 Abs. 1 Nr. 6 WpPG sanktioniert die in sachlicher und zeitlicher Hinsicht **nicht ordnungsgemäße Veröffentlichung** eines von der BaFin gebilligten Prospekts. Dabei nimmt § 35 Abs. 1 Nr. 6 WpPG zwar auf § 14 Abs. 1 Sätze 1 und 2 WpPG Be-

---

1 Ebenso *Voß* in Just/Voß/Ritz/Zeising, § 30 WpPG Rz. 71; *Wolf* in FrankfurtKomm. WpPG, § 30 WpPG Rz. 42.
2 Anders noch zu § 17 Abs. 1 Nr. 2 VerkProspG aF Lenz in Assmann/Lenz/Ritz, § 17 VerkProspG Rz. 34. Wie dort *Voß* in Just/Voß/Ritz/Zeising, § 30 WpPG Rz. 72; *Wolf* in FrankfurtKomm. WpPG, § 30 WpPG Rz. 42.
3 Vgl. *Lenz* in Assmann/Lenz/Ritz, § 17 VerkProspG Rz. 32; *Wehowsky* in Erbs/Kohlhaas, § 17 VerkProspG Rz. 14.
4 Ebenso iE *Voß* in Just/Voß/Ritz/Zeising, § 30 WpPG Rz. 87 (2. Abs.), mit schulmäßiger Erörterung möglicher, aber auszuscheidender Konkurrenzverhältnisse zwischen § 35 Abs. 1 Nr. 1 und Nr. 5 WpPG; *Wolf* in FrankfurtKomm. WpPG, § 30 WpPG Rz. 43.

zug, erfasst aber nur solche Verstöße gegen diese Bestimmungen als Ordnungswidrigkeit, die darin bestehen, dass ein Prospekt nicht, nicht richtig, nicht vollständig, nicht in der vorgeschriebenen Weise oder nicht rechtzeitig veröffentlicht wurde. Erfasst wird damit nur die Pflicht zur Veröffentlichung eines Prospekts. Keine Ordnungswidrigkeit stellen mithin Verstöße gegen die in § 14 Abs. 1 Satz 1 WpPG statuierte Pflicht zur **Hinterlegung des Prospekts** bei der BaFin dar.

37 Im Einzelnen **ahndbar** sind

– die unterlassene, dh. gar nicht vorgenommene Veröffentlichung („nicht ... veröffentlicht"),

– die unrichtige, dh. unwahre Veröffentlichung (näher dazu unten Rz. 38),

– die unvollständige Veröffentlichung,

– die nicht in der vorgeschriebenen Weise vorgenommene Veröffentlichung und

– die nicht rechtzeitige Veröffentlichung

des Prospekts.

38 Unterschiedlich beurteilt wird dabei die Frage, ob sich die in Nr. 6 angeführte Tatbegehungsalternative **„nicht richtig"** ausschließlich auf die nicht ordnungsgemäße Veröffentlichung, nicht aber auch auf **Unrichtigkeiten des Prospektinhalts** oder Mängel der Prospektgestaltung bezieht[1]. Dafür, dass mit dem Merkmal „nicht richtig ... veröffentlicht" unrichtige, dh. unwahre Angaben in der Prospektveröffentlichung erfasst werden[2] und neben die zivilrechtliche Haftung für fehlerhafte Prospekte nach §§ 21 ff. WpPG treten, spricht, dass eine nicht ordnungsgemäße Veröffentlichung des Prospekts mit der Begehungsalternative einer „nicht in der vorgeschriebenen Weise" vorgenommenen Veröffentlichung eine selbständige Ahndung erfährt. Diese Auslegung entspricht im Übrigen derjenigen des Merkmals im Zusammenhang mit der ordnungswidrigkeitenrechtlichen Sanktionierung kapitalmarktrechtlicher Transparenz- und Publizitätspflichten (siehe schon oben Rz. 29). Entsprechendes gilt für die **Unvollständigkeit** der Prospektveröffentlichung. Anders als die Prospekthaftung nach §§ 21 ff. WpPG erfasst sie jede Unvollständigkeit des Prospekts, dh. das Fehlen gesetzlich vorgeschriebener Angaben, während für die Unvollständigkeit von Prospekten nach §§ 21–23 WpPG nur in dem Fall gehaftet wird, dass es sich bei den unterlassenen um wesentliche Angaben handelt (siehe dazu die Erläuterungen zu §§ 21–23 WpPG Rz. 55 ff.). Dessen ungeachtet können fehlerhafte Prospektangaben auch eine Straftat iS von § 264a StGB[3], § 400 Abs. 1 Nr. 1 AktG

---

1 Die Frage bejahend *Pelz* in Holzborn, § 35 WpPG Rz. 18; *Voß* in Just/Voß/Ritz/Zeising, § 30 WpPG Rz. 76. Ebenso noch in der Voraufl. Rz. 36.

2 *Mülbert/Steup*, Emittentenhaftung für fehlerhafte Kapitalmarktinformation am Beispiel der fehlerhaften Regelpublizität, WM 2005, 1633 (1639); *Wehowsky* in Erbs/Kohlhaas, § 30 WpPG Rz. 15. Nach *Wolf* in FrankfurtKomm. WpPG, § 30 WpPG Rz. 51 soll eine Veröffentlichung nur dann unrichtig sein, wenn der veröffentlichte vom gebilligten Prospekt abweicht.

3 *Voß* in Just/Voß/Ritz/Zeising, § 30 WpPG Rz. 76. AA *Wehowsky* in Erbs/Kohlhaas, § 30 WpPG Rz. 15.

sowie (allerdings weniger wahrscheinlich) nach § 399 Abs. 1 Nr. 3 AktG[1] darstellen und eine zivilrechtliche Haftung nach §§ 21–23 WpPG nach sich ziehen.

Zum **Verhältnis von § 35 Abs. 1 Nr. 6 zu Nr. 1 WpPG**: Geht die iS von § 35 Abs. 1 Nr. 6 iVm. § 14 Abs. 1 Sätze 1 und 2 WpPG nicht ordnungsgemäße Veröffentlichung des gebilligten Prospekts mit einem öffentlichen Angebot der Wertpapiere, auf die sich der Prospekt bezieht, einher, so ist darin tateinheitlich auch eine Ordnungswidrigkeit iS von § 35 Abs. 1 Nr. 1 WpPG verwirklicht, weil in der in Nr. 1 in Bezug genommenen Vorschrift des § 3 Abs. 1 Satz 1 WpPG nicht jedwede Prospektveröffentlichung gemeint ist, sondern nur eine solche, die – entsprechend der Formulierung in § 13 Abs. 1 Satz 2 WpPG – „nach den Vorschriften dieses Gesetzes" erfolgte. Das Verhältnis von § 35 Abs. 1 Nr. 6 zu Nr. 5 WpPG ist dadurch gekennzeichnet, dass eine Ordnungswidrigkeit nach Nr. 6 nur gegeben sein kann, wenn ein gebilligter Prospekt vorliegt und die an dessen Billigung anknüpfenden Veröffentlichungspflichten nicht erfüllt werden.

7. Verstoß gegen die Mitteilungspflicht gegenüber der BaFin (§ 35 Abs. 1 Nr. 7 WpPG)

Die ursprüngliche Fassung von § 35 Abs. 1 Nr. 7 WpPG hat durch Art. 36 Jahressteuergesetz 2009 vom 19.12.2008[2] eine lediglich redaktionelle **Änderung** erfahren.

Nach § 14 Abs. 3 WpPG hat der Anbieter von Wertpapieren oder der Zulassungsantragsteller der BaFin Datum und Ort der Veröffentlichung des Prospekts unverzüglich schriftlich mitzuteilen. Jede entgegen diesem Gebot nicht, nicht richtig, nicht vollständig, nicht in der vorgeschriebenen Weise oder nicht rechtzeitig vorgenommene Mitteilung stellt nach § 35 Abs. 1 Nr. 7 WpPG eine Ordnungswidrigkeit dar. Damit erfasst § 35 Abs. 1 Nr. 7 WpPG neben **unterlassenen Mitteilungen** auch (und anders als nach § 35 Abs. 1 Nr. 2, 6 und 9 WpPG) **inhaltlich unrichtige Mitteilungen**, wie etwa die Mitteilung einer in Wahrheit nicht vorgenommenen Veröffentlichung[3].

Dem Wortlaut der Bestimmung nach werden darüber hinaus selbst **formelle Verstöße** gegen die Mitteilungspflicht nach § 14 Abs. 3 WpPG von eher gering erscheinendem Gewicht sanktioniert. So ist eine nicht schriftlich oder nicht unverzüglich vorgenommene Mitteilung eine nicht in der vorgeschriebenen Weise vorgenommene Mitteilung und damit eine Ordnungswidrigkeit iS von § 35 Abs. 1 Nr. 7 WpPG. Gleiches gilt für fehlerhafte, falsche oder unvollständige Angaben des Zeitpunkts oder des Orts der Veröffentlichung. Insbesondere in dem Fall, in dem die BaFin tatsächlich eine zutreffende, aber nicht formgemäße Mitteilung erreicht, mag dies rechtspolitisch

---

[1] *Gebauer* in Kümpel/Hammen/Ekkenga, Nr. 100, S. 79.
[2] BGBl. I 2008, S. 2794. Art. 36 des Gesetzes bestimmt in Bezug auf § 35 WpPG in seiner alten Zählung als § 30 WpPG (aF): „In § 30 Abs. 1 Nr. 7 wird die Angabe ‚§ 14 Abs. 3 Satz 1' durch die Angabe ‚§ 14 Abs. 3' ersetzt".
[3] So auch *Voß* in Just/Voß/Ritz/Zeising, § 30 WpPG Rz. 94.

fragwürdig sein[1], doch ist selbst in diesem Falle für **eine einschränkende Auslegung** kein Raum. Das Gewicht des Verstoßes kann jedoch bei der Festsetzung des Bußgelds Berücksichtigung finden.

8. Verstöße gegen die Pflicht zur Angabe des Veröffentlichungsorts der jeweils anderen Einzeldokumente (§ 35 Abs. 1 Nr. 7a WpPG)

43 Nr. 7a ist durch Art. 4 Kleinanlegerschutzgesetz vom 3.7.2015[2] in § 35 Abs. 1 WpPG eingefügt worden, „um einen Verstoß gegen die Regelung des § 14 Abs. 4 Satz 2 WpPG im Rahmen eines Ordnungswidrigkeitenverfahrens ahnden zu können"[3].

44 Nach § 14 Abs. 4 Satz 1 WpPG können, wenn der Prospekt in mehreren Einzeldokumenten erstellt wird oder Angaben in Form eines Verweises enthält, die den Prospekt bildenden Dokumente und Angaben getrennt in einer der in § 14 Abs. 2 WpPG genannten Art und Weise veröffentlicht werden. Ist dies der Fall, verlangt § 14 Abs. 4 Satz 2 WpPG allerdings, in jedem Einzeldokument anzugeben, wo die anderen Einzeldokumente erhältlich sind, die zusammen mit diesem den vollständigen Prospekt bilden. Werden diese Angaben nicht, nicht richtig, nicht vollständig oder nicht rechtzeitig gemacht, stellt dies nach § 35 Abs. 1 Nr. 7a WpPG eine Ordnungswidrigkeit dar. Erfasst werden damit nicht nur unterlassene, unvollständige oder nicht rechtzeitig vorgenommene, sondern auch **inhaltlich fehlerhafte Angaben**.

9. Verstöße gegen die Pflicht zur Überlassung einer Papierversion des Prospekts (§ 35 Abs. 1 Nr. 8 WpPG)

45 In § 35 Abs. 1 Nr. 8 WpPG werden Verstöße gegen die in § 14 Abs. 5 WpPG normierte Pflicht unter Bußgelddrohung gestellt, dem Anleger auf Verlangen eine **Papierversion** des Prospekts kostenlos zur Verfügung zu stellen, wenn dieser im Internet veröffentlicht wird.

46 Erfasst wird damit nicht nur der Fall, dass der Anbieter oder Zulassungsantragsteller **keinerlei Vorkehrungen** getroffen hat, um dem Anleger für den Fall der Veröffentlichung des Prospekts im Internet eine Papierversion desselben zur Verfügung stellen zu können, dh. der Fall, dass überhaupt keine Papierversion zur Verfügung gestellt wurde, sondern auch der Fall, dass die Betreffenden nicht in der Lage sind, jedem Anleger eine Papierversion auszuhändigen, etwa weil nicht genügend Druckexemplare des Prospekts gefertigt wurden und für eine andere Möglichkeit zur Fertigung einer Papierversion keine Sorge getragen wurde[4].

---

1 Am „Ahndungsbedürfnis" zweifelnd *Pelz* in Holzborn, § 30 WpPG Rz. 21. Keine „durchgreifenden Bedenken" dagegen bei *Voß* in Just/Voß/Ritz/Zeising, § 30 WpPG Rz. 99.
2 BGBl. I 2015, S. 1114.
3 RegE Kleinanlegerschutzgesetz, BT-Drucks. 18/3994 v. 11.2.2015, S. 1 (34).
4 AA wohl *Pelz* in Holzborn, § 35 WpPG Rz. 29, der nur das „völlige Unterlassen der Zurverfügungstellung einer Papierversion" erfasst sieht. Diesem (nahezu wortgleich und ohne Präzisierung) folgend *Voß* in Just/Voß/Ritz/Zeising, § 30 WpPG Rz. 99.

10. Verstöße gegen die Pflicht, einen erforderlichen Nachtrag zu veröffentlichen (§ 35 Abs. 1 Nr. 9 WpPG)

Die ursprüngliche Fassung von § 35 Abs. 1 Nr. 9 WpPG hat durch Art. 1 Nr. 22 lit. a cc) des Gesetzes zur Umsetzung der Richtlinie 2010/73/EU[1] eine lediglich redaktionelle **Änderung** erfahren.

Nach § 16 Abs. 1 Satz 4 WpPG muss der Anbieter oder Zulassungsantragsteller einen nach § 16 Abs. 1 Sätze 1 und 2 WpPG anzufertigenden und von der BaFin zu billigenden **Nachtrag** unverzüglich nach Billigung in derselben Art und Weise wie den ursprünglichen Prospekt nach § 14 WpPG **veröffentlichen**. Wer vorsätzlich oder leichtfertig einen solchen Nachtrag nicht, nicht richtig, nicht vollständig, nicht in der vorgeschriebenen Weise oder nicht rechtzeitig veröffentlicht, handelt nach § 35 Abs. 1 Nr. 9 WpPG ordnungswidrig.

Der ordnungswidrigkeitenrechtlichen Ahndung eines nicht, nicht richtig, nicht vollständig, nicht in der vorgeschriebenen Weise oder nicht rechtzeitig veröffentlichten Prospekts nach § 35 Abs. 1 Nr. 6 WpPG vergleichbar, ist nach Nr. 9 der Vorschrift **im Einzelnen ahndbar**

– die unterlassene, dh. gar nicht vorgenommene Veröffentlichung („nicht ... veröffentlicht"),
– die unrichtige, dh. unwahre Veröffentlichung (siehe dazu oben Rz. 38)[2],
– die unvollständige, dh. nicht alle gesetzlich erforderlichen Angaben enthaltende Veröffentlichung,
– die nicht in der vorgeschriebenen Weise vorgenommene Veröffentlichung und
– die nicht rechtzeitige Veröffentlichung

des gebilligten Nachtrags iS von § 16 Abs. 1 Satz 1 WpPG.

Erfasst werden danach nicht das Unterlassen der **Erstellung** eines Nachtrags nach § 16 Abs. 1 Satz 1 WpPG[3] oder die Einreichung eines Nachtrags bei der BaFin zur Billigung desselben nach § 16 Abs. 1 Satz 2 WpPG, sondern **lediglich Mängel bei Veröffentlichung eines *gebilligten* Nachtrags**. Zu diesen gehört sowohl das gänzliche Unterlassen einer Nachtragsveröffentlichung als auch die nicht in sachlicher oder zeitlicher Hinsicht ordnungsgemäße Veröffentlichung des Nachtrags. Inhaltliche Mängel des Nachtrags können auch eine Straftat iS des § 264a StGB darstellen und eine zivilrechtliche Haftung gemäß §§ 21–23 WpPG nach sich ziehen.

---

[1] Gesetz zur Umsetzung der Richtlinie 2010/73/EU und zur Änderung des Börsengesetzes vom 26.6.2012, BGBl. I 2012, S. 1375.
[2] *Wehowsky* in Erbs/Kohlhaas, § 30 WpPG 19. Anders noch Voraufl., § 30 WpPG Rz. 44.
[3] „Sanktionslücke": *Voß* in Just/Voß/Ritz/Zeising, § 30 WpPG Rz. 101; *Wolf* in Frankfurt-Komm. WpPG, § 30 WpPG Rz. 58.

IV. Ordnungswidrigkeiten nach § 35 Abs. 2 WpPG

51 Die ursprüngliche Fassung der Vorschrift hat durch Art. 6 Nr. 13 Gesetz zur Novellierung des Finanzanlagenvermittler- und Vermögensanlagenrechts vom 6.12.2011[1] eine lediglich redaktionelle **Änderung** erfahren. Diese war der Einfügung des neuen Abschnitts 6 mit fünf Bestimmungen zur Prospekthaftung in das WpPG und der dadurch veranlassten Neuzählung der Vorschriften des WpPG und der Neufassung von Gesetzesverweisen geschuldet[2].

52 § 35 Abs. 2 WpPG ahndet vorsätzliche oder einfach fahrlässige (siehe oben Rz. 12 ff. bzw. Rz. 16) Zuwiderhandlungen gegen vollziehbare Anordnungen der BaFin. Die Vorschrift entspricht § 17 Abs. 2 Nr. 2 VerkProspG aF[3].

1. Vollziehbare Anordnung der BaFin (§ 35 Abs. 2 Nr. 1 und 2 WpPG)

53 Im Gegensatz zu § 35 Abs. 1 WpPG verfolgt Abs. 2 nicht den Zweck, die Verletzung einer gesetzlich bestimmten Pflicht zur Ordnungswidrigkeit zu erklären und zu ahnden. Vielmehr wird erst der **Verstoß gegen eine vollziehbare Anordnung** der BaFin erfasst, die auf der Grundlage eines Verstoßes gegen Bestimmungen des WpPG erging[4]. In Betracht kommen gemäß § 35 Abs. 2 Nr. 1 und 2 WpPG allerdings nur vollziehbare Anordnungen in Gestalt der Untersagung unzulässiger Werbung nach § 15 Abs. 6 Sätze 1 oder 2 WpPG und der Durchsetzung allgemeiner wertpapierprospektrechtlicher Überwachungsaufgaben nach § 26 Abs. 2 Satz 1 WpPG einerseits bzw. der Untersagung öffentlicher Angebote nach § 26 Abs. 4 WpPG wegen Verstößen gegen die in dieser Bestimmung angeführten Vorschriften des WpPG.

54 Erforderlich sind sowohl eine **Anordnung** der BaFin als auch die **Vollziehbarkeit** derselben. Da es sich bei den Anordnungen der BaFin um Verwaltungsakte gemäß § 35 Satz 1 VwVfG handelt, bestimmt sich die Vollziehbarkeit nach § 6 Abs. 1 VwVG iVm. § 17 FinDAG. Demnach ist ein Verwaltungsakt vollziehbar, wenn er unanfechtbar ist oder wenn sein sofortiger Vollzug angeordnet ist. Grundsätzlich haben Widerspruch und Anfechtungsklage gegen belastende Verwaltungsakte nach § 80 Abs. 1 Satz 1 VwGO aufschiebende Wirkung. Die **aufschiebende Wirkung entfällt** aber ua. nach § 80 Abs. 2 Satz 1 Nr. 3 VwGO in „durch Bundesgesetz oder für Landesrecht durch Landesgesetz vorgeschriebenen Fällen". Ein solcher Fall ist in Gestalt der Regelung des § 31 WpPG gegeben, welcher ua. bestimmt, dass „Widerspruch und Anfechtungsklage gegen Maßnahmen nach § 15 Abs. 6 und § 26" keine aufschiebende Wirkung haben. Gegen Maßnahmen der BaFin nach § 15 Abs. 6 WpPG und § 26 WpPG bleibt mithin nur die Möglichkeit des einstweiligen Rechtsschutzes nach § 80 Abs. 5 Satz 1 Variante 1 VwGO, wonach das Gericht der Hauptsache die auf-

---

1 BGBl. I 2011, S. 2481.
2 RegE Gesetz zur Novellierung des Finanzanlagenvermittler- und Vermögensanlagenrechts, BT-Drucks. 17/6051 v. 6.6.2011, S. 1 (47).
3 RegE Prospektrichtlinie-Umsetzungsgesetz, BT-Drucks. 15/4999 v. 3.3.2005, S. 40.
4 Vgl. *Wehowsky* in Erbs/Kohlhaas, § 30 WpPG Rz. 23.

schiebende Wirkung anordnen kann sowie nach § 80 Abs. 4 Satz 1 VwGO durch Antrag an die BaFin.

Bei der Beantwortung der Frage, ob die Ahndung der Zuwiderhandlung gegen eine vollziehbare Anordnung als Ordnungswidrigkeit die **Rechtmäßigkeit der vollziehbaren Anordnung** voraussetzt, ist im Ausgangspunkt zu differenzieren[1]: Ein Verstoß gegen eine nach §§ 43 Abs. 3, 44 VwVfG **nichtige vollziehbare Anordnung** zieht keinerlei Sanktionen nach sich. Bezüglich **rechtswidriger, noch nicht aufgehobener** und damit der Bestandskraft fähiger **Anordnungen** nahm die frühere Rechtsprechung an, dass dies straf- und ordnungswidrigkeitenrechtlich unbeachtlich sei und damit einer Ahndung nicht entgegenstehe[2]. Dies widerspricht jedoch den Vorgaben des Art. 103 Abs. 2 GG. Eine zu weitgehende Verwaltungsaktsakzessorietät führt dazu, dass dem Betroffenen nur die Wahl bleibt, einen rechtswidrigen Verwaltungsakt zu befolgen oder eine Ordnungswidrigkeit zu begehen. Dies ist vor dem Hintergrund eines effektiven Rechtsschutzes (Art. 19 Abs. 4 GG) und des Rechtsstaatsprinzips abzulehnen. Dementsprechend kann einschlägigen Entscheidungen des BVerfG entnommen werden, dass Verstöße gegen noch anfechtbare rechtswidrige belastende Verwaltungsakte, auch wenn sie für sofort vollziehbar erklärt worden sind, nur dann sanktioniert werden dürfen, wenn der Gesetzgeber zuvor die Sanktionierung klar angeordnet hat[3]. Unerheblich ist, ob der rechtswidrige Verwaltungsakt auch tatsächlich mit Widerspruch oder Anfechtungsklage erfolgreich angegriffen wird. Andernfalls würde die Frage der Ordnungswidrigkeit vom Verhalten des Betroffenen abhängig gemacht. Dies ist mit dem Gebot der Rechtssicherheit und dem Zweck der Bußgeldsanktion nicht in Einklang zu bringen. Hinzu kommt, dass die in den Fällen der sofortigen Vollziehbarkeit typischerweise gegebene Eilbedürftigkeit bei der Verhängung eines Bußgeldes gerade nicht gegeben ist[4]. Vorzuziehen bleibt eine Lösung auf Tatbestandsebene. Die Rechtmäßigkeit der vollziehbaren Anordnung darf damit generell als Voraussetzung für § 35 Abs. 2 WpPG angesehen werden[5].

55

Auf die fehlende aufschiebende Wirkung eines Widerspruchs oder einer Anfechtungsklage wird der Anbieter in der Rechtsbehelfsbelehrung der Untersagungsverfügung hingewiesen, weshalb ein entsprechender **Verbotsirrtum** regelmäßig vermeidbar gewesen sein dürfte[6].

56

---

1 Zur entsprechenden Problematik im Rahmen des § 39 WpHG siehe *Vogel* in Assmann/Uwe H. Schneider, § 39 WpHG Rz. 42.
2 BGH v. 23.7.1969 – 4 StR 371/68, BGHSt 23, 86 (93 ff.).
3 BVerfG v. 1.12.1992 – 1 BvR 88/91, BVerfGE 87, 399 (406 ff.) = NJW 1993, 581; BVerfG v. 7.3.1995 – 1 BvR 1564/92, BVerfGE 92, 191 (200 ff.) = NJW 1995, 3110.
4 *Wehowsky* in Erbs/Kohlhaas, § 30 WpPG Rz. 27.
5 So im Ergebnis auch *Pelz* in Holzborn, § 35 WpPG Rz. 25; *Wehowsky* in Erbs/Kohlhaas, § 30 WpPG Rz. 20, 27; *Wolf* in FrankfurtKomm. WpPG, § 30 WpPG Rz. 61.
6 Vgl. *Lenz* in Assmann/Lenz/Ritz, § 17 VerkProspG Rz. 35.

2. Zuwiderhandlung gegen die vollziehbare Anordnung wegen unzulässiger Werbung und wegen Auskunfts- und Herausgabepflichten (§ 35 Abs. 2 Nr. 1 WpPG)

57 In **§ 35 Abs. 2 Nr. 1 Alt. 1 WpPG** werden Zuwiderhandlungen gegen eine vollziehbare Anordnung der BaFin nach § 15 Abs. 6 Sätze 1 oder 2 WpPG als Ordnungswidrigkeiten erfasst und unter Bußgelddrohung gestellt. Eine solche Anordnung kann ergehen, wenn die **Werbung** gegen § 15 Abs. 2–5 WpPG verstößt.

58 **§ 35 Abs. 2 Nr. 1 Alt. 2 WpPG** sanktioniert Zuwiderhandlungen gegen eine vollziehbare Anordnung der BaFin, die darauf gerichtet ist, gemäß § 26 Abs. 2 Satz 1 WpPG **Unterlagen herauszugeben, Auskünfte zu erteilen und Kopien zu überlassen** (siehe die Erläuterungen zu §§ 21–23 WpPG Rz. 8 ff.). Die vollziehbare Anordnung dient der Durchsetzung der Überwachungsaufgabe der BaFin.

3. Zuwiderhandlung gegen die vollziehbare Anordnung über die Untersagung oder Aussetzung eines öffentlichen Angebotes (§ 35 Abs. 2 Nr. 2 WpPG)

59 In **§ 35 Abs. 2 Nr. 2 WpPG** werden Zuwiderhandlungen gegen vollziehbare Anordnungen der BaFin nach § 26 Abs. 4 Sätze 1 oder 2 WpPG geahndet. Diese Norm ermächtigt die BaFin, ein öffentliches Angebot bei verschiedenen Verstößen gegen dort aufgeführte Vorschriften des WpPG zu untersagen oder für höchstens zehn Tage auszusetzen.

V. Bußgeldrahmen (§ 35 Abs. 3 WpPG)

60 Die ursprüngliche Fassung der Vorschrift wurde durch Art. 1 Nr. 22 lit. b des Gesetzes zur Umsetzung der Richtlinie 2010/73/EU vom 26.6.2012[1] **geändert**. Die Neufassung stellt den in § 35 Abs. 1 Nr. 1 WpPG erfassten Fall, dass Wertpapiere öffentlich angeboten werden, ohne dass ein Prospekt nach den Vorschriften des WpPG veröffentlicht worden ist, im Hinblick auf die Bußgeldbewehrung dem in § 35 Abs. 1 Nr. 5 WpPG erfassten Fall gleich, dass entgegen § 13 Abs. 1 Satz 1 WpPG ein Prospekt veröffentlicht wurde, der nicht von der BaFin gebilligt war[2]. Das geschieht, indem die bisherigen Formulierung „Die Ordnungswidrigkeit kann in den Fällen des Absatzes 1 Nr. 5 und des Absatzes 2 Nr. 2 ..." durch die Formulierung „Die Ordnungswidrigkeit kann in den Fällen des Absatzes 1 *Nummer 1 und* 5 und des Absatzes 2 Nummer 2 ..." ersetzt wurde (Hervorhebungen hinzugefügt).

61 Der Bußgeldrahmen des § 35 Abs. 3 WpPG entspricht demjenigen des § 17 Abs. 3 VerkProspG aF[3]. Drei verschiedene, nach dem Gewicht des bußgeldrechtlich be-

---

[1] Gesetz zur Umsetzung der Richtlinie 2010/73/EU und zur Änderung des Börsengesetzes vom 26.6.2012, BGBl. I 2012, S. 1375.
[2] RegE Gesetz zur Umsetzung der Richtlinie 2010/73/EU und zur Änderung des Börsengesetzes, BT-Drucks. 17/8684 v. 15.2.2012, S. 1 (21).
[3] RegE Prospektrichtlinie-Umsetzungsgesetz, BT-Drucks. 15/4999 v. 3.3.2005, S. 40.

wehrten Ge- oder Verbots **differenzierende Bußgeldrahmen** werden in § 35 Abs. 3 WpPG festgelegt:

– Die **schärfste Sanktion** ist mit einer Bußgeldandrohung **bis zu 500.000 Euro** bei einem Verstoß gegen das Verbot des öffentlichen Angebots von Wertpapieren ohne Veröffentlichung eines Prospekts (§ 35 Abs. 1 Nr. 1 iVm. § 3 Abs. 1 WpPG) und gegen dasjenige der Veröffentlichung eines nicht gebilligten Prospekts (§ 35 Abs. 1 Nr. 5 iVm. § 13 Abs. 1 Satz 1 WpPG) sowie bei Zuwiderhandlung gegen die vollziehbare Anordnung über die Untersagung oder Aussetzung eines öffentlichen Angebots vorgesehen (§ 35 Abs. 2 Nr. 2 iVm. § 26 Abs. 4 Sätze 1 und 2 WpPG).

– Ein Bußgeldrahmen **bis 100.000 Euro** gilt für Verstöße gegen die Pflicht zur ordnungsgemäßen Veröffentlichung des Prospekts, mithin bei Schlechterfüllung und verzögerter Erfüllung der in § 14 Abs. 1 Sätze 1 und 2 WpPG normierten Veröffentlichungspflicht (nicht erfasst ist der Verstoß gegen die Hinterlegungspflicht, siehe oben Rz. 36).

– Alle übrigen der in § 35 Abs. 1 und 2 WpPG enthaltenen Ordnungswidrigkeiten werden mit Bußgeld **bis zu 50.000 Euro** geahndet.

Die **untere Grenze des Bußgeldrahmens** ist gemäß § 17 Abs. 1 OWiG in allen Fällen **5 Euro**.

Darüber hinaus ist die differenzierende Regelung des § 17 Abs. 2 OWiG zu beachten, wonach die **Obergrenze des Bußgelds bei fahrlässigem Handeln** – davon umfasst ist auch die Leichtfertigkeit als qualifizierte Fahrlässigkeit[1] – die Hälfte des jeweils angedrohten Höchstbetrages darstellt.

Für die **Bußgeldzumessung im Einzelnen** enthält § 17 Abs. 3, 4 Satz 1 OWiG einige Richtlinien: So soll dem Täter eine Geldbuße auferlegt werden, die nicht unter dem Vorteil liegt, den er aus der Ordnungswidrigkeit gezogen hat. Im Übrigen darf aufgrund des verfassungsrechtlichen Bestimmtheitsgebots die Geldbuße die Summe aus wirtschaftlichem Vorteil und angedrohtem Höchstmaß nicht übersteigen[2]. Hinsichtlich unterlassener Aufsichtsmaßnahmen gemäß **§ 130 OWiG** gilt dessen Abs. 3 Satz 2, wonach sich das Höchstmaß der Geldbuße wegen der Aufsichtspflichtverletzung nach dem für die Pflichtverletzung angedrohten Höchstmaß der Geldbuße richtet.

Ist aufgrund der Anwendung von § 35 Abs. 1 und Abs. 2 WpPG iVm. § 30 OWiG ein **Bußgeld gegen eine juristische Person** zu verhängen, so richtet sich die Geldbuße nach dem Bußgeldrahmen und den weiteren Bestimmungen des § 30 Abs. 2 OWiG.

---

[1] *Mitsch* in Karlsruher Kommentar zum Ordnungswidrigkeitengesetz, § 17 OWiG Rz. 26, wobei freilich regelmäßig ein höheres Bußgeld als bei bloß fahrlässigem Handeln festgesetzt wird.
[2] OLG Karlsruhe v. 3.7.1974 – 3 Ss (B) 46/74, NJW 1974, 1883; *Wehowsky* in Erbs/Kohlhaas, § 30 WpPG Rz. 32.

69 In Betracht kommt darüber hinaus die Anordnung des **Verfalls** gemäß § 29a OWiG[1].

VI. Zuständige Behörde (§ 35 Abs. 4 WpPG)

70 Den Erfordernissen der §§ 35, 36 Abs. 1 Nr. 1 OWiG entsprechend regelt § 35 Abs. 4 WpPG die **sachliche Zuständigkeit** für die Verfolgung und Ahndung von Ordnungswidrigkeiten nach § 35 Abs. 1 und Abs. 2 WpPG, indem er sie der BaFin überträgt. **Örtlich zuständig** ist die Bundesanstalt daneben für alle Vorgänge, auf die deutsches Recht – und damit auch § 35 Abs. 1 und Abs. 2 WpPG – anwendbar ist (siehe oben Rz. 9 f.).

71 Die Zuständigkeit der BaFin umfasst die **Verfolgung und die Ahndung** der Ordnungswidrigkeit (§ 35 Abs. 1 bzw. Abs. 2 OWiG):

72 – Mit der **Verfolgung** der Ordnungswidrigkeit ist die selbstständige und eigenverantwortliche Ermittlung sowie die Mitwirkung an einer etwaigen gerichtlichen Entscheidung gemeint. Dabei verfügt die BaFin gemäß § 47 Abs. 1 Satz 1 OWiG zwar über ein **Verfolgungsermessen** (Opportunitätsprinzip)[2], kann sich aber nicht gegenüber Dritten verpflichten, auf eine Verfolgung zu verzichten. Dagegen ist eine mit der Kundgabe bestimmter Regeln bei der Ausübung des Ermessens verbundene Selbstbindung der BaFin nicht zu beanstanden. Kein Ermessensfehlgebrauch liegt vor, wenn die BaFin ein Bußgeldverfahren anstrengt, um eine bestimmte Rechtsfrage gerichtlich klären zu lassen.

73 – Die **Ahndung** der Ordnungswidrigkeit erfolgt durch Entscheidung über die dem Betroffenen angelastete Tat durch Erlass eines Bußgeldbescheids (§§ 65 f. OWiG) oder durch **Einstellung** (§ 47 Abs. 1 Satz 2 OWiG) des Bußgeldverfahrens[3]. Mit dem zulässigen **Einspruch** gegen den Bußgeldbescheid der BaFin (§ 67 OWiG), der Aufrechterhaltung desselben durch die Behörde und der Übersendung der Akten an die Staatsanwaltschaft (§ 69 Abs. 3 OWiG) ist das **gerichtliche Verfahren** wegen einer Ordnungswidrigkeit (siehe dazu im Übrigen §§ 67 ff., 71 ff. und 79 ff. OWiG) eröffnet.

74 Die BaFin hat die Sache, in der sie ermittelt, **an die Staatsanwaltschaft abzugeben**, wenn Anhaltspunkte dafür vorliegen, dass eine Handlung nicht nur den Tatbestand einer Ordnungswidrigkeit nach § 35 Abs. 1 und 2 WpPG, sondern auch den einer Straftat erfüllt (§ 41 Abs. 1 OWiG). In diesem Falle ist die Staatsanwaltschaft für die Verfolgung der Tat auch unter dem rechtlichen Gesichtspunkt einer Ordnungswidrigkeit zuständig (§ 40 OWiG). Zum Übergang des gerichtlichen Verfahrens wegen einer Ordnungswidrigkeit in ein Strafverfahren siehe §§ 81 ff. OWiG.

---

1 Vgl. hierzu ausführlich *Rogall* in Karlsruher Kommentar zum Ordnungswidrigkeitengesetz, Vor § 29a OWiG Rz. 1 ff.
2 Vgl. *Vogel* in Assmann/Uwe H. Schneider, § 40 WpHG Rz. 5; *Seitz* in Göhler, § 47 OWiG Rz. 3.
3 *Vogel* in Assmann/Uwe H. Schneider, § 40 WpHG, zum Bußgeldverfahren Rz. 3.

§ 35 Abs. 4 WpPG ist wortgleich mit der Bestimmung des § 40 WpHG. Zu Einzelheiten, insbesondere solchen über das **Bußgeldverfahren** (§§ 35 ff. OWiG) selbst, kann deshalb auf die Erläuterungen zu § 40 WpHG[1] verwiesen werden.

§ 36
Übergangsbestimmungen

(1) Drittstaatemittenten, deren Wertpapiere bereits zum Handel an einem organisierten Markt zugelassen sind, können die Bundesanstalt als für sie zuständige Behörde im Sinne des § 2 Nr. 13 Buchstabe c wählen und haben dies der Bundesanstalt bis zum 31. Dezember 2005 mitzuteilen. Für Drittstaatemittenten, die bereits vor Inkrafttreten dieses Gesetzes im Inland Wertpapiere öffentlich angeboten oder für Wertpapiere einen Antrag auf Zulassung zum Handel an einem im Inland gelegenen organisierten Markt gestellt haben, ist die Bundesrepublik Deutschland Herkunftsstaat, vorausgesetzt es handelt sich um

a) das erste öffentliche Angebot von Wertpapieren in einem Staat des Europäischen Wirtschaftsraums nach dem 31. Dezember 2003 oder

b) den ersten Antrag auf Zulassung von Wertpapieren zum Handel an einem im Europäischen Wirtschaftsraum gelegenen organisierten Markt nach dem 31. Dezember 2003.

(1a) Für öffentliche Angebote, für die endgültige Bedingungen bereits vor dem 10. Juli 2015 bei der Bundesanstalt hinterlegt wurden, ist § 9 Absatz 2 dieses Gesetzes in seiner bis dahin geltenden Fassung weiter anzuwenden. Werden für Wertpapiere innerhalb eines Zeitraums von drei Monaten ab dem 10. Juli 2015 bei der Bundesanstalt endgültige Bedingungen hinterlegt, die sich auf Basisprospekte beziehen, welche vor dem 10. Juli 2015 gebilligt wurden, dürfen diese Wertpapiere noch sechs Monate ab Hinterlegung der endgültigen Bedingungen auf der Grundlage dieses Basisprospekts öffentlich angeboten werden, sofern sich nicht aus § 9 Absatz 2 eine längere Gültigkeit ergibt.

(2) Wertpapiere, die bereits vor dem 1. Juli 2012 auf Grundlage eines von der Bundesanstalt vor diesem Datum gebilligten Basisprospekts und bei ihr dazu hinterlegter endgültiger Bedingungen in Anwendung des § 9 Absatz 5 in der bis zum 30. Juni 2012 geltenden Fassung öffentlich angeboten wurden, dürfen noch bis einschließlich 31. Dezmeber 2013 weiter öffentlich angeboten werden.

(3) Das jährliche Dokument nach § 10 dieses Gesetzes in der bis zum 30. Juni 2012 geltenden Fassung ist letztmalig für den Zeitraum des vor dem 1. Juli 2012 zu veröffentlichenden Jahresabschlusses zu erstellen, dem Publikum zur Verfügung zu stellen und bei der Bundesanstalt zu hinterlegen.

---

[1] *Vogel* in Assmann/Uwe H. Schneider, § 40 WpHG Rz. 4 ff. zum Bußgeldverfahren.

In der Fassung vom 22.6.2005 (BGBl. I 2005, S. 1698), zuletzt geändert durch das Kleinanlegerschutzgesetz vom 3.7.2015 (BGBl. I 2015, S. 1114).

Schrifttum: *Kollmorgen/Feldhaus*, Zur Prospektpflicht bei aktienbasierten Mitarbeiterbeteiligungsprogrammen – ungelöste Fragen der Anwendung des neuen Wertpapierprospektgesetzes, BB 2007, 225. Siehe im Übrigen Einl. WpPG und das allgemeine Schrifttumsverzeichnis.

I. Regelungsgegenstand 1	III. Übergangsregelung zur Streichung des § 9 Abs. 2 Satz 2 WpPG aF (§ 36 Abs. 1a WpPG) 8
II. Übergangsregelungen für Drittstaatemittenten (§ 36 Abs. 1 WpPG)	
1. Übersicht 2	IV. Angebot von Wertpapieren aufgrund eines vor dem 1.7.2012 gebilligten Basisprospekts (§ 36 Abs. 2 WpPG) 11
2. Recht zur Wahl der zuständigen Behörde (§ 36 Abs. 1 Satz 1 WpPG)	4
3. Bundesrepublik Deutschland als Herkunftsstaat (§ 36 Abs. 1 Satz 2 WpPG) 6	V. Jährliches Dokument (§ 36 Abs. 3 WpPG) 14

I. Regelungsgegenstand

1 Die Vorschrift enthält **diverse Übergangsbestimmungen**, teils noch im Hinblick auf die Einführung des WpPG, teils im Hinblick auf dessen Änderungen. Zu den erstgenannten gehören die Vorschriften von § 36 Abs. 1 WpPG. Sie haben Regelungen für Drittstaatemittenten zum Gegenstand, deren Wertpapiere vor Inkrafttreten des WpPG am 1.7.2005 zum Handel an einem organisierten Markt zugelassen waren. Auf Änderungen des WpPG reagieren die § 36 Abs. 1a, 2 und 3 WpPG. Bis zur Änderung der Zählweise der §§ 21 ff. WpPG (aF) durch Art 6 Nr. 5 ff. des Gesetzes zur Novellierung des Finanzanlagenvermittler- und Vermögensanlagenrechts vom 6.12.2011[1] waren Übergangsbestimmungen in § 31 WpPG (aF) enthalten. Durch Art. 6 Nr. 15 des vorgenannten Gesetzes wurde dem WpPG mit § 37 WpPG schließlich noch eine spezielle Übergangsbestimmung im Hinblick auf die Aufhebung des Verkaufsprospektgesetzes hinzugefügt.

II. Übergangsregelungen für Drittstaatemittenten (§ 36 Abs. 1 WpPG)

1. Übersicht

2 Die Vorschrift ist seit dem Inkrafttreten des WpPG unverändert geblieben. Durch das Gesetz zur Novellierung des Finanzanlagenvermittler- und Vermögensanlagen-

---

[1] BGBl. I 2011, S. 2481.

rechts vom 6.12.2011 wurde der seinerzeitige § 31 WpPG (aF) zum heutigen § 36 WpPG (siehe oben Rz. 1).

§ 36 Abs. 1 WpPG dient der **Umsetzung** von Art. 30 Abs. 1 der **Prospektrichtlinie**[1]. Er betrifft die Verhältnisse von **Drittstaatemittenten**, deren Wertpapiere bereits zum Handel an einem organisierten Markt zugelassen sind oder die bereits vor Inkrafttreten dieses Gesetzes im Inland Wertpapiere öffentlich angeboten oder einen Antrag auf Zulassung von Wertpapieren zum Handel an einem im Inland gelegenen organisierten Markt gestellt haben. Ein Drittstaatemittent ist **Emittent** iS von § 2 Nr. 9 WpPG, wenn er einen Prospekt nach den für ihn geltenden Rechtsvorschriften eines Staates erstellt, der nicht dem Europäischen Wirtschaftsraum zugehört (vgl. § 20 Abs. 1 WpPG), wobei nach § 2 Nr. 15 WpPG als Staat des Europäischen Wirtschaftsraums jeder Mitgliedstaat der Europäischen Union und der anderen Vertragsstaaten des Abkommens über den Europäischen Wirtschaftsraum gilt. Betroffen sind **Sachverhalte vor Inkrafttreten des WpPG** am 1.7.2005.

2. Recht zur Wahl der zuständigen Behörde (§ 36 Abs. 1 Satz 1 WpPG)

In Ergänzung des § 2 Nr. 13 lit. c WpPG regelt § 36 Abs. 1 Satz 1 WpPG das den Emittenten aus Drittstaaten zustehende Recht, die BaFin als für sie zuständige **Aufsichtsbehörde zu wählen**[2]. Die Wahl musste der BaFin bis zum 31.12.2005 mitgeteilt werden. Wurde eine solche Wahl nicht mitgeteilt, gilt das in § 36 Abs. 1 Satz 2 WpPG verankerte Prioritätsprinzip.

Aus dem Zusammenspiel zwischen § 2 Nr. 13 lit. b und c WpPG folgt, dass § 36 Abs. 1 Satz 1 WpPG für Dividendenwerte sowie Nichtdividendenwerte mit einer Stückelung von unter 1.000 Euro gilt. Aus der Verbindung von § 36 Abs. 1 Satz 1 mit Satz 2 WpPG ergibt sich, dass das **Wahlrecht** nach § 36 Abs. 1 Satz 1 WpPG nur Drittstaatemittenten zusteht, deren Wertpapiere **bis zum 31.12.2003** zum Handel an einem organisierten Markt (iS von § 2 Nr. 16 WpPG) zugelassen waren. Für Emittenten, deren Wertpapiere nach dem 1.1.2004 zum Handel zugelassen wurden, gilt § 36 Abs. 1 Satz 2 WpPG.

3. Bundesrepublik Deutschland als Herkunftsstaat (§ 36 Abs. 1 Satz 2 WpPG)

Für Drittstaatemittenten, deren Wertpapiere erstmalig nach dem 31.12.2003, jedoch vor dem 1.7.2005 im Inland öffentlich angeboten wurden, oder die für ihre Wertpapiere einen Antrag auf Zulassung zum Handel an einem im Inland gelegenen organisierten Markt gestellt haben, ist **Deutschland Herkunftsstaat** iS von § 2 Nr. 13 WpPG. Der Umstand, dass Deutschland der Herkunftsstaat von Drittstaatunter-

---

[1] Richtlinie 2003/71/EG des Europäischen Parlaments und des Rates vom 4.11.2003 betreffend den Prospekt, der beim öffentlichen Angebot von Wertpapieren oder bei deren Zulassung zum Handel zu veröffentlichen ist, und zur Änderung der Richtlinie 2001/34/EG, ABl. EU Nr. L 345 vom 31.12.2003, S. 64. Zur Umsetzung RegE Prospektrichtlinie-Umsetzungsgesetz, BT-Drucks. 15/4999 v. 3.3.2005, S. 1 (40).

[2] RegE Prospektrichtlinie-Umsetzungsgesetz, BT-Drucks. 15/4999 v. 3.3.2005, S. 40.

nehmen ist, ist im Hinblick auf die Anwendung der §§ 17 Abs. 2, 19 Abs. 1–4, 28 Abs. 4 und 29 WpPG von Bedeutung.

7 Die Rechtsfolge des § 36 Abs. 1 Satz 2 WpPG tritt auch ein, wenn in den Fällen des Satzes 1 das Wahlrecht nicht bis zum 31.12.2005 ausgeübt wurde. Dann ist nach dem Prioritätsprinzip[1] die Bundesrepublik Deutschland Herkunftsstaat[2].

III. Übergangsregelung zur Streichung des § 9 Abs. 2 Satz 2 WpPG aF (§ 36 Abs. 1a WpPG)

8 Der durch Art. 4 Nr. 7 des Kleinanlegerschutzgesetzes vom 3.7.2015[3] in § 36 WpPG eingefügte Abs. 1a ist eine Übergangsregelung, die auf die Aufhebung des § 9 Abs. 2 Satz 2 WpPG (aF) durch Art. 4 Nr. 4 des Kleinanlegerschutzgesetzes reagiert.

9 Der aufgehobene § 9 Abs. 2 Satz 2 WpPG (aF) lautete: „Werden während des Gültigkeitszeitraums eines Basisprospekts endgültige Bedingungen für ein Angebot hinterlegt, verlängert sich der Gültigkeitszeitraum des Basisprospekts für dieses öffentliche Angebot bis zu dessen Ablauf, höchstens jedoch um weitere zwölf Monate ab Hinterlegung der endgültigen Bedingungen bei der Bundesanstalt." Die Streichung dieser Bestimmung bezweckt, die Regelung des § 9 Abs. 2 WpPG, der zufolge im Falle eines Angebotsprogramms ein **Basisprospekt** nach seiner Billigung zwölf Monate lang gültig ist, an die Vorgaben aus der Prospektrichtlinie[4] anzupassen[5]. Sofern nach der Neuregelung „ein öffentliches Angebot über den zwölfmonatigen Gültigkeitszeitraum des Basisprospekts hinaus weitergeführt werden soll", so die Vorstellung des Gesetzgebers, „ist es auf einen aktuellen Basisprospekt zu überführen. Dies geschieht, indem für das öffentliche Angebot ein neuer Basisprospekt bei der zuständigen Behörde eingereicht und gebilligt wird. Sodann sind entsprechend § 6 Absatz 3 neue endgültige Bedingungen, die sich auf den neuen Basisprospekt beziehen, bei der zuständigen Behörde zu hinterlegen und in der in § 14 genannten Art und Weise zu veröffentlichen sowie von der Bundesanstalt gegebenenfalls der zuständigen Behörde des oder der Aufnahmestaaten sowie der Europäischen Wertpapier- und Marktaufsichtsbehörde zu übermitteln"[6].

10 Vor diesem Hintergrund hat die **Übergangsregelung** in **§ 36 Abs. 1a WpPG** zum **Ziel**, das Vertrauen auf die bisherige Fassung des § 9 Absatz 2 Satz 2 zu schützen, sofern (§ 36 Abs. 1a Satz 1 WpPG) endgültige Bedingungen vor der Rechtsänderung oder (§ 36 Abs. 1a Satz 2 WpPG) innerhalb eines Zeitraums von drei Monaten ab dem 10.7.2015 für einen vor diesem Zeitpunkt gebilligten Basisprospekt hinter-

---

1 *Kollmorgen/Feldhaus*, BB 2007, 225 (229).
2 *Ritz/Zeising* in Just/Voß/Ritz/Zeising, § 31 WpPG Rz. 10 mwN.
3 BGBl. I 2015, S. 1114.
4 Richtlinie 2003/71/EG vom 4.11.2003, ABl. EU Nr. L 345 vom 31.12.2003, S. 64.
5 RegE Kleinanlegerschutzgesetz, BT-Drucks. 18/3994 v. 11.2.2015, S. 1 (55).
6 RegE Kleinanlegerschutzgesetz, BT-Drucks. 18/3994 v. 11.2.2015, S. 1 (55).

legt wurden¹. Sie soll darüber hinaus den Marktteilnehmern ausreichend Zeit einräumen, sich der neuen Rechtslage anzupassen. Die Verpflichtung zur Veröffentlichung von Nachträgen zum Basisprospekt nach § 16 WpPG bleibt von alledem unberührt.

IV. Angebot von Wertpapieren aufgrund eines vor dem 1.7.2012 gebilligten Basisprospekts (§ 36 Abs. 2 WpPG)

§ 36 Abs. 2 WpPG wurde durch Art. 1 Nr. 23 des Gesetzes zur Umsetzung der Richtlinie 2010/73/EU vom 26.6.2012² neu gefasst. Hintergrund der Übergangsvorschrift ist die Aufhebung von Abs. 5 des die Gültigkeit des Prospekts, des Basisprospekts und des Registrierungsformulars regelnden § 9 WpPG aufgrund von Art. 1 Nr. 10 lit. d des Gesetzes zur Umsetzung der Richtlinie 2010/73/EU. Die aufgehobene Vorschrift bestimmte, dass nach Ablauf der Gültigkeit des Prospekts aufgrund desselben kein neues öffentliches Angebot von Wertpapieren erfolgen oder deren Zulassung zum Handel an einem organisierten Markt beantragt werden darf. Die Aufhebung des § 9 Abs. 5 WpPG wiederum war eine Folgeänderung zur Hinzufügung des Satzes 2 in § 9 Abs. 2 WpPG, welche zwischenzeitlich ihrerseits durch Art. 4 Nr. 4 des Kleinanlegerschutzgesetzes³ rückgängig gemacht wurde und Gegenstand der Übergangsregelung in § 36 Abs. 1a WpPG (siehe oben Rz. 8 ff.). Die Übergangsregelung des § 36 Abs. 2 WpPG bleibt davon allerdings insoweit unberührt, als sie die Anwendung der des § 9 Abs. 2 Satz 2 WpPG aF auf Altfälle betrifft. Die seinerzeitige Neuregelung durch § 9 Abs. 2 Satz 2 WpPG aF bewirkte, dass nach Ablauf eines Jahres grundsätzlich ein neuer Prospekt zu erstellen war, auch wenn das ursprüngliche öffentliche Angebot von Wertpapieren unverändert weitergeführt werden sollte (§ 9 Abs. 2 Satz 1 WpPG aF). Eine Ausnahme galt gemäß § 9 Abs. 2 Satz 2 WpPG aF „lediglich für ein öffentliches Angebot aufgrund endgültiger Bedingungen, die im Rahmen eines Angebotsprogramms noch während der Gültigkeit des Basisprospekts hinterlegt wurden. Die betreffenden Wertpapiere dürfen dann auch nach Ablauf der Zwölfmonatsfrist weiterhin aufgrund des alten Basisprospekts angeboten werden, allerdings nicht länger als weitere zwölf Monate ab Hinterlegung bei der Bundesanstalt. Danach ist auch in diesem Fall ein neuer Basisprospekt zu erstellen, der während der erweiterten Gültigkeit nach Maßgabe des § 16 WpPG zu aktualisieren ist"⁴.

---

1 Hierzu und zum Folgenden RegE Kleinanlegerschutzgesetz, BT-Drucks. 18/3994 v. 11.2.2015, S. 1 (56).
2 Gesetz zur Umsetzung der Richtlinie 2010/73/EU und zur Änderung des Börsengesetzes vom 26.6.2012, BGBl. I 2012, S. 1375.
3 BGBl. I 2015, S. 1114.
4 RegE Gesetz zur Umsetzung der Richtlinie 2010/73/EU und zur Änderung des Börsengesetzes, BT-Drucks. 17/8684 v. 15.2.2012, S. 1 (19).

12 Als Maßnahme zur Schaffung von „Rechtssicherheit"[1] sah der **Regierungsentwurf** eines Gesetzes zur Umsetzung der Richtlinie 2010/73/EU in Art. 1 Nr. 23 zunächst folgende Übergangsregelung vor: „(2) Für Prospekte, deren Billigung vor dem 1.7.2012 beantragt worden ist und über deren Billigung die Bundesanstalt am 1.7.2012 noch nicht abschließend entschieden hat, legt die Bundesanstalt dieses Gesetz in der vor dem 1.7.2012 geltenden Fassung für die Billigung zugrunde. Im Übrigen richten sich alle Pflichten des Emittenten, Anbieters und Zulassungsantragstellers unter Einschluss der Pflichten, die sich aus einer Billigung nach diesem Gesetz in der vor dem 1.7.2012 geltenden Fassung ergeben, nach diesem Gesetz in der ab dem 1.7.2012 geltenden Fassung. Dies gilt auch für das Widerrufsrecht des Anlegers nach § 16 Absatz 3 dieses Gesetzes in der ab dem 1.7.2012 geltenden Fassung." Für eine solche Bestimmung sah der **Finanzausschuss** indes keinen Raum und begründete dies wie folgt: „Die in § 36 Absatz 2 WpPG in der Fassung des Regierungsentwurfs vorgesehene Übergangsregelung, welche die Billigung von Prospekten, deren Billigung vor dem 1.7.2012 beantragt wurde und noch nicht abgeschlossen ist, dem alten Recht unterstellt, ist nicht mehr erforderlich. Die noch im Rechtsetzungsverfahren befindliche Delegierte Verordnung (EU) der Kommission vom 30.3.2012 (C(2012) 2086 final) zur Änderung der Verordnung (EG) Nr. 809/2004 in Bezug auf Aufmachung und Inhalt des Prospekts, des Basisprospekts, der Zusammenfassung und der endgültigen Bedingungen und in Bezug auf die Angabepflichten enthält eine Übergangsvorschrift betreffend die Billigung von Nachträgen zu Prospekten oder Basisprospekten, die vor dem 1.7.2012 gebilligt wurden (Artikel 2 Absatz 1 der Delegierten Verordnung). Im Übrigen ist das Inkrafttreten der Delegierten Verordnung am 1.7.2012 vorgesehen (Artikel 3)"[2]. Die vorstehend erwähnte Übergangsbestimmung, wie sie in Art. 2 Abs. 1 der verabschiedeten Fassung der Delegierten Verordnung Nr. 486/2012 vom 30.3.2012 lautet: „Artikel 1 Nummer 3, Nummer 9 Buchstaben a bis d, Nummern 10 und 12 gelten nicht für die Billigung von Nachträgen zu einem Prospekt oder Basisprospekt, der vor dem 1.7.2012 gebilligt wurde"[3].

13 Der Beschluss des Finanzausschusses zur Fassung der Übergangsvorschrift des § 36 Abs. 2 WpPG[4] **wurde schließlich Gesetz**. Er hatte, die vorstehende Übergangsregelung der Delegierten Verordnung Nr. 486/2012 vom 30.3.2012 zur Regelungsmaterie des § 9 Abs. 2 Satz 2 WpPG aF im Hintergrund, nur noch die generelle vertrauensschützende Regelung zur Folge, dass Wertpapiere, die bereits vor dem 1.7.2012

---

[1] RegE Gesetz zur Umsetzung der Richtlinie 2010/73/EU und zur Änderung des Börsengesetzes, BT-Drucks. 17/8684 v. 15.2.2012, S. 1 (21).

[2] Beschlussempfehlung und Bericht des Finanzausschusses (7. Ausschuss) zu dem Gesetzentwurf der Bundesregierung – Drucksache 17/8684, BT-Drucks. 17/9645 v. 14.5.2012, S. 1 (26/27).

[3] Delegierte Verordnung der Kommission (EU) Nr. 486/2012 vom 30.3.2012 zur Änderung der Verordnung (EG) Nr. 809/2004 in Bezug auf Aufmachung und Inhalt des Prospekts, des Basisprospekts, der Zusammenfassung und der endgültigen Bedingungen und in Bezug auf die Angabepflichten, ABl. EU Nr. L 150 v. 9.6.2012, S. 1 (8).

[4] Beschlussempfehlung und Bericht des Finanzausschusses (7. Ausschuss) zu dem Gesetzentwurf der Bundesregierung – Drucksache 17/8684, BT-Drucks. 17/9645 v. 14.5.2012, S. 1 (14).

auf der Grundlage eines von der BaFin vor diesem Datum gebilligten Basisprospekts und bei ihr dazu hinterlegter endgültiger Bedingungen in Anwendung des aufgehobenen § 9 Abs. 5 WpPG (aF) öffentlich angeboten wurden, noch bis einschließlich 31.12.2013 weiter öffentlich angeboten werden durften.

V. Jährliches Dokument (§ 36 Abs. 3 WpPG)

Gegenstand der Übergangsvorschrift in § 36 Abs. 3 WpPG ist die **Aufhebung von § 10 WpPG (aF)** durch Art. 1 Nr. 11 des Gesetzes zur Umsetzung der Richtlinie 2010/73/EU vom 26.6.2012[1]. Aufgrund dieser Bestimmung hatte ein Emittent, dessen Wertpapiere zum Handel an einem organisierten Markt zugelassen waren, mindestens **einmal jährlich** dem Publikum ein **Dokument** – das so genannte jährliche Dokument – zur Verfügung zu stellen, das alle Kapitalmarktinformationen enthielt, die der Emittent in den vorausgegangenen zwölf Monaten aufgrund der in der Vorschrift genannten Bestimmungen veröffentlichte. Die Aufhebung dieser Bestimmung dient der Umsetzung von Art. 1 Nr. 10 der Prospektrichtlinie-Änderungsrichtlinie[2], durch den Art. 10 der Prospektrichtlinie[3] aufgehoben wurde[4]. Das wiederum war dem Umstand geschuldet, dass sich mit den Publizitätsbestimmungen der Transparenzrichtlinie[5] die in der Prospektrichtlinie festgelegte Pflicht des Emittenten, einmal jährlich ein Dokument vorzulegen, das alle in den 12 Monaten vor Ausgabe des Prospekts veröffentlichten Informationen enthält oder auf diese verweist, verdoppelt hätte, weshalb der Wegfall dieses Informationsinstruments angezeigt war[6].

14

Gemäß der – der Schaffung von „Rechtssicherheit" dienenden[7] – Übergangsvorschrift des § 36 Abs. 3 WpPG war das jährliche Dokument nach § 10 WpPG in dessen bis zum 30.6.2012 geltenden Fassung **letztmalig** für den Zeitraum des vor dem 1.7.2012 zu veröffentlichenden Jahresabschlusses **zu erstellen**, dem Publikum zur Verfügung zu stellen und bei der Bundesanstalt zu hinterlegen.

15

---

1 Gesetz zur Umsetzung der Richtlinie 2010/73/EU und zur Änderung des Börsengesetzes vom 26.6.2012, BGBl. I 2012, S. 1375.
2 Richtlinie 2010/73/EU vom 24.11.2010, ABl. EU Nr. L 327 v. 11.12.2010, S. 1.
3 Richtlinie 2003/71/EG vom 4.11.2003 ABl. EU Nr. L 345 v. 31.12.2003, S. 64.
4 RegE Gesetz zur Umsetzung der Richtlinie 2010/73/EU und zur Änderung des Börsengesetzes, BT-Drucks. 17/8684 v. 15.2.2012, S. 1 (19 zu Art. 1 Nr. 11).
5 Richtlinie 2004/109/EG vom 15.12.2004, ABl. EU Nr. L 390/38 v. 31.12.2004, S. 38.
6 Vgl. Erwägungsgrund 21 der Richtlinie 2004/109/EG vom 15.12.2004, ABl. EU Nr. L 390/38 v. 31.12.2004, S. 38.
7 RegE Gesetz zur Umsetzung der Richtlinie 2010/73/EU und zur Änderung des Börsengesetzes, BT-Drucks. 17/8684 v. 15.2.2012, S. 1 (21).

§ 37
Übergangsbestimmungen zur Aufhebung des Verkaufsprospektgesetzes

Für Ansprüche wegen fehlerhafter Prospekte, die nicht Grundlage für die Zulassung von Wertpapieren zum Handel an einer inländischen Börse sind und die vor dem 1. Juni 2012 im Inland veröffentlicht worden sind, sind das Verkaufsprospektgesetz und die §§ 44 bis 47 des Börsengesetzes jeweils in der bis zum 31.5.2012 geltenden Fassung weiterhin anzuwenden. Wurden Prospekte entgegen § 3 Absatz 1 Satz 1 nicht veröffentlicht, ist für daraus resultierende Ansprüche, die bis zum Ablauf des 31. Mai 2012 entstanden sind, das Verkaufsprospektgesetz in der bis zum 31. Mai 2012 geltenden Fassung weiterhin anzuwenden.

In der Fassung vom 6.12.2011 (BGBl. I 2011, S. 2481), zuletzt geändert durch das Gesetz zur Umsetzung der Richtlinie 2010/73/EU und zur Änderung des Börsengesetzes vom 26.6.2012 (BGBl. I 2012, S. 1375).

Schrifttum: Siehe Einl. WpPG und das allgemeine Schrifttumsverzeichnis.

I. Normentwicklung und Regelungshintergrund 1	2. Ansprüche bei fehlenden Prospekten (§ 37 Satz 2 WpPG) 4
II. Die Übergangsbestimmungen	3. Streichung von
1. Ansprüche wegen fehlerhafter Prospekte (§ 37 Satz 1 WpPG) ... 3	§ 37 Abs. 1 WpPG aF 5

I. Normentwicklung und Regelungshintergrund

1 Die **Übergangsbestimmungen zur Aufhebung des Verkaufsprospektgesetzes** in § 37 WpPG beruhen auf Art. 1 Nr. 24 des Gesetzes zur Umsetzung der Richtlinie 2010/73/EU und zur Änderung des Börsengesetzes vom 26.6.2012[1]. Bei ihnen handelt es sich um Abs. 2 der Übergangsregelung von § 37 WpPG aF, wie sie aufgrund von Art. 5 Nr. 15 des Gesetzes zur Novellierung des Finanzanlagenvermittler- und Vermögensanlagenrechts vom 6.12.2011[2] in das WpPG aufgenommen wurde. Durch die Aufhebung von Abs. 1 der Übergangsregelung von § 37 WpPG aF durch Art. 1 Nr. 24 lit. a des Gesetzes zur Umsetzung der Richtlinie 2010/73/EU und zur Änderung des Börsengesetzes vom 26.6.2012 (siehe oben) und die Streichung der Absatzbezeichnung „(2)" in Abs. 2 von § 37 WpPG aF aufgrund von Art. 1 Nr. 24 lit. b dieses Gesetzes entstand der geltende § 37 WpPG.

---

1 BGBl. I 2012, S. 1375.
2 BGBl. I 2011, S. 2481.

Grundlage der Übergangsbestimmungen des § 37 WpPG ist die Überführung der 2
seinerzeit noch im Verkaufsprospektgesetz enthaltenen Regelungen in das mit Art. 1
des Gesetzes zur Novellierung des Finanzanlagenvermittler- und Vermögensanlagenrechts vom 6.12.2011[1] neu geschaffene **Vermögensanlagengesetz** und die **Aufhebung des Verkaufsprospektgesetzes** durch Art. 2 dieses Gesetzes. Dem vorausgegangen war die Überführung nicht nur der Prospektpublizität für wertpapiermäßig verbriefte Kapitalanlagen nach dem Verkaufsprospektgesetz, sondern auch der entsprechenden Regelungen des Börsengesetzes für Prospekte in Bezug auf Wertpapiere, die zum Handel an einem organisierten Markt zugelassen werden sollen, in das mit Art. 1 Prospektrichtlinie-Umsetzungsgesetz **neu eingeführte Wertpapierprospektgesetz**, verwirklicht durch das Prospektrichtlinie-Umsetzungsgesetz vom 22.6.2005[2], das die EG-Emissionsprospektrichtlinie 2003/71/EG vom 4.11.2003[3] in deutsches Recht transformierte. Mit dem Prospektrichtlinie-Umsetzungsgesetz wurden zwar die Regelungen über die Erstellung, die Billigung und die Veröffentlichung von Prospekten für Wertpapiere, die öffentlich angeboten oder zum Handel an einem organisierten Markt zugelassen werden sollen, aus dem BörsG und dem VerkProspG herausgenommen und in das WpPG überführt, doch wurde dem WpPG **keine eigenständige Prospekthaftungsregelung** eingefügt. Die Haftung für die Richtigkeit und Vollständigkeit der nach Maßgabe des WpPG zu erstellenden Prospekte richtete sich vielmehr, ohne dass das WpPG einen entsprechenden Verweis enthielt, nach §§ 44–47 BörsG (aF): im Falle von Prospekten für Wertpapiere, die öffentlich angeboten oder zum Handel an einem organisierten Markt zugelassen werden sollen, aufgrund der unmittelbaren Anwendung dieser Vorschriften; im Falle von Prospekten für Wertpapiere, die nicht zum Handel an einer inländischen Börse zugelassen sind, über § 13 VerkProspG (aF), der die Vorschriften der §§ 44–47 BörsG (aF) mit geringen Modifikationen für entsprechend anwendbar erklärte. Siehe dazu im Einzelnen Vor §§ 21–25 WpPG Rz. 14 ff.

II. Die Übergangsbestimmungen

1. Ansprüche wegen fehlerhafter Prospekte (§ 37 Satz 1 WpPG)

Die Übergangsregelungen des § 37 Satz 1 WpPG haben Ansprüche wegen fehlerhaf- 3
ter Prospekte zum Gegenstand, die nicht Grundlage für die Zulassung von Wertpapieren zum Handel an einer inländischen Börse sind und die vor dem 1.6.2012 im Inland veröffentlicht worden sind. In zeitlicher Hinsicht beziehen sie sich auf den **Zeitpunkt** der Aufhebung des Verkaufsprospektgesetzes mit Wirkung vom 1.6.2012[4], bis zu dem sich Ansprüche wegen fehlerhafter Prospekte, die nicht Grundlage für die Zulassung von Wertpapieren zum Handel an einer inländischen Börse waren und für die unmittelbar gemäß §§ 44 ff. BörsG in der seinerzeitigen Fassung gehaftet wurde,

---

1 BGBl. I 2011, S. 2481.
2 BGBl. I 2005, S. 1698.
3 ABl. EU Nr. L 345 v. 31.12.2003, S. 64.
4 Art. 26 Nr. 3 des Gesetzes zur Novellierung des Finanzanlagenvermittler- und Vermögensanlagenrechts vom 6.12.2011, BGBl. I 2011, S. 2481.

nach § 13 VerkProspG in seiner bis zum 1.6.2012 geltenden Fassung richteten. Für solche Prospekthaftungsansprüche bestimmt § 37 Satz 1 WpPG, dass sie dem Verkaufsprospektgesetz und den von § 13 VerkProspG in Bezug genommenen §§ 44–47 BörsG in der jeweils bis zum 31.5.2012 geltenden Fassung unterfallen. Erfolgt die Prospektveröffentlichung am oder nach dem 1.6.2012, richten sich Ansprüche bei fehlerhaftem Prospekt nach den Bestimmungen der §§ 22, 23 und 25 WpPG.

2. Ansprüche bei fehlenden Prospekten (§ 37 Satz 2 WpPG)

4   Ansprüche bei fehlenden, dh. entgegen § 3 Abs. 1 Satz 1 WpPG nicht veröffentlichten Prospekten, die bis zum Ablauf des 31.5.2012 entstanden sind, richten sich gemäß § 37 Satz 2 WpPG nach dem Verkaufsprospektgesetz, dh. nach § 13a VerkProspG, in der bis zum 31.5.2012 geltenden Fassung. Für die **Entstehung des Anspruchs** ist, sofern die übrigen Anspruchsvoraussetzungen gegeben sind, der Zeitpunkt des Erwerbs der nicht zum Handel an einer inländischen Börse zugelassenen Wertpapiere entscheidend, für die entgegen § 3 Abs. 1 WpPG ein Prospekt nicht veröffentlicht wurde.

3. Streichung von § 37 Abs. 1 WpPG aF

5   Aufgrund von Art. 1 Nr. 24 lit. a des Gesetzes zur Umsetzung der Richtlinie 2010/73/EU und zur Änderung des Börsengesetzes vom 26.6.2012[1] wurde die Übergangsregelung in § 37 Abs. 1 WpPG aF aufgehoben (siehe oben Rz. 1). Die Bestimmung lautete: „Auf vor dem 1.7.2005 im Inland veröffentlichte Verkaufsprospekte für Wertpapiere, die von Kreditinstituten ausgegeben und vor dem 30.6.2012 erstmals angeboten wurden, ist das Verkaufsprospektgesetz in der vor dem 1.7.2005 geltenden Fassung weiterhin anzuwenden. § 3 Absatz 1 ist nicht anzuwenden." Die Aufhebung dieser Regelung hat zur Folge, dass ab dem 1.7.2012[2] vor dem 1.7.2005 veröffentlichte Verkaufsprospekte für von Kreditinstituten ausgegebene Wertpapiere nicht mehr nach Maßgabe des Verkaufsprospektgesetzes, sondern nur noch nach Maßgabe des Wertpapierprospektgesetzes aktualisiert werden können[3].

---

1 BGBl. I 2012, S. 1375.
2 Art. 10 Abs. 1 des Gesetzes zur Umsetzung der Richtlinie 2010/73/EU und zur Änderung des Börsengesetzes vom 26.6.2012, BGBl. I 2012, S. 1375.
3 RegE Gesetz zur Umsetzung der Richtlinie 2010/73/EU und zur Änderung des Börsengesetzes, BT-Drucks. 17/8684 v. 15.2.2012, S. 1 (21).

B. Anhänge zur Verordnung (EG) Nr. 809/2004 (EU-ProspektVO)

Anhang I
Mindestangaben für das Registrierungsformular für Aktien (Modul)

Schrifttum: *Adler/Düring/Schmaltz*, Rechnungslegung und Prüfung der Unternehmen, Teilbd. 7, 6. Aufl. 2000; *Apfelbacher/Metzner*, Das Wertpapierprospektgesetz in der Praxis – Eine erste Bestandsaufnahme, BKR 2006, 81; *Baetge/Wollmert/Kirsch/Oser/Bischoff*, Rechnungslegung nach IFRS, 2. Aufl., 29. ErgLfg., Loseblatt, Stand Juni 2016; *Barboutis/Kight*, How complex is your financial history? A look at Prospectus Directive and US requirements in European equity offerings, Butterworths Journal of International Banking & Financial Law, Vol. 27 No. 9 (2012), 559; *Blöink/Kumm*, Erleichterungen und neue Pflichten – ein Überblick über die Regelpublizität nach der neuen EU-Transparenzrichtlinie, BB 2013, 1963; *Böcking/Castan/Heymann/Pfitzer/Scheffler*, Beck'sches Handbuch der Rechnungslegung, 50. ErgLfg., Loseblatt, Stand Juli 2016; *Driesch/Riese/Schlüter/Senger* (Hrsg.), Beck'sches IFRS-Handbuch – Kommentierung der IFRS/IAS, 5. Aufl. 2016; *d'Arcy/Leuz*, Rechnungslegung am Neuen Markt – Eine Bestandsaufnahme, DB 2000, 385; *Desmond*, Complex financial histories – a problem solved, Capital Markets Law Journal 2007, 79; *Ebenroth/Boujong/Joost/Strohn*, Handelsgesetzbuch, 3. Aufl. 2014 f.; *Fédération des Experts comptables Européens (FEE)*, Combined and Carve-out Financial Statements – Analysis of Common Practices, 2013; *Frey*, Auswirkungen des Börsenganges auf Rechnungslegung und Publizität, DStR 1999, 294; *Fuchs*, Prüfung und Überwachung der unterjährigen Finanzberichte durch den Aufsichtsrat, NZG 2016, 1015; *Fuchs/Schanbacher*, Combined Financial Statements – Die Darstellung der Vermögens-, Finanz- und Ertragslage im Börsenprospekt vor dem Hintergrund einer komplexen finanztechnischen Vorgeschichte, IRZ 2009, 39; *Grottel/Schmidt/Schubert/Winkeljohann* (Hrsg.), Beck'scher Bilanz-Kommentar, Handelsbilanz, Steuerbilanz, 10. Aufl. 2016; *Grana*, Anleiheemissionen von Emittenten aus Drittstaaten in der Europäischen Union, CFL 2012, 283; *Heiden*, Pro-forma-Berichterstattung – Reporting zwischen Information und Täuschung, 2006; *Institut der Wirtschaftsprüfer* (Hrsg.), IDW Prüfungsstandards (IDW PS), IDW Stellungnahmen zur Rechnungslegung (IDW RS), IDW Standards (IDW S), IDW Prüfungs- und IDW Rechnungslegungshinweise (IDW PH und IDW RH), Loseblatt; IDW Prüfungshinweis: Prüfung von zusätzlichen Abschlusselementen (IDW PH 9.960.2) v. 30.1.2006, WPg 2006, 333; IDW Rechnungslegungshinweis: Einzelfragen bei der Erstellung von Finanzinformationen nach der Prospektverordnung (IDW RH HFA 2.002) v. 21.4.2008, WPg Supplement 3/2008, 65; IDW Prüfungshinweis: Prüfung von Pro-Forma-Finanzinformationen, (IDW PH 9.960.1) v. 30.1.2006, WPg 2006, 333; IDW Rechnungslegungshinweis: Erstellung von Pro-Forma-Finanzinformationen (IDW RH HFA 1.004) v. 29.11.2005, WPg 2006, 141; *Institut der Wirtschaftsprüfer* (Hrsg.), WP Handbuch 2014, Bd. 2, 14. Aufl. 2014; *Kuhn/Stibi*, Änderung der IDW Prüfungsstandards aufgrund des Bilanzrechtsmodernisierungsgesetzes, WPg 2009, 1157; *Langguth/Brunschön*, Segmentberichterstattung am deutschen Kapitalmarkt – Eine empirische Untersuchung am Beispiel des Prime Standards der deutschen Börse, DB 2006, 625; *Lüdenbach/Hoffmann/Freiberg*, Haufe IFRS Kommentar, 14. Aufl. 2016; *A. Meyer*, Anlegerschutz und Förderung des Finanzplatzes Deutschland durch die Going Public Grundsätze der Deutsche Börse AG, WM 2002, 1864; *A. Meyer*, Anforderungen an Finanzinformationen in Wertpapierprospekten, Accounting 2/2006, 11; *Neises/von Oppen*, Wertpapierprospekt und Prospekterstellung, GoingPublic 2007, 28; *Oser/Staß*, Gesetz zur Umsetzung der Transparenzrichtlinie-Änderungsrichtlinie – Neuerungen in Rechnungslegung, Berichterstattung und Enforcement, DB 2015, 2825; *Peemöller/Gehlen*, Financial Due Diligence bei Carve-Out-Transaktionen, BB 2010, 1139; *Pföhler/Erchinger/Doleczik/Küster/Feldmüller*, Anwendungsfälle für kombinierte und Carve-out-Abschlüsse nach IFRS, WPg 2014, 475; *Pföhler/Erchinger/Doleczik/Küster/Schmitz-Renner*, Kombinierte und Carve-out-Abschlüsse nach IFRS – Systematisierung und konzeptionelle Grundlagen, WPg 2015, 224; *PricewaterhouseCoopers (PwC)*, Complex financial histories – A PwC guide – Europe, 2015; *Röh*, CESR-Empfehlungen an EU-Kommission zu Prospektanforderungen bei Complex Financial Histories, BKR 2005, 423; *Schindler/Böttcher/Roß*, Erstellung von Pro-Forma-Abschlüssen – Systematisierung, Bestandsaufnahme und Vergleich mit US-amerikanischen Regelungen, WPg 2001, 22; *Schindler/Böttcher/Roß*, Empfehlungen zur Erstellung von Pro-Forma-Abschlüssen, WPg 2001, 139; *Schindler/Böttcher/Roß*, Bestätigungsvermerke und Bescheinigungen zu Konzernabschlüssen bei Börsengängen an den Neuen Markt – Anmerkungen zu dem Prüfungshinweis IDW PH 9.400.4, WPg 2001, 477; *Schlitt/Schäfer*, Aktuelle Rechtsfragen und neue Entwicklungen im Zusammenhang mit Börsengängen, BKR 2005, 251; *Schlitt/Schäfer*, Auswirkungen des Prospektrichtlinie-Umsetzungsgesetzes auf Aktien- und Equity-linked Emissionen, AG 2005, 498; *Schlitt/Schäfer*, Drei Jahre Praxis unter dem Wertpapierprospektgesetz – eine Zwischenbilanz, AG 2008, 525; *Schlitt/Singhof/Schäfer*, Aktuelle Rechtsfragen und neue Entwicklungen im Zusammenhang mit Börsengängen, BKR 2005, 251; *Schmotz*, Pro-forma-Abschlüsse – Herstellung der Vergleichbarkeit von Rechnungslegungsinformationen, 2004; *Schulz*, Die Reform des Europäischen Prospektrechts – Eine Analyse der geplanten Prospektverordnung und ihrer Praxisauswirkung, WM 2016, 1417; *Siebel/Gebauer*, Prognosen im Aktien- und Kapitalmarktrecht, WM 2001, 173; *Simons/Kallweit*, Quartalsberichte – Quartalsprüfung – Prüferbestellung: Praxishinweise zu den Neuerungen durch das TranspRLÄndRL-UG, BB 2016, 332; *Veil*, Prognosen im Kapitalmarktrecht, AG 2006, 690; *von Keitz/Grote*, Die Erstellung von Als-ob-Abschlüssen im Sinne des Regelwerks Neuer Markt, KoR 2001, 25; *Winkeljohann/Förschle/Deubert*, Sonderbilanzen, 5. Aufl. 2016.

I. **Anwendungsbereich** *(Schlitt)* .. 1
II. **Verantwortliche Personen (Ziffer 1)** *(Schlitt)*
  1. Regelungszweck 2
  2. Verantwortliche Personen 3
  3. Gegenstand der Verantwortungsübernahme 8
  4. Stellung der Verantwortungsübernahmeerklärung 14
III. **Abschlussprüfer (Ziffer 2)** *(Schlitt)*
  1. Erforderliche Angaben 17
  2. Wechsel des Abschlussprüfers .. 19
  3. Mehrere Abschlussprüfer 22
IV. **Ausgewählte Finanzinformationen (Ziffer 3)** *(Schlitt)*
  1. Relevante Zeiträume 24

  2. Kriterien der Auswahl 25
  3. Vergleichsdaten für Zwischenzeiträume 29
  4. Stellung im Prospekt 30
V. **Risikofaktoren (Ziffer 4)** *(Schlitt)*
  1. Bedeutung der Risikofaktoren 32
  2. Darstellung 36
  3. Kategorien 41
  4. Auswahl.................. 43
  5. Zusammenfassung der Risikofaktoren 49
VI. **Angaben über den Emittenten (Ziffer 5)** *(Schlitt)*
  1. Geschäftsgeschichte und Geschäftsentwicklung des Emittenten 50

2. Investitionen 57
VII. Geschäftsüberblick (Ziffer 6) *(Schlitt)*
  1. Bedeutung und Inhalt 61
  2. Geschäftsmodell und Geschäftsbereiche 62
  3. Negativaussagen zu Abhängigkeiten 67
  4. Markt und Wettbewerb 68
  5. Rechtliche Rahmenbedingungen 71
VIII. Organisationsstruktur (Ziffer 7) *(Schlitt)*
  1. Gruppendarstellung 73
  2. Wichtigste Tochtergesellschaften 77
IX. Sachanlagen (Ziffer 8) *(Schlitt)*
  1. Sachanlagen 79
  2. Umweltfragen 85
X. Angaben zur Geschäfts- und Finanzlage (Ziffer 9) *(Schlitt)*
  1. Herkunft, Ziel und Bestandteile 86
  2. Identifikation der wesentlichen Einflussfaktoren 90
  3. Zu analysierende Finanzinformationen 91
  4. Vergleich von Rechnungslegungsstandards 98
XI. Eigenkapitalausstattung (Ziffer 10) *(Schlitt)*
  1. Kapitalausstattung und Verschuldung 101
  2. Kapitalflussrechnung 102
  3. Finanzierungsstruktur und Fremdfinanzierungsbedarf 103
XII. Forschung und Entwicklung, Patente und Lizenzen (Ziffer 11) *(Schlitt)*
  1. Forschung und Entwicklung . . . 107
  2. Gewerbliche Schutzrechte 111
XIII. Trendinformationen (Ziffer 12) *(Schlitt)* 112
XIV. Gewinnprognosen oder -schätzungen (Ziffer 13) *(Schlitt)*
  1. Definition der Gewinnprognose und Gewinnschätzung 115
  2. Aufnahme in den Prospekt 116
  3. Ergänzende Hinweise im Prospekt 119
XV. Verwaltungs-, Geschäftsführungs- und Aufsichtsorgane sowie oberes Management (Ziffer 14) *(Schlitt)*
  1. Standort und Inhalt 120
  2. Mitglieder des oberen Managements 125
  3. Gründer 127
  4. D&O-Questionnaires 128
XVI. Bezüge und Vergünstigungen (Ziffer 15) *(Schlitt)*
  1. Grundsätzliche Pflicht zur Darstellung der individuellen Vergütung 129
  2. Vergütungsbestandteile 132
  3. Pensionsrückstellungen 133
XVII. Praktiken der Geschäftsführung (Ziffer 16) *(Schlitt)*
  1. Organbestellung und Dienstvertrag 134
  2. Aufsichtsratsausschüsse 136
  3. Corporate Governance 137
XVIII. Beschäftigte (Ziffer 17) *(Schlitt)*
  1. Anzahl der Mitarbeiter 139
  2. Aktienbesitz und Aktienoptionen 143
  3. Mitarbeiterbeteiligungen 146
XIX. Hauptaktionäre (Ziffer 18) *(Schlitt)*
  1. Angaben zur Aktionärsstruktur 147
  2. Angaben zur Abhängigkeit 152
  3. Künftige Kontrollerlangung . . . 155
XX. Geschäfte mit verbundenen Parteien (Ziffer 19) *(Schlitt)* . . 158
XXI. Finanzinformationen über die Vermögens-, Finanz- und Ertragslage des Emittenten (Ziffer 20)
  1. Vorbemerkung und Überblick zu Ziffer 20.1 bis 20.6 *(Kunold)* . . . 167
  2. Historische Finanzinformationen (Ziffer 20.1) *(Kunold)*

a) Pflicht zur Aufnahme geprüfter historischer Finanzinformationen (Ziffer 20.1 Abs. 1 Satz 1) 169
b) Änderung des Bilanzstichtags (Ziffer 20.1 Abs. 1 Satz 2) .. 175
c) Anwendbare Rechnungslegungsstandards 176
  aa) Emittenten aus EWR-Staaten (Ziffer 20.1 Abs. 1 Satz 3) 177
  bb) Drittstaatenemittenten (Ziffer 20.1 Abs. 1 Satz 4 und 5) 181
d) Konsistenzregel (Ziffer 20.1 Abs. 2) 186
e) Emittenten mit einer Geschäftstätigkeit von weniger als einem Jahr (Ziffer 20.1 Abs. 3) 196
  aa) Emittenten mit kurzer Geschäftstätigkeit in ihrer aktuellen Wirtschaftsbranche 197
  bb) Anwendbare Rechnungslegungsgrundsätze 201
  cc) Abzudeckender Berichtszeitraum 202
f) Aufzunehmende Mindestinformationen (Ziffer 20.1 Abs. 4) 207
g) Anwendbare Prüfungsstandards (Ziffer 20.1 Abs. 5) ... 212
3. Pflicht zur Erstellung von Pro-forma-Finanzinformationen (Ziffer 20.2) *(Kunold)*
  a) Vorbemerkung und Überblick 215
  b) Bedeutende Brutto-Veränderung 219
    aa) Transaktionsbegriff 220
    bb) Feststellung einer bedeutenden Brutto-Veränderung 222
  c) Aufnahme von Pro-forma-Finanzinformationen 227
  d) Inhalt der Pro-forma-Finanzinformationen 232

e) Aufnahme einer Prüfungsbescheinigung des Wirtschaftsprüfers 233
4. Aufnahme von Konzern- und Einzelabschlüssen (Ziffer 20.3) *(Kunold)* 234
5. Prüfung historischer Finanzinformationen (Ziffer 20.4) *(Kunold)* 240
6. Alter der jüngsten Finanzinformationen (Ziffer 20.5) *(Kunold)* 243
7. Aufnahme von Zwischenfinanzinformationen (Ziffer 20.6) *(Kunold)*
  a) Überblick............... 245
  b) Prospektanforderungen im Fall von bereits veröffentlichten Zwischenfinanzinformationen (Ziffer 20.6.1)
    aa) Pflicht zur Aufnahme veröffentlichter Zwischenfinanzinformationen ... 250
    bb) Umfang und Inhalt der Zwischenfinanzinformationen 252
    cc) Aufnahme einer Bescheinigung des Wirtschaftsprüfers zu den Zwischenfinanzinformationen ... 253
  c) Prospektanforderungen im Fall noch nicht veröffentlichter Zwischenfinanzinformationen (Ziffer 20.6.2)
    aa) Pflicht zur Aufnahme und Erstellung von Zwischenfinanzinformationen ... 256
    bb) Umfang und Inhalt der Zwischenfinanzinformationen 258
8. Emittenten mit einer komplexen Finanzhistorie (Art. 4a ProspektVO) *(Kunold)*
  a) Überblick, Regelungsgegenstand und Entwicklung der Norm 261
  b) Komplexe finanztechnische Vorgeschichte........... 268
    aa) Unzureichende Wiedergabe der Lage des gesamten Unternehmens..... 269

bb) Wesentlichkeit 271	XXII. **Zusätzliche Angaben (Ziffer 21)** *(Schlitt)*
cc) Finanzinformationen eines anderen Unternehmens 272	1. Angaben über das Kapital 295
	2. Anwendbare Vorschriften 304
c) Bedeutende finanzielle Verpflichtungen 273	XXIII. **Wesentliche Verträge (Ziffer 22)** *(Schlitt)*
d) Aufzunehmende zusätzliche Informationen 276	1. Wesentlichkeitsschwelle für einzelne Verträge 313
aa) Ermessen der Aufsichtsbehörde und Verzicht auf Anforderungen 277	2. Beschreibung der sonstigen Vertragsbeziehungen 317
bb) Aufnahme von Pro-forma-Finanzinformationen . . . 280	XXIV. **Angaben von Seiten Dritter, Erklärung von Seiten Sachverständiger und Interessenerklärungen (Ziffer 23)** *(Schlitt)* . . . 318
cc) Spektrum möglicher aufzunehmender Finanzinformationen 282	
e) Kombinierte und Carve-out-Abschlüsse 283	XXV. **Einsehbare Dokumente (Ziffer 24)** *(Schlitt)*
9. Dividenden und Dividendenpolitik (Ziffer 20.7) *(Schlitt)* . . . 286	1. Inhalt und Standort der abzugebenden Erklärung 319
	2. Bereit zu haltende Dokumente 322
10. Gerichts- und Schiedsgerichtsverfahren, Verwaltungsverfahren (Ziffer 20.8) *(Schlitt)* 289	XXVI. **Angaben über Beteiligungen (Ziffer 25)** *(Schlitt)*
	1. Inhalt 325
11. Wesentliche Veränderungen in der Finanzlage oder der Handelsposition des Emittenten (Ziffer 20.9) *(Schlitt)* 290	2. Darstellung 328
	3. Angaben zu anderen Beteiligungsgesellschaften 329

I. Anwendungsbereich *(Schlitt)*

Anhang I der ProspektVO ist **das für die Emission von Aktien und Wandelanleihen anwendbare Registrierungsformular** (Art. 4 ProspektVO). **Auch indirekt begebene Wandelanleihen**, dh. solche, bei denen die Wandelanleihe durch eine Finanztochter, etwa eine holländische B.V., ausgegeben werden, gehören hierzu. Voraussetzung ist allerdings, dass die Aktien, in die sie gewandelt werden können, mit oder nach der Emission von einem Unternehmen, das zur Gruppe des Emittenten der Aktien gehört, emittiert werden und erst nach Billigung des Prospekts bezüglich der Wandelanleihe börslich zugelassen werden (Art. 17 Abs. 2 iVm. Abs. 1 Satz 2 ProspektVO)[1]. Nicht erfasst werden hingegen „harte" **Pflichtwandelanleihen** (*hard mandatory convertible bonds*), bei denen entweder nach Wahl des Emittenten oder aufgrund Festlegung in den Anleihebedingungen, Aktien des Emittenten geliefert werden (können), unabhängig davon, ob deren Wert zum Zeitpunkt ihrer Lieferung dem Nennbetrag der Wandelanleihe entspricht und ohne dass eine etwaige Differenz zum Nennbetrag durch Zahlung ausgeglichen würde. Da hierbei eine Rückzahlung

---

1 Zur Einordnung der Module *Kullmann/Sester*, ZBB-Report 2005, 209 (213).

zumindest des Nennbetrags nicht gesichert ist, ist grundsätzlich je nach Stückelung Anhang IV ProspektVO bzw. Anhang IX ProspektVO maßgeblich[1].

II. Verantwortliche Personen (Ziffer 1) *(Schlitt)*

1. Verantwortliche Personen
1.1. Alle Personen, die für die im Registrierungsformular gemachten Angaben bzw. für bestimmte Abschnitte des Registrierungsformulars verantwortlich sind. Im letzteren Fall sind die entsprechenden Abschnitte aufzunehmen. Im Falle von natürlichen Personen, zu denen auch Mitglieder der Verwaltungs-, Geschäftsführungs- und Aufsichtsorgane des Emittenten gehören, sind der Name und die Funktion dieser Person zu nennen. Bei juristischen Personen sind Name und eingetragener Sitz der Gesellschaft anzugeben.
1.2. Erklärung der für das Registrierungsformular verantwortlichen Personen, dass sie die erforderliche Sorgfalt haben walten lassen, um sicherzustellen, dass die im Registrierungsformular genannten Angaben ihres Wissens nach richtig sind und keine Tatsachen ausgelassen worden sind, die die Aussage des Registrierungsformulars wahrscheinlich verändern können. Ggf. Erklärung der für bestimmte Abschnitte des Registrierungsformulars verantwortlichen Personen, dass sie die erforderliche Sorgfalt haben walten lassen, um sicherzustellen, dass die in dem Teil des Registrierungsformulars genannten Angaben, für den sie verantwortlich sind, ihres Wissens nach richtig sind und keine Tatsachen ausgelassen worden sind, die die Aussage des Registrierungsformulars wahrscheinlich verändern können.

1. Regelungszweck

2 Zweck der Ziffer 1 des Anhangs I ProspektVO ebenso wie der Ziffer 1 der Wertpapierbeschreibung nach Anhang III ProspektVO ist es, sicherzustellen, dass der Anleger erkennen kann, wer die Verantwortung für den Inhalt des Prospekts trägt. An die ausdrückliche **Verantwortungsübernahme** im Prospekt knüpft die Prospekthaftung nach §§ 21 ff. WpPG an („... von denjenigen, die für den Prospekt die Verantwortung übernommen haben ..."). Allerdings wurde die Prospekthaftung auf europäischer Ebene bislang nicht harmonisiert. Die Prospektrichtlinie enthält außer der grundsätzlichen Bestimmung des Art. 6 Abs. 1, nach der die Mitgliedstaaten für (irgend-)eine Prospekthaftungsregel zu sorgen haben, keine weitere Vorgaben[2]. Auch der Entwurf im Rahmen der **Reform der Prospektvorschriften**[3] durch den europäischen Gesetzgeber belässt es dabei, auf europäischer Ebene diese Frage nicht zu regeln, und überlässt sie insoweit dem Wettbewerb der Rechtsordnungen. Der deut-

---

1 Zur Maßgeblichkeit der Rückzahlung des Nennbetrags *Just* in Just/Voß/Ritz/Zeising, § 7 WpPG Rz. 28.
2 Dazu *Groß*, Kapitalmarktrecht, § 21 WpPG Rz. 8; *Schlitt/Schäfer*, BKR 2005, 251 (254).
3 Dazu allgemein § 4 WpPG Rz. 2; auch *Schulz*, WM 2016, 1417.

sche Gesetzgeber hat in § 5 Abs. 4 WpPG die Erfordernisse hinsichtlich der Verantwortungsübernahme näher spezifiziert (siehe § 5 WpPG Rz. 53 ff.).

2. Verantwortliche Personen

Der Kreis der Verantwortlichen nach Anhang I Ziffer 1.1 ProspektVO bestimmt sich danach, wer **Anbieter** oder **Zulassungsantragsteller** für die angebotenen Wertpapiere ist (§ 3 Abs. 1 und Abs. 4 WpPG)[1]. Wer als Anbieter oder Zulassungsantragsteller fungiert, hängt maßgeblich vom Anlass der Prospektveröffentlichung ab.

Als Anbieter treten beim **öffentlichen Angebot** regelmäßig der Emittent und die die Emission begleitende Investmentbank(en) auf. Mit ihren Namen zeichnen sie sich für das öffentliche Verkaufsangebot verantwortlich. Sowohl der Emittent als auch zumindest ein Kreditinstitut müssen nach § 32 Abs. 2 BörsG den **Zulassungsantrag** unterzeichnen. Sowohl unter dem Gesichtspunkt des öffentlichen Angebots als auch der Börsenzulassung resultiert die Pflicht zur Verantwortungsübernahme im Prospekt. Lediglich bei kleineren Emissionen und Emissionen im Freiverkehr tritt in Einzelfällen nur der Emittent der Aktien als Anbieter auf. Einer Nennung der begleitenden Investmentbank(en) bedarf es in diesem Fall auch aus Zulassungssicht nicht, da die Einbeziehung in den Freiverkehr als privatrechtlich organisiertem Markt keiner Zulassung nach dem BörsG bedarf[2].

Wird der Prospekt allein zu Zwecken der **Börsenzulassung** erstellt, etwa im Falle eines Segmentwechsels oder bei Wandelanleihen, die in der Regel ausschließlich qualifizierten Anlegern iS des § 2 Nr. 6 WpPG angeboten werden, ist er allein von dem oder den Zulassungsantragstellern zu unterzeichnen. Ob dies, wie bei einer Börsenzulassung in Deutschland, notwendigerweise auch die begleitende Investmentbank ist, hängt maßgeblich von der Gestaltung des Börsenzulassungsverfahrens am Ort der Zulassung ab. So ist eine Unterzeichnung des für Zwecke der Börsenzulassung an der Luxemburger Börse, die ein für Anleihen einschließlich Wandelanleihen gefragter Handelsplatz ist, erstellten Prospekts durch die die Privatplatzierung begleitende Investmentbank nicht erforderlich.

Auch wenn die begleitenden Banken nicht verpflichtet sind, bei einem öffentlichen Angebot als Anbieter aufzutreten, ist jedoch im Zusammenhang mit einem **öffentlichen** Angebot[3] die Nennung meist schon aus Marketinggründen gewünscht, woraus eine Pflicht zur Verantwortungsübernahme im Prospekt resultiert[4].

---

1 Zum Kreis der verantwortlichen Personen siehe auch *Wiegel*, Die Prospektrichtlinie und Prospektverordnung, S. 215 ff.
2 Es ist dem nationalen Recht überlassen, zu bestimmen, welche Personen die Pflicht zur Verantwortungsübernahme trifft, siehe ESMA, Frequently asked questions regarding Prospectuses: Common positions agreed by ESMA Members, 25th Updated Version – July 2016, ESMA/16-1133, Ziffer 47, 48.
3 Zum Begriff des öffentlichen Angebots siehe die Kommentierung zu § 2 Nr. 4 WpPG.
4 Zur Verantwortlichkeit der Emissionsbanken siehe auch *Krämer* in Marsch-Barner/Schäfer, Handbuch börsennotierte AG, § 10 Rz. 351.

7 Eine **persönliche Verantwortungsübernahme** natürlicher Personen innerhalb der juristischen Person, etwa der Vorstandsmitglieder einer Aktiengesellschaft beim öffentlichen Angebot von Aktien, kennt das WpPG nicht.

3. Gegenstand der Verantwortungsübernahme

8 Gegenstand der Verantwortungsübernahme nach Ziffer 1 des Anhangs I ProspektVO ist in aller Regel der **gesamte Prospektinhalt**. Zwar sieht Ziffer 1.2 die Möglichkeit zur Beschränkung der Verantwortungsübernahme auf bestimmte Prospektteile vor. Der dahinter stehende Gedanke, dass Erklärungen bestimmter Personen wie Wirtschaftsprüfer und anderer Sachverständiger, die Aufnahme in den Prospekt finden, nicht zur Verantwortung dieser Personen für den gesamten Prospektinhalt führen kann, ist grundsätzlich zu begrüßen. Jedoch dürfte in der Praxis eine Aufnahme von Sachverständigengutachten in den Prospekt, die entweder für diesen Zweck erstellt oder zu deren Aufnahme in den Prospekt der Gutachtenersteller einwilligt, selten sein. Eine Ausnahme bilden die in Anhang XIX der ProspektVO genannten Kategorien von Emittenten, bei denen die billigende Behörde Zusatzangaben, ua. auch Sachverständigengutachten, fordern kann. Bisher wurden in diesem Zusammenhang vor allem **Bewertungsgutachten** bei Emissionen von **Immobilienunternehmen** in den Prospekt aufgenommen. Eine Beschränkung der Verantwortung des Emittenten oder der begleitenden Investmentbank(en) auf bestimmte Prospektteile dürfte hingegen selten zulässig sein, da in der Regel von beiden das Angebot ausgeht und die Prospektpflicht an die Anbietereigenschaft anknüpft (§ 5 Abs. 3 WpPG).

9 Jedenfalls eine Person muss die Verantwortung für den gesamten Prospekt übernehmen.

10 Die in den Prospekten aufzunehmende **Formulierung** (der Verantwortungsübernahme) orientiert sich eng am Wortlaut von Ziffer 1 der Anhänge I und III ProspektVO sowie des § 5 Abs. 4 WpPG. Üblich ist daher folgende Formulierung: „Die X AG, Ort, die Y Bank, Ort, und die Z Bank, Ort, übernehmen gemäß § 5 Abs. 4 WpPG die Verantwortung für den Inhalt des Prospekts und erklären, dass ihres Wissens die Angaben in diesem Prospekt richtig sind und keine wesentlichen Umstände ausgelassen worden sind sowie dass sie die erforderliche Sorgfalt haben walten lassen, um sicherzustellen, dass die in diesem Prospekt genannten Angaben ihres Wissens nach richtig sind und keine Tatsachen ausgelassen worden sind, die die Aussage dieses Prospekts wahrscheinlich verändern können."

11 Eine **Haftungseinschränkung** oder -relativierung ist grundsätzlich nicht zulässig, da hierdurch das Ziel der klaren Zuordnung der Prospekthaftung konterkariert würde. Um schon den Anschein einer Beschränkung der Verantwortlichkeitserklärung zu verhindern, sollten die §§ 21 ff. WpPG nicht unmittelbar in der Verantwortungsübernahmeerklärung, sondern allenfalls im nachfolgenden Text genannt werden[1]. Bei der Nennung dieser Bestimmungen ist jedoch deutlich zu machen, dass sich eine Haftung

---

[1] So die Empfehlung der BaFin, die jedoch nicht zwingend zu verstehen ist; siehe auch *Fingerhut/Voß* in Just/Voß/Ritz/Zeising, Anhang I EU-ProspektVO Rz. 34.

insbesondere aus diesen Normen ergeben kann. Dadurch wird klargestellt, dass andere Haftungsgrundlagen wie § 826 BGB nicht ausgeschlossen sind. Als **Ausnahme** vom grundsätzlichen Verbot haftungsbeschränkender Hinweise hat die BaFin den Zusatz akzeptiert, wonach aufgrund von Änderungen, die nach der Erstellung des Prospekts eintreten, die Prospektangaben unrichtig oder unvollständig werden können und die Verantwortungsübernehmer keine über die gesetzliche Pflicht des § 16 WpPG hinausgehende Aktualisierung vornehmen werden.

Hinsichtlich des **Sorgfaltsmaßstabs**, den die Verantwortlichen walten lassen müssen, ist auf den für die Prospekthaftung maßgeblichen Sorgfaltsmaßstab zu rekurrieren. Eine Unterscheidung verbietet sich schon deswegen, weil der Anleger auf die Verantwortungsübernahme vertrauen können und gegen eine fälschliche Abgabe der Erklärung durch die Schadensersatzdrohung des § 21 Abs. 1 WpPG geschützt sein muss. 12

In diesem Sinne ist auch der letzte Halbsatz von Anhang I Ziffer 1.2 ProspektVO zu verstehen, wonach keine Tatsachen ausgelassen wurden, die die Aussage des Registrierungsformulars wahrscheinlich verändern können. Daher ist richtigerweise zu fragen, ob eine Prospektaussage unter Berücksichtigung der fraglichen Tatsache unrichtig oder nicht vollständig erscheint. 13

4. Stellung der Verantwortungsübernahmeerklärung

Bei einem **einteiligen Prospekt** reicht richtigerweise eine einmalige, das gesamte Dokument umfassende Verantwortungsübernahme aus, auch wenn Anhang III ProspektVO im Zusammenhang mit der Wertpapierbeschreibung gleichfalls eine Verantwortungsübernahme fordert (siehe Anhang II EU-ProspektVO Rz. 2 f.). 14

Bei einem **mehrteiligen Prospekt** ist hingegen aufgrund der doppelten Nennung der Verantwortungsübernahme in Anhang I und Anhang III ProspektVO eine entsprechende Verantwortungserklärung in jedes einzelne Dokument aufzunehmen. Wird von der Möglichkeit, lediglich für Teile des Prospekts die Verantwortung zu übernehmen, Gebrauch gemacht, können auch unterschiedliche Personen in den einzelnen Dokumenten die Verantwortung übernehmen. 15

Darüber hinaus spiegelt sich die Verantwortungsübernahme in der **Unterzeichnung des Prospekts**, der vom Anbieter und – sofern der Prospekt auch Grundlage für eine Börsenzulassung ist – vom Zulassungsantragsteller zu unterzeichnen ist (§ 5 Abs. 3 WpPG), wider[1]. Dies gilt auch in den Fällen, in denen von bestimmten Personen lediglich für einen Teil des Prospekts die Verantwortung übernommen wird, ohne dass es sich um einen mehrteiligen Prospekt handelt und sich die Verantwortungsübernahme auf lediglich einen der Teile bezieht. 16

---

1 Zu dieser „Doppelregelung" *Fingerhut/Voß* in Just/Voß/Ritz/Zeising, Anhang I EU-ProspektVO Rz. 19.

III. Abschlussprüfer (Ziffer 2) *(Schlitt)*

2. Abschlussprüfer

2.1. Namen und Anschrift der Abschlussprüfer des Emittenten, die für den von den historischen Finanzinformationen abgedeckten Zeitraum zuständig waren (einschließlich der Angabe ihrer Mitgliedschaft in einer Berufsvereinigung).

2.2. Wurden Abschlussprüfer während des von den historischen Finanzinformationen abgedeckten Zeitraums abberufen, nicht wieder bestellt oder haben sie ihr Mandat niedergelegt, so sind entsprechende Einzelheiten zu veröffentlichen, wenn sie von wesentlicher Bedeutung sind.

1. Erforderliche Angaben

17 Ähnlich den vor Inkrafttreten der ProspektVO geltenden § 9 Satz 1 VerkProspVO und § 30 Abs. 1 Satz 1 BörsZulV aF fordert Anhang I Ziffer 2.1 ProspektVO die Angabe von **Name und Anschrift** des Abschlussprüfers, der für die Abschlussprüfung der historischen Finanzinformationen im Prospekt zuständig war. Im Regelfall wird eine Prüfungsgesellschaft beauftragt, so dass ihr Name und die Anschrift ihres Sitzes anzugeben ist. Nur im Ausnahmefall einer Bestellung einer natürlichen Person als Abschlussprüfer ist deren Name und die Anschrift ihres Wohnortes in den Prospekt aufzunehmen[1].

18 Weiterhin fordert Anhang I Ziffer 2.1 ProspektVO die Angabe, ob eine **Mitgliedschaft in einer Berufsvereinigung** besteht. Diesem Erfordernis wird mit dem Hinweis auf die bestehende (Pflicht-)Mitgliedschaft der Prüfungsgesellschaft oder der jeweiligen natürlichen Person in der Wirtschaftsprüfungskammer Genüge getan. Fakultativ möglich, aber nicht üblich ist demgegenüber der zusätzliche Hinweis auf das Bestehen weiterer freiwilliger Mitgliedschaften, wie zB die Mitgliedschaft im Institut der Wirtschaftsprüfer in Deutschland e.V. (IDW).

2. Wechsel des Abschlussprüfers

19 Ziffer 2.2 des Anhangs I ProspektVO erfordert nähere Angaben über einen etwaigen **Prüferwechsel** zu machen, wenn diese Angaben von wesentlicher Bedeutung sind. Eine solche entscheidende Bedeutung dürfte im Regelfall zu vermuten sein, wenn dies zur Offenlegung von Sachverhalten führen würde, die auf Unstimmigkeiten bei der Aufstellung der historischen Finanzinformationen hindeuten, so beispielsweise wenn der Prüferwechsel auf Meinungsverschiedenheiten hinsichtlich der Bilanzierung beruhte[2].

20 Wenn der Wechsel des Abschlussprüfers nach Feststellung eines **Verstoßes gegen Rechnungslegungsvorschriften** nach dem Bilanzkontrollgesetz (BilKoG) erfolgte,

---

1 *Fingerhut/Voß* in Just/Voß/Ritz/Zeising, Anhang I EU-ProspektVO Rz. 39/40; aA: *Alfes/Wieneke* in Holzborn, Anh. I EU-ProspV Rz. 8.
2 *Fingerhut/Voß* in Just/Voß/Ritz/Zeising, Anhang I EU-ProspektVO Rz. 48.

ist eine entscheidende Bedeutung stets gegeben. Es sind dann Angaben über den Prüferwechsel in den Prospekt aufzunehmen. Diese sollten nähere Angaben zu dem durchgeführten Verfahren und seinen Hintergründen enthalten.

Keine entscheidende Bedeutung kommt dem Wechsel des Abschlussprüfers zu, wenn dieser **turnusmäßig** erfolgte[1]. 21

3. Mehrere Abschlussprüfer

Sind im Prospekt neben den historischen Finanzinformationen des Emittenten **weitere historische Finanzinformationen**, etwa aufgrund des Vorliegens einer komplexen Finanzhistorie, historische Finanzinformationen von Tochtergesellschaften oder akquirierten Unternehmen[2], enthalten, sind zur Vervollständigung der Informationen für Investoren die oben genannten Angaben auch für die Abschlussprüfer aufzunehmen, die diese Finanzinformationen geprüft oder prüferisch durchgesehen haben. Dies gilt auch bei einem Wechsel des Abschlussprüfers. 22

Gleiches gilt bei Aufnahme von **Pro Forma-Angaben** für den die zugehörige Bescheinigung ausstellenden Prüfer. 23

IV. Ausgewählte Finanzinformationen (Ziffer 3) *(Schlitt)*

3. Ausgewählte Finanzinformationen

3.1. Ausgewählte historische Finanzinformationen über den Emittenten sind für jedes Geschäftsjahr für den Zeitraum vorzulegen, der von den historischen Finanzinformationen abgedeckt wird, und für jeden nachfolgenden Zwischenberichtszeitraum und zwar in derselben Währung wie die Finanzinformationen. Die ausgewählten historischen Finanzinformationen müssen die Schlüsselzahlen enthalten, die einen Überblick über die Finanzlage des Emittenten geben.

3.2. Werden ausgewählte Finanzinformationen für Zwischenzeiträume vorgelegt, so sind auch Vergleichsdaten für den gleichen Zeitraum des vorhergehenden Geschäftsjahres vorzulegen, es sei denn, die Anforderung der Beibringung vergleichbarer Bilanzinformationen wird durch die Vorlage der Bilanzdaten zum Jahresende erfüllt.

1. Relevante Zeiträume

Zweck der Aufnahme ausgewählter historischer Finanzinformationen ist es, die wesentlichen Informationen aus den im Prospekt enthaltenen Abschlüssen zusammenzufassen[3]. Die Zeiträume, für die ausgewählte Finanzinformationen in den Pro- 24

---

1 *Alfes/Wieneke* in Holzborn, Anh. I EU-ProspV Rz. 10.
2 Siehe zu den in den Prospekt aufzunehmen Finanzinformationen von Tochtergesellschaften und akquirierten Unternehmen unten Rz. 261 ff.
3 ESMA/13-319, Rz. 20.

spekt aufzunehmen sind, entsprechen daher gemäß Anhang I Ziffer 3.1 ProspektVO den durch die im **Finanzteil** des Prospekts enthaltenen Abschlüsse abgedeckten Zeiträumen. Die Formulierung „und für jeden nachfolgenden Zwischenberichtszeitraum" ist im Lichte der in den Prospekt aufzunehmenden historischen Finanzinformationen für Zwischenberichtszeiträume nach Anhang I Ziffer 20.6 ProspektVO (siehe dazu Rz. 245 ff.) zu verstehen. Hingegen ist aus der Formulierung in Anhang I Ziffer 3.2 ProspektVO „*auch* Vergleichsdaten für den gleichen Zeitraum des vorhergehenden Geschäftsjahres" nicht zu schließen, dass über den Zeitraum der historischen Finanzinformationen im Prospekt hinaus Vergleichsdaten früherer Zeiträume, also etwa Vergleichszahlen zu dem drei Jahre zurückliegenden Geschäftsjahr, aufgenommen werden müssen.

2. Kriterien der Auswahl

25 Entsprechend dem Zweck, die Schlüsselzahlen für den Investor herauszufiltern, sind für den Emittenten, unter Berücksichtigung des Einzelfalls wie auch der Finanzdaten anderer Emittenten seiner Branche, die wesentlichen Angaben, üblicherweise tabellarisch, zusammenzufassen. Die Angaben sind unmittelbar den im Prospekt enthaltenen (IFRS-) Abschlüssen zu entnehmen[1]. Sofern eine Vergleichbarkeit der **historischen Finanzinformationen** etwa dadurch erschwert wird, dass für ein Geschäftsjahr lediglich ein Abschluss nach nationalen Rechnungslegungsstandards in den Prospekt aufgenommen wird, wird in der Praxis zur besseren Vergleichbarkeit auf die im IFRS-Abschluss für das Folgejahr enthaltenen Vergleichszahlen abgestellt. Seltener enthalten Prospekte für ein „Brückenjahr" (siehe dazu Rz. 189 und 190) sowohl die Angaben nach nationalen Rechnungslegungsstandards als auch nach IFRS[2].

26 Sofern neben den historischen Finanzinformationen auch **Pro Forma-Finanzinformationen** im Prospekt enthalten sind, sind diese in der Regel gleichfalls in den ausgewählten historischen Finanzinformationen zu berücksichtigen[3]. Darstellerisch kann dem durch eine zusätzliche Spalte in einer tabellarischen Übersicht Rechnung getragen werden.

27 Da der Prospekt gemäß Anhang I Ziffer 9.1 und 9.2 ProspektVO Aufschluss über die Geschäfts- und Finanzlage geben soll (siehe dazu unten, Ziffer 9 Rz. 86 ff.), sind unter den Schlüsselzahlen zumindest die wesentlichen Angaben aus **Gewinn- und Verlustrechnung** und **Kapitalflussrechnung** zu verstehen. Unter dem Gesichtspunkt der Richtigkeit und Vollständigkeit sind diese jedenfalls dann durch die wesentlichen Angaben aus der **Bilanz** zu vervollständigen, wenn Angaben zur Bilanz in der Darstellung und Analyse der Vermögens-, Finanz- und Ertragslage (Anhang I Ziffer 9.1 und 9.2 ProspektVO) im Prospekt enthalten sind. Hierfür spricht auch die Formulierung der Ziffer 3.2 des Anhangs I ProspektVO („es sei denn, die Anforderung der Beibringung vergleichbarer *Bilanz*informationen wird durch die Vorlage der Bilanzdaten zum Jahresende erfüllt").

---

[1] ESMA/13-319, Rz. 22.
[2] ESMA/13-319, Rz. 26.
[3] *Fingerhut/Voß* in Just/Voß/Ritz/Zeising, Anhang I EU-ProspektVO Rz. 62.

Auf freiwilliger Basis können darüber hinaus **zusätzliche Finanz- und Unternehmenszahlen** angegeben werden, die der Prospektersteller für wesentlich hält. So können beispielsweise Zahlen wie das durchschnittliche jährliche Wachstum oder Margenangaben dargestellt werden, wenn sie aus Vermarktungssicht eine wichtige Rolle spielen. Insoweit ist im Prospekt darzulegen, woher sie stammen, zB als Berechnung aus verschiedenen Positionen der Gewinn- und Verlustrechnung[1]. Außerdem ist darauf zu achten, dass dem Adressaten des Prospekts erläutert wird, was unter den aufgeführten Zahlen zu verstehen ist. Daher müssen insbesondere Begriffe, die unter IFRS nicht definiert sind, wie EBIT und EBITDA im Prospekt eindeutig definiert werden[2]. Des Weiteren dürfen diese freiwillig aufgenommenen Kennziffern nicht mit den im Prospekt abgedruckten historischen Finanzinformationen im Widerspruch stehen[3]. Da der Investor seine Anlageentscheidung im Wesentlichen auf Grundlage dieser historischen Finanzinformationen treffen soll, ist freiwillig aufgenommenen Angaben weniger Prominenz einzuräumen[4].

28

3. Vergleichsdaten für Zwischenzeiträume

Anhang I Ziffer 3.2 ProspektVO legt fest, dass für Zwischenfinanzinformationen **Vergleichszahlen** in die ausgewählten historischen Finanzinformationen aufgenommen werden müssen. Bei Angaben aus der Gewinn- und Verlustrechnung ebenso wie bei solchen aus der Kapitalflussrechnung handelt es sich um Vergleichszahlen des entsprechenden Vorjahreszeitraums. Auch wenn Anhang I Ziffer 3.2 ProspektVO hinsichtlich der Vergleichszahlen der Bilanz im Regelfall auf Vergleichszahlen zum Ende der entsprechenden Vorjahresperiode abstellt, entspricht es den IFRS-Standards und dem Verständnis von der ESMA, primär die Angaben zum Ende des letzten Geschäftsjahres als Vergleichszahlen zu nennen[5].

29

4. Stellung im Prospekt

Um dem Investor das Verständnis der Schlüsselzahlen zu erleichtern, bietet sich eine Darstellung als **eigenes Kapitel** unmittelbar vor der Präsentation der nach Anhang I Ziffer 9 ProspektVO erforderlichen Angaben zur Geschäfts- und Finanzlage (üblicherweise „Darstellung und Analyse der Vermögens-, Finanz- und Ertragslage" genannt) an. Da dies vom Aufbau des Anhangs I ProspektVO abweicht, ist ein ent-

30

---

1 ESMA/13-319b, Rz. 24.
2 ESMA/13-319b, Rz. 24.
3 ESMA/13-319b, Rz. 24.
4 ESMA/13-319, Rz. 23, 25 mit weiteren Beispielen für freiwillige Finanz- und Unternehmensinformationen.
5 Die deutsche Fassung der ProspektVO ist insoweit im Vergleich zur englischen Fassung nicht korrekt übersetzt. In der englischen Fassung heißt es „comparative data from the same period in the prior financial year must also be provided, *except that* the requirement for comparative balance sheet information is satisfied by presenting the year end balance sheet information."

sprechender Hinweis in der bei der BaFin einzureichenden Überkreuzcheckliste erforderlich[1].

31 Darüber hinaus sind die Angaben auch in der **Zusammenfassung** des Prospekts zu machen, da diese die wesentlichen Merkmale enthalten muss (zur Zusammenfassung siehe § 5 WpPG Rz. 26 ff.). Art. 24 ProspektVO, der dem Prospektersteller weitgehende Freiheit bei der Gestaltung der Zusammenfassung zubilligt, ist vor dem Hintergrund des durch § 5 Abs. 2 WpPG gesetzten Rahmens zu verstehen.

V. Risikofaktoren (Ziffer 4) *(Schlitt)*

4. Risikofaktoren

Klare Offenlegung von Risikofaktoren, die für den Emittenten oder seine Branche spezifisch sind (unter der Rubrik „Risikofaktoren").

1. Bedeutung der Risikofaktoren

32 Nach der früheren Rechtslage nach der BörsZulV aF bzw. der VerkProspVO waren Risikofaktoren nicht zwingend. Jedoch entsprach es schon vor ihrer verpflichtenden Einführung durch das WpPG der Praxis, ein eigenes Kapitel zu Risikofaktoren in den Prospekt aufzunehmen[2]. Die bis zum Inkrafttreten des WpPG geltenden, von den Marktteilnehmern aufgrund einer Selbstverpflichtung befolgten Going-Public-Grundsätze enthielten dem entsprechend Regelungen über die Darstellung von Risikofaktoren[3].

33 Die ihnen vom Gesetzgeber nunmehr zugemessene **Bedeutung** wird durch die verpflichtend vorgegebene Nennung der Risiken unmittelbar nach der Zusammenfassung des Prospekts (Art. 25 Abs. 1 Nr. 3 ProspektVO), aber auch durch die zwingende Nennung der Risikofaktoren in der Zusammenfassung (§ 5 Abs. 2, 2a WpPG) unterstrichen. Zudem sieht Anhang I Ziffer 4 ProspektVO ausdrücklich vor, dass die Nennung unter der Überschrift „Risikofaktoren" erfolgen muss[4].

---

1 Art. 25 Abs. 3 ProspektVO ermöglicht, abgesehen von den zwingend in der genannten Reihenfolge voranzustellenden Bestandteilen Inhaltsverzeichnis, Zusammenfassung und Risikofaktoren, eine freie Gestaltung der Reihenfolge der einzelnen Prospektbestandteile. Eine solche abweichende Reihenfolge wird vor dem Hintergrund der etablierten Marktpraxis und Erwartungen der Investoren regelmäßig gewählt. Die BaFin fordert auf Grundlage von Art. 25 Abs. 4 ProspektVO in diesen Fällen eine so genannte Überkreuz-Checkliste, aus der sich die Stellung der nach den Anhängen zur ProspektVO erforderlichen Prospektbestandteile im jeweiligen Prospekt ergibt.

2 *Schlitt/Wilczek* in Habersack/Mülbert/Schlitt, Handbuch der Kapitalmarktinformation, § 5 Rz. 53; *Alfes/Wieneke* in Holzborn, Anh. I EU-ProspV Rz. 15.

3 Ziffer 4.1 der Going-Public-Grundsätze; dazu *Schlitt/Smith/Werlen*, AG 2002, 478.

4 Einer Wiederholung innerhalb des Registrierungsformulars bzw. der Wertpapierbeschreibung bedarf es bei einem, in der Praxis bei Aktienemissionen seltenen, mehrteiligen Prospekt nicht.

Die Risikofaktoren sollen für eine angemessene **Aufklärung der Investoren** über relevante Risiken sorgen. Für die Prospektverantwortlichen entfaltet die Nennung der einschlägigen Risiken eine gewisse Schutzwirkung vor eventuellen Prospekthaftungsklagen[1], so dass es eher im wohlverstandenen Interesse der Prospektverantwortlichen liegt, ausreichend und klar verständlich über relevante Risiken aufzuklären.

34

Auch wenn bereits **vor Inkrafttreten der ProspektVO** Risikofaktoren freiwillig, vor allem im Hinblick auf mögliche Prospekthaftungsansprüche, in den Prospekt aufgenommen wurden, war es nicht üblich, in einer ebenfalls freiwillig aufgenommenen Zusammenfassung auch diese Risiken zu nennen[2]. Die Zusammenfassung war vielmehr der Vermarktung und entsprechenden Hervorhebung der Chancen und Stärken des Emittenten vorbehalten. Mit Inkrafttreten der ProspektVO wurde dies geändert. Neben der ausführlichen Darstellung der wesentlichen Risikofaktoren als eigenes Kapitel fordert § 5 Abs. 2, 2a WpPG ihre Nennung im gleichfalls verpflichtenden Prospektbestandteil Zusammenfassung[3].

35

2. Darstellung

Die Darstellung der Risikofaktoren im Prospekt wird üblicherweise von allgemeinen **Warnhinweisen** an die Leser eingeleitet, die den Anlegern nahe legen, die im Prospekt enthaltenen Informationen insgesamt sorgfältig zu lesen und abzuwägen, und darauf hinweisen, dass der Eintritt der genannten Risiken die Geschäftstätigkeit des Emittenten wesentlich beeinträchtigen und erhebliche nachteilige Auswirkungen auf seine Vermögens-, Finanz- und Ertragslage haben kann und die gewählte Reihenfolge nichts über die Eintrittswahrscheinlichkeit oder Bedeutung der einzelnen Risiken aussagt. Zusätzlich findet sich in der Regel der Hinweis, dass sich rückblickend betrachtet weitere Risiken herausstellen können, weitere Risiken und Unsicherheiten, die gegenwärtig nicht bekannt sind oder die gegenwärtig nicht als wesentlich eingestuft werden, bestehen können und der Börsenkurs aufgrund des Eintritts jedes der genannten Risiken, mit einem entsprechenden (Total-)Verlust des eingesetzten Kapitals, fallen kann. Da dies den Eindruck vermeidet, der Katalog genannter Risiken sei in jedem Fall abschließend, ist dieser Hinweis im Sinne des Anlegerschutzes und daher zulässig.

36

Die Risikofaktoren selbst sind in der den Prospekten eigenen, an den Erfordernissen des § 5 Abs. 1 WpPG ausgerichteten **nüchternen** und um **Objektivität** bemühten Darstellungsweise zu formulieren[4]. Im Gegensatz zu anderen Prospektteilen, in denen die Herausstellung von Chancen möglich ist oder sogar im Vordergrund steht, ist es den Risikofaktoren eigen, dass in ihnen keinerlei Hinweis auf korrespondierende Chancen möglich ist. Auch die Darstellung gegen die Verwirklichung eines Risikos

37

---

1 *Alfes/Wieneke* in Holzborn, Anh. I EU-ProspV Rz. 16; *Fingerhut/Voß* in Just/Voß/Ritz/Zeising, Anhang I EU-ProspektVO Rz. 69.
2 *Fingerhut/Voß* in Just/Voß/Ritz/Zeising, Anhang I EU-ProspektVO Rz. 77.
3 Ausführlich zur Zusammenfassung die Kommentierung zu § 5 WpPG Rz. 24 ff.
4 *Fingerhut/Voß* in Just/Voß/Ritz/Zeising, Anhang I EU-ProspektVO Rz. 79; *Neises/von Oppen*, GoingPublic 2007, 28 (29).

ergriffener **Gegenmaßnahmen** oder sonstige **relativierende Aussagen** (*mitigating language*) sind nicht möglich. Allerdings ist nach zutreffender Auffassung der BaFin eine Nennung solcher Gegenmaßnahmen oder relativierender Umstände dann möglich, wenn erst im Anschluss und deutlichem Widerspruch hierzu das Risiko genannt wird (zB „Zwar hat der Emittent Gegenmaßnahmen ergriffen, er unterliegt aber dennoch dem Risiko, dass ..."")[1]. Nicht nur im Hinblick auf das zu durchlaufende Billigungsverfahren, sondern auch im Hinblick auf die Schutzwirkung der Risikofaktoren vor möglichen Prospekthaftungsansprüchen, sind Hinweise auf Gegenmaßnahmen oder Tatsachen, aufgrund derer die Prospektverantwortlichen das Risiko als begrenzt ansehen, nur mit großer Zurückhaltung zu verwenden. Ihre Verwendung ist allerdings dann unbedenklich, wenn sie zum Verständnis des Umfangs des Risikos erforderlich sind.

38 Um dem Eindruck einer Gewichtung einzelner Risiken vorzubeugen, erscheint es des Weiteren vorzugswürdig und entspricht einer weit verbreiteten Praxis, sämtliche Risikofaktoren mit einem **gleich lautenden Hinweis** auf ihre möglichen nachteiligen Auswirkungen auf die Vermögens-, Finanz- oder Ertragslage des Emittenten zu versehen[2]. Ebenso ist es jedoch auch zulässig, die möglichen Auswirkungen für jeden Risikofaktor individuell darzustellen.

39 Trotz des üblichen ausdrücklichen Hinweises auf die mangelnde Aussagekraft der gewählten **Reihenfolge** entspricht es der Praxis, im Interesse einer angemessenen Information der Anleger die Risiken nach ihrer Schwere zu sortieren. Die Going-Public-Grundsätze verlangten bis zum Inkrafttreten des WpPG, dass die Risikofaktoren nach dem Maß der möglichen wirtschaftlich negativen Auswirkungen auf den Emittenten, wie diese im Zeitpunkt der Prospekterstellung unter Zugrundelegung der Sorgfalt eines ordentlichen Kaufmanns eingeschätzt werden, nicht aber der Wahrscheinlichkeit des Schadenseintritts[3]. Diese Praxis wurde nach Inkrafttreten des WpPG fortgesetzt[4].

40 Da die Risikofaktoren aus sich heraus verständlich sein sollen und die Risiken an einer Stelle im Prospekt im Zusammenhang dargestellt sein sollten, sind **Verweise** auf außerhalb des Kapitels „Risikofaktoren" liegende Prospektteile nach Auffassung der BaFin unzulässig. Verweise innerhalb des Kapitels „Risikofaktoren" und Verweise außerhalb des Kapitels „Risikofaktoren" auf darin enthaltene Risikofaktoren sind hingegen unschädlich[5].

3. Kategorien

41 Die ProspektVO gibt verschiedene **Fallgruppen** von Risiken vor. In Ziffer 4 des Anhangs I werden folgende genannt:

---

[1] *Fingerhut/Voß* in Just/Voß/Ritz/Zeising, Anhang I EU-ProspektVO Rz. 90; aA *Alfes/Wieneke* in Holzborn, Anh. I EU-ProspV Rz. 18.
[2] *Fingerhut/Voß* in Just/Voß/Ritz/Zeising, Anhang I EU-ProspektVO Rz. 79.
[3] Ziffer 4.1.2. der Going-Public-Grundsätze sowie die Bemerkungen der Deutschen Börse v. 1.8.2004 dazu.
[4] *Alfes/Wieneke* in Holzborn, Anh. I EU-ProspV Rz. 21.
[5] *Fingerhut/Voß* in Just/Voß/Ritz/Zeising, Anhang I EU-ProspektVO Rz. 75.

– Risikofaktoren, die für den **Emittenten** spezifisch sind;
– Risikofaktoren, die für die **Branche** des Emittenten spezifisch sind;

sowie folgende in Ziffer 2 des Anhangs III ProspektVO genannte und in einem einteiligen Prospekt im gleichen Kapitel zu nennende Risikofaktoren:

– Risikofaktoren, die für die anzubietenden und/oder zum Handel zuzulassenden **Wertpapiere** von wesentlicher Bedeutung sind, wenn es darum geht, das Marktrisiko zu bewerten, mit dem diese Wertpapiere behaftet sind.

Um die Darstellung der Risikofaktoren übersichtlicher zu gestalten, werden in der Praxis häufig über die von der ProspektVO vorgegebenen hinaus weitere Fallgruppen gebildet. Ebenfalls aufgrund der besseren Verständlichkeit und Übersichtlichkeit werden hierfür üblicherweise die folgenden **Abschnitte/Unterteilungen** gebildet: 42

– Marktbezogene Risiken
– Unternehmensbezogene Risiken (bisweilen mit marktbezogenen Risiken zu Risiken in Zusammenhang mit der Geschäftstätigkeit zusammengefasst)
– Rechtliche und steuerliche Risiken/Risiken im Hinblick auf das regulatorische Umfeld
– Risiken im Zusammenhang mit dem Angebot (und der Aktionärsstruktur).

4. Auswahl

Welche Risiken in den Prospekt aufzunehmen sind, hängt von einer Vielzahl von Umständen ab. Es müssen jedenfalls die Risiken genannt werden, die notwendig sind, um dem Publikum ein zutreffendes Urteil über die Vermögenswerte und Verbindlichkeiten, die Finanzlage, die Gewinne und Verluste und die Zukunftsaussichten des Emittenten zu ermöglichen (§ 5 Abs. 1 WpPG). Einen ersten Hinweis geben häufig die im **Lagebericht** des Emittenten genannten Risiken. 43

Grundsätzlich sind innerhalb der in Ziffer 4 des Anhangs I ProspektVO vorgesehenen Risikofaktoren **nur wesentliche Risiken** zu nennen, dh. solche, die zu wesentlichen Auswirkungen auf die Vermögens-, Finanz- oder Ertragslage des Emittenten führen können. Zwar ist der Aspekt der Wesentlichkeit anders als in Ziffer 2 des Anhangs III ProspektVO nicht genannt. Jedoch ergibt sich dieses Kriterium zum einen aus § 21 Abs. 1 WpPG, wonach eine Haftung nur für solche unvollständigen oder unrichtigen Angaben im Prospekt besteht, die für die Beurteilung der Wertpapiere wesentlich sind. Hieraus lässt sich ableiten, dass keine Pflicht zur Aufnahme nicht wesentlicher Informationen besteht. Zum anderen ergibt sich aus § 5 WpPG, dass eine (freiwillige) Nennung jeglichen denkbaren, auch unwesentlichen Risikos, abgesehen davon, dass dies rein faktisch kaum möglich sein dürfte, nicht gestattet ist, da der Prospekt in einer Form abgefasst sein muss, die sein Verständnis und seine Auswertung erleichtern (§ 5 Abs. 1 Satz 3 WpPG)[1]. Würde jedes, auch unwesentliche, Risiko genannt, würde es den Anlegern erschwert, die wesentlichen Risiken zu identifizieren. Hierdurch würden wesentliche Risiken „verniedlicht" und Verwirrung angesichts 44

---

[1] *Fingerhut/Voß* in Just/Voß/Ritz/Zeising, Anhang I EU-ProspektVO Rz. 82.

der Vielzahl genannter Risiken gestiftet. Dem entsprechend sahen bereits die vor Inkrafttreten des WpPG geltenden Going-Public-Grundsätze vor, dass jeder einzelne Risikofaktor einen spezifischen Bezug zum Geschäftsbetrieb und -umfeld des Emittenten haben muss und allgemeine Geschäftsrisiken nicht genannt werden dürfen[1].

45 Auch wenn die Auswahl der Risikofaktoren im Einzelfall unter Berücksichtigung der bestehenden und künftigen Geschäftätigkeit und Branche des Emittenten getroffen werden muss, sind aber jedenfalls auch solche Risiken zu nennen, die nicht nur diesen Emittenten oder nur seine Branche betreffen, jedoch als für diesen Emittenten wesentliche Risiken einzustufen sind. Hierzu können beispielsweise die **Konjunktur**, das **Konsumverhalten** der Bevölkerung oder die Ölpreisentwicklung zählen[2]. Ein Verbot der Nennung solcher Faktoren mit Hinweis darauf, dass diese auch für andere Branchen oder die Wirtschaft insgesamt relevant sind, würde dem Informationsbedürfnis der Investoren nicht Rechnung tragen[3].

46 Die Wesentlichkeit eines Risikofaktors beurteilt sich anhand seiner **Eintrittswahrscheinlichkeit** und der **Schwere der Auswirkungen** im Falle seiner Realisierung[4]. Besteht eine hohe Eintrittswahrscheinlichkeit, insbesondere die Möglichkeit eines gehäuften Eintretens, oder ein sehr großes Ausmaß an nachteiligen Auswirkungen bei Verwirklichung, ist ein Risiko als wesentlich zu erachten. Ist hingegen weder der eine noch der andere Aspekt ausschlaggebend, kann sich die Wesentlichkeit dennoch aus der Zusammenschau von Eintrittswahrscheinlichkeit und Schwere der möglichen Auswirkungen ergeben. Ist beispielsweise die Wahrscheinlichkeit der Kündigung einer wesentlichen Lieferbeziehung nicht sehr hoch und der Schaden angesichts weiterer Lieferbeziehungen überschaubar, kann sich ein Risiko dennoch aus der Wahrscheinlichkeit, dass bei Kündigung durch einen Lieferanten andere Lieferanten nachziehen und sich hieraus eine Häufung von Schäden ergibt, ausschlaggebend sein.

47 Bei der Bestimmung der wesentlichen Risikofaktoren sind darüber hinaus die im Prospektkapitel „Geschäftätigkeit" geschilderten Chancen und Entwicklungsmöglichkeiten zu berücksichtigen, denen häufig entsprechende Risiken und Unsicherheiten gegenüberstehen. Da es den Risikofaktoren immanent ist, mögliche zukünftige Ereignisse zu beschreiben, sind bei der Auswahl und Beurteilung der Wesentlichkeit von Risiken nicht nur die gegenwärtige Geschäftätigkeit, sondern auch die erwarteten, im Prospekt angesprochenen **zukünftige Entwicklungen** zu betrachten[5].

48 Des Weiteren kann bei der Auswahl der Risikofaktoren die Investorenerwartung eine Rolle spielen, die durch die Marktpraxis und Prospekte anderer Emittenten geprägt wird. In der Praxis ist es daher üblich, Prospekte von Wettbewerbern (*peer group*) heranzuziehen.

---

1 Ziffer 4.1.1 der Going-Public-Grundsätze.
2 *Fingerhut/Voß* in Just/Voß/Ritz/Zeising, Anhang I EU-ProspektVO Rz. 88.
3 Siehe auch *Schlitt/Wilczek* in Habersack/Mülbert/Schlitt, Handbuch der Kapitalmarktinformation, § 5 Rz. 53.
4 *Fingerhut/Voß* in Just/Voß/Ritz/Zeising, Anhang I EU-ProspektVO Rz. 87.
5 *Fingerhut/Voß* in Just/Voß/Ritz/Zeising, Anhang I EU-ProspektVO Rz. 88.

5. Zusammenfassung der Risikofaktoren

Da es naturgemäß schwer fallen dürfte, aus den bereits als wesentlich bestimmten Risikofaktoren für Zwecke der Zusammenfassung erneut eine Auswahl zu treffen, hat es sich in der Praxis eingebürgert, **sämtliche Risikofaktoren auch in der Zusammenfassung** zu nennen. Dies geschieht in der Regel durch die Wiedergabe in Satzform[1] der ausführlichen Darstellung des jeweiligen Risikofaktors im Kapitel Risikofaktoren vorangestellten Überschrift, die die wesentlichen Aspekte der ausführlicheren Darstellung im eigentlichen Textteil aufgreift.

49

Bereits nach derzeitiger Rechtslage sollen im Prospekt nur die Risikofaktoren im Prospekt offengelegt werden, die für den Emittenten wesentlich und spezifisch sind. Diese Vorgabe wurde in der Praxis jedoch bisher teilweise verfehlt. Im Rahmen der **Reform der Prospektvorschriften**[2] durch den europäischen Gesetzgeber betont der Entwurf nochmals, dass in Zukunft nur noch solche Risikofaktoren im Prospekt erwähnt werden dürfen, die **wesentlich und spezifisch** für den Emittenten und seine Wertpapiere sind (Art. 16 Abs. 1 ProspektVO-E). Damit soll der Tendenz entgegengewirkt werden, den Prospekt mit Risikofaktoren zu überfrachten, die die spezifischen, für Anleger relevanten Risikofaktoren verdecken und nur dazu dienen, den Emittenten oder seine Berater vor Haftungsansprüchen zu schützen. Zu diesem Zweck wird der Emittent Risikofaktoren nach ihrer Wesentlichkeit auf der Grundlage einer vom Emittenten vorgenommenen Bewertung der Wahrscheinlichkeit ihres Eintritts und des zu erwartenden Umfangs ihrer negativen Auswirkungen in wenige Kategorien einstufen müssen (Art. 16 Abs. 1 ProspektVO-E). Die Kommission ist dazu ermächtigt, delegierte Rechtsakte zu erlassen, um Leitlinien für die Bewertung der Spezifität und Wesentlichkeit sowie für die Einstufung der Risikofaktoren in Risikokategorien auszuarbeiten (Art. 16 Abs. 2 ProspektVO-E).

49a

Die Darstellung der Risikofaktoren in der **Prospektzusammenfassung** soll in Zukunft ebenfalls begrenzt werden. Bislang entsprach es verbreiteter Praxis, sämtliche Risikofaktoren in der Zusammenfassung nochmals zu nennen. Nach dem neuen Vorschlag sollen nun in drei vorgegebenen Unterabschnitten insgesamt **maximal zehn Risikofaktoren** enthalten sein (Art. 7 Abs. 9a ProspektVO-E; siehe dazu § 5 WpPG Rz. 48).

VI. Angaben über den Emittenten (Ziffer 5) *(Schlitt)*

5. **Angaben über den Emittenten**
5.1. *Geschäftsgeschichte und Geschäftsentwicklung des Emittenten*
5.1.1. **Juristischer und kommerzieller Name des Emittenten;**
5.1.2. **Ort der Registrierung des Emittenten und seine Registrierungsnummer;**
5.1.3. **Datum der Gründung und Existenzdauer des Emittenten, soweit diese nicht unbefristet ist;**

---

1 *Alfes/Wieneke* in Holzborn, Anh. I EU-ProspV Rz. 19.
2 Dazu allgemein § 4 WpPG Rz. 2; auch *Schulz*, WM 2016, 1417.

5.1.4. Die Rechtsform und der Sitz des Emittenten; Rechtsordnung, in der er tätig ist; Land der Gründung der Gesellschaft; Geschäftsanschrift und Telefonnummer seines eingetragenen Sitzes (oder Hauptort der Geschäftstätigkeit, falls nicht mit dem eingetragenen Sitz identisch);

5.1.5. Wichtige Ereignisse in der Entwicklung der Geschäftstätigkeit des Emittenten.

5.2. *Investitionen*

5.2.1. Beschreibung (einschließlich des Betrages) der wichtigsten Investitionen des Emittenten für jedes Geschäftsjahr, und zwar für den Zeitraum, der von den historischen Finanzinformationen abgedeckt wird bis zum Datum des Registrierungsformulars.

5.2.2. Beschreibung der wichtigsten laufenden Investitionen des Emittenten, einschließlich der geografischen Verteilung dieser Investitionen (im Inland und im Ausland) und der Finanzierungsmethode (Eigen- oder Fremdfinanzierung).

5.2.3. Angaben über die wichtigsten künftigen Investitionen des Emittenten, die von seinen Verwaltungsorganen bereits verbindlich beschlossen sind.

1. Geschäftsgeschichte und Geschäftsentwicklung des Emittenten

50 Die nach Anhang I Ziffer 5.1 ProspektVO erforderlichen Angaben betreffen inhaltlich zwei verschiedene Bereiche. In Anhang I Ziffer 5.1.1–5.1.4 ProspektVO werden Angaben zur **gesellschaftsrechtlichen Historie** wie Gründung, Sitz, Handelsregisternummer uÄ gefordert. Diese Angaben finden sich typischerweise im Prospektkapitel „Allgemeine Informationen über die Gesellschaft". Sie entsprechen weitestgehend den vor Inkrafttreten der ProspektVO geltenden § 18 Nr. 1–5 BörZulV aF bzw. § 5 Abs. 2 VerkProspVO iVm. § 18 Nr. 1–5 BörsZulV aF[1]. Anhang I Ziffer 5.1.5 ProspektVO verlangt hingegen eine Darstellung der historischen **Entwicklung der Geschäftstätigkeit** des Emittenten, die typischerweise Teil des Prospektkapitels „Geschäftstätigkeit" ist.

51 Unter dem **juristischen Namen** des Emittenten nach Anhang I Ziffer 5.1.1 ProspektVO ist die Firma iS des § 17 HGB und § 4 AktG zu verstehen, dh. der Name, unter dem die Geschäfte betrieben und die Unterschrift abgegeben wird. Der **kommerzielle Name** ist hingegen die gängige Abkürzung, die etwa in einem als Kurzform für die Gesellschaft verwendeten Logo bestehen kann und typischerweise keine Rechtsformbezeichnung beinhaltet[2].

52 **Ort der Registrierung des Emittenten und seine Registrierungsnummer** nach Anhang I Ziffer 5.1.2 ProspektVO bezieht sich auf die Angabe der Handelsregisternummer sowie des das Handelsregister führenden Amtsgerichts.

---

1 *Fingerhut/Voß* in Just/Voß/Ritz/Zeising, Anhang I EU-ProspektVO Rz. 93.
2 *Alfes/Wieneke* in Holzborn, Anh. I EU-ProspV Rz. 22.

Unter dem **Datum der Gründung** nach Anhang I Ziffer 5.1.3 ProspektVO ist in der Regel das Datum der notariellen Beurkundung der Satzung zu verstehen (§ 23 Abs. 1 AktG)[1]. Ist der Emittent nicht neu gegründet, sondern durch eine Umwandlung nach Maßgabe des Umwandlungsgesetzes errichtet worden, so ist auf das Datum der Beurkundung der Satzung des Emittenten in der aktuellen Rechtsform abzustellen. Jedoch sind der Vollständigkeit halber auch die einer solchen gesellschaftsrechtlichen Umstrukturierung vorangegangen Entwicklungen zumindest in groben Zügen nachzuzeichnen[2]. Das Erfordernis einer Angabe zur **Existenzdauer** erscheint aus deutschem Rechtsverständnis nicht recht passend, da deutsche Gesellschaften typischerweise nicht auf Zeit errichtet sind. Auch ist nach dem Wortlaut nur dann eine Angabe erforderlich, wenn die Dauer befristet ist. Die BaFin fordert jedoch auch in allen anderen Fällen einen kurzen Hinweis auf die unbegrenzte Dauer, was als Förmelei erscheint.

Als nach Anhang I Ziffer 5.1.4 ProspektVO zu nennende **Rechtsform** kommen, soweit es sich um einen deutschen Emittenten handelt, die der Aktiengesellschaft (AG) mit der Sonderform der Immobilien-Aktiengesellschaft (REIT-AG), Kommanditgesellschaft auf Aktien (KGaA) und Europäischen Aktiengesellschaft (SE) in Betracht. Die Rechtsform ist in ausgeschriebener Schreibweise in den Prospekt aufzunehmen. Der **Sitz**, worunter der satzungsmäßige Sitz zu verstehen ist, ist auch dann anzugeben, wenn er bereits entsprechend Anhang I Ziffer 1.1 ProspektVO im Abschnitt „Verantwortungsübernahme" genannt wurde. Die **Rechtsordnung**, in der der Emittent tätig ist und das **Land der Gründung** des Emittenten können auch mittelbar genannt werden. So ist es beispielsweise ausreichend, wenn der Emittent als „deutsche Aktiengesellschaft" bezeichnet wird. Ist der Emittent – wie meist – neben Deutschland in weiteren Jurisdiktionen tätig, so müssen diese Rechtsordnungen sämtlich – wenn auch mittelbar, zB im Kapitel „Geschäftätigkeit" – aufgeführt werden. Als **Geschäftsanschrift** ist die Anschrift des Sitzes bzw. der Hauptverwaltung zu nennen. Als Telefonnummer reicht die Angabe der Zentrale aus; einer Nennung der Telefonnummer der den Prospekt unterzeichnenden Vertreter des Emittenten bedarf es nicht.

Die üblicherweise im Kapitel „Geschäftätigkeit" verortete Darstellung der **historischen Entwicklung** der Geschäftätigkeit soll wichtige Ereignisse in der Geschäftsentwicklung nach Anhang I Ziffer 5.1.5 ProspektVO beschreiben. Insoweit sind sowohl positive als auch negative Entwicklungen zu erläutern[3]. In jedem Fall zu beschreiben wäre hier etwa eine Transaktion, die die Verpflichtung zur Aufnahme von Pro Forma-Finanzinformationen nach sich zieht, ebenso wie die Angabe einer Entwicklung, die zur Aufnahme weiterer historischer Finanzinformationen (Stichwort „complex financial history") führt[4]. Zwingend zu diskutieren sind darüber hi-

---

1 So für die BörsZulVO auch *Heidelbach* in Schwark, 3. Aufl. 2004, § 18 BörsZulV Rz. 1; aA *Fingerhut/Voß* in Just/Voß/Ritz/Zeising, Anhang I EU-ProspektVO Rz. 96.
2 *Fingerhut/Voß* in Just/Voß/Ritz/Zeising, Anhang I EU-ProspektVO Rz. 97.
3 So auch *Fingerhut/Voß* in Just/Voß/Ritz/Zeising, Anhang I EU-ProspektVO Rz. 105.
4 Zu Ereignissen, die die Pflicht zur Aufnahme von Pro-Forma-Finanzinformationen in den Prospekt auslösen, siehe unten Rz. 215 ff.; zum Erfordernis der Aufnahme weiterer

naus sämtliche Ereignisse, die eine Änderung der Satzung des Emittenten erforderlich gemacht haben. Andere wesentliche Ereignisse können etwa die Expansion ins Ausland, Erschließung neuer Geschäftsbereiche oder die Unterteilung der Geschäftstätigkeit in Segmente sein.

56 Hat sich die Geschäftstätigkeit des Emittenten während der Dauer seines Bestehens nicht wesentlich geändert, ist nach Ansicht der BaFin eine entsprechende **Negativaussage**, üblicherweise im Überblick über die Geschäftstätigkeit, in den Prospekt aufzunehmen. Dies ist jedoch im Hinblick auf das mangelnde Informationsinteresse des Anlegers an solchen Negativaussagen grundsätzlich abzulehnen (siehe dazu § 8 WpPG Rz. 52).

2. Investitionen

57 Die in Anhang I Ziffer 5.2 ProspektVO geforderten Angaben zu Investitionen sind üblicherweise Teil eines entsprechend titulierten Abschnitts des Prospektkapitels „Geschäftstätigkeit"; verbreitet werden sie zusammen mit ihren Auswirkungen auf die Finanz- und Ertragslage auch im Kapitel „Darstellung und Analyse der Vermögens-, Finanz- und Ertragslage" genannt.

58 Nach Ziffer 5.2.1 Anhang I ProspektVO sind Angaben zu den wichtigsten Investitionen zu machen, die im Zeitraum der im Finanzteil des Prospekts enthaltenen **historischen Finanzinformationen** getätigt wurden. Fraglich ist, unter welchen Voraussetzungen eine Investition „wichtig" ist. In der älteren Literatur wurde vertreten, die 10%-Grenze des § 20 Abs. 1 Nr. 3 BörsZulV aF zu übertragen[1]. Eine solche Analogie kommt aber von vornherein nur modifiziert in Betracht, da jedenfalls der Umsatz des Emittenten nicht die maßgebliche Bezugsgröße sein kann. Würde man auf den Umsatz abstellen, wären regelmäßig nur wenige Investitionen im Prospekt darzustellen. Richtigerweise ist als maßgebliche Bezugsgröße das Gesamtinvestitionsvolumen des jeweiligen Jahres anzusehen[2]. Mit dieser Modifikation bietet sich die analoge Anwendung der 10%-Grenze jedenfalls als Richtlinie an[3]. Dies bedeutet, dass anhand dieser Grenze eine Vor-Selektion der jeweiligen Investitionen durchgeführt werden kann. In einem zweiten Schritt sind dann alle in dem jeweiligen Jahr getätigten Investitionen einer Einzelfallbetrachtung zu unterziehen. Diese kann dazu führen, dass auch unterhalb der 10%-Grenze liegende Investitionen in den Prospekt aufzunehmen sind, etwa weil sie sehr risikobehaftet sind oder für den Emittenten zukünftig von

---

historischer Finanzinformationen (Stichwort: „complex financial history") siehe unten Rz. 261 ff.
1 So für die BörsZulVO etwa *Heidelbach* in Schwark, 3. Aufl. 2004, § 20 BörsZulV Rz. 1; aA *Groß*, Kapitalmarktrecht, 4. Aufl. 2009, §§ 13–32 BörsZulV Rz. 11 iVm. §§ 1–15 VerkProspV Rz. 8.
2 Zur Anknüpfung an das Gesamtinvestitionsvolumen *Fingerhut/Voß* in Just/Voß/Ritz/Zeising, Anhang I EU-ProspektVO Rz. 108.
3 *Fingerhut/Voß* in Just/Voß/Ritz/Zeising, Anhang I EU-ProspektVO Rz. 108; *Alfes/Wieneke* in Holzborn, Anh. I EU-ProspV Rz. 30; aA *Lenz* in Assmann/Lenz/Ritz, § 7 VerkProspVO Rz. 5.

besonderer Relevanz sein könnten[1]. Die aufgrund dieses Verfahrens ausgewählten „wichtigen" Investitionen sind betragsmäßig zu benennen und darüber hinaus im Einzelnen zu beschreiben. Daneben ist die Gesamtsumme aller getätigten Investitionen in dem relevanten Jahr anzugeben.

Die wichtigsten **laufenden Investitionen** müssen nach Anhang I Ziffer 5.2.2 ProspektVO ebenfalls dem Betrag nach angegeben und darüber hinaus sowohl als Gesamtbetrag als auch im Einzelnen beschrieben werden[2]. Im Einzelnen ist ferner darzustellen, wie sich die laufenden Investitionen **geographisch** verteilen und wie sie **finanziert** werden. Insbesondere im Falle einer Finanzierung aus dem Emissionserlös ist hier auf einen Gleichklang mit der Darstellung der Verwendung des Emissionserlöses im Prospekt (Anhang III Ziffer 3.4 ProspektVO, siehe hierzu Anhang III EU-ProspektVO Rz. 23 ff.) und der Strategie des Emittenten zu achten. 59

Für die **Zukunft** bereits verbindlich vom Vorstand (ggf. mit Zustimmung des Aufsichtsrats) beschlossene wichtige Investitionen sind nach Anhang I Ziffer 5.2.3 ProspektVO ebenfalls in den Prospekt aufzunehmen. Sie sind möglichst genau darzustellen und betragsmäßig zu beziffern. Auch diesbezüglich ist neben der Bezifferung der einzelnen wichtigen Investitionen der Gesamtbetrag aller verbindlich beschlossenen Investitionen anzugeben. Wegen der korrespondierenden Bestimmung der Ziffer 10.5 des Anhangs I ProspektVO sind die erwarteten Quellen, aus denen die künftigen Investitionen bestritten werden sollen, anzugeben. 60

VII. Geschäftsüberblick (Ziffer 6) *(Schlitt)*

6. Geschäftsüberblick

6.1. *Haupttätigkeitsbereiche*

6.1.1. Beschreibung der Wesensart der Geschäfte des Emittenten und seiner Haupttätigkeiten (sowie der damit im Zusammenhang stehenden Schlüsselfaktoren) unter Angabe der wichtigsten Arten der vertriebenen Produkte und/oder erbrachten Dienstleistungen, und zwar für jedes Geschäftsjahr innerhalb des Zeitraums, der von den historischen Finanzinformationen abgedeckt wird; und

6.1.2. Angabe etwaiger wichtiger neuer Produkte und/oder Dienstleistungen, die eingeführt wurden, und – in dem Maße, wie die Entwicklung neuer Produkte oder Dienstleistungen offen gelegt wurde – Angabe des Stands der Entwicklung.

6.2. *Wichtigste Märkte*
Beschreibung der wichtigsten Märkte, auf denen der Emittent tätig ist, einschließlich einer Aufschlüsselung der Gesamtumsätze nach Art der Tätigkeit und geografischem Markt für jedes Geschäftsjahr innerhalb des Zeitraums, der von den historischen Finanzinformationen abgedeckt wird.

---

1 *Fingerhut/Voß* in Just/Voß/Ritz/Zeising, Anhang I EU-ProspektVO Rz. 108.
2 So für die BörsZulV *Groß*, Kapitalmarktrecht, 4. Aufl. 2009, §§ 13–32 BörsZulV Rz. 11.

6.3. Falls die unter den Punkten 6.1. und 6.2. genannten Angaben durch außergewöhnliche Faktoren beeinflusst wurden, so sollte dies angegeben werden.

6.4. Kurze Angaben über die etwaige Abhängigkeit des Emittenten in Bezug auf Patente und Lizenzen, Industrie-, Handels- oder Finanzierungsverträge oder neue Herstellungsverfahren, wenn diese Faktoren von wesentlicher Bedeutung für die Geschäftstätigkeit oder die Rentabilität des Emittenten sind.

6.5. Grundlage für etwaige Angaben des Emittenten zu seiner Wettbewerbsposition.

1. Bedeutung und Inhalt

61 Die Beschreibung der Geschäftstätigkeit des Emittenten, die in aller Regel mit einer als „Überblick" bezeichneten Zusammenfassung der wesentlichen Punkte beginnt, bildet zusammen mit den Risikofaktoren und der Darstellung und Analyse der Vermögens-, Finanz- und Ertragslage das **Kernstück eines jeden Prospekts**. So werden in der Praxis unter der Überschrift „Geschäftstätigkeit" nicht nur die von Anhang I Ziffer 6 ProspektVO im Einzelnen geforderten Angaben, sondern in der Regel zusätzlich weitere **Pflichtangaben** und darüber hinaus einige **freiwillige Angaben** offen gelegt. Über die von Anhang I Ziffer 6 ProspektVO geforderten Angaben hinausgehend enthält das Kapitel „Geschäftstätigkeit" häufig die an anderen Stellen von der ProspektVO geforderten Pflichtangaben zu Investitionen[1], Forschung und Entwicklung[2], Mitarbeiter[3], Umweltfragen[4], wesentlichen Verträgen[5], Rechtsstreitigkeiten und Verwaltungsverfahren[6]. Angaben, deren Nennung rechtlich nicht vorgeschrieben ist, die sich aber in der Praxis eingebürgert haben und die häufig innerhalb der Geschäftstätigkeit beschrieben werden, sind Wettbewerbsstärken, Strategie und Versicherungen. Nähere Angaben zu den Wettbewerbsstärken und der Strategie werden in aller Regel in den Prospekt aufgenommen, weil dies dem Emittenten und der begleitenden Bank die Möglichkeit gibt, diese Informationen zu Vermarktungszwecken in der Kommunikation gegenüber Analysten und Investoren herauszustellen[7].

2. Geschäftsmodell und Geschäftsbereiche

62 Der Hauptteil des Kapitels Geschäftstätigkeit ist der Darstellung des Geschäftsmodells und der einzelnen Geschäftsbereiche des Emittenten nach Anhang I Ziffer 6.1.1 ProspektVO gewidmet. Aufgrund des übergeordneten Prinzips der Voll-

---

1 Anhang I Ziffer 5.2 ProspektVO.
2 Anhang I Ziffer 11 ProspektVO.
3 Anhang I Ziffer 17 ProspektVO.
4 Anhang I Ziffer 8.2 ProspektVO.
5 Anhang I Ziffer 22 ProspektVO.
6 Anhang I Ziffer 20.8 ProspektVO; siehe auch *Fingerhut/Voß* in Just/Voß/Ritz/Zeising, Anhang I EU-ProspektVO Rz. 114.
7 Zum Konsistenzgebot siehe die Kommentierung zu § 15 WpPG Rz. 18 ff.

ständigkeit, Richtigkeit und Verständlichkeit (siehe hierzu § 5 WpPG Rz. 11 ff.) muss Ziel der Darstellung eine möglichst eingängige Schilderung der Abläufe sein, die der Geschäftätigkeit zu Grunde liegen und den Kern des Unternehmens ausmachen. Hierzu zählen bei einem produzierenden Unternehmen Aussagen zu den Produkten, ihrer Entstehung (Forschung und Entwicklung), der hierfür erforderlichen Beschaffung von Rohstoffen oder Komponenten, den Produktionsabläufen und -verfahren, des gewerblichen Rechtsschutzes, der Vermarktung und Kundenstruktur. Je nach Art der Tätigkeit sind einzelne Teile der Darstellung stärker zu gewichten. So wird regelmäßig dem Abschnitt der Patente und Lizenzen bei einem Pharmaunternehmen stärkeres Gewicht zukommen als bei einem Unternehmen, das etwa als reiner Händler Produkte vertreibt. Hat sich die Geschäftstätigkeit im Zeitraum der historischen Finanzinformationen (in der Regel die letzten drei Jahre) **wesentlich geändert**, etwa dadurch, dass neue Geschäftsbereiche hinzugekommen sind, ist dies ausdrücklich zu vermerken. Hierzu zählen nach Anhang I Ziffer 6.1.2 ProspektVO auch neu eingeführte wichtige[1] **Produkte** oder **Dienstleistungen**. Befinden sie sich noch im Stand der Entwicklung, sind sie zumindest abstrakt im Abschnitt „Forschung und Entwicklung" zu umschreiben.

Erstreckt sich die Geschäftstätigkeit auf mehrere Bereiche oder verschiedene geografische Regionen, so hat die Darstellung in der Regel der in den Finanzinformationen zu Grunde gelegten **Segmentierung** zu folgen. Ergänzend besteht die Möglichkeit, einzelne Segmente (Geschäftsbereiche) weiter aufzuteilen und beispielsweise Produktbereiche oder Tätigkeitsfelder innerhalb der einzelnen Geschäftsbereiche darzustellen. Anhang I Ziffer 6.2 ProspektVO schreibt, unabhängig von der Segmentdarstellung in den Finanzinformationen, vor, dass zumindest die Aufteilung der Gesamtumsätze auf die einzelnen Geschäftsbereiche und geografischen Märkte, auf denen der Emittent tätig ist, erfolgen muss. Da auch Emittenten, die keine volle Segmentberichterstattung nach den anwendbaren Rechnungslegungsstandards erstellen müssen[2], regelmäßig ihre Umsätze nach Tätigkeitsbereichen und geografischen Regionen erfassen, kann diesem Erfordernis in der Praxis meist unproblematisch genügt werden. Enthalten die in den Prospekt aufgenommenen historischen Finanzinformationen des Emittenten eine Segmentberichterstattung, ist diese bei der Darstellung der Geschäftstätigkeit zu reflektieren[3]. 63

Welche **Märkte wichtig** sind, ist in der Regel anhand der in den Finanzinformationen des Emittenten enthaltenen Angaben zu bestimmen[4]. § 20 Abs. 1 Nr. 3 BörsZulV aF hatte für das alte Recht insoweit eine Grenze von 10% der Umsätze zu Grunde gelegt[5]. Jedoch bestand bereits nach altem Recht zutreffend Einigkeit, dass dies lediglich als Richtschnur angesehen werden kann und nach den Umständen des Einzelfalls ein 64

---

1 Zum anzulegenden Maßstab siehe *Wiegel*, Die Prospektrichtlinie und Prospektverordnung, S. 225.
2 § 285 Nr. 4 HGB; IFRS 8.
3 *Alfes/Wieneke* in Holzborn, Anh. I EU-ProspV Rz. 35.
4 Siehe dazu auch *Wiegel*, Die Prospektrichtlinie und Prospektverordnung, S. 236.
5 Zur Regelung in § 20 Abs. 1 BörsZulV *Heidelbach* in Schwark, 3. Aufl. 2004, § 20 BörsZulV Rz. 1 ff.

höherer, aber auch ein niedrigerer Schwellenwert anzusetzen ist[1], so dass hierauf weiterhin abgestellt werden kann[2].

65 Zu den von Anhang I Ziffer 6.1.1 ProspektVO geforderten **Schlüsselfaktoren** zählen einerseits die regelmäßig im Kapitel „Darstellung und Analyse der Vermögens-, Finanz- und Ertragslage" enthaltenen wesentlichen Einflussfaktoren auf das Ergebnis der Geschäftstätigkeit (*key drivers*, zu diesem Kapitel siehe unten Ziffer 9 Rz. 90). Andererseits fallen unter die Schlüsselfaktoren auch die Wettbewerbsstärken, die regelmäßig auch im Zuge der Vermarktung der Wertpapiere eine größere Rolle spielen. Ergänzend sind nach Anhang I Ziffer 6.3 ProspektVO solche Faktoren zu nennen, die außergewöhnlichen Einfluss auf die Geschäftstätigkeit und die Verteilung auf einzelne Geschäftsfelder und Regionen hatten. Hierunter fallen einerseits Einmaleffekte, die im Zuge der Darstellung und Analyse der Vermögens-, Finanz- und Ertragslage als Erklärung für die Entwicklung einzelner Posten der Gewinn- und Verlustrechnung, Bilanz oder Kapitalflussrechnung zu nennen sind, wie etwa einmalige Steuererstattungen aufgrund einer Änderung der Steuergesetzgebung (**außergewöhnliche Faktoren** nach Anhang I Ziffer 6.3 ProspektVO), aber auch Verzerrungen in der Kunden- oder Lieferantenstruktur, beispielsweise durch einen dominierenden Großauftrag eines einzelnen Kunden oder den Wegfall und (teureren) Ersatz eines wichtigen Lieferanten innerhalb des Zeitraums der historischen Finanzinformationen.

66 Während § 20 Abs. 1 BörsZulV nach dem bis zum Sommer 2005 geltenden Recht die Aufnahme spezifischer Angaben zur Geschäftstätigkeit für **Emittenten bestimmter Branchen** (Bergbau, Rohstoffabbau) vorsah, enthält Ziffer 6 des Anhangs I ProspektVO dazu keine Erfordernisse. Vielmehr sieht Anhang XIX der ProspektVO vor, dass die Aufsichtsbehörde, die den Prospekt billigt, die Aufnahme zusätzlicher Angaben für Emittenten bestimmter Branchen verlangen kann (siehe dazu die Kommentierung zu Anhang XIX). Hierzu zählen entsprechend § 20 Abs. 1 BörsZulV aF ua. auch Bergbauunternehmen.

3. Negativaussagen zu Abhängigkeiten

67 Anhang I Ziffer 6.4 ProspektVO erfordert eine ausdrückliche Erklärung des Emittenten im Prospekt dahingehend, ob eine Abhängigkeit der Geschäftstätigkeit von **Patenten und Lizenzen, Industrie-, Handels- oder Finanzierungsverträgen** oder neuen **Herstellungsverfahren** besteht, die für den Emittenten von wesentlicher Bedeutung sind. Diese Angabe erfolgt, sei es als Positivaussage, sei es als ansonsten aufzunehmende Negativaussage, regelmäßig in den Abschnitten „Gewerblicher Rechtsschutz", „Wesentliche Verträge" (siehe dazu Ziffer 22 Rz. 313 ff.) und „Forschung und Entwicklung" (dazu Ziffer 11 Rz. 108 ff.). Die **Schwelle**, ab der eine Abhängigkeit angenommen werden kann, wird aus Gründen der Risikoabwägung häufig mit der Schwelle korrelieren, ab der ein möglicher Wegfall eines gewerblichen Schutz-

---

[1] Vergleiche *Heidelbach* in Schwark, 3. Aufl. 2004, § 20 BörsZulV Rz. 1; *Fingerhut/Voß* in Just/Voß/Ritz/Zeising, Anhang I EU-ProspektVO Rz. 118.
[2] So auch *Alfes/Wieneke* in Holzborn, Anh. I EU-ProspV Rz. 36.

rechts oder eines Vertrags als Risiko in den Abschnitt „Risikofaktoren" aufzunehmen wäre (siehe Ziffer 4 Rz. 43 ff.).

4. Markt und Wettbewerb

Anhang I Ziffer 6.5 ProspektVO verlangt die Aufnahme von Angaben zu Markt und Wettbewerb nur in Fällen, in denen **vergleichende Aussagen** zur Wettbewerbsstellung des Emittenten im Prospekt getroffen werden. Grundsätzlich ist der Prospekt als objektives Dokument zu verfassen, so dass sich selten strikt vergleichende Darstellungen in Prospekten finden. Jedoch enthält ein Prospekt typischerweise Angaben zur **Marktstellung** des Emittenten, die durch Angaben zum Marktumfeld und den Wettbewerbern **zu plausibilisieren** ist[1]. So findet sich typischerweise eine Darstellung der Wettbewerbsstärken und Aussagen des Emittenten zu einer marktführenden Stellung in einem bestimmten Bereich, wie sie häufig im Zusammenhang mit öffentlichen Angeboten von Aktien anzutreffen sind. Ist der Emittent auf verschiedenen Märkten tätig, sei es im Hinblick auf die Geschäftsbereiche, sei es im Hinblick auf die geografischen Märkte, so ist auf jeden dieser Märkte einzugehen. 68

Typischerweise werden hierzu Marktstudien und andere Veröffentlichungen als externe, neutrale **Quellen** hinzugezogen, die die Entwicklung der Märkte in dem von den historischen Finanzinformationen abgedeckten Zeitraum schildern. Sofern hierzu widersprüchliche Studien vorliegen, hat der Emittent dies anzugeben und den Angaben im Prospekt die Studie zu Grunde zu legen, die nach seiner Einschätzung die Entwicklung am besten nachzeichnet. Sofern diese neutralen Quellen einen Ausblick enthalten, wird eine solche künftige Entwicklung regelmäßig im Hinblick auf die Bedeutung für Investoren ebenfalls im Prospekt abzubilden sein. Soweit keine Quellen vorhanden sind, ist die subjektive Wertung durch den Einschub „nach Einschätzung des Emittenten" zu dokumentieren[2]. Existieren aufgrund des Geschäftsmodells des Emittenten für einzelne Geschäftsbereiche oder wichtige Produkte und/oder Dienstleistungen **Wettbewerber**, sind diese im Prospekt ausdrücklich zu nennen. 69

Sofern der Emittent nicht nur auf der Vertriebsseite, sondern auch im Hinblick auf die Beschaffung einer **Konkurrenzsituation** unterliegt, sind in gleichem Umfang Angaben über den Markt und seine Wettbewerber auf der Beschaffungsseite in den Prospekt aufzunehmen. Ein typisches Beispiel sind Erzeuger alternativer Energien, die in Deutschland aufgrund der Einspeisebedingungen des EEG grundsätzlich eine Abnahmegarantie für den erzeugten Strom in Anspruch nehmen können, hingegen im Hinblick auf den Wettbewerb, zB um geeignete Grundstücke für Windräder uÄ, durchaus einer starken Wettbewerbssituation unterliegen können. 70

5. Rechtliche Rahmenbedingungen

Anhang I Ziffer 6 ProspektVO sieht eine Schilderung der rechtlichen Rahmenbedingungen der Geschäftstätigkeit nicht ausdrücklich vor. Grundsätzlich ist eine kurze 71

---

1 *Alfes/Wieneke* in Holzborn, Anh. I EU-ProspV Rz. 43.
2 *Alfes/Wieneke* in Holzborn, Anh. I EU-ProspV Rz. 39.

Schilderung der rechtlichen Rahmenbedingungen dann aufzunehmen, wenn diese zum Verständnis der Geschäftstätigkeit oder deren Grenzen erforderlich ist. Der Umfang der Darstellung richtet sich dabei nach der Bedeutung, die dem rechtlichen Umfeld zukommt. So werden Emittenten **stark regulierter** Branchen, wie etwa des Finanz- oder Versicherungssektors, regelmäßig eine ausführliche Beschreibung in ihren Prospekt aufnehmen. Auch in **stark subventionierten** Branchen, wie etwa im Bereich der Solarenergie, sind Ausführungen zu den rechtlichen Regelungen, die möglicherweise das Geschäftsmodell sogar tragen, in den Prospekt aufzunehmen. Sofern die Geschäftstätigkeit des Emittenten einen starken Bezug zum **Ausland** aufweist, insbesondere im Fall einer Unterteilung nach geografischen Segmenten in den Finanzinformationen, sind grundsätzlich auch Angaben zum rechtlichen Umfeld in den Staaten in den Prospekt aufzunehmen, in denen ein erheblicher Teil des Umsatzes erzielt wird oder die von großer strategischer Bedeutung für das Unternehmen sind.

72 In der Regel erfolgt die Darstellung der rechtlichen Rahmenbedingungen innerhalb des Kapitels Geschäftstätigkeit. Bisweilen wird ihr, insbesondere bei herausgehobener Bedeutung, ein **eigenes Prospektkapitel** gewidmet.

VIII. Organisationsstruktur (Ziffer 7) *(Schlitt)*

7. **Organisationsstruktur**
7.1. Ist der Emittent Teil einer Gruppe, kurze Beschreibung der Gruppe und der Stellung des Emittenten innerhalb dieser Gruppe.
7.2. Liste der wichtigsten Tochtergesellschaften des Emittenten, einschließlich Name, Land der Gründung oder des Sitzes, Anteil an Beteiligungsrechten und – falls nicht identisch – Anteil der gehaltenen Stimmrechte.

1. Gruppendarstellung

73 Der Begriff der Gruppe in Anhang I Ziffer 7.1 ProspektVO entspricht im deutschen Recht dem in § 18 AktG legaldefinierten Begriff des **Konzerns**[1]. Insbesondere bei verzweigten Konzernstrukturen bietet es sich aus Gründen der Übersichtlichkeit an, die Konzernstruktur als bildliche Darstellung (Graphik) in den Prospekt aufzunehmen[2]. Dabei sollte eingangs klargestellt werden, dass der Emittent die Konzernmutter ist.

74 Handelt es sich beim Emittenten um eine reine **Holding**, wird regelmäßig neben dem Hinweis auf die Holdingstruktur in der Darstellung des Konzerns auch in den Abschnitten „Dividenden und Dividendenpolitik" (dazu Ziffer 20.7 Rz. 286 ff.) und „Risikofaktoren" (dazu Ziffer 4 Rz. 43 ff.) ein Hinweis in den Prospekt aufzunehmen sein, dass das Ergebnis und damit die Ausschüttung von Dividenden von der

---

1 *Alfes/Wieneke* in Holzborn, Anh. I EU-ProspV Rz. 44; *Fingerhut/Voß* in Just/Voß/Ritz/Zeising, Anhang I EU-ProspektVO Rz. 138.
2 So bereits die Empfehlung zur entsprechenden Regelung in § 18 BörsZulV aF, siehe *Heidelbach* in Schwark, 3. Aufl. 2004, § 18 BörsZulV Rz. 2; *Fingerhut/Voß* in Just/Voß/Ritz/Zeising, Anhang I EU-ProspektVO Rz. 138.

Erzielung entsprechender Ergebnisse ausschließlich durch die operativen Töchter und deren Ausschüttung an den Emittenten (ggf. abzüglich Steuern) abhängt.

Ist der Emittent seinerseits ein Konzern(tochter)unternehmen und halten die Aktionäre eine wesentliche Beteiligung, so ist dies ebenfalls darzustellen. In diesem Fall sind regelmäßig auch Angaben zum Erfordernis eines **Abhängigkeitsberichts**, typischerweise im Kapitel „Aktionärsstruktur", nach Ziffer 18.3 des Anhangs I zur ProspektVO in den Prospekt aufzunehmen. Ändert sich die Stellung des Emittenten in diesem Konzern aufgrund des Angebots, zB im Falle einer Umplatzierung durch den Mehrheitsaktionär des Emittenten, ist dies im Prospekt ebenfalls darzustellen. 75

Aufgrund der Regelung in Anhang I Ziffer 7.2 ProspektVO ist, auch bei einer graphischen Darstellung der Konzernstruktur, darauf zu achten, dass zumindest bei den wichtigsten Tochtergesellschaften auch deren **Gründungs- bzw. Sitzstaat** und der Anteil der jeweils gehaltenen Beteiligung und ggf. abweichenden Stimmrechte angegeben werden. Teilweise wird darüber hinausgehend die Angabe des auf die jeweilige Tochter entfallenden Umsatzes gefordert[1]. Dies erscheint jedoch zu weitgehend und angesichts der primären Information des Anlegers anhand konsolidierter Finanzinformationen nicht erforderlich. 76

2. Wichtigste Tochtergesellschaften

Zu den wichtigsten Tochtergesellschaften zählen die Tochtergesellschaften, zu denen Ziffer 25 des Anhangs I der ProspektVO **zusätzliche Angaben** im Prospekt fordert (siehe dazu Ziffer 25 Rz. 325). Regelmäßig erfolgt die Darstellung der nach Ziffer 25 erforderlichen Angaben ebenso wie die Angaben nach Anhang I Ziffer 7 ProspektVO im Prospektkapitel „Allgemeine Informationen über den Emittenten". Darüber hinaus können ausnahmsweise solche Tochtergesellschaften als wichtige Tochtergesellschaften zählen, die zwar nicht die Kriterien der Ziffer 25 des Anhangs I ProspektVO erfüllen, denen jedoch nach Geschäftsmodell und Strategie des Emittenten eine wesentliche strategische Bedeutung zukommt. Auch diese Töchter sind zu nennen. 77

Befinden sich unter den wichtigsten Tochtergesellschaften auch **ausländische Gesellschaften**, so ist bei der Prospekterstellung darauf zu achten, dass deren Geschäftstätigkeit in der Darstellung der geografischen Aufteilung der Geschäftstätigkeit nach Anhang I Ziffer 6 ProspektVO Berücksichtigung findet (siehe dazu Ziffer 6 Rz. 63). 78

IX. Sachanlagen (Ziffer 8) *(Schlitt)*

8. Sachanlagen
8.1. Angaben über bestehende oder geplante wesentliche Sachanlagen, einschließlich geleaster Vermögensgegenstände, und etwaiger größerer dinglicher Belastungen der Sachanlagen.

---

[1] *Alfes/Wieneke* in Holzborn, Anh. I EU-ProspV Rz. 45.

8.2. Skizzierung etwaiger Umweltfragen, die die Verwendung der Sachanlagen von Seiten des Emittenten u.U. beeinflussen können.

1. Sachanlagen

79 Als Sachanlagen iS der Ziffer 8 des Anhangs I ProspektVO sind solche Anlagen zu bezeichnen, die auch in den historischen Finanzinformationen als Sachanlagen bilanziert sind. Den wesentlichen Teil der Sachanlagen bilden aufgrund ihres Werts häufig **Grundstücke**. Es sind daher Angaben zu den Orten, an denen die Grundstücke belegen sind, ihrer Größe und etwaigen dinglichen Belastungen in den Prospekt aufzunehmen.

80 Bestehen daneben **weitere wesentliche Sachanlagen**, zB Fertigungsanlagen und Maschinenparks, sind auch diese in den Prospekt aufzunehmen. Ihre Wesentlichkeit kann sich aus ihrem Wert im Verhältnis zum Gesamtwert der Sachanlagen oder ihrer strategischen Bedeutung für die Geschäftstätigkeit oder Strategie des Emittenten ergeben[1].

81 **Geleaste Gegenstände** fallen hierunter nur dann, wenn sie nach den angewandten Rechnungslegungsgrundsätzen auch als Sachanlagen bilanziert wurden.

82 Bestehen bereits **Planungen über zukünftige wesentliche Sachanlagen**, so sind diese, zusammen mit der Angabe, wie sie finanziert werden sollen (siehe hierzu auch die Kommentierung zu Ziffer 10.5), in den Prospekt aufzunehmen. Erfolgt die Finanzierung aus dem Emissionserlös, so ist hierauf im Prospektkapitel „Gründe für das Angebot und Verwendung des Emissionserlöses" hinzuweisen (siehe dazu Anhang III Ziffer 3.4).

83 Neben Angaben zur Größe bzw. dem Umfang von Sachanlagen fordert ESMA in seinen Empfehlungen die Aufnahme der Angabe der mit ihnen hergestellten Produkte bzw. Produktionskapazität (soweit es sich um Produktionsflächen oder Produktionsanlagen handelt) und die **Verwendung durch den Emittenten**[2].

84 Zu den besonders umfangreichen Angabeerfordernissen im Fall einer Immobiliengesellschaft oder Bergbaugesellschaft siehe die Kommentierung zu Anhang XIX EU-ProspektVO Rz. 4 ff.

2. Umweltfragen

85 Unter dem Stichwort Umweltfragen sind nach Anhang I Ziffer 8.2 ProspektVO alle Punkte offen zu legen, in denen die Geschäftstätigkeit des Emittenten die Umwelt betrifft, sofern diese wesentlich sind. Hierzu können die Emission von Schadstoffen bei der Produktion, die Gefahr der Verunreinigung von Böden und hiergegen getroffene Maßnahmen ebenso wie **Altlasten** in den als Sachanlagen aufzuführenden Grundstücken zählen. Ist die Geschäftstätigkeit des Emittenten Umweltrisiken aus-

---

1 Ähnlich *Alfes/Wieneke* in Holzborn, Anh. I EU-ProspV Rz. 46.
2 ESMA/13-319, Rz. 146.

gesetzt (zB Hochwasser, Erdbeben), ist auch dies zu erwähnen[1]. Sofern aus den Umweltfragen wesentliche Risiken herrühren, sind diese in das Kapitel „Risikofaktoren" aufzunehmen[2].

X. Angaben zur Geschäfts- und Finanzlage (Ziffer 9) *(Schlitt)*

9. Angaben zur Geschäfts- und Finanzlage

9.1. *Finanzlage*

Soweit nicht an anderer Stelle im Registrierungsformular vermerkt, Beschreibung der Finanzlage des Emittenten, Veränderungen in der Finanzlage und Geschäftsergebnisse für jedes Jahr und für jeden Zwischenzeitraum, für den historische Finanzinformationen verlangt werden, einschließlich der Ursachen wesentlicher Veränderungen, die von einem Jahr zum anderen in den Finanzinformationen auftreten, sofern dies für das Verständnis der Geschäftstätigkeit des Emittenten insgesamt erforderlich ist.

9.2. *Betriebsergebnisse*

9.2.1. Angaben über wichtige Faktoren, einschließlich ungewöhnlicher oder seltener Vorfälle oder neuer Entwicklungen, die die Geschäftserträge des Emittenten erheblich beeinträchtigen, und über das Ausmaß, in dem die Erträge derart geschmälert wurden.

9.2.2. Falls der Jahresabschluss wesentliche Veränderungen bei den Nettoumsätzen oder den Nettoerträgen ausweist, sind die Gründe für derlei Veränderungen in einer ausführlichen Erläuterung darzulegen.

9.2.3. Angaben über staatliche, wirtschaftliche, steuerliche, monetäre oder politische Strategien oder Faktoren, die die Geschäfte des Emittenten direkt oder indirekt wesentlich beeinträchtigt haben oder u.U. können.

1. Herkunft, Ziel und Bestandteile

Anhang I Ziffer 9 ProspektVO regelt die so genannte **Operating and Financial Review** (OFR). Die Regelung orientiert sich an dem Form 20-F (Item 5), wie es von ausländischen US-börsennotierten Unternehmen im Zuge ihrer jährlichen Berichterstattung bei der SEC einzureichen ist[3]. Das Prospektkapitel, das die OFR enthält, wird üblicherweise „Darstellung und Analyse der Vermögens-, Finanz- und Ertragslage" (Management's Discussion and Analysis of Financial Condition and Results of Operations, MD&A) genannt[4]. 86

Ziel der MD&A ist es, den Investoren eine Einschätzung zu ermöglichen, inwiefern die bisherigen Erfolge indikativ für die zukünftige Entwicklung sein werden. Be- 87

---

1 *Alfes/Wieneke* in Holzborn, Anh. I EU-ProspV Rz. 49.
2 *Fingerhut/Voß* in Just/Voß/Ritz/Zeising, Anhang I EU-ProspektVO Rz. 152.
3 *Fingerhut/Voß* in Just/Voß/Ritz/Zeising, Anhang I EU-ProspektVO Rz. 154.
4 Zur MD&A nach US-Recht vgl. *Werlen/Sulzer* in Habersack/Mülbert/Schlitt, Unternehmensfinanzierung am Kapitalmarkt, § 45 Rz. 60 ff.

kannte Trends und Unsicherheiten, also Schlüsselfaktoren, die bislang oder nach Einschätzung der Gesellschaft künftig einen Einfluss haben werden[1], sind daher darzustellen. Die Schilderung wiederkehrender Einflüsse und eine Darstellung „durch die Augen des Managements" sollen dem Investor erlauben, die Verlässlichkeit der bisher erzielten Ergebnisse und Cash-flows zu beurteilen[2]. Dabei ist, ebenso wie in den anderen Teilen des Prospekts, auf die Wesentlichkeit einer Information abzustellen[3].

88 Typischerweise **gliedert** sich eine MD&A in

– einen Überblick[4],

– die Darstellung der wesentlichen Einflussfaktoren,

– die Darstellung der wesentlichen Bilanzierungs- und Bewertungsgrundsätze,

– für den Vergleich von Konzernabschluss und Jahresabschluss wesentliche Unterschiede in der Bilanzierung nach IFRS und HGB,

– einen jahresweisen Vergleich der wesentlichen Positionen der Gewinn- und Verlustrechnungen, die in den historischen Finanzinformationen im Finanzteil des Prospekts enthalten sind (siehe hierzu Ziffer 20.1),

– sofern für das Geschäftsmodell des Emittenten aussagekräftig und von Bedeutung: einen jahresweisen Vergleich der wesentlichen Positionen der Bilanzen, die in den historischen Finanzinformationen im Finanzteil des Prospekts enthalten sind[5],

– Angaben zur Liquidität (wie in Ziffer 10.2 des Anhangs I ProspektVO gefordert),

– Darstellung der Finanzierungsstruktur und Fremdfinanzierungsbedarf nach Ziffer 10.3 des Anhangs I ProspektVO, einschließlich Darstellung der Eventualverbindlichkeiten und sonstigen finanziellen Haftungsverhältnisse nach Ziffer 3.2 des Anhangs III ProspektVO[6].

89 **Zusätzlich ist im Falle einer Privatplatzierung in den USA** die MD&A um eine Darstellung der wesentlichen Marktrisiken zu ergänzen.

2. Identifikation der wesentlichen Einflussfaktoren

90 Der wohl bedeutendste und regelmäßig größeren Zeitaufwand erfordernde Teil der MD&A-Erstellung ist die Identifikation der wesentlichen Einflussfaktoren (***key drivers***), Anhang I Ziffern 9.2.1 und 9.2.3 ProspektVO[7]. Auch wenn der Emittent den größten Einblick in die Geschicke des Unternehmens hat und letztlich die rele-

---

1 *Kopp*, RIW 2002, 661 (663).
2 ESMA/13-319, Rz. 27.
3 *Kopp*, RIW 2002, 661 (663).
4 Um die MD&A aus sich heraus verständlich zu machen, enthält der Überblick eine Zusammenfassung der Geschäftstätigkeit, wobei der Schwerpunkt auf Finanzangaben liegt, siehe auch *Kopp*, RIW 2002, 661 (664).
5 In diese Richtung: *Alfes/Wieneke* in Holzborn, Anh. I EU-ProspV Rz. 50; *Fingerhut/Voß* in Just/Voß/Ritz/Zeising, Anhang I EU-ProspektVO Rz. 157.
6 *Alfes/Wieneke* in Holzborn, Anh. I EU-ProspV Rz. 51.
7 ESMA/13-319, Rz. 30.

vanten Faktoren identifizieren muss, kristallisieren sich erfahrungsgemäß die wichtigen Faktoren in der Regel in der Diskussion zwischen Emittent, Konsortialführern und anwaltlichen Beratern heraus. Auch wenn die MD&A in großem Umfang eine retrospektive Betrachtung enthält, sind vor allem bei der Darstellung der wesentlichen Einflussfaktoren auch solche Faktoren zu berücksichtigen, die nach Einschätzung des Managements in Zukunft wesentliche Auswirkungen auf die Vermögens- und Finanzlage haben werden. Ebenso ist für in der Vergangenheit bedeutsame Faktoren, deren Einfluss nach Auffassung des Managements künftig schwinden wird, auf die schwächer werdende Bedeutung hinzuweisen, um dem Investor eine Einschätzung der künftigen Entwicklung aufgrund der historischen Informationen zu ermöglichen. Beispiele wesentlicher Einflussfaktoren können Akquisitionen oder Restrukturierungen, regulatorische Rahmenbedingungen und ergebniswirksame Sonderfaktoren wie die Auflösung von Rückstellungen, außerplanmäßige Abschreibungen oder einmalige Steuererstattungen zählen[1].

3. Zu analysierende Finanzinformationen

In der jahresweisen Analyse der Finanzinformationen geht es darum, über die in den Zahlen enthaltenen Informationen hinaus **Hintergründe der Entwicklung** wesentlicher Positionen der Gewinn- und Verlustrechnung, der Kapitalflussrechnung sowie der Bilanz, soweit Letztere im Einzelfall von Bedeutung sind, darzustellen (Anhang I Ziffern 9.1.1 und 9.2.2 ProspektVO)[2]. Der Detaillierungsgrad und die Informationstiefe gehen dabei regelmäßig über die Angaben im Anhang zum Konzern- bzw. Jahresabschluss hinaus[3], da diese ohnehin im Finanzteil des Prospekts veröffentlicht werden. Ziel der Darstellung muss die Offenlegung übergreifender Aspekte und der Wechselwirkung zwischen einzelnen Positionen sein. Häufig wird man daher die wesentlichen Einflussfaktoren in der Erläuterung bestimmter Entwicklungen wiederfinden. 91

Enthält der Prospekt **Zwischenfinanzinformationen**, zB Halbjahreszahlen, sind auch diese einer vergleichenden Analyse zu unterziehen, um die Darstellung aktuell zu halten. Entsprechend der Praxis in Abschlüssen werden auch im Prospekt die Gewinn- und Verlustrechnung und die Kapitalflussrechnung der betreffenden Periode mit dem entsprechenden Vorjahreszeitraum und die Bilanz mit der Bilanz zum Stichtag des letzten vorangegangen (Jahres-)Abschlusses verglichen. 92

Verfügt der Emittent über eine **komplexe Finanzhistorie** (siehe hierzu die Kommentierung zu Ziffer 20 Rz. 261 ff.), lehnt sich die Darstellung an die in den Prospekt aufgenommenen Abschlüsse an. Es besteht jedoch keine Verpflichtung, alle in den Pro- 93

---

1 *Kopp*, RIW 2002, 661 (665).
2 Auch wenn Anhang I Ziffer 9.1 ProspektVO lediglich Angaben zur Finanzlage und dem Geschäftsergebnis fordert, sieht die BaFin etwaige wesentliche Bilanzpositionen als Teil der Finanzlage an.
3 *Schlitt/Wilczek* in Habersack/Mülbert/Schlitt, Handbuch der Kapitalmarktinformation, § 5 Rz. 81.

spekt aufgenommenen Abschlüsse zu erläutern. Vielmehr kann sich der Emittent auf die Kommentierung der wesentlichen Finanzinformationen beschränken.

94 **Praktische Schwierigkeiten** können bei der vergleichenden Darstellung entstehen, wenn für vergleichbare Zeiträume keine vergleichbaren Abschlüsse vorliegen, zB beim Vorliegen eines Rumpfgeschäftsjahres oder Veränderung einzelner Positionen durch einmalige (verzerrende) Sondereffekte. Während auf letzteres in der Darstellung der einzelnen Position hingewiesen und ggf. eine um den Sondereffekt bereinigte Zahl zum Vergleich herangezogen werden kann, hinkt der Vergleich beim Vorliegen eines Rumpfgeschäftsjahres notwendigerweise. Da in diesen Fällen häufig eine komplexe Finanzhistorie vorliegt und Pro Forma-Finanzangaben in den Prospekt aufgenommen werden, behilft man sich in der Praxis mit dem Vergleich der Pro Forma-Finanzangaben des Rumpfgeschäftsjahres mit den Pro Forma-Finanzangaben des Vorjahres sowie einer Erläuterung einzelner Positionen des historischen Rumpfgeschäftsjahresabschlusses[1]. Soweit Angaben nur eingeschränkt vergleichbar sind, ist hierauf gesondert hinzuweisen und das Ausmaß der Vergleichbarkeit zu beschreiben[2].

95 Neben den wesentlichen Positionen der Gewinn- und Verlustrechnung, der Kapitalflussrechnung und ggf. der Bilanz sind auch solche **Kennzahlen** im jahresweisen Vergleich zu erörtern, die der Emittent bislang und/oder künftig in der Unternehmenskommunikation verwendet oder an denen er seinen Erfolg intern maßgeblich misst[3]. Hierzu können EBT, EBIT, EBITDA, bei Immobiliengesellschaften zudem etwa der Nettovermögenswert (gesamt und pro Aktie), Rohertrag uÄ zählen[4].

96 Enthalten die Abschlüsse des Emittenten eine **Segmentberichterstattung**, so sind diese Angaben aufgrund ihres regelmäßig hohen Informationsgehalts in der Regel ebenfalls zu erläutern[5].

97 Die BaFin vertritt die Auffassung, dass neben Konzernfinanzinformationen auch der letzte Einzelabschluss in den Prospekt aufzunehmen ist, da die Bilanz des Einzelabschlusses Grundlage der Dividendenberechnung ist (siehe unten Ziffer 20.7 Rz. 167 ff.). Konsequent verlangt die BaFin in solchen Fällen neben der Diskussion der Konzernfinanzinformationen in der Regel auch eine kurze Darstellung der wesentlichen **Bilanzpositionen des Einzelabschlusses** in der MD&A[6]. Typischerweise erfolgt diese in einem separaten Abschnitt am Ende des Kapitels „Darstellung und Analyse der Vermögens-, Finanz- und Ertragslage".

---

1 So zB im Prospekt der VERBIO Vereinigte BioEnergie AG v. 28.9.2006, S. 64 ff.
2 So zB im Prospekt der Versatel AG v. 11.4.2007, S. 50 f., bei der mehrere zuvor selbständige Gesellschaften unter dem Dach einer Holding zusammengeführt worden waren.
3 ESMA/13-319, Rz. 28.
4 Die diskutierten Kennzahlen sollten möglichst den in der jeweiligen Branche üblicherweise verwendeten Parametern entsprechen, um einen Peer Group-Vergleich zu ermöglichen, siehe ESMA/13-319, Rz. 32.
5 *Schlitt/Wilczek* in Habersack/Mülbert/Schlitt, Handbuch der Kapitalmarktinformation, § 5 Rz. 82. Zur Segmentberichterstattung aus empirischer Sicht *Langguth/Brunschön*, DB 2006, 625 ff.
6 Dies entspricht auch den Forderungen von ESMA, siehe ESMA/13-319, Rz. 31.

4. Vergleich von Rechnungslegungsstandards

Da die MD&A neben Angaben zum IFRS-Konzernabschluss regelmäßig auch einen Abschnitt zu den wesentlichen Bilanzpositionen des HGB-Einzelabschlusses enthält, hat es sich in der Praxis eingebürgert, eine kurze vergleichende Darstellung der unterschiedlichen Behandlung bestimmter Themen durch **IFRS und HGB** in die MD&A aufzunehmen, soweit diese für den Emittenten und die analysierten Finanzinformationen von Bedeutung sind. Dabei, oder in einem separaten Abschnitt, ist auch auf die **Ausübung von Ermessens- und Gestaltungsspielräumen** durch den Emittenten einzugehen.

98

Wird der Prospekt auch für Zwecke einer Privatplatzierung in den USA, zB nach Rule 144A, erstellt, enthält er in der Regel darüber hinaus eine vergleichende Darstellung zwischen **IFRS und US-GAAP**. Diese soll den US-Investoren das Verständnis der im Prospekt analysierten IFRS-Abschlüsse erleichtern. Dieser Vergleich ist nicht zwingend in die MD&A aufzunehmen, sondern kann auch Teil des für Zwecke der Privatplatzierung erstellten sog. „Wrapper" sein, unter dem man einleitende Zusatzseiten zu der zu diesem Zweck angefertigten englischsprachigen Übersetzung des Prospekts versteht.

99

Ebenso wie bei den übrigen Teilen der MD&A bietet es sich bei der Erstellung des Vergleichs der wesentlichen Bilanzierungs- und Bewertungsgrundsätze des Emittenten an, den **Abschlussprüfer des Emittenten** möglichst frühzeitig in den Erstellungsprozess einzubeziehen und auf dessen Erfahrung aus der Erstellung der Prüfungsberichte zurückzugreifen. Insbesondere die vier großen Wirtschaftsprüfungsgesellschaften sind jedoch nicht immer bereit, schon zum Zeitpunkt der Erstellung der MD&A eingebunden zu werden. Zumindest ist aber die letzte Fassung hinsichtlich der Comfortfähigkeit der genannten Zahlen vom Abschlussprüfer in Form eines sog. „Muster-Circle-Up" vor Prospektbilligung zu bestätigen, um unangenehme Überraschungen bei Erhalt des Comfort Letters[1] mit Anlagen zu vermeiden.

100

XI. Eigenkapitalausstattung (Ziffer 10) *(Schlitt)*

10. Eigenkapitalausstattung

10.1. Angaben über die Eigenkapitalausstattung des Emittenten (sowohl kurz- als auch langfristig);

10.2. Erläuterung der Quellen und der Beträge des Kapitalflusses des Emittenten und eine ausführliche Darstellung dieser Posten;

10.3. Angaben über den Fremdfinanzierungsbedarf und die Finanzierungsstruktur des Emittenten;

---

1 Ausführlich zu Comfort Letters *Kunold* in Habersack/Mülbert/Schlitt, Unternehmensfinanzierung am Kapitalmarkt, § 34; *A. Meyer*, WM 2003, 1745; *Krämer* in Marsch-Barner/Schäfer, Handbuch börsennotierte AG, § 10 Rz. 209 ff.

10.4. Angaben über jegliche Beschränkungen des Rückgriffs auf die Eigenkapitalausstattung, die die Geschäfte des Emittenten direkt oder indirekt wesentlich beeinträchtigt haben oder u.U. können;

10.5. Angaben über erwartete Finanzierungsquellen, die zur Erfüllung der Verpflichtungen der Punkte 5.2.3. und 8.1. benötigt werden.

1. Kapitalausstattung und Verschuldung

101 Mit der Beschreibung der Geschäfts- und Finanzlage hängen inhaltlich die Angaben zur Kapitalausstattung und Verschuldung eng zusammen. Anhang I Ziffer 10 ProspektVO fordert die Aufnahme von Angaben zur Eigenkapitalausstattung, Fremdfinanzierungsbedarf und Finanzierungsstruktur. Darüber hinaus schreibt Anhang III Ziffer 3.2 ProspektVO vor, dass eine Übersicht über die Kapitalausstattung im Prospekt zu veröffentlichen ist. Zur **(Eigen-)Kapitalausstattung** und Verschuldung, auch nach Anhang I Ziffer 10.1, siehe Anhang III Ziffer 3.2 ProspektVO.

2. Kapitalflussrechnung

102 Dem Darstellungserfordernis nach Anhang I Ziffer 10.2 ProspektVO wird typischerweise durch Angaben zu den Quellen und Beträgen des Kapitalflusses im Rahmen eines eigenen Abschnitts der Darstellung und Analyse der Vermögens-, Finanz- und Ertragslage („**Liquidität**") nachgekommen. Dieser enthält die wesentlichen Positionen der Kapitalflussrechnung für den von den historischen Finanzinformationen abgedeckten Zeitraum sowie nähere Erläuterungen, insbesondere die Nennung von Sondereffekten, die möglicherweise verzerrende Wirkung auf das Zahlenwerk hatten. Ziel der Darstellung muss sein, offen zu legen, wie sich der Emittent bislang finanzierte und wie er sich aus heutiger Sicht weiter finanzieren wird.

3. Finanzierungsstruktur und Fremdfinanzierungsbedarf

103 In diesem Zusammenhang sind gemäß Anhang I Ziffer 10.3 ProspektVO auch Angaben zum **Fremdfinanzierungsbedarf** des Emittenten zu machen. Dies beinhaltet alle Formen der Fremdkapitalfinanzierung, etwa Kredite, Anleihen, Subventionen etc. Häufig wird zur Verdeutlichung der Finanzierungsstruktur die Angabe der Eigenkapitalquote ergänzend herangezogen.

104 Anhang I Ziffer 10.4 ProspektVO findet bei deutschen Emittenten idR keine Anwendung, da eine solche Beschränkung gesellschaftsrechtlich nicht vorgesehen ist. Allerdings sind im Einzelfall Konstellationen denkbar, in denen sog. **Covenants** in Fremdfinanzierungsinstrumenten wie Anleihen oder Krediten eine bestimmte Eigenkapitalausstattung (Eigenkapitalquote) vorschreiben. Führt deren Unterschreiten zu einer Kündigung wesentlicher Finanzierungen, ist darauf im Prospekt regelmäßig hinzuweisen. Eine Einschränkung kann sich darüber hinaus aus regulatorischen Aspekten, etwa den Eigenmittel- bzw. Kernkapitalanforderungen des KWG ergeben[1].

---

1 *Fingerhut/Voß* in Just/Voß/Ritz/Zeising, Anhang I EU-ProspektVO Rz. 172.

Anhang I Ziffer 10.5 ProspektVO fordert ergänzend die Angabe, woraus **geplante Investitionen und Sachanlagen** finanziert werden sollen[1]. Diese Angabe findet sich häufig im Zusammenhang mit der Darstellung etwaig geplanter Investitionen und Sachanlagen.

105

Häufig wird im Zusammenhang mit der Darstellung der Finanzierungsstruktur und dem Fremdfinanzierungsbedarf die Erklärung zum Geschäftskapital (*working capital statement*) verbunden. Siehe dazu Anhang III Ziffer 3.1 ProspektVO.

106

XII. Forschung und Entwicklung, Patente und Lizenzen (Ziffer 11)
(Schlitt)

11. Forschung und Entwicklung, Patente und Lizenzen

Falls wesentlich, Beschreibung der Forschungs- und Entwicklungsstrategien des Emittenten für jedes Geschäftsjahr innerhalb des Zeitraums, der von den historischen Finanzinformationen abgedeckt wird, einschließlich Angabe des Betrags für vom Emittenten gesponserte Forschungs- und Entwicklungstätigkeiten.

1. Forschung und Entwicklung

Nach Anhang I Ziffer 11 ProspektVO sind, sofern wesentlich, die **Forschungs- und Entwicklungsstrategien** des Emittenten zu beschreiben. Dies beschränkt sich nicht allein auf Forschung und Entwicklung im engeren Sinne (zB Pharmaforschung, Entwicklung neuer Maschinen), sondern kann auch die Entwicklung neuer Produkte und Dienstleistungen im weiteren Sinne umfassen. So können beispielsweise bei einem Online-Händler die Entwicklung neuer Marketing-Strategien oder Kundenbindungsinstrumente hierunter zu fassen sein.

107

Die **Angabe des Betrags** der hierfür verwendeten Mittel kann entweder bei der Darstellung der entsprechenden Forschungs- und Entwicklungsvorhaben im Kapitel „Geschäftstätigkeit" oder als separater Abschnitt im Kapitel „Darstellung und Analyse der Vermögens-, Finanz- und Ertragslage" erfolgen.

108

Sind **künftig Ausgaben** für Forschungs- und Entwicklungsmaßnahmen geplant, ist auf einen Gleichlauf zwischen deren Darstellung und den Angaben zur Verwendung des Emissionserlöses (Anhang III Ziffer 3.4 ProspektVO) zu achten.

109

Sofern der Emittent keine Forschungs- und Entwicklungsstrategien verfolgt, ist hierauf nicht zwingend im Sinne einer Negativerklärung hinzuweisen. Häufig wird jedoch eine explizite Aussage aufgenommen.

110

---

[1] Zu den geplanten Investitionen siehe oben Ziffer 5 Rz. 57 ff., zu Sachanlagen Ziffer 8 Rz. 79 ff.

2. Gewerbliche Schutzrechte

111 Die gewerblichen Schutzrechte des Emittenten werden in Anhang I Ziffer 11 ProspektVO nur beispielhaft in der Überschrift („Patente und Lizenzen") genannt. In Zusammenschau mit Anhang I Ziffer 6.4 ProspektVO, der eine Aussage über etwaige Abhängigkeiten des Emittenten von Patenten und Lizenzen verlangt, ergibt sich jedoch, dass der Prospekt auch Angaben zu den gewerblichen Schutzrechten des Emittenten enthalten muss, sofern diese für den **Geschäftsbetrieb wesentlich** sind. Die Bedeutung der gewerblichen Schutzrechte ergibt sich häufig bereits aus der Branche, in der der Emittent tätig ist (zB Chemie, Pharma, Biotech, Anlagenbau). Eine vollständige Auflistung wird dabei in der Regel nicht geboten sein; vielmehr gilt es, dem Anleger ein Bild von dem Umfang zu verschaffen, in dem die für den Geschäftsbetrieb des Emittenten wesentlichen Verfahren und Produkte geschützt sind.

XIII. Trendinformationen (Ziffer 12) *(Schlitt)*

12. Trendinformationen

12.1. Angabe der wichtigsten Trends in jüngster Zeit in Bezug auf Produktion, Umsatz und Vorräte sowie Kosten und Ausgabepreise seit dem Ende des letzten Geschäftsjahres bis zum Datum des Registrierungsformulars.

12.2. Angaben über bekannte Trends, Unsicherheiten, Nachfrage, Verpflichtungen oder Vorfälle, die voraussichtlich die Aussichten des Emittenten zumindest im laufenden Geschäftsjahr wesentlich beeinflussen dürften.

112 Grundsätzlich besteht eine Pflicht zur Aufnahme zukunftsgerichteter Aussagen in einen Prospekt nur in engen Grenzen. Dabei ist zwischen **Trendinformationen** und **Prognosen** (dazu unter Anhang I Ziffer 13 ProspektVO) zu unterscheiden. Trendinformationen sind zukunftsgerichtete Aussagen, die sich auf exogene Faktoren (Entwicklung der Branche, des Wirtschaftswachstums etc.) oder allgemein auf die Zukunftsaussichten des Emittenten beziehen[1]. Letztlich ist eine Negativabgrenzung vorzunehmen[2]: Handelt es sich um eine Gewinnprognose entsprechend der unten unter Ziffer 13 Rz. 115 dargestellten Kriterien, ist die Information keine Trendinformation.

113 Nach Anhang I Ziffer 12.1 ProspektVO sind Aussagen zu den wichtigsten Trends in Bezug auf **Produktion**, **Umsatz** und **Vorräte** sowie **Kosten** und **Abgabepreise** seit dem Ende des letzten Geschäftsjahres bis zum Datum des Prospekts aufzunehmen. Diese sind zu ergänzen durch Angaben über bekannte **Trends, Unsicherheiten, Nachfrage, Verpflichtungen oder Vorfälle**, die voraussichtlich die Aussichten des Emittenten zumindest im laufenden Geschäftsjahr beeinflussen dürften. Gefordert

---

[1] ESMA/13-319, Rz. 49. Zu Trendinformationen im Prospekt siehe auch *Schlitt/Wilczek* in Habersack/Mülbert/Schlitt, Handbuch der Kapitalmarktinformation, § 5 Rz. 88.

[2] Zur Definition einer Prognose und der daraus folgenden Negativabgrenzung siehe unten Ziffer 13.

ist eine qualitative Darstellung der Faktoren, die das Ergebnis voraussichtlich beeinflussen werden.

Dabei ist es nicht erforderlich, die Trendinformationen zusammenhängend an einer Stelle zu beschreiben. Wichtige Trends können sich bereits in der **Vergangenheit** abgezeichnet haben und sind in diesem Fall bei der Schilderung des Marktumfelds, uU auch im Abschnitt „Darstellung und Analyse der Vermögens-, Finanz- und Ertragslage – Wesentliche Einflussfaktoren auf das Ergebnis der Geschäftstätigkeit" darzustellen (Anhang I Ziffer 12.1 ProspektVO). **Künftig erwartete Entwicklungen** (Anhang I Ziffer 12.2 ProspektVO) finden sich hingegen typischerweise im Kapitel „Jüngster Geschäftsgang und Geschäftsaussichten des Emittenten", der am Ende des Prospekts einen Ausblick auf die künftige Entwicklung gibt[1]. 114

XIV. Gewinnprognosen oder -schätzungen (Ziffer 13) *(Schlitt)*

13. Gewinnprognosen oder -schätzungen
Entscheidet sich ein Emittent dazu, eine Gewinnprognose oder eine Gewinnschätzung aufzunehmen, dann hat das Registrierungsformular die unter den Punkten 13.1. und 13.2. genannten Angaben zu enthalten.

13.1. Eine Erklärung, die die wichtigsten Annahmen erläutert, auf die der Emittent seine Prognose oder Schätzung gestützt hat. Bei den Annahmen muss klar zwischen jenen unterschieden werden, die Faktoren betreffen, die die Mitglieder der Verwaltungs-, Geschäftsführungs- und Aufsichtsorgane beeinflussen können, und Annahmen in Bezug auf Faktoren, die klar außerhalb des Einflussbereiches der Mitglieder der Verwaltungs-, Geschäftsführungs- und Aufsichtsorgane liegen. Diese Annahmen müssen für die Anleger leicht verständlich und spezifisch sowie präzise sein und dürfen nicht der üblichen Exaktheit der Schätzungen entsprechen, die der Prognose zu Grunde liegen.

13.2. Einen Bericht, der von unabhängigen Buchprüfern oder Abschlussprüfern erstellt wurde und in dem festgestellt wird, dass die Prognose oder die Schätzung nach Meinung der unabhängigen Buchprüfer oder Abschlussprüfer auf der angegebenen Grundlage ordnungsgemäß erstellt wurde und dass die Rechnungslegungsgrundlage, die für die Gewinnprognose oder -schätzung verwendet wurde, mit den Rechnungslegungsstrategien des Emittenten konsistent ist.

Beziehen sich die Finanzinformationen auf das letzte Geschäftsjahr und enthalten ausschließlich nicht irreführende Zahlen, die im Wesentlichen mit den im nächsten geprüften Jahresabschluss zu veröffentlichenden Zahlen für das letzte Geschäftsjahr konsistent sind, sowie die zu deren Bewertung nötigen erläuternden Informationen, ist kein Bericht erforderlich, sofern der Prospekt alle folgenden Erklärungen enthält:

---

1 *Alfes/Wieneke* in Holzborn, Anh. I EU-ProspV Rz. 64.

a) die für diese Finanzinformationen verantwortliche Person, sofern sie nicht mit derjenigen identisch ist, die für den Prospekt insgesamt verantwortlich ist, genehmigt diese Informationen;

b) unabhängige Buchprüfer oder Abschlussprüfer haben bestätigt, dass diese Informationen im Wesentlichen mit den im nächsten geprüften Jahresabschluss zu veröffentlichenden Zahlen konsistent sind;

c) diese Finanzinformationen wurden nicht geprüft.

13.3. Die Gewinnprognose oder -schätzung muss auf einer Grundlage erstellt werden, die mit den historischen Finanzinformationen vergleichbar ist.

13.4. Wurde in einem Prospekt, der noch aussteht, eine Gewinnprognose veröffentlicht, dann sollte eine Erklärung abgegeben werden, in der erläutert wird, ob diese Prognose noch so zutrifft wie zur Zeit der Erstellung des Registrierungsformulars, oder eine Erläuterung zu dem Umstand vorgelegt werden, warum diese Prognose ggf. nicht mehr zutrifft.

1. Definition der Gewinnprognose und Gewinnschätzung

115 Im Gegensatz zu reinen Trendinformationen handelt es sich bei Gewinnprognosen und Gewinnschätzungen um **quantitative Angaben**, die Rückschlüsse auf ein künftig erwartetes Ergebnis des Emittenten zulassen. Im Falle von **Gewinnprognosen** handelt es sich um das erwartete Ergebnis für künftige Geschäftsjahre, im Falle von **Gewinnschätzungen** um das erwartete Ergebnis für ein bereits abgelaufenes Geschäftsjahr, für das noch keine historischen Finanzinformationen vorliegen[1]. Eine Gewinnprognose ist dadurch charakterisiert, dass sie ausdrücklich oder implizit eine Zahl oder Mindest- oder Höchstzahl für die wahrscheinliche Höhe der Gewinne oder Verluste im laufenden Geschäftsjahr oder in den folgenden Geschäftsjahren oder Daten enthalten, aufgrund derer sich eine solche Zahl errechnen lässt, selbst wenn keine bestimmte Zahl genannt wird und das Wort „Gewinn" nicht erscheint (Art. 2 Nr. 10 ProspektVO)[2].

2. Aufnahme in den Prospekt

116 Die Praxis vermeidet möglichst die Aufnahme von Gewinnprognosen oder Gewinnschätzungen in den Prospekt, da auch zukunftsgerichtete Aussagen der Prospekthaftung nach § 21 Abs. 1 WpPG unterliegen. Auch wenn nach Ansicht des BGH eine Haftung nicht immer zwangsläufig zum Tragen kommt, wenn eine zukunftsgerichtete Aussage nicht eintritt, sind die Anforderungen, die an die Vermeidung einer **Prospekthaftung** gestellt werden, sehr hoch[3]. Die (im Prospekt offen zu legenden) Annahmen für die Prognose oder Schätzung müssen insbesondere richtig und voll-

---

1 ESMA/13-319, Rz. 38 ff.
2 *Alfes/Wieneke* in Holzborn, Anh. I EU-ProspV Rz. 66.
3 BGH v. 12.7.1982 – II ZR 175/81, WM 1982, 862 (865) (Beton- und Monierbau); zur möglichen Haftung für Prognosen im Prospekt A. *Meyer* in Habersack/Mülbert/Schlitt, Unternehmensfinanzierung am Kapitalmarkt, § 36 Rz. 57; *Groß*, Kapitalmarktrecht, §§ 21, 22 WpPG Rz. 40; *Schwark* in Schwark/Zimmer, §§ 44, 45 BörsG Rz. 24 ff.

ständig sein. Allerdings hat der BGH in einer Entscheidung aus dem Jahre 2009 die Anforderungen an die Vermeidung einer Prospekthaftung etwas gelockert. Prognosen dürfen auch auf optimistische Erwartungen gestützt werden, solange deren Tatsachengrundlage sorgfältig ermittelt und die darauf gestützte Vorhersage kaufmännisch vertretbar ist. Darüber hinausgehende Risikoabschläge, die der einer Prognose immanenten Unsicherheit Rechnung tragen sollen, sind für eine angemessene Darstellung des Risikos der Anlage nicht erforderlich[1]. Zukunftsgerichtete Aussagen müssen zudem als solche klar erkennbar sein und die Umstände schildern, die zu ihrem Nichteintritt führen können. Zudem hat der BGH betont, dass bei zukunftsgerichteten Aussagen Zurückhaltung geboten sei[2].

Andererseits sehen sich börsennotierte Emittenten einer **Erwartungshaltung von Research-Analysten** und **Investoren** ausgesetzt, in ihrer Finanzberichterstattung, insbesondere dem Lagebericht, quantifizierte Angaben zur erwarteten weiteren Geschäftsentwicklung an den Kapitalmarkt zu kommunizieren[3]. Häufig wird es dem Emittenten im Vorfeld gelingen, „präventiv" dazu überzugehen, lediglich qualitative Zukunftsaussagen zu treffen[4]. In diesem Zusammenhang stellt sich die Frage, unter welchen Umständen solche zukunftsgerichteten Aussagen bei einer nachfolgenden Kapitalmarkttransaktion in den Prospekt aufgenommen werden müssen. Sofern dies nicht möglich erscheint oder nicht gewünscht ist, vertritt ESMA die Auffassung, dass Gewinnprognosen und Gewinnschätzungen im Falle einer Aktienemission wesentlich und damit in den Prospekt aufzunehmen sind[5]. Diese Ansicht ist jedoch abzulehnen[6], da sie über den Wortlaut der ProspektVO hinausgeht, die eine solche Pflicht zur Aufnahme von Gewinnprognosen oder Gewinnschätzungen in den Prospekt nur in Ausnahmefällen vorsieht (Anhang I Ziffer 13.4 ProspektVO). 117

---

1 BGH v. 27.10.2009 – XI ZR 337/08, WM 2009, 2303; *Alfes/Wieneke* in Holzborn, Anh. I EU-ProspV Rz. 65.
2 Siehe im Einzelnen dazu auch *Schlitt/Wilczek* in Habersack/Mülbert/Schlitt, Handbuch der Kapitalmarktinformation, § 5 Rz. 85.
3 *Veil*, AG 2006, 690. Eine Verpflichtung zur Aufnahme quantifizierter Aussagen für die Zukunft besteht grundsätzlich nicht, sondern lediglich eine Empfehlung. Hingegen sind zumindest qualitative, dh. nicht bezifferte Zukunftsaussagen in den Lagebericht zwingend aufzunehmen; siehe OLG Frankfurt v. 24.11.2009 – WpÜG 11/09 u. 12/09, AG 2010, 79 (82).
4 Im Gegensatz zu zahlenmäßig spezifizierten Prognosen sind qualitative Zukunftsaussagen vager, so dass das Risiko einer Prospekthaftung im Vergleich zur Aufnahme bezifferter Vorhersagen reduziert wird. Aufmerksame Kapitalmarktteilnehmer können im Einzelfall das Unterlassen bezifferter Zukunftsaussagen allerdings als Anzeichen einer bevorstehenden Emission deuten, was Auslöser für Spekulationen sein kann. Dazu auch *Schlitt/Wilczek* in Habersack/Mülbert/Schlitt, Handbuch der Kapitalmarktinformation, § 5 Rz. 93.
5 ESMA/13-319, Rz. 43 f.; bekräftigt in ESMA, Frequently asked questions regarding Prospectuses: Common positions agreed by ESMA Members, 25th Updated Version – July 2016, ESMA/16-1133, Ziffer 25.
6 *Schlitt/Schäfer*, AG 2008, 525 (533); *Schlitt/Wilczek* in Habersack/Mülbert/Schlitt, Handbuch der Kapitalmarktinformation, § 5 Rz. 92; *Schäfer* in Grunewald/Schlitt, Einführung in das Kapitalmarktrecht, S. 224 f.; aA *Alfes/Wieneke* in Holzborn, Anh. I EU-ProspV Rz. 65.

Vielmehr beschränkt sich die Aufnahmepflicht auf Fälle, in denen die Prognose oder Schätzung zuvor in einem Prospekt genannt wurde. Zu Recht teilt die BaFin daher das (zu weit gehende) Verständnis von ESMA nicht[1]. Eine Pflicht zur Aufnahme einer außerhalb eines früheren Prospekts gemachten Gewinnprognose oder -schätzung kann sich indessen im Einzelfall aus dem übergeordneten Prinzip der **Richtigkeit** und **Vollständigkeit** (§ 5 Abs. 1 WpPG) ergeben. Dies kann etwa zu bejahen sein, wenn eine veröffentlichte Gewinnprognose zum Zeitpunkt der Prospektveröffentlichung aus Sicht des Emittenten nicht mehr länger aufrecht erhalten werden kann, insbesondere weil sie mittlerweile zu positiv ist und sie nicht im Vorfeld bereits korrigiert oder zurückgenommen wurde[2]. Bislang wurden nur in wenigen Fällen Gewinnschätzungen zeitnah zur Prospektveröffentlichung prominent veröffentlicht und im Anschluss in den Prospekt aufgenommen[3].

118 Bei der Aufnahme von Gewinnprognosen oder -schätzungen in einen Prospekt ist zu beachten, dass diese den Vorgaben der Ziffern 13.1 bis 13.3 des Anhangs I ProspektVO entsprechen müssen, so ist insbesondere nach Ziffer 13.2 ein **Bericht eines Wirtschaftsprüfers** aufzunehmen. In diesem Bericht wird festgestellt, dass die Prognose oder die Schätzung ordnungsgemäß erstellt wurde und dass die Rechnungslegungsgrundlage, die für die Gewinnprognose oder -schätzung verwendet wurde, mit den Rechnungslegungsstrategien des Emittenten konsistent ist. Die Erstellung eines solchen Berichts ist für Wirtschaftsprüfer mit nicht unerheblichem Aufwand verbunden, so dass ausreichend zeitlicher Vorlauf hierfür einzuplanen ist. Das IDW steht grundsätzlich auf dem Standpunkt, dass Wirtschaftsprüfer die Annahmen des Prospekterstellers, auf denen die Prognose oder Schätzung beruht, generell nicht prüfen, es sei denn, die Annahme ist offensichtlich falsch[4]. Somit steht im Fokus der Wirtschaftsprüfer, ob die Relationen zwischen Annahmen und Folgerungen stimmig sind[5]. Der durch die Delegierte Verordnung 862/2012 neu aufgenommene Abs. 2 der Ziffer 13.2 lässt ausnahmsweise den Verzicht auf einen Wirtschaftsprüferbericht im Fall einer Gewinnschätzung zu, wenn diese Finanzinformationen sich auf das letzte Geschäftsjahr beziehen und ausschließlich nicht irreführende Zahlen enthalten, die im Wesentlichen mit den im nächsten geprüften Jahresabschluss zu veröffentlichenden Zahlen für das letzte Geschäftsjahr konsistent sind. Zudem müssen die zu der Bewertung der Zahlen nötigen erläuternden Informationen enthalten sein. Ausweislich der Verordnungsbegründung war das Ziel der Änderung vor allem, die Bürokratiekos-

---

1 *Schlitt/Schäfer*, AG 2008, 525 (533); unter Hinweis auf den Verstoß gegen höherrangiges Recht wurde die ESMA-Empfehlung zu Gewinnprognosen bereits im Vorfeld stark kritisiert; so ua. Deutsches Aktieninstitut und Bundesverband der Deutschen Industrie e.V. in Stellungnahmen zu CESR/05-054b, jeweils v. 18.10.2004.
2 *Schlitt/Wilczek* in Habersack/Mülbert/Schlitt, Handbuch der Kapitalmarktinformation, § 5 Rz. 93.
3 Beispielsfälle sind der Prospekt der Merck KGaA v. 22.1.2007, der Wacker Construction Equipment AG v. 4.2.2008, der RHÖN-KLINIKUM AG v. 20.7.2009 und der TAG Immobilien AG v. 29.2.2012.
4 *Fingerhut/Voß* in Just/Voß/Ritz/Zeising, Anhang I EU-ProspektVO Rz. 203.
5 *Schlitt/Wilczek* in Habersack/Mülbert/Schlitt, Handbuch der Kapitalmarktinformation, § 5 Rz. 96.

ten für Emittenten bei der Kapitalbeschaffung zu senken[1]. Denn in der Regel ist es aufwändig, entsprechende Berichte von unabhängigen Buch- oder Abschlussprüfern zu erhalten. Der Zeitaufwand ist im Rahmen der Transaktionsplanung zu berücksichtigen[2].

3. Ergänzende Hinweise im Prospekt

Die meisten Prospekte für Aktienemissionen enthalten im Abschnitt „Allgemeine Informationen" einen Hinweis, dass zukunftsgerichtete Aussagen im Prospekt mit Unsicherheiten behaftet sind. Insbesondere bei Emissionen mit US-Platzierung (zB Privatplatzierung nach Rule 144A) werden häufig beispielhafte **Formulierungen** aufgelistet, **die auf solche zukunftsgerichteten Aussagen hindeuten** (zB „planen", „beabsichtigen" etc.). Die BaFin steht diesen Formulierungen kritisch gegenüber und hat in der Vergangenheit darauf gedrängt, dass zumindest Formulierungen, die nicht zwingend auf unsichere künftige Entwicklungen hinweisen, wie „werden" und „sollen", aus Prospektentwürfen gestrichen oder durch einen abstrakten Hinweis ohne beispielhafte Formulierung ersetzt werden. Bei Begriffen, die einen klaren Zukunftsbezug aufweisen, ist die BaFin aber in der jüngeren Vergangenheit etwas großzügiger geworden[3].

119

XV. Verwaltungs-, Geschäftsführungs- und Aufsichtsorgane sowie oberes Management (Ziffer 14) *(Schlitt)*

14. Verwaltungs-, Geschäftsführungs- und Aufsichtsorgane sowie oberes Management

14.1. Namen und Geschäftsanschriften nachstehender Personen sowie ihre Stellung bei dem Emittenten unter Angabe der wichtigsten Tätigkeiten, die sie außerhalb des Emittenten ausüben, sofern diese für den Emittenten von Bedeutung sind:

a) Mitglieder der Verwaltungs-, Geschäftsführungs- oder Aufsichtsorgane;

b) persönlich haftende Gesellschafter bei einer Kommanditgesellschaft auf Aktien;

c) Gründer, wenn es sich um eine Gesellschaft handelt, die seit weniger als fünf Jahren besteht; und

d) Mitglieder des oberen Managements, die geeignet sind um festzustellen, dass der Emittent über die angemessene Sachkenntnis und über die geeigneten Erfahrungen in Bezug auf die Führung der Geschäfte des Emittenten verfügt

---

1 Erwägungsgrund 6 der VO (EU) Nr. 862/2012 der Kommission vom 4.6.2012 zur Änderung der VO (EG) Nr. 809/2004.
2 *Alfes/Wieneke* in Holzborn, Anh. I EU-ProspV Rz. 67.
3 *Meyer* in Habersack/Mülbert/Schlitt, Unternehmensfinanzierung am Kapitalmarkt, § 36 Rz. 57.

Art einer etwaigen verwandtschaftlichen Beziehung zwischen diesen Personen.

Für jedes Mitglied der Verwaltungs-, Geschäftsführungs- oder Aufsichtsorgane des Emittenten und für jede der in Unterabsatz b und d genannten Personen detaillierte Angabe der entsprechenden Geschäftsführungskompetenz und -erfahrung sowie die folgenden Angaben:

a) Namen sämtlicher Unternehmen und Gesellschaften, bei denen die besagte Person während der letzten fünf Jahre Mitglied der Verwaltungs-, Geschäftsführungs- oder Aufsichtsorgane bzw. Partner war, unter Angabe der Tatsache, ob die Mitgliedschaft in diesen Organen oder als Partner weiter fortbesteht. Es ist nicht erforderlich, sämtliche Tochtergesellschaften des Emittenten aufzulisten, bei denen die besagte Person ebenfalls Mitglied der Verwaltungs-, Geschäftsführungs- oder Aufsichtsorgane ist;

b) etwaige Schuldsprüche in Bezug auf betrügerische Straftaten während zumindest der letzten fünf Jahre;

c) detaillierte Angaben über etwaige Insolvenzen, Insolvenzverwaltungen oder Liquidationen während zumindest der letzten fünf Jahre, die eine in (a) und (d) des ersten Unterabsatzes beschriebene Person betreffen, die im Rahmen einer der in (a) und (d) des ersten Unterabsatzes genannten Positionen handelte; und

d) detaillierte Angaben zu etwaigen öffentlichen Anschuldigungen und/oder Sanktionen in Bezug auf die genannte Person von Seiten der gesetzlichen Behörden oder der Regulierungsbehörden (einschließlich bestimmter Berufsverbände) und eventuell Angabe des Umstands, ob diese Person jemals von einem Gericht für die Mitgliedschaft in einem Verwaltungs-, Geschäftsführungs- oder Aufsichtsorgan eines Emittenten oder für die Tätigkeit im Management oder die Führung der Geschäfte eines Emittenten während zumindest der letzten fünf Jahre als untauglich angesehen wurde.

Falls keinerlei entsprechende Informationen offen gelegt werden, ist eine entsprechende Erklärung abzugeben.

14.2. *Interessenkonflikte zwischen den Verwaltungs-, Geschäftsführungs- und Aufsichtsorganen sowie dem oberen Management*

Potenzielle Interessenkonflikte der in Punkt 14.1. genannten Personen zwischen ihren Verpflichtungen gegenüber dem Emittenten sowie ihren privaten Interessen oder sonstigen Verpflichtungen müssen klar festgehalten werden. Falls keine derartigen Konflikte bestehen, ist eine dementsprechende Erklärung abzugeben.

Ferner ist jegliche Vereinbarung oder Abmachung mit den Hauptaktionären, Kunden, Lieferern oder sonstigen Personen zu nennen, aufgrund deren eine in Punkt 14.1. genannte Person zum Mitglied eines Verwaltungs-, Geschäftsführungs- oder Aufsichtsorgans bzw. zum Mitglied des oberen Managements bestellt wurde.

Zudem sind die Einzelheiten jeglicher Veräußerungsbeschränkungen anzugeben, die von den in Punkt 14.1. genannten Personen für die von ihnen gehaltenen Wertpapiere des Emittenten vereinbart wurden und für sie während einer bestimmten Zeitspanne gelten.

1. Standort und Inhalt

Die detailliert von Anhang I Ziffer 14 ProspektVO vorgegebenen Angaben zum Vorstand, Aufsichtsrat, oberen Management und ggf. Gründern des Emittenten finden sich typischerweise im Kapitel „Angaben zu den Organen des Emittenten". Dabei handelt es sich um weitgehend standardisierte Formulierungen. Die Angaben gehen über die von § 285 Nr. 10 HGB geforderten Angaben hinaus, so dass eine bloße Wiedergabe der **Anhangangaben**, wie sie vor Inkrafttreten der ProspektVO als ausreichend erachtet wurde[1], nicht ausreicht. 120

Für die Klärung der **verwandtschaftlichen Beziehungen** ist im Grundsatz das Vierte Buch des BGB heranzuziehen (§§ 1297 ff. BGB)[2]. 121

Für **Liquidations- oder Insolvenzverfahren** ist nicht nur auf abgeschlossene, sondern auch auf bevorstehende und laufende Verfahren abzustellen[3]. 122

Die **zeitliche Beschränkung** auf fünf Jahre bezieht sich, wie die englische Fassung zeigt, auf den gesamten Unterabsatz. 123

Hinsichtlich etwaiger **Anschuldigungen** sind Ermittlungen der Staatsanwaltschaft im Rahmen eines Ermittlungsverfahrens aufgrund eines Anfangsverdachts (§ 152 Abs. 2 StPO) nicht ausreichend. Dies gilt auch, wenn das Ermittlungsverfahren nach § 170 Abs. 2 StPO mangels eines hinreichenden Tatverdachts eingestellt wurde[4]. Wurde hingegen eine öffentliche Klage erhoben und das Verfahren im Anschluss eingestellt, ist es grundsätzlich im Prospekt zu nennen. 124

2. Mitglieder des oberen Managements

Der Begriff des oberen Managements ist weder in der ProspektVO noch in den ESMA-Empfehlungen näher definiert. Seine Bestimmung bleibt daher in erster Linie der Einschätzung des Emittenten überlassen und kann ua. auch Geschäftsleiter wesentlicher Tochtergesellschaften beinhalten. Insofern ist der Begriff fließend[5] und entspricht nicht den engen Anforderungen des Begriffs der Führungspersonen in § 15a WpHG, der typischerweise nur sehr wenige Personen erfasst und nach der (zutreffen- 125

---

1 Zur Regelung in § 28 BörsZulV *Heidelbach* in Schwark, 3. Aufl. 2004, § 28 BörsZulV Rz. 1; *Groß*, Kapitalmarktrecht, 4. Aufl. 2009, §§ 13–32 BörsZulV Rz. 19.
2 *Fingerhut/Voß* in Just/Voß/Ritz/Zeising, Anhang I EU-ProspektVO Rz. 222.
3 ESMA, Frequently asked questions regarding Prospectuses: Common positions agreed by ESMA members, 25th Updated Version – July 2016, ESMA/16-1133, Ziffer 69.
4 *Fingerhut/Voß* in Just/Voß/Ritz/Zeising, Anhang I EU-ProspektVO Rz. 226.
5 *Alfes/Wieneke* in Holzborn, Anh. I EU-ProspV Rz. 69 (*„mit Vorstandsmitgliedern vergleichbare Kompetenzen"*).

den) Verwaltungspraxis der BaFin auf solche Personen beschränkt ist, die strategische Entscheidungen für das Gesamtunternehmen treffen können, was nicht beim Emittenten, sondern bei Tochter- oder Muttergesellschaften bzw. konzernverbundenen Unternehmen tätige Personen ausschließt[1].

126 Ein etwaig vorhandener **Beirat** hat in der Regel lediglich beratende Funktion und ist daher nicht mit einem oberen Management gleichzusetzen. Mangels Organfunktion sind typischerweise auch aus dem Gesichtspunkt der Vollständigkeit und Richtigkeit des Prospekts keine detaillierten Angaben über die Zusammensetzung und die Mitglieder des Beirats in den Prospekt aufzunehmen[2].

3. Gründer

127 Die für Gründer geforderten Angaben passen nur auf natürliche Personen. Wurde der Emittent von juristischen Personen gegründet, sind entsprechend deren Name, Sitz und Unternehmensgegenstand anzugeben.

4. D&O-Questionnaires

128 Da der Emittent häufig keinen Einblick in die persönlichen Verhältnisse der Mitglieder des Aufsichtsrats und des oberen Managements hat, andererseits die BaFin eine Einschränkung dieser Aussagen auf das „beste Wissen" des Emittenten beanstandet, behilft sich die Praxis damit, die erforderlichen Angaben durch **schriftliche Fragebögen** bei den jeweiligen Aufsichtsratsmitgliedern und Mitgliedern des oberen Managements abzufragen[3]. Ein Hinweis im Prospekt darauf, dass der Emittent sich von den erforderlichen Angaben durch schriftliche Befragung der Betroffenen Kenntnis verschafft hat, entspricht der üblichen Marktpraxis, wird von der BaFin in der Vergangenheit jedoch teilweise beanstandet.

XVI. Bezüge und Vergünstigungen (Ziffer 15) *(Schlitt)*

15. Bezüge und Vergünstigungen
Für das letzte abgeschlossene Geschäftsjahr sind für die in Unterabsatz 1 von Punkt 14.1. unter den Buchstaben a und d genannten Personen folgende Angaben zu machen:

15.1. Betrag der gezahlten Vergütung (einschließlich etwaiger erfolgsgebundener oder nachträglicher Vergütungen) und Sachleistungen, die diesen Personen von dem Emittenten und seinen Tochtergesellschaften für Dienstleistungen jeglicher Art gezahlt oder gewährt werden, die dem Emittenten oder seinen Tochterunternehmen von einer jeglichen Person erbracht wurden.

---

[1] Siehe Emittentenleitfaden der BaFin, Stand: 22.7.2013, S. 73.
[2] AA *Fingerhut/Voß* in Just/Voß/Ritz/Zeising, Anhang I EU-ProspektVO Rz. 217.
[3] *Schlitt/Schäfer*, AG 2008, 525 (534).

Diese Angaben sind auf Einzelfallbasis beizubringen, es sei denn, eine individuelle Offenlegung ist im Herkunftsland des Emittenten nicht erforderlich und wird vom Emittenten nicht auf eine andere Art und Weise öffentlich vorgenommen.

15.2. Angabe der Gesamtbeträge, die vom Emittenten oder seinen Tochtergesellschaften als Reserve oder Rückstellungen gebildet werden, um Pensions- und Rentenzahlungen vornehmen oder ähnliche Vergünstigungen auszahlen zu können.

1. Grundsätzliche Pflicht zur Darstellung der individuellen Vergütung

Grundsätzlich ist nach Anhang I Ziffer 15 ProspektVO für das letzte abgeschlossene Geschäftsjahr die Gesamtvergütung der Organe anzugeben. Da § 285 Nr. 9 lit. a HGB im Anhang börsennotierter Aktiengesellschaften darüber hinaus die Angabe der **Einzelvergütung** mit Namensnennung der einzelnen Vorstandsmitglieder verlangt, ist grundsätzlich auch diese Angabe erforderlich, sofern der Emittent im letzten abgeschlossenen Geschäftsjahr bereits börsennotiert und daher zur Offenlegung individueller Vorstandsvergütungen verpflichtet war. Eine Ausnahme gilt dann, wenn die **Hauptversammlung** den Emittenten von der individuellen Offenlegung im Anhang befreit hat, § 286 Abs. 5 HGB.

129

Fraglich ist, ob diese Befreiung auch von der Angabe der Gesamtvergütung des Vorstands befreit, wenn der Vorstand allein **aus einer Person** besteht. Die BaFin hat sich bislang insoweit auf die Beurteilung durch den Abschlussprüfer im Einzelfall berufen: wurde die Vorstandsvergütung im Anhang zum Konzern- oder Einzelabschluss offen gelegt, so ist sie danach auch in den Prospekt aufzunehmen. Wurde hingegen im Zuge der Abschlusserstellung und -prüfung (regelmäßig aufgrund entsprechenden Hauptversammlungsbeschlusses) darauf verzichtet, beanstandet die BaFin die Nichtaufnahme der Vorstandsvergütung in der Regel nicht[1].

130

Allerdings hat das OLG Frankfurt a.M. in einem Beschluss vom 31.5.2012 die vollständig unterbliebene Angabe der Gesamtbezüge des Vorstands einer börsennotierten AG nach § 285 Nr. 9a Satz 1-4 HGB als **Rechnungslegungsfehler** qualifiziert, wenn der Vorstand der Gesellschaft nur aus einer Person besteht[2]. Die BaFin hat daraufhin eine Fehlerbekanntmachungsanordnung gem. § 37q Abs. 2 Satz 1 WpHG ausgesprochen[3]. Diese Anordnung zieht für das betroffene Unternehmen grundsätzlich eine Pflicht zur Fehlerveröffentlichung nach sich. Aufgrund der negativen Wirkung in der Öffentlichkeit, kann von einer solchen Fehlerbekanntmachung nach § 37q Abs. 2 Satz 2 WpHG ausnahmsweise abgesehen werden, wenn kein öffentliches Interesse an der Fehlerveröffentlichung besteht. Das OLG Frankfurt a.M. machte in seinem Beschluss aber bereits deutlich, dass an einer **Fehlerveröffentlichung** aus der Sicht des Kapitalmarktes aus Gründen der Prävention ein öffent-

131

---
1 *Fingerhut/Voß* in Just/Voß/Ritz/Zeising, Anhang I EU-ProspektVO Rz. 241.
2 OLG Frankfurt a.M. v. 31.5.2012 – WpÜG 2/12, WpÜG 3/12, NZG 2012, 996 = AG 2013, 50.
3 *Alfes/Wieneke* in Holzborn, Anh. I EU-ProspV Rz. 73.

liches Interesse besteht. Die Unterlassung der Angaben der Gesamtvorstandsvergütung könnte im Falle einer unterbliebenen Fehlerbekanntmachung von anderen börsennotierten Unternehmen mit einem Alleinvorstand aufgegriffen werden und deshalb eine **negative Vorbildfunktion** entfalten. Daher gebietet das Gesetzesziel der präventiven Verhinderung unzutreffender Rechnungslegung kapitalmarktorientierter Unternehmen die auch zu diesem Zweck vorgesehene Fehlerbekanntmachung[1].

2. Vergütungsbestandteile

132 Anhang I Ziffer 15.1 ProspektVO verlangt eine detaillierte Offenlegung der Vergütungsbestandteile. Dazu zählt die Unterscheidung in **Festvergütung** und **variable Vergütung**sbestandteile, die Angabe erhaltener **Sachleistungen** (Dienstwagen etc.) auf Betragsbasis sowie die Angabe, inwiefern eine **nachvertragliche** Vergütung vom Emittenten oder seinen Tochtergesellschaften geschuldet ist. In diesem Zusammenhang sind häufig nachvertragliche Wettbewerbsverbote und die vereinbarte Karenzentschädigung zu nennen.

3. Pensionsrückstellungen

133 Die Pensionsrückstellungen sind, wie der Wortlaut der Ziffer 15.2 des Anhangs I ProspektVO zeigt, insgesamt, also **nicht nur auf Organmitglieder und Mitglieder des oberen Managements beschränkt**, anzugeben. Die Stellung der Ziffer 15.2 ist insoweit etwas unglücklich. Regelmäßig bereitet diese Angabe keine Schwierigkeiten, da etwaige Pensionsrückstellungen auch im Abschluss des Emittenten auszuweisen sind.

XVII. Praktiken der Geschäftsführung (Ziffer 16) *(Schlitt)*

16. Praktiken der Geschäftsführung
     Für das letzte abgeschlossene Geschäftsjahr des Emittenten sind – soweit nicht anderweitig spezifiziert – für die im ersten Unterabsatz von Punkt 14.1. unter Buchstabe (a) genannten Personen folgende Angaben zu machen:

16.1. Ende der laufenden Mandatsperiode und ggf. Angabe des Zeitraums, während dessen die jeweilige Person ihre Aufgabe ausgeübt hat.

16.2. Angaben über die Dienstleistungsverträge, die zwischen den Mitgliedern der Verwaltungs-, Geschäftsführungs- oder Aufsichtsorgane und dem Emittenten bzw. seinen Tochtergesellschaften geschlossen wurden und die bei Beendigung des Dienstleistungsverhältnisses Vergünstigungen vorsehen. Ansonsten ist eine negative Erklärung abzugeben.

---

[1] OLG Frankfurt a.M. v. 31.5.2012 – WpÜG 2/12, WpÜG 3/12, NZG 2012, 996 (1000) = AG 2013, 50.

16.3. Angaben über den Auditausschuss und den Vergütungsausschuss, einschließlich der Namen der Ausschussmitglieder und einer Zusammenfassung des Aufgabenbereichs des Ausschusses.

16.4. Erklärung, ob der Emittent der/den Corporate-Governance-Regelung/en im Land der Gründung der Gesellschaft genügt. Sollte der Emittent einer solchen Regelung nicht folgen, ist eine dementsprechende Erklärung zusammen mit einer Erläuterung aufzunehmen, aus der hervorgeht, warum der Emittent dieser Regelung nicht Folge leistet.

1. Organbestellung und Dienstvertrag

Die nach Anhang I Ziffer 16.1 ProspektVO erforderliche Angabe der laufenden **Mandatsperiode** der unter Anhang I Ziffer 14.1 lit. a ProspektVO genannten Personen erfolgt üblicherweise im Kapitel „Angaben über die Organe des Emittenten".

Über die **Dienstleistungsverträge** werden in der Regel keine detaillierten Angaben aufgenommen. Vielmehr beschränkt sich das berechtigte Interesse des Anlegers in der Regel auf eine Offenlegung der Dauer der Vereinbarung, der vereinbarten Vergütung, etwaige bei Beendigung des Dienstverhältnisses vorgesehene Vergünstigungen (insbesondere sog. „golden handshakes") und die Vereinbarung sonstiger Vergünstigungen wie D&O-Versicherungen. Insoweit besteht eine Überschneidung der Ziffer 16.2 mit Ziffer 15.1 des Anhangs I ProspektVO. Da Angaben zur Vergütung auch Hinweise auf mögliche Interessenkonflikte ergeben können, die nach Anhang I Ziffer 14.2 ProspektVO darzustellen sind, ist insgesamt auf Kohärenz der Angaben nach Anhang I Ziffer 14.2, 15.1 und 16.2 ProspektVO zu achten.

2. Aufsichtsratsausschüsse

Die Angaben über die Aufsichtsratsausschüsse nach Anhang I Ziffer 16.3 ProspektVO sind sinnvollerweise im Zusammenhang mit der Darstellung der Aufsichtsratsmitglieder anzusiedeln. Dabei ist darauf zu achten, dass bezüglich eines gebildeten **Auditausschusses** und **Vergütungsausschusses** auch die Namen der Ausschussmitglieder und eine zusammenfassende Darstellung des Aufgabenbereichs der jeweiligen Ausschüsse in den Prospekt aufzunehmen sind.

3. Corporate Governance

Ist der Emittent bereits an einem organisierten Markt zugelassen und unterliegt damit der Verpflichtung zur Abgabe einer **Entsprechenserklärung** zum Corporate Governance Kodex nach § 161 AktG, so ist die aktuelle Entsprechenserklärung im Prospekt abzudrucken. Im Falle einer Nichteinhaltung von Bestimmungen des Corporate Governance Kodex ist zusätzlich zu erörtern, warum der Emittent diese nicht befolgt. Anhang I Ziffer 16.4 ProspektVO[1] geht insofern über die Anforderun-

---

[1] Kritisch zur gesetzgeberischen Konzeption *Wiegel*, Die Prospektrichtlinie und Prospektverordnung, S. 242 f.

gen des § 161 AktG hinaus. Ein typisches Beispiel einer Nichtbefolgung ist die Empfehlung des Corporate Governance Kodex zur individualisierten Offenlegung der Vorstandsvergütung. Ist ein börsennotierter Emittent aufgrund eines Hauptversammlungsbeschlusses von der individualisierten Offenlegung im Anhang befreit, was nach Anhang I Ziffer 15.1 ProspektVO im Prospekt anzugeben ist, so besteht im Abschnitt „Corporate Governance" zumindest zu diesem Punkt eine Erläuterungspflicht.

138 In Zusammenhang mit einem Börsengang besteht nach dem Aktiengesetz noch **keine Verpflichtung zur Abgabe einer Entsprechenserklärung**. Jedoch ist grundsätzlich eine Aussage dazu erforderlich, ob der Emittent in Zukunft den Corporate Governance Kodex weitgehend oder ggf. mit Einschränkungen zu befolgen beabsichtigt, da Anhang I Ziffer 16.4 ProspektVO insoweit nicht zwischen börsennotierten und nicht börsennotierten Emittenten unterscheidet[1].

XVIII. Beschäftigte (Ziffer 17) *(Schlitt)*

17. Beschäftigte

17.1. Entweder Angabe der Zahl der Beschäftigten zum Ende des Berichtzeitraums oder Angabe des Durchschnitts für jedes Geschäftsjahr innerhalb des Zeitraums, der von den historischen Finanzinformationen abgedeckt wird bis zum Datum der Erstellung des Registrierungsformulars (und Angabe der Veränderungen bei diesen Zahlen, sofern diese von wesentlicher Bedeutung sind). Wenn es möglich und wesentlich ist, Aufschlüsselung der beschäftigten Personen nach Haupttätigkeitskategorie und geografischer Belegenheit. Beschäftigt der Emittent eine große Zahl von Zeitarbeitskräften, ist die durchschnittliche Zahl dieser Zeitarbeitskräfte während des letzten Geschäftsjahrs anzugeben.

17.2. *Aktienbesitz und Aktienoptionen*
In Bezug auf die in Punkt 14.1. Unterabsatz 1 unter Buchstaben a und d genannten Personen sind so aktuelle Angaben wie möglich über ihren Aktienbesitz und etwaige Optionen auf Aktien des Emittenten beizubringen.

17.3. Beschreibung etwaiger Vereinbarungen, mittels derer Beschäftigte am Kapital des Emittenten beteiligt werden können.

1. Anzahl der Mitarbeiter

139 Die Anzahl der Beschäftigten nach Anhang I Ziffer 17.1 ProspektVO war bereits nach der vor Inkrafttreten des WpPG und der ProspektVO einschlägigen BörsZulV als Pflichtangabe aufzunehmen, § 20 Abs. 3 Nr. 1 BörsZulV aF. Sie entspricht auch

---

1 *Alfes/Wieneke* in Holzborn, Anh. I EU-ProspV Rz. 76.

dem **internationalen Standard** der IOSCO International Disclosure Standards for Cross-Border Offerings and Initial Listings by Foreign Issuers[1].

Um sicherzustellen, dass die Anzahl der Mitarbeiter vom **Comfort Letter**[2] des Abschlussprüfers des Emittenten erfasst ist, sind diese Angaben idealerweise dem Anhang der in den Prospekt aufgenommenen Abschlüsse des Emittenten zu entnehmen. Bei der Wiedergabe im Prospekt ist darauf zu achten und darauf hinzuweisen, wie die Zählung der Zahl der Beschäftigten erfolgte (beispielsweise mit oder ohne Vorstandsmitglieder). Ob die Angabe zum jeweiligen Geschäftsjahresende oder im Jahresdurchschnitt angegeben wird, ist dem Emittenten überlassen. Ergänzend muss der Prospekt die Angabe enthalten, ob sich die Zahl der Beschäftigten seit dem letzten Geschäftsjahresende wesentlich verändert hat. Insbesondere in Fällen, in denen das Ende des letzten Geschäftsjahres bereits länger zurückliegt, sind daher im Regelfall **aktuellere Angaben**, etwa betreffend des letzten im Prospekt mit Zwischenabschlüssen dokumentierten Quartals oder Halbjahres, in den Prospekt aufzunehmen. 140

Soweit möglich ist die Angabe sowohl nach **geographischer Belegenheit** als auch nach **Haupttätigkeitskategorien** aufzuschlüsseln. 141

Beschäftigt der Emittent eine große Zahl von **Zeitarbeitskräften**, so ist die durchschnittliche Zahl der Zeitarbeitskräfte im letzten Geschäftsjahr anzugeben. Ob eine große Zahl von Zeitarbeitskräften beschäftigt wurde, ist dabei relativ zu der Gesamtzahl der Beschäftigten zu sehen. Eine absolute Grenze sieht die ProspektVO nicht vor. 142

2. Aktienbesitz und Aktienoptionen

Anhang I Ziffer 17.2 ProspektVO verlangt die Offenlegung des Aktienbesitzes und der Aktienoptionen, die Vorstands- und Aufsichtsratsmitglieder des Emittenten sowie Mitglieder des oberen Managements halten. Die Angabe erfolgt in der Regel im Prospektabschnitt „Angaben über die Organe des Emittenten". Im Falle der **Veräußerung** von Aktien durch diese Personen im Zuge des Angebots ist nach der Verwaltungspraxis der BaFin zudem die Anzahl der nach Ende des Angebots voraussichtlich noch gehaltenen Aktien anzugeben, wobei diese Angabe in der Regel im Abschnitt „Angaben über die Aktionärsstruktur" in Zusammenhang mit den von Anhang I Ziffer 18.1 ProspektVO geforderten Angaben erfolgt. 143

Bezüglich gehaltener **Aktienoptionen** wird in der Regel die Angabe erforderlich sein, wann diese ausübbar sind und unter welchen Voraussetzungen, da der durchschnittliche Anleger insbesondere an einer potentiellen Verwässerung seiner Beteiligung und dem Zeitpunkt und der Wahrscheinlichkeit einer solchen Verwässerung interessiert sein dürfte. 144

---

1 IOSCO, International Disclosure Standards for Cross-Broder Offerings and Initial Listings by Foreign Issuers 1998, Part I VI. D.
2 Zum Comfort Letter siehe *Kunold* in Habersack/Mülbert/Schlitt, Unternehmensfinanzierung am Kapitalmarkt, § 34 mwN; *Meyer*, WM 2003, 1745.

145 Da die Angaben so **aktuell** wie möglich sein müssen, ist ggf. kurz vor dem Angebot eine entsprechende Anfrage an die Mitglieder des Aufsichtsrats und des oberen Managements zu richten, in deren persönliche Verhältnisse der Emittent regelmäßig keinen Einblick hat.

3. Mitarbeiterbeteiligungen

146 Anhang I Ziffer 17.3 ProspektVO umfasst sowohl **Mitarbeiterbeteiligungsprogramme**, die unabhängig von einem Angebot, für dessen Zwecke der Prospekt erstellt wurde, bestehen, als auch das bevorzugte Angebot von Aktien, die Gegenstand des Prospekts sind, an Mitarbeiter (*friends & family*). Erforderlich ist in beiden Fällen eine Beschreibung des Adressatenkreises, der Bedingungen, denen die Mitarbeiterbeteiligung unterliegt, und in welchem Umfang bereits Mitarbeiter am Grundkapital des Emittenten beteiligt sind.

XIX. Hauptaktionäre (Ziffer 18) *(Schlitt)*

18. Hauptaktionäre

18.1. Soweit dem Emittenten bekannt ist, Angabe des Namens jeglicher Person, die nicht Mitglied der Verwaltungs-, Geschäftsführungs- oder Aufsichtsorgane ist und die direkt oder indirekt eine Beteiligung am Kapital des Emittenten oder den entsprechenden Stimmrechten hält, die gemäß den nationalen Bestimmungen zu melden ist, zusammen mit der Angabe des Betrags der Beteiligung dieser Person. Ansonsten ist eine negative Erklärung abzugeben.

18.2. Information über den Umstand, ob die Hauptaktionäre des Emittenten unterschiedliche Stimmrechte haben. Ansonsten ist eine negative Erklärung abzugeben.

18.3. Sofern dem Emittenten bekannt, Angabe, ob an dem Emittenten unmittelbare oder mittelbare Beteiligungen oder Beherrschungsverhältnisse bestehen, und wer diese Beteiligungen hält bzw. diese Beherrschung ausübt. Beschreibung der Art und Weise einer derartigen Kontrolle und der vorhandenen Maßnahmen zur Verhinderung des Missbrauchs einer derartigen Kontrolle.

18.4. Beschreibung etwaiger dem Emittenten bekannten Vereinbarungen, deren Ausübung zu einem späteren Zeitpunkt zu einer Veränderung bei der Kontrolle des Emittenten führen könnte.

1. Angaben zur Aktionärsstruktur

147 Soweit dem Emittenten seine Aktionäre bekannt sind, hat er nach Anhang I Ziffer 18.1 ProspektVO Angaben zu deren Beteiligung im Prospekt zu veröffentlichen. Sind die Aktien des Emittenten bereits an einem organisierten Markt zugelassen, sind dem Emittenten zumindest solche Beteiligungen offenkundig, die ihm aufgrund von

Stimmrechtsmitteilungen (nach § 21 WpHG) bekannt geworden sind. Die relevante Schwelle liegt daher seit Umsetzung der Transparenzrichtlinie in deutsches Recht zum 1.1.2007 bei 3% der Stimmrechte.

Ist der Emittent noch nicht an einem organisierten Markt, aber an einem nicht organisierten Markt, zB dem Entry Standard der Frankfurter Wertpapierbörse, notiert, verfügt er regelmäßig über vergleichsweise unsichere Kenntnisse über seine Aktionärsstruktur. In diesem Fall wird, mit Ausnahme einer Beteiligung des Managements, regelmäßig lediglich eine 25% übersteigende Beteiligung bekannt sein, da die anwendbaren **Meldeschwellen** (nach § 20 AktG) 25% und 50% der Aktien betragen, § 20 AktG. Eine Nachforschungspflicht des Emittenten besteht nicht[1]. 148

Liegen dem Emittenten keine Erkenntnisse über seine Aktionärsstruktur vor, hat er eine **Negativerklärung** im Prospekt abzugeben, die sich auf sein Wissen beschränken kann, da der Wortlaut der Ziffer 18.1 des Anhangs I ProspektVO ausdrücklich auf die Kenntnis des Emittenten abstellt. 149

Die Angaben erfolgen üblicherweise im Kapitel „Aktionärsstruktur" in **Tabellenform**. 150

Anhang I Ziffer 18.2 ProspektVO hat in Deutschland einen geringen Anwendungsbereich. Sie kommt regelmäßig nur bei der Ausgabe von **Vorzugsaktien** zum Tragen, vgl. § 12 Abs. 1 AktG. 151

2. Angaben zur Abhängigkeit

Anhang I Ziffer 18.3 ProspektVO fordert die Angabe etwaiger Abhängigkeiten und solcher Beteiligungsverhältnisse, die einen über die eigene Beteiligung hinausgehenden Einfluss vermitteln. Angaben zu etwaigen Beherrschungsverhältnissen waren auch nach § 19 Abs. 2 Nr. 5 BörsZulV aF bereits vor Inkrafttreten des WpPG und der ProspektVO im Prospekt anzugeben. 152

Ziel der Angabepflicht ist es, dem Anleger ein vollständiges Bild über die Kapitalstruktur und die Verflechtung des Emittenten zu geben, da dies Einfluss auf den zur Ausschüttung bereit gestellten Gewinn haben kann. Hintergrund ist das grundsätzliche Interesse des Anlegers, an Erkenntnissen des Emittenten von Stimmbindungsvereinbarungen und ähnlichen Einflussnahmemöglichkeiten der Altaktionäre zu partizipieren. In Betracht kommen insbesondere **Poolingvereinbarungen**, in denen eine Abstimmung hinsichtlich der Stimmrechtsausübung in der Hauptversammlung oder bezüglich sonst wesentlicher Maßnahmen, etwa im Hinblick auf die Veräußerung von Aktien, festgeschrieben sind. 153

Unter „Maßnahmen zur Verhinderung des Missbrauchs einer derartigen Kontrolle" ist typischerweise der Hinweis auf einen (geprüften) **Abhängigkeitsbericht** zu verstehen, wenn der Emittent einen solchen nach § 312 AktG erstellt hat. 154

---

[1] So zur Regelung in § 19 BörsZulV *Heidelbach* in Schwark, 3. Aufl. 2004, § 19 BörsZulV Rz. 2.

3. Künftige Kontrollerlangung

155 Ob unter **Kontrolle** iS der Ziffer 18.4 des Anhangs I ProspektVO eine Mehrheit von 30% und mehr der Stimmrechte wie in § 29 Abs. 2 WpÜG definiert zu verstehen ist, gibt die ProspektVO nicht an. Zumindest bei (geplanter) Zulassung der Aktien des Emittenten an einem organisierten Markt ist richtigerweise von dieser Schwelle auszugehen.

156 Zu Vereinbarungen, deren Ausübung zu einem späteren Zeitpunkt zu einer Veränderung der Kontrolle führen können, zählen vor allem **Aktienoptionen**, deren Ausübung zu einer Verschiebung der Mehrheitsverhältnisse führen kann, oder **Erwerbsrechte aufgrund Aktionärsvereinbarungen**. Grundsätzlich ist jedoch jede Art von Vereinbarung, die zu einer Verschiebung des Einflusses dergestalt, dass ein oder mehrere Aktionäre die Kontrolle über den Emittenten erwerben, zu schildern.

157 In der Praxis werden solche Vereinbarungen vor einem Börsengang regelmäßig **aufgehoben**, da eine Kontrollerlangung nach Zulassung der Aktien an einem organisierten Markt aufgrund der damit einhergehenden Pflicht zur Abgabe eines Angebots an alle Aktionäre nach § 30 WpÜG im Regelfall vermieden werden soll. Eine detaillierte Wiedergabe im Prospekt erübrigt sich damit, sofern die Vereinbarungen nicht fortgelten und auch nicht unter bestimmten Bedingungen wiederaufleben, nachdem Außenstehende bereits Aktien erworben haben.

XX. Geschäfte mit verbundenen Parteien (Ziffer 19) *(Schlitt)*

19. Geschäfte mit verbundenen Parteien

Anzugeben sind Einzelheiten zu Geschäften mit verbundenen Parteien (die in diesem Sinne diejenigen sind, die in den Standards dargelegt werden, die infolge der Verordnung (EG) Nr. 1606/2002 angenommen wurden), die der Emittent während des Zeitraums abgeschlossen hat, der von den historischen Finanzinformationen abgedeckt wird bis zum Datum der Erstellung des Registrierungsformulars. Dies hat in Übereinstimmung mit dem jeweiligen Standard zu erfolgen, der infolge der Verordnung (EG) Nr. 1606/2002 angenommen wurde (falls anwendbar).

Finden diese Standards auf den Emittenten keine Anwendung, müssen die folgenden Angaben offen gelegt werden:

a) Art und Umfang der Geschäfte, die als einzelnes Geschäft oder insgesamt für den Emittenten von wesentlicher Bedeutung sind. Erfolgt der Abschluss derartiger Geschäfte mit verbundenen Parteien nicht auf marktkonforme Weise, ist zu erläutern, weshalb. Im Falle ausstehender Darlehen einschließlich Garantien jeglicher Art ist der ausstehende Betrag anzugeben;

b) Betrag oder Prozentsatz, zu dem die Geschäfte mit verbundenen Parteien Bestandteil des Umsatzes des Unternehmens sind.

158 Anhang I Ziffer 19 ProspektVO unterscheidet zwischen Emittenten, die IFRS anwenden (Ziffer 19 Abs. 1) und Emittenten, die keine IFRS anwenden (Ziffer 19 Abs. 2).

Der Umfang der nach Anhang I Ziffer 19 ProspektVO in den Prospekt aufzunehmenden Angaben zu Geschäften und Rechtsbeziehungen zu nahe stehenden Personen richtet sich jedoch unabhängig von der Anwendung von IFRS durch den Emittenten nach **IAS 24**[1].

159

Grundsätzlich sind danach Angaben zu den Geschäften und Rechtsbeziehungen mit folgenden Personen in den Prospekt aufzunehmen:

160

– natürliche Personen (oder nahe Verwandte derselben), wenn diese
  – Kontrolle (einzeln oder gemeinsam mit anderen) auf die Gesellschaft oder die Gruppe ausüben können (zB Aktienmehrheit, Aktionärsbindungsverträge, gemeinsame Absprachen);
  – auf andere Weise Einfluss auf die Gesellschaft oder die Gruppe ausüben können; oder
  – Mitglieder des Vorstands oder des Aufsichtsrats der Gesellschaft oder anderer Gruppengesellschaften sind; und
– juristische Personen, wenn diese
  – Teil der Gruppe sind (dh. Mutter-, Tochter- und Schwestergesellschaften gelten als nahe stehend);
  – mittels Joint Venture oder auf andere Weise mit der Gesellschaft oder einer Tochtergesellschaft verbunden sind; oder
  – von einer nahe stehenden natürlichen Person kontrolliert werden oder diese einen wesentlichen Einfluss auf sie hat.

Fraglich ist, ob auch Angaben zu **Geschäften zwischen Konzerngesellschaften** aufzunehmen sind, wenn der Emittent Konzernobergesellschaft ist. Anhang I Ziffer 19 ProspektVO trifft hierzu keine Aussage. Richtigerweise sind Angaben zu Geschäften zwischen Konzerngesellschaften, die in den im Prospekt abgedruckten Konzernabschlüssen aufgrund Konsolidierung eliminiert sind, nicht erforderlich, da es sich um konzerninterne Vorgänge handelt[2] und die Darstellung dieser Geschäfte angesichts der im Prospekt dargestellten Konzernfinanzinformationen nicht wesentlich, sondern im Einzelfall sogar irreführend sein kann. Handelt es sich um eine größere Unternehmensgruppe, wäre eine Darstellung der gruppeninternen Geschäfte in vielen Fällen zudem umfangmäßig kaum zu leisten. Davon ausgenommen sind Transaktionen zwischen einer Investmentgesellschaft und ihren Tochterunternehmen, die ergebniswirksam zum beizulegenden Zeitwert bewertet werden. Zudem sind Geschäfte des Emittenten mit nicht konsolidierten Beteiligungsgesellschaften allenfalls nach der Equity-Methode im Konzernabschluss berücksichtigt und mangels Eliminierung im Zuge der Konsolidierung im Prospekt darzustellen.

161

Während IAS 24 nicht eindeutig hinsichtlich der Frage ist, ob **nur wesentliche Geschäfte** dargestellt werden müssen, sieht der nach Zulassung der Aktien für die Angaben im Zwischenlagebericht oder im Anhang des Halbjahresfinanzberichts gel-

162

---
1 ESMA/13-319, Rz. 149.
2 IAS 24 Ziffer 4 Satz 2, entsprechend auch für Halbjahresabschlüsse nicht-konzernabschlusspflichtiger Emittenten § 11 Abs. 2 TranspRLDV.

tende § 11 TranspRLDV vor, dass nur solche Geschäfte offen zu legen sind, die die Finanzlage oder das Geschäftsergebnis des Unternehmens wesentlich beeinflusst haben. Im Hinblick auf den übergeordneten Grundsatz, dass der Prospekt die für eine Anlageentscheidung wesentlichen Informationen enthalten muss (§ 5 Abs. 1 WpPG), ist richtigerweise eine entsprechende Auswahl auch hinsichtlich der Offenlegung von Geschäften mit nahe stehenden Personen im Prospekt zu treffen und nicht jedes Geschäft mit nahe stehenden Personen zu beschreiben. Anhang I Ziffer 19 Abs. 2 ProspektVO geht für Emittenten, die nicht IFRS anwenden, ohnehin davon aus, dass nur wesentliche Geschäfte offen zu legen sind. Ein Grund für eine abweichende Behandlung nach IFRS bilanzierender Emittenten ist nicht erkennbar.

163 Anhang I Ziffer 19 ProspektVO fordert für **nicht IFRS anwendende Emittenten**, also typischerweise im Falle von Entry Standard-IPOs, zusätzlich die Angabe des Betrags oder Prozentsatzes, zu dem die Geschäfte mit verbundenen Parteien Bestandteil des Umsatzes sind. Hintergrund der Offenlegungspflicht auch für nach HGB bilanzierende Emittenten ist die Vorgabe der IOSCO International Disclosure Standards for Cross-Border Offerings and Initial Listings by Foreign Issuers[1]. Es stellt sich daher die Frage, ob in diesen Fällen ein strengerer Offenlegungsmaßstab als bei nach IFRS bilanzierenden Emittenten anzulegen ist.

164 Nach IFRS[2] sind solche Informationen anzugeben, die ein Verständnis der potenziellen Auswirkungen der Beziehung auf den Abschluss ermöglichen. Ob ein Geschäft marktkonform abgeschlossen wurde (*at arm's length*) richtet sich danach, ob es mit demselben Inhalt mit einem außen stehenden Dritten ebenfalls abgeschlossen worden wäre[3]. Der Umfang der Geschäfte ist daher so wiederzugeben, dass der „Effekt der Geschäftsbeziehung" auf den Abschluss nachvollzogen werden kann[4].

165 Die IFRS sehen zudem vor[5], dass der Betrag von Geschäftsvorfällen mit nahe stehenden Personen nach **Kategorien** von Geschäften zusammengefasst werden kann, eine individualisierte Offenlegung also nicht erforderlich ist. Dem entspricht auch die nach Zulassung der Aktien an einem organisierten Markt geltende Bestimmung des § 11 Abs. 2 TranspRLDV. Dieser regelt die Angaben, die im Zwischenlagebericht oder im Anhang des Halbjahresfinanzberichts zu Geschäften mit nahe stehenden Personen aufzunehmen sind. Danach sind zum einen Geschäfte innerhalb eines Konzerns zwischen mittel- oder unmittelbar in hundertprozentigem Anteilsbesitz stehenden konzernangehörigen Unternehmen von der Offenlegung ausgeschlossen. Des Weiteren schränkt § 11 Abs. 2 TranspRLDV die erforderlichen Angaben auf solche ein, die wesentlich und nicht zu marktüblichen Bedingungen zustande gekommen sind. Entsprechend IAS 24 können Angaben über Geschäfte auch nach § 11 Abs. 2 TranspRLDV zu Geschäftsarten zusammengefasst werden, sofern die getrennte

---

1 IOSCO, International Disclosure Standards for Cross-Border Offerings and Initial Listings by Foreign Issuers 1998, Part I VII. B., der jedoch nur bezüglich Darlehen eine Betragsangabe fordert.
2 IAS 24 Ziffer 18 Satz 1.
3 *Fingerhut/Voß* in Just/Voß/Ritz/Zeising, Anhang I EU-ProspektVO Rz. 292.
4 *Heuser/Theile*, IFRS-Handbuch, 5. Aufl. 2016, Rz. 4779.
5 IAS 24 Ziffern 17 ff.

Angabe für die Beurteilung der Auswirkungen auf die Finanzlage nicht notwendig sind.

Richtigerweise kann daher auch in Fällen, in denen der Emittent seine Konzernabschlüsse nicht nach IFRS erstellt, eine Aussage zu den **Beträgen der Geschäfte** mit nahe stehenden Personen grundsätzlich nach Kategorien[1] zusammengefasst erfolgen. Der Prozentsatz, zu dem die Geschäfte mit verbundenen Parteien Bestandteil des Umsatzes sind, ist entsprechend der Regelung in § 11 Abs. 2 TranspRLDV nur dann aufzunehmen, wenn es sich um **Umsatzgeschäfte** handelt, also zB Produkte des Emittenten von der nahe stehenden Person bezogen werden, oder aus sonstigen Gründen diese Angabe für die Beurteilung der Finanzlage notwendig ist[2].

166

XXI. Finanzinformationen über die Vermögens-, Finanz- und Ertragslage des Emittenten (Ziffer 20)

20. Finanzinformationen über die Vermögens-, Finanz- und Ertragslage des Emittenten

20.1. *Historische Finanzinformationen*

Beizubringen sind geprüfte historische Finanzinformationen, die die letzten drei Geschäftsjahre abdecken (bzw. einen entsprechenden kürzeren Zeitraum, während dessen der Emittent tätig war), sowie der Bestätigungsvermerk des Abschlussprüfers für jedes Geschäftsjahr. Hat der Emittent in der Zeit, für die historische Finanzinformationen beizubringen sind, seinen Bilanzstichtag geändert, so decken die geprüften historischen Finanzinformationen mindestens 36 Monate oder – sollte der Emittent seiner Geschäftätigkeit noch keine 36 Monate nachgegangen sein – den gesamten Zeitraum seiner Geschäftätigkeit ab. Derartige Finanzinformationen sind nach der Verordnung (EG) Nr. 1606/2002 bzw. für den Fall, dass diese Verordnung nicht anwendbar ist, nach den nationalen Rechnungslegungsgrundsätzen des betreffenden Mitgliedstaats zu erstellen. Bei Emittenten aus Drittstaaten sind diese Finanzinformationen nach den im Verfahren des Artikels 3 der Verordnung (EG) Nr. 1606/2002 übernommenen internationalen Rechnungslegungsstandards oder nach diesen Standards gleichwertigen nationalen Rechnungslegungsgrundsätzen eines Drittstaates zu erstellen. Ist keine Äquivalenz zu den Standards gegeben, so sind die Finanzinformationen in Form eines neu zu erstellenden Jahresabschlusses vorzulegen.

---

1 Als solche Kategorien kommen die in IAS 24 Ziffer 19 genannten Kategorien, zB Mitglieder des Managements, in Betracht.
2 Die Offenlegung des Betrags oder Prozentsatzes am Umsatz ist grundsätzlich wesentlich, um den Investoren ein Gefühl dafür zu geben, in welchem Umfang der Emittent von nahe stehenden Personen und deren weiterer Bereitschaft, Geschäfte mit dem Emittenten abzuschließen, abhängt. Der Betrag oder Prozentsatz am Umsatz ist hierfür jedoch nur bei Umsatzgeschäften ein sinnvoller Indikator.

Die geprüften historischen Finanzinformationen müssen für die letzten zwei Jahre in einer Form dargestellt und erstellt werden, die mit der konsistent ist, die im folgenden Jahresabschluss des Emittenten zur Anwendung gelangen wird, wobei Rechnungslegungsgrundsätze und -strategien sowie die Rechtsvorschriften zu berücksichtigen sind, die auf derlei Jahresabschlüsse Anwendung finden.

Ist der Emittent in seiner aktuellen Wirtschaftsbranche weniger als ein Jahr tätig, so sind die geprüften historischen Finanzinformationen für diesen Zeitraum gemäß den Standards zu erstellen, die auf Jahresabschlüsse im Sinne der Verordnung (EG) Nr. 1606/2002 anwendbar sind bzw. für den Fall, dass diese Verordnung nicht anwendbar ist, gemäß den nationalen Rechnungslegungsgrundsätzen eines Mitgliedstaats, wenn der Emittent aus der Gemeinschaft stammt. Bei Emittenten aus Drittstaaten sind diese historischen Finanzinformationen nach den im Verfahren des Artikels 3 der Verordnung (EG) Nr. 1606/2002 übernommenen internationalen Rechnungslegungsstandards oder nach diesen Standards gleichwertigen nationalen Rechnungslegungsgrundsätzen eines Drittstaates zu erstellen. Diese historischen Finanzinformationen müssen geprüft worden sein.

Wurden die geprüften Finanzinformationen gemäß nationaler Rechnungslegungsgrundsätze erstellt, dann müssen die unter dieser Rubrik geforderten Finanzinformationen zumindest Folgendes enthalten:

a) die Bilanz;

b) die Gewinn- und Verlustrechnung;

c) eine Übersicht, aus der entweder alle Veränderungen im Eigenkapital hervorgehen oder Veränderungen im Eigenkapital mit Ausnahme der Kapitaltransaktionen mit Eigentümern oder Ausschüttungen an diese zu entnehmen sind;

d) eine Kapitalflussrechnung;

e) Bilanzierungs- und Bewertungsmethoden und erläuternde Anmerkungen.

Die historischen jährlichen Finanzinformationen müssen unabhängig und in Übereinstimmung mit den in dem jeweiligen Mitgliedstaat anwendbaren Prüfungsstandards oder einem äquivalenten Standard geprüft worden sein, oder es muss für das Registrierungsformular vermerkt werden, ob sie in Übereinstimmung mit dem in dem jeweiligen Mitgliedstaat anwendbaren Prüfungsstandard oder einem äquivalenten Standard ein den tatsächlichen Verhältnissen entsprechendes Bild vermitteln.

20.2. *Pro forma-Finanzinformationen*

Im Falle einer bedeutenden Brutto-Veränderung ist eine Beschreibung der Art und Weise, wie die Transaktion ggf. die Aktiva und Passiva sowie die Erträge des Emittenten beeinflusst hat, aufzunehmen, sofern diese Transaktion zu Beginn des Berichtszeitraums oder zum Berichtszeitpunkt durchgeführt wurde.

Dieser Anforderung wird normalerweise durch die Aufnahme von Pro forma-Finanzinformationen Genüge getan.

Diese Pro forma-Finanzinformationen sind gemäß Anhang II zu erstellen und müssen die darin geforderten Angaben enthalten.

Pro forma-Finanzinformationen ist ein Bericht beizufügen, der von unabhängigen Buchprüfern oder Abschlussprüfern erstellt wurde.

20.3. *Jahresabschluss*

Erstellt der Emittent sowohl einen Jahresabschluss als auch einen konsolidierten Abschluss, so ist zumindest der konsolidierte Abschluss in das Registrierungsformular aufzunehmen.

20.4. *Prüfung der historischen jährlichen Finanzinformationen*

20.4.1. Es ist eine Erklärung dahingehend abzugeben, dass die historischen Finanzinformationen geprüft wurden. Sofern ein Bestätigungsvermerk über die historischen Finanzinformationen von den Abschlussprüfern nicht erteilt wurde bzw. sofern er Vorbehalte oder Verzichtserklärungen enthält, ist diese Nichterteilung bzw. sind diese Vorbehalte oder Verzichtserklärungen in vollem Umfang wiederzugeben und die Gründe dafür anzugeben.

20.4.2. Angabe sonstiger Informationen im Registrierungsformular, das von den Abschlussprüfern geprüft wurde.

20.4.3. Wurden die Finanzdaten im Registrierungsformular nicht dem geprüften Jahresabschluss des Emittenten entnommen, so ist die Quelle dieser Daten und die Tatsache anzugeben, dass die Daten ungeprüft sind.

20.5. *Alter der jüngsten Finanzinformationen*

20.5.1. Das letzte Jahr der geprüften Finanzinformationen darf nicht älter sein als:

a) 18 Monate ab dem Datum des Registrierungsformulars, sofern der Emittent geprüfte Zwischenabschlüsse in sein Registrierungsformular aufnimmt;

oder

b) 15 Monate ab dem Datum des Registrierungsformulars, sofern der Emittent ungeprüfte Zwischenabschlüsse in sein Registrierungsformular aufnimmt.

20.6. *Zwischenfinanzinformationen und sonstige Finanzinformationen*

20.6.1. Hat der Emittent seit dem Datum des letzten geprüften Jahresabschlusses vierteljährliche oder halbjährliche Finanzinformationen veröffentlicht, so sind diese in das Registrierungsformular aufzunehmen. Wurden diese vierteljährlichen oder halbjährlichen Finanzinformationen einer Prüfung oder prüferischen Durchsicht unterzogen, so sind die entsprechenden Berichte ebenfalls aufzunehmen. Wurden die vierteljährlichen oder halbjährlichen Finanzinformationen keiner Prüfung oder prüferischen Durchsicht unterzogen, so ist diese Tatsache anzugeben.

20.6.2. Wurde das Registrierungsformular mehr als neun Monate nach Ablauf des letzten geprüften Finanzjahres erstellt, muss es Zwischenfinanzinformationen enthalten, die u.U. keiner Prüfung unterzogen wurden (auf diesen Fall muss eindeutig hingewiesen werden) und die sich zumindest auf die ersten sechs Monate des Geschäftsjahres beziehen sollten.

Diese Zwischenfinanzinformationen müssen einen vergleichenden Überblick über denselben Zeitraum wie im letzten Geschäftsjahr enthalten. Der Anforderung vergleichbarer Bilanzinformationen kann jedoch auch ausnahmsweise durch die Vorlage der Jahresendbilanz nachgekommen werden.

20.7. *Dividendenpolitik*

Aufnahme einer Beschreibung der Politik des Emittenten auf dem Gebiet der Dividendenausschüttungen und etwaiger diesbezüglicher Beschränkungen.

20.7.1. Angabe des Betrags der Dividende pro Aktie für jedes Geschäftsjahr innerhalb des Zeitraums, der von den historischen Finanzinformationen abgedeckt wird. Wurde die Zahl der Aktien des Emittenten geändert, ist eine Anpassung zu Vergleichszwecken vorzunehmen.

20.8. *Gerichts- und Schiedsgerichtsverfahren*

Angaben über etwaige staatliche Interventionen, Gerichts- oder Schiedsgerichtsverfahren (einschließlich derjenigen Verfahren, die nach Kenntnis des Emittenten noch anhängig sind oder eingeleitet werden könnten), die im Zeitraum der mindestens 12 letzten Monate bestanden/abgeschlossen wurden, oder die sich erheblich auf die Finanzlage oder die Rentabilität des Emittenten und/oder der Gruppe auswirken bzw. in jüngster Zeit ausgewirkt haben. Ansonsten ist eine negative Erklärung abzugeben.

20.9. *Wesentliche Veränderungen in der Finanzlage oder der Handelsposition des Emittenten*

Beschreibung jeder wesentlichen Veränderung in der Finanzlage oder der Handelsposition der Gruppe, die seit dem Ende des letzten Geschäftsjahres eingetreten ist, für das entweder geprüfte Finanzinformationen oder Zwischenfinanzinformationen veröffentlicht wurden. Ansonsten ist eine negative Erklärung abzugeben.

1. Vorbemerkung und Überblick zu Ziffer 20.1 bis 20.6 *(Kunold)*

167 Finanzinformationen stellen sowohl qualitativ wie auch quantitativ einen erheblichen Teil eines Wertpapierprospektes dar. Allein die neben den Erläuterungen zur Geschäfts- und Finanzlage (Operating and Financial Review – OFR, auch als MD&A bezeichnet) nach Anhang I Ziffer 9 ProspektVO (vgl hierzu oben die Kommentierung in Rz. 86 ff.) in den reinen Finanzteil aufzunehmenden Abschlüsse sowie ggf. aufzunehmende Zwischenfinanzberichte und Quartalsfinanzberichte machen etwa die

Hälfte des gesamten Prospektes[1] aus. Nicht nur durch diesen seitenmäßigen Umfang wird die große Bedeutung, die den Finanzinformationen zukommt, deutlich. Sie haben auch eine Schlüsselfunktion im Rahmen der Anlegerinformationen: Die **Finanzinformationen** sollen den Anleger **über die Vermögens-, Finanz- und Ertragslage des Emittenten informieren**. Dabei sind gemäß Ziffer 20.2 des Anhangs I ProspektVO grundsätzlich geprüfte Abschlüsse für die letzten drei Geschäftsjahre aufzunehmen. Für bestimmte Emittenten und Wertpapieremissionen wurden jedoch im Rahmen der Änderungsrichtlinie 2010/73/EU vom 24.11.2010[2] und durch die Delegierte Verordnung (EU) 486/2012[3] mit Art. 26a und Art. 26b ProspektVO **erleichterte Anforderungen** an die Emittentenbeschreibung geschaffen. So ist es für Aktienemissionen von kleineren und mittleren Unternehmen (**KMUs**) oder Unternehmen mit einer geringen Kapitalisierung (**Small Caps**) ausreichend, wenn grundsätzlich geprüfte Abschlüsse für die letzten beiden Geschäftsjahre in den Prospekt aufgenommen werden (Anhang XXV Ziffer 20.1). Bei Bezugsrechtsemissionen genügt es gemäß Anhang XXIII Ziffer 15.1, wenn grundsätzlich geprüfte Abschlüsse für das letzte Geschäftsjahr in den Prospekt aufgenommen werden (siehe die Kommentierung zu den Anhängen XXIII und XXV EU-ProspektVO). Hinsichtlich Aktienzertifikaten (Depositary Receipts) reicht eine Erklärung, dass geprüfte Abschlüsse für die letzten beiden Geschäftsjahre erstellt wurden und eine Angabe, wo diese erhältlich sind (Anhang XXVIII Ziffer 20.1 ProspektVO). Der Finanzteil findet sich regelmäßig am Ende eines Prospektes unmittelbar vor den Angaben über den jüngsten Geschäftsgang und die Geschäftsaussichten und der sich ganz am Ende eines Prospektes befindlichen Unterschriftenseite, wobei die Paginierung häufig durch den Buchstaben „F" vor der mit eins beginnenden Seitenzahl gekennzeichnet ist[4], so dass dieser reine Finanzteil auch als „F-Pages" bezeichnet wird. In der Verwaltungspraxis wird von der BaFin verlangt, dass dem Finanzteil eine kurze Inhaltsübersicht mit den einzelnen Bestandteilen der in dem Prospekt enthaltenen Finanzinformationen vorangestellt wird.

---

1 So auch A. *Meyer* in Habersack/Mülbert/Schlitt, Unternehmensfinanzierung am Kapitalmarkt, § 36 Rz. 25.
2 Richtlinie 2010/73/EU des Europäischen Parlaments und des Rates vom 24.11.2010 zur Änderung der Richtlinie 2003/71/EG betreffend den Prospekt, der beim öffentlichen Angebot von Wertpapieren oder bei deren Zulassung zum Handel zu veröffentlichen ist, und der Richtlinie 2004/109/EG zur Harmonisierung der Transparenzanforderungen in Bezug auf Informationen über Emittenten, deren Wertpapiere zum Handel auf einem geregelten Markt zugelassen sind, ABl. EU Nr. L 327 v. 11.12.2010, S. 1 (3, 8).
3 Eingefügt durch die Delegierte Verordnung (EU) Nr. 486/2012 der Kommission vom 30.3.2012 zur Änderung der Verordnung (EG) Nr. 809/2004 in Bezug auf Aufmachung und Inhalt des Prospekts des Basisprospekts, der Zusammenfassung und der endgültigen Bedingungen und in Bezug auf Angabepflichten, ABl. EU Nr. L 150 v. 9.6.2012, S. 1 (7, 37 f., 49 f., 61 f.).
4 Von der BaFin wird grundsätzlich eine fortlaufende Paginierung verlangt. Werden im Einzelfall die Abschlüsse mit der in dem Finanzbericht eines Emittenten enthaltenen Paginierung in den Prospekt aufgenommen, so ist zur Sicherstellung einer fortlaufenden Paginierung eine doppelte Paginierung erforderlich.

168 Es kommt nicht selten vor, dass bei Aktienemissionen die **vorhandenen historischen Finanzinformationen eines Emittenten die Anforderungen der Prospekt-VO an die nach dieser aufzunehmenden Finanzinformationen nicht erfüllen**, so dass die Frage, welche Finanzinformationen im konkreten Einzelfall aufzunehmen und ggf. **für Prospektzwecke noch zu erstellen sind**, frühzeitig unter Einbeziehung des Wirtschaftsprüfers des Emittenten (in der Regel wird es sich dabei um den Abschlussprüfer handeln) mit der BaFin abgestimmt werden sollte. Handelt es sich um einen Emittenten, der bislang seine Abschlüsse nach nationalen Rechnungslegungsvorschriften (zB HGB) aufgestellt hat und erst infolge der geplanten Wertpapieremission im Rahmen eines Börsengangs zu einem kapitalmarktorientierten Unternehmen (vgl. unten Rz. 177) wird, das seine Konzernabschlüsse nach internationalen Rechnungslegungsstandards (also IAS/IFRS) aufzustellen hat, so hat der Emittent im Fall der Begebung von Aktien Abschlüsse für die letzten beiden Geschäftsjahre nach denselben Rechnungslegungsstandards zu erstellen, die er für seinen nächsten Abschluss (also den Abschluss für das Jahr, in dem die Emission stattfindet) anzuwenden hat. Bei einer **Umstellung der Rechnungslegung von HGB auf IFRS** handelt es sich um einen komplexen Prozess, der in der Regel mindestens sechs Monate in Anspruch nehmen und umfangreiche System- und Organisationsanpassungen erforderlich machen wird. Im Rahmen eines Börsengangs wird zB oftmals auch die **Struktur eines Unternehmens bzw. einer Unternehmensgruppe verändert**, so dass diese in den vorliegenden Finanzinformationen noch nicht abgebildet sind und es an einer Vergleichbarkeit der historischen Finanzinformationen mangelt. An einer Vergleichbarkeit kann es auch fehlen, wenn einer sonstigen Kapitalmaßnahme (zB einer Kapitalerhöhung) eine Umstrukturierung oder ein Unternehmenserwerb vorausgegangen ist. Dies wirft dann – je nach konkretem Fall – die Frage auf, ob **Pro-forma-Finanzinformationen** (vgl. hierzu Rz. 215 ff. und die Kommentierung zu Anhang II EU-ProspektVO) aufzunehmen sind, ob nicht – wie im Falle einer neu gegründeten Holdingstruktur, in welche bereits bestehende operative Gesellschaften eingebracht wurden – die Finanzinformationen des Emittenten selbst wenig aussagekräftig sind und daher auch Finanzinformationen anderer Gesellschaften in den Prospekt aufzunehmen sind und damit eine so genannte **komplexe finanztechnische Vorgeschichte** (*complex financial history*) vorliegt (siehe hierzu unten Rz. 261 ff.) und ob nicht in diesem Zusammenhang **kombinierte Abschlüsse** (*combined financial statements*) oder Carve-out-Abschlüsse zu erstellen und aufzunehmen sind (vgl. hierzu unten Rz. 283 ff.). Darüber hinaus kann es aber auch aus Gründen der Rechnungslegung erforderlich sein, dass geänderte Abschlüsse erstellt und in den Prospekt aufgenommen werden. Infolge des mit einer nachträglichen Erstellung und Prüfung von Abschlüssen verbundenen Zeitaufwands ist die Klärung der Frage, wie sich die Situation eines Emittenten im Hinblick auf die historischen Finanzinformationen darstellt und welche Finanzinformationen in einen Prospekt aufzunehmen sind, eine der vorrangigen Fragen, die es im Rahmen einer Wertpapieremission und einer Prospekterstellung zu klären gilt. In der Regel stellt sich dabei jede Situation etwas anders dar.

2. Historische Finanzinformationen (Ziffer 20.1) *(Kunold)*

a) Pflicht zur Aufnahme geprüfter historischer Finanzinformationen (Ziffer 20.1 Abs. 1 Satz 1)

Gemäß Ziffer 20.1 Abs. 1 Satz 1 des Anhangs I ProspektVO müssen bei einer **Aktienemission** – wie auch bereits vor Inkrafttreten der Prospektverordnung[1] – grundsätzlich die geprüften **historischen Finanzinformationen** für die **vergangenen drei Geschäftsjahre** eines Emittenten in den Prospekt aufgenommen werden. Der Begriff der historischen Finanzinformationen ist nicht definiert. Wie sich aus dem Erfordernis des Bestätigungsvermerks ergibt, sind hierunter geprüfte Abschlüsse zu verstehen[2], die gemäß Anhang I Ziffer 20.1 Abs. 1 Satz 3 ProspektVO grundsätzlich nach IAS/IFRS zu erstellen sind. Nach IAS 1.10 besteht ein vollständiger Abschluss aus folgenden Bestandteilen: Bilanz (Darstellung der Vermögenslage), Gesamtergebnisrechnung (Darstellung von Gewinn und Verlust und sonstigem Ergebnis) sowie Gewinn- und Verlustrechnung (sofern diese nicht in die Gesamtergebnisrechnung integriert ist), Eigenkapitalveränderungsrechnung, Kapitalflussrechnung (Darstellung der Zahlungsströme), einem Anhang, in dem die wesentlichen Bilanzierungs- und Bewertungsmethoden zusammengefasst und sonstige Erläuterungen enthalten sind, sowie bei rückwirkender Anwendung einer Bilanzierungs- oder Bewertungsmethode einer Darstellung der Vermögenslage zu Beginn der frühesten Vergleichsperiode[3]. Auch ein Segmentbericht gehört bei Vorliegen der Voraussetzungen für eine Segmentberichterstattung nach IFRS 8.2 oder bei freiwilliger Erstellung als Bestandteil des Anhangs zu einem vollständigen Abschluss nach IFRS und ist dementsprechend auch Bestandteil der historischen Finanzinformationen[4]. Bei nach HGB erstellten Abschlüssen gelten die aufzunehmenden Mindestanforderungen nach Anhang I Ziffer 20.1 Abs. 4 ProspektVO (siehe dazu unten Rz. 207 ff.). Grundsätzlich müssen solche Finanzinformationen die letzten drei Geschäftsjahre abdecken. Nach dem in Satz 1 enthaltenen Klammerzusatz gilt dies jedoch dann nicht, wenn der Emittent erst für einen **kürzeren Zeitraum** als die geforderten drei Geschäftsjahre **tätig ist**. Dann ist es ausreichend, für diesen Zeitraum geprüfte historische Finanzinformationen aufzunehmen. Ein Mindestzeitraum, seit dem der Emittent bestehen muss, ist dabei nicht vorgegeben. Ist jedoch ein Emittent im Zeitpunkt der Emission erst weniger als ein Jahr tätig, so findet Ziffer 20.1 Abs. 3 des Anhangs I ProspektVO Anwendung. Ist ein Emittent weniger als drei Jahre tätig, so ist des Weiteren zu prüfen, ob es sich um ein Start-up-Unternehmen handelt, da in diesem Fall die Anforderungen des Anhangs XIX ProspektVO[5] und die diesbezüglichen ESMA-Level-3-Empfehlungen[6] zu beachten sind (vgl. die Kommentierung zu Anhang XIX EU-ProspektVO Rz. 18 ff.).

169

---

1 Vgl. § 21 Abs. 1 BörsZulV aF.
2 *Müller* in FrankfurtKomm. WpPG, Ziffer 20.1 Anhang I ProspektVO Rz. 3 f.
3 *Lüdenbach/Hoffmann/Freiberg*, Haufe IFRS-Kommentar, § 2 Rz. 4 f.
4 *d'Arcy/Kahler* in Holzborn, Anh. I EU-ProspV Rz. 89.
5 Zu den Voraussetzungen siehe die Kommentierung zu Anhang XIX ProspektVO.
6 ESMA update of the CESR recommendations for the consistent implementation of the Commission Regulation (EC) No 809/2004 implementing the Prospectus Directive

170 Gemäß Ziffer 20.1 Abs. 1 Satz 1 Anhang I ProspektVO sind die historischen Finanzinformationen des **Emittenten** in den Prospekt aufzunehmen. Der Begriff des Emittenten ist in § 2 Nr. 9 WpPG als eine Person oder Gesellschaft, die Wertpapiere begibt oder zu begeben beabsichtigt, definiert (rechtlicher Emittentenbegriff). In einen Prospekt sind also grundsätzlich nur die historischen Finanzinformationen des Emittenten in seiner während der vergangenen drei Geschäftsjahre bestehenden Rechtsform aufzunehmen. Dabei muss der Emittent nicht notwendigerweise über den gesamten Zeitraum in derselben Rechtsform bestanden haben[1]. In den Fällen einer sog. **komplexen finanztechnischen Vorgeschichte** (*complex financial history*), oder wenn **bedeutende finanzielle Verpflichtungen** eingegangen wurden, müssen jedoch auch Finanzinformationen einer anderen Gesellschaft (bzw. zu deren den aktuellen Geschäftsbetrieb des Emittenten betreffenden Unternehmensteilen) ggf. in den Prospekt aufgenommen werden[2] (siehe hierzu unten Rz. 261 ff.).

171 Anhang I Ziffer 20.1 ProspektVO enthält keine Vorgaben dazu, in welcher **Form** die historischen Finanzinformationen **im Prospekt darzustellen** sind. Anders als in § 21 Abs. 1 Nr. 1 BörsZulV aF, wonach „Bilanzen und Gewinn- und Verlustrechnungen des Emittenten einschließlich der Angaben, die statt in der Bilanz oder Gewinn- und Verlustrechnung im Anhang gemacht werden, für die letzten drei Geschäftsjahre in der Form einer vergleichenden Darstellung" aufzunehmen waren[3], enthält Anhang I Ziffer 20.1 ProspektVO keine ausdrückliche Regelung zur Gestaltung der „F-Pages". Eine vergleichende Darstellung in Tabellenform ist daher nach der ProspektVO nicht mehr vorgeschrieben. Jedenfalls in den Fällen der Umstellung der Rechnungslegung (zB von HGB-Rechnungslegung auf IFRS) erscheint eine solche vergleichende Darstellung mangels unmittelbarer Vergleichbarkeit der Zahlen auch nicht sinnvoll. Darüber hinaus ist zu berücksichtigen, dass sich die ebenfalls im Prospekt abzudruckenden Bestätigungsvermerke auf den jeweiligen Abschluss in seiner ursprünglichen Form und Präsentation beziehen und im Fall einer vergleichenden Darstellung in Tabellenform die Präsentation im Prospekt nicht dem entspricht, worauf der Bestätigungsvermerk erteilt wurde. Da die ProspektVO keine von der ursprünglichen Darstellung abweichende Gestaltung der „F-Pages" vorsieht und Erwägungsgrund 28 ProspektVO von einer Darstellung nach Maßgabe der anwendbaren Rechnungslegungsvorschriften ausgeht, spricht viel für die auch in der Praxis seit Umsetzung der Prospektrichtlinie übliche Handhabung, die Abschlüsse selbst abzudrucken und diese nicht in einer Dreijahresübersicht in Tabellenform zu präsentieren[4]. Der **Inhalt** der historischen Finanzinformationen ergibt sich aus

---

(im Folgenden als Level-3-Empfehlungen bezeichnet) v. 20.3.2013, ESMA/2013/319, Rz. 135 ff.

1 Vgl. auch zu § 3 BörsZulV *Gebhardt* in Schäfer/Hamann, § 3 BörsZulV Rz. 3; *Groß*, Kapitalmarktrecht, §§ 1–12 BörsZulV Rz. 4.

2 *A. Meyer* in Habersack/Mülbert/Schlitt, Unternehmensfinanzierung am Kapitalmarkt, § 36 Rz. 43 f.

3 Siehe zB den Finanzteil des Verkaufsprospekts/Börsenzulassungsprospekts der Deutsche Postbank AG v. 18.6.2004.

4 *d'Arcy/Kahler* in Holzborn, Anh. I EU-ProspV Rz. 93 sehen dies kritisch und halten die Anforderung, drei separate Abschlüsse sowie die dazugehörigen Bestätigungsvermerke auf-

dem anwendbaren Rechnungslegungsstandard (siehe unten Rz. 176 ff.), wobei Anhang I Ziffer 20.1 Abs. 4 ProspektVO Mindestanforderungen für nach nationalen Rechnungslegungsgrundsätzen erstellte historische Finanzinformationen vorsieht (siehe unten Rz. 207 ff.).

Die in den Prospekt aufzunehmenden historischen Finanzinformationen müssen von einem Wirtschaftsprüfer **geprüft** sein. Eine Prüfung erfolgt regelmäßig nach den jeweiligen Prüfungsstandards der Wirtschaftsprüfer (vgl. hierzu die Kommentierung zu Ziffer 20.1 Abs. 5 Anhang I EU-ProspektVO Rz. 212 ff.). Im Regelfall wird es sich um die gesetzliche Pflichtprüfung des jeweiligen Jahresabschlusses durch den Abschlussprüfer nach § 316 HGB handeln. Wurden die geprüften historischen Finanzinformationen nach nationalen Rechnungslegungsgrundsätzen erstellt und enthalten diese nicht alle nach Ziffer 20.1 Abs. 4 Anhang I ProspektVO erforderlichen Bestandteile (Bilanz, Gewinn- und Verlustrechnung, Eigenkapitalveränderungsrechnung, Kapitalflussrechnung, Bilanzierungs- und Bewertungsmethoden sowie erläuternde Anhangangaben), müssen die fehlenden Bestandteile für Zwecke des Prospekts erstellt und geprüft werden. Gleiches gilt zudem, wenn freiwillig für Prospektzwecke erstellte Abschlüsse in einen Prospekt aufgenommen werden sollen. Eine Aufnahme freiwillig erstellter Abschlüsse, die nicht geprüft sind, ist daher nicht möglich. „Prüfung" meint dabei vom Prüfungsumfang her eine Vollprüfung (Audit) durch einen Wirtschaftsprüfer und nicht nur Untersuchungshandlungen für eine Plausibilitätsbeurteilung im Rahmen einer prüferischen Durchsicht (Review), die im Vergleich zu einer (Abschluss)Prüfung nur einen eingeschränkten Prüfungsumfang aufweist, oder gar nur vereinbarte Untersuchungshandlungen zu einzelnen Sachverhalten (sog. Agreed Upon Procedures)[1]. 172

Das Erfordernis der Prüfung der historischen Finanzinformationen wird dadurch dokumentiert, dass – ebenso wie nach der alten Regelung in § 30 Abs. 1 Satz 2 BörsZulV aF – für jedes der drei Geschäftsjahre, für welches historische Finanzinformationen aufzunehmen sind, die **Bestätigungsvermerke** des Abschlussprüfers für die Abschlüsse iS von § 322 HGB in den Prospekt aufzunehmen sind[2]. Nicht erforderlich ist, dass der den Bestätigungsvermerk enthaltende gesamte Prüfungsbericht iS von § 321 HGB aufgenommen wird. Der Bestätigungsvermerk einer Kapitalgesellschaft 173

---

zunehmen, als über den eigentlichen Sinn und Zweck der Regelung hinausgehend an. Dies führe auch zu einer geringeren Vergleichbarkeit und Transparenz im Vergleich zur früher bewährten Regelung der Aufnahme der drei letzten Abschlüsse in Form einer vergleichenden Darstellung.

1 Zu dem abgestuften Prüfungsumfang eines Wirtschaftsprüfers und den damit einhergehenden abgestuften inhaltlichen Aussagen vgl. *Kunold* in Habersack/Mülbert/Schlitt, Unternehmensfinanzierung am Kapitalmarkt, § 34 Rz. 31 ff.
2 In der zunächst veröffentlichten deutschen Sprachfassung der ProspektVO (ABl. EU Nr. L 149 v. 30.4.2004, S. 1 [37]) war der englische Begriff „audit report" unzutreffenderweise mit „Prüfungsbericht" statt mit „Bestätigungsvermerk" übersetzt worden, dies wurde dann in der Berichtigung der deutschen Übersetzung der ProspektVO (ABl. EU Nr. L 186 v. 18.7.2005, S. 3 [25]) entsprechend korrigiert.

ist gemäß § 325 HGB offen zu legen[1] und gerade dazu bestimmt, die Öffentlichkeit über die Gesetz- und Ordnungsmäßigkeit der Rechnungslegung einer Gesellschaft zu informieren[2]. Der Prüfungsbericht ist im Gegensatz zum Bestätigungsvermerk nicht offen zu legen. Mit dem Bestätigungsvermerk fasst der Abschlussprüfer das Ergebnis seiner Prüfung in einem Gesamturteil zusammen und trifft eine Aussage darüber, ob die Rechnungslegung geeignet war, ein den tatsächlichen Verhältnissen entsprechendes Bild der Vermögens-, Finanz- und Ertragslage der Gesellschaft zu vermitteln. Dagegen enthält er keine eigene Beurteilung über die wirtschaftliche Lage und Geschäftsführung der Gesellschaft.

174 Nach der Verwaltungspraxis der BaFin kann einem Bestätigungsvermerk iS von Ziffer 20.1 Abs. 1 Anhang I ProspektVO eine **Bescheinigung über eine Prüfung der historischen Finanzinformationen** gleichgestellt werden[3]. Voraussetzung ist jedoch, dass diese inhaltlich einem Bestätigungsvermerk entspricht. Nach § 322 Abs. 1 Satz 2 HGB hat ein Bestätigungsvermerk Gegenstand, Art und Umfang der Prüfung unter Angabe der dabei verwandten Rechnungslegungs- und Prüfungsgrundsätze zu nennen sowie anzugeben, dass der Abschluss ein den tatsächlichen Verhältnissen entsprechendes Bild der Vermögens-, Finanz- und Ertragslage (*true and fair view*) vermittelt.

b) Änderung des Bilanzstichtags (Ziffer 20.1 Abs. 1 Satz 2)

175 Satz 2, der durch Art. 1 Nr. 3 der Verordnung 211/2007/EG v. 27.2.2007[4] in Ziffer 20.1 Abs. 1 Anhang I ProspektVO eingefügt worden ist, regelt den Fall, dass ein Emittent seinen Abschlussstichtag in dem Zeitraum, für den historische Finanzinformationen in den Prospekt aufzunehmen sind, geändert hat. Eine solche Rege-

---

1 Gesellschafter und Gläubiger einer Gesellschaft haben nur dann unter den Voraussetzungen des § 321a HGB ein Einsichtsrecht in den Prüfungsbericht, wenn über das Vermögen der Gesellschaft ein Insolvenzverfahren eröffnet wird.
2 Vgl. hierzu IDW Prüfungsstandard: Grundsätze für die ordnungsmäßige Erteilung von Bestätigungsvermerken bei Abschlussprüfungen (IDW PS 400) v. 28.11.2014, Tz. 8, WPg Supplement 4/2010, 25 (27); *Adler/Düring/Schmaltz*, § 322 HGB Rz. 16 ff.; *Schmidt/Küster* in Beck'scher Bilanz-Kommentar, § 322 HGB Rz. 6 ff.; *Habersack/Schürnbrand* in Staub, Großkomm. HGB, 5. Aufl. 2010, § 322 HGB Rz. 1; *Nonnenmacher* in Marsch-Barner/Schäfer, Handbuch börsennotierte AG, § 58 Rz. 77.
3 Unzutreffend oder jedenfalls sehr missverständlich *Fingerhut/Voß* in Just/Voß/Ritz/Zeising, Anhang I EU-ProspektVO Rz. 302, nach denen eine Bescheinigung über die prüferische Durchsicht der historischen Finanzinformationen statt eines Bestätigungsvermerks von der BaFin für ausreichend erachtet werde, sofern diese inhaltlich einem Bestätigungsvermerk entspreche. Ziffer 20.1 Abs. 1 Anhang I ProspektVO erfordert eine Prüfung und gerade nicht nur eine prüferische Durchsicht der Finanzinformationen, die gerade keine positive Gesamtaussage, sondern lediglich eine negativ formulierte Aussage (*negative assurance*) ermöglicht.
4 Verordnung (EG) Nr. 211/2007 der Kommission v. 27.2.2007 zur Änderung der Verordnung (EG) Nr. 809/2004 zur Umsetzung der Richtlinie 2003/71/EG des Europäischen Parlaments und des Rates in Bezug auf die Finanzinformationen, die bei Emittenten mit komplexer finanztechnischer Vorgeschichte oder bedeutenden Verpflichtungen im Prospekt enthalten sein müssen, ABl. EU Nr. L 61 v. 28.2.2007, S. 24.

lung war erforderlich, weil ohne Einfügung des Satzes 2 im Fall von **Rumpfgeschäftsjahren** die Situation auftreten konnte, dass die aufzunehmenden historischen Finanzinformationen nicht – wie bei vollen drei Geschäftsjahren – einen Zeitraum von 36 Monaten abdecken. Denn vor dem Hintergrund, dass Anhang I Ziffer 20.1 Abs. 1 Satz 1 ProspektVO auf „Geschäftsjahre" und nicht auf „Kalenderjahre" abstellt, gilt auch ein Rumpfgeschäftsjahr als Geschäftsjahr iS dieser Regelung. Eine Verpflichtung zur Aufnahme von historischen Finanzinformationen für weitere Geschäftsjahre konnte sich allenfalls aus § 5 Abs. 1 WpPG ergeben. Die EU-Kommission hatte daraufhin in ihrem formellen Mandat an CESR zunächst als vierten Fall für einen Emittenten mit einer komplexen finanztechnischen Vorgeschichte (*complex financial history*) den Fall aufgenommen, dass ein Emittent seinen Abschlussstichtag während des dreijährigen Berichtszeitraums geändert hat[1]. Im Ergebnis hat die EU-Kommission dies jedoch zu Recht nicht als einen Fall einer komplexen finanztechnischen Vorgeschichte angesehen, sondern die Änderung durch Einfügung eines neuen Satzes 2 in Ziffer 20.1 Abs. 1 des Anhangs I ProspektVO vorgenommen[2]. Nach dieser seit 1.3.2007 geltenden Regelung sind Emittenten, die ihren Abschlussstichtag einmal oder mehrmals geändert haben, verpflichtet, historische Finanzinformationen für einen Zeitraum von **mindestens 36 Monaten**[3] – unabhängig von der Anzahl der Geschäftsjahre bzw. Abschlüsse[4] – in den Prospekt aufzunehmen[5]. Maßgeblich ist

---

1 EU-Kommission, Formal Mandate to CESR for technical advice on a possible amendment to Regulation (EC) 809/2004 regarding the historical financial information which must be included in a prospectus, 2.6.2005, abrufbar unter: http://ec.europa.eu/internal_market/securities/prospectus/index_de.htm.
2 EU-Kommission, Dienststellen der Generaldirektion Binnenmarkt, Working Document ESC/17/2006 als Erläuterung des Working Document ESC 16/2006 v. 22.6.2006, S. 9 mit dem Hinweis, dass die schlichte Änderung des Abschlussstichtags nicht erfordert, dass Finanzinformationen einer weiteren Gesellschaft, die nicht Emittent ist, ergänzend aufzunehmen sind. Hiervon zu unterscheiden ist der Fall, dass die Entstehung eines Rumpfgeschäftsjahres durch Änderung des Abschlussstichtages mit einer komplexen finanziellen Vorgeschichte einhergeht und deshalb auch die Anforderungen des Art. 4a ProspektVO zu beachten sind (vgl. den IPO-Prospekt der Scout24 AG v. 18.9.2015, S. 44 ff., 111, 129 ff., F-1 ff. des Prospekts).
3 In dem Konsultationsdokument hatte CESR im Falle eines Wechsels des Abschlussstichtags auf die Beibringung von historischen Finanzinformationen für mindestens drei Kalenderjahre abgestellt. Aufgrund von Stellungnahmen seitens der Wirtschaftsprüfer, dass ein Abstellen auf drei Kalenderjahre zu praktischen Problemen und evtl. „Aufmachen" bereits vor längerer Zeit geprüfter Abschlüsse führen kann, hat CESR in dem Final Advice die drei Kalenderjahre in 36 Monate abgeändert (vgl. CESR Feedback Statement of October 2005 to CESR prospectus consultation, a possible amendment to Regulation (EC) 809/2004 regarding the historical financial information which must be included in a prospectus, CESR/05-583, S. 8).
4 So auch *Fingerhut/Voß* in Just/Voß/Ritz/Zeising, Anhang I EU-ProspektVO Rz. 309; *d'Arcy/Kahler* in Holzborn, Anh. I EU-ProspV Rz. 95; *Müller* in FrankfurtKomm. WpPG, Ziffer 20.1 Anhang I ProspektVO Rz. 9 ff.
5 Als Beispiel kann der Prospekt für die Kapitalerhöhung der Deutsche Wohnen AG v. 22.9.2009 genannt werden. Im Zuge der Beendigung eines Beherrschungsvertrags wurde von der Hauptversammlung zunächst beschlossen, mit Wirkung v. 30.6.2006 das Ge-

insoweit, dass die Änderung des Abschlussstichtags innerhalb der letzten drei Geschäftsjahre Wirkung entfaltet hat und nicht, dass die Entscheidung über die Änderung innerhalb der letzten drei Geschäftsjahre getroffen wurde[1]. Ist ein Emittent seiner Geschäftstätigkeit noch keine 36 Monate nachgegangen, dann sind für diesen kürzeren Zeitraum historische Finanzinformationen aufzunehmen. Diese historischen Finanzinformationen müssen nach Satz 1 geprüft sein, und es muss jeweils ein Bestätigungsvermerk aufgenommen werden.

c) Anwendbare Rechnungslegungsstandards

176 Hinsichtlich der anwendbaren Rechnungslegungsstandards enthält Anhang I Ziffer 20.1 Abs. 1 ProspektVO in Satz 3 eine für alle Emittenten aus EWR-Staaten geltende Grundregel sowie in den Sätzen 4 und 5 eine spezielle Regelung für Drittstaatenemittenten (vgl. Erwägungsgrund 28 der ProspektVO).

aa) Emittenten aus EWR-Staaten (Ziffer 20.1 Abs. 1 Satz 3)

177 Nach Anhang I Ziffer 20.1 Abs. 1 Satz 3 ProspektVO sind die aufzunehmenden historischen Finanzinformationen grundsätzlich nach der **Verordnung (EG) 1606/2002 (IAS-VO)**[2] oder, wenn diese nicht anwendbar ist[3], nach den Vorschriften der jeweiligen nationalen Rechnungslegungsstandards (nationale *Generally Accepted Accoun-*

---

schäftsjahr jeweils am 1.7. eines Jahres beginnen und am 30.6. des darauf folgenden Jahres enden zu lassen. Einige Monate später wurde von der Hauptversammlung beschlossen, dass das Geschäftsjahr der Gesellschaft ab dem 1.1.2007 jedoch wieder dem Kalenderjahr entspricht. Daher wurde nicht nur für das erste Halbjahr 2006, sondern auch für das zweite Halbjahr 2006 ein Rumpfgeschäftsjahr gebildet, für die jeweils auf der Grundlage von IFRS ein Abschluss erstellt wurde. In den Prospekt sind daher folgende vier Konzernabschlüsse sowie die dazugehörigen vier Bestätigungsvermerke des Abschlussprüfers aufgenommen: Rumpfgeschäftsjahr I/2006, Rumpfgeschäftsjahr II/2006, Geschäftsjahr 2007 und Geschäftsjahr 2008.

1 *Müller* in FrankfurtKomm. WpPG, Ziffer 20.1 Anhang I ProspektVO Rz. 11.
2 Verordnung (EG) Nr. 1606/2002 des Europäischen Parlaments und des Rates vom 19.7.2002 betreffend die Anwendung internationaler Rechnungslegungsstandards, ABl. EG Nr. L 243 v. 11.9.2002, S. 1.
3 Bei Altfällen war zu beachten, dass aufgrund der nach IFRS bestehenden Pflicht zur Aufnahme der Vergleichszahlen des Vorjahres die Einführung der Pflicht zur Aufstellung von IFRS-Jahresabschlüssen zum 1.1.2005 dazu geführt hätte, dass bereits nach HGB oder nach US-GAAP erstellte Jahresabschlüsse nachträglich noch einmal nach IFRS hätten erstellt werden müssen. Aus diesem Grund hatte Art. 57 EGHGB für Emittenten, die nur Schuldtitel zum Handel an einem organisierten Markt zugelassen haben, und für Emittenten, die bereits nach anderen international anerkannten Rechnungslegungsstandards bilanzieren, Übergangsregelungen vorgesehen. Auch die von den Übergangsregelungen profitierenden Emittenten mussten aber für nach dem 31.12.2006 beginnende Geschäftsjahre die in der EU übernommenen IFRS anwenden, so dass die Übergangsregelungen allenfalls noch in dem besonders gelagerten Ausnahmefall von Bedeutung waren, dass das Geschäftsjahr nicht dem Kalenderjahr entspricht und ein solches nach dem 31.12.2006 beginnendes Geschäftsjahr in der zweiten Hälfte von 2007 begonnen hat.

ting Principles – GAAP) eines EU-Mitgliedstaats, in Deutschland also nach HGB, zu erstellen. Art. 4 der IAS-VO sieht vor, dass alle kapitalmarktorientierten Unternehmen, die dem Recht eines EU-Mitgliedstaats unterliegen, ihre **Konzernabschlüsse** für alle Geschäftsjahre, die am oder nach dem 1.1.2005 beginnen, nach den internationalen Rechnungslegungsstandards zu erstellen haben. **Kapitalmarktorientiert** nach Art. 4 IAS-VO sind alle Unternehmen, die Wertpapiere begeben haben, die zum jeweiligen Bilanzstichtag in einem EU-Mitgliedstaat zum Handel an einem geregelten Markt iS von Art. 4 IAS-VO, Art. 4 Abs. 1 Nr. 14, Art. 69 MiFID[1] zugelassen sind. In Deutschland wird hiervon die Zulassung zum regulierten Markt (zu dem inhaltlich mit dem geregelten Markt identischen, in § 2 Nr. 16 WpPG definierten Begriff des organisierten Marktes siehe § 2 WpPG Rz. 118 ff.)[2] erfasst, nicht jedoch die Einbeziehung in den Freiverkehr. Deutsche, nach HGB bilanzierende Unternehmen, die zur Erstellung eines Konzernabschlusses verpflichtet sind, müssen zudem auch dann nach IFRS bilanzieren, wenn zum Bilanzstichtag bereits ein Zulassungsantrag gestellt wurde (vgl. § 315a Abs. 2 HGB).

Hiervon zu unterscheiden ist die in Anhang I Ziffer 20.1 Abs. 2 ProspektVO enthaltene prospektrechtliche Vorgabe, wonach die historischen Finanzinformationen **konsistent** mit dem nächsten gleichartigen Jahresabschluss sein müssen. Dies führt im Ergebnis dazu, dass konzernabschlusspflichtige Emittenten, die eine Zulassung zum Handel am regulierten Markt anstreben und daher im nächsten Jahr gemäß Art. 4 IAS-VO nach IFRS bilanzieren müssen, bereits für die letzten beiden Geschäftsjahre geprüfte historische Finanzinformationen nach IFRS in den Prospekt aufnehmen müssen (Rz. 186 ff.). 178

Internationale Rechnungslegungsstandards sind nach der IAS-VO dabei diejenigen International Accounting Standards (IAS) bzw. International Financial Repor- 179

---

[1] Art. 4 der IAS-VO verweist auf Art. 1 Abs. 13 der Richtlinie 93/22/EWG über Wertpapierdienstleistungen. Die Wertpapierdienstleistungsrichtlinie wurde jedoch durch Art. 69 der Richtlinie 2004/39/EG (MiFID) in der durch die Richtlinie 2006/31/EG des Europäischen Parlaments und des Rates vom 5.4.2006 zur Änderung der Richtlinie 2004/39/EG über Märkte für Finanzinstrumente in Bezug auf bestimmte Fristen (ABl. EU Nr. L 114 v. 27.4.2006, S. 60) geänderten Fassung mit Wirkung zum 1.11.2007 aufgehoben mit dem Inhalt, dass Bezugnahmen auf Begriffsbestimmungen der Wertpapierdienstleistungsrichtlinie als Bezugnahmen auf solche der MiFID gelten.
[2] In Deutschland gibt es seit der Umsetzung der MiFID durch das Finanzmarktrichtlinie-Umsetzungsgesetz (FRUG, BGBl. I 2007, S. 1330) nach dem Börsengesetz noch zwei Marktsegmente: den regulierten Markt und den Freiverkehr. Die EU-Kommission veröffentlicht in regelmäßigen Abständen eine mit Anmerkungen versehene Übersicht über die geregelten Märkte und einzelstaatlichen Rechtsvorschriften zur Umsetzung der entsprechenden Anforderungen der Wertpapierdienstleistungsrichtlinie der MiFID (Richtlinie 2004/39/EG) in den EU-Mitgliedstaaten, letzte Fassung vom Juli 2009, ABl. EU Nr. C 158 v. 11.7.2009, S. 3, abrufbar unter: http://ec.europa.eu/internal_market/index_de.htm und dort unter „Der Binnenmarkt für Kapital > Wertpapiere > Wertpapierdienstleistungen und geregelte Märkte (MiFID) > Richtlinie über Wertpapierdienstleistungen/MiFID".

ting Standards (IFRS)[1] des International Accounting Standards Board (IASB) sowie die diese näher konkretisierenden Interpretationen des Standing Interpretation Committee (SIC) und des International Financial Reporting Interpretation Committee (IFRIC)[2], die in EU-Recht übernommen worden sind bzw. übernommen werden (sog. Endorsementverfahren nach Art. 3 Abs. 1 iVm. Art. 6 Abs. 2 IAS-VO[3]). Soweit eine vom IASB verabschiedete Änderung eines IAS/IFRS-Standards noch nicht in EU-Recht übernommen wurde, kommt es auf die Regelungen der IAS/IFRS an, die im Zeitpunkt der Abschlusserstellung gemäß der IAS-VO gegolten haben[4]. Kann das Unternehmen nach den IAS/IFRS und der jeweiligen EU-Durchführungsbestimmung wählen, ob der neue Standard vorzeitig angewendet wird, so gilt die getroffene Entscheidung auch dann, wenn der betreffende Abschluss in einen Prospekt aufgenommen werden soll. Dessen ungeachtet erscheint es sinnvoll, die Entwicklung während eines schwebenden Endorsementverfahrens für einen neuen Standard entsprechend zu verfolgen, wenn eine Wertpapieremission geplant ist. Dies kann sowohl für die Ausübung eines Wahlrechts der vorzeitigen Anwendung des betreffenden Standards als auch für eine etwaige freiwillige Anwendung der vom IASB bereits verabschiedeten, aber noch nicht in EU-Recht übernommenen neuen Standards von Bedeutung sein. Hinsichtlich einer freiwilligen Anwendung ist allerdings zu beachten, dass diese nur möglich ist, wenn der neue IAS/IFRS-Standard nicht im Widerspruch zu dem bislang in der EU anwendbaren IAS/IFRS-Standard steht[5].

---

1 Bis März 2002 wurden die Regelwerke als IAS bezeichnet und vom International Accounting Standards Committee (IASC) veröffentlicht, ab diesem Zeitpunkt werden neue Standards als IFRS vom IASB verabschiedet und veröffentlicht.

2 Das Standard Interpretations Committee wurde im Jahr 2002 durch das International Financial Reporting Interpretation Committee (IFRIC) des IASB ersetzt.

3 Zum Anerkennungsmechanismus zur Übernahme von IAS/IFRS und Interpretationen in EU-Recht in Form von Verordnungen vgl. *Nonnenmacher* in Marsch-Barner/Schäfer, Handbuch börsennotierte AG, § 56 Rz. 26 ff.; *Scheffler*, Der europäische Enforcement-Prozess – Europäischer Einfluss auf die Fortentwicklung der International Financial Reporting Standards, in Lange/Löw (Hrsg.), Rechnungslegung, Steuerung und Aufsicht von Banken, FS für Jürgen Krumnow, 2004, S. 55 (57 ff.); *Wollmert/Oser/Bellert* in Baetge/Wollmert/Kirsch/Oser/Bischof, Rechnungslegung nach IFRS, Teil A, Rz. 50 ff. Mit der Anerkennung von IAS/IFRS durch die EU-Kommission werden diese zum sekundären Gemeinschaftsrecht und sind nicht länger ausschließlich von einem privaten Standardsetter verabschiedete Rechnungslegungsstandards (vgl. *Küting/Ranker*, BB 2004, 2510 f.; *Heiden*, Pro-forma-Berichterstattung, S. 101 f.). Der aktuelle Stand der in der EU verbindlichen IAS/IFRS ist unter http://ec.europa.eu/finance/index_de.htm und dort unter „Berichterstattung durch Unternehmen > IFRS-Abschluss > Standards und Interpretationen" abrufbar; die einzelnen Verordnungen zur Übernahme der IAS/IFRS in EU-Recht können abgerufen werden unter: http://ec.europa.eu/finance/index_de.htm und dort unter „Berichterstattung durch Unternehmen > IFRS-Abschluss > Standards und Interpretationen > Rechtsrahmen". Zur Berücksichtigung von vom IASB veröffentlichten, aber noch nicht in EU-Recht übernommenen Standards vgl. *d'Arcy/Kahler* in Holzborn, Anh. I EU-ProspV Rz. 98.

4 So auch *Müller* in FrankfurtKomm. WpPG, Ziffer 20.1 Anhang I ProspektVO Rz. 23.

5 *d'Arcy/Kahler* in Holzborn, Anh. I EU-ProspV Rz. 98; *Müller* in FrankfurtKomm. WpPG, Ziffer 20.1 Anhang I ProspektVO Rz. 24.

Die Aufnahme historischer Finanzinformationen, die ausschließlich nach HGB oder anderen **nationalen Rechnungslegungsgrundsätzen** erstellt wurden, beschränkt sich damit auf Fälle, in denen der Emittent entweder nicht kapitalmarktorientiert oder nicht konzernabschlusspflichtig ist. Allerdings muss auch ein konzernabschlusspflichtiger Emittent, der bislang nicht kapitalmarktorientiert ist, aufgrund der Konsistenzregel des Ziffer 20.1 Abs. 2 Anhang I ProspektVO (vgl. unten Rz. 186 ff.) für die letzten beiden Geschäftsjahre einen nach IFRS erstellten geprüften Jahresabschluss in den Prospekt aufnehmen, wenn er eine Zulassung zum Handel am regulierten Markt anstrebt. Gleiches gilt, wenn ein konzernabschlusspflichtiges Unternehmen in Ausübung seines Wahlrechts gemäß § 315a Abs. 3 HGB freiwillig nach IFRS bilanziert, was im Hinblick auf eine geplante Kapitalmarkttransaktion sinnvoll sein kann[1]. Soweit ein Emittent einen nach nationalen Rechnungslegungsgrundsätzen erstellten Jahresabschluss aufnehmen muss, muss dieser nach Ziffer 20.1 Abs. 4 Anhang I ProspektVO bestimmte Mindestanforderungen erfüllen (siehe unten Rz. 207 ff.).

bb) Drittstaatenemittenten (Ziffer 20.1 Abs. 1 Satz 4 und 5)

Emittenten aus **Drittstaaten** müssen grundsätzlich ebenfalls nach den gemäß Art. 3 IAS-VO übernommenen internationalen Rechnungslegungsgrundsätzen erstellte historische Finanzinformationen in den Prospekt aufnehmen (Ziffer 20.1 Abs. 1 Satz 3 Anhang I ProspektVO). Bilanziert ein Drittstaatenemittent nicht nach den gemäß Art. 3 IAS-VO übernommenen internationalen Rechnungslegungsgrundsätzen, können auch solche historischen Finanzinformationen in den Prospekt aufgenommen werden, die aufgrund gleichwertiger Rechnungslegungsgrundsätze erstellt wurden. Liegt auch keine Gleichwertigkeit vor, dann sind die historischen Finanzinformationen gemäß Anhang I Ziffer 20.1 Abs. 1 Satz 5 ProspektVO in Form eines neu zu erstellenden Jahresabschlusses in den Prospekt aufzunehmen. Gleiches gilt für Anhang IV Ziffer 13.1, Anhang VII Ziffer 8.2, Anhang X Ziffer 20.1, Anhang XI Ziffer 11.1 und Anhang XXIII Ziffer 15.1 sowie für die Darstellung der Unterschiede gemäß Anhang VII Ziffer 8.2a, Anhang IX Ziffer 11.1 und Anhang X Ziffer 20.1a ProspektVO. Gemäß Anhang XXV Ziffer 20.1 und Anhang XXVIII Ziffer 11.1 ProspektVO sind die betreffenden Abschlüsse zwar nicht in den Prospekt selbst aufzunehmen. Es ist jedoch eine entsprechende Erklärung abzugeben, dass die historischen Finanzinformationen nach den vorgenannten Grundsätzen erstellt wurden und wo sie erhältlich sind. Das gilt auch für Emittenten aus Drittstaaten und die von diesen nach der ProspektVO anzuwendenden Rechnungslegungsstandards.

Soweit Drittstaatenemittenten nach **IFRS** bilanzieren, muss es sich nach der in Ziffer 20.1 Abs. 1 Satz 4 Anhang I ProspektVO und Art. 35 Abs. 5 Unterabs. 1 lit. a ProspektVO enthaltenen **Grundregel** an sich um die **gemäß Art. 3 IAS-VO übernommenen** internationalen Rechnungslegungsgrundsätze handeln. Aufgrund der Regelung des Art. 35 Abs. 5 Unterabs. 1 lit. b ProspektVO in der Fassung der Ver-

---

1 Vgl. *d'Arcy/Kahler* in Holzborn, Anh. I EU-ProspV Rz. 100.

ordnung (EG) Nr. 1289/2008 v. 12.12.2008[1], der eine entsprechende, für vor dem 1.1.2009 beginnende Geschäftsjahre geltende Übergangsvorschrift[2] vorausging, wird eine Bilanzierung nach den IFRS des IASB den nach der IAS-VO übernommenen IFRS grundsätzlich gleichgestellt. Voraussetzung für die Anerkennung als gleichwertiger Standard ist jedoch, dass der Anhang zum geprüften Abschluss eine ausdrückliche und uneingeschränkte Erklärung enthält, wonach der Abschluss den nach Maßgabe von **IAS 1** dargestellten IFRS entspricht.

183 Soweit eine solche IFRS-Bilanzierung nicht erfolgt, können Drittstaatenemittenten die historischen Finanzinformationen auch nach **gleichwertigen nationalen Rechnungslegungsstandards** erstellen. Nach Art. 2 der Verordnung (EG) Nr. 1569/2007 vom 21.12.2007[3] können Rechnungslegungsstandards eines Drittstaats dann als gleichwertig mit den von der EU übernommenen IFRS erachtet werden, wenn die nach diesen Rechnungslegungsstandards erstellten Abschlüsse dem Anleger ermöglichen, eine Bewertung der Vermögens-, Finanz- und Ertragslage und der Aussichten des Emittenten vorzunehmen, die mit derjenigen vergleichbar ist, die auf der Grundlage von nach EU-IFRS erstellten Abschlüssen möglich wäre. Entscheidend ist dabei, dass ein Anleger wahrscheinlich die gleiche Entscheidung hinsichtlich des Erwerbs, Haltens oder Veräußerns des Wertpapiers treffen kann, unabhängig davon, ob die Abschlüsse nach den Rechnungslegungsstandards des Drittstaats oder den EU-IFRS erstellt wurden. Neben den nach Maßgabe von IAS 1 dargestellten IFRS sind aufgrund von Art. 35 Abs. 5 Unterabs. 1 lit. c und d ProspektVO in der Fassung der Verordnung (EG) Nr. 1289/2008 v. 12.12.2008[4] auch die US-Rechnungs-

---

1 Verordnung (EG) Nr. 1289/2008 der Kommission vom 12.12.2008 zur Änderung der Verordnung (EG) Nr. 809/2004 zur Umsetzung der Richtlinie 2003/71/EG des Europäischen Parlaments und des Rates im Hinblick auf bestimmte Angaben für den Prospekt und auf Werbung, ABl. EU Nr. L 340 v. 19.12.2008, S. 17.

2 Art. 35 Abs. 5a lit. a ProspektVO in der durch die Verordnung (EG) 1787/2006 der Kommission vom 4.12.2006, ABl. EU Nr. L 337 v. 5.12.2006, S. 17 geänderten Fassung, der für Prospekte, die vor dem 1.1.2009 eingereicht werden, die von Drittstaatenemittenten angewendeten IFRS den in die EU übernommenen IFRS gleichstellte. Vgl. auch *Arnold/Lehmann*, 4. Workshop der BaFin „Praxiserfahrungen mit dem Wertpapierprospektgesetz (WpPG)", Präsentation „,Complex Financial History' und weitere Neuerungen bei den Finanzinformationen" v. 4.9.2007, 27 ff.

3 Verordnung (EG) Nr. 1569/2007 der Kommission vom 21.12.2007 über die Einrichtung eines Mechanismus zur Festlegung der Gleichwertigkeit der von Drittstaatenemittenten angewandten Rechnungslegungsgrundsätze gemäß den Richtlinien 2003/71/EG und 2004/109/EG des Europäischen Parlaments und des Rates, ABl. EU Nr. L 340 v. 22.12.2007, S. 66, zuletzt geändert durch Delegierte Verordnung (EU) Nr. 2015/1605 der Kommission vom 12.6.2015 zur Änderung der Verordnung (EG) Nr. 1569/2007 über die Einrichtung eines Mechanismus zur Festlegung der Gleichwertigkeit der von Drittstaatemittenten angewandten Rechnungslegungsgrundsätze gemäß den Richtlinien 2003/71/EG und 2004/109/EG des Europäischen Parlaments und des Rates, ABl. EU Nr. L 249 v. 25.9.2015, S. 3.

4 Verordnung (EG) Nr. 1289/2008 der Kommission vom 12.12.2008 zur Änderung der Verordnung (EG) Nr. 809/2004 zur Umsetzung der Richtlinie 2003/71/EG des Europäischen Parlaments und des Rates im Hinblick auf bestimmte Angaben für den Prospekt und auf Werbung. Zuvor waren US-GAAP und Japanese GAAP aufgrund der Übergangsvorschrift

legungsstandards (**US-GAAP**)[1] und die Rechnungslegungsstandards von **Japan** (Japanese-GAAP) den nach der IAS-VO übernommenen IFRS gleichgestellt. Gemäß dem mit der Delegierten Verordnung (EU) Nr. 311/2012 der Kommission vom 21.12.2011[2] neu eingefügten Unterabs. 2 des Art. 35 Abs. 5 ProspektVO wurde die für die nationalen Rechnungslegungsstandards der Volksrepublik **China**, von **Kanada** und der Republik **Südkorea** zunächst zeitlich begrenzte Anerkennung der nationalen Rechnungslegungsstandards ab dem 1.1.2012 zu einer zeitlich unbefristeten Anerkennung. Die jeweiligen nationalen Rechnungslegungsstandards wurden damit den nach der IAS-VO übernommenen IFRS gleichgestellt, und Emittenten dieser drei Staaten können nach den jeweiligen nationalen Rechnungslegungsstandards erstellte Abschlüsse in einen nach der ProspektVO erstellten Prospekt aufnehmen. Aufgrund der Übergangsvorschrift des Art. 35 Abs. 5a ProspektVO aF mussten bereits für vor dem 1.1.2012 beginnende Geschäftsjahre die nach chinesischen, kanadischen oder südkoreanischen nationalen Rechnungslegungsstandards erstellten Abschlüsse nicht nach Anhang I Ziffer 20.1 ProspektVO neu erstellt werden.

Darüber hinaus mussten gemäß der Übergangsvorschrift des Art. 35 Abs. 5a ProspektVO auch Abschlüsse, die nach den nationalen Rechnungslegungsstandards von **Indien** erstellt wurden, nicht gemäß Anhang I Ziffer 20.1 ProspektVO neu erstellt werden, soweit es sich um Abschlüsse für vor dem 1.1.2012 beginnende Geschäftsjahre handelte. In Bezug auf die indischen Rechnungslegungsstandards (Indian GAAP)

---

in Art. 35 Abs. 5a lit. b ProspektVO in der durch die Verordnung (EG) 1787/2006 der Kommission vom 4.12.2006, ABl. EU Nr. L 337 v. 5.12.2006, S. 17 geänderten Fassung vorläufig als gleichwertig anerkannt worden. Vgl. auch *Arnold/Lehmann*, 4. Workshop der BaFin „Praxiserfahrungen mit dem Wertpapierprospektgesetz (WpPG)", Präsentation „Complex Financial History' und weitere Neuerungen bei den Finanzinformationen" v. 4.9.2007, 27 ff.

1 Am 24.2.2010 hat die SEC bekannt gegeben (siehe die unter http://www.sec.gov abrufbare Pressemitteilung), dass US-amerikanische Unternehmen frühestens ab dem Jahr 2015 nach IFRS bilanzieren dürfen, anstatt – wie bislang geplant – bereits ab dem Jahr 2014. Eine endgültige Entscheidung über den Übergang auf IFRS und die damit verbundene praktische Umsetzung sollte danach im Jahr 2011 getroffen werden. Eine derartige Entscheidung wurde bislang nicht getroffen und auch kein neues Datum für eine Entscheidung mitgeteilt. In dem am 13.7.2013 veröffentlichten Final Staff Report Work Plan for the Consideration of Incorporating International Financial Reporting Standards into the Financial Reporting System for U.S. Issuers (abrufbar unter http://www.ifrs.org/Features/Pages/Global-reach-of-IFRS-is-expanding.aspx) fehlt es an einer Empfehlung zur Übernahme der IFRS.

2 Delegierte Verordnung (EU) Nr. 311/2012 der Kommission vom 21.12.2011 zur Änderung der Verordnung (EG) Nr. 809/2004 zur Umsetzung der Richtlinie 2003/71/EG des Europäischen Parlaments und des Rates im Hinblick auf bestimmte Angaben für den Prospekt und auf Werbung Text von Bedeutung für den EWR, ABl. EU Nr. L 103, S. 13 (14); siehe auch Commission Staff Working Dokument, State of play on convergence between International Financial Reporting Standards (IFRS) and national Generally Accepted Accounting Principles (GAAP) of India v. 23.9.2015, SWD(2015) 178 final, S. 2, abrufbar unter http://ec.europa.eu/finance/index_de.htm unter der Rubrik „Berichterstattung durch Unternehmen > IFRS-Abschluss > Rechtsrahmen: Gleichwertigkeit".

wurde die Anwendung der Übergangsvorschrift des Art. 35 Abs. 5a ProspektVO zunächst bis zum 31.12.2014[1] und dann noch einmal bis zum 31.3.2016[2] verlängert[3]. Dies ist vor dem Hintergrund zu sehen, dass das indische Ministerium für Unternehmensangelegenheiten (Ministry of Corporate Affairs, MCA) im Januar 2015 einen überarbeiteten Fahrplan für die Einführung der an IFRS angepassten Indian Accounting Standards (Ind AS) veröffentlicht hat[4]. Dieser sieht vor, dass Unternehmen mit einem Reinvermögen von Rupien 500 Crore oder mehr die Ind AS für am oder nach dem 1.4.2016 beginnende Berichtsperioden[5] verpflichtend anwenden müssen. Unternehmen mit einem Reinvermögen von weniger als Rupien 500 Crore, die in oder außerhalb Indiens an einer Börse notiert sind oder eine Börsennotierung beabsichtigen,

---

1 Delegierte Verordnung (EU) Nr. 310/2012 der Kommission vom 21.12.2011 zur Änderung der Verordnung (EG) Nr. 809/2004 zur Umsetzung der Richtlinie 2003/71/EG des Europäischen Parlaments und des Rates im Hinblick auf bestimmte Angaben für den Prospekt und auf Werbung, ABl. EU Nr. L 103 v. 13.4.2012, S. 13 und Delegierte Verordnung (EU) Nr. 310/2012 der Kommission vom 21.12.2011 zur Änderung der Verordnung (EG) Nr. 1569/2007 über die Einrichtung eines Mechanismus zur Festlegung der Gleichwertigkeit der von Drittstaatemittenten angewandten Rechnungslegungsgrundsätze gemäß den Richtlinien 2003/71/EG und 2004/109/EG des Europäischen Parlaments und des Rates, ABl. EU Nr. L 103 v. 13.4.2012, S. 11.

2 Delegierte Verordnung (EU) Nr. 2015/1604 der Kommission vom 12.6.2015 zur Änderung der Verordnung (EG) Nr. 809/2004 zur Umsetzung der Richtlinie 2003/71/EG des Europäischen Parlaments und des Rates im Hinblick auf bestimmte Angaben für den Prospekt und auf Werbung, ABl. EU Nr. L 249 v. 25.9.2015, S. 1 und Delegierte Verordnung (EU) Nr. 2015/1605 der Kommission vom 12.6.2015 zur Änderung der Verordnung (EG) Nr. 1569/2007 über die Einrichtung eines Mechanismus zur Festlegung der Gleichwertigkeit der von Drittstaatemittenten angewandten Rechnungslegungsgrundsätze gemäß den Richtlinien 2003/71/EG und 2004/109/EG des Europäischen Parlaments und des Rates, ABl. EU Nr. L 249 v. 25.9.2015, S. 3.

3 Ursprünglich hatte die Kommission eine Verlängerung bis zum 31.12.2017 überlegt, davon aber aufgrund zahlreicher Verschiebungen des Konvergenzprozesses der Ind AS mit den IFRS und auch nach dem am 2.1.2015 vom Ministry of Corporate Affairs bekanntgegebenen Fahrplan für die Einführung IFRS-konvergenter indischer Rechnungslegungsstandards verbleibender Unsicherheiten für die Erreichung eines mit den IFRS in Einklang stehenden Berichtswesen sowie im Hinblick auf das Enforcement der IFRS Abstand genommen. Das Datum 31.3. wurde gewählt, da in Indien typischerweise ein neues Geschäftsjahr am 1.4. beginnt. Siehe Commission Staff Working Dokument, State of play on convergence between International Financial Reporting Standards (IFRS) and national Generally Accepted Accounting Principles (GAAP) of India v. 23.9.2015, SWD(2015) 178 final, S. 2 (4) und Durchführungsbeschluss (EU) 2015/1612 der Kommission v. 23.9.2015 zur Änderung der Entscheidung 2008/961/EG über die Verwendung der nationalen Rechnungslegungsgrundsätze bestimmter Drittländer und der International Financial Reporting Standards durch Wertpapieremittenten aus Drittländern bei der Erstellung ihrer konsolidierten Abschlüsse, ABl. EU Nr. L 249 v. 25.9.2015, S. 26.

4 Siehe die Mitteilung des Ministry of Corporate Affairs v. 2.1.2015, abrufbar unter http://www.mca.gov.in/Ministry/pdf/PressRelease_06012015.pdf sowie Deloitte India, Indian GAAP, IFRSand Ind AS – A Comparison v. 10.6.2015, abrufbar unter http://www.iasplus.com/en/publications/india/ifrs-and-ind-as.

5 In Indien beginnt ein neues Geschäftsjahr typischerweise am 1.4 eines Kalenderjahres.

sowie – unabhängig von einer Börsennotierung – Unternehmen mit einem Reinvermögen von Rupien 250 Crore oder mehr müssen die neuen Ind AS für am oder nach dem 1.4.2017 beginnende Berichtsperioden anwenden.

In allen übrigen Fällen ist der Abschluss gemäß Ziffer 20.1 Abs. 1 Satz 5 ProspektVO **neu zu erstellen**. Die Gleichwertigkeit weiterer nationaler Rechnungslegungsstandards mit den nach der IAS-VO übernommenen IFRS kann jedoch überprüft und auf der Grundlage des in der Verordnung (EG) Nr. 1569/2007 v. 21.12.2007[1] vorgesehenen Komitologieverfahrens festgelegt werden[2]. Die Initiative kann dabei von der Kommission, der zuständigen Behörde eines Mitgliedstaats oder eines Drittstaats ausgehen. Nach den durch die Delegierte Verordnung (EU) Nr. 310/2012 eingefügten Art. 4 Abs. 1 Verordnung (EG) Nr. 1569/2007 ist Bedingung für die befristete Anerkennung der Rechnungslegungsstandards eines Drittstaats, dass der für Rechnungslegungsstandards zuständige Standardsetter des betreffenden Drittstaats sich öffentlich dazu verpflichtet hat, die Standards des Drittstaats mit den IFRS in Einklang zu bringen. Durch die Delegierte Verordnung (EU) 2015/1605 wurde die dafür bestehende Frist vom 31.12.2014 auf den 31.3.2016 verlängert. Erforderlich ist, dass die zuständige Behörde des Drittstaats ein umfassendes Konvergenzprogramm bis zu dem in Art. 4 Abs. 1 Verordnung (EG) Nr. 1569/2007 vorgesehenen Fristende (derzeit 31.3.2016) aufgestellt hat und das Konvergenzprogramm wirksam wird, ohne Verzögerungen umgesetzt wird und die für seinen Abschluss erforderlichen Mittel für die Durchführung bereitgestellt werden.

185

---

1 Verordnung (EG) Nr. 1569/2007 der Kommission vom 21.12.2007 über die Einrichtung eines Mechanismus zur Festlegung der Gleichwertigkeit der von Drittstaatenemittenten angewandten Rechnungslegungsgrundsätze gemäß den Richtlinien 2003/71/EG und 2004/109/EG des Europäischen Parlaments und des Rates, ABl. EU Nr. L 340 v. 22.12.2007, S. 66, zuletzt geändert durch Delegierte Verordnung (EU) Nr. 2015/1605 der Kommission vom 12.6.2015 zur Änderung der Verordnung (EG) Nr. 1569/2007 über die Einrichtung eines Mechanismus zur Festlegung der Gleichwertigkeit der von Drittstaatemittenten angewandten Rechnungslegungsgrundsätze gemäß den Richtlinien 2003/71/EG und 2004/109/EG des Europäischen Parlaments und des Rates, ABl. EU Nr. L 249 v. 25.9.2015, S. 3.

2 Vgl. *Fingerhut/Voß* in Just/Voß/Ritz/Zeising, Anhang I EU-ProspektVO Rz. 321; *Grana*, CFL 2012, 283 (289 f.); *d'Arcy/Kahler* in Holzborn, Anh. I EU-ProspV Rz. 112. Nach ESMA, Opinion ESMA assessment of Turkish laws and regulations on prospectuses v. 8.2.2016, ESMA/2016/268, Rz. 6, können im Rahmen der Anerkennung von Prospekten, die gemäß Art. 20 der Prospektrichtlinie nach den Vorschriften eines Drittstaats erstellt worden sind, Prospekte von Emittenten aus der **Türkei** ohne zusätzliche Begleitseiten (sog. Wrap) zu diesem Prospekt möglich, soweit der Prospekt historische Finanzinformationen gemäß Anhang I Ziffer 20.1 ProspektVO in der EU übernommene IFRS oder vom IASB erlassene IFRS gemäß Art. 35 Abs. 5 Unterabs. 5 lit. b ProspektVO enthält. Zu den Anforderungen von ESMA an die Anerkennung an gleichwertige Prospekte, die nach **israelischen** Vorschriften erstellt wurden. siehe Opinion ESMA assessment of Israeli laws and regulations on prospectuses v. 29.6.2016, ESMA/2015/1015, Rz. 6, Annex A.

d) Konsistenzregel (Ziffer 20.1 Abs. 2)

186 Nach Anhang I Ziffer 20.1 Abs. 2 ProspektVO müssen die geprüften Finanzinformationen der **letzten beiden Geschäftsjahre** nach denselben Rechnungslegungsgrundsätzen erstellt werden, die der Emittent für seinen nächsten Jahresabschluss (also den Jahresabschluss für das Jahr, in welchem die Emission stattfindet) anzuwenden hat. Erforderlich ist also, dass die historischen Finanzinformationen der letzten beiden Jahre hinsichtlich der Rechnungslegungsgrundsätze und den Bilanzierungs- und Bewertungsmethoden **konsistent mit dem nächsten gleichartigen Jahresabschluss** sein müssen. Zweck dieser Regelung ist es primär, eine Vergleichbarkeit mit der künftigen Regelberichterstattung zu ermöglichen[1]. Daneben soll nach ESMA aber auch eine Vergleichbarkeit innerhalb der abzubildenden vergangenen Geschäftsjahre hergestellt werden[2]. Dabei hatte man vor allem diejenigen Emittenten im Blick, die bislang nicht kapitalmarktorientiert waren und erstmalig eine Zulassung zum Handel an einem organisierten Markt anstreben[3]. Die Konsistenzregel ist aber nicht nur bei einem derartigen rechtlich erforderlichen Wechsel des Rechnungslegungsstandards, sondern auch bei einem freiwilligen Wechsel des Rechnungslegungsstandards anwendbar[4]. Das Konsistenzgebot gilt nur für einen in den Prospekt aufzunehmenden **Konzernabschluss** oder in Fällen, in denen **ausschließlich ein Einzelabschluss** in den Prospekt aufgenommen wird. Eine Anpassung der anwendbaren Rechnungslegungsgrundsätze ist dagegen nicht in Bezug auf einen Einzelabschluss vorzunehmen, der gemäß Anhang I Ziffer 20.3 ProspektVO zusätzlich zu einem Konzernabschluss in den Prospekt aufzunehmen ist (siehe unten Rz. 234 ff.).

187 Typischerweise werden nicht kapitalmarktorientierte Emittenten bislang nach nationalen Rechnungslegungsgrundsätzen bilanziert haben, soweit sie nicht rechtzeitig freiwillig die IFRS-Rechnungslegungsstandards im Vorfeld auf den Börsengang angewendet haben. Dies bedeutet, dass der Emittent **in Zukunft andere Rechnungslegungsgrundsätze** anwenden wird als bisher. In diesem Fall kann gemäß Ziffer 20.1 Abs. 2 Anhang I ProspektVO der historisch älteste der drei aufzunehmenden Jahresabschlüsse nach den nationalen Rechnungslegungsgrundsätzen aufgestellt sein, während die Jahresabschlüsse für die beiden letzten Geschäftsjahre wegen der zukünftigen Anwendung von IFRS nach IFRS erstellt werden müssen.

188 Maßgeblich für die Anwendung von IFRS sind nach ESMA grundsätzlich die **IFRS, die zum Bilanzstichtag des nächsten zu veröffentlichenden Abschlusses** in EU-Recht übernommen (*endorsed*) sind[5]. Allerdings wird von ESMA anerkannt, dass die zum nächsten Bilanzstichtag geltenden Standards möglicherweise nicht mit hinreichender Sicherheit bekannt sind und auch rückwirkende Änderungen möglich sind. Eine **Neudarstellung** auf Grundlage der zum Bilanzstichtag des nächsten zu veröffentlichenden Abschlusses geltenden Standards wird daher regelmäßig **nicht**

---

[1] *A. Meyer*, Accounting 2006, 11.
[2] ESMA, Level-3-Empfehlungen v. 20.3.2013, ESMA/2013/319, Rz. 53.
[3] ESMA, Level-3-Empfehlungen v. 20.3.2013, ESMA/2013/319, Rz. 52.
[4] *Müller* in FrankfurtKomm. WpPG, Ziffer 20.1 Anhang I ProspektVO Rz. 38.
[5] ESMA, Level-3-Empfehlungen v. 20.3.2013, ESMA/2013/319, Rz. 65.

möglich sein. Es ist daher konsequent, dass das Konsistenzgebot von vornherein keine Anwendung findet, wenn lediglich einzelne Standards oder die Bilanzierungs- und Bewertungsmethoden sich ändern, die Abschlüsse in den betreffenden Jahren aber grundsätzlich nach IFRS erstellt werden, es also nicht zu einem Wechsel der Rechnungslegungsgrundsätze selbst kommt[1]. In diesen Fällen sind bereits nach den Vorgaben der IFRS im Anhang zum Konzernabschluss Angaben gemäß IAS 8.30 zu machen[2]. Darüber hinaus sind nach ESMA unabhängig von den Angaben gemäß IAS 8 prospektrechtlich **zusätzliche Angaben** in den Prospekt aufzunehmen, soweit entsprechende Informationen hinsichtlich zukünftiger möglicher Änderungen der Standards zur Verfügung stehen und diese Änderungen voraussichtlich wesentliche Auswirkungen auf die Ergebnisse und die Finanzlage des Emittenten haben[3].

Aus Gründen der Vergleichbarkeit hat CESR den sog. *bridge approach* entwickelt (der von ESMA beibehalten wurde), wonach das mittlere Geschäftsjahr als Brückenjahr zwischen den verschiedenen Rechnungslegungsstandards fungiert[4]. Das bedeutet, dass für das **mittlere Geschäftsjahr** zum einen nach **nationalen Rechnungslegungsgrundsätzen** erstellte Finanzinformationen aufzunehmen sind, wodurch die Vergleichbarkeit mit dem ältesten, im Prospekt abzubildenden Geschäftsjahr ermöglicht werden soll. Zum anderen sind für das mittlere Geschäftsjahr aber auch Finanzinformationen aufzunehmen, die nach den Rechnungslegungsstandards erstellt wurden, die für das jüngste Geschäftsjahr gelten, also typischerweise nach **IFRS**. Dabei kann ein sowohl nach IFRS als auch nach HGB abzubildendes „Brückenjahr" in der Form dargestellt werden, dass die IFRS-Zahlen des Brückenjahres als Vergleichszahlen des Vorjahres in dem aufzunehmenden IFRS-Abschluss des jüngsten Geschäftsjahres enthalten sind[5] und im Übrigen der für das mittlere Geschäftsjahr erstellte HGB-Abschluss aufgenommen wird. Der Emittent gilt als Erstanwender iS von IFRS 1 in Bezug auf das letzte Geschäftsjahr[6]. Gemäß IFRS 1.36 sind in einem vollständigen Abschluss nach IAS 1.10 sowohl Finanzinformationen für den abgelaufenen Berichtszeitraum als auch Vergleichsangaben für das Vorjahr auszuweisen. Es ist nicht erforderlich, dass über ihre Aufnahme als Vergleichszahlen im jüngsten Abschluss hinaus die Finanzinformationen separat auch für das mittlere Geschäfts-

189

---

1 ESMA, Level-3-Empfehlungen v. 20.3.2013, ESMA/2013/319, Rz. 72; *Müller* in FrankfurtKomm. WpPG, Ziffer 20.1 Anhang I ProspektVO Rz. 42.
2 Vgl. IDW RH HFA 2.002, Tz. 7 f., WPg Supplement 3/2008, 65.
3 ESMA, Level-3-Empfehlungen v. 20.3.2013, ESMA/2013/319, Rz. 67.
4 ESMA, Level-3-Empfehlungen v. 20.3.2013, ESMA/2013/319, Rz. 56 ff.; zum Brückenjahr siehe auch *A. Meyer*, Accounting 2006, 11 und in Habersack/Mülbert/Schlitt, Unternehmensfinanzierung am Kapitalmarkt, § 36 Rz. 27; *d'Arcy/Kahler* in Holzborn, Anh. I EU-ProspV Rz. 114; *Fingerhut/Voß* in Just/Voß/Ritz/Zeising, Anhang I EU-ProspektVO Rz. 324; *Müller* in FrankfurtKomm. WpPG, Ziffer 20.1 Anhang I ProspektVO Rz. 18. Vgl. auch die Regelung des IFRS 1.21 (in der Neufassung des im November 2008 verabschiedeten und am 29.11.2009 in EU-Recht übernommenen IFRS 1, ABl. EU Nr. L 311 v. 26.11.2009, S. 6).
5 ESMA, Level-3-Empfehlungen v. 20.3.2013, ESMA/2013/319, Rz. 64.
6 Vgl. *Fingerhut/Voß* in Just/Voß/Ritz/Zeising, Anhang I EU-ProspektVO Rz. 324; *d'Arcy/Kahler* in Holzborn, Anh. I EU-ProspV Rz. 119.

jahr nach IFRS aufgestellt werden[1]. Auch wenn die IFRS-Zahlen des Brückenjahres nur als Vergleichszahlen in dem Abschluss für das letzte Geschäftsjahr enthalten sind, so ist doch der gesamte, für das jüngste Geschäftsjahr erstellte IFRS-Abschluss (einschließlich der Vergleichszahlen des Vorjahres) geprüft. Den Anforderungen der Ziffer 20.1 des Anhangs I ProspektVO, insbesondere dem Erfordernis der Prüfung[2], ist also Genüge getan (vgl. auch IDW PS 318[3]).

190 Der *bridge approach* setzt voraus, dass das alte und das neue Format der Rechnungslegung hinreichend vergleichbar ist[4]. Dabei besteht das Ziel des *bridge approach* darin, einen Ausgleich zwischen dem Interesse der Investoren an der Anwendung desselben Rechnungslegungsstandards auf möglichst alle relevanten Geschäftsjahre und dem Kostenaufwand für den Emittenten herzustellen. Der Emittent kann sich daher auch dafür entscheiden, im Hinblick auf **Investoren-Erwartungen** über den IFRS-Abschluss für das letzte Geschäftsjahr (und die darin enthaltenen Vergleichszahlen für das mittlere Geschäftsjahr) hinaus die verwendeten Rechnungslegungsstandards in größerem Umfang nachträglich anzupassen. Somit kann der Emittent auch für das mittlere Geschäftsjahr (Brückenjahr) einen vollständigen IFRS-Abschluss aufnehmen, der wiederum Vergleichszahlen zum dritten Geschäftsjahr enthält. Da nach Auffassung von ESMA historische Finanzinformationen für das letzte Geschäftsjahr und das Brückenjahr (ohne Vergleichszahlen zum dritten abzubildenden Geschäftsjahr) prospektrechtlich ausreichend sind, kann sich der Emittent aber auch dazu entschließen, einen **eigenständigen IFRS-Abschluss für das Brückenjahr ohne Vergleichszahlen zum Vorjahr** in den Prospekt aufzunehmen[5]. Da ein vollständiger IFRS-Abschluss nach IFRS 1.21-22 iVm. IAS 1.38-44 die Aufnahme von Vergleichszahlen des Vorjahres verlangt, kann der Wirtschaftsprüfer insoweit keinen Bestätigungsvermerk hinsichtlich eines vollständigen Abschlusses erteilen[6]. Nach dem Rechnungslegungshinweis IDW RH HFA 2.002[7] wird daher empfohlen, die Abweichung von den Anforderungen der IFRS zum einen begrifflich deutlich zu machen, indem Finanzinformationen ohne Vergleichszahlen nicht als Abschluss, sondern als Finanzinformationen bezeichnet werden. Darüber hinaus soll vom Wirtschaftsprüfer ausdrücklich darauf hingewiesen werden, dass es sich nicht um einen vollständigen IFRS-Abschluss handelt.

191 Ähnliches gilt, wenn der Prospekt wie im Fall von **Schuldtiteln** oder **derivativen Wertpapieren** historische Finanzinformationen lediglich für **das letzte Geschäftsjahr** und nicht für die beiden letzten Geschäftsjahre enthalten muss. Auch in diesem Fall reicht es aus, wenn historische Finanzinformationen nach IFRS lediglich für das letzte Geschäftsjahr ohne Vergleichszahlen zum vorletzten Geschäftsjahr er-

---

1 Ebenso *Fingerhut/Voß* in Just/Voß/Ritz/Zeising, Anhang I EU-ProspektVO Rz. 324. Vgl. auch ESMA, Level-3-Empfehlungen v. 20.3.2013, ESMA/2013/319, Rz. 64.
2 Vgl. auch ESMA, Level-3-Empfehlungen v. 20.3.2013, ESMA/2013/319, Rz. 56.
3 IDW Prüfungsstandard: Prüfung von Vergleichsangaben über Vorjahre (IDW PS 318) v. 24.11.2010, WPg 2001, 909, WPg Supplement 1/2011, 1.
4 ESMA, Level-3-Empfehlungen v. 20.3.2013, ESMA/2013/319, Rz. 60.
5 Ebenso *d'Arcy/Kahler* in Holzborn, Anh. I EU-ProspV Rz. 118 f.
6 *d'Arcy/Kahler* in Holzborn, Anh. I EU-ProspV Rz. 119.
7 IDW RH HFA 2.002, Tz. 13, WPg Supplement 3/2008, 66.

stellt werden[1]. In einem solchen Fall stellen die Finanzinformationen allerdings keinen vollständigen Abschluss nach IFRS und damit auch noch keine Erstanwendung von IFRS in Bezug auf dieses Geschäftsjahr dar[2]. Entsprechendes gilt für kleinere und mittlere Unternehmen und Unternehmen mit geringer Marktkapitalisierung gemäß Anhang XXV Ziffer 20.1 ProspektVO.

Ob die **Darstellung** in Übersichts- bzw. Spaltenform oder auf getrennten Seiten erfolgt, hängt insbesondere von der Vergleichbarkeit der Finanzinformationen[3] und der Bereitschaft der Wirtschaftsprüfer ab, hierauf einen Bestätigungsvermerk zu erteilen (siehe oben Rz. 171). 192

Bei **Beibehaltung der Rechnungslegungsgrundsätze**, zB aufgrund bereits bestehender Anwendung von IFRS, bedarf es keiner Neuerstellung der historischen Abschlüsse. Die Vergleichbarkeit des nächsten Abschlusses mit dem letzten Abschluss wird im Fall der Anwendung von IFRS durch die Vorgaben von IAS 8 gewährleistet[4]. 193

In bestimmten Fällen kann die Beibehaltung der Rechnungslegungsstandards im nächsten zu veröffentlichenden Abschluss dazu führen, dass bei **bislang nicht kapitalmarktorientierten Unternehmen** trotz der beabsichtigten Börsenzulassung der nächste zu veröffentlichende Abschluss auf der Grundlage von nationalen Rechnungslegungsgrundsätzen erstellt wird. Dies ist etwa dann der Fall, wenn der Börsengang **vor Veröffentlichung des Jahresabschlusses für das letzte Geschäftsjahr** erfolgt. Da das Unternehmen mangels bisheriger Kapitalmarktorientierung nicht verpflichtet ist, nach IFRS zu bilanzieren, wird der letzte Jahresabschluss auf der Grundlage nationaler Rechnungslegungsgrundsätze erstellt. Dieser wird aber erst nach Prospekterstellung veröffentlicht, und Ziffer 20.1 Abs. 2 Anhang I ProspektVO verlangt eine Neuerstellung nur dann, wenn der nächste zu veröffentlichende Jahresabschluss nach anderen Rechnungslegungsgrundsätzen als in der Vergangenheit erstellt wird. Damit handelt es sich hier grundsätzlich um einen Fall der Beibehaltung der Rechnungslegungsgrundsätze. Da dieses jedoch nur noch einen kurzen Zeitraum des Börsenhandels betrifft und der dann folgende Jahresabschluss nach IFRS zu erstellen ist, ist zu erwägen, ergänzende Informationen auf der Grundlage von IFRS in den Prospekt aufzunehmen, um den Investoren eine Vergleichsbasis für die später nach Börsenzulassung zu veröffentlichenden Finanzinformationen zur Verfügung zu stellen[5]. 194

Die Übergangsregelungen des Art. 35 Abs. 1 und 2 ProspektVO, die **Ausnahmen zum Konsistenzgebot** der Ziffer 20.1 Absatz 2 Anhang I ProspektVO enthalten, sind 195

---

1 ESMA, Level-3-Empfehlungen v. 20.3.2013, ESMA/2013/319, Rz. 64; *Fingerhut/Voß* in Just/Voß/Ritz/Zeising, Anhang I EU-ProspektVO Rz. 325.
2 ESMA, Level-3-Empfehlungen v. 20.3.2013, ESMA/2013/319, Rz. 64 Fn. 3; *Fingerhut/Voß* in Just/Voß/Ritz/Zeising, Anhang I EU-ProspektVO Rz. 325.
3 ESMA, Level-3-Empfehlungen v. 20.3.2013, ESMA/2013/319, Rz. 60; *d'Arcy/Kahler* in Holzborn, Anh. I EU-ProspV Rz. 115 f.
4 ESMA, Level-3-Empfehlungen v. 20.3.2013, ESMA/2013/319, Rz. 69 ff.; ESMA, Questions and Answers Prospectuses, 25th updated version (July 2016), ESMA/2016/1133 v. 15.7.2016, Frage 15 (December 2007); vgl. auch IDW RH HFA 2.002, Tz. 5, WPg Supplement 3/2008, 65.
5 Vgl. auch ESMA, Level-3-Empfehlungen v. 20.3.2013, ESMA/2013/319, Rz. 74.

für Prospekte, die ab dem Jahr 2010 zur Billigung eingereicht wurden, **nicht mehr von praktischer Bedeutung**. Nach **Art. 35 Abs. 1 ProspektVO** war eine Aufnahme geprüfter historischer Finanzinformationen nach IFRS erst für Geschäftsjahre, die ab dem 1.1.2004 beginnen, bzw. bei Emittenten, die zum 1.7.2005 bereits Wertpapiere an einem organisierten Markt zum Handel zugelassen hatten, erstmals für das Geschäftsjahr 2005 erforderlich. Damit sollte die unmittelbar nach Implementierung der Prospektrichtlinie bestehende Möglichkeit ausgeschlossen werden, dass allein aus prospektrechtlichen Gründen eine sonst noch nicht erforderliche IFRS-Anpassung erfolgt. Mit derselben Zielrichtung wurden die Übergangsvorschriften des **Art. 35 Abs. 2 ProspektVO** geschaffen. Hier ging es darum, dass es bei Emittenten, die von den in Art. 9 IAS-VO, Art. 57 EGHGB enthaltenen Übergangsregelungen profitieren, nicht über das Prospektrecht doch zu einer Vorverlagerung der IFRS-Anpassung kommt. Daher sieht Art. 35 Abs. 2 Alt. 1 ProspektVO in diesen Fällen vor, dass eine Anpassung an IFRS erst für Berichtszeiträume, die ab dem 1.1.2006 beginnen, erforderlich ist. Emittenten, die zum 1.7.2005 Wertpapiere zum Handel an einem organisierten Markt zugelassen hatten, mussten gemäß Art. 35 Abs. 2 Alt. 2 ProspektVO erst nach Veröffentlichung ihres ersten Konzernabschlusses nach Maßgabe der IAS-VO (erstmalig für das nach dem 1.1.2007 beginnende Geschäftsjahr) auch prospektrechtlich Abschlüsse nach IFRS erstellen und in den Prospekt aufnehmen. Eine Anpassung nach Ziffer 20.1 Abs. 2 Anhang I ProspektVO hat jedoch maximal für zwei Geschäftsjahre zu erfolgen. Bei im Jahr 2010 eingereichten Prospekten (also für die Geschäftsjahre 2009 und 2008) galt insoweit keine Übergangsregelung mehr.

e) Emittenten mit einer Geschäftstätigkeit von weniger als einem Jahr (Ziffer 20.1 Abs. 3)

196 Ziffer 20.1 Abs. 3 Anhang I ProspektVO enthält eine Sonderregelung zu den in den Prospekt aufzunehmenden historischen Finanzinformationen in Fällen, in denen der Emittent seine aktuelle Geschäftstätigkeit erst seit kurzem aufgenommen hat. Neben diesen Vorgaben zu den historischen Finanzinformationen können bei Emittenten, bei denen es sich um Start-up-Unternehmen iS von Anhang XIX handelt, noch weitere Besonderheiten zu beachten sein (siehe die Kommentierung zu Anhang XIX EU-ProspektVO Rz. 18 ff.).

aa) Emittenten mit kurzer Geschäftstätigkeit in ihrer aktuellen Wirtschaftsbranche

197 Gemäß Ziffer 20.1 Abs. 3 Anhang I ProspektVO muss ein Emittent, der weniger als ein Jahr in seiner aktuellen Wirtschaftsbranche tätig ist, geprüfte historische Finanzinformationen für den Zeitraum seiner bisherigen Geschäftstätigkeit in den Prospekt aufnehmen.

198 Von dieser Regelung werden insbesondere **Unternehmen mit kurzer Geschäftstätigkeit** erfasst, dh. Unternehmen, die noch gar nicht oder erst seit kurzem eine Geschäftstätigkeit ausüben. Dazu gehören etwa auch erst kurz vor der Kapitalmarkttransaktion gegründete Gesellschaften, durch die die Geschäftstätigkeit des Unter-

nehmens in einen neuen rechtlichen Mantel eingefügt wird[1]. Darüber hinaus stellt Ziffer 20.1 Abs. 3 Anhang I ProspektVO ausdrücklich darauf ab, dass der Emittent weniger als ein Jahr in seiner **aktuellen Wirtschaftsbranche** tätig ist. Nach ihrem Wortlaut werden von dieser Vorschrift damit alle Unternehmen erfasst, die zwar schon länger bestehen, jedoch vor kurzem ihre Geschäftstätigkeit geändert haben. Diese Regelung ist allerdings primär vor dem Hintergrund zu sehen, dass die historischen Finanzinformationen sich prinzipiell auf den rechtlichen Emittenten beziehen. Ohne die Regelung der Ziffer 20.1 Abs. 3 Anhang I ProspektVO würde dies dazu führen, dass etwa wenig aussagekräftige Finanzinformationen von seit längerem bestehenden reinen AG-Mantelgesellschaften in den Prospekt aufgenommen werden[2]. Zu beachten ist hierbei auch, dass ESMA die Anforderungen nach Ziffer 20.1 Abs. 1 und 3 Anhang I ProspektVO insgesamt auf den Konzern des Emittenten als Ganzes angewendet wissen will[3].

Darüber hinaus werden vom Wortlaut der Ziffer 20.1 Abs. 3 Anhang I ProspektVO grundsätzlich auch Unternehmen erfasst, die schon länger bestehen, zuvor aber eine **vollständig andere Geschäftstätigkeit** ausgeübt hatten. Der in Ziffer 20.1 Abs. 3 Anhang I ProspektVO verwendete Ausdruck „aktuelle Wirtschaftsbranche" (die englische Fassung spricht von *„current sphere of economic activity"*) wird von ESMA in diesem Sinne auch in den Level-3-Empfehlungen zu den Angaben bei Start-up-Unternehmen verwendet. Auch wenn die speziellen Regelungen für Start-up-Unternehmen (Art. 23 Abs. 1 ProspektVO iVm. Anhang XIX) möglicherweise eine etwas anders gelagerte Zweckrichtung aufweisen, wird man aufgrund der von ESMA in diesem Zusammenhang verwendeten und insoweit mit Ziffer 20.1 Abs. 3 Anhang I ProspektVO identischen Begrifflichkeit[4] grundsätzlich davon ausgehen müssen, dass eine grundlegende und vollständige Änderung der Geschäftstätigkeit einer erst kürzlich erfolgten Neugründung gleichzustellen ist. Dies gilt umso mehr, als anders als im Fall der Start-up-Unternehmen, die nach dem Wortlaut von Anhang XIX ProspektVO nur durch ihr noch recht junges Bestehen definiert sind, Ziffer 20.1 Abs. 2 Anhang I ProspektVO ausdrücklich auf die Tätigkeit in der „aktuellen Wirtschaftsbranche" abstellt. Auf Finanzinformationen zu der früheren, für den Emittenten nicht mehr relevanten Geschäftstätigkeit wird man daher grundsätzlich verzichten können. Dies gilt allerdings nicht, soweit aufgrund von § 5 Abs. 1 WpPG nach allgemeinen Wesentlichkeits- und Risikogesichtspunkten weitere Angaben in den Prospekt aufzunehmen sind.

In vielen Fällen werden bei derartigen, erst seit kurzem bestehenden Emittenten oder Emittenten mit vollständig neuer Geschäftstätigkeit weitere Angaben unter dem Ge-

---

1 *d'Arcy/Kahler* in Holzborn, Anh. I EU-ProspV Rz. 125.
2 *d'Arcy/Kahler* in Holzborn, Anh. I EU-ProspV Rz. 126 f.
3 ESMA, Questions and Answers Prospectuses, 25th updated version (July 2016), ESMA/2016/1133 v. 15.7.2016, Frage 16 Qc (February 2007).
4 Nach den ESMA, Level-3-Empfehlungen v. 20.3.2013, ESMA/2013/319, Rz. 136 gelten nicht nur solche Unternehmen als Start-up-Unternehmen, die seit weniger als drei Jahren bestehen, sondern auch solche, die seit weniger als drei Jahren in ihrer „aktuellen Wirtschaftsbranche" (*current sphere of economic activity*) tätig sind.

sichtspunkt der **Pro-forma- oder kombinierten Abschlüsse** (siehe unten Rz. 215 ff. und die Kommentierung zu Anhang II EU-ProspektVO sowie unten Rz. 283 ff.) bzw. nach Maßgabe der Prospektpflichten im Zusammenhang mit einer **komplexen finanztechnischen Vorgeschichte** (siehe unten Rz. 261 ff.) in den Prospekt aufzunehmen sein[1].

bb) Anwendbare Rechnungslegungsgrundsätze

201 Hinsichtlich der anwendbaren Rechnungslegungsgrundsätze enthält Ziffer 20.1 Abs. 3 Anhang I ProspektVO dieselben Vorgaben wie Ziffer 20.1 Abs. 1 Anhang I ProspektVO. Insoweit gelten für Emittenten mit kurzer Geschäftstätigkeit keine Besonderheiten.

cc) Abzudeckender Berichtszeitraum

202 Nach dem Wortlaut von Ziffer 20.1 Abs. 3 Anhang I ProspektVO sind die historischen Finanzinformationen bei Emittenten mit kurzer Geschäftstätigkeit für „diesen Zeitraum" in den Prospekt aufzunehmen. Damit kann nur der Zeitraum gemeint sein, in welchem der Emittent in der aktuellen Wirtschaftsbranche tätig ist. Diesem naheliegenden Verständnis entspricht die auch von ESMA geäußerte Auffassung, dass grundsätzlich der **Zeitraum von der Eröffnungsbilanz bis zu einem möglichst nahe am Prospektdatum liegenden Stichtag** ausreichend ist[2]. Dies entspricht dem Zeitraum der tatsächlichen Geschäftstätigkeit des Emittenten unter Berücksichtigung der Tatsache, dass für die Erstellung und Prüfung der historischen Finanzinformationen sowie die Erteilung eines Bestätigungsvermerks eine gewisse Zeit benötigt wird und daher ein vor dem Prospektdatum liegender Stichtag für die Finanzinformationen festzulegen ist. Bei ganz neuen Gesellschaften, die ihre Geschäftstätigkeit noch nicht aufgenommen haben oder erst sehr kurz tätig sind, kann die Aufnahme der **Eröffnungsbilanz** genügen.

203 Besonderheiten können sich ergeben, wenn der Emittent nach den anwendbaren Rechnungslegungsgrundsätzen zwischenzeitlich bereits einen **Abschluss erstellt** hat. Wurde dieser Abschluss zeitnah zur geplanten Emission erstellt, ergibt sich kein Konflikt zu dem oben beschriebenen Grundsatz. Es ist jedoch denkbar, dass ein erster Abschluss entsprechend dem für das Geschäftsjahr des Emittenten geltenden Stichtag bereits kurze Zeit (zB zwei Monate) nach Gründung erstellt wurde (dh. es liegt ein **Rumpfgeschäftsjahr** vor), die Emission jedoch erst im Verlauf des darauf folgenden Geschäftsjahres stattfinden soll. ESMA hält in einem solchen Fall den für das Rumpfgeschäftsjahr erstellten, die ersten zwei Monate der Geschäftstätigkeit abdeckenden Abschluss grundsätzlich für ausreichend[3]. Der nächste in den Prospekt aufzunehmende Abschluss wäre nach dieser Auffassung ein Zwischenabschluss, wenn

---

[1] Vgl. auch ESMA, Questions and Answers Prospectuses, 25th updated version (July 2016), ESMA/2016/1133 v. 15.7.2016, Frage 16 Qc aE (February 2007).

[2] ESMA, Questions and Answers Prospectuses, 25th updated version (July 2016), ESMA/2016/1133 v. 15.7.2016, Frage 16 Qb (February 2007).

[3] ESMA, Questions and Answers Prospectuses, 25th updated version (July 2016), ESMA/2016/1133 v. 15.7.2016, Frage 16 Qa (February 2007).

das Prospektdatum neun Monate nach dem Stichtag für den Abschluss des Rumpfgeschäftsjahres liegt (Ziffer 20.6.2 Anhang I ProspektVO). Allerdings kann nach ESMA die Grundregel, wonach die historischen Finanzinformationen grundsätzlich den bisherigen Zeitraum der (kurzen) Geschäftstätigkeit des Emittenten abdecken sollen, in Fällen einer langen Zeitspanne zwischen dem Ende des Rumpfgeschäftsjahres und dem Prospektdatum auch dann herangezogen werden, wenn bereits ein Abschluss für ein Rumpfgeschäftsjahr existiert. Die kritische Zeitspanne wird von ESMA recht vage mit „eine erhebliche Anzahl von Monaten" (*significant amount of months*) bezeichnet[1]. Nach dem von ESMA angeführten Beispiel begründet der Ablauf von sechs Monaten offenbar noch keine Pflicht, einen neuen Abschluss zu erstellen[2], dh. im Fall des Ablaufs von sechs Monaten soll der bestehende Abschluss für das Rumpfgeschäftsjahr noch genügen.

In welcher **Form** die historischen Finanzinformationen gegebenenfalls für einen Zeitraum von der Eröffnungsbilanz bis zu einem angemessenen Stichtag vor dem Prospektdatum erstellt werden sollen, sagt ESMA nicht ausdrücklich. Jedenfalls dann, wenn noch kein geprüfter Abschluss für ein Rumpfgeschäftsjahr vorliegt, muss ein solcher für Prospektzwecke erstellter Abschluss **geprüft** sein (Ziffer 20.1 Abs. 3 Satz 2 Anhang I ProspektVO). Liegt bereits ein Abschluss für ein Rumpfgeschäftsjahr vor, erscheint die Anpassung des Rumpfgeschäftsjahrs nicht zwingend erforderlich und dies wird offenbar auch von ESMA nicht verlangt[3]. Es genügt, wenn für Prospektzwecke ein entsprechender Zwischenabschluss erstellt wird[4]. Ein solcher Zwischenabschluss muss nicht geprüft sein. Da ESMA in einem solchen Fall die Erstellung eines weiteren Abschlusses nur dann für erforderlich hält, wenn kein Zwischenabschluss veröffentlicht wurde, kann die Erstellung eines für Prospektzwecke erstellten Zwischenabschlusses nicht dazu führen, dass eine Prüfung durchzuführen ist, die anderweitig bei einem Zwischenabschluss nach Ziffer 20.6 Anhang I ProspektVO nicht verlangt wird. 204

Nach der **Verwaltungspraxis der BaFin** sind zumindest in dem Fall, dass der geprüfte Abschluss weniger als sechs Monate abdeckt und mehr als neun Monate seit der Eröffnungsbilanz vergangen sind, **Zwischenfinanzinformationen**, die nicht geprüft sein müssen, gemäß Ziffer 20.6.2 Anhang I ProspektVO zwingend aufzunehmen (siehe unten Rz. 256). Liegt in einem solchen Fall ein geprüfter Abschluss für das Rumpfgeschäftsjahr sowie aufgrund der BaFin-Anforderungen ein (ungeprüfter) Zwischenabschluss vor, dann sind auch nach Auffassung von ESMA (Rz. 203 aE) die Anforderungen nach Ziffer 20.1 Abs. 3 Anhang I ProspektVO erfüllt. 205

---

1 ESMA, Questions and Answers Prospectuses, 25th updated version (July 2016), ESMA/2016/1133 v. 15.7.2016, Frage 16 Qa (February 2007).
2 ESMA, Questions and Answers Prospectuses, 25th updated version (July 2016), ESMA/2016/1133 v. 15.7.2016, Frage 16 Qa (February 2007).
3 So jedoch offenbar das Verständnis von *d'Arcy/Kahler* in Holzborn, Anh. I EU-ProspV Rz. 130 f.; wie hier *Fingerhut/Voß* in Just/Voß/Ritz/Zeising, Anhang I EU-ProspektVO, Rz. 332.
4 So im Ergebnis auch *d'Arcy/Kahler* in Holzborn, Anh. I EU-ProspV Rz. 132 sowie *Fingerhut/Voß* in Just/Voß/Ritz/Zeising, Anhang I EU-ProspektVO, Rz. 332.

206 In dem von ESMA gebildeten Beispielsfall[1], dass ein im Januar des betreffenden Kalenderjahres neu gegründeter Emittent **innerhalb des ersten Geschäftsjahres zwei Kapitalmarktemissionen** durchführt (im Juni und im November), sind nach Auffassung von ESMA und auch der BaFin gemäß Ziffer 20.1 Abs. 2 Anhang I ProspektVO für die Juni-Emission geprüfte historische Finanzinformationen für den bis dahin abgelaufenen Zeitraum der Geschäftstätigkeit (dh. bis zu einem vor Juni liegenden Stichtag, Rz. 202) zu erstellen. Die Prüfung kann ausschließlich für Prospektzwecke erfolgen, so dass der betreffende Stichtag nicht mit der Schaffung eines Rumpfgeschäftsjahres einhergehen muss. Da in diesem Beispielsfall der geprüfte Abschluss weniger als sechs Monate abdeckt und im Zeitpunkt der November-Emission seit der Eröffnungsbilanz mehr als neun Monate vergangen sind, ist nach Auffassung der BaFin (ebenso im Ergebnis auch ESMA[2]) vor der November-Emission für Prospektzwecke noch ein (ungeprüfter) Zwischenabschluss zu erstellen. Ist das Geschäftsjahr des Emittenten identisch mit dem Kalenderjahr, würde im Anschluss zum Stichtag 31.12. nach den allgemeinen Bilanzierungsregeln schließlich noch der erste Jahresabschluss erstellt.

f) Aufzunehmende Mindestinformationen (Ziffer 20.1 Abs. 4)

207 Ziffer 20.1 Abs. 4 Anhang I ProspektVO trägt dem Umstand Rechnung, dass die ProspektVO zwar in Ziffer 20.1 Abs. 1 Anhang I grundsätzlich die Aufnahme von historischen Finanzinformationen verlangt, die nach der IAS-VO, also den in die EU übernommenen IFRS, erstellt werden, jedoch unter bestimmten Voraussetzungen auch die Aufnahme von Finanzinformationen zulässt, die auf der Grundlage **nationaler Rechnungslegungsgrundsätze** erstellt sind (vgl. oben Rz. 180 und 186). Für die Aufnahme von Finanzinformationen, die nach nationalen Rechnungslegungsgrundsätzen erstellt sind, sieht Ziffer 20.1 Abs. 4 allerdings **Mindestanforderungen** vor, die auf der Rechnungslegung nach IFRS basieren. So müssen auch nach nationalen Rechnungslegungsgrundsätzen erstellte Finanzinformationen nicht nur eine **Bilanz** und eine **Gewinn- und Verlustrechnung** sowie entsprechende, in HGB-Abschlüssen üblicherweise im Anhang enthaltene **Erläuterungen** zu den Bilanzierungs- und Bewertungsmethoden und erläuternde Anmerkungen enthalten, sondern – wie für IFRS in IAS 1 vorgesehen – auch eine **Eigenkapitalveränderungsrechnung** und eine **Kapitalflussrechnung**. Damit beschränkt sich Ziffer 20.1 Abs. 4 Anhang I ProspektVO nicht darauf, vom Emittenten die Aufnahme der nach nationalen Rechnungslegungsgrundsätzen erstellten Finanzinformationen in den Prospekt zu verlangen. Vielmehr sind darüber hinausgehende, zusätzliche Finanzinformationen für Prospektzwecke zu erstellen, soweit diese nicht in den historischen Abschlüssen bereits enthalten sind[3]. Bei nach HGB bilanzierenden Emittenten enthalten Konzernabschlüsse gemäß § 297 Abs. 1 HGB die nach Ziffer 20.1 Abs. 4 Anhang I ProspektVO erforderlichen

---

1 ESMA, Questions and Answers Prospectuses, 25th updated version (July 2016), ESMA/2016/1133 v. 15.7.2016, Frage 16 Qb (February 2007).
2 ESMA, Questions and Answers Prospectuses, 25th updated version (July 2016), ESMA/2016/1133 v. 15.7.2016, Frage 16 Qb (February 2007).
3 *Fingerhut/Voß* in Just/Voß/Ritz/Zeising, Anhang I EU-ProspektVO, Rz. 335.

Bestandteile[1]. Auch Einzelabschlüsse von kapitalmarktorientierten Kapitalgesellschaften, die nicht zur Aufstellung eines Konzernabschlusses verpflichtet sind, müssen gemäß § 264 Abs. 1 Satz 2 HGB, der durch das Bilanzrechtsmodernisierungsgesetz[2] eingefügt wurde, eine Kapitalflussrechnung und einen Eigenkapitalspiegel enthalten.

Enthalten demnach etwa nach HGB geprüfte Einzelabschlüsse von Emittenten, für die kein Konzernabschluss in den Prospekt aufgenommen wird, keine geprüfte Eigenkapitalveränderungsrechnung und keine geprüfte Kapitalflussrechnung, so sind diese zusätzlich zu den historischen Abschlüssen in den Prospekt aufzunehmen. Diese **zusätzlichen Abschlusselemente** ergänzen also den zugrunde liegenden Abschluss[3]. Nach IDW PH 9.960.2 werden diese dementsprechend aus den geprüften Abschlüssen abgeleitet und nachträglich in Übereinstimmung mit den angewandten Rechnungslegungsgrundsätzen erstellt[4]. Enthalten die betreffenden nationalen Rechnungslegungsgrundsätze keine entsprechenden Vorgaben, sollen nach den Empfehlungen von ESMA die IAS/IFRS-Grundsätze angewendet werden[5]. 208

Die nach nationalen Rechnungslegungsgrundsätzen erstellten historischen Finanzinformationen müssen **geprüft** sein, wobei die Anforderungen von Ziffer 20.1 Abs. 5 Anhang I ProspektVO zu beachten sind (Rz. 212 ff.). Dies gilt auch für die zusätzlichen Abschlusselemente. Bei deutschen Emittenten richtet sich die Prüfung der zusätzlichen Abschlusselemente nach IDW PH 9.960.2[6]. Sie umfasst keine erneute Abschlussprüfung, und es wird auch kein neuer Bestätigungsvermerk erteilt oder der erteilte Bestätigungsvermerk ergänzt[7]. Über die Ergebnisse der Prüfung kann aber eine Bescheinigung abgegeben werden, für die IDW PH 9.960.2 auch ein Formulierungsmuster enthält[8]. Diese Bescheinigung ist in den Prospekt aufzunehmen[9]. 209

Die Anforderungen von Ziffer 20.1 Abs. 4 Anhang I ProspektVO gelten nicht für **Einzelabschlüsse**, die gemäß Ziffer 20.3 Anhang I ProspektVO zusätzlich zu Konzernabschlüssen in den Prospekt aufgenommen werden (siehe unten Rz. 234 ff.). 210

---

1 *d'Arcy/Kahler* in Holzborn, Anh. I EU-ProspV Rz. 134, die zudem zutreffend darauf hinweisen, dass ungeachtet der zwischenzeitlichen Ersetzung der GuV durch eine Gesamtergebnisrechnung in IAS 1 nach Ziffer 20.1 Abs. 4 Anhang I ProspektVO weiterhin die klassische GuV ausreicht; auch nach *Müller* in FrankfurtKomm. WpPG, Ziffer 20.1 Anhang I ProspektVO Rz. 47 enthalten Konzernabschlüsse deutscher Emittenten gemäß § 297 HGB die von Ziffer 20.1 Abs. 4 Anhang I ProspektVO geforderten Bestandteile.
2 Gesetz zur Modernisierung des Bilanzrechts (Bilanzrechtsmodernisierungsgesetz – BilMoG) vom 25.5.2009, BGBl. I 2009 v. 28.5.2009, S. 1102.
3 Vgl. IDW PH 9.960.2, Tz. 9, WPg 2006, 333.
4 IDW PH 9.960.2, Tz. 1 und 4, WPg 2006, 333; vgl. auch ESMA, Level-3-Empfehlungen v. 20.3.2013, ESMA/2013/319, Rz. 86.
5 ESMA, Level-3-Empfehlungen v. 20.3.2013, ESMA/2013/319, Rz. 86.
6 IDW PH 9.960.2, Tz. 7 bis 9, WPg 2006, 333.
7 IDW PH 9.960.2, Tz. 9, WPg 2006, 333.
8 IDW PH 9.960.2, Tz. 11, WPg 2006, 333 (334).
9 Vgl. auch *Fingerhut/Voß* in Just/Voß/Ritz/Zeising, Anhang I EU-ProspektVO, Rz. 337.

211 Gemäß § 264 Abs. 1 HGB oder §§ 37v Abs. 2 Nr. 2, 37y WpHG zu erstellende **Konzernlage-/Lageberichte** nach § 289 HGB gehören nicht zu den Mindestanforderungen nach Ziffer 20.1 Abs. 4 Anhang I ProspektVO. Die Aufnahme des Lageberichts als solchem kann auch nicht aufgrund von § 5 Abs. 1 WpPG verlangt werden[1]. Allerdings kann der Lagebericht Informationen, insbesondere auch Risiken, enthalten, die – ggf. in aktualisierter Form – an anderer Stelle, vor allem im Rahmen der emittentenbezogenen Risikofaktoren und in den „Angaben zur Geschäfts- und Finanzlage" (Ziffer 9.1 Anhang I ProspektVO), im Prospekt zu beschreiben sind.

g) Anwendbare Prüfungsstandards (Ziffer 20.1 Abs. 5)

212 Nach Ziffer 20.1 Abs. 5 Satz 1 des Anhangs I ProspektVO muss die Abschlussprüfung unabhängig und in Übereinstimmung mit den **in dem jeweiligen Mitgliedstaat anwendbaren Prüfungsstandards** oder einem **äquivalenten Prüfungsstandard** daraufhin durchgeführt (und mit einem entsprechenden Bestätigungsvermerk versehen) werden, ob die geprüften historischen Finanzinformationen entsprechend dem jeweiligen Prüfungsstandard, der in dem betreffenden Mitgliedstaat anwendbar ist, ein den tatsächlichen Verhältnissen entsprechendes Bild *(true and fair view)* vermitteln. In Deutschland sind die maßgeblichen Prüfungsstandards die Prüfungsstandards und Prüfungshinweise des Instituts der Wirtschaftsprüfer (IDW)[2] (siehe Anhang II EU-ProspektVO Rz. 2), insbesondere IDW PS 201[3] sowie IDW PS 400[4], der im Wesentlichen dem internationalen Prüfungsstandard ISA 700 nachgebildet ist[5]. Äquivalente Prüfungsstandards sind nach der Verwaltungspraxis der BaFin neben den International Standards on Auditing (ISA), die aufgrund von Art. 26 der Abschlussprüferrichtlinie[6] und dessen Umsetzung in § 317 Abs. 5 HGB nach Anerkennung in Deutschland anzuwenden sind, auch die japanischen, kanadischen und US-amerikanischen Prüfungsstandards[7]. Entsprechendes dürfte nach Anerkennung der Gleichwertigkeit der Rechnungslegungsstandards (siehe oben Rz. 183) jetzt auch für die chinesischen, kanadischen und südkoreanischen Prüfungsstandards gelten. Auch wenn hier im Ergebnis ein gewisser Gleichlauf mit der Anerkennung der ent-

---

1 So aber offenbar *Fingerhut/Voß* in Just/Voß/Ritz/Zeising, Anhang I EU-ProspektVO, Rz. 372 in Bezug auf Einzelabschlüsse nach HGB, die gemäß Ziffer 20.3 zusätzlich in den Prospekt aufgenommen werden.
2 Vgl. hierzu *Kunold* in Habersack/Mülbert/Schlitt, Unternehmensfinanzierung am Kapitalmarkt, § 34 Rz. 13.
3 IDW Prüfungsstandard: Rechnungslegungs- und Prüfungsgrundsätze für die Abschlussprüfung (IDW PS 201) v. 15.3.2015, WPg Supplement 2/2015, 1.
4 IDW Prüfungsstandard: Grundsätze für die ordnungsgemäße Erteilung von Bestätigungsvermerken bei Abschlussprüfungen (IDW PS 400) v. 28.11.2014, WPg Supplement 4/2010, 25, WPg Supplement 1/2013, 7, 31, WPg Supplement 1/2015, 25.
5 IDW PS 400, Tz. 116, WPg Supplement 4/2010, 25 (42 f.).
6 Richtlinie 2006/43/EG des Europäischen Parlaments und des Rates v. 17.5.2006 über Abschlussprüfungen von Jahresabschlüssen und konsolidierten Abschlüssen, zur Änderung der Richtlinien 78/660/EWG und 83/349/EWG des Rates und zur Aufhebung der Richtlinie 84/253/EWG des Rates, ABl. EU Nr. L 157 v. 9.6.2006, S. 87.
7 *Fingerhut/Voß* in Just/Voß/Ritz/Zeising, Anhang I EU-ProspektVO Rz. 342.

sprechenden nationalen Rechnungslegungsgrundsätze als den IFRS gleichwertige Rechnungslegungsstandards iS von Ziffer 20.1 Abs. 1 Anhang I und Art. 35 Abs. 5 und 5a ProspektVO besteht, ist dieser nicht zwingend, und die Beurteilung der Äquivalenz der Prüfungsstandards kann grundsätzlich unabhängig von der Gleichwertigkeit der Rechnungslegungsgrundsätze erfolgen.

Wird eine Prüfung speziell im Hinblick auf die Erstellung eines Prospekts durchgeführt und daher kein Bestätigungsvermerk, sondern nur eine Bescheinigung über die Prüfung der historischen Finanzinformationen vom Wirtschaftsprüfer ausgestellt, dann muss dieser eine Beurteilung abgeben, ob der geprüfte Abschluss ein den tatsächlichen Verhältnissen entsprechendes Bild (*true and fair view*) vermittelt. Die deutsche Sprachfassung stellt in diesem Zusammenhang darauf ab, dass dies „für das Registrierungsformular vermerkt werden" muss. Diese Formulierung ist missverständlich. Hieraus lässt sich nicht ableiten, dass eine (zusätzliche) Erklärung, die über die nach Ziffer 20.4 Anhang I ProspektVO erforderliche Erklärung hinausgeht, vom Emittenten abgegeben werden muss[1]. 213

Regelungen zur **Unabhängigkeit** der Abschlussprüfer enthält insbesondere die Abschlussprüferrichtlinie (Richtlinie 2006/43/EG v. 17.5.2006)[2], deren Art. 22 Abs. 3 durch das Bilanzrechtsmodernisierungsgesetz[3] in deutsches Recht umgesetzt wurde, indem in § 51 Abs. 4 WPO ein neuer Satz 2 angefügt wurde, wonach der Abschlussprüfer iS des § 316 HGB in den Arbeitspapieren die ergriffenen Maßnahmen zur Überprüfung seiner Unabhängigkeit, seine Unabhängigkeit gefährdende Umstände und ergriffene Schutzmaßnahmen schriftlich zu dokumentieren hat[4]. Die Unabhängigkeitsanforderungen an Abschlussprüfer sind für deutsche Emittenten in den §§ 319 ff. HGB umgesetzt. Diese sind jedoch im Lichte der Anforderungen der ProspektVO an eine unabhängige Prüfung zu beurteilen.[5] 214

3. Pflicht zur Erstellung von Pro-forma-Finanzinformationen (Ziffer 20.2) *(Kunold)*

a) Vorbemerkung und Überblick

Bei Pro-forma-Finanzinformationen handelt es sich um **ergänzende Finanzinformationen** zu den letzten Jahres-, Konzern- und Zwischenabschlüssen eines Unternehmens. Die Pflicht zur Erstellung von Pro-forma-Finanzinformationen ist vor 215

---

1 Vgl. hierzu auch ESMA, Questions and Answers Prospectuses, 25th updated version (July 2016), ESMA/2016/1133 v. 15.7.2016, Frage 14 Q3 (July 2006).
2 Richtlinie 2006/43/EG des Europäischen Parlaments und des Rates v. 17.5.2006 über Abschlussprüfungen von Jahresabschlüssen und konsolidierten Abschlüssen, zur Änderung der Richtlinien 78/660/EWG und 83/349/EWG des Rates und zur Aufhebung der Richtlinie 84/253/EWG des Rates, ABl. EU Nr. L 157 v. 9.6.2006, S. 87; siehe dazu *d'Arcy/Kahler* in Holzborn, Anh. I EU-ProspV Rz. 137 f.
3 Gesetz zur Modernisierung des Bilanzrechts (Bilanzrechtsmodernisierungsgesetz – BilMoG) vom 25.5.2009, BGBl. I 2009 v. 28.5.2009, S. 1102.
4 Vgl. *Kuhn/Stibi*, WPg 2009, 1157 (1159).
5 Dazu näher *Müller* in FrankfurtKomm. WpPG, Ziffer 20.1 Anhang I ProspektVO Rz. 75 ff.

dem Hintergrund zu sehen, dass die nach Ziffer 20.1 des Anhangs I ProspektVO aufzunehmenden historischen Finanzinformationen des Emittenten mitunter nicht ausreichend sind, um den Anlegern ein zutreffendes Bild über die Vermögens-, Finanz- und Ertragslage des Emittenten sowie zu dessen Zukunftsaussichten zu vermitteln. Dies kann immer dann der Fall sein, wenn infolge von Strukturmaßnahmen eine **erhebliche Änderung der Unternehmensstruktur des Emittenten** erfolgte und dies in den historischen Finanzausweisen des grundsätzlich im Prospekt darzustellenden Zeitraums von drei Geschäftsjahren nicht oder nicht ausreichend enthalten ist. Beispiele hierfür sind etwa der Ausstieg der Altaktionäre aus ihrer Beteiligung im Falle eines Börsengangs sowie die Begebung neuer Aktien zur Finanzierung oder Refinanzierung des Erwerbs eines Unternehmens oder Unternehmensteils[1]. Pro-forma-Finanzinformationen sollen darstellen, welche wesentlichen Auswirkungen eine nicht unerhebliche Unternehmenstransaktion auf die historischen Abschlüsse gehabt hätte. Gemäß Ziffer 20.2 des Anhangs I ProspektVO sind bei **Aktienemissionen** dann Pro-forma-Finanzinformationen in den Prospekt aufzunehmen, wenn eine Unternehmenstransaktion zu einer **bedeutenden Brutto-Veränderung** der Verhältnisse des Emittenten führt und die durch diese Transaktion geschaffene neue Unternehmensstruktur nicht in den historischen Finanzinformationen abgebildet wird. Liegt eine bedeutende Bruttoveränderung vor, dann ist nach Ziffer 20.2 Abs. 1 des Anhangs I ProspektVO eine Beschreibung der Art und Weise, wie die Transaktion oder die Transaktionen sich auf die Aktiva und Passiva sowie die Erträge des Emittenten ausgewirkt hätte(n), wäre(n) diese Transaktion(en) bereits zum Beginn des Berichtszeitraums oder zum Berichtszeitpunkt durchgeführt worden, in den Prospekt aufzunehmen. Hierbei ist die deutsche Sprachfassung gemeinsam mit der englischen Sprachfassung zu lesen, da in der deutschen Sprachfassung infolge des dort verwandten Indikativs statt des Konjunktivs suggeriert wird, es gehe um die Darstellung eines tatsächlichen und nicht eines hypothetischen Verlaufs. Pro-forma-Finanzinformationen sollen durch Anpassung um fiktive Elemente die Aussagekraft für die zukünftige Umsatz- und Ertragskraft des Unternehmens (Prognoseeignung) erhöhen[2]. Damit bilden Pro-forma-Finanzinformationen eine **rein hypothetische Situation** ab und vermitteln gerade kein den tatsächlichen Verhältnissen entsprechendes Bild der Vermögens-, Finanz- oder Ertragslage[3]. Der Emittent könnte sich mithin bei Berücksichtigung der Unternehmenstransaktion zu Beginn des Zeitraums, für den der Abschluss aufgestellt wird (Berichtszeitraum), auch ganz anders entwickelt haben, als in den Pro-forma-Angaben dargestellt[4]. Es handelt sich nicht um die tatsächliche

---

[1] Siehe hierzu *A. Meyer* in FrankfurtKomm. WpPG, Ziffer 20.2 Anhang I ProspektVO Rz. 1 ff.

[2] *von Keitz/Grote*, KoR 2001, 25 (26 ff.); *Heiden*, Pro-forma-Berichterstattung, S. 198; *Förschle/Almeling* in Winkeljohann/Förschle/Deubert, Sonderbilanzen, Kap. F, Rz. 17.

[3] Siehe auch die Darstellung des Zwecks sowie die Definition von Pro-forma-Finanzinformationen in International Standard on Assurance Engagements (IASE) 3420, Assurance Engagement to Report on the Compilation of Pro Forma Financial Information Included in a Prospectus, Tz. 4 und 11(c).

[4] IDW RH HFA 1.004, Tz. 2, WPg 2006, 141; dazu auch *Schindler/Böttcher/Roß*, WPg 2001, 22 (24); *Schindler/Böttcher/Roß*, WPg 2001, 477 (485); *Förschle/Almeling* in Winkeljohann/Förschle/Deubert, Sonderbilanzen, Kap. F, Rz. 17. *Groß* in Ebenroth/Boujoung/Joost/

Wiedergabe von historischen Ereignissen, sondern vielmehr um „Als-ob-Abschlüsse".

Ebenso wie Ziffer 20.2 des Anhangs I ProspektVO sehen auch Ziffer 15.2 des Anhangs XXIII ProspektVO (verhältnismäßiges Schema mit Mindestangaben für das Aktienregistrierungsformular bei Bezugsrechtsemissionen) sowie Ziffer 20.2 des Anhangs XXV ProspektVO (verhältnismäßiges Schema mit Mindestangaben für das Aktienregistrierungsformular von kleineren und mittleren Unternehmen und Unternehmen mit geringer Marktkapitalisierung) wortlautidentisch die Aufnahme von Pro-forma-Finanzinformationen vor, wenn sich eine bedeutende Unternehmenstransaktion auf die Verhältnisse des Emittenten auswirkt. Hinsichtlich der Aufnahme von Pro-forma-Finanzinformationen wird mithin **nicht nach der Art der Aktienemittenten** (Größe, Liquidität oder Bezugsrechtsangebot) **unterschieden**. Es gelten insoweit also keine erleichterten Prospektanforderungen (siehe hierzu auch Anhang II EU-ProspektVO Rz. 1).

Mit Ziffer 20.2 des Anhangs I ProspektVO ist die **Pflicht zur Aufnahme von Pro-forma-Finanzinformationen** in einen Prospekt für öffentliche Angebote oder Börsenzulassungen von Eigenkapitalwertpapieren in Deutschland **erstmalig ausdrücklich gesetzlich geregelt**[1]. Vor Inkrafttreten des WpPG wurde die Aufnahme von Pro-forma-Angaben in den Prospekt auf **§ 21 Abs. 1 Nr. 1 BörsZulV aF** und – für das Marktsegment Neuer Markt[2] – eine entsprechende Vorschrift im **Regelwerk Neuer Markt** der Frankfurter Wertpapierbörse (Ziffer 4.1.8 Abs. 1 Nr. 1) gestützt, die eine **vergleichende Darstellung** von Bilanzen sowie Gewinn- und Verlustrechnungen der letzten drei Geschäftsjahre verlangten[3]. Hierbei konnte sich nach den Umständen des Einzelfalls die Frage stellen, inwieweit die Aufnahme einer ergänzenden Pro-forma-Darstellung gegebenenfalls aus Gründen der Vergleichbarkeit erforderlich oder ratsam ist, wenn in den betroffenen Berichtszeiträumen wesentliche strukturelle Änderungen der Verhältnisse des Emittenten eingetreten sind[4]. Darüber hinaus schrieb das Regelwerk Neuer Markt ab dem 1.1.2001 ausdrücklich die Aufnahme von Pro-forma-Darstellungen vor, sofern der Emittent nicht bereits drei

216

Strohn, HGB, Rz. IX 792 weist daher auch zu Recht darauf hin, dass „insgesamt" bei Pro-forma-Abschlüssen „Vorsicht geboten" ist.

1 *Schlitt/Wilczek* in Habersack/Mülbert/Schlitt, Handbuch der Kapitalmarktinformation, § 5 Rz. 68 bezeichnen dies als Paradigmenwechsel.
2 Der Neue Markt wurde im März 1997 als zusätzliches eigenständiges, privatrechtliches Marktsegment für Wachstumsunternehmen an der Frankfurter Wertpapierbörse geschaffen und am 5.6.2003 im Rahmen einer Neusegmentierung des Aktienmarktes geschlossen; vgl. zum Neuen Markt *A. Meyer* in Marsch-Barner/Schäfer, Handbuch börsennotierte AG, 2005, § 6 Rz. 54 f.
3 *d'Arcy/Leuz*, DB 2000, 385 (386); *Schindler/Böttcher/Roß*, WPg 2001, 22; *von Keitz/Grote*, KoR 2001, 25; *A. Meyer*, WM 2002, 1864 (1871); *A. Meyer* in Habersack/Mülbert/Schlitt, Unternehmensfinanzierung am Kapitalmarkt, 1. Aufl. 2005, § 24 Rz. 22.
4 Vgl. zur Auslegung von § 21 Abs. 1 Nr. 1 BörsZulV aF auch *Fingerhut/Voß* in Just/Voß/Ritz/Zeising, Anhang I EU-ProspektVO Rz. 344; *A. Meyer*, WM 2002, 1864 (1871); *Schindler/Böttcher/Roß*, WPg 2001, 22 (27); *d'Arcy/Leuz*, DB 2000, 385 (386).

Jahre als Aktiengesellschaft (Ziffer 4.1.8 Abs. 3 Satz 2, Ziffer 4.1.12 Abs. 3) bestanden hatte[1]. Auch die **Going Public-Grundsätze** der Deutsche Börse AG[2] enthielten Regelungen zu Pro-forma-Finanzinformationen. Diese waren angesichts der erheblichen Bedeutung von Pro-forma-Finanzinformationen im Rahmen des Neuen Markts und aufgrund des – wie sich zeigte – zweifelhaften Nutzens von Pro-forma-Angaben über drei Geschäftsjahre für die Vergleichbarkeit[3] allerdings in ihrer Zielrichtung als Beschränkung (und nicht als Pflichtangaben)[4] ausgestaltet. So sollten Pro-forma-Finanzinformationen nur dann im Prospekt verwendet werden, wenn beim Geschäftsbetrieb des Emittenten wesentliche rechtliche oder wirtschaftlichen Änderungen eingetreten sind und die Pro-forma-Angaben sich nur auf das letzte Geschäftsjahr und die aktuelle Zwischenberichtsperiode (und nicht – wie nach dem Regelwerk Neuer Markt vorgesehen – auf die drei letzten Geschäftsjahre) beziehen. Eine vergleichbare Beschränkung hinsichtlich des Zeitraums, für den Pro-forma-Finanzinformationen aufgenommen werden können, enthält auch Ziffer 5 des Anhangs II ProspektVO (siehe Anhang II EU-ProspektVO Rz. 30 ff.). Des Weiteren verlangten die Going Public-Grundsätze, dass die Pro-forma-Angaben nach anerkannten Rechnungslegungsvorschriften erstellt sind und eine Bescheinigung des Wirtschaftsprüfers über eine entsprechende prüferische Durchsicht der Pro-forma-Angaben in den Prospekt aufgenommen wird.

217 In welchem **Umfang** und in welcher **Darstellungsweise** Pro-forma-Finanzinformationen in einen Prospekt aufgenommen werden müssen, ist im Einzelnen in **Anhang II ProspektVO „Modul für Pro forma-Finanzinformationen"** geregelt (vgl. die Kommentierung zu Anhang II EU-ProspektVO), der als Modul[5] die in Anhang I Ziffer 20.2 ProspektVO, Anhang XXIII Ziffer 15.2 ProspektVO und Anhang XXV Ziffer 20.2 ProspektVO geregelte Pflicht, wann Pro-forma-Finanzinformationen in einen Prospekt aufzunehmen sind, ergänzt.

---

1 A. *Meyer* in Habersack/Mülbert/Schlitt, Unternehmensfinanzierung am Kapitalmarkt, 1. Aufl. 2005, § 24 Rz. 22; A. *Meyer*, WM 2002, 1864 (1871); *Heiden*, Pro-forma-Berichterstattung, S. 187.
2 Die Going Public-Grundsätze der Deutsche Börse AG, die am 1.9.2002 in Kraft getreten sind und in Ergänzung zum damals geltenden Recht Empfehlungen zur Ausgestaltung von Prospekten im Hinblick auf national und international anerkannte Standards enthalten, sind in ihrer ursprünglichen Fassung v. 15.7.2002 abgedruckt in AG 2002, 507 ff.; dazu A. *Meyer*, WM 2002, 1864 ff.; *Schlitt/Smith/Werlen*, AG 2002, 478 ff. Mit Inkrafttreten des WpPG sind die Going Public-Grundsätze zum 1.7.2005 aufgehoben worden.
3 Hierzu auch A. *Meyer*, WM 2002, 1864 (1871); vgl. auch *Heiden*, Pro-forma-Berichterstattung, S. 262.
4 So auch *Schlitt/Smith/Werlen*, AG 2002, 478 (486).
5 Vgl. hierzu den in Art. 2 Nr. 2 ProspektVO legaldefinierten Begriff „Modul". Ein Modul „bezeichnet eine Liste zusätzlicher Angaben, die nicht in den Schemata enthalten sind und einem oder mehreren dieser Schemata anzufügen sind, je nachdem, um welches Instrument und/oder um welche Transaktion es sich handelt, für die ein Prospekt oder ein Basisprospekt erstellt wurde", vgl. näher zu dem sog. *„building block approach"*, also einem Baukastensystem, und der Kombination von Schemata und Modulen *Kunold/Schlitt*, BB 2004, 501 (507) sowie die Kommentierung zu § 7 WpPG Rz. 16 ff.

Von der Situation, dass ein Unternehmen oder Unternehmensteil erworben oder veräußert wird und lediglich die Auswirkungen dieser Unternehmenstransaktion nicht in den historischen Finanzinformationen des Emittenten abgebildet sind, ist die Fallkonstellation zu unterscheiden, dass aufgrund einer Umstrukturierung von Geschäftseinheiten die historischen Finanzinformationen des Emittenten und etwaige Pro-forma-Finanzinformationen nicht ausreichen, um dem Anleger ein fundiertes Urteil über die Finanzlage des Emittenten zu erlauben. Letzteres kann etwa darauf zurückzuführen sein, dass die historischen Finanzinformationen die Geschäftstätigkeit des Emittenten für den Zeitraum, für den historische Finanzinformationen in den Prospekt aufzunehmen sind, nicht oder nicht ausreichend abbilden, sondern (teilweise) in den historischen Finanzinformationen einer anderen Gesellschaft abgebildet werden. Dies ist insbesondere dann der Fall, wenn das operative Geschäft ganz oder teilweise von einer oder mehreren Gesellschaften betrieben wurde, mithin die Finanzlage des Emittenten eng mit der einer anderen Gesellschaft verbunden ist. Haben sich in einem solchen Fall die betreffenden rechtlich selbständigen und/oder rechtlich unselbständigen Geschäftseinheiten während des in den historischen Finanzinformationen darzustellenden Zeitraums von drei Geschäftsjahren unter einheitlicher Kontrolle eines übergeordneten Konzerns befunden oder wurden sie von einem anderen Unternehmen bzw. einer Person beherrscht (*common control*), kommt die Aufnahme eines sog. **kombinierter Abschluss** (*combined financial statements*) aufgrund einer **komplexen Finanzhistorie** (*complex financial history*) gemäß Art. 4a ProspektVO in Betracht (hierzu unten Rz. 283 ff. sowie zum Verhältnis von Pro-forma-Finanzinformationen Rz. 265). Ein kombinierter Abschluss kann dann allerdings seinerseits Grundlage für Pro-forma-Finanzinformationen sein (siehe unten Rz. 281). Darüber hinaus sieht Art. 4a ProspektVO vor, dass die Aufnahme ergänzender Finanzinformationen, insbesondere Pro-forma-Finanzinformationen, gegebenenfalls auch dann verlangt werden kann, wenn die betreffende, zu einer bedeutenden Brutto-Veränderung führende Transaktion zwar noch nicht vollzogen ist (wie es in Anhang I Ziffer 20.2 ProspektVO vorausgesetzt wird), insoweit aber bereits eine **bedeutende finanzielle Verpflichtung** eingegangen wurde (siehe unten Rz. 221 sowie Rz. 273 ff.).

b) Bedeutende Brutto-Veränderung

Nach Ziffer 20.2 des Anhangs I ProspektVO sind Pro-forma-Finanzinformationen dann in den Prospekt aufzunehmen, wenn eine bedeutende Brutto-Veränderung (*significant gross change*) vorliegt, wobei der Wortlaut von Ziffer 20.2 Abs. 1 Anhang I ProspektVO voraussetzt, dass einer solchen bedeutenden Brutto-Veränderung regelmäßig eine Transaktion zugrunde liegt. Dass der bedeutenden Brutto-Veränderung eine Transaktion zugrunde liegen muss, ergibt sich zudem aus Erwägungsgrund 9 der ProspektVO, wonach eine bedeutende Brutto-Veränderung als Folge einer „speziellen Transaktion" definiert wird.

aa) Transaktionsbegriff

220 Der Begriff „Transaktion" ist in der ProspektVO nicht näher bestimmt. Auch CESR hatte sich in den Level-3-Empfehlungen nicht hierzu geäußert, obwohl dies in den Stellungnahmen der Marktteilnehmer verschiedentlich angemahnt worden ist. Gleiches gilt für die durch ESMA aktualisierten Level-3-Empfehlungen. Der im Hinblick auf die Anforderungen der ProspektVO geänderte Rechnungslegungshinweis des Hauptfachausschusses (HFA) des Instituts der Wirtschaftsprüfer (IDW): Erstellung von Pro-Forma-Finanzinformationen (IDW RH HFA 1.004)[1], der als Orientierung im Rahmen eigenverantwortlicher Entscheidungen des Wirtschaftsprüfers dient und dessen Anwendung den Wirtschaftsprüfern empfohlen wird (zur rechtlichen Einordnung und Funktion von Rechnungslegungshinweisen des IDW siehe Anhang II EU-ProspektVO Rz. 2), fasst solche Unternehmenstransaktionen hierunter, die zu einer Änderung der Unternehmensstruktur führen können[2]. Beispielhaft werden genannt der **Zugang/Abgang eines Tochterunternehmens, Teilkonzerns oder Unternehmensteils**. Im Ergebnis wird man davon ausgehen müssen, dass der Begriff der Transaktion **weit zu verstehen** ist[3] und jede Transaktion umfasst, die geeignet ist, eine entsprechende Änderung der Unternehmensstruktur herbeizuführen. Daher kann sich eine Transaktion auch auf **einzelne Vermögensgegenstände** beziehen[4]. Ein Blick auf Art. 11 der Regulation S-X, der die Offenlegung von Proforma-Angaben im US-amerikanischen Wertpapierrecht regelt, verdeutlicht weitere Anlässe. In Regulation S-X Rule 11-01 (a) werden enumerativ neben wesentlichen Unternehmenszusammenschlüssen (*significant business combinations*) und der Aufgabe von Unternehmensteilen (*disposition of a significant portion of a business*) ua. der Erwerb von Immobilienunternehmen/-unternehmensteilen und Immobilien (*acquisition of one or more real estate operations or properties*) sowie sonstige Ereignisse oder Transaktionen[5] wie Kapitalstrukturmaßnahmen oder unter bestimmten Voraussetzungen die Verwendung von Emissionserlösen genannt. Zu berücksichtigen ist zudem, dass man den Begriff der Transaktion auch nicht losgelöst von der „bedeutenden Brutto-Veränderung" beurteilen können wird. So wird etwa ein Formwechsel nach den Regelungen des Umwandlungsgesetzes – anders als etwa noch zu Zeiten des Neuen Marktes – nicht erfasst[6]. Auch der Erwerb von ausstehenden Anteilen an ei-

---

1 IDW Rechnungslegungshinweis: Erstellung von Pro-Forma-Finanzinformationen (IDW RH HFA 1.004) v. 29.11.2005, WPg 2006, 141.
2 IDW RH HFA 1.004, Tz. 3, WPg 2006, 141.
3 So auch *Fingerhut/Voß* in Just/Voß/Ritz/Zeising, Anhang I EU-ProspektVO Rz. 363, die erwähnen, dass in der Verwaltungspraxis der BaFin zB auch der Fall einer Entkonsolidierung von Fonds als Transaktion iS von Anhang Ziffer 20.2 ProspektVO gewertet worden ist.
4 *Förschle/Almeling* in Winkeljohann/Förschle/Deubert, Sonderbilanzen, Kap. F, Rz. 71.
5 Vgl. hierzu SEC, Financial Reporting Manual of the Division of Corporate Finance (Rechnungslegungshandbuch der Abteilung Unternehmensfinanzen), Stand 17.3.2016, Tz. 3160, abrufbar unter http://www.sec.gov/division/corfin/cffinancialreportingmanual.shtml.
6 IDW RH HFA 1.004, Tz. 3, WPg 2006, 141. In dem vor dem geänderten Prospektrecht geltenden IDW RH HFA 1.004 v. 1.7.2002, Rz. 7 aF, WPg 2002, 980 wurde ergänzend erwähnt, dass gleichwohl im Einzelfall abzuwägen sei, „ob die Aussagefähigkeit der Rechnungslegung durch einzelne Pro-Forma-Erläuterungen (zB hinsichtlich des Steueraufwands) erhöht werden kann".

nem Unternehmen, das bereits vor dem Erwerb vollkonsolidiert wurde, führt mangels einer Veränderung der Unternehmensstruktur nicht zu der Pflicht, Pro-forma-Finanzinformationen aufzustellen[1].

Ferner sind nur solche Unternehmenstransaktionen von Relevanz, die im **laufenden oder letzten abgeschlossenen Geschäftsjahr** stattgefunden haben, da Pro-forma-Finanzinformationen maximal für den letzten abgeschlossenen Berichtszeitraum veröffentlicht werden dürfen (Anhang II Ziffer 5 ProspektVO) und Transaktionen, die vor Beginn des letzten Geschäftsjahres stattgefunden haben, bereits im Abschluss für das letzte Geschäftsjahr abgebildet sind[2] (vgl. hierzu Anhang II EU-ProspektVO Rz. 6 f.). Dabei werden nach ESMA von Ziffer 20.2 des Anhangs I ProspektVO sowohl **bereits vollzogene** Transaktionen als auch Transaktionen, deren Durchführung lediglich **verbindlich vereinbart** wurde, erfasst[3]. Dies bedeutet jedoch nicht, dass bei lediglich vereinbarten, noch nicht vollzogenen Transaktionen zwingend immer auch Pro-forma-Finanzinformationen zu erstellen sind. Dies ergibt sich daraus, dass ESMA sich hinsichtlich der Einbeziehung auch nicht vollzogener Transaktionen in den Transaktionsbegriff der Ziffer 20.2 des Anhangs I ProspektVO auf Abs. 1 Unterabs. 2 des durch die Verordnung (EU) Nr. 211/2007 eingeführten Art. 4a ProspektVO bezieht. In den Fällen des Art. 4a Abs. 1 Unterabs. 2 Satz 2 ProspektVO ist die Aufnahme von Pro-forma-Finanzinformationen aber keine zwingende Rechtsfolge, sondern zusammen mit der Frage, ob zB sog. kombinierte Abschlüsse aufzunehmen sind, Gegenstand einer Ermessensentscheidung der zuständigen Behörde, die im Einzelfall anhand bestimmter Kriterien zu treffen ist (siehe dazu unten Rz. 273 ff.)[4].

bb) Feststellung einer bedeutenden Brutto-Veränderung

Eine „bedeutende Brutto-Veränderung" (*significant gross change*) ist nach Erwägungsgrund 9 der ProspektVO[5] und der mit Verordnung (EU) Nr. 211/2007[6] ein-

---

1 *Förschle/Almeling* in Winkeljohann/Förschle/Deubert, Sonderbilanzen, Kap. F, Rz. 75; A. Meyer in FrankfurtKomm. WpPG, Ziffer 20.2 Anhang I ProspektVO Rz. 6.
2 Ebenso A. Meyer in FrankfurtKomm. WpPG, Ziffer 20.2 Anhang I ProspektVO Rz. 5, der ebenfalls darauf hinweist, dass dieses Erfordernis in Ziffer 20.2 zwar nicht ausdrücklich erwähnt wird, sich jedoch mittelbar aus Ziffer 5 des Anhangs II ProspektVO ergibt.
3 ESMA, Questions and Answers Prospectuses, 25th updated version (July 2016), ESMA/2016/1133 v. 15.7.2016, Frage 50 Qa (September 2007).
4 ESMA, Questions and Answers Prospectuses, 25th updated version (July 2016), ESMA/2016/1133 v. 15.7.2016, Frage 50 Qa (September 2007).
5 Erwägungsgrund 9 ProspektVO: „Pro forma-Finanzinformationen müssen dann beigebracht werden, wenn es zu einer bedeutenden Gesamtveränderung der Situation des Emittenten als Folge einer speziellen Transaktion kommt, d.h. einer mehr als 25%igen Schwankung in Bezug auf einen oder mehrere Indikatoren, die den Umfang der Geschäftstätigkeit des Emittenten bestimmen, mit Ausnahme jener Fälle, in denen eine entsprechende Rechnungslegung bei Fusionen erforderlich ist."
6 Verordnung (EG) Nr. 211/2007 der Kommission vom 27.2.2007 zur Änderung der Verordnung (EG) Nr. 809/2004 zur Umsetzung der Richtlinie 2003/71/EG des Europäischen Parlaments und des Rates in Bezug auf Finanzinformationen, die bei Emittenten mit komple-

geführten Legaldefinition in Art. 4a Abs. 6 ProspektVO dann gegeben, wenn eine konkrete Unternehmenstransaktion zu einer bedeutenden Veränderung der Gesamtsituation eines Emittenten führt, was dann der Fall ist, wenn sich **ein oder mehrere Größenindikatoren**, die den Umfang der Geschäftstätigkeit des Emittenten bestimmen, um **mehr als 25% verändern**[1]. Ausgenommen sind nach Erwägungsgrund 9 der ProspektVO dabei Fälle, die im Wege einer entsprechenden Rechnungslegung bei Fusionen (**Merger Accounting**) dargestellt werden[2]. Abgesehen davon, dass diese Ausnahme in den Wortlaut von Ziffer 20.2 Anhang I ProspektVO keinen Eingang gefunden hat, kommt ihr in der Praxis auch keine eigenständige Bedeutung zu. Zum Teil wird dies damit begründet, dass diese Ausnahme auf Transaktionen abzielt, für die historische Finanzinformationen in Form von kombinierten Abschlüssen erstellt werden und für die Pro-forma-Finanzinformationen nicht geeignet sind[3]. Zum anderen wird darauf hingewiesen, dass das Umwandlungsgesetz keine zwingenden Rechnungslegungsvorschriften für Verschmelzungen vorsieht und § 24 UmwG als Rechnungslegungsvorschrift lediglich das Wahlrecht des übernehmenden Rechtsträgers zur sog. Buchwertfortführung enthalte, der zudem nur auf die Rechnungslegung nach HGB Bezug nehme, und nicht auf IFRS, die nach Ziffer 20.1 des Anhangs I ProspektVO in erster Linie für Konzernabschlüsse maßgeblich sind[4].

223 Für die Beurteilung, ob eine Transaktion zu einer Veränderung von mehr als 25% in Bezug auf die Geschäftstätigkeit des Emittenten führt, ist daher der Umfang der Transaktion im Verhältnis zum Umfang der Geschäftstätigkeit des Emittenten vor der betreffenden Transaktionen zu bewerten[5]. Als mögliche, **nicht abschließende Indikatoren** nennt ESMA in den Level-3-Empfehlungen:

– **Bilanzsumme** (*total assets*)

– **Umsatzerlöse** (*revenue*)

– **Jahresergebnis**, also Jahresüberschuss oder Jahresfehlbetrag (*profit or loss*)[6].

Dies bedeutet, dass (i) die Bilanzsumme des zugehenden/abgehenden Unternehmens/Unternehmensteils oder Teilkonzerns die Grenze von 25% der Bilanzsumme des rechnungslegenden Unternehmens, also des Emittenten, übersteigt, (ii) die Umsatzerlöse des letzten vollen Geschäftsjahres des zugehenden/abgehenden Unternehmens/Unternehmensteils oder Teilkonzerns die Grenze von 25% der Umsatzerlöse

---

xer finanztechnischer Vorgeschichte oder bedeutenden finanziellen Verpflichtungen im Prospekt enthalten sein müssen, ABl. EU Nr. L 61 v. 28.2.2007, S. 24.

1 Die deutsche Fassung des Erwägungsgrunds 9 der ProspektVO verwendet den unzutreffenden Begriff „Schwankung" (statt Veränderung). In dem nunmehr maßgeblichen Art. 4a Abs. 6 ProspektVO wird in deutschen Fassung jetzt zutreffend auf eine „Veränderung" abgestellt.
2 *d'Arcy/Kahler* in Holzborn, Anh. I EU-ProspV Rz. 147; *A. Meyer*, Accounting 2006, 11 (12); *A. Meyer* in FrankfurtKomm. WpPG, Ziffer 20.2 Anhang I ProspektVO Rz. 15.
3 *d'Arcy/Kahler* in Holzborn, Anh. I EU-ProspV Rz. 147.
4 Hierzu ausführlich *A. Meyer* in FrankfurtKomm. WpPG, Ziffer 20.2 Anhang I ProspektVO Rz. 15 sowie mit Nachweisen zur Literatur zum Umwandlungsrecht.
5 ESMA, Level-3-Empfehlungen v. 20.3.2013, ESMA/2013/319, Rz. 91.
6 ESMA, Level-3-Empfehlungen v. 20.3.2013, ESMA/2013/319, Rz. 92.

des letzten Geschäftsjahres des Emittenten überschreitet und/oder (iii) der Jahresüberschuss bzw. der Jahresfehlbetrag des zugehenden/abgehenden Unternehmens/Unternehmensteils oder Teilkonzerns die Grenze von 25% des Jahresüberschusses oder des Jahresfehlbetrages des Emittenten vor der Unternehmenstransaktion überschreitet[1]. Bei konzernabschlusspflichtigen Emittenten ist hinsichtlich des Schwellenwerts von 25% auf den Konzernabschluss abzustellen.

Darüber hinaus können von einem Emittenten aber auch **andere Maßgrößen** herangezogen werden[2]. Dies gilt vor allem dann, wenn die beispielhaft genannten Indikatoren im konkreten Fall unübliche Effekte zeigen oder für die Branche, zu der der Emittent gehört, ungeeignet sind. Ist dies der Fall, dann sollen nach ESMA die dann verwendeten Größenindikatoren mit der zuständigen Behörde, also in Deutschland der BaFin, abgestimmt werden[3]. Hiermit wollte CESR nach seiner in der im Rahmen der Konsultation zur konsistenten Umsetzung der Prospektanforderungen im Februar 2005 abgegebenen Stellungnahme den Emittenten eine gewisse Flexibilität ermöglichen mit dem übergeordneten Ziel, den Anlegern hinreichende Informationen zur Verfügung zu stellen[4]. Zudem wird auch den Aufsichtsbehörden ermöglicht, auf etwaige Sonderfälle eingehen zu können. Da freiwillige Pro-forma-Informationen

224

---

[1] Vgl. auch IDW RH HFA 1.004, Tz. 5, WPg 2006, 141.
[2] Als Beispiel für andere Indikatoren werden von *A. Meyer* in FrankfurtKomm. WpPG, Ziffer 20.2 Anhang I ProspektVO Rz. 11 die bei Kreditinstituten so nicht im Abschluss ausgewiesenen „Gesamterträge" genannt, bei denen es sich um die Summe einzelner, im Abschluss eines Kreditinstituts ausgewiesener Ergebniskomponenten handelt. Dies ist letztlich eine rechnungslegungstechnisch bedingte Variante des Indikators „Umsatzerlöse". Des Weiteren könnte erwogen werden, auf den sog. Investment-Test (Anschaffungskosten im Verhältnis zur Bilanzsumme des Emittenten) abzustellen, wenn dies im Hinblick auf den konkreten Einzelfall und die betreffende Transaktion sachgerechter erscheint. Der Investment-Test ist neben dem sog. Asset-Test (Verhältnis der Bilanzsumme des erworbenen Geschäfts zur Bilanzsumme des Emittenten) und dem Income-Test (Verhältnis des pre-tax income des erworbenen Geschäfts zum pre-tax income des Emittenten) in Regulation S-X Rule 11-01(b) iVm. Rule 1-02(w) vorgesehen, um zu beurteilen, ob eine Transaktion wesentlich (*significant*) ist. Dies ist vom Emittenten insbesondere bei Platzierungen in den USA (zB nach Rule 144A) ohnehin zu berücksichtigen. Entgegen *A. Meyer* in FrankfurtKomm. WpPG, Ziffer 20.2 Anhang I ProspektVO Rz. 11 würde dies keine Abkehr von der 25%-Schwelle bedeuten, die in der Legaldefinition des Art. 4a Abs. 6 ProspektVO vorgegeben ist. Vielmehr würde lediglich der „size of the transaction" anhand der Anschaffungskosten bestimmt, der dann wiederum zur Bilanzsmme (*total assets*) ins Verhältnis gesetzt wird. Dies wäre letztlich lediglich eine Variante des von ESMA genannten Größenindikators „*total assets*".
[3] ESMA, Level-3-Empfehlungen v. 20.3.2013, ESMA/2013/319, Rz. 93.
[4] CESR, Feedback Statement of February 2005 to CESR's consultation for the consistent implementation of the European Commission's Regulation on Prospectuses n° 809/2004, CESR/05-055b, Tz. 43, 45. Diese Flexibilität wird entgegen *d'Arcy/Kahler* in Holzborn, Anh. I EU-ProspV Rz. 149 auch nicht durch IDW RH HFA 1.004 eingeschränkt, da die in Tz. 5 auf der Basis der ESMA-Level-3-Empfehlungen genannten Indikatoren nicht als abschließend zu verstehen sind. Selbst wenn das IDW hier diese Indikatoren als abschließend ansehen würde, wären die ProspektVO und die Auslegung durch ESMA und die BaFin maßgeblich.

von dem Emittenten im Rahmen der Vorgaben von Anhang II ProspektVO immer in den Prospekt aufgenommen werden können, kann die von CESR/ESMA angesprochene Flexibilität des Emittenten in der Anwendung anderer Größenindikatoren („*Other indicators can be applied by the issuer ...*")[1] insbesondere auch zur Folge haben, dass im Einzelfall trotz Überschreitens der 25%-Schwelle bei einem der drei von ESMA genannten Indikatoren gegebenenfalls keine Pro-forma-Informationen aufzunehmen sind. Zugleich bedeutet diese Aufgabenzuweisung seitens ESMA an den Emittenten allerdings auch, dass zumindest in den relevanten Sonderfällen dem Emittenten die Last aufgebürdet wird, die maßgeblichen Größenindikatoren zu bestimmen[2].

225 **Anknüpfungspunkt** für die genannten Indikatoren, die den Umfang der Geschäftstätigkeit des Emittenten um mehr als 25% verändern können, sind nach den ESMA-Level-3-Empfehlungen grundsätzlich die Zahlen des letzten veröffentlichten Jahresabschlusses als auch – soweit verfügbar – die des nächsten zu veröffentlichenden Jahresabschlusses[3]. Da die Zahlen des nächsten zu veröffentlichenden Abschlusses im Zeitpunkt der Beurteilung, ob eine Pflicht zur Erstellung von Pro-forma-Finanzinformationen nach Ziffer 20.2 Abs. 1 Anhang I ProspektVO besteht, regelmäßig noch nicht bekannt sind, ist der letzte veröffentlichte Jahresabschluss in der Regel der maßgebliche Anknüpfungspunkt.

226 Haben in einer Berichtsperiode **mehrere Unternehmenstransaktionen** stattgefunden, so ist nach dem Wortlaut des Erwägungsgrundes 9 ProspektVO „als Folge einer speziellen Transaktion" das **Überschreiten der 25%-Schwelle für jede Transaktion gesondert zu prüfen**. Dabei ist jedoch zu berücksichtigen, dass eine Unternehmenstransaktion auch dann vorliegt, wenn sie sich aus verschiedenen Phasen zusammensetzt[4]. Mehrere Transaktionen, die für sich betrachtet jeweils einzeln nicht die Schwelle von 25% überschreiten würden, sind demgegenüber grundsätzlich nicht zusammenzurechnen. Bei mehreren Transaktionen ist die Prüfung der Erreichung des Schwellenwerts für jede Transaktion gesondert auf den letzten veröffentlichten Jahresabschluss zu beziehen, ohne dass die Auswirkungen einer vorhergehenden Transaktion berücksichtigt werden. Es bedarf nach ESMA jedoch gegebenenfalls einer Betrachtung des Einzelfalls, da die im Prospekt enthaltenen Informationen nicht irreführend sein dürfen[5]. Ferner darf zB auch eine Unternehmenstransaktion (aus Gründen der Umgehung) nicht künstlich in mehrere Transaktionen aufgespalten werden. Bei mehreren Transaktionen, die einzeln nicht zu einer erheblichen Brutto-Veränderung führen und daher keine Pflicht zur Aufnahme von Pro-forma-Finanzinformationen begründen, kann es jedoch geboten sein, die Folgen dieser Transaktionen in ihrer Gesamtheit im Rahmen der Trendinformationen gemäß Ziffer 12.2 des An-

---

1 ESMA, Level-3-Empfehlungen v. 20.3.2013, ESMA/2013/319, Rz. 93.
2 *Barboutis/Kight*, Butterworths Journal of International Banking and Financial Law, Vol. 27 No. 9 (2012), 559 (563).
3 ESMA, Level-3-Empfehlungen v. 20.3.2013, ESMA/2013/319, Rz. 94.
4 *Fingerhut/Voß* in Just/Voß/Ritz/Zeising, Anhang I EU-ProspektVO Rz. 358.
5 ESMA, Questions and Answers Prospectuses, 25th updated version (July 2016), ESMA/2016/1133 v. 15.7.2016, Frage 52 Qa (December 2007).

hangs I ProspektVO oder der Beschreibung der wesentlichen Veränderung in der Finanzlage oder der Handelsposition des Emittenten gemäß Ziffer 20.9 des Anhangs I ProspektVO darzustellen[1].

c) Aufnahme von Pro-forma-Finanzinformationen

Nach Ziffer 20.2 Abs. 2 des Anhangs I ProspektVO kommt ein Emittent im Falle einer Unternehmenstransaktion, die die Unternehmensgröße des Emittenten um mehr als 25% ändert, dann seiner nach Ziffer 20.2 Abs. 1 des Anhangs I ProspektVO beschriebenen Verpflichtung nach, wenn er Pro-forma-Finanzinformationen in den Prospekt aufnimmt.

Dabei wird eine **hypothetische Betrachtungsweise** zugrunde gelegt. Abzustellen ist darauf, wie es sich auf die Aktiva und Passiva ausgewirkt hätte, wenn die Transaktion zu **Beginn des letzten Berichtszeitraums** oder **zum Stichtag** stattgefunden hätte. Das Nebeneinander dieser beiden Zeitpunkte erklärt sich daraus, dass der Beginn des Berichtszeitraums für die Gewinn- und Verlustrechnung maßgeblich ist, während im Fall der Bilanz auf den Stichtag des letzten Abschlusses abzustellen ist (vgl. Anhang II EU-ProspektVO Rz. 7, 15)[2].

Wie sich aus der Formulierung „**normalerweise**" in Ziffer 20.2 Abs. 2 Anhang I ProspektVO ergibt, kann in Einzelfällen jedoch auch auf die Aufnahme von Pro-forma-Finanzinformationen verzichtet werden. Dies gilt insbesondere dann, wenn es dem Emittenten im Ausnahmefall mangels Zugang zu den erforderlichen Informationen nicht möglich ist, Pro-forma-Finanzinformationen zu erstellen[3]. In diesem Fall liegt nach IDW PH 9.960.1 regelmäßig auch ein Prüfungshemmnis auf Seiten der Wirtschaftsprüfer vor[4]. Zu denken ist hier etwa an den Fall einer sog. „feindlichen Übernahme"[5] oder aber an Vorschriften, die es der Zielgesellschaft verbieten (vgl. zB Rule 20.1 des City Code on Takeovers and Mergers[6]), dem Erwerber (Emittenten) im Zeitpunkt der Prospekterstellung bestimmte für die Pro-forma-Finanzinformationen er-

---

1 A. Meyer in FrankfurtKomm. WpPG, Ziffer 20.2 Anhang I ProspektVO Rz. 14.
2 Fingerhut/Voß in Just/Voß/Ritz/Zeising, Anhang I EU-ProspektVO, Rz. 361.
3 Vgl. Erwägungsgrund 13 der Verordnung (EG) Nr. 211/2007 der Kommission vom 27.2.2007 zur Änderung der Verordnung (EG) Nr. 809/2004 zur Umsetzung der Richtlinie 2003/71/EG des Europäischen Parlaments und des Rates in Bezug auf die Finanzinformationen, die bei Emittenten mit komplexer finanztechnischer Vorgeschichte oder bedeutenden finanziellen Verpflichtungen im Prospekt enthalten sein müssen, ABl. EU Nr. L 61 v. 28.2.2007, S. 24 (25).
4 IDW PH 9.960.1, Tz. 15, WPg 2006, 133 (135).
5 So auch Erwägungsgrund 13 der Verordnung (EG) Nr. 211/2007 und ESMA, Questions and Answers Prospectuses, 25th updated version (July 2016), ESMA/2016/1133 v. 15.7.2016, Frage 50a, Aa (September 2007) zum Begriff „Normally".
6 Der City Code on Takeovers and Mergers ist abrufbar unter http://www.thetakeoverpanel.org.uk/wp-content/uploads/2008/11/code.pdf. Als Beispiel kann der Prospekt der Linde AG v. 23.6.2006 für das öffentliche Angebot von Aktien im Zusammenhang mit einer Kapitalerhöhung zur Finanzierung des Erwerbs der The BOC Group plc, Windlesham/Großbritannien genannt werden.

forderliche Finanz- und andere Informationen (wie Details zu den angewandten Bilanzierungsgrundsätzen) offen zu legen. Auch etwa im Fall des Erwerbs eines ausländischen, bisher nicht nach IFRS bilanzierenden Unternehmens, das durch den Erwerb zu einer hundertprozentigen Tochtergesellschaft und damit in den Konsolidierungskreis einbezogen wird, kann die Erstellung von Pro-forma-Finanzinformationen problematisch sein, weil unter Umständen die Finanzinformationen trotz zumutbarer Anstrengungen nicht rechtzeitig zur Verfügung stehen, etwa wenn die prospektpflichtige Emission unmittelbar der Finanzierung des Erwerbs der (ausländischen) Gesellschaft dient.

230 Nach ESMA[1] ist es in derartigen **Ausnahmefällen** ausreichend, wenn anstatt der Aufnahme von Pro-forma-Finanzinformationen iS von Anhang II ProspektVO eine nach Ziffer 20.2 Abs. 1 des Anhangs I ProspektVO relevante Unternehmenstransaktion mittels einer entsprechenden **erläuternden Beschreibung in Worten** („*narrative description*") aufgenommen wird, ohne dass dabei die Anforderungen nach Anhang II ProspektVO erfüllt sein müssen[2]. Dies setzt aber voraus, dass der Emittent sich ernsthaft und mit zumutbarem Aufwand um das Erlangen der erforderlichen Informationen bemüht hat und diese auch nicht öffentlich zugänglich sind. Des Weiteren ist Voraussetzung, dass dieser Ausnahmefall im Prospekt entsprechend offen gelegt wird. Nach der Verwaltungspraxis der BaFin muss sich diese Beschreibung in Worten aus Gründen der Verständlichkeit auch optisch klar von Pro-forma-Finanzinformationen iS von Anhang II ProspektVO unterscheiden. Unabhängig von der Frage der Pro-forma-Finanzinformationen kann es gemäß § 5 Abs. 1 WpPG geboten sein, die öffentlich verfügbaren **historischen Finanzinformationen** der Zielgesellschaft sowie eine **Darstellung der Zielgesellschaft** etwa mittels Abdruck von Auszügen aus veröffentlichten Jahresberichten/Geschäftsberichten in den Prospekt aufzunehmen, insbesondere dann, wenn anderweitig kein Zugang zu Informationen über die Zielgesellschaft besteht. Werden bei einem Übernahmeangebot Angebotsunterlagen nach Maßgabe des WpÜG erstellt, gebietet es der Wesentlichkeitsgrundsatz des § 5 WpPG, die wesentlichen Inhalte der Angebotsunterlage in den Prospekt aufzunehmen. Dazu gehören insbesondere auch die nach § 11 Abs. 2 Satz 3 Nr. 1 WpÜG in eine **Angebotsunterlage** aufzunehmenden sog. **erläuternden Finanzinformationen**, die typischerweise eine hypothetische Darstellung wesentlicher Positionen von Bilanz und Gewinn- und Verlustrechnung sowie ggf. eine hypothetische Kapitalflussrechnung umfassen[3]. Schon aufgrund des in der Regel fehlenden Zugangs zum Rechnungswesen der Zielgesellschaft können derartige erläuternde Finanzinformationen jedoch nicht die Anforderungen an Pro-forma-Finanzinformationen iS von Ziffer 20.2 Pro-

---

1 ESMA, Questions and Answers Prospectuses, 25th updated version (July 2016), ESMA/2016/1133 v. 15.7.2016, Frage 50a, Aa (September 2007) zum Begriff „Normally".
2 Ein Beispiel für eine solche erläuternde Darstellung unter ausdrücklichem Hinweis darauf, dass es sich nicht um Pro-forma-Finanzinformationen iS der ProspektVO handelt, findet sich auf den S. E-2 ff. des Prospekts für die Kapitalerhöhung der Linde AG v. 23.6.2006 (siehe Rz. 229).
3 A. *Meyer* in FrankfurtKomm. WpPG, Ziffer 20.2 Anhang I ProspektVO Rz. 18 mwN zur übernahmerechtlichen Literatur; *Schlitt/Wilczek* in Habersack/Mülbert/Schlitt, Handbuch der Kapitalmarktinformation, § 5 Rz. 78.

spektVO iVm. Anhang II ProspektVO, wie die erforderlichen Anpassungen an die Ausweis-, Bilanzierungs- und Bewertungsmethoden des Emittenten gemäß Ziffer 4 des Anhangs II ProspektVO, erfüllen[1]. Werden derartige erläuternde Finanzinformationen anstelle von Pro-forma-Finanzinformationen in den Prospekt aufgenommen, muss daher – ebenso wie im Fall der allgemeinen, an die Stelle von Pro-forma-Finanzinformationen tretenden „erläuternden Beschreibung in Worten" – im Prospekt deutlich erkennbar werden, dass es sich hierbei nicht um Pro-forma-Finanzinformationen handelt.

Pro-forma-Finanzinformationen können auch **freiwillig** erstellt und in den Prospekt aufgenommen werden. Dies kann zB dann von Relevanz sein, wenn zugleich auch eine Platzierung nach Rule 144A in den USA durchgeführt wird und zB die dort angewandte 20%-Schwelle für Akquisitionen (nicht jedoch die 25%-Schwelle) überschritten ist oder die Anschaffungskosten des zugehenden Unternehmens oder der Veräußerungserlös des abgehenden Tochterunternehmens, Konzerns oder Unternehmensteils die Grenze von 20% der Bilanzsumme des Emittenten vor der Transaktion überschreiten[2]. Eine freiwillige Aufnahme von Pro-forma-Finanzinformationen kann auch unabhängig von einer Platzierung der Wertpapiere in den USA für den Emittenten von Interesse sein. So sind bei einer Aktienemission, durch die etwa ein Unternehmenserwerb finanziert wird, insbesondere die Zukunftsaussichten des (um das erworbene Unternehmen erweiterten) Emittenten und die „Equity Story" für die Investitionsentscheidung der Investoren von Bedeutung. Den Investoren wird durch Pro-forma-Finanzinformationen ein wesentliches Instrument zur Beurteilung der zukünftigen Entwicklung des Emittenten an die Hand gegeben. Die Zurverfügungstellung von Pro-forma-Informationen und deren Aufnahme in den Prospekt kann daher die Platzierungschancen erhöhen[3]. Auch bei freiwilligen, nach der ProspektVO nicht vorgeschriebenen Pro-forma-Finanzinformationen sind jedoch die Anforderungen des Anhangs II ProspektVO, insbesondere die Beschränkung auf den letzten abgeschlossenen Berichts- und Zwischenberichtszeitraum, zu beachten, was auch das Erfordernis einer Prüfung durch einen Wirtschaftsprüfer und den Abdruck der Prüfungsbescheinigung im Prospekt einschließt (vgl. Anhang II EU-ProspektVO Rz. 33 und 41). 231

---

1 *A. Meyer* in FrankfurtKomm. WpPG, Ziffer 20.2 Anhang I ProspektVO Rz. 18.
2 Vgl. Rule 11-01 von Regulation S-X (hierzu auch *Werlen/Sulzer* in Habersack/Mülbert/Schlitt, Unternehmensfinanzierung am Kapitalmarkt, § 45 Rz. 77 f.; *Heiden*, Pro-forma-Berichterstattung, S. 300 ff.), die unmittelbar zwar nur für öffentliche Angebote von Wertpapieren in den USA (bei der SEC registrierte Prospekte) gilt, jedoch in der Praxis auch bei Privatplatzierungen nach Rule 144A angewendet wird; dazu, dass der in der Praxis bei Rule 144A-Platzierungen erstellte Prospekt regelmäßig mit einem SEC-registrierten Prospekt weitgehend vergleichbar ist, vgl. *Werlen/Sulzer* in Habersack/Mülbert/Schlitt, Unternehmensfinanzierung am Kapitalmarkt, § 45 Rz. 89.
3 Siehe hierzu *A. Meyer* in FrankfurtKomm. WpPG, Ziffer 20.2 Anhang I ProspektVO Rz. 23.

d) Inhalt der Pro-forma-Finanzinformationen

232 Pro-forma-Finanzinformationen müssen nach Ziffer 20.2 Abs. 3 des Anhangs I ProspektVO gemäß den sich aus **Anhang II ProspektVO** ergebenden näheren Anforderungen erstellt werden. Danach sind (neben den unberichtigten historischen Finanzinformationen des die Pro-forma-Finanzinformationen aufstellenden Unternehmens sowie den – ggf. an die Rechnungslegungsgrundsätze und Bewertungsmethoden des die Pro-forma-Finanzinformationen aufstellenden Unternehmens angepassten – Finanzinformationen des erworbenen/veräußerten Unternehmens, Unternehmensteils oder Teilkonzerns als Ausgangszahlen und einer hieraus gebildeten Summe oder Differenz) die aus den Ausgangszahlen sowie den Pro-forma-Anpassungen resultierenden Pro-forma-Finanzinformationen – in der Regel in Spaltenform – darzustellen. Die Pro-forma-Finanzinformationen sind mit ausführlichen Pro-forma-Erläuterungen zu versehen. Je nach Fallkonstellation bestehen die Pro-forma-Finanzinformationen aus einer oder zwei Pro-forma-Gewinn- und Verlustrechnungen, ggf. einer Pro-forma-Bilanz und – falls erforderlich – einer Pro-forma-Kapitalflussrechnung und/oder einem Pro-forma-Ergebnis je Aktie. Anders als noch nach dem Regelwerk Neuer Markt sind damit **nicht komplette Pro-forma-Abschlüsse** in einen Prospekt aufzunehmen (vgl. zum Umfang und zur Darstellung der Pro-forma-Finanzinformationen die Kommentierung zu Anhang II EU-ProspektVO).

e) Aufnahme einer Prüfungsbescheinigung des Wirtschaftsprüfers

233 Ziffer 20.2 Abs. 4 des Anhangs I ProspektVO verlangt, dass den Pro-forma-Finanzinformationen ein Bericht eines unabhängigen Buchprüfers oder Wirtschaftsprüfers beizufügen und im Prospekt abzudrucken ist. Diese Pflicht wird in **Anhang II Ziffer 7 ProspektVO** näher konkretisiert. Danach hat ein Wirtschaftsprüfer – in der Regel wird es sich um den Abschlussprüfer des Emittenten handeln (vgl. hierzu Anhang II EU-ProspektVO Rz. 43) – ein Prüfungsurteil darüber abzugeben, ob die Pro-forma-Finanzinformationen auf den in den Pro-forma-Erläuterungen dargestellten Grundlagen ordnungsgemäß erstellt wurden und ob diese in Einklang mit den Rechnungslegungsgrundsätzen sowie den Ausweis-, Bilanzierungs- und Bewertungsmethoden stehen. Der Hauptfachausschuss des IDW hatte im Hinblick auf die Anforderungen der ProspektVO den zuvor geltenden IDW Prüfungshinweis: Prüferische Durchsicht von Pro-Forma-Angaben (IDW PH 9.900.1) durch den IDW Prüfungshinweis: Prüfung von Pro-Forma-Finanzinformationen (IDW PH 9.960.1) v. 29.11.2005 ersetzt (zur rechtlichen Einordnung und Funktion von IDW Prüfungshinweisen vgl. Anhang II EU-ProspektVO Rz. 2), der eine auf den Anforderungen von Anhang II Ziffer 7 ProspektVO beruhende Musterbescheinigung enthält (siehe zur Prüfungsbescheinigung die Kommentierung zu Anhang II EU-ProspektVO Rz. 41 ff.). Es ist geplant, den IDW Prüfungshinweis IDW PH 9.960.1 im Hinblick auf den vom IAASB auf der Grundlage der EU-ProspektVO für Pro-forma-Finanzinformationen geltenden Vorschriften verabschiedeten International Standard on Assurance Engagements (IASE) 3420, Assurance Engagement to Report on the Compilation of Pro Forma Financial Information Included in a Prospectus zu über-

arbeiten[1]. Der IASE 3420 hat zum Ziel, die Berichterstattung der Wirtschaftsprüfer zur Pro-forma-Finanzinformationen für Zwecke des Kapitalmarkts zu harmonisieren, soweit dies nach den jeweiligen nationalen Vorgaben möglich ist (siehe Anhang II EU-ProspektVO Rz. 44).

4. Aufnahme von Konzern- und Einzelabschlüssen (Ziffer 20.3) *(Kunold)*

Gemäß Ziffer 20.3 des Anhangs I ProspektVO ist in dem Fall, dass ein Emittent sowohl einen Einzel- als auch einen Konzernabschluss veröffentlicht, **zumindest** („at least") der konsolidierte Jahresabschluss, also der **Konzernabschluss** des Emittenten, in den Prospekt aufzunehmen. Nach dem vor Einführung der ProspektVO geltenden Recht mussten hingegen gemäß § 22 Abs. 1 BörsZulV aF grundsätzlich sowohl Konzern- als auch Einzelabschluss in einen Prospekt aufgenommen werden. Von dem Erfordernis der Aufnahme eines Einzelabschlusses konnte die Zulassungsstelle der jeweiligen Wertpapierbörse allerdings dann befreien, wenn dieser keine wesentlichen anderen Inhalte als der Konzernabschluss beinhaltete, was vom Wirtschaftsprüfer zu bestätigen war. Im Ergebnis war nach altem Recht regelmäßig auch der letzte Einzelabschluss in einen Prospekt aufzunehmen[2]. Eine vergleichbare Regelung hatte CESR zunächst auch in seinem Konsultationspapier vorgeschlagen[3]. Die EU-Kommission wollte jedoch durch die gewählte Formulierung sicherstellen, dass ein vorhandener Konzernabschluss in jedem Fall in den Prospekt aufgenommen wird, was zu der jetzigen Regelung führte[4]. Eine allgemeine Regel, wonach regelmäßig nur der Konzernabschluss aufzunehmen ist, war demnach aber nicht beabsichtigt. Aus der Formulierung „zumindest" ergibt sich vielmehr, dass die Aufsichtsbehörde grundsätzlich auch die Aufnahme eines Einzelabschlusses verlangen kann. 234

Vor diesem Hintergrund und basierend auf dem allgemeinen Grundsatz des § 5 Abs. 1 Satz 1 WpPG, wonach ein Prospekt einem Anleger ein zutreffendes Urteil über den Emittenten und die von diesem angebotenen Wertpapiere ermöglichen muss, und in Fortführung der nach der dargestellten alten Rechtslage bis zum 30.6.2005 geübten Praxis, wird die Formulierung „zumindest" bzw. „*at least*" von der **BaFin** dahingehend ausgelegt, dass ein Emittent jedenfalls dann den **letzten Einzelabschluss** in den Prospekt aufzunehmen hat, wenn dieser **wesentliche zusätzliche Informationen** im Vergleich zum Konzernabschluss enthält[5]. Dies ist bei HGB-Einzelabschlüssen, die neben einem IFRS-Konzernabschluss erstellt werden, regelmäßig der Fall. Gleiches gilt nach der Verwaltungspraxis der BaFin auch im Fall eines HGB-Konzernabschlusses. Anders als einem HGB-Einzelabschluss kommt einem (IFRS-)Konzernabschluss keine Steuerbemessungs- oder Ausschüttungsbemessungsfunktion zu, 235

---

1 *Becker*, WP Handbuch 2014, Bd. 2, Kap. K Rz. 78.
2 Vgl. Frankfurter Wertpapierbörse, Rundschreiben Listing 04/2004 v. 17.5.2004.
3 CESR's Advice on possible Level 2 Implementing Measures for the Proposed Prospectus Directive, Consultation Paper v. Oktober 2002, Annex A CESR Proposals for the Core Equity Registration Building Block, CESR/02-185b Annex A, Ziffer VII.D „Own versus consolidated accounts".
4 *Fingerhut/Voß* in Just/Voß/Ritz/Zeising, Anhang I EU-ProspektVO Rz. 369.
5 Siehe auch *Fingerhut/Voß* in Just/Voß/Ritz/Zeising, Anhang I EU-ProspektVO Rz. 370.

sondern er verfolgt ausschließlich einen Informationszweck (er hat insbesondere eine kapitalmarktorientierte Informationsfunktion)[1]. Die handelsrechtliche Gewinnermittlung ist demgegenüber maßgeblich für die Besteuerung (§ 5 EStG) und bildet die Grundlage für die Bemessung ergebnisabhängiger Einkommenszahlungen (Dividenden- und Erfolgsbeteiligungen) sowie die Bestimmung des haftenden Grund- bzw. Stammkapitals[2]. Demgegenüber verfolgt ein IFRS-Einzelabschluss keine Zwecke, die über einen IFRS-Konzernabschluss hinausgehen und enthält dementsprechend auch keine wesentlichen zusätzlichen Informationen. Die Aufnahme eines ggf. vorhandenen IFRS-Einzelabschlusses kann daher in der Regel nicht von der Aufnahme des letzten HGB-Einzelabschlusses entbinden[3]. Die Pflicht zur Aufnahme des letzten Einzelabschlusses neben den Konzernabschlüssen gilt auch für einen Garanten[4].

236 Bei **ausländischen Emittenten**, die nach den für den Emittenten geltenden Rechnungslegungsgrundsätzen bilanzieren, kommt es gleichermaßen darauf an, ob der nach den ausländischen Rechnungslegungsgrundsätzen erstellte Einzelabschluss wesentliche zusätzliche Informationen enthält[5]. Ist bei einem ausländischen Emittenten nach den maßgeblichen nationalen Vorschriften kein Einzelabschluss neben dem Konzernabschluss aufzustellen, so begründet auch Ziffer 20.3 des Anhangs I ProspektVO keine Pflicht, einen solchen Einzelabschluss für Prospektzwecke aufzustellen[6]. Ist ein Einzelabschluss in den Prospekt aufzunehmen, dann sind nach der Verwaltungspraxis der BaFin auch die wesentlichen Bilanzpositionen des Einzelabschlusses in der MD&A kurz zu erläutern (siehe hierzu oben Rz. 97).

237 Die **Nachweispflicht**, ob ein Einzelabschluss im Vergleich zum Konzernabschluss wesentliche zusätzliche Informationen enthält, obliegt dem Emittenten. Daher verlangt die BaFin entsprechend der Praxis der Börsenzulassungsstelle zum alten Recht als Nachweis für die Entbehrlichkeit der Aufnahme eines Einzelabschlusses die Vorlage einer entsprechenden **Bestätigung eines Wirtschaftsprüfers**[7]. Wie schon nach altem Recht wird in der Praxis jedoch regelmäßig der ohnehin vorhandene letzte Einzelabschluss in den Prospekt aufgenommen, so dass es einer solchen Bestätigung nicht bedarf.

---

1 *Nonnenmacher* in Marsch-Barner/Schäfer, Handbuch börsennotierte AG, § 56 Rz. 2, 4; *Wawrzinek* in Beck'sches IFRS Handbuch, § 2 Rz. 10.
2 *d'Arcy/Kahler* in Holzborn, Anh. I EU-ProspV Rz. 153; *A. Meyer*, Accounting 2006, 11 (12).
3 *d'Arcy/Kahler* in Holzborn, Anh. I EU-ProspV Rz. 154.
4 BaFin-Workshop, Praxiserfahrungen zum WpPG v. 29.5.2006, Präsentation „Finanzinformationen", S. 15.
5 Ebenso *Fingerhut/Voß* in Just/Voß/Ritz/Zeising, Anhang I EU-ProspektVO Rz. 370.
6 Dies ergibt sich daraus, dass Ziffer 20.3 des Anhangs I ProspektVO nur einen Konzernabschluss zwingend vorschreibt und ein Einzelabschluss, der gar nicht erstellt wird, keine weiteren zusätzlichen Informationen enthalten kann. Vgl. auch CESR's Advice on possible Level 2 Implementing Measures for the Proposed Prospectus Directive, Consultation Paper v. Oktober 2002, Annex A CESR Proposals for the Core Equity Registration Building Block, CESR/02-185b Annex A, Ziffer VII.D „Own versus consolidated accounts", wo dies ausdrücklich erwähnt wird.
7 *Fingerhut/Voß* in Just/Voß/Ritz/Zeising, Anhang I EU-ProspektVO Rz. 371.

Da Ziffer 20.3 ProspektVO nur den Konzernabschluss zwingend vorschreibt und die Pflicht zur Aufnahme etwaiger Einzelabschlüsse der Verwaltungspraxis der Aufsichtsbehörde überlässt, gibt es keine zwingenden gesetzlichen Vorgaben hinsichtlich des **Zeitraums**, für den Einzelabschlüsse aufzunehmen sind, noch gibt es zwingende Anforderungen an den **Inhalt der aufzunehmenden Einzelabschlüsse**. Die Aufsichtsbehörde kann sich daher darauf beschränken, nur die Aufnahme des **letzten veröffentlichten Einzelabschlusses** zu verlangen. Letzteres ist regelmäßig geboten, da aufgrund seiner besonderen, über den Konzernabschluss hinausgehenden Zwecke gerade der letzte und damit aktuelle Einzelabschluss für Anleger von besonderem Interesse ist und die Aufnahme weiterer Einzelabschlüsse bei dann insgesamt sechs Abschlüssen (drei Konzernabschlüsse und drei Einzelabschlüsse) der Transparenz und Übersichtlichkeit des Prospekts abträglich wäre, ohne dass dem ein entsprechender wesentlicher Informationsgewinn gegenüberstünde. Eine freiwillige Aufnahme weiterer Einzelabschlüsse ist zulässig. Die Beschränkung auf den letzten Einzelabschluss entspricht auch der gängigen Verwaltungspraxis der BaFin. Des Weiteren ist es nicht erforderlich, dass der Einzelabschluss in jeder Hinsicht den **Anforderungen der Ziffer 20.1 des Anhangs I ProspektVO** entspricht. Es genügt, wenn der Konzernabschluss diesen Anforderungen entspricht. Der Einzelabschluss wird ausschließlich wegen der darin enthaltenen zusätzlichen Informationen, die dem Anleger nicht vorenthalten werden sollen, in den Prospekt aufgenommen. Daher ist es auch nach der Verwaltungspraxis der BaFin ausreichend, wenn die nach dem HGB erstellten Einzelabschlüsse mit dem geprüften und veröffentlichten Inhalt aufgenommen werden. Anhang I Ziffer 20.3 ProspektVO verlangt nicht, über den Konzernabschluss hinaus einen Einzelabschluss oder Teile eines Einzelabschlusses speziell für Zwecke des Prospekts nachträglich zu erstellen. Es besteht daher keine Pflicht, eine in einem HGB-Einzelabschluss nicht enthaltene Kapitalflussrechnung oder Eigenkapitalveränderungsrechnung nachträglich zu erstellen und in den Prospekt aufzunehmen[1]. Der Einzelabschluss kann weiterhin nach nationalen Rechnungslegungsgrundsätzen und muss nicht im Hinblick auf das Konsistenzgebot der Ziffer 20.1 Abs. 2 des Anhangs I ProspektVO nach IFRS erstellt werden (hierzu Rz. 186).

Da es sich bei dem Einzelabschluss grundsätzlich ebenso um historische Finanzinformationen handelt wie beim Konzernabschluss, muss der Einzelabschluss auch **geprüft** sein. Dementsprechend ist auch der diesbezügliche **Bestätigungsvermerk** in den Prospekt aufzunehmen[2].

5. Prüfung historischer Finanzinformationen (Ziffer 20.4) *(Kunold)*

Neben dem nach Anhang I Ziffer 20.1. ProspektVO in einen Prospekt aufzunehmenden Bestätigungsvermerk ist nach **Ziffer 20.4.1 Satz 1** des Anhangs I Prospekt-

---
1 *A. Meyer* in Habersack/Mülbert/Schlitt, Unternehmensfinanzierung am Kapitalmarkt, § 36 Rz. 30; *d'Arcy/Kahler* in Holzborn, Anh. I EU-ProspV Rz. 156; *Fingerhut/Voß* in Just/Voß/Ritz/Zeising, Anhang I EU-ProspektVO Rz. 372.
2 Ebenso *Fingerhut/Voß* in Just/Voß/Ritz/Zeising, Anhang I EU-ProspektVO Rz. 373.

VO auch eine **Erklärung des Emittenten** aufzunehmen, dass die historischen Finanzinformationen geprüft worden sind[1]. Die Regelung entspricht den Anforderungen von § 30 Abs. 1 Satz 1 BörsZulV aF. Die Erklärung des Emittenten, dass die historischen Finanzinformationen geprüft wurden, wird in der Regel im Anschluss an die nach Anhang I Ziffer 2.1 ProspektVO erforderlichen Angaben zum Abschlussprüfer im Prospekt aufgenommen („Der [Nennung des Namens des Abschlussprüfers] hat den nach [Nennung des Rechnungslegungsstandards] aufgestellten Abschluss und mit dem in diesem Prospekt enthaltenen uneingeschränkten Bestätigungsvermerk versehen"). Die Erklärung muss sich auf die Prüfung der historischen Finanzinformationen, also alle durch Bestätigungsvermerke oder Prüfungsbescheinigungen erfassten Finanzinformationen, beziehen, einschließlich etwaiger Prüfungen von zusätzlichen Abschlusselementen (vgl. Rz. 208 f.). Wurde der Bestätigungsvermerk nicht erteilt bzw. eingeschränkt, so sind die Aussagen zur Nichterteilung bzw. die Vorbehalte gemäß **Ziffer 20.4.1 Satz 2** des Anhangs I ProspektVO in vollem Umfang wiederzugeben und die Gründe anzugeben. Diese Regelung entspricht § 30 Abs. 1 Satz 2 Halbsatz 2 BörsZulV aF.

241 Darüber hinaus besteht nach **Ziffer 20.4.2** Anhang I ProspektVO die Pflicht, sonstige im Registrierungsformular enthaltene Informationen, die von einem Wirtschaftsprüfer geprüft wurden, anzugeben. Dies betrifft alle geprüften Informationen, die keine historischen Finanzinformationen iS von Ziffer 20.1 Anhang I ProspektVO sind. Hierzu gehören **geprüfte Zwischenberichte** ebenso wie **geprüfte Business-Pläne** oder **Prognosen**[2]. Die Aufnahme einer entsprechenden Prüfungsbescheinigung ist – anders als in Ziffer 20.4.1 – in Ziffer 20.4.2 Anhang I ProspektVO nicht vorgesehen[3].

242 Gemäß **Ziffer 20.4.3** Anhang I ProspektVO ist bei Finanzangaben, die nicht dem geprüften Jahresabschluss des Emittenten entnommen wurden, ein **Hinweis auf die fehlende Prüfung** sowie eine entsprechende **Quellenangabe** in den Prospekt aufzunehmen. Da die Finanzdaten grundsätzlich in den historischen Finanzinformationen enthalten sind und diese nach Ziffer 20.1 Anhang I ProspektVO regelmäßig geprüft sein müssen, stellt sich die Frage, worauf die Anforderung der Ziffer 20.4.3 abzielt. ESMA[4] nennt hier Finanzdaten iwS wie „any information, statistics, ratios or other data which purports to represent the performance of the issuer's business activi-

---

1 Siehe auch ESMA, Questions and Answers Prospectuses, 25th updated version (July 2016), ESMA/2016/1133 v. 15.7.2016, Frage 14 (July 2006).
2 *Fingerhut/Voß* in Just/Voß/Ritz/Zeising, Anhang I EU-ProspektVO Rz. 380.
3 *Müller* in FrankfurtKomm. WpPG, Ziffer 20.4 Anhang I ProspektVO Rz. 4 hält es für denkbar, dass im Einzelfall eine Prüfungsbescheinigung auch für die Prüfung derartiger Informationen von der Aufsichtsbehörde aufgrund von Art. 3 Abs. 3 ProspektVO oder ggf. anwendbaren Spezialregelungen wie Art. 23 ProspektVO verlangt werden kann. Zumindest Art. 3 Abs. 3 ProspektVO wird hier nur schwer herangezogen werden können, da das Verlangen der Aufnahme einer Prüfungsbescheinigung nicht ohne weiteres als ein Verlangen nach einer „Ergänzung" einer geforderten Information (hier: die Angabe, welche Informationen geprüft sind) angesehen werden kann.
4 ESMA, Level-3-Empfehlungen v. 20.3.2013, ESMA/2013/319, Rz. 95.

ties". Derartige Statistiken oder Finanzkennzahlen sind nicht oder nicht notwendigerweise im Jahresabschluss abgedruckt und werden daher von Ziffer 20.4.3 erfasst[1].

6. Alter der jüngsten Finanzinformationen (Ziffer 20.5) *(Kunold)*

Ähnlich wie die Vorgängervorschriften in § 22 Abs. 2 Satz 1 BörsenZulV aF. und § 8 Abs. 1 Nr. 1 VerkProspVO aF schreibt Ziffer 20.5 Anhang I ProspektVO vor, dass die geprüften Finanzinformationen nicht länger als ein bestimmter Zeitraum zurückliegen dürfen. Die Länge des zulässigen Zeitraums hängt davon ab, ob die **Zwischenabschlüsse geprüft oder nicht geprüft** sind. Sind sie geprüft, so dürfen die geprüften Finanzinformationen nicht älter als 18 Monate sein. Unter „geprüften Finanzinformationen" sind die historischen Finanzinformationen nach Ziffer 20.1 des Anhangs I ProspektVO zu verstehen, dh. Finanzinformationen für das gesamte Geschäftsjahr und nicht der in diesem Fall ebenfalls geprüfte und aktuellere Zwischenabschluss[2]. Sind die Zwischenabschlüsse nicht geprüft, was der Regelfall ist, so dürfen die geprüften Finanzinformationen nicht älter als 15 Monate sein. Der Begriff „Zwischenabschluss" soll ESMA zufolge mit dem in Ziffer 20.6 Anhang I ProspektVO verwendeten Begriff „Zwischenfinanzinformation" gleichzusetzen sein[3]. 243

Der Zeitraum von 18 bzw. 15 Monaten berechnet sich nach dem **Stichtag** des letzten in den Prospekt aufgenommenen geprüften Jahresabschlusses einerseits und dem Datum des Prospekts, dh. dem **Datum der Erstellung des Prospekts**, andererseits[4]. 244

7. Aufnahme von Zwischenfinanzinformationen (Ziffer 20.6) *(Kunold)*

a) Überblick

Die Pflicht, Zwischenfinanzinformationen in den Prospekt aufzunehmen, kann nach Ziffer 20.6 an zwei verschiedene Sachverhalte anknüpfen: entweder es wurden bereits Zwischenfinanzinformationen veröffentlicht (Anhang I Ziffer 20.6.1 ProspektVO) oder es sind Zwischenfinanzinformationen für die Zwecke des Prospekts erst noch zu erstellen, weil bereits mehr als neun Monate seit dem Stichtag für den Abschluss des letzten Geschäftsjahres vergangen sind, ohne dass bislang Zwischenfinanzinformationen veröffentlicht wurden (Anhang I Ziffer 20.6.2 ProspektVO). 245

---

1 Siehe auch *Fingerhut/Voß* in Just/Voß/Ritz/Zeising, Anhang I EU-ProspektVO Rz. 381.
2 *A. Meyer* in FrankfurtKomm. WpPG, Ziffer 20.5 und 20.6 Anhang I ProspektVO Rz. 6.
3 ESMA, Level-3-Empfehlungen v. 20.3.2013, ESMA/2013/319, Rz. 100; siehe auch *d'Arcy/Kahler* in Holzborn, Anh. I EU-ProspV Rz. 178.
4 *Fingerhut/Voß* in Just/Voß/Ritz/Zeising, Anhang I EU-ProspektVO Rz. 385; *A. Meyer* in FrankfurtKomm. WpPG, Ziffer 20.5 und 20.6 Anhang I ProspektVO Rz. 3 mit Fn. 2. Hierfür spricht, dass der Ausdruck „Datum des Prospekts" begrifflich nahelegt, dass das auf dem Prospekt angegebene Datum gemeint ist, welches das Datum der Erstellung des Prospekts (und nicht das Billigungsdatum) angibt. **AA** noch die Voraufl., in der auf das Prospektbilligungsdatum abgestellt wurde. Dieses fällt zwar in der Praxis in vielen Fällen mit dem Prospektaufstellungsdatum zusammen. Zwingend ist dies jedoch nicht.

246 Hat ein Emittent seit dem Stichtag seines letzten geprüften Jahresabschlusses **unterjährig Finanzinformationen veröffentlicht**, so sind diese in den Finanzteil des Prospekts aufzunehmen. Hierunter fallen in erster Linie Halbjahresfinanzberichte gemäß § 37w WpHG sowie Quartalsfinanzberichte. Wurden sie geprüft oder prüferisch durchgesehen, so ist die dafür erstellte Bescheinigung der Wirtschaftsprüfer – in der Regel wird es sich um den Abschlussprüfer der Gesellschaft handeln – ebenfalls im Prospekt abzudrucken (näher dazu Rz. 253 ff.). Wurde auf eine Prüfung oder prüferische Durchsicht der Zwischenfinanzinformationen verzichtet, so ist im Prospekt ausdrücklich der Hinweis aufzunehmen, dass die Zwischenfinanzinformationen ungeprüft sind.

247 Für den Fall, dass die Erstellung des Prospekts **mehr als neun Monate nach dem Stichtag des letzten geprüften Jahresabschlusses** erfolgt, sind ebenfalls Zwischenfinanzinformationen in den Prospekt aufzunehmen. Dies bedeutet, dass auch dann, wenn bislang keine Zwischenfinanzinformationen erstellt wurden, für die Zwecke des Prospekts zwingend Zwischenfinanzinformationen für die ersten sechs Monate des laufenden Geschäftsjahres in den Prospekt aufzunehmen sind.

248 In der Praxis werden Zwischenfinanzinformationen, insbesondere Quartalsberichte, häufig auch dann aufgenommen, wenn dieses nicht zwingend erforderlich ist. Eine solche **freiwillige Aufnahme von Zwischenfinanzinformationen** in den Prospekt kann etwa aus Gründen der **Vermarktung** erfolgen, um dem Verlangen insbesondere ausländischer institutioneller Investoren nach möglichst aktuellen und aussagekräftigen Finanzzahlen nachzukommen[1]. Ein weiterer Grund für die Erstellung und freiwillige Aufnahme von Zwischenfinanzinformationen kann darin bestehen, dass die Wirtschaftsprüfer nicht mehr bereit sind, in dem zu Gunsten der Emissionsbanken ausgestellten Comfort Letter eine Aussage zu ihren Erkenntnissen über die Entwicklung des Emittenten seit dem letzten geprüften oder prüferisch durchgesehenen Abschluss zu treffen (sog. *negative assurance*), wenn seit dem Stichtag des letzten geprüften oder prüferisch durchgesehenen Abschlusses 135 Tage oder mehr vergangen sind[2]. Wird etwa der Prospekt Anfang Juni gebilligt, dann ist eine solche (negativ formulierte) Aussage des Wirtschaftsprüfers zur Entwicklung des Emittenten seit dem 31.12. des letzten Geschäftsjahres nur dadurch zu erlangen, dass für das am 31.3. endende Quartal ein Quartalsbericht erstellt und prüferisch durchgesehen wird und für den Zeitraum vom 1.4. bis zu dem für die Aktualisierung der Erkenntnisse festgelegten Stichtag im Juni/Ende Mai bestimmte Untersuchungshandlungen durchgeführt werden[3].

---

1 *A. Meyer* in Habersack/Mülbert/Schlitt, Unternehmensfinanzierung am Kapitalmarkt, § 36 Rz. 38; *A. Meyer* in FrankfurtKomm. WpPG, Ziffer 20.5 und 20.6 Anhang I ProspektVO Rz. 17; *d'Arcy/Kahler* in Holzborn, Anh. I EU-ProspV Rz. 175.

2 Siehe dazu näher *Kunold* in Habersack/Mülbert/Schlitt, Unternehmensfinanzierung am Kapitalmarkt, § 34 Rz. 35 ff. sowie *A. Meyer* in Habersack/Mülbert/Schlitt, Unternehmensfinanzierung am Kapitalmarkt, § 36 Rz. 38; *A. Meyer* in FrankfurtKomm. WpPG, Ziffer 20.5 und 20.6 Anhang I ProspektVO Rz. 17; *d'Arcy/Kahler* in Holzborn, Anh. I EU-ProspV Rz. 175.

3 Zur negativ formulierten inhaltlichen Aussage von Wirtschaftsprüfern zu prüferisch durchgesehenen Zwischenfinanzinformationen und zu aktuellen Erkenntnissen bis zum

Die Veröffentlichung von Zwischenfinanzinformationen während der Dauer des öffentlichen Angebots oder im Zeitraum zwischen Prospektbilligung und Einführung bzw. Einbeziehung in den Handel kann eine **Nachtragspflicht** gemäß § 16 WpPG auslösen (§ 16 WpPG Rz. 39 ff., insbes. 42)[1]. 249

b) Prospektanforderungen im Fall von bereits veröffentlichten Zwischenfinanzinformationen (Ziffer 20.6.1)

aa) Pflicht zur Aufnahme veröffentlichter Zwischenfinanzinformationen

Quartals- oder Halbjahresfinanzinformationen, die der Emittent seit dem Stichtag 250 seines letzten geprüften Jahresabschlusses veröffentlicht hat, sind gemäß Satz 1 der Ziffer 20.6.1 Anhang I ProspektVO in den Prospekt aufzunehmen. Die Aufnahmepflicht gilt nur für **veröffentlichte Abschlüsse**. Anders als Ziffer 20.6.2 des Anhangs I ProspektVO begründet Ziffer 20.6.1 keine Pflicht zur Erstellung von Zwischenfinanzinformationen ausschließlich für Prospektzwecke. Im Vordergrund steht hier der Gedanke, dass dem Anleger alle aktuellen, veröffentlichten Finanzinformationen im Prospekt zur Verfügung gestellt werden sollen[2]. Im Fall **mehrerer**, nach dem Stichtag des letzten Jahresabschlusses veröffentlichter **Zwischenberichte** sind grundsätzlich immer die zuletzt veröffentlichten Zwischenfinanzinformationen in den Prospekt aufzunehmen. Dies soll allerdings nach Auffassung von ESMA dann nicht gelten, wenn der ältere Bericht Informationen enthält, die in dem zuletzt veröffentlichten Zwischenbericht nicht enthalten sind. In diesem Fall seien beide Berichte in den Prospekt aufzunehmen[3]. Ein solcher Fall kann ESMA zufolge etwa dann gegeben sein, wenn der Prospekt nach Veröffentlichung des Quartalsberichts für das dritte Quartal gebilligt wird und dementsprechend zuletzt nur ein Quartalsbericht veröffentlicht wurde und der zuvor veröffentlichte Halbjahresbericht umfassendere Informationen enthielt. Enthält in diesem Beispielsfall der Bericht für das dritte Quartal jedoch dem Halbjahresbericht vergleichbare Informationen, dann genügt die Aufnahme des letzten Quartalsberichts. Die Anforderungen an einen dem Halbjahresbericht vergleichbaren Quartalsbericht sind regelmäßig jedenfalls dann erfüllt, wenn ein Quartalsbericht nach Maßgabe der in § 37w WpHG festgelegten Anforderungen an Halbjahresfinanzberichte erstellt wurde (vgl. § 51a Abs. 6 BörsO FWB, siehe auch nachfolgend Rz. 251)[4]. Auch der Rechnungslegungsstandard IAS 34, den Mutterunternehmen, die zur Anwendung von IFRS verpflichtet sind (vgl. § 315a HGB in

---

Stichtag der letzten zur Aktualisierung der Erkenntnisse durchgeführten Untersuchungshandlungen *Kunold* in Habersack/Mülbert/Schlitt, Unternehmensfinanzierung am Kapitalmarkt, § 34 Rz. 33 f.

1 Vgl. ESMA, Questions and Answers Prospectuses, 25th updated version (July 2016), ESMA/2016/1133 v. 15.7.2016, Frage 19 (July 2006).
2 ESMA, Level-3-Empfehlungen v. 20.3.2013, ESMA/2013/319, Rz. 98; *d'Arcy/Kahler* in Holzborn, Anh. I EU-ProspV Rz. 171.
3 ESMA, Questions and Answers Prospectuses, 25th updated version (July 2016), ESMA/2016/1133 v. 15.7.2016, Frage 24 (July 2006).
4 So bereits *d'Arcy/Kahler* in Holzborn, Anh. I EU-ProspV Rz. 172 und diesen folgend *Fingerhut/Voß* in Just/Voß/Ritz/Zeising, Anhang I EU-ProspektVO Rz. 390.

Verbindung mit der IAS-Verordnung v. 19.7.2002 [Verordnung (EG) Nr. 1606/2002]) sowie auch Unternehmen, die nach § 325 Abs. 2a HGB einen IFRS-Abschluss offen gelegt haben, im Rahmen von § 37w WpHG anwenden müssen (§ 37w Abs. 3 WpHG)[1], unterscheidet hinsichtlich der inhaltlichen Anforderungen nicht zwischen Halbjahresberichten und Quartalsberichten, sondern gilt gleichermaßen für alle Zwischenberichte.

251 In Umsetzung der EU-Transparenzrichtlinie wurde durch das Transparenzrichtlinie-Umsetzungsgesetz[2] für Aktienemittenten in § 37x WpHG aF die Pflicht vorgesehen, einmal pro Halbjahr eine sog. **Zwischenmitteilung der Geschäftsführung** zu veröffentlichen, wenn nicht bereits ein Quartalsfinanzbericht nach § 37w Abs. 2 Nr. 1, 2, Abs. 3 und 4 WpHG erstellt und veröffentlicht worden ist. Eine solche Zwischenmitteilung, die keinen vollständigen Abschluss enthielt und inhaltlich wesentlich hinter einem Quartalsbericht nach IAS 34 zurückblieb[3], fiel nicht unter die Zwischenfinanzinformationen iS von Anhang I Ziffer 20.6 ProspektVO[4]. Ihr Inhalt war im Prospekt jedoch regelmäßig nach Ziffer 20.9 des Anhangs I ProspektVO zu berücksichtigen. Eine solche Zwischenmitteilung bedurfte auch keiner prüferischen Durchsicht.

Durch das Gesetz zur Umsetzung der Transparenzrichtlinie-Änderungsrichtlinie vom 20.11.2015[5], das die Richtlinie 2013/50/EU vom 22.10.2013 (Transparenzrichtlinie-Änderungsrichtlinie)[6] in deutsches Recht umsetzt und in seinen wesentlichen Teilen am 26.11.2015 in Kraft getreten ist, ist die gesetzliche Pflicht zur Erstellung und Veröffentlichung von Zwischenmitteilungen der Geschäftsführung **ersatzlos gestrichen** worden. Begründet wurde die Streichung in Art. 6 aF der Transparenzrichtlinie mit dem Abbau von Verwaltungsaufwand und Kosten sowie mit der Förderung nachhaltiger Wertschöpfung und längerfristiger Investitionen[7]. Daher behält der Grundsatz der Mindestharmonisierung weiterhin Geltung, was jedoch nicht uneingeschränkt gilt. Nach Erwägungsgrund 5 der Transparenzrichtlinie-Änderungs-

---

1 *Schüppen* in WP-Handbuch 2014, Bd. II, Abschnitt R Rz. 262.
2 BGBl. I 2007, S. 10 ff.
3 *d'Arcy/Kahler* in Holzborn, Anh. I EU-ProspV Rz. 172; *A. Meyer* in Habersack/Mülbert/Schlitt, Unternehmensfinanzierung am Kapitalmarkt, § 36 Rz. 38.
4 *Kunold* in Habersack/Mülbert/Schlitt, Unternehmensfinanzierung am Kapitalmarkt, § 34 Rz. 31 Fn. 3.
5 Gesetz zur Umsetzung der Transparenzrichtlinie-Änderungsrichtlinie vom 20.11.2015, BGBl. I 2015, S. 2029 (2035 f.).
6 Richtlinie 2013/50/EU des Parlaments und des Rates vom 22.10.2013 zur Änderung der Richtlinie 2004/109/EG des Europäischen Parlaments und des Rates zur Harmonisierung der Transparenzanforderungen in Bezug auf Informationen über Emittenten, deren Wertpapiere zum Handel auf einem geregelten Markt zugelassen sind, der Richtlinie 2003/71/EG des Europäischen Parlaments und des Rates betreffend den Prospekt, der beim öffentlichen Angebot von Wertpapieren oder bei deren Zulassung zum Handel zu veröffentlichen ist, sowie der Richtlinie 2007/14/EG der Kommission mit Durchführungsbestimmungen zu bestimmten Vorschriften der Richtlinie 2004/109/EG, ABl. EU Nr. 294 v. 6.11.2013, S. 13, 20.
7 Siehe Erwägungsgrund 4 der Transparenzrichtlinie-Änderungsrichtlinie; siehe auch *Blöink/Kumm*, BB 2013, 1963 (1965); *Oser/Staß*, DB 2015, 2825.

richtlinie soll es den Mitgliedstaaten grundsätzlich nicht gestattet sein, für die Regelpublizität eine über die Veröffentlichung von Jahres- und Halbjahresfinanzberichten hinausgehende, häufigere Veröffentlichung von Finanzinformationen zu verlangen. Dies wird jedoch wiederum dadurch eingeschränkt, dass Mitgliedstaaten Emittenten dann zur Veröffentlichung zusätzlicher regelmäßiger Finanzinformationen verpflichten können, wenn diese Verpflichtung keine erheblichen finanziellen Belastungen darstellen und die zusätzlichen Informationen in einem angemessenen Verhältnis zu den für eine Anlageentscheidung relevanten Faktoren stehen. Des Weiteren bleiben besondere Vorschriften des EU-Rechts für bestimmte Bereiche unberührt, und insbesondere soll es möglich sein, die Veröffentlichung zusätzlicher, regelmäßiger Finanzinformationen durch Finanzinstitute vorzuschreiben. Auch sollen Börsen die Veröffentlichung zusätzlicher, regelmäßiger Finanzinformationen in einigen oder allen Segmenten des geregelten Marktes verlangen können[1].

Von dieser Möglichkeit, auf Börsenebene spezielle Anforderungen an Aktienemittenten zu stellen, hat die Frankfurter Wertpapierbörse zeitgleich mit dem Gesetz zur Umsetzung der Transparenzrichtlinie-Änderungsrichtlinie durch Änderung der Börsenordnung am 26.11.2015 Gebrauch gemacht. Anders als vor Änderung der Transparenzrichtlinie sieht die Börsenordnung vor dem Hintergrund der Transparenzrichtlinie-Änderungsrichtlinie nunmehr zwar nicht mehr vor, dass Emittenten, deren Aktien im Teilbereich des Regulierten Marktes mit weiteren Zulassungsfolgepflichten (**Prime Standard**) **der Frankfurter Wertpapierbörse** zum Handel zugelassen sind, Quartalsfinanzberichte veröffentlichen müssen. Des Weiteren wurde im Zuge der Änderung des WpHG aufgrund der Umsetzung der Transparenzrichtlinie-Änderungsrichtlinie im General Standard des Regulierten Marktes der Frankfurter Wertpapierbörse die Verpflichtung zur Veröffentlichung von Zwischenmitteilungen der Geschäftsführung nach dem WpHG gestrichen. Eingeführt wurde jedoch die Regelung des **§ 51a Abs. 1 BörsO FWB**. Danach müssen Emittenten, deren Aktien im Prime Standard des Regulierten Marktes der FWB zum Handel zugelassen sind, über die Anforderungen des § 37w WpHG nF hinaus auch (**Konzern-**)**Quartalsmitteilungen** veröffentlichen. Gemäß § 51a Abs. 2 und 3 BörsO FWB müssen Quartalsmitteilungen (i) die wesentlichen Ereignisse und Geschäfte des Mitteilungszeitraums im Unternehmen des Emittenten und ihre Auswirkungen auf dessen Finanzlage erläutern, (ii) die Finanzlage und das Geschäftsergebnis des Emittenten im Mitteilungszeitraum beschreiben und (iii) über etwaige wesentliche Veränderungen von Prognosen und sonstigen Aussagen zur voraussichtlichen Entwicklung des Emittenten, die im letzten Lage- oder Zwischenlagebericht abgegeben worden sind, berichten (Prognoseveränderungsbericht). Ausreichend ist eine **rein beschreibende Darstellung**, die kein Zahlenwerk enthalten muss, also insbesondere weder eine Bilanz noch eine Gewinn- und Verlustrechnung. Diese Regelung orientiert sich an der früher in § 37x WpHG aF vorgesehenen Zwischenmitteilung, die um den Prognoseveränderungsbericht ergänzt wurde[2]. Quartalsmitteilungen sind daher – wie schon die Zwi-

---

1 *Blöink/Kumm*, BB 2013, 1963 (1965).
2 Darüber hinaus kann für den Inhalt der Quartalsmitteilungen nach § 51a BörsO FWB auf den Standard des Deutschen Rechnungslegungs Standard Committee (DRSC) 16 v. 4.12.2012 zurückgegriffen werden. Vgl. Informationen der Deutsche Börse zum Thema

schenmitteilungen der Geschäftsführung – im Prospekt nach Ziffer 20.9 des Anhangs I ProspektVO zu berücksichtigen[1]. Emittenten, deren Aktien im Prime Standard der Frankfurter Wertpapierbörse zum Handel zugelassen sind, können statt Quartalsmitteilungen wahlweise auch Quartalsfinanzberichte veröffentlichen. Die Verpflichtung zur Veröffentlichung von Quartalsmitteilungen entfällt jedoch nur dann, wenn die Quartalsfinanzberichte entsprechend den Anforderungen an Halbjahresfinanzberichte analog § 37w Abs. 2 Nr. 1 und 2, Abs. 3 und 4 WpHG oder § 37y Nr. 2 WpHG erstellt werden. Damit stellen derartige Quartalsfinanzberichte – im Gegensatz zu Quartalsmitteilungen – auch Zwischeninformationen iS von Ziffer 20.6 Anhang I ProspektVO dar. Unabhängig hiervon können auch Emittenten, deren Aktien nicht im Prime Standard der Frankfurter Wertpapierbörse zum Handel zugelassen sind, Quartalsfinanzberichte auf freiwilliger Basis veröffentlichen[2].

bb) Umfang und Inhalt der Zwischenfinanzinformationen

252 Die in den Prospekt aufzunehmenden Zwischenfinanzinformationen müssen den betreffenden Zwischenabschluss enthalten, nicht jedoch den Zwischenlagebericht oder den sog. „Bilanzeid" (Erklärung gemäß § 264 Abs. 2 Satz 3, § 289 Abs. 1 Satz 5 HGB), die weder nach Ziffer 20.1 noch nach Ziffer 20.6.2 des Anhangs I ProspektVO Pflichtbestandteile der historischen Finanzinformationen bzw. Zwischenfinanzinformationen sind[3]. Dieser Grundsatz gilt auch bei **kapitalmarktorientierten Emittenten**, dh. Emittenten, deren Wertpapiere an einem organisierten Markt zugelassen sind. Bei diesen müssen die in den Prospekt aufzunehmenden Zwischenfinanzinformationen nach den ESMA-Empfehlungen zwar den Anforderungen der Transparenzrichtlinie entsprechen (vgl. Art. 5 Transparenzrichtlinie und § 37w WpHG für Inlandsemittenten)[4]. Dieses Erfordernis erstreckt sich jedoch nicht auf den Zwischenlagebericht und den Bilanzeid gemäß Art. 5 Abs. 2 Transparenzrichtlinie bzw. § 37w Abs. 2 Nr. 2 und 3 WpHG[5], dh. es ist nur ein verkürzter Abschluss, also min-

---

„Quartalsmitteilung oder Quartalsfinanzbericht" abrufbar unter http://www.deutsche-boerse-cash-market.com/dbcm-de/primary-market/being-public/ipo-line-being-public/prime-standard/Quartalsmitteilung-oder-Quartalsfinanzbericht-/1343532.
1 Bei einer Quartalsmitteilung wird mangels Zahlenwerks, also quantitativer Angaben, keine prüferische Durchsicht seitens eines Wirtschaftsprüfers erfolgen.
2 *Simons/Kallweit*, BB 2016, 332 (333); *Fuchs*, NZG 2016, 1015 (1017).
3 *d'Arcy/Kahler* in Holzborn, Anh. I EU-ProspV Rz. 172, 180. Unklar insoweit *Fingerhut/Voß* in Just/Voß/Ritz/Zeising, Anhang I EU-ProspektVO Rz. 390, die die von *d'Arcy/Kahler* geäußerte Ansicht als „noch weitergehend" ansehen, dies jedoch in einem anderen Zusammenhang erörtern, nämlich bei der Frage, ob die Aufnahme eines Quartalsberichts für das dritte Quartal ausreicht oder ob auch der Halbjahresbericht in den Prospekt aufgenommen werden muss.
4 ESMA, Level-3-Empfehlungen v. 20.3.2013, ESMA/2013/319, Rz. 101.
5 Ebenso *d'Arcy/Kahler* in Holzborn, Anh. I EU-ProspV Rz. 172 und 180 und *A. Meyer* in FrankfurtKomm. WpPG, Ziffer 20.5 und 20.6 Anhang I ProspektVO Rz. 23; **aA** jedoch *Fingerhut/Voß* in Just/Voß/Ritz/Zeising, Anhang I EU-ProspektVO Rz. 398. Letztere übersehen, dass ESMA in den Level-3-Empfehlungen v. 20.3.2013, ESMA/2013/319, Rz. 101 nicht allgemein auf die Anforderungen der Transparenzrichtlinie und deren Umsetzung in den

destens eine verkürzte Bilanz, eine verkürzte Gewinn- und Verlustrechnung und ein Anhang (§ 37w Abs. 3 Satz 1 WpHG), aufzunehmen[1]. Bei kapitalmarktorientierten Emittenten, die konzernabschlusspflichtig sind (§ 37y Nr. 2 WpHG) bedeutet dies, dass der verkürzte (*condensed*) Zwischenabschluss nach IFRS (als den für den Jahresabschluss geltenden Rechnungslegungsgrundsätzen, § 37 w Abs. 3 Satz 2 WpHG) zu erstellen ist und nach den Anforderungen von IAS 34.5 neben der verkürzten Bilanz und verkürzten Gesamtergebnisrechnung auch eine verkürzte Kapitalflussrechnung, eine verkürzte Eigenkapitalveränderungsrechnung, das Ergebnis je Aktie sowie bestimmte Anhangangaben beinhalten muss, es sich also um eine Aktualisierung des letzten Konzernabschlusses handelt (IAS 34.6)[2]. Bei **nicht kapitalmarktorientierten Emittenten**, dh. wenn bislang keine Zulassung an einem organisierten Markt besteht, sind nach den ESMA-Empfehlungen eine verkürzte Bilanz und eine verkürzte Gewinn- und Verlustrechnung sowie ausgewählte Anhangangaben in den Prospekt aufzunehmen[3]. Eine verkürzte Kapitalflussrechnung und eine verkürzte Eigenkapitalveränderungsrechnung sind nur dann in den Prospekt aufzunehmen, wenn ein bislang nicht kapitalmarktorientierter Emittent ohne gesetzliche Pflicht bereits zuvor Finanzberichte nach IFRS erstellt hat oder wenn er eine Zulassung zum Handel an einem organisierten Markt anstrebt und deshalb im Hinblick auf seine zukünftige Pflicht, Finanzberichte nach IFRS zu erstellen, auf der Grundlage von IFRS erstellte historische Finanzinformationen bereits in den Prospekt aufnehmen muss[4].

cc) Aufnahme einer Bescheinigung des Wirtschaftsprüfers zu den Zwischenfinanzinformationen

Ziffer 20.6.1 Satz 2 des Anhangs I ProspektVO sieht für die Zwischenfinanzinformationen ähnlich wie Ziffer 20.1 des Anhangs I ProspektVO grundsätzlich die Aufnahme eines Berichts des Wirtschaftsprüfers zu den veröffentlichten Zwischenfinanz-

---

Mitgliedstaaten verweist, sondern durch die Formulierung „condensed set of financial statements included in the half-yearly report" zum Ausdruck bringt, dass die Prospektanforderungen nicht etwa auf den nach der Transparenzrichtlinie zu veröffentlichenden Zwischenlagebericht oder den Bilanzeid erstreckt werden sollten, die nach der Transparenzrichtlinie und in deren Umsetzung auch gemäß § 37w Abs. 2 WpHG Teil des Halbjahresfinanzberichts sind. Die gegenteilige Auffassung würde auch zu dem widersprüchlichen Ergebnis führen, dass der Lagebericht und der Bilanzeid zwar nicht Teil der historischen Finanzinformationen sind, in bestimmten Fällen aber als Teil der Zwischenfinanzinformationen in den Prospekt aufzunehmen wären.

1 *A. Meyer* in Habersack/Mülbert/Schlitt, Unternehmensfinanzierung am Kapitalmarkt, § 36 Rz. 37.
2 Hierzu auch *A. Meyer* in Habersack/Mülbert/Schlitt, Unternehmensfinanzierung am Kapitalmarkt, § 36 Rz. 37; *A. Meyer* in FrankfurtKomm. WpPG, Ziffer 20.5 und 20.6 Anhang I ProspektVO Rz. 21; *Schlitt/Wilczek* in Habersack/Mülbert/Schlitt, Handbuch der Kapitalmarktinformation, § 5 Rz. 64; *d'Arcy/Kahler* in Holzborn, Anh. I EU-ProspV Rz. 181.
3 ESMA, Level-3-Empfehlungen v. 20.3.2013, ESMA/2013/319, Rz. 104.
4 *A. Meyer* in Habersack/Mülbert/Schlitt, Unternehmensfinanzierung am Kapitalmarkt, § 36 Rz. 37; *A. Meyer* in FrankfurtKomm. WpPG, Ziffer 20.5 und 20.6 Anhang I ProspektVO Rz. 24.

informationen vor. Ähnlich wie bei einem Bestätigungsvermerk für historische Finanzinformationen im Rahmen von Ziffer 20.1 des Anhangs I ProspektVO (siehe oben Rz. 173 f.) ist hier nicht der Bericht des Wirtschaftsprüfers über die Prüfung oder prüferische Durchsicht aufzunehmen, sondern nur die erteilte Bescheinigung[1]. Dabei wird dem Umstand Rechnung getragen, dass Zwischenfinanzinformationen anders als ein Jahresabschluss weder geprüft noch einer prüferischen Durchsicht unterzogen werden müssen. Nur im Fall einer **Prüfung**[2] oder einer **prüferischen Durchsicht**[3] ist eine entsprechende Bescheinigung des Wirtschaftsprüfers in den Prospekt aufzunehmen. Dies ist etwa dann der Fall, wenn der Zwischenbericht Gegenstand einer freiwilligen Prüfung gemäß § 317 HGB war. Darüber hinaus ist bei Durchführung einer prüferischen Durchsicht von Halbjahresfinanzberichten börsennotierter Emittenten gemäß § 37w Abs. 5 Satz 4 WpHG das Ergebnis der prüferischen Durchsicht in einer Bescheinigung zusammen mit dem Halbjahresfinanzbericht zu veröffentlichen. Auch eine solche Bescheinigung ist nach Ziffer 20.6.1 Satz 2 Anhang I ProspektVO in den Prospekt aufzunehmen. Bei **Quartalsfinanzberichten** besteht ebenfalls weiterhin keine Pflicht zur Prüfung oder prüferischen Durchsicht[4]. Wird von einem Emittenten (zB nach Maßgabe von § 51a BörsO, siehe dazu oben Rz. 251) jedoch freiwillig ein Quartalsfinanzbericht erstellt, der den Vorgaben für Halbjahresfinanzberichte gemäß § 37w Abs. 3 Nr. 1 und 2 und der Abs. 3 und 4 WpHG entspricht und für den eine freiwillige Prüfung oder prüferische Durchsicht vorgenommen wird, so muss die Prüfung oder prüferische Durchsicht aufgrund von § 37w Abs. 7 WpHG[5] den Vorgaben von § 37w Abs. 5 WpHG entsprechen. Dies bedeutet, dass in diesem Fall – anders als nach vorheriger, bis zur Änderung des WpHG durch das Gesetz zur Umsetzung der Transparenzrichtlinie-Änderungsrichtlinie bestehender Rechtslage – auch eine Bescheinigung über die Prüfung oder prü-

---

1 *A. Meyer* in FrankfurtKomm. WpPG, Ziffer 20.5 und 20.6 Anhang I ProspektVO Rz. 8.
2 Vgl. IDW Prüfungsstandard: Grundsätze für die ordnungsmäßige Erteilung von Bestätigungsvermerken bei Abschlussprüfungen (IDW PS 400) v. 28.11.2014, Tz. 5, WPg Supplement 4/2010, 25 (26).
3 Diese richtet sich nach IDW Prüfungsstandard: Grundsätze für die prüferische Durchsicht von Abschlüssen (IDW PS 900), WPg 2001, 1078 oder gleichwertigen Standards wie ISRE 2410 (Review of Interim Financial Information Performed by the Independent Auditor of the Entity) und ISRE 2400 (Engagements to Review Financial Statements), beide abrufbar unter http://www.ifac.org.
4 *Simons/Kallweit*, BB 2016, 332 (334).
5 Da mit Aufhebung des § 37x Abs. 3 WpHG aF das Haftungsprivileg des § 323 HGB für eine freiwillige prüferische Durchsicht der Wirtschaftsprüfer entfallen wäre, wurde seitens der Wirtschaftsprüfer im Rahmen des Gesetzgebungsverfahrens angeregt, dass Haftungsprivileg bei einer freiwilligen prüferischen Durchsicht eines Quartalsfinanzberichts beizubehalten und § 37w WpHG um einen neuen Abs. 7 zu ergänzen (siehe Stellungnahme des IDW v. 22.7.2015 zum RegE für ein Gesetz zur Umsetzung der Transparenzrichtlinie-Änderungsrichtlinie, abrufbar auf der Website des IDW [https://www.idw.de/idw] unter der Rubrik „IDW Aktuell" unter dem Datum 27.7.2015). Dazu auch *Oser/Staß*, DB 2015, 2825 (2826), die darauf verweisen, dass bei Entfallen des Haftungsprivilegs nach § 323 HGB zu befürchten stand, dass ein Abschlussprüfer der Veröffentlichung der von ihm ausgestellten Bescheinigung mit dem Quartalsfinanzbericht nicht zugestimmt hätte.

ferische Durchsicht zusammen mit dem Quartalsfinanzbericht zu veröffentlichen ist. Dies ergibt sich daraus, dass § 37w Abs. 7 WpHG nicht nur auf Satz 7 des § 37w Abs. 5 WpHG verweist, sondern § 37w Abs. 5 WpHG insgesamt (also einschließlich Satz 4) in Bezug nimmt[1]. In einem solchen Fall ist die Bescheinigung über die Prüfung oder prüferische Durchsicht eines Quartalsfinanzberichts auch gemäß Ziffer 20.6.1 Satz 2 Anhang I ProspektVO in den Prospekt aufzunehmen.

Sind die Zwischenfinanzinformationen **weder geprüft noch prüferisch durchgesehen** worden, dann genügt es, diesen Umstand im Prospekt offen zu legen (Satz 3 der Ziffer 20.6.1 des Anhangs I ProspektVO). Es besteht also keine Pflicht, Quartals- oder Halbjahresberichte für Zwecke der Prospekterstellung einer Prüfung oder prüferischen Durchsicht zu unterziehen. Die ungeprüften Zwischenfinanzinformationen müssen jedoch klar und eindeutig als ungeprüft bezeichnet werden[2]. 254

Auch wenn der Wortlaut der Ziffer 20.6.1 des Anhangs I ProspektVO insoweit nicht eindeutig ist, ist eine Bescheinigung des Abschlussprüfers über eine Prüfung oder prüferische Durchsicht nur dann in den Prospekt aufzunehmen, wenn der betreffende Zwischenabschluss als geprüft oder prüferisch durchgesehen veröffentlicht wurde. Ist der Zwischenabschluss als ungeprüft veröffentlicht worden und sind Zwischenfinanzinformationen ausschließlich **für interne Zwecke** (etwa im Hinblick auf die Durchführung einer Kapitalmarkttransaktion) einer Prüfung oder einer prüferischen Durchsicht unterzogen worden, ist keine entsprechende Bescheinigung in den Prospekt aufzunehmen[3]. Wird ein als ungeprüft veröffentlichter Halbjahres- oder Quartalsbericht zB im Hinblick auf die Ausstellung eines Comfort Letter nach Maßgabe des Prüfungsstandards IDW PS 910 prüferisch durchgesehen[4], dann führt dies nicht dazu, dass die entsprechende Aussage des Wirtschaftsprüfers zu dieser prüferischen Durchsicht in den Prospekt aufzunehmen ist[5]. Nicht ausschließlich für interne Zwecke prüferisch durchgesehen sind jedoch solche Halbjahresfinanzberichte eines börsennotierten Emittenten, die in Ausübung des Wahlrechts gemäß § 37w Abs. 5 WpHG prüferisch durchgesehen und gemäß § 37w Abs. 5 Satz 4 WpHG zusammen mit einer entsprechenden Bescheinigung des Abschlussprüfers veröffentlicht wurden. Entsprechendes gilt für Quartalsfinanzberichte, die gemäß § 37w Abs. 7 WpHG iVm. § 37w Abs. 5 Satz 4 WpHG zusammen mit einer Bescheinigung über die Prüfung oder prüferische Durchsicht veröffentlicht wurden (siehe oben Rz. 253). 255

---

1 Beschlussempfehlung und Bericht des Finanzausschusses zu dem RegE für ein Gesetz zur Umsetzung der Transparenzrichtlinie-Änderungsrichtlinie, BT-Drucks. 18/6220 v. 30.9.2015, S. 82. Hierzu auch *Oser/Staß*, DB 2015, 2825 (2826); *Fuchs*, NZG 2016, 1015 (1017).
2 Vgl. zB den im Zusammenhang mit der Kapitalerhöhung der Continental AG veröffentlichten Prospekt v. 11.1.2010, in dem ein ungeprüfter Zwischenabschluss für den zum 30.9.2009 abgelaufenen Neun-Monats-Zeitraum abgedruckt ist, S. 33, F-3 ff. des Prospekts.
3 *Schlitt/Singhof/Schäfer*, BKR 2005, 251 (252); *A. Meyer* in Habersack/Mülbert/Schlitt, Unternehmensfinanzierung am Kapitalmarkt, § 36 Rz. 36; *d'Arcy/Kahler* in Holzborn, Anh. I EU-ProspV Rz. 173.
4 Dazu näher *Kunold* in Habersack/Mülbert/Schlitt, Unternehmensfinanzierung am Kapitalmarkt, § 34 Rz. 32 f.
5 Siehe auch *A. Meyer* in Habersack/Mülbert/Schlitt, Unternehmensfinanzierung am Kapitalmarkt, § 36 Rz. 36.

c) **Prospektanforderungen im Fall noch nicht veröffentlichter Zwischenfinanzinformationen (Ziffer 20.6.2)**

aa) **Pflicht zur Aufnahme und Erstellung von Zwischenfinanzinformationen**

256 Ziffer 20.6 des Anhangs I ProspektVO enthält keine generelle Pflicht zur Erstellung von Zwischenfinanzinformationen für die Zwecke des Prospekts, wenn zuvor noch keine Zwischenfinanzinformationen erstellt wurden. Ähnlich wie nach § 22 Abs. 2 Satz 3 BörsZulV aF besteht nach Ziffer 20.6.2 des Anhangs I ProspektVO jedoch die Pflicht, Zwischenfinanzinformationen dann in den Prospekt aufzunehmen, wenn seit dem Ende des letzten Geschäftsjahres, also dem Stichtag des letzten Jahresabschlusses, **mehr als neun Monate** vergangen sind. Dies bedeutet, dass Zwischenfinanzinformationen für Zwecke des Prospekts erstellt werden müssen, soweit sie nicht bereits vorhanden sind. Die Zwischenfinanzinformationen müssen gemäß Ziffer 20.6.2 des Anhangs I ProspektVO mindestens die **ersten sechs Monate** des Geschäftsjahres, für das noch keine Zwischenfinanzinformationen vorliegen, abdecken. Ziel dieser Regelung ist es, dass Investoren möglichst aktuelle Informationen zur Vermögens-, Finanz- und Ertragslage des Emittenten erhalten möglichst[1]. Eine **Prüfung** oder **prüferische Durchsicht** der zu erstellenden Zwischenfinanzinformationen ist prospektrechtlich nicht vorgeschrieben (siehe auch Rz. 254)[2].

257 Bei **Start-up-Unternehmen**[3], für die noch kein geprüfter Jahresabschluss erstellt wurde und dementsprechend die in Ziffer 20.6.2 des Anhangs I ProspektVO genannte Anknüpfung an den „Ablauf des letzten geprüften Finanzjahres" nicht passt, berechnet sich nach der Verwaltungspraxis der BaFin der Neun-Monats-Zeitraum ab dem **Stichtag der Eröffnungsbilanz**[4]. Vorher sind keine Zwischenfinanzinformationen nach Ziffer 20.6.2 aufzunehmen. Hat der Emittent zusätzlich zur Eröffnungsbilanz bereits einen geprüften Abschluss gemäß Ziffer 20.1 Abs. 3 des Anhangs I ProspektVO für einen Zeitraum von weniger als einem Jahr erstellt, dann ließe sich nach dem Wortlaut der Ziffer 20.6.2 des Anhangs I ProspektVO argumentieren, dass das letzte „Finanzjahr", ab dem die neun Monate zu rechnen sind, nicht ein volles Geschäftsjahr sein muss, sondern auch ein Rumpfgeschäftsjahr (von zB vier Monaten) sein kann. Nach Auffassung der BaFin ist die Aufnahme von Zwischenfinanzinformationen jedoch nur dann entbehrlich, wenn der Zeitraum, auf den sich der geprüfte Abschluss bezieht, mindestens sechs Monate beträgt[5]. Diese Auffassung beruht auf dem Ziffer 20.6.2 des Anhangs I ProspektVO entnommenen Grundgedanken, dass ein Unternehmen, das mindestens neun Monate tätig ist, ohne (aktuelle) Finanzinformationen veröffentlicht zu haben, Finanzinformationen in den Prospekt auf-

---

1 ESMA, Level-3-Empfehlungen v. 20.3.2013, ESMA/2013/319, Rz. 99.
2 *d'Arcy/Kahler* in Holzborn, Anh. I EU-ProspV Rz. 176; *Fingerhut/Voß* in Just/Voß/Ritz/Zeising, Anhang I EU-ProspektVO Rz. 393; *A. Meyer* in Habersack/Mülbert/Schlitt, Unternehmensfinanzierung am Kapitalmarkt, § 36 Rz. 35; *A. Meyer* in FrankfurtKomm. WpPG, Ziffer 20.5 und 20.6 Anhang I ProspektVO Rz. 14.
3 Zum Begriff des Start-up-Unternehmens siehe ESMA, Level-3-Empfehlungen v. 20.3.2013, ESMA/2013/319, Rz. 136.
4 *Fingerhut/Voß* in Just/Voß/Ritz/Zeising, Anhang I EU-ProspektVO Rz. 394.
5 *Fingerhut/Voß* in Just/Voß/Ritz/Zeising, Anhang I EU-ProspektVO Rz. 394.

nehmen muss, die mindestens sechs Monate des Zeitraums ohne Finanzinformationen abdecken[1]. Zwar sind in einem solchen Fall (zB geprüfter Abschluss für die ersten vier Monate und Prospekterstellung zehn Monate nach Gründung) seit dem Stichtag des geprüften Abschlusses nach Ziffer 20.1 Abs. 3 des Anhangs I ProspektVO noch keine neun Monate vergangen, doch bezieht sich dieser geprüfte Abschluss weder auf ein vollständiges Geschäftsjahr (was zur Anwendung der Neun-Monats-Frist ab dem Stichtag des Abschlusses führen würde) noch deckt er die ersten sechs Monate seit Gründung des Unternehmens ab.

bb) Umfang und Inhalt der Zwischenfinanzinformationen

Als einzige ausdrückliche Vorgabe zu Umfang und Inhalt der zu erstellenden Zwischenfinanzinformationen, sieht Ziffer 20.6.2 Abs. 2 des Anhangs I ProspektVO vor, dass die Zwischenfinanzinformationen einen **vergleichenden Überblick** über denselben Zeitraum des letzten Geschäftsjahres enthalten muss. Dabei enthält Satz 2 von Ziffer 20.6.2 Abs. 2 des Anhangs I ProspektVO eine Klarstellung dahingehend, dass entsprechend der gängigen Rechnungslegungspraxis nach IAS 34 und dem deutschen Rechnungslegungsstandard DRS 16 der vergleichende Überblick hinsichtlich der Bilanzinformationen als Bestandsrechnung durch Darstellung der Vorjahresbilanz erfolgen kann und nicht auf die entsprechende Vorjahresperiode abgestellt werden muss[2].

Neben dieser ausdrücklichen Vorgabe gelten hinsichtlich Inhalt und Umfang der Zwischenfinanzinformationen auch und gerade hier die in den **ESMA-Empfehlungen** vorgenommenen **Konkretisierungen und Präzisierungen** (vgl. oben Rz. 252). Im Fall einer Erstellung und Aufnahme von Zwischenfinanzinformationen gemäß Ziffer 20.6.2 des Anhangs I ProspektVO wird es sich idR um einen bislang nicht kapitalmarktorientierten Emittenten handeln, der grundsätzlich nur eine verkürzte Bilanz und eine verkürzte Gewinn- und Verlustrechnung sowie ausgewählte Anhangangaben aufnehmen muss. Etwas anderes gilt dann, wenn der bislang nicht kapitalmarktorientierte Emittent aufgrund der beabsichtigten Zulassung zum Handel an einem organisierten Markt oder aufgrund bereits zuvor nach IFRS vorgenommener Rechnungslegung Zwischenfinanzinformationen nach IAS 34 erstellen muss (vgl. oben Rz. 252). Bei Emittenten, die nicht nach IAS 34 bilanzieren, ist der deut-

---

[1] So wohl auch das Verständnis von *Fingerhut/Voß* in Just/Voß/Ritz/Zeising, Anhang I EU-ProspektVO Rz. 394.

[2] *d'Arcy/Kahler* in Holzborn, Anh. I EU-ProspV Rz. 177. Die deutsche Fassung von Ziffer 20.6.2 Abs. 2 ProspektVO enthält hier ein sehr pointiertes „ausnahmsweise", was – wie *d'Arcy/Kahler* in Holzborn, Anh. I EU-ProspV Rz. 177 mit Recht bemerken – zur Fehlvorstellung führen kann, dass die Darstellung der Vorjahresbilanz nur in besonderen Ausnahmefällen in Betracht kommt. Dies ist jedoch der Übersetzung geschuldet. Die englische Fassung lässt sich als bloße Klarstellung lesen, dass ein Vergleich zur entsprechenden Vorjahresperiode bei den Bilanzinformationen nicht vorgeschrieben ist (ebenso *Fingerhut/Voß* in Just/Voß/Ritz/Zeising, Anhang I EU-ProspektVO Rz. 402). Die ESMA-Level-3-Empfehlungen v. 20.3.2013, ESMA/2013/319, Rz. 106 lit. a sehen sogar ausschließlich die Darstellung der Vorjahresbilanz vor.

sche Rechnungslegungsstandard DRS 16 zu beachten, der grundsätzlich nicht über die Anforderungen der Transparenzrichtlinie hinausgeht, wobei eine verkürzte Kapitalflussrechnung und ein verkürzter Eigenkapitalspiegel empfohlen werden[1].

260 Grundsätzlich müssen für die Erstellung der Zwischenfinanzinformationen die Rechnungslegungsstandards verwendet werden, auf deren Grundlage auch die Jahresabschlüsse erstellt werden[2]. Wurden nach dem Stichtag für den letzten Jahresabschluss Bilanzierungsmethoden geändert und sollen diese auch im folgenden Jahresabschluss gelten, so ist dieses nach den ESMA-Empfehlungen bei der Erstellung der Zwischenfinanzinformationen jedoch zu berücksichtigen[3].

8. Emittenten mit einer komplexen Finanzhistorie (Art. 4a ProspektVO)
(Kunold)

Art. 4a ProspektVO
Schema für Aktienregistrierungsformulare bei komplexer finanztechnischer Vorgeschichte oder bedeutenden finanziellen Verpflichtungen

(1) Hat ein Emittent eines unter Artikel 4 Absatz 2 fallenden Wertpapiers eine komplexe finanztechnische Vorgeschichte oder ist er bedeutende finanzielle Verpflichtungen eingegangen, so dass bestimmte Teile der Finanzinformationen einer anderen Gesellschaft als dem Emittenten in das Registrierungsformular aufgenommen werden müssen, um die in Artikel 5 Abs. 1 der Richtlinie 2003/71/EG festgelegte Pflicht zu erfüllen, werden diese Teile für Finanzinformationen des Emittenten erachtet. Die zuständige Behörde des Herkunftsmitgliedstaats verlangt von dem Emittenten, dem Anbieter oder der die Zulassung zum Handel an einem geregelten Markt beantragenden Person in einem solchen Fall, diese Informationsbestandteile in das Registrierungsformular aufzunehmen.

Diese Bestandteile der Finanzinformationen können gemäß Anhang II erstellte Pro-forma-Informationen umfassen. Ist der Emittent bedeutende finanzielle Verpflichtungen eingegangen, werden die Auswirkungen der Transaktion, zu der der Emittent sich verpflichtet hat, in diesen Pro-forma-Informationen antizipiert und ist der Begriff „die Transaktion" in Anhang II entsprechend auszulegen.

(2) Die zuständige Behörde stützt jedes Ersuchen gemäß Absatz 1 Unterabsatz 1 auf die Anforderungen, die unter Punkt 20.1 des Anhangs I, Punkt 15.1 des Anhangs XXIII, Punkt 20.1 des Anhangs XXV, Punkt 11.1 des Anhangs XXVII und Punkt 20.1 des Anhangs XXVIII in Bezug auf den Inhalt der Finanzinformationen und die anwendbaren Rechnungslegungs- und Prüfungsgrundsätze festgelegt sind, wobei Abweichungen davon zulässig sind, wenn sie durch einen der folgenden Faktoren gerechtfertigt sind:

---

1 DRS 16.16, dazu näher *d'Arcy/Kahler* in Holzborn, Anh. I EU-ProspV Rz. 184.
2 ESMA, Level-3-Empfehlungen v. 20.3.2013, ESMA/2013/319, Rz. 103.
3 ESMA, Level-3-Empfehlungen v. 20.3.2013, ESMA/2013/319, Rz. 103; *d'Arcy/Kahler* in Holzborn, Anh. I EU-ProspV Rz. 185.

a) Wesensart der Wertpapiere;
b) Art und Umfang der bereits im Prospekt enthaltenen Informationen sowie das Vorhandensein von Finanzinformationen einer anderen Gesellschaft als dem Emittenten, die unverändert in den Prospekt übernommen werden könnten;
c) die Umstände des Einzelfalls, einschließlich der wirtschaftlichen Substanz der Transaktionen, mit denen der Emittent sein Unternehmen oder einen Teil desselben erworben oder veräußert hat, sowie der speziellen Art des Unternehmens;
d) die Fähigkeit des Emittenten, sich unter zumutbarem Aufwand Finanzinformationen über eine andere Gesellschaft zu beschaffen.

Kann die in Artikel 5 Absatz 1 der Richtlinie 2003/71/EG festgelegte Pflicht im Einzelfall auf verschiedenen Wegen erfüllt werden, so ist der kostengünstigsten oder der mit dem geringsten Aufwand verbundenen Variante der Vorzug zu geben.

(3) Von Nummer 1 unberührt bleibt die durch nationale Rechtsvorschriften gegebenenfalls festgelegte Verantwortung anderer Personen für die im Prospekt enthaltenen Informationen, wozu auch die in Artikel 6 Absatz 1 der Richtlinie 2003/71/EG genannten Personen zählen. Diese Personen sind vor allem dafür verantwortlich, dass sämtliche von der zuständigen Behörde gemäß Nummer 1 geforderten Informationen in das Registrierungsformular aufgenommen werden.

(4) Für die Zwecke der Nummer 1 wird ein Emittent als Emittent mit komplexer finanztechnischer Vorgeschichte behandelt, wenn alle der nachfolgend genannten Bedingungen zutreffen:
a) Die historischen Finanzinformationen, die er gemäß Punkt 20.1 des Anhangs I, Punkt 15.1 des Anhangs XXIII, Punkt 20.1 des Anhangs XXV, Punkt 11.1 des Anhangs XXVII und Punkt 20.1 des Anhangs XXVIII vorzulegen hat, geben die Lage seines gesamten Unternehmens zum Zeitpunkt der Prospekterstellung nicht genau wieder;
b) diese Ungenauigkeit beeinträchtigt die Fähigkeit des Anlegers, sich ein fundiertes Urteil im Sinne von Artikel 5 Absatz 1 der Richtlinie 2003/71/EG zu bilden; und
c) Informationen über seine operative Geschäftstätigkeit, die ein Anleger für die Bildung eines solchen Urteils benötigt, sind Gegenstand von Finanzinformationen über ein anderes Unternehmen.

(5) Für die Zwecke der Nummer 1 werden als Emittenten, die eine bedeutende finanzielle Verpflichtung eingegangen sind, Gesellschaften behandelt, die eine verbindliche Vereinbarung über eine Transaktion eingegangen sind, die nach ihrem Abschluss voraussichtlich eine bedeutende Bruttoveränderung bewirkt.

Selbst wenn der Abschluss der Transaktion in einer solchen Vereinbarung an Bedingungen, einschließlich der Zustimmung durch die Regulierungsbehörde, geknüpft wird, ist die Vereinbarung in diesem Zusammenhang als bindend zu betrachten, sofern diese Bedingungen mit hinreichender Wahrscheinlichkeit eintreten werden.

Eine Vereinbarung wird insbesondere dann als verbindlich betrachtet, wenn sie den Abschluss der Transaktion vom Ergebnis des Angebots der Wertpapiere, die Gegenstand des Prospekts sind, abhängig macht, oder wenn bei einer geplanten Übernahme das Angebot der Wertpapiere, die Gegenstand des Prospekts sind, der Finanzierung dieser Übernahme dienen soll.

(6) Für die Zwecke der Nummer 5 dieses Artikels und des Punkts 20.2 des Anhangs I, des Punkts 15.2 des Anhangs XXIII und des Punkts 20.2 des Anhangs XXV liegt eine bedeutende Bruttoveränderung vor, wenn sich die Situation des Emittenten gemessen an einem oder mehreren Größenindikatoren seiner Geschäftstätigkeit um mehr als 25% verändert.

a) Überblick, Regelungsgegenstand und Entwicklung der Norm

261 Art. 4a ProspektVO ist durch **Verordnung (EG) Nr. 211/2007** der Kommission v. 27.2.2007 zur Änderung der Verordnung (EG) Nr. 809/2004 zur Umsetzung der Richtlinie 2003/71/EG des Europäischen Parlaments und des Rates in Bezug auf die Finanzinformationen, die bei Emittenten mit komplexer finanztechnischer Vorgeschichte oder bedeutenden finanziellen Verpflichtungen im Prospekt enthalten sein müssen[1], in die ProspektVO eingefügt worden.

262 Die Ergänzung der ProspektVO diente dem Zweck, eine für die Aufsichtsbehörden in allen Mitgliedstaaten gleichermaßen **praktikable rechtliche Grundlage** für Prospektanforderungen im Zusammenhang mit einer komplexen finanztechnischen Vorgeschichte oder bedeutenden finanziellen Verpflichtungen des Emittenten zu schaffen. Zwar sehen die Anhänge zur ProspektVO in Konkretisierung von Art. 5 Abs. 1 Prospektrichtlinie und der entsprechenden Umsetzungsvorschriften in den Mitgliedstaaten Emittentenbeschreibungen (Registrierungsformulare) vor, die detaillierte Vorgaben für die Aufnahme von Finanzinformationen der Emittenten enthalten (vgl. im Hinblick auf Aktienemittenten Ziffer 20.1 des Anhangs I ProspektVO). In bestimmten Fällen ist die Finanzlage des Emittenten jedoch so eng mit der Finanzlage anderer Gesellschaften verbunden, dass ohne Finanzinformationen dieser Gesellschaften der Anleger nicht – wie von Art. 5 Abs. 1 Prospektrichtlinie gefordert – in die Lage versetzt werden kann, eine fundierte Einschätzung der Vermögens-, Finanz- und Ertragslage des Emittenten vornehmen zu können (vgl. Erwägungsgrund 2 der Verordnung (EG) Nr. 211/2007).

263 Bereits im Zeitraum zwischen Veröffentlichung und Inkrafttreten der ProspektVO hatte die EU-Kommission aufgrund erster Anfragen aus verschiedenen Mitgliedstaaten CESR ein formelles Mandat für die Erarbeitung von Empfehlungen für Prospektanforderungen bei Emittenten mit komplexer finanztechnischer Vorgeschichte erteilt[2]. Auch bei den ersten Aktienemissionen nach neuem Prospektrecht erwiesen sich die Vorgaben der ProspektVO als in der Praxis schwer handhabbar, wenn der Emittent in dieser Form erst sehr kurzfristig bestand und zuvor erhebliche gesell-

---

1 ABl. EU Nr. L 61 v. 28.2.2007, S. 24.
2 Abrufbar unter http://ec.europa.eu/internal_market/securities/docs/prospectus/fin-hist_cesr-mandate_en.pdf.

schaftsrechtliche Umstrukturierungen erfolgt waren[1]. In diesen Fällen besteht das operative Geschäft regelmäßig schon deutlich länger. Für die Prospektanforderungen ist jedoch ein rechtlicher Emittentenbegriff maßgeblich (siehe oben Rz. 170), der nur auf die neu gegründete Gesellschaft zutrifft.

Zwar ist es nach **Art. 5 Abs. 1 Prospektrichtlinie** (diesem entspricht § 5 Abs. 1 WpPG) iVm. Art. 3 Abs. 3 ProspektVO grundsätzlich möglich, vom Emittenten weitere Angaben zu den Finanzinformationen zu verlangen, wenn dieses zum besseren Verständnis der Anleger geboten ist. Diese für die Beteiligten einschließlich der Aufsichtsbehörden durchaus günstige Flexibilität der Regelung wurde jedoch von einigen Mitgliedstaaten[2] kritisch gesehen, da ihnen eine konkrete Ermächtigungsgrundlage für die in Anhang I ProspektVO nicht ausdrücklich enthaltenen Informationspflichten fehlte[3].

Mit dem am 1.3.2007 in Kraft getretenen **Art. 4a ProspektVO** wurde daher eine rechtliche Grundlage (und damit ein höheres Maß an Rechtssicherheit[4]) geschaffen, die es den Aufsichtsbehörden ermöglicht, bei **Aktien** und **übertragbaren Wertpapieren, die Aktien gleichzustellen** sind, sowie sonstigen Wertpapieren, für die aufgrund von Art. 4 Abs. 2 Nr. 2 ProspektVO Angaben gemäß Anhang I ProspektVO in den Prospekt aufzunehmen sind (Art. 4a Abs. 1 Satz 1 ProspektVO iVm. Art. 4 Abs. 2 ProspektVO), im Fall einer **komplexen finanztechnischen Vorgeschichte** oder des **Eingehens einer bedeutenden finanziellen Verpflichtung**, die Aufnahme zusätzlicher Informationen in den Prospekt zu verlangen. Dem liegt die Überlegung zugrunde, dass in derartigen Fällen die üblichen Emittentenangaben oft nicht ausreichen, um den Anlegern ein zutreffendes Bild von der Finanzlage und den Aussichten eines Emittenten von Aktien zu verschaffen[5]. Dabei wurde auch im Rahmen des Art. 4a ProspektVO auf eine starre, abschließende Regelung zugunsten einer möglichst flexiblen Handhabung verzichtet[6]. Bereits CESR hat sich bei seinen Vorschlägen für den neuen Art. 4a ProspektVO von den Prinzipien der wirtschaftlichen Realität (*economic reality*), der Wesentlichkeit (*materialiy*) und der Angemessenheit von Kosten und Nutzen (*reasonabiliy*) leiten lassen[7]. 264

Da auch Art. 4a ProspektVO Situationen regelt, in denen der Emittent zuvor Gegenstand von Umstrukturierungen war, stellt sich die Frage nach dem **Verhältnis zur Aufnahme von Pro-forma-Finanzinformationen** gemäß Ziffer 20.2 des Anhangs I ProspektVO. Entsprechend dem vorstehend beschriebenen Hintergrund der Schaf- 265

---

1 *A. Meyer* in Habersack/Mülbert/Schlitt, Unternehmensfinanzierung am Kapitalmarkt, § 36 Rz. 42.
2 Als Beispiele sind hier Großbritannien und auch Spanien und Portugal zu nennen.
3 *A. Meyer* in Habersack/Mülbert/Schlitt, Unternehmensfinanzierung am Kapitalmarkt, 2. Aufl. 2008, § 30 Rz. 36; *Röh*, BKR 2005, 423; *Desmond*, Capital Markets Law Journal 2007, 79.
4 Vgl. Erwägungsgrund 3 der Verordnung (EG) Nr. 211/2007.
5 Vgl. Erwägungsgrund 2 der Verordnung (EG) Nr. 211/2007.
6 Vgl. Erwägungsgründe 6, 8 und 9 der Verordnung (EG) Nr. 211/2007.
7 CESR's advice to the European Commission on a possible amendment to Regulation (EC) 809/2004 regarding the historical financial information which must be included in a prospectus v. Oktober 2005, CESR/05-582, Tz. 47-52.

fung des Art. 4a ProspektVO kommt eine Anwendung von Art. 4a ProspektVO immer dann in Betracht, wenn die gemäß Anhang I in den Prospekt aufzunehmenden Finanzinformationen (einschließlich etwaiger Pro-forma-Finanzinformationen gemäß Ziffer 20.2 des Anhangs I ProspektVO) **nicht ausreichend** sind, um dem Anleger ein zutreffendes Urteil über die Vermögens-, Finanz- und Ertragslage des Emittenten zu ermöglichen. Dies ist dann der Fall, wenn – wie in Art. 4a Abs. 1 Satz 1 ProspektVO ausgeführt wird – bestimmte Teile der Finanzinformationen **einer anderen Gesellschaft als dem Emittenten** in den Prospekt aufgenommen werden müssen, um die in Art. 5 Abs. 1 Prospektrichtlinie festgelegte Pflicht, alle für ein fundiertes Urteil über den Emittenten erforderlichen Informationen in den Prospekt aufzunehmen, zu erfüllen. Dies wird dann angenommen, wenn aufgrund einer **komplexen finanztechnischen Vorgeschichte** die operative Geschäftstätigkeit des Emittenten für die Zeit, auf die sich die historischen Finanzinformationen beziehen, ganz oder teilweise von einer oder mehreren anderen Gesellschaften (also nicht vom Emittenten) betrieben wurde[1]. In diesem Fall liegen keine aussagekräftigen historischen Finanzinformationen des Emittenten vor. Dementsprechend können auch keine sinnvollen Pro-forma-Finanzinformationen iS von Ziffer 20.2 des Anhangs I ProspektVO auf der Grundlage von historischen Finanzinformationen erstellt werden.

266 Dieser Grundgedanke trifft auch auf den Fall zu, dass eine Transaktion, die zu einer bedeutenden Brutto-Veränderung führt, noch nicht vollzogen ist. Die Pflicht zur Erstellung von Pro-forma-Informationen gemäß Ziffer 20.2 des Anhangs I ProspektVO greift hier nicht. Denn solange die Transaktion nicht vollzogen ist, handelt es sich bei den Finanzinformationen des zu erwerbenden Unternehmens noch um Finanzinformationen einer anderen Gesellschaft. In diesem Fall kommt die zweite Alternative des Art. 4a Abs. 1 ProspektVO zum Tragen, wonach auch im Fall des **Eingehens einer bedeutenden finanziellen Verpflichtung** ggf. bestimmte Teile der Finanzinformationen einer anderen Gesellschaft in den Prospekt aufzunehmen sind. Demgegenüber handelt es sich bei den gemäß Ziffer 20.2 Anhang I ProspektVO aufzunehmenden Pro-forma-Finanzinformationen immer um Finanzinformationen des Emittenten. Pro-forma-Informationen sind in diesem Fall nur deshalb aufzunehmen, weil die (vollzogene) Transaktion noch nicht (oder nicht über einen ausreichend langen Zeitraum) in den Zahlen des Emittenten abgebildet ist. Eine Konsequenz dieser Unterscheidung besteht darin, dass im Fall der Ziffer 20.2 des Anhangs I ProspektVO Pro-forma-Informationen im Regelfall zwingend aufzunehmen sind, während im Fall des Eingehens einer bedeutenden finanziellen Verpflichtung gemäß Art. 4a ProspektVO die Aufnahme zusätzlicher Finanzinformationen wie Pro-forma-Finanzinformationen oder kombinierten Abschlüssen Gegenstand einer Ermessensentscheidung der zuständigen Behörde ist (siehe dazu oben Rz. 221).

267 Art. 4a ProspektVO gilt auch für **Aktienemissionen**, für die im Rahmen der Änderungsrichtlinie 2010/73/EU vom 24.11.2010[2] und durch die Delegierte Verordnung

---

1 *d'Arcy* in Holzborn, Anh. II EU-ProspV Rz. 3; *A. Meyer* in FrankfurtKomm. WpPG, § 4a ProspektVO Rz. 6.
2 Richtlinie 2010/73/EU des Europäischen Parlaments und des Rates v. 24.11.2010 zu Änderung der Richtlinie 2003/71/EG betreffend den Prospekt, der beim öffentlichen Angebot

(EU) 486/2012[1] mit Art. 26a und Art. 26b ProspektVO **erleichterte Anforderungen** an die Emittentenbeschreibung geschaffen wurden: Anhang XXIII ProspektVO (verhältnismäßiges Schema mit Mindestangaben für das Aktienregistrierungsformular bei Bezugsrechtsemissionen), Anhang XXV ProspektVO (verhältnismäßiges Schema mit Mindestangaben für das Aktienregistrierungsformular von kleineren und mittleren Unternehmen (KMU) und Unternehmen mit geringer Marktkapitalisierung) und Anhang XXVIII (verhältnismäßiges Schema mit Mindestangaben für Aktienzertifikate (Depositary Receipts) von KMU und Unternehmen mit geringer Marktkapitalisierung). Art. 4a ProspektVO wurde in diesem Zusammenhang nur insoweit geändert, als Art. 4a Abs. 2 und 4 ProspektVO nunmehr auch auf die neuen Anhänge und die darin enthaltenen Anforderungen an die Aufnahme historischer Finanzinformationen Bezug nehmen. Die Erleichterungen, die hinsichtlich der Aufnahme von historischen Finanzinformationen in den neuen Anhängen vorgesehen sind, gelten auch für die Finanzinformationen einer anderen Gesellschaft, die auf der Grundlage von Art. 4a ProspektVO in den Prospekt aufgenommen werden[2].

b) Komplexe finanztechnische Vorgeschichte

Zu den zusätzlichen Informationen, die eine Aufsichtsbehörde nach Art. 4a ProspektVO verlangen kann, gehören insbesondere Angaben, deren Aufnahme aufgrund einer komplexen finanztechnischen Vorgeschichte (*complex financial history*) des Emittenten geboten sind. Eine komplexe finanztechnische Vorgeschichte liegt gemäß **Art. 4a Abs. 4 ProspektVO** dann vor, wenn: 268

– die historischen Finanzinformationen des Emittenten die Lage des gesamten Unternehmens nicht zutreffend wiedergeben,
– diese Ungenauigkeit die Fähigkeit des Anlegers, eine fundierte Beurteilung der Aktien nach Maßgabe von Art. 5 Abs. 1 Prospektrichtlinie vorzunehmen, beeinträchtigt und
– die betreffenden, für die Beurteilung der Aktien durch den Anleger maßgeblichen Informationen über die operative Tätigkeit Teil der Finanzinformationen eines anderen Unternehmens sind.

Diese **Voraussetzungen** müssen **kumulativ** vorliegen.

---

von Wertpapieren oder bei deren Zulassung zum Handel zu veröffentlichen ist, und der Richtlinie 2004/109/EG zur Harmonisierung der Transparenzanforderungen in Bezug auf Informationen über Emittenten, deren Wertpapiere zum Handel auf einem geregelten Markt zugelassen sind, ABl. EU Nr. L 327 v. 11.12.2010, Erwägungsgrund 18, Art. 7 lit. e und g, S. 1 (3, 8).
1 Eingefügt durch die Delegierte Verordnung (EU) Nr. 486/2012 der Kommission vom 30.3.2012 zur Änderung der Verordnung (EG) Nr. 809/2004 in Bezug auf Aufmachung und Inhalt des Prospekts des Basisprospekts, der Zusammenfassung und der endgültigen Bedingungen und in Bezug auf Angabepflichten, ABl. EU Nr. L 150 v. 9.6.2012, S. 1 (4).
2 Siehe auch *d'Arcy* in Holzborn, Art. 4a EU-ProspV Rz. 2.

aa) Unzureichende Wiedergabe der Lage des gesamten Unternehmens

269 Eine komplexe finanztechnische Vorgeschichte ist gemäß **Art. 4a Abs. 4 lit. a ProspektVO** zunächst dadurch gekennzeichnet, dass die historischen Finanzinformationen des Emittenten die Lage seines gesamten Unternehmens zum Zeitpunkt der Prospekterstellung nicht zutreffend wiedergeben. Eine abschließende Aufzählung von Fallgestaltungen, die als komplexe finanztechnische Vorgeschichte einzuordnen sind, enthält Art. 4a ProspektVO als prinzipienorientierte, auf Flexibilität ausgerichtete Regelung bewusst nicht[1]. Typischerweise kommen jedoch insbesondere folgende **drei Fallkonstellationen** in Betracht (vgl. auch Erwägungsgrund 5 der Verordnung (EG) Nr. 211/2007)[2]:

– Akquisitionen und sonstige Eingliederungen eines externen Geschäftsfelds bzw. Zusammenfassung mehrerer Geschäftsfelder in einer neu gegründeten oder bestehenden Gesellschaft[3],

– Neugründung einer Holdinggesellschaft als Emittent zwecks Zusammenfassen bzw. Umgliedern von Geschäftsfeldern innerhalb des Konzerns[4] und

---

1 *Schlitt/Wilczek* in Habersack/Mülbert/Schlitt, Handbuch der Kapitalmarktinformation, § 5 Rz. 75.

2 *Böttcher*, 5. BaFin-Workshop „Wertpapierprospekte: Prüfungspraxis und Änderungen auf europäischer Ebene", Präsentation „Complex Financial History in der Fallpraxis" v. 9.11.2009, S. 10; vgl. auch A. *Meyer* in Habersack/Mülbert/Schlitt, Unternehmensfinanzierung am Kapitalmarkt, § 36 Rz. 43; *Schlitt/Schäfer*, AG 2008, 525 (531); *d'Arcy* in Holzborn, Art. 4a EU-ProspV Rz. 14 f. Zu den Anforderungen an die Darstellung von komplexen finanziellen Verhältnissen in einen Kotierungsprospekt für die **Kotierung von Beteiligungsrechten an der SIX Swiss Exchange** vgl. die Regelungen der Richtlinie betr. Darstellung von komplexen finanziellen Verhältnissen im Kotierungsprospekt v. 2.3.2016, abrufbar über die Website der SIX Swiss Exchange https://www.six-exchange-regulation.com/de/home.html unter „Regularien"/„Emittenten Regularien".

3 Vgl. zB den IPO-Prospekt der Scout24 AG v. 18.9.2015 mit einem atypischen letzten Geschäftsjahr, für das Finanzinformationen in Bezug auf Rumpfgeschäftsjahre sowohl der erworbenen Gesellschaft für drei Monate als auch für die neugegründete Holdinggesellschaft als Emittentin für den Zeitraum von ihrer Gründung bis zur Änderung des Abschlussstichtages (8.11.2013 bis 31.3.2014) und in Bezug auf die verbleibenden neun Monate des Geschäftsjahres 2014 (1.4.2014 bis 31.12.2014) Finanzinformationen aufgenommen wurden (siehe S. 44 ff., 111, 129 ff., F-1 ff. des Prospekts).

4 Vgl. zB den Prospekt für den Börsengang der EDAG Engineering Group AG, einer neu gegründeten Mantelgesellschaft in der Rechtsform einer Schweizer Aktiengesellschaft, an der Frankfurter Wertpapierbörse (Prime Standard) v. 20.11.2015, in welchem für die am 2.11.2015 neu gegründete Emittentin lediglich eine geprüfte Eröffnungsbilanz für die Emittentin aufgenommen wurde. Erst mit Festlegung des Angebotspreises und damit unmittelbar vor dem Börsengang wurde der operative EDAG-Konzern eingebracht. Zum Zeitpunkt des Prospektdatums hatte die Emittentin daher keine Geschäftstätigkeit aufgenommen und war keine Verbindlichkeiten (mit Ausnahme von Kosten, die in direktem Zusammenhang mit der Gründung der Emittentin oder ihrem öffentlichen Angebot stehen) eingegangen. Aufgrund des Umstandes, dass erst mit wirtschaftlicher Wirkung zum 1.1.2014 die Zusammenführung der verschiedenen Engineering Services-Aktivitäten der ATON-Gruppe unter der EDAG Engineering GmbH als operativer Gesellschaft der EDAG-Gruppe erfolgte,

– Neugründung des Emittenten als eigene Gesellschaft zwecks Ausgliederung bzw. Abspaltung eines zuvor konzerninternen Geschäftsfeldes.

Zu beachten ist hierbei, dass im Fall einer Umstrukturierung von Unternehmensbereichen, die innerhalb der darzustellenden drei Geschäftsjahre unter derselben Beherrschung standen, ein sog. kombinierter Abschluss erstellt werden kann (dazu Rz. 283 ff.).

In dem Fall, dass es sich bei dem Emittenten um eine **neu gegründete Holdinggesellschaft** handelt, ist offensichtlich, dass aussagekräftige historische Finanzinformationen nur für die anderen Gesellschaften existieren, die in die neue Holdinggesellschaft eingebracht wurden. Da die Gründungsbilanz der neuen Holdinggesellschaft aufgrund des kurzen Zeitraums des Bestehens und des Fehlens eines historischen operativen Geschäfts keine aussagekräftigen historischen Finanzinformationen enthält, handelt es sich hierbei um einen klassischen Fall der komplexen finanztechnischen Vorgeschichte. Auf den ersten Blick weniger offensichtlich ist der erstgenannte Fall der **Akquisition** eines Unternehmens, wenn der erwerbende Emittent schon länger besteht. Hier besteht im Prinzip eine Überschneidung mit dem Fall einer bedeutenden Brutto-Veränderung infolge einer Unternehmenstransaktion[1], für die gemäß Ziffer 20.2 des Anhangs I ProspektVO Pro-forma-Finanzinformationen aufzunehmen sind. Anders als bei der bedeutenden Brutto-Veränderung nach Ziffer 20.2 des Anhangs I ProspektVO, die ausschließlich auf die 25%-Schwelle abstellt, kommt es für die Frage der Einordnung als komplexe finanzielle Vorgeschichte jedoch auf eine **wertende Gesamtbetrachtung** an, bei der zu beurteilen ist, ob die vorhandenen historischen Finanzinformationen die Lage des Unternehmens zutreffend wiedergeben, ob eine diesbezügliche Ungenauigkeit wesentlich für die Anlageentscheidung ist (siehe nachstehend Rz. 271) und ob für ein vollständigeres Bild entsprechende Finanzinformationen einer anderen Gesellschaft zur Verfügung stehen (siehenachstehend Rz. 272). Daran hat auch die Ersetzung des Begriffs „operatives Geschäft"[2] durch „Lage des gesamten Unternehmens" in Art. 4a Abs. 4 lit. a ProspektVO im Zuge der redaktionellen Anpassung von Art. 4a Abs. 4 lit. a ProspektVO nichts geändert, die im Rahmen der Änderungsrichtlinie 2010/73/EU vom 24.11.2010 und durch die Delegierte Verordnung (EU) 486/2012 mit Art. 26a und Art. 26b ProspektVO eingeführten Schemata mit erleichterten Anforderungen an

270

---

wurde darüber hinaus ua. für die EDAG Engineering GmbH ein geprüfter Konzernabschluss für das zum 31.12.2014 endende Geschäftsjahr mit einer Vergleichsperiode für das am 31.12.2013 endende Geschäftsjahr und freiwillig als zusätzliche Angabe auch mit einer Vergleichsperiode für das am 31.12.2012 endende Geschäftsjahr erstellt und im Prospekt aufgenommen. Die Finanzinformationen für die Vergleichsperiode 2012 wurden im Hinblick auf die einheitliche Kontrolle der ATON GmbH über alle Bestandteile der EDAG-Gruppe auf kombinierter Basis erstellt (siehe S. 39 ff., 123 ff., F-1 ff. des Prospekts).

1 So auch A. Meyer in FrankfurtKomm. WpPG, Art. 4a ProspektVO Rz. 6.
2 Diesen in der ursprünglichen Version von Art. 4a Abs. 4 lit. a ProspektVO enthaltenen Begriff zieht A. Meyer in FrankfurtKomm. WpPG, Art. 4a ProspektVO Rz. 6 entsprechend dem damaligen Verordnungstextes als ein Argument (neben den in Art. 4a Abs. 4 lit. b und c enthaltenen materiellen Kriterien) zur Abgrenzung gegenüber Pro-forma-Finanzinformationen gemäß Ziffer 20.2 des Anhangs I ProspektVO heran.

die Emittentenbeschreibung erfolgte. Der Begriff „Lage des gesamten Unternehmens" (die englische Sprachfassung verwendet wie zuvor weiterhin den Ausdruck „*entire business undertaking*") erscheint zwar etwas weiter als der Ausdruck „operative Geschäftstätigkeit". Es handelt sich hier jedoch nur um eine Anpassung ausschließlich der deutschen Sprachfassung. Eine inhaltliche Änderung ist damit nicht verbunden. Im Ergebnis bleibt es dabei, dass für die Einordnung als komplexe finanztechnische Vorgeschichte eine wertende Gesamtbetrachtung vorzunehmen ist. Hierbei ist von Bedeutung, welchen Umfang die betreffende(n) Transaktion(en) hatte(n), wann diese erfolgt sind und wie lange der Emittent bereits besteht und die betreffende Geschäftstätigkeit ausübt. Je größer die Transaktion und je kürzer der Zeitraum, seitdem diese stattgefunden hat, umso näher liegt es, dass die betreffende Transaktion (auch unter dem Wesentlichkeitsaspekt, siehe nachfolgend Rz. 271) noch nicht ausreichend durch die vorhandenen historischen Finanzinformationen erfasst wird[1].

bb) Wesentlichkeit

271 Zusätzliche Informationen können im Hinblick auf eine komplexe finanztechnische Vorgeschichte können gemäß **Art. 4a Abs. 4 lit. b ProspektVO** des Weiteren nur dann verlangt werden, wenn andernfalls die Ungenauigkeit der Wiedergabe der Lage des gesamten Unternehmens die Fähigkeit des Anlegers, sich ein fundiertes Urteil über den Emittenten iS von Art. 5 Abs. 1 Prospektrichtlinie zu bilden, beeinträchtigt. Damit enthält ähnlich wie der Begriff der bedeutenden finanziellen Verpflichtung (Art. 4a Abs. 5 ProspektVO, siehe dazu unten Rz. 273) auch der Begriff der komplexen finanztechnischen Vorgeschichte ein **Wesentlichkeitselement**[2], das hier allerdings nicht rein quantitativer Natur ist, sondern eine wertende Betrachtung verlangt. Dieses Wesentlichkeitselement ist im Rahmen der Ermessensentscheidung der zuständigen Behörde gemäß Art. 4a Abs. 1 ProspektVO zu berücksichtigen. Hierbei ist insbesondere darauf abzustellen, ob sich der Konsolidierungskreis des Emittenten wesentlich verändert hat und ob die Gewinn- und Verlustrechnung des Emittenten einen angemessenen Zeitraum seiner Geschäftstätigkeit abdeckt[3]. Bei der Frage, ob die Ermöglichung eines fundierten Urteils über den Emittenten die Aufnahme zusätzlicher Finanzinformationen in den Prospekt erfordert, ist auch zu berücksichtigen, ob der Prospekt bereits hinreichende Informationen enthält. So kann bei einer weniger bedeutenden Veränderung des Unternehmens des Emittenten, etwa wenn diese unterhalb der Schwelle von 25% liegt, die Aufnahme einer rein beschreibenden Darstellung in den Prospekt ausreichen[4]. Des Weiteren ist das fundierte Urteil des Anlegers über den Emittenten auch im Falle einer wesentlichen Änderung der Ge-

---

[1] *Barboutis/Kight*, Butterworths Journal of International Banking and Financial Law, Vol. 27 No. 9 (2012), 559 (562); PwC, Complex financial histories, A PwC guide – Europe, 2015, S. 4.
[2] Siehe auch Rz. 264 zu den der Regelung des Art. 4a ProspektVO zugrunde liegenden Prinzipien der Wesentlichkeit und der Angemessenheit von Kosten und Nutzen sowie Erwägungsgrund 2 der Verordnung (EG) Nr. 211/2007.
[3] *Arnold/Lehmann*, 4. Workshop der BaFin „Praxiserfahrungen mit dem Wertpapierprospektgesetz (WpPG)", Präsentation „'Complex Financial History' und weitere Neuerungen bei den Finanzinformationen" v. 4.9.2007, 12.
[4] *A. Meyer* in FrankfurtKomm. WpPG, Art. 4a ProspektVO Rz. 6.

schäftstätigkeit des Emittenten dann nicht beeinträchtigt, wenn die im Prospekt bereits vorhandenen historischen, Pro-forma- oder sonstigen Finanzinformationen, die auf Grundlage einer Rechnungslegung bei Fusionen (Merger Accounting) erstellt wurden, ausreichen, um ein solches Urteil zu ermöglichen (vgl. Erwägungsgrund 10 der Verordnung (EG) Nr. 211/2007).

cc) Finanzinformationen eines anderen Unternehmens

Gemäß **Art. 4a Abs. 4 lit. c ProspektVO** setzt eine komplexe finanzielle Vorgeschichte ferner voraus, dass die gemäß Art. 4a Abs. 4 lit. b ProspektVO für ein fundiertes Urteil über den Emittenten erforderlichen Informationen Gegenstand von Finanzinformationen eines anderen Unternehmens sind. Hierunter ist entsprechend dem rechtlichen Emittentenbegriff (siehe oben Rz. 170) eine **andere Gesellschaft** (dh. ein anderer Rechtsträger) als der Emittent zu verstehen, wobei es sich dabei im Einzelfall auch um mehrere, verschiedene Gesellschaften handeln kann. Dieses Erfordernis ist – wie oben unter Rz. 265 ausgeführt – ein wesentliches Kennzeichen der komplexen finanztechnischen Vorgeschichte im Vergleich zu historischen Finanzinformationen gemäß Ziffer 20.1 des Anhangs I ProspektVO und Pro-forma-Finanzinformationen gemäß Ziffer 20.2 des Anhangs I ProspektVO[1].

c) Bedeutende finanzielle Verpflichtungen

Zusätzliche Informationen können des Weiteren dann verlangt werden, wenn der Emittent bedeutende finanzielle Verpflichtungen eingegangen ist. Der Begriff der bedeutenden finanziellen Verpflichtungen ist in **Art. 4a Abs. 5 ProspektVO** definiert. Nach Art. 4a Abs. 5 Satz 1 ProspektVO ist eine Gesellschaft dann eine bedeutende finanzielle Verpflichtung eingegangen, wenn sie eine **verbindliche Vereinbarung**[2] über eine Transaktion getroffen hat, die nach ihrem Abschluss eine bedeutende Bruttoveränderung bewirken wird. Dabei muss keine Gewissheit bestehen, dass es zu einer Durchführung der Transaktion kommt, da gemäß Erwägungsgrund 7 eine hinreichende Wahrscheinlichkeit genügt. Inwieweit ein Vorvertrag oder ein Letter of Intent eine solche verbindliche Vereinbarung darstellen, ist eine Frage des jeweiligen Einzelfalls, wobei davon auszugehen ist, dass die Parteien sich in einem Letter of Intent typischerweise noch nicht hinsichtlich der Durchführung der geplanten Transaktion verpflichten[3].

---

1 Ebenso *d'Arcy* in Holzborn, Art. 4a EU-ProspV Rz. 12.
2 Die englische Sprachfassung verwendet hier den Begriff „binding agreement". Die in der Antwort Aa zu Frage 50a von ESMA in ihren Questions and Answers Prospectuses, 25th updated version (July 2016), ESMA/2016/1133 v. 15.7.2016 (September 2007) zum Begriff „Transaction" verwendete Formulierung *„significant firm commitment"* findet sich in Art. 4a ProspektVO in dieser Form nicht, zieht aber den Begriff der „bedeutenden finanziellen Verpflichtung" und deren auf eine *verbindliche* Vereinbarung abstellende Definition in Art. 4a Abs. 5 ProspektVO inhaltlich zusammen.
3 *Schlitt/Schäfer*, AG 2008, 525 (531) gehen weitergehend davon aus, dass der Abschluss eines Unternehmenserwerbs bei Unterzeichnung eines Letter of Intent (LOI) häufig hinreichend wahrscheinlich ist, letztlich jedoch ebenfalls unter Hinweis darauf, dass auf den jeweiligen

274 Art. 4a Abs. 5 Satz 2 ProspektVO stellt diesbezüglich klar, dass die **Verbindlichkeit** einer Vereinbarung nicht deshalb entfällt, weil der Abschluss der vereinbarten Transaktion an den Eintritt bestimmter **Bedingungen** (wie etwa die Zustimmung der Kartellbehörden, vgl. Art. 4a Abs. 5 Unterabs. 2 ProspektVO) geknüpft ist, vorausgesetzt, der Eintritt der Bedingung ist hinreichend wahrscheinlich. Insoweit enthält Art. 4a Abs. 5 Satz 3 ProspektVO die weitere Präzisierung, dass die Abhängigkeit des Abschlusses der Transaktion von dem Ergebnis des Angebots der Wertpapiere die Verbindlichkeit nicht beeinträchtigt und dass auch bei einer geplanten Übernahme allein der Umstand, dass das Angebot der Wertpapiere der Finanzierung der Übernahme dient, die Verbindlichkeit nicht in Frage stellen kann. Ist eine Transaktion bereits vollzogen worden, richtet sich die Aufnahme von Pro-forma-Finanzinformationen ausschließlich nach Ziffer 20.2 Anhang I ProspektVO.

275 Das Vorliegen einer **bedeutenden Bruttoveränderung** beurteilt sich aufgrund der Legaldefinition in **Art. 4a Abs. 6 ProspektVO** nach denselben Kriterien wie im Fall der Pro-forma-Finanzinformationen (Rz. 222 ff.).

d) Aufzunehmende zusätzliche Informationen

276 Bei den im Fall einer komplexen finanztechnischen Vorgeschichte oder einer bedeutenden finanziellen Verpflichtung aufzunehmenden zusätzlichen Informationen muss es sich gemäß Art. 4a Abs. 1 ProspektVO um **Finanzinformationen einer anderen Gesellschaft** handeln. Diese Finanzinformationen einer anderen Gesellschaft werden für Zwecke des betreffenden Prospekts als Finanzinformationen des Emittenten angesehen. Dessen ungeachtet sind aber immer auch die eigenen historischen Finanzinformationen der Emittentin aufzunehmen, auch wenn diese wie im Fall der Gründungsbilanz einer neu gegründeten Holdinggesellschaft wenig Aussagekraft für die Geschäftstätigkeit der Emittentin haben. Ein Sonderfall der Aufnahme historischer Finanzinformationen von Unternehmen, die nicht der Emittent sind, stellen die sog. kombinierten Abschlüsse dar (siehe dazu näher unten Rz. 283 ff.).

aa) Ermessen der Aufsichtsbehörde und Verzicht auf Anforderungen

277 Welche zusätzlichen Informationen im Einzelfall gemäß Art. 4a ProspektVO in den Prospekt aufzunehmen sind, liegt im Ermessen der Aufsichtsbehörde[1]. Hierbei hat

---

Einzelfall abzustellen ist. Das Merkmal „hinreichende Wahrscheinlichkeit" bezieht sich allerdings auf die Frage, ob es aufgrund einer verbindlichen Vereinbarung zu einer Transaktion kommt und soll nicht die Voraussetzung einer verbindlichen Vereinbarung ersetzen. Enger daher mit Recht A. *Meyer* in FrankfurtKomm. WpPG, Art. 4a ProspektVO Rz. 7, demzufolge ein Letter of Intent typischerweise gerade keine Verpflichtung zum Abschluss des Hauptvertrags und zur Durchführung der Transaktion beinhalte und deshalb keine verbindliche Vereinbarung gemäß Art. 4a Abs. 5 ProspektVO begründe.

1 *Böttcher*, 5. BaFin-Workshop „Wertpapierprospekte: Prüfungspraxis und Änderungen auf europäischer Ebene", Präsentation „Complex Financial History in der Fallpraxis" v. 9.11.2009, S. 17; A. *Meyer* in Habersack/Mülbert/Schlitt, Unternehmensfinanzierung am Kapitalmarkt, § 36 Rz. 45.

die Aufsichtsbehörde im Rahmen ihrer Ermessensentscheidung das **Prinzip der Verhältnismäßigkeit** zu beachten und die **Zumutbarkeit** für Emittenten gegen Aspekte des Anlegerschutzes abzuwägen. Die Aufsichtsbehörde hat bei Vorhandensein mehrerer Offenlegungsvarianten, die dem Informationsbedürfnis des Anlegers Rechnung tragen können, diejenige zu wählen, die die kostengünstigste oder die mit dem geringsten Aufwand verbundene Variante darstellt (§ 4a Abs. 2 Unterabs. 2 ProspektVO)[1].

Da die zusätzlichen Informationen als Finanzinformationen des Emittenten angesehen werden, richten sich der Inhalt der Finanzinformationen und die anwendbaren Rechnungslegungsgrundsätze grundsätzlich nach Ziffer 20.1 Anhang I ProspektVO, dh. es sind im Grundsatz historische geprüfte Finanzinformationen für die letzten 36 Monate aufzunehmen. Soweit die Anhänge XXIII, XXV, XXVII und XXVIII ProspektVO für bestimmte Aktienemissionen Erleichterungen schaffen, gelten die dort festgelegten Anforderungen an historische Finanzinformationen. Unabhängig davon sind, ähnlich wie bei Pro-forma-Finanzinformationen, **Abweichungen** (*modifications*) von den Anforderungen nach Ziffer 20.1 Anhang I ProspektVO (bzw. einem der übrigen genannten Anhänge) jedoch gemäß Art. 4a Abs. 2 Unterabs. 1 ProspektVO in folgenden Fällen möglich, die von der BaFin im Rahmen ihrer Ermessensentscheidung zu berücksichtigen sind: 278

a) aufgrund der Wesensart der Wertpapiere,

b) aufgrund Art und Umfang der übrigen im Prospekt vorhandenen Informationen und des Vorhandenseins von Finanzinformationen einer anderen Gesellschaft,

c) aufgrund der Umstände des Einzelfalls und

d) im Hinblick auf die Fähigkeit des Emittenten, sich mit zumutbarem Aufwand Finanzinformationen über eine andere Gesellschaft zu verschaffen (zB bei feindlichen Übernahmen[2], aus wettbewerbsrechtlichen Gründen oder bei Nichtvorliegen von Finanzinformationen, wenn die damit für den Emittenten verbundenen Kosten einen potentiellen Nutzen übersteigen[3], siehe nachfolgend Rz. 279).

Auch wenn der Begriff „Abweichungen" (besser wohl: Anpassungen) neutral ist und dem Wortlaut nach auch höhere Anforderungen, als sie in Ziffer 20.1 Anhang I ProspektVO (bzw. einem der übrigen anwendbaren Anhänge) vorgesehen sind, umfassen könnte, können von der Aufsichtsbehörde nur geringere, nicht jedoch höhere Anforderungen gestellt werden[4]. Dies wird in Erwägungsgrund 11 der Verordnung (EG) 211/2007, durch die Art. 4a in die ProspektVO eingefügt wurde, auch ausdrücklich klargestellt. Es wäre auch nicht nachvollziehbar, wenn zusätzliche Informationen, die

---

1 Vgl. auch Erwägungsgründe 9 und 13 der Verordnung (EG) Nr. 211/2007 sowie *d'Arcy* in Holzborn, Art. 4a EU-ProspV Rz. 9; *A. Meyer* in FrankfurtKomm. WpPG, Art. 4a ProspektVO Rz. 25.
2 Vgl. Erwägungsgrund 13 der Verordnung (EG) Nr. 211/2007.
3 Vgl. Erwägungsgrund 13 der Verordnung (EG) Nr. 211/2007.
4 *Fingerhut/Voß* in Just/Voß/Ritz/Zeising, Anhang I EU-ProspektVO Rz. 307; *A. Meyer* in FrankfurtKomm. WpPG, Art. 4a ProspektVO Rz. 17. Anders *d'Arcy* in Holzborn, Anh. II EU-ProspV Rz. 7, derzufolge die Behörde über die Anforderungen der Ziffer 20.1 Anhang I ProspektVO hinausgehen könne.

lediglich in bestimmten Fällen die fehlende Aussagekraft der gewöhnlichen Finanzinformationen kompensieren sollen, ihrerseits über die üblichen Anforderungen an eine vollständige Emittentenbeschreibung und die diesbezüglichen historischen Finanzinformationen hinausgehen sollten.

279 Ein **Verzicht auf bestimmte Anforderungen** gemäß Art. 4a Abs. 2 Unterabs. 1 lit. a bis d ProspektVO kommt insbesondere dann in Betracht, wenn die nach Ziffer 20.1 Anhang I ProspektVO erforderlichen Informationen bei der betreffenden anderen Gesellschaft nicht verfügbar sind, der Aufwand für den Emittenten nicht zumutbar ist und/oder sonstige Umstände des Einzelfalls vorliegen. Dies kann etwa dann der Fall sein, wenn für die betreffende andere Gesellschaft lediglich historische Finanzinformationen vorhanden sind, die nach **nationalen Rechnungslegungsgrundsätzen** aufgestellt sind, die bestimmte Bestandteile, die ein nach internationalen Rechnungslegungsgrundsätzen erstellter Abschluss enthält, nicht erfordern. Handelt es sich etwa bei der anderen Gesellschaft um ein nach HGB bilanzierendes Unternehmen, ist dieses nicht verpflichtet, eine Eigenkapitalveränderungsrechnung oder eine Kapitalflussrechnung in seinen Abschluss aufzunehmen (vgl. § 264 Abs. 1 Satz 2 HGB)[1]. **Fehlende Zumutbarkeit** auf Seiten des Emittenten liegt regelmäßig vor, wenn im Rahmen einer feindlichen Übernahme bestimmte Informationen für den Emittenten nicht zugänglich sind. Die Frage der Verhältnismäßigkeit und Zumutbarkeit stellt sich ferner, wenn die betreffenden historischen Finanzinformationen bei der anderen Gesellschaft, insbesondere wenn diese nicht kapitalmarktorientiert ist, im Zeitpunkt der Prospekterstellung (noch) nicht vorliegen. In diesem Fall kann eine Prüfung oder Neuerstellung von Finanzinformationen im Rahmen der nach Erwägungsgrund 13 Satz 3 der Verordnung (EG) 211/2007 gebotenen Kosten-Nutzung-Abwägung unverhältnismäßig sein[2].

bb) Aufnahme von Pro-forma-Finanzinformationen

280 Bestandteile der zusätzlichen Finanzinformationen können auch als **Pro-forma-Finanzinformationen** dargestellt werden (Art. 4a Abs. 1 Unterabs. 2 ProspektVO). Im Fall einer bedeutenden finanziellen Verpflichtung werden gemäß Art. 4a Abs. 1 Unterabs. 2 Satz 2 ProspektVO Pro-forma-Finanzinformationen erstellt, in denen die Auswirkungen der Transaktion, zu der sich der Emittent verpflichtet hat, antizipiert werden. Dabei wird in Satz 3 desselben Unterabsatzes klargestellt, dass der Begriff „Transaktion" auch eine bislang nur vereinbarte Transaktion umfasst (zum Transaktionsbegriff bei Pro-forma-Finanzinformationen siehe oben Rz. 220 f.). Werden nach Art. 4a Abs. 1 Unterabs. 2 ProspektVO Pro-forma-Finanzinformationen in den Prospekt aufgenommen, ist dieses grundsätzlich ausreichend, dh. in diesem Fall müssen in der Regel keine weiteren zusätzlichen Informationen aufgenommen werden (vgl. Erwägungsgrund 10 der Verordnung (EG) Nr. 211/2007). Da das Fehlen von Finanzinformationen, die für ein fundiertes Urteil über den Emittenten benötigt werden, Voraussetzung für das Vorliegen einer komplexen finanztechnischen

---

1 A. *Meyer* in FrankfurtKomm. WpPG, Art. 4a ProspektVO Rz. 22.
2 A. *Meyer* in FrankfurtKomm. WpPG, Art. 4a ProspektVO Rz. 24.

Vorgeschichte ist (siehe oben Rz. 271) und im Fall einer bedeutenden finanziellen Verpflichtung insbesondere die Aufnahme von Pro-forma-Finanzinformationen in Betracht kommt, dürften in der Regel keine zusätzlichen Finanzinformationen erforderlich sein, wenn in den Prospekt bereits Pro-forma-Finanzinformationen aufgenommen werden, die die Auswirkungen der komplexen finanztechnischen Vorgeschichte bzw. der bedeutenden finanziellen Verpflichtung darstellen[1]. Auch die BaFin hält in einem solchen Fall zusätzliche Informationen grundsätzlich für nicht erforderlich[2].

Vorstellbar ist allerdings, dass Pro-forma-Informationen auf Grundlage von gemäß Art. 4a ProspektVO (ggf. in Form kombinierter Abschlüsse, siehe unten Rz. 283 ff.) aufgenommener historischer Finanzinformationen einer anderen Gesellschaft (oder mehrer anderer Gesellschaften) als dem Emittenten erstellt werden. Dies könnte in Betracht zu ziehen sein, wenn etwa der Emittent eine neu gegründete Holdinggesellschaft ist, auf die andere Gesellschaften übertragen wurden, und für die Holdinggesellschaft lediglich eine Gründungsbilanz vorliegt[3]. Dabei dürften derartige Pro-forma-Finanzinformationen anderer Gesellschaften allenfalls dann in Betracht kommen, wenn die Geschäftstätigkeit nicht bereits durch die bloße Summe der historischen Finanzinformationen der betreffenden anderen Gesellschaften ausreichend abgebildet werden kann[4]. In einem solchen Fall würden gemäß Art. 4a ProspektVO sowohl zusätzliche historische Finanzinformationen einer oder mehrerer anderer Gesellschaften als auch darauf basierende Pro-forma-Finanzinformationen in den Prospekt aufgenommen[5]. Zu bedenken ist dabei, dass die Aufnahme von Pro-forma-Finanzinformationen dabei nur auf eine Ermessensentscheidung gemäß Art. 4a Abs. 1

281

---

1 *A. Meyer* in FrankfurtKomm. WpPG, Art. 4a ProspektVO Rz. 18.
2 *Arnold/Lehmann*, 4. Workshop der BaFin „Praxiserfahrungen mit dem Wertpapierprospektgesetz (WpPG)", *Präsentation* „Complex Financial History' und weitere Neuerungen bei den Finanzinformationen" v. 4.9.2007, 11.
3 *d'Arcy* in Holzborn, Art. 4a EU-ProspV Rz. 16, die allerdings darauf hinweist, dass dies so in IDW RH HFA 1.004 nicht vorgesehen ist und daher von manchem Abschlussprüfer abgelehnt wird.
4 Andernfalls wäre die Aufnahme eines sog. kombinierten Abschlusses aus den historischen Finanzinformationen der betreffenden Gesellschaften ausreichend (und wegen der hierbei nicht erforderlichen „Pro-forma-typischen" Anpassungen auch weniger aufwendig). S. dazu *d'Arcy* in Holzborn, Art. 4a EU-ProspV Rz. 17 sowie nachstehend Rz. 283.
5 Siehe auch Beispiel 2 bei *Pföhler/Erchinger/Doleczik/Küster/Feldmüller*, WPg 2014, 475 (478), wonach bei einem im Januar neu gegründeten Emittenten, der kurz darauf einen Unternehmensbereich einer anderen Gesellschaft erwirbt und dann im April desselben Jahres an die Börse geht, sowohl die Aufnahme eines Carve-out-Abschlusses (siehe dazu unten Rz. 284) für den erworbenen Unternehmensbereich als auch die Aufnahme von Pro-forma-Finanzinformationen des Emittenten, die den Erwerb des Unternehmensbereichs so darstellen, als hätte er bereits zu Beginn des Vorjahres (Pro-forma-Konzerngewinn- und Verlustrechnung) bzw. zum 31.12. des Vorjahres (Pro-forma-Konzernbilanz) stattgefunden, in Betracht kommt. Der Kaufpreis würde dabei fiktiv auf die erworbenen Vermögenswerte und Verbindlichkeiten sowie auf einen ggf. entstehenden Goodwill aufgeteilt und auch die Finanzierung würde in den Pro-forma-Finanzinformationen entsprechend abgebildet.

ProspektVO gestützt werden kann. Dies kann – anders als im Fall von Ziffer 20.2 Anhang I ProspektVO – im Einzelfall auch bedeuten, dass keine Pro-forma-Finanzinformationen aufgenommen werden müssen, ggf. unter der Voraussetzung, dass eine Beschreibung der Auswirkungen in Worten aufgenommen wird (siehe dazu oben Rz. 277 ff.).

cc) Spektrum möglicher aufzunehmender Finanzinformationen

282 In den Fällen des Art. 4a ProspektVO kommt demnach unter Berücksichtigung der möglichen zusätzlichen Informationen aufgrund von Art. 4a ProspektVO die Aufnahme folgender Finanzinformationen (einzeln oder kombiniert) in Betracht[1]:

(1) Historische Finanzinformationen des Emittenten gemäß Ziffer 20.1 Anhang I ProspektVO und Zwischeninformationen nach Ziffer 20.6 (bzw. jeweils nach einem der anwendbaren neuen Anhänge mit erleichterten Anforderungen, soweit dort vorgesehen).

(2) Pro-forma-Finanzinformationen des Emittenten gemäß Ziffer 20.2. Anhang I ProspektVO aufzunehmen.

(3) Historische Finanzinformationen einer oder mehrerer anderer Gesellschaften gemäß Art. 4a ProspektVO, die die Geschäftstätigkeit der maßgeblichen Vorgängergesellschaften der Emittentin abbilden, ggf. in Form von kombinierten Abschlüssen bzw. Carve-out-Abschlüssen anderer Gesellschaften gemäß Art. 4a ProspektVO (siehe dazu nachstehend Rz. 283 ff.)

(4) Pro-forma-Finanzinformationen, die nicht unmittelbar unter Ziffer 20.2 Anhang I ProspektVO fallen und daher ggf. gemäß Art. 4a ProspektVO aufzunehmen sind.

(5) Sonstige Finanzinformationen wie erläuternde Finanzinformationen (siehe Rz. 230).

Eine Aufnahme von Finanzinformationen gemäß Art. 4a ProspektVO (Fälle 3 bis 5) kommt dabei nur in Betracht, wenn die gemäß Fall 1 aufgenommenen historischen Finanzinformationen und etwaige Pro-forma-Finanzinformationen gemäß Fall 2 nicht ausreichen, um dem Anleger eine fundierte Anlageentscheidung zu ermöglichen (vgl. oben Rz. 271).

e) Kombinierte und Carve-out-Abschlüsse

283 Eine Besonderheit hinsichtlich der aufzunehmenden zusätzlichen Informationen besteht im Fall einer komplexen finanztechnischen Vorgeschichte in Gestalt einer Umgliederung innerhalb eines Konzerns bzw. Ausgliederung von Geschäftsbereichen aus einem Unternehmen. Liegt eine solche **Umstrukturierung von Unternehmensbereichen**, die für den nach Ziffer 20.1 Anhang I ProspektVO maßgeblichen Zeitraum von drei Geschäftsjahren **unter derselben Beherrschung** (*common control*) standen, vor, findet weder die für Pro-forma-Finanzinformationen geltende

---

[1] Vgl. hierzu auch (mit z.T. unterschiedlicher Schwerpunktsetzung) *A. Meyer* in Frankfurt-Komm. WpPG, Art. 4a ProspektVO Rz. 26; *d'Arcy* in Holzborn, Art. 4a EU-ProspV Rz. 4.

zeitliche Begrenzung von einem Jahr Anwendung noch sind Pro-forma-Finanzinformationen zu erstellen[1]. Vielmehr können nach der Verwaltungspraxis in diesen Fällen die tatsächlichen Finanzinformationen der betreffenden Geschäftseinheiten verwendet und in Gestalt eines sog. kombinierten Abschlusses (*combined financial statements*) zusammengefasst werden[2]. Gegenüber der Aufnahme einer Vielzahl von Abschlüssen hat eine solche Zusammenfassung den Vorteil der besseren Übersichtlichkeit und Verständlichkeit. Maßgeblich ist insofern, dass abtrennbare ökonomische Aktivitäten bestehen, die über ein gemeinsames Element verbunden sind[3]. Als gemeinsames Element kommt neben der Beherrschung in bestimmten Fällen auch eine **einheitliche Leitung** (*common management*) in Betracht, mit der nicht zwingend auch eine Beherrschung einhergehen muss[4]. Aufgrund der einheitlichen Leitung bzw. der Zugehörigkeit zu demselben Konsolidierungskreis hat ein kombinierter Abschluss andererseits im Vergleich etwa zu Pro-forma-Finanzinformationen den Vorzug, dass grundsätzlich keine Anpassungen an die Rechnungslegungsgrundsätze und -strategien erfolgen müssen[5].

Ein kombinierter Abschluss, der von Teilen der Literatur auch als „Gruppenabschluss" bezeichnet wird[6], wird ausschließlich für Prospektzwecke erstellt und stellt nicht einen gesetzlichen Abschluss nach den Rechnungslegungsvorschriften dar. Ein kombinierter Abschluss bzw. „Gruppenabschluss" unterscheidet sich von einem Konzernabschluss insbesondere dadurch, dass anders als beim Konzernabschluss in den kombinierten Abschluss kein Mutterunternehmen eingeschlossen wird und dass ein

284

---

1 *A. Meyer* in Habersack/Mülbert/Schlitt, Unternehmensfinanzierung am Kapitalmarkt, § 36 Rz. 46. Nach IFRS 10.5 ff., der die wesentlichen Teile von IAS 27 und SIC-12 ersetzt, liegt eine Beherrschung dann vor, wenn ein Investor (d.h. das Mutterunternehmen) Entscheidungsmacht hinsichtlich der wesentlichen Geschäftsaktivitäten besitzt, positiven oder negativen variablen „Rückflüssen" aus der Geschäftstätigkeit ausgesetzt ist und seine Entscheidungsmacht einsetzen kann, um diese Rückflüsse zu beeinflussen.; zum Begriff der Beherrschung und zur Einbeziehung in den Konsolidierungskreis vgl. *Nonnenmacher* in Marsch-Barner/Schäfer, Handbuch börsennotierte AG, § 56 Rz. 53 ff. und *Lüdenbach/Hoffmann/Freiberg*, Haufe IFRS-Kommentar, § 32 Rz. 6 ff.
2 *Böttcher*, 5. BaFin-Workshop „Wertpapierprospekte: Prüfungspraxis und Änderungen auf europäischer Ebene", Präsentation „Complex Financial History in der Fallpraxis" v. 9.11.2009, S. 13 f.; *Fuchs/Scharnbacher*, IRZ 2009, 39 ff.; *A. Meyer* in Habersack/Mülbert/Schlitt, Unternehmensfinanzierung am Kapitalmarkt, § 36 Rz. 46; *Pföhler/Erchinger/Doleczik/Küster/Schmitz-Renner*, WPg 2015, 224 ff.
3 *Pföhler/Erchinger/Doleczik/Küster/Schmitz-Renner*, WPg 2015, 224 (232); *FEE*, Combined and Carve-out Financial Statements, Tz. 4.1. ff. und Tz. 5.1. ff.
4 *FEE*, Combined and Carve-out Financial Statements, Tz. 4.17. f.; *Förschle/Almeling* in Winkeljohann/Förschle/Deubert, Sonderbilanzen, Kap. F Rz. 2 f.
5 *A. Meyer* in FrankfurtKomm. WpPG, Art. 4a ProspektVO Rz. 28. Häufig wird es zur Anwendung der Rechnungslegungsstrategien kommen, die von der Gruppe, zu der die betreffenden separierten Geschäftsaktivitäten gehörten, verwendet wurden. Je nach Fallkonstellation kann es im Einzelfall allerdings erforderlich sein, die Rechnungslegungsstrategien der Gesellschaft anzuwenden, zu der die betreffende Geschäftseinheit gehören wird (siehe hierzu *FEE*, Combined and Carve-out Financial Statements, Tz. 6.2.3.).
6 *Förschle/Almeling* in Winkeljohann/Förschle/Deubert, Sonderbilanzen, Kap. F Rz. 1.

kombinierter Abschluss nicht alle oder mehr Unternehmen umfasst als diejenigen, die nach den anzuwendenden Rechnungslegungsvorschriften konsolidierungspflichtig wären[1]. Ein klassisches Beispiel ist die **neu gegründete Holding-Gesellschaft**[2], deren Geschäftätigkeit sich durch einfache Aufsummierung der einzelnen rechtlichen Einheiten ergibt. Ein kombinierter Abschluss besteht dementsprechend aus einer Aufsummierung testierter Abschlüsse[3] (zB der ausgegliederten Geschäftseinheiten). Denkbar ist auch, dass ein kombinierter Abschluss statt oder neben rechtlich selbständigen Unternehmen auch rechtlich unselbständige Einheiten aus demselben Konsolidierungskreis umfasst[4]. Werden dabei ein kombinierter Abschluss für eine Kombination einer Teileinheit mit einer oder mehreren Teileinheiten und/oder einer oder mehreren rechtlichen Einheiten erstellt, wird auch von einem **Carve-out-Abschluss** gesprochen[5]. Anwendungsfälle für kombinierte Finanzinformationen sind insbesondere die Abspaltung, Aufspaltung oder Ausgliederung mit nachfolgender Börsenzulassung der Aktien der übernehmenden Gesellschaft. Auch im Fall der Einbringung von Konzernaktivitäten in eine (ggf. neu gegründete) Konzernobergesellschaft mit anschließendem öffentlichen Angebot und/oder Börsenzulassung der Aktien kommt die Aufnahme kombinierter Finanzinformationen in Betracht[6].

285 Die Aufstellung von kombinierten und Carve-out-Abschlüssen ist weder in den IFRS explizit geregelt (es besteht weder ein Standard noch eine Interpretation) noch enthält das deutsche Handelsrecht entsprechende Regelungen[7]. Ein IDW Prüfungs-

---

1 *Förschle/Almeling* in Winkeljohann/Förschle/Deubert, Sonderbilanzen, Kap. F Rz. 1.
2 *Schlitt/Schäfer*, AG 2008, 525 (531).
3 *d'Arcy* in Holzborn, Art. 4a EU-ProspV Rz. 17.
4 *Böttcher*, 5. BaFin-Workshop „Wertpapierprospekte: Prüfungspraxis und Änderungen auf europäischer Ebene", Präsentation „Complex Financial History in der Fallpraxis" v. 9.11.2009, S. 14; *A. Meyer* in FrankfurtKomm. WpPG, Art. 4a ProspektVO Rz. 28 und 30.
5 Neben dem Carve-out-Abschluss im Zusammenhang mit einer Kombination einer Teileinheit mit anderen (Teil-)Einheiten gibt es auch noch den Grundfall des Carve-out-Abschlusses in Form eines Abschlusses für einen Teil einer rechtlichen Einheiten, zB einer Kapitalgesellschaft. Zu Carve-out-Abschlüssen siehe *Förschle/Almeling* in Winkeljohann/Förschle/Deubert, Sonderbilanzen, Kap. F Rz. 7 f.; *Pföhler/Erchinger/Doleczik/Küster/Schmitz-Renner*, WPg 2015, 224 (230 f.); *Pföhler/Erchinger/Doleczik/Küster/Feldmüller*, WPg 2014, 475 (477 f.). Allgemein zu Carve-out-Transaktionen *Peemüller/Gehlen*, BB 2010, 1139 ff.
6 *A. Meyer* in FrankfurtKomm. WpPG, Art. 4a ProspektVO Rz. 32.
7 *FEE*, Combined and Carve-out Financial Statements, Tz. 1.13. Ausführlich zu den Verlautbarungen des IASB im Rahmen des Project Conceptual Framework for Financial Reporting „The reporting entity" sowie zu den US-amerikanischen Rechnungslegungsgrundsätzen US-GAPP und den Verlautbarungen der Securities and Exchange Commission (SEC) hinsichtlich der Aufstellung von kombinierten und Carve-out-Abschlüsse *Pföhler/Erchinger/Doleczik/Küster/Schmitz-Renner*, WPg 2015, 224 (225 ff.). Der Exposure Draft Conceptual Framework for Financial Reporting ED/2015/3 v. Mai 2015 (siehe dort CF 3.11 ff. „The reporting entity" und die Definition von Combined Financial Statements in CF 3.17 „Financial statements prepared for two or more entities that do not have a parent-subsidiary relationship with each other") ist abrufbar unter http://www.ifrs.org/Current-Projects/IASB-Projects/Conceptual-Framework/Pages/Conceptual-Framework-Summary.aspx.

standard speziell für kombinierte Abschlüsse existiert ebenfalls nicht. Aus deutscher Sicht wird ein kombinierter Abschluss regelmäßig als **Gruppenabschluss** aufzustellen sein[1]. Bei einem kombinierten Abschluss handelt es sich um **historische Finanzinformationen**. Die Anforderungen an Pro-forma-Finanzinformationen finden daher auf kombinierte Abschlüsse keine Anwendung. Dementsprechend können kombinierte Abschlüsse auch für einen Zeitraum von **drei Geschäftsjahren** erstellt werden[2]. Für kombinierte Abschlüsse kann daher auch eine Bescheinigung mit dem Inhalt erteilt werden, dass der Abschluss ein den tatsächlichen Verhältnissen entsprechendes Bild der Vermögens-, Finanz- und Ertragslage vermittelt[3]. Ein kombinierter Abschluss wird jedoch nicht auf Grundlage der gesetzlichen Bestimmungen für konsolidierte Abschlüsse erstellt, so dass ein Bestätigungsvermerk nicht erteilt werden kann. Da es keinen einheitlichen Prüfungsstandard für kombinierte Finanzinformationen gibt, sollte der Wortlaut der vom Wirtschaftsprüfer in Bezug auf einen kombinierten Abschluss ausgestellten Bescheinigung vorab mit der BaFin abgestimmt werden.

9. Dividenden und Dividendenpolitik (Ziffer 20.7) *(Schlitt)*

Nach Anhang I Ziffer 20.7 ProspektVO ist eine Beschreibung der **Kriterien**, nach denen bislang **Dividenden gezahlt** wurden, und der erwarteten oder bereits geplanten künftigen Kriterien in den Prospekt aufzunehmen. Die Darstellung erfolgt üblicherweise in einem eigenen Kapitel „Anteiliges Ergebnis und Dividendenpolitik". Häufig wird sie mit einer Kurzbeschreibung der rechtlichen Voraussetzungen für eine Dividendenzahlung verbunden. Geht der Emittent davon aus, in der näheren Zukunft keinen ausschüttungsfähigen Gewinn zu erzielen oder trotz Gewinnerzielung keine Dividendenzahlungen vorzunehmen, ist hierauf idR hinzuweisen, da Anleger in Aktien neben der künftigen Wertentwicklung der Aktien auch an einer Dividendenzahlung interessiert sind. Daher sind auch etwaige **Beschränkungen** auf dem Gebiet der Dividendenausschüttung anzugeben. Hierzu zählen vertragliche Vereinbarungen mit Dritten, typischerweise in Kreditverträgen, nach denen eine Dividendenzahlung nur bei Erreichen bestimmter Kennzahlen zulässig ist *(covenants)* ebenso wie aktienrechtliche Ausschüttungssperren[4].

286

---

[1] Näher dazu *Förschle/Almeling* in Winkeljohann/Förschle/Deubert, Sonderbilanzen, Kap. F, Rz. 1 ff., die auch auf die – idR eher theoretischen – Unterschiede zwischen dem aus dem US-amerikanischen Rechtsraum stammenden, auf die gemeinsame Beherrschung *(common control)* abstellenden Konzept der *combined financial statements* und dem Konzept der einheitlichen Leitung (§ 290 Abs. 1 HGB), das dem Gruppenabschluss zugrunde liegt, hinweisen.

[2] *d'Arcy* in Holzborn, Art. 4a EU-ProspV Rz. 17; *A. Meyer* in Habersack/Mülbert/Schlitt, Unternehmensfinanzierung am Kapitalmarkt, § 36 Rz. 46; *Schlitt/Wilczek* in Habersack/Mülbert/Schlitt, Handbuch der Kapitalmarktinformation, § 5 Rz. 73.

[3] *A. Meyer* in Habersack/Mülbert/Schlitt, Unternehmensfinanzierung am Kapitalmarkt, § 36 Rz. 40; *d'Arcy* in Holzborn, Art. 4a EU-ProspV Rz. 17.

[4] *d'Arcy/Kahler* in Holzborn, Anh. I EU-ProspV Rz. 189.

287 Neben den Kriterien sind nach Anhang I Ziffer 20.7.1 ProspektVO **konkrete Zahlenangaben** zu dem Betrag der gezahlten Dividende pro Aktie für jedes Geschäftsjahr, für das historische Finanzinformationen im Prospekt enthalten sind, in den Prospekt aufzunehmen. Im Regelfall sind daher die Dividendenzahlungen je Aktie in den drei letzten Geschäftsjahren zu beziffern. Dies erfolgt üblicherweise in Tabellenform zusammen mit dem **Ergebnis je Aktie** auf nicht-konsolidierter sowie auf konsolidierter Basis für den gleichen Zeitraum. Bei Börsengängen stellt sich häufig das Problem, dass die Geschäftstätigkeit bis kurz vor dem Börsengang von einer GmbH mit einem oder wenigen Geschäftsanteilen betrieben und erst kurz vor dem **Börsengang** Aktien begeben wurden. Hierauf ist in der Beschreibung der bisherigen Dividendenzahlungen hinzuweisen und darzulegen, ob ausschüttungsfähige Gewinne und ggf. in welcher Gesamthöhe anfielen und ob eine Ausschüttung oder Thesaurierung erfolgte, um dem Anleger überhaupt eine Einschätzung zu ermöglichen.

288 Hat sich die Zahl der ausgegebenen Aktien des Emittenten innerhalb des Zeitraums, für den Angaben zu Dividendenzahlungen aufgenommen werden, verändert, schreibt Anhang I Ziffer 20.7.1 ProspektVO eine **Anpassung zu Vergleichszwecken** vor. Eine solche Änderung kann etwa auf eine zwischenzeitliche Kapitalerhöhung aus Gesellschaftsmitteln unter Ausgabe neuer Aktien oder die Ausgabe von Mitarbeiteraktien zurückzuführen sein. Über die Berechnungsmethode zur Anpassung zu Vergleichszwecken schweigt Anhang I Ziffer 20.7.1 ProspektVO. Auch der vor Inkrafttreten der ProspektVO anwendbare § 25 Abs. 2 BörsZulV aF enthielt keine Vorgaben zur korrekten Berechnungsmethode[1], forderte aber über Anhang I Ziffer 20.7.1 ProspektVO hinaus die Angabe der angewandten **Berichtigungsformeln** im Prospekt. In der Praxis wird häufig neben der Dividende je zum Tag der Prospektbilligung ausgegebener Aktie die Dividende je zum Bilanzstichtag des jeweiligen Jahres ausgegebener Aktie ausgewiesen. Teilweise wird – was auch zulässig ist – stattdessen auf die durchschnittliche Anzahl der im jüngsten Geschäftsjahr ausstehenden Aktien abgestellt, was der Berechnungsweise nach IAS 33 entspricht. Letzteres hat den Vorteil, dass hierdurch ein Gleichlauf zwischen den Angaben im jeweiligen Konzernabschluss und den Angaben im Hauptteil des Prospekts erreicht wird.

10. Gerichts- und Schiedsgerichtsverfahren, Verwaltungsverfahren (Ziffer 20.8) *(Schlitt)*

289 Nach dem deutschen Wortlaut der Ziffer 20.8 des Anhangs I ProspektVO sind alle staatlichen Interventionen, Gerichts- oder Schiedsverfahren, die anhängig sind, eingeleitet werden könnten oder im Zeitraum der mindestens zwölf letzten Monate bestanden oder abgeschlossen wurden, aufzunehmen. Die BaFin hatte zunächst in vielen Billigungsverfahren mit Hinweis auf den Gesetzeswortlaut beanstandet, dass auf wesentliche Rechtsstreitigkeiten beschränkte Angaben dem gesetzlichen Erfordernis nicht genügen. Der Verweis auf den Wortlaut der Ziffer 20.8 ProspektVO ging jedoch fehl. Wie sich aus der englischen Fassung der ProspektVO ergibt, besteht das Offenlegungserfordernis nur, soweit sich die Auseinandersetzung **erheblich** auf die

---

[1] So zur BörsZulV *Groß*, Kapitalmarktrecht, 4. Aufl. 2009, §§ 13–32 BörsZulV Rz. 18a.

Finanzlage oder die Rentabilität des Emittenten und/oder der Gruppe des Emittenten **auswirken** bzw. in jüngster Zeit ausgewirkt haben. Dieses Verständnis hat sich auch in der deutschen Praxis durchgesetzt[1].

11. Wesentliche Veränderungen in der Finanzlage oder der Handelsposition des Emittenten (Ziffer 20.9) *(Schlitt)*

Nach Anhang I Ziffer 20.9 ProspektVO ist jede **wesentliche Veränderung** in der Finanzlage oder der Handelsposition des Emittenten (ggf. auf konsolidierter Basis), die seit dem Datum des letzten im Prospekt enthaltenen geprüften historischen Abschlusses eingetreten ist, zu beschreiben oder, sollte keine solche Veränderung eingetreten sein, dies ausdrücklich zu erklären (siehe dazu auch die Kommentierung zu Anhang IV Ziffer 8.1 EU-ProspektVO und Anhang XI Ziffer 7.1 EU-ProspektVO). 290

Der Wortlaut der Verordnung enthält keinen Hinweis, was unter einer **wesentlichen Veränderung in der Finanzlage** zu verstehen ist. Auf Grundlage des übergeordneten Gebots des § 5 Abs. 1 WpPG, alle Angaben in den Prospekt aufzunehmen, die notwendig sind, um dem Publikum die zutreffende Beurteilung der Vermögenswerte, Verbindlichkeiten, Finanzlage, Gewinne und Verluste und Zukunftsaussichten zu ermöglichen, ist daher im Einzelfall zu beurteilen, ob eine Veränderung wesentlich, dh. zur zutreffenden Beurteilung erforderlich, ist. Die Heranziehung eines abstrakten Kriteriums, zB einer prozentualen Abweichung vom zuletzt erzielten Gewinn/Verlust, wäre daher allenfalls als Indiz, nicht aber als abschließende Maßeinheit für eine wesentliche Veränderung geeignet[2]. 291

Der Begriff der **Finanzlage** ist iS der Ziffer 9.1 des Anhangs I der ProspektVO zu verstehen (siehe dazu oben Ziffer 9 Rz. 91 ff.). Die im Kapitel „Darstellung und Analyse der Vermögens-, Finanz- und Ertragslage" diskutierten Positionen der Gewinn- und Verlustrechnung sowie sonstigen wesentlichen Kennzahlen sind daher zum Zeitpunkt der Prospektbilligung auf wesentliche Veränderungen gegenüber dem Stichtag des letzten in den Prospekt aufgenommenen geprüften Abschlusses zu prüfen und etwaige wesentliche Veränderungen im Prospekt zu nennen. Soweit in den Prospekt ein (ungeprüfter) Zwischenabschluss aufgenommen wird, ist es für Zwecke der Ziffer 20.9 Anhang I ProspektVO ausreichend, für den von diesem abgedeckten Zeitraum auf die Erläuterungen im Kapitel „Darstellung und Analyse der Vermögens-, Finanz- und Ertragslage" zu verweisen und dessen Inhalt allenfalls summarisch wiederzugeben. 292

Unklar verlangt Anhang I Ziffer 20.9 ProspektVO in der deutschen Fassung der ProspektVO zusätzlich Angaben zu wesentlichen Veränderungen in der Handelsposition des Emittenten (ggf. auf konsolidierter Basis). Der Begriff der **Handelsposition** wird im Anhang I sonst nicht verwendet. Je nach der Art der Geschäftstätigkeit des Emit- 293

---

1 *Schlitt/Wilczek* in Habersack/Mülbert/Schlitt, Handbuch der Kapitalmarktinformation, § 5 Rz. 106; *d'Arcy/Kahler* in Holzborn, Anh. I EU-ProspV Rz. 191; Zum Begriff der erheblichen Auswirkung vgl. *Wiegel*, Die Prospektrichtlinie und Prospektverordnung, S. 222.
2 So auch zu § 8 Abs. 3 VerkProspVO aF *Groß*, Kapitalmarktrecht, 4. Aufl. 2009, §§ 1–15 VerkProspV Rz. 9 mwN.

tenten sind hierunter all jene Kennzahlen zu verstehen, die der Emittent zur Messung seines Erfolgs verwendet, die aber nicht unmittelbaren Bezug zur Finanzlage des Emittenten haben. Hierunter fallen beispielsweise die Zahl und das Volumen der Auftragseingänge oder Bestellungen, die Anzahl der Kunden uä. Positionen, zu denen historische Angaben in anderen Prospektkapiteln, insbesondere den Kapiteln „Ausgewählte Finanzinformationen und Unternehmenskennzahlen" und „Darstellung und Analyse der Vermögens-, Finanz- und Ertragslage", dargestellt sind. Verwendet der Emittent intern keinerlei derartige Kennzahlen oder Messgrößen, ist eine Negativerklärung abzugeben[1].

294 Die Angaben zu wesentlichen Veränderungen in der Finanzlage oder der Handelsposition des Emittenten werden in der allgemeinen Marktpraxis in das letzte Prospektkapitel vor dem Glossar und der Unterschriftsseite aufgenommen („Angaben über den jüngsten Geschäftsgang und die Geschäftsaussichten"). Sie ergänzen sich mit den dort geschilderten Angaben gemäß Anhang I Ziffer 12.1 ProspektVO.

XXII. Zusätzliche Angaben (Ziffer 21) *(Schlitt)*

21. Zusätzliche Angaben

21.1. *Aktienkapital*

Aufzunehmen sind die folgenden Angaben zum Stichtag der jüngsten Bilanz, die Bestandteil der historischen Finanzinformationen sind:

21.1.1. Betrag des ausgegebenen Kapitals und für jede Kategorie des Aktienkapitals:

a) Zahl der zugelassenen Aktien;

b) Zahl der ausgegebenen und voll eingezahlten Aktien sowie der ausgegebenen, aber nicht voll eingezahlten Aktien;

c) Nennwert pro Aktie bzw. Meldung, dass die Aktien keinen Nennwert haben;
und

d) Abstimmung der Zahl der Aktien, die zu Beginn und zu Ende des Geschäftsjahres noch ausstehen. Wurde mehr als 10% des Kapitals während des Zeitraums, der von den historischen Finanzinformationen abgedeckt wird, mit anderen Aktiva als Barmitteln finanziert, so ist dieser Umstand anzugeben.

21.1.2. Sollten Aktien vorhanden sein, die nicht Bestandteil des Eigenkapitals sind, so sind die Anzahl und die wesentlichen Merkmale dieser Aktien anzugeben.

21.1.3. Angabe der Anzahl, des Buchwertes sowie des Nennwertes der Aktien, die Bestandteil des Eigenkapitals des Emittenten sind und die vom Emit-

---

1 Vgl. auch *Alfes/Wieneke* in Holzborn, Anh. I EU-ProspV Rz. 192.

tenten selbst oder in seinem Namen oder von Tochtergesellschaften des Emittenten gehalten werden.

21.1.4. Angabe etwaiger wandelbarer Wertpapiere, umtauschbarer Wertpapiere oder Wertpapiere mit Optionsscheinen, wobei die geltenden Bedingungen und Verfahren für die Wandlung, den Umtausch oder die Zeichnung darzulegen sind.

21.1.5. Angaben über eventuelle Akquisitionsrechte und deren Bedingungen und/oder über Verpflichtungen in Bezug auf genehmigtes, aber noch nicht geschaffenes Kapital oder in Bezug auf eine Kapitalerhöhung.

21.1.6. Angaben über das Kapital eines jeden Mitglieds der Gruppe, worauf ein Optionsrecht besteht oder bei dem man sich bedingt oder bedingungslos darauf geeinigt hat, dieses Kapital an ein Optionsrecht zu knüpfen, sowie Einzelheiten über derlei Optionen, die auch jene Personen betreffen, die diese Optionsrechte erhalten haben.

21.1.7. Die Entwicklung des Aktienkapitals mit besonderer Hervorhebung der Angaben über etwaige Veränderungen, die während des von den historischen Finanzinformationen abgedeckten Zeitraums erfolgt sind.

21.2. *Satzung und Statuten der Gesellschaft*

21.2.1. Beschreibung der Zielsetzungen des Emittenten und an welcher Stelle sie in der Satzung und den Statuten der Gesellschaft verankert sind.

21.2.2. Zusammenfassung etwaiger Bestimmungen der Satzung und der Statuten des Emittenten sowie der Gründungsurkunde oder sonstiger Satzungen, die die Mitglieder der Verwaltungs-, Geschäftsführungs- und Aufsichtsorgane betreffen.

21.2.3. Beschreibung der Rechte, Vorrechte und Beschränkungen, die an jede Kategorie der vorhandenen Aktien gebunden sind.

21.2.4. Erläuterung, welche Maßnahmen erforderlich sind, um die Rechte der Inhaber von Aktien zu ändern, wobei die Fälle anzugeben sind, in denen die Bedingungen strenger ausfallen als die gesetzlichen Vorschriften.

21.2.5. Beschreibung der Art und Weise, wie die Jahreshauptversammlungen und die außerordentlichen Hauptversammlungen der Aktionäre einberufen werden, einschließlich der Teilnahmebedingungen.

21.2.6. Kurze Beschreibung etwaiger Bestimmungen der Satzung und der Statuten des Emittenten sowie der Gründungsurkunde oder sonstiger Satzungen, die u.U. eine Verzögerung, einen Aufschub oder sogar die Verhinderung eines Wechsels in der Kontrolle des Emittenten bewirken.

21.2.7. Angabe (falls vorhanden) etwaiger Bestimmungen der Satzung und der Statuten des Emittenten sowie der Gründungsurkunde oder sonstiger Satzungen, die für den Schwellenwert gelten, ab dem der Aktienbesitz offen gelegt werden muss.

21.2.8. Darlegung der Bedingungen, die von der Satzung und den Statuten des Emittenten sowie der Gründungsurkunde oder sonstigen Satzungen vorgeschrieben werden und die die Veränderungen im Eigenkapital betreffen, sofern diese Bedingungen strenger sind als die gesetzlichen Vorschriften.

1. Angaben über das Kapital

295 Anhang I Ziffer 21.1 ProspektVO fordert die Aufnahme umfangreicher Informationen über das Kapital der Gesellschaft. Diese Angaben sind üblicherweise im Prospektkapitel „**Angaben über das Kapital und anwendbare Vorschriften**" enthalten.

296 Als **Stichtag**, zu dem die Angaben in den Prospekt aufgenommen werden müssen, nennt Anhang I Ziffer 21.1 ProspektVO den Stichtag der jüngsten Bilanz, die Bestandteil der in den Prospekt aufgenommenen historischen Finanzinformationen ist. Sofern zwischenzeitlich wesentliche Änderungen stattgefunden haben, zB wenn zwischenzeitlich eine Kapitalerhöhung durchgeführt wurde, sind die daraus resultierenden, aktuellen Zahlen jedoch aufgrund des übergeordneten Prinzips der Richtigkeit und Vollständigkeit ebenfalls anzugeben. Regelmäßig wird daher im Prospekt auf den Zeitpunkt der Prospektbilligung abgestellt.

297 Nach Anhang I Ziffer 21.1.1 ProspektVO sind der Betrag des ausgegebenen Kapitals (das **Grundkapital**) sowie die **Zahl der Aktien**, in die das Grundkapital eingeteilt ist, zu nennen. Nach Anhang I Ziffer 21.1.1 lit. a ist darüber hinaus – wie sich aus der englischen Fassung ergibt (*number of shares authorized*) – das genehmigte Kapital darzustellen[1]. Sind ausgegebene Aktien nicht voll eingezahlt, ist hierauf hinzuweisen. Nach § 10 Abs. 2 AktG ist bei deutschen Aktiengesellschaften eine Teileinzahlung nur bei Namensaktien möglich und ist in der Praxis selten anzutreffen. Darüber hinaus sind der **Nennbetrag bzw. der anteilige Betrag am Grundkapital** anzugeben. Anhang I Ziffer 21.1.1 lit. d Satz 1 ProspektVO hat in Deutschland keinen Anwendungsfall, da das deutsche Recht zwar über das Institut des genehmigten Kapitals verfügt, aber das Konzept der ausstehenden Aktien nicht kennt. Satz 2 ist hingegen häufig anwendbar. Typische Fälle einer **Finanzierung von Aktien mit anderen Aktiva als Barmitteln** sind in dem von den historischen Finanzinformationen im Prospekt abgedeckten Zeitraum durchgeführte Kapitalerhöhungen aus Gesellschaftsmitteln und Kapitalerhöhungen gegen Sacheinlage, zB bei Einbringung von Gesellschaftsanteilen im Zuge einer Akquisition.

298 Anhang I Ziffer 21.1.2 ProspektVO hat in Deutschland keinen Anwendungsbereich.

299 Anhang I Ziffer 21.1.3 ProspektVO fordert die Angabe der **Anzahl eigener Aktien**, die der Emittent, Dritte in seinem Namen oder Tochtergesellschaften halten, deren Buchwert sowie Nennbetrag bzw. anteiligen Betrag am Grundkapital. Insofern besteht eine Diskrepanz zu den weitergehenden Zurechnungstatbeständen des § 22 WpHG (zB hinsichtlich dinglicher Optionen). Da nach Anhang I Ziffer 21.1.3 ProspektVO in erster Linie offen zu legen ist, wie viele Aktien an Dritte ausgegeben und damit grundsätzlich stimmberechtigt sind, ist für die Auslegung der Ziffer 21.1.3 nicht auf die weitergehenden Zurechnungstatbestände des § 22 WpHG, sondern aufgrund ähnlicher Formulierung auf die Auslegungsgrundsätze zu § 71d AktG abzustellen[2]. Danach zählen zu den eigenen Aktien, aus denen dem Emittent nach § 71b AktG keine Rechte zustehen, auch solche Aktien, die ein abhängiges oder ein im Mehrheits-

---

[1] *Fingerhut/Voß* in Just/Voß/Ritz/Zeising, Anhang I EU-ProspektVO Rz. 419; *Alfes/Wieneke* in Holzborn, Anh. I EU-ProspV Rz. 193.
[2] *Alfes/Wieneke* in Holzborn, Anh. I EU-ProspV Rz. 195.

besitz des Emittenten stehendes Unternehmen oder ein Dritter, der im eigenen Namen, jedoch für Rechnung eines abhängigen oder im Mehrheitsbesitz des Emittenten stehenden Unternehmens handelt, hält[1].

Nach Anhang I Ziffer 21.1.4 ProspektVO sind Angaben über solche Wertpapiere zu machen, die zu einem Wandel oder Umtausch in Aktien des Emittenten berechtigen, insbesondere **Wandelanleihen, Umtauschanleihen und Optionsanleihen**, sowie die Bedingungen und Modalitäten für den Erhalt von Aktien. Es sind solche Wertpapiere zu beschreiben, die der Emittent direkt oder indirekt begeben hat[2]. Aus der Stellung der Vorschrift im Zusammenhang mit Angaben zur Anzahl ausgegebener Aktien und nicht zur Aktionärsstruktur ergibt sich, dass **von Dritten emittierte Wertpapiere**, die zum Umtausch in (bereits ausgegebene) Aktien des Emittenten berechtigen, nach richtiger Auffassung **nicht zwingend anzugeben** sind. Ebenso ist im Falle einer Umtauschanleihe keine Angabe zu den Aktien des Dritten, zu deren Erwerb die Umtauschanleihe berechtigt, erforderlich. Eine Nachforschungspflicht kann dem Emittenten insofern nicht aufgebürdet werden.

300

Nach Anhang I Ziffer 21.1.5 ProspektVO sind Angaben zum **genehmigten und bedingten Kapital** in den Prospekt aufzunehmen. Dabei sind die Voraussetzungen, an die die Schaffung neuer Aktien geknüpft ist, in Übereinstimmung mit dem Inhalt des entsprechenden Hauptversammlungsbeschlusses im Prospekt wiederzugeben, um den Anleger über die Modalitäten und einen etwaigen Schutz vor Verwässerung seiner Beteiligung zu informieren. Darüber hinaus sind bestehende **Akquisitionsrechte**, die zum Erwerb von Aktien berechtigen, (zB Mitarbeiterbeteiligungsprogramme, Optionen) zu nennen. Insoweit überschneidet sich der Anwendungsbereich von Anhang I Ziffer 21.1.5 und Ziffer 21.1.4 ProspektVO, da die ESMA-Empfehlungen als solche Akquisitionsrechte ausdrücklich Rechte zum Erwerb neuer Aktien aus Wandel- und Optionsanleihen nennen[3].

301

In Überschneidung mit den bereits genannten Akquisitionsrechten fordert Anhang I Ziffer 21.1.6 ProspektVO eine Prospektangabe, inwiefern **Optionsrechte auf Aktien des Emittenten oder das Kapital eines anderen Mitglieds seiner „Gruppe"** (zum Begriff der Gruppe siehe oben Ziffer 7 Rz. 73) bestehen. Hierzu zählen auch Angaben über die Optionsinhaber, wobei eine Zusammenfassung nach Kategorien, zB Vorstandsmitglieder, Mitarbeiter, Dritte etc., an die diese ausgegeben wurden[4], unter Angabe etwaiger Beschränkungen ihrer Weiterveräußerung, ausreichend sind. Aufgrund des Interesses des Anlegers, zu erfahren, unter welchen Bedingungen seine Beteiligung verwässert werden kann, sind darüber hinaus summarisch die Bedingungen, an die die Ausübung der Optionsrechte geknüpft ist (Frist, Ausübungspreis), sowie der Erwerbspreis zu nennen[5]. Die Angabe einer Spanne ist insofern ausreichend[6].

302

---

1 *Hüffer/Koch*, § 71d AktG Rz. 1.
2 Zur indirekten Begebung *Schlitt/Hemeling* in Habersack/Mülbert/Schlitt, Unternehmensfinanzierung am Kapitalmarkt, § 12 Rz. 7 mwN.
3 ESMA/13-319, Rz. 150.
4 ESMA/13-319, Rz. 152.
5 ESMA/13-319, Rz. 151.
6 ESMA/13-319, Rz. 152.

303 Nach Anhang I Ziffer 21.1.7 ProspektVO ist eine Schilderung der **Entwicklung des Grundkapitals** in den Prospekt aufzunehmen, wobei die Entwicklung innerhalb des von den im Prospekt enthaltenen historischen Finanzinformationen abgedeckten Zeitraums besonders hervorzuheben ist. Aufgrund der umfassenden Natur dieser Angaben ist der Abschnitt „Entwicklung des Grundkapitals" regelmäßig der erste Abschnitt innerhalb des Prospektkapitels „Angaben zum Kapital und anwendbare Vorschriften". Der Formulierung, dass Angaben zur Entwicklung während des von den historischen Finanzinformationen abgedeckten Zeitraums besonders hervorzuheben sind, lässt sich im Umkehrschluss entnehmen, dass auch Angaben über frühere Zeiträume in den Prospekt aufzunehmen sind. Regelmäßig ist daher eine überblicksartige Schilderung des bei der Gründung bestehenden Grundkapitals sowie sämtlicher wesentlicher Kapitalveränderungen seit der Gründung in den Prospekt aufzunehmen. Was die vom Verordnungswortlaut geforderte Hervorhebung der Entwicklung während des von den historischen Finanzinformationen abgedeckten Zeitraums anbelangt, empfiehlt ESMA die Aufnahme der Gründe für die Veränderung der Grundkapitalziffer sowie ggf. die Angabe, dass eine Kapitalerhöhung gegen Sacheinlage erfolgte[1].

2. Anwendbare Vorschriften

304 Anhang I Ziffer 21.2 ProspektVO trägt die Überschrift „Satzung und Statuten". Würde man sich ausschließlich an diesem Wortlaut orientieren, wären die in den Unterziffern geforderten Angaben nur insoweit erforderlich, als sich hierzu **Regelungen in der Satzung** des Emittenten und ihren **Statuten** (Geschäftsordnungen von Vorstand und Aufsichtsrat) finden. Da das deutsche Aktiengesetz umfassende Regelungen zu den mit dem Aktienbesitz verbundenen Rechten beinhaltet, enthalten die Satzungen deutscher Aktiengesellschaften zu einigen der in Anhang I Ziffer 21.2 ProspektVO genannten Punkten meist keine oder spärliche Regelungen. Es entspricht daher der ständigen Praxis, in das Prospektkapitel „Angaben über das Kapital und anwendbare Vorschriften" über etwaige Satzungsbestimmungen hinaus **die gesetzlich vorgesehenen Regelungen** zu den in Anhang I Ziffer 21.2 ProspektVO genannten Themen kurz zusammenzufassen. Da es sich dabei um emittentenunspezifische Bestimmungen handelt, sind die entsprechenden Prospektabschnitte weitgehend standardisiert.

305 Anhang I Ziffer 21.2.1 ProspektVO fordert eine Beschreibung der Zielsetzung des Emittenten und an welcher Stelle seiner Satzung und Statuten sie verankert ist. Es handelt sich im deutschen Recht um die Wiedergabe des **Unternehmensgegenstands** und der entsprechenden Bestimmung der Satzung (siehe dazu § 23 Abs. 3 Nr. 2 AktG), in der er enthalten ist. Diese Angabe erfolgt im Prospekt regelmäßig im Kapitel „Allgemeine Informationen über die Gesellschaft", das dem Kapitel „Angaben über das Kapital und anwendbare Vorschriften" regelmäßig vorangestellt wird.

---

[1] ESMA/13-319, Rz. 153/154.

Die von Anhang I Ziffer 21.2.2 ProspektVO geforderte Zusammenfassung etwaiger Bestimmungen der Satzung und Statuten, die die Mitglieder der Verwaltungs-, Geschäftsführungs- und Aufsichtsorgane betreffen, finden sich im Prospekt regelmäßig im Kapitel „Angaben über die Organe der Gesellschaft". Hierbei handelt es sich typischerweise um Angaben zur Größe und Besetzungsmodalitäten des Vorstands- und Aufsichtsrats und der Verfahrensvorschriften und Zustimmungserfordernisse, die in ihren Geschäftsordnungen geregelt sind. Um die Rechte und Pflichten der Vorstands- und Aufsichtsratsmitglieder, die regelmäßig nicht abschließend in der Satzung und den Geschäftsordnungen niedergelegt sind, vollständig darzustellen, wird diese Darstellung typischerweise durch die Schilderung der allgemeinen gesetzlichen Vorgaben ergänzt. Hinzu kommen die von Ziffer 14, 15 und 16 des Anhangs I ProspektVO geforderten Angaben.

306

Nach Anhang I Ziffer 21.2.3 ProspektVO sind die **Rechte, Vorrechte** und **Beschränkungen**, die an jede Kategorie vorhandener Aktien gebunden sind, im Prospekt zu schildern. Diese Angabe erfolgt typischerweise im Kapitel „Angaben über das Kapital und anwendbare Vorschriften". **Kategorie vorhandener Aktien** meint in Deutschland insbesondere die in der Satzung vorgesehenen Aktiengattungen, § 11 AktG. Typischerweise handelt es sich dabei um eine Schilderung der Unterschiede zwischen Stamm- und Vorzugsaktien, sofern die Gesellschaft zwei entsprechende Gattungen ausgegeben hat. Um unterschiedliche Kategorien handelt es sich darüber hinaus bei sog. **Tracking Stocks**, dh. Emittenten, deren Aktien unterschiedlichen Unternehmensbereichen zugeordnet sind[1]. Handelt es sich beim Emittenten um eine **KGaA**, ist neben der Schilderung der Aktien auch auf die Kommanditanteile und die mit ihnen verbundenen Rechte und sich daraus ergebende Unterschiede für Anleger in Aktien einer AG einzugehen[2].

307

Ist nur eine „Kategorie von Aktien" vorhanden, sind auch deren Rechte und Beschränkungen der Rechte anzugeben. Prospekte enthalten daher typischerweise weitgehend standardisierte Abschnitte zu den **allgemeinen gesetzlichen Bestimmungen**, die im Falle einer Liquidation, hinsichtlich der Stimmrechte, Dividenden- und Bezugsrechte, und hinsichtlich obligatorischer Übernahmeangebote sowie dem Ausschluss von Minderheitsaktionären gelten, einschließlich der von Anhang I Ziffer 21.2.4 ProspektVO geforderten Erläuterung der Maßnahmen, die zur Änderung der jeweiligen Rechte erforderlich sind[3]. Hat der Emittent vinkulierte Namensaktien ausgegeben, ist auf die Beschränkung ihrer Veräußerung einzugehen. So ist im Falle von Luftverkehrsunternehmen auf die Beschränkungen durch das Luftverkehrs-

308

---

[1] In Deutschland wurde bislang erst ein Wertpapierprospekt eines Emittenten mit sog. Tracking Stocks veröffentlicht; Prospekt der Hamburger Hafen und Logistik AG v. 19.10.2007. Zu Tracking Stocks vgl. *Natusch*, DB 1997, 1141; *Breuninger/Krüger* in FS Welf Müller, 2001, S. 527; *Friedl*, BB 2002, 1157; *Friedl*, Finance 2008, 20; *Fuchs*, ZGR 2003, 167; *Sieger/ Hasselbach*, AG 2001, 391; *Sieger/Hasselbach*, M&A 2001, 381; *Wunsch*, FB 2004, 76.
[2] *Alfes/Wieneke* in Holzborn, Anh. I EU-ProspV Rz. 202.
[3] Die Aufnahme dieser Angaben in den Prospekt wird von ESMA empfohlen, ESMA/ 13-319, Rz. 155.

nachweissicherungsgesetz (LuftNaSiG) einzugehen[1]. Werden die Aktien zum Börsenhandel zugelassen ist zusätzlich anzugeben, wie die freie Handelbarkeit der vinkulierten Namensaktien gewährleistet wird.

309 Nach Anhang I Ziffer 21.2.5 ProspektVO sind die Modalitäten der **Einberufung einer Hauptversammlung** zu schildern, wobei selten Unterschiede zwischen denen einer ordentlichen und einer außerordentlichen Hauptversammlung bestehen dürften. Diese Angaben finden sich regelmäßig im Prospektkapitel „Angaben über die Organe der Gesellschaft", ergänzt um eine Zusammenfassung der Befugnisse und Aufgaben der Hauptversammlung.

310 Für die Ziffer 21.2.6 des Anhangs I ProspektVO besteht aufgrund der grundsätzlichen Neutralitätspflicht des Vorstandes einer von einem Übernahmeangebot betroffenen Emittenten nach § 33 WpÜG idR kein Anwendungsbereich.

311 Auch Anhang I Ziffer 21.2.7 ProspektVO, wonach in der Satzung oder sonstigen Statuten des Emittenten niedergelegte Schwellenwerte, ab denen Aktionäre ihren Aktienbesitz offen legen müssen, anzugeben sind, findet in Deutschland mangels entsprechender Satzungsregelungen regelmäßig keine Anwendung. Stattdessen werden die gesetzlichen Regeln des Wertpapierhandelsgesetzes (**§§ 21 ff. WpHG**) bzw., sofern es sich nicht um eine börsennotierte Gesellschaft handelt, des Aktiengesetzes (**§§ 20 ff. AktG**), im Prospekt unter „Angaben über das Kapital und anwendbare Vorschriften" geschildert.

312 Nach Anhang I Ziffer 21.2.8 ProspektVO sind die Bedingungen, die die Satzung und Statuten des Emittenten über die gesetzlichen Vorschriften hinaus an die **Veränderung des Eigenkapitals** knüpfen, in den Prospekt aufzunehmen. Typischerweise sind keine über die gesetzlichen Anforderungen hinausgehenden Bedingungen vorgesehen, so dass im Prospekt summarisch die im Aktiengesetz vorgesehenen Bedingungen, insbesondere erforderliche Mehrheiten in der Hauptversammlung, genannt sind.

XXIII. Wesentliche Verträge (Ziffer 22) *(Schlitt)*

22. Wesentliche Verträge

Zusammenfassung jedes in den letzten beiden Jahren vor der Veröffentlichung des Registrierungsformulars abgeschlossenen wesentlichen Vertrages (bei denen es sich nicht um jene handelt, die im Rahmen der normalen Geschäftstätigkeit abgeschlossen wurden), bei dem der Emittent oder ein sonstiges Mitglied der Gruppe eine Vertragspartei ist.

Zusammenfassung aller sonstigen zum Datum des Registrierungsformulars bestehenden Verträge (bei denen es sich nicht um jene handelt, die im Rahmen der normalen Geschäftstätigkeit abgeschlossen wurden), die von jedem

---

[1] So zB (nach altem Prospektrecht) im Prospekt der Deutsche Lufthansa AG v. 1.6.2004, S. 115 f.

Mitglied der Gruppe abgeschlossen wurden und eine Bestimmung enthalten, der zufolge ein Mitglied der Gruppe eine Verpflichtung oder ein Recht erlangt, die bzw. das für die Gruppe von wesentlicher Bedeutung ist.

1. Wesentlichkeitsschwelle für einzelne Verträge

Sind einzelne Verträge von solcher Wesentlichkeit für die Geschäftstätigkeit des Emittenten, dass ihre Existenz von Bedeutung für die zutreffende Beurteilung der Vermögenswerte und Verbindlichkeiten, der Finanzlage, der Gewinne und Verluste oder der Zukunftsaussichten des Emittenten (ggf. auf konsolidierter Basis) sind, so sind Einzelheiten zu diesen Verträgen nach Anhang I Ziffer 22 Satz 1 ProspektVO in den Prospekt aufzunehmen. Der Wortlaut der Vorschrift erfasst ausdrücklich lediglich innerhalb der beiden letzten Jahre vor Prospektveröffentlichung vom Emittenten oder einem Unternehmen seines Konzerns (siehe dazu oben Ziffer 7 Rz. 73 ff.) abgeschlossene Verträge sowie solche, die außerhalb der gewöhnlichen Geschäftstätigkeit abgeschlossen wurden. Aufgrund des übergeordneten Prinzips der Richtigkeit und Vollständigkeit iS des § 5 Abs. 1 WpPG sind darüber hinausgehend aber auch andere Verträge darzustellen, die die vorgenannten Voraussetzungen erfüllen. Typischerweise sind im Abschnitt „Wesentliche Verträge", der regelmäßig Teil des Prospektkapitels **„Geschäftstätigkeit"** ist, Verträge darzustellen, die für die Geschäftstätigkeit des Emittenten von großer Bedeutung sind und bei deren Wegfall kurzfristig kein Ersatz beschafft werden könnte. Hierzu zählen einzelne Lieferverträge für unabdingbar zur Produktion erforderliche Güter, wenn der Vertragspartner ein (Quasi-)Monopol beansprucht, großvolumige Finanzierungsverträge, Lizenzvereinbarungen, die dem Emittenten die Fertigung seines Hauptprodukts gestatten, etc.

Die Beschreibungen der wesentlichen Verträge sollen alle wichtigen Informationen enthalten, die ein Investor vernünftigerweise erwarten kann[1]. Zu solchen wesentlichen Verträgen ist insbesondere deren **Existenz, Laufzeit und Kündigungsmöglichkeiten** (insbesondere der Vertragsgegenseite) anzugeben sowie ggf. sog. Change-of-Control-Klauseln, dh. Klauseln, die im Zuge einer Änderung der Eigentümerstruktur des Emittenten, zB durch eine Kapitalerhöhung, zu einem Kündigungsrecht des Vertragspartners führen[2].

Etwaig vereinbarte Vertraulichkeitserklärungen befreien nicht von der Veröffentlichung wesentlicher Informationen, so dass bei Abschluss einer entsprechenden **Vertraulichkeitsvereinbarung** eine Zustimmung des Vertragspartners zur Veröffentlichung bestimmter wesentlicher Informationen im Prospekt einzuholen ist. Häufig decken Vertraulichkeitsvereinbarungen jedoch ohnehin nur die vereinbarte Ver-

---

1 Dazu, dass nicht der gesamte Vertragsinhalt wiederzugeben ist, siehe auch ESMA, Frequently asked questions regarding Prospectuses: Common positions agreed by ESMA Members, 25th Updated Version – July 2016, ESMA/16-1133, Ziffer 73.
2 *Dauner-Lieb*, DB 2008, 567; *Dreher*, AG 2002, 214; *Kort*, AG 2006, 106.

gütung ab, an deren Angabe im Prospekt regelmäßig kein begründetes Anlegerinteresse besteht[1].

316 Ist nicht ein einzelner Vertrag, sondern eine Mehrzahl gleichartiger Verträge von Bedeutung, können diese **in Kategorien zusammengefasst** und typische Bestimmungen dargelegt werden. Dies ist beispielsweise der Fall, wenn mehrere Lieferverträge über Produktionsgüter mit verschiedenen Lieferanten bestehen.

2. Beschreibung der sonstigen Vertragsbeziehungen

317 Anhang I Ziffer 22 Satz 2 ProspektVO erfordert eine Zusammenfassung aller sonstigen Vertragsbeziehungen, die nicht im Rahmen der üblichen Geschäftstätigkeit abgeschlossen wurden und ein Recht oder eine Verpflichtung begründen, das für den Emittenten bzw. die Gruppe von wesentlicher Bedeutung ist. Sollten solche nicht bestehen, ist ein Negativtestat hierzu nicht erforderlich[2].

XXIV. Angaben von Seiten Dritter, Erklärung von Seiten Sachverständiger und Interessenerklärungen (Ziffer 23)
(Schlitt)

23. Angaben von Seiten Dritter, Erklärung von Seiten Sachverständiger und Interessenerklärungen

23.1. Wird in das Registrierungsformular eine Erklärung oder ein Bericht einer Person aufgenommen, die als Sachverständiger handelt, so sind der Name, die Geschäftsadresse, die Qualifikationen und – falls vorhanden – das wesentliche Interesse am Emittenten anzugeben. Wurde der Bericht auf Ersuchen des Emittenten erstellt, so ist eine diesbezügliche Erklärung dahingehend abzugeben, dass die aufgenommene Erklärung oder der aufgenommene Bericht in der Form und in dem Zusammenhang, in dem sie bzw. er aufgenommen wurde, die Zustimmung von Seiten der Person erhalten hat, die den Inhalt dieses Teils des Registrierungsformulars gebilligt hat.

23.2. Sofern Angaben von Seiten Dritter übernommen wurden, ist zu bestätigen, dass diese Angaben korrekt wiedergegeben wurden und dass – soweit es dem Emittenten bekannt ist und er aus den von diesem Dritten veröffentlichten Informationen ableiten konnte – keine Tatsachen unterschlagen wurden, die die wiedergegebenen Informationen unkorrekt oder irreführend gestalten würden. Darüber hinaus ist/sind die Quelle(n) der Informationen anzugeben.

318 Zu Anhang I Ziffer 23 ProspektVO siehe die Kommentierung zu Anhang III Ziffer 10.3 und 10.4 EU-ProspektVO.

---

1 Für eine allgemeine Beschreibung auch *Fingerhut/Voß* in Just/Voß/Ritz/Zeising, Anhang I EU-ProspektVO Rz. 437.

2 *Fingerhut/Voß* in Just/Voß/Ritz/Zeising, Anhang I EU-ProspektVO Rz. 439.

XXV. Einsehbare Dokumente (Ziffer 24) *(Schlitt)*

24. Einsehbare Dokumente

Abzugeben ist eine Erklärung dahingehend, dass während der Gültigkeitsdauer des Registrierungsformulars ggf. die folgenden Dokumente oder deren Kopien eingesehen werden können:

a) die Satzung und die Statuten des Emittenten;

b) sämtliche Berichte, Schreiben und sonstigen Dokumente, historischen Finanzinformationen, Bewertungen und Erklärungen, die von einem Sachverständigen auf Ersuchen des Emittenten abgegeben wurden, sofern Teile davon in das Registrierungsformular eingeflossen sind oder in ihm darauf verwiesen wird;

c) die historischen Finanzinformationen des Emittenten oder im Falle einer Gruppe die historischen Finanzinformationen für den Emittenten und seine Tochtergesellschaften für jedes der Veröffentlichung des Registrierungsformulars vorausgegangenen beiden letzten Geschäftsjahre.

Anzugeben ist auch, wo in diese Dokumente entweder in Papierform oder auf elektronischem Wege Einsicht genommen werden kann.

1. Inhalt und Standort der abzugebenden Erklärung

Die Erklärung über einsehbare Dokumente nach Anhang I Ziffer 24 ProspektVO wird üblicherweise im Prospektkapitel **„Allgemeine Informationen"** unter einer eigenen Zwischenüberschrift abgegeben. 319

Ausreichend wäre nach dem Wortlaut eine Erklärung, die die relevanten, in den Buchstaben a bis c genannten Dokumente beschreibt. In der Praxis hat sich jedoch die **konkrete Auflistung** der bereitgehaltenen Dokumente durchgesetzt. 320

Anzugeben ist der **Ort**, an dem die Dokumente eingesehen werden können sowie die **Form**, in der die Einsichtnahme erfolgen kann. Als Ort wird üblicherweise der Sitz des Emittenten gewählt, an dem die Dokumente zumeist in Papierform zur Verfügung gestellt werden. Möglich wäre aber auch eine elektronische Bereitstellung über die Internetseite des Emittenten. 321

2. Bereit zu haltende Dokumente

Wird im Einklang mit der Praxis eine konkrete Auflistung der bereitgehaltenen Dokumente wiedergegeben, so ist darauf zu achten, dass alle in den Buchstaben a bis c genannten **Kategorien** abgedeckt sind. Eine deutsche Aktiengesellschaft als Emittent muss daher im Regelfall ihre Satzung, die im Prospekt abgedruckten **Konzern- und Einzelabschlüsse** sowie etwaige in den Prospekt aufgenommene **Sachverständigengutachten**, also zB das Wertgutachten im Falle einer Immobiliengesellschaft 322 (siehe dazu die Kommentierung zu Anhang XIX EU-ProspektVO), nennen[1]. Die in Buchstabe c genannten historischen Finanzinformationen des Emittenten, im Falle einer Gruppe die konsolidierten Finanzinformationen der letzten zwei Jahre, dürften in der Regel keinen eigenen Anwendungsbereich neben den schon von Buchstabe b erfassten Abschlüssen haben, da im Prospekt grundsätzlich die Abschlüsse der letzten drei Jahre wiedergegeben werden müssen (siehe dazu die Kommentierung zu Anhang I Ziffer 20.1 EU-ProspektVO).

323 Die Einschränkung „ggf." soll lediglich verdeutlichen, dass nur existente Dokumente erfasst sind[2]. Sie begründet **kein Wahlrecht** des Emittenten, die genannten Kategorien von Dokumenten einsehbar zu halten.

324 Üblicherweise wird die Erklärung nach Anhang I Ziffer 24 ProspektVO durch einen freiwilligen Hinweis auf die Erhältlichkeit künftiger **Geschäfts- und Zwischenberichte** des Emittenten ergänzt.

XXVI. Angaben über Beteiligungen (Ziffer 25) *(Schlitt)*

25. Angaben über Beteiligungen
Beizubringen sind Angaben über Unternehmen, an denen der Emittent einen Teil des Eigenkapitals hält, dem bei der Bewertung seiner eigenen Vermögens-, Finanz- und Ertragslage voraussichtlich eine erhebliche Bedeutung zukommt.

1. Inhalt

325 Unternehmen, an denen der Emittent einen Teil des Eigenkapitals hält, dem bei der Bewertung seiner eigenen Vermögens-, Finanz- und Ertragslage voraussichtlich eine erhebliche Bedeutung zukommt, werden von der ProspektVO nicht definiert. Nach den ESMA-Empfehlungen[3] sind solche Unternehmen erfasst, an denen der Emittent eine direkte oder indirekte Beteiligung hält, deren **Buchwert** mindestens **10% des Eigenkapitals** des Emittenten beträgt oder aus der der Emittent mindestens **10% seines Gewinns oder Verlustes** erzielt. Ist der Emittent eine Konzernobergesellschaft, tritt an die Stelle dieser Kriterien die Schwelle von mindestens **10% des Konzernnettovermögens** bzw. **10% des Konzernreingewinns/-verlusts**. Aus der Wendung „jedenfalls" ergibt sich, dass auch andere Beteiligungen, die für die Bewertung des Emittenten von erheblicher Bedeutung sind, ebenfalls erfasst sein können. Dies ist etwa der Fall, wenn sie strategische Bedeutung für das Unternehmen haben.

---

[1] Klarstellend hierzu ESMA, Frequently asked questions regarding Prospectuses: Common positions agreed by ESMA Members, 25th Updated Version – July 2016, ESMA/16-1133, Ziffer 72.
[2] *Fingerhut/Voß* in Just/Voß/Ritz/Zeising, Anhang I EU-ProspektVO Rz. 451.
[3] ESMA/13-319b, Rz. 161.

Für diese Beteiligungsgesellschaften sehen die ESMA-Empfehlungen den folgenden **Katalog** in den Prospekt aufzunehmender Angaben vor[1]: 326

a) Name und Sitz der Beteiligungsgesellschaft
b) Unternehmensgegenstand
c) Vom Emittenten gehaltener Anteil des Kapitals und der Stimmrechte (sofern verschieden)
d) Grundkapital
e) Rückstellungen
f) Gewinn bzw. Verlust aus gewöhnlicher Geschäftstätigkeit nach Steuern für das letzte abgeschlossene Geschäftsjahr
g) Buchwert der vom Emittenten gehaltenen Beteiligung, mit der er die Beteiligung bewertet
h) noch ausstehende Einzahlungen auf die Beteiligung
i) im letzten Geschäftsjahr erhaltene Dividendenzahlungen
j) Verschuldung des Emittenten gegenüber der Beteiligungsgesellschaft und umgekehrt.

Dieser Katalog stellt **keine strikte Vorgabe** dar, sondern lediglich eine Empfehlung, von der nach den ESMA-Empfehlungen nach Einschätzung des Emittenten im Einzelfall insbesondere abgewichen werden kann, wenn die Beteiligung nur vorübergehend gehalten wird[2]. Die nach Buchstabe e und f aufzunehmenden Angaben können entfallen, wenn die Beteiligungsgesellschaft ihrerseits keinen Jahresabschluss veröffentlicht[3]. Die Angaben nach Buchstaben d bis j können entfallen, wenn der Emittent einen Konzernabschluss veröffentlicht und die Beteiligungsgesellschaft voll oder nach der Equity-Methode konsolidiert wird und die Bewertung der Beteiligung *at equity* im Konzernabschluss des Emittenten offen gelegt wird, sofern diese Angaben nicht erforderlich sind, um eine wahrscheinliche Irreführung des Publikums zu verhindern[4]. Ist letztere Voraussetzung erfüllt, kann im Einzelfall auch auf die Angaben nach Buchstaben g und j verzichtet werden[5]. 327

2. Darstellung

Insbesondere bei einer Vielzahl von Beteiligungsgesellschaften, die die genannten Kriterien erfüllen, hat sich eine **tabellarische Wiedergabe** der von ESMA empfohlenen Angaben im Prospekt eingebürgert. Sie erfolgt üblicherweise im Prospektkapitel „Allgemeine Informationen über die Gesellschaft" im Anschluss an die Darstellung der Konzernstruktur. 328

---

1 ESMA/13-319, Rz. 160.
2 ESMA/13-319, Rz. 162.
3 ESMA/13-319, Rz. 162.
4 ESMA/13-319, Rz. 163.
5 ESMA/13-319, Rz. 164.

3. Angaben zu anderen Beteiligungsgesellschaften

329 Über den Wortlaut der Ziffer 25 des Anhangs I ProspektVO hinaus fordert ESMA in Zusammenhang mit den Angaben zu wesentlichen Beteiligungsgesellschaften auch für andere (**nicht wesentliche**) **Beteiligungsgesellschaften** die Angabe des Namens, des Sitzes und des gehaltenen Kapitalanteils, sofern der Emittent mindestens 10% des Kapitals der Beteiligungsgesellschaft hält. Diese Angaben werden üblicherweise in die graphische Darstellung der Konzernstruktur im Prospekt integriert (siehe dazu auch die Kommentierung zu Ziffer 7 Rz. 73 ff.).

Anhang II
Modul für Pro forma-Finanzinformationen

1. Die Pro forma-Informationen müssen eine Beschreibung der jeweiligen Transaktion, der dabei beteiligten Unternehmen oder Einheiten sowie des Zeitraums, über den sich die Transaktion erstreckt, umfassen und eindeutig folgende Angaben enthalten:
   a) Zweck der Erstellung;
   b) Tatsache, dass die Erstellung lediglich zu illustrativen Zwecken erfolgt;
   c) Erläuterung, dass die Pro forma-Finanzinformationen auf Grund ihrer Wesensart lediglich eine hypothetische Situation beschreiben und folglich nicht die aktuelle Finanzlage des Unternehmens oder seine aktuellen Ergebnisse widerspiegeln.
2. Zur Darstellung der Pro forma-Finanzinformationen kann unter Umständen die Bilanz sowie die Gewinn- und Verlustrechnung eingefügt werden, denen ggf. erläuternde Anmerkungen beizufügen sind.
3. Pro forma-Finanzinformationen sind in der Regel in Spaltenform darzustellen und sollten Folgendes enthalten:
   a) die historischen unberichtigten Informationen;
   b) die Pro forma-Bereinigungen;
   und
   c) die resultierenden Pro forma-Finanzinformationen in der letzten Spalte.
   Anzugeben sind die Quellen der Pro forma-Finanzinformationen. Ggf. sind auch die Jahresabschlüsse der erworbenen Unternehmen oder Einheiten dem Prospekt beizufügen.
4. Die Pro forma-Informationen sind auf eine Art und Weise zu erstellen, die mit den vom Emittenten in den letzten Jahresabschlüssen zu Grunde gelegten Rechnungslegungsstrategien konsistent sind, und müssen Folgendes umfassen:
   a) die Grundlage, auf der sie erstellt wurden;
   b) die Quelle jeder Information und Bereinigung.
5. Pro forma-Informationen dürfen lediglich in folgendem Zusammenhang veröffentlicht werden:
   a) den derzeitigen Berichtszeitraum;
   b) den letzten abgeschlossenen Berichtszeitraum;
   und/oder
   c) den letzten Zwischenberichtszeitraum, für den einschlägige unberichtete Informationen veröffentlicht wurden oder noch werden oder im gleichen Dokument publiziert werden.
6. Pro forma-Berichtigungen in Bezug auf Pro forma-Finanzinformationen müssen:
   a) klar ausgewiesen und erläutert werden;

b) direkt der jeweiligen Transaktion zugeordnet werden können;

c) mit Tatsachen unterlegt werden können.

In Bezug auf eine Pro forma-Gewinn- und Verlustrechnung bzw. eine Pro forma-Kapitalflussrechnung müssen sie klar in Berichtigungen unterteilt werden, die für den Emittenten voraussichtlich einen bleibenden Einfluss haben, und jene, bei denen dies nicht der Fall ist.

7. In dem von unabhängigen Buchprüfern oder Abschlussprüfern erstellten Bericht ist anzugeben, dass ihrer Auffassung nach:

a) die Pro forma-Finanzinformationen ordnungsgemäß auf der angegebenen Basis erstellt wurden;

und

b) dass diese mit den Rechnungslegungsstrategien des Emittenten konsistent ist.

Schrifttum: *Adler/Düring/Schmaltz*, Rechnungslegung und Prüfung der Unternehmen, Teilbd. 7, 6. Aufl. 2000; *Baetge/Wollmert/Kirsch/Oser/Bischoff*, Rechnungslegung nach IFRS, 2. Aufl., 29. Erglfg., Loseblatt, Stand Juni 2016; *Böcking/Castan/Heymann/Pfitzer/Scheffler* (Hrsg.), Beck'sches Handbuch Rechnungslegung, 49. Erglfg., Loseblatt, Stand März 2016; *d'Arcy/Leuz*, Rechnungslegung am Neuen Markt – Eine Bestandsaufnahme, DB 2000, 385; *Grottel/Schmidt/Schubert/Winkeljohann* (Hrsg.), Beck'scher Bilanz-Kommentar, Handels- und Steuerbilanz, 10. Aufl. 2016; *Frey*, Auswirkungen des Börsenganges auf Rechnungslegung und Publizität, DStR 1999, 294; *Heiden*, Pro-forma-Berichterstattung – Reporting zwischen Information und Täuschung, 2006; ICAEW Technical Release, TECH 01/15CFF Guidance for preparers of pro forma financial information, Dezember 2014; IDW Prüfungshinweis: Prüfung von Pro-Forma-Finanzinformationen (IDW PH 9.960.1) v. 30.1.2006, WPg 2006, 333; IDW Rechnungslegungshinweis: Erstellung von Pro-Forma-Finanzinformationen (IDW RH HFA 1.004) v. 29.11.2005, WPg 2006, 141; International Federation of Accountants (IFAC) International Standard on Assurance Engagements (ISAE) 3420 – Assurance Engagements to Report on the Compilation of Pro Forma Financial Information Included in a Prospectus, New York 2011; *von Keitz/Grote*, Die Erstellung von Als-ob-Abschlüssen im Sinne des Regelwerks Neuer Markt, KoR 2001, 25; *Krimpmann*, Konsolidierung nach IFRS/HGB: Vom Einzel- zum Konzernabschluss, 2009; *A. Meyer*, Anforderungen an Finanzinformationen in Wertpapierprospekten, Accounting 2/2006, 11; *A. Meyer*, Anlegerschutz und Förderung des Finanzplatzes Deutschland durch die Going Public Grundsätze der Deutsche Börse AG, WM 2002, 1864; *Schindler/Böttcher/Roß*, Empfehlungen zur Erstellung von Pro-Forma-Abschlüssen, WPg 2001, 139; *Schindler/Böttcher/Roß*, Erstellung von Pro-Forma-Abschlüssen – Systematisierung, Bestandsaufnahme und Vergleich mit US-amerikanischen Regelungen, WPg 2001, 22; *Schlitt/Singhof/Schäfer*, Aktuelle Rechtsfragen und neue Entwicklungen im Zusammenhang mit Börsengängen, BKR 2005, 251; *Schmotz*, Pro-forma-Abschlüsse – Herstellung der Vergleichbarkeit von Rechnungslegungsinformationen, 2004; *Winkeljohann/Förschle/Deibert*, Sonderbilanzen, 5. Aufl. 2016.

I. Überblick 1
II. **Bestandteile von Pro-forma-Finanzinformationen**
  1. Einleitender Abschnitt (Ziffer 1)

a) Beschreibung der Transaktion . . 3
b) Zweck und Funktion von Pro-forma-Finanzinformationen . . . 4
c) Darstellung im Prospekt 5

2. Umfang der Pro-forma-Finanzinformationen (Ziffer 2)
   a) Überblick 6
   b) Verhältnis zu Pro-forma-Angaben gemäß Rechnungslegungsvorschriften 10
   c) Fallkonstellationen 12
3. Darstellung und Inhalt der Pro-Forma-Finanzinformationen (Ziffer 3) 18
   a) Ausgangszahlen 19
   b) Pro-forma-Erläuterungen 22
   c) Pro-forma-Anpassungen 23
   d) Pro-forma-Finanzinformationen 26
4. Konsistenzgebot und Angabe der Grundlagen und Informationsquellen (Ziffer 4)
   a) Konsistenzgebot 27
   b) Grundlagen der Erstellung der Pro-forma-Informationen 28
   c) Quellen der Informationen und Anpassungen 29
5. Zulässige Zeiträume für Pro-forma-Finanzinformationen (Ziffer 5) ... 30
6. Anforderungen an die Pro-forma-Anpassungen (Ziffer 6) 34
   a) Klare Darlegung und Erläuterung der Pro-forma-Anpassungen ... 36
   b) Unmittelbare Zuordnung zur jeweiligen Transaktion 37
   c) Tatsachen, die eine Pro-forma-Anpassung stützen können 38
   d) Unterscheidung der Pro-forma-Anpassungen nach der Dauerhaftigkeit ihres Einflusses auf den Emittenten 39
III. **Prüfungsbescheinigung zu den Pro-forma-Angaben (Ziffer 7)**
1. Überblick 41
2. Prüfungsumfang und Prüfungshandlungen 44
   a) Prüfung, ob die Pro-forma-Finanzinformationen ordnungsgemäß auf den dargestellten Grundlagen beruhen 46
   b) Prüfung, ob die dargestellten Grundlagen mit den Rechnungslegungsgrundsätzen des Emittenten konsistent sind 49
3. Inhalt der Prüfungsbescheinigung .. 50

I. Überblick

Anhang II der ProspektVO enthält detaillierte Regelungen, in welchem **Umfang** und in welcher **Darstellungsweise Pro-forma-Finanzinformationen** in einen Prospekt aufzunehmen sind und ergänzt gemäß Art. 2 Nr. 2 ProspektVO als **Modul** (siehe hierzu Anhang I EU-ProspektVO Rz. 217) Ziffer 20.2 des Anhangs I der ProspektVO, aus der sich die Pflicht zur Aufnahme von Pro-forma-Finanzinformationen ergibt (siehe Anhang I EU-ProspektVO Rz. 215 ff., zur Abgrenzung zu sog. kombinierten Abschlüssen bzw. Combined Financial Statements vgl. Anhang I EU-ProspektVO Rz. 218, 265). Die im Rahmen der Änderungsrichtlinie 2010/73/EU vom 24.11.2010[1] vorgesehenen und mit Art. 26a und Art. 26b ProspektVO[2] ein-

---

[1] Richtlinie 2010/73/EU des Europäischen Parlaments und des Rates vom 24.11.2010 zur Änderung der Richtlinie 2003/71/EG betreffend den Prospekt, der beim öffentlichen Angebot von Wertpapieren oder bei deren Zulassung zum Handel zu veröffentlichen ist, und der Richtlinie 2004/109/EG zur Harmonisierung der Transparenzanforderungen in Bezug auf Informationen über Emittenten, deren Wertpapiere zum Handel auf einem geregelten Markt zugelassen sind, ABl. EU Nr. L 327 v. 11.12.2010, Erwägungsgrund 18, Art. 7 lit. e und g, S. 1 (3, 8).
[2] Eingefügt durch die Delegierte Verordnung (EU) Nr. 486/2012 der Kommission vom 30.3.2012 zur Änderung der Verordnung (EG) Nr. 809/2004 in Bezug auf Aufmachung

geführten neuen verhältnismäßigen Schemata mit erleichterten Angabepflichten für Bezugsrechtskapitalerhöhungen (Anhang XXIII Mindestangaben für das Aktienregistrierungsformular bei Bezugsrechtsemission) sowie für kleine und mittlere Unternehmen (KMU) und Unternehmen mit geringer Marktkapitalisierung (Small Caps) (Anhang XXV Mindestangaben für das Aktienregistrierungsformular von KMU und Unternehmen mit geringer Marktkapitalisierung) verlangen nach Ziffer 15.2 Abs. 3 Anhang XXIII ProspektVO und Ziffer 20.2 Abs. 3 Anhang XXV ProspektVO – ebenso wie Ziffer 20.2 Anhang I ProspektVO – die Aufnahme von Pro-forma-Finanzinformationen nach Anhang II ProspektVO. Hinsichtlich der Aufnahme von Pro-forma-Finanzinformationen wird mithin **nicht nach der Art der Aktienemittenten** (Größe, Liquidität oder Bezugsrechtsangebot) **unterschieden**. Es gelten insoweit also keine erleichterten Prospektanforderungen. Auch für den Fall, dass freiwillig Pro-forma-Finanzinformationen in den Prospekt aufgenommen werden (hierzu Anhang I EU-ProspektVO Rz. 231), sind sämtliche Anforderungen von Anhang II ProspektVO zu beachten und mit gleicher Sorgfalt wie verpflichtend aufzunehmende Pro-forma-Finanzinformationen zu erstellen[1]. Aufzunehmen ist eine Beschreibung der jeweiligen Unternehmenstransaktion, aufgrund der nach Anhang I Ziffer 20.2 ProspektVO Pro-forma-Finanzinformationen in den Prospekt aufzunehmen sind, der dabei beteiligten Unternehmen oder Unternehmenseinheiten, des Zeitraums der Transaktion sowie auch des Zwecks der Erstellung der Pro-forma-Finanzinformationen. Darüber hinaus ist darauf hinzuweisen, dass die Erstellung von Pro-forma-Finanzinformationen lediglich illustrativen Zwecken dient und die Pro-forma-Finanzinformationen infolge ihrer Wesensart lediglich eine **hypothetische Situation** beschreiben. Die Pro-forma-Angaben sind insbesondere auf der Grundlage der im letzten Abschluss bzw. Zwischenabschluss enthaltenen Gewinn- und Verlustrechnung und/oder der Bilanz (in der Regel in Spaltenform) darzustellen. Neben den historischen unberichtigten Finanzinformationen des die Pro-forma-Finanzinformationen aufstellenden Unternehmens, also des Emittenten, sowie der – evtl. an die Rechnungslegung des Emittenten angepassten – historischen Finanzinformationen zB des erworbenen Unternehmens oder der Unternehmenseinheit als Ausgangszahlen sind die Pro-forma-Anpassungen sowie die aus den Ausgangszahlen und den Pro-forma-Anpassungen resultierenden Pro-forma-Finanzinformationen anzugeben. Gerade vor dem Hintergrund, dass Pro-forma-Angaben im Hinblick auf ihre Eigenschaft als fiktive Angaben mit erheblichen Unsicherheiten behaftet sind, erfordern diese entsprechend ausführliche Pro-forma-Erläuterungen. Die Pro-forma-Anpassungen müssen klar als solche ausgewiesen und erläutert werden, unmittelbar der Unternehmenstransaktion zugeordnet werden können und mit Fakten unterlegt sein. Zudem müssen sie im Einklang mit den den Ausgangszahlen zugrunde liegenden Rechnungslegungsgrundsätzen und Bewertungsmethoden stehen. Im Falle einer Pro-forma-Gewinn- und Verlustrechnung und einer Pro-forma-Kapitalfluss-

---

und Inhalt des Prospekts des Basisprospekts, der Zusammenfassung und der endgültigen Bedingungen und in Bezug auf Angabepflichten, ABl. EU Nr. L 150 v. 9.6.2012, S. 1 (7, 38, 50).

1 ESMA, Questions and Answers Prospectuses, 25th updated version (July 2016), ESMA/2016/1133 v. 15.7.2016, Frage 54 (December 2012).

rechnung müssen die Pro-forma-Anpassungen in solche unterteilt werden, die für den Emittenten einen einmaligen Effekt haben und solche, die einen dauerhaften Einfluss haben. Der Abschlussprüfer hat in einer Bescheinigung zu bestätigen, dass die Pro-forma-Finanzinformationen ordnungsgemäß auf der angegebenen Basis erstellt wurden und diese Basis mit den Bilanzierungs- und Bewertungsmethoden des Emittenten konsistent ist.

Der Hauptfachausschuss (HFA) des Instituts der Wirtschaftsprüfer (IDW) hat seinen **Rechnungslegungshinweis: Erstellung von Pro-Forma-Finanzinformationen (IDW RH HFA 1.004)** v. 1.7.2002 an die Anforderungen der ProspektVO am 29.11.2005 angepasst[1]. Dieser Rechnungslegungshinweis richtet sich an deutsche Wirtschaftsprüfer, die im Zusammenhang mit der Erstellung eines Wertpapierprospekts beauftragt sind, Pro-Forma-Finanzinformationen nach den in Anhang II der ProspektVO enthaltenen Grundsätzen zu Umfang und Darstellung von Pro-forma-Finanzinformationen zu erstellen. Die IDW Rechnungslegungshinweise gehören zu den Verlautbarungen des IDW zu Fragen der Rechnungslegung und stellen nach dem IDW Prüfungsstandard: Rechnungslegungs- und Prüfungsgrundsätze für die Abschlussprüfung (IDW PS 201) die Auffassung der mit den jeweiligen Fragen befassten Ausschüsse des IDW zu Rechnungslegungsfragen dar[2]. Es handelt sich bei den IDW Rechnungslegungshinweisen um fachliche Regelungen[3] iS von § 4 Abs. 1 Satz 1 der Berufssatzung für Wirtschaftsprüfer und vereidigte Buchprüfer[4], die den Wirtschaftsprüfern eine Orientierung über die Auslegung von Rechnungslegungsgrundsätzen geben sollen und von diesen im Rahmen einer gewissenhaften Berufsausübung zu beachten sind[5]. Da die Rechnungslegungshinweise von den jeweiligen Fachgremien des IDW erarbeitet werden, ohne – wie dies zB bei den IDW Stellungnahmen zur Rechnungslegung der Fall ist – von dem Hauptfachausschuss oder von Fachausschüssen des IDW in einem Verfahren mit Anhörung der interessierten Öffentlichkeit verabschiedet zu werden, haben diese nicht den gleichen Grad an Verbindlichkeit wie die IDW Stellungnahmen zur Rechnungslegung. Ihre Anwendung wird aber gleichwohl nach IDW PS 201 empfohlen[6]. Sie dienen als Orientierung im Rahmen eigenverantwortlicher Entscheidun-

2

---

1 WPg 2006, 141 ff.
2 IDW PS 201, Tz. 14, WPg Supplement 2/2015, 1 (3).
3 *Schmidt/Feldmüller* in Beck'scher Bilanz-Kommentar, § 323 HGB Rz. 13 sowie *Winkeljohann/Hellwege* in Beck'scher Bilanz-Kommentar, § 323 HGB, 6. Aufl. 2006, Rz. 15.
4 Satzung der Wirtschaftsprüferkammer über die Rechte und Pflichten bei der Ausübung der Berufe des Wirtschaftsprüfers und des vereidigten Buchprüfers (BS WP/vBP) v. 6.7.2012 (BAnz. AT 25.7.2012 B1), in Kraft getreten am 12.10.2012 (BAnz. AT 28.9.2012 B1) sowie unverändert in der Neufassung der Berufssatzung der Wirtschaftsprüfer und vereidigten Buchprüfer in der Fassung des Beiratsbeschlusses v. 21.6.2016, abrufbar über die Website der Wirtschaftsprüferkammer http://www.wpk.de unter „WPK" > „Rechtsvorschriften".
5 § 4 BS WP/vBP ist gestützt auf die Satzungsermächtigung des § 57 Abs. 4 Nr. 1 lit. a WPO und konkretisiert die gemäß § 43 Abs. 1 Satz 1 WPO normierte Berufspflicht der Gewissenhaftigkeit.
6 IDW PS 201, Tz. 14, WPg Supplement 2/2015, 1 (3); vgl. auch *Siefke* in Böcking/Castan/Heymann/Pfitzer/Scheffler, Beck'sches Handbuch Rechnungslegung, Loseblatt, B 601 Rz. 85, 86.

gen eines Wirtschaftsprüfers[1]. Der Hauptfachausschuss des IDW hat im Zuge des geänderten Prospektrechts zudem im November 2005 den **IDW Prüfungshinweis: Prüfung von Pro-Forma-Finanzinformationen (IDW PH 9.960.1)**[2] verabschiedet (hierzu unten Rz. 42 ff.). Die gleichen Grundsätze wie für Rechnungslegungshinweise des IDW gelten auch für IDW Prüfungshinweise, in denen als Orientierung für die Wirtschaftsprüfer die Auffassung der Fachgremien des IDW zu einzelnen Prüfungsfragen näher erläutert wird[3]. Auch sie haben nicht den gleichen Grad an Verbindlichkeit wie IDW Prüfungsstandards, aber auch ihre Anwendung wird empfohlen[4]. Ebenso wie IDW Stellungnahmen zur Rechnungslegung und IDW Prüfungsstandards (denen allerdings eine faktische Bindungswirkung zukommt[5]) handelt es sich bei den Rechnungslegungs- und Prüfungshinweisen des IDW mangels gesetzlicher Grundlage nicht um Rechtsnormen. Maßgeblich für den Prospektinhalt sind daher ausschließlich die Anforderungen nach Anhang II ProspektVO. Allerdings werden die Wirtschaftsprüfer die nach Anhang II Ziffer 7 ProspektVO erforderliche Bescheinigung regelmäßig nur dann ausstellen, wenn die Pro-forma-Finanzinformationen auf der Grundlage von IDW RH HFA 1.004 oder ggf. im Einzelfall auch sonstigen anerkannten Standards erstellt worden sind (siehe Rz. 43)[6]. In der Verwaltungspraxis der BaFin werden Pro-forma-Finanzinformationen, die auf der Grundlage von IDW RH HFA 1.004 erstellt worden sind, grundsätzlich akzeptiert. Für Emissionen mit internationaler Ausrichtung ist insbesondere der **International Standard on Assurance Engagement (ISAE) 3420** zu berücksichtigen, der ggf. ergänzend zu dem Prüfungshinweis IDW PH 9.960.1 zur Anwendung kommt (siehe dazu unten Rz. 44).

---

1 *Adler/Düring/Schmaltz*, Rechnungslegung und Prüfung der Unternehmen, Teilbd. 7, § 323 HGB Rz. 22; *Schmidt/Feldmüller* in Beck'scher Bilanz-Kommentar, § 323 HGB Rz. 13; *Siefke* in Böcking/Castan/Heymann/Pfitzer/Scheffler, Beck'sches Handbuch Rechnungslegung, Loseblatt, B 601 Rz. 85, 86; *Kunold* in Habersack/Mülbert/Schlitt, Unternehmensfinanzierung am Kapitalmarkt, § 34 Rz. 13.
2 WPg 2006, 133 ff.
3 IDW PS 201, Tz. 29a, WPg Supplement 2/2015, 1 (5).
4 IDW PS 201, Tz. 29a, WPg Supplement 2/2015, 1 (5).
5 Vgl. *Adler/Düring/Schmaltz*, Rechnungslegung und Prüfung der Unternehmen, Teilbd. 7, § 323 HGB Rz. 23.
6 *A. Meyer* in FrankfurtKomm. WpPG, EU-ProspV Anh. II Rz. 1 weist zu Recht darauf hin, dass den berufsständischen Vorgaben des IDW eine faktische Ausstrahlungswirkung auf die Auslegung von Anhang II ProspektVO zukommt. Die Anforderungen des Anhangs II müssen im Lichte der Erfordernisse der prüferischen Praxis gesehen werden. Insoweit von einer faktischen oder quasi Bindungswirkung zu sprechen (so *Fingerhut* in Just/Voß/Ritz/Zeising, Anhang II EU-ProspektVO Rz. 5 und *d'Arcy* in Holzborn, Anh. II EU-ProspV Rz. 1), erscheint jedoch recht weitreichend, wenn dies nicht auf die Geltung zwischen Emittent und Wirtschaftsprüfer beschränkt, sondern im Sinne einer allgemeinen Bindung verstanden wird. Würde etwa IDW RH HFA 1.004 zu wesentlichen Vorgaben des Anhangs II im Widerspruch stehen (was nicht der Fall ist), dann müsste dies im Ergebnis auch zu einer Änderung der berufsständischen Vorgaben führen.

II. Bestandteile von Pro-forma-Finanzinformationen

1. Einleitender Abschnitt (Ziffer 1)

a) Beschreibung der Transaktion

Gemäß Ziffer 1 des Anhangs II ProspektVO muss die Unternehmenstransaktion beschrieben werden, aufgrund der Pro-forma-Angaben nach Ziffer 20.2 des Anhangs I ProspektVO in den Prospekt aufzunehmen sind. In der **Transaktionsbeschreibung** sind dabei die **beteiligten Unternehmen bzw. Unternehmenseinheiten** sowie der **Zeitraum**, über den sich die Transaktion erstreckt, aufzunehmen. Mit den Angaben zum „Zeitraum, über den sich die Transaktion erstreckt" dürfte der Berichtszeitraum gemeint sein, auf den sich die Pro-forma-Finanzinformationen beziehen, wofür insbesondere auch die englische Sprachfassung von Ziffer 1 des Anhangs II ProspektVO spricht („The pro forma information must include ... the period to which it refers")[1].

3

b) Zweck und Funktion von Pro-forma-Finanzinformationen

Darüber hinaus ist nach Ziffer 1 des Anhangs II ProspektVO zu erläutern, aus welchem **Grund** Pro-forma-Finanzinformationen in den Prospekt aufgenommen werden (Ziffer 1 lit. a). Hierzu ist insbesondere auszuführen, dass die Transaktion und ihre Folgen so bedeutend sind, dass die Verhältnisse des Emittenten nach einer vollzogenen Transaktion in den historischen Finanzabschlüssen nicht mehr zutreffend abgebildet werden und daher ohne Pro-forma-Finanzinformationen nicht geeignet sind, einem Investor als Grundlage für Einschätzungen zur weiteren Entwicklung des Emittenten zu dienen. Des Weiteren sind als Hinweise[2] aufzunehmen, dass die Erstellung von Pro-forma-Finanzinformationen lediglich **illustrativen Zwecken dient** (Ziffer 1 lit. b) und dass die Pro-forma-Finanzinformationen infolge ihrer Wesensart **lediglich eine hypothetische Situation beschreiben** (siehe Anhang I EU-ProspektVO Rz. 215) und folglich nicht die tatsächliche Finanz-, Vermögens- und Ertragslage des Emittenten widerspiegeln können (Ziffer 1 lit. c).

4

c) Darstellung im Prospekt

Nach Art. 5 Abs. 2 ProspektVO ist dabei in einem **einleitenden Absatz** zunächst der Grund zu erläutern, weshalb Pro-forma-Finanzinformationen in einen Prospekt aufgenommen worden sind. Auch nach der in dem IDW Rechnungslegungshinweis RH HFA 1.004 enthaltenen Gliederung sind der Grund für die Erstellung von Pro-Forma-Finanzinformationen sowie die Klarstellungen zu Zweck und Funktion von

5

---

[1] A. Meyer in FrankfurtKomm. WpPG, EU-ProspV Anh. II Rz. 4; d'Arcy in Holzborn, Anh. II EU-ProspV Rz. 12.
[2] A. Meyer in FrankfurtKomm. WpPG, EU-ProspV Anh. II Rz. 2 bezeichnet diese Hinweise zutreffend als Warnhinweise.

Pro-forma-Finanzinformationen als einleitender Abschnitt der Pro-forma-Erläuterungen aufzunehmen[1].

2. Umfang der Pro-forma-Finanzinformationen (Ziffer 2)

a) Überblick

6 Nach Ziffer 2 des Anhangs II der ProspektVO können Pro-forma-Finanzinformationen „unter Umständen" in Form einer Pro-forma-Bilanz und einer Gewinn- und Verlustrechnung sowie den dazugehörigen Pro-forma-Erläuterungen aufgenommen werden. Als Hauptfälle von Pro-forma-Finanzinformationen nennt Ziffer 2 Anhang II ProspektVO damit die **Pro-forma-Bilanz** und die **Pro-forma-Gewinn- und Verlustrechnung**. Aus der Formulierung „können ... unter Umständen" folgt, dass es vom konkreten Einzelfall abhängt, welche Art von Pro-forma-Finanzinformationen aufzunehmen sind. Dabei ist es insbesondere von Bedeutung, wann die jeweilige, die Pflicht zur Aufnahme von Pro-forma-Finanzinformationen auslösende Unternehmenstransaktion stattgefunden hat und inwieweit diese bereits in den Abschlüssen abgebildet ist. Dies bedeutet, dass ggf. nur eine Pro-forma-Gewinn- und Verlustrechnung und keine Pro-forma-Bilanz aufzunehmen ist. Zum anderen kann im Einzelfall die Aufnahme weiterer Bestandteile erforderlich sein (siehe Rz. 9). Bei den aufzunehmenden Pro-forma-Finanzinformationen handelt es sich mithin in der Regel nicht um einen vollständigen Pro-forma-(Konzern-)Abschluss mit allen zu einem Abschluss gehörenden Bestandteilen nach IAS 1[2]. Da es sich um eine lediglich hypothetische Betrachtungsweise handelt und Pro-forma-Finanzinformationen auf der Grundlage historischer Finanzinformationen erstellt werden, würde es im Verhältnis zum Informationsgewinn unverhältnismäßig sein, wenn ein vollständiger Abschluss auf Pro-forma-Basis erstellt werden müsste[3].

7 Je nach Anwendungsfall bestehen in der Praxis die Pro-forma-Finanzinformationen aus einer oder zwei Pro-forma-Gewinn- und Verlustrechnungen sowie aus einer Pro-forma-Bilanz. Eine **Pro-forma-Gewinn- und Verlustrechnung** ist dann zu erstellen, wenn die relevante Unternehmenstransaktion **während oder nach der abzubildenden Berichtsperiode** stattgefunden hat. Dies resultiert daraus, dass in einer Gewinn- und Verlustrechnung als Zeitraumrechnung die Aufwendungen und Erträge eines

---

[1] IDW RH HFA 1.004, Tz. 34, WPg 2006, 141 (144).
[2] *Heiden*, Pro-forma-Berichterstattung, S. 261; *d'Arcy* in Holzborn, Anh. II EU-ProspV Rz. 14; *A. Meyer* in FrankfurtKomm. WpPG, EU-ProspV Anh. II Rz. 9. Nach IAS 1.10 besteht ein vollständiger Abschluss aus folgenden Bestandteilen: Bilanz (Darstellung der Vermögenslage), Gesamtergebnisrechnung (Darstellung von Gewinn und Verlust und sonstigem Ergebnis) sowie Gewinn- und Verlustrechnung (sofern diese nicht in die Gesamtergebnisrechnung integriert ist), Eigenkapitalveränderungsrechnung, Kapitalflussrechnung (Darstellung der Zahlungsströme), einem Anhang, in dem die wesentlichen Bilanzierungs- und Bewertungsmethoden zusammengefasst und sonstige Erläuterungen enthalten sind, sowie bei rückwirkender Anwendung einer Bilanzierungs- oder Bewertungsmethode eine Darstellung der Vermögenslage zu Beginn der frühesten Vergleichsperiode, vgl. auch *Lüdenbach/Hoffmann/Freiberg*, Haufe IFRS-Kommentar, 14. Aufl. 2016, § 2 Rz. 4 f.
[3] So zu Recht *d'Arcy* in Holzborn, Anh. II EU-ProspV Rz. 14.

Emittenten über den gesamten jeweiligen Berichtszeitraum gegenübergestellt werden und nicht nur eine Darstellung der Vermögenslage bezogen auf das Ende der jeweiligen Berichtsperiode erfolgt[1]. Nach Ziffer 5 des Anhangs II ProspektVO ist dies maximal das letzte volle Geschäftsjahr und der Zeitraum des laufenden Geschäftsjahres, für den ein Zwischenabschluss zu erstellen ist (siehe dazu näher Rz. 30). Eine Pflicht, eine Pro-forma-Gewinn- und Verlustrechnung (oder eine Pro-forma-Bilanz) regelmäßig für das volle abgelaufene Geschäftsjahr in den Prospekt aufzunehmen, kann indes weder aus Ziffer 2 noch aus Ziffer 5 abgeleitet werden. Der Umfang der aufzunehmenden Pro-forma-Finanzinformationen hängt vielmehr von der jeweiligen Fallkonstellation und den Umständen des konkreten Einzelfalls ab (siehe dazu näher unter Rz. 12 ff. und 30 ff., insbes. Rz. 32). In einer Pro-forma-Gewinn- und Verlustrechnung wird eine Unternehmenstransaktion so dargestellt, als ob sie zum Beginn eines Geschäftsjahres stattgefunden hätte und nicht erst – wie tatsächlich der Fall – unterjährig im Laufe des Geschäftsjahres oder erst nach Ende des letzten Geschäftsjahres. Eine **Pro-forma-Bilanz** ist dann zu erstellen, wenn die Unternehmenstransaktion **noch nicht in der Bilanz des letzten Abschlusses** des Emittenten abgebildet ist, da es sich bei einer Bilanz anders als bei einer Gewinn- und Verlustrechnung um eine auf den Stichtag am Ende der jeweiligen Berichtsperiode bezogene Darstellung des Verhältnisses von Vermögen und Schulden handelt[2]. Dies ist dann der Fall, wenn die Unternehmenstransaktion nach dem Bilanzstichtag des letzten Abschlusses erfolgt ist.

Werden eine Bilanz und/oder eine oder zwei Gewinn- und Verlustrechnungen aufgenommen, dann sind **immer**[3] auch die begleitenden bzw. dazugehörigen **Pro-forma-Erläuterungen** beizufügen. Der Einschub „ggf." in der deutschen Sprachfassung von Ziffer 2 Anhang II ProspektVO ist daher missverständlich. Nach dem Sinn und Zweck von Ziffer 2 sollen nur die Aufnahme der Pro-forma-Bilanz und der Pro-forma-Gewinn- und Verlustrechnung von den Umständen des Einzelfalls abhängen, während Bilanz bzw. Gewinn- und Verlustrechnung und die jeweiligen Erläuterungen zusammengehören. Dieses Verständnis wird auch durch die englische Sprachfassung der ProspektVO gestützt, in der die begleitenden Erläuterungen der Bilanz und der

---

1 *Winnenfeld*, Bilanz-Handbuch, 5. Aufl. 2015, Kapitel G Rz. 20.
2 Zum Stichtagsprinzip einer Bilanz vgl. zB *Winkeljohann/Philipps* in Beck'scher Bilanzkommentar, § 242 HGB Rz. 6. Zum Verhältnis von Pro-forma-Gewinn- und Verlustrechnung und Pro-forma-Bilanz und den unterschiedlichen Zeitpunkten, auf den diese abstellen, siehe auch *Förschle/Almeling* in Winkeljohann/Förschle/Deubert, Sonderbilanzen, Kap. F Rz. 80.
3 Ebenso ESMA, Questions and Answers Prospectuses, 25th updated version (July 2016), ESMA/2016/1133 v. 15.7.2016, Frage 51 (October 2013, effective 28.1.2014): „ESMA considers that the explanatory notes should be included in all cases where any kind of pro forma information (balance sheet and/or profit and loss account) is provided in the prospectus so that investors can understand the pro forma information that is being disclosed." sowie IDW RH HFA 1.004, Tz. 7, WPg 2006, 141. Im Ergebnis ebenfalls *Fingerhut* in Just/Voß/Ritz/Zeising, Anhang II EU-ProspektVO Rz. 13.

Gewinn- und Verlustrechnung in Kommata als Apposition hinzugefügt und nicht als eine nur „ggf." anwendbare Alternative gekennzeichnet sind[1].

9 Ziffer 2 des Anhangs II ProspektVO ist – wie sich aus dem Wort „können" ergibt – **nicht abschließend**[2]. So kommt etwa neben einer Pro-forma-Bilanz und einer Pro-forma-Gewinn- und Verlustrechnung auch die Aufnahme einer **Pro-forma-Kapitalflussrechnung** in Betracht[3]. Ist nach den den historischen Finanzinformationen zugrunde liegenden Rechnungslegungsvorschriften die Darstellung des Ergebnisses je Aktie erforderlich (dies gilt nach IAS 33.2 für IAS/IFRS-Konzernabschlüsse von Aktienemittenten, deren Stammaktien öffentlich gehandelt werden oder die die Börsennotierung ihrer Stammaktien beantragt haben), so ist im Hinblick auf das Konsistenzgebot (vgl. die Anforderung nach Ziffer 4 von Anhang II ProspektVO, siehe unten Rz. 27 ff.) auch das **Pro-forma-Ergebnis je Aktie** aufzunehmen[4].

b) Verhältnis zu Pro-forma-Angaben gemäß Rechnungslegungsvorschriften

10 Da eine Pro-forma-Bilanz und eine Pro-forma-Gewinn- und Verlustrechnung nur dann zu erstellen sind, wenn die Unternehmenstransaktion noch nicht oder nicht vollständig in der Bilanz bzw. Gewinn- und Verlustrechnung des letzten Abschlusses des Emittenten abgebildet ist, stellt sich die Frage, ob und, wenn ja, inwieweit die Pro-forma-Angaben gemäß Anhang II ProspektVO in den Prospekt aufzunehmen sind, wenn der Abschluss des betreffenden Geschäftsjahres **bereits nach Maßgabe der anwendbaren Rechnungslegungsvorschriften Pro-forma-Angaben** enthält. So sind, ohne dass dies als Pro-forma-Angaben bezeichnet wird und ohne dass die Größe der Unternehmenstransaktion einen bestimmten Schwellenwert erreichen muss, gemäß IFRS 3.B64 lit. q (ii) (rev. 2008)[5] (zuvor IFRS 3.70 (2004)) – sofern praktisch durch-

---

1 **AA** *A. Meyer* in FrankfurtKomm. WpPG, EU-ProspV Anh. II Rz. 15, der die englische Fassung von Ziffer 2 des Anhangs II offenbar so versteht, dass auch die Aufnahme erläuternder Anmerkungen von den Umständen des Einzelfalls abhängig sein soll.
2 So auch *d'Arcy* in Holzborn, Anh. II EU-ProspV Rz. 15, die auf die Begriffe „unter Umständen" abstellt; *Fingerhut* in Just/Voß/Ritz/Zeising, Anhang II EU-ProspektVO Rz. 14.
3 Vgl. Anhang II Ziffer 6 Abs. 2 ProspektVO; IDW RH HFA 1.004, Tz. 7, WPg 2006, 141; anders noch die alte Fassung des IDW RH HFA 1.004 v. 1.7.2001, Tz. 8, WPg 2002, 980, wonach eine Pro-forma-Kapitalflussrechnung – ebenso wie eine Pro-forma-Segmentberichterstattung und eine Pro-forma-Eigenkapitalveränderungsrechnung – nicht erforderlich sein sollte.
4 IDW RH HFA 1.004, Tz. 7, WPg 2006, 141.
5 Verordnung (EG) Nr. 495/2009 der Kommission v. 3.6.2009 zur Änderung der Verordnung (EG) Nr. 1126/2008 zur Übernahme bestimmter Rechnungslegungsstandards gemäß der Verordnung (EG) Nr. 1606/2002 des Europäischen Parlaments und des Rates im Hinblick auf International Financial Reporting Standard (IFRS) 3, ABl. EU Nr. L 149 v. 13.6.2009, S. 22; der geänderte IFRS 3 ist spätestens mit Beginn des ersten nach dem 30.6.2009 beginnenden Geschäftsjahres anzuwenden, wobei eine frühere Anwendung – gleichzeitig mit dem geänderten IAS 27 – möglich war. Mit Verordnung (EU) 2015/28 der Kommission vom 17.12.2014 zur Änderung der Verordnung (EG) Nr. 1126/2008 zur Übernahme bestimmter internationaler Rechnungslegungsstandards gemäß der Verordnung (EG) Nr. 1606/2002 des Europäischen Parlaments und des Rates im Hinblick auf die International Financial Repor-

führbar – Umsatzerlöse und Gewinn oder Verlust des erworbenen Unternehmens anzugeben, die sich ergeben hätten, wenn die Unternehmenstransaktion zu Beginn der Berichtsperiode stattgefunden hätte und das erworbene Unternehmen bereits zu Beginn dieser Berichtsperiode vollständig konsolidiert worden wäre[1]. Auch wenn diese Angaben bereits in einem vorhandenen, in Übereinstimmung mit dem IFRS-Rechnungslegungsstandard aufgestellten Abschluss enthalten sind, sind die Anforderungen gemäß Anhang II ProspektVO zu beachten, da diese im Vergleich zu IFRS 3.B64 lit. q (ii) (rev. 2008) wesentliche zusätzliche Angaben verlangen. Während die IFRS-Regelung im Wesentlichen nur die zahlenmäßige Wiedergabe des Ergebnisses der „als ob"-Betrachtung verlangt, sind gemäß Anhang II ProspektVO insbesondere auch Erläuterungen zu den Pro-forma-Anpassungen sowie Angaben dazu, welche Pro-forma-Anpassungen einen andauernden Einfluss auf den Emittenten haben, in den Prospekt aufzunehmen[2]. Eine Pro-forma-Gewinn- und Verlustrechnung gemäß Anhang II ProspektVO ist daher grundsätzlich auch dann in den Prospekt aufzunehmen, wenn der vorhandene Abschluss des Geschäftsjahres, in dem die Unternehmenstransaktion stattgefunden hat, bereits Angaben gemäß IFRS 3.B64 lit. q (ii) (rev. 2008) enthält (siehe dazu näher Rz. 12 ff.). Gleiches gilt für die Regelung in IFRS 5.33-36 im Falle der Ausgliederung und Veräußerung (*carve-out*) von Unternehmensteilen oder Vermögenswerten[3]. Etwas anderes gilt jedoch dann, wenn der Effekt der Transaktion bereits im Zwischenabschluss für das Halb-

---

ting Standards 2, 3 und 8 und die International Accounting Standards 16, 24 und 38, ABl. EU Nr. L 5 v. 9.1.2015, S. 5 wurden die vom IASB am 12.12.2013 im Rahmen des kontinuierlichen Verbesserungsprozesses veröffentlichten jährlichen Verbesserungen der IFRS, Zyklus 2010-2012, in EU-Recht übernommen (endorsed); der im Hinblick auf die Bilanzierung von bedingten Gegenleistungen bei einem Unternehmenszusammenschluss angepasste IFRS 3 ist spätestens seit dem ersten am oder nach dem 1.2.2015 beginnenden Geschäftsjahres anzuwenden.

1 IFRS 3.B64 lit. q (ii) (rev. 2008) hat diese Pro-forma-Angaben um die Angabe zu den Umsätzen und Gewinnen des erworbenen Unternehmens seit dem Zeitpunkt des Erwerbs ergänzt. Vgl. auch *Baetge/Hayn/Ströher* in Baetge/Wollmert/Kirsch/Oser/Bischoff, Rechnungslegung nach IFRS, Teil B, IFRS 3 Rz. 437; *Krimpmann*, Konsolidierung, S. 108. Sind die Angaben nach lit. q (ii) praktisch undurchführbar, so ist diese Tatsache zusammen mit einer Erklärung, warum dies der Fall ist, zu nennen.
2 Vgl. auch ESMA, Questions and Answers Prospectuses, 25th updated version (July 2016), ESMA/2016/1133 v. 15.7.2016, Frage 51, Case 1 (October 2013, effective 28.1.2014); diese Auffassung wohl auch vertretend *Förschle/Almeling* in Winkeljohann/Förschle/Deubert, Sonderbilanzen, Kap. F Rz. 19, 96, die darauf hinweisen, dass es sich nicht um vollständige Pro-forma-Finanzinformationen handelt. Nach *Förschle/Almeling* (aaO. Rz. 96) sind jedoch aus Gründen der Verständlichkeit auch im Rahmen von IFRS 3.B64 lit. q (ii) (rev. 2008) – ähnlich den Anforderungen der ProspektVO – im Anhang die Grundlagen, auf denen die Pro-forma-Angaben ermittelt wurden, zu erläutern. Ebenso *Heidelbach/Doleczik* in Schwark/Zimmer, § 7 WpPG Rz. 28 sowie *A. Meyer* in FrankfurtKomm. WpPG, EU-ProspektVO Anh. II Rz. 38, der zu Recht bezweifelt, dass die Angabe lediglich einzelner hypothetischer Angaben mit einer Pro-forma-Gewinn- und Verlustrechnung vergleichbar ist.
3 ESMA, Questions and Answers Prospectuses, 25th updated version (July 2016), ESMA/2016/1133 v. 15.7.2016, Frage 51, Case 1 (October 2013, effective 28.1.2014).

jahr zum 30.6. enthalten ist (siehe dazu näher unten Rz. 14) oder zumindest die Verhältnisse des Emittenten weitestgehend vollständig abbildet (siehe Rz. 15 aE).

11 Soweit nach § 294 Abs. 2 HGB bei **wesentlichen Änderungen des Konsolidierungskreises** durch Ab- oder Zugang von in den Konzernabschluss einbezogener Unternehmen während des Geschäftsjahres zusätzliche Angaben in den Konzernabschluss aufzunehmen sind, handelt es sich lediglich um der Verbesserung der Vergleichbarkeit dienende erläuternde Angaben im Konzernanhang aufeinander folgender Abschlüsse[1] und nicht um Pro-forma-Finanzinformationen. Darüber hinaus stellt auch eine etwaige **Anpassung der Vorjahreszahlen** gemäß § 265 Abs. 2 Satz 3 HGB iVm. § 298 Abs. 1 HGB, die auch nach Streichung des § 294 Abs. 2 Satz 2 HGB aF durch das Bilanzrechtsmodernisierungsgesetz bei wesentlichen Änderungen des Konsolidierungskreises – insbesondere bei umfangreichen Abgängen – möglich sein soll[2], keine Pro-forma-Finanzinformationen dar. Hierbei handelt es sich lediglich um eine andere Darstellung von im Vorjahr tatsächlich vorhandenen Bestands- und Bewegungsgrößen, die der Vergleichbarkeit aufeinander folgender Konzernabschlüsse dient[3]. In Ergänzung zu den regulären Vorjahreszahlen können freiwillig Pro-forma-Zahlen aufgenommen werden, bei deren Ableitung von den historischen Vorjahreszahlen zB unterstellt würde, dass die Veränderung des Konsolidierungskreises bereits zu Beginn des Geschäftsjahres bestanden hätte.

c) Fallkonstellationen

12 Art und Umfang der in den Prospekt aufzunehmenden Pro-forma-Finanzinformationen hängen dabei insbesondere davon ab, ob die betreffende Unternehmenstransaktion **vor oder nach dem Bilanzstichtag** bzw. einem etwaigen **Zwischenabschluss** stattgefunden hat und ob das **Prospektdatum** im **ersten** oder **zweiten Halbjahr** des laufenden Geschäftsjahres liegt. Auf dieser Grundlage lassen sich verschiedene Fallkonstellationen bilden, anhand derer der mögliche Umfang von Pro-forma-Finanzinformationen verdeutlicht werden kann. Dabei werden von ESMA vier Fälle erörtert[4], während der IDW RH HFA 1.004 drei Fallbeispiele enthält, die nur zum

---

1 *Winkeljohann/Deubert* in Beck'scher Bilanz-Kommentar, § 294 HGB Rz. 13.
2 *Winkeljohann/Deubert* in Beck'scher Bilanz-Kommentar, § § 298 HGB Rz. 52; *Gelhausen/Fey/Kämpfer*, Rechnungslegung und Prüfung nach dem Bilanzrechtsmodernisierungsgesetz, 2009, Kap. Q Rz. 170.
3 *Förschle/Almeling* in Winkeljohann/Förschle/Deubert, Sonderbilanzen, Kap. F Rz. 96 mwN; *Winkeljohann/Deubert* in Beck'scher Bilanz-Kommentar, § 294 HGB Rz. 15 und § 298 HGB Rz. 52 f.; im Ergebnis wohl ebenso *Gelhausen/Fey/Kämpfer*, Rechnungslegung und Prüfung nach dem Bilanzrechtsmodernisierungsgesetz, 2009, Kap. Q Rz. 170 ff., die ebenfalls darauf hinweisen, dass über § 294 Abs. 2 HGB und §§ 265 Abs. 2 Satz 3, 298 Abs. 1 HGB hinaus eine freiwillige Erstellung von Pro-forma-Finanzinformationen möglich ist. Zu beachten ist ferner, dass § 294 Abs. 2 Satz 2 HGB, der wahlweise eine Anpassung der Vorjahreszahlen vorsah, durch das Bilanzrechtsmodernisierungsgesetz aufgehoben wurde (dazu *Merkt* in Baumbach/Hopt, § 294 HGB Rz. 2).
4 ESMA, Questions and Answers Prospectuses, 25th updated version (July 2016), ESMA/2016/1133 v. 15.7.2016, Frage 51, Case 1 (October 2013, effective seit 28.1.2014).

Teil mit den von ESMA gebildeten Fallkonstellationen identisch sind. Insgesamt lassen sich die nachstehenden **fünf Fallbeispiele** bilden. Dabei ist hinsichtlich des Zeitraums, für den Pro-forma-Gewinn- und Verlustrechnungen aufzunehmen sind, zu beachten, dass die Aufsichtsbehörden nach den Umständen des Einzelfalls zB bei Unternehmen mit saisonal stark schwankendem bzw. ausgeprägt zyklischem Geschäft Pro-forma-Gewinn- und Verlustrechnungen oder im Falle eines besonderen Ereignisses, das sich wesentlich auf das Geschäft des Emittenten auswirkt, für das letzte abgelaufene Geschäftsjahr auch dann verlangen können, wenn dies in den nachfolgenden Beispielen von ESMA nicht als Regelfall vorgesehen ist[1].

- **Die Unternehmenstransaktion erfolgt *vor* dem Stichtag des letzten Abschlusses, das Prospektdatum liegt im *ersten* Halbjahr des laufenden Geschäftsjahres**[2]

In dieser Situation wird die Unternehmenstransaktion bereits in der Bilanz des letzten Abschlusses abgebildet, so dass die Aufnahme einer **Pro-forma-Bilanz nicht erforderlich** ist. Da die Unternehmenstransaktion jedoch unterjährig im Laufe des abgelaufenen Geschäftsjahres erfolgt, finden die mit ihr verbundenen Aufwendungen und Erträge erst ab diesem Zeitpunkt Eingang in die Gewinn- und Verlustrechnung des Emittenten und sind daher nicht vollständig in der Gewinn- und Verlustrechnung des abgelaufenen Geschäftsjahres erfasst. Die Unternehmenstransaktion wird also in der Gewinn- und Verlustrechnung nur zeitanteilig erfasst, so dass es einer **Pro-forma-Gewinn- und Verlustrechnung** bedarf.

Die Pro-forma-Gewinn- und Verlustrechnung soll in dieser Konstellation zeigen, wie sich die Gewinn- und Verlustrechnung entwickelt hätte unter der Annahme, dass die Unternehmenstransaktion bereits zu Beginn des letzten Geschäftsjahres stattgefunden hätte.

In diesem Fall ist eine Pro-forma-Gewinn- und Verlustrechnung für das abgelaufene Geschäftsjahr in den Prospekt aufzunehmen[3]. Ursprünglich wurde von einer Minderheit der Aufsichtsbehörden die Auffassung vertreten, dass eine Pro-forma-Gewinn- und Verlustrechnung gemäß Anhang II ProspektVO nicht erforderlich sei, weil die im Prospekt bereits anderweitig enthaltenen Angaben (insbesondere die nach IFRS 3.B64 lit. q (ii) (rev. 2008) bzw. der Vorgängerregelung in IFRS 3.70 (2004) im Abschluss enthaltenen Angaben) ausreichend seien. Diese Auffassung berücksichtigte jedoch nicht hinreichend, dass die nach Anhang II EU-ProspektVO erforderlichen

---

1 Zu dieser immer einzelfallbezogenen Betrachtung und dem Aspekt der saisonbedingten Schwankungen eines Geschäfts ESMA, Questions and Answers Prospectuses, 25th updated version (July 2016), ESMA/2016/1133 v. 15.7.2016, Frage 51, unter A Abs. 4 (October 2013, effective 28.1.2014).

2 Diese Konstellation entspricht dem von ESMA erwähnten Case 1, ESMA, Questions and Answers Prospectuses, 25th updated version (July 2016), ESMA/2016/1133 v. 15.7.2016, Frage 51 (October 2013, effective 28.1.2014) und Beispiel 1 des IDW RH HFA 1.004, Tz. 11, WPg 2006, 141 (142), wobei IDW RH HFA 1.004, Tz. 11, WPg 2006, 141 (142) nicht danach unterscheidet, ob die Emission im ersten oder zweiten Halbjahr erfolgt.

3 Vgl. auch ESMA, Questions and Answers Prospectuses, 25th updated version (July 2016), ESMA/2016/1133 v. 15.7.2016, Frage 51, Case 1 (October 2013, effective 28.1.2014).

Angaben über diejenigen nach IFRS 3.B64 lit. q (ii) (rev. 2008)/IFRS 3.70 (2004) hinausgehen (näher dazu Rz. 10).

Daher umfassen in diesem Fall die **Pro-forma-Finanzinformationen**:

– eine Pro-forma-Gewinn- und Verlustrechnung für das letzte volle Geschäftsjahr, also für den Zeitraum vom 1.1. bis zum 31.12. und

– dazugehörige Pro-forma-Erläuterungen.

14 • **Die Unternehmenstransaktion erfolgt *vor* dem Stichtag des letzten Abschlusses, das Prospektdatum liegt im *zweiten* Halbjahr des laufenden Geschäftsjahres**[1]

Auch in diesem Fall wird die Unternehmenstransaktion bereits in der Bilanz des letzten Abschlusses (sowie auch im Zwischenabschluss des laufenden Geschäftsjahres) abgebildet, so dass eine **Pro-forma-Bilanz nicht aufzunehmen** ist.

Hinsichtlich der **Pro-forma-Gewinn- und Verlustrechnung** hat ESMA zwischenzeitlich einen einheitlichen Standpunkt veröffentlicht[2], nachdem sie ursprünglich zwei divergierende Auffassungen der europäischen Aufsichtsbehörden dargestellt hatte. Die europäischen Aufsichtsbehörden – einschließlich der BaFin – hatten überwiegend diese Fallkonstellation ebenso behandelt wie die in Rz. 13 dargestellte Fallkonstellation und die Aufnahme einer Pro-forma-Gewinn- und Verlustrechnung für das abgelaufene Geschäftsjahr verlangt, da auch in diesem Fall die Aufwendungen und Erträge nur zeitanteilig erst ab dem Zeitpunkt des Erwerbs bzw. nur bis zum Zeitpunkt der Veräußerung des Unternehmens/Unternehmensteils in der Gewinn- und Verlustrechnung des erwerbenden bzw. veräußernden Unternehmens für das letzte volle Geschäftsjahr enthalten sind[3]. Demgegenüber ist nach ESMA nunmehr grundsätzlich keine Pro-forma-Gewinn- und Verlustrechnung mehr aufzunehmen, da die Aufwendungen und Erträge des Emittenten aus der Unternehmenstransaktion bereits in den nach Anhang I der ProspektVO aufzunehmenden Finanzinformationen enthalten seien. Die Effekte der Transaktion seien bereits in der Gewinn-

---

1 Diese Konstellation entspricht dem von ESMA erwähnten Case 2, ESMA, Questions and Answers Prospectuses, 25th updated version (July 2016), ESMA/2016/1133 v. 15.7.2016, Frage 51 (October 2013, effective 28.1.2014); IDW RH HFA 1.004, Tz. 11, WPg 2006, 141 (142) unterscheidet in Beispiel 1 nicht danach, ob die Emission im ersten oder zweiten Halbjahr erfolgt.

2 Ziel von ESMA war es, die Aufsichtspraxis in den verschiedenen Mitgliedstaaten möglichst zu vereinheitlichen und abweichende Handhabungen zu vermeiden. So hatte ESMA bereits im Zusammenhang mit der Erstellung der ESMA, Questions and Answers Prospectuses, 18th updated version (December 2012), ESMA/2012/855 v. 18.12.2012 alle Aufsichtsbehörden gebeten zu prüfen, abweichende Auffassungen aufzugeben.

3 CESR, Frequently Asked Questions regarding Prospectuses: Common positions agreed by CESR Members (FAQs), Frage 51, Case 2 in der von CESR im September 2007 angepassten Fassung, die zuletzt in den ESMA, Questions and Answers Prospectuses, 19th updated version (May 2013) v. 23.5.2013 enthalten war. Die Aufsichtsbehörden, die eine Pro-forma-Gewinn- und Verlustrechnung für die abgelaufene Berichtsperiode für nicht erforderlich hielten, begründeten dies damit, dass die Aufwendungen und Erträge zum einen in der Gewinn- und Verlustrechnung des Zwischenabschlusses und bereits nach IFRS in der Gewinn- und Verlustrechnung des abgelaufenen Geschäftsjahres erfasst sind (vgl. Case 2 aE).

und Verlustrechnung des Zwischenabschlusses zum Halbjahr des laufenden Geschäftsjahres abgebildet. Bestimmte Angaben zu den Effekten der Transaktion seien zudem auch nach den anwendbaren Rechnungslegungsgrundsätzen (zB IFRS 3) in dem Abschluss des Vorjahres enthalten[1]. Auch die BaFin hat insoweit ihre Verwaltungspraxis angepasst und verlangt nicht in jedem Fall eine Pro-forma-Gewinn- und Verlustrechnung für das abgelaufene Geschäftsjahr. Soll keine Pro-forma-Gewinn- und Verlustrechnung für das abgelaufene Geschäftsjahr aufgenommen werden soll, so ist entsprechend mit dem Antrag auf Billigung des Prospekts darzulegen und zu begründen, warum im konkreten Fall für den Zeitraum des letzten abgeschlossenen Geschäftsjahres und des laufenden Geschäftsjahres, für welche historische Finanzinformationen aufgenommen wurden, keine Pro-forma-Finanzinformationen aufzunehmen sind. Im vorliegenden Beispielsfall ist insbesondere darzulegen, dass der Emittent kein saisonal stark schwankendes Geschäft betreibt oder sonstige besondere Ereignisse, die das Geschäft des Emittenten wesentlich beeinflusst haben, im ersten Halbjahr des laufenden Geschäftsjahres vorliegen. Zu berücksichtigen ist hierbei, dass ESMA wohl bei allen vier dargestellten Beispielsfällen voraussetzt, dass der Emittent verpflichtet ist, zumindest einen Halbjahresfinanzbericht zu veröffentlichen[2]. In der Verwaltungspraxis der BaFin wird ferner regelmäßig vorausgesetzt, dass mindestens sechs Monate im laufenden Geschäftsjahr durch einen Zwischenabschluss abgebildet sind. Liegt mithin also lediglich ein Zwischenabschluss für die ersten drei Monate des laufenden Geschäftsjahres vor, so wird dies von der BaFin als nicht ausreichend erachtet, so dass eine Pro-forma-Gewinn- und Verlustrechnung für das abgelaufene Geschäftsjahr zu erstellen sein wird.

Nach Beispiel 1 des IDW RH HFA 1.004 wird unverändert nicht danach unterschieden, ob die Emission im ersten oder zweiten Halbjahr des laufenden Geschäftsjahres erfolgt, so dass insoweit weiterhin auch dann eine Pro-forma-Gewinn- und Verlustrechnung vorgesehen ist, wenn die Transaktion bereits in einem veröffentlichten Halbjahresfinanzbericht des laufenden Geschäftsjahres vollständig reflektiert ist. Da sich die Entscheidung, ob eine Pro-forma-Gewinn- und Verlustrechnung für das

---

1 ESMA, Questions and Answers Prospectuses, 25th updated version (July 2016), ESMA/2016/1133 v. 15.7.2016, Frage 51, Case 2 (October 2013, effective 28.1.2014).
2 In A Unterabs. 3 im vierten Spiegelstrich zu Frage 51 stellt ESMA, Questions and Answers Prospectuses, 25th updated version (July 2016), ESMA/2016/1133 v. 15.7.2016, Frage 51 (October 2013, effective 28.1.2014) als eine von vier Anforderungen an alle vier dargestellten Fallbeispiele darauf ab, dass „The Issuer is obliged to publish half-yearly financial information." Soweit ESMA dann mit dem Satz „In case the issuer publishes, in addition, quarterly financial information (as long as it has been prepared with the same level of quality and comfort as the half-yearly financial information), the conclusions made in the cases below could be applied in a similar way." fortfährt, ist dies nach der Intention von ESMA so zuverstehen, dass hiermit Finanzinformationen für das dritte und vierte Quartal gemeint sind, auch wenn der Wortlaut insoweit nicht eindeutig ist und anders verstanden werden kann. Die Intention von ESMA wird auch durch den ersten Satz des nachfolgenden Unterabs. deutlich, wonach ESMA in den Beispielsfällen solche Zeiträume, für die Pro-forma-Gewinn- und Verlustrechnungen aufzunehmen sind, dargestellt hat, bei denen es sich um Berichtszeiträume handelt, die grundsätzlich ausreichend sind, um zu beschreiben, wie sich eine Transaktion auf die Ertragslage des Emittenten hätte auswirken können.

abgeschlossene Geschäftsjahr in den Prospekt aufzunehmen ist, aber nach dem EU-Prospektrecht richtet und von der Verwaltungspraxis der Aufsichtsbehörde(n) abhängig ist, kommt ggf. insoweit das Beispiel 1 des ID RH HFA 1.004 nicht mehr zum Tragen bzw. zur Anwendung.

Daher sind in diesem Fall **grundsätzlich keine Pro-forma-Finanzinformationen** aufzunehmen.

Zu beachten ist ferner, dass die Aufsichtsbehörden zB bei Unternehmen mit saisonal schwankendem Geschäft nach den Umständen des Einzelfalls eine Pro-forma-Gewinn- und Verlustrechnung für ein volles Geschäftsjahr verlangen können (siehe Rz. 12). Liegt eine derartige Situation vor, dann sind folgende **Pro-forma-Finanzinformationen** aufzunehmen:

– eine Pro-forma-Gewinn- und Verlustrechnung für das letzte volle Geschäftsjahr, also für den Zeitraum vom 1.1. bis zum 31.12. und

– dazugehörige Pro-forma-Erläuterungen.

15 • **Die Unternehmenstransaktion erfolgt *nach* dem Stichtag des letzten Abschlusses und *vor* dem Stichtag des Zwischenabschlusses des laufenden Geschäftsjahres, das Prospektdatum liegt zeitlich nach der Unternehmenstransaktion ebenfalls im *ersten* Halbjahr des laufenden Geschäftsjahres**[1]

Da in diesem Fall die Unternehmenstransaktion erst nach dem Stichtag des letzten Abschlusses stattgefunden hat und dementsprechend in der Bilanz des abgelaufenen Geschäftsjahres noch nicht abgebildet ist und auch noch kein Zwischenabschluss zum 30.6. erstellt wurde, ist in dieser Konstellation eine **Pro-forma-Bilanz** auf den 31.12. des abgelaufenen Geschäftsjahres (vgl. Ziffer 5 lit. b des Anhangs II ProspektVO) in den Prospekt aufzunehmen (in der unterstellt wird, dass die Unternehmenstransaktion am 31.12. des abgelaufenen Geschäftsjahres stattgefunden hat, um eine fiktive Kapitalkonsolidierung zum Bilanzstichtag durchzuführen)[2].

Darüber hinaus ist auch eine **Pro-forma-Gewinn- und Verlustrechnung** für das abgelaufene Geschäftsjahr (vgl. Ziffer 5 lit. b des Anhangs II ProspektVO) zu erstellen, bei der unterstellt wird, dass die Unternehmenstransaktion am 1.1. des abgelaufenen Geschäftsjahres erfolgt ist. Ist der Zeitraum zwischen dem Beginn der laufenden Berichtsperiode und dem Zeitpunkt der Transaktion sehr kurz, ist es denkbar, dass ausnahmsweise von einer Pro-forma-Gewinn- und Verlustrechnung abgesehen werden kann. Voraussetzung ist, dass die Gewinn- und Verlustrechnung die Verhältnisse des Emittenten einschließlich des Periodenergebnisses des erworbenen Unternehmens/Unternehmensteils so weitgehend abbildet, dass eine nur anteilige Berücksichtigung

---

[1] Diese Konstellation entspricht dem von ESMA erwähnten Case 3, ESMA, Questions and Answers, 25th updated version (July 2016), ESMA/2016/1133 v. 15.7.2016, Frage 51 (October 2013, effective 28.1.2014). In IDW RH HFA 1.004, WPg 2006, 141 ist diese Fallkonstellation nicht behandelt.

[2] ESMA, Questions and Answers Prospectuses, 25th updated version (July 2016), ESMA/2016/576 v. 15.7.2016, Frage 51, Case 3 (October 2013, effective 28.1.2014).

nicht wesentlich ist und zusätzliche Angaben nach IFRS 3 ausreichend Informationen bieten[1].

Die ursprünglich vorhandenen abweichenden Meinungen einiger Aufsichtsbehörden[2] werden von EMSA nicht mehr aufgeführt. Daher umfassen in diesem Fall die **Pro-forma-Finanzinformationen** bei von der BaFin zu billigenden Prospekten:

– eine Pro-forma-Bilanz für das abgelaufene Geschäftsjahr
– eine Pro-forma-Gewinn- und Verlustrechnung für das letzte volle Geschäftsjahr, also für den Zeitraum vom 1.1. bis zum 31.12. des letzten Geschäftsjahres und
– dazugehörige Pro-forma-Erläuterungen.

- **Die Unternehmenstransaktion erfolgt *nach* dem Stichtag des letzten Abschlusses und *vor* dem Stichtag des letzten Zwischenabschlusses, das Prospektdatum liegt im *zweiten* Halbjahr des laufenden Geschäftsjahres**[3]

In dieser Fallkonstellation wird die Unternehmenstransaktion in der Bilanz des Zwischenabschlusses zum 30.6. abgebildet, so dass die Erstellung einer **Pro-forma-Bilanz nicht erforderlich** ist, wenn der Zwischenabschluss bereits veröffentlicht worden ist[4].

Die Gewinn- und Verlustrechnung des Zwischenabschlusses erfasst die Transaktion hingegen nur zeitanteilig, also erst ab dem Zeitpunkt des Erwerbs bzw. nur bis zum Zeitpunkt der Veräußerung des Unternehmens/Unternehmensteils. In der Gewinn- und Verlustrechnung des letzten Abschlusses ist sie gar nicht erfasst. Nachdem die Auffassungen und praktische Handhabung der Aufsichtsbehörden hinsichtlich der Aufnahme einer **Pro-forma-Gewinn- und Verlustrechnung zunächst uneinheitlich** waren, hat ESMA zwischenzeitlich eine einheitliche Vorgehensweise veröffentlicht, die nicht mehr auf divergierende Standpunkte der Aufsichtsbehörden eingeht. Danach müssen solche Pro-forma-Angaben entweder für das abgelaufene volle Geschäftsjahr **und/oder** für das abgelaufene erste Halbjahr des laufenden Geschäftsjahres beigebracht werden mit dem Hinweis, dass damit die Transaktion jedenfalls sechs Monate in der Pro-forma-Gewinn- und Verlustrechnung abgebildet ist[5]. Damit ist die strengere Auffassung (die auch von der BaFin vertreten wurde), wonach die Aufnahme einer Pro-forma-Gewinn- und Verlustrechnung sowohl für das abgelaufene volle Geschäftsjahr als auch für das erste Halbjahr des laufenden Geschäftsjahres, dh.

---

[1] Siehe das Beispiel bei *A. Meyer* in FrankfurtKomm. WpPG, EU-ProspV Anh. II Rz. 38.
[2] Vgl. etwa CESR, Frequently Asked Questions regarding Prospectuses: Common positions agreed by CESR Members (FAQs), 10th Updated Version (December 2009), CESR/09-1148, Frage 51, Case 3 (September 2007).
[3] Diese Konstellation entspricht dem von ESMA erwähnten Case 4, ESMA, Questions and Answers Prospectuses, 25th updated version (July 2016), ESMA/2016/1133 v. 15.7.2016, Frage 51 (October 2013, effective 28.1.2014) und Beispiel 3 des IDW RH HFA 1.004, Tz. 11, WPg 2006, 141 (142).
[4] ESMA, Questions and Answers Prospectuses, 25th updated version (July 2016), ESMA/2016/1133 v. 15.7.2016, Frage 51 (October 2013, effective 28.1.2014); vgl. auch IDW RH HFA 1.004, Tz. 11, Beispiel 3, WPg 2006, 141 (142).
[5] ESMA, Questions and Answers Prospectuses, 25th updated version (July 2016), ESMA/2016/1133 v. 15.7.2016, Frage 51, Case 4 (October 2013, effective 28.1.2014).

den Zeitraum, für den der letzte Zwischenabschluss zu erstellen war[1], in dieser allgemeinen Form von den europäischen Aufsichtsbehörden aufgegeben worden. Allerdings können auch hier die Aufsichtsbehörden zB bei Unternehmen mit saisonal schwankendem Geschäft nach den Umständen des Einzelfalls Pro-forma-Gewinn- und Verlustrechnungen für ein volles Geschäftsjahr verlangen, wenn sie in sonstigen Fällen eine Pro-forma-Gewinn- und Verlustrechnung für das erste Halbjahr ausreichen lassen[2] (vgl. Rz. 12). Nach ESMA und der BaFin wäre die Aufnahme von Pro-forma-Finanzinformationen lediglich für die ersten drei Monate des laufenden Geschäftsjahres nicht ausreichend (siehe hierzu die Ausführungen in Rz. 14). Nach der Verwaltungspraxis der BaFin ist – wie oben in Rz. 14 beschrieben – mit dem Antrag auf Billigung des Prospektes darzulegen, dass es im konkreten Fall ausreichend ist, eine Pro-forma-Gewinn- und Verlustrechnung für die ersten sechs Monate des laufenden Geschäftsjahres aufzunehmen, und keine Sondersituation vorliegt, die auch die Aufnahme einer Pro-forma-Gewinn- und Verlustrechnung für das abgelaufene Geschäftsjahr erforderlich machen würde. Der **IDW RH HFA 1.004** sieht für diese Fallkonstellation unverändert vor, dass eine Pro-forma-Gewinn- und Verlustrechnung für das letzte volle Geschäftsjahr sowie eine Pro-forma-Gewinn- und Verlustrechnung für den Zeitraum, für den ein Zwischenabschluss erstellt wurde, in den Prospekt aufzunehmen ist[3]. Daher besteht auch in dieser Fallkonstellation die Möglichkeit, dass das in IDW RH HFA 1.004 genannte Beispiel 2 nicht in dort beschriebenen Weise zur Anwendung kommt.

Dementsprechend umfassen in diesem Fall die **Pro-forma-Finanzinformationen** bei Prospekten deutscher Emittenten in der Regel:

– eine Pro-forma-Gewinn- und Verlustrechnung für das letzte volle Geschäftsjahr, also für den Zeitraum vom 1.1. bis zum 31.12. des letzten Geschäftsjahres und/oder

– eine Pro-forma-Gewinn- und Verlustrechnung für das abgelaufene erste Halbjahr, also für den Zeitraum vom 1.1 bis zum 30.6. des laufenden Geschäftsjahres sowie

– die jeweils dazugehörigen Pro-forma-Erläuterungen.

---

1 ESMA, Questions and Answers Prospectuses, 25th updated version (July 2016), ESMA/2016/1133 v. 15.7.2016, Frage 51, Case 4 (October 2013, effective 28.1.2014).
2 Ähnlich bereits *A. Meyer* in FrankfurtKomm. WpPG, EU-ProspV Anh. II Rz. 37, der darauf abstellt, dass die Aufnahme von Pro-forma-Finanzinformationen für das abgelaufene Geschäftsjahr dann nicht erforderlich seien, wenn in den Prospekt Finanzinformationen für einen jüngeren Zwischenberichtszeitraum aufgenommen werden (ohne aber einen Zeitraum von mindestens sechs Monaten zu verlangen) und aus Pro-forma-Finanzinformationen für das abgelaufene Geschäftsjahr kein wesentlicher zusätzlicher Erkenntnisgewinn zu erwarten ist.
3 IDW RH HFA 1.004, Tz. 11, Beispiel 2, WPg 2006, 141 (142).

- **Die Unternehmenstransaktion erfolgt *nach* dem Stichtag des letzten Abschlusses und *nach* dem Stichtag des letzten Zwischenabschlusses, die Emission erfolgt im *zweiten* Halbjahr des laufenden Geschäftsjahres**[1]

17

In diesem Fall bilden weder der letzte Jahresabschluss noch der Zwischenabschluss zum 30.6. die Unternehmenstransaktion in der Bilanz ab. Auch in der Gewinn- und Verlustrechnung des letzten Abschlusses des letzten Geschäftsjahres und des Zwischenabschlusses zum 30.6. des laufenden Geschäftsjahres wird die Unternehmenstransaktion nicht erfasst. Die **Pro-forma-Finanzinformationen** erfassen daher nach dem Rechnungslegungshinweis **IDW RH HFA 1.004** in dieser Konstellation:

– eine Pro-Forma-Bilanz zum 30.6. des laufenden Geschäftsjahres, also für den Zeitraum für den ein Zwischenabschluss aufgestellt wurde,

– eine Pro-forma-Gewinn- und Verlustrechnung für den Zeitraum vom 1.1. bis 31.12., also für das letzte volle Geschäftsjahr,

– eine Pro-forma-Gewinn- und Verlustrechnung für den Zeitraum vom 1.1. bis 30.6., also für den Zwischenberichtszeitraum des laufenden Geschäftsjahres und

– die jeweils dazugehörigen Pro-forma-Erläuterungen.

3. Darstellung und Inhalt der Pro-Forma-Finanzinformationen (Ziffer 3)

Gemäß Ziffer 3 des Anhangs II ProspektVO sind die Pro-Forma-Finanzinformationen in der Regel in **Spaltenform** darzustellen. Die einzelnen Spalten sollen zumindest die historischen Finanzinformationen in unberichteter Form (*historical unadjusted information*), die Pro-forma-Anpassungen (*pro forma adjustments*) sowie in der letzten Spalte die daraus resultierenden Pro-forma-Finanzinformationen enthalten. Darüber hinaus sieht die ProspektVO keine weiteren Anforderungen zur Darstellung in Spaltenform vor.

18

a) Ausgangszahlen

Ausgangspunkt sind dabei zunächst die **geprüften historischen Finanzinformationen** für das letzte Geschäftsjahr oder aber der **letzte Zwischenabschluss** des laufenden Geschäftsjahres des **erwerbenden bzw. veräußernden** Unternehmens (dh. des

19

---

[1] Diese Konstellation entspricht Beispiel 3 des IDW RH HFA 1.004, Tz. 11, WPg 2006, 141 (142); in den ESMA Questions and Answers Prospectuses wird diese Fallkonstellation weiterhin nicht erörtert. Die von ESMA zu Case 3 im Hinblick auf eine nach dem letzten Abschluss stattfindende Unternehmenstransaktion dargestellten Überlegungen dürften hier entsprechend gelten (vgl. oben Rz. 15) mit dem Unterschied, dass hier die Unternehmenstransaktion nach dem letzten Zwischenabschluss stattgefunden hat und damit – zumindest nach IDW RH HFA 1.004 – auch eine Pro-forma-Gewinn- und Verlustrechnung für das erste Halbjahr des laufenden Geschäftsjahres zu erstellen ist. Vor dem Hintergrund des Standpunkts von ESMA zu Beispiel 4 ließe sich argumentieren, dass ggf. die Aufnahme einer Pro-forma-Gewinn- und Verlustrechnung nur für das abgelaufene Geschäftsjahr oder nur für das erste Halbjahr des laufenden Geschäftsjahrs ausreicht, soweit die Umstände des Einzelfalls keine Pro-forma-Gewinn- und Verlustrechnung für einen längeren Zeitraum erforderlich machen.

Emittenten), also die Finanzinformationen, die der Emittent üblicherweise nach Ziffer 20.1 und/oder Ziffer 20.6 des Anhangs I ProspektVO in den Prospekt aufzunehmen hat. Diese historischen Finanzinformationen sollen in die erste Spalte aufgenommen werden[1]. Darüber hinaus sind die **historischen Finanzinformationen** des/der im Rahmen der Unternehmenstransaktion **erworbenen oder veräußerten** Unternehmens bzw. Unternehmen (Tochterunternehmen, Teilkonzern) oder Unternehmensteils bzw. Unternehmensteile aufzunehmen. Im Fall des Erwerbs eines Unternehmens oder Unternehmensteils sind also eine Gewinn- und Verlustrechnung für den Zeitraum vor dem Erwerb und im Fall der Veräußerung eines Unternehmens oder Unternehmensteils eine Gewinn- und Verlustrechnung für den Zeitraum nach der Veräußerung sowie ggf. eine Bilanz zum Stichtag des Konzernabschlusses des Emittenten aufzunehmen, da die Aufwendungen und Erträge des ab- bzw. zugegangenen Unternehmens/Unternehmensteils erst ab dem Zugang bzw. nur bis zum Abgang in dem Abschluss des Emittenten enthalten sind (siehe oben Rz. 13). Dementsprechend umfassen die historischen Finanzinformationen iS von Ziffer 3 lit. a des Anhangs II ProspektVO zB im Fall einer Pro-forma-Gewinn- und Verlustrechnung infolge einer Unternehmenstransaktion die **ersten zwei Spalten**, die dann in einer **dritten Spalte**, der **Summen- bzw. Differenzspalte**, zusammengefasst werden[2]. Wurden zwei oder mehr Unternehmen erworben bzw. veräußert, so wäre für jedes dieser Unternehmen eine eigene Spalte vorzusehen. Hier kann es sich aus Gründen der Übersichtlichkeit jedoch anbieten, die **Abschlüsse mehrerer Unternehmen** in einer Spalte zusammenzufassen und die historischen Finanzinformationen für die jeweiligen einzelnen Unternehmen bzw. Unternehmensteile in den Pro-forma-Erläuterungen darzustellen[3].

20 Soweit Ziffer 3 lit. a des Anhangs II ProspektVO in diesem Zusammenhang von „historischen **unberichtigten** Informationen" (*historical unadjusted information*) spricht, sind damit die historischen Finanzinformationen **ohne Pro-forma-Anpassung** gemeint. Dies bedeutet jedoch nicht, dass die historischen Finanzinformationen etwa eines erworbenen Unternehmens(teils) immer unverändert übernommen werden können. Aus Gründen der Vergleichbarkeit müssen die für das erworbene Unternehmen aufgenommenen historischen Finanzinformationen mit den in den letzten Jahresabschlüssen des Emittenten zu Grunde gelegten Rechnungslegungsgrundsätzen sowie den Ausweis-, Bilanzierungs- und Bewertungsmethoden des Emittenten im Einklang stehen. Auch eingeräumte Wahlrechte müssen in gleicher Weise ausgeübt werden. Daher sind, wenn diese Voraussetzungen nicht vorliegen, die historischen Finanzinformationen von erworbenen Unternehmen oder Unternehmensteilen zunächst, dh. vor Vornahme der Pro-forma-Anpassungen, entsprechend an die Bilanzierungs- und Bewertungsmethoden des Emittenten anzupassen. Diese **Anpassungen der historischen Finanzinformationen** sind von den Pro-forma Anpassungen

---

[1] ESMA, Questions and Answers Prospectuses, 25th updated version (July 2016), ESMA/2016/1133 v. 15.7.2016, Frage 50 b) (September 2007).
[2] Vgl. den Beispielsfall bei IDW RH HFA 1.004, Tz. 12, WPg 2006, 141 (142 f.).
[3] Vgl. IDW RH HFA 1.004, Tz. 12, WPg 2006, 141 (142 f.).

zu unterscheiden[1] und bereits in der Spalte für die historischen Finanzinformationen des erworbenen bzw. veräußerten Unternehmens(teils) zu berücksichtigen.

Darüber hinaus ist es denkbar, dass zwischen dem Stichtag des letzten historischen Abschlusses und der Erstellung der Pro-forma-Finanzinformationen **wertaufhellende Ereignisse**[2] in Bezug auf die Ausgangszahlen eingetreten sind, also Ereignisse, die nachträglich bessere Erkenntnisse über die Verhältnisse zum Abschlussstichtag liefern. Anhang II ProspektVO enthält keine Vorgaben zu der Frage, ob wertaufhellende Ereignisse hinsichtlich der Ausgangszahlungen bei Erstellung der Pro-forma-Finanzinformationen zu berücksichtigen sind. Letztlich handelt es sich hierbei um eine Frage der Rechnungslegung. IDW RH HFA 1.004 enthält in diesem Zusammenhang die Feststellung, dass die Ausgangszahlen mit den historischen Abschlüssen identisch sein müssen, woraus man auf den ersten Blick auf eine Nichtberücksichtigung wertaufhellender Ereignisse schließen könnte[3]. Eine ausdrückliche Empfehlung, wie im Fall von wertaufhellenden Ereignissen, die nach dem Stichtag des letzten historischen Abschlusses und der Erstellung der betreffenden Pro-forma-Finanzinformationen eingetreten sind, zu verfahren ist, fehlt allerdings sowohl in dem Rechnungslegungshinweis IDW RH HFA 1.004 als auch in dem Prüfungshinweis IDW PH 9.960.1. In der Literatur wird teilweise die Auffassung vertreten, dass der Wertaufhellungszeitraum sich bis zum Tag der Erstellung der Pro-forma-Finanzinformationen erstreckt und wertaufhellende Ereignisse dementsprechend bis zu diesem Zeitpunkt noch zu berücksichtigen sind[4]. Es wird zT jedoch auch die gegenteilige Auffassung vertreten, wonach eine Wertaufhellung im Rahmen der Pro-forma-Finanzinformationen nicht mehr zu berücksichtigen ist[5]. Dies wird ua. damit begründet, dass es nicht Aufgabe der Pro-forma-Finanzinformationen sei, historische Abschlüsse in Bezug auf Ereignisse, die nicht durch die Unternehmenstransaktion veranlasst sind, zu aktualisieren[6]. Diese Aussage trifft zwar zu und es werden unstreitig keine umfassenden, der Prüfung eines Jahresabschlusses vergleichbare Prüfungshandlungen durchgeführt

21

---

1 Vgl. auch IDW RH HFA 1.004, Tz. 12, WPg 2006, 141 (142 f.).
2 IDW Prüfungsstandard: Ereignisse nach dem Abschlussstichtag (IDW PS 203) v. 9.9.2009, Tz. 8 f., WPgSupplement 4/2009, 14 (15).
3 IDW RH HFA 1.004, Tz. 14, WPg 2006, 141 (143).
4 *Frey*, DStR 1999, 294 (298); *Schindler/Böttcher/Roß*, WPg 2001, 22 (31); *Schindler/Böttcher/Roß*, WPg 2001, 139 (143); *von Keitz/Grote*, KoR 2001, 25 (30); *Heiden*, Pro-forma-Berichterstattung, S. 194, 197 f.; ebenso wohl auch *Schmotz*, Pro-forma-Abschlüsse, S. 126 f.; auch *d'Arcy* in in Holzborn, Anh. II EU-ProspV Rz. 22 hält die Berücksichtigung wertaufhellender Ereignisse im Einzelfall für möglich.
5 *Förschle/Almeling* in Winkeljohann/Förschle/Deubert, Sonderbilanzen, Kap. F Rz. 95; diesen folgend *Fingerhut* in Just/Voß/Ritz/Zeising, Anhang II EU-ProspektVO Rz. 31. Ebenso *A. Meyer* in FrankfurtKomm. WpPG, EU-ProspektVO Anh. II Rz. 30.
6 *Förschle/Almeling* in Winkeljohann/Förschle/Deubert, Sonderbilanzen, Kap. F Rz. 95; *Fingerhut* in Just/Voß/Ritz/Zeising, Anhang II EU-ProspektVO Rz. 31. *A. Meyer* in FrankfurtKomm. WpPG, EU-ProspektVO Anh. II Rz. 30 verweist zudem auf die Aussage des IDW RH HFA 1.004, Tz. 14, wonach die historischen Finanzinformationen identisch mit den historischen Zahlen des letzten Abschlusses sind. Dies berücksichtigt jedoch nicht hinreichend, dass der IDW RH HFA 1.004 in der Fassung v. 1.7.2002 auch bereits vor der ProspektVO in Tz. 15 (WPg 2002, 980 [981]) eine inhaltlich identische Aussage enthielt, die

mit dem Ziel, wertaufhellende Ereignisse aufzudecken. Sinn und Zweck der Erstellung von Pro-forma-Finanzinformationen sprechen jedoch für die Berücksichtigung solcher wertaufhellender Ereignisse, die im Zusammenhang mit den für die Erstellung der Pro-forma-Finanzinformationen **durchgeführten Prüfungshandlungen bekannt geworden** sind. Denn Pro-forma-Finanzinformationen verfolgen insbesondere den Zweck, eine Vergleichsbasis mit den künftigen Ist-Abschlüssen und als Ansatzpunkt für die Analyse der Ertragskraft und Wachstumsaussichten des Pro-forma-Finanzinformationen erstellenden Unternehmens zu fungieren, und stellen daher vor allem ein Prognoseinstrument dar[1]. Wertaufhellende Ereignisse, die im Rahmen der Erstellung und Prüfung der Pro-forma-Finanzinformationen bekannt geworden sind, können daher berücksichtigt werden, wenn in dem konkreten Fall die Erstellung der Pro-forma-Finanzinformationen ohne Berücksichtigung dieser wertaufhellenden Ereignisse dieser Zwecksetzung nicht gerecht werden würde, weil die Vergleichsbasis auf Zahlen und Erkenntnissen beruhen würde, die offensichtlich veraltet sind.

b) Pro-forma-Erläuterungen

22   Ziffer 3 des Anhangs II ProspektVO enthält keine Vorgabe dahingehend, dass auch die Pro-forma-Erläuterungen in der Spaltenform Berücksichtigung finden müssen. Als praktische Lösung sieht der Rechnungslegungshinweis IDW RH HFA 1.004 in dem dort behandelten Beispielsfall vor, dass für die Pro-forma-Erläuterungen zwar eine **vierte Spalte** eingefügt wird, dort jedoch lediglich ein Verweis auf ausführliche Pro-forma-Erläuterungen **außerhalb der Spaltendarstellung** aufgenommen werden kann[2], was üblicherweise auch so erfolgt und aus Übersichtlichkeitsgründen angesichts des Umfangs der Erläuterungen auch zweckmäßig ist. Möglich ist auch, dass die Verweise auf die Pro-forma-Erläuterungen als Fußnoten in die Spalte, die die Pro-forma-Anpassungen enthält, aufgenommen werden[3]. Anhang II ProspektVO setzt den Ausdruck „Pro-forma-Erläuterungen" als Begriff der Rechnungslegung voraus und definiert diesen nicht eigenständig, wobei einzelne Aspekte der Erläuterungen im weiteren Sinne (wie etwa die Darstellung der Grundlagen und Quellen der Pro-forma-Finanzinformationen und -Anpassungen gemäß Ziffer 4 und 6 des Anhangs II ProspektVO) Gegenstand spezieller Regelungen des Anhangs II ProspektVO sind (siehe unten Rz. 28 f., 36). Die Pro-forma-Erläuterungen dienen insbesondere dem **besseren Verständnis der Pro-forma-Anpassungen** und müssen entsprechend der Vorgabe in Ziffer 6 lit. a des Anhangs II ProspektVO so umfassend und verständlich sein, dass die Pro-forma-Anpassungen nachvollziehbar sind (siehe auch unten Rz. 36). Nach IDW RH HFA 1.004 bestehen die Pro-forma-Erläuterungen aus drei Teilen: a) einleitender Abschnitt, der ua. die Hinweise auf den lediglich illustrativen Zweck und den hypothetischen Charakter der Pro-forma-Finanzinformationen ent-

---

lediglich redaktionell angepasst wurde, so dass auch die ältere Literatur zu IDW RH HFA 1.004 herangezogen werden kann.
1 *Heiden*, Pro-forma-Berichterstattung, S. 198.
2 IDW RH HFA 1.004, Tz. 12, WPg 2006, 141 (142 f.).
3 *A. Meyer* in FrankfurtKomm. WpPG, EU-ProspektVO Anh. II Rz. 25.

hält, b) Grundlagen der Erstellung (*basis of preparation*, siehe Rz. 28) und c) Erläuterung der Pro-forma-Anpassungen (Detailerläuterung, siehe Rz. 36)[1].

c) Pro-forma-Anpassungen

Entsprechend den Vorgaben von Ziffer 3 des Anhangs II ProspektVO sind die Pro-forma-Anpassungen gemäß Ziffer 3 lit. b des Anhangs II ProspektVO in einer weiteren Spalte (in dem Beispielsfall von IDW RH HFA 1.004 die **fünfte Spalte**) anzufügen[2]. Der Begriff „Pro-forma-Anpassungen" (die deutsche Fassung von Anhang II ProspektVO verwendet den Begriff „Pro-forma-Berichtigungen") ist in Anhang II ProspektVO nicht definiert, sondern wird – ebenso wie die Pro-forma-Erläuterungen – als Begriff der Rechnungslegung vorausgesetzt. Dabei kommen Maßnahmen im Zusammenhang mit der fiktiven Vorverlegung der Erstkonsolidierung (im Fall der Akquisition) bzw. der Entkonsolidierung (im Fall einer Veräußerung) in Betracht[3]. Da das Weglassen von als wesentlich eingeschätzten Pro-forma-Anpassungen die Aussagekraft der Pro-forma-Finanzinformationen einschränken würde, sind grundsätzlich sämtliche Pro-forma-Anpassungen vorzunehmen, die die Anforderungen von Ziffer 6 des Anhangs II ProspektVO erfüllen[4]. 23

Pro-forma-Anpassungen erfolgen im Fall der **Pro-forma-Gewinn- und Verlustrechnung** im Hinblick auf die unmittelbar aus der Unternehmenstransaktion resultierenden Aufwendungen, bei denen zwischen Anpassungen mit einmaligem Effekt und solchen mit dauerhaftem Einfluss auf die Vermögens-, Finanz- und Ertragslage des Emittenten zu unterscheiden ist (näher dazu unten unter Rz. 40). **Zusätzliche Zinsaufwendungen** sind dann als Pro-Forma-Anpassungen in den Prospekt aufzunehmen, wenn die Unternehmenstransaktion tatsächlich fremdfinanziert wurde und sich die Finanzierungskosten nicht in den historischen Finanzinformationen widerspiegeln[5], wobei nach IDW RH HFA 1.004 die tatsächlichen Refinanzierungskosten (und nicht fiktive historische Konditionen) anzusetzen sind[6]. Darüber hinaus bedarf es nach IDW RH HFA 1.004 einer **Anpassung des Steueraufwands**, wenn die neue Unternehmensstruktur zu einer anderen Besteuerungsform führt, Organschaften entstehen oder aufgrund der Unternehmenstransaktion Verlustvorträge verrechnet werden können oder verloren gehen[7]. **Erlöse aus Börsenplatzierungen** sind nicht zu berücksichtigen, es sei denn, sie dienen der Finanzierung der abzubildenden Unternehmenstransaktion[8]. 24

---

1 IDW RH HFA 1.004, Tz. 32 ff., WPg 2006, 141 (144 f.).
2 IDW RH HFA 1.004, Tz. 12, WPg 2006, 141 (142 f.).
3 IDW RH HFA 1.004, Tz. 21 und 25, WPg 2006, 141 (143 f.).
4 Vgl. *Förschle/Almeling* in Winkeljohann/Förschle/Deubert, Sonderbilanzen, Kap. F Rz. 84.
5 IDW RH HFA 1.004, Tz. 27, WPg 2006, 141 (144); *Förschle/Almeling* in Winkeljohann/Förschle/Deubert, Sonderbilanzen, Kap. F Rz. 89.
6 IDW RH HFA 1.004, Tz. 28, WPg 2006, 141 (144).
7 IDW RH HFA 1.004, Tz. 29, WPg 2006, 141 (144); *Förschle/Almeling* in Winkeljohann/Förschle/Deubert, Sonderbilanzen, Kap. F Rz. 91.
8 IDW RH HFA 1.004, Tz. 31, WPg 2006, 141 (144).

25 Im Fall der Erstellung einer **Pro-forma-Bilanz** wird insbesondere im Zusammenhang mit der fiktiven Vorverlegung eines Unternehmenserwerbs auf den Stichtag des letzten Abschlusses eine Kapitalkonsolidierung durchgeführt[1]. Ziel ist es, die fiktive Kapitalkonsolidierung zum Bilanzstichtag so vorzunehmen, dass sich hierbei der gleiche Unterschiedsbetrag wie zum tatsächlichen Erstkonsolidierungszeitpunkt ergibt[2]. Zu diesem Zweck ist der **Beteiligungsbuchwert** in Höhe der tatsächlichen Anschaffungskosten zu erfassen, die ggf. um Eigenkapitalveränderungen im Zeitraum zwischen dem Stichtag der Pro-forma-Bilanz und dem Zugangszeitpunkt zu berichtigen sind[3]. Die **Gegenbuchung** wird entsprechend der tatsächlichen Finanzierung des Anschaffungsvorgangs (zB im Fremdkapital, Eigenkapital oder bei den liquiden Mitteln) erfasst. Handelt es sich bei der Unternehmenstransaktion um eine Veräußerung, kommen entsprechende Maßnahmen im Zusammenhang mit der fiktiven Vorverlegung der Entkonsolidierung in Betracht[4]. Wird eine Pro-forma-Bilanz erstellt, stellt sich die Frage, ob diese mit der Pro-forma-Gewinn- und Verlustrechnung übereinstimmen muss bzw. eine Überleitung erforderlich ist oder ob die in Bezug auf die Gewinn- und Verlustrechnung vorgenommenen Pro-forma-Anpassungen von den Werten in der Pro-forma-Bilanz abweichen können. Weder Anhang II ProspektVO noch der IDW RH HFA 1.004 enthalten hierzu eine ausdrückliche Aussage. Aus dem IDW RH HFA 1.004 ergibt sich jedoch, dass Pro-forma-Bilanz und Pro-forma-Gewinn- und Verlustrechnung nicht übereinstimmen müssen, da zB die Pro-forma-Bilanz auf den Stichtag des letzten Abschlusses (hierbei kann es sich auch um einen Zwischenabschluss handeln) erstellt wird, während eine Pro-forma-Gewinn- und Verlustrechnung – je nach Zeitpunkt der Unternehmenstransaktion – ggf. auch für das letzte volle Geschäftsjahr verlangt wird[5]. Darüber hinaus müssen in einer Pro-forma-Gewinn- und Verlustrechnung – anders als in einer Pro-forma-Bilanz – nur solche Anpassungen vorgenommen werden, die einen dauerhaften Einfluss auf die Vermögens-, Finanz- und Ertragslage des Emittenten haben[6].

d) Pro-forma-Finanzinformationen

26 In die letzte Spalte (in dem Beispielsfall des IDW RH HFA 1.004 die **sechste Spalte**) sind dann schließlich gemäß Ziffer 3 lit. c des Anhangs II ProspektVO die Pro-forma-Finanzinformationen (Pro-forma-Bilanz, Pro-forma-Gewinn- und Verlustrechnung einschließlich ggf. das Pro-forma-Ergebnis je Aktie, Pro-forma-Kapitalflussrechnung) einzufügen.

---

1 IDW RH HFA 1.004, Tz. 21 und 22, WPg 2006, 141 (143 f.); *Förschle/Almeling* in Winkeljohann/Förschle/Deubert, Sonderbilanzen, Kap. F Rz. 93.
2 *Förschle/Almeling* in Winkeljohann/Förschle/Deubert, Sonderbilanzen, Kap. F Rz. 93.
3 IDW RH HFA 1.004, Tz. 22, WPg 2006, 141 (144); *d'Arcy* in Holzborn, Anh. II EU-ProspV Rz. 28.
4 Siehe IDW RH HFA 1.004, Tz. 25 f., WPg 2006, 141 (144).
5 IDW RH HFA 1.004, Tz. 11, Beispiel 3, WPg 2006, 141 (142).
6 *Förschle/Almeling* in Winkeljohann/Förschle/Deubert, Sonderbilanzen, Kap. F Rz. 80.

4. Konsistenzgebot und Angabe der Grundlagen und Informationsquellen (Ziffer 4)

a) Konsistenzgebot

Gemäß Ziffer 4 Halbsatz 1 des Anhangs II ProspektVO müssen die Pro-forma-Finanzinformationen in einer Art und Weise erstellt sein, die mit dem vom Emittenten **im Jahresabschluss zugrunde gelegten Rechnungslegungsstrategien (*accounting policies*) konsistent** ist. Dies bedeutet, dass die Ermittlung von Art und Umfang etwaiger Anpassungen der historischen Finanzinformationen des einzubeziehenden Unternehmens oder Unternehmensteils an die den Ausgangszahlen zugrunde liegenden Rechnungslegungsgrundsätzen mit den Ausweis-, Bilanzierungs- und Bewertungsmethoden des die Pro-forma-Finanzinformationen erstellenden Unternehmens, also des Emittenten, im Einklang stehen muss[1]. Ist dies nicht der Fall, sind als erster Schritt zunächst die historischen Finanzinformationen des einzubeziehenden Unternehmens oder Unternehmensteils entsprechend anzupassen. Sie müssen auf den gleichen Rechnungslegungsgrundsätzen sowie Ausweis-, Bilanzierungs- und Bewertungsmethoden beruhen. Auch die Wahlrechte müssen einheitlich ausgeübt worden sein[2]. Die vorgenommenen Anpassungen können nach IDW RH HFA 1.004 in einer Überleitungsrechnung in einer gesonderten Spalte in den Ausgangszahlen dargestellt werden oder sind jedenfalls in dem einleitenden Absatz der Pro-forma-Erläuterungen zu beschreiben. Annahmen hinsichtlich der Anpassungen der historischen Zahlen dürfen nicht erfolgen und dürfen nicht mit den eigentlichen Pro-forma-Anpassungen vermischt werden[3]. Die deutsche Fassung von Ziffer 4 des Anhangs II ProspektVO verlangt dabei Konsistenz mit den „in den letzten Jahresabschlüssen" (statt „im letzten Jahresabschluss") zugrunde gelegten Rechnungslegungsstrategien. Die Pluralform muss jedoch als ein Übersetzungsversehen betrachtet werden, zumal andernfalls unklar wäre, auf welche „letzten Jahresabschlüsse" abzustellen wäre. Der in der englischen Fassung verwendete Ausdruck „last financial statements" bezeichnet hier deshalb den **letzten Jahresabschluss**[4] und nicht mehrere letzte Jahresabschlüsse. Unerwähnt bleibt in der deutschen Fassung von Ziffer 4 des Anhangs II ProspektVO, dass die Pro-forma-Finanzinformationen auch im Einklang mit den im **nächsten Jahresabschluss** angewandten Rechnungslegungsgrundsätzen sowie den Ausweis-, Bilanzierungs- und Bewertungsmethoden erstellt werden können. Dies ist in der englischen Fassung von Ziffer 4 des Anhangs II ProspektVO ausdrücklich vorgesehen und wird dementsprechend auch von den ESMA-Empfehlungen als zulässige Alter-

---

[1] Vgl. IDW RH HFA 1.004, Tz. 16, WPg 2006, 141 (143).
[2] *d'Arcy* in Holzborn, Anh. II EU-ProspV Rz. 22 weist zu Recht darauf hin, dass der hiermit verbundene Zeitaufwand nicht unterschätzt werden dürfe, insbesondere, wenn das betreffende Rechnungslegungssystem die erforderlichen Daten hinsichtlich der Anwendung von bestimmten Bilanzierungsmethoden nicht zur Verfügung stellt und diese erst ermittelt werden müssen.
[3] IDW RH HFA 1.004, Tz. 16, WPg 2006, 141 (143).
[4] Vgl. auch IDW RH HFA 1.004, Tz. 20 iVm. Tz. 13 ff., WPg 2006, 141 (143); ebenso *d'Arcy* in Holzborn, Anh. II EU-ProspV Rz. 21.

native vorausgesetzt[1]. In Übereinstimmung mit der deutschen Fassung von Ziffer 4 des Anhangs II ProspektVO stellt der Rechnungslegungshinweis IDW RH HFA 1.004 nur auf den letzten historischen Abschluss ab[2]. In der Sache ändert sich hierdurch im Vergleich zur englischen Fassung jedoch nichts, da die gemäß Ziffer 20.1 Abs. 2 des Anhangs I ProspektVO in den Prospekt aufgenommenen geprüften historischen Finanzinformationen für die letzten zwei Jahre ohnehin in einer Weise erstellt werden müssen, die mit den im folgenden Jahresabschluss angewandten Rechnungslegungsgrundsätzen und -strategien konsistent ist[3]. Wertaufhellende Ereignisse sind ggf. jedoch in den Pro-forma-Finanzinformationen berücksichtigt werden (siehe oben Rz. 21).

b) Grundlagen der Erstellung der Pro-forma-Informationen

28 Gemäß Ziffer 4 lit. a des Anhangs II ProspektVO ist die Grundlage, auf der die Pro-forma-Finanzinformationen erstellt wurden, anzugeben. Die anzugebenden Grundlagen der Erstellung der Pro-forma-Finanzinformationen können als Teil der gemäß Ziffer 6 des Anhangs II ProspektVO in den Prospekt aufzunehmenden Erläuterungen der Pro-forma-Finanzinformationen (siehe dazu Rz. 22 und 36) angesehen werden. Dementsprechend sieht auch IDW RH HFA 1.004 vor, dass im Rahmen der Pro-forma-Erläuterungen die verwendeten einheitlichen Rechnungslegungsgrundsätze und Ausweis-, Bilanzierungs- und Bewertungsmethoden zu nennen sind[4].

c) Quellen der Informationen und Anpassungen

29 Des Weiteren sind gemäß Ziffer 4 lit. b des Anhangs II ProspektVO die Quellen der Informationen und vorgenommenen Anpassungen zu nennen. Hinsichtlich der anzuwendenden einheitlichen Rechnungslegungsgrundsätze und Ausweis-, Bilanzierungs- und Bewertungsmethoden sieht IDW RH HFA 1.004 **beispielsweise** vor, dass auf entsprechende Angaben im **Anhang** des letzten veröffentlichten Jahres- bzw. Konzernabschlusses verwiesen werden kann[5], was zugleich auch einen Hinweis auf die Quelle der Informationen beinhaltet.

---

1 ESMA update of the CESR recommendations for the consistent implementation of the Commission Regulation (EC) No 809/2004 implementing the Prospectus Directive (Level-3-Empfehlungen), 20.3.2013, ESMA/2013/319, Tz. 89. Dies folgt unmittelbar aus dem Wortlaut der englischen Fassung von Ziffer 4 des Anhangs II ProspektVO, die in der deutschen Fassung offenbar versehentlich keinen Niederschlag gefunden hat Entgegen *d'Arcy* in Holzborn, Anh. II EU-ProspV Rz. 21 und *Fingerhut* in Just/Voß/Ritz/Zeising, Anhang II EU-ProspektVO Rz. 42 ist dies jedoch nicht eine von ESMA geäußerte Auffassung, sondern sie folgt vielmehr unmittelbar aus dem Wortlaut der englischen Fassung von Ziffer 4 des Anhangs II ProspektVO, die in der deutschen Fassung offenbar versehentlich keinen Niederschlag gefunden hat.
2 IDW RH HFA 1.004, Tz. 20 iVm. Tz. 13 ff., WPg 2006, 141 (143).
3 *A. Meyer* in FrankfurtKomm. WpPG, EU-ProspektVO Anh. II Rz. 29.
4 IDW RH HFA 1.004, Tz. 34, WPg 2006, 141 (144).
5 IDW RH HFA 1.004, Tz. 34, WPg 2006, 141 (144).

5. Zulässige Zeiträume für Pro-forma-Finanzinformationen (Ziffer 5)

In Anlehnung an Rule 11-02(c) von Regulation S-X der SEC[1] dürfen gemäß Ziffer 5 des Anhangs II ProspektVO Pro-forma-Informationen nur bezogen auf den letzten, abgeschlossenen Berichtszeitraum (Ziffer 5 lit. b des Anhangs II ProspektVO) und den aktuellen Berichtszeitraum (einschließlich des letzten Zwischenberichtszeitraums, Ziffer 5 lit. a und c des Anhangs II ProspektVO), für den jeweils Finanzinformationen im Prospekt enthalten sind, in den Prospekt aufgenommen werden. Die in Ziffer 5 enthaltenen Regelungen zu den Zeiträumen, die von Pro-forma-Finanzinformationen abgedeckt werden, ist nicht als Pflicht des Emittenten, sondern als **zeitliche Beschränkung** der Aufnahme von Pro-forma-Informationen ausgestaltet[2]. Dessen ungeachtet müssen die Pro-forma-Finanzinformationen in der Regel eine volle Berichtsperiode abdecken und ggf. für den letzten Zwischenberichtszeitraum, für den ein Zwischenbericht im Prospekt abgedruckt wird, aufgenommen werden (vgl. näher und zu verschiedenen Fallkonstellationen oben Rz. 12 ff., insbes. Rz. 16 f.). Die Ausgestaltung der Vorschrift als Beschränkung ist vor dem Hintergrund zu sehen, dass in der Vergangenheit (so auch nach dem Regelwerk Neuer Markt[3]) Pro-forma-Finanzinformationen für die letzten drei Geschäftsjahre in den Prospekt aufgenommen wurden und die Aussagekraft bei derartigen Zeiträumen angesichts des hypothetischen Charakters von Pro-forma-Informationen zweifelhaft ist[4] (zur Historie der Pro-forma-Finanzinformationen näher Anhang I EU-ProspektVO Rz. 216).

Betrachtet man allein den Wortlaut von Ziffer 5 des Anhangs II ProspektVO, dann stellt sich die Frage, wie **Ziffer 5 lit. a** des Anhangs II ProspektVO „derzeitiger Berichtszeitraum" von dem Anwendungsbereich der **Ziffer 5 lit. c** des Anhangs II ProspektVO „letzter Zwischenberichtszeitraum" **abzugrenzen** ist. Denn Pro-forma-Finanzinformationen für den letzten Zwischenberichtszeitraum des laufenden Geschäftsjahres gemäß Ziffer 5 lit. c des Anhangs II ProspektVO betreffen das laufende Geschäftsjahr und stellen daher an sich zugleich auch Pro-forma-Finanzinformationen für den aktuellen Berichtszeitraum gemäß Ziffer 5 lit. a des Anhangs II ProspektVO dar. ESMA führt aus, dass mit „derzeitigem Berichtszeitraum" eine Periode im laufenden Geschäftsjahr gemeint ist, für die abweichend von den üblichen Berichtsperioden des Emittenten Zwischenfinanzinformationen erstellt wurden. Die selbständige Bedeutung von Ziffer 5 lit. a des Anhangs II ProspektVO soll nach Auffassung

---

[1] So auch *d'Arcy* in Holzborn, Anh. II EU-ProspV Rz. 24.
[2] Eine Ziffer 5 Anhang II ProspektVO vergleichbare Beschränkung enthielten auch bereits die Going Public-Grundsätze der Deutsche Börse AG in Ziffer 4.4. Zur zeitlichen Beschränkung siehe auch *A. Meyer* in FrankfurtKomm. WpPG, EU-ProspektVO Anh. II Rz. 32; *Schlitt/Wilczek* in Habersack/Mülbert/Schlitt, Handbuch der Kapitalmarktinformation, § 5 Rz. 71.
[3] Ziffer 4.1.8 Abs. 1 Nr. 1 Regelwerk Neuer Markt, hierzu auch *A. Meyer*, WM 2002, 1864 (1871); *d'Arcy/Leuz*, DB 2000, 385 (386).
[4] Vgl. *A. Meyer*, WM 2002, 1864 (1871) und *A. Meyer* in FrankfurtKomm. WpPG, EU-ProspektVO Anh. II Rz. 32.

von ESMA darin bestehen, dass hiervon **freiwillig**, dh. ohne gesetzliche Verpflichtung, **erstellte Zwischenfinanzinformationen** erfasst werden[1].

Mit dem letzten Zwischenberichtszeitraum wird nach ESMA der Zeitraum bezeichnet, für den der Emittent Zwischenfinanzinformationen veröffentlicht hat. Dies können typischerweise die letzten sechs Monate des laufenden Geschäftsjahres sein (zB ein Halbjahresfinanzbericht nach § 37w WpHG) oder aber auch ein Quartal des laufenden Geschäftsjahres, wenn die Zwischenfinanzinformationen für das Quartal nach den für halbjährliche Zwischenfinanzinformationen geltenden Anforderungen erstellt wurde[2]. Mit dem in Ziffer 5 lit. b des Anhangs II ProspektVO verwendeten Begriff „letzter abgeschlossener Berichtszeitraum" ist im Hinblick auf die Regelung in Ziffer 5 lit. c Anhang II ProspektVO das letzte abgelaufene Geschäftsjahr gemeint[3].

32 Da Ziffer 5 als Beschränkung des Zeitraums für die Aufnahme von Pro-forma-Finanzinformationen formuliert ist, lässt sich aus Ziffer 5 nicht ableiten, inwieweit eine Pflicht besteht, Pro-forma-Finanzinformationen für bestimmte Berichtszeiträume aufzunehmen. Aus der Konjunktion „**und/oder**" zwischen Ziffer 5 lit. b und lit. c des Anhangs II ProspektVO lässt sich weder ableiten, dass für das volle abgelaufene Geschäftsjahr Pro-forma-Finanzinformationen regelmäßig aufzunehmen sind noch umgekehrt, dass dem Emittenten ein Wahlrecht dahingehend zusteht, dass er Pro-forma-Finanzinformationen entweder für den gesamten abgelaufenen Berichtszeitraum oder nur für den letzten Zwischenberichtszeitraum in den Prospekt aufnehmen kann[4]. Vielmehr bringt diese Formulierung nur zum Ausdruck, dass der Umfang der aufzunehmenden Pro-forma-Finanzinformationen vom Zeitpunkt der Unternehmenstransaktion und der Prospekterstellung im Verhältnis zu den letzten Jahres- oder Zwischenabschlüssen abhängig ist. So ist etwa keine **Pro-forma-Bilanz** für das letzte abgelaufene Geschäftsjahr in den Prospekt aufzunehmen, wenn die Unternehmenstransaktion bereits in der im Halbjahresbericht enthaltenen Bilanz reflektiert ist. Darüber hinaus ist nach ESMA bei bestimmten Fallkonstellationen auch eine **Pro-forma-Gewinn- und Verlustrechnung** für das abgelaufene Geschäftsjahr entbehrlich, wenn bereits ein Halbjahresbericht veröffentlicht wurde und eine Pro-forma-Gewinn- und Verlustrechnung für das betreffende Halbjahr aufgenommen wird. Eine Pflicht zur Aufnahme einer Pro-forma-Gewinn- und Verlustrechnung für ein volles Geschäftsjahr kann sich in diesem Fall jedoch aus den Um-

---

1 ESMA, Questions and Answers Prospectuses, 25th updated version (July 2016), ESMA/2016/1133 v. 15.7.2016, Frage 50 c), Antwort Ac) (September 2007).
2 ESMA, Questions and Answers Prospectuses, 25th updated version (July 2016), ESMA/2016/1133 v. 15.7.2016, Frage 50 c), Antwort Ac) (September 2007); hierzu auch *A. Meyer* in FrankfurtKomm. WpPG, EU-ProspektVO Anh. II Rz. 36.
3 ESMA, Questions and Answers Prospectuses, 25th updated version (July 2016), ESMA/2016/1133 v. 15.7.2016, Frage 50 c), Antwort Ac) (September 2007).
4 Im Ergebnis ähnlich *A. Meyer* in FrankfurtKomm. WpPG, EU-ProspektVO Anh. II Rz. 37, der es allerdings – vor dem Hintergrund des zum damaligen Zeitpunkt gültigen ESMA-Standpunkts mit divergierenden Auffassungen der Aufsichtsbehörden (dazu oben Rz. 13 ff.) – wohl für möglich hält, die Konjunktion „und/oder" dahingehend zu interpretieren, dass regelmäßig sämtliche in Ziffer 5 genannten Berichtszeiträume von den Pro-forma-Informationen abgedeckt sein müssen.

ständen des Einzelfalls ergeben, insbesondere bei Emittenten mit einer Geschäftstätigkeit, die stärkeren saisonalen Schwankungen unterliegt (siehe dazu oben Rz. 16 sowie zu verschiedenen Fallkonstellationen oben Rz. 12 ff.).

Auch soweit freiwillige Pro-forma-Finanzinformationen aufgenommen werden (siehe oben Rz. 1) sind die Anforderungen von Ziffer 5 des Anhangs II ProspektVO einzuhalten[1]. Gleiches gilt für Pro-forma-Finanzinformationen, die nach Anhang I Ziffer 20.2 ProspektVO in den Prospekt aufzunehmen sind, dh. diese dürfen nicht für längere, über die Beschränkung der Ziffer 5 des Anhangs II ProspektVO hinausgehende Zeiträume aufgenommen werden. Pro-Forma-Informationen können daher nach der Verwaltungspraxis der BaFin **nicht freiwillig für einen längeren Zeitraum** als maximal für die letzte abgeschlossene volle Berichtsperiode und den laufenden Berichtszeitraum bzw. den letzten Zwischenberichtszeitraum in einen Prospekt aufgenommen werden[2]. 33

6. Anforderungen an die Pro-forma-Anpassungen (Ziffer 6)

Ziffer 6 des Anhangs II ProspektVO schreibt vor, welche Anforderungen Pro-forma-Anpassungen zu erfüllen haben (zum Begriff der Pro-forma-Anpassungen siehe Rz. 23). Danach müssen Pro-forma-Anpassungen: 34

– klar dargelegt und erläutert werden (Ziffer 6 lit. a),
– der jeweiligen Transaktion unmittelbar zugeordnet werden können (Ziffer 6 lit. b) und
– auf Tatsachen gestützt werden können (Ziffer 6 lit.c).

Darüber hinaus ist gemäß Ziffer 6 Satz 2 des Anhangs II ProspektVO in den Fällen einer Pro-forma-Gewinn- und Verlustrechnung und einer Pro-forma-Kapitalflussrechnung danach zu unterscheiden, welche Anpassungen für den Emittenten einen dauerhaften Einfluss haben und bei welchen Anpassungen dieses nicht der Fall ist (siehe unten Rz. 39 f.). 35

---

[1] ESMA, Questions and Answers Prospectuses, 25th updated version (July 2016), ESMA/2016/1133 v. 15.7.2016, Frage 54 (December 2012).
[2] Nach Auffassung von *Schlitt/Wilczek* in Habersack/Mülbert/Schlitt, Handbuch der Kapitalmarktinformation, § 5 Rz. 71 und *Schlitt/Singhoff/Schäfer*, BKR 2005, 251 (254) berücksichtigt diese Praxis Erwägungsgrund 5 der ProspektVO nicht hinreichend, wonach die Aufnahme von freiwilligen Angaben allgemein zulässig ist. Erwägungsgrund 5 der ProspektVO bezieht sich jedoch nicht spezifisch auf Pro-forma-Angaben und enthält zudem keine Aussage dazu, welche Anforderungen bei der Aufnahme etwaiger freiwilliger Angaben zu beachten sind. Dies gilt erst recht bei Pflichtangaben nach Anhang I Ziffer 20.2 ProspektVO, für die Anhang II ProspektVO ausdrückliche Spezialregelungen vorsieht. Insbesondere gilt dies für Ziffer 5, die als Beschränkung hinsichtlich des Zeitraums der aufzunehmenden Pro-forma-Finanzinformationen formuliert ist.

a) Klare Darlegung und Erläuterung der Pro-forma-Anpassungen

36 Ziffer 6 lit. a betont über die in den Ziffern 1 und 3 des Anhangs II ProspektVO enthaltenen Vorgaben an die Darstellung der Pro-forma-Finanzinformationen hinaus, dass auch die Pro-forma-Anpassungen klar dargelegt und erläutert werden müssen. Das bedeutet, dass die Darstellung der Pro-forma-Anpassungen nicht missverständlich oder irreführend sein darf. Neben den bereits aufgrund von Ziffer 1 des Anhangs II ProspektVO aufzunehmenden allgemeinen Hinweisen zu Wesen und Zweck der Pro-forma-Finanzinformationen (siehe Rz. 1, 4) und den Angaben zur Grundlage der Erstellung der Pro-forma-Finanzinformationen (siehe Rz. 28 f.) enthält IDW RH HFA 1.004 in diesem Zusammenhang ua. den Hinweis, dass im Rahmen der Pro-forma-Erläuterungen dargelegt werden soll, welche historischen Zahlen in den Ausgangszahlen enthalten sind, wie die historischen Zahlen an die Rechnungslegungsgrundsätze sowie Ausweis-, Bilanzierungs- und Bewertungsmethoden des Emittenten angepasst wurden, ob die Ausgangszahlen geprüft oder ungeprüft sind und ob die Ausgangszahlen bereits veröffentlicht wurden oder ob diese erst zusammen mit den Pro-forma-Finanzinformationen veröffentlicht werden[1]. Darüber hinaus ist nach IDW RH HFA 1.004 (ebenfalls im Rahmen der Pro-forma-Erläuterungen) ein spezieller Abschnitt „Grundlagen der Erstellung der Pro-forma-Finanzinformationen" aufzunehmen, in welchem anzugeben ist, wie und unter welchen Pro-forma-Annahmen die Pro-forma-Finanzinformationen aus den Ausgangszahlen hergeleitet werden[2]. Neben diesen allgemeinen, dem besseren Verständnis der Pro-forma-Anpassungen dienenden Informationen und der Darstellung der Grundlage der Erstellung der Pro-forma-Finanzinformationen wird der Ziffer 6 lit. a des Anhangs II ProspektVO in IDW RH HFA 1.004 insbesondere dadurch Rechnung getragen, dass in einem separaten, dritten Abschnitt der Pro-Forma-Erläuterungen die Pro-forma-Anpassungen im Detail zu erläutern sind[3].

b) Unmittelbare Zuordnung zur jeweiligen Transaktion

37 Die Bedeutung dieser aus Ziffer 6 lit. b des Anhangs II ProspektVO folgenden Anforderung an Pro-forma-Anpassungen hat CESR in seinen Level-3-Empfehlungen vom Januar 2005 näher konkretisiert, was ESMA in der Aktualisierung dieser Empfehlungen vom März 2013 unverändert übernommen hat[4]. Danach sollen Pro-forma-Finanzinformationen nur solche Sachverhalte widerspiegeln, die integraler Bestandteil der jeweiligen, im Prospekt beschriebenen Unternehmenstransaktion sind. Dazu gehören etwa unmittelbar der Transaktion zuzuordnende Steuereffekte und Abschreibungen sowie Transaktionskosten und Zinsaufwendungen für eine Fremd-

---

1 IDW RH HFA 1.004, Tz. 34, WPg 2006, 141 (144).
2 Siehe hierzu im Einzelnen IDW RH HFA 1.004, Tz. 35, WPg 2006, 141 (145).
3 Näher dazu IDW RH HFA 1.004, Tz. 36, WPg 2006, 141 (145).
4 ESMA update of the CESR recommendations for the consistent implementation of the Commission Regulation (EC) No 809/2004 implementing the Prospectus Directive (Level-3-Empfehlungen), 20.3.2013, ESMA/2013/319, Tz. 88.

finanzierung eines aufgrund der Transaktion erfolgten Unternehmenserwerbs[1]. Dabei dürfen – auch wenn ein enger Zusammenhang mit der Unternehmenstransaktion besteht – jedoch keine Anpassungen vorgenommen werden, die auf Maßnahmen beruhen, die erst nach Abschluss der Unternehmenstransaktion erfolgen[2]. Zu solchen, der betreffenden Transaktion nicht unmittelbar zuzuordnenden Aufwendungen rechnet IDW RH HFA 1.004 etwa zusätzliche oder reduzierte Hauptversammlungskosten, Prüfungskosten und geänderte Vorstands-/Aufsichtsratsvergütungen[3].

c) Tatsachen, die eine Pro-forma-Anpassung stützen können

Gemäß Ziffer 6 lit. c des Anhangs II ProspektVO müssen die Pro-forma-Anpassungen auf Tatsachen gestützt werden können. Dadurch soll ein gewisser Grad an objektiver Bestimmbarkeit der Pro-forma-Anpassungen gewährleistet werden[4]. Vom IDW RH HFA 1.004 wird diese Anforderung dahingehend verstanden, dass die Pro-forma-Anpassungen hinreichend nachvollziehbar und begründbar sein müssen und sich nicht auf zukünftige Ereignisse (wie alle Arten erwarteter Synergieffekte) beziehen dürfen[5]. In den von ESMA im März 2013 aktualisierten, insofern jedoch unverändert übernommenen CESR-Level-3-Empfehlungen[6] werden folgende Tatsachen, auf die Pro-forma-Anpassungen gestützt werden können, beispielhaft aufgeführt: veröffentlichte und interne Abschlüsse sowie sonstige Finanzinformationen und Bewertungen, die im Zusammenhang mit der Unternehmenstransaktion erstellt wurden, der Inhalt des Unternehmenskaufvertrags oder anderer im Zusammenhang mit der jeweiligen Unternehmenstransaktion abgeschlossener Verträge.

38

---

1 Vgl. jeweils zu weiteren möglichen abzubildenden Effekten *Förschle/Almeling* in Winkeljohann/Förschle/Deubert, Sonderbilanzen, Kap. F Rz 87 ff.; *KPMG*, Accounting News, Ausgabe Oktober 2014, S. 2 (6), abrufbar über die Website https://home.kpmg.com/de/de/home.html unter der Rubrik „Medien > Newsletter > Accounting News Oktober 2014" sowie ICAEW Technical Release, TECH 01/15CFF Guidance for preparers of pro forma financial information (Dezember 2014), Ziffer 4.2, Rz. 83 ff., S. 16 ff., abrufbar über die Website http://www.icaew.com/en unter der Rubrik „Technical resources > Corporate finance > Financing Change > TECH 01/15CFF Guidance for preparers of pro forma financial information".
2 ESMA update of the CESR recommendations for the consistent implementation of the Commission Regulation (EC) No 809/2004 implementing the Prospectus Directive (Level-3-Empfehlungen), 20.3.2013, ESMA/2013/319, Tz. 88.
3 IDW RH HFA 1.004, Tz. 30, WPg 2006, 141 (144).
4 Vgl. ESMA update of the CESR recommendations for the consistent implementation of the Commission Regulation (EC) No 809/2004 implementing the Prospectus Directive (Level-3-Empfehlungen), 20.3.2013, ESMA/2013/319, Tz. 87.
5 IDW RH HFA 1.004, Tz. 19 und 30, WPg 2006, 141 (143 f.), ebenso die Auffassung der britischen FCA, UKLA Technical Note Pro forma financial information, März 2015, Ref: UKLA/TN/633.1, S. 6.
6 ESMA update of the CESR recommendations for the consistent implementation of the Commission Regulation (EC) No 809/2004 implementing the Prospectus Directive (Level-3-Empfehlungen), 20.3.2013, ESMA/2013/319, Tz. 87.

d) Unterscheidung der Pro-forma-Anpassungen nach der Dauerhaftigkeit ihres Einflusses auf den Emittenten

39 Bei der Darstellung der Pro-forma-Anpassungen im Bereich der **Gewinn- und Verlustrechnung** und der **Kapitalflussrechnung** ist zwischen Anpassungen mit einem einmaligen Einfluss und Anpassungen mit einem dauerhaften Einfluss auf die Vermögens-, Finanz- und Ertragslage des Emittenten zu unterscheiden[1]. Eine ähnliche Anforderung enthält auch Regulation S-X Rule 11-02(b)(6), wonach Pro-forma-Anpassungen im Bereich der Gewinn- und Verlustrechnung einen dauerhaften Einfluss auf den Emittenten haben müssen[2].

40 Nach IDW RH HFA 1.004 gehören zu den Pro-forma-Anpassungen **mit dauerhaftem Einfluss** auf die Vermögens-, Finanz- und Ertragslage typischerweise unmittelbar aus der Unternehmenstransaktion resultierende Aufwendungen wie Abschreibungen des Firmenwerts, Abschreibungen auf zusätzlich anzusetzende Vermögenswerte, Mehrabschreibungen auf Sachanlagen und Folgeaufwendungen aus der Aufdeckung stiller Reserven im Umlaufvermögen[3]. Pro-Forma-Anpassungen **ohne dauerhaften Einfluss** sind demgegenüber die Kosten der Akquisition, einmalige Steuereffekte und auch Restrukturierungsaufwendungen[4], soweit diese hinreichend mit Fakten unterlegt (Rz. 38) und nicht bereits im letzten Abschluss enthalten sind[5]. Anhang II ProspektVO enthält keine Vorgaben, wie die Unterscheidung zwischen Pro-forma-Anpassungen mit und ohne dauerhaftem Einfluss im Prospekt darzustellen ist. Die Darstellung in einer separaten Spalte kann jedoch im Hinblick auf eine möglichst klare Darstellung sinnvoll sein[6].

III. Prüfungsbescheinigung zu den Pro-forma-Angaben (Ziffer 7)

1. Überblick

41 Der Inhalt des nach Anhang I Ziffer 20.2 Abs. 4 ProspektVO (vgl. hierzu Anhang I EU-ProspektVO Rz. 233) in den Prospekt aufzunehmenden und den Pro-forma-Finanzinformationen beizufügenden Berichts eines unabhängigen „Buchprüfers" (Accountant) oder Wirtschaftsprüfers wird in Anhang II Ziffer 7 ProspektVO näher bestimmt. Danach hat ein Wirtschaftsprüfer[7] zu bestätigen, dass die Pro-forma-Fi-

---

1 Vgl. IDW RH HFA 1.004, Tz. 18, WPg 2006, 141 (143).
2 So auch *Förschle/Almeling* in Winkeljohann/Förschle/Deubert, Sonderbilanzen, Kap. F Rz. 83.
3 IDW RH HFA 1.004, Tz. 27, WPg 2006, 141 (143).
4 IDW RH HFA 1.004, Tz. 27, WPg 2006, 141 (143).
5 *Förschle/Almeling* in Winkeljohann/Förschle/Deubert, Sonderbilanzen, Kap. F Rz. 92.
6 So auch *Förschle/Almeling* in Winkeljohann/Förschle/Deubert, Sonderbilanzen, Kap. F Rz. 83.
7 In Deutschland ist der in Ziffer 7 des Anhangs II ProspektVO neben dem Wirtschaftsprüfer erwähnte Buchprüfer (in der englischen Sprachfassung Accountant) ohne Bedeutung. Die Erwähnung beider Personengruppen beruht darauf, dass zB in Großbritannien und der Republik Irland die Erteilung einer Prüfungsbescheinigung durch den sog. „Reporting Accountant" erfolgt, vgl. hierzu den britischen Standard for Investment Reporting (SIR)

nanzinformationen in Übereinstimmung mit den dargestellten Grundlagen erstellt wurden und dass diese Grundlagen mit den „Rechnungslegungsstrategien" (*accounting policies*), dh. den Rechnungslegungsgrundsätzen sowie den Ausweis-, Bilanzierungs- und Bewertungsmethoden, des die Pro-forma-Informationen erstellenden Emittenten konsistent sind. Eine Prüfungspflicht gilt dabei auch für freiwillig aufgenommene Pro-forma-Finanzinformationen[1].

Der Hauptfachausschuss des IDW hat infolge der Anforderungen in Ziffer 20.2 Abs. 4 des Anhangs I und Ziffer 7 des Anhangs II ProspektVO im November 2005 mit dem **IDW Prüfungshinweis: Prüfung von Pro-Forma-Finanzinformationen (IDW PH 9.960.1)**[2] entsprechende berufsständische Grundsätze für die Wirtschaftsprüfer verabschiedet (vgl. hierzu Rz. 2). Damit ersetzt[3] der IDW PH 9.960.1 den bis zum Inkrafttreten des neuen Prospektrechts zum 1.7.2005 angewandten IDW Prüfungshinweis: Prüferische Durchsicht von Pro-Forma-Angaben (IDW PH 9.900.1)[4], der eine prüferische Durchsicht und nicht eine Prüfung der Pro-forma-Finanzinformationen durch den Wirtschaftsprüfer vorsah. Infolge der prüferischen Durchsicht gab der Wirtschaftsprüfer auch nicht – wie nach dem derzeitigen Prospektrecht erforderlich – eine positiv formulierte Aussage, sondern eine negativ formulierte Aus-

42

4000 „Investment Circular Reporting Standards applicable to public reporting engagements on pro forma financial information" vom Januar 2006, gültig für Reports, die nach dem 31.3.2006 unterzeichnet worden sind, abrufbar auf der Website des Financial Reporting Council https://www.frc.org.uk unter der Rubrik „Our work > Audit > Audit & Assurance > Standards and guidance > Other standards and guidance > Standards for Investment Reporting (SIRs)".

1 ESMA, Questions and Answers Prospectuses, 25th updated version (July 2016), ESMA/2016/1133 v. 15.7.2016, Frage 54 (December 2012). Zunächst hatten die Aufsichtsbehörden in Großbritannien, Luxemburg und Irland eine Prüfungspflicht für freiwillig in Prospekte, die sich nicht auf Aktien bezogen, aufgenommene Pro-forma-Finanzinformationen keine Prüfung seitens eines Wirtschaftsprüfers und eine damit einhergehende Bestätigung des Wirtschaftsprüfers im Prospekt gefordert. Hierauf wurde explizit in einem zweiten Unterabs. hingewiesen, der zuletzt in den ESMA, Questions and Answers Prospectuses, 17th updated version (September 2012), ESMA/2012/605 v. 24.9.2012, Frage 54 (December 2008) enthalten war. Im Zusammenhang mit der Beseitigung von Aufsichtsdivergenzen in den EU-Mitgliedstaaten und einer entsprechenden Aufforderung an die nationalen Aufsichtsbehörden zur Überprüfung abweichender Meinungen haben die genannten Aufsichtsbehörden von ihren abweichenden Auffassungen Abstand genommen und verlangen nunmehr für alle Prospekte, in die freiwillige Pro-forma-Finanzinformationen aufgenommen wurden, auch eine Bescheinigung des Wirtschaftsprüfers nach Ziffer 7 des Anhangs II ProspektVO. Siehe zu dem Erfordernis eines Prüfungsberichts des Wirtschaftsprüfers in allen Fällen auch die britische Aufsicht FCA, UKLA Technical Note Pro forma financial information, März 2015, Ref: UKLA/TN/633.1, S. 3, 6, abrufbar über die Website https://www.the-fca.org.uk unter der Rubrik „Markets > UK Listing Authority > Knowledge base > Technical notes > Prospectus content".
2 IDW Prüfungshinweis: Prüfung von Pro-Forma-Finanzinformationen (IDW PH 9.960.1) v. 29.11.2005, WPg 2006, 133 ff.
3 IDW PH 9.960.1, Tz. 3, WPg 2006, 133.
4 IDW Prüfungshinweis: Prüferische Durchsicht von Pro-Forma-Angaben (IDW PH 9.900.1) v. 1.10.2002, WPg 2002, 1337 ff.

sage dahingehend ab, dass ihm keine Sachverhalte bekannt geworden sind, die ihn zu der Annahme veranlassen, dass (i) die den Pro-Forma-Angaben zugrunde liegenden Annahmen den wesentlichen Konsequenzen der Unternehmenstransaktionen für die Abschlüsse nicht angemessen Rechnung tragen, (ii) die vorgenommenen Pro-Forma-Anpassungen nicht sachgerecht unter Berücksichtigung der Annahmen abgeleitet wurden, (iii) die Pro-Forma-Anpassungen nicht zutreffend in der betreffenden Pro-Forma-Bilanz und Pro-Forma-Gewinn- und Verlustrechnung abgebildet wurden und (iv) die Pro-Forma-Anpassungen nicht umfassend und verständlich in den Pro-Forma-Erläuterungen dargestellt wurden[1]. Vor Einführung des EU-Prospektrechts erfolgte die prüferische Durchsicht der in einen Prospekt aufgenommenen Pro-forma-Finanzinformationen dabei im Zusammenhang mit der Erteilung eines Comfort Letter nach dem IDW Prüfungsstandard: Grundsätze für die Erteilung eines Comfort Letter (IDW PS 910)[2], bei dem es sich um eine schriftliche Bestätigung eines Wirtschaftsprüfers über in einem Prospekt abgedruckten Abschlüsse und Finanzzahlen handelt[3]. Da Ziffer 7 des Anhangs II ProspektVO die Aufnahme einer Bescheinigung über die Prüfung der Pro-forma-Finanzinformationen in den Prospekt verlangt, besteht aus Sicht der Wirtschaftsprüfer keine Notwendigkeit mehr, einen Bericht über die Prüfung der Pro-forma-Finanzinformationen zusätzlich auch in den Comfort Letter aufzunehmen[4].

43 IDW PH 9.960.1 setzt voraus, dass der die Prüfung durchführende Wirtschaftsprüfer in ausreichendem Maße mit der Geschäftätigkeit und den angewandten Rechnungslegungsgrundsätzen sowie den Ausweis-, Bewertungs- und Bilanzierungsmethoden der Unternehmen, deren Abschlüsse in die Pro-forma-Finanzinformationen einfließen, vertraut ist. Dies gilt typischerweise für den **Abschlussprüfer**, der die wesentlichen historischen Abschlüsse geprüft oder prüferisch durchgesehen hat[5]. Andernfalls muss ein Wirtschaftsprüfer sich die notwendigen Kenntnisse verschaffen[6]. So können bei Unklarheiten hinsichtlich der Rechnungslegungsgrundsätze sowie Ausweis-, Bilanzierungs- und Bewertungsmethoden des erworbenen Unternehmens oder Unternehmensteils entsprechende Auskünfte bei dem gesetzlichen Vertreter

---

1 IDW PH 9.900.1, Tz. 8, WPg 2002, 1337, (1339); IDW PS 910, Tz. 92, WPg 2004, 342 (353).
2 IDW Prüfungsstandard: Grundsätze für die Erteilung eines Comfort Letter (IDW PS 910), Tz. 91 f., WPg 2004, 342 (352 f.); ausführlich *Kunold* in Habersack/Mülbert/Schlitt, Unternehmensfinanzierung am Kapitalmarkt, § 34 Rz. 42 f.
3 Vgl. zum Comfort Letter *Kunold* in Habersack/Mülbert/Schlitt, Unternehmensfinanzierung am Kapitalmarkt, § 34; *A. Meyer*, WM 2003, 1745; *Krämer* in Marsch-Barner/Schäfer, Handbuch börsennotierte AG, § 10 Rz. 209 ff.; *Dolczik*, CFL 2010, 466.
4 Vgl. IDW PS 910, Tz. 92, WPg 2004, 342 (353). Im Comfort Letter wird daher lediglich erwähnt, dass die in den Prospekt aufgenommenen und nach IDW RH HFA 1.004 erstellten Pro-forma-Finanzinformationen gemäß IDW PH 9.960.1 geprüft worden sind; näher dazu *Kunold* in Habersack/Mülbert/Schlitt, Unternehmensfinanzierung am Kapitalmarkt, § 34 Rz. 43f.
5 IDW PH 9.960.1, Tz. 4, WPg 2006, 133.
6 Vgl. IDW Prüfungsstandard: Kenntnisse über die Geschäftätigkeit sowie das wirtschaftliche und rechtliche Umfeld des zu prüfenden Unternehmens im Rahmen der Abschlussprüfung (IDW PS 230) v. 8.12.2005, WPg 2000, 842 ff.; WPg 2006, 218.

des erworbenen Unternehmens/Unternehmensteils und dessen (ehemaligen) Abschlussprüfern eingeholt werden[1]. Dabei soll nach IDW PH 9.960.1 ein Prüfungsauftrag grundsätzlich nur dann angenommen werden, wenn die zu prüfenden Pro-forma-Finanzinformationen auf der Grundlage des IDW RH HFA 1.004 erstellt worden sind[2]. Wurden die Pro-forma-Finanzinformationen nach sonstigen anerkannten Standards erstellt (etwa Pro-forma-Finanzinformationen, die im Hinblick auf ein Angebot in den USA auch nach Regulation S-X zum U.S. Securities Act von 1933 erstellt wurden[3]), so hat der Wirtschaftsprüfer im Einzelfall zu entscheiden, ob er eine Prüfung nach IDW PH 9.960.1 durchführt[4].

2. Prüfungsumfang und Prüfungshandlungen

Prüfungsumfang und Prüfungshandlungen richten sich nach dem Inhalt der gemäß Anhang I Ziffer 20.2 Abs. 4 iVm. Anhang II Ziffer 7 ProspektVO in den Prospekt aufzunehmenden Prüfungsbescheinigung. In dieser müssen die Wirtschaftsprüfer gemäß Anhang II Ziffer 7 lit. a und b ProspektVO angeben, dass ihrer Auffassung nach die Pro-forma-Finanzinformationen ordnungsgemäß auf der angegebenen Basis erstellt wurden und diese Basis mit den Rechnungslegungsstrategien des Emittenten konsistent ist. Was genau unter **„ordnungsgemäß erstellt"** (*properly compiled*) zu verstehen ist, wird in der ProspektVO nicht ausgeführt. Wie CESR im Rahmen der Konsultation des am 28.4.2010 vom International Auditing and Assurance Standards

44

---

1 IDW PH 9.960.1, Tz. 11, WPg 2006, 133 (134) iVm. IDW Prüfungsstandard: Besondere Grundsätze für die Durchführung von Konzernabschlussprüfungen (einschließlich der Verwertung der Tätigkeit von Teilbereichsprüfern (IDW PS 320) in der aufgrund der Transformation des International Standard on Auditing (ISA) 600 „Special Considerations – Audits of Group Financial Statements (including the Work of Component Auditors") vom HFA am 1.3.2012 verabschiedeten Neufassung, WPg Supplement 2/2012, 29 ff.; WPg Supplement 3/2014, 11 f., Tz. 5, 37 ff., A2. Mit Umsetzung des Art. 27 lit. a und b der Abschlussprüferrichtlinie (Richtlinie 2006/43/EG des Europäischen Parlaments und des Rates v. 17.5.2006 über Abschlussprüfungen von Jahresabschlüssen und konsolidierten Abschlüssen, zur Änderung der Richtlinien 78/660/EWG und 83/349/EWG des Rates und zur Aufhebung der Richtlinie 84/253/EWG des Rates, ABl. EU Nr. L 157 v. 9.6.2006, S. 87 ff.), durch das Bilanzrechtsmodernisierungsgesetz (BGBl. I 2009, 1102 ff.) ist durch den neugefassten § 317 Abs. 3 Satz 2 HGB die nach § 317 Abs. 3 Sätze 2 und 3 HGB aF vorgesehene und in IDW PS 320 v. 5.5.2004, IDW WPg 2004, 593 ff., Tz. 5, 33 aF beschriebene Möglichkeit der bloßen „Übernahme" der Ergebnisse eines anderen Abschlussprüfers entfallen. Die Arbeitsergebnisse eines anderen Abschlussprüfers können nur noch eigenverantwortlich „verwertet" werden, was regelmäßig einen entsprechenden Umfang eigener Prüfungshandlungen erfordert (vgl. IDW Prüfungsstandard: Verwertung der Arbeit eines anderen externen Prüfers (IDW PS 320) v. 9.9.2009, WPg Supplement 4/2009, 4 ff., Tz. 5, 32a aF; *Orth/Müller*, Abschlussprüfung, in Küting/Pfitzer/Weber, Das neue deutsche Bilanzrecht, 2. Aufl. 2009, S. 637 f.).
2 IDW PH 9.960.1, Tz. 5 Unterabs. 1, WPg 2006, 133.
3 Hierzu auch *A. Meyer* in FrankfurtKomm. WpPG, EU-ProspV Anh. II Rz. 46.
4 IDW PH 9.960.1, Tz. 5 Unterabs. 1, WPg 2006, 133.

Board (IAASB)[1] veröffentlichten Entwurfs (Exposure Draft) des **International Standard on Assurance Engagements (ISAE) 3420** „Assurance Reports on the Process to Compile Pro Forma Financial Information Included in a Prospectus"[2] klargestellt hatte, wird nicht verlangt, dass die Wirtschaftsprüfer die Pro-forma-Finanzinformationen einer vollständigen Prüfung unterziehen[3]. Allerdings hatte der Exposure Draft des IAASB entsprechend der Marktpraxis in verschiedenen Jurisdiktionen[4] und Empfehlungen der IAASB Consultative Group vorgesehen und deutlich betont, dass sich die Prüfung auf das Verfahren der Erstellung von Pro-forma-Finanzinformationen (*process to compile pro forma financial information*) und nicht auf die Pro-forma-Finanzinformationen selbst bezieht[5]. Das IAASB hatte für den Entwurf des ISAE 3420 die Regelungen der ProspektVO als Ausgangspunkt gewählt[6] und bezog sich hinsichtlich des Prüfungsumfangs ausdrücklich auf die Anforderungen an die Prüfungsbescheinigung nach Anhang II Ziffer 7 ProspektVO[7]. Der betonte Fokus des Exposure Draft auf der Prüfung des Verfahrens hat jedoch zu deutlichem Widerspruch seitens CESR geführt. Zwar sei keine Prüfung der Pro-forma-Finanzinformationen selbst erforderlich, die erforderlichen Tätigkeiten der Wirtschaftsprüfer gingen aber durchaus über die bloße Prüfung des Verfahrens der Erstellung der Pro-forma-Finanzinformationen hinaus. So verlange die Bestätigung, dass die Pro-forma-Finanzinformationen ordnungsgemäß erstellt seien und mit den Rechnungslegungsstrategien des Emittenten konsistent sei, durchaus Einschätzungen und Bewertungen inhaltlicher Natur, was mehr sei als eine bloße Prüfung des Verfahrens[8]. Diese Argumente hat das IAASB angenommen mit dem klarstellenden Hinweis, dass Einigkeit darüber bestehe, dass kein voller „Audit" der Pro-forma-Finanzinformationen

---

1 Bei dem IAASB handelt es sich um das für Prüfungs- und Beratungsstandards zuständige internationale Gremium der International Federation of Accountants (IFAC).
2 Abrufbar auf der Website der IFAC http://ifac.org unter der Rubrik „Exposure Drafts and Consultation Papers".
3 CESR, Stellungnahme zum Exposure Draft on ISAE 3420, Assurance Reports on the Process to Compile Pro Forma Financial Information Included in a Prospectus v. 22.10.2010, abrufbar unter https://www.esma.europa.eu/sites/default/files/library/2015/11/10_1158.pdf, Stellungnahme zu Question 3.
4 Als Beispiele werden Hongkong, Malaysia, Singapur, Südafrika und das Vereinigte Königreich genannt, Exposure Draft des ISAE 3420, S. 5.
5 Exposure Draft des ISAE 3420, S. 5 und 37 sowie Proposed ISAE 3420 Tz. 1 und 2 (Exposure Draft des ISAE 3420, S. 15).
6 Exposure Draft des ISAE 3420, S. 3 f.
7 Exposure Draft des ISAE 3420, S. 5.
8 CESR, Stellungnahme zum Exposure Draft on ISAE 3420, Assurance Reports on the Process to Compile Pro Forma Financial Information Included in a Prospectus v. 22.10.2010, abrufbar unter https://www.esma.europa.eu/sites/default/files/library/2015/11/10_1158.pdf, Begleitschreiben zur Stellungnahme sowie Stellungnahmen zu Questions 2 und 3. Das Institut der Wirtschaftsprüfer (IDW) hatte in seiner Stellungnahme zum Exposure Draft vom 4.10.2010 (abrufbar unter http://www.idw.de unter „Verlautbarungen > Download sonstiger Verlautbarungen") die Betonung der Prüfung des Verfahrens als zutreffend angesehen, jedoch angemerkt, dass die Prüfungsbescheinigung sich am Wortlaut der ProspektVO orientieren müsse, die auf ein „orderly compiled" und nicht auf den „process to compile" abstelle.

durchzuführen sei[1]. In dem schließlich vom IAASB im September 2011 verabschiedeten ISAE 3420, der für ab dem 31.3.2013 erstellte Prüfungsberichte gilt, ist die Betonung der Beschränkung der Tätigkeiten der Wirtschaftsprüfer auf die Prüfung des Verfahrens der Erstellung daher nicht mehr enthalten[2]. Der deutsche Standard **IDW PH 9.960.1** verwendet ebenfalls keine Formulierungen, die eine Beschränkung der Prüfung auf das reine Verfahren zum Ausdruck bringen und spricht vereinzelt sogar von einer Prüfung der Pro-forma-Finanzinformationen[3]. Der Prüfungshinweis stellt aber im Übrigen – ähnlich wie ISAE 3420 – klar, dass es sich hierbei nur um eine Prüfung der Pro-forma-Anpassungen und der rechnerischen Richtigkeit der Zusammenfassung der Ausgangszahlen mit den Pro-forma-Anpassungen zu den daraus resultierenden Pro-forma-Finanzinformationen handelt[4]. Ausdrücklich **ausgenommen** von der Prüfung sind dabei nach IDW PH 9.960.1 die **historischen Ausgangszahlen selbst**, eine uU erforderliche **Anpassung der historischen Ausgangszahlen** des erworbenen Unternehmens/Unternehmensteils an die Rechnungslegungsgrundsätze, Ausweis-, Bilanzierungs- und Bewertungsmethoden des Emittenten sowie die **Angemessenheit** der in den Pro-forma-Erläuterungen dargestellten **Pro-forma-Annahmen** seitens des Emittenten[5]. Bei internationalen Emissionen, bei denen Offenlegungsanforderungen nicht nur nach der ProspektVO, sondern auch nach den Vorgaben ausländischer Rechtsordnungen zu berücksichtigen sind, werden die Prüfungstätigkeiten grundsätzlich auf Basis des IDW PH 9.960.1 vorgenommen und ergänzend der ISAE 3420 angewandt[6].

---

[1] Siehe die von Mitarbeitern des International Auditing and Assurance Standards Board zusammengestellte Basis for Conclusions: ISAE 3420, Assurance Engagements to Report on the Compilation of Pro Forma Financial Information Included in a Prospectus v. 20.12.2011 (abrufbar über die Website des IAASB http://www.iaasb.org unter der Rubrik „Publications & Resources"), Tz. 12 ff.

[2] International Standard on Assurance Engagement 3420, zuletzt abgedruckt im Handbook of International Quality Control, Auditing, Review, Other Assurance, and Related Services Pronouncements, 2015 Edition, Volume II, abrufbar über die Website des IAASB http://www.iaasb.org unter der Rubrik „Publications & Resources". Siehe Ziffer 1 des ISAE 3420 unter „Scope of this ISAE" sowie das im Appendix vorgesehene Muster des für Zwecke der ProspektVO vorgesehenen Opinion Statements, das bestätigt, dass die Pro-forma-Finanzinformationen „properly compiled" wurden.

[3] IDW PH 9.960.1, Tz. 1, 5, 6, WPg 2006, 133 f.

[4] IDW PH 9.960.1, Tz. 9, 10, WPg 2006, 133 (134).

[5] IDW PH 9.960.1, Tz. 7, 8, 17, WPg 2006, 133 (134 f.).

[6] Vgl. die diesbezügliche Stellungnahme des IDW zum Exposure Draft ISAE vom 4.10.2010, Stellungnahme zu Question 1, abrufbar unter http://www.idw.de unter „Verlautbarungen > Download sonstiger Verlautbarungen". Siehe auch *Förschle/Almeling* in Winkeljohann/Förschle/Deubert, Sonderbilanzen, Kap. F Rz. 126, die ferner darauf hinweisen, dass andere nationale Regelungen wie der US-amerikanische Attestation Standard (AT) Section 401 „Reporting on Pro Forma Financial Information" des AICPA und der im Vereinigten Königreich anwendbare Investment Circular Reporting Standard (SIR) 4000 „Investment Circular Reporting Standards applicable to public reporting engagements on pro forma financial information" im europäischen Kontext idR nicht anwendbar sind.

45 IDW PH 9.960.1 sieht vor, dass der Wirtschaftsprüfer sich eine **schriftliche Vollständigkeitserklärung** von der Unternehmensleitung des **Emittenten** erteilen lässt, in der er sich bestätigen lässt, dass (i) die Unternehmensleitung für die zugrunde liegenden Pro-forma-Annahmen und die Ermittlung der Pro-forma-Anpassungen verantwortlich ist, (ii) die historischen Finanzinformationen in den Ausgangszahlen auf den gleichen Rechnungslegungsgrundsätzen sowie Ausweis-, Bilanzierungs- und Bewertungsgrundsätzen beruhen und Wahlrechte einheitlich ausgeübt worden sind, (iii) die den Pro-forma-Finanzinformationen zugrunde liegenden Pro-forma-Annahmen den wesentlichen Konsequenzen der Unternehmenstransaktion angemessen Rechnung tragen, (iv) die Pro-forma-Anpassungen sachgerecht unter Berücksichtigung der Pro-forma-Anpassungen abgeleitet und in der Pro-forma-Gewinn- und Verlustrechnung und der Pro-forma-Bilanz abgebildet wurden und (v) sämtlichen relevanten Unternehmenstransaktionen sowie den daraus folgenden wesentlichen Konsequenzen für die Abschlüsse in den Pro-forma-Erläuterungen angemessen Rechnung getragen wurde[1].

a) Prüfung, ob die Pro-forma-Finanzinformationen ordnungsgemäß auf den dargestellten Grundlagen beruhen

46 Für die Prüfung, ob die Pro-forma-Finanzinformationen ordnungsgemäß auf den in den Pro-forma-Erläuterungen dargestellten Grundlagen erstellt worden sind, hat ein Wirtschaftsprüfer nach IDW PH 9.960.1[2] zunächst die **Pro-forma-Anpassungen** zu prüfen. Hierbei umfasst die Prüfungstätigkeit neben der Beurteilung der **Konsolidierung** insbesondere die Prüfung der vorgenommenen Pro-forma-Anpassungen in Bezug auf die **Kaufpreisaufteilung** der Unternehmenstransaktion, sofern diese nicht schon bereits im Rahmen der Abschlussprüfung geprüft wurde, sowie deren **Finanzierung**. Dies ist vor allem in Fallkonstellationen bedeutsam, in denen eine Pro-forma-Bilanz zu erstellen ist[3], also wenn die Unternehmenstransaktion in der Bilanz des letzten Abschlusses oder des Zwischenabschlusses des laufenden Geschäftsjahres nicht abgebildet ist, mithin die Transaktion nach dem Stichtag des letzten Abschlusses oder Zwischenabschlusses erfolgt ist (hierzu oben Rz. 15 und 17). Bei der Prüfung ist zu berücksichtigen, dass die bei der Gewinn- und Verlustrechnung vorgenommen Pro-forma-Anpassungen nicht mit denen in der Pro-forma-Bilanz korrespondieren müssen und daher von der Konzeption her keine Kongruenz zwischen beiden besteht. Eine Gegenbuchung oder die Bildung eines bilanziellen Ausgleichspostens ist somit für Pro-forma-Anpassungen im Bereich der Gewinn- und Verlustrechnung nicht sachgerecht[4].

---

1 IDW PH 9.960.1, Tz. 16, WPg 2006, 133 (135).
2 IDW PH 9.960.1, Tz. 4, WPg 2006, 133.
3 *Förschle/Almeling* in Winkeljohann/Förschle/Deubert, Sonderbilanzen, Kap. F Rz. 129.
4 *Förschle/Almeling* in Winkeljohann/Förschle/Deubert, Sonderbilanzen, Kap. F Rz. 130.

Eine Prüfung der Pro-forma-Anpassungen beinhaltet in der Regel insbesondere 47
(i) das kritische Lesen der den Pro-forma-Finanzinformationen zugrunde liegenden Verträge sowie (ii) das Befragen der Unternehmensleitung und ggf. weiterer Auskunftspersonen über die Unternehmenstransaktion(en), deren Konsequenzen für die Abschlüsse und zu sonstigen Geschäftsbeziehungen zwischen dem Emittenten und dem zugehenden bzw. abgehenden Tochterunternehmen, Teilkonzern oder Unternehmensteil, (iii) das kritische Lesen der Pro-forma-Erläuterungen hinsichtlich einer nachvollziehbaren Darstellung sowie (iv) die Feststellung, ob die Pro-forma-Anpassungen folgerichtig aus den Pro-forma-Annahmen abgeleitet wurden und widerspruchsfrei sind[1].

Neben der Prüfung der Pro-forma-Anpassungen ist nach IDW PH 9.960.1 zudem die 48 **rechnerische Richtigkeit** der Zusammenfassung der Ausgangszahlen mit den Pro-forma-Anpassungen zu den sich daraus ergebenden Pro-forma-Finanzinformationen zu prüfen[2]. In der Regel erstreckt sich die Prüfungstätigkeit ausgehend von einer Darstellung in Spaltenform (vgl. oben Rz. 18 ff.) auf die Nachvollziehung der Addition (im Falle des Erwerbs eines Unternehmens/Unternehmensteils) oder der Subtraktion (im Falle der Veräußerung eines Unternehmens/Unternehmensteils) der historischen Ausgangszahlen mit den Pro-forma-Anpassungen und den daraus resultierenden Pro-forma-Finanzangaben[3].

b) Prüfung, ob die dargestellten Grundlagen mit den Rechnungslegungsgrundsätzen des Emittenten konsistent sind

Für die Beurteilung, ob die in den Pro-forma-Erläuterungen dargestellten Grundlagen 49 mit den Rechnungslegungsgrundsätzen des Emittenten im Einklang stehen, hat der Wirtschaftsprüfer nach IDW PH 9.960.1[4] vor allem die den Pro-forma-Finanzinformationen zugrunde liegenden historischen Abschlüsse kritisch zu lesen und die

---

1 IDW PH 9.960.1, Tz. 10, WPg 2006, 133 (134).
2 IDW PH 9.960.1, Tz. 9 und 13, WPg 2006, 133 (134).
3 IDW PH 9.960.1, Tz. 13, WPg 2006, 133 (134).
4 IDW PH 9.960.1, Tz. 14, WPg 2006, 133 (134 f.); weitgehend vergleichbare Prüfungen sieht auch ISAE 3420 vor (Tz. 11(b)(ii), 14(b)(iii) und 22(c) sowie S. 26 A 15, 38), wobei anders als nach Anhang II Ziffer 7 lit. b ProspektVO in dem Grundmuster *Practitioner's Report* keine eigenständige, ausdrückliche Aussage (*opinion*) zur Konsistenz mit den Rechnungslegungsgrundsätzen des Emittenten, sondern lediglich ein Hinweis auf die Vornahme entsprechender Prüfungshandlungen vorgesehen ist, die als Grundlage der Aussage, dass die Pro-forma-Finanzinformationen ordnungsgemäß erstellt worden sind, dienen. Aufgrund entsprechender kritischer Stellungnahmen, insbesondere von CESR (siehe oben Rz. 44), enthält das Muster (anders als noch im Exposure Draft) jedoch einen Hinweis, dass aufgrund der jeweils anwendbaren Rechtsvorschriften weitere Opinion Statements aufzunehmen sind, was insbesondere auch auf die nach der ProspektVO erforderliche Aussage zur Konsistenz mit den Rechnungslegungsgrundsätzen des Emittenten abzielt (Appendix zum ISAE 3420 iVm. Anwendungshinweis A46 (Handbook of International Quality Control, Auditing, Review, Other Assurance, and Related Services Pronouncements, 2015 Edition, Volume II, S. 400).

Unternehmensleitung sowie ggf. weitere relevante Personen entsprechend zu befragen. Zudem sind die Pro-forma-Erläuterungen kritisch zu lesen und mit den Angaben in den Anhängen der historischen Abschlüsse zu vergleichen, um beurteilen zu können, ob die zugrunde liegenden Rechnungslegungsgrundsätze sowie die Ausweis-, Bilanzierungs- und Bewertungsmethoden in den Erläuterungen sachgerecht dargestellt oder entsprechende Verweise auf die Anhänge der historischen Abschlüsse enthalten sind[1].

3. Inhalt der Prüfungsbescheinigung

50 Tz. 17 des IDW PH 9.960.1[2] enthält als Empfehlung den Wortlaut für eine **Musterbescheinigung**. Die Musterbescheinigung endet mit den von Anhang II Ziffer 7 ProspektVO verlangten Aussagen, dass nach Beurteilung des Wirtschaftsprüfers die Pro-forma-Finanzinformationen auf den in den Pro-forma-Erläuterungen dargestellten Grundlagen ordnungsgemäß erstellt worden sind (siehe oben Rz. 44 ff.) und dass diese Grundlagen im Einklang mit den Rechnungslegungsgrundsätzen sowie den Ausweis-, Bilanzierungs- und Bewertungsmethoden des Emittenten stehen. Laut ESMA genügt eine im Wortlaut von Ziffer 7 des Anhangs II ProspektVO abweichende Aussage des Wirtschaftsprüfers nicht den Anforderungen der ProspektVO, insbesondere sind etwaige **Einschränkungen** (*qualifications*) oder **Zusätze bzw. Hinweise**, die das Prüfungsurteil selbst nicht berühren (*emphasis of matter paragraphs*[3]), **nicht zulässig**, da diese das Urteil des Wirtschaftsprüfers enthaltene Aussage schmälern bzw. zu Unklarheit führen[4].

51 Daneben enthält die Musterbescheinigung nach IDW PH 9.960.1 Angaben zu den Prüfungshandlungen und Aufgaben des Wirtschaftsprüfers, welche Pro-forma-Finanzinformationen enthalten sind und worin deren Zweck besteht, dass die Verantwortung der Erstellung der Pro-forma-Finanzinformationen bei den gesetzlichen Vertretern des die Pro-forma-Finanzinformationen erstellenden Unternehmens liegt

---

1 IDW PH 9.960.1, Tz. 14, WPg 2006, 133 (134 f.).
2 WPg 2006, 133 (135).
3 Zu „*emphasis of matter paragraphs*", also Zusätzen bzw. Hinweisen (Hervorhebung eines Sachverhalts in einem gesonderten Abschnitt), ohne damit jedoch das Prüfungsurteil selbst zu berühren, vgl. International Standard on Auditing (ISA) 706 (Revised) „Emphasis of Matter Paragraphs and Other Matter Paragraphs in the Independent Auditor's Report" v. 15.1.2015, der für die Prüfung von Finanzinformationen für einen am oder nach dem 15.12.2016 endenden Zeitraum gilt, abrufbar über die Website des IAASB http://www.iaasb.org unter der Rubrik „Publications & Resources". IASE 3420 sieht in Tz. 34 die Möglichkeit von Emphasis of Matter-Hinweisen vor. In den Erläuterungen zu dem Exposure Draft des IASE 3420, S. 9 hat das IAASB jedoch zugleich deutlich gemacht, dass derartige Hinweise nach dem jeweils maßgeblichen Prospektrecht uU nicht gestattet sind.
4 ESMA, Questions and Answers Prospectuses, 25th updated version (July 2016), ESMA/2016/1133 v. 15.7.2016, Frage 55 (August 2008). Kritisch *Heidelbach/Doleczik* in Schwark/Zimmer, § 7 WpPG Rz. 29, die es für fragwürdig halten, ob eine derartige „Forderung hinsichtlich der Formulierung des Prüfungsergebnisses mit der Notwendigkeit einer ergebnisoffenen, unabhängigen Prüfung (und damit Berichterstattung) noch vereinbar sei".

sowie eine Aussage dazu, dass die Prüfung unter Beachtung von IDW PH 9.960.1 „so geplant und durchgeführt" wurde, „dass wesentliche Fehler bei der Erstellung der Pro-forma-Finanzinformationen auf den in den Pro-forma-Erläuterungen dargestellten Grundlagen sowie bei der Erstellung dieser Grundlagen in Übereinstimmung mit den Rechnungslegungsgrundsätzen sowie den Ausweis-, Bilanzierungs- und Bewertungsmethoden der Gesellschaft mit hinreichender Sicherheit erkannt werden"[1].

---

[1] IDW PH 9.960.1, Tz. 17, WPg 2006, 133 (135).

Anhang III
Mindestangaben für die Wertpapierbeschreibung von Aktien (Schema)

Schrifttum: *Apfelbacher/Metzner*, Das Wertpapierprospekt in der Praxis, BKR 2006, 81; *Bungert/Wansleben*, Vertragliche Verpflichtung einer Aktiengesellschaft zur Nichtdurchführung einer Kapitalerhöhung, ZIP 2013, 1841; *Crüwell*, Die europäische Prospektrichtlinie, AG 2003, 243; *Ekkenga*, Kurspflege und Kursmanipulation nach geltendem und künftigem Recht, WM 2002, 317; *Fleischer*, Marktschutzvereinbarungen beim Börsengang – Eine Bestandsaufnahme nach dem Vierten Finanzmarktförderungsgesetz, WM 2002, 2035; *Harrer/Heidemann*, Going Public – Einführung in die Thematik, DStR 1999, 254; *Holzborn/Israel*, ZIP 2005, 1668; *Höhn*, Ausgewählte Probleme bei Lock-up-agreements, 2004; *Jäger*, Thema Börse (6): Emissionspartner und Anleger, NZG 1999, 643; *Kullmann/Sester*, Inhalt und Format von Emissionsprospekten nach dem WpPG, ZBB 2005, 209; *Kunold/Schlitt*, Die neue EU-Prospektrichtlinie, BB 2004, 501; *Schlitt/Ries*, Preisbestimmungsverfahren bei Aktienemissionen, in FS Schwark, 2009, S. 242; *Schlitt/Schäfer*, Auswirkungen des Prospektrichtlinie-Umsetzungsgesetzes auf Aktien- und Equity-linked Emissionen, AG 2005, 498; *Schlitt/Singhof/Schäfer*, Aktuelle Rechtsfragen und neue Entwicklungen im Zusammenhang mit Börsengängen, BKR 2005, 251; *Schulz*, Die Reform des Europäischen Prospektrechts – Eine Analyse der geplanten Prospektverordnung und ihrer Praxisauswirkung, WM 2016, 1417; *Weber*, Unterwegs zu einer europäischen Prospektkultur, NZG 2004, 360; *Wegmann*, Die Emissionspreisfindung im Zusammenhang mit der Börseneinführung von mittelständischen Unternehmen am Neuen Markt, DStR 1999, 514; *Willamowski*, Die strategische Allokation von Aktien bei Emissionen, WM 2001, 653.

I. Anwendungsbereich 1	V. Angaben über die anzubietenden bzw. zum Handel zuzulassenden Wertpapiere (Ziffer 4) 28
II. Verantwortliche Personen (Ziffer 1) 2	VI. Bedingungen und Voraussetzungen für das Angebot (Ziffer 5)
III. Risikofaktoren (Ziffer 2)	1. Angebotsbedingungen (Ziffer 5.1) 41
1. Bedeutung und Darstellung 5	2. Tranchenbildung; Zuteilung (Ziffer 5.2) 52
2. Typischerweise zu nennende Risiken................. 8	3. Preisfestsetzung (Ziffer 5.3) 57
IV. Grundlegende Angaben (Ziffer 3)	4. Übernahme der Aktien (Ziffer 5.4) 60
1. Erklärung zum Geschäftskapital (Ziffer 3.1)	VII. Zulassung zum Handel und Handelsregeln (Ziffer 6)
a) Inhalt der Erklärung 12	1. Zulassung und Handel (Ziffer 6.1 bis 6.4) 63
b) Qualifizierung 15	2. Stabilisierung (Ziffer 6.5) 68
c) Grundsätze für die Erstellung 16	VIII. Wertpapierinhaber mit Verkaufsposition (Ziffer 7)
d) Standort im Prospekt 17	1. Anbieter (Ziffer 7.1 und 7.2) 70
2. Kapitalausstattung und Verschuldung (Ziffer 3.2) 18	2. Lock-up (Ziffer 7.3) 72
3. Interessen Dritter an der Emission (Ziffer 3.3) 21	IX. Kosten der Emission/des Angebots (Ziffer 8) 74
4. Gründe für das Angebot und Verwendung des Emissionserlöses (Ziffer 3.4) 23	

X. Verwässerung (Ziffer 9) 81	3. Sachverständigengutachten (Ziffer 10.3) 87
XI. Zusätzliche Angaben (Ziffer 10)	4. Informationen von Seiten Dritter (Ziffer 10.4) 91
1. Berater (Ziffer 10.1) 85	
2. Geprüfte Zahlen (Ziffer 10.2) ... 86	

I. Anwendungsbereich

Anhang III der ProspektVO ist das für die Wertpapierbeschreibung von **Aktien** anwendbare **Schema** (Art. 6 ProspektVO)[1]. Es gilt darüber hinaus für andere übertragbare, Aktien gleichzustellende Wertpapiere. Hierunter fallen vor allem ausländische Wertpapiere, die aufgrund ihrer rechtlichen Ausgestaltung Aktien gleichzustellen sind. Andere Anwendungsfälle sind **Wandelschuldverschreibungen auf eigene Aktien**[2], insbesondere, wenn es sich um Pflichtwandelanleihen handelt, und **Genussscheine**, soweit sie nicht schuldverschreibungsähnlich strukturiert sind[3]. Nicht erfasst sind Aktien vertretende Zertifikate (*depository receipts*). Für solche Zertifikate gilt Anhang X (Art. 13 ProspektVO), der sowohl die Wertpapierbeschreibung als auch die Angaben zu den Zertifikaten und den zu Grunde liegenden Aktien vorgibt.

II. Verantwortliche Personen (Ziffer 1)

1. **Verantwortliche Personen**

1.1. Alle Personen, die für die im Prospekt gemachten Angaben bzw. für bestimmte Abschnitte des Prospekts verantwortlich sind. Im letzteren Fall sind die entsprechenden Abschnitte aufzunehmen. Im Falle von natürlichen Personen, zu denen auch Mitglieder der Verwaltungs-, Geschäftsführungs- und Aufsichtsorgane des Emittenten gehören, sind der Name und die Funktion dieser Person zu nennen. Bei juristischen Personen sind Name und eingetragener Sitz der Gesellschaft anzugeben.

1.2. Erklärung der für den Prospekt verantwortlichen Personen, dass sie die erforderliche Sorgfalt haben walten lassen, um sicherzustellen, dass die im Prospekt genannten Angaben ihres Wissens nach richtig sind und keine Tatsachen ausgelassen worden sind, die die Aussage des Prospekts wahrscheinlich verändern können. Ggf. Erklärung der für bestimmte Abschnitte des Prospekts verantwortlichen Personen, dass sie die erforderliche Sorgfalt haben

---

1 Zum Begriff *Holzborn/Israel*, ZIP 2005, 1668 (1671 f.).
2 *Fingerhut/Voß* in Just/Voß/Ritz/Zeising, Anhang III EU-ProspektVO Rz. 2. Zu Gestaltungsmöglichkeiten *Schlitt/Seiler/Singhof*, AG 2003, 254 ff.
3 Eine schuldverschreibungsähnliche Strukturierung liegt grundsätzlich vor, wenn die Genussscheinbedingungen eine Rückgabemöglichkeit und eine erfolgsunabhängige (Mindest-)Verzinsung vorsehen und der Genussschein als Fremdkapital zu bilanzieren ist. Indizien für eine aktienähnliche Ausgestaltung sind hingegen die Teilnahme an etwaigen Verlusten, ein gewinnabhängiger Zinssatz und die Bilanzierung als Eigenkapital; vgl. auch die Kommentierung zu § 2 WpPG Rz. 27.

walten lassen, um sicherzustellen, dass die in dem Teil des Prospekts genannten Angaben, für den sie verantwortlich sind, ihres Wissens nach richtig sind und keine Tatsachen ausgelassen worden sind, die die Aussage des Prospekts wahrscheinlich verändern können.

2 Anhang III Ziffer 1 ProspektVO ist im Wesentlichen wortgleich mit Ziffer 1 des Anhangs I. Sofern ein **einteiliger Prospekt** veröffentlicht wird, wie es bei Aktienemissionen der Regelfall ist[1], reicht eine Verantwortlichkeitserklärung im Prospekt aus, die in diesem Fall den gesamten Prospekt abdeckt und damit die Anforderungen der Ziffer 1 des Anhangs III und Ziffer 1 des Anhangs I erfüllt. Eine Wiederholung der Verantwortlichkeitserklärung im Zusammenhang mit der Darstellung des Angebots ist im einteiligen Prospekt nicht erforderlich.

3 Sofern ausnahmsweise ein **dreiteiliger Prospekt** iS des § 12 Abs. 1 Satz 2 WpPG erstellt wird, ist sowohl in das Registrierungsformular, als auch in die Wertpapierbeschreibung eine Verantwortlichkeitserklärung aufzunehmen[2] (hinsichtlich der in die Zusammenfassung aufzunehmenden Angaben zur Verantwortlichkeit vgl. § 5 WpPG Rz. 53 ff.).

4 Wegen weiterer Einzelheiten siehe die Kommentierung zu Anhang I EU-ProspektVO Rz. 2 ff.

III. Risikofaktoren (Ziffer 2)

2. Risikofaktoren
Klare Offenlegung der Risikofaktoren, die für die anzubietenden und/oder zum Handel zuzulassenden Wertpapiere von wesentlicher Bedeutung sind, wenn es darum geht, das Marktrisiko zu bewerten, mit dem diese Wertpapiere behaftet sind. Diese Offenlegung muss unter der Rubrik „Risikofaktoren" erfolgen.

1. Bedeutung und Darstellung

5 Die ProspektVO unterstreicht mit der zwingenden Pflicht zur Aufnahme aktienbezogener Risiken deren **Bedeutung** innerhalb der Darstellung der übrigen Risiken. Chancen, die die Risiken mindern, dürfen nicht im Prospekt dargestellt werden, da sie die Bedeutung der geschilderten Risiken verharmlosen könnten (Verbot der sog. *mitigating language*). Zu den Einzelheiten siehe die Kommentierung zu Anhang I EU-ProspektVO Rz. 32 ff.

---

1 Zum Prospekt bei Aktienemissionen siehe auch *Crüwell*, AG 2003, 243 (247); *Ekkenga/Maas*, Das Recht der Wertpapieremissionen, § 2 Rz. 201; *Kullmann/Sester*, ZBB 2005, 209 ff.; *Kunold/Schlitt*, BB 2004, 501 (505); *Schäfer* in Grunewald/Schlitt, Einführung in das Kapitalmarktrecht, S. 211; *Schlitt/Singhof/Schäfer*, BKR 2005, 251; *Weber*, NZG 2004, 360 (363).
2 *Fingerhut/Voß* in Just/Voß/Ritz/Zeising, Anhang III EU-ProspektVO Rz. 5.

Hinsichtlich der **Darstellung** schreibt Anhang III Ziffer 2 ProspektVO vor, dass auch die aktienbezogenen Risiken im Abschnitt „Risikofaktoren" offen zu legen sind. Ebenso wie in den übrigen Risikofaktoren sind Verweise auf außerhalb dieses Kapitels liegende Prospektteile in der Regel nicht zulässig, da sie die klare Offenlegung der Risiken beeinträchtigen können. Eine **Priorisierung** der verschiedenen Risikofaktoren, etwa nach dem Ausmaß der bei ihrem Eintreten entstehenden Schäden oder nach dem Wahrscheinlichkeitsgrad ihrer Verwirklichung, ist hingegen rechtlich nicht erforderlich. Gleichwohl bemüht sich die Praxis meist, die Risikofaktoren entsprechend der Größe des möglichen Schadens im Falle ihres Eintritts (also nicht der Höhe der Eintrittswahrscheinlichkeit) zu sortieren[1]. 6

Es ist zwar rechtlich nicht geboten, bietet sich aber an und entspricht der allgemeinen Marktpraxis, jedem Risikofaktor einen Satz als **Überschrift** voranzustellen, der das jeweilige Risiko in Kürze beschreibt. Dieser Satz kann in die Zusammenfassung des Prospekts, die zwingend auch eine Zusammenfassung der Risikofaktoren enthalten muss (§ 5 Abs. 2 WpPG), eingestellt werden, so dass auf diese Weise Konsistenz hergestellt wird. 7

2. Typischerweise zu nennende Risiken

Anders als die den Emittenten und seine Branche betreffenden Risiken sind die aktienbezogenen Risiken tendenziell weniger abhängig vom Einzelfall und in vielerlei Hinsicht **standardisiert**, da Aktienemissionen im Wesentlichen den beiden Fallgruppen Börsengang und Bezugsrechtsemission zugeordnet werden können. Daher haben sich in der Praxis eine Reihe aktienbezogener Risiken herausgebildet, die sehr häufig einschlägig und daher, mit Variationen des genauen Wortlauts, in den meisten Prospekten anzutreffen sind. 8

Zu diesen typischerweise zu nennenden Risiken gehören bei **Börsengängen** das Risiko, dass (i) ein öffentlicher Handel in den Aktien bislang nicht bestand und keine Gewähr besteht, dass sich ein liquider Handel entwickelt, wobei der Kurs möglicherweise volatil sein kann; (ii) die bisherigen Aktionäre, deren Interessen von denen neuer Investoren abweichen können, auch nach dem Börsengang einen erheblichen Einfluss auf die Gesellschaft ausüben könnten; (iii) ein zukünftiger Aktienverkauf nachteilige Auswirkungen auf den Kurs haben könnte; (iv) der anteilige Buchwert des Eigenkapitals je Aktie den Platzierungspreis deutlich unterschreitet und (v) die Ausgabe neuer Aktien zu einer Verwässerung der Beteiligung der Aktionäre an der Gesellschaft führen kann[2]. 9

Im Falle einer **Bezugsrechtsemission** finden sich neben den unter (ii) bis (v) genannten Risikohinweisen häufig Risikofaktoren zum Zustandekommen eines liqui- 10

---

1 Ziffer 4.1.2. der bis zum Inkrafttreten des WpPG geltenden Going-Public-Grundsätze der Deutsche Börse AG sah eine Orientierung in der Reihenfolge an den möglichen wirtschaftlichen Auswirkungen auf den Emittenten im Fall ihrer Realisierung vor. Siehe dazu die Kommentierung zu Anhang I EU-ProspektVO Rz. 39, zu den Going-Public-Grundsätzen *Schlitt/Smith/Werlen*, AG 2002, 478.
2 *Rauch* in Holzborn, Anh. III EU-ProspV Rz. 3.

den Bezugsrechtshandels, einer möglichen Kündigung des Übernahmevertrags durch die Konsortialbanken und einem möglichen Absinken des Aktienkurses während des Bezugsangebots. Sofern der Bezugspreis erst während der Bezugsfrist festgelegt wird[1], findet sich in der Regel ergänzend ein Risikofaktor dazu, dass die Bezugsrechtsausübung oder ein Handel in Bezugsrechten vor Bezugspreisfestlegung mit Risiken behaftet ist[2].

11 Im Rahmen der **Reform der Prospektvorschriften** (vgl. dazu allgemein Einl. WpPG Rz. 23 ff., § 4 WpPG Rz. 2) durch den europäischen Gesetzgeber sollen in Zukunft nur noch solche **Risikofaktoren** im Prospekt erwähnt werden, die wesentlich und spezifisch für den Emittenten und seine Wertpapiere sind. Im Hinblick auf die Einzelheiten wird auf die entsprechende Kommentierung in Anhang I verwiesen (siehe Anhang I EU-ProspektVO Rz. 49a)[3].

IV. Grundlegende Angaben (Ziffer 3)

3. Grundlegende Angaben

3.1. Erklärung zum Geschäftskapital

Erklärung des Emittenten, dass das Geschäftskapital seiner Auffassung nach für seine derzeitigen Bedürfnisse ausreicht. Ansonsten ist darzulegen, wie das zusätzlich erforderliche Geschäftskapital beschafft werden soll.

3.2. Kapitalbildung und Verschuldung

Aufzunehmen ist eine Übersicht über Kapitalbildung und Verschuldung (wobei zwischen garantierten und nicht garantierten, besicherten und unbesicherten Verbindlichkeiten zu unterscheiden ist). Diese Übersicht darf nicht älter sein als 90 Tage vor dem Datum des Dokuments. Zur Verschuldung zählen auch indirekte Verbindlichkeiten und Eventualverbindlichkeiten.

3.3. Interessen von Seiten natürlicher und juristischer Person, die an der Emission/dem Angebot beteiligt sind

Beschreibung jeglicher Interessen – einschließlich möglicher Interessenskonflikte –, die für die Emission/das Angebot von wesentlicher Bedeutung sind, wobei die beteiligten Personen zu spezifizieren und die Art der Interessen darzulegen ist.

3.4. Gründe für das Angebot und Verwendung der Erträge

Angabe der Gründe für das Angebot und ggf. des geschätzten Nettobetrages der Erträge, aufgegliedert nach den wichtigsten Verwendungszwecken und dargestellt nach Priorität dieser Verwendungszwecke. Sofern der Emittent weiß, dass die antizipierten Erträge nicht ausreichend sein werden, um alle vorgeschlagenen Verwendungszwecke zu finanzieren, sind der Betrag und

---

1 Zur Preisfestsetzung bei Bezugsrechtsemissionen siehe *Schlitt/Ries* in FS Schwark, 2009, S. 241 (249 ff.) mwN.
2 So zB im Prospekt der Manz Automation AG v. 11.6.2008, S. 31.
3 Vgl. zur Reform der Risikofaktoren auch *Schulz*, WM 2016, 1417 (1420).

die Quellen anderer Mittel anzugeben. Die Verwendung der Erträge muss im Detail dargelegt werden, insbesondere wenn sie außerhalb der normalen Geschäftsvorfälle zum Erwerb von Aktiva verwendet, zur Finanzierung des angekündigten Erwerbs anderer Unternehmen oder zur Begleichung, Reduzierung oder vollständigen Tilgung der Schulden eingesetzt werden.

1. Erklärung zum Geschäftskapital (Ziffer 3.1)

a) Inhalt der Erklärung

Nach Anhang III Ziffer 3.1 ProspektVO muss der Emittent zuzulassender oder öffentlich anzubietender Aktien eine Aussage zu seiner aktuellen Finanzlage treffen (*working capital statement*). Das **Geschäftskapital** umfasst das Bargeld und die anderen verfügbaren liquiden Mittel, zu denen der Emittent Zugang hat, um seine Verbindlichkeiten bei Fälligkeit zu begleichen[1]. Im Falle eines Konzerns bezieht sich die Erklärung zum Geschäftskapital auf den gesamten Konzern, nicht allein auf den Emittenten[2]. Auch wenn der Prospekt für ein öffentliches Angebot neuer Aktien erstellt wird, ist grundsätzlich auf die Finanzlage des Emittenten zum Zeitpunkt der Prospektbilligung, dh. ohne Einrechnung des erwarteten Emissionserlöses, abzustellen. Denn die Aussage zum Geschäftskapital muss zum Zeitpunkt der Prospektbilligung zutreffend sein, auch wenn zu diesem Zeitpunkt nicht feststeht, ob und in welchem Umfang das Angebot erfolgreich sein wird[3]. Anderes gilt nur dann, wenn der Zufluss des Emissionserlöses ausnahmsweise bereits zum Zeitpunkt der Prospektbilligung gesichert ist, etwa angebotene neue Aktien bereits zum Zeitpunkt der Prospektbilligung gezeichnet wurden und auch aus anderen Gesichtspunkten (Eintritt von Bedingungen, Beendigungsgründen) eine vorzeitige Beendigung des Angebots ausgeschlossen ist.

Der Begriff der „aktuellen" Finanzlage bezieht sich auf die Dauer der Gültigkeit eines Prospekts. Da ein Prospekt gemäß § 9 Abs. 1 WpPG für zwölf Monate gültig (dh. verwendbar) ist, sofern er durch gebilligte Nachträge nach § 16 WpPG aktualisiert wurde, ist daher auch die Erklärung zum Geschäftskapital für eine **Dauer von zwölf Monaten** ab dem Datum der Prospektbilligung abzugeben[4]. Sofern dem Emittenten zum Zeitpunkt der Prospektbilligung jedoch bereits bekannt ist, dass nach Ablauf der Zwölf-Monats-Frist keine ausreichenden Mittel zur Deckung seiner Verbindlichkeiten verfügbar sein werden, kann eine Offenlegung dieses Umstands erforderlich sein[5].

---

1 ESMA/13-319, Rz. 107; *A. Meyer* in Habersack/Mülbert/Schlitt, Unternehmensfinanzierung am Kapitalmarkt, § 36 Rz. 50; *Schlitt/Wilczek* in Habersack/Mülbert/Schlitt, Handbuch der Kapitalmarktinformation, § 5 Rz. 84.
2 ESMA/13-319, Rz. 112; *Fingerhut/Voß* in Just/Voß/Ritz/Zeising, Anhang III EU-ProspektVO Rz. 22.
3 *Fingerhut/Voß* in Just/Voß/Ritz/Zeising, Anhang III EU-ProspektVO Rz. 20.
4 *A. Meyer* in Habersack/Mülbert/Schlitt, Unternehmensfinanzierung am Kapitalmarkt, § 36 Rz. 50; *Rauch* in Holzborn, Anh. III EU-ProspV Rz. 6; *Fingerhut/Voß* in Just/Voß/Ritz/Zeising, Anhang III EU-ProspektVO Rz. 23.
5 ESMA/13-319, Rz. 110; *A. Meyer* in Habersack/Mülbert/Schlitt, Unternehmensfinanzierung am Kapitalmarkt, § 36 Rz. 50.

14 Grundsätzlich ist zwischen einer unqualifizierten und einer qualifizierten Erklärung zum Geschäftskapital zu unterscheiden. Unter einer unqualifizierten Erklärung ist dabei eine Erklärung zu verstehen, bei der die Aussage nicht unter Bedingungen, Annahmen oder Vorbehalten steht und keine weiteren Voraussetzungen genannt werden. Der typische Wortlaut einer **unqualifizierten Erklärung** lautet: „Die Gesellschaft ist der Auffassung, dass sie aus heutiger Sicht in der Lage sein wird, ihren fälligen Zahlungsverpflichtungen in den nächsten zwölf Monaten nachzukommen."

b) Qualifizierung

15 Ob eine Einschränkung der Erklärung zum Geschäftskapital erforderlich ist, beurteilt sich im Wesentlichen nach den Voraussetzungen, nach denen Wirtschaftsprüfer eine Aussage zur **Unternehmensfortführung** (*going concern*) in ihrem Bestätigungsvermerk treffen[1]. Sofern eine Aussage zum Geschäftskapital nur unter bestimmten Annahmen oder dem Eintreffen erwarteter Ereignisse möglich ist, ist eine qualifizierte Erklärung abzugeben. In diesem Fall muss zunächst explizit klargestellt werden, dass der Emittent nicht über ausreichendes Geschäftskapital zur Erfüllung seiner fälligen Zahlungsverpflichtungen in den nächsten zwölf Monaten verfügt[2]. Des Weiteren ist der Emittent verpflichtet, Angaben darüber zu machen, ab welchem **Zeitpunkt** das vorhandene Geschäftskapital voraussichtlich nicht mehr ausreichen wird, in welchem **Umfang** erforderliche Mittel voraussichtlich fehlen werden und mit welchen **Maßnahmen** diese Mittel aufgebracht werden sollen, um ausreichendes Geschäftskapital zu beschaffen. Hierzu gehört auch die Offenlegung einer Einschätzung des Emittenten zur **Wahrscheinlichkeit** der Beschaffung weiterer Mittel und des voraussichtlichen Zeitpunkts ihrer Erhältlichkeit[3]. Sofern die Gefahr einer Insolvenz oder Zahlungsunfähigkeit besteht, ist hierauf unmissverständlich hinzuweisen, wobei dann idR auch ein entsprechender Risikofaktor erforderlich sein wird[4].

c) Grundsätze für die Erstellung

16 Bevor ein Emittent im Prospekt eine Erklärung zu seinem Geschäftskapital abgibt, sollten verschiedene **Prüfungsschritte** durchlaufen werden. Hierzu gehört die Vorbereitung nicht in den Prospekt aufzunehmender zukunftsgerichteter Finanzinformationen auf Basis der Fortschreibung bisheriger Kapitalflüsse, der Gewinn- und Verlustrechnung und Bilanz. Des Weiteren ist eine Analyse der Kapitalflüsse des Unternehmens, der Einflüsse, denen es unterliegt, sowie der Beziehungen zu Banken oder anderen Finanzierungsgebern durchzuführen. Dabei ist auch die Geschäftsplanung und Strategie einer kritischen Prüfung, insbesondere im Hinblick auf mögliche

---

[1] ESMA/13-319, Rz. 124.
[2] ESMA/13-319, Rz. 118.
[3] ESMA/13-319, Rz. 118–122.
[4] ESMA/13-319, Rz. 123; zu Risikofaktoren siehe die Kommentierung zu Anhang I EU-ProspektVO Rz. 32 ff.

Umsetzungsrisiken, zu unterziehen. Dies beinhaltet ua. eine Sensitivitätsanalyse, um mögliche „Worst Case"-Szenarien zu berücksichtigen[1].

d) Standort im Prospekt

Die ProspektVO enthält keine Vorgabe für den Standort der Erklärung zum Geschäftskapital im Prospekt. Sie ist sehr häufig Bestandteil der Darstellung der Vermögens-, Finanz- und Ertragslage des Emittenten (sog. **MD&A**)[2], wo sie im Regelfall im Anschluss an die Angaben zur Kapitalflussrechnung, Liquidität und (Fremd-)Finanzierungsstruktur abgegeben wird. Gelegentlich wird sie im Prospekt als eigener Abschnitt unter dem Abschnitt „Gründe für das Angebot und Verwendung des Emissionserlöses" (siehe dazu unten Rz. 23 ff.) angesiedelt[3].

17

2. Kapitalausstattung und Verschuldung (Ziffer 3.2)

Über die Anforderungen an die Darstellung der Geschäfts- und Finanzlage nach Ziffer 9.1 des Anhangs I ProspektVO hinaus erfordert Ziffer 3.2 des Anhangs III ProspektVO eine detaillierte Zusammenstellung der aktuellen **Kapitalausstattung** des Emittenten[4]. Hierzu zählen neben den Angaben zum **Eigenkapital** auch Angaben zu kurzfristigen und langfristigen **Verbindlichkeiten**, wobei zu kennzeichnen ist, inwiefern diese besichert oder garantiert sind[5]. Darüber hinaus sind in der Regel Angaben zur **Liquidität** des Emittenten aufzunehmen. Ähnlich wie bei der Erklärung zum Geschäftskapital ist bei Konzernen auch hier eine konzernweite Betrachtung vorzunehmen und somit auf die konsolidierten Zahlen abzustellen.

18

Neben den Angaben zur Kapitalausstattung ist eine Aussage zur **Verschuldung** zu treffen. Dies schließt auch **Eventualverbindlichkeiten** und sonstige (auch außerbilanzielle) **Haftungsverhältnisse** ein. Diese Angaben werden in der Praxis entweder der Darstellung der Kapitalausstattung unmittelbar angeschlossen oder in das Kapitel „Darstellung nd Analyse der Vermögens-, Finanz- und Ertragslage" integriert. ESMA hat die Begriffe Eventualverbindlichkeiten und sonstige Haftungsverhältnisse definiert[6]. Danach zählen als sonstige Haftungsverhältnisse alle Verpflichtungen, die der Emittent (auf konsolidierter Basis) nicht direkt eingegangen ist, die ihn aber unter bestimmten Umständen treffen können, zB eine Garantie für ein an ein drittes Unternehmen gewährtes Bankdarlehen, falls das dritte Unternehmen das Darlehen nicht zurückzahlt. Als Eventualverbindlichkeiten beschreibt ESMA den

19

---

1 ESMA/13-319, Rz. 125.
2 Vgl. die Kommentierung zu Anhang I EU-ProspektVO Rz. 87 ff.; *A. Meyer* in Habersack/Mülbert/Schlitt, Unternehmensfinanzierung am Kapitalmarkt, § 36 Rz. 50.
3 *Schlitt/Wilczek* in Habersack/Mülbert/Schlitt, Handbuch der Kapitalmarktinformation, § 5 Rz. 84.
4 *Rauch* in Holzborn, Anh. III EU-ProspV Rz. 8 ff. mit einem Formulierungsbeispiel.
5 Zu den Einzelheiten und Musterbeispielen für den Aufbau der Kapitalisierungsangaben siehe ESMA/13-319, Rz. 127.
6 ESMA, Frequently asked questions regarding Prospectuses: Common positions agreed by ESMA Members, 25th Updated Version – July 2016, ESMA/16-1133, Ziffer 61.

maximalen Gesamtbetrag, den der Emittent in Bezug auf Verpflichtungen zahlen muss, die er zwar eingegangen ist, deren finaler Betrag jedoch derzeit noch nicht mit Sicherheit feststeht, zB eine Mehrwertsteuerverpflichtung auf alle Waren in einem Warenlager, wenn der tatsächlich an die Finanzbehörden zu zahlende Betrag nicht nur von den tatsächlich vom Emittenten angeschafften und dort gelagerten Waren, sondern auch von der Anzahl tatsächlich an Kunden verkaufter Waren abhängt.

20 Die Angaben zur Kapitalausstattung und Verschuldung dürfen nach Anhang III Ziffer 3.2 ProspektVO zum Zeitpunkt der Prospektbilligung **nicht älter als 90 Tage** sein. Während ESMA davon ausgeht, dass auch ältere, dem Jahresabschluss des Emittenten entstammende Angaben ausreichend sind, sofern seitdem keine wesentliche Änderung eingetreten ist[1], fordert die BaFin in aller Regel, dass die Angaben maximal 90 Tage alt sind. Insbesondere in Konstellationen, in denen diese Angaben aufgrund der zeitlichen Erfordernisse nicht einem geprüften oder prüferisch durchgesehenen Abschluss entstammen, kann eine Bestätigung dieser Zahlen im Comfort Letter[2] des Abschlussprüfers uU problematisch sein. In Einzelfällen hat die BaFin in der Vergangenheit der Aufnahme älterer Zahlen zugestimmt, wenn, etwa aufgrund der weit verzweigten Konzernstruktur des Emittenten, aktuelle Zahlen nicht erhältlich waren, sofern im Prospekt ausdrücklich erklärt wird, dass seit dem Stichtag des Abschlusses, aus dem die Angaben entnommen wurden, hierzu keine wesentliche Änderung eingetreten ist[3]. Richtigerweise sollte hier mehr Flexibilität entsprechend den ESMA-Empfehlungen bestehen.

3. Interessen Dritter an der Emission (Ziffer 3.3)

21 Anhang III Ziffer 3.3 ProspektVO fordert die Offenlegung aller Interessen, die für das Angebot von wesentlicher Bedeutung sein können, insbesondere die Darstellung möglicher **Interessenkonflikte**. Solche liegen vor, wenn an dem Angebot beteiligte Personen ein wesentliches Interesse am Emittenten oder dem Angebot haben. Ein solches wesentliches Interesse kann sich aus einer direkten oder indirekten Beteiligung der betreffenden Person am Emittenten oder seinen Tochtergesellschaften, einem wirtschaftlichen Interesse an der Durchführung oder dem Ergebnis des Angebots oder einer Vereinbarung mit einem Großaktionär ergeben[4].

22 **Beispielsfälle** sind Beratungsverträge, etwa mit IPO-Beratern, die eine erfolgsabhängige Vergütung vorsehen. Typischerweise gehören hierzu auch der Übernahmevertrag

---

1 ESMA/13-319, Rz. 127; ESMA Members, 25th Updated Version – July 2016, ESMA/16-1133, Ziffer 62; A. Meyer in Habersack/Mülbert/Schlitt, Unternehmensfinanzierung am Kapitalmarkt, § 36 Rz. 49.
2 Zum Comfort Letter umfassend A. Meyer, WM 2003, 1745 ff.; Kunold in Habersack/Mülbert/Schlitt, Unternehmensfinanzierung am Kapitalmarkt, § 34.
3 Als Beispiele sind die Prospekte der Fresenius AG v. 15.11.2005 und der Wacker Construction Equipment AG v. 30.4.2007 zu nennen. Siehe dazu auch Schlitt/Wilczek in Habersack/Mülbert/Schlitt, Handbuch der Kapitalmarktinformation, § 5 Rz. 83; Fingerhut/Voß in Just/Voß/Ritz/Zeising, Anhang III EU-ProspektVO Rz. 36.
4 ESMA/13-319b, Rz. 166.

mit den Banken, der in aller Regel eine erfolgsabhängige Provision vorsieht, sowie sonstige Beziehungen der Konsortialbanken zum Emittenten (zB Designated Sponsor-Agreements). Häufig können Interessenkonflikte daraus resultieren, dass Vorstands- und Aufsichtsratsmitglieder, die über die Durchführung des Angebots entscheiden, direkt oder indirekt am Emittenten beteiligt sind. Ebenfalls zu erwähnen sind im Zuge des Angebots veräußernde Altaktionäre, sofern diese eine nennenswerte Beteiligung am Emittenten oder seinen Tochtergesellschaften halten oder über von ihnen gestellte Aufsichtsratsmitglieder oÄ Einfluss auf das Angebot betreffende Entscheidungen nehmen können. Nicht hierunter fallen hingegen Mandatsvereinbarungen mit den begleitenden Anwälten, wenn diese eine Performance Fee vorsehen, die typischerweise nicht an die Höhe des Emissionserlöses, sondern an die Qualität der erbrachten Leistungen anknüpft.

4. Gründe für das Angebot und Verwendung des Emissionserlöses (Ziffer 3.4)

Die Gründe für das Angebot, die Angabe der Höhe des erwarteten Brutto- und Nettoemissionserlöses[1] und die geplante Verwendung des Emissionserlöses können nur bei einem **öffentlichen Angebot** und nicht bei bloßer Börsenzulassung in den Prospekt aufgenommen werden. Sie werden üblicherweise in einem eigenen Kapitel im Anschluss an das Kapitel „Das Angebot" in den Prospekt aufgenommen. 23

Die Gründe für das Angebot und die geplante Verwendung sollen den Investor informieren, für welche Zwecke das von ihm eingesetzte Kapital verwendet wird. Daher sind ausreichend **konkrete Angaben** erforderlich. Sehr vage, abstrakte Formulierungen wie „zur Stärkung des Geschäftskapitals" und „für den Ausbau der Geschäftstätigkeit" können daher allenfalls als einleitende Oberbegriffe verwendet werden. Sie sind durch weitere Angaben zu konkretisieren. Diese werden in der Regel mit der Beschreibung der Maßnahmen korrespondieren, die unter dem Abschnitt „Strategie" in der Darstellung der Geschäftstätigkeit im Prospekt als künftig geplante Maßnahmen geschildert sind. Dabei kann es sich etwa um die Akquisition eines anderen Unternehmens, den Bau neuer Produktionsanlagen oder den Erwerb von Lizenzen handeln. Die gewählte Formulierung sollte andererseits auch dem Interesse des Emittenten an ausreichender Flexibilität bei der Verwendung des Emissionserlöses Rechnung tragen. Eine vollständige Aufteilung des erwarteten Erlöses auf konkret genannte Maßnahmen erscheint vor diesem Hintergrund nicht geboten; vielmehr muss ein Spielraum des Emittenten verbleiben, innerhalb der einzelnen Verwendungszwecke stärker zu gewichten oder diese durch ähnliche Maßnahmen zu ergänzen. 24

Die BaFin legt Wert auf eine **Gewichtung** der einzelnen Verwendungszwecke. Darüber hinausgehend sind quantitative Angaben, etwa eine prozentuale Aufteilung des erwarteten Emissionserlöses auf die geplanten Maßnahmen, nicht erforderlich. Eine solche Aufteilung würde den Emittenten auch unnötig in seiner Handlungsfreiheit beschränken. 25

---

1 Zu den erforderlichen Angaben hinsichtlich der Höhe des erwarteten Emissionserlöses siehe die Kommentierung zu § 8 WpPG Rz. 24 ff.; vgl. auch § 15 Abs. 1 Nr. 13 BörsZulV aF und dazu *Heidelbach* in Schwark, 3. Aufl. 2004, § 15 BörsZulV Rz. 15.

26 Eine Quantifizierung ist ausnahmsweise dann geboten, wenn der Prospekt Angaben über laufende oder künftige Investitionen nach Ziffer 5.2 ProspektVO des Anhangs I ProspektVO enthält. Da Ziffer 5.2 des Anhangs I ProspektVO auch Angaben über deren Finanzierung fordert, sind **Hinweise auf laufende und künftige Investitionen** und deren Höhe in den Abschnitt zur Verwendung des Emissionserlöses aufzunehmen, sofern die Investitionen ganz oder teilweise aus dem Emissionserlös finanziert werden sollen.

27 Im Falle eines Prospekts, der im Zusammenhang mit der **Einbeziehung in den Freiverkehr** erstellt wird, um im Zuge dessen durch Werbemaßnahmen auf die Einbeziehung aufmerksam machen zu können[1], ohne dass mit der Einbeziehung eine Kapitalerhöhung oder ein sonstiges Aktienangebot verbunden wäre, ist anstelle der Darstellung der Verwendung des Emissionserlöses ein Hinweis aufzunehmen, dass kein Kapital zufließt.

V. Angaben über die anzubietenden bzw. zum Handel zuzulassenden Wertpapiere (Ziffer 4)

4. Angaben über die anzubietenden bzw. zum Handel zuzulassenden Wertpapiere

4.1. Beschreibung des Typs und der Kategorie der anzubietenden und/oder zum Handel zuzulassenden Wertpapiere einschließlich der ISIN (International Security Identification Number) oder eines anderen Sicherheitscodes.

4.2. Rechtsvorschriften, auf deren Grundlage die Wertpapiere geschaffen wurden.

4.3. Angabe, ob es sich bei den Wertpapieren um Namenspapiere oder um Inhaberpapiere handelt und ob die Wertpapiere verbrieft oder stückelos sind. In letzterem Fall sind der Name und die Anschrift des die Buchungsunterlagen führenden Instituts zu nennen.

4.4. Währung der Wertpapieremission.

4.5. Beschreibung der Rechte die an die Wertpapiere gebunden sind – einschließlich ihrer etwaigen Beschränkungen –, und des Verfahrens zur Ausübung dieser Rechte:
  – Dividendenrechte:
    – Fester/e Termin/e, an dem/denen die Dividendenberechtigung beginnt;
    – Verjährungsfrist für den Verfall der Dividendenberechtigung und Angabe des entsprechenden Begünstigten;
    – Dividendenbeschränkungen und Verfahren für gebietsfremde Wertpapierinhaber;

---

1 Zur Grenze zum öffentlichen Angebot und der damit einhergehenden Prospektpflicht siehe die Kommentierung zu § 2 WpPG Rz. 32 ff.

- Dividendensatz oder Methode zu seiner Berechnung, Angabe der Frequenz und der kumulativen oder nichtkumulativen Wesensart der Zahlungen.
- Stimmrechte;
- Vorzugsrechte bei Angeboten zur Zeichnung von Wertpapieren derselben Kategorie;
- Recht auf Beteiligung am Gewinn des Emittenten;
- Recht auf Beteiligung am Saldo im Falle einer Liquidation;
- Tilgungsklauseln;
- Wandelbedingungen.

4.6. Im Falle von Neuemissionen Angabe der Beschlüsse, Ermächtigungen und Genehmigungen, die die Grundlage für die erfolgte bzw. noch zu erfolgende Schaffung der Wertpapiere und/oder deren Emission bilden.

4.7. Im Falle von Neuemissionen Angabe des erwarteten Emissionstermins der Wertpapiere.

4.8. Darstellung etwaiger Beschränkungen für die freie Übertragbarkeit der Wertpapiere.

4.9. Angabe etwaig bestehender obligatorischer Übernahmeangebote und/oder Ausschluss- und Andienungsregeln in Bezug auf die Wertpapiere.

4.10. Angabe öffentlicher Übernahmeangebote von Seiten Dritter in Bezug auf das Eigenkapital des Emittenten, die während des letzten oder im Verlauf des derzeitigen Geschäftsjahres erfolgten. Zu nennen sind dabei der Kurs oder die Umtauschbedingungen für derlei Angebote sowie das Resultat.

4.11. Hinsichtlich des Lands des eingetragenen Sitzes des Emittenten und des Landes bzw. der Länder, in dem bzw. denen das Angebot unterbreitet oder die Zulassung zum Handel beantragt wird, sind folgende Angaben zu machen:
- Angaben über die an der Quelle einbehaltene Einkommensteuer auf die Wertpapiere;
- Angabe der Tatsache, ob der Emittent die Verantwortung für die Einbehaltung der Steuern an der Quelle übernimmt.

Anhang III Ziffer 4 ProspektVO enthält eine Liste der vorgeschriebenen Angaben über die **anzubietenden bzw. zum Handel zuzulassenden Wertpapiere**. Der größte Teil dieser Angaben ist typischerweise Teil des Kapitels „Das Angebot" bzw. „Zuzulassende Wertpapiere" enthalten.

Zunächst ist nach Anhang III Ziffer 4.1 ProspektVO der Typ und die Kategorie der anzubietenden oder zum Handel zuzulassenden Wertpapiere zu nennen. Hierunter sind **Art** (Stückaktien oder Nennbetragsaktien) und **Gattung** der Aktien (Stammaktien oder Vorzugsaktien) zu verstehen. Neben der ISIN (International Securities Identification Number) sind auch andere Sicherheitscodes anzugeben. Damit sind die in Deutschland nach wie vor zusätzlich zur ISIN verwendete Wertpapierkennnummer (WKN) und andere vergleichbare Identifikationsnummern, wie etwa der Common Code und das Börsenkürzel, gemeint[1].

30 Anzugeben sind nach Anhang III Ziffer 4.2 ProspektVO die „Rechtsvorschriften", auf deren Grundlage die Wertpapiere geschaffen wurden. Gemeint ist die **Rechtsordnung**[2]. Im Regelfall reicht die Angabe aus, dass die anzubietenden oder zuzulassenden Aktien nach deutschem Recht geschaffen werden.

31 Anhang III Ziffer 4.3 ProspektVO ergänzt die nach Anhang III Ziffer 4.1 ProspektVO erforderlichen Angaben dahingehend, dass in jedem Fall darzulegen ist, ob es sich um Namenspapiere oder Inhaberpapiere handelt (§ 10 Abs. 1 AktG). Zusätzlich sind Angaben über die **Verbriefung der Aktien** erforderlich. Hierzu gehört sowohl die Angabe der derzeitigen Verbriefungsform, als auch die Information, ob nach der Satzung eine Einzelverbriefung gefordert werden kann oder der Anspruch der Aktionäre auf Verbriefung ausgeschlossen ist (§ 10 Abs. 5 AktG). Sollen die Aktien an der Börse zum Handel zugelassen werden, sind sie, in der Regel in Form von Globalurkunden, bei der Clearstream Banking AG als derzeit einziger deutscher Clearing- und Settlementstelle zu hinterlegen. In diesem Fall sind Name und Adresse der Clearstream Banking AG in den Prospekt aufzunehmen.

32 Nach Anhang III Ziffer 4.4 ProspektVO ist anzugeben, in welcher **Währung** die Wertpapiere emittiert werden. Diese Angabe ist üblicherweise bereits Bestandteil des Titelblatts, auf dem das Emissionsvolumen in Euro (bzw. anderer gegebenenfalls anwendbarer Währung) angegeben wird.

33 Anhang III Ziffer 4.5 ProspektVO schreibt vor, dass Investoren im Prospekt Angaben zu den mit den Aktien **verbundenen Rechten**[3] und dem **Verfahren** zur Ausübung dieser Rechte, einschließlich etwaiger Beschränkungen, finden müssen. Angaben zu Tilgungsklauseln und Wandelbedingungen haben nach deutschem Aktienrecht keinen Anwendungsbereich. Die übrigen Angaben sind in der Regel teilweise im Prospektteil „Das Angebot"/„Zuzulassende Aktien" und teilweise im Prospektteil „Angaben über das Kapital und weitere wichtige Satzungsbestimmungen der Gesellschaft" enthalten. Hierzu zählen Angaben über die **Dividendenberechtigung**[4] und den Beginn der Dividendenberechtigung der Aktien, das Recht des Aktionärs auf seinen Anteil an einem etwaigen Liquidationserlös sowie Angaben über die Stimmrechte und Bezugsrechte der Aktionäre, etwa im Fall von Kapitalerhöhungen oder der Ausgabe von Wandelschuldverschreibungen. Hinsichtlich der von Anhang III Ziffer 4.5 ProspektVO geforderten **Angabe zur Verjährungsfrist** ist zu unterscheiden: Der Dividendenanspruch verjährt im Regelfall nach Ablauf der dreijährigen Regelverjährungs-

---

1 Vgl. § 15 Abs. 1 Nr. 2 BörsZulV aF, siehe dazu *Heidelbach* in Schwark, 3. Aufl. 2004, § 15 BörsZulV Rz. 3.
2 *Fingerhut/Voß* in Just/Voß/Ritz/Zeising, Anh. III EU-ProspV Rz. 60; *Rauch* in Holzborn, Anh. III EU-ProspV Rz. 26.
3 Vgl. § 16 Abs. 1 Nr. 3 und 4 BörsZulV aF, siehe dazu *Heidelbach* in Schwark, 3. Aufl. 2004, § 16 BörsZulV Rz. 1.
4 Weitergehende Angaben zu den Dividenden sind nach Ziffer 20.7 des Anhangs I vorgeschrieben; siehe dazu die Kommentierung zu Anhang I EU-ProspektVO Rz. 286 ff.

frist des § 195 BGB. Ist der Dividendenanspruch allerdings durch einen (Global-)Dividendenschein verbrieft, was in der Praxis die Ausnahme darstellt, verjährt er gemäß § 801 Abs. 1 Satz 2 BGB zwei Jahre nach Ablauf der vierjährigen Vorlegungsfrist (§ 801 Abs. 2, 3 BGB)[1]. Auch wenn in der Praxis die auf Aktien entfallenden Dividenden den Depotbanken automatisch gutgeschrieben werden, ist dem Verordnungswortlaut nach die Angabe erforderlich, dass nicht in Anspruch genommene Dividenden zu Gunsten der Gesellschaft verfallen.

Nach Anhang III Ziffer 4.6 ProspektVO ist im Falle von Neuemissionen die Angabe der Beschlüsse, Ermächtigungen und Genehmigungen erforderlich, die die Grundlage für die erfolgte bzw. noch zu erfolgende Schaffung der Wertpapiere und/oder der Emission bilden[2]. In der Regel umfasst diese Bestimmung die **Beschlüsse der Organe** der Gesellschaft, dh. die zu Grunde liegenden Beschlüsse der Hauptversammlung, des Vorstands und des Aufsichtsrats[3]. Ist darüber hinaus ausnahmsweise aufgrund spezifischer Satzungsbestimmungen die Zustimmung eines Beirats oder eines ähnlichen Gremiums oder auch einer externen Stelle wie Zentralbank oÄ erforderlich, sind auch Angaben über dessen Beschlussfassung sowie etwaige Vorbehalte oder Bedingungen, unter denen sie stehen, in den Prospekt aufzunehmen[4]. Soweit Beschlüsse der zuständigen Gremien noch ausstehen, was regelmäßig bei Börsengängen der Fall ist, ist auf deren Ausstehen und das voraussichtliche Datum der Beschlussfassung hinzuweisen. Sofern die spätere Beschlussfassung dann in dem geschilderten Rahmen verläuft und weder die zeitliche Abfolge noch der Inhalt der Beschlussfassung wesentlich von der Schilderung der voraussichtlichen Beschlussfassung abweichen, bedarf es richtigerweise keines Nachtrags über die nunmehr erfolgte Beschlussfassung. Im Falle eines Prospekts, der im Zusammenhang mit der Einbeziehung von Aktien in den Freiverkehr erstellt wird, um im Zuge der Einbeziehung Werbemaßnahmen ergreifen zu können[5], ohne dass mit der Einbeziehung eine Kapitalerhöhung oder ein sonstiges Angebot von Aktien verbunden wäre, entfällt die Angabe nach Anhang III Ziffer 4.6 ProspektVO.

Des Weiteren ist nach Anhang III Ziffer 4.7 ProspektVO der (erwartete) **Emissionstermin** anzugeben. Verlangt wird die Angabe eines konkreten Datums. Da in Deutschland in der Regel eine indirekte Emission erfolgt, bei der die neuen Aktien

---

1 *Bayer* in MünchKomm. AktG, 4. Aufl. 2016, § 58 AktG Rz. 111.
2 Vgl. § 15 Abs. 1 Nr. 1 BörsZulV aF, siehe dazu *Heidelbach* in Schwark, 3. Aufl. 2004, § 15 BörsZulV Rz. 2.
3 Zu den bei Börsengängen erforderlichen Beschlüssen siehe *Ries/Murr* in Grunewald/Schlitt, Einführung in das Kapitalmarktrecht, S. 27 ff.; *Singhof/Weber* in Habersack/Mülbert/Schlitt, Unternehmensfinanzierung am Kapitalmarkt, § 4 Rz. 55 ff.; vgl. Muster bei *Groß* in Happ, Aktienrecht, § 16.01; zu den Beschlüssen im Falle einer Bezugsrechtsemission siehe *Schlitt/Seiler/Singhof*, AG 2003, 254 (260 ff.); *Ries* in Grunewald/Schlitt, Einführung in das Kapitalmarktrecht, S. 45 ff.; *Happ/Herchen* in Happ, Aktienrecht, § 12.01 Rz. 16.
4 ESMA, Frequently asked questions regarding Prospectuses: Common positions agreed by ESMA Members, 25th Updated Version – July 2016, ESMA/16-1133, Ziffer 66.
5 Zur Grenze zum öffentlichen Angebot und der Prospektpflicht in diesen Fällen siehe die Kommentierung zu § 2 WpPG Rz. 32 ff.

nicht unmittelbar in den Händen der Anleger, sondern zunächst in den Händen der als technische Intermediäre eingeschalteten Emissionsbanken entstehen[1], ist maßgeblicher Emissionstermin das Datum der **Lieferung** (Einbuchung) der neuen Aktien an die Anleger. Im Falle eines Prospekts, der im Zusammenhang mit der Einbeziehung von Aktien in den Freiverkehr erstellt wird, um im Zuge der Einbeziehung Werbemaßnahmen ergreifen zu können[2], ohne dass mit der Einbeziehung eine Kapitalerhöhung oder ein sonstiges Angebot von Aktien verbunden wäre, entfällt die Angabe nach Anhang III Ziffer 4.7 ProspektVO[3].

36 Die nach Anhang III Ziffer 4.8 ProspektVO erforderliche Darstellung etwaiger **Beschränkungen** für die **freie Übertragbarkeit** der Aktien[4] umfasst Angaben zu etwaigen Vinkulierungsklauseln. Diese sind bei börsennotierten Aktien eher selten anzutreffen, jedoch bei Versicherungsgesellschaften und Luftfahrtunternehmen verbreitet. Ebenfalls erforderlich sind Angaben zur Aktionärsstellung beim Erwerb von Namensaktien und dem Erfordernis der Eintragung im Aktionärsregister. Zusätzlich ist anzugeben, wie die Aktien übertragen werden können und inwiefern Aktien **Marktschutzvereinbarungen** bzw. **Lock-up-Vereinbarungen** unterliegen. Richtigerweise nicht unter Anhang III Ziffer 4.8 ProspektVO fallen Verkaufsbeschränkungen der Aktien in Drittstaaten, insbesondere in die USA, aufgrund dortiger wertpapierrechtlicher Beschränkungen (*selling restrictions*), da sie nicht aus der Rechtsnatur der angebotenen Wertpapiere, sondern aus dem Wunsch nach Vermeidung bestimmter Rechtsfolgen, wie ausländischer Prospekt- oder Registrierungspflichten, resultieren[5]. Ein Hinweis auf die Angebots- und Verkaufsbeschränkungen, denen sich die Emissionsbanken unterworfen haben, ist vielmehr als Teil der Beschreibung der vertraglichen Vereinbarungen zwischen Emittent und Emissionsbanken nach Anhang III Ziffer 5.4.3 ProspektVO in den Prospekt aufzunehmen. Dem entsprechend ist auch ein Hinweis auf eine voraussichtliche Marktenge im Handel der emittierten Aktien im Abschnitt „Veräußerungsbeschränkungen" nicht erforderlich; vielmehr ist gegebenenfalls auf die Gefahr eines illiquiden Handels in den Risikofaktoren unter „Risiken in Zusammenhang mit dem Angebot/Aktienbezogene Risiken" hinzuweisen.

37 Nach Anhang III Ziffer 4.9 ProspektVO sind Angaben zu einem etwaigen laufenden, obligatorischen **Übernahmeangebot**[6] auf die Aktien der Gesellschaft sowie über **Andienungs- oder Vorkaufsrechte**, etwa aufgrund Aktionärsvereinbarungen, hinzuwei-

---

1 Zur indirekten Emission siehe *Ries* in Grunewald/Schlitt, Einführung in das Kapitalmarktrecht, S. 46; *Ekkenga/Maas*, Das Recht der Wertpapieremissionen, § 1 Rz. 75; *Singhof/Weber* in Habersack/Mülbert/Schlitt, Unternehmensfinanzierung am Kapitalmarkt, § 4 Rz. 24; *Schlitt/Seiler*, WM 2003, 2175 (2178).
2 Zur Grenze zum öffentlichen Angebot und der Prospektpflicht in diesen Fällen siehe die Kommentierung zu § 2 WpPG Rz. 32 ff.
3 *Fingerhut/Voß* in Just/Voß/Ritz/Zeising, Anhang III EU-ProspektVO Rz. 89.
4 Vgl. § 15 Abs. 1 Nr. 4 BörsZulV aF, siehe dazu *Heidelbach* in Schwark, 3. Aufl. 2004, § 15 BörsZulV Rz. 5.
5 AA *Fingerhut/Voß* in Just/Voß/Ritz/Zeising, Anhang III EU-ProspektVO Rz. 97.
6 Zu öffentlichen Übernahmeangeboten siehe *Buck-Heeb*, Kapitalmarktrecht, § 14 Rz. 554; *Noack* in Schwark/Zimmer, § 29 WpÜG Rz. 2 ff.; *Brandt* in Kümpel/Wittig, Bank- und Kapitalmarktrecht, Rz. 16.41 ff.

sen. Ein obligatorisches Übernahmeangebot hat nach dem Wertpapiererwerbs- und Übernahmegesetz (WpÜG) grundsätzlich zu erfolgen, wenn nach Zulassung der Aktien die Grenze von 30% der Stimmrechte erreicht wird[1]. Fälle, in denen ein Aktionär bereits zum Zeitpunkt der Zulassung 30% oder mehr der Stimmrechte auf sich vereint, sind jedoch nicht erfasst[2]. In der Praxis werden **Aktionärsvereinbarungen**, die, insbesondere bei Börsengangskandidaten, häufig solche Andienungs- oder Vorkaufsrechte enthalten, spätestens zum Zeitpunkt der Notierungsaufnahme, also vor Lieferung der Aktien an die Erwerber, aufgehoben oder so strukturiert, dass kein Aktionär die Schwelle von 30% erreicht. In diesem Fall sind sie zwar der Vollständigkeit halber unter Hinweis auf ihre bevorstehende Aufhebung zu erwähnen[3], eine detaillierte Schilderung ist jedoch nicht erforderlich. Hinsichtlich der von Ziffer 4.9 des Anhangs III ProspektVO zudem geforderten **Angaben zu Ausschlussregeln** ist ein Verweis auf die gesetzlich anwendbaren Regelungen zum **Squeeze-out**[4] geboten. Nicht erforderlich ist dabei die Wiedergabe der Rechtsgrundlagen des Squeeze-out[5].

Auch **freiwillige Erwerbsangebote**, die während des letzten oder im Verlauf des derzeitigen Geschäftsjahres erfolgten, sind im Prospekt darzustellen (Ziffer 4.10 des Anhangs III ProspektVO). Zu nennen sind dabei der Kurs (Preis) oder, sofern es sich nicht um ein reines Barangebot handelt, die Umtauschbedingungen für solche Angebote und ihr Ergebnis. Die Angaben sind explizit in den Prospekt aufzunehmen; eine Aufnahme durch Einbeziehung durch Verweis (*incorporation by reference*) auf die nach WpÜG veröffentlichte Angebotsunterlage ist gemäß § 11 WpPG nicht zulässig. 38

An etwas versteckter Stelle sieht Anhang III der ProspektVO in Ziffer 4.11 auch **steuerrechtliche Ausführungen** im Prospekt vor[6]. Aufzunehmen sind zunächst Angaben über die an der Quelle einbehaltene Einkommensteuer, unabhängig davon, ob sie vom Emittenten selbst oder einem von ihm Beauftragten einbehalten wird[7]. Gemeint ist damit jede Besteuerung von Einnahmen, dh. auch Kapitalertragsteuern, Solidaritätszuschlag, Körperschaft- und Gewerbesteuer, Erbschaft- und Schenkungssteuer, jedoch nur sofern sie eine Quellensteuer im engeren Sinne darstellt. Erfasst werden damit Steuern auf die gezahlten Dividenden, Sonderausschüttungen oder Liquidationserlöse. Häufig wird zusätzlich die Besteuerung von Veräußerungserlösen bei einer Übertragung von Aktien, sei es im Wege des Verkaufs, sei es im Wege der Erbfolge geschildert, wobei dies nach dem Wortlaut nicht zwingend geboten erscheint. 39

---

1 Zum Kontrollwechsel nach WpÜG und den Voraussetzungen eines Pflichtangebots siehe *Schlitt/Ries* in MünchKomm. AktG, 3. Aufl. 2011, § 35 WpÜG; *Brandt* in Kümpel/Wittig, Bank- und Kapitalmarktrecht, Rz. 16.41 ff.; *Noack/Zetzsche* in Schwark/Zimmer, § 35 WpÜG; *Buck-Heeb*, Kapitalmarktrecht, § 14 Rz. 554 ff.; *Grunewald* in Grunewald/Schlitt, Einführung in das Kapitalmarktrecht, S. 319.
2 *Schlitt/Ries* in MünchKomm. AktG, 3. Aufl. 2011, § 35 WpÜG Rz. 95.
3 *Fingerhut/Voß* in Just/Voß/Ritz/Zeising, Anhang III EU-ProspektVO Rz. 102.
4 §§ 327a ff. AktG; §§ 39a ff. WpÜG; siehe dazu auch *Schlitt/Ries/Becker*, NZG 2008, 700.
5 *Rauch* in Holzborn, Anh. III EU-ProspV Rz. 46.
6 Vgl. § 15 Abs. 1 Nr. 3 BörsZulV aF, dazu *Heidelbach* in Schwark, 3. Aufl. 2004, § 15 BörsZulV Rz. 4.
7 ESMA, Frequently asked questions regarding Prospectuses: Common positions agreed by ESMA Members, 25th Updated Version – July 2016, ESMA/16-1133, Ziffer 45.

Erforderlich ist darüber hinaus die Angabe, ob der Emittent die Verantwortung für die Einbehaltung der Steuern an der Quelle übernimmt. Aufgrund der unterschiedlichen Behandlung verschiedener Aktionärsgruppen wird in der Darstellung in der Regel zwischen im Inland und im Ausland ansässigen Aktionären sowie zwischen unterschiedlichen Aktionärsgruppen wie Privatanlegern, Kapitalgesellschaften, Einzelunternehmern, Personengesellschaften sowie Kreditinstituten, Finanzdienstleistungsinstituten uÄ als besondere Anlegerkategorie unterschieden. Es entspricht dem Marktstandard, für diese Anlegerkategorien den Steuersatz und einen etwaigen Freibetrag zu nennen.

40 Zu beachten ist, dass die Angaben sowohl für das Land des eingetragenen Sitzes des Emittenten als auch für das Land oder die Länder erforderlich ist, in denen das öffentliche Angebot stattfindet oder die Zulassung beantragt wird. Daher ist in Fällen deutscher Emittenten, die zB in Österreich oder Luxemburg zusätzlich zum öffentlichen Angebot in Deutschland Aktien öffentlich anbieten[1], auch eine Schilderung der **Besteuerung in den betreffenden Ländern** in den Prospekt aufzunehmen. Eine Darstellung für Länder, in denen eine Privatplatzierung erfolgt, ist hingegen nicht erforderlich. Die ESMA stellt klar, wie der Begriff des Landes, in dem das Angebot unterbreitet oder die Zulassung zum Handel beantragt wird, auszulegen ist. Demnach ist das Land maßgeblich, wo der Prospekt genehmigt wurde und wo dieser notifiziert wird[2].

VI. Bedingungen und Voraussetzungen für das Angebot (Ziffer 5)

5. Bedingungen und Voraussetzungen für das Angebot
5.1. Bedingungen, Angebotsstatistiken, erwarteter Zeitplan und erforderliche Maßnahmen für die Antragstellung
5.1.1. Bedingungen, denen das Angebot unterliegt.
5.1.2. Gesamtsumme der Emission/des Angebots, wobei zwischen den zum Verkauf und den zur Zeichnung angebotenen Wertpapieren zu unterscheiden ist. Ist der Betrag nicht festgelegt, Beschreibung der Vereinbarungen und des Zeitpunkts für die Ankündigung des endgültigen Angebotsbetrags an das Publikum.
5.1.3. Frist – einschließlich etwaiger Änderungen –, während deren das Angebot gilt und Beschreibung des Antragsverfahrens.
5.1.4. Angabe des Zeitpunkts und der Umstände, ab dem bzw. unter denen das Angebot widerrufen oder ausgesetzt werden kann, und der Tatsache, ob der Widerruf nach Beginn des Handels erfolgen kann.

---

1 Zu dem für solche dualen öffentlichen Angebote geltenden Sprachenregime siehe die Kommentierung zu § 19 WpPG Rz. 49 ff.
2 ESMA, Frequently asked questions regarding Prospectuses: Common positions agreed by ESMA Members, 25th Updated Version – July 2016, ESMA/16-1133, Ziffer 45.

5.1.5. Beschreibung der Möglichkeit zur Reduzierung der Zeichnungen und der Art und Weise der Erstattung des zu viel gezahlten Betrags an die Zeichner.

5.1.6. Einzelheiten zum Mindest- und/oder Höchstbetrag der Zeichnung (entweder in Form der Anzahl der Wertpapiere oder des aggregierten zu investierenden Betrags).

5.1.7. Angabe des Zeitraums, während dessen ein Antrag zurückgezogen werden kann, sofern dies den Anlegern überhaupt gestattet ist.

5.1.8. Methode und Fristen für die Bedienung der Wertpapiere und ihre Lieferung.

5.1.9. Vollständige Beschreibung der Art und Weise und des Termins, auf die bzw. an dem die Ergebnisse des Angebots offen zu legen sind.

5.1.10. Verfahren für die Ausübung eines etwaigen Vorzugsrechts, die Übertragbarkeit der Zeichnungsrechte und die Behandlung der nicht ausgeübten Zeichnungsrechte.

5.2. Plan für die Aufteilung der Wertpapiere und deren Zuteilung

5.2.1. Angabe der verschiedenen Kategorien der potenziellen Investoren, denen die Wertpapiere angeboten werden. Erfolgt das Angebot gleichzeitig auf den Märkten in zwei oder mehreren Ländern und wurde/wird eine bestimmte Tranche einigen dieser Märkte vorbehalten, Angabe dieser Tranche.

5.2.2. Soweit dem Emittenten bekannt, Angabe, ob Hauptaktionäre oder Mitglieder der Geschäftsführungs-, Aufsichts- oder Verwaltungsorgane des Emittenten an der Zeichnung teilnehmen wollen oder ob Personen mehr als 5% des Angebots zeichnen wollen.

5.2.3. Offenlegung vor der Zuteilung:

a) Aufteilung des Angebots in Tranchen, einschließlich der institutionellen Tranche, der Privatkundentranche und der Tranche für die Beschäftigten des Emittenten und sonstige Tranchen;

b) Bedingungen, zu denen eine Rückforderung verlangt werden kann, Höchstgrenze einer solchen Rückforderung und alle eventuell anwendbaren Mindestprozentsätze für einzelne Tranchen;

c) Zu verwendende Zuteilungsmethode oder -methoden für die Privatkundentranche und die Tranche für die Beschäftigten des Emittenten im Falle der Mehrzuteilung dieser Tranchen;

d) Beschreibung einer etwaigen vorher festgelegten Vorzugsbehandlung, die bestimmten Kategorien von Anlegern oder bestimmten Gruppen Nahestehender (einschließlich friends and family-Programme) bei der Zuteilung vorbehalten wird, des Prozentsatzes des für die Vorzugsbehandlung vorgesehenen Angebots und der Kriterien für die Aufnahme in derlei Kategorien oder Gruppen;

e) Angabe des Umstands, ob die Behandlung der Zeichnungen oder der bei der Zuteilung zu zeichnenden Angebote eventuell von der Gesellschaft abhängig gemacht werden kann, durch die oder mittels deren sie vorgenommen werden;

f) Angestrebte Mindesteinzelzuteilung, falls vorhanden, innerhalb der Privatkundentranche;

g) Bedingungen für das Schließen des Angebots sowie der Termin, zu dem das Angebot frühestens geschlossen werden darf;

h) Angabe der Tatsache, ob Mehrfachzeichnungen zulässig sind und wenn nicht, wie trotzdem auftauchende Mehrfachzeichnungen behandelt werden.

5.2.4. Verfahren zur Meldung gegenüber den Zeichnern über den zugeteilten Betrag und Angabe, ob eine Aufnahme des Handels vor der Meldung möglich ist.

5.2.5. Mehrzuteilung und Greenshoe-Option:

a) Existenz und Umfang einer etwaigen Mehrzuteilungsmöglichkeit und/oder Greenshoe-Option;

b) Dauer einer etwaigen Mehrzuteilungsmöglichkeit und/oder Greenshoe-Option;

c) Etwaige Bedingungen für die Inanspruchnahme einer etwaigen Mehrzuteilungsmöglichkeit oder Ausübung der Greenshoe-Option.

5.3. Preisfestsetzung

5.3.1. Angabe des Preises, zu dem die Wertpapiere angeboten werden. Ist der Preis nicht bekannt oder besteht kein etablierter und/oder liquider Markt für die Wertpapiere, ist die Methode anzugeben, mittels deren der Angebotspreis festgelegt wird, einschließlich Angabe der Person, die die Kriterien festgelegt hat oder offiziell für deren Festlegung verantwortlich ist. Angabe der Kosten und Steuern, die speziell dem Zeichner oder Käufer in Rechnung gestellt werden.

5.3.2. Verfahren für die Offenlegung des Angebotspreises.

5.3.3. Besitzen die Anteilseigner des Emittenten Vorkaufsrechte und werden diese Rechte eingeschränkt oder zurückgezogen, ist die Basis des Emissionspreises anzugeben, wenn die Emission in bar erfolgt, zusammen mit den Gründen und den Begünstigten einer solchen Beschränkung oder eines solchen Rückzugs.

5.3.4. Besteht tatsächlich oder potenziell ein wesentlicher Unterschied zwischen dem öffentlichen Angebotspreis und den effektiven Barkosten der von Mitgliedern der Verwaltungs-, Geschäftsführungs- oder Aufsichtsorgane oder des oberen Managements oder nahestehenden Personen bei Transaktionen im letzten Jahr erworbenen Wertpapiere oder deren Recht zum Erwerb ist ein Vergleich des öffentlichen Beitrags zum vorgeschlagenen öffentlichen Angebot und der effektiven Bar-Beiträge dieser Personen einzufügen.

5.4. Platzierung und Übernahme (Underwriting)

5.4.1. Name und Anschrift des Koordinators bzw. der Koordinatoren des gesamten Angebots oder einzelner Teile des Angebots und – sofern dem Emittenten oder dem Bieter bekannt – Angaben zu den Platzierern in den einzelnen Ländern des Angebots.

5.4.2. Name und Anschrift der Zahlstellen und der Verwahrstellen in jedem Land.

5.4.3. Name und Anschrift der Institute, die bereit sind, eine Emission auf Grund einer bindenden Zusage zu übernehmen, und Name und Anschrift der Institute, die bereit sind, eine Emission ohne bindende Zusage oder gemäß Vereinbarungen „zu den bestmöglichen Bedingungen" zu platzieren. Angabe der Hauptmerkmale der Vereinbarungen, einschließlich der Quoten. Wird die Emission nicht zur Gänze übernommen, ist eine Erklärung zum nicht abgedeckten Teil einzufügen. Angabe des Gesamtbetrages der Übernahmeprovision und der Platzierungsprovision.

5.4.4. Angabe des Zeitpunkts, zu dem der Emissionsübernahmevertrag abgeschlossen wurde oder wird.

1. Angebotsbedingungen (Ziffer 5.1)

Anhang III Ziffer 5 ProspektVO enthält detaillierte Vorgaben zur Offenlegung der verschiedenen **Aspekte eines Angebots**. Werden Aktien lediglich zum Handel zugelassen, ohne dass ein öffentliches Angebot erfolgt, ist Anhang III Ziffer 5 ProspektVO grundsätzlich nicht anwendbar. Lediglich einzelne Bestimmungen, die auch im Falle einer reinen Zulassung sinnvoll erscheinen, sind auch ohne Durchführung eines öffentlichen Angebots in den Prospekt aufzunehmen[1]. Dazu gehört die Angabe der Zahl- und Verwahrstelle nach Anhang III Ziffer 5.4.2 ProspektVO. Im Falle eines Prospekts, der im Zusammenhang mit der Einbeziehung von Aktien in den **Freiverkehr** erstellt wird, um Werbemaßnahmen im Zuge der Einbeziehung zu ermöglichen[2], ohne dass eine Kapitalerhöhung oder ein sonstiges Angebot von Aktien stattfindet, entfallen Anhang III Ziffern 5.1 ProspektVO und 5.2 ProspektVO mangels „echten" Angebots fast vollständig. 41

Zunächst sind nach Anhang III Ziffer 5.1 ProspektVO Angaben zu den **Angebotsbedingungen** und den Voraussetzungen für einen Aktienerwerb im Zuge des Angebots in den Prospekt aufzunehmen. 42

Dies erfordert die Angabe der eigentlichen **Angebotsbedingungen** nach Anhang III Ziffer 5.1.1 ProspektVO. Hierunter fallen ein Mindestemissionsvolumen, dh. die mindestens erforderliche Nachfrage, Mindestordergrößen, Orderlimits und die Preisspanne, innerhalb derer Erwerbsangebote abgegeben werden können, bzw., wenn dieser bereits feststeht, der Platzierungspreis. 43

---

1 *Fingerhut/Voß* in Just/Voß/Ritz/Zeising, Anhang III EU-ProspektVO Rz. 111.
2 Zur Grenze zum öffentlichen Angebot und der Prospektpflicht in diesen Fällen siehe die Kommentierung zu § 2 WpPG Rz. 32 ff.

44 Nach Anhang III Ziffer 5.1.2 ProspektVO sind darüber hinaus die **Gesamtsumme der Emission** bzw. des Angebots zu nennen. Dies bedeutet im Falle einer **Bezugsrechtsemission**, bei der häufig das Gesamtvolumen der Emission zum Zeitpunkt der Prospektbilligung bereits feststeht[1], die Angabe der Höhe der Kapitalerhöhung und damit, in Zusammenschau mit den die Aktien betreffenden Pflichtangaben, auch die Anzahl der Aktien[2].

45 Bei Börsengängen oder öffentlichen Sekundärplatzierungen steht das Angebotsvolumen zum Zeitpunkt der Prospektbilligung in der Regel nicht fest, sondern wird erst aufgrund der Nachfrage im Zuge des **Bookbuilding**-Verfahrens ermittelt[3]. In diesem Fall sind die Vereinbarungen bezüglich seiner Festlegung und der Zeitpunkt für die Veröffentlichung des endgültigen Angebotsvolumens im Prospekt zu nennen[4]. Ausreichend ist dabei die Nennung einer Zeitspanne, innerhalb derer die Veröffentlichung erfolgen wird. Diese spätere Veröffentlichung des Angebotsvolumens erfolgt nach § 8 Abs. 1 Satz 6 WpPG in Form einer **Preis- und Volumenbekanntmachung**, also nicht in Form eines Nachtrags nach § 16 WpPG. Eine rein abstrakte Umschreibung des zukünftig zu bestimmenden Angebotsvolumens reicht dabei nach Verlautbarungen der BaFin nicht aus; vielmehr fordert sie quantitative Angaben in Form einer „bis zu"-Angabe des maximalen Angebotsvolumens[5]. Dahinter steht der Gedanke, dass ohne maximales Angebotsvolumen der Prospekt in die Nähe eines Basisprospekts nach § 6 WpPG gerückt würde, der jedoch vom Gesetzgeber nicht für Aktienemissionen vorgesehen ist. In den von der Prospektverordnung geforderten Angaben für Aktienemissionen findet diese Ansicht indessen keine Stütze. Zwar könnte Art. 8 Abs. 1 lit. a der Prospektrichtlinie in diesem Sinne gelesen werden, jedoch hat der deutsche Gesetzgeber eine Einschränkung dieser Art nicht in das WpPG aufgenommen. Akzeptiert wird hingegen, das angestrebte **Maximalvolumen** der Emission in einem Nachtrag der erwarteten Nachfrage entsprechend **zu redu-**

---

1 Zur Zulässigkeit von Bis-Zu-Kapitalerhöhungen bei Bezugsrechtsemissionen siehe *Schlitt/Seiler*, WM 2003, 2175 (2182); OLG München v. 22.9.2009 – 31 Wx 110/09, AG 2010, 88.
2 Sofern bei Bezugsrechtsemissionen ein flexibles Preisfestsetzungsverfahren angewandt wird, gelten die im Nachfolgenden dargestellten Ausführungen zum Bookbuilding entsprechend. Zur Zulässigkeit einer flexiblen Preisfestsetzung bei Bezugsrechtsemissionen siehe *Schlitt/Seiler*, WM 2003, 2175 (2180).
3 Zum Bookbuilding-Verfahren ausführlich *Ries/Murr* in Grunewald/Schlitt, Einführung in das Kapitalmarktrecht, S. 37/38; *Singhof/Weber* in Habersack/Mülbert/Schlitt, Unternehmensfinanzierung am Kapitalmarkt, § 4 Rz. 76; *Schanz*, Börseneinführung, § 10 Rz. 82 ff.; *Brandt* in Kümpel/Wittig, Bank- und Kapitalmarktrecht, Rz. 15.518 ff.; *Lenenbach*, Kapitalmarkt- und Börsenrecht, Rz. 10.188 ff.; *Wegmann*, DStR 1999, 514 (520); *Willamowski*, WM 2001, 653 (654); *Ekkenga/Maas*, Das Recht der Wertpapieremissionen, § 2 Rz. 127 ff.; *Schlitt/Wilczek* in Habersack/Mülbert/Schlitt, Handbuch der Kapitalmarktinformation, § 5 Rz. 99.
4 Zu den verschiedenen Angebotsverfahren und ihren Auswirkungen auf die Prospektdarstellung von Preis und Angebotsvolumen siehe die Kommentierung zu § 8 WpPG Rz. 21 ff. und unten Rz. 75 ff. sowie *Schlitt/Wilczek* in Habersack/Mülbert/Schlitt, Handbuch der Kapitalmarktinformation, § 5 Rz. 98 ff.
5 *Weber*, NZG 2004, 360 (364).

zieren (**Decoupled Bookbuilding**, siehe dazu auch Rz. 76)[1]. Eine Erhöhung des erwarteten Emissionsvolumens würde – sofern dabei auch die Anzahl der auf Grundlage des Prospekts zuzulassenden Aktien überschritten wird – nach Verlautbarungen der BaFin hingegen grundsätzlich ein neues Billigungsverfahren voraussetzen. Unabhängig davon, ob bereits das finale Angebotsvolumen oder lediglich ein „bis zu"-Betrag in den Prospekt aufgenommen wird, ist dieser Betrag **betraglich** auf solche Aktien, die vom Emittenten neu ausgegeben werden und solchen, die von veräußernden Altaktionären abgegeben werden, zu **unterteilen**.

Zu den weiteren, nach Anhang III Ziffer 5.1.3 ProspektVO in den Prospekt aufzunehmenden Angaben, gehören der **Angebotszeitraum** und die Stellen, bei denen Angebote zum Erwerb von Aktien abgegeben werden können (**Zeichnungsstellen bzw. Bezugsstellen**). Der spätestmögliche Angebotsbeginn hat nach Äußerungen der BaFin zwei Monate nach Prospektbilligung zu liegen. Verzögert sich das Angebot, ist selbst innerhalb dieses Zeitraums richtigerweise der Prospekt auf Aktualisierungsbedarf in Form von Nachträgen zu prüfen. Als frühester Zeitpunkt für das Ende des Angebots ist bei erstmaligen öffentlichen Angeboten nicht zum Handel zugelassener Aktien gesetzlich der Zeitpunkt sechs Werktage nach Prospektbilligung festgelegt (§ 14 Abs. 1 Satz 4 WpPG). Eine Mindestangebotsdauer lässt sich hieraus nicht folgern[2]. Auch ist anzugeben, bis zu welchem Termin das Angebot beendet werden kann (Anhang III Ziffer 5.1.4 ProspektVO) und unter welchen Voraussetzungen eine vorzeitige Beendigung des Angebots möglich ist. Daher sind insbesondere die Bedingungen, denen die Durchführung des Angebots aufgrund des zwischen Emittent und Emissionsbank abgeschlossenen Übernahmevertrags unterliegt, zB der Nichteintritt einer wesentlichen nachteiligen Änderung der Vermögens-, Finanz- und Ertragslage des Emittenten vor Abschluss des Angebots, im Prospekt zu nennen. 46

Gleichfalls im Prospekt darzulegen ist nach Anhang III Ziffer 5.1.5 ProspektVO eine Möglichkeit der Anleger, platzierte **Orders** nachträglich zu reduzieren. In diesem Zusammenhang ist zu erläutern, ob und wie in diesen Fällen bereits gezahlte Zeichnungsgebühren erstattet werden. Dies richtet sich in der Regel nach den von den Zeichnungs- bzw. Bezugsstellen festgelegten Bedingungen. Entsprechend den Möglichkeiten der Anleger, ihre Orders nachträglich zu ändern, ist ebenso auf die Möglichkeit **nachträglicher Änderungen der Angebotsbedingungen** durch den Emittenten und die Emissionsbanken einzugehen. Insbesondere ist auf den Zeitpunkt, bis zu dem Modifikationen möglich sind, und die Art der Bekanntmachung (Nachtrag, Ort der Veröffentlichung des Nachtrags, ggf. Ad-hoc-Erfordernis) hinzuweisen. Des Weiteren ist nach Anhang III Ziffer 5.1.6 ProspektVO eine etwaige **Mindest- oder Höchstgrenze für Anzahl und Umfang von Orders**, die pro Depot eines Anlegers zugelassen werden, im Prospekt zu beschreiben. 47

Anhang III Ziffer 5.1.7 ProspektVO fordert eine Angabe dazu, innerhalb welchen Zeitraums Orders von Anlegern zurückgezogen werden können. In Fällen, in denen 48

---

1 *Schlitt/Singhof/Schäfer*, BKR 2005, 251 (261).
2 Von einer solchen Mindestangebotsdauer ging irrigerweise die Gesetzesbegründung aus, Begr. RegE, BR-Drucks. 85/05, S. 76.

das öffentliche „Angebot" der Aktien lediglich eine invitatio ad offerendum darstellt, wie regelmäßig bei Börsengängen der Fall[1], ist ein Anleger nach herrschender Meinung im Schrifttum während des Angebotszeitraums in Abweichung von allgemeinem Zivilrecht nicht **an sein Angebot gebunden**[2]. Zusätzlich räumt § 16 WpPG Anlegern ein **zweitägiges Widerrufsrecht** im Falle einer Nachtragsveröffentlichung ein, soweit nicht bereits Erfüllung (dh. Lieferung der Aktien) eingetreten ist.

49 Nach Anhang III Ziffer 5.1.8 ProspektVO ist die Art der **Lieferung der Aktien**, üblicherweise Einbuchung auf das Konto der Depotbank eines Anlegers bei der Clearstream Banking AG oder Euroclear Bank S.A./N.V. als Betreiberin des Euroclear Systems, oder Clearstream Banking S.A., Luxemburg, und der Zeitpunkt ihrer Lieferung im Prospekt anzugeben, wobei die Angabe eines Zeitraums, innerhalb dessen die Lieferung erfolgt, ausreichend ist.

50 Anders als nach altem Recht sieht Anhang III Ziffer 5.1.9 ProspektVO die Verpflichtung vor, offen zu legen, wie und wann das **Ergebnis des Angebots** veröffentlicht wird. Dies ist vor allem bei Börsengängen und Bezugsrechtsemissionen mit späterer Volumen- oder Preisfestsetzung relevant. In diesen Fällen ist auf die Bekanntmachung nach § 8 Abs. 1 Satz 6 WpPG, den Ort ihrer Veröffentlichung (zB Zeitung unter Titelangabe, Internetseite) und den voraussichtlichen Zeitpunkt ihrer Veröffentlichung (entweder in Form eines Datums oder in Form einer Anzahl von Tagen vor dem ersten Handelstag) hinzuweisen. Sofern für die angebotenen Aktien auch ein Antrag auf Börsenzulassung gestellt wurde, sind der endgültige Emissionspreis und das Angebotsvolumen zudem nach Art. 17 Abs. 1 Marktmissbrauchsverordnung[3] per **Ad-hoc-Mitteilung** bekannt zu machen, worauf gleichfalls im Prospekt hinzuweisen ist.

51 Anhang III Ziffer 5.1.2010 ProspektVO enthält hingegen eine insbesondere auf **Bezugsrechtsemissionen** anwendbare Regelung. Danach sind das Bestehen der Bezugsrechte der Altaktionäre, das Verfahren für die Bezugsrechtsausübung, die Über-

---

1 *Singhof/Weber* in Habersack/Mülbert/Schlitt, Unternehmensfinanzierung am Kapitalmarkt, § 3 Rz. 76; *Ekkenga/Maas*, Das Recht der Wertpapieremissionen, § 2 Rz. 127 ff.; zum VerkProspG *Ritz* in Assmann/Lenz/Ritz, § 1 VerkProspG Rz. 37; *Schanz*, Börseneinführung, § 10 Rz. 100 ff.; *Lenenbach*, Kapitalmarkt- und Börsenrecht, Rz. 10.16; *Groß*, Kapitalmarktrecht, § 2 WpPG Rz. 9 ff.; *Brandt* in Kümpel/Wittig, Bank- und Kapitalmarktrecht, Rz. 15.525; *Willamowski*, WM 2001, 653 (655); zum VerkProspG *Heidelbach* in Schwark, 3. Aufl. 2004, § 1 VerkProspG Rz. 12.
2 Siehe *Singhof/Weber* in Habersack/Mülbert/Schlitt, Unternehmensfinanzierung am Kapitalmarkt, § 3 Rz. 76, 82; *Schanz*, Börseneinführung, § 10 Rz. 100 ff.; *Lenenbach*, Kapitalmarkt- und Börsenrecht, Rz. 10.192; *Groß*, Kapitalmarktrecht, § 2 WpPG Rz. 12; *Brandt* in Kümpel/Wittig, Bank und Kapitalmarktrecht, Rz. 15.525; *Willamowski*, WM 2001, 653 (655).
3 Verordnung (EU) Nr. 596/2014 des Europäischen Parlaments und des Rates vom 16. April 2014 über Marktmissbrauch (Marktmissbrauchsverordnung) und zur Aufhebung der Richtlinie 2003/6/EG des Europäischen Parlaments und des Rates und der Richtlinien 2003/124/EG, 2003/125/EG und 2004/72/EG der Kommission, ABl. EU Nr. L 173 v. 12.6.2014, S. 1.

tragbarkeit der Bezugsrechte (einschließlich der Einrichtung eines (börslichen) Bezugsrechtshandels) und eine Beschreibung der Behandlung der nicht ausgeübten Bezugsrechte in den Prospekt aufzunehmen. Diese Angaben sind regelmäßig Bestandteil des im Prospekt vollständig abgedruckten Bezugsangebots.

2. Tranchenbildung; Zuteilung (Ziffer 5.2)

Nach Anhang III Ziffer 5.2.1 ProspektVO sind die verschiedenen **Kategorien angesprochener Investoren**, dh. typischerweise institutionelle Investoren und Privatanleger, im Prospekt ausdrücklich als angesprochene Investoren zu nennen. Darüber hinaus ist eine Angabe über die **geografische Verteilung** der angesprochenen Investoren erforderlich, sofern ein Teil der Emission (eine Tranche) lediglich Anlegern eines oder mehrerer bestimmter Länder vorbehalten ist. Eine solche Tranchenbildung ist in der Praxis indes selten, da der Emittent und die Emissionsbanken sich möglichst große Flexibilität bewahren wollen. Häufiger wird der Vollständigkeit halber auch auf die geografischen Märkte hingewiesen, in denen Privatanleger und/oder institutionelle Investoren angesprochen werden, auch wenn hierfür keine separate Tranche gebildet und nicht in allen diesen Ländern ein (öffentliches) Angebot iS des Anhangs III Ziffer 5.2.1 ProspektVO durchgeführt wird.

52

Ist dem Emittenten bekannt, dass ein Hauptaktionär oder ein Mitglied des Vorstands oder Aufsichtsrats oder etwaiger sonstiger **Verwaltungsorgane Aktien** erwerben möchte oder **Dritte mehr als 5% des Angebots** zeichnen wollen, muss er dies nach Anhang III Ziffer 5.2.2 ProspektVO im Prospekt angeben, wobei eine Namensangabe der betreffenden Anleger nicht zwingend erforderlich ist und insbesondere bei Privatpersonen häufig nicht opportun erscheinen mag. Ein Beispielsfall sind Bezugsrechtsemissionen, bei denen Großaktionäre sich vorab zur Ausübung ihrer Bezugsrechte und ggf. zum Kauf nicht bezogener Aktien im Vorfeld verpflichten, um im Vorfeld der Kapitalerhöhung öffentlich ihr Vertrauen in den Emittenten zu dokumentieren[1].

53

Ebenfalls im Prospekt offen zu legen sind Angaben über die geplante **Zuteilung** (Anhang III Ziffer 5.2.3 ProspektVO). So sind zum einen allgemeine Zuteilungskriterien zu nennen, auf die Emittent und Emissionsbanken sich verständigt haben[2]. Bei Börsengängen sind dies idR die Grundsätze für die Zuteilung von Aktienemissionen an Privatanleger, herausgegeben von der Börsensachverständigenkommission beim Bundesministerium der Finanzen am 7.6.2000. Diese sind nicht verpflichtend; ihre Einhaltung gehört jedoch zur guten Marktpraxis, und die im Emissionsgeschäft tätigen Investmentbanken haben in einer freiwilligen Selbstverpflichtung ihre Einhaltung zugesagt[3]. Darüber hinaus sind besondere Abreden über die Zuteilung, insbeson-

54

---
1 So zB im Prospekt der REpower Systems AG v. 22.3.2006, S. 45.
2 Beispiele sind das Losverfahren, die Zuteilung nach Ordergrößen, anhand einer bestimmten Quote, nach dem Zeitpunkt des Eingangs des Kaufgebots oder anderen sachgerechten Kriterien; siehe auch *Rauch* in Holzborn, Anh. III EU-ProspV Rz. 80.
3 Zu den Zuteilungsgrundsätzen der Börsensachverständigenkommission und der freiwilligen Selbstverpflichtung der Banken siehe Börsensachverständigenkommission beim Bundesministerium für Finanzen (Hrsg.), Grundsätze für die Zuteilung von Aktienemissionen an

re die bevorzugte Zuteilung an bestimmte Anleger oder Anlegergruppen, im Prospekt offen zu legen. Hierunter fallen die sog. Friends & Family-Programme[1], die insbesondere zu Zeiten des Neuen Marktes[2] populär waren[3]. Dabei sind der prozentuale Anteil des Angebotsvolumens, der dem jeweiligen Anleger oder einer bestimmten Anlegergruppe im Wege der bevorrechtigten Zuteilung gewährt wird und die Kriterien, nach denen die Zugehörigkeit zu dieser Anlegergruppe bestimmt wird (zB Lieferanten des Emittenten), offen zu legen[4]. Zusätzlich ist anzugeben, wie bei Überzeichnung des Angebots verfahren wird[5]. Dabei ist darauf hinzuweisen, dass Überzeichnungen möglich sind und sich die Emissionsbanken vorbehalten, insbesondere im Fall der Überzeichnung nicht alle Orders auszuführen[6].

55 Nach Anhang III Ziffer 5.2.4 ProspektVO ist zu erläutern, wie die erfolgte Zuteilung den Anlegern gegenüber bekannt gemacht wird. Dazu gehört zum einen die Angabe, ab welchem Zeitpunkt und bei welchen Stellen von Anlegern erfragt werden kann, ob ihre Angebote angenommen und ihnen Aktien zugeteilt worden sind. Bei Emissionen, bei denen sich die Emissionsbanken zur Einhaltung der Grundsätze der Börsensachverständigenkommission für die Zuteilung von Aktienemissionen an Privatanleger verpflichtet haben, ist zudem auf die **Veröffentlichung** der Einzelheiten der erfolgten **Zuteilung**, wie sie nach Art. 4 der Zuteilungsgrundsätze[7] zu veröffentlichen ist, und den Ort ihrer Veröffentlichung hinzuweisen.

56 Anhang III Ziffer 5.2.5 ProspektVO fordert die Aufnahme von Angaben zu einer **Mehrzuteilungs- und Greenshoe-Option** im Prospekt. Zusammen mit Anhang III Ziffer 6.5 ProspektVO bildet dieser Teil des Anhangs III eine spezielle Regelung zu den allgemeinen Transparenzanforderungen an eine Stabilisierung, wie sie in Art. 9 Abs. 1 der VO (EG) Nr. 2273/2003 festgelegt sind[8]. Die Zulässigkeit der Gewährung und Ausübung von Mehrzuteilungs- und Greenshoe-Optionen richtet sich jedoch auch bei prospektpflichtigen Angeboten weiterhin nach Art. 7 ff. VO (EG) Nr. 2273/2003.

Privatanleger v. 7.6.2000, ZBB 2000, 287 m. Anm. *Köndgen*; *Singhof/Weber* in Habersack/Mülbert/Schlitt, Unternehmensfinanzierung am Kapitalmarkt, § 4 Rz. 83; *Willamowski*, WM 2001, 653 (662); *Brandt* in Kümpel/Wittig, Bank- und Kapitalmarktrecht, Rz. 15.524 ff.

1 Siehe hierzu A. *Meyer* in Habersack/Mülbert/Schlitt, Unternehmensfinanzierung am Kapitalmarkt, § 36 Rz. 55; *Willamowski*, WM 2001, 653 (661); *Schanz*, Börseneinführung, § 10 Rz. 71.
2 Zum Neuen Markt siehe *Schanz*, Börseneinführung, § 11 Rz. 6; *Buck-Heeb*, Kapitalmarktrecht, § 3 Rz. 133; *Lenenbach*, Kapitalmarkt- und Börsenrecht, Rz. 3.222; *Harrer/Heidemann*, DStR 1999, 254 (256).
3 *Ekkenga/Maas*, Das Recht der Wertpapieremissionen, § 2 Rz. 212.
4 A. *Meyer* in Habersack/Mülbert/Schlitt, Unternehmensfinanzierung am Kapitalmarkt, § 30 Rz. 55 f.
5 A. *Meyer* in Habersack/Mülbert/Schlitt, Unternehmensfinanzierung am Kapitalmarkt, § 30 Rz. 55; *Ekkenga/Maas*, Das Recht der Wertpapieremissionen, § 2 Rz. 212.
6 Zu Mehrfachzeichnungen siehe auch *Ekkenga/Maas*, Das Recht der Wertpapieremissionen, § 2 Rz. 212.
7 Abrufbar unter http://www.bankenverband.de.
8 Zum Vorrang der Angaben nach Anhang III ProspektVO gegenüber Art. 9 Abs. 1 siehe Art. 9 Abs. 1 Satz 2 VO (EG) Nr. 2273/2003.

Unterliegt diese Bedingungen, sind auch diese aufzunehmen, ebenso wie Angaben zum Vorhandensein, dem Umfang und der Dauer ihrer Inanspruchnahme[1].

3. Preisfestsetzung (Ziffer 5.3)

Nach Anhang III Ziffer 5.3 ProspektVO sind verschiedene Angaben über den **Emissionspreis** in den Prospekt aufzunehmen. Zunächst sieht Ziffer 5.3.1 ProspektVO[2] in Satz 1 die Nennung des Emissionspreises vor. Anhang III Ziffer 5.3.1 Satz 2 ProspektVO greift den nach § 8 WpPG zulässigen Fall auf, dass der Emissionspreis zum Zeitpunkt der Prospektbilligung und -veröffentlichung noch nicht feststeht. In diesem Fall ist anzugeben, welche Personen nach welchen Kriterien und nach welcher Methode den Emissionspreis festlegen werden[3]. In den meisten Fällen wird der Preis im Zuge des Bookbuilding-Verfahrens ermittelt[4]. Darüber hinaus sind Steuern oder Kosten, die Anlegern beim Kauf der angebotenen Aktien entstehen, offen zu legen. Damit sind vor allem die in manchen ausländischen Jurisdiktionen auf Aktienemissionen erhobenen **Stempelsteuern** und von **Emittenten erhobene Kosten/Gebühren** gemeint, so dass diese Regelung bei deutschen Emittenten im Regelfall keine Anwendung findet. Gelegentlich wird in Prospekten freiwillig über die von Anhang III Ziffer 5.3.1 ProspektVO geforderten Angaben hinaus auf die Erhebung von Zeichnungsgebühren durch Institute, über die Anleger ihre Orders abgeben, hingewiesen. 57

Neben dem Verfahren für die Offenlegung des Emissionspreises nach Anhang III Ziffer 5.3.2 ProspektVO ist nach Anhang III Ziffer 5.3.3 ProspektVO offen zu legen, inwieweit Aktionären ihre Bezugs- oder Vorkaufsrechte, etwa durch einen **Bezugsrechtsausschluss**, entzogen wurden und wem diese Rechte nunmehr zu Gute kommen (zB Verfall bzw. Verkauf zu bestmöglichen Konditionen an Dritte). 58

Haben Mitglieder des Vorstands oder des Aufsichtsrats oder eines sonstigen Verwaltungsorgans, Mitglieder des oberen Managements[5] oder dem Emittenten nahe stehende Personen, zB Großaktionäre, im letzten Jahr vor der Prospektbilligung Aktien oder Rechte auf den Erwerb von Aktien (zB Wandlungs- oder Optionsrechte) erworben und gehören sie zum Kreis der veräußernden Aktionäre, ist jeder dieser **Aktienkäufe** einschließlich Volumen und Preis im Prospekt offen zu legen, sofern 59

---

1 *A. Meyer* in Habersack/Mülbert/Schlitt, Unternehmensfinanzierung am Kapitalmarkt, § 36 Rz. 54; *Brandt* in Kümpel/Wittig, Bank- und Kapitalmarktrecht, Rz. 15.535 ff.
2 Vgl. § 16 Abs. 1 Nr. 5 BörsZulV aF, siehe dazu *Heidelbach* in Schwark, 3. Aufl. 2004, § 16 BörsZulV Rz. 2.
3 *Ekkenga/Maas*, Das Recht der Wertpapieremissionen, § 2 Rz. 214. Sofern bislang kein liquider Markt für die Aktien besteht, sind auch dann Angaben zu den Kriterien der Preisfindung anzugeben, wenn ein Fest- oder Maximalpreis angegeben wird, siehe ESMA, Frequently asked questions regarding Prospectuses: Common positions agreed by ESMA Members, 25th Updated Version – July 2016, ESMA/16-1133, Ziffer 58.
4 Dazu etwa *Haag* in Habersack/Mülbert/Schlitt, Unternehmensfinanzierung am Kapitalmarkt, § 29 Rz. 21 f.; *Groß*, Kapitalmarktrecht, § 8 WpPG Rz. 3.
5 Zum Begriff des oberen Managements siehe die Kommentierung zu Anhang I Ziffer 14 EU-ProspektVO Rz. 125 f.

der Preis wesentlich vom Angebotspreis abweicht (Anhang III Ziffer 5.3.4 Prospekt-VO)[1]. Eine solche **wesentliche Abweichung** ist richtigerweise dann anzunehmen, wenn der historische Preis außerhalb der Preisspanne liegt bzw., sollte keine Preisspanne, sondern ein Festpreis im Prospekt angegeben sein, mindestens 5% hiervon abweicht. Diese Angaben finden sich typischerweise im Prospektteil „Angebotsstruktur".

4. Übernahme der Aktien (Ziffer 5.4)

60 Nach Anhang III Ziffer 5.4 ProspektVO[2] sind ausführliche Angaben über den zwischen Emittent und Emissionsbanken, ggf. unter Beteiligung weiterer Vertragsparteien wie etwa im Zuge des Angebots Aktien abgebenden Altaktionären, abgeschlossenen **Übernahmevertrag**[3] in den Prospekt aufzunehmen. Teilweise finden sich diese Angaben im Prospektteil „Das Angebot"; überwiegend wird jedoch ein eigenes Kapitel **„Aktienübernahme"** in den Prospekt aufgenommen.

61 Dabei sind nach Anhang III Ziffer 5.4.1 ProspektVO Name und Anschrift aller **Emissionsbanken** und der von diesen in den Vertrieb eingeschalteten **Verkaufsstellen** (*selling agents*) im Prospekt zu nennen. Dabei ist anzugeben, inwieweit eine bindende Zusage zum Kauf bzw. zur Zeichnung der Aktien abgegeben wurde (***firm underwriting***) oder inwieweit lediglich eine bestmögliche Platzierung (***best efforts underwriting***) vereinbart wurde. Börsengänge, bei denen sich die Emissionsbanken regelmäßig (nur) zu einer bestmöglichen Platzierung verpflichten und die Aktien lediglich zur technischen Erleichterung des Prozesses unter der Voraussetzung einer ausreichenden Investorennachfrage zum geringsten Ausgabebetrag zeichnen, sind dabei richtigerweise als Best Efforts-Underwriting zu kategorisieren[4]. Anzugeben ist auch die quotale Aufteilung der Übernahme, wenn mehrere Emissionsbanken eingeschaltet sind. Darzustellen sind darüber hinaus der Zeitpunkt des Abschlusses des Übernahmevertrags, die Höhe der den Emissionsbanken für ihre Leistungen zugesagten Provision, sowie sonstige wesentliche Inhalte des Übernahmevertrags. Hierzu gehört regelmäßig ein Hinweis auf die Bedingungen, unter denen der Übernahmevertrag von den Emissionsbanken gekündigt werden kann, die Schilderung der Veräuße-

---

1 Über den Wortlaut hinausgehend im Anwendungsbereich *Wiegel*, Die Prospektrichtlinie und Prospektverordnung, S. 274.
2 Zu Ziffer 5.4.3 des Anhangs III ProspektVO vgl. § 15 Abs. 1 Nr. 12 BörsZulV aF, siehe dazu *Heidelbach* in Schwark, 3. Aufl. 2004, § 15 BörsZulV Rz. 14.
3 Zum Übernahmevertrag bei Aktienemissionen siehe *A. Meyer* in Marsch-Barner/Schäfer, Handbuch börsennotierte AG, § 8 Rz. 104 ff.; *Singhof/Weber* in Habersack/Mülbert/Schlitt, Unternehmensfinanzierung am Kapitalmarkt, § 4 Rz. 99; *Schäfer* in Grunewald/Schlitt, Einführung in das Kapitalmarktrecht, S. 159 ff.; *Ekkenga/Maas*, Das Recht der Wertpapieremissionen, § 4 Rz. 297 ff.; *Schanz*, Börseneinführung, § 9 Rz. 47 ff.; *Lenenbach*, Kapitalmarkt- und Börsenrecht, Rz. 10.137 ff.; *R. Müller* in Kümpel/Wittig, Bank- und Kapitalmarktrecht, Rz. 15.110 ff.; *Jäger*, NZG 1999, 643 (645).
4 *Schäfer* in Grunewald/Schlitt, Einführung in das Kapitalmarktrecht, S. 160; *R. Müller* in Kümpel/Wittig, Bank- und Kapitalmarktrecht, Rz. 15.112; *Ekkenga/Haas*, Das Recht der Wertpapieremissionen, § 4 Rz. 298; *Schanz*, Börseneinführung, § 9 Rz. 35 ff.

rungsbeschränkungen, zu deren Einhaltung sich die Emissionsbanken gegenüber dem Emittenten (ggf. auch gegenüber den veräußernden Aktionären) verpflichtet haben, und ein Hinweis auf die Übernahme bestimmter Haftungsverpflichtungen durch den Emittenten bzw. die veräußernden Aktionäre. In letzterem Fall entspricht es einer verbreiteten Praxis, darauf hinzuweisen, dass diese Vereinbarungen keine Auswirkungen auf die Anleger haben.

Nach Anhang III Ziffer 5.4.2 ProspektVO, dessen Standort zwischen den Angaben zum Übernahmevertrag etwas misslungen ist, sind Angaben zu den **Zahl- und Verwahrstellen** jeden Landes in den Prospekt aufzunehmen. In der Regel haben Aktienemittenten seit Abschaffung der Hinterlegungspflicht im Vorfeld von Hauptversammlungen nach dem früheren § 123 AktG lediglich eine Zahlstelle, deren Name und Anschrift in den Prospekt aufzunehmen ist. Ist eine Börsenzulassung angestrebt, muss es sich dabei um ein Finanzinstitut handeln, bei dem sämtliche Maßnahmen bezüglich der Wertpapiere vorgenommen werden können. Beispielsweise können hier Zins- und Dividendenscheine sowie ausgeloste oder gekündigte Schuldverschreibungen eingelöst und Bezugsrechte ausgeübt werden[1]. Bei der Zahlstelle werden darüber hinaus sonstige Gewinnanteile ausgezahlt. Bei außerbörslich angebotenen Wertpapieren muss die Zahlstelle nicht bei einem Kreditinstitut angesiedelt sein[2]. Neben der Benennung der Stelle ist auch deren Adresse anzugeben[3]. Unter den Begriff der Verwahrstelle fällt richtigerweise aber auch die Wertpapiersammelbank, bei der die Globalurkunde über die Wertpapiere regelmäßig hinterlegt ist. Aktien deutscher börsennotierter Gesellschaften sind bei der Clearstream Banking AG[4] hinterlegt, Anleihen häufig bei Euroclear Bank S.A./N.V. Der Zusatz „in jedem Land" soll lediglich verdeutlichen, dass alle Zahl- und Hinterlegungsstellen anzugeben sind; eine Pflicht zur Einrichtung von Zahl- oder Hinterlegungsstellen im Ausland soll damit nicht statuiert werden.

VII. Zulassung zum Handel und Handelsregeln (Ziffer 6)

6. Zulassung zum Handel und Handelsregeln

6.1. **Angabe, ob die angebotenen Wertpapiere Gegenstand eines Antrags auf Zulassung zum Handel sind oder sein werden und auf einem geregelten Markt oder sonstigen gleichwertigen Märkten vertrieben werden sollen, wobei die jeweiligen Märkte zu nennen sind.** Dieser Umstand ist anzugeben, ohne jedoch den Eindruck zu erwecken, dass die Zulassung zum Handel auch tatsächlich erfolgen wird. Wenn bekannt, sollte eine Angabe der frühestmöglichen Termine der Zulassung der Wertpapiere zum Handel erfolgen.

6.2. **Angabe sämtlicher geregelten oder gleichwertigen Märkte, auf denen nach Kenntnis des Emittenten Wertpapiere der gleichen Wertpapierkategorie,**

---

1 *Fingerhut/Voß* in Just/Voß/Ritz/Zeising, Anhang III EU-ProspektVO Rz. 203.
2 *Rauch* in Holzborn, Anh. III EU-ProspV Rz. 95.
3 *Fingerhut/Voß* in Just/Voß/Ritz/Zeising, Anhang III EU-ProspektVO Rz. 204.
4 Clearstream Banking AG, Neue Börsenstraße 1, 60487 Frankfurt am Main.

die zum Handel angeboten oder zugelassen werden sollen, bereits zum Handel zugelassen sind.

6.3. Falls gleichzeitig oder fast gleichzeitig zur Schaffung von Wertpapieren, für die eine Zulassung zum Handel auf einem geregelten Markt beantragt werden soll, Wertpapiere der gleichen Kategorie privat gezeichnet oder platziert werden, oder falls Wertpapiere anderer Kategorien für eine öffentliche oder private Platzierung geschaffen werden, sind Einzelheiten zur Natur dieser Geschäfte sowie zur Zahl und den Merkmalen der Wertpapiere anzugeben, auf die sie sich beziehen.

6.4. Detaillierte Angaben zu den Instituten, die aufgrund einer bindenden Zusage als Intermediäre im Sekundärhandel tätig sind und Liquidität mittels Geld- und Briefkursen zur Verfügung stellen, und Beschreibung der Hauptbedingungen der Zusagevereinbarung.

6.5. Stabilisierung: Hat ein Emittent oder ein Aktionär mit einer Verkaufsposition eine Mehrzuteilungsoption erteilt, oder wird ansonsten vorgeschlagen, dass Kursstabilisierungsmaßnahmen im Zusammenhang mit einem Angebot zu ergreifen sind, so ist Folgendes anzugeben

6.5.1. Die Tatsache, dass die Stabilisierung eingeleitet werden kann, dass es keine Gewissheit dafür gibt, dass sie eingeleitet wird und jederzeit gestoppt werden kann;

6.5.2. Beginn und Ende des Zeitraums, während dessen die Stabilisierung erfolgen kann;

6.5.3. Die Identität der für die Stabilisierungsmaßnahmen in jeder Rechtsordnung verantwortlichen Person, es sei denn, sie ist zum Zeitpunkt der Veröffentlichung nicht bekannt;

6.5.4. Die Tatsache, dass die Stabilisierungstransaktionen zu einem Marktpreis führen können, der über dem liegt, der sich sonst ergäbe.

1. Zulassung und Handel (Ziffer 6.1 bis 6.4)

63 Während Anhang III Ziffer 5 ProspektVO angebotsspezifische Inhalte regelt, ist Anhang III Ziffer 6 ProspektVO ganz überwiegend nur auf Prospekte anwendbar, die zumindest auch für Zwecke der **Zulassung von Wertpapieren** erstellt werden. Einzelne Angaben, etwa nach Anhang III Ziffer 6.2 ProspektVO, können auch bei anderen Emissionen sinnhaft und damit anwendbar sein.

64 Zunächst ist nach Anhang III Ziffer 6.1 ProspektVO im Prospekt anzugeben, wann die angebotenen Wertpapiere zum Handel zugelassen werden sollen. Zu nennen sind die Märkte (etwa der regulierte Markt an der Frankfurter Wertpapierbörse), an denen die Wertpapiere gehandelt werden sollen, der **Zeitpunkt** der Stellung des **Zulassungsantrags** und der voraussichtlichen **Zulassung**[1]. Durch den Zusatz „voraussichtlich" ist klarzustellen, dass die Zulassung nicht gesichert ist. Der Vollstän-

---

1 Zum Zulassungsverfahren siehe *Trapp* in Habersack/Mülbert/Schlitt, Unternehmensfinanzierung am Kapitalmarkt, § 37; *Ries/Murr* in Grunewald/Schlitt, Einführung in das Kapi-

digkeit halber ist neben dem Markt auch das Segment, in dem die Aktien notiert werden sollen, zu nennen (zB Prime Standard oder General Standard)[1].

Nach Anhang III Ziffer 6.2 ProspektVO sind die geregelten oder gleichwertigen Märkte zu nennen, auf denen nach Kenntnis des Emittenten Wertpapiere der gleichen Wertpapier„kategorie" bereits zum Handel zugelassen sind. Der Begriff des **geregelten Marktes** ist in Art. 2 Abs. 1 lit. j Prospektrichtlinie definiert. Welche Märkte danach als geregelte Märkte gelten, wird jährlich im Amtsblatt der Europäischen Union bekannt gegeben[2]. Andere **gleichwertige Märkte** beziehen Märkte außerhalb der Europäischen Union ein, die den Anforderungen an einen organisierten Markt iS des § 2 Nr. 16 WpPG (siehe dazu § 2 WpPG Rz. 118 ff.) genügen. Der Begriff der **Wertpapierkategorie** meint Wertpapiere einer Gattung, etwa Vorzugs- oder Stammaktien. Die Angabe ist damit nur dann zwingend, wenn Wertpapiere derselben Gattung und desselben Emittenten bereits an einem solchen Markt gehandelt werden oder gehandelt werden sollen. Die Vorschrift hat ihren Hauptanwendungsbereich bei Kapitalerhöhungen bereits börsennotierter Emittenten. 65

Sofern im Zuge der Zulassung, für deren Zwecke der Prospekt erstellt wird, Wertpapiere der gleichen Kategorie (dh. Gattung) privat gezeichnet oder platziert werden oder Wertpapiere anderer Kategorien für eine öffentliche oder private Platzierung geschaffen werden, ist nach Anhang III Ziffer 6.3 ProspektVO eine Beschreibung im Einzelnen unter Angabe der Zahl und Merkmale zu **platzierender Wertpapiere** in den Prospekt aufzunehmen. Zu denken ist dabei insbesondere an Privatplatzierungen bei qualifizierten Anlegern und/oder bei weniger als 150 Privatpersonen pro Mitgliedstaat des EWR, die für Zwecke der Platzierung nach § 3 Abs. 2 Nr. 1 und Nr. 2 WpPG von der Prospektpflicht befreit sind. Umfang und Detaillierungsgrad der Darstellung werden daher häufig hinter den entsprechenden Angaben eines für Zwecke eines öffentlichen Angebots erstellten Prospekts zurückbleiben[3]. 66

Nach Anhang III Ziffer 6.4 ProspektVO sind Angaben zu **Designated Sponsors**, dh. Intermediären, die im Sekundärhandel Liquidität bereitstellen, aufzunehmen. Hierzu reicht im Regelfall eine kurze Beschreibung der vereinbarten Tätigkeit der Designated Sponsors aus[4]. 67

---

talmarktrecht, S. 39; *Schanz*, Börseneinführung, § 12; *Ekkenga/Maas*, Das Recht der Wertpapieremissionen, § 2 Rz. 176 ff.

1 Zu den Marktsegmenten der Frankfurter Wertpapierbörse *Schlitt*, AG 2003, 57 ff.; *Schlitt/Schäfer*, AG 2006, 147 ff.
2 Zuletzt in der Information der Mitgliedstaaten (2011/C 209/13), ABl. EU Nr. C 209 v. 15.7.2011, S. 21.
3 *Fingerhut/Voß* in Just/Voß/Ritz/Zeising, Anhang III EU-ProspektVO Rz. 223.
4 Eine typische Formulierung hierzu in Prospekten lautet „X-Bank und Y-Bank werden nach dem Designated Sponsor-Vertrag mit der Gesellschaft ua. während der täglichen Handelszeiten limitierte Kauf- und Verkaufsorder für Aktien der Gesellschaft in das elektronische Handelssystem der Frankfurter Wertpapierbörse einstellen. Dadurch soll insbesondere eine höhere Liquidität des Handels in den Aktien der Gesellschaft erreicht werden."

2. Stabilisierung (Ziffer 6.5)

68 Neben den bereits nach Anhang III Ziffer 5.2.5 ProspektVO erforderlichen Angaben zu dem in der Praxis wichtigsten Stabilisierungselement, der Greenshoe-Option, und der ihr zu Grunde liegenden Mehrzuteilungsoption, fordert Anhang III Ziffer 6.5 ProspektVO weitere Angaben im Hinblick auf sonstige Stabilisierungsmaßnahmen im Zusammenhang mit einem Angebot.

69 Die in den Prospekt aufzunehmenden Angaben entsprechen dabei, auch wenn die Reihenfolge ihrer Nennung im Gesetz teilweise abweicht, den nach Art. 9 Abs. 1 Satz 1 VO (EG) Nr. 2273/2003 vor Beginn des Angebots zu veröffentlichenden Angaben[1]. Es ist also darauf hinzuweisen, dass möglicherweise Stabilisierungsmaßnahmen ergriffen werden, die den Marktpreis stützen sollen (dh. die zu einem höheren Marktpreis führen können, als er ohne diese Maßnahmen vorliegen würde), ihre Durchführung jedoch nicht garantiert ist und, sollten Stabilisierungsmaßnahmen begonnen werden, diese jederzeit beendet werden können[2]. Darüber hinaus sind der **Stabilisierungszeitraum**, dessen Dauer sich nach Art. 8 VO (EG) Nr. 2273/2003 richtet, und der sog. **Stabilisierungsmanager**, dh. die für die Stabilisierungsmaßnahmen zuständige Person, anzugeben[3].

VIII. Wertpapierinhaber mit Verkaufsposition (Ziffer 7)

7. Wertpapierinhaber mit Verkaufsposition

7.1. Name und Anschrift der Person oder des Instituts, die/das Wertpapiere zum Verkauf anbietet; Wesensart etwaiger Positionen oder sonstiger wesentlicher Verbindungen, die die Personen mit Verkaufspositionen in den letzten drei Jahren bei dem Emittenten oder etwaigen Vorgängern oder verbundenen Unternehmen innehatte oder mit diesen unterhielt.

7.2. Zahl und Kategorie der von jedem Wertpapierinhaber mit Verkaufsposition angebotenen Wertpapiere.

7.3. Lock-up-Vereinbarungen:
- **Anzugeben sind die beteiligten Parteien;**
- **Inhalt und Ausnahmen der Vereinbarung;**
- **Der Zeitraum des „lock up".**

---

[1] Ausführlich hierzu *Mock* in KölnKomm. WpHG, § 20a WpHG Anh. II – Art. 9 VO (EG) Nr. 2273/2003, Rz. 2 ff.
[2] *A. Meyer* in Habersack/Mülbert/Schlitt, Unternehmensfinanzierung am Kapitalmarkt, § 36 Rz. 54; *Oulds* in Kümpel/Wittig, Bank- und Kapitalmarktrecht, Rz. 14.326.
[3] *A. Meyer* in Habersack/Mülbert/Schlitt, Unternehmensfinanzierung am Kapitalmarkt, § 36 Rz. 54.

1. Anbieter (Ziffer 7.1 und 7.2)

Anhang III Ziffer 7.1 ProspektVO fordert zunächst die Angabe von **Name und Anschrift** der Anbieter der Wertpapiere. Dies sind in der Regel der Emittent und die Emissionsbanken, die gemeinsam mit dem Emittenten als Anbieter auftreten. Unterhielten Anbieter, deren Rechtsvorgänger oder mit ihnen verbundene Unternehmen in den letzten drei Jahren andere wesentliche Verbindungen zum Emittenten, ist dies gleichfalls offen zu legen. Hierunter fallen insbesondere wesentliche Kreditverträge, die der Emittent in der Vergangenheit abgeschlossen hat[1]. 70

Die von Anhang III Ziffer 7.2 ProspektVO geforderte Angabe von Zahl und Kategorie der von jedem Wertpapierinhaber angebotenen Wertpapiere bezieht sich auf die im Zuge des Angebots **veräußernden Personen**. Diese sind nicht mit dem Anbieter gleich zu setzen. Auch im Falle, dass Altaktionäre ihre Beteiligung ganz oder teilweise im Zuge eines Angebots veräußern, treten diese in der Regel nicht als Anbieter auf. Sie verkaufen im Regelfall ihre Aktien an die Emissionsbanken, die diese dann öffentlich anbieten. Daher sind auch in der (bei prospektpflichtigen Angeboten üblichen) Konstellation, dass die Banken im Falle mangelnder Nachfrage vom Kaufvertrag zurücktreten können, nicht die abgebenden Altaktionäre, sondern die Emissionsbanken Anbieter. Da die Aktien jedoch von den Altaktionären im Zusammenhang mit dem Angebot und mit dem Ziel ihrer Platzierung im Publikum verkauft werden, sind die Anzahl und Art der von jedem abgebenden Aktionär zu veräußernden Aktien im Prospekt zu nennen. Diese Angaben finden sich in der Regel im Abschnitt „Aktionärsstruktur", der in Tabellenform die Beteiligungsverhältnisse[2] vor und nach (vollständiger) Durchführung des Angebots zeigt. Dabei sind auch solche Altaktionäre zu berücksichtigen, die ausschließlich eine Mehrzuteilungs- und Greenshoe-Option stellen, da sie im Falle einer Ausübung der Mehrzuteilungs- und Greenshoe-Option ebenfalls Aktien veräußern. 71

2. Lock-up (Ziffer 7.3)

Lock-up-Vereinbarungen umfassen **Verpflichtungen von Aktionären**, für einen bestimmten Zeitraum keine Aktien des Emittenten zu veräußern, anzubieten oder dem wirtschaftlich entsprechende Geschäfte, etwa Optionsgeschäfte, zu tätigen[3]. Im 72

---

[1] Zur Problematik der Rückführung von Darlehen aus dem Emissionserlös bei gleichzeitigem Auftreten des Kreditgebers als Emissionsbank siehe *Schäfer* in Grunewald/Schlitt, Einführung in das Kapitalmarktrecht, S. 170/171; *Singhof/Weber* in Habersack/Mülbert/Schlitt, Unternehmensfinanzierung am Kapitalmarkt, § 4 Rz. 61 ff.; *Ekkenga/Maas*, Das Recht der Wertpapieremissionen, § 4 Rz. 329 ff. Fn. 123, jeweils mwN.

[2] Zu den weiteren Angaben zur Aktionärsstruktur siehe die Kommentierung zu Anhang I EU-ProspektVO Rz. 147 ff.

[3] Umfassend zu Lock-up-Vereinbarungen und ihrer Ausgestaltung *Höhn*, Ausgewählte Probleme bei Lock-up-agreements, 2004; siehe auch *Schäfer* in Grunewald/Schlitt, Einführung in das Kapitalmarktrecht, S. 164; *Haag* in Habersack/Mülbert/Schlitt, Unternehmensfinanzierung am Kapitalmarkt, § 29 Rz. 50 ff.; *Ekkenga/Maas*, Das Recht der Wertpapieremissionen, § 4 Rz. 379 ff.; *Ekkenga*, WM 2002, 317 (321); *Fleischer*, WM 2002, 2035; *Meyer* in Marsch-Barner/Schäfer, Handbuch börsennotierte AG, § 8 Rz. 164.

Prospekt sind gemäß Anhang III Ziffer 7.3 ProspektVO sämtliche Lock-up-Vereinbarungen, dh. nicht nur anlässlich des Angebots abgeschlossene Vereinbarungen, sondern auch möglicherweise im Vorfeld oder anlässlich einer früheren Emission abgeschlossene, noch gültige Vereinbarungen zu schildern. Dabei sind jeweils die beteiligten Parteien, der wesentliche Inhalt, insbesondere Ausnahmen von der Lock-up-Verpflichtung, und der Zeitraum, für den die Restriktion gilt, darzustellen[1]. Hierzu gehört richtigerweise auch die Erwähnung einer etwaigen Verbuchung in einem Sperrdepot oder die Sicherung der Vereinbarung durch eine separate ISIN für die „gesperrten" Aktien[2].

73 Neben den Lock-up-Verpflichtungen sind an gleicher Stelle im Prospekt auch **Marktschutzvereinbarungen** zu schildern. Als Marktschutzvereinbarung wird eine Verpflichtung des Emittenten, in der Regel für zwölf Monate aus genehmigtem Kapital, ohne Zustimmung der Emissionsbank keine neuen Aktien oder in Aktien wandelbare Wertpapiere zu begeben, der Hauptversammlung keine Kapitalerhöhung vorzuschlagen und auch sonst keine vergleichbaren Transaktionen vorzunehmen, bezeichnet[3]. Zweck dieser Vereinbarung ist es, für die übernehmenden Banken insoweit Sicherheit herzustellen, dass der Aktienkurs für den Zeitraum relativ stabil bleibt, indem sie die im Rahmen der Transaktion übernommenen Aktien am Markt veräußern[4]. Die Zulässigkeit solcher Vereinbarungen überhaupt und auch der zulässige Umfang solcher Verpflichtungen ist teilweise nicht unbestritten. Das OLG München hielt eine Vereinbarung für nichtig, in der sich eine Zielgesellschaft durch ihren Vorstand verpflichtet hatte, ohne Zustimmung des Bieters weder das genehmigte Kapital auszunutzen noch eigene Aktien zu erwerben oder zu veräußern[5]. Eine solche Bestimmung, so das OLG München, sei wegen des Zustimmungserfordernisses mit der Aufgabenverteilung zwischen dem Vorstand und einem Aktionär unvereinbar; es werde in die verbandsautonome Entscheidungskompetenz eingegriffen und folglich das Kompetenzgefüge innerhalb der Aktiengesellschaft verletzt[6].

Der zulässige Umfang und die Dauer einer solchen Verpflichtung richten sich nach den Kriterien für unternehmerische Ermessensentscheidungen im Rahmen der Geschäftsführung des Vorstands (vgl. § 93 Abs. 1 AktG). Es ist jedenfalls zulässig, dass sich der Vorstand für die Gesellschaft einer derartigen Beschränkung unterwirft, wenn diese Beschränkung für einen überschaubaren Zeitraum gilt und im Interesse der Gesellschaft liegt. Die in Lock-up-Agreements und Marktschutzvereinbarungen

---

1 Vgl. § 16 Abs. 1 Nr. 14 BörsZulV aF, siehe dazu *Heidelbach* in Schwark, 3. Aufl. 2004, § 16 BörsZulV Rz. 14.
2 So auch *Ekkenga/Maas*, Das Recht der Wertpapieremissionen, § 2 Rz. 21; zur Vorgängervorschrift des § 16 Abs. 1 Nr. 14 BörsZulV aF *Heidelbach* in Schwark, 3. Aufl. 2004, § 16 BörsZulV Rz. 7.
3 *Höhn*, Ausgewählte Probleme bei Lock-up-agreements, 2004, S. 2; *Schäfer* in Grunewald/Schlitt, Einführung in das Kapitalmarktrecht, S. 164; *Fleischer*, WM 2002, 2035.
4 *Bungert/Wansleben*, ZIP 2013, 1841.
5 OLG München v. 14.11.2012 – 7 AktG 2/12, ZIP 2012, 2439 = AG 2013, 173.
6 OLG München v. 14.11.2012 – 7 AktG 2/12, ZIP 2012, 2439 (2442 f.) = AG 2013, 173.

üblichen Verpflichtungen für einen Zeitraum von **6 oder 12 Monaten** sind davon jedenfalls unproblematisch erfasst[1].

Richtigerweise erstrecken sich die Offenlegungspflichten nach Anhang III Ziffer 7.3 ProspektVO zu Lock-ups auch auf Marktschutzvereinbarungen. Denn die Information, dass der Emittent für einen bestimmten Zeitraum das Angebotsvolumen im Markt nicht erhöhen wird, wird aufgrund der bei Neuemissionen zu erwartenden Auswirkungen auf den Börsenpreis und der, je nach Strukturierung, damit einhergehenden Verwässerung für den Anleger regelmäßig eine wesentliche Information für sein Anlageverhalten darstellen. Dabei ist, wie bei den Lock-up-Verpflichtungen von Altaktionären, nicht nur das Bestehen an sich, sondern auch der wesentliche Inhalt der Vereinbarung zu nennen, zB Befreiungsmöglichkeiten.

IX. Kosten der Emission/des Angebots (Ziffer 8)

8. **Kosten der Emission/des Angebots**

8.1. **Angabe der Gesamtnettoerträge und Schätzung der Gesamtkosten der Emission/des Angebots.**

Die nach Anhang III Ziffer 8.1 ProspektVO[2] erforderliche Angabe der Gesamtnettoerträge und der Gesamtkosten der Emission bzw. des Angebots wird üblicherweise in unmittelbarem Zusammenhang mit den **Gründen für das Angebot** und der Schilderung der Verwendung der Erträge (siehe dazu oben Rz. 23 ff.) im Prospekt offen gelegt. Die Angabe ist bei Prospekten, die allein für Zwecke einer Zulassung erstellt werden, nicht erforderlich. 74

Liegt dem Angebot ein **Festpreis** zu Grunde, was etwa bei Bezugsrechtsemissionen häufig der Fall ist[3], bereitet die Errechnung des Nettoemissionserlöses und der Kosten keine größeren Schwierigkeiten. Komplexer ist die Situation bei Angeboten, bei denen der Preis zum Zeitpunkt der Prospektbilligung nicht feststeht. In diesen Fällen ist in den Prospekt eine Schätzung des erwarteten Emissionserlöses und der erwarteten Kosten, die ihrerseits teilweise vom Emissionserlös abhängen (so zB die regelmäßig prozentual berechnete Provision der Emissionsbanken), aufzunehmen. Enthält der Prospekt eine **Preisspanne**, innerhalb derer der Angebotspreis nach Maßgabe des **Bookbuildings** festgelegt werden soll, kann diese Schätzung entweder auf Grundlage des Mittelwerts der Preisspanne (multipliziert mit der Maximalzahl angebotener Aktien) oder seinerseits als Spanne (auf Grundlage des untersten und obersten Wertes der Preisspanne multipliziert mit der Maximalzahl angebotener Aktien) angegeben werden. 75

---

1 *Bungert/Wansleben*, ZIP 2013, 1841 (1844).
2 Vgl. §§ 15 Abs. 1 Nr. 13, 16 Abs. 1 Nr. 14 BörsZulV aF, siehe dazu *Heidelbach* in Schwark, 3. Aufl. 2004, § 15 BörsZulV Rz. 15, § 16 BörsZulV Rz. 14.
3 Zur Preisbestimmung bei Bezugsrechtsemissionen *Schlitt/Ries* in FS Schwark, 2009, S. 241 (249 ff.); allgemein zur Preisbestimmung bei Aktienemissionen *A. Meyer* in Marsch-Barner/Schäfer, Handbuch börsennotierte AG, § 8 Rz. 24 ff.

76 Enthält ein Prospekt zum Zeitpunkt der Prospektbilligung keine Preisindikation, wie beim sog. **Decoupled Bookbuilding** üblich[1], möchte der Anbieter im Regelfall möglichst keinerlei Bewertung der angebotenen Wertpapiere in den Prospekt aufnehmen. Stattdessen soll gerade auf Grundlage des Prospektinhalts und der Resonanz auf seine ersten Vermarktungsbemühungen eine Bewertung(sspanne) ermittelt werden. Da die Maximalzahl angebotener Aktien nach Anhang III Ziffer 5.1.2 ProspektVO in den Prospekt aufzunehmen ist, lässt grundsätzlich jede Schätzung des Emissionserlöses mittelbar auf den Emissionspreis schließen. Um dies zu vermeiden, hat sich in der Praxis das sog. erweiterte Decoupled Bookbuilding herausgebildet, bei dem die Maximalzahl angebotener Aktien nicht erwähnt wird[2]. Die BaFin hat dies nach kurzer Zeit nicht mehr gestattet[3]. In der jüngeren Vergangenheit wird daher beim sog. Decoupled Bookbuilding zunächst eine tendenziell höhere Maximalzahl von Aktien angeboten und der gewünschte Mindestemissionserlös im Prospekt genannt. Nach der Praxis der BaFin ist auch eine zwar grobe, aber keine willkürliche Schätzung des Emissionserlöses möglich. Daher sollte bei Angabe einer Spanne der untere Wert nicht mehr als 50% des oberen Werts der Spanne betragen. Die Maximalzahl angebotener Aktien wird dann erst bei Festsetzung der Preisspanne aufgrund des bis dahin erhaltenen Feedbacks zusammen mit der Preisspanne und einer konkretisierten Schätzung des Emissionserlöses in einem Nachtrag vor Beginn des eigentlichen Angebots veröffentlicht. Dieses Verfahren ist jedoch nur praktikabel, wenn die Hauptversammlung über das Volumen der Kapitalerhöhung kurzfristig zwischen Prospektbilligung und Veröffentlichung des Nachtrags beschließen kann. Typischerweise ist dies nur bei Emittenten der Fall, deren Aktien zum Zeitpunkt der Prospektbilligung zu 100% von einem Aktionär oder aber von einem überschaubaren Kreis von Gesellschaftern gehalten wird, die alle das Transaktionsverfahren mit tragen. Ein entsprechend (zu) hohes Maximalvolumen wird idR im Vorfeld von einer Hauptversammlung nicht beschlossen werden, da es nicht den Vorstellungen der Altaktionäre von der zu erwartenden Verwässerung entspricht.

77 Anzugeben ist darüber hinaus, wie sich der Emissionserlös auf die im Zuge des Angebots veräußernden Personen verteilt. Insbesondere ist bei **gemischten Primär- und Sekundärplatzierungen** ein eindeutiger Hinweis erforderlich, dass der Erlös aus dem Verkauf der Altaktien allein den Altaktionären und nicht dem Emittenten zu Gute kommt.

78 Im Falle eines Prospekts im Zusammenhang mit der **Einbeziehung in den Freiverkehr**, anlässlich derer durch Werbemaßnahmen auf die Einbeziehung aufmerksam gemacht werden soll[4], ist anstelle der Darstellung der Verwendung des Emissionserlöses ein Hinweis aufzunehmen, dass kein Kapital zufließt.

---

1 Zum Decoupled Bookbuilding siehe die Kommentierung zu § 8 WpPG Rz. 23 ff.
2 So noch die Prospekte von Wacker Chemie AG v. 24.3.2006, Bauer AG v. 16.6.2006, Praktiker AG v. 4.11.2005.
3 Kritisch dazu *Schlitt/Singhof/Schäfer*, BKR 2005, 251 (261); *A. Meyer* in Habersack/Mülbert/Schlitt, Unternehmensfinanzierung am Kapitalmarkt, § 36 Rz. 75.
4 Zur Grenze zum öffentlichen Angebot und der damit einhergehenden Prospektpflicht siehe die Kommentierung zu § 2 WpPG Rz. 32 ff.

Die erwarteten **Kosten** sind entsprechend dem Emissionserlös zu schätzen. Zu den Kosten zählen sämtliche im unmittelbaren Zusammenhang mit dem Angebot stehenden Aufwendungen, dh. die Provisionen der Emissionsbanken, Honorare anwaltlicher und sonstiger Berater (IPO-Berater, IR-Berater etc.), Kosten der Handelsregistereintragung, Prospektbilligung, Zulassung und Einbeziehung, Druckkosten für den Prospekt, Kosten für die Vermarktungsbemühungen des Emittenten wie Roadshows etc. Diese sind vom erwarteten Bruttoemissionserlös in Abzug zu bringen. Dabei sind sowohl die Kostenverteilung auf mehrere im Zuge des Angebots veräußernde Personen als auch die Verteilung des Nettoemissionserlöses klarzustellen. Bei einem reinen Zulassungsprospekt entspricht es hingegen einer weit verbreiteten Praxis, die Kostenangabe ausdrücklich auf die reinen Zulassungskosten zu beschränken. 79

Sofern Emissionserlös und Kosten schließlich im Rahmen der im Prospekt wiedergegebenen Schätzung bleiben, ist **kein Nachtrag** über die endgültigen Werte nach Festlegung der Preisspanne erforderlich. 80

X. Verwässerung (Ziffer 9)

9. **Verwässerung**
9.1. **Betrag und Prozentsatz der unmittelbaren Verwässerung, die sich aus dem Angebot ergibt.**
9.2. **Im Falle eines Zeichnungsangebots an die existierenden Aktionäre Betrag und Prozentsatz der unmittelbaren Verwässerung, wenn sie das neue Angebot nicht zeichnen.**

Anhang III Ziffer 9.1 ProspektVO erfordert die Angabe des Betrags und des Prozentsatzes der unmittelbaren Verwässerung, die sich aus dem Angebot ergibt. Da die Angaben nach Anhang III Ziffer 9 ProspektVO für die Anleger unabhängig von der Durchführung eines öffentlichen Angebots wesentlich sind, sind sie auch in dem Fall in den Prospekt aufzunehmen, in dem dieser allein für die **Zulassung** zu einem organisierten Markt erstellt wird, wenn im Zusammenhang mit der Zulassung neue Aktien emittiert werden (zB im Zuge einer Privatplatzierung) und eine Verwässerung damit einhergeht. Hingegen entfallen die Angaben nach Anhang III Ziffer 9 ProspektVO in Fällen der Prospekterstellung im Zusammenhang mit einer reinen **Einbeziehung von Aktien in den Freiverkehr**, wenn zur Ermöglichung von Werbemaßnahmen ein Prospekt erstellt wird, ohne dass mit der Einbeziehung eine Emission von Aktien einhergeht[1], da der Gesellschaft keine neuen Mittel zufließen und somit keine Verwässerung eintritt[2]. 81

Inwieweit eine unmittelbare Verwässerung eintritt, bestimmt sich danach, in welchem Umfang der Anteil des Anlegers am „Gesamtwert" des Emittenten, also nicht hinsichtlich des Stimmrechtsanteils, sinkt. Welche Kennzahl den „Gesamtwert" des 82

---
1 Zur Grenze zum öffentlichen Angebot und der Prospektpflicht in diesen Fällen siehe die Kommentierung zu § 2 WpPG Rz. 32 ff.
2 *Fingerhut/Voß* in Just/Voß/Ritz/Zeising, Anhang III EU-ProspektVO Rz. 258.

Emittenten adäquat abbildet, hängt von der Art der Geschäftstätigkeit und der finanziellen Situation des Emittenten ab. Im Gegensatz zu der Unternehmensbewertung nach Ertragswertverfahren oder der Discounted-Cash-Flow-Methode, mit denen man eine wirtschaftliche Verwässerung grundsätzlich messen könnte, wird auf eine bilanzielle Betrachtung abgestellt. Hierzu ist im Regelfall auf den **Nettobuchwert des Emittenten** (Gesamtaktiva abzüglich Firmenwert und anderer immaterieller Anlagenwerte sowie abzüglich Verbindlichkeiten, Rückstellungen und abgegrenzter Erträge) abzustellen[1]. Um die Verwässerung für Anleger verständlich zu machen, ist dabei zunächst anzugeben, um welchen Betrag sich der zum letzten Abschlussstichtag bestehende Nettobuchwert erhöht hätte, wenn der Emissionserlös aus dem Angebot bereits zu diesem Stichtag dem Emittenten zugeflossen wäre.

83 Im nächsten Schritt ist anzugeben, wie hoch der Nettobuchwert je Aktie zum letzten Abschlussstichtag war und wie hoch er pro Aktie gewesen wäre, wäre der Emissionserlös bereits zu jenem Stichtag zugeflossen gewesen. Die **Differenz** stellt die unmittelbare **Verwässerung der Altaktionäre** dar, wenn diese nicht am Angebot teilnehmen. Ist das Angebot auch an Altaktionäre gerichtet, also insbesondere bei einer Bezugsrechtsemission, ist darüber hinaus die prozentuale Veränderung anzugeben. Um diese Veränderung in Prozent auszudrücken, ist der Nettobuchwert je Aktie vor der Kapitalmaßnahme als Bezugsgröße zu Grunde zu legen.

84 Um die unmittelbare Verwässerung der **neuen Investoren**, die im Zuge des Angebots Aktien erwerben, darzustellen, ist die **Differenz** zwischen dem Angebotspreis und dem Nettobuchwert je Aktie nach Durchführung des Angebots zu errechnen und die entsprechende prozentuale Differenz anzugeben.

XI. Zusätzliche Angaben (Ziffer 10)

10. Zusätzliche Angaben

10.1. Werden an einer Emission beteiligte Berater in der Wertpapierbeschreibung genannt, ist eine Erklärung zu der Funktion abzugeben, in der sie gehandelt haben.

10.2. Hinweis auf weitere Angaben in der Wertpapierbeschreibung, die von gesetzlichen Abschlussprüfern geprüft oder einer prüferischen Durchsicht unterzogen wurden und über die die Abschlussprüfer einen Bestätigungsvermerk erstellt haben. Reproduktion des Berichts oder mit Erlaubnis der zuständigen Behörden Zusammenfassung des Berichts.

10.3. Wird in die Wertpapierbeschreibung eine Erklärung oder ein Bericht einer Person aufgenommen, die als Sachverständiger handelt, so sind der Name, die Geschäftsadresse, die Qualifikationen und – falls vorhanden – das wesentliche Interesse am Emittenten anzugeben. Wurde der Bericht auf Er-

---

1 Je nach den Umständen des Einzelfalls kann die Angabe des bilanziellen Eigenkapitals anstelle des Nettobuchwerts geeignet sein. Die BaFin geht jedoch grundsätzlich wohl von der Zugrundelegung des Nettobuchwerts aus.

suchen des Emittenten erstellt, so ist eine diesbezügliche Erklärung dahingehend abzugeben, dass die aufgenommene Erklärung oder der aufgenommene Bericht in der Form und in dem Zusammenhang, in dem sie bzw. er aufgenommen wurde, die Zustimmung von Seiten dieser Person erhalten hat, die den Inhalt dieses Teils der Wertpapierbeschreibung gebilligt hat.

10.4. Sofern Angaben von Seiten Dritter übernommen wurden, ist zu bestätigen, dass diese Information korrekt wiedergegeben wurde und dass – soweit es dem Emittenten bekannt ist und er aus den von dieser dritten Partei veröffentlichten Angaben ableiten konnte – keine Fakten unterschlagen wurden, die die reproduzierten Angaben unkorrekt oder irreführend gestalten würden. Darüber hinaus hat der Emittent die Quelle(n) der Angaben anzugeben.

1. Berater (Ziffer 10.1)

Anhang III Ziffer 10.1 ProspektVO ist nur dann einschlägig, wenn Berater ausdrücklich als solche im Prospekt genannt werden. Dies ist regelmäßig nicht der Fall. Eine Nennung allein im Zusammenhang mit anderweitigen Pflichtangaben, zB bei der Nennung von Interessen Dritter an der Emission nach Ziffer 3.3 des Anhangs III ProspektVO, reicht hierfür nicht aus[1].

85

2. Geprüfte Zahlen (Ziffer 10.2)

Sind über die auf Grund von Anhang I in den Prospekt aufzunehmenden Finanzinformationen hinaus von einem Abschlussprüfer geprüfte Angaben im Prospekt enthalten, ist hierauf nach Anhang III Ziffer 10.2 ProspektVO jeweils hinzuweisen. Da über die nach Anhang III erforderlichen Angaben in der Regel keine Prüfung durchgeführt und kein Bestätigungsvermerk erteilt wird, ist es in der Praxis die Ausnahme, dass neben den Finanzinformationen weitere vom Abschlussprüfer geprüfte Angaben Eingang in den Prospekt finden. Eine Ausnahme bilden allenfalls die Angaben zur **Kapitalausstattung und Verschuldung** nach Ziffer 3.2 des Anhangs III ProspektVO, sofern diese einem geprüften Abschluss des Emittenten entnommen wurden, sowie etwaige Pro-forma-Angaben (siehe dazu die Kommentierung zu Anhang II EU-ProspektVO) oder Gewinnprognosen bzw. Gewinnschätzungen (siehe hierzu die Kommentierung zu Anhang I EU-ProspektVO Rz. 115 ff.).

86

3. Sachverständigengutachten (Ziffer 10.3)

Anhang III Ziffer 10.3 ProspektVO bezieht sich ausschließlich auf Erklärungen oder Gutachten von Personen, die diese in ihrer Eigenschaft als Sachverständiger abgegeben haben. Auch ist ein Dokument nicht als Erklärung oder Bericht iS des Anhangs III Ziffer 10.3 ProspektVO zu verstehen, wenn seine Erstellung aufgrund einer gesetzlichen Verpflichtung erfolgt ist. Dies bedeutet, dass Anhang III Ziffer 10.3 Pro-

87

---

1 *Fingerhut/Voß* in Just/Voß/Ritz/Zeising, Anhang III EU-ProspektVO Rz. 264.

spektVO **nicht** auf die Wiedergabe von **Bestätigungsvermerken der Abschlussprüfer** im Prospekt anwendbar ist.

88 Grundsätzlich besteht keine Verpflichtung des Emittenten, ihn betreffende Sachverständigengutachten oder Erklärungen in den Prospekt aufzunehmen. Entscheidet er sich allerdings für eine Aufnahme, so sind die von Anhang III Ziffer 10.3 ProspektVO geforderten Angaben gleichfalls in den Prospekt aufzunehmen. Die Aufnahme eines Sachverständigengutachtens in den Prospekt kann ausnahmsweise aufgrund der besonderen Natur des Emittenten nach Anhang XIX ProspektVO von der BaFin gefordert werden (siehe dazu die Kommentierung zu Anhang XIX). So ist sie etwa berechtigt, nach ihrem Ermessen die Aufnahme eines Wertgutachtens für das **Immobilienportfolio** in den Prospekt zu fordern, wenn es sich beim Emittenten um eine Immobiliengesellschaft handelt. In solchen Fällen einer ausnahmsweisen Verpflichtung zur Aufnahme eines Sachverständigengutachtens ohne gesetzliche Pflicht sind die nach Ziffer 10.3 des Anhangs III ProspektVO vorgesehenen Angaben ebenfalls verpflichtend.

89 Die nach Anhang III Ziffer 10.3 ProspektVO aufzunehmenden Informationen umfassen **Name, Geschäftsadresse und Qualifikation des Sachverständigen**. Wurde der Bericht des Sachverständigen auf Ersuchen des Emittenten erstellt, ist dies im Hinblick auf mögliche Interessenkonflikte bei der Erstellung anzugeben. Zudem ist der Sachverständige über die Aufnahme seines Gutachtens bzw. seiner Erklärung in den Prospekt zu informieren und auf seine **Zustimmung zum Abdruck** in der gewählten Länge ausdrücklich im Prospekt hinzuweisen.

90 Da zudem Angaben über ein etwaiges **wesentliches Interesse** des Sachverständigen am Emittenten erforderlich sind, ist der Emittent verpflichtet, beim Sachverständigen nachzufragen, ob ein solches wesentliches Interesse besteht. Eine Indikation für ein wesentliches Interesse liegt vor, wenn der Sachverständige (i) Aktien am Emittenten oder Anteile an einem mit ihm verbundenen Unternehmen oder Optionen oder Bezugsrechte auf diese hält, (ii) früher beim Emittenten angestellt war oder irgendeine Form von Vergütung vom Emittenten erhält, (iii) Mitglied des Vorstands, des Aufsichtsrats oder eines sonstigen, beim Emittenten eingerichteten Gremiums ist oder (iv) irgendeine Verbindung zu den Emissionsbanken oder anderen in das Angebot oder das Zulassungsverfahren eingebundenen Finanzintermediären unterhält[1]. Lässt sich die Vermutung eines wesentlichen Interesses nach Einschätzung des Emittenten nicht widerlegen, ist auf sein Bestehen und die Art des Interesses hinzuweisen. Einer Offenlegung von Details, etwa der Anzahl der vom Sachverständigen gehaltenen Aktien, bedarf es dabei grundsätzlich nur insoweit, als diese zusätzliche Information wesentlich für den Anleger ist.

4. Informationen von Seiten Dritter (Ziffer 10.4)

91 Anhang III Ziffer 10.4 ProspektVO fordert Emittenten auf, von Dritten übernommene Informationen kritisch zu prüfen, bevor diese in den Prospekt aufgenommen

---

[1] Vgl. ESMA/13-319, Rz. 156–159.

werden. Eine solche Art „Haftungserklärung" erscheint angesichts der stets drohenden Prospekthaftung der Prospektverantwortlichen zwar praktisch entbehrlich. Um dem Wortlaut der Verordnung Genüge zu tun, bedarf es jedoch jedenfalls einer **Versicherung des Emittenten**, dass er die Angaben Dritter im Prospekt korrekt wiedergegeben und – soweit es dem Emittenten bekannt ist und er dies aus den von diesen Dritten veröffentlichten Informationen ableiten konnte – keine Tatsachen unterschlagen wurden, die die wiedergegebenen Informationen unkorrekt oder irreführend gestalten würden.

Häufig wird diese Angabe mit einer **Warnung der Anleger** verbunden, dass diese Informationen dennoch mit Vorsicht zu betrachten sind. Insbesondere entspricht es der Marktpraxis, darauf hinzuweisen, dass Marktstudien auf Informationen und Annahmen beruhen können, die weder exakt noch sachgerecht sind, häufig aber zukunftsgerichtet und spekulativ. Auch wird in der Regel zur Vermeidung eines weiten Verständnisses der nach Anhang III Ziffer 10.4 ProspektVO verpflichtend abzugebenden Erklärung erläutert, dass der Emittent und die Emissionsbanken die Zahlenangaben, Marktdaten und sonstigen Informationen, die Dritte ihren Studien zu Grunde gelegt haben, nicht überprüft haben und daher keine Verantwortung oder Garantie für die Richtigkeit der im Prospekt enthaltenen Angaben aus Studien Dritter übernehmen. 92

Zwar fordert Anhang III Ziffer 10.4 ProspektVO darüber hinaus eine Angabe der verwendeten **Quellen**. Eine explizite Nennung aller im Prospekt verwendeten Informationsquellen innerhalb eines separaten Abschnitts ist aber nicht erforderlich. Bisweilen wird eine Liste der Studien und Informationen Dritter in unmittelbarer Nähe zu der Erklärung nach Anhang III Ziffer 10.4 Satz 1 ProspektVO in den Prospekt aufgenommen. Eine solche Liste birgt jedoch die Gefahr, dass die verstreut im Prospekt enthaltenen Informationen von Seiten Dritter nicht vollständig dokumentiert werden. Es erscheint daher in der Regel vorzugswürdig, Angaben Dritter im Prospekt an der Stelle ihrer jeweiligen Nennung kenntlich zu machen und unmittelbar mit einer Quellenangabe (typischerweise in einem Klammerzusatz) kenntlich zu machen. Dies hat den Vorteil, dass zum einen die Erfassung aller Informationen von Seiten Dritter bei der Prospekterstellung erleichtert wird und zum anderen die jeweilige Quelle jeder Angabe für die Anleger unmittelbar nachvollziehbar wird. 93

Eine **korrekte Quellenangabe** setzt eine Nennung des Dritten, der die Information erstellt hat (zB eines Marktforschungsinstituts), den Namen der Studie und ihr Erscheinungsjahr voraus. Ein größerer Detailgrad, etwa die Nennung der Seitenzahl, ist hingegen grundsätzlich nicht zu fordern, da die Paginierung je nach Veröffentlichungsmedium und Verlag variieren kann und dies keine wesentliche Information für den Anleger darstellt. 94

Anhang IV
Mindestangaben für das Registrierungsformular für Schuldtitel und derivative Wertpapiere (Schema) (Schuldtitel und derivative Wertpapiere mit einer Mindeststückelung von weniger als EUR 100.000)

Schrifttum: *Apfelbacher/Metzner*, Das Wertpapierprospektgesetz in der Praxis – Eine erste Bestandsaufnahme, BKR 2006, 81; *Holzborn/Israel*, Das neue Wertpapierprospektrecht, ZIP 2005, 1668; *Kullmann/Sester*, Inhalt und Format von Emissionsprospekten nach dem WpPG, ZBB 2005, 209; *Meyer*, Wertpapierprospekt, in Habersack/Mülbert/Schlitt (Hrsg.), Unternehmensfinanzierung am Kapitalmarkt, 3. Aufl. 2013, § 36; *Rieckhoff*, Trendinformationen und Prognosen im Wertpapierprospekt – Ein Beitrag zur zukunftsbezogenen Unternehmensberichterstattung, BKR 2011, 221; *Schlitt/Schäfer*, Auswirkungen des Prospektrichtlinie-Umsetzungsgesetzes auf Aktien- und Equity-linked Emissionen, AG 2005, 498; *Seitz*, Das neue Wertpapierprospektgesetz – Auswirkungen auf die Emission von Schuldverschreibungen, AG 2005, 678; *Wieneke*, Emissionspublizität – Praktische Anforderungen und rechtliche Grenzen, NZG 2005, 109.

I. Anwendungsbereich	
1. Allgemeines 1	
2. Abgrenzung zu anderen Anhängen der ProspektVO	
a) Abgrenzung zu Anhang XI ProspektVO (Schema für das Registrierungsformular für Banken) 4	
b) Abgrenzung zu Anhang IX ProspektVO (Schema für das Registrierungsformular für Schuldtitel und derivative Wertpapiere mit einer Mindeststückelung von 100.000 Euro) 5	
c) Abgrenzung zu Anhang I ProspektVO (Schema für das Registrierungsformular für Aktien) 7	
d) Wahlmöglichkeit zwischen den verschiedenen Schemata für Registrierungsformulare 8	
II. Verantwortliche Personen (Ziffer 1) 9	
III. Abschlussprüfer (Ziffer 2) . . . 12	
IV. Ausgewählte Finanzinformationen (Ziffer 3) 13	
V. Risikofaktoren (Ziffer 4)	
1. Allgemeines zur Darstellung der Risikofaktoren 14	
2. Umfang der darzustellenden Risiken 18	
3. Praktische Fragen bei der Darstellung von Risikofaktoren . . . 19	
VI. Angaben über den Emittenten (Ziffer 5)	
1. Angaben zur Geschäftsgeschichte und Geschäftsentwicklung des Emittenten (Ziffer 5.1) 31	
2. Angaben zu Investitionen (Ziffer 5.2) 34	
VII. Geschäftsüberblick (Ziffer 6)	
1. Allgemeines 35	
2. Haupttätigkeitsbereiche (Ziffer 6.1) 36	
3. Wichtigste Märkte (Ziffer 6.2) 38	
4. Angaben zur Wettbewerbsposition (Ziffer 6.3) 39	
VIII. Organisationsstruktur (Ziffer 7)	
1. Gruppendarstellung (Ziffer 7.1) 40	
2. Abhängigkeit (Ziffer 7.2) 41	
IX. Trendinformationen (Ziffer 8)	

1. Negativerklärung zu Trendinformationen (Ziffer 8.1 Satz 1) ...	43	XIV. Finanzinformationen über die Vermögens-, Finanz- und Ertragslage des Emittenten (Ziffer 13)	61
2. Einzelheiten über die wesentlichen nachteiligen Änderungen (Ziffer 8.1 Satz 2)	49	XV. Zusätzliche Angaben (Ziffer 14)	
3. Informationen über bekannte Trends etc. (Ziffer 8.2)	50	1. Aktienkapital (Ziffer 14.1)	68
		2. Satzung und Statuten der Gesellschaft (Ziffer 14.2)	69
X. Gewinnprognosen oder Schätzungen (Ziffer 9)	53	XVI. Wesentliche Verträge (Ziffer 15)	71
XI. Verwaltungs-, Geschäftsführungs- und Aufsichtsorgane (Ziffer 10)	55	XVII. Angaben von Seiten Dritter, Erklärungen von Seiten Sachverständiger und Interessenerklärungen (Ziffer 16)	75
XII. Praktiken der Geschäftsführung (Ziffer 11)	58		
XIII. Hauptaktionäre (Ziffer 12) ...	60	XVIII. Einsehbare Dokumente (Ziffer 17)	76

I. Anwendungsbereich

1. Allgemeines

Das Registrierungsformular ist **nach Art. 7 ProspektVO** gemäß dem in Anhang IV ProspektVO festgelegten Schema zu erstellen, wenn Wertpapiere, die nicht unter Art. 4 ProspektVO fallen, mit einer Stückelung von weniger als 100.000 Euro begeben werden oder im Fall von nennwertlosen Wertpapieren, die bei der Emission für weniger als 100.000 Euro pro Stück erworben werden können[1]. Aktien und aktienähnliche Wertpapiere iS von Art. 4 ProspektVO sind gemäß Art. 7 ProspektVO ausdrücklich vom Anwendungsbereich des Anhangs IV ProspektVO ausgenommen. Im Umkehrschluss kann daraus gefolgert werden, dass der Anwendungsbereich von Anhang IV ProspektVO im Wesentlichen Schuldtitel iS von Art. 8 Abs. 2 ProspektVO und derivative Wertpapiere iS von Art. 15 Abs. 2 ProspektVO umfasst (zur Abgrenzung siehe näher unten unter Rz. 8). 1

Im Vergleich zu den übrigen Schemata für Registrierungsformulare beinhaltet Anhang IV ProspektVO – wie sich aus Art. 21 Abs. 2 ProspektVO ergibt – **nach Anhang I ProspektVO die höchsten Anforderungen an die darzustellenden Informationen**, wobei allerdings die Anforderungen gegenüber Anhang I ProspektVO deutlich niedriger sind (zum Stufenverhältnis zwischen den Anhängen zur Emitten- 2

---

1 Vgl. zur Erhöhung des Schwellenwerts für die Mindeststückelung von 50.000 Euro auf 100.000 Euro Delegierte Verordnung (EU) Nr. 486/2012 der Kommission vom 30.3.2012 zur Änderung der Verordnung (EG) Nr. 809/2004 in Bezug auf Aufmachung und Inhalt des Prospekts, Basisprospekts, der Zusammenfassung und der endgültigen Bedingungen und in Bezug auf die Angabepflichten, ABl. EU Nr. L 150 v. 9.6.2012, S. 1, Erwägungsgrund Nr. 3 sowie allgemein zur Erhöhung der Schwelle in der Prospektrichtlinie unter § 3 WpPG (Rz. 35 ff.).

tenbeschreibung siehe ausführlich unten unter Rz. 8)[1]. So sind beispielsweise Angaben zu Sachanlagen, zur Geschäfts- und Finanzlage, Eigenkapitalausstattung und den Beschäftigten nicht erforderlich. Darüber hinaus müssen teilweise die Mindestangaben im Vergleich zu Anhang I ProspektVO in einer geringeren Detailtiefe aufgenommen werden, beispielsweise bei den Angaben zu den Praktiken der Geschäftsführung, Finanzinformationen, Aktienkapital und Satzung und Statuten der Gesellschaft (siehe näher unten unter Rz. 8).

3 Die Anforderungen von Anhang IV ProspektVO entsprechen in weiten Teilen den nach Anhang I ProspektVO geforderten Mindestangaben, weswegen im Folgenden an den entsprechenden Stellen auf die Kommentierung zu Anhang I ProspektVO verwiesen wird.

2. Abgrenzung zu anderen Anhängen der ProspektVO

a) Abgrenzung zu Anhang XI ProspektVO (Schema für das Registrierungsformular für Banken)

4 Anhang XI ProspektVO ist nach **Art. 14 ProspektVO** das maßgebliche Schema für Registrierungsformulare für Banken (zum Anwendungsbereich siehe näher Anhang XI EU-ProspektVO Rz. 1 ff.). Der nach Anhang XI ProspektVO vorgegebene Mindestinhalt für Registrierungsformulare ist geringer als dies etwa für Registrierungsformulare nach Anhang IV ProspektVO der Fall ist. Dies hängt damit zusammen, dass Banken einer staatlichen Solvenzkontrolle unterliegen und sie dementsprechend ohnehin bestimmte Anforderungen an die Eigenkapitalausstattung und das Risiko- und Liquiditätsmanagement erfüllen müssen (siehe ausführlich Anhang XI EU-ProspektVO Rz. 9)[2].

b) Abgrenzung zu Anhang IX ProspektVO (Schema für das Registrierungsformular für Schuldtitel und derivative Wertpapiere mit einer Mindeststückelung von 100.000 Euro)

5 Sofern Wertpapiere mit einer Mindeststückelung von 100.000 Euro bzw. nennwertlose Wertpapiere, die bei der Emission nur für mindestens 100.000 Euro pro Stück erworben werden können, emittiert werden, kann der Emittent nach **Art. 12 ProspektVO** das Registrierungsformular gemäß dem in Anhang IX ProspektVO festgelegten Schema erstellen, welcher geringere Mindestanforderungen an die darzustellenden Informationen stellt als Anhang IV ProspektVO. Es sind beispielsweise keine Angaben zu Investitionen, zu neuen Produkten oder Märkten oder zu positiven Trendinformationen in das Registrierungsformular nach Anhang IX ProspektVO aufzunehmen.

---

[1] Vgl. auch *Seitz*, AG 2005, 678 (686 f.).
[2] Vgl. im Verordnungsgebungsverfahren CESR/03-129, CESR Prospectus Consultation – Feedback Statement, Rz. 40.

Die **strengeren Anforderungen an den Mindestinhalt des Registrierungsformu- 6
lars in Anhang IV ProspektVO gegenüber Anhang IX ProspektVO** resultieren daraus, dass bei Wertpapieren mit einer Stückelung von weniger als 100.000 Euro das Zielpublikum auch aus Kleinanlegern (*retail investors*) besteht, die sich im Gegensatz zu institutionellen Anlegern (*wholesale investors*) regelmäßig nicht in dem gleichen Maße über den Emittenten informieren können, weswegen ausführlichere Informationen über den Emittenten im Prospekt enthalten sein müssen (vgl. Erwägungsgrund Nr. 14 ProspektVO, in dem allerdings noch auf den alten Schwellenwert von 50.000 Euro abgestellt wird)[1].

c) Abgrenzung zu Anhang I ProspektVO (Schema für das Registrierungsformular für Aktien)

Unter Anhang I ProspektVO fallen gemäß **Art. 4 Abs. 2 ProspektVO** Aktien und an- 7
dere übertragbare, Aktien gleichzustellende Wertpapiere sowie Wandelanleihen (siehe zum Anwendungsbereich von Anhang I EU-ProspektVO dort Rz. 1). Solche Wertpapiere sind nach Art. 7 ProspektVO ausdrücklich vom Anwendungsbereich des Anhangs IV ProspektVO ausgeschlossen.

d) Wahlmöglichkeit zwischen den verschiedenen Schemata für Registrierungsformulare

Nach **Art. 21 Abs. 2 ProspektVO** besteht für Emittenten, die ein Registrierungsfor- 8
mular nach einem Schema zu erstellen haben, das weniger umfassend und streng ist als ein anderes Schema, ein **Wahlrecht** dahingehend, **ein umfassenderes und strengeres Schema zu verwenden**. Aus der Aufzählung in Art. 21 Abs. 2 Nr. 1 bis Nr. 3 ProspektVO ergibt sich ein Stufenverhältnis zwischen den verschiedenen Anhängen: Das Schema für das Registrierungsformular für Aktien stellt das strengste Schema dar, gefolgt von dem Schema für das Registrierungsformular für Schuldtitel und derivative Wertpapiere mit einer Stückelung von weniger als 100.000 Euro und dem Schema für ein Registrierungsformular für Schuldtitel und derivative Wertpapiere mit einer Mindeststückelung von 100.000 Euro. Entsprechend ist es möglich, dass ein Emittent das Registrierungsformular nach Anhang IV ProspektVO erstellt, obwohl aufgrund der Mindeststückelung von 100.000 Euro eigentlich Anhang IX ProspektVO „ausreichen" würde. Dies ist zum Beispiel häufig dann der Fall, wenn unter einem Basisprospekt Schuldtitel mit einer Mindeststückelung von weniger als 100.000 Euro und gleichzeitig mit einer Mindeststückelung von mindestens 100.000 Euro begeben werden. Schließlich ist es auch möglich, dass Anhang I ProspektVO und damit das umfassendste Schema für Registrierungsformulare angewendet wird, wenn es sich bei den zu Grunde liegenden Wertpapieren nicht um Aktien, sondern um Schuldverschreibungen handelt[2]. Neben den in Art. 21 Abs. 2 ProspektVO genannten Anhän-

---
1 Siehe dazu auch *Glismann* in Holzborn, Anh. IV EU-ProspV Rz. 1.
2 Zur Verwendung eines Registrierungsformulars für Aktien im Zusammenhang mit der Begebung von anderen Wertpapieren als Aktien siehe CESR/03-208, CESR's Advice on Level 2 Implementing Measures for the Proposed Prospectus Directive, Rz. 55; vgl. auch *Wiegel*,

gen zum Registrierungsformular besteht auch die Möglichkeit, unter den Voraussetzungen von Art. 14 ProspektVO das Registrierungsformular nach Anhang XI ProspektVO zu erstellen (siehe dazu auch Anhang XI EU-ProspektVO Rz. 9)[1].

II. Verantwortliche Personen (Ziffer 1)

1. Verantwortliche Personen
1.1. Alle Personen, die für die im Registrierungsformular gemachten Angaben bzw. für bestimmte Abschnitte des Registrierungsformulars verantwortlich sind. Im letzteren Fall sind die entsprechenden Abschnitte aufzunehmen. Im Falle von natürlichen Personen, zu denen auch Mitglieder der Verwaltungs-, Geschäftsführung- und Aufsichtsorgane des Emittenten gehören, sind der Name und die Funktion dieser Person zu nennen. Bei juristischen Personen sind Name und eingetragener Sitz der Gesellschaft anzugeben.
1.2. Erklärung der für das Registrierungsformular verantwortlichen Personen, dass sie die erforderliche Sorgfalt haben walten lassen, um sicherzustellen, dass die im Registrierungsformular genannten Angaben ihres Wissens nach richtig sind und keine Tatsachen weggelassen werden, die die Aussage des Registrierungsformulars wahrscheinlich verändern können. Ggf. Erklärung der für bestimmte Abschnitte des Registrierungsformulars verantwortlichen Personen, dass sie die erforderliche Sorgfalt haben walten lassen, um sicherzustellen, dass die in dem Teil des Registrierungsformulars genannten Angaben, für die sie verantwortlich sind, ihres Wissens nach richtig sind und keine Tatsachen weggelassen werden, die die Aussage des Registrierungsformulars wahrscheinlich verändern können.

9 Der **Wortlaut der Ziffern 1.1 und 1.2 Anhang IV ProspektVO** stimmt mit dem Wortlaut der Ziffern 1.1 und 1.2 Anhang I ProspektVO überein. Es wird daher auf die Kommentierung zu Anhang I ProspektVO verwiesen (siehe Anhang I EU-ProspektVO Rz. 2 ff.).

10 Gemäß **Ziffer 1.1 Anhang IV ProspektVO** sind in dem Registrierungsformular Informationen zu Personen aufzunehmen, die für die in dem Registrierungsformular gemachten Angaben verantwortlich sind. Hierbei besteht die Möglichkeit, für das gesamte Registrierungsformular oder lediglich für bestimmte Abschnitte die Verantwortung zu übernehmen. Relevant ist eine **geteilte Verantwortlichkeitserklärung** zum Beispiel im Fall von Basisprospekten zu Nichtdividendenwerten, bei denen mehrere Emittenten in das Registrierungsformular aufgenommen werden (vgl. dazu auch Anhang V EU-ProspektVO Rz. 16). In diesem Fall besteht keine Pflicht,

---

Die Prospektrichtlinie und Prospektverordnung, S. 214; zum Stufenverhältnis siehe auch *Seitz*, AG 2005, 678 (686).
1 Vgl. auch *Glismann* in Holzborn, Anh. IV EU-ProspV Rz. 1.

eine Person zu benennen, die für das gesamte Registrierungsformular die Verantwortung übernimmt[1].

Gemäß **Ziffer 1.2 Anhang IV ProspektVO** ist eine **Erklärung der verantwortlichen Personen** aufzunehmen, wonach sie die erforderliche Sorgfalt haben walten lassen, dass die Angaben im Registrierungsformular richtig und vollständig sind. Der Wortlaut der Erklärung ist Ziffer 1.2 Anhang IV ProspektVO zu entnehmen. Eine ähnliche Regelung findet sich in **§ 5 Abs. 4 Satz 1 Halbsatz 2 WpPG**. Gemäß § 5 Abs. 4 Satz 1 Halbsatz 2 WpPG ist in die Erklärung der Personen, die für den Prospekt die Verantwortung übernehmen, aufzunehmen, dass ihres Wissens die Angaben richtig und keine wesentlichen Umstände ausgelassen sind. Nach Auffassung der BaFin muss ein Prospekt in jedem Fall die Verantwortlichkeitserklärung nach § 5 Abs. 4 Satz 1 Halbsatz 2 WpPG enthalten. Darüber hinaus steht es Emittenten frei, zusätzlich auch die Verantwortlichkeitserklärung nach Ziffer 1.2 von Anhang IV ProspektVO aufzunehmen. Möglich ist, dass eine Kombination der beiden Verantwortlichkeitserklärungen dergestalt erfolgt, dass die Wortlaute der Erklärungen nacheinander aufgenommen werden. Eine anderweitige Kombination oder Modifizierung der Verantwortlichkeitserklärungen nach der ProspektVO und dem WpPG scheidet dagegen aus (vgl. dazu auch § 5 WpPG Rz. 56). 11

III. Abschlussprüfer (Ziffer 2)

2. Abschlussprüfer
2.1. Namen und Anschrift der Abschlussprüfer des Emittenten, die für den von den historischen Finanzinformationen abgedeckten Zeitraum zuständig waren (einschließlich der Angabe ihrer Mitgliedschaft in einer Berufsvereinigung).
2.2. Wurden Abschlussprüfer während des von den historischen Finanzinformationen abgedeckten Zeitraums abberufen, nicht wieder bestellt oder haben sie ihr Mandat niedergelegt, so sind entsprechende Einzelheiten offen zu legen, wenn sie von wesentlicher Bedeutung sind.

Die Wortlaute der **Ziffern 2.1 und 2.2 Anhang IV ProspektVO** stimmen mit den entsprechenden Wortlauten der Ziffern 2.1 und 2.2 Anhang I ProspektVO überein. Es wird daher auf die Kommentierung zu Anhang I ProspektVO verwiesen (siehe Anhang I EU-ProspektVO Rz. 17 ff.). 12

---

1 Zur Verantwortlichkeitserklärung für den Gesamtprospekt vgl. § 5 WpPG Rz. 56 sowie *Glismann* in Holzborn, Anh. IV EU-ProspV Rz. 4.

IV. Ausgewählte Finanzinformationen (Ziffer 3)

3. Ausgewählte Finanzinformationen

3.1. Ausgewählte historische Finanzinformationen über den Emittenten sind für jedes Geschäftsjahr für den Zeitraum vorzulegen, der von den historischen Finanzinformationen abgedeckt wird und für jeden späteren Zwischenberichtszeitraum, und zwar in derselben Währung wie die Finanzinformationen.

Die ausgewählten historischen Finanzinformationen müssen die Schlüsselzahlen enthalten, die einen Überblick über die Finanzlage des Emittenten geben.

3.2. Werden ausgewählte Finanzinformationen für Zwischenberichtszeiträume vorgelegt, so sind auch Vergleichsdaten für den gleichen Zeitraum des vorhergehenden Geschäftsjahres vorzulegen, es sei denn, die Anforderung der Beibringung vergleichbarer Bilanzinformationen wird durch die Vorlage der Bilanzdaten zum Jahresende erfüllt.

13 Die Wortlaute der **Ziffern 3.1 und 3.2 Anhang IV ProspektVO** stimmen mit den Wortlauten der Ziffern 3.1 und 3.2 Anhang I ProspektVO überein. Es wird daher auf die Kommentierung zu Anhang I ProspektVO verwiesen (siehe Anhang I EU-ProspektVO Rz. 24 ff.).

V. Risikofaktoren (Ziffer 4)

4. Risikofaktoren

Hervorgehobene Offenlegung von Risikofaktoren, die die Fähigkeit des Emittenten beeinträchtigen können, seinen Verpflichtungen im Rahmen der Wertpapiere gegenüber den Anlegern nachzukommen (unter der Rubrik „Risikofaktoren").

1. Allgemeines zur Darstellung der Risikofaktoren

14 Der **Begriff der Risikofaktoren** ist in **Art. 2 Nr. 3 ProspektVO** definiert. Danach bezeichnet „Risikofaktoren" eine Liste von Risiken, die für die jeweilige Situation des Emittenten und/oder der Wertpapiere spezifisch sind und die für die Anlageentscheidung wesentlich sind.

15 Nach **Ziffer 4 Anhang IV ProspektVO** sind **nur Risikofaktoren** erfasst, **die die Fähigkeit des Emittenten beeinträchtigen können, seinen Verpflichtungen im Rahmen der Wertpapiere gegenüber den Anlegern nachzukommen**. Demnach muss ein Registrierungsformular nicht sämtliche möglichen Risikofaktoren im Hinblick auf den Emittenten enthalten, sondern es ist ausreichend, wenn die „wesentlichen" Risikofaktoren genannt werden (siehe zur Wesentlichkeitsschwelle auch Anhang I

EU-ProspektVO Rz. 44)[1]. Zu dem von Anhang I ProspektVO im Fall von Aktien und aktienähnlichen Wertpapieren abweichenden Maßstab im Fall von Schuldtiteln und derivativen Wertpapieren siehe unten unter Rz. 18.

Ziffer 4 Anhang IV ProspektVO spricht von einer **„hervorgehobenen Offenlegung"** **der Risikofaktoren**. Diese Formulierung weicht von der entsprechenden Formulierung in Ziffer 4 Anhang I ProspektVO ab, in der von einer „klaren Offenlegung" die Rede ist. Diese Abweichung zwischen Anhang I ProspektVO und Anhang IV ProspektVO ist aber letztlich unbeachtlich, da sie auf einer nicht konsistenten Übersetzung der englischen Fassung der ProspektVO beruht (in der englischen Fassung ist in beiden Anhängen jeweils von *„prominent disclosure of risk factors"* die Rede). Eine hervorgehobene Offenlegung erfordert, dass der Anleger auf Grund der **optischen Darstellung** im Registrierungsformular erkennt, dass es sich bei den Risikofaktoren um eine Information handelt, die für ihn wichtig ist. Diese Einschätzung des Anlegers kann durch Schriftgröße oder Layout des Abschnitts „Risikofaktoren" beeinflusst werden[2]. So sollte die Schriftgröße beispielsweise nicht kleiner sein als die im restlichen Prospekt verwendete Schriftgröße. Hervorhebungen bestimmter, wesentlicher Aussagen in den Risikofaktoren durch „Fettdruck" sind dabei für Anleger hilfreich. Neben der optischen Darstellung kommt es zum anderen entscheidend auf die **Verständlichkeit** der verwendeten Formulierungen im Hinblick auf die dargestellten Risikofaktoren an (siehe dazu auch unten unter Rz. 19 sowie in Anhang XII EU-ProspektVO Rz. 28).

In dem **Abschnitt „Risikofaktoren"** sind **nur Risiken** darzustellen. Dementsprechend dürfen Chancen, welche die Risiken mindern, in dem Abschnitt nicht genannt werden, da sie die Bedeutung der dargestellten Risiken verharmlosen oder relativieren könnten[3]. Entsprechend ist es auch nicht statthaft, eine anders lautende Überschrift als „Risikofaktoren" für den Abschnitt zu verwenden (vgl. Erwägungsgrund Nr. 15 ProspektVO bzw. Art. 2 Nr. 3, Art. 25 Abs. 1 Nr. 3 und Art. 26 Abs. 1 Nr. 3 ProspektVO)[4]. Zu Verweisen aus dem Abschnitt „Risikofaktoren" auf andere Prospektteile sowie zu Verweisen in den Risikofaktoren auf einzelne Unterabschnitte siehe Anhang XII EU-ProspektVO Rz. 28.

2. Umfang der darzustellenden Risiken

Im Fall von Anhang IV ProspektVO gilt ein **gegenüber Aktien und aktienähnlichen Wertpapieren modifizierter Maßstab für die Darstellung von Risiken**. Anders als bei Anhang I ProspektVO, bei dem die Risikofaktoren offen zu legen sind, die für den Emittenten oder seine Branche spezifisch sind, kommt es bei Anhang IV ProspektVO darauf an, Risikofaktoren darzustellen, welche die Fähigkeit des Emittenten beeinträchtigen können, seinen Verpflichtungen im Rahmen der Wertpapie-

---

1 In diesem Sinne auch *Glismann* in Holzborn, Anh. IV EU-ProspV Rz. 9.
2 Vgl. dazu auch *Glismann* in Holzborn, Anh. IV EU-ProspV Rz. 11.
3 So auch *Keunecke*, Prospekte im Kapitalmarkt, Rz. 454; *Kullmann/Sester*, ZBB 2005, 209 (212); *Holzborn/Israel*, ZIP 2005, 1668 (1672, Fn. 69).
4 Ähnlich *Zeising* in Just/Voß/Ritz/Zeising, Anhang XII EU-ProspektVO Rz. 12.

re gegenüber den Anlegern nachzukommen. Bereits oben (siehe unter Rz. 15) wurde darauf hingewiesen, dass im Rahmen von Anhang I ProspektVO nicht jedes Risiko darzustellen ist (vgl. dazu auch § 16 WpPG Rz. 29). Wenn nun Anhang IV ProspektVO eine davon abweichende Formulierung verwendet, ist dies so auszulegen, dass im Vergleich zu einem Registrierungsformular nach Anhang I ProspektVO weniger Risiken aufzunehmen sind, da nicht alle Risiken geeignet sind, Auswirkungen auf die Solvenz des Emittenten zu haben (zu dem bei Schuldverschreibungen modifizierten Wesentlichkeitsmaßstab siehe auch § 16 WpPG Rz. 32). Letztlich ist dies getragen von der Überlegung, dass für die Investitionsentscheidung von Aktienanlegern die Entwicklung des Werts und das Wachstum des Unternehmens über einen längeren Zeitraum entscheidend ist, wohingegen für Anleger in Schuldtitel und derivative Wertpapiere die aktuelle Zahlungsfähigkeit des Emittenten, dh. seine Fähigkeit, seine Verpflichtungen aus den Wertpapieren zu bedienen, ausschlaggebend ist[1].

3. Praktische Fragen bei der Darstellung von Risikofaktoren

19 Der Wortlaut des Anhangs IV ProspektVO schreibt **keine Reihenfolge** bei der Darstellung der Risikofaktoren vor. Dementsprechend ist es nicht erforderlich, dass die Risikofaktoren nach Folgenschwere oder Eintrittswahrscheinlichkeit abgebildet werden. Allerdings wird entsprechend Erwägungsgrund Nr. 20 der Prospektrichtlinie gefordert, dass die Risikofaktoren in **leicht analysierbarer und verständlicher Form** erstellt werden.

20 Die im Rahmen des Registrierungsformulars **typischerweise zu beschreibenden Risikofaktoren** umfassen insbesondere diejenigen Risikofaktoren, die sich aus dem Geschäftsmodell bzw. der Geschäftstätigkeit des Emittenten ergeben. Dabei sind in der Regel insbesondere die folgenden Risikofaktoren abzubilden:

21 – Das **Kreditrisiko**, dh. das Risiko eines Wertverlustes bzw. des teilweisen oder vollständigen Ausfalls einer Forderung, welche durch den Ausfall oder die Bonitätsverschlechterung eines Geschäftspartners verursacht wird.

22 – Das **Bonitätsrisiko des Emittenten**, dh. das Risiko, dass der Emittent am Ende der Laufzeit seine Verpflichtungen aus den Wertpapieren nicht mehr erfüllen kann.

23 – **Marktrisiken**, denen ein Emittent unterliegen kann. Unter Marktrisiken sind dabei Risiken zu verstehen, die sich zB aufgrund der Schwankung von Marktpreisen von Finanzinstrumenten ergeben können, etwa aufgrund von Zinsänderungen, Wechselkursrisiken oder auch Credit-Spread-Risiken.

24 – **Geschäftsrisiken**, die sich aufgrund eines starken Wettbewerbs in dem Marktsegment, in dem der Emittent tätig ist, oder aus einer rückläufigen Nachfrage in die vom Emittenten angebotenen Produkte und Dienstleistungen ergeben können, beispielsweise aufgrund eines allgemeinen konjunkturellen Abschwungs.

---

1 Vgl. CESR/03-208, CESR's Advice on Level 2 Implementing Measures for the Prospectus Directive, Rz. 56.

- **Refinanzierungsrisiken**, resultierend aus den Finanzierungsgeschäften, die der Emittent in seinem gewöhnlichen Geschäftsablauf eingegangen ist, und die kurzfristig auslaufen und deren Refinanzierung nicht oder nur zu weniger vorteilhaften Bedingungen möglich ist. 25

- **Operationelle Risiken**, wozu beispielsweise Risiken, die durch fehlerhafte Prozesse, menschliche Fehler oder technischem Versagen hervorgerufen werden, gehören. 26

- Risiken im Zusammenhang mit **Rechtsstreitigkeiten und außergerichtlichen Verfahren**. 27

- Aussagen dazu, dass der Emittent keinem **Einlagensicherungsfonds oder einem ähnlichen Sicherungssystem** angeschlossen ist, das im Fall der Insolvenz des Emittenten Forderungen der Anleger aus den Wertpapieren ganz oder teilweise abdecken würde (vgl. dazu im Zusammenhang mit dem Emittentenausfallrisiko Anhang V EU-ProspektVO Rz. 23). 28

Sofern in dem Registrierungsformular **mehrere Emittenten** beschrieben werden sollen, ist es empfehlenswert, dass der Abschnitt zu den Risikofaktoren Unterabschnitte für die jeweilige Einheit enthält, in denen die jeweils maßgeblichen Risikofaktoren dargestellt werden. 29

Ergänzend wird auf die Ausführungen zu Ziffer 4 Anhang I ProspektVO (siehe Anhang I EU-ProspektVO Rz. 32 ff.) verwiesen. 30

VI. Angaben über den Emittenten (Ziffer 5)

5. Angaben über den Emittenten

5.1 *Geschäftsgeschichte und Geschäftsentwicklung des Emittenten*

5.1.1. Juristischer und kommerzieller Name des Emittenten;

5.1.2. Ort der Registrierung des Emittenten und seine Registrierungsnummer;

5.1.3. Datum der Gründung und Existenzdauer des Emittenten, soweit diese nicht unbefristet ist;

5.1.4. Sitz und Rechtsform des Emittenten; Rechtsordnung, in der er tätig ist; Land der Gründung der Gesellschaft; Anschrift und Telefonnummer seines eingetragenen Sitzes (oder Hauptort der Geschäftstätigkeit, falls nicht mit dem eingetragenen Sitz identisch);

5.1.5. Ereignisse aus jüngster Zeit in der Geschäftstätigkeit des Emittenten, die in erheblichem Maße für die Bewertung der Solvenz des Emittenten relevant sind.

5.2. *Investitionen*

5.2.1. Beschreibung der wichtigsten Investitionen seit dem Datum der Veröffentlichung des letzten Jahresabschlusses.

5.2.2. Angaben über die wichtigsten künftigen Investitionen des Emittenten, die von seinen Verwaltungsorganen bereits fest beschlossen sind.

5.2.3. Angaben über voraussichtliche Quellen für Finanzierungsmittel, die zur Erfüllung der in 5.2.2 genannten Verpflichtungen erforderlich sind.

1. Angaben zur Geschäftsgeschichte und Geschäftsentwicklung des Emittenten (Ziffer 5.1)

31 Hinsichtlich der **Ziffern 5.1.1 bis 5.1.4 Anhang IV ProspektVO** wird auf die Kommentierung zu den Ziffern 5.1.1 bis 5.1.4 Anhang I ProspektVO verwiesen (siehe Anhang I EU-ProspektVO Rz. 50 ff.).

32 **Ziffer 5.1.5 Anhang IV ProspektVO** verlangt die Angabe von Ereignissen aus jüngster Zeit in der Geschäftstätigkeit des Emittenten, die in erheblichem Maße für dessen Solvenz relevant sind. Im Vergleich zu Ziffer 5.1.5 Anhang I ProspektVO, der die Angabe wichtiger Ereignisse in der Entwicklung der Geschäftstätigkeit des Emittenten erfordert, sind die erforderlichen Mindestangaben somit in sachlicher Hinsicht beschränkt. Sofern derartige Ereignisse in einem gemäß § 11 WpPG per Verweis einbezogenen Geschäftsbericht enthalten sind, ist ein wiederholter Abdruck in dem Registrierungsformular nicht erforderlich, wenn die entsprechenden Seiten des Geschäftsberichts von dem Verweis umfasst sind. Als Beispiele können drohende massive Kreditausfälle[1] oder die Übernahme oder Abspaltung eines Unternehmens bzw. Unternehmensteils genannt werden. Eine abschließende Aufzählung ist aber nicht möglich und hängt von der individuellen Sicht des jeweiligen Emittenten ab.

33 Aufzunehmen sind nur Ereignisse, die in „**erheblichem Maße**" für die Solvenz des Emittenten relevant sind, wobei weder in der ProspektVO noch der Prospektrichtlinie oder dem WpPG definiert ist, was unter einem „erheblichen Maß" zu verstehen ist. Teilweise wird vertreten, dass es sich insoweit um Ereignisse handeln solle, die von satzungsrechtlicher Relevanz sind[2], wobei unklar bleibt, was unter „satzungsrechtlicher Relevanz" zu verstehen ist. Vorzugswürdig ist es daher, auch in Zusammenhang mit Ziffer 5.1.5 Anhang IV ProspektVO – wie schon im Hinblick auf die Bestimmung der darzustellenden Risiken – darauf abzustellen, ob die Ereignisse geeignet sind, die Fähigkeit des Emittenten zu beeinträchtigen, seinen Verpflichtungen im Rahmen der Wertpapiere gegenüber den Anlegern nachzukommen (vgl. dazu oben unter Rz. 18). Wie sich aus dem Wortlaut von Ziffer 5.1.5 Anhang IV ProspektVO ergibt, sind nicht nur für den Emittenten negative Ereignisse, sondern auch positive Ereignisse aufzunehmen. Zu den unterschiedlichen Wortlauten zwischen Anhang IV ProspektVO und Anhang XI ProspektVO siehe Anhang XI EU-ProspektVO Rz. 24. Zu beachten ist, dass die englische Fassung von Ziffer 5.1.5 Anhang IV ProspektVO nicht nur auf wichtige Ereignisse „in der Geschäftstätigkeit" des Emittenten abstellt, sondern dass vielmehr sämtliche Ereignisse in das Registrierungsformular aufzunehmen sind, die sich gegebenenfalls auf die Solvenz des Emit-

---

1 *Glismann* in Holzborn, Anh. IV EU-ProspV Rz. 13.
2 So *Fingerhut/Voß* in Just/Voß/Ritz/Zeising, Anhang XI EU-ProspektVO Rz. 19.

tenten auswirken können („*any recent events particular to the issuer which are to a material extent relevant to the evaluation of the issuer's solvency*"). Im Rahmen der Erstellung des Registrierungsformulars sollte daher darauf geachtet werden, dass der Kreis der aufzunehmenden Informationen zu „Ereignissen aus jüngster Zeit" nicht zu eng, sondern der englischen Fassung der ProspektVO folgend eher weit gefasst wird und entsprechend alle Informationen in das Registrierungsformular aufgenommen werden, die dem Investor eine Beurteilung erlauben, ob der Emittent seinen Zahlungsverpflichtungen aus den Wertpapieren nachkommen kann oder nicht[1].

2. Angaben zu Investitionen (Ziffer 5.2)

Im Unterschied zu Anhang IX ProspektVO sind in einem nach Anhang IV Prospekt- 34
VO erstellten Registrierungsformular nach Ziffer 5.2 Anhang IV ProspektVO Angaben zu Investitionen aufzunehmen (siehe dazu auch Anhang I EU-ProspektVO Rz. 57 ff.). Der Grund für die **unterschiedlichen Anforderungen an die Offenlegung** in den Anhängen IV und IX ProspektVO liegt in den unterschiedlichen Adressatenkreisen der nach dem jeweiligen Anhang erstellten Registrierungsformulare (siehe dazu Anhang IX EU-ProspektVO Rz. 10 sowie allgemein zur Abgrenzung zwischen Anhang IV und Anhang IX ProspektVO oben unter Rz. 5 f.). Angaben zu Investitionen sind auch nicht nach Anhang XI ProspektVO erforderlich (siehe dazu Anhang XI EU-ProspektVO Rz. 25 sowie allgemein zur Abgrenzung zwischen Anhang IV und Anhang XI ProspektVO oben unter Rz. 4).

VII. Geschäftsüberblick (Ziffer 6)

6. Geschäftsüberblick
6.1. *Haupttätigkeitsbereiche*
6.1.1. Beschreibung der Haupttätigkeiten des Emittenten unter Angabe der wichtigsten Arten der vertriebenen Produkte und/oder erbrachten Dienstleistungen; und
6.1.2. Angabe etwaiger wichtiger neuer Produkte und/oder Dienstleistungen.
6.2. *Wichtigste Märkte*
Kurze Beschreibung der wichtigsten Märkte, auf denen der Emittent tätig ist.
6.3. Grundlage für etwaige Angaben des Emittenten zu seiner Wettbewerbsposition.

1. Allgemeines

Die Aufnahme der von **Ziffer 6 Anhang IV ProspektVO** geforderten Informatio- 35
nen sollen dazu dienen, die Anleger umfassend über die wesentlichen Tätigkeiten

---

[1] So auch *Fingerhut/Voß* in Just/Voß/Ritz/Zeising, Anhang XI EU-ProspektVO Rz. 18.

des Emittenten und das Umfeld, in dem dieser tätig ist, zu informieren. Im Wesentlichen kann insoweit auf die Kommentierung zu Ziffer 6 Anhang I ProspektVO verwiesen werden (siehe dazu Anhang I EU-ProspektVO Rz. 61 ff.), wobei aber der Wortlaut im Rahmen von Anhang IV ProspektVO zum Teil abweicht, um den Besonderheiten von Emittenten von Schuldtiteln Rechnung zu tragen.

2. Haupttätigkeitsbereiche (Ziffer 6.1)

36 Als Haupttätigkeitsbereiche sind gemäß Ziffer 6.1 Anhang IV ProspektVO die wichtigsten Arten der vom Emittenten vertriebenen **Produkte** bzw. der von ihm erbrachten **Dienstleistungen** zu nennen. Dabei ist nicht erforderlich, dass alle Geschäftsaktivitäten in sämtlichen Ländern, in denen der Emittent tätig ist, angegeben werden. Es kann aber je nach Emittent erforderlich sein, dass **spezielle Geschäftsfelder** ausführlicher dargestellt werden. Im Fall von Emissionsvehikeln, die mit der Begebung von Wertpapieren betraut sind, genügt grundsätzlich ein Hinweis, dass der Geschäftszweck des Emissionsvehikels die Emission von Wertpapieren ist, sofern keine weiteren Dienstleistungen von dem Emissionsvehikel angeboten werden. Im Gegensatz zu Ziffer 6.1.1 Anhang I ProspektVO enthält Ziffer 6.1.1 Anhang IV ProspektVO keine Vorgabe in Bezug auf den durch die Darstellung der Haupttätigkeitsbereiche abzudeckenden Zeitraum. Abzustellen ist daher für die Beschreibung der Haupttätigkeitsbereiche auf das Datum des Registrierungsformulars.

37 Explizit aufzuführen sind insbesondere etwaige **neue Produkte bzw. Dienstleistungen**. Hierdurch soll für die Anleger transparent sein, in welchen Bereichen der Emittent über Erfahrungen verfügt und ob der Emittent in Bereichen tätig wird, in denen ihm keine Erfahrungswerte zur Verfügung stehen.

3. Wichtigste Märkte (Ziffer 6.2)

38 Die Beschreibung der wichtigsten Märkte entsprechend Ziffer 6.2 Anhang IV ProspektVO, auf denen der Emittent seine Produkte bzw. Dienstleistungen anbietet, erfasst zum einen den **regionalen Aspekt**, also zB bezogen auf einzelne Bundesländer, Deutschland, Europa usw., zum anderen aber auch **produktbezogene Aspekte**, wie zB das Staatsfinanzierungsgeschäft im Fall einer Pfandbriefbank oder das Leasinggeschäft im Fall einer Autovermietungsgesellschaft. Im Gegensatz zu Anhang I ProspektVO ist eine Aufschlüsselung der Gesamtumsätze nicht erforderlich.

4. Angaben zur Wettbewerbsposition (Ziffer 6.3)

39 Der Emittent kann Angaben zu seiner Wettbewerbsposition in das Registrierungsformular aufnehmen. Wie sich aus dem Wortlaut von Ziffer 6.3 Anhang IV ProspektVO ergibt, sind Angaben zur Wettbewerbsposition **nicht zwingend**. Wenn aber entsprechende Angaben erfolgen, dann müssen die Grundlagen genannt werden. In der Praxis wird daher auf entsprechende Angaben regelmäßig verzichtet. Sofern Angaben zur Wettbewerbsposition dennoch erfolgen, ist die **Quelle der aufgenommenen In-**

formationen zu nennen oder eine **Begründung** dafür anzugeben (siehe näher Anhang I EU-ProspektVO Rz. 69). Aussagen mit werblichem Charakter (zB „Wir sind Marktführer in Deutschland") sind durch ein entsprechendes Zahlenwerk zu bestätigen[1].

VIII. Organisationsstruktur (Ziffer 7)

7. Organisationsstruktur
7.1. Ist der Emittent Teil einer Gruppe, kurze Beschreibung des Konzerns und der Stellung des Emittenten innerhalb der Gruppe.
7.2. Ist der Emittent von anderen Einheiten innerhalb der Gruppe abhängig, ist dies klar anzugeben und eine Erläuterung zu seiner Abhängigkeit abzugeben.

1. Gruppendarstellung (Ziffer 7.1)

Hinsichtlich Ziffer 7.1 Anhang IV ProspektVO wird auf die Kommentierung zu Ziffer 7.1 Anhang I ProspektVO verwiesen (siehe Anhang I EU-ProspektVO Rz. 73 ff.).

2. Abhängigkeit (Ziffer 7.2)

Im Gegensatz zu Ziffer 7.2 Anhang I ProspektVO muss ein Registrierungsformular nach Ziffer 7.2 Anhang IV ProspektVO **Angaben** darüber enthalten, wenn ein Emittent von anderen Einheiten innerhalb der Gruppe abhängig ist. Dafür werden die Angaben zu den Tochtergesellschaften (vgl. Ziffer 7.2 Anhang I ProspektVO) nicht gefordert.

Die Aufnahme von Informationen über bestehende Abhängigkeiten des Emittenten von anderen Einheiten der Gruppe **dient dazu, den Anleger darüber zu informieren, wer gegebenenfalls Einfluss auf den Emittenten nehmen kann** und in welchem Umfang eine Einflussnahme möglich ist. Darzustellen sind insbesondere Abhängigkeiten innerhalb der Konzernstruktur, dh. die Stellung des Emittenten als eines von mehreren abhängigen Unternehmen unter der einheitlichen Leitung des herrschenden Unternehmens. Darüber hinaus sind auch Abhängigkeiten auf vertraglicher Grundlage, dh. aufgrund von Beherrschungsverträgen (vgl. §§ 308 ff. AktG) sowie Abhängigkeiten aufgrund faktischer Konzerne (vgl. § 17 AktG) darzustellen. Zu Besonderheiten bei Kreditinstituten und deren Zugehörigkeit zu einer Sicherungseinrichtung siehe Anhang XI EU-ProspektVO Rz. 30.

---

1 Vgl. auch *Fingerhut/Voß* in Just/Voß/Ritz/Zeising, Anhang XI EU-ProspektVO Rz. 23.

IX. Trendinformationen (Ziffer 8)

8. Trendinformationen

8.1. Einzufügen ist eine Erklärung, der zufolge es keine wesentlichen nachteiligen Veränderungen in den Aussichten des Emittenten seit dem Datum der Veröffentlichung der letzten geprüften Jahresabschlüsse gegeben hat.

Kann der Emittent keine derartige Erklärung abgeben, dann sind Einzelheiten über diese wesentlichen nachteiligen Änderungen beizubringen.

8.2. Informationen über bekannte Trends, Unsicherheiten, Nachfrage, Verpflichtungen oder Vorfälle, die voraussichtlich die Aussichten des Emittenten zumindest im laufenden Geschäftsjahr wesentlich beeinflussen dürften.

1. Negativerklärung zu Trendinformationen (Ziffer 8.1 Satz 1)

43 Gemäß Ziffer 8.1 Satz 1 Anhang IV ProspektVO ist in den Prospekt eine Erklärung aufzunehmen, wonach es **keine wesentlichen nachteiligen Veränderungen in den Aussichten des Emittenten** seit dem Datum der Veröffentlichung des letzten geprüften Jahresabschlusses gegeben hat. Sofern eine solche Negativerklärung nicht abgegeben werden kann, sind nach Ziffer 8.1 Satz 2 Anhang IV ProspektVO Einzelheiten über diese wesentlichen nachteiligen Änderungen beizubringen (siehe dazu unten unter Rz. 49).

44 Nicht zu verwechseln ist die Negativerklärung zu Trendinformationen mit der **Negativerklärung nach Ziffer 13.7 Anhang IV ProspektVO**. Im Gegensatz zu der Negativerklärung nach Ziffer 13.7 Anhang IV ProspektVO ist die Erklärung nach Ziffer 8.1 Anhang IV ProspektVO in die Zukunft gerichtet und erfasst nur Veränderungen in den Aussichten, nicht aber bereits eingetretene Veränderungen in der Finanzlage des Emittenten. Diese fallen unter Ziffer 13.7 Anhang IV ProspektVO (siehe dazu auch Ziffer 13.7 Anhang IV ProspektVO unten unter Rz. 65).

45 Die Formulierung hinsichtlich des **von der Negativerklärung abgedeckten Zeitraums** weicht in der deutschen Fassung der ProspektVO („seit dem Datum der Veröffentlichung der letzten geprüften Jahresabschlüsse") von dem Wortlaut der englischen Fassung der ProspektVO („*since the date of its last published audited financial statements*") ab. Sinn macht alleine die englische Fassung, da es darum geht, die Negativerklärung auf den Zeitraum zu erstrecken, der nicht von den geprüften Finanzinformationen abgedeckt wird. Nur bei einer derartigen Auslegung ist gewährleistet, dass Anleger über alle wesentlichen nachteiligen Veränderungen in den Aussichten des Emittenten bis zum Datum des Registrierungsformulars informiert werden. Bei der deutschen Fassung handelt es sich mithin um einen Übersetzungsfehler und es ist somit nicht auf das Datum der Veröffentlichung der Finanzinformationen, sondern auf das Enddatum des Zeitraums abzustellen, für den die zuletzt geprüften Finanzinformationen vorliegen.

46 Nach dem Wortlaut der Ziffer 8.1 Anhang IV ProspektVO kommt es auf den letzten geprüften **Jahresabschluss** an. Es handelt sich dabei um einen weiteren Übersetzungsfehler in der deutschen Fassung der ProspektVO. In der englischen Fassung von

Ziffer 8.1 Anhang IV ProspektVO wird nämlich nicht auf den Jahresabschluss, sondern lediglich auf die letzten veröffentlichten geprüften Finanzangaben abgestellt („*since the date of its last published audited financial statements*"). Dies macht auch Sinn, da eine Erstreckung der Negativerklärung auf Zeiträume, für die bereits geprüfte Finanzinformationen vorliegen, unnötig wäre.

Der **Wortlaut der Negativerklärung** hat sich an dem Wortlaut von Ziffer 8.1 Anhang IV ProspektVO zu orientieren. Da die Erklärung nur abgegeben werden darf, wenn keine wesentlichen negativen Veränderungen in den Aussichten des Emittenten bestehen, ist eine Modifizierung oder Qualifizierung der Negativerklärung nur sehr begrenzt möglich. So wird es von der BaFin regelmäßig nicht akzeptiert, wenn eine Einschränkung durch Verweis auf die im Registrierungsformular insgesamt dargestellten negativen Veränderungen in den Aussichten des Emittenten erfolgt oder wenn die Negativerklärung vorbehaltlich der Informationen in einem Zwischenbericht abgegeben wird, ohne die genauen Informationen in dem Zwischenbericht näher zu spezifizieren. Möglich ist es aber, besondere Umstände zur Negativerklärung noch in dem gleichen Absatz anzugeben oder auf einzelne genau bezeichnete Stellen in dem Registrierungsformular oder in durch Verweis einbezogenen Dokumenten zu verweisen. Ein entsprechender Text könnte beispielsweise wie folgt lauten: „Vorbehaltlich der im nachfolgenden Absatz angegebenen Stellen, sind seit dem Stichtag der Veröffentlichung des letzten geprüften Jahresabschlusses (31.12.2015) keine wesentlichen Veränderungen in den Geschäftsaussichten (Trendinformationen) des Emittenten eingetreten, welche die Fähigkeit des Emittenten zur Erfüllung seiner Verbindlichkeiten aus den Wertpapieren gefährden können." Maßgabe für die Formulierung einer Qualifizierung der Negativerklärung ist es, dass eine umfassende und konkrete Information der Anleger erreicht und gleichzeitig verhindert werden soll, dass Anleger den gesamten Prospekt nach entsprechenden Angaben durchsuchen müssen. 47

Entsprechend Ziffer 8.1 Satz 1 Anhang IV ProspektVO bezieht sich die Negativerklärung darauf, dass es keine **wesentlichen nachteiligen Veränderungen in den Aussichten des Emittenten** seit dem letzten geprüften Jahresabschluss gegeben hat. Zum Begriff der Wesentlichkeit im Rahmen des Anhangs IV ProspektVO siehe bereits oben unter Rz. 18). 48

2. Einzelheiten über die wesentlichen nachteiligen Änderungen (Ziffer 8.1 Satz 2)

Sofern eine Negativerklärung nach Ziffer 8.1 Satz 1 ProspektVO nicht abgegeben werden kann, muss ein Emittent nach Ziffer 8.1 Satz 2 ProspektVO Einzelheiten über die wesentlichen nachteiligen Änderungen in das Registrierungsformular aufnehmen. Darzustellen sind **ausschließlich negative Veränderungen in den Aussichten des Emittenten**, positive Veränderungen in den Aussichten des Emittenten sind im Rahmen der Ziffer 8.1 Satz 2 Anhang IV ProspektVO aufgrund des eindeutigen Wortlauts nicht zu berücksichtigen[1]. In Zusammenhang mit der Finanzmarktkrise hat die 49

---

1 Siehe dazu *Glismann* in Holzborn, Anh. IV EU-ProspV Rz. 17; CESR/03-129, CESR Prospectus Consultation – Feedback Statement, Rz. 10 ff.; vgl. zur abweichenden früheren Re-

BaFin es auch akzeptiert, wenn im Fall von Kreditinstituten unter Hinweis auf die an den Märkten bestehenden Unsicherheiten darauf verwiesen wird, dass die Vorhersage der weiteren Entwicklung nicht möglich ist, solange in diesem Zusammenhang auf die Faktoren verwiesen wird, die zu dieser Unsicherheit beitragen. Aus Sicht des Anlegers ist daraus erkennbar, dass aufgrund der ungewissen Zukunftsaussichten ein erhebliches Risiko bei der Investition in entsprechende Wertpapiere besteht.

3. Informationen über bekannte Trends etc. (Ziffer 8.2)

50 Nach Ziffer 8.2 Anhang IV ProspektVO sind in ein Registrierungsformular Informationen über bekannte Trends, Unsicherheiten, Nachfragen, Verpflichtungen oder Vorfälle, die voraussichtlich die Aussichten des Emittenten zumindest im laufenden Geschäftsjahr wesentlich beeinflussen dürften, aufzunehmen.

51 Im Gegensatz zu Ziffer 8.1 Anhang IV ProspektVO sieht Ziffer 8.2 Anhang IV ProspektVO **keine Einschränkung auf negative Entwicklungen** vor. Das eröffnet Emittenten die Möglichkeit, an dieser Stelle auch die Trends, Unsicherheiten, Nachfragen, Verpflichtungen oder Vorfälle aufzunehmen, die positive Veränderungen in den Aussichten des Emittenten zur Folge haben. Voraussetzung ist jedoch auch hierfür, dass diese die Aussichten des Emittenten im laufenden Geschäftsjahr **wesentlich beeinflussen** dürften (zum Wesentlichkeitsmaßstab siehe oben unter Rz. 18). Falls positive Veränderungen in den Aussichten des Emittenten im Registrierungsformular aufgenommen werden, ist jedoch sicherzustellen, dass die Grenze zu einer Gewinnprognose iS der Ziffer 9 Anhang IV ProspektVO (zum Begriff der Gewinnprognose siehe Anhang I EU-ProspektVO Rz. 115) und Art. 2 Nr. 10 ProspektVO nicht überschritten wird[1]. Ob die Grenze überschritten wird, ist eine Einzelfallentscheidung und hängt von den Umständen des betroffenen Emittenten ab[2].

52 Während eine Negativverklärung iS der Ziffer 8.1 Satz 1 Anhang IV ProspektVO bzw. Einzelheiten über wesentliche negative Änderungen iS der Ziffer 8.1 Satz 2 Anhang IV ProspektVO in jedem Fall in das Registrierungsformular aufzunehmen sind, sind Angaben zu Informationen nach Ziffer 8.2 Anhang IV ProspektVO **nicht zwingend**, insbesondere ist keine Negativverklärung erforderlich, falls keine Trends oder ähnliche Umstände vorliegen[3]. Insoweit unterscheidet sich Ziffer 8.2 Anhang IV ProspektVO von Ziffer 12.2 Anhang I ProspektVO bzw. § 11 VerkProspVO aF bzw. § 29

---

gelung, in der eine Beschränkung auf negative Tendenzen nicht vorgesehen gewesen war, Richtlinie 2001/34/EG des Europäischen Parlaments und des Rates vom 28.5.2001 über die Zulassung von Wertpapieren zur amtlichen Börsennotierung und über die hinsichtlich dieser Wertpapiere zu veröffentlichenden Informationen, ABl. EG Nr. L 184 v. 6.7.2001, S. 1, Anhang I Schema A Kapitel 7.

1 Für eine solche Einschränkung *Glismann* in Holzborn, Anh. IV EU-ProspV Rz. 17.
2 Zur Problematik der Abgrenzung zwischen Gewinnprognosen und Trendinformationen siehe auch CESR/05-054b, CESR's recommendations for the consistent implementation of the European Commission's Regulation on Prospectuses no. 809/2004, Januar 2005, Rz. 49 sowie *Rieckhoff*, BKR 2011, 221 (222 ff.).
3 So auch *Fingerhut/Voß* in Just/Voß/Ritz/Zeising, Anhang XI EU-ProspektVO Rz. 30.

BörsZulVO aF bzw. § 13 VermVerkProspV[1], wonach die Aufnahme solcher Informationen zwingend vorgeschrieben ist bzw. war[2].

X. Gewinnprognosen oder Schätzungen (Ziffer 9)

9. Gewinnprognosen oder Schätzungen

Entscheidet sich ein Emittent dazu, eine Gewinnprognose oder eine Gewinnschätzung aufzunehmen, dann hat das Registrierungsformular die nachfolgend genannten Angaben der Punkte 9.1. und 9.2. zu enthalten:

9.1. Eine Erklärung, die die wichtigsten Annahmen erläutert, auf die der Emittent seine Prognose oder Schätzung gestützt hat.

Bei den Annahmen sollte klar zwischen jenen unterschieden werden, die Faktoren betreffen, die die Mitglieder der Verwaltungs-, Geschäftsführungs- und Aufsichtsorgane beeinflussen können, und Annahmen in Bezug auf Faktoren, die ausschließlich außerhalb des Einflussbereiches der Mitglieder der Verwaltungs-, Geschäftsführungs- und Aufsichtsorgane liegen. Die Annahmen müssen für die Anleger leicht verständlich und spezifisch sowie präzise sein und dürfen nicht der üblichen Exaktheit der Schätzungen entsprechen, die der Prognose zu Grunde liegen.

9.2. Einen Bericht, der von unabhängigen Buchprüfern oder Abschlussprüfern erstellt wurde und in dem festgestellt wird, dass die Prognose oder die Schätzung nach Meinung der unabhängigen Buchprüfer oder Abschlussprüfer auf der angegebenen Grundlage ordnungsgemäß erstellt wurde und dass die Rechnungslegungsgrundlage, die für die Gewinnprognose oder -schätzung verwendet wurde, mit den Rechnungslegungsstrategien des Emittenten konsistent ist.

Beziehen sich die Finanzinformationen auf das letzte Geschäftsjahr und enthalten ausschließlich nicht irreführende Zahlen, die im Wesentlichen mit den im nächsten geprüften Jahresabschluss zu veröffentlichenden Zahlen für das letzte Geschäftsjahr konsistent sind, sowie die zu deren Bewertung nötigen erläuternden Informationen, ist kein Bericht erforderlich, sofern der Prospekt alle folgenden Erklärungen enthält:

a) die für diese Finanzinformationen verantwortliche Person, sofern sie nicht mit derjenigen identisch ist, die für den Prospekt insgesamt verantwortlich ist, genehmigt diese Informationen;

---

[1] Dazu auch *Fingerhut/Voß* in Just/Voß/Ritz/Zeising, Anhang XI EU-ProspektVO Rz. 30; zur alten Rechtslage unter der VerkProspVO bzw. der BörsZulV siehe *Heidelbach* in Schwark, 3. Aufl. 2004, § 11 VerkProspV Rz. 1 bzw. *Heidelbach* in Schwark 3. Aufl. 2004, § 29 BörsZulV Rz. 1 bzw. zu § 13 VermVerkProspV Rz. 1.

[2] Zur Behandlung von Trends und zukunftsgerichteten Aussagen im Rahmen der „Management Discussion & Analysis of Financial Condition and Results of Operation (MDRA) im US-Recht siehe *Wiegel*, Die Prospektrichtlinie und Prospektverordnung, S. 297 ff.

b) unabhängige Buchprüfer oder Abschlussprüfer haben bestätigt, dass diese Informationen im Wesentlichen mit den im nächsten geprüften Jahresabschluss zu veröffentlichenden Zahlen konsistent sind;

c) diese Finanzinformationen wurden nicht geprüft.

9.3. Die Gewinnprognose oder -schätzung muss auf einer Grundlage erstellt werden, die mit den historischen Finanzinformationen vergleichbar ist.

53 Nach Ziffer 9 Anhang IV ProspektVO können in ein Registrierungsformular auf freiwilliger Basis Gewinnprognosen und Gewinnschätzungen aufgenommen werden (siehe dazu Anhang I EU-ProspektVO Rz. 115 ff.).

54 Die Bedeutung dieser Vorschrift **in der Praxis** ist **bei Emittenten von Schuldtiteln und derivativen Wertpapieren** eher gering, da es aus Sicht des Anlegers darauf ankommt, dass die Kapitalzahlungen unter den Wertpapieren erfolgen und weniger darauf, wie sich die Gewinnsituation des Emittenten als Schuldner der Schuldverschreibungen künftig verändert. Deshalb haben Emittenten regelmäßig kein Interesse daran, entsprechende Informationen auf freiwilliger Basis aufzunehmen. Etwas anderes kann dann gelten, wenn Prognosen außerhalb des Prospekts vom Emittenten, zB im Rahmen von Presseberichten oder Roadshows, abgegeben werden[1]. Hintergrund dafür ist, dass eine solche Gewinnprognose oder Gewinnschätzung als wesentliche Information (siehe dazu auch § 15 WpPG Rz. 31) betrachtet werden kann und dementsprechend gegebenenfalls in das Registrierungsformular aufzunehmen ist[2].

54a Im Rahmen der Überarbeitung des Prospektrechts wurde durch die **Zweite Delegierte Verordnung**[3] in Ziffer 9.2 von Anhang IV ProspektVO ein zweiter Absatz neu hinzugefügt[4]. Danach ist ein nach Ziffer 9.2 Abs. 1 Anhang IV ProspektVO zu

---

1 Vgl. dazu *Holzborn/Israel*, ZIP 2005, 1668 (1672); CESR/05-054b, CESR's recommendations for the consistent implementation of the European Commission's Regulation on Prospectuses no. 809/2004, Januar 2005, Rz. 43 ff.; vgl. dazu auch *Wieneke*, NZG 2005, 109 (113).

2 *Apfelbacher/Metzner*, BKR 2008, 81 (89); kritisch insoweit *Schlitt/Schäfer*, AG 2005, 498 (504), wonach die Aufnahme einer Prognose im Prospekt trotz früherer Veröffentlichung der Prognose nicht erforderlich ist, wenn seit der Veröffentlichung der Prognose keine wesentlichen Umstände eingetreten sind, welche die Prognose in Frage stellen bzw. wenn Umstände eingetreten sind, welche die Prognose bestätigen. Siehe dazu auch ESMA FAQs, Questions and Answers Prospectuses: 25th Updated Version – July 2016, ESMA/2016/1133, Frage 20, abrufbar unter https://www.esma.europa.eu/sites/default/files/library/2016-1133_25th_version_qa_document_prospectus_related_issues.pdf, wonach die Veröffentlichung einer Gewinnprognose vor dem Angebotsschluss im Fall von Aktienemissionen regelmäßig einen Nachtrag erforderlich macht, wohingegen im Fall von Nichtdividendenwerten ein Nachtrag in einem solchen Fall nicht notwendigerweise erforderlich ist.

3 Delegierte Verordnung (EU) Nr. 862/2012 der Kommission vom 4.6.2012 zur Änderung der Verordnung (EG) Nr. 809/2004 in Bezug auf die Zustimmung zur Verwendung des Prospekts, die Informationen über Basisindizes und die Anforderungen eines von unabhängigen Buchprüfern oder Abschlussprüfern erstellten Berichts, ABl. EU Nr. L 256 v. 22.9.2012, S. 4 ff.

4 Der Hintergrund der Neuregelung liegt vor allem darin, die Bürokratiekosten für Emittenten bei der Kapitalbeschaffung zu senken; siehe insoweit Delegierte Verordnung (EU)

erstellender Bericht der unabhängigen Buchprüfer oder Abschlussprüfer im Fall der Aufnahme von Gewinnschätzungen bzw. -prognosen dann **nicht** erforderlich, wenn sich die Finanzinformationen auf das letzte Geschäftsjahr beziehen und die Finanzinformationen ausschließlich nicht irreführende Zahlen, die im Wesentlichen mit den im nächsten geprüften Jahresabschluss zu veröffentlichenden Zahlen[1] für das letzte Geschäftsjahr konsistent sind, sowie die zu deren Bewertung nötigen erläuternden Informationen enthalten und wenn in das Registrierungsformular bzw. den Prospekt die in Ziffer 9.2 Abs. 2 lit. a) bis c) Anhang IV ProspektVO aufgeführten Erklärungen aufgenommen sind[2]. Im Zusammenhang mit dieser Änderung wurde in der Praxis die Frage diskutiert, inwiefern Finanzberichte, die bereits Vergleichszahlen zum gesamten abgelaufenen Geschäftsjahr enthalten, als Gewinnschätzung bzw. -prognose iS der Ziffer 9 Anhang IV ProspektVO oder als Zwischenfinanzinformationen iS der Ziffer 13.5 Anhang IV ProspektVO einzuordnen sind. Dabei gilt, dass Quartalszahlen für das vierte Quartal, die auch bereits Jahresendzahlen enthalten, als privilegierte Zwischenfinanzinformationen anzusehen sind[3], mit der Folge, dass keine Gewinnschätzung bzw. -prognose vorliegt und somit Ziffer 9 Anhang IV ProspektVO nicht zur Anwendung kommt. Unklar ist allerdings die Einordnung im Fall von Veröffentlichungen, die nicht den Umfang eines Quartalsberichts besitzen, aber neben ungeprüften Finanzinformationen des vierten Quartals bereits auch Vergleichszahlen zum gesamten abgelaufenen Geschäftsjahr enthalten (beispielsweise im Fall der Veröffentlichung eines Berichts gemäß Form 8-K nach US-Recht). Sofern die Veröffentlichung dieser Zahlen keine vorläufigen, sondern, vorbehaltlich der Prüfung durch die Wirtschaftsprüfer, „final" festgestellte Finanzzahlen enthalten, sprechen gute Argumente dafür, auch diese Finanzzahlen als Zwischenfinanzinformationen iS der Ziffer 13.5 Anhang IV ProspektVO und nicht als Gewinnschätzung bzw. -prognose iS der Ziffer 9 Anhang IV ProspektVO einzuordnen.

Nr. 862/2012 der Kommission vom 4.6.2012 zur Änderung der Verordnung (EG) Nr. 809/2004 in Bezug auf die Zustimmung zur Verwendung des Prospekts, die Informationen über Basisindizes und die Anforderungen eines von unabhängigen Buchprüfern oder Abschlussprüfern erstellten Berichts, ABl. EU Nr. L 256 v. 22.9.2012, S. 4 f., Erwägungsgrund Nr. 6 sowie *Glismann* in Holzborn, Anh. IV EU-ProspV Rz. 18.

1 Vgl. dazu auch ESMA FAQs, Questions and Answers Prospectuses: 25th Updated Version – July 2016, ESMA/2016/1133, Frage 88, abrufbar unter https://www.esma.europa.eu/sites/default/files/library/2016-1133_25th_version_qa_document_prospectus_related_issues.pdf.
2 Nach Ziffer 9.2 Anhang IV ProspektVO aF musste ein Prospekt bzw. ein Registrierungsformular im Fall der Aufnahme einer Gewinnschätzung bzw. einer Gewinnprognose immer einen Bericht enthalten, der von unabhängigen Buchprüfern oder Abschlussprüfern erstellt wurde und der die in Ziffer 9.2 Anhang IV ProspektVO aF aufgeführten Erklärungen beinhalten musste.
3 Siehe dazu auch ESMA FAQs, Questions and Answers Prospectuses: 25th Updated Version – July 2016, ESMA/2016/1133, Frage 84, abrufbar unter https://www.esma.europa.eu/sites/default/files/library/2016-1133_25th_version_qa_document_prospectus_related_issues.pdf.

XI. Verwaltungs-, Geschäftsführungs- und Aufsichtsorgane (Ziffer 10)

10. Verwaltungs-, Geschäftsführungs- und Aufsichtsorgane

10.1. Namen und Geschäftsadressen nachstehender Personen sowie ihre Stellung bei dem Emittenten unter Angabe der wichtigsten Tätigkeiten, die sie außerhalb des Emittenten ausüben, sofern diese für den Emittenten von Bedeutung sind:

a) Mitglieder der Verwaltungs-, Geschäftsführungs- und Aufsichtsorgane;

b) persönlich haftende Gesellschafter bei einer Kommanditgesellschaft auf Aktien.

10.2. Verwaltungs-, Geschäftsführungs- und Aufsichtsorgane sowie oberes Management/Interessenkonflikte

Potenzielle Interessenkonflikte zwischen den Verpflichtungen gegenüber dem Emittenten von Seiten der in Punkt 10.1 genannten Personen sowie ihren privaten Interessen oder sonstigen Verpflichtungen müssen klar festgehalten werden. Falls keine derartigen Konflikte bestehen, ist eine dementsprechende Erklärung abzugeben.

55 Nach **Ziffer 10.1 Anhang IV ProspektVO** müssen in einem Registrierungsformular Angaben zu den Mitgliedern der Verwaltungs-, Geschäftsführungs- und Aufsichtsorgane sowie zu den persönlich haftenden Gesellschaftern bei einer Kommanditgesellschaft auf Aktien aufgenommen werden. Anzugeben sind der Name und die Geschäftsadresse sowie die wichtigsten Tätigkeiten dieser Personen, die sie außerhalb des Emittenten ausüben, sofern diese für den Emittenten von Bedeutung sind. Sofern neben der Geschäftsführung (zB bei einer GmbH) keine Verwaltungs- oder Aufsichtsorgane bestehen, kann eine entsprechende Klarstellung in das Registrierungsformular aufgenommen werden.

56 Nach **Ziffer 10.2 Anhang IV ProspektVO** sind **potentielle Interessenkonflikte** der Entscheidungsträger des Emittenten offen zu legen, die aus ihren Verpflichtungen gegenüber dem Emittenten und ihren privaten Interessen bzw. sonstigen Verpflichtungen entstehen. Sofern keine potentiellen Interessenkonflikte der Entscheidungsträger bestehen, muss in das Registrierungsformular eine entsprechende Erklärung aufgenommen werden.

57 Hinsichtlich Ziffer 10 Anhang IV ProspektVO wird im Übrigen auf die Kommentierung zu Ziffer 14 Anhang I ProspektVO verwiesen (siehe Anhang I EU-ProspektVO Rz. 120 ff.).

XII. Praktiken der Geschäftsführung (Ziffer 11)

11. Praktiken der Geschäftsführung

11.1. Detaillierte Angaben zum Audit-Ausschuss des Emittenten, einschließlich der Namen der Ausschussmitglieder und einer Zusammenfassung des Aufgabenbereichs für die Arbeit des Ausschusses.

11.2. Erklärung, ob der Emittent der Corporate-Governance-Regelung (falls vorhanden) im Land der Gründung der Gesellschaft genügt. Sollte der Emittent einer solchen Regelung nicht folgen, ist eine dementsprechende Erklärung zusammen mit einer Erläuterung aufzunehmen, aus der hervorgeht, warum der Emittent dieser Regelung nicht Folge leistet.

Hinsichtlich **Ziffer 11.1** und **Ziffer 11.2 Anhang IV ProspektVO** wird auf die Kommentierung zu Ziffer 16.3 und Ziffer 16.4 Anhang I ProspektVO verwiesen (siehe Anhang I EU-ProspektVO Rz. 136 ff.).

Die Pflicht, eine Erklärung zum **Corporate-Governance-Kodex** gemäß § 161 AktG abzugeben, welche in dem Registrierungsformular abzudrucken ist, besteht lediglich für börsennotierte Aktiengesellschaften bzw. für Aktiengesellschaften, die ausschließlich andere Wertpapiere als Aktien zum Handel an einem organisierten Markt iS des § 2 Abs. 5 WpHG ausgegeben haben und deren ausgegebene Aktien auf eigene Veranlassung über ein multilaterales Handelssystem iS des § 2 Abs. 3 Satz 1 Nr. 8 WpHG gehandelt werden. Im Falle von Emittenten, welche nicht in den Anwendungsbereich des § 161 AktG fallen, und die sich nicht auf freiwilliger Basis den Corporate-Governance-Regelungen unterworfen haben, ist die Erklärung aufzunehmen, dass der Emittent die Corporate-Governance-Regelungen nicht einhält, da die Voraussetzungen des § 161 AktG nicht erfüllt sind[1] bzw. dass der Emittent die Corporate-Governance-Regelungen nicht auf freiwilliger Basis anwendet.

XIII. Hauptaktionäre (Ziffer 12)

12. Hauptaktionäre

12.1. Sofern dem Emittenten bekannt, Angabe, ob an dem Emittenten unmittelbare oder mittelbare Beteiligungen oder Beherrschungsverhältnisse bestehen, und wer diese Beteiligungen hält bzw. diese Beherrschung ausübt. Beschreibung der Art und Weise einer derartigen Kontrolle und der vorhandenen Maßnahmen zur Verhinderung des Missbrauchs einer derartigen Kontrolle.

12.2. Sofern dem Emittenten bekannt, Beschreibung etwaiger Vereinbarungen, deren Ausübung zu einem späteren Zeitpunkt zu einer Veränderung bei der Kontrolle des Emittenten führen könnte.

---

[1] Siehe dazu auch *Glismann* in Holzborn, Anh. IV EU-ProspV Rz. 20.

60 Hinsichtlich **Ziffer 12.1 und Ziffer 12.2 Anhang IV ProspektVO** wird auf die Kommentierung zu Ziffer 18.3 und Ziffer 18.4 Anhang I ProspektVO verwiesen (siehe Anhang I EU-ProspektVO Rz. 152 ff.).

XIV. Finanzinformationen über die Vermögens-, Finanz- und Ertragslage des Emittenten (Ziffer 13)

13. Finanzinformationen über die Vermögens-, Finanz- und Ertragslage des Emittenten

13.1. *Historische Finanzinformationen*

Beizubringen sind geprüfte historische Finanzinformationen, die die letzten zwei Geschäftsjahre abdecken (bzw. einen entsprechenden kürzeren Zeitraum, während dessen der Emittent tätig war), sowie ein Bestätigungsvermerk für jedes Geschäftsjahr. Hat der Emittent in der Zeit, für die historische Finanzinformationen beizubringen sind, seinen Bilanzstichtag geändert, so decken die geprüften historischen Finanzinformationen mindestens 24 Monate oder – sollte der Emittent seiner Geschäftstätigkeit noch keine 24 Monate nachgegangen sein – den gesamten Zeitraum seiner Geschäftstätigkeit ab. Derartige Finanzinformationen sind gemäß der Verordnung (EG) Nr. 1606/2002 zu erstellen bzw. für den Fall, dass diese Verordnung nicht anwendbar ist, gemäß den nationalen Rechnungslegungsgrundsätzen eines Mitgliedstaats, wenn der Emittent aus der Gemeinschaft stammt. Bei Emittenten aus Drittstaaten sind diese Finanzinformationen nach den im Verfahren des Artikels 3 der Verordnung (EG) Nr. 1606/2002 übernommenen internationalen Rechnungslegungsstandards oder nach diesen Standards gleichwertigen nationalen Rechnungslegungsgrundsätzen eines Drittstaates zu erstellen. Ist keine Äquivalenz zu den Standards gegeben, so sind die Finanzinformationen in Form eines neu zu erstellenden Jahresabschlusses vorzulegen.

Die historischen Finanzinformationen müssen für das jüngste Geschäftsjahr in einer Form dargestellt und erstellt werden, die mit der konsistent ist, die im folgenden Jahbschluss des Emittenten zur Anwendung gelangen wird, wobei die Rechnungslegungsstandards und -strategien sowie die Rechtsvorschriften zu berücksichtigen sind, die auf derlei Jahresabschlüsse Anwendung finden.

Ist der Emittent in seiner aktuellen Wirtschaftsbranche weniger als ein Jahr tätig, so sind die geprüften historischen Finanzinformationen für diesen Zeitraum gemäß den Standards zu erstellen, die auf Jahresabschlüsse im Sinne der Verordnung (EG) Nr. 1606/2002 anwendbar sind bzw. für den Fall, dass diese Verordnung nicht anwendbar ist, gemäß den nationalen Rechnungslegungsgrundsätzen eines Mitgliedstaats, wenn der Emittent aus der Gemeinschaft stammt. Bei Emittenten aus Drittstaaten sind diese historischen Finanzinformationen nach den im Verfahren des Artikels 3 der Verordnung (EG) Nr. 1606/2002 übernommenen internationalen Rechnungslegungsstandards oder nach diesen Standards gleichwertigen nationalen Rechnungslegungsgrundsätzen eines Drittstaates zu erstellen. Diese historischen Finanzinformationen müssen geprüft worden sein.

Wurden die geprüften Finanzinformationen gemäß nationaler Rechnungslegungsgrundsätze erstellt, dann müssen die unter dieser Rubrik geforderten Finanzinformationen zumindest Folgendes enthalten:

a) die Bilanz;

b) die Gewinn- und Verlustrechnung;

c) eine Kapitalflussrechnung;
und

d) Rechnungslegungsstrategien und erläuternde Anmerkungen.

Die historischen jährlichen Finanzinformationen müssen unabhängig und in Übereinstimmung mit den in dem jeweiligen Mitgliedstaat anwendbaren Prüfungsstandards oder einem äquivalenten Standard geprüft worden sein oder es muss für das Registrierungsformular vermerkt werden, ob sie in Übereinstimmung mit den in dem jeweiligen Mitgliedstaat anwendbaren Prüfungsstandards oder einem äquivalenten Standard ein den tatsächlichen Verhältnissen entsprechendes Bild vermitteln.

13.2. *Jahresabschluss*

Erstellt der Emittent sowohl einen Jahresabschluss als auch einen konsolidierten Abschluss, so ist zumindest der konsolidierte Abschluss in das Registrierungsformular aufzunehmen.

13.3. *Prüfung der historischen jährlichen Finanzinformationen*

13.3.1. Es ist eine Erklärung dahingehend abzugeben, dass die historischen Finanzinformationen geprüft wurden. Sofern Bestätigungsvermerke über die historischen Finanzinformationen von den Abschlussprüfern abgelehnt wurden bzw. sofern sie Vorbehalte oder enthalten oder eingeschränkt erteilt wurden, sind diese Ablehnung bzw. diese Vorbehalte oder eingeschränkte Erteilung in vollem Umfang wiederzugeben und die Gründe dafür anzugeben.

13.3.2. Angabe sonstiger Informationen im Registrierungsformular, das von den Abschlussprüfern geprüft wurde.

13.3.3. Wurden die Finanzdaten im Registrierungsformular nicht dem geprüften Jahresabschluss des Emittenten entnommen, so sind die Quelle dieser Daten und die Tatsache anzugeben, dass die Daten ungeprüft sind.

13.4. *„Alter" der jüngsten Finanzinformationen*

13.4.1. Die geprüften Finanzinformationen dürfen nicht älter sein als 18 Monate ab dem Datum des Registrierungsformulars.

13.5. *Zwischenfinanzinformationen und sonstige Finanzinformationen*

13.5.1. Hat der Emittent seit dem Datum des letzten geprüften Jahresabschlusses vierteljährliche oder halbjährliche Finanzinformationen veröffentlicht, so sind diese in das Registrierungsformular aufzunehmen. Wurden diese vierteljährlichen oder halbjährlichen Finanzinformationen einer prüferischen Durchsicht oder Prüfung unterzogen, so sind die entsprechenden Berichte ebenfalls aufzunehmen. Wurden die vierteljährlichen oder halbjährlichen Finanzinformationen keiner prüferischen Durchsicht oder Prüfung unterzogen, so ist diese Tatsache anzugeben.

13.5.2. Wurde das Registrierungsformular mehr als neun Monate nach Ablauf des letzten geprüften Finanzjahres erstellt, muss es Zwischenfinanzinformationen enthalten, die sich zumindest auf die ersten sechs Monate des Geschäftsjahres beziehen sollten. Wurden die Zwischenfinanzinformationen keiner Prüfung unterzogen, ist auf diesen Fall eindeutig zu verweisen.

Diese Zwischenfinanzinformationen müssen einen vergleichenden Überblick über denselben Zeitraum wie im letzten Geschäftsjahr enthalten. Der Anforderung vergleichbarer Bilanzinformationen kann jedoch auch durch die Vorlage der Jahresendbilanz nachgekommen werden.

13.6. *Gerichts- und Schiedsgerichtverfahren*

Angaben über etwaige staatliche Interventionen, Gerichts- oder Schiedsgerichtsverfahren (einschließlich derjenigen Verfahren, die nach Kenntnis des Emittenten noch anhängig sind oder eingeleitet werden könnten), die im Zeitraum der mindestens 12 letzten Monate bestanden/abgeschlossen wurden, und die sich erheblich auf die Finanzlage oder die Rentabilität des Emittenten und/oder der Gruppe auswirken bzw. in jüngster Zeit ausgewirkt haben. Ansonsten ist eine negative Erklärung abzugeben.

13.7. *Wesentliche Veränderungen in der Finanzlage oder der Handelsposition des Emittenten*

Beschreibung jeder wesentlichen Veränderung in der Finanzlage oder der Handelsposition der Gruppe, die seit dem Ende des letzten Geschäftsjahres eingetreten ist, für das entweder geprüfte Finanzinformationen oder Zwischenfinanzinformationen veröffentlicht wurden. Ansonsten ist eine negative Erklärung abzugeben.

61 Hinsichtlich Ziffer 13 Anhang IV ProspektVO wird auf die Kommentierung zu Ziffer 20 Anhang I ProspektVO verwiesen (siehe Anhang I EU-ProspektVO Rz. 167 ff.).

62 Gegenüber Anhang I ProspektVO bestehen folgende **Besonderheiten:**

63 – Nach **Ziffer 13.1 Anhang IV ProspektVO** muss ein Emittent von Schuldtiteln und derivativen Wertpapieren im Registrierungsformular **historische Finanzinformationen** für die letzten **zwei Geschäftsjahre** darstellen, während Emittenten von Aktien die historischen Finanzinformationen für die letzten drei Geschäftsjahre in das Registrierungsformular aufnehmen müssen. Dieser Unterschied in den Mindestanforderungen beruht auf der unterschiedlichen Interessenlage von Aktienanlegern bzw. Anlegern in aktienähnliche Wertpapiere einerseits und Anlegern in Schuldtiteln bzw. derivativen Wertpapieren andererseits. Ausschlaggebend für die Investitionsentscheidung von Aktienanlegern ist die Entwicklung des Werts und das Wachstum des Unternehmens über einen längeren Zeitraum, für Anleger in Schuldtitel und derivative Wertpapiere ist dagegen die aktuelle Zahlungsfähigkeit

des Emittenten, dh. seine Fähigkeit, seine Verpflichtungen aus den Wertpapieren zu bedienen, ausschlaggebend[1]. Hat ein Emittent seinen Bilanzstichtag in dem Zeitraum, für den historische Finanzinformationen in den Prospekt aufzunehmen sind, geändert, so müssen nach Satz 2 von Ziffer 13.1 Anhang IV ProspektVO, der durch Art. 1 Nr. 4 der Verordnung 211/2007/EG v. 27.2.2007[2] eingefügt worden ist, die geprüften historischen Finanzinformationen einen Zeitraum von mindestens 24 Monaten abdecken bzw. den gesamten Zeitraum der Geschäftstätigkeit des Emittenten, falls der Emittent seiner Geschäftstätigkeit noch keine 24 Monate nachgegangen ist (siehe dazu auch Anhang I EU-ProspektVO Rz. 175).

— Für den Fall, dass der Emittent auch einen konsolidierten Abschluss erstellt, ist nach **Ziffer 13.2 Anhang IV ProspektVO** zumindest der Konzernabschluss in das Registrierungsformular aufzunehmen. Aus der Formulierung von Ziffer 13.2 Anhang IV ProspektVO kann eigentlich geschlossen werden, dass neben dem Konzernabschluss die Aufnahme des Einzelabschlusses nicht zwingend erforderlich ist. Die BaFin verlangt aber für das letzte Geschäftsjahr auch den Einzelabschluss[3]. Nur unter besonderen Voraussetzungen verzichtet die BaFin auf die Aufnahme des Einzelabschlusses (siehe dazu Anhang XI EU-ProspektVO Rz. 37). 64

— Nach **Ziffer 13.7 Anhang IV ProspektVO** muss das Registrierungsformular eine **Beschreibung der wesentlichen Veränderungen in der Finanzlage der Gruppe** enthalten, die seit dem Ende des letzten Geschäftsjahres eingetreten sind, für den entweder geprüfte Finanzinformationen oder Zwischenfinanzinformationen veröffentlicht wurden. Im Gegensatz zu der Aussage zu Trendinformationen (siehe oben zu Ziffer 8.1 Anhang IV EU-ProspektVO Rz. 43) kommt es hier nicht zwingend auf einen geprüften Abschluss an, sondern es genügen auch (ungeprüfte) Zwischenfinanzinformationen. Unter dem Begriff „Stichtag" ist das Datum der Finanzinformationen bzw. der Zwischenfinanzinformationen zu verstehen, nicht deren Veröffentlichung (siehe oben zu Ziffer 8.1 Anhang IV EU-ProspektVO Rz. 45)[4]. Sofern solche wesentlichen Veränderungen nicht eingetreten sind, muss eine **Negativerklärung** in das Registrierungsformular aufgenommen werden. Zum Wesentlichkeitskriterium siehe oben unter Rz. 18 bzw. Rz. 33 sowie in § 16 WpPG Rz. 27. 65

— Im Gegensatz zu Ziffer 20.1 Unterabs. 4 lit. c) Anhang I ProspektVO ist nach Anhang IV ProspektVO die Aufnahme einer **Übersicht zu Veränderungen im Eigenkapital** (siehe dazu Anhang I EU-ProspektVO Rz. 207) nicht erforderlich. 66

---

1 CESR/03-208, CESR's Advice on Level 2 Implementing Measures for the Prospectus Directive, Rz. 56.
2 Verordnung (EG) Nr. 211/2007 der Kommission vom 27.2.2007 zur Änderung der Verordnung (EG) Nr. 809/2004 zur Umsetzung der Richtlinie 2003/71/EG des Europäischen Parlaments und des Rates in Bezug auf die Finanzinformationen, die bei Emittenten mit komplexer finanztechnischer Vorgeschichte oder bedeutenden Verpflichtungen im Prospekt enthalten sein müssen, ABl. EU Nr. L 61 v. 28.2.2007, S. 24.
3 Kritisch zu der BaFin-Verwaltungspraxis im Fall von Nichtdividendenwerten *Fingerhut/Voß* in Just/Voß/Ritz/Zeising, Anhang XI EU-ProspektVO Rz. 44.
4 *Fingerhut/Voß* in Just/Voß/Ritz/Zeising, Anhang XI EU-ProspektVO Rz. 53.

67 – Abweichend von Ziffer 20.2 Anhang I ProspektVO sind im Rahmen der Ziffer 13 Anhang IV ProspektVO **keine Angaben zu Pro-forma-Finanzinformationen** gefordert (siehe dazu Anhang I EU-ProspektVO Rz. 215 ff. sowie allgemein zu Pro-forma-Finanzinformationen Anhang II EU-ProspektVO Rz. 1 ff.). Da auch bei der Emission von Schuldtiteln und derivativen Wertpapieren in gewissen Situationen ein Bedürfnis nach der Darstellung von „kombinierten Finanzinformationen" (*combined financial statements*) besteht (vgl. zu kombinierten Abschlüssen auch Anhang I EU-ProspektVO Rz. 283), zB im Fall einer Umstrukturierung innerhalb eines Konzerns[1], verlangt die BaFin, dass die Bezeichnung „Pro forma", welche gemäß Art. 5 ProspektVO für Finanzinformationen nach dem in Anhang II ProspektVO festgelegten Modul reserviert ist, vermieden wird.

XV. Zusätzliche Angaben (Ziffer 14)

14. Zusätzliche Angaben

14.1. *Aktienkapital*

14.1.1. Anzugeben sind der Betrag des ausgegebenen Kapitals, die Zahl und Kategorien der Aktien, aus denen es sich zusammensetzt, einschließlich deren Hauptmerkmale; der Teil des ausgegebenen, aber noch nicht eingezahlten Kapitals mit Angabe der Zahl oder des Gesamtnennwerts und der Art der noch nicht voll eingezahlten Aktien, eventuell aufgegliedert nach der Höhe, bis zu der sie bereits eingezahlt wurden.

14.2. *Satzung und Statuten der Gesellschaft*

14.2.1. Anzugeben sind das Register und ggf. die Nummer, unter der die Gesellschaft in das Register eingetragen ist, sowie eine Beschreibung der Zielsetzungen des Emittenten und an welcher Stelle sie in der Satzung und den Statuten der Gesellschaft verankert sind.

1. Aktienkapital (Ziffer 14.1)

68 Hinsichtlich Ziffer 14.1 Anhang IV ProspektVO wird auf die Kommentierung zu Ziffer 21.1 Anhang I ProspektVO verwiesen (siehe Anhang I EU-ProspektVO Rz. 295 ff.).

2. Satzung und Statuten der Gesellschaft (Ziffer 14.2)

69 Hinsichtlich Ziffer 14.2 Anhang IV ProspektVO wird auf die Kommentierung zu Ziffer 21.2 Anhang I ProspektVO verwiesen (siehe Anhang I EU-ProspektVO Rz. 304 ff.).

70 Die Anforderung, das Register und gegebenenfalls die Nummer, unter der die Gesellschaft in das Register eingetragen ist, zu benennen, hat neben den nach Zif-

---

[1] Siehe zu kombinierten Finanzinformationen auch ausführlich *Meyer* in Habersack/Mülbert/Schlitt, Unternehmensfinanzierung am Kapitalmarkt, § 36 Rz. 46.

fer 5.1.2 Anhang IV ProspektVO geforderten Mindestangaben keine eigenständige Bedeutung.

XVI. Wesentliche Verträge (Ziffer 15)

15. Wesentliche Verträge
    Kurze Zusammenfassung aller abgeschlossenen wesentlichen Verträge, die nicht im Rahmen der normalen Geschäftätigkeit abgeschlossen wurden und die dazu führen könnten, dass jedwedes Mitglied de *[sic!]* der Gruppe eine Verpflichtung oder ein Recht erlangt, die bzw. das für die Fähigkeit des Emittenten, seinen Verpflichtungen gegenüber den Wertpapierinhabern in Bezug auf die ausgegebenen Wertpapiere nachzukommen, von wesentlicher Bedeutung ist.

Hinsichtlich Ziffer 15 Anhang IV ProspektVO wird auf die Kommentierung zu Ziffer 22 Anhang I ProspektVO verwiesen (siehe Anhang I EU-ProspektVO Rz. 313 ff.). **71**

Ähnlich wie in Ziffer 22 Anhang I ProspektVO sind auch im Rahmen der Ziffer 15 Anhang IV ProspektVO **alle wesentlichen Verträge** zusammenzufassen, **die nicht im Rahmen der normalen Geschäftätigkeit abgeschlossen wurden und die dazu führen, dass ein Mitglied der Gruppe eine Verpflichtung oder ein Recht erlangt**. Wie bei Anhang I ProspektVO sind Verträge zu beschreiben, die vom Emittenten oder einem Mitglied der Gruppe als Vertragspartei geschlossen werden. Es ist nicht erforderlich, dass der Emittent selbst aus dem Vertrag Rechte oder Pflichten erlangt. Ausreichend ist es vielmehr, wenn dies auf Seiten eines Mitglieds der Gruppe erfolgt. Während nach Ziffer 22 Satz 1 Anhang I ProspektVO eine Zusammenfassung jedes in den letzten beiden Jahren vor der Veröffentlichung des Registrierungsformulars abgeschlossenen wesentlichen Vertrags in dem Registrierungsformular erfolgen muss, ist in Ziffer 15 Anhang IV ProspektVO eine entsprechende zeitliche Beschränkung auf zwei Jahre nicht enthalten. Vor dem Hintergrund, dass Anhang I ProspektVO die strengsten Anforderungen an den Mindestinhalt von Registrierungsformularen stellt (siehe oben unter Rz. 8), ist im Rahmen der Ziffer 15 Anhang IV ProspektVO davon auszugehen, dass jedenfalls auch hier für keinen längeren Zeitraum als für zwei Jahre wesentliche Verträge anzugeben sind. **72**

Eine Darstellung eines Vertrags ist nur dann erforderlich, wenn die **erlangten Rechte und Pflichten** für die **Bonität des Emittenten** im Hinblick auf die Erfüllung seiner Verpflichtungen gegenüber den Wertpapierinhabern **von wesentlicher Bedeutung sind**. Die Beurteilung, ob die Rechte und Pflichten von wesentlicher Bedeutung iS der Ziffer 15 sind, ist vom Emittenten vorzunehmen. Zum Wesentlichkeitsmaßstab im Rahmen von Anhang IV ProspektVO siehe insoweit oben unter Rz. 18. **73**

Die wesentlichen Verträge sind im Rahmen einer **Zusammenfassung zu beschreiben**, die alle Schlüsselinformationen enthält, die ein Anleger vernünftigerweise er- **74** warten darf[1]. Damit wird klargestellt, dass die Verträge als solches nicht in den Prospekt aufzunehmen sind.

XVII. Angaben von Seiten Dritter, Erklärungen von Seiten Sachverständiger und Interessenerklärungen (Ziffer 16)

16. Angaben von Seiten Dritter, Erklärungen von Seiten Sachverständiger und Interessenerklärungen

16.1. Wird in das Registrierungsformular eine Erklärung oder ein Bericht einer Person aufgenommen, die als Sachverständiger handelt, so sind der Name, die Geschäftsadresse, die Qualifikationen und – falls vorhanden – das wesentliche Interesse am Emittenten anzugeben. Wurde der Bericht auf Ersuchen des Emittenten erstellt, so ist eine diesbezügliche Erklärung dahingehend abzugeben, dass die aufgenommene Erklärung oder der aufgenommene Bericht in der Form und in dem Zusammenhang, in dem sie bzw. er aufgenommen wurde, die Zustimmung von Seiten dieser Person erhalten hat, die den Inhalt dieses Teils des Registrierungsformulars gebilligt hat.

16.2. Sofern Angaben von Seiten Dritter übernommen wurden, ist zu bestätigen, dass diese Angaben korrekt wiedergegeben wurden und dass – soweit es dem Emittenten bekannt ist und er aus den von dieser dritten Partei veröffentlichten Informationen ableiten konnte – keine Tatsachen unterschlagen wurden, die die wiedergegebenen Informationen unkorrekt oder irreführend gestalten würden. Darüber hinaus hat der Emittent die Quelle(n) der Informationen anzugeben.

75 Hinsichtlich Ziffer 16 Anhang IV ProspektVO wird auf die Kommentierung zu Ziffer 10.3 und Ziffer 10.4 Anhang III ProspektVO verwiesen (siehe Anhang III EU-ProspektVO Rz. 87 ff.).

XVIII. Einsehbare Dokumente (Ziffer 17)

17. Einsehbare Dokumente

Abzugeben ist eine Erklärung dahingehend, dass während der Gültigkeitsdauer des Registrierungsformulars ggf. die folgenden Dokumente (oder deren Kopien) eingesehen werden können:

a) die Satzung und die Statuten des Emittenten;

b) sämtliche Berichte, Schreiben und sonstigen Dokumente, historischen Finanzinformationen, Bewertungen und Erklärungen, die von einem Sachverständigen auf Ersuchen des Emittenten abgegeben wurden, sofern Tei-

---

[1] So auch ESMA FAQs, Questions and Answers Prospectuses: 25th Updated Version – July 2016, ESMA/2016/1133, Frage 73, abrufbar unter https://www.esma.europa.eu/sites/default/files/library/2016-1133_25th_version_qa_document_prospectus_related_issues.pdf.

le davon in das Registrierungsformular eingeflossen sind oder in ihm darauf verwiesen wird;

c) die historischen Finanzinformationen des Emittenten oder im Falle einer Gruppe die historischen Finanzinformationen für den Emittenten und seine Tochtergesellschaften für jedes der Veröffentlichung des Registrierungsformulars vorausgegangenen beiden letzten Geschäftsjahre.

Anzugeben ist auch, wo in diese Dokumente entweder in Papierform oder auf elektronischem Wege Einsicht genommen werden kann.

Hinsichtlich Ziffer 17 Anhang IV ProspektVO wird auf die Kommentierung zu Ziffer 24 Anhang I ProspektVO verwiesen (siehe Anhang I EU-ProspektVO Rz. 319 ff.). 76

Anhang V
Mindestangaben für die Wertpapierbeschreibung für Schuldtitel (Schema) (Schuldtitel mit einer Stückelung von weniger als EUR 100.000)

Schrifttum: *Eilers/Rödding/Schmalenbach* (Hrsg.), Unternehmensfinanzierung: Gesellschaftsrecht, Steuerrecht, Rechnungslegung, 2. Aufl. 2014; *Diekmann*, Übernahmevertrag bei Anleiheemissionen, in Habersack/Mülbert/Schlitt (Hrsg.), Unternehmensfinanzierung am Kapitalmarkt, 3. Aufl. 2013, § 31; *Heidelbach/Preuße*, Einzelfragen in der praktischen Arbeit mit dem neuen Wertpapierprospektregime, BKR 2006, 316; *Kullmann/Sester*, Inhalt und Format von Emissionsprospekten nach dem WpPG, ZBB 2005, 209; *Seitz*, Das neue Wertpapierprospektgesetz – Auswirkungen auf die Emission von Schuldverschreibungen, AG 2005, 678.

I. Anwendungsbereich	
1. Allgemeines	1
2. Abgrenzung zu anderen Anhängen der ProspektVO	
a) Abgrenzung zu Anhang III ProspektVO (Schema für die Wertpapierbeschreibung für Aktien)	6
b) Abgrenzung zu Anhang XII ProspektVO (Schema für die Wertpapierbeschreibung für derivative Wertpapiere)	8
c) Abgrenzung zu Anhang XIII ProspektVO (Schema für die Wertpapierbeschreibung für Schuldtitel mit einer Mindeststückelung von 100.000 Euro)	10
II. Verantwortliche Personen (Ziffer 1)	14
III. Risikofaktoren (Ziffer 2)	
1. Allgemeines zur Darstellung der Risikofaktoren	17
2. Typischerweise zu nennende Risiken	19
a) Verlustrisiken bei kapitalgeschützten Schuldtiteln	21
b) Renditerisiko	22
c) Emittentenausfallrisiko	23
d) Währungsrisiko	24
e) Wiederanlagerisiko	25
f) Sonstige Risiken	26
IV. Grundlegende Angaben (Ziffer 3)	
1. Interessen Dritter an der Emission (Ziffer 3.1)	27
2. Gründe für das Angebot und Verwendung der Erträge (Ziffer 3.2) .	30
V. Angaben über die anzubietenden bzw. zum Handel zuzulassenden Wertpapiere (Ziffer 4)	
1. Allgemeines	32
2. Besonderheiten bei einzelnen Angaben über die Wertpapiere . .	33
a) Angaben zur Verzinsung der Schuldtitel (Ziffer 4.7)	34
b) Angaben zum Fälligkeitstermin und zur Darlehenstilgung (Ziffer 4.8)	40
c) Angaben zur Rendite (Ziffer 4.9)	42
d) Angaben zur Vertretung von Schuldtitelinhabern (Ziffer 4.10)	44
e) Angaben zum erwarteten Emissionstermin (Ziffer 4.12)	45
VI. Bedingungen und Voraussetzungen für das Angebot (Ziffer 5)	
1. Allgemeines	47
2. Besonderheiten bei einzelnen Angaben über die Wertpapiere . .	48
a) Angaben zur Zeichnungsreduzierung im erwarteten Emissionstermin (Ziffer 5.1.4)	49

b) Angaben zum Verfahren für die Ausübung eines Vorzugsrechts (Ziffer 5.1.8) 50
c) Angaben zum übernehmenden Institut (Ziffer 5.4.3) 51

VII. Zulassung zum Handel und Handelsregeln (Ziffer 6) 52
VIII. **Zusätzliche Angaben (Ziffer 7)** 53

I. Anwendungsbereich

1. Allgemeines

Anhang V ProspektVO stellt das für die Wertpapierbeschreibung für Schuldtitel mit einer Stückelung von weniger als 100.000 Euro maßgebliche Schema dar (**Art. 8 Abs. 1 ProspektVO**). Nach **Art. 8 Abs. 2 ProspektVO** gilt das Schema für Schuldtitel, bei denen der Emittent aufgrund der Emissionsbedingungen verpflichtet ist, dem Anleger 100% des Nominalwerts zu zahlen, wobei dieser Betrag gegebenenfalls noch durch eine Zinszahlung aufgestockt werden kann. 1

Der **Begriff „Schuldtitel"** wird weder in der ProspektVO noch in der Prospektrichtlinie näher definiert[1]. Aus der Zusammenschau mit Art. 6 und Art. 15 Abs. 2 ProspektVO ergibt sich, dass Schuldtitel Wertpapiere sind, die weder Aktien noch derivative Wertpapiere sind (zur Abgrenzung zu anderen Anhängen der ProspektVO siehe unten unter Rz. 6 ff.)[2]. Wie aus Art. 8 Abs. 2 und Art. 16 Abs. 2 ProspektVO deutlich wird, ist die Besonderheit des Begriffs „Schuldtitel", dass der Anspruch auf Rückzahlung von 100% des Nominalwerts entsprechend den Emissionsbedingungen während der gesamten Laufzeit der Wertpapiere gesichert ist (siehe näher in Zusammenhang mit der Abgrenzung zu Anhang XII ProspektVO unten unter Rz. 8). Unter den Begriff „Schuldtitel" fallen dementsprechend in Deutschland vor allem Inhaberschuldverschreibungen iS des § 793 BGB, die kapitalgarantiert sind, oder diese vertretende Zertifikate, wobei insbesondere Pfandbriefe, bei denen stets eine Rückzahlung zum Nominalwert erfolgt, in den Anwendungsbereich von Anhang V ProspektVO (oder gegebenenfalls Anhang XIII ProspektVO) fallen. 2

Eine wichtige Ausnahme vom Anwendungsbereich des Art. 8 ProspektVO in der Praxis stellen **Geldmarktinstrumente** mit einer Laufzeit von weniger als zwölf Monaten (zB Commercial Papers) dar, die nicht dem Wertpapierbegriff des Art. 2 Abs. 1 lit. a Prospektrichtlinie unterfallen (vgl. § 2 WpPG Rz. 23)[3]. Aus diesem Grund unterliegen diese Instrumente auch nicht der Prospektpflicht und dementsprechend ist weder Anhang V ProspektVO noch ein sonstiger Anhang der ProspektVO anwendbar, unabhängig davon ob die Mindeststückelung mehr oder weniger als 100.000 Euro beträgt bzw. ob das jeweilige Instrument zu 100% des Nominalwerts zurückgezahlt wird. 3

---

[1] *Seitz*, AG 2005, 678 (679).
[2] *Kullmann/Sester*, ZBB 2005, 209 (214).
[3] Vgl. auch *Seitz*, AG 2005, 678 (680).

4   Es wird diskutiert, ob Anhang V ProspektVO auch dann Anwendung findet, wenn die **garantierte Rückzahlung mehr als 100%** des Nominalwerts beträgt. Richtigerweise ist Anhang V ProspektVO immer dann anwendbar, wenn die garantierte Rückzahlung „mindestens" 100% des Nominalwerts beträgt, da die Intention des Gesetzgebers darin lag, sicherzustellen, dass der Anleger zumindest den Nominalwert zurückerhält (vgl. zu Ziffer 4.7 Anhang V ProspektVO unten unter Rz. 35)[1].

5   Die Inhaltsanforderungen, die Anhang V ProspektVO an einen Prospekt stellt, entsprechen weitgehend den Anforderungen des Anhangs XII ProspektVO bzw. bleiben unter den Anforderungen des Anhangs XII ProspektVO. Aus diesem Grund wird nachfolgend zum Teil auf die Kommentierung zu Anhang XII ProspektVO verwiesen.

5a Im Zuge der **Überarbeitung** der Prospektrichtlinie durch die Änderungsrichtlinie[2] und der Prospektverordnung durch die Erste[3] und Zweite[4] Delegierte Verordnung hat Anhang V ProspektVO inhaltlich keine größeren Änderungen erfahren. Die wesentlichen Änderungen betreffen die **Anpassung des Schwellenwerts** für die Mindeststückelung von 50.000 Euro auf 100.000 Euro sowie die Anpassungen bei den Anforderungen an Ziffer 4.7 Anhang V ProspektVO, wonach nunmehr auch **Informationen zur Art des Basiswerts** und zur **Verbindung von Zinssatz und Basiswert** in den Prospekt aufzunehmen sind (siehe dazu unten unter Rz. 38 ff.).

5b Relevant ist daneben Art. 2a ProspektVO iVm. Anhang XX ProspektVO, wonach für Basisprospekte anhand einer **Kategorisierung** konkrete Vorgaben gemacht werden, welche Angaben der Wertpapierbeschreibung bereits im Basisprospekt enthalten sein müssen und welche Angaben Gegenstand der endgültigen Bedingungen sein dürfen (siehe dazu näher § 6 WpPG Rz. 47 ff.). Nachfolgend finden sich zudem Hinweise darauf, welcher Kategorie die einzelnen Informationen nach Anhang V ProspektVO im Rahmen des Anhangs XX ProspektVO zuzuordnen sind.

---

1 *Kullmann/Sester*, ZBB 2005, 209 (214); vgl. zur Abgrenzung zwischen Anhang V und Anhang XII ProspektVO auch *Seitz*, AG 2005, 678 (687).
2 Richtlinie 2010/73/EU des Europäischen Parlaments und des Rates vom 24.11.2010 zur Änderung der Richtlinie 2003/71/EG betreffend den Prospekt, der beim öffentlichen Angebot von Wertpapieren oder bei deren Zulassung zum Handel zu veröffentlichen ist, und der Richtlinie 2004/109/EG zur Harmonisierung der Transparenzanforderungen in Bezug auf Informationen über Emittenten, deren Wertpapiere zum Handel auf einem geregelten Markt zugelassen sind, ABl. EU Nr. L 327 v. 11.12.2010, S. 1 ff.
3 Delegierte Verordnung (EU) Nr. 486/2012 der Kommission vom 30.3.2012 zur Änderung der Verordnung (EG) Nr. 809/2004 in Bezug auf Aufmachung und Inhalt des Prospekts, Basisprospekts, der Zusammenfassung und der endgültigen Bedingungen und in Bezug auf die Angabepflichten, ABl. EU Nr. L 150 v. 9.6.2012, S. 1 ff.
4 Delegierte Verordnung (EU) Nr. 862/2012 der Kommission vom 4.6.2012 zur Änderung der Verordnung (EG) Nr. 809/2004 in Bezug auf die Zustimmung zur Verwendung des Prospekts, die Informationen über Basisindizes und die Anforderungen eines von unabhängigen Buchprüfern oder Abschlussprüfern erstellten Berichts, ABl. EU Nr. L 256 v. 22.9.2012, S. 4 ff.

2. Abgrenzung zu anderen Anhängen der ProspektVO

a) Abgrenzung zu Anhang III ProspektVO (Schema für die Wertpapierbeschreibung für Aktien)

Ob eine Wertpapierbeschreibung nach Anhang V ProspektVO oder nach Anhang III ProspektVO zu erstellen ist, richtet sich danach, ob es sich bei den auszugebenden Wertpapieren um Aktien oder andere übertragbare, Aktien gleichzustellende Wertpapiere handelt und daher eine **Emission zur Aufnahme von Eigenkapital** stattfindet, oder ob es sich bei den auszugebenden Wertpapieren um Nichtdividendenwerte handelt und mithin die **Aufnahme von Fremdkapital** erfolgt (siehe dazu Anhang III EU-ProspektVO Rz. 1 sowie Anhang XII EU-ProspektVO Rz. 12 ff.). Sofern die Wertpapiere als Fremdkapital zu kategorisieren sind, ist Anhang V ProspektVO dann anwendbar, wenn die Rückzahlung des Nominalwerts zu 100% gesichert ist, ansonsten findet Anhang XII ProspektVO Anwendung (siehe dazu unten unter Rz. 8).

Bei **Genussscheinen** ist für die Frage, nach welchem Anhang sie zu beurteilen sind, danach zu unterscheiden, ob sie eigenkapitalähnlichen oder fremdkapitalähnlichen Charakter aufweisen. Sofern die Genussscheine schuldverschreibungsähnlich strukturiert sind, ist entweder Anhang V ProspektVO oder Anhang XII ProspektVO anwendbar, je nach dem, ob die Rückzahlung zu 100% des Nominalwerts erfolgt (siehe dazu Anhang III EU-ProspektVO Rz. 1 sowie Anhang XII EU-ProspektVO Rz. 15)[1].

b) Abgrenzung zu Anhang XII ProspektVO (Schema für die Wertpapierbeschreibung für derivative Wertpapiere)

Wie Anhang V ProspektVO kann auch Anhang XII ProspektVO nur dann zur Anwendung kommen, wenn es sich bei den Wertpapieren nicht um Aktien bzw. aktienvertretende Wertpapiere handelt und dementsprechend Anhang III ProspektVO nicht einschlägig ist (siehe oben unter Rz. 6 f.). Entsprechend **Art. 15 Abs. 2 ProspektVO** gilt das Schema nach Anhang XII ProspektVO als Auffangtatbestand und ist in den Fällen anwendbar, die nicht in den Anwendungsbereich von Art. 6 ProspektVO, Art. 8 ProspektVO und Art. 16 ProspektVO fallen (siehe dazu auch Anhang XII EU-ProspektVO Rz. 7 ff.). Während Anhang XII ProspektVO vor allem in den Fällen zur Anwendung kommt, in denen ein **Rückzahlungsanspruch zu 100% des Nominalwerts** nicht besteht, ist gemäß Art. 8 Abs. 2 ProspektVO Anhang V ProspektVO nur in den Fällen anwendbar, in denen der Anspruch auf **Rückzahlung von 100% des Nominalwerts** entsprechend den Emissionsbedingungen **während der gesamten Laufzeit** der Wertpapiere gesichert ist, unabhängig davon ob gegebenenfalls eine Strukturierung im Hinblick auf den Nominalwert vorliegt[2]. Sofern nach den Emissionsbedingungen nicht ausgeschlossen werden kann, dass der Anspruch auf Rückzahlung von 100% des Nominalwerts – wenn auch nur zeitweise – unterschritten wird, ist der Prospekt nach Anhang XII ProspektVO zu erstellen, beispielsweise

---

[1] Zu der Einordnung von Genussscheinen siehe auch *Eilers* in Eilers/Rödding/Schmalenbach, A Rz. 94 sowie *Zeising* in Just/Voß/Ritz/Zeising, Anhang V EU-ProspektVO Rz. 4.
[2] *Seitz*, AG 2005, 678 (687).

dann, wenn nach den Emissionsbedingungen ein außerordentliches Kündigungsrecht des Emittenten besteht und im Fall der Ausübung des Kündigungsrechts der Kündigungsbetrag, der grundsätzlich dem Marktpreis der Wertpapiere entspricht, geringer als 100% des Nominalwerts sein kann[1].

9 Zu Besonderheiten bei **Umtauschanleihen** und **Genussscheinen** siehe Anhang XII EU-ProspektVO Rz. 14 f.

c) Abgrenzung zu Anhang XIII ProspektVO (Schema für die Wertpapierbeschreibung für Schuldtitel mit einer Mindeststückelung von 100.000 Euro)

10 Während Anhang V ProspektVO für Schuldtitel mit einer Mindeststückelung von weniger als 100.000 Euro gilt, ist Anhang XIII ProspektVO gemäß **Art. 16 Abs. 1 ProspektVO** dann einschlägig, wenn es sich bei den Wertpapieren um Schuldtitel mit einer **Mindeststückelung von 100.000 Euro** handelt. Entsprechend Erwägungsgrund Nr. 14 ProspektVO ist Anhang XIII ProspektVO auch dann anwendbar, wenn die Wertpapiere nicht in Euro, sondern in einer anderen Währung notieren, sofern die Mindeststückelung nach der Umrechnung ebenfalls mindestens 100.000 Euro entspricht (siehe dazu auch § 3 WpPG Rz. 38).

11 Entsprechend **Art. 16 Abs. 2 ProspektVO** gilt Anhang XIII ProspektVO für Schuldtitel, bei denen der Emittent aufgrund der Emissionsbedingungen verpflichtet ist, dem Anleger 100% des Nominalwerts zu zahlen, der uU noch durch eine Zinszahlung aufgestockt wird, und entspricht insoweit den Voraussetzungen für die Anwendbarkeit von Anhang V ProspektVO (zur Abgrenzung von derivativen Wertpapieren siehe Anhang XII EU-ProspektVO Rz. 7 ff.).

12 Gegenüber den **Mindestanforderungen**, die in Anhang V ProspektVO vorgesehen sind, enthält Anhang XIII ProspektVO zum Teil geringere bzw. weniger detaillierte Anforderungen. So sind ua. die Offenlegung der Gründe für das Angebot oder Angaben zur Verwendung der Erträge sowie die Darlegung der Methode zur Renditeberechnung oder Angaben zur Quellenbesteuerung nicht erforderlich. Weiterhin gehören auch die Informationen nach Ziffer 5 von Anhang V ProspektVO nicht zu den Pflichtangaben im Rahmen des Anhangs XIII ProspektVO. Schließlich müssen im Rahmen des Anhangs XIII ProspektVO Ausführungen zur Zulassung zum Handel nicht in der in Anhang V ProspektVO geforderten Detailtiefe im Prospekt aufgenommen werden. Die unterschiedlichen Prospektinhalte resultieren daraus, dass bei einer Mindeststückelung von 100.000 Euro idR davon auszugehen ist, dass diese Wertpapiere nicht von Kleinanlegern (*retail investors*), sondern von institutionellen Anlegern (*wholesale investors*) erworben werden, die ihre Anlageentscheidung auf andere Elemente stützen können[2] (siehe dazu auch Erwägungsgrund Nr. 14 ProspektVO und Anhang XIII EU-ProspektVO Rz. 8).

---

1 *Zeising* in Just/Voß/Ritz/Zeising, Anhang V EU-ProspektVO Rz. 5.
2 *Heidelbach/Preuße*, BKR 2006, 316 (319).

Trotz zum Teil gegenteiliger Meinung in der Literatur[1] kommt dem Anhang XIII ProspektVO nach Auffassung der BaFin neben Anhang V ProspektVO ein **eigenständiger Anwendungsbereich** zu (siehe dazu ausführlich Anhang XIII EU-ProspektVO Rz. 9). Für die Gestaltung von Prospekten ist entsprechend zu beachten, dass bereits bei der Prospekterstellung festzulegen ist, ob die Emissionen unter dem Prospekt immer eine Mindeststückelung von 100.000 Euro aufweisen werden oder ob ggf. auch eine darunterliegende Mindeststückelung möglich sein soll.

II. Verantwortliche Personen (Ziffer 1)

1. Verantwortliche Personen
1.1. Alle Personen, die für die im Prospekt gemachten Angaben bzw. für bestimmte Abschnitte des Prospekts verantwortlich sind. Im letzteren Fall sind die entsprechenden Abschnitte aufzunehmen. Im Falle von natürlichen Personen, zu denen auch Mitglieder der Verwaltungs-, Geschäftsführungs- und Aufsichtsorgane des Emittenten gehören, sind der Name und die Funktion dieser Person zu nennen. Bei juristischen Personen sind Name und eingetragener Sitz der Gesellschaft anzugeben.
1.2. Erklärung der für den Prospekt verantwortlichen Personen, dass sie die erforderliche Sorgfalt haben walten lassen, um sicherzustellen, dass die im Prospekt genannten Angaben ihres Wissens nach richtig sind und keine Tatsachen weggelassen werden, die die Aussage des Prospekts wahrscheinlich verändern können. Ggf. Erklärung der für bestimmte Abschnitte des Prospekts verantwortlichen Personen, dass sie die erforderliche Sorgfalt haben walten lassen, um sicherzustellen, die in dem Teil des Prospekts genannten Angaben, für die sie verantwortlich sind, ihres Wissens nach richtig sind und keine Tatsachen weggelassen werden, die die Aussage des Prospekts wahrscheinlich verändern können.

Inhaltlich entspricht die Verantwortlichkeitserklärung (Kategorie A Informationsbestandteil gemäß Anhang XX ProspektVO) in Ziffer 1 Anhang V ProspektVO der Verantwortlichkeitserklärung in Ziffer 1 Anhang I ProspektVO. Es kann dementsprechend auf die Ausführungen zu Anhang I EU-ProspektVO Rz. 2 ff. verwiesen werden.

Anhang V ProspektVO kommt häufig bei **Basisprospekten** zur Anwendung. Wie beim einteiligen Prospekt ist auch beim Basisprospekt eine einmalige, das gesamte Dokument umfassende Verantwortungsübernahme ausreichend (siehe dazu Anhang I EU-ProspektVO Rz. 14), dh. es muss keine separate Verantwortlichkeitserklärung abgegeben werden, wenn die Mindestangaben für das Registrierungsformular in dem Basisprospekt integriert sind. Sofern das Registrierungsformular in einem separaten Dokument erstellt und nur per Verweis gemäß § 11 WpPG in den Basispro-

---

1 So beispielsweise *Glismann* in Holzborn, Anh. XIII EU-ProspV Rz. 2.

spekt einbezogen wird, ist allerdings die Verantwortlichkeitserklärung sowohl in dem separaten Registrierungsformular als auch in dem Basisprospekt aufzunehmen.

16 Bei Basisprospekten besonders relevant sind auch **geteilte Verantwortlichkeitserklärungen** (siehe dazu auch Anhang IV EU-ProspektVO Rz. 10). Dies ist zB denkbar, wenn mehrere Emittenten unter einem Basisprospekt vorgesehen sind (siehe § 6 WpPG Rz. 36) oder wenn eine Garantin eine Garantie für die von dem Emittenten unter dem Basisprospekt begebenen Schuldtitel abgibt. Ziffer 1.2 Satz 2 Anhang V ProspektVO bestimmt für diesen Fall, dass es möglich ist, dass eine Person nur für bestimmte Abschnitte des Prospekts eine Verantwortlichkeitserklärung abgibt. Dies kann beispielsweise dann der Fall sein, wenn eine Garantin nur für bestimmte Prospektinformationen hinsichtlich der Garantie bzw. der Garantin eine Verantwortlichkeitserklärung abgeben möchte, aber nicht für sonstige Teile des Prospekts. Sofern eine solche eingeschränkte Verantwortlichkeitserklärung abgegeben wird, ist dennoch zusätzlich gemäß § 5 Abs. 4 WpPG eine Verantwortlichkeitserklärung einer Person, meist des Emittenten, hinsichtlich der gesamten Prospektinformationen erforderlich.

III. Risikofaktoren (Ziffer 2)

2. Risikofaktoren

2.1. **Klare Offenlegung der Risikofaktoren, die für die anzubietenden und/oder zum Handel zuzulassenden Wertpapiere von wesentlicher Bedeutung sind, wenn es darum geht, das Marktrisiko zu bewerten, mit dem diese Wertpapiere behaftet sind. Diese Offenlegung muss unter der Rubrik „Risikofaktoren" erfolgen.**

1. Allgemeines zur Darstellung der Risikofaktoren

17 Die **Wortlaute von Ziffer 2 Anhang V ProspektVO und Ziffer 2 Anhang XII ProspektVO sind ähnlich**, weshalb weitgehend auf die Kommentierung zu Ziffer 2 Anhang XII ProspektVO verwiesen werden kann (siehe Anhang XII EU-ProspektVO Rz. 24 ff.). Nach Ziffer 2 müssen die wesentlichen, für die Bewertung des Marktrisikos des Schuldtitels erforderlichen Risikofaktoren, die für die anzubietenden Wertpapiere und/oder zum Handel zuzulassenden Wertpapiere offen gelegt werden. Im Unterschied zu Ziffer 2 Satz 2 Halbsatz 1 Anhang XII ProspektVO ist ein ausdrücklicher Hinweis auf das Verlustrisiko (vgl. Anhang XII EU-ProspektVO Rz. 33 ff. und siehe unten unter Rz. 21) sowie ein ausdrücklicher Haftungshinweis gemäß Ziffer 2 Satz 2 Halbsatz 2 Anhang XII ProspektVO (vgl. Anhang XII EU-ProspektVO Rz. 36) im Rahmen der Ziffer 2 Anhang V ProspektVO nicht erforderlich.

18 Im Hinblick auf die **Nummerierung von Ziffer 2 Anhang V ProspektVO** ist zu beachten, dass die Untergliederung in Ziffer 2.1 Anhang V ProspektVO eigentlich nicht erforderlich ist, da es sich bei dieser Ziffer um den einzigen Unterpunkt im Rahmen

der Risikofaktoren handelt. Es ist insoweit von einem Redaktionsversehen auszugehen.

Bei den Risikofaktoren handelt es sich gemäß Anhang XX ProspektVO um Kategorie A Informationsbestandteile. Dementsprechend müssen die **Risikofaktoren bereits im Basisprospekt vollständig enthalten** sein und eine Ergänzung im Rahmen der endgültigen Bedingungen scheidet aus (siehe dazu auch Anhang XII EU-ProspektVO Rz. 32 und § 6 WpPG Rz. 78 ff. bzw. zur Ergänzung von spezifischen Risikofaktoren im Rahmen eines Nachtrags § 16 WpPG Rz. 48). 18a

2. Typischerweise zu nennende Risiken

Zu den darzustellenden wertpapierspezifischen Risiken im Fall von Wertpapieren, bei denen die Rückzahlung zu 100% des Nominalwerts garantiert ist, gehören beispielsweise das Verlustrisiko bei kapitalgeschützten Schuldtiteln (siehe dazu unten unter Rz. 21), das Renditerisiko (siehe dazu unten unter Rz. 22), das Emittentenausfallrisiko (siehe dazu unten unter Rz. 23), das Risiko von Währungsschwankungen (siehe dazu unten unter Rz. 24) oder das Wiederanlagerisiko (siehe dazu unten unter Rz. 25)[1]. 19

Daneben können auch **spezielle Risikofaktoren im Hinblick auf die Verzinsung** aufgenommen werden, beispielsweise wenn das konkrete Produkt mit einer Zinsobergrenze ausgestattet ist oder von der Entwicklung eines bestimmten Basiswerts abhängig ist. Vor dem Hintergrund der gegenwärtigen Zinsentwicklung werden derzeit weitere zinsbezogene Risiken für festverzinsliche und variabel verzinsliche Wertpapiere in den Prospekt aufgenommen. Im Falle von festverzinslichen Wertpapieren wird regelmäßig ein Risikofaktor dahingehend aufgenommen, dass der Nominalzinssatz bei null Prozent oder nahe null Prozent festgelegt wird. Hieraus kann sich im Emissionszeitpunkt das Risiko einer negativen Rendite für den Anleger ergeben, wenn der Ausgabepreis mehr als 100% des Nennbetrags beträgt. Bei variabel verzinslichen Wertpapieren wird grundsätzlich ein Risikofaktor aufgenommen, dass der Referenzzinssatz (zB EURIBOR), auf dessen Basis der variable Zinssatz festgelegt wird, negativ sein kann und dementsprechend eine anwendbare positive Marge ganz oder zum Teil verloren gehen kann. Ähnlich wie bei Produkten, bei denen keine Kapitalgarantie besteht, bietet es sich auch hier an, die Risikofaktoren in verschiedene Unterkategorien zu untergliedern (siehe dazu Anhang XII EU-ProspektVO Rz. 38). 20

a) Verlustrisiken bei kapitalgeschützten Schuldtiteln

Zwar handelt es sich bei den Wertpapieren nach Anhang V ProspektVO um Schuldtitel, die zumindest zu 100% des Nominalwerts zurückgezahlt werden, dennoch können auch solche kapitalgarantierten Schuldtitel mit einem Verlustrisiko behaftet sein. Anders als im Fall von Anhang XII ProspektVO wird ein **expliziter Verlustrisikohinweis von Ziffer 2 Anhang V ProspektVO nicht gefordert** (siehe im Gegensatz dazu 21

---

[1] Siehe dazu auch *Glismann* in Holzborn, Anh. V EU-ProspV Rz. 4.

die Kommentierung zu Anhang XII EU-ProspektVO Rz. 33 ff.)[1]. Allerdings darf ein Anleger aus der Eigenschaft des „Kapitalschutzes"[2] nicht den Eindruck gewinnen, eine Anlage in die Schuldtitel sei eine risikofreie Investition. Ein Verlust für den Anleger kann zB bei einer Veräußerung des Schuldtitels während der Laufzeit zu dem dann aktuellen Marktwert, der gegebenenfalls (in Abhängigkeit von der Bonität des Emittenten) unter dem Nominalwert liegen kann, bzw. bei einer Rückzahlung am Laufzeitende, wenn die über den Nominalwert hinausgehende Rendite des Schuldtitels die tatsächlich entstandenen Transaktionskosten nicht abdeckt, eintreten. In solchen Fällen erleidet der Anleger einen Teilverlust des von ihm eingesetzten Kapitals. Daneben bestehen auch Verlustrisiken aufgrund des Emittentenausfallrisikos (siehe dazu unten unter Rz. 23).

b) Renditerisiko

22 Unter dem Renditerisiko versteht man das Risiko, dass die **Verzinsung der Schuldverschreibungen unter Umständen niedriger** sein kann als der Betrag, den Anleger erwirtschaftet hätten, wenn sie in ein anderes Wertpapier mit derselben Laufzeit und mit einem marktüblichen Zinssatz investiert hätten. Das Renditerisiko besteht vor allem dann, wenn die Verzinsung eine variable bzw. derivative Komponente enthält (zur Beschreibung des strukturierten Zinssatzes siehe zu Ziffer 4.7 Anhang V ProspektVO unten unter Rz. 34 ff.). Abhängig von der Kursentwicklung des Basiswerts kann in diesem Fall, je nach der Ausgestaltung in den jeweiligen Emissionsbedingungen, eine Verzinsung gegebenenfalls ganz ausbleiben. Auf ein solches Risiko ist jedenfalls im Prospekt hinzuweisen[3].

c) Emittentenausfallrisiko

23 Unter dem Emittentenausfallrisiko versteht man das Risiko, dass der **Emittent seinen Zahlungsverpflichtungen unter den Wertpapieren nicht nachkommen kann**. Beispielsweise sind im Fall der Insolvenz des Emittenten und gegebenenfalls der Ga-

---

1 *Zeising* in Just/Voß/Ritz/Zeising, Anhang V EU-ProspektVO Rz. 7.
2 Die Verwendung des Begriffes *Kapitalschutz* oder ähnlicher Begriffe für die Beschreibung von Wertpapieren wird von Regulierungsbehörden zum Teil kritisch betrachtet. So hat beispielsweise die *Financial Services Authority* (FSA) im Hinblick auf die Verwendung solcher Bezeichnungen in Marketingmaterialien ausgeführt, dass die Bezeichnung „Kapitalschutz" irreführend sein kann, wenn sich in dem Marketingmaterial keine weiteren Ausführungen dazu finden, worin der Kapitalschutz besteht, vgl. FSA, Fair, clear and not misleading – review of the quality of financial promotions in the structured investment products marketplace, October 2009, S. 12. Auch die BaFin hat ein Rundschreiben veröffentlicht, wonach im Fall der Verwendung der Bezeichnung „Kapitalschutz" eine ergänzende Klarstellung erforderlich ist, woraus sich der Kapitalschutz ergibt, vgl. BaFin, Rundschreiben 4/2010 (WA) – MaComp, 7.6.2010 (zuletzt geändert am 7.8.2014), Ziffer BT 3.3.1, abrufbar unter https://www.bafin.de/SharedDocs/Veroeffentlichungen/DE/Rundschreiben/rs_1004_wa_macomp.html.
3 In diesem Sinne auch *Zeising* in Just/Voß/Ritz/Zeising, Anhang V EU-ProspektVO Rz. 7.

rantin etwaige Ansprüche aus den Schuldtiteln, auch wenn sie eine Rückzahlung zu 100% des Nominalwerts vorsehen, in der Regel weder durch einen Einlagensicherungsfonds noch durch eine staatliche Einrichtung abgesichert oder garantiert. Anleger in die Wertpapiere übernehmen somit stets das Ausfallrisiko des Emittenten bzw. einer eventuellen Garantin. In der Regel erfolgen Ausführungen zum Emittentenausfallrisiko im Rahmen der emittentenbezogenen Risikofaktoren (siehe auch Anhang IV EU-ProspektVO Rz. 22). In der Praxis haben sich verschiedene Strukturierungsalternativen herausgebildet, mit denen das Insolvenzrisiko des Emittenten bzw. der Garantin vermindert werden soll, beispielsweise durch die Einrichtung eines Sicherheitenpools für alle ausstehenden besicherten Wertpapiere bei einem Treuhänder.

d) Währungsrisiko

Zu Währungsrisiken siehe die Kommentierung zu Anhang XII EU-ProspektVO Rz. 45. 24

e) Wiederanlagerisiko

Zum Wiederanlagerisiko siehe die Kommentierung zu Anhang XII EU-ProspektVO Rz. 59. 25

f) Sonstige Risiken

Darüber hinaus können je nach Strukturierung des Produkts gegebenenfalls auch noch weitere Risikofaktoren aufzunehmen sein, beispielsweise basiswertbezogene Risikofaktoren (siehe dazu Anhang XII EU-ProspektVO Rz. 48 ff.), produktübergreifende Risikofaktoren (siehe dazu Anhang XII EU-ProspektVO Rz. 53 ff.) oder auch Risiken aus Interessenkonflikten (siehe dazu Anhang XII EU-ProspektVO Rz. 61 ff.). 26

IV. Grundlegende Angaben (Ziffer 3)

3. Grundlegende Angaben
3.1. *Interessen von Seiten natürlicher und juristischer Personen, die an der Emission/dem Angebot beteiligt sind*
    Beschreibung jeglicher Interessen – einschließlich Interessenskonflikte –, die für die Emission/das Angebot von wesentlicher Bedeutung sind, wobei die betroffenen Personen zu spezifizieren und die Art der Interessen darzulegen ist.
3.2. *Gründe für das Angebot und Verwendung der Erträge*
    Gründe für das Angebot, wenn nicht die Ziele Gewinnerzielung und/oder Absicherung bestimmter Risiken verfolgt werden. Ggf. Offenlegung der geschätzten Gesamtkosten für die Emission/das Angebot und des geschätzten Nettobetrages der Erträge, aufgeschlüsselt nach den wichtigsten Verwen-

dungszwecken und dargestellt nach Priorität dieser Verwendungszwecke. Sofern der Emittent weiß, dass die antizipierten Erträge nicht ausreichend sein werden, um alle vorgeschlagenen Verwendungszwecke zu finanzieren, sind der Betrag und die Quellen anderer Mittel anzugeben.

1. Interessen Dritter an der Emission (Ziffer 3.1)

27 Im Hinblick auf die **Offenlegung von Interessen** an der Emission bzw. dem Angebot beteiligter Personen stimmen die Anforderungen von Ziffer 3.1 Anhang V ProspektVO mit denjenigen von Ziffer 3.3 Anhang III ProspektVO bzw. Ziffer 3.1 Anhang XII ProspektVO überein. Es wird daher grundsätzlich auf die Kommentierung zu Anhang III EU-ProspektVO Rz. 21 f. bzw. zu Anhang XII EU-ProspektVO Rz. 67 ff. verwiesen.

28 Zu den offenzulegenden Interessen siehe insbesondere Anhang III EU-ProspektVO Rz. 22. Ein **Interesse kann bei kapitalgeschützten Schuldtiteln** darin gesehen werden, wenn ein Ausgabeaufschlag erhoben wird bzw. der Emittent bei Schuldtiteln mit strukturierter Verzinsung Verwaltungs- oder ähnliche Gebühren im Hinblick auf den Basiswert erhält. Ergeben sich hieraus Interessenkonflikte, sind diese gesondert zu beschreiben[1].

29 Regelmäßig wird in Prospekten darauf hingewiesen, dass **Interessenkonflikte** daraus resultieren können, dass der Emittent die Wertpapiere selbst hält oder weitere ähnliche Wertpapiere begeben kann, die mit den bereits begebenen Wertpapieren im Wettbewerb stehen, bzw. dass der Emittent zur Absicherung der eigenen Positionen Geschäfte in den Wertpapieren bzw. in den zugrunde liegenden Basiswerten tätigen und dadurch den Kurs der Wertpapiere gegebenenfalls beeinflussen kann. Ausführungen zu den Interessenkonflikten finden sich grundsätzlich in den Risikofaktoren (siehe dazu auch Anhang XII EU-ProspektVO Rz. 61 ff.). Angaben zu Interessen Dritter an der Emission nach Ziffer 3.1 Anhang V ProspektVO sind entsprechend Anhang XX ProspektVO als Kategorie C Informationsbestandteile anzusehen. Sofern allerdings Interessenkonflikte bereits zum Zeitpunkt der Erstellung des Basisprospekts bekannt sind, sind diese bereits im Basisprospekt aufzunehmen. Im Rahmen der endgültigen Bedingungen können in diesem Fall nur zusätzliche emissionsspezifische Interessenkonflikte ergänzt werden.

2. Gründe für das Angebot und Verwendung der Erträge (Ziffer 3.2)

30 Sofern das Angebot nicht der bloßen Gewinnerzielung und/oder der Absicherung bestimmter Risiken dient, sind nach Ziffer 3.2 Anhang V ProspektVO die **Gründe für das Angebot und die Verwendung der Erträge** (Kategorie C Informationsbestandteil gemäß Anhang XX ProspektVO) anzugeben, um den Investor darüber zu informieren, für welche Zwecke das von ihm eingesetzte Kapital verwendet wird. Ziffer 3.2 Anhang V ProspektVO entspricht im Wesentlichen den in Ziffer 3.4 Anhang III ProspektVO enthaltenen Mindestanforderungen (siehe insbesondere Anhang III EU-

---

1 Vgl. auch *Zeising* in Just/Voß/Ritz/Zeising, Anhang XII EU-ProspektVO Rz. 28.

ProspektVO Rz. 23 ff.), wobei anders als bei Aktien, bei Schuldtiteln **keine detaillierte Darstellung der Verwendung der Erträge** gefordert wird, so dass insoweit wohl auch eine stichpunktartige Aufzählung ausreichend sein sollte[1]. Anzugeben sind die geschätzten Gesamtkosten für die Emission bzw. das Angebot (Platzierung) und der geschätzte Nettobetrag der Erträge.

Die Anforderungen von Ziffer 3.2 Anhang V ProspektVO gehen über die entsprechenden Anforderungen in Ziffer 3.2 Anhang XII ProspektVO hinaus. Ähnlich wie in Ziffer 3.4 Anhang III ProspektVO sind insoweit die **geschätzten Gesamtkosten** für die Emission bzw. das Angebot anzugeben, wobei diese nach den wichtigsten Verwendungszwecken aufgeschlüsselt und nach Priorität der Verwendungszwecke dargestellt werden müssen. Abweichend von Ziffer 3.4 Anhang III ProspektVO ist nach Ziffer 3.2 Anhang V ProspektVO aber keine detaillierte Darstellung erforderlich.

V. Angaben über die anzubietenden bzw. zum Handel zuzulassenden Wertpapiere (Ziffer 4)

4. Angaben über die anzubietenden bzw. zum Handel zuzulassenden Wertpapiere
4.1. Beschreibung des Typs und der Kategorie der anzubietenden und/oder zum Handel zuzulassenden Wertpapiere einschließlich der ISIN (International Security Identification Number) oder eines anderen Sicherheitscodes.
4.2. Rechtsvorschriften, auf deren Grundlage die Wertpapiere geschaffen wurden.
4.3. Angabe, ob es sich bei den Wertpapieren um Namenspapiere oder um Inhaberpapiere handelt und ob die Wertpapiere verbrieft oder stückelos sind. In letzterem Fall sind der Name und die Anschrift des die Buchungsunterlagen führenden Instituts zu nennen.
4.4. Währung der Wertpapieremission.
4.5. Rang der Wertpapiere, die angeboten und/oder zum Handel zugelassen werden sollen, einschließlich der Zusammenfassung etwaiger Klauseln, die den Rang beeinflussen können oder das Wertpapier derzeitigen oder künftigen Verbindlichkeiten des Emittenten nachordnen können.
4.6. Beschreibung der Rechte die an die Wertpapiere gebunden sind – einschließlich ihrer etwaigen Beschränkungen –, und des Verfahrens zur Ausübung dieser Rechte.
4.7. Angabe des nominalen Zinssatzes und Bestimmungen zur Zinsschuld:
   – Datum, ab dem die Zinsen zahlbar werden, und Zinsfälligkeitstermine;
   – Gültigkeitsdauer der Ansprüche auf Zins- und Kapitalrückzahlungen.

   Ist der Zinssatz nicht festgelegt, eine Erklärung zur Art des Basiswerts und eine Beschreibung des Basiswerts, auf den er sich stützt, und der bei der Ver-

---

[1] *Zeising* in Just/Voß/Ritz/Zeising, Anhang V EU-ProspektVO Rz. 9.

bindung von Basiswert und Zinssatz angewandten Methode und Angabe, wo Informationen über die vergangene und künftige Wertentwicklung des Basiswertes und seine Volatilität eingeholt werden können.
- Beschreibung etwaiger Ereignisse, die eine Störung des Markts oder der Abrechnung bewirken und den Basiswert beeinflussen,
- Anpassungsregeln in Bezug auf Ereignisse, die den Basiswert betreffen,
- Name der Berechnungsstelle.

Wenn das Wertpapier bei der Zinszahlung eine derivative Komponente aufweist, ist den Anlegern klar und umfassend zu erläutern, wie der Wert ihrer Anlage durch den Wert des Basisinstruments/der Basisinstrumente beeinflusst wird, insbesondere in Fällen, in denen die Risiken am offensichtlichsten sind.

4.8. Fälligkeitstermin und Vereinbarungen für die Darlehenstilgung, einschließlich der Rückzahlungsverfahren. Wird auf Initiative des Emittenten oder des Wertpapierinhabers eine vorzeitige Tilgung ins Auge gefasst, so ist sie unter Angabe der Tilgungsbedingungen und -voraussetzungen zu beschreiben.

4.9. Angabe der Rendite. Dabei ist die Methode zur Berechnung der Rendite in Kurzform darzulegen.

4.10. Vertretung von Schuldtitelinhabern unter Angabe der die Anleger vertretenden Organisation und der auf die Vertretung anwendbaren Bestimmungen. Angabe des Ortes, an dem die Öffentlichkeit die Verträge einsehen kann, die diese Vertretung regeln.

4.11. Im Falle von Neuemissionen Angabe der Beschlüsse, Ermächtigungen und Billigungen, die die Grundlage für die erfolgte bzw. noch zu erfolgende Schaffung der Wertpapiere und/oder deren Emission bilden.

4.12. Im Falle von Neuemissionen Angabe des erwarteten Emissionstermins der Wertpapiere.

4.13. Darstellung etwaiger Beschränkungen für die freie Übertragbarkeit der Wertpapiere.

4.14. Hinsichtlich des Herkunftslands des Emittenten und des Landes bzw. der Länder, in dem bzw. denen das Angebot unterbreitet oder die Zulassung zum Handel beantragt wird, sind folgende Angaben zu machen:
- Angaben über die an der Quelle einbehaltene Einkommensteuer auf die Wertpapiere;
- Angabe der Tatsache, ob der Emittent die Verantwortung für die Einbehaltung der Steuern an der Quelle übernimmt.

1. Allgemeines

32 Nach Ziffer 4 Anhang V ProspektVO muss ein Prospekt **Angaben über die anzubietenden bzw. zum Handel zuzulassenden Wertpapiere** enthalten. Die in Ziffer 4 enthaltenen Mindestanforderungen sind dabei weitgehend auch in Ziffer 4 Anhang XII

ProspektVO enthalten. Dies gilt insbesondere für die folgenden Ziffern, für die auf die entsprechenden Ziffern in Anhang XII ProspektVO verwiesen wird:

- Ziffer 4.1 Anhang V ProspektVO
  (Ziffer 4.1.1 Anhang XII ProspektVO, dort Rz. 77 ff.);
- Ziffer 4.2 Anhang V ProspektVO
  (Ziffer 4.1.3 Anhang XII ProspektVO, dort Rz. 92 f.);
- Ziffer 4.3 Anhang V ProspektVO
  (Ziffer 4.1.4 Anhang XII ProspektVO, dort Rz. 94 ff.);
- Ziffer 4.4 Anhang V ProspektVO
  (Ziffer 4.1.5 Anhang XII ProspektVO, dort Rz. 98 ff.);
- Ziffer 4.5 Anhang V ProspektVO
  (Ziffer 4.1.6 Anhang XII ProspektVO, dort Rz. 101 f.);
- Ziffer 4.6 Anhang V ProspektVO
  (Ziffer 4.1.7 Anhang XII ProspektVO, dort Rz. 103 ff.);
- Ziffer 4.11 Anhang V ProspektVO
  (Ziffer 4.1.8 Anhang XII ProspektVO, dort Rz. 107 ff.);
- Ziffer 4.13 Anhang V ProspektVO
  (Ziffer 4.1.10 Anhang XII ProspektVO, dort Rz. 113 ff.);
- Ziffer 4.14 Anhang V ProspektVO
  (Ziffer 4.1.14 Anhang XII ProspektVO, dort Rz. 123 ff.).

2. Besonderheiten bei einzelnen Angaben über die Wertpapiere

Bei einer Reihe von Ziffern in Anhang V ProspektVO bestehen Besonderheiten, auf die im Folgenden hingewiesen werden soll. 33

a) Angaben zur Verzinsung der Schuldtitel (Ziffer 4.7)

Nach Ziffer 4.7 Anhang V ProspektVO muss ein Prospekt Angaben zur Verzinsung der Schuldtitel enthalten. Im Rahmen der Überarbeitung der ProspektVO hat die deutsche Übersetzung der ProspektVO einige Änderungen erfahren. Dabei handelt es sich aber im Wesentlichen nicht um inhaltliche, sondern weitgehend um lediglich sprachliche Änderungen. Eine materielle Ergänzung hat Ziffer 4.7 Anhang V ProspektVO aber bei der Überarbeitung der ProspektVO dadurch erfahren, dass der Prospekt im Fall, dass der Zinssatz nicht festgelegt ist, auch Informationen zum Basiswert sowie Angaben zur Verbindung von Basiswert und Zinssatz enthalten muss (siehe dazu unten unter Rz. 38 ff.). 34

Wertpapiere im Rahmen des Anhangs V ProspektVO zeichnen sich in erster Linie dadurch aus, dass die **Rückzahlung des Nominalwerts zu 100% garantiert** ist. Darüber hinaus können die Wertpapiere nach Art. 8 Abs. 2 ProspektVO auch eine Verzinsung aufweisen. Die Verzinsung ist dementsprechend kein zwingendes, sondern lediglich 35 ein **optionales Ausstattungsmerkmal** der Wertpapiere[1]. Entsprechend ist Anhang V ProspektVO bei einer garantierten Rückzahlung des Nominalwerts zu 100% anwendbar, unabhängig davon, ob die Verzinsung strukturiert oder fest ist[2].

36 Die Zinskomponente von Wertpapieren kann auf verschiedenste Weise gestaltet sein. In der Praxis finden sich insbesondere die folgenden Verzinsungsalternativen: Die Schuldtitel können **fest verzinslich** sein. Dies bedeutet, dass die Schuldtitel während der gesamten Laufzeit zu einem bestimmten, bei der Emission festgelegten Zinssatz verzinst werden. Wenn die Schuldtitel **variabel verzinslich** sind, ist die Höhe der Verzinsung von der Entwicklung eines Basiswerts abhängig, zB eines Referenzzinssatzes (zB EURIBOR oder LIBOR) oder einer Aktie oder eines Index. Daneben sind auch Kombinationen von **fest und variabel verzinslichen Schuldverschreibungen** möglich, bei denen die Schuldverschreibungen für eine oder mehrere Zinsperioden zu einem bei Emission festgelegten Zinssatz und für die restlichen Zinsperioden zu einem variablen Zinssatz verzinst werden, der auf Grundlage eines bestimmten Basiswerts festgelegt wird. Bei **Nullkupon-Schuldverschreibungen** erfolgen keine periodischen Zinszahlungen. Sie werden üblicherweise mit einem Abschlag auf den Nominalwert begeben. Anstelle von periodischen Zinszahlungen wird der Zinsertrag bis zur Fälligkeit durch die Differenz zwischen dem Rückzahlungsbetrag und dem Emissionspreis gebildet und spiegelt den Marktzinssatz wieder. Im Fall von **Stufenzins-Anleihen** ist die Verzinsung der Anleihe nicht konstant, sondern steigt während der Laufzeit der Anleihe zu fest definierten Zeitpunkten an (sog. Step-Up-Anleihen) bzw. verringert sich während der Laufzeit (sog. Step-Down-Anleihen).

37 Sofern die Wertpapiere eine Verzinsung vorsehen, müssen in dem Prospekt gemäß **Satz 1 von Ziffer 4.7 Anhang V ProspektVO** der **nominale Zinssatz**, das **Datum, ab dem die Zinsen gezahlt werden** sowie die **Zinsfälligkeitstermine** (jeweils Kategorie C Informationsbestandteile gemäß Anhang XX ProspektVO) genannt werden. Darüber hinaus muss der Prospekt **Bestimmungen zur Zinsschuld** sowie Angaben **zur Gültigkeitsdauer der Ansprüche auf Zinsrückzahlungen (zB § 801 BGB) und Kapitalrückzahlungen** (jeweils Kategorie B Informationsbestandteil gemäß Anhang XX ProspektVO) enthalten.

38 Wenn der Zinssatz nicht festgelegt ist, muss der Prospekt gemäß **Satz 2 von Ziffer 4.7 Anhang V ProspektVO** die **Art des Basiswerts** angeben, auf dessen Basis der Zinssatz bestimmt wird. Diese Anforderung wurde im Rahmen der Neufassung der ProspektVO neu in Anhang V ProspektVO aufgenommen. Bei der Angabe zur Art des Basiswerts handelt es sich um einen Kategorie A Informationsbestandteil gemäß Anhang XX ProspektVO, dh. im Fall eines Basisprospekts sind die denkbaren Arten der Basiswerte, auf die sich die Verzinsung von Wertpapieren stützen kann (zB Aktien, Indizes, Rohstoffe, Zinssätze), bereits im Basisprospekt selbst anzugeben. Daneben muss der Prospekt eine **Beschreibung des zugrunde liegenden Basiswerts**, auf den sich die Verzinsung stützt, enthalten. Gemäß Anhang XX ProspektVO handelt es sich dabei um eine Kategorie C Information. In der Praxis erfolgt die Beschreibung des

---

[1] *Kullmann/Sester*, ZBB 2005, 209 (214); *Seitz*, AG 2005, 678 (687).
[2] *Zeising* in Just/Voß/Ritz/Zeising, Anhang V EU-ProspektVO Rz. 24.

für das jeweilige Wertpapier maßgeblichen Basiswerts in der Regel erst im Rahmen der endgültigen Bedingungen und nicht bereits im Basisprospekt.

Vor dem Hintergrund der Neufassung von Ziffer 4.2.2 Anhang XII ProspektVO, wonach im Fall von **proprietären Indizes** (siehe zum Begriff in Anhang XII ProspektVO Rz. 132a) als Basiswert die Beschreibung des Index bereits im Basisprospekt erfolgen muss (siehe dazu Anhang XII ProspektVO Rz. 132a ff.), wurde in der Praxis die Frage diskutiert, ob im Fall eines Produkts, das unter Anhang V ProspektVO fällt und sich auf einen proprietären Index bezieht, die **Vorgaben der Ziffer 4.2.2. Anhang XII ProspektVO analog anzuwenden** sind. Da es insoweit allerdings an einer planwidrigen Regelungslücke fehlt, ist eine analoge Anwendung der Vorgaben der Ziffer 4.2.2. Anhang XII ProspektVO im Rahmen des Anhangs V ProspektVO abzulehnen, dh. im Fall eines Wertpapiers nach Anhang V ProspektVO, das auf einen proprietären Index bezogen ist, kann die Indexbeschreibung auch erst im Rahmen der endgültigen Bedingungen aufgenommen werden. 38a

Entsprechend der Neufassung von Ziffer 4.7 Satz 2 Anhang V ProspektVO muss der Prospekt, sofern der Zinssatz nicht festgelegt ist, auch eine Erklärung zur angewandten **Methode für die Verbindung von Basiswert und Zinssatz** (Kategorie B Informationsbestandteil gemäß Anhang XX ProspektVO) enthalten, dh. der Prospekt muss eine Erläuterung enthalten, inwiefern sich die Entwicklung des Basiswerts auf die Höhe des Zinssatzes auswirkt. 38b

Des Weiteren müssen in dem Fall, dass der Zinssatz nicht festgelegt ist, Angaben dazu in den Prospekt aufgenommen werden, wo Informationen über die vergangene und künftige Wertentwicklung des Basiswerts und dessen Volatilität (Kategorie C Informationsbestandteil gemäß Anhang XX ProspektVO) eingeholt werden können. Die Anforderungen entsprechen insoweit weitgehend den Anforderungen in Ziffer 4.2.2 Anhang XII ProspektVO, so dass auf die dortigen Ausführungen verwiesen werden kann (siehe Anhang XII EU-ProspektVO Rz. 128 ff.). Darüber hinaus sind – wie in Ziffer 4.2.3 bzw. Ziffer 4.2.4 Anhang XII ProspektVO – auch Informationen zu Marktstörungen und Anpassungsmaßnahmen (Kategorie B Informationsbestandteil gemäß Anhang XX ProspektVO) in den Prospekt aufzunehmen (siehe Anhang XII EU-ProspektVO Rz. 136 ff.). Schließlich muss in dem Prospekt der **Name der Berechnungsstelle** (Kategorie C Informationsbestandteil gemäß Anhang XX ProspektVO) angegeben werden. Die Berechnungsstelle ist die Stelle, die ua. die Höhe des maßgeblichen Zinssatzes berechnet. Im Rahmen der Ziffer 4.2 Anhang XII ProspektVO besteht kein Erfordernis, die Berechnungsstelle anzugeben. Allerdings ist auch im Rahmen des Anhangs XII ProspektVO die Berechnungsstelle in den Prospekt aufzunehmen (vgl. Ziffer 5.4.5 Anhang XII ProspektVO), so dass insoweit kein Unterschied zwischen den Mindestanforderungen nach Anhang V ProspektVO und Anhang XII ProspektVO besteht. 38c

Sofern das Wertpapier im Hinblick auf die Zinszahlungskomponente ein **derivatives Element** aufweist, dh. die Höhe der Verzinsung von einem bestimmten Basiswert abhängig ist, muss der Prospekt nach **Ziffer 4.7 letzter Satz Anhang V ProspektVO** eine Beschreibung enthalten, wie der Wert der Anlage bzw. die Höhe der Verzinsung von der Entwicklung des Basiswerts abhängig ist (Kategorie B Informationsbestand- 39 teil gemäß Anhang XX ProspektVO). Die Anforderungen entsprechen dabei den entsprechenden Anforderungen in Ziffer 4.1.2 Anhang XII ProspektVO, so dass insoweit auf die dortigen Ausführungen verwiesen werden kann. In diesem Zusammenhang sind in einem Prospekt gegebenenfalls auch Angaben zu einem eventuellen Maximal- oder Mindestzins zu machen. Gemäß dem Wortlaut ist Ziffer 4.7 Anhang V ProspektVO nur dann anwendbar, wenn der Zinssatz von einem Basiswert abhängig ist. Allerdings ist Ziffer 4.7 Anhang V ProspektVO auch dann anwendbar, wenn der Rückzahlungsbetrag von einem bestimmten Basiswert abhängig ist, da es wirtschaftlich keinen Unterschied macht, ob der Rückzahlungsbetrag strukturiert ist oder eine strukturierte Zinszahlung am Laufzeitende erfolgt[1].

b) Angaben zum Fälligkeitstermin und zur Darlehenstilgung (Ziffer 4.8)

40 Nach Ziffer 4.8 Anhang V ProspektVO muss der Prospekt den **Fälligkeitstermin** (Kategorie C Informationsbestandteil gemäß Anhang XX ProspektVO) sowie **Vereinbarungen für die Darlehenstilgung** einschließlich der Rückzahlungsverfahren (Kategorie B Informationsbestandteil gemäß Anhang XX ProspektVO) enthalten. Der Wortlaut von Ziffer 4.8 Anhang V ProspektVO weicht insoweit von Anhang XII ProspektVO ab, da nach Ziffer 4.1.11 Anhang XII ProspektVO Angaben zu einer Vereinbarung einer „**Darlehenstilgung**" nicht erforderlich sind. Da „Darlehen" (*loan*) nicht in den Anwendungsbereich der ProspektVO fallen, ist unter Darlehenstilgung insoweit die Rückzahlung, dh. die Tilgung der Wertpapiere zu verstehen[2].

41 Darüber hinaus muss ein Prospekt Angaben dazu enthalten, wenn auf Initiative des Emittenten oder des Wertpapierinhabers eine **vorzeitige Tilgung** der Wertpapiere möglich ist. Darunter fallen beispielsweise außerordentliche oder ordentliche Kündigungsrechte des Emittenten oder des Anlegers bzw. bestimmte Ausübungsrechte des Anlegers, wobei es auf die konkrete Bezeichnung in den Emissionsbedingungen nicht ankommt, sondern vielmehr entscheidend ist, dass die reguläre Laufzeit des Wertpapiers vorzeitig beendet werden kann[3].

c) Angaben zur Rendite (Ziffer 4.9)

42 Der Prospekt muss nach Ziffer 4.9 Anhang V ProspektVO Angaben zur Rendite (Kategorie C Informationsbestandteil gemäß Anhang XX ProspektVO) der Wertpapiere enthalten. Da die Zinsen bereits von Ziffer 4.8 erfasst sind, ist die Rendite **nicht allein auf die laufende Verzinsung beschränkt**, sondern weiter zu verstehen. Die ProspektVO enthält allerdings keine Definition, was unter dem Begriff „Rendite" zu verstehen ist. Am Markt gibt es eine Reihe unterschiedlicher Arten von „Renditen". Es wird beispielsweise unterschieden zwischen einfacher Rendite, Rendite auf Endfälligkeit oder Vorsteuerrendite[4].

---

1 Siehe dazu auch *Kullmann/Sester*, ZBB 2005, 209 (214).
2 Vgl. zum insoweit missverständlichen Wortlaut der ProspektVO *Glismann* in Holzborn, Anh. V EU-ProspV Rz. 17.
3 *Zeising* in Just/Voß/Ritz/Zeising, Anhang V EU-ProspektVO Rz. 25.
4 Ausführlich hierzu *Zeising* in Just/Voß/Ritz/Zeising, Anhang V EU-ProspektVO Rz. 26.

Zu beachten ist, dass eine **Renditeberechnung nur möglich** ist, wenn der Rückzahlungsbetrag und etwaige Zinsbeträge bereits bei der Prospekterstellung bzw. bei Emission feststehen[1]. Angaben zur Rendite sind folglich nur bei festverzinslichen Schuldverschreibungen möglich, da die anfallenden variablen Zinsen bei Erstellung des Prospekts nicht feststehen. Weiterhin ist nach Ziffer 4.9 Anhang V ProspektVO in dem Prospekt in Kurzform darzulegen, welche **Methode zur Berechnung der Rendite** herangezogen wird (Kategorie B Informationsbestandteil gemäß Anhang XX ProspektVO). In der Praxis erfolgt die Renditeberechnung häufig nach der ICMA-Methode, wonach die Effektivverzinsung von Schuldverschreibungen unter Berücksichtigung der täglichen Stückzinsen erfolgt.

d) Angaben zur Vertretung von Schuldtitelinhabern (Ziffer 4.10)

Entsprechend Ziffer 4.10 Anhang V ProspektVO sind in einem Prospekt Informationen zu einer etwaigen Vertretung von Schuldtitelinhabern zu machen (Kategorie B Informationsbestandteil gemäß Anhang XX ProspektVO). In Betracht kommen zum Beispiel **Gläubigerversammlungen** nach § 5 Schuldverschreibungsgesetz[2]. Im Gegensatz zu dem alten Schuldverschreibungsgesetz aus dem Jahr 1899, das nur auf Schuldverschreibungen von Emittenten mit Sitz in Deutschland Anwendung gefunden hat, findet das aktuelle Schuldverschreibungsgesetz grundsätzlich auf alle Schuldverschreibungen Anwendung, die unter deutschem Recht begeben werden (vgl. § 1 Abs. 1 Schuldverschreibungsgesetz); auf den Sitz des Emittenten kommt es nicht mehr an. Ähnlich dem englischen Recht kann nach § 5 Abs. 1 Schuldverschreibungsgesetz in den Emissionsbedingungen vorgesehen werden, dass bestimmte, in den Emissionsbedingungen näher definierte Gegenstände durch Mehrheitsbeschluss der Gläubiger entschieden werden. Die gefassten Beschlüsse gelten – sofern sie rechtskräftig sind – gegenüber allen Gläubigern derselben Schuldverschreibung. Wie bereits unter dem alten Schuldverschreibungsgesetz ist es auch weiterhin möglich, einen gemeinsamen Vertreter zu bestimmen, der die Interessen der Gläubiger vertritt (vgl. § 5 Abs. 1 Schuldverschreibungsgesetz).

e) Angaben zum erwarteten Emissionstermin (Ziffer 4.12)

Nach Ziffer 4.12 Anhang V ProspektVO muss im Fall von Neuemissionen der erwartete Emissionstermin (Kategorie C Informationsbestandteil gemäß Anhang XX ProspektVO) angegeben werden. Unter dem Emissionstermin ist grundsätzlich der **Valutatag** zu verstehen, dh. der Tag, an dem die Wertpapiere erstmals in das System der Wertpapiersammelbank eingebucht werden[3].

Während nach Ziffer 4.13 Anhang XIII ProspektVO der „Emissionstermin" in den Prospekt aufzunehmen ist, weicht der Wortlaut von Ziffer 4.12 Anhang V Prospekt-

---

1 *Glismann* in Holzborn, Anh. V EU-ProspV Rz. 18.
2 Gesetz zur Neuregelung der Rechtsverhältnisse bei Schuldverschreibungen aus Gesamtemissionen und zur verbesserten Durchsetzbarkeit von Ansprüchen von Anlegern aus Falschberatung vom 31.7.2009, BGBl. I 2009, S. 2512.
3 *Glismann* in Holzborn, Anh. V EU-ProspV Rz. 21.

VO dahingehend ab, dass nach dieser Ziffer der „**erwartete Emissionstermin**" anzugeben ist. Eine unterschiedliche Bedeutung kann daraus indes nicht abgeleitet werden, da in der Praxis die Valutierung in der Regel erst nach dem Beginn des öffentlichen Angebots erfolgt und insoweit nur der erwartete Emissionstermin in den Prospekt aufgenommen werden kann. Etwas anderes kann allerdings dann gelten, wenn ein Prospekt zwar nicht für ein öffentliches Angebot erforderlich ist, aber ein Prospekt für die Zulassung an einem organisierten Markt erstellt wird (siehe dazu auch Anhang XIII EU-ProspektVO Rz. 3).

VI. Bedingungen und Voraussetzungen für das Angebot (Ziffer 5)

5. Bedingungen und Voraussetzungen für das Angebot
5.1. *Bedingungen, Angebotsstatistiken, erwarteter Zeitplan und erforderliche Maßnahmen für die Antragstellung*
5.1.1. Bedingungen, denen das Angebot unterliegt.
5.1.2. Gesamtsumme der Emission/des Angebots. Ist der Betrag nicht festgelegt, Beschreibung der Vereinbarungen und des Zeitpunkts für die Ankündigung des endgültigen Angebotbetrags an das Publikum.
5.1.3. Frist – einschließlich etwaiger Änderungen – während deren das Angebot gilt und Beschreibung des Antragsverfahrens.
5.1.4. Beschreibung der Möglichkeit zur Reduzierung der Zeichnungen und der Art und Weise der Erstattung des zu viel gezahlten Betrags an die Zeichner.
5.1.5. Einzelheiten zum Mindest- und/oder Höchstbetrag der Zeichnung (entweder in Form der Anzahl der Wertpapiere oder des aggregierten zu investierenden Betrags).
5.1.6. Methode und Fristen für die Bedienung der Wertpapiere und ihre Lieferung.
5.1.7. Vollständige Beschreibung der Art und Weise und des Termins, auf die bzw. an dem die Ergebnisse des Angebots offen zu legen sind.
5.1.8. Verfahren für die Ausübung eines etwaigen Vorzugsrechts, die Übertragbarkeit der Zeichnungsrechte und die Behandlung von nicht ausgeübten Zeichnungsrechten.
5.2. *Plan für die Aufteilung der Wertpapiere und deren Zuteilung*
5.2.1. Angabe der verschiedenen Kategorien der potenziellen Investoren, denen die Wertpapiere angeboten werden. Erfolgt das Angebot gleichzeitig auf den Märkten in zwei oder mehreren Ländern und wurde/wird eine bestimmte Tranche einigen dieser Märkte vorbehalten, Angabe dieser Tranche.
5.2.2. Verfahren zur Meldung des den Zeichnern zugeteilten Betrags und Angabe, ob eine Aufnahme des Handels vor dem Meldeverfahren möglich ist.
5.3. *Preisfestsetzung*
5.3.1. Angabe des Preises, zu dem die Wertpapiere angeboten werden, oder der Methode, mittels deren der Angebotspreis festgelegt wird, und des Ver-

fahrens für die Offenlegung. Angabe der Kosten und Steuern, die speziell dem Zeichner oder Käufer in Rechnung gestellt werden.

5.4. *Platzierung und Übernahme (Underwriting)*

5.4.1. Name und Anschrift des Koordinators/der Koordinatoren des gesamten Angebots oder einzelner Teile des Angebots und – sofern dem Emittenten oder dem Bieter bekannt – Angaben zu den Platzierern in den einzelnen Ländern des Angebots.

5.4.2. Namen und Geschäftsanschriften der Zahlstellen und der Depotstellen in jedem Land.

5.4.3. Name und Anschrift der Institute, die bereit sind, eine Emission auf Grund einer bindenden Zusage zu übernehmen, und Name und Anschrift der Institute, die bereit sind, eine Emission ohne bindende Zusage oder gemäß Vereinbarungen „zu den bestmöglichen Bedingungen" zu platzieren. Angabe der Hauptmerkmale der Vereinbarungen, einschließlich der Quoten. Wird die Emission nicht zur Gänze übernommen, ist eine Erklärung zum nicht abgedeckten Teil einzufügen. Angabe des Gesamtbetrages der Übernahmeprovision und der Platzierungsprovision.

5.4.4. Angabe des Zeitpunkts, zu dem der Emissionsübernahmevertrag abgeschlossen wurde oder wird.

1. Allgemeines

Die nach **Ziffer 5 Anhang V ProspektVO** aufzunehmenden Mindestangaben entsprechen im Wesentlichen den Pflichtangaben nach Anhang XII ProspektVO, weshalb insoweit grundsätzlich auf die entsprechende Kommentierung in Anhang XII ProspektVO verwiesen wird (siehe Anhang XII EU-ProspektVO Rz. 142 ff.): 47

- Ziffer 5.1.1 Anhang V ProspektVO
  (Ziffer 5.1.1 Anhang XII ProspektVO, dort Rz. 145);
- Ziffer 5.1.2 Anhang V ProspektVO
  (Ziffer 5.1.2 Anhang XII ProspektVO, dort Rz. 146),
- Ziffer 5.1.3 Anhang V ProspektVO
  (Ziffer 5.1.3 Anhang XII ProspektVO, dort Rz. 147 ff.);
- Ziffer 5.1.5 Anhang V ProspektVO
  (Ziffer 5.1.4 Anhang XII ProspektVO, dort Rz. 150);
- Ziffer 5.1.6 Anhang V ProspektVO
  (Ziffer 5.1.5 Anhang XII ProspektVO, dort Rz. 151 ff.);
- Ziffer 5.1.7 Anhang V ProspektVO
  (Ziffer 5.1.6 Anhang XII ProspektVO, dort Rz. 154 ff.);
- Ziffer 5.2.1 Anhang V ProspektVO
  (Ziffer 5.2.1 Anhang XII ProspektVO, dort Rz. 157 f.);
- Ziffer 5.2.2 Anhang V ProspektVO
  (Ziffer 5.2.2 Anhang XII ProspektVO, dort Rz. 159 f.);

- Ziffer 5.3.1 Anhang V ProspektVO
  (Ziffer 5.3 Anhang XII ProspektVO, dort Rz. 161 f.);
- Ziffer 5.4.1 Anhang V ProspektVO
  (Ziffer 5.4.1 Anhang XII ProspektVO, dort Rz. 163);
- Ziffer 5.4.2 Anhang V ProspektVO
  (Ziffer 5.4.2 Anhang XII ProspektVO, dort Rz. 164 ff.);
- Ziffer 5.4.4 Anhang V ProspektVO
  (Ziffer 5.4.4 Anhang XII ProspektVO, dort Rz. 168 ff.).

2. Besonderheiten bei einzelnen Angaben über die Wertpapiere

48 Bei einer Reihe von Ziffern in Anhang V ProspektVO bestehen Besonderheiten, auf die im Folgenden hingewiesen werden soll.

a) Angaben zur Zeichnungsreduzierung im erwarteten Emissionstermin (Ziffer 5.1.4)

49 Nach Ziffer 5.1.4 Anhang V ProspektVO muss ein Prospekt **Angaben zur Zeichnungsreduzierung** und zur **Rückerstattung** des zu viel gezahlten Betrags an die Zeichner enthalten (Kategorie C Informationsbestandteil gemäß Anhang XX ProspektVO). Angaben nach Ziffer 5.1.4 Anhang V ProspektVO sind dann erforderlich, wenn ein Zuteilungsverfahren im Anschluss an eine Zeichnungsfrist erfolgt und dementsprechend der Zeichner gegebenenfalls nicht Wertpapiere in dem gezeichneten Umfang erhält (siehe dazu Anhang III EU-ProspektVO Rz. 47). Die im Rahmen der Ziffer 5.1.4 Anhang V ProspektVO geforderten Mindestangaben sind im Rahmen der Ziffer 5 Anhang XII ProspektVO nicht erforderlich.

b) Angaben zum Verfahren für die Ausübung eines Vorzugsrechts (Ziffer 5.1.8)

50 Abweichend von Ziffer 5 Anhang XII ProspektVO sind nach Ziffer 5.1.8 Anhang V ProspektVO in den Prospekt gegebenenfalls Angaben zum Verfahren für die Ausübung eines etwaigen Vorzugsrecht, die Übertragbarkeit der Zeichnungsrechte und die Behandlung von nicht ausgeübten Zeichnungsrechten aufzunehmen (Kategorie C Informationsbestandteil gemäß Anhang XX ProspektVO). Die praktische Bedeutung im Fall von Prospekten auf Nicht-Dividendenwerte ist allerdings gering (vgl. zur Bedeutung im Fall von Aktienemissionen Anhang III EU-ProspektVO Rz. 51).

c) Angaben zum übernehmenden Institut (Ziffer 5.4.3)

51 Während Ziffer 5.4.3 Anhang XII ProspektVO fordert, dass in dem Prospekt „Einzelheiten" über die Institute, die auf Grund einer bindenden Zusage oder ohne bindende Zusage bereit sind, eine Emission zu übernehmen, verlangt Ziffer 5.4.3 Anhang V ProspektVO lediglich, dass der Name und die Anschrift der entsprechenden

Institute im Prospekt angegeben wird[1]. Darüber hinaus sind im Rahmen der Ziffer 5.4.3 Anhang V ProspektVO auch die Hauptmerkmale der Vereinbarungen, einschließlich der Quoten, anzugeben. Zu den Hauptmerkmalen der Vereinbarungen zählen dabei ua. Angaben zur Übernahme und Unterbringung der Emission, Haftungsregelungen etc.[2] Weiterhin sind im Fall von syndizierten Produkten Angaben zur Übernahme- und Platzierungsprovision zu machen (siehe dazu Anhang XII EU-ProspektVO Rz. 169). Bei den Angaben nach Ziffer 5.4.3 Anhang V ProspektVO handelt es sich um Kategorie C Informationsbestandteile gemäß Anhang XX ProspektVO.

VII. Zulassung zum Handel und Handelsregeln (Ziffer 6)

6. Zulassung zum Handel und Handelsregeln

6.1. Angabe, ob die angebotenen Wertpapiere Gegenstand eines Antrags auf Zulassung zum Handel auf einem geregelten Markt oder sonstigen gleichwertigen Märkten sind oder sein werden, wobei die jeweiligen Märkte zu nennen sind. Dieser Umstand ist anzugeben, ohne jedoch den Eindruck zu erwecken, dass die Zulassung zum Handel notwendigerweise erfolgen wird. Wenn bekannt, sollte eine Angabe der frühestmöglichen Termine der Zulassung der Wertpapiere zum Handel erfolgen.

6.2. Angabe sämtlicher geregelten oder gleichwertigen Märkte, auf denen nach Kenntnis des Emittenten Wertpapiere der gleichen Wertpapierkategorie, die zum Handel angeboten oder zugelassen werden sollen, bereits zum Handel zugelassen sind.

6.3. Name und Anschrift der Institute, die aufgrund einer bindenden Zusage als Intermediäre im Sekundärhandel tätig sind, um Liquidität mittels Geld- und Briefkursen zur Verfügung stellen, und Beschreibung der Hauptbedingungen der Zusage.

Die Mindestangaben in Ziffer 6 Anhang V ProspektVO stimmen mit den Mindestangaben nach Ziffer 6 Anhang XII ProspektVO überein, so dass insoweit auf die dort getroffenen Ausführungen verwiesen werden kann (siehe Anhang XII EU-ProspektVO Rz. 172 f.). 52

---

1 Unter § 15 Abs. 1 Nr. 12 BörsZulV aF bzw. § 4 Nr. 11 VerkProspVO aF war auch bereits die bloße Aufzählung aller an der Emission beteiligter Konsortialbanken ausreichend, siehe dazu *Heidelbach* in Schwark, 3. Aufl. 2004, § 15 BörsZulV Rz. 13; *Heidelbach* in Schwark, 3. Aufl. 2004, § 4 VerkProspV Rz. 9.

2 Ausführlich dazu *Diekmann* in Habersack/Mülbert/Schlitt, Unternehmensfinanzierung am Kapitalmarkt, § 31 Rz. 28 ff.

VIII. Zusätzliche Angaben (Ziffer 7)

7. Zusätzliche Angaben

7.1. Werden an einer Emission beteiligte Berater in der Wertpapierbeschreibung genannt, ist eine Erklärung zu der Funktion abzugeben, in der sie gehandelt haben.

7.2. Angabe weiterer Informationen in der Wertpapierbeschreibung, die von gesetzlichen Abschlussprüfern geprüft oder einer prüferischen Durchsicht unterzogen wurden und über die die Abschlussprüfer einen Prüfungsbericht erstellt haben. Reproduktion des Berichts oder mit Erlaubnis der zuständigen Behörden Zusammenfassung des Berichts.

7.3. Wird in die Wertpapierbeschreibung eine Erklärung oder ein Bericht einer Person aufgenommen, die als Sachverständiger handelt, so sind der Name, die Geschäftsadresse, die Qualifikationen und – falls vorhanden – das wesentliche Interesse am Emittenten anzugeben. Wurde der Bericht auf Ersuchen des Emittenten erstellt, so ist eine diesbezügliche Erklärung dahingehend abzugeben, dass die aufgenommene Erklärung oder der aufgenommene Bericht in der Form und in dem Zusammenhang, in dem sie bzw. er aufgenommen wurde, die Zustimmung von Seiten dieser Person erhalten hat, die den Inhalt dieses Teils der Wertpapierbeschreibung gebilligt hat.

7.4. Sofern Angaben von Seiten Dritter übernommen wurden, ist zu bestätigen, dass diese Information korrekt wiedergegeben wurde und dass – soweit es dem Emittenten bekannt ist und er aus den von dieser dritten Partei veröffentlichten Informationen ableiten konnte – keine Tatsachen unterschlagen wurden, die die wiedergegebenen Informationen unkorrekt oder irreführend gestalten würden. Darüber hinaus hat der Emittent die Quelle(n) der Informationen anzugeben.

7.5. Angabe der Ratings, die einem Emittenten oder seinen Schuldtiteln auf Anfrage des Emittenten oder in Zusammenarbeit mit dem Emittenten beim Ratingverfahren zugewiesen wurden. Kurze Erläuterung der Bedeutung der Ratings, wenn sie erst unlängst von der Ratingagentur erstellt wurden.

53 Die **Ziffern 7.1 bis 7.4 Anhang V ProspektVO** entsprechen den Wortlauten der entsprechenden Ziffern in Anhang XII ProspektVO, so dass insoweit auf die dort erfolgten Ausführungen verwiesen werden kann (siehe Anhang XII EU-ProspektVO Rz. 174 ff.).

54 **Abweichend von Ziffer 7.5 Anhang XII ProspektVO** enthält Ziffer 7 Anhang V ProspektVO keine Verpflichtung, im Prospekt anzugeben, ob der Emittent die Veröffentlichung von Informationen nach erfolgter Emission beabsichtigt.

55 Nach **Ziffer 7.5 Anhang V ProspektVO** müssen in einem Prospekt **Angaben zum Rating**, die einem Emittenten (Kategorie A Informationsbestandteil gemäß Anhang XX ProspektVO) oder seinen Schuldtiteln (Kategorie C Informationsbestandteil gemäß Anhang XX ProspektVO) zugewiesen wurden, veröffentlicht werden. Dabei ist erforderlich, dass eine kurze Erläuterung der Bedeutung des Ratings beigefügt

wird, wenn sie erst unlängst von der Ratingagentur erstellt wurden. Eine entsprechende Verpflichtung ist bei Aktien (vgl. Ziffer 10 Anhang III ProspektVO) und derivativen Wertpapieren (vgl. Ziffer 7 Anhang XII ProspektVO) nicht vorgesehen. Für den Fall, dass Informationen zum Rating des Emittenten oder seiner Schuldtitel in einen Prospekt aufgenommen werden, ist darauf zu achten, dass die Anforderungen nach Ziffer 7.4 Anhang V ProspektVO eingehalten werden (Kategorie C Informationsbestandteil gemäß Anhang XX ProspektVO), sofern das Rating von einer dritten Stelle erstellt wurde, was in der Regel der Fall sein wird.

Sofern Ratings in einen Prospekt einbezogen werden, muss ein Prospekt nach **Art. 4 Abs. 1 Unterabs. 2 der Verordnung (EG) Nr. 1060/2009**[1] eine klare und unmissverständliche Information enthalten, ob diese Ratings von einer Ratingagentur mit Sitz in der Europäischen Union abgegeben wurden, die im Einklang mit der Verordnung (EG) Nr. 1060/2009 registriert wurde. Wie sich aus Erwägungsgrund Nr. 4 der Verordnung (EG) Nr. 1060/2009 ergibt, sollte die Verordnung (EG) Nr. 1060/2009 keine Verpflichtung für Finanzinstitute oder Anleger begründen, ausschließlich in Wertpapiere zu investieren, für die ein Prospekt entsprechend der Prospektrichtlinie bzw. der Prospektverordnung erstellt wurde und die einem Rating gemäß Verordnung (EG) Nr. 1060/2009 unterzogen wurden. Ebenso soll die Verordnung (EG) Nr. 1060/2009 Emittenten und Anbieter, die die Zulassung zum Handel an einem geregelten Markt beantragen, nicht verpflichten, Ratings für Wertpapiere zu veröffentlichen, für die nach der Prospektrichtlinie und der Prospektverordnung ein Prospekt zu veröffentlichen ist.

56

Anhang VI
Mindestangaben für Garantien (Zusätzliches Modul)

Hier nicht kommentiert.

Bei Garantien sind die in den Prospekt aufzunehmenden Informationen auch nach dem in Anhang VI EU-ProspektVO enthaltenen (zusätzlichen) Modul zusammenzustellen. Hauptanwendungsfälle von Garantien sind insbesondere von Dritten garantierte Schuldtitel und von Dritten garantierte derivative Wertpapiere. Diesbezüglich wird auf die Kommentierung der entsprechenden Normen der Anhänge IV und V EU-ProspektVO verwiesen.

---

1 Verordnung (EG) Nr. 1060/2009 des Europäischen Parlaments und des Rates vom 16.9.2009 über Ratingagenturen, ABl. EU Nr. L 302 v. 17.11.2009, S. 1 ff., geändert durch die Verordnung (EU) Nr. 513/2011 des Europäischen Parlaments und des Rates vom 11.5.2011, ABl. EU Nr. L 145 v. 31.5.2011, S. 30 ff., sowie geändert durch die Verordnung (EU) Nr. 462/2013 des Europäischen Parlaments und des Rates vom 21.5.2013, ABl. EU Nr. L 146 v. 31.5.2011, S. 1 ff.

Vorbemerkung vor Anhang VII und VIII

Schrifttum: *Beckmann/Scholtz/Vollmer,* Investment, Handbuch für das gesamte Investmentwesen, Bd. 1, Loseblatt; *Behrends/Bierwirth,* Credit Pooling, Butterworths Journal of International Banking and Financial Law 2007, 391; *Bosak/Weller,* Aktuelle Rechtsfragen der Verbriefung, ZfgK 2006, 1026; *Brandt,* Kreditderivate, BKR 2002, 243; *Bundesanstalt für Finanzdienstleistungsaufsicht (BaFin),* Auslegungsschreiben zum KAGB vom 14.6.2013, Stand: 9.3.2015; *Bundesanstalt für Finanzdienstleistungsaufsicht (BaFin),* Rundschreiben 1/2002: Anlagen in Asset Backed Securities und Credit Linked Notes; *Bundesanstalt für Finanzdienstleistungsaufsicht (BaFin),* Rundschreiben 4/1997 – Veräußerung von Kundenforderungen im Rahmen von Asset Backed Securities-Transaktionen durch deutsche Kreditinstitute; *CESR's* Advice on possible Level 2 Implementing Measures for the Proposed Prospectus Directive of July 2003; *CESR,* Addendum to the Consultation Paper on possible Level 2 Implementing Measures for the Proposed Prospectus Directive (Ref. CESR/185-b) and Annexes (Ref. CESR/02-286) to the addendum to the Consultation Paper on possible Level 2 Implementing Measures for the Proposed Prospectus Directive, December 2002; *Commission de Surveillance du Secteur Financier (CSSF),* Frequently Asked Questions Securitisation vom 23.10.2013; *Fuller/Ranero,* Collateralised Debt Obligations, Butterworths Journal of International Banking and Financial Law 2005, 343; *Kaiser,* Asset Backed Securities, in Eilers/Rödding/Schmalenbach, Unternehmensfinanzierung, 2. Aufl. 2014, Kapitel E, S. 627; *Schnatmeyer,* Anwendbarkeit des Auslandinvestment-Gesetzes auf Asset-Backed-Securities, WM 1997, 1796; *Weitnauer/Boxberger/Anders,* KAGB, 2014; *Zeising,* Asset Backed Securities (ABS) – Grundlagen und neuere Entwicklungen, BKR 2007, 311.

I. Überblick 1	4. Von Kreditinstituten begebene Credit Linked Notes 14
II. Anwendungsbereich der Anhänge VII und VIII	5. Emissionsplattformen für strukturierte Anleihen/Zertifikate 15
1. Definition „Asset Backed Securities" 8	6. Pfandbriefe; Covered Bonds 16
2. Art. 2 Nr. 5 lit. a ProspektVO; True-Sale-Verbriefungstransaktionen ... 12	III. Kombination von Anhang VII und VIII mit anderen Schemata.. 17
3. Art. 2 Nr. 5 lit. b ProspektVO; synthetische Verbriefungstransaktionen 13	

I. Überblick

1 Die ProspektVO sieht **besondere Prospektanforderungen** bei öffentlich angebotenen oder an einem regulierten Markt zugelassenen **Asset Backed Securities/ABS** vor. Ähnlich wie bei anderen Nichtdividendenwerten waren die von der **IOSCO** (International Organization of Securities Commissions) zunächst für Aktienemissionen entwickelten Prospektstandards (*International Disclosure Standards for Cross-Border Offerings and Initial Listings by Foreign Issuers*), auf denen die Anhänge der ProspektVO grundsätzlich aufbauen[1], auf die konkreten Anforderungen für ABS-Papiere zuzuschneiden. Denn im Zeitpunkt des Erlasses der ProspektVO gab es noch keine IOSCO-Standards für ABS-Prospekte und auch die IOSCO-Grundsätze für Anleihepro-

---

[1] Art. 7 Abs. 3 Prospektrichtlinie, siehe dazu *Kunold/Schlitt,* BB 2004, 501 (507).

spekte befanden sich damals noch in der Entwicklung[1]. Die ABS-Prospektanforderungen der ProspektVO lehnen sich daher zT an Regelungen an, die vor Implementierung der Prospektrichtlinie bei Börsenzulassungen an für ABS besonders relevanten Märkten galten, wie etwa die für ABS geltenden **Listing Rules der Irish Stock Exchange**. Nicht zuletzt in Reaktion auf die Subprime-Krise und zurückgehend auf einen Bericht der IOSCO Task Force zur Subprime-Krise vom Mai 2008 wurden am 8.4.2010 die **IOSCO Disclosure-Grundsätze für ABS-Prospekte** (*International Disclosure Principles for Cross-Border Offerings and Listings of Asset Backed Securities*) veröffentlicht, die jedoch keine unmittelbare Auswirkung auf die Prospektanforderungen nach Anhang VII und VIII ProspektVO haben. Auch im Rahmen der Änderungen der Prospektrichtlinie und der Prospektverordnung durch die am 31.12.2010 in Kraft getretene Änderungsrichtlinie 2010/73/EU und die Delegierte Verordnung (EU) Nr. 486/2012 vom 30.3.2012 sind die Anforderungen der Anhänge VII und VIII an den Inhalt von ABS-Prospekten inhaltlich nicht verändert worden. Während die IOSCO-Grundsätze Leitlinien für Gesetzgeber und Aufsichtsbehörden zur Schaffung oder Weiterentwicklung des Kapitalmarktrechts darstellen, sind im Zuge der Subprime- und Finanzkrise auch **freiwillige Offenlegungs- und Transparenzpflichten** geschaffen worden, wie etwa die European Securitisation Forum RMBS Issuer Principles for Transparency and Disclosure vom Dezember 2008[2]. Auch die deutsche True Sale Initiative (TSI) sieht für eine Zertifizierung nach dem TSI-Verbriefungsstandard bestimmte qualitative Voraussetzungen vor, die den Prospektinhalt bzw. -aufbau betreffen[3]. Hierbei handelt es sich um Selbstverpflichtungen der betreffenden Marktteilnehmer, die gegebenenfalls neben den in der ProspektVO niedergelegten Prospektanforderungen zu berücksichtigen sind.

Weitere Regelungen zu Transparenzpflichten im Zusammenhang mit Verbriefungen sind in der geplanten europäischen Verordnung vorgesehen, die einen einheitlichen rechtlichen Rahmen für einfache, transparente und standardisierte Verbriefungen (*simple, transparent and standardised securitisations*) schaffen soll („STS-VerbriefungsVO"). Für die STS-VerbriefungsVO als einem der ersten Bausteine der europäischen Kapitalmarktunion hat die Europäischen Kommission am 30.9.2015 einen Entwurf vorgelegt, dem am 30.11.2015 der vom Europäischen Rat veröffentlichte Kompromissvorschlag folgte[4]. Es ist damit zu rechnen, dass die STS-VerbriefungsVO nach Abschluss des Trilog-Verfahrens voraussichtlich im Jahr 2017, spätestens 2018, in Kraft treten wird. Der Schwerpunkt der STS-VerbriefungsVO liegt dabei auf den materiellen Anforderungen an eine „high quality"-Verbriefung sowie auf

---

1 Kunold/Schlitt, BB 2004, 501 (507). Die IOSCO Disclosure Standards für Anleihen (*International Disclosure Principles for Cross-Border Offerings and Listings of Debt Securities by Foreign Issuers*) wurden im Jahr 2007 veröffentlicht.
2 http://www.afme.eu/Documents/Industry-guidelines-and-best-practice-guides.aspx.
3 http://www.true-sale-international.de/fileadmin/tsi_downloads/Unternehmen/TSI_im_Ueberblick/TSI_Imagebroschuere_081008.pdf.
4 European Commission, Proposal for a Regulation of the European Parliament and oft he Council laying down common rules on securitisation and creating a European framework for simple, transparent and standardised securitisation and amending Directives 2009/65/EC, 2009/138/EC, and Regulation (EC) No 1060/2009 and (EU) No 648/2012.

laufenden Berichtspflichten sowie der Bereitstellung von Informationen, die über die prospektrechtlichen Offenlegungspflichten hinausgehen. Eine unmittelbare Änderung der Prospektanforderungen der ProspektVO für ABS ist nach derzeitigem Stand damit nicht verbunden. Allerdings sieht Art. 5 Abs. 1 STS-VerbriefungsVO-E vor, dass bei Verbriefungen, die den STS-Standard erfüllen sollen, der Originator, Sponsor und die Verbriefungszweckgesellschaft bestimmte **Transaktionsdokumente** (einschließlich eines Prospekts) den Inhabern der Verbriefungsposition, den zuständigen Behörden und auf Verlangen auch potentiellen Investoren zur Verfügung stellen müssen. Die Zurverfügungstellung muss gemäß Art. 5 Abs. 2 STS-VerbriefungsVO-E über eine Webseite erfolgen. Hierbei handelt es sich um eine von der Veröffentlichungspflicht nach Art. 14 Prospektrichtlinie unabhängige, selbständige Offenlegungspflicht. Nach dem Entwurf der STS-VerbriefungsVO des Rates vom 30.11.2015 sind die relevanten Dokumente einschließlich eines Prospekts bis zum Pricing zur Verfügung zu stellen. Es handelt sich also nicht ausschließlich um eine nachgelagerte Transparenzpflicht, sondern es besteht hier, soweit es den Prospekt betrifft, eine gewisse Überschneidung mit der Prospektpflicht nach europäischem Prospektrecht. Dies gilt auch für die **Dauer des Bereithaltens** der Informationen. So ist in Art. 5 Abs. 2 lit. e STS-VerbriefungsVO-E vorgesehen, dass die Informationen (dazu gehört auch ein Prospekt) über einen Zeitraum von mindestens **fünf Jahren nach Fälligkeit der Verbriefungstransaktion** verfügbar zu halten sind. Demgegenüber sieht die geplante Regelung in Art. 20 Abs. 7 ProspektVO-E vor, dass der Prospekt auf der Webseite, auf der er veröffentlicht worden ist, sowie auf der Webseite der ESMA **mindestens 10 Jahre** (nach Vorschlag des Europäischen Rates 5 Jahre) **nach Veröffentlichung des Prospekts** verfügbar bleiben muss (näher dazu § 14 WpPG Rz. 57). Damit ergeben sich Unterschiede zwischen den prospekt- und verbriefungsrechtlichen Vorgaben hinsichtlich der Dauer der Verfügbarkeit der Informationen. Auch die Adressaten der Bereithaltungspflicht sind verschieden, da die Beteiligten der Emission, auf deren Webseiten der Prospekt gemäß dem Entwurf der ProspektVO veröffentlicht werden kann, nicht notwendigerweise mit den Adressaten der Bereithaltungspflicht nach der STS-VerbriefungsVO-E (Originator, Sponsor und die Verbriefungszweckgesellschaft) identisch sind. Gemäß Art. 5 Abs. 2 STS-VerbriefungsVO-E müssen zudem – nicht zuletzt wegen der umfassenderen Informationspflicht z.B. auch in Bezug auf Transaktionsdokumente – bei der Zurverfügungstellung der Informationen besondere organisatorische und technische Vorkehrungen getroffen werden und auch die Einrichtung eines Passwort-Schutzes ist hier zulässig. Soweit ein Prospekt nach europäischen Prospektrecht veröffentlicht wurde, muss dieser jedoch daneben weiterhin nach Maßgabe von Art. 6 Abs. 1 der Delegierten Verordnung (EU) 2016 vom 30.11.2015 öffentlich verfügbar und im Fall der Veröffentlichung auf einer Webseite gemäß Art. 6 Abs. 1 lit. a der Delegierten Verordnung (EU) 2016 vom 30.11.2015 leicht zugänglich sein. Wird **kein Prospekt** nach europäischen Prospektrecht erstellt, muss bei Verbriefungen, die den Standard der geplanten STS-VerbriefungsVO erfüllen sollen, gemäß Art. 5 Abs. 1 lit. c STS-VerbriefungsVO-E eine **Zusammenfassung bzw. ein Überblick der wesentlichen Elemente der Verbriefung** zur Verfügung gestellt werden, was außerhalb der Prospektpflicht weder in der Prospektrichtlinie noch in der geplanten neuen Prospektverordnung vorgesehen ist.

Da Asset Backed Securities ganz überwiegend nur institutionellen Investoren angeboten werden und eine Mindeststückelung von 100.000 Euro aufweisen, wird ein Prospekt nach den Vorgaben der ProspektVO in der Regel nicht aufgrund eines öffentlichen Angebots[1], sondern im Hinblick auf eine **Zulassung zum Handel an einem regulierten Markt** – oder einem rein börsenregulierten Markt (Multilateral Trading Facility) – mit Prospektanforderungen, die denen der EU-ProspektVO weitgehend entsprechen) erstellt.

Die spezifischen prospektrechtlichen Anforderungen bei Asset Backed Securities betreffen zum einen das **Registrierungsformular (Emittentenbeschreibung)** für Asset Backed Securities gemäß **Anhang VII ProspektVO**, der auf Art. 10 ProspektVO beruht. Darüber hinaus enthält der auf Art. 11 ProspektVO beruhende **Anhang VIII ProspektVO** spezielle Anforderungen an die **Wertpapierbeschreibung** für Asset Backed Securities.

Bei der **Emittentenbeschreibung** gemäß **Anhang VII ProspektVO** handelt es sich um ein selbständiges **Schema (*schedule*)** für Angaben zu Emittenten von ABS-Papieren, dh. die in Anhang VII ProspektVO aufgeführten Anforderungen sind abschließend und es kommen nicht zusätzlich noch weitere emittentenbezogene Anhänge zur Anwendung. Die Beschreibung der Emittentin der ABS-Papiere richtet sich daher nicht (auch nicht ergänzend) nach den Anhängen IV oder IX der ProspektVO.

Demgegenüber sind die besonderen Anforderungen an die **Wertpapierbeschreibung** gemäß **Anhang VIII ProspektVO** bei ABS nicht als selbständiges Schema, sondern als **Modul (*building block*)** konzipiert, das mit einem Schema einer Wertpapierbeschreibung zu kombinieren ist (vgl. Art. 21 Abs. 1 iVm. Anhang XVIII ProspektVO). Im Fall von ABS ergeben sich die allgemeinen, nicht ABS-spezifischen Anforderungen an die Wertpapierbeschreibung entweder aus Art. 16 iVm. Anhang XIII ProspektVO (Wertpapierbeschreibung für Schuldverschreibungen mit einer Mindeststückelung von 100.000 Euro) bzw. – bei kleineren Stückelungen – aus Art. 8 iVm. Anhang V ProspektVO oder aus Art. 15 iVm. Anhang XII ProspektVO (derivative Wertpapiere, näher dazu unten Rz. 17 ff.).

Für Asset Backed Securities stehen sämtliche in der Prospektrichtlinie vorgesehenen **Prospektformate** zur Verfügung. Prospekte für Asset Backed Securities können sowohl als dreiteiliger wie auch als einteiliger Prospekt erstellt werden. Darüber hinaus können Asset Backed Securities auch Gegenstand eines Basisprospekts sein (Art. 22 Abs. 6 Satz 1 Nr. 1 ProspektVO). In der Praxis sind vor allem der einteilige Prospekt und bei bestimmten Emissionsplattformen, über die eine Vielzahl von Schuldverschreibungen begeben werden, auch der Basisprospekt von Bedeutung. Zu beachten ist, dass gemäß Art. 2a iVm. Anhang XX ProspektVO nur bestimmte Informationen in die endgültigen Bedingungen aufgenommen werden dürfen und im Übrigen alle

---

1 Relevante Ausnahmen von der Prospektpflicht sind in Art. 3 Abs. 2 lit. a bis d Prospektrichtlinie bzw. § 3 Abs. 2 Nr. 1 bis 4 WpPG vorgesehen.

anderen Informationen in den Basisprospekt aufgenommen werden müssen oder darin zumindest grundsätzlich angelegt sein müssen[1].

7 Bei der Platzierung und dem Vertrieb von ABS-Papieren in Deutschland stellt sich die Frage, ob es sich gegebenenfalls um ein **Investmentvermögen** iS von § 1 Abs. 1 Kapitalanlagegesetzbuch (KAGB) handelt. Die Definition des Investmentvermögens in § 1 Abs. 1 KAGB beruht auf der Richtlinie 2011/61/EU des Europäischen Parlaments und des Rates vom 8.6.2011 über die Verwalter alternativer Investmentfonds (AIFM-Richtlinie). Entsprechende Fragestellungen ergeben sich daher auch bei einem Vertrieb von ABS-Papieren in anderen Mitgliedstaaten der EU bzw. des Europäischen Wirtschaftsraums. In vielen Fällen werden die Regelungen des KAGB (bzw. entsprechender Vorschriften anderer EU/EWR-Mitgliedstaaten, welche die AIFM-Richtlinie in nationales Recht umsetzen) bei ABS schon deshalb nicht zur Anwendung kommen, weil **Verbriefungszweckgesellschaften** gemäß Art. 2 Abs. 2 lit. g der AIFM-Richtlinie (umgesetzt in Deutschland durch § 2 Abs. 1 Nr. 7 KAGB) vom Anwendungsbereich der AIFM-Richtlinie **ausgenommen** sind. Verbriefungszweckgesellschaften sind Gesellschaften, deren einziger Zweck in der Durchführung von Verbriefungen iS von Art. 1 Abs. 2 der EZB-Verordnung Nr. 24/2009 besteht. Anders als der Verbriefungsbegriff der Verordnung (EU) Nr. 575/2013 über Aufsichtsanforderungen an Kreditinstitute und Wertpapierfirmen (CRR)[2] setzen Verbriefungen iS von Art. 1 Abs. 2 der EZB-Verordnung Nr. 24/2009 keine Tranchierung voraus. Soweit nicht eine synthetische Verbriefung über Kreditderivate erfolgt, liegt dem Verbriefungsbegriff der EZB-Verordnung allerdings die Vorstellung zugrunde, dass Vermögenswerte von einem Originator auf das Verbriefungsvehikel übertragen werden. Verbriefungsgesellschaften, die Darlehen nicht ankaufen, sondern selbst vergeben, werden damit von dieser Verbriefungsdefinition ihrem Wortlaut nach nicht erfasst. Es besteht daher keine hinreichende Sicherheit, dass die Ausnahme nach Art. 2 Abs. 2 lit. g der AIFM-Richtlinie (§ 2 Abs. 1 Nr. 7 KAGB) für solche Verbriefungsgesellschaften zur Verfügung steht[3].

7a Kann die Ausnahme für Verbriefungszweckgesellschaften nicht in Anspruch genommen werden, so kommt es maßgeblich darauf an, ob die **Merkmale eines Investmentvermögens** gemäß § 1 Abs. 1 KAGB (bzw. entsprechenden anderen nationalen Vorschriften, die die AIFM-Richtlinie implementieren) vorliegen. Die Definition des Begriffes „Investmentvermögen" ist sehr weit und umfasst jeden Organismus für gemeinsame Anlagen, der von einer Anzahl von Anlegern Kapital einsammelt, um es gemäß einer festgelegten Anlagestrategie zum Nutzen dieser Anleger zu investieren und der kein operativ tätiges Unternehmen außerhalb des Finanzsektors ist. Für das Vorliegen des Tatbestandsmerkmals „Organismus" ist **nach Auffassung der BaFin keine bestimmte Rechtsform** erforderlich und es können grundsätzlich auch von einem solchen Organismus begebene Schuldverschreibungen Anteile an einem In-

---

[1] Zu Bedeutung und Folgen der Klassifizierung der Prospektinformationen in die Kategorien A, B und C nach Art. 2a ProspektVO iVm. Anhang XX siehe § 6 WpPG Rz. 4a, 46 ff.
[2] Art. 4 Abs. 1 Unterabs. 66 f. CRR.
[3] Vgl. auch *CSSF*, Frequently Asked Questions Securitisation v. 23.10.2013, Frage 19, S. 14.

vestmentvermögen darstellen[1]. Dieses weite, auch Schuldverschreibungen umfassende Verständnis von Anteilen an einem Investmentvermögen wird nicht von allen europäischen Aufsichtsbehörden geteilt. So geht etwa die Commission de Surveillance du Secteur Financier (CSSF) in Luxemburg davon aus, dass luxemburgische Verbriefungsgesellschaften schon dann nicht als alternativer Investmentfonds angesehen werden können, wenn sie ausschließlich Schuldinstrumente (*debt instruments*) begeben[2]. Bei Asset Backed Securities im Sinne der Anhänge VII und VIII ProspektVO handelt es sich regelmäßig um Schuldinstrumente, für die im Fall einer Prospektpflicht gemäß Art. 21 iVm. Anhang XVIII ProspektVO für Asset Backed Securities grundsätzlich das Schema für die Wertpapierbeschreibung für Schuldtitel zu verwenden ist (siehe unten Rz. 17). Geht man mit der BaFin davon aus, dass Anteile an einem Investmentvermögen grundsätzlich auch in Form von **Schuldverschreibungen** ausgegeben werden können, so bedeutet dies nicht automatisch, dass als Schuldverschreibungen begebene Asset Backed Securities regelmäßig als Anteile an Investmentvermögen zu qualifizieren sind. So setzt das Merkmal „für gemeinsame Anlagen" voraus, dass eine Gewinn- und Verlustbeteiligung des Anlegers vorliegt[3]. Zu prüfen ist ferner auch, ob die aus der Emission von ABS erzielten Erlöse gemäß einer „festgelegten Anlagestrategie" iS der Definition von „Investmentvermögen" investiert werden.[4]

II. Anwendungsbereich der Anhänge VII und VIII

1. Definition „Asset Backed Securities"

Die Prospektanforderungen gemäß Art. 10, 11 ProspektVO iVm. den Anhängen VII und VIII der ProspektVO finden auf Asset Backed Securities Anwendung. Der Begriff „**Asset Backed Securities**", der in der deutschen Fassung der ProspektVO auch durch Verwendung des Ausdrucks „**durch Vermögenswerte unterlegte Wertpapiere**" wiedergegeben wird, ist in **Art. 2 Nr. 5 ProspektVO** definiert:

„Durch Vermögenswerte unterlegte Wertpapiere" („Asset Backed Securities/ ABS") bezeichnet Wertpapiere, die

a) einen Anspruch auf Vermögenswerte darstellen, einschließlich der Rechte, mit denen eine Bedienung der Wertpapiere, der Eingang oder die Pünktlichkeit des Eingangs zahlbarer Beträge von Seiten der Inhaber der Vermögenswerte sichergestellt werden soll, wenn es um die in diesem Rahmen zahlbaren Beträge geht;

---
1 *BaFin*, Auslegungsschreiben zum KAGB v. 14.6.2013, Stand: 9.3.2015, Ziffer 1 (Organismus).
2 *CSSF*, Frequently Asked Questions Securitisation v. 23.10.2013, Frage 19, S. 15.
3 *Volhard/Jung* in Weitnauer/Boxberger/Anders, § 1 KAGB Rz. 5; siehe zu strukturierten Anleihen allgemein auch *Krause* in Beckmann/Scholtz/Vollmer, Investment-Handbuch, vor 405, Rz. 45 ff. (Stand: Februar 2013).
4 Siehe hierzu auch *CSSF*, Frequently Asked Questions Securitisation v. 23.10.2013, Frage 19, S. 15.

b) durch Vermögenswerte unterlegt sind und deren Bedingungen vorsehen, dass Zahlungen erfolgen, die sich auf Zahlungen oder angemessene Zahlungsprognosen beziehen, die unter Bezugnahme auf bestimmte oder bestimmbare Vermögenswerte berechnet werden.

9   Diese Definition geht zurück auf einen Vorschlag von CESR im Rahmen der im Dezember 2002 veröffentlichten Ergänzung des Consultation Paper von Oktober 2002[1] zur Level 2-Implementation der Prospektrichtlinie und ist nahezu wortgleich mit der von CESR im Final Advice von Juli 2003 verwendeten Definition[2].

10 Die in Art. 2 Nr. 5 ProspektVO enthaltene **zweigeteilte Definition** ist, zumal in ihrer deutschsprachigen Fassung, etwas sperrig und nicht in jeder Hinsicht klar. Etwas griffiger als die Definition des Art. 2 Nr. 5 lit. a und b ProspektVO und für die meisten klassischen Asset Backed Securities zutreffend ist eine von **CESR** im Rahmen des Konsultationsprozesses verwendete **typisierende Umschreibung**, wonach Asset Backed Securities üblicherweise von einer Zweckgesellschaft (*special purpose vehicle or entity*) begeben werden und mit Vermögenswerten unterlegt sind (*backed by assets*), die Zahlungen generieren, die für Zinszahlungen und Rückzahlung des Kapitals der ABS-Papiere verwendet werden[3]. Der **Grundgedanke** besteht darin, dass bei diesen Wertpapieren die **wirtschaftliche Substanz** bei den **zugrunde liegenden Vermögenswerten** und nicht bei der Bonität der emittierenden Zweckgesellschaft liegt und daher besondere Informationspflichten hinsichtlich der zugrunde liegenden Aktiva gebietet. Entsprechend dieser Grundvorstellung sind die Anhänge VII und VIII insbesondere auf **Emissionen von Zweckgesellschaften** ausgerichtet, deren wesentliches Vermögen aus den zugrunde liegenden, durch die Asset Backed Securities verbrieften und von der Zweckgesellschaft zu diesem Zweck erworbenen Vermögenswerten besteht[4]. Die in Art. 2 Nr. 5 lit. a und b ProspektVO enthaltene Definition von ABS ist vor dem Hintergrund dieses von CESR beschriebenen Grundtyps von Asset Backed Securities zu lesen. Die Definition des Art. 2 Nr. 5 lit. a und b ProspektVO umfasst danach typischerweise alle wertpapiermäßig verbrieften und von Zweckgesellschaften begebenen **Asset Backed Securities** und **Collateralised Debt Obligations**[5]. Insbesondere Anhang VII ProspektVO trägt daher gerade auch den Besonderheiten von Zweckgesellschaften Rechnung. Dass die Definition von Art. 2 Nr. 5 ProspektVO ABS nicht ausdrücklich auf von Zweckgesellschaften begebene Papiere

---

1 CESR Annex 10 in Annexes (Ref. CESR/02-286) to the addendum to the Consultation Paper on possible Level 2 Implementing Measures for the Proposed Prospectus Directive (Ref. CESR/185-b), December 2002.
2 CESR's Advice on possible Level 2 Implementing Measures for the Proposed Prospectus Directive of July 2003, paragraph 65.
3 So die von CESR in Ziffer 140 des Addendum to the Consultation Paper vom Dezember 2002 verwendete typisierte Umschreibung von Asset Backed Securities.
4 Siehe Ziffer 141 des Addendum to the Consultation Paper vom Dezember 2002; vgl. auch die Definition von Asset Backed Securities in den IOSCO ABS Disclosure Principles, S. 5 (siehe Rz. 1).
5 Eine ausführliche Beschreibung der verschiedenen Arten von Collateralised Debt Obligations findet sich bei *Fuller/Ranero*, Butterworths Journal of International Banking and Financial Law 2005, 343.

beschränkt ist, mag seine Berechtigung ua. darin haben, dass auch andere Emittenten die Emission strukturierter Anleihen grundsätzlich so gestalten können, dass der Rückgriff der Anleger ebenso wie bei von Zweckgesellschaften emittierten Anleihen auf die aus der Emission erworbenen Vermögenswerte beschränkt ist und der betreffende Emittent nicht mit seinem gesamten Vermögen haftet. In diesem Fall käme eine Anwendung der Anhänge VII und VIII gegebenenfalls auch bei anderen Emittenten, die keine Zweckgesellschaften sind, in Betracht (vgl. auch Anhang VII EU-ProspektVO Rz. 14).

Weder nach dem Wortlaut des Art. 2 Nr. 5 ProspektVO noch nach der Praxis der Aufsichtsbehörden setzt der prospektrechtliche Begriff der Asset Backed Securities voraus, dass die ABS-Papiere in **verschiedenen Tranchen** begeben werden, die jeweils unterschiedliche Risiken in Bezug auf das verbriefte Portfolio von Vermögensgegenständen widerspiegeln[1].

2. Art. 2 Nr. 5 lit. a ProspektVO; True-Sale-Verbriefungstransaktionen

Von Art. 2 Nr. 5 lit. a ProspektVO werden insbesondere solche ABS erfasst, bei denen die Emittentin die **Vermögenswerte** wie etwa Darlehens- oder Leasingforderungen **tatsächlich erwirbt**, um dann mit dem Zahlungsstrom aus diesen Vermögenswerten die von ihr emittierten ABS zu bedienen (sog. True-Sale-Verbriefungstransaktion)[2]. Zwar sind – anders als die deutschsprachige Fassung von Art. 2 Nr. 5 lit. a ProspektVO nahezulegen scheint – die Inhaber der ABS auch bei True-Sale-Transaktionen nach deutschem zivilrechtlichen Verständnis weder Inhaber der von der Emittentin erworbenen Vermögenswerte, noch haben sie einen Anspruch auf jederzeitige Übertragung der Vermögenswerte. Vielmehr stehen ihnen in Bezug auf die Vermögenswerte in der Regel (mittelbar) Sicherungsrechte zu, die typischerweise von einem Treuhänder gehalten werden. Die in der englischen Fassung der Prospektverordnung in Art. 2 Nr. 5 lit. a ProspektVO gebrauchte Formulierung *„interest in assets"* verdeutlicht jedoch, dass Asset Backed Securities **nicht die rechtliche Inhaberschaft an den Vermögenswerten**, die ja bei der Emittentin verbleibt (oder allenfalls treuhänderisch auf einen Sicherheitentreuhänder übergeht), vermitteln sollen, sondern eine Berechtigung an den Vermögenswerten in einem weiteren Sinne. Von einer solchen „Berechtigung (Interest)" ist insbesondere die bloße Bezugnahme auf Vermögenswerte, wie sie in Art. 2 Nr. 5 lit. b ProspektVO beschrieben wird, zu unterscheiden.

---

1 Vgl. dagegen den Aspekt der Tranchierung in der Definition von ABS in Art. 4 Abs. 1 Unterabs. 61 CRR sowie im Bereich des Versicherungsaufsichtsrechts der Verweis auf diese Definition im Solvency II-Regelwerk in Art. 1 Nr. 19 der Delegierten Verordnung (EU) 2015/35 der Kommission v. 10.10.2014; siehe auch bereits BaFin, Rundschreiben 1/2002, S. 2.
2 Ebenso *Foelsch* in Holzborn, Art. 2 EU-ProspV Rz. 5. Zum Begriff „True Sale-Transaktion" siehe *Kaiser* in Eilers/Rödding/Schmalenbach, Unternehmensfinanzierung, Kap. E Rz. 87. Zur Struktur von Verbriefungstransaktionen, bei denen die Zweckgesellschaft Forderungen ankauft, sowie zur Unterscheidung zwischen Anleiheemissionen und Conduit-Programmen, die über die Ausgabe von Commercial Paper refinanziert werden, siehe auch *Geiger* in Habersack/Mülbert/Schlitt, Unternehmensfinanzierung am Kapitalmarkt, § 22 Rz. 3 ff.

3. Art. 2 Nr. 5 lit. b ProspektVO; synthetische Verbriefungstransaktionen

13 Dementsprechend soll **Art. 2 Nr. 5 lit. b ProspektVO** offenbar insbesondere solche ABS-Transaktionen erfassen, bei denen **Vermögenswerte** für die Zwecke der Bestimmung der aufgrund der ABS an die Anleihegläubiger zahlbaren Beträge lediglich **in Bezug genommen** werden, ohne dass die Emittentin der ABS die in Bezug genommenen Vermögenswerte tatsächlich erwerben und halten muss (sog. synthetische Verbriefungstransaktionen)[1]. Die Prospektanforderungen für Asset Backed Securities gelten demnach auch für Schuldverschreibungen, die auf Kreditrisiken bezogen sind (*Credit Linked Notes*), soweit sie im Rahmen von synthetischen Verbriefungstransaktionen begeben werden. Bei derartigen Transaktionen wird mittels eines Kreditderivats **lediglich das Kreditausfallrisiko** der als bloße Referenzwerte dienenden Vermögenswerte auf die Emittentin übertragen. Aufgrund der bloß synthetischen, durch Kreditderivate vermittelten Verknüpfung mit den zugrunde liegenden Forderungen bzw. Adressrisiken (das Referenzportfolio), stellen die emittierten Schuldverschreibungen daher keinen Anspruch (auch nicht in dem weiteren Sinne des in der englischen Fassung der ProspektVO verwendeten Begriffs „interest") auf Vermögenswerte iS von Art. 2 Nr. 5 lit. a ProspektVO dar. Da bei synthetischen Verbriefungstransaktionen nicht das verbriefte Forderungsportfolio (Referenzportfolio) selbst erworben wird, werden die Emissionserlöse im Wesentlichen zum Erwerb anderer Vermögenswerte, die eine hohe Bonität aufweisen und als Sicherheit dienen, verwendet. Auch bei synthetischen Verbriefungstransaktionen werden die ABS-Papiere typischerweise von einer Zweckgesellschaft ohne eigenes, sonstiges Vermögen begeben. Die **mit dem Emissionserlös erworbenen Vermögenswerte** dienen den Anleihegläubigern daher als **Sicherheit**, so dass bei diesen Transaktionen die begebenen Schuldverschreibungen regelmäßig – wie von Art. 2 Nr. 5 lit. b ProspektVO verlangt – **mit Vermögenswerten unterlegt** bzw. **besichert** (wie das *„secured by assets"* der englischen Fassung der ProspektVO wohl zutreffender hätte übersetzt werden müssen) sind. Anders als noch die von CESR im Rahmen des Konsultationsverfahrens zunächst vorgeschlagene Definition verlangt der auf CESR's Final Advice beruhende Wortlaut des Art. 2 Nr. 5 lit. b ProspektVO nicht, dass die als Sicherheiten dienenden Vermögenswerte („*secured by assets*") mit den im zweiten Teil von lit. b erwähnten Vermögenswerten identisch sind, die als Referenzwerte für die Bestimmung der Zahlungspflichten dienen (eine solche Identität ist bei synthetischen Verbriefungen – anders als bei True-Sale-ABS – nicht notwendigerweise gegeben).

---

1 So auch *Foelsch* in Holzborn, Art. 2 EU-ProspV Rz. 5. Zum Begriff der „synthetischen Verbriefungstransaktion" siehe *Kaiser* in Eilers/Rödding/Schmalenbach, Unternehmensfinanzierung, Kap. E Rz. 88 mit beispielhaftem Hinweis auf die von der KfW aufgesetzten „Provide"- und „Promise"-Plattformen einschließlich entsprechenden Fundstellen. Zu weiteren Aspekten synthetischer Übertragungen von Kreditrisiken im Vergleich zu True Sale-Transaktionen siehe auch *Behrends/Bierwirth*, Butterworths Journal of International Banking and Financial Law 2007, vol. 22, 391.

4. Von Kreditinstituten begebene Credit Linked Notes

Von synthetischen ABS zu unterscheiden sind gewöhnliche, **unbesicherte** Credit Linked Notes, wie sie insbesondere von **Kreditinstituten** begeben werden. Bei derartigen Credit Linked Notes wird der Emissionserlös nicht zum Erwerb bestimmter Vermögensgegenstände, sondern für allgemeine Geschäftszwecke verwendet. Für die Rückzahlung der Credit Linked Notes haftet die emittierende Bank dementsprechend mit ihrem gesamten eigenen Vermögen. Von klassischen Bankschuldverschreibungen unterscheiden sich diese Credit Linked Notes nur durch das eingebettete Kreditderivat. Sie sind daher derivative Wertpapiere iS von Art. 15 ProspektVO und hinsichtlich der Prospektanforderungen zB den Equity Linked Notes (also Anleihen, deren Zahlungspflichten an die Wertentwicklung von Aktien oder Aktienkörben gekoppelt sind) vergleichbar. Derartige, von Banken begebene Credit Linked Notes sind keine ABS iS von Art. 2 Nr. 5 ProspektVO. Von Kreditinstituten begebene Credit Linked Notes (einschließlich Basket oder Portfolio Credit Linked Notes, deren Zins- und Kapitalrückzahlung an einen Korb bzw. ein Portfolio von Referenzverbindlichkeiten anknüpfen) sind gerade nicht – wie von Art. 2 Nr. 5 lit. b ProspektVO verlangt – mit Vermögenswerten besichert („*secured by assets*"). Dass der Erwerber einer Credit Linked Note bei Ausfall der zugrunde liegenden Referenzverbindlichkeit(en) trotz guter Bonität der emittierenden Bank einen Totalverlust erleiden kann, ist ein Risiko, das in ähnlicher Form auch mit anderen, nicht kapitalgeschützten derivativen Wertpapieren verbunden ist. So ging auch CESR in seiner Beschreibung von Asset Backed Securities im Rahmen des Konsultationsprozesses (siehe oben Rz. 10) davon aus, dass ABS typischerweise von Zweckgesellschaften begeben werden, bei denen mangels einer sonstigen verfügbaren Haftungsmasse regelmäßig eine Besicherung der ABS-Papiere mit den aufgrund der Emission erworbenen Vermögenswerten erfolgt. Kennzeichnend für ABS-Papiere ist insbesondere, dass für die Rückzahlung und für Zinszahlungen nur bestimmte Vermögenswerte als Haftungsmasse zur Verfügung stehen (Rz. 10). Für die Wertpapierbeschreibung von „gewöhnlichen", unbesicherten Credit Linked Notes ist dementsprechend in der Regel Anhang XII ProspektVO maßgeblich (siehe auch Anhang XII ProspektVO Rz. 5 und Rz. 89)[1]. Für die diesbezügliche Emittentenbeschreibung gelten die Anhänge IV, IX oder XI ProspektVO. Das Schema für die Emittentenbeschreibung von ABS-Papieren (Anhang VII ProspektVO) und das ABS-Modul (Anhang VIII ProspektVO) finden auf unbesicherte Credit Linked Notes keine Anwendung.

5. Emissionsplattformen für strukturierte Anleihen/Zertifikate

Dem Grundgedanken der Besicherung und Beschränkung der Haftungsmasse auf bestimmte Vermögenswerte der Emittentin entspricht es ferner, dass die Aufsichtsbehörden (wie etwa die luxemburgische Commission de surveillance financière, CSSF, und die BaFin) umgekehrt auch Emissionen klassischer **derivativer Wert-**

---

[1] Ebenso *Pegel* in Holzborn, Art. 10 EU-ProspV Rz. 6; *Zeising* in Just/Voß/Ritz/Zeising, Anhang XII ProspektVO Rz. 2. Offen hinsichtlich der Anwendbarkeit von Anhang VIII auf Credit Linked Notes jedoch *Foelsch* in Holzborn, Art. 2 EU-ProspV Rz. 5.

papiere iS von Art. 15 Abs. 2 ProspektVO wie etwa strukturierte Anleihen und Zertifikate für den deutschen Privatkundenmarkt in der Praxis immer dann den Vorgaben der Anhänge VII und VIII ProspektVO unterworfen haben, wenn derartige Anleihen/Zertifikate **von Zweckgesellschaften begeben** wurden. Auch daran zeigt sich, dass die Anhänge VII und VIII ProspektVO in der Praxis im Wesentlichen bei Emissionen von Zweckgesellschaften zur Anwendung kommen, und dies unabhängig davon, ob es sich hierbei um ABS-Transaktionen ieS handelt oder ob „klassische" derivative Wertpapiere wie Zertifikate durch eine Zweckgesellschaft emittiert wurden. Allen diesen Fällen ist gemeinsam, dass die von der Zweckgesellschaft begebenen Papiere mit bestimmten Vermögenswerten besichert bzw. gedeckt sind und weiteres, sonstiges Vermögen für die Rückzahlung der Papiere nicht zur Verfügung steht.

6. Pfandbriefe; Covered Bonds

16 Dem von CESR im Rahmen des Konsultationsprozesses beschriebenen Grundtypus von Asset Backed Securities (Rz. 10, 14) entspricht es ferner, dass es trotz gewisser struktureller Ähnlichkeiten mit Asset Backed Securities ausdrücklich nicht beabsichtigt war, etwa auch Pfandbriefe und sog. Covered Bonds den Prospektanforderungen für Asset Backed Securities zu unterwerfen[1]. Bei Pfandbriefen/Covered Bonds besteht neben der Rückgriffsmöglichkeit auf bestimmte, vom sonstigen Vermögen der Emittentin separierte Deckungswerte die **Haftung der emittierenden Bank** uneingeschränkt fort. Die Anhänge VII und VIII ProspektVO gelten daher nicht für Pfandbriefe und Covered Bonds[2]. Dies entspricht auch der Praxis der BaFin bei der Billigung von Prospekten, die Pfandbriefe zum Gegenstand haben.

III. Kombination von Anhang VII und VIII mit anderen Schemata

17 Bei der Erstellung eines Wertpapierprospekts für Asset Backed Securities sind neben der Emittentenbeschreibung nach Anhang VII ProspektVO des Weiteren Angaben zur Wertpapierbeschreibung in den Prospekt aufzunehmen. Die Anforderungen an die **Wertpapierbeschreibung** ergeben sich aus einem Schema für Wertpapierbeschreibungen sowie ergänzend aus den Angaben, die aufgrund des ABS-Moduls nach Anhang VIII ProspektVO in den Prospekt aufzunehmen sind. Gemäß Art. 21 iVm. Anhang XVIII ProspektVO ist für Asset Backed Securities grundsätzlich das Schema für die **Wertpapierbeschreibung für Schuldtitel** (Art. 16 iVm. Anhang XIII ProspektVO für Schuldverschreibungen mit einer Mindeststückelung von 100.000 Euro bzw. – bei kleineren Stückelungen – Art. 8 iVm. Anhang V ProspektVO) zu verwenden. Die Verwendung des Schemas für Schuldtitel setzt voraus, dass der Emittent nach den Emissionsbedingungen verpflichtet ist, dem Anleger mindes-

---

1 Dies ergibt sich aus Erwägungsgrund 13 der ProspektVO. So auch schon CESR's Advice on possible Level 2 Implementing Measures for the Proposed Prospectus Directive of July 2003, paragraph 63.
2 Zu Covered Bonds siehe *Hagen* in Habersack/Mülbert/Schlitt, Unternehmensfinanzierung am Kapitalmarkt, § 19 Rz. 39 f.

tens 100% des Nominalwertes zurückzuzahlen (Art. 16 Abs. 2 und Art. 8 Abs. 2 ProspektVO).

Bei Asset Backed Securities ist der Betrag der Rückzahlung allerdings regelmäßig von der Werthaltigkeit der verbrieften Vermögenswerte abhängig, so dass bei wirtschaftlicher Betrachtungsweise ABS-Papiere regelmäßig einen derivativen Charakter aufweisen. Gleichwohl sieht Art. 21 iVm. Anhang XVIII ProspektVO, Teil 1 unter „Wertpapierbeschreibung" bei Nr. 6 (Asset Backed Securities) lediglich die Kombination der Schemata für Schuldtitel (mit einer Stückelung von weniger als 100.000 Euro oder mit einer Stückelung von mindestens 100.000 Euro) mit dem Modul für Asset Backed Securities vor. Eine Kombination des Schemas für derivative Wertpapiere mit dem Modul für Asset Backed Securities ist dort nicht vorgesehen. Daraus folgt, dass das Schema für die **Wertpapierbeschreibung von derivativen Wertpapieren** (Anhang XII ProspektVO) bei ABS-Papieren grundsätzlich nicht zur Anwendung kommt[1]. Dies ist auch sachgerecht, da bereits das Modul für Asset Backed Securities die Aufnahme von Informationen zu den zugrunde liegenden Vermögenswerten verlangt, so dass es weiterer Informationen zu diesen Vermögenswerten als „Basiswerte" eines derivativen Wertpapiers nach Anhang XII ProspektVO nicht bedarf. Ohnehin ist Anhang XII ProspektVO als Auffang-Schema für Wertpapiere anzusehen, wenn andere Schemata ausscheiden[2]. Bei ABS-Papieren gibt es aber gerade die auf diese Instrumente zugeschnittenen Anhänge VII und VIII. Eine ergänzende Anwendung der Informationspflichten für derivative Wertpapiere gemäß Anhang XII ProspektVO kommt nur dann in Betracht, wenn bei den betreffenden Wertpapieren neben der Tatsache, dass ABS-Papiere naturgemäß mit bestimmten Vermögenswerten unterlegt sind, zusätzlich **weitere derivative Elemente** hinzukommen. Letzteres kann etwa der Fall sein, wenn zB Index-Zertifikate von einer Zweckgesellschaft emittiert werden. Derartige Zertifikate sind regelmäßig mit bestimmten zugrunde liegenden Vermögenswerten besichert, die von dem Emissionserlös erworben werden, so dass sie als ABS-Papiere iS von Anhang VII und VIII anzusehen sind. Darüber hinaus beinhalten Index-Zertifikate aber auch ein auf den betreffenden Index (wie etwa den DAX) bezogenes Derivat. Aufgrund dieses derivativen Elements kann es sachgerecht sein, Informationen gemäß Anhang XII ProspektVO aufzunehmen, die den Informationen zum Basiswert eines von einer Bank emittierten Index-Zertifikats entsprechen. Liegt eine solche separate derivative Komponente jedoch nicht vor, bedarf es der Anwendung des Schemas für derivative Wertpapiere nicht, da entsprechende Informationen über die den ABS-Papieren zugrunde liegenden Vermögensgegenstände schon aufgrund des speziell auf Asset Backed Securities zugeschnittenen ABS-Moduls gemäß Anhang VIII ProspektVO in den Prospekt aufzunehmen sind.

Werden die ABS-Papiere von einem Garantiegeber **garantiert**, so ist ferner **Anhang VI ProspektVO** zu beachten.

---

1 AA *Pegel* in Holzborn, Art. 10 EU-ProspV Rz. 11.
2 Zeising in Just/Voß/Ritz/Zeising, Anhang XII ProspektVO Rz. 1 mwN zur Entstehungsgeschichte des Anhangs XII ProspektVO.

Anhang VII

Mindestangaben für das Registrierungsformular für durch Vermögenswerte unterlegte Wertpapiere („asset backed securities"/ABS) (Schema)

Schrifttum: Siehe Vorbemerkung vor Anhang VII und VIII.

I. Anwendungsbereich 1	IX. Finanzinformationen über Vermögens-, Finanz- und Ertragslage des Emittenten (Ziffer 8)
II. Verantwortliche Personen (Ziffer 1) 2	1. Überblick 27
III. Abschlussprüfer (Ziffer 2) 4	2. Neu gegründete Emittenten (Ziffer 8.1) 30
IV. Risikofaktoren (Ziffer 3) 5	3. Emittenten, die ihre Geschäftstätigkeit bereits aufgenommen haben (Ziffer 8.2 und 8.2a) 32
V. Angaben über den Emittenten (Ziffer 4) 13	4. Schieds- und Gerichtsverfahren und bedeutende negative Veränderungen (Ziffer 8.3 und 8.4) 35
VI. Geschäftsüberblick (Ziffer 5)	
1. Überblick 16	
2. Haupttätigkeitsbereiche des Emittenten (Ziffer 5.1) 17	
3. Gesamtüberblick über die Beteiligten des Verbriefungsprogramms (Ziffer 5.2) 19	X. Angaben von Seiten Dritter, Erklärungen von Seiten Sachverständiger und Interessenerklärungen (Ziffer 9) 37
VII. Verwaltungs-, Geschäftsführungs- und Aufsichtsorgane (Ziffer 6) 21	XI. Einsehbare Dokumente (Ziffer 10) 39
VIII. Hauptaktionäre (Ziffer 7) 25	

I. Anwendungsbereich

1 Anhang VII ProspektVO gilt aufgrund von Art. 10 ProspektVO[1] für die Emittentenbeschreibung in Prospekten für Asset Backed Securities[2].

II. Verantwortliche Personen (Ziffer 1)

1. Verantwortliche Personen

1.1. Alle Personen, die für die im Registrierungsformular gemachten Angaben bzw. für bestimmte Abschnitte des Registrierungsformulars verantwortlich

---

[1] Art. 10 ProspektVO: Die Angaben für das Registrierungsformular für durch Vermögenswerte unterlegte Wertpapiere werden gemäß dem in Anhang VII ProspektVO festgelegten Schema zusammengestellt.
[2] Zum Begriff der „Asset Backed Securities" siehe oben Vor Anhang VII, VIII EU-ProspektVO Rz. 8 ff.

sind. Im letzteren Fall sind die entsprechenden Abschnitte aufzunehmen. Im Falle von natürlichen Personen, zu denen auch Mitglieder der Verwaltungs-, Geschäftsführungs- und Aufsichtsorgane des Emittenten gehören, sind der Name und die Funktion dieser Person zu nennen. Bei juristischen Personen sind Name und eingetragener Sitz der Gesellschaft anzugeben.

1.2. Erklärung der für das Registrierungsformular verantwortlichen Personen, dass sie die erforderliche Sorgfalt haben walten lassen, um sicherzustellen, dass die im Registrierungsformular genannten Angaben ihres Wissens nach richtig sind und keine Tatsachen ausgelassen worden sind, die die Aussage des Registrierungsformulars wahrscheinlich verändern. Ggf. Erklärung der für bestimmte Abschnitte des Registrierungsformulars verantwortlichen Personen, dass sie die erforderliche Sorgfalt haben walten lassen, um sicherzustellen, dass die in dem Teil des Registrierungsformulars genannten Angaben, für den sie verantwortlich sind, ihres Wissens nach richtig sind und keine Tatsachen ausgelassen worden sind, die die Aussage des Registrierungsformulars wahrscheinlich verändern.

Grundsätzlich gelten bei ABS-Papieren die **allgemeinen Regeln der Verantwortungsübernahme** in Wertpapierprospekten (siehe dazu näher § 5 WpPG Rz. 53 ff. und Anhang I EU-ProspektVO Ziffer 1 Rz. 2 ff.). Nach deutschem Recht, dh. im Fall von bei der BaFin eingereichten und nach dem Wertpapierprospektgesetz geprüften Prospekten, muss jedenfalls eine Person die Gesamtverantwortung für den Prospekt übernehmen (§ 5 Abs. 4 WpPG). Dies wird regelmäßig der Emittent (und im Fall der Börsenzulassung auch die den Zulassungsantrag stellende emissionsbegleitende Bank) sein. Eine Verantwortungsübernahme für nur einen Teil des Prospektes ist nach deutschem Recht nicht vorgesehen. Bei ABS-Prospekten, für die neben den Anforderungen der **luxemburgischen CSSF** aufgrund der Bedeutung der Börsenzulassungen und Prospekteinreichungen in Irland insbesondere die aufsichtsrechtliche Praxis der **irischen Aufsichtsbehörde** (*Irish Financial Services Regulatory Authority*) von Bedeutung sind, ist es allerdings durchaus üblich, dass etwa die **Verantwortung für die Beschreibungen der Transaktionsbeteiligten** (zB gemäß den Ziffern 3.2, 3.7 und 3.8 von Anhang VIII ProspektVO) nicht von dem Emittenten, sondern von dem jeweiligen **Transaktionsbeteiligten** übernommen wird. 2

Von der Übernahme der Verantwortung im Prospekt zu unterscheiden sind die Prospektverantwortlichen im Sinne der **Prospekthaftung**, deren Kreis über diejenigen, die ausdrücklich die Prospektverantwortung übernommen haben, hinausgehen kann (zu den Prospektverantwortlichen im Rahmen der Prospekthaftung siehe §§ 21–23 WpPG Rz. 74 ff.). 3

III. Abschlussprüfer (Ziffer 2)

2. Abschlussprüfer

2.1. Namen und Anschrift der Abschlussprüfer des Emittenten, die für den von den historischen Finanzinformationen abgedeckten Zeitraum zuständig waren (einschließlich der Angabe ihrer Mitgliedschaft in einer Berufsvereinigung).

4   Hier ergeben sich keine Besonderheiten, so dass auf die Ausführungen zu Anhang I Ziffer 2.1 ProspektVO verwiesen werden kann.

IV. Risikofaktoren (Ziffer 3)

3. Risikofaktoren

3.1. Vorrangige Offenlegung von Risikofaktoren, die für den Emittenten oder seine Branche spezifisch sind, und zwar unter der Rubrik „Risikofaktoren".

5   Die emittentenbezogenen Risikofaktoren unterscheiden sich im Fall von ABS-Papieren, die durch eine Zweckgesellschaft begeben werden, signifikant von den Risikofaktoren anderer Gesellschaften. Bei Emittenten von ABS-Papieren handelt es sich typischerweise um Zweckgesellschaften, die ausschließlich zum Zweck der Emission der betreffenden Wertpapiere gegründet werden („special purpose vehicles", SPVs). Dementsprechend besitzen derartige Zweckgesellschaften über die den ABS-Papieren zugrunde liegenden Vermögenswerte hinaus **kein eigenes Vermögen** und sie verfügen **weder** über ein **eigenes sonstiges Einkommen** in nennenswertem Umfang **noch** über ein **eigenständiges operatives Geschäft**. Mitunter werden derartige Gesellschaften für die Durchführung mehrerer Emissionen von ABS-Papieren gegründet. Derartige „multi-purpose vehicles" sind dadurch gekennzeichnet, dass die den jeweiligen Wertpapieremissionen zugrunde liegenden Vermögensmassen aufgrund einer Compartment- oder Protected Cell-Struktur strikt getrennt sind. In diesen Fällen besitzt das SPV zwar weitere, über die konkrete Emission hinausgehende Vermögenswerte. Für die Anleger einer bestimmten Emission steht jedoch grundsätzlich nur die dieser Emission zugeordnete Vermögensmasse zur Verfügung. Während sich hieraus spezifische neue Anforderungen an die Darstellung des Emittenten ergeben, entfallen eine Reihe anderer unternehmenstypischer Risiken, die mit der Geschäftstätigkeit von Unternehmen und Banken regelmäßig verbunden sind.

6   Aufgrund dieser Besonderheiten enthalten die emittentenbezogenen Risikofaktoren regelmäßig Ausführungen dahingehend, dass die Emittentin ausschließlich die betreffenden Wertpapiere emittiert, abgesehen von den mit dem Erlös aus der Emission von Schuldverschreibungen erworbenen Vermögensgegenständen und dem hiermit verbundenen Zahlungsstrom **keine weiteren Einkünfte und kein für ihre Bonität relevantes allgemeines Vermögen der Emittentin** für die Verzinsung und Rückzahlung zur Verfügung steht und die Rückzahlung und Verzinsung daher ausschließlich von der Werthaltigkeit der der Emission zugrunde liegenden Vermögenswerte abhängt. Hiervon zu unterscheiden sind die mit den zugrunde liegenden Vermögens-

werten selbst verbundenen Risiken. Diese sind im Rahmen der wertpapierbezogenen Risikofaktoren darzustellen[1].

Ist die betreffende Zweckgesellschaft für mehr als eine Emission von ABS-Papieren gegründet, so wird ferner regelmäßig darauf hingewiesen, dass für die Rückzahlung und Verzinsung jeweils nur die **Vermögenswerte** zur Verfügung stehen, **die der jeweiligen Emission zugeordnet sind.** Diese Separierung jeder einzelnen Emission und Vermögensmasse durch vertragliche (sog. *Limited Recourse*-Klauseln) oder gesetzliche Regelungen hat zwar in erster Linie eine Schutzfunktion und soll das Risiko der Anleger einer bestimmten Serie von ABS-Papieren vor einer Inanspruchnahme der dieser Emission zugewiesenen Vermögenswerte durch Anleger anderer Serien sowie das Risiko einer Insolvenz verringern. Da die Anleger einer von Verlusten betroffenen Serie jedoch aufgrund dieser Struktur keinen Zugriff auf weitere Vermögenswerte auch anderer Serien haben und dies von dem allgemeinen Grundsatz, dass ein Emittent mit seinem gesamten Vermögen haftet, abweicht, wird insbesondere bei von Zweckgesellschaften an Privatanleger emittierten Schuldverschreibungen in der Regel ein entsprechender Hinweis in die Risikofaktoren aufgenommen.

Sollte darüber hinaus das Risiko bestehen, dass zur Deckung **allgemeiner Kosten** der Emittentin im schlimmsten Falle auch Vermögenswerte herangezogen werden können, die an sich für die Bedienung von Zahlungen aufgrund der ABS-Papiere vorgesehen sind, so stellt dieses ebenfalls einen ABS-spezifischen Risikofaktor dar.

Häufig wird bei ABS-Papieren eine **Zahlungsreihenfolge** vorgesehen, wonach im Fall nicht ausreichender Mittel laufende Zahlungen und/oder Erlöse bei Verwertung der zugrunde liegenden Vermögenswerte den verschiedenen Gläubigern der Emittentin in Bezug auf die betreffende Emission bzw. das jeweilige Compartment nach Maßgabe einer Rangfolge ausgezahlt werden. Hier wird nicht selten das Risiko bestehen, dass bei einem Zahlungsausfall den Ansprüchen der Anleger bestimmte Ansprüche wie etwa Forderungen eines Sicherheitentreuhänders in der Rangfolge vorgehen (zur Zahlungsreihenfolge siehe unten Anhang VIII Ziffer 3.4.6 EU-ProspektVO Rz. 41) und für die Anleger entsprechend weniger Mittel zur Verfügung stehen.

Eine weitere Besonderheit ist der bei ABS-Emissionen übliche **Verzicht auf das Recht, Insolvenzantrag zu stellen.** Dies betrifft alle Transaktionsbeteiligte einschließlich der Anleihegläubiger. Auch wenn diese Bestimmungen der Stabilisierung der Transaktion und der Struktur dienen und damit grundsätzlich im Interesse aller Beteiligten liegen, ist hiermit eine Abweichung von den üblichen Gläubigerrechten verbunden, bei der in Betracht gezogen werden kann, sie als Risikofaktor zumindest bei ABS-Strukturen, in die Privatanleger investieren, in den Prospekt aufzunehmen.

Anhang VII Ziffer 3 ProspektVO verlangt darüber hinaus die Darstellung von Risikofaktoren, die für die **Branche** der Emittentin spezifisch sind. Diese Anforderung, die wortgleich mit den Vorgaben für die Emittentenbeschreibung bei anderen Wertpapieren ist, hat für den Hauptfall der Emission von ABS-Papieren, die Begebung

---

[1] Ebenso *Pegel* in Holzborn, Anh. VII EU-ProspV Rz. 5.

durch eine Zweckgesellschaft, keine eigenständige Bedeutung[1]. Aufgrund der Besonderheiten der Zweckgesellschaft gibt es mangels eines operativen Geschäfts der Emittentin über die oben dargelegten Risiken hinaus regelmäßig keine Risiken, die als „branchenspezifisch" angesehen werden können.

12 Bei den **Risiken**, die mit den **Schuldnern der zugrunde liegenden Vermögenswerte** verbunden sind, handelt es sich auch dann, wenn die zugrunde liegenden Vermögenswerte Wertpapiere sind, nicht um emittentenbezogene Risiken iS der Ziffer 3 von Anhang VII ProspektVO, sondern um **wertpapierbezogene Risiken**. Die Aufnahme von Risiken, die mit der Bonität der Schuldner der Vermögenswerte verbunden sind, kann sich dabei insbesondere nach Ziffer 2.2.2011 lit. a von Anhang VIII ProspektVO richten, die ihrerseits wiederum auf die Anforderungen des Registrierungsformulars für Emittenten von Schuldtiteln und derivativen Wertpapieren mit einer Mindeststückelung von 100.000 Euro verweist (näher dazu Anhang VIII Ziffer 2.2.11 EU-ProspektVO Rz. 22).

V. Angaben über den Emittenten (Ziffer 4)

4. Angaben über den Emittenten
4.1. Erklärung, ob der Emittent als eine Zweckgesellschaft gegründet wurde oder als Unternehmen für den Zweck der Emission von ABS;
4.2. Juristischer und kommerzieller Name des Emittenten;
4.3. Ort der Registrierung des Emittenten und seine Registrierungsnummer;
4.4. Datum der Gründung und Existenzdauer des Emittenten, soweit diese nicht unbefristet ist;
4.5. Sitz und Rechtsform des Emittenten; Rechtsordnung, in der er tätig ist; Land der Gründung der Gesellschaft; Anschrift und Telefonnummer seines eingetragenen Sitzes (oder Hauptort der Geschäftstätigkeit, falls nicht mit dem eingetragenen Sitz identisch);
4.6. Angabe des Betrags des genehmigten und ausgegebenen Kapitals sowie des Kapitals, dessen Ausgabe bereits genehmigt ist, sowie Zahl und Kategorie der Wertpapiere, aus denen es sich zusammensetzt.

13 Eine Besonderheit im Vergleich zu den allgemeinen Anforderungen an eine Emittentenbeschreibung bei Anleihen (siehe hierzu Anhang IV Ziffer 5 und Anhang IX Ziffer 4 ProspektVO) ergibt sich hier im Wesentlichen aus der Anforderung, die **Erklärung nach Anhang VII Ziffer 4.1 ProspektVO** hinsichtlich der Gründung der Emittentin als Zweckgesellschaft in den Prospekt aufzunehmen. Die deutsche Fassung von Ziffer 4.1 scheint dabei auf den ersten Blick nach ihrem Wortlaut und aufgrund des etwas unglücklichen Satzbaus zwischen der Gründung einer **Zweckgesellschaft** (ohne Bezug auf die Emission von ABS-Papieren) und der Gründung eines **sonstigen Unternehmens** spezifisch für den Zweck der Emission von ABS zu unterscheiden. Dies ist jedoch lediglich der Übersetzung geschuldet. Aus der englischen

---
[1] Ebenso *Pegel* in Holzborn, Anh. VII EU-ProspV Rz. 5.

Fassung von Ziffer 4.1 ergibt sich, dass sowohl der Begriff des *special purpose vehicle* (in der deutschen Fassung als „Zweckgesellschaft" wiedergegeben) als auch der Begriff der *entity* (in der deutschen Fassung mit dem Wort „Unternehmen" übersetzt) den **Zweck der Emission von ABS** verfolgen müssen und die Erklärung nach Ziffer 4.1 dementsprechend zu formulieren ist. Die Nennung der beiden Begriffe *special purpose vehicle* und *entity* in Ziffer 4.1 soll offenbar dem Umstand Rechnung tragen, dass derartige, für die Begebung von ABS gegründete Emissionsgesellschaften ganz unterschiedliche Strukturen und Rechtsformen in den jeweiligen Rechtsordnungen, die für ihre Gründung maßgeblich sind, aufweisen können. In der Praxis wird die Erklärung in der Regel daher den Inhalt haben, dass die Emittentin als Zweckgesellschaft zur Begebung von Asset Backed Securities gegründet wurde[1].

Das Erfordernis, eine Erklärung nach Anhang VII Ziffer 4.1 ProspektVO abzugeben, zeigt implizit, dass die Anwendung des Anhangs VII nicht auf Zweckgesellschaften beschränkt ist (siehe dazu Vor Anhang VII, Anhang VIII EU-ProspektVO Rz. 10), auch wenn viele der in Anhang VII enthaltenen Regelungen speziell auf Zweckgesellschaften zugeschnitten sind. Übt die Emittentin außer der Emission von ABS **noch weitere Geschäftstätigkeiten** aus, kann die Gründung als reine, der Begebung von ABS dienende Zweckgesellschaft dementsprechend im Prospekt nicht gemäß Anhang VII Ziffer 4.1 bestätigt werden. 14

Hinsichtlich der übrigen Anforderungen (**Anhang VII Ziffer 4.2 bis Ziffer 4.6 ProspektVO**) gelten die allgemeinen Grundsätze (siehe Anhang IV Ziffer 5 und Anhang IX Ziffer 4 ProspektVO), wobei im ABS-Bereich die in der Praxis im Vergleich zu anderen Wertpapieremissionen vorzufindende größere Vielfalt möglicher Rechtsformen und Strukturen dazu führen kann, dass insbesondere bei Zweckgesellschaften, die nicht eine verbreitete **Rechtsform** einer Kapitalgesellschaft (wie GmbH, Limited, PLC) aufweisen, eine ausführlichere Beschreibung der Rechtsform geboten sein kann. 15

VI. Geschäftsüberblick (Ziffer 5)

5. Geschäftsüberblick
5.1. Kurze Beschreibung der Haupttätigkeitsbereiche des Emittenten.
5.2. Gesamtüberblick über die Teilnehmer des Verbriefungsprogramms, einschließlich Angaben über direkte oder indirekte Besitz- oder Kontrollverhältnisse zwischen diesen Teilnehmern.

1. Überblick

Anhang VII Ziffer 5 ProspektVO enthält Vorgaben für die Beschreibung der **Geschäftstätigkeit der Emittentin**, die im Vergleich zu Emittentenbeschreibungen bei anderen Wertpapieremissionen den Anforderungen von ABS-Emissionen und den 16

---
1 So auch *Pegel* in Holzborn, Anh. VII EU-ProspV Rz. 18 mit Fn. 47.

hierbei üblichen Emittenten Rechnung tragen. Der Beschränkung der eigentlichen Beschreibung der Geschäftstätigkeit des Emittenten auf eine **Kurzbeschreibung** steht eine über die bloße Emittentenbeschreibung hinausgehende Erweiterung der Prospektangaben auf einen Überblick über sämtliche „Teilnehmer des Verbriefungsprogramms" gegenüber. Dies trägt dem Umstand Rechnung, dass bei ABS-Emissionen die Emittentin selbst typischerweise von untergeordneter Bedeutung ist und der Anleger statt einer umfassenden Emittentenbeschreibung auch Informationen über weitere Beteiligte erhalten soll.

2. Haupttätigkeitsbereiche des Emittenten (Ziffer 5.1)

17 Nach Anhang VII Ziffer 5.1 ProspektVO ist lediglich eine **Kurzbeschreibung** der Haupttätigkeitsbereiche des Emittenten in den Prospekt aufzunehmen. Eine vergleichbare Regelung enthält auch Anhang IX Ziffer 5.1.1 ProspektVO in Bezug auf Schuldverschreibungen und derivative Wertpapiere mit einer Mindeststückelung von 100.000 Euro. Die Gleichbehandlung dieser beiden Arten von Wertpapieren hinsichtlich des Umfangs der Emittentenbeschreibung erscheint schon deshalb sachgerecht, weil ABS-Papiere – abgesehen von bestimmten, über Verbriefungsvehikel emittierten strukturierten Produkten für Privatanleger – überwiegend institutionellen Investoren mit einer Mindeststückelung von 100.000 Euro angeboten werden. Wichtiger noch als diese eher faktische Parallelität zu den von Anhang IX ProspektVO erfassten Emissionen ist jedoch der Anhang VII Ziffer 5.1.1 ProspektVO zugrunde liegende Gedanke, dass im Vergleich zu Aktien und gewöhnlichen Schuldverschreibungen die Geschäftstätigkeit des Emittenten bei ABS-Papieren regelmäßig von geringerer Bedeutung ist, da es vor allem auf die Werthaltigkeit der als Deckung dienenden Vermögenswerte ankommt. Daher wird mit Recht hinsichtlich des Umfangs der Emittentenbeschreibung bei ABS-Papieren nicht zwischen Emissionen mit einer Mindeststückelung von 100.000 Euro und Emissionen mit einer geringeren Stückelung unterschieden.

18 Im Regelfall der Emission von ABS durch eine Zweckgesellschaft beschränkt sich die Geschäftstätigkeit der Emittentin auf die **Emission der betreffenden Wertpapiere** und die damit verbundenen Geschäfte und Vertragsabschlüsse. Schon aus diesem Grund kann in derartigen Fällen die Beschreibung der Haupttätigkeit der Emittentin regelmäßig recht knapp gehalten werden, zB durch Wiedergabe des in der Satzung der Emittentin niedergelegten Geschäftszwecks.

3. Gesamtüberblick über die Beteiligten des Verbriefungsprogramms (Ziffer 5.2)

19 Neben der kurzen Beschreibung der Hauptgeschäftstätigkeit der Emittentin ist ein Gesamtüberblick über die Teilnehmer des Verbriefungsprogramms in die Emittentenbeschreibung aufzunehmen. Dabei stellt sich die Frage, was unter dem „**Verbriefungsprogramm**" iS von Anhang VII Ziffer 5.2 ProspektVO zu verstehen ist. Dieser ausschließlich in Ziffer 5.2 verwendete Begriff ist weder marktüblich noch ist er in der ProspektVO definiert oder Bestandteil der Definition von Asset Backed Securities.

Bei Prospekten für Angebotsprogramme und im Fall von ABS-Conduits wäre die Verwendung des Begriffs „Verbriefungsprogramm" verständlich. Ziffer 5.2 scheint angesichts des bestimmten Artikels („des Verbriefungsprogramms") jedoch davon auszugehen, dass jedem Registrierungsformular für ABS-Emittenten ein Verbriefungsprogramm immanent ist, auch wenn die Emittentin nur für eine einzige Verbriefungstransaktion gegründet wurde. Ferner beinhaltet eine Verbriefungstransaktion regelmäßig die Emission mehrerer Schuldverschreibungen mit unterschiedlicher Risikobeteiligung am verbrieften Portfolio und unterschiedlichem Rating. Schließlich ist zu berücksichtigen, dass ein Registrierungsformular, wenn es im Rahmen eines dreiteiligen Prospekts als selbständiges Dokument erstellt wird, seiner Konzeption nach grundsätzlich für eine Mehrzahl von Emissionen verwendet werden kann[1]. Vor diesem Hintergrund wird man die Anwendung von Anhang VII Ziffer 5.2 ProspektVO wohl nicht auf sog. Angebotsprogramme für eine Vielzahl von Emissionen, für die Basisprospekte erstellt werden, beschränken können[2], zumal derartige Angebotsprogramme und die damit einhergehende Verwendung eines Basisprospekts nur für einen geringen Teil der Wertpapieremissionen, auf die Anhang VII ProspektVO anwendbar ist, von Bedeutung sind[3]. Andererseits wird man, auch im Hinblick auf Anhang VIII Ziffer 3.2 ProspektVO, zwischen den Beteiligten des Verbriefungsprogramms und den Parteien der konkreten Wertpapieremission unterscheiden müssen.

Dies zeigt sich bei der Festlegung, auf welche „Teilnehmer" (die englische Fassung spricht hier von „parties") eines solchen Verbriefungsprogramms sich die überblicksartige Darstellung beziehen muss. Da Anhang VII ProspektVO die Anforderungen für die Emittentenbeschreibung enthält, kann es sich hierbei nur um **emittentenbezogene Beteiligte**, nicht jedoch um transaktionsbezogene Parteien handeln. Der Zweck der Vorschrift liegt insbesondere in der Transparenz auf Emittentenseite. Daher muss der Überblick über die an dem Verbriefungsprogramm Beteiligten auch Angaben zu etwaigen direkten oder indirekten Beherrschungsverhältnissen (*direct or indirect control*) zwischen den am Verbriefungsprogramm Beteiligten beinhalten. Dabei ist bei Emittenten, die Zweckgesellschaften sind, in erster Linie an den sog. Corporate Services Provider zu denken, also die Servicegesellschaft, welche die gesellschaftsrechtlichen Verwaltungsfunktionen der Emittentin ausübt und typischerweise auch die Direktoren/Verwaltungsräte der Emittentin stellt.

20

---

1 Ein selbständiges Registrierungsformular wird bei ABS in der Praxis allerdings selten verwendet.
2 Im Ergebnis ebenso *Pegel* in Holzborn, Anh. VII EU-ProspV Rz. 25.
3 Angebotsprogramme und Basisprospekte finden sich etwa bei Verbriefungsvehikeln für die Emission von strukturierten Produkten für Privatkunden, bei denen es sich jedoch nicht um Verbriefungstransaktionen im eigentlichen Sinn handelt.

VII. Verwaltungs-, Geschäftsführungs- und Aufsichtsorgane (Ziffer 6)

6. Verwaltungs-, Geschäftsführungs- und Aufsichtsorgane

6.1. Name und Geschäftsanschrift nachstehender Personen sowie ihre Stellung beim Emittenten unter Angabe der wichtigsten Tätigkeiten, die sie außerhalb des Emittenten ausüben, sofern diese für den Emittenten von Bedeutung sind:

a) Mitglieder der Verwaltungs-, Geschäftsführungs- oder Aufsichtsorgane;

b) persönlich haftende Gesellschafter bei einer Kommanditgesellschaft auf Aktien.

21 Grundsätzlich gelten hinsichtlich der Verwaltungs-, Geschäftsführungs- und Aufsichtsorgane bei Emittenten von ABS **keine Besonderheiten** gegenüber anderen Emittenten, so dass weitgehend auf die diesbezüglichen Kommentierungen im Rahmen der Anhänge I, IV und IX ProspektVO verwiesen werden kann.

22 Ist eine **deutsche Zweckgesellschaft** Emittentin, so wird es sich regelmäßig um eine Gesellschaft mit beschränkter Haftung (GmbH) bzw. eine Unternehmergesellschaft (UG [haftungsbeschränkt]) handeln, deren Geschäftsführer hier zu nennen ist bzw. sind. Einen Aufsichtsrat gibt es bei einer solchen deutschen Zweckgesellschaft regelmäßig nicht. Bei **ausländischen Zweckgesellschaften**, auch wenn es sich um ausländische Aktiengesellschaften handelt, sind für die Zwecke von Anhang VII Ziffer 6 lit. a ProspektVO entsprechend des im Ausland vorherrschenden einstufigen Board-Modells regelmäßig Angaben zu den Direktoren/Verwaltungsräten in den Prospekt aufzunehmen.

23 Handelt es sich bei der Emittentin um eine Zweckgesellschaft in der Rechtsform einer **Personengesellschaft**, was in der Praxis bei ausländischen Zweckgesellschaften der Fall sein kann, so sind gemäß Anhang VII Ziffer 6 lit. b ProspektVO auch Angaben zu dem persönlich haftenden Gesellschafter (*partner with unlimited liability*) in den Prospekt aufzunehmen.

24 Bei Emittenten, die Zweckgesellschaften sind, ist insbesondere zu beachten, dass die **Geschäftsführer** (bzw. bei ausländischen Gesellschaften: Verwaltungsräte/Direktoren) oftmals **Tätigkeiten außerhalb der Emittentin** ausüben, die für die Emittentin von Bedeutung sind. So sind die Geschäftsführer bzw. Direktoren oder Verwaltungsräte typischerweise auch Mitglied der Geschäftsführung und/oder Angestellte des Corporate Services Providers, der entsprechende gesellschaftsrechtliche und administrative Dienstleistungen gegenüber der Emittentin erbringt.

VIII. Hauptaktionäre (Ziffer 7)

7. Hauptaktionäre
7.1. Sofern dem Emittenten bekannt, Angabe, ob an dem Emittenten unmittelbare oder mittelbare Beteiligungen oder Beherrschungsverhältnisse bestehen, und wer diese Beteiligungen hält bzw. diese Beherrschung ausübt. Beschreibung der Art und Weise einer derartigen Kontrolle und der vorhandenen Maßnahmen zur Verhinderung des Missbrauchs einer derartigen Kontrolle.

Die Angaben zu den **Beteiligungs- und Beherrschungsverhältnissen** beim Emittenten entsprechen im Kern den Erfordernissen, wie sie auch bei anderen Wertpapieremissionen gelten. Insofern bestehen bei ABS-Emittenten grundsätzlich keine Besonderheiten. Zumindest hinsichtlich solcher Emittenten, die keine Zweckgesellschaft sind, kann daher auf die Kommentierung zu Anhang I Ziffern 18.3 und 18.4 ProspektVO verwiesen werden (Anhang I EU-ProspektVO Rz. 152 ff.). Zu beachten ist hierbei, dass im Rahmen des Anhangs VII ProspektVO keine Beschreibung von Vereinbarungen, auf deren Grundlage es später zu einer Veränderung der Beherrschungsverhältnisse kommen kann (vgl. Anhang IV Ziffer 12.2, Anhang IX Ziffer 10.2 ProspektVO), in den Prospekt aufzunehmen ist.

Bei **Zweckgesellschaften** handelt es sich in der Regel um eine **sog. Orphan-Gesellschaft**, dh. ihre Anteile werden von keinem der an der Verbriefungstransaktion Beteiligten, insbesondere auch nicht vom Originator gehalten, da die Zweckgesellschaft vom Schicksal und Einfluss des Originators oder anderer Beteiligter nach Möglichkeit abgekoppelt sein soll und die Rating-Agenturen eine Zweckgesellschaft, die Tochtergesellschaft des Originators ist, regelmäßig nicht als Emittentin akzeptieren. Die Anteile an einem solchen „orphan" werden daher zumeist von einem Charitable Trust bzw. einer Stiftung gehalten, auf die sich dementsprechend dann auch die Angaben nach Anhang VII Ziffer 7 ProspektVO beziehen müssen.

IX. Finanzinformationen über Vermögens-, Finanz- und Ertragslage des Emittenten (Ziffer 8)

8. Finanzinformationen über Vermögens-, Finanz- und Ertragslage des Emittenten
8.1. Hat ein Emittent seit seiner Gründung oder Niederlassung noch nicht mit der Geschäftstätigkeit begonnen und wurde zum Termin der Abfassung des Registrierungsformulars noch kein Jahresabschluss erstellt, so ist in dem Registrierungsformular ein entsprechender Vermerk aufzunehmen.
8.2. Historische Finanzinformationen
Hat ein Emittent seit seiner Gründung oder Niederlassung bereits mit der Geschäftstätigkeit begonnen und wurde ein Jahresabschluss erstellt, so sind in dem Registrierungsformular geprüfte historische Finanzinformationen aufzunehmen, die die letzten zwei Geschäftsjahre abdecken (bzw. einen entsprechenden kürzeren Zeitraum, während dessen der Emittent tätig war),

sowie ein Bestätigungsvermerk für jedes Geschäftsjahr. Hat der Emittent in der Zeit, für die historische Finanzinformationen beizubringen sind, seinen Bilanzstichtag geändert, so decken die geprüften historischen Finanzinformationen mindestens 24 Monate oder – sollte der Emittent seiner Geschäftstätigkeit noch keine 24 Monate nachgegangen sein – den gesamten Zeitraum seiner Geschäftstätigkeit ab. Derartige Finanzinformationen sind gemäß der Verordnung (EG) Nr. 1606/2002 zu erstellen bzw. für den Fall, dass diese Verordnung nicht anwendbar ist, gemäß den nationalen Rechnungslegungsgrundsätzen eines Mitgliedstaats, wenn der Emittent aus der Gemeinschaft stammt. Bei Emittenten aus Drittstaaten sind diese Finanzinformationen nach den im Verfahren des Artikels 3 der Verordnung (EG) Nr. 1606/2002 übernommenen internationalen Rechnungslegungsstandards oder nach diesen Standards gleichwertigen nationalen Rechnungslegungsgrundsätzen eines Drittstaates zu erstellen. Ist keine Äquivalenz zu den Standards gegeben, so sind die Finanzinformationen in Form eines neu zu erstellenden Jahresabschlusses vorzulegen.

Die historischen Finanzinformationen müssen für das jüngste Geschäftsjahr in einer Form dargestellt und erstellt werden, die mit der konsistent ist, die im folgenden veröffentlichten Jahresabschluss des Emittenten zur Anwendung gelangen wird, wobei Rechnungslegungsstandards und -strategien sowie die Rechtsvorschriften zu berücksichtigen sind, die auf derlei Jahresabschlüsse Anwendung finden.

Ist der Emittent in seiner aktuellen Wirtschaftsbranche weniger als ein Jahr tätig, so sind die geprüften historischen Finanzinformationen für diesen Zeitraum gemäß den Standards zu erstellen, die auf Jahresabschlüsse im Sinne der Verordnung (EG) Nr. 1606/2002 anwendbar sind bzw. für den Fall, dass diese Verordnung nicht anwendbar ist, gemäß den nationalen Rechnungslegungsgrundsätzen eines Mitgliedstaats, wenn der Emittent aus der Gemeinschaft stammt. Bei Emittenten aus Drittstaaten sind diese historischen Finanzinformationen nach den im Verfahren des Artikels 3 der Verordnung (EG) Nr. 1606/2002 übernommenen internationalen Rechnungslegungsstandards oder nach diesen Standards gleichwertigen nationalen Rechnungslegungsgrundsätzen eines Drittstaates zu erstellen. Diese historischen Finanzinformationen müssen geprüft worden sein.

Wurden die geprüften Finanzinformationen gemäß nationaler Rechnungslegungsgrundsätze erstellt, dann müssen die unter dieser Rubrik geforderten Finanzinformationen zumindest Folgendes enthalten:

a) die Bilanz;

b) die Gewinn- und Verlustrechnung;

c) die Rechnungslegungsstrategien und erläuternde Anmerkungen.

Die historischen jährlichen Finanzinformationen müssen unabhängig und in Übereinstimmung mit den in dem jeweiligen Mitgliedstaat anwendbaren Prüfungsstandards oder einem äquivalenten Standard geprüft worden sein oder es muss für das Registrierungsformular vermerkt werden, ob sie in Übereinstimmung mit dem in dem jeweiligen Mitgliedstaat anwendbaren

Prüfungsstandard oder einem äquivalenten Standard ein den tatsächlichen Verhältnissen entsprechendes Bild vermitteln.

8.2a. Dieser Absatz darf lediglich auf Emissionen von ABS mit einer Mindeststückelung von 100 000 EUR angewandt werden

Hat ein Emittent seit seiner Gründung oder Niederlassung bereits mit der Geschäftstätigkeit begonnen und wurde ein Jahresabschluss erstellt, so sind in dem Registrierungsformular geprüfte historische Finanzinformationen aufzunehmen, die die letzten zwei Geschäftsjahre abdecken (bzw. einen entsprechenden kürzeren Zeitraum, während dessen der Emittent tätig war), sowie ein Bestätigungsvermerk für jedes Geschäftsjahr. Hat der Emittent in der Zeit, für die historische Finanzinformationen beizubringen sind, seinen Bilanzstichtag geändert, so decken die geprüften historischen Finanzinformationen mindestens 24 Monate oder – sollte der Emittent seiner Geschäftstätigkeit noch keine 24 Monate nachgegangen sein – den gesamten Zeitraum seiner Geschäftstätigkeit ab. Derartige Finanzinformationen sind gemäß der Verordnung (EG) Nr. 1606/2002 zu erstellen bzw. für den Fall, dass diese Verordnung nicht anwendbar ist, gemäß den nationalen Rechnungslegungsgrundsätzen eines Mitgliedstaats, wenn der Emittent aus der Gemeinschaft stammt. Bei Emittenten aus Drittstaaten sind diese Finanzinformationen nach den im Verfahren des Artikels 3 der Verordnung (EG) Nr. 1606/2002 übernommenen internationalen Rechnungslegungsstandards oder nach diesen Standards gleichwertigen nationalen Rechnungslegungsgrundsätzen eines Drittstaates zu erstellen. Ansonsten müssen folgende Angaben in das Registrierungsformular aufgenommen werden:

a) Eine eindeutige Erklärung dahingehend, dass die in das Registrierungsformular aufgenommenen Finanzinformationen nicht nach den im Verfahren des Artikels 3 der Verordnung (EG) Nr. 1606/2002 übernommenen internationalen Rechnungslegungsstandards erstellt wurden und dass die Finanzinformationen erhebliche Unterschiede aufweisen könnten, wenn die Verordnung (EG) Nr. 1606/2002 doch auf die historischen Finanzinformationen angewandt worden wäre;

b) Unmittelbar nach den historischen Finanzinformationen sind die Unterschiede zwischen den im Verfahren des Artikels 3 der Verordnung (EG) Nr. 1606/2002 übernommenen internationalen Rechnungslegungsstandards und den Rechnungslegungsgrundsätzen in einer Beschreibung darzulegen, die der Emittent bei der Erstellung seines Jahresabschlusses zugrunde gelegt hat.

Die historischen Finanzinformationen müssen für das letzte Jahr in einer Form dargestellt und erstellt werden, die mit der konsistent ist, die im folgenden Jahresabschluss des Emittenten zur Anwendung gelangen wird, wobei die Rechnungslegungsgrundsätze- und -strategien sowie die Rechtsvorschriften zu berücksichtigen sind, die auf derlei Jahresabschlüsse Anwendung finden.

Wurden die geprüften Finanzinformationen gemäß nationaler Rechnungslegungsgrundsätze erstellt, dann müssen die unter dieser Rubrik geforderten Finanzinformationen zumindest Folgendes enthalten:

a) die Bilanz;

b) die Gewinn- und Verlustrechnung;

und

c) die Rechnungslegungsstrategien und erläuternde Anmerkungen.

Die historischen jährlichen Finanzinformationen müssen unabhängig und in Übereinstimmung mit den in dem jeweiligen Mitgliedstaat anwendbaren Prüfungsstandards oder einem äquivalenten Standard geprüft worden sein oder es muss für das Registrierungsformular vermerkt werden, ob sie in Übereinstimmung mit dem in dem jeweiligen Mitgliedstaat anwendbaren Prüfungsstandard oder einem äquivalenten Standard ein den tatsächlichen Verhältnissen entsprechendes Bild vermitteln. Ansonsten müssen folgende Angaben in das Registrierungsformular aufgenommen werden:

a) eine eindeutige Erklärung dahingehend, welche Prüfungsstandards zugrunde gelegt wurden;

b) eine Erläuterung für die Fälle, in denen von den Internationalen Prüfungsstandards in erheblichem Maße abgewichen wurde.

8.3. Gerichts- und Schiedsgerichtsverfahren

Angaben über etwaige staatliche Interventionen, Gerichts- oder Schiedsgerichtsverfahren (einschließlich derjenigen Verfahren, die nach Kenntnis des Unternehmens noch anhängig sind oder eingeleitet werden könnten), die im Zeitraum der mindestens letzten 12 Monate bestanden/abgeschlossen wurden, und die sich erheblich auf die Finanzlage oder die Rentabilität des Emittenten und/oder der Gruppe auswirken bzw. in jüngster Zeit ausgewirkt haben. Ansonsten ist eine negative Erklärung abzugeben.

8.4. Bedeutende negative Veränderungen in der Finanzlage des Emittenten

Hat ein Emittent einen Jahresabschluss erstellt, so ist darin eine Erklärung aufnehmen, der zufolge sich seine Finanzlage oder seine Aussichten seit dem Datum des letzten veröffentlichten und geprüften Jahresabschlusses nicht negativ verändert hat bzw. haben. Ist eine bedeutende negative Veränderung eingetreten, so ist sie im Registrierungsformular zu erläutern.

1. Überblick

27 **Anhang VII Ziffer 8 ProspektVO** enthält insgesamt **vier Regelungsbereiche**: 1. Finanzinformationen vor Aufnahme der Geschäftstätigkeit (Ziffer 8.1), 2. Historische Finanzinformationen nach Aufnahme der Geschäftstätigkeit (Ziffer 8.2 bzw. Ziffer 8.2a in Bezug auf ABS mit einer Mindeststückelung von 100.000 Euro), 3. Gerichts- und Schiedsverfahren (Ziffer 8.3) und 4. Bedeutende negative Veränderungen in der Finanzlage des Emittenten seit dem letzten veröffentlichten Jahresabschluss (Ziffer 8.4).

Die Anforderungen an die in den Prospekt aufzunehmenden Finanzinformationen gehören zu den im Vergleich zu anderen Wertpapieremissionen am stärksten modifizierten und an die Besonderheiten von ABS angepassten Regelungen zum Registrierungsformular. So trägt Anhang VII Ziffer 8 ProspektVO insbesondere dem Standardfall der Emission von ABS durch eine speziell für den Zweck der konkreten Verbriefungstransaktion gegründete **Zweckgesellschaft** Rechnung, indem in **Ziffer 8.1** die Möglichkeit vorgesehen ist, bei derartigen, nur dem Zweck der Durchführung einer einzigen Verbriefungstransaktion dienenden Gesellschaften auf die Aufnahme von Finanzinformationen vollständig zu verzichten. Dies erscheint auch sachgerecht, weil eine vor Aufnahme der Geschäftstätigkeit erstellte Bilanz wenig aussagekräftig wäre. 28

Anders als bei sonstigen Anleihen sind darüber hinaus gemäß **Anhang VII Ziffer 8.2 bzw. Ziffer 8.2a** bei Anwendung nationaler Rechnungslegungsgrundsätze weder eine **Kapitalflussrechnung** (*cash flow statement*) noch **Zwischenfinanzinformationen** in den Prospekt aufzunehmen, und zwar unabhängig davon, ob es sich um ABS mit einer Stückelung von unter 100.000 Euro oder um ABS mit einer Mindeststückelung von 100.000 Euro handelt. 29

2. Neu gegründete Emittenten (Ziffer 8.1)

Finanzinformationen sind dann nicht in den Prospekt aufzunehmen, wenn die beiden folgenden Voraussetzungen kumulativ vorliegen: Erstens, der Emittent hat mit der Geschäftstätigkeit noch nicht begonnen, und zweitens, es wurde noch kein Jahresabschluss erstellt. Der Beginn der Geschäftstätigkeit und ein Jahresabschluss liegen bei Emittenten, die **keine Zweckgesellschaft** sind, regelmäßig vor, so dass solche Emittenten von der in Anhang VII Ziffer 8.1 ProspektVO eröffneten Möglichkeit, keine Finanzinformationen in den Prospekt aufzunehmen, nicht profitieren können. 30

Bei Zweckgesellschaften besteht die Geschäftstätigkeit in der Emission von ABS. Dementsprechend fällt der **Beginn der Geschäftstätigkeit** regelmäßig mit der Emission der betreffenden Schuldverschreibungen zusammen. **Emissionsvorbereitende** sowie der **Herstellung der Emissionsfähigkeit** der Emittentin dienende Handlungen wie Abschluss des Corporate Services Agreement mit dem Corporate Services Provider führen als solche noch nicht zu einem Beginn der Geschäftstätigkeit der Emittentin iS von Anhang VII Ziffer 8.1 ProspektVO. Ein **Jahresabschluss** liegt bei Zweckgesellschaften, die für den Zweck der jeweiligen Verbriefungstransaktion neu gegründet werden, im Zeitpunkt der Prospekterstellung typischerweise ebenfalls noch nicht vor. Bei Zweckgesellschaften sind Finanzinformationen daher in der Regel allenfalls dann in den Prospekt aufzunehmen, wenn es sich um sog. **Multi-purpose Vehicles** handelt, die – typischerweise auf der Grundlage einer Compartment oder Protected Cell-Struktur – mehrere, voneinander getrennte Emissionen durchführen. In derartigen Fällen wird man regelmäßig davon ausgehen müssen, dass die in den Prospekt aufzunehmenden Finanzinformationen sich auf die Zweckgesellschaft als Ganzes und nicht auf einzelne Compartments beziehen. Soweit nicht ein Compartment bzw. eine Protected Cell als selbständige Rechtspersonen anzusehen sind, sind daher nach erfolgter erster Emission in Bezug auf weitere Emissionen 31 von öffentlich angebotenen und/oder zum Handel an einem geregelten Markt zuzulassenden Wertpapieren Finanzinformationen gemäß Anhang VII Ziffer 8.2 ProspektVO in den Prospekt aufzunehmen, da der Emittent infolge der ersten Emission bereits mit der Geschäftstätigkeit begonnen hat[1].

3. Emittenten, die ihre Geschäftstätigkeit bereits aufgenommen haben (Ziffer 8.2 und 8.2a)

32 Hat der Emittent bereits mit der Geschäftstätigkeit begonnen und wurde ein **Jahresabschluss erstellt**, muss die Emittentenbeschreibung gemäß Anhang VII Ziffer 8.2 ProspektVO geprüfte historische Finanzinformationen für den Zeitraum der Geschäftstätigkeit, maximal für die letzten zwei Geschäftsjahre, enthalten. Hat der Emittent seine **Geschäftstätigkeit vor weniger als einem Jahr** aufgenommen (und liegt dementsprechend noch kein Jahresabschluss vor), so sind nichtsdestotrotz gemäß dem zweiten Absatz von Ziffer 8.2 geprüfte historische Finanzinformationen für diesen Zeitraum in den Prospekt aufzunehmen (näher dazu Anhang I EU-ProspektVO Rz. 196 ff.). Dies gilt allerdings nicht für ABS-Papiere mit einer Mindeststückelung von 100.000 Euro, da Ziffer 8.2a keine dem zweiten Absatz von Ziffer 8.2 vergleichbare Regelung enthält.

33 Hinsichtlich der anzuwendenden **Rechnungslegungsgrundsätze** bestehen grundsätzlich keine Unterschiede zu anderen Anleihen (jeweils mit bzw. ohne Mindeststückelung von 100.000 Euro), so dass diesbezüglich – ebenso wie hinsichtlich des **Begriffes und des Umfangs der historischen Finanzinformationen** – auf die Kommentierung zu Anhang IV bzw. IX ProspektVO verwiesen werden kann.

34 Werden die historischen Finanzinformationen nach nationalen Rechnungslegungsgrundsätzen erstellt, so bedarf es jedoch keines **Cash Flow Statements** (siehe oben Rz. 29). Dies erscheint wegen der Abhängigkeit von Zahlungen auf ABS von den spezifischen Zahlungsströmen der zugrunde liegenden Vermögenswerte sachgerecht, da auch eine nach Aufnahme der Geschäftstätigkeit erstellte Kapitalflussrechnung im klassischen Sinn wenig Informationsgehalt für den Anleger besäße. Auch **Zwischenfinanzinformationen**, wie sie etwa in Ziffer 13.5 von Anhang IV ProspektVO bei Emittenten von Anleihen mit einer Stückelung von weniger als 100.000 Euro vorgesehen sind, sind bei ABS-Transaktionen mangels einer entsprechenden Bestimmung in Anhang VII ProspektVO nicht in den Prospekt aufzunehmen. Dies gilt unabhängig davon, ob die ABS-Papiere eine Mindeststückelung von 100.000 Euro oder eine geringere Stückelung aufweisen[2]. Ebenso wenig unterliegen die historischen Finanzinformationen von ABS-Emittenten einer **Beschränkung ihres Alters**, wie sie bei Anleiheemittenten sonst vorgesehen ist (Anhang IV Ziffer 13.4 und Anhang IX Ziffer 11.4 ProspektVO).

---

[1] So auch *Pegel* in Holzborn, Anh. VII EU-ProspV Rz. 36 mit Fn. 77, der zutreffend darauf verweist, dass maßgeblich ist, ob eine einzelne Zelle als eigene Rechtsperson anzusehen ist.
[2] Im Ergebnis ebenso *Pegel* in Holzborn, Anh. VII EU-ProspV Rz. 46.

4. Schieds- und Gerichtsverfahren und bedeutende negative Veränderungen (Ziffer 8.3 und 8.4)

Der Wortlaut von **Anhang VII Ziffer 8.3 ProspektVO** und damit die Anforderungen an Angaben zu **Schieds- und Gerichtsverfahren** unterscheiden sich nicht von den entsprechenden Bestimmungen für andere Emittenten. Es wird daher auf die diesbezügliche Kommentierung zu Anhang I und Anhang IV ProspektVO verwiesen.

Anhang VII Ziffer 8.4 ProspektVO weicht von dem in anderen Anhängen verwendeten Standardwortlaut zu den Informationen über **bedeutende negative Veränderungen** insoweit ab, als Ziffer 8.4 zutreffend die Annahme zugrunde liegt, dass bei ABS-Emittenten regelmäßig noch keine geprüften und veröffentlichten historischen Finanzinformationen vorliegen und sich deswegen auch keine Änderungen hierzu ergeben können. Derartige Angaben kommen überhaupt nur in Betracht, wenn bereits ein Jahresabschluss erstellt wurde. Und auch in diesem Fall geht Anhang VII Ziffer 8.4 ProspektVO davon aus, dass mit entsprechenden Veränderungen aufgrund der üblichen Struktur von Zweckgesellschaften und ihrer Zahlungsströme, die vom Originator abgekoppelt sind, nicht zu rechnen ist. Dementsprechend wird die übliche Reihenfolge (vgl. etwa Anhang IV Ziffer 13.7 ProspektVO) gleichsam umgekehrt. Der Grundsatz ist, dass im Prospekt[1] eine entsprechende Negativerklärung abzugeben ist. Die Aufnahme von Angaben zu negativen Veränderungen wird demgegenüber erst im Anschluss angesprochen, wobei sich die negativen Veränderungen auf die Finanzlage (*financial position*) und die Aussichten (*prospects*) des Emittenten beziehen müssen.

X. Angaben von Seiten Dritter, Erklärungen von Seiten Sachverständiger und Interessenerklärungen (Ziffer 9)

9. **Angaben von Seiten Dritter, Erklärungen von Seiten Sachverständiger und Interessenerklärungen**
9.1. Wird in das Registrierungsformular eine Erklärung oder ein Bericht einer Person aufgenommen, die als Sachverständiger handelt, so sind der Name, die Geschäftsadresse, die Qualifikationen und – falls vorhanden – das wesentliche Interesse am Emittenten anzugeben. Wurde der Bericht auf Ersuchen

---

1 Die deutsche Fassung bezieht die Aufnahme der Negativerklärung auf den Jahresabschluss, was schon deshalb wenig Sinn macht, weil Anhang VII ProspektVO nicht die Inhalte von Jahresabschlüssen regelt, sondern diese Inhalte voraussetzt. Hinzu kommt, dass eine solche Negativerklärung im Jahresabschluss bestenfalls den Zeitraum zwischen dem Stichtag und dem Tag des Bestätigungsvermerks umfassen könnte, während sich der gemäß Anhang VII Ziffer 8.4 ProspektVO abzudeckende Zeitraum bis zum Datum des Prospekts erstreckt. Die englische Fassung enthält dieses Missverständnis nicht, sondern folgt der in den Anhängen üblichen Darstellungsweise, indem der Prospektverantwortliche aufgefordert wird, entsprechende Angaben in den Prospekt aufzunehmen (vgl. etwa die vergleichbare Anweisung in Ziffer 9.2 von Anhang VII ProspektVO). Im Ergebnis ebenso *Pegel* in Holzborn, Anh. VII EU-ProspV Rz. 48.

des Emittenten erstellt, so ist eine diesbezügliche Erklärung dahingehend abzugeben, dass die aufgenommene Erklärung oder der aufgenommene Bericht in der Form und in dem Zusammenhang, in dem sie bzw. er aufgenommen wurde, die Zustimmung von Seiten dieser Person erhalten hat, die den Inhalt dieses Teils des Registrierungsformulars gebilligt hat.

9.2. Sofern Angaben von Seiten Dritter übernommen wurden, ist zu bestätigen, dass diese Angaben korrekt wiedergegeben wurden und dass – soweit es dem Emittenten bekannt ist und er aus den von dieser dritten Partei veröffentlichten Informationen ableiten konnte – keine Tatsachen unterschlagen wurden, die die wiedergegebenen Informationen unkorrekt oder irreführend gestalten würden. Darüber hinaus hat der Emittent die Quelle(n) der Informationen anzugeben.

37 Im Rahmen einer ABS-Transaktion können von verschiedenen Experten wie etwa Wirtschaftsprüfern, Rechtsanwälten und Immobiliensachverständigen Erklärungen und Gutachten abgegeben werden. Oft sind derartige Gutachten nicht Bestandteil der Emittentenbeschreibung. Nur bei Aufnahme eines solchen Sachverständigengutachtens in die Emittentenbeschreibung sind die in **Anhang VII Ziffer 9.1 ProspektVO** aufgeführten Angaben zu dem betreffenden Sachverständigen in den Prospekt aufzunehmen. Denn nur in diesem Fall besteht ein Informationsbedürfnis des Investors, nähere Angaben zu dem betreffenden Sachverständigen zu erhalten. Neben Name, Adresse und Qualifikation ist auch ein etwaiges wesentliches Interesse des Gutachters am Emittenten anzugeben. Unter einem wesentlichen Interesse werden typischerweise etwaige Beteiligungsverhältnisse, aber auch ein ehemaliges Angestelltenverhältnis, Mitgliedschaft in der Geschäftsführung oder sonstige Vergütungsvereinbarungen verstanden. In dem typischen Fall der Emission von ABS-Papieren durch eine Zweckgesellschaft, deren Anteile von einer Stiftung gehalten werden und deren Direktoren von einem auf den Betrieb von Zweckgesellschaften spezialisierten Corporate Service-Provider gestellt werden, bestehen derartige Interessenüberschneidungen regelmäßig nicht. Die Vergütung des Experten für das erstellte Gutachten begründet als solche noch kein wesentliches Interesse[1]. Hat der Emittent die Erstellung des Berichts veranlasst, so muss der Prospekt gemäß Anhang VII Ziffer 9.1 Satz 2 ProspektVO eine Bestätigung enthalten, dass der Verfasser des Berichts seine **Zustimmung** zum Abdruck im Prospekt (hinsichtlich Form und Kontext) gegeben hat.

38 Die Anforderungen der **Anhang VII Ziffer 9.2 ProspektVO** beziehen sich auf von Dritten übernommene Angaben zur Emittentin der ABS-Papiere. Eine ähnliche Regelung enthält Ziffer 1.2 von Anhang VIII ProspektVO hinsichtlich der Wertpapierbeschreibung, bei der es nicht um die Emittentin der ABS-Papiere, sondern den Schuldner der zugrunde liegenden Vermögenswerte geht.

---

1 *Pegel* in Holzborn, Anh. VII EU-ProspV Rz. 50.

XI. Einsehbare Dokumente (Ziffer 10)

10. Einsehbare Dokumente

10.1. Abzugeben ist eine Erklärung dahingehend, dass während der Gültigkeitsdauer des Registrierungsformulars ggf. die folgenden Dokumente oder deren Kopien eingesehen werden können:

a) die Satzung und die Statuten des Emittenten;

b) sämtliche Berichte, Schreiben und sonstigen Dokumente, historischen Finanzinformationen, Bewertungen und Erklärungen, die von einem Sachverständigen auf Ersuchen des Emittenten abgegeben wurden, sofern Teile davon in das Registrierungsformular eingefügt worden sind oder in ihm darauf verwiesen wird;

c) die historischen Finanzinformationen des Emittenten oder im Falle einer Gruppe die historischen Finanzinformationen für den Emittenten und seine Tochtergesellschaften für jedes der Veröffentlichung des Registrierungsformulars vorausgegangenen beiden letzten Geschäftsjahre.

Anzugeben ist auch, wo in diese Dokumente in Papierform oder auf elektronischem Wege Einsicht genommen werden kann.

Hinsichtlich der zur Einsicht bereit zu haltenden Dokumente bestehen bei ABS-Papieren regelmäßig keine Besonderheiten gegenüber den Emittenten anderer Wertpapiere, so dass insoweit auf die Erläuterungen zu Anhang I Ziffer 24 ProspektVO verwiesen werden kann.

Anhang VIII
Mindestangaben für durch Vermögenswerte unterlegte Wertpapiere („asset backed securities"/ABS) (Zusätzliches Modul)

Schrifttum: Siehe Vorbemerkung vor Anhang VII und VIII.

I. Anwendungsbereich 1
II. **Wertpapiere (Ziffer 1)**
1. Mindeststückelung (Ziffer 1.1) ... 2
2. Angaben zu Schuldnern bzw. Unternehmen, die nicht in die Transaktion involviert sind (Ziffer 1.2) 3
III. **Basisvermögenswerte (Ziffer 2)**
1. Basisvermögenswerte (Underlying Assets) 7
2. Bestätigung ausreichender Deckung (Ziffer 2.1) 8
3. Angaben zu den Basisvermögenswerten (statisches Portfolio) (Ziffer 2.2)
   a) Überblick 10
   b) Rechtsordnung der Vermögenswerte (Ziffer 2.2.1) 11
   c) Allgemeine Beschreibung der Schuldner (Ziffer 2.2.2) 12
   d) Rechtsnatur der Vermögenswerte (Ziffer 2.2.3) 14
   e) Fälligkeit und Betrag der Vermögenswerte (Ziffer 2.2.4) 15
   f) Beleihungsquote; Grad der Besicherung (Ziffer 2.2.6) 16
   g) Entstehung und Schaffung der Vermögenswerte (origination) (Ziffer 2.2.7) 17
   h) Zusicherungen; zusätzliche Sicherheiten (Ziffer 2.2.8) 18
   i) Ersetzung von Vermögenswerten (Ziffer 2.2.9) 19
   j) Versicherungspolicen (Ziffer 2.2.10) 20
   k) Erweiterte Beschreibung der Schuldner (Ziffer 2.2.11) 21
   l) Rechtsbeziehungen von wesentlicher Bedeutung (Ziffer 2.2.12) 25
   m) Forderungen, die nicht an einer Börse gehandelt werden (Ziffer 2.2.13) 26
   n) Dividendenwerte (Ziffer 2.2.14) 27
   o) Forderungen, die mit Immobilien besichert sind (Ziffer 2.2.16) 28
4. Aktiv verwaltetes Portfolio (Ziffer 2.3) 29
5. Sicherheiten für weitere Emissionen (Ziffer 2.4) 31
IV. **Struktur und Kapitalfluss**
1. Überblick 32
2. Struktur der Transaktion (Ziffer 3.1) 33
3. Beteiligte Unternehmen (Ziffer 3.2) 34
4. Übertragung der Vermögenswerte (Ziffer 3.3) 35
5. Erläuterung des Zahlungsstroms (Ziffer 3.4) 36
6. Beschreibung des Originators (Ziffer 3.5) 42
7. Beschreibung der Vermögenswerte bei synthetischen Verbriefungstransaktionen (Ziffer 3.6) 43
8. Beschreibung weiterer Transaktionsbeteiligter (Ziffer 3.7 und 3.8) 44
V. **„EX POST"-Informationen (Ziffer 4)** 45

I. Anwendungsbereich

Anhang VIII ProspektVO gilt aufgrund von Art. 11 ProspektVO für die Wertpapierbeschreibung in Prospekten für Asset Backed Securities[1]. Da es sich bei Anhang VIII um ein bloßes Modul (*building block*) handelt, das mit den Anforderungen eines Schemas (*schedule*) zu kombinieren ist (vgl. Art. 21 ProspektVO iVm. Anhang XVIII), treten die Anforderungen nach Anhang VIII ProspektVO zu den Anforderungen eines solchen Schemas, regelmäßig Anhang V oder XIII ProspektVO (in bestimmten Fällen ggf. auch Anhang XII ProspektVO), hinzu[2]. 1

II. Wertpapiere (Ziffer 1)

1. Wertpapiere
1.1. Mindeststückelung einer Emission.
1.2. Werden Angaben über ein Unternehmen/einen Schuldner veröffentlicht, das bzw. der in die Emission nicht involviert ist, ist zu bestätigen, dass die das Unternehmen oder den Schuldner betreffenden Angaben korrekt den Informationen entnommen wurden, die vom Unternehmen oder vom Schuldner selbst publiziert wurden, und dass – soweit es dem Emittenten bekannt ist und er aus den von dem Unternehmen bzw. dem Schuldner übermittelten Informationen ableiten konnte – keine Tatsachen unterschlagen wurden, die die wiedergegebenen Informationen irreführend gestalten würden.

Darüber hinaus ist die Quelle(n) der Informationen in der Wertpapierbeschreibung zu ermitteln, die den Informationen entnommen wurden, die das Unternehmen oder der Schuldner selbst publiziert haben.

1. Mindeststückelung (Ziffer 1.1)

Die Anforderung gemäß Anhang VIII Ziffer 1.1 ProspektVO, Angaben zur Mindeststückelung einer Emission in den Prospekt aufzunehmen, findet sich innerhalb der ProspektVO nur in dem ABS-Modul nach Anhang VIII ProspektVO. Dies überrascht, da Angaben zur Stückelung auch bei anderen Schuldverschreibungen von gleicher Relevanz sind und dort in der Praxis auch Informationen zur Stückelung aufgenommen werden. Es ist nicht einleuchtend, warum diese Anforderung speziell für ABS-Papiere von Bedeutung sein soll. Allerdings wirft diese Anforderung auch keine besonderen Fragen auf und ist im Prospekt leicht umsetzbar, da die Mindeststückelung regelmäßig Teil der im Prospekt abgedruckten Anleihebedingungen ist. 2

---

[1] Zum Begriff der „Asset Backed Securities" siehe Vor Anhang VII, VIII EU-ProspektVO Rz. 8 ff.
[2] Siehe dazu Vor Anhang VII, VIII EU-ProspektVO Rz. 17 ff.

2. Angaben zu Schuldnern bzw. Unternehmen, die nicht in die Transaktion involviert sind (Ziffer 1.2)

3   Anhang VIII Ziffer 1.2 ProspektVO trägt dem Umstand Rechnung, dass die Schuldner der einer ABS-Emission zugrunde liegenden Forderungen bzw. bei sonstigen Vermögenswerten das betreffende Unternehmen, dessen Anteile oder Vermögenswerte verbrieft werden, häufig nicht an der Emission der ABS-Papiere und der Prospekterstellung beteiligt sind und der Emittent keinen unmittelbaren Zugang zu Informationen über diese Schuldner/Unternehmen besitzt. Der Emittent muss im Hinblick auf diese Informationen daher auf sonstige, **öffentlich zugängliche Quellen** zurückgreifen. Vom Emittenten wird daher nicht erwartet, dass er für die volle inhaltliche Richtigkeit dieser Informationen einsteht. Anhang VIII Ziffer 1.2 ProspektVO verlangt daher lediglich eine **Bestätigung des Emittenten**, dass die in den Prospekt aufgenommenen Angaben den vom Schuldner bzw. Unternehmen veröffentlichten Informationen korrekt entnommen wurden.

4   Aus denselben Gründen wird auch hinsichtlich der **Vollständigkeit der Informationen** über die Schuldner der zugrunde liegenden Vermögenswerte bzw. das betreffende Unternehmen vom Emittenten nicht erwartet, dass er für die Vollständigkeit sämtlicher relevanter Angaben im Prospekt einsteht. Auch hinsichtlich der Vollständigkeit muss der Emittent jedoch gemäß Anhang VIII Ziffer 1.2 ProspektVO eine **Bestätigung** abgeben, dass nach seiner Kenntnis die in den Prospekt aufgenommenen Angaben auf der Grundlage der vom Schuldner bzw. Unternehmen veröffentlichten Informationen nicht in irreführender Weise unvollständig sind. Soweit die deutsche Fassung hier auf die vom Schuldner/Unternehmen „übermittelten" Informationen abstellt, handelt es sich um eine Fehlübersetzung, da die Schuldner/Unternehmen ja, so die Annahme von Ziffer 1.2, gerade nicht in die Emission involviert sind. Die englische Fassung spricht auch hier zutreffend von Informationen, die vom Schuldner/Unternehmen **veröffentlicht** („published") wurden. Anders als die Bestätigung hinsichtlich der Eignung der verbrieften Aktiva zur Erwirtschaftung der erforderlichen Zahlungsströme gemäß Ziffer 2.1 des Anhangs VIII ProspektVO (siehe dazu nachstehend unter Rz. 8) stellt die Bestätigung zur korrekten und vollständigen Aufnahme vom Schuldner veröffentlichter Informationen ebenso wie auch die übrigen Angaben nach Ziffer 1.2 des Anhangs VIII eine Prospektangabe der Kategorie C iS von Art. 2a ProspektVO iVm. Anhang XX ProspektVO dar. Das bedeutet gemäß Art. 2a Abs. 1 ProspektVO, dass diese Bestätigungen im Fall eines Basisprospekts nicht im Basisprospekt selbst enthalten sein müssen, sondern in die endgültigen Bedingungen aufgenommen werden können.

5   Fraglich ist, ob der Emittent trotz der fehlenden Beteiligung des Schuldners/Unternehmens gegebenenfalls auch in den vom Schuldner/Unternehmen veröffentlichten Dokumenten nicht enthaltene wesentliche Informationen in den Prospekt aufnehmen muss und welche Publikationen des Schuldners/Unternehmens der Emittent der ABS-Papiere kennen muss. Bei den vom Schuldner/Unternehmen veröffentlichten Informationen wird man in erster Linie an Geschäftsberichte bzw. Jahres- und Zwischenabschlüsse und etwaige sonstige gesellschafts- bzw. kapitalmarktrechtliche Pflichtpublikationen sowie gegebenenfalls einen Auszug aus dem Handelsregister

denken müssen. Der Wortlaut von Anhang VIII Ziffer 1.2 ProspektVO ist hier allerdings durchaus weiter und spricht von Veröffentlichungen des Schuldners/Unternehmens schlechthin, was im Einzelfall die Frage aufwerfen kann, inwieweit dem Emittenten eine bestimmte Publikation bekannt sein muss. Im Zweifelsfall kann es hier jedoch nur um **allgemein bekannte und zugängliche Quellen** gehen, die der Information der Öffentlichkeit über den Schuldner/das Unternehmen dienen und wo die Zurverfügungstellung entsprechender prospektrelevanter Informationen bei vernünftiger Betrachtungsweise zu erwarten ist, so etwa neben den bereits oben genannten Informationsquellen auch die Webseite des Schuldners/Unternehmens. Ein bloßes „Kennenmüssen" ausgelassener Tatsachen seitens des Emittenten genügt jedenfalls zweifellos dann nicht, wenn diese Tatsachen in den vom Schuldner/Unternehmen veröffentlichten Dokumenten nicht enthalten sind. Dies folgt daraus, dass Anhang VIII Ziffer 1.2 ProspektVO gerade **keine eigene Untersuchungspflicht** des Emittenten in Bezug auf Informationen, die nicht vom Schuldner/Unternehmen veröffentlicht wurden, statuiert[1].

Um den Anleger in die Lage zu versetzen, sich ein Bild von der Verlässlichkeit der in den Prospekt aufgenommenen und vom Emittenten aus von Dritten veröffentlichten Informationen zusammengestellten Angaben zu machen und diese Informationen gegebenenfalls in ihrem ursprünglichen Kontext nachzulesen, sieht **Ziffer 1.2** von Anhang VIII ProspektVO vor, dass die jeweilige **Informationsquelle** anzugeben ist. 6

III. Basisvermögenswerte (Ziffer 2)

2. Basisvermögenswerte

2.1. Es ist zu bestätigen, dass die verbrieften Aktiva, die die Emission unterlegen, Merkmale aufweisen, denen zufolge sie in der Lage sind, Mittel zu erwirtschaften, die der Bedienung der fälligen Zahlungen für die Wertpapiere zugute kommen.

2.2. *In Bezug auf einen Pool von Aktiva, über die eine Dispositionsbefugnis besteht, sind die folgenden Angaben beizubringen*

2.2.1. Die Rechtsordnung, unter die dieser Aktiva-Pool fällt.

2.2.2. a) Im Falle einer kleineren Zahl von leicht identifizierbaren Schuldnern ist eine allgemeine Beschreibung jedes Schuldners beizubringen.

b) In allen anderen Fällen ist eine Beschreibung folgender Aspekte beizubringen: die allgemeinen Merkmale der Schuldner; und das wirtschaftliche Umfeld sowie die globalen statistischen Daten in Bezug auf die verbrieften Aktiva.

2.2.3. Die Rechtsnatur der Aktiva;

2.2.4. Der Fälligkeitstermin bzw. die Fälligkeitstermine der Aktiva;

2.2.5. Der Betrag der Aktiva;

2.2.6. Die Beleihungsquote oder den Grad der Besicherung;

---

[1] Im Ergebnis ebenso *Pegel* in Holzborn, Anh. VIII EU-ProspV Rz. 2 und 3.

2.2.7. Die Methode der Entstehung oder der Schaffung der Aktiva sowie bei Darlehen oder Kreditverträgen die Hauptdarlehenskriterien und einen Hinweis auf etwaige Darlehen, die diesen Kriterien nicht genügen, sowie etwaige Rechte oder Verpflichtungen im Hinblick auf die Zahlung weiterer Vorschüsse;

2.2.8. Hinweis auf wichtige Zusicherungen und Sicherheiten, die dem Emittenten in Bezug auf die Aktiva gemacht oder gestellt wurden;

2.2.9. Etwaige Substitutionsrechte für die Aktiva und eine Beschreibung der Art und Weise, wie die Aktiva so ersetzt werden können und der Kategorie der Aktiva, die ersetzt werden können. Sollte die Möglichkeit bestehen, Aktiva durch Aktiva einer anderen Kategorie oder Qualität zu ersetzen, so ist eine diesbezügliche Erklärung samt einer Beschreibung der Auswirkungen einer solchen Substitution aufzunehmen;

2.2.10. Beschreibung sämtlicher relevanten Versicherungspolicen, die für die Aktiva abgeschlossen wurden. Eine Konzentration bei ein und derselben Versicherungsgesellschaft sollte gemeldet werden, wenn sie für die Transaktion von wesentlicher Bedeutung ist;

2.2.11. Setzen sich die Aktiva aus Verpflichtungen von fünf oder weniger Schuldnern zusammen, bei denen es sich um juristische Personen handelt, oder sind mehr als 20% der Aktiva einem einzigen Schuldner zuzurechnen bzw. hält ein einziger Schuldner einen wesentlichen Teil der Aktiva – sofern dies dem Emittenten bekannt ist und/oder er in der Lage ist, dies aus den veröffentlichten Informationen des/der Schuldners/Schuldner abzuleiten – so ist eine der beiden folgenden Angaben beizubringen:

a) Angaben über jeden Schuldner, so als träte er an die Stelle eines Emittenten, der ein Registrierungsformular für Schuldtitel und derivative Wertpapiere mit einer Mindeststückelung von EUR 100.000 zu erstellen hat;

b) Name, Anschrift, Land der Gründung, Art der Geschäftstätigkeit und Bezeichnung des Marktes, auf dem die Wertpapiere zugelassen sind, wenn es sich um einen Schuldner oder Garantiegeber handelt, dessen Wertpapiere bereits zum Handel auf einem geregelten oder vergleichbaren Markt zugelassen wurden, oder wenn die Verpflichtungen von einem Unternehmen garantiert werden, das ebenfalls bereits zum Handel auf einem geregelten oder vergleichbaren Markt zugelassen wurde.

2.2.12. Besteht zwischen dem Emittenten, dem Garantiegeber und dem Schuldner eine Beziehung, die für die Emission von wesentlicher Bedeutung ist, sind die wichtigsten Aspekte dieser Beziehung im Detail zu erläutern.

2.2.13. Umfassen die Aktiva Verpflichtungen in Bezug auf Wertpapiere, die nicht auf einem geregelten oder vergleichbaren Markt gehandelt werden, so ist eine Beschreibung der wichtigsten Bedingungen dieser Verpflichtungen beizubringen.

2.2.14. Umfassen die Aktiva Dividendenwerte, die zum Handel auf einem geregelten oder vergleichbaren Markt zugelassen sind, so sind folgende Angaben beizubringen:

a) eine Beschreibung der Wertpapiere;

b) eine Beschreibung des Marktes, auf dem sie gehandelt werden, einschließlich Angabe des Gründungsdatums dieses Marktes, der Art und Weise der Veröffentlichung der Kursinformationen, der täglichen Handelsvolumina, der Bedeutung des Marktes in seinem Land und der für den Markt zuständigen Regulierungsbehörde;

c) Häufigkeit der Veröffentlichung der Kurse für die einschlägigen Wertpapiere.

2.2.15. Umfassen mehr als zehn (10) Prozent der Aktiva Dividendenwerte, die nicht auf einem geregelten oder vergleichbaren Markt gehandelt werden, sind eine Beschreibung dieser Dividendenwerte sowie Angaben für jeden Emittenten dieser Wertpapiere beizubringen, die den Angaben vergleichbar sind, die in dem Schema für das Registrierungsformular für Aktien gefordert werden.

2.2.16. Wird ein bedeutender Teil der Aktiva durch Immobilien besichert oder unterlegt, ist ein Schätzgutachten für diese Immobilie beizubringen, in dem sowohl die Schätzung der Immobilie als auch die Kapitalfluss- und Einkommensströme erläutert werden.

Dieser Offenlegung muss nicht nachgekommen werden, wenn es sich um eine Emission von Wertpapieren handelt, die durch Hypothekardarlehen unterlegt sind, wobei die Immobilien als Sicherheiten dienen, sofern diese Immobilien im Hinblick auf die Emission nicht neu geschätzt wurden und klar ist, dass es sich bei den besagten Schätzungen um diejenigen handelt, die zum Zeitpunkt des ursprünglichen Hypothekardarlehens vorgenommen wurden.

2.3. In Bezug auf einen aktiv gemanagten Pool von Aktiva, die die Emission unterlegen, sind folgende Angaben beizubringen

2.3.1. Gleichwertige Angaben wie in 2.1 und 2.2, um eine Bewertung des Typs, der Qualität, der Hinlänglichkeit und der Liquidität der im Portfolio gehaltenen Aktiva vornehmen zu können, die der Besicherung der Emission dienen.

2.3.2. Die Parameter, innerhalb deren die Anlagen getätigt werden können; Name und Beschreibung des Unternehmens, das für ein derartiges Management zuständig ist, einschließlich einer Beschreibung des in diesem Unternehmen vorhandenen Sachverstands bzw. der bestehenden Erfahrungen; Zusammenfassung der Bestimmungen, die die Beendigung des Vertragsverhältnisses mit dem entsprechenden Unternehmen und die Bestellung eines anderen Managementunternehmens festlegen und Beschreibung des Verhältnisses dieses Unternehmens zu anderen an der Emission beteiligten Parteien.

2.4. Schlägt ein Emittent vor, weitere Wertpapiere zu emittieren, die von denselben Aktiva unterlegt werden, ist eine entsprechende eindeutige Erklärung abzugeben und – sofern nicht diese neuen Wertpapiere mit den Kategorien der bestehenden Schuldtitel fungibel oder diesen nachgeordnet sind – eine Beschreibung der Art und Weise, wie die Inhaber der bestehenden Schuldtitel unterrichtet werden sollen.

1. Basisvermögenswerte (Underlying Assets)

7   Bei den Basisvermögenswerten iS von Anhang VIII Ziffer 2 ProspektVO handelt es sich um diejenigen Vermögenswerte[1], die entsprechend der Definition von Asset Backed Securities in Art. 2 Nr. 5 ProspektVO der **Deckung der ABS-Emission** dienen bzw. diese besichern. Hierzu zählen etwa je nach Art der verbrieften Gegenstände die von der emittierenden Zweckgesellschaft bzw., im Fall von Conduits, die von der Ankaufsgesellschaft erworbenen Forderungen aus Immobilien- und anderen Darlehen, Leasingforderungen, Handelsforderungen etc. Bei **synthetischen Verbriefungen** gehören hierzu sowohl die Vermögenswerte, die vom Emittenten mit dem Emissionserlös erworben werden und als Sicherheit für die Zahlungspflichten des Emittenten dienen, wie auch das eigentliche, synthetisch verbriefte Forderungsportfolio, das vom Emittenten nicht direkt erworben wird, sondern dessen Risiken lediglich mittels eines Kreditderivats übertragen werden (vgl. Anhang VIII Ziffer 3.6 ProspektVO, in der klargestellt wird, dass Ziffer 2.2 und 2.3 auch auf vom Emittenten nicht erworbene Vermögenswerte entsprechende Anwendung finden, wenn die Zahlungspflichten des Emittenten an diese anknüpfen).

2. Bestätigung ausreichender Deckung (Ziffer 2.1)

8   Es ist ein Wesensmerkmal von ABS, dass die Zahlungen des Emittenten aufgrund der ABS-Papiere aus den Zahlungen, die der Emittent aus den zugrunde liegenden Vermögenswerten erhält, generiert werden. Verbrieft werden können dementsprechend grundsätzlich alle Vermögenswerte eines Unternehmens, die stabile und möglichst gut prognostizierbare **Zahlungsströme** hervorbringen[2]. Dabei liegt es schon im Interesse des Emittenten, dass die Zahlungen aus den zugrunde liegenden Vermögenswerten in einer Weise strukturiert sind, die sicherstellt, dass der Emittent grundsätzlich auch die ABS-Papiere bedienen kann. Denn andernfalls käme der Emittent uU schon mit der ersten Zinszahlung in Verzug. Allerdings ist der Rückgriff der Gläubiger durch entsprechende Klauseln in den Anleihebedingungen regelmäßig auf die zugrunde liegenden Vermögenswerte und sich daraus ergebenden Zahlungs-

---

1 Die deutsche Fassung von Anhang VIII ProspektVO übersetzt den englischen Begriff „*assets*" zT auch mit dem aus der Rechnungslegung und den Eigenkapitalvorschriften für Banken bekannten Begriff „Aktiva". Ein inhaltlicher Unterschied zum Begriff „Vermögenswert" ist damit nicht verbunden.
2 Siehe hierzu *Geiger* in Habersack/Mülbert/Schlitt, Unternehmensfinanzierung am Kapitalmarkt, § 22 Rz. 10; *Kaiser* in Eilers/Rödding/Schmalenbach, Unternehmensfinanzierung, Kap. E Rz. 101.

forderungen des Emittenten beschränkt (sog. Limited Recourse-Klauseln). Hinzu kommt, dass der Emittent in aller Regel ohnehin keine weiteren Vermögenswerte besitzt, die als Haftungsmasse zur Verfügung stehen könnten. Offenbar vor diesem Hintergrund hat der Verordnungsgeber die Aufnahme der in Anhang VIII Ziffer 2.1 ProspektVO vorgesehenen ausdrücklichen **Bestätigung** in den Prospekt für erforderlich gehalten, dass die Zahlungspflichten des Emittenten durch entsprechende Vermögenswerte grundsätzlich gedeckt sind. Im Fall eines Basisprospekts ist diese Bestätigung als Prospektinhalt der Kategorie A aufgrund von Art. 2a Abs. 1 lit. a iVm. Anhang XX ProspektVO in den Basisprospekt selbst (und nicht erst in die endgültigen Bedingungen) aufzunehmen.

Wie bei allen Bestätigungen, die nach der Prospektverordnung abzugeben sind, wird von der BaFin grundsätzlich die **Verwendung des Wortlauts** der Prospektverordnung gefordert. Dies kann im Einzelfall aus Sicht des Emittenten problematisch sein, wenn der Wortlaut der Prospektverordnung, zumal in seiner deutschsprachigen, aus dem Englischen übertragenen Fassung, unklar oder sogar irreführend ist. Im Fall der Bestätigung gemäß Ziffer 2.1 von Anhang VIII ProspektVO besteht eine gewisse Gefahr, dass diese von Anlegerseite als eine Art Garantiezusage verstanden wird, dass die ABS immer und zu jeder Zeit in Höhe der angegebenen Zins- und Rückzahlungsbeträge bedient werden können. Dies gilt insbesondere im Fall von Privatanlegern, die von Verbriefungsvehikeln begebene strukturierte Anleihen erwerben und die mit der Funktionsweise von Verbriefungen ieS nicht vertraut sind. Zwar verlangt Anhang VIII Ziffer 2.1 ProspektVO lediglich, dass die zu verbriefenden Aktiva entsprechende „Merkmale" aufweisen, aufgrund derer der Emittent in der Lage ist, die ABS-Papiere zu bedienen. Der Begriff „Merkmale" bringt dabei zum Ausdruck, dass die ABS-Emission – unterstellt, keine der zugrunde liegenden Vermögenswerte fällt aus – nicht von vornherein einen defizitären Cash Flow haben darf. Dies ändert nichts daran, dass die Werthaltigkeit der zugrunde liegenden Vermögenswerte für die Bedienung der ABS-Papiere entscheidend ist (was sich aus den übrigen Prospektanforderungen der Ziffer 2 von Anhang VIII ProspektVO und dem diesbezüglichen übrigen Inhalt des Prospekts ergibt). In der Praxis wird zudem – neben entsprechenden Ausführungen in den Risikofaktoren und der Strukturbeschreibung – zumindest bei Retail-Emissionen im Zusammenhang mit der Bestätigung gemäß Ziffer 2.1 oftmals klargestellt, dass die Bedienung der ABS-Papiere davon abhängig ist, dass die Schuldner der zugrunde liegenden Vermögenswerte ihren Verpflichtungen nachkommen.

3. Angaben zu den Basisvermögenswerten (statisches Portfolio) (Ziffer 2.2)

a) Überblick

Die in den Prospekt aufzunehmenden Angaben zu den Basisvermögenswerten richten sich nach Ziffer 2.2 bzw. Ziffer 2.3 von Anhang VIII ProspektVO. **Anhang VIII Ziffer 2.2** betrifft dabei die Anforderungen für den **Grundfall** eines aus einzelnen, konkreten Vermögenswerten bestehenden statischen Portfolios („*pool of discrete as-*

sets")[1]. Demgegenüber gilt **Anhang VIII Ziffer 2.3** im Fall eines **aktiv verwalteten Portfolios**, bei dem neben Angaben, die den Angaben gemäß Ziffer 2.2 gleichwertig sind, außerdem noch spezifische Angaben zur Verwaltung des Portfolios in den Prospekt aufzunehmen sind. Wird ein **Basisprospekt für ABS-Emissionen** iS der ProspektVO erstellt, so können die Angaben zu den Vermögenswerten, die von Emission zu Emission andere sein können, bzw. die finalen Festlegungen grundsätzlich den **endgültigen Bedingungen** vorbehalten bleiben. Durch die Einführung des Art. 2a ProspektVO und die Einordnung von Prospektinformationen in die Kategorien A, B und C gemäß Anhang XX ProspektVO ist die Flexibilität hier jedoch im Vergleich zur vorherigen Rechtslage erheblich eingeschränkt. Insbesondere müssen bei ABS-Papieren mit nicht mehr als fünf Schuldnern, bei denen es sich um juristische Personen handelt, die gemäß Anhang VIII Ziffer 2.2.11 lit. a ProspektVO geforderten ausführlichen Informationen zu einem nicht kapitalmarktorientierten Schuldner als Kategorie A-Angaben iS von Art. 2a Abs. 1 ProspektVO bereits in den Basisprospekt selbst aufgenommen werden, dh. diese Angaben können nicht erst in den endgültigen Bedingungen zur Verfügung gestellt werden.

b) Rechtsordnung der Vermögenswerte (Ziffer 2.2.1)

11 Gemäß Anhang VIII Ziffer 2.2.1 ProspektVO ist die Rechtsordnung, unter die der Pool von Vermögenswerten fällt, anzugeben. Da der Pool als solcher regelmäßig nicht einer bestimmten Rechtsordnung unterliegt, ist hier das Recht, dem die Vermögenswerte unterliegen, zu benennen. Die Bezugnahme auf den Pool verdeutlicht jedoch, dass es bei einer Vielzahl von Vermögenswerten nicht erforderlich ist, für jeden einzelnen Vermögenswert die jeweilige Rechtsordnung anzugeben, sondern dass dieses für den Pool als Ganzes erfolgen kann. Enthält der Pool Vermögenswerte, die verschiedenen Rechtsordnungen unterliegen, genügt es, wenn die betreffenden Rechtsordnungen als Voraussetzung für die Aufnahme von Vermögenswerten in den Pool (*eligibility criteria*) im Prospekt bezeichnet werden[2].

c) Allgemeine Beschreibung der Schuldner (Ziffer 2.2.2)

12 Anhang VIII Ziffer 2.2.2 ProspektVO verlangt eine allgemeine Beschreibung der Schuldner der zugrunde liegenden Vermögenswerte, wobei Art und Umfang der Beschreibung davon abhängen, ob es sich lediglich um eine kleinere Anzahl von Schuldnern handelt oder ob der Kreis der Schuldner größer ist. Während bei einer kleineren Zahl von Schuldnern eine allgemeine Beschreibung der Schuldner erforderlich ist (Ziffer 2.2.2. lit. a), sind in allen anderen Fällen lediglich die allgemeinen Merkmale der Schuldner der Vermögenswerte sowie eine Beschreibung des Marktumfelds und statistische Angaben zu den verbrieften Vermögenswerten in den Prospekt aufzunehmen (Ziffer 2.2.2. lit. b).

---

1 Die deutsche Fassung von Anhang VIII Ziffer 2.2 ProspektVO spricht hier von dem Bestehen einer Dispositionsbefugnis. Diese Übersetzung des englischen Ausdrucks *discrete assets* ist unzutreffend (siehe hierzu auch *Pegel* in Holzborn, Anh. VIII EU-ProspV Rz. 6).
2 So auch *Pegel* in Holzborn, Anh. VIII EU-ProspV Rz. 7.

Nicht eindeutig definiert ist, bei welcher Anzahl von Schuldnern es sich noch um eine „kleinere Zahl von leicht identifizierbaren Schuldnern" iS von **Anhang VIII Ziffer 2.2.2 lit. a ProspektVO** handelt. Anhaltspunkt hierfür könnte der Maßstab von Ziffer 2.2.11 sein, der eine umfassende Schuldnerbeschreibung nur bei fünf oder weniger Schuldnern, die juristische Personen sind, erfordert. Andererseits sieht Ziffer 2.2.2 gerade keine konkrete Zahl als formale Grenze vor, so dass im Rahmen von Ziffer 2.2.2 auch eine **wertende Beurteilung** hinsichtlich des von der Zahl der Schuldner abhängigen Umfangs der Beschreibung vor dem Hintergrund der Gesamttransaktion möglich und gegebenenfalls auch geboten ist. Hierbei ist auch zu berücksichtigen, dass die englische Fassung von einer kleinen (*small*) Zahl von Schuldnern spricht, also nicht den Komparativ (kleiner) benutzt, dh. die Zahl der Schuldner muss absolut betrachtet klein sein. Von eigenständiger Bedeutung ist das Erfordernis der allgemeinen Beschreibung jedes einzelnen Schuldners gemäß Anhang VIII Ziffer 2.2.2 lit. a ohnehin nur dann, wenn nicht eine Schuldnerbeschreibung gemäß **Anhang VIII Ziffer 2.2.11 ProspektVO** in den Prospekt aufzunehmen ist (siehe dazu nachstehend Rz. 21 ff.). Sind gemäß Ziffer 2.2.11 weitere Angaben zum Schuldner erforderlich, so erfüllt diese Schuldnerbeschreibung auch die Anforderungen der Ziffer 2.2.2 lit. a. **Inhalt und Umfang** einer allgemeinen Beschreibung des Schuldners sind durch Ziffer 2.2.2 lit. a nicht im Einzelnen vorgegeben. Hier wird man sich bei Schuldnern, die juristische Personen bzw. Unternehmen sind, an den bei Emittentenbeschreibungen in Prospekten üblichen allgemeinen Darstellungen zu Firma, Sitz und Art der Geschäftätigkeit des Schuldners bzw. den gemäß Ziffer 2.2.11 lit. b bei der Kurzbeschreibung kapitalmarktorientierter Schuldner erforderlichen Angaben orientieren. Im Fall der Verbriefung eines großen Forderungsportfolios sind gemäß **Anhang VIII Ziffer 2.2.2 lit. b ProspektVO** neben allgemeinen Merkmalen der verbrieften Forderungen (insbesondere Art der Forderungen und Schuldner) auch eine Beschreibung des Marktumfelds sowie „globale statistische Daten" (gemeint sind wohl statistische Daten, die portfoliobezogen sind bzw. in Bezug auf Forderungen von der Art der verbrieften Forderungen erhoben wurden) in den Prospekt aufzunehmen.

d) Rechtsnatur der Vermögenswerte (Ziffer 2.2.3)

Des Weiteren ist gemäß Anhang VIII Ziffer 2.2.3 ProspektVO die Rechtsnatur der verbrieften Vermögenswerte anzugeben. Es ist also im Prospekt darzulegen, ob es sich bei den verbrieften Vermögenswerten um Forderungen aus Verträgen (zB Leasing-, Darlehens-, Handelsforderungen), Forderungen aus Wertpapieren oder vielmehr um verbriefte oder unverbriefte Rechte gesellschaftsrechtlicher und mitgliedschaftlicher Natur wie GmbH-Anteile, Aktien oder Vorzugsaktien oder hybride Instrumente wie Genussrechte und -scheine oder etwa auch luxemburgische *parts bénéficiares* oder *preferred shares* des angelsächsischen Rechtskreises handelt.

e) Fälligkeit und Betrag der Vermögenswerte (Ziffer 2.2.4)

Anhang VIII Ziffern 2.2.4 und 2.2.5 ProspektVO verlangen die Angabe der Fälligkeitstermine und des Betrags der zugrunde liegenden Vermögenswerte. Naturgemäß kann ein **Fälligkeitstermin** nur für solche Vermögenswerte angegeben werden (siehe Erwägungsgrund 24 der ProspektVO), die ihrer Rechtsnatur nach fällig werden können, insbesondere verbriefte und unverbriefte Forderungen. Bei einem aus einer Vielzahl von Forderungen bestehenden Portfolio wird entsprechend dem Grundgedanken von Ziffer 2.2.2 lit. b die Aufnahme allgemeiner Kriterien zur Laufzeit und Fälligkeit der Forderungen ausreichen[1]. Ähnliches gilt für den gemäß Ziffer 2.2.5 anzugebenden **Betrag** der Vermögenswerte. Der Wortlaut von Ziffer 2.2.5 ist dabei insoweit nicht ganz eindeutig, als sowohl der Betrag jedes einzelnen Vermögenswertes als auch der Gesamtbetrag der verbrieften Vermögenswerte gemeint sein könnte. Letztlich dürfte auch hier die Angabe des jeweiligen Betrags der einzelnen Vermögenswerte nur bei der Verbriefung einzelner, weniger Vermögenswerte in Betracht kommen, während bei einer Vielzahl von Vermögenswerten nur die Angabe des Gesamtbetrags praktikabel sein dürfte und die Angabe der Einzelbeträge keine aus Anlegersicht relevante zusätzliche Transparenz schaffen würde.

f) Beleihungsquote; Grad der Besicherung (Ziffer 2.2.6)

16 Gemäß Anhang VIII Ziffer 2.2.6 ProspektVO ist die Beleihungsquote bzw. der Grad der Besicherung der verbrieften Vermögenswerte anzugeben. **Beleihungsquoten**, dh. allgemein gesprochen das Verhältnis zwischen dem Betrag der Finanzierung und dem Wert der Sicherheit, sind insbesondere bei Immobiliendarlehen, die in CMBS- oder RMBS-Transaktionen verbrieft werden, von Bedeutung (siehe dazu unten Rz. 28). Der **Grad der Besicherung** kann aber auch für sonstige Sicherheiten ermittelt werden. Auch gebietet der Grundsatz der Praktikabilität, dass bei einem sehr großen Forderungsportfolio nicht die Beleihungsquoten jedes einzelnen Vermögenswertes, sondern nur die allgemeinen Merkmale, gegebenenfalls Mindestbeleihungsquoten oder Bandbreiten, anzugeben sind. Bei **unbesicherten Vermögenswerten** (etwa in Gestalt von Anleihen von Banken oder Unternehmen mit erstklassigem Rating) ist Anhang VIII Ziffer 2.2.6 ProspektVO nicht von Relevanz. Insbesondere ist zu beachten, dass Ziffer 2.2.6 sich ausschließlich auf eine etwaige Besicherung der zugrunde liegenden Vermögenswerte und nicht auf den Umfang der Besicherung der ABS-Papiere durch die Vermögenswerte bezieht[2].

g) Entstehung und Schaffung der Vermögenswerte (origination) (Ziffer 2.2.7)

17 Bei der nach Anhang VIII Ziffer 2.2.7 ProspektVO zu beschreibenden „Methode der Entstehung oder der Schaffung der Aktiva" geht es um das Verfahren der *origination* und weniger um die Art und Weise, wie ein Vermögenswert im rechtlichen Sinn technisch entsteht. Daher ist zB im Fall einer als Sicherheit dienenden Anleihe nicht etwa der Begebungsvertrag dieser Anleihe im Detail zu beschreiben. Vielmehr geht es in erster Linie um die Beschreibung **operationeller Prozesse** und der **Kriterien und Leitlinien**, die der Originator beachtet und berücksichtigt, wenn er Verträge abschließt, deren Forderungen er im Anschluss verbrieft. Dementsprechend

---

1 *Pegel* in Holzborn, Anh. VIII EU-ProspV Rz. 18.
2 Ebenso *Pegel* in Holzborn, Anh. VIII EU-ProspV Rz. 20.

sieht Ziffer 2.2.7 bei **Darlehen und Kreditverträgen** die Angabe der Hauptkriterien der Darlehensvergabe vor (gegebenenfalls unter Hinweis auf etwaige Ausnahmen und die Voraussetzungen für eine Abweichung bzw. auf verbriefte Darlehen, die diesen Kriterien nicht entsprechen). Neben Angaben zur Methode und zu den Kriterien der Forderungsentstehung muss der Prospekt gemäß Ziffer 2.2.7 des Weiteren Angaben zu den Rechten und Verpflichtungen des Darlehensgebers zur Auszahlung weiterer Darlehensbeträge (Kreditzusagen)[1] enthalten. In den Prospekt aufzunehmen sind ferner Ausführungen zur Verwaltung der Darlehen bzw. sonstigen Forderungen während ihrer Laufzeit und die Einziehung der Forderungen (sog. Servicing), was insbesondere aus Anhang VIII Ziffer 3.4.5 ProspektVO folgt (siehe dazu nachstehend Rz. 40).

h) Zusicherungen; zusätzliche Sicherheiten (Ziffer 2.2.8)

Anhang VIII Ziffer 2.2.8 ProspektVO verlangt einen Hinweis auf etwaige Zusicherungen gegenüber dem Emittenten bzw. zusätzliche Sicherheiten zugunsten des Emittenten. Unklar ist der Wortlaut dieser Prospektanforderung hinsichtlich der Frage, ob hiervon Zusicherungen und Sicherheiten erfasst werden, die im Rahmen der Begründung des Vermögensgegenstandes abgegeben bzw. gestellt wurden[2], oder ob vielmehr Zusicherungen in Bezug auf die Vermögenswerte und zusätzliche Sicherheiten des Forderungsverkäufers/Originators im Rahmen des Verkaufs der Forderungen an den Emittenten gemeint sind. Für Letzteres spricht, dass Ziffer 2.2.8 nur auf Zusicherungen und Sicherheiten an den Emittenten abstellt, während die Zusicherungen und Sicherheiten für die Vermögenswerte typischerweise vom Schuldner gegenüber dem Originator und Forderungsverkäufer abgegeben bzw. diesem gestellt werden. Andererseits wird der Emittent, gegebenenfalls indirekt über einen Sicherheitentreuhänder, nach Übertragung der Forderung ebenfalls Berechtigter in Bezug auf die Zusicherungen und Sicherheiten. Zumindest in Bezug auf die Stellung von Sicherheiten muss es letztlich um die **Besicherung der zugrunde liegenden Vermögenswerte** gehen, da diese – wie etwa die Grundpfandrechte bei Immobilienkrediten – aus Investorensicht von maßgeblicher Bedeutung sind. Die Beschreibung dieser Sicherheiten ist auch nicht in einer anderen Ziffer von Anhang VIII ProspektVO geregelt. Für Versicherungen bezüglich der Vermögenswerte enthält Anhang VIII Ziffer 2.2.2010 ProspektVO eine vergleichbare Regelung. Hinzu kommt, dass – von besonderen Treuhandkonstruktionen einmal abgesehen – nicht-akzessorische Sicherheiten tatsächlich auch vom Originator auf den Emittenten übertragen werden und akzessorische Sicherheiten ohnehin der Forderung folgen. Demgegenüber wäre jedenfalls bei dem gängigen Verbriefungstypus der True-Sale-Transaktion eine ergänzende Bestellung von Sicherheiten durch den Originator an den Emittenten im Rahmen des Forderungsverkaufs eher ungewöhnlich. Aus Gründen der Parallelität müsste Gleiches auch für Zusicherungen gelten, dh. es sind **wesentliche Zusicherungen seitens des Schuldners** der verbrieften Forderung, die letztlich

---

[1] Die deutsche Fassung, die hier den Begriff „Vorschüsse" verwendet, gibt den englischen Begriff „advances" nur unzureichend wieder.
[2] So *Pegel* in Holzborn, Anh. VIII EU-ProspV Rz. 23.

auch dem Emittenten als Erwerber der Forderung zugutekommen, anzugeben. Hier ist der Anwendungsbereich von Anhang VIII Ziffer 2.2.8 ProspektVO allerdings nicht ganz so eindeutig, da auch der Originator/Forderungsverkäufer üblicherweise gegenüber dem Emittenten Zusicherungen in Bezug auf die Vermögenswerte abgibt und der Wortlaut von Ziffer 2.2.8 gerade diese Zusicherungen zu erfassen scheint. In jedem Fall verlangt Ziffer 2.2.8 lediglich einen **Hinweis** (*indication*) auf wichtige Zusicherungen und etwaige Sicherheiten. Das bedeutet, der Anleger muss sich aufgrund der Prospektangaben ein Bild von Art und Umfang der wesentlichen Zusicherungen und Sicherheiten machen können. Eine detaillierte Beschreibung wird von Ziffer 2.2.2010 ProspektVO nicht verlangt. In der Praxis werden allerdings wesentliche Zusicherungen, die etwa der Forderungsverkäufer im Rahmen des Kaufvertrags über die zu verbriefenden Forderungen abgibt, mitunter auch wörtlich im Prospekt wiedergegeben.

i) Ersetzung von Vermögenswerten (Ziffer 2.2.9)

19 Anhang VIII Ziffer 2.2.9 ProspektVO betrifft eine etwaige Ersetzung von Vermögenswerten. Diese ist von einem aktiv gemanagten Portfolio iS von Anhang VIII Ziffer 2.3 ProspektVO zu unterscheiden. Von einer bloßen Substitution kann dann gesprochen werden, wenn unter eng umgrenzten Voraussetzungen – wie etwa der Wegfall einer Forderung oder das Entfallen einer Voraussetzung für den Verbleib der Forderung im Portfolio – der betreffende Vermögenswert durch einen anderen ersetzt wird. Regelmäßig wird es für den neu hinzukommenden Vermögenswert bestimmte Kriterien geben, die im Prospekt zu beschreiben sind. Auf eine etwaige Möglichkeit, Vermögenswerte durch Vermögenswerte einer anderen Qualität oder Kategorie zu ersetzen, ist ausdrücklich hinzuweisen, und mögliche Auswirkungen auf die ABS-Papiere sind zu beschreiben.

j) Versicherungspolicen (Ziffer 2.2.10)

20 Gemäß Anhang VIII Ziffer 2.2.10 ProspektVO sind des Weiteren die Versicherungspolicen zu beschreiben, die für die Vermögenswerte abgeschlossen wurden. Der Wortlaut gerade auch der deutschen Fassung ist hier recht eng formuliert und scheint nur Versicherungen zu betreffen, die sich unmittelbar auf den Vermögenswert beziehen. Da dies bei Forderungen allenfalls Kreditversicherungen erfassen würde, dürfte Ziffer 2.2.10 etwas weiter zu verstehen sein und insbesondere auch Versicherungen umfassen, die sich auf die für die betreffende Forderung bestellten Sicherheiten beziehen, wie etwa Gebäudeversicherungen und sonstige Sachversicherungen[1].

k) Erweiterte Beschreibung der Schuldner (Ziffer 2.2.11)

21 Anhang VIII Ziffer 2.2.11 ProspektVO stellt neben Ziffer 2.2.2 die Kernregelung für die Anforderungen an die Beschreibung der Schuldner der zugrunde liegenden Vermögenswerte dar. Danach sind bei Schuldnern, die **juristische Personen** sind, über

---

[1] Ebenso *Pegel* in Holzborn, Anh. VIII EU-ProspV Rz. 25.

die Anforderungen von Ziffer 2.2.2 hinaus **weitere Informationen** über die Schuldner der Vermögenswerte in den Prospekt aufzunehmen, wenn die Vermögenswerte Verbindlichkeiten von **nicht mehr als fünf Schuldnern** umfassen oder wenn **20% oder mehr** der Vermögenswerte aus Verbindlichkeiten **eines Schuldners** bestehen[1]. Darüber hinaus sind die weiteren Informationen gemäß Ziffer 2.2.11 beizubringen, wenn ein Schuldner einen **wesentlichen Anteil** der Vermögenswerte ausmacht[2]. Die eigenständige Bedeutung dieser nicht näher definierten Wesentlichkeitsschwelle, die – anders als die übrigen Schwellen in Ziffer 2.2.11 – eine Neuerung gegenüber den vor Umsetzung der Prospektrichtlinie in Irland und im Vereinigten Königreich geltenden Anforderungen darstellte, ist unklar. Bei einem Anteil von 20% oder mehr greift bereits die 20%-Regel. Würde man auch einen Anteil von weniger als 20% als wesentlich ansehen, wäre die 20%-Schwelle an sich überflüssig und hätte allenfalls die Funktion, dass ab diesem Wert in jedem Fall die umfangreichere Schuldnerbeschreibung erforderlich ist, während bei einem darunter liegenden Wert eine wertende Gesamtbetrachtung möglich ist.

Erreichen ein oder mehrere Schuldner die vorgenannten Schwellenwerte, so sind die in Ziffer 2.2.11 lit. a bzw. lit. b aufgeführten Informationen über die Schuldner in den Prospekt aufzunehmen. Der Umfang dieser Informationen hängt davon ab, ob der jeweilige Schuldner oder ein etwaiger Garantiegeber **kapitalmarktorientiert** ist, dh. Wertpapiere begeben hat, die an einem regulierten Markt oder einem vergleichbaren Markt zum Handel zugelassen sind. Ist dies nicht der Fall, so ist gemäß **Anhang VIII Ziffer 2.2.11 lit. a ProspektVO** eine grundsätzlich **der Emittentenbeschreibung vergleichbare Schuldnerbeschreibung** nach den Vorgaben von **Anhang IX ProspektVO** (Schuldtitel und derivative Wertpapiere mit einer Mindeststückelung von 100.000 Euro) zu erstellen. Insofern kann grundsätzlich auf die Kommentierung zu Anhang IX ProspektVO verwiesen werden. Angaben gemäß Anhang IX ProspektVO sind jedoch wie alle Angaben gemäß Ziffer 2.2.11 nur insoweit in den Prospekt aufzunehmen, als sie dem Emittenten der ABS-Papiere bekannt sind und/oder von diesem aus veröffentlichten Informationen des Schuldners entnommen werden können. Ziffer 2.2.11 begründet daher **keine Untersuchungspflicht** in Bezug auf die Schuldner, die über die vom Schuldner veröffentlichten Informationen

22

---

1 Beide Alternativen („nicht mehr als 5 Schuldner"-Regelung und die 20%-Schwelle) gelten nur für juristische Personen, auch wenn dies – anders als bei der ersten Alternative („nicht mehr als 5 Schuldner") – in Bezug auf die zweite Alternative („20%-Schwelle") in Anhang VIII Ziffer 2.2.11 ProspektVO nicht noch einmal ausdrücklich wiederholt wird. Das folgt aus dem Gesamtzusammenhang und der Satzanknüpfung, dem Sinn und Zweck der Regelung und den nur auf juristische Personen zugeschnittenen Rechtsfolgen gemäß Anhang VIII Ziffer 2.2.11 lit. a und b ProspektVO. Dieses Verständnis entspricht auch der Praxis der Aufsichtsbehörden wie etwa der CSSF. Ebenso *Pegel* in Holzborn, Anh. VIII EU-ProspV Rz. 26.
2 Auch insoweit ist die deutsche Fassung der ProspektVO unglücklich formuliert. Der Schuldner „hält" nicht etwa die Aktiva, sondern er schuldet aus diesen die Erfüllung einer Leistungspflicht.

hinausgeht[1]. Risiken und Finanzinformationen können etwa einem vom Schuldner veröffentlichten Geschäftsbericht entnommen werden. Da es hier nur um eine **entsprechende Anwendung von Anhang IX ProspektVO** geht, **entfallen** bestimmte in Anhang IX vorgesehene, von einem Emittenten in Bezug auf einen Schuldner der Vermögenswerte aus praktischen oder rechtlichen Gründen nicht umsetzbare **Angaben und Erklärungen** wie etwa die Verantwortungsübernahme und die Sorgfaltserklärung gemäß den Ziffern 1.1 und 1.2 oder Angaben zu Gewinnprognosen gemäß Ziffer 8 sowie auch die Anforderungen gemäß Ziffer 13.2 und 14 des Anhangs IX ProspektVO. Hinsichtlich der **Darstellung der mit den Schuldnern verbundenen Risikofaktoren** steht der an sich im Sinne der Transparenz sinnvollen einheitlichen und komprimierten, auch die Risiken an durchaus prominenter Stelle beinhaltenden Beschreibung des jeweiligen Schuldners in einem separaten Abschnitt („Prospekt im Prospekt") der prospektrechtliche Grundsatz entgegen, dass Risikofaktoren zu Beginn des Prospekts darzustellen sind (Art. 25 Abs. 1 ProspektVO). Hinzu kommt, dass die BaFin Verweise in dem allgemeinen Abschnitt „Risikofaktoren" auf Risikofaktoren, die in einer Schuldnerbeschreibung nach Anhang IX ProspektVO enthalten sind, regelmäßig nicht zulässt. Die BaFin verlangt daher nach ihrer nunmehr gängigen Praxis, dass bei ABS-Prospekten, die eine oder mehrere Schuldnerbeschreibungen nach Anhang IX ProspektVO enthalten, auch die Risikofaktoren bezüglich dieser Schuldner vor die Klammer gezogen und zusammen mit den emittenten- und sonstigen wertpapierbezogenen Risikofaktoren im allgemeinen Abschnitt „Risikofaktoren" dargestellt werden.

23 Dem Wortlaut von Anhang VIII Ziffer 2.2.11 lit. a ProspektVO zufolge muss für „jeden Schuldner" eine solche Emittentenbeschreibung in den Prospekt aufgenommen werden. Dies ist zweifellos der Fall, wenn es sich um fünf oder weniger Schuldner handelt. Ziffer 2.2.11 lit. a differenziert allerdings nicht ausdrücklich zwischen den verschiedenen Fallgestaltungen. Im Fall des Erreichens der 20%- oder Wesentlichkeitsschwelle durch nur einen oder zwei Schuldner sollte jedoch entsprechend dem Grundgedanken der Ziffer 2.2.11 eine vollständige Emittentenbeschreibung gemäß Anhang IX ProspektVO nicht für alle Schuldner, sondern ausschließlich in Bezug auf **jeden relevanten Schuldner** (dh. die betreffenden wesentlichen Schuldner) erforderlich sein, wenn es sich um insgesamt mehr als fünf Schuldner handelt. Eine Anwendung von Anhang VIII Ziffer 2.2.11 lit. a ProspektVO auf **Garantiegeber** ist – anders als in Ziffer 2.2.11 lit. b – nicht vorgesehen und wird in der Praxis auch eher selten von Bedeutung sein. Die Aufnahme entsprechender Angaben zum Garantiegeber kann sich in einem solchen Einzelfall aus den allgemeinen Informationspflichten nach § 5 Abs. 1 WpPG und den Überlegungen, die dem Garantiemodul gemäß Anhang VI zugrunde liegen, ergeben[2]. Hat zwar der Schuldner, nicht jedoch der Garan-

---

1 Ebenso *Pegel* in Holzborn, Anh. VIII EU-ProspV Rz. 27. Zur Reichweite der Auswertung der „vom Schuldner veröffentlichten Informationen" vgl. oben Rz. 3 ff.
2 Zum Hintergrund der Erwähnung von Garantiegebern im Fall von Anhang VIII Ziffer 2.2.11 lit. b ProspektVO siehe nachstehend Rz. 24. Für eine entsprechende Anwendung von Anhang VIII Ziffer 2.2.11 lit. a auf Garantiegeber offenbar *Pegel* in Holzborn, Anh. VIII EU-ProspV Rz. 25.

tiegeber, Wertpapiere begeben, die an einem regulierten Markt zugelassen sind, so gilt aber in jedem Fall Anhang VIII Ziffer 2.2.11 lit. b ProspektVO.

Eine vom Umfang her deutlich reduzierte Schuldnerbeschreibung (Angabe von Firma, Sitzstaat, Art der Geschäftstätigkeit und Markt, auf dem die Wertpapiere zum Handel zugelassen sind) ist gemäß **Anhang VIII Ziffer 2.2.11 lit. b ProspektVO** ausreichend, wenn der betreffende Schuldner oder Garantiegeber Wertpapiere begeben hat, die an einem regulierten Markt oder einem vergleichbaren Markt zum Handel zugelassen sind. Dem liegt die Wertung des Verordnungsgebers zugrunde, dass bei derartigen **kapitalmarktorientierten Schuldnern** aufgrund der mit der Börsennotierung verbundenen Prospekt- und Transparenzpflichten dem Anleger entsprechende Informationen zur Verfügung stehen und daher auf eine umfassende Beschreibung des Schuldners verzichtet werden kann. Dies dürfte auch der Grund dafür sein, dass Ziffer 2.2.11 lit. b anders als Ziffer 2.2.11 lit. a neben den Schuldnern auch die **Garantiegeber** erwähnt. Es erscheint nachvollziehbar, dass die Vorteile der Kurzbeschreibung gemäß Ziffer 2.2.11 lit. b auch solchen Emissionen zugutekommen sollen, deren zugrunde liegende Vermögenswerte von kapitalmarktorientierten Unternehmen garantiert sind. Es macht insoweit letztlich keinen Unterschied, ob etwa eine als Deckung dienende Unternehmensanleihe direkt von einem DAX-Unternehmen emittiert wird oder durch eine niederländische Finanzierungsgesellschaft mit einer Garantie der Konzernmuttergesellschaft. Anders als das Wertpapierprospektgesetz, das den in § 2 Nr. 16 WpPG definierten Begriff „organisierter Markt" kennt, verwendet die deutsche Fassung der Prospektverordnung den Begriff „**regulierter Markt**", der aber ebenso wie der organisierte Markt dem „regulated market" der englischen Fassungen der Prospektrichtlinie und der Prospektverordnung entspricht[1]. „**Vergleichbare Märkte**" sind insbesondere Börsen außerhalb des Europäischen Wirtschaftsraums, deren Handel entsprechenden Transparenzanforderungen unterliegt.

24

l) Rechtsbeziehungen von wesentlicher Bedeutung (Ziffer 2.2.12)

Gemäß Anhang VIII Ziffer 2.2.12 ProspektVO sind die wichtigsten Aspekte einer etwaigen **vertraglichen oder gesellschaftsrechtlichen Beziehung** zwischen dem Emittenten, dem Schuldner und, soweit vorhanden, dem Garantiegeber darzulegen, wenn diese Beziehung für die Emission von wesentlicher Bedeutung ist. Wie der in der englischen Fassung von Ziffer 2.2.12 verwendete Begriff „terms" zeigt, geht es hier um die wichtigsten bestehenden **Regelungen** einer solchen Beziehung. Mit dem **Garantiegeber** dürfte, ebenso wie bereits in den vorhergehenden Ziffern, entsprechend dem systematischen Kontext dieser Bestimmung als Teil von Ziffer 2 (Basisvermögenswerte) ein etwaiger Garantiegeber in Bezug auf den jeweiligen verbrieften Vermögenswert (und nicht der Aussteller einer etwaigen Garantie in Bezug auf die ABS-Papiere) gemeint sein. Es ist eine Frage des Einzelfalls, wann eine solche vertragliche oder gesellschaftsrechtliche Beziehung **für die Emission von wesentlicher Bedeutung** ist, wobei insbesondere auch der Anteil des betroffenen Vermögenswerts an der Gesamtdeckung der Emission in der Regel zu berücksichtigen sein wird.

25

---

1 Zu Definition und Begriffshistorie des organisierten Marktes näher § 2 WpPG Rz. 118.

m) Forderungen, die nicht an einer Börse gehandelt werden (Ziffer 2.2.13)

26 Anhang VIII Ziffer 2.2.13 ProspektVO enthält die Anforderungen an die **Beschreibung von Forderungen**, die durch Begebung der betreffenden ABS-Papiere verbrieft werden. Entgegen dem Wortlaut der deutschen Fassung von Ziffer 2.2.13 ist der Anwendungsbereich dieser Bestimmung nicht auf Forderungen aus Wertpapieren beschränkt. Vielmehr geht es hier generell um Forderungen, die nicht an einem geregelten oder einem vergleichbaren Markt gehandelt werden, und es werden dementsprechend auch und gerade solche Forderungen erfasst, die keine Wertpapiereigenschaft besitzen[1]. Im Prospekt aufzuführen sind die **wichtigsten Bedingungen** der Forderungen. Bei Anleihen sind dies insbesondere Stückelung/Nennbetrag, Ausgabedatum, Verzinsung und Laufzeit sowie etwaige besondere Kündigungsrechte. Entsprechendes gilt für Schuldscheindarlehen und sonstige Darlehensforderungen. Bei Leasing-, Miet- und Kaufverträgen sind außerdem der jeweilige Gegenstand sowie grundsätzlich auch etwaige Gewährleistungsrechte darzustellen[2]. Im Fall eines großen Portfolios von Einzelforderungen ist die Beschreibung jeder einzelnen Forderung allerdings nicht praktikabel. Auch hier sollte – dem Grundgedanken von Anhang VIII Ziffer 2.2.2 lit. b ProspektVO folgend – eine Darstellung der wesentlichen Merkmale der Forderungen in allgemeiner Form genügen.

n) Dividendenwerte (Ziffer 2.2.14)

27 Die **Ziffern 2.2.14** und **2.2.15 des Anhangs VIII ProspektVO** enthalten die Anforderungen an die Beschreibung von Dividendenwerten und der Emittenten dieser Dividendenwerte und stellen insoweit ein Äquivalent zu den entsprechenden Anforderungen an die Beschreibung von Schuldnern und Forderungen gemäß Anhang VIII Ziffer 2.2.11 und 2.2.13 ProspektVO dar. Der Begriff **Dividendenwerte** (*equity securities*) ist in Art. 2 Abs. 1 lit. b der Prospektrichtlinie bzw. (in Umsetzung der Prospektrichtlinie) in § 2 Nr. 2 WpPG definiert[3]. Ebenso wie im Fall von Forderungen gemäß Ziffer 2.2.11 und 2.2.13 wird auch bei Dividendenwerten zwischen solchen, die an einem regulierten bzw. an einem vergleichbaren Markt zum Handel zugelassen sind (Rz. 24), und solchen, bei denen dies nicht der Fall ist, unterschieden. Bei **börsennotierten Dividendenwerten iS von Anhang VIII Ziffer 2.2.14 ProspektVO** sind lediglich Beschreibungen des Wertpapiers und des Marktes, an dem sie gehandelt werden, sowie Angaben zur Häufigkeit von Kursveröffentlichungen erforderlich. Demgegenüber ist gemäß **Anhang VIII Ziffer 2.2.15 ProspektVO** für jeden Dividendenwert, der nicht auf einem solchen Markt gehandelt wird, neben der Beschreibung der Dividendenwerte eine vollständige Emittentenbeschreibung entsprechend Anhang I ProspektVO erforderlich, wenn derartige, **nicht börsennotierte Dividendenwerte** mehr als 10% der zu verbriefenden Vermögenswerte ausmachen.

---

1 Ebenso *Pegel* in Holzborn, Anh. VIII EU-ProspV Rz. 31, der mit Recht auf die englische Fassung verweist, die lediglich von „obligations" (und nicht von securities) spricht.
2 So auch *Pegel* in Holzborn, Anh. VIII EU-ProspV Rz. 32.
3 Dazu näher § 2 WpPG Rz. 24 ff.

o) Forderungen, die mit Immobilien besichert sind (Ziffer 2.2.16)

Bestehen die verbrieften Vermögenswerte zu einem wesentlichen Teil aus Forderungen, die durch Immobilien besichert oder gedeckt sind, wie etwa bei **Commercial Mortgage Backed Securities (CMBS)** oder **Residential Mortgage Backed Securities (RMBS)**, so sind gemäß Anhang VIII Ziffer 2.2.16 ProspektVO grundsätzlich entsprechende **Bewertungsgutachten** bezüglich der betreffenden Immobilien in den Prospekt aufzunehmen. In der Regel werden allerdings für die ABS-Emission keine neuen Bewertungsgutachten erstellt, sondern es wird auf die **im Zusammenhang mit der Darlehensvergabe** angefertigten Gutachten zurückgegriffen. Dies ist aufgrund der im zweiten Absatz von Ziffer 2.2.16 enthaltenen Regelung möglich, wonach auf die Aufnahme von Bewertungsgutachten in den Prospekt verzichtet werden kann, wenn es für Zwecke der ABS-Emission keine Neubewertung gegeben hat und im Prospekt deutlich gemacht wird, dass die Bewertungen sich auf den Zeitpunkt der ursprünglichen Darlehensvergabe beziehen. In der Praxis werden den Investoren bei CMBS-Transaktionen häufig Zusammenfassungen der ursprünglichen Bewertungsgutachten in Form einer CD-ROM zusammen mit dem Prospekt zur Verfügung gestellt, wobei diese Daten jedoch regelmäßig nicht Teil des von der zuständigen Aufsichtsbehörde gebilligten Prospekts sind.

4. Aktiv verwaltetes Portfolio (Ziffer 2.3)

Anhang VIII Ziffer 2.3 ProspektVO enthält die Vorgaben für Informationen, die im Hinblick auf ein aktiv verwaltetes Verbriefungsportfolio in den Prospekt aufzunehmen sind. Aus Anlegersicht sind in diesen Fällen nicht nur das anfängliche Portfolio, sondern auch die **Kriterien für eine zukünftige Umschichtung** und die **Person des Portfoliomanagers**, auf dessen Fähigkeiten vertraut wird, von Bedeutung. Dem tragen die Ziffern 2.3.1 und 2.3.2 Rechnung, indem entsprechende Prospektanforderungen sowohl an die Beschreibung des Portfolios der Vermögenswerte als auch an die Beschreibung des Portfoliomanagers und des Portfolioverwaltungsvertrags gestellt werden. Die Angaben zu den Vermögenswerten gemäß **Anhang VIII Ziffer 2.3.1 ProspektVO** müssen den gemäß Ziffer 2.1 und 2.2 für ein statisches Portfolio aufzunehmenden Angaben **gleichwertig** sein. Unterschiede bestehen insoweit, als bei einem aktiv verwalteten Portfolio in abstrakter Weise die zulässige Art von Vermögenswerten (und nicht individuelle, konkrete Vermögenswerte) und die diesbezüglichen Kriterien zu beschreiben sind. Soweit Ziffer 2.3.1 Angaben verlangt, die eine Einschätzung der Art, Qualität, der Hinlänglichkeit (zur Bedienung der ABS-Papiere) und der Liquidität erlauben, verdeutlicht dies lediglich die hinter den Ziffern 2.1 und 2.2 stehenden Regelungszwecke (als Leitlinie zur Handhabung der entsprechenden Anwendung von Ziffer 2.1 und 2.2), ohne dass hierdurch zusätzliche Anforderungen aufgestellt werden sollen. Die Aufnahme gleichwertiger Angaben kann im Einzelfall Fragen aufwerfen, etwa wenn ein aktiv verwaltetes Portfolio nur aus fünf oder weniger Schuldnern besteht oder das Ausfallrisiko in Bezug auf einen einzigen Schuldner mehr als 20% des Gesamtportfolios ausmachen kann. Bei einem statischen Portfolio wäre in derartigen Fällen gegebenenfalls eine umfangreiche Schuldnerbeschreibung nach den Vorgaben von Anhang IX ProspektVO erforderlich (vgl. Anhang VIII Ziffer 2.2.11 lit. a ProspektVO), was bei einem aktiv verwalteten Portfolio im Hinblick auf zukünftige Portofolioschuldner nicht darstellbar wäre. In der Praxis sehen die Anlagekriterien und -richtlinien allerdings ohnehin häufig vor, dass derartige Schwellen wie etwa der 20%-Wert nicht überschritten werden dürfen.

30 Gemäß **Anhang VIII Ziffer 2.3.2 ProspektVO** sind die für die Anlagetätigkeit und damit die Verwaltung des Portfolios relevanten Parameter, Angaben zum Portfolioverwalter und eine Zusammenfassung der Bestimmungen zur Kündigung und Ersetzung des Portfolioverwalters in den Prospekt aufzunehmen. Im Ergebnis bedeutet dies eine **Zusammenfassung wesentlicher Bestimmungen des Portfolioverwaltungsvertrags** sowie eine **Beschreibung des Portfolioverwalters** und dessen Geschäftstätigkeit und Expertise. Dem Wortlaut von Ziffer 2.3.2 zufolge bezieht sich die Beschreibung des Portfolioverwalters ausdrücklich auf die betreffende, für die Verwaltung vertraglich verantwortliche Gesellschaft (*entity*), nicht notwendigerweise auf die dort angestellten, handelnden Personen. In der Praxis werden jedoch regelmäßig auch Angaben zu den Geschäftsführern bzw. den hauptverantwortlichen Personen in den Prospekt aufgenommen. Dies wird dann allerdings häufig mit dem Hinweis verbunden, dass nicht darauf vertraut werden kann, dass diese Personen während der gesamten Laufzeit der Wertpapiere bei der betreffenden Gesellschaft tätig sein werden. Des Weiteren sind auch etwaige vertragliche oder gesellschaftsrechtliche **Beziehungen zwischen dem Portfolioverwalter und anderen Transaktionsbeteiligten** zu beschreiben.

5. Sicherheiten für weitere Emissionen (Ziffer 2.4)

31 Anhang VIII Ziffer 2.4 ProspektVO soll sicherstellen, dass die Anleger entsprechend informiert werden, wenn geplant ist, dass die Vermögenswerte, die als Deckung der von den Anlegern erworbenen Wertpapiere dienen, auch als Sicherheiten für eine weitere Emission dienen sollen. Dabei geht es sowohl darum, die Anleger durch eine entsprechende Erklärung im Prospekt über das Bestehen eines solchen Planes in Kenntnis zu setzen, als auch darum, den Anlegern mitzuteilen, auf welche Weise sie über die Ausführung dieses Planes, also die konkrete weitere Emission, informiert werden. Ein solches Informationsbedürfnis besteht nach der Wertung von Anhang VIII Ziffer 2.4 ProspektVO nicht, wenn die neu begebenen Wertpapiere mit den vom Anleger erworbenen Wertpapieren fungibel sind oder diesen gegenüber nachrangig sind.

IV. Struktur und Kapitalfluss

3. Struktur und Kapitalfluss
3.1. Beschreibung der Struktur der Transaktion, einschließlich ggf. eines Strukturdiagramms.
3.2. Beschreibung der an der Emission beteiligten Unternehmen und der von ihnen auszuführenden Aufgaben.
3.3. Beschreibung der Methode und des Datums des Verkaufs, der Übertragung, der Novation oder der Zession der Aktiva bzw. etwaiger sich aus den Aktiva

ergebenden Rechte und/oder Pflichten gegenüber dem Emittenten, oder ggf. der Art und Weise und der Frist, auf die bzw. innerhalb deren der Emittent die Erträge der Emission vollständig investiert haben wird.

3.4. *Erläuterung des Mittelflusses, einschließlich*

3.4.1. der Art und Weise, wie der sich aus den Aktiva ergebende Kapitalfluss den Emittenten in die Lage versetzen soll, seinen Verpflichtungen gegenüber den Wertpapierinhabern nachzukommen. Erforderlichenfalls ist eine Tabelle mit der Bedienung der finanziellen Verpflichtungen aufzunehmen sowie eine Beschreibung der Annahmen, die der Erstellung dieser Tabelle zugrunde liegen;

3.4.2. Angaben über die Verbesserung der Kreditwürdigkeit der Anleiheemission; Angabe, wo bedeutende potenzielle Liquiditätsdefizite auftreten könnten und Verfügbarkeit etwaiger Liquiditätshilfen; Angabe der Bestimmungen, die die Zinsrisiken bzw. Hauptausfallrisiken auffangen sollen;

3.4.3. unbeschadet des in 3.4.2 Gesagten, Einzelheiten zu etwaigen Finanzierungen von nachgeordneten Verbindlichkeiten;

3.4.4. Angabe von Anlageparametern für die Anlage von zeitweiligen Liquiditätsüberschüssen und Beschreibung der für eine solche Anlage zuständigen Parteien;

3.4.5. Beschreibung der Art und Weise, wie Zahlungen in Bezug auf die Aktiva zusammengefasst werden;

3.4.6. Rangordnung der Zahlungen, die vom Emittenten an die Inhaber der entsprechenden Wertpapierkategorien geleistet werden, und

3.4.7. detaillierte Angaben zu Vereinbarungen, die den Zins- und Kapitalzahlungen an die Anleger zugrunde liegen;

3.5. Name, Anschrift und wesentliche Geschäftstätigkeiten der ursprünglichen Besitzer der verbrieften Aktiva.

3.6. Ist die Rendite und/oder Rückzahlung des Wertpapiers an die Leistung oder Kreditwürdigkeit anderer Aktiva geknüpft, die keine Aktiva des Emittenten sind, gilt das unter 2.2 und 2.3 Gesagte.

3.7. Name, Anschrift und wesentliche Geschäftstätigkeiten des Verwalters, der Berechnungsstelle oder einer gleichwertigen Person, zusammen mit einer Zusammenfassung der Zuständigkeiten des Verwalters bzw. der Berechnungsstelle; ihr Verhältnis zum ursprünglichen Besitzer oder „Schaffer" der Aktiva und eine Zusammenfassung der Bestimmungen, die das Ende der Bestellung des Verwalters/der Berechnungsstelle und die Bestellung eines anderen Verwalters/Berechnungsstelle regeln.

3.8. Namen und Anschriften sowie kurze Beschreibung:

a) etwaiger Swap-Vertragsparteien und Beschaffer anderer wesentlicher Formen von Bonitäts- oder Liquiditätsverbesserungen;

b) der Banken, bei denen die Hauptkonten in Bezug auf die Transaktion geführt werden.

1. Überblick

32 **Anhang VIII Ziffer 3 ProspektVO** enthält die prospektrechtlichen Anforderungen an die Beschreibung der **Struktur der ABS-Emission** und des **Zahlungsstroms** (*cash flow*), die neben der Beschreibung der Vermögenswerte gemäß Anhang VIII Ziffer 2 ProspektVO den Kernbestandteil des Moduls für die Wertpapierbeschreibung bei ABS-Papieren darstellt[1]. Die **Grundstruktur** einer ABS-Emission ist dadurch geprägt, dass ein Unternehmen oder eine Bank (der Originator) Vermögenswerte, insbesondere Forderungen aus ihrer Geschäftstätigkeit, auf eine Zweckgesellschaft übertragen, die auf dieser Grundlage Anleihen (*asset backed securities*) begibt, die durch die vom Originator erworbenen Vermögenswerte gedeckt bzw. besichert sind. Die weiteren Strukturelemente hängen davon ab, ob die Vermögenswerte selbst oder nur das diesbezügliche Kreditrisiko übertragen wird (**True-Sale-Transaktion** versus **synthetische Verbriefung**), ob ein größeres Portfolio durch Begebung einer mittel- oder langfristigen Anleihe (**Anleihe- oder Bondstruktur**) oder mehrere von einer Ankaufsgesellschaft erworbene kleinere Portfolien durch vergleichsweise kurz laufende Commercial Papers (**Conduit-Programme**) begeben werden[2]. In vielen Fällen werden die Commercial Papers eine Laufzeit von weniger als zwölf Monaten haben, so dass bei derartigen Wertpapieren aufgrund des Ausschlusses von Geldmarktinstrumenten mit einer solchen kurzen Laufzeit vom Wertpapierbegriff (Art. 2 Abs. 1 lit. a Prospektrichtlinie und § 2 Nr. 1 WpPG) keine Prospektpflicht nach Maßgabe der Prospektrichtlinie und des Wertpapierprospektgesetzes besteht. Einen Sonderfall stellt die **Whole Business-Verbriefung**[3] dar, bei der nicht einzelne Vermögenswerte, sondern der Geschäftsbetrieb bzw. der Umsatz des Originators als Ganzes verbrieft wird. Als Sicherheiten werden hier Sicherheitenpakete geschaffen, insbesondere werden Sicherheiten an solchen Gegenständen bestellt, die für die Erwirtschaftung des verbrieften Umsatzes von erheblicher Bedeutung sind.

2. Struktur der Transaktion (Ziffer 3.1)

33 Gemäß Anhang VIII Ziffer 3.1 ProspektVO ist die Struktur der Transaktion zu beschreiben, was gegebenenfalls auch die Abbildung eines Strukturdiagramms im Pro-

---

1 Zu den nachfolgenden Grundstrukturen und Arten von ABS-Transaktionen siehe näher *Geiger* in Habersack/Mülbert/Schlitt, Unternehmensfinanzierung am Kapitalmarkt, § 22 Rz. 1 ff.; *Kaiser* in Eilers/Rödding/Schmalenbach, Unternehmensfinanzierung, Kap. E Rz. 84 ff.; *Zeising*, BKR 2007, 313.
2 Zur Grundstruktur von Conduit-Transaktionen siehe näher *Geiger* in Habersack/Mülbert/Schlitt, Unternehmensfinanzierung am Kapitalmarkt, § 22 Rz. 7 ff.; *Kaiser* in Eilers/Rödding/Schmalenbach, Unternehmensfinanzierung, Kap. E Rz. 96 ff. Aufgrund ihrer kurzfristigen Refinanzierungsstruktur über die Ausgabe von Commercial Papers besteht das Risiko, dass keine neuen Investoren gefunden werden (näher zum sog. „Roll-over-Risiko" *Kaiser* in Eilers/Rödding/Schmalenbach, Unternehmensfinanzierung, Kap. E Rz. 97). In diesem Fall muss die Liquiditätsfazilität gezogen werden.
3 Zur Whole Business-Verbriefung näher *Kaiser* in Eilers/Rödding/Schmalenbach, Unternehmensfinanzierung, Kap. E Rz. 89; *Geiger* in Habersack/Mülbert/Schlitt, Unternehmensfinanzierung am Kapitalmarkt, § 22 Rz. 26 ff.

spekt beinhaltet. Ein **Strukturdiagramm** wird in der Praxis bei allen komplexeren Portfolioverbriefungen (sowohl bei True-Sale-Transaktionen als auch bei synthetischen Verbriefungen) in den Prospekt aufgenommen. Entsprechend der graphischen Darstellung mittels eines Strukturdiagramms beinhaltet die **Beschreibung der Struktur** in Worten eine Darstellung der rechtlichen und funktionalen Eckpfeiler der Transaktion und der Beziehungen zwischen den wesentlichen Beteiligten. Das bedeutet, dass bei einer True-Sale-Transaktion dargestellt werden muss, dass mit dem Emissionserlös vom Originator bestimmte Vermögenswerte erworben werden, die als Sicherheit für die von der Zweckgesellschaft begebenen Anleihen dienen. Bei einer synthetischen Verbriefung ist insbesondere auf die Übertragung von Kreditrisiken vom Originator auf die Zweckgesellschaft mittels eines Kreditderivats, den Verbleib der rechtlichen Inhaberschaft der Vermögenswerte beim Originator und die Verwendung wesentlicher Teile des Emissionserlöses für den Erwerb der als Sicherheiten dienenden Schuldtitel durch die Zweckgesellschaft abzustellen. Bei der Strukturbeschreibung geht es demnach um die rechtlichen und funktionalen Grundbausteine der Transaktion. Hiervon zu unterscheiden (wenngleich in der Darstellung nicht immer vollständig zu trennen[1]) ist die Beschreibung der Zahlungsströme gemäß Anhang VIII Ziffer 3.4 ProspektVO.

3. Beteiligte Unternehmen (Ziffer 3.2)

Bei den gemäß Anhang VIII Ziffer 3.2 ProspektVO zu beschreibenden, an der Transaktion beteiligten Unternehmen handelt es sich um solche transaktionsbezogene Beteiligte der ABS-Emission, die weder Emittent noch Garant der ABS-Papiere (für die Anhang VII bzw. Anhang IV ProspektVO gilt) sind und die auch nicht Schuldner der Vermögenswerte sind (insoweit gelten Ziffer 2.2.2 und 2.2.11 von Anhang VIII ProspektVO). Auch für die Beschreibung der Originatoren und etwaiger Swap und Liquidity Provider sowie der Berechnungsstelle, den Cash Manager und/oder den Servicer (je nachdem, wen man mit dem „Administrator" iS von Anhang VIII Ziffer 3.8 ProspektVO gleichsetzt, siehe unten Rz. 44) gibt es spezielle Bestimmungen in Anhang VIII Ziffer 3.5, 3.7 und 3.8 ProspektVO. Ziffer 3.2 hat daher hinsichtlich der Beschreibung der Transaktionsbeteiligten nur eine begrenzte eigenständige Bedeutung. Über die genannten Beteiligten hinaus wäre hier etwa an Sicherheitentreuhänder (*security trustee*), einen Datentreuhänder oder sonstige Dienstleister wie Paying und Notification Agents sowie den Corporate Services Provider zu denken. An den Umfang der Beschreibung stellt Ziffer 3.2 keine besonderen Anforderungen. Da die Bedeutung der sonstigen Transaktionsbeteiligten für die Beurteilung der ABS-Papiere jedenfalls nicht größer ist als die der Schuldner der Vermögenswerte, wird man sich hinsichtlich des Umfangs der in den Prospekt aufzunehmenden Informationen jedenfalls an Anhang VIII Ziffer 2.2.2 ProspektVO als Maximalumfang orientieren können, so dass eine allgemeine Beschreibung des betreffenden Beteiligten genügt. Darüber hinaus sind auch noch die **Aufgaben** bzw. **Funktionen** des jeweiligen Transaktionsbeteiligten im Rahmen der ABS-Transaktion zu erläutern.

---

[1] *Pegel* in Holzborn, Anh. VIII EU-ProspV Rz. 44 setzt die Transaktionsstruktur sogar mit den Zahlungsströmen gleich.

4. Übertragung der Vermögenswerte (Ziffer 3.3)

35 Gemäß Anhang VIII Ziffer 3.3 ProspektVO ist des Weiteren zu beschreiben, **wie und zu welchem Datum** die Vermögenswerte bzw. diesbezügliche Rechte und Pflichten auf den Emittenten der ABS-Papiere **übertragen** werden. Die in Anhang VIII Ziffer 3.3 ProspektVO aufgeführten Beispiele einer Übertragung reflektieren die mögliche Vielfalt der Übertragungsformen (wie Abtretung und Novation), die unter anderem auch davon abhängen, welchem Recht die Vermögenswerte zugrunde liegen. Im Fall von ABS-Transaktionen, bei denen im Zeitpunkt der Prospekterstellung die Emissionserlöse noch nicht oder noch nicht vollständig investiert sind und das zu verbriefende **Portfolio erst noch aufgebaut** werden soll, ist statt des Datums der Übertragung das Verfahren und der Zeitraum des geplanten Investments in die Vermögenswerte anzugeben.

5. Erläuterung des Zahlungsstroms (Ziffer 3.4)

36 Anhang VIII Ziffer 3.4 ProspektVO enthält die Anforderungen an die Erläuterung des Zahlungsstroms, die im Einzelnen in den Ziffern 3.4.1 bis 3.4.7 aufgeführt sind, wobei diese Liste – wie die Formulierung „einschließlich" zeigt – nicht abschließend ist und im Einzelfall aufgrund der konkreten Transaktionsstruktur weitere Aspekte hinzukommen können. Im Allgemeinen werden die **wesentlichen Aspekte des Zahlungsstroms** allerdings bereits von **Anhang VIII Ziffer 3.4.1 ProspektVO** abgedeckt sein. Gemäß Ziffer 3.4.1 ist zu beschreiben, auf welche Weise der mit den zugrunde liegenden Vermögenswerten verbundene Zahlungsstrom geeignet ist, die Verpflichtungen des Emittenten gegenüber den Anleihegläubigern zu erfüllen. Hierbei ist zu erläutern, aufgrund welcher Ansprüche der Emittent Zahlungen aufgrund der Vermögenswerte oder anderweitig zur Bedienung der ABS-Papiere erhält und inwieweit eigene regelmäßige Zahlungspflichten des Emittenten außerhalb der Wertpapiere bestehen. Diese Erläuterungen ergänzen die gemäß Anhang VIII Ziffer 2.1 in den Prospekt aufzunehmende Bestätigung, dass die Vermögenswerte die hierfür notwendigen Merkmale aufweisen.

37 **Anhang VIII Ziffer 3.4.2 ProspektVO** enthält als einen wesentlichen Unterpunkt der Beschreibung des Zahlungsstroms eine explizite Vorgabe für in den Prospekt aufzunehmende Angaben zu Bonitätsverbesserungen und Liquiditäts- und Hedgingfazilitäten. **Verbesserungen der Bonität (*credit enhancements*)** des Verbriefungsportfolios und der ABS-Emission können auf verschiedene Art und Weise erfolgen[1]. Sie verfolgen letztlich das Ziel, dass die Investoren das Risiko der ersten Ausfälle im Portfolio (*first loss*) nicht tragen müssen mit der Folge, dass die ABS-Papiere ein besseres Rating erhalten, als dieses andernfalls der Fall wäre. Bei der von Ziffer 3.4.2 geforderten Beschreibung etwaiger potenzieller Liquiditätsdefizite und den Angaben zur Ver-

---

1 ZB durch Bildung von Reserven durch einen Kaufpreisabschlag und Nachzahlung dieses Teils des Kaufpreises bei entsprechend geringem Forderungsausfall (*Deferred Purchase Price*). Dazu näher *Kaiser* in Eilers/Rödding/Schmalenbach, Unternehmensfinanzierung, Kap. E Rz. 103 f. Zur Beschreibung von Bonitätsverbesserungen siehe auch *Pegel* in Holzborn, WpPG, Anh. VIII EU-ProspV Rz. 50 ff.

fügbarkeit etwaiger Liquiditätshilfen ist vor allem an Informationen zu vorhandenen **Liquiditätsfazilitäten** und deren Anwendungsbereich zu denken, während die in Ziffer 3.4.2 ebenfalls angesprochene Absicherung von Zinsrisiken typischerweise durch Hedgingverträge in Form von **Zinsderivaten** erfolgt. Dies betrifft Fälle, in denen Zahlungen, die beim Emittenten eingehen, mit Zahlungen, die der Emittent aufgrund der ABS-Papiere zu leisten hat, nicht kongruent wären. So ist etwa, wenn die Fälligkeit der verbrieften Vermögenswerte nicht mit der Fälligkeit der ABS-Papiere übereinstimmt, zu erläutern, ob und wie dieser Fristeninkongruenz begegnet wird (etwa durch Liquiditätsfazilitäten bei kurzfristiger Refinanzierung längerfristiger Forderungen oder, im Fall von Zinsrisiken bei langfristiger Refinanzierung kurzfristiger Forderungen, durch entsprechende Zinsderivate[1]). Soweit auch Ausfallrisiken in Bezug auf **Kapitalzahlungen** abgesichert sind (etwa durch Garantien)[2], so sind auch Angaben zu dem diesbezüglichen Zahlungsstrom in den Prospekt aufzunehmen.

Gemäß **Anhang VIII Ziffer 3.4.3 ProspektVO** sind ferner Einzelheiten zu einer etwaigen **nachrangigen Fremdkapitalfinanzierung** des Emittenten in den Prospekt aufzunehmen. Es ist nicht ganz eindeutig, auf welche nachrangige Finanzierung (*subordinated debt financing*) diese Bestimmung abzielt. Dass auch nachrangige Tranchen der betreffenden ABS-Transaktion dargestellt werden, versteht sich von selbst, wenn diese ebenfalls zum Handel an einer Börse zugelassen und Investoren angeboten werden sollen und damit Gegenstand desselben Prospekts sind. Vermutlich zielt Ziffer 3.4.3 daher primär auf ergänzende nachrangige Finanzierungen ab, die nicht unmittelbarer Gegenstand des betreffende Prospekts sind, wie etwa sog. B-Notes oder Junior Notes, die letztlich, wenngleich nachrangig, aus dem Zahlungsstrom derselben Vermögenswerte bedient werden.

38

Anhang VIII Ziffer 3.4.4 ProspektVO sieht vor, dass der Prospekt auch Angaben dazu enthalten muss, wie etwaige **vorübergehende Liquiditätsüberschüsse** angelegt werden. Ziel ist es, dass der Investor sich ein Bild davon machen kann, in welcher Form und gegebenenfalls bei welchem Institut derartige Liquiditätsüberschüsse angelegt werden, bevor diese vorübergehenden Liquiditätsüberschüsse, wenn benötigt, wieder dem sonstigen Zahlungsstrom zugeführt werden.

39

Der unklare Wortlaut der deutschen Fassung von **Anhang VIII Ziffer 3.4.5 ProspektVO** beruht auf einer missverständlichen Übersetzung der englischen Fassung. Gegenstand dieser Ziffer ist nicht ein etwaiges „Zusammenfassen" des Zahlungsstroms. Vielmehr ergibt sich aus dem englischen Text der ProspektVO, dass es hier um den **Einzug von Zahlungen (*collections*)** geht, dh. eine Beschreibung der Art und Weise, wie Zahlungen, die aufgrund der zugrunde liegenden Vermögenswerte geschuldet werden, eingezogen werden[3]. Diese Bestimmung zielt ersichtlich auf die

40

---

1 Dazu näher *Geiger* in Habersack/Mülbert/Schlitt, Unternehmensfinanzierung am Kapitalmarkt, § 22 Rz. 9 f.
2 Die deutsche Fassung verwendet hier den unzutreffenden Begriff „Hauptausfallrisiken". Gemeint ist hier jedoch der Gegensatz von Zins- und Kapitalzahlungen, was in der englischen Fassung der ProspektVO durch das Begriffspaar *interest/principal* zum Ausdruck gebracht wird.
3 Ebenso *Pegel* in Holzborn, Anh. VIII EU-ProspV Rz. 62.

Verbriefung von Forderungsportfolien ab (wie etwa Darlehens- oder Leasingforderungen). Der Einzug der Forderungen erfolgt in diesen Fällen in der Regel entweder aufgrund einer entsprechenden Vereinbarung mit dem Emittenten weiterhin durch den Originator selbst oder aber durch ein hierzu beauftragtes Unternehmen (*Servicer*). Dementsprechend sind hier die vom Originator praktizierte und mit diesem vereinbarte Forderungsbearbeitung bzw. die mit dem externen Dienstleister vereinbarten Servicing-Grundsätze darzustellen. Erwirbt der Emittent der ABS-Papiere lediglich eine geringe Zahl von als „Deckung" dienenden Wertpapieren, bedarf es keiner detaillierten Grundsätze der Forderungsbearbeitung und dementsprechend bedarf es in diesem Fall auch keiner Darstellung derartiger Grundsätze im Prospekt. In diesem Fall genügt ein Hinweis, auf welcher Grundlage die Rückzahlung der Wertpapiere erfolgt.

41 **Anhang VIII Ziffer 3.4.6 ProspektVO** trägt dem Umstand Rechnung, dass ABS-Transaktionen in der Regel Bestimmungen enthalten, die eine bestimmte Rangfolge **der Verteilung eingehender Zahlungen** (reguläre Zahlungen, aber auch Erlöse aus der Verwertung von Sicherheiten im Fall eines Zahlungsverzugs) auf die Ansprüche der verschiedenen Transaktionsbeteiligten vorsehen (sog. „**Wasserfall**"). In der Regel werden zB die Kosten der Transaktion wie etwa Auslagen und Vergütungen für Sicherheitentreuhänder vorab abgezogen. Die Rangfolge kann unterschiedlich sein, je nachdem, ob es sich um reguläre Zahlungen handelt oder ob Erlöse aus der Verwertung von Sicherheiten zu verteilen sind. Gemäß **Anhang VIII Ziffer 3.4.7 ProspektVO** sind darüber hinaus detaillierte weitere Angaben zu **sonstigen Vereinbarungen, von denen Zins- und Kapitalzahlungen abhängen**, in den Prospekt aufzunehmen. Hiermit sind nicht die allgemeinen Zins- und Kapitalrückzahlungsbestimmungen der Anleihebedingungen der ABS-Papiere gemeint[1], sondern etwaige weitere, über die in Ziffer 3.4.2 bis 3.4.6 genannten Aspekte hinausgehende Faktoren oder Bedingungen, die in Bezug auf die betreffende ABS-Emission festgelegt wurden und die für die Zins- oder Kapitalzahlungen von Bedeutung sind.

6. Beschreibung des Originators (Ziffer 3.5)

42 Anhang VIII Ziffer 3.5 ProspektVO verlangt Angaben zu einem **weiteren wesentlichen Transaktionsbeteiligten**, dem Originator, und dessen Geschäftstätigkeit. Die deutsche Fassung spricht hier von dem ursprünglichen Besitzer der Vermögenswerte, was sowohl in zivilrechtlicher Hinsicht als auch im Hinblick auf die möglichen Transaktionsstrukturen nur untechnisch verstanden werden kann. Bei True-Sale-Transaktionen wird es sich bei dem „Besitzer" regelmäßig um den ursprünglichen Inhaber der Forderungen handeln, also das Unternehmen bzw. die Bank, das bzw. die Forderungen aus seiner bzw. ihrer Geschäftstätigkeit an den Emittenten verkauft hat. Bei synthetischen Transaktionen bleibt der Originator allerdings Inhaber der Forderungen, hier wird lediglich das Ausfallrisiko übertragen. Auch dieser Fall soll, wie die englische Fassung durch Verwendung des Begriffs *originator* zeigt und wie es sachgerecht

---

1 Auch wenn die deutsche Fassung von Anhang VIII Ziffer 3.4.7 ProspektVO dies nahe zu legen scheint. Siehe dazu auch *Pegel* in Holzborn, Anh. VIII EU-ProspV Rz. 66.

ist, von Ziffer 3.5 erfasst werden[1]. Werden zum Zwecke der Verbriefung die zu verbriefenden und als Sicherheiten dienenden Schuldverschreibungen direkt an den Emittenten der ABS-Papiere begeben, kann es gegebenenfalls an einem Originator im eigentlichen Sinne fehlen, da die zu verbriefende Forderung (dh. die Schuldverschreibung) vor Begebung gar nicht bestanden hat und daher auch keinen ursprünglichen Inhaber hatte. Die Frage, ob in diesen, sich außerhalb der „klassischen" ABS-Transaktionen bewegenden Sonderfällen der Anwendbarkeit des Anhangs VIII ProspektVO der Aussteller der als Vermögenswert und Sicherheit dienenden Schuldverschreibungen Originator iS von Ziffer 3.5 ist, kann in der Praxis regelmäßig dahingestellt bleiben. Denn es handelt sich jedenfalls um einen Schuldner von Vermögenswerten, der ohnehin gemäß Anhang VIII Ziffer 2.2.2 und 2.2.11 ProspektVO zu beschreiben ist, gegebenenfalls sogar wesentlich ausführlicher als ein Originator.

7. Beschreibung der Vermögenswerte bei synthetischen Verbriefungstransaktionen (Ziffer 3.6)

Anhang VIII Ziffer 3.6 ProspektVO gehört zu den Bestimmungen, die offenbar wegen ihrer Strukturrelevanz in den Anforderungskatalog der Ziffer 3 aufgenommen wurden. Dabei handelt es sich um die grundlegende Vorschrift für die Anforderungen an die Beschreibung der zugrunde liegenden Vermögenswerte bei **synthetischen** Verbriefungen. Sinn und Zweck der Vorschrift ist es klarzustellen, dass die Anforderungen des Anhangs VIII Ziffern 2.2 und 2.3 ProspektVO an die **Beschreibung der zugrunde liegenden Vermögenswerte** nicht allein deshalb andere sind, weil bei synthetischen Verbriefungen nicht der Vermögenswert selbst, sondern nur das Ausfallrisiko auf den Emittenten der ABS-Papiere übertragen wird. Entsprechend ihrer Bedeutung (gerade auch in Deutschland) wird die Verbriefung von Forderungsportfolien und der damit verbundenen **Kreditausfallrisiken** als Hauptfall des Anwendungsbereichs der Ziffer 3.6 ausdrücklich genannt. Dieses Kreditausfallrisiko überträgt der Emittent der ABS-Papiere dann weiter an die Investoren der ABS-Papiere, indem die Verzinsung und/oder Rückzahlung der ABS-Papiere von dem Eintritt dieser Kreditausfallrisiken abhängig gemacht wird. Die auch bei synthetischen ABS-Transaktionen vom Emittenten mit dem Emissionserlös tatsächlich erworbenen und als Sicherheit dienenden Vermögenswerte (wie Pfandbriefe, Schuldscheine etc.) werden durch Anhang VIII Ziffer 2.2 und 2.3 ProspektVO direkt (und nicht erst über Ziffer 3.6) erfasst[2]. Anders als bei rein derivativen Wertpapieren wird in Anhang VIII Ziffer 3.6 ProspektVO allerdings durchaus eine Anknüpfung an konkrete Vermögenswerte und nicht an abstrakte Bezugswerte vorausgesetzt. Der Unterschied zu True-Sale-Verbriefungen (bei denen die Ziffern 2.2 und 2.3 unmittelbar Anwendung finden) besteht insoweit lediglich darin, dass die zugrunde liegenden Vermögenswerte nicht an den Emittenten übertragen werden, sondern von einem anderen Beteiligten, in aller Regel von dem Originator, gehalten werden.

---

1 Ebenso *Pegel* in Holzborn, Anh. VIII EU-ProspV Rz. 67.
2 So auch *Pegel* in Holzborn, Anh. VIII EU-ProspV Rz. 69.

8. Beschreibung weiterer Transaktionsbeteiligter (Ziffer 3.7 und 3.8)

44 **Anhang VIII Ziffern 3.7** und **3.8 ProspektVO** enthalten Vorgaben für die Beschreibung bestimmter weiterer Transaktionsbeteiligter wie den **Administrator** (gemeint ist wohl entweder der sog. Servicer, der die Verwaltung des Asset Pool und insbesondere den Forderungseinzug übernimmt[1] und/oder der Cash Manager bzw. ein etwaiger Collateral Administrator), die **Berechnungsstelle (Calculation Agent)**[2] und **gleichwertigen Personen** (Ziffer 3.7) sowie etwaige **Hedging-Vertragspartner** und **Liquidity Provider** und in Bezug auf die Haupttransaktionskonten die betreffenden **kontoführenden Banken** (Ziffer 3.8). Im Fall des Administrators und der Berechnungsstelle sind neben der Kurzbeschreibung der jeweiligen Partei und ihrer Hauptgeschäftstätigkeiten auch Ausführungen zu ihrer Beziehung zum Originator bzw. der Person, die die zugrunde liegenden Vermögenswerte begründet hat, sowie zur Kündigung und Ersetzung des Administrators bzw. der Berechnungsstelle in den Prospekt aufzunehmen.

V. „EX POST"-Informationen (Ziffer 4)

4. „EX POST"–Informationen

4.1. Angabe im Prospekt, ob beabsichtigt ist, „ex post"–Transaktionsinformationen nach Abschluss der Emission in Bezug auf Wertpapiere zu veröffentlichen, die zum Handel zugelassen werden sollen, sowie in Bezug auf die Leistungskraft der Basissicherheit. Hat der Emittent eine derartige Absicht bekundet, ist im Prospekt zu spezifizieren, welche Informationen veröffentlicht werden, wo sie erhalten werden können und wie häufig sie publiziert werden.

45 Gemäß Anhang VIII Ziffer 4 ProspektVO ist im Prospekt anzugeben, ob Informationen zu den Wertpapieren und den zugrunde liegenden Vermögenswerten[3] **nach Begebung** der ABS-Papiere zur Verfügung gestellt werden. Entsprechend dem Wortlaut

---

1 So *Pegel* in Holzborn, Anh. VIII EU-ProspV Rz. 72. Vgl. auch die Definition des Servicer in den IOSCO ABS Disclosure Principles, S. 6 (siehe Vor Anhang VII, VIII EU-ProspektVO Rz. 1).
2 *Pegel* in Holzborn, Anh. VIII EU-ProspV Rz. 72 weist zutreffend darauf hin, dass hiermit nicht die Berechnungsstelle gemeint ist, die wie bei jeder anderen Schuldverschreibungsemission schlicht die auf die ABS-Papiere zahlbaren Zinsbeträge berechnet, sondern eine umfassendere Funktion im Zusammenhang mit der Vornahme von Ausschüttungen in Übereinstimmung mit der festgelegten Zahlungsreihenfolge, die mit dem Recht und der Pflicht verbunden ist, den Cash Manager entsprechend zu instruieren. Für derartige, wichtige Berechnungsfunktionen gibt es gegebenenfalls sogar einen von vornherein vereinbarten Back-up Calculation Agent, ebenso wie für den Servicer auch ein Back-up Servicer vorgesehen sein kann.
3 *Pegel* in Holzborn, Anh. VIII EU-ProspV Rz. 77 merkt mit Recht an, dass die Terminologie hinsichtlich der zugrunde liegenden Vermögenswerte nicht einheitlich ist. Anhang VIII Ziffer 4.1 ProspektVO spricht von Basissicherheiten bzw. von *underlying collateral*. Beide Begriffe werden im Anhang VIII an keiner anderen Stelle verwendet. Gemeint sind jedoch

von **Anhang VIII Ziffer 4.1 ProspektVO** kommt es hier allein auf die Absicht des Emittenten im Zeitpunkt der Emission an. Hier geht es um die bei ABS-Emissionen nicht unübliche freiwillige Bereitstellung von Informationen über die Performance des Portfolios nach Emission der ABS-Papiere. Etwaige gesetzliche Verpflichtungen, zB aufgrund von börsenrechtlichen Regeln, werden von dieser Ziffer nicht erfasst. Ebenso wenig begründet Ziffer 4 eine Pflicht des Emittenten zur Bereitstellung derartiger Informationen. Werden derartige Informationen nicht bereit gestellt, verlangt die BaFin jedoch die Aufnahme einer entsprechenden **Negativerklärung** im Prospekt, was durch die Formulierung „ob beabsichtigt ist" in Ziffer 4.1 gestützt wird, auch wenn Ziffer 4.1 nicht ausdrücklich eine solche Negativerklärung verlangt. Werden „post issuance"-Informationen bereit gestellt, so ist im Prospekt anzugeben, **welche Informationen** zur Verfügung gestellt werden, **wo** sie **erhältlich** sind und **wie häufig** eine Veröffentlichung erfolgt.

---

die zugrunde liegenden Vermögenswerte, die zumindest bei True-Sale-Transaktionen zugleich auch als Sicherheit für die ABS-Papiere dienen.

Anhang IX
Mindestangaben für das Registrierungsformular für Schuldtitel und derivative Wertpapiere (Schema) (Schuldtitel und derivative Wertpapiere mit einer Mindeststückelung von EUR 100.000)

Schrifttum: *Heidelbach/Preuße*, Einzelfragen in der praktischen Arbeit mit dem neuen Wertpapierprospektregime, BKR 2006, 316; *Kullmann/Sester*, Inhalt und Format von Emissionsprospekten nach dem WpPG, ZBB 2005, 209; *Seitz*, Das neue Wertpapierprospektgesetz – Auswirkungen auf die Emission von Schuldverschreibungen, AG 2005, 678.

I. Anwendungsbereich	1	X. Verwaltungs-, Geschäftsführungs- und Aufsichtsorgane (Ziffer 9)	21
II. Verantwortliche Personen (Ziffer 1)	6	XI. Hauptaktionäre (Ziffer 10)	22
III. Abschlussprüfer (Ziffer 2)	7	XII. Finanzinformationen über die Vermögens-, Finanz- und Ertragslage des Emittenten (Ziffer 11)	23
IV. Risikofaktoren (Ziffer 3)	8		
V. Angaben über den Emittenten (Ziffer 4)	9	XIII. Wesentliche Verträge (Ziffer 12)	28
VI. Geschäftsüberblick (Ziffer 5)	11	XIV. Angaben von Seiten Dritter, Erklärungen von Seiten Sachverständiger und Interessenerklärungen (Ziffer 13)	29
VII. Organisationsstruktur (Ziffer 6)	15		
VIII. Trendinformationen (Ziffer 7)	16		
IX. Gewinnprognosen oder -schätzungen (Ziffer 8)	18	XV. Einsehbare Dokumente (Ziffer 14)	30

I. Anwendungsbereich

1 Bei nicht unter Art. 4 ProspektVO fallenden Wertpapieren mit einer Stückelung von mindestens 100.000 Euro oder bei nennwertlosen Wertpapieren, die bei der Emission nur für mindestens 100.000 Euro pro Stück erworben werden können[1], ist das Registrierungsformular entsprechend **Art. 12 ProspektVO** nach Anhang IX ProspektVO zu erstellen[2]. Dementsprechend sind Aktien und aktienähnliche Wertpapiere iS von Art. 4 ProspektVO ausdrücklich vom Anwendungsbereich des Anhangs IX ProspektVO ausgenommen und es kann im Umkehrschluss gefolgert werden, dass in den An-

---

[1] Vgl. zur Erhöhung des Schwellenwerts für die Mindeststückelung von 50.000 Euro auf 100.000 Euro Delegierte Verordnung (EU) Nr. 486/2012 der Kommission vom 30.3.2012 zur Änderung der Verordnung (EG) Nr. 809/2004 in Bezug auf Aufmachung und Inhalt des Prospekts, Basisprospekts, der Zusammenfassung und der endgültigen Bedingungen und in Bezug auf die Angabepflichten, ABl. EU Nr. L 150 v. 9.6.2012, S. 1, Erwägungsgrund Nr. 3 sowie allgemein zur Erhöhung des Schwellenwerts in der Prospektrichtlinie unter § 3 WpPG (Rz. 35 ff.).

[2] Siehe dazu *Seitz*, AG 2005, 678 (687).

wendungsbereich von Anhang IX ProspektVO im Wesentlichen Schuldtitel iS von Art. 8 Abs. 2 ProspektVO und derivative Wertpapiere iS von Art. 15 Abs. 2 ProspektVO fallen (siehe dazu auch Anhang IV EU-ProspektVO Rz. 1).

Die **Mindestanforderungen an den Inhalt des Registrierungsformulars nach Anhang IX ProspektVO** sind geringer als die Mindestanforderungen nach Anhang IV ProspektVO. Im Gegensatz zu Anhang IV ProspektVO muss das Registrierungsformular beispielsweise keine ausgewählten Finanzinformationen enthalten und es sind keine Angaben zu neuen Produkten und Märkten, Angaben zu Investitionen oder Angaben über bekannte Trends, Unsicherheiten, Nachfragen, Verpflichtungen oder Vorfälle, die voraussichtlich die Aussichten des Emittenten zumindest im laufenden Geschäftsjahr wesentlich beeinflussen dürften, erforderlich. Das Stufenverhältnis kommt auch in der Reihenfolge der Schemata in Art. 21 Abs. 2 ProspektVO zum Ausdruck (siehe zum Stufenverhältnis unten unter Rz. 4). Die unterschiedlichen Anforderungen an die Detailtiefe der Beschreibung des Emittenten hängen damit zusammen, dass Anleger, die in Wertpapiere mit einer Stückelung von mindestens 100.000 Euro investieren, als institutionelle Anleger (*wholesale investors*) angesehen werden, von denen erwartet wird, dass sie sich fortlaufend über die Geschäfte des Emittenten informieren und sie sich ausreichende Kenntnisse über den Emittenten auch ohne Prospekt verschaffen können (siehe dazu auch Anhang XIII EU-ProspektVO Rz. 8)[1]. 2

Der **Anwendungsbereich des Anhangs IX ProspektVO** ist im Hinblick auf die **erfassten Institute oder Unternehmen** nicht beschränkt. Aus diesem Grund können auch Banken, die das Registrierungsformular in der Regel nach Anhang XI ProspektVO erstellen und damit hinsichtlich der Mindestanforderungen an die in das Registrierungsformular aufzunehmenden Angaben privilegiert sind, das Registrierungsformular entsprechend Anhang IX ProspektVO zusammenstellen, sofern die Anforderungen an die Mindeststückelung der Wertpapiere erfüllt sind (vgl. dazu auch Anhang XI EU-ProspektVO Rz. 9)[2]. In diesem Fall wäre der Emittent beispielsweise nicht verpflichtet, Informationen zu etwaigen wichtigen neuen Produkten und Dienstleistungen (vgl. Ziffer 5.1.2 Anhang XI ProspektVO) oder Informationen über bekannte Trends etc. (vgl. Ziffer 7.2 Anhang XI ProspektVO) aufzunehmen. Darüber hinaus enthält Anhang IX ProspektVO Erleichterungen im Hinblick auf die Darstellung historischer Finanzinformationen (siehe dazu unten unter Rz. 24 ff.). 3

Gemäß **Art. 21 Abs. 2 ProspektVO** besteht die Möglichkeit, anstelle von Anhang IX ProspektVO auf einer freiwilligen Basis Anhang IV ProspektVO oder auch Anhang I ProspektVO anzuwenden (zum Stufenverhältnis der Registrierungsformulare siehe auch Anhang IV EU-ProspektVO Rz. 8). 4

Die Bedeutung von Anhang IX ProspektVO **in der Praxis** ist sehr beschränkt, da sich die Emittenten von Schuldtiteln und derivativen Wertpapieren in der Regel die Option der Emission von Wertpapieren mit einer Mindeststückelung von weniger 5

---

[1] Vgl. dazu auch *Heidelbach/Preuße*, BKR 2006, 316 (319) im Zusammenhang mit § 3 Abs. 2 Nr. 4 WpPG.
[2] *Kullmann/Sester*, ZBB 2005, 209 (213).

als 100.000 Euro erhalten wollen und zudem mit Anhang XI ProspektVO ein anderer Anhang vorliegt, der bereits deutliche Erleichterungen gegenüber Anhang IV ProspektVO vorsieht.

II. Verantwortliche Personen (Ziffer 1)

1. Verantwortliche Personen

1.1. Alle Personen, die für die im Registrierungsformular gemachten Angaben bzw. für bestimmte Abschnitte des Registrierungsformulars verantwortlich sind. Im letzteren Fall sind die entsprechenden Abschnitte aufzunehmen. Im Falle von natürlichen Personen, zu denen auch Mitglieder der Verwaltungs-, Geschäftsführungs- oder Aufsichtsorgane des Emittenten gehören, sind der Name und die Funktion dieser Person zu nennen. Bei juristischen Personen sind Name und eingetragener Sitz der Gesellschaft anzugeben.

1.2. Erklärung der für das Registrierungsformular verantwortlichen Personen, dass sie die erforderliche Sorgfalt haben walten lassen, um sicherzustellen, dass die im Registrierungsformular genannten Angaben ihres Wissens nach richtig sind und keine Tatsachen ausgelassen worden sind, die die Aussage des Registrierungsformulars wahrscheinlich verändern. Ggf. Erklärung der für bestimmte Abschnitte des Registrierungsformulars verantwortlichen Personen, dass sie die erforderliche Sorgfalt haben walten lassen, um sicherzustellen, dass die in dem Teil des Registrierungsformulars genannten Angaben, für die sie verantwortlich sind, ihres Wissens nach richtig sind und keine Tatsachen ausgelassen worden sind, die die Aussage des Registrierungsformulars wahrscheinlich verändern.

6 Die Wortlaute der **Ziffern 1.1 und 1.2 Anhang IX ProspektVO** stimmen mit den Wortlauten der Ziffern 1.1 und 1.2 Anhang I ProspektVO überein. Es wird daher auf die entsprechende Kommentierung in Anhang I ProspektVO (siehe Anhang I EU-ProspektVO Rz. 2 ff.) und ergänzend auf die Ausführungen zu den Ziffern 1.1 und 1.2 in der Kommentierung zu Anhang IV ProspektVO (siehe dazu Anhang IV EU-ProspektVO Rz. 9 ff.) verwiesen.

III. Abschlussprüfer (Ziffer 2)

2. Abschlussprüfer

2.1. Namen und Anschrift der Abschlussprüfer des Emittenten, die für den von den historischen Finanzinformationen abgedeckten Zeitraum zuständig waren (einschließlich der Angabe ihrer Mitgliedschaft in einer Berufsvereinigung).

2.2. Wurden Abschlussprüfer während des von den historischen Finanzinformationen abgedeckten Zeitraums abberufen, nicht wieder bestellt oder haben sie ihr Mandat niedergelegt so sind entsprechende Einzelheiten offen zu legen, wenn sie von wesentlicher Bedeutung sind.

Die Wortlaute der **Ziffern 2.1 und 2.2 Anhang IX ProspektVO** stimmen mit den Wortlauten der Ziffern 2.1 und 2.2 Anhang I ProspektVO überein. Es wird daher insoweit auf die Kommentierung zu Anhang I ProspektVO verwiesen (siehe Anhang I EU-ProspektVO Rz. 17 ff.). 7

IV. Risikofaktoren (Ziffer 3)

3. Risikofaktoren
3.1. Klare Offenlegung von Risikofaktoren, die die Fähigkeit des Emittenten beeinflussen können, seinen aus dem Wertpapier resultierenden Verpflichtungen gegenüber den Anlegern nachzukommen (unter der Rubrik „Risikofaktoren").

Der Wortlaut der **Ziffer 3.1 Anhang IX ProspektVO** entspricht weitgehend dem Wortlaut von Ziffer 4 Anhang IV ProspektVO. Es wird daher insoweit auf die Kommentierung in Anhang IV ProspektVO verwiesen (siehe Anhang IV EU-ProspektVO Rz. 14 ff.). Eine Abweichung besteht nur insofern, als in Ziffer 4 Anhang IV ProspektVO eine „hervorgehobene Offenlegung" gefordert wird. Diese Abweichung resultiert aber lediglich aus einer nicht konsistenten Übersetzung der ProspektVO und bewirkt keinen Bedeutungsunterschied (vgl. dazu auch Anhang IV EU-ProspektVO Rz. 16 bzw. Anhang XI EU-ProspektVO Rz. 14)[1]. 8

V. Angaben über den Emittenten (Ziffer 4)

4. Angaben über den Emittenten
4.1. *Geschäftsgeschichte und Geschäftsentwicklung des Emittenten*
4.1.1. Juristischer und kommerzieller Name des Emittenten;
4.1.2. Ort der Registrierung des Emittenten und seine Registrierungsnummer;
4.1.3. Datum der Gründung und Existenzdauer des Emittenten, soweit diese nicht unbefristet ist;
4.1.4. Sitz und Rechtsform des Emittenten; Rechtsordnung, unter der er tätig ist; Land der Gründung der Gesellschaft; Anschrift und Telefonnummer seines eingetragenen Sitzes (oder Hauptort der Geschäftstätigkeit, falls nicht mit dem eingetragenen Sitz identisch);

---

[1] So auch *Glismann* in Holzborn, Anh. IX EU-ProspV Rz. 9.

4.1.5. Jüngste Ereignisse, die für den Emittenten eine besondere Bedeutung haben und die in hohem Maße für die Bewertung der Solvenz des Emittenten relevant sind.

9 Hinsichtlich der **Ziffern 4.1.1 bis 4.1.4 Anhang IX ProspektVO** wird auf die Kommentierung zu den Ziffern 5.1.1 bis 5.1.4 Anhang I ProspektVO verwiesen (siehe Anhang I EU-ProspektVO Rz. 50 ff.). Hinsichtlich der Ziffer 4.1.5 Anhang IX ProspektVO wird auf die Kommentierung zu Ziffer 5.1.5 Anhang IV ProspektVO verwiesen (siehe Anhang IV EU-ProspektVO Rz. 32 ff.).

10 Im Gegensatz zu Ziffer 5.2 Anhang IV ProspektVO sind im Rahmen der Ziffer 4 Anhang IX ProspektVO **Angaben zu Investitionen nicht erforderlich** (siehe dazu Anhang IV EU-ProspektVO Rz. 34). Allerdings kann es auch im Rahmen des Anhangs IX ProspektVO erforderlich sein, Angaben zu Investitionen zu machen, wenn ohne diese Angaben eine ausreichende Beurteilung des Emittenten durch den Anleger nicht möglich ist[1].

VI. Geschäftsüberblick (Ziffer 5)

5. Geschäftsüberblick
5.1. *Haupttätigkeitsbereiche*
5.1.1. Kurze Beschreibung der Haupttätigkeiten des Emittenten unter Angabe der wichtigsten Kategorien der vertriebenen Produkte und/oder erbrachten Dienstleistungen;
5.1.2. Kurze Erläuterung der Grundlage für etwaige Erklärungen des Emittenten im Registrierungsformular hinsichtlich seiner Wettbewerbsposition.

11 Gemäß Ziffer 5 Anhang IX ProspektVO ist – wie nach Ziffer 6 Anhang IV ProspektVO – die **Geschäftstätigkeit des Emittenten** zu beschreiben, wobei die Mindestanforderungen an die darzustellenden Informationen im Anwendungsbereich der Ziffer 5 Anhang IX ProspektVO deutlich niedriger sind, als im Anwendungsbereich der Ziffer 6 Anhang IV ProspektVO (siehe dazu oben unter Rz. 2).

12 Im Gegensatz zu Ziffer 6.1 Anhang IV ProspektVO ist im Rahmen der **Ziffer 5.1.1 Anhang IX ProspektVO** nur eine kurze Beschreibung der Haupttätigkeiten des Emittenten und gegebenenfalls **nach Ziffer 5.1.2 Anhang IX ProspektVO** zu seiner Wettbewerbsposition im Registrierungsformular aufzunehmen. Darüber hinaus muss das Registrierungsformular grundsätzlich keine Informationen zu wichtigen neuen Produkten bzw. Dienstleistungen des Emittenten sowie zu wichtigen Märkten, auf denen der Emittent tätig ist, enthalten, wie dies beispielsweise im Rahmen der Ziffer 6.1.2 Anhang IV ProspektVO erforderlich ist. Allerdings kann es auch im Rahmen der Ziffer 5 Anhang IX ProspektVO erforderlich sein, weitere Angaben zur Geschäftstätigkeit des Emittenten in das Registrierungsformular aufzunehmen, wenn ohne diese

---

1 Siehe dazu *Glismann* in Holzborn, Anh. IX EU-ProspV Rz. 10.

Angaben eine ausreichende Beurteilung des Emittenten durch den Anleger nicht möglich ist[1].

Da im Rahmen der **Trendinformationen** zukünftige positive Entwicklungen in den Aussichten des Emittenten nicht dargestellt werden können, können solche im Rahmen der Angaben zur Geschäftstätigkeit des Emittenten dargestellt werden (siehe dazu auch unten unter Rz. 17). 13

Im Übrigen wird auf die Kommentierung zu den Ziffern 6.1 bis 6.3 Anhang IV ProspektVO (siehe Anhang IV EU-ProspektVO Rz. 35 ff.) sowie auf die Kommentierung zu Ziffer 6 Anhang I ProspektVO (siehe Anhang I EU-ProspektVO Rz. 61 ff.) verwiesen. 14

VII. Organisationsstruktur (Ziffer 6)

6. Organisationsstruktur
6.1. Ist der Emittent Teil einer Gruppe, kurze Beschreibung der Gruppe und der Stellung des Emittenten innerhalb dieser Gruppe.
6.2. Ist der Emittent von anderen Instituten innerhalb der Gruppe abhängig, ist dies klar anzugeben und eine Erklärung zu seiner Abhängigkeit abzugeben.

Hinsichtlich **Ziffer 6.1 Anhang IX ProspektVO** wird auf die Kommentierung zu Ziffer 7.1 Anhang I ProspektVO verwiesen (siehe Anhang I EU-ProspektVO Rz. 73 ff.). Im Hinblick auf die in **Ziffer 6.2 Anhang IX ProspektVO** enthaltenen Mindestanforderungen wird auf die Kommentierung zu Ziffer 7.2 Anhang IV ProspektVO verwiesen (siehe Anhang IV EU-ProspektVO Rz. 41 f.). Der Wortlaut von Ziffer 6.2 Anhang IX ProspektVO, der von „anderen Instituten innerhalb der Gruppe" spricht, weicht von dem entsprechenden Wortlaut in Ziffer 7.2 Anhang IV ProspektVO zwar ab, in dem von „anderen Einheiten innerhalb der Gruppe" die Rede ist. Diese Abweichung ist aber bedeutungslos, da sie auf einen Fehler in der deutschen Übersetzung zurückzuführen ist. In der englischen Fassung der beiden Anhänge wird einheitlich der Begriff „*other entities within the group*" verwendet. 15

VIII. Trendinformationen (Ziffer 7)

7. Trendinformationen
7.1. Einzufügen ist eine Erklärung, der zufolge es keine wesentlichen negativen Veränderungen in den Aussichten des Emittenten seit dem Datum der Veröffentlichung der letzten geprüften Jahresabschlüsse gegeben hat.
   Kann der Emittent keine derartige Erklärung abgeben, dann sind Einzelheiten über diese wesentliche negative Änderung beizubringen.

---

[1] Darauf weist auch *Glismann* in Holzborn, Anh. IX EU-ProspV Rz. 12 hin.

16 Hinsichtlich **Ziffer 7.1 Anhang IX ProspektVO** wird auf die Kommentierung zu Ziffer 8.1 Anhang IV ProspektVO verwiesen (siehe Anhang IV EU-ProspektVO Rz. 43 ff.). Die Bezugnahme auf **wesentliche negative Änderungen** in Ziffer 7.1 Anhang IX ProspektVO anstelle einer Bezugnahme auf „wesentliche nachteilige Änderungen" wie in Ziffer 8.1 Anhang IV ProspektVO beruht auf einem Übersetzungsfehler. In der englischen Fassung der beiden Anhänge wird einheitlich auf *„material adverse change"* abgestellt.

17 Abweichend von Ziffer 8.2 Anhang IV ProspektVO ist in Ziffer 7 Anhang IX ProspektVO nicht vorgesehen, im Rahmen der Trendinformationen auch **Angaben über bekannte Trends, Unsicherheiten, Nachfragen, Verpflichtungen oder Vorfälle, die voraussichtlich die Aussichten des Emittenten zumindest im laufenden Geschäftsjahr wesentlich beeinflussen dürften**, darzustellen. Entsprechend ist es nicht vorgesehen, im Rahmen der Ziffer 7 Anhang IX ProspektVO Angaben zu positiven Entwicklungen in den Aussichten des Emittenten im Registrierungsformular abzubilden. Allerdings besteht die Möglichkeit, etwaige positive Entwicklungen in Zusammenhang mit anderen Angaben des Registrierungsformulars abzubilden (siehe oben unter Rz. 13). Es ist dabei aber darauf zu achten, dass durch die Aufnahme einer entsprechenden Information nicht die Schwelle zur Gewinnprognose überschritten wird, für deren Darstellung erhöhte Anforderungen gelten würden (siehe unten unter Rz. 18 ff.).

IX. Gewinnprognosen oder -schätzungen (Ziffer 8)

8. Gewinnprognosen oder -schätzungen
   Entscheidet sich ein Emittent dazu, eine Gewinnprognose oder eine Gewinnschätzung aufzunehmen, dann hat das Registrierungsformular unter den Punkten 8.1. und 8.2. Folgendes zu enthalten:
   8.1. Eine Erklärung, die die wichtigsten Annahmen erläutert, auf die der Emittent seine Prognose oder Schätzung gestützt hat.
   Bei den Annahmen sollte klar zwischen jenen unterschieden werden, die Faktoren betreffen, die die Mitglieder der Verwaltungs-, Geschäftsführungs- oder Aufsichtsorgane beeinflussen können, und Annahmen in Bezug auf Faktoren, die klar außerhalb des Einflussbereiches der Mitglieder der Verwaltungs-, Geschäftsführungs- und Aufsichtsorgane liegen. Diese Annahmen müssen für die Anleger leicht verständlich, spezifisch sowie präzise sein und dürfen nicht der üblichen Exaktheit der Schätzungen entsprechen, die der Prognose zu Grunde liegen.
   8.2. Jeder Gewinnprognose im Registrierungsformular ist eine Erklärung beizufügen, in der bestätigt wird, dass die besagte Prognose auf der angegebenen Grundlage ordnungsgemäß erstellt wurde und dass die Rechnungslegungsgrundlage mit den Rechnungslegungsstrategien des Emittenten konsistent ist.
   8.3. Die Gewinnprognose oder -schätzung ist auf einer Grundlage zu erstellen, die mit den historischen Finanzinformationen vergleichbar ist.

18 Hinsichtlich Ziffer 8 Anhang IX ProspektVO wird auf die Kommentierung zu Ziffer 13 Anhang I ProspektVO (siehe Anhang I EU-ProspektVO Rz. 115 ff.) sowie ergänzend auf die Ausführungen zu Ziffer 9 von Anhang IV ProspektVO (siehe Anhang IV EU-ProspektVO Rz. 53 f.) verwiesen.

19 Anhang IX ProspektVO stellt wie auch die anderen Schemata für Registrierungsformulare hohe Anforderungen an die Aufnahme von Prognosen, um im Interesse der Anleger die Aufnahme von Prognosen mit Werbecharakter, die sich im Nachhinein als unzutreffend herausstellen, zu verhindern. Im Unterschied zu den Anhängen I, IV und XI ProspektVO enthält **Ziffer 8.2 Anhang IX ProspektVO** allerdings eine **Erleichterung im Hinblick auf die Darstellung von Gewinnprognosen** im Registrierungsformular insofern, als die Erklärung über die ordnungsgemäße Erstellung der Gewinnprognose und die Konsistenz der Rechnungslegungsgrundlage mit den Rechnungslegungsstrategien im Anwendungsbereich des Anhangs IX ProspektVO nicht zwingend von unabhängigen Buchprüfern oder Abschlussprüfern erstellt werden muss. Hierdurch wird es dem Emittenten ermöglicht, diese Erklärung selbst abzugeben[1].

20 Während Ziffer 8 Anhang IX ProspektVO grundsätzlich auf die Mindestangaben im Hinblick auf Gewinnprognosen und Gewinnschätzungen abstellt, ist abweichend davon im Fall von **Ziffer 8.2 Anhang IX ProspektVO** nur im Fall von Gewinnprognosen eine Erklärung beizufügen, die bestätigt, dass die entsprechende Prognose auf der angegebenen Grundlage ordnungsgemäß erstellt wurde und dass die Rechnungslegungsgrundlage mit den Rechnungslegungsstrategien des Emittenten konsistent ist. In dieser Hinsicht weicht Ziffer 8.2 Anhang IX ProspektVO von den entsprechenden Ziffern in den Anhängen I, IV, X und XI ProspektVO ab, da nach diesen Anhängen eine entsprechende (von einem Wirtschaftsprüfer zu erstellende) Erklärung sowohl im Fall von Gewinnprognosen als auch im Fall von Gewinnschätzungen aufzunehmen ist[2]. Es sind keine Gründe ersichtlich, weshalb der Wortlaut in Ziffer 8.2 Anhang IX ProspektVO im Gegensatz zu den anderen genannten Anhängen nur auf Gewinnprognosen und nicht auch auf Gewinnschätzungen verweist, weshalb über den Wortlaut der Ziffer 8.2 Anhang IX ProspektVO hinaus eine **Erklärung nach Ziffer 8.2 Anhang IX ProspektVO nicht nur im Fall von Gewinnprognosen, sondern auch im Fall von Gewinnschätzungen** aufzunehmen ist[3].

---

1 *Glismann* in Holzborn, Anh. IX EU-ProspV Rz. 15.
2 Siehe Anhang IV EU-ProspektVO Rz. 54a bzw. Anhang XI EU-ProspektVO Rz. 32 hinsichtlich der Neufassung der Ziffer 9.2 Anhang IV ProspektVO bzw. Ziffer 8.2 Anhang XI ProspektVO, wonach in bestimmten Fällen nunmehr eine Erklärung des Wirtschaftsprüfers unterbleiben kann.
3 So auch ESMA FAQs, Questions and Answers Prospectuses: 25th Updated Version – July 2016, ESMA/2016/1133, Frage 25, abrufbar unter https://www.esma.europa.eu/sites/default/files/library/2016-1133_25th_version_qa_document_prospectus_related_issues.pdf.

X. Verwaltungs-, Geschäftsführungs- und Aufsichtsorgane (Ziffer 9)

9. Verwaltungs-, Geschäftsführungs- und Aufsichtsorgane

9.1. Name und Geschäftsanschrift nachstehender Personen sowie ihre Stellung beim Emittenten unter Angabe der wichtigsten Tätigkeiten, die sie neben der Tätigkeit für den Emittenten ausüben, sofern diese für den Emittenten von Bedeutung sind:

a) Mitglieder der Verwaltungs-, Geschäftsführungs- und Aufsichtsorgane;

b) persönlich haftende Gesellschafter bei einer Kommanditgesellschaft auf Aktien.

9.2. *Verwaltungs-, Geschäftsführungs- und Aufsichtsorgane – Interessenkonflikte*

Potenzielle Interessenkonflikte zwischen den Verpflichtungen gegenüber dem Emittenten seitens der in Punkt 9.1 genannten Personen und ihren privaten Interessen oder sonstigen Verpflichtungen müssen klar festgehalten werden. Falls keine derartigen Konflikte bestehen, ist eine dementsprechende Erklärung abzugeben.

21 Hinsichtlich Ziffer 9 Anhang IX ProspektVO wird auf die Kommentierung zu Ziffer 14 Anhang I ProspektVO (siehe Anhang I EU-ProspektVO Rz. 120 ff.) und ergänzend auf die Ausführungen zu Ziffer 10 Anhang IV ProspektVO (siehe Anhang IV EU-ProspektVO Rz. 55 ff.) verwiesen.

XI. Hauptaktionäre (Ziffer 10)

10. Hauptaktionäre

10.1. Sofern dem Emittenten bekannt, Angabe, ob an dem Emittenten unmittelbare oder mittelbare Beteiligungen oder Beherrschungsverhältnisse bestehen, und wer diese Beteiligungen hält bzw. diese Beherrschung ausübt. Beschreibung der Art und Weise einer derartigen Kontrolle und der vorhandenen Maßnahmen zur Verhinderung des Missbrauchs einer derartigen Kontrolle.

10.2. Sofern dem Emittenten bekannt, Beschreibung etwaiger Vereinbarungen, deren Ausübung zu einem späteren Zeitpunkt zu einer Veränderung bei der Kontrolle des Emittenten führen könnte.

22 Hinsichtlich Ziffer 10 Anhang IX ProspektVO wird auf die Kommentierung zu Ziffer 18.3 und 18.4 Anhang I ProspektVO (siehe Anhang I EU-ProspektVO Rz. 152 ff.) verwiesen.

XII. Finanzinformationen über die Vermögens-, Finanz- und Ertragslage des Emittenten (Ziffer 11)

11. Finanzinformationen über die Vermögens-. Finanz- und Ertragslage des Emittenten

11.1. *Historische Finanzinformationen*

Beizubringen sind geprüfte historische Finanzinformationen, die die letzten zwei Geschäftsjahre abdecken (bzw. einen entsprechenden kürzeren Zeitraum, während dessen der Emittent tätig war), sowie ein Bestätigungsvermerk für jedes Geschäftsjahr. Hat der Emittent in der Zeit, für die historische Finanzinformationen beizubringen sind, seinen Bilanzstichtag geändert, so decken die geprüften historischen Finanzinformationen mindestens 24 Monate oder – sollte der Emittent seiner Geschäftstätigkeit noch keine 24 Monate nachgegangen sein – den gesamten Zeitraum seiner Geschäftstätigkeit ab. Derartige Finanzinformationen sind gemäß der Verordnung (EG) Nr. 1606/2002 bzw. für den Fall, dass diese Verordnung nicht anwendbar ist, gemäß den nationalen Rechnungslegungsgrundsätzen eines Mitgliedstaats zu erstellen, wenn der Emittent aus der Gemeinschaft stammt. Bei Emittenten aus Drittstaaten sind diese Finanzinformationen nach den im Verfahren des Artikels 3 der Verordnung (EG) Nr. 1606/2002 übernommenen internationalen Rechnungslegungsstandards oder nach diesen Standards gleichwertigen nationalen Rechnungslegungsgrundsätzen eines Drittstaates zu erstellen. Ansonsten müssen folgende Angaben in das Registrierungsformular aufgenommen werden:

a) Eine eindeutige Erklärung dahingehend, dass die in das Registrierungsformular aufgenommenen Finanzinformationen nicht nach den im Verfahren des Artikels 3 der Verordnung (EG) Nr. 1606/2002 übernommenen internationalen Rechnungslegungsstandards erstellt wurden und dass die Finanzinformationen erhebliche Unterschiede für den Fall aufweisen, dass die Verordnung (EG) Nr. 1606/2002 doch auf die historischen Finanzinformationen angewandt worden wäre;

b) Unmittelbar nach den historischen Finanzinformationen sind die Unterschiede zwischen den im Verfahren des Artikels 3 der Verordnung (EG) Nr. 1606/2002 übernommenen internationalen Rechnungslegungsstandards und den Rechnungslegungsgrundsätzen in einer Beschreibung darzulegen, die der Emittent bei der Erstellung seines Jahresabschlusses zugrunde gelegt hat.

Die geprüften historischen Finanzinformationen müssen für das letzte zurückliegende Jahr in einer Form dargestellt und erstellt werden, die mit der konsistent ist, die im folgenden Jahresabschluss des Emittenten zur Anwendung gelangen wird, wobei die Rechnungslegungsgrundsätze und -strategien sowie die Rechtsvorschriften zu berücksichtigen sind, die auf derlei Jahresabschlüsse Anwendung finden.

Wurden die geprüften Finanzinformationen gemäß nationaler Rechnungslegungsgrundsätze erstellt, dann müssen die unter dieser Rubrik geforderten Finanzinformationen zumindest Folgendes enthalten:

a) die Bilanz;

b) die Gewinn- und Verlustrechnung;

c) die Rechnungslegungsstrategien und erläuternde Anmerkungen.

Die historischen jährlichen Finanzinformationen müssen unabhängig und in Übereinstimmung mit den in dem jeweiligen Mitgliedstaat anwendbaren Prüfungsstandards oder einem äquivalenten Standard geprüft worden sein oder es muss für das Registrierungsformular vermerkt werden, ob sie in Übereinstimmung mit dem in dem jeweiligen Mitgliedstaat anwendbaren Prüfungsstandard oder einem äquivalenten Standard ein den tatsächlichen Verhältnissen entsprechendes Bild vermitteln. Ansonsten müssen folgende Informationen in das Registrierungsformular aufgenommen werden:

a) Eine eindeutige Erklärung dahingehend, welche Prüfungsstandards zugrunde gelegt wurden;

b) eine Erläuterung für die Fälle, in denen von den Internationalen Prüfungsgrundsätzen in erheblichem Maße abgewichen wurde.

11.2. *Jahresabschluss*

Erstellt der Emittent sowohl einen Jahresabschluss als auch einen konsolidierten Abschluss, so ist zumindest der konsolidierte Abschluss in das Registrierungsformular aufzunehmen.

11.3. *Prüfung der historischen jährlichen Finanzinformationen*

11.3.1. Es ist eine Erklärung dahingehend abzugeben, dass die historischen Finanzinformationen geprüft wurden. Sofern vom Abschlussprüfer kein oder nur ein eingeschränkter Bestätigungsvermerk für die historischen Finanzinformationen erteilt wurde, sind diese Ablehnung oder eingeschränkte Erteilung in vollem Umfang wiederzugeben und die Gründe dafür anzugeben.

11.3.2. Angabe sonstiger Informationen im Registrierungsformular, das von den Abschlussprüfern geprüft wurde.

11.3.3. Wurden die Finanzdaten im Registrierungsformular nicht dem geprüften Jahresabschluss des Emittenten entnommen, so sind die Quelle dieser Daten und die Tatsache anzugeben, dass die Daten ungeprüft sind.

11.4. *„Alter" der jüngsten Finanzinformationen*

11.4.1. Die geprüften Finanzinformationen dürfen nicht älter sein als 18 Monate ab dem Datum des Registrierungsformulars.

11.5. *Gerichts- und Schiedsgerichtsverfahren*

Angaben über etwaige staatliche Interventionen, Gerichts- oder Schiedsgerichtsverfahren (einschließlich derjenigen Verfahren, die nach Kenntnis des Emittenten noch anhängig sind oder eingeleitet werden könnten), die im Zeitraum der mindestens letzten 12 Monate bestanden/abgeschlossen wurden, und die sich erheblich auf die Finanzlage oder die Rentabilität des Emittenten und/oder der Gruppe auswirken bzw. in jüngster Zeit ausgewirkt haben. Ansonsten ist eine negative Erklärung abzugeben.

11.6. *Wesentliche Veränderungen in der Finanzlage oder der Handelsposition des Emittenten*

Beschreibung jeder wesentlichen Veränderung in der Finanzlage oder der Handelsposition der Gruppe, die seit dem Ende des letzten Geschäftsjahres eingetreten ist, für das entweder geprüfte Finanzinformationen oder Zwischenfinanzinformationen veröffentlicht wurden. Ansonsten ist eine negative Erklärung abzugeben.

Hinsichtlich Ziffer 11 Anhang IX ProspektVO kann im Wesentlichen auf die Kommentierung zu Ziffer 20 Anhang I ProspektVO (siehe Anhang I EU-ProspektVO Rz. 167 ff.) und ergänzend auf Ziffer 13 Anhang IV ProspektVO (siehe Anhang IV EU-ProspektVO Rz. 61 ff.) verwiesen werden. Im Vergleich zu Ziffer 20 Anhang I ProspektVO und Ziffer 13 Anhang IV ProspektVO enthält Ziffer 11 Anhang IX ProspektVO allerdings wesentliche Erleichterungen im Hinblick auf die in das Registrierungsformular aufzunehmenden Finanzinformationen. Gegenüber Ziffer 13 Anhang IV ProspektVO bestehen im Rahmen von Ziffer 11 Anhang IX ProspektVO insbesondere die folgenden **Besonderheiten**:

— Entsprechend **Ziffer 11.1 Anhang IX ProspektVO** ist es nicht zwingend erforderlich, dass die historischen Finanzinformationen nach internationalen Rechnungslegungsstandards, dh. IAS/IFRS, erstellt werden (siehe grundsätzlich zu der Prüfung der Finanzinformationen nach internationalen Rechnungslegungsstandards in Anhang I EU-ProspektVO Rz. 176 ff.). Allerdings ist in dem Fall, dass die Geschäftsberichte nicht nach internationalen Rechnungslegungsstandards erstellt werden, eine entsprechende eindeutige Erklärung in das Registrierungsformular aufzunehmen. Darüber hinaus muss darauf hingewiesen werden, dass die Finanzinformationen erhebliche Unterschiede aufweisen würden, wenn die internationalen Rechnungslegungsstandards angewandt worden wären. Weiterhin ist unmittelbar nach den historischen Finanzinformationen eine Beschreibung der Unterschiede zwischen den nach internationalen Rechnungslegungsstandards und den vom Emittenten bei der Erstellung seines Geschäftsberichts angewendeten nationalen Rechnungslegungsstandards aufzunehmen.

— Abweichend von den Anhängen I, IV und XI ProspektVO enthält **Ziffer 11.1 Anhang IX ProspektVO** keine Regelung für den Fall, dass ein Emittent **in seiner Wirtschaftsbranche weniger als ein Jahr tätig** ist. Dementsprechend sind solche Emittenten nicht verpflichtet, für Rumpfjahre, in denen sie in ihrer aktuellen Wirtschaftsbranche tätig sind, Finanzinformationen zu erstellen.

— Die historischen Finanzinformationen bestehen gemäß **Ziffer 11.1 Anhang IX ProspektVO** aus Bilanz, Gewinn- und Verlustrechnung sowie den Rechnungslegungsstrategien und erläuternden Anmerkungen. Im Gegensatz zu Anhang IV ProspektVO ist im Rahmen des Anhangs IX ProspektVO die Aufnahme einer Kapitalflussrechnung nicht erforderlich.

27 – Abweichend von den Anhängen I, IV und XI ProspektVO, besteht im Rahmen des Anhangs IX ProspektVO **keine Verpflichtung, Zwischenfinanzinformationen in das Registrierungsformular aufzunehmen.** Insoweit entspricht Anhang IX ProspektVO dem Art. 8 Abs. 1 lit. b der Richtlinie 2004/109/EG, wie geändert durch die Richtlinie 2013/50/EU (Transparenzrichtlinie-Änderungsrichtlinie)[1]. Nach dieser Vorschrift sind Emittenten, die ausschließlich zum Handel an einem geregelten Markt zugelassene Schuldtitel mit einer Mindeststückelung von 100.000 Euro begeben, ebenfalls nicht verpflichtet, Zwischenfinanzinformationen zu erstellen[2].

XIII. Wesentliche Verträge (Ziffer 12)

12. Wesentliche Verträge

   Kurze Zusammenfassung aller abgeschlossenen wesentlichen Verträge, die nicht im Rahmen der normalen Geschäftstätigkeit abgeschlossen wurden und die dazu führen könnten, dass jedwedes Mitglied de der Gruppe eine Verpflichtung oder ein Recht erlangt, die bzw. das für die Fähigkeit des Emittenten, seinen Verpflichtungen gegenüber den Wertpapierinhabern in Bezug auf die ausgegebenen Wertpapiere nachzukommen, von wesentlicher Bedeutung ist.

28 Hinsichtlich Ziffer 12 Anhang IX ProspektVO wird auf die Kommentierung zu Ziffer 22 Anhang I ProspektVO (siehe Anhang I EU-ProspektVO Rz. 313 ff.) und ergänzend auf die Ausführungen zu Ziffer 15 Anhang IV ProspektVO verwiesen (siehe Anhang IV EU-ProspektVO Rz. 71 ff.).

---

[1] Richtlinie 2013/50/EU des Europäischen Parlaments und des Rates vom 22.10.2013 zur Änderung der Richtlinie 2004/109/EG des Europäischen Parlaments und des Rates zur Harmonisierung der Transparenzanforderungen in Bezug auf Informationen über Emittenten, deren Wertpapiere zum Handel auf einem geregelten Markt zugelassen sind, der Richtlinie 2003/71/EG des Europäischen Parlaments und des Rates betreffend den Prospekt, der beim öffentlichen Angebot von Wertpapieren oder bei deren Zulassung zum Handel zu veröffentlichen ist, sowie der Richtlinie 2007/14/EG der Kommission mit Durchführungsbestimmungen zu bestimmten Vorschriften der Richtlinie 2004/109/EG (Transparenzrichtlinie-Änderungsrichtlinie), ABl. EU Nr. L 294 v. 6.11.2013, S. 13 ff.

[2] Siehe zur Umsetzung der entsprechenden Bestimmung der Transparenzrichtlinie in Deutschland § 37z Abs. 1 Nr. 1 WpHG.

XIV. Angaben von Seiten Dritter, Erklärungen von Seiten Sachverständiger und Interessenerklärungen (Ziffer 13)

13. Angaben von Seiten Dritter, Erklärungen von Seiten Sachverständiger und Interessenerklärungen

13.1. Wird in das Registrierungsformular eine Erklärung oder ein Bericht einer Person aufgenommen, die als Sachverständiger handelt, so sind der Name, die Geschäftsadresse, die Qualifikationen und – falls vorhanden – das wesentliche Interesse am Emittenten anzugeben. Wurde der Bericht auf Ersuchen des Emittenten erstellt, so ist eine diesbezügliche Erklärung dahingehend abzugeben, dass die aufgenommene Erklärung oder der aufgenommene Bericht in der Form und in dem Zusammenhang, in dem sie bzw. er aufgenommen wurde, die Zustimmung von Seiten dieser Person erhalten hat, die den Inhalt dieses Teils des Registrierungsformulars gebilligt hat.

13.2. *Angaben von Seiten Dritter*

Sofern Angaben von Seiten Dritter übernommen wurden, ist zu bestätigen, dass diese Angaben korrekt wiedergegeben wurden und dass – soweit es dem Emittenten bekannt ist und er aus den von dieser dritten Partei veröffentlichten Informationen ableiten konnte – keine Tatsachen unterschlagen wurden, die die wiedergegebene Informationen unkorrekt oder irreführend gestalten würden. Darüber hinaus ist/sind die Quelle(n) der Informationen anzugeben.

Hinsichtlich Ziffer 13 Anhang IX ProspektVO wird auf die Kommentierung zu Ziffer 10.3 und Ziffer 10.4 Anhang III ProspektVO verwiesen (siehe Anhang III EU-ProspektVO Rz. 87 ff.). 29

XV. Einsehbare Dokumente (Ziffer 14)

14. Einsehbare Dokumente

Abzugeben ist eine Erklärung dahingehend, dass während der Gültigkeitsdauer des Registrierungsformulars ggf. die folgenden Dokumente oder deren Kopien eingesehen werden können:

a) die Satzung und die Statuten des Emittenten;

b) sämtliche Berichte, Schreiben und sonstigen Dokumente, historischen Finanzinformationen, Bewertungen und Erklärungen, die von einem Sachverständigen auf Ersuchen des Emittenten abgegeben wurden, sofern Teile davon in das Registrierungsformular eingeflossen sind oder in ihm darauf verwiesen wird;

c) die historischen Finanzinformationen des Emittenten oder im Falle einer Gruppe die historischen Finanzinformationen für den Emittenten und seine Tochtergesellschaften für jedes der Veröffentlichung des Registrierungsformulars vorausgegangenen beiden letzten Geschäftsjahre.

Anzugeben ist auch, wo in diese Dokumente entweder in Papierform oder auf elektronischem Wege Einsicht genommen werden kann.

30 Hinsichtlich Ziffer 14 Anhang IX ProspektVO wird auf die Kommentierung zu Ziffer 24 Anhang I ProspektVO verwiesen (siehe Anhang I EU-ProspektVO Rz. 319 ff.).

Anhang X
Mindestangaben für Zertifikate, die Aktien vertreten (Schema)

Hier nicht kommentiert.

Anhang XI
Mindestangaben für das Registrierungsformular für Banken (Schema)

Schrifttum: *Boos/Fischer/Schulte-Mattler* (Hrsg.), Kreditwesengesetz/CRR-Verordnung, 5. Aufl. 2016; *Kullmann/Sester*, Inhalt und Format von Wertpapierprospekten nach dem WpPG, ZBB 2005, 209; *Schwennicke/Auerbach* (Hrsg.), Kreditwesengesetz, 3. Aufl. 2016; *Seitz*, Das neue Wertpapierprospektgesetz – Auswirkungen auf die Emission von Schuldverschreibungen, AG 2005, 678; *Wieneke*, Emissionspublizität – Praktische Anforderungen und rechtliche Grenzen, NZG 2005, 109.

I. Anwendungsbereich 1	VIII. Trend Informationen (Ziffer 7) 31
1. Erfasste Institute 2	IX. Gewinnprognosen oder -schätzungen (Ziffer 8) 32
2. Nutzbarkeit des Registrierungsformulars für Schuldtitel, derivative Wertpapiere und sonstige nicht unter Art. 4 ProspektVO fallende Wertpapiere 8	X. Verwaltungs-, Geschäftsführungs- und Aufsichtsorgane (Ziffer 9) .. 33
	XI. Hauptaktionäre (Ziffer 10) 34
3. Verhältnis zu anderen Anhängen der ProspektVO 9	XII. Finanzinformationen über die Vermögens-, Finanz- und Ertragslage des Emittenten (Ziffer 11) 35
II. Verantwortliche Personen (Ziffer 1) 10	XIII. Wesentliche Verträge (Ziffer 12) 41
III. Abschlussprüfer (Ziffer 2) 12	XIV. Angaben von Seiten Dritter, Erklärungen von Seiten Sachverständiger und Interessenerklärungen (Ziffer 13) 42
IV. Risikofaktoren (Ziffer 3) 13	
V. Angaben über den Emittenten (Ziffer 4) 23	
VI. Geschäftsüberblick (Ziffer 5) .. 26	XV. Einsehbare Dokumente (Ziffer 14) 43
VII. Organisationsstruktur (Ziffer 6) 29	

I. Anwendungsbereich

Anhang XI ProspektVO enthält nach **Art. 14 Abs. 1 ProspektVO** das Schema für das Registrierungsformular für Banken. Gemäß **Art. 14 Abs. 2 ProspektVO** gilt dieses Schema für Kreditinstitute iS der EG-Bankenrichtlinie sowie für Kreditinstitute aus Drittstaaten, die nicht unter diese Definition fallen, jedoch ihren eingetragenen Sitz in einem Staat haben, der Mitglied der OECD ist.

1. Erfasste Institute

2 **Kreditinstitute iS des** Art. 1 Abs. 1 lit. a der Richtlinie 2000/12/EG, der alten Bankenrichtlinie[1], nunmehr **Art. 4 Nr. 1 Bankenrichtlinie**[2], sind Unternehmen, deren Tätigkeit darin besteht, Einlagen oder andere rückzahlbare Gelder des Publikums entgegenzunehmen und Kredite für eigene Rechnung zu gewähren.

3 **In Deutschland** fallen darunter **CRR-Kreditinstitute nach § 2 Nr. 8 WpPG**[3]. § 2 Nr. 8 WpPG seinerseits verweist im Hinblick auf die Definition des Begriffs „CRR-Kreditinstitute" auf § 1 Abs. 3d Satz 1 KWG, der wiederum auf Art. 4 Abs. 1 Nr. 1 CRR-Verordnung[4] verweist, der seinerseits eine nahezu identische Definition wie Art. 1 Abs. 1 lit. a alte Bankenrichtlinie bzw. Art. 4 Nr. 1 Bankenrichtlinie verwendet[5]. Entscheidend ist danach, dass sowohl das Einlagen- als auch das Kreditgeschäft betrieben werden. Hierzu zählen in Deutschland insbesondere die Banken, die über eine sog. Volllizenz verfügen.

4 Im Fall von **Instituten mit Sitz im EWR-Ausland** ist für die Feststellung, ob sie ein Kreditinstitut iS des Anhangs XI ProspektVO sind, das jeweils einschlägige nationale Recht maßgeblich. Entsprechend der Definition der EG-Bankenrichtlinie ist auch für Institute im Ausland entscheidend, dass die Tätigkeit des Instituts darin besteht, Einlagen oder andere rückzahlbare Gelder des Publikums entgegenzunehmen und das Kreditgeschäft betrieben wird.

5 Daneben gilt das Schema nach Anhang XI ProspektVO gemäß Art. 14 Abs. 2 ProspektVO auch für solche **Kreditinstitute aus Drittstaaten**, die nicht unter die Definition des Kreditinstituts iS des Art. 1 Abs. 1 lit. a der Richtlinie 2000/12/EG fallen, ihren eingetragenen Sitz aber in einem Staat haben, der Mitglied der OECD ist. Das Schema nach Anhang XI ProspektVO ist damit auch auf Kreditinstitute aus Australien, Kanada, Island, Japan, Korea, Mexiko, Neuseeland, Norwegen, der Schweiz, der Türkei und den Vereinigten Staaten anwendbar. Hintergrund dieser Regelung ist, dass auch Banken aus diesen Staaten, die zwar außerhalb der EU liegen, aber einen vergleichbaren aufsichtsrechtlichen Standard aufweisen, der Marktzutritt in der EU erleichtert werden soll[6].

---

1 Richtlinie 2000/12/EG des Europäischen Parlaments und des Rates vom 20.3.2000 über die Aufnahme und Ausübung der Tätigkeit der Kreditinstitute, ABl. EG Nr. L 126/1 v. 26.5.2000, S. 1.
2 Richtlinie 2006/48/EG des Europäischen Parlaments und des Rates vom 14.6.2006 über die Aufnahme und Ausübung der Tätigkeit der Kreditinstitute (Neufassung), ABl. EG Nr. L 177 v. 30.6.2006, S. 1.
3 So auch *Fingerhut/Voß* in Just/Voß/Ritz/Zeising, Anhang XI EU-ProspektVO Rz. 2.
4 Verordnung (EU) Nr. 575/2013 des Europäischen Parlaments und des Rates vom 26.6.2013 über Aufsichtsanforderungen an Kreditinstitute und Wertpapierfirmen und zur Änderung der Verordnung (EU) Nr. 646/2012, ABl. EU Nr. L 176 v. 27.6.2013, S. 1.
5 Zum Begriff „CRR-Kreditinstitut" siehe *Schäfer* in Boos/Fischer/Schulte-Mattler, § 1 KWG Rz. 208 sowie *Schwennicke* in Schwennicke/Auerbach, § 1 KWG Rz. 201 ff.
6 So CESR/03-129, CESR Prospectus Consultation – Feedback Statement, Rz. 44 ff.

Nicht erfasst von Art. 14 Abs. 2 ProspektVO sind dagegen **Wertpapierhandels-** 6
unternehmen. Wie aus der Definition des CRR-Kreditinstituts in § 1 Abs. 3d KWG deutlich wird, differenziert der deutsche Gesetzgeber zwischen CRR-Kreditinstituten (§ 1 Abs. 3d Satz 1 KWG) und Wertpapierhandelsunternehmen (§ 1 Abs. 3d Satz 4 KWG). Im Zuge des Gesetzgebungsverfahrens wurde entsprechend diskutiert, inwiefern Anhang XI ProspektVO insgesamt auf *„regulated firms"* anwendbar sei[1]. Im Verfahren zur Erarbeitung der so genannten Level 2-Bestimmungen hatte CESR vorgeschlagen, die Anwendbarkeit von Anhang XI ProspektVO auf *„regulated firms"* auszudehnen, sofern das jeweilige regulierte Unternehmen über eine erhebliche Erfahrung bei der Emission von Wertpapieren verfügt und hohen Aufsichtsstandards unterliegt[2]. Die Europäische Kommission ist jedoch dieser Ausdehnung des Anwendungsbereichs nicht gefolgt[3].

Anhang XI ProspektVO findet auch **keine Anwendung auf Emissionsvehikel** 7
(*Special Purpose Vehicles* – SPVs). Für solche Einheiten findet entweder Anhang IV ProspektVO oder Anhang IX ProspektVO Anwendung, abhängig von der Mindeststückelung der Wertpapiere[4]. Hintergrund dieser Auslegung ist, dass solche Emissionsvehikel nicht der Solvenzaufsicht unterliegen, wie dies für Banken der Fall ist[5]. Die Nichtanwendbarkeit von Anhang XI ProspektVO ist unabhängig davon, ob die von dem Emissionsvehikel begebenen Wertpapiere zusätzlich von der Garantie einer Bank abgesichert werden oder nicht[6]. Für die Garantin gelten insoweit die Anforderungen von Anhang VI ProspektVO.

2. Nutzbarkeit des Registrierungsformulars für Schuldtitel, derivative Wertpapiere und sonstige nicht unter Art. 4 ProspektVO fallende Wertpapiere

Wie aus Art. 14 Abs. 1 ProspektVO deutlich wird, ist Anhang XI ProspektVO für 8
Schuldtitel, derivative Wertpapiere und sonstige nicht unter Art. 4 ProspektVO fallende Wertpapiere nutzbar. Dementsprechend ist Anhang XI ProspektVO auf alle Wertpapierarten anzuwenden, die **keine Aktien, Aktien gleichzustellende Wert-**

---

[1] Die Ausdehnung wird bejaht von *Fingerhut/Voß* in Just/Voß/Ritz/Zeising, Anhang XI EU-ProspektVO Rz. 4.
[2] CESR/03-300, CESR's Advice on Level 2 Implementing Measures for the Prospectus Directive, Rz. 115.
[3] Siehe zur Begründung der Europäischen Kommission ESC/42/2003-rev2, European Commission, Main differences between the Commission draft regulation on draft implementing rules for the Prospectus Directive and the CESR advice, S. 13 f.
[4] CESR/03-300, CESR's Advice on Level 2 Implementing Measures for the Prospectus Directive, Rz. 115.
[5] Vgl. CESR/03-129, CESR Prospectus Consultation – Feedback Statement, Rz. 40.
[6] CESR/03-162, CESR's Advice on Level 2 Implementing Measures for the Prospectus Directive, Rz. 57; vgl. dazu auch ursprüngliche Ansicht von CESR/02-286, CESR's Advice on Level 2 Implementing Measures for the Prospectus Directive – Addendum to the Consultation Paper, Rz. 62, wonach Anhang XI ProspektVO im Fall von SPVs dann Anwendung finden sollte, wenn die Verbindlichkeiten aus den Wertpapieren des SPVs durch eine Bank garantiert werden.

papiere oder sonstige Art. 4 ProspektVO unterstehende Wertpapiere sind. Dabei ist die Anwendbarkeit von Anhang XI ProspektVO im Gegensatz zu Anhang IV ProspektVO und Anhang IX ProspektVO unabhängig von einer Mindeststückelung der Wertpapiere.

3. Verhältnis zu anderen Anhängen der ProspektVO

9 Anhang XI ProspektVO enthält geringere Anforderungen an die in ein Registrierungsformular aufzunehmenden Mindestinformationen als beispielsweise Anhang I ProspektVO oder Anhang IV ProspektVO. Diese Erleichterungen finden ihre Begründung in der Solvenzaufsicht über Banken und deren Anteil am Gesamtmarkt für Wertpapieremissionen[1]. Banken steht es nach **Art. 14 Abs. 2 Unterabs. 2 ProspektVO** aber frei, die in Art. 7 ProspektVO bzw. Art. 12 ProspektVO vorgesehenen Schemata zu verwenden. Das bedeutet, dass Banken anstelle des Anhangs XI ProspektVO in Abhängigkeit von der Mindeststückelung der Wertpapiere auch Anhang IV ProspektVO (siehe dazu auch Anhang IV EU-ProspektVO Rz. 8) oder Anhang IX ProspektVO (siehe dazu auch Anhang IX EU-ProspektVO Rz. 3) als maßgebliches Schema für das Registrierungsformular wählen können[2]. Daneben ist es auch möglich, Anhang I ProspektVO als umfassendstes Schema für Registrierungsformulare anzuwenden, auch wenn es bei den zu Grunde liegenden Wertpapieren nicht um Aktien, sondern um nicht unter Art. 4 ProspektVO fallende Wertpapiere handelt (siehe zu den Wahlmöglichkeiten zwischen den verschiedenen Schemata auch Anhang IV EU-ProspektVO Rz. 8)[3].

9a Im Rahmen der Überarbeitung des EU-Prospektrechts wurde Art. 26c neu in die ProspektVO aufgenommen. Nach dieser Vorschrift können Kreditinstitute, die Wertpapiere nach Art. 1 Abs. 2 lit. j Prospektrichtlinie begeben und einen Prospekt gemäß Art. 1 Abs. 3 Prospektrichtlinie erstellen, ihr Registrierungsformular nach Anhang XXIX ProspektVO (Mindestangaben bei Emissionen von Kreditinstituten gemäß Artikel 1 Absatz 2 Buchstabe j der Richtlinie 2003/71/EG [verhältnismäßiges Schema]) erstellen[4]. Die Mindestangaben im Rahmen des Anhangs XXIX ProspektVO entsprechen dabei – mit Ausnahme des Zeitraums, für den historische Finanzinformationen beizubringen sind – inhaltlich den Mindestangaben, die bei einem Registrierungsformular nach Anhang XI ProspektVO gefordert werden[5]. Abweichend von Ziffer 11.1 Anhang XI ProspektVO sind allerdings im Rahmen der Ziffer 11 An-

---

1 So auch *Kirchner* in Holzborn, Art. 14 EU-ProspV Rz. 2 und CESR/03-129, CESR Prospectus Consultation – Feedback Statement, Rz. 40.
2 *Kullmann/Sester*, ZBB 2005, 209 (213); CESR/03-300, CESR's Advice on Level 2 Implementing Measures for the Prospectus Directive, Rz. 119.
3 Siehe auch *Fingerhut/Voß* in Just/Voß/Ritz/Zeising, Vor Anhang I EU-ProspektVO Rz. 11.
4 Siehe zum Verfahren für die Aufnahme von Art. 26c ProspektVO und Anhang XXIX ProspektVO *Kirchner* in Holzborn, Anh. XXIX EU-ProspV Rz. 1 f. sowie *Kirchner* in Holzborn, Art. 14 EU-ProspV Rz. 2.
5 Siehe insoweit Fußnote 2 zu Anhang XXIX ProspektVO, wonach grundsätzlich die Unterpunkte gemäß Anhang XI der Verordnung (EG) Nr. 809/2004, mit Ausnahme der Änderungen unter Punkt 11.1 (Finanzinformationen) Anwendung finden.

hang XXIX ProspektVO historische Finanzinformationen **nur für das letzte Geschäftsjahr** oder den gegebenenfalls kürzeren Zeitraum der Geschäftstätigkeit des Emittenten in das Registrierungsformular aufzunehmen[1].

II. Verantwortliche Personen (Ziffer 1)

1. Verantwortliche Personen
1.1. Alle Personen, die für die im Registrierungsformular gemachten Angaben bzw. für bestimmte Abschnitte des Registrierungsformulars verantwortlich sind. Im letzteren Fall sind die entsprechenden Abschnitte aufzunehmen. Im Falle von natürlichen Personen, zu denen auch Mitglieder der Verwaltungs-, Geschäftsführungs- und Aufsichtsorgane des Emittenten gehören, sind der Name und die Funktion dieser Person zu nennen. Bei juristischen Personen sind Name und eingetragener Sitz der Gesellschaft anzugeben.
1.2. Erklärung der für das Registrierungsformular verantwortlichen Personen, dass sie die erforderliche Sorgfalt haben walten lassen, um sicherzustellen, dass die im Registrierungsformular genannten Angaben ihres Wissens nach richtig sind und keine Tatsachen ausgelassen werden, die die Aussage des Registrierungsformulars wahrscheinlich verändern. Ggf. Erklärung der für bestimmte Abschnitte des Registrierungsformulars verantwortlichen Personen, dass sie die erforderliche Sorgfalt haben walten lassen, um sicherzustellen, dass die in dem Teil des Registrierungsformulars genannten Angaben, für die sie verantwortlich sind, ihres Wissens nach richtig sind und keine Tatsachen ausgelassen werden, die die Aussage des Registrierungsformulars wahrscheinlich verändern.

Der Wortlaut der **Ziffern 1.1 und 1.2 Anhang XI ProspektVO** stimmt mit dem Wortlaut der Ziffern 1.1 und 1.2 Anhang I ProspektVO überein. Es wird daher auf die Kommentierung zu Anhang I ProspektVO verwiesen (siehe Anhang I EU-ProspektVO Rz. 2 ff.). Ergänzungen finden sich in der Kommentierung zu den Ziffern 1.1 und 1.2 Anhang IV ProspektVO (siehe Anhang IV EU-ProspektVO Rz. 9 ff.).

Sollen Wertpapiere gemäß § 5 Abs. 3 Satz 2 WpPG zum Handel an einem organisierten Markt zugelassen werden, muss nach **§ 5 Abs. 4 Satz 2 WpPG** auch das Kreditinstitut, das Finanzdienstleistungsinstitut oder das nach § 53 Abs. 1 Satz 1 bzw. § 53b Abs. 1 Satz 1 KWG tätige Unternehmen, mit dem der Emittent zusammen die Zulassung der Wertpapiere beantragt, die Verantwortung für den Inhalt des Prospekts erklären (siehe dazu § 5 WpPG Rz. 53 f.). Soweit der Emittent ein Kreditinstitut ist und die Verantwortlichkeitserklärung entsprechend Ziffer 1 Anhang XI ProspektVO (und

---

1 Nach Ziffer 11.1 Anhang XI ProspektVO sind dagegen historische Finanzinformationen für die letzten zwei Geschäftsjahre (bzw. einen entsprechend kürzeren Zeitraum, während dessen der Emittent tätig war) beizubringen.

entsprechend für die Wertpapierbeschreibung) abgibt, ist im Hinblick auf § 5 Abs. 4 Satz 2 WpPG keine weitere Verantwortlichkeitserklärung erforderlich[1].

III. Abschlussprüfer (Ziffer 2)

2. Abschlussprüfer

2.1. Namen und Anschrift der Abschlussprüfer des Emittenten, die für den von den historischen Finanzinformationen abgedeckten Zeitraum zuständig waren (einschließlich der Angabe ihrer Mitgliedschaft in einer Berufsvereinigung).

2.2. Wurden Abschlussprüfer während des von den historischen Finanzinformationen abgedeckten Zeitraums abberufen, wurden sie nicht wieder bestellt oder haben sie ihr Mandat niedergelegt, so sind entsprechende Einzelheiten offen zu legen, wenn sie von wesentlicher Bedeutung sind.

12   Die Wortlaute der **Ziffern 2.1 und 2.2 Anhang XI ProspektVO** stimmen mit den Wortlauten der Ziffern 2.1 und 2.2 Anhang I ProspektVO überein. Es wird daher auf die Kommentierung zu Anhang I ProspektVO verwiesen (siehe Anhang I EU-ProspektVO Rz. 17 ff.).

IV. Risikofaktoren (Ziffer 3)

3. Risikofaktoren

3.1. Vorrangige Offenlegung von Risikofaktoren, die die Fähigkeit des Emittenten beeinträchtigen können, seinen Verpflichtungen im Rahmen der Wertpapiere gegenüber den Anlegern nachzukommen (unter der Rubrik „Risikofaktoren").

13   Hinsichtlich Ziffer 3 von Anhang XI ProspektVO wird auf die Kommentierung zu Ziffer 4 Anhang IV ProspektVO verwiesen (siehe Anhang IV EU-ProspektVO Rz. 14 ff.). In Zusammenhang mit Anhang IV ProspektVO wird ausführlich auf die **Besonderheiten** der emittentenbezogenen Risikofaktoren bei den Emittenten von Schuldtiteln und derivativen Wertpapieren eingegangen.

14   Der Wortlaut von Ziffer 3.1 Anhang XI ProspektVO weicht zwar von der entsprechenden Formulierung in Ziffer 4.1 Anhang I ProspektVO bzw. Ziffer 4 Anhang IV ProspektVO ab, da nach Ziffer 3.1 Anhang XI ProspektVO eine **„vorrangige Offenlegung"** erforderlich ist, wohingegen in Ziffer 4.1 Anhang I ProspektVO von einer „klaren Offenlegung" bzw. in Ziffer 4 Anhang IV ProspektVO von einer „hervorgehobenen Offenlegung" die Rede ist[2]. Allerdings resultiert diese Abweichung zwischen

---

1 So auch *Fingerhut/Voß* in Just/Voß/Ritz/Zeising, Anhang XI EU-ProspektVO Rz. 10; *Kirchner* in Holzborn, Anh. XI EU-ProspV Rz. 2.
2 Unklar sind insoweit die Ausführungen bei *Kirchner* in Holzborn, Anh. XI EU-ProspV Rz. 4.

Anhang I ProspektVO bzw. Anhang IV ProspektVO einerseits und Anhang XI ProspektVO andererseits wohl aus einer nicht konsistenten Übersetzung der ProspektVO ins Deutsche, da in den englischen Fassungen der jeweiligen Anhänge der Wortlaut identisch ist (*„prominent disclosure of risk factors"*). Dementsprechend ist aus dem unterschiedlichen Wortlaut kein Bedeutungsunterschied abzuleiten (vgl. dazu auch Anhang IV EU-ProspektVO Rz. 16).

Regelmäßig sind in den Risikofaktoren Ausführungen zu den **folgenden Risiken** aufzunehmen: 15

– Die Risikofaktoren enthalten grundsätzlich Informationen zum **Marktpreisrisiko**. Das Marktpreisrisiko beinhaltet das Risiko, Positionen nicht zu den mit internen Bewertungsmodellen ermittelten Preisen veräußern zu können, oder dass gar kein Markt für die Positionen existiert. 16

– Der Prospektverantwortliche hat grundsätzlich Ausführungen zum **Liquiditätsrisiko** des Emittenten in den Risikofaktoren aufzunehmen. Unter dem Liquiditätsrisiko ist das Risiko zu verstehen, bestehenden oder zukünftigen Zahlungsverpflichtungen nach Umfang und in zeitlicher Hinsicht nicht uneingeschränkt bzw. nicht fristgerecht nachkommen zu können. 17

– In den Risikofaktoren können Ausführungen zum **Geschäftsrisiko** der Bank aufgenommen werden. Das Geschäftsrisiko umfasst mehrere zugrundeliegende Risikokategorien, die hauptsächlich aus dem strategischen Risiko und dem Risiko von Kosten-/Ertragsschwankungen bestehen. 18

– In den emittentenbezogenen Risikofaktoren können Aussagen dazu aufgenommen werden (falls zutreffend), dass der Emittent keinem **Einlagensicherungsfonds oder einem ähnlichen Sicherungssystem** angeschlossen ist (siehe dazu auch Anhang IV EU-ProspektVO Rz. 28). 19

– In den Risikofaktoren sind regelmäßig Ausführungen zum sog. **Bail-In-Risiko** aufzunehmen. Darunter ist das Risiko des Anlegers zu verstehen, im Fall einer drohenden Zahlungsunfähigkeit des Emittenten der Schuldverschreibung in Anspruch genommen zu werden, beispielsweise indem der Wert der Schuldverschreibungen herabgeschrieben wird, die Schuldverschreibungen in Eigenkapitalinstrumente umgewandelt werden oder die den Schuldverschreibungen zugrunde liegenden Bedingungen angepasst werden (z.B. die Fälligkeit)[1]. 19a

Zu **praktischen Fragen** bei der Darstellung von Risikofaktoren und zu weiteren aufzunehmenden Risikofaktoren siehe Anhang IV EU-ProspektVO Rz. 19 ff. 20

Im Rahmen des Anhangs XI ProspektVO wird diskutiert, ob das **Rating eines Kreditinstituts** im Zusammenhang mit dem Bonitätsrisiko, dh. dem Risiko, dass der Emittent seine Verbindlichkeiten aus den Wertpapieren erfüllen kann, in den Risikofaktoren aufzunehmen ist (siehe zu Ratingangaben im Rahmen der Wertpapier- 21

---

1 Siehe ausführlich ESMA, Statement on MIFID practices for firms selling financial instruments subject to the BRRD resolution regime vom 2.6.2016, ESMA/2016/902, abrufbar unter https://www.esma.europa.eu/sites/default/files/library/2016-902_statement_brrd_0.pdf.

beschreibung auch Anhang V EU-ProspektVO Rz. 55 f.)[1]. Dies wird von der BaFin aber regelmäßig nicht gestattet, da auch im Fall eines guten Ratings ein Kreditinstitut seinen Zahlungsverpflichtungen gegebenenfalls nicht nachkommen kann und entsprechend die Gefahr einer Relativierung der Risikofaktoren besteht[2]. Dies heißt aber nicht, dass die Aufnahme von Ratings im Prospekt generell nicht empfehlenswert ist. Soweit dies nicht ohnehin erforderlich ist (vgl. Ziffer 7.5 Anhang V ProspektVO), können die Angaben zum Rating entweder in Zusammenhang mit der Emittentenbeschreibung oder in einem Abschnitt „General Information" aufgenommen werden.

22 In Zusammenhang mit der Darstellung der emittentenbezogenen Risikofaktoren bei Kreditinstituten als Emittenten stellt sich regelmäßig die Frage, inwiefern auch Ausführungen zu dem nach dem Bankaufsichtsrecht vorgeschriebenen **Risikomanagement der Bank** aufgenommen werden. Falls entsprechende Ausführungen in den Abschnitt „Risikofaktoren" aufgenommen werden, prüft die BaFin besonders kritisch, inwiefern darin evtl. „risikorelativierende Aussagen" enthalten sind, welche die BaFin im Abschnitt Risikofaktoren nicht akzeptiert. Es ist daher empfehlenswert, entsprechende Aussagen sehr knapp zu halten oder im Abschnitt Risikofaktoren ganz wegzulassen und die entsprechenden Ausführungen im Geschäftsbericht per Verweis in den Prospekt zu Informationszwecken einzubeziehen.

V. Angaben über den Emittenten (Ziffer 4)

4. Angaben über den Emittenten
4.1. *Geschäftsgeschichte und Geschäftsentwicklung des Emittenten*
4.1.1. Juristischer und kommerzieller Name des Emittenten;
4.1.2. Ort der Registrierung des Emittenten und seine Registrierungsnummer;
4.1.3. Datum der Gründung und Existenzdauer des Emittenten, soweit diese nicht unbefristet ist;
4.1.4. Sitz und Rechtsform des Emittenten; Rechtsordnung, in der er tätig ist; Land der Gründung der Gesellschaft; Anschrift und Telefonnummer seines eingetragenen Sitzes (oder Hauptort der Geschäftstätigkeit, falls nicht mit dem eingetragenen Sitz identisch);
4.1.5. Wichtige Ereignisse aus jüngster Zeit in der Geschäftstätigkeit des Emittenten, die in hohem Maße für die Bewertung der Solvenz des Emittenten relevant sind.

23 Hinsichtlich Ziffer 4 Anhang XI ProspektVO wird auf die Kommentierung zu Ziffer 5.1 Anhang IV ProspektVO verwiesen (siehe Anhang IV EU-ProspektVO Rz. 31 ff.).

---

1 Siehe dazu *Fingerhut/Voß* in Just/Voß/Ritz/Zeising, Anhang XI EU-ProspektVO Rz. 15 sowie *Kirchner* in Holzborn, Anh. XI EU-ProspV Rz. 4.
2 Vgl. auch *Fingerhut/Voß* in Just/Voß/Ritz/Zeising, Anhang XI EU-ProspektVO Rz. 15.

Der **Wortlaut von Ziffer 4.1.5 Anhang XI ProspektVO** weicht geringfügig von der entsprechenden Formulierung in Ziffer 5.1.5 Anhang IV ProspektVO ab, da nach Ziffer 5.1.5 Anhang IV ProspektVO Angaben zu „Ereignissen aus jüngster Zeit in der Geschäftätigkeit des Emittenten, die in erheblichem Maße für die Bewertung der Solvenz des Emittenten relevant sind", in das Registrierungsformular aufzunehmen sind. Allerdings resultiert diese Abweichung zwischen Anhang IV ProspektVO und Anhang XI ProspektVO auf einer nicht konsistenten Übersetzung der ProspektVO ins Deutsche, da in den englischen Fassungen der jeweiligen Anhänge der Wortlaut identisch ist (*„any recent events particular to the issuer which are to a material extent relevant to the evaluation to the issuer's solvency"*). Dementsprechend ist aus der Wortlautabweichung kein Bedeutungsunterschied abzuleiten. 24

Im Gegensatz zu Ziffer 5.2 Anhang IV ProspektVO sind im Rahmen der Ziffer 4 Anhang XI ProspektVO **keine Ausführungen zu den Investitionen des Emittenten** in das Registrierungsformular aufzunehmen (siehe dazu auch Anhang IV EU-ProspektVO Rz. 34). 25

VI. Geschäftsüberblick (Ziffer 5)

5. Geschäftsüberblick

5.1. *Haupttätigkeitsbereiche*

5.1.1. Beschreibung der Haupttätigkeiten des Emittenten unter Angabe der wichtigsten Arten der vertriebenen Produkte und/oder erbrachten Dienstleistungen;

5.1.2. Angabe etwaiger wichtiger neuer Produkte und/oder Dienstleistungen;

5.1.3. Wichtigste Märkte

Kurze Beschreibung der wichtigsten Märkte, auf denen der Emittent tätig ist;

5.1.4. Grundlage für etwaige Angaben des Emittenten im Registrierungsformular zu seiner Wettbewerbsposition.

Hinsichtlich Ziffer 5 Anhang XI ProspektVO wird auf die Kommentierung zu Ziffer 6 Anhang I ProspektVO (siehe Anhang I EU-ProspektVO Rz. 61 ff.) und ergänzend auf die Ausführungen zu Ziffer 6 Anhang IV ProspektVO verwiesen (siehe Anhang IV EU-ProspektVO Rz. 35 ff.). Der Wortlaut von Ziffer 5 Anhang XI ProspektVO weicht allerdings geringfügig von dem Wortlaut von Ziffer 6 Anhang I ProspektVO ab, um den **Besonderheiten von Kreditinstituten als Emittenten Rechnung** zu tragen. Beispielsweise sind keine Angaben zur „Wesensart der Geschäfte des Emittenten" oder zu einem bestimmten Entwicklungsstand neuer Produkte und Dienstleistungen in das Registrierungsformular aufzunehmen. 26

Die **Angaben zu den Haupttätigkeiten**, inklusive der vertriebenen Produkte und/oder erbrachten Dienstleistungen nach Ziffer 5.1.1 Anhang XI ProspektVO, zu evtl. neuen Produkten und/oder Dienstleistungen nach Ziffer 5.1.2 Anhang XI ProspektVO und den wichtigsten Märkten nach Ziffer 5.1.3 Anhang XI ProspektVO kann **im** 27

Fall eines Kreditinstituts regelmäßig relativ knapp gehalten werden, soweit sich die Tätigkeit im Rahmen des Einlagen- und Kreditgeschäfts befindet[1]. Soweit darüber hinausgehende Geschäftsfelder angeboten werden oder die Tätigkeit auf besonderen Märkten stattfindet, sind aber regelmäßig genauere Angaben erforderlich, so zB im Fall von Aktivitäten einer Bank im US-amerikanischen Immobilienfinanzierungsgeschäft oder im Fall von besonderen Aktivitäten im Bereich Investment Banking, die evtl. mit besonderen Risikopositionen verbunden sind.

28 Nach Ziffer 5.1.4 Anhang XI ProspektVO kann der Emittent **Angaben zu seiner Wettbewerbsposition** in das Registrierungsformular aufnehmen (siehe zu den Angaben des Emittenten zu seiner Wettbewerbsposition auch Anhang IV EU-ProspektVO Rz. 39).

VII. Organisationsstruktur (Ziffer 6)

6. Organisationsstruktur

6.1. Ist der Emittent Teil einer Gruppe, kurze Beschreibung der Gruppe und der Stellung des Emittenten innerhalb dieser Gruppe.

6.2. Ist der Emittent von anderen Einheiten innerhalb der Gruppe abhängig, ist dies klar anzugeben und eine Erklärung zu seiner Abhängigkeit abzugeben.

29 Hinsichtlich Ziffer 6 Anhang XI ProspektVO wird auf die Kommentierung zu Ziffer 7 Anhang IV ProspektVO verwiesen (siehe Anhang IV EU-ProspektVO Rz. 40 ff.).

30 In Zusammenhang mit den Angaben zur Organisationsstruktur können Informationen zu einer für den Emittenten bestehenden **Sicherungseinrichtung** aufgenommen werden, die sich zB aus der Zugehörigkeit des Emittenten zu einer bestimmten Säule des deutschen Bankenwesens ergibt[2]. Eine entsprechende Angabe ist allerdings nicht zwingend[3], da ein Abhängigkeitsverhältnis innerhalb einer Gruppe bestehen muss, was regelmäßig enger zu verstehen ist und voraussetzt, dass eine andere Einheit der Gruppe Einfluss auf den Emittenten ausüben kann, was beispielsweise im Fall eines Beherrschungsvertrags der Fall sein kann (siehe zur Abhängigkeit eines Emittenten von anderen Einheiten innerhalb der Gruppe auch Anhang IV EU-ProspektVO Rz. 41 f.).

VIII. Trend Informationen (Ziffer 7)

7. Trend Informationen

7.1. Einzufügen ist eine Erklärung, der zufolge es keine wesentlichen negativen Veränderungen in den Aussichten des Emittenten seit dem Datum der Veröffentlichung der letzten geprüften Jahresabschlüsse gegeben hat.

---

1 In diesem Sinne auch *Kirchner* in Holzborn, Anh. XI EU-ProspV Rz. 6.
2 So *Kirchner* in Holzborn, Anh. XI EU-ProspV Rz. 7.
3 Anders *Fingerhut/Voß* in Just/Voß/Ritz/Zeising, Anhang XI EU-ProspektVO Rz. 25.

Kann der Emittent keine derartige Erklärung abgeben, dann sind Einzelheiten über diese wesentliche negative Änderung beizubringen.

7.2. Informationen über bekannte Trends, Unsicherheiten, Nachfragen, Verpflichtungen oder Vorfälle, die voraussichtlich die Aussichten des Emittenten zumindest im laufenden Geschäftsjahr wesentlich beeinflussen dürften.

Hinsichtlich Ziffer 7 Anhang XI ProspektVO wird auf die Kommentierung zu Ziffer 8 Anhang IV ProspektVO verwiesen (siehe Anhang IV EU-ProspektVO Rz. 43 ff.). 31

IX. Gewinnprognosen oder -schätzungen (Ziffer 8)

8. Gewinnprognosen oder -schätzungen

Entscheidet sich ein Emittent dazu, eine Gewinnprognose oder eine Gewinnschätzung aufzunehmen, dann hat das Registrierungsformular die Angaben unter den Punkten 8.1. und 8.2. zu enthalten:

8.1. Eine Erklärung, die die wichtigsten Annahmen erläutert, auf die der Emittent seine Prognose oder Schätzung gestützt hat.

Bei den Annahmen sollte klar zwischen jenen unterschieden werden, die Faktoren betreffen, die die Mitglieder der Verwaltungs-, Geschäftsführungs- und Aufsichtsorgane beeinflussen können, und Annahmen in Bezug auf Faktoren, die klar außerhalb des Einflussbereiches der Mitglieder der Verwaltungs-, Geschäftsführungs- und Aufsichtsorgane liegen. Die Annahmen müssen für die Anleger leicht verständlich und spezifisch sowie präzise sein und dürfen nicht der üblichen Exaktheit der Schätzungen entsprechen, die der Prognose zu Grunde liegen.

8.2. Einen Bericht, der von unabhängigen Buchprüfern oder Abschlussprüfern erstellt wurde und in dem festgestellt wird, dass die Prognose oder die Schätzung nach Meinung der unabhängigen Buchprüfer oder Abschlussprüfer auf der angegebenen Grundlage ordnungsgemäß erstellt wurde und dass die Rechnungslegungsgrundlage, die für die Gewinnprognose oder -schätzung verwendet wurde, mit den Rechnungslegungsstrategien des Emittenten konsistent ist.

Beziehen sich die Finanzinformationen auf das letzte Geschäftsjahr und enthalten ausschließlich nicht irreführende Zahlen, die im Wesentlichen mit den im nächsten geprüften Jahresabschluss zu veröffentlichenden Zahlen konsistent sind, sowie die zu deren Bewertung nötigen erläuternden Informationen, ist kein Bericht erforderlich, sofern der Prospekt alle folgenden Erklärungen enthält:

a) die für diese Finanzinformationen verantwortliche Person, sofern sie nicht mit derjenigen identisch ist, die für den Prospekt insgesamt verantwortlich ist, genehmigt diese Informationen;

b) unabhängige Buchprüfer oder Abschlussprüfer haben bestätigt, dass diese Informationen im Wesentlichen mit den im nächsten geprüften Jahresabschluss zu veröffentlichenden Zahlen konsistent sind;

c) diese Finanzinformationen wurden nicht geprüft.

8.3. Die Gewinnprognose oder -schätzung sollte auf einer Grundlage erstellt werden, die mit den historischen Finanzinformationen vergleichbar ist.

32 Hinsichtlich Ziffer 8 Anhang XI ProspektVO wird auf die Kommentierung zu den Ziffern 13.1, 13.2 und 13.3 Anhang I ProspektVO (siehe Anhang I EU-ProspektVO Rz. 115 ff.) und ergänzend auf die Ausführungen zu Ziffer 9 Anhang IV ProspektVO (siehe Anhang IV EU-ProspektVO Rz. 53 ff.) verwiesen. Im Rahmen der Überarbeitung des EU-Prospektrechts wurde der zweite Absatz in Ziffer 8.2 Anhang XI ProspektVO neu eingefügt. Diese Ergänzung in Ziffer 8.2 Anhang XI ProspektVO ist wortgleich mit der im zweiten Absatz von Ziffer 9.2 Anhang IV ProspektVO vorgenommenen Ergänzung, so dass insoweit auf die entsprechenden Ausführungen zu Ziffer 9 Anhang IV ProspektVO Bezug genommen wird (siehe dazu insbesondere Anhang IV EU-ProspektVO Rz. 54 f.).

X. Verwaltungs-, Geschäftsführungs- und Aufsichtsorgane (Ziffer 9)

9. Verwaltungs-, Geschäftsführungs- und Aufsichtsorgane

9.1. Name und Geschäftsanschrift nachstehender Personen sowie ihre Stellung bei dem Emittenten unter Angabe der wichtigsten Tätigkeiten, die sie außerhalb des Emittenten ausüben, sofern diese für den Emittenten von Bedeutung sind:

a) Mitglieder der Verwaltungs-, Geschäftsführungs- und Aufsichtsorgane;

b) persönlich haftende Gesellschafter bei einer Kommanditgesellschaft auf Aktien.

9.2. *Interessenkonflikte von Verwaltungs-, Geschäftsführungs- und Aufsichtsorganen sowie vom oberen Management*

Potenzielle Interessenkonflikte zwischen den Verpflichtungen der unter Punkt 9.1 genannten Personen gegenüber dem Emittenten und ihren privaten Interessen oder sonstigen Verpflichtungen müssen klar festgehalten werden. Falls keine derartigen Konflikte bestehen, ist eine negative Erklärung abzugeben.

33 Hinsichtlich Ziffer 9 Anhang XI ProspektVO wird auf die Kommentierung zu Ziffer 14 Anhang I ProspektVO (siehe Anhang I EU-ProspektVO Rz. 120 ff.) und ergänzend auf die Ausführungen zu Ziffer 10 Anhang IV ProspektVO (siehe Anhang IV EU-ProspektVO Rz. 55 ff.) verwiesen.

XI. Hauptaktionäre (Ziffer 10)

10. Hauptaktionäre
10.1. Sofern dem Emittenten bekannt, Angabe, ob an dem Emittenten unmittelbare oder mittelbare Beteiligungen oder Beherrschungsverhältnisse bestehen, und wer diese Beteiligungen hält bzw. diese Beherrschung ausübt. Beschreibung der Art und Weise einer derartigen Kontrolle und der vorhandenen Maßnahmen zur Verhinderung des Missbrauchs einer derartigen Kontrolle.
10.2. Sofern dem Emittenten bekannt, Beschreibung etwaiger Vereinbarungen, deren Ausübung zu einem späteren Zeitpunkt zu einer Veränderung bei der Kontrolle des Emittenten führen könnte.

Hinsichtlich Ziffer 10 Anhang XI ProspektVO wird auf die Kommentierung zu den Ziffern 18.3 und 18.4 Anhang I ProspektVO (siehe Anhang I EU-ProspektVO Rz. 152 ff.) verwiesen. 34

XII. Finanzinformationen über die Vermögens-, Finanz- und Ertragslage des Emittenten (Ziffer 11)

11. Finanzinformationen über die Vermögens-, Finanz- und Ertragslage des Emittenten
11.1. *Historische Finanzinformationen*
Beizubringen sind geprüfte historische Finanzinformationen, die die letzten zwei Geschäftsjahre abdecken (bzw. einen entsprechenden kürzeren Zeitraum, während dessen der Emittent tätig war), sowie ein Bestätigungsvermerk für jedes Geschäftsjahr. Hat der Emittent in der Zeit, für die historische Finanzinformationen beizubringen sind, seinen Bilanzstichtag geändert, so decken die geprüften historischen Finanzinformationen mindestens 24 Monate oder – sollte der Emittent seiner Geschäftstätigkeit noch keine 24 Monate nachgegangen sein – den gesamten Zeitraum seiner Geschäftstätigkeit ab. Derartige Finanzinformationen sind gemäß der Verordnung (EG) Nr. 1606/2002 zu erstellen bzw. für den Fall, dass diese Verordnung nicht anwendbar ist, gemäß den nationalen Rechnungslegungsgrundsätzen eines Mitgliedstaats, wenn der Emittent aus der Gemeinschaft stammt. Bei Emittenten aus Drittstaaten sind diese Finanzinformationen nach den im Verfahren des Artikels 3 der Verordnung (EG) Nr. 1606/2002 übernommenen internationalen Rechnungslegungsstandards oder nach diesen Standards gleichwertigen nationalen Rechnungslegungsstandards eines Drittstaates zu erstellen. Ist keine Äquivalenz zu den Standards gegeben, so sind die Finanzinformationen in Form eines neu zu erstellenden Jahresabschlusses vorzulegen.
Die geprüften historischen Finanzinformationen des letzten Jahres müssen in einer Form dargestellt und erstellt werden, die mit der konsistent

ist, die im folgenden Jahresabschluss des Emittenten zur Anwendung gelangen wird, wobei die Rechnungslegungsstandards und -strategien sowie die Rechtsvorschriften zu berücksichtigen sind, die auf derlei Jahresabschlüsse Anwendung finden.

Ist der Emittent in seiner aktuellen Wirtschaftsbranche weniger als ein Jahr tätig, so sind die geprüften historischen Finanzinformationen für diesen Zeitraum gemäß den Standards zu erstellen, die auf Jahresabschlüsse im Sinne der Verordnung (EG) Nr. 1606/2002 anwendbar sind bzw. für den Fall, dass diese Verordnung nicht anwendbar ist, gemäß den nationalen Rechnungslegungsgrundsätzen eines Mitgliedstaats, wenn der Emittent aus der Gemeinschaft stammt. Bei Emittenten aus Drittstaaten sind diese historischen Finanzinformationen nach den im Verfahren des Artikels 3 der Verordnung (EG) Nr. 1606/2002 übernommenen internationalen Rechnungslegungsstandards oder nach diesen Standards gleichwertigen nationalen Rechnungslegungsstandards eines Drittstaates zu erstellen. Diese historischen Finanzinformationen müssen geprüft worden sein.

Wurden die geprüften Finanzinformationen gemäß nationaler Rechnungslegungsgrundsätze erstellt, dann müssen die unter dieser Rubrik geforderten Finanzinformationen zumindest Folgendes enthalten:

a) die Bilanz;

b) die Gewinn- und Verlustrechnung;

c) nur im Falle der Zulassung der Wertpapiere zum Handel auf einem geregelten Markt eine Kapitalflussrechnung;

d) die Rechnungslegungsstrategien und erläuternde Anmerkungen.

Die historischen jährlichen Finanzinformationen müssen unabhängig und in Übereinstimmung mit den in dem jeweiligen Mitgliedstaat anwendbaren Prüfungsstandards oder einem äquivalenten Standard geprüft worden sein oder es muss für das Registrierungsformular vermerkt werden, ob sie in Übereinstimmung mit dem in dem jeweiligen Mitgliedstaat anwendbaren Prüfungsstandard oder einem äquivalenten Standard ein den tatsächlichen Verhältnissen entsprechendes Bild vermitteln.

11.2. *Jahresabschluss*

Erstellt der Emittent sowohl einen Jahresabschluss als auch einen konsolidierten Abschluss, so ist zumindest der konsolidierte Abschluss in das Registrierungsformular aufzunehmen.

11.3. *Prüfung der historischen jährlichen Finanzinformationen*

11.3.1. Es ist eine Erklärung dahingehend abzugeben, dass die historischen Finanzinformationen geprüft wurden. Sofern die Bestätigungsvermerke über die historischen Finanzinformationen von den Abschlussprüfern abgelehnt wurden bzw. sofern sie Vorbehalte oder Einschränkungen enthalten, sind diese Ablehnung bzw. diese Vorbehalte oder Einschränkungen in vollem Umfang wiederzugeben und die Gründe dafür anzugeben.

11.3.2. Angabe sonstiger Informationen im Registrierungsformular, das von den Abschlussprüfern geprüft wurde.

11.3.3. Wurden die Finanzdaten im Registrierungsformular nicht dem geprüften Jahresabschluss des Emittenten entnommen, so sind die Quelle dieser Daten und die Tatsache anzugeben, dass die Daten ungeprüft sind.

11.4. *„Alter" der jüngsten Finanzinformationen*

11.4.1. Das letzte Jahr der geprüften Finanzinformationen darf nicht älter sein als 18 Monate ab dem Datum des Registrierungsformulars.

11.5. *Zwischenfinanzinformationen und sonstige Finanzinformationen*

11.5.1. Hat der Emittent seit dem Datum des letzten geprüften Jahresabschlusses vierteljährliche oder halbjährliche Finanzinformationen veröffentlicht, so sind diese in das Registrierungsformular aufzunehmen. Wurden diese vierteljährlichen oder halbjährlichen Finanzinformationen einer teilweisen oder vollständigen Prüfung unterworfen, so sind die entsprechenden Berichte ebenfalls aufzunehmen. Wurden die vierteljährlichen oder halbjährlichen Finanzinformationen keiner teilweisen oder vollständigen Prüfung unterzogen, so ist diese Tatsache anzugeben.

11.5.2. Wurde das Registrierungsformular mehr als neun Monate nach Ablauf des letzten geprüften Finanzjahres erstellt, muss es Zwischenfinanzinformationen enthalten, die sich zumindest auf die ersten sechs Monate des Geschäftsjahres beziehen sollten. Wurden die Zwischenfinanzinformationen keiner Prüfung unterzogen, ist auf diesen Fall eindeutig zu verweisen.

Diese Zwischenfinanzinformationen müssen einen vergleichenden Überblick über denselben Zeitraum wie im letzten Geschäftsjahr enthalten. Der Anforderung vergleichbarer Bilanzinformationen kann jedoch auch ausnahmsweise durch die Vorlage der Jahresendbilanz nachgekommen werden.

11.6. *Gerichts- und Schiedsgerichtsverfahren*

Angaben über etwaige staatliche Interventionen, Gerichts- oder Schiedsgerichtsverfahren (einschließlich derjenigen Verfahren, die nach Kenntnis des Emittenten noch anhängig sind oder eingeleitet werden könnten), die im Zeitraum der mindestens letzten 12 Monate bestanden/abgeschlossen wurden, und die sich erheblich auf die Finanzlage oder die Rentabilität des Emittenten und/oder der Gruppe auswirken bzw. in jüngster Zeit ausgewirkt haben. Ansonsten ist eine negative Erklärung abzugeben.

11.7. *Wesentliche Veränderungen in der Finanzlage des Emittenten*

Beschreibung jeder wesentlichen Veränderung in der Finanzlage der Gruppe, die seit dem Ende des Stichtags eingetreten ist, für den entweder geprüfte Finanzinformationen oder Zwischenfinanzinformationen veröffentlicht wurden. Ansonsten ist eine negative Erklärung abzugeben.

Hinsichtlich Ziffer 11 Anhang XI ProspektVO wird auf die Kommentierung zu Ziffer 20 Anhang I ProspektVO (siehe Anhang I EU-ProspektVO Rz. 167 ff.) und ergänzend auf die Kommentierung zu Ziffer 13 Anhang IV ProspektVO verwiesen (siehe Anhang IV EU-ProspektVO Rz. 61 ff.). Ziffer 11 Anhang XI ProspektVO enthält teilweise geringere Anforderungen an die in das Registrierungsformular aufzunehmen- 35 den Finanzinformationen (zur Begründung siehe oben unter Rz. 9). Gegenüber Ziffer 13 Anhang IV ProspektVO bestehen insbesondere die folgenden **Besonderheiten**:

36 – Entsprechend **Ziffer 11.1 Unterabs. 4 lit. c Anhang XI ProspektVO** ist die **Kapitalflussrechnung** nur im Falle der Zulassung der Wertpapiere zum Handel an einem geregelten Markt dem Prospekt als Finanzinformation beizufügen[1]. Die Beschränkung soll eine Erleichterung für kleinere Kreditinstitute bewirken, die in der Praxis häufig ihre Bilanzen nach den deutschen Rechnungslegungsgrundsätzen im HGB erstellen, wonach eine Kapitalflussrechnung entbehrlich ist[2]. In der Praxis greift diese Erleichterung allerdings häufig nicht, da bei einer Refinanzierung über Anleihen in der Regel von der Investorenseite eine Zulassung der Anleihe am organisierten Markt gefordert wird.

37 – Für den Fall, dass der Emittent auch einen konsolidierten Abschluss erstellt, ist nach **Ziffer 11.2 Anhang XI ProspektVO** zumindest der Konzernabschluss in das Registrierungsformular aufzunehmen. Abweichend von Ziffer 13.2 Anhang IV ProspektVO verzichtet die BaFin auf die Aufnahme eines Einzelabschlusses, wenn eine Bestätigung des Wirtschaftsprüfers vorliegt, nach welcher der Einzelabschluss keine über den Inhalt des Konzernabschlusses hinausgehenden Informationen enthält[3].

38 – Nach **Ziffer 11.4.1 Anhang XI ProspektVO** darf das letzte Jahr der geprüften Finanzinformationen nicht älter sein als 18 Monate ab dem Datum des Registrierungsformulars. Der von dieser Regelung abweichende Wortlaut in Ziffer 13.4.1 Anhang IV ProspektVO beruht auf einem Übertragungsfehler aus der englischen Fassung der ProspektVO, in der in beiden Anhängen für den Beginn der Frist von 18 Monaten auf das letzte Jahr der geprüften Finanzinformationen abgestellt wird (*„the last year of audited financial information may not be older than 18 months from the date of the registration document"*).

39 – Ebenso beruhen die Abweichungen im Wortlaut von **Ziffer 11.5.1 und 11.5.2 Anhang XI ProspektVO** zu 13.5.1 und 13.5.2 Anhang IV ProspektVO auf einer ungenauen Übersetzung.

40 – Nach **Ziffer 11.7 Anhang XI ProspektVO** sind in das Registrierungsformular Angaben zu wesentlichen Veränderungen in der Finanzlage des Emittenten aufzunehmen (siehe dazu auch Anhang IV EU-ProspektVO Rz. 65). Gegenüber Ziffer 13.7 Anhang IV ProspektVO sieht Ziffer 11.7 Anhang XI ProspektVO eine Erleichterung insofern vor, als wesentliche **Veränderungen in der Handelsposition** des Emittenten bzw. eine entsprechende Negativerklärung nicht aufgenommen werden müssen.

---

[1] Siehe dazu auch CESR/03-209, CESR Prospectus Consultation – Feedback Statement, Rz. 212.
[2] *Fingerhut/Voß* in Just/Voß/Ritz/Zeising, Anhang XI EU-ProspektVO Rz. 40.
[3] Siehe *Fingerhut/Voß* in Just/Voß/Ritz/Zeising, Anhang XI EU-ProspektVO Rz. 43.

Zu den unterschiedlichen Anforderungen in Ziffer 11.1 Anhang XI ProspektVO und in Ziffer 11 Anhang XXIX ProspektVO im Hinblick auf den Zeitraum, für den historische Finanzinformationen beizubringen sind, siehe oben unter Rz. 9a.

XIII. Wesentliche Verträge (Ziffer 12)

12. **Wesentliche Verträge**
Kurze Zusammenfassung aller abgeschlossenen wesentlichen Verträge, die nicht im Rahmen der normalen Geschäftstätigkeit abgeschlossen wurden und die dazu führen könnten, dass jedwedes Mitglied der Gruppe eine Verpflichtung oder ein Recht erlangt, die bzw. das für die Fähigkeit des Emittenten, seinen Verpflichtungen gegenüber den Wertpapierinhabern in Bezug auf die ausgegebenen Wertpapiere nachzukommen, von wesentlicher Bedeutung ist.

Hinsichtlich Ziffer 12 Anhang XI ProspektVO wird auf die Kommentierung zu Ziffer 22 Anhang I ProspektVO (siehe Anhang I EU-ProspektVO Rz. 313 ff.) und ergänzend auf die Ausführungen zu Ziffer 15 Anhang IV ProspektVO verwiesen (siehe Anhang IV EU-ProspektVO Rz. 71 ff.).   41

XIV. Angaben von Seiten Dritter, Erklärungen von Seiten Sachverständiger und Interessenerklärungen (Ziffer 13)

13. **Angaben von Seiten Dritter, Erklärungen von Seiten Sachverständiger und Interessenerklärungen**

13.1. **Wird in das Registrierungsformular eine Erklärung oder ein Bericht einer Person aufgenommen, die als Sachverständiger handelt, so sind der Name, die Geschäftsadresse, die Qualifikationen und – falls vorhanden – das wesentliche Interesse am Emittenten anzugeben. Wurde der Bericht auf Ersuchen des Emittenten erstellt, so ist eine diesbezügliche Erklärung dahingehend abzugeben, dass die aufgenommene Erklärung oder der aufgenommene Bericht in der Form und in dem Zusammenhang, in dem sie bzw. er aufgenommen wurde, die Zustimmung von Seiten dieser Person erhalten hat, die den Inhalt dieses Teils des Registrierungsformulars gebilligt hat.**

13.2. **Sofern Angaben von Seiten Dritter übernommen wurden, ist zu bestätigen, dass diese Angaben korrekt wiedergegeben wurden und dass – soweit es dem Emittenten bekannt ist und er aus den von dieser dritten Partei veröffentlichten Informationen ableiten konnte – keine Tatsachen fehlen, die die wiedergegebenen Informationen unkorrekt oder irreführend gestalten würden. Darüber hinaus hat der Emittent die Quelle(n) der Informationen anzugeben.**

Hinsichtlich Ziffer 13 Anhang XI ProspektVO wird auf die Kommentierung zu Ziffer 10.3 und Ziffer 10.4 Anhang III ProspektVO verwiesen (siehe Anhang III EU-ProspektVO Rz. 87 ff.).   42

XV. Einsehbare Dokumente (Ziffer 14)

14. Einsehbare Dokumente

Abzugeben ist eine Erklärung dahingehend, dass während der Gültigkeitsdauer des Registrierungsformulars ggf. die folgenden Dokumente oder deren Kopien eingesehen werden können:

a) die Satzung und die Statuten des Emittenten;

b) sämtliche Berichte, Schreiben und sonstige Dokumente, historischen Finanzinformationen, Bewertungen und Erklärungen, die von einem Sachverständigen auf Ersuchen des Emittenten abgegeben wurden, sofern Teile davon in das Registrierungsformular eingeflossen/einbezogen sind oder in ihm darauf verwiesen wird;

c) die historischen Finanzinformationen des Emittenten oder im Falle einer Gruppe die historischen Finanzinformationen für den Emittenten und seine Tochtergesellschaften für jedes der Veröffentlichung des Registrierungsformulars vorausgegangenen beiden letzten Geschäftsjahre.

Anzugeben ist auch, wo in diese Dokumente entweder in Papierform oder auf elektronischem Wege Einsicht genommen werden kann.

43 Hinsichtlich Ziffer 14 Anhang XI ProspektVO wird auf die Kommentierung zu Ziffer 24 Anhang I ProspektVO verwiesen (siehe Anhang I EU-ProspektVO Rz. 319 ff.).

Anhang XII
Mindestangaben für die Wertpapierbeschreibung für derivative Wertpapiere (Schema)

Schrifttum: *Apfelbacher/Kopp*, Derivate, in Habersack/Mülbert/Schlitt (Hrsg.), Unternehmensfinanzierung am Kapitalmarkt, 3. Aufl. 2013, § 28; *Boos/Fischer/Schulte-Mattler* (Hrsg.), Kreditwesengesetz/CRR-Verordnung, 5. Aufl. 2016; *Burn/Wells*, The pan-European retail market – are we there yet?, CLMJ 2007, 263; *Eilers/Rödding/Schmalenbach* (Hrsg.), Unternehmensfinanzierung: Gesellschaftsrecht, Steuerrecht, Rechnungslegung, 2. Aufl. 2014; *Gruson/Harrer*, Rechtswahl und Gerichtsstandsvereinbarungen sowie Bedeutung des AGB-Gesetzes bei DM-Auslandsanleihen auf dem deutschen Markt, ZBB 1996, 37; *Heidelbach/Preuße*, Einzelfragen in der praktischen Arbeit mit dem neuen Wertpapierprospektregime, BKR 2006, 316; *Heidelbach/Preuße*, Zweieinhalb Jahre neues Prospektregime und noch viele Fragen offen, BKR 2008, 10; *Hull*, Optionen, Futures und andere Derivate, 8. Aufl. 2012; *Kullmann/Metzger*, Der Bericht der Expertengruppe „Europäische Wertpapiermärkte" (ESME) zur Richtlinie 2003/71/EG („Prospektrichtlinie"), WM 2008, 1292; *Kullmann/Sester*, Inhalt und Format von Emissionsprospekten nach dem WpPG, ZBB-Report 2005, 209; *Kusserow/Scholl*, ESMA-Konsultationspapier und seine Auswirkungen auf Emissionsprogramme, RdF 2011, 310; *Mattil/Möslein*, Die Sprache des Emissionsprospekts, WM 2007, 819; *Mülbert*, Anlegerschutz bei Zertifikaten, WM 2007, 1149; *Mülbert/Böhmer*, Zivil-, Kapitalmarkt-, Wertpapier-, Straf- und Öffentliches Recht, WM 2006, 937; *Reiner*, Derivative Finanzinstrumente im Recht, 2002; *Rothmund/Seitz*, Prospektrechtsreform und kein Ende in Sicht: VO (EU) Nr. 862/2012 und jüngste ESMA-Papiere, RdF 2013, 27; *Schlitt/Hemeling*, Wandel- und Optionsanleihen, in Habersack/Mülbert/Schlitt (Hrsg.), Unternehmensfinanzierung am Kapitalmarkt, 3. Aufl. 2013, § 12; *Schlitt/Kamerloh*, Umtauschanleihen, in Habersack/Mülbert/Schlitt (Hrsg.), Unternehmensfinanzierung am Kapitalmarkt, 3. Aufl. 2013, § 13; *Schneider/Haag*, Retail cascading in Germany – a model for a revision of the PD?, CMLJ 2007, 370; *Schlitt/Schäfer*, Auswirkungen des Prospektrichtlinie-Umsetzungsgesetzes auf Aktien- und Equity-linked Emissionen, AG 2005, 498; *Seitz*, Das neue Wertpapierprospektgesetz – Auswirkungen auf die Emission von Schuldverschreibungen, AG 2005, 678; *Zahn/Lemke*, Die Credit Linked Note – Anleihe mit integriertem Kreditderivat, WM 2002, 1536.

I. Anwendungsbereich
1. Begriff des derivativen Wertpapiers (Art. 15 Abs. 1 ProspektVO) 1
2. Abgrenzung zu anderen Anhängen der ProspektVO
   a) Anhang XII als Auffangtatbestand (Art. 15 Abs. 2 ProspektVO) 7
   b) Abgrenzung zu Anhang III ProspektVO (Schema für die Wertpapierbeschreibung für Aktien) 12
   c) Abgrenzung zu Anhang V ProspektVO (Schema für die Wertpapierbeschreibung für Schuldtitel mit einer Stückelung von weniger als 100.000 Euro) ... 16
   d) Abgrenzung zu Anhang XIII ProspektVO (Schema für die Wertpapierbeschreibung für Schuldtitel mit einer Mindeststückelung von 100.000 Euro) 19
   e) Rangfolge der Schemata für Wertpapierbeschreibungen, zusätzliche Informationen und Kombinationsmöglichkeiten 20

II. **Verantwortliche Personen (Ziffer 1)** 23
III. **Risikofaktoren (Ziffer 2)**
  1. Bedeutung und grundsätzliche Aufbaufragen 24
  2. Umfang der darzustellenden Risiken (Ziffer 2 Satz 1) 31
  3. Ausdrücklicher Hinweis auf Verlustrisiko (Ziffer 2 Satz 2 Halbsatz 1) 33
  4. Ausdrücklicher Haftungshinweis (Ziffer 2 Satz 2 Halbsatz 2) 36
  5. Praktische Fragen bei der Darstellung von Risikofaktoren 37
     a) Produktbezogene Risikofaktoren 39
     b) Basiswertbezogene Risikofaktoren 48
     c) Produktübergreifende Risikofaktoren 53
     d) Risiko von Interessenkonflikten 61
IV. **Grundlegende Angaben (Ziffer 3)**
  1. Interessen Dritter an der Emission (Ziffer 3.1) 67
  2. Gründe für das Angebot und Verwendung der Erlöse (Ziffer 3.2) ... 71
V. **Angaben über die anzubietenden bzw. zum Handel zuzulassenden Wertpapiere (Ziffer 4)**
  1. Allgemeines, Besonderheiten von Basisprospekten 73
  2. Angaben über die Wertpapiere (Ziffer 4.1)
     a) Beschreibung des Typs und der Kategorie (Ziffer 4.1.1) 77
     b) Klare und umfassende Erläuterung, wie der Wert der Anlage durch den Basiswert beeinflusst wird (Ziffer 4.1.2) 84
     c) Rechtsvorschriften, auf deren Grundlage die Wertpapiere geschaffen wurden (Ziffer 4.1.3) 92
     d) Angaben zur Verbriefung (Ziffer 4.1.4) 94
     e) Währung der Wertpapiere (Ziffer 4.1.5) 98
     f) Einstufung der Wertpapiere (Ziffer 4.1.6) 101
     g) Beschreibung der Rechte (Ziffer 4.1.7) 103
     h) Angabe der Beschlüsse (Ziffer 4.1.8) 107
     i) Angabe des Emissionstermins (Ziffer 4.1.9) 111
     j) Darstellung etwaiger Beschränkungen für die freie Übertragbarkeit (Ziffer 4.1.10) 113
     k) Angabe des Verfalltags oder Fälligkeitstermins, Ausübungstermins oder endgültigen Referenztermins (Ziffer 4.1.11) .. 116
     l) Beschreibung des Abrechnungsverfahrens (Ziffer 4.1.12) 119
     m) Beschreibung der Rückgabe der derivativen Wertpapiere, Angabe zu Zahlungs- und Liefertermin und der Art und Weise der Berechnung (Ziffer 4.1.13) 120
     n) Angaben zur Quellenbesteuerung (Ziffer 4.1.14) 123
  3. Angaben über den Basiswert (Ziffer 4.2) 126
     a) Ausübungspreis oder endgültiger Referenzpreis des Basiswerts (Ziffer 4.2.1) 127
     b) Informationen über den Basiswert (Ziffer 4.2.2) 128
     c) Marktstörungen (Ziffer 4.2.3) 136
     d) Anpassungsmaßnahmen (Ziffer 4.2.4) 140
VI. **Bedingungen und Voraussetzungen für das Angebot (Ziffer 5)**
  1. Allgemeines 142
  2. Bedingungen des Angebots (Ziffer 5.1)
     a) Bedingungen, denen das Angebot unterliegt (Ziffer 5.1.1) 145
     b) Gesamtsumme (Ziffer 5.1.2) 146
     c) Frist (Ziffer 5.1.3) 147
     d) Mindest- und Höchstbetrag (Ziffer 5.1.4) 150

e) Bedienung und Lieferung der Wertpapiere (Ziffer 5.1.5) ... 151	a) Koordinator und Platzierer (Ziffer 5.4.1) 163
f) Bekanntmachung der Ergebnisse des Angebots (Ziffer 5.1.6) 154	b) Zahl- und Verwahrstelle (Ziffer 5.4.2) 164
3. Verbreitung der Wertpapiere und Zuteilung (Ziffer 5.2)	c) Übernahme der Emission (Ziffer 5.4.3 und Ziffer 5.4.4) 168
a) Anlegerkategorien und Tranchen (Ziffer 5.2.1) 157	d) Berechnungsstelle (Ziffer 5.4.5) 171
b) Zuteilungsmeldung und Handel vor Zuteilung (Ziffer 5.2.2) 159	VII. Zulassung zum Handel und Handelsregeln (Ziffer 6) 172
4. Preisfestsetzung (Ziffer 5.3) 161	VIII. Zusätzliche Angaben (Ziffer 7) 174
5. Platzierung und Übernahme (Ziffer 5.4)	

I. Anwendungsbereich

1. Begriff des derivativen Wertpapiers (Art. 15 Abs. 1 ProspektVO)

Gemäß **Art. 15 Abs. 1 ProspektVO** enthält Anhang XII ProspektVO die erforderlichen Informationen, die im Fall von **derivativen Wertpapieren** in den Prospekt aufzunehmen sind. Der Anwendungsbereich des Anhangs XII ProspektVO lässt sich dabei nicht ohne Weiteres aus der ProspektVO ableiten, da sich weder in der ProspektVO noch in der Prospektrichtlinie eine Definition dafür findet, was unter einem „derivativen Wertpapier" zu verstehen ist. Auch das WpPG enthält keine Legaldefinition für diesen Begriff[1]. 1

Aus **ökonomischer Sicht** stellen Derivate Finanzinstrumente dar, deren Wert aus einem zugrundeliegenden Basiswert oder einem Kassainstrument abgeleitet wird, wobei Derivate auch die aus Derivaten abgeleiteten Geschäfte sind[2]. Es wird entsprechend nicht auf eine bestimmte, statische Gruppe von Finanzinstrumenten abgestellt, was dazu führt, dass zukünftig auch neue derivative Finanzinstrumente geschaffen werden können[3]. 2

Der deutsche Gesetzgeber hat in **§ 2 Abs. 2 WpHG** bzw. **§ 1 Abs. 11 Satz 3 KWG** den Begriff des „Derivats" definiert. Nach diesen Vorschriften sind Derivate insbesondere dadurch gekennzeichnet, dass sie zeitlich verzögert zu erfüllen sind und sich ihr Wert unmittelbar am Preis oder Maß eines in diesen Vorschriften genannten Basiswerts orientiert (zB Wertpapiere oder Geldmarktinstrumente, Devisen oder 3

---

[1] Zur fehlenden Konturschärfe der unterschiedlichen Bezeichnungen für die erfassten Finanzinstrumente im WpPG, Prospektrichtlinie und ProspektVO siehe auch *Seitz*, AG 2005, 678 (679 ff.).
[2] Vgl. *Jahn* in Bankrechts-Handbuch, § 114 Rz. 1; *Hull*, Optionen, Futures und andere Derivate, S. 24.
[3] Vgl. *Apfelbacher/Kopp* in Habersack/Mülbert/Schlitt, Unternehmensfinanzierung am Kapitalmarkt, § 28 Rz. 4.

Rechnungseinheiten, Zinssätze oder andere Erträge, Indizes der genannten Basiswerte bzw. andere Finanzindices oder Finanzmessgrößen oder Derivate)[1]. Nach der traditionellen Typuslehre wurde darüber hinaus auch das Risiko eines Totalverlusts sowie die Hebelwirkung als Merkmale eines Termingeschäfts und damit eines Derivats genannt[2]. Im Rahmen des § 2 Abs. 2 WpHG bzw. des § 1 Abs. 11 Satz 4 KWG ist keine Verbriefung und damit – in Abgrenzung zu den Wertpapieren iS des § 2 Abs. 1 WpHG – letztlich kein Wertpapiercharakter erforderlich[3].

4   Die Auslegung des Begriffs Derivat im Rahmen des WpHG und des KWG ist nur eingeschränkt als Interpretationshilfe für den **Begriff des derivativen Wertpapiers iS des Art. 15 Abs. 1 ProspektVO** geeignet. Gemäß § 1 Abs. 1 iVm. § 2 Nr. 1 WpPG ist der Wertpapiercharakter jedenfalls eine notwendige Voraussetzung für die Anwendbarkeit des Prospektrechts (dazu § 1 WpPG Rz. 1). Gemeinsamkeit zwischen dem Begriff des Derivats iS des WpHG bzw. KWG und dem Begriff des derivativen Wertpapiers iS des Art. 15 Abs. 1 ProspektVO ist vor allem, dass auch im Rahmen von Art. 15 ProspektVO eine Abhängigkeit von der Entwicklung eines Basiswerts besteht[4]. Dabei muss sich ein Basiswert nicht zwingend nur auf die in § 2 Abs. 2 WpHG genannten Referenzgrößen beziehen, sondern kann sich auch auf ereignisbezogene Basisgrößen beziehen (zB Wetter, Immobilienindizes, Ergebnisse eines Sportereignisses etc.; vgl. näher unten unter Rz. 89)[5]. Weiterhin ist zu beachten, dass im Rahmen des Art. 15 ProspektVO für das Vorliegen eines derivativen Wertpapiers nicht zwingend eine Hebelwirkung erforderlich ist.

5   Die weite Auslegung des Begriffs des derivativen Wertpapiers steht auch im Einklang mit der **Entstehungsgeschichte des Prospektrechts**, wonach der Begriff des „derivativen Wertpapiers" ein Synonym für den in der Prospektrichtlinie und der ProspektVO verwendeten Begriff „Optionsscheine jeglicher Art" ist[6] und dementsprechend auch die in Deutschland weit verbreiteten Zertifikate und Optionsscheine umfasst. Auch strukturierte Produkte, wie zB Credit Linked Notes, die eine Kombination zwischen einer Anleihe und einem derivativen Instrument bilden, fallen in den Anwendungsbereich des Anhangs XII ProspektVO[7]. MaW, Anhang XII ProspektVO ist auf

---

1 Zum Begriff des Derivats nach der Neufassung infolge des Finanzmarktrichtlinie-Umsetzungsgesetzes siehe *Fuchs* in Fuchs, § 2 WpHG Rz. 39 ff.; *Assmann* in Assmann/Uwe H. Schneider, § 2 WpHG Rz. 40 ff.
2 Vgl. *Mülbert/Böhmer*, WM 2006, 937 (940); auch die BaFin verweist in einem Merkblatt auf den Hebeleffekt als kennzeichnendes Kriterium für ein Derivat; BaFin, „Merkblatt – Hinweise zur Erlaubnispflicht nach § 32 Abs. 1 KWG in Verbindung mit § 1 Abs. 1 und Abs. 1a KWG bei Geschäftstätigkeiten im Zusammenhang mit Emissionszertifikaten" v. 28.6.2011, unter 2.
3 Vgl. *Assmann* in Assmann/Uwe H. Schneider, § 2 WpHG Rz. 45 sowie *Schäfer* in Boos/Fischer/Schulte-Mattler, § 1 KWG Rz. 218.
4 *Heidelbach/Preuße*, BKR 2006, 316 (317).
5 Vgl. auch *Mülbert/Böhmer*, WM 2006, 937 (940 f.).
6 *Kullmann/Sester*, ZBB 2005, 209 (211 f.).
7 Vgl. zum Begriff „Credit Linked Notes" *Kumpan* in Schwark/Zimmer, § 2 WpHG Rz. 49; *Zahn/Lemke*, WM 2002, 1536 (1536).

solche Wertpapiere anzuwenden, die keine Aktien oder Schuldtitel, bei denen die Rückzahlung zu 100% garantiert ist, darstellen und dient daher auch als einschlägiges Schema für neu entwickelte Finanzinstrumente.

Festgehalten werden kann zudem, dass der Begriff des derivativen Wertpapiers jedenfalls – soweit die Wertpapiere unter deutschem Recht begeben werden – nur **Inhaberschuldverschreibungen iS des § 793 BGB** umfasst und es sich bei den derivativen Wertpapieren um Nichtdividendenwerte iS des § 2 Nr. 3 WpPG handelt (zur Abgrenzung von Dividendenwerten siehe unten unter Rz. 12 ff.)[1]. 6

2. Abgrenzung zu anderen Anhängen der ProspektVO

a) Anhang XII als Auffangtatbestand (Art. 15 Abs. 2 ProspektVO)

Art. 15 Abs. 2 ProspektVO stellt klar, dass das Schema für die Fälle gilt, die nicht in den Anwendungsbereich der in den Art. 6 ProspektVO (dazu unten unter Rz. 12 ff.), Art. 8 ProspektVO (dazu unten unter Rz. 16 ff.) und Art. 16 ProspektVO (dazu unten unter Rz. 19) genannten anderen Schemata fallen, einschließlich solcher, bei denen die Zahlungs- und Lieferbedingungen an einen Basiswert gebunden sind. Demnach dient Anhang XII ProspektVO als **Auffangtatbestand für die Fälle, die nicht bereits von anderen Schemata für die Wertpapierbeschreibung erfasst werden**. 7

Eine entsprechende Klarstellung findet sich auch in **Erwägungsgrund Nr. 18 ProspektVO**, wonach das Schema „Wertpapierbeschreibung für derivative Wertpapiere" auf solche Titel Anwendung finden soll, die nicht von anderen Schemata und Modulen abgedeckt sind. 8

Auch **CESR** vertrat im Zuge der **Erarbeitung der Durchführungsbestimmungen zur Prospektrichtlinie** die Ansicht, dass Anhang XII ProspektVO eine sog. „*everything else box*" ist und entsprechend zur Anwendung kommt, wenn weder das Schema der Wertpapierbeschreibung für Aktien (Anhang III ProspektVO), das Schema für Schuldtitel (Anhang V ProspektVO bzw. Anhang XIII ProspektVO) noch ein sonstiges spezielles Offenlegungserfordernis Anwendung findet[2]. 9

Die Bedeutung von Anhang XII ProspektVO als Auffangtatbestand kommt vor allem in den Fällen zum Tragen, in denen ein **Rückzahlungsanspruch zu 100% des Nominalwerts** (vgl. Art. 8 Abs. 2 ProspektVO und Art. 16 Abs. 2 ProspektVO) **nicht besteht**. Anhang XII ProspektVO gilt nicht nur in den Fällen, in denen die Ermittlung des Rückzahlungsbetrags bzw. die Ermittlung eines Zinsbetrags von der Entwicklung eines Basiswerts abhängt. Vielmehr ist der Begriff weiter zu verstehen und erfasst auch Fälle, bei denen zB eine feste Verzinsung vorgesehen ist und Anhang V Pro- 10

---

[1] Zu dem Verhältnis der unterschiedlichen Begriffe näher *Seitz*, AG 2005, 678 (679 ff.).
[2] CESR 03-162, Draft – CESR's Advice on Level 2 Implementing Measures for the Proposed Prospectus Directive, Rz. 67; vgl. dazu auch ausführlich *Zeising* in Just/Voß/Ritz/Zeising, Anhang XII EU-ProspektVO Rz. 1.

spektVO nur deshalb nicht anwendbar ist, weil die Rückzahlung nicht zu 100% des Nominalwerts erfolgt (vgl. dazu auch unten unter Rz. 16)[1].

11 Für die Abgrenzung zwischen den verschiedenen Schemata für die Wertpapierbeschreibung in der Praxis ist zu beachten, dass im häufigsten Anwendungsfall, nämlich der **Emission von derivativen Wertpapieren über Basisprospekte** (vgl. dazu auch § 6 WpPG Rz. 19), häufig mehrere potentiell einschlägige Anhänge der ProspektVO bereits auf Ebene des Basisprospekts zu erfüllen sind (siehe dazu auch unten unter Rz. 22). Es ist zB denkbar, dass im Rahmen eines Basisprospekts sowohl Produkte emittiert werden sollen, deren Rückzahlung zu 100% des Nominalwerts sichergestellt ist, als auch solche, bei denen die Rückzahlung auch weniger als 100% des Nominalwerts betragen kann. In diesem Fall ist grundsätzlich eine Querverweisliste sowohl für Anhang V ProspektVO als auch für Anhang XII ProspektVO erforderlich[2]. Dabei ist zu beachten, dass der Basisprospekt zusammen mit den jeweiligen endgültigen Bedingungen sämtliche Mindestangaben enthalten muss, die von dem für das konkrete Produkt maßgeblichen Anhang gefordert werden (siehe dazu § 6 WpPG Rz. 40 ff.). In diesem Zusammenhang ist bei der Erstellung des Basisprospekts darauf zu achten, dass hinsichtlich derjenigen Mindestangaben, die erst auf Basis der endgültigen Bedingungen ausgefüllt werden, der Basisprospekt aussagekräftige Regieanweisungen für das Ausfüllen der endgültigen Bedingungen enthält.

b) Abgrenzung zu Anhang III ProspektVO (Schema für die Wertpapierbeschreibung für Aktien)

12 Anhang III ProspektVO ist gemäß Art. 6 Abs. 2 ProspektVO in dem Fall anwendbar, dass es sich bei den zu begebenden Wertpapieren um **Aktien oder andere übertragbare, Aktien gleichzustellende Wertpapiere** handelt. Erfasst von Anhang III ProspektVO sind demnach **Dividendenwerte** iS des § 2 Nr. 2 WpPG. Anhang XII ProspektVO kommt dagegen dann zur Anwendung, wenn es sich bei den zu begebenden Wertpapieren um Schuldtitel, dh. um Nichtdividendenwerte iS des § 2 Nr. 3 WpPG, handelt.

13 In den Anwendungsbereich des Anhangs III ProspektVO fallen auch **Wandelschuldverschreibungen** (sog. *convertible bonds*), dh. Schuldverschreibungen, die dem Gläubiger das Recht einräumen, entweder den Rückzahlungsanspruch aus der Schuldverschreibung geltend zu machen oder das Recht auf Wandlung der Schuldverschreibung in Aktien des Emittenten auszuüben (siehe dazu Anhang III EU-Pro-

---

[1] Siehe dazu auch *Seitz*, AG 2005, 678 (687).
[2] *Kullmann/Sester*, ZBB 2005, 209 (214) fordern, dass dem Anleger in diesem Fall eine Wahlmöglichkeit zwischen Anhang V ProspektVO und Anhang XII ProspektVO eingeräumt werden sollte.

spektVO Rz. 1)[1]. Ebenso ist Anhang III ProspektVO im Fall von **Optionsanleihen** einschlägig[2].

Umtauschanleihen (sog. *exchangeable bonds*) sind dagegen Wertpapiere, die einen Anspruch auf Zinszahlung, auf Rückzahlung der Anleihe bzw. auf Umtausch der Urkunde in Aktien einer Gesellschaft, die nicht mit dem Emittenten identisch ist, verbriefen[3]. Da der Anleger im Fall von Umtauschanleihen keine Aktien des Emittenten erhält, sind Umtauschanleihen nicht als eigenkapitalähnliche Wertpapiere einzustufen (vgl. dazu auch Art. 4 Abs. 2 ProspektVO), weshalb Umtauschanleihen grundsätzlich dem Anwendungsbereich von Anhang XII ProspektVO bzw. Anhang V ProspektVO unterfallen (zur Abgrenzung zwischen Anhang XII ProspektVO und Anhang V ProspektVO siehe unten unter Rz. 16)[4]. 14

Bei **Genussscheinen** ist für die Frage, nach welchem Anhang sie zu beurteilen sind, danach zu unterscheiden, ob sie eigenkapitalähnlichen oder fremdkapitalähnlichen Charakter aufweisen (siehe dazu Anhang III EU-ProspektVO Rz. 1). Während im ersten Fall Anhang III ProspektVO anzuwenden ist, ist im Fall einer schuldverschreibungsähnlichen Strukturierung entweder Anhang V ProspektVO bzw. Anhang XIII ProspektVO oder Anhang XII ProspektVO einschlägig, je nach dem ob die Rückzahlung zu 100% des Nominalwerts erfolgt (siehe dazu unten unter Rz. 18). 15

c) Abgrenzung zu Anhang V ProspektVO (Schema für die Wertpapierbeschreibung für Schuldtitel mit einer Stückelung von weniger als 100.000 Euro)

Anhang V ProspektVO ist gemäß Art. 8 Abs. 2 ProspektVO nur in den Fällen anwendbar, in denen der Anspruch auf **Rückzahlung von 100% des Nominalwerts** entsprechend den Emissionsbedingungen **während der gesamten Laufzeit** der Wertpapiere gesichert ist (siehe dazu auch Anhang V EU-ProspektVO Rz. 8 und oben unter Rz. 10). Sofern nach den Emissionsbedingungen nicht ausgeschlossen werden kann, dass der Anspruch auf Rückzahlung von 100% des Nominalwerts – wenn auch nur zeitweise – unterschritten wird (zB im Fall einer außerordentlichen Kündigungsmöglichkeit des Emittenten mit einer potentiellen Rückzahlung unter dem Nominalwert), kann der Prospekt nicht nach Anhang V ProspektVO erstellt wer- 16

---

1 *Schlitt/Hemeling* in Habersack/Mülbert/Schlitt, Unternehmensfinanzierung am Kapitalmarkt, § 12 Rz. 2; *Müller-Eising* in Eilers/Rödding/Schmalenbach, D Rz. 67; siehe dazu auch ESMA FAQs, Questions and Answers Prospectuses: 25th Updated Version – July 2016, ESMA/2016/1133, Frage 28, abrufbar unter https://www.esma.europa.eu/sites/default/files/library/2016-1133_25th_version_qa_document_prospectus_related_issues.pdf, wonach es nicht darauf ankommt, ob das Wandelrecht ausschließlich im Ermessen des Anlegers liegt.
2 *Müller-Eising* in Eilers/Rödding/Schmalenbach, Unternehmensfinanzierung, D Rz. 69; *Schlitt/Schäfer*, AG 2005, 498 (505).
3 *Schlitt/Kammerlohr* in Habersack/Mülbert/Schlitt, Unternehmensfinanzierung am Kapitalmarkt, § 13 Rz. 1.
4 *Schlitt/Schäfer*, AG 2005, 498 (506); *Seitz*, AG 2005, 678 (680).

den, so dass in einem solchen Fall grundsätzlich Anhang XII ProspektVO Anwendung findet[1].

17 Im Fall von **Umtauschanleihen** (siehe bereits oben unter Rz. 14) kommt Anhang V ProspektVO zur Anwendung, sofern nach den Wertpapierbedingungen sichergestellt ist, dass die zu liefernden Aktien mindestens einen dem Nominalwert entsprechenden Wert aufweisen[2]. Umgekehrt heißt dies: Soweit aufgrund der Ausgestaltung der Anleihebedingungen nicht sichergestellt ist, dass die Aktien bei Lieferung einen dem Nominalwert der Anleihe entsprechenden Wert haben und insoweit auch kein Barausgleich vorgesehen ist, findet Anhang XII ProspektVO Anwendung. Selbst wenn man zur Anwendbarkeit von Anhang V ProspektVO kommt, ist entsprechend Anhang XVIII ProspektVO zu beachten, dass hinsichtlich der Beschreibung der unterlegten Aktien die in Ziffer 4.2.2 des Anhangs XII ProspektVO vorgesehen Angaben aufzunehmen sind[3].

18 Im Fall von **Genussscheinen**, die schuldverschreibungsähnlich strukturiert sind (siehe bereits oben unter Rz. 15), ist Anhang V ProspektVO dann anwendbar, wenn die Rückzahlung zu mindestens 100% des Nominalwerts erfolgt.

d) Abgrenzung zu Anhang XIII ProspektVO (Schema für die Wertpapierbeschreibung für Schuldtitel mit einer Mindeststückelung von 100.000 Euro)

19 Anhang XIII ProspektVO kommt für **Schuldtitel mit einer Mindeststückelung von 100.000 Euro** zur Anwendung. Neben den geringeren Anforderungen bezüglich des Prospektinhalts besteht die wesentliche Erleichterung darin, dass keine Zusammenfassung für den Prospekt zu erstellen ist (vgl. zu den wesentlichen Erleichterungen Anhang XIII EU-ProspektVO Rz. 8). Für die Abgrenzung zu Anhang XII ProspektVO gelten die gleichen Grundsätze wie für die Abgrenzung zwischen Anhang XII ProspektVO und Anhang V ProspektVO: Da Anhang XIII ProspektVO gemäß Art. 16 Abs. 2 ProspektVO – wie auch Anhang V ProspektVO – nur auf Schuldtitel Anwendung findet, wenn der Anspruch auf Rückzahlung von 100% des Nominalwerts entsprechend den Emissionsbedingungen während der gesamten Laufzeit der Wertpapiere gesichert ist, findet Anhang XII ProspektVO als Auffangtatbestand dann Anwendung, wenn eine entsprechende Sicherung des Rückzahlungsbetrags nicht besteht (zu Erleichterungen in diesem Fall im Hinblick auf Ziffer 4.1.2 Anhang XII ProspektVO siehe unten unter Rz. 84 ff.).

---

1 *Zeising* in Just/Voß/Ritz/Zeising, Anhang XII EU-ProspektVO Rz. 4.
2 In diesem Sinne wohl auch *Schlitt/Kammerlohr* in Habersack/Mülbert/Schlitt, Unternehmensfinanzierung am Kapitalmarkt, § 13 Rz. 58.
3 *Schlitt/Kammerlohr* in Habersack/Mülbert/Schlitt, Unternehmensfinanzierung am Kapitalmarkt, § 13 Rz. 58.

e) Rangfolge der Schemata für Wertpapierbeschreibungen, zusätzliche Informationen und Kombinationsmöglichkeiten

Die ProspektVO enthält **keine Regelung zum Stufenverhältnis** der verschiedenen Schemata für Wertpapierbeschreibungen, wie dies für die Schemata für Registrierungsformulare in Art. 21 ProspektVO vorgesehen ist[1]. Entsprechend hat ein Emittent keine Wahlmöglichkeit, welches Schema er anwenden möchte. Bei Schuldverschreibungen kommt daher entweder Anhang XII ProspektVO oder Anhang V ProspektVO bzw. Anhang XIII ProspektVO in Betracht.

20

Allerdings hat ein Emittent entsprechend **Erwägungsgrund Nr. 5 ProspektVO** die Möglichkeit, Informationen, die über die in den Schemata genannten Informationsbestandteile hinausgehen, in den Prospekt aufzunehmen, sofern die zusätzlichen Informationen dem Wertpapier bzw. der Art des betreffenden Emittenten angemessen sind. Dementsprechend kann zB ein Emittent, der seine Wertpapierbeschreibung grundsätzlich nach Anhang XIII ProspektVO erstellt, Informationen aufnehmen, die zwar nicht nach Anhang XIII ProspektVO erforderlich sind, die aber zu den Mindestangaben nach Anhang V ProspektVO oder Anhang XII ProspektVO gehören (siehe dazu Anhang XIII EU-ProspektVO Rz. 8).

21

In der Praxis kann es für eine bestimmte Struktur erforderlich sein, dass mehrere Anhänge heranzuziehen sind. Für solche Fälle sieht Art. 21 Abs. 1 ProspektVO iVm. Anhang XVIII ProspektVO verschiedene **Kombinationsmöglichkeiten** für die maßgeblichen Anhänge vor, wobei nach Art. 21 Abs. 1 Satz 2 ProspektVO für Wertpapiere, auf welche die in Anhang XVIII ProspektVO vorgesehenen Kombinationsmöglichkeiten nicht zutreffen, weitere Kombinationsmöglichkeiten verwendet werden können (siehe dazu für den Fall von Umtauschanleihen oben unter Rz. 14).

22

II. Verantwortliche Personen (Ziffer 1)

1. Verantwortliche Personen

1.1. Alle Personen, die für die im Prospekt gemachten Angaben bzw. für bestimmte Abschnitte des Prospekts verantwortlich sind. Im letzteren Fall sind die entsprechenden Abschnitte aufzunehmen. Im Falle von natürlichen Personen, zu denen auch Mitglieder der Verwaltungs-, Geschäftsführungs- oder Aufsichtsorgane des Emittenten gehören, sind der Name und die Funktion dieser Person zu nennen. Bei juristischen Personen sind Name und eingetragener Sitz der Gesellschaft anzugeben.

1.2. Erklärung der für den Prospekt verantwortlichen Personen, dass sie die erforderliche Sorgfalt haben walten lassen, um sicherzustellen, dass die im Prospekt genannten Angaben ihres Wissens nach richtig sind und keine Tatsachen ausgelassen worden sind, die die Aussage des Prospekts wahrscheinlich verändern. Ggf. Erklärung der für bestimmte Abschnitte des Prospekts verantwortlichen Personen, dass sie die erforderliche Sorgfalt haben walten las-

---

1 *Seitz*, AG 2005, 678 (680).

sen, um sicherzustellen, dass die in dem Teil des Prospekts genannten Angaben, für die sie verantwortlich sind, ihres Wissens nach richtig sind und keine Tatsachen ausgelassen worden sind, die die Aussage des Prospekts wahrscheinlich verändern.

23 Siehe dazu die Kommentierung zu Anhang I EU-ProspektVO Rz. 2 ff. und zu Anhang V EU-ProspektVO Rz. 14 ff.

III. Risikofaktoren (Ziffer 2)

2. Risikofaktoren
Klare Offenlegung der Risikofaktoren, die für die Beurteilung der mit den Wertpapieren, die angeboten und/oder zum Handel zugelassen werden sollen, verbundenen Marktrisiken wesentlich sind (im Abschnitt „Risikofaktoren"). Es ist ein Risikohinweis für den Fall aufzunehmen, dass der Anleger den Wert seiner Anlage insgesamt oder teilweise verlieren könnte und/oder ein entsprechender Hinweis, wenn die Haftung des Anlegers nicht an den Wert der Anlage gebunden ist, in der die Umstände beschrieben werden, in denen es zu einer zusätzlichen Haftung kommen kann und welche voraussichtlichen finanziellen Folgen eintreten können.

1. Bedeutung und grundsätzliche Aufbaufragen

24 Nach Ziffer 2 Anhang XII ProspektVO muss ein Prospekt eine **klare Offenlegung der Risikofaktoren** enthalten, die für die Beurteilung der mit den Wertpapieren verbundenen Marktrisiken wesentlich sind.

25 Ziffer 2 Satz 1 spricht insoweit von einer **„klaren Offenlegung"** der Risikofaktoren, wohingegen entsprechend dem Wortlaut anderer Anhänge der ProspektVO zB eine „vorrangige Offenlegung" (Anhang XI ProspektVO) oder eine „hervorgehobene Offenlegung" (Anhang IV ProspektVO) verlangt wird. Ein unterschiedlicher Beurteilungsmaßstab für die Offenlegung kann aus diesen voneinander abweichenden Wortlauten allerdings nicht abgeleitet werden, da die englische Fassung der entsprechenden Abschnitte einheitlich von *„prominent disclosure of risk factors"* spricht, so dass insoweit lediglich eine Inkonsistenz bei der deutschen Übersetzung vorliegt.

26 Die Beschränkung auf **„Risikofaktoren"** ist eng auszulegen. Dementsprechend dürfen **Chancen**, welche die Risiken mindern oder die den Risiken gegenüberstehen, in den Risikofaktoren nicht genannt werden, da sie die Bedeutung der dargestellten Risiken relativieren könnten[1]. Beispielsweise ist es bei Produkten, bei denen ein Währungsrisiko besteht, nicht statthaft, in den Risikofaktoren Ausführungen dazu zu machen, dass das Währungsrisiko für den Anleger gegebenenfalls auch positive Auswirkungen aufweisen kann.

---

[1] *Keunecke*, Prospekte im Kapitalmarkt, Rz. 454; *Kullmann/Sester*, ZBB 2005, 209 (212).

Weiterhin ist es nicht möglich, den die Risikofaktoren darstellenden Abschnitt mit einer anderslautenden **Überschrift als „Risikofaktoren"** zu betiteln (vgl. auch Erwägungsgrund Nr. 15 ProspektVO bzw. Art. 2 Nr. 3, Art. 25 Abs. 1 Nr. 3 und Art. 26 Abs. 1 Nr. 3 ProspektVO)[1]. 27

Der **Abschnitt „Risikofaktoren"** muss nach der ständigen Verwaltungspraxis der BaFin in sich geschlossen sein, dh. muss aus sich heraus verständlich sein (vgl. auch unten unter Rz. 29)[2]. Verweise auf andere Teile des Prospekts sind dementsprechend grundsätzlich nicht zulässig. Möglich ist es aber, innerhalb der Risikofaktoren auf einzelne Unterabschnitte zu verweisen. Zulässig ist es auch, aus anderen Abschnitten des Prospekts auf den Abschnitt „Risikofaktoren" zu verweisen oder bestimmte Absätze aus den Risikofaktoren in anderen Abschnitten des Prospekts nochmals aufzunehmen (siehe dazu auch unten unter Rz. 88). 28

Während es unter dem alten Prospektregime möglich gewesen ist, produktspezifische Risikofaktoren im Rahmen der endgültigen Bedingungen zu ergänzen (zB im Fall von Risikofaktoren in Zusammenhang mit einer besonderen Auszahlungsstruktur [zB besondere Korrelationsrisiken bei einem Korb als Basiswert oder besondere Risiken im Hinblick auf eine besondere Art und Weise der Barrierenbeobachtung] oder Risikofaktoren in Zusammenhang mit einem bestimmten Basiswert [zB in Zusammenhang mit einer bestimmten Währung oder einem bestimmten Index; siehe zu den Besonderheiten bei Basisprospekten näher unten unter Rz. 32]), ist diese Möglichkeit unter dem aktuellen Prospektregime nicht mehr gegeben. Dies liegt daran, dass Risikofaktoren entsprechend Anhang XX ProspektVO als Kategorie A Informationsbestandteile eingeordnet sind (bezüglich Einzelheiten der Kategorisierung siehe § 6 WpPG Rz. 47), was bedeutet, dass die **Risikofaktoren im Rahmen des Basisprospekts selbst abgebildet** werden müssen und eine Ergänzung zusätzlicher bzw. bestehender Risikofaktoren im Rahmen der endgültigen Bedingungen nicht möglich ist. 28a

In der Praxis ist es üblich, innerhalb der Risikofaktoren zwischen **emittentenbezogenen und wertpapierbezogenen Risikofaktoren** zu differenzieren (zum Aufbau vgl. auch unten unter Rz. 37 ff.). Damit wird auch dem Umstand Rechnung getragen, dass die entsprechenden Angaben auf unterschiedliche Schemata zurückzuführen sind. In der Praxis ergeben sich Überschneidungen zwischen den beiden Arten von Risikofaktoren. Hier ist möglichst sauber zu differenzieren: So gehört ein Kapitalschutz aufgrund einer Mindestrückzahlung zu den wertpapierbezogenen Risikofaktoren, während der Hinweis auf eine fehlende Einlagensicherung zu den emittentenspezifischen Risiken gehört. Es kann offenbleiben, ob eine entsprechende Differenzierung zwingend ist. Die BaFin prüft jedenfalls gemäß § 13 Abs. 1 Satz 2 WpPG die Verständlichkeit der Darstellung der Risikofaktoren besonders sorgfältig. 29

Im Hinblick auf die vermehrt auftretenden **Klagen von Käufern von strukturierten Produkten** ist zu beachten, dass der klaren und verständlichen Darstellung von Risikofaktoren in dem Prospekt eine besondere Bedeutung zukommt. Auch wenn 30

---

1 *Zeising* in Just/Voß/Ritz/Zeising, Anhang XII EU-ProspektVO Rz. 12.
2 Vgl. auch *Zeising* in Just/Voß/Ritz/Zeising, Anhang XII EU-ProspektVO Rz. 14.

die Klagen primär in Zusammenhang mit der Erbringung von Wertpapierdienstleistungen und der fehlenden Aufklärung entsprechend den Anforderungen des WpHG stehen, kann der Prospekt dennoch helfen, das Haftungsrisiko zu verringern, soweit er in Zusammenhang mit der Wertpapierdienstleistung von dem jeweiligen Wertpapierdienstleister gegenüber seinem Kunden ausgehändigt wurde (vgl. auch § 5 Abs. 2 Nr. 3 WpDVerOV).

2. Umfang der darzustellenden Risiken (Ziffer 2 Satz 1)

31 In dem Abschnitt „Risikofaktoren" sind nicht sämtliche Risikofaktoren, sondern nur die **wesentlichen Risiken** für das Produkt darzustellen (vgl. auch Art. 2 Nr. 3 ProspektVO). Die Frage, ob ein Risikofaktor als wesentlich anzusehen ist, ist dabei weder in der ProspektVO noch der Prospektrichtlinie oder dem WpPG näher definiert. Auch von Seiten der BaFin gibt es keine Informationen dazu, welche Risikofaktoren für ein konkretes Produkt als wesentlich anzusehen sind. Entsprechend liegt es im Ermessen des Prospektverantwortlichen zu beurteilen, welche Risiken bei dem konkreten Produkt als wesentlich anzusehen sind. Als Orientierungshilfe für die Entscheidung, ob ein Risikofaktor als wesentlich einzuordnen ist, kann § 5 Abs. 1 Satz 1 WpPG herangezogen werden. Nach dieser Vorschrift muss ein Prospekt – und dementsprechend auch die Risikofaktoren – in leicht analysierbarer Form sämtliche Angaben enthalten, die im Hinblick auf den Emittenten und die öffentlich angebotenen oder zum Handel an einem organisierten Markt zugelassenen Wertpapiere notwendig sind, um dem Publikum u.a. ein zutreffendes Urteil über die mit den Wertpapieren verbundenen Rechte zu ermöglichen, wobei insoweit – ähnlich wie im Rahmen des § 16 WpPG – auf einen verständigen Anleger abzustellen ist (zu der Relevanz eines Umstandes für die Beurteilung der Wertpapiere siehe auch § 16 WpPG Rz. 28 ff.). Entsprechend dieser Norm und vor dem Hintergrund des § 21 WpPG und dessen Haftungsfolgen ist die Frage der Wesentlichkeit eher weit zu beurteilen (siehe zur Frage der Beurteilung der Wesentlichkeit im Rahmen der Haftung ausführlich §§ 21–23 WpPG Rz. 45 ff.), dh. ein Risikofaktor ist im Zweifel aufzunehmen. Da die Risikofaktoren eine wesentliche Angabe zur Beurteilung der Wertpapiere darstellen, bestünde andernfalls die Gefahr, dass die Risikofaktoren als unvollständig angesehen werden könnten[1].

32 Im Fall von **Basisprospekten** besteht die Besonderheit, dass unter dem Basisprospekt eine Vielzahl verschiedener Wertpapierarten emittiert werden sollen, aber bei der Erstellung des Basisprospekt häufig noch nicht absehbar ist, welche Produkte konkret während der Gültigkeitsdauer des Basisprospekts begeben werden sollen. Vor dem Hintergrund, dass es sich bei den Risikofaktoren um Kategorie A Informationsbestandteile gemäß Anhang XX ProspektVO handelt, die im Basisprospekt abschließend dargestellt werden müssen und eine Ergänzung im Rahmen der endgültigen Bedingungen nicht möglich ist (siehe dazu bereits oben unter Rz. 28a), ist bereits bei der Erstellung des Basisprospekts darauf zu achten, dass sämtliche Risikofaktoren, die für die unter dem Basisprospekt zu emittierenden Wertpapiere rele-

---

[1] Vgl. auch *Pankoke* in Just/Voß/Ritz/Zeising, §§ 44 BörsG, 13 VerkPropG Rz. 27 ff.

vant sein können, bereits im Basisprospekt abgebildet sind, da etwaige Ergänzungen der Risikofaktoren im Rahmen eines Nachtragsverfahrens nur eingeschränkt möglich sind (siehe dazu bereits oben unter Rz. 28a). Bei der Gestaltung der Risikofaktoren im Fall eines Basisprospekts, unter dem eine Vielzahl verschiedener Produkte begeben werden sollen, ist es unter dem Gesichtspunkt der Transparenz und leichten Verständlichkeit des Prospekts empfehlenswert, mittels Regieanweisungen klarzustellen, in welchen Fällen die jeweiligen Risikofaktoren Anwendung finden (vgl. auch Erwägungsgrund Nr. 20 der Prospektrichtlinie), beispielsweise durch die durchgängige Verwendung von Produktnummern im Basisprospekt.

3. Ausdrücklicher Hinweis auf Verlustrisiko (Ziffer 2 Satz 2 Halbsatz 1)

Im Unterschied zu Anhang V ProspektVO fallen unter Anhang XII ProspektVO Wertpapiere, bei denen der Rückzahlungsbetrag nicht 100% des Nominalwertes entspricht (siehe oben unter Rz. 10). Dementsprechend weist Anhang XII ProspektVO die Besonderheit auf, dass das **Risiko eines Kapitalverlusts** maßgebliches Kennzeichen der Wertpapiere ist. Entsprechend muss der Prospekt einen Risikohinweis dazu enthalten, dass der Anleger den Wert seiner Anlage insgesamt oder teilweise verlieren kann. In der Praxis erfolgt der Hinweis auf ein etwaiges Totalverlustrisiko dadurch, dass das Totalverlustrisiko an prominenter Stelle, zB zu Beginn des Abschnitts, oder durch Fettdruck hervorgehoben wird[1]. 33

In der Praxis ist bezüglich der **Formulierung des „Totalverlustrisiko"** allerdings zu differenzieren. Es ist ein wesentlicher Unterschied, ob ein Totalverlust dann eintritt, wenn die Rückzahlung eines Discount Zertifikats null beträgt, wenn der dem Discount Zertifikat zugrundeliegende Aktienindex auf null sinkt, oder ob ein Totalverlust dann eintritt, wenn ein Call-Optionsschein auf eine einzelne Aktie am Laufzeitende wertlos verfällt, weil der Basispreis unterschritten wurde. Während der Anleger im ersten Fall das übliche, mit einem Investment in den Basiswert verbundene Kursverlustrisiko trägt, kann im zweiten Fall – je nach der Höhe des Basiskurses – aufgrund der Struktur des derivativen Wertpapiers das Totalverlustrisiko weitaus wahrscheinlicher sein. Um dem Rechnung zu tragen, ist es hilfreich, nicht nur pauschal auf das Totalverlustrisiko zu verweisen, sondern die maßgeblichen Umstände hinzuzufügen. 34

Ein potentielles Verlustrisiko kann auch mit einem **darlehensfinanzierten Investment** in die derivativen Wertpapiere oder aufgrund von entsprechenden **Transaktionskosten** verbunden sein (dazu Anhang V EU-ProspektVO Rz. 21). 35

4. Ausdrücklicher Haftungshinweis (Ziffer 2 Satz 2 Halbsatz 2)

Abweichend von Anhang V ProspektVO und Anhang III ProspektVO ist in einem Prospekt nach Ziffer 2 Satz 2 Halbsatz 2 Anhang XII ProspektVO gegebenenfalls ein Hinweis aufzunehmen, wenn die Haftung des Anlegers nicht an den Wert der Anlage gebunden ist, in der die Umstände beschrieben werden, in denen es zu einer zu- 36

---

[1] *Zeising* in Just/Voß/Ritz/Zeising, Anhang XII EU-ProspektVO Rz. 19.

sätzlichen Haftung kommen kann und welche voraussichtlichen finanziellen Folgen eintreten können. Mit der „Haftung des Anlegers" ist vor allem eine etwaige Nachschusspflicht des Anlegers gemeint[1]. Eine solche besteht bei Wertpapieren nach Anhang XII ProspektVO grundsätzlich nicht (anders gegebenenfalls bei Genussscheinen; vgl. dazu bereits oben unter Rz. 15)[2].

5. Praktische Fragen bei der Darstellung von Risikofaktoren

37 Der Wortlaut des Anhangs XII ProspektVO schreibt **keine Rangfolge hinsichtlich der Darstellung der Risikofaktoren** vor. Dementsprechend ist es nicht erforderlich, dass die Risikofaktoren nach Folgenschwere oder Eintrittswahrscheinlichkeit abgebildet werden. In der Praxis erfolgt in der Regel zu Beginn der Risikofaktoren eine entsprechende Klarstellung.

38 Wie bereits oben dargestellt, sollten die Risikofaktoren klar strukturiert werden. Um die Übersichtlichkeit zu erhöhen, bietet es sich an, im Abschnitt „Risikofaktoren" **themenbezogene Unterabschnitte** zu bilden. Es ist in der Praxis üblich, zwischen folgenden Unterabschnitten von wertpapierbezogenen Risikofaktoren zu unterscheiden: a) produktbezogene Risikofaktoren (dazu unten unter Rz. 39 ff.), b) basiswertbezogene Risikofaktoren (dazu unten unter Rz. 48 ff.), c) produktübergreifende Risikofaktoren (dazu unten unter Rz. 53 ff.) und d) Risikofaktoren im Hinblick auf Interessenkonflikte (dazu unten unter Rz. 61 ff.) (zur Abgrenzung zwischen emittenten- und wertpapierbezogenen Risikofaktoren siehe bereits oben unter Rz. 29).

a) Produktbezogene Risikofaktoren

39 In den produktbezogenen Risikofaktoren werden die dem jeweiligen Produkt innewohnenden **Risikofaktoren, die sich aus der konkreten Strukturierung des Produkts ergeben**, beschrieben. Dabei ist es auch möglich, eine Produktbeschreibung, gegebenenfalls auch unter Angabe des Rückzahlungsprofils, aufzunehmen, wenn dadurch die dem Produkt zugrundeliegenden Risiken besser verdeutlicht werden können.

40 Insbesondere zu den nachfolgenden Punkten kann der Unterabschnitt „produktbezogene Risikofaktoren" bei derivativen Wertpapieren Aussagen enthalten:

41 – Der Prospekt kann **Risiken in Zusammenhang mit einer variablen Verzinsung** enthalten, insbesondere Angaben dazu, dass die Höhe des variablen Zinssatzes von der Wertentwicklung eines Referenzzinssatzes (zB EURIBOR) oder eines sonstigen Basiswerts abhängt und dementsprechend der Zinsbetrag im Fall einer für den Anleger ungünstigen Entwicklung des Referenzzinssatzes bzw. Basiswerts gegebenenfalls auch null betragen kann.

---

1 *Zeising* in Just/Voß/Ritz/Zeising, Anhang XII EU-ProspektVO Rz. 22.
2 Zu Genussscheinen siehe auch *Zeising* in Just/Voß/Ritz/Zeising, Anhang XII EU-ProspektVO Rz. 22.

– Insbesondere im Fall von Aktien als Basiswert sind **Risiken in Zusammenhang mit der fehlenden Partizipation an Erträgen des Basiswerts** darzustellen, beispielsweise dass kein Anspruch auf Erhalt der Dividende der zugrundeliegenden Aktie besteht; bei sonstigen Basiswerten kann gegebenenfalls ein Hinweis darauf aufgenommen werden, dass die derivativen Wertpapiere, abgesehen von etwaigen Zinszahlungen, keine sonstigen Ausschüttungen gewähren. Im Fall von auf Indizes bezogenen Wertpapieren kann in diesem Zusammenhang darauf eingegangen werden, ob es sich bei dem Index um einen Kursindex (zB EURO STOXX 50) handelt, bei dem der Indexstand insbesondere durch die Kurse der im Index enthaltenen Aktien bestimmt wird, wobei Dividendenzahlungen und Kapitalveränderungen bei der Berechnung des Indexstands nicht berücksichtigt werden, oder ob es sich um einen Performanceindex (zB DAX) handelt, bei dem Bardividenden und sonstige Einnahmen aus dem Besitz der Aktien wieder in die Aktien des Index reinvestiert werden. 42

– Sofern die Wertpapiere mit einem Höchstrückzahlungsbetrag ausgestattet sind, sind **Risiken aufgrund dieses Höchstrückzahlungsbetrags** in den Prospekt aufzunehmen, dh. Angaben dazu, dass der Rückzahlungsbetrag maximal dem festgelegten Höchstrückzahlungsbetrag (Cap) entspricht und der Anleger nicht an einer ggf. über diesen Höchstrückzahlungsbetrag hinausgehenden Entwicklung des Basiswerts teilnimmt. 43

– Bei Optionsscheinen ist in der Regel das **Risiko aufgrund des Hebeleffekts** darzustellen, dh. der Prospekt sollte Angaben dazu enthalten, dass sich eine Änderung des Basiswerts überproportional auf den Wert des Wertpapiers auswirkt, wobei im Einzelfall gegebenenfalls danach zu differenzieren ist, ob sich der Hebel in Abhängigkeit von Laufzeit oder Kurs des Basiswerts verändert oder der Hebel konstant ist. 44

– Im Fall von Wertpapieren, bei denen der Basiswert in einer anderen Währung als die Wertpapiere gehandelt wird, sind Angaben zu dem mit den Wertpapieren verbundenen **Währungsrisiken** aufzunehmen. Es ist insbesondere darzustellen, dass das Verlustrisiko des Anlegers nicht allein von der Entwicklung des Basiswerts, sondern darüber hinaus auch von der Entwicklung des Wechselkurses zwischen der Währung des Basiswerts und der Währung, in der die Wertpapiere notieren, abhängt. Sofern die Wertpapiere mit einer Quanto-Struktur ausgestaltet sind, bei der die Umrechnung 1:1 erfolgt (zB 1 USD entspricht 1 Euro), sollten die Risikofaktoren auch Ausführungen dazu enthalten, dass der Anleger nicht am Währungsgewinn partizipiert. Daneben ist im Rahmen des Währungsrisikos gegebenenfalls auch darzustellen, dass ein Währungsrisiko des Anlegers auch dann besteht, wenn das Konto des Anlegers in einer von der Auszahlungswährung des Wertpapiers abweichenden Währung geführt wird und eine Umrechnung des maßgeblichen Rückzahlungsbetrags in die Währung des Kontos des Anlegers stattfindet. 45

46 — Bei Produkten mit Barrierenbeobachtung ist grundsätzlich das **Volatilitätsrisiko** näher zu erläutern[1]. Unter dem Begriff „Volatilität" versteht man die Schwankungsbreite bzw. Kursbeweglichkeit eines Basiswerts. Je höher die Volatilität eines Basiswerts ist, desto höher ist für den Anleger das Risiko, dass die Kursschwelle unter- bzw. überschritten oder gegebenenfalls erreicht wird.

46a — Bei Produkten, die eine automatische vorzeitige Rückzahlung der Wertpapiere bei Eintritt eines bestimmten Ereignisses im Hinblick auf den Basiswert vorsehen (sog. Express-Zertifikate oder Autocallable Zertifikate) ist grundsätzlich das **Wiederanlagerisiko** näher zu erläutern. Unter dem Wiederanlagerisiko versteht man das Risiko, dass der Anleger den Betrag, den er im Fall einer automatischen vorzeitigen Rückzahlung zurückerhält, nur zu ungünstigeren Marktkonditionen wiederanlegen kann als denen, die beim Erwerb des Wertpapiers vorlagen.

47 — Im Fall von **Credit Linked Notes** ist im Rahmen der Risikofaktoren auch die rechtliche und wirtschaftliche Situation darzustellen, die den Credit Linked Notes zu Grunde liegt. Zudem können gegebenenfalls auch Informationen zu den maßgeblichen Swapverträgen oder dem jeweiligen Referenzaktivum aufgenommen werden (siehe dazu auch unten unter Rz. 89)[2].

b) Basiswertbezogene Risikofaktoren

48 Die Abhängigkeit von einem Basiswert stellt ein Wesensmerkmal von derivativen Wertpapieren dar. Über die reine Abhängigkeit von einem Basiswert hinausgehend können zB die nachfolgenden Punkte spezifische basiswertbezogene Risikofaktoren auslösen:

49 — Im Fall von **Indizes als Basiswert** ist in der Regel darzustellen, dass der Wert des Index und damit der Wert des Wertpapiers von der Entwicklung der im Index enthaltenen Indexbestandteile abhängig ist.

50 — Bei **Aktien als Basiswert** ist klarzustellen, dass sich die Entwicklung der Aktie an verschiedenen gesamtwirtschaftlichen und unternehmensspezifischen Faktoren orientiert.

51 — Wenn sich ein Produkt auf **Rohstoffe** bezieht, sind insbesondere Ausführungen zu politischen Risiken, zu Wetter und Naturkatastrophen sowie zu den mit den Rohstoffen verbundenen Investitionskosten, dh. Kosten für Lagerung, Versicherung oder Steuern, in den Prospekt aufzunehmen.

52 — Im Fall von Wertpapieren, die sich auf einen **Korb als Basiswert** beziehen, sind in der Regel Ausführungen zum **Korrelationsrisiko** der Korbbestandteile aufzunehmen. Unter der Korrelation der Korbbestandteile ist der Grad der Abhängigkeit der Wertentwicklungen der Korbbestandteile voneinander zu verstehen, wobei eine positive Korrelation bedeutet, dass die Wertentwicklungen der Korbbestandtei-

---

[1] *Zeising* in Just/Voß/Ritz/Zeising, Anhang XII EU-ProspektVO Rz. 25.
[2] Instruktiv zu Prospektanforderungen bei Credit Linked Notes *Zahn/Lemke*, WM 2002, 1536 (1543 f.).

le gleichgerichtet sind, wohingegen bei einer negativen Korrelation die Wertentwicklungen der Korbbestandteile entgegengesetzt sind. Insbesondere bei sogenannten „Worst-of Strukturen", bei denen sich die Rückzahlungshöhe an der Entwicklung des schlechtesten Korbbestandteils im Verhältnis zu einer bestimmten Barriere orientiert, ist eine Zugehörigkeit der Korbbestandteile zu unterschiedlichen Branchen tendenziell negativ für den Anleger, da damit in der Regel eine negative Korrelation verbunden ist, was das Risiko eines für den Anleger negativen Barriereereignisses erhöht.

– Sofern sich die Wertpapiere auf bestimmte Referenzzinssätze (zB EURIBOR oder LIBOR) oder Indizes (sog. Referenzwerte oder „Benchmarks") beziehen, sind in den Prospekt regelmäßig Ausführungen aufzunehmen, dass diese Referenzwerte zum Teil Gegenstand jüngster nationaler, internationaler und sonstiger aufsichtsrechtlicher Regulierungen und Reformvorschläge sind[1], wobei die Folgen dieser Regulierungen bzw. Reformvorschläge dazu führen können, dass die betroffenen Referenzwerte eine andere Wertentwicklung aufweisen als in der Vergangenheit, oder ganz wegfallen, oder andere, derzeit nicht vorhersehbare Auswirkungen haben, was sich auch nachteilig auf die Wertpapiere auswirken kann, die an einen solchen Referenzwert gekoppelt sind. Aufzunehmen ist zudem ein Hinweis auf eine etwaige Kündigung der Wertpapiere.

52a

c) Produktübergreifende Risikofaktoren

Zu den produktübergreifenden Risikofaktoren zählen die **Risikofaktoren, die grundsätzlich für alle derivativen Wertpapiere** gelten, dh. die unabhängig von der konkreten Strukturierung und dem jeweiligen Basiswert sind. Typische produktübergreifende Risikofaktoren bei derivativen Wertpapieren sind die nachfolgenden Umstände:

53

– Gegebenenfalls können **Risiken aufgrund der Preisbildung der Wertpapiere** bestehen. Da sich die Preisbildung bei Schuldtiteln nicht aus Angebot und Nachfrage ergibt, sondern sich der Preis aus verschiedenen Faktoren, wie beispielsweise dem allgemeinen Zinsniveau, der Volatilität des Basiswerts, der Laufzeit der Wertpapiere, etwaigen Dividendenzahlungen im Basiswert, dem *Credit Spread* des Emittenten etc. zusammensetzt, sind eventuell Ausführungen in den Risikofaktoren dazu empfehlenswert, wie sich diese Faktoren auf die Preise im Sekundärmarkt auswirken (vgl. dazu auch zu Ziffer 4.1.2 unten unter Rz. 88).

54

---

1 Zu den maßgeblichen internationalen Reformvorschlägen für Benchmarks gehören die Grundsätze für finanzielle Benchmarks der Internationalen Organisation der Wertpapieraufsichtsbehörden („**IOSCO**") aus Juli 2013 (*IOSCO's Principles for Financial Market Benchmarks*), abrufbar unter https://www.iosco.org/library/pubdocs/pdf/IOSCOPD415.pdf, und die Verordnung (EU) 2016/1011 des Europäischen Parlaments und des Rates vom 8. Juni 2016 über Indizes, die bei Finanzinstrumenten und Finanzkontrakten als Referenzwert oder zur Messung der Wertentwicklung eines Investmentfonds verwendet werden, und zur Änderung der Richtlinien 2008/48/EG und 2014/17/EU sowie der Verordnung (EU) Nr. 596/2014, ABl. EU Nr. L 171 v. 29.6.2016, S. 1 ff.

55 – In den Prospekt sind regelmäßig **Risiken aufgrund des Einflusses von Nebenkosten** (zB Gebühren und andere Transaktionskosten) aufzunehmen, da die Nebenkosten – insbesondere bei niedrigen Auftragswerten – zu Kostenbelastungen beim Anleger führen und die aus dem Wertpapier gegebenenfalls zu erwartenden Erträge vermindern können.

56 – Für den Anleger besteht ein erhöhtes Verlustrisiko, falls er den **Erwerb der Wertpapiere über Kredit** finanziert hat, da der Anleger in diesem Fall gegebenenfalls sowohl die Verluste hinsichtlich der Wertpapiere hinnehmen als auch weiterhin den Kredit verzinsen und zurückzahlen muss; auf dieses Risiko kann in dem Prospekt hingewiesen werden.

57 – Es können sich **Risiken aus einer Einschränkung der Handelbarkeit der Wertpapiere** ergeben. In diesem Fall sollte in den Risikofaktoren darauf hingewiesen werden, dass ein Anleger nicht darauf vertrauen kann, dass er seine Wertpapiere jederzeit am Sekundärmarkt verkaufen kann (vgl. dazu auch zu Ziffer 6.1 unten unter Rz. 172).

58 – In Prospekten werden in der Regel auch **Risiken**, die sich **aus Marktstörungen oder Anpassungsmaßnahmen** ergeben können, dargestellt, beispielsweise, dass sich eine Anpassungsmaßnahme im Nachhinein als für einen Anleger ungünstig herausstellen kann (vgl. dazu auch unten unter Rz. 136 ff. zu Ziffer 4.2.3 Anhang XII ProspektVO bzw. Rz. 140 f. zu Ziffer 4.2.4 Anhang XII ProspektVO).

59 – Im Fall, dass die Emissionsbedingungen ein **außerordentliches oder ordentliches Kündigungsrecht des Emittenten** vorsehen, sind die damit zusammenhängenden Risiken darzustellen; insbesondere das **Wiederanlagerisiko** des Anlegers ist darzustellen. Unter dem Wiederanlagerisiko versteht man das Risiko, dass der Anleger vorzeitig zurückerhaltene Mittel, beispielsweise im Fall einer Kündigung durch den Emittenten, nur zu verschlechterten Konditionen wieder anlegen kann.

60 – Regelmäßig enthalten Prospekte Ausführungen zu **Steuerrisiken**, die sich aus einer potentiellen Änderung der steuerlichen Behandlung der Wertpapiere ergeben können (vgl. dazu auch zu Ziffer 4.1.14 Anhang XII ProspektVO unten unter Rz. 123 ff.). Im Rahmen der Steuerrisiken werden regelmäßig auch aktuelle Entwicklungen im Steuerrecht abgebildet, die sich gegebenenfalls nachteilig auf den Wert der Wertpapiere bzw. deren Marktpreis auswirken können. Die Steuerrisiken enthalten entsprechend regelmäßig zB Ausführungen zu der geplanten europäischen Finanztransaktionssteuer oder zur US-Bundesquellenbesteuerung auf ausschüttungsgleiche Zahlungen.

d) Risiko von Interessenkonflikten

61 In dem Abschnitt Risikofaktoren wird üblicherweise auch auf **Risiken aus Interessenkonflikten** eingegangen (vgl. dazu zu Ziffer 3.1 Anhang XII ProspektVO unten unter Rz. 68). In den vergangenen Jahren hat es vermehrt Gerichtsurteile in Zusammenhang mit einer fehlenden Aufklärung über Interessenkonflikte in Zusammen-

hang mit der Erbringung von Wertpapierdienstleistungen gegeben[1]. Vor diesem Hintergrund ist es empfehlenswert, auf entsprechende Risiken aus der Sicht des Emittenten bzw. Prospektverantwortlichen in einem gesonderten Abschnitt einzugehen.

In der Praxis finden sich in Prospekten zu derivativen Wertpapieren zu Risiken infolge von Interessenkonflikten insbesondere die folgenden Aussagen: 62

— In den Prospekt sind gegebenenfalls Ausführungen dazu aufzunehmen, dass der Emittent oder ein mit ihm verbundenes Unternehmen im Zuge seiner Geschäftstätigkeit **Handel in dem Basiswert** betreibt und gegebenenfalls für eigene oder fremde Rechnung an Transaktionen beteiligt sein kann, die mit den Wertpapieren in Verbindung stehen; dadurch soll dem Anleger erläutert werden, dass der Emittent oder das mit ihm verbundene Unternehmen nicht nur die Interessen des Anlegers, sondern gegebenenfalls auch eigene oder Interessen Dritter verfolgt, wodurch sich Interessenkonflikte im Hinblick auf die vom Anleger erworbenen Wertpapiere ergeben können. 63

— Sofern ein Emittent oder ein mit ihm verbundenes Unternehmen neben der Tätigkeit als Emittent noch **verschiedene weitere Funktionen** ausübt, beispielsweise als Berechnungsstelle oder Indexsponsor, können sich aus diesen unterschiedlichen Funktionen Interessenkonflikte ergeben, die in dem Prospekt darzustellen sind. 64

— Wenn ein Emittent **Absicherungsgeschäfte** im eigenen Interesse durchführt, die gegebenenfalls den Preis des Wertpapiers negativ beeinflussen können, oder wenn der Emittent Geschäfte im Basiswert durchführt, die gegebenenfalls zu Preisänderungen beim Basiswert führen können, sind entsprechende Erklärungen dazu in dem Prospekt aufzunehmen[2]. 65

— Sofern der Emittent das **Market-Making** in den Wertpapieren selbst durchführt, sollte der Prospekt Angaben dazu enthalten, dass der Emittent die Preise der Wertpapiere selbst bestimmt, was sich für den Anleger gegebenenfalls nachteilig auswirken kann. Insbesondere ist darzustellen, dass in dem Verkaufspreis der Wertpapiere neben den festgesetzten Ausgabeaufschlägen, Verwaltungs- und anderen Entgelten ein nicht erkennbarer Aufschlag auf den fairen Wert (*fair value*), die sog. Marge, enthalten sein kann. Darüber hinaus sind in dem Prospekt gegebenenfalls Angaben dazu zu machen, dass in dem Verkaufspreis gegebenenfalls eine Provision enthalten sein kann, die der Market-Maker für die Emission erhebt bzw. die von dem Market-Maker ganz oder teilweise als Entgelt für Vertriebstätigkeiten weitergegeben werden können. 66

---

1 Vgl. ua. BGH v. 19.12.2006 – XI ZR 56/06, BB 2007, 627 ff.; BGH v. 12.5.2009 – XI ZR 586/07, BKR 2009, 376; BGH v. 24.9.2013 – XI ZR 204/12, BKR 2014, 23; BGH v. 3.6.2014 – XI ZR 147/12, BKR 2014, 370; OLG Hamburg v. 23.4.2010 – 13 U 117/09, BKR 2010, 250; OLG Hamburg v. 23.4.2010 – 13 U 118/09, GWR 2010, 248; LG Hamburg v. 10.7.2009 – 329 O 44/09, WM 2009, 1511.
2 *Mülbert*, WM 2007, 1149 (1153).

IV. Grundlegende Angaben (Ziffer 3)

3. **Grundlegende Angaben**

3.1. *Interessen von Seiten natürlicher und juristischer Personen, die an der Emission/dem Angebot beteiligt sind*

Beschreibung jeglicher Interessen – einschließlich Interessenskonflikte –, die für die Emission/das Angebot von wesentlicher Bedeutung sind, wobei die betreffenden Personen zu nennen sind und die Art der Interessen darzulegen ist.

3.2. *Gründe für das Angebot und die Verwendung der Erlöse (sofern diese nicht in der Gewinnerzielung und/oder Absicherung bestimmter Risiken liegen)*

Wenn die Gründe für das Angebot und die Verwendung der Erlöse angegeben werden, Angabe des Nettobetrages der Erlöse und der geschätzten Gesamtkosten für die Emission/das Angebot.

1. Interessen Dritter an der Emission (Ziffer 3.1)

67 Nach Ziffer 3.1 Anhang XII ProspektVO sind **jegliche Interessen, einschließlich Interessenkonflikte**, von Seiten natürlicher und juristischer Personen, die an der Emission bzw. dem Angebot beteiligt sind, offenzulegen (Kategorie C Informationsbestandteil gemäß Anhang XX ProspektVO). Der weite Anwendungsbereich von Ziffer 3.1 („jegliche Interessen") wird durch die Beschränkung, dass nur die Interessen darzustellen sind, die „von wesentlicher Bedeutung" sind, wieder eingeschränkt (zum Begriff „Interessenkonflikte" und zu den wesentlichen Interessen siehe Anhang III EU-ProspektVO Rz. 21 f.). Der Zweck von Ziffer 3.1 Anhang XII ProspektVO liegt darin, dass dem Anleger gegenüber offengelegt wird, für welche Personen die Emission günstig ist und welche Interessen sie dabei verfolgen[1].

68 Die **Offenlegung** erfolgt dadurch, dass die betreffenden Personen genannt und die Art der Interessen darzulegen ist. Da mit Interessen bestimmter Personen häufig auch bestimmte Risiken in Bezug auf die Wertpapiere verbunden sind, ist es denkbar, diese Interessen im Prospekt im Rahmen des Abschnitts „Risikofaktoren" darzustellen (siehe oben unter Rz. 61).

69 „**Beteiligt**" iS von Ziffer 3.1 Anhang XII ProspektVO sind Personen, die ein wirtschaftliches Interesse an der Emission bzw. an dem Angebot haben. Dazu können neben dem Emittenten beispielsweise Berater, Finanzintermediäre oder Sachverständige gehören. Nicht erforderlich ist insoweit, dass im Prospekt eine von einer beteiligten Person getroffene Aussage veröffentlicht wird[2].

70 Eine **Negativerklärung** im Fall des Fehlens entsprechender Interessen ist **nicht erforderlich**. Anders als im Fall der Ziffer 3.2 Anhang XII ProspektVO enthält die Verordnung zwar keine entsprechende Klarstellung. Es kann aber vermutet werden, dass ein

---

1 *Glismann* in Holzborn, Anh. XIII EU-ProspV Rz. 9.
2 CESR, CESR's recommendations for the consistent implementation of the European Commission's Regulation on Prospectuses Nr. 809/2004, CESR/05-054b, Rz. 166.

Emittent sich immer zu möglichst günstigen Bedingungen refinanzieren möchte bzw. insbesondere im Fall von derivativen Wertpapieren mittels der Emission des derivativen Wertpapiers eine Gewinnmarge erzielen will, so dass eine Beschreibung von Interessen oder Interessenkonflikten nur dann erforderlich ist, wenn besondere Interessen oder Interessenkonflikte bestehen.

2. Gründe für das Angebot und Verwendung der Erlöse (Ziffer 3.2)

Nach Ziffer 3.2 Anhang XII ProspektVO sind die Gründe für das Angebot und die Verwendung der Erlöse anzugeben, sofern diese **nicht in der Gewinnerzielung und/oder der Absicherung bestimmter Risiken** liegen (Kategorie C Informationsbestandteil gemäß Anhang XX ProspektVO). Zum Zweck der Angabe der Gründe für das Angebot und die Verwendung der Erlöse siehe Anhang III EU-ProspektVO Rz. 24. Im Fall der Emission von derivativen Wertpapieren, die in der Praxis regelmäßig von Banken begeben werden, dienen die Erlöse aus den Wertpapieren in aller Regel der Gewinnerzielung bzw. der Absicherung von Institutsrisiken, so dass eine erläuternde Angabe zu den Gründen des Angebots in der Regel unterbleiben kann.

Wenn die Gründe für das Angebot und die Verwendung der Erlöse angegeben werden müssen, sind **ausreichend konkrete Angaben** zu dem Nettobetrag der Erlöse und den geschätzten Gesamtkosten für die Emission/das Angebot in den Prospekt aufzunehmen (siehe dazu auch Anhang III EU-ProspektVO Rz. 24). Erforderlich ist eine konkrete Betragsangabe, wobei Schätzungen ausreichen. In Bezug auf die Kosten ist aber keine Aufsplittung nach den einzelnen Kostenbestandteilen erforderlich, da in Ziffer 3.2 Anhang XII ProspektVO ausdrücklich nur von Gesamtkosten die Rede ist[1].

V. Angaben über die anzubietenden bzw. zum Handel zuzulassenden Wertpapiere (Ziffer 4)

4. Angaben über die anzubietenden bzw. zum Handel zuzulassenden Wertpapiere
4.1. *Angaben über die Wertpapiere*
4.1.1. Beschreibung des Typs und der Kategorie der anzubietenden und/oder zum Handel zuzulassenden Wertpapiere einschließlich der ISIN (International Security Identification Number) oder einers ähnlichen Sicherheitsidentifikationscodes.
4.1.2. Klare und umfassende Erläuterung, die den Anlegern verständlich macht, wie der Wert ihrer Anlage durch den Wert des Basisinstruments/der Basisinstrumente beeinflusst wird, insbesondere in Fällen, in denen die Risiken am offensichtlichsten sind, es sei denn, die Wertpapiere haben eine Min-

---

1 Anders wohl *Zeising* in Just/Voß/Ritz/Zeising, Anhang XII EU-ProspektVO Rz. 25, wonach die Kosten konkret zu benennen seien, eine abstrakte Beschreibung genüge nicht.

deststückelung von 100.000 EUR oder können lediglich für mindestens 100.000 EUR pro Wertpapier erworben werden.

4.1.3. Rechtsvorschriften, auf deren Grundlage die Wertpapiere geschaffen wurden.

4.1.4. Angabe, ob es sich bei den Wertpapieren um Namenspapiere oder um Inhaberpapiere handelt und ob die Wertpapiere verbrieft oder stückelos sind. In letzterem Fall sind der Name und die Anschrift des die Buchungsunterlagen führenden Instituts zu nennen.

4.1.5. Währung der Wertpapieremission.

4.1.6. Einstufung der Wertpapiere, die angeboten und/oder zum Handel zugelassen werden sollen, einschließlich der Zusammenfassung etwaiger Klauseln, die die Rangfolge beeinflussen können oder das Wertpapier derzeitigen oder künftigen Verbindlichkeiten des Emittenten nachordnen können.

4.1.7. Beschreibung der Rechte – einschließlich ihrer etwaigen Beschränkungen –, die an die Wertpapiere gebunden sind, und des Verfahrens zur Ausübung dieser Rechte.

4.1.8. Im Falle von Neuemissionen Angabe der Beschlüsse, Ermächtigungen und Billigungen, die die Grundlage für die erfolgte bzw. noch zu erfolgende Schaffung der Wertpapiere und/oder deren Emission bilden.

4.1.9. Angabe des erwarteten Emissionstermins der Wertpapiere.

4.1.10. Darstellung etwaiger Beschränkungen für die freie Übertragbarkeit der Wertpapiere.

4.1.11. – Verfalltag oder Fälligkeitstermin der derivativen Wertpapiere;
– Ausübungstermin oder endgültiger Referenztermin.

4.1.12. Beschreibung des Abrechnungsverfahrens für die derivativen Wertpapiere.

4.1.13. Beschreibung, wie die Rückgabe der derivativen Wertpapiere erfolgt und Angabe des Zahlungs- oder Liefertermins und der Art und Weise der Berechnung.

4.1.14. Hinsichtlich des Lands des eingetragenen Sitzes des Emittenten und des Landes bzw. der Länder, in dem bzw. denen das Angebot unterbreitet oder die Zulassung zum Handel beantragt wird, sind folgende Angaben zu machen:

a) Angaben über die an der Quelle einbehaltene Einkommensteuer auf die Wertpapiere;

b) Angabe der Tatsache, ob der Emittent die Verantwortung für die Einbehaltung der Steuern an der Quelle übernimmt.

4.2. *Angaben über die zungrunde liegenden Aktien*

4.2.1. Ausübungspreis oder endgültiger Referenzpreis des Basiswerts.

4.2.2. Erklärung mit Erläuterungen zum Typ des Basiswertes und Einzelheiten darüber, wo Angaben über den Basiswert eingeholt werden können:

- Angaben darüber, wo Angaben über die vergangene und künftige Wertentwicklung des Basiswertes und seine Volatilität eingeholt werden können;
- Handelt es sich bei dem Basiswert um ein Wertpapier, Angabe:
  - des Namens des Wertpapieremittenten;
  - der ISIN („International Security Identification Number") oder eines ähnlichen Sicherheitsidentifikationscodes;
- Handelt es sich bei dem Basiswert um einen Index, Angabe:
  - der Bezeichnung des Indexes;
  - Beschreibung des Indexes, wenn er vom Emittenten oder einer derselben Gruppe angehörenden juristischen Person zusammengestellt wird;
  - Beschreibung des Indexes, der durch eine juristische oder natürliche Person zur Verfügung gestellt wird, die in Verbindung mit dem Emittenten oder in dessen Namen handelt, es sei denn, der Prospekt enthält die folgenden Erklärungen:
    - sämtliche Regeln des Indexes und Informationen zu seiner Wertentwicklung sind kostenlos auf der Website des Emittenten oder des Indexanbieters abrufbar;

    und
    - die Regelungen des Indexes (einschließlich Indexmethode für die Auswahl und die Neuabwägung der Indexbestandteile, Beschreibung von Marktstörungen und Anpassungsregeln) basieren auf vorher festgelegten und objektiven Kriterien.

  Wird der Index nicht vom Emittenten zusammengestellt, den Ort, wo Informationen zu diesem Index erhältlich sind.
- Handelt es sich bei dem Basiswert um einen Zinssatz:
  - Beschreibung des Zinssatzes;
- Sonstige:
  - Fällt der Basiswert nicht unter eine der oben genannten Kategorien, muss die Wertpapierbeschreibung gleichwertige Angaben enthalten;
- Handelt es sich bei dem Basiswert um einen Korb von Basiswerten:
  - Angabe der entsprechenden Gewichtungen jedes einzelnen Basiswertes im Korb.

4.2.3. Beschreibung etwaiger Störungen des Marktes oder bei der Abrechnung, die den Basiswert beeinflussen.

4.2.4. Anpassungsregelungen in Bezug auf Ereignisse, die den Basiswert betreffen.

1. Allgemeines, Besonderheiten von Basisprospekten

73 Nach Ziffer 4 Anhang XII ProspektVO sind **Angaben über die anzubietenden bzw. zum Handel zuzulassenden Wertpapiere** in den Prospekt aufzunehmen. Bei derivativen Wertpapieren finden sich dazu Angaben regelmäßig in den Emissionsbedingungen für die jeweiligen Wertpapiere. Soweit die Wertpapiere unter deutschem Recht begeben werden, ist es üblich, sog. „konsolidierte Bedingungen" in den Prospekt mitaufzunehmen, mittels derer das Rechtsverhältnis zwischen Emittent und dem Inhaber der jeweiligen Wertpapiere geregelt werden. Abhängig von der Komplexität der jeweiligen Wertpapiere ist es erforderlich, darüber hinausgehende Informationen in einem gesonderten Abschnitt „Wertpapierbeschreibung" oder in einem anderen Abschnitt in den Prospekt mit aufzunehmen, um die Angaben der ProspektVO abzudecken. Dies gilt insbesondere für die Angaben zu dem Basiswert.

74 Die Frage nach der Art und Weise der Abbildung der unter Ziffer 4 Anhang XII ProspektVO geforderten Informationen stellt sich im besonderen Maße bei **Basisprospekten**. Dies resultiert daraus, dass bei Basisprospekten die Besonderheit besteht, dass erst auf Basis der endgültigen Bedingungen die konkreten Ausstattungsmerkmale eines Wertpapiers festgelegt werden. Welche Angaben dabei erst auf der Ebene der endgültigen Bedingungen ergänzt werden können, hängt seit der Überarbeitung der ProspektVO entscheidend davon ab, welcher Kategorie die Angabe zuzuordnen ist. Art. 2a Abs. 1 ProspektVO differenziert insoweit zwischen drei Kategorien: Kategorie A Informationsbestandteile müssen bereits im Basisprospekt enthalten sein; bei Kategorie B Informationsbestandteilen müssen alle grundsätzlichen Punkte im Basisprospekt enthalten sein und lediglich Einzelheiten können im Wege der endgültigen Bedingungen ergänzt werden; Kategorie C Informationsbestandteile können schließlich im Basisprospekt ausgelassen und im Wege der endgültigen Bedingungen ergänzt werden (vgl. ausführlich zum Gegenstand der endgültigen Bedingungen und dem Verhältnis der endgültigen Bedingungen zum Basisprospekt § 6 WpPG Rz. 42 ff.). Beispielsweise werden erst auf Ebene der endgültigen Bedingungen die WKN und die ISIN, der Basiswert, die Emissionsgröße oder der Preis des Wertpapiers festgelegt, da es sich bei all diesen Informationen um Kategorie C Informationsbestandteile gemäß Anhang XX ProspektVO handelt (siehe hierzu und allgemein zur Kategorisierung § 6 WpPG Rz. 47 ff.). Der Basisprospekt muss für alle von der ProspektVO geforderten **Mindestangaben** (vgl. § 7 WpPG iVm. den Anforderungen der ProspektVO), dh. auch für die Angaben nach Ziffer 4 von Anhang XII ProspektVO, die als Kategorie C Informationsbestanteile einzuordnen sind, zumindest einen **Platzhalter** oder eine **auswählbare Option** enthalten (siehe dazu auch § 6 WpPG Rz. 41). Zu der Gestaltung der Platzhalter und Optionen siehe § 6 WpPG Rz. 40 f. und zu der Präsentation der endgültigen Bedingungen siehe § 6 WpPG Rz. 54 ff.

75 Eine Grenze für das Einfügen von Informationen auf Ebene der endgültigen Bedingungen besteht spätestens dann, wenn der **Billigungsgegenstand des Basisprospekts** überschritten wird (vgl. dazu § 16 WpPG Rz. 52).

76 Zu **weiteren Besonderheiten bei Basisprospekten** siehe unten unter Rz. 82 und 92.

2. Angaben über die Wertpapiere (Ziffer 4.1)

a) Beschreibung des Typs und der Kategorie (Ziffer 4.1.1)

Bezüglich der Bezeichnungen „Typ" und „Kategorie" von Wertpapieren besteht **keine einheitliche Systematik im Prospektrecht**[1]. Dementsprechend kann daraus auch wenig Konturschärfe für die Typen und Kategorien von derivativen Wertpapieren gewonnen werden. 77

Vor Inkrafttreten des Prospektregimes musste nach § 4 Satz 1 Nr. 1 VerkProspektVO aF bzw. § 15 Abs. 1 Nr. 2 BörsZulV aF die „Art der Wertpapiere" im Prospekt dargestellt werden, wobei insoweit regelmäßig zwischen **Optionsscheinen, Zertifikaten oder Schuldverschreibungen** unterschieden wurde[2]. Diese Einteilung wird auch unter dem aktuellen Prospektregime im Hinblick auf die Angabe des Produkttyps vertreten[3]. 78

In der Praxis wird häufig einer Empfehlung des Deutschen Derivate Verbands folgend zwischen **Anlageprodukten** einerseits und **Hebelprodukten** andererseits unterschieden, wobei der Deutsche Derivate Verband bei Anlageprodukten zwischen Produkten mit Kapitalschutz und Produkten ohne Kapitalschutz und bei Hebelprodukten zwischen Produkten mit Knock-Out und Produkten ohne Knock-Out unterscheidet. 79

Zu den **Anlageprodukten mit Kapitalschutz** gehören strukturierte Anleihen und Kapitalschutz-Zertifikate, wohingegen zu den **Anlageprodukten ohne Kapitalschutz** Discount-Zertifikate, Bonus-Zertifikate, Outperformance-Zertifikate, Aktienanleihen, Bonitätsanleihen, Express-Zertifikate, Index-/Partizipations-Zertifikate und Sprint Zertifikate gehören. 80

Zu den **Hebelprodukten ohne Knock-Out** zählen Optionsscheine und Faktor-Zertifikate. In der Praxis ist es üblich, dass im Fall von Optionsscheinen angegeben wird, ob es sich um einen Put- oder Call-Optionsschein handelt. Zu den **Hebelprodukten mit Knock-Out**, dh. Produkten, bei denen es bei einer Verletzung der Knock-Out Schwelle in der Regel zu einem Totalverlust des eingesetzten Kapitals kommt, gehören beispielsweise sog. Turbo-Scheine.

Darüber hinaus ist im Rahmen der Kategorisierung neben der Bezeichnung der Struktur auch eine Klarstellung aufzunehmen, auf welchen **Basiswert** sich das jeweilige Wertpapier bezieht (zB „Bonus Zertifikat auf Aktien" oder „Bonus Zertifikat auf Daimler"). 81

Bei **Basisprospekten** besteht die Besonderheit, dass unter einem Basisprospekt in der Regel verschiedene Typen und Kategorien von Wertpapieren emittiert werden sollen. Es ist dann in den jeweiligen endgültigen Bedingungen anzugeben, welchem Typ und 82

---

[1] Zur fehlenden übergeordneten Systematik der Begrifflichkeiten im Prospektrecht siehe *Seitz*, AG 2005, 678 (679 ff.).
[2] *Ritz* in Assmann/Lenz/Ritz, § 4 VerkProspVO Rz. 4.
[3] *Zeising* in Just/Voß/Ritz/Zeising, Anhang XII EU-ProspektVO Rz. 34.

welcher Kategorie das jeweilige Wertpapier zuzuordnen ist (Kategorie B Informationsbestandteil gemäß Anhang XX ProspektVO).

83 Wertpapiere haben in der Praxis in aller Regel eine **Kennnummer**, die erforderlich ist, um das Wertpapier an einer Börse zuzulassen oder um das Wertpapier im Wege der Girosammelverwahrung zu übertragen. Falls eine entsprechende Kennnummer vorhanden ist, ist diese in den Prospekt aufzunehmen. In Betracht kommen dafür die **International Securities Identification Number** (ISIN), die aus einem zwölfstelligen Code besteht, oder die sechsstellige Wertpapierkennnummer (WKN) oder der achtstellige Common Code (siehe dazu auch Anhang III EU-ProspektVO Rz. 29).

b) Klare und umfassende Erläuterung, wie der Wert der Anlage durch den Basiswert beeinflusst wird (Ziffer 4.1.2)

84 Nach Ziffer 4.1.2 Anhang XII ProspektVO muss ein Prospekt eine klare und umfassende Erklärung enthalten, die den Anlegern verständlich macht, wie der Wert ihrer Anlage durch den Wert des Basisinstruments/der Basisinstrumente, dh. durch den Basiswert, beeinflusst wird (Kategorie B Informationsbestandteil gemäß Anhang XX ProspektVO).

85 Als **Basiswert für derivative Wertpapiere** (zum Begriff „derivative Wertpapiere" siehe bereits oben unter Rz. 1 ff.) kommen ua. Aktien (zB Daimler, Google), Indizes (zB DAX, EURO STOXX 50), Fonds, Rohstoffpreise (zB Weizen, Erdöl), Zinsen (zB EURIBOR, LIBOR), Futures Kontrakte (zB Brent Crude Oil Futures, EURO STOXX 50 Index Dividenden Futures) oder Währungs-Wechselkurse (zB EUR-USD Wechselkurs) in Betracht. Auch ist es möglich, dass ein Basiswert aus einem Korb verschiedener Basiswertklassen besteht (zB Korb aus drei Indizes oder Korb aus Aktien, Indizes und Rohstoffen). Zu den in den Prospekt aufzunehmenden Angaben zu dem Basiswert siehe unten unter Rz. 128 ff.

86 Wie genau die **Erläuterung der Beeinflussung des Werts der Anlage durch den Basiswert** erfolgt, lässt die ProspektVO offen. Auch die Prospektrichtlinie und das WpPG enthalten dazu keine Vorgaben. Ziffer 4.1.2 Anhang XII ProspektVO schreibt aber vor, dass insbesondere in den Fällen, in denen die Risiken am offensichtlichsten sind, die Beeinflussung des Werts der Anlage durch den Basiswert klar und umfassend zu erläutern ist. Im Gegensatz zu den Risikofaktoren, in denen lediglich die Risiken dargestellt werden dürfen, können im Rahmen der Erläuterung, wie der Wert des Wertpapiers durch den Basiswert beeinflusst wird, neben den Risiken auch die Chancen des Produkts dargestellt werden.

87 Für die Darstellung der Beeinflussung des Wertpapiers durch den Basiswert bietet es sich an, auf **Beispiele** zurückzugreifen. In **Erwägungsgrund Nr. 18 ProspektVO** findet sich ein Hinweis, dass Emittenten – auf freiwilliger Basis – auf „zweckmäßige Beispiele" zurückgreifen sollten, da „komplexe derivative Wertpapiere am Besten anhand von Beispielen erläutert werden" könnten. In der Praxis haben sich verschiedene Modelle etabliert, mittels derer die Abhängigkeit des Werts des Wertpapiers von dem Basiswert dargestellt werden kann. Eine Möglichkeit besteht darin, dass in dem Prospekt die Struktur des Produkts anhand eines **Schaubilds** beschrieben wird, in dem die Ent-

wicklung des Basiswerts in Beziehung zur Wertentwicklung des Wertpapiers gesetzt wird. Weiterhin ist es denkbar, die Abhängigkeit des Wertpapiers von einem bestimmten Basiswert durch die Aufnahme von Beispielsrechnungen zu verdeutlichen, wobei bei der Wahl von **fiktiven Beispielsrechnungen** darauf zu achten ist, dass für den Anleger klar ersichtlich ist, dass es sich lediglich um fiktive Beispiele handelt[1]. Darüber hinaus sollte darauf hingewiesen werden, dass sich die Beispielsrechnungen lediglich auf eine Rückzahlung zum Laufzeitende beziehen und keinen Rückschluss auf einen etwaigen am Sekundärmarkt erhältlichen Verkaufspreis erlauben. Es gibt keine generelle Regel für die Wahl der Darstellungsform. Es kommt vor allem auf die Struktur des jeweiligen Produkts an und gegebenenfalls kann auch eine Kombination der verschiedenen Darstellungsalternativen (zB Schaubild zusammen mit Beispielsrechnungen oder abstrakte Beschreibung zusammen mit Beispielsrechnungen) sinnvoll sein.

Als Bestandteil der Erläuterung kann es empfehlenswert sein, auf den Einfluss der **Volatilität oder anderer Parameter (wie der Korrelation zwischen Basiswerten, der Veränderung von Dividendenerwartungen oder der Ausfallwahrscheinlichkeit des Emittenten [Credit Spreads])** auf die Auszahlungsstruktur des derivativen Wertpapiers einzugehen. Ein entsprechender Einfluss besteht nicht nur bei Optionsscheinen, sondern auch bei anderen derivativen Wertpapieren, bei denen der Basiswert Gegenstand einer eigenständigen Preisbildung ist[2]. Dabei ist allerdings zwischen den Auswirkungen auf die Sekundärmarktpreise einerseits und den Auswirkungen auf den Rückzahlungsbetrag oder auf Zinszahlungen andererseits zu differenzieren. Im Fall der Auswirkungen auf die Sekundärmarktpreise geht es darum, inwiefern sich eine Veränderung der Volatilität des Basiswerts oder der Dividendenerwartung preiserhöhend oder preismindernd auf den Preis des Wertpapiers im Sekundärmarkt auswirkt; empfehlenswert kann eine entsprechende Angabe im Prospekt insbesondere im Fall eines fortlaufenden Verkaufs des entsprechenden Wertpapiers sein. Soweit es um die Auswirkungen auf den Rückzahlungsbetrag oder auf Zinszahlungen geht, kann sich eine hohe Volatilität oder eine hohe Korrelation risikoerhöhend oder risikomindernd in Bezug auf die Höhe des Rückzahlungsbetrags oder von Zinszahlungen auswirken (siehe dazu auch in Zusammenhang mit der Darstellung von Risikofaktoren oben unter Rz. 46). Eine allgemeingültige Regel für den Einfluss derartiger Parameter auf die Auszahlungsstruktur besteht nicht. Wie bereits erläutert, ist das Vorliegen einer Hebelwirkung nicht zwingende Voraussetzung für ein derivatives Wertpapier (siehe oben unter Rz. 4). Sofern ein Wertpapier allerdings über eine Hebelwirkung verfügt, ist in dem Prospekt der Hebeleffekt des Produkts darzustellen, dh. es ist zu erläutern, dass sich der Preis der Optionsscheine überproportional zum Basiswert entwickelt und entsprechend hohe Gewinn- und Verlustrisiken bestehen (siehe dazu auch in Zusammenhang mit der Darstellung von Risikofaktoren oben unter Rz. 44).

88

---

1 Vgl. dazu auch CESR 03-162, Draft – CESR's Advice on Level 2 Implementing Measures for the Proposed Prospectus Directive, Rz. 74, wo die Vor- und Nachteile von Beispielsrechnungen aufgeführt werden.
2 Dies wird verkannt von *Zeising* in Just/Voß/Ritz/Zeising, Anhang XII EU-ProspektVO Rz. 36.

89 Der Begriff des derivativen Wertpapiers iS des Art. 15 Abs. 1 ProspektVO umfasst auch Wertpapiere, bei denen **keine eigenständige Preisermittlung für den Basiswert** stattfindet, sondern der Basiswert als der Eintritt eines Ereignisses definiert wird (siehe dazu oben unter Rz. 4). In diesem Fall finden die Ausführungen zur Abhängigkeit von bestimmten Parametern (oben unter Rz. 88) nur eingeschränkt Anwendung und es ist die Abhängigkeit von dem Ereignis im Einzelfall darzustellen. So ist zB bei Credit Linked Notes (siehe zum Begriff oben unter Rz. 5) die Abhängigkeit des Rückzahlungsbetrags von dem Referenzaktivum zu beschreiben (vgl. bereits oben unter Rz. 47)[1].

90 Aufgrund des Auffangcharakters von Anhang XII ProspektVO fallen unter den Begriff des derivativen Wertpapiers iS des Art. 15 Abs. 1 ProspektVO auch solche Wertpapiere, bei **denen keine Abhängigkeit von einem Basiswert** besteht und Anhang XII ProspektVO nur deshalb zur Anwendung kommt, weil die Rückzahlung zu 100% des Nominalwerts nicht garantiert ist (vgl. oben unter Rz. 10). In diesem Fall erübrigen sich Angaben zu Ziffer 4.1.2 Anhang XII ProspektVO.

91 Sofern die Wertpapiere eine **Mindeststückelung von 100.000 Euro** aufweisen oder **lediglich für 100.000 Euro pro Wertpapier erworben werden können**, ist eine klare und umfassende Erläuterung, wie der Wert der Anlage durch den Basiswert beeinflusst wird, nicht erforderlich. Diese Vereinfachung resultiert aus dem Rechtsgedanken, der sich durch das gesamte Prospektrecht durchzieht (vgl. auch Erwägungsgrund Nr. 14 ProspektVO), dass Anleger, die in dieser Größenordnung investieren, ihre Anlageentscheidung auf anderen Grundlagen treffen und sie die Informationen, die sie für ihre Anlageentscheidung benötigen auch aus anderen Quellen beschaffen können (vgl. auch Anhang XIII EU-ProspektVO Rz. 8).

c) Rechtsvorschriften, auf deren Grundlage die Wertpapiere geschaffen wurden (Ziffer 4.1.3)

92 Mit „**Rechtsvorschriften**" gemäß Ziffer 4.1.3 Anhang XII ProspektVO ist im Wesentlichen gemeint, dass in dem Prospekt angegeben werden muss, welche **Rechtsordnung für die derivativen Wertpapiere maßgeblich** ist. Gemäß Anhang XX ProspektVO ist die Rechtsordnung bereits in den Basisprospekt aufzunehmen, da es sich insoweit um einen Kategorie A Informationsbestandteil handelt. Dabei kann es durchaus möglich sein, dass für ein derivatives Wertpapier verschiedene Rechtsordnungen für unterschiedliche Strukturierungselemente maßgeblich sind. So können zB die Emissionsbedingungen deutsches Recht als maßgebliches Recht vorsehen und daneben kann eine Garantie, welche die Rückzahlung der Wertpapiere absichert, einem anderen Recht unterstellt sein. Im Rahmen von grenzüberschreitenden Angebotsprogrammen kommt es auch häufig vor, dass ein Basisprospekt Emissionsbedingungen für verschiedene Rechtsordnungen oder mit einer Rechtswahlklausel enthält und erst auf Basis der endgültigen Bedingungen entschieden werden soll, nach welchem Recht die jeweiligen Wertpapiere begeben werden. In diesem Fall ist es erforderlich, dass in dem Basisprospekt klargestellt wird, dass das für die jewei-

---

1 *Zahn/Lemke*, WM 2002, 1536 (1544).

ligen Wertpapiere maßgebliche Recht im Rahmen der endgültigen Bedingungen festgesetzt wird.

Mit der Wahl des anwendbaren Rechts ist häufig auch die **Sprachwahl der Emissionsbedingungen** verbunden, da in der Regel die verbindliche Fassung der Emissionsbedingungen in der Sprache des anwendbaren Rechts verfasst ist. Ob in diesem Fall zusätzlich eine unverbindliche Übersetzung der Emissionsbedingungen in die Sprache erstellt wird, in der das Angebot stattfindet (zB eine deutsche Übersetzung der Emissionsbedingungen im Fall eines öffentlichen Angebots der Wertpapiere in Deutschland), ist weniger eine prospektrechtlich, sondern vor allem eine zivilrechtlich zu beurteilende Frage[1]. 93

d) Angaben zur Verbriefung (Ziffer 4.1.4)

Nach Ziffer 4.1.4 Anhang XII ProspektVO ist es erforderlich, dass der Prospekt Angaben dazu enthält, ob es sich bei den Wertpapieren um Namenspapiere oder Inhaberpapiere handelt und ob die Wertpapiere verbrieft oder stückelos sind (Kategorie A Informationsbestandteil gemäß Anhang XX ProspektVO). 94

Im Unterschied zu **Inhaberpapieren**, bei denen die Rechte aus dem Papier dem jeweiligen Inhaber des Inhaberpapiers zustehen[2], wird der Berechtigte bei **Namenspapieren** namentlich genannt. Nur die namentlich benannte Person bzw. deren Rechtsnachfolger kann die Ansprüche aus den Namenspapieren geltend machen[3]. Namenspapiere sind dementsprechend unter deutschem Recht grundsätzlich keine Wertpapiere iS des WpPG (siehe insoweit § 2 WpPG Rz. 14), sondern Vermögensanlagen iS des § 1 Abs. 2 Nr. 6 VermAnlG, da es den Namenspapieren an der Fungibilität fehlt, die für den deutschen Wertpapierbegriff erforderlich ist, da sie anders als Inhaberpapiere nicht nach den §§ 929 ff. BGB übereignet, sondern nur nach §§ 398 ff. BGB abgetreten werden können (siehe dazu auch § 2 WpPG Rz. 8 ff.; zu den Besonderheiten bei Namensaktien, siehe auch Anhang III EU-ProspektVO Rz. 31)[4]. Dagegen kann in anderen europäischen Rechtsordnungen gegebenenfalls auch ein als Namenspapier verbrieftes Finanzprodukt als Wertpapier iS der ProspektVO zu qualifizieren sein. 95

Darüber hinaus erfordert Ziffer 4.1.4 Anhang XII ProspektVO eine Angabe dazu, ob die **Wertpapiere verbrieft oder stückelos** sind (ebenfalls Kategorie A Informationsbestandteil gemäß Anhang XX ProspektVO). Nach § 793 BGB ist bei Wertpapieren, die nach deutschem Recht begeben werden, grundsätzlich eine Verbriefung für ihre Entstehung erforderlich[5]. Während früher oft einzelne gedruckte Urkunden (sog. effektive Stücke) ausgegeben wurden, erfolgt heute die Verbriefung fast ausschließ- 96

---

1 Siehe näher zur Sprachenregelung aus prospektrechtlicher und zivilrechtlicher Sicht *Mattil/Möslein*, WM 2007, 819 (820 ff.); *Gruson/Harrer*, ZBB 1996, 37 (44).
2 *Sprau* in Palandt, Einf v § 793 BGB Rz. 3.
3 *Sprau* in Palandt, Einf v § 793 BGB Rz. 2.
4 *Seitz*, AG 2005, 678 (680); BT-Drucks. 15/4999, S. 28; *Zeising* in Just/Voß/Ritz/Zeising, Anhang V EU-ProspektVO Rz. 15.
5 *Sprau* in Palandt, § 793 BGB Rz. 1 und Rz. 8.

lich in Sammelurkunden, auch Globalurkunden genannt. An der Globalurkunde, die bei einer Wertpapiersammelbank eingereicht wird (unter dem deutschen Depotgesetz ist dies alleine die Clearstream Banking AG, Frankfurt), haben die einzelnen Anleger kein Sondereigentum, sondern Miteigentum nach Bruchteilen. Sind die Wertpapiere zunächst in einer vorläufigen Globalurkunde (*temporary global note*) und erst anschließend in einer Dauerglobalurkunde (*permanent global note*) verbrieft, muss der Prospekt dazu Angaben enthalten.

97 Entsprechend dem letzten Satz von Ziffer 4.1.4 Anhang XII ProspektVO sind „im letzteren Fall" der **Name und die Anschrift des die Buchungsunterlagen führenden Instituts** zu nennen (Kategorie C Informationsbestandteil gemäß Anhang XX ProspektVO). Vom Wortlaut her ist nicht eindeutig, auf welchen Tatbestand sich das bezieht. Jedenfalls ist vom Sinn und Zweck her bei Namenspapieren anzugeben, welches Institut das Register führt (inklusive der Anschrift). Gleiches gilt auch für Inhaberpapiere, bei denen die Eigentumsübertragung „stückelos" erfolgt (im Englischen wird von „*book-entry form*" gesprochen). Dementsprechend ist im Fall der Girosammelverwahrung die Adresse der Wertpapiersammelbank anzugeben (vgl. auch zu Ziffer 5.4.2 Anhang XII ProspektVO unten Rz. 167).

e) Währung der Wertpapiere (Ziffer 4.1.5)

98 Nach Ziffer 4.1.5 von Anhang XII ProspektVO ist die Währung der Wertpapieremission anzugeben (Kategorie C Informationsbestandteil gemäß Anhang XX ProspektVO). Dabei ist bei derivativen Wertpapieren häufig zwischen der Währung der Wertpapiere (häufig als „Handelswährung" bezeichnet) und der Währung des Basiswerts (häufig als „Preiswährung" bezeichnet) zu differenzieren.

99 Des Weiteren ist es im Fall von sogenannten „**Doppelwährungs-Schuldverschreibungen**" möglich, dass die Wertpapiere in einer anderen Währung als der Handelswährung der Wertpapiere abgewickelt werden, beispielsweise wenn die Wertpapiere in Euro notieren, der Rückzahlungsbetrag oder die Zinsen hingegen in Britischen Pfund an den Anleger gezahlt werden.

100 Wenn die Handels- von der Preiswährung abweicht und keine Währungssicherung besteht sowie im Fall von Doppelwährungs-Schuldverschreibungen ist in den Risikofaktoren ein Hinweis auf das mit den Wertpapieren bestehende **Währungsrisiko** aufzunehmen (siehe dazu oben unter Rz. 45).

f) Einstufung der Wertpapiere (Ziffer 4.1.6)

101 Gemäß Ziffer 4.1.6 Anhang XII ProspektVO ist der Rang der Wertpapiere anzugeben, dh. es ist darzustellen, wie das **Rangverhältnis der Wertpapiere** untereinander und gegenüber anderen von dem Emittenten begebenen Wertpapieren gestaltet ist (Kategorie A Informationsbestandteil gemäß Anhang XX ProspektVO). Dabei ist auch eine Zusammenfassung etwaiger Klauseln aufzunehmen, die die Rangfolge beeinflussen können oder das Wertpapier derzeitigen oder künftigen Verbindlichkeiten nachordnen können.

Während Ziffer 4.1.6 von „**Einstufung der Wertpapiere**" spricht, lautet die Überschrift von Ziffer 4.5 Anhang V ProspektVO „Rang der Wertpapiere". Die unterschiedlichen Bezeichnungen stellen dabei aber nur eine Ungenauigkeit in der deutschen Übersetzung der ProspektVO dar, da in der englischen Fassung von Ziffer 4.1.6 Anhang XII ProspektVO und Ziffer 4.5 Anhang V ProspektVO jeweils von „*Ranking of the Securities*" gesprochen wird. Wertpapiere können vorrangig („*senior*"), nachrangig („*subordinate*") oder gleichrangig („*pari passu*") mit anderen Forderungen sein. Die Angabe des Rangs der Wertpapiere im Prospekt dient dazu, den Anleger darüber zu informieren, inwieweit andere Gläubiger im Fall der Insolvenz oder der Liquidation des Emittenten gegebenenfalls vorrangig befriedigt werden.

g) Beschreibung der Rechte (Ziffer 4.1.7)

Ziffer 4.1.7 Anhang XII ProspektVO sieht vor, dass im Prospekt eine Beschreibung der Rechte, die an die Wertpapiere gebunden sind, einschließlich etwaiger Beschränkungen der Rechte erfolgen muss (Kategorie B Informationsbestandteil gemäß Anhang XX ProspektVO).

Die Beschreibung der Rechte des Anlegers erfolgt in der Regel dadurch, dass die **Emissionsbedingungen** (*terms and conditions*) in den Prospekt aufgenommen werden. Im Einzelfall sind aber darüber hinausgehende Erläuterungen erforderlich, beispielsweise eine Beschreibung, wie der Rückzahlungsbetrag oder Zinsbeträge ermittelt werden (siehe zur Abhängigkeit vom Basiswert bereits oben unter Rz. 84 ff.) oder Informationen zu einer etwaigen physischen Lieferung des Basiswerts. Besonderes Augenmerk ist auch auf die Beschreibung des Verfahrens zur Ausübung bestimmter Rechte zu legen, zB im Fall von Ausübungs-, Einlösungs- oder gegebenenfalls Kündigungsrechten des Anlegers.

Neben einer Beschreibung der Rechte sind in den Emissionsbedingungen auch die **Einschränkungen der Rechte** darzustellen. Solche Beschränkungen können beispielsweise Kündigungsrechte des Emittenten oder Anpassungs- und Marktstörungsregelungen sein, welche das Recht des Anlegers auf Erhalt des Rückzahlungsbetrags modifizieren oder gänzlich aufheben können. Im Rahmen der Ziffer 4.1.7 Anhang XII ProspektVO sind auch etwaige Rückkaufsrechte des Emittenten in den Prospekt aufzunehmen[1]. Auch zu Einschränkungen von Rechten des Anlegers finden sich die Angaben in erster Linie in den Emissionsbedingungen. Im Fall der Einschränkung von Rechten ist darüber hinaus im besonderen Maße darauf zu achten, dass entsprechende Risikofaktoren in den Prospekt aufgenommen werden.

Bei der Ausgestaltung der Rechte sowie etwaiger Beschränkungen in den Emissionsbedingungen und deren Beschreibung im Prospekt sind die **Transparenzanforderungen nach § 3 Schuldverschreibungsgesetz** zu beachten, wonach die vom Schuldner nach den Emissionsbedingungen versprochene Leistung durch einen Anleger, der hinsichtlich der jeweiligen Art von Schuldverschreibungen sachkundig ist, ermittelt werden können muss. Daneben ist bei der Gestaltung der Beschreibung

---

1 *Glismann* in Holzborn, Anh. XIII EU-ProspV Rz. 16.

der Rechte sowie etwaiger Beschränkungen zu berücksichtigen, dass der BGH entschieden hat, dass auch Emissionsbedingungen der Inhaltskontrolle unterliegen und dementsprechend die **§§ 307 ff. BGB** zu beachten sind[1].

h) Angabe der Beschlüsse (Ziffer 4.1.8)

107 Gemäß Ziffer 4.1.8 Anhang XII ProspektVO ist in den Prospekt im Fall von Neuemissionen eine Angabe der **Beschlüsse, Ermächtigungen und Billigungen**, die die Grundlage für die erfolgte bzw. noch zu erfolgende Schaffung der Wertpapiere und/oder deren Emission bilden, aufzunehmen (Kategorie C Informationsbestandteil gemäß Anhang XX ProspektVO).

108 Abweichend von Ziffer 4.12 Anhang XIII ProspektVO ist eine entsprechende Angabe nur **im Fall von Neuemissionen** aufzunehmen. Bei Neuemissionen handelt es sich um solche, bei denen die Wertpapiere erstmalig dem Publikum angeboten werden. Bei der Emission von derivativen Wertpapieren ist dies regelmäßig der Fall.

109 Entsprechend Ziffer 4.1.8 Anhang XII ProspektVO sind in einen Prospekt beispielsweise **Gremien** anzugeben, die entsprechend den internen Bestimmungen des Emittenten Emissionen genehmigen müssen (zB Vorstandsbeschluss bei Programmen; siehe dazu auch Anhang III EU-ProspektVO Rz. 34).

110 Die ProspektVO verlangt lediglich, dass die **Beschlüsse** genannt werden müssen; nicht erforderlich ist, dass der genaue Wortlaut der Beschlüsse, Ermächtigungen und Billigungen angegeben wird[2]. In der Praxis werden häufig nur die Rahmenermächtigungen angeben, nach denen ein expliziter Beschluss im Fall der einzelnen Emission entbehrlich ist. Fraglich ist, ob unter Ziffer 4.1.8 Anhang XII ProspektVO nur emittenteninterne Beschlüsse etc. fallen oder ob zB auch Genehmigungen von Dritten dargestellt werden müssen (zB Genehmigungen einer Zentralbank oder von Aufsichtsbehörden). Aus dem Wortlaut von Ziffer 4.1.8 Anhang XII ProspektVO ergibt sich implizit, dass lediglich die emittenteninternen Beschlüsse darzustellen sind. Für diese Auslegung spricht auch, dass im Rahmen von Ziffer 5.1.1 Anhang XII ProspektVO die Bedingungen, denen das Angebot unterliegt, darzustellen sind. Daher sind etwaige Genehmigungen von Seiten Dritter im Rahmen der Ziffer 5.1.1 Anhang XII ProspektVO offenzulegen[3].

i) Angabe des Emissionstermins (Ziffer 4.1.9)

111 In dem Prospekt ist nach Ziffer 4.1.9 von Anhang XII ProspektVO der **erwartete Emissionstermin** der Wertpapiere anzugeben (Kategorie C Informationsbestandteil gemäß Anhang XX ProspektVO). Im Gegensatz zu Ziffer 4.6 von Anhang III ProspektVO, bei dem Angaben zum Emissionstermin nur im Fall erfolgen müssen, dass

---

1 BGH v. 30.6.2009 – XI ZR 364/08, WM 2009, 1500 (1502).
2 So auch zu § 15 BörsZulV aF *Heidelbach* in Schwark, 3. Aufl. 2004, § 15 BörsZulV Rz. 2.
3 ESMA FAQs, Questions and Answers Prospectuses: 25th Updated Version – July 2016, ESMA/2016/1133, Frage 66, abrufbar unter https://www.esma.europa.eu/sites/default/files/library/2016-1133_25th_version_qa_document_prospectus_related_issues.pdf.

es sich um eine Neuemission handelt, ist im Rahmen des Anhangs XII ProspektVO der Emissionstermin immer anzugeben.

In der Praxis von unter deutschem Recht begebenen Wertpapieren ist der weitaus häufigste Fall die Verbriefung der Wertpapiere im Rahmen der Girosammelverwahrung (siehe oben unter Rz. 96). Für die Bestimmung des Emissionstermins kommt es bei dieser Art der Verbriefung nicht auf die Einbuchung in das Depot des jeweiligen Anlegers an, maßgebend ist vielmehr der **Zeitpunkt der Hinterlegung der Globalurkunde bei der Wertpapiersammelbank**, da mit der Einlieferung der Wertpapiere die Rechte an dem Wertpapiersammelbestand entstehen und die Wertpapiere nach den entsprechenden sachenrechtlichen Vorschriften (insbesondere §§ 929 ff. BGB) übertragen werden können. In der Regel wird nur der „voraussichtliche" Emissionstermin angegeben, was damit zusammenhängt, dass der Prospekt – insbesondere bei Zeichnungsprodukten – grundsätzlich vor dem Emissionstermin erstellt wird und deshalb nur der erwartete Emissionstermin angegeben werden kann[1]. In dem seltenen Fall der Ausgabe effektiver Stücke ist der Emissionstermin der Zeitpunkt, zu dem die Wertpapiere an den Anleger ausgehändigt werden. 112

j) Darstellung etwaiger Beschränkungen für die freie Übertragbarkeit (Ziffer 4.1.10)

Die ProspektVO geht grundsätzlich von einer **Handelbarkeit der Wertpapiere** aus. Die Fungibilität, dh. die Handelbarkeit der Wertpapiere, ist insoweit ein maßgeblicher Grundsatz des Wertpapierbegriffs iS des WpPG (zum Wertpapierbegriff siehe auch § 2 WpPG Rz. 8 ff.)[2]. Sofern abweichend davon die freie Übertragbarkeit eingeschränkt sein sollte, sind diese Beschränkungen zu beschreiben. Die Vorgabe, Einschränkungen der freien Übertragbarkeit zu beschreiben, fand sich bereits in § 4 Satz 1 Nr. 3 VerkProspVO aF bzw. § 15 Abs. 1 Nr. 4 BörsZulV aF. Nach diesen Vorschriften waren beispielsweise Angaben zu einer bestehenden Vinkulierung zu machen[3], wobei im Fall einer „Vinkulierung" eine Einschränkung des Handels dadurch erfolgt, dass die Weitergabe von Wertpapieren an Dritte von der Zustimmung des Emittenten abhängig ist. Eine derartige Einschränkung der Handelbarkeit wäre im Rahmen der Ziffer 4.1.10 Anhang XII ProspektVO darzustellen (Kategorie A Informationsbestandteil gemäß Anhang XX ProspektVO). Allerdings sind solche Vinkulierungsklauseln in der Praxis selten. 113

Ob auch eine **sich aus der Marktenge oder aus einem fehlenden Market Making ergebende Erschwernis der faktischen Handelbarkeit** eines Produkts eine Einschränkung der freien Übertragbarkeit darstellt, war unter den Vorgängervorschriften umstritten[4]. Die Formulierung von Ziffer 4.1.10 Anhang XII ProspektVO spricht eher dafür, diese Fälle nicht als eine Beschränkung der freien Übertragbarkeit anzusehen, 114

---

1 Vgl. auch *Glismann* in Holzborn, Anh. V EU-ProspV Rz. 21.
2 Vgl. auch *Seitz*, AG 2005, 678 (680).
3 *Heidelbach* in Schwark, 3. Aufl. 2004, § 15 BörsZulV Rz. 5.
4 *Ritz* in Assmann/Lenz/Ritz, § 4 VerkProspVO Rz. 11; aA *Heidelbach* in Schwark, 3. Aufl. 2004, § 15 BörsZulV Rz. 5.

da beim Vorhandensein einer entsprechenden Gegenpartei die Übertragung (rechtlich) ohne Weiteres möglich ist. Unabhängig davon, ob der Sachverhalt unter Ziffer 4.1.10 Anhang XII ProspektVO zu subsumieren ist, empfiehlt es sich aber gegebenenfalls in den Risikofaktoren einen Hinweis auf eine gegebenenfalls eingeschränkte Handelbarkeit aufzunehmen (siehe dazu oben unter Rz. 57). Dies kann zB relevant sein, wenn die derivativen Wertpapiere nicht wie üblich in Scoach oder EUWAX, wo eine fortlaufende Quotierungsverpflichtung besteht, sondern nur im Freiverkehr an einer Börse ohne eine fortlaufende Quotierungsverpflichtung gehandelt werden.

115 In Prospekten finden sich häufig Abschnitte zu **Verkaufsbeschränkungen** der Wertpapiere in bestimmten Ländern. Solche Verkaufsbeschränkungen stellen allerdings keine Einschränkung der freien Handelbarkeit der Wertpapiere dar (siehe dazu auch Anhang III EU-ProspektVO Rz. 36)[1].

k) Angabe des Verfalltags oder Fälligkeitstermins, Ausübungstermins oder endgültigen Referenztermins (Ziffer 4.1.11)

116 Der Prospekt muss gemäß Ziffer 4.1.11 Anhang XII ProspektVO Angaben zum Verfallstag oder Fälligkeitstermin des derivativen Wertpapiers enthalten und den Ausübungstermin oder den endgültigen Referenztermin nennen (Kategorie C Informationsbestandteil gemäß Anhang XX ProspektVO). Dadurch soll der **Anleger darüber informiert** werden, wann die **Laufzeit der Wertpapiere** endet. In der Praxis ist die Angabe des Fälligkeitstags oder der Laufzeit regelmäßig in den Emissionsbedingungen enthalten. Besonderheiten können insbesondere in den nachfolgenden Fällen bestehen.

117 Im Fall von **Produkten, deren Laufzeitende nicht bereits bei Emission konkret festgelegt ist** (zB Open End Zertifikate) kann ein entsprechender Termin in dem Prospekt nicht angegeben werden. In diesem Fall sollte aber in dem Prospekt darauf hingewiesen werden, dass das Produkt nicht über eine von vornherein festgelegte Laufzeitbegrenzung verfügt. Entsprechend ist bei Optionsscheinen – abhängig von ihrer Ausübungsart – klarzustellen, ob eine Ausübung der Optionsscheine durch Anleger an jedem Tag bis zum Fälligkeitstag möglich ist (sog. amerikanische Ausübung), ob die Ausübung der Optionsscheine am Fälligkeitstag automatisch erfolgt und eine tägliche Ausübung des Optionsrechts nicht möglich ist (sog. europäische Ausübung) oder ob die Optionsscheine nur zu bestimmten, in den endgültigen Bedingungen näher bestimmten Tagen ausgeübt werden können (sog. Bermuda Option)[2].

118 Bei **Autocallable Zertifikaten** (zB Express Zertifikaten), bei denen abhängig von der Entwicklung des Basiswerts eine vorzeitige Laufzeitbeendigung möglich ist, sind die jeweils möglichen Rückzahlungstage in dem Prospekt anzugeben.

---

1 AA *Glismann* in Holzborn, Anh. V EU-ProspV Rz. 22; wie hier auch *Zeising* in Just/Voß/Ritz/Zeising, Anhang XII EU-ProspektVO Rz. 56.

2 Instruktiv zu den verschiedenen Ausübungsformen bei Optionsscheinen *Hull*, Optionen, Futures und andere Derivate, S. 31 ff. und S. 714 ff.

l) Beschreibung des Abrechnungsverfahrens (Ziffer 4.1.12)

Der Prospekt für derivative Wertpapiere muss gemäß Ziffer 4.1.12 Anhang XII ProspektVO eine Beschreibung enthalten, wie das Abrechnungsverfahren für die derivativen Wertpapiere erfolgt (Kategorie B Informationsbestandteil gemäß Anhang XX ProspektVO). Darunter ist eine **Beschreibung des Verfahrens** zu verstehen, **nach welchem beispielsweise der Rückzahlungsbetrag oder der maßgebliche Zinsbetrag ermittelt wird.** Aus dem Wortlaut der Vorschrift folgt, dass die Angabe einer Formel für sich alleine nicht ausreichend ist, sondern dass das konkrete Abrechnungsverfahren anhand einer textlichen Beschreibung näher darzustellen ist. Die zusätzliche Aufnahme einer Formel neben der textlichen Beschreibung ist allerdings möglich (vgl. allgemein zur Darstellung des Einflusses des Basiswerts auf das Wertpapier nach Ziffer 4.1.2 Anhang XII ProspektVO oben unter Rz. 84 ff.). Darüber hinaus fallen unter das Abrechnungsverfahren auch die **Modalitäten der Einlösung** von derivativen Wertpapieren bei dem Emittenten oder der Zahlstelle, was zB im Fall von Optionsscheinen oder Endlos-Zertifikaten relevant sein kann (zum Ausübungstermin siehe Ziffer 4.1.11 Anhang XII ProspektVO oben unter Rz. 116).

m) Beschreibung der Rückgabe der derivativen Wertpapiere, Angabe zu Zahlungs- und Liefertermin und der Art und Weise der Berechnung (Ziffer 4.1.13)

Nach Ziffer 4.1.13 Anhang XII ProspektVO muss der Prospekt eine Beschreibung enthalten, wie die Rückgabe der derivativen Wertpapiere erfolgt (Kategorie B Informationsbestandteil gemäß Anhang XX ProspektVO). Des Weiteren muss der Prospekt Angaben zum Zahlungs- und Liefertermin (Kategorie C Informationsbestandteil gemäß Anhang XX ProspektVO) und zu der Art und Weise der Berechnung (Kategorie B Informationsbestandteil gemäß Anhang XX ProspektVO) enthalten.

Die Verpflichtung, das **Rückgabeverfahren zu beschreiben**, umfasst dabei nicht nur das Rückgabeverfahren im Hinblick auf den Rückzahlungsbetrag, sondern auch etwaige Zinszahlungen. Diese Auslegung ergibt sich aus der englischen Fassung der ProspektVO, die auf „*any returns on derivative securities*" abstellt und somit einen weiteren Anwendungsbereich aufweist als nur hinsichtlich des Rückzahlungsbetrags[1].

Sofern **effektive Stücke** geliefert werden, bedarf der Prospekt einer detaillierten Beschreibung, wie die Rückgabe der effektiven Stücke und die Zahlung des Rückzahlungsbetrags erfolgt. Bei dem Regelfall, dass die Wertpapiere in einer Globalurkunde verbrieft sind, ist darzustellen, wie und wann die Einbuchung der Beträge auf das entsprechende Konto des jeweiligen Anlegers vorgenommen wird.

n) Angaben zur Quellenbesteuerung (Ziffer 4.1.14)

Nach dem Wortlaut von **Ziffer 4.1.14 lit. a Anhang XII ProspektVO** sind Angaben bezüglich „an der Quelle einbehaltene Einkommensteuern" in den Prospekt auf-

---

[1] Vgl. dazu auch *Zeising* in Just/Voß/Ritz/Zeising, Anhang XII EU-ProspektVO Rz. 60.

zunehmen (siehe dazu Anhang III EU-ProspektVO Rz. 39 f.). Dabei handelt es sich nach Anhang XX ProspektVO um einen Kategorie A Informationsbestandteil. Entsprechende Angaben sind für die Länder in den Prospekt aufzunehmen, in dem bzw. denen das Angebot unterbreitet oder die Zulassung zum Handel beantragt wird[1]. Die Aufnahme weiterer Länder bzw. die entsprechenden Angaben bezüglich „an der Quelle einbehaltene Einkommensteuern" sind im Rahmen eines Nachtragsverfahrens möglich.

124 **Bei derivativen Wertpapieren** erfolgt die Darstellung steuerlicher Erwägungen in der Regel in einem separaten Abschnitt des Prospekts, wobei zu Beginn dieses Abschnitts ein Hinweis empfehlenswert ist, dass die im Prospekt enthaltenen Informationen keine steuerliche Beratung darstellen und eine individuelle Beratung durch einen Steuerberater oder einen Rechtsanwalt erforderlich ist (siehe zu einem entsprechenden Risikofaktor auch oben unter Rz. 60)[2].

125 Darüber hinaus muss nach **Ziffer 4.1.14 lit. b Anhang XII ProspektVO** in den Prospekt eine Angabe dazu aufgenommen werden, ob der Emittent die **Verantwortung für die Einbehaltung der Steuer an der Quelle** übernimmt (ebenfalls Kategorie A Informationsbestandteil gemäß Anhang XX ProspektVO). Dazu finden sich in den Emissionsbedingungen, insbesondere von grenzüberschreitend angebotenen Wertpapieren, zumeist entsprechende Klauseln. Darin wird vor allem festgelegt, ob der Emittent gegebenenfalls einen Ausgleich für einen evtl. Quellensteuerabzug übernimmt.

3. Angaben über den Basiswert (Ziffer 4.2)

126 Nach Ziffer 4.2 Anhang XII ProspektVO muss ein Prospekt Angaben über den zugrundeliegenden Basiswert enthalten. Die deutsche Fassung spricht in der Überschrift von Ziffer 4.2 Anhang XII ProspektVO nur von „Angaben über die zugrunde liegenden Aktien", wohingegen die englische Fassung dieser Ziffer von *„Information concerning the underlying"* spricht. Die deutsche Übersetzung ist im Vergleich zu der englischen Fassung zu eng, da entsprechend der englischen Fassung als Basiswert für derivative Wertpapiere nicht nur Aktien, sondern auch andere Basiswerte wie beispielsweise Indizes, Rohstoffe, Währungen, Futures Kontrakte etc. in Betracht kommen (vgl. zu Ziffer 4.1.2 oben unter Rz. 85).

---

1 Nach ESMA sind Angaben bezüglich an der Quelle einbehaltener Steuern für das Land erforderlich, in dem der Prospekt gebilligt worden ist und in die der Prospekt notifiziert werden soll; siehe entsprechend ESMA FAQs, Questions and Answers Prospectuses: 25th Updated Version – July 2016, ESMA/2016/1133, Frage 45, abrufbar unter https://www.esma.europa.eu/sites/default/files/library/2016-1133_25th_version_qa_document_prospectus_related_issues.pdf.
2 Siehe dazu auch ESMA FAQs, Questions and Answers Prospectuses: 25th Updated Version – July 2016, ESMA/2016/1133, Frage 45, abrufbar unter https://www.esma.europa.eu/sites/default/files/library/2016-1133_25th_version_qa_document_prospectus_related_issues.pdf.

a) Ausübungspreis oder endgültiger Referenzpreis des Basiswerts (Ziffer 4.2.1)

Nach Ziffer 4.2.1 Anhang XII ProspektVO ist in dem Prospekt der Ausübungspreis oder der endgültige Referenzpreis des Basiswerts anzugeben (Kategorie C Informationsbestandteil gemäß Anhang XX ProspektVO). Unter dem **Ausübungspreis** ist beispielsweise bei Optionsscheinen der bereits bei Emission festgelegte Ausübungspreis zu verstehen (auch „Basispreis" oder „*strike price*" genannt), der angibt, zu welchem Preis die Option ausgeübt werden kann. Im Fall von Zertifikaten ist unter dem **endgültigen Referenzpreis** der Preis zu verstehen, der für die Ermittlung des Rückzahlungsbetrags relevant ist (zB der Schlusskurs des Basiswerts am Bewertungstag kurz vor dem Fälligkeitstag). In der Praxis besteht ein wesentlicher Unterschied zwischen den beiden Beträgen darin, dass der Ausübungspreis bereits betragsmäßig in dem Prospekt angegeben werden kann, während der endgültige Referenzpreis in der Regel nur anhand einer Definition im Prospekt festgelegt wird.

127

b) Informationen über den Basiswert (Ziffer 4.2.2)

Der Prospekt muss gemäß Ziffer 4.2.2 Anhang XII ProspektVO eine **Erklärung zum Typ des Basiswerts** (Kategorie A Informationsbestandteil gemäß Anhang XX ProspektVO) sowie **Einzelheiten** darüber enthalten, **wo Angaben über den Basiswert eingeholt werden können**. Im Prospekt ist dementsprechend anzugeben, um welchen Basiswerttyp es sich handelt (zB Aktie, Index, Rohstoff, Wechselkurs etc). Bezüglich der Angabe, wo Angaben über den Basiswert eingeholt werden können, wird häufig auf die Website der entsprechenden Aktie, der Indexberechnungsstelle oder von Börsen, an denen die Produkte gehandelt werden, verwiesen.

128

Darüber hinaus enthält Ziffer 4.2.2 Anhang XII ProspektVO in einzelnen Spiegelstrichen **detaillierte Anforderungen zu einzelnen Angaben bzw. einzelnen Basiswerten.**

129

Gemäß dem **1. Spiegelstrich** ist es – unabhängig von dem Basiswerttyp – erforderlich, dass Informationen darüber in dem Prospekt aufgenommen werden, wo **Angaben über die vergangene und künftige Volatilität des Basiswerts** eingeholt werden können (Kategorie C Informationsbestandteil gemäß Anhang XX ProspektVO). Dabei ist es grundsätzlich ausreichend, wenn eine Fundstelle angegeben wird, unter der Angaben zur Volatilität des Basiswerts abgerufen werden können (zB Webseite der Börse, an welcher der Basiswert gehandelt wird, oder eine Hotline des jeweiligen Emittenten). Erforderlich ist insoweit, dass es sich bei der Fundstelle um eine öffentliche, kostenfrei zugängliche Quelle handeln muss, wobei diese Quelle keine deskriptiven Ausführungen zur Volatilität des Basiswerts enthalten muss, sondern die Abbildung eines Charts zur Kursentwicklung und Volatilität des Basiswerts ausreichend ist. In der Praxis wird in Deutschland regelmäßig auf die Internetseite der Primärbörse, an welcher der Basiswert gehandelt wird oder auf die Internetseite eines Indexsponsors etc. verwiesen. Sofern die Mindeststückelung der Wertpapiere nicht 100.000 Euro beträgt bzw. die Wertpapiere lediglich für 100.000 Euro pro Wertpapier erworben werden können, ist es empfehlenswert, im Hinblick auf die Informationen zur Volati-

130

lität des Basiswerts nicht (ausschließlich) auf eine Bloombergseite oder Reutersseite zu verweisen. Diese Einschränkung ergibt sich zwar nicht aus der ProspektVO, ist aber vor dem Hintergrund, dass Privatanlegern diese Seiten grundsätzlich nicht zur Verfügung stehen, ratsam[1] und entspricht wohl auch der Ansicht der BaFin.

131 Sofern es sich bei dem Basiswert um ein **Wertpapier** handelt (zB eine Aktie), ist gemäß dem **2. Spiegelstrich von Ziffer 4.2.2 Anhang XII ProspektVO** der Name des Emittenten des Basiswerts sowie die ISIN oder hilfsweise ein anderer Sicherheitsidentifikationscode (zB WKN) des Basiswerts in den Prospekt aufzunehmen (jeweils Kategorie C Informationsbestandteile gemäß Anhang XX ProspektVO). Die Aufnahme eines Sicherheitsidentifikationscodes ist deshalb wichtig, um dem Anleger die Auffindbarkeit von Kursinformationen zu dem Basiswert, beispielsweise im Internet, zu erleichtern. Daneben ist aber auch zu berücksichtigen, dass die Aufnahme solcher Codes die Unterscheidbarkeit des Basiswerts von anderen am Markt gehandelten Produkten, die dem Basiswert ähnlich sind, erleichtern. Beispielsweise werden am Markt von Henkel sowohl Vorzugsaktien als auch Inhaberaktien gehandelt, für die jeweils unterschiedliche ISINs gelten.

132 Wenn sich ein derivatives Wertpapier auf einen **Index** als Basiswert bezieht (zB DAX oder EURO STOXX 50), enthält der **3. Spiegelstrich von Ziffer 4.2.2 Anhang XII ProspektVO** detaillierte Regelungen zu den prospektrechtlich geforderten Informationen im Hinblick auf den entsprechenden Index. Der 3. Spiegelstrich von Ziffer 4.2.2 Anhang XII ProspektVO wurde durch die Zweite Delegierte Verordnung[2] neu gefasst und unterscheidet nun zwischen den folgenden Arten von Indizes[3]:

– Indizes, die vom Emittenten der derivativen Wertpapiere oder einer derselben Gruppe angehörenden juristischen Person zusammengestellt werden;

– Indizes, die durch eine juristische oder natürliche Person zur Verfügung gestellt wird, die in Verbindung mit dem Emittenten der Wertpapiere oder in dessen Namen handelt; und

– Indizes, die nicht vom Emittenten zusammengestellt werden.

Je nachdem, in welche Gruppe der den jeweiligen Wertpapieren zugrunde liegende Index einzuordnen ist, werden unterschiedliche Anforderungen an den Emittenten bezüglich der Mindestangaben zu dem Index gestellt. Darüber hinaus wird durch Anhang XX ProspektVO vorgegeben, inwiefern die Mindestangaben im Rahmen der endgültigen Bedingungen aufgenommen bzw. ergänzt werden können bzw. inwieweit Mindestangaben bereits im Basisprospekt aufgenommen werden müssen.

---

[1] Vgl. auch *Kullmann/Sester*, ZBB-Report 2005, 209 (215); *Zeising* in Just/Voß/Ritz/Zeising, Anhang XII EU-ProspektVO Rz. 65.

[2] Delegierte Verordnung (EU) Nr. 862/2012 der Kommission vom 4.6.2012 zur Änderung der Verordnung (EG) Nr. 809/2004 in Bezug auf die Zustimmung zur Verwendung des Prospekts, die Informationen über Basisindizes und die Anforderungen eines von unabhängigen Buchprüfern oder Abschlussprüfern erstellten Berichts, ABl. EU Nr. L 256 v. 22.9.2012, S. 4 ff.

[3] Siehe zur Rechtslage vor Inkrafttreten der Zweiten Delegierten Verordnung *Rothmund/Seitz*, RdF 2013, 27 (32).

132a Bei Indizes, die vom **Emittenten selbst oder einer derselben Gruppe angehörenden juristischen Person (zB einer Tochtergesellschaft) zusammengestellt werden** (sog. Proprietäre Indizes), verlangt die ProspektVO eine Beschreibung des jeweiligen Index im Prospekt. Im Fall von Basisprospekten ist gemäß Anhang XX ProspektVO diese Beschreibung bereits in den Basisprospekt aufzunehmen (Kategorie A Informationsbestandteil) und eine Ergänzung oder Vervollständigung der Beschreibung im Rahmen der endgültigen Bedingungen ist nicht möglich. Entsprechend dem Wortlaut der ProspektVO gilt die Verpflichtung zur Aufnahme einer Beschreibung des Index auch für Indizes, die von einem Unternehmen zusammengestellt werden, das derselben Gruppe angehört wie der Emittent des derivativen Wertpapiers. Dadurch soll vermieden werden, dass Emittenten ihre Verpflichtung zur Aufnahme einer Beschreibung des Index im Prospekt (und entsprechend die Vermeidung einer Haftung im Fall einer ungenauen Indexbeschreibung) dadurch umgehen, dass die Zuständigkeit für die Zusammenstellung des Index auf ein anderes Unternehmen der Gruppe des Emittenten übertragen wird, wodurch auch die Haftung im Fall einer ungenauen Beschreibung des Index vermieden würde (vgl. insoweit auch Erwägungsgrund Nr. 4 Zweite Delegierte Verordnung[1]).

Die ProspektVO selbst enthält keine detaillierten Angaben dazu, welche Informationen hinsichtlich der Beschreibung des Index aufgenommen werden bzw. welche Bestandteile eine Indexbeschreibung haben müssen. Allerdings gilt insoweit der allgemeine Grundsatz, dass die Beschreibung des Index solche Informationen enthalten muss, die es dem Anleger ermöglichen, den Index und seine Besonderheiten zu verstehen, so dass er auf Grundlage der zur Verfügung gestellten Informationen eine Investmententscheidung treffen kann. Darüber hinaus hat ESMA Empfehlungen veröffentlicht, wonach eine Indexbeschreibung regelmäßig Angaben zu folgenden Punkten enthalten sollte: (i) Strategie des Index bzw. Anlageziele des Index, (ii) Auswahlkriterien und Gewichtungen der einzelnen Indexbestandteile im Index, (iii) Berechnungsstelle des Index, (iv) Berechnungsformeln bzw. -methoden, (v) Anpassungsregeln und Überprüfungszeiträume, (vi) Art des Index (zB ob es sich um einen Performance Index oder Preisindex handelt) und (vii) Währung des Index[2].

Das Erfordernis, die Indexbeschreibung für Proprietäre Indizes bereits in den Prospekt aufzunehmen, führt in der Praxis bei der Erstellung von Basisprospekten dazu, dass Emittenten bereits beim Entwerfen des Basisprospekts festlegen müssen, auf wel-

---

1 Delegierte Verordnung (EU) Nr. 862/2012 der Kommission vom 4.6.2012 zur Änderung der Verordnung (EG) Nr. 809/2004 in Bezug auf die Zustimmung zur Verwendung des Prospekts, die Informationen über Basisindizes und die Anforderungen eines von unabhängigen Buchprüfern oder Abschlussprüfern erstellten Berichts, ABl. EU Nr. L 256 v. 22.9.2012, S. 4.
2 Siehe dazu ESMA FAQs, Questions and Answers Prospectuses: 25th Updated Version – July 2016, ESMA/2016/1133, Frage 79, abrufbar unter https://www.esma.europa.eu/sites/default/files/library/2016-1133_25th_version_qa_document_prospectus_related_issues.pdf; vgl. dazu ferner auch ESMA, Finaler Bericht v. 29.2.2012 – ESMA's technical advice on possible delegated acts concerning the Prospectus Directive as amended by the Directive 2010/73/EU, ESMA/2012/137, Rz. 170, abrufbar unter https://www.esma.europa.eu/sites/default/files/library/2015/11/2012-137.pdf; *Rothmund/Seitz*, RdF 2013, 27 (33).

che Proprietären Indizes Emissionen während des Gültigkeitszeitraums des Basisprospekts erfolgen sollen. Bei der Gestaltung von Basisprospekten ist dabei zu beachten, dass durch die Aufnahme von Indexbeschreibungen (und ggf. weiterer spezifischer Risikofaktoren) für die Proprietären Indizes der Umfang eines Basisprospekts signifikant zunehmen kann, weshalb darauf zu achten ist, dass die Lesbarkeit und Verständlichkeit des Prospekts nicht beeinträchtigt wird.

Vor dem Hintergrund, dass produktspezifische Nachträge nicht zulässig sind (siehe zur Nichtzulässigkeit von produktspezifischen Nachträgen § 16 WpPG Rz. 55) wird in der Praxis die Frage diskutiert, inwiefern neue Proprietäre Indizes in einen gebilligten Basisprospekt mittels Nachtrag aufgenommen werden können. Nach Auffassung der BaFin ist dabei in einem ersten Schritt zu prüfen, ob in dem gebilligten Basisprospekt bereits Proprietäre Indizes als Basiswert enthalten sind oder nicht. Sofern der gebilligte Basisprospekt lediglich drittberechnete Indizes bzw. sonstige Anlageklassen als Basiswert enthält, können keine Proprietären Indizes im Wege eines Nachtrags in den Basisprospekt aufgenommen werden, da ansonsten der ursprüngliche Billigungsgegenstand des Basisprospekts überschritten werden würde. Dem Emittenten bleibt in diesem Fall lediglich die Möglichkeit, ein neues Prospektbilligungsverfahren durchzuführen. Sofern ein oder mehrere Proprietäre Indizes bereits Gegenstand des ursprünglich gebilligten Basisprospekts ist bzw. sind und der Emittent einen weiteren Proprietären Index hinzufügen möchte, lässt die BaFin die Aufnahme der Indexbeschreibung für den neu aufzunehmenden Proprietären Index in einen Basisprospekt mittels Nachtrag grundsätzlich zu.

132b Bei **Indizes, die durch eine juristische oder natürliche Person zur Verfügung gestellt werden, die in Verbindung mit dem Emittenten der Wertpapiere oder in dessen Namen handelt**, besteht ebenfalls die Verpflichtung (Kategorie A Informationsbestandteil gemäß Anhang XX ProspektVO), eine Beschreibung des Index in den Prospekt aufzunehmen. Alternativ haben Emittenten die Möglichkeit, in den Prospekt anstelle der Aufnahme einer Indexbeschreibung eine Erklärung aufzunehmen, dass die Informationen und die Regelungen zu dem Index (die vorher festgelegt wurden und auf objektiven Kriterien basieren) auf der Webseite des Emittenten oder des Indexanbieters abgerufen werden können. Diese Vereinfachung dient der Effizienzerhöhung und der Verringerung der Verwaltungslasten der Emittenten und in der Praxis haben zahlreiche Emittenten diesen Lösungsweg bei der Gestaltung ihrer Prospekte gewählt[1] (vgl. auch Erwägungsgrund Nr. 5 Zweite Delegierte Verordnung[2]).

---

1 Siehe dazu auch ESMA, Finaler Bericht v. 29.2.2012 – ESMA's technical advice on possible delegated acts concerning the Prospectus Directive as amended by the Directive 2010/73/EU, ESMA/2012/137, Rz. 185, abrufbar unter https://www.esma.europa.eu/sites/default/files/library/2015/11/2012-137.pdf.

2 Delegierte Verordnung (EU) Nr. 862/2012 der Kommission vom 4.6.2012 zur Änderung der Verordnung (EG) Nr. 809/2004 in Bezug auf die Zustimmung zur Verwendung des Prospekts, die Informationen über Basisindizes und die Anforderungen eines von unabhängigen Buchprüfern oder Abschlussprüfern erstellten Berichts, ABl. EU Nr. L 256 v. 22.9.2012, S. 4.

In der Praxis ist es üblich, dass Drittanbieter für Emittenten Indizes zusammenstellen, die dann als Basiswert für derivative Wertpapiere des Emittenten verwendet werden können. In diesen Fällen ist oftmals die Unterscheidung schwierig, ob es sich um einen Index handelt, der nicht vom Emittenten der Wertpapiere selbst zusammengestellt wird (siehe nachfolgend Rz. 132c) oder ob es sich um einen Index handelt, der durch eine juristische oder natürliche Person zur Verfügung gestellt wird, die in Verbindung mit dem Emittenten der Wertpapiere oder in dessen Namen handelt. Dies hängt vor allem damit zusammen, dass bei der Formulierung „die in Verbindung mit dem Emittenten der Wertpapiere oder in dessen Namen handelt" unklar ist, was genau gemeint ist. Diese Formulierung ist weder in der ProspektVO, noch anderweitig rechtlich definiert[1]. Im Zweifel ist die Formulierung der ProspektVO aber eher weit auszulegen, um sich nicht dem Vorwurf auszusetzen, dass der Prospekt nicht alle erforderlichen Informationen enthält.

Bei **Indizes, die nicht vom Emittenten der Wertpapiere selbst zusammengestellt werden** (zB DAX oder Euro STOXX; auch Drittindizes genannt), ist eine Beschreibung des Index im Prospekt nicht erforderlich. Stattdessen ist es ausreichend, wenn der Prospekt Angaben bezüglich des Orts enthält, an welchem Informationen zu dem Index erhältlich sind (Kategorie C Informationsbestandteil gemäß Anhang XX ProspektVO). Es ist aber trotzdem üblich, zumindest eine kurze Beschreibung des Index in die endgültigen Bedingungen aufzunehmen und nicht nur einen Link zu der jeweiligen Indexmethodologie aufzunehmen. Dies ist insbesondere dann empfehlenswert, wenn sich das derivative Wertpapier an deutsche Privatanleger richtet und die Vertragsdokumentation entsprechend auf Deutsch erfolgt, die Indexbeschreibung aber nur in englischer Sprache veröffentlicht ist. Daneben wird in den endgültigen Bedingungen regelmäßig auch der Indexsponsor angegeben bzw. es finden sich Ausführungen dazu, ob es sich bei dem Index um einen Kurs- oder Performanceindex handelt und in welcher Währung der Index notiert (zu dem entsprechenden Risikofaktor siehe oben unter Rz. 42 bzw. Rz. 45). Ähnlich wie bei Aktien empfiehlt es sich daher auch bei Indizes, einen Identifikationscode (zB ISIN des Index) in den Prospekt aufzunehmen, um die Unterscheidbarkeit zu ähnlichen Indizes zu gewährleisten. 132c

Für den Fall, dass der Basiswert eines derivativen Wertpapiers ein **Zinssatz** (zB EURIBOR oder LIBOR) ist, muss ein Prospekt gemäß dem **4. Spiegelstrich von Ziffer 4.2.2 Anhang XII ProspektVO** eine Beschreibung des Zinssatzes enthalten (Kategorie C Informationsbestandteil gemäß Anhang XX ProspektVO). Dazu zählen unter anderem Angaben dazu, zwischen welchen Parteien der Zinssatz für welche Laufzeit gewährt wird. 133

---

1 ESMA war sich der Unschärfe des Begriffs bereits im Rahmen des Verfahrens zur Überarbeitung der ProspektVO bewusst, hat aber bislang noch keine Interpretationsrichtlinien diesbezüglich veröffentlicht; vgl. dazu ESMA, Finaler Bericht v. 29.2.2012 – ESMA's technical advice on possible delegated acts concerning the Prospectus Directive as amended by the Directive 2010/73/EU, ESMA/2012/137, Rz. 186, abrufbar unter https://www.esma.europa.eu/sites/default/files/library/2015/11/2012-137.pdf.

134 Bei **Basiswerten, die nicht in Ziffer 4.2.2 Anhang XII ProspektVO explizit aufgeführt sind** (zB Währungen, Rohstoffe, Edelmetalle, Futures Kontrakte etc.), muss ein Prospekt gemäß dem **5. Spiegelstrich von Ziffer 4.2.2 Anhang XII ProspektVO** gleichwertige Angaben zu dem Basiswert enthalten (Kategorie C Informationsbestandteil gemäß Anhang XX ProspektVO). Im Einzelnen hängt dies sehr stark von dem jeweiligen Basiswert ab. Es empfiehlt sich jedenfalls, auch hier nicht nur auf eine Website und dort evtl. abrufbare Erläuterungen zu verweisen, sondern gegebenenfalls kurze Informationen in den Prospekt mitaufzunehmen.

135 Sofern der asiswert ein **Korb** bestehend aus verschiedenen Korbbestandteilen ist, muss der Prospekt gemäß dem **6. Spiegelstrich von Ziffer 4.2.2 Anhang XII ProspektVO** eine Angabe zu der entsprechenden Gewichtung jedes einzelnen Korbbestandteils im Korb enthalten (Kategorie C Informationsbestandteil gemäß Anhang XX ProspektVO). Darüber hinaus sind die einzelnen Korbbestandteile näher zu beschreiben. Bei einem Korb als Basiswert ist ferner bei der Gestaltung der Risikofaktoren regelmäßig auf das Korrelationsrisiko näher einzugehen (siehe dazu oben unter Rz. 52).

c) Marktstörungen (Ziffer 4.2.3)

136 Der Prospekt muss gemäß Ziffer 4.2.3 Anhang XII ProspektVO Angaben zu etwaigen Störungen des Marktes oder Störungen bei der Abwicklung, die den Basiswert beeinflussen, enthalten (Kategorie B Informationsbestandteil gemäß Anhang XX ProspektVO).

137 Je nach Basiswert kommen **unterschiedliche Marktstörungen** in Betracht. Eine entsprechende Regelung findet sich grundsätzlich in den entsprechenden Emissionsbedingungen. Bei der **Gestaltung der Marktstörungsklausel** wird häufig auf die entsprechenden Regelungen in internationalen Rahmenvereinbarungen für derivative Transaktionen zurückgegriffen, zB für Aktien oder Aktienindizes als Basiswert auf die 2002 ISDA Equity Derivatives Definitions oder für Rohstoffe auf die 2005 ISDA Commodity Derivatives Definitions. Hintergrund dafür ist, dass die den Wertpapieren zugrundeliegenden Absicherungsgeschäfte in der Regel auf Basis dieser Rahmenvereinbarungen abgeschlossen werden und sich die auf die Wertpapiere anwendbaren Marktstörungsregelungen mit den für das Absicherungsgeschäft anwendbaren Regeln decken sollen.

138 **Eine Marktstörung liegt in der Regel dann vor**, wenn der Handel des Basiswerts an den maßgeblichen Börsen eingeschränkt ist oder wenn Options- oder Terminkontrakte auf den Basiswert nicht gehandelt werden können. Im Einzelfall kann dies jedoch deutlich komplizierter sein und es können weitere Fälle von möglichen Marktstörungen in den Emissionsbedingungen geregelt sein. Nicht zu verwechseln sind die Fälle einer Marktstörung mit den Fällen, in denen der Emittent oder eine Berechnungsstelle berechtigt ist, eine Anpassung des Wertpapierrechts vorzunehmen (vgl. unten unter Rz. 140 f.)[1].

---

[1] Nicht klar getrennt werden diese Fälle bei *Zeising* in Just/Voß/Ritz/Zeising, Anhang XII EU-ProspektVO Rz. 68.

Rechtsfolge einer Marktstörungsregelung ist regelmäßig, dass die Feststellung des Basiswertkurses um einen Handelstag verschoben wird und nach einer bestimmten Anzahl von Verschiebungen gegebenenfalls von dem Emittenten ein Ersatzpreis auf Basis der aktuellen Marktgegebenheiten nach billigem Ermessen festgelegt wird.

d) Anpassungsmaßnahmen (Ziffer 4.2.4)

Neben den Marktstörungsregelungen sind in einem Prospekt gemäß Ziffer 4.2.4 Anhang XII ProspektVO grundsätzlich auch Angaben zu Anpassungsmaßnahmen aufzunehmen (Kategorie B Informationsbestandteil gemäß Anhang XX ProspektVO). Wie die Marktstörungsregelungen sind auch die Regelungen zu Anpassungsmaßnahmen in der Regel in den Emissionsbedingungen enthalten und orientieren sich an internationalen Rahmenvereinbarungen (siehe oben unter Rz. 137).

Anpassungsmaßnahmen können beispielsweise Fälle, sogenannte „**Anpassungsereignisse**" erfassen, in denen der Basiswert wegfällt und durch einen Ersatzwert ersetzt werden muss (zB im Fall der Aufhebung eines Index oder der Abspaltung eines Unternehmensteils) oder in denen es zu einer Änderung hinsichtlich der Bestimmung des für die Wertpapiere maßgeblichen Kurses kommt (zB wenn der Indexsponsor die Berechnung des Index bzw. die Zusammensetzung oder Gewichtung der einzelnen Indexbestandteile ändert). Anpassungsmaßnahmen bei Indizes umfassen in der Regel auch Vorschriften für den Fall, dass der Indexsponsor wegfällt bzw. ersetzt wird. In den Anpassungsmaßnahmen im Fall von Aktien als Basiswert finden sich regelmäßig Bestimmungen dazu, wie sich die einzelnen Ausstattungsmerkmale des derivativen Wertpapiers im Fall von zB Dividendenausschüttungen oder Kapitalerhöhungen bezüglich des Basiswerts verändern.

VI. Bedingungen und Voraussetzungen für das Angebot (Ziffer 5)

5.   Bedingungen und Voraussetzungen für das Angebot
5.1.   *Bedingungen, Angebotsstatistiken, erwarteter Zeitplan und erforderliche Maßnahmen für die Antragstellung*
5.1.1. Bedingungen, denen das Angebot unterliegt.
5.1.2. Gesamtsumme der Emission/des Angebots; Ist die Gesamtsumme nicht festgelegt, Beschreibung der Vereinbarungen und des Zeitpunkts für die öffentliche Bekanntmachung des Angebotbetrags.
5.1.3. Frist – einschließlich etwaiger Ergänzungen/Änderungen – während deren das Angebot gilt und Beschreibung des Antragverfahrens.
5.1.4. Einzelheiten zum Mindest- und/oder Höchstbetrag der Zeichnung (entweder in Form der Anzahl der Wertpapiere oder der aggregierten zu investierenden Summe).
5.1.5. Methode und Fristen für die Bedienung der Wertpapiere und ihre Lieferung.

5.1.6. Vollständige Beschreibung der Art und Weise und des Termins, auf die bzw. an dem die Ergebnisse des Angebots bekanntzumachen sind.

5.2. *Plan für die Verbreitung der Wertpapiere und deren Zuteilung*

5.2.1. Angabe der verschiedenen Kategorien der potenziellen Investoren, denen die Wertpapiere angeboten werden. Erfolgt das Angebot gleichzeitig auf den Märkten in zwei oder mehreren Ländern und wurde/wird eine bestimmte Tranche einigen dieser Märkte vorbehalten, Angabe dieser Tranche.

5.2.2. Verfahren zur Meldung des den Zeichnern zugeteilten Betrags und Angabe, ob eine Aufnahme des Handels vor dem Meldeverfahren möglich ist.

5.3. *Preisfestsetzung*

Angabe des erwarteten Preises, zu dem die Wertpapiere angeboten werden, oder der Methode zur Preisfestsetzung und des Verfahrens für seine Veröffentlichung. Angabe des Betrags etwaiger Kosten und Steuern, die dem Zeichner oder Käufer speziell in Rechnung gestellt werden.

5.4. *Platzierung und Übernahme (Underwriting)*

5.4.1. Name und Anschrift des Koordinators/der Koordinatoren des gesamten Angebots oder einzelner Teile des Angebots und – sofern dem Emittenten oder dem Bieter bekannt – Angaben zu den Platzierern in den einzelnen Ländern des Angebots.

5.4.2. Name und Anschrift der Zahlstellen und der Verwahrstellen in jedem Land.

5.4.3. Einzelheiten über die Institute, die bereit sind, eine Emission auf Grund einer bindenden Zusage zu übernehmen, und Einzelheiten über die Institute, die bereit sind, eine Emission ohne bindende Zusage oder gemäß Vereinbarungen „zu den bestmöglichen Bedingungen" zu platzieren. Wird die Emission nicht zur Gänze übernommen, ist eine Erklärung zum nicht abgedeckten Teil einzufügen.

5.4.4. Angabe des Zeitpunkts, zu dem der Emissionsübernahmevertrag abgeschlossen wurde oder wird.

5.4.5. Name und Anschrift einer Berechnungsstelle.

1. Allgemeines

142 Im Gegensatz zu Ziffer 4 Anhang XII ProspektVO, nach der allgemeine Angaben zu den Merkmalen der Wertpapiere zu machen sind, verlangt **Ziffer 5 Anhang XII ProspektVO** Angaben zu dem **konkreten Erwerb** der Wertpapiere, dem **Zuteilungsverfahren**, der **Preisfestsetzung** und der **Platzierung** der Wertpapiere.

143 Die **Angaben in Ziffer 5 Anhang XII ProspektVO sind in erster Linie auf Aktienemissionen zugeschnitten,** bei denen die Preisbildung anhand eines Bookbuilding-Verfahrens stattfindet. In bestimmten Fällen können daher bestimmte im Rahmen von Ziffer 5 geforderte Angaben nicht anwendbar sein[1]. Entsprechend Erwägungs-

---

[1] Vgl. dazu auch *Schneider/Haag*, CMLJ 2007, 370 (370 f.).

grund Nr. 24 ProspektVO soll es dem Emittenten in diesen Fällen möglich sein, auf die Aufnahme solcher Angaben zu verzichten[1].

Darüber hinaus verlangt Ziffer 5 Anhang XII ProspektVO Angaben zur **Angebotsfrist**, Einzelheiten zu **Mindest- und Höchstbeträgen** oder Angaben zur **Bedienung und Lieferung der Wertpapiere**. Insbesondere im Fall von **Vertriebsketten** (sog. *Retail Cascades*; vgl. zur Prospektpflicht im Fall von Vertriebsketten § 3 WpPG Rz. 45 ff.), bei denen nicht der Emittent direkt an Anleger verkauft, sondern der Emittent die Wertpapiere zunächst an einen Finanzintermediär veräußert, der die Wertpapiere wiederum an die Anleger weiterveräußert, kann der Emittent in der Regel Angaben zu diesen Punkten zum Zeitpunkt des Erstangebots nicht erbringen (siehe zum Offenlassen von Angaben in den endgültigen Bedingungen auch § 6 WpPG Rz. 100 ff.)[2]. **CESR** war in einem solchen Fall der Auffassung, dass die Informationen, welche die Zuteilung, den Vertrieb oder die Preisfestsetzung betreffen, dem Anleger durch den Intermediär zum Zeitpunkt des Angebots zur Verfügung zu stellen sind. Der Emittent dagegen sei nach Art. 23 Abs. 4 ProspektVO nicht verpflichtet, solche Informationen in den Prospekt aufzunehmen[3].

144

2. Bedingungen des Angebots (Ziffer 5.1)

a) Bedingungen, denen das Angebot unterliegt (Ziffer 5.1.1)

Unter Ziffer 5.1.1 Anhang XII ProspektVO fallen die Bedingungen, denen das Angebot unterliegt (Kategorie C Informationsbestandteil gemäß Anhang XX ProspektVO), beispielsweise ein Mindestemissionsvolumen oder eine Zeichnungsfrist. Darüber hinaus fallen unter „Bedingungen" auch etwaige **Beschränkungen Dritter** (siehe oben unter Rz. 113 ff.). Ob neben diesen Bedingungen auch generell die **Emissionsbedingungen der Wertpapiere** unter Ziffer 5.1.1 Anhang XII ProspektVO fallen, erscheint fraglich. Die Informationen im Rahmen der Ziffer 5 Anhang XII ProspektVO dienen dazu, Angaben zu dem konkreten Erwerb der Wertpapiere, dem Zuteilungsverfahren, der Preisfestsetzung und der Platzierung der Wertpapiere in dem Prospekt offenzulegen. Da die Emissionsbedingungen nicht nur Angaben zum Erwerb der Wertpapiere enthalten, sondern insbesondere das Rechtverhältnis zwischen Anleger und Emittent regeln, sprechen die besseren Argumente dafür, dass die Emissionsbedingungen nicht komplett, sondern allenfalls teilweise in den Anwendungsbereich der Ziffer 5.1.1 Anhang XII ProspektVO fallen[4].

145

---

1 Vgl. zur „Blanket Clause" im Allgemeinen auch CESR/03-162, Draft – CESR's Advice on Level 2 Implementing Measures for the Proposed Prospectus Directive, Rz. 216 ff.
2 Vgl. auch *Heidelbach/Preuße*, BKR 2008, 10 (11).
3 Vgl. insoweit auch *Zeising* in Just/Voß/Ritz/Zeising, Anhang V EU-ProspektVO Rz. 35, wo offen gelassen wird, ob die Informationen nach Art. 23 Abs. 4 ProspektVO mangels Sachdienlichkeit nicht aufgenommen werden müssen oder ob entsprechend Erwägungsgrund Nr. 24 ProspektVO die entsprechenden Ziffern des Anhangs XII ProspektVO nicht anwendbar sind.
4 AA *Zeising* in Just/Voß/Ritz/Zeising, Anhang XII EU-ProspektVO Rz. 73, wonach die Emissionsbedingungen (insgesamt) unter Ziffer 5.1.1 Anhang XII ProspektVO fallen sollen.

b) Gesamtsumme (Ziffer 5.1.2)

146 Der Prospekt muss gemäß Ziffer 5.1.2 Anhang XII ProspektVO Angaben zu der **Gesamtsumme der Emission bzw. der Gesamtsumme des Angebots** enthalten (Kategorie C Informationsbestandteil gemäß Anhang XX ProspektVO). Es kommt insoweit nicht auf die platzierten Wertpapiere, sondern auf die angebotenen Wertpapiere an. Grundsätzlich ist eine Zahlenangabe erforderlich. Wie aus § 8 Abs. 1 WpPG deutlich wird, können diese Informationen auch nachgereicht werden, so dass es ausreichend ist, wenn in einem Prospekt eine „Bis zu"-Angabe aufgenommen wird (siehe zu „Bis zu"-Angaben in endgültigen Bedingungen § 6 WpPG Rz. 104).

c) Frist (Ziffer 5.1.3)

147 Nach Ziffer 5.1.3 Anhang XII ProspektVO ist im Prospekt grundsätzlich eine **Frist** aufzunehmen, **während der das Angebot gilt** (Kategorie C Informationsbestandteil gemäß Anhang XX ProspektVO). Dies erfordert, dass Angaben zum Fristbeginn und zum Fristende in den Prospekt aufgenommen werden. Sofern Emittenten die Angabe konkreter Termine nicht erbringen können, sollte es jedoch möglich sein, den frühesten Termin für den Fristbeginn und den spätesten Termin für den Fristablauf aufzunehmen. Bei Zertifikaten und Optionsscheinen, bei denen häufig ein fortlaufender Abverkauf erfolgt, ist die Aufnahme eines Fristendes allerdings nicht möglich (siehe § 9 WpPG Rz. 8).

148 Zu beachten ist, dass der **Beginn des öffentlichen Angebots** gemäß § 14 Abs. 1 Satz 1 WpPG frühestens einen Werktag nach der Veröffentlichung des gebilligten Prospekts beginnen kann (siehe § 14 WpPG Rz. 6) bzw. im Fall eines Basisprospekts am Tag der Veröffentlichung der endgültigen Bedingungen (siehe § 6 WpPG Rz. 88 ff.).

149 Sofern die **Möglichkeit** besteht, **dass die Angebotsfrist geändert wird**, sollte darauf in dem Prospekt hingewiesen werden. Dies kann beispielsweise dann der Fall sein, wenn bereits Zeichnungsaufträge in Höhe des Angebotsvolumens der Emission vorliegen und durch die Verkürzung der Frist eine Überzeichnung und damit die Durchführung eines Zuteilungsverfahrens verhindert werden soll.

d) Mindest- und Höchstbetrag (Ziffer 5.1.4)

150 Wenn für die Zeichnung eines Wertpapiers ein Mindest- und/oder Höchstbetrag bestimmt ist, müssen gemäß Ziffer 5.1.4 Anhang XII ProspektVO Angaben dazu in den Prospekt aufgenommen werden (Kategorie C Informationsbestandteile gemäß Anhang XX ProspektVO). Denkbar ist es zB, dass eine bestimmte Anzahl Wertpapiere oder ein entsprechender Geldbetrag vorgegeben wird.

e) Bedienung und Lieferung der Wertpapiere (Ziffer 5.1.5)

151 Nach Ziffer 5.1.5 Anhang XII ProspektVO sind in einem Prospekt Methoden und Fristen für die Bedienung von Wertpapieren und ihre Lieferung anzugeben (siehe da-

zu auch Anhang III EU-ProspektVO Rz. 49). Auch insoweit handelt es sich gemäß Anhang XX ProspektVO um Kategorie C Informationsbestandteile.

Unter **„Bedienung der Wertpapiere"** sind Angaben zu den Zahlungsmodalitäten hinsichtlich der Zahlung des Kaufpreises für die Wertpapiere zu verstehen. Dazu gehören beispielsweise Angaben dazu, auf welches Konto der Preis für die Wertpapiere zu überweisen ist etc. Im Hinblick auf die **„Frist der Bedienung"** ist die Periode anzugeben, innerhalb der ein Anleger den Kaufpreis für die Wertpapiere zahlen muss. Auch Teilbeträge, die im Hinblick auf den Kaufpreis gezahlt werden müssen, können beschrieben werden[1]. 152

Die **„Lieferung der Wertpapiere"** betrifft das Abwicklungsverfahren, dh. in dem Prospekt muss beschrieben werden, wie die Auslieferung der Wertpapiere erfolgt, wobei im Rahmen der Girosammelverwahrung die Wertpapiere auf das Konto der Depotbank eines Anlegers bei einer Wertpapiersammelbank (zB Clearstream Banking AG, Frankfurt) eingebucht werden. Entsprechend muss ein Prospekt auch Angaben dazu enthalten, welches Clearingsystem benutzt werden soll. Daneben muss ein Prospekt auch Information hinsichtlich der Frist für die Lieferung der Wertpapiere enthalten. 153

f) Bekanntmachung der Ergebnisse des Angebots (Ziffer 5.1.6)

Nach Ziffer 5.1.6 Anhang XII ProspektVO sind Emittenten und Anbieter verpflichtet, die **Art und Weise und den Termin** vollständig zu beschreiben, auf die bzw. an dem die Ergebnisse des Angebots bekanntzumachen sind (zur Relevanz bei Aktien im Rahmen von Bookbuilding-Verfahren siehe Anhang III EU-ProspektVO Rz. 50). Es handelt sich gemäß Anhang XX ProspektVO um einen Kategorie C Informationsbestandteil. 154

Im Fall von **„Bis zu"-Angaben** ist zu differenzieren. **Soweit sich die „Bis zu"-Angabe auf das Emissionsvolumen bezieht**, dh. lediglich ein maximal mögliches Emissionsvolumen in den endgültigen Bedingungen eines Basisprospekts angegeben wird, das aber nicht voll ausgeschöpft werden muss, ist das tatsächlich begebene Volumen nachträglich zu veröffentlichen, zB auf der Webseite des Emittenten oder in einer Zeitungsanzeige (siehe dazu auch § 6 WpPG Rz. 104). Dadurch soll der Anleger in die Lage versetzt werden, abschätzen zu können, in welchem Umfang sich für die von ihm erworbenen Wertpapiere ein Sekundärmarkt etablieren kann[2]. Die entsprechende Verpflichtung folgt aber bereits aus Ziffer 5.1.2 Anhang XII ProspektVO (siehe oben unter Rz. 146), so dass ein Rückgriff auf Ziffer 5.1.6 Anhang XII ProspektVO entbehrlich ist. Da nach dem Wortlaut von Ziffer 5.1.2 Anhang XII ProspektVO allerdings nur die Gesamtsumme der Emission bzw. des Angebots bekannt zu machen ist, ist Ziffer 5.1.6 Anhang XII ProspektVO in den Fällen anwendbar, in denen andere Angaben als das Emissionsvolumen bzw. der Emissionspreis mit einer „Bis zu"-Angabe oder in einer anderen Weise noch nicht final in die endgültigen Bedingungen aufgenommen werden (siehe für den Fall von endgültigen Bedingungen 155

---

[1] So auch für Vermögensanlagen *Voß* in Arndt/Voß, § 4 VermVerkProspV Rz. 62.
[2] So auch *Zeising* in Just/Voß/Ritz/Zeising, Anhang XII EU-ProspektVO Rz. 73.

§ 6 WpPG Rz. 105). Soweit sich eine „Bis zu"-Angabe in einem einteiligen Prospekt befindet, gelten grundsätzlich die gleichen Anforderungen, wobei allerdings entsprechende Veröffentlichungspflichten unmittelbar aus § 8 WpPG abzuleiten sind (siehe § 8 WpPG Rz. 28 ff.).

156 Zu der **Art der Offenlegung** des Ergebnisses des Angebots siehe unter Anhang III EU-ProspektVO Rz. 50.

3. Verbreitung der Wertpapiere und Zuteilung (Ziffer 5.2)

a) Anlegerkategorien und Tranchen (Ziffer 5.2.1)

157 In den Prospekt sind gemäß Ziffer 5.2.1 Anhang XII ProspektVO Informationen dazu aufzunehmen, welcher **Kategorie** von Anlegern die Wertpapiere angeboten werden sollen (zB institutionelle Investoren oder Privatanleger; siehe dazu auch Anhang III EU-ProspektVO Rz. 52). Bei Basisprospekten handelt es sich insoweit gemäß Anhang XX ProspektVO um Kategorie A Informationsbestandteile. In Prospekten zu Optionsscheinen bzw. Zertifikaten finden sich dazu in der Praxis meist keine Angaben, da der Anlegerkreis regelmäßig nicht eingeschränkt ist.

158 Darüber hinaus muss der Prospekt gemäß Ziffer 5.2.1 Anhang XII ProspektVO Angaben zu der **geographischen Verteilung** der angesprochenen Investoren enthalten, wenn ein Teil der Emission lediglich Anlegern eines oder mehrerer bestimmter Länder vorbehalten ist (siehe dazu Anhang III EU-ProspektVO Rz. 52). Insoweit handelt es sich bei Basisprospekten gemäß Anhang XX ProspektVO um einen Kategorie C Informationsbestandteil. Durch diese Information soll der Anleger einen Überblick über die Gesamtemission erhalten[1].

b) Zuteilungsmeldung und Handel vor Zuteilung (Ziffer 5.2.2)

159 Nach Ziffer 5.2.2 Anhang XII ProspektVO muss ein Prospekt Angaben zum Verfahren enthalten, aufgrund dessen den Zeichnern der zugeteilte Betrag gemeldet wird (siehe dazu Anhang III EU-ProspektVO Rz. 55). Es handelt sich dabei gemäß Anhang XX ProspektVO um einen Kategorie C Informationsbestandteil.

160 Auch bei derivativen Wertpapieren kann die Frage relevant sein, ob die **Aufnahme des Handels vor dem Meldeverfahren** möglich ist. Nach § 38 Abs. 2 BörsG dürfen zwar Wertpapiere, die zur öffentlichen Zeichnung aufgelegt werden, erst nach beendeter Zuteilung in den regulierten Markt eingeführt werden[2]. Für den Freiverkehr war allerdings in § 9 Abs. 5 bzw. Abs. 6 Allgemeine Geschäftsbedingungen der Deutsche Börse AG für den Freiverkehr an der Frankfurter Wertpapierbörse bis zum

---

1 Siehe zur ähnlichen Regelung in § 15 Abs. 1 Nr. 7 BörsZulV aF bzw. § 4 Nr. 9 VerkProspVO aF *Heidelbach* in Schwark, 3. Aufl. 2004, § 15 BörsZulV Rz. 8 bzw. *Ritz* in Assmann/Lenz/Ritz, § 4 VerkProspVO Rz. 21.

2 Zum Zweck des § 38 Abs. 2 BörsG siehe *Ekkenga/Maas*, Das Recht der Wertpapieremissionen, Rz. 164; zur entsprechenden Vorschrift in § 37 Abs. 2 BörsG aF *Heidelbach* in Schwark, 3. Aufl. 2004, § 38 BörsG Rz. 12 ff.

1.7.2012 geregelt, dass die Wertpapiere, die zur öffentlichen Zeichnung aufgelegt werden, abweichend von § 38 Abs. 2 BörsG bereits vor Beendigung der Zuteilung an die Zeichner in den Open Market einbezogen werden. In den aktuellen Allgemeinen Geschäftsbedingungen der Deutsche Börse AG ist eine entsprechende Regelung nicht mehr vorgesehen.

4. Preisfestsetzung (Ziffer 5.3)

Ziffer 5.3 Anhang XII ProspektVO ist insbesondere auf das **Bookbuilding-Verfahren** als Preisfestsetzungsverfahren ausgelegt, da es ua. Informationen zur Methode der Preisfestsetzung und des Verfahrens zur Veröffentlichung des Preises fordert (Kategorie B Informationsbestandteil gemäß Anhang XX ProspektVO). Bei derivativen Wertpapieren spielt das Bookbuilding-Verfahren in der Praxis keine Rolle. Allerdings ist nach Ziffer 5.3 Anhang XII ProspektVO in diesen Fällen erforderlich, dass der Prospekt Angaben zu dem anfänglichen Verkaufspreis enthält, zu dem die Wertpapiere angeboten werden (Kategorie C Informationsbestandteil gemäß Anhang XX ProspektVO). Dazu zählen auch Informationen zu einem eventuellen Aufgeld (Agio) oder zu sonstigen Gebühren, die dem Anleger vom Emittent bzw. dem Anbieter berechnet werden (Kategorie C Informationsbestandteil gemäß Anhang XX ProspektVO). Angaben zu Gebühren, die von einer anderen Stelle als dem Emittent bzw. dem Anbieter erhoben werden, müssen nicht in den Prospekt aufgenommen werden. Vgl. zur nachträglichen Veröffentlichung des Emissionspreises auch § 8 WpPG Rz. 28 ff. 161

Eine Anwendung von Ziffer 5.3 Anhang XII ProspektVO kommt auch dann in Betracht, wenn es sich bei den noch nicht final festgelegten Angaben nicht um den Emissionspreis handelt, sondern um **andere Angaben, wie zB eine Kursschwelle, einen Höchstpreis oder Mindestzinssätze**, zu denen sich nur eine indikative Angabe in dem Prospekt bzw. den endgültigen Bedingungen befindet (siehe zu den Argumenten für eine analoge Anwendung des § 8 Abs. 1 WpPG in diesem Fall § 6 WpPG Rz. 105). 162

5. Platzierung und Übernahme (Ziffer 5.4)

a) Koordinator und Platzierer (Ziffer 5.4.1)

Nach dieser Ziffer sind gegebenenfalls Angaben zu Koordinator und Platzierer der Wertpapiere aufzunehmen (siehe dazu Anhang III EU-ProspektVO Rz. 61). Insoweit handelt es sich gemäß Anhang XX ProspektVO um einen Kategorie C Informationsbestandteil. 163

b) Zahl- und Verwahrstelle (Ziffer 5.4.2)

Nach Ziffer 5.4.2 Anhang XII ProspektVO müssen in einem Prospekt Name und Anschrift der **Zahlstellen und Verwahrstellen in jedem Land** aufgenommen werden (Kategorie C Informationsbestandteil gemäß Anhang XX ProspektVO). Die Verpflichtung, Angaben zur Zahl- und Hinterlegungsstelle in den Prospekt aufzuneh- 164 men, galt bereits vor Inkrafttreten der ProspektVO (vgl. § 15 Abs. 1 Nr. 6 BörsZulV aF bzw. § 4 Nr. 5 VerkProspVO aF).

165 Aus dem Wortlaut von Ziffer 5.4.2. Anhang XII ProspektVO lässt sich **keine Verpflichtung** ableiten, eine **Zahl- und Hinterlegungsstelle in jedem Land, in dem ein Angebot erfolgen soll, zu errichten**. Eine entsprechende Verpflichtung bestand auch nach alter Rechtslage nicht. Vielmehr soll durch den Wortlaut klargestellt werden, dass alle *bestehenden* Zahl- und Hinterlegungsstellen in dem Prospekt aufgeführt werden müssen[1], was insbesondere bei grenzüberschreitenden Angeboten relevant sein kann.

166 Der Begriff der „**Zahlstelle**" wird nicht einheitlich verwendet. Typischerweise bezeichnet „Zahlstelle" die Stelle, bei welcher ein Prospekt im Wege der Schalterpublizität hinterlegt wird[2]. Diese Funktion ist von Ziffer 5.4.2 Anhang XII ProspektVO nicht umfasst, da nach § 14 Abs. 2 Nr. 2 WpPG ein Prospekt in gedruckter Form nicht zwingend bei einer Zahlstelle, sondern auch beim Emittenten oder einem anderen in § 14 Abs. 2 Nr. 2 WpPG genannten Institut zur Ausgabe bereitgehalten werden kann. Die Zahlstelle iS der Ziffer 5.4.2 Anhang XII ProspektVO ist vielmehr die Stelle, die Auszahlungen an den Anleger durchführen bzw. veranlassen kann bzw. die Stelle, die für die Einlösung fälliger Zinsscheine oder die Tilgung gekündigter oder ausgelaufene Wertpapiere zuständig ist[3].

167 Die **Verwahrstelle** (auch Hinterlegungsstelle) war ursprünglich vor allem im Fall von Aktien relevant, hat aber seit der Abschaffung der Hinterlegungspflicht nach § 123 AktG aF im Aktienrecht keine Bedeutung mehr. Allerdings ist unter dem Begriff „Verwahrstelle" auch eine Wertpapiersammelbank zu verstehen, bei der die Globalurkunde für die girosammelverwahrten Wertpapiere hinterlegt ist (siehe dazu Anhang III EU-ProspektVO Rz. 62)[4].

c) Übernahme der Emission (Ziffer 5.4.3 und Ziffer 5.4.4)

168 Emittenten bedienen sich bei der Emission und Platzierung von Wertpapieren teilweise der Mitwirkung von Kreditinstituten. Bei größeren Emissionen unter EMTN-Programmen wirkt dabei nicht nur ein einzelnes Kreditinstitut mit, sondern ein Bankenkonsortium. Sofern ein Emittent sich der Mitwirkung eines oder mehrerer Kreditinstitute bedient, muss der Prospekt **Angaben zu den einzelnen Instituten** enthalten (Kategorie C Informationsbestandteil gemäß Anhang XX ProspektVO). Dies entspricht auch der vor Inkrafttreten des europäischen Prospektrechts in Deutschland geltenden Rechtslage nach § 4 Satz 1 VerkProspVO aF bzw. § 15 Abs. 1

---

[1] *Fingerhut/Voß* in Just/Voß/Ritz/Zeising, Anhang III EU-ProspektVO Rz. 202.
[2] *Voß* in Arndt/Voß, § 4 VermVerkProspV Rz. 60; *Fingerhut/Voß* in Just/Voß/Ritz/Zeising, Anhang III EU-ProspektVO Rz. 203.
[3] *Voß* in Arndt/Voß, § 4 VermVerkProspV Rz. 60; *Heidelbach* in Schwark, 3. Aufl. 2004, § 39 BörsG Rz. 8 ff.
[4] AA *Zeising* in Just/Voß/Ritz/Zeising, Anhang XII EU-ProspektVO Rz. 85, der davon ausgeht, dass Angaben zur Verwahrstelle im Fall von Nicht-Dividendenwerten obsolet sind, da eine Verwahrung bei solchen Papieren nicht stattfindet.

Nr. 12 BörsZulV aF. Insbesondere ist klarzustellen, ob das einzelne Institut eine Emission aufgrund einer bindenden Zusage tätigen wird, da nur in diesem Fall Ziffer 5.4.3 Anhang XII ProspektVO einschlägig ist (siehe zum Begriff „bindende Zusage" Anhang III EU-ProspektVO Rz. 61). Sofern eine Emission nicht zur Gänze übernommen wird, muss der Prospekt auch Angaben zu dem nicht übernommenen Teil enthalten.

Des Weiteren sind im Fall von syndizierten Produkten **Angaben zu Übernahme- und Platzierungsprovisionen** zu machen[1]. Die Übernahme- und Platzierungsprovision stellt dabei ein Entgelt für die Leistungen dar, die ein Bankenkonsortium bei der Übernahme und Unterbringung einer Anleihe erbringt. Platzierungsprovisionen können dabei aus dem Emissionserlös in Form einer einmaligen Zahlung geleistet werden oder der Vertriebsstelle wird alternativ durch den Emittenten ein entsprechender Abschlag auf den Ausgabepreis gewährt. Für den Fall, dass Provisionen gezahlt werden, kann es empfehlenswert sein, in den Risikofaktoren auf daraus resultierende Interessenkonflikte hinzuweisen (siehe oben unter Rz. 66). 169

Nach Ziffer 5.4.4 Anhang XII ProspektVO sind in den Prospekt Angaben dazu aufzunehmen, zu welchem Zeitpunkt der **Emissionsübernahmevertrag** abgeschlossen wurde oder wird (Kategorie C Informationsbestandteil gemäß Anhang XX ProspektVO). 170

d) Berechnungsstelle (Ziffer 5.4.5)

Nach Ziffer 5.4.4 Anhang XII ProspektVO ist die Berechnungsstelle in dem Prospekt zu nennen, wobei auch der Emittent selbst die Aufgaben der Berechnungsstelle übernehmen kann (Kategorie C Informationsbestandteil gemäß Anhang XX ProspektVO). Die Berechnungsstelle ist ua. **zuständig** für die Berechnung des Rückzahlungsbetrags, die Berechnung der Zinsen und gegebenenfalls auch für die Feststellung bestimmter Tatsachen, zB ob eine Marktstörung oder ein Anpassungsereignis eingetreten ist. Sofern die Berechnungsstelle eine gesonderte Stelle darstellt, ist die Stelle ausdrücklich zu benennen. 171

VII. Zulassung zum Handel und Handelsregeln (Ziffer 6)

6. Zulassung zum Handel und Handelsregeln

6.1. Angabe, ob die angebotenen Wertpapiere Gegenstand eines Antrags auf Zulassung zum Handel sind oder sein werden und auf einem geregelten Markt oder sonstigen gleichwertigen Märkten vertrieben werden sollen, wobei die jeweiligen Märkte zu nennen sind. Dieser Umstand ist anzugeben, ohne jedoch den Eindruck zu erwecken, dass die Zulassung zum Handel auch tat-

---

1 *Heidelbach/Preuße*, BKR 2008, 10 (11); *Kullmann/Sester*, ZBB-Report 2005, 209 (215); zu Einzelheiten zu Provisionen bei syndizierten Produkten *Ekkenga/Maas*, Das Recht der Wertpapieremissionen, Rz. 360 f.

sächlich erfolgen wird. Wenn bekannt, sollte eine Angabe der frühestmöglichen Termine der Zulassung der Wertpapiere zum Handel erfolgen.

6.2. Angabe sämtlicher geregelten oder gleichwertigen Märkte, auf denen nach Kenntnis des Emittenten Wertpapiere der gleichen Wertpapierkategorie, die zum Handel angeboten oder zugelassen werden sollen, bereits zum Handel zugelassen sind.

6.3. Name und Anschrift der Institute, die aufgrund einer bindenden Zusage als Intermediäre im Sekundärhandel tätig sind und Liquidität mittels Geld- und Briefkursen zur Verfügung stellen, und Beschreibung der Hauptbedingungen der Zusagevereinbarung.

172 Hinsichtlich der **Ziffern 6.1 und 6.2 Anhang XII ProspektVO** gelten die entsprechenden Ausführungen in Anhang III ProspektVO (siehe Anhang III EU-ProspektVO Rz. 64 f.). Nach Ziffer 6.1 bzw. 6.2 Anhang XII ProspektVO muss ein Prospekt Informationen über die Zulassung zum Handel und die Handelsregeln enthalten, sofern die Wertpapiere **an einem geregelten Markt zugelassen oder auf einem geregelten Markt vertrieben** werden sollen (siehe dazu Anhang III EU-ProspektVO Rz. 65). Auch wenn dies in der ProspektVO nicht ausdrücklich vorgesehen ist, wird in der Literatur vertreten, dass Ausführungen nach Ziffer 6.1 und 6.2 Anhang XII ProspektVO auch dann in den Prospekt aufgenommen werden sollen, wenn die Wertpapiere nicht an einem geregelten Markt bzw. organisierten Markt iS des Prospektrechts, sondern lediglich in den Freiverkehr einbezogen werden sollen[1]. Im Hinblick darauf, dass in Ziffer 6.1 Anhang XII ProspektVO auch Angaben zur Zulassung von Wertpapieren auf „sonstigen gleichwertigen Märkten" aufgenommen werden sollen, wird man zumindest bei der Zulassung zu den Qualitätssegmenten Börse Frankfurt Zertifikate Premium an der Frankfurter Wertpapierbörse oder EUWAX an der Stuttgarter Wertpapierbörse, in denen eine fortlaufende Quotierungsverpflichtung besteht, zu dem Ergebnis kommen, dass eine Angabe zur Zulassung an diesen Märkten erforderlich ist. Damit ist sichergestellt, dass der Anleger abschätzen kann, ob und in welchem Umfang ein Sekundärmarkt für die Wertpapiere besteht bzw. nicht besteht.

173 Gemäß **Ziffer 6.3 Anhang XII ProspektVO** muss eine Prospekt Angaben zu Intermediären im Sekundärmarkt (*Market Maker*) enthalten (Kategorie C Informationsbestandteil gemäß Anhang XX ProspektVO). Während im Rahmen der Ziffer 6.4 Anhang III ProspektVO detaillierte Angaben zu den Instituten, die aufgrund einer bindenden Zusage als Intermediäre im Sekundärmarkt tätig sind, sowie Angaben zu den Hauptbedingungen der Zusagevereinbarung aufzunehmen sind, reicht es nach Ziffer 6.3 Anhang XII ProspektVO aus, dass lediglich Name und Anschrift des Intermediärs angegeben werden. Angaben zu dem Market Maker sind allerdings nur dann in den Prospekt aufzunehmen, wenn das Market Making nicht vom Emittenten selbst, sondern von einer anderen Stelle vorgenommen wird.

---

[1] *Zeising* in Just/Voß/Ritz/Zeising, Anhang XII EU-ProspektVO Rz. 88; zu § 4 Nr. 4 VerkProspektVO aF *Ritz* in Assmann/Lenz/Ritz, § 4 VerkProspVO Rz. 12 f.; *Heidelbach* in Schwark, 3. Aufl. 2004, § 4 VerkProspV Rz. 4.

VIII. Zusätzliche Angaben (Ziffer 7)

7. Zusätzliche Angaben
7.1. Werden an einer Emission beteiligte Berater in der Wertpapierbeschreibung genannt, ist eine Erklärung zu der Funktion abzugeben, in der sie gehandelt haben.
7.2. Angabe weiterer Informationen in der Wertpapierbeschreibung, die von gesetzlichen Abschlussprüfern teilweise oder vollständig geprüft wurden und über die die Abschlussprüfer einen Bericht erstellt haben. Reproduktion des Berichts oder mit Erlaubnis der zuständigen Behörden Zusammenfassung des Berichts.
7.3. Wird in die Wertpapierbeschreibung eine Erklärung oder ein Bericht einer Person aufgenommen, die als Sachverständiger handelt, so sind der Name, die Geschäftsadresse, die Qualifikationen und – falls vorhanden – das wesentliche Interesse am Emittenten anzugeben. Wurde der Bericht auf Ersuchen des Emittenten erstellt, so ist eine diesbezügliche Erklärung dahingehend abzugeben, dass die aufgenommene Erklärung oder der aufgenommene Bericht in der Form und in dem Zusammenhang, in dem sie bzw. er aufgenommen wurde, die Zustimmung von Seiten dieser Person erhalten hat, die den Inhalt dieses Teils der Wertpapierbeschreibung gebilligt hat.
7.4. Sofern Angaben von Seiten Dritter übernommen wurden, ist zu bestätigen, dass diese Information korrekt wiedergegeben wurde und dass – soweit es dem Emittenten bekannt ist und er aus den von dieser dritten Partei veröffentlichten Informationen ableiten konnte – keine Tatsachen unterschlagen wurden, die die reproduzierten Informationen unkorrekt oder irreführend gestalten würden. Darüber hinaus hat der Emittent die Quelle(n) der Informationen zu anzugeben.
7.5. Im Prospekt ist anzugeben, ob der Emittent die Veröffentlichung von Informationen nach erfolgter Emission beabsichtigt. Hat der Emittent die Veröffentlichung derartiger Informationen angekündigt, hat er im Prospekt zu spezifizieren, welche Informationen veröffentlicht werden und wo man sie erhalten kann.

Nach **Ziffer 7.1 Anhang XII ProspektVO** ist in einem Prospekt eine Erklärung zur Funktion aufzunehmen, wenn in dem Prospekt an einer Emission **beteiligte Berater** genannt werden (Kategorie C Informationsbestandteil gemäß Anhang XX ProspektVO). Dadurch soll dem Anleger ein etwaiger Einfluss des Beraters bei einer Emission offengelegt werden[1]. Berater können beispielsweise Rechtsanwälte, Steuerberater etc. sein[2]. In der Regel werden solche Berater allerdings nicht in einem Prospekt erwähnt, so dass entsprechende Erklärungen zur Funktion nicht erforderlich sind (siehe dazu auch Anhang III EU-ProspektVO Rz. 85).

174

---
[1] *Glismann* in Holzborn, Anh. V EU-ProspV Rz. 30.
[2] *Fingerhut/Voß* in Just/Voß/Ritz/Zeising, Anhang III EU-ProspektVO Rz. 264.

175 In einen Prospekt können nach **Ziffer 7.2 Anhang XII ProspektVO** geprüfte Angaben von gesetzlichen Abschlussprüfern bzw. einer prüferischen Durchsicht unterzogene Angaben aufgenommen werden, für die ein Abschlussprüfer einen Bestätigungsvermerk erstellt hat (siehe dazu Anhang III EU-ProspektVO Rz. 86). Darunter fallen beispielsweise zusätzliche Abschlüsse eines Unternehmens oder ausgewählte Finanzinformationen, die nicht bereits zu den Mindestangaben im Rahmen eines Schemas für Registrierungsformulare fallen. Es handelt sich insoweit gemäß Anhang XX ProspektVO um einen Kategorie A Informationsbestandteil.

176 Sofern ein Prospekt eine **Erklärung oder einen Bericht einer Person enthält, die als Sachverständiger handelt**, muss ein Prospekt nach **Ziffer 7.3 Anhang XII ProspektVO** Informationen dazu enthalten, woher diese Informationen stammen (Kategorie A Informationsbestandteil gemäß Anhang XX ProspektVO). Des Weiteren sind etwaige Interessenkonflikte offen zu legen. Dadurch soll Anlegern die Möglichkeit gegeben werden, festzustellen, woher die Informationen, die im Prospekt enthalten sind, stammen, und in was für einem Zusammenhang sie abgegeben wurden. Zur Nichtanwendbarkeit der Ziffer 7.3 Anhang XII ProspektVO auf Bestätigungsvermerke von Wirtschaftsprüfern siehe unter Anhang III EU-ProspektVO Rz. 87.

177 Sofern in einen Prospekt **Angaben Dritter** aufgenommen werden, muss der Prospekt eine an **Ziffer 7.4 Anhang XII ProspektVO** orientierte „Haftungserklärung" enthalten (siehe dazu Anhang III EU-ProspektVO Rz. 91 ff.). Insoweit handelt es sich gemäß Anhang XX ProspektVO um einen Kategorie C Informationsbestandteil. Neben etwaigen Erklärungen oder Berichten von Sachverständigen muss auch bei Basiswertbeschreibungen, die anhand von Informationen von Seiten Dritter erstellt werden, eine entsprechende Bestätigung abgegeben werden.

178 Nach **Ziffer 7.5 Anhang XII ProspektVO** ist im Prospekt über Anhang V ProspektVO hinausgehend anzugeben, ob der Emittent die **Veröffentlichung von Informationen nach erfolgter Emission** beabsichtigt (Kategorie C Informationsbestandteil gemäß Anhang XX ProspektVO). Darunter sind Informationen zu verstehen, zu denen der Emittent sich zivilrechtlich verpflichtet und zu deren Veröffentlichung er nicht prospektrechtlich verpflichtet ist. Ein Emittent kann sich in den Emissionsbedingungen beispielsweise dazu verpflichten, variable Zinssätze während der Laufzeit eines Wertpapiers oder bestimmte Anpassungsmaßnahmen im Hinblick auf den Basiswert, die im Rahmen eines dem Emittenten eingeräumten Leistungsbestimmungsrechts gemäß § 315 BGB festgelegt werden, zu veröffentlichen. Vor dem Hintergrund des § 8 WpPG ist ein Emittent darüber hinaus verpflichtet, im Fall, dass der Prospekt indikative Angaben enthält, die endgültig festgelegten Konditionen zu veröffentlichen (siehe dazu oben unter Rz. 162 und § 6 WpPG Rz. 105). In der Regel enthalten die Emissionsbedingungen Ausführungen dazu, wie die jeweiligen Veröffentlichungen im Hinblick auf die Wertpapiere erfolgen. In Betracht kommen insoweit beispielsweise eine Veröffentlichung auf der Internetseite des Emittenten, eine Veröffentlichung in einer Zeitung oder die Veröffentlichung im Bundesanzeiger.

Anhang XIII
Mindestangaben für die Wertpapierbeschreibung für Schuldtitel mit einer Mindeststückelung von 100.000 EUR (Schema)

Schrifttum: *Heidelbach/Preuße*, Einzelfragen in der praktischen Arbeit mit dem neuen Wertpapierprospektregime, BKR 2006, 316; *Kullmann/Sester*, Inhalt und Format von Emissionsprospekten nach dem WpPG, ZBB-Report 2005, 209; *Kunold*, Die neue EU-Prospektrichtlinie – Inhalt und Auswirkungen auf das deutsche Kapitalmarktrecht, BB 2004, 501; *Seitz*, Das neue Wertpapierprospektgesetz – Auswirkungen auf die Emission von Schuldverschreibungen, AG 2005, 678.

I. Anwendungsbereich	**II. Verantwortliche Personen** (Ziffer 1) 12
1. Allgemeines 1	**III. Risikofaktoren (Ziffer 2)** 13
2. Abgrenzung zu anderen Anhängen der ProspektVO	**IV. Grundlegende Angaben** (Ziffer 3) 15
a) Abgrenzung zu Anhang V ProspektVO (Schema für die Wertpapierbeschreibung für Schuldtitel mit einer Mindeststückelung von weniger als 100.000 Euro) 7	**V. Angaben über die zum Handel zuzulassenden Wertpapiere** (Ziffer 4) 17
	VI. Zulassung zum Handel und Handelsregeln (Ziffer 5) 25
b) Abgrenzung zu Anhang XII ProspektVO (Schema für die Wertpapierbeschreibung für derivative Wertpapiere) 10	**VII. Kosten der Zulassung zum Handel (Ziffer 6)** 28
c) Abgrenzung zu Anhang III ProspektVO (Schema für die Wertpapierbeschreibung für Aktien) 11	**VIII. Zusätzliche Angaben (Ziffer 7)** 29

I. Anwendungsbereich

1. Allgemeines

Nach **Art. 16 Abs. 1 ProspektVO** werden die Mindestinformationen bei der Wertpapierbeschreibung für Schuldtitel mit einer Mindeststückelung von 100.000 Euro nach dem in Anhang XIII ProspektVO festgelegten Schema zusammengestellt[1]. 1

---

[1] Vgl. zur Erhöhung des Schwellenwerts für die Mindeststückelung von 50.000 Euro auf 100.000 Euro Delegierte Verordnung (EU) Nr. 486/2012 der Kommission vom 30.3.2012 zur Änderung der Verordnung (EG) Nr. 809/2004 in Bezug auf Aufmachung und Inhalt des Prospekts, Basisprospekts, der Zusammenfassung und der endgültigen Bedingungen und in Bezug auf die Angabepflichten, ABl. EU Nr. L 150 v. 9.6.2012, S. 1, Erwägungsgrund Nr. 3 sowie allgemein zur Erhöhung der Schwelle in der Prospektrichtlinie unter § 3 WpPG (Rz. 35 ff.).

2 Das Schema gilt nach **Art. 16 Abs. 2 ProspektVO** für Schuldtitel (zum Begriff „Schuldtitel" siehe Anhang V EU-ProspektVO Rz. 2), bei denen der Emittent aufgrund der Emissionsbedingungen verpflichtet ist, dem Anleger 100% des Nominalwertes zu zahlen, der uU noch durch eine Zinszahlung aufgestockt wird, wobei der Begriff „Zinszahlung" weit zu verstehen ist und jede über den Nominalwert hinausgehende Zahlung umfasst[1]. Erfasst sind somit kapitalgarantierte Schuldtitel (vgl. Anhang V EU-ProspektVO Rz. 11)[2].

3 Anhang XIII ProspektVO ist anwendbar, wenn die Wertpapiere **zum Handel an einem organisierten Markt** zugelassen werden sollen. Dies folgt im Umkehrschluss aus Art. 3 Abs. 2 lit. d) Prospektrichtlinie bzw. § 3 Abs. 2 Satz 1 Nr. 4 WpPG. Nach § 3 Abs. 2 Satz 1 Nr. 4 WpPG gilt die Verpflichtung zur Veröffentlichung eines Prospekts im Fall eines öffentlichen Angebots dann nicht, wenn die Wertpapiere eine Mindeststückelung von 100.000 Euro aufweisen[3].

4 Anhang XIII ProspektVO gilt auch dann, wenn ein **Mindestbetrag von 100.000 Euro für den Erwerb** festgelegt ist. Abweichend von Art. 12 ProspektVO, der das Schema von Anhang IX ProspektVO für das Registrierungsformular für Schuldtitel und derivative Wertpapiere mit einer Mindeststückelung von 100.000 Euro in den Fällen für anwendbar erklärt, in denen die Mindeststückelung oder die Mindesterwerbsgröße 100.000 Euro beträgt, ist in Art. 16 ProspektVO eine entsprechende Klarstellung hinsichtlich der Mindesterwerbsgröße nicht enthalten. Für die Gleichbehandlung von Art. 16 ProspektVO mit Art. 12 ProspektVO, dh. dafür, dass für Art. 16 ProspektVO auch die Mindesterwerbsgröße maßgeblich ist, spricht aber der Umstand, dass es widersprüchlich wäre, wenn zwar für das Registrierungsformular die niedrigeren Anforderungen aufgrund der Mindestbetragsgrenze gelten, nicht aber für die Wertpapierbeschreibung[4].

5 Anhang XIII ProspektVO ist auch dann einschlägig, wenn die Wertpapiere in einer **anderen Währung als Euro** begeben werden. Nach Erwägungsgrund Nr. 14 ProspektVO ist in diesem Fall aber erforderlich, dass die Mindeststückelung der Wertpapiere bzw. die Mindesterwerbsgröße nach Umrechnung in Euro ebenfalls mindestens 100.000 Euro beträgt (vgl. dazu auch § 3 WpPG Rz. 38).

6 Anhang XIII ProspektVO ist jedenfalls **nicht auf Aktien anwendbar**. Art. 12 ProspektVO (Schema für das Registrierungsformular für Schuldtitel und derivative Wertpapiere mit einer Mindeststückelung von 100.000 Euro) und Art. 16 ProspektVO weisen zwar einen unterschiedlichen Wortlaut hinsichtlich der Anwendbarkeit des jeweiligen Schemas auf, da in Art. 12 ProspektVO explizit darauf hingewiesen

---

1 Für eine solche weite Auslegung des Begriffs „Zinsen" auch *Glismann* in Holzborn, Art. 16 EU-ProspV Rz. 2.
2 *Seitz*, AG 2005, 678 (687).
3 Im Ergebnis so auch *Zeising* in Just/Voß/Ritz/Zeising, Anhang V EU-ProspektVO Rz. 3; zu den Ausnahmen zur Verpflichtung zur Veröffentlichung eines Prospekts siehe die Kommentierung zu § 3 WpPG Rz. 23 ff.
4 So auch *Glismann* in Holzborn, Art. 16 EU-ProspV Rz. 1.

wird, dass Art. 12 ProspektVO nur dann anwendbar ist, wenn es sich bei den **Wertpapieren** um solche handelt, **die nicht unter Art. 4 ProspektVO fallen**. Aufgrund der Sonderregelung in Art. 6 ProspektVO im Hinblick auf die Wertpapierbeschreibung für Aktien ist aber auch im Rahmen des Art. 16 ProspektVO davon auszugehen, dass darunter nur solche Wertpapiere fallen, die nicht bereits von Art. 6 ProspektVO umfasst sind[1].

Im Zuge der Überarbeitung der Prospektrichtlinie durch die **Änderungsrichtlinie**[2] sowie der Prospektverordnung durch die **Erste**[3] und **Zweite**[4] **Delegierte Verordnung** hat Anhang XIII ProspektVO keine größeren inhaltlichen Änderungen erfahren. Die wesentlichen Änderungen betreffen einerseits die **Anhebung des Schwellenwerts für die Mindeststückelung** von 50.000 Euro auf 100.000 Euro sowie die Anpassung der Anforderungen an Ziffer 4.8 Anhang XIII ProspektVO, wonach nunmehr auch Informationen zur Art des Basiswertes und zur Verbindung von Zinssatz und Basiswert in den Prospekt aufzunehmen sind (siehe dazu unten unter Rz. 20). 6a

Zur **Kategorisierung** der prospektrechtlich erforderlichen Informationen, die auch für Basisprospekte nach Anhang XIII ProspektVO relevant ist, siehe § 6 WpPG Rz. 47. 6b

2. Abgrenzung zu anderen Anhängen der ProspektVO

a) Abgrenzung zu Anhang V ProspektVO (Schema für die Wertpapierbeschreibung für Schuldtitel mit einer Mindeststückelung von weniger als 100.000 Euro)

Wie Anhang V ProspektVO gilt auch Anhang XIII ProspektVO für Schuldtitel, bei denen der Emittent aufgrund der Emissionsbedingungen verpflichtet ist, dem Anleger 100% des Nominalwerts zu zahlen, der uU noch durch eine Zinszahlung aufgestockt wird. Während Anhang V ProspektVO aber dann angewendet wird, wenn 7

---

1 *Glismann* in Holzborn, Art. 16 EU-ProspV Rz. 1.
2 Richtlinie 2010/73/EU des Europäischen Parlaments und des Rates vom 24.11.2010 zur Änderung der Richtlinie 2003/71/EG betreffend den Prospekt, der beim öffentlichen Angebot von Wertpapieren oder bei deren Zulassung zum Handel zu veröffentlichen ist, und der Richtlinie 2004/109/EG zur Harmonisierung der Transparenzanforderungen in Bezug auf Informationen über Emittenten, deren Wertpapiere zum Handel auf einem geregelten Markt zugelassen sind, ABl. EU Nr. L 327 v. 11.12.2010, S. 1 ff.
3 Delegierte Verordnung (EU) Nr. 486/2012 der Kommission vom 30.3.2012 zur Änderung der Verordnung (EG) Nr. 809/2004 in Bezug auf Aufmachung und Inhalt des Prospekts, Basisprospekts, der Zusammenfassung und der endgültigen Bedingungen und in Bezug auf die Angabepflichten, ABl. EU Nr. L 150 v. 9.6.2012, S. 1 ff.
4 Delegierte Verordnung (EU) Nr. 862/2012 der Kommission vom 4.6.2012 zur Änderung der Verordnung (EG) Nr. 809/2004 in Bezug auf die Zustimmung zur Verwendung des Prospekts, die Informationen über Basisindizes und die Anforderungen eines von unabhängigen Buchprüfern oder Abschlussprüfern erstellten Berichts, ABl. EU Nr. L 256 v. 22.9.2012, S. 4 ff.

die **Mindeststückelung weniger als 100.000 Euro** beträgt, findet Anhang XIII ProspektVO Anwendung, wenn die Mindeststückelung mindestens 100.000 Euro beträgt[1].

8 Gegenüber den Mindestanforderungen, die in Anhang V ProspektVO vorgesehen sind, sieht Anhang XIII ProspektVO teilweise **geringere bzw. weniger detaillierte Anforderungen** vor[2]. So ist es beispielsweise nicht erforderlich, dass die Gründe für das Angebot offen gelegt werden oder Angaben zur Verwendung der Erträge gemacht werden. Ebenso sind Angaben zur Renditeberechnung und Angaben zur Quellenbesteuerung abweichend von Anhang V ProspektVO nicht erforderlich. Auch Angaben zu den Bedingungen und Konditionen des Angebots, die nach Ziffer 5 Anhang V ProspektVO grundsätzlich in den Prospekt aufzunehmen sind, zählen im Rahmen des Anhangs XIII ProspektVO nicht zu den in den Prospekt aufzunehmenden Mindestangaben. Letztlich sind auch Angaben zur Zulassung zum Handel nicht in der Detailtiefe wie in Anhang V ProspektVO gefordert. Die unterschiedlichen Prospektinhalte resultieren daraus, dass bei einer Mindeststückelung von 100.000 Euro idR davon auszugehen ist, dass diese Wertpapiere nicht von Kleinanlegern (*retail investors*), sondern von Großanlegern (*wholesale investors*) erworben werden, die ihre Anlageentscheidung auf andere Informationen stützen können als Kleinanleger[3] (siehe dazu auch Erwägungsgrund Nr. 14 ProspektVO, in dem allerdings noch auf den alten Schwellenwert von 50.000 Euro abgestellt wird).

9 In der Literatur wird teilweise die Meinung vertreten, dass es Emittenten unbenommen ist, im Falle von Wertpapieren mit einer Mindeststückelung von 100.000 Euro und einer Zulassung am regulierten Markt anstelle des Anhangs XIII ProspektVO den strengeren Anhang V ProspektVO anzuwenden, wenn dies nach Ansicht des Emittenten als sinnvoll erscheint, dem Anleger ein vollständigeres Bild über die angebotenen Schuldtitel zu ermöglichen[4]. Nach Ansicht der BaFin hat **Anhang XIII ProspektVO** dagegen einen **eigenständigen Anwendungsbereich** neben Anhang V ProspektVO. Durch Einhaltung der Anforderungen von Anhang V ProspektVO werden nach Auffassung der BaFin nicht automatisch auch die Anforderungen von Anhang XIII ProspektVO erfüllt. Die BaFin begründet ihre Sichtweise richtigerweise damit, dass im Rahmen von Anhang XXII ProspektVO bei der Gestaltung der Zusammenfassung bestimmte Informationen nur dann in die Zusammenfassung aufzunehmen sind, sofern die Wertpapierbeschreibung nach Anhang XIII ProspektVO erstellt wird (zB muss in der Zusammenfassung Element C.21 aufgenommen werden, wenn die Wertpapierbeschreibung Anhang XIII ProspektVO unterfällt, wohingegen Element C.21 nicht erforderlich ist, wenn die Wertpapierbeschreibung nach Anhang V ProspektVO erstellt wird). Für Prospekte bedeutet das, dass bereits bei der Prospekterstellung überlegt werden muss, ob die zukünftigen Emissionen unter dem Prospekt immer eine Mindeststückelung von 100.000 Euro aufweisen werden oder ob ggf. auch eine darunterliegende Mindeststückelung möglich sein soll. Sofern neben einer Mindest-

---

1 Siehe dazu auch *Kunold*, BB 2004, 501 (508).
2 *Kullmann/Sester*, ZBB 2005, 209 (213).
3 *Heidelbach/Preuße*, BKR 2006, 316 (319).
4 So beispielsweise *Glismann* in Holzborn, Anh. XIII EU-ProspV Rz. 2.

stückelung von 100.000 Euro auch eine Mindeststückelung von unter 100.000 Euro möglich sein soll, ist im Prospekt zu berücksichtigen, dass sowohl die Anforderungen von Anhang XIII ProspektVO als auch von Anhang V ProspektVO enthalten sind, wobei in diesem Fall darauf zu achten ist, dass die unterschiedlichen Anforderungen optional ausgestaltet werden (insbesondere die jeweils einschlägigen Elemente in der Zusammenfassung).

b) Abgrenzung zu Anhang XII ProspektVO (Schema für die Wertpapierbeschreibung für derivative Wertpapiere)

Da Anhang XIII ProspektVO (wie auch Anhang V ProspektVO) nur dann auf Schuldtitel anwendbar ist, wenn der Anspruch auf Rückzahlung von 100% des Nominalwerts entsprechend den Emissionsbedingungen während der gesamten Laufzeit der Wertpapiere gesichert ist, findet Anhang XII ProspektVO als Auffangtatbestand in den Fällen Anwendung, in denen die genannte **Sicherung des Rückzahlungsbetrags nicht besteht** (siehe ausführlich zur Abgrenzung zwischen Anhang XIII ProspektVO und Anhang XII ProspektVO in der Kommentierung zu Anhang XII EU-ProspektVO Rz. 19).

c) Abgrenzung zu Anhang III ProspektVO (Schema für die Wertpapierbeschreibung für Aktien)

Anhang III ProspektVO findet nach Art. 6 Abs. 2 ProspektVO dann Anwendung, wenn es sich bei den zu begebenden Wertpapieren um Aktien oder andere übertragbare, Aktien gleichzustellende Wertpapiere handelt (siehe dazu auch oben unter Rz. 6 und allgemein zum Anwendungsbereich von Anhang III ProspektVO ausführlich in der Kommentierung zu Anhang XII EU-ProspektVO Rz. 12 ff.).

II. Verantwortliche Personen (Ziffer 1)

1. Verantwortliche Personen
1.1. Alle Personen, die für die im Prospekt gemachten Angaben bzw. für bestimmte Abschnitte des Prospekts verantwortlich sind. Im letzteren Fall ist eine Angabe der entsprechenden Abschnitte vorzunehmen. Im Falle von natürlichen Personen, zu denen auch Mitglieder der Verwaltungs-, Geschäftsführungs- und Aufsichtsorgane des Emittenten gehören, sind der Name und die Funktion dieser Person zu nennen. Bei juristischen Personen sind Name und eingetragener Sitz der Gesellschaft anzugeben.
1.2. Erklärung der für den Prospekt verantwortlichen Personen, dass sie die erforderliche Sorgfalt haben walten lassen, um sicherzustellen, dass die im Prospekt genannten Angaben ihres Wissens nach richtig sind und keine Tatsachen ausgelassen worden sind, die die Aussage des Prospekts wahrscheinlich verändern. Ggf. Erklärung der für bestimmte Abschnitte des Prospekts verantwortlichen Personen, dass sie die erforderliche Sorgfalt haben walten las-

sen, um sicherzustellen, dass die in dem Teil des Prospekts genannten Angaben, für die sie verantwortlich sind, ihres Wissens nach richtig sind und keine Tatsachen ausgelassen worden sind, die die Aussage des Prospekts wahrscheinlich verändern.

12 Die Mindestangaben in Ziffer 1 von Anhang XIII ProspektVO (Kategorie A Informationsbestandteil gemäß Anhang XX ProspektVO) stimmen mit den Mindestangaben nach Ziffer 1 von Anhang V ProspektVO bzw. den Mindestangaben nach Ziffer 1 von Anhang III ProspektVO überein, so dass insoweit auf die dort getroffenen Ausführungen verwiesen werden kann (siehe Anhang V EU-ProspektVO Rz. 14 ff. bzw. Anhang III EU-ProspektVO Rz. 2 ff.).

III. Risikofaktoren (Ziffer 2)

2. Risikofaktoren
Klare Offenlegung der Risikofaktoren, die für die zum Handel zuzulassenden Wertpapiere von wesentlicher Bedeutung sind, wenn es darum geht, das Marktrisiko zu bewerten, mit dem diese Wertpapiere behaftet sind. Diese Offenlegung muss unter der Rubrik „Risikofaktoren" erfolgen.

13 Der **Wortlaut der Ziffer 2 Anhang XIII ProspektVO** stimmt weitgehend mit den Wortlauten der Ziffer 4 Anhang I ProspektVO und Ziffer 2 Anhang V ProspektVO überein. Es wird daher auf die Kommentierung zu Anhang I ProspektVO (siehe Anhang I EU-ProspektVO Rz. 32 ff.) und Anhang V ProspektVO (siehe Anhang V EU-ProspektVO Rz. 17 ff.) verwiesen. Abweichend von Ziffer 2 Anhang V ProspektVO stellt Ziffer 2 Anhang XIII ProspektVO nicht auf eine Offenlegung der Risikofaktoren ab, die für die „anzubietenden Wertpapiere" von ausschlaggebender Bedeutung sind. Die Abweichung resultiert daraus, dass ein prospektpflichtiges Angebot im Fall einer Mindeststückelung von 100.000 Euro nicht besteht (§ 3 Abs. 2 Satz 1 Nr. 4 WpPG) und dementsprechend Anhang XIII ProspektVO nur im Fall einer Zulassung zum Handel anwendbar ist.

14 Da sich die Wertpapiere, die im Rahmen des Anhangs XIII ProspektVO begeben werden, an institutionelle Anleger richten, sind **an die Detailtiefe der Darstellung der Risikofaktoren keine überzogenen Anforderungen** zu stellen. Diese Differenzierung wird zwar nicht aus dem Wortlaut der ProspektVO deutlich, kann aber aus Erwägungsgrund Nr. 14 ProspektVO abgeleitet werden und entspricht auch der Wertung im Vergleich zu anderen kapitalmarktrechtlichen Bestimmungen (vgl. insbesondere §§ 4 und 5 WpDVerOV). Allerdings empfiehlt es sich, auch im Rahmen des Anhangs XIII ProspektVO zumindest auf die sich aus der konkreten Struktur des Wertpapiers ergebenden Risiken näher einzugehen.

14a Auch im Rahmen des Anhangs XIII ProspektVO stellen die Risikofaktoren einen Kategorie A Informationsbestandteil gemäß Anhang XX ProspektVO dar, dh. eine Ergänzung von Risikofaktoren im Rahmen der endgültigen Bedingungen ist nicht möglich (siehe dazu auch § 6 WpPG Rz. 78 und Anhang V EU-ProspektVO Rz. 18a).

IV. Grundlegende Angaben (Ziffer 3)

3. Grundlegende Angaben

Interessen von Seiten natürlicher und juristischer Personen, die an der Emission beteiligt sind.

Beschreibung jeglicher Interessen – einschließlich Interessenskonflikte –, die für die Emission von wesentlicher Bedeutung sind, wobei die involvierten Personen zu spezifizieren und die Art der Interessen darzulegen ist.

Im Rahmen der Ziffer 3 Anhang XIII ProspektVO sind – wie auch im Rahmen der Ziffer 3.1 Anhang V ProspektVO bzw. Ziffer 3.1 Anhang XII ProspektVO – jegliche **Interessen von Seiten natürlicher und juristischer Personen** – einschließlich Interessenkonflikte –, die für die Emission von wesentlicher Bedeutung sind, zu beschreiben (Kategorie C Informationsbestandteil gemäß Anhang XX ProspektVO). Hierbei sind die involvierten natürlichen und juristischen Personen zu spezifizieren und es ist die Art der Interessen darzulegen. Es gelten insoweit die Ausführungen unter Anhang XII EU-ProspektVO Rz. 67 ff. Abweichend von Ziffer 3 Anhang V ProspektVO bzw. Ziffer 3.1 Anhang XII ProspektVO sind nur die Interessen von Seiten natürlicher und juristischer Personen darzustellen, die an der „Emission" beteiligt sind, wohingegen nach Ziffer 3.1 Anhang V ProspektVO bzw. Ziffer 3.1 Anhang XII ProspektVO auch Interessen natürlicher und juristischer Personen darzustellen sind, die an dem „Angebot" beteiligt sind. Die Abweichung resultiert daraus, dass die Mindeststückelung der Wertpapiere im Rahmen des Anhangs XIII ProspektVO 100.000 Euro beträgt und dementsprechend kein prospektpflichtiges Angebot vorliegt, weshalb ein Prospekt nur im Fall einer Zulassung zum Handel zu erstellen ist (siehe dazu oben unter Rz. 3). 15

Abweichend von Ziffer 3.2 Anhang V ProspektVO bzw. Ziffer 3.2 Anhang XII ProspektVO ist es im Rahmen von Anhang XIII ProspektVO nicht erforderlich, dass die **Gründe für das Angebot** und die **Verwendung der Erlöse** offen gelegt werden. 16

V. Angaben über die zum Handel zuzulassenden Wertpapiere (Ziffer 4)

4. Angaben über die zum Handel zuzulassenden Wertpapiere

4.1. Gesamtbetrag der Wertpapiere, die zum Handel zuzulassen sind.

4.2. Beschreibung des Typs und der Kategorie der zum Handel zuzulassenden Wertpapiere einschließlich der ISIN (International Security Identification Number) oder eines ähnlichen Sicherheitsidentifikationscodes.

4.3. Rechtsvorschriften, auf deren Grundlage die Wertpapiere geschaffen wurden.

4.4. Angabe, ob es sich bei den Wertpapieren um Namenspapiere oder um Inhaberpapiere handelt und ob die Wertpapiere verbrieft oder stückelos sind. In letzterem Fall sind der Name und die Anschrift des die Buchungsunterlagen führenden Instituts zu nennen.

4.5. Währung der Wertpapieremission.

4.6. Rangfolge der Wertpapiere, die zum Handel zugelassen werden sollen, einschließlich der Zusammenfassung etwaiger Klauseln, die die Rangfolge beeinflussen können oder das Wertpapier derzeitigen oder künftigen Verbindlichkeiten des Emittenten nachordnen können.

4.7. Beschreibung der Rechte – einschließlich ihrer etwaigen Beschränkungen –, die an die Wertpapiere gebunden sind, und des Verfahrens zur Ausübung dieser Rechte.

4.8. Angabe des nominalen Zinssatzes und Bestimmungen zur Zinsschuld:
– Datum, ab dem die Zinsen zahlbar werden, und Zinsfälligkeitstermine;
– Gültigkeitsdauer der Ansprüche auf Zins- und Kapitalrückzahlungen.

Ist der Zinssatz nicht festgelegt, eine Erklärung zur Art des Basiswerts und eine Beschreibung des Basiswertes, auf den er sich stützt, und der bei der Verbindung von Basiswert und Zinssatz angewandten Methode:
– Beschreibung etwaiger Ereignisse, die eine Störung des Marktes oder der Abrechnung bewirken und den Basiswert beeinflussen,
– Anpassungsregeln in Bezug auf Ereignisse, die den Basiswert betreffen,
– Name der Berechnungsstelle.

4.9. Fälligkeitstermin und Vereinbarungen für die Darlehenstilgung, einschließlich der Rückzahlungsverfahren. Wird auf Initiative des Emittenten oder des Wertpapierinhabers eine vorzeitige Tilgung ins Auge gefasst, so ist sie unter Angabe der Tilgungsbedingungen zu beschreiben.

4.10. Angabe der Rendite.

4.11. Repräsentation der Schuldtitelinhaber unter Angabe der die Anleger vertretenden Organisation und der auf die Repräsentation anwendbaren Bestimmungen. Angabe des Ortes, an dem die Anleger die Verträge einsehen können, die diese Repräsentationsformen regeln.

4.12. Angabe der Beschlüsse, Ermächtigungen und Billigungen, die die Grundlage für die erfolgte Schaffung der Wertpapiere und/oder deren Emission bilden.

4.13. Angabe des Emissionstermins der Wertpapiere.

4.14. Darstellung etwaiger Beschränkungen für die freie Übertragbarkeit der Wertpapiere.

17 Aufgrund des weitgehend gleichen Wortlauts kann im Hinblick auf die Mindestangaben nach Ziffer 4 Anhang XIII ProspektVO weitgehend auf die entsprechende Kommentierung zu Ziffer 4 Anhang V ProspektVO (siehe Anhang V EU-ProspektVO Rz. 32 ff.) bzw. zu Ziffer 4 Anhang XII ProspektVO (siehe Anhang XII EU-ProspektVO Rz. 73 ff.) verwiesen werden.

Ziffer 4 Anhang XIII ProspektVO weist die **folgenden Besonderheiten** auf: 18

– Abweichend von Ziffer 4 Anhang V ProspektVO ist im Rahmen des Anhangs XIII 19
ProspektVO nach Ziffer 4.1 der **Gesamtbetrag der Wertpapiere**, die zum Handel zuzulassen sind, anzugeben (Kategorie C Informationsbestandteil gemäß Anhang XX ProspektVO). Angegeben werden kann insoweit entweder der Gesamtnennbetrag oder – falls die Wertpapiere nicht über einen Nennbetrag verfügen – die Anzahl der Wertpapiere, die zugelassen werden sollen[1].

– Ähnlich wie Ziffer 4.7 Anhang V ProspektVO verlangt auch Ziffer 4.8 Anhang XIII 20
ProspektVO **Informationen zum Zinssatz**, zur **Bestimmung der Zinsschuld** sowie zu einem etwaigen **Basiswert**. Während Ziffer 4.7 Anhang V ProspektVO aber im Fall eines nicht festgelegten Zinssatzes verlangt, dass der Prospekt Informationen darüber enthält, wo Informationen über die vergangene und künftige Wertentwicklung des Basiswerts und seine Volatilität eingeholt werden können, sind entsprechende Angaben nach Ziffer 4.8 Anhang XIII ProspektVO nicht erforderlich. Des Weiteren ist – abweichend von Ziffer 4.7 Anhang V ProspektVO – auch dann, wenn das Wertpapier eine derivative Komponente bei der Zinszahlung aufweist, eine klare und umfassende Erläuterung, die den Anlegern verständlich macht, wie der Wert ihrer Anlage durch den Wert des Basisinstruments/der Basisinstrumente beeinflusst wird, im Rahmen von Ziffer 4.8 Anhang XIII ProspektVO nicht erforderlich. Zu den Gründen für die geringeren Anforderungen bei Anhang XIII ProspektVO siehe oben unter Rz. 8.

– Entsprechend Ziffer 4.9 Anhang V ProspektVO ist auch nach Ziffer 4.10 Anhang XIII ProspektVO eine **Angabe der Rendite** in den Prospekt aufzunehmen 21
(Kategorie C Informationsbestandteil gemäß Anhang XX ProspektVO). Abweichend von Ziffer 4.9 Anhang V ProspektVO ist dabei aber eine Darlegung der Methode zur Berechnung der Rendite im Rahmen der Ziffer 4.10 Anhang XIII ProspektVO nicht erforderlich.

– Im Gegensatz zu Ziffer 4.11 Anhang V ProspektVO ist nach Ziffer 4.12 Anhang XIII ProspektVO in jedem Fall, dh. nicht nur im Fall von Neuemissionen, eine **Angabe der Beschlüsse, Ermächtigungen und Genehmigungen** erforderlich, 22
die die Grundlage für die erfolgte Schaffung der Wertpapiere und/oder deren Emission bilden (Kategorie C Informationsbestandteil gemäß Anhang XX ProspektVO).

– Nach Ziffer 4.13 Anhang XIII ProspektVO ist die Angabe des erwarteten **Emissionstermins** der Wertpapiere – abweichend von Ziffer 4.12 Anhang V ProspektVO (siehe Anhang V EU-ProspektVO Rz. 45 f.) – nicht nur im Fall einer Neuemission in den Prospekt aufzunehmen (Kategorie C Informationsbestandteil gemäß Anhang XX ProspektVO). 23

– Abweichend von Ziffer 4.14 Anhang V ProspektVO ist nach Anhang XIII ProspektVO die Aufnahme von **Angaben zur Quellenbesteuerung** nicht erforderlich. Dies resultiert – auch hier – aus der Überlegung, dass sich institutionelle Anleger 24

---
1 *Glismann* in Holzborn, Anh. XIII EU-ProspV Rz. 11.

in der Regel über die für sie maßgeblichen Steuerproblematiken informieren und es dementsprechend nicht erforderlich ist, dass der Emittent Angaben dazu in den Prospekt aufnimmt[1].

VI. Zulassung zum Handel und Handelsregeln (Ziffer 5)

5. Zulassung zum Handel und Handelsregeln
5.1. Angabe des Marktes, auf dem die Wertpapiere gehandelt werden und für die ein Prospekt veröffentlicht wurde. Wenn bekannt, sollten die frühestmöglichen Termine für die Zulassung der Wertpapiere zum Handel angegeben werden.
5.2. Name und Anschrift etwaiger Zahlstellen und Verwahrstellen in jedem Land.

25 Nach Ziffer 5.1 Anhang XIII ProspektVO sind in dem Prospekt **Angaben zu dem Markt**, auf dem die Wertpapiere gehandelt werden und für die ein Prospekt veröffentlicht wurde, aufzunehmen (Kategorie B Informationsbestandteil gemäß Anhang XX ProspektVO). Ebenso sollte – wenn bekannt – der **frühestmögliche Termin für die Zulassung** der Wertpapiere zum Handel angegeben werden (Kategorie C Informationsbestandteil gemäß Anhang XX ProspektVO). Diese Angabe dient dazu, den Anleger darüber zu informieren, an welcher Börse und ab welchem Zeitpunkt er seine Wertpapiere wieder verkaufen kann[2].

26 Darüber hinaus sind nach Ziffer 5.2 Anhang XIII ProspektVO auch der Name und die Anschrift etwaiger **Zahlstellen** und **Verwahrstellen** in jedem Land anzugeben (Kategorie C Informationsbestandteil gemäß Anhang XX ProspektVO). Die Mindestangaben dazu entsprechen den Mindestangaben zur Zahl- und Verwahrstelle, die im Rahmen der Ziffer 5.4.2 Anhang V ProspektVO bzw. Ziffer 5.4.2 Anhang XII ProspektVO in den Prospekt aufzunehmen sind, so dass insoweit auf die Ausführungen in Anhang XII EU-ProspektVO Rz. 164 ff. verwiesen werden kann.

27 Im Gegensatz zu Ziffer 6 Anhang V ProspektVO bzw. Ziffer 6 Anhang XII ProspektVO stellt Ziffer 5 Anhang XIII ProspektVO **geringere Anforderungen** an die aufzunehmenden Mindestinformationen, da sich die angebotenen Schuldtitel an institutionelle Anleger richten. So sind Angaben zu sämtlichen geregelten oder gleichwertigen Märkten, auf denen nach Kenntnis des Emittenten Wertpapiere der gleichen Wertpapierkategorie bereits zugelassen sind, entbehrlich (vgl. auch Anhang XII EU-ProspektVO Rz. 172).

---

1 *Glismann* in Holzborn, Anh. XIII EU-ProspV Rz. 10.
2 *Glismann* in Holzborn, Anh. XIII EU-ProspV Rz. 24.

VII. Kosten der Zulassung zum Handel (Ziffer 6)

6. Kosten der Zulassung zum Handel
   Angabe der geschätzten Gesamtkosten für die Zulassung zum Handel.

Nach Ziffer 6 Anhang XIII ProspektVO sind in dem Prospekt Angaben der geschätzten **Gesamtkosten für die Zulassung** zum Handel aufzunehmen (nicht zu verwechseln ist dies mit den Anforderungen von Ziffer 3.2 Anhang XII ProspektVO bzw. Ziffer 3.2 Anhang V ProspektVO). Entsprechende Mindestangaben werden in den Schemata nach Anhang V ProspektVO bzw. Anhang XII ProspektVO nicht gefordert. Die Kosten für die Zulassung zum Handel orientieren sich dabei in erster Linie an der Gebührenordnung der Börse, an der die Zulassung zum Handel erfolgen soll. Die Gesamtkosten umfassen auch etwaige Kosten für Wirtschaftsprüfer und Anwälte. Bei den Angaben zur Schätzung der durch die Zulassung zum Handel insgesamt verursachten Kosten handelt es sich um einen Kategorie C Informationsbestandteil gemäß Anhang XX ProspektVO.

VIII. Zusätzliche Angaben (Ziffer 7)

7. Zusätzliche Angaben
7.1. Werden an einer Emission beteiligte Berater in der Wertpapierbeschreibung genannt, ist eine Erklärung zu der Funktion abzugeben, in der sie gehandelt haben.
7.2. Angabe weiterer Informationen in der Wertpapierbeschreibung, die von gesetzlichen Abschlussprüfern teilweise oder vollständig geprüft wurden und über die die Abschlussprüfer einen Prüfungsbericht erstellt haben. Reproduktion des Berichts oder mit Erlaubnis der zuständigen Behörden Zusammenfassung des Berichts.
7.3. Wird in die Wertpapierbeschreibung eine Erklärung oder ein Bericht einer Person aufgenommen, die als Sachverständiger handelt, so sind der Name, die Geschäftsadresse, die Qualifikationen und – falls vorhanden – das wesentliche Interesse am Emittenten anzugeben. Wurde der Bericht auf Ersuchen des Emittenten erstellt, so ist eine diesbezügliche Erklärung dahingehend abzugeben, dass die aufgenommene Erklärung oder der aufgenommene Bericht in der Form und in dem Zusammenhang, in dem sie bzw. er aufgenommen wurde, die Zustimmung von Seiten dieser Person erhalten hat, die den Inhalt dieses Teils der Wertpapierbeschreibung gebilligt hat.
7.4. Sofern Angaben von Seiten Dritter übernommen wurden, ist zu bestätigen, dass diese Information korrekt wiedergegeben wurde und dass – soweit es dem Emittenten bekannt ist und er aus den von dieser dritten Partei veröffentlichten Informationen ableiten konnte – keine Tatsachen unterschlagen wurden, die die wiedergegebenen Informationen unkorrekt oder irreführend gestalten würden. Darüber hinaus ist/sind die Quelle(n) der Informationen anzugeben.

7.5. Angabe der Ratings, mit dem ein Emittent oder seine Schuldtitel auf Anfrage des Emittenten oder in Zusammenarbeit mit dem Emittenten im Rahmen eines Ratingverfahrens bewertet wurde(n).

29 Die Anforderungen nach Ziffer 7 Anhang XIII ProspektVO entsprechen weitgehend Ziffer 7 Anhang XII ProspektVO, so dass insoweit auf die Ausführungen in Anhang XII EU-ProspektVO Rz. 174 ff. verwiesen werden kann.

30 Nach Ziffer 7.5 Anhang XIII ProspektVO sind in den Prospekt Angaben zum Rating aufzunehmen, mit dem ein Emittent (Kategorie A Informationsbestandteil gemäß Anhang XX ProspektVO) oder seine Schuldtitel (Kategorie C Informationsbestandteil gemäß Anhang XX ProspektVO) auf Anfrage des Emittenten oder in Zusammenarbeit mit dem Emittenten im Rahmen eines Ratingverfahrens bewertet wurden. Abweichend von Ziffer 7.5 Anhang V ProspektVO ist im Rahmen der Ziffer 7.5 Anhang XIII ProspektVO allerdings eine **kurze Erläuterung der Bedeutung der Ratings nicht erforderlich**, da sich die unter Anhang XIII ProspektVO fallenden Schuldtitel an institutionelle Anleger richten, für die eine Erläuterung im Hinblick auf die Bedeutung eines Ratings nicht erforderlich ist.

Anhang XIV
Zusätzliches Modul für die zugrunde liegende Aktie

Hier nicht kommentiert.

Anhang XV
Mindestangaben für das Registrierungsformular für Wertpapiere, die von Organismen für gemeinsame Anlagen des geschlossenen Typs ausgegeben werden (Schema)

Hier nicht kommentiert.

Anhang XVI
Mindestangaben für das Registrierungsformular für Wertpapiere, die von Mitgliedstaaten, Drittstaaten und ihren regionalen und lokalen Gebietskörperschaften ausgegeben werden (Schema)

Hier nicht kommentiert.

Anhang XVII
Mindestangaben für das Registrierungsformular für Wertpapiere, die von internationalen öffentlichen Organismen ausgegeben werden, und für Schuldtitel, deren Garantiegeber ein OECD-Mitgliedstaat ist (Schema)

Hier nicht kommentiert.

Anhang XVIII
[Kombinationsübersichten]

Hier nicht kommentiert.

Anhang XIX
Verzeichnis bestimmter Kategorien von Emittenten

- Immobiliengesellschaften
- Bergbaugesellschaften
- Investmentgesellschaften
- In der wissenschaftlichen Forschung tätige Gesellschaften
- Seit weniger als drei Jahren bestehende Gesellschaften (Startups)
- Schifffahrtsgesellschaften

Schrifttum: *Schlitt/Schäfer*, Auswirkungen des Prospektrichtlinie-Umsetzungsgesetzes auf Aktien- und Equity-linked Emissionen, AG 2005, 498; *Schlitt/Schäfer*, Drei Jahre Praxis unter dem Wertpapierprospektgesetz – eine Zwischenbilanz, AG 2008, 525; *Schlitt/Singhof/Schäfer*, Aktuelle Rechtsfragen und neue Entwicklungen im Zusammenhang mit Börsengängen, BKR 2005, 251.

I. Anwendungsbereich 1	3. Investmentgesellschaften 14
II. Zusätzliche Informationsbestandteile für die einzelnen Kategorien von Emittenten 3	4. In der wissenschaftlichen Forschung tätige Gesellschaften 15
1. Immobiliengesellschaften 4	5. Seit weniger als drei Jahren bestehende Gesellschaften (Startups) 18
2. Bergbaugesellschaften 9	6. Schifffahrtsgesellschaften 22

I. Anwendungsbereich

1   Die Mindestangaben, die nach § 7 WpPG iVm. der ProspektVO in einen Prospekt aufzunehmen sind, ergeben sich aufgrund der Zuordnung bestimmter Wertpapiere aus Art. 3 ff. ProspektVO. Art. 3 Unterabs. 2 Satz 2 ProspektVO bestimmt daher, dass die für die Prospektbilligung zuständige Behörde keine Angaben verlangen kann, die von den in den Anhängen I–XVII und XX–XXX zur ProspektVO genannten Informationsbestandteilen nicht umfasst sind. In Anerkennung besonderer Informationsbedürfnisse der Anleger bei bestimmten Kategorien von Emittenten stellt Art. 23 Abs. 1 Satz 1 ProspektVO eine Ausnahme von diesem Grundsatz dar, indem er der zuständigen Behörde in Fällen, in denen die Tätigkeit des Emittenten einer der in Anhang XIX genannten Kategorien unterfällt, gestattet, aufgrund der **besonderen Art dieser Tätigkeit** zusätzlich zu den Informationsbestandteilen der anwendbaren Anhänge besondere Angaben zu verlangen. Zu diesen zusätzlich geforderten Angaben kann ua. eine Bewertung des Vermögens des Emittenten oder ein diesbezüglicher Bericht eines Sachverständigen zählen (Art. 23 Abs. 1 Satz 1 ProspektVO).

Anhang XIX ProspektVO legt die Kategorien von Emittenten fest, für deren Prospekte die billigende Behörde zusätzliche Informationen verlangen kann[1]. Welche **zusätzlichen Informationen** gefordert werden können, spezifiziert die ProspektVO nicht. Sie verweist in Art. 23 Abs. 1 Satz 1 ProspektVO lediglich auf das übergeordnete Prinzip der **Richtigkeit und Vollständigkeit** des Art. 5 Abs. 1 Prospektrichtlinie (umgesetzt in § 5 Abs. 1 WpPG). Als zusätzliche Informationsbestandteile können daher nur solche Angaben verlangt werden, deren Aufnahme zur vollständigen Information des Publikums iS des § 5 WpPG erforderlich ist. Erwägungsgrund 22 der ProspektVO schränkt die zusätzlich geforderten Informationsbestandteile zudem auf solche ein, deren Aufnahme im Hinblick auf die Art der jeweiligen Tätigkeit des Emittenten **geeignet und verhältnismäßig** erscheint. Im gleichen Erwägungsgrund wurde ESMA aufgefordert, sich um eine Annäherung dieser Informationsanforderungen in der Gemeinschaft zu bemühen.

II. Zusätzliche Informationsbestandteile für die einzelnen Kategorien von Emittenten

ESMA hat in Umsetzung dieses Handlungsauftrags umfassende Empfehlungen zu den zusätzlichen Informationsbestandteilen ausgesprochen, deren Aufnahme die zuständige Behörde bei Emittenten fordern kann, die in eine der in Anhang XIX ProspektVO genannten Kategorien fallen[2]. Wie bei den übrigen **ESMA-Empfehlungen** handelt es sich lediglich um Empfehlungen, denen die nationalen Behörden nicht Folge leisten müssen (siehe § 7 WpPG Rz. 13).

1. Immobiliengesellschaften

Immobiliengesellschaften (*property companies*) im prospektrechtlichen Sinne sind Gesellschaften, die Immobilien direkt oder indirekt zum Zwecke der **Vermietung oder Selbstnutzung** erschließen und/oder halten[3]. Hierzu gehören nach Ansicht der BaFin Wohnungsbaugesellschaften mit einem eigenen Bestand an Immobilien, Konzerngesellschaften für vom Konzern des Emittenten selbst genutzte Gewerbeimmobilien sowie Anlagegesellschaften. REIT-AGs sind in jedem Fall Immobiliengesellschaften. Nicht unter den Begriff der Immobiliengesellschaft fallen hingegen solche Gesellschaften, deren Unternehmensgegenstand nicht auf eine dauerhafte Be-

---

[1] Siehe dazu auch *A. Meyer* in Habersack/Mülbert/Schlitt, Unternehmensfinanzierung am Kapitalmarkt, § 36 Rz. 73 f.; *Wiegel*, Die Prospektrichtlinie und Prospektverordnung, S. 285 ff.
[2] ESMA/13-319, Rz. 128–145. Siehe dazu auch *Schlitt/Wilczek* in Habersack/Mülbert/Schlitt, Handbuch der Kapitalmarktinformation, § 5 Rz. 112 ff.
[3] ESMA/13-319, Rz. 129; *Schlitt/Wilczek* in Habersack/Mülbert/Schlitt, Handbuch der Kapitalmarktinformation, § 5 Rz. 114; *Höninger/Eckner* in Holzborn, Anh. XIX EU-ProspV Rz. 2; zu den Zusatzanforderungen für Immobiliengesellschaften siehe auch *Schlitt/Schäfer*, AG 2008, 525 (535).

wirtschaftung eigener Immobilien gerichtet ist[1]. Die Schwelle **der zeitlichen Dauerhaftigkeit** liegt nach Auffassung der BaFin in der Regel bei einem Jahr[2]. Ein Indikator ist, ob der Emittent das Immobilienvermögen im Anlage- (dann grundsätzlich Immobiliengesellschaft) oder im Umlaufvermögen ausweist[3]. Demnach können Emittenten, deren Unternehmensgegenstand den Kauf, die Renovierung und den Weiterverkauf von Immobilien umfasst und die zu diesem Zweck Immobilien über den Zeitraum von einem Jahr hinaus halten, unter den Begriff der Immobiliengesellschaft fallen, wenn dieser Teil der Geschäftstätigkeit ihre Hauptgeschäftstätigkeit darstellt. Um eine Hauptgeschäftstätigkeit der Gesellschaft handelt es sich nach Auffassung der BaFin, wenn die Bewirtschaftung der Immobilien einen wesentlichen Teil ausmacht. Grundsätzlich wird dieser Teil der Geschäftstätigkeit als wesentlich einzuschätzen sein, wenn er einen Gewinn- oder Umsatzbeitrag von 50% beiträgt[4].

5 Die BaFin fordert von allen Immobiliengesellschaften die Aufnahme des von ESMA empfohlenen[5] (zusammengefassten) **Bewertungsgutachtens** in den Prospekt. In diesem Gutachten muss ein unabhängiger Experte das Immobilienportfolio auf einer einheitlichen Bewertungsbasis im Gesamtwert zu einem Datum bewerten, das maximal ein Jahr vor dem Zeitpunkt der Prospektbilligung liegt. Seit dem Erstellungsdatum dürfen sich keine wesentlichen Änderungen ergeben haben. Bewertungsunterschiede zwischen diesem Gutachten und den historischen Finanzinformationen sind zu erläutern[6]. Nicht in den Prospekt aufgenommen werden dürfen die Allgemeinen Geschäftsbedingungen des Gutachters (und damit auch nicht etwaige Haftungsbeschränkungen) sowie sonstige Verwendungsverbote, die dem Prospektzweck zuwiderlaufen[7].

6 Handelt es sich bei der betreffenden Immobiliengesellschaft um eine **REIT-AG**, sind aufgrund der steuerlichen Vorteile und Risiken darüber hinaus grundsätzlich spezifische Risikofaktoren aufzunehmen, etwa bezüglich des Wegfalls der steuerlichen Vorteile oder gar des REIT-Status aufgrund Änderungen in der Aktionärsstruktur, der Schilderung von Finanzierungsrisiken und steuerlicher Risiken für die Anleger. Darüber hinaus bedarf es der Schilderung der steuerlichen Auswirkungen auf die Geschäftstätigkeit sowie der Bilanzstrukturvorgaben[8].

---

1 *Knobloch/Langenkamp*, Der Prospekt für Immobiliengesellschaften, BaFin-Workshop v. 4.9.2007.
2 *Knobloch/Langenkamp*, Der Prospekt für Immobiliengesellschaften, BaFin-Workshop v. 4.9.2007.
3 *Fingerhut/Voß* in Just/Voß/Ritz/Zeising, Anhang XIX EU-ProspektVO Rz. 6.
4 *Fingerhut/Voß* in Just/Voß/Ritz/Zeising, Anhang XIX EU-ProspektVO Rz. 6.
5 ESMA/13-319, Rz. 128 ff.
6 ESMA/13-319, Rz. 130; *A. Meyer* in Habersack/Mülbert/Schlitt; Unternehmensfinanzierung am Kapitalmarkt, § 36 Rz. 74.
7 *Schlitt/Wilczek* in Habersack/Mülbert/Schlitt, Handbuch der Kapitalmarktinformation, § 5 Rz. 118.
8 *Knobloch/Langenkamp*, Der Prospekt für Immobiliengesellschaften, BaFin-Workshop v. 4.9.2007; *Schlitt/Wilczek* in Habersack/Mülbert/Schlitt, Handbuch der Kapitalmarktinformation, § 5 Rz. 119.

Daneben ist bei Immobiliengesellschaften zu berücksichtigen, dass diese typischerweise häufiger als andere Emittenten potentiell **pro-forma-pflichtige Transaktionen** des Anhangs I Ziffer 20.2, Anhang II ProspektVO durchführen[1]. Eine Pro-forma-Pflicht entsteht grundsätzlich, wenn eine Transaktion oder mehrere in Zusammenhang stehende Transaktionen eine mindestens 25%ige Änderung des Vermögens, des Umsatzes oder der Gewinne oder Verluste auslöst[2]. Da Immobiliengesellschaften besonders häufig derartige Transaktionen durchführen, beschränkt die BaFin den Begriff der Transaktion im Falle eines Immobilien- oder Immobilienportfolioerwerbs auf solche Fälle, in denen zusätzlich der Umfang der Geschäftstätigkeit erweitert wird, zB wenn neben Wohnungseinheiten zusätzlich eine Hausverwaltung übernommen wird[3]. 7

Die oben genannten Zusatzangaben sind nur erforderlich im Zusammenhang mit einem öffentlichen Angebot oder einer Zulassung von **Aktien oder Schuldverschreibungen** in einer Stückelung von weniger als 50.000 Euro, die durch die Immobilien besichert sind, und **Zertifikate**, die die Aktien vertreten, in einer Stückelung von weniger als 50.000 Euro[4]. 8

2. Bergbaugesellschaften

Die ESMA hat in ihren Empfehlungen den Begriff der Bergbaugesellschaft weiter gefasst[5]. Das Merkmal des gewerbsmäßigen Abbaus von Bodenschätzen hat keine Bedeutung mehr. Daher können nun auch Emittenten erfasst werden, die sich rein der Exploration von Bodenschätzen ohne deren Abbau in gewerblichem Umfang widmen. 9

Der **Begriff der Bergbaugesellschaft** (*mineral company*)[6] erfasst Unternehmen mit „bedeutenden mineralischen Projekten" (*material mineral projects*)[7]. Mineralische Projekte umfassen nach den neuesten Empfehlungen der ESMA die Exploration, Entwicklung, Planung und Produktion, einschließlich sog. „royality interests", im Hinblick auf Mineralien respektive Bodenschätze. Als Bodenschätze werden alle metallischen oder nicht metallischen Erze, mineralische Konzentrate, industrielle Minerale, Aggregate, mineralische Öle, Naturgas, Hydrocarbonate und Festbrennstoffe ein-

---

1 In Zweifelsfällen fordert die BaFin eine Bestätigung eines Wirtschaftsprüfers; *Knobloch/Langenkamp*, Der Prospekt für Immobiliengesellschaften/Property Companies, BaFin-Workshop v. 4.9.2007.
2 Liegt dieses Ereignis vor dem letzten abgeschlossenen Geschäftsjahr, kann die Aufnahme zusätzlicher Finanzinformationen aufgrund komplexer Finanzhistorie erforderlich sein, siehe dazu Anhang I Ziffer 20 EU-ProspektVO Rz. 226.
3 *Knobloch/Langenkamp*, Der Prospekt für Immobiliengesellschaften/Property Companies, BaFin-Workshop v. 4.9.2007; *Schlitt/Wilczek* in Habersack/Mülbert/Schlitt, Handbuch der Kapitalmarktinformation, § 5 Rz. 116.
4 ESMA/13-319, Rz. 128.
5 Vgl. ESMA/13-319, Rz. 131.
6 Zum Begriff der Bergbaugesellschaft siehe ESMA/13-319, Rz. 131.
7 ESMA/13-319, Rz. 131.

schließlich Kohle definiert[1]. Bedeutend sind solche Projekte dann, wenn eine Bewertung des mineralischen Projekts erforderlich ist, um aus der Sicht eines Anlegers eine informierte Einschätzung über die Aussichten des Emittenten zu ermöglichen[2].

10 Nach den ESMA-Empfehlungen[3] sind zusätzlich zu den sonstigen Mindestangaben folgende **zusätzliche Angaben** in den Prospekt aufzunehmen, wenn der Emittent eine Bergbaugesellschaft ist und ein öffentliches Angebot oder ein Antrag auf Zulassung zum Handel von Aktien, Schuldverschreibungen mit einem Nennwert von weniger als 100.000 Euro, aktienvertretenden Zertifikaten mit einem Nennbetrag von weniger als 100.000 Euro oder Derivaten mit einem Nennbetrag von weniger als 100.000 Euro vorliegt:

- Einzelheiten zu den vorhandenen Rohstoffquellen und, soweit erforderlich, zu nicht abgebauten Vorkommen und Reserven sowie zu Explorationsergebnissen und -aussichten, die im Einklang mit den anwendbaren Berichtsstandards verfasst sein müssen;
- die erwartete Dauer der kommerziellen Bergbauaktivitäten oder des Explorationspotentials der Rohstoffquelle/Mine;
- Angaben zur Dauer und den wesentlichen Bedingungen etwaiger Lizenzen oder Konzessionen, einschließlich einer Erläuterung der rechtlichen, wirtschaftlichen und ökologischen Grundlagen, auf denen die Nutzung dieser Lizenzen und Konzessionen beruht;
- Angaben über den derzeitigen Entwicklungsstand und künftigen Fortschritt der Arbeitsprozesse der Mineralienexploration und/oder Ausgrabungen und Verwertungen, einschließlich einer Erläuterung über die Verfügbarkeit des Mineralienvorkommens;
- Angaben zu außergewöhnlichen Faktoren, die die vorgenannten Angaben beeinflusst haben oder beeinflussen[4].

10a Falls die nach den ESMA-Empfehlungen in den Prospekt aufgenommenen Zusatzangaben mit den vom Emittenten bereits veröffentlichten Informationen inkonsistent sind, **soll diese Inkonsistenz im Prospekt erläutert werden**[5].

11 Darüber hinaus ist in den ESMA-Empfehlungen die **Aufnahme eines Bewertungsberichts** von einem Sachverständigen vorgesehen (*competent person's report*). Die Anforderungen an den Bewertungsbericht hat ESMA zuletzt in ihren Empfehlungen im März 2013 aktualisiert. Der Prospekt soll einen Bewertungsbericht neben den oben genannten Mindestangaben enthalten, wenn ein öffentliches Angebot oder ein Antrag auf Zulassung zum Handel von Aktien und aktienvertretenden Zertifikaten mit

---

1 ESMA/13-319, Rz. 131 b).
2 ESMA/13-319, Rz. 131 c); vgl. auch *Höninger/Eckner* in Holzborn, Art. 23 EU-ProspV Rz. 14 f.
3 ESMA/13-319, Rz. 132.
4 ESMA/13-319, Rz. 132.
5 ESMA/13-319, Rz. 132; vgl. auch *Höninger/Eckner* in Holzborn, Art. 23 EU-ProspV Rz. 28 ff.

einem Nennbetrag von weniger als 100.000 Euro vorliegt. Ein solcher Bericht ist nicht erforderlich, wenn bereits eine Zulassung zu einem geregelten Markt, einem vergleichbaren Drittstaatmarkt oder einer MTF besteht[1].

Enthält der Prospekt einen Bewertungsbericht, darf dieser **nicht älter als sechs Monate** in Bezugnahme zum Veröffentlichungszeitpunkt des Prospekts sein. Eine Ausnahme besteht dann, wenn der Emittent bestätigt, dass keine wesentlichen Änderungen seit dem Erscheinen des Bewertungsberichts stattgefunden haben. Fehlt eine solche Aussage, ist der Bewertungsbericht irreführend[2]. Des Weiteren dürfen Informationen des Prospekts im Hinblick auf Mineralienvorkommen, Rohstoffquellen, Reserven- und Explorationspotentiale sowie sämtliche Informationen wissenschaftlicher und/oder technischer Natur nicht vom Bewertungsbericht abweichen[3]. 11a

Nach den Empfehlungen der ESMA müssen die Bewertungsberichte von einem **unabhängigen und erfahrenen Sachverständigen** erstellt werden[4]. Der Sachverständige muss vom Emittenten, seinen Gremienmitgliedern und sonstigen Beratern unabhängig sein. Es muss sich um eine natürliche Person handeln, die entweder über die geforderte Kompetenz verfügt, die die einschlägigen Branchenstandards (aufgelistet in Anhang I ProspektVO) vorschreiben, oder, wenn diese Branchenstandards keine Vorgaben enthalten, die den aufgestellten Anforderungen der ESMA entspricht. Danach muss der Sachverständige als solcher **hinreichend qualifiziert** sein, Mitglied eines einschlägigen, in der Sache befassten Berufsverbands sowie dessen durchsetzbaren Verhaltensregeln unterworfen sein. Des Weiteren muss der Sachverständige mindestens über fünf Jahre einschlägige **Berufserfahrung** verfügen, welche sich gerade auf die speziellen Gegebenheiten der von der Bergbaugesellschaft betriebenen, mineralischen Projekte bezieht[5]. Überdies darf der Sachverständige weder ein wirtschaftliches Interesse zum Emittenten noch zum mineralischen Projekt selber haben. Wenn die Vergütung des Sachverständigen an die Zulassung oder den Wert des Emittenten gebunden ist, liegen die Anforderungen ebenfalls nicht vor[6]. 12

Die BaFin hat eine Liste der **Anforderungen und Inhalte an den Sachverständigenbericht** bekannt gegeben, die im Folgenden wiedergegeben ist: 13

– Genaue Angaben zur Art der bereits geförderten oder zur Förderung vorgesehenen Bodenschätze;
– Angaben zu deren genauer geographischer Lage inklusive einer Darstellung des Umfelds;
– Angaben zu allen verwendeten Informationsquellen und dem Alter der Informationen, ggf. Datum persönlicher Ortsbesichtigungen oder Explorationen;

---

1 ESMA/13-319, Rz. 133 ii).
2 ESMA/13-319, Rz. 133 i) b).
3 ESMA/13-319, Rz. 133 iii); *Höninger/Eckner* in Holzborn, Art. 23 EU-ProspV Rz. 55 f.
4 ESMA/13-319, Rz. 130, 144.
5 ESMA/13-319, Rz. 133.
6 ESMA/13-319, Rz. 133; vgl. auch *Höninger/Eckner* in Holzborn, Art. 23 EU-ProspV Rz. 62 f.

- Angaben zur Person, Ausbildung, Erfahrung und Unabhängigkeit des Sachverständigen;
- Unterschrift des Sachverständigen;
- Datum des Sachverständigenberichts;
- Darstellung der Methodik des Berichts zur Bewertung des Abbaugebiets bzw. zur Wirtschaftlichkeit der Exploration;
- geschätzter Umfang und Qualität der Bodenschätze;
- geologische Beschaffenheit des Abbaugebiets;
- Aussagen zu geeigneten/notwendigen Abbaumethoden sowie zur Zugänglichkeit, Erschließung und Infrastrukturanbindung des Abbaugebiets;
- Machbarkeitsstudie;
- Darstellung wesentlicher Umweltaspekte;
- soweit vorhanden und zugänglich: Darstellung historischer Explorationen und der Explorationsresultate;
- abschließende Beurteilung des Sachverständigen, ggf. Empfehlungen;
- bei umfangreichen Gutachten: Inhaltsverzeichnis und Zusammenfassung der Ergebnisse.

3. Investmentgesellschaften

14 Investmentgesellschaften (auch *„Kapitalverwaltungsgesellschaften"*) unterliegen in Deutschland den vorrangigen Bestimmungen des Kapitalanlagegesetzbuchs (KAGB), so dass eine Prospektbilligung nach dem WpPG iVm. ProspektVO nicht erfolgt.

4. In der wissenschaftlichen Forschung tätige Gesellschaften

15 Zu den in der wissenschaftlichen Forschung tätigen Gesellschaften zählt ESMA Emittenten, deren Haupttätigkeit **laboratorische Forschung** und die **Entwicklung chemischer oder biologischer Produkte oder Prozesse** darstellt, einschließlich pharmazeutischer Unternehmen, Unternehmen, die im Bereich Diagnostik oder der landwirtschaftlichen Forschung tätig sind, sofern diese Emittenten zugleich **Startup-Gesellschaften** sind, dh. ihre Geschäftstätigkeit seit weniger als drei Jahren betreiben[1]. Grundsätzlich unterfallen damit Biotech- und Pharmaunternehmen dieser Definition (siehe dazu unten Rz. 18).

16 Die von ESMA empfohlenen **Zusatzangaben** im Prospekt umfassen insbesondere die Patente, den Status und Fortschritt der Forschung und Entwicklung der Produkte, Angaben zur Erfahrung der wesentlichen Mitarbeiter im technischen Bereich sowie Angaben zu etwaigen Forschungs- und Entwicklungskooperationen und zu den wesentlichen Produkten, von denen die künftige Entwicklung des Emittenten abhängt[2]. Im Regelfall nehmen im Bereich der Forschung tätige Emittenten, auch

---

1 ESMA/13-319, Rz. 134.
2 ESMA/13-319, Rz. 134.

wenn sie nicht zugleich Startup-Gesellschaften sind, diese Angaben freiwillig in den Prospekt auf, da sie regelmäßig zur Beurteilung durch Anleger **wesentlich** sind.

Da es sich nach der Definition der in der wissenschaftlichen Forschung tätigen Gesellschaften zugleich um **Startup-Gesellschaften** handelt, unterliegen diese außerdem den für solche Unternehmen geltenden allgemeinen Anforderungen (dazu sogleich unten). 17

5. Seit weniger als drei Jahren bestehende Gesellschaften (Startups)

Nach den ESMA-Empfehlungen gelten zusätzliche Anforderungen auch für Emittenten, die ihr Geschäft seit weniger als drei Jahren betreiben. Dieses Erfordernis gilt indessen **unabhängig von der Dauer ihrer Existenz als eigenständige Gesellschaft**. Damit können bereits seit mindestens drei Jahren operierende Geschäftsbereiche, die in eine Holdinggesellschaft eingebracht wurden, ohne die Aufnahme solcher zusätzlicher Prospektangaben ein öffentliches Angebot durchführen oder an der Börse zugelassen werden[1]. Ausgenommen von diesem Erfordernis sind zudem Zweckgesellschaften iS des Art. 2 Nr. 4 ProspektVO[2]. Da Emittenten, die ihre Geschäftstätigkeit weniger als drei Jahre betreiben, aufgrund der Voraussetzung des mindestens dreijährigen Bestehens nach § 3 Abs. 1 BörsZulV grundsätzlich nicht zum Börsenhandel zugelassen werden, sind in der Praxis nur wenige Emittenten als Startups einzuordnen. 18

Ein typisches Beispiel einer Start-up-Gesellschaft sind **SPACs** (*special purpose acquisition companies*). Hierbei handelt es sich um eine Gesellschaft, deren Geschäftstätigkeit in der Identifizierung und Akquisition eines operativen Unternehmens einer bestimmten Branche oder Region besteht[3]. Zur Finanzierung des Akquisitionsvorhabens führt ein SPAC einen Börsengang durch. Typischerweise werden Aktien europäischer SPACs in Amsterdam im organisierten Markt gelistet. In Ausnahme vom grundsätzlichen Zulassungserfordernis eines dreijährigen Bestehens würde auch die Frankfurter Wertpapierbörse SPACs zum regulierten Markt zulassen, wenn der Emittent die typischen Charakteristika eines SPAC aufweist (Einzahlung der IPO-Erlöse auf ein verzinsliches Treuhandkonto, detaillierte Darstellung eines Verwendungszwecks im Prospekt, zeitliche Befristung des SPAC mit Rückzahlungsverpflichtung des Treuhandvermögens im Fall einer Auflösung, Entscheidung der Aktionärsversammlung über die Verwendung des Treuhandvermögens für Unternehmensübernahmen mit einem Mehrheitserfordernis von mehr als 50%)[4]. In diesen Fällen sind in den Prospekt grundsätzlich die zusätzlichen Angaben für Startups aufzunehmen. 19

---

1 ESMA/13-319, Rz. 136; siehe dazu auch *Schlitt/Wilczek* in Habersack/Mülbert/Schlitt, Handbuch der Kapitalmarktinformation, § 5 Rz. 113; *Schlitt/Singhof/Schäfer*, BKR 2005, 251 (254); *Schlitt/Schäfer*, AG 2005, 498 (505).
2 ESMA/13-319, Rz. 136.
3 Zu SPACs siehe *Ahlers*, Going Public (Sonderbeilage) 2008, 6; *Seiler/Just*, Going Public (Sonderbeilage) 2008, 18; *von Ilberg/Neises*, Going Public 2008, 54.
4 *Steinbach/Rieß*, Going Public (Sonderbeilage) 2008, 12 (13).

20 Wurde die gegenwärtige Geschäftstätigkeit hingegen vor weniger als drei Jahren aufgenommen, empfiehlt ESMA die Aufnahme einer Beschreibung des **Geschäftsplans** (ohne zwingende Angabe von Zahlen), insbesondere der Strategie, der Abhängigkeit von bestimmten Individuen, bestimmten Kunden oder Lieferanten, und nicht im Eigentum des Emittenten stehenden Produktionsanlagen sowie der derzeitigen und erwarteten Wettbewerbssituation. Allein auf **freiwilliger** Basis sollen Startups zusätzlich ein **Bewertungsgutachten** (*valuation report*) eines unabhängigen Experten zu den Dienstleistungen bzw. Produkten des Emittenten in den Prospekt aufnehmen. Diesen Empfehlungen folgt auch die BaFin[1].

21 Hinzu kommen bei Startups regelmäßig Fragen der **Complex Financial History**, siehe dazu die Kommentierung zu Anhang I Ziffer 20 EU-ProspektVO.

6. Schifffahrtsgesellschaften

22 Schifffahrtsgesellschaften sind Gesellschaften, deren Kernaktivität die **Seeschifffahrt** darstellt und die Fracht- oder Personenschiffe (direkt oder indirekt) managen, im Eigentum halten oder geleast haben[2]. Die im Folgenden genannten zusätzlichen Angaben sind erforderlich im Zusammenhang mit dem öffentlichen Angebot oder der Zulassung von Aktien, Schuldverschreibungen in einer Stückelung von weniger als 50.000 Euro, die durch Schiffe besichert sind, und Zertifikaten, die Aktien vertreten, in einer Stückelung von weniger als 50.000 Euro[3].

23 Ist ein Emittent als Schifffahrtsgesellschaft einzuordnen, sind nach den Empfehlungen von ESMA und der Verwaltungspraxis der BaFin Einzelheiten der **Schiffsmanagementverträge**, den **wesentlichen Schiffen** und **Verträgen** zum Bau wesentlicher Schiffe im Prospekt darzulegen. Darüber hinaus wird grundsätzlich die Aufnahme eines (zusammengefassten) **Wertgutachtens** eines unabhängigen Sachverständigen in den Prospekt erwartet, das inhaltlich im Wesentlichen dem von Immobiliengesellschaften beizubringenden Wertgutachten entspricht[4]. Ausnahmen gelten im Falle, dass keine neuen Schiffe finanziert werden sollen und der Prospekt deutlich darauf hinweist, dass er keine aktuellen Bewertungen der Schiffe enthält[5].

24 Sollen die Schiffe erst durch das auf Grundlage des Prospekts eingeworbene Kapital erworben werden (***blind pool***), sind nach Angaben der BaFin zusätzlich die Zusatzangaben für Startups (siehe oben Rz. 20) in den Prospekt aufzunehmen[6].

---

1 *Arnold/Lehmann*, „Complex Financial History" und weitere Neuerungen bei den Finanzinformationen, BaFin-Workshop v. 4.9.2007.
2 ESMA/13-319, Rz. 141; *Knobloch/Langenkamp*, Der Prospekt für Immobiliengesellschaften/Property Companies, BaFin-Workshop v. 4.9.2007.
3 ESMA/13-319, Rz. 140.
4 ESMA/13-319, Rz. 142/143; *Knobloch/Langenkamp*, Der Prospekt für Immobiliengesellschaften/Property Companies, BaFin-Workshop v. 4.9.2007.
5 ESMA/13-319, Rz. 145.
6 *Knobloch/Langenkamp*, Der Prospekt für Immobiliengesellschaften/Property Companies, BaFin-Workshop v. 4.9.2007.

Anhang XX
Verzeichnis der Schemata und Module für die Wertpapierbeschreibung

Hier nicht kommentiert. Siehe dazu etwa § 6 WpPG Rz. 47.

Anhang XXI
Liste der zusätzlichen Angaben in den endgültigen Bedingungen

Hier nicht kommentiert. Siehe dazu etwa § 6 WpPG Rz. 49.

Anhang XXII
Für die Zusammenfassungen vorgeschriebene Angaben

Hier nicht kommentiert.

Anhang XXII EU-ProspektVO regelt Format und Inhalt der Zusammenfassung sowohl des Prospekts als auch des Basisprospekts und der Zusammenfassung der einzelnen Emission in den endgültigen Bedingungen. Diesbezüglich wird auf die Kommentierung zu § 5 WpPG (insbesondere Rz. 3 und 27 ff.) sowie zu § 6 WpPG (insbesondere Rz. 34 f.) verwiesen.

Anhang XXIII
Mindestangaben für das Aktienregistrierungsformular bei Bezugsrechtsemissionen (verhältnismäßiges Schema)

Schrifttum: *Berrar/Wiegel*, Auswirkungen des vereinfachten Prospektregimes auf Bezugsrechtskapitalerhöhungen, CFL 2012, 97; *Leuering/Stein*, Prospektpflicht von Bezugsrechtsemissionen, NJW-Spezial 2012, 591; *Leuering/Stein*, Prospektpflichtige Anlässe im WpPG nach der Umsetzung der Änderungsrichtlinie, Der Konzern 2012, 382; *Oltmanns/Zöllter-Petzoldt*, Bezugsrechtskapitalerhöhungen von Unternehmen im Entry-Standard, NZG 2013, 489; *Schulz/Hartig*, Vereinfachte Prospekte für Bezugsrechtsemissionen nach den „verhältnismäßigen Schemata" des Art. 26a EU-ProspektVO, WM 2014, 1567.

I. Anwendungsbereich 1	XII. Praktiken des Leitungsorgans (Ziffer 11) 29
II. Haftende Personen (Ziffer 1) . 12	XIII. Beschäftigte (Ziffer 12)...... 31
III. Abschlussprüfer (Ziffer 2) ... 14	XIV. Hauptaktionäre (Ziffer 13) ... 33
IV. Risikofaktoren (Ziffer 3)..... 15	XV. Geschäfte mit verbundenen Parteien (Ziffer 14) 34
V. Angaben zum Emittenten (Ziffer 4) 16	XVI. Finanzinformationen über die Vermögens-, Finanz- und Ertragslage des Emittenten (Ziffer 15) 35
VI. Überblick über die Geschäftstätigkeit (Ziffer 5) 18	
VII. Organisationsstruktur (Ziffer 6) 24	XVII. Zusätzliche Angaben (Ziffer 16) 38
VIII. Trendinformationen (Ziffer 7) 25	XVIII. Wesentliche Verträge (Ziffer 17) 40
IX. Gewinnprognosen oder -schätzungen (Ziffer 8) 26	XIX. Angaben von Seiten Dritter, Erklärungen von Seiten Sachverständiger und Interessen-Erklärungen (Ziffer 18) 41
X. Verwaltungs-, Leitungs- und Aufsichtsorgan und oberes Management (Ziffer 9) 27	
XI. Vergütung und sonstige Leistungen (Ziffer 10)....... 28	XX. Einsehbare Dokumente (Ziffer 19) 42

I. Anwendungsbereich

1   Durch die Verordnung Nr. 486/2012/EU ist der Anhang XXIII ProspektVO neu eingefügt worden. Dieser enthält das Schema für die Mindestangaben für das Aktienregistrierungsformular bei Bezugsrechtsemissionen. Der Begriff „**Bezugsrechtsemission**" ist in Art. 2 Nr. 13 EU-ProspektVO definiert und umfasst jede Emission satzungsmäßiger Bezugsrechte, in deren Rahmen neue Anteile gezeichnet werden können und die sich nur an Altaktionäre richtet. Auch wenn die deutsche Fassung

nur von satzungsmäßigen Bezugsrechten spricht, versteht die BaFin hierunter auch gesetzliche Bezugsrechte, die nicht eigens in der Satzung verankert wurden[1].

Emittenten haben die Möglichkeit, bei einer Bezugsrechtsemission lediglich an Altaktionäre von einem vereinfachten Prospektregime Gebrauch zu machen. Bezugsrechtsemissionen sind nach der obigen Definition zunächst Angebote, in deren Rahmen **neue Anteile** gezeichnet werden können. Der Begriff „*Anteile*" meint zunächst, wie die englische Fassung („*new shares*") zeigt, „*neue Aktien*", nicht auch andere Wertpapiere (zB Wandelschuldverschreibungen oder Wertpapiere, die Aktienemissionen nahekommen)[2]. Ob und inwieweit eine Anwendung auf andere aktienvertretende oder Aktienemissionen nahekommende Wertpapiere, bei denen Aktionären ein Erwerbsrecht eingeräumt wird, möglich ist, war längere Zeit unklar. Die ESMA hat diesbezüglich allerdings klargestellt, dass der Begriff mehr als nur „Aktien" umfasst. Das vereinfachte Prospektregime findet also nach Auffassung der ESMA auch **Anwendung auf andere aktienvertretende oder Aktienemissionen nahekommende Wertpapiere**[3]. Die Erleichterungen gelten auch für Prospekte, die bei der Emission von **eigenen Aktien** der Gesellschaft unter Gewährung von Bezugsrechten erstellt werden.

Fraglich ist, inwieweit Prospekte nach den verhältnismäßigen Schemata verwendet werden können, wenn über einen möglichen Bezugsrechtshandel hinaus nicht bezogene Aktien, zB im Rahmen eines so genannten **Rump Placement**, Nichtaktionären öffentlich angeboten werden. Grundsätzlich sind Bezugsrechtsemissionen nach der Definition nur Emissionen, die sich ausschließlich an bestehende Anteilseigner richten. Damit führt jedoch nicht jedes Angebot von Aktien aus der betreffenden Emission an Investoren, die keine Aktionäre der Gesellschaft sind, dazu, dass die verhältnismäßigen Schemata nicht verwendet werden können. Prospektrechtlich privilegiert sind solche Angebote allerdings nur, wenn die nicht bezogenen Aktien **privat platziert** werden bzw. für die Platzierung der nicht bezogenen Aktien eine der Ausnahmen des § 3 Abs. 2 WpPG Anwendung findet. Andernfalls bedarf es eines vollumfänglichen Prospektes unter Anwendung der Anhänge I bis III EU-ProspektVO[4]. Dies entspricht auch der bisherigen Verwaltungspraxis der BaFin und dem Anlegerschutzgedanken. Soll sich das Angebot von vornherein nicht nur an die weniger schutzbedürftigen bisherigen Aktionäre richten, sondern an einen unbegrenzten Adressatenkreis, besteht kein Unterschied mehr zu einem „normalen" öffentlichen Angebot und die Erleichterungen bei der Prospekterstellung sollen nicht zur Verfügung stehen[5]. Gleiches gilt nach Auffassung der BaFin dann, wenn neben den neuen Aktien, die Gegenstand des Bezugsangebots sind, weitere Aktien zum Handel zugelassen werden sollen, für deren Zulassung keine der Ausnahmen gem. § 4

---

1 *Henningsen*, BaFin Journal 09/12, 5 (7).
2 *Berrar/Wiegel*, CFL 2012, 97 (101); *Schulz/Hartig*, WM 2014, 1567 (1569).
3 ESMA – Technical Advice on possible delegated acts concerning the Prospectus Directive as amended by the Directive 2010/73/EU v. 21.12.2012, ESMA/2012/864, Rz. 41 f., 52.
4 *Schulz/Hartig*, WM 2014, 1567 (1570); *Herfs* in Habersack/Mülbert/Schlitt, Unternehmensfinanzierung am Kapitalmarkt, § 6 Rz. 119.
5 *Schulz/Hartig*, WM 2014, 1567 (1570).

Abs. 2 WpPG eingreift[1]. Auch in diesem Fall ist für die Zulassung der weiteren Aktien ein vollumfänglicher Prospekt erforderlich.

4 Die BaFin hat bis zum Inkrafttreten des Umsetzungsgesetzes zur Änderungsrichtlinie zur Prospektrichtlinie am 1.7.2012 die Auffassung vertreten, dass Bezugsrechtskapitalerhöhungen, die sich ausschließlich an Altaktionäre richten, kein öffentliches Angebot iS des § 2 Nr. 4 WpPG darstellen[2]. Demnach konnten Kapitalerhöhungen im Rahmen einer Bezugsrechtsemission in der Vergangenheit ohne die Erstellung eines Prospekts erfolgen. Mit Blick auf das andersartige Verständnis der Aufsichtsbehörden der anderen europäischen Mitgliedstaaten wurde diese Verwaltungspraxis der BaFin als problematisch bezeichnet, weshalb auch schon nach alter Rechtslage bei grenzüberschreitenden Vorhaben nicht auf die Akzeptanz prospektfreier Bezugsrechtsangebote gehofft werden konnte[3].

5 Mit Inkrafttreten des Umsetzungsgesetzes am 1.7.2012 sind auch Bezugsrechtsangebote grundsätzlich als **öffentliche Angebote** einzuordnen. Diese Änderung der Rechtsauffassung der BaFin geht zurück auf die Einfügung des neuen Art. 7 Abs. 2 lit. g in die Prospektrichtlinie 2003/71/EG, wodurch auch für Bezugsrechtsemissionen eine angemessene Offenlegung sichergestellt werden soll[4]. Dabei handelt es sich um einen Prospekt mit erleichterten Anforderungen, die sich aus den Anhängen XXIII und XIV zur Prospektverordnung (EG) Nr. 809/2004 ergeben. Aus diesen Regelungen ergibt sich zwingend, dass Bezugsangebote grundsätzlich prospektpflichtig sind, da andernfalls eine Normierung eben solcher Regelungen und Ausführungen obsolet wäre[5]. Für die frühere Ansicht und Verwaltungspraxis der BaFin besteht mithin kein Raum mehr, auch wenn das nationale Recht sich durch die Änderung der Prospektrichtlinie hinsichtlich der Frage, ob im Einzelfall ein öffentliches Angebot vorliegt oder nicht, nicht geändert hat[6].

6 Die reduzierten Prospektanforderungen für die Mindestangaben für das Aktienregistrierungsformular für Bezugsrechtsemissionen **erleichtern die Prospekterstellung** im Vergleich zum klassischen Prospekt nach Anhang I ProspektVO. Die Vereinfachungen betreffen insbesondere die Angaben zu Finanzinformationen und die Beschreibung der Geschäftstätigkeit und Märkte sowie sonstige allgemeine Angaben, die bereits öffentlich zugänglich sind. So sind beispielsweise keine Angaben zur Geschäfts- und Finanzlage und zur Eigenkapitalausstattung zu machen und historische Finanzinformationen nur für das letzte Geschäftsjahr aufzugeben, anstatt für die vorangegangenen drei Geschäftsjahre[7].

---

1 Siehe dazu *Berrar/Wiegel*, CFL 2012, 97 (102); *Schulz/Hartig*, WM 2014, 1567 (1570).
2 *Henningsen*, BaFin Journal 09/12, 5 (7).
3 *Leuering/Stein*, Der Konzern 2012, 382 (387 f.); *Leuering/Stein*, NJW Spezial-2012, 591.
4 *Groß*, Kapitalmarktrecht, § 2 WpPG Rz. 18a.
5 *Oltmanns/Zöllter-Petzoldt*, NZG 2013, 489; *Dietz* in Holzborn, Anh. XXIII EU-ProspV Rz. 4; *Henningsen*, BaFin Journal 09/12, 5 (7).
6 *Leuering/Stein*, NJW-Spezial 2012, 591 (592); *Dietz* in Holzborn, Anh. XXIII EU-ProspV Rz. 4.
7 *Henningsen*, BaFin Journal 09/12, 5 (6).

Im Hinblick auf das **allgemeine Vollständigkeitsprinzip** des § 5 Abs. 1 Satz 1 WpPG muss der Prospekt sämtliche Angaben enthalten, die für die Beurteilung des Emittenten und der Wertpapiere wesentlich sind. Die Auslegung der ProspektVO hat sich an den Vorgaben von der Generalnorm des § 5 Abs. 1 WpPG zu orientieren, also die vollständige Information des Publikums sicherzustellen[1]. Geht man jedoch davon aus, dass der Grundsatz des § 5 Abs. 1 Satz 1 WpPG uneingeschränkt bei Bezugsrechtsemissionen und auch bei KMU und Unternehmen mit geringer Marktkapitalisierung anzuwenden ist, dann führen die reduzierten Inhaltskataloge der Anhänge XXIII–XXVI zu keiner Erleichterung. Vielmehr wird in einem Prospekthaftungsverfahren dann allein schon der Hinweis, dass die Mindestanforderungen der Anhänge I, III oder IV ProspektVO nicht erfüllt wurden, ausreichen, um eine Prospektunvollständigkeit nachweisen zu können. Insoweit wird man die Anforderungen des § 5 Abs. 1 Satz 1 WpPG reduzieren müssen, da andernfalls die reduzierten Anforderungen der Anhänge XXIII–XXVI für die Emittenten bei der Prospekterstellung keine Erleichterung darstellen würden[2]. Im Regelfall reichen die reduzierten Anforderungen der Anhänge XXIII–XXVI daher aus. Nur auf Grund besonderer Umstände des jeweiligen Einzelfalles können darüber hinausgehende Anforderungen, zu denen auch Angaben aus den Anhängen I, III und IV ProspektVO gehören, erforderlich sein[3].

Die erleichterten Anforderungen können aber gemäß Art. 26a Abs. 1 ProspektVO nur dann in Anspruch genommen werden, wenn bereits emittierte Aktien, die derselben Gattung angehören wie die nunmehr im Rahmen der Bezugsrechtsemission zu emittierenden, bereits an einem geregelten Markt oder an einem qualifizierten multilateralen Handelssystem (MTF) iS des Art. 4 Abs. 1 Nr. 15 der Finanzmarktrichtlinie 2004/39/EG (MiFID) gehandelt werden. Dem liegt die Annahme zugrunde, dass die Notierung bzw. der Handel über die Handelsplattformen „geregelter Markt" und „qualifizierte MTFs" bereits anderweitig eine hinreichende Informationsversorgung und damit den gewollten Anlegerschutz sicherstellt[4]. Emittenten dürfen nach Art. 26a Abs. 2 ProspektVO die Schemata der Anhänge XXIII und XXIV aber nur dann nutzen, wenn die **Geschäftsbedingungen des MTF** die Voraussetzungen aus Art. 26a Abs. 2 lit. a–c ProspektVO erfüllen.

Mit einer Erklärung am Prospektanfang ist nach Art. 26a Abs. 3 ProspektVO stets unmissverständlich darauf hinzuweisen, dass sich die Bezugsrechtsemission an die Anteilseigner des Emittenten richtet und der Umfang der im Prospekt veröffentlichten Angaben an dieser Emissionsart bemessen ist[5].

Den erleichterten Anforderungen bei der Prospekterstellung bei Bezugsrechtsemissionen liegt der Grundgedanke zugrunde, dass durch das verhältnismäßige Schema die **Effizienz der Wertpapiermärkte der Union** erhöht wird und die Verwaltungs-

---
1 *Groß*, Kapitalmarktrecht, § 7 WpPG Rz. 2.
2 *Groß*, Kapitalmarktrecht, § 21 WpPG Rz. 48.
3 *Groß*, Kapitalmarktrecht, § 7 WpPG Rz. 4 f.; *Meyer* in Habersack/Mülbert/Schlitt, Unternehmensfinanzierung am Kapitalmarkt, § 36 Rz. 69.
4 *Leuering/Stein*, NJW-Spezial 2012, 591.
5 *Henningsen*, BaFin Journal 09/12, 5 (7).

kosten der Emittenten für die Kapitalbeschaffung reduziert werden sollen[1]. Zur Verfolgung dieses Ziels ist ein verhältnismäßiges Schema mit reduzierten Mindestangaben gerechtfertigt, da das neue Schema die bereits bestehenden allgemeinen gesetzlichen Veröffentlichungspflichten und die damit den Märkten bereits bekannten Informationen mitberücksichtigt[2].

11 Anhang XXIII ProspektVO entspricht teilweise dem Wortlaut des Anhangs I ProspektVO, so dass nachfolgend häufig auf die dortige Kommentierung verwiesen werden kann. Entsprechend dem Zweck der Vereinfachung der Prospekterstellung bei Bezugsrechtsemissionen wurden an manchen Stellen jedoch Mindestangaben aus Anhang I ProspektVO reduziert oder gänzlich gestrichen. Sollten sich im Vergleich zu Anhang I ProspektVO inhaltliche Änderungen ergeben, sind diese nachfolgend kommentiert.

II. Haftende Personen (Ziffer 1)

1. Haftende Personen

1.1. Alle Personen, die für die Angaben im Registrierungsformular bzw. für bestimmte Teile des Registrierungsformulars haften. Im letzteren Fall sind die entsprechenden Teile anzugeben. Handelt es sich dabei um natürliche Personen, zu denen auch Mitglieder des Verwaltungs-, Leitungs- oder Aufsichtsorgans des Emittenten gehören, sind Name und Funktion dieser Person zu nennen. Bei juristischen Personen sind Name und eingetragener Sitz der Gesellschaft anzugeben.

1.2. Erklärung der für das Registrierungsformular haftenden Personen, dass die Angaben im Registrierungsformular ihres Wissens richtig sind und keine Auslassungen beinhalten, die die Aussage des Registrierungsformulars verzerren könnten, und dass sie die erforderliche Sorgfalt haben walten lassen, um dies sicherzustellen. Ggf. Erklärung der für bestimmte Teile des Registrierungsformulars haftenden Personen, dass die Angaben in dem Teil des Registrierungsformulars, für den sie haften, ihres Wissens richtig sind und keine Auslassungen beinhalten, die die Aussage des Registrierungsformulars verzerren könnten, und dass sie die erforderliche Sorgfalt haben walten lassen, um dies sicherzustellen.

12 Wegen des nahezu identischen Wortlauts mit dem Anhang I ProspektVO kann grundsätzlich auf die dortige Kommentierung verwiesen werden (siehe Anhang I EU-ProspektVO Rz. 3 ff.).

Ausgehend vom Wortlaut bestehen dennoch wenige Abweichungen. Während Anhang I ProspektVO von „Verantwortliche Personen" spricht, heißt es in Anhang XXIII ProspektVO „Haftende Personen". Dies ist insofern relevant, als der Kreis der haftenden Personen sich nach § 21 Abs. 1 WpPG sowohl auf diejenigen Personen

---

[1] Erwägungsgrund 12 Delegierte Verordnung (EU) 486/2012 zur EU-ProspektVO.
[2] *Dietz* in Holzborn, Anh. XXIII EU-ProspV Rz. 3 ff.

bezieht, die für den Prospekt die Verantwortung übernommen haben, als auch auf diejenigen, von denen der Erlass des Prospekts ausgegangen ist. **Verantwortliche Personen** sind gemäß § 5 Abs. 4 Satz 1 Halbsatz 1 WpPG hingegen nur die Personen, die die Verantwortung für den Inhalt des Prospekts übernommen haben. Demnach kann der **Kreis der haftenden Personen** größer sein als der der verantwortlichen Personen. Dies hätte zur Folge, dass bei Bezugsrechtsemissionen auch die Personen, von denen der Erlass des Prospekts ausgeht, eine entsprechende Erklärung gem. Ziffer 1.2 Anhang XXIII ProspektVO abgeben müssten. Eine fehlerhafte oder gar fehlende Erklärung könnte unter Umständen eine Prospekthaftung nach § 21 Abs. 1 WpPG auslösen. Ob eine solche Haftungserweiterung vom Gesetzgeber tatsächlich gewollt war, ist aber zweifelhaft[1]. Gegen eine Haftungserweiterung spricht, dass sowohl die englische als auch die französische Version in beiden Fällen von „Persons Responsible" bzw. von „personnes responsables" sprechen. Richtigerweise wird daher jeweils nur auf die „Verantwortlichen Personen" abgestellt.

Eine weitere Abweichung besteht darin, dass nach Ziffer 1.2. Anhang XXIII ProspektVO die Erklärung der haftenden Personen keine Auslassungen beinhalten darf, die die Aussage des Registrierungsformulars verzerren könnte. In Ziffer 1.2 Anhang I ProspektVO ist dagegen die Rede von Tatsachen, die nicht ausgelassen werden dürfen. Der **Begriff der Tatsache** ist enger, da hiervon zB Werturteile oder sonstige subjektive Ansichten des Emittenten ausgenommen sind. Ein weites Begriffsverständnis würde das Haftungsrisiko der für den Prospekt haftenden Personen erhöhen[2]. In der englischen Version wird jedoch in beiden Fassungen allgemein der Begriff „omission" verwendet. Dieser Begriff ist ebenfalls weit zu verstehen und erfasst nicht nur Tatsachen. Aus diesem Grund ist davon auszugehen, dass es sich hier lediglich um eine sprachliche Anpassung handelt. 13

III. Abschlussprüfer (Ziffer 2)

2. Abschlussprüfer
2.1. Name und Anschrift der Abschlussprüfer des Emittenten, die für den von den historischen Finanzinformationen abgedeckten Zeitraum zuständig waren (einschließlich ihrer Mitgliedschaft in einer Berufsvereinigung).
2.2. Wurden Abschlussprüfer während des von den historischen Finanzinformationen abgedeckten Zeitraums abberufen, nicht wieder bestellt oder haben sie ihr Mandat selbst niedergelegt, so sind entsprechende Einzelheiten – soweit wesentlich – anzugeben.

Wegen des identischen Wortlauts mit den Ziffern 2.1 und 2.2 Anhang I ProspektVO kann auf die dortigen Ausführungen verwiesen werden (siehe Anhang I EU-ProspektVO Rz. 17 ff.). 14

---

1 *Dietz* in Holzborn, Anh. XXIII EU-ProspV Rz. 13.
2 *Dietz* in Holzborn, Anh. XXIII EU-ProspV Rz. 14.

IV. Risikofaktoren (Ziffer 3)

3. Risikofaktoren

Klare Angabe der Risikofaktoren, die für den Emittenten oder seine Branche charakteristisch sind, unter der Rubrik „Risikofaktoren".

15 Wegen des identischen Wortlauts mit der Ziffer 4 Anhang I ProspektVO kann auf die dortigen Ausführungen verwiesen werden (siehe Anhang I EU-ProspektVO Rz. 32 ff.).

V. Angaben zum Emittenten (Ziffer 4)

4. Angaben zum Emittenten

4.1. Gesetzliche und kommerzielle Bezeichnung des Emittenten.

4.2. Investitionen

4.2.1. Beschreibung (einschließlich des Betrags) der wichtigsten Investitionen des Emittenten zwischen dem Ende des von dem zuletzt veröffentlichten geprüften Abschluss abgedeckten Zeitraums und dem Datum des Registrierungsformulars.

4.2.2. Beschreibung der wichtigsten laufenden Investitionen des Emittenten, einschließlich ihrer geografischen Verteilung (Inland und Ausland) und der Finanzierungsmethode (Eigen- oder Fremdfinanzierung).

4.2.3. Angaben zu den wichtigsten künftigen Investitionen des Emittenten, die von seinen Leitungsorganen bereits fest beschlossen sind.

16 Wegen des identischen Wortlauts mit der Ziffer 5.1.1. Anhang I ProspektVO kann im Hinblick auf die Bezeichnung des Emittenten auf die dortigen Ausführungen verwiesen werden (siehe Anhang I EU-ProspektVO Rz. 51 ff.).

17 In Bezug auf die Offenlegung der wichtigsten Investitionen (Ziffer 4.2. Anhang XXIII ProspektVO) kann auf die Ausführungen zu Ziffer 5.2.1. bis 5.2.3. Anhang I ProspektVO verwiesen werden. **Ein Unterschied besteht aber im Hinblick auf den relevanten Zeitraum.** Bei Bezugsrechtsemissionen müssen die wichtigsten Investitionen des Emittenten lediglich zwischen dem Ende des von dem zuletzt veröffentlichten geprüften Abschluss abgedeckten Zeitraums und dem Datum des Registrierungsformulars beschrieben werden. Bei einem Prospekt nach Anhang I ProspektVO müssen dagegen die wichtigsten Investitionen des Emittenten für jedes Geschäftsjahr, und zwar für den Zeitraum, der von den historischen Finanzinformationen abgedeckt wird bis zum Datum des Registrierungsformulars, beschrieben werden.

Diese vereinfachte Darstellung ist darauf zurückzuführen, dass die bestehenden Aktionäre die letzten veröffentlichten Jahresabschlüsse des Emittenten prüfen dürfen, und somit diesbezüglich kein Informationsdefizit besteht[1].

---

1 *Dietz* in Holzborn, Anh. XXIII EU-ProspV Rz. 18.

VI. Überblick über die Geschäftstätigkeit (Ziffer 5)

5. Überblick über die Geschäftstätigkeit
5.1. Haupttätigkeitsbereiche
   Kurze Beschreibung des Betriebs und der Haupttätigkeiten des Emittenten sowie etwaiger bedeutender Änderungen, die sich seit dem Ende des von dem zuletzt veröffentlichten geprüften Abschluss abgedeckten Zeitraums auf den Betrieb und die Haupttätigkeiten des Emittenten ausgewirkt haben, und Angaben zu neu eingeführten wesentlichen Produkten und Dienstleistungen sowie zum Stand der Entwicklung neuer Produkte oder Dienstleistungen, soweit deren Entwicklung öffentlich bekanntgegeben wurde.
5.2. Wichtigste Märkte
   Kurze Beschreibung der wichtigsten Märkte, auf denen der Emittent tätig ist, sowie etwaiger wesentlicher Änderungen auf diesen Märkten seit dem Ende des von dem zuletzt veröffentlichten geprüften Abschluss abgedeckten Zeitraums.
5.3. Wurden die unter den Punkten 5.1 und 5.2 genannten Informationen seit dem Ende des von dem zuletzt veröffentlichten geprüften Abschluss abgedeckten Zeitraums durch außergewöhnliche Faktoren beeinflusst, so ist dies anzugeben.
5.4. Kurze Darstellung, inwieweit der Emittent von Patenten oder Lizenzen, Industrie-, Handels- oder Finanzierungsverträgen oder neuen Herstellungsverfahren abhängig ist, wenn diese Faktoren für die Geschäftstätigkeit oder die Rentabilität des Emittenten von wesentlicher Bedeutung sind.
5.5. Grundlage für etwaige Angaben des Emittenten zu seiner Wettbewerbsposition.

In Bezug auf die Geschäftstätigkeit ist zunächst erforderlich, dass der Emittent den **Betrieb und seine Haupttätigkeiten „kurz" beschreibt** (Ziffer 5.1 Anhang XXIII ProspektVO). Es darf aber bezweifelt werden, ob dies tatsächlich eine Erleichterung für die Emittenten mit sich bringt. Denn die Anforderungen aus der ProspektVO werden ergänzt durch das **allgemeine Vollständigkeitsprinzip** des § 5 Abs. 1 WpPG, welches die vollständige Information des Publikums sicherstellt[1]. Daraus folgt, dass ein Prospekt, auch wenn er alle Einzelangaben gemäß der ProspektVO enthält, aber dem Publikum kein zutreffendes Bild vermittelt, nicht die Voraussetzung des § 5 Abs. 1 WpPG erfüllt[2].

Vor dem Hintergrund des Grundsatzes der Prospektvollständigkeit ist daher tendenziell eine umfassendere Beschreibung der Geschäftstätigkeit des Emittenten empfehlenswert[3].

---

1 *Groß*, Kapitalmarktrecht, § 7 WpPG Rz. 2.
2 *Heidelbach/Doleczik* in Schwark/Zimmer, § 5 WpPG Rz. 3.
3 *Dietz* in Holzborn, Anh. XXIII EU-ProspV Rz. 19.

19 Eine Erleichterung besteht jedoch dahingehend, dass der Zeitraum, für den die Geschäftstätigkeit beschrieben werden muss, nur etwaige bedeutende Änderungen seit dem Ende des von dem zuletzt veröffentlichten geprüften Abschluss abgedeckten Zeitraums umfassen muss (Ziffer 5.1 Anhang XXIII ProspektVO).

Im Hinblick auf die **Angaben zu den neu eingeführten Produkten und Dienstleistungen** sowie zum Stand der Entwicklungen in Ziffer 5.1 Anhang XXIII ProspektVO kann auf die Ausführungen zu Ziffer 6.1.2 Anhang I ProspektVO verwiesen werden (siehe Anhang I EU-ProspektVO Rz. 62 ff.).

20 Außerdem muss der Emittent **die wichtigsten Märkte**, auf denen er tätig ist, „kurz" beschreiben (Ziffer 5.2 Anhang XXIII ProspektVO). Auch hier ist vor dem Hintergrund des Grundsatzes der Prospektvollständigkeit grundsätzlich eine umfassendere Beschreibung der wichtigsten Märkte zu empfehlen.

21 Eine Aufschlüsselung der Gesamtumsätze nach Art der Tätigkeit und geographischem Markt für jedes Geschäftsjahr innerhalb des Zeitraums, der von den historischen Finanzinformationen abgedeckt ist, ist dagegen nicht erforderlich. Die entsprechende Ziffer 6.2 Anhang I ProspektVO findet in dem verhältnismäßigen Schema nach Anhang XXIII ProspektVO keine Entsprechung. Ausgenommen sind hingegen etwaige **wesentliche Änderungen auf den wichtigsten Märkten** seit dem Ende des von dem zuletzt veröffentlichten Abschluss abgedeckten Zeitraums. Diese müssen offengelegt werden.

22 Schließlich ist außerdem anzugeben, wenn die unter den Punkten 5.1 und 5.2 genannten Informationen seit dem Ende des von dem zuletzt veröffentlichten geprüften Abschluss abgedeckten Zeitraums durch **außergewöhnliche Faktoren** beeinflusst wurden (Ziffer 5.3 Anhang XXIII ProspektVO). Im Übrigen kann hier auf die Kommentierung zu Ziffer 6.3 Anhang I ProspektVO verwiesen werden (siehe Anhang I EU-ProspektVO Rz. 65).

23 Im Hinblick auf die Ziffer 5.4 und 5.5 Anhang XXIII ProspektVO kann wegen des nahezu identischen Wortlauts mit den Ziffern 6.4 und 6.5 Anhang I ProspektVO auf die dortigen Ausführungen verwiesen werden (siehe Anhang I EU-ProspektVO Rz. 67 ff.)[1].

VII. Organisationsstruktur (Ziffer 6)

6. **Organisationsstruktur**
6.1. **Ist der Emittent Teil einer Gruppe, kurze Beschreibung der Gruppe und der Stellung des Emittenten innerhalb dieser Gruppe.**

24 Wegen des identischen Wortlauts mit der Ziffer 7.1 Anhang I ProspektVO kann grundsätzlich auf die dortigen Ausführungen verwiesen werden (siehe Anhang I EU-ProspektVO Rz. 73 ff.). Eine **Auflistung der wichtigsten Tochtergesellschaften** ist

---

[1] Vgl. auch *Dietz* in Holzborn, Anh. XXIII EU-ProspV Rz. 20 ff.

jedoch nach dem verhältnismäßigen Schema nach Anhang XXIII ProspektVO **nicht erforderlich**. Erst recht müssen etwaige bloße Beteiligungen des Emittenten nicht dargestellt werden. Dem Emittenten ist es aber natürlich freigestellt, im Hinblick auf das allgemeine Vollständigkeitsprinzip, auch die wichtigsten Tochtergesellschaften oder wesentliche Beteiligungen zu erwähnen.

VIII. Trendinformationen (Ziffer 7)

7. Trendinformationen
7.1. Angabe der wichtigsten aktuellen Trends bei Produktion, Umsatz und Vorräten sowie bei Kosten und Verkaufspreisen zwischen dem Ende des letzten Geschäftsjahres und dem Datum des Registrierungsformulars.
7.2. Angabe aller bekannten Trends, Unsicherheiten, Anfragen, Verpflichtungen oder Vorfälle, die die Aussichten des Emittenten nach vernünftigem Ermessen zumindest im laufenden Geschäftsjahr wesentlich beeinflussen werden.

Wegen des nahezu identischen Wortlauts mit der Ziffer 12 Anhang I ProspektVO kann grundsätzlich auf die dortige Kommentierung verwiesen werden (siehe Anhang I EU-ProspektVO Rz. 112 ff.). Indessen sind für Bezugsrechtsemissionen nur Trendinformationen anzugeben, die „**nach vernünftigem Ermessen**" die Aussichten des Emittenten zumindest im laufenden Geschäftsjahr **wesentlich beeinflussen werden** (Ziffer 7.2). Die Ziffer 12 Anhang I ProspektVO geht davon aus, dass Trendinformationen angegeben werden müssen, die „voraussichtlich" die Aussichten des Emittenten wesentlich beeinflussen. Die neue Fassung der Ziffer 7.2 Anhang XXIII ProspektVO verdeutlicht, dass es nicht auf rein objektive Maßstäbe, sondern vielmehr auf eine Einschätzung des Emittenten ankommt[1]. 25

IX. Gewinnprognosen oder -schätzungen (Ziffer 8)

8. Gewinnprognosen oder -schätzungen
Entscheidet sich ein Emittent zur Aufnahme einer Gewinnprognose oder -schätzung, so muss das Registrierungsformular die unter den Punkten 8.1 und 8.2 genannten Angaben enthalten.
8.1. Erläuterung der wichtigsten Annahmen, auf die der Emittent seine Prognose oder Schätzung gestützt hat.
Hier muss klar unterschieden werden zwischen Annahmen in Bezug auf Faktoren, die die Mitglieder des Verwaltungs-, Leitungs- oder Aufsichtsorgans beeinflussen können, und Annahmen in Bezug auf Faktoren, die klar außerhalb des Einflussbereichs der Mitglieder des Verwaltungs-, Leitungs- oder Aufsichtsorgans liegen. Die Annahmen müssen für die Anleger ohne Weiteres

---

1 *Dietz* in Holzborn, Anh. XXIII EU-ProspV Rz. 26.

verständlich, spezifisch sowie präzise sein und dürfen sich nicht auf die allgemeine Genauigkeit der der Prognose zugrunde liegenden Schätzungen beziehen.

8.2. Einen Bericht, der von unabhängigen Buchprüfern oder Abschlussprüfern erstellt wurde und in dem festgestellt wird, dass die Prognose oder die Schätzung nach Meinung der unabhängigen Buchprüfer oder Abschlussprüfer auf der angegebenen Grundlage ordnungsgemäß erstellt wurde und dass die Rechnungslegungsgrundlage, die für die Gewinnprognose oder -schätzung verwendet wurde, mit den Rechnungslegungsstrategien des Emittenten konsistent ist.

Beziehen sich die Finanzinformationen auf das letzte Geschäftsjahr und enthalten ausschließlich nicht irreführende Zahlen, die im Wesentlichen mit den im nächsten geprüften Jahresabschluss zu veröffentlichenden Zahlen konsistent sind, sowie die zu deren Bewertung nötigen erläuternden Informationen, ist kein Bericht erforderlich, sofern der Prospekt alle folgenden Erklärungen enthält:

a) die für diese Finanzinformationen verantwortliche Person, sofern sie nicht mit derjenigen identisch ist, die für den Prospekt insgesamt verantwortlich ist, genehmigt diese Informationen;

b) unabhängige Buchprüfer oder Abschlussprüfer haben bestätigt, dass diese Informationen im Wesentlichen mit den im nächsten geprüften Jahresabschluss zu veröffentlichenden Zahlen konsistent sind;

c) diese Finanzinformationen wurden nicht geprüft.

8.3. Die Gewinnprognose oder -schätzung ist auf einer Grundlage zu erstellen, die mit den historischen Finanzinformationen vergleichbar ist.

8.4. Wurde in einem Prospekt, der noch aussteht, eine Gewinnprognose veröffentlicht, dann ist zu erläutern, ob diese Prognose noch so zutrifft wie zur Zeit der Erstellung des Registrierungsformulars, und ggf. darzulegen, warum diese Prognose nicht mehr zutrifft.

26 Wegen des fast identischen Wortlauts mit der Ziffer 13 Anhang I ProspektVO wird auf die dortige Kommentierung verwiesen (siehe Anhang I EU-ProspektVO Rz. 115 ff.).

X. Verwaltungs-, Leitungs- und Aufsichtsorgan und oberes Management (Ziffer 9)

9. Verwaltungs-, Leitungs- und Aufsichtsorgan und oberes Management

9.1. Name und Geschäftsanschrift folgender Personen sowie Angabe ihrer Stellung beim Emittenten und der wichtigsten Tätigkeiten, die sie neben der Tätigkeit beim Emittenten ausüben, sofern diese für den Emittenten von Bedeutung sind:

a) Mitglieder des Verwaltungs-, Leitungs- und Aufsichtsorgans;

b) persönlich haftende Gesellschafter bei einer Kommanditgesellschaft auf Aktien;

c) Gründer, wenn es sich um eine Gesellschaft handelt, die seit weniger als fünf Jahren besteht, und

d) sämtliche Mitglieder des oberen Managements, die für die Feststellung relevant sind, ob der Emittent über die für die Führung der Geschäfte erforderliche Kompetenz und Erfahrung verfügt.

Art einer etwaigen verwandtschaftlichen Beziehung zwischen diesen Personen.

Für jedes Mitglied des Verwaltungs-, Leitungs- oder Aufsichtsorgans des Emittenten und für jede der in Unterabsatz 1 Buchstaben b und d genannten Personen detaillierte Angabe der einschlägigen Managementkompetenz und -erfahrung sowie folgende Angaben:

a) die Namen sämtlicher Kapital- und Personengesellschaften, bei denen die betreffende Person während der letzten fünf Jahre Mitglied des Verwaltungs-, Leitungs- oder Aufsichtsorgans bzw. Gesellschafter war, und Angabe, ob die Mitgliedschaft in diesen Organen oder der Gesellschafterstatus weiter fortbesteht. Es ist nicht erforderlich, sämtliche Tochtergesellschaften des Emittenten aufzulisten, bei denen die betreffende Person ebenfalls Mitglied des Verwaltungs-, Leitungs- oder Aufsichtsorgans ist.

b) etwaige Verurteilungen wegen Betrugsdelikten während zumindest der letzten fünf Jahre;

c) detaillierte Angaben über etwaige Insolvenzen, Insolvenzverwaltungen oder Liquidationen während zumindest der letzten fünf Jahre, mit der eine in Unterabsatz 1 Buchstaben a und d genannte Person im Zusammenhang stand, die in einer der in Unterabsatz 1 Buchstaben a und d genannten Funktionen handelte, und

d) detaillierte Angaben zu etwaigen öffentlichen Anschuldigungen und/oder Sanktionen gegen die genannte Person durch die gesetzlich befugten Stellen oder die Regulierungsbehörden (einschließlich bestimmter Berufsverbände) und ggf. Angabe, ob diese Person während zumindest der letzten fünf Jahre von einem Gericht für die Mitgliedschaft in einem Verwaltungs-, Leitungs- oder Aufsichtsorgan eines Emittenten oder für die Tätigkeit im Management oder der Führung der Geschäfte eines Emittenten als untauglich angesehen wurde.

Liegt keiner der genannten Umstände vor, ist eine entsprechende Erklärung abzugeben.

9.2. Verwaltungs-, Leitungs- und Aufsichtsorgan sowie oberes Management – Interessenkonflikte

Potenzielle Interessenkonflikte zwischen den Verpflichtungen der unter Punkt 9.1 genannten Personen gegenüber dem Emittenten und ihren privaten Interessen und/oder sonstigen Verpflichtungen sind klar anzugeben.

Falls keine derartigen Konflikte bestehen, ist eine entsprechende Erklärung abzugeben.

Ferner ist jede Vereinbarung oder Abmachung mit den Hauptaktionären, Kunden, Lieferanten oder sonstigen Personen zu nennen, aufgrund deren eine unter Punkt 9.1 genannte Person zum Mitglied eines Verwaltungs-, Leitungs- oder Aufsichtsorgans bzw. zum Mitglied des oberen Managements bestellt wurde.

Zudem sind die Einzelheiten aller Veräußerungsbeschränkungen zu nennen, die die unter Punkt 9.1 genannten Personen für die von ihnen gehaltenen Wertpapiere des Emittenten für einen bestimmten Zeitraum vereinbart haben.

27 Angesichts des fast identischen Wortlauts mit der Ziffer 14 Anhang I ProspektVO kann grundsätzlich auf die dortige Kommentierung verwiesen werden (siehe Anhang I EU-ProspektVO Rz. 120 ff.). Es müssen jedoch „**sämtliche**" **Mitglieder des oberen Managements**, die für die Feststellung relevant sind, ob der Emittent über die für die Führung der Geschäfte erforderliche Kompetenz und Erfahrung verfügt, angegeben werden (Ziffer 9.1. lit. d Anhang XXIII ProspektVO). Dagegen sind in Ziffer 14 lit. d Anhang I ProspektVO lediglich die Mitglieder des oberen Managements zu nennen, die erforderlich sind, um die Sachkenntnis des Emittenten darzustellen.

XI. Vergütung und sonstige Leistungen (Ziffer 10)

10. Vergütung und sonstige Leistungen

Bei Emittenten, die nicht an einem geregelten Markt notiert sind, sind für das letzte abgeschlossene Geschäftsjahr in Bezug auf die unter Punkt 9.1 Unterabsatz 1 Buchstaben a und d genannten Personen folgende Angaben vorzulegen:

10.1. Höhe der Vergütung (einschließlich etwaiger erfolgsgebundener oder nachträglicher Vergütungen) und Sachleistungen, die diesen Personen vom Emittenten und seinen Tochterunternehmen für Dienstleistungen gezahlt bzw. gewährt wurden, die für den Emittenten oder eine seiner Tochtergesellschaften von jeglicher Person in jeglicher Funktion erbracht wurden.

Diese Angaben sind individuell vorzulegen, außer wenn eine individuelle Offenlegung im Herkunftsland des Emittenten nicht vorgeschrieben ist oder wenn die Angaben vom Emittenten bereits anderweitig veröffentlicht wurden.

10.2. Gesamthöhe der vom Emittenten oder seinen Tochtergesellschaften gebildeten Reserven oder Rückstellungen für Pensions- und Rentenzahlungen oder ähnliche Leistungen.

28 Die Vergütungen der unter Ziffer 9.1 Unterabs. 1 lit. a–d Anhang XXIII ProspektVO aufgelisteten Personen sind dann offenzulegen, wenn der Emittent nicht an einem geregelten Markt notiert ist. Bei Emittenten, die am geregelten Markt notiert sind,

bestehen bereits entsprechende gesetzliche Offenlegungspflichten (insb. aus § 87 AktG sowie den §§ 285 Satz 1 Nr. 9 lit. a, 314 Abs. 1 Nr. 6 lit. a HGB)[1].

Im Übrigen wird wegen des identischen Wortlauts mit den Ziffern 15.1 und 15.2 Anhang I ProspektVO auf die dortige Kommentierung verwiesen (siehe Anhang I EU-ProspektVO Rz. 129 ff.).

XII. Praktiken des Leitungsorgans (Ziffer 11)

11. Praktiken des Leitungsorgans
    Bei Emittenten, die nicht an einem geregelten Markt notiert sind, sind für das letzte abgeschlossene Geschäftsjahr – sofern nichts anderes angegeben ist – in Bezug auf die unter Punkt 9.1. Unterabsatz 1 Buchstabe a genannten Personen folgende Angaben vorzulegen:

11.1. Ggf. Ende der laufenden Mandatsperiode und Zeitraum, in dem die betreffende Person ihre Aufgabe wahrgenommen hat.

11.2. Angaben zu den Dienstleistungsverträgen, die zwischen den Mitgliedern des Verwaltungs-, Leitungs- oder Aufsichtsorgans und dem Emittenten bzw. einer seiner Tochtergesellschaften geschlossen wurden und die bei Beendigung des Beschäftigungsverhältnisses Leistungen vorsehen. Ansonsten ist eine negative Erklärung abzugeben.

11.3. Angaben zum Audit-Ausschuss und zum Vergütungsausschuss des Emittenten, einschließlich der Namen der Ausschussmitglieder und einer Zusammenfassung der Satzung des Ausschusses.

11.4. Erklärung, ob der Emittent der/den Corporate-Governance-Regelung(en) im Land seiner Gründung genügt. Sollte der Emittent einer solchen Regelung nicht folgen, ist eine entsprechende Erklärung zusammen mit einer Erläuterung aufzunehmen, aus der hervorgeht, warum der Emittent dieser Regelung nicht Folge leistet.

Wegen des identischen Wortlauts mit der Ziffer 16 Anhang I ProspektVO kann auf die dortige Kommentierung verwiesen werden (siehe Anhang I EU-ProspektVO Rz. 134 ff.). 29

Die Praktiken des Leitungsorgans sind nur dann offenzulegen, wenn der Emittent nicht an einem geregelten Markt notiert ist. Zudem hat der Emittent nach § 289a HGB eine gesonderte Erklärung zur Unternehmensführung abzugeben. Eine solche so genannte **Corporate Governance Erklärung** hat die Angaben der Ziffern 11.3 und 11.4 Anhang XXIII ProspektVO zu umfassen, insbesondere die **Entsprechenserklärung nach § 161 AktG**, welche in Ziffer 11.4 vorgesehen ist. 30

---

1 Vgl. auch *Dietz* in Holzborn, Anh. XXIII EU-ProspV Rz. 29.

XIII. Beschäftigte (Ziffer 12)

12. Beschäftigte

12.1. In Bezug auf jede der unter Punkt 9.1 Unterabsatz 1 Buchstaben a und d genannten Personen sind so aktuelle Informationen wie möglich über ihren Aktienbesitz und etwaige Optionen auf Aktien des Emittenten beizubringen.

12.2. Beschreibung etwaiger Vereinbarungen über eine Beteiligung der Beschäftigten am Kapital des Emittenten.

31 Wegen des nahezu identischen Wortlauts mit den Ziffern 17.2 und 17.3 Anhang I ProspektVO kann auf die dortige Kommentierung verwiesen werden (siehe Anhang I EU-ProspektVO Rz. 143 ff.).

32 Die Offenlegung von Angaben im Hinblick auf die Zahl der Beschäftigten oder zu Zeitarbeitskräften (Ziffer 17.1 Anhang I ProspektVO) findet in Ziffer 12 Anhang XXIII ProspektVO keine Entsprechung. Somit erübrigen sich Angaben dazu.

XIV. Hauptaktionäre (Ziffer 13)

13. Hauptaktionäre

13.1. Soweit dem Emittenten bekannt, sind alle Personen anzugeben, die nicht Mitglied des Verwaltungs-, Leitungs- oder Aufsichtsorgans sind und die direkt oder indirekt eine Beteiligung am Eigenkapital des Emittenten oder den entsprechenden Stimmrechten halten, die nach nationalem Recht zu melden ist, einschließlich des Betrags der Beteiligung. Ansonsten ist eine negative Erklärung abzugeben.

13.2. Angabe, ob die Hauptaktionäre des Emittenten unterschiedliche Stimmrechte haben. Ansonsten ist eine negative Erklärung abzugeben.

13.3. Soweit dem Emittenten bekannt, Angabe, ob an dem Emittenten unmittelbare oder mittelbare Beteiligungen oder Beherrschungsverhältnisse bestehen und wer diese Beteiligungen hält bzw. diese Beherrschung ausübt. Beschreibung der Art und Weise einer derartigen Beherrschung und der vorhandenen Maßnahmen zur Verhinderung des Missbrauchs einer solchen Beherrschung.

13.4. Sofern dem Emittenten bekannt, Beschreibung etwaiger Vereinbarungen, deren Ausübung zu einem späteren Zeitpunkt zu einer Änderung in der Beherrschung des Emittenten führen könnte.

33 Wegen des nahezu identischen Wortlauts mit der Ziffer 18 Anhang I ProspektVO wird auf die dortigen Kommentierungen verwiesen (siehe Anhang I EU-ProspektVO Rz. 147 ff.).

XV. Geschäfte mit verbundenen Parteien (Ziffer 14)

14. Geschäfte mit verbundenen Parteien

Soweit die gemäß der Verordnung (EG) Nr. 1606/2002 übernommenen internationalen Rechnungslegungsstandards auf den Emittenten keine Anwendung finden, sind folgende Informationen für den Zeitraum, auf den sich die historischen Finanzinformationen beziehen, bis zum Datum des Registrierungsformulars anzugeben:

a) Art und Umfang der Geschäfte, die als einzelnes Geschäft oder insgesamt für den Emittenten von wesentlicher Bedeutung sind. Erfolgt der Abschluss derartiger Geschäfte mit verbundenen Parteien nicht auf marktkonforme Weise, ist zu erläutern, weshalb. Im Falle ausstehender Darlehen einschließlich Garantien jeglicher Art ist der ausstehende Betrag anzugeben.

b) Betrag der Geschäfte mit verbundenen Parteien oder Anteil dieser Geschäfte am Umsatz des Emittenten.

Finden gemäß der Verordnung (EG) Nr. 1606/200 übernommene internationale Rechnungslegungsstandards auf den Emittenten Anwendung, so sind die vorstehend genannten Informationen nur für diejenigen Geschäfte anzugeben, die seit dem Ende des letzten Berichtszeitraums, für den geprüfte Finanzinformationen veröffentlicht wurden, getätigt wurden.

Wegen des identischen Wortlauts mit der Ziffer 19 Anhang I ProspektVO kann grundsätzlich auf die dortige Kommentierung verwiesen werden (siehe Anhang I EU-ProspektVO Rz. 158 ff.).

Finden die **internationalen Rechnungslegungsstandards** gemäß der Verordnung (EG) Nr. 1606/2002 auf den Emittenten Anwendung, so sind Geschäfte mit verbundenen Parteien nur unter der Voraussetzung anzugeben, dass der Emittent diese seit dem Ende des letzten Berichtszeitraums, für den geprüfte Finanzinformationen veröffentlicht wurden, abgeschlossen hat. Es kommt demnach nicht auf den Zeitraum an, der von den historischen Finanzinformationen abgedeckt wird. Dies ist darauf zurückzuführen, dass die Geschäfte mit verbundenen Unternehmen bei der Rechnungslegung nach den internationalen Rechnungslegungsstandards gemäß der Verordnung Nr. 1606/2002/EG in den Jahresabschluss nach IAS 24 aufgenommen werden müssen. Durch diese Offenlegung im Jahresabschluss ist der Anleger bereits über Geschäfte des Emittenten mit verbundenen Unternehmen hinreichend informiert[1]. Einer zusätzlichen Darlegung in dem Prospekt bedarf es in dem Fall nicht.

---

1 *Dietz* in Holzborn, Anh. XXIII EU-ProspV Rz. 35.

XVI. Finanzinformationen über die Vermögens-, Finanz- und Ertragslage des Emittenten (Ziffer 15)

15. Finanzinformationen über die Vermögens-, Finanz- und Ertragslage des Emittenten

15.1. Historische Finanzinformationen

Beizubringen sind geprüfte historische Finanzinformationen, die das letzte Geschäftsjahr abdecken (bzw. einen entsprechenden kürzeren Zeitraum, in dem der Emittent tätig war), sowie der Bestätigungsvermerk. Hat der Emittent in der Zeit, für die historische Finanzinformationen beizubringen sind, seinen Bilanzstichtag geändert, so decken die geprüften historischen Finanzinformationen mindestens 12 Monate oder – sollte der Emittent seiner Geschäftstätigkeit noch keine 12 Monate nachgegangen sein – den gesamten Zeitraum seiner Geschäftstätigkeit ab. Derartige Finanzinformationen sind gemäß der Verordnung (EG) Nr. 1606/2002 zu erstellen bzw. für den Fall, dass diese Verordnung nicht anwendbar ist, gemäß den nationalen Rechnungslegungsgrundsätzen eines Mitgliedstaats, wenn der Emittent aus der Europäischen Union stammt.

Bei Emittenten aus Drittstaaten sind diese Finanzinformationen nach den im Verfahren des Artikels 3 der Verordnung (EG) Nr. 1606/2002 übernommenen internationalen Rechnungslegungsstandards oder nach diesen Standards gleichwertigen nationalen Rechnungslegungsgrundsätzen eines Drittstaates zu erstellen. Ist keine Gleichwertigkeit mit den Standards gegeben, so sind die Finanzinformationen in Form eines neu zu erstellenden Abschlusses vorzulegen.

Die geprüften historischen Finanzinformationen sind in einer Form zu erstellen und vorzulegen, die mit der Form des folgenden Jahresabschlusses des Emittenten im Einklang steht, wobei die Rechnungslegungsgrundsätze und -strategien sowie die für diese Jahresabschlüsse geltenden Rechtsvorschriften zu berücksichtigen sind.

Ist der Emittent in seiner aktuellen Wirtschaftsbranche weniger als ein Jahr tätig, so sind die geprüften historischen Finanzinformationen für diesen Zeitraum gemäß den Standards zu erstellen, die auf Jahresabschlüsse im Sinne der Verordnung (EG) Nr. 1606/2002 anwendbar sind, bzw. für den Fall, dass diese Verordnung nicht anwendbar ist, gemäß den nationalen Rechnungslegungsgrundsätzen eines Mitgliedstaats, wenn der Emittent aus der Europäischen Union stammt. Bei Emittenten aus Drittstaaten sind diese historischen Finanzinformationen nach den im Verfahren des Artikels 3 der Verordnung (EG) Nr. 1606/2002 übernommenen internationalen Rechnungslegungsstandards oder nach diesen Standards gleichwertigen nationalen Rechnungslegungsgrundsätzen eines Drittstaates zu erstellen. Diese historischen Finanzinformationen müssen geprüft worden sein.

Wurden die geprüften Finanzinformationen gemäß nationalen Rechnungslegungsgrundsätzen erstellt, dann müssen die unter dieser Rubrik geforderten Finanzinformationen zumindest Folgendes enthalten:

a) die Bilanz;

b) die Gewinn- und Verlustrechnung;

c) eine Übersicht, aus der entweder alle Veränderungen im Eigenkapital oder nur die Veränderungen im Eigenkapital hervorgehen, die sich nicht aus Eigenkapitaltransaktionen mit Eigenkapitalgebern oder Ausschüttungen an diese ergeben;

d) Kapitalflussrechnung;

e) Rechnungslegungsstrategien und erläuternde Vermerke.

Die historischen jährlichen Finanzinformationen müssen unabhängig und in Übereinstimmung mit den in dem jeweiligen Mitgliedstaat anwendbaren Prüfungsstandards oder gleichwertigen Grundsätzen geprüft worden sein, oder es muss für das Registrierungsformular vermerkt werden, ob sie in Übereinstimmung mit den in dem jeweiligen Mitgliedstaat anwendbaren Prüfungsstandards oder gleichwertigen Grundsätzen ein den tatsächlichen Verhältnissen entsprechendes Bild vermitteln.

15.2. Pro-Forma-Finanzinformationen

Im Falle einer bedeutenden Brutto-Veränderung ist zu beschreiben, wie die Transaktion ggf. die Aktiva und Passiva sowie die Erträge des Emittenten beeinflusst hätte, wenn sie zu Beginn des Berichtszeitraums oder zum Berichtszeitpunkt durchgeführt worden wäre.

Dieser Anforderung wird normalerweise durch die Aufnahme von Pro-Forma-Finanzinformationen Genüge getan.

Diese Pro-Forma-Finanzinformationen sind gemäß Anhang II zu erstellen und müssen die darin geforderten Angaben enthalten.

Den Pro-Forma-Finanzinformationen ist ein Vermerk beizufügen, der von unabhängigen Buchprüfern oder Abschlussprüfern erstellt wurde.

15.3. Abschlüsse

Erstellt der Emittent sowohl einen eigenen Jahresabschluss als auch einen konsolidierten Jahresabschluss, so ist zumindest der konsolidierte Abschluss in das Registrierungsformular aufzunehmen.

15.4. Prüfung der historischen jährlichen Finanzinformationen

15.4.1. Es ist eine Erklärung dahingehend abzugeben, dass die historischen Finanzinformationen geprüft wurden. Sofern Bestätigungsvermerke über die historischen Finanzinformationen von den Abschlussprüfern abgelehnt wurden bzw. sofern sie Vorbehalte enthalten oder eingeschränkt erteilt wurden, sind diese Ablehnung bzw. diese Vorbehalte oder die eingeschränkte Erteilung in vollem Umfang wiederzugeben und die Gründe dafür anzugeben.

15.4.2. Angabe sonstiger Informationen im Registrierungsformular, die von den Abschlussprüfern geprüft wurden.

15.4.3. Wurden die Finanzdaten im Registrierungsformular nicht dem geprüften Abschluss des Emittenten entnommen, so ist die Quelle dieser Daten anzugeben und darauf hinzuweisen, dass die Daten ungeprüft sind.

15.5. Alter der jüngsten Finanzinformationen

15.5.1. Das letzte Jahr der geprüften Finanzinformationen darf nicht länger zurückliegen als

a) 18 Monate ab dem Datum des Registrierungsformulars, wenn der Emittent geprüfte Zwischenabschlüsse in sein Registrierungsformular aufnimmt, oder

b) 15 Monate ab dem Datum des Registrierungsformulars, wenn der Emittent ungeprüfte Zwischenabschlüsse in sein Registrierungsformular aufnimmt.

15.6. Zwischenfinanzinformationen und sonstige Finanzinformationen

15.6.1. Hat der Emittent seit dem Datum des letzten geprüften Abschlusses vierteljährliche oder halbjährliche Finanzinformationen veröffentlicht, so sind diese in das Registrierungsformular aufzunehmen. Wurden diese vierteljährlichen oder halbjährlichen Finanzinformationen einer Prüfung oder prüferischen Durchsicht unterzogen, so sind die entsprechenden Vermerke ebenfalls aufzunehmen. Wurden die vierteljährlichen oder halbjährlichen Finanzinformationen keiner prüferischen Durchsicht oder Prüfung unterzogen, so ist dies anzugeben.

15.6.2. Wurde das Registrierungsformular mehr als neun Monate nach Ablauf des letzten geprüften Geschäftsjahres erstellt, muss es Zwischenfinanzinformationen enthalten, die ungeprüft sein können (worauf hinzuweisen ist) und zumindest die ersten sechs Monate des Geschäftsjahres abdecken.

Diese Zwischenfinanzinformationen sollten einen Vergleich mit dem gleichen Zeitraum des letzten Geschäftsjahres beinhalten, es sei denn, diese Anforderung ist durch Vorlage der Bilanzdaten zum Jahresende erfüllt.

15.7. Dividendenpolitik

Beschreibung der Politik des Emittenten auf dem Gebiet der Dividendenausschüttungen und etwaiger diesbezüglicher Beschränkungen.

15.7.1. Angabe des Betrags der Dividende pro Aktie für den Zeitraum, der von den historischen Finanzinformationen abgedeckt wird. Wurde die Zahl der Aktien des Emittenten geändert, ist eine Bereinigung zu Vergleichszwecken vorzunehmen.

15.8. Gerichts- und Schiedsgerichtsverfahren

Angaben über etwaige staatliche Interventionen, Gerichts- oder Schiedsgerichtsverfahren (einschließlich derjenigen Verfahren, die nach Kenntnis des Emittenten noch anhängig sind oder eingeleitet werden könnten), die im Zeitraum der mindestens 12 letzten Monate stattfanden und die sich in jüngster Zeit erheblich auf die Finanzlage oder die Rentabilität des Emittenten und/oder der Gruppe ausgewirkt haben oder sich in Zukunft auswirken könnten. Ansonsten ist eine negative Erklärung abzugeben.

15.9. Bedeutende Veränderungen in der Finanzlage oder der Handelsposition des Emittenten
Beschreibung jeder bedeutenden Veränderung in der Finanzlage oder der Handelsposition der Gruppe, die seit dem Ende des letzten Geschäftsjahres eingetreten ist, für das entweder geprüfte Finanzinformationen oder Zwischenfinanzinformationen veröffentlicht wurden. Ansonsten ist eine negative Erklärung abzugeben.

Im Hinblick auf die Ziffer 15.1 Anhang XXIII ProspektVO kann wegen des nahezu identischen Wortlauts mit der Ziffer 20.1 Anhang I ProspektVO grundsätzlich auf die dortige Kommentierung verwiesen werden (siehe Anhang I EU-ProspektVO Rz. 169 ff.). 35

Eine Besonderheit besteht jedoch in Bezug auf den Zeitraum, der für die **Offenlegung der geprüften historischen Finanzinformationen** maßgeblich ist. Während nach Ziffer 20.1 Anhang I ProspektVO die Finanzinformationen für die letzten drei Geschäftsjahre in den Prospekt aufzunehmen sind, reicht es im verhältnismäßigen Schema gemäß Ziffer 15.1 Anhang XXIII ProspektVO aus, wenn die Finanzinformationen sich lediglich auf das **letzte Geschäftsjahr** beziehen. Hat sich der Bilanzstichtag in der maßgeblichen Zeit geändert, so haben die Finanzinformationen mindestens 12 Monate oder, sollte der Emittent seiner Geschäftstätigkeit noch keine 12 Monate nachgegangen sein, den gesamten Zeitraum seiner Geschäftstätigkeit abzudecken. 36

Im Hinblick auf die Ziffern 15.2–15.9 Anhang XXIII ProspektVO kann ebenfalls grundsätzlich wegen des nahezu identischen Wortlauts mit den Ziffern 20.2–20.9 Anhang I ProspektVO auf die dortige Kommentierung verwiesen werden (siehe Anhang I EU-ProspektVO Rz. 215 ff.). **Die Zwischeninformationen** „sollen" allerdings einen Vergleich mit dem Zeitraum des letzten Geschäftsjahres beinhalten (Ziffer 15.6.2 Anhang XXIII ProspektVO). Abweichend von der deutschen Fassung heißt es in der entsprechenden englischen Version, dass Zwischeninformationen einen solchen Vergleich beinhalten müssen („must include")[1]. Es spricht viel dafür, dass es sich um einen redaktionellen Fehler handelt. Im Zweifel sollten sich Emittenten, auch wegen des Grundsatzes der Prospektvollständigkeit, für eine Offenlegung eines solchen Vergleiches im Prospekt entscheiden. 37

---

[1] *Dietz* in Holzborn, Anh. XXIII EU-ProspV Rz. 37.

XVII. Zusätzliche Angaben (Ziffer 16)

16. Zusätzliche Angaben

16.1. Aktienkapital

Aufzunehmen sind die folgenden Angaben zum Stichtag der jüngsten Bilanz, die Bestandteil der historischen Finanzinformationen sind:

16.1.1. Betrag des ausgegebenen Kapitals und für jede Gattung des Aktienkapitals:

a) Zahl der genehmigten Aktien,

b) Zahl der ausgegebenen und voll eingezahlten Aktien und Zahl der ausgegebenen und nicht voll eingezahlten Aktien,

c) Nennwert pro Aktie bzw. Angabe, dass die Aktien keinen Nennwert haben, und

d) Überleitungsrechnung für die Zahl der ausstehenden Aktien zu Beginn und zum Ende des Geschäftsjahres. Wurde mehr als 10% des Kapitals während des Zeitraums, auf den sich die historischen Finanzinformationen beziehen, mit anderen Aktiva als Barmitteln eingezahlt, so ist dies anzugeben.

16.1.2. Sollten Aktien vorhanden sein, die nicht Bestandteil des Eigenkapitals sind, so sind die Anzahl und die wesentlichen Merkmale dieser Aktien anzugeben.

16.1.3. Angabe etwaiger wandelbarer Wertpapiere, umtauschbarer Wertpapiere oder etwaiger Wertpapiere mit Optionsscheinen, wobei die geltenden Bedingungen und Verfahren für die Wandlung, den Umtausch oder die Zeichnung darzulegen sind.

16.1.4. Angaben über eventuelle Akquisitionsrechte und deren Bedingungen und/oder über Verpflichtungen in Bezug auf genehmigtes, aber noch nicht ausgegebenes Kapital oder in Bezug auf eine Kapitalerhöhung.

16.1.5. Angaben, ob auf den Anteil eines Mitglieds der Gruppe ein Optionsrecht besteht oder ob bedingt oder bedingungslos vereinbart wurde, einen Anteil an ein Optionsrecht zu knüpfen, sowie Einzelheiten über solche Optionen, die auch jene Personen betreffen, die diese Optionsrechte erhalten haben.

38 Wegen des nahezu identischen Wortlauts mit der Ziffer 21.1 Anhang I ProspektVO kann auf die dortige Kommentierung verwiesen werden (siehe Anhang I EU-ProspektVO Rz. 295 ff.).

39 Die Ziffer 21.2 Anhang I ProspektVO findet in Anhang XXIII ProspektVO keine Entsprechung. Angaben im Prospekt zur Satzung und zu den Statuten der Gesellschaft sind demnach nicht erforderlich.

XVIII. Wesentliche Verträge (Ziffer 17)

17. Wesentliche Verträge

Zusammenfassung jedes im letzten Jahr vor der Veröffentlichung des Registrierungsformulars abgeschlossenen wesentlichen Vertrags (mit Ausnahme von Verträgen, die im Rahmen der normalen Geschäftstätigkeit abgeschlossen wurden), bei dem der Emittent oder ein sonstiges Mitglied der Gruppe eine Vertragspartei ist.

Zusammenfassung aller sonstigen zum Datum des Registrierungsformulars bestehenden Verträge (mit Ausnahme von Verträgen, die im Rahmen der normalen Geschäftstätigkeit abgeschlossen wurden), die von Mitgliedern der Gruppe abgeschlossen wurden und eine Bestimmung enthalten, der zufolge ein Mitglied der Gruppe eine Verpflichtung eingeht oder ein Recht erlangt, die bzw. das für die Gruppe von wesentlicher Bedeutung ist.

Wegen des nahezu identischen Wortlauts mit der Ziffer 22 Anhang I ProspektVO kann grundsätzlich auf die dortige Kommentierung verwiesen werden (siehe Anhang I EU-ProspektVO Rz. 313 ff.). In dem verhältnismäßigen Schema gemäß Ziffer 17 Anhang XXIII ProspektVO ist lediglich eine **Zusammenfassung jedes im letzten Jahr vor der Veröffentlichung des Registrierungsformulars abgeschlossenen Vertrags** erforderlich, während in Ziffer 22 Anhang I ProspektVO die letzten beiden Jahre vor der Veröffentlichung des Registrierungsformulars maßgeblich sind. Die Verkürzung des veröffentlichungspflichtigen Zeitraums stellt eine erhebliche Erleichterung für den Emittenten dar.

XIX. Angaben von Seiten Dritter, Erklärungen von Seiten Sachverständiger und Interessen-Erklärungen (Ziffer 18)

18. Angaben von Seiten Dritter, Erklärungen von Seiten Sachverständiger und Interessen-Erklärungen

18.1. Wird in das Registrierungsformular eine Erklärung oder ein Bericht einer Person aufgenommen, die als Sachverständiger handelt, so sind der Name, die Geschäftsanschrift, die Qualifikationen und eine etwaige wesentliche Beteiligung dieser Person an dem Emittenten anzugeben. Wurde der Bericht auf Ersuchen des Emittenten erstellt, so ist eine Erklärung abzugeben, dass die aufgenommene Erklärung oder der aufgenommene Bericht in der Form und in dem Zusammenhang, in dem sie bzw. er aufgenommen wurde, die Zustimmung von Seiten der Person erhalten hat, die den Inhalt dieses Teils des Registrierungsformulars gebilligt hat.

18.2. Wurden Angaben von Seiten Dritter übernommen, ist zu bestätigen, dass diese Angaben korrekt wiedergegeben wurden und nach Wissen des Emittenten und soweit für ihn aus den von diesem Dritten veröffentlichten Angaben ersichtlich, nicht durch Auslassungen unkorrekt oder irreführend gestaltet wurden. Darüber hinaus hat der Emittent die Quelle(n) der Angaben zu nennen.

41 Wegen des fast identischen Wortlauts mit der Ziffer 23 Anhang I ProspektVO kann auf die dortige Kommentierung verwiesen werden (siehe Anhang I EU-ProspektVO Rz. 318).

XX. Einsehbare Dokumente (Ziffer 19)

19. Einsehbare Dokumente

Abzugeben ist eine Erklärung dahingehend, dass während der Gültigkeitsdauer des Registrierungsformulars ggf. die folgenden Dokumente oder deren Kopien eingesehen werden können:

a) die Satzung und die Statuten des Emittenten,

b) sämtliche Berichte, Schreiben und sonstigen Dokumente, historischen Finanzinformationen, Bewertungen und Erklärungen, die von einem Sachverständigen auf Ersuchen des Emittenten abgegeben wurden, sofern Teile davon in das Registrierungsformular eingefügt worden sind oder in ihm darauf verwiesen wird.

Anzugeben ist auch, wo in diese Dokumente in Papierform oder auf elektronischem Wege Einsicht genommen werden kann.

42 Wegen des nahezu identischen Wortlauts mit der Ziffer 24 Anhang I ProspektVO kann grundsätzlich auf die dortige Kommentierung verwiesen werden (siehe Anhang I EU-ProspektVO Rz. 319 ff.). Einzig die Ziffer 19 Anhang XXIII ProspektVO verlangt im Gegensatz zu dem Anhang I ProspektVO keine historischen Finanzinformationen, die dem Investor zugänglich gemacht werden müssen.

Anhang XXIV
Mindestangaben für die Wertpapierbeschreibung für Aktien bei Bezugsrechtsemissionen (verhältnismäßiges Schema)

Schrifttum: *Schlitt/Seiler*, Aktuelle Rechtsfragen bei Bezugsrechtsemissionen, WM 2003, 2175 sowie Schrifttum zu Anhang III und Anhang XXIII.

I. Anwendungsbereich 1	VII. Zulassung zum Handel und Handelsmodalitäten (Ziffer 6) .. 9
II. Haftende Personen (Ziffer 1) ... 2	VIII. Lock-up-Vereinbarungen (Ziffer 7) 10
III. Risikofaktoren (Ziffer 2) 3	
IV. Grundlegende Angaben (Ziffer 3) 4	IX. Kosten der Emission/des Angebots (Ziffer 8) 11
V. Angaben über die anzubietenden bzw. zum Handel zuzulassenden Wertpapiere (Ziffer 4) 6	X. Verwässerung (Ziffer 9) 12
	XI. Zusätzliche Angaben (Ziffer 10) 13
VI. Konditionen des Angebots (Ziffer 5) 7	

I. Anwendungsbereich

Der Anhang XXIV ProspektVO ist durch die Verordnung Nr. 486/2012/EU neu eingefügt worden und enthält das Schema für die Mindestangaben für die Wertpapierbeschreibung für Aktien bei **Bezugsrechtsemissionen**. Hinsichtlich des Anwendungsbereichs kann auf die Kommentierungen des Anhangs XXIII ProspektVO verwiesen werden (siehe dazu Anhang XXIII EU-ProspektVO Rz. 1 ff.). Das verhältnismäßige Schema des Anhangs XXIV ProspektVO entspricht teilweise dem des Anhangs III ProspektVO, sodass nachfolgend häufig auf die dortige Kommentierung verwiesen werden kann. Wenn sich im Vergleich zu Anhang III ProspektVO inhaltliche Änderungen ergeben, sind diese nachfolgend kommentiert. 1

II. Haftende Personen (Ziffer 1)

1. Haftende Personen
1.1. Alle Personen, die für die Angaben im Prospekt bzw. für bestimmte Teile des Prospekts haften. Im letzteren Fall sind die entsprechenden Teile anzugeben. Handelt es sich dabei um natürliche Personen, zu denen auch Mitglieder des Verwaltungs-, Leitungs- oder Aufsichtsorgans des Emittenten gehören, sind Name und Funktion dieser Person zu nennen. Bei juristischen Personen sind Name und eingetragener Sitz der Gesellschaft anzugeben.

1.2. Erklärung der für den Prospekt haftenden Personen, dass die Angaben im Prospekt ihres Wissens richtig sind und keine Auslassungen beinhalten, die die Aussage des Prospekts verzerren könnten, und dass sie die erforderliche Sorgfalt haben walten lassen, um dies sicherzustellen. Ggf. Erklärung der für bestimmte Teile des Prospekts haftenden Personen, dass die Angaben in dem Teil des Prospekts, für den sie haften, ihres Wissens richtig sind und keine Auslassungen beinhalten, die die Aussage des Prospekts verzerren könnten, und dass sie die erforderliche Sorgfalt haben walten lassen, um dies sicherzustellen.

2   Wegen des nahezu identischen Wortlauts mit den Ziffern 1.1 und 1.2 Anhang III ProspektVO kann grundsätzlich auf die dortige Kommentierung verwiesen werden (siehe Anhang III EU-ProspektVO Rz. 2 ff.).

Im Hinblick auf die wenigen Abweichungen im Wortlaut wird auf die Kommentierung zu Ziffer 1 Anhang XXIII ProspektVO verwiesen (siehe Anhang XXIII EU-ProspektVO Rz. 12 f.).

III. Risikofaktoren (Ziffer 2)

2. Risikofaktoren

Klare Angabe der Risikofaktoren, die für die Bewertung des mit den anzubietenden und/oder zum Handel zuzulassenden Wertpapiere verbundenen Marktrisikos von wesentlicher Bedeutung sind, unter der Rubrik „Risikofaktoren".

3   Wegen des fast identischen Wortlauts mit der Ziffer 2 Anhang III ProspektVO wird auf die dortige Kommentierung verwiesen (siehe Anhang III EU-ProspektVO Rz. 5 ff.).

IV. Grundlegende Angaben (Ziffer 3)

3.   Grundlegende Angaben

3.1. Erklärung zum Geschäftskapital

Erklärung des Emittenten, dass das Geschäftskapital seiner Meinung nach seine derzeitigen Anforderungen deckt. Ansonsten ist darzulegen, wie das zusätzlich erforderliche Geschäftskapital beschafft werden soll.

3.2. Kapitalbildung und Verschuldung

Aufzunehmen ist eine Übersicht über Kapitalbildung und Verschuldung (wobei zwischen garantierten und nicht garantierten, besicherten und unbesicherten Verbindlichkeiten zu unterscheiden ist) zu einem Zeitpunkt, der höchstens 90 Tage vor dem Datum des Dokuments liegt. Zur Verschuldung zählen auch indirekte Verbindlichkeiten und Eventualverbindlichkeiten.

3.3. Beteiligungen natürlicher und juristischer Personen, die an der Emission/dem Angebot beteiligt sind.
Beschreibung aller für die Emission wesentlichen – auch kollidierenden – Beteiligungen unter Angabe der betreffenden Personen und der Art der Beteiligung.

3.4. Gründe für das Angebot und Verwendung der Erträge
Angabe der Gründe für das Angebot und ggf. des geschätzten Nettobetrages der Erträge, aufgegliedert nach den wichtigsten Verwendungszwecken und dargestellt nach Priorität dieser Verwendungszwecke. Wenn der Emittent weiß, dass die voraussichtlichen Erträge nicht ausreichen werden, um alle vorgeschlagenen Verwendungszwecke zu finanzieren, sind der Betrag und die Quellen anderer Mittel anzugeben. Die Verwendung der Erträge muss im Detail dargelegt werden, insbesondere wenn sie außerhalb der normalen Geschäftstätigkeit zum Erwerb von Aktiva verwendet, zur Finanzierung des angekündigten Erwerbs anderer Unternehmen oder zur Begleichung, Reduzierung oder vollständigen Tilgung der Schulden eingesetzt werden.

Wegen des nahezu identischen Wortlauts mit der Ziffer 3 Anhang III ProspektVO kann grundsätzlich auf die dortige Kommentierung verwiesen werden (siehe Anhang III EU-ProspektVO Rz. 12 ff.). 4

Jedoch besteht im Hinblick auf den Wortlaut eine Abweichung. Während Ziffer 3.3 Anhang III ProspektVO fordert, dass jegliche „Interessen", einschließlich möglicher Interessenkonflikte, der an der Emission/dem Angebot beteiligten Personen beschrieben werden müssen, geht die neue Formulierung in Ziffer 3.3 Anhang XXIV ProspektVO nur von einer Offenlegungspflicht bzgl. wesentlicher, auch kollidierender, „Beteiligungen" aus. Die Regelung soll jedoch dazu dienen, potentielle Interessenkonflikte gegenüber dem Investor offenzulegen. Daher sollte auch im Hinblick auf den allgemeinen Vollständigkeitsgrundsatz des § 5 Abs. 1 Satz 1 WpPG eher von einer **weiten Auslegung** ausgegangen werden. Demnach müssen etwaige Interessen der an der Emission/dem Angebot beteiligten Personen offengelegt werden, um auch dem **Anlegerschutzgedanken** gerecht zu werden[1]. 5

V. Angaben über die anzubietenden bzw. zum Handel zuzulassenden Wertpapiere (Ziffer 4)

4. Angaben über die anzubietenden bzw. zum Handel zuzulassenden Wertpapiere
4.1. Beschreibung der Art und Gattung der anzubietenden und/oder zum Handel zuzulassenden Wertpapiere einschließlich der ISIN (International Security Identification Number) oder einer ähnlichen Wertpapierkennung.
4.2. Rechtsvorschriften, auf deren Grundlage die Wertpapiere geschaffen wurden.

---
1 *Dietz* in Holzborn, Anh. XXIV EU-ProspV Rz. 4.

4.3. Angabe, ob es sich bei den Wertpapieren um Namens- oder Inhaberpapiere handelt und ob sie in Stückeform oder stückelos vorliegen. In letzterem Fall sind Name und Anschrift des die Buchungsunterlagen führenden Instituts zu nennen.

4.4. Währung der Wertpapieremission.

4.5. Beschreibung der mit den Wertpapieren verbundenen Rechte einschließlich etwaiger Beschränkungen und des Verfahrens zur Ausübung dieser Rechte.

Dividendenrechte:
- feste(r) Termin(e), ab dem/denen die Dividendenberechtigung entsteht;
- Frist für den Verfall der Dividendenberechtigung und Angabe des Begünstigten;
- Dividendenbeschränkungen und Verfahren für gebietsfremde Wertpapierinhaber;
- Dividendensatz bzw. Methode zu dessen Berechnung, Häufigkeit und Art der Zahlungen (kumulativ oder nichtkumulativ);

Stimmrechte;

Vorkaufsrechte bei Angeboten zur Zeichnung von Wertpapieren derselben Gattung;

Recht auf Beteiligung am Gewinn des Emittenten;

Recht auf Beteiligung am Liquidationserlös;

Tilgungsklauseln;

Wandelbedingungen.

4.6 Angabe der Beschlüsse, Ermächtigungen und Genehmigungen, aufgrund deren Wertpapiere geschaffen und/oder begeben wurden oder werden.

4.7. Voraussichtlicher Emissionstermin der Wertpapiere.

4.8. Beschreibung etwaiger Beschränkungen für die freie Übertragbarkeit der Wertpapiere.

4.9. Hinsichtlich des Lands des eingetragenen Sitzes des Emittenten und des Landes bzw. der Länder, in dem bzw. denen das Angebot unterbreitet oder die Zulassung zum Handel beantragt wird, sind folgende Angaben zu machen:
- Angaben zu den Steuern, die an der Quelle auf die Wertpapiererträge erhoben werden,
- Hinweis darauf, ob der Emittent die Einbehaltung der Steuern an der Quelle übernimmt.

6 Im Wesentlichen kann wegen des nahezu identischen Wortlauts mit der Ziffer 4 Anhang III ProspektVO auf die dortige Kommentierung verwiesen werden (siehe Anhang III EU-ProspektVO Rz. 28 ff.).

Die Mindestangaben aus Ziffer 4.9 und 4.10 Anhang III ProspektVO finden in dem für Bezugsrechtsemissionen geltenden Anhang XXIV ProspektVO keine Entsprechung. Somit erübrigen sich Angaben zu etwaigen bestehenden Pflichtübernahmeangeboten oder Ausschluss- und Andienungsregeln, da diese Informationen bereits öffentlich bekannt sind. Auch für etwaige freiwillige Übernahmeangebote, die nach

Ziffer 4.10 aus Anhang III ProspektVO im Prospekt offenzulegen sind, gilt dies entsprechend. Die Streichung stellt eine erhebliche Erleichterung für die Emittenten dar, die im Rahmen der Prospekterstellung **keine Angaben mehr zu vergangenen Übernahmeangeboten** etc. offenlegen müssen[1].

VI. Konditionen des Angebots (Ziffer 5)

5. Konditionen des Angebots

5.1. Konditionen, Angebotsstatistiken, erwarteter Zeitplan und erforderliche Maßnahmen für die Antragstellung.

5.1.1. Angebotskonditionen.

5.1.2. Gesamtsumme der Emission/des Angebots.

5.1.3. Frist – einschließlich etwaiger Änderungen – während deren das Angebot gilt, und Beschreibung des Antragsverfahrens.

5.1.4. Zeitpunkt und Umstände, zu dem bzw. unter denen das Angebot widerrufen oder ausgesetzt werden kann, und Angabe, ob der Widerruf nach Beginn des Handels erfolgen kann.

5.1.5. Beschreibung der Möglichkeit zur Reduzierung der Zeichnungen und der Art und Weise der Erstattung des zu viel gezahlten Betrags an die Zeichner.

5.1.6. Einzelheiten zum Mindest- und/oder Höchstbetrag der Zeichnung (entweder in Form der Anzahl der Wertpapiere oder des aggregierten zu investierenden Betrags).

5.1.7. Angabe des Zeitraums, während dessen ein Antrag zurückgezogen werden kann, sofern dies den Anlegern gestattet ist.

5.1.8. Methode und Fristen für die Bedienung der Wertpapiere und ihre Lieferung.

5.1.9. Umfassende Beschreibung der Modalitäten und des Termins für die öffentliche Bekanntgabe der Angebotsergebnisse.

5.1.10. Verfahren für die Ausübung eines etwaigen Vorkaufsrechts, die Handelbarkeit der Zeichnungsrechte und die Behandlung der nicht ausgeübten Zeichnungsrechte.

5.2. Zuteilung.

5.2.1. Soweit dem Emittenten bekannt, Angabe, ob Hauptaktionäre oder Mitglieder des Leitungs-, Aufsichts- oder Verwaltungsorgans des Emittenten an der Zeichnung teilnehmen wollen oder ob Personen mehr als 5% des Angebots zeichnen wollen.

5.2.2. Verfahren zur Meldung gegenüber den Zeichnern über den zugeteilten Betrag und Angabe, ob eine Aufnahme des Handels vor der Meldung möglich ist.

---

[1] *Dietz* in Holzborn, Anh. XXIV EU-ProspV Rz. 6.

5.3. Preisfestsetzung.

5.3.1. Angabe des Preises, zu dem die Wertpapiere angeboten werden. Ist der Preis nicht bekannt oder besteht kein etablierter und/oder liquider Markt für die Wertpapiere, ist die Methode anzugeben, mittels deren der Angebotspreis festgelegt wird, einschließlich der Person, die die Kriterien festgelegt hat oder offiziell für deren Festlegung verantwortlich ist. Angabe der Kosten und Steuern, die speziell dem Zeichner oder Käufer in Rechnung gestellt werden.

5.3.2. Verfahren für die Offenlegung des Angebotspreises.

5.3.3. Verfügen die Aktionäre des Emittenten über Vorkaufsrechte und werden diese Rechte eingeschränkt oder entzogen, ist die Basis des Emissionspreises anzugeben, wenn die Emission in bar erfolgt, zusammen mit den Gründen und den Begünstigten einer solchen Beschränkung oder eines solchen Entzugs.

5.4. Platzierung und Übernahme (Underwriting).

5.4.1. Name und Anschrift des Koordinators/der Koordinatoren des gesamten Angebots oder einzelner Teile des Angebots und – sofern dem Emittenten oder dem Bieter bekannt – Angaben zu den Platzierern in den einzelnen Ländern des Angebots.

5.4.2. Name und Anschrift etwaiger Zahlstellen und Verwahrstellen in jedem Land.

5.4.3. Name und Anschrift der Institute, die bereit sind, eine Emission auf Grund einer festen Zusage zu zeichnen, und Name und Anschrift der Institute, die bereit sind, eine Emission ohne feste Zusage oder „zu den bestmöglichen Bedingungen" zu platzieren. Angabe der Hauptmerkmale der Vereinbarungen, einschließlich der Quoten. Wird die Emission nicht zur Gänze übernommen, ist eine Erklärung zum verbleibenden Teil einzufügen. Angabe des Gesamtbetrags der Übernahmeprovision und der Platzierungsprovision.

5.4.4. Datum, zu dem der Emissionsübernahmevertrag geschlossen wurde oder wird.

7 Wegen des nahezu identischen Wortlauts mit der Ziffer 5 Anhang III ProspektVO kann grundsätzlich auf die dortigen Kommentierungen verwiesen werden (siehe Anhang III EU-ProspektVO Rz. 41 ff.).

Eine Besonderheit besteht jedoch im Hinblick auf die Gesamtsumme der Emission/des Angebots. Dabei wird nicht zwischen den zum Verkauf und den zur Zeichnung angebotenen Wertpapieren unterschieden (Ziffer 5.1.2 Anhang XXIV ProspektVO). Im Gegensatz zu der Ziffer 5.1.2 Anhang III ProspektVO ist ebenfalls **keine Beschreibung der Vereinbarungen und des Zeitpunkts für die Ankündigung des endgültigen Angebotsbetrags an das Publikum erforderlich**, wenn der Betrag nicht festgelegt ist (Ziffer 5.1.1 Anhang XXIV ProspektVO).

Die Ziffern 5.2.1, 5.2.3 und 5.2.5 Anhang III ProspektVO finden keine Entsprechung in Anhang XXIV. Insofern ist eine umfangreiche Beschreibung des Zuteilungsverfahrens nicht erforderlich.

Schließlich wurde die Ziffer 5.3.4 Anhang III ProspektVO ebenfalls nicht in den Anhang XXIV ProspektVO mit aufgenommen. Insoweit erübrigt sich eine Darstellung etwaiger Akquisitionen der Wertpapiere im letzten Jahr durch Verwaltungs-, Geschäftsführungs- oder Aufsichtsorgane, des oberen Managements oder nahestehenden Personen[1].

VII. Zulassung zum Handel und Handelsmodalitäten (Ziffer 6)

6. Zulassung zum Handel und Handelsmodalitäten

6.1. Angabe, ob die angebotenen Wertpapiere Gegenstand eines Antrags auf Zulassung zum Handel sind oder sein werden und auf einem geregelten Markt oder sonstigen gleichwertigen Märkten platziert werden sollen, wobei die jeweiligen Märkte zu nennen sind. Dieser Umstand ist anzugeben, ohne den Eindruck zu erwecken, dass die Zulassung zum Handel auf jeden Fall erteilt wird. Falls bekannt, sollten die ersten Termine angegeben werden, zu denen die Wertpapiere zum Handel zugelassen sind.

6.2. Anzugeben sind alle geregelten oder gleichwertigen Märkte, an denen nach Kenntnis des Emittenten bereits Wertpapiere der gleichen Gattung wie die zum Handel angebotenen oder zuzulassenden Wertpapiere zum Handel zugelassen sind.

6.3. Falls gleichzeitig oder fast gleichzeitig zur Schaffung von Wertpapieren, für die eine Zulassung zum Handel an einem geregelten Markt beantragt werden soll, Wertpapiere der gleichen Gattung privat gezeichnet oder platziert werden, oder falls Wertpapiere anderer Gattungen für eine öffentliche oder private Platzierung geschaffen werden, sind Einzelheiten zur Art dieser Geschäfte sowie zur Zahl und den Merkmalen der Wertpapiere anzugeben, auf die sie sich beziehen.

6.4. Detaillierte Angaben zu den Instituten, die aufgrund einer festen Zusage als Intermediäre im Sekundärhandel tätig sind und über An- und Verkaufskurse Liquidität zur Verfügung stellen, sowie Beschreibung der Hauptbedingungen ihrer Zusage.

Bezüglich der Ziffern 6.1–6.4 Anhang XXIV ProspektVO kann wegen des nahezu identischen Wortlauts auf die Kommentierung der entsprechenden Ziffern des Anhangs III ProspektVO verwiesen werden (siehe Anhang III EU-ProspektVO Rz. 63 ff.).

Die Ziffer 6.5 Anhang III ProspektVO wurde allerdings nicht in das verhältnismäßige Schema des Anhangs XXIV ProspektVO übernommen, denn Kursstabilisierungsmaßnahmen finden bei einer Bezugsrechtsemission grundsätzlich keine Anwendung. Grund hierfür ist, dass bislang keine Mehrzuteilungs- und Greenshoe-Optionen im

---
1 Vgl. *Dietz* in Holzborn, Anh. XXIV EU-ProspV Rz. 8 ff.

Rahmen von reinen Bezugsrechtsemissionen eingeräumt werden, sodass auch keine Kurspflege betrieben wird[1]. Nur in bestimmten Konstellationen soll auch bei Bezugsrechtsemissionen die Möglichkeit von Kursstabilisierungsmaßnahmen bestehen[2].

VIII. Lock-up-Vereinbarungen (Ziffer 7)

7. Lock-up-Vereinbarungen

7.1. Lock-up-Vereinbarungen:
Anzugeben sind die beteiligten Parteien,
Inhalt und Ausnahmen der Vereinbarung,
der Zeitraum des „Lock-up".

10 Wegen des identischen Wortlauts mit der Ziffer 7.3 Anhang III ProspektVO kann auf die dortige Kommentierung verwiesen werden (siehe Anhang III EU-ProspektVO Rz. 72 ff.). Die Ziffern 7.1 und 7.2 Anhang III ProspektVO finden keine Entsprechung in Anhang XXIV. Angaben zu Wertpapierinhabern mit Verkaufspositionen sind folglich nicht erforderlich.

IX. Kosten der Emission/des Angebots (Ziffer 8)

8. Kosten der Emission/des Angebots

8.1. Angabe der Gesamtnettoerträge und Schätzung der Gesamtkosten der Emission/des Angebots.

11 Im Hinblick auf die Darstellung bzgl. der Kosten der Emission/des Angebots kann aufgrund des identischen Wortlauts auf die Kommentierung zur Ziffer 8 Anhang III ProspektVO verwiesen werden (siehe Anhang III EU-ProspektVO Rz. 74 ff.).

X. Verwässerung (Ziffer 9)

9. Verwässerung

9.1. Betrag und Prozentsatz der unmittelbaren Verwässerung, die sich aus der Emission/dem Angebot ergibt.

9.2. Betrag und Prozentsatz der unmittelbaren Verwässerung, wenn die existierenden Aktionäre das neue Angebot nicht zeichnen.

12 Wegen des nahezu identischen Wortlauts mit der Ziffer 9 Anhang III ProspektVO wird auf die dortige Kommentierung verwiesen (siehe Anhang III EU-ProspektVO Rz. 81 ff.).

---

1 *Dietz* in Holzborn, Anh. XXIV EU-ProspV Rz. 13 f.
2 Vgl. Zu dieser Thematik ausführlich auch *Schlitt/Seiler*, WM 2003, 2175 (2182).

XI. Zusätzliche Angaben (Ziffer 10)

10. Zusätzliche Angaben

10.1. Werden an einer Emission beteiligte Berater in der Wertpapierbeschreibung genannt, ist anzugeben, in welcher Funktion sie gehandelt haben.

10.2. Es ist anzugeben, welche anderen in der Wertpapierbeschreibung enthaltenen Angaben von Abschlussprüfern geprüft oder durchgesehen wurden, über die die Abschlussprüfer einen Vermerk erstellt haben. Der Vermerk ist wiederzugeben oder bei entsprechender Erlaubnis der zuständigen Behörden zusammenzufassen.

10.3. Wird in die Wertpapierbeschreibung eine Erklärung oder ein Bericht einer Person aufgenommen, die als Sachverständige(r) handelt, so sind der Name, die Geschäftsanschrift, die Qualifikationen und eine etwaige wesentliche Beteiligung dieser Person am Emittenten anzugeben. Wurde der Bericht auf Ersuchen des Emittenten erstellt, so ist eine Erklärung dahingehend abzugeben, dass die aufgenommene Erklärung oder der aufgenommene Bericht in der Form und in dem Zusammenhang, in dem sie bzw. er aufgenommen wurde, die Zustimmung von Seiten der Person erhalten hat, die den Inhalt dieses Teils der Wertpapierbeschreibung gebilligt hat.

10.4. Wurden Angaben von Seiten Dritter übernommen, ist zu bestätigen, dass diese Angaben korrekt wiedergegeben wurden und nach Wissen des Emittenten und soweit für ihn aus den von diesem Dritten veröffentlichten Angaben ersichtlich, nicht durch Auslassungen unkorrekt oder irreführend gestaltet wurden. Darüber hinaus hat der Emittent die Quelle(n) der Angaben zu nennen.

Wegen des nahezu identischen Wortlauts mit der Ziffer 10 Anhang III ProspektVO kann auf die dortigen Ausführungen verwiesen werden (siehe Anhang III EU-ProspektVO Rz. 85 ff.).

Anhang XXV
Mindestangaben für das Aktienregistrierungsformular von KMU und Unternehmen mit geringer Marktkapitalisierung (verhältnismäßiges Schema)

Schrifttum: *Kumpan,* Die Europäische Kapitalmarktunion und ihr Fokus auf kleinere und mittlere Unternehmen, ZGR 2016, 2; *Schulz,* Die Reform des Europäischen Prospektrechts – Eine Analyse der geplanten Prospektverordnung und ihrer Praxisauswirkung, WM 2016, 141.

I. Anwendungsbereich 1	XVI. Vergütungen und sonstige Leistungen (Ziffer 15) 23
II. Haftende Personen (Ziffer 1) 8	XVII. Praktiken des Leitungsorgans (Ziffer 16) 24
III. Abschlussprüfer (Ziffer 2) . . . 9	XVIII. Beschäftigte (Ziffer 17) 25
IV. Ausgewählte Finanzinformationen (Ziffer 3) 10	XIX. Hauptaktionäre (Ziffer 18) . . . 26
V. Risikofaktoren (Ziffer 4) 11	XX. Geschäfte mit verbundenen Parteien (Ziffer 19) 27
VI. Angaben über den Emittenten (Ziffer 5) 12	XXI. Finanzinformationen über die Vermögens-, Finanz- und Ertragslage des Emittenten (Ziffer 20) 29
VII. Überblick über die Geschäftstätigkeit (Ziffer 6) 13	XXII. Zusätzliche Angaben (Ziffer 21) 34
VIII. Organisationsstruktur (Ziffer 7) 14	XXIII. Wesentliche Verträge (Ziffer 22) 35
IX. Sachanlagen (Ziffer 8) 15	XXIV. Angaben von Seiten Dritter, Erklärungen von Seiten Sachverständiger und Interessen-Erklärungen (Ziffer 23) 36
X. Angaben zur Geschäfts- und Finanzlage (Ziffer 9) 16	XXV. Einsehbare Dokumente (Ziffer 24) 37
XI. Eigenkapitalausstattung (Ziffer 10) 17	XXVI. Angaben über Beteiligungen (Ziffer 25) 38
XII. Forschung und Entwicklung, Patente und Lizenzen (Ziffer 11) 19	
XIII. Trendinformationen (Ziffer 12) 20	
XIV. Gewinnprognosen oder -schätzungen (Ziffer 13) 21	
XV. Verwaltungs-, Leitungs- und Aufsichtsorgane und oberes Management (Ziffer 14) 22	

I. Anwendungsbereich

1 Anhang XXV ProspektVO ist durch die Verordnung Nr. 486/2012/EU neu eingefügt worden und enthält das Schema für die Mindestangaben für das Aktienregistrie-

rungsformular von KMU und Unternehmen mit geringer Marktkapitalisierung (**verhältnismäßiges Schema**).

Der Begriff „**kleine und mittlere Unternehmen**" (KMU) ist in Art. 2 Abs. 1 lit. f Prospektrichtlinie legal definiert. Danach sind KMU Gesellschaften, die laut ihrem letzten Jahresabschluss bzw. konsolidierten Abschluss zumindest zwei der folgenden drei Kriterien erfüllen: (i) durchschnittliche Beschäftigenzahl im letzten Geschäftsjahr von weniger als 250, (ii) Gesamtbilanzsumme von höchstens 43 Mio. Euro und (iii) Jahresnettoumsatz von höchstens 50 Mio. Euro.

Der Begriff „**Unternehmen mit geringer Marktkapitalisierung**" ist in Art. 2 Abs. 1 lit. f und t Prospektrichtlinie definiert. Unter diesen Begriff fallen solche Unternehmen, die auf einem geregelten Markt notiert sind und dessen durchschnittliche Marktkapitalisierung auf der Grundlage der Notierungen zum Jahresende für die vorangegangenen drei Kalenderjahre weniger als 100 Mio. Euro betrug. Berechnet wird die Marktkapitalisierung anhand des offiziellen Schlusskurses am jeweils letzten Börsenhandelstag der vorangegangenen drei Kalenderjahre. Sofern es Notierungen auf mehreren organisierten Märkten gab, ist jeweils der höchste offizielle Schlusskurs am letzten Börsenhandelstag der vorangegangenen drei Kalenderjahre maßgeblich. Gab es nur Schlusskurse für die letzten beiden Kalenderjahre oder nur für das letzte Kalenderjahr, so sind diese heranzuziehen[1]. Der Emittent hat wie beim Nachweis der Eigenschaft als KMU die entsprechenden Angaben zum Nachweis der so genannten Small-Cap-Eigenschaft im Anschreiben zu nennen. Mitzuteilen ist außerdem die Anzahl der Aktien, die am geregelten Markt notiert sind, damit die BaFin die Marktkapitalisierung ermitteln kann[2].

Im Rahmen der **Reform des Prospektrechts** (vgl. dazu allgemein Einl. WpPG Rz. 23 ff., § 4 WpPG Rz. 2) soll der Begriff „Unternehmen mit geringer Marktkapitalisierung" gestrichen werden[3]. Stattdessen wird nur noch der Begriff „Kleine und mittlere Unternehmen" verwendet. Zudem soll der Begriff des KMUs erweitert werden. Der **Schwellenwert** für die Bestimmung von KMUs soll von 100 Mio. auf **200 Mio. Euro** angehoben werden (Art. 2 Abs. 1 lit. f ProspektVO-E). Der Schwellenwert soll somit an Art. 4 Abs. 1 Nr. 13 der Richtlinie 2014/65/EU im Sinne einer Vereinheitlichung angeglichen werden[4]. Die Anhebung des Schwellenwertes soll dazu führen, KMU die Finanzierung über die Kapitalmärkte in der Europäischen Union zu vereinfachen[5]. Im Vergleich zu den geltenden Anhängen XXV–XXVIII der EU-ProspektVO werden zudem weitere Erleichterungen eingeführt, um ein angemessenes Verhältnis zwischen der Unternehmensgröße und den Kosten für die Prospekterstellung zu gewährleisten. So haben KMU in Zukunft insbesondere die Möglichkeit, einen Prospekt in Form eines leicht verständlichen „Frage-und Antwortbogens" zu erstellen, dessen Einzelheiten in delegierten Rechtsakten festgelegt werden (Art. 15

---

1 *Henningsen*, BaFin Journal 09/12, 5 (8).
2 *Henningsen*, BaFin Journal 09/12, 5 (8); *Dietz* in Holzborn, Anh. XXIV EU-ProspV Rz. 6.
3 Zur Reform der Offenlegungsregelungen für KMU auch *Schulz*, WM 2016, 1417 (1423).
4 Erwägungsgrund 45 ProspektVO-E.
5 Hierzu allgemein *Kumpan*, ZGR 2016, 2.

Abs. 2 ProspektVO-E). Die dahinter stehende Erwägung des Gesetzgebers ist es, die Kosten für die Prospekterstellung zu senken. Ob eine solche Form der Offenlegung bei Investoren, insbesondere größeren, international agierenden Fonds, auf Akzeptanz stößt, ist zweifelhaft. Auch dürfte die Entscheidung, welche Informationen in ein solchermaßen verkürztes Dokument aufzunehmen sind, nicht einfach zu treffen sein, denn das Prospekthaftungsregime bleibt grundsätzlich unverändert.

KMU, die an geregelten Märkten notiert sind, dürfen diese Art von vereinfachtem Prospekt allerdings nicht in Anspruch nehmen. Dies wird damit begründet, dass Anleger an geregelten Märkten darauf vertrauen können sollen, dass alle Emittenten, in deren Wertpapiere sie investieren, einheitlichen Offenlegungsvorschriften unterliegen[1]. An den geregelten Märkten darf es daher keinen zweistufigen Offenlegungsstandard geben, der von der Größe des Emittenten abhängt[2]. Vor diesem Hintergrund bleibt abzuwarten, ob das Ziel des Europäischen Gesetzgebers, KMU in Zukunft den Zugang zu den Kapitalmärkten zu erleichtern, tatsächlich auch erreicht wird[3].

5 Die in den Anhängen XXV–XXVIII ProspektVO dargestellten verhältnismäßigen Schemata finden Anwendung, wenn von kleinen und mittleren Unternehmen sowie von Unternehmen mit geringer Marktkapitalisierung begebene Wertpapiere dem Publikum angeboten oder zum Handel an einem geregelten Markt mit Sitz oder Tätigkeit in einem Mitgliedstaat zugelassen werden (Art. 26b ProspektVO). Für diese Unternehmen gelten **geringere Offenlegungsanforderungen**. Dies soll den Verwaltungsaufwand bei der Prospekterstellung für die Emittenten verringern. Wenn KMU öffentlich Wertpapiere anbieten, sollten sie die Möglichkeit haben, einen eigenen, maßgeschneiderten Prospekt zu erstellen, der sich auf für Unternehmen dieser Größe wesentliche Informationen konzentriert. Es steht den Unternehmen aber auch frei, ihre Prospekte stattdessen gemäß den in den Anhängen I–XVII und XX–XXIV ProspektVO dargestellten Schemata zu erstellen (Art. 26b Satz 2 ProspektVO).

6 Das Vorliegen der **Voraussetzungen für die Anwendbarkeit des verhältnismäßigen Schemas** muss das Unternehmen der BaFin im Anschreiben des Antrags zur Prospektbilligung **nachweisen**. Die zwei Angaben, die auf den Emittenten zutreffen, müssen jedenfalls stets unter Hinweis auf die konkrete Seitenzahl im Jahresabschluss genannt werden. Der letzte Jahresabschluss ist der BaFin zu Beweiszwecken mit zu übersenden, sofern er nicht auf einfache Weise im Internet zu finden ist[4].

7 Anhang XXV ProspektVO entspricht teilweise dem Schema nach Anhang I ProspektVO, sodass nachfolgend häufig auf die dortige Kommentierung verwiesen werden kann. Entsprechend dem Zweck der **Vereinfachung der Prospekterstellung** bei KMU und Unternehmen mit geringer Marktkapitalisierung wurden an manchen Stellen jedoch Mindestangaben aus Anhang I ProspektVO teilweise reduziert oder

---

1 Erwägungsgrund 45 ProspektVO-E.
2 Erwägungsgrund 45 ProspektVO-E.
3 Kritisch in Bezug auf Emittenten, deren Wertpapiere im regulierten Markt gehandelt werden oder gehandelt werden sollen, auch *Schulz*, WM 2016, 1417 (1424).
4 *Henningsen*, BaFin Journal 09/12, 5 (8).

gänzlich gestrichen. Sollten sich im Vergleich zu Anhang I ProspektVO inhaltliche Änderungen ergeben, sind diese nachfolgend kommentiert.

II. Haftende Personen (Ziffer 1)

1. Haftende Personen
1.1. Alle Personen, die für die Angaben im Registrierungsformular bzw. für bestimmte Teile des Registrierungsformulars haften. Im letzteren Fall sind die entsprechenden Teile anzugeben. Handelt es sich dabei um natürliche Personen, zu denen auch Mitglieder des Verwaltungs-, Leitungs- oder Aufsichtsorgans des Emittenten gehören, sind Name und Funktion dieser Person zu nennen. Bei juristischen Personen sind Name und eingetragener Sitz der Gesellschaft anzugeben.
1.2. Erklärung der für das Registrierungsformular haftenden Personen, dass die Angaben im Registrierungsformular ihres Wissens richtig sind und keine Auslassungen beinhalten, die die Aussage des Registrierungsformulars verzerren könnten, und dass sie die erforderliche Sorgfalt haben walten lassen, um dies sicherzustellen. Ggf. Erklärung der für bestimmte Teile des Registrierungsformulars haftenden Personen, dass die Angaben in dem Teil des Registrierungsformulars, für den sie haften, ihres Wissens richtig sind und keine Auslassungen beinhalten, die die Aussage des Registrierungsformulars verzerren könnten, und dass sie die erforderliche Sorgfalt haben walten lassen, um dies sicherzustellen.

Wegen des nahezu identischen Wortlauts mit den Ziffern 1.1 und 1.2 Anhang I ProspektVO kann grundsätzlich auf die dortige Kommentierung verwiesen werden (siehe Anhang I EU-ProspektVO Rz. 3 ff.). Im Hinblick auf die wenigen Abweichungen im Wortlaut wird auf die Kommentierung zu Ziffer 1 Anhang XXIII ProspektVO verwiesen (Anhang XXIII EU-ProspektVO Rz. 12 f.).

III. Abschlussprüfer (Ziffer 2)

2. Abschlussprüfer
2.1. Name und Anschrift der Abschlussprüfer des Emittenten, die für den von den historischen Finanzinformationen abgedeckten Zeitraum zuständig waren (einschließlich ihrer Mitgliedschaft in einer Berufsvereinigung).
2.2. Wurden Abschlussprüfer während des von den historischen Finanzinformationen abgedeckten Zeitraums abberufen, nicht wieder bestellt oder haben sie ihr Mandat selbst niedergelegt, so sind entsprechende Einzelheiten – soweit wesentlich – anzugeben.

Wegen des identischen Wortlauts mit den Ziffern 2.1 und 2.2 Anhang I ProspektVO wird auf die dortige Kommentierung verwiesen (siehe Anhang I EU-ProspektVO Rz. 17 ff.).

IV. Ausgewählte Finanzinformationen (Ziffer 3)

3. Ausgewählte Finanzinformationen

3.1. Ausgewählte historische Finanzinformationen über den Emittenten sind für jedes Geschäftsjahr für den Zeitraum vorzulegen, auf den sich die historischen Finanzinformationen beziehen, sowie für jeden darauf folgenden Zwischenzeitraum, und zwar in derselben Währung wie die Finanzinformationen.

Die ausgewählten historischen Finanzinformationen müssen Kennzahlen enthalten, anhand deren sich die Finanzlage des Emittenten beurteilen lässt.

3.2. Werden ausgewählte Finanzinformationen für Zwischenzeiträume vorgelegt, so sind auch Vergleichsdaten für den gleichen Zeitraum des vorhergehenden Geschäftsjahres vorzulegen, es sei denn, die Anforderung der Beibringung vergleichbarer Bilanzinformationen wird durch die Vorlage der Bilanzdaten zum Jahresende erfüllt.

10 Wegen des nahezu identischen Wortlauts mit den Ziffern 3.1 und 3.2 Anhang I ProspektVO kann auf die dortige Kommentierung verwiesen werden (siehe Anhang I EU-ProspektVO Rz. 24 ff.). Lediglich der Zeitraum, für den die ausgewählten Finanzinformationen offengelegt werden müssen, ist entsprechend dem Zeitraum der historischen Finanzinformationen kürzer.

V. Risikofaktoren (Ziffer 4)

4. Risikofaktoren

Klare Angabe der Risikofaktoren, die für den Emittenten oder seine Branche charakteristisch sind, unter der Rubrik „Risikofaktoren".

11 Wegen des nahezu identischen Wortlauts mit der Ziffer 4 Anhang I ProspektVO kann auf die dortige Kommentierung verwiesen werden (siehe Anhang I EU-ProspektVO Rz. 32 ff.).

VI. Angaben über den Emittenten (Ziffer 5)

5. Angaben über den Emittenten
5.1. Geschichte und Entwicklung des Emittenten.
5.1.1. Gesetzliche und kommerzielle Bezeichnung des Emittenten.
5.1.2. Eintragungsort und -nummer.
5.1.3. Datum der Gründung der Gesellschaft und Existenzdauer des Emittenten, soweit diese nicht unbefristet ist.
5.1.4. Sitz und Rechtsform des Emittenten, das für den Emittenten geltende Recht, Land der Gründung der Gesellschaft, Anschrift und Telefonnummer

seines eingetragenen Sitzes (oder des Hauptorts der Geschäftstätigkeit, falls nicht mit dem eingetragenen Sitz identisch).

5.1.5. Wichtige Ereignisse in der Entwicklung der Geschäftstätigkeit des Emittenten.

5.2. Investitionen.

5.2.1. Beschreibung (einschließlich des Betrags) der wichtigsten Investitionen des Emittenten für jedes Geschäftsjahr in dem Zeitraum, auf den sich die historischen Finanzinformationen beziehen, bis zum Datum des Registrierungsformulars.

5.2.2. Beschreibung der wichtigsten laufenden Investitionen des Emittenten, einschließlich ihrer geografischen Verteilung (Inland und Ausland) und der Finanzierungsmethode (Eigen- oder Fremdfinanzierung).

5.2.3. Angaben zu den wichtigsten künftigen Investitionen des Emittenten, die von seinen Leitungsorganen bereits fest beschlossen sind, und zu den voraussichtlichen Finanzierungsquellen zur Erfüllung dieser Verpflichtungen.

Wegen des nahezu identischen Wortlauts mit der Ziffer 5 Anhang I ProspektVO kann grundsätzlich auf die dortige Kommentierung verwiesen werden (siehe Anhang I EU-ProspektVO Rz. 50 ff.). Eine Besonderheit besteht jedoch im Hinblick auf die Angaben zu den wichtigsten künftigen Investitionen des Emittenten. Es sind nicht nur Investitionen offenzulegen, die bereits fest beschlossen sind, sondern auch die Angaben zu den voraussichtlichen Finanzierungsquellen zur Erfüllung dieser Verpflichtungen (Ziffer 5.2.3 Anhang XXV ProspektVO).

VII. Überblick über die Geschäftstätigkeit (Ziffer 6)

6. Überblick über die Geschäftstätigkeit

6.1. Haupttätigkeitsbereiche
Kurze Beschreibung des Betriebs und der Haupttätigkeiten des Emittenten sowie etwaiger bedeutender Änderungen, die sich seit den beiden zuletzt veröffentlichten geprüften Abschlüssen auf den Betrieb und die Haupttätigkeiten des Emittenten ausgewirkt haben, und Angaben zu neu eingeführten wesentlichen Produkten und Dienstleistungen sowie zum Stand der Entwicklung neuer Produkte oder Dienstleistungen, soweit deren Entwicklung öffentlich bekanntgegeben wurde.

6.2. Wichtigste Märkte
Kurze Beschreibung der wichtigsten Märkte, auf denen der Emittent tätig ist, sowie etwaiger wesentlicher Änderungen auf diesen Märkten seit den beiden zuletzt veröffentlichten geprüften Abschlüssen.

6.3. Wurden die unter den Punkten 6.1 und 6.2 genannten Angaben durch außergewöhnliche Faktoren beeinflusst, so ist dies anzugeben.

6.4. Kurze Darstellung, inwieweit der Emittent von Patenten oder Lizenzen, Industrie-, Handels- oder Finanzierungsverträgen oder neuen Herstellungsverfahren abhängig ist, wenn diese Faktoren für die Geschäftstätigkeit oder die Rentabilität des Emittenten von wesentlicher Bedeutung sind.

6.5. Grundlage für etwaige Angaben des Emittenten zu seiner Wettbewerbsposition.

13 Im Hinblick auf die Beschreibung der Geschäftstätigkeit gelten grundsätzlich die gleichen Erleichterungen bei der Prospekterstellung wie bei Bezugsrechtsemissionen. Daher kann zum großen Teil auf die Kommentierung zu Ziffer 5 Anhang XXIII ProspektVO verwiesen werden (siehe Anhang XXIII EU-ProspektVO Rz. 18 ff.). Allerdings ist nicht nur eine kurze Beschreibung der wichtigsten Märkte, auf denen der Emittent tätig ist, notwendig, sondern auch eine Offenlegung etwaiger wesentlicher Änderungen auf diesen Märkten seit den beiden zuletzt veröffentlichten geprüften Abschlüssen (Ziffer 6.2 Anhang XXV ProspektVO). Eine Besonderheit gilt außerdem im Hinblick auf die Beeinflussung außergewöhnlicher Faktoren. Es müssen die in dem letzten abgelaufenen Geschäftsjahr erfolgten Änderungen bis zum Tag der Prospektbilligung beschrieben werden (Ziffer 6.3 Anhang XXV ProspektVO)[1].

VIII. Organisationsstruktur (Ziffer 7)

7. Organisationsstruktur

7.1. Ist der Emittent Teil einer Gruppe, kurze Beschreibung der Gruppe und der Stellung des Emittenten innerhalb dieser Gruppe.

7.2. Soweit nicht in den Abschlüssen enthalten, Auflistung der wichtigsten Tochtergesellschaften des Emittenten mit Angabe des Namens, des Landes der Gründung oder des Sitzes, des Anteils an Beteiligungsrechten und – falls nicht identisch – des Anteils der gehaltenen Stimmrechte.

14 Wegen des nahezu identischen Wortlauts mit der Ziffer 7 Anhang I ProspektVO wird auf die dortige Kommentierung verwiesen (siehe Anhang I EU-ProspektVO Rz. 73 ff.). Zu beachten ist jedoch, dass die wichtigsten Tochtergesellschaften des Emittenten nur dann aufzulisten sind, wenn diese nicht schon in den Abschlüssen enthalten sind (Ziffer 7.2 Anhang XXV ProspektVO).

IX. Sachanlagen (Ziffer 8)

8. Sachanlagen

8.1. Beschreibung etwaiger Umweltfragen, die die Verwendung der Sachanlagen durch den Emittenten beeinflussen könnten.

---

1 *Dietz* in Holzborn, Anh. XXIV EU-ProspV Rz. 14.

Umweltfragen, die die Verwendung der Sachanlagen durch den Emittenten beeinflussen könnten, sind in den Prospekt aufzunehmen (Ziffer 8.1 Anhang XXV ProspektVO). Diesbezüglich kann auf die Kommentierung zu Ziffer 8.2 Anhang I ProspektVO verwiesen werden (siehe Anhang I EU-ProspektVO Rz. 85 ff.).

X. Angaben zur Geschäfts- und Finanzlage (Ziffer 9)

9. Angaben zur Geschäfts- und Finanzlage
Der Emittent muss folgende Angaben machen, wenn die gemäß Artikel 46 der Richtlinie 78/660/EWG und Artikel 36 der Richtlinie 83/349/EWG erstellten und vorgelegten Lageberichte für die Zeiträume, auf die sich die historischen Finanzinformationen beziehen, nicht im Prospekt enthalten oder diesem beigefügt sind:

9.1. Finanzlage.
Sofern nicht an anderer Stelle im Registrierungsformular vermerkt, Beschreibung der Finanzlage des Emittenten, der Veränderungen in der Finanzlage und der Geschäftsergebnisse für jedes Jahr und jeden Zwischenzeitraum, für den historische Finanzinformationen verlangt werden, einschließlich der Ursachen wesentlicher Veränderungen, die von einem Jahr zum anderen in den Finanzinformationen auftreten, soweit dies für das Verständnis der Geschäftstätigkeit des Emittenten insgesamt erforderlich ist.

9.2. Betriebsergebnisse.

9.2.1. Angaben zu bedeutenden Faktoren, einschließlich ungewöhnlicher oder seltener Vorfälle oder neuer Entwicklungen, die die Geschäftserträge des Emittenten wesentlich beeinträchtigen, und über das Ausmaß, in dem die Erträge auf diese Weise beeinflusst wurden.

9.2.2. Falls der Abschluss wesentliche Veränderungen bei den Nettoumsätzen oder den Nettoerträgen ausweist, sind die Gründe für diese Veränderungen in einer ausführlichen Erläuterung darzulegen.

9.2.3. Angabenzu staatlichen, wirtschaftlichen, steuerlichen, monetären oder politischen Strategien oder Faktoren, die die Geschäfte des Emittenten direkt oder indirekt wesentlich beeinträchtigt haben oder beeinträchtigen könnten.

Der Emittent muss Angaben zur Geschäfts- und Finanzlage (im Englischen „**Operating and Financial Review**", auch „Management Discussions & Analysis" genannt) machen, wenn die gemäß Artikel 46 der Richtlinie 78/660/EWG und Artikel 36 der Richtlinie 83/349/EWG erstellten und vorgelegten Lageberichte für die Zeiträume, auf die sich die historischen Finanzinformationen beziehen, nicht im Prospekt enthalten oder diesem beigefügt sind. Die erwähnten Richtlinien wurden durch das Bilanzrechtsmodernisierungsgesetz (BilMoG) ins nationale Recht umgesetzt.

Werden die historischen Finanzinformationen dem Prospekt demnach nicht beigefügt, so sind die in Ziffer 9.1 und 9.2 Anhang XXV ProspektVO genannten Angaben zu Finanz- und Betriebsergebnissen in den Prospekt mit aufzunehmen. Diesbezüglich kann wegen des nahezu identischen Wortlauts mit den Ziffern 9.1 und 9.2 Anhang I ProspektVO auf die dortige Kommentierung verwiesen werden (siehe Anhang I EU-ProspektVO Rz. 86 ff.).

XI. Eigenkapitalausstattung (Ziffer 10)

10. Eigenkapitalausstattung

10.1. Erläuterung der Quellen und der Beträge der Kapitalflüsse des Emittenten und ausführliche Darstellung dieser Posten.

10.2. Angaben zu jeglichen Beschränkungen des Rückgriffs auf die Eigenkapitalausstattung, die die Geschäfte des Emittenten direkt oder indirekt wesentlich beeinträchtigt haben oder beeinträchtigen könnten.

17 Ziffer 10 Anhang XXV ProspektVO ist Ausdruck des Willens des EU-Gesetzgebers, die mit dem verkürzten Prospekt verfolgten Ziele umzusetzen. Demnach müssen lediglich die Quellen und die Beträge der Kapitalflüsse des Emittenten erläutert werden. Eine Darstellung zur kurz- und langfristigen Kapitalausstattung des Emittenten, zum Fremdfinanzierungsbedarf und der Finanzierungsstruktur als auch zu den erwarteten Finanzierungsquellen erübrigt sich.

18 Im Hinblick auf die Darstellung der Quellen und Beträge der Kapitalzuflüsse kann auf die Kommentierung zu Ziffer 10.2 Anhang I ProspektVO verwiesen werden (siehe Anhang I EU-ProspektVO Rz. 102). Bezüglich der Angaben nach Ziffer 10.2 Anhang XXV ProspektVO wird aufgrund des identischen Wortlauts auf die Kommentierung zu Ziffer 10.4 Anhang I ProspektVO verwiesen (siehe Anhang I EU-ProspektVO Rz. 104 ff.).

XII. Forschung und Entwicklung, Patente und Lizenzen (Ziffer 11)

11. Forschung und Entwicklung, Patente und Lizenzen

Soweit von wesentlicher Bedeutung, Beschreibung der Forschungs- und Entwicklungsstrategien des Emittenten für jedes Geschäftsjahr innerhalb des Zeitraums, auf den sich die historischen Finanzinformationen beziehen, und Angabe des vom Emittenten für die finanzielle Förderung von Forschung und Entwicklung aufgewandten Betrags.

19 Wegen des nahezu identischen Wortlauts mit der Ziffer 11 Anhang I ProspektVO wird auf die dortige Kommentierung verwiesen (siehe Anhang I EU-ProspektVO Rz. 107 ff.).

XIII. Trendinformationen (Ziffer 12)

12. Trendinformationen
12.1. Angabe der wichtigsten aktuellen Trends bei Produktion, Umsatz und Vorräten sowie bei Kosten und Verkaufspreisen zwischen dem Ende des letzten Geschäftsjahres und dem Datum des Registrierungsformulars.
12.2. Angaben aller bekannten Trends, Unsicherheiten, Anfragen, Verpflichtungen oder Vorfälle, die die Aussichten des Emittenten nach vernünftigem Ermessen zumindest im laufenden Geschäftsjahr wesentlich beeinflussen werden.

Wegen des nahezu identischen Wortlauts mit der Ziffer 12 Anhang I ProspektVO kann auf die dortige Kommentierung verwiesen werden (siehe Anhang I EU-ProspektVO Rz. 112 ff.).

20

XIV. Gewinnprognosen oder -schätzungen (Ziffer 13)

13. Gewinnprognosen oder -schätzungen
    Entscheidet sich ein Emittent zur Aufnahme einer Gewinnprognose oder -schätzung, so muss das Registrierungsformular die unter den Punkten 13.1 und 13.2 genannten Angaben enthalten.
13.1. Erläuterung der wichtigsten Annahmen, auf die der Emittent seine Prognose oder Schätzung gestützt hat.
    Hier muss klar unterschieden werden zwischen Annahmen in Bezug auf Faktoren, die die Mitglieder des Verwaltungs-, Leitungs- oder Aufsichtsorgans beeinflussen können, und Annahmen in Bezug auf Faktoren, die klar außerhalb des Einflussbereiches der Mitglieder des Verwaltungs-, Leitungs- oder Aufsichtsorgans liegen. Die Annahmen müssen für die Anleger ohne Weiteres verständlich sowie spezifisch und präzise sein und dürfen sich nicht auf die allgemeine Genauigkeit der der Prognose zugrunde liegenden Schätzungen beziehen.
13.2. Einen Bericht, der von unabhängigen Buchprüfern oder Abschlussprüfern erstellt wurde und in dem festgestellt wird, dass die Prognose oder die Schätzung nach Meinung der unabhängigen Buchprüfer oder Abschlussprüfer auf der angegebenen Grundlage ordnungsgemäß erstellt wurde und dass die Rechnungslegungsgrundlage, die für die Gewinnprognose oder -schätzung verwendet wurde, mit den Rechnungslegungsstrategien des Emittenten konsistent ist.
    Beziehen sich die Finanzinformationen auf das letzte Geschäftsjahr und enthalten ausschließlich nicht irreführende Zahlen, die im Wesentlichen mit den im nächsten geprüften Jahresabschluss zu veröffentlichenden Zahlen konsistent sind, sowie die zu deren Bewertung nötigen erläuternden Informationen, ist kein Bericht erforderlich, sofern der Prospekt alle folgenden Erklärungen enthält:

a) die für diese Finanzinformationen verantwortliche Person, sofern sie nicht mit derjenigen identisch ist, die für den Prospekt insgesamt verantwortlich ist, genehmigt diese Informationen;

b) unabhängige Buchprüfer oder Abschlussprüfer haben bestätigt, dass diese Informationen im Wesentlichen mit den im nächsten geprüften Jahresabschluss zu veröffentlichenden Zahlen konsistent sind;

c) diese Finanzinformationen wurden nicht geprüft.

13.3. Die Gewinnprognose oder -schätzung ist auf einer Grundlage zu erstellen, die mit den historischen Finanzinformationen vergleichbar ist.

13.4. Wurde in einem Prospekt, der noch aussteht, eine Gewinnprognose veröffentlicht, ist zu erläutern, ob diese Prognose noch so zutrifft wie zur Zeit der Erstellung des Registrierungsformulars, und ggf. darzulegen, warum diese Prognose nicht mehr zutrifft.

21 Wegen des nahezu identischen Wortlauts mit der Ziffer 13 Anhang I ProspektVO kann auf die dortige Kommentierung verwiesen werden (siehe Anhang I EU-ProspektVO Rz. 115 ff.).

XV. Verwaltungs-, Leitungs- und Aufsichtsorgane und oberes Management (Ziffer 14)

14. Verwaltungs-, Leitungs- und Aufsichtsorgane und oberes Management

14.1. Name und Geschäftsanschrift folgender Personen sowie Angabe ihrer Stellung beim Emittenten und der wichtigsten Tätigkeiten, die sie neben der Tätigkeit beim Emittenten ausüben, sofern diese für den Emittenten von Bedeutung sind:

a) Mitglieder des Verwaltungs-, Leitungs- und Aufsichtsorgans;

b) persönlich haftende Gesellschafter bei einer Kommanditgesellschaft auf Aktien;

c) Gründer, wenn es sich um eine Gesellschaft handelt, die seit weniger als fünf Jahren besteht, und

d) sämtliche Mitglieder des oberen Managements, die für die Feststellung relevant sind, ob der Emittent über die für die Führung der Geschäfte erforderliche Kompetenz und Erfahrung verfügt.

Art einer etwaigen verwandtschaftlichen Beziehung zwischen diesen Personen.

Für jedes Mitglied des Verwaltungs-, Leitungs- oder Aufsichtsorgans des Emittenten und für jede der in Unterabsatz 1 Buchstaben b und d genannten Personen detaillierte Angabe der einschlägigen Managementkompetenz und -erfahrung sowie folgende Angaben:

a) die Namen sämtlicher Kapital- und Personengesellschaften, bei denen die betreffende Person während der letzten fünf Jahre Mitglied des Verwaltungs-, Leitungs- oder Aufsichtsorgans bzw. Gesellschafter war, und

Angabe, ob die Mitgliedschaft in diesen Organen oder der Gesellschafterstatus weiter fortbesteht. Es ist nicht erforderlich, sämtliche Tochtergesellschaften des Emittenten aufzulisten, bei denen die betreffende Person ebenfalls Mitglied des Verwaltungs-, Leitungs- oder Aufsichtsorgans ist;

b) etwaige Verurteilungen wegen Betrugsdelikten während zumindest der letzten fünf Jahre;

c) detaillierte Angaben über etwaige Insolvenzen, Insolvenzverwaltungen oder Liquidationen während zumindest der letzten fünf Jahre, mit der eine in Unterabsatz 1 Buchstaben a und d genannte Person im Zusammenhang stand, die in einer der in Unterabsatz 1 Buchstaben a und d genannten Funktionen handelte, und

d) detaillierte Angaben zu etwaigen öffentlichen Anschuldigungen und/oder Sanktionen gegen die genannte Person durch die gesetzlich befugten Stellen oder die Regulierungsbehörden (einschließlich bestimmter Berufsverbände) und ggf. Angabe, ob diese Person während zumindest der letzten fünf Jahre von einem Gericht für die Mitgliedschaft in einem Verwaltungs-, Leitungs- oder Aufsichtsorgan eines Emittenten oder für die Tätigkeit im Management oder die Führung der Geschäfte eines Emittenten als untauglich angesehen wurde.

Liegt keiner der genannten Umstände vor, ist eine entsprechende Erklärung abzugeben.

14.2. Verwaltungs-, Leitungs- und Aufsichtsorgane und oberes Management – Interessenkonflikte

Potenzielle Interessenkonflikte zwischen den Verpflichtungen der unter Punkt 14.1 genannten Personen gegenüber dem Emittenten und ihren privaten Interessen oder sonstigen Verpflichtungen sind klar anzugeben. Falls keine derartigen Konflikte bestehen, ist eine entsprechende Erklärung abzugeben.

Ferner ist jede Vereinbarung oder Abmachung mit den Hauptaktionären, Kunden, Lieferanten oder sonstigen Personen zu nennen, aufgrund deren eine unter Punkt 14.1 genannte Person zum Mitglied eines Verwaltungs-, Leitungs- oder Aufsichtsorgans bzw. zum Mitglied des oberen Managements bestellt wurde.

Zudem sind die Einzelheiten aller Veräußerungsbeschränkungen anzugeben, die die unter Punkt 14.1 genannten Personen für die von ihnen gehaltenen Wertpapiere des Emittenten für einen bestimmten Zeitraum vereinbart haben.

Wegen des nahezu identischen Wortlauts mit der Ziffer 14 Anhang I ProspektVO wird auf die dortige Kommentierung verwiesen (siehe Anhang I EU-ProspektVO Rz. 120 ff.).

XVI. Vergütungen und sonstige Leistungen (Ziffer 15)

15. Vergütungen und sonstige Leistungen

Für das letzte abgeschlossene Geschäftsjahr sind in Bezug auf die unter Punkt 14.1 Unterabsatz 1 Buchstaben a und d genannten Personen folgende Angaben vorzulegen:

15.1. Höhe der Vergütung (einschließlich etwaiger erfolgsgebundener oder nachträglicher Vergütungen) und Sachleistungen, die diesen Personen vom Emittenten und seinen Tochterunternehmen für Dienstleistungen gezahlt oder gewährt wurden, die für den Emittenten oder seine Tochtergesellschaften von jeglicher Person in jeglicher Funktion erbracht wurden.

Diese Angaben sind individuell vorzulegen, außer wenn eine individuelle Offenlegung im Herkunftsland des Emittenten nicht vorgeschrieben ist oder wenn die Angaben vom Emittenten bereits anderweitig veröffentlicht wurden.

15.2. Gesamthöhe der vom Emittenten oder seinen Tochtergesellschaften gebildeten Reserven oder Rückstellungen für Pensions- und Rentenzahlungen oder ähnliche Leistungen.

23 Wegen des nahezu identischen Wortlauts mit der Ziffer 15 Anhang I ProspektVO kann auf die dortige Kommentierung verwiesen werden (siehe Anhang I EU-ProspektVO Rz. 129 ff.).

XVII. Praktiken des Leitungsorgans (Ziffer 16)

16. Praktiken des Leitungsorgans

Für das letzte abgeschlossene Geschäftsjahr des Emittenten sind – sofern nichts anderes angegeben ist – in Bezug auf die unter Punkt 14.1 Unterabsatz 1 Buchstabe a genannten Personen folgende Angaben vorzulegen:

16.1. Ggf. Ende der laufenden Mandatsperiode und Zeitraum, während dessen die jeweilige Person ihre Aufgabe wahrgenommen hat.

16.2. Angaben zu den Dienstleistungsverträgen, die zwischen den Mitgliedern des Verwaltungs-, Leitungs- oder Aufsichtsorgans und dem Emittenten bzw. einer seiner Tochtergesellschaften geschlossen wurden und die bei Beendigung des Beschäftigungsverhältnisses Leistungen vorsehen. Ansonsten ist eine negative Erklärung abzugeben.

16.3. Angaben zum Audit-Ausschuss und zum Vergütungsausschuss des Emittenten, einschließlich der Namen der Ausschussmitglieder und einer Zusammenfassung der Satzung des Ausschusses.

16.4. Erklärung, ob der Emittent der/den Corporate-Governance-Regelung(en) im Land seiner Gründung genügt. Sollte der Emittent einer solchen Regelung nicht folgen, ist eine entsprechende Erklärung zusammen mit einer Erläuterung aufzunehmen, aus der hervorgeht, warum der Emittent dieser Regelung nicht Folge leistet.

Wegen des nahezu identischen Wortlauts mit der Ziffer 16 Anhang I ProspektVO wird auf die dortige Kommentierung verwiesen (siehe Anhang I EU-ProspektVO Rz. 134 ff.). 24

XVIII. Beschäftigte (Ziffer 17)

17. Beschäftigte

17.1. Entweder Angabe der Zahl der Beschäftigten zum Ende des Berichtzeitraums oder Angabe des Durchschnitts für jedes Geschäftsjahr im Zeitraum, auf den sich die historischen Finanzinformationen beziehen, bis zum Datum der Erstellung des Registrierungsformulars (und Angabe etwaiger wesentlicher Veränderungen bei diesen Zahlen). Sofern möglich und wesentlich, Aufschlüsselung der beschäftigten Personen nach Haupttätigkeitskategorie und Ort der Tätigkeit. Beschäftigt der Emittent eine erhebliche Zahl von Zeitarbeitskräften, ist die durchschnittliche Zahl dieser Zeitarbeitskräfte während des letzten Geschäftsjahrs anzugeben.

17.2. In Bezug auf die unter Punkt 14.1 Unterabsatz 1 Buchstaben a und d genannten Personen sind so aktuelle Informationen wie möglich über ihren Aktienbesitz und etwaige Optionen auf Aktien des Emittenten beizubringen.

17.3. Beschreibung etwaiger Vereinbarungen über eine Beteiligung der Beschäftigten am Kapital des Emittenten.

Wegen des nahezu identischen Wortlauts mit der Ziffer 17 Anhang I ProspektVO kann auf die dortige Kommentierung verwiesen werden (siehe Anhang I EU-ProspektVO Rz. 139 ff.). 25

XIX. Hauptaktionäre (Ziffer 18)

18. Hauptaktionäre

18.1. Soweit dem Emittenten bekannt, Angabe aller Personen, die nicht Mitglied des Verwaltungs-, Leitungs- oder Aufsichtsorgans sind und die direkt oder indirekt eine Beteiligung am Eigenkapital des Emittenten oder den entsprechenden Stimmrechten halten, die nach nationalem Recht zu melden ist, einschließlich des Betrags der Beteiligung der jeweiligen Person. Ansonsten ist eine negative Erklärung abzugeben.

18.2. Angaben darüber, ob die Hauptaktionäre des Emittenten unterschiedliche Stimmrechte haben. Ansonsten ist eine negative Erklärung abzugeben.

18.3. Soweit dem Emittenten bekannt, Angabe, ob an dem Emittenten unmittelbare oder mittelbare Beteiligungen oder Beherrschungsverhältnisse bestehen und wer diese Beteiligungen hält bzw. diese Beherrschung ausübt. Beschreibung der Art und Weise einer derartigen Beherrschung und der vorhandenen Maßnahmen zur Verhinderung des Missbrauchs einer solchen Beherrschung.

18.4. Sofern dem Emittenten bekannt, Beschreibung etwaiger Vereinbarungen, deren Ausübung zu einem späteren Zeitpunkt zu einer Änderung in der Beherrschung des Emittenten führen könnte.

26 Wegen des identischen Wortlauts mit der Ziffer 18 Anhang I ProspektVO wird auf die dortige Kommentierung verwiesen (siehe Anhang I EU-ProspektVO Rz. 147 ff.).

XX. Geschäfte mit verbundenen Parteien (Ziffer 19)

19. Geschäfte mit verbundenen Parteien

Soweit die gemäß der Verordnung (EG) Nr. 1606/2002 übernommenen internationalen Rechnungslegungsstandards auf den Emittenten keine Anwendung finden, sind folgende Informationen für den Zeitraum, auf den sich die historischen Finanzinformationen beziehen, bis zum Datum des Registrierungsformulars anzugeben:

a) Art und Umfang der Geschäfte, die als einzelnes Geschäft oder insgesamt für den Emittenten von wesentlicher Bedeutung sind. Erfolgt der Abschluss derartiger Geschäfte mit verbundenen Parteien nicht auf marktkonforme Weise, ist zu erläutern, weshalb. Im Falle ausstehender Darlehen einschließlich Garantien jeglicher Art ist der ausstehende Betrag anzugeben.

b) Betrag der Geschäfte mit verbundenen Parteien oder Anteil dieser Geschäfte am Umsatz des Emittenten.

Finden gemäß der Verordnung (EG) Nr. 1606/200 übernommene internationale Rechnungslegungsstandards auf den Emittenten Anwendung, so sind die vorstehend genannten Informationen nur für diejenigen Geschäfte offenzulegen, die seit dem Ende des letzten Berichtszeitraums, für den geprüfte Finanzinformationen veröffentlicht wurden, getätigt wurden.

27 Wegen des nahezu identischen Wortlauts mit der Ziffer 19 Anhang I ProspektVO kann grundsätzlich auf die dortigen Kommentierungen verwiesen werden (siehe Anhang I EU-ProspektVO Rz. 158 ff.).

28 Finden die **internationalen Rechnungsauslegungsstandards** gemäß der Verordnung (EG) Nr. 1606/2002 auf den Emittenten Anwendung, so sind Geschäfte mit verbundenen Parteien nur unter der Voraussetzung anzugeben, dass der Emittent diese seit dem Ende des letzten Berichtszeitraums, für den geprüfte Finanzinformationen veröffentlicht wurden, abgeschlossen hat. Es kommt demnach nicht auf den Zeitraum an, der von den historischen Finanzinformationen abgedeckt wird. Diese Erleichterung bei der Prospekterstellung für die Emittenten ist darauf zurückzuführen, dass die Geschäfte mit verbundenen Unternehmen bei der Rechnungslegung nach den internationalen Rechnungslegungsstandards gemäß der Verordnung Nr. 1606/2002/EG in den Jahresabschluss nach IAS 24 aufgenommen werden müssen. Durch diese **Offenlegung im Jahresabschluss** ist der Anleger bereits über Geschäfte des Emittenten mit verbundenen Unternehmen hinreichend informiert. Einer zusätzlichen Darlegung in dem Prospekt bedarf es in dem Fall nicht. Liegen keine Jahresabschlüsse

entsprechend der Verordnung (EG) Nr. 1606/2002 vor, sind die Geschäfte mit verbundenen Parteien für den gesamten Zeitraum, auf den sich die historischen Finanzinformationen beziehen, offenzulegen[1].

XXI. Finanzinformationen über die Vermögens-, Finanz- und Ertragslage des Emittenten (Ziffer 20)

20. Finanzinformationen über die Vermögens-, Finanz- und Ertragslage des Emittenten

20.1. Historische Finanzinformationen

Es ist eine Erklärung vorzulegen, dass geprüfte historische Finanzinformationen für die letzten zwei Geschäftsjahre (bzw. für einen kürzeren Zeitraum, in dem der Emittent tätig war) gemäß der Verordnung (EG) Nr. 1606/2002 (bzw. bei Emittenten aus der Europäischen Union, die der Verordnung nicht unterliegen, gemäß den nationalen Rechnungslegungsgrundsätzen eines Mitgliedstaats) erstellt wurden, und anzugeben, wo eigene bzw. konsolidierte Abschlüsse erhältlich sind.

Für jedes Jahr ist der Bestätigungsvermerk beizufügen.

Bei Emittenten aus Drittstaaten ist eine Erklärung vorzulegen, dass diese Finanzinformationen nach den im Verfahren des Artikels 3 der Verordnung (EG) Nr. 1606/2002 übernommenen internationalen Rechnungslegungsstandards oder nach diesen Standards gleichwertigen nationalen Rechnungslegungsgrundsätzen eines Drittstaates erstellt wurden, und anzugeben, wo diese erhältlich sind. Ist keine Gleichwertigkeit mit den Standards gegeben, so ist eine Erklärung abzugeben, dass für die Finanzinformationen ein neuer Abschluss erstellt wurde, und anzugeben, wo dieser erhältlich ist.

20.2. Pro-Forma-Finanzinformationen

Im Falle einer bedeutenden Brutto-Veränderung ist zu beschreiben, wie die Transaktion ggf. die Aktiva und Passiva sowie die Erträge des Emittenten beeinflusst hätte, wenn sie zu Beginn des Berichtszeitraums oder zum Berichtszeitpunkt durchgeführt worden wäre.

Dieser Anforderung wird normalerweise durch die Aufnahme von Pro-Forma-Finanzinformationen Genüge getan.

Diese Pro-Forma-Finanzinformationen sind gemäß Anhang II zu erstellen und müssen die darin geforderten Angaben enthalten.

Den Pro-Forma-Finanzinformationen ist ein Vermerk beizufügen, der von unabhängigen Buchprüfern oder Abschlussprüfern erstellt wurde.

---

[1] *Dietz* in Holzborn, Anh. XXIII EU-ProspV Rz. 29.

20.3. Prüfung der historischen jährlichen Finanzinformationen

20.3.1. Es ist eine Erklärung dahingehend abzugeben, dass die historischen Finanzinformationen geprüft wurden. Sofern Bestätigungsvermerke über die historischen Finanzinformationen von den Abschlussprüfern abgelehnt wurden bzw. sofern sie Vorbehalte enthalten oder eingeschränkt erteilt wurden, sind diese Ablehnung bzw. diese Vorbehalte oder die eingeschränkte Erteilung in vollem Umfang wiederzugeben und die Gründe dafür anzugeben.

20.3.2. Angabe sonstiger Informationen im Registrierungsformular, die von den Abschlussprüfern geprüft wurden.

20.3.3. Wurden die Finanzdaten im Registrierungsformular nicht dem geprüften Abschluss des Emittenten entnommen, so ist die Quelle dieser Daten anzugeben und darauf hinzuweisen, dass die Daten ungeprüft sind.

20.4. Alter der jüngsten Finanzinformationen

20.4.1. Das letzte Jahr der geprüften Finanzinformationen darf nicht länger zurückliegen als:

a) 18 Monate ab dem Datum des Registrierungsformulars, wenn der Emittent geprüfte Zwischenabschlüsse in sein Registrierungsformular aufnimmt, oder

b) 15 Monate ab dem Datum des Registrierungsformulars, wenn der Emittent ungeprüfte Zwischenabschlüsse in sein Registrierungsformular aufnimmt.

20.5. Zwischenfinanzinformationen und sonstige Finanzinformationen

20.5.1. Hat der Emittent seit dem Datum des letzten geprüften Abschlusses vierteljährliche oder halbjährliche Finanzinformationen veröffentlicht, so ist eine entsprechende Erklärung in das Registrierungsformular aufzunehmen und anzugeben, wo diese Informationen erhältlich sind. Wurden diese vierteljährlichen oder halbjährlichen Finanzinformationen einer prüferischen Durchsicht oder Prüfung unterzogen, so sind die entsprechenden Vermerke ebenfalls aufzunehmen. Wurden die vierteljährlichen oder halbjährlichen Finanzinformationen keiner prüferischen Durchsicht oder Prüfung unterzogen, so ist dies anzugeben.

20.6. Dividendenpolitik

Beschreibung der Politik des Emittenten auf dem Gebiet der Dividendenausschüttungen und etwaiger diesbezüglicher Beschränkungen.

20.6.1. Angabe des Betrags der Dividende pro Aktie für jedes Geschäftsjahr innerhalb des Zeitraums, auf den sich die historischen Finanzinformationen beziehen. Wurde die Zahl der Aktien am Emittenten geändert, ist eine Bereinigung zu Vergleichszwecken vorzunehmen.

20.7. Gerichts- und Schiedsgerichtsverfahren

Angaben über etwaige staatliche Interventionen, Gerichts- oder Schiedsgerichtsverfahren (einschließlich derjenigen Verfahren, die nach Kenntnis des Emittenten noch anhängig sind oder eingeleitet werden könnten), die im Zeitraum der mindestens 12 letzten Monate stattfanden und die sich in jüngster Zeit erheblich auf die Finanzlage oder die Rentabilität des Emittenten und/oder der Gruppe ausgewirkt haben oder sich in Zukunft auswirken könnten. Ansonsten ist eine negative Erklärung abzugeben.

20.8. Bedeutende Veränderungen in der Finanzlage oder der Handelsposition des Emittenten

Beschreibung jeder bedeutenden Veränderung in der Finanzlage oder der Handelsposition der Gruppe, die seit dem Ende des letzten Berichtszeitraums eingetreten ist, für den entweder geprüfte Finanzinformationen oder Zwischenfinanzinformationen veröffentlicht wurden. Ansonsten ist eine negative Erklärung abzugeben.

Grundsätzlich kann wegen des nahezu identischen Wortlauts im Hinblick auf die Ziffern 20.2–20.8 Anhang XXV ProspektVO auf die entsprechende Kommentierung zu Ziffern 20.2–20.9 (ohne 20.3) Anhang I ProspektVO verwiesen werden (siehe Anhang I EU-ProspektVO Rz. 215 ff.). 29

Eine Besonderheit besteht jedoch im Hinblick auf die Beibringung von historischen Finanzinformationen. Während nach Ziffer 20.1 Anhang I ProspektVO die Finanzinformationen, die die letzten drei Geschäftsjahre abdecken, im Prospekt offenzulegen sind, reicht es im verhältnismäßigen Schema aus, wenn der Emittent eine **Erklärung** abgibt, dass geprüfte historische Finanzinformationen für die letzten beiden Geschäftsjahre (bzw. für einen kürzeren Zeitraum, in dem der Emittent tätig war) gemäß der Verordnung Nr. 1606/2002/EG (bzw. bei Emittenten aus der Europäischen Union, die der Verordnung nicht unterliegen, gemäß den nationalen Rechnungslegungsgrundsätzen eines Mitgliedstaats) erstellt wurden (Ziffer 20.1 Anhang XXV ProspektVO). Neben der Erklärung, dass geprüfte historische Finanzinformationen erstellt wurden, hat der Emittent ferner anzugeben, wo die eigenen bzw. konsolidierten Abschlüsse erhältlich sind. 30

Wurden **keine Jahresabschlüsse** erstellt, die den im Verfahren des Art. 3 der Verordnung (EG) Nr. 1606/2002 übernommenen internationalen Rechnungslegungsstandards entsprechen, so ist eine Erklärung abzugeben, dass für die Finanzinformationen ein neuer Abschluss erstellt wurde, und anzugeben, wo dieser erhältlich ist (Ziffer 20.1 Anhang XXV ProspektVO). 31

Die Erklärung kann vorsehen, dass die historischen Finanzinformationen beispielsweise in den Geschäftsräumen des Emittenten ausgelegt sind oder auf der Internetseite des Emittenten elektronisch zur Verfügung stehen[1]. 32

Das verhältnismäßige Schema für KMUs und Unternehmen mit geringer Marktkapitalisierungsieht die Aufnahme der historischen Finanzinformationen in den Prospekt nicht vor. Konsequenterweise wurde im Anhang XXV ProspektVO die Ziffer 20.3 Anhang I ProspektVO nicht übernommen. 33

---

1 *Dietz* in Holzborn, Anh. XXIII EU-ProspV Rz. 30 ff.

XXII. Zusätzliche Angaben (Ziffer 21)

21. Zusätzliche Angaben

21.1. Aktienkapital

Aufzunehmen sind die folgenden Angaben zum Stichtag der jüngsten Bilanz, die Bestandteil der historischen Finanzinformationen sind:

21.1.1. Betrag des ausgegebenen Kapitals und für jede Gattung des Aktienkapitals:

   a) Zahl der genehmigten Aktien;

   b) Zahl der ausgegebenen und voll eingezahlten Aktien und Zahl der ausgegebenen und nicht voll eingezahlten Aktien;

   c) Nennwert pro Aktie bzw. Angabe, dass die Aktien keinen Nennwert haben, und

   d) Überleitungsrechnung für die Zahl der ausstehenden Aktien zu Beginn und zum Ende des Geschäftsjahres. Wurde mehr als 10% des Kapitals während des von den historischen Finanzinformationen abgedeckten Zeitraums mit anderen Aktiva als Barmitteln eingezahlt, so ist dies anzugeben.

21.1.2. Sollten Aktien vorhanden sein, die nicht Bestandteil des Eigenkapitals sind, so sind die Anzahl und die wesentlichen Merkmale dieser Aktien anzugeben.

21.1.3. Angabe der Anzahl, des Buchwertes sowie des Nennbetrages der Aktien, die Bestandteil des Eigenkapitals des Emittenten sind und die vom Emittenten selbst oder in seinem Namen oder von Tochtergesellschaften des Emittenten gehalten werden.

21.1.4. Angabe etwaigerwandelbarer Wertpapiere, umtauschbarer Wertpapiere oder etwaiger Wertpapiere mit Optionsscheinen, wobei die geltenden Bedingungen und Verfahren für die Wandlung, den Umtausch oder die Zeichnung darzulegen sind.

21.1.5. Angaben über eventuelle Akquisitionsrechte und deren Bedingungen und/ oder über Verpflichtungen in Bezug auf genehmigtes, aber noch nicht ausgegebenes Kapital oder in Bezug auf eine Kapitalerhöhung.

21.1.6. Angaben, ob auf einen Anteil eines Mitglieds der Gruppe ein Optionsrecht besteht oder ob bedingt oder bedingungslos vereinbart wurde, einen Anteil an ein Optionsrecht zu knüpfen, sowie Einzelheiten über solche Optionen, die auch jene Personen betreffen, die diese Optionsrechte erhalten haben.

21.1.7. Die Entwicklung des Eigenkapitals mit besonderer Hervorhebung der Angaben über etwaige Veränderungen, die während des von den historischen Finanzinformationen abgedeckten Zeitraums erfolgt sind.

21.2. Satzung und Statuten der Gesellschaft

21.2.1. Beschreibung der Zielsetzungen des Emittenten und an welcher Stelle sie in der Satzung und den Statuten der Gesellschaft verankert sind.

21.2.2. Zusammenfassung etwaiger Bestimmungen der Satzung und der Statuten des Emittenten sowie der Gründungsurkunde oder sonstiger Satzungen, die die Mitglieder des Verwaltungs-, Leitungs- und Aufsichtsorgans betreffen.

21.2.3. Beschreibung der Rechte, Vorrechte und Beschränkungen, die an jede Gattung der vorhandenen Aktien gebunden sind.

21.2.4. Erläuterung, welche Maßnahmen erforderlich sind, um die Rechte der Inhaber von Aktien zu ändern, wobei die Fälle anzugeben sind, in denen die Bedingungen strenger sind als die gesetzlichen Vorschriften.

21.2.5. Beschreibung der Art und Weise, wie die Jahreshauptversammlungen und die außerordentlichen Hauptversammlungen der Aktionäre einberufen werden, einschließlich der Teilnahmebedingungen.

21.2.6. Kurze Beschreibung etwaiger Bestimmungen der Satzung und der Statuten des Emittenten sowie der Gründungsurkunde oder sonstiger Satzungen, die eine Verzögerung, einen Aufschub oder die Verhinderung eines Wechsels in der Beherrschung des Emittenten bewirken könnten.

21.2.7. Angabe etwaiger Bestimmungen der Satzung und der Statuten des Emittenten sowie der Gründungsurkunde oder sonstiger Satzungen, die für den Schwellenwert gelten, ab dem der Aktienbesitz offengelegt werden muss.

21.2.8. Darlegung der Bedingungen, die in der Satzung und den Statuten des Emittenten sowie der Gründungsurkunde oder sonstiger Satzungen vorgesehen sind und die die Veränderungen im Eigenkapital betreffen, sofern diese Bedingungen strenger sind als die gesetzlichen Vorschriften.

Wegen des nahezu identischen Wortlauts mit der Ziffer 21 Anhang I ProspektVO wird auf die dortige Kommentierung verwiesen (siehe Anhang I EU-ProspektVO Rz. 295 ff.).

XXIII. Wesentliche Verträge (Ziffer 22)

22. Wesentliche Verträge

Zusammenfassung jedes in den letzten beiden Jahren vor der Veröffentlichung des Registrierungsformulars abgeschlossenen wesentlichen Vertrags (mit Ausnahme von Verträgen, die im Rahmen der normalen Geschäftstätigkeit abgeschlossen wurden), bei dem der Emittent oder ein sonstiges Mitglied der Gruppe eine Vertragspartei ist.

Zusammenfassung aller sonstigen zum Datum des Registrierungsformulars bestehenden Verträge (mit Ausnahme von Verträgen, die im Rahmen der normalen Geschäftstätigkeit abgeschlossen wurden), die von Mitgliedern der Gruppe abgeschlossen wurden und eine Bestimmung enthalten, der zufolge ein Mitglied der Gruppe eine Verpflichtung eingeht oder ein Recht erlangt, die bzw. das für die Gruppe von wesentlicher Bedeutung ist.

35 Wegen des nahezu identischen Wortlauts mit der Ziffer 22 Anhang I ProspektVO wird auf die dortige Kommentierung verwiesen (siehe Anhang I EU-ProspektVO Rz. 313 ff.).

XXIV. Angaben von Seiten Dritter, Erklärungen von Seiten Sachverständiger und Interessen-Erklärungen (Ziffer 23)

23. Angaben von Seiten Dritter, Erklärungen von Seiten Sachverständiger und Interessen-Erklärungen

23.1. Wird in das Registrierungsformular eine Erklärung oder ein Bericht einer Person aufgenommen, die als Sachverständige(r) handelt, so sind der Name, die Geschäftsadresse, die Qualifikationen und eine etwaige wesentliche Beteiligung dieser Person am Emittenten anzugeben. Wurde der Bericht auf Ersuchen des Emittenten erstellt, so ist eine Erklärung dahingehend abzugeben, dass die aufgenommene Erklärung oder der aufgenommene Bericht in der Form und in dem Zusammenhang, in dem sie bzw. er aufgenommen wurde, die Zustimmung von Seiten der Person erhalten hat, die den Inhalt dieses Teils des Registrierungsformulars gebilligt hat.

23.2. Wurden Angaben von Seiten Dritter übernommen, ist zu bestätigen, dass diese Angaben korrekt wiedergegeben wurden und nach Wissen des Emittenten und soweit für ihn aus den von diesem Dritten veröffentlichten Angaben ersichtlich, nicht durch Auslassungen unkorrekt oder irreführend gestaltet wurden. Darüber hinaus hat der Emittent die Quelle(n) der Angaben zu nennen.

36 Wegen des nahezu identischen Wortlauts mit der Ziffer 23 Anhang I ProspektVO wird auf die dortige Kommentierung verwiesen (siehe Anhang I EU-ProspektVO Rz. 318 ff.).

XXV. Einsehbare Dokumente (Ziffer 24)

24. Einsehbare Dokumente
    Erklärung, dass während der Gültigkeitsdauer des Registrierungsformulars ggf. die folgenden Dokumente oder deren Kopien eingesehen werden können:
    a) die Satzung und die Statuten des Emittenten;
    b) sämtliche Berichte, Schreiben und sonstigen Dokumente, historischen Finanzinformationen, Bewertungen und Erklärungen, die von einem/einer Sachverständigen auf Ersuchen des Emittenten abgegeben wurden, sofern Teile davon in das Registrierungsformular eingefügt worden sind oder in ihm darauf verwiesen wird;
    c) die historischen Finanzinformationen des Emittenten oder im Falle einer Gruppe die historischen Finanzinformationen für den Emittenten und sei-

ne Tochtergesellschaften für jedes der beiden letzten Geschäftsjahre vor der Veröffentlichung des Registrierungsformulars.

Anzugeben ist auch, wo in diese Dokumente in Papierform oder auf elektronischem Wege Einsicht genommen werden kann.

Grundsätzlich kann wegen des nahezu identischen Wortlauts mit der Ziffer 24 Anhang I ProspektVO auf die dortige Kommentierung verwiesen werden (siehe Anhang I EU-ProspektVO Rz. 319 ff.). Eine Besonderheit im Vergleich zu Anhang I besteht jedoch darin, dass eine **Erklärung** abgegeben werden muss, wo die historischen Finanzinformationen für die potentiellen Anleger einsehbar sind (Ziffer 24 lit. c Anhang XXV ProspektVO). Die Erklärung kann in der Weise lauten, dass die historischen Finanzinformationen beispielsweise in den Geschäftsräumen oder auch auf der Internetseite des Emittenten erhältlich sind[1]. 37

XXVI. Angaben über Beteiligungen (Ziffer 25)

25. Angaben über Beteiligungen

Angaben zu Unternehmen, an denen der Emittent einen Teil des Eigenkapitals hält, der bei der Bewertung seiner eigenen Vermögens-, Finanz- und Ertragslage eine wichtige Rolle spielen dürfte.

Wegen des nahezu identischen Wortlauts mit der Ziffer 25 Anhang I ProspektVO wird auf die dortige Kommentierung verwiesen (siehe Anhang I EU-ProspektVO Rz. 325 ff.). 38

Anhang XXVI

Mindestangaben für das Registrierungsformular für Schuldtitel und derivative Wertpapiere (< 100.000 EUR) von KMU und Unternehmen mit geringer Marktkapitalisierung (verhältnismäßiges Schema)

Hier nicht kommentiert.

---

1 Vgl. auch *Dietz* in Holzborn, Anh. XXIII EU-ProspV Rz. 36.

Anhang XXVII
Mindestangaben für das Registrierungsformular für Schuldtitel und derivative Wertpapiere (≥ 100.000 EUR) von KMU und Unternehmen mit geringer Marktkapitalisierung (verhältnismäßiges Schema)

Hier nicht kommentiert.

Anhang XXVIII
Mindestangaben für Aktienzertifikate von KMU und Unternehmen mit geringer Marktkapitalisierung (verhältnismäßiges Schema)

Hier nicht kommentiert.

Anhang XXIX
Mindestangaben bei Emissionen von Kreditinstituten gemäß Artikel 1 Absatz 2 Buchstabe j der Richtlinie 2003/71/EG (verhältnismäßiges Schema)

Hier nicht kommentiert.

Anhang XXX
Zusätzliches Angabemodul für die Zustimmung gemäß Artikel 20a

Hier nicht kommentiert.

Art. 20a Abs. 1 Prospektverordnung verweist auf das in Anhang XXX EU-ProspektVO enthaltene Angabemodul für die Zustimmung gemäß Art. 3 Abs. 2 Prospektrichtlinie. Danach müssen bestimmte Angaben zur Zustimmung des Emittenten bzw. Prospekterstellers zur Prospektverwendung in den Prospekt inkorporiert werden. Siehe dazu § 3 WpPG Rz. 51 ff.

C. Wertpapierprospektgebührenverordnung (WpPGebV)

Verordnung über die Erhebung von Gebühren nach dem Wertpapierprospektgesetz (Wertpapierprospektgebührenverordnung – WpPGebV)

Hier nicht gesondert kommentiert. Siehe die Kommentierung zu § 33 WpPG.

6. Wertpapierprospektgebührenverordnung
(WpPGebV)

Verordnung über die Erhebung von Gebühren nach
dem Wertpapierprospektgesetz, Wertpapiererwerbs-
und übernahmegesetz § WpPGebV

2. Teil
Vermögensanlagen

A. Vermögensanlagengesetz (VermAnlG)

Einleitung

Schrifttum: *Beck/Maier*, Die neuen Mindestangaben der Vermögensanlagen-Verkaufsprospektverordnung, WM 2012, 1898; *Brocker/Lohmann*, Die Aufsicht über den Vertrieb von Vermögensanlagen nach dem Vermögensanlagengesetz und der Gewerbeordnung, GWR 2012, 335; *Buck-Heeb*, Das Kleinanlegerschutzgesetz, NJW 2015, 2535; *Bußalb/Vogel*, Das Gesetz über Vermögensanlagen – neue Regeln für geschlossene Fonds, WM 2012, 1416; *Bußalb/Vogel*, Das Kleinanlegerschutzgesetz: Neue Pflichten für Anbieter und Emittenten von Vermögensanlagen, WM 2015, 1733 (Teil I), WM 2015, 1785 (Teil II); *Canzler/Hammermaier*, Die Verfolgung und Ahndung wertpapierrechtlicher Delinquenz durch die Wertpapieraufsicht der BaFin: Das kapitalmarktrechtliche Bußgeldverfahren, AG 2014, 57; *Casper*, Das Kleinanlegerschutzgesetz – zwischen berechtigtem und übertriebenem Paternalismus, ZBB 2015, 265; *Friedrichsen/Weisner*, Das Gesetz zur Novellierung des Finanzanlagenvermittler- und Vermögensanlagenrechts – Wesentliche Neuerungen im Bereich geschlossener Fonds, ZIP 2012, 756; *Hanten/Reinholz*, Das Vermögensanlagengesetz, ZBB 2012, 36; *Heisterhagen/Conreder*, Die Regulierung des grauen Kapitalmarktes durch das Kleinanlegerschutzgesetz – Ein Überblick, DStR 2015, 1929; *Jansen/Pfeifle*, Rechtliche Probleme des Crowdfundings, ZIP 2012, 1842; *Klöhn/Hornuf*, Crowdinvesting in Deutschland, ZBB 2012, 237; *von Kopp-Colomb/Seitz*, Das neue Prospektregime – Auswirkungen der Änderungen der Prospektverordnung auf Basisprospekte für die Emission von Anleihen und verbrieften Derivaten, WM 2012, 1220; *Leuering*, Die Neuordnung der gesetzlichen Prospekthaftung, NJW 2012, 1905; *Leuering/Rubner*, Prospektpflicht des Crowdfunding, NJW-Spezial 2012, 463; *Markwardt/Kracke*, Auf dem Prüfstand: Das Widerrufsrecht nach § 11 Abs. 2 VermAnlG, ZBB 2012, 149; *Mattil*, Gesetz zur Novellierung des Finanzanlagenvermittler- und Vermögensanlagenrechts, DB 2011, 2533; *Möllers/Kastl*, Das Kleinanlegerschutzgesetz, NZG 2015, 849; *Morlin*, Das Kleinanlegerschutzgesetz – Endgültiges Aus für den Grauen Kapitalmarkt?, AG 2015, R23; *Nietsch/Eberle*, Bankaufsichts- und prospektrechtliche Fragen typischer Crowdfunding-Modelle, DB 2014, 1788; *Podewils*, Beipackzettel für Finanzprodukte – Verbesserte Anlegerinformation durch Informationsblätter und Key Investor Information Documents?, ZBB 2011, 169; *Riethmüller*, Auswirkungen des Kleinanlegerschutzgesetzes auf die Praxis der bankenunabhängigen Finanzierung, das Crowdinvesting und Crowdlending, DB 2015, 1451; *Rinas/Pobortscha*, Das Vermögensanlagen-Informationsblatt: neue Dokumentationsanforderungen im Bereich geschlossener Fonds, BB 2012, 1615; *Roth*, Das neue Kleinanlegerschutzgesetz, GWR 2015, 243; *Frank A. Schäfer/Ulrike Schäfer*, Anforderungen und Haftungsfragen bei PIBs, VIBs und KIIDs, ZBB 2013, 23; *Schlee/Maywald*, PIB: Ein neues Risiko im Rahmen der Prospekthaftung?, BKR 2012, 320; *Schnauder*, Regimewechsel im Prospekthaftungsrecht bei geschlossenen Publikumsfonds, NJW 2013, 3207; *Schroeter*, Prospektpublizität bei Genussrechtsemissionen und aufsichtsbehördliche Altverfahren, WM 2014, 1163; *Suchomel*, Konkurrenz von § 20 VermAnlG und bürgerlich-rechtlicher Prospekthaftung bei fehlerhaftem Prospekt, NJW 2013, 1126; *Weitnauer*, „Crowdinvesting 2.0" nach dem Kleinanlegerschutzgesetz, GWR 2015, 309; *Zingel/Varadinek*, Vertrieb von Vermögensanlagen nach dem Gesetz zur Novellierung des Finanzanlagenvermittler- und Vermögensanlagenrechts, BKR 2012, 177. Siehe im Übrigen das Allgemeine Schrifttumsverzeichnis.

I. Der Regelungsgegenstand des Vermögensanlagengesetzes und der zu diesem ergangenen Rechtsakte... 1	3. Änderungen des Vermögensanlagengesetzes 12
	a) Folgeänderungen 13
II. Entstehung und Entwicklung des Vermögensanlagengesetzes und der zu diesem ergangenen Verordnungen	b) Änderungen durch das Kleinanlegerschutzgesetz 14
	c) Änderungen durch das Erste Finanzmarktnovellierungsgesetz.. 29
1. Das Vermögensanlagengesetz als Neuregelung des bisherigen Grauen Kapitalmarkts 6	III. Anwendung der Vorschriften des Vermögensanlagengesetzes
	1. Übergangsvorschriften 30
2. Vermögensanlagen-Verkaufsprospektverordnung und Vermögensanlagen-Verkaufsprospektgebührenverordnung 10	2. Auslegung.................. 31

I. Der Regelungsgegenstand des Vermögensanlagengesetzes und der zu diesem ergangenen Rechtsakte

1 Das **Gesetz über Vermögensanlagen** (Vermögensanlagengesetz – VermAnlG)[1] hat das öffentliche Angebot von Vermögensanlagen zum **Gegenstand** (§ 1 VermAnlG). **Vermögensanlagen** iS des VermAnlG sind im Wesentlichen nicht in Wertpapieren iS des WpPG verbriefte und nicht als Anteile an Investmentvermögen iS des § 1 Abs. 1 KAGB ausgestaltete Anteile, die eine Beteiligung am Ergebnis eines Unternehmens gewähren, Anteile an einem Vermögen, das der Emittent oder ein Dritter in eigenem Namen für fremde Rechnung hält oder verwaltet (Treuhandvermögen) sowie Genussrechte und Namensschuldverschreibungen (§ 1 Abs. 2 VermAnlG)[2]. Die Regelung des öffentlichen Angebots von Vermögensanlagen durch das VermAnlG erfolgt im Wege der Schaffung von **Vertriebspublizität**. Im Mittelpunkt der hierfür eingesetzten Instrumente steht die Pflicht desjenigen, der im Inland Vermögensanlagen öffentlich anbietet, einen **Verkaufsprospekt** zu veröffentlichen, sofern nicht schon nach anderen Vorschriften eine Prospektpflicht besteht oder ein Verkaufsprospekt nach den Vorschriften dieses Gesetzes bereits veröffentlicht worden ist (§ 6 VermAnlG). Für die Erfüllung dieser Pflicht und der damit in Zusammenhang stehenden Anforderungen wird teils zivilrechtlich (in Gestalt der Haftung für die Richtigkeit und Vollständigkeit des Verkaufsprospekts nach §§ 20, 21 VermAnlG), teils straf- und ordnungswidrigkeitsrechtlich (nach Maßgabe von §§ 28 bzw. 29 VermAnlG) gehaftet.

---

1 BGBl. I 2004, S. 3464. Zur Genealogie und zu den Änderungen dieses Gesetzes siehe unten Rz. 6 ff.
2 Zu Einzelheiten siehe die Erläuterungen zu § 1 Abs. 2 VermAnlG.

Flankierend zur Prospektpublizität muss ein Anbieter, der im Inland Vermögensanlagen öffentlich anbietet, vor dem Beginn des öffentlichen Angebots neben dem Verkaufsprospekt auch ein **Vermögensanlagen-Informationsblatt** erstellen (§ 13 VermAnlG; siehe dazu auch Vor §§ 20–22 VermAnlG Rz. 11). Die Pflicht zu Erstellung eines Vermögensanlagen-Informationsblatts greift aber auch dann ein, wenn keine Prospektpflicht nach dem VermAnlG besteht (§ 13 VermAnlG Rz. 12). Wiederum wird für die pflichtwidrige Nichterfüllung dieser Pflicht und die Fehlerhaftigkeit von Angaben des Informationsblatts zivilrechtlich (§ 22 VermAnlG) und ordnungswidrigkeitsrechtlich (§ 29 Nr. 6 und 7 VermAnlG) gehaftet. Die **Angaben**, die Verkaufsprospekte (mindestens) enthalten müssen, richten sich nach § 7 VermAnlG und den Vorschriften der Verordnung über Vermögensanlagen-Verkaufsprospekte (Vermögensanlagen-Verkaufsprospektverordnung – VermVerkProspV) vom 16.12.2004[1] (siehe auch unten Rz. 5 und 10), folgen aber auch daraus, dass der Verkaufsprospekt, um nicht fehlerhaft zu sein und eine Haftung nach § 20 Abs. 1 VermAnlG auszulösen, alle für die Beurteilung der Vermögensanlagen wesentlichen Angaben zu enthalten hat. Vermögensanlagen-Informationsblätter haben die sich aus § 13 Abs. 2 Satz 2 bis Abs. 6 VermAnlG ergebenden Angaben zu enthalten. Anders als der Verkaufsprospekt (nach § 8 VermAnlG), bedarf das Vermögensanlagen-Informationsblatt nicht der Billigung durch die BaFin, ist aber bei dieser zu hinterlegen (§ 14 Abs. 1 Satz 2 VermAnlG).

In der Regel, aber nicht notwendigerweise, ist der **Emittent** – dh. die Person oder die Gesellschaft, deren Vermögensanlagen auf Grund eines öffentlichen Angebots im Inland ausgegeben sind (§ 1 Abs. 3 VermAnlG) – auch der Anbieter der Anlagen, so dass auch er von den vorstehend angeführten Regelungen betroffen ist. Ganz unabhängig davon, ob der Emittent Anbieter ist oder nicht, unterliegt er der Haftung bei unrichtigem Verkaufsprospekt, falls er für diesen die Verantwortung übernommen hat (§ 20 Abs. 1 VermAnlG) oder entgegen § 6 VermAnlG ein Verkaufsprospekt nicht veröffentlicht wurde (§ 21 Abs. 1 VermAnlG). Darüber hinaus verpflichtet § 23 Abs. 1 VermAnlG einen Emittenten, der nicht bereits nach den Vorschriften des Handelsgesetzbuchs verpflichtet ist, einen Jahresabschluss offenzulegen, für den Schluss eines jeden Geschäftsjahres einen **Jahresbericht zu erstellen** und spätestens sechs Monate nach Ablauf des Geschäftsjahres beim Betreiber des Bundesanzeigers elektronisch einzureichen sowie den Anlegern auf Anforderung zur Verfügung zu stellen (§ 23 VermAnlG).

Nach § 3 VermAnlG übt die BaFin die **Aufsicht** über das Angebot von Vermögensanlagen nach den Vorschriften des VermAnlG aus. Im Rahmen dieser Aufsicht ist sie befugt, alle Anordnungen zu treffen, die erforderlich und geeignet sind, um das Angebot von Vermögensanlagen mit dem VermAnlG und den aufgrund dieses Gesetzes erlassenen Bestimmungen im Einklang zu erhalten. Zu den wichtigsten Aufgaben der BaFin gehört die **Billigung eines Verkaufsprospekts**. Bevor diese erteilt wurde, darf ein Verkaufsprospekt nicht veröffentlicht werden (§ 8 Abs. 1 Satz 1 VermAnlG), so dass bis zu diesem Zeitpunkt auch das die Veröffentlichung des Verkaufsprospekts voraussetzende Angebot von Vermögensanlagen (§ 6 VermAnlG)

---

1 BGBl. I 2004, S. 3464. Siehe dazu auch unten Rz. 5.

unterbleiben muss. Weitere, der BaFin im Zusammenhang mit dem öffentlichen Angebot von Vermögensanlagen zugewiesene Aufgaben und Befugnisse sind in §§ 15a–19 VermAnlG geregelt, darunter die Untersagung von Werbung für Vermögensanlagen nach Maßgabe von § 16 VermAnlG.

5 Das VermAnlG wird durch **zwei Verordnungen** ergänzt:

– Die bereits an früherer Stelle (Rz. 2) erwähnte, aufgrund der Ermächtigung in § 8g Abs. 2 und 3 VerkProspG aF erlassene Verordnung über Vermögens-Verkaufsprospekte (**Vermögensanlagen-Verkaufsprospektverordnung** – VermVerkProspV) vom 16.12.2004[1] enthält die Bestimmungen von § 7 VermAnlG konkretisierende und ergänzende Vorschriften über die Gestaltung und den Inhalt von Verkaufsprospekten.

– Die Verordnung über die Gebühren für Amtshandlungen betreffend Verkaufsprospekte für Vermögensanlagen nach dem Vermögensanlagengesetz (**Vermögensanlagen-Verkaufsprospektgebührenverordnung** – VermVerkProspGebV) vom 29.6.2005[2] (siehe auch unten Rz. 11) führt die Gebühren auf, die die BaFin für individuell zurechenbare öffentliche Leistungen nach dem VermAnlG und nach den auf demselben beruhenden Rechtsvorschriften, die Verkaufsprospekte für Vermögensanlagen betreffen, erhebt. Darüber hinaus bestimmt § 1 Satz 1 Halbsatz 2 VermVerkProspGebV, dass Auslagen nicht gesondert erhoben werden.

II. Entstehung und Entwicklung des Vermögensanlagengesetzes und der zu diesem ergangenen Verordnungen

1. Das Vermögensanlagengesetz als Neuregelung des bisherigen Grauen Kapitalmarkts

6 Das VermAnlG ist **aus dem VerkProspG hervorgegangen**[3]. Eingeführt wurde es als Art. 1 des **Gesetzes zur Novellierung des Finanzanlagenvermittler- und Vermögensanlagenrechts** vom 6.12.2011[4] bei gleichzeitiger Aufhebung des VerkProspG durch Art. 2 des Novellierungsgesetzes. Die bis dahin im VerkProspG geregelte Haftung bei fehlerhaften oder fehlenden Prospekten nach §§ 13, 13a VerkProspG aF, die für das Angebot von nicht zum Handel an einer inländischen Börse zugelasse-

---

1 BGBl. I 2004, S. 3464, zuletzt geändert durch Art. 1 der Zweiten Verordnung zur Änderung der Vermögensanlagen-Verkaufsprospektverordnung vom 20.8.2015, BGBl. I 2015, S. 1434. Zur Rechtsgrundlage der VermVerkProspV siehe auch die Eingangsformel der Verordnung.
2 BGBl. I 2005, S. 1873, zuletzt geändert durch Art. 1 der Dritten Verordnung zur Änderung der Vermögensanlagen-Verkaufsprospektgebührenverordnung vom 19.8.2015, BGBl. I 2015, S. 1433. Zur Rechtsgrundlage der VermVerkProspGebV siehe die Eingangsformel der Verordnung.
3 Zur Entwicklung des Verkaufsprospektgesetzes vom 13.12.1990 (BGBl. I 1990, S. 2749) als Keimzelle des vertriebs- und publizitätsbezogenen Kapitalmarktrechts siehe Vorauf. Einl. VerkProspG Rz. 4 ff.; *Assmann* in Assmann/Schütze, § 1 Rz. 17.
4 BGBl. I 2011, S. 2481.

nen Wertpapieren veröffentlicht wurden oder zu veröffentlichen gewesen wären (siehe Vor §§ 21–25 WpPG Rz. 17), wurden durch Art. 6 Nr. 4 des Novellierungsgesetzes bei gleichzeitiger Aufhebung der börsengesetzlichen Prospekthaftungsbestimmungen der §§ 44–47 BörsG (aF) durch Art. 7 Nr. 3 des Novellierungsgesetzes in das WpPG überführt (siehe Vor §§ 20–22 VermAnlG Rz. 8; Vor §§ 21–25 WpPG Rz. 13, 17).

Mit der Überführung der (in §§ 13, 13a VerkProspG aF iVm. §§ 44 ff. BörsG aF) geregelten Haftung für fehlerhafte oder fehlende Prospekte, die nach den Vorschriften des WpPG für das **öffentliche Angebot von Wertpapieren** zu veröffentlichen waren, in §§ 21 ff. WpPG wurde ein lang aufgeschobenes Desiderat erfüllt (siehe Vor §§ 21–25 WpPG Rz. 17). Dagegen war die Regelung des **Angebots von Kapitalanlagen, die nicht wertpapiermäßig verbrieft sind** und im VerkProspG nur partiell erfasst wurden, mit den in der Finanzkrise der Jahre 2009 ff. besonders hervorgetretenen Missständen im grauen Kapitalmarkt neuen Entwicklungen auf dem Kapitalmarkt geschuldet. Die dazu ergangenen, über mehrere Gesetze – namentlich das VermAnlG, das WpHG, das WpPG, das KWG und vor allem die GewO[1] – verteilten Bestimmungen, sind wiederum im Schwerpunkt vertriebsbezogen, gehen aber über rein publizitätsorientierte Maßnahmen hinaus. Sie zielen auf nicht weniger als einer Überführung des „bisherigen Grauen Kapitalmarkts" in den von gesetzlichen Publizitäts- und Vertriebsbestimmungen gekennzeichneten „organisierten Kapitalmarkt" sowie die damit verbundene Wiedergewinnung des in der Finanzkrise erschütterten Vertrauens in die Finanzmärkte[2]. 7

Einer der Schwerpunkte der im Gesetz zur Novellierung des Finanzanlagenvermittler- und Vermögensanlagenrechts „angelegten **Neuregelungen im bisherigen Grauen Kapitalmarkt**" war die Verschärfung der Anforderungen, die das öffentliche Angebot von Vermögensanlagen regeln: „So sollen Verkaufsprospekte für Vermögensanlagen zusätzliche inhaltliche Anforderungen erfüllen müssen, insbesondere Informationen enthalten, die eine Beurteilung der Seriosität der Projektinitiatoren ermöglichen. Der Prüfungsmaßstab für Verkaufsprospekte für Vermögensanlagen durch die Bundesanstalt für Finanzdienstleistungsaufsicht (Bundesanstalt) wird dem bei Wertpapieren bestehenden Maßstab angepasst. Anbieter von Vermögensanlagen werden zudem verpflichtet, Kurzinformationsblätter (‚Beipackzettel') zu erstellen, um die Anleger in kurzer und verständlicher Form über die von ihnen angebotenen 8

---

1 Die Neuregelung verschärft die Voraussetzungen für die Erteilung einer gewerberechtlichen Erlaubnis für die Vermittlung von Finanzanlagen und die Anlageberatung. Verlangt werden jetzt vor allem der Nachweis von Sachkunde und einer Berufshaftpflichtversicherung oder einer entsprechenden Kapitalausstattung. Siehe im Einzelnen die Änderungen der GewO in Art. 5 des Gesetzes zur Novellierung des Finanzanlagenvermittler- und Vermögensanlagenrechts vom 6.12.2011, BGBl. I 2011, S. 2481 (2495), namentlich durch Einfügung der neuen §§ 34f und 34g GewO.

2 RegE Gesetz zur Novellierung des Finanzanlagenvermittler- und Vermögensanlagenrechts, BT-Drucks. 17/6051 v. 6.6.2011, S. 1 (30): „Die Finanzkrise hat das Vertrauen in die Finanzmärkte erschüttert. Die Änderungen dieses Gesetzes stärken den Anlegerschutz durch die Fortentwicklung der Regulierung im Bereich des so genannten Grauen Kapitalmarkts und einer partiellen Verschärfung der Prospekthaftung. Dies trägt dazu bei, das Vertrauen der Anleger zurück zu gewinnen und damit den Finanzplatz Deutschland zu stärken."

Graumarktprodukte zu informieren. Schließlich sollen für Emittenten von Vermögensanlagen strengere Rechnungslegungspflichten eingeführt werden. Durch das Gesetzvorhaben wird die Vermögensanlagen-Verkaufsprospektverordnung zudem einer ersten Bereinigung unterzogen; dabei wurden auch bereits erste Vorgaben der bevorstehenden europäischen Richtlinie zu Managern alternativer Investmentfonds (AIFM-Richtlinie) berücksichtigt. Anlässlich des vorliegenden Gesetzvorhabens werden zudem die verbleibenden kurzen Sonderverjährungsfristen im Prospekthaftungsrecht aufgehoben. Zudem werden die Haftungsvoraussetzungen im Bereich der Prospekthaftung für Vermögensanlagen erleichtert"[1].

9   Anders als bei der Überführung der Prospekthaftungsbestimmungen des VerkProspG in das WpPG, die mit nur geringfügigen Modifikationen dieser Vorschriften vonstattenging, verband sich mit der **Überführung der verkaufsprospektgesetzlichen Prospekthaftungsregelung in das VermAnlG** tatsächlich eine „partielle Verschärfung" der Haftung für Verkaufsprospekte in Bezug auf das öffentliche Angebot von Vermögensanlagen[2]. Siehe dazu und zur Prospekthaftungsregelung in §§ 20 ff. VermAnlG im Rahmen der Entwicklung der Prospekthaftung Vor §§ 20–22 VermAnlG Rz. 5 ff.; zu §§ 20–22 VermAnlG im System der gesetzlichen Prospekthaftung siehe Vor §§ 20–22 VermAnlG Rz. 5 ff.

2. Vermögensanlagen-Verkaufsprospektverordnung und Vermögensanlagen-Verkaufsprospektgebührenverordnung

10 Mit Art. 15 des Gesetzes zur Novellierung des Finanzanlagenvermittler- und Vermögensanlagenrechts vom 6.12.2011[3] wurde auch die aufgrund von § 8g Abs. 2 und 3 VerkProspG aF ergangene Vermögensanlagen-Verkaufsprospektverordnung vom 16.12.2004 (siehe oben Rz. 2 und 5) einer Bereinigung unterzogen und dem neuen Regelungsrahmen angepasst[4]. Diese Verordnung hat durch Art. 6 des Kleinanlegerschutzgesetzes vom 3.7.2015[5] umfangreiche weitere Änderungen erfahren. Die aufgrund von § 7 Abs. 3 Satz 1 Nr. 4 VermAnlG ergangene Erste Verordnung zur Änderung der Vermögensanlagen-Verkaufsprospektverordnung vom 15.5.2013[6] und die aufgrund von § 7 Abs. 3 Satz 1 Nr. 2 VermAnlG ergangene Zweite Verordnung zur Änderung der Vermögensanlagen-Verkaufsprospektverordnung vom 20.8.2015[7] haben dagegen nur geringfügige Änderungen der Vermögensanlagen-Verkaufsprospektverordnung mit sich gebracht.

11 **Die Vermögensanlagen-Verkaufsprospektgebührenverordnung** (siehe oben Rz. 5) ist verschiedentlich den Änderungen des VerkProspG sowie des an dessen Stelle ge-

---

[1] RegE Gesetz zur Novellierung des Finanzanlagenvermittler- und Vermögensanlagenrechts, BT-Drucks. 17/6051 v. 6.6.2011, S. 1 (30).
[2] RegE Gesetz zur Novellierung des Finanzanlagenvermittler- und Vermögensanlagenrechts, BT-Drucks. 17/6051 v. 6.6.2011, S. 1 (30).
[3] BGBl. I 2011, S. 2481.
[4] Zu den neuen Mindestanforderungen *Beck/Maier*, WM 2012, 1898 ff.
[5] BGBl. I 2015, S. 1114.
[6] BGBl. I 2013, S. 1376.
[7] BGBl. I 2015, S. 1434.

tretenen VermAnlG angepasst worden, zuletzt durch Art. 1 der Dritten Verordnung zur Änderung der Vermögensanlagen-Verkaufsprospektgebührenverordnung vom 19.8.2015[1]. Im Rahmen der Strukturreform des Gebührenrechts des Bundes ordnet Art. 4 Abs. 49 des Gesetzes zur Aktualisierung der Strukturreform des Gebührenrechts des Bundes vom 18.7.2016[2] – gemäß dessen Art. 7 Abs. 3 mit Wirkung vom 1.10.2021 – die Aufhebung der Vermögensanlagen-Verkaufsprospektgebührenverordnung an. Art. 2 dieses Gesetzes hebt Art. 4 des Gesetzes zur Strukturreform des Gebührenrechts des Bundes vom 7.8.2013[3] auf, in dessen Abs. 52 die Aufhebung der Vermögensanlagen-Verkaufsprospektgebührenverordnung mit Wirkung vom 14.8.2018 bestimmt war. Ab dem 1.10.2021 ist gem. Art. 5 Abs. 1 des Gesetzes zur Strukturreform des Gebührenrechts des Bundes das mit dessen Art. 1 eingeführte Gesetz über Gebühren und Auslagen des Bundes (Bundesgebührengesetz – BGebG) anwendbar.

3. Änderungen des Vermögensanlagengesetzes

Seitdem das auf Art. 1 des Gesetzes zur Novellierung des Finanzanlagenvermittler- und Vermögensanlagenrechts vom 6.12.2011[4] beruhende VermAnlG an die Stelle des mit Wirkung vom 1.6.2012 aufgehobenen[5] VerkProspG getreten ist, hat es zahlreiche Änderungen erfahren. 12

a) Folgeänderungen

Bei den meisten dieser Änderungen des VermAnlG handelte es sich nur um geringfügige Änderungen des VermAnlG, die zumeist bloße **Folgeänderungen** der Änderung anderer Gesetze waren. Dazu gehören etwa die Änderungen des VermAnlG aufgrund von Art. 4 des Gesetzes zur Änderung der Gewerbeordnung und anderer Gesetze vom 5.12.2012[6], von Art. 11 des Gesetzes zur Umsetzung der Richtlinie 2011/61/EU über die Verwalter alternativer Investmentfonds (AIFM-Umsetzungsgesetz – AIFM-UmsG) vom 4.7.2013[7], von Art. 2 Abs. 68 und Art. 4 Abs. 57 des Gesetzes zur Strukturreform des Gebührenrechts des Bundes vom 7.8.2013[8], von Art. 3 Abs. 2 des Gesetzes zur Änderung des Handelsgesetzbuchs vom 4.10.2013[9], von Art. 12 des Gesetzes zur Umsetzung der Verbraucherrechterichtlinie und zur 13

---

1 BGBl. I 2015, S. 1433.
2 BGBl. I 2016, S. 1666.
3 BGBl. I 2013, S. 3154.
4 BGBl. I 2011, S. 2481.
5 Art. 2 des Gesetzes zur Novellierung des Finanzanlagenvermittler- und Vermögensanlagenrechts vom 6.12.2011, BGBl. I 2011, S. 2481.
6 BGBl. I 2012, S. 2415.
7 BGBl. I 2013, S. 1981.
8 BGBl. I 2013, S. 3154. Die Änderung durch Art. 4 Abs. 57 dieses Gesetzes – die Anordnung des Wegfalls von § 27 VerkProspG – tritt gem. Art. 5 Abs. 3 des Gesetzes erst zum 14.8.2018 in Kraft.
9 BGBl. I 2013, S. 3746.

Änderung des Gesetzes zur Regelung der Wohnungsvermittlung vom 20.9.2013[1], von Art. 8 Abs. 10 des Gesetzes zur Umsetzung der Richtlinie 2013/34/EU vom 17.7.2015[2], von Art. 9 des Gesetzes zur Anpassung des nationalen Bankenabwicklungsrechts an den Einheitlichen Abwicklungsmechanismus und die europäischen Vorgaben zur Bankenabgabe (Abwicklungsmechanismusgesetz – AbwMechG) vom 2.11.2015[3], von Art. 20 des Gesetzes zur Umsetzung der Transparenzrichtlinie-Änderungsrichtlinie vom 20.11.2015[4] und von Art. 4 des Gesetzes zur Änderung des Aktiengesetzes vom 22.12.2015[5].

b) Änderungen durch das Kleinanlegerschutzgesetz

14 Umfangreiche Änderungen hat das VermAnlG durch das **Kleinanlegerschutzgesetz** vom 3.7.2015[6] erfahren. Als Teil des Aktionsplans der Bundesregierung zum Verbraucherschutz im Finanzmarkt vom 22.5.2014[7] soll das Gesetz Regelungslücken im Anlegerschutzrecht schließen, wie sie vor allem im Zusammenhang mit der Insolvenz[8] und betrügerischen Aktivitäten[9] von Unternehmen ausgemacht wurden, die sich über den grauen Kapitalmarkt finanzierten oder entsprechende Kapitalanlagen an Kleinanleger vertrieben. Dementsprechend heißt es im Regierungsentwurf eines Kleinanlegerschutzgesetzes[10]: „In jüngster Zeit haben Anleger durch Investitionen in Vermögensanlagen erhebliche Vermögenseinbußen erlitten, indem sie in Produkte investierten, die nur einer eingeschränkten Aufsicht durch die Bundesanstalt für Finanzdienstleistungsaufsicht unterlagen... Mit dem vorliegenden Ge-

---

1 BGBl. I 2013, S. 3642.
2 Gesetz zur Umsetzung der Richtlinie 2013/34/EU des Europäischen Parlaments und des Rates vom 26.6.2013 über den Jahresabschluss, den konsolidierten Abschluss und damit verbundene Berichte von Unternehmen bestimmter Rechtsformen und zur Änderung der Richtlinie 2006/43/EG des Europäischen Parlaments und des Rates und zur Aufhebung der Richtlinien 78/660/EWG und 83/349/EWG des Rates (Bilanzrichtlinie-Umsetzungsgesetz – BilRUG), BGBl. I 2015, S. 1245.
3 BGBl. I 2015, S. 1864.
4 BGBl. I 2015, S. 2029.
5 BGBl. I 2015, S. 2565.
6 BGBl. I 2015, S. 1114.
7 Abzurufen unter http://www.bundesfinanzministerium.de/Content/DE/Downloads/Finanzmarktpolitik/Aktionsplan-Kleinanleger.pdf?__blob=publicationFile&v=3.
8 Besondere Bedeutung hatte hierbei die Insolvenz der *Prokon Regenerative Energien GmbH* als Teil der *Prokon*-Gruppe Anfang 2014. An den von dieser aufgelegten geschlossenen Windparkfonds waren Kleinanleger durch Kommanditbeteiligungen und später namentlich Genussrechte beteiligt. Näher *Casper*, ZBB 2015, 265 (266). Einflussreich war darüber hinaus der *Infinus*-Skandal von Ende 2013, bei dem es um das Scheitern der *Infinus AG* ging, die bei Kleinanlegern Genussrechte und Orderschuldverschreibungen im Umfang von über 1 Mrd. Euro platziert hatte.
9 Solche stehen vor allem im Hinblick auf die Zusammenbrüche der *S&K*-Gruppe Anfang 2013 mit einem geschätzten Betrugsschaden von rund 240 Mio. Euro und der *Infinus AG* (zusammen mit der *Future Business KG*) mit einem Schaden von rund 800 Mio. Euro im Raum.
10 BT-Drucks. 18/3994, S. 1.

setzentwurf sollen fortbestehende Regelungslücken geschlossen werden. Insbesondere soll die Transparenz von Vermögensanlagen weiter erhöht werden, um einem Anleger vollständige und zum Anlagezeitpunkt aktuelle Informationen über die Vermögensanlage zu verschaffen. Damit soll der Anleger die Seriosität und die Erfolgsaussichten einer Anlage einschätzen und eine informierte und risikobewusste Entscheidung treffen können." Zur Erreichung eines verbesserten Anlegerschutzes durch Änderungen des Vermögensanlagengesetzes, der Vermögensanlagen-Verkaufsprospektverordnung, des Wertpapierhandelsgesetzes und der Wertpapierdienstleistungs-Verhaltens- und Organisationsverordnung sowie des Handelsgesetzbuchs ist eine Reihe von Maßnahmen ergriffen worden, deren erklärtes Ziel in erster Linie im Schutz von Kleinanlegern durch die Verbesserung von Transparenz zu sehen ist, die aber, namentlich durch Änderungen des WpHG, auch Eingriffsbefugnisse der Aufsichtsbehörde in das Angebot von Kapitalanlagen bis hin zum Verbot einzelner Anlageprodukte erlauben. Und schließlich wird, in einem nicht nur symbolischen, sondern weitergehende Befugnisse zur Missbrauchsaufsicht schaffenden Akt[1], der „Schutz der kollektiven Verbraucherinteressen" im Finanzdienstleistungsaufsichtsgesetz (FinDAG) gesetzlich verankert[2].

Zu den wichtigsten **Änderungen des VermAnlG durch das Kleinanlegerschutzgesetz**[3] gehören: 15

– Die **Ausweitung des Anwendungsbereichs des VermAnlG** auf bislang nicht der gesetzlichen Prospektpflicht und der Beaufsichtigung der Prospektpublizität nach den Vorschriften des VermAnlG unterfallenden Anlagen des grauen Kapitalmarkts, wie namentlich des öffentlichen Angebots von partiarischen Darlehen, Nachrangdarlehen und allen sonstigen Anlagen, die einen Anspruch auf Verzinsung und Rückzahlung gewähren oder im Austausch für die zeitweise Überlassung von Geld einen vermögenswerten auf Barausgleich gerichteten Anspruch vermitteln (§ 1 Abs. 2 VermAnlG). Zusammen mit dem Kapitalanlagegesetzbuch (KAGB) und dessen durch einen weiten Begriff des Investmentvermögens (§ 1 16

---

1 Das geschieht insbesondere durch § 4 Abs. 1a Satz 2 FinDAG, der lautet: „Unbeschadet weiterer Befugnisse nach anderen Gesetzen kann die Bundesanstalt gegenüber den Instituten und anderen Unternehmen, die nach dem Kreditwesengesetz, dem Zahlungsdiensteaufsichtsgesetz, dem Versicherungsaufsichtsgesetz, dem Wertpapierhandelsgesetz, dem Kapitalanlagegesetzbuch sowie nach anderen Gesetzen beaufsichtigt werden, alle Anordnungen treffen, die geeignet und erforderlich sind, um verbraucherschutzrelevante Missstände zu verhindern oder zu beseitigen, wenn eine generelle Klärung im Interesse des Verbraucherschutzes geboten erscheint." Missstand iS dieses Satzes 2 ist nach Satz 3 der Vorschrift „ein erheblicher, dauerhafter oder wiederholter Verstoß gegen ein Verbraucherschutzgesetz, der nach seiner Art oder seinem Umfang die Interessen nicht nur einzelner Verbraucherinnen oder Verbraucher gefährden kann oder beeinträchtigt."
2 Verwirklicht durch Art. 1 Nr. 1 des Kleinanlegerschutzgesetzes durch Einfügung des neuen Abs. 1a in § 4 des Finanzdienstleistungsaufsichtsgesetzes vom 22.4.2002 (BGBl. I 2002, S. 1310). Dazu näher RegE BT-Drucks. 18/3994 v. 11.2.2015, S. 1 (36).
3 Siehe dazu auch *Buck-Heeb*, NJW 2015, 2535 ff.; *Bußalb/Vogel*, WM 2015, 1733 ff.; *Casper*, ZBB 2015, 265 (268 ff.); *Heisterhagen/Conreder*, DStR 2015, 1929 ff.; *Möllers/Kastl*, NZG 2015, 849 (850 ff.).

Abs. 1 KAGB) eröffneten Anwendungsbereich hat diese Änderung alle bis dahin virulenten Anlagen des grauen Kapitalmarkts erfasst, der gesetzlichen Prospektpflicht unterworfen und damit die bisherige Trennung von organisiertem Kapitalmarkt und grauem Kapitalmarkt im Hinblick auf Prospektpublizität praktisch aufgehoben[1].

17 – Die **Schaffung neuer sektoraler Ausnahmebereiche** (§§ 2a–2c VermAnlG). Unter diesen ist die begrenzte Befreiung des sog. **Crowdinvesting** von der Prospektpflicht (§ 2a VermAnlG) von besonderer Bedeutung. Der RegE begründet sie wie folgt[2]: „Die Einfügung des neuen § 2a zielt darauf, neue, über Internet-Dienstleistungsplattformen vertriebene und beworbene Finanzierungsformen von bestimmten Anforderungen des Vermögensanlagegesetzes auszunehmen. Durch diese Befreiung werden die Anbieter von sogenannten Crowdinvestments über Vertriebsplattformen im Internet in den Stand versetzt, die verfolgte Finanzierung von kleineren und mittleren Unternehmen weiter zu unterstützen, ohne einer Prospektpflicht und bestimmten Anforderungen an die Rechnungslegung unterworfen zu werden." **Begrenzt ist diese Befreiung** auf zweierlei Weise: zum einen dadurch, dass sie nur dann eingreift, wenn der Verkaufspreis sämtlicher von dem Anbieter angebotener Vermögensanlagen desselben Emittenten 2,5 Mio. Euro nicht übersteigt (§ 2a Abs. 1 VermAnlG); und zum anderen auf die Weise, dass sie nur auf Vermögensanlagen anwendbar ist, die ausschließlich im Wege der Anlageberatung oder Anlagevermittlung über eine Internet-Dienstleistungsplattform vermittelt werden, die durch Gesetz oder Verordnung verpflichtet ist, zu prüfen, ob der Gesamtbetrag der Vermögensanlagen desselben Emittenten, die von einem Anleger erworben werden können, der keine Kapitalgesellschaft ist, die in § 2a Abs. 3 Nrn. 1–3 VermAnlG genannten Beträge nicht übersteigt. Gewissermaßen als Ausgleich für die Ausnahme des Crowdinvestment sowie die in §§ 2b und 2c VermAnlG geschaffenen Ausnahmen von der Prospektpflicht nach dem VermAnlG eröffnet § 2d VermAnlG dem Anleger, der eine Willenserklärung abgegeben hat, die auf den Abschluss eines Vertrags über eine Vermögensanlage iS der §§ 2a–2c VermAnlG gerichtet ist, die Möglichkeit, diese zu **widerrufen**.

18 – **Neue Anforderungen an den Prospektinhalt.** Änderungen in Bezug auf den Prospektinhalt finden sich überwiegend in Gestalt von Änderungen der VermAnlVerkProspV[3]. Die einschlägigen Änderungen im VermAnlG sind wenig spektakulär. Erwähnenswert ist, dass weder im Verkaufsprospekt noch in der Werbung noch im Vermögens-Informationsblatt im Hinblick auf Vermögensanlagen iS des § 1 Abs. 2 VermAnlG der Begriff „Fonds" oder ein Begriff, der diesen Begriff enthält, verwandt werden darf (§§ 7 Abs. 2 Satz 3, 12 Abs. 5, 13 Abs. 4 Satz 5 VermAnlG). Mit Wirkung vom 3.1.2017 muss der Verkaufsprospekt nicht nur alle tatsächlichen und rechtlichen Angaben enthalten, die notwendig sind, um dem Publikum eine zutreffende Beurteilung des Emittenten der Vermögensanlagen

---

1 Näher *Assmann* in Assmann/Schütze, § 5 Rz. 21, 27 ff.
2 RegE Kleinanlegerschutzgesetz, BT-Drucks. 18/3994 v. 11.2.2015, S. 1 (40).
3 Siehe Art. 6 des Kleinanlegerschutzgesetzes (BGBl. I 2015, S. 1114).

und der Vermögensanlagen selbst zu ermöglichen, sondern auch solche über die Anlegergruppe, auf die die Vermögensanlage abzielt[1].

– **Änderungen in Bezug auf die Gültigkeit von Prospekten und Prospektnachträge.** Nach § 8a VermAnlG, der § 9 Abs. 1 WpPG entspricht, ist ein Verkaufsprospekt vom Zeitpunkt seiner Billigung und vorbehaltlich der Erfüllung von Nachtragspflichten nach § 11 VermAnlG nur noch zwölf Monate lang für öffentliche Angebote gültig. Danach ist der BaFin ein neuer Prospekt zur Billigung vorzulegen[2]. Nach dem neuen § 11 Abs. 3 VermAnlG und nach dessen weiteren Maßgaben hat der Anbieter, neben dem von der Bundesanstalt gebilligten Verkaufsprospekt, eine um sämtliche Nachträge ergänzte Fassung des Verkaufsprospekts zu veröffentlichen und dabei den nachtragspflichtigen Umstand jeweils an der Stelle einzufügen, an der der Verkaufsprospekt geändert wird.

19

– **Erweiterte Pflichten und Rechte der BaFin.** Im Hinblick auf die Billigung eines Prospekts prüft die BaFin – über die bisherige Prüfung eines Prospekts auf Vollständigkeit, Kohärenz und Verständlichkeit seines Inhalts nach § 8 Abs. 1 Satz 2 VermAnlG hinaus – zukünftig nach § 8 Abs. 1 Satz 3 VermAnlG auch, ob für das laufende und das folgende Geschäftsjahr die Vermögens-, Finanz- und Ertragslage des Emittenten, die Geschäftsaussichten sowie ihre Auswirkungen auf die Fähigkeit des Emittenten, seinen Verpflichtungen gegenüber dem Anleger nachzukommen, im Verkaufsprospekt widerspruchsfrei dargestellt werden. Der Er-

20

---

1 § 7 Abs. 1 Satz 1 VermAnlG gemäß Art. 2 Nr. 7 lit. b iVm. Art. 13 Abs. 2 Kleinanlegerschutzgesetz (BGBl. I 2015, S. 1114). Entsprechend gilt ab vorgenanntem Zeitpunkt die Verordnungsermächtigung des § 7 Abs. 3 Satz 1 VermAnlG auch für „die erforderlichen Angaben zu der Anlegergruppe, auf die die Vermögensanlage abzielt, vor allem im Hinblick auf den Anlagehorizont des Anlegers und zu möglichen Verlusten, die sich aus der Anlage ergeben können (§ 7 Abs. 3 Nr. 2a VermAnlG; Art. 2 Nr. 7 lit. d bb iVm. Art. 13 Abs. 2 Kleinanlegerschutzgesetz).
2 Waren zum bisherigen Prospekt keine Nachträge erforderlich, wird dies der lediglich aktualisierte alte Prospekt sein. Wurden Nachträge erstellt, kann dies der – ohne die nach § 11 Abs. 3 VermAnlG erforderliche Nachtragskennzeichnung – um die jeweiligen Nachträge ergänzte und aktualisierte Prospekt sein. So iE auch *Casper*, ZBB 2015, 265 (270) im Anschluss an *Roth*, GWR 2015, 243 (244). So oder so wird die BaFin den vorgelegten Prospekt – ganz unabhängig von Nachträgen und ihrer Einarbeitung in den zu überprüfenden Prospekt – daraufhin prüfen, ob er eine bei seiner Vorlage zureichende „Darstellung der beworbenen Vermögensanlage" gibt. Das jedenfalls ist der Zweck der Neuregelung, zu der es im RegE Kleinanlegerschutzgesetz, BT-Drucks. 18/3994 v. 11.2.2015, S. 1 (43/44), heißt: „Dies bietet insbesondere die Möglichkeit, zumindest offenkundigen Missständen entgegenzuwirken. Da Vermögensanlagen-Verkaufsprospekte für Vermögensanlagen bislang unbegrenzt gültig sind und zwischenzeitliche Ereignisse lediglich in Form von Nachträgen zu veröffentlichen sind, hat die Bundesanstalt bislang nur eingeschränkt die Möglichkeit, mit der Prospektprüfung Einfluss zur Behebung einer unzureichenden Darstellung der beworbenen Vermögensanlage auszuüben. Zudem kamen die Anbieter der Nachtragspflicht vielfach nur eingeschränkt nach. Eine Begrenzung der Gültigkeit für Vermögensanlagen-Verkaufsprospekte auf ein Jahr wird die Aktualität der im Umlauf befindlichen Prospekte erhöhen, da neue Entwicklungen dann zwingend in die Neuauflagen der Prospekte aufzunehmen sind, um die Billigung der Bundesanstalt zu erhalten."

weiterung der Prüfungspflichten und Prüfungsbefugnisse der BaFin entspricht die ihr in § 15a VermAnlG eingeräumte Möglichkeit, vom Anbieter die Aufnahme zusätzlicher, dh. über die Vorgaben des § 7 VermAnlG sowie der Vermögensanlagen-Verkaufsprospektverordnung hinausgehender Angaben in den Prospekt verlangen zu können, wenn dies zum Schutz des Publikums geboten erscheint. Diese Regelung entspricht derjenigen des § 26 Abs. 1 WpPG.

21 – Nach dem neuen § 26b Abs. 1 VermAnlG hat die BaFin alle sofort vollziehbaren Maßnahmen, die sie wegen des Verdachts auf Verstöße gegen Verbote oder Gebote nach dem Vermögensanlagengesetz vorgenommen hat, öffentlich bekannt zu machen, wenn dies zur Warnung potentieller Anleger erforderlich ist. Liegen der BaFin Anhaltspunkte vor, dass entgegen § 5b VermAnlG eine Vermögensanlage mit Nachschusspflicht angeboten wurde, nach § 6 VermAnlG kein Verkaufsprospekt veröffentlicht wurde, entgegen § 8 VermAnlG ein Verkaufsprospekt vor dessen Billigung veröffentlicht wurde oder der Verkaufsprospekt nach § 8a VermAnlG nicht mehr gültig ist, so kann sie dies nach dem neuen § 26b Abs. 2 VermAnlG – unter Beachtung der Bestimmungen von § 26b Abs. 3 und 4 VermAnlG – jeweils auf ihrer Internetseite öffentlich bekannt machen. Darüber hinaus verpflichtet der neue § 26c Abs. 1 Satz 1 VermAnlG die BaFin, Bußgeldentscheidungen nach § 29 VermAnlG unverzüglich nach Rechtskraft auf ihrer Internetseite bekannt zu machen, wenn dies unter Abwägung der betroffenen Interessen zur Beseitigung oder Verhinderung von Missständen geboten ist; Einzelheiten hierzu sind in § 29 Abs. 1 Satz 2 und Abs. 2–4 VermAnlG geregelt.

22 – In Ergänzung zur Kontrolle der Rechnungslegung durch den Abschlussprüfer des Emittenten von Vermögensanlagen eröffnet der neue § 24 Abs. 5 VermAnlG der BaFin die Möglichkeit, Sonderprüfungen der Rechnungslegung anordnen und nach Maßgabe von § 24 Abs. 6 und 7 VermAnlG durchführen zu können, wenn konkrete Anhaltspunkte, insbesondere aufgrund von Eingaben Dritter, für einen Verstoß gegen Rechnungslegungsvorschriften vorliegen.

23 – **Veröffentlichungspflichten nach Beendigung des öffentlichen Angebots.** Nach dem neuen § 11a Abs. 1 Satz 1 VermAnlG muss der Emittent einer Vermögensanlage auch nach Beendigung des öffentlichen Angebots einer Vermögensanlage jede Tatsache, die sich auf ihn oder die von ihm emittierte Vermögensanlage unmittelbar bezieht, nicht öffentlich bekannt und geeignet ist, die Fähigkeit des Emittenten zur Erfüllung seiner Verpflichtungen gegenüber dem Anleger erheblich zu beeinträchtigen, unverzüglich nach Maßgabe von § 11a Abs. 3 VermAnlG veröffentlichen und zuvor der BaFin nach § 11a Abs. 2 VermAnlG zum Zwecke der Bekanntmachung der Mitteilung auf deren Internetseite zuleiten. Die Verpflichtung entfällt nach § 11a Abs. 1 Satz 2 VermAnlG erst mit der vollständigen Tilgung der Vermögensanlage. Auf diese Weise soll für die Restlaufzeit einer Anlage gewährleistet werden, „dass bestehende Anleger sowie potentielle Zweiterwerber weiterhin über aktuelle Informationen zur Vermögens-, Finanz- und Ertragslage des Emittenten verfügen"[1].

---

1 RegE Kleinanlegerschutzgesetz, BT-Drucks. 18/3994 v. 11.2.2015, S. 1 (45).

– **Neue Mitteilungspflichten.** Unter den neu geschaffenen Mitteilungspflichten ist 24
die Pflicht des Anbieters nach dem neuen § 10a Abs. 1 VermAnlG hervorzuheben,
der BaFin die Beendigung des öffentlichen Angebots sowie die vollständige Tilgung der Vermögensanlage unverzüglich schriftlich oder elektronisch mitzuteilen.
Bis zum Eingang der betreffenden Mitteilung bei der BaFin, spätestens aber zum
Ablauf der Gültigkeitsdauer des Prospekts (§ 10a Abs. 2 VermAnlG), gilt das öffentliche Angebot oder die Tilgung der Vermögensanlage – mit allen damit verbundenen Pflichten, namentlich der Nachtragspflicht nach § 11 VermAnlG und
der Veröffentlichungspflicht nach § 11a Abs. 1 VermAnlG – als fortdauernd
(§ 10a Abs. 2 VermAnlG).

– **Ausbau der Warn- und Publizitätsfunktion des Vermögensanlagen-Informationsblatts.** Durch zahlreiche Ergänzungen des VermAnlG im Hinblick auf die Bereitstellung, den Inhalt und die Haftung für fehlerhafte oder nicht bereit gestellte 25
Vermögensanlagen-Informationsblätter ist neben der Prospektpublizität und vielfach – im Hinblick auf die vermehrten Ausnahmen von der Prospektpublizität –
auch anstelle derselben eine deutlich verbraucherschutzorientierte Informationsblattpublizität getreten. Die in das Vermögensanlagen-Informationsblatt aufzunehmenden Informationen sind durch zahlreiche Änderungen des § 13 VermAnlG
(insbesondere durch Einfügung der neuen Abs. 3a und 6 sowie der Ergänzungen
von Abs. 2–5) erheblich erweitert worden. Ab 3.1.2017 sind nach dem zu diesem
Zeitpunkt in Kraft tretenden neuen § 13 Abs. 2 Satz 2 Nr. 2a VermAnlG auch im
Vermögensanlagen-Informationsblatt Informationen aufzunehmen, die es dem
Publikum erlauben, die Anlegergruppe, auf die die Vermögensanlage abzielt, einzuschätzen und mit den Merkmalen anderer Finanzinstrumente bestmöglich zu
vergleichen. Die verbraucherschutzrechtliche Ausrichtung des Vermögensanlagen-Informationsblatts zeigt sich vor allem darin, dass dieses nach dem neuen
§ 13 Abs. 6 VermAnlG auf der ersten Seite den drucktechnisch hervorgehobenen
Warnhinweis „Der Erwerb dieser Vermögensanlage ist mit erheblichen Risiken
verbunden und kann zum vollständigen Verlust des eingesetzten Vermögens führen" enthalten muss und der Anleger nach dem neuen § 15 Abs. 3 VermAnlG die
Kenntnisnahme des Warnhinweises vor Vertragsschluss unter Nennung von Ort
und Datum durch seine Unterschrift mit Vor- und Familienname auf dem Vermögensanlagen-Informationsblatt zu bestätigen hat. Aufgrund des neuen § 22
Abs. 4a Satz 1 Nr. 1 VermAnlG wurde die Haftung für fehlerhafte Vermögensanlagen-Informationsblätter um eine solche für fehlende, das heißt dem Erwerber
entgegen § 15 VermAnlG nicht zur Verfügung gestellte Vermögensanlagen-Informationsblätter erweitert. Zu weiteren Änderungen des § 22 VermAnlG über die
„Haftung bei unrichtigem oder fehlendem Vermögensanlagen-Informationsblatt" siehe § 22 VermAnlG Rz. 2 ff.

– **Ausweitung der Anlegerinformation beim Angebot von Vermögensanlagen.** 26
Über die schon in § 15 VermAnlG aF geregelte Vertriebspublizität hinaus muss
beim Eigenvertrieb von Vermögensanlagen ohne Anlageberatung durch Ergänzung von § 15 Abs. 2 VermAnlG vor Vertragsschluss deutlich darauf hingewiesen
werden, dass der Anbieter die Angemessenheit der Anlage nicht beurteilt. Auf den
Umstand, dass der Anleger die Kenntnisnahme des Warnhinweises, der nach § 13

Abs. 6 VermAnlG auf der ersten Seite des Vermögensanlagen-Informationsblatts anzubringen ist, aufgrund des neuen § 15 Abs. 3 VermAnlG von jedem Anleger vor Vertragsschluss unter Nennung von Ort und Datum durch seine Unterschrift mit Vor- und Familienname auf dem Vermögensanlagen-Informationsblatt zu bestätigen hat, wurde bereits (oben Rz. 25) hingewiesen.

27 – **Reglementierung der Werbung für Vermögensanlagen.** Werbung für Vermögensanlagen lässt sich leicht so gestalten, dass sie gesetzliche Informationspflichten aushebelt und die Anleger zu „Investitionsentscheidungen ohne hinreichendes Risikobewusstsein" veranlassen kann[1]. Um dies so weit wie möglich auszuschließen, enthalten die neuen Abs. 2–5 von § 12 VermAnlG verschiedene Reglementierungen der Werbung für Vermögensanlagen, die über die sprachlich nur geringfügig modifizierte Hinweispflicht nach § 12 Abs. 1 VermAnlG aF als bisher alleiniger Werberegelung deutlich hinausgeht. So hat der Anbieter zukünftig nach § 12 Abs. 2 Satz 1 VermAnlG dafür zu sorgen, dass in Werbung für öffentlich angebotene Vermögensanlagen der deutlich hervorgehobene Warnhinweis „Der Erwerb dieser Vermögensanlage ist mit erheblichen Risiken verbunden und kann zum vollständigen Verlust des eingesetzten Vermögens führen" aufgenommen wird. Der Wirkung überzogener Renditeversprechen auf Anlageentscheidungen, wie sie namentlich bei der Werbung von *Prokon*-Anlegern eine Rolle gespielt haben dürfte[2], soll dadurch entgegengewirkt werden, dass nach § 12 Abs. 3 VermAnlG „in Werbung für öffentlich angebotene Vermögensanlagen, die eine Angabe zu einer Rendite der Vermögensanlage enthält, die nicht lediglich eine vertragliche feste Verzinsung der Vermögensanlage wiedergibt, der folgende deutlich hervorgehobene Hinweis aufgenommen wird: ‚Der in Aussicht gestellte Ertrag ist nicht gewährleistet und kann auch niedriger ausfallen.'" Gleichzeitig wird die der BaFin schon nach bisherigem Recht eingeräumte Möglichkeit zur Untersagung von Werbung durch den neuen § 16 Abs. 1 Satz 2 Nrn. 1–6 VermAnlG den neuen Werbevorschriften angepasst und entsprechend erweitert.

28 – **Eingriffe in die Produktgestaltung und Produktintervention.** Nach § 5a VermAnlG müssen Vermögensanlagen eine Laufzeit von mindestens 24 Monaten ab dem Zeitpunkt des erstmaligen Erwerbs und eine ordentliche Kündigungsfrist von mindestens sechs Monaten vorsehen, und nach § 5b VermAnlG sind Vermögensanlagen, die eine Nachschusspflicht vorsehen, zum öffentlichen Angebot oder Vertrieb im Inland nicht zugelassen. Der neu gefasste § 18 Abs. 1 VermAnlG erweitert die Befugnis der BaFin, öffentliche Angebote zu untersagen, dahin-

---

1 RegE Kleinanlegerschutzgesetz, BT-Drucks. 18/3994 v. 11.2.2015, S. 1 (45).
2 Dort ist für Genussrechte eine Rendite von 8% versprochen und anfänglich auch tatsächlich – ohne verdient worden zu sein („Prokon schüttete zuletzt pro Jahr acht Prozent Zinsen an seine Anleger aus. Dabei verdient die Unternehmensgruppe so viel Geld gar nicht", Wirtschaftswoche 1.2.2013, http://www.wiwo.de/finanzen/geldanlage/grauer-markt-windkraft-prokon-schuettet-viel-aus-verdient-aber-weniger/7685806-8.html) – ausgezahlt worden. Zur Bedeutung der *Prokon*-Insolvenz für den Aktionsplan der Bundesregierung zum Verbraucherschutz im Finanzmarkt vom 22.5.2014 und den Erlass des Kleinanlegerschutzgesetzes siehe oben Rz. 14 nebst Anmerkungen.

gehend, dass der Anbieter nach § 5a oder § 5b VermAnlG unzulässige Vermögensanlagen anbietet oder seiner Nachtragspflicht nicht nachkommt. Nach dem neuen § 18 Abs. 2 VermAnlG stehen der BaFin zudem die in § 4b WpHG angeführten Befugnisse der Produktintervention unter den in dieser Bestimmung genannten Voraussetzungen auch im Hinblick auf Vermögensanlagen zu.

c) Änderungen durch das Erste Finanzmarktnovellierungsgesetz

Zuletzt ist das VermAnlG durch Art. 10 und Art. 11 des Ersten Gesetzes zur Novellierung von Finanzmarktvorschriften auf Grund europäischer Rechtsakte (**Erstes Finanzmarktnovellierungsgesetz – 1. FiMaNoG**) vom 30.6.2016[1] geändert worden. Die wichtigste Änderung durch Art. 10 Nr. 1 des Ersten Finanzmarktnovellierungsgesetzes tritt gemäß dessen Art. 17 Abs. 2 allerdings erst zum 31.12.2016 in Kraft: Mit der Neufassung von § 1 Abs. 2 Nr. 7 VermAnlG[2] wird der Anwendungsbereich des Vermögensanlagengesetzes angepasst, um sicherzustellen, dass bestimmte Konstellationen im Bereich der Direktinvestments in Sachgüter (wie Beteiligungen an dem Erwerb einzelner Container), bei welchen der Rückerwerb der Anlage von dem Willen des Anbieters oder eines Dritten abhängt, erfasst und Aufsichtslücken geschlossen werden[3]. Bei den „Weitere(n) Änderungen des Vermögensanlagengesetzes" in Art. 11 des Ersten Finanzmarktnovellierungsgesetzes handelt es sich um Folgeänderungen des VermAnlG, die gemäß Art. 17 Abs. 2 des Ersten Finanzmarktnovellierungsgesetzes ebenfalls erst zum 31.12.2016 in Kraft treten.

29

III. Anwendung der Vorschriften des Vermögensanlagengesetzes

1. Übergangsvorschriften

Bei der Anwendung der Bestimmungen des VermAnlG sind die Übergangsvorschriften in § 32 VermAnlG zu beachten. Sie betreffen im Wesentlichen die Anwendbarkeit des aufgehobenen VerkProspG auf Verkaufsprospekte, die vor dem 1.12.2012 bei der BaFin eingereicht (§ 21 Abs. 1 VermAnlG) oder veröffentlicht (§ 21 Abs. 2 VermAnlG) wurden sowie die Anwendbarkeit des VermAnlG auf Vermögensanlagen, die vor dem 10.7.2015 auf der Grundlage eines von der BaFin nach diesem Gesetz gebilligten Verkaufsprospekts öffentlich angeboten wurden und nach dem 10.7.2015 weiter öffentlich angeboten werden (§ 21 Abs. 1a VermAnlG).

30

---

1 BGBl. I 2016, S. 1514.
2 Die Vorschrift lautet: „7. sonstige Anlagen, die eine Verzinsung und Rück-zahlung oder einen vermögenswerten Barausgleich im Austausch für die zeitweise Überlassung von Geld gewähren oder in Aussicht stellen".
3 RegE Erstes Finanzmarktnovellierungsgesetz, BT-Drucks. 18/7482 v. 8.2.2016. S. 1 (3, 78).

2. Auslegung

31 Wie schon das (zwischenzeitlich aufgehobene) VerkProspG nach Überführung der Prospektpflicht für öffentlich angebotene Wertpapiere in das WpPG[1], enthält auch das VermAnlG – auch nach seinen umfangreichen Änderungen durch das Kleinanlegerschutzgesetz (oben Rz. 14 ff.) – nur solche Vorschriften, die nicht auf der Umsetzung von europäischen Richtlinien beruhen und mithin nach den allgemeinen Regeln zur **Auslegung** deutschen Rechts und ohne das Erfordernis richtlinienkonformer **Auslegung** anzuwenden sind[2].

---

[1] Siehe Voraufl., Einl. VerkProspG Rz. 28.
[2] Ebenso *Buck-Heeb*, NJW 2015, 2535.

Abschnitt 1
Allgemeine Bestimmungen

§ 1
Anwendungsbereich und Begriffsbestimmungen

(1) Dieses Gesetz ist auf Vermögensanlagen anzuwenden, die im Inland öffentlich angeboten werden.

(2) Vermögensanlagen im Sinne dieses Gesetzes sind nicht in Wertpapieren im Sinne des Wertpapierprospektgesetzes verbriefte und nicht als Anteile an Investmentvermögen im Sinne des § 1 Absatz 1 des Kapitalanlagegesetzbuchs ausgestaltete

1. Anteile, die eine Beteiligung am Ergebnis eines Unternehmens gewähren,
2. Anteile an einem Vermögen, das der Emittent oder ein Dritter in eigenem Namen für fremde Rechnung hält oder verwaltet (Treuhandvermögen),
3. partiarische Darlehen,
4. Nachrangdarlehen,
5. Genussrechte,
6. Namensschuldverschreibungen und
7. sonstige Anlagen, die einen Anspruch auf Verzinsung und Rückzahlung gewähren oder im Austausch für die zeitweise Überlassung von Geld einen vermögenswerten auf Barausgleich gerichteten Anspruch vermitteln,

[(ab 31.12.2016, siehe unten Rz. 7:) sonstige Anlagen, die eine Verzinsung und Rückzahlung oder einen vermögenswerten Barausgleich im Austausch für die zeitweise Überlassung von Geld gewähren oder in Aussicht stellen,]

sofern die Annahme der Gelder nicht als Einlagengeschäft im Sinne des § 1 Absatz 1 Satz 2 Nummer 1 des Kreditwesengesetzes zu qualifizieren ist.

(3) Emittent im Sinne dieses Gesetzes ist die Person oder die Gesellschaft, deren Vermögensanlagen auf Grund eines öffentlichen Angebots im Inland ausgegeben sind.

In der Fassung der Bekanntmachung vom 6.12.2011 (BGBl. I 2011, S. 2481), zuletzt geändert durch das Kleinanlegerschutzgesetz vom 3.7.2015 (BGBl. I 2015, S. 1114).

Schrifttum: *Beckmann/Scholtz/Vollmer*, Investment – Handbuch für das gesamte Investmentwesen, Stand 2016; *Buck-Heeb*, Das Kleinanlegerschutzgesetz, NJW 2015, 2535; *Bußalb/Unzicker*, Auswirkungen der AIFM-Richtlinie auf geschlossene Fonds, BKR 2012, 309; *Bußalb/Vogel*, Das Kleinanlegerschutzgesetz: Neue Pflichten für Anbieter und Emitteten von Vermögensanlagen, WM 2015, 1733 (Teil I); *Danwerth*, Crowdinvesting – Ist das Kleinanlegerschutzgesetz das junge Ende einer innovativen Finanzierungsform?, ZBB 2016, 20; *Greisbach*, Die Regulierung geschlossener Blind Pool-Fonds im Rahmen der Kapitaleinwerbung, 2016; *Heisterhagen/Conreder*, Die Regulierung des Grauen Kapitalmarkts durch das Kleinanlegerschutzgesetz – Ein Überblick, DStR 2015, 1929; *Krause/Klebeck*, Fonds(anteils)begriff nach der AIFM-Richtlinie und dem Entwurf des KAGB, RdF 2013, 4; *Merkt*, Fallen REIT-Gesellschaften unter das KAGB?, BB 2013, 1986; *Renz/Jäger/Maas* (Hrsg.), Compliance für geschlossene Fonds, 2013; *Riethmüller*, Auswirkungen des Kleinanlegerschutzgesetzes auf die Praxis der bankenunabhängigen Finanzierung, das Crowdinvesting und Crowdlending, DB 2015, 1451; *Schneck*, Handbuch Alternative Finanzierungsformen, 2006; *Graf zu Solms-Laubach/Mihova*, Übersicht über die aufsichtsrechtliche Regulierung von alternativen Finanzierungen nach Inkrafttreten des KAGB und des Kleinanlegerschutzgesetzes, DStR 2015, 1872; *Zimmer*, Vom Informationsmodell zu Behavioral Finance: Brauchen wir „Ampeln" oder Produktverbote für Finanzanlagen?, JZ 2015, 714.

I. Normentwicklung	1	3. Kein Einlagengeschäft iS des KWG	50
II. Regelungsgehalt	8	V. Beteiligungsformen	55
III. Öffentliches Angebot im Inland		1. Anteile, die eine Beteiligung am Ergebnis eines Unternehmens gewähren (§ 1 Abs. 2 Nr. 1 VermAnlG)	56
1. Öffentliches Angebot	11		
a) Begriff des Angebots	13	a) Unternehmensbeteiligungen	58
b) Öffentlich	19	b) Beteiligungen an Gesellschaften ausländischer Rechtsformen	60
c) Zusammenfassung	22		
2. Inlandsbezug	23	2. Anteile an Treuhandvermögen (§ 1 Abs. 2 Nr. 2 VermAnlG)	64
a) Internet	24		
b) Ausländische Zeitungen	26	3. Partiarische Darlehen (§ 1 Abs. 2 Nr. 3 VermAnlG)	77
IV. Abgrenzung zu anderen Regelungsmaterien	27		
		4. Nachrangdarlehen (§ 1 Abs. 2 Nr. 4 VermAnlG)	78
1. Nicht in Wertpapieren iS des WpPG verbriefte Vermögensanlagen	29		
		5. Genussrechte (§ 1 Abs. 2 Nr. 5 VermAnlG)	79
2. Nicht als Anteile an Investmentvermögen iS des § 1 Abs. 1 KAGB ausgestaltete Vermögensanlagen	36	6. Namensschuldverschreibungen (§ 1 Abs. 2 Nr. 6 VermAnlG)	81
a) Organismus für gemeinsame Anlagen	38	7. Sonstige Anlagen (§ 1 Abs. 2 Nr. 7 VermAnlG)	83
b) Anzahl von Anlegern	40	a) § 1 Abs. 2 Nr. 7 Alt. 1 VermAnlG	84
c) Einsammeln von Kapital	41	b) § 1 Abs. 2 Nr. 7 Alt. 2 VermAnlG	87
d) Festgelegte Anlagestrategie	42	VI. Emittent (§ 1 Abs. 3 VermAnlG)	88
e) Zum Nutzen des Anlegers/kein operativ tätiges Unternehmen	47		

I. Normentwicklung

1 Dem Aufbau der Vorschrift liegt im Vergleich zur **Vorgängervorschrift des § 8f VerkProspG** eine **neue Regelungssystematik des gesamten VermAnlG** zugrunde. Vorherige Bestrebungen zu verschiedenen Änderungen des VerkProspG beließen es bei der ursprünglichen Struktur und ließen die Tatbestandsmerkmale des § 8f VerkProspG

unangetastet, wurden jedoch in dieser Form nicht weiter verfolgt[1]. Jedoch ließ sich aus dem unter dem Eindruck der weltweiten Finanzkrise von 2007 bis 2009 entstandenen Diskussionsentwurf bereits die Tendenz für die zukünftige Gesetzgebung ableiten, da der bisherige, Vermögensanlagen betreffende und bisher nur über das VerkProspG konkret im Rahmen des Vertriebs regulierte Graumarktbereich über zusätzliche Vorgaben in die Kapitalmarktgesetzgebung integriert werden und einer effizienteren Regulierung und Beaufsichtigung des Marktsegments zugeführt werden sollte[2]. Die Bestrebungen, Vermögensanlagen als Finanzinstrumente iS des KWG und des WpHG in die kapitalmarktrechtliche Regulierung einzubetten, wurde auf die Novellierung des Finanzanlagenvermittler- und Vermögensanlagenrechts verschoben.

Das im Rahmen dieser Novellierung überarbeitete, nunmehr als VermAnlG bezeichnete Gesetzeswerk, verfolgte in seiner Systematik eine **Auflösung der in der Vorgängervorschrift vorhandenen Verknüpfung von Anwendungsbereich, Begriffsdefinitionen und Ausnahmen in verschiedene Normen (§§ 1, 2 und 6 VermAnlG)**. Die Bestimmung des Anwendungsbereiches nach § 1 VermAnlG ergibt sich nunmehr im Wege allgemeiner einleitender Begriffsdefinitionen, wie auch bei anderen kapitalmarktrechtlicher Gesetzesmaterien, zB des WpPG. Das VermAnlG wurde letztlich mit dem Gesetz zur Novellierung des Finanzanlagenvermittler- und Vermögensanlagenrechts[3] (FinAnlVermAnlG) eingeführt, trat im Wesentlichen zum 1.6.2012 in Kraft und löste gleichzeitig das Verkaufsprospektgesetz als vorausgehende Regulierungsgrundlage für den Vertrieb von Vermögensanlagen ab. Gleichzeitig erfolgte die Einordnung der im VermAnlG als Vermögensanlagen geregelten Beteiligungsformen als Finanzinstrumente iS des KWG und WpHG[4]. Aus dieser Verschränkung der unterschiedlichen Gesetzgebungsmaterien erwächst trotz der rein nationalen und europarechtskonformen Eingliederung[5] der Vermögensanlagen eine Intensivierung der mittelbaren Bedeutung für die Abgrenzung der Anlageformen des § 1 Abs. 2 VermAnlG gegenüber den Wertpapieren iS des WpPG. Die Definition für Wertpapiere nach § 2 Nr. 1 WpPG und die Einordnung von Wertpapieren als Finanzinstrumente beruhen auf derselben Grundlage nach Art. 4 Abs. 1 Nr. 18 der Richtlinie 2004/39/EG über Märkte für Finanzinstrumente iVm Anhang 1 Ab-

---

1 Vgl. Art. 6 DiskE AnsFUG, Bearbeitungsstand v. 3.5.2010; abrufbar: http://www.kapital marktrecht-im-internet.eu/de/Rechtsgebiete/Kapitalmarktrecht/Artikelgesetze/197/Anleger schutz-_und_Funktionsverbesserungsgesetz.htm.
2 Vorgesehen war bereits an dieser Stelle eine Einbeziehung der Vermögensanlagen in das kapitalmarktrechtliche Regelungsregime von KWG und WpHG, vgl. Begr. DiskE AnsFUG, Bearbeitungsstand v. 3.5.2010, S. 33, die aus dem RegE vom 21.9.2010 aus dem Gesetzesvorhaben bereits wieder entfernt war, RegE AnFuG v. 21.9.2010, abrufbar: http://www.kapi talmarktrecht-im-internet.eu/de/Rechtsgebiete/Kapitalmarktrecht/Artikelgesetze/197/Anle gerschutz-_und_Funktionsverbesserungsgesetz.htm.
3 Art. 1 und Art. 2 des Gesetzes zur Novellierung des Finanzanlagenvermittler- und Vermögensanlagenrechts vom 6.12.2011, BGBl. I 2011, S. 2481.
4 Art. 3 Nr. 1 und Art. 4 Nr. 2 FinAnlVermAnlG vom 6.12.2011, BGBl. I 2011, S. 2481.
5 Begr. RegE FinAnlVermAnlG, BT-Drucks.17/6051, S. 30.

schnitt C *(ab 3.1.2017 nach Art. 4 Abs. 1 Nr. 44 der Richtlinie 2014/65/EU[1])*[2]. Siehe zum Ganzen auch Einl. VermAnlG Rz. 6 ff.

3 Der **Anwendungsbereich des Gesetzes** wird durch die **Definitionen der Vermögensanlagen des § 1 Abs. 2 VermAnlG** bestimmt. Er geht grundlegend auf die aufgehobene Regelung des § 8f Abs. 1 VerkProspG zurück[3]. Gegenüber der bisherigen Regelung erfolgten klarstellende Ergänzungen des Produktkatalogs ohne mit der Tradition des VerkProspG zu brechen, den Anwendungsbereich auf enumerativ aufgezählte und so bestimmte, nicht in Wertpapieren iS des WpPG verbriefte Anteile von schuldrechtlichen Modellen der öffentlich angebotenen Vermögensanlagen zu begrenzen. Auch erfolgte keine Änderung bzgl. der bisherigen produktseitigen, im Vertrieb gegenüber dem Anlegerpublikum auf Informationsverschaffung über Verkaufsprospekte setzenden Regulierung der Vermögensanlagen. Genussrechte und Namensschuldverschreibungen fielen nunmehr ausdrücklich unter den Begriff der Vermögensanlagen. Die Probleme in der Abgrenzung des Anwendungsbereichs konnten damit nicht gelöst werden[4]. Definitionen oder inhaltliche Klarstellungen erfolgten nicht, so dass es bei keiner anderen Möglichkeit verblieb, als eine Einordnung der Vermögensanlagen anhand von materiell bestimmten Leitbildern vorzunehmen[5]. Hinzugefügt wurde hingegen eine Legaldefinition des Begriffes des Emittenten in § 1 Abs. 3 VermAnlG[6]. Die Merkmale der Öffentlichkeit und des Inlandsbezuges für die Angebote an Vermögensanlagen wurde beibehalten.

4 Einschneidende Veränderungen in der Regulierung von Vermögensanlagen ergaben sich durch das Inkrafttreten des **Kapitalanlagegesetzbuches** (KAGB) zum 22.7.2013, welches das Kernelement des AIFM-Umsetzungsgesetzes[7] darstellt und auf der AIFM-Richtlinie[8] beruht. Die bisherige uneinheitliche Regulierung kollektiver Anlagemodelle und auf sie bezogener Dienstleistungen und Akteure wurde einer harmonisierten Regulierung und Aufsicht unterworfen. Hierdurch wurden kapitalsuchende Unternehmen im Hinblick auf alternative Finanzierungen jenseits von Banken und

---

1 Richtlinie 2014/65/EU des Europäischen Parlaments und des Rates vom 15.5.2014 über Märkte für Finanzinstrumente sowie zur Änderung der Richtlinien 2002/92/EG und 2011/61/EU, ABl. EU Nr. L 173 v. 12.6.2014, S. 349.
2 Vgl. Kommentierung zu § 2 WpPG Rz. 8 ff.
3 Begr RegE FinAnlVermAnlG, BT-Drucks. 17/6051, S. 32.
4 Vgl. Voraufl., § 8f VerkProspG Rz. 42–62.
5 *Maas* in Renz/Jäger/Maas, Compliance für geschlossene Fonds, S. 112.
6 Die Legaldefinition lässt sich auf die Begr. zur Vorgängernorm § 8f VerkProspG zurückführen, vgl. Begr. RegE AnSVG, BT-Drucks. 15/3174, S. 42.
7 Art. 1 des Gesetzes zur Umsetzung der Richtlinie 2011/61/EU über die Verwalter alternativer Investmentfonds (AIFM -Umsetzungsgesetz – AIFM-UmsG) vom 4.7.2013, BGBl. I 2013, S. 1981.
8 Richtlinie 2011/61/EU des Europäischen Parlaments und des Rates vom 8.6.2011 über die Verwalter alternativer Investmentfonds und zur Änderung der Richtlinien 2003/41/EG und 2009/65/EG und der Verordnungen (EG) Nr. 1060/2009 und (EU) Nr. 1095/2010, ABl. EU Nr. L 174, S. 1.

regulierten Kapitalmärkten mit umfangreichen aufsichtsrechtlichen Anforderungen konfrontiert, die in dieser Form bisher nicht bestanden[1].

Der sehr weit umschriebene, materiell über den Begriff des Investmentvermögens bestimmte **Anwendungsbereich des § 1 Abs. 1 KAGB** erfasst rechtsformunabhängig alle in der Vergangenheit als im Sinne eines Fonds verstandenen kollektiven Anlagemodelle, unabhängig davon, ob es sich um solche des offenen oder geschlossenen Typs handelt[2]. Beabsichtigt wurde eine grundsätzlich einheitliche Regelung[3]. Entsprechend werden die Regelungen zu offenen Publikums-AIF, wie zB zu Anlagebedingungen, Verkaufsprospekten und zu den wesentlichen Anlegerinformationen, auch für geschlossene Publikumsfonds Regelungen aufgestellt[4]. Die die geschlossenen Fonds betreffenden Regelungen aus dem Anwendungsbereich des Vermögensanlagengesetzes wurden aus diesem herausgenommen und angepasst. Im einleitenden Satzteil des § 1 Abs. 2 VermAnlG wurde der Vorrang der Anwendbarkeit des KAGB gegenüber den Bestimmungen des VermAnlG für iS des § 1 Abs. 1 KAGB ausgestaltete Anteile an Investmentvermögen eingefügt. Der Tatbestand § 1 Abs. 2 Nr. 3 VermAnlG wurde ersatzlos gestrichen. Mit dieser Änderung verfolgte der Gesetzgeber das Ziel, dass das VermAnlG künftig nur noch für solche gesellschaftsrechtlich, mitgliedschaftlich oder forderungsrechtlich strukturierten Vermögensanlagen Anwendung findet, die nicht von den neuen Bestimmungen des KAGB erfasst werden. Beispielhaft verwies der Gesetzgeber auf Genussrechte und Namensschuldverschreibungen[5].

5

Eine weitere umfassende Veränderung des Anwendungsbereichs des VermAnlG brachte das **Kleinanlegerschutzgesetz** mit sich[6]. Verschiedenste aufgetretene Missstände bei öffentlich angebotenen Vermögensanlagen nahm der Gesetzgeber zum Anlass, den Schutz der Anleger und die Transparenz vor dem Erwerb risikobehafteter Vermögensanlagen im sog. nicht regulierten „Grauen Kapitalmarkt" weiter zu erhöhen, um den Anleger das Vertrauen in das Marktsegment wieder zurückzugeben[7]. Zielsetzung war eine Schließung von Regelungslücken, die darauf beruhten, dass Anlageformen bestimmter Kapitalsammelstellen aufgrund ihrer Strukturierung von keiner Regelungsmaterie des Kapitalmarktrechts derart erfasst wurde, dass eine wirksame Information der Anleger über die Risiken der Anlage aufsichtsrechtlich durchgesetzt werden konnte[8]. So ergänzte der Gesetzgeber die bisherige enumerative Aufzählung der Vermögensanlagen. Über den Charakter von Regelbeispielen geht sie jedoch nicht mehr hinaus. Neben als partiarische Darlehen oder Nachrangdarlehen strukturierte Vermögensanlagen werden sämtliche wirtschaftlich vergleichbaren

6

---

1 *Graf zu Solms-Laubach/Mihova*, DStR 2015, 1872.
2 Begr. RegE AIFM-UmsG, BT-Drucks. 17/12229, S. 201.
3 Begr. RegE AIFM-UmsG, BT-Drucks. 17/12229, S. 191.
4 Begr. RegE AIFM-UmsG, BT-Drucks. 17/12229, S. 191.
5 Begr. RegE AIFM-UmsG, BT-Drucks. 17/12229, S. 310.
6 Kleinanlegerschutzgesetz vom 3.7.2015, BGBl. I 2015, S. 1114.
7 Begr. RegE Kleinanlegerschutzgesetz, BT-Drucks. 18/3994, S. 28.
8 *Buck-Heeb*, NJW 2015, 2535.

Vermögensanlagen in den Anwendungsbereich des Gesetzes miteinbezogen, sofern sie nicht als Einlagengeschäft im Sinne des Kreditwesengesetzes anzusehen sind[1].

Angepasst wurde im Übrigen die Definition des Emittenten nach § 1 Abs. 3 VermAnlG an den erweiterten Katalog der erfassten Vermögensanlagen nach § 1 Abs. 2 VermAnlG und an die ebenfalls neu eingefügte Regelung des § 10a Abs. 1 VermAnlG, der eine Verlängerung der Verpflichtungen des Emittenten unter dem Regelungsregime des VermAnlG vorsieht.

7 Im Rahmen des **1. FiMaNoG**[2] erfolgte eine Erweiterung des Anwendungsbereichs von § 1 Abs. 2 Nr. 7 VermAnlG, um Möglichkeiten der Umgehung bei der vertraglichen Strukturierung der Vermögensanlagen zu verhindern[3].

II. Regelungsgehalt

8 Der Anwendungsbereich des Gesetzes erstreckt sich nach § 1 Abs. 1 VermAnlG auf im Inland öffentlich angebotene **Vermögensanlagen**. Die im Gesetz enthaltenen Regelungen verfolgen für ein produktbezogen bestimmtes, abgegrenztes Marktsegment des Kapitalmarkts den Schutz des Anlegerpublikums durch Gewährleistung von Informationen[4].

9 Die Regelung des § 1 Abs. 2 VermAnlG bestimmt die **Nachrangigkeit der Anwendbarkeit des VermAnlG gegenüber anderen kapitalmarktrechtlichen Regulierungsmaterien**. Die im wesentlichen prospekt- und vertriebsbezogenen aufsichtsrechtlichen Regelungen des VermAnlG greifen bei den über das Gesetz erfassten alternativen Finanzierungsmodellen nur dann, wenn die Ausgestaltung der Rechtsbeziehung zwischen dem Anleger und die Art und Weise des Vertriebs den, gegenüber der Öffentlichkeit Kapital für die Finanzierung bestimmter Investitionen nachsuchenden Unternehmen nicht dem KAGB, dem WpPG oder dem KWG unterworfen ist. Des Weiteren enthält § 1 Abs. 2 VermAnlG einen Katalog von gesellschaftsrechtlich, mitgliedschaftlich oder forderungsrechtlich ausgestalteten Anlageformen.

10 Die Vorschrift des § 1 Abs. 3 VermAnlG enthält die Legaldefinition des **Emittenten**.

---

1 Begr. RegE Kleinanlegerschutzgesetz, BT-Drucks. 18/3994, 38; *Heisterhagen/Conreder*, DStR 2015, 1929.
2 Erstes Finanzmarktnovellierungsgesetz (1. FiMaNoG) vom 30.6.2016, BGBl. I 2016, S. 1514.
3 Zum Inkrafttreten am 31.12.2016 vgl. Art. 17 Abs. 2 1. FiMaNoG vom 30.6.2016, BGBl. I 2016, S. 1514.
4 *Zimmer*, JZ 2014, 714 (715).

III. Öffentliches Angebot im Inland

1. Öffentliches Angebot

Nach dem Wortlaut der Vorschrift ist der Anwendungsbereich des Gesetzes nur bei der **Vornahme eines öffentlichen Angebots** von Vermögensanlagen entsprechend der weiteren Voraussetzungen der Norm eröffnet. Historisch betrachtet konnte dem Begriff des öffentlichen Angebots bisher keine feste Kontur verliehen werden. Eine Konkretisierung des Begriffes scheiterte bereits bei den der Norm zu Grunde liegenden Beratungen zur Emissionsrichtlinie[1]. 11

Eine **Annäherung** an den Begriff des öffentliches Angebots gelingt, wenn man sich die **Zielsetzung einer Emission** für Vermögensanlagen iS des § 1 Abs. 2 VermAnlG vergegenwärtigt. Eine Emission bedeutet für den Emittenten die Möglichkeit der Durchführung von bestimmten unternehmerischen Projekten, die ohne die Allokation von weiteren Finanzmitteln nicht möglich oder nicht gewünscht ist. Die Einführung von Vermögensanlagen iS des § 1 Abs. 2 VermAnlG in den Kapitalmarkt bedeutet daher, dass der Anbieter zielgerichtet an Dritte als potentielle Erwerber der Vermögensanlage iS eines Kapitalgebers herantreten muss. Diese potentiellen Erwerber der Vermögensanlagen werden unter den Begriff des Anlegers gefasst[2]. Ein Anleger ist als Person zu definieren, die sich mittelbar oder unmittelbar durch Vermittlung des öffentlichen Kapitalmarktes an Unternehmen beteiligt[3]. 12

a) Begriff des Angebots

Das **öffentliche Anbieten** iS des § 1 Abs. 1 VermAnlG steht dem **zivilrechtlichen Begriff** des Angebots gemäß § 145 BGB nicht gleich. Der Schutzbereich des VermAnlG ist in Bezug auf Vermögensanlagen iS des § 1 Abs. 2 VermAnlG einem rechtsverbindlichen Angebot nach § 145 BGB vorgelagert[4]. Denn die Sicherstellung der Möglichkeit zur Information des Publikums über die Vermögensanlage und den Emittenten muss vor dem Erwerb der Beteiligung erreicht werden, damit der Anlageinteressent die Informationen zur Grundlage seiner Anlageentscheidung machen kann. Eine **Orientierung am Schutzzweck des** Gesetzes gebietet es daher, ein Angebot nicht erst im Antrag iS des § 145 BGB zu erblicken, sondern bereits bei einer Aufforderung des Anbieters zur Abgabe eines Kaufgebots (*invitatio ad offerendum*) an den Anlageinteressenten[5]. Vom Schutzzweck des Gesetzes ist jedoch nicht 13

---

1 Vgl. 7. Erwägungsgrund der Richtlinie 89/298/EWG vom 17.4.1989 zur Koordinierung der Bedingungen für die Erstellung, Kontrolle und Verbreitung des Prospektes, der im Falle öffentlicher Angebote von Wertpapieren zu veröffentlichen ist, ABl. EG Nr. L 124 v. 5.5.1989.
2 *Hahn*, Anlegerschutz, S. 23 ff.
3 *Hahn*, Anlegerschutz, S. 23 ff.
4 Vgl. Begr. RegE AnSVG, BT-Drucks. 15/3174 v. 24.5.2004, S. 42.
5 *Arndt/Bruchwitz* in Arndt/Voß, § 8f VerkProspG Rz. 86; *Krämer* in Heidel, Aktienrecht und Kapitalmarktrecht, § 8f VerkProspG Rz. 5; zum alten Recht: *Ritz* in Assmann/Lenz/Ritz, § 1 VerkProspG Rz. 25; Ziff. I. 2. der Bekanntmachung des BAWe vom 6.9.1999 zum Wertpapier-Verkaufsprospektgesetz (Verkaufsprospektgesetz) in der Fassung der Bekannt-

umfasst, wenn der Anleger sich in Eigeninitiative an den Anbieter wendet[1]. Denn das Gesetz geht von der zielgerichteten Ansprache des Anlegerpublikums durch den Anbieter aus. Die Initiative des Anlegers ist dem Anbieter jedoch dann zurechenbar, wenn er durch entsprechende Maßnahmen, wie zB Werbung, Anlagewünsche provoziert hat und diesen auf Nachfrage auch nachkommt[2].

14 Erforderlich ist eine **konkrete Möglichkeit zum Erwerb** der Vermögensanlage. Der Anleger muss also in der Lage sein, einen rechtsverbindlichen Vertrag über den Erwerb der Beteiligung iS des § 1 Abs. 2 VermAnlG eingehen zu können (vgl. im Einzelnen § 2 WpPG Rz. 58 ff.). Das Gesetz unterscheidet selbst zwischen Angebot und bloßer Werbung für ein solches, § 12 VermAnlG.

15 Der **Beginn eines Angebots** ist daher stets in dem Zeitpunkt zu erblicken, in dem die vom Anleger ergriffenen Maßnahmen ohne eine weitere notwendige Handlung seinerseits zu einem Erwerb der Beteiligung führen. Das bedeutet, dass der Anbieter der Vermögensanlage das Angebot des Anlegers durch einseitige Erklärung annehmen kann[3]. Daher ist es für das Bestehen einer Prospektpflicht ohne Bedeutung, ob das betreffende Angebot erfolgreich ist oder nach seinem Beginn wieder zurückgezogen wird[4].

16 Zu den prospektpflichtigen Angeboten sind folgende **Einzelfälle** der Vertragsgestaltung über den Erwerb der Vermögensanlage zu rechnen: ein verbindlicher Vorvertrag, der ohne weitere Rechtshandlung des Anlegers in den Erwerb der Vermögensanlage mündet; ein mit Widerrufsvorbehalt ausgestatteter Kaufvertrag über die Vermögensanlage; der Abschluss eines Darlehensvertrages, der als Rückzahlung Anteile an Vermögensanlagen beinhaltet, oder ein aufschiebend bedingter Kaufvertrag über eine Vermögensanlage[5].

17 Des Weiteren sind detaillierte **Hinweise in elektronischen Informationsmedien**, die in Verbindung mit einer konkreten Möglichkeit zum Erwerb einer Vermögensanlage stehen, als öffentliches Angebot zu bewerten, wobei es ausreicht, dass von einer Internetseite mit allgemeinen Informationen über die Vermögensanlage auf eine andere Internetseite mit entsprechenden konkreten Zeichnungsunterlagen oder -modalitäten weitergeleitet wird[6].

18 **Kein Angebot** besteht: in der bloßen Aufforderung oder Möglichkeit einer Registrierung an das Publikum beim Anbieter einer bevorstehenden Emission ohne rechtsverbindlichen Charakter in Hinblick auf die Beteiligung; in der bloßen Verbreitung von

---

machung vom 9.9.1998 (BGBl. I 1998, S. 2701 ff.) und zur Verordnung über Wertpapier-Verkaufsprospekte (Verkaufsprospekt-Verordnung) in der Fassung der Bekanntmachung vom 9.9.1998 (BGBl. I 1998, S. 2835 ff.), BAnz. Nr. 177 v. 21.9.1999, S. 16180.

1 *Ritz* in Assmann/Lenz/Ritz, § 1 VerkProspG Rz. 64.
2 *Ritz* in Assmann/Lenz/Ritz, § 1 VerkProspG Rz. 64.
3 *Ritz* in Assmann/Lenz/Ritz, § 1 VerkProspG Rz. 27; *Hamann* in Schäfer, § 1 VerkProspG Rz. 6; *Arndt/Bruchwitz* in Arndt/Voß, § 8f VerkProspG Rz. 10, 12.
4 *Grimme/Ritz*, WM 1998, 2091 (2095).
5 *Ritz* in Assmann/Lenz/Ritz, § 1 VerkProspG Rz. 28 ff.
6 *Ritz* in Assmann/Lenz/Ritz, § 1 VerkProspG Rz. 35, 58.

allgemein gehaltenen Informationen, zB als redaktionelle Beiträge in Form von Nachrichten, Interviews unabhängig vom Medium, über die Vermögensanlage ohne Hinweis auf die Erwerbsmodalitäten bzw. Kontaktadressen[1]; in der bloßen Verwendung von Hyperlinks auf andere Internetseiten, die ein Angebot enthalten[2], und ebenfalls nicht in der Abgabe von Geschäftsberichten, allgemein gehaltener Informationen bei Unternehmenspräsentationen ohne werbenden Charakter und der Veröffentlichung von Anzeigen über erfolgreich abgeschlossene Emissionen[3].

b) Öffentlich

Der Begriff „öffentlich" beschreibt eine **Qualifikation des Adressatenkreises** bei der Vornahme eines Angebots von Vermögensanlagen. Denn die Zielrichtung des Angebots an außerhalb des Emittenten stehende potentielle Anleger ist bereits durch den Begriff des Angebots erfasst[4]. Der Begriff der Öffentlichkeit beinhaltet die Ansprache eines allgemeinen und unbestimmten Personenkreises. Die öffentliche Ansprache umfasst dabei jedes Anbieten oder jede Werbung, die sich über ein beliebiges Medium zielgerichtet an einen unbestimmten Personenkreis wendet, ein Kaufangebot abzugeben[5]. Nach dem Willen des Gesetzgebers ist somit die Art und Weise eines Angebots einer Vermögensanlage entscheidend für die Abgrenzung eines „öffentlichen" von einem „nicht öffentlichen" Angebot. Im Schrifttum wird zusätzlich der **Schutzzweck** des Verkaufsprospektgesetzes als Abgrenzungskriterium herangezogen[6]. Ein nicht öffentliches Angebot soll sich danach bemessen, ob der Anleger bereits auf Grund der Kenntnis oder der leichten Erlangung der notwendigen, von ihm auch bewertbaren Informationen für seine Anlageentscheidung den vom VermAnlG beabsichtigten Schutzes nicht bedarf[7]. Dem Anleger müssen also Informationen zur Verfügung stehen, die vom Umfang und der Qualität her den Angaben in einem Verkaufsprospekt nach dem VermAnlG genügen[8].

Ein **über das Internet verbreitetes Angebot** verliert daher seine Eigenschaft als öffentlich nicht allein dadurch, dass der Zugang zu der Internetseite mittels eines Kennwortes oder einer PIN beschränkt wird, sofern jeder, der das Anmeldeverfahren durchläuft, das Kennwort erhalten kann[9]. Treten jedoch Merkmale hinzu, die

---

1 *Ritz* in Assmann/Lenz/Ritz, § 1 VerkProspG Rz. 34, 64.
2 *Assmann* in FS Schütze, 1999, S. 15 (37).
3 *Ritz* in Assmann/Lenz/Ritz, § 1 VerkProspG Rz. 60, 62 f.
4 *Hüffer*, Das Wertpapier-Verkaufsprospektgesetz, S. 19.
5 Begr. RegE AnSVG, BT-Drucks. 15/3174 v. 24.5.2004, S. 42.
6 Vgl. zum dogmatischen Streit um das Verhältnis der Vorgängervorschriften zu §§ 1 und 2 VermAnlG in Gestalt von § 8f Abs. 1 und Abs. 2 VerkProspG: Voraufl., § 8f VerkProspG Rz. 118 ff.
7 Vgl. *Arndt/Bruchwitz* in Arndt/Voß, § 8f VerkProspG Rz. 17; *Ritz* in Assmann/Lenz/Ritz, § 1 VerkProspG Rz. 46; *Hamann* in Schäfer, § 1 VerkProspG Rz. 13; *Hüffer*, Das Wertpapier-Verkaufsprospektgesetz, S. 19. Kritisch *Kullmann/Müller-Deku*, WM 1996, 1989 (1992).
8 *Hüffer*, Das Wertpapier-Verkaufsprospektgesetz, S. 25.
9 *Ritz* in Assmann/Lenz/Ritz, § 1 VerkProspG Rz. 75.

einem Ausnahmetatbestand nach § 2 VermAnlG zugeordnet werden können, kann die Prospektpflicht wiederum entfallen.

21 Im Übrigen ist von einem grundsätzlichen **Gleichklang** des Verständnisses eines öffentlichen Angebots zwischen dem **Wertpapierprospektgesetz und dem Vermögensanlagengesetz** auszugehen, da die Definition des öffentlichen Angebots durch den Gesetzgeber im Rahmen der Begründung zum Anlegerschutzverbesserungsgesetz[1] weitestgehend mit der Definition in § 2 Nr. 4 WpPG übereinstimmt. Im Wesentlichen kann daher auf die Kommentierung des öffentlichen Angebots im Rahmen des WpPG verwiesen werden (vgl. § 2 WpPG Rz. 32 ff.).

c) Zusammenfassung

22 Das Vorliegen eines öffentlichen Angebots bemisst sich nach den Kriterien der konkreten Zeichnungsmöglichkeit für den Anleger, einer zielgerichteten Ansprache des Anlegers durch die Schaffung einer Anlagestimmung mittels Werbemaßnahmen sowie dem Erfordernis der Aufklärung des angesprochenen Personenkreises mittels eines Verkaufsprospekts zum Ausgleich eines Informationsdefizits beim Anleger über die angebotenen Vermögensanlagen und den entsprechenden Emittenten[2].

2. Inlandsbezug

23 Der Anwendungsbereich des VermAnlG ist örtlich beschränkt. Er ist **allein bei Angeboten im Inland** eröffnet. Die Abfassung eines Verkaufsprospekts in einer Fremdsprache für eine bestimmte Personengruppe im Inland hindert daher die Annahme eines öffentlichen Angebots für eine Vermögensanlage iS des § 1 Abs. 2 VermAnlG nicht (vgl. auch § 2 VermVerkProspV Rz. 23 ff.). Die Ansprache deutscher Anleger im Ausland fällt dagegen nicht in den Regelungsbereich.

a) Internet

24 Die zunehmende Verbreitung **elektronischer Kommunikationswege**, wobei hier im Besonderen das Internet hervorzuheben ist, lässt die den Anwendungsbereich des Gesetzes kennzeichnende, geographisch festgelegte Grenze verschwimmen. Ein öffentliches Angebot einer Vermögensanlage bzw. die elektronische Vorhaltung der Unterlagen kann von jedem beliebigen Server von jedem beliebigen Staat aus erfolgen. Ein **Inlandsbezug** des Angebots einer Beteiligung besteht regelmäßig dann, wenn das Angebot an das Publikum im Geltungsbereich des VermAnlG gerichtet ist[3]. Der Bezug zum Inland lässt sich aus Indizien herleiten. Dazu zählen, neben der Verwen-

---

1 Begr. RegE AnSVG, BT-Drucks. 15/3174 v. 24.5.2004, S. 42.
2 *Arndt/Bruchwitz* in Arndt/Voß, § 8f VerkProspG Rz. 18; *Ritz* in Assmann/Lenz/Ritz, § 1 VerkProspG Rz. 48; eventuell sind im Rahmen des Angebots landesspezifische Regelungen zu beachten, vgl. zB § 5 Gesetz über die Beteiligung von Bürgerinnen und Bürgern sowie Gemeinden an Windparks in Mecklenburg-Vorpommern (Bürger- und Gemeindenbeteiligungsgesetz – BüGembeteilG M-V) vom 18.5.2016, GVOBl. M-V 2016, S. 258.
3 Sog. Zielmarktkonzept; vgl. *Assmann* in FS Schütze, 1999, S. 15 (27 ff.).

dung der deutschen Sprache und dem Hinweis auf im Inland ansässige Ansprechpartner, Abwicklungs- und Zahlstellen oder sonstige Treuhänder, vor allem Bezüge auf die rechtliche Ausgestaltung der Vermögensanlage, die sich an deutschem Recht orientieren, wie zB Hinweise auf steuerliche Regelungen in Deutschland oder eine Beteiligung an einem Gebilde in einer Rechtsform des HGB usw. Die Staatsbürgerschaft des angesprochenen Anlegers scheidet als Abgrenzungskriterium aus. Entscheidend ist allein die Ansprache von potentiellen, im Inland ansässigen Anlegern[1].

Soll sich das **Angebot nicht an in Deutschland befindliche Personen richten**, muss dies eindeutig aus dem Hinweis (sog. **Disclaimer**) hervorgehen[2]. Die Gestaltung als positiver oder negativer Hinweis ist ohne Belang[3]. Zusätzlich sind auch interne, organisatorische Vorkehrungen des Anbieters möglich, den Erwerb durch in Deutschland befindliche Personen zu verhindern, zB durch die Verweigerung der Annahme von Zeichnungsunterlagen oder Zahlungen oder technische Vorkehrungen in Bezug auf den Erhalt von Informationen über das Angebot[4]. 25

b) Ausländische Zeitungen

Werden Angebote von Vermögensanlagen in ausländischen, in Deutschland erhältlichen **Druckwerken** veröffentlicht, wie zB Zeitschriften, bemisst sich das Vorliegen eines Angebots nach dem VermAnlG ebenfalls nach der Zielmarktorientierung des Angebots. Das Angebot ist daher nur dann den Regelungen des VermAnlG zu unterwerfen, wenn zielgerichtet Anleger in Deutschland angesprochen werden[5]. Grundsätzlich sind die gleichen Indizien wie im Rahmen eines Internetangebots heranzuziehen. Bei einer ausschließlichen Orientierung des Druckwerkes an Ausländer entscheiden die Gegebenheiten des Einzelfalls[6]. 26

IV. Abgrenzung zu anderen Regelungsmaterien

Die Vermögensanlagen dürfen sich nicht als in Wertpapieren iS des **Wertpapierprospektgesetzes** verbrieft, nicht als Anteile an Investmentvermögen iS des § 1 Abs. 1 des **Kapitalanlagegesetzbuchs** ausgestaltete sowie nicht als Einlagengeschäft iS des § 1 Abs. 1 Satz 2 Nr. 1 des **Kreditwesengesetzes** zu qualifizierende Kapitalanlagen darstellen, § 1 Abs. 2 VermAnlG. 27

---

1 *Ritz* in Assmann/Lenz/Ritz, § 1 VerkProspG Rz. 70 f.; *Assmann* in FS Schütze, 1999, S. 15 (27 ff.).
2 Vgl. bereits Ziff. I. 2. b) der Bekanntmachung des BAWe vom 6.9.1999 zum Wertpapier-Verkaufsprospektgesetz (Verkaufsprospektgesetz) in der Fassung der Bekanntmachung vom 9.9.1998 (BGBl. I 1998, S. 2701 ff.) und zur Verordnung über Wertpapier-Verkaufsprospekte (Verkaufsprospekt-Verordnung) in der Fassung der Bekanntmachung vom 9.9.1998 (BGBl. I 1998, S. 2835 ff.), BAnz. Nr. 177 v. 21.9.1999, S. 16180.
3 *Assmann* in FS Schütze, 1999, S. 15 (30).
4 *Lenz/Ritz*, WM 2000, 904 (906).
5 Vgl. *Ritz* in Assmann/Lenz/Ritz, § 1 VerkProspG Rz. 76 ff.
6 Vgl. *Ritz* in Assmann/Lenz/Ritz, § 1 VerkProspG Rz. 78.

28 Der vorzunehmenden Abgrenzung liegen mehrere Betrachtungsebenen zugrunde. Das KWG und das KAGB regulieren vorrangig den Betrieb eines **aufsichtsrechtlich relevanten Organismus** (zB Kreditinstitut oder Fonds) als Gesamtheit, insbesondere mit einem Fokus auf Rechtsform und die Art des Vertriebs der Anlagen[1]. Demgegenüber legt das WpPG primär vorrangige Prospektierungs- und Vertriebsanforderungen für die Anbieter von Wertpapieren fest.

1. Nicht in Wertpapieren iS des WpPG verbriefte Vermögensanlagen

29 Das VermAnlG bestimmt, dass das Gesetz nur dann zur Anwendung gelangt, wenn, sofern kein Investmentvermögen iS des § 1 Abs. 1 Satz 1 KAGB gegeben ist, keine iS des WpPG verbrieften Anteile öffentlich angeboten werden. Die **Abgrenzung der Anwendungsbereiche** des VermAnlG zum WpPG richtet sich damit nach dem Wertpapierbegriff des WpPG. Wertpapiere iS des WpPG bestimmen sich nach der Definition des § 2 Nr. 1 WpPG (vgl. § 2 WpPG Rz. 8 ff.).

30 Die auf die Umsetzung der Finanzmarktrichtlinie (MiFID)[2] durch das Finanzmarktrichtlinie-Umsetzungsgesetz (FRUG) vom 16.7.2007 (siehe oben Rz. 1) zurückgehende Modifikation des Wertpapierbegriffs des Wertpapierhandelsgesetzes (WpHG) warf die Frage auf, ob auch Anteile an **Vermögensanlagen iS des § 1 Abs. 2 VermAnlG** diesem Wertpapierbegriff zu unterwerfen sind.

31 Die Vorgabe für die Bestimmung des **Wertpapierbegriffs im Rahmen des WpPG** ergibt sich aus Art. 4 Abs. 1 Nr. 18 der **Finanzmarktrichtlinie** *(Art. 4 Abs. 1 Nr. 44 iVm Art. 94 MiFID II[3])*. Danach erfolgte die Begriffsbestimmung des Wertpapiers für den Anwendungsbereich des Wertpapierprospektrechts anhand derjenigen übertragbaren Wertpapiere, welche Art. 1 Abs. 4 der Wertpapierdienstleistungsrichtlinie mit Ausnahme von Geldmarktinstrumenten iS von Art. 1 Abs. 5 der Wertpapierdienstleistungsrichtlinie mit einer Laufzeit von weniger als zwölf Monaten umschreibt. Über Art. 69 der MiFID *(Art. 94 MiFID II)* wurde dieser ursprüngliche Verweis der Prospektrichtlinie auf die entsprechenden Regelungen der MiFID *(MiFID II)* umgeleitet[4]. Der Anwendungsbereich des WpPG konkretisiert sich daher auf der Grundlage des Wertpapierbegriffes anhand in der EU-Richtlinie enthaltenen Regelungen. Eine Ausnahme ergibt sich bei Geldmarktinstrumenten. Diese zählen bei einer Laufzeit von weniger als zwölf Monaten nicht zu den Wertpapieren (Art. 2 Abs. 1 lit. a der

---

1 *Graf zu Solms-Laubach/Mihova*, DStR 2015, 1872.
2 Richtlinie 2004/39/EG vom 21.4.2004 über Märkte für Finanzinstrumente, zur Änderung der Richtlinien 85/611/EWG und 93/6/EWG des Rates und der Richtlinie 2000/12/EG des Europäischen Parlaments und des Rates und zur Aufhebung der Richtlinie 93/22/EWG des Rates, ABl. EU Nr. L 145 v. 30.4.2004, S. 1.
3 Richtlinie 2014/65/EU des Europäischen Parlaments und des Rates vom 15.5.2014 über Märkte für Finanzinstrumente sowie zur Änderung der Richtlinien 2002/92/EG und 2011/61/EU, ABl. EU Nr. L 173 v. 12.6.2014, S. 349; Inkrafttreten zum 3.1.2018 aufgrund Art. 94 der Richtlinie 2014/65/EU, geändert durch: Richtlinie (EU) 2016/1034 des Europäischen Parlaments und des Rates vom 23.6.2016 zur Änderung der Richtlinie 2014/65/EU über Märkte für Finanzinstrumente, ABl. EU Nr. L 175 v. 30.6.2016, S. 8.
4 Vgl. Begr. RegE Prospektrichtlinie-Umsetzungsgesetz, BT-Drucks. 15/4999, S. 28.

Prospektrichtlinie). Denn diese spezielle Regelung der Prospektrichtlinie wird durch den Wertpapierbegriff der MiFID *(MiFID II)* nicht verdrängt[1].

Die **Zuordnung von Anteilen an Vermögensanlagen als Wertpapiere iS der MiFID** 32 *(MiFID II)* ist an die Voraussetzungen der Vergleichbarkeit der Eigenschaften dieser Anteile mit den Eigenschaften von Aktien als Referenzgröße, mit der möglichen Übertragbarkeit nach sachenrechtlichen Grundsätzen unter Ermöglichung des gutgläubigen Erwerbs und einem hohen Maß an Standardisierung des verbrieften Mitgliedschaftsrechts verknüpft[2].

Nach dem Willen des deutschen Gesetzgebers fehlt es Anteilen von Vermögensanla- 33 gen an der Qualität als Wertpapier. Die Umsetzung von Art. 4 Abs. 1 Nr. 18 lit. a der MiFID *(ab 3.1.2018: Art. 4 Abs. 1 Nr. 44 lit a der MiFID II)* erfolgt über § 2 Abs. 1 Satz 1 WpHG. Danach sind Wertpapiere iS des Gesetzes insbesondere nach Nr. 1 „Aktien" und nach Nr. 2 „andere Anteile an Personengesellschaften, soweit sie Aktien vergleichbar sind"[3]. Die **Vergleichbarkeit mit Aktien** sei dann gegeben, wenn die Kriterien der Übertragbarkeit, der Standardisierung und der Handelbarkeit derjenigen von Aktien entsprechen. Die Vergleichbarkeit mit einer Aktie erfordere neben der Verbriefung zumindest eine Verkörperung in einer Art und Weise, die eine Anwendung der Vorschriften über den gutgläubigen Erwerb möglich mache. Der Eigentumswechsel im Wege der Zession reicht dafür nicht aus. Anteile an Vermögensanlagen können mangels Vergleichbarkeit mit Aktien, einer mangelnden Standardisierung und grundsätzlich mangelnden Geeignetheit für einen Handel am Kapitalmarkt, nicht zu den Anteilen iS des § 2 Abs. 1 Satz 1 Nr. 2 WpHG gerechnet werden[4].

Diese Position des Gesetzgebers ist **in der Praxis angegriffen** worden. Danach habe 34 die Einbeziehung des gutgläubigen Erwerbs als Unterscheidungskriterium keine praktische Bedeutung. Der Wertpapierbegriff müsse nach europarechtlichen Maßstäben ausgelegt werden und richte sich nach einem marktbezogenen Verständnis der tatsächlichen Handelbarkeit, die auch bei Anteilen an Vermögensanlagen bereits vorliege[5].

Andere **Teile des Schrifttums folgen der Auffassung des deutschen Gesetzgebers.** 35 Dem ist **zuzustimmen**. Zwar lassen Anteile an Vermögensanlagen, soweit sie Anteile an Personengesellschaften darstellen, unter dem Aspekt der Rechtsform eine Einordnung unter dem Begriff des Wertpapiers nach der MiFID *(MiFID II)* zu[6]. Denn

---

1 Begr. RegE Prospektrichtlinie-Umsetzungsgesetz, BT-Drucks. 15/4999, S. 28.
2 *Sester*, ZBB 2008, 369 (372).
3 Vgl. Gesetzesbeschluss, BR-Drucks. 247/07, S. 2.
4 Begr. RegE FRUG, BT-Drucks. 16/4028 v. 12.1.2007, S. 54.
5 *Handelsrechtsausschuss des Deutschen Anwaltvereins*, NZG 2006, 935; *Möllers/Weicherts/ Wenninger*, Schriftliche Stellungnahme zur öffentlichen Anhörung in Berlin am 7.3.2007 zum Gesetzesentwurf der Bundesregierung BT-Drucks. 16/4028, 16/4037, S. 6 ff., abrufbar unter: http://www.kapitalmarktrecht-im-internet.eu/de/Rechtsgebiete/Kapitalmarktrecht/Ar tikelgesetze/3/FRUG.htm.
6 *Sester*, ZBB 2008, 369 (374 f.); *Voß*, BKR 2007, 45 (48).

der europäische Gesetzgeber wollte mit der MiFID *(MiFID II)* allgemein Handelsgesellschaften mit einer kapitalistischen Struktur erfassen, ohne dies auf den Aspekt der Haftungsbeschränkung des Gesellschaftsvermögens einzuengen[1]. Anteile an Vermögensanlagen stellen jedoch keine eigene, ähnlich wie Aktien oder Anleihen standardisierte *Asset*-Klasse dar, deren Handelsvolumen und Umschlaghäufigkeit im Zweitmarkt ausreichend hoch sind[2]. Denn Handelbarkeit iS der MiFID *(MiFID II)* kann nicht allein auf die rechtstechnische Übertragbarkeit festgelegt werden, sondern es muss eine Vergleichbarkeit mit traditionellen Finanzinstrumenten herstellbar sein, die sich auf Grund ihrer Standardisierung und Gleichförmigkeit für den massenhaften und daher einem einer qualitätsbezogenen Abwicklung zu unterwerfenden Handel eignen[3]. Diese Vergleichbarkeit ist bei dem Handel von Anteilen an Vermögensanlagen nicht gegeben. Es fehlt an einer ausreichenden Standardisierung[4]. Die Änderung des Gesellschafterkreises auf Grund einer Übertragung eines Gesellschafteranteils (Mitgliedschaft) im Wege der Abtretung (§§ 413, 398 BGB) bedarf als Grundlagengeschäft einer Personengesellschaft dem Erfordernis der Zustimmung der Mitgesellschafter[5]. Eine Handelbarkeit von Anteilen ist beseitigt, wenn durch ein Zustimmungserfordernis im Rahmen der Übertragung eines Finanzinstruments eine Behinderung des Marktes ausgelöst wird[6]. Die für den Handel am Zweitmarkt fehlende generelle, sondern allein auf eine konkrete, bereits angebahnte Transaktion erteilte Zustimmung zu einer Übertragung eines Anteils an einem Geschlossenen Fonds stellt eine solche Behinderung des Marktes dar[7]. Weitere Merkmale einer fehlenden Standardisierung ergeben sich aus den folgenden Anhaltspunkten: Die in den Einzelheiten regelmäßig voneinander abweichende Ausgestaltung der Gesellschaftsverträge führt zu unterschiedlichen Rechten und Pflichten, die mit dem Anteil an der jeweiligen Vermögensanlage verbunden sind[8]. Des Weiteren führt die Bestimmung der Anteile nach der Beteiligungshöhe abweichend von der festgelegten Mindestbeteiligungssumme zu einer Verschiedenheit der Anteile sowohl an dem gleichen, als auch in Hinblick auf andere Vermögensanlagen[9]. Anfänglich gleiche Beteiligungshöhen können sich auf Grund der verschiedenen pro Anteil geführten Konten (zB Kapital-, Entnahme- oder Verlustkonten) sowie unterschiedlicher steuerlicher Gegebenheiten im Verlauf der Beteiligung unterschiedlich entwickeln[10].

---

1 *Sester*, ZBB 2008, 369 (374).
2 *Sester*, ZBB 2008, 369 (375).
3 Erwägungsgrund 4 und 5 der Finanzmarktrichtlinie (MiFID), siehe oben Rz. 31.
4 *Sester*, ZBB 2008, 369 (379); *Voß*, BKR 2007, 45 (53).
5 *Hopt* in Baumbach/Hopt, § 105 HGB Rz. 70.
6 CESR's Technical Advice on Possible Implementing Measures of the Directive 2004/39/EC on Markets in Financial Instruments, CESR/05-290b, BOX 25, S. 84; siehe dazu *Voß*, BKR 2007, 45 (48).
7 *Sester*, ZBB 2008, 369 (378).
8 *Sester*, ZBB 2008, 369 (378); *Voß*, BKR 2007, 45 (51, 53).
9 *Voß*, BKR 2007, 45 (51).
10 *Sester*, ZBB 2008, 369 (379).

2. Nicht als Anteile an Investmentvermögen iS des § 1 Abs. 1 KAGB ausgestaltete Vermögensanlagen

Keine Vermögensanlagen iS VermAnlG stellen Anteile an Investmentvermögen iS des KAGB dar. Der **Anwendungsbereich des KAGB** richtet sich nach der Definition des § 1 Abs. 1 KAGB. Diese stellt den Anknüpfungspunkt zur Umsetzung des Ziels dar, mit dem KAGB ein in sich geschlossenes Regelwerk sowohl für die Regulierung der Manager von Investmentvermögen in Gestalt von OGAW und AIF als auch für die Regulierung und Beaufsichtigung von offenen und geschlossenen Investmentfonds einschließlich der von ihnen angebotenen Produkte zu schaffen[1]. Ein materieller Charakter kommt der Definition insoweit zu, als sie den Kreis der vom KAGB abschließend erfassten Anlagevehikel und Anlageprodukte bestimmt[2]. Allerdings schließt dies nicht aus, dass weitere Investmentvehikel bestehen, die trotz der dem Anleger eröffneten Möglichkeiten einer indirekten Investition, nicht vom Anwendungsbereich des KAGB erfasst werden. Es bedarf in Einzelfällen einer teleologischen Reduktion[3]. Der Vielfalt der wirtschaftlichen Realitäten ist Rechnung zu tragen und operative Gesellschaften mit unternehmerischer Tätigkeit von gesellschaftsrechtlich organisierten Anlageinstrumenten bzw. Investmentgesellschaften im Rahmen einer Gesamtbetrachtung im Einzelfall abzugrenzen[4]. 36

Danach gilt als **Investmentvermögen** „jeder Organismus für gemeinsame Anlagen, der von einer Anzahl Anleger Kapital einsammelt, um es gemäß einer festgelegten Anlagestrategie zum Nutzen dieser Anleger zu investieren und der kein operativ tätiges Unternehmen außerhalb des Finanzsektors ist". Die Voraussetzungen sind kumulativ zu erfüllen. 37

a) Organismus für gemeinsame Anlagen

Ein Organismus für gemeinsame Anlagen erfasst jedes rechtlich oder wirtschaftlich (zB durch einen getrennten Rechnungskreis) **verselbständigte Vermögen in Form einer separaten Vermögensmasse**, in der das externe, von den Investoren eingesammelte Kapital zu Zwecken der gemeinsamen Ertragserzielung unter Eingehung gemeinschaftlicher Risiken durch das Kaufen, Halten und Verwalten von Vermögensgegenständen gebündelt wird, ohne dass den Investoren Möglichkeiten einer alltäglichen Einflussnahme auf die Anlagetätigkeit zustehen[5]. Erfolgt durch die Anleger eine eigene Vermögensverwaltung, schließt das die Anwendbarkeit des KAGB 38

---

1 *Assmann* in Assmann/Schütze, Handbuch des Kapitalanlagerechts, § 5 Rz. 345.
2 *Assmann* in Assmann/Schütze, Handbuch des Kapitalanlagerechts, § 5 Rz. 345.
3 *Merkt*, BB 2013, 1986 (1987).
4 Schweizer Bundesgericht v. 5.11.2010 – 2 C_571/2009.
5 *Elser* in Beckmann/Scholtz/Vollmer, Investment, vor 420 Rz. 20; BaFin, Auslegungsschreiben zum Anwendungsbereich des KAGB und zum Begriff des „Investmentvermögens" v. 14.6.2013, zuletzt geändert am 9.3.2015, Gz. Q 31-Wp 2137-2013/0006, Ziff. I. 1., abrufbar unter: https://www.bafin.de/SharedDocs/Veroeffentlichungen/DE/Auslegungsentscheidung/WA/ae_130614_Anwendungsber_KAGB_begriff_invvermoegen.html; jeweils Bezug nehmend auf: ESMA/2013/611, S. 6; siehe insbesondere die Definition zu „Gemeinschaftsrendite" auf S. 3 f.

aus[1]. Wie weitreichend der Umfang der Einräumung von Ermessens- und Kontrollbefugnissen der Gesellschafter sein muss, ist wertend zu ermitteln[2]. Die Rechtsform und -struktur des Investmentvermögens sowie die Art der Beteiligung der Anleger an dem Vermögen sind grundsätzlich unbeachtlich. Rechtsformbezogene Grundlagen können auf Vertrag, Satzung oder sonstiger Form beruhen. In Betracht kommen Rechtsformen in Gestalt zB einer Kapitalgesellschaft, einer Personengesellschaft oder einer Gesellschaft bürgerlichen Rechts. Die Beteiligung des Anlegers kann gesellschaftsrechtlich, mitgliedschaftlich oder schuldrechtlicher Natur sein. Es kann sich zB um stille Beteiligungen, Genussrechte oder Schuldverschreibungen handeln[3].

39 Das Merkmal der **gemeinsamen Anlage** setzt eine Beteiligung des Anlegers an den Chancen und Risiken des Organismus voraus, welche unabhängig von einer eventuell vertraglich gestalteten Begrenzung über die erfolgsbezogene Wertentwicklung der verwalteten Vermögensgegenstände vermittelt wird[4]. Diese Bedingung wird **erfüllt** bei: einer aufgrund einer gesellschaftsvertraglichen Verpflichtung zur Erbringung des Eigenkapitals der Gesellschaft geleisteten Gesellschaftereinlage[5], bei einer Ausgestaltung einer stillen Beteiligung in Form einer Gewinn- und Verlustbeteiligung des stillen Gesellschafters[6], trotz Abgabe einer Mindestzahlungszusage gegenüber dem Anleger aufgrund der nur sekundären Verpflichtung der Kapitalverwaltungsgesellschaft zur Deckung eines Unterschiedsbetrages, ebenso bei der Verfolgung einer den Investitionsbetrag des Anlegers sicher erhaltenden Anlagestrategie. Die Bedin-

---

1 Zweifelnd *Graf zu Solms-Laubach/Mihova*, DStR 2015, 1872 (1875).
2 Vgl. in Bezug auf Investmentclubs: BaFin, Auslegungsschreiben zum Anwendungsbereich des KAGB und zum Begriff des „Investmentvermögens" v. 14.6.2013, zuletzt geändert am 9.3.2015, Gz. Q 31-Wp 2137-2013/0006, Ziff. I. 3. b), abrufbar unter: https://www.bafin.de/SharedDocs/Veroeffentlichungen/DE/Auslegungsentscheidung/WA/ae_130614_Anwendungsber_KAGB_begriff_invvermoegen.html.
3 BaFin, Auslegungsschreiben zum Anwendungsbereich des KAGB und zum Begriff des „Investmentvermögens" v. 14.6.2013, zuletzt geändert am 9.3.2015, Gz. Q 31-Wp 2137-2013/0006, Ziff. I. 1., abrufbar unter: https://www.bafin.de/SharedDocs/Veroeffentlichungen/DE/Auslegungsentscheidung/WA/ae_130614_Anwendungsber_KAGB_begriff_invvermoegen.html.
4 BaFin, Auslegungsschreiben zum Anwendungsbereich des KAGB und zum Begriff des „Investmentvermögens" v. 14.6.2013, zuletzt geändert am 9.3.2015, Gz. Q 31-Wp 2137-2013/0006, Ziff. I 1., abrufbar unter: https://www.bafin.de/SharedDocs/Veroeffentlichungen/DE/Auslegungsentscheidung/WA/ae_130614_Anwendungsber_KAGB_begriff_invvermoegen.html.
5 BaFin, Auslegungsschreiben zum Anwendungsbereich des KAGB und zum Begriff des „Investmentvermögens" v. 14.6.2013, zuletzt geändert am 9.3.2015, Gz. Q 31-Wp 2137-2013/0006, Ziff. I. 2. a), abrufbar unter: https://www.bafin.de/SharedDocs/Veroeffentlichungen/DE/Auslegungsentscheidung/WA/ae_130614_Anwendungsber_KAGB_begriff_invvermoegen.html.
6 BaFin, Auslegungsschreiben zum Anwendungsbereich des KAGB und zum Begriff des „Investmentvermögens" v. 14.6.2013, zuletzt geändert am 9.3.2015, Gz. Q 31-Wp 2137-2013/0006, Ziff. I, 2. a), abrufbar unter: https://www.bafin.de/SharedDocs/Veroeffentlichungen/DE/Auslegungsentscheidung/WA/ae_130614_Anwendungsber_KAGB_begriff_invvermoegen.html.

gung wird **nicht erfüllt** bei: einem unbedingten, auch mit einem qualifizierten Rangrücktritt verbundenen Kapitalrückzahlungsanspruch, wenn keine sonstige Gewinn- und Verlustbeteiligung des Anlegers vereinbart ist[1].

b) Anzahl von Anlegern

Für die Erfüllung des Merkmals iS von § 1 Abs. 1 Satz 2 KAGB ist ausreichend, wenn aufgrund einer für das Anlagevehikel geltenden Regelung in Form von Anlagebedingungen, der Satzung oder dem Gesellschaftsvertrag die Möglichkeit besteht, dass sich mehr als ein Anleger an dem Investmentvermögen beteiligen kann. Die Bestimmung des Anlegerbegriffs erfolgt anhand einer wirtschaftlichen Betrachtungsweise. Unberücksichtigt als Anleger bleiben die aufgrund der rechtlichen Struktur für die Gründung einer Gesellschaft notwendigen Personen, zB. bei einer GmbH & Co. KG, sofern sie sich nicht weiter – abgesehen von einer ggf. gesellschaftsrechtlich erforderlichen Minimalbeteiligung – am Organismus beteiligen können[2]. Im Rahmen von über Treuhandverhältnisse vermittelte, mittelbare Beteiligungen am Investmentvermögen ist auf die hinter dem Treuhänder stehende Anzahl an Anlegern abzustellen[3]. 40

c) Einsammeln von Kapital

Dem Einsammeln von Kapital liegt eine durch den Organismus oder eingebundene Dritte vorgenommene, aktiv betriebene Geschäftstätigkeit zugrunde, um bei einem oder mehreren Anlegern eine Kapitalübertragung oder -bindung auf bzw. an den Organismus zum Zwecke von anhand einer festgelegten Anlagestrategie vorzunehmenden Investitionen zu veranlassen[4]. Hieran kann es fehlen, wenn die Mitglieder eines Investmentclub nicht gewerbsmäßig angeworben wurden und auch kein entsprechendes Herantreten an den Markt zur Mitgliederwerbung erfolgt[5]. 41

---

1 BaFin, Auslegungsschreiben zum Anwendungsbereich des KAGB und zum Begriff des „Investmentvermögens" v. 14.6.2013, zuletzt geändert am 9.3.2015, Gz. Q 31-Wp 2137-2013/0006, Ziff. I. 2., abrufbar unter: https://www.bafin.de/SharedDocs/Veroeffentlichungen/DE/Auslegungsentscheidung/WA/ae_130614_Anwendungsber_KAGB_begriff_invvermoegen.html.
2 BaFin, Auslegungsschreiben zum Anwendungsbereich des KAGB und zum Begriff des „Investmentvermögens" v. 14.6.2013, zuletzt geändert am 9.3.2015, Gz. Q 31-Wp 2137-2013/0006, Ziff. I. 4., abrufbar unter: https://www.bafin.de/SharedDocs/Veroeffentlichungen/DE/Auslegungsentscheidung/WA/ae_130614_Anwendungsber_KAGB_begriff_invvermoegen.html.
3 *Elser* in Beckmann/Scholtz/Vollmer, Investment, vor 420 Rz. 21; ESMA/2013/611, S. 7.
4 ESMA/2013/611, S. 6.
5 BaFin, Auslegungsschreiben zum Anwendungsbereich des KAGB und zum Begriff des „Investmentvermögens" v. 14.6.2013, zuletzt geändert am 9.3.2015, Gz. Q 31-Wp 2137-2013/0006, Ziff. I. 3. b); abrufbar unter: https://www.bafin.de/SharedDocs/Veroeffentlichungen/DE/Auslegungsentscheidung/WA/ae_130614_Anwendungsber_KAGB_begriff_invvermoegen.html.

d) Festgelegte Anlagestrategie

42 Das eingesammelte Kapital muss nach einer festgelegten Anlagestrategie investiert werden. Gesellschaften, die Gelder von Anlegern einsammeln, sie danach aber nicht nach einer festgelegten Anlagestrategie investieren, sind nicht als Investmentvermögen iS des KAGB einzuordnen[1]. Eine Umgehung der Regulierung nach dem KAGB muss jedoch ausgeschlossen werden[2].

43 Bei dem Begriff der festgelegten Anlagestrategie handelt sich um einen **unbestimmten Rechtsbegriff**, der weder eine Definition in der AIFM-Richtlinie noch im KAGB gefunden hat[3]. Bestimmte Umstände, die einzeln oder kumulativ auftreten, weisen auf das Vorhandensein einer solchen Strategie hin[4]. Diese setzen ihre verbindliche Bestimmung und Festlegung in der Dokumentation des Investmentvermögens als Bestandteil der Vertragsbedingungen bzw. der Satzung des Investmentvermögens und ihre Offenlegung zum Zeitpunkt der Investition durch den Anleger voraus[5].

44 Die Qualität einer Anlagestrategie unterscheidet sich grundsätzlich von der typischen Beschreibung des Gesellschaftszweck bzw. des Geschäftsgegenstandes im Gesellschaftsvertrag bzw. der Satzung einer Kapital- oder Personengesellschaft[6]. Der Zweck des **Unternehmensgegenstands** erschöpft sich in der Beschreibung des Tätigkeitsbereichs des Unternehmens, während die **Anlagestrategie** Festlegungen der Art und Weise trifft, in der das Unternehmen innerhalb dieses Tätigkeitsbereiches agiert[7]. Voraussetzungen für die Annahme einer Anlagestrategie sind, dass die Handlungsspielräume der Geschäftsführung über die schriftliche Darlegung bestimmter Anlagekriterien, Allokationen, Beschränkungen bzw. Auswahlkriterien eingeschränkt wurden und die Durchsetzung ihrer Anwendung bei Abweichungen oder Änderungen mit bestimmten Zustimmungs- bzw. Informationserfordernissen und Sanktionen verbunden ist[8]. Ihre Ausrichtung muss auf die Anlage von Kapital gerichtet sein.

45 **Abgrenzungsschwierigkeiten** ergeben sich, wenn keine oder nur eine sehr breite bzw. sehr vielfältige Anlagestrategie vorliegt, die Einwerbung des Anlegerkapitals also ohne die Darlegung einer konkreten Konzeption der Verwendung der eingesammelten Gelder erfolgt[9]. Umstritten ist, ob solcher Art strukturierte Blind-Pools noch vom Anwendungsbereich des KAGB erfasst werden oder die Auffangbestimmungen des VermAnlG zum Tragen kommen[10]. Die Empfehlung im Rahmen der

---

1 *Elser* in Beckmann/Scholtz/Vollmer, Investment, vor 420 Rz. 21.
2 ESMA/2013/611, S. 7.
3 *Bußalb/Unzicker*, BKR 2012, 309 (311).
4 ESMA/2013/611, S. 7 f.
5 ESMA/2013/611, S. 7.
6 Vgl. Begr. RegE AIFM-UmsG, BT-Drucks. 17/12294, S. 201.
7 *Merkt*, BB 2013, 1986 (1991).
8 ESMA/2013/611, S. 7 f.
9 *Greisbach*, Die Regulierung geschlossener Blind Pool-Fonds im Rahmen der Kapitaleinwerbung, S. 72.
10 Ablehnend: *Greisbach*, Die Regulierung geschlossener Blind Pool-Fonds im Rahmen der Kapitaleinwerbung, S. 72; aA *Krause/Klebeck*, RdF 2013, 4 (9).

Gesetzgebung zum Umgang mit diesem Problem reduzierte sich auf einen Verweis auf die Auslegungen der ESMA[1].

Kritisch ist insbesondere der Aspekt, dass eine zu extensive Ausdehnung des Anwendungsbereichs des KAGB aufgrund der Überdehnung der Auslegung des Tatbestands und die Hinzuziehung politischer Ziele problematisch im Hinblick auf straf- und öffentlich-rechtliche Prinzipien anzusehen ist[2]. Trotzdem ist vordergründig bei der Ausfüllung des Tatbestands eine am Zweck der Regulierung durch das KAGB orientierte Würdigung unter Betrachtung des beabsichtigten erhöhten Schutzniveaus für bestimmte Anlageformen durchzuführen[3]. Den Kriterien zur Bestimmung der festgelegten Anlagestrategie kommt eine nur indikative Bedeutung zu; auch ohne ihr Vorliegen kann die Annahme einer Anlagestrategie im Sinne des KAGB gerechtfertigt sein[4]. Bei Blind-Pools erfolgt die Ausgestaltung der Bedingungen zur Zielerreichung so, das vorab keine einschränkenden Investitionskriterien vorgegeben werden, sondern die Festlegung erst nach der Beteiligung der Anleger erfolgt und der Verwalter des eingesammelten Kapitals keinerlei Einschränkungen bei der Auswahl der Investitionsobjekte unterliegt[5].

Keine Anlagestrategie liegt auf der Ebene nachgeschalteter Zweckgesellschaften vor, wenn diese lediglich der Umsetzung der festgelegten Anlagestrategie dienen[6].

e) Zum Nutzen des Anlegers/kein operativ tätiges Unternehmen

Die Qualifikation eines Organismus als Investmentvermögen setzt voraus, dass das eingesammelte Kapital für Investitionen zum **ausschließlichen, durch die Erwirtschaftung einer Rendite verwirklichten Nutzen** der Anleger eingesetzt wird. Daran fehlt es, wenn eine Gesellschaft mit den aus dem eingenommenen Kapital vorgenommenen Investitionen eigennützige, für die Umsetzung ihrer allgemein-kommerziell oder allgemein-industriell ausgerichtete Zielsetzungen des Unternehmens verfolgt und den Anleger bestenfalls nur mittelbar begünstigt[7]. Das Einsammeln von Geldern über die Ausgabe von Schuldverschreibungen oder Genussrechten zur Finanzierung von Investitionen des Unternehmens selbst erfüllt somit das Tatbestandsmerkmal „zum Nutzen der Anleger" nicht[8].

---

1 Koalitionsfraktionen CDU/CSU und FDP, Beschlussempfehlung und Bericht des Finanzausschusses v. 10.5.2013, BT-Drucks. 17/13395, S. 634.
2 Vgl. *Greisbach*, Die Regulierung geschlossener Blind Pool-Fonds im Rahmen der Kapitaleinwerbung, S. 79 Fußnote 646.
3 *Greisbach*, Die Regulierung geschlossener Blind Pool-Fonds im Rahmen der Kapitaleinwerbung, S. 83.
4 *Greisbach*, Die Regulierung geschlossener Blind Pool-Fonds im Rahmen der Kapitaleinwerbung, S. 83.
5 *Greisbach*, Die Regulierung geschlossener Blind Pool-Fonds im Rahmen der Kapitaleinwerbung, S. 83; *Maas* in Renz/Jäger/Maas, Compliance für geschlossene Fonds, S. 103 (109).
6 *Elser* in Beckmann/Scholtz/Vollmer, Investment, vor 420 Rz. 21.
7 ESMA/2013/611, S. 6.
8 *Assmann* in Assmann/Schütze, Handbuch des Kapitalanlagerechts, § 5 Rz. 363.

48 Der **ergänzende Ausschluss operativ tätiger Unternehmen außerhalb des Finanzsektors** aus dem Begriff des Investmentvermögens nach § 1 Abs. 1 Satz KAGB, betont die Beschränkung des Investmentvermögens auf die passiv ausgerichtete Kapitalanlage der Anleger, während operativ tätige Unternehmen ein eigenes, über die bloße Vermögensanlage hinausgehendes Geschäftsmodell verfolgen und unternehmerische Risiken eingehen, die über das Risiko der bloßes Kapitalanlage hinausgehen. Erforderlich ist, die Abgrenzung von einer gesellschaftsrechtlich organisierten kollektiven Kapitalanlage von einer operativen Gesellschaft mit unternehmerischer Tätigkeit anhand einer Gesamtbetrachtung unter Betrachtung sämtlicher Umstände im Einzelfall vorzunehmen[1]. Ausgeschlossen aus dem Anwendungsbereich des KAGB sind daher Unternehmen, die überwiegend einer kommerziellen Tätigkeit einschließlich Kauf, Verkauf und/oder Austausch von Waren oder Gütern und/oder Verkehr mit nichtfinanziellen Dienstleistungen nachgehen oder überwiegend eine industrielle Tätigkeit einschließlich der Produktion von Waren oder der Errichtung von Immobilien ausüben oder deren Tätigkeiten überwiegend eine Kombination aus beiden vorstehend bezeichneten Tätigkeiten darstellen[2].

49 Bei der Betrachtung der mit den eingesammelten Geldern vorgenommenen **Investitionen** ist auf ihren **hauptsächlichen Einsatzzweck** abzustellen. Verfolgt die Gesellschaft zu einem wesentlichen Anteil bloße Anlagezwecke, ist von einem Investmentvermögen iS des KAGB auszugehen[3]. Einen Hinweis auf den Anteil der Investitionen der zu einem Umschlagen der Tätigkeit innerhalb des Finanzsektors führt, gibt in der Gesetzesbegründung nicht. Die **Spannbreite der Ansichten** verweist auf Anteile, die lediglich untergeordneten Neben- oder Hilfstätigkeiten[4] entsprechen, bis zu Anteilen, die nicht der Haupttätigkeit des Unternehmens[5] entsprechen dürfen. Während die erstere Ansicht für eine Wesentlichkeitsgrenze von 10% spricht, wäre nach der anderen Ansicht unter 50% des Einsatzes des Kapitals für Anlagezwecke möglich. Die Einziehung einer quantitativen Grenze würde jedoch dazu führen, die Bewirtschaftung des Gesellschaftsvermögens einschneidend zu einzuschränken. Deshalb sollte **qualitativ** auf die **jeweilige konkrete Situation des Unternehmens** in Betracht gezogen werden, ob zB umfangreiche Investitionen in Vermögensgegenstände, zB zum Ausbau der Geschäftstätigkeit, erfolgen, und auf den Zeitraum der Anlagetätigkeit abgestellt werden. Je höher der Anteil der Anlagetätigkeit den Anteil des operativen

---

1 Schweizer Bundesgericht v. 5.11.2010 – 2 C_571/2009.
2 ESMA/2013/611, S. 6.
3 BaFin, Auslegungsschreiben zum Anwendungsbereich des KAGB und zum Begriff des „Investmentvermögens" v. 14.6.2013, zuletzt geändert am 9.3.2015, Gz. Q 31-Wp 2137-2013/0006, Ziff. I. 7. b), abrufbar unter: https://www.bafin.de/SharedDocs/Veroeffentlichungen/DE/Auslegungsentscheidung/WA/ae_130614_Anwendungsber_KAGB_begriff_invvermoegen.html.
4 BaFin, Auslegungsschreiben zum Anwendungsbereich des KAGB und zum Begriff des „Investmentvermögens" v. 14.6.2013, zuletzt geändert am 9.3.2015, Gz. Q 31-Wp 2137-2013/0006, Ziff. I. 7. b), abrufbar unter: https://www.bafin.de/SharedDocs/Veroeffentlichungen/DE/Auslegungsentscheidung/WA/ae_130614_Anwendungsber_KAGB_begriff_invvermoegen.html.
5 *Elser* in Beckmann/Scholtz/Vollmer, Investment, vor 420 Rz. 25.

Geschäfts für einen längeren Zeitraum übersteigt, desto eher ist von einer hauptsächlichen Anlagetätigkeit auszugehen; ein begrenztes zwischenzeitlichen Überschreiten des Schwerpunkts hin zu einer Anlagetätigkeit sollte jedoch unbeachtlich sein (Rechtsgedanke aus §§ 262 Abs. 1 Satz 3, 263 Abs. 5 KAGB).

3. Kein Einlagengeschäft iS des KWG

Ein weiterer Ausschluss von der Anwendung der Vorschriften des VermAnG besteht, sofern die Annahme der Gelder der Anleger als Einlagengeschäft iS des § 1 Abs. 1 Satz 2 Nr. 1 KWG zu qualifizieren ist. Unter dem Einlagengeschäft ist die **Annahme fremder Gelder als Einlagen oder anderer unbedingt rückzahlbarer Gelder des Publikums** zu verstehen, ohne das es darauf ankommt, ob Zinsen vergütet werden, sofern der Rückzahlungsanspruch nicht in Inhaber- oder Orderschuldverschreibungen verbrieft wird und der Rückzahlungsanspruch nicht banküblich gesichert wird[1]. 50

Der Ausschluss ist auf alle Vermögensanlagen iS des VermAnlG anwendbar. Der Gesetzgeber will insgesamt die Überschneidung der Anwendungsbereiche von VermAnlG und KWG vermeiden[2]. Die Regelung sieht insoweit einen einheitlichen grundsätzlichen **Vorrang des Kreditwesengesetzes** vor[3]. Die Begründung des Gesetzgebers zur Einfügung des Tatbestandsmerkmals mit ihrem Bezug auf partiarische Darlehen, Nachrangdarlehen und wirtschaftlich vergleichbare Anlagen[4] ist nur im Sinne von Beispielen aufzufassen. 51

Sachverhalte, bei dem einem Gesellschafter einer Beteiligung iS des § 1 Abs. 2 Nr. 1 VermAnlG die Rückzahlung seiner Einlage in Aussicht gestellt[5] oder ihm die Rückzahlung entweder von der Gesellschaft selbst oder von einem Dritten im Verbund mit der Gesellschaft versprochen wird[6], sind als Einlagengeschäft iS des § 1 Abs. 1 Satz 2 Nr. 1 KWG zu bewerten. Gleiches kann nach den Umständen für die Einwerbung von Treugebern für Treuhandkommanditmodelle oder die Einwerbung von Anlegern als Geldgeber und Gesellschafter einer Publikums-GbR gelten[7]. Als rückzahlbar im Sinne des Einlagengeschäfts kann sich auch die Einlage des stillen Gesellschafters (§§ 230 ff. HGB) darstellen, wenn die Verlustteilnahme nach § 231 Abs. 2 HGB vertraglich soweit ausgeschlossen wird, dass der stille Gesellschafter über den Anspruch einer Rückforderung seiner Einlage, die Insolvenz des betreffenden Unternehmens auslösen kann[8]. 52

---

1 Vgl. BT-Drucks. 15/3641, S. 36.
2 Begr. RegE Kleinanlegerschutzgesetz, BT-Drucks. 18/3994, S. 39.
3 Begr. RegE Kleinanlegerschutzgesetz, BT-Drucks. 18/3994, S. 39.
4 Begr. RegE Kleinanlegerschutzgesetz, BT-Drucks. 18/3994, S. 39.
5 Hessischer VGH v. 29.10.2007 – 6 TG 1468/07.
6 OLG Schleswig-Holstein v. 21.12.2011 – 9 U 57/11, ZIP 2012, 1066.
7 BaFin-Merkblatt „Hinweise zum Tatbestand des Einlagengeschäfts" v. 11.3.2014, Pkt. 4, abrufbar: https://www.bafin.de/SharedDocs/Veroeffentlichungen/DE/Merkblatt/mb_140311_tatbestand_einlagengeschaeft.html.
8 BaFin-Merkblatt „Hinweise zum Tatbestand des Einlagengeschäfts" v. 11.3.2014, Pkt. 4; abrufbar: https://www.bafin.de/SharedDocs/Veroeffentlichungen/DE/Merkblatt/mb_140311_tatbestand_einlagengeschaeft.html.

53 Der Vorrang des KWG ist **nicht** an eine eventuelle **Erlaubnispflicht** nach § 32 KWG des Einlagengeschäfts **gekoppelt**. Die Erreichung von Größenschwellen im Sinne einer Gewerbsmäßigkeit oder im Rahmen eines Umfangs, der einen kaufmännisch eingerichteten Geschäftsbetrieb erfordert, ist nicht erforderlich, um die Anwendbarkeit des VermAnlG auszuschließen[1].

54 Aufgrund des konkreten Wortlauts des **§ 1 Abs. 2 a.E. VermAnlG** bezieht sich die Ausschlusswirkung nur auf Tatbestände, die das Einlagengeschäft verwirklichen[2]. Andere Bankgeschäfte oder Finanzdienstleistungen nach dem KWG werden von dem Ausschluss nicht erfasst[3]. Eine Billigung der Vermögensanlage beinhaltet keine Konzentrationswirkung (vgl. § 6 VermAnlG Rz. 19).

V. Beteiligungsformen

55 Der Anwendungsbereich des Gesetzes ist bei einem öffentlichen Angebot von Beteiligungsformen iS des **§ 1 Abs. 2 VermAnlG** eröffnet. Auffällig ist, dass dem Gesetz für die Beteiligungsformen gesellschaftsrechtlicher Natur keine Begriffsbestimmungen Eingang in das Gesetz gefunden haben, während verschiedene schuldrechtliche Beteiligungsformen ausdrücklich typenspezifisch aufgezählt werden. Allerding kann durch die Einfügung der generellen Beteiligungsform des § 1 Abs. 2 Nr. 7 VermAnlG eine genaue Einordnung der forderungsrechtlich ausgestalteten Beteiligungsformen dahinstehen. Die Einführung dieses Auffangtatbestandes zeigt, dass der Gesetzgeber sämtliche forderungsrechtlich ausgestalteten Formen einer Beteiligung im Sinne einer Vermögensanlage erfassen wollte, um zukünftige Schadensfälle in dem Marktsegment zu vermeiden[4]. Des Weiteren sind unabhängig von der Einordnung der Vermögensanlage unter eine Beteiligungsform die sich in der Anwendung ergebenden weiteren Rechtsfolgen gleich[5].

1. Anteile, die eine Beteiligung am Ergebnis eines Unternehmens gewähren (§ 1 Abs. 2 Nr. 1 VermAnlG)

56 Der Gesetzgeber hat keine ausdrückliche Aufzählung der Anlageformen vorgenommen, die als **Anteile** anzusehen sind, welche eine **Beteiligung am Ergebnis eines Unternehmens gewähren**. Der Begriff ist daher nicht materiell auf bestimmte Anlagemodelle beschränkt, sondern einerseits wertend in Abgrenzung zu den anderen Prospektrechtsmaterien, wie WpPG und KAGB, anderseits wertend in Hinblick auf

---

[1] Begr. RegE Kleinanlegerschutzgesetz, BT-Drucks. 18/3994, S. 39.
[2] Aufgrund der nunmehr erfolgten strikten Trennung und Ausschließlichkeit der Anwendungsbereiche von KWG und VermAnlG können Amtshaftungsansprüche des Anbieters entstehen, wenn ihm trotz Vorliegens eines Einlagengeschäfts eine uneingeschränkte Billigung des Verkaufsprospekts ausgesprochen und er im Nachhinein zur Rückabwicklung des Geschäftsmodells gezwungen wird, vgl. § 3 VermAnlG Rz. 11 ff.
[3] Vgl. *Maas* in Renz/Jäger/Maas, Compliance für geschlossene Fonds, 3.1.2.5, S. 129.
[4] Begr. RegE Kleinanlegerschutzgesetz, BT-Drucks. 18/3994, S. 28, 38.
[5] *Danwerth*, ZBB 2016, 20 (23).

die Einbeziehung einer bestimmten Beteiligungsform nach zivil- und handelsrechtlichen Maßstäben zu ermitteln. Grundsätzlich sind die Anbieter von Vermögensanlagen keinem bestimmten Rechtsformzwang in Bezug auf das Unternehmen unterworfen, soweit nicht die Beschränkungen des § 5b VermAnlG greifen (vgl. § 5b VermAnlG Rz. 7 ff.). Als **Unternehmen** lässt sich jede planvoll organisierte und rechtlich abgegrenzte Wirtschaftseinheit bezeichnen, in der Güter bzw. Dienstleistungen mit dem Ziel erstellt (Leistungserstellung) und abgesetzt (Leistungsverwertung) werden sollen, um damit Einkommen (Gewinn) zu erzielen[1]. Entsprechend fallen grundsätzlich zunächst alle von diesen Unternehmen ausgegebenen Anteile, die auf Grund der damit vom Anleger eingegangenen gesellschaftlichen Verbundenheit einen gesetzlichen Anspruch auf Beteiligung am Gewinn des Unternehmens beinhalten, unter diese Variante.

Von einer **Vermögensanlage iS des Gesetzes** ist auszugehen, wenn zwischen einer unbestimmten Anzahl von Erwerbern und dem die Kapitalanlage letztlich darstellenden Vermögenswert ein Unternehmen eingeschaltet ist, das als Eigentümer oder Verwalter dieses Vermögens auftritt[2]. Der Erwerb individuell zuzuordnender Vermögensgegenstände, wie Grundbesitz, Waren usw. durch den Anleger ist damit vom Anwendungsbereich des Verkaufsprospektgesetzes ausgeschlossen (zB Grundbesitzanteile an Holzplantagen). 57

a) Unternehmensbeteiligungen

Nach Auffassung des Gesetzgebers gehören zu den Unternehmensanteilen iS des § 1 Abs. 2 Nr. 1 VermAnlG insbesondere Unternehmensbeteiligungen an Personenhandelsgesellschaften, GmbH-Anteile, Anteile an BGB-Gesellschaften, Genossenschaftsanteile sowie stille Beteiligungen an den genannten Gesellschaften oder an bestimmten Vermögensmassen solcher Gesellschaften und auch Beteiligungen an ausländischen Unternehmen anderer Rechtsformen[3]. Die Erwähnung der Rechtsformen der Aktiengesellschaft und der Kommanditgesellschaft auf Aktien in § 5 Nr. 3 und § 6 Satz 2 VermVerkProspV lassen den Rückschluss zu, dass auch Beteiligungen an Unternehmen dieser Rechtsformen als Anteile iS des § 1 Abs. 2 VermAnlG betrachtet werden müssen. Dies ist insofern interessant, weil hier eine direkte Beteiligung als gesellschaftlich verbundener Unternehmer im Rahmen einer sinnvoll öffentlich anzubietenden Anlage nach dem VermAnlG nur im Rahmen der stillen Gesellschaft möglich ist, da die das Unternehmen ausmachende Beteiligungsform mit Aktien auf Anteilen iS des § 2 Nr. 1 lit. a WpPG beruht. Diese fallen jedoch als prospektpflichtige Beteiligungsform gerade nicht unter das VermAnlG. 58

Für eine Zurechnung ist die **Dauer der gemeinsamen Zweckbindung** nicht entscheidend. Auch wenn im Bereich geschlossener Unternehmensbeteiligungen zumeist langjährige gemeinsame Interessenverfolgungen vorherrschen, ist auch ein kurzer 59

---
1 *Gräfer/Schiller/Rösner*, Finanzierung, S. 17.
2 Siehe bereits Entwurf eines Gesetzes über den Vertrieb von Anteilen an Vermögensanlagen, BT-Drucks. 8/1405 v. 2.1.1978, S. 10.
3 BT-Drucks. 15/3174 v. 24.5.2004, S. 42.

Zeitraum als ausreichend zu betrachten. Denn zu den Unternehmensbeteiligungen lassen sich so genannte Gelegenheitsinteressengemeinschaften rechnen, die sich grundsätzlich in Form einer Gesellschaft bürgerlichen Rechts konstituieren. Der gemeinsame Zweck liegt zumeist in der Verfolgung der Erzielung eines kurzfristigen, bei Erfolg unter den Mitgliedern zu verteilenden Gewinns, wie zB bei Prozessfinanzierungen[1].

b) Beteiligungen an Gesellschaften ausländischer Rechtsformen

60 Grundsätzlich werden Beteiligungen an ausländischen Unternehmen anderer Rechtsformen ebenfalls vom VermAnlG erfasst[2]. Auf Grund der **Subsidiarität** des VermAnlG ist auch bei solchen Angeboten in Form direkter Unternehmensbeteiligungen zunächst zu klären, ob es sich um **Wertpapiere iS des WpPG** handeln könnte. Dann wäre die Anwendbarkeit des VermAnlG ausgeschlossen (vgl. oben Rz. 29 ff.).

61 Die Entscheidung über die Einordnung eines ausländischen Wertpapiers in das Regelungssystem des WpPG richtet sich **nicht nach kollisionsrechtlichen Normen**, sondern begründet sich in der Auslegung deutschen Rechts (vgl. § 2 WpPG Rz. 17). Art. 43 EGBGB ermöglicht lediglich die Ermittlung der Rechtsnatur der fraglichen Beteiligung als Wertpapier nach ausländischem Recht[3].

62 Die Einbeziehung der ausländischen Rechtsfigur unter das deutsche Recht erfolgt unter den Aspekten der **Gleichwertigkeit** im Sinne einer funktionellen Äquivalenz oder einer nach den Maßstab von Sinn und Zweck der Norm zu bemessendes Ähnlichkeit[4]. Rechtsfiguren, die nach dem richtlinienkonformen Recht eines EWR-Mitgliedstaats als Wertpapiere (harmonisierte Rechtsfiguren) gelten, sind auch als Wertpapier iS des WpPG aufzufassen (vgl. § 2 WpPG Rz. 19). Rechtsfiguren, die nach dem Recht von Drittstaaten konzipiert sind, bedürfen einer Feststellung der Gleichwertigkeit als Wertpapier iS des WpPG (vgl. § 2 WpPG Rz. 20). Das Kriterium der **Art der Übertragung** des ausländischen Anlageinstruments bietet sich dann an, wenn die ausländische Rechtsordnung vergleichbar mit der deutschen Rechtsordnung eine Unterscheidung zwischen sachenrechtlicher Übertragung und Abtretung kennt. Ansonsten ist zur Ermittlung der Wertpapiereigenschaft die **Funktionsäquivalenz** heranzuziehen (vgl. § 2 WpPG Rz. 21).

63 Kann das fragliche Anlageinstrument weder unter den Aspekten der Gleichwertigkeit noch nach einer Prüfung der für die Erfüllung einer Wertpapiereigenschaft erforderlichen äquivalenten Funktion als Wertpapier iS des WpPG eingeordnet werden, handelt es sich um eine nach dem VermAnlG zu beurteilende Beteiligung, soweit auch keine Beteiligung iS des KAGB in Betracht kommt.

---

1 *Sprau* in Palandt, § 705 BGB Rz. 42.
2 BT-Drucks. 15/3174 v. 24.5.2004, S. 42.
3 *Groß*, Kapitalmarktrecht, § 2 WpPG Rz. 5.
4 *Heldrich* in Palandt, (IPR) Einl. v. Art. 3 EGBGB Rz. 31 und Art. 11 EGBGB Rz. 7, jeweils mwN.

2. Anteile an Treuhandvermögen (§ 1 Abs. 2 Nr. 2 VermAnlG)

Der Prospektpflicht unterliegen Angebote von Anteilen an einem Vermögen, das der Emittent oder ein Dritter im eigenen Namen für die Rechnung der Anleger hält oder verwaltet. Der Wortlaut des Gesetzes enthält eine Legaldefinition des Begriffes „Treuhandvermögen". 64

Die Tatbestandsalternative stellt eine Variante dar, bei der dem Anleger der Erwerb einer Kapitalanlage ermöglicht wird, ohne dass dieser das Anlageobjekt direkt erwerben muss. Erfasst werden alle Konstruktionen, bei denen eine **wirtschaftliche Mitunternehmerschaft** des Anlegers begründet wird, zivilrechtlich jedoch keine Verbindung des Anlegers zu dem das Anlageobjekt haltenden Unternehmen besteht. 65

Eine **Festlegung über die rechtliche Ausgestaltung** der Treuhandbeziehungen zwischen Anleger als Treugeber und dem Emittenten oder Dritten als Treuhänder trifft das VermAnlG nicht. 66

Maßgebend für die Annahme und Ausgestaltung eines Treuhandvermögens sind daher, sofern das öffentliche Recht keine eigenen Vorgaben trifft, die **zivilrechtlichen Vereinbarungen zwischen Treuhänder und Treugeber**[1]. Bei der Bestimmung der materiellen Prospektpflicht des zu betrachtenden Treuhandvermögens der konkreten Vermögensanlage ist zu beachten, dass in der Praxis der Anleger parallel in verschiedene Treuhandverhältnisse einbezogen sein kann. Im Rahmen des Beitritts eines Anlegers zu einer Publikumsgesellschaft kann sich die Treuhandvereinbarung einerseits lediglich auf die Einzahlungsverpflichtung, anderseits auch auf den Beitritt als wirtschaftlicher Gesellschafter beziehen[2]. Nur Letztere ist für die materielle Prospektpflicht entscheidend, andere Treuhandverhältnisse sind dagegen lediglich nach der Regelung des § 12 Abs. 5 und 6 VermVerkProspV zu beschreiben (siehe § 12 VermVerkProspV Rz. 31 ff., 40 ff.); in den Prospekt sind daher neben den Angaben zum Treuhänder nach § 1 Abs. 2 Nr. 2 VermAnlG auch Angaben zu weiteren treuhänderisch handelnden Personen (zB Mittelverwendungskontrolleur) aufzunehmen. 67

Der prospektrechtlichen Treuhandbegriff ist **weit auszulegen**[3]. Eine Aussage über eine bestimmte anzuwendende Rechtsform der Treuhand wird dort nicht getroffen. Berücksichtigt wird in der Begründung zum Anlegerschutzverbesserungsgesetz lediglich die Ausgestaltung des Treuguts. Danach kann das Treuhandvermögen entweder aus bestimmten Vermögenswerten bestehen, zu deren direktem Erwerb die Mittel der Anleger bestimmt sind oder aus Rechten, zB Gesellschaftsanteilen, kraft derer sich der Treuhänder für die Rechnung der Anleger eine Beteiligung am Ergebnis eines anderen Unternehmens verschafft[4]. 68

Bei **zivilrechtlichen Treuhandverhältnissen** lassen sich das Innenverhältnis zwischen Treugeber und Treuhänder und das Außenverhältnis zwischen Treuhänder und Drittem unterscheiden. Ihnen gemeinsam ist die Übertragung von Vermögens- 69

---

1 BVerwG v. 4.9.2008 – 5 C 12.08, DVBl. 2009, 129.
2 BFH v. 9.10.2001 – VIII B 30/01, BFH/NV 2002, 191.
3 Siehe auch *Arndt/Bruchwitz* in Arndt/Voß, § 8f VerkProspG Rz. 32.
4 Begr. RegE AnSVG, BT-Drucks. 15/3174 v. 24.5.2004, S. 42.

rechten auf (fiduziarische Vollrechtstreuhand) oder eine entsprechende Einräumung einer Rechtsmacht des Treugebers gegenüber dem Treuhänder[1].

70 Diese Unterscheidung setzt offenbar auch das Verkaufsprospektgesetz voraus. Der Begriff des „**Haltens**" eines Vermögens durch den Treuhänder für fremde Rechnung deutet auf eine Vollrechtsübertragung im Rahmen einer echten Treuhand hin, während der Begriff des „Verwaltens" die bloße Einräumung einer Verfügungsmacht über ein Recht auf den Treuhänder durch den Anleger in Form der Ermächtigungstreuhand beschreibt.

71 Bei der dem Treuhänder eingeräumten **bloßen Rechtsmacht** ist zwischen der Einräumung einer eigenen Verfügungsmacht über das beim Treugeber verbleibende Recht gemäß § 185 BGB (Ermächtigungstreuhand) und der bloßen Einräumung einer Bevollmächtigung im Namen des Treugebers über das Recht iS von §§ 164 ff. BGB (Vollmachtstreuhand) zu unterscheiden[2]. Nur erstere Variante erfüllt die Voraussetzungen iS des § 1 Abs. 2 Nr. 2 VermAnlG. Denn der Wortlaut des Gesetzes sieht die Notwendigkeit des Handelns im eigenen Namen des Treuhänders vor, während bei der Vollmachtstreuhand auf Grund der Geltung der Regelungen des §§ 164 ff. BGB der Treuhänder im Namen des Anlegers tätig wird.

72 Diese grundsätzliche Ausgestaltung der Treuhand für die materielle Prospektpflicht wird auch von der **Verwaltungspraxis** der BaFin unterstützt. Im Auslegungsschreiben der BaFin wird klargestellt, dass vom Begriff des Treuhandvermögens sowohl diejenige Form der Treuhand, bei der der Treuhänder Rechtsinhaber wird („echte Treuhand") als auch diejenige Ausgestaltungsmöglichkeit, bei der der Treugeber Rechtsinhaber bleibt und der Treuhänder nur in eigenem Namen im Interesse des Treugebers tätig wird („unechte Treuhand" oder „Verwaltungstreuhand") umfasst ist[3].

73 Die dem Treuhänder im Außenverhältnis zustehende Rechtsmacht wird im Rahmen der schuldrechtlichen Treuhandvereinbarung im **Innenverhältnis** zwischen Treuhänder und Treugeber ausgestaltet und beschränkt[4]. Die Weisungsgebundenheit im Innenverhältnis muss dabei so ausgeprägt sein, dass der Treugeber das Treuhandverhältnis beherrschen muss, die Verfügungsmacht des Treuhänders nach außen also nur noch als „leere Hülle" erscheint[5].

74 Die **weitere Ausgestaltung** des Treuhandverhältnisses zwischen Treugeber und Treuhänder hat auf die materielle Prospektpflicht nach § 6 VermAnlG keine weiteren Auswirkungen[6].

---

1 *Bassenge* in Palandt, § 903 BGB Rz. 33; *K. Schmidt*, Gesellschaftsrecht, § 61 III 1 a).
2 *Bassenge* in Palandt, § 903 BGB Rz. 33; *K. Schmidt*, Gesellschaftsrecht, § 61 III 1 b).
3 Auslegungsschreiben der BaFin v. 30.6.2005, Pkt. 1, abrufbar unter: http://www.bafin.de/cln_170/nn_724536/SharedDocs/Veroeffentlichungen/DE/Unternehmen/AllgemeinePflichten/ProspekteFuerVermoegensanlagen/FunktionenUndVerfahren/auslegungsschreiben.html.
4 *Bassenge* in Palandt, § 903 BGB Rz. 33; *K. Schmidt*, Gesellschaftsrecht, § 61 III 1 a).
5 Niedersächsisches Finanzgericht v. 12.7.2004 – 1 K 325/01, EFG 2004, 1882.
6 Siehe auch *Arndt/Bruchwitz* in Arndt/Voß, § 8f VerkProspG Rz. 33.

So ist die **treuhänderische Konstruktion in Personengesellschaften**, die von einer 75
Überlagerung des Treuhandverhältnisses von gesellschaftsrechtlichen Bindungen im
Sinne einer Zubilligung der dem Treuhänder als Gesellschafter zustehenden Rechte
und Ansprüche im Innenverhältnis an die Treugeber geprägt ist, nicht anders als
ein reines Treuhandverhältnis zu bewerten[1]. Die bei einer Überlagerung des Treuhandverhältnisses durch gesellschaftsrechtlichen Bindungen anzunehmende weitere
rechtliche Beziehung zwischen Gesellschaftern der Emissionsgesellschaft und den
Treugebern in Form einer Gesellschaft bürgerlichen Rechts als Innengesellschaft[2]
beeinflusst die materielle Prospektpflicht ebenso wenig, da keine Anteile an dieser
Gesellschaft öffentlich angeboten werden.

Die Unterscheidung beider Konstellationen hat Auswirkungen auf die anwendbaren 76
gesetzlichen Regelungen, die neben den vertraglichen Bestimmungen der Treuhandvereinbarungen zur Anwendung kommen. Die **Verfolgung eigener Interessen** des
Treuhandgesellschafters im Rahmen seiner Beteiligung an der Gesellschaft neben der
Interessenwahrnehmung der Treugeber führt zu der Annahme eines Gesellschaftsverhältnisses zwischen Treuhandgesellschafter und Treugebern in Form einer Gesellschaft bürgerlichen Rechts als Innengesellschaft mit der Folge der Anwendbarkeit der
§§ 705 ff. BGB in diesem Verhältnis[3]. Im Falle des **Fehlens solcher Eigeninteressen**,
also der vollständigen Ausübung der Gesellschaftsbeteiligung im alleinigen Interesse
der Treugeber durch den Treuhänder, ist hingegen auf die Normen des Auftragsrechts
oder der Geschäftsbesorgung gemäß §§ 662 ff., 675 ff. BGB abzustellen. Auswirkungen im Prospektrecht bestehen daher nur in Bezug auf die im Verkaufsprospekt zu
tätigenden Angaben[4].

3. Partiarische Darlehen (§ 1 Abs. 2 Nr. 3 VermAnlG)

Partiarische Darlehen (**Beteiligungsdarlehen**) entsprechen im Rahmen ihres Ge- 77
brauchs als Finanzierungsinstrument in ihrer Ausgestaltung im Grundsatz klassischen Darlehen iS von § 488 BGB mit besonderen Charakteristika[5]. Die Vergütung

---

1 Zu beiden Ausprägungen BGH v. 13.5.1953 – II ZR 157/52, BGHZ 10, 44 (49 f.); BGH v. 23.6.2003 – II ZR 46/02, WM 2003, 1614.
2 Vgl. *Wagner*, BKR 2008, 57 (58).
3 BGH v. 13.6.1994 – II ZR 259/92, NJW 1994, 2886 (2887); *Wagner*, BKR 2008, 57 (58).
Zu beachten ist, dass durch den weiten Anwendungsbereich des KAGB von einer operativen Tätigkeit des Unternehmens bei der Einschaltung Dritter (dem Treuhänder) nur ausgegangen werden kann, solange die unternehmerischen Entscheidungen im laufenden Geschäftsbetrieb durch die ausdrückliche Vereinbarung von Gestaltungs-, Lenkungs- und Weisungsrechten bei dem Unternehmen selbst verbleiben; BaFin, Auslegungsschreiben zum Anwendungsbereich des KAGB und zum Begriff des „Investmentvermögens" v. 14.6.2013, zuletzt geändert am 9.3.2015, Gz. Q 31-Wp 2137-2013/0006, Ziff. I. 7., abrufbar unter: https://www.bafin.de/SharedDocs/Veroeffentlichungen/DE/Auslegungsentscheidung/WA/ae_130614_Anwendungsber_KAGB_begriff_invvermoegen.html.
4 Hier ist auf die inzwischen höchstrichterlich entschiedene Frage der Haftung der Treugeber im Außenverhältnis hinzuweisen: BGH v. 11.11.2008 – XI ZR 468/07, BGHZ 178, 271 = ZIP 2008, 2354; OLG Karlsruhe v. 4.9.2007 – 17 U 34/06.
5 *Schneck*, Handbuch Alternative Finanzierungsformen, S. 141 ff., 148.

für die Überlassung des Darlehens wird anteilig an dem vom Darlehensnehmer erwirtschafteten Erfolg am Gewinn oder Umsatz des gesamten Unternehmens oder eines einzelnen Geschäfts bemessen[1]. Neben der Gewinnbeteiligung kann eine Verzinsung vereinbart werden, der Schwerpunkt der Gewinnbeteiligung überwiegt jedoch letztlich[2]. Eine gesellschaftsrechtliche Beziehung wird nicht begründet[3]. Die Beziehungen der Vertragspartner zueinander sind ausschließlich durch die Verschiedenheit ihrer eigenen Interessen gekennzeichnet und werden von ihnen auch in diesem Sinne verfolgt[4]. Die Abgrenzung zu einer stillen Gesellschaft erfolgt in Abwägung verschiedener Indizien[5]. Im Übrigen erfüllt die Annahme von partiarischen Darlehen grundsätzlich den Einlagengeschäftstatbestand iS des KWG, sofern nicht über die Verwendung einer qualifizierten, auch den Zins umfassenden Rangrücktrittsklausel im Darlehensvertrag eine Wesensänderung der Geldhingabe zu einer unternehmerischen Beteiligung mit einer eigenkapitalähnlichen Haftungsfunktion erfolgt[6].

4. Nachrangdarlehen (§ 1 Abs. 2 Nr. 4 VermAnlG)

78 Nachrangdarlehen stellen Darlehen iS des § 488 BGB dar. Sie gleichen überwiegend einer reinen **Fremdkapitalfinanzierung**[7]. Eine Verlustbeteiligung ist ausgeschlossen, die Prägung erfolgt über die vertragliche Vereinbarung eines Nachrangs[8]. Die Rückzahlung der Nachrangdarlehen ist mit einer aufschiebenden Bedingung verknüpft, dass sie im Falle der Insolvenz oder der Liquidation des Kreditnehmers erst nach der Befriedigung anderer vorrangiger Gläubiger getilgt werden müssen. Nachrangigkeit bedeutet mithin, dass die hiervon betroffene Forderung im Liquidations- oder Insolvenzfalle des Schuldners erst bedient wird, wenn sämtliche Gesellschaftsgläubiger iS des § 39 Abs. 2 InsO befriedigt wurden, aber im Range vor oder gleichrangig mit den Einlagerückgewähransprüchen der Gesellschafter iS des § 199 Satz 2 InsO stehen[9]. Beim **qualifizierten Nachrang** vereinbaren die Parteien, dass die Forderungen des Anlegers schon dann nicht bedient werden, wenn die Rückzahlung einen Insolvenzgrund herbeiführen würde[10]. Eine Kompensation über erweiterte Kontrollrechte oder andere Vergünstigungen erfolgt nicht[11]. Ein Investmentvermögen nach § 1 Abs. 1 KAGB begründet sich allein durch die Annahme solcher Darlehen

---

1 BFH v. 22.6.2010 – I R 78/09, DStR 2010, 2448.
2 *Schneck*, Handbuch Alternative Finanzierungsformen, S. 143.
3 *Danwerth*, ZBB 2016, 20 (23).
4 BGH v. 10.6.1965 – III ZR 239/63, WM 1965, 1052.
5 BFH v. 22.6.2010 – Az. I R 78/09, DStR 2010, 2448.
6 BaFin-Merkblatt „Hinweise zum Tatbestand des Einlagengeschäfts" v. 11.3.2014, Pkt. 5. a), abrufbar: https://www.bafin.de/SharedDocs/Veroeffentlichungen/DE/Merkblatt/mb_140311_tatbestand_einlagengeschaeft.html.
7 *Schneck*, Handbuch Alternative Finanzierungsformen, S. 145.
8 *Schneck*, Handbuch Alternative Finanzierungsformen, S. 145.
9 *Danwerth*, ZBB 2016, 20 (23).
10 Nachrang- und partiarische Darlehen: BaFin mahnt bei Kapitalbeschaffung zur Vorsicht v. 3.3.2015, https://www.bafin.de/SharedDocs/Veroeffentlichungen/DE/Fachartikel/2015/fa_bj_1503_nachrangdarlehen.html.
11 *Schneck*, Handbuch Alternative Finanzierungsformen, S. 146.

noch nicht[1]. Im Übrigen erfüllt die Annahme von Nachrangdarlehen grundsätzlich den Einlagengeschäftstatbestand iS des KWG, sofern nicht über die Verwendung einer qualifizierten, auch den Zins umfassenden Rangrücktrittsklausel im Darlehensvertrag eine Wesensänderung der Geldhingabe zu einer unternehmerischen Beteiligung mit einer eigenkapitalähnlichen Haftungsfunktion erfolgt[2].

5. Genussrechte (§ 1 Abs. 2 Nr. 5 VermAnlG)

Genussrechte unterliegen in ihrer **Ausprägung** keinerlei gesetzlich bestimmter Merkmalen. In einigen Gesetzen werden Genussrechte lediglich erwähnt, zB § 221 Abs. 3 und 4 AktG. Ein gesetzlicher Anhaltspunkt über die Ausstattung eines Genussrechts findet sich in § 2 Abs. 1 Nr. 1 lit. l Fünftes Vermögensbildungsgesetz[3]. Danach sind Genussrechte solche Beteiligungen an einem Unternehmen, die ein **Recht am Gewinn** dieses Unternehmens einräumen. Ein Genussrecht kann zudem mit dem Recht der Teilhabe am Liquidationserlös ausgestattet sein (§ 8 Abs. 3 Satz 2 KStG)[4]. Notwendiger Inhalt eines Genussrechts sind diese Rechte jedoch nicht[5].

79

Die Zuordnung eines Schuldverhältnisses als Genussrecht kann nur **funktional** unter Zugrundelegung der Erfordernisse der jeweils einschlägigen Rechtsmaterie erfolgen[6]. Genussrechte werden grundsätzlich als Dauerschuldverhältnisse eigener Art aufgefasst, die auf wiederkehrende Leistungen gerichtet sind. Sie begründen keine gesellschaftsrechtlich geprägten Mitgliedschaftsrechte, sondern erschöpfen sich in einem bestimmten geldwerten Anspruch[7]. Genussrechte treten in Bezug auf die vermögensmäßigen Mitgliedschaftsrechte vielmehr in tatsächliche Konkurrenz[8]. In formeller Hinsicht geht die Stellung des Genussrechtsinhabers nicht über die eines schuldrechtlichen Gläubigers hinaus, während in materieller Hinsicht eine Verlustbeteiligung an den Vermögensrechten des Unternehmens begründet werden kann. Die vertragliche Freiheit in Bezug auf die Ausgestaltung des Genussrechts führt zu einer weiten Spannbreite des Inhaltes eines Genussrechts. Es kann sowohl mitglied-

80

---

1 BaFin-Fachartikel „Qualifizierte Nachrangklauseln: Alles oder nichts – Risiken für Anleger im Grauen Kapitalmarkt" v. 1.8.2014, abrufbar: https://www.bafin.de/SharedDocs/Veroeffentlichungen/DE/Fachartikel/2014/fa_bj_1408_qualifizierte_nachrangklauseln.html.
2 BaFin-Merkblatt „Hinweise zum Tatbestand des Einlagengeschäfts" v. 11.3.2014, Pkt. 5. a), abrufbar: https://www.bafin.de/SharedDocs/Veroeffentlichungen/DE/Merkblatt/mb_140311_tatbestand_einlagengeschaeft.html.
3 Fünftes Vermögensbildungsgesetz in der Fassung der Bekanntmachung vom 4.3.1994 (BGBl. I 1994, S. 406), zuletzt geändert durch Art. 8 des Gesetzes vom 18.7.2016 (BGBl. I 2016, S. 1679).
4 Körperschaftsteuergesetz in der Fassung der Bekanntmachung vom 15.10.2002 (BGBl. I 2002, 4144), zuletzt geändert durch Art. 4 des Gesetzes vom 19.7.2016 (BGBl. I 2016, S. 1730).
5 *Hammen*, DB 1988, 2549.
6 *Gehling*, WM 1992, 1093 (1096 f.); *Lutter*, ZGR 1993, 291 (311).
7 BGH v. 5.3.1959 – II ZR 145/57, WM 1959, 434 (436); BGH v. 5.10.1992 – II ZR 172/91, NJW 1993, 57; BGH v. 9.11.1992 – II ZR 230/91, NJW 1993, 400 (410); *Habersack* in MünchKomm. AktG, 4. Aufl. 2016, § 221 AktG Rz. 86; *Lutter*, ZGR 1993, 291 (294 f.).
8 *Gehling*, WM 1992, 1093 (1094).

schaftsähnliche Rechte und Pflichten am Vermögen des Unternehmens enthalten, die einerseits denen einer Schuldverschreibung, andererseits Rechten entsprechen, die nach dem Gesetz eine gesellschaftsrechtliche Stellung charakterisieren. Dagegen ist die Möglichkeit einer Emission von Genussrechten von der Rechtsform des Emittenten unabhängig[1].

6. Namensschuldverschreibungen (§ 1 Abs. 2 Nr. 6 VermAnlG)

81 Namensschuldverschreibungen **verbriefen ein Forderungsrecht**, zu dessen Ausübung durch den namentlich Berechtigten die Innehabung der Urkunde erforderlich ist. Mit der Ausstellung der Urkunde wird das verbriefte Recht begründet. Die **Übertragung** erfolgt hingegen auf Grund eines Abtretungsvertrages über die verbriefte Forderung gemäß § 398 BGB, dem das Eigentum an der Urkunde gemäß § 952 Abs. 2 BGB nachfolgt[2]. Die **Ausgestaltung** richtet sich nach den §§ 793, 806 BGB. Im Wesentlichen wird die Urkunde einen Anspruch auf eine (laufende) Verzinsung für den Anleger und eine Rückzahlung des durch Anleger dem Aussteller zur Verfügung gestellten Betrages beinhalten.

82 Es handelt sich um ein forderungsrechtliches Wertpapier im zivilrechtlichen Sinne (**Rektapapier**), bei denen nur der namentlich Berechtigte oder sein Rechtsnachfolger zur Geltendmachung des Anspruchs befugt ist. Der Namensschuldverschreibung fehlt daher die Kapitalmarktfähigkeit, da die allein mögliche Abtretung der Forderung nach den §§ 398 ff. BGB eine Fungibilität und Umlauffähigkeit des Papiers verhindert. Namensschuldverschreibungen konnten daher früher nicht den Wertpapieren iS des Verkaufsprospektgesetzes aF zugeordnet werden[3].

7. Sonstige Anlagen (§ 1 Abs. 2 Nr. 7 VermAnlG)

83 Die Regelung des § 1 Abs. 2 Nr. 7 VermAnlG erfasst potenziell **verschiedenste vertragliche Gestaltungen** der Beteiligung anhand von **zwei Tatbestandalternativen**. Die Alternative 1 stellt einen Spezialfall von Alternative 2 dar. Voraussetzung ist die Vergütung der zeitweisen Überlassung von Geld durch Zinsen oder anderer Vorteile, die zu einer Geldzahlung führen[4]. Dazu gehören zB Direktbeteiligungen an Vermögensgütern oder der Verkauf von reinen Darlehensforderungen, aber auch Kaufverträge mit Rückandienungsrecht bzw. Rückkaufoption[5]. Nicht erfasst werden insbesondere Schuldscheindarlehen von Instituten und Industrieunternehmen, wenn sie auf Basis vertraglicher Vereinbarungen nur mit einer begrenzten Zahl von institutionellen Anlegern geschlossen werden[6], sonstige Geldmarktinstrumente mit einer Laufzeit von weniger als 12 Monaten[7], Versicherungsverhältnisse (zB Kapital-

---

1 *Hammen*, DB 1988, 2549 (2553 f. mwN).
2 OVG Berlin v. 20.2.1980 – 1 B 13.77, juris.
3 *Ritz* in Assmann/Lenz/Ritz, § 1 VerkProspG Rz. 13 f., 19.
4 *Danwerth*, ZBB 2016, 20 (25).
5 Begr. RegE Kleinanlegerschutzgesetz, BT-Drucks. 18/3994, S. 40.
6 Begr. RegE Kleinanlegerschutzgesetz, BT-Drucks. 18/3994, S. 40f.
7 Begr. RegE Kleinanlegerschutzgesetz, BT-Drucks. 18/3994, S. 39.

lebensversicherung mit Gewinnbeteiligungskomponente auf partiarischer Basis)[1], Kaufverträge, die dem Anleger keinen Zins- und Rückzahlungsanspruch einräumen (zB Kauf von Rohstoffen wie Gold oder Silber)[2], Beteiligungsformen, die mangels Verbindlichkeit im Kern ein Spiel oder eine Wette iS des § 762 BGB darstellen[3], Derivate, die wirtschaftlich nicht mit Vermögensanlagen gleichgesetzt werden können, zB Contracts for Difference (CFD)[4].

a) § 1 Abs. 2 Nr. 7 Alt. 1 VermAnlG

Voraussetzung für die Anwendung des Tatbestands ist eine Anlage, deren Ausgestaltung kumulativ einen Anspruch auf Verzinsung und Rückzahlung bzw. Rückerwerb gewährt und wirtschaftlich mit den Katalogtatbeständen einer Anlage nach § 1 Abs. 2 VermAnlG vergleichbar ist[5]. Auf den Zeitpunkt der Rückzahlung kommt es nicht an[6]. Eben so wenig auf die Höhe des Betrags der Rückzahlung. Er kann dem ursprünglichen Anlagebetrag des Anlegers entsprechen oder um erwirtschafte Überschüsse erhöht bzw. durch erwirtschaftete Verluste verringert sein[7]. 84

Beispiele im Sinne der Regelung sind: Direktinvestments in Sachgüter über den Erwerb einzelner Container, Güterwagons, Wechselkoffer, Datenspeichersysteme, Rohstoffe (Gold, Silber usw.), sofern vertraglich neben den Zinszahlungen ein Rückkaufsanspruch ausbedungen wurde, partiarische Rechtsverhältnisse, die nicht auf Darlehensverträgen beruhen, dem Anleger eine Teilhabe an den Zinszahlungen und die künftige Rückzahlung seines Anlagebetrags zusteht, Landpacht mit einer Abhängigkeit des Pachtzinses in Abhängigkeit vom Ernteerfolg, Vermietung gewerblicher Räume, die auf den Geschäftserfolg des Mieters abstellen, Lizenzverträge, die auf den Geschäftserfolg des Lizenznehmers abstellen, Verträge mit Gewinnbeteiligungsklauseln als (Neben-)Bestandteil des Vertrags, Rechtskauf des Anlegers, zB Beteiligung des Anlegers durch Rechtskauf am Gewinnerlös von Kinofilmen, wenn dies mit laufenden Zinszahlungen und Rückzahlung der Anlegergelder verbunden ist[8]. 85

Die **derzeitige Fassung schließt** Rückerwerbe, deren Durchführung vom Willen des Anbieters oder eines Dritten abhängig ist, vom Tatbestand des § 1 Abs. 2 Nr. 7 VermAnlG **aus**. Mit Inkrafttreten der **Neuformulierung** des Tatbestands (siehe dazu oben Rz. 7) werden auch diese Gestaltungen erfasst[9]. 86

---

1 *Bußalb/Vogel*, WM 2015, 1733 (1736).
2 *Bußalb/Vogel*, WM 2015, 1733 (1736).
3 *Bußalb/Vogel*, WM 2015, 1733 (1737).
4 *Bußalb/Vogel*, WM 2015, 1733 (1737).
5 Begr. RegE Kleinanlegerschutzgesetz, BT-Drucks. 18/3994, S. 39; *Riethmüller*, DB 2015, 1451.
6 *Danwerth*, ZBB 2016, 20 (24).
7 *Danwerth*, ZBB 2016, 20 (24).
8 *Bußalb/Vogel*, WM 2015, 1733 (1736).
9 Begr. RegE 1. FiMaNoG, BT-Drucks. 18/7482, 78.

b) § 1 Abs. 2 Nr. 7 Alt. 2 VermAnlG

87 **Erfasst** wird eine Anlage, die auf die Vermittlung eines vermögenswerten, auf Barausgleich gerichteten Anspruchs für die zeitweise Überlassung von Geld abstellt. Bei diesen Anlageformen handelt es sich um Rechtsverhältnisse, die insbesondere keine Verzinsung gewähren, aber etwas wirtschaftlich Vergleichbares, dh. einen auf Barausgleich gerichteten Anspruch des Anlegers[1]. **Beispiele** sind: Anlagen zB in Holzplantagen, wenn keine Zinsen gewährt, sondern am Ende der Laufzeit die Rückzahlung mit Gewinn oder Verlust versprochen wird, Gewinn- bzw. Verlustbeteiligung auf Basis eines Rechtskaufs, aber ohne laufende Verzinsung, zB Beteiligungserlöse an einem Kinofilm[2].

VI. Emittent (§ 1 Abs. 3 VermAnlG)

88 Der Emittent der Vermögensanlage ist die **juristische Person** oder die **Personengesellschaft**, die Kapital über die Ausgabe von Vermögensanlagen an in Gestalt gesellschaftsrechtlicher oder forderungsrechtlicher Beteiligungen an Anleger im Wege des öffentlichen Angebots ausgibt[3]. Die Eigenschaft als Emittent iS des VermAnlG bleibt solange erhalten, bis die vollständige Tilgung der Vermögensanlage abgeschlossen ist[4].

89 Im Rahmen des **Crowdlending** ist weder die das Angebot unterbreitende Zweckgesellschaft noch die das Darlehen ausreichende Bank, sondern der Darlehensnehmer als Emittent anzusehen. Crowdlending-Plattformen können daher im Rahmen der Bestimmungen nach § 2a VermAnlG und § 34f GewO prospektfrei agieren, soweit ein einzelnes Darlehen eines Emittenten die Grenze von 2,5 Mio. Euro nicht übersteigt oder verschiedene Darlehen verschiedener Emittenten zu einer einheitlichen Refinanzierung zusammengeführt werden[5].

§ 2
Ausnahmen für einzelne Arten von Vermögensanlagen

(1) Die §§ 5a bis 26 mit Ausnahme von § 18 Absatz 2 *[(ab 31.12.2016, siehe unten Rz. 2:) § 18 Absatz 2 und 3]* sowie § 19 Absatz 1 Nummer 3 *[(ab 31.12.2016,*

---

1 *Bußalb/Vogel*, WM 2015, 1733 (1737).
2 *Bußalb/Vogel*, WM 2015, 1733 (1737).
3 Begr RegE FinAnlVermAnlG, BT-Drucks. 17/6051, S. 32 und Begr RegE Kleinanlegerschutzgesetz, BT-Drucks. 18/3994, S. 40.
4 Begr. RegE Kleinanlegerschutzgesetz, BT-Drucks. 18/3994, S. 40.
5 Beschlussempfehlung und Bericht des Finanzausschusses, BT-Drucks. 18/4708, S. 58; *Riethmüller*, DB 2015, 1453 (1459).

siehe unten Rz. 2:) § 19 Absatz 1 Nummer 3 und 4] dieses Gesetzes sind nicht anzuwenden auf

1. Anteile an einer Genossenschaft im Sinne des § 1 des Genossenschaftsgesetzes, wenn für den Vertrieb der Anteile keine erfolgsabhängige Vergütung gezahlt wird,

1a. Vermögensanlagen im Sinne von § 1 Absatz 2 Nummer 3, 4 und 7, deren Emittent eine Genossenschaft im Sinne des § 1 des Genossenschaftsgesetzes ist und die ausschließlich den Mitgliedern der Genossenschaft angeboten werden, wenn für den Vertrieb der Vermögensanlagen keine erfolgsabhängige Vergütung gezahlt wird,

2. Vermögensanlagen, die von Versicherungsunternehmen oder Pensionsfonds im Sinne der §§ 1 und 236 des Versicherungsaufsichtsgesetzes emittiert werden,

3. Angebote, bei denen

    a) von derselben Vermögensanlage im Sinne von § 1 Absatz 2 nicht mehr als 20 Anteile angeboten werden,

    b) der Verkaufspreis der im Zeitraum von zwölf Monaten angebotenen Anteile einer Vermögensanlage im Sinne des § 1 Absatz 2 insgesamt 100.000 Euro nicht übersteigt,

    c) der Preis jedes angebotenen Anteils einer Vermögensanlage im Sinne des § 1 Absatz 2 mindestens 200.000 Euro je Anleger beträgt,

4. Angebote, die sich nur an Personen richten, die beruflich oder gewerblich für eigene oder fremde Rechnung Wertpapiere oder Vermögensanlagen erwerben oder veräußern,

5. Vermögensanlagen, die Teil eines Angebots sind, für das bereits im Inland ein gültiger Verkaufsprospekt veröffentlicht worden ist,

6. Vermögensanlagen, die einem begrenzten Personenkreis oder nur den Arbeitnehmern von ihrem Arbeitgeber oder von einem mit dessen Unternehmen verbundenen Unternehmen angeboten werden,

7. Vermögensanlagen, die ausgegeben werden

    a) von einem Mitgliedstaat der Europäischen Union, einem anderen Vertragsstaat des Abkommens über den Europäischen Wirtschaftsraum, einem Vollmitgliedstaat der Organisation für wirtschaftliche Entwicklung und Zusammenarbeit, sofern dieser nicht innerhalb der letzten fünf Jahre seine Auslandsschulden umgeschuldet oder vor vergleichbaren Zahlungsschwierigkeiten gestanden hat, oder einem Staat, der mit dem Internationalen Währungsfonds besondere Kreditabkommen im Zusammenhang mit dessen Allgemeinen Kreditvereinbarungen getroffen hat,

    b) von einer Gebietskörperschaft der in Buchstabe a genannten Staaten,

    c) von einer internationalen Organisation des öffentlichen Rechts, der mindestens ein Mitgliedstaat der Europäischen Union oder ein anderer Vertragsstaat des Abkommens über den Europäischen Wirtschaftsraum angehört,

d) von einem Kreditinstitut im Sinne des § 1 Absatz 1 des Kreditwesengesetzes, von einem Finanzdienstleistungsinstitut, das Finanzdienstleistungen im Sinne des § 1 Absatz 1a Satz 2 Nr. 1 bis 4 des Kreditwesengesetzes erbringt, von der Kreditanstalt für Wiederaufbau oder einem nach § 53b Absatz 1 Satz 1 oder Absatz 7 des Kreditwesengesetzes tätigen Unternehmen, das regelmäßig seinen Jahresabschluss offen legt, sofern die Ausgabe außer im Falle der Ausgabe von Namensschuldverschreibungen dauerhaft oder wiederholt erfolgt; eine wiederholte Ausgabe liegt vor, wenn in den zwölf Kalendermonaten vor dem öffentlichen Angebot mindestens eine Emission innerhalb der Europäischen Union oder innerhalb eines anderen Vertragsstaates des Abkommens über den Europäischen Wirtschaftsraum ausgegeben worden ist, oder

e) von einer Gesellschaft oder juristischen Person mit Sitz in einem Mitgliedstaat der Europäischen Union oder in einem anderen Vertragsstaat des Abkommens über den Europäischen Wirtschaftsraum, die ihre Tätigkeit unter einem Staatsmonopol ausübt und die durch ein besonderes Gesetz oder auf Grund eines besonderen Gesetzes geschaffen worden ist oder geregelt wird oder für deren Vermögensanlagen ein Mitgliedstaat der Europäischen Union oder eines seiner Bundesländer oder ein anderer Vertragsstaat des Abkommens über den Europäischen Wirtschaftsraum oder eines seiner Bundesländer die unbedingte und unwiderrufliche Gewährleistung für ihre Verzinsung und Rückzahlung übernommen hat,

8. Vermögensanlagen, die bei einer Umwandlung von Unternehmen nach den Vorschriften des Umwandlungsgesetzes angeboten werden oder die als Gegenleistung im Rahmen eines Angebots nach dem Wertpapiererwerbs- und Übernahmegesetz angeboten werden, und

9. Vermögensanlagen, die vor dem 1. Juli 2005 erstmals veräußert worden sind und nach dem 1. Juli 2005 öffentlich auf einem Markt angeboten werden, der regelmäßig stattfindet, geregelte Funktions- und Zugangsbedingungen hat, für das Publikum unmittelbar oder mittelbar zugänglich ist und unter der Verantwortung seines Betreibers steht.

(2) In den Angeboten nach Absatz 1 Nummer 1a und 3 ist darauf hinzuweisen, dass eine Prospektpflicht nicht besteht. Bei Angeboten nach Absatz 1 Nummer 1a hat der Vorstand der Genossenschaft dafür zu sorgen, dass den Mitgliedern der Genossenschaft vor Vertragsschluss die wesentlichen Informationen über die Vermögensanlage zur Verfügung gestellt werden.

In der Fassung vom 6.12.2011 (BGBl. I 2011, S. 2481), zuletzt geändert durch das Erste Finanzmarktnovellierungsgesetz vom 30.6.2016 (BGBl. I 2016, S. 1514).

Schrifttum: *Casper*, Das Kleinanlegerschutzgesetz, ZBB 2015, 263; *Fleischer*, Prospektpflicht und Prospekthaftung für Vermögensanlagen des Grauen Kapitalmarkts, BKR 2004, 339; *Geibel*, Können eingetragene Genossenschaften Investment-Vermögen im Sinne des KAGB sein?,

WM 2015, 1649; *Jäger/Voß*, Prospektpflicht und -prüfung bei geschlossenen Schiffsfonds, in Winter/Hennig/Gerhard (Hrsg.), Grundlagen der Schiffsfinanzierung, 2007, S. 893; *Kollmorgen/Feldhaus*, Neues von der Prospektpflicht für Mitarbeiterbeteiligungsprogramme, BB 2007, 2757; *Lüdicke/Arndt* (Hrsg.), Geschlossene Fonds, 6. Aufl. 2013; *Pötzsch*, Das Dritte Finanzmarktförderungsgesetz, WM 1998, 949; *Renz/Jäger/Maas*, Compliance für geschlossene Fonds – Praxis-Leitfaden für Anbieter, Vertrieb und Zweitmarkt, 2013; *Schäfer*, Emission und Vertrieb von Wertpapieren nach dem Wertpapierprospektgesetz, ZIP 1991, 1557; *Sester*, Fallen Anteile an Geschlossenen Fonds unter den Wertpapierbegriff der MiFID bzw. des FRUG?, ZBB 2008, 369.

I. Normentwicklung	1
II. Regelungsinhalt	4
III. Einzelheiten zu den Ausnahmetatbeständen	6
1. Genossenschaften (§ 2 Abs. 1 Nr. 1 und 1a VermAnlG)	12
2. Versicherungsunternehmen, Pensionsfonds (§ 2 Abs. 1 Nr. 2 VermAnlG)	20
3. Umfangbezogene Grenzen (§ 2 Abs. 1 Nr. 3 VermAnlG)	21
a) Nicht mehr als 20 Anteile angeboten (§ 2 Abs. 1 Nr. 3 lit. a VermAnlG)	25
b) Verkaufspreis der angebotenen Anteile bis 100.000 Euro innerhalb von zwölf Monaten (§ 2 Abs. 1 Nr. 3 lit. b VermAnlG)	30
c) Preis jedes angebotenen Anteils mindestens 200.000 Euro je Anleger (§ 2 Abs. 1 Nr. 3 lit. c VermAnlG)	34
4. Institutionelle Anleger (§ 2 Abs. 1 Nr. 4 VermAnlG)	38
5. Teilemission (§ 2 Abs. 1 Nr. 5 VermAnlG)	44
a) Materieller Inhalt	45
b) Einzelfälle	48
6. Begrenzter Personenkreis, Arbeitgeberangebote (§ 2 Abs. 1 Nr. 6 VermAnlG)	51
a) Begrenzter Personenkreis (§ 2 Abs. 1 Nr. 6 Var. 1 VermAnlG)	52
b) Angebote an Arbeitnehmer (§ 2 Abs. 1 Nr. 6 Var. 2 VermAnlG)	56
7. Emittenten hoher Bonität (§ 2 Abs. 1 Nr. 7 VermAnlG)	59
a) Ausgabe von Vermögensanlagen durch die öffentliche Hand (§ 2 Abs. 1 Nr. 7 lit. a–c VermAnlG)	60
b) Ausgabe von Vermögensanlagen durch Kredit- oder Finanzdienstleistungsinstitute (§ 2 Abs. 1 Nr. 7 lit. d VermAnlG)	61
aa) Wiederholende Ausgabe	63
bb) Dauerhafte Ausgabe	67
c) Ausgabe von Vermögensanlagen durch Staatsmonopolisten (§ 2 Abs. 1 Nr. 7 lit. e VermAnlG)	70
8. Umwandlungen, Übernahmen (§ 2 Abs. 1 Nr. 8 VermAnlG)	71
9. Zweitmarkt (§ 2 Abs. 1 Nr. 9 VermAnlG)	
a) Entstehung	75
b) Erscheinungsformen	80
aa) Offene Handelsplattformen	82
bb) Emissionshausinterne Plattformen	83
cc) Käuferplattformen	84
dd) Vertrieb durch Platzierungsgaranten	85
c) Materielle Anforderungen	86
aa) Regelmäßiger Markt	87
bb) Geregelte Funktions- und Zugangsbedingungen	88
cc) Zugänglichkeit für das Publikum	93
dd) Verantwortung des Betreibers	94

I. Normentwicklung

1 Die Regelungen des § 2 VermAnlG knüpfen in der ursprünglichen Fassung mit leichten redaktionellen Anpassungen an den **bislang im aufgehobenen § 8f Abs. 2 VerkProspG enthaltenen Ausnahmekatalog** an.[1] Die Grundlagen für den Wortlaut und Inhalt der zB in den Nrn. 4-8 enthaltenen Ausnahmen gehen weiter auf die ursprünglichen §§ 2-4 VerkProspG aF zurück[2], während ebenso zT (in Gestalt von Nr. 3) die Anlehnung an die Bestimmungen des WpPG[3] oder nachträgliche Ergänzungen wie die Nr. 9 unverändert verbleiben.

Der Gesetzgeber hat mit § 2 Abs. 1 VermAnlG **sektoral** eine **Freistellung der Anbieter von den Vorgaben des VermAnlG** trotz grundsätzlichen Vorliegens eines öffentlichen Angebots umgesetzt. Die Anbieter sind in diesen Fällen von den Bestimmungen des zweiten und dritten Abschnittes des VermAnlG grundsätzlich ausgenommen.

2 Dieser Grundsatz und einzelne Ausnahmetatbestände erfuhren zahlreiche Überarbeitungen. Die auf den zweiten und dritten Abschnitt bezogene Freistellung der Anbieter wurde auf die im Rahmen des **Kleinanlegerschutzgesetzes** eingefügten §§ 5a und 5b VermAnlG erweitert. Dies war eine notwendige Anpassung, damit deren Vorgaben auf Angebote einer Vermögensanlage iS des § 2 VermAnlG keine Anwendung finden.[4] Eine systematische Berichtigung fand im Rahmen des **Ersten Finanzmarktnovellierungsgesetzes** statt, um die bisherige Erfassung der im Rahmen des Kleinanlegerschutzgesetzes neu eingeführten Ermächtigungsgrundlage nach §§ 18 Abs. 2, 19 VermAnlG unter den Ausnahmetatbeständen zu vermeiden. Klargestellt wird nunmehr, dass die Befugnisse der Bundesanstalt zur Produktintervention nach § 4b WpHG für alle beaufsichtigten Vermögensanlagen gelten.[5] Eine weitere Änderung ergibt sich aus der Umsetzung der **Verordnung (EU) Nr. 1286/2014**[6]. Die zum in der Verordnung vorgesehenen Anwendungszeitpunkt am 31.12.2016 in Kraft tretenden Regelungen zogen eine weitere, klarstellende Anpassung des Freistellungsgrundsatzes für die Anbieter nach sich.[7] Die Pflichten zur Veröffentlichung und Bereitstellung von Basisinformationsblättern nach der Verordnung (PRIIP-VO) sind direkt anwendbar, die Bestimmungen des VermAnlG treten zurück.[8]

3 Erweitert wurde im Rahmen des Kleinanlegerschutzgesetzes die Privilegierung von **Genossenschaften**. Diese können durch die Einführung des § 2 Abs. 1 Nr. 1a VermAnlG nunmehr ihren Mitgliedern nicht nur die Anteile an der Genossenschaft

---

1 Begr. RegE, BT-Drucks. 17/6051, S. 54.
2 Begr. RegE AnSVG, BT-Drucks. 15/3174 v. 24.5.2004, S. 42.
3 Begr. RegE AnSVG, BT-Drucks. 15/3174 v. 24.5.2004, S. 42.
4 Begr. RegE Kleinanlegerschutzgesetz, BT-Drucks. 18/3994, S. 40; Beschlussempfehlung und Bericht des Finanzausschusses, BT-Drucks. 18/4708, S. 63.
5 Begr. RegE 1. FiMaNoG, BT-Drucks. 18/7482, S. 78.
6 Verordnung (EU) Nr. 1286/2014 des Europäischen Parlaments und des Rates vom 26.11.2014 über Basisinformationsblätter für verpackte Anlageprodukte für Kleinanleger und Versicherungsanlageprodukte (PRIIP), ABl. EU Nr. L 352 v. 9.12.2014, S. 1 und Nr. L 358 v. 13.12.2014, S. 50.
7 Art. 17 Abs. 1 und Abs. 4 1. FiMaNoG vom 30.6.2016, BGBl. I 2016, S. 1543/1544.
8 Begr. RegE 1. FiMaNoG, BT-Drucks. 18/7482, S. 78.

selbst iS des § 2 Abs. 1 Nr. 1 VermAnlG, sondern auch Anteile an Vermögensanlagen nach den § 1 Abs. 2 Nr. 3, 4 und 7 VermAnlG anbieten, ohne die vom VermAnlG grundsätzlich vorgesehenen Informationsmaterialien erstellen zu müssen.[1] Im Rahmen der Beratungen wurde dieses Privileg aus Gründen der Missbrauchsprävention insofern eingeschränkt, als dass der Vertrieb dieser Vermögensanlagen nicht auf der Grundlage einer erfolgsabhängigen Vergütung erfolgen darf.[2] Den Vorständen der Genossenschaften werden im Übrigen nach § 2 Abs. 2 Satz 2 VermAnlG Informationspflichten auferlegt. Diese müssen den Mitgliedern zur Erhöhung der Transparenz die wesentlichen Informationen über die Vermögensanlage, insbesondere der damit verbundenen Risiken, zukommen lassen.[3] Des Weiteren führte der Gesetzgeber eine spezielle **Hinweisverpflichtung** nach § 2 Abs. 2 Satz 1 VermAnlG, die auf die fehlende Prospektpflicht verweist, für die Ausnahmenregelungen des § 2 Abs. 1 Nr. 1a und 3 VermAnlG ein. Der Ausnahmetatbestand des § 2 Abs. 1 Nr. 5 VermAnlG wurde an die durch das Kleinanlegerschutzgesetz eingeführte Regelung der begrenzten Gültigkeit eines Verkaufsprospekts nach § 8a VermAnlG angepasst.

II. Regelungsinhalt

Die Vorschrift befreit bestimmte Vermögensanlagen und Angebotskonstellationen trotz grundsätzlichen Vorliegens eines öffentlichen Angebots der Vermögensanlage von der allgemein von § 1 Abs. 1 VermAnlG aufgestellten Verpflichtung zur Veröffentlichung eines Verkaufsprospekts. Die einzelnen **Befreiungstatbestände** dienen der **Verhinderung einer Überregulierung bestimmter Angebote**, bei denen die Bonität des Emittenten, die Größe des Konzepts oder auch der angesprochene Anlegerkreis eine zwangsweise Schaffung einer weiteren Informationsquelle nicht rechtfertigen. Vielmehr geht der Gesetzgeber davon aus, dass sich die angesprochenen Anleger die Informationen selbst beschaffen können und daher nicht schutzwürdig sind[4]. Die Regelungen enthalten sowohl quantitative Kriterien, die eine Prospektpflicht anhand des Umfangs des unternehmerischen Projekts oder der Höhe der einzelnen Beteiligung ausschließen, als auch qualitative Kriterien, die sich am Anbieter, dem Emittenten oder der angesprochenen Anlegergruppe orientieren und auf Grund der damit vorausgesetzten Erfüllung von Informationspflichten bzw. der Unterstellung, dass die notwendigen Informationen durch den angesprochenen Anleger selbständig besorgt werden können, eine weitere durch einen Verkaufsprospekt erfolgte Aufklärung für überflüssig erachten.

4

Die Regelungen des § 2 Abs. 2 VermAnlG dienen der **Sicherstellung der Transparenz** für den Anleger, wenn in bestimmten Fällen keine gesetzliche Prospektpflicht für ein öffentliches Angebot einer Vermögensanlage besteht. Auf diesen Umstand ist hinzuweisen.

5

---

1 Begr. RegE Kleinanlegerschutzgesetz, BT-Drucks. 18/3994, S. 40.
2 Beschlussempfehlung und Bericht des Finanzausschusses, BT-Drucks. 18/4708, S. 63.
3 Begr. RegE Kleinanlegerschutzgesetz, BT-Drucks. 18/3994, S. 40.
4 Begr. RegE AnSVG, BT-Drucks. 15/3174 v. 24.5.2004, S. 42; Begr. RegE FinAnlVermAnlG, BT-Drucks. 17/6051 v. 6.6.2011, S. 32.

Die Regelungen des § 2 Abs. 2 Satz 2 VermAnlG stellen das Spiegelbild der neu eingeführten Befreiung einer Genossenschaft nach § 2 Abs. 1 Nr. 1a VermAnlG dar, denjenigen Mitgliedern, die ihr Darlehen iS des § 1 Abs. 2 Nr. 3, 4 oder 7 VermAnlG zur Verfügung stellen wollen, die wesentlichen Informationen über die Vermögensanlage, insbesondere die mit ihr verbundenen Risiken, zukommen lassen. Dies kann durch projektbezogene Informationen seitens der Genossenschaft erfolgen, zB durch den Hinweis, dass die Unterlagen für ein Projekt in den Geschäftsräumen der Genossenschaft zur Einsichtnahme durch die Mitglieder ausliegen[1].

III. Einzelheiten zu den Ausnahmetatbeständen

6 Der Gesetzgeber listet in § 2 Abs. 1 VermAnlG verschiedene **Fallgruppen** auf, bei denen die Pflicht zur Erstellung eines Verkaufsprospekts trotz bestehender Eröffnung des Anwendungsbereich des § 1 VermAnlG ausgeschlossen wird. Die Ausnahmeregelungen sind mit Einführung des Kleinanlegerschutzgesetzes nicht mehr abschließend. Die §§ 2a-2d VermAnlG enthalten weitere **sektorale Ausnahmetatbestände**. Die Befreiung erfolgt kraft Gesetzes. Ein Antrag des Anbieters ist nicht erforderlich. Die Erfüllung der einzelnen Tatbestandsvoraussetzungen ist von ihm zu verantworten und sicher zu stellen, um nicht aufsichtsrechtliche Maßnahmen und Prospekthaftungsansprüchen ausgesetzt zu werden.[2] Die Bundesanstalt kann ein fehlerhaft prospektfrei erfolgtes Angebot einer Vermögensanlage nach § 18 Abs. 1 Nr. 2 VermAnlG untersagen und den Verstoß mit einem Bußgeld ahnden, § 29 Abs. 1 Nr. 1a VermAnlG.

7 Das Gesetz unterbindet eine **Kombination verschiedener Ausnahmetatbestände** durch den Anbieter grundsätzlich nicht[3]. Von der Größenordnung an sich prospektpflichtige Angebote können durch die Aufteilung und Inanspruchnahme verschiedener Ausnahmen insgesamt prospektfrei angeboten werden. Die Inanspruchnahme der Ausnahmeregelungen kann für das gleiche Angebot einer Beteiligung sowohl gleichzeitig als auch nacheinander in Anspruch genommen werden. Ausgenommen von der Kombinationsfähigkeit sind Ausnahmetatbestände auf der Grundlage einer Vermögensanlage, die in ihrer Kombination zum Ausschluss eines Ausnahmetatbestands führen, zB ist die Kombination von 20 Anteilen einer Vermögensanlage nach § 2 Abs. 1 Nr. 3 lit. a VermAnlG nicht mit weiteren Anteilen zum Preis von über 200.000 Euro nach § 2 Abs. 1 Nr. 3 lit. c VermAnlG möglich, da dann insgesamt mehr als 20 Anteile angeboten werden[4].

8 Das **Verhältnis von § 1 Abs. 1 zu § 2 Abs. 1 VermAnlG** ist dogmatisch schwer zu erfassen. Ursache ist die Ausnahme von der Prospektpflicht auf Grund eines An-

---

1 Begr. RegE Kleinanlegerschutzgesetz, Bt-Drucks. 18/3994, S. 40.
2 Vgl. OLG München v. 2.11.2011 – 20 U 2289/11, juris.
3 *Ritz* in Assmann/Lenz/Ritz, § 2 VerkProspG Rz. 4; vgl. gesetzlich geregelte Ausnahme nach § 2a Abs. 4 VermAnlG.
4 *Arndt/Bruchwitz* in Arndt/Voß, § 8f VerkProspG Rz. 117.

gebots an einen begrenzten Personenkreis nach § 2 Abs. 1 Nr. 6 VermAnlG.[1] In der Literatur herrschte bereits zum VerkProspG aF Streit hinsichtlich des Verhältnisses zwischen einem „begrenzten" Personenkreis" im Verständnis einer Privatplatzierung und einem öffentlichen Angebot[2]. Dieser Streit hat nun insofern seine Schärfe verloren, als dass der Gesetzgeber in der Gesetzesbegründung zum Ausdruck gebracht hat, die Regelungen des § 2 Abs. 1 VermAnlG ausdrücklich als Ausnahme von einem eigentlich öffentlichen Angebot einer Vermögensanlage zu betrachten.[3]

Im **Schrifttum** wurde unter Heranziehung systematischer Erwägungen vertreten, dass die Ausnahmeregelungen sämtlich echte Ausnahmetatbestände von der sich im Grundfall bestehenden Prospektpflicht darstellen. Das Angebot an einen **begrenzten Personenkreis** könne nach dieser Auffassung durchaus als „öffentlich" betrachtet werden[4]. Das Schutzbedürfnis der Anleger besteht grundsätzlich bei der Ansprache des Kapitalmarkts. Der Gesetzgeber hat mit den Ausnahmevorschriften Fälle bestimmt, in denen er den Adressatenkreis eines Angebots auf Grund anderer Informationsmöglichkeiten für nicht schutzbedürftig hält[5]. Die Bestimmung des begrenzten Personenkreises habe quantitativ zu erfolgen. Der angesprochene Personenkreis müsse derartig überschaubar sein, dass auf Grund der Vermutung einer persönlichen Beziehung zum emittierenden Unternehmen der Nutzen der Erstellung eines aufwendigen Prospekts zu Informationszwecken außer Verhältnis zum Aufwand steht[6]. Eine Festlegung der Größe der angesprochenen Personengruppe wurde aber nicht vorgenommen, vertreten wurden Gruppengrößen von 50 bis 300 Personen[7]. Unter Heranziehung des § 3 Abs. 2 Nr. 2 WpPG aF wurde bereits auch für den Bereich des aufgehobenen VerkProspG aus Rechtssicherheitsgründen die Anwendung der Grenze von 100 Anlegern für die Bestimmung des begrenzten Personenkreises befürwortet[8]. 9

Nach der **Gegenauffassung** ist in der **Privatplatzierung** bereits kein öffentliches Angebot zu erblicken[9]. Eine Notwendigkeit der Aufnahme der Ausnahmebestimmung für die Prospektfreiheit von Angeboten an einen begrenzten Personenkreis hätte es nicht bedurft, ein eigenständiger Anwendungsbereich sei ihr nicht zu zumessen[10]. 10

---

1 Vgl. Stellungnahme DK – Die Deutsche Kreditwirtschaft zu Nr. 2 lit. a) GesE der BReg, Entwurf eines Kleinanlegerschutzgesetzes (§ 1 Abs. 2 Nr. 7 VermAnlG) v. 9.3.2015, S. 9.
2 *Ritz* in Assmann/Lenz/Ritz, § 2 VerkProspG Rz. 10 ff.
3 Begr. RegE FinAnlVermAnlG, BT-Drucks. 17/6051, S. 32.
4 *Hüffer*, Das Wertpapier-Verkaufsprospektgesetz, S. 27; *Kullmann/Müller-Deku*, WM 1996, 1989 (1992). Vgl. auch Begr. RegE Wertpapier-Verkaufsprospektgesetz, BT-Drucks. 11/6340 v. 1.2.1990, S. 1, 11, zu § 2 VerkProspG, in der festgestellt wird, dass „bei bestimmten Formen des öffentlichen Angebots" keine Prospektpflicht besteht.
5 *Hüffer*, Das Wertpapier-Verkaufsprospektgesetz, S. 27.
6 *Hüffer*, Das Wertpapier-Verkaufsprospektgesetz, S. 51.
7 Siehe *Ritz* in Assmann/Lenz/Ritz, § 2 VerkProspG Rz. 11 mwN.
8 *Krämer* in Heidel, Aktienrecht und Kapitalmarktrecht, § 8f VerkProspG Rz. 35; iE wohl auch *Arndt/Bruchwitz* in Arndt/Voß, § 8f VerkProspG Rz. 84: Die Grenze des § 3 Abs. 2 Nr. 2 WpPG wurde nunmehr auf 150 Personen angehoben.
9 *Hamann* in Schäfer, § 2 VerkProspG Rz. 3; *Ritz* in Assmann/Lenz/Ritz, § 2 VerkProspG Rz. 13.
10 *Hamann*, in Schäfer, § 2 VerkProspG Rz. 3.

Die Bestimmung des begrenzten Personenkreises habe orientiert am Schutzzweck des Gesetzes jeweils am Einzelfall individuell zu erfolgen[1].

11 Ein **sachgerechtes Ergebnis** lässt sich über eine vermittelnde Herangehensweise erzielen. Der Begriff „öffentlich" in § 1 Abs. 1 VermAnlG beschreibt noch keine konkrete Qualifikation des Anlegerkreises bei der Vornahme des Angebots einer Vermögensanlage. Er bezeichnet allein das Herantreten des Emittenten an den Kapitalmarkt unter Ansprache eines beliebigen Personenkreises zur Abgabe eines Kaufangebots über ein beliebiges Medium. Erst wenn die angesprochene Personengruppe Merkmale quantitativer oder qualitativer Art in den Tatbeständen des § 2 Abs. 1 VermAnlG aufweist, entfällt die Prospektpflicht, weil der Gesetzgeber davon ausgeht, dass es diesen Personengruppen auf Grund der Möglichkeit der zu einem Verkaufsprospekt entsprechenden Informationsbeschaffung auf andere Art und Weise an einer Schutzbedürftigkeit ermangelt (vgl. auch § 2 WpPG Rz. 47). Hierbei handelt es sich jedoch nur um eine Fiktion, denn die Voraussetzungen der Ausnahmevorschriften können vorliegen, ohne dass der Anleger tatsächlich über die einem Verkaufsprospekt gleichzustellenden Informationen verfügt[2]. Es handelt sich daher bei den Regelungen des § 2 Abs. 1 VermAnlG um echte Ausnahmetatbestände. Der begrenzte Personenkreis, also die Privatplatzierung, kann mangels zahlenmäßiger Vorgabe des Gesetzes jedoch nur anhand qualitativer Merkmale bestimmt werden. Quantitativen Merkmalen der Personengruppe kommt lediglich eine Indizwirkung zu. Denn je größer die angesprochene Anlegergruppe ist, desto unwahrscheinlicher ist eine persönliche Beziehung zum Emittenten anzunehmen, die für eine umfängliche und wahrheitsgemäße Information des einzelnen Anlageinteressenten sorgen kann. Das die zahlenmäßige Überschaubarkeit einer Anlegergruppe für sich allein als Indizwirkung nicht ausreichen kann, folgt bereits aus § 2 Abs. 1 Nr. 3 lit. a VermAnlG. Mit dieser Regelung hat der Gesetzgeber die Ausnahme von der Prospektpflicht anhand einer allein zahlenmäßig zu bestimmenden Anlegergruppe auf Grund der Festlegung der Höchstzahl der Anteile am Emittenten vorgenommen. Hinter dieser Begrenzung steht aber auch die qualitative Vermutung des Gesetzgebers, dass die Erwerber der Anteile auf Grund bestimmter Merkmale, wie beabsichtigte unternehmerische Tätigkeit und bestehender persönlicher Kontakt untereinander und zum Emittenten, über die gesellschaftsrechtlichen Schutzrechte hinaus keiner weiteren Schutzmaßnahmen mehr bedürfen[3]. Im Rahmen des § 2 Abs. 1 Nr. 6 VermAnlG dreht sich nun das Verhältnis der Anwendung von quantitativen und qualitativen Merkmalen zur Auslegung der Vorschrift wieder um. Das quantitative Element tritt mangels gesetzlicher Bestimmung hinter die qualitativen Elemente der Charakterisierung der Anlegergruppe zurück.

---

1 *Schäfer*, ZIP 1991, 1557 (1559); *Ritz* in Assmann/Lenz/Ritz, § 2 VerkProspG Rz. 13.
2 *Hüffer*, Das Wertpapier-Verkaufsprospektgesetz, S. 22 f.
3 So schon die Begr. RegE zum Gesetz über den Vertrieb von Anteilen an Vermögensanlagen, BT-Drucks. 8/1405 v. 2.1.1978, S. 11.

1. Genossenschaften (§ 2 Abs. 1 Nr. 1 und 1a VermAnlG)

Gemäß § 2 Abs. 1 Nr. 1 und 1a VermAnlG werden Emissionen einer Genossenschaft in Form von **Angeboten von Anteilen an der Genossenschaft** gemäß § 1 GenG sowie von partiarischen und Nachrangdarlehen nach den § 1 Abs. 2 Nrn. 3, 4 und 7 VermAnlG von einer Prospektpflicht nach § 6 VermAnlG ausgenommen. Es handelt sich um eine emittentenbezogene Ausnahme. Der Gesetzgeber erkennt die Vorkehrungen, die die Genossenschaften auf der Grundlage des GenG für den Schutz der Mitglieder betreiben müssen als gleichwertig zu den Bestimmungen des Schutzes von Anlegern nach dem VermAnlG an. Dem Schutzbedürfnis der Anleger wird durch eine Überprüfung der Gründung und der Geschäftstätigkeiten der Genossenschaften hinsichtlich ihre wirtschaftlichen Verhältnisse und der Ordnungsmäßigkeit der Geschäftsführung durch qualitätsgeprüfte und staatlich beaufsichtigte Prüfverbände ausreichend Rechnung getragen wird[1]. Diese umfassenden Kontrollmaßnahmen sind in §§ 53 ff. GenG festgelegt. Der **Förderzweck** der erfassten Genossenschaft ist für die Inanspruchnahme der Ausnahmeregelung nicht eng auf die Erreichung kapitalmarktbezogener Zwecke für ihre Mitglieder im Sinne einer Erwerbs- oder Wirtschaftsgenossenschaft beschränkt. Der Verweis auf § 1 GenG erfasst jede Genossenschaft[2].

Die Einfügung des § 2 Abs. 1 Nr. 1a VermAnlG kann als **Reaktion** einer den **Geschäftsmodellen der Genossenschaften** umfassend entgegenkommenden, in den Finanzierungsformen bisher als zu einengend[3] empfundenen Regulierung vor allem im Hinblick auf von Rechtsunsicherheiten im Umgang mit Genossenschaften geprägte Verwaltungspraxis mit **Inkrafttreten des KAGB** verstanden werden. Aus der Verwaltungspraxis der Bundesanstalt im Umgang mit der Auslegung des Anwendungsbereichs von § 1 Abs. 1 KAGB gegenüber Genossenschaften ergab sich ein Zielkonflikt verschiedener Regelungswerke. Die Unterwerfung einer Genossenschaft unter das Regelungsregime des KAGB über die aufsichtsrechtlich veranlasste Satzungsänderung ist als ein Verstoß gegen die Förderzweckbindung des § 1 GenG aufzufassen.[4] Das Genossenschaftsrecht sieht bereits das Betreiben einer auf den Vermögenszuwachs gerichtete Investitionstätigkeit für ihre Mitglieder als Hauptzweck ihrer Geschäftstätigkeit nicht vor.[5] Die nunmehr geänderte Verwaltungsauffassung engt den Begriff des Investmentvermögens nach § 1 Abs. 1 KAGB spezifisch für Genossenschaften so ein, dass die Ausrichtung der Genossenschaften auf einen besonderen

---
1 Begr. RegE AnSVG, BT-Drucks. 15/3174 v. 24.5.2004, S. 42.
2 Begr. RegE zum GenG, BT-Drucks. 16/1025 v. 17.5.2006, S. 80 f., und Neufassung des Genossenschaftsgesetzes in Form der Bekanntmachung vom 16.10.2006 (BGBl. I 2006, S. 2230), zuletzt geändert durch Art. 10 des Gesetzes vom 10.5.2016 (BGBl. I 2016, S. 1142).
3 Vgl. Stellungnahme des Zentralverbandes deutscher Konsumgenossenschaften e.V. zur Anhörung des Finanzausschusses zum Kleinanlegerschutzgesetz, S. 1.
4 Vgl. Empfehlung Nr. 24 Stellungnahme BR GesE Kleinanlegerschutzgesetz, BR-Drucks. 638/14 (B), S. 25; DGRV, Stellungnahme zu dem Entwurf der Bundesregierung für ein Kleinanlegerschutzgesetz (BT-Drucks. 18/3994) vom 11.3.2015, Nr. 3.
5 Vgl. Empfehlung Nr. 24 Stellungnahme BR GesE Kleinanlegerschutzgesetz, BR-Drucks. 638/14 (B), S. 26; *Geibel*, WM 2015, 1649 (1653).

Förderzweck eine im Vordergrund stehende, fondstypische reine Gewinnerzielungsabsicht ausschließt, eine bloße Beteiligungsklausel nicht mehr per se bedenklich ist und bei wertender Gesamtschau regelmäßig keine festgelegte Anlagestrategie verfolgt.[1] Damit fällt das Angebot von Genossenschaftsanteilen grundsätzlich wieder in den Anwendungsbereich des § 1 VermAnlG. Zuvor sah die Bundesanstalt für eingetragene Genossenschaften den Anwendungsbereich des KAGB in Abhängigkeit von der Art und Ausgestaltung in Einzelfällen für eröffnet an.[2] Einer Genossenschaft wurde eine operative Tätigkeit abgesprochen, wenn ihre Investitionstätigkeit im Verhältnis zur operativen Tätigkeit den Rahmen einer untergeordneten Neben- und Hilfstätigkeit überschreitet.[3] Im Übrigen wurde bereits die in der Genossenschaftssatzung niederlegte Möglichkeit der Beteiligung als ausreichend für die Annahme eines Investmentvermögens angesehen.[4]

14 Die Anwendbarkeit einer Ausnahme von der Prospektpflicht richtet sich nach dem **konkreten Gegenstand des Angebots der Genossenschaft** im Rahmen der Mitgliederwerbung. Die Ausnahmevorschriften nach § 2 Abs. 1 Nr. 1 und 1a VermAnlG sind grundsätzlich separat zu betrachten. Ein Hinweis im Rahmen des Angebots von Genossenschaftsanteilen, dass die Genossenschaft sich ebenfalls über Darlehen ihrer Mitglieder finanziere, ist unerheblich, solange nur Anteile an der Genossenschaft angeboten werden. Voraussetzung und Einschränkung für die Anwendbarkeit der Ausnahme nach Nr. 1a ist es, dass das Angebot der Vermögensanlagen nach § 1 Abs. 2 Nrn. 3, 4 und 7 VermAnlG nur an Mitglieder der Genossenschaft prospektfrei möglich ist, um zu gewährleisten, dass den Darlehensgebern vor Abschluss des Vertrages die Risikoinformationen nach § 2 Abs. 2 Satz 2 VermAnlG zukommen.

15 Die Ausgestaltung des Angebots der Genossenschaft in Form einer Verbindung des Antrags auf Mitgliedschaft mit dem gleichzeitigen Abschluss eines **Darlehensvertrages** stellt sich als prospektpflichtig dar, da sich das Angebot zum Darlehensabschluss an Nichtmitglieder der Genossenschaft richtet.[5]

16 Begibt die Genossenschaft **andere** als die von der Befreiung erfassten **Vermögensanlagen**, beispielsweise Genussrechte, ist deren Angebot grundsätzlich prospektpflichtig. **Abgrenzungsprobleme** sind hier unter dem Ausnahmetatbestand des § 2 Abs. 1 Nr. 1a VermAnlG zu erwarten. Der sachliche Anwendungsbereich ist auf Ver-

---

1 BaFin, Auslegungsschreiben zum Anwendungsbereich des KAGB und zum Begriff des „Investmentvermögens", Gz.: Q 31-Wp2137-2013/0006 vom 14.6.2013 in der Fassung vom 10.12.2014, Ziffer II.3.
2 BaFin, Auslegungsschreiben zum Anwendungsbereich des KAGB und zum Begriff des „Investmentvermögens", Gz.: Q 31-Wp2137-2013/0006 vom 14.6.2013 in der Fassung vom 10.12.2014, Ziffer II.3 Satz 2.
3 BaFin, Auslegungsschreiben zum Anwendungsbereich des KAGB und zum Begriff des „Investmentvermögens", Gz.: Q 31-Wp2137-2013/0006 vom 14.6.2013 in der Fassung vom 10.12.2014, Ziffer II.3.
4 BaFin, Auslegungsschreiben zum Anwendungsbereich des KAGB und zum Begriff des „Investmentvermögens", Gz.: Q 31-Wp2137-2013/0006 vom 14.6.2013 in der Fassung vom 10.12.2014, Ziffer II.3 Satz 6.
5 Beschlussempfehlung und Bericht des Finanzausschusses, BT-Drucks. 18/4708, S. 58.

mögensanlagen nach § 1 Abs. 2 Nr. 3, 4 und 7 VermAnlG beschränkt. Die Abgrenzung zu Vermögensanlagen in Form atypischer stiller Gesellschaften ist eine Frage der materiellen Ausgestaltung und gestaltet sich schwierig.[1] Unter den Voraussetzungen der Ausnahmebestimmung des § 2 Abs. 1 Nr. 6 Var. 1 VermAnlG könnten jedoch die Mitglieder einer Genossenschaft einen beschränkten Personenkreis darstellen und die Prospektpflicht aus diesem Grunde wieder entfallen (vgl. unten Rz. 51 ff.).

Die Ausnahme nach § 2 Abs. 1 Nr. 1 VermAnlG bezieht sich nur auf Angebote zum Erwerb **direkter Genossenschaftsanteile**. Treuhänderisch vermittelte Angebote eines genossenschaftlichen **Treuhänders** sind nicht von der Prospektpflicht befreit. Hier handelt es sich nicht um privilegierte mitgliedschaftliche, sondern um rein schuldrechtliche Beteiligungen. 17

Die **Ausnahmeregelung** wird durch zusätzliche **Voraussetzungen** flankiert. Der Vertrieb dieser Vermögensanlagen darf zur Vorbeugung von Missbrauch nicht mit der Zahlung einer erfolgsabhängigen Vergütung für gerade diese Vermögensanlagen verknüpft sein.[2] Unberührt bleiben sonstige variable Vergütungsbestandteile mit anderen Bezugsgrößen und auch andere Vertriebsprovisionen für andere Produkte.[3] Die Erfolgsabhängigkeit der Vergütung bemisst sich nicht nach der Wahl des Vertriebspersonals. Sowohl der Eigenvertrieb als auch über dritte Vertriebsintermediäre sind erfasst.[4] Mangels Regelmäßigkeit ist eine Prämienzahlung für Mitglieder in Mitgliederwerbeaktionen nicht als Vertrieb im Sinne der Regelung aufzufassen.[5] 18

Nicht vom VermAnlG erfasst sind die **Darlehen der Genossenschaftsmitglieder** gegenüber der Genossenschaft, die aus dem passiven Belassen eines Guthabens bei der Genossenschaft, zB aufgrund eines nicht erfolgten Abrufs der auf die Einlagen gewährten Gewinnausschüttungen, beruhen.[6] Sie sind das Ergebnis einer individuellen Geschäftsbeziehung. Die Annahme eines öffentlichen Angebots iS von § 1 Abs. 1 VermAnlG scheidet daher von vornherein aus. In diesem Zusammenhang sind im Übrigen die Voraussetzungen zu beachten, die die Annahme eines Einlagengeschäfts ausschließen.[7] 19

2. Versicherungsunternehmen, Pensionsfonds (§ 2 Abs. 1 Nr. 2 VermAnlG)

Gemäß § 2 Abs. 1 Nr. 2 VermAnlG werden von Versicherungsunternehmen und Pensionsfonds begebene Emissionen von Vermögensanlagen iS des § 1 Abs. 2 VermAnlG von der Prospektpflicht befreit. Es handelt sich um eine emittentenbezogene Ausnahme. Sie zielt im Besonderen auf die besondere Bonität und daneben auf die 20

---
1 Vgl. *Casper*, ZBB 2015, 263 (268).
2 Beschlussempfehlung und Bericht des Finanzausschusses, BT-Drucks. 18/4708, S. 63.
3 Beschlussempfehlung und Bericht des Finanzausschusses, BT-Drucks. 18/4708, S. 63.
4 Beschlussempfehlung und Bericht des Finanzausschusses, BT-Drucks. 18/4708, S. 63.
5 Beschlussempfehlung und Bericht des Finanzausschusses, BT-Drucks. 18/4708, S. 63.
6 Begr. RegE Kleinanlegerschutzgesetz, BT-Drucks. 18/3994, S. 40.
7 Vgl. BaFin-Merkblatt „Hinweise zum Tatbestand eines Einlagengeschäfts" v. 11.3.2014, Nr. 5 c), abrufbar unter: www.bafin.de/SharedDocs/Veroefentlichungen/DE/Merkblatt/mb_140311_tatbestand_einlagengeschaeft.html.

3. Umfangbezogene Grenzen (§ 2 Abs. 1 Nr. 3 VermAnlG)

21 Die Regelungen des § 2 Abs. 1 Nr. 3 VermAnlG enthalten Ausnahmen von der grundsätzlich bestehenden Prospektpflicht für öffentliche Angebote von Vermögensanlagen nach § 1 Abs. 2 VermAnlG, da die hier aufgeführten Tatbestände ein besonderes Schutzbedürfnis der Anleger nicht erkennen lassen bzw. auf Grund der Größe der Anlage die selbständige Informationsbeschaffung des Anlegers für eine qualifizierte Anlageentscheidung voraussetzen[2]. Die **Beschränkungen des Anwendungsbereichs** der Prospektpflicht erfolgen **anhand quantitativ bestimmter Grenzen**. Es muss sich jeweils um ein Angebot derselben Vermögensanlage handeln. Unabdingbar für die Inanspruchnahme der Ausnahmevorschriften ist, dass die Bagatellgrenzen in der Konzeption der Verträge oder im Rahmen eines Gesellschafterbeschlusses ausdrücklich festgelegt werden. Denn nicht der wirtschaftliche Erfolg des Angebots beim Anlegerpublikum entscheidet über die Prospektpflicht, sondern deren tatsächliche Ausgestaltung. Dieses Erfordernis stellt einen Reflex des eigentlichen Anwendungsbereichs der Prospektpflicht für öffentliche Vermögensanlagen dar und dient daher nicht allein staatlichen Interessen an einer leichteren Überwachung des Marktes[3].

22 In der Vorschrift sind **drei selbständige Ausnahmetatbestände** zusammengefasst, die für den Ausschluss von der Prospektpflicht Alternativen darstellen.

23 Danach ist das Angebot derselben Vermögensanlage mit nicht mehr **20 Anteilen** (Maximalstückelung), bei einem 100.000 Euro nicht übersteigenden Verkaufspreis der angebotenen Anteile über einen Zeitraum von zwölf Monaten (maximaler Verkaufspreis) oder einen Preis des angebotenen Anteils von mindestens 200.000 Euro je Anleger von der Prospektpflicht ausgenommen (Mindestkaufpreis).

24 Die Ausnahmeregelung in § 2 Abs. 1 Nr. 3 VerkProspG aF hat im Gesetzgebungsverfahren des AnSVG in der Höhe der Mindestbeteiligungssumme (jetzt lit. c) eine starke Erhöhung erfahren. Die ursprünglich im Entwurf vorgesehene Begrenzung des Mindestanteilswertes von 50.000 Euro wurde **auf 200.000 Euro angehoben**, weil die Anteilswerte auf Grund der deutlich höheren Stückelung bei Beteiligungen an geschlossenen Fonds eine weit geringere Risikostreuung des Anlagekapitals zulassen, als dies bei Wertpapieren möglich ist[4].

---

[1] Begr. RegE AnSVG, BT-Drucks. 15/3174 v. 24.5.2004, S. 42.
[2] Begr. RegE AnSVG, BT-Drucks. 15/3174 v. 24.5.2004, S. 42.
[3] BVerfG v. 25.3.1992 – 1 BvR 298/86, BVerfGE 86, 28 = NJW 1992, 2621.
[4] Vgl. Gegenäußerung des Bundesrats zum AnSVG, BT-Drucks. 15/3355 v. 16.6.2004, S. 4; Beschlussempfehlung und Bericht des Finanzausschusses, BT-Drucks. 15/3493 v. 1.7.2004, S. 40.

a) Nicht mehr als 20 Anteile angeboten (§ 2 Abs. 1 Nr. 3 lit. a VermAnlG)

Mit dem Begriff des **Anteils** in der Regelung wird auf die individuelle Beteiligung des Anlegers an der Vermögensanlage abgestellt[1]. Erfasst sind nur Anteile, die öffentlich angebotenen werden.

25

Die Regelung erfasst Fälle, bei denen die Annahme besteht, dass die Erwerber der angebotenen Anteile im Rahmen einer Unternehmensgründung oder -erweiterung selbst unternehmerisch tätig werden wollen. Es liegt also **kein Angebot vor, das sich an das breite Publikum wendet**. Anteile von Gründungsgesellschaftern sind somit grundsätzlich im Rahmen eines öffentlichen Angebots nicht erfasst. Der Gründungsvorgang einer Gesellschaft vollzieht sich üblicherweise außerhalb der Öffentlichkeit. Der Schutzzweck des VermAnlG in der Form des Ausgleichs von Informationsasymmetrien zwischen Emissionsgesellschaft und Anlegerpublikum ist damit bei diesen Personen nicht berührt. Nach der Begründung des Gesetzgebers wird unterstellt, dass der Anleger auf Grund der typischen Nähe der Investoren untereinander keinem besonderen Schutzbedürfnis bei der Anlageentscheidung unterliegt[2]. Auch steht der Erfolg für das Unternehmen in keinem angemessenen Nutzenverhältnis, der mit den erweiterten Anlegerschutzmaßnahmen des VermAnlG einhergeht.

26

Die **Anzahl der Anteile** ist je Vermögensanlage zu verstehen. Die rechtlich identische Ausgestaltung der Vermögensanlage ist entscheidend. Dies kommt Konzeptionen zugute, die eine rechtliche Aufspaltung bestimmter Teilbereiche einer Unternehmung vorsehen. So werden wirtschaftlich zusammenhängende Projekte in mehreren Abschnitten bzw. modular aufgebaut, die von jeweils einer eigenen Gesellschaft realisiert und verwaltet werden. Jede dieser Gesellschaften kann selbständig jeweils bis zu 20 Anteile öffentlich zum Erwerb anbieten, ohne dass eine Prospektpflicht ausgelöst wird. Die Fallgestaltung, die in der Rechtsprechung zur Annahme einer wirtschaftlichen Betrachtungsweise formal von verschiedenen Emittenten angebotener, aber wirtschaftlich als Einheit zu betrachtender Vermögensanlagen geführt hatte[3], ist mit Einführung des KAGB überholt.

27

Verfolgen verschiedene Emittenten in Ansehung desselben Anlageobjekts denselben Zweck und beschränkt sich der Geschäftsgegenstand auf den Erwerb, das Halten, die Verwaltung einer Beteiligung an derselben Beteiligungsgesellschaft, handelt es sich um nicht operativ tätige Gesellschaften sondern um **Investmentvermögen** iS des § 1 Abs. 1 KAGB.[4]

Die rechtlich gebotene **formale Betrachtung** der Vermögensanlage eröffnet Konstellationen, bei denen der Anlegerschutz versagen muss. Denn die formale Betrachtung kann eine Umgehung des Prospektrechts nicht verhindern, wenn für dasselbe Anlageobjekt jeweils immer wieder neue Gesellschaften aufgelegt werden, die formal

28

---

1 *Arndt/Bruchwitz* in Arndt/Voß, § 8f VerkProspG Rz. 69.
2 Begr. RegE AnSVG, BT-Drucks. 15/3174 v. 24.5.2004, S. 42.
3 Vgl. OLG München v. 2.11.2011 – 20 U 2289/11, juris.
4 Vgl. BaFin, Auslegungsschreiben zum Anwendungsbereich des KAGB und zum Begriff des „Investmentvermögens", Gz.: Q 31-Wp 2137-2013/0006 v. 14.6.2013, I Pkt. 7.

immer nur eine Vermögensanlage mit maximal 20 Anteilen anbieten[1]. Ein Auffangtatbestand zur Verhinderung von solchen missbräuchlichen Gestaltungsmöglichkeiten im Interesse des Anlegerschutzes ist im VermAnlG nicht verankert.

29 Die Prospektpflicht nach dem VermAnlG kann für **Fonds**, die bereits vor dem 1.7.2005 mit dem öffentlichen Angebot begonnen haben, nicht dadurch vermieden werden, indem nach diesem Datum das restliche Angebotsvolumen in maximal 20 Anteile gebündelt wird, denn auf Grund der gleich bleibenden rechtlichen Ausgestaltung der Vermögensanlage handelt es sich um dieselbe Vermögensanlage iS der Vorschrift[2].

b) Verkaufspreis der angebotenen Anteile bis 100.000 Euro innerhalb von zwölf Monaten (§ 2 Abs. 1 Nr. 3 lit. b VermAnlG)

30 **Zweck der Regelung** ist es, eine Überregulierung für Kleinprojekte von Vermögensanlagen iS des § 1 Abs. 2 VermAnlG zu verhindern. Die Kosten für die Erstellung eines Prospekts stehen hier in keinem vertretbaren Verhältnis zum Emissionserlös[3]. Eine praktische Bedeutung kommt der Regelung insbesondere bei Kleinprojekten im Bereich erneuerbarer Energien zu, wenn Kommunen oder andere Träger unter finanzieller Beteiligung der Bürger die Solarenergiegewinnung, zB auf Schuldächern, einsetzen wollen.

31 Der **Verkaufspreis entspricht dem Erwerbspreis** iS von § 4 Nr. 9 VermVerkProspV, weitere Kosten und Leistungen zum Erwerb der Vermögensanlage sind nicht zu berücksichtigen[4].

32 Weder dem Wortlaut der Regelung noch ihrer Begründung[5] kann entnommen werden, **ob das Angebot nur einmalig über einem Zeitraum von zwölf Monaten erfolgen kann** oder ob sich an diesen Zeitraum fortlaufend Angebote derselben Vermögensanlage in der beschränkten Höhe von 100.000 Euro anschließen dürfen. Es wird lediglich angedeutet, dass kleineren Unternehmen Erleichterungen zugebilligt werden sollten. Die Vorgängervorschrift des § 2 Nr. 4 VerkProspG aF kannte eine zeitliche Grenze noch nicht. Diese ist vielmehr in Anlehnung an den Wortlaut des Art. 3 Abs. 2 lit. e der EU-Prospektrichtlinie 2003/71/EG aus dem Wertpapierprospektbereich übernommen worden. Die Verknüpfung der ursprünglich rein wertmäßigen Beschränkung des Umfangs der Vermögensanlage mit einer zeitlichen Komponente lassen darauf schließen, dass es sich um einen **besonderen Fall einer Daueremission** handeln soll (vgl. die Kommentierung zu § 2 Abs. 1 Nr. 7 lit. d VermAnlG, unten Rz. 61 ff.). Dies entspräche auch der faktischen Auswirkung der alten Regelung, deren Einwerbevolumen zwar nach der absoluten Höhe, aber nicht hinsichtlich des Angebotszeitraumes begrenzt war. Der Anlegerschutz wird mit der

---

1 *Arndt/Bruchwitz* in Arndt/Voß, § 8f VerkProspG Rz. 69.
2 *Arndt/Bruchwitz* in Arndt/Voß, § 8f VerkProspG Rz. 69.
3 *Hamann* in Schäfer, § 2 VerkProspG Rz. 5; *Ritz* in Assmann/Lenz/Ritz, § 2 VerkProspG Rz. 26.
4 *Arndt/Bruchwitz* in Arndt/Voß, § 8f VerkProspG Rz. 70.
5 Vgl. Begr. RegE AnSVG, BT-Drucks. 15/3174 v. 24.5.2004, S. 42.

neuen Regelung nur noch durch die dauerhafte Begrenzung der Angebotshöhe und damit einhergehend mit der Reduzierung der Zeichnungsmöglichkeiten für die Anleger für den Zeitraum erreicht. Eine Begrenzung des gesamten Emissionsvolumens ist nach dieser Auslegung damit nicht mehr verknüpft. Für die Frage der Anwendbarkeit der Ausnahme von der materiellen Prospektpflicht muss daher die volumenmäßige Begrenzung für den Angebotszeitraum von zwölf Monaten durch die Emissionsgesellschaft im Vorfeld fixiert werden, da ansonsten tatsächlich eine Prospektpflicht besteht. Der tatsächliche Erfolg der Vermögensanlage im Rahmen des öffentlichen Angebots ist daher für die Frage der Prospektpflicht nicht entscheidend.

Der **Zeitraum kann somit nicht nur einmal in Anspruch genommen werden**, sondern weitere Emissionen von gleichartig ausgestalteten Vermögensanlagen können sich nachfolgend für den jeweils gleichen Zeitraum anschließen (dauerhafte, wiederholende Emission). Für den Beginn des Zeitraums ist der erste Tag des öffentlichen Angebots entscheidend[1]. 33

c) Preis jedes angebotenen Anteils mindestens 200.000 Euro je Anleger (§ 2 Abs. 1 Nr. 3 lit. c VermAnlG)

Die Regelung setzt eine **tatsächliche Aufwendung von mindestens 200.000 Euro** zur Erlangung einer Beteiligung an der Vermögensanlage im Rahmen des öffentlichen Angebots voraus. Bei der **Berechnung dieses Mindesterwerbspreises** sind etwaige Gebühren oder sonstige Aufwendungen zum Erwerb der Vermögensanlage nicht zu berücksichtigen[2]. Eine dem Hauptangebot beigefügte Pflicht zu einer Nebenleistung kann auf Grund der Gefahr des Missbrauchs dieser Gestaltungsmöglichkeit im Interesse des Anlegerschutzes nicht zur Ermittlung des Anwendungsbereichs einer Ausnahmeregelung von der Prospektpflicht herangezogen werden[3]. Diese Trennung gilt auch bei gespaltenen Einlageverpflichtungen, bei denen der Erwerber der Vermögensanlage mit dem Beitritt zur Emissionsgesellschaft die Verpflichtung zur Gewährung weiterer Geldmittel an die Gesellschaft, zB in Form von Darlehen, übernimmt. Denn die faktische Ausgestaltung des öffentlichen Angebots der Vermögensanlage als Nebenleistung der eigentlichen Beteiligung eröffnet ebenfalls die Manipulationsgefahr der Prospektpflicht nach Belieben des Anbieters[4]. 34

Eine **Aufspaltung der Beteiligung** an derselben Vermögensanlage in mehrere Anteile bleibt ebenfalls unberücksichtigt[5]. 35

Richtet sich das Angebot hingegen auf **verschiedene Vermögensanlagen, die nur zusammen erworben werden können**, sind die Erwerbspreise der einzelnen erworbenen Vermögensanlagen für die Berechnung der Anwendbarkeit der Ausnahmeregelung zusammenzuziehen[6]. In der Praxis betrifft dies zumeist Fälle, bei denen der 36

---

1 *Arndt/Bruchwitz* in Arndt/Voß, § 8f VerkProspG Rz. 70.
2 *Ritz* in Assmann/Lenz/Ritz, § 2 VerkProspG Rz. 27.
3 *Ritz* in Assmann/Lenz/Ritz, § 2 VerkProspG Rz. 27.
4 *Ritz* in Assmann/Lenz/Ritz, § 2 VerkProspG Rz. 28.
5 *Arndt/Bruchwitz* in Arndt/Voß, § 8f VerkProspG Rz. 71.
6 Vgl. bereits *Ritz* in Assmann/Lenz/Ritz, § 2 VerkProspG Rz. 29.

Anleger mehreren Emissionsgesellschaften zwangsweise durch die Beteiligung mit fixen oder variablen Anteilen jeder einzelnen Gesellschaft beitreten muss, zB ein Pool mit mehreren Schiffen, die von jeweils einer Gesellschaft als Anlageobjekt gehalten werden.

37 Erfolgt das Angebot in einer **Fremdwährung**, muss durch die Emissionsgesellschaft sichergestellt werden, dass der gezeichnete Betrag im Zeitraum des öffentlichen Angebots stets mindestens 200.000 Euro beträgt[1].

4. Institutionelle Anleger (§ 2 Abs. 1 Nr. 4 VermAnlG)

38 Eine Befreiung von der Prospektpflicht nach § 2 Abs. 1 Nr. 4 VermAnlG erfolgt für Angebote von Vermögensanlagen iS des § 1 Abs. 2 VermAnlG, die sich nur an **institutionelle Anleger**, dh. an Personen richten, welche beruflich oder gewerblich für eigene oder fremde Rechnung Wertpapiere oder Vermögensanlagen iS dieser Bestimmung erwerben oder veräußern.

39 Die Regelung geht ihrem Wortlaut nach auf § 2 Nr. 1 VerkProspG aF zurück und gründet daher auf einer Umsetzung von Art. 2 Abs. 1 lit. a der Emissionsprospektrichtlinie.

40 Die Personen sind auf Grund ihrer eigenen Sachkunde **nicht schutzbedürftig** iS des Gesetzes. Es handelt sich um so genannte institutionelle oder professionelle Investoren[2].

41 Der Anwendungsbereich ist im Interesse der Verwirklichung eines effektiven Anlegerschutzes **eng auszulegen**. Das Geschäft mit Vermögensanlagen iS des § 1 Abs. 2 VermAnlG und Wertpapieren muss dauerhaft den Hauptgegenstand des Gewerbes oder der Berufstätigkeit dieser Personen bilden und sich nicht nur als gelegentlicher untergeordneter Neben- oder Hilfszweck darstellen[3]. Als Kriterium zur Abgrenzung bietet sich die Ermittlung der Art und Häufigkeit des Auftretens der Personen am Kapitalmarkt und der organisatorischen Verselbständigung des Handels mit Wertpapieren und Vermögensanlagen iS des § 1 Abs. 2 VermAnlG gegenüber dem sonstigen Geschäft an[4].

42 Es sind ausschließlich Angebote von der Regelung umfasst, die den Personen im Rahmen ihrer beruflichen oder gewerblichen Tätigkeit und **nicht als Privatperson** unterbreitet werden[5]. Bei Angeboten an Unternehmen kommt es bestimmungsgemäß auf deren gewerbliche Tätigkeit und nicht auf den angesprochenen Arbeitnehmer an[6].

---

1 *Arndt/Bruchwitz* in Arndt/Voß, § 8f VerkProspG Rz. 71.
2 Vgl. *Ritz* in Assmann/Lenz/Ritz, § 2 VerkProspG Rz. 7; *Hamann* in Schäfer, § 2 VerkProspG Rz. 2.
3 *Arndt/Bruchwitz* in Arndt/Voß, § 8f VerkProspG Rz. 73; *Hamann* in Schäfer, § 2 VerkProspG Rz. 2.
4 *Hüffer*, Das Wertpapier-Verkaufsprospektgesetz, S. 50.
5 *Hüffer*, Das Wertpapier-Verkaufsprospektgesetz, S. 50; *Hamann* in Schäfer, § 2 VerkProspG Rz. 2.
6 *Hamann* in Schäfer, § 2 VerkProspG Rz. 2.

Regelmäßig fallen damit Banken, Kapitalanlagegesellschaften, Versicherungen, Pensionskassen und bestimmte Finanzdienstleistungsunternehmen in den Anwendungsbereich[1], nicht jedoch kleinere Unternehmen, die ihre liquiden Mittel anlegen[2]. 43

5. Teilemission (§ 2 Abs. 1 Nr. 5 VermAnlG)

Ausgenommen von der Prospektpflicht sind nach § 2 Abs. 1 Nr. 5 VermAnlG Angebote von Vermögensanlagen, die Teil eines Angebots sind, für das **bereits im Inland ein gültiger Verkaufsprospekt veröffentlicht wurde**. 44

a) Materieller Inhalt

Der Regelung kommt eine grundsätzlich **klarstellende Funktion** zu. Sie unterstreicht für einen bestimmten Teilbereich des Angebots einer Emission einer Vermögensanlage den in § 1 Abs. 1 VermAnlG bereits festgelegten Grundsatz, dass ein Verkaufsprospekt als Grundlage für das aktuelle öffentliche Angebot einer Vermögensanlage vorliegen muss. Verzichtet wird für das Teilangebot lediglich auf einen weiteren Verkaufsprospekt. 45

Die Einführung der begrenzten Gültigkeitsdauer eines Verkaufsprospekts über die Regelung des § 8a VermAnlG engt den praktischen Anwendungsbereich stark ein. Verliert der Verkaufsprospekt seine Gültigkeit, kann er nicht mehr für ein erneutes öffentliches Angebot genutzt werden. Die Nutzbarkeit des Verkaufsprospekts bleibt nur dann erhalten, wenn der Anbieter seine Aktualisierung über einen Nachtrag gewährleistet (vgl. § 8a VermAnlG Rz. 7 ff.). 46

Zudem setzt die Anwendung der Ausnahmeregelung nach § 2 Abs. 1 Nr. 5 VermAnlG voraus, dass es sich um **Vermögensanlagen derselben Emission** handelt, denn nur dann ist sichergestellt, dass die erforderlichen Informationen in einem veröffentlichten Verkaufsprospekt enthalten sind. Dies setzt die rechtlich identische Ausgestaltung der Vermögensanlage zum ursprünglichen Emissionsangebot voraus.[3] Die Vermögensanlagen weisen zueinander einheitliche Bestimmungsmerkmale auf[4]. 47

b) Einzelfälle

Erfasst ist insbesondere die **nachträgliche Erhöhung des angebotenen Volumens einer Emission** von Vermögensanlagen, für die bereits ein Verkaufsprospekt veröffentlicht wurde[5]. Einschlägig ist die Regelung immer dann, wenn die Möglichkeit der Mehrzuteilung von Anteilen an Vermögensanlagen an durch das ursprüngliche Angebot nicht oder nicht im vollem Umfang zum Zuge gekommene Anleger im Ver- 48

---

1 *Arndt/Bruchwitz* in Arndt/Voß, § 8f VerkProspG Rz. 73.
2 *Hüffer*, Das Wertpapier-Verkaufsprospektgesetz, S. 50.
3 Vgl. VG Frankfurt/Main v. 22.2.2010 – 1 L 109/10.F, juris.
4 Vgl. zum alten Recht für Wertpapiere *Ritz* in Assmann/Lenz/Ritz, § 2 VerkProspG Rz. 33.
5 *Arndt/Bruchwitz* in Arndt/Voß, § 8f VerkProspG Rz. 75.

kaufsprospekt entweder gar nicht oder nicht der Höhe nach vorgesehen ist. Es handelt sich um eine wesentliche Änderung der Angebotsbedingungen (vgl. § 11 VermAnlG Rz. 20 sowie § 4 VermVerkProspV Rz. 7 ff. und Rz. 86 ff.). Ausreichend ist, wenn das die Platzierungsfrist noch während der Laufzeit des öffentlichen Angebots der ursprünglichen Emission, z.B. durch Gesellschafterbeschluss, verlängert wird.[1] Die Prospektfreiheit nach § 2 Abs. 1 Nr. 5 VermAnlG umfasst alle Anteile derselben Vermögensanlage, auch wenn ein Teil der Anteile unter Anwendung einer Ausnahmeregelung zunächst prospektfrei platziert wurde. Durch das öffentliche Angebot des anderen Teils der Emission unter Verwendung eines nach Maßgabe des VermAnlG veröffentlichten und durch eine Aktualisierung weiter gültigen Verkaufsprospekts ist der Informationspflicht an den Kapitalmarkt ausreichend Genüge getan[2].

49 Ein **Hinweis auf die Möglichkeit der Mehrzuteilung von Anteilen** der Vermögensanlage in einem konkret im Verkaufsprospekt beschriebenen Volumen schließt die Anwendung des § 2 Abs. 1 Nr. 5 VermAnlG dagegen aus. Der Verkaufsprospekt bezieht sich dann bereits auf die gesamte Emission[3].

50 Die Ausnahmeregelung erfasst weiterhin keine Angebote von Vermögensanlagen, bei denen es an der vorherigen **Veröffentlichung eines vollständigen Verkaufsprospekts nach den Vorschriften des VermAnlG mangelt**. Konkret betrifft dies die Fälle eines bei der BaFin hinterlegten, aber vom Anbieter noch nicht veröffentlichten Verkaufsprospekts[4] oder bei veröffentlichten unvollständigen Verkaufsprospekten nach § 10 VermAnlG, da ihm wesentliche Angaben zu den Angebotsbedingungen fehlen.[5] Erfasst sind hingegen Angebote von Vermögensanlagen nach dem 1.6.2012[6], für die bereits auf der Grundlage der Vorschriften des aufgehobenen VerkProspG ein Verkaufsprospekt veröffentlicht wurde.[7]

6. Begrenzter Personenkreis, Arbeitgeberangebote (§ 2 Abs. 1 Nr. 6 VermAnlG)

51 § 2 Abs. 1 Nr. 6 VermAnlG fasst zwei Ausnahmeregelungen zusammen. Sie beruhen weiter auf dem inhaltlichen Vorbild der Regelungen zu § 2 Nr. 2 und 3 VerkProspG aF. Erstere gründete auf der Umsetzung von Art. 2 Abs. 1 lit. b, Letztere auf Art. 2 Abs. 2 lit. h der EG-Emissionsprospektrichtlinie.

---

1 Vgl. VG Frankfurt/Main v. 22.2.2010 – 1 L 109/10.F, juris.
2 *Ritz* in Assmann/Lenz/Ritz, § 2 VerkProspG Rz. 36; *Hüffer*, Das Wertpapier-Verkaufsprospektgesetz, S. 28.
3 *Ritz* in Assmann/Lenz/Ritz, § 2 VerkProspG Rz. 34.
4 *Ritz* in Assmann/Lenz/Ritz, § 2 VerkProspG Rz. 31.
5 VG Frankfurt v. 7.8.1997 – 15 E 2135/95 (1), WM 1998, 762 (763).
6 Art. 26 Abs. 3 FinAnlVermAnlG vom 6.12.2011, BGBl. I 2011, S. 2481.
7 Begr. RegE FinAnlVermAnlG, BT-Drucks. 17/6051, S. 32.

a) Begrenzter Personenkreis (§ 2 Abs. 1 Nr. 6 Var. 1 VermAnlG)

Erfolgt ein Angebot von Vermögensanlagen an einen begrenzten Personenkreis, so sind diese gemäß § 2 Abs. 1 Nr. 6 VermAnlG von der Prospektpflicht ausgenommen. 52

Die Bestimmung eines **begrenzten Personenkreises** erfolgt unter Einbeziehung **quantitativer Indizien** des Umfangs des Personenkreises anhand seiner ihn ausmachenden qualitativen Kriterien (vgl. oben Rz. 21 ff.). Dem Anbieter müssen die betreffenden Personen im Einzelnen bekannt, anhand einer gezielten Auswahl auf Grund individueller Gesichtspunkte angesprochen worden sein und einer Aufklärung durch einen Verkaufsprospekt im Hinblick auf ihr Informationsbedürfnis nicht bedürfen[1]. 53

Die **Herstellung der persönlichen Beziehung** kann **nicht erst mit dem Angebot** selbst erfolgen; beim Vertrieb über ein gestaffeltes Vertreternetz stellen die angesprochenen Personen daher keinen begrenzten Personenkreis dar. Es widerspräche Sinn und Zweck dieser Ausnahmeregelung, wenn durch vorbereitende Werbemaßnahmen ein willkürlich zusammengesetzter begrenzter Personenkreis geschaffen werden könnte, um die ansonsten bestehende Prospektpflicht zu umgehen[2]. Ein begrenzter Personenkreis setzt immer eine gezielte Auswahl nach individuellen Gesichtspunkten voraus. Die persönlichen Beziehungen zwischen Anbieter und Anleger müssen über den Charakter eines Massengeschäftes anhand der Auswahl nach rein objektiven Merkmalen deutlich hinausgehen[3]. Eine Kategorisierung des Personenkreises nach Berufsgruppen, nicht spezifischem Kundenkontakt oder Einkommen reicht für eine Individualisierung nicht aus[4]. 54

Der **Hauptanwendungsfall** im Rahmen des VerkProspG aF beruhte auf der **Identität von Anbieter und Emittent.** Ein Angebot an die Altaktionäre einer Gesellschaft zur Zeichnung von neuen Aktien an dieser Gesellschaft oder von Anteilen an einem Tochterunternehmen eröffnete auf Grund der bestehenden gesellschaftsrechtlichen Informationsmöglichkeiten der Altaktionäre kein iS des Umfangs eines Verkaufsprospekts notwendiges gesteigertes Informationsbedürfnis[5]. Zu Recht wei- 55

---

1 *Ritz* in Assmann/Lenz/Ritz, § 2 VerkProspG Rz. 14. Siehe auch Ziff. II. 1. der Bekanntmachung des BAWe v. 6.9.1999 zum Wertpapier-Verkaufsprospektgesetz (Verkaufsprospektgesetz) in der Fassung der Bekanntmachung vom 9.9.1998 (BGBl. I 1998, S. 2701 ff.) und zur Verordnung über Wertpapier-Verkaufsprospekte (Verkaufsprospekt-Verordnung) in der Fassung der Bekanntmachung vom 9.9.1998 (BGBl. I 1998, S. 2835 ff.), BAnz. Nr. 177 v. 21.9.1999, S. 16180.
2 *Ritz* in Assmann/Lenz/Ritz, § 2 VerkProspG Rz. 15.
3 *Ritz* in Assmann/Lenz/Ritz, § 2 VerkProspG Rz. 16.
4 *Arndt/Bruchwitz* in Arndt/Voß, § 8f VerkProspG Rz. 80.
5 *Ritz* in Assmann/Lenz/Ritz, § 2 VerkProspG Rz. 15 und 17. Vgl. Ziff. II. 1. der Bekanntmachung des BAWe v. 6.9.1999 zum Wertpapier-Verkaufsprospektgesetz (Verkaufsprospektgesetz) in der Fassung der Bekanntmachung vom 9.9.1998 (BGBl. I 1998, S. 2701 ff.) und zur Verordnung über Wertpapier-Verkaufsprospekte (Verkaufsprospekt-Verordnung) in der Fassung der Bekanntmachung vom 9.9.1998 (BGBl. I 1998, S. 2835 ff.), BAnz. Nr. 177 v. 21.9.1999, S. 16180.

sen *Arndt/Bruchwitz* darauf hin, dass im Bereich der Vermögensanlagen Konstellationen im vorgenannten Sinne selten auftauchen werden. Denn auf Grund der Abgeschlossenheit der Projekte der einzelnen Emittenten wird es nur in seltenen Fällen zu einer notwendigen Kapitalerhöhung innerhalb dieser Gesellschaften kommen[1]. Angebote an anderen Gesellschaften an die Altgesellschafter eines Emittenten fallen mangels gesellschaftsrechtlicher Informationsmöglichkeiten dagegen nicht in den Anwendungsbereich der Ausnahmebestimmung[2].

b) Angebote an Arbeitnehmer (§ 2 Abs. 1 Nr. 6 Var. 2 VermAnlG)

56 Das Angebot von Vermögensanlagen, dass der Arbeitgeber oder ein mit ihm verbundenes Unternehmen **ausschließlich an seine Arbeitnehmer** unterbreitet, ist von der Prospektpflicht ausgenommen. Es handelt sich um einen Spezialfall des begrenzten Personenkreises und geht § 2 Abs. 1 Nr. 6 Var. 1 VermAnlG daher im Falle des Vorliegens seiner Voraussetzungen immer vor[3].

57 Das Vorliegen eines **verbundenen Unternehmens** bemisst sich nach § 15 AktG[4]. Der Gesetzgeber hat die Arbeitnehmer, auch ehemalige, nicht als schutzbedürftig iS des VermAnlG betrachtet, weil er davon ausgeht, dass die Arbeitnehmer auf Grund ihres engen persönlichen Kontakts zum Arbeitgeber im Rahmen ihrer Tätigkeit über einen Zugang zu den relevanten Informationen für ihre Anlageentscheidung verfügen[5]. Es ist von einem Vorrang des arbeitsrechtlichen Instrumentariums zur Versorgung der Mitarbeiter mit den für die Ausübung von Investitionsentscheidungen notwendigen Informationen auszugehen und der Anwendungsbereich des kapitalmarktrechtlichen Informationsregimes über Verkaufsprospekte entsprechend zu reduzieren.[6] Diese Auffassung ist in Hinblick auf den Anlegerschutz kritisch zu würdigen. Es ist zu hinterfragen, ob die angenommenen Fürsorgepflichten des Arbeitgebers in der Praxis tatsächlich zur Gewährung des vermuteten Zugangs zu den für die Anlageentscheidung relevanten Informationen für den Arbeitnehmer führen und dieser auch allen Arbeitnehmern gewährt wird[7].

58 Sinn und Zweck des VermAnlG gebieten, dass es sich ausschließlich um Vermögensanlagen handelt, die **vom Arbeitgeber oder eines mit ihm verbundenen Unternehmens selbst emittiert** werden. Nicht entscheidend ist hingegen, ob die Vermögensanlagen über einen Vermittler angeboten werden[8].

---

1 *Arndt/Bruchwitz* in Arndt/Voß, § 8f VerkProspG Rz. 81.
2 *Arndt/Bruchwitz* in Arndt/Voß, § 8f VerkProspG Rz. 81.
3 Vgl. *Ritz* in Assmann/Lenz/Ritz, § 2 VerkProspG Rz. 21.
4 Begr. RegE VerkProspG, BT-Drucks. 11/6340 v. 1.2.1990, S. 11.
5 Begr. RegE VerkProspG, BT-Drucks. 11/6340 v. 1.2.1990, S. 11.
6 Vgl. *Kollmorgen/Feldhaus*, BB 2007, 2757 (2760).
7 Vgl. *Arndt/Bruchwitz* in Arndt/Voß, § 8f VerkProspG Rz. 86.
8 Vgl. *Ritz* in Assmann/Lenz/Ritz, § 2 VerkProspG Rz. 24.

7. Emittenten hoher Bonität (§ 2 Abs. 1 Nr. 7 VermAnlG)

Die Ausnahmeregelungen in § 2 Abs. 1 Nr. 7 VermAnlG stellen Angebote von Vermögensanlagen bestimmter Emittenten von der Prospektpflicht frei. Die Regelung knüpft dabei größtenteils an die Regelungen von § 3 VerkProspG aF an. Fortgeführt wird die Befreiung von der Prospektpflicht auf Grund der bestehenden **besonderen Bonität** der in der Vorschrift aufgeführten Emittenten oder anderer für ihn geltender Ausnahmeregelungen[1]. Zu den Emittenten mit über jeden Zweifel erhabener Bonität werden bestimmte Staaten, Gebietskörperschaften dieser Staaten und bestimmte internationale Organisationen gezählt, während für inländische Kredit- und Finanzdienstleistungsinstitute sowie Unternehmen, die ihre Tätigkeit unter einem Staatsmonopol ausüben, bestimmte aufsichtsrechtliche Regelungen gelten. Hervorzuheben ist, dass die Inanspruchnahme der Ausnahmebestimmung die Ausgabe der Vermögensanlage durch einen der in der Vorschrift genannten Emittenten voraussetzt, da die Vorschrift nicht wie bei allen anderen Ausnahmebestimmungen auf das Angebot, sondern auf den Emittenten der Vermögensanlage abstellt. Anbieter von Anteilen an einer Publikumsgesellschaft in Form der GmbH & Co. KG werden daher, von den anderen Voraussetzungen der Vorschrift abgesehen, die Ausnahmebestimmung regelmäßig nicht in Anspruch nehmen können, da immer die Fondsgesellschaft selbst Emittent der Vermögensanlage ist und nicht das die Vermögensanlage anbietende Institut oder Emissionshaus[2].

a) Ausgabe von Vermögensanlagen durch die öffentliche Hand (§ 2 Abs. 1 Nr. 7 lit. a–c VermAnlG)

Die Vorschrift des § 2 Abs. 1 Nr. 7 lit. a–c VermAnlG entspricht in ihrem Wortlaut § 3 Nr. 1 lit. a–c VerkProspG aF. Sie beruhte auf Art. 2 Abs. 2 lit. c der Emissionsprospektrichtlinie und erfuhr durch Art. 43 Nr. 1 lit. a des EWR-Ausführungsgesetzes vom 27.4.1993[3] sowie durch Art. 2 Nr. 2 lit. a des 3. FFG[4] Anpassungen in Bezug auf die freigestellten Emittenten. In den **Anwendungsbereich** einbezogen wurden sämtliche Vertragsstaaten der EU und des EWR, unter bestimmten Voraussetzungen auch Staaten der OECD, sowie Staaten, die mit dem Internationalen Währungsfonds besondere Kreditabkommen im Zusammenhang mit dessen Allgemeinen Kreditvereinbarungen getroffen haben[5]. Einbezogen in den Anwendungsbereich sind ebenfalls Gebietskörperschaften der vorgenannten Staaten und internationale Organisationen des öffentlichen Rechts, der mindestens ein Mitgliedstaat der Europäischen Union oder ein anderer Vertragsstaat des EWR angehört.

---

1 Begr. RegE VerkProspG, BT-Drucks. 11/6340 v. 1.2.1990, S. 12; vgl. auch BT-Drucks. 13/8933, S. 84.
2 *Jäger/Voß* in Winter/Hennig/Gerhard, Grundlagen der Schiffsfinanzierung, S. 903.
3 Gesetz zur Ausführung des Abkommens vom 2.5.1992 über den europäischen Wirtschaftsraum, BGBl. I 1993, S. 521, 533.
4 3. FFG vom 24.3.1998, BGBl. I 1998, S. 529, 532 f.
5 Vgl. zur Entwicklung der Vorschrift *Ritz* in Assmann/Lenz/Ritz, § 3 VerkProspG Rz. 3, 5–7.

b) Ausgabe von Vermögensanlagen durch Kredit- oder Finanzdienstleistungsinstitute (§ 2 Abs. 1 Nr. 7 lit. d VermAnlG)

61 Die Vorschrift des § 2 Abs. 1 Nr. 7 lit. d VermAnlG erweitert den **Anwendungsbereich** der dem Wortlaut zu Grunde liegenden Vorschrift des § 3 Nr. 1 lit. d VerkProspG aF, welche Art. 5 lit. a der Emissionsprospektrichtlinie umsetzte, in Hinblick auf die angebotenen Anlagetypen[1]. Ein entsprechendes Unternehmen kann die Ausnahmebestimmung für sämtliche Typen von Vermögensanlagen in Anspruch nehmen. Die Vorschrift schafft ein Privileg für sog. **Daueremittenten**. Dieses Privileg soll Kredit- und bestimmte Finanzdienstleistungsinstitute bzw. ihnen gleichgestellte Institute zugunsten ihrer Refinanzierungstätigkeit vor der wiederholten Erstellung von im Wesentlichen gleichen Verkaufsprospekten bewahren[2]. Betrügerische Emissionen sind bei diesen Instituten auf Grund der gewährleisteten Aufsicht durch die BaFin nicht zu befürchten[3]. Auch neuartige Geschäftsmodelle können unter diese Ausnahmevorschrift fallen. Als Beispiel verweist der Gesetzgeber auf das Angebot von Kreditforderungen iS des § 1 Abs. 2 Nr. 7 VermAnlG und ihre Abtretung durch Bankinstitute im Rahmen der Zusammenarbeit mit der Geschäftstätigkeit von Crowdlending-Plattformen.[4]

62 Der Gesetzgeber unterscheidet die Voraussetzungen der Befreiung von der Prospektpflicht nach dem **Typus der Vermögensanlage**. Namensschuldverschreibungen nach § 1 Abs. 2 Nr. 6 VermAnlG müssen für ein prospektfreies Angebot keine weiteren Voraussetzungen in Bezug auf die Art und Weise des Angebots erfüllen. Alle anderen Vermögensanlagen, also solche des § 1 Abs. 2 Nr. 1-5 und 7 VermAnlG, müssen zusätzlich entweder wiederholt oder dauerhaft ausgegeben werden.

aa) Wiederholende Ausgabe

63 Das Gesetz gibt eine Definition einer wiederholenden Ausgabe von Vermögensanlagen vor. Danach liegt eine wiederholte Ausgabe vor, wenn in den **zwölf Kalendermonaten vor dem öffentlichen Angebot mindestens eine Emission** innerhalb der europäischen Union oder innerhalb eines Vertragsstaates des Abkommens über den Europäischen Wirtschaftsraum ausgegeben worden ist, § 2 Abs. 1 Nr. 7 lit. d letzter Halbsatz VermAnlG.

64 Die **zwölfmonatige Frist** ist durch Rückrechnung vom Zeitpunkt des beabsichtigten Angebotsbeginns aus zu bestimmen. Innerhalb dieses Zeitraums muss das vorhergehende Angebot der betreffenden Vermögensanlage stattgefunden haben. Nicht erforderlich ist, dass das Angebot in diesem Zeitraum begonnen hat. Denn während des Angebotszeitraums besteht eine Pflicht des Anbieters, den Verkaufsprospekt auf dem neuesten Stand zu halten (§§ 8a, 11 VermAnlG und § 2 Abs. 1 Satz 1 Verm-

---

1 Zur Entwicklung der Vorschrift nach altem Recht *Ritz* in Assmann/Lenz/Ritz, § 3 VerkProspG Rz. 8.
2 Begr. RegE VerkProspG, BT-Drucks. 11/6340 v. 1.2.1990, S. 12.
3 Begr. RegE VerkProspG, BT-Drucks. 11/6340 v. 1.2.1990, S. 12.
4 Begr. RegE Kleinanlegerschutzgesetz, BT-Drucks. 18/3994, S. 39, ausführlicher: *Casper*, ZBB 2015, 265 (269).

VerkProspV), damit der Anleger ausreichende Informationen erhalten kann. Anhand dieser Angaben kann sich dann auch ein Anleger informieren, der die Anteile an einer Vermögensanlage einer nachfolgenden Emission erwerben möchte[1].

Auf Grund des Wortlauts, der allein auf die Ausgabe einer Vermögensanlage abstellt, wird eine **Identität von Emittent und Anbieter nicht vorausgesetzt**[2]. Denn für den Anlegerschutz kommt es nicht darauf an, wer die von einem Kreditinstitut oder gleichgestellten Unternehmen ausgegebenen Vermögensanlagen öffentlich anbietet, da der Emittent und nicht der Anbieter gegenüber dem Anleger zur Einlösung der Vermögensanlage verpflichtet ist[3]. Erfasst sind von der Ausnahmebestimmung daher auch Vermögensanlagen, die von der Zweigniederlassung eines ausländischen Kreditinstitutes angeboten werden, wenn das ausländische Kreditinstitut selbst Daueremittent ist[4]. 65

Bereits unter dem Regime des alten VerkProspG war strittig, ob die Inanspruchnahme der Prospektfreiheit bei einer wiederholten Ausgabe zuvor eine **prospektpflichtige Emission voraussetzt**[5]. Einigkeit besteht darin, dass der Gesetzgeber die Einführung des Daueremittentenprivilegs vor allem zur Entlastung der Sparkassen und Genossenschaftsbanken im Zusammenhang mit der von ihnen betriebenen Refinanzierung vollzogen hat, da der Schutz der Anleger bereits unmittelbar bei einer Emission dieser Institute durch die staatliche Solvenzaufsicht sichergestellt sei[6]. Die Befürworter der Abhängigkeit der Prospektfreiheit bei einer wiederholenden Emission von einer zuvor prospektpflichtigen öffentlichen Emission legen für diese Auslegung unter Anknüpfung an die Tatbestandsmerkmale der Dauerhaftigkeit und der Wiederholung der Emission den Schutzzweck des VermAnlG zu Grunde, dass sich der Anleger zuvor über die Rechte über das angebotene Anlageinstrument informieren können muss[7]. Diese Auslegung findet im Wortlaut des Gesetzes keine Stütze. Mag diese Auslegung auf Grund der Einschränkung des Anlageinstruments im alten Recht auf Schuldverschreibungen (vgl. § 3 Nr. 2 VerkProspG aF) noch möglich gewesen sein, ist für diese Auslegung auf Grund der Änderung des Gesetzeswortlauts in § 2 Abs. 1 Nr. 7 lit. d VermAnlG kein Raum mehr. Der Gesetzgeber hat vielmehr deutlich gemacht, dass er die Solvenzaufsicht für die in der Norm genannten Institute für die Sicherstellung des Anlegerschutzes bei Emissionen von Vermögensanlagen für ausreichend erachtet. Eine Differenzierung wird nur noch auf Grund der Typen von Vermögensanlagen vollzogen, wobei die Vermögensanlagen nach § 1 Abs. 2 Nr. 1-5 und 7 VermAnlG noch an die zusätzlichen Voraussetzungen der Wiederholung oder Dauerhaftigkeit der Emission für eine Inanspruchnahme der Pro- 66

---

1 Schon *Ritz* in Assmann/Lenz/Ritz, § 3 VerkProspG Rz. 14.
2 Zum VerkProspG aF bereits *Pötzsch*, WM 1998, 949 (956).
3 Schon *Ritz* in Assmann/Lenz/Ritz, § 3 VerkProspG Rz. 15.
4 Schon *Ritz* in Assmann/Lenz/Ritz, § 3 VerkProspG Rz. 29.
5 Dafür *Ritz* in Assmann/Lenz/Ritz, § 3 VerkProspG, Rz. 15; für das VerkProspG nF *Arndt/Bruchwitz* in Arndt/Voß, § 8f VerkProspG Rz. 92. Dagegen *Hamann* in Schäfer, § 3 VerkProspG Rz. 4.
6 Begr. RegE VerkProspG, BT-Drucks. 11/6340 v. 1.2.1990, S. 12.
7 *Ritz* in Assmann/Lenz/Ritz, § 3 VerkProspG Rz. 16 f. Für das VerkProspG nF *Arndt/Bruchwitz* in Arndt/Voß, § 8f VerkProspG Rz. 92.

spektfreiheit geknüpft werden. Diese Merkmale stellen aber nur auf die zeitliche Komponente der Emissionstätigkeit der Institute ab. Die bestehende Öffentlichkeit eines Angebots einer ersten Emission dieser Institute, die eine Prospektpflicht nach sich ziehen könnte, ist überhaupt nicht Regelungsgegenstand dieser Ausnahmebestimmung, da nicht wie in anderen Ausnahmebestimmungen auf das Angebot der Vermögensanlagen in Bezug auf die Zielgruppe abgestellt wird. Da eine wiederholende Emission zwar zumindest eine vorausgehende Emission einer Vermögensanlage voraussetzt, jedoch über das eigenständige Tatbestandsmerkmal der dauerhaften Ausgabe einer Vermögensanlage ohnehin eine Befreiung von der Prospektpflicht erreicht werden kann, besteht eine Bedeutung dieses Rechtsstreits ohnehin kaum noch.

bb) Dauerhafte Ausgabe

67 Anstelle einer wiederholenden Ausgabe, die eher auf punktuelle Ereignisse in der Emissionstätigkeit abzielt, kann auch eine dauernde, also eine **auf Zeiträume bezogene Emission** von Vermögensanlagen die betreffenden Institute von der Prospektpflicht befreien. Diese Befreiung tritt bereits mit der ersten Emission ein. Dem Begriff „dauernd" ist neben dem Begriff „wiederholend" eine eigenständige Bedeutung beizumessen. Der Status als **Daueremittent** kann von den in der Vorschrift genannten Instituten erlangt werden, ohne jemals eine Verkaufsprospekt nach dem VermAnlG erstellen zu müssen. Der Begriff der dauernden Ausgabe ist nicht vom Gesetz vorgegeben. Lediglich in den Gesetzgebungsmaterialien zur Vorgängervorschrift findet sich Erläuterungen, die die dauernde Emission als sich über einen längeren Zeitraum erstreckendes, fortlaufend ohne Unterbrechung stattfindendes Angebot der Anteile der Emission verstehen[1].

68 Die **eigenständige Bedeutung des Begriffes „dauernd"** wurde in der Literatur zum alten Recht teilweise stark eingegrenzt, indem dem Tatbestandsmerkmal „dauernd" neben dem Tatbestandsmerkmal „wiederholt" nur noch dann eine eigenständige Bedeutung zugebilligt wurde, wenn der längere Zeitraum, während dessen die frühere Emission angeboten worden ist, vor der zwölfmonatigen Frist lag[2]. Zusätzlich wurde das Vorliegen einer dauernden Emission mit dem Umstand verknüpft, dass es sich nicht um die erste Emission des betreffenden Instituts handeln darf, da die Bestimmung der Dauerhaftigkeit zu Beginn eines Angebots auf Grund der Marktgegebenheiten nicht möglich wäre[3]. Dagegen ist einzuwenden, dass damit die Grenzen der Alternativen der Tatbestandsmerkmale „dauernd" und „wiederholt" aufgehoben werden. Das Merkmal der Dauerhaftigkeit stellt keine Beschreibung des Merkmals der Wiederholung dar, mag es in der Praxis auch oft hinter dieses Merkmal zurücktreten, weil die Bestimmung der Wiederholung einfacher vollzogen werden kann. Die Schaffung der Dauerhaftigkeit einer Emission ist eher eine Frage der Ausgestaltung des Angebots durch die Institute, indem diese sicherstellen, dass das

---

1 Begr. RegE VerkProspG, BT-Drucks. 11/6340 v. 1.2.1990, S. 12 und Begr. 3. FFG, BT-Drucks. 13/8933 v. 6.11.1997, S. 84.
2 *Ritz* in Assmann/Lenz/Ritz, § 3 VerkProspG Rz. 11.
3 *Ritz* in Assmann/Lenz/Ritz, § 3 VerkProspG Rz. 12.

Angebot nachweislich über einen längeren Zeitraum angelegt ist und auch angeboten wird.

Nach altem Recht wurde in der Praxis von einem **dauernden Angebot** ausgegangen, wenn es sich über acht bis zehn Wochen erstreckte, während ein **Zeitraum** von drei bis vier Wochen als nicht ausreichend betrachtet wurde[1]. Die Emission von Vermögensanlagen erstreckt sich im Vergleich zu Wertpapieren gewöhnlich zumeist über längere Zeiträume, die eher in Monaten als in Wochen zu bemessen sind. Die Frist von vier Wochen als Voraussetzung für eine dauernde Emission nach § 2 Nr. 12 WpPG zu übernehmen bzw. an die Frist in der Praxis zum alten Recht anzuknüpfen, erscheint daher auf Grund ihrer jeweiligen Kürze und im Interesses des Anlegerschutzes für den Bereich der Vermögensanlagen ungeeignet. Die Zeiträume der Emissionen von Vermögensanlagen sind allerdings sehr inhomogen und stark von der rechtlichen Ausgestaltung der Vermögensanlage abhängig. Erfahrungswerte aus der Praxis lassen sich daher schwer verallgemeinern. Eine Frist von drei Monaten als Voraussetzung für die Annahme einer dauernden Emission zu setzen, erscheint daher nicht verfehlt[2]. 69

c) Ausgabe von Vermögensanlagen durch Staatsmonopolisten (§ 2 Abs. 1 Nr. 7 lit. e VermAnlG)

Die Vorschrift des § 2 Abs. 1 Nr. 7 lit. e VermAnlG erweitert den **Anwendungsbereich** der dem Wortlaut zu Grunde liegenden Vorschrift des § 3 Nr. 1 lit. e VerkProspG aF, welche Art. 5 lit. b der Emissionsprospektrichtlinie umsetzte, in Hinblick auf die angebotenen Anlagetypen[3]. Ein entsprechendes Unternehmen kann die Ausnahmebestimmung für sämtliche Typen von Vermögensanlagen in Anspruch nehmen. Von der Regelung erfasst sind ausgegebene Vermögensanlagen von Gesellschaften und juristischen Personen, die in einem Mitgliedstaat der EU oder des EWR ansässig sind und ihre Tätigkeit unter einem **Staatsmonopol** ausüben, welches entweder durch ein besonderes Gesetz oder auf Grund eines besonderen Gesetzes geschaffen worden ist oder geregelt wird oder für deren Vermögensanlagen ein Mitgliedstaat der EU oder des EWR oder eines seiner Bundesländer die unbedingte und unwiderrufliche Gewährleistung für ihre Verzinsung und Rückzahlung übernommen hat. Der ausreichende Schutz der Anleger wird durch die staatliche Aufsicht (dh. das Staatsmonopol) bzw. die staatliche Gewähr erreicht. 70

8. Umwandlungen, Übernahmen (§ 2 Abs. 1 Nr. 8 VermAnlG)

Die Regelung von § 2 Abs. 1 Nr. 8 VermAnlG wurde gegenüber § 8f Abs. 2 Nr. 8 VerkProspG aF erweiternd präzisiert. Die Verwendung des Begriffes der Umwandlung nach den Vorschriften des Umwandlungsgesetzes im Sinne der Regelung er- 71

---

1 Bereits *Ritz* in Assmann/Lenz/Ritz, § 3 VerkProspG Rz. 10.
2 *Arndt/Bruchwitz* in Arndt/Voß, § 8f VerkProspG Rz. 94.
3 Vgl. zur Entwicklung der Vorschrift nach altem Recht *Ritz* in Assmann/Lenz/Ritz, § 3 VerkProspG Rz. 36.

fasst nunmehr auch den Vorgang der Gewährung von Anteilen bei Aufspaltungen von Unternehmen nach den §§ 123 ff. UmwG.[1]

72 **Zweck der Ausnahmevorschrift** ist die Vermeidung von Kosten für die Anbieter der Vermögensanlagen auf Grund einer ansonsten bestehenden mehrfachen Informationsverpflichtung anhand von Unterlagen gegenüber dem Anleger nach verschiedenen Gesetzen. Eine Identität der Informationen auf Grund der jeweiligen gesetzlichen Informationsverpflichtung wird vom VermAnlG nicht gefordert[2].

73 Eine Veröffentlichung eines Verkaufsprospekts für Anteile von Vermögensanlagen ist entbehrlich, wenn diese im Rahmen einer **Verschmelzung** oder Spaltung nach dem Umwandlungsgesetz angeboten werden. Die notwendige Information der Anleger anhand einer vom inhaltlichen Umfang mit einem Verkaufsprospekt nach dem VermAnlG vergleichbaren Unterlage ergibt sich bereits durch andere Rechtsvorschriften. Der Schutz der Anleger wird durch die Vorschriften des Zweiten Buches des UmwG sichergestellt[3]. In dem entsprechenden Bericht sind die dem Umwandlungsvorgang zugrunde liegenden vertraglichen Grundlagen aufzunehmen und insbesondere das Umtauschverhältnis der Anteile rechtlich und wirtschaftlich zu erläutern und zu begründen. Weitere Angaben über die an der Umwandlung beteiligten Rechtsträger (ua. Firma und Sitz, Umtauschverhältnis, Einzelheiten für die Übertragung der Anteile etc.) ergeben sich aus § 5 UmwG bzw. § 126 UmwG.

74 Die Ausnahmebestimmung für **öffentliche Angebote von Vermögensanlagen**, die als Gegenleistung im Rahmen eines Angebots nach dem Wertpapiererwerbs- und Übernahmegesetz[4] offeriert werden, rechtfertigt sich darin, dass auch in dieser Konstellation bereits eine umfangreiche Information des Anlegers auf der Grundlage anderer Vorschriften erfolgt. Die Information der Anleger wird durch die Angebotsunterlage nach § 11 WpÜG sichergestellt, ein gesonderter Verkaufsprospekt mit identischem Inhalt ist daher nicht mehr notwendig[5]. Die Angebotsunterlage muss gemäß § 14 WpÜG auch veröffentlicht werden.

9. Zweitmarkt (§ 2 Abs. 1 Nr. 9 VermAnlG)

a) Entstehung

75 Das Vorbild für § 2 Abs. 1 Nr. 9 VermAnlG war **ursprünglich** nicht im § 8f Abs. 2 VerkProspG aF enthalten. Die Regelung wurde erst nachträglich durch das Finanzmarktrichtlinie-Umsetzungsgesetz in § 8f Abs. 2 VerkProspG aF als Nr. 9 eingefügt (siehe oben Rz. 1). Die Regelung trat am 1.11.2007 in Kraft. Sie wurde mit Inkraft-

---

1 Begr. RegE, BT-Drucks. 17/6051, S. 54.
2 Vgl. aber insofern zum Kriterium der Gleichwertigkeit der Dokumente nach § 4 Abs. 1 Nr. 2 und 3 WpPG die Kommentierung zu § 4 WpPG Rz. 10 ff. und 18.
3 Schon *Ritz* in Assmann/Lenz/Ritz, § 4 VerkProspG Rz. 31.
4 Gesetz vom 20.12.2001, BGBl. I 2001, S. 3822, zuletzt geändert durch Art. 3 des Gesetzes vom 30.7.2009, BGBl. I 2009, S. 2479.
5 Begr. RegE WpÜG, BT-Drucks. 14/7034 v. 5.10.2001, S. 72.

treten des VermAnlG aufgehoben und inhaltlich durch § 2 Abs. 1 Nr. 9 VermAnlG fortgeführt.

Der **Regelungsbedarf** ergab sich, weil es für bereits vor dem Inkrafttreten des Verk- 76 ProspG zum 1.7.2005 geschlossene Emissionen von Vermögensanlagen oder danach noch weiter im Vertrieb befindliche Vermögensanlagen keine Übergangsvorschriften gab. Die Vorschriften der §§ 8f ff. VerkProspG aF wurden mit einer Vorlaufzeit am 28.10.2004 im Bundesgesetzblatt veröffentlicht und traten bis auf die Ermächtigung für den Verordnungsgeber in § 8g Abs. 2 und 3 VerkProspG aF und einer redaktionellen Änderung in § 16 Abs. 2 Satz 1 VerkProspG aF erst zum 1.7.2005 in Kraft[1]. Mit der Einführung des Ausnahmetatbestands des § 8f Abs. 2 Nr. 9 VerkProspG aF sollte erreicht werden, dass die Härte einer Prospektpflicht für auf dem Zweitmarkt gehandelte Anteile, die vor der neuen Prospektpflicht begeben wurden und nach dem In-Kraft-Treten der neuen Prospektpflicht noch gehandelt werden, gegenüber erstmals gehandelten Anteilen von Vermögensanlagen abgemildert wird. In Abwägung zwischen dem notwendigen Anlegerschutz und dem Interesse der investierenden Anleger an einem funktionierenden Zweitmarkt auch für ältere Anteile, bei denen sich mit der Zunahme des zeitlichen Abstand zur ursprünglichen Emission auch der notwendige Aufwand an die Erstellung eines Verkaufsprospekts erhöhen würde, wird daher von einer Prospektpflicht abgesehen[2].

Grundsätzlich ist jede Emission durch die Prospektpflicht nach dem VermAnlG er- 77 fasst, zunächst unabhängig davon, ob sie im Primär- oder Sekundärmarkt angeboten wird. Das Gesetz stellt jedoch in § 6 VermAnlG klar, dass eine umfangreiche **Prospektpflicht in den Grenzen des § 8a VermAnlG grundsätzlich nur einmal erfüllt werden** muss. Angebote von Vermögensanlagen im Rahmen einer **Zweitverwertung** (Sekundärmarkt) unterliegen dieser Prospektpflicht dann grundsätzlich nicht mehr.

Mit der Beendigung einer Emission einer Vermögensanlage bereits vor dem 1.7.2005 78 fehlte es dagegen an einem Verkaufsprospekt, der den Ansprüchen der §§ 8f ff. VerkProspG aF genügte (sog. **Altfälle**). Erneute Angebote dieser Vermögensanlagen im Rahmen einer Zweitverwertung nach dem 1.7.2005 werden durch die Ausnahmeregelung des § 2 Abs. 1 Nr. 9 VermAnlG somit der Verpflichtung zur Hinterlegung eines Verkaufsprospekts bei der BaFin und zur Veröffentlichung dieses Verkaufsprospekt für ein öffentliches Angebot entzogen.

Besondere Aufmerksamkeit im Rahmen des Zweitmarkthandels ist den weiteren 79 Veränderungen zu widmen, die mit Inkrafttreten des Gesetzes zur Novellierung des Finanzanlagenvermittler- und Vermögensanlagenrechts[3] für Vermögensanlagen relevant geworden sind. Diese werden seither als **Finanzinstrumente** iS des KWG und WpHG eingestuft, vgl. § 1 Abs. 11 Satz 1 KWG, § 2 Abs. 2b WpHG. Der Zweitmarkt-

---

1 Erlass der Vermögensanlagen-Verkaufsprospektverordnung vom 16.12.2004, BGBl. I 2004, S. 3464; im RegE zum AnSVG waren ursprünglich nur vier bis fünf Monate Vorlaufzeit vorgesehen, BT-Drucks. 15/3174 v. 24.5.2004, S. 25.
2 Begr. RegE FRUG, BT-Drucks. 16/4028 v. 12.1.2007, S. 1, 138.
3 Art. 3 Nr. 1 und Art. 4 Nr. 2 des Gesetzes zur Novellierung des Finanzanlagenvermittler- und Vermögensanlagenrechts vom 6.12.2011, BGBl. I 2011, S. 2481.

handel und des Akteure müssen diese aufsichtsrechtlichen Regelungen nunmehr ebenfalls beachten, sofern nicht ein Ausnahmetatbestand eingreift. Die von Marktakteuren im Zusammenhang mit dem Sekundärmarkt vorgenommenen Dienstleistungen können bei Vorliegen der entsprechenden Voraussetzungen als Finanzdienstleistungen im Sinne der Anlagevermittlung nach § 1 Abs. 1a Satz 2 Nr. 1 KWG, der Abschlussvermittlung nach § 1 Abs. 1a Satz 2 Nr. 2 KWG, der Anlageberatung nach § 1 Abs. 1a Satz 2 Nr. 1a KWG oder auch als Betrieb eines Multilateralen Handelssystems nach § 1 Abs. 1a Satz 2 Nr. 1b erlaubnispflichtig iS des § 32 KWG sein.[1] Vermittlungsgeschäfte auf der Grundlage von Angeboten über Vermögensanlagen im Zweitmarkt fallen zu Zwecken der Durchsetzung des Anlegerschutzes nicht unter die Bereichsausnahme nach § 2 Abs. 6 Satz 1 Nr. 8 lit. e KWG.[2] Die Änderung zur bisherigen Handhabung[3] ist eine Reaktion auf ein verwaltungsgerichtliches Urteil, dass die Vermittlung von Vermögensanlagen auf dem Zweitmarkt nach der bisherigen Fassung des Tatbestands als erlaubnisfrei betrachtete.[4]

b) Erscheinungsformen

80 Die **Weiterveräußerung** von Vermögensanlagen ist nicht durch die Schnelligkeit und Leichtigkeit eines Börsenhandels für Wertpapiere geprägt, sondern besteht auf Grund gesellschaftsrechtlicher und gesellschaftsvertraglicher Vorgaben an die Übertragung eines Gesellschafteranteils bei den Emissionsgesellschaften im Grundfall aus bilateralen Verträgen zwischen einem individuellen Käufer und Verkäufer, die einer Abbildung im Handelsregister bedürfen.

81 **Zweitmärkte** haben sich für Vermögensanlagen bisher in grundsätzlich **drei Ausprägungen** entwickelt. Eine Unterscheidung kann anhand der zugelassenen Marktteilnehmer und der gehandelten Produkte vorgenommen werden[5].

aa) Offene Handelsplattformen

82 Unabhängige Handelsplattformen dienen der Zusammenführung von Angebot und Nachfrage von Anteilen an beliebigen, von der Zuordnung zu Emissionshäusern unabhängigen Vermögensanlagen.[6] Käufer und Verkäufer sowie die gelisteten Beteiligungen müssen lediglich bestimmte formale Merkmale erfüllen[7]. Als Beispiel ist die Fondsbörse Deutschland Beteiligungsmakler AG zu nennen, die den Betrieb der

---

1 *Ledermann/Marxsen* in Renz/Jäger/Maas, Compliance für geschlossene Fonds, 3.1.1 ff., S. 172 ff.
2 Vgl. Begr. RegE zu Art. 3 Nr. 4 a) 1. FiMaNoG, BT-Drucks. 18/7482, S. 69.
3 *Ledermann/Marxsen* in Renz/Jäger/Maas, Compliance für geschlossene Fonds, 3.1.4, S. 176.
4 VG Frankfurt/Main v. 25.2.2013 – 9 K 3960/12.F, juris.
5 *Sester*, ZBB 2008, 369 (379).
6 *Ledermann/Marxsen* in Renz/Jäger/Maas, Compliance für geschlossene Fonds, 2.4.3, S. 169.
7 *Sester*, ZBB 2008, 369 (379). Vgl. §§ 8 ff. Marktordnung der Fondsbörse Deutschland, abrufbar unter: https://www.zweitmarkt.de/service/marktordnung.html.

Plattform für Handel von Anteilen an Vermögensanlagen Ende 2004 aufgenommen hat.[1]

bb) Emissionshausinterne Plattformen

Emissionshausinterne Plattformen werden durch die entsprechenden Emissionshäuser von Geschlossenen Fonds betrieben. Sie vereinen Primär- und Sekundärmarkt für ihre Anteile in einer Hand[2]. Sie haben sich in unterschiedlicher Ausgestaltung etabliert. Teilweise wird das Angebot für eine Zweitvermarktung eines Anteils auf die bloße Vermittlungsleistung des Emissionshauses zwischen Ver- und Ankäufer beschränkt, die dann die Übertragung bilateral vornehmen[3]. In anderen Fällen kauft das Emissionshaus oder eine damit beauftragte andere Gesellschaft den Anteil auf eigene Rechnung auf und veräußert ihn dann wieder.[4]

83

cc) Käuferplattformen

Käuferplattformen sind durch einen Initiator der Plattform gekennzeichnet, der die Plattform exklusiv zum Aufkauf von bestimmten Beteiligungen nutzt[5]. Es handelt sich ausschließlich um bilaterale Vertragsbeziehungen; ein Makler oder Dritter als Mittler zwischen den Parteien ist nicht einbezogen. Eine Prospektpflicht des Verkaufsinteressenten wird daher grundsätzlich, wenn die Voraussetzungen des § 2 Abs. 1 Nr. 9 VermAnlG für die Plattform nicht als gegeben betrachtet werden können, nach § 2 Abs. 1 Nr. 3 lit. a VermAnlG nicht bestehen.

84

dd) Vertrieb durch Platzierungsgaranten

Konstellationen, bei denen ein Platzierungsgarant auf Grund einer Vereinbarung mit dem Anbieter einer Vermögensanlage eine bestimmten Teil des Emissionsvolumens als Anteil zum späteren Weiterverkauf in kleineren Anteilseinheiten übernimmt, können nicht den Bereich der im Sekundärmarkt angesiedelten Zweitmarktplattformen zugeordnet werden. Es handelt sich vielmehr um einen verzögerten Primärmarkt[6].

85

---

1 Lt. PM vom 16.1.2016 Jahresumsatzvolumen von 254,15 Mio. Euro in 2015, abrufbar unter: https://www.zweitmarkt.de/service/presse/pressemitteilung/erstmals-eine-viertelmilliarde-euro-umsatz/c8fbb123ea7cf6f0f7fc91e184ec2073.html.
2 Vgl. etwa § 3 der Marktordnung der CFB-Fonds Transfair GmbH, abrufbar unter: https://www.cfbvertrieb.de/dotnet20/zweitmarkt/portal/info/handelsbedingungen.aspx.
3 *Arndt/Bruchwitz* in Arndt/Voß, § 8f VerkProspG Rz. 100.
4 *Ledermann/Marxsen* in Renz/Jäger/Maas, Compliance für geschlossene Fonds, 2.4.1, S. 169.
5 *Arndt/Bruchwitz* in Arndt/Voß, § 8f VerkProspG Rz. 100; *Sester*, ZBB 2008, 369 (380); *Ledermann/Marxsen* in Renz/Jäger/Maas, Compliance für geschlossene Fonds, 2.4.2, S. 169.
6 *Sester*, ZBB 2008, 369 (379).

c) Materielle Anforderungen

86 Die Ausnahmeregelung ist nur für Anteile von Vermögensanlagen anwendbar, die **vor dem 1.7.2005 veräußert worden sind und nach dem 1.7.2005 öffentlich auf einem Markt angeboten werden**. Der **Markt** muss gewisse **Voraussetzungen** erfüllen. Diese sind in den Kriterien der Regelmäßigkeit des Marktes, der geregelten Funktions- und Zugangsbedingungen, der Zugänglichkeit des Marktes für das Publikum in un- oder wenigstens mittelbarer Form und der Verantwortlichkeit des Betreibers des Marktes zu erblicken.

aa) Regelmäßiger Markt

87 Ein regelmäßig stattfindender Markt setzt ein **in regelmäßigen kürzeren Zeitabständen zugängliches Handelssystem** voraus, ohne dass es dabei auf die tatsächliche wiederkehrende Erzielung von Umsätzen ankommt[1]. Das Kriterium der Regelmäßigkeit ist bei nur bei Gelegenheit stattfindenden Veranstaltungen, wie Messen, nicht erfüllt. Die Anforderungen an die Regelmäßigkeit sind an der beschränkten Handelbarkeit von Anteilen geschlossener Fonds auszurichten. Erfüllt sind diese in jedem Fall bei offenen Handelsplattformen wie der Fondsbörse Deutschland in Hamburg, die ähnlich wie die „echten" Börsen nach deren Marktordnungen eine tägliche Preisfeststellung vorsehen und somit einen regelmäßigen Markt unterhalten[2]. Die Anforderungen sind jedoch auch bereits dann als erfüllt anzusehen, wenn die Homepage bei einer Handelsplattform im Internet aufgerufen werden kann, bzw. bei filialgestützten Handelssystemen regelmäßige Geschäftszeiten gegeben sind[3].

bb) Geregelte Funktions- und Zugangsbedingungen

88 **Zugangsbedingungen** bestehen durch die eine formale Regelung des Zugangs. Die Verknüpfung der Möglichkeit der Nutzung einer Zweitmarktplattform an bestimmte persönliche oder sachliche Voraussetzungen der Personen reicht aus[4]. Die Anforderungen sind nicht zu hoch anzusetzen, um den bestehenden kleinen Markt nicht durch zu hohe formale Restriktionen zu zerstören[5].

89 Als **ausreichend** für die Erfüllung des Kriteriums **Zugangsbedingungen** muss daher bei internetgestützten Handelsplattformen eine Zugangsberechtigung durch ein vergebenes Passwort, bei filialgestützten Handelsplattformen die Kundeneigenschaft

---

[1] *Arndt/Bruchwitz* in Arndt/Voß, § 8f VerkProspG Rz. 112.
[2] Vgl. §§ 15 und 17 Marktordnung Fondsbörse Deutschland für geschlossene Fonds, abrufbar unter: https://www.zweitmarkt.de/service/marktordnung.html.
[3] *Arndt/Bruchwitz* in Arndt/Voß, § 8f VerkProspG Rz. 112.
[4] *Arndt/Bruchwitz* in Arndt/Voß, § 8f VerkProspG Rz. 113.
[5] Vgl. Die Schätzungen für die Umsatzzahlen des Zweitmarkts 2012 beliefen sich auf ca. 137 Mio. € und für 2013 auf ca. 186 Mio. € (Quelle: http://www.sachwerteverband.de/fileadmin/downloads/zahlen/branchenzahlen/branchenzahlen_2013/Branchenzahlen_2013_20142503_Final.pdf).

des Verkaufsinteressenten bei der die Filiale betreibenden Gesellschaft als ausreichend betrachtet werden[1].

Funktionsbedingungen sind in der Schaffung von **Organisationsmechanismen** zu erblicken, die die Funktionsfähigkeit der Handelsplattform regeln und bestimmen[2]. Sie werden grundsätzlich durch einen für die am Handel beteiligten Parteien transparenten Preisfindungsmechanismus indiziert. Preisfindungsmechanismen sind auf dem Zweitmarkthandelsplattformen in vielfältiger Ausprägung anzutreffen. Grundvoraussetzung ist, das sie ein Aufeinandertreffen von Angebot und Nachfrage zur willkürfreien Feststellung des Preises des Anteils am Geschlossenen Fonds ermöglichen[3]. 90

Preisfindungsmechanismen werden in verschiedener Ausprägung eingesetzt. So kommt das Einheitskursverfahren zum Einsatz. Dh., dass alle Transaktionen nach dem zu bestimmenden Preis abgewickelt werden. Hierfür werden alle Kauf- und Verkaufsaufträge geschäftstäglich zentral gesammelt und das Orderbuch geschlossen. Die Preisfestsetzung erfolgt nach dem Meistausführungsprinzip, also unter Berücksichtigung des Zustandekommens des höchsten Umsatzes unter der Mittelung der beiden besten ausführbaren Kaufgebote. Zur Ausführung gelangen Kauf- bzw. Verkaufsaufträge nach den Grundsätzen der Preispriorität und Zeitpriorität[4]. Ebenfalls üblich ist die Ausgestaltung des Preisfindungsmechanismus in Form eines Auktionsverfahrens. Der Verkaufsinteressent bietet seine Beteiligung unter Festlegung eines Mindestgebotes an. Die Kaufinteressenten können bis zum Ende der Auktion ihre Gebote abgeben, wobei das höchste Gebot den Zuschlag erhält[5]. Daneben ist, insbesondere bei Käuferplattformen, das Festpreisverfahren etabliert, bei dem der Käufer den Preis anhand einer Analyse der Werthaltigkeit der angebotenen Beteiligung festlegt[6]. 91

Eine geforderte **schriftliche Fixierung der Zugangs- und Funktionsbedingungen** ist dem Gesetzeswortlaut nicht zu entnehmen. Dieses Erfordernis kann auch nicht dem Begriff „geregelt" zugeschrieben werden, da hiermit nur die Willkürfreiheit der Bedingungen für die jeweiligen Teilnehmer an der Handelsplattform unterstrichen wird, letztlich aber eine Bedingung bereits eine Regelung enthält. Es reicht daher auch eine rein faktische, willkürfreie Anwendung der Bedingungen aus[7]. 92

cc) Zugänglichkeit für das Publikum

Die Zugänglichkeit eines Marktes für das Publikum ist gewährleistet, wenn es die **Einrichtungen des Marktes für seine Zwecke in Anspruch nehmen kann**. Sie 93

---

1 *Arndt/Bruchwitz* in Arndt/Voß, § 8f VerkProspG Rz. 113.
2 *Arndt/Bruchwitz* in Arndt/Voß, § 8f VerkProspG Rz. 113.
3 *Arndt/Bruchwitz* in Arndt/Voß, § 8f VerkProspG Rz. 113.
4 Vgl. § 15 Abs. 3 Marktordnung Fondsbörse Deutschland für geschlossene Fonds, abrufbar unter: https://www.zweitmarkt.de/service/marktordnung.html.
5 Vgl. *Sester*, ZBB 2008, 369 (380).
6 Vgl. *Sester*, ZBB 2008, 369 (380).
7 *Arndt/Bruchwitz* in Arndt/Voß, § 8f VerkProspG Rz. 113.

müssen dem Anleger also auf irgendeine Art und Weise zur Benutzung zur Verfügung stehen. Ein direkter Zugang ist hierbei nicht erforderlich, vielmehr kann dieser auch über Dritte, zB Angestellte der Marktplattform, vermittelt werden[1].

dd) Verantwortung des Betreibers

94 Als letzte Voraussetzung sieht die Regelung vor, dass der Markt, auf dem die Vermögensanlagen angeboten werden, unter der Verantwortung seines Betreibers steht. Eine zivilrechtliche haftungsbegründende Verantwortlichkeit für die Vorgänge auf der von dem Betreiber unterhaltenen Marktplattform wird darunter nicht verstanden. Der Begriff der Verantwortung soll vielmehr in einem allgemeinen Sprachverständnis zu suchen sein, der unter Verantwortung die **Bestimmung der technischen und organisatorischen Abwicklung des Handels** auf der Plattform durch den Betreiber versteht[2].

§ 2a
Befreiungen für Schwarmfinanzierungen

(1) Die §§ 5a, 6 bis 11a, 12 Absatz 1, § 14 Absatz 1 Satz 1 und Absatz 3 Satz 1, die §§ 15a, 17, 18 Absatz 1 Nummer 2 bis 6, § 19 Absatz 1 Nummer 2, die §§ 20, 21, 23 Absatz 2 Nummer 2 und 4, § 24 Absatz 5 bis 8 und § 25 sind nicht anzuwenden auf Vermögensanlagen im Sinne von § 1 Absatz 2 Nummer 3, 4 und 7, wenn der Verkaufspreis sämtlicher von dem Anbieter angebotener Vermögensanlagen desselben Emittenten 2,5 Millionen Euro nicht übersteigt.

(2) § 23 Absatz 2 Nummer 1 ist im Fall des Absatzes 1 mit der Maßgabe anzuwenden, dass der Jahresabschluss nicht von einem Abschlussprüfer geprüft werden muss. § 24 Absatz 1 bis 4 ist im Fall des Absatzes 1 mit der Maßgabe anzuwenden, dass nach diesem Gesetz kein Lagebericht erstellt werden muss.

(3) Die Befreiung nach den Absätzen 1 und 2 ist nur auf Vermögensanlagen anwendbar, die ausschließlich im Wege der Anlageberatung oder Anlagevermittlung über eine Internet-Dienstleistungsplattform vermittelt werden, die durch Gesetz oder Verordnung verpflichtet ist, zu prüfen, ob der Gesamtbetrag der Vermögensanlagen desselben Emittenten, die von einem Anleger erworben werden können, der keine Kapitalgesellschaft ist, folgende Beträge nicht übersteigt:

1. 1.000 Euro,
2. 10.000 Euro, sofern der jeweilige Anleger nach einer von ihm zu erteilenden Selbstauskunft über ein frei verfügbares Vermögen in Form von Bankguthaben und Finanzinstrumenten von mindestens 100.000 Euro verfügt, oder

---

1 *Arndt/Bruchwitz* in Arndt/Voß, § 8f VerkProspG Rz. 114.
2 *Arndt/Bruchwitz* in Arndt/Voß, § 8f VerkProspG Rz. 115.

3. den zweifachen Betrag des durchschnittlichen monatlichen Nettoeinkommens des jeweiligen Anlegers nach einer von ihm zu erteilenden Selbstauskunft, höchstens jedoch 10.000 Euro.

(4) Die Befreiung nach den Absätzen 1 und 2 kann nicht in Anspruch genommen werden, solange eine Vermögensanlage des Emittenten nach § 2 Absatz 1 Nummer 3 öffentlich angeboten wird oder eine auf diese Weise angebotene Vermögensanlage des Emittenten nicht vollständig getilgt ist.

In der Fassung vom 3.7.2015 (BGBl. I 2015, S. 1114).

§ 2b
Befreiungen für soziale Projekte

(1) Auf Vermögensanlagen im Sinne von § 1 Absatz 2 Nummer 3 und 4 sind die §§ 5a, 6 bis 11a, 12 Absatz 1, § 14 Absatz 1 Satz 1 und Absatz 3 Satz 1, die §§ 15a, 17, 18 Absatz 1 Nummer 2 bis 6, § 19 Absatz 1 Nummer 2, die §§ 20, 21, 23 Absatz 2 Nummer 2 und 4, § 24 Absatz 5 bis 8 und § 25 nicht anzuwenden, wenn

1. für den Vertrieb der Vermögensanlagen keine erfolgsabhängige Vergütung gezahlt wird,
2. der Verkaufspreis sämtlicher von dem Anbieter angebotenen Vermögensanlagen desselben Emittenten 2,5 Millionen Euro nicht übersteigt und
3. der vereinbarte jährliche Sollzinssatz nicht über dem höheren der folgenden beiden Werte liegt:
   a) 1,5 Prozent,
   b) der marktüblichen Emissionsrendite für Anlagen am Kapitalmarkt in Hypothekenpfandbriefen mit gleicher Laufzeit.

§ 2a Absatz 2 gilt entsprechend.

(2) Die Befreiung nach Absatz 1 ist nur auf Vermögensanlagen anwendbar, die von Emittenten mit einer in der Satzung festgelegten sozialen Zielsetzung ausgegeben werden, die die folgenden Merkmale aufweisen:

1. höchstens 10.000.000 Euro Bilanzsumme und
2. höchstens 10.000.000 Euro Umsatzerlöse in den zwölf Monaten vor dem Abschlussstichtag.

§ 267a Absatz 1 Satz 2 und 3 des Handelsgesetzbuchs ist entsprechend anzuwenden.

In der Fassung vom 3.7.2015 (BGBl. I 2015, S. 1114).

§ 2c
Befreiungen für gemeinnützige Projekte und Religionsgemeinschaften

(1) Auf Vermögensanlagen im Sinne von § 1 Absatz 2 Nummer 3 und 4 sind die §§ 5a, 6 bis 11a, 12 Absatz 1, die §§ 13 bis 15a, 17, 18 Absatz 1 Nummer 2 bis 7, § 19 Absatz 1 Nummer 2, die §§ 20 bis 22, 23 Absatz 2 Nummer 2 und 4, § 24 Absatz 5 bis 8 und § 25 nicht anzuwenden, wenn

1. für den Vertrieb der Vermögensanlagen keine erfolgsabhängige Vergütung gezahlt wird,
2. der Verkaufspreis sämtlicher von dem Anbieter angebotenen Vermögensanlagen desselben Emittenten 2,5 Millionen Euro nicht übersteigt und
3. der vereinbarte jährliche Sollzinssatz nicht über dem höheren der folgenden beiden Werte liegt:
   a) 1,5 Prozent,
   b) der marktüblichen Emissionsrendite für Anlagen am Kapitalmarkt in Hypothekenpfandbriefen mit gleicher Laufzeit.

§ 2a Absatz 2 gilt entsprechend. Darüber hinaus sind unter den in Satz 1 Nummer 1 und 3 genannten Voraussetzungen auch die §§ 23 bis 25 nicht anzuwenden, wenn der Verkaufspreis sämtlicher von dem Anbieter angebotenen Vermögensanlagen desselben Emittenten 250.000 Euro nicht übersteigt.

(2) Die Befreiung nach Absatz 1 ist nur auf Vermögensanlagen anwendbar, die ausgegeben werden von

1. Körperschaften, die nach § 52 Absatz 2 Satz 1 der Abgabenordnung als gemeinnützig anerkannt sind, oder
2. inländischen Kirchen oder Religionsgemeinschaften, die in der Rechtsform einer Körperschaft des öffentlichen Rechts verfasst sind und auf Grund des Artikels 140 des Grundgesetzes in Verbindung mit Artikel 137 Absatz 6 der Weimarer Reichsverfassung vom 11. August 1919 (RGBl. S. 1383) Steuern erheben oder am Steueraufkommen der steuererhebenden kirchlichen Körperschaften teilhaben.

In der Fassung vom 3.7.2015 (BGBl. I 2015, S. 1114).

§ 2d
Widerrufsrecht

(1) Der Anleger ist an seine Willenserklärung, die auf den Abschluss eines Vertrags über eine Vermögensanlage im Sinne der §§ 2a bis 2c gerichtet ist, nicht mehr gebunden, wenn er sie fristgerecht in Textform widerrufen hat. Zur Fristwahrung genügt die rechtzeitige Absendung des Widerrufs.

(2) Der Widerruf erfolgt durch Erklärung gegenüber dem Anbieter. Aus der Erklärung muss der Entschluss des Anlegers zum Widerruf des Vertrags eindeutig hervorgehen. Der Widerruf muss keine Begründung enthalten.

(3) Die Widerrufsfrist beträgt 14 Tage. Sie beginnt mit Vertragsschluss, wenn der Vertrag über die Vermögensanlage einen deutlichen Hinweis auf das Widerrufsrecht enthält, einschließlich Name und Anschrift desjenigen, gegenüber dem der Widerruf zu erklären ist; sonst beginnt die Widerrufsfrist zu dem Zeitpunkt, zu dem der Anleger einen solchen Hinweis in Textform erhält. Ist der Beginn der Widerrufsfrist streitig, so trifft die Beweislast den Emittenten. Das Widerrufsrecht erlischt spätestens zwölf Monate nach dem Vertragsschluss.

(4) Im Fall des Widerrufs sind die empfangenen Leistungen unverzüglich zurückzugewähren. Für den Zeitraum zwischen der Auszahlung und der Rückzahlung des Anlagebetrags hat der Emittent die vereinbarte Gegenleistung gegenüber dem Anleger zu erbringen.

(5) Von den Vorschriften dieses Paragraphen darf nicht zum Nachteil des Anlegers abgewichen werden.

In der Fassung vom 3.7.2015 (BGBl. I 2015, S. 1114).

Schrifttum: *Buck-Heeb*, Das Kleinanlegerschutzgesetz, NJW 2015, 2535; *Casper*, Das Kleinanlegerschutzgesetz – zwischen berechtigtem und übertriebenem Paternalismus, ZBB 2015, 265; *Danwerth*, Crowdinvesting – Ist das Kleinanlegerschutzgesetz das Ende einer jungen innovativen Finanzierungsform?, ZBB 2016, 20; *Herr/Bantleon*, Crowdinvesting als alternative Unternehmensfinanzierung – Grundlagen und Marktdaten in Deutschland, DStR 2015, 532; *Klöhn/Hornuf*, Die Regelung des Crowdfunding im RegE des Kleinanlegerschutzgesetzes – Inhalt, Auswirkungen, Kritik, Änderungsvorschläge, DB 2015, 47; *Riethmüller*, Auswirkungen des Kleinanlegerschutzgesetzes auf die Praxis der bankenunabhängigen Finanzierung, das Crowdinvesting und Crowdlending, DB 2015, 1451.

I. Normentwicklung 1	b) Typenprivilegierte Vermögens-
II. Regelungsgehalt 4	anlagen 13
1. Schwarmfinanzierung	c) Art und Weise des Vertriebs . . . 17
(§ 2a VermAnlG) 5	2. Soziale Projekte, gemeinnützige
a) Sperrung des Anwendungs-	Körperschaften und Religions-
bereichs der Bereichsausnahme	gemeinschaften (§§ 2b,
und Grenzbetrag der Emission 8	2c VermAnlG) 21
	a) Erfolgsunabhängige Vergütung 22

b) Renditeversprechen	23	a) Vermögensanlagen nach §§ 2a und 2b VermAnlG	32
c) Besondere Voraussetzungen nach § 2b VermAnlG	24	b) Vermögensanlagen nach § 2c VermAnlG	33
d) Besondere Voraussetzungen nach § 2c VermAnlG	25	c) Formelle Anforderungen	34
3. Widerrufsrecht	26	d) Spezifische Verpflichtungen für die Vermittler von Schwarmfinanzierungen	36
III. Rechtsfolgen	29		
1. Befreiungen und Erleichterungen	30	3. Weitere kapitalmarktrechtliche Besonderheiten	37
2. Spezifische Verpflichtungen	31		

I. Normentwicklung

1 Die **Einfügung von §§ 2a–2d in das VermAnlG** geht auf Art. 2 Nr. 4 des Kleinanlegerschutzgesetzes[1] zurück. Spezifische Vorgängernormen bestanden nicht. Es galten die allgemeinen Regelungen, die in den Regelungsmaterien des Bank-, Kapitalmarkt- und Gewerberecht ihren Niederschlag gefunden hatten. § 2 Abs. 1 Nr. 3 VermAnlG sah allerdings eine nur unspezifische De-Minimis-Regelung vor, unter die auch Kleinstfinanzierungen (nicht mehr als 100.000 € im Zeitraum von 12 Monaten der insgesamt angebotenen Anteile an der Vermögensanlage) iS der §§ 2a–c VermAnlG subsumiert werden konnten. In der Praxis wurden zudem Angebote von Vermögensanlagen, bei deren Beteiligung der Anleger keine eigenwirtschaftlichen Ziele verfolgte, bereits als nicht der Prospektpflicht unterworfen betrachtet[2].

2 Der Gesetzgeber reagierte nunmehr auf die auf die in der jüngsten Vergangenheit erfolgende, **stärkere Verbreitung von Modellen alternativer Finanzierungs- und Investitionsformen** bei der **Frühphasenfinanzierung** von neuen Geschäftsideen oder von **Ersatz- und Erweiterungsinvestitionen** etablierter Unternehmen, die insbesondere eine Partizipation an den zukünftigen Gewinnen des finanzierten Projekts vorsehen[3]. Die gesamtwirtschaftliche Bedeutung ist nicht mehr zu vernachlässigen. Deutschlandweit sind mittlerweile ca. 80 Plattformen mit unterschiedlichen Projektschwerpunkten zur Finanzierung von Unternehmen, Immobilien oder sonstigen Projekten aus verschiedenen Wirtschafts- und Lebensbereichen aktiv[4]. Das erreichte Marktvolumen für internetbasierte Unternehmensfinanzierung betrug bis Ende 2014 Finanzierungen im Umfang von ca. 36 Mio. € bei mehr als 158 Vermittlungen[5]. Diese Finanzierungsform für die Unternehmen gründet auf einer überwiegend über soziale medienbasierte Netzwerke erreichten, sich mit den kreativen Zielen des Unterneh-

---

1 Kleinanlegerschutzgesetz vom 3.7.2015, BGBl. I 2015, S. 1114.
2 Vgl. Voraufl., § 8f VerkProspG Rz. 108.
3 Zu den unterschiedlichen Modellen der Beteiligung vgl. BaFin-Fachartikel „Crowdfunding: Aufsichtsrechtliche Pflichten und Verantwortung des Anlegers" vom 2.6.2014, abrufbar: https://www.bafin.de/SharedDocs/Veroeffentlichungen/DE/Fachartikel/2014/fa_bj_1406_crowdfunding.html.
4 *Klöhn/Hornuf*, DB 2015, 47.
5 *Klöhn/Hornuf*, DB 2015, 47; bei etwas längerem Betrachtungszeitraum: siehe *Herr/Bantleon*, DStR 2015, 532 (536): 173 Finanzierungen bei ca. 34,4 Mio. € Emissionsvolumen.

mens identifizierenden großen Menschenmenge, an denen sich der einzelne mit jeweils zumeist geringfügigen Beteiligungsbeträgen an der Finanzierung beteiligt (sog. **Crowdfunding**). Abgezielt wird auf über Internet-Dienstleistungsplattformen vertriebene und beworbene Anlageformen[1].

Mit der Einführung der Regelungen soll ein **Kompromiss zwischen der Förderung von Schwarmfinanzierungen und dem Anlegerschutz** erreicht werden. In diesem Zusammenhang regelte der Gesetzgeber zugleich Beteiligungsmodelle, bei denen soziale, gemeinnützige und wohltätige Projekte Gegenstand der Finanzierung sind. Im Fokus stehen Projekte zur Errichtung, Sanierung oder Instandsetzung von Gebäuden zur Schaffung preisgünstigen Wohnraums oder Räumlichkeiten für Kleinstgewerbe oder zum günstigen Aufbau und Unterhalt von Kindertagesstätten[2]. Im Gesetzgebungsverfahren umstritten waren ua. die Basis der Grenzbeträge für die Prospektfreiheit in Höhe von 1 Mio. €, die Typen der freizustellenden Vermögensanlagen, die Höhe der Einzelgrenzen für den jeweiligen Anleger, die Einschränkung der Werbung für Crowdinvesting-Projekte und der administrative Aufwand für den Umgang mit dem Vermögensanlagen-Informationsblatt[3].

Verschiedene **Kritikpunkte** wurden im **Gesetzgebungsverfahren** aufgegriffen. Der Grenzbetrag für die Gesamtemission zur Inanspruchnahme der Ausnahmen nach den §§ 2a–2c VermAnlG wurde auf 2,5 Mio. € erhöht, um die Wettbewerbsfähigkeit der Start-up-Branche in Deutschland im internationalen Vergleich zu stärken[4]. Forderungen auf Festlegung einer höher angelegten Schwelle, um technologieorientierte Start-ups mit hohen Investitions- und Anlaufkosten besser gerecht zu werden, wurde eine Absage erteilt[5].

Die **Einzelanlageschwellen** nach § 2a Abs. 3 VermAnlG gelten **nicht mehr für Kapitalgesellschaften** iS des Zweiten Abschnitts des Dritten Buches des Handelsgesetzbuches, da der Gesetzgeber nunmehr davon ausgeht, das Formkaufleute bei der Geldanlage ein höherer Professionalitätsstandard unterstellt werden kann[6]. Die Kenntnisnahme des Warnhinweises auf dem Vermögensanlagen-Informationsblatt ist nunmehr auf elektronischem Wege möglich und vermeidet administrativen Auf-

---

1 Begr. RegE Kleinanlegerschutzgesetz, BT-Drucks. 18/3994, S. 40 f.
2 Begr. RegE Kleinanlegerschutzgesetz, BT-Drucks. 18/3994, S. 42.
3 Vgl. Stellungnahme des German Crowdfunding Network zum RefE zum Schutz von Kleinanlegern vom 1.8.2014, S. 2 f., abrufbar: https://www.companisto.com/docs/GCN_statement.pdf.
4 Beschlussempfehlung und Bericht des Finanzausschusses, BT-Drucks. 18/4708, S. 63 f.
5 Vgl. Stellungnahme des German Crowdfunding Network zum RefE zum Schutz von Kleinanlegern v. 1.8.2014, S. 2 f., abrufbar: https://www.companisto.com/docs/GCN_statement.pdf.
6 Beschlussempfehlung und Bericht des Finanzausschusses, BT-Drucks. 18/4708, S. 64. Der Finanzausschuss schließt sich hier der vorgebrachten Kritik an, dass eine Begrenzung für professionelle Anleger eine Gefährdung der zu regulierenden Projekte nach sich zieht. Vgl. Stellungnahme des German Crowdfunding Network zum RefE zum Schutz von Kleinanlegern vom 1.8.2014, S. 8 f., abrufbar: https://www.companisto.com/docs/GCN_statement.pdf.

wand für die Beteiligten[1]. Zur Gewährleistung der Vielfalt von Gestaltungen bei sozialen, gemeinnützigen und wohltätigen Projekten nach §§ 2b und 2c VermAnlG wird die Abhängigkeit der Bereichsausnahme in Bezug auf den Emittenten nur noch nach seiner Größe und nicht mehr nach seiner Rechtsform beurteilt[2]. Ergänzt wurde eine Regelung über eine zulässige Mindestverzinsung von 1,5% p.a., und die Inanspruchnahme der Befreiungstatbestände nach §§ 2b und 2c VermAnlG wurde unter den Vorbehalt eines provisionsfreien Vertriebs gestellt[3].

II. Regelungsgehalt

4 Der Komplex der Regelungen dient einem **Ausgleich der Ansprüche** an die gegenüber herkömmlichen Finanzierungsformen lückenfüllende Funktion der **Finanzierung** gesellschaftlich erwünschter bestimmter und vom finanziellen Umfang geringfügiger Projekte über nunmehr als Vermögensanlagen nach § 1 Abs. 2 VermAnlG eingestufter Beteiligungsformen gegenüber einem umfassenden **Anlegerschutz** im Sinne allgemeiner, für alle Finanzierungsformen gültiger und umfassender Transparenzanforderungen[4]. Durch die Befreiungen werden die Anbieter in die Lage versetzt, diese Angebote im Rahmen bestimmter Beteiligungsformen und unter Beachtung bestimmter Voraussetzungen **prospektfrei** fortzuführen. Die Regelungen der §§ 2a–2c VermAnlG greifen in die Vertragsfreiheit der Anleger ein. Mit diesem Eingriff ist insbesondere im Rahmen des § 2a VermAnlG eine Lenkung der Anleger in seinem Anlageverhalten hin zu einer Risikodiversifizierung verbunden, um ihn vor den persönlichen Auswirkungen einer in Bezug auf die Verlustmöglichkeit der Anlage hochrisikobelasteten Anlagenentscheidung im Marktsegment der Start-up-Finanzierungen zu schützen, anderseits das Marktsegment nicht über kostenintensive aufsichtsrechtliche Verpflichtungen abzuwürgen[5]. Bei den Regelungen der §§ 2b und 2c VermAnlG steht unter Berücksichtigung der Vielfalt an Gestaltungen von sozialen, wohltätigen und gemeinnützigen Projekten die Verhinderung des Missbrauchs des Befreiungstatbestands im Vordergrund. Die Befreiung greift nur im Rahmen eines provisionsfrei erfolgenden Vertriebs und der Betonung der Förderung der Projektziele gegenüber einer möglichst hohen Ertragserzielung in Form der Vorgabe einer die marktübliche Rendite bestimmter Referenzanlageformen unterschreitenden Verzinsung[6].

1. Schwarmfinanzierung (§ 2a VermAnlG)

5 Die Regelung greift eine spezifische Unterform der Schwarmfinanzierung als alternatives Finanzierungsinstrument auf. Erfasst wird das equity-based Crowdfunding

---

1 Beschlussempfehlung und Bericht des Finanzausschusses, BT-Drucks. 18/4708, S. 64.
2 Beschlussempfehlung und Bericht des Finanzausschusses, BT-Drucks. 18/4708, S. 64.
3 Beschlussempfehlung und Bericht des Finanzausschusses, BT-Drucks. 18/4708, S. 64 f.
4 *Danwerth*, ZBB 2016, 20 (21).
5 *Casper*, ZBB 2015, 265 (267).
6 Beschlussempfehlung und Bericht des Finanzausschusses, BT-Drucks. 18/3994, S. 42.

(**Crowdinvesting**) als eine Unterform des Crowdsourcing[1]. Finanzierungen für Unternehmen werden gegenüber der klassischen Finanzierung mit einzelnen Geldgebern über eine große Menschenmenge aufgebracht, wobei jeder einzelne einen kleinen Beitrag leistet und die spätere Beteiligung am Unternehmenserfolg im Vordergrund steht[2]. Dieses Finanzierungsinstrument erlaubt die Einschätzung des Marktpotentials einer Geschäftsidee, da die Investoren gleichzeitig potentielle Kunden darstellen[3].

Im ersten Jahr der Einführung des Befreiungstatbestands ist die **Inanspruchnahme** verhalten. Diese erfolgt bisher für 223 öffentliche Angebote von Vermögensanlagen in der hauptsächlichen Form von partiarischen und Nachrangdarlehen mit einem Emissionsvolumen von durchschnittlich jeweils 650.000 €[4].

Die **Anwendbarkeit der Ausnahmeregelung** beruht auf dem Vorliegen von vier Voraussetzungen:

– Die Emission ist an einen maximalen, die Nutzung der Ausnahmeregelungen für Kleinstemissionen ausschließenden Grenzbetrag von 2,5 Mio. € gebunden.
– Die Beteiligungsform ist auf bestimmte Typen iS des § 1 Abs. 2 Nr. 3, 4 und 7 VermAnlG festgelegt.
– Der Vertrieb erfolgt über eine Internet-Dienstleistungsplattform, die die Voraussetzungen als Wertpapierdienstleistungsunternehmen iS des WpHG oder als Finanz- oder Darlehensvermittler nach §§ 34c Abs. 1 Nr. 2, 34f GewO erfüllt und zur Durchsetzung der Zeichnungsgrenzen nach § 2 Abs. 3 VermAnlG gegenüber allen Anlegern außer Kapitalgesellschaften verpflichtet ist.
– Die Anteile an den Vermögensanlagen werden über die Internet-Dienstleistungsplattform im Rahmen einer Anlageberatung oder Anlagevermittlung vertrieben.

a) Sperrung des Anwendungsbereichs der Bereichsausnahme und Grenzbetrag der Emission

Die Regelung des § 2a Abs. 4 VermAnlG entfaltet unter bestimmten Voraussetzungen eine **Sperrwirkung zur Verhinderung der Inanspruchnahme der Privilegierungen** einer Schwarmfinanzierung nach den § 2a Abs. 1–3 VermAnlG. Die Möglichkeit der Inanspruchnahme entfällt, wenn parallel eine Vermögensanlage des Emittenten unter Nutzung der Ausnahmeregelungen nach § 2 Abs. 1 Nr. 3 VermAnlG zeitlich voraus-

---

[1] *Herr/Bantleon*, DStR 2015, 532; *Riethmüller*, DB 2015, 1451, (1453).
[2] *Herr/Bantleon*, DStR 2015, 532; BaFin-Fachartikel „Crowdfunding: Aufsichtsrechtliche Pflichten und Verantwortung des Anlegers" vom 2.6.2014; abrufbar unter: https://www.bafin.de/SharedDocs/Veroeffentlichungen/DE/Fachartikel/2014/fa_bj_1406_crowdfunding.html.
[3] *Herr/Bantleon*, DStR 2015, 532.
[4] Vgl. BaFin-Fachartikel „Schwarmfinanzierung: Erste Bilanz nach einem Jahr Befreiung von der Prospektpflicht" vom 15.9.2016 in BaFinJournal 9/2016, abrufbar: https://www.bafin.de/SharedDocs/Veroeffentlichungen/DE/Fachartikel/2016/fa_bj_1609_schwarmfinanzierung.html.

gehend oder nachfolgend gegenüber dem Angebot der Scharmfinanzierung öffentlich angeboten wird oder noch nicht als getilgt iS des § 10a VermAnlG anzusehen ist[1]. Zweck ist die Verhinderung einer Umgehung der festgelegten Einzelbeteiligungsgrenzen, die auf einer Aufspaltung des Gesamtemissionsbetrages auf mehrere Einzelemissionen unter teilweiser Ausnutzung der Freigrenzen nach § 2 Abs. 1 Nr. 3 VermAnlG beruhen[2]. Ableiten lässt sich diese Notwendigkeit aus der vor Einführung des Kleinanlegerschutzgesetzes geübten Praxis, den Anwendungsbereich des VermAnlG über die Verwendung bestimmter Beteiligungsformen zu vermeiden oder die De-Minimis-Regelung des § 2 Abs. 1 Nr. 3 VermAnlG zu nutzen[3].

9 Die **Gesamtemissionsgrenze** wird in der Form bestimmt, dass der Verkaufspreis sämtlicher von dem Anbieter angebotener Vermögensanlagen desselben Emittenten 2,5 Mio. € nicht übersteigen darf, § 2a Abs. 1 VermAnlG. Die Tatbestandsvoraussetzungen lassen eine rechtssichere Eindeutigkeit vermissen.

10 Der Begriff des **Anbieters** als nach dem Gesetz Verpflichteten ist als auszufüllender Oberbegriff zu verstehen[4]. Er wird im Gesetz nicht eindeutig bestimmt. Während die Inanspruchnahme der Befreiung als Grundlage ein Dreipersonenverhältnis (bestehend aus Emittent, Internet-Dienstleistungsplattform und Anleger) voraussetzt, ist nach dem Gesetzestext und der Begründung zum Gesetzentwurf[5] der Wille des Gesetzgebers in Bezug auf die Möglichkeit einer Personenidentität zwischen Anbieter und Emittent sowie Anbieter und Internet-Dienstleistungsplattform zumindest fraglich. Abzustellen sei vielmehr auf die zwischen Internet-Dienstleistungsplattform und Emittent oder Anbieter getroffenen Vereinbarungen in Bezug auf ihre jeweiligen Aufgaben und Funktionen und inwieweit die Zuordnung der Funktion des Anbieters auf der Plattform zum Ausdruck gebracht wird[6]. Denn allein die Übernahme der Erstellung des VIB für die Vermögensanlage durch die Internet-Dienstleistungsplattform ist für sich nicht als ausreichend zu betrachten, um sie als Anbieter der Vermögensanlage zu qualifizieren[7]. Deshalb ist im konkreten Einzelfall auf die grundlegenden Kriterien zur Bestimmung der Anbietereigenschaft zurückzugehen. Diese stellen auf die Verantwortungsübernahme für das öffentliche Angebot der Vermögensanlage und den öffentliche Auftritt gegenüber den Anlegern ab, so dass diese in dem Auftretenden den Anbieter der Vermögensanlage erkennen können[8]. Aufgrund der Möglichkeit der Identität zwischen Anbieter und Emittent einer Vermögensanlage[9] sind daher Einzelfallgestaltungen möglich, bei denen entweder der Emittent oder die Internet-Dienstleistungsplattform als Anbieter anzusehen ist.

---

1 Begr. RegE Kleinanlegerschutzgesetz, BT-Drucks. 18/3994, S. 42.
2 Begr. RegE Kleinanlegerschutzgesetz, BT-Drucks. 18/3994, S. 42.
3 *Casper*, ZBB 2015, 265 (266).
4 *Danwerth*, ZBB 2016, 20 (28); aA im Sinne einer Gleichsetzung von Anbieter und Internet-Dienstleistungsplattform: *Casper*, ZBB 2015, 265 (276).
5 Begr. RegE Kleinanlegerschutzgesetz, BT-Drucks. 18/3994, S. 40 f.
6 Begr. RegE Kleinanlegerschutzgesetz, BT-Drucks. 18/3994, S. 41.
7 Begr. RegE Kleinanlegerschutzgesetz, BT-Drucks. 18/3994, S. 41.
8 Vgl. bereits: Begr. RegE AnSVG, BT-Drucks. 15/3174, S. 42.
9 Vgl. bereits: Begr. RegE AnSVG, BT-Drucks. 15/3174, S. 42.

ZB kann der Emittent im Rahmen des Betriebes einer eigenen Internet-Dienstleistungsplattform als Anbieter anzusehen sein[1].

Für eine Beurteilung der **Einhaltung der Gesamtemissionsgrenze** sind grundsätzlich die auf einer Internet-Dienstleistungsplattform vertriebenen Emissionen verschiedener, nach der Vorschrift privilegierter **Vermögensanlagen** iS des § 1 Abs. 2 Nr. 3, 4 und 7 VermAnlG eines Emittenten **aufzusummieren**[2]. Dies gilt auch dann, wenn es sich um verschiedene Tranchen dieser Vermögensanlagen handelt, denn einen zeitlich begrenzten Emissionsrahmen sieht das Gesetz in den Tatbestandsvoraussetzungen nicht vor[3]. Da das Gesetz jedoch nicht die Einmaligkeit der Inanspruchnahme der Ausnahmeregelung nach § 2a VermAnlG vorsieht, kann die Zusammenrechnung nur so lange erfolgen, wie die mit der Emission verfolgte Finanzierungsfunktion noch erfüllt ist[4]. Wurde die Vermögensanlage vollständig getilgt, kann erneut die Privilegierung des § 2a VermAnlG im vollen Umfang für die neue Emission genutzt werden[5]. 11

Bei der Berechnung der Gesamtemissionsgrenze ist die **Anzahl der Anbieter** der Vermögensanlage eines Emittenten **unerheblich**[6]. Der Schutzweck der Regelung sieht vor, dass die gesetzlich festgelegten Einzelanlageschwellen die Anleger vor Klumpenrisiken bei ihrem Engagement in einem als hochrisikobehaftet angesehenen Marktsegment schützen sollen[7]. Dem widerspräche eine Auslegung von § 2 Abs. 1 VermAnlG in dem Sinne, dass die Anwendbarkeit der Ausnahmevorschrift auf jeweils einen Anbieter einer Emission desselben Emittenten möglich wäre. Denn darüber würden vom Gesetzgeber nicht gewollte Umgehungsmöglichkeiten eröffnet. Der Emittent könnte über eine beliebige Anzahl von Dienstleistungsplattformen eine entsprechend unbegrenzte Kumulierung der Gesamtemissionsgrenzen für seine Vermögensanlagen erreichen. 12

b) Typenprivilegierte Vermögensanlagen

Das Privileg, von bestimmten Regelungen des VermAnlG ausgenommen zu sein, gilt im Rahmen der Schwarmfinanzierung nur für bestimmte Typen von Vermögensanlagen. 13

Anbieter können nur dann von den Befreiungen des § 2a VermAnlG profitieren, wenn die Emissionsgesellschaft sich Finanzierungsformen im Sinne **partiarischer Darlehen** nach § 1 Abs. 2 Nr. 3 VermAnlG, **Nachrangdarlehen** nach § 1 Abs. 2 Nr. 4 VermAnlG oder **sonstiger Vermögensanlagen** iS des § 1 Abs. 2 Nr. 7 VermAnlG be- 14

---

1 *Danwerth*, ZBB 2016, 20 (28).
2 *Casper*, ZBB 2015, 265 (276).
3 *Casper*, ZBB 2015, 265 (276).
4 *Casper*, ZBB 2015, 265 (277).
5 *Casper*, ZBB 2015, 265 (277); bereits auf den Zeitpunkt der Beendigung des Angebots abstellend: *Danwerth*, ZBB 2016, 20 (29).
6 *Danwerth*, ZBB 2016, 20 (29); kritisch: *Casper*, ZBB 2015, 265 (277).
7 Begr. RegE Kleinanlegerschutzgesetz, BT-Drucks. 18/3994, S. 28, 41.

dient. Diese Beschränkung ist der Rechtssicherheit abträglich[1]. Es werden diejenigen Finanzierungsformen privilegiert, die gesetzlich am wenigsten geregelt sind[2]. Andere Beteiligungsformen können genauso gut oder – abhängig vom konkreten Projekt und der Finanzierungssituation – besser geeignet sein, um Investoren an einem Crowdinvesting zu beteiligen[3]. Typischerweise ist der Inhaber einer stillen Beteiligung aufgrund der gesetzlichen Vorgaben im Vergleich zu dem Gläubiger eines partiarischen Darlehens besser geschützt, weil er mehr Mitspracherechte hat und von der Auffangregelung der §§ 230 ff. HGB profitiert[4]. Ein Wettbewerb um die für die Anleger- und Emittentenseite beste Finanzierungsform kann sich unter diesen Umständen nicht entwickeln[5].

15 Die **Abgrenzung** von partiarischen Darlehen gegenüber stillen Beteiligungen gelingt kaum und provoziert erhebliche Rechtsunsicherheiten[6]. Bewertet ein Zivilgericht eine ursprünglich als partiarisches Darlehen konzipierte Vermögensanlage tatsächlich als stille Beteiligung, haften der Emittent und der Anbieter gem. § 21 VermAnlG auf Schadensersatz, ohne dass es auf ihr Verschulden ankäme[7]. Dies gilt unabhängig von einer Klassifizierung einer Vermögensanlage durch die BaFin[8].

16 Der Grund für das Festhalten an der Beschränkung auf Vermögensanlagen im Sinne partiarischer Darlehen, Nachrangdarlehen und vergleichbarer Vermögensanlagen im Rahmen des Gesetzgebungsverfahren wird darin vermutet, dass eine Ausweitung der Ausnahmeregelung auf alle Vermögensanlageformen den Vorwurf gegenüber dem Gesetzgeber hätte provozieren können, mit § 2a VermAnlG die Prospektpflicht bei Vermögensanlagen insgesamt zu lockern, obwohl mit der Einbeziehung bisher nicht prospektpflichtiger Vermögensanlagen gerade eine Verschärfung der Regulierung beabsichtigt war[9].

c) Art und Weise des Vertriebs

17 Der Vertrieb der Vermögensanlagen muss für die Inanspruchnahme der Befreiung nach der Systematik des § 2a Abs. 3 VermAnlG ausschließlich im Wege der Anlageberatung oder Anlagevermittlung über eine **Internet-Dienstleistungsplattform** erfolgen. Die Ausnahme gilt nicht für die Eigenemission von Vermögensanlagen durch den Emittenten[10]. Es handelt sich insoweit um kein Emittenten-, sondern ein

---

1 *Klöhn/Hornuf*, DB 2015, 47 (50).
2 *Danwerth*, ZBB 2016, 20 (25).
3 *Klöhn/Hornuf*, DB 2015, 47 (50); *Casper*, ZBB 2015, 265 (277).
4 *Klöhn/Hornuf*, DB 2015, 47 (50).
5 *Klöhn/Hornuf*, DB 2015, 47 (50).
6 *Danwerth*, ZBB 2016, 20 (25); *Casper*, ZBB 2015, 265 (277); vgl. zu den einzelnen Abgrenzungskriterien *Hopt* in Baumbach/Hopt, § 230 HGB Rz. 4 mwN.
7 *Klöhn/Hornuf*, DB 2015, 47 (50).
8 Vgl. OLG München v. 2.11.2011 – 20 U 2289/11, juris.
9 *Klöhn/Hornuf*, DB 2015, 47 (50); *Casper*, ZBB 2015, 265 (277).
10 Dem steht nicht entgegen, dass der Emittent selbst eine entsprechende Internet-Dienstleistungsplattform begründet.

Vermittler-Privileg[1]. Dies begründet sich aus der Übernahme sinnvoller gesamtwirtschaftlicher Aufgaben durch die Plattformen. Zur eigenen Reputationswahrung nehmen sie eine teils sehr strenge Vorauswahl und eine intensive Betreuung der Emittenten bei der Konkretisierung und informatorischen Aufbereitung der zu finanzierenden Projekte wahr (Gatekeeper-Funktion), was sich im Ergebnis anlegerschützend auswirkt.

Der **Begriff** der Internet-Dienstleistungsplattform erfasst Unternehmen, die im Internet über eine entsprechende Präsenz die zulässigen Anteile an Vermögensanlagen anbieten und bestimmte Dienstleistungen übernehmen[2]. Diese erfassen die Art und Weise des Vertriebs und damit zusammenhängende Dienstleistungen[3]. **Aufgabe** der Internet-Dienstleistungsplattform und ihre gesetzliche bzw. verordnungsrechtliche Verpflichtung ist die Angemessenheit der Anlage für den Anleger nach § 31 Abs. 5a WpHG bzw. § 16 Abs. 2 FinVermV (unter Berücksichtigung der soweit erforderlichen Selbstauskunft des Anlegers über sein Vermögen oder sein Einkommen) zu prüfen und die Einhaltung der Zeichnungsgrenzen nach § 2a Abs. 3 VermAnlG festzustellen. Die Grenze bezieht sich allein auf die Anlagesumme, die ein Anleger in denselben Emittenten investieren darf, während eine Einschränkung in Bezug auf die Anlagesumme am gesamten Crowdfunding-Markt nicht besteht[4]. 18

Die **Prüfung der Vermögensverhältnisse** zur Prüfung der Einhaltung der Zeichnungsgrenzen ist formaler Natur. Ergeben sich aus den Auskünften des Anlegers Vermögensverhältnisse, die die Voraussetzungen zum Erwerb der Vermögensanlage in der vom Anleger gewünschten Höhe erfüllen, müssen keine weiteren spezifischen Daten zu Vermögen oder Monatseinkommen erhoben werden, sofern keine gegenteiligen Anhaltspunkte vorliegen[5]. 19

Im Übrigen führt eine Überschreitung der Zeichnungsgrenzen nicht zur Nichtigkeit des Zeichnungsvertrages. Die Regelung des § 2a Abs. 3 VermAnlG stellt wegen der bloßen Überprüfungsverpflichtung der Internet-Dienstleistungsplattform **kein Verbotsgesetz** iS des § 134 BGB dar[6].

Kapitalgesellschaften im Sinne des Zweiten Abschnitts des Dritten Buches des Handelsgesetzbuches sind aufgrund der ihnen als Formkaufleuten zuzumessenden 20

---

1 *Riethmüller*, DB 2015, 1451 (1454).
2 *Danwerth*, ZBB 2016, 20 (29).
3 Da Dienstleistungen in Form der Anlageberatung und der Anlagevermittlung als Finanzdienstleistung nach § 1 Abs. 1a Satz 2 Nr. 1, 1a KWG der Erlaubnispflicht nach § 32 KWG unterfallen, benötigen Internetplattformen, die diese Vermögensanlagen vertreiben, zukünftig eine Erlaubnis als Finanzdienstleistungsunternehmen nach dem KWG oder unter Inanspruchnahme der Bereichsausnahme nach § 2 Abs. 6 Satz 1 Nr. 8 lit. e KWG einer Gewerbeerlaubnis als Finanzanlagenvermittler nach § 34f Abs. 1 GewO. Im letzteren Fall sind die allgemeinen wertpapierhandelsrechtlichen Verhaltenspflichten nicht einzuhalten, da das Unternehmen nach § 2a Abs. 1 Nr. 7 lit. e WpHG nicht als Wertpapierhandelsunternehmen gilt.
4 *Riethmüller*, DB 2015, 1451 (1454).
5 Begr. RegE Kleinanlegerschutzgesetz, BT-Drucks. 18/3994, S. 54.
6 *Danwerth*, ZBB 2016, 20 (33).

höheren Professionalisierung in Geldanlagen ohnehin von der Einhaltung der in § 2 Abs. 3 VermAnlG normierten Einzelanlageschwellen befreit[1]. Natürliche Personen als professionelle und semiprofessionelle Einzelanleger müssen zur Meidung der Zeichnungsgrenzen für eine Beteiligung am Emittenten entweder auf die Möglichkeit einer direkten Beteiligung oder die Gründung einer Kapitalgesellschaft zurückgreifen[2].

2. Soziale Projekte, gemeinnützige Körperschaften und Religionsgemeinschaften (§§ 2b, 2c VermAnlG)

21 Weitere **auf den Emittenten bezogene Befreiungstatbestände** sind in den §§ 2b und 2c VermAnlG geregelt. Die Voraussetzungen unterscheiden sich gegenüber denen der Schwarmfinanzierung nach § 2a VermAnlG in wesentlichen Aspekten. Die Auswahlmöglichkeiten an zulässigen Vermögensanlagen sind weiter verengt. Erfasst sind nur noch partiarische und Nachrangdarlehen iS des § 1 Abs. 2 Nr. 3 und 4 VermAnlG. Für die Inanspruchnahme der Befreiungstatbestände bedarf es im allgemeinen einer nicht erfolgsbezogenen Vergütung für den Vertrieb der Vermögensanlagen, der Einhaltung der Gesamtemissionsgrenze für den Verkaufspreis sämtlicher von dem Anbieter angebotenen Vermögensanlagen desselben Emittenten in Höhe von 2,5 Mio. € und einer Ertragskappung für den Anleger, bei der der vereinbarte jährliche Sollzinssatz entweder im relativen Sinne den Referenzwert der marktüblichen Emissionsrendite für Anlagen am Kapitalmarkt in Hypothekenpfandbriefen mit gleicher Laufzeit oder im absoluten Sinne 1,5% nicht übersteigen darf.

a) Erfolgsunabhängige Vergütung

22 Die Regelung zur erfolgsunabhängigen Vergütung des Vertriebs der Vermögensanlagen im Rahmen der Befreiungstatbestände **verbietet** eine **Koppelung der Vergütung mit der Vermittlung der Vermögensanlagen** im Wege einer direkten, aufeinander bezogenen Ableitung. Dies gilt unabhängig davon, ob der Vertrieb im Wege des Eigenvertriebs oder durch Einsatz von Vermittlern oder sonstigen Intermediären erfolgt; allerdings erfasst die Vorgabe nur die gerade für den Vertrieb der Anlagen gezahlten erfolgsabhängigen Vergütungen, so dass sonstige variable Vergütungsbestandteile, die auf andere Referenzgrößen Bezug nehmen, außer Betracht bleiben[3]. Durch eine komplette Unentgeltlichkeit der Vermittlung der Vermögensanlagen wird mangels einer auf Gewinnerzielung gerichteten Tätigkeit keine gewerbliche Anlageberatung bzw. Anlagevermittlung betreiben, so dass eine Erlaubnispflicht nach § 34f Abs. 1 Satz 1 Nr. 3 GewO entfällt[4].

---

[1] Beschlussempfehlung und Bericht des Finanzausschusses, BT-Drucks. 18/4708, S. 64.
[2] Beschlussempfehlung und Bericht des Finanzausschusses, BT-Drucks. 18/4708, S. 58.
[3] Beschlussempfehlung und Bericht des Finanzausschusses, BT-Drucks. 18/4708, S. 64.
[4] Beschlussempfehlung und Bericht des Finanzausschusses, BT-Drucks. 18/4708, S. 64.

b) Renditeversprechen

Bei der **Berechnung des Sollzinssatzes** findet weder eine Berücksichtigung von Agios oder Disagios auf die gewährte Darlehenssumme statt[1]. 23

c) Besondere Voraussetzungen nach § 2b VermAnlG

Zur Inanspruchnahme der Befreiung nach § 2b VermAnlG ist erforderlich, dass der Emittent eine **soziale Zielsetzung** in seiner Satzung verankert hat und bestimmte Schwellenwerte an Bilanzsumme und Umsatzerlösen im letzten Jahr nicht überschreitet. Die Festlegung der sozialen Zielsetzung in der Satzung muss eindeutig sowie spätestens vor der Hinterlegung des Vermögensanlagen-Informationsblatts und dem öffentlichen Angebot der Vermögensanlagen erfolgt sein. Die unternehmensbezogenen Größenmerkmale beziehen sich auf das letzte Geschäftsjahr. 24

d) Besondere Voraussetzungen nach § 2c VermAnlG

Zur Inanspruchnahme der Befreiung nach § 2c VermAnlG ist erforderlich, dass der Emittent die Anerkennung als **gemeinnützige Körperschaft** nach § 52 Abs. 2 Satz 1 AO genießt oder sich als inländischen **Kirche** oder **Religionsgemeinschaft** auszeichnet, die in der Rechtsform einer Körperschaft des öffentlichen Rechts verfasst ist und aufgrund Art. 140 GG iVm. Art. 137 Abs. 6 WRV Steuern erhebt oder am Steueraufkommen der steuererhebenden kirchlichen Körperschaften teilhat. Nach § 2c Abs. 1 Satz 3 VermAnlG kommt der Emittent in den Genuss weiterer Erleichterungen, wenn er den Umfang der Emission von vornherein auf 250.000 € begrenzt. 25

3. Widerrufsrecht

Die Regelung des § 2d VermAnlG gewährt dem Anleger ein 14-tägiges, unabdingbares Recht auf Widerruf des Vertragsabschluss über alle Vermögensanlagen iS der §§ 2a–2c VermAnlG. Grund ist der mangels vorliegenden Verkaufsprospekts **reduzierte Informationsumfang**, der dem Anleger im Rahmen seiner **Anlageentscheidung** zur Verfügung steht. Insoweit wird ein allgemeines Reurecht eingeführt[2]. Als Anleger kommt jede Vertragspartei in Betracht, die nicht Anbieter, Emittent, Vermittler, Hintermann oder Initiator ist, also Adressat einer Haftungsnorm des VermAnlG sein kann[3]. Der Anleger soll prüfen können, ob die Vermögensanlage tatsächlich zu seiner Risikoneigung und Anlagezielen passt oder besser geeignete Angebote auf dem Markt vorhanden sind[4]. Die Möglichkeit zum Widerruf erlischt spätestens zwölf Monate nach dem Vertragsschluss, § 2d Abs. 3 Satz 4 VermAnlG. 26

---

1 Begr. RegE Kleinanlegerschutzgesetz, BT-Drucks. 18/3994, S. 42.
2 Beschlussempfehlung und Bericht des Finanzausschusses, BT-Drucks. 18/4708, S. 57; *Casper*, ZBB 2015, 265 (279).
3 *Casper*, ZBB 2015, 265 (279).
4 *Casper*, ZBB 2015, 265 (279).

27 Die **Abwicklung** erfolgt nach § 2d Abs. 4 Satz 1 VermAnlG. Die Vorschrift bildet § 355 Abs. 3 Satz 1 BGB nach. Nach § 2d Abs. 4 Satz 2 VermAnlG hat der Widerrufsgegner dem Anleger die im Zeitraum zwischen gezahltem Anlagebetrag und dessen Rückzahlung aufgelaufene Verzinsung oder sonstige gewinnabhängige Vergütung zu erstatten[1].

28 Wird der Vertragsschluss im Wege des **Fernabsatzes** vorgenommen, besteht unter der Voraussetzung, dass der Anleger als Verbraucher einzustufen ist, das Widerrufsrecht nach § 312g Abs. 1 BGB parallel.

III. Rechtsfolgen

29 Die Befreiung von den Anforderungen des VermAnlG erfolgt bezogen auf die umfassenden Befreiungen nach § 2 VermAnlG bei der Erfüllung der Voraussetzungen nach den §§ 2a–2c VermAnlG nur im begrenzten Umfang.

1. Befreiungen und Erleichterungen

30 Den Anbietern solcher Vermögensanlagen wird die **Inanspruchnahme bestimmter Dispense** im Rahmen der Konzeption und der aufsichtsrechtlichen, den Verkaufsprospekt und den Vertrieb der Vermögensanlagen betreffender Pflichten, der Haftung und der Publizitätspflichten im Rahmen der Rechnungslegung des Emittenten nach den §§ 5a, 6–11a, 12 Abs. 1, § 14 Abs. 1 Satz 1 und Abs. 3 Satz 1, die §§ 15a, 17, 18 Abs. 1 Nr. 2–6, § 19 Abs. 1 Nr. 2, die §§ 20, 21, 23 Abs. 2 Nr. 2 und 4, § 24 Abs. 5–8 und § 25 VermAnlG sowie die Wahrnehmung weiterer Erleichterungen bei der Rechnungslegung nach § 23 Abs. 2 Nr. 1 und § 24 Abs. 1–4 VermAnlG gewährt. So muss kein Verkaufsprospekt erstellt und die Laufzeitrestriktionen aller anderen öffentlich angebotenen Vermögensanlagen (Mindestlaufzeit 24 Monate) nicht eingehalten werden. Aufsichtsrechtliche Einschränkungen der Pflichten des Emittenten bei der Rechnungslegung und Prüfung erfordern die Beachtung dieser Verpflichtungen nur auf der Grundlage anderer Rechtsnormen, zB im Rahmen des HGB. Als Erleichterung allgemein zutreffend, aber für die zumeist rein elektronische Abwicklung der Schwarmfinanzierung relevant, kann die Bestätigung der Kenntnisnahme des Warnhinweises nach §§ 13 Abs. 6, 15 Abs. 4 VermAnlG ebenfalls in elektronischer Form erfolgen.

2. Spezifische Verpflichtungen

31 Andere Verpflichtungen nach dem VermAnlG bleiben für die Anbieter und Emittenten bestehen. Bestimmte konzeptionelle Vorgaben des VermAnlG für die zum öffentlichen Angebot vorgesehenen Vermögensanlagen sind einzuhalten. Eine Nachschusspflicht nach § 5b VermAnlG ist unzulässig und die Regelungen für die Bewerbung der Vermögensanlage nach § 12 VermAnlG sowie zur Information des Anlegers über das Vermögensanlagen-Informationsblatt nach § 13 VermAnlG teilweise ebenso zwingend.

---

1 *Casper*, ZBB 2015, 265 (280).

a) Vermögensanlagen nach §§ 2a und 2b VermAnlG

Der Anbieter von Vermögensanlage nach den §§ 2a und 2b VermAnlG muss gem. §§ 13, 14 VermAnlG ein **Vermögensinformationsblatt (VIB)** anfertigen und bei der BaFin hinterlegen. Hierbei gelten aufgrund der einschränkenden Regelungen der §§ 2a und 2b VermAnlG zum Anwendungsbereichs des VermAnlG besondere Regelungen. Der aufgrund des zusammenfassenden Charakters des VIB bedingten Verkürzung der Informationsgrundlage gegenüber den Anlegern im Rahmen des öffentlichen Angebots haben die Anbieter mit entsprechenden zusätzlichen Hinweisen zu begegnen. Nach § 13 Abs. 3a VermAnlG muss das VIB den Hinweis enthalten, dass für dieses Angebot kein Verkaufsprospekt erstellt wurde. Gleiches gilt für den Hinweis auf die Haftungsgrundlagen. Diese muss ausführen, dass Ansprüche auf der Grundlage einer in dem VIB enthaltenen Angabe nur dann bestehen können, wenn die Angabe irreführend oder unrichtig ist und wenn die Vermögensanlage während der Dauer des öffentlichen Angebots, spätestens jedoch innerhalb von zwei Jahren nach dem ersten öffentlichen Angebot der Vermögensanlagen im Inland, erworben wird. Die Haftungsregelungen bestimmen sich nach § 22 Abs. 1a VermAnlG.

32

b) Vermögensanlagen nach § 2c VermAnlG

Anbieter von Vermögensanlagen nach § 2c VermAnlG müssen **kein VIB** anfertigen und hinterlegen. Als weitere Erleichterung tritt eine **weitere De-Minimis-Regelung** in Anwendung, wenn der Verkaufspreis sämtlicher von dem Anbieter angebotenen Vermögensanlagen desselben Emittenten 250 000 Euro nicht übersteigt. Der Emittent ist von den Verpflichtungen zur Rechnungslegung und Prüfung nach den §§ 23 bis 25 VermAnlG befreit.

33

c) Formelle Anforderungen

Im Zusammenhang mit der Verpflichtung zur Hinterlegung von Vermögensanlagen-Informationsblättern für Vermögensanlagen nach §§ 2a und 2b VermAnlG sind **Inhalt und Aufbau der Informationsblätter** und die Art und Weise ihrer **Hinterlegung** gegenüber der Aufsichtsbehörde zu beachten.

34

Grundsätzlich gilt das Solitär-Prinzip, dh. ein VIB darf sich nur auf eine Vermögensanlage beziehen. Mehrere Vermögensanlagen erfordern jeweils die Hinterlegung eines gesonderten VIB. Die fehlende Erkennbarkeit des Hinterlegers, ein uneindeutiger Hinterlegungszweck, fehlende oder falsche Angaben, insbesondere bei den gesetzlich vorgeschrieben Hinweisen, bzw. die Überschreitung des gesetzlich vorgeschriebenen Umfangs der VIB, können eine Verweigerung der Anerkennung als VIB iS des VermAnlG zur Folge haben[1]. Der Beginn des öffentlichen Angebots setzt eine Eingangs-

35

---

[1] Vgl. BaFin-Fachartikel „Schwarmfinanzierung: Erste Bilanz nach einem Jahr Befreiung von der Prospektpflicht" vom 15.9.2016 in BaFinJournal 9/2016, abrufbar: https://www.bafin.de/SharedDocs/Veroeffentlichungen/DE/Fachartikel/2016/fa_bj_1609_schwarmfinanzierung.html.

bestätigung an den Hinterleger durch die BaFin voraus. Sie zeigt eine ordnungsgemäße Erstellung und erfolgreiche Hinterlegung des VIB bei der BaFin an und vermeidet die Gefahr aufsichtsrechtlicher Maßnahmen, die im Falle des unerlaubtes öffentliches Angebots ein Bußgeld aufgrund einer begangenen Ordnungswidrigkeit gemäß § 29 VermAnlG nach sich ziehen.

d) Spezifische Verpflichtungen für die Vermittler von Schwarmfinanzierungen

36 Internet-Dienstleistungsplattformen unterliegen als Finanzanlagenvermittlers nach § 34f Abs. 1 Satz 1 Nr. 3 GewO den Regelungen der **FinVermV**. Dies setzt für die Erlaubniserteilung die Vorlage geeigneter Nachweise gegenüber den zuständigen Gewerbeämtern in Hinblick auf ihre Zuverlässigkeit, geordnete Vermögensverhältnisse und dem Abschluss einer Berufshaftpflichtversicherung nach näherer Maßgabe von § 9 FinVermV voraus. Weiterhin erforderlich sind ein Sachkundenachweis nach § 34f Abs. 2 Nr. 4 GewO, §§ 1 ff. FinVermV (siehe §§ 4 f. FinVermV zur Anerkennung anderer Qualifikationen) und die Eintragung der Plattformen in das Vermittler-Register nach § 11a Abs. 1 GewO (§§ 6 ff. FinVermV). Folgepflichten der Eintragung der Plattformen aufgrund ihres Status als Finanzanlagenvermittlers sind die Beachtung der Informations-, Beratungs- und Dokumentationspflichten nach §§ 11 ff. FinVermV.

3. Weitere kapitalmarktrechtliche Besonderheiten

37 Die jeweils verwendeten Vertragsvereinbarungen der Vermögensanlagen nach § 1 Abs. 2 Nrn. 3, 4 und 7 VermAnlG im Rahmen von öffentlichen Angeboten in Gestalt von Schwarmfinanzierungen nach § 2a VermAnlG sind vom Anbieter vor ihrer Verwendung mit Bezug auf eine eindeutige Abgrenzung zum Einlagengeschäft nach § 1 Abs. 1 Nr. 1 VermAnlG zu gestalten, um eine **bankaufsichtsrechtliche Erlaubnispflicht** nach § 32 Abs. 1 KWG und strafbewehrte Maßnahmen nach § 54 Abs. 1 KWG zu vermeiden.

38 Des Weiteren ist zu beachten, dass **Erlaubnispflichten nach dem Zahlungsdiensteaufsichtsgesetz (ZAG)** bestehen können, wenn Betreiber der Internet-Dienstleistungsplattformen Gelder von Anlegern entgegennehmen und an die Anbieter der Unternehmensbeteiligung weiterleiten und so das Finanztransfergeschäft erbringt[1].

---

[1] BaFin-Merkblatt „Hinweise zum Zahlungsdiensteaufsichtsgesetz (ZAG)" vom 22.12.2011, abrufbar: https://www.bafin.de/SharedDocs/Veroeffentlichungen/DE/Merkblatt/mb_111222_zag.html.

§ 3
Aufsicht, Anordnungsbefugnis

Die Bundesanstalt für Finanzdienstleistungsaufsicht (Bundesanstalt) übt die Aufsicht über das Angebot von Vermögensanlagen nach den Vorschriften dieses Gesetzes aus. Die Bundesanstalt ist befugt, im Rahmen der Aufsicht alle Anordnungen zu treffen, die erforderlich und geeignet sind, um das Angebot von Vermögensanlagen mit diesem Gesetz und den auf Grund dieses Gesetzes erlassenen Bestimmungen im Einklang zu erhalten.

In der Fassung vom 6.12.2011 (BGBl. I 2011, S. 2481).

Schrifttum: *Döhler*, Regulative Politik und die Transformation der klassischen Verwaltung, in Politik und Verwaltung, Sonderheft der Politischen Vierteljahresschrift, Nr. 37, 2006, S. 208. Siehe auch Einl. VermAnlG und das Allgemeine Schrifttumsverzeichnis.

I. Normentwicklung	1	V. Amtshaftung	11
II. Regelungsgehalt	2	1. Anlegerbetroffenheit	14
III. Einzelheiten	4	2. Anbieterbetroffenheit	15
IV. Rechtsschutz	9		

I. Normentwicklung

Die Vorschrift des § 3 VermAnlG wurde mit Art. 1 des Gesetzes zur Novellierung des Finanzanlagenvermittler- und Vermögensanlagenrechts[1] eingeführt. Eine Vorgängernorm zu der jetzt geltenden Regelung gab es im vom VermAnlG abgelösten Verkaufsprospektgesetz nicht. Vergleichbare Regelungen finden sich in anderen finanzmarktspezifischen Regelungsmaterien, so zB in § 6 KWG, § 5 KAGB, § 4 WpHG und § 81 VAG. 1

II. Regelungsgehalt

Inhalt von § 3 Satz 1 VermAnlG ist die Übertragung der besonderen **Gewerbeaufsicht** über die Anbieter von Vermögensanlagen auf die BaFin. Es handelt sich um eine Marktregulierung in Form der Wirtschaftsaufsicht, die am Marktverhalten der Anbieter durch die Gewährleistung eines Mindestinformationsstandards für die Angebote von Vermögensanlagen gegenüber den Anlegern ansetzt[2]. In der Systematik des Gesetzes betrachtet, handelt es sich bei der Vorschrift um eine Generalklausel. 2

---
1 Inkrafttreten zum 1.6.2012, BGBl. I 2011 v. 12.12.2011, S. 2481.
2 Vgl. *Döhler*, Regulative Politik und die Transformation der klassischen Verwaltung, S. 212.

Festgelegt werden der Maßstab der Aufsicht und die Rechtsgrundlage für die allgemeinen Handlungsbefugnisse der BaFin bei ihrer Aufgabenerfüllung.

3 Die **Anordnungskompetenzen der BaFin** nach diesem Gesetz sind ausschließlich auf Vermögensanlagen im Sinne des Gesetzes bezogen[1]. Die Bundesanstalt kann nur eingreifen, wenn sie im Rahmen ihrer fachgesetzlich geregelten Aufsichtstätigkeit Verstöße feststellt[2]. Zudem ist die Zuständigkeit der BaFin im Bereich des Angebots von Vermögensanlagen nicht allumfassend. Der Gesetzgeber hat sich für ein duales System der Aufsicht entschieden. Freie Vermittler von Vermögensanlagen bleiben der Gewerbeaufsicht nach der Gewerbeordnung zugeordnet, §§ 34f ff. GewO[3].

§ 3 Satz 2 VermAnlG erweitert die bisherigen Anordnungskompetenzen der BaFin um eine solche allgemeiner Natur. Der Anwendungsspielraum für die Vorschrift dürfte in der Praxis gering ausfallen. Im VermAnlG sind an verschiedenen Stellen speziellere Regelungen enthalten, die je nach Anlass und Art der im Besonderen geregelten Eingriffsbefugnisse bei Zuwiderhandlungen in der Folge Aufsichtsmaßnahmen auslösen können. Darüber hinaus sind Verstöße gegen Vorschriften irrelevant, die in keinem Zusammenhang mit den im VermAnlG festgelegten Kompetenzen stehen[4].

Die Formulierung der Vorschrift in Bezug auf die Ausübung der Aufsicht „nach den Vorschriften dieses Gesetzes" ist als Hinweis auf eine reine Rechtsaufsicht im Verhältnis Anbieter und BaFin zu deuten. **Zivilrechtliche Beziehungen** zwischen dem Anbieter und dem Anleger fallen grundsätzlich **nicht in den Aufsichtszweck**. Dies ist insoweit zweifelhaft, als der Zweck der Billigung der Verkaufsprospekte von Vermögensanlagen dem Grundanliegen des Gesetzes gilt, den Aufklärungsbedarf des Anlegers vor der Tätigung einer Anlageentscheidung gegenüber dem Anbieter zu befriedigen, somit den Anleger vor einer potentiell für ihn nachteiligen Kapitalanlage zu schützen, also auch eine Rolle im Rahmen der Vertragsanbahnung beinhaltet. Das Prüfrecht der BaFin bewirkt durch die rechtzeitige Aufdeckung von Gefahren einer Fehlinformation des Anlegers zu dessen Gunsten eine Sicherheit für die dem einzelnen Emittenten letztlich anvertrauten Vermögenswerte. Andererseits liegt den Anordnungen der BaFin im Rahmen des VermAnlG keine rechtsgestaltende Wirkung gegenüber dem Anleger zugrunde (Vgl. § 15 Abs. 3 Satz 2 WpÜG). Der Schutz des Anlegers ist nach gesetzlicher Festlegung allein in Form eines institutionellen Anlegerschutzes Gegenstand der Aufsicht. Dieser erfährt mit § 4 Abs. 1a FinDAG und seiner damit einhergehenden ausdrücklichen Betonung eine Aufwertung. Im Übrigen legt § 4 Abs. 4 FinDAG fest, dass die BaFin ihre Aufgaben und Befugnisse nur im öffentlichen Interesse wahrnimmt.

---

1 Vgl. Hessischer VGH v. 1.10.2014 – 6 A 923/13, ZIP 2015, 722.
2 Vgl. Begr. RegE Kleinanlegerschutzgesetz, § 4 FinDAG, S. 36.
3 Vgl. Streitstand im Rahmen der Gesetzesentwicklung.
4 Vgl. Begr. RegE Kleinanlegerschutzgesetz, § 4 FinDAG, S. 36.

III. Einzelheiten

Maßnahmen der Aufsicht der BaFin dienen allein dem Schutz der **Funktionsfähigkeit des Marktes für Vermögensanlagen** an sich. Sachzweck der Aufsicht ist die Bewältigung derjenigen Risiken, die von einem unreglementierten Tätigwerden der beaufsichtigten Unternehmen ausgehen können[1]. Einzelne Anleger erfahren diesen Schutz als bloßen Rechtsreflex.

Leitlinie für die Ausübung der Aufsicht über die Anbieter von Vermögensanlagen sind die Vorschriften des VermAnlG. Hinzu treten die aufgrund dieses Gesetzes erlassenen Bestimmungen, z.B. die VermVerkProspV, VermVerMiV und VIBBestV. Das Geschäftsgebaren der Anbieter von Vermögensanlagen ist „im Einklang" mit den genannten Regelwerken zu halten. Die in der Vorschrift niedergelegte Anordnungskompetenz setzt demnach voraus, dass ein Missstand vorliegt, der nicht bereits durch eine spezielle Ermächtigungsnorm für die Gefahrenabwehr (Verbot des Angebots von Vermögensanlagen ohne Prospekt, § 17 VermAnlG) oder im Rahmen der Sachverhaltsaufklärung (Auskunftsverlangen nach § 19 VermAnlG oder § 24 Abs. 6 VermAnlG) oder der laufenden Aufsicht (§ 18 VermAnlG) geregelt ist.

Erforderlich ist eine **konkrete Beeinträchtigung der ordnungsgemäßen Durchführung des Angebots von Vermögensanlagen**. Ob auch ein Verstoß gegen allgemeine Gesetze das Eingreifen der Aufsicht auslösen kann, wie es in anderen Rechtsmaterien bei nachhaltigen und die ordnungsgemäße Durchführung der beaufsichtigten Geschäfte und Dienstleistungen beeinträchtigenden Verstößen ausnahmsweise anerkannt wird[2], ist fraglich. Die Aufsicht nach dem VermAnlG ist auf Angebot und Bewerbung beschränkt. Eine besondere Aufsicht, zB über die Ausgestaltung der Beteiligungsverträge (wie etwa im Rahmen des KAGB), oder über besondere interne Organisationsvorschriften (zB nach § 25 KWG), sieht das Gesetz nicht vor. Eine Änderung wird auch nicht durch die Einführung der §§ 5a und 5b VermAnlG durch das Kleinanlegerschutzgesetz[3] herbeigeführt. Insbesondere § 5b VermAnlG verdeutlicht, dass das Verbot einer Nachschussverpflichtung allein den Vertrieb in Form des öffentlichen Angebots einer Vermögensanlage betrifft. Die rechtliche Grundlage einer Nachschussverpflichtung ist ohne Belang[4]. Die Vorschriften zur Untersagung eines öffentlichen Angebots einer Vermögensanlage greifen diesen Umstand ausdrücklich auf (§ 18 Abs. 1 Nr. 1 VermAnlG).

Für die **Durchsetzung des Aufsichtsrechts** kann die BaFin auf eine Auswahl von **Maßnahmen** zurückgreifen. Der Begriff der Anordnung versteht sich als Sammelbegriff der bestehenden Aufsichtsinstrumente. Zweck ist die Gewährleistung eines gesetzeskonformen Angebots von Vermögensanlagen und ihrer gesetzeskonformen Bewerbung. Zu unterscheiden sind hoheitliche und informelle Maßnahmen. Im Vordergrund der hoheitlichen Maßnahmen stehen Verwaltungsakte, die gegenüber dem einzelnen Anbieter erlassen werden können. Als Sonderfall, sofern eine Vielzahl oder

---
1 Vgl. VG Frankfurt/M. v. 30.9.2010 – 1 K 1059/10.F, WM 2010, 2357.
2 Vgl. *Schäfer* in Boos/Fischer/Schulte-Mattler, § 6 KWG Rz. 40.
3 Kleinanlegerschutzgesetz vom 3.7.2015, BGBl. I 2015, S. 1114 ff.
4 Vgl. Begr. RegE Kleinanlegerschutzgesetz, BT-Drucks. 18/3994, S. 43.

alle Anbieter betroffen sind, kommt die Allgemeinverfügung in Betracht (zB speziell geregelt im Rahmen von Missständen bei bestimmter Werbung, § 16 Abs. 1 VermAnlG). Rechtsverordnungen können aufgrund besonderer gesetzlicher Ermächtigung erlassen werden (vgl. die Regelungen in §§ 11a Abs. 4, 13 Abs. 7, 15 Abs. 5 VermAnlG).

8   Des Weiteren kommen **unverbindliche Äußerungen** der BaFin in Betracht. In Auslegungsschreiben und Merkblättern, Richtlinien, Mitteilungen oder Rundschreiben kann die BaFin ihre Auffassung zur Auslegung einzelner Vorschriften darlegen[1]. Neben diesen formellen Äußerungen kommen im Übrigen informelle Maßnahmen, wie Belehrungen, Ermahnungen, formlose Ersuchen oder Gespräche zur Herstellung einverständlichen Handelns in Betracht[2].

IV. Rechtsschutz

9   Rechtsschutz gegen von der BaFin erlassene belastende **Maßnahmen** (Verwaltungsakte) kann der Betroffene im Wege der Beschreitung des **Verwaltungsrechtswegs** (Widerspruch bzw. Anfechtungsklage) geltend machen (§ 1 FinDAG). Das VermAnlG beinhaltet des Weiteren Regelungen, die bei Vorliegen der Voraussetzungen der BaFin die Anwendung von Maßnahmen gestatten, die dem Betroffenen eine aufschiebende Wirkung der eingelegten Rechtsbehelfe aus Gründen der Eilbedürftigkeit der Umsetzung der Maßnahme zum Schutz des Marktes verwehren (vgl. §§ 17 Abs. 3 aF, 18 Abs. 2 aF, 19 Abs. 4 aF – durch das Kleinanlegerschutzgesetz nunmehr gebündelt in § 26a VermAnlG). Die BaFin ist sowohl Widerspruchsbehörde als auch Klagegegnerin (§ 1 FinDAG)[3]. Das zuständige Verwaltungsgericht ergibt sich aus § 1 Abs. 3 FinDAG (Verwaltungsgericht Frankfurt am Main).

10 Gegen **informelle Maßnahmen**, wie zB Rundschreiben, Mitteilungen und sonstige Handlungen, kann der **Verwaltungsrechtsweg grundsätzlich nicht** beschritten werden. Die Zulässigkeit einer negativen Feststellungsklage gegen informelles Verwaltungshandeln ist jedoch bei informellen Maßnahmen im Rahmen des VermAnlG bei einer Bekanntgabe nach §§ 26b, 26c und 31 Abs. 4 VermAnlG denkbar[4]. Die Bekanntgabe stellt informelles Verwaltungshandeln dar[5]. Die BaFin ist aufgrund der genannten gesetzlichen Regelungen (siehe oben Rz. 9) verpflichtet, über die Vorgänge des ihr zugewiesenen Tätigkeitsbereichs zu berichten. Das Interesse an der Information ergibt sich aus dem mit diesem Gesetz angestrebten erhöhten Schutzniveau des Publi-

---

1 Häufig gestellte Fragen zu Prospekten für Vermögensanlagen 31.5.2012, zuletzt geändert am 28.12.2015, http://www.bafin.de/SharedDocs/Veroeffentlichungen/DE/FAQ/faq_1205_vermoegensanlageng.html?nn=2696504; Auslegungsschreiben der Bundesanstalt für Finanzdienstleistungsaufsicht (BaFin) zur Prospektpflicht für Vermögensanlagen-Verkaufsprospekte vom 30.6.2005, http://www.bafin.de/SharedDocs/Veroeffentlichungen/DE/Auslegungsentscheidung/WA/ae_auslegungsschreiben_prospektpflicht.html.
2 Vgl. *Schäfer* in Boos/Fischer/Schulte-Mattler, § 6 KWG Rz. 15 ff.
3 Begr. RegE FinDAG, BT-Drucks. 14/7033, S. 33.
4 Vgl. VG Berlin v. 12.12.1986 – 14 A 379.85, WM 1987, 370 = WuB I L Nr. 1 § 32 KWG – 1.87 (*Fischer*).
5 Vgl. OLG Düsseldorf v. 9.10.2014 – VI-Kart 5/14 (5).

kums vor den Risiken der Fehleinschätzung einer angebotenen Vermögensanlage[1]. Ein besonderes berechtigtes Klageinteresse des Betroffenen kann sich aus dem Recht an der informationellen Selbstbestimmung ergeben. Durch die Veröffentlichung kann die Reputation des Emittenten derart beeinträchtigt werden, dass ein schwerwiegendes Risiko für die Existenz des Emittenten bestehen kann.

V. Amtshaftung

Die Aufsichtstätigkeit der BaFin erfolgt zum Schutz der Funktionsfähigkeit des Marktes für Vermögensanlagen. Der Schutz des einzelnen Anlegers stellt sich als Rechtsreflex dar. Unberührt bleibt die Pflicht zu rechtmäßigem Verhalten in Bezug auf die von Aufsichtsmaßnahmen unmittelbar betroffenen Personen und Unternehmen. Soweit ihnen gegenüber schuldhaft Amtspflichten verletzt werden, gelten die allgemeinen Grundsätze. Insbesondere darf die BaFin den ihr übertragenen Aufgabenbereich nicht ausweiten[2]. Bei einer **fehlerbehafteten Ausübung der** der BaFin im Rahmen des Hinterlegungsverfahrens und beim Erlass von Anordnungen im Rahmen der Marktaufsicht **übertragenen Befugnisse** stellt sich für die von dieser Maßnahme Betroffenen die Frage nach dem Ersatz der daraus entstehenden Schäden[3]. Grundsätzlich bedarf es für die Geltendmachung eines solchen Entschädigungsanspruches iS der Regelungen des § 839 BGB iVm. Art. 34 GG eines drittschützenden Charakters der ausgeübten Amtspflicht. Entscheidend ist der Schutzzweck, dem die Amtspflicht nach der zugrunde liegenden Regelung dienen soll[4]. 11

Dieser **Schutzzweck** ist im VermAnlG in Bezug auf die der BaFin in diesem Bereich übertragenen Aufgaben und Befugnisse nicht ausdrücklich geregelt. Dass die BaFin die ihr übertragenen Befugnisse lediglich **im öffentlichen Interesse** ausübt, hat der Gesetzgeber vielmehr allgemein in § 4 Abs. 4 FinDAG zusammengefasst[5]. 12

Zu unterscheiden sind die **Rechtsverhältnisse von Anlegern und Anbietern zur BaFin.** 13

1. Anlegerbetroffenheit

Zwischen **Anlegern und der BaFin** besteht **kein direktes Verwaltungsrechtsverhältnis**. **Amtshaftungsansprüche** scheiden mangels drittschützenden Charakters der Amtspflicht aus. Die Anleger sind zwar von einer Entscheidung der BaFin mit- 14

---

[1] Begr. RegE Kleinanlegerschutzgesetz, BT-Drucks. 18/3994, S. 51.
[2] Vgl. BVerwG v. 27.2.2008 – 6 C 11/07, 6 C 12/07, ZIP 2008, 911.
[3] Maßnahmen, die im Rahmen der §§ 26b, 26c und 31 Abs. 4 VermAnlG veröffentlicht werden, überschreiten den Grundsatz der Verhältnismäßigkeit im Rahmen der Information der Allgemeinheit grundsätzlich nicht. Eine Amtshaftung wird bei solchen potentiell faktische Beeinträchtigungen auslösenden Berichterstattungen nicht ausgelöst, vgl. OLG Düsseldorf v. 9.10.2014 – VI-Kart 5/14 (5).
[4] BGH v. 20.1.2005 – III ZR 48/01, NJW 2005, 742.
[5] Finanzdienstleistungsaufsichtsgesetz (FinDAG) vom 22.4.2002, BGBl. I 2002, S. 1310.

telbar betroffen, wenn zB eine Billigung eines Verkaufsprospekts an einen Anbieter nicht hätte erteilt werden dürfen und der Anleger im Vertrauen auf diese Veröffentlichung eine Beteiligung an dieser Vermögensanlage erwirbt. Der Zweck des Verkaufsprospekts erschöpft sich jedoch in der Sicherstellung des Anlegerschutzes für den gesamten Marktbereich der Vermögensanlagen auf Grund einer Darbietung von ausreichenden Informationen über die jeweils angebotene Vermögensanlage. Der Schutz des einzelnen Anlegers stellt sich lediglich als Reflex dieses Schutzes dar[1]. Allgemein verliefen **Amtshaftungsklagen** gegen die BaFin daher in der Vergangenheit erfolglos[2].

2. Anbieterbetroffenheit

15   Zwischen **Anbieter** und **BaFin** liegt **in bestimmten Fällen ein konkretes Verwaltungsrechtsverhältnis** vor, zB im Rahmen des **Hinterlegungsverfahrens**. In Betracht kommen **Amtshaftungsansprüche** von Anbietern von Vermögensanlagen damit bei innerhalb dieser Verhältnisse getätigten Pflichtverletzungen der BaFin, denn die Wahrnehmung der Aufgaben und Befugnisse im öffentlichen Interesse ist unabhängig von der Pflicht zur gesetzmäßigen Verwaltung[3]. Die Erfüllung der zur Amtsausübung übertragenen Aufgaben und Befugnisse hat im Einklang mit dem objektiven Recht zu erfolgen[4]. Im Verkaufsprospektgesetz stehen die Amtshandlungen auf Grund der Regelungen der §§ 16, 17 und 18 VermAnlG im Vordergrund. Beispiele hierfür sind die Verweigerung der Billigung eines Verkaufsprospekts trotz Erfüllung aller Voraussetzungen innerhalb der Prüffrist gemäß § 8 Abs. 2 VermAnlG[5], die Nichtaufnahme des Prüfverfahrens trotz vorliegenden Antrags[6] oder die Untersagung eines öffentlichen Angebots trotz offensichtlich fehlender Prospektpflicht[7].

§ 4
Verschwiegenheitspflicht

(1) **Die bei der Bundesanstalt Beschäftigten und die nach § 4 Absatz 3 des Finanzdienstleistungsaufsichtsgesetzes beauftragten Personen dürfen die ihnen bei ihrer**

---

1 *Lenz* in Assmann/Lenz/Ritz, § 8a VerkProspG Rz. 26; zweifelnd am Haftungsausschluss *Bruchwitz* in Arndt/Voß, § 8i VerkProspG Rz. 102.
2 BGH v. 20.1.2005 – III ZR 48/01, NJW 2005, 742; BGH v. 2.6.2005 – III ZR 365/03, ZIP 2005, 1168. Vgl. zum Drittschutz auch *Sprau* in Palandt, § 839 BGB Rz. 43 ff.
3 *Lenz* in Assmann/Lenz/Ritz, § 8a VerkProspG Rz. 27.
4 BGH v. 20.2.1992 – III ZR 188/90, NJW 1992, 3229; *Sprau* in Palandt, § 839 BGB Rz. 31 ff.
5 *Krämer* in Heidel, Aktienrecht und Kapitalmarktrecht, 3. Aufl. 2011, § 8i VerkProspG Rz. 18; *Groß*, Kapitalmarktrecht, § 13 WpPG Rz. 16 f.
6 Vgl. *Schmitz* in Stelkens/Bonk/Sachs, § 22 VwVfG Rz. 57.
7 *Lenz* in Assmann/Lenz/Ritz, § 8a VerkProspG Rz. 27.

Tätigkeit bekannt gewordenen Tatsachen, deren Geheimhaltung im Interesse eines nach diesem Gesetz Verpflichteten oder eines Dritten liegt, insbesondere Geschäfts- und Betriebsgeheimnisse sowie personenbezogene Daten, nicht unbefugt offenbaren oder verwerten, auch wenn sie nicht mehr im Dienst sind oder ihre Tätigkeit beendet ist. Dies gilt auch für andere Personen, die durch dienstliche Berichterstattung Kenntnis von den in Satz 1 bezeichneten Tatsachen erhalten. Ein unbefugtes Offenbaren oder Verwerten im Sinne des Satzes 1 liegt insbesondere nicht vor, wenn Tatsachen weitergegeben werden an

1. Strafverfolgungsbehörden oder für Straf- und Bußgeldsachen zuständige Gerichte,
2. kraft Gesetzes oder im öffentlichen Auftrag mit der Überwachung von Börsen oder anderen Märkten, an denen Finanzinstrumente gehandelt werden, des Handels mit Finanzinstrumenten oder Devisen, von Kreditinstituten, Finanzdienstleistungsinstituten, Investmentgesellschaften, Finanzunternehmen, Finanzanlagenvermittlern oder Versicherungsunternehmen betraute Stellen sowie von diesen beauftragte Personen,

soweit diese Stellen die Informationen zur Erfüllung ihrer Aufgaben benötigen. Für die bei diesen Stellen beschäftigten Personen gilt die Verschwiegenheitspflicht nach Satz 1 entsprechend. An eine Stelle eines anderen Staates dürfen die Tatsachen nur weitergegeben werden, wenn diese Stelle und die von ihr beauftragten Personen einer dem Satz 1 entsprechenden Verschwiegenheitspflicht unterliegen.

(2) Die §§ 93, 97 und 105 Absatz 1, § 111 Absatz 5 in Verbindung mit § 105 Absatz 1 sowie § 116 Absatz 1 der Abgabenordnung gelten für die in Absatz 1 Satz 1 und 2 bezeichneten Personen nur, soweit die Finanzbehörden die Kenntnisse für die Durchführung eines Verfahrens wegen einer Steuerstraftat sowie eines damit zusammenhängenden Besteuerungsverfahrens benötigen. Die in Satz 1 genannten Vorschriften sind jedoch nicht anzuwenden, soweit Tatsachen betroffen sind,

1. die den in Absatz 1 Satz 1 oder Satz 2 bezeichneten Personen durch eine Stelle eines anderen Staates im Sinne von Absatz 1 Satz 3 Nummer 2 oder durch von dieser Stelle beauftragte Personen mitgeteilt worden sind oder
2. von denen bei der Bundesanstalt beschäftigte Personen dadurch Kenntnis erlangen, dass sie an der Aufsicht über direkt von der Europäischen Zentralbank beaufsichtigte Institute mitwirken, insbesondere in gemeinsamen Aufsichtsteams nach Artikel 2 Nummer 6 der Verordnung (EU) Nr. 468/2014 der Europäischen Zentralbank vom 16. April 2014 zur Einrichtung eines Rahmenwerks für die Zusammenarbeit zwischen der Europäischen Zentralbank und den nationalen zuständigen Behörden und den nationalen benannten Behörden innerhalb des einheitlichen Aufsichtsmechanismus (SSM-Rahmenverordnung) (EZB/2014/17) (ABl. L 141 vom 14.5.2014, S. 1), und die nach den Regeln der Europäischen Zentralbank geheim sind.

In der Fassung vom 6.12.2011 (BGBl. I 2011, S. 2481), zuletzt geändert durch das Gesetz zur Anpassung des nationalen Bankenabwicklungsrechts an den Einheitlichen Abwicklungsmechanismus und die europäischen Vorgaben zur Bankenabgabe (Abwicklungsmechanismusgesetz – AbwMechG) vom 2.11.2015 (BGBl. I 2015, S. 1864).

Schrifttum: Siehe Einl. VermAnlG und das Allgemeine Schrifttumsverzeichnis.

1 Die Vorschrift entspricht weitgehend **§ 8k VerkProspG** in der durch Art. 2 des Gesetzes zur Novellierung des Finanzanlagenvermittler- und Vermögensanlagenrechts vom 6.12.2011[1] mit Wirkung vom 1.6.2012 aufgehobenen Fassung des Gesetzes. In das VerkProspG wiederum ist sie erst durch Art. 2 Nr. 4 des Prospektrichtlinie-Umsetzungsgesetzes vom 22.6.2005[2] eingefügt worden.

2 **§ 4 Abs. 1 VermAnlG** ist seit der Einführung des VermAnlG unverändert geblieben. Das gilt im Wesentlichen auch für **§ 4 Abs. 2 VermAnlG**, der seine heutige Fassung durch Art. 9 des Gesetzes zur Anpassung des nationalen Bankenabwicklungsrechts an den Einheitlichen Abwicklungsmechanismus und die europäischen Vorgaben zur Bankenabgabe (Abwicklungsmechanismusgesetz – AbwMechG) vom 2.11.2015[3] erhielt. Mit den wenigen Modifikationen des § 4 Abs. 2 VermAnlG werden die Änderungen zu § 9 Abs. 5 KWG durch Art 2 Nr. 7 des Abwicklungsmechanismusgesetz auch für das VermAnlG nachvollzogen[4].

3 § 4 VermAnlG ist – da die vorstehend angeführten Änderungen zu § 9 Abs. 5 KWG durch das Abwicklungsmechanismusgesetz nicht nur für das VermAnlG, sondern auch für das WpPG nachvollzogen wurden – weitgehend **wortgleich mit § 27 WpPG**. Diese Bestimmung weicht von § 4 VermAnlG nur insoweit ab, als sie in ihrem Abs. 1 Satz 3 Nr. 3 eine zusätzliche wertpapierspezifische Regelung der Weitergabe von Informationen an europäische Aufsichtsinstitutionen regelt. Zur Erläuterung der Bestimmungen des § 4 VermAnlG kann deshalb auf die **Kommentierung von § 27 WpPG verwiesen** werden.

§ 5
Bekanntgabe und Zustellung

(1) Verfügungen, die gegenüber einer Person mit Wohnsitz im Ausland oder einem Unternehmen mit Sitz im Ausland ergehen, hat die Bundesanstalt derjenigen Person bekannt zu geben, die als Bevollmächtigte benannt wurde. Ist keine bevollmächtigte Person mit Sitz im Inland benannt, erfolgt die Bekanntgabe durch öffentliche Bekanntmachung im Bundesanzeiger.

---

1 BGBl. I 2011, S. 2481.
2 BGBl. I 2005, S. 1698.
3 BGBl. I 2015, S. 1864.
4 RegE Abwicklungsmechanismusgesetz, BT-Drucks. 18/5009 v. 26.5.2015, S. 1 (89). Zur Änderung des § 9 Abs. 5 KWG ebd. S. 71.

(2) Ist die Verfügung zuzustellen, erfolgt die Zustellung bei Personen mit Wohnsitz im Ausland oder Unternehmen mit Sitz im Ausland an diejenige Person, die als Bevollmächtigte benannt wurde. Ist keine bevollmächtigte Person mit Sitz im Inland benannt, erfolgt die Zustellung durch öffentliche Bekanntmachung im Bundesanzeiger.

(3) Ein Emittent von Vermögensanlagen mit Sitz im Ausland hat der Bundesanstalt eine bevollmächtigte Person mit Sitz im Inland zu benennen, an die Bekanntgaben nach Absatz 1 und Zustellungen nach Absatz 2 erfolgen können. Die Benennung hat gleichzeitig mit der Einreichung des Verkaufsprospekts zur Billigung nach § 8 zu erfolgen.

In der Fassung vom 6.12.2011 (BGBl. I 2011, S. 2481).

Schrifttum: *Ehricke/Ekkenga/Oechsler*, WpÜG, 2003; *Haarmann/Schüppen* (Hrsg.), WpÜG, 3. Aufl. 2008; *Ritz*, Die Änderung verkaufsprospektrechtlicher Vorschriften im Jahr 2002 und die aufsichtsrechtliche Praxis, AG 2002, 662; *Steinmeyer/Häger*, Kommentar zum WpÜG, 2. Aufl. 2007; *Stelkens/Bonk/Sachs* (Hrsg.), Kommentar zum Verwaltungsverfahrensgesetz, 8. Aufl. 2014. Siehe auch Einl. VermAnlG.

I. Normentwicklung	1	IV. Zustellung von Verfügungen (§ 5 Abs. 2 VermAnlG)	10
II. Regelungsgehalt	2	V. Benennung einer Person (§ 5 Abs. 3 VermAnlG)	11
III. Bekanntgabe von Verfügungen (§ 5 Abs. 1 VermAnlG)	3		

I. Normentwicklung

Die Norm beruht inhaltlich auf Art. 5 Nr. 12 des 4. FFG[1]. Änderungen zur derzeitigen Fassung sind lediglich redaktioneller Art bzw. dienen der Klarstellung, dass eine der Bundesanstalt benannte Person ihren Sitz im Inland haben muss[2]. 1

II. Regelungsgehalt

Die Regelung des § 5 VermAnlG betrifft die **Bekanntgabe bzw. Zustellung von Verfügungen**, die von der BaFin an Personen mit Wohnsitz oder einem Unternehmen mit Sitz im Ausland gerichtet sind. Mit § 5 VermAnlG soll im Interesse eines zügigen Ablaufs die Wirksamkeit von Verfügungen der Aufsichtsbehörde schnellstmöglich herbeigeführt werden, da die Bekanntgabe von Verfügungen am Sitz oder Wohnort einer Person oder eines Unternehmens mit Sitz im Ausland regelmäßig 2

---

1 Gesetz zur weiteren Fortentwicklung des Finanzplatzes Deutschland (Viertes Finanzmarktförderungsgesetz – 4. FFG) vom 21.6.2002, BGBl. I 2002, 2010.
2 Begr. RegE, BT-Drucks. 17/6051 v. 6.6.2011, S. 32.

mit erheblichen Verzögerungen verbunden ist[1]. § 5 Abs. 1 VermAnlG regelt die Bekanntgabe von Verwaltungsakten, während § 5 Abs. 2 VermAnlG Regelungen zur Bekanntgabe des Verwaltungsaktes im Wege der Zustellung enthält. Die Vorschrift stellt eine spezialgesetzliche Ermächtigung iS des § 41 Abs. 3 Satz 1 VwVfG dar. Inhaltlich entspricht die Vorschrift der Regelung des § 43 WpÜG.

III. Bekanntgabe von Verfügungen (§ 5 Abs. 1 VermAnlG)

3 § 5 Abs. 1 VermAnlG ermächtigt die BaFin zur Bekanntgabe von Verfügungen, die gegenüber einer Person mit **Wohnsitz** oder einem Unternehmen mit **Sitz im Ausland** ergehen, an eine Person, die als Bevollmächtigte gegenüber der BaFin benannt wurde. Der **Wohnsitz** einer natürlichen Person wird durch den räumlichen Schwerpunkt der gesamten Lebensverhältnisse einer Person bestimmt[2]. Der **Sitz eines Unternehmens** befindet sich an dem Ort, der durch Gesetz, Gesellschaftsvertrag oder Satzung bestimmt ist; bei Fehlen einer solchen Bestimmung ist als Sitz (entsprechend § 17 Abs. 1 Satz 2 ZPO) der Ort anzunehmen, an dem die Hauptverwaltung geführt wird[3].

4 Der Begriff der **Verfügung** umfasst allein Verwaltungsakte iS des § 35 VwVfG. Sonstige Anordnungen der BaFin, die nicht einem Verwaltungsakt entsprechen, fallen nicht in den Anwendungsbereich der Norm. Grund hierfür ist eine nicht erfolgte Anpassung der Begrifflichkeiten in der Gesetzesentwicklung[4]. Als bekanntzugebende Verwaltungsakte kommen zum Beispiel Widerspruchsbescheide oder die Androhung von Zwangsmitteln in Betracht[5].

5 Die **benannte Person** muss eine im Inland ansässige natürliche Person sein. Aus den Umständen des Einzelfalls ist abzuleiten, ob die Benennung von Person und Adresse durch den Bevollmächtigenden für die ggf. zu erfolgende Bekanntgabe einer Verfügung durch die Behörde tatsächlich Erfolg versprechend ist[6]. Der Wortlaut des Gesetzes geht von einer freiwilligen Benennung einer Person im Inland als Bevollmächtigter durch die im Ausland ansässige Person oder das Unternehmen aus. Dies hindert die BaFin jedoch nicht, zur Benennung eines Bevollmächtigten aufzufordern. Besondere Praxisrelevanz erlangt diese Möglichkeit der Aufforderung bei Vermögensanlagen betreffenden Vorgängen jedoch nicht. Eine solche Aufforderung ist als Verwaltungsakt zu betrachten[7]. Das Bestreben einer Beschleunigung des Verfahrens würde grds. nicht gefördert, da ggf. gleich eine öffentliche Bekanntgabe der ursprünglich angestrebten Verfügung erfolgen könnte, um den der Verfahrenseröffnung zugrun-

---

1 Begr. RegE 4. FFG, BT-Drucks. 14/8017 v. 18.1.2002, S. 110.
2 *Heinrichs* in Palandt, § 7 BGB Rz. 1.
3 *Schmitz* in Stelkens/Bonk/Sachs, § 3 VwVfG Rz. 26.
4 *Ritz* in Assmann/Lenz/Ritz, Nachtrag 2002, § 16a VerkProsG Rz. 4.
5 Vgl. zur gleich lautenden Vorschrift des § 43 WpÜG: Begr. RegE WpÜG, BT-Drucks. 14/7034, S. 64.
6 Vgl. BVerwG v. 12.1.1961 – BVerwG III C 207.59, juris.
7 *Schmitz* in Stelkens/Bonk/Sachs, § 15 VwVfG Rz. 5.

de liegenden Sachverhalt zu regeln[1]. Im Fall einer Aufforderung durch die BaFin ergibt sich die Rechtsgrundlage aus § 3 VermAnlG iVm. §§ 14, 15 VwVfG. Inhalt und Umfang der Befugnisse sind im Rahmen einer Aufforderung zur Benennung eines Bevollmächtigten durch die Behörde zu substantiieren, dh., die Bezeichnung des fraglichen Verwaltungsverfahrens hat vollständig und verständlich zu erfolgen[2].

Regelmäßig ist die **Bevollmächtigung schriftlich nachzuweisen**. Die Notwendigkeit ergibt sich aus dem Gebot der Verschwiegenheit nach § 4 VermAnlG, dem die Mitarbeiter der BaFin unterliegen. Aus dem Zweck des Gesetzes folgt des Weiteren, dass es sich um eine zustellfähige Adresse handeln muss, um die zügige Herbeiführung der Bekanntgabe von der BaFin erlassener Verfügungen zu gewährleisten[3].

§ 5 Abs. 1 Satz 1 VermAnlG eröffnet der ausländischen Person oder dem ausländischen Unternehmen die Möglichkeit der **Benennung eines Bevollmächtigten**. Eine ordnungsgemäße Benennung eines Bevollmächtigten gegenüber der BaFin bindet diese, erlassene Verfügungen dem Bevollmächtigten gegenüber bekannt zu geben. Ein dem § 41 Abs. 1 Satz 2 VwVfG gleichzusetzendes Ermessen räumt die Vorschrift des § 5 Abs. 1 VermAnlG nicht ein. Eine Pflicht der ausländischen Person oder des ausländischen Unternehmens, eine bevollmächtigte Person zu benennen oder der Aufforderung der BaFin zur Benennung eines Bevollmächtigten nachzukommen, besteht jedoch nicht. Wurde **keine bevollmächtigte Person benannt**, so eröffnet § 5 Abs. 1 Satz 2 VermAnlG der BaFin den Weg, die Bekanntgabe gegenüber der ausländischen Person oder dem ausländischen Unternehmen durch eine **öffentliche Bekanntmachung im Bundesanzeiger** vorzunehmen. Zu veröffentlichen ist der verfügende Teil, verbunden mit der Angabe, wo der Verwaltungsakt und seine Begründung eingesehen werden können, vgl. § 41 Abs. 4 Satz 1 und 2 VwVfG. Das **Zugangserfordernis** der Verfügung wird durch eine öffentliche Verlautbarung mit einer nur theoretisch bestehenden Möglichkeit der Kenntnisnahme des Adressaten ersetzt[4]. Auf die öffentliche Bekanntgabe nach § 5 Abs. 1 Satz 2 VermAnlG ist die **Bekanntgabefiktion** nach § 41 Abs. 4 Satz 3 VwVfG nicht anwendbar. Diese Fiktion sieht ein Eintreten der Bekanntgabe der Verfügung erst mit Ablauf von zwei Wochen nach der ortsüblichen Bekanntmachung vor. Die Wirkung der Bekanntgabe tritt demnach erst später als mit dem Tag der Veröffentlichung des Verwaltungsaktes ein.

Nach richtiger Auffassung ist auf Grund der spezialgesetzlichen Regelung des § 5 VermAnlG die **Anwendung des § 41 Abs. 4 Satz 3 VwVfG ausgeschlossen**. Der Wille des Gesetzgebers sieht vor, dass die erlassene Verfügung auch dann Geltung erlangen soll, wenn dem Betroffenen eine Ausfertigung der Verfügung zugesandt wurde; des

---

1 Ua. bei Maßnahmen der Marktüberwachung (zB Einholung von Auskünften) tritt die BaFin ggf. informell an den Betroffenen heran.
2 *Schmitz* in Stelkens/Bonk/Sachs, § 15 VwVfG Rz. 9.
3 *Ritz*, AG 2002, 662 (666); *Ritz* in Assmann/Lenz/Ritz, § 16a VerkProspG Rz. 5. Ebenso zu § 43 WpÜG *Ehricke* in Ehricke/Ekkenga/Oechsler, § 43 WpÜG Rz. 7; *Steinmeyer/Häger*, § 43 WpÜG Rz. 4; *Linke* in Haarmann/Schüppen, § 43 WpÜG Rz. 10.
4 Die BaFin ist nicht gehindert, zur Erleichterung der Rechtsverfolgung dem Betroffenen eine Ausfertigung der Verfügung an seine bekannte Adresse zu übersenden, Begr. RegE 4. FFG, BT-Drucks. 14/8017 v. 18.1.2002, S. 110.

Weiteren soll die Rechtsbehelfsfrist in jedem Fall mit der öffentlichen Bekanntgabe beginnen[1]. Dies ergibt sich aus der Zielsetzung der Regelung, die Bekanntgabe gegenüber Personen und Unternehmen mit Sitz im Ausland zu beschleunigen[2]. Das Argument, die Anwendung der Bekanntgabefiktion hätte zur Folge, dass im Falle einer beabsichtigten Untersagung der Veröffentlichung des Prospekts durch die BaFin die Gestattungsfiktion des § 8a Abs. 1 Alt. 2 VerkProspG aF vor Wirksamwerden der Untersagungsverfügung eingriffe[3], ist überholt. Die Auffassung lässt sich nach der Änderung der Voraussetzungen des Verfahrens zur Veröffentlichung der Verkaufsprospekte nicht mehr aufrecht erhalten, denn nach § 8 Abs. 1 VermAnlG ist die Billigung des Verkaufsprospekts Voraussetzung für seine, in den Regelungen der §§ 1, 2, 2a–2c und 6 VermAnlG rechtlich geforderten Veröffentlichung und Voraussetzung für ein rechtlich zulässiges öffentliches Angebot der Anteile an der dem Angebot zugrundeliegenden Vermögensanlage. Die Gestattungsfiktion ist im Zuge der Gesetzesänderungen für Vermögensanlagen-Verkaufsprospekte nicht übernommen worden[4].

8 Teile des Schrifttums erheben gegen diese Auslegung der Vorschrift **Bedenken**. Das Argument, dass die Rechtsbehelfsfrist in jedem Falle mit der öffentlichen Bekanntgabe beginne, sei nicht ohne weiteres als Argument für die Abbedingung der Frist des § 41 Abs. 4 Satz 3 VwVfG übertragbar[5]. Dem Wortlaut der Begründung komme nur eine klarstellende Aufgabe in Hinblick auf die Geltung der Frist zu, denn eine erhebliche Verzögerung sei bei einer Verzögerung des Wirksamwerdens einer Verfügung bei zwei Wochen nicht zu besorgen[6].

9 Gegen die Anwendung der Frist des § 41 Abs. 4 Satz 3 VwVfG spricht aber insbesondere folgendes Argument: Im Falle einer auf die Untersagung eines nicht zur Veröffentlichung zugelassenen Angebots durch die BaFin oder auf die Einholung von Auskünften zur Überwachung der Einhaltung der Pflichten eines Anbieters nach dem VermAnlG gerichteten Maßnahme iS der §§ 17-19 VermAnlG ist Eile geboten. Dieser **besonderen Eilbedürftigkeit** hat der Gesetzgeber dadurch Rechnung getragen, dass gemäß § 26a VermAnlG Widerspruch und Anfechtungsklage gegen eine nach den §§ 17-19 VermAnlG getroffene Entscheidung der Behörde keine aufschiebende Wirkung zukommen. Dementsprechend wäre es nicht nachvollziehbar, wenn über eine nach § 41 Abs. 4 Satz 3 VwVfG notwendige Fristwahrung die Wirkung eines solchen Verwaltungsakts hinausgezögert werden könnte. In dieser Zeit könnten nicht unerhebliche Schäden bei Anlegern auftreten.

---

1 Begr. RegE 4. FFG, BT-Drucks. 14/8017 v. 18.1.2002, S. 110.
2 Begr. RegE 4. FFG, BT-Drucks. 14/8017 v. 18.1.2002, S. 110; so auch *Ritz*, AG 2002, 662 (664).
3 *Ritz*, AG 2002, 662 (665).
4 Begr. RegE AnSVG, BT-Drucks. 15/3174 v. 24.5.2004, S. 43.
5 *Voß* in Arndt/Voß, § 16a VerkProspG Rz. 54.
6 *Voß* in Arndt/Voß, § 16a VerkProspG Rz. 54.

IV. Zustellung von Verfügungen (§ 5 Abs. 2 VermAnlG)

Zustellungshandlungen im Ausland sind aufgrund des hoheitlichen Charakters der Übergabehandlung mit der damit verbundenen Ausstellung einer Zustellungsurkunde grundsätzlich unzulässig[1]. Zustellungshandlungen bedürfen daher entweder zwischenstaatlicher Vereinbarungen als Grundlage oder der besonderen Verfahren der §§ 9, 10 VwZG. Nach § 5 Abs. 2 VermAnlG wird der BaFin für die Zustellung von Verfügungen eine von § 9 VwZG abweichende Möglichkeit der **beschleunigten Bekanntgabe** eröffnet. Die Vorschrift stellt damit klar, dass die Verfahrensweise der beschleunigten Bekanntgabe nach § 5 Abs. 1 VermAnlG auch auf die Zustellung als besondere Form der Bekanntgabe Anwendung findet[2]. Die BaFin ist somit für eine Zustellung einer Verfügung nicht auf Rechtshilfeersuchen an ausländische Behörden nach § 9 Abs. 1 Nr. 2 VwZG angewiesen. Hinsichtlich der Geltung der Zustellungsfiktion des § 9 VwZG bestehen dieselben Unstimmigkeiten, wobei der Streit hier weiter entschärft wird, da gemäß § 9 Abs. 3 Satz 3 VwZG die Fiktion der Zustellung bereits grundsätzlich nach sieben Tagen eintritt[3].

V. Benennung einer Person (§ 5 Abs. 3 VermAnlG)

Nach § 5 Abs. 3 VermAnlG ist ein Emittent von Vermögensanlagen mit Sitz im Ausland verpflichtet, eine Person mit Sitz im Inland zu benennen, die bevollmächtigt ist, für den Emittenten von Vermögensanlagen Bekanntgaben und Zustellungen in Empfang zu nehmen.[4] § 5 Abs. 3 Satz 2 VermAnlG ist so **auszulegen**, dass der Emittent gleichzeitig in Funktion des Anbieters in Erscheinung tritt, denn die Verpflichtungen der §§ 6 ff. VermAnlG treffen grds. allein den Anbieter der Vermögensanlage.

Es handelt sich um einen Spezialfall von § 5 Abs. 1 VermAnlG. Die Benennung dient der **Vereinfachung der Korrespondenz mit der BaFin** im Hinblick auf die verschiedenen, im Zusammenhang mit dem öffentlichen Angebot einer Vermögensanlage stehenden Verwaltungsvorgänge im Rahmen der Marktaufsicht. Der Emittent unterliegt im Rahmen der Regelpublizität bei der Rechnungslegung besonderen Anforderungen, vgl. §§ 24 Abs. 3 ff., 25 Abs. 4 VermAnlG, In diesem Zusammenhang erfolgt ein Datenaustausch mit dem Betreiber des Bundesanzeigers und dem Bundesamt für Justiz, § 31 Abs. 2 und 3 VermAnlG.

Einer **besonderen Aufforderung** durch die BaFin zur Benennung einer Person als Empfangsbote bedarf es **nicht mehr**.

---

1 *Stelkens* in Stelkens/Bonk/Sachs, § 41 VwVfG Rz. 220.
2 *Voß* in Arndt/Voß, § 16a VerkProspG Rz. 55.
3 *Voß* in Arndt/Voß, § 16a VerkProspG Rz. 55.
4 Begr. RegE FinAnlVermAnlG, BT-Drucks. 17/6051, S. 32.

§ 5a
Laufzeit von Vermögensanlagen

Vermögensanlagen müssen eine Laufzeit von mindestens 24 Monaten ab dem Zeitpunkt des erstmaligen Erwerbs und eine ordentliche Kündigungsfrist von mindestens 6 Monaten vorsehen. Bei Vermögensanlagen nach § 1 Absatz 2 Nummer 1 und 2 ist eine Kündigung nur zum Schluss eines Geschäftsjahres zulässig, sofern der Gesellschaftsvertrag oder die Anlagebedingungen nichts Abweichendes vorsehen.

In der Fassung vom 3.7.2015 (BGBl. I 2015, S. 1114).

Schrifttum: *Casper*, Das Kleinanlegerschutzgesetz – zwischen berechtigtem und übertriebenem Paternalismus, ZBB 2015, 265; *Wilhelmi/Seitz*, Neue Beschränkungen für Produkte des grauen Kapitalmarkts in § 5a und § 5b VermAnlG, WM 2016, 101. Siehe auch Einl. VermAnlG und das Allgemeine Schrifttumsverzeichnis.

I. Normentwicklung	1	III. Mindestlaufzeit	3
II. Regelungsgehalt	2	IV. Rechtsfolgen	9

I. Normentwicklung

1 Die **Einfügung von § 5a in das VermAnlG** geht auf Art. 2 Nr. 5 des Kleinanlegerschutzgesetzes[1] zurück. Die Norm weist einen ähnlichen Regelungsgehalt wie der bereits zuvor im Kapitalanlagegesetzbuch verankerte § 255 Abs. 3 und 4 KAGB auf.

II. Regelungsgehalt

2 Die Regelung dient der **Bestandssicherung** des Emittenten über eine **Stabilisierung seiner Finanzierungsgrundlage.** Liquiditätsrisiken, die sich aufgrund einer Fristeninkongruenz aus der für die unternehmerische Tätigkeit vorgesehenen Nutzungsdauer von Investitionen in Anlageobjekte zur Umsetzung der Anlageziele und der Dauer, während das öffentlich eingeworbene, zur Deckung des Investitionsbedarfs dieser Anlageobjekte herangezogene Kapital zur Verfügung steht, ergeben können, sollen für einen Mindestzeitraum begrenzt werden. Die Regelung schränkt insoweit die Vertragsfreiheit ein, als die Vertragsbedingungen für öffentlich angebotene Anteile an Vermögensanlagen keine kürzere Laufzeit vorsehen dürfen bzw. die Einhaltung einer Mindestkündigungsfrist vorsehen müssen. Dem steht eine faktische Missachtung der Mindestlaufzeit durch den Emittenten, also die vorfristige, nicht auf einer

---

1 Kleinanlegerschutzgesetz vom 3.7.2015, BGBl. I 2015, S. 1114.

vertraglichen Grundlage beruhende Rücknahme von Anteilen der Vermögensanlage, gleich[1].

Der **Gesellschaftsvertrag** oder die **Anlagebedingungen** des Emittenten können **längere Fristen** vorsehen.

Regelungsadressat sind die Anbieter von Vermögensanlagen, die deren Anteile öffentlich anbieten[2].

III. Mindestlaufzeit

Die Frage nach dem **Fristbeginn** der Mindestlaufzeit ist **umstritten**. Nach dem subjektiven Ansatz bestimmt sich der Zeitpunkt individuell für jeden Anleger und wird in Gang gesetzt, wenn der Anleger den erstmaligen Erwerb der Vermögensanlage abschließt[3]. Nach einem objektiven Ansatz erfolgt die Anknüpfung des Beginns der Mindestlaufzeit für alle Anleger mit dem Beginn des öffentlichen Vertriebs durch den ersten Verkauf an einen beliebigen Anleger[4]. Zur Vermeidung einer Umgehung der Mindestlaufzeit ist dem subjektiven Ansatz der Vorzug zu geben. Die Verbesserung der Absicherung der Kalkulationsgrundlage für den Emittenten und die eindeutige Erkennbarkeit einer längerfristigen unternehmerischen Bindung für den Anleger mit Hilfe der die entsprechenden Daten enthaltenden individuellen Vertragsunterlagen überwiegen eine eher theoretische Einschränkung der Fungibilität der Anteile an der Vermögensanlage. Ein Zweitmarkt für die Anteile kann sich unter Berücksichtigung einer Zeitverzögerung entsprechend ebenso entwickeln. Der nach einem Ersterwerb erfolgende Weiterverkauf der Vermögensanlage durch den Anleger löst für diese Anteile keinen erneuten Fristbeginn aus[5].

Die vom Gesetz angestrebte **Wirkung der Steuerung der Liquiditätsrisiken** bleibt aufgrund der gesetzlichen Vorgaben **begrenzt**. Eine Verpflichtung des Anbieters zur tatsächlichen Abstimmung der zeitlichen Bindungsdauer von aufgenommenem Kapital und dem damit finanzierten Vermögen ist nicht vorgesehen. Die Wirkung der gesetzlichen Festlegung einer Mindestlaufzeit ist abhängig von der vorgesehenen Struktur der Finanzierung des konkreten Projekts. Die außerhalb der Öffentlichkeit iS des VermAnlG erfolgende Einwerbung von Eigen- und Fremdmitteln wird nicht erfasst, § 1 Abs. 1 VermAnlG. Erlauben die vertraglichen Vereinbarungen für diese Kapitalgeber einen Abzug ihrer Anlagemittel vor dem Ende der für öffentlich eingeworbene Anleger bestehenden Mindestlaufzeit, können Liquiditätsrisiken für die Vermögensanlage entstehen. Auf diesen Umstand ist im Verkaufsprospekt für das öffentliche Anlegerpublikum an entsprechender Stelle hinzuweisen. Es handelt sich um die Angabe eines Risikos nach § 2 Abs. 2 Satz 5 VermVerkProspV, bzw. eine

---

1 *Casper*, ZBB 2015, 265 (272).
2 *Wilhelmi/Seitz*, WM 2016, 101 (102).
3 Begr. RegE Kleinanlegerschutzgesetz, BT-Drucks. 18/3994, S. 43; *Wilhelmi/Seitz*, WM 2016, 101 (102).
4 *Casper*, ZBB 2015, 265 (272).
5 Gesellschaftsvertrag bzw. Anlagebedingungen können Abweichendes bestimmen.

vom Sachverhalt abhängige, evtl. darzustellende Tatsache nach § 4 Nr. 1a bzw. § 9 Abs. 2 Nr. 9 VermVerkProspV.

5 Die Festlegung einer **Mindestlaufzeit** von 24 Monaten der Anteile einer Vermögensanlage beschränkt den Anleger grundsätzlich nicht in der Vornahme anderer Rechtsgeschäfte in Bezug auf die ersterworbenen Anteile. Der Anleger kann die Anteile der Vermögensanlage innerhalb dieser Laufzeit grundsätzlich veräußern oder anderweitig wirtschaftlich verwerten, zB beleihen. Die Regelungen sind vom Wortlaut nur für die Laufzeit und die Kündigung der Anteile im Ersterwerb vorgesehen[1]. Die Beschränkung besteht nur gegenüber dem Emittenten selbst oder einer ihm verbundenen Person, wenn dieses Geschäft eine Umgehung der Mindestlaufzeit darstellt[2]. Um den mit der Norm bezweckten Schutz der Kalkulationsgrundlage des Emittenten zu gewährleisten, ist eine wirtschaftliche Betrachtung des angestrebten Geschäfts vorzunehmen.

6 Die Verpflichtung des Anbieters zur Festlegung einer Mindestlaufzeit in den **Anlagebedingungen** soll dem Anleger verdeutlichen, dass der Erwerb der Vermögensanlage eine unternehmerische Investition von gewisser Dauer darstellt und den Anleger zu einer Prüfung veranlassen, ob und in welchem Umfang Verzinsung und Rückzahlung der erworbenen Anteile an der Vermögensanlage tatsächlich sichergestellt sind[3].

7 Die **Kündigungsfrist** dient der Verhinderung des schlagartigen Abzugs von Liquidität aus dem Unternehmen und soll eine damit bedingte finanzielle Schieflage verhindern. Sie ermöglicht eventuell notwendige Sanierungsmaßnahmen[4]. Die Mindestkündigungsfrist verlängert nicht die Mindestlaufzeit der Vermögensanlage. Die Kündigung kann jederzeit im Rahmen der Laufzeit der Beteiligung zum Ende der Mindestlaufzeit der Vermögensanlage erklärt werden. Die gesetzliche Regelung sieht nicht vor, dass die Kündigung erst im Anschluss an die Mindestlaufzeit erfolgen soll. Im Interesse der leichteren Handelbarkeit der Vermögensanlage ist zugunsten des Anlegers davon auszugehen, dass dieser tatsächlich die Möglichkeit haben muss, die Beteiligung nach Ablauf der Mindestlaufzeit der Vermögensanlage beenden zu können.

8 § 5a Satz 2 VermAnlG stellt eine **Auslegungsregel** dar. Es ist im Interesse der Rechtssicherheit und -klarheit der Gesellschafter und außen stehender Gläubiger, dass die Unternehmensbeteiligung nicht zu einem gewillkürten Zeitpunkt innerhalb eines Jahres aufgehoben wird[5]. Mit Eintritt der Kündigung zum Bilanzstichtag als Schluss des Geschäftsjahres wird die Rechnungslegung und Berichterstattung sowie eine Prüfung des Jahresabschlusses vereinfacht, vgl. §§ 23 ff. VermAnlG.

---

1 *Wilhelmi/Seitz*, WM 2016, 101 (102).
2 *Wilhelmi/Seitz*, WM 2016, 101 (102).
3 Begr. RegE Kleinanlegerschutzgesetz, BT-Drucks. 18/3994, S. 42 f.
4 *Casper*, ZBB 2015, 265 (272).
5 Vgl. für verbundene GmbH: BGH v. 16.6.2015 – II ZR 384/13, AG 2015, 630.

IV. Rechtsfolgen

Laufzeit und Kündigungsfrist der Vermögensanlage sind als **Angabe** nach § 4 Nr. 14 VermVerkProspV in den Verkaufsprospekt aufzunehmen. 9

Die BaFin **untersagt** beim Vorliegen von entsprechenden Anhaltspunkten über die Nichteinhaltung einer der gesetzlichen Fristen für Laufzeit oder Kündigung einer Vermögensanlage das entsprechende öffentliche Angebot gemäß § 18 Abs. 1 Nr. 1 VermAnlG. 10

Die Regelung stellt **kein Verbotsgesetz** iS von § 134 BGB dar. Die Verwendung kürzerer Laufzeiten als 24 Monate im Gesellschaftsvertrag oder den Anlagebedingungen führt nicht zur Nichtigkeit des der Beteiligung des Anlegers zugrunde liegenden Rechtsgeschäfts. Sinn und Zweck des § 5a VermAnlG stehen dem Bestand des Rechtsgeschäfts nicht entgegen. Die Regelung erfüllt eine Ordnungsfunktion[1]. Es handelt sich vorrangig um eine Vertriebsbeschränkung für den Anbieter, wenn dieser beabsichtigt, Vermögensanlagen öffentlich anzubieten. Lediglich mittelbar betroffen ist die Ausgestaltung des Vertragsinhalts des Gesellschaftsvertrags bzw. der Anlagebedingungen des Emittenten. Eine Beeinträchtigung der allgemeinen Entscheidungsfreiheit der Anleger für eine Beteiligung erfolgt nicht, eine besondere Schutzbedürftigkeit ist nicht ersichtlich[2]. Die Gefährdung der Anleger liegt typischerweise in der wirtschaftlichen Erfolglosigkeit des konzipierten Projekts bzw. darin, dass das für das zeitlich vorrangige Angebot der Beteiligung bereitgestellte Informationsmaterial (Verkaufsprospekt, VIB) Risiken verschweigt oder verharmlost. Dieser Gefährdung kann die Festlegung einer gesetzlichen Mindestlaufzeit nicht vorbeugen. Eine tatsächliche Fristenkongruenz zwischen Kapitalherkunft und Kapitalverwendung für das angestrebte Projekt des Emittenten schreibt das Gesetz nicht vor. Die Tatsache, dass der Anleger mit seiner Beteiligung ein Risikogeschäft eingeht und ihm dieses wirtschaftliche Risiko verbleibt, ändert sich ebenfalls nicht[3]. Eine notwendige Laufzeit für das Erreichen der Gewinnschwelle und die Amortisation von Kosten eines Projekts bzw. der Anlage ergibt sich für grundsätzlich alle Beteiligungen[4]. 11

Die Regelung des § 5a VermAnlG stellt ein **Schutzgesetz** iS des § 823 Abs. 2 BGB dar[5]. Ein vom Schutzzweck erfasster Schaden gegenüber dem Anbieter ist in dem Verlust zu erblicken, den ein Anleger aufgrund der fehlenden Mindestlaufzeit oder Kündigungsfrist durch die verfrühte Kündigung anderer Anleger erleiden könnte[6]. 12

---

1 Vgl. BGH v. 17.1.1985 – III ZR 135/83, WM 1985, 221.
2 Vgl. BGH v. 17.1.1985 – III ZR 135/83, WM 1985, 221.
3 Vgl. BGH v. 19.12.2000 – XI ZR 349/99, WM 2001, 297.
4 *Wilhelmi/Seitz*, WM 2016, 101 (103).
5 *Wilhelmi/Seitz*, WM 2016, 101 (102).
6 *Wilhelmi/Seitz*, WM 2016, 101 (102).

§ 5b
Nicht zugelassene Vermögensanlagen

Vermögensanlagen, die eine Nachschusspflicht vorsehen, sind zum öffentlichen Angebot oder Vertrieb im Inland nicht zugelassen.

In der Fassung vom 3.7.2015 (BGBl. I 2015, S. 1114).

Schrifttum: *Bußalb/Vogel*, Das Kleinanlegerschutzgesetz: Neue Pflichten für Anbieter und Emittenten von Vermögensanlagen, WM 2015, 1733 (Teil I); *Wilhelmi/Seitz*, Neue Beschränkungen für Produkte des grauen Kapitalmarkts in § 5a und § 5b VermAnlG, WM 2016, 101. Siehe auch Einl. VermAnlG und das Allgemeine Schrifttumsverzeichnis.

I. Normentwicklung und Regelungsgehalt 1	a) Beteiligungen an GbR und oHG 8
II. Einzelheiten 3	b) Beteiligungen an GmbH 9
1. Leistungspflichten 5	c) Beteiligungen an KG 10
2. Einschränkung des Regelungsgehalts bei vertraglichen Gestaltungen . . . 6	d) Beteiligungen an Stiller Gesellschaft 11
3. Einschränkung des Regelungsgehalts bei bestimmten Rechtsformen 7	III. Rechtsfolgen 12

I. Normentwicklung und Regelungsgehalt

1   Die **Einfügung von § 5b in das VermAnlG** geht auf Art. 2 Nr. 5 des Kleinanlegerschutzgesetzes[1] zurück.

2   Die Regelung beinhaltet eine **Produktregulierung** über eine **Vertriebs- und Angebotsbeschränkung** von bestimmten Vermögensanlagen durch einen Eingriff in deren konkrete Gestaltungsmöglichkeiten. Sie dient dem konkreten Schutz des Anlegers vor eventuellen weiteren Leistungspflichten in Bezug auf den beim Erwerb ursprünglich vereinbarten Anlagebetrag hinaus, soweit diese Nachforderungen außerhalb seiner Einflusssphäre liegen.

II. Einzelheiten

3   Die **Nachschusspflicht** im Sinne der Norm erfasst alle Umstände, die eine über die beim Erwerb der Vermögensanlage vom Anleger ursprünglich eingegangene Verpflichtung zur Leistung eines bestimmten Anlagebetrags hinausgehende Inanspruchnahme des Anlegers nach sich ziehen[2]. Der wirtschaftliche Grund oder die rechtliche

---

1 Kleinanlegerschutzgesetz vom 3.7.2015, BGBl. I 2015, S. 1114.
2 *Wilhelmi/Seitz*, WM 2016, 101 (109).

Verankerung der aus der Anlage folgenden zusätzlichen Leistungspflicht sowie die Person des Leistungsempfängers sind ohne Belang[1]. Befristung oder Bedingung der Leistungspflichten bzgl. des Anlagebetrages sind unerheblich, soweit der Umfang des maximal zu leistenden Anlagebetrags bei der Anlageentscheidung feststeht[2].

Eine Sichtweise zur **Einschränkung der Reichweite** des Begriffs der Nachschusspflicht auf Leistungspflichten, die sich auf das Innenverhältnis zum Emittenten beziehen, ist **nicht angezeigt**[3]. Der Wortlaut selbst ist unergiebig. Eine Definition sieht das Gesetz nicht vor. Die Gesetzesentwicklung spricht für ein weites Verständnis. Der Gesetzgeber hat um eine weite Auslegung der Norm gerungen und wollte die im Entwurf des Wortlauts der Regelung ursprünglich vorgesehene Einschränkung der Haftung auf Verluste im Außenverhältnis erweitern und sämtliche über den Anlagebetrag hinausgehende Einzahlungen des Anlegers erfassen[4]. Die systematischen Argumente bzgl. der korrespondierenden Regelung in § 4 Satz 1 Nr. 11 VermVerkProspV, die in ihrem Wortlaut zwischen Nachschuss und Haftung unterscheidet, greifen nicht. Es gilt das Prinzip der Normenhierarchie. Die VermVerkProspV ist gegenüber dem VermAnlG nicht bindend für die Begriffsbestimmung[5].

1. Leistungspflichten

Vom Schutz der Regelung erfasst ist **allein der Umfang** des vom Anleger zu leistenden **Anlagebetrags**[6]. Die Einbeziehung der Fälligkeit der eingegangenen Verpflichtung ginge über das Ziel des beabsichtigten Anlegerschutzes hinaus. Aus der Gesetzesentwicklung ist nicht ersichtlich, dass die zeitliche Vermögensdisposition des Anlegers ebenfalls Schutzgegenstand sein soll. Dafür besteht auch keine Notwendigkeit. Dem Anleger soll allein das finanzielle Risiko seiner Anlageentscheidung in der Höhe seines eingegangenen Risikos vor Augen geführt werden.

Bereits wieder der Sphäre des Anlegers zuzurechnen sind Umstände, die den Anleger befähigen, zu einem – evtl. durch die Geschäftsführung der Emittentin erst nach der Anlageentscheidung festgelegten – Zeitpunkt auch tatsächlich **leistungsfähig** zu sein.

2. Einschränkung des Regelungsgehalts bei vertraglichen Gestaltungen

Vertragliche Klauseln, die eine Verpflichtung für den Anleger für weitere Zahlungen beinhalten, sind vom Verbot des § 5b VermAnlG erfasst. In Betracht kommen insbesondere Konstruktionen, bei denen der Anleger eine geringfügige Kommanditeinlage zeichnet und sich aus einem separaten Vertrag zu einem weiteren Darlehen an die Emittentin verpflichtet (**gesplittete Einlage**)[7].

---

1 *Wilhelmi/Seitz*, WM 2016, 101 (105).
2 AA *Wilhelmi/Seitz*, WM 2016, 101 (105).
3 So aber *Bußalb/Vogel*, WM 2015, 1733 (1736).
4 Vgl. BT-Drucks. 18/3994, S. 43; BR-Drucks. 638/14, S. 47.
5 *Wilhelmi/Seitz*, WM 2016, 101 (104).
6 Vgl. BT-Drucks. 18/3994, S. 43; BR-Drucks. 638/14, S. 47.
7 Vgl. BGH v. 21.3.1988 – II ZR 238/87, WM 1988, 750.

Vertragliche Gestaltungen in Form mittelbarer Kommanditbeteiligungen (**Treuhänderische Beteiligungen**) können mit den Anforderungen von § 5b VermAnlG vereinbar sein (siehe Rz. 10 ff.). Die Haftung für gesellschaftliche Verbindlichkeiten trifft grundsätzlich den Treuhänder als Gesellschafter der Emittentin[1].

3. Einschränkung des Regelungsgehalts bei bestimmten Rechtsformen

7 Vermögensanlagen, die aufgrund der Rechtsform der die Beteiligung ausgebenden Gesellschaft gesetzlich vorgegebene Nachschusspflichten vorsehen, sind vom Verbot des § 5b VermAnlG erfasst.

a) Beteiligungen an GbR und oHG

8 Vermögensanlagen in Gestalt unternehmerischer Beteiligungen an Gesellschaften in Form der GbR bzw. oHG sind **unzulässig**. Die Gestaltungsmöglichkeiten dieser Rechtsformen lassen keinen vollständigen, gesetzlich festgelegten Ausschluss von zusätzlichen Leistungspflichten gegenüber dem Anleger zu.

Die gesetzliche akzessorische Außenhaftung der Gesellschafter für Verbindlichkeiten der Gesellschaft nach § 128 HGB (analog) kann nicht allgemein, zB im Wege eines Rechtsformzusatzes, sondern nur auf individueller, rechtsgeschäftlicher Grundlage abbedungen werden[2]. Der Bereich der deliktischen Haftung als Quelle zusätzlicher Leistungspflichten kann nicht ausgeschlossen werden[3].

b) Beteiligungen an GmbH

9 Vermögensanlagen in Gestalt unternehmerischer Beteiligungen an Gesellschaften in Form der GmbH sind **unzulässig**. Die Gestaltungsmöglichkeiten dieser Rechtsform lassen keinen vollständigen, gesetzlich festgelegten Ausschluss von zusätzlichen Leistungspflichten gegenüber dem Anleger zu. Unzulässige Rückzahlungen sind nach § 31 GmbHG vom Anleger als Gesellschafter der Emittentin zu erstatten. Diese Erstattungspflicht erfasst über selbstempfangene Leistungen hinausgehende Beträge, § 31 Abs. 3 GmbHG[4]. Des Weiteren besteht ein Haftungsrisiko für andere Gesellschafter nach § 24 GmbHG im Rahmen der Kapitalaufbringung.

---

1 Vgl. BGH v. 21.4.2009 – XI ZR 148/08, WM 2009, 1225; BGH v. 21.3.2011 – II ZR 271/08, WM 2011, 897; BGH v. 5.2.2013 – II ZR 134/11, WM 2013, 555; *Wilhelmi/Seitz*, WM 2016, 101 (108).

2 Vgl. für die Außen-GbR: BGH v. 27.9.1999 – II ZR 371/98, WM 1999, 2071; *Lorenz*, Haftungsbegrenzung in der BGB-Gesellschaft und Stellvertretungsrecht: „GbR mbH", abrufbar unter http://lorenz.userweb.mwn.de/urteile/njw99_3483.html.

3 *Wilhelmi/Seitz*, WM 2016, 101 (106).

4 Vgl. OLG Düsseldorf v. 31.5.2012 – I-16 U 53/11, GmbHR 2012, 793.

c) Beteiligungen an KG

Vermögensanlagen in Gestalt unternehmerischer Beteiligungen an Gesellschaften in Form der Kommanditgesellschaft sind bei Beachtung des gesetzgeberischen Leitbilds einer Kommanditgesellschaft **gesetzeskonform** iS des § 5b VermAnlG **strukturierbar**. Die Berücksichtigung bestimmter Gestaltungsmerkmale des zugrundeliegenden Gesellschaftsvertrags der Vermögensanlage ist dafür Voraussetzung: 10

- Die summenmäßige Fixierung des vom Anleger insgesamt geschuldeten Betrages.
- Das Vorsehen der aufschiebenden Bedingung der Eintragung ins Handelsregister in Bezug auf den Beitritt des Anlegers. Ausgeschlossen muss sein, dass den Anleger die unbeschränkte Haftung der §§ 176, 128 HGB über eine im Rahmen der Beteiligung erfolgende Zustimmung der Aufnahme der Geschäfte der Emittentin vor Eintragung der Einlage des Anlegers trifft[1].
- Die eingetragene Haftungssumme darf den vereinbarten Anlagebetrag nicht übersteigen. Ansonsten droht dem Anleger eine Haftung aus dem Differenzbetrag zwischen vereinbarter Einlage und eingetragener Haftsumme[2].
- Der Gesellschaftsvertrag lässt die Leistung des Beitrags durch Aufrechnung mit dem Regressanspruch für die Befriedigung eines Gesellschaftsgläubigers zu. Die Eröffnung des Insolvenzverfahrens selbst ändert die Beschränkung des Umfangs der Verbindlichkeiten des Anlegers auf die Höhe der vereinbarten Einlage nicht. Die Drittgläubiger können keinen Anspruch nach § 171 Abs. 2 HGB mehr geltend machen; vor Eröffnung des Insolvenzverfahrens ist die Aufrechnungsmöglichkeit des Anlegers nach § 94 InsO geschützt[3].
- Die Verlustzuweisung an den Anleger geht nicht über den gesetzlich vorgesehenen Umfang hinaus. Nach § 167 Abs. 3 HGB ist der Kommanditist im Grundsatz allein in Höhe seines Kapitalanteils und seiner rückständigen Einlage am Verlust der Gesellschaft beteiligt[4].

d) Beteiligungen an Stiller Gesellschaft

Vermögensanlagen in Gestalt unternehmerischer Beteiligungen an Gesellschaften in Form der Stillen Gesellschaft sind bei Beachtung des gesetzgeberischen Leitbilds einer Stillen Gesellschaft **gesetzeskonform** iS des § 5b VermAnlG **strukturierbar**. Der stille Gesellschafter haftet Gesellschaftsgläubigern nicht, auch nicht analog § 171 Abs. 1 HGB bei atypischen Gesellschaftsausgestaltungen[5]. Eine Verlustbeteiligung kann 11

---

1 *Wilhelmi/Seitz*, WM 2016, 101 (107).
2 *Wilhelmi/Seitz*, WM 2016, 101 (107).
3 *Wilhelmi/Seitz*, WM 2016, 101 (107).
4 *Wilhelmi/Seitz*, WM 2016, 101 (108).
5 BGH v. 6.11.1963 – IV ZR 32/63, WM 1964, 296; BGH v. 1.3.2010 – II ZR 249/08, GmbHR 2010, 814; OLG Schleswig v. 30.10.2008 – 5 U 66/08, ZIP 2009, 421; *Hopt* in Baumbach/Hopt, § 230 HGB Rz. 27.

nach § 231 Abs. 2 HGB ganz ausgeschlossen werden. Eine alleinige Regelung des Gewinns im Gesellschaftsvertrag reicht dafür jedoch nicht aus[1].

Im Übrigen trifft den stillen Gesellschafter im Grundsatz **keine Nachschussverpflichtung,** solange die vertraglichen Vereinbarungen der Verlustzuweisung an den Anleger nicht über den gesetzlich vorgesehenen Umfang hinausgehen[2], § 232 Abs. 2 HGB. Nach § 232 Abs. 2 Satz 1 HGB ist der stille Gesellschafter im Grundsatz allein in Höhe seiner eingezahlten oder rückständigen Einlage am Verlust der Gesellschaft beteiligt.

III. Rechtsfolgen

12 An hervorgehobener Stelle im Verkaufsprospekt ist gemäß § 4 Nr. 11 VermVerkProspV eine **Angabe** über die Verpflichtung des Anlegers über die Umstände der Verpflichtung zu weiteren Leistungen aufzunehmen.

13 Die BaFin **untersagt** beim Vorliegen von entsprechenden Anhaltspunkten das öffentliche Angebot gemäß § 18 Abs. 1 Nr. 1 VermAnlG.

Ein Verstoß gegen § 5b VermAnlG kann als **Ordnungswidrigkeit** gemäß § 29 Abs. 1 Nr. 1 VermAnlG mit einer Geldbuße geahndet werden.

14 Die Regelung stellt **kein Verbotsgesetz** iS von § 134 BGB dar[3]. Sie ist allerdings als **Schutzgesetz** iS des § 823 Abs. 2 BGB zu qualifizieren[4]. Schutzzweck ist das Vermögen des einzelnen Anlegers vor weiteren, den Anlagebetrag überschreitenden Belastungen[5].

---

[1] BGH v. 29.6.1992 – II ZR 284/91, GmbHR 1992, 747.
[2] Vgl. OLG Karlsruhe v. 19.2.1986 – 6 U 111/85, ZIP 1986, 916.
[3] Ebenso in der Tendenz: *Wilhelmi/Seitz*, WM 2016, 101 (109).
[4] *Wilhelmi/Seitz*, WM 2016, 101 (109).
[5] *Wilhelmi/Seitz*, WM 2016, 101 (109).

Abschnitt 2
Verkaufsprospekt, Vermögensanlagen-Informationsblatt und Information der Anleger

Unterabschnitt 1
Pflichten des Anbieters

§ 6
Pflicht zur Veröffentlichung eines Verkaufsprospekts

Ein Anbieter, der im Inland Vermögensanlagen öffentlich anbietet, muss einen Verkaufsprospekt nach diesem Gesetz veröffentlichen, sofern nicht bereits nach anderen Vorschriften eine Prospektpflicht besteht oder ein gültiger Verkaufsprospekt nach den Vorschriften dieses Gesetzes bereits veröffentlicht worden ist.

In der Fassung der Bekanntmachung vom 6.12.2011 (BGBl. I 2011, S. 2481), zuletzt geändert durch das Kleinanlegerschutzgesetz vom 3.7.2015 (BGBl. I 2015, S. 1114).

Schrifttum: *Bußalb/Vogel*, Das Gesetz über Vermögensanlagen – neue Regeln für geschlossene Fonds, WM 2012, 1416; *Lüdicke/Arndt*, Geschlossene Fonds, 6. Aufl. 2013; *Renz/Jäger/Maas*, Compliance für geschlossene Fonds, 2013; *Wetzig*, Die Regulierung des Grauen Kapitalmarkts durch die Novellierung des Finanzanlagenvermittler- und Vermögensanlagenrechts sowie durch das Kapitalanlagegesetzbuch, 2014.

I. Normentwicklung 1	3. Vorausgehende Veröffentlichung eines gültigen Verkaufsprospekt nach dem VermAnlG 16
II. Regelungsgehalt 2	
III. Einzelheiten	IV. Zusammenhang mit anderen Regulierungsnormen 19
1. Anbieter 3	
2. Vorrang der Prospektpflicht nach anderen Vorschriften 9	V. Rechtsfolgen 23

I. Normentwicklung

Die Regelung geht auf § 8f Abs. 1 Satz 1 VerkProspG zurück. Der Gesetzgeber hat 1
die Verpflichtung des Anbieters zur Veröffentlichung eines Verkaufsprospekts im
Falle der Vornahme eines öffentlichen Angebots einer Vermögensanlage nach § 1
Abs. 2 VermAnlG der neuen Struktur des VermAnlG angepasst, dem Abschnitt 2
Unterabschnitt 1 des Gesetzes zugeordnet und mit den sich aus den folgenden Unterabschnitten ergebenden Folgepflichten gebündelt.

II. Regelungsgehalt

2 Die Regelung verkörpert für das Marktsegment der Vermögensanlagen das **Prinzip der vertriebsbezogenen Publizität**. Gesetzgeberisches Ziel für dieses Marktsegment ist ein Interessenausgleich zwischen Anbietern von Vermögensanlagen iS des § 1 Abs. 2 VermAnlG und dem potentiellem Anlegerpublikum durch die Schaffung der Grundlagen für eine eigenverantwortliche Anlageentscheidung der Anleger mit Hilfe von Transparenz über das Medium Verkaufsprospekt zum Abbau eventuell vorhandener Informationsasymmetrien[1]. Die Regelung setzt daher zunächst voraus, dass überhaupt ein öffentliches Angebot einer Vermögensanlage im Inland besteht. Im Übrigen muss ein Bedürfnis nach einer institutionalisierten Informationsgrundlage (noch) vorhanden sein. Daher greift die Verpflichtung des Anbieters nur dann, wenn keine vorrangige Pflicht zur Veröffentlichung eines Prospektes nach anderen Vorschriften eingreift oder eine gültige Informationsgrundlage nach den Bestimmungen des VermAnlG (noch) besteht.

III. Einzelheiten

1. Anbieter

3 Anbieter ist diejenige Person oder Gesellschaft, die die **Verantwortung** für das öffentliche Angebot einer Emission innehat, wobei die Zuweisung anhand des **Auftretens gegenüber dem Anlegerpublikum** herzuleiten ist[2].

4 Die Eigenschaft als Anbieter des Angebots einer Vermögensanlage wird durch jeden begründet, der tatsächlich **selbst** anbietet oder einen Dritten zur Durchführung der Emission als **Urheber** oder **Hintermann** veranlasst[3]. Die Voraussetzungen für die Erfüllung der Merkmale eines Anbieters können im Rahmen eines öffentlichen Angebots daher auf verschiedene natürliche oder juristische Personen aufgeteilt sein[4].

5 Vertreibt die Emissionsgesellschaft ihre eigenen Anteile selbst, liegt eine Identität von Emissionsgesellschaft und Anbieter vor (**Eigenemission**)[5]. Besteht durch die Zwischenschaltung eines Vermittlers zur Vornahme des Angebots diese Identität nicht, handelt es sich um eine **Fremdemission**. Anbieter von Vermögensanlagen iS des § 1 Abs. 2 VermAnlG kann auch sein, wer als Makler entsprechende Anteile an Vermögensanlagen an Zweit- oder Dritterwerber verkaufen will[6]. **Zweitmarktbetreiber** sind ebenso als Anbieter zu betrachten, wenn sie für den Anleger erkennbar nach

---

[1] Begr. RegE FinAnlVermAnlG, BT-Drucks. 17/6051, S. 30.
[2] Begr. RegE FinAnlVermAnlG, BT-Drucks. 17/6051, S. 32.
[3] *Hamann* in Schäfer, § 1 VerkProspG Rz. 21.
[4] Begr. RegE FinAnlVermAnlG, BT-Drucks. 17/6051, S. 32. Vgl. *Ritz* in Assmann/Lenz/Ritz, § 1 VerkProspG Rz. 59.
[5] Begr. RegE FinAnlVermAnlG, BT-Drucks. 17/6051, S. 32.
[6] VG Frankfurt/Main v. 25.2.2013 – 9 K 3960/12.F, juris.

außen auftreten und für den technisch-organisatorischen Ablauf des Angebots in der Zweitvermarktung verantwortlich sind[1].

Die **Eigenschaft des Anbieters** ist aus den Umständen der Angebotsvornahme **wertend** zu ermitteln. Die Regelungen des § 6 VermAnlG enthalten im Gegensatz zu den Definitionsmerkmalen des Emittenten nach § 1 Abs. 3 VermAnlG keine Tatbestandsmerkmale, auf die für eine Bestimmung der Person des Anbieters zurückgegriffen werden kann. Lediglich in der Gesetzesbegründung gibt der Gesetzgeber Anhaltspunkte für das zugrunde liegende Verständnis. Danach geht die Grundlage auf den Anbieterbegriff zurück, welcher im Zusammenhang mit § 1 VerkProspG aF entwickelt wurde[2]. Folge ist eine grundsätzliche Loslösung der Betrachtung der Person des Anbieters von der die Vermögensanlagen zum Angebot zur Verfügung stellenden Emissionsgesellschaft[3]. Die Zuweisung der Verantwortlichkeit für eine Emission erfordert entweder einen, über die passive Hinnahme hinausgehenden, wesentlichen aktiven Beitrag bei dem öffentlichen Angebot, oder aber die Kontrolle über das öffentliche Angebot der Vermögensanlagen (siehe im Detail § 2 WpPG Rz. 94). 6

Wird die Emission in Teilen durch **mehrere Anbieter** vertrieben, sind diese grundsätzlich zur Veröffentlichung eines Verkaufsprospekts verpflichtet. Wird diese Verpflichtung durch einen Anbieter erfüllt, gilt diese im Grundsatz auch für die anderen. Dies gilt, solange der Verkaufsprospekt seine Gültigkeit behält (§§ 8a, § 11 VermAnlG). Verliert er diese, soll die Emission aber fortgeführt werden, muss der gleiche oder einer der anderen Anbieter erneut das Prospektprüfungsverfahren erfolgreich durchlaufen.

Keine weiteren Verpflichtungen für einen der Anbieter ergeben sich aus einer **nachträglichen Erhöhung des Angebotsvolumens** der Emission nach § 2 Nr. 5 VermAnlG, sofern der Verkaufsprospekt seine Gültigkeit behält (vgl. § 2 VermAnlG Rz. 44 ff.). 7

Das **Ende der Verpflichtung** zur Erstellung und Veröffentlichung eines Verkaufsprospekts bestimmt sich grundsätzlich durch den Abschluss des öffentlichen Angebots der Vermögensanlage. Der Zweck der Sicherstellung einer ausreichenden Anlegerinformation für eine Anlageentscheidung kann nicht mehr erreicht werden[4]. 8

2. Vorrang der Prospektpflicht nach anderen Vorschriften

Die Pflicht zur Veröffentlichung eines Verkaufsprospekts entfällt, wenn eine solche nach anderen Vorschriften besteht. Der Ursprung der Vorschriften ist ohne Belang. 9

---

1 *Krämer* in Heidel, Aktienrecht und Kapitalmarktrecht, § 8f VerkProspG Rz. 23.
2 Begr. RegE FinAnlVermAnlG, BT-Drucks. 17/6051, S. 32 verweist auf Begr. RegE AnSVG, BT-Drucks. 15/3174, S. 42, die wiederum zurückgeht auf Begr. RegE VerkProspG, BT-Drucks. 11/6340, S. 11.
3 *Hamann* in Schäfer, § 1 VerkProspG Rz. 21 ff.; *Ritz* in Assmann/Lenz/Ritz, § 1 VerkProspG Rz. 80; Begr. RegE FinAnlVermAnlG, BT-Drucks. 17/6051, S. 32.
4 *Ritz* in Assmann/Lenz/Ritz, § 1 VerkProspG Rz. 95.

Ihre Grundlage kann nach dem Willen des Gesetzgebers sowohl in nationaler als auch ausländischer Gesetzgebung verortet sein[1].

10 Diese Ausnahme von der Anwendbarkeit des VermAnlG bringt den bei diesem Gesetz bestehenden **Subsidiaritätsansatz** zum Ausdruck. Besteht bereits aufgrund anderer Vorschriften eine Informationspflicht an das Anlegerpublikum, ist dem Schutz dieser Personen ausreichend Genüge getan. Die Informationsdichte des jeweiligen Verkaufsprospekts ist dabei nicht zu berücksichtigen.

11 Für den Bereich der **Kapitalanlagen** besteht grundsätzlich für Beteiligungen iS des Kapitalanlagegesetzbuches (§ 297 Abs. 1 KAGB) und des Wertpapierprospektgesetzes (§ 3 WpPG) eine Pflicht zur Bereithaltung und Übergabe bzw. Veröffentlichung eines Verkaufsprospekts. Diese Gesetzesmaterien scheiden jedoch bereits dadurch aus, weil für ihre Beteiligungsformen vorrangige Regelungsmaterien (**KAGB** und **WpPG**) bestehen und über den Tatbestand des **§ 1 Abs. 2 VermAnlG** für in Wertpapieren iS des WpPG verbriefte oder als Anteile an Investmentvermögens iS des § 1 Abs. 1 KAGB ausgestaltete Vermögensanlagen die weitere Anwendbarkeit des VermAnlG ausgeschlossen ist.

12 Die Anwendbarkeit einer Ausnahmebestimmung eines anderen Gesetzes führt **nicht zu einem Wiederaufleben der Prospektpflicht nach dem VermAnlG**[2]. Denn mit der Feststellung der Subsidiarität des VermAnlG bleibt kein Raum mehr für seine Anwendung.

13 Eine **weitere abschließende Regelung** einer Prospektpflicht findet sich in **§§ 482, 487 Satz 2 BGB**. Die in dem §§ 481 ff. BGB erfassten **Teilzeit-Wohnrechteverträge** sind Vertragsgestaltungen, in denen ein Unternehmer einem Verbraucher gegen Zahlung eines Gesamtpreises das Recht verschafft oder zu verschaffen verspricht, für die Dauer von mindestens drei Jahren ein Wohngebäude jeweils für einen bestimmten oder bestimmbaren Zeitraum zu Erholungs- oder Wohnzwecken zu nutzen[3]. Die Ausgestaltung der Verträge kann dabei die Nutzung der Wohnrechte auf der Grundlage einer direkten gesellschaftsrechtlichen Beteiligung, über eine treuhänderische Lösung oder andere Konstruktionen vorsehen. Auf Grund der nicht vergleichbaren Zielsetzung beider Regelungskomplexe wäre die Anwendbarkeit des VermAnlG ohnehin abzulehnen. Während Beteiligungen iS des VermAnlG im Rahmen einer bloßen wirtschaftlichen Zielsetzung zur produktiven oder spekulativen Vermehrung eigenen Vermögens eingegangen werden, dient das Recht über Teilzeit-Wohnrechte allein dem Schutz von Publikum, dass den Erwerb von Nutzungsrechten zur persönlichen Verwendung im Rahmen der eigenen Freizeitgestaltung beabsichtigt.

---

1 Begr. RegE FinAnlVermAnlG, BT-Drucks. 17/6051, S. 32.
2 Vgl. *Arndt/Bruchwitz* in Arndt/Voß, § 8f VerkProspG Rz. 52.
3 Die Regelungen gehen auf die Umsetzung der Richtlinie 1994/47/EG vom 26.10.1994, ABl. EG Nr. L 280 v. 29.10.1994, S. 82, zurück.

Beim VermAnlG handelt es sich um eine **rein nationale Regelungsmaterie**[1]. Verkaufsprospekte für Vermögensanlagen nach § 6 VermAnlG können daher **nicht grenzüberschreitend** genutzt werden. Ein entsprechendes Verfahren ist nicht vorgesehen. Grundsätzlich gilt dies auch für Verkaufsprospekte von Vermögensanlagen, die aus dem Ausland stammen und in Deutschland angeboten werden sollen. Verfahren iS der §§ 17 f. WpPG zur Anerkennung und Gleichstellung von Verkaufsprospekten oder für den grenzüberschreitenden Vertrieb von AIF nach den §§ 295, 299 Abs. 1 Nr. 1, 316 ff. KAGB bestehen nicht.

Eine Prospektpflicht nach dem VermAnlG entsteht jedoch zB dann nicht, wenn eine nach deutschem Recht als Vermögensanlage iS des § 1 Abs. 2 VermAnlG aufzufassende, öffentlich angebotene Beteiligung an einem Unternehmen mit Sitz im europäischen Ausland über eine **Notifizierung** nach § 17 Abs. 3 WpPG **in der Bundesrepublik Deutschland angeboten** werden soll[2]. Diese Notifizierung (Europäischer Pass) erfolgt auf der Grundlage eines nach ausländischen Rechtsvorschriften von einer Behörde eines Mitgliedstaates des Europäischen Wirtschaftsraumes gebilligten Prospekts und einer entsprechenden Unterrichtung der BaFin (vgl. § 3 WpPG Rz. 19). Dieser Billigung liegt die Entscheidung der ausländischen Behörde zugrunde, dass es sich bei der dem Verkaufsprospekt zugrunde liegenden Beteiligung um ein Wertpapier iS der Prospektrichtlinie handelt. Durch den entsprechenden Verkaufsprospekt ist das Anliegen des VermAnlG erfüllt, nämlich den Schutz der Anleger durch den Ausgleich von Informationsasymmetrien zu gewährleisten. Der Inhalt der Verkaufsprospekte nach dem VermAnlG und dem WpPG sind in Hinblick auf ihre Informationsdichte auch vergleichbar. Entscheidend ist aber, dass eine Verweigerung der Anerkennung dieser Verkaufsprospekte eine Beschränkung des freien Kapitalverkehrs gemäß Art. 63 Abs. 1 AEUV (ex-Art. 56 Abs. 1 EGV) auf Grund der Unverhältnismäßigkeit eines zweiten behördlichen Hinterlegungsverfahrens nach sich ziehen würde und daher abzulehnen ist.

Gleiches gilt, wenn ein ausländischer AIF iS der AIFM-Richtlinie[3] zum Vertrieb im Inland angezeigt wurde, §§ 316 ff. KAGB.

---

1 *Wetzig*, Die Regulierung des Grauen Kapitalmarkts durch die Novellierung des Finanzanlagenvermittler- und Vermögensanlagenrechts sowie durch das Kapitalanlagegesetzbuch, S. 87.
2 Teilweise wird in der Literatur das Vorliegen des entsprechenden Sachverhalts als Ausfüllung des Tatbestandsmerkmals „andere Vorschriften" unter dem Aspekt der Zuordnung ausländischer Normen nach der Begründung des Gesetzgebers (Begr. RegE FinAnlVermAnlG, BT-Drucks. 17/6051, S. 32) betrachtet, vgl. *Bußalb/Vogel*, WM 2012, 1416 (1419).
3 Richtlinie 2011/61/EU des Europäischen Parlaments und des Rates vom 8.6.2011 über die Verwalter alternativer Investmentfonds und zur Änderung der Richtlinien 2003/41/EG und 2009/65/EG und der Verordnungen (EG) Nr. 1060/2009 und (EU) Nr. 1095/2010, ABl. EU Nr. L 174, 1.

3. Vorausgehende Veröffentlichung eines gültigen Verkaufsprospekt nach dem VermAnlG

16 Keine Pflicht zur Veröffentlichung eines Verkaufsprospekts besteht, wenn ein gültiger Verkaufsprospekt nach den Vorschriften dieses Gesetzes bereits veröffentlicht worden ist. Von der Befreiung erfasst sind auch alle anderen (Mit-)Anbieter[1].

17 Der Regelung kommt eine lediglich **klarstellende Funktion** zu. Denn sie setzt für das bestehende öffentliche Angebot einer Vermögensanlage einen nach den Vorschriften des VermAnlG veröffentlichten Verkaufsprospekt voraus. Die Regelung befreit daher nicht von der Prospektpflicht, sondern verzichtet auf einen weiteren Verkaufsprospekt für die identische Vermögensanlage.

18 Ein gültiger Verkaufsprospekt, der bereits von der BaFin gebilligt und vom Anbieter ordnungsgemäß veröffentlicht wurde, kann daher für den Zeitraum der bestehenden Gültigkeit nicht, zB zu Zwecken der besseren Vermarktung, erneut bei der BaFin eingereicht werden[2]. Die Gültigkeit eines Verkaufsprospekts an die Voraussetzungen von § 8a iVm. § 11 VermAnlG geknüpft. Sie umfasst nach der Billigung des Verkaufsprospekts und der Voraussetzung seiner Ergänzung über nach § 11 VermAnlG erforderliche Nachträge eine Dauer von zwölf Monaten.

IV. Zusammenhang mit anderen Regulierungsnormen

19 Die Vornahme bestimmter Geschäftsvorgänge durch den Anbieter einer Vermögensanlage im Rahmen eines öffentlichen Angebots einer Vermögensanlage können durch andere kapitalmarktbezogener Regelwerke erfasst werden. Vermögensanlagen stellen **Finanzinstrumente** nach § 1 Abs. 11 Nr. 2 KWG dar. Eine Billigung des Verkaufsprospekts einer Vermögensanlage beinhaltet keine Konzentrationswirkung in Hinblick auf andere kapitalmarktrechtliche Pflichtenkreise des Anbieters[3].

20 Die Auflegung einer Vermögensanlage nach dem VermAnlG ist grundsätzlich **erlaubnisfrei**. Eine Einbeziehung unter bestimmte spezifische Aufsichtsregelungen iS des KWG erfolgte nicht. Die Emissionsgesellschaften legen grundsätzlich ihr eigenes Vermögen an und verwalten dieses[4].

21 Bestimmte **Dienstleistungen** im Rahmen der Einführung von Vermögensanlagen iS des § 1 Abs. 2 VermAnlG in den Markt sind mit Bereichsausnahmen von der Erlaubnispflicht des KWG versehen. Dazu gehören die Tatbestände der § 2 Abs. 1 Nr. 10 und 11 sowie Abs. 6 Nr. 19 KWG. Je nach vertraglicher Gestaltung der Dienstleistungsverträge zwischen Emittenten und eingeschalteten Dienstleistungsunternehmen in Bezug auf die Übernahme des Absatzrisikos der Vermögensanlagen iS des § 1 Abs. 2 VermAnlG verändert sich der Charakter der Geschäfte und ein anderer Er-

---

1 *Bruchwitz* in Lüdicke/Arndt, Geschlossene Fonds, S. 118.
2 *Bußalb/Vogel*, WM 2012, 1416 (1418).
3 So bereits *Bruchwitz* in Arndt/Voß, § 8i VerkProspG Rz. 43.
4 Vgl. Begr. RegE, BT-Drucks. 13/8933, S. 126.

laubnistatbestand des KWG kann betroffen sein[1]. In Betracht kommen das Emissionsgeschäft, das Finanzkommissionsgeschäft, das Platzierungsgeschäft und der Eigenhandel für andere[2]. Der Begriff des Emissionsgeschäfts iS des KWG ist gegenüber dem allgemeinen Sprachgebrauch enger und erfasst nur bestimmte Sachverhalte[3].

Mit der Vorschrift des § 2 Abs. 6 Nr. 8 lit. e KWG besteht für den **Vertrieb von Anteilen an Vermögensanlagen** unter engen Voraussetzungen eine Bereichsausnahme von der Erlaubnispflicht nach dem KWG. Nach der derzeit gültigen Fassung[4] ist die Vermittlung von Anteilen an Vermögensanlagen auf dem Zweitmarkt auch zwischen Investoren als erlaubnisfrei anzusehen[5]. Der Gesetzeswortlaut liefert keinen Anhaltspunkt dafür, Verkaufsinteressenten der von ihnen noch gehaltenen Kommanditanteile nicht als deren Anbieter anzusehen[6]. Der Anbieterbegriff ist nicht auf Angebote für den Ersterwerb beschränkt, auch wenn hier für den Emittenten bzw. an seiner Stelle ein entsprechender Anbieter auftreten kann. Vielmehr erlaubt er auch die Erfassung solcher Personen, die Vermögensanlagen an Zweit- oder Dritterwerber etc. veräußern wollen, denn die Systematik der Begriffe von Anbieter und Emittent im Tatbestand sprechen für eine Loslösung vom Vorgang der eigentlichen Emission[7]. 22

V. Rechtsfolgen

Im Rahmen der Marktaufsicht stehen der BaFin gegen den Anbieter einer Vermögensanlage die Eingriffsmöglichkeiten des § 18 Abs. 1 Nr. 2 VermAnlG zur Verfügung. 23

Die BaFin kann zur Prüfung der Einhaltung der Verpflichtungen nach § 6 VermAnlG gegenüber einem Anbieter Auskünfte erheben und die Vorlage von Unterlagen bzw. ihrer Kopien verlangen, § 19 Abs. 1 Satz 1 Nr. 2 VermAnlG. 24

Der Verstoß gegen die Verpflichtungen des § 6 VermAnlG ist bußgeldbewehrt, § 29 Abs. 1 Nr. 1a VermAnlG. Die Höhe des Bußgeldes beträgt bis zu 500.000 Euro, § 29 Abs. 3 VermAnlG. 25

---

1 *Maas* in Renz/Jäger/Maas, Compliance für geschlossene Fonds, S. 123.
2 *Maas* in Renz/Jäger/Maas, Compliance für geschlossene Fonds, S. 123 ff.
3 Vgl. Begr. RegE, BT-Drucks. 13/7142, S. 63.
4 Beachte Art. 3 Nr. 2 iVm. Art. 17 Abs. 3 des 1. FiMaNoG vom 30.6.2016, BGBl. I 2016, S. 1514.
5 VG Frankfurt/Main v. 25.2.2013 – 9 K 3960/12.F, juris.
6 VG Frankfurt/Main v. 25.2.2013 – 9 K 3960/12.F, juris.
7 VG Frankfurt/Main v. 25.2.2013 – 9 K 3960/12.F, juris.

§ 7
Inhalt des Verkaufsprospekts; Verordnungsermächtigung

(1) Der Verkaufsprospekt muss alle tatsächlichen und rechtlichen Angaben enthalten, die notwendig sind, um dem Publikum eine zutreffende Beurteilung des Emittenten der Vermögensanlagen und der Vermögensanlagen selbst *[(zukünftig, Inkrafttreten aber derzeit noch unbestimmt, siehe unten Rz. 13:) einschließlich der Anlegergruppe, auf die die Vermögensanlage abzielt,]* zu ermöglichen. Bestehen die Vermögensanlagen aus Anteilen an einem Treuhandvermögen und besteht dieses ganz oder teilweise aus einem Anteil an einer Gesellschaft, so muss der Verkaufsprospekt auch die entsprechenden Angaben zu dieser Gesellschaft enthalten.

(2) Der Verkaufsprospekt hat mit einem Deckblatt zu beginnen, das einen deutlichen Hinweis darauf enthalten muss, dass die inhaltliche Richtigkeit der Angaben im Verkaufsprospekt nicht Gegenstand der Prüfung des Verkaufsprospekts durch die Bundesanstalt ist. Ferner ist an hervorgehobener Stelle im Verkaufsprospekt ein ausdrücklicher Hinweis darauf aufzunehmen, dass bei fehlerhaftem Verkaufsprospekt Haftungsansprüche nur dann bestehen können, wenn die Vermögensanlage während der Dauer des öffentlichen Angebots, spätestens jedoch innerhalb von zwei Jahren nach dem ersten öffentlichen Angebot der Vermögensanlagen im Inland, erworben wird. Im Verkaufsprospekt darf weder der Begriff „Fonds" noch ein Begriff, der diesen Begriff enthält, zur Bezeichnung des Emittenten oder der Vermögensanlage verwendet werden.

(3) Das Bundesministerium der Finanzen wird ermächtigt, durch Rechtsverordnung, die nicht der Zustimmung des Bundesrates bedarf, im Einvernehmen mit dem Bundesministerium der Justiz und für Verbraucherschutz die zum Schutz des Publikums erforderlichen Vorschriften über die Sprache, den Inhalt und den Aufbau des Verkaufsprospekts zu erlassen, insbesondere über

1. die erforderlichen Angaben zu den Personen oder Gesellschaften, die die Verantwortung für den Inhalt des Verkaufsprospekts insgesamt oder für bestimmte Angaben übernehmen,

2. die Beschreibung der angebotenen Vermögensanlagen und ihre Hauptmerkmale sowie die verfolgten Anlageziele der Vermögensanlage einschließlich der finanziellen Ziele und der Anlagepolitik,

2a. ... *[(zukünftig, Inkrafttreten aber derzeit noch unbestimmt, siehe unten Rz. 13:) die erforderlichen Angaben zu der Anlegergruppe, auf die die Vermögensanlage abzielt, vor allem im Hinblick auf den Anlagehorizont des Anlegers und zu möglichen Verlusten, die sich aus der Anlage ergeben können,]*

3. die erforderlichen Angaben über die Gesellschaft im Sinne des Absatzes 1 Satz 2,

4. die erforderlichen Angaben zu dem Emittenten der Vermögensanlagen, zu seinem Kapital und seiner Geschäftstätigkeit, seiner Vermögens-, Finanz- und

Ertragslage, einschließlich des Jahresabschlusses und des Lageberichts sowie deren Offenlegung,

5. die erforderlichen Angaben zu den Geschäftsaussichten des Emittenten der Vermögensanlagen und über seine Geschäftsführungs- und Aufsichtsorgane und

6. die beizufügenden Unterlagen.

In der Rechtsverordnung nach Satz 1 können auch Ausnahmen bestimmt werden, in denen von der Aufnahme einzelner Angaben in den Verkaufsprospekt abgesehen werden kann,

1. wenn beim Emittenten der Vermögensanlagen, bei den angebotenen Vermögensanlagen oder bei dem Kreis der mit dem Angebot angesprochenen Anleger besondere Umstände vorliegen und den Interessen des Publikums durch eine anderweitige Unterrichtung ausreichend Rechnung getragen ist oder

2. wenn diese Angaben von geringer Bedeutung sind oder durch ihre Aufnahme in den Verkaufsprospekt ein erheblicher Schaden beim Emittenten der Vermögensanlagen zu befürchten wäre.

In der Fassung vom 6.12.2011 (BGBl. I 2011, S. 2481), zuletzt geändert durch das Kleinanlegerschutzgesetz vom 3.7.2015 (BGBl. I 2015, S. 1114).

Schrifttum: *Fleischer*, Prospektpflicht und Prospekthaftung für Vermögensanlagen des Grauen Kapitalmarkts, BKR 2004, 339; *Maas/Jäger*, Geschlossene Fonds – Änderungen im Prüfungsmaßstab und weitere Aspekte der Neuregulierung, BKR 2010, 316; *Moritz/Grimm*, Die Vermögensanlagen-Verkaufsprospektverordnung: Inhaltliche Anforderungen an Verkaufsprospekte geschlossener Fonds, BB 2005, 337; *Obst*, Geld-, Bank- und Börsenwesen, 30. Aufl. 1937; *Schwintowski*, Verständlichkeit von Rechtstexten am Beispiel von Allgemeinen Versicherungsbedingungen, in Dudenredaktion (Hrsg.), Verständlichkeit als Bürgerrecht, S. 155; *Tiffe*, Die Struktur der Informationspflichten bei Finanzdienstleistungen, 2006. Siehe auch Einl. VermAnlG.

I. Normentwicklung 1	b) Treuhandvermögen (§ 7 Abs. 1 Satz 2 VermAnlG) . . 24
II. Regelungsgehalt 3	2. Warnhinweise (§ 7 Abs. 2 VermAnlG) 25
III. Einzelheiten	3. Ermächtigung zum Erlass einer Rechtsverordnung über die Sprache, den Inhalt und den Aufbau des Verkaufsprospekts (§ 7 Abs. 3 VermAnlG)
1. Inhalt des Verkaufsprospekts (§ 7 Abs. 1 VermAnlG) 8	
a) Prospektierungsmaßstäbe (§ 7 Abs. 1 Satz 1 VermAnlG) . . 9	
aa) Gebot der Vollständigkeit und Richtigkeit 10	
bb) Gebot der Wesentlichkeit . . 14	a) Allgemeine Ermächtigung zur Konkretisierung der Anforderungen an den Prospektinhalt (§ 7 Abs. 3 Satz 1 VermAnlG) . . 30
cc) Gebot der Auswertbarkeit . . 16	
dd) Gebot der Kohärenz und Verständlichkeit 18	
ee) Vergleichbarkeit von Prospekten 23	

b) Ermächtigung zum Erlass einer Rechtsverordnung über Ausnahmen von Angabepflichten (§ 7 Abs. 3 Satz 2 VermAnlG) .. 34
   aa) Besondere Umstände (§ 7 Abs. 3 Satz 2 Nr. 1 VermAnlG) 35
   bb) Weglassen von Angaben (§ 7 Abs. 3 Satz 2 Nr. 2 VermAnlG)
      (1) Geringe Bedeutung einzelner Angaben 38
      (2) Erhebliche Schäden 39

I. Normentwicklung

1 Die Vorschrift des § 7 VermAnlG setzt auf dem Wortlaut der abgelösten **Vorgängernorm** des **§ 8g VerkProspG** auf[1]. Die in den einzelnen Absätzen der Vorschrift niedergelegten Grundsätze zum Inhalt des Verkaufsprospekts haben unter anderem im Zuge des Erlasses des Kleinanlegerschutzgesetzes vom 3.7.2015[2] neben redaktionellen Anpassungen auch inhaltlich erweiternde Änderungen erfahren. Insbesondere sind erhöhte formelle Anforderungen an die im Verkaufsprospekt enthaltenen Warnhinweise und Formulierungsregularien zur Abgrenzung der Vermögenanlagen nach dem VermAnlG in Hinblick auf den Bezeichnungsschutz anderer Anlageformen nach dem KAGB enthalten. Des Weiteren sind neue Verpflichtungen zur Aufnahme bestimmter Angaben in den Verkaufsprospekt aufgenommen worden.

2 Der Gesetzgeber hat gegenüber der Vorgängervorschrift die **Systematik der einzelnen Regelungen gestrafft**. § 7 Abs. 1 VermAnlG enthält nur noch die grundlegenden inhaltlichen Anforderungen an den Inhalt des Verkaufsprospekts. Der gesetzlich vorgeschriebene Warnhinweis nach § 8g Abs. 1 Satz 3 VerkProspG wurde zusammen mit einem weiteren Warnhinweis in den neuen § 7 Abs. 2 VermAnlG überführt. § 7 Abs. 3 VermAnlG fasst grundsätzlich den Regelungsgehalt des aufgehobenen § 8g Abs. 2 und 3 VerkProspG zusammen.

II. Regelungsgehalt

3 Die Vorschrift enthält **allgemeine Anforderungen**, die an einen Verkaufsprospekt für Vermögensanlagen iS des VermAnlG zu stellen sind. Diese Anforderungen werden gegenüber den Regelungen des aufgehobenen § 8g VerkProspG erhöht[3]. Aufgrund der abstrakten, immateriellen Ausgestaltung der Beteiligung an einer Vermögensanlage bedarf das Anlegerpublikum nach den Vorstellungen des Gesetzgebers einer vollständigen und verständlichen Beschreibung der einzugehenden Rechte und Pflichten des Beteiligungsvertrages über das Informationsmedium Verkaufsprospekt[4].

---

1 RegE, BT-Drucks. 17/6051, S. 32 f.
2 BGBl. I 2015, S. 1114.
3 RegE FinAnlVermAnlG, BT-Drucks. 17/6051, S. 30.
4 Vgl. *Tiffe*, Die Struktur der Informationspflichten bei Finanzdienstleistungen, S. 38 ff.

Der Anbieter einer Vermögensanlage ist grundsätzlich gehalten, diese Informationspflichten zu erfüllen. Es handelt sich um eine Vorschrift mit **Doppelcharakter**. Der Verkaufsprospekt ist auf der einen Seite Grundlage für das aufsichtsrechtliche Billigungsverfahren nach § 8 VermAnlG und den Sanktionsmöglichkeiten nach §§ 17 ff. i.V.m. § 29 VermAnlG. Auf der anderen Seite stellt er die Grundlage für die zivilrechtliche Haftung der Initiatoren einer Vermögensanlage dar, wenn diese ihren Pflichten der Informationsvermittlung an den Anleger über den Verkaufsprospekt nicht genügend nachkommen (vgl. § 20 ff. VermAnlG).

Nach den in § 7 Abs. 1 VermAnlG niedergelegten Grundsätzen besteht die Zielsetzung des Verkaufsprospekts in dem **Abbau von Informationsdefiziten beim Anleger**[1]. Dieser soll anhand des Verkaufsprospekts in die Lage versetzt werden, mit Hilfe der enthaltenen tatsächlichen und rechtlichen Angaben zum Emittenten und der Vermögensanlage auf Grund eigener Bewertung eine sinnvolle Anlageentscheidung treffen zu können[2]. Die Bestimmung legt damit einen generellen Maßstab zur Beurteilung der Richtigkeit und Vollständigkeit eines Verkaufsprospekts fest[3].

Nach § 7 Abs. 2 VermAnlG werden Anforderungen an die Darstellung bestimmter **Mindestangaben** im Verkaufsprospekt definiert. Die Sätze 1 und 2 enthalten Warnhinweise an das Anlegerpublikum. Satz 3 legt eine Sprachregelung in Abgrenzung zu den Beteiligungsformen, die sich als Investmentvermögen iS des § 1 Abs. 1 KAGB darstellen, fest[4].

§ 7 Abs. 3 VermAnlG enthält die Ermächtigung der Bundesregierung, durch den Erlass einer **Verordnung** auf der Grundlage des Generalmaßstabs detaillierte Mindestanforderungen sowie eventuelle Ausnahmetatbestände an die Angaben des Verkaufsprospekts aufzustellen. In § 7 Abs. 3 Satz 1 Nrn. 1–6 VermAnlG erfolgt die Festlegung von Eckpunkten des Verkaufsprospekts, wobei die dazugehörigen Angaben auf Grund ihrer Wesentlichkeit auf jeden Fall im Prospekt enthalten sein müssen[5]. § 7 Abs. 3 Satz 2 VermAnlG enthält die in der VermVerkProspV umgesetzte Möglichkeit der Einführung von Ausnahmetatbeständen, die bei Vorliegen ihrer Voraussetzungen eine Erleichterung der Informationsverpflichtung des Anbieters gegenüber dem Anleger zulassen.

III. Einzelheiten

1. Inhalt des Verkaufsprospekts (§ 7 Abs. 1 VermAnlG)

In § 7 Abs. 1 VermAnlG werden die Anforderungen an den Inhalt eines Verkaufsprospekts in Form einer **Generalklausel** aufgestellt. Die Vorschrift verlangt, dass

---

1 RegE FinAnlVermAnlG, BT-Drucks. 17/6051, S. 30.
2 Vgl. Begr. RegE AnSVG, BT-Drucks. 15/3174, S. 42 f.
3 Bereits *Assmann* in Assmann/Lenz/Ritz, § 7 VerkProspG Rz. 7; *Arndt/Bruchwitz* in Arndt/Voß, § 8g VerkProspG Rz. 10.
4 RegE Kleinanlegerschutzgesetz, BT-Drucks. 18/3994, S. 43.
5 Vgl. Begr. RegE AnSVG, BT-Drucks. 15/3174, S. 43.

der Verkaufsprospekt alle tatsächlichen und rechtlichen Angaben enthält, die notwendig sind, um dem Publikum eine zutreffende Beurteilung des Emittenten und der Vermögensanlagen iS des VermAnlG zu ermöglichen. Aus dem Wortlaut des § 7 Abs. 1 VermAnlG ergibt sich zugleich der an den Verkaufsprospekt zu stellende Anspruch der Richtigkeit und Vollständigkeit seiner Angaben[1]. Die auf der Grundlage des § 7 Abs. 3 VermAnlG ergangene Vermögensanlagen-Verkaufsprospektverordnung bestimmt hingegen nur die Mindestanforderungen an einen Verkaufsprospekt[2]. In der Verordnung werden die generalklauselartigen Anforderungen an den Inhalt des Verkaufsprospekts in § 2 Abs. 1 Satz 1 VermVerkProspV nochmals mit anderen Worten wiederholt, ohne dass aus dem veränderten Wortlaut weitergehende Anforderungen zu folgern sind[3].

a) Prospektierungsmaßstäbe (§ 7 Abs. 1 Satz 1 VermAnlG)

9 Die Prospektierung einer Vermögensanlage stellt bestimmte Anforderungen an den Anbieter. Inhaltliche Vorgaben des Verkaufsprospekts ergeben sich zum einen aus den **allgemeinen Maßstäben**, die an die Prospektierung zu richten sind. Neben dem bereits ausdrücklich gesetzlich festgeschriebenen Gebot der Vollständigkeit und Richtigkeit der Angaben im Verkaufsprospekt, werden diese durch die Gebote der Wesentlichkeit, der Auswertbarkeit und der Kohärenz und Verständlichkeit ergänzt. Die Richtigkeit und Vollständigkeit der Prospektangaben ergibt sich aus einer Gesamtwürdigung der formellen Gestaltung und seines materiellen Inhalts[4]. Angaben müssen den tatsächlichen Gegebenheiten entsprechen bzw. in vertretbarer Weise aus ihnen abgeleitet werden und dürfen in ihrer Darstellung nicht irreführen[5]. Im Detail bestimmt sich der Inhalt eines Verkaufsprospekts nach dem Katalog an Mindestangaben der Vermögensanlagen-Verkaufsprospektverordnung sowie darüber hinausgehende freiwillige Angaben.

aa) Gebot der Vollständigkeit und Richtigkeit

10 Das gesetzliche bestimmte Gebot der Vollständigkeit und Richtigkeit nimmt die **Erwartungshaltung des Anlegers** auf, mit den Angaben im Verkaufsprospekt über die tatsächlichen Gegebenheiten der Vermögensanlage und des Emittenten und aller damit verbundenen bedeutenden Umstände **sachlich richtig und vollständig un-**

---

1 Bereits *Assmann* in Assmann/Lenz/Ritz, § 7 VerkProspG Rz. 7; *Arndt/Bruchwitz* in Arndt/Voß, § 8g VerkProspG Rz. 8.
2 Schon *Assmann* in Assmann/Lenz/Ritz, § 7 VerkProspG Rz. 7; *Arndt/Bruchwitz* in Arndt/Voß, § 8g VerkProspG Rz. 8.
3 Bereits *Assmann* in Assmann/Lenz/Ritz, § 7 VerkProspG Rz. 7 und 10; *Moritz/Grimm*, BB 2005, 337.
4 Vgl. BGH v. 12.7.1982 – II ZR 175/81, WM 1982, 862; BGH v. 5.3.2013 – II ZR 252/11, WM 2013, 734.
5 BGH v. 23.4.2012 – II ZR 75/10, WM 2012, 1293; BGH v. 23.10.2012 – II ZR 189/10, GWR 2013, 69; BGH v. 5.3.2013 – II ZR 252/11, WM 2013, 734; BGH v. 27.10.2009 – XI ZR 338/08, WM 2009, 2306.

terrichtet zu werden[1]. Der Fokus des Gesetzes liegt darin, dem Anleger alle wesentlichen Angaben und Umstände mitzuteilen, damit er auf dieser Grundlage eine eigenverantwortliche Anlageentscheidung treffen kann[2]. Der Anleger soll demnach nicht vor dem Erwerb nicht werthaltiger Vermögensanlagen geschützt werden, sondern lediglich eine transparente und verlässliche Informationsgrundlage für eine Anlageentscheidung erhalten. Bedeutend sind alle Tatsachen und Umstände, die objektiv zu den wertbildenden Faktoren einer Anlage gehören und die ein durchschnittlicher und verständiger Anleger „eher als nicht" bei seiner Anlageentscheidung berücksichtigen würde[3]. Dazu gehören insbesondere Tatsachen, die den Vertragszweck vereiteln können[4]. Die Richtigkeit der Angabe ist dabei an die Aktualität der Angabe geknüpft[5]. Die Vollständigkeit der Angaben ist zudem als Bestandteil der Richtigkeit des Verkaufsprospekts zu betrachten[6]. Die gewählte Konzeption der Vermögensanlage kann daher, um dem Publikum ein zutreffendes Urteil über den Emittenten und die Vermögensanlage zu ermöglichen, weitere Angaben im Verkaufsprospekt erfordern, die über die Mindestanforderungen von Angaben der Vermögensanlagen-Verkaufsprospektverordnung hinausgehen. Im Einzelfall können nach § 7 Abs. 1 Satz 1 VermAnlG daher weitere Angaben notwendig sein[7]. Nach § 15a VermAnlG kann dies die BaFin auch anordnen, wenn dies nach ihrer Einschätzung zum Schutz der Anleger geboten erscheint[8].

Die Erwartungshaltung des Anlegers an den Informationsgehalt des Verkaufsprospekts beim öffentlichen Angebot einer Vermögensanlage und damit einhergehend an die Vollständigkeit der Angaben ist am **Kreis des angesprochenen Anlegerpublikums** zu bemessen[9]. Die **Anlegerorientierung** ergibt sich bereits aus der Regelung von Grundsätzen für die Darstellung von Prospekten[10]. Der mit dem Verkaufsprospekt vorgesehene Ausgleich von Informationsdefiziten beim Anleger schließt eine allein am Kenntnisstand von Fachleuten orientierte Darstellungsweise aus[11]. Der Maßstab des durchschnittlichen Anlegers kann aber auch nicht zu niedrig angesetzt

---

1 *Assmann* in Assmann/Schütze, Handbuch des Kapitalanlagerechts, § 5 Rz. 246 ff.; BGH v. 6.10.1980 – II ZR 60/80, BGHZ 79, 337 (344); BGH v. 25.11.1981 – IVa ZR 286/80, WM 1982, 90.
2 BGH v. 28.9.1992 – II ZR 224/91, NJW 1992, 3296; BGH v. 5.7.1993 – II ZR 194/92, NJW 1993, 2865; BGH v. 7.12.2009 – II ZR 15/08, WM 2010, 262.
3 *Assmann* in Assmann/Schütze, § 5 Rz. 250.
4 BGH v. 6.10.1980 – II ZR 60/80, BGHZ 79, 337 (344); BGH v. 25.11.1981 – IVa ZR 286/80, WM 1982, 90.
5 *Gebauer* in Kümpel/Hammen/Ekkenga, Nr. 100, S. 31; *Arndt/Bruchwitz* in Arndt/Voß, § 8g VerkProspG Rz. 11; BGH v. 21.2.2013 – III ZR 139/12, AG 2013, 522.
6 *Gebauer* in Kümpel/Hammen/Ekkenga, Nr. 100, S. 33; *Arndt/Bruchwitz* in Arndt/Voß, § 8g VerkProspG Rz. 11.
7 Bereits *Assmann* in Assmann/Lenz/Ritz, § 7 VerkProspG Rz. 9 und 10; *Moritz/Grimm*, BB 2005, 337.
8 Begr. RegE Kleinanlegerschutzgesetz, BT-Drucks. 18/3994, S. 48.
9 *Assmann* in Assmann/Schütze, Handbuch des Kapitalanlagerechts, § 5 Rz. 248; vgl. auch BGH v. 18.9.2012 – XI ZR 344/11, AG 2012, 874.
10 Vgl. *Hüffer*, Das Wertpapier-Verkaufsprospektgesetz, S. 90.
11 Anders LG Düsseldorf v. 24.10.1980 – 1 O 148/80, WM 1981, 102 (106).

werden. Denn der durch den Mindestkatalog der auf Grund von § 7 Abs. 3 Satz 1 VermAnlG erlassenen Vermögensanlagen-Verkaufsprospektverordnung vorgegebene, weite Bereich an Angaben und der teilweise, je nach Konzeption der Vermögensanlage zusätzlich verlangten, speziellen Angaben spricht dafür, dass ein bestimmtes Verständnisgrundniveau an den Anleger vorausgesetzt wird[1]. Nach der Rechtsprechung muss sich das Niveau eines Verkaufsprospekts an einem aufmerksam lesenden, zum Lesen einer Bilanz mächtigen und ohne besondere Fachkenntnisse ausgestatteten Anleger orientieren[2].

12 **Nicht zu berücksichtigen sind die individuellen Verhältnisse und Belange eines Anlegers**, denn eine auf jede Person zugeschnittene, vollständige und umfassende Information ist einem generellen Informationsmedium wie einem Prospekt fremd[3].

13 Die Orientierung des Grundsatzes der Vollständigkeit am **angesprochenen Anlegerkreis** wird zukünftig ausdrücklich in Form einer **Mindestangabe** geregelt. Es erfolgt damit eine Annäherung an die Regelungen für Kapitalprodukte anderer Sektoren des Finanzmarkts[4]. Die Anlegergruppe, auf die die Vermögensanlage abzielt, ist zukünftig ausdrücklich im Verkaufsprospekt zu benennen (§ 7 Abs. 3 Nr. 2a VermAnlG)[5]. Grundsätzlich nicht ausreichend ist die Angabe einer allgemeinen Kundengattung, wie zB Privatanleger. Zu benennen ist die Anlegergruppe innerhalb der Kundengattung, die der Initiator bei der Entwicklung des Beteiligungskonzepts der Vermögensanlage zugrunde gelegt hat[6]. Diese Gruppe bestimmt sich nach dem für das Verständnis der Vermögensanlage notwendigen Wissensstand, der Risikobereitschaft und dem Anlageziel der Anleger[7]. Der Gesetzgeber betont dabei die Einteilung nach der Risikobereitschaft des Anlegers unter dem Aspekt seiner finanziellen Leistungsfähigkeit (vgl. § 4 Nr. 15 VermVerkProspV). Die Angabe dient der Sicherung des Anlegerschutzes. Angesichts der zahlreichen Angebote an Vermögensanlagen mit jeweils abweichenden komplexen Ausgestaltungen der Beteiligungen wird dem Anleger dann auf einfache Weise die Beurteilung ermöglicht, ob die auserkorene Vermögensanlage nach der Konzeption der Initiatoren des Angebots mit seinen eigenen Anlagezielen übereinstimmt[8]. Die Regelung ist an den (ebenfalls durch das Kleinanlegerschutz-

---

1 Vgl. *Hüffer*, Das Wertpapier-Verkaufsprospektgesetz, S. 88.
2 BGH v. 12.7.1982 – II ZR 175/81 WM 1982, 862 f.; OLG Frankfurt/Main v. 1.2.1994 – 5 U 213/92, WM 1994, 291 (295) = AG 1994, 184; OLG Frankfurt/Main v. 17.3.1999 – 21 U 260/97, DB 1999, 888 (889) = AG 2000, 132; vgl. auch BGH v. 18.9.2012 – XI ZR 344/11, AG 2012, 874.
3 Vgl. *Hüffer*, Das Wertpapier-Verkaufsprospektgesetz, S. 91.
4 Vgl. § 165 Abs. 2 Nr. 10 KAGB, der die Angabe des Profils des typischen Anlegers verlangt.
5 Der Zeitpunkt des Inkrafttretens dieser Neuregelung ist derzeit noch unbestimmt, siehe dazu ausführlich den Parallelfall bei § 13 VermAnlG (§ 13 VermAnlG Rz. 7).
6 Vgl. Erwägung Nr. 71 und Art. 16 Abs. 3 zur Richtlinie 2014/65/EU des Europäischen Parlaments und des Rates vom 15.5.2014 über Märkte für Finanzinstrumente sowie zur Änderung der Richtlinien 2002/92/EG und 2011/61/EU, ABl. EU Nr. L 173/349 vom 12.6.2014.
7 Vgl. OLG Düsseldorf v. 8.8.2014 – I-16 U 58/13.
8 Begr. RegE Kleinanlegerschutzgesetz, BT-Drucks. 18/3994, S. 43.

gesetz aufgenommenen)[1] § 33 Abs. 3b WpHG angelehnt, der die Vorgaben der Richtlinie 2014/65/EU umsetzt[2].

bb) Gebot der Wesentlichkeit

Das Gebot der Wesentlichkeit der Angaben in einem Verkaufsprospekt ergibt sich **nicht ausdrücklich aus dem Gesetzeswortlaut** des § 7 VermAnlG. Es ist aber indirekt über den § 7 Abs. 3 Satz 2 VermAnlG iVm. § 15 Abs. 2 VermVerkProspV und § 10 VermAnlG herzuleiten. Zum einen wird dem Anbieter das Weglassen von Angaben geringer (unwesentlicher) Bedeutung ermöglicht (vgl. § 15 Abs. 2 VermVerkProspV). Zum anderen sind bestimmte Angaben als so wichtig zu erachten, dass ein Verkaufsprospekt nur dann dem Anlagepublikum öffentlich gemacht werden darf, wenn sie noch vor dem öffentlichen Angebot nachgetragen werden (vgl. § 10 VermAnlG). Des Weiteren ist das Gebot der Wesentlichkeit von Angaben ausdrücklich in § 11 VermAnlG niedergelegt. Diese Vorschrift bestimmt, dass für die Beurteilung der Vermögensanlage oder des Emittenten nach der Gestattung der Veröffentlichung eingetretene Veränderungen von wesentlicher Bedeutung eine Ergänzung des Verkaufsprospekts über eine Veröffentlichung dieser Angaben erfordern (vgl. § 11 VermAnlG Rz. 3 ff.). 14

Die in den Verkaufsprospekt aufzunehmenden **Angaben** müssen für den Anleger zur richtigen Beurteilung der angebotenen Vermögensanlage und ihrem Emittenten **entscheidend** sein[3]. Der Anleger soll über den Verkaufsprospekt die Informationen erhalten, die ihm sonst nicht oder nur unter Schwierigkeiten zugänglich sind[4]. Dem Anleger kann über dem Verkaufsprospekt keine allumfassende vollständige Information zur Verfügung gestellt werden. Das Gebot der Wesentlichkeit ist somit als Teilaspekt dem Gebot der Richtigkeit zuzuordnen und bedeutet, dass ein Verkaufsprospekt nicht mit freiwilligen Angaben überfrachtet werden darf, um die entscheidenden Informationen nicht zu verschleiern[5]. Kritisch sind daher die durch die VermVerkProspV verwirklichten Bestrebungen des Gesetzgebers zu werten, die eine Ausweitung der Angabepflichten vorsehen. Die Anhäufung von Schlüsselinformationen beeinträchtigt die Wahrnehmung einzelner Informationen[6]. Sie können 15

---

1 Der Zeitpunkt des Inkrattretens dieser Neuregelung ist derzeit noch unbestimmt, siehe dazu ausführlich bei § 13 VermAnlG Rz. 7.
2 Vgl. Erwägung Nr. 71 und Art. 16 Abs. 3 zur Richtlinie 2014/65/EU des Europäischen Parlaments und des Rates vom 15.5.2014 über Märkte für Finanzinstrumente sowie zur Änderung der Richtlinien 2002/92/EG und 2011/61/EU, ABl. EU Nr. L 173/349 vom 12.6.2014.
3 *Arndt/Bruchwitz* in Arndt/Voß, § 8g VerkProspG Rz. 14.
4 *Hüffer*, Das Wertpapier-Verkaufsprospektgesetz, S. 93. Vgl. insbesondere auch KG Berlin v. 25.9.2006 – 23 U 107/05 (unveröffentlicht, abrufbar über juris; red. Leitsätze in: ZIP 2007, 32), wonach dem Anleger bereits die eigenständige Einsichtnahme in ein öffentliches Register nicht zumutbar ist.
5 *Gebauer* in Kümpel/Hammen/Ekkenga, Nr. 100, S. 32; zur Verschleierung von Risiken: OLG München v. 18.7.2007 – 20 U 2052/07 (unveröffentlicht, abrufbar über juris; red. Leitsätze in: EWiR 2007, 699).
6 Vgl. *Tiffe*, Die Struktur der Informationspflichten bei Finanzdienstleistungen, S. 257.

eine Informationsüberflutung des Anlegerpublikums bewirken und den Verkaufsprospekt als Transportmedium der Information untauglich machen.

cc) Gebot der Auswertbarkeit

16 Die in einem Verkaufsprospekt enthaltenen Angaben müssen einer Auswertung durch den Anleger zugänglich sein. Der Anbieter muss die Angaben im Verkaufsprospekt daher in einer **verständlichen, eindeutigen und übersichtlichen Sprache und Gestaltung** aufführen[1]. Die Auswertbarkeit ist eine formelle Komponente für die Einschätzung der Verständlichkeit eines Verkaufsprospekts. Hieran knüpft die Vorschrift des § 2 Abs. 1 Satz 3 VermVerkProspV an, die eine Abfassung des Verkaufsprospekts in einer der Auswertung des Inhalts zuträglichen und verständlichen Form verlangt. Erreichbar ist dieses Ziel durch eine lesbare Gestaltung des Textes, die sich durch die Hilfestellung einer vorangestellten Kurzzusammenfassung, ein zum Auffinden von Informationen taugliches Inhaltsverzeichnis und die Erläuterung verwendeter Fachbegriffe auszeichnet[2]. Die Erfordernisse an die Erstellung eines umfangreichen Erläuterungswerks zu den wesentlichen Informationen sind jedoch nicht zu hoch anzusetzen. Entscheidend für die Auswertung des Verkaufsprospekts ist das Gesamtbild, das durch ihn vom Unternehmen und der Anlage gegenüber dem Anleger vermittelt wird[3]. Denn die Klarheit des Prospekts und seine Übersichtlichkeit kollidieren mit zusätzlich eingefügten Erläuterungen, wenn die eigentliche wesentliche Information in den Hintergrund gedrängt wird[4]. In besonderen Fällen kann jedoch die Spezialität der Konstruktion der Vermögensanlage eine umfangreiche Erläuterung erfordern, die einem schnellen Überblick dann nicht mehr zugänglich sind[5]. Auch können Wiederholungen bestimmter Angaben in Passagen erforderlich sein, in denen sich ansonsten ein unzutreffendes Gesamtbild der Vermögensanlage aufdrängt[6].

17 Die Auswertbarkeit eines Verkaufsprospekts ist dann **nicht gegeben**, wenn der Anleger bestimmte Informationen erst über den Abgleich und in Beziehung zueinander zu setzender, verschiedener Prospektangaben erschließen kann[7].

---

1 *Gebauer* in Kümpel/Hammen/Ekkenga, Nr. 100, S. 31.
2 *Gebauer* in Kümpel/Hammen/Ekkenga, Nr. 100, S. 31 f.; *Arndt/Bruchwitz* in Arndt/Voß, § 8g VerkProspG Rz. 13.
3 BGH v. 12.7.1982 – II ZR 175/81, WM 1982, 862 (863); BGH v. 14.6.2007 – III ZR 185/05, ZIP 2007, 1993 – Rz. 9; BGH v. 18.9.2012 – XI ZR 344/11, AG 2012, 874.
4 Vgl. *Hüffer*, Das Wertpapier-Verkaufsprospektgesetz, S. 93. Siehe auch BGH v. 14.1.2002 – II ZR 40/00, WM 2002, 813, wonach eine falsche Aussage nicht mehr durch einen versteckten Hinweis kompensiert werden kann.
5 Vgl. *Hüffer*, Das Wertpapier-Verkaufsprospektgesetz, S. 95; BGH v. 12.1.2006 – III ZR 407/04, WM 2006, 522.
6 BGH v. 14.6.2007 – III ZR 185/05, ZIP 2007, 1993.
7 BGH v. 6.2.2006 – II ZR 329/04, WM 2006, 905.

dd) Gebot der Kohärenz und Verständlichkeit

Das Gebot kohärenter Angaben in einem Verkaufsprospekt berücksichtigt **Teilaspekte der Vollständigkeit und der Wesentlichkeit** (siehe dazu Rz. 10 ff., 14 ff.) bei der Darstellung von Angaben im Verkaufsprospekt. Ohne Belang ist, dass der Gesetzgeber diesen Begriff lediglich im Rahmen der Prospektprüfung nach § 8 Abs. 1 Satz 2 VermAnlG als Element des Prüfungsmaßstabs Vollständigkeit aufgreift. Kohärenz betrifft die Aussagen des Verkaufsprospekts des Anbieters allgemein. Sie ist ein Bindeglied zwischen den Aussagen zu den Angaben sowie den Angaben im Verkaufsprospekt selbst bei der vom Prospektersteller beabsichtigten Schaffung eines Gesamtbildes des Angebots der Vermögensanlage über den Verkaufsprospekt. Der Begriff der Kohärenz beschreibt einen inneren, einen Text ausmachenden Zusammenhang von Sätzen, der über verschiedene Arten einer grammatikalischen und thematischen Strukturierung erreicht wird[1]. Typische Elemente zur Kohärenzbildung stellen logische Widerspruchsfreiheit der zu betrachtenden Aussagen und erklärende und induktive Zusammenhänge zwischen den Aussagen dar[2].

Im Rahmen des Gebotes der Vollständigkeit betrifft die Kohärenz Fragen offener **Widersprüche** zwischen verschiedenen Aussagen, die die Wahrnehmung einer Angabe im Verkaufsprospekt für das Anlegerpublikum verhindern[3]. Des Weiteren gibt die Verordnung einen „kohärenten" Rahmen von Angaben vor, die eine Abweichung im Rahmen der Gesamtwürdigung des Prospektinhalts zur Beurteilung der Vermögensanlage oder des Emittenten nur in unwesentlichen Fällen zulässt[4].

Die Kohärenz ist des Weiteren Voraussetzung für die **Verständlichkeit** der Angaben eines Verkaufsprospekts[5]. Die Einschätzung des Verkaufsprospekts als verständlich ist das subjektive Endergebnis eines den Zusammenhang zwischen den Aussagen erkennenden Wahrnehmungsprozesses des Adressaten. Diesen vollzieht der Adressat unter Nutzung eigener formaler, inhaltlicher und vor allem adressatenbezogener Erfahrungswerte und Kenntnisse[6].

Das Gebot gliedert sich ergänzend in die bisherigen Grundsätze zur Erstellung eines Verkaufsprospekts ein. Eine materielle Erweiterung der bisherigen Grundsätze ist damit nicht verbunden. Als Ausformung an die Anforderungen an den Inhalt eines Verkaufsprospekts nach dem Gebot der Richtigkeit und Vollständigkeit enthält es eine **betontere Fokussierung auf den Empfängerhorizont des Anlegerpublikums**. Der Gesetzgeber unterstreicht diesen Aspekt dadurch, dass der Gesetzeswortlaut nunmehr ausdrücklich fordert, dass das Publikum „selbst" die Beurteilung der Angaben

---

1 *Brinker*, Linguistische Textanalyse, 2005, S. 27 ff., S. 45 ff.
2 *Brinker*, Linguistische Textanalyse, 2005, S. 27 ff., S. 45 ff.
3 *Maas/Jäger*, BKR 2010, 316 (317).
4 *Maas/Jäger*, BKR 2010, 316 (318).
5 *Maas/Jäger*, BKR 2010, 316 (318 f.).
6 *Schwintowski*, Verständlichkeit von Rechtstexten am Beispiel von Allgemeinen Versicherungsbedingungen, S. 155 f.

im Verkaufsprospekt für die Vermögensanlage und den Emittenten vornehmen können soll[1].

22 Das Gebot der Verständlichkeit steht in unmittelbarer Wechselwirkung mit der im Rahmen des Kleinanlegerschutzgesetzes eingeführten Angabe zur **Zielgruppe der Anleger** (§ 7 Abs. 3 Satz 1 Nr. 2a VermAnlG[2]), für die die Vermögensanlage konzeptioniert wurde.

ee) Vergleichbarkeit von Prospekten

23 Teilweise wird in der Literatur die Vergleichbarkeit für Verkaufsprospekte eines Anbieters mit früheren und zukünftigen Veröffentlichungen gefordert[3]. Die Notwendigkeit dieser Anforderungen ist **aus dem Gesetz** jedoch **nicht ableitbar**. Gerade im Bereich der Vermögensanlagen als langfristige, auf individuelle Projekte zugeschnittene, zumeist mit hohen Mindestbeteiligungssummen belegte Anlageformen ist die Gefahr der Verwirrung eines Anlegers durch unterschiedliche Gestaltungen von Verkaufsprospekten durch den Anbieter nicht gegeben. Eine Vergleichbarkeit der Verkaufsprospekte ergibt sich zudem zum einen aus dem durch die Vermögensanlagen-Verkaufsprospektverordnung vorgegebenen Katalog an Mindestangaben. Zum anderen hat der Gesetzgeber über die Schaffung des Vermögensanlagen-Informationsblattes gemäß § 13 VermAnlG ein anderes Medium für die Vergleichbarkeit von Vermögensanlagen geschaffen[4].

b) Treuhandvermögen (§ 7 Abs. 1 Satz 2 VermAnlG)

24 Bei Vermögensanlagen, deren angebotene Anteile ein Treuhandvermögen nach § 1 Abs. 2 Nr. 2 VermAnlG darstellen und dieses ganz oder teilweise aus einem Gesellschaftsanteil besteht, fordert das Gesetz in § 7 Abs. 1 Satz 2 VermAnlG ebenfalls eine Darstellung der tatsächlichen und rechtlichen Angaben zu dieser Gesellschaft im Verkaufsprospekt. Eine Beschreibung allein der unmittelbaren tatsächlichen und rechtlichen Beziehungen zu dem Treuhandvermögen würde nicht ausreichen, da ansonsten eine vom Gesetz gerade **nicht gewollte Verschleierung von Informationen** für die Anlageentscheidung des Anlegers und damit eine einhergehende Verstärkung der Informationsasymmetrien zwischen Anbieter und Anleger ermöglicht würde[5].

---

1 Die Einfügung erfolgte im Gesetzgebungsverfahren ohne besondere Begründung. Vgl. Begr. RegE FinAnlVermAnlG, BT-Drucks. 17/6051, S. 32.
2 Der Zeitpunkt des Inkrattretens dieser Neuregelung ist derzeit noch unbestimmt, siehe dazu ausführlich den Parallelfall bei § 13 VermAnlG (§ 13 VermAnlG Rz. 7).
3 *Gebauer* in Kümpel/Hammen/Ekkenga, Nr. 100, S. 32; *Arndt/Bruchwitz* in Arndt/Voß, § 8g VerkProspG Rz. 15.
4 Vgl. Begr. RegE FinAnlVermAnlG, BT-Drucks. 17/6051, S. 33.
5 Vgl. *Krämer* in Heidel, Aktienrecht und Kapitalmarktrecht, § 8g VerkProspG Rz. 1; *Arndt/Bruchwitz* in Arndt/Voß, § 8g VerkProspG Rz. 19.

2. Warnhinweise (§ 7 Abs. 2 VermAnlG)

§ 7 Abs. 2 VermAnlG enthält Darstellungsvorgaben für die Aufklärung des Anlegers über bestimmte **Risiken**. Diese Hervorhebung soll die Effizienz bei der Wahrnehmung der Information im Entscheidungsprozess des Anlegers verbessern. Der Gesetzgeber stellt durch die Vorgaben sicher, dass den Anleger die Transparenz dieser Risiken im Rahmen der Vermittlung der notwendigen Informationen durch den Verkaufsprospekt tatsächlich vor Vertragsabschluss der Beteiligung erreicht[1].

25

Nach § 7 **Abs. 2 Satz 1 VermAnlG** hat der Verkaufsprospekt mit einem Deckblatt zu beginnen, das einen deutlichen Hinweis darauf enthalten muss, dass die inhaltliche Richtigkeit der im Prospekt gemachten Angaben nicht Gegenstand der Prüfung des Prospekts durch die BaFin ist. Diese Regelung dient der Klarstellung und der **Vermeidung einer missbräuchlichen Ausnutzung der Werbewirksamkeit** eines Prospekts[2]. Die Prüfung der BaFin beschränkt sich vielmehr darauf, ob die im Prospekt gemachten Angaben den Vorgaben nach § 7 VermAnlG entsprechen. Der von § 7 Abs. 2 Satz 1 VermAnlG verlangte Hinweis dient damit der Vorbeugung einer Erwartungshaltung des Anlegers und tritt einer irreführenden Werbung der Anbieter mit dem „Gütesiegel" der Billigung durch die Bundesanstalt entgegen[3]. Die Formulierung des Hinweises muss sich daher an den Kriterien des § 16 VermAnlG messen lassen können.

26

In § 2 Abs. 2 Satz 1 VermVerkProspV wird die gesetzliche Regelung des Inhalts des Warnhinweises und seiner Verortung und Darstellung im Verkaufsprospekt wiederholt und durch weitere inhaltliche Vorgaben bei der Prospektgestaltung konkretisiert (siehe § 2 VermVerkProspV Rz. 33).

Es handelt sich um einen **gesetzlich vorgeschriebenen Warnhinweis** für den Anleger, der den Anleger vor einer unüberlegten Anlageentscheidung bewahren soll. Der Anleger ist in Bezug auf die Anlageentscheidung für die angebotene Vermögensanlage gehalten, selbständig eine Risikobewertung der Vermögensanlage anhand seines eigenen Erfahrungsschatzes vornehmen. Ein nachträgliches Reurecht im Falle der Nichterfüllung der wirtschaftlichen Erwartungen sieht das Prospektrecht nicht vor. Eine eventuelle prospektrechtliche Haftung des Anbieters lässt sich ausschließlich aus unterlassenen oder irreführenden Darstellungen zweckdienlicher Informationen im Verkaufsprospekt herleiten[4].

27

Die Regelung des **§ 7 Abs. 2 Satz 2 VermAnlG** soll dem Anleger verdeutlichen, dass ein möglicher **Prospekthaftungsanspruch** iS der §§ 20 f. VermAnlG einer **Ausschlussfrist** unterliegt. Es bleibt fraglich, ob der Hinweis eine entsprechende Warnfunktion erfüllen kann. Sie erfordert vom Anleger eine aktive Informationsbeschaffung, um den Zeitpunkt des ersten öffentlichen Angebots zu ermitteln. Eine Anlagestimmung im Markt, der für eine entsprechende Öffentlichkeit der Informa-

28

---

1 Vgl. *Tiffe*, Die Struktur der Informationspflichten bei Finanzdienstleistungen, S. 224.
2 Vgl. Begr. RegE FinAnlVermAnlG, BT-Drucks. 17/6051, S. 33.
3 *Fleischer*, BKR 2004, 339 (341).
4 OLG Celle v. 16.7.2004 – 9 U 15/04, WM 2005, 737. Vgl. auch die Kommentierung zu § 2 VermVerkProspV Rz. 43 ff.

tion sorgen könnte, besteht nicht[1]. Zudem sind die Regelungen nach § 9 VermAnlG gegenüber der Fassung im VerkProspG so abgeändert, dass eine Wahrnehmung der Veröffentlichungsbekanntmachung durch das Anlegerpublikum im Wesentlichen nur noch durch eine gezielte Suche des einzelnen Anlegers in einem elektronischen Informationsverbreitungssystem oder Nachfrage beim Anbieter oder Vertrieb Erfolg verspricht.

29 § 7 Abs. 2 Satz 3 VermAnlG trifft eine verbindliche **Sprachregelung** für Verkaufsprospekte von Vermögensanlagen. Der Gesetzgeber beabsichtigt über diese Regelung die Verhinderung eines möglicherweise gegenüber dem Anlegerpublikum irreführenden Gebrauchs des Begriffes „Fonds" und entsprechender Wortzusammensetzungen für die Vermögensanlage oder den Emittenten durch den Prospektersteller[2]. Es handelt sich um eine unwiderlegbare gesetzliche Vermutung ohne Auslegungsspielraum[3]. Die Regelung dient der Durchsetzung des Bezeichnungsschutzes nach § 3 KAGB. Seine Zwecksetzung besteht in einer Förderung der Qualitätsabgrenzung des nach dem KAGB regulierten Sektors des Finanzmarktes über die Vermeidung irregeleiteter Nachfrageentscheidungen der Anleger sowie einem Schutz der der Regulierung nach dem KAGB unterfallenden Unternehmen vor einem unlauteren Qualitätswettbewerb durch andere nicht im gleichen Maße regulierte Finanzunternehmen[4]. Mit Inkrafttreten des KAGB sind kollektive Kapitalanlagemodelle des geschlossenen Typus, sofern sie als Investmentvermögen nach § 1 Abs. 1 KAGB dem Anwendungsbereich des KAGB zuzuordnen sind, nicht mehr vom Anwendungsbereich des VermAnlG erfasst.

3. Ermächtigung zum Erlass einer Rechtsverordnung über die Sprache, den Inhalt und den Aufbau des Verkaufsprospekts (§ 7 Abs. 3 VermAnlG)

a) Allgemeine Ermächtigung zur Konkretisierung der Anforderungen an den Prospektinhalt (§ 7 Abs. 3 Satz 1 VermAnlG)

30 Die Regelung des § 7 Abs. 3 Satz 1 VermAnlG ermächtigt die Bundesregierung zur Konkretisierung der allgemeinen, in Abs. 1 niedergelegten Anforderungen an den Prospektinhalt. Neben den allgemeinen Regelungen, die in Bezug auf die Sprache und den Aufbau des Verkaufsprospekts getroffen werden können, enthält § 7 Abs. 3 Satz 1 Nrn. 1–6 VermAnlG bestimmte Eckpunkte zu Sachverhalten, die der Gesetzgeber im Interesse der Anlegerinformation über den Verkaufsprospekt als Mindeststandard der Angaben zu der Vermögensanlage und dem Emittenten vorgesehen hat[5]. Die Bundesregierung hat auf der Grundlage dieser Vorschrift die **Vermögens-**

---

1 Beschlussempfehlung und Bericht des Finanzausschusses, BT-Drucks. 17/7453, S. 67.
2 Begr. RegE Kleinanlegerschutzgesetz, BT-Drucks. 18/3994, S. 43.
3 Vgl. *Köndgen* in Berger/Steck/Lübbehüsen, 2010, § 3 InvG Rz. 2.
4 *Köndgen* in Berger/Steck/Lübbehüsen, 2010, § 3 InvG Rz. 1 iVm. Begr. RegE AIFM-UmsG, BT-Drucks. 17/12294, S. 205.
5 Vgl. Begr. RegE AnSVG, BT-Drucks. 15/3174, S. 43 iVm. Begr. RegE, BT-Drucks. 17/6051, S. 33.

anlagen-Verkaufsprospektverordnung erlassen[1]. Die Einhaltung der durch die Verordnung vorgegebenen, detaillierten Vorgaben über die inhaltlichen Anforderungen an einen Verkaufsprospekt für Vermögensanlagen durch die Anbieter wird durch die BaFin im Rahmen des Hinterlegungsverfahrens gemäß § 8 VermAnlG überwacht (vgl. § 8 VermAnlG Rz. 18 ff.).

Die in § 7 Abs. 3 Satz 1 Halbsatz 1 VermAnlG aufgeführten allgemeinen notwendigen **Prospektinhalte** wurden durch § 2 VermVerkProspV umgesetzt. Die in § 7 Abs. 3 Satz 1 Nr. 1 VermAnlG festgelegten Eckpunkte entsprechen in ihrer Umsetzung den Mindestangaben nach § 3 VermVerkProspV. Die in § 7 Abs. 3 Satz 1 Nr. 2 und Nr. 2a VermAnlG angeführten Eckpunkte wurden als Mindestangaben nach §§ 4 und 9 VermVerkProspV umgesetzt. Die sich aus § 7 Abs. 3 Satz 1 Nr. 3 VermAnlG ergebenden Eckpunkte entsprechen § 12 Abs. 3 VermVerkProspV. Die Eckpunkte des § 7 Abs. 3 Satz 1 Nr. 4 VermAnlG, die gegenüber der Regelung des aufgehobenen VerkProspG erweitert wurden, entsprechen in ihrer Umsetzung den Mindestangaben nach §§ 5 bis 8, 10 und 11 VermVerkProspV. Die in § 7 Abs. 3 Satz 1 Nr. 5 VermAnlG genannten Eckpunkte wurden als Mindestangaben nach §§ 12 und 13 VermVerkProspV umgesetzt. Die im Zuge der Einführung des VermAnlG neu aufgenommene Nr. 6 des § 7 Abs. 3 Satz 1 VermAnlG hat klarstellenden Charakter[2]. Die Umsetzung erfolgte in erweiterter Form durch § 4 Satz 2 bis 4 VermVerkProspV sowie durch §§ 10 und 11 VermVerkProspV. 31

Der durch die Verordnung bestimmte Mindestkatalog an Angaben für einen Verkaufsprospekt gewährleistet eine **weitgehende Standardisierung der Verkaufsprospekte** und gibt dem Prospektpflichtigen eine gewisse Sicherheit im Hinblick auf die Vollständigkeit des von ihm zu erstellenden Verkaufsprospekts[3]. Es handelt sich um Pflichtangaben. Können bestimmte dieser Angaben durch den Anbieter auf Grund der Konzeption der Vermögensanlage nicht beigebracht werden, kann die Gestattung der Veröffentlichung des Verkaufsprospekts für diese Vermögensanlage trotzdem erlangt werden. Um der Vollständigkeit des Verkaufsprospekts zu genügen, sind die fehlenden Angaben mit Negativtestaten auszufüllen[4]. 32

Neben den **Mindestangaben** können auch **freiwillige Angaben** in den Verkaufsprospekt aufgenommen werden[5]. Ihre Aufnahme sollte in Hinblick auf das vermittelte Gesamtbild des Verkaufsprospekts kritisch auf ihre Notwendigkeit betrachtet werden. 33

---

1 Verordnung über Vermögensanlagen-Verkaufsprospekte (Vermögensanlagen-Verkaufsprospektverordnung – VermVerkProspV) vom 16.12.2004, BGBl. I 2004, S. 3464.
2 Vgl. Begr. RegE, BT-Drucks. 17/6051, S. 33.
3 Bereits *Assmann* in Assmann/Lenz/Ritz, § 7 VerkProspG Rz. 9.
4 Vgl. Nrn. 4 und 7 des Auslegungsschreibens der BaFin v. 30.6.2005, abrufbar unter: https://www.bafin.de/SharedDocs/Veroeffentlichungen/DE/Auslegungsentscheidung/WA/ae_auslegungsschreiben_prospektpflicht.html.
5 Vgl. *Hüffer*, Das Wertpapier-Verkaufsprospektgesetz, S. 103; *Arndt/Bruchwitz* in Arndt/Voß, § 8g VerkProspG Rz. 18.

b) Ermächtigung zum Erlass einer Rechtsverordnung über Ausnahmen von Angabepflichten (§ 7 Abs. 3 Satz 2 VermAnlG)

34 § 7 Abs. 3 Satz 2 VermAnlG erweitert die Ermächtigung der Konkretisierung der Inhaltsanforderungen an den Verkaufsprospekt in der Weise, dass in die nach § 7 Abs. 3 Satz 1 VermAnlG zu erlassene Verordnung auch Vorschriften aufgenommen werden können, die bestimmte, in den Voraussetzungen nach den Nrn. 1 und 2 genannte Umstände enthalten, nach denen von der Aufnahme einzelner Angaben in den Verkaufsprospekt abgesehen werden kann. Von dieser Ermächtigung hat die Bundesregierung Gebrauch gemacht und die Regelungen in die Vorschrift über **verringerte Prospektanforderungen** in die Vermögensanlagen-Verkaufsprospektverordnung in § 15 Abs. 1 und Abs. 2 VermVerkProspV eingefügt.

aa) Besondere Umstände (§ 7 Abs. 3 Satz 2 Nr. 1 VermAnlG)

35 Die Ermächtigung des § 7 Abs. 3 Satz 2 Nr. 1 VermAnlG hat die Bundesregierung im Rahmen der Vermögensanlagen-Verkaufsprospektverordnung mit § 15 Abs. 1 VermVerkProspV umgesetzt[1]. Als besondere Umstände hat der Verordnungsgeber solche Konstellationen in Betracht gezogen, bei denen auf Grund der **Kürze der geschäftlichen Tätigkeit des Emittenten** die Anforderungen gemäß den §§ 10, 11 und 13 VermVerkProspV nicht erfüllt werden können. Trotzdem soll den Anbietern von Beteiligungen an solchen Emittenten das öffentliche Angebot dieser Beteiligungen nicht verwehrt werden. Da nur wenige vergangenheitsbezogene Informationen vorliegen, sind stattdessen zukunftsbezogene Angaben in den Verkaufsprospekt aufzunehmen[2]. Zum Ausdruck kommt damit, dass der Gesetzgeber im Rahmen des Angebots von Vermögensanlagen keine Benachteiligung junger Unternehmen bei der Inanspruchnahme des Kapitalmarkts vorsehen wollte[3].

36 Der Möglichkeit des frühzeitigen Markteintritts durch die Anbieter bestimmter Vermögensanlagemodelle ist somit der **Vorrang gegenüber einer vergangenheitsbezogenen Finanzinformation** des Anlegers eingeräumt worden. Dies stellt nicht unbedingt einen Nachteil für den Anleger dar. Aufgrund der häufigen Verwendung von Vorratsgesellschaften als Beteiligungsgesellschaften für den Anleger ist die Bedeutung der Angaben zur Vermögens-, Finanz- und Ertragslage anhand der §§ 10, 11 und 13 VermVerkProspV vom Informationsgehalt zumeist geringer zu bewerten als die nach § 15 Abs. 1 VermVerkProspV zu erbringenden Angaben.

---

1 AA *Arndt/Bruchwitz* in Arndt/Voß, § 8g VerkProspG Rz. 24.
2 Begr. zur VermVerkProspV, S. 9, abrufbar unter https://www.uni-leipzig.de/bankinstitut/dokumente/2004-11-11-04.pdf.
3 Zu erwähnen ist hier, dass nach früherem Recht die Zulassung von Aktien zur Börse als Teil des Kapitalmarkts nur dann zulässig war, wenn die betroffene Gesellschaft mindestens ein Jahr vor der Zulassung im Handelsregister eingetragen war und bereits ihre erste Jahresbilanz und Gewinn- und Verlustrechnung veröffentlicht hatte und somit bereits vergangenheitsbezogene Finanzzahlen zur Einschätzung der Gesellschaft vorlagen, vgl. nur *Obst*, Geld-, Bank- und Börsenwesen, 1937, S. 424.

Eine **Änderung des Namens oder der Rechtsform des Emittenten** rechtfertigt die Anwendung von § 7 Abs. 1 VermAnlG hingegen **nicht**[1]. 37

bb) Weglassen von Angaben (§ 7 Abs. 3 Satz 2 Nr. 2 VermAnlG)

(1) Geringe Bedeutung einzelner Angaben

Einzelne Angaben von geringer Bedeutung und ohne Einfluss auf die Beurteilung der Vermögens-, Finanz- und Ertragslage des Emittenten müssen nicht in den Verkaufsprospekt aufgenommen werden. Die Vorschrift dient damit zum einen der **Beschränkung** des Inhalts eines Verkaufsprospekts auf einen **wesentlichen Inhalt**, zum anderen dem **Prinzip der Richtigkeit der Aussagen** des Verkaufsprospekts, indem Emittenten von Vermögensanlagen von der Aufnahme von Angaben in den Verkaufsprospekt absehen können, deren Konzeption die Erbringung bestimmter Angaben zum Zeitpunkt der Prospektierung tatsächlich noch nicht ermöglicht. Möchte der Anbieter diese Möglichkeit nutzen, hat er einen entsprechenden Hinweis in den Verkaufsprospekt aufzunehmen, wenn eine Pflichtangabe betroffen ist[2] 38

(2) Erhebliche Schäden

Die Regelung räumt dem Anbieter einer Vermögensanlage ein, von der Veröffentlichung von Angaben abzusehen, wenn bei dem Emittenten ansonsten durch die Veröffentlichung die Zufügung eines erheblichen Schadens zu berfürchten ist und durch das Weglassen der Angabe keine Täuschung des Anlegerpublikums zu besorgen ist. Die Regelung stellt eine **Abwägung** des Informationsbedarfs des Anlegerpublikums gegenüber dem Interesse des Emittenten an Geheimhaltung bestimmter Informationen dar[3]. Der Interessenkonflikt zwischen Offenbarungs- und Geheimhaltungspflichten ist anhand einer Güterabwägung zu entscheiden[4]. 39

§ 8
Billigung des Verkaufsprospekts

(1) **Ein Verkaufsprospekt darf vor seiner Billigung nicht veröffentlicht werden. Die Bundesanstalt entscheidet über die Billigung nach Abschluss einer Vollständigkeitsprüfung des Verkaufsprospekts einschließlich einer Prüfung der Kohärenz und Verständlichkeit seines Inhalts. Bei der Prüfung der Kohärenz prüft die**

---

1 Begr. zur VermVerkProspV, S. 9, abrufbar unter https://www.uni-leipzig.de/bankinstitut/dokumente/2004-11-11-04.pdf.
2 *Arndt/Bruchwitz* in Arndt/Voß, § 8g VerkProspG Rz. 24.
3 Begr. zur VermVerkProspV, S. 9, abrufbar unter https://www.uni-leipzig.de/bankinstitut/dokumente/2004-11-11-04.pdf.
4 *Assmann* in Assmann/Schütze, Handbuch des Kapitalanlagerechts, § 5 Rz. 66.

Bundesanstalt insbesondere, ob für das laufende und das folgende Geschäftsjahr die Vermögens-, Finanz- und Ertragslage des Emittenten, die Geschäftsaussichten sowie ihre Auswirkungen auf die Fähigkeit des Emittenten, seinen Verpflichtungen gegenüber dem Anleger nachzukommen, im Verkaufsprospekt widerspruchsfrei dargestellt werden.

(2) Die Bundesanstalt teilt dem Anbieter innerhalb von 20 Werktagen nach Eingang des Verkaufsprospekts ihre Entscheidung mit.

(3) Hat die Bundesanstalt Anhaltspunkte dafür, dass der Verkaufsprospekt unvollständig ist oder es ergänzender Informationen bedarf, gilt die in Absatz 2 genannte Frist erst ab dem Zeitpunkt, zu dem die Informationen eingehen. Die Bundesanstalt soll den Anbieter über die nach ihrer Auffassung vorliegende Unvollständigkeit des Verkaufsprospekts oder über die Notwendigkeit ergänzender Informationen innerhalb von zehn Werktagen ab Eingang des Verkaufsprospekts informieren.

In der Fassung vom 6.12.2011 (BGBl. I 2011, S. 2481), zuletzt geändert durch das Kleinanlegerschutzgesetz vom 3.7.2015 (BGBl. I 2015, S. 1114).

Schrifttum: *Baur/Tappen* (Hrsg.), Investmentgesetze, Band 1: §§ 1-272 KAGB, 3. Aufl. 2015; *Bußalb/Vogel*, Das Gesetz über Vermögensanlagen – neue Regeln für geschlossene Fonds, WM 2012, 1416; *Fleischer*, Prospektpflicht und Prospekthaftung für Vermögensanlagen des Grauen Kapitalmarkts, BKR 2004, 339; *Grimme/Ritz*, Die Novellierung verkaufsprospektrechtlicher Vorschriften durch das Dritte Finanzmarktförderungsgesetz, WM 1998, 2091; *Gusy*, Verbot mit Erlaubnisvorbehalt – Verbot mit Dispensvorbehalt, JA 1981, 80; *Hanten/Reinholz*, Das Vermögensanlagengesetz, ZBB 2012, 36; *Hopt*, Der Kapitalanlegerschutz im Recht der Banken, 1976; *Jäger/Maas*, Geschlossene Fonds – Änderung im Prüfungsmaßstab und weitere Aspekte der Neuregulierung, BKR 2010, 316; *Kopp/Ramsauer*, Kommentar zum Verwaltungsverfahrensgesetz, 16. Aufl. 2015; *Lenz/Ritz*, Die Bekanntmachung des Bundesaufsichtsamtes zum Wertpapierverkaufsprospektgesetz, WM 2000, 904; *Mehringer*, Das allgemeine kapitalmarktrechtliche Gleichbehandlungsprinzip, 2007; *Rosa*, Prospektpflichten und Prospekthaftung für geschlossene Fonds, 2009; *Schindele*, Der Grundsatz der Prospektverständlichkeit am Beispiel des Börsenzulassungsprospekts für den amtlichen Markt: Eine Studie zur deutschen und US-amerikanischen Rechtslage, 2008; *Stelkens/Bonk/Sachs* (Hrsg.), Kommentar zum Verwaltungsverfahrensgesetz, 8. Aufl. 2014; *Tiffe*, Die Struktur der Informationspflichten bei Finanzdienstleistungen, 2006; *Zech/Hanowski*, Haftung für fehlerhaften Prospekt aus § 13 VerkProspG a.F. – Maßgeblicher Empfängerhorizont bei der Beurteilung der Unrichtigkeit eines Prospekts, NJW 2013, 510. Siehe auch Einl. VermAnlG und § 1 VermAnlG.

I. Normentwicklung 1	2. Prüfungsfrist und Nachforderung von Informationen (§ 8 Abs. 2 und 3 VermAnlG) 25
II. Regelungsinhalt 4	
III. Hinterlegungsverfahren 11	3. Versagung der Billigung 36
IV. Prüfung und Billigung des Verkaufsprospekts	4. Gebühren 41
1. Prüfungsumfang 18	5. Nachträge gemäß § 10 VermAnlG 42
	6. Wirkung der Billigung (§ 8 Abs. 1 VermAnlG) 43

a) Einwirkungsmöglichkeiten auf die erteilte Gestattung vor der Veröffentlichung 44

b) Einwirkungsmöglichkeiten auf die erteilte Gestattung nach der Veröffentlichung 48

I. Normentwicklung

Die **Vorschrift** geht auf das Gesetz zur Novellierung des Finanzanlagenvermittler- und Vermögensanlagenrechts vom 6.12.2011[1] zurück. Im formellen Sinne löst sie § 8i VerkProspG ab. Dagegen haben die enthaltenen materiellen Regelungen ihren Ursprung in § 13 WpPG. Das aufsichtliche Prüfverfahren für Prospekte von Vermögensanlagen übernimmt in den Grundzügen dasjenige Verfahren, das bereits für die Anlageform der Wertpapiere besteht. Die Regelung des § 8 Abs. 1 VermAnlG ist derjenigen von § 13 Abs. 1 WpPG nachgebildet. § 8 Abs. 2 und 3 VermAnlG beruhen mit angepasstem Wortlaut auf den Regelungen des § 13 Abs. 2 Satz 1 und Abs. 3 WpPG[2].

Ein Bezug der Neuregelung mit dem Recht der **Europäischen Union** besteht hingegen nicht. Obwohl die Vorschrift des § 13 WpPG ihren Ursprung in der EU-Prospektrichtlinie[3] findet, fallen die Produkte des verbliebenen Grauen Kapitalmarkts nicht in deren Anwendungsbereich[4]. Die Mitgliedstaaten unterliegen insoweit in Bezug auf die Regulierung dieser Produkte u.a. für das Prüfverfahren keinen Einschränkungen[5].

Die **Festlegung des Prüfumfangs** war im Gesetzgebungsverfahren umstritten. Teilweise wurde das Problem einer materiellen Überprüfung der Verkaufsprospekte im Rahmen eines Wirtschaftsprüfergutachtens (IDW S4) und dessen verpflichtender Beifügung als Angabe zum Verkaufsprospekt aufgegriffen[6]. Eine tatsächliche Verpflichtung zur Erstellung eines materiellen Gutachtens war jedoch bereits nach der Regelung im DiskE nicht vorgesehen[7].

---

1 Gesetz zur Novellierung des Finanzanlagenvermittler- und Vermögensanlagenrechts, BGBl. I 2011, S. 2481.
2 Begr. RegE, BT-Drucks. 17/6051, S. 33.
3 Richtlinie 2003/71/EG des Europäischen Parlaments und des Rates vom 4.11.2003 betreffend den Prospekt, der beim öffentlichen Angebot von Wertpapieren oder bei deren Zulassung zum Handel zu veröffentlichen ist, und zur Änderung der Richtlinie 2001/34/EG, ABl. EU Nr. L 345 v. 31.12.2003, S. 64 ff.
4 Vgl. Begr. RegE, BT-Drucks. 17/6051, S. 31.
5 Vgl. Begr. RegE, BT-Drucks. 17/6051, S. 31.
6 Vgl. VGF, Stellungnahme zum Diskussionsentwurf für ein „Gesetz zur Novellierung des Finanzanlagenvermittler- und Vermögensanlagenrechts" vom 16.2.2011, S. 10; BR-Drucks. 209/11, S. 2.
7 Vgl. DiskE Gesetz zur Stärkung des Anlegerschutzes und Verbesserung der Funktionsfähigkeit des Kapitalmarkts, S. 26 (Art. 10 Nr. 1), S. 62 (Begr. zu Nr. 1), Bearbeitungsstand 3.5.2010.

Im Zuge weiterer Gesetzgebungsinitiativen ist die **Einheitlichkeit des Regulierungsniveaus** der Prüfverfahren zwischen Wertpapieren iS des WpPG und unverbrieften Vermögensanlagen iS des VermAnlG bereits **wieder entfallen**. Mit der Eingliederung der Fonds des geschlossenen Typs in das KAGB[1] fiel ein großer Teil des Anwendungsbereichs des VermAnlG weg[2]. Mit Inkrafttreten des Kleinanlegerschutzgesetzes wurde der Prüfungsmaßstab materiell verschärft[3]. Dieser erstreckt sich nunmehr auch auf die im Verkaufsprospekt enthaltenen Informationen zur Funktionsfähigkeit des Geschäftsmodells über einen längeren Zeitraum[4].

II. Regelungsinhalt

4 Geregelt wird ein **spezieller Teilbereich des öffentlichen Wirtschaftsverwaltungsrechts**. In § 8 VermAnlG sind nur die wesentlichen Voraussetzungen zusammengefasst, die das Verfahren der Billigung eines Verkaufsprospekts prägen. Angerissen und teilweise auch reguliert sind ua. die Zuständigkeit für das Verfahren, der Antragsteller, der Prüfungsumfang, der zeitliche Verfahrensverlauf sowie die Mitwirkung des Antragstellers.

5 Diese Voraussetzungen werden ergänzt durch **weitere Normen des VermAnlG**, die für die Erfassung des vollständigen Verwaltungsverfahrens notwendig sind. So finden sich Elemente der ursprünglich einheitlich in der Vorgängervorschrift des § 8i VerkProspG aF zusammengefassten Voraussetzungen für das originäre Hinterlegungsverfahren in den §§ 14, 15a und 17 VermAnlG wieder. Weitere Verfahrensvorschriften finden sich an anderen Stellen des VermAnlG verstreut.

6 Inhalt der Vorschrift ist das **Verfahren zur Aufhebung des Erlaubnisvorbehalts**, der sich aus der Einschränkung der Verkehrsfähigkeit von Finanzprodukten nach dem VermAnlG gemäß § 6 VermAnlG ergibt. § 8 Abs. 1 VermAnlG umschreibt zwingend und abschließend die Voraussetzungen der Erteilung der Genehmigung bzw. der Versagung[5]. Die BaFin spricht bei Erfüllung der Voraussetzungen eine als „Billigung" bezeichnete Erlaubnis aus, die zur Veröffentlichung des Verkaufsprospekts an das allgemeine Anlegerpublikum berechtigt. Es handelt sich um eine gebundene Erlaubnis (vgl. § 13 WpPG Rz. 16).

7 Mit **Erfüllung der Informationsverpflichtungen** über öffentlich anzubietende Finanzprodukte nach dem VermAnlG entfällt nach der Vorstellung des Gesetzgebers die Begründung eines staatlichen Eingriffs in das Marktsegment der Vermögensanlagen aufgrund eines erkannten Marktversagens wegen einer asymmetrischen In-

---

1 Kapitalanlagegesetzbuch (KAGB), Art. 1 Gesetz zur Umsetzung der Richtlinie 2011/61/EU über die Verwalter alternativer Investmentfonds (AIFM-Umsetzungsgesetz – AIFM-UmsG) vom 4.7.2013, BGBl. I 2013, 1981.
2 Vgl. Begr. AIFM-UmsG, BT-Drucks. 17/12294, S. 310.
3 RegE, BT-Drucks. 18/3994, Art. 2 Nr. 7.
4 Vgl. Begr. Kleinanlegerschutzgesetz, BT-Drucks. 18/3994, S. 43.
5 Vgl. *Gusy*, JA 1981, 80 (81).

formationsverteilung zwischen den Vertragsparteien[1]. Der Verkaufsprospekt ist ein bloßes Mittel der Information und Offenlegung und dient der Erfüllung vorvertraglicher Aufklärungspflichten ohne selbst einen rechtsgeschäftlichen Inhalt aufzuweisen; eine Grundlage des Beteiligungsvertrages mit dem Anleger stellt er nicht dar[2]. Die Einhaltung dieser Verpflichtung wird im Rahmen des Billigungsverfahrens überwacht. Der Gesetzgeber schafft damit einen Ausgleich zwischen der Berücksichtigung des Ziels der Erhaltung der Privatautonomie[3] von Anbietern und Anlegern als Vertragsparteien und dem Ziel, breite Bevölkerungskreise in die gesamtwirtschaftliche Finanzierungsfunktion über verschiedene Anlageformen einzubinden[4].

Zur Herstellung eines funktionierenden Marktes ist die **Verschaffung von Informationen** für die wirtschaftlich als unterlegen betrachtete Vertragspartei als Mittel des Interessenausgleichs als geeignet anzusehen[5]. Seine Notwendigkeit begründet sich aus der Abwicklung der Erwerbsvorgänge von Vermögensanlagen. Im Regelfall werden die vertraglichen Inhalte der Beteiligungen zwischen Anbieter und Anleger, die im Rahmen eines öffentlichen Angebots von Vermögensanlagen eingegangen werden, typischerweise nicht gemeinsam im Sinne der rechtsgeschäftlichen Privatautonomie bestimmt, sondern vom Anbieter vorgegeben[6]. Die konkret angebotene Vermögensanlage stellt im Rahmen des Angebots eine standardisierte Massenware dar, über die allein der Emittent bzw. der Anbieter einen umfassenden Überblick der damit verbundenen Ertragschancen hat. Das Risiko, dass die konkrete Vermögensanlage den Bedürfnissen des Anlegers nicht entspricht bzw. nicht die erwartete Rendite erbringt, würde sich ohne staatlichen Eingriff allein auf den Anleger verlagern. Des Weiteren handelt es sich bei Vermögensanlagen um langfristige Kapitalanlagen. Dh., die Qualität der Beteiligung ist durch den Anleger erst im Verlauf oder in der Endabrechnung feststellbar. Es handelt sich bei diesen Beteiligungen um Erfahrungsgüter[7]. Eine Prüfung der Werthaltigkeit des Angebots ist den Anlegern im Vorfeld des Erwerbs kaum möglich[8]. Der Wert bestimmt sich durch die Verkörperung der Vermögensanlage in Rechten an diesem Unternehmen nach dessen zukünftiger Ertragskraft.

Regelungsgegenstand des Verfahrens ist der übermittelte Verkaufsprospekt des Anbieters der Vermögensanlage. Bei einem Verkaufsprospekt handelt es sich um jede marktbezogene schriftliche Erklärung, die tatsächlich oder zumindest nach dem von ihr vermittelten Eindruck den Anspruch erhebt, das Publikum umfassend über die Anlage, z.B. kumulativ u.a. über den Fonds, die Investitionsstrategie, das Beteiligungsangebot, die Steuern und Kosten, zu informieren (materieller

---

1 Vgl. Begr. RegE, BT-Drucks. 15/3174, S. 42; BT-Drucks. 17/6051, S. 30; BT-Drucks. 18/3994, S. 28 (38).
2 *Tiffe*, Die Struktur der Informationspflichten bei Finanzdienstleistungen, S. 153 f.; vgl. auch *Dorenkamp* in Baur/Tappen, § 268 KAGB Rz. 30.
3 *Tiffe*, Die Struktur der Informationspflichten bei Finanzdienstleistungen, S. 153 f.
4 Vgl. bereits BT-Drucks. 2/2973, S. 1; aA aber BT-Drucks. 18/769, S. 2.
5 *Tiffe*, Die Struktur der Informationspflichten bei Finanzdienstleistungen, S. 154.
6 *Hopt*, Kapitalanlegerschutz, S. 219 (225 f.); *Mehringer*, S. 43.
7 *Schindele*, Der Grundsatz der Prospektverständlichkeit, S. 20.
8 *Tiffe*, Die Struktur der Informationspflichten bei Finanzdienstleistungen, S. 124 f.

Prospektbegriff[1])[2]. Grundsätzlich fallen darunter Dokumente mit Angaben iS des § 7 VermAnlG iVm. der VermVerkProspV[3]. Dabei handelt es sich im Regelfall um ein Einzeldokument. Ausnahmen ergeben sich aus § 10 VermAnlG, sofern einzelne Angebotsbedingungen erst kurz vor dem öffentlichen Angebot festgesetzt werden.

Nicht darunter einzuordnen sind anlassbezogene Bekanntgaben von aktuellen kapitalmarktbezogenen Einzelinformationen[4] oder Werbeflyer[5] nach § 12 VermAnlG.

10 Die Anwendung eines **formellen Prospektbegriffs** muss ausscheiden. Das Verwaltungsverfahren dient erst der Prüfung, ob der Verkaufsprospekt die Voraussetzungen nach § 7 VermAnlG erfüllt. Die für das Dokument zu erteilende Billigung kann daher nicht Voraussetzung für die Erfüllung des Prospektbegriffs sein. Auch wenn die nach § 8a VerkProspG aF mögliche Genehmigungsfiktion berücksichtigt wird, führt dies zu keinem anderen Ergebnis. Allein der hinreichend bestimmte Antrag ist für den Eintritt der Gestattungsfiktion notwendig, nicht das Vorliegen der Genehmigungsvoraussetzungen[6].

III. Hinterlegungsverfahren

11 Die **BaFin** wird vom Gesetz ausdrücklich als die zuständige Behörde für die Hinterlegung von Verkaufsprospekten von Vermögensanlagen iS des VermAnlG benannt. Diese ausdrückliche Benennung erfolgte im Interesse der Rechtsklarheit[7]. Siehe auch § 14 VermAnlG Rz. 7 ff.

12 Das Hinterlegungsverfahren ist ein **förmliches Verwaltungsverfahren**. Das Verfahren kann nur auf Antrag eingeleitet werden, das Antragserfordernis entfaltet insoweit eine Sperrwirkung für die Behörde, dass sie ohne Antrag kein Verfahren durchführen darf[8]. Es steht unter der Dispositionsmaxime des Anbieters[9]. Die Behörde hat aus diesem Grunde keinen Entscheidungsspielraum über die Eröffnung des Verwaltungsverfahrens[10]. Es besteht ein materiell-rechtlicher Anspruch auf Erteilung der

---

1 Vgl. zum im Rahmen des Verwaltungsverfahrens nicht einschlägigen Meinungsstreit über den Prospektbegriff im Rahmen der Prospekthaftung nach den §§ 20, 21 VermAnlG, ob das Vorliegen eines Verkaufsprospekts nach formellen oder materiellen Gesichtspunkten zu beurteilen ist, *Rosa*, Prospektpflichten und Prospekthaftung für geschlossene Fonds, S. 130 ff.
2 Vgl. BGH v. 17.11.2011 – III ZR 103/10, BGHZ 191, 310 ff. = ZIP 2011, 2410 = AG 2012, 130; LG Augsburg v. 16.2.2012 – 13 O 2619/11.
3 *Rosa*, Prospektpflichten und Prospekthaftung für geschlossene Fonds, S. 132.
4 Vgl. BGH v. 19.7.2004 – II ZR 218/03, AG 2004, 543.
5 Vgl. zur Abgrenzung: OLG Hamm v. 14.3.2007 – 8 U 58/05.
6 Vgl. *Stelkens* in Stelkens/Bonk/Sachs, § 42a VwVfG Rz. 35 ff., 51 ff.
7 Begr. RegE FinAnlVermAnlG, BT-Drucks. 17/6051, S. 34 f.; Begr. RegE AnSVG, BT-Drucks. 15/3174 v. 24.5.2004, S. 43.
8 Vgl. *Schmitz* in Stelkens/Bonk/Sachs, § 22 VwVfG Rz. 37 ff.; VG Frankfurt/M. v. 4.6.2009 – 1 K 1162/08.F, NZG 2009, 1230; VG Frankfurt/M. v. 6.11.2008 – 1 K 1839/08.F.
9 Vgl. *Schmitz* in Stelkens/Bonk/Sachs, § 22 VwVfG Rz. 23 ff.
10 Vgl. *Schmitz* in Stelkens/Bonk/Sachs, § 22 VwVfG Rz. 23 ff.

Billigung des Verkaufsprospekts bei Vorliegen der Voraussetzungen nach dem VermAnlG. Das Antragserfordernis selbst ist im VermAnlG nicht ausdrücklich geregelt. Der Antrag kann konkludent gestellt werden[1]. Der Wille, eine Billigung für einen Verkaufsprospekt zu begehren, muss jedoch erkennbar sein[2]. Im Regelfall ist dies aus der Übersendung eines Verkaufsprospekts an die BaFin ableitbar oder ergibt sich konkret aus dem Anschreiben[3]. Der Verkaufsprospekt als einzelnes physisches Dokument kann mehrere Vermögensanlagen enthalten[4].

Die Einleitung des **Verfahrens zur Hinterlegung** bei der BaFin ist an einen Mindestinhalt der eingegangenen Unterlagen geknüpft. Daraus müssen sich der Antragsteller und sein Begehren bei objektiver Betrachtungsweise und unter Berücksichtigung der Verkehrssitte ergeben (§ 133 BGB)[5]. Diese Erkennbarkeit ist nach den Umständen nicht gewährleistet bei Verkaufsprospekten mit einer Kennzeichnung als Entwurf, zusammenhanglosen Seiten oder Werbematerial, soweit dieses nicht mit einem Verkaufsprospekt gleichgesetzt werden kann. Anders verhält es sich, wenn das Begehren des Antragstellers anhand der Unterlagen trotzdem ausdrücklich auf die Erteilung einer Billigung eines Verkaufsprospekts gerichtet ist. Dann ist das Verwaltungsverfahren einzuleiten[6]. Ob das Begehren tatsächlich erfolgreich ist, ist dann eine Frage der Zulässigkeit und Begründetheit des Antrags[7]. Sie bestimmt sich nach den Voraussetzungen des VermAnlG. 13

Hinterlegungsfähig sind nur Verkaufsprospekte, die für ihre Veröffentlichung einer Billigung der BaFin bedürfen. Freiwillig erstellte Verkaufsprospekte können mangels Rechtsgrundlage nicht zur Hinterlegung angenommen werden[8]. Dies gilt insbesondere, wenn sich die prospektierte Vermögensanlage als Teilmenge eines Angebots darstellt, für das bereits im Inland ein Verkaufsprospekt veröffentlicht worden ist, vgl. § 2 Nr. 5 VermAnlG[9]. Denn die BaFin kann ihre Marktaufsichtsrechte und die dazu bestehenden Sanktionsmöglichkeiten nur bei öffentlich angebotenen Vermögensanlagen ausüben, für die eine Prospektpflicht nach dem VermAnlG besteht. Der Anwendungsbereich des VermAnlG mit seiner angestrebten Schutzfunktion für das Anlegerpublikum würde anderenfalls verwässert, da der Anleger bei öffentlich angebotenen Vermögensanlagen nicht mehr davon ausgehen könnte, dass dem Verkaufsprospekt nur Vermögensanlagen iS des § 1 VermAnlG zugrunde liegen[10]. Diese 14

---

1 Vgl. *Schmitz* in Stelkens/Bonk/Sachs, § 22 VwVfG Rz. 37 ff.
2 Vgl. *Schmitz* in Stelkens/Bonk/Sachs, § 22 VwVfG Rz. 37 ff.
3 Bereits *Lenz* in Assmann/Lenz/Ritz, § 8 VerkProspG Rz. 4.
4 VG Frankfurt/M. v. 4.6.2009 – 1 K 1162/08.F, NZG 2009, 1230; VG Frankfurt/M. v. 6.11.2008 – 1 K 1839/08.F.
5 Vgl. *Schmitz* in Stelkens/Bonk/Sachs, § 22 VwVfG Rz. 45 ff.
6 Vgl. *Schmitz* in Stelkens/Bonk/Sachs, § 22 VwVfG Rz. 23.
7 Vgl. *Schmitz* in Stelkens/Bonk/Sachs, § 22 VwVfG Rz. 64 f.
8 *Gebauer* in Kümpel/Hammen/Ekkenga, Nr. 100, S. 54; *Bruchwitz* in Arndt/Voß, § 8i VerkProspG Rz. 13 f.
9 VG Frankfurt/M. v. 22.2.2010 – 1 L 109/10.F.
10 Bereits *Lenz* in Assmann/Lenz/Ritz, § 8 VerkProspG Rz. 11.

Fallvariante dürfte mit der Erweiterung der Prospektpflicht nach § 1 Abs. 2 Nr. 7 VermAnlG nur noch ausnahmsweise in Erscheinung treten[1].

15 Das **Billigungsverfahren** ist ebenfalls zu eröffnen, wenn eine zum Zeitpunkt der Einreichung bestehende Prospektfreiheit der Vermögensanlage auf Grund einer Ausnahmeregelung nach §§ 2 und 2a–2c VermAnlG durch ein Angebot an das allgemeine Publikum erweitert wird. Die Prospektpflicht ist dem Grunde nach bereits gegeben. Nur der Zeitpunkt des öffentlichen Angebots ist verschoben[2]. Voraussetzung für die Erteilung der Billigung ist dann u.a., dass die Erweiterung des Angebots an das öffentliche Publikum konkret festgelegt sein muss. Nur vage Absichtserklärungen reichen nicht aus.

16 Das Gleiche gilt in Bezug auf die Hinterlegung eines Verkaufsprospekts zu einem öffentlichen Angebot einer Beteiligung an einem zum Zeitpunkt der Antragsstellung **noch nicht gegründeten Unternehmen**. Denn ein öffentliches Angebot und damit eine Pflicht zur Hinterlegung eines zuvor gebilligten Verkaufsprospekts liegt bereits dann vor, wenn das allgemeine Anlegerpublikum die Beteiligung unter der aufschiebenden, von ihm nicht beeinflussbaren Bedingung der Gründung des Unternehmens eingehen kann und mit Gründung des Unternehmens der einzelne Anleger ohne weiteres Zutun aus dem Beteiligungsvertrag unmittelbar berechtigt und verpflichtet wird[3].

17 Eine Hinterlegung für Verkaufsprospekte scheidet aus, wenn die Vermögensanlagen wegen ihrer gesamten Konzeption auf Grund einer **Ausnahmeregelung** der §§ 2 und 2a–2c VermAnlG nicht der Prospektpflicht unterworfen sind. Die Bundesanstalt legt für die Abgrenzung der Ausnahmeregelungen eine rein formelle Betrachtungsweise zugrunde[4]. Aufgrund der Kürze der Prüffrist ist ein materieller Abgleich der einzelnen Vermögensanlagen nicht möglich. Mangels Rechtsgrundlage kann die BaFin im Vorfeld **keine Freistellungsbescheinigungen** für nicht der Prospektpflicht unterworfene Verkaufsprospekte erteilen. Eine Bestätigung der Prospektfreiheit für eine konkrete Vermögensanlage ergibt sich indirekt über die Abweisung des Antrags auf Billigung nach der Übermittlung des Verkaufsprospekts mit dem Ziel der Hinterlegung. Die BaFin ist auch in diesen Fällen zunächst zur **Entgegennahme des Antrags verpflichtet** (§ 24 Abs. 3 VwVfG). Erst nach der Entgegennahme darf die Behörde über Unzulässigkeit oder Unbegründetheit des Antrags entscheiden[5]. Dies gilt auch dann, wenn die Behörde den Antrag auf Grund eines fehlenden Sachentscheidungsinteresses abweist[6]. Ein fehlendes Sachentscheidungsinteresse wird insbesondere dann vorliegen, wenn der Anbieter bereits zuvor für die verfahrensgegenständliche Vermögensanlage die Billigung für einen Verkaufsprospekt erhalten hat, des Weiteren, wenn das Angebot keine Vermögensanlagen iS des § 1 Abs. 2 VermAnlG bein-

---

1 Vgl. RegE Kleinanlegerschutzgesetz, BT-Drucks. 18/3994, S. 38 f.
2 Schon *Lenz* in Assmann/Lenz/Ritz, § 8 VerkProspG Rz. 12.
3 *Ritz* in Assmann/Lenz/Ritz, § 1 VerkProspG Rz. 29.
4 AA OLG München v. 2.11.2011 – 20 U 2289/11, GWR 2011, 574, das eine wirtschaftliche Betrachtungsweise der einzelnen Vermögensanlagen vornimmt.
5 Vgl. hierzu auch die Gebührenregelung in § 3 Abs. 1 Satz 1 VermVerkProspGebV.
6 *Kallerhoff* in Stelkens/Bonk/Sachs, § 24 VwVfG Rz. 66 ff.

haltet oder das Angebot nicht im Inland erfolgen soll. Dem Anbieter stehen gegen diese Entscheidung die üblichen verfahrensrechtlichen Rechtsbehelfe zur Verfügung.

IV. Prüfung und Billigung des Verkaufsprospekts

1. Prüfungsumfang

Mit der Ablösung des VerkProspG durch das VermAnlG wurde der Prüfungsumfang der BaFin im Billigungsverfahren **ausgeweitet**. Das Gesetz umschreibt nunmehr ausdrücklich die Voraussetzungen, die zur Erteilung der Billigung führen[1]. Die BaFin muss im Rahmen einer Vollständigkeitsprüfung des Verkaufsprospekts die Kohärenz und Verständlichkeit seines Inhalts einbeziehen, § 8 Abs. 1 Satz 2 VermAnlG.

Der **Prüfungsumfang** ist an denjenigen **angelehnt**, der auch im Rahmen des § 13 WpPG Anwendung findet. Er ist auf das im WpPG geltende Niveau angehoben worden[2]. Auf die dortigen Ausführungen ist daher grundsätzlich zu verweisen (siehe § 13 WpPG Rz. 10 ff.).

Ergänzend ist hinzuzufügen, dass die **Prüfung** im Billigungsverfahren insofern **formaler Natur** ist, als dass die in den übermittelten Unterlagen, insbesondere im Verkaufsprospekt enthaltenen, mitgeteilten Angaben sowie sonstige Informationen die formale Grundlage für den Prüfer für die Beurteilung der Erfüllung der Prüfungskriterien bilden (siehe § 13 WpPG Rz. 15). Dies ergibt sich aus der Bezugnahme der Kohärenz- und Verständlichkeitsprüfung der Angaben des Verkaufsprospekts („seines Inhalts") auf die Vollständigkeitsprüfung der im Verkaufsprospekt enthaltenen Angaben. Eine gesetzliche Definition der Vollständigkeit enthält § 8 Abs. 1 VermAnlG nicht. Aus dem Zusammenhang mit § 7 VermAnlG ergibt sich, dass der Verkaufsprospekt alle erforderlichen Mindestangaben nach der VermVerkProspV enthalten muss. Dieser Prüfungsumfang lässt sich ebenfalls aus einer Abgrenzung zum Begriff der Unvollständigkeit nach § 17 Abs. 1 VermAnlG ableiten. Danach ist im Umkehrschluss die Vollständigkeit eines Verkaufsprospekts gegeben, wenn er alle Angaben enthält, die nach § 7 Abs. 1 und 2 VermAnlG sowie auch in Verbindung mit der nach § 7 Abs. 3 VermAnlG zu erlassenden Rechtsverordnung erforderlich sind.

Die **inhaltliche Richtigkeit** der Angaben im Verkaufsprospekt ist **nicht Prüfungsgegenstand**[3]. Bspw. wird die inhaltliche Richtigkeit der Bonität des Emittenten oder eventueller Garantiegeber, die historischen Finanzinformationen und die tatsächliche Plausibilität der Produktgestaltung selbst nicht erfasst[4]. Es obliegt dem Anle-

---

1 Auf die nach den Regelungen des VerkProspG zuvor allein mögliche Herleitung der Genehmigungsvoraussetzungen aus einer negativen Abgrenzung der Vollständigkeit der Prospektangaben nach § 8i Abs. 2 Satz 5 VerkProspG kommt es nun nicht mehr an. Inhaltlich wird die Vorschrift in § 17 Abs. 1 VermAnlG fortgeführt.
2 Begr. RegE FinAnlVermAnlG, BT-Drucks. 17/6051, S. 33.
3 Begr. RegE FinAnlVermAnlG, BT-Drucks. 17/6051, S. 33; *Bußalb/Vogel*, WM 2012, 1416 (1419).
4 *Bußalb/Vogel*, WM 2012, 1416 (1419); *Hanten/Reinholz*, ZBB 2012, 36 (44); BaFinJournal 1/12, S. 8; *Gebauer* in Kümpel/Hammen/Ekkenga, Nr. 100, S. 53; *Bruchwitz* in Arndt/Voß,

ger, sich mit dem Risiko, welches mit dem Erwerb von Vermögensanlagen von Emittenten außerhalb eines staatlich überwachten Marktsegmentes einhergeht, auseinanderzusetzen und die Folgen der Anlageentscheidung selbst zu tragen. Das Risiko einer Fehlinvestition kann von staatlicher Seite nicht durch eine Überprüfung der tatsächlichen Richtigkeit der Prospektangaben aufgefangen werden, zumal entsprechende Kontrollen weder innerhalb der knappen 20-tägigen Frist noch von den Bediensteten der BaFin zu leisten wären[1].

22 Die Verkettung der einzelnen Prüfungskriterien über die Verwendung des Wortes „einschließlich" suggeriert eine Unterordnung des Maßstabs der Verständlichkeit unter den Maßstab der Vollständigkeit[2]. Die **Relationen der einzelnen Kriterien untereinander** entsprechen einem solchen Verständnis jedoch nicht. Die Vollständigkeit einer Information hat eine andere Funktion als ihre Verständlichkeit. Die Verständlichkeit zielt auf die Eindeutigkeit einer Information bei der angesprochenen Person ab, so dass die vorliegende Information lässt im Prozess des Verstehens keine andere Deutungsmöglichkeit zu[3]. Das Kriterium der Kohärenz stellt dagegen lediglich eine Voraussetzung, ein untergeordnetes Element für die Vollständigkeit und die Verständlichkeit der Angaben in einem Verkaufsprospekt, dar (vgl. auch § 7 VermAnlG Rz. 10 ff., 18 ff.).

23 Der **Verwendung des Wortes „einschließlich"** ist daher die Bedeutung beizulegen, dass auch die Kriterien der Verständlichkeit und Kohärenz an der Grundlage der Mindestangaben zu bemessen sind[4]. Der Verkaufsprospekt muss aus sich heraus

---

§ 8i VerkProspG Rz. 31. AA in Bezug auf die Plausibilitätsprüfung *Fleischer*, BKR 2004, 339 (342).

1 Vgl. bereits zum Prüfungsumfang von Wertpapieren nach § 8a VerkProspG aF *Lenz/Ritz*, WM 2000, 904 (910).
2 Nach der Rechtslage unter § 8a VerkProspG aF entsprach der Prüfungsumfang der formellen Vollständigkeit für die Erteilung einer Gestattung der Veröffentlichung des Verkaufsprospekts dem bei einer Prüfung des Jahres- und Konzernabschlusses gemäß § 329 Abs. 1 HGB anzuwendenden, vergleichbaren Maßstab für das Registergericht. Die Überprüfung des Registergerichts erstreckte sich dabei nur darauf, ob es sich bei den eingereichten Unterlagen um die tatsächlich einzureichenden handelte und ob diese vollzählig waren. Weder eine Prüfung der Richtigkeit der Angaben noch eine eventuelle Bemängelung offensichtlicher Nichtigkeiten der Unterlagen wurden vom Registergericht vorgenommen. Dementsprechend war für das Verfahren der Gestattung der Veröffentlichung eines Verkaufsprospekts auch nur auf die eingereichten Unterlagen zur Beurteilung der Vollständigkeit abzustellen (vgl. Voraufl., § 8i VerkProspG Rz. 35 mwN).
3 *Tiffe*, Die Struktur der Informationspflichten bei Finanzdienstleistungen, S. 130.
4 Vgl. Begr. RegE FinAnlVermAnlG, BT-Drucks. 17/6051, S. 33: „da die Bundesanstalt ... die innere Widerspruchsfreiheit der zwingenden Prospektangaben prüft". Teilweise wird vertreten, dass auch solche Angaben im Verkaufsprospekt von der Kohärenzprüfung erfasst werden, die selbst keine Mindestangaben darstellen, aber in einem unmittelbaren sachgedanklichen Bezug zu einer Mindestangabe, zumindest zur Vermögensanlage oder dem Emittenten stehen, *Bußalb/Vogel*, WM 2012, 1416 (1420). Ein solcher Bedarf dieser „zusätzlichen" Einbeziehung ist nicht zu erkennen. Er besteht ohnehin. Die Mindestangabe kann im Gesamtgefüge des Verkaufsprospekts nicht isoliert betrachtet werden. Beziehen sich andere Angaben auf den Inhalt einer Mindestangabe, so ist zumindest die Verständlichkeit

nach Form und Inhalt gegenüber dem angesprochenen Anlegerkreis verständlich sein[1]. Es ist dabei nicht allein auf eine bestimmte Formulierung einer Angabe im Verkaufsprospekt abzustellen[2]. Die **Auslegung** dieser Angabe richtet sich nach den allgemeinen Grundsätzen unter Berücksichtigung der Umstände nach Treu und Glauben[3]. Im Ergebnis ist das von den Angaben im Verkaufsprospekt gegenüber dem Anleger zu vermittelnde Gesamtbild der Vermögensanlage entscheidend. Das Gesamtbild ergibt sich aus dem bei der Prüfung von der Bundesanstalt einzunehmenden Empfängerhorizont des angesprochenen Anlegerkreises[4]. Es ist auf die Kenntnisse und Erfahrungen eines daraus abzuleitenden durchschnittlichen Anlegers abzustellen, der als Adressat des Prospekts in Betracht kommt und der den Prospekt sorgfältig und eingehend gelesen hat[5]. Richtet sich der Emittent an ein unerfahrenes Publikum, sind die fehlenden Spezialkenntnisse bei der Darstellung im Verkaufsprospekt zu berücksichtigen[6]. Bspw. sind darunter Umstände zu fassen, die sich dem Allgemeinwissen entziehen bzw. juristisches oder wirtschaftswissenschaftliches Fachwissen zur Bewertung erfordern[7].

Das Prüfungskriterium der **Kohärenz** erfuhr mit Inkrafttreten des Kleinanlegerschutzgesetzes eine Betonung. Als Regelbeispiel ausgestaltet sind nunmehr die Angaben zur Vermögens-, Finanz- und Ertragslage des Emittenten, den Geschäftsaussichten sowie ihren Auswirkungen auf die Fähigkeit des Emittenten, seinen Verpflichtungen gegenüber den Anlegern nachzukommen, für das laufende und folgende Geschäftsjahr auf ihre Widerspruchsfreiheit zu untersuchen. Die Einfügung des Satzes 3 beruht auf einer Erweiterung der Pflichtangaben in § 10 VermVerkProspV[8]. Der Systematik des Gesetzes folgend kann dem Regelbeispiel nur ein de- 24

---

der Mindestangabe betroffen. Es bedarf dann evtl. der Nachforderung ergänzender Angaben für den Verkaufsprospekt, um diesen Mangel beheben zu können.
1 Vgl. BGH v. 3.11.2015 – II ZR 270/14; BGH v. 22.2.2005 – XI ZR 359/03, AG 2005, 477.
2 Vgl. BGH v. 5.3.2013 – II ZR 252/11, WM 2013, 734.
3 Vgl. *Zech/Hanowski*, NJW 2013, 510 (511).
4 Beachte zur vergleichbaren Konstellation im WpPG das Abstellen auf unterschiedliche Anlegergruppen und deren Kenntnisstand: Siehe Erwägungsgrund 16 zur Richtlinie 2003/71/EG des Europäischen Parlaments und des Rates vom 4.11.2003 betreffend den Prospekt, der beim öffentlichen Angebot von Wertpapieren oder bei deren Zulassung zum Handel zu veröffentlichen ist, und zur Änderung der Richtlinie 2001/34/EG, ABl. EU Nr. L 345 vom 31.12.2003, zuletzt geändert durch Richtlinie 2010/73/EU und Richtlinie 2010/78/EU vom 24.11.2010.
5 Vgl. BGH v. 24.2.2015 – II ZR 104/13; BGH v. 23.4.2012 – II ZR 211/09, WM 2012, 1184; BGH v. 23.4.2012 – II ZR 75/10, WM 2012, 1293; BGH v. 29.7.2014 – II ZB 1/12, AG 2015, 27; BGH v. 23.9.2014 – II ZR 317/13; BGH v. 23.9.2014 – II ZR 320/13.
6 Vgl. BGH v. 18.9.2012 – XI ZR 344/11, AG 2012, 874; aA zur Differenzierung nach angesprochenen Anlegergruppen: *Zech/Hanowski*, NJW 2013, 510 (511). Richtigerweise kann dieser Auffassung bereits aufgrund der sich aus § 15a VermAnlG ergebenden Grundsätze nicht gefolgt werden, der der BaFin ermöglicht, vom Anbieter zum Schutz des Publikums weitere Angaben in den Verkaufsprospekt aufzunehmen.
7 Vgl. LG Nürnberg-Fürth v. 19.12.2013 – 6 O 4055/13; LG Nürnberg-Fürth v. 27.3.2014 – 6 O 5383/13.
8 Begr. RegE Kleinanlegerschutzgesetz, BT-Drucks. 18/3994, S. 43.

klaratorischer Charakter beigemessen werden. Die Notwendigkeit der Kohärenz der Pflichtangaben im Verkaufsprospekt ergibt sich bereits aus §§ 8 Abs. 1 Satz 2, 17 Abs. 1 VermAnlG.

2. Prüfungsfrist und Nachforderung von Informationen (§ 8 Abs. 2 und 3 VermAnlG)

25 Der Gesetzgeber hat die Fristenregelung angepasst. § 8 Abs. 2 und 3 VermAnlG übernehmen jeweils den Wortlaut der § 13 Abs. 2 Satz 1 und Abs. 3 WpPG mit leichten redaktionellen Änderungen[1]. Innerhalb von **20 Werktagen** ist die BaFin zur Entscheidung über die Billigung eines übermittelten Verkaufsprospekts verpflichtet (§ 8 Abs. 2 VermAnlG). Die **Prüfungsfrist** zur Feststellung der Billigungsvoraussetzungen ist damit grundsätzlich auf diese Frist begrenzt und als gesetzlich bestimmte Frist keiner Verlängerung zugänglich.

26 Die **Frist beginnt** grundsätzlich am nächsten Werktag nach dem Eingang des Verkaufsprospekts bei der BaFin (vgl. § 31 VwVfG iVm. §§ 187–193 BGB). Es handelt sich um eine so genannte uneigentliche Frist für das konkrete Verfahren, die das Gesetz der Behörde als Verfahrensträgerin zur Beachtung setzt[2]. Der Samstag ist als Werktag einzubeziehen, dies gilt auch für die Berechnung des Fristablaufs[3]. Bei der Berücksichtigung von Feiertagen für die Berechnung der Frist ist auf die für den Dienstsitz geltende Feiertagsregelung abzustellen, an dem die Prüfungshandlung vorgenommen wird[4]. Da die Hinterlegung von Vermögensanlagenverkaufsprospekten am Dienstsitz der BaFin in Frankfurt am Main vorgenommen wird, gilt damit die Feiertagsregelung für das Land Hessen.

27 Liegen der BaFin im Prüfungsverfahren Anhaltspunkte über die **Unvollständigkeit** des Verkaufsprospekts oder ein **Bedürfnis nach ergänzenden Informationen** vor, **beginnt die Frist** erst mit dem Zeitpunkt des Eingangs dieser Informationen bei der BaFin. Anhaltspunkte für die Unvollständigkeit sind hinreichend gegeben, wenn aufgrund einer vertretbaren Würdigung der vorhandenen tatsächlichen Indizien es nicht unwahrscheinlich ist, dass der Verkaufsprospekt unvollständig ist oder im Zusammenhang mit dem Verkaufsprospekt ein ergänzender Informationsbedarf besteht.

28 Diese Möglichkeit der Einforderung ergänzender Informationen verschiebt die **Steuerungskompetenz** des Verfahrens gegenüber der bisherigen Rechtslage nachhaltig auf die Seite der **BaFin**[5]. Der Begriff der Information geht über den bisher verwendeten Begriff der Unterlage weit hinaus und betrifft auch die einzelnen Angaben des Verkaufsprospekts. Die Gefahr eines endlosen Prüfverfahrens aus immer wieder nachfolgenden Überarbeitungen und Anmerkungen für den Anbieter ist je-

---

1 Begr. RegE FinAnlVermAnlG, BT-Drucks. 17/6051, S. 33.
2 *Kallerhoff* in Stelkens/Bonk/Sachs, § 31 VwVfG Rz. 8 ff.
3 Bereits *Lenz* in Assmann/Lenz/Ritz, § 8a VerkProspG Rz. 16.
4 *Kallerhoff* in Stelkens/Bonk/Sachs, § 31 VwVfG Rz. 36.
5 *Jäger/Maas*, BKR 2010, 316.

doch als gering einzuschätzen[1]. Die BaFin ist bestrebt, in der Anhörung sämtliche notwendigen Ergänzungen vollständig gegenüber dem Anbieter aufzuführen[2]. Der Gesetzgeber geht aufgrund des im Interesse des Anlegerschutzes erhöhten Prüfungsumfangs allerdings selbst von einer insgesamt zeitintensiveren Prüfung der Verkaufsprospekte aus[3].

§ 8 Abs. 2, 3 VermAnlG ermöglichen der BaFin, ihre Entscheidung über die Billigung anhand einer gründlichen Prüfung der Vollständigkeit, Kohärenz und Verständlichkeit einzelner Angaben vorzunehmen. Die Vorschrift sichert damit einen **hohen Prüfungsstandard** ab. Denn der Markt der Vermögensanlagen iS des VermAnlG ist durch höchst unterschiedliche Anlageformen gekennzeichnet, die eine mit Wertpapierprospekten vergleichbare Standardisierung nicht kennt[4]. Der Gewährleistung des Anlegerschutzes anhand der vollständigen, kohärenten und verständlichen Informationen eines Verkaufsprospekts ist der Vorrang gegenüber der Planungssicherheit der Anbieter, die bereits einen Anspruch auf eine Entscheidung innerhalb von 20 Werktagen haben, eingeräumt worden[5].

Für den **Begriff der ergänzenden Informationen** ist ein weites, aber auf das Verfahren der Hinterlegung konkretisiertes Verständnis angezeigt, dh. die Informationen müssen den Abschnitten der Hinterlegung zugeordnet werden können[6]. Denn das Verfahren zur Nachforderung von Angaben zum Verkaufsprospekt oderergänzenden Informationen ist allgemein in die Regelungen zum Prüfverfahren des § 8 VermAnlG eingebettet, ohne dass ein konkreter Bezug zu einem bestimmten Verfahrensabschnitt getroffen wird.

Informationen iS der Regelung erfassen **sämtliche Inhalte aus Erkenntnisquellen**, die die BaFin zur Überprüfung der Vollständigkeit der Angaben des Verkaufsprospekts gemäß § 7 Abs. 1 und 2 VermAnlG sowie in Verbindung mit der nach § 7 Abs. 3 VermAnlG erlassenen Rechtsverordnung benötigt sowie zum anderen die Informationen, die die BaFin zusätzlich zur Durchführung des Verfahrens braucht. Die gegenüber der vorherigen Regelung notwendige Bindung der Information an ein physisches Trägermedium ist entfallen. Vielmehr sind Dokumente, die im Sinne der Vorgängervorschrift § 8i Abs. 2 Satz 3 VerkProspG aF als Unterlagen betrachtet wurden, im Begriff der Information als Untermenge eingeschlossen.

Informationen iS der Regelung sind zB im Verkaufsprospekt fehlende Mindestangaben[7].

---

1 *Hanten/Reinholz*, ZBB 2012, 36 (44); *Bußalb/Vogel*, WM 2012, 1416 (1421); siehe auch die Kommentierung zu § 13 WpPG Rz. 31.
2 *Hanten/Reinholz*, ZBB 2012, 36 (44).
3 Begr. RegE FinAnlVermAnlG, BT-Drucks. 17/6051, S. 33.
4 Begr. RegE AnSVG, BT-Drucks. 15/3174 v. 24.5.2004, S. 43; vgl. auch die Kommentierung zu § 13 WpPG Rz. 31.
5 Vgl. bereits: Beschlussempfehlung des Finanzausschusses, BT-Drucks. 15/3493, S. 49 f.; auch *Krämer* in Heidel, Aktienrecht und Kapitalmarktrecht, § 8i VerkProspG Rz. 3.
6 *Bußalb/Vogel*, WM 2012, 1416 (1420).
7 *Bußalb/Vogel*, WM 2012, 1416 (1420).

32 Der **Verkaufsprospekt im Ganzen** als Sammlung von Angaben ist als zwingende Voraussetzung einer Hinterlegung vom Begriff der ergänzenden Informationen **nicht erfasst**[1]. Dies ergibt sich unmittelbar aus dem Tatbestandsmerkmal des unvollständigen Verkaufsprospekts, der die BaFin zur Nachforderung von Informationen berechtigt und einen bereits bei der BaFin vorliegenden Verkaufsprospekt voraussetzt[2].

33 Als weitere ergänzende **Informationen** kommen **beispielsweise** in Betracht, sofern sie nicht bereits unter den Tatbestand einer fehlenden Mindestangabe zu fassen sind: die Bevollmächtigung zur Durchführung des Verfahrens[3]; Verträge, die in einem Zusammenhang mit den Angaben zur Vermögensanlage stehen[4]; Bewertungsgutachten zum Anlageobjekt[5]; Jahresabschlüsse und Lageberichte sowie ihre Testate. Grundsätzlich nicht zu den Unterlagen ist hingegen die **Originalunterschrift** des Anbieters zu zählen, da sie grundsätzlich sicherstellt, dass der Verkaufsprospekt mit dem Willen des Anbieters in den Rechtsverkehr gebracht wurde und nicht nur einen Entwurf darstellt[6]. Sie ist damit bereits Voraussetzung zur Eröffnung des Verfahrens; ihr kommt aber darüber hinaus ein dualer Charakter im Rahmen der Angabeverpflichtung nach § 2 Abs. 4 VermVerkProspV zu[7].

Ebenfalls nicht erfasst ist die **Überkreuz-Checkliste**. Sie stellt lediglich ein Hilfsmittel für das Verfahren der Überprüfung der Vollständigkeit der Angaben dar, stellt aber die Prüfbarkeit der einzelnen Angabe als solche nicht in Frage[8].

34 Die **Mindestangaben des Verkaufsprospekts sind unvollständig oder ein Bedarf nach ergänzenden Informationen ist gegeben**, wenn ohne ihre Vorlage ein Prüfungsverfahren nicht eingeleitet werden kann oder ihr Inhalt nicht geeignet ist, die Beseitigung eines Mangels der Vollständigkeit, Kohärenz oder Verständlichkeit von Angaben im Verkaufsprospekt im Rahmen des Prüfungsverfahrens zu ermöglichen und daher in der Folge eine Versagung der Billigung des Verkaufsprospekts nach sich ziehen würde[9]. Die BaFin soll diesen Umstand dem Anbieter innerhalb von zehn Werktagen nach Eingang des Verkaufsprospekts durch Nachforderung der entsprechenden Informationen mitteilen, § 8 Abs. 3 Satz 2 VermAnlG. Die Regelung ist sowohl hinsichtlich der Nachforderung als auch hinsichtlich der zehntägigen Frist eine „Soll-"Vorschrift. Während die Anforderung von Informationen gegenüber dem Anbieter zur Ausräumung von Fragen der Vollständigkeit, Kohärenz oder Verständlichkeit des Verkaufsprospekts regelmäßig aus Gründen der Verhältnismäßigkeit er-

---

1 *Bruchwitz* in Arndt/Voß, § 8i VerkProspG Rz. 37.
2 AA *von Kopp-Colomb*, § 13 WpPG Rz. 31.
3 *Bruchwitz* in Arndt/Voß, § 8i VerkProspG Rz. 39; *Krämer* in Heidel, Aktienrecht und Kapitalmarktrecht, § 8i VerkProspG Rz. 2.
4 *Bruchwitz* in Arndt/Voß, § 8i VerkProspG Rz. 39.
5 *Bruchwitz* in Arndt/Voß, § 8i VerkProspG Rz. 39.
6 Vgl. *Schmitz* in Stelkens/Bonk/Sachs, § 22 VwVfG Rz. 31.
7 AA im Sinne einer bloßen Angabe *Bruchwitz* in Arndt/Voß, § 8i VerkProspG Rz. 39.
8 Siehe auch *Bruchwitz* in Arndt/Voß, § 8i VerkProspG Rz. 39; aA *von Kopp-Colomb*, § 13 WpPG Rz. 29.
9 *Bruchwitz* in Arndt/Voß, § 8i VerkProspG Rz. 37.

folgen wird, ist die Einhaltung der zehntägigen Frist zur Anforderung der Unterlagen regelmäßig von der Anzahl der laufenden Verfahren abhängig.

Bei einem teilweise oder vollständig in einer **Fremdsprache übermittelten Verkaufsprospekt** bestimmt sich der Beginn der Frist für das Billigungsverfahren nach dem Tag, an dem die BaFin gegenüber dem Anbieter die Gestattung der Verwendung dieser Fremdsprache ausspricht (§ 2 Abs. 1 Satz 4 VermVerkProspV). In der Praxis wird die Eingangsbestätigung mit der Gestattung der Verwendung der fremdsprachigen Abfassung des Verkaufsprospekts verbunden, wenn keine besonderen Gründe gegen die Verwendung der ausländischen Sprache bestehen, so dass sich der Fristbeginn nach dem Eingang des Verkaufsprospekts richtet[1]. Bei einer Ablehnung der fremdsprachigen Abfassung durch die BaFin beginnt die Frist erst mit der Übermittlung eines Verkaufsprospekts in deutscher Sprache.

3. Versagung der Billigung

Die BaFin **versagt** die Billigung eines zur Hinterlegung übermittelten Verkaufsprospekts, wenn dieser nicht vollständig oder sein Inhalt nicht kohärent und verständlich ist, § 8 Abs. 1 Satz 2 VermAnlG.

Bei **geringfügigen Mängeln** in Hinblick auf die **Vollständigkeit** des Verkaufsprospekts wird die BaFin dem Anbieter innerhalb der 20-tägigen Prüffrist die Gelegenheit zur Nachbesserung bzw. der Ergänzung der fehlenden Angaben anhand eines Anhörungsschreibens[2] unter Hinweis auf die einzelnen Mängel geben[3]. Die Möglichkeit der **Ergänzung des Verkaufsprospekts** erscheint nicht nur praktikabel, sondern in Hinblick auf den Verhältnismäßigkeitsgrundsatz auch als milderes Mittel zur sofortigen Versagung der Billigung geboten[4]. Im Verlauf des Hinterlegungsverfahrens eingehende Unterlagen oder überarbeitete Verkaufsprospekte vom Anbieter werden dem entsprechend in Hinblick auf das aktuelle Prüfungsverfahren gewürdigt[5]. Korrekturen des Verkaufsprospekts sind über einen vollständigen überarbeiteten Verkaufsprospekt vorzunehmen, die Änderungen, Ergänzungen und Löschungen sichtbar zu machen und mit den Angaben der Überkreuz-Checkliste zu verknüpfen[6]. Einzelne Austauschseiten akzeptiert die BaFin nicht. Beabsichtigt der Hinterleger dagegen die Aufgabe des ursprünglichen Verfahrens zugunsten eines Neuantrags

---

1 Bereits *Lenz* in Assmann/Lenz/Ritz, § 8a VerkProspG Rz. 17.
2 Die ergänzenden Informationen können auch über einen Verwaltungsakt in Form eines Auskunfts- und Vorlageersuchens nach § 19 Abs. 1 Nr. 2 VermAnlG angefordert werden, vgl. *Bußalb/Vogel*, WM 2012, 1416 (1420).
3 *Bruchwitz* in Arndt/Voß, § 8i VerkProspG Rz. 29; vgl. auch Ziff. VII. 2. Bekanntmachung des BAWe zum Wertpapier-Verkaufsprospektgesetz (Verkaufsprospektgesetz) in der Fassung der Bekanntmachung vom 9.9.1998 (BGBl. I 1998, S. 2701) und zur Verordnung über Wertpapier-Verkaufsprospekte (Verkaufsprospekt-Verordnung) in der Fassung der Bekanntmachung vom 9.9.1998 (BGBl. I 1998, S. 2835) v. 6.9.1999, BAnz. Nr. 177 v. 21.9.1999, S. 16180.
4 Bereits *Lenz* in Assmann/Lenz/Ritz, § 8a VerkProspG Rz. 21.
5 Vgl. *Kopp/Ramsauer*, § 22 VwVfG Rz. 36.
6 BaFinJournal 1/12, S. 7.

38 Ist der Umfang der Mängel in Hinblick auf die Vollständigkeit, Kohärenz oder Verständlichkeit der Angaben im Verkaufsprospekt derart groß, dass dem Hinterleger innerhalb der 20-tägigen Prüffrist keine Abhilfe durch Nachreichung einer überarbeiteten Fassung des Verkaufsprospekts möglich ist, **versagt die BaFin** die Billigung des Verkaufsprospekts. Eine **Anhörung** oder Beratung erfolgt nur in den Fällen, in denen die Frist von 20 Werktagen des § 8 Abs. 2 VermAnlG nicht abzulaufen droht, da ansonsten durch die Beratung oder Anhörung die Einhaltung einer für die Entscheidung maßgeblichen Frist in Frage gestellt würde[2].

39 Sind die notwendigen Änderungen an den Angaben des Verkaufsprospekts zu umfangreich, um innerhalb der verbleibenden Prüfungsfrist vom Anbieter adäquat angepasst zu werden, steht es dem Anbieter als Hinterleger jederzeit frei, im laufenden Prüfungsverfahren bis zum Erlass der Versagungsverfügung den Antrag auf Hinterlegung des Verkaufsprospekts zurückzunehmen. Die Befugnis zur **Antragsrücknahme** folgt aus der Verfügungsbefugnis des Antragstellers über seinen Antrag[3]. Die Rücknahme des Antrags hat die Beendigung des Verfahrens zur Folge; eine Entscheidung ergeht nur noch über die Kosten[4]. Der Anbieter kann jederzeit einen neuen Antrag auf Hinterlegung des Verkaufsprospekts stellen, der die gleiche Vermögensanlage beinhaltet.

40 Gegen die Entscheidung der BaFin stehen dem Hinterleger die üblichen verfahrensrechtlichen Rechtsbehelfe des **Widerspruchs** und der Klage zur Verfügung[5].

4. Gebühren

41 Die Entscheidung der BaFin über die Billigung ist als Amtshandlung gemäß § 27 Abs. 1 und 2 VermAnlG iVm. der VermVerkProspGebV[6] gebührenpflichtig. Für die Billigung und Aufbewahrung eines vollständigen oder unvollständigen Verkaufsprospekts ist ein Gebührenrahmen von 1.500 bis 15.000 Euro vorgesehen, Nr. 1 der Anlage (zu § 2) Gebührenverzeichnis. Im Fall der Versagung einer Billigung reduziert sich der Gebührenrahmen grundsätzlich um ein Viertel, § 3 Abs. 1 Satz 1 VermVerkProspGebV. Für die Widerspruchsbearbeitung wird eine Gebühr in Höhe von bis zu 50% der festgesetzten Gebühr festgesetzt, § 3 Abs. 2 VermVerkProspGebV.

---

1 Vgl. *Kopp/Ramsauer*, § 22 VwVfG Rz. 37 ff., 68 f.
2 *Kopp/Ramsauer*, § 28 VwVfG Rz. 62 f. mwN.
3 *Kopp/Ramsauer*, § 22 VwVfG Rz. 65.
4 *Kopp/Ramsauer*, § 22 VwVfG Rz. 71.
5 Für die Verfahrensdetails und die Möglichkeiten von Rechtsbehelfen vgl. die Kommentierung zu § 13 WpPG Rz. 19.
6 Verordnung über die Gebühren für Amtshandlungen betreffend Verkaufsprospekte für Vermögensanlagen nach dem Vermögensanlagengesetz (Vermögensanlagen-Verkaufsprospektgebührenverordnung – VermVerkProspGebV) vom 29.6.2005 (BGBl. I 2005, S. 1873, zuletzt geändert durch Art. 1 der Verordnung vom 19.8.2015 (BGBl. I 2015, S. 1433). Zur Aufhebung der Verordnung mit Wirkung vom 1.10.2021 siehe § 27 VermAnlG Rz. 3 f.

5. Nachträge gemäß § 10 VermAnlG

Nachträge gemäß § 10 VermAnlG sind auf Grund der **Ausnahmeregelung** des § 17 Abs. 1 Satz 2 VermAnlG von der Prüfungsfrist nach § 8 Abs. 2 und 3 VermAnlG ausgenommen. Sie setzten weder eine vorausgegangene Prüfung noch eine Billigung voraus. Damit wird klargestellt, dass bei unvollständigen Verkaufsprospekten nach § 10 VermAnlG das Fehlen von einzelnen Angaben, die regelmäßig erst kurz vor dem öffentlichen Angebot festgesetzt werden können und die deshalb nach § 10 VermAnlG nachträglich hinterlegt und veröffentlicht werden dürfen, keinen Grund für die Versagung der Billigung darstellen[1]. Die Unvollständigkeit darf sich dabei nur auf solche Angebotsbedingungen beziehen, die üblicherweise erst kurzfristig vom Anbieter bzw. Emittenten festgelegt werden können[2]; mit Ausnahme dieser Angaben muss der zu billigende Verkaufsprospekt vollständig, kohärent und verständlich sein.

42

6. Wirkung der Billigung (§ 8 Abs. 1 VermAnlG)

Rechtsfolge der Erteilung der **Billigung** durch die BaFin an den Anbieter ist, dass eine Voraussetzung für das **Recht zur Veröffentlichung** des Verkaufsprospekts erfüllt ist, § 8 Abs. 1 Satz 1 VermAnlG. Die Möglichkeit, nach einer entsprechenden Veröffentlichung Anteile der Vermögensanlage anbieten zu können, ist an weitere Voraussetzungen gebunden. Der Anbieter hat vor der Veröffentlichung das entsprechende Vermögensanlagen-Informationsblatt bei der BaFin zu hinterlegen, vgl. § 17 Abs. 2 VermAnlG. Eine Pflicht zur Veröffentlichung des Verkaufsprospekts besteht nicht[3]. Die von der BaFin ausgesprochene Billigung bezieht sich auf die letzte vom Hinterleger im Verfahren eingereichte Fassung des Verkaufsprospekts. Zusätzlich wird im Bescheid klargestellt, dass ihm keine Konzentrationswirkung zukommt, eventuell also weitere Pflichten aus anderen Gesetzen bestehen können[4]. In Fokus der Betrachtung steht hier regelmäßig der Erlaubnisvorbehalt einer Tätigkeit im Rahmen des § 32 KWG. Zur Vermeidung einer drohenden Rückabwicklung des gesamten Geschäftsmodells sollte die zuständige Abteilung der BaFin bereits im Vorfeld eines Hinterlegungsverfahrens kontaktiert werden.

43

a) Einwirkungsmöglichkeiten auf die erteilte Gestattung vor der Veröffentlichung

Mit der **Bekanntgabe der Billigung** gegenüber dem Anbieter **endet das Prüfverfahren**[5]. Die Unzulässigkeit einer **Rücknahme des ursprünglichen Antrags** ergibt

44

---

1 Begr. RegE 3. FGG, BT-Drucks. 13/8933 v. 6.11.1997, S. 87.
2 Zu solchen kurzfristig festzusetzenden Bedingungen zählen regelmäßig nicht Angaben, die sich auf die Emittentin beziehen. Vgl. *Groß*, Kapitalmarktrecht, § 10 VerkProspG Rz. 5; ebenso *Grimme/Ritz*, WM 1998, 2091 (2093).
3 Vgl. abweichende Regelung nach § 14 Abs. 1 WpPG, siehe § 14 WpPG Rz. 6 ff., 13 ff.
4 *Bruchwitz* in Arndt/Voß, § 8i VerkProspG Rz. 43.
5 Das Hinterlegungsverfahren insgesamt ist erst mit der Archivierung des Verkaufsprospekts bei der BaFin abgeschlossen, die jedoch eine unmittelbare Folge des Ausspruchs der Billigung ist.

sich aus dem Rechtsgedanken des § 183 BGB. Das Verwaltungsverfahren ist mit Erlass des Verwaltungsaktes beendet, so dass sich eine erklärte Rücknahme mangels bestehenden Verwaltungsrechtsverhältnisses nicht mehr auswirken kann[1]. Eine eventuell erklärte Rücknahme des ursprünglichen Antrags berührt die einmal erteilte Gestattung der Veröffentlichung des Verkaufsprospekts in ihrer Wirksamkeit nicht. Damit wird Rechtssicherheit in Bezug auf begünstigende Verwaltungsakte erreicht, die nur die Zubilligung eines einzelnen Rechts zum Inhalt haben. Denn ein rechtliches Interesse, den Abschluss des Verfahrens über Rechtsbehelfe hinauszuzögern, würde nach der Erlangung der beantragten Rechtsposition zu Widersprüchen führen. Im Rahmen der Hinterlegung könnte es zu der vom Gesetz nicht beabsichtigten Situation kommen, dass für eine Vermögensanlage ein Angebot ohne einen für das Angebot Verantwortlichen fortgeführt werden könnte, wenn die Information in Gestalt des Verkaufsprospekts dem Publikum bereits bekannt gegeben wäre, die Gestattung vom Hinterleger selbst aber erfolgreich angefochten wurde. Dem hinterlegenden Anbieter steht es jedoch frei, auf die Rechtsfolgen aus der Gestattung der Veröffentlichung des Verkaufsprospekts zu **verzichten**. Der Verzicht entspringt keiner allgemeinen Rechtsgrundlage, ist aber als eigenständiges verwaltungsrechtliches Institut anerkannt[2]. Der Verzicht lässt das aus dem Verwaltungsakt folgende Recht als solches für den Rechteinhaber als auch dessen Nachfolger erlöschen[3].

45 Der Anbieter verfügt mit der **Gestattung der Veröffentlichung** seines Verkaufsprospekts über eine konkrete **materiell-rechtliche Rechtsposition des öffentlichen Rechts** und kann über diese frei verfügen. Eine Einschränkung dieser **Dispositionsbefugnis** liegt nicht vor, denn die Erteilung der Gestattung der Veröffentlichung des Verkaufsprospekts für den Anbieter dient vor ihrem Gebrauch allein dessen Individualinteressen, seinem Gewerbe nachgehen zu können. Eine Nutzungspflicht dieser Erlaubnis besteht nicht. Öffentlich-rechtliche Interessen sind erst mit der Veröffentlichung des Verkaufsprospekts selbst (auf der Grundlage der Gestattung) berührt, weil erst dann den Anlegern eine Informationsgrundlage mit einem Mindestmaß an Angaben für ihre Anlageentscheidung zur Verfügung gestellt werden muss. Unterstrichen wird dies durch § 29 VermAnlG, der in den einzelnen Tatbeständen die Art und Weise des öffentlichen Anbietens einer Vermögensanlage sanktioniert.

46 Der Anbieter hat den **Verzicht** gegenüber der BaFin eindeutig im Sinne einer Aufgabe des Rechts aus der Gestattung **zu erklären**. Mit Zugang bei der BaFin wird der Verzicht gemäß § 130 Abs. 1 Satz 1 BGB wirksam.

47 Die **rechtsgestaltende Wirkung des Verzichts** beinhaltet kein Erfordernis der ausdrücklichen Aufhebung der Gestattung der Veröffentlichung durch die BaFin. Einem behördlichen Bescheid, der die Gestattung entsprechend dem erklärten Ver-

---

1 *Schmitz* in Stelkens/Bonk/Sachs, § 22 VwVfG Rz. 70. Zum Meinungsstreit über das Ende eines Verwaltungsverfahrens *Stelkens/Schmitz* in Stelkens/Bonk/Sachs, § 9 VwVfG Rz. 193 ff. mwN.
2 *Sachs* in Stelkens/Bonk/Sachs, § 53 VwVfG Rz. 30.
3 *Sachs* in Stelkens/Bonk/Sachs, § 53 VwVfG Rz. 31 ff.; HessVGH v. 7.12.1994 – 4 TH 3032/94, DVBl 1995, 525.

zicht aufhebt oder beschränkt, kommt danach lediglich deklaratorische Bedeutung zu[1].

b) Einwirkungsmöglichkeiten auf die erteilte Gestattung nach der Veröffentlichung

Auf Grund der Konzeption des VermAnlG, das die einmalige Schaffung einer Informationsgrundlage für das Anlegerpublikum in Form des Verkaufsprospekts vorsieht, **verbraucht sich die Gestattung der Veröffentlichung mit derselben**. Ein Verzicht auf die Gestattung der Veröffentlichung kommt mangels noch bestehender Rechtsposition nicht mehr in Betracht. 48

Dem Anbieter eröffnet sich auch nicht die Möglichkeit des **Wiederaufgreifens des Hinterlegungsverfahrens**. Wegen der mit der Gestattung der Veröffentlichung eines Verkaufsprospekts erfolgten Erweiterung der Rechtsposition des Anbieters fehlt es mangels Betroffenheit in einem Recht an der Zulässigkeit eines solchen Antrags[2]. 49

Eine **erneut begehrte Entscheidung** über die Gestattung der Veröffentlichung des Verkaufsprospekts der ursprünglichen Vermögensanlage entspricht ihrem Regelungsgehalt nach der Erstentscheidung. Denn die Änderungen von Tatsachen und Gegebenheiten seit der Veröffentlichung des Verkaufsprospekts zu den im Verkaufsprospekt aufgeführten Angaben und Umständen betreffen den materiellen Inhalt des Verkaufsprospekts und beeinflussen daher die formale Vollständigkeit des Verkaufsprospekts als Grundlage der Entscheidung über die Gestattung der Veröffentlichung bzw. berühren das Recht zur Veröffentlichung des Verkaufsprospekts nicht. Eventuelle Nachteile für den Markterfolg der Vermögensanlage durch die Erweiterung der Informationsgrundlage von Verkaufsprospekten über Nachträge rechtfertigen keine andere Sichtweise. 50

§ 8a
Gültigkeit des Verkaufsprospekts

Ein Verkaufsprospekt ist nach seiner Billigung zwölf Monate lang für öffentliche Angebote gültig, sofern er um die nach § 11 erforderlichen Nachträge ergänzt wird.

In der Fassung vom 3.7.2015 (BGBl. I 2015, S. 1114).

---

1 BVerwG v. 15.12.1989 – 4 C 36/86, BVerwGE 84, 209 = DÖV 1990, 479; VGH Baden-Württemberg v. 10.11.1999 – 3 S 1120/92, DVBl 1994, 707.
2 Vgl. *Kopp/Ramsauer*, § 51 VwVfG Rz. 10; *Sachs* in Stelkens/Bonk/Sachs, § 51 VwVfG Rz. 17.

Schrifttum: *Bußalb/Vogel*, Das Kleinanlegerschutzgesetz: Neue Pflichten für Anbieter und Emittenten von Vermögensanlagen, WM 2015, 1733 (Teil I); *Stelkens/Bonk/Sachs* (Hrsg.), Kommentar zum Verwaltungsverfahrensgesetz, 8. Aufl. 2014; *Schleifer*, Publizität und Prüfung von Verkaufsprospekten geschlossener Fonds, 2010. Siehe auch Einl. VermAnlG.

I. Normentwicklung und Regelungsgehalt	1	III. Rechtsfolgen	15
II. Einzelheiten	3		

I. Normentwicklung und Regelungsgehalt

1 Die **Einfügung von § 8a in das VermAnlG** geht auf Art. 2 Nr. 8 des Kleinanlegerschutzgesetzes[1] zurück. Vorbild der Vorschrift ist § 9 WpPG[2].

2 Die Regelung enthält eine Nebenbestimmung kraft Gesetzes in Form einer **auflösenden Befristung**[3]. Die Billigung eines Verkaufsprospekts als Verwaltungsakt iS des § 8 VermAnlG als Voraussetzung zur Veröffentlichung eines Verkaufsprospekts und eines nachfolgenden öffentlichen Angebots einer Vermögensanlage wird kraft Gesetzes durch die gesetzliche Befristung inhaltlich modifiziert. Die Regelung führt eine zeitliche Begrenzung der Verwendbarkeit von Verkaufsprospekten für öffentliche Angebote von maximal zwölf Monaten ein.

II. Einzelheiten

3 Die Modifikation **erhöht** die abstrakte **Verlässlichkeit** der Angaben eines Verkaufsprospekts für das Anlegerpublikum über deren **Aktualität**. Der Gesetzgeber gewichtet nunmehr das öffentliche Interesse, nach einer angemessenen Zeit die Übereinstimmung der ursprünglichen vom Anbieter der Vermögensanlage bereitgestellten Informationsbasis für die Anleger anhand der rechtlichen Anforderungen erneut zu überprüfen, höher und stellt dem gegenüber das Interesse des Anbieters an einer unbegrenzten Nutzbarkeit eines Verkaufsprospekts zurück[4]. Die Regelung modifiziert das ursprüngliche Leitbild des VermAnlG, dem Anlegerpublikum für eine Vermögensanlage einmalig eine primäre und hinreichende Informationsbasis in Gestalt eines Verkaufsprospekts zu gewährleisten, wodurch sich diese Informationsverpflichtung des Anbieters grundsätzlich mit der Veröffentlichung des Verkaufsprospekts erschöpft[5].

4 Das neue Gültigkeitsregime soll gewährleisten, dass ein öffentliches Angebot mittels eines Vermögensanlagen-Verkaufsprospekts nur mit aktuellen Angaben möglich

---

1 Kleinanlegerschutzgesetz vom 3.7.2015, BGBl. I 2015, S. 1114.
2 RegE Kleinanlegerschutzgesetz, BT-Drucks. 18/3994, S. 43.
3 Vgl. *Stelkens* in Stelkens/Bonk/Sachs, § 36 VwVfG Rz. 33 ff.
4 Vgl. OVG Nordrhein-Westfalen v. 28.8.2002 – 10 B 1641/02.
5 Siehe *Assmann/Lenz/Ritz*, § 8f VerkProspG Rz. 98, 153.

ist[1]. Ein **allgemeines Aktualisierungsgebot** ist damit grundsätzlich **nicht** verbunden. Von iS des § 11 Abs. 1 VermAnlG nachtragspflichtigen Ereignissen abgesehen, ist die Aktualität der im Verkaufsprospekt enthaltenen Angaben erst jeweils in den Neuauflagen der Verkaufsprospekte sicherzustellen[2].

Die **Befristung** der Gültigkeitsdauer eines Verkaufsprospekts auf zwölf Monate ist eine Grundregel. Die **Gültigkeitsdauer** von zwölf Monaten bestimmt sich nach den allgemeinen Vorschriften der §§ 187 ff. BGB. Der Fristbeginn knüpft an das Ereignis der Billigung des Verkaufsprospekts durch die BaFin (siehe dazu § 8 VermAnlG Rz. 18 ff.) an. Nach § 188 Abs. 2 BGB endet die Frist mit dem Ablauf des Tages des letzten Monats, welcher durch seine Zahl dem Tag entspricht, in den das Ereignis fällt.

Das **Datum** des Verkaufsprospekts bzw. das Datum seiner Veröffentlichung besitzen für die Fristberechnung der Gültigkeitsdauer **keine Relevanz**.

Das Bestehen der Gültigkeit des Verkaufsprospekts ist an die Erfüllung der **Nachtragspflicht** nach § 11 Abs. 1 VermAnlG gekoppelt (siehe dazu § 11 VermAnlG Rz. 2 ff.; aA *Seitz*, § 9 WpPG Rz. 33). Der unterlassene Nachtrag ergänzender Angaben in Gestalt wichtiger neuer Umstände oder wesentlicher Unrichtigkeiten in den Angaben verkürzt die allgemeine Gültigkeitsdauer und beendet die Gültigkeit des Verkaufsprospekts der laufenden Emission[3].

Für die Bestimmung des **Zeitpunkts der Ungültigkeit** ist eine Auslegung des VermAnlG notwendig. Der Zeitpunkt lässt sich nicht direkt aus dem Wortlaut des Gesetzes ableiten. Der Eintritt eines nachtragspflichtigen Ereignisses führt zu einer Nachtragspflicht iS des § 11 Abs. 1 VermAnlG, verpflichtet den Anbieter aber nicht ausdrücklich, konkret zu handeln (insofern wie hier: *Seitz*, § 9 WpPG Rz. 36). Trotzdem ist die Frist zur Einreichung eines Nachtrags nicht zur freien Disposition des Anbieters gestellt. Vielmehr ist eine zeitnahe Information geboten[4].

Die **Bestimmung des Zeitpunkts** erfordert in einem **ersten Schritt** zunächst eine objektive Feststellung über den tatsächlichen **Eintritt** eines nachtragspflichtigen Ereignisses bzw. der tatsächlichen Kenntnis des Anbieters über eine einen Nachtrag begründende Unrichtigkeit einer Angabe im Verkaufsprospekt (siehe dazu auch § 11 VermAnlG Rz. 3 ff.)[5]. Dieser ermittelte Zeitpunkt reicht zur Bestimmung des Eintritts der Ungültigkeit des Verkaufsprospekts allein jedoch nicht aus. Der Gesetzeswortlaut des § 8a VermAnlG sieht vor, dass der Verkaufsprospekt seine Gültigkeit

---

1 RegE Kleinanlegerschutzgesetz, BT-Drucks. 18/3994, S. 43.
2 RegE Kleinanlegerschutzgesetz, BT-Drucks. 18/3994, S. 44.
3 Vgl. eindeutige Formulierung in RegE Kleinanlegerschutzgesetz, BT-Drucks. 18/3994, S. 44.
4 *Schleifer*, Publizität und Prüfung von Verkaufsprospekten geschlossener Fonds, S. 88.
5 Der zeitliche Eintritt eines neuen Umstands bestimmt sich in Anlehnung an die Grundsätze der Konkretheit einer Information, vgl. § 16 WpPG Rz. 72.

mit der Ergänzung durch einen Nachtrag behält. Daher gilt für das Nachtragsverfahren der Verkaufsprospekt weiter als gültig[1].

10 In einem **zweiten Schritt** ist daher auf die **Reaktion und Reaktionszeit** des Anbieters auf die Kenntnis der Nachtragspflicht abzustellen. Die Ungültigkeit des Verkaufsprospekts tritt dann ein, wenn der Anbieter während der Laufzeit des öffentlichen Angebots nicht, nicht rechtzeitig oder nicht richtig das Nachtragsverfahren durchführt und beendet:

– Reagiert der Anbieter trotz Verpflichtung zu einem Nachtrag überhaupt nicht, so endet die Gültigkeit des Verkaufsprospekts mit dem Ablauf des Tages des nachtragspflichtigen Ereignisses, § 187 Abs. 1 BGB[2].

– Reagiert der Anbieter nicht unverzüglich nach Eintritt des nachtragspflichtigen Ereignisses, so endet die Gültigkeit des Verkaufsprospekts ebenfalls mit dem Ablauf des Tages, an dem das nachtragspflichtige Ereignis entstanden ist, § 187 Abs. 1 BGB. Diese Sichtweise ermöglicht es der BaFin, gegen Missstände in der Einhaltung der Nachtragspflicht vorgehen zu können, um die Aktualität der Angaben im Verkaufsprospekt für das Anlegerpublikum zu gewährleisten[3]. Zwar sieht § 11 Abs. 1 VermAnlG keine Frist vor, um ein Nachtragsverfahren bei der BaFin einzuleiten, jedoch ergibt sich aus Sinn und Zweck der Vorschrift, dass die Vorlage des Nachtrags bei der BaFin nur rechtzeitig ist, wenn diese ohne schuldhaftes Zögern von Seiten des Anbieters im Sinne einer angemessenen Prüf- und Überlegungsfrist erfolgt[4]. Ansonsten wäre der Zweck der Aktualisierungspflicht von Angaben des Verkaufsprospekts über einen Nachtrag gefährdet[5]. Die Einführung des Billigungsverfahrens für Nachträge dient einer Ausweitung des Anlegerschutzes mittels der Einführung eines vor Veröffentlichung der Informationen im Nachtrag zu durchlaufenden behördlichen Prüfverfahrens und einer Ausweitung des Prü-

---

1 Auch § 11 Abs. 2 VermAnlG unterstützt diese Sichtweise, da diese Regelung nur eine spezielle Widerrufsmöglichkeit für den Zeitraum des Nachtragsverfahrens vorsieht, ansonsten aber von einem öffentlichen Angebot auf der Grundlage eines gültigen Verkaufsprospekts ausgeht.
2 Insofern missverständlich: RegE Kleinanlegerschutzgesetz, BT-Drucks. 18/3994, S. 44. Die Begründung suggeriert, dass es auf den Zeitpunkt der Vorlage des Nachtrags bei der BaFin ankommt. Dieser ist jedoch nicht zwingend identisch mit dem nachtragsauslösenden Ereignis, sondern wird in der Regel auf einen späteren Zeitpunkt fallen.
3 RegE Kleinanlegerschutzgesetz, BT-Drucks. 18/3994, S. 43 f.
4 Die Unverzüglichkeit ist nur im Rahmen der Veröffentlichungspflichten des Nachtrags ausdrücklich erwähnt, § 11 Abs. 1 Satz 5 VermAnlG. Der Gesetzgeber geht jedoch auch bei Verkaufsprospekten von einer unverzüglichen Einreichung eines Nachtrags bei der BaFin bei Vorliegen eines nachtragspflichtigen Umstands aus. Dies ergibt sich aus der gesetzgeberischen Sichtweise im Verhältnis zu § 15 WpHG aF, der selbst eine unverzügliche Veröffentlichungspflicht bestimmter Informationen vorsah und die Verzögerung einer Veröffentlichung des Nachtrags gegenüber einer Information nach § 15 WpHG aF allein aufgrund des laufenden Verfahrens zur Billigung des Nachtrags annahm, vgl. Begr. zu § 16 WpPG, RegE Prospektrichtlinie-Umsetzungsgesetz, BT-Drucks. 15/4999, S. 36.
5 RegE Kleinanlegerschutzgesetz, BT-Drucks. 18/3994, S. 43 f.

fungsmaßstabs (siehe dazu auch § 11 VermAnlG Rz. 2 ff.)[1]. Bestehen bleibt der Grundsatz der Publizitätspflichten für den Anbieter nach dem VermAnlG, dem Anleger die notwendigen und rechtlichen Angaben zum Zeitpunkt seiner Anlageentscheidung vollständig sowie kohärent und verständlich zur Verfügung gestellt zu haben. Dies gilt auch für nachtragspflichtige Ereignisse.

– Wird das Nachtragsverfahren vom Anbieter nicht vollständig bis zur Veröffentlichung durchgeführt, endet die Gültigkeit des Verkaufsprospekts zu dem jeweiligen Zeitpunkt, in dem das Verfahren endgültig abgebrochen ist. In Betracht kommt zB der Zeitpunkt der Erteilung der Billigung, wenn der Anbieter den Nachtrag dann nicht mehr veröffentlicht.

Die Auslösung der Pflicht zur Information des Anlegerpublikums bei einem öffentlichen Angebot einer Vermögensanlage durch einen Verkaufsprospekt und die Gültigkeitsdauer eines Verkaufsprospekts stehen in enger **Wechselwirkung** zueinander. Die Verwendbarkeit eines nach den Regelungen des VermAnlG gebilligten und veröffentlichten Verkaufsprospekts ist im Rahmen der Gültigkeitsdauer grundsätzlich universal. Die Regelungen nach § 6 Alt. 2 und § 2 Abs. 1 Nr. 5 VermAnlG nehmen prospektpflichtige Ereignisse, die sich als erneutes oder fortgesetztes öffentliches Angebot der Vermögensanlage darstellen, von einer erneuten Prospektpflicht aus. Dies gilt unabhängig von der Person des Anbieters und davon, auf welchem Marktsegment (Primär- oder Sekundärmarkt der Vermögensanlage) dieser tätig ist[2]. 11

Keine Wechselwirkung weist die Gültigkeitsdauer des Verkaufsprospekts mit dem Zeitraum der Prospekthaftung auf. Diese Fristen beruhen auf eigenständigen Regelungen und laufen unabhängig voneinander (vgl. § 9 WpPG Rz. 17). 12

Dem Gebot der Formen- und Verfahrensklarheit folgend sollte die BaFin die Anbieter in der Billigung oder auf andere Weise auf die gesetzliche Nebenbestimmung aufgrund der Änderung der bisherigen Rechtslage hinweisen[3]. Auch wenn diesem **Hinweis** nur eine deklaratorische Wirkung zukommt, lassen sich so Streitigkeiten durch Fehlvorstellungen beim Adressaten der Billigung bei unklaren Formulierungen in der Billigung vermeiden[4]. 13

Ein **Rechtsschutzinteresse** an einem Verlängerungsantrag bei der BaFin besteht bereits vor Ablauf der erteilten Billigung. Eine rückwirkende Erteilung oder eine Fortbestandsfiktion der ursprünglich erteilten Billigung sieht das VermAnlG nicht vor. Der Antrag muss deutlich erkennen lassen, dass das **Begehren** auf die Billigung ei- 14

---

1 Begr. RegE Gesetz zur Novellierung des Finanzanlagenvermittler- und Vermögensanlagenrechts, BT-Drucks. 17/6051, S. 30, BT-Drucks. 17/7453, S. 69 und 72.
2 VG Frankfurt/M. v. 25.2.2013 – 9 K 3960/12.F. Zu beachten ist, dass die Vermittlung von bestimmten Anteilen an geschlossenen Fonds auf dem Sekundärmarkt den Tatbestand einer Erlaubnispflicht nach dem KWG erfüllt. Die Ausnahmevorschrift des § 2 Abs. 6 Satz 1 Nr. 8 KWG kann ab 31.12.2016 nur von Anbietern auf dem Primärmarkt geltend gemacht werden, vgl. Begr. RegE 1. FiMaNoG, BT-Drucks. 18/8099, S. 110 (zu Art. 4 Nr. 2).
3 *Stelkens* in Stelkens/Bonk/Sachs, § 36 VwVfG Rz. 34.
4 Vgl. *Stelkens* in Stelkens/Bonk/Sachs, § 36 VwVfG Rz. 33 f.

nes Anschlussprospekts gerichtet ist[1]. Der Zeitraum für eine Antragstellung auf Verlängerung der Billigung richtet sich nach Umfang und Komplexität des Verkaufsprospekts. Als angemessen wird ein Zeitraum zwischen zwei und drei Monaten vor dem Auslaufen der Gültigkeit des Verkaufsprospekts angesehen[2]. Die Billigung ist dann mit der Bedingung der Wirksamkeit am dem Ende der vorherigen Billigung folgenden Tag auszusprechen[3].

III. Rechtsfolgen

15 Die BaFin **untersagt** beim Vorliegen von entsprechenden Anhaltspunkten das öffentliche Angebot gemäß § 18 Abs. 1 Nr. 2 Alt. 2 VermAnlG.

16 Das Anbieten einer Vermögensanlage mit einem **ungültigen Verkaufsprospekt** löst **keine Ordnungswidrigkeit** aus. Der einzig in Frage kommende Tatbestand des § 29 Abs. 1 Nr. 1a VermAnlG führt § 8a VermAnlG in seinem Wortlaut nicht auf. Ein Verkaufsprospekt selbst ist jedoch gegeben. Die Pflicht zur Veröffentlichung nach den Regelungen des VermAnlG war zumindest ursprünglich erfüllt. Eine Erweiterung des Bußgeldtatbestands des § 29 Abs. 1 Nr. 1a VermAnlG dahingehend, dass über die Formulierung der Ausnahme von der Prospektpflicht des § 6 VermAnlG ein gültiger Verkaufsprospekt nach den Vorschriften dieses Gesetzes bereits veröffentlicht worden ist, über einen Umkehrschluss auch ein später ungültig gewordener Verkaufsprospekt in den Tatbestand der Ordnungswidrigkeit hineingelesen werden kann, verletzte Art. 103 Abs. 2 GG. Der Gesetzgeber ist verpflichtet, die Voraussetzungen einer Bußgeldbewehrung so konkret zu umschreiben, dass die Tragweite des Tatbestands der Ordnungswidrigkeit zu erkennen ist bzw. diese sich durch Auslegung ermitteln lässt[4]. Legt eine Sanktionsnorm das bewehrte Verhalten nicht selbst fest, sondern verweist auf eine verwaltungsrechtliche Vorschrift, müssen beide Vorschriften in ihrer Gesamtheit sowie ihre Auslegung und Anwendung im Einzelfall den verfassungsrechtlichen Vorgaben genügen[5]. Im Übrigen sind Sanktionsnormen restriktiv auszulegen. Maßgebend ist der objektivierte Wille des Gesetzgebers, wie er sich aus dem Wortlaut der Vorschrift und dem Sinnzusammenhang ergibt[6].

17 Das öffentliche Angebot einer Vermögensanlage mit einem ungültigen Verkaufsprospekt birgt das Risiko einer **Prospekthaftung**, siehe §§ 20, 21 VermAnlG (vgl. auch § 9 WpPG Rz. 75).

---

1 Vgl. OVG Nordrhein-Westfalen v. 24.7.2009 – 18 B 1661/08.
2 *Bußalb/Vogel*, WM 2015, 1733 (1737, insb. Fn. 22).
3 Vgl. Hessischer VGH v. 16.6.2010 – 6 A 2243/09.
4 BVerfG v. 17.11.2009 – 1 BvR 2717/08 – Rz. 16.
5 BVerfG v. 5.5.1987 – 1 BvR 1113/85, BVerfGE 75, 329 (340 ff.) = MDR 1987, 903; BVerfG v. 24.11.1992 – 2 BvR 2033/89, BVerfGE 87, 399 (407).
6 BVerfG v. 17.11.2009 – 1 BvR 2717/08 – Rz. 18. Im Übrigen ist für die Ermittlung des Willens des Gesetzgebers auch die Begründung zum RegE nicht weiterführend. Erwähnt wird allein das durch den Verlust der Gültigkeit entstehende Sachentscheidungsinteresse an einer erneuten Billigung des Verkaufsprospekts, Begr. RegE, BT-Drucks. 18/4708, S. 65.

In Betracht kommt des Weiteren eine **Haftung des Prospektverantwortlichen** nach § 823 Abs. 2 BGB iVm. § 264a StGB. Ein Verstoß gegen § 8a VermAnlG begründet jedoch mangels Schutzgesetzeigenschaft **keine deliktische Haftung** (vgl. § 9 WpPG Rz. 76). 18

§ 9
Frist und Form der Veröffentlichung

(1) Der Verkaufsprospekt muss mindestens einen Werktag vor dem öffentlichen Angebot nach Maßgabe des Absatzes 2 Satz 1 und 2 veröffentlicht werden.

(2) Der Verkaufsprospekt ist in der Form zu veröffentlichen, dass er

1. auf der Internetseite des Anbieters und im Bundesanzeiger veröffentlicht wird oder

2. auf der Internetseite des Anbieters veröffentlicht und bei den im Verkaufsprospekt benannten Zahlstellen zur kostenlosen Ausgabe bereitgehalten wird; dies ist im Bundesanzeiger bekannt zu machen.

Werden Vermögensanlagen über ein elektronisches Informationsverbreitungssystem angeboten, ist der Verkaufsprospekt auch in diesem zu veröffentlichen; in dem Angebot ist auf die Fundstelle im elektronischen Informationsverbreitungssystem hinzuweisen. Der Anbieter hat der Bundesanstalt Datum und Ort der Veröffentlichung unverzüglich schriftlich mitzuteilen.

In der Fassung vom 6.12.2011 (BGBl. I 2011, S. 2481), zuletzt geändert durch das Kleinanlegerschutzgesetz vom 3.7.2015 (BGBl. I 2015, S. 1114).

Schrifttum: *Lenz/Ritz*, Die Bekanntmachung des Bundesaufsichtsamts für den Wertpapierhandel zum Wertpapier-Verkaufsprospektgesetz und zur Verordnung über Wertpapier-Verkaufsprospekte, WM 2000, 908; *Ritz*, Die Änderungen verkaufsprospektrechtlicher Vorschriften im Jahr 2002 und aufsichtsrechtliche Praxis, AG 2002, 662. Siehe im Übrigen Einl. VermAnlG und das Allgemeine Schrifttumsverzeichnis.

I. Regelungsgegenstand und Normentwicklung		2. Veröffentlichungsformen (§ 9 Abs. 2 Satz 1 VermAnlG)	11
1. Regelungsgegenstand	1	3. Zusätzliche Veröffentlichungspflichten bei elektronischem Angebot (§ 9 Abs. 2 Satz 2 VermAnlG)	13
2. Normentwicklung	2		
II. Veröffentlichungsfrist (§ 9 Abs. 1 VermAnlG)	3	4. Mitteilungspflicht über die Veröffentlichung (§ 9 Abs. 2 Satz 2 VermAnlG)	20
III. Veröffentlichung des Verkaufsprospekts (§ 9 Abs. 2 VermAnlG)		IV. Verstoß gegen die Veröffentlichungs- und Mitteilungspflichten	24
1. Wahl der Veröffentlichungsform (§ 9 Abs. 2 Satz 1 VermAnlG)	9		

I. Regelungsgegenstand und Normentwicklung

1. Regelungsgegenstand

1 **Gegenstand der Vorschrift** sind **Frist und Form der Veröffentlichung** des Verkaufsprospekts: In Abs. 1 regelt sie den Zeitpunkt und in Abs. 2 die Art und Weise, in welcher der Verkaufsprospekt zu veröffentlichen ist. Wie in § 14 WpPG setzt der Gesetzgeber – dem im wesentlichen übernommenen § 9 VerkProspG folgend[1] – auch in § 9 VermAnlG auf Anlegerschutz durch Publizität in Gestalt der Veröffentlichung des Prospekts in einer Frist, die es dem Anleger ermöglichen soll, den Verkaufsprospekt vor Abgabe des Angebots in ausreichender Weise zur Kenntnis zu nehmen[2].

2. Normentwicklung

2 § 9 VermAnlG „übernimmt mit leichten redaktionellen Änderungen und unter Berücksichtigung der durch § 2 [VermAnlG] eingeführten Definition der Vermögensanlagen den Wortlaut des aufzuhebenden § 9 des Verkaufsprospektgesetzes"[3]. Geringfügig geändert wurde § 9 VermAnlG durch Art. 4 Nr. 1 des Gesetzes zur Änderung der Gewerbeordnung und anderer Gesetze vom 5.12.2012 (BGBl. I 2012, S. 2415), indem in § 9 Abs. 2 Satz 1 Nr. 1 und 2 VermAnlG (in seiner ursprünglichen, auf Art. 1 des Gesetzes zur Novellierung des Finanzanlagenvermittler- und Vermögensanlagenrechts vom 6.12.2011 beruhenden Fassung[4]), jeweils das Wort „elektronischen" gestrichen wurde. Seine zweite und letzte Änderung hat § 9 VermAnlG durch Art. 2 Nr. 10 des Kleinanlegerschutzgesetzes vom 3.7.2015[5] erfahren, indem § 9 Abs. 2 Satz 1 Nr. 1 und Nr. 2 VermAnlG ihre heutige Fassung erhielten. Mit der Änderung sollte erreicht werden, „dass Anbieter den Vermögensanlagen-Verkaufsprospekt stets auch auf ihrer Internetseite zugänglich machen müssen, wenn sie eine solche Internetseite eingerichtet haben"[6].

II. Veröffentlichungsfrist (§ 9 Abs. 1 VermAnlG)

3 Der Verkaufsprospekt muss **mindestens einen Werktag vor dem öffentlichen Angebot** in der in § 9 Abs. 2 Sätze 1 und 2 VermAnlG vorgeschriebenen Form veröffentlicht werden (§ 9 Abs. 1 VermAnlG).

---

1 RegE Gesetz zur Novellierung des Finanzanlagenvermittler- und Vermögensanlagenrechts, BT-Drucks. 17/6051 v. 6.6.2011, S. 1 (33). Siehe auch unten Rz. 2.
2 Begr. RegE VerkProspG, BT-Drucks. 11/6340 v. 1.2.1990, S. 14.
3 RegE Gesetz zur Novellierung des Finanzanlagenvermittler- und Vermögensanlagenrechts, BT-Drucks. 17/6051 v. 6.6.2011, S. 1 (33). Die Aufhebung des VerkProspG erfolgte durch Art. 2 des Gesetzes zur Novellierung des Finanzanlagenvermittler- und Vermögensanlagenrechts v. 6.12.2011, BGBl. I 2011, S. 2481.
4 BGBl. I 2011, S. 2481.
5 BGBl. I 2015, S. 1114.
6 RegE Kleinanlegerschutzgesetz, BT-Drucks. 18/3994 v. 11.2.2015, S. 1 (44).

Schon im Hinblick auf die Anwendung des mit § 9 Abs. 1 VermAnlG wortgleichen 4
§ 9 Abs. 1 VerkProspG war die gesetzeskonforme **Berechnung der Veröffentlichungsfrist umstritten**. Bis zur Änderung des VerkProspG und der Einführung des WpPG durch das Prospektrichtlinie-Umsetzungsgesetz vom 22.6.2005[1] hat sich die BaFin, entsprechend der bis dahin herrschenden Meinung[2], bei der Fristenberechnung rechtskonform an § 31 Abs. 1 VwVfG und §§ 187–193 BGB ausgerichtet. Dabei hat sie gemäß § 187 Abs. 1 BGB den Tag der Prospektveröffentlichung nicht mitgezählt und gemäß § 188 Abs. 1 BGB das Ende der Frist auf den Ablauf des darauf folgenden Werktags festgelegt. Das bedeutete, dass zwischen der Veröffentlichung des Verkaufsprospekts und dem öffentlichen Angebot ein voller Werktag liegen musste[3]. Danach durfte bei einer Veröffentlichung des Verkaufsprospekts bspw. an einem Montag das öffentliche Angebot frühestens am folgenden Mittwoch stattfinden. Dieser Fristberechnung wurde **entgegengehalten**, sie widerspreche dem Wortlaut des § 9 Abs. 1 VerkProspG (aF). Mit der Formulierung „ein Werktag vor dem öffentlichen Angebot" sei der Werktag gemeint, der dem Werktag vorausgehe, an dem Angebot unterbreitet werde. Das folge auch daraus, dass § 31 Abs. 1 VwVfG und §§ 187 Abs. 1, 188 Abs. 1 BGB schon deshalb nicht anwendbar seien, weil es sich bei der Veröffentlichung des Verkaufsprospekts in Form der Schalterpublizität (dh. Bereithaltung bei den im Verkaufsprospekt benannten Zahlstellen und entsprechender Hinweisbekanntmachung, § 9 Abs. 2 Satz 1 Halbsatz 1 Alt. 2 VerkProspG aF) nicht um ein Ereignis iS des § 187 Abs. 1 BGB handele[4]. Die Bereithaltung des Verkaufsprospekts zur kostenlosen Abgabe sei als ein länger andauernder Zustand während der gesamten Angebotsphase anzusehen. Deshalb sei § 187 Abs. 2 BGB anwendbar[5], mit der Konsequenz, dass der Beginn des Tages, an dem der Verkaufsprospekt zur Abgabe bereitgehalten werde, für den Fristbeginn maßgeblich und deshalb mitzurechnen sei. Ferner bestimmten Art. 9 und Art. 16 der Emissionspro-

---

1 Gesetz zur Umsetzung der Richtlinie 2003/71/EG des Europäischen Parlaments und des Rates vom 4.11.2003 betreffend den Prospekt, der beim öffentlichen Angebot von Wertpapieren oder bei deren Zulassung zum Handel zu veröffentlichen ist, und zur Änderung der Richtlinie 2001/34/EG (Prospektrichtlinie-Umsetzungsgesetz) vom 22.6.2005, BGBl. I 2005, S. 1698 (1713).
2 *Hamann* in Schäfer/Hamann, § 9 VerkProspG Rz. 2; *Lenz/Ritz*, WM 2000, 908; *Ritz* in Assmann/Lenz/Ritz, § 9 VerkProspG Rz. 4 ff.
3 Ziff. VIII. der Bekanntmachung des BAWe zum Wertpapier-Verkaufsprospektgesetz (Verkaufsprospektgesetz) in der Fassung der Bekanntmachung vom 9.9.1998 (BGBl. I, 2701 ff.) und zur Verordnung über Wertpapier-Verkaufsprospekte (Verkaufsprospekt-Verordnung) in der Fassung der Bekanntmachung vom 9.9.1998 (BGBl. I, 2835 ff.) vom 6.9.1999, BAnz. Nr. 177 v. 21.9.1999, S. 16180. So auch noch die BaFin in Jahresbericht der Bundesanstalt für Finanzdienstleistungsaufsicht 2003, Mai 2004, S. 197, abrufbar unter www.bafin.de/SharedDocs/Downloads/DE/Jahresbericht/dl_jb_2003_a.pdf;jsessionid=28F5E26E5C23E8CCA1B6BC7FAD920F58.1_cid298?__blob=publicationFile&v=2.
4 So schon *Groß*, Kapitalmarktrecht, 2000, § 9 VerkProspG Rz. 5, unter Hinweis auf den Beschluss des Gemeinsamen Senats der obersten Gerichtshöfe des Bundes v. 6.7.1972 – GmS-OGB 2/71, NJW 1972, 2035, zu § 2 Abs. 6 BauGB, zur entsprechenden Regelung in § 14 Abs. 1 Satz 1 WpPG. Kritisch dagegen *Gebauer* in Kümpel/Hammen/Ekkenga, Nr. 100, S. 57.
5 So argumentiert auch *Heidelbach* in Schwark/Zimmer, § 9 VerkProspG Rz. 4.

spektrichtlinie[1], auf die in der Gesetzesbegründung[2] ausdrücklich Bezug genommen werde, der Verkaufsprospekt müsse „spätestens zum Zeitpunkt der Eröffnung des Angebots" veröffentlicht oder für das Publikum zur Verfügung gehalten werden.

5 Dagegen war und ist **zu replizieren**[3], dass Art. 9 und Art. 16 der Emissionsprospektrichtlinie nach ihrem eindeutigen Wortlaut nur den spätesten Zeitpunkt bestimmen, zu dem der Verkaufsprospekt zu veröffentlichen ist. Dies bedeutet, dass der Verkaufsprospekt auch vor dem Angebotsbeginn veröffentlicht werden kann und der nationale Gesetzgeber befugt ist, entsprechende Regelungen vorzusehen. In Deutschland wurde ausweislich der Gesetzesmaterialien ein Tag Wartezeit „zwischen" der Veröffentlichung des Verkaufsprospekts und dem öffentlichen Angebot der Vermögensanlage zugunsten der Anleger vorgesehen[4]. Andernfalls wäre das in der Gesetzesbegründung genannte Ziel[5], dem Anleger vor seiner Anlageentscheidung die Möglichkeit zu geben, vom Verkaufsprospekt Kenntnis zu nehmen, nur dann zu erreichen, wenn der Verkaufsprospekt nicht im Wege der Schalterpublizität veröffentlicht wird, sondern durch vollständigen Abdruck in den in Betracht kommenden Börsenpflichtblättern. Diese Form der Veröffentlichung wird jedoch praktisch nie gewählt, was auch dem Gesetzgeber bekannt war. Die hier kritisierte Gegenansicht gelangt aber zu unterschiedlichen Fristen, je nachdem, ob der Verkaufsprospekt im Wege der Schalterpublizität oder durch Vollabdruck in einem überregionalen Börsenpflichtblatt veröffentlicht wird. Im Falle des Vollabdrucks, bei dem es sich ganz fraglos um ein Ereignis handelt, müsste auch diese Meinung zur Anwendung des § 187 Abs. 1 BGB kommen. Dann wäre der Tag, an dem der Verkaufsprospekt abgedruckt wird, bei der Bestimmung der Frist nicht mitzurechnen. Das Angebot der Vermögensanlage dürfte demzufolge bei der Veröffentlichung durch Vollabdruck erst am zweiten Werktag danach stattfinden, während es im Falle der Schalterpublizität bereits am ersten Werktag nach Beginn des Bereithaltens erfolgen könnte. Im Hinblick darauf, dass die Anleger den Verkaufsprospekt vor Beginn des Angebots erhalten sollen, um sich informieren zu können, ist dieses Ergebnis nicht vertretbar. Es hätte außerdem zur Folge, dass dann, wenn die Anleger den Inhalt des Verkaufsprospekt sofort am Tag der Veröffentlichung zur Kenntnis nehmen können, ein längerer Zeitraum bis zum Beginn des Angebots der Vermögensanlage verstriche als in dem Fall, in dem die Anleger zumindest die Postlaufzeiten abwarten müssen, bevor sie die Möglichkeit haben, den Verkaufsprospekt zu lesen.

6 Diese Überlegungen hat die **BaFin** indes mit der Änderung des VerkProspG und der Einführung des WpPG durch das Prospektrichtlinie-Umsetzungsgesetz vom 22.6.2005[6] im Interesse einer größeren Serviceorientierung für die Emittenten über

---

1 Richtlinie v. 17.4.1989 zur Koordinierung der Bedingungen für die Erstellung, Kontrolle und Verbreitung des Prospekts, der im Falle öffentlicher Angebote von Wertpapieren zu veröffentlichen ist (sog. Emissionsprospektrichtlinie), ABl. EG Nr. L 124 v. 5.5.1989, S. 8.
2 RegE VerkProspG, BT-Drucks. 11/6340 v. 1.2.1990, S. 14.
3 *Ritz* in Assmann/Lenz/Ritz, § 9 VerkProspG Rz. 6 f.
4 RegE 3. FFG, BT-Drucks. 13/8933 v. 6.11.1997, S. 87 und 88.
5 RegE VerkProspG, BT-Drucks. 11/6340 v. 1.2.1990, S. 14.
6 BGBl. I 2005, S. 1698.

Bord geworfen. Sie vertritt seither die Ansicht, zwischen Veröffentlichung des Verkaufsprospekts und dem Beginn des Angebots der Vermögensanlagen brauche **kein ganzer Werktag** zu liegen und das Angebot könne am Werktag nach der Veröffentlichung des Prospekts am vorausgegangenen Werktag beginnen[1]. Diese Praxis ist nicht gesetzeskonform[2], auch wenn sie mit der rechtspolitischen Überlegung gerechtfertigt werden kann, dass der Anleger durch die Möglichkeit, den veröffentlichten Prospekt mindestens einen vollen Werktag zur Kenntnis nehmen zu können, ohnehin nicht profitiert, weil in den seltensten Fällen die nur mehr oder weniger zufällig wahrgenommene Veröffentlichung des Prospekts, sondern regelmäßig erst das ihn erreichende Investitionsangebot Anlass zu Erkundigungen über die angebotene Vermögensanlage und damit ein Bedürfnis für die Heranziehung des Prospekts gibt. Doch wie dem auch sei: Dem gesetzgeberischen Zweck der Fristenlösung, es dem Anleger zu ermöglichen, den Verkaufsprospekt vor Abgabe des Angebots in ausreichender Weise zur Kenntnis zu nehmen, ist mit der neuen Praxis nicht gedient[3].

Unbestritten ist, dass der **Samstag ein Werktag** ist[4]. Bei der Fristberechnung nach § 9 Abs. 1 VermAnlG werden nur bundeseinheitlich festgelegte **Feiertage** berücksichtigt[5]. Außer Frage steht auch, dass § 9 Abs. 1 VermAnlG die **Mindestfrist** festlegt, die zwischen Prospektveröffentlichung und öffentlichem Angebot liegen muss, weshalb der Verkaufsprospekt auch früher als einen Werktag vor dem öffentlichen Angebot veröffentlicht werden kann[6]. 7

Im Übrigen **beginnt die Frist**, nach deren Ablauf frühestens mit dem Angebot begonnen werden darf, **erst zu laufen**, wenn die letzte der nach § 9 Abs. 2 Satz 1 Nr. 1 (Veröffentlichung auf der Internetseite des Anbieters *und* im Bundesanzeiger) oder 8

---

1 Im Informationsblatt der *BaFin* „Wie ist der Verkaufsprospekt zu veröffentlichen?" hieß es: „Der Verkaufsprospekt muss mindestens einen Werktag vor dem öffentlichen Angebot gemäß § 9 Abs. 2 Verkaufsprospektgesetz veröffentlicht werden. Beispiel: Bei einer Veröffentlichung an einem Montag können frühestens am Dienstag die Vermögensanlagen öffentlich angeboten werden." Die gleichen Ausführungen finden sich auch noch heute im Dokument „Häufig gestellte Fragen zu Prospekten für Vermögensanlagen" unter Nr. 4 „Wie ist der Verkaufsprospekt zu veröffentlichen?", Stand 28.12.2015, www.bafin.de/SharedDocs/Veroeffentlichungen/DE/FAQ/faq_1205_vermoegensanlageng.html?nn=2798666#doc2903200bodyText4. Folgend *Groß*, Kapitalmarktrecht, § 9 WpPG Rz. 4; *Berrar* in FrankfurtKomm. WpPG, § 14 WpPG Rz. 15 (ohne Stellungnahme); *Bruchwitz* in Arndt/Voß, § 9 VerkProspG Rz. 10 (ohne Stellungnahme); *Ding* in Heidel, § 14 WpPG Rz. 4; *Preuße* in Holzborn, § 14 WpPG Rz. 8. Auch *Kunold* in den Erläuterungen zu § 14 WpPG Rz. 9.
2 So auch *Ritz/Voß* in Just/Voß/Ritz/Zeising, § 14 WpPG Rz. 19.
3 Ebenso *Ritz/Voß* in Just/Voß/Ritz/Zeising, § 14 WpPG Rz. 19.
4 Siehe schon *BaFin*, Bekanntmachung v. 6.9.1999, BAnz. Nr. 177 v. 21.9.1999, S. 16180 zu VII.1.; *BaFin*, Die Prospektpflicht und das Verfahren im Überblick, www.bafin.de/DE/Aufsicht/Prospekte/Vermoegensanlagen/Verfahren/verfahren_artikel.html, unter „Prüfung durch die BaFin". Siehe auch § 8 VermAnlG Rz. 26. Soll der Samstag ausnahmsweise nicht als Werktag gelten, ist dies im Gesetz vermerkt, wie etwa in § 9 Abs. 1 Satz 1 WpHG. Ebenso *Bruchwitz* in Arndt/Voß, § 9 VerkProspG Rz. 11. **AA** *Carl/Machunsky*, Der Wertpapier-Verkaufsprospekt, 1992, S. 62.
5 *BaFin*, Bekanntmachung v. 6.9.1999, BAnz. Nr. 177 v. 21.9.1999, S. 16180, Ziff. VIII.
6 Schon *Jens Hüffer*, Das Wertpapier-Verkaufsprospektgesetz, 1996, S. 68.

Satz 1 Nr. 2 VermAnlG (Veröffentlichung auf der Internetseite des Anbieters *und* Bereithaltung bei den im Verkaufsprospekt benannten Zahlstellen zur kostenlosen Ausgabe) vorgeschriebenen Veröffentlichungen erfolgt ist[1]. Im letzteren Falle beginnt die Frist des § 9 Abs. 1 VermAnlG nicht bereits mit der Bereithaltung des Verkaufsprospekts bei den Zahlstellen, sondern erst mit der Veröffentlichung der Hinweisbekanntmachung im Bundesanzeiger nach § 9 Abs. 2 Satz 1 Nr. 2 VermAnlG zu laufen.

III. Veröffentlichung des Verkaufsprospekts (§ 9 Abs. 2 VermAnlG)

1. Wahl der Veröffentlichungsform (§ 9 Abs. 2 Satz 1 VermAnlG)

9 Nach **§ 9 Abs. 2 Satz 1 VermAnlG** hat der nach § 6 VermAnlG prospektpflichtige Anbieter die **Wahl**, zwischen der Veröffentlichung des Verkaufsprospekts auf der Internetseite des Anbieters *und* im Bundesanzeiger oder auf der Internetseite des Anbieters *und* der Bereithaltung des Verkaufsprospekts bei den in diesem benannten Zahlstellen zur kostenlosen Ausgabe. Bei der letztgenannten Veröffentlichungsform kommt allerdings hinzu, dass (auch) diese im Bundesanzeiger bekannt zu machen ist (§ 9 Abs. 2 Satz 1 Nr. 2 Halbsatz 2 VermAnlG).

10 **§ 9 Abs. 2 Satz 2 VermAnlG** eröffnet *keine Veröffentlichungsalternative*, sondern ordnet nur an, dass für den Fall des Vertriebs der Vermögensanlagen über ein elektronisches Informationsverbreitungssystem der Verkaufsprospekt auch in diesem zu veröffentlichen ist und in dem Angebot im elektronischen Informationsverbreitungssystem auf die entsprechende Fundstelle des Prospekts in demselben hinzuweisen ist.

2. Veröffentlichungsformen (§ 9 Abs. 2 Satz 1 VermAnlG)

11 Die erste der möglichen Formen der Veröffentlichung des Verkaufsprospekts besteht in dessen Veröffentlichung auf der Internetseite des Anbieters bei gleichzeitiger Veröffentlichung des Prospekts im Bundesanzeiger (**§ 9 Abs. 2 Satz 1 *Nr. 1*** VermAnlG). Für die Art und Weise der Veröffentlichung des Verkaufsprospekts gibt es keine gesetzlichen Vorgaben. Art. 29 der Verordnung (EG) 809/2004 der Kommission vom 29.4.2004 (kurz: EU-Prospektverordnung)[2] betrifft die Veröffentlichung eines Wertpapierprospekts im Internet nach § 14 Abs. 2 Satz 1 Nr. 3 und 4 WpPG und ist auf die Veröffentlichung von Verkaufsprospekten in elektronischer Form nicht anwendbar.

---

1 Schon *Ritz*, Die Änderungen verkaufsprospektrechtlicher Vorschriften im Jahr 2002 und aufsichtsrechtliche Praxis, AG 2002, 662 (665); auch *Bruchwitz* in Arndt/Voß, § 9 VerkProspG Rz. 12.

2 Verordnung (EG) Nr. 809/2004 der Kommission vom 29.4.2004 zur Umsetzung der Richtlinie 2003/71/EG betreffend die in Prospekten enthaltenen Angaben sowie die Aufmachung, die Aufnahme von Angaben in Form eines Verweises und die Veröffentlichung solcher Prospekte sowie die Verbreitung von Werbung, ABl. EU Nr. L 149 v. 30.4.2004 (berichtigte Fassung ABl. EU Nr. L 186 v. 18.7.2005, S. 3 ff.).

Alternativ hierzu kann der Anbieter den Verkaufsprospekt auch in der Weise veröffentlichen, dass er ihn auf seine Internetseite einstellt und gleichzeitig bei den im Verkaufsprospekt benannten Zahlstellen (zum Begriff siehe § 4 Satz 1 Nr. 4 VermVerkProspV) zur kostenlosen Ausgabe bereithält (**§ 9 Abs. 2 Satz 1** *Nr. 2* **VermAnlG**). Diese Form der Veröffentlichung des Verkaufsprospekts ist nach § 9 Abs. 2 Satz 1 Nr. 2 Halbsatz 2 VermAnlG im Bundesanzeiger bekannt zu machen. Das bedeutet, dass die Veröffentlichungsalternative nach Nr. 2 des § 9 Abs. 2 Satz 1 VermAnlG jedenfalls keine Erleichterung zu derjenigen nach Nr. 1 VermAnlG darstellt. Auch für die Art und Weise der Internetveröffentlichung nach Nr. 2 enthält das Gesetz keine Vorgaben (siehe oben Rz. 11).

3. Zusätzliche Veröffentlichungspflichten bei elektronischem Angebot (§ 9 Abs. 2 Satz 2 VermAnlG)

Keine Veröffentlichungsform des Verkaufsprospekts, sondern lediglich eine **zusätzliche Veröffentlichungspflicht** enthält § 9 Abs. 2 Satz 2 VermAnlG für den Fall, dass Vermögensanlagen über ein elektronisches Informationsverbreitungssystem angeboten werden (näher dazu unten Rz. 17). Die Vorschrift entspricht § 9 Abs. 2 Satz 2 VerkProspG in seiner durch Art. 2 des Gesetzes zur Novellierung des Finanzanlagenvermittler- und Vermögensanlagenrechts vom 6.12.2011[1] aufgehobenen Fassung.

Werden die Vermögensanlagen **über ein elektronisches Informationsverbreitungssystem angeboten**, hat der Anbieter nach § 9 Abs. 2 Satz 2 Halbsatz 1 VermAnlG den Verkaufsprospekt – über die jeweils nach § 9 Abs. 2 Satz 1 Nr. 1 oder Nr. 2 VermAnlG vorzunehmenden Veröffentlichungen hinaus – auch in diesem elektronischen Informationsverbreitungssystem selbst zu veröffentlichen. Darüber hinaus ist er verpflichtet, in dem Angebot auf die Fundstelle in dem elektronischen Informationsverbreitungssystem hinzuweisen (§ 9 Abs. 2 Satz 2 Halbsatz 2 VermAnlG) und der BaFin Datum und Ort der Veröffentlichung unverzüglich schriftlich mitzuteilen (§ 9 Abs. 2 Satz 3 VermAnlG, dazu noch unten Rz. 21 ff.).

Elektronische Informationsverbreitungssysteme iS von § 9 Abs. 2 Satz 2 VermAnlG sind alle auf die elektronische Verbreitung von Informationen an eine Vielzahl angeschlossener Benutzer angelegte Medien, die (wie sich aus § 9 Abs. 2 Satz 2 Halbsatz 2 VermAnlG im Hinblick auf die Folgepflichten einer elektronischen Angebotsverbreitung in Gestalt der Prospektveröffentlichung des Hinweises auf die „Fundstelle" ergibt) geeignet und bestimmt sind, einen Verkaufsprospekt zu kommunizieren und zumindest temporär und abrufbar zu speichern. Als ein solches elektronisches Informationsverbreitungssystem kommt vorliegend in erster Linie das Internet in Betracht[2]. Da der Gesetzgeber hier – wie etwa auch in § 5 Satz 1 Nr. 1 Wertpapierhandelsanzeige- und Insiderverzeichnisverordnung (WpAIV) den Begriff des elektronischen (oder wie in § 5 Satz 1 Nr. 1 WpAIV des elektronisch betriebenen) Informationsverbreitungssystems verwendet und, anders als in § 9 Abs. 2 Satz 1 VermAnlG oder in § 14 Abs. 3 Satz 1 Nr. 1 WpÜG, nicht den Begriff Inter-

---

[1] BGBl. I 2011, S. 2481.
[2] Vgl. auch RegE VerkProspG, BT-Drucks. 14/8017, S. 1 (110).

net, zeigt, dass vorliegend auch andere elektronische Informationsverbreitungssysteme als dieses in Betracht kommen, während er in § 14 Abs. 3 Satz 1 Nr. 1 WpÜG eine Beschränkung auf das Internet vornimmt, um die Veröffentlichung der Angebotsunterlage auf ein weit verbreitetes sowie allgemein und frei zugängliches Informationssystem zu beschränken.

16 Vorstehend angeführte Verpflichtungen bestehen auch dann, wenn das Angebot **nicht ausschließlich über ein elektronisches Informationsverbreitungssystem** erfolgt[1]. Dies gebietet der mit dem VermAnlG verfolgte Schutzzweck, da die potentiellen Anleger, die nur über das elektronische Informationsverbreitungssystem angesprochen werden, sonst keine ausreichenden Informationsmöglichkeiten hätten.

17 Die Pflicht zur Veröffentlichung des Verkaufsprospekts im elektronischen Informationsverbreitungssystem nach § 9 Abs. 2 Satz 2 VermAnlG **tritt neben die von § 9 Abs. 2 Satz 1 VermAnlG vorgeschriebenen Veröffentlichungswege** in Gestalt der Bekanntgabe und der Schalterpublizität[2]. Das ergibt sich aus der Verwendung des Wortes „auch" in § 9 Abs. 2 Satz 2 VermAnlG. Der Anbieter muss also selbst dann, wenn er die gesamte Emission über das elektronische Informationsverbreitungssystem anbietet, den Prospekt auf jeden Fall in der nach § 9 Abs. 2 Satz 1 VermAnlG zur Wahl stehenden Art und Weise veröffentlichen.

18 Angaben über die **Art und Weise der Veröffentlichung des Verkaufsprospekts** in dem elektronischen Informationsverbreitungssystem, über welches das Angebot erfolgt, enthält die Regelung in § 9 Abs. 2 Satz 2 VermAnlG nicht. Unter der Geltung von § 9 Abs. 2 Satz 2 VerkProspG aF hatte die BaFin – im Hinblick auf ein Angebot über das Internet – verlangt, die Interessenten müssten die elektronische Version des Verkaufsprospekts zügig auffinden und auch auf ihren Computer herunterladen und ausdrucken können[3]. Außer Frage steht aber, dass der im elektronischen Informationsverbreitungssystem des Angebots veröffentlichte Verkaufsprospekt mit demjenigen identisch sein muss, den die BaFin nach § 8 VermAnlG gebilligt hat.

19 Gesetzliche Vorgaben fehlen auch für die **Art und Weise**, insbesondere die Platzierung und Formulierung des erforderlichen **Hinweises** auf die Fundstelle des Verkaufsprospekts im elektronischen Informationsverbreitungssystem. Nicht ausreichend wäre es aber auf jeden Fall, wenn die Fundstelle, auf die nach § 9 Abs. 2 Satz 2 VermAnlG in dem elektronischen Angebot hinzuweisen ist, lediglich eine Information über eine Adresse enthielte, bei welcher ein Verkaufsprospekt abgeholt oder (online, per Telefon oder per Post) angefordert werden kann.

---

1 Ebenso etwa *Heidelbach* in Schwark/Zimmer, § 9 VerkProspG Rz. 15; *Ritz*, AG 2002, 662 (665).

2 Ebenso *Bruchwitz* in Arndt/Voß, § 9 VerkProspG Rz. 21; *Groß*, Kapitalmarktrecht, 4. Aufl. 2009, § 9 VerkProspG Rz. 4; *Heidelbach* in Schwark/Zimmer, § 9 VerkProspG Rz. 14; *Lenz/Ritz*, WM 2000, 904; *Ritz*, AG 2002, 662 (665).

3 Jahresbericht der Bundesanstalt für Finanzdienstleistungsaufsicht 2002, Juni 2003, S. 169, www.bafin.de/SharedDocs/Downloads/DE/Jahresbericht/dl_jb_2002_a.html. Das wurde in der Voraufl., § 9 VerkProspG Rz. 22 kritisiert, überwiegend (Nachweise ebd. Rz. 22 und Fn. 1 S. 1221) aber zustimmend aufgenommen.

4. Mitteilungspflicht über die Veröffentlichung (§ 9 Abs. 2 Satz 2 VermAnlG)

§ 9 Abs. 2 Satz 3 VermAnlG bestimmt, dass der Anbieter der BaFin **Datum und Ort der Veröffentlichung unverzüglich schriftlich mitzuteilen** hat. Die Vorschrift entspricht § 9 Abs. 2 Satz 3 VerkProspG in seiner durch Art. 2 des Gesetzes zur Novellierung des Finanzanlagenvermittler- und Vermögensanlagenrechts vom 6.12.2011[1] aufgehobenen Fassung. Da § 9 Abs. 2 Satz 3 VermAnlG der Vorschrift des § 14 Abs. 3 WpPG entspricht und mit dieser weitgehend wortgleich ist, kann – über die nachfolgenden Erläuterungen hinaus – auf die Erläuterungen zu dieser Bestimmung (§ 14 WpPG Rz. 36–39) verwiesen werden.

20

Die **Mitteilungspflicht** erstreckt sich auf sämtliche der in § 9 Abs. 2 Sätze 1 und 2 VermAnlG angeführten Veröffentlichungskomponenten, das heißt im Falle von Abs. 2 Satz 1 Nr. 1 und Nr. 2 auf die Veröffentlichung jeweils auf der Internetseite des Anbieters und im Bundesanzeiger und im Falle von Abs. 2 Satz 2 in dem elektronischen Informationsverbreitungssystem, in dem die Vermögensanlagen angeboten werden.

21

Mitzuteilen sind **Datum und Ort der Veröffentlichung**. Im Hinblick auf die Veröffentlichung des Verkaufsprospekts nach **§ 9 Abs. 2 Satz 1 VermAnlG** ist der Bundesanstalt die Webadresse mitzuteilen, unter der der Verkaufsprospekt abgerufen werden kann. Dabei hat der Anbieter auch anzugeben, ab wann der Abruf des Verkaufsprospekts unter dieser Adresse möglich ist[2], denn die Kenntnis dieses Datums ist erforderlich, um die Einhaltung der in § 9 Abs. 1 VermAnlG genannten Frist zwischen der Veröffentlichung des Verkaufsprospekts und dem Beginn des öffentlichen Angebots überprüfen zu können. In Bezug auf die Mitteilung der Veröffentlichung des Verkaufsprospekts nach **§ 9 Abs. 2 Satz 2 VermAnlG** in einem elektronisches Informationsverbreitungssystem bei einem Angebot über dieses Medium schließt die Verpflichtung zur Angabe über Datum und Ort der Veröffentlichung diejenige über die Art des elektronischen Informationsverbreitungssystems ein.

22

Für die Einhaltung der **Schriftform** genügen nach der Verwaltungspraxis der BaFin jedenfalls der Schriftform nach § 126 BGB genügende Mitteilungen und damit – anders als Mitteilungen per Telefon oder per E-Mail ohne elektronische Signatur – genügt auch die Übermittlung durch Fax (siehe § 14 WpPG Rz. 36). Als **unverzüglich** gilt auch im Kapitalmarktaufsichtsrecht, der Definition des Begriffs in § 121 BGB entsprechend[3], jede Mitteilung, die ohne schuldhaftes Zögern erfolgt, wobei hierbei – eher großzügig – ein Zeitraum von bis zu drei Tagen nach Veröffentlichung ausreichen soll (siehe § 14 WpPG Rz. 37 mwN)[4].

23

---

1 BGBl. I 2011, S. 2481.
2 *Heidelbach* in Schwark/Zimmer, § 9 VerkProspG Rz. 16; *Ritz*, AG 2002, 662.
3 Dazu ausführlich *Heidelbach* in Schwark/Zimmer, § 9 VerkProspG Rz. 17.
4 *Heidelbach* in Schwark/Zimmer, § 9 VerkProspG Rz. 17 (letzter Absatz): „im Bereich von wenigen Tagen". Für Übermittlungspflichten nach § 27 WpÜG soll nach OLG Frankfurt/M. v. 22.4.2003 – WpÜG-OWi 3/02, ZIP 2003, 2117, „in aller Regel" ein „Nachweis der Veröffentlichung innerhalb von drei Werktagen nach deren Vollzug" erwartet werden können.

IV. Verstoß gegen die Veröffentlichungs- und Mitteilungspflichten

24 Der **Verstoß gegen die Veröffentlichungs- und Mitteilungspflichten** des § 9 VermAnlG stellt eine **Ordnungswidrigkeit** dar:

– Wer vorsätzlich oder fahrlässig entgegen § 9 Abs. 1 VermAnlG, der eine fristgemäße und nach Maßgabe von § 9 Abs. 2 Sätze 1 und 2 VermAnlG vorzunehmende **Veröffentlichung** verlangt, einen Verkaufsprospekt nicht, nicht richtig, nicht vollständig, nicht in der vorgeschriebenen Weise oder nicht rechtzeitig veröffentlicht (§ 29 Abs. 1 Nr. 3 VermAnlG), handelt ordnungswidrig und kann mit einer Geldbuße bis zu 100.000 Euro belegt werden (§ 29 Abs. 3 VermAnlG).

– Ebenso handelt ordnungswidrig, wer vorsätzlich oder fahrlässig entgegen § 9 Abs. 2 Satz 3 eine Mitteilung nicht, nicht richtig, nicht vollständig, nicht in der vorgeschriebenen Weise oder nicht rechtzeitig vornimmt. Diese Ordnungswidrigkeit wird nach § 29 Abs. 3 VermAnlG mit einer Geldbuße bis zu 50.000 Euro geahndet.

§ 10
Veröffentlichung eines unvollständigen Verkaufsprospekts

Werden einzelne Angebotsbedingungen erst kurz vor dem öffentlichen Angebot festgesetzt, darf der Verkaufsprospekt ohne diese Angaben nur veröffentlicht werden, sofern er Auskunft darüber gibt, wie diese Angaben nachgetragen werden. Die nachzutragenden Angaben sind spätestens am Tag des öffentlichen Angebots entsprechend § 9 Absatz 2 Satz 1 und 2 zu veröffentlichen. Die nachzutragenden Angaben sind der Bundesanstalt spätestens am Tag ihrer Veröffentlichung zu übermitteln.

In der Fassung vom 6.12.2011 (BGBl. I 2011, S. 2481).

Schrifttum: *Hüffer*, Das Wertpapier-Verkaufsprospektgesetz, 1996; *Kullmann/Müller-Deku*, Die Bekanntmachung zum Wertpapier-Verkaufsprospektgesetz, WM 1996, 1989; *Pötzsch*, Das Dritte Finanzmarktförderungsgesetz, WM 1998, 949; *Schäfer*, Emission und Vertrieb von Wertpapieren nach dem Wertpapier-Verkaufsprospektgesetz, ZIP 1991, 1557. Siehe im Übrigen Einl. VermAnlG und das Allgemeine Schrifttumsverzeichnis.

I. Normentwicklung und Regelungsgegenstand 1	II. Voraussetzungen der Veröffentlichung eines unvollständigen Verkaufsprospekts (§ 10 Satz 1 VermAnlG) 4
	1. Einzelne Angebotsbedingungen ... 5

2. Auskunft über den Nachtrag fehlender Angaben 7
3. Gestaltung des unvollständigen Verkaufsprospekts 9
4. Übermittlung, Hinterlegung und Veröffentlichung des unvollständigen Verkaufsprospekts 10
III. Veröffentlichung nachzutragender Angaben (§ 10 Satz 2 VermAnlG) 12
IV. Übermittlung der Nachträge an die BaFin (§ 10 Satz 3 VermAnlG) ... 15
V. Annexfragen und -regelungen
1. Unvollständiger Prospekt und nachgetragene Angaben beim Vertrieb von Vermögensanlagen .. 17
2. Prospekthaftung 18
3. Ordnungswidrigkeit 19

I. Normentwicklung und Regelungsgegenstand

Die Vorschrift ist seit der Einführung des VermAnlG durch Art. 1 des Gesetzes zur Novellierung des Finanzanlagenvermittler- und Vermögensanlagenrechts vom 6.12.2011[1], nicht geändert worden und ist – bis auf eine kleine sprachliche Änderung – wortgleich mit § 10 VerkProspG in seiner Fassung bei Aufhebung des VerkProspG durch Art. 2 des vorgenannten Gesetzes. Zur Entwicklung der Norm im VerkProspG ist auf die Vorauflage Rz. 1 zu verweisen. Wenn dort ausgeführt wird, dass § 10 VerkProspG aF nach den Ausführungen im RegE VerkProspG[2] Art. 16 der Emissionsprospektrichtlinie[3] umgesetzt habe und der Bezugnahme von Art. 7 dieser Richtlinie auf die Börsenzulassungsprospektrichtlinie v. 17.3.1980[4] entspreche, so ist dies dem Umstand geschuldet, dass das VerkProspG anfänglich ausschließlich das Angebot von Wertpapieren regelte, die erstmals im Inland öffentlich angeboten wurden und nicht zum Handel an einer inländischen Börse zugelassen waren. Im Rahmen des VermAnlG hat § 10 VermAnlG dagegen keinen Bezug zu einer Richtlinie, die mit dieser Vorschrift hätte umgesetzt werden sollen. Auch wenn sie dessen ungeachtet ihre ursprüngliche Regelungsfunktion (siehe dazu Rz. 2 f.) nicht verloren hat, ist die Vorschrift deshalb unter Heranziehung der allgemeinen Auslegungsregeln für nicht angeglichenes Recht anzuwenden.

Um die Vorschriften betreffend die Prospektpflicht den Erfordernissen des Marktes anzupassen, sieht § 10 VermAnlG vor, dass ein Verkaufsprospekt veröffentlicht werden darf, in dem einzelne Angebotsbedingungen noch nicht enthalten sind (sog. **unvollständiger Verkaufsprospekt**). Der Verkaufsprospekt muss in diesem Fall jedoch Auskunft darüber geben, wie die noch fehlenden Angaben nachgetragen werden. Der **Nachtrag** muss spätestens am Tag des öffentlichen Angebots erfolgen. Somit wird der

---

[1] BGBl. I 2011, S. 2481.
[2] Begr. RegE VerkProspG, BT-Drucks. 11/6340 v. 1.2.1990, S. 14.
[3] Richtlinie vom 17.4.1989 zur Koordinierung der Bedingungen für die Erstellung, Kontrolle und Verbreitung des Prospekts, der im Falle öffentlicher Angebote von Wertpapieren zu veröffentlichen ist (sog. Emissionsprospektrichtlinie), ABl. EG Nr. L 124 v. 5.5.1989, S. 8.
[4] Richtlinie vom 17.3.1980 zur Koordinierung der Bedingungen für die Erstellung, die Kontrolle und die Verbreitung des Prospekts, der für die Zulassung von Wertpapieren zur amtlichen Notierung an einer Wertpapierbörse zu veröffentlichen ist, ABl. EG Nr. L 100 v. 17.4.1980, S. 1.

Grundsatz der Veröffentlichung eines vollständigen Verkaufsprospekts nicht durchbrochen[1]. Der unvollständige Verkaufsprospekt bildet zusammen mit dem Nachtrag den gesetzlich vorgeschriebenen vollständigen Verkaufsprospekt[2].

3 Durch die **Veröffentlichung eines unvollständigen Verkaufsprospekts** wird gewährleistet, dass die Konditionen der Emission zum Angebotszeitpunkt der Marktlage entsprechen[3]. Die Regelung ermöglicht unter angemessener Berücksichtigung von Anlegerschutzgesichtspunkten eine flexible Reaktion der Marktteilnehmer auf kurzfristige Veränderungen am Markt.

II. Voraussetzungen der Veröffentlichung eines unvollständigen Verkaufsprospekts (§ 10 Satz 1 VermAnlG)

4 Der nach § 6 VermAnlG zu veröffentlichende, von der BaFin nach § 8 VermAnlG gebilligte Verkaufsprospekt muss nach § 7 Abs. 1 VermAnlG und § 2 Abs. 1 Satz 1 VermVerkProspV alle tatsächlichen und rechtlichen Angaben enthalten, die notwendig sind, um dem Publikum eine zutreffende Beurteilung des Emittenten der Vermögensanlagen und der Vermögensanlagen selbst zu ermöglichen. Sind für die Beurteilung der Vermögensanlagen wesentliche Angaben in einem Verkaufsprospekt unvollständig, kann dies als Ordnungswidrigkeit geahndet werden (§ 29 Abs. 1 Nr. 3 VermAnlG) und Schadensersatzansprüche nach § 20 Abs. 1 VermAnlG auslösen. § 10 Satz 1 VermAnlG eröffnet eine **Ausnahme von der Pflicht zur Billigung**[4] **und zur Veröffentlichung ausschließlich vollständiger Prospekte**, indem er die Möglichkeit eröffnet, auch dann einen Verkaufsprospekt zu veröffentlichen, wenn noch nicht alle Angebotsbedingungen – und zwar vor allem auch solche, die für die Beurteilung der Vermögensanlage wesentlich sind – vorliegen, weil diese erst kurz vor dem öffentlichen Angebot festgesetzt werden. Zulässig ist dies allerdings nur dann, wenn der Verkaufsprospekt Auskunft darüber gibt, wie die fehlenden Angaben nachgetragen werden.

1. Einzelne Angebotsbedingungen

5 Um einzelne Angebotsbedingungen handelt es sich nur bei solchen Angaben, die typischerweise („nach der Eigenart der beabsichtigten Emission") erst kurzfristig vor dem öffentlichen Angebot festgesetzt werden können[5]. Erfasst werden nur solche An-

---

1 RegE 3. FFG, BT-Drucks. 13/8933 v. 6.11.1997, S. 87.
2 VG Frankfurt v. 7.8.1997 – 15 E 2135/95 (1), WM 1998, 762 (763).
3 *Schäfer*, ZIP 1991, 1557 (1565); *Hamann* in Schäfer, § 10 VerkProspG Rz. 1.
4 Die BaFin entscheidet über die Billigung eines Verkaufsprospekts nach Abschluss einer Vollständigkeitsprüfung des Verkaufsprospekts einschließlich einer Prüfung der Kohärenz und Verständlichkeit seines Inhalts (§ 8 Abs. 1 Satz 2 VermAnlG), darf also unvollständige Prospekte nicht billigen.
5 Ziff. IX.1. der Bekanntmachung des BAWe zum Wertpapier-Verkaufsprospektgesetz (Verkaufsprospektgesetz) in der Fassung der Bekanntmachung vom 9.9.1998 (BGBl. I S. 2701 ff.) und zur Verordnung über Wertpapier-Verkaufsprospekte (Verkaufsprospekt-Verordnung)

gaben, die die **Ausgestaltung der Vermögensanlagen** selbst betreffen, da andere Angaben, wie namentlich solche über den Emittenten[1], nicht von den Veränderungen am Kapitalmarkt abhängig sind[2]. Deshalb sind Angebotsbedingungen, die durch die Entwicklungen und die Schwankungen des Marktes nicht beeinflusst und frühzeitig festgesetzt werden können, von Anfang an vollständig wiederzugeben[3].

Als **einzelne Angebotsbedingungen** sind danach jedenfalls die Anzahl und der Gesamtbetrag der angebotenen Vermögensanlagen (vgl. § 4 Satz 1 Nr. 1 Satz 2 VermVerkProspV), die einzelnen Teilbeträge, falls das Angebot gleichzeitig in verschiedenen Staaten mit bestimmten Teilbeträgen erfolgt (vgl. § 4 Satz 1 Nr. 8 Satz 2 VermVerkProspV) und der Erwerbspreis (vgl. § 4 Satz 1 Nr. 9 VermVerkProspV), aber auch die eventuelle Verzinsung oder die Laufzeit der Vermögensanlage[4] anzusehen.

2. Auskunft über den Nachtrag fehlender Angaben

Ein Verkaufsprospekt, in dem Angaben über einzelne, erst kurz vor dem öffentlichen Angebot festzusetzende Angebotsbedingungen fehlen, darf nur dann veröffentlicht werden, wenn er Auskunft darüber gibt, **wie diese Angaben nachgetragen werden**. Fehlen diesbezügliche Hinweise in einem unvollständigen Prospekt, so stellt dies einen Verstoß gegen Satz 1 der Vorschrift dar, welcher die Ausnahme von der Befugnis zur Veröffentlichung eines unvollständigen Prospekts beseitigt und dazu führt, dass die Veröffentlichung des Prospekts (§§ 8 Abs. 1 Satz 1 und Abs. 3, 17 Abs. 1 VermAnlG) und ein öffentliches Angebot von Vermögensanlagen (§ 18 Abs. 1 Nr. 3 VermAnlG) von der BaFin zu untersagen sind. Ein ohne die fraglichen Hinweise veröffentlichter Prospekt ist zudem unvollständig iS von § 22 Abs. 1 VermAnlG.

Auch unter Beachtung von § 10 Satz 1 VermAnlG **nicht genehmigungs- und veröffentlichungsfähig** ist der Verkaufsprospekt, dem Angebotsbedingungen fehlen, die erst kurz vor dem öffentlichen Angebot festgesetzt werden, insbesondere dann, wenn er nicht die Angaben enthält, die § 4 Satz 1 Nr. 1 Satz 2, Nr. 8 Satz 2 und Nr. 9 VermVerkProspV für den Fall verlangen, dass die nach § 4 Satz 1 Nr. 1 Satz 1, Nr. 8 Satz 1 und Nr. 9 VermVerkProspV erforderlichen Angaben über die Vermögensanlagen bis zur Prospektveröffentlichung nicht gemacht werden können.

---

in der Fassung der Bekanntmachung vom 9.9.1998 (BGBl. I S. 2835 ff.) vom 6.9.1999, BAnz. Nr. 177 v. 21.9.1999, S. 16180; *Pötzsch*, WM 1998, 949 (956).
1 Kein zulässiger Weg ist es auch, solche den Emittenten betreffenden Angaben in einen Nachtrag zu verschieben. Vgl. RegE 3. FFG, BT-Drucks. 13/8933 v. 6.11.1997, S. 87; ferner Ziff. IX.1. der Bekanntmachung des BAWe vom 6.9.1999, BAnz. Nr. 177 v. 21.9.1999, S. 16180.
2 *Hüffer*, S. 71.
3 *Hüffer*, S. 72.
4 *Hamann* in Schäfer, § 10 VerkProspG Rz. 2.

3. Gestaltung des unvollständigen Verkaufsprospekts

9 Der **unvollständige Verkaufsprospekt** ist als solcher **kenntlich zu machen** und als **Volltext** abzufassen, der lediglich bei einzelnen Positionen Lücken aufweisen darf[1]. Die Aufnahme fiktiver Daten an der Stelle der noch nicht feststehenden ist unzulässig. Vielmehr ist die Lücke – zB durch Platzhalter und textliche Anmerkung – als solche zu kennzeichnen[2]. Anderenfalls vermittelt der Verkaufsprospekt den unzutreffenden Eindruck der Vollständigkeit und ermöglicht dem Publikum kein zutreffendes Urteil über die Vermögensanlage iS des § 7 Abs. 1 Satz 1 VermAnlG[3].

4. Übermittlung, Hinterlegung und Veröffentlichung des unvollständigen Verkaufsprospekts

10 Auch der unvollständige Prospekt iS von § 10 VermAnlG ist ein Verkaufsprospekt, der vor seiner Veröffentlichung von der BaFin zu billigen ist und der erst nach der Gestattung durch die Aufsichtsbehörde **veröffentlicht** werden darf (§ 8 Abs. 1 Satz 1 VermAnlG) und nach Maßgabe von § 9 VermAnlG zu veröffentlichen und nach § 14 VermAnlG zu **hinterlegen** ist.

11 Die **Übermittlung** des unvollständigen Prospekts im Hinblick auf die **Gestattung seiner Veröffentlichung und Hinterlegung** nach §§ 8, 14 VermAnlG kann unter Verwendung des nachfolgenden von der BaFin am 26.10.2007 publizierten, zuletzt am 31.5.2012 geänderten und nach wie vor verwendbaren **Musters** für die „Hinterlegung eines (un)vollständigen Verkaufsprospekts"[4] erfolgen, welches vorliegend für die Verwendung zur Übermittlung des unvollständigen Prospekts redigiert wurde:

„Firma XYZ, Musterstraße 123, 12345 Musterstadt
Bundesanstalt für Finanzdienstleistungsaufsicht
Referat PRO 3
Marie-Curie-Straße 24–28
60439 Frankfurt am Main

[aktuelles Datum]

Hinterlegung eines unvollständigen Verkaufsprospekts für
[Art der Vermögensanlage] gemäß § 14 Abs. 1 Satz 1 Vermögensanlagengesetz

Sehr geehrte Damen und Herren,

zur Hinterlegung gemäß § 14 Abs. 1 Satz 1 Vermögensanlagengesetz übermitteln wir Ihnen anbei ein unterschriebenes Exemplar eines unvollständigen Ver-

---

1 Ziff. IX.1. der Bekanntmachung des BAWe vom 6.9.1999, BAnz. Nr. 177 v. 21.9.1999, S. 16180.
2 Vgl. Ziff. IX.2. der Bekanntmachung des BAWe vom 6.9.1999, BAnz. Nr. 177 v. 21.9.1999, S. 16180.
3 RegE 3. FFG, BT-Drucks. 13/8933 v. 6.11.1997, S. 1 (87), zu § 7 Abs. 1 VerkProspG aF.
4 Abrufbar von der Website der BaFin www.bafin.de unter Eingabe des Suchbegriffs „Muster Hinterlegung (un)vollständiger Verkaufsprospekt".

kaufsprospekts mit der Bitte um Billigung. Eine ausgefüllte Überkreuz-Checkliste ist beigefügt.

Die nach § 10 Vermögensanlagegesetz nachzutragenden Angaben werden wir gemäß § 10 Satz 3 Vermögensanlagegesetz spätestens zum Zeitpunkt ihrer Veröffentlichung an Sie übermitteln.

Die Billigung des Verkaufsprospekts vorausgesetzt, werden wir Ihnen gemäß § 9 Abs. 2 Satz 3 Vermögensanlagegesetz Datum und Ort der Veröffentlichung des o.g. Verkaufsprospekts unverzüglich schriftlich mitteilen.

Mit freundlichen Grüßen

Firma XYZ"

III. Veröffentlichung nachzutragender Angaben (§ 10 Satz 2 VermAnlG)

Nachzutragende Angaben sind nach § 10 Satz 2 VermAnlG spätestens am Tag des öffentlichen Angebots „entsprechend § 9 Abs. 2 Satz 1 und 2" VermAnlG **zu veröffentlichen**. Auf diese Weise werden Belange des Anlegerschutzes gewahrt, da in jedem Fall bei Beginn des öffentlichen Angebots dem Anleger sämtliche Angebotsbedingungen zur Verfügung stehen[1].

Indem § 10 Satz 2 VermAnlG bestimmt, dass die nachzutragenden Angaben *entsprechend* **§ 9 Abs. 2 Satz 1 VermAnlG** zu veröffentlichen sind, eröffnet die Bestimmung dem prospektpflichtigen Anbieter die **Wahl** (siehe § 9 VermAnlG Rz. 9), die nachzutragenden Angaben entweder auf der Internetseite des Anbieters und im Bundesanzeiger (§ 9 Abs. 2 Satz 1 Nr. 1 VermAnlG) oder auf der Internetseite des Anbieters und der Bereithaltung der Angaben bei den in der Internetbekanntmachung benannten Zahlstellen zur kostenlosen Ausgabe (§ 9 Abs. 2 Satz 1 Nr. 2 VermAnlG) zu veröffentlichen. Wird im Hinblick auf die Veröffentlichung der nachzutragenden Angaben die letztgenannte Veröffentlichungsform gewählt, ist es gemäß § 9 Abs. 2 Satz 1 Nr. 2 Halbsatz 2 VermAnlG des Weiteren erforderlich, dass die Bereithaltung zur kostenlosen Abgabe bei den in der Internetbekanntmachung benannten Zahlstellen im Bundesanzeiger bekannt gemacht wird. Das Gesetz verlangt nicht, dass die Form der Veröffentlichung des Verkaufsprospekts und diejenige der Veröffentlichung der nachzutragenden Angaben dieselben sind und zwingt nicht einmal dazu, die jeweiligen nachzutragenden Angaben einheitlich in einer der in § 9 Abs. 2 Satz 1 VermAnlG vorgesehenen Weisen zu veröffentlichen. Praktischerweise wird die Veröffentlichung des unvollständigen Verkaufsprospekts und der nachzutragenden Angaben aber in einer Art und Weise erfolgen. Abweichungen davon und erst recht die unterschiedliche Veröffentlichung von nachzutragenden Angaben bringen die Gefahr mit sich, dass Anleger irregeführt werden oder nicht alle Angaben erhalten, die für eine zutreffende Beurteilung der Vermögensanlagen erforderlich sind. Dass die BaFin in diesen, die *Veröffentlichung* der nachzutragenden Angaben betreffenden Fällen – an-

---

[1] RegE 3. FFG, BT-Drucks. 13/8933 v. 6.11.1997, S. 1 (89).

ders bei Mängeln der nachzutragenden Angaben (dazu unten Rz. 16) – keine Handhabe hat, das öffentliche Angebot nach § 18 VermAnlG zu untersagen, darf als Lücke angesehen werden.

14 Für die Veröffentlichung der nachzutragenden Angaben erklärt § 10 Satz 2 VermAnlG darüber hinaus auch § 9 Abs. 2 Satz 2 VermAnlG für entsprechend anwendbar. Die entsprechende Anwendbarkeit dieser Bestimmung führt allerdings nicht zu einer dritten Möglichkeit der Veröffentlichung nachzutragender Angaben, sondern schafft lediglich **zusätzliche Veröffentlichungspflichten** für den Fall, dass die Vermögensanlagen – auch oder ausschließlich – **über ein elektronisches Informationsverbreitungssystem angeboten** werden. Ist das gegeben, sind die nachzutragenden Angaben auch in diesem zu veröffentlichen (§ 9 Abs. 2 Satz 2 Halbsatz 1 VermAnlG). Des Weiteren ist in dem Angebot auf die Fundstelle im elektronischen Informationsverbreitungssystem hinzuweisen (§ 9 Abs. 2 Satz 2 Halbsatz 2 VermAnlG), an der die nachzutragenden Angaben veröffentlicht wurden.

IV. Übermittlung der Nachträge an die BaFin (§ 10 Satz 3 VermAnlG)

15 Da die gemäß der Vorschrift **nachzutragenden Angaben** zusammen mit dem unvollständigen Verkaufsprospekt den Verkaufsprospekt iS des Gesetzes bilden[1], sind sie – nicht anders als der vollständige und der unvollständige Verkaufsprospekt – **der BaFin zu übermitteln**. Weil die Nachträge nach § 10 VermAnlG nicht unbedingt vor dem Beginn des öffentlichen Angebots veröffentlicht werden müssen (§ 10 Satz 2 VermAnlG lässt die Veröffentlichung spätestens am Tag des öffentlichen Angebots zu), stellt § 10 Satz 3 VermAnlG klar, dass die nachzutragenden Angaben der BaFin **spätestens zum Zeitpunkt ihrer Veröffentlichung** zu übermitteln sind[2].

16 Die nachzutragenden Angaben werden von der **BaFin auf Kohärenz, Verständlichkeit und Vollständigkeit geprüft** (§ 8 Abs. 1 Satz 2 VermAnlG). Sollten die im unvollständigen Verkaufsprospekt noch fehlenden Angaben nicht im Nachtrag enthalten oder gar erkennbar unrichtig oder unvollständig wiedergegeben sein, ist mit der Untersagung des öffentlichen Angebots der Vermögensanlagen, auf die sich der unvollständige Prospekt und der Nachtrag beziehen, durch die BaFin nach § 18 Abs. 1 Nr. 3 VermAnlG zu rechnen[3].

---

1 VG Frankfurt v. 7.8.1997 – 15 E 2135/95 (1), WM 1998, 762 (763).
2 *Bruchwitz* in Arndt/Voß, § 10 VerkProspG Rz. 24: spätestens taggleiche Veröffentlichung.
3 Vgl. *Bruchwitz* in Arndt/Voß, § 10 VerkProspG Rz. 25.

V. Annexfragen und -regelungen

1. Unvollständiger Prospekt und nachgetragene Angaben beim Vertrieb von Vermögensanlagen

Beim **Vertrieb und dem Angebot der Vermögensanlage**, auf die sich der unvollständige Prospekt bezieht, kann zur vollständigen Information des Anlegers auf den unvollständigen Prospekt und die Nachträge – zweckmäßigerweise, aber nicht zwingend zu einem Dokument zusammengefasst – zurückgegriffen werden, wenn diese zusammengenommen einem vollständigen Verkaufsprospekt entsprechen (siehe oben Rz. 15), wie er für die fragliche Vermögensanlage nach Festsetzung der einzelnen Angebotsbedingungen kurz vor dem öffentlichen Angebot zu veröffentlichen gewesen wäre. Um dies zu gewährleisten, müssen die einzelnen nachgetragenen Angaben eindeutig als solche Nachträge erkennbar sein, das heißt einen Bezug zum entsprechenden unvollständigen Verkaufsprospekt und zu den jeweils anderen sich auf dieselbe Emission beziehenden Nachträgen herstellen. Dies lässt sich dadurch erreichen, dass in dem jeweiligen Nachtrag angegeben wird, auf welchen unvollständigen Verkaufsprospekt er sich bezieht. Da oftmals eine Vielzahl von Nachträgen zu den unvollständigen Verkaufsprospekten iS des § 10 VermAnlG erstellt wird, empfiehlt es sich, zur Herstellung der gebotenen Klarheit die Nachträge entsprechend durchzunummerieren. Darüber hinaus ist auch die drucktechnische Zusammenfassung mehrerer verschiedener Nachträge bei entsprechender Kennzeichnung zulässig[1].

17

2. Prospekthaftung

Gemeinsam mit dem unvollständigen Verkaufsprospekt bilden die gemäß der Vorschrift nachzutragenden Angaben den Verkaufsprospekt (siehe oben Rz. 15). Es sind mithin der unvollständige Verkaufsprospekt und die nachzutragenden Angaben, die – zusammen genommen – den Verkaufsprospekt bilden, für dessen Richtigkeit und Vollständigkeit – bezogen auf die Veröffentlichung der nachzutragenden Angaben, die spätestens am Tag des öffentlichen Angebots zu erfolgen hat (§ 10 Satz 2 VermAnlG) – nach **§ 20 VermAnlG** gehaftet wird[2]. Das ist anders als bei der Haftung für Nachträge nach § 11 VermAnlG zu einem bei seiner Billigung vollständigen Prospekt: Obschon kein selbständiger Verkaufsprospekt, ist dieser Nachtrag doch wie ein solcher zu behandeln, so dass für seine Richtigkeit und Vollständigkeit nach § 20 Abs. 1 VermAnlG gehaftet wird (siehe § 20 VermAnlG Rz. 6). Werden Vermögensanlagen öffentlich angeboten, ohne dass die nachzutragenden Angaben veröffentlicht wurden, wird damit nicht nach § 21 VermAnlG für einen fehlenden Verkaufsprospekt, sondern nach § 20 VermAnlG für einen unvollständigen Verkaufsprospekt gehaftet.

18

---

[1] Ziff. IX.2. der Bekanntmachung des BAWe vom 6.9.1999, BAnz. Nr. 177 v. 21.9.1999, S. 16180.
[2] Noch zu dem § 20 VermAnlG entsprechenden § 13 VerkProspG auch *Groß*, Kapitalmarktrecht, 4. Aufl. 2009, § 10 VerkProspG Rz. 6; *Krämer* in Heidel, Aktienrecht und Kapitalmarktrecht, 2. Aufl. 2007, § 10 VerkProspG Rz. 4.

3. Ordnungswidrigkeit

19 Wer entgegen seiner Verpflichtung nach § 10 Satz 2 VermAnlG, die nachzutragenden Angaben spätestens am Tag des öffentlichen Angebots entsprechend § 9 Abs. 2 Satz 1 und Satz 2 VermAnlG zu veröffentlichen, vorsätzlich oder leichtfertig eine nachzutragende Angabe nicht, nicht richtig, nicht in der vorgeschriebenen Weise oder nicht rechtzeitig veröffentlicht, handelt ordnungswidrig (§ 29 Abs. 1 Nr. 3 VermAnlG). Die Ordnungswidrigkeit kann mit einer Geldbuße bis zu 100.000 Euro geahndet werden (§ 29 Abs. 3 VermAnlG).

§ 10a
Mitteilung der Beendigung des öffentlichen Angebots und der vollständigen Tilgung

(1) Der Anbieter hat der Bundesanstalt die Beendigung des öffentlichen Angebots sowie die vollständige Tilgung der Vermögensanlage unverzüglich schriftlich oder elektronisch mitzuteilen. Die vollständige Tilgung der Vermögensanlage ist erfolgt, wenn die Hauptforderung sowie alle Nebenleistungen gezahlt sind.

(2) Bis zum Eingang der betreffenden Mitteilung nach Absatz 1 Satz 1 bei der Bundesanstalt gilt das öffentliche Angebot oder die Tilgung der Vermögensanlage als fortdauernd. Unterlässt der Anbieter die Mitteilung nach Absatz 1 Satz 1, gilt das öffentliche Angebot im Hinblick auf die Pflichten nach den §§ 11 und 11a mit dem Ablauf der Gültigkeit des Verkaufsprospekts als beendet.

In der Fassung vom 3.7.2015 (BGBl. I 2015, S. 1114).

Schrifttum: Siehe Einl. VermAnlG und das Allgemeine Schrifttumsverzeichnis.

I. Normentwicklung und Regelungsgegenstand 1
II. Mitteilungspflicht
   (§ 10a Abs. 1 VermAnlG)
   1. Mitteilungspflicht und Pflichtverletzung 3
   2. Gegenstand der Mitteilung 6
   3. Form und Frist der Mitteilung . . . 9
III. Angebotsrechtliche Konsequenzen der vorgenommenen oder unterlassenen Mitteilung
   (§ 10a Abs. 2 VermAnlG)
   1. Fiktion der Fortdauer des Angebots bzw. der vollständigen Tilgung (§ 10a Abs. 2 Satz 1 VermAnlG) . . 11
   2. Fiktion der Beendigung des Angebots bzw. der vollständigen Tilgung (§ 10a Abs. 2 Satz 2 VermAnlG) 13

I. Normentwicklung und Regelungsgegenstand

Die Vorschrift ist durch Art. 2 Nr. 11 des Kleinanlegerschutzgesetzes vom 3.7.2015[1] **neu in das VermAnlG aufgenommen** worden.

Sie **verpflichtet den Anbieter** von Vermögensanlagen, der BaFin die Beendigung des öffentlichen Angebots sowie die vollständige Tilgung der Vermögensanlage unverzüglich schriftlich oder elektronisch mitzuteilen (Abs. 1). Bis zum Eingang der Mitteilung bei der BaFin, spätestens aber mit dem Ablauf der Gültigkeit des Verkaufsprospekts gemäß § 8a VermAnlG (§ 10a Abs. 2 Satz 2 VermAnlG), gilt das öffentliche Angebot oder die Tilgung der Vermögensanlage mit allen damit verbundenen Pflichten als fortdauernd. Zu diesen gehören namentlich die Nachtragspflicht nach § 11 VermAnlG und die Veröffentlichungspflicht nach § 11a Abs. 1 VermAnlG. Der wesentliche **Zweck** der Bestimmung besteht dementsprechend darin, mit dem Eingang der Mitteilung nach § 10a VermAnlG bei der BaFin und längstens der Gültigkeitsdauer des Prospekts eine eindeutige Bestimmung der Dauer des öffentlichen Angebots und der Tilgung der Vermögensanlage im Hinblick auf daran anknüpfende Pflichten des Anbieters nach § 11 VermAnlG bzw. des Emittenten nach § 11a VermAnlG zu ermöglichen[2].

II. Mitteilungspflicht (§ 10a Abs. 1 VermAnlG)

1. Mitteilungspflicht und Pflichtverletzung

§ 10a Abs. 1 VermAnlG **verpflichtet den Anbieter einer Vermögensanlage**, der BaFin die Beendigung des öffentlichen Angebots sowie die vollständige Tilgung der Vermögensanlage unverzüglich schriftlich oder elektronisch mitzuteilen. Die **Mitteilungspflicht** hat selbst keine anlegerschützende Funktion, sondern dient in erster Linie dazu, klar bestimmen zu können, ob anderweitige anlegerschützende Bestimmungen eingreifen (siehe schon Rz. 2). Das ergibt sich insbesondere aus der Regelung des § 10a Abs. 2 VermAnlG im Hinblick auf die Veröffentlichungspflichten des Anbieters nach § 11 Abs. 1 VermAnlG bzw. des Emittenten nach § 11a Abs. 1 VermAnlG.

Dementsprechend wird die **unterlassene oder verspätete Mitteilung** auch nicht ordnungswidrigkeitsrechtlich geahndet, sondern hat lediglich zur Folge, dass die Veröffentlichungspflichten nach den vorgenannten Bestimmungen trotz tatsächlicher Beendigung des Angebots oder tatsächlicher vollständiger Tilgung der Vermögensanlage aufgrund der sich aus § 10a Abs. 2 Satz 1 VermAnlG ergebenden „Fiktion der Fortdauer des öffentlichen Angebots oder der Tilgung der Anlage bis zum Eingang der betreffenden Anzeige"[3], nach § 10a Abs. 2 Satz 2 VermAnlG längstens bis zum Ablauf der Gültigkeit des Verkaufsprospekts gemäß § 8a VermAnlG fortbestehen.

---

[1] BGBl. I 2015, S. 1114.
[2] Vgl. RegE Kleinanlegerschutzgesetz, BT-Drucks. 18/3994 v. 11.2.2015, S. 1 (44).
[3] Vgl. RegE Kleinanlegerschutzgesetz, BT-Drucks. 18/3994 v. 11.2.2015, S. 1 (44).

Entsprechendes gilt für den Fall, dass die Mitteilung nicht formgerecht („schriftlich oder elektronisch", siehe unten Rz. 9) vorgenommen wurde.

5 Auch die **wahrheitswidrige Mitteilung** der Beendigung des öffentlichen Angebots oder der vollständiger Tilgung der Vermögensanlage ist nicht ordnungswidrigkeitsrechtlich sanktioniert, sondern hat lediglich zur Folge, dass Anbieter oder Emittenten, die aufgrund der Meldung ihren Informationspflichten aus §§ 11, 11a VermAnlG nicht nachkommen, gegen ihre diesbezüglichen Pflichten verstoßen und bei vorsätzlich oder leichtfertig falscher Mitteilung gemäß § 29 Abs. 1 Nr. 3 bzw. Nr. 4a VermAnlG ordnungswidrig handeln. § 10a Abs. 2 Satz 1 VermAnlG steht dem nicht entgegen, denn die Vorschrift enthält lediglich die Fiktion der Fortdauer des öffentlichen Angebots oder der Tilgung der Vermögensanlage bis zum Eingang der Mitteilung, nicht aber auch die Fiktion, dass mit dem Eingang einer unzutreffenden Mitteilung das öffentliche Angebot als tatsächlich beendet oder die Vermögensanlage als vollständig getilgt gilt. Wäre es anders, würden Anbieter oder Emittenten ihren Informationspflichten aus §§ 11, 11a VermAnlG durch wahrheitswidrige Mitteilungen folgenlos entgehen können (siehe dazu auch unten Rz. 12).

2. Gegenstand der Mitteilung

6 **Gegenstand der Mitteilung** ist die Beendigung des öffentlichen Angebots oder die vollständige Tilgung der Vermögensanlage.

7 Ein **öffentliches Angebot ist beendet**, wenn ein solches nach §§ 1 Abs. 1, 6 VermAnlG iVm. der entsprechenden Anwendung der Begriffsbestimmung eines öffentlichen Angebots nach § 2 Nr. 4 WpPG vorgelegen hat und die Vermögensanlage nicht mehr zum Erwerb angeboten wird, nicht mehr öffentlich, dh. gegenüber dem Publikum, angeboten wird oder nicht mehr in einer Art und Weise angeboten wird, die „ausreichende Informationen über die Angebotsbedingungen und die anzubietenden Wertpapiere enthält, um einen Anleger in die Lage zu versetzen, über den Kauf oder die Zeichnung dieser Wertpapiere zu entscheiden" (§ 2 Nr. 4 Halbsatz 1 WpPG).

8 Die **vollständige Tilgung der Vermögensanlage** ist nach § 10a Abs. 1 Satz 2 VermAnlG erfolgt, wenn die Hauptforderung sowie alle Nebenleistungen gezahlt sind. Was Hauptforderung und was Nebenleistungen (Nebenforderungen) einer Vermögensanlage sind, bestimmt sich nach deren vertragsrechtlicher Qualifikation sowie der für den jeweiligen Vertragstyp vorgesehen gesetzlichen Leistungsverpflichtung sowie nach deren Ausgestaltung im Einzelfall. Das gilt **für sämtliche Vermögensanlagen** iS von § 1 Abs. 2 VermAnlG[1]. Für alle Vermögensanlagen, aus denen der Anleger im Hinblick auf Haupt- oder Nebenforderung der Anlage **wiederkehrende Ansprüche** gegen den Emittenten erlangt, ist eine vollständige Tilgung nicht bereits mit der Erfüllung des ersten oder einzelner der periodisch anfallenden Ansprüche auf Ergebnisbeteiligung erfolgt, sondern erst dann, wenn die rechtliche Stellung, aus der die wiederkehrenden Forderungen entstehen, beendet ist und sämtliche aus dieser Beendigung folgenden Ansprüche des Anlegers erfüllt sind. Im Falle einer **ge-**

---

[1] Vgl. *Bußalb/Vogel*, WM 2015, 1733 (1738).

sellschaftsrechtlichen Beteiligung am Ergebnis eines Unternehmens** ist dies die Vollbeendigung der Stellung eines Anlegers als Gesellschafter oder die Vollbeendigung der Gesellschaft selbst, einschließlich einer gegebenenfalls anfallenden Rückgewähr der Einlage oder einer Beteiligung am Liquidationsüberschuss. Haupt- und Nebenforderungen sind vollständig getilgt, wenn diese in der richtigen Weise, am richtigen Ort und zur richtigen Zeit – unter Beachtung der Vorschriften des BGB über die **Erfüllung** von Pflichten aus einem Schuldverhältnisses durch Leistung (§§ 241 ff., 362 ff. BGB) – erfüllt wurden.

3. Form und Frist der Mitteilung

Der Anbieter hat der BaFin die Beendigung des öffentlichen Angebots sowie die vollständige Tilgung der Vermögensanlage unverzüglich schriftlich oder elektronisch mitzuteilen. Für die Einhaltung der **Schriftform** reichen nach der Verwaltungspraxis der BaFin jedenfalls der Schriftform nach § 126 BGB genügende Mitteilungen aus, und damit – anders als Mitteilungen per Telefon oder per E-Mail ohne elektronische Signatur – genügt auch die Übermittlung durch Fax (siehe § 14 WpPG Rz. 36). Dessen ungeachtet ist auch die **elektronische Mitteilung** zulässig, dh. der Mitteilende muss entsprechend § 126a BGB der Mitteilung seinen Namen hinzufügen und das elektronische Dokument mit einer qualifizierten elektronischen Signatur nach dem Signaturgesetz versehen.

9

Die Mitteilung muss **unverzüglich** erfolgen. Als unverzügliche gilt auch im Kapitalmarktaufsichtsrecht, der Definition des Begriffs in § 121 BGB entsprechend[1], jede Mitteilung, die ohne schuldhaftes Zögern erfolgt, wobei hier ein Zeitraum von bis zu drei Tagen nach Eintritt des mitzuteilenden Ereignisses als ausreichend anzusehen ist (siehe dazu § 9 VermAnlG Rz. 23). Die nicht unverzügliche Mitteilung ist allerdings, über die sich aus § 10a Abs. 2 VermAnlG ergebenden Konsequenzen einer Mitteilung hinaus, aufsichtsrechtlich und ordnungswidrigkeitsrechtlich folgenlos.

10

III. Angebotsrechtliche Konsequenzen der vorgenommenen oder unterlassenen Mitteilung (§ 10a Abs. 2 VermAnlG)

1. Fiktion der Fortdauer des Angebots bzw. der vollständigen Tilgung (§ 10a Abs. 2 Satz 1 VermAnlG)

Verschiedene Pflichten des Anbieters oder des Emittenten nach dem VermAnlG knüpfen an die Fortdauer oder die Beendigung des öffentlichen Angebots oder der vollständigen Tilgung von Vermögensanlagen an. So unterliegt der Anbieter der Vermögensanlage für die Dauer des öffentlichen Angebots etwa den Pflichten aus § 12 VermAnlG in Bezug auf die Werbung oder der Pflicht zur Veröffentlichung ergänzender Angaben (Nachtragspflicht) nach § 11 VermAnlG. Dagegen unterliegt der Emittent von Vermögensanlagen nach § 11a Abs. 1 Satz 1 VermAnlG Veröffentlichungspflichten, die an die Beendigung des öffentlichen Angebots anknüpfen und nach

11

---

1 Dazu ausführlich *Heidelbach* in Schwark/Zimmer, § 9 VerkProspG Rz. 17.

§ 11a Abs. 1 Satz 1 VermAnlG für den Fall der vollständigen Tilgung der Vermögensanlage entfallen. Zum Zwecke der eindeutigen Bestimmung der Dauer bzw. der Beendigung eines öffentlichen Angebots (siehe oben Rz. 2 und 3) begründet § 10a Abs. 1 VermAnlG die Pflicht zur Mitteilung über die Beendigung des öffentlichen Angebots, mit der sich die aus § 10a Abs. 2 Satz 1 VermAnlG folgende **Fiktion** der Fortdauer des öffentlichen Angebots bis zum Eingang der Mitteilung bei der BaFin verbindet.

12 Der **Umfang der Fiktion** ist begrenzt: Dass bis zum Eingang der Mitteilung nach § 10a Abs. 1 Satz 1 VermAnlG bei der BaFin das öffentliche Angebot oder die Tilgung der Vermögensanlage nach § 10a Abs. 2 Satz 1 VermAnlG als fortdauernd gilt, umfasst nicht die inhaltlich weitergehende Fiktion, nach Eingang der Meldung gelte das öffentliche Angebot als beendet oder die Vermögensanlage als vollständig getilgt. Dementsprechend gilt das öffentliche Angebot oder die Tilgung zwar nur bis zum Eingang einer ordentlichen Mitteilung als fortdauernd, doch gilt ein tatsächlich fortdauerndes öffentliches Angebot oder eine Tilgung nicht dadurch als beendet, dass bei der BaFin eine **wahrheitswidrige Mitteilung** über die Beendigung des öffentlichen Angebots oder der vollständigen Tilgung der Vermögensanlage eingeht (siehe dazu schon oben Rz. 5).

2. Fiktion der Beendigung des Angebots bzw. der vollständigen Tilgung (§ 10a Abs. 2 Satz 2 VermAnlG)

13 Unterlässt der Anbieter die Mitteilung nach § 10a Abs. 1 Satz 1 VermAnlG, gilt das öffentliche Angebot **im Hinblick und begrenzt auf die Pflichten aus §§ 11 und 11a VermAnlG** spätestens mit dem **Ablauf der Gültigkeit des Verkaufsprospekts** als beendet. Die Gültigkeit eines Verkaufsprospekts ist nach § 8a VermAnlG auf den Zeitraum von zwölf Monaten nach der Billigung desselben durch die BaFin nach § 8 Abs. 1 VermAnlG begrenzt.

§ 11
Veröffentlichung ergänzender Angaben

(1) Jeder wichtige neue Umstand oder jede wesentliche Unrichtigkeit in Bezug auf die im Verkaufsprospekt enthaltenen Angaben, die die Beurteilung der Vermögensanlagen oder des Emittenten beeinflussen könnten und die nach der Billigung des Prospekts und während der Dauer des öffentlichen Angebots auftreten oder festgestellt werden, ist in einem Nachtrag zum Verkaufsprospekt gemäß Satz 5 zu veröffentlichen. Ein wichtiger neuer Umstand im Sinne von Satz 1 ist insbesondere
1. jeder neu offengelegte Jahresabschluss und Lagebericht des Emittenten,
2. jeder neu offengelegte Konzernabschluss des Emittenten sowie

3. jeder Umstand, der sich auf die Geschäftsaussichten des Emittenten mindestens für das laufende Geschäftsjahr erheblich auswirkt und geeignet ist, die Fähigkeiten des Emittenten zur Erfüllung seiner Verpflichtungen gegenüber dem Anleger erheblich zu beeinträchtigen.

Der Anbieter hat den Nachtrag vor seiner Veröffentlichung bei der Bundesanstalt zur Billigung einzureichen. Die Bundesanstalt hat den Nachtrag nach Eingang binnen einer Frist von zehn Werktagen entsprechend § 8 Absatz 1 Satz 2 und Absatz 3 zu billigen. Die Veröffentlichung muss nach der Billigung unverzüglich in entsprechender Anwendung des § 9 Absatz 2 Satz 1 und 2 vorgenommen werden.

(2) Anleger, die vor der Veröffentlichung des Nachtrags eine auf den Erwerb oder die Zeichnung der Vermögensanlagen gerichtete Willenserklärung abgegeben haben, können diese innerhalb einer Frist von zwei Werktagen nach Veröffentlichung des Nachtrags widerrufen, sofern noch keine Erfüllung eingetreten ist. Der Widerruf muss keine Begründung enthalten und ist in Textform gegenüber der im Nachtrag als Empfänger des Widerrufs bezeichneten Person zu erklären; zur Fristwahrung genügt die rechtzeitige Absendung. Auf die Rechtsfolgen des Widerrufs ist § 357a des Bürgerlichen Gesetzbuchs entsprechend anzuwenden. Der Nachtrag muss an hervorgehobener Stelle eine Belehrung über das Widerrufsrecht enthalten.

(3) Der Anbieter hat neben dem von der Bundesanstalt gebilligten Verkaufsprospekt eine um sämtliche Nachträge ergänzte Fassung des Verkaufsprospekts zu veröffentlichen. Dabei ist der nachtragspflichtige Umstand jeweils an der Stelle einzufügen, an der der Verkaufsprospekt geändert wird. Die jeweiligen Änderungen gegenüber dem von der Bundesanstalt gebilligten Verkaufsprospekt sind kenntlich zu machen. § 9 Absatz 2 Satz 1 und 2 gilt entsprechend. Der von der Bundesanstalt gebilligte Verkaufsprospekt und die einzelnen Nachträge sind bis zur vollständigen Tilgung der Vermögensanlage nach § 9 Absatz 2 Satz 1 und 2 zugänglich zu machen.

In der Fassung vom 6.12.2011 (BGBl. I 2011, S. 2481), zuletzt geändert durch das Kleinanlegerschutzgesetz vom 3.7.2015 (BGBl. I 2015, S. 1114).

Schrifttum: *Bußalb/Vogel*, Das Gesetz über Vermögensanlagen – neue Regeln für geschlossene Fonds, WM 2012, 1416; *Elsen/Jäger*, Die Nachtragspflicht gemäß § 11 Verkaufsprospektgesetz unter Berücksichtigung der aktuellen Entwicklungen auf dem Kapitalmarkt, BKR 2009, 190; *Hartrott/Voigt*, Gesetz zur Novellierung des Finanzanlagenvermittler- und Vermögensanlagenrechts, RdF 2012, 87; *Lenz/Ritz*, Die Bekanntmachung des Bundesaufsichtsamtes zum Wertpapierverkaufsprospektgesetz, WM 2000, 904; *Lüdicke/Arndt* (Hrsg.), Geschlossene Fonds, 6. Aufl. 2013; *Maas/Voß*, Nachträge bei Vermögensanlagen-Verkaufsprospekten, BB 2008, 2302; *Möllers*, Zur „Unverzüglichkeit" einer Ad-hoc-Mitteilung im Kontext nationaler und europäischer Dogmatik, in FS Horn, 2006, S. 473; *Schleifer*, Publizität und Prüfung von Verkaufsprospekten geschlossener Fonds, 2010; *Stephan*, Prospektaktualisierung, AG 2002, 3; *Wetzig*, Die Regulierung des Grauen Kapitalmarkts durch die Novellierung des Finanzanlagenvermittler- und Vermögensanlagenrechts sowie durch das Kapitalanlagegesetzbuch, 2014. Siehe auch Einl. VermAnlG und § 1 VermAnlG.

I. Normentwicklung 1
II. Regelungsgehalt 2
   1. Sachlicher Anwendungsbereich ... 3
      a) Materielle Eingrenzung von nachtragsfähigen Sachverhalten 11
      b) Materieller Gehalt der Veränderung 14
      c) Zeitliche Eingrenzung der Nachtragspflicht 17
      d) Beispiele für wesentliche Veränderungen 23
      e) Einzelfälle aus der Rechtsprechung 27
      f) Nachtragsfähigkeit eines unvollständigen Verkaufsprospekts gemäß § 10 VermAnlG 29
   2. Formelle Anforderungen 31
      a) Verfahren der Billigung des Nachtrags 32
      b) Form 35
      c) Veröffentlichung 40
   3. Widerrufsrecht (§ 11 Abs. 2 VermAnlG) 44
III. Gebühren 49
IV. Folgen eines Verstoßes gegen § 11 VermAnlG 50

I. Normentwicklung

1   Die Entwürfe von § 11 VermAnlG[1] sahen ursprünglich eine bloße Weiterentwicklung der Nachtragspflichten nach den Regelungen des § 11 VerkProspG vor. Als Ergänzung des ursprünglichen Wortlauts von § 11 VerkProspG sollten allein die Fälle der anfänglichen Unrichtigkeit von Angaben im Verkaufsprospekt von der Regelung miterfasst werden[2]. Der Wortlaut der Vorschrift hätte damit weiter im Wesentlichen den Regelungen der Vorgängervorschrift § 11 VerkProspG aF entsprochen, deren Ursprung bereits auf Art. 7 und 18 der Emissionsprospektrichtlinie[3] zurückging[4]. Die Bundesregierung lehnte die Empfehlung des Bundesrats zu einer Gleichschaltung mit dem Nachtragsregime nach § 16 WpPG ab. Ein Erfordernis für eine Billigung eines Nachtrags wurde nicht erkannt, da sich das bisherige Verfahren bewährt hätte und die Anleger über das Zivilrecht ausreichend geschützt wären[5]. Zudem würde die Einführung eines Widerrufsrechts für Vermögensanlagen aufgrund der langen Zeiträume zwischen Zeichnung der Vermögensanlage und Erfüllung nicht den Besonderheiten des Vermögensanlagenrechts gerecht werden[6]. Im Zuge der Diskussionen im Finanzausschuss setzte sich die Auffassung zur stärkeren Anlehnung an das Nachtragsregime nach § 16 WpPG und damit zur Überwindung der gespaltenen Regulierung der Nachtragsverfahren von WpPG und VermAnlG als die dem VerkProspG nachfolgende Regulierungsgrundlage durch. Das Nachtragsverfahren wurde in seinen Regelungen an das Verfahren nach § 16 WpPG angelehnt. Die Änderungen im **Vergleich zur bisherigen Rechtslage nach § 11 VerkProspG** erweitern und modifizieren die Nachtragspflichten der Anbieter. Die Änderungen erfassen folgende Punkte:

---

1 Gesetz zur Novellierung des Finanzanlagenvermittler- und Vermögensanlagenrechts, BGBl. I 2011, S. 2481.
2 Begr. RegE, BT-Drucks. 17/6051, S. 33.
3 ABl. EG Nr. L 124 v. 5.5.1989, S. 8.
4 Vgl. Voraufl., § 11 VerkProspG Rz. 1.
5 Begr. RegE, BT-Drucks. 17/6051, S. 63.
6 Begr. RegE, BT-Drucks. 17/6051, S. 63.

- Nach § 11 Abs. 1 VermAnlG führte der Gesetzgeber das Erfordernis der Billigung des Nachtrags im Rahmen eines förmlichen Verfahrens bei der Bundesanstalt ein. Nach § 11 VerkProspG bestand lediglich die Pflicht der Veröffentlichung des Nachtrags[1]. Das Billigungsverfahren unterliegt einer abgekürzten Frist von 10 Werktagen.
- Erweitert wird die Nachtragspflicht um jede wesentliche Unrichtigkeit des Verkaufsprospekts, deren zugrundeliegender Sachverhalt bereits zum Zeitpunkt der Billigung bestand. Die strittige Frage zum Umgang und der Berichtigung von solchen Prospektmängeln entfällt künftig[2].
- Unbestimmt ist die zeitliche Vorgabe für die Erstellung des Nachtrags. Nach § 11 VerkProspG war der Nachtrag „unverzüglich" zu erstellen[3].
- Verankerung im VermAnlG fand auch ein Widerrufsrecht für den Anleger, wenn dieser die Vermögensanlage in Unkenntnis eines nachtragspflichtigen Umstandes gezeichnet hat[4].
- Im Rahmen des Kleinanlegerschutzgesetzes[5] erfuhr § 11 VermAnlG eine weitere Überarbeitung. Diese gehen über die Regelungen des § 16 WpPG hinaus und vermeiden bestimmte Unsicherheiten in der Rechtsanwendung[6]. Klargestellt wurde, dass die Einhaltung der Formvorschriften im Nachtragsverfahren bußgeldbewehrt ist. Zudem wurde die Nachtragspflicht durch die Einführung von Regelbeispielen konkretisiert und durch weitere Formvorschriften flankiert[7].

II. Regelungsgehalt

§ 11 Abs. 1 VermAnlG verpflichtet den Anbieter zur **Aktualisierung** von Verkaufsprospekten öffentlich angebotener Vermögensanlagen. Die Vorschrift dient damit, wie zunächst die originäre Prospektpflicht nach §§ 1 und 6 VermAnlG, der Sicherstellung der Zugänglichkeit aktueller und wichtiger Informationen für die Anlageentscheidungen des Publikums während des öffentlichen Angebots. Die Veröffentlichung ergänzender Angaben ist **durch den Anbieter** als Adressat der Regelung vorzunehmen. Das Gesetz gibt zur Anwendung der Nachtragspflicht sachliche und zeitliche Vorgaben.

1. Sachlicher Anwendungsbereich

Die Nachtragspflicht wird nicht durch jedes beliebige Ereignis ausgelöst. Die Regelung begrenzt den Anwendungsbereich nach bestimmten **Kriterien**:

---

1 Vgl. Voraufl., § 11 VerkProspG Rz. 32 und 48.
2 Vgl. Voraufl., § 11 VerkProspG Rz. 13 ff.
3 Vgl. Voraufl., § 16 WpPG Rz. 9.
4 Beschlussempfehlung und Bericht des Finanzausschusses, BT-Drucks. 17/7453, S. 72.
5 Kleinanlegerschutzgesetz vom 3.7.2015, BGBl. I 2015, S. 1114.
6 Vgl. Kommentierung zu den periodischen Finanzinformationen, § 16 WpPG Rz. 39 ff.
7 RegE Kleinanlegerschutzgesetz, BT-Drucks. 18/3994, S. 44.

- Notwendig sind Umstände oder Unrichtigkeiten in Bezug auf die Angaben im Verkaufsprospekt (Nachtragsfähigkeit).
- Die Intensität der Umstände und Unrichtigkeiten muss eine bestimmte Schwelle überschreiten und Einfluss auf die Beurteilung der Vermögensanlage oder den Emittenten haben können (Nachtragsrelevanz).
- Es liegt eine Anlass vor, bestimmte Umstände oder Unrichtigkeiten der Angaben im Verkaufsprospekt zu berichtigen.

4 Der **Wortlaut** unterscheidet zum einen zwischen der Pflicht zur Aktualisierung von Angaben im Verkaufsprospekt durch seit der Billigung neu hinzugetretene Umstände und zum anderen den Unterfall zur Aktualisierung in Form der Pflicht zur Berichtigung von Angaben im Verkaufsprospekt, die bereits im Zeitpunkt der Billigung unrichtig oder unvollständig waren (vgl. § 16 WpPG Rz. 24). Die Unterscheidung bleibt **ohne praktische Bedeutung**, da dieser nur eine unterschiedliche zeitliche Perspektive inne wohnt.

5 **Gegenstand der notwendigen Aktualisierung** sind **Abwandlungen** eines ursprünglich gegebenen oder vorausgesetzten, als Ausgangslage zu betrachtenden Sachverhalts rechtlicher oder tatsächlicher Natur im Vergleich zu einem anderen, neu eingetretenen oder neu als tatsächlich bestehend erkannten Sachverhalt[1]. Mittels eines **Vergleiches** dieser zwei Sachverhalte zu den zwei Ereigniszeitpunkten muss sich ein objektiver Unterschied feststellen lassen. Die ursprüngliche, im Verkaufsprospekt niedergelegte Angabe in Form einer Tatsache oder eines Umstandes stimmt mit der aktuellen tatsächlichen Sachlage nicht mehr überein. Erfasst sind zunächst alle im Verkaufsprospekt niedergelegten Angaben und Umstände, deren Änderungen für die Beurteilung des Emittenten oder der Vermögensanlage erheblich sind. Dazu zählen sowohl Modifikationen bereits bestehender Umstände als auch das Hinzutreten neuer und der Wegfall gegebener Umstände[2].

6 Die Nachtragspflicht wird auch im Rahmen von vom Anbieter im Verkaufsprospekt bewusst **inhaltlich fehlerhaft aufgeführten Angaben** ausgelöst. Dies setzt im Interesse eines effektiven Anlegerschutzes durch tatsächlich zutreffende Angaben im Verkaufsprospekt beim Begriff des „Feststellens" ein weites Verständnis voraus. Denn die Formulierung des Tatbestands zur Auslösung der Nachtragspflicht mit der Feststellung von Unrichtigkeiten nach der Billigung des Verkaufsprospektes legt eine allein fahrlässige fehlerhafte Darstellung von Angaben als Voraussetzung nahe. Eine tatsächliche Feststellung kann für die den Sachverhalt betrachtende Person regelmäßig nur bei unbekannten Sachverhalten stattfinden. Ansonsten besitzt sie diese Kenntnis bereits[3].

7 Die Beurteilung eines Umstandes als wichtig oder einer Unrichtigkeit als **wesentlich** stellt eine subjektive Bewertung der die Veränderung betrachtenden Person dar

---

1 *Maas/Voß*, BB 2008, 2302 (2303).
2 *Könnecke/Voß* in Arndt/Voß, § 11 VerkProspG Rz. 13.
3 Die Frage der vorsätzlichen Verwendung von unrichtigen Angaben im Rahmen der Primärpublizität ist im Rahmen des § 264a StGB von Relevanz, vgl. *Tröndle/Fischer*, § 264a StGB Rz. 10 ff.

(vgl. § 16 WpPG Rz. 27 und 29)[1]. Für die **Beurteilung** lassen sich zwei Komponenten heranziehen: Sie muss einerseits die Sichtweise eines Anlegers als Teil des durch die Veränderung angesprochenen Personenkreis und andererseits die Art der öffentlich angebotenen Vermögensanlage berücksichtigen. Wesentlich ist eine Veränderung dann, wenn sie den Anleger zu einer anderen oder modifizierten Anlageentscheidung veranlasst oder ihn gänzlich von einer Beteiligung absehen lässt[2]. Als Maßstab für die Beurteilung der Wichtigkeit oder Wesentlichkeit bietet sich die Verwendung eines durchschnittlichen Anlegers an[3]. Dabei ist die vom Anbieter angesprochene Anlegergruppe zu berücksichtigen. Aufgrund der unterschiedlichen Risikostruktur der einzelnen Beteiligungsmodelle ergibt sich damit für jede in sich geschlossen zu betrachtende Anlage ein anderer Maßstab für die Wichtigkeit oder Wesentlichkeit einer Veränderung zur Auslösung einer Nachtragspflicht (vgl. auch § 16 WpPG Rz. 31 f.).

Notwendig ist daher die Bestimmung eines **Schwellenwertes** für die Veränderung, dessen Überschreitung durch eine durchschnittliche, objektive Person als so bedeutsam und elementar aufgefasst wird, dass es diese Person zu einem anderen Anlageverhalten in Bezug auf die konkrete Vermögensanlage veranlasst[4]. 8

Der **Maßstab** des durchschnittlichen Anlegers kann dabei nicht zu niedrig angesetzt werden[5]. Denn der Anbieter der Vermögensanlage kann dem Anleger über den Nachtrag, ähnlich wie im Verkaufsprospekt, ein Mehr an Informationen zukommen lassen, solange diese nicht über die Wichtigkeit oder Wesentlichkeit einer Veränderung irreführen. Der objektivierte Maßstab, der an die Beurteilung der Wichtigkeit oder Wesentlichkeit einer Veränderung zu richten ist, dient letztlich nur der Durchsetzung zivilrechtlicher Verantwortlichkeiten des Anbieters gegenüber dem Anleger im Rahmen der Prospekthaftung und der Möglichkeit der durch die Ergreifung aufsichtsrechtlicher Maßnahmen erzwingbaren Sicherstellung der Information der Anleger durch den Anbieter der Vermögensanlage. 9

Das Niveau der **Wichtigkeit** und **Wesentlichkeit** einzelner Veränderungen wird durch den Anbieter durch die Wahl der Beteiligungsmöglichkeiten an der jeweiligen Vermögensanlage bestimmt[6]. Die Bedeutung bestimmter Tatsachen ist nicht bei jeder Beteiligungsform gleich hoch. Die Verringerung einer Einnahmequelle unter das prognostizierte Niveau hat etwa bei einer Mehr-Objekt-Gesellschaft durch Kompensationsmöglichkeiten geringere Auswirkungen als bei einer Ein-Objekt-Gesellschaft. 10

---

1 Wegen der eigentlichen Relevanz der Information für die Beeinflussung der Beurteilung der Vermögensanlage kommt dem zwischen Wichtigkeit und Wesentlichkeit differenzierenden Wortlaut des Gesetzes und der unterschiedlichen Bezugnahme der Wesentlichkeit im Vergleich zur Vorgängervorschrift keine eigenständige Bedeutung bei.
2 Vgl. *Krämer* in Heidel, Aktienrecht und Kapitalmarktrecht, § 11 VerkProspG Rz. 3; *Groß*, Kapitalmarktrecht, § 11 VerkProspG Rz. 5; siehe auch *Ritz* in Assmann/Lenz/Ritz, § 11 VerkProspG Rz. 5.
3 *Lenz/Ritz*, WM 2000, 904 (908).
4 *Maas/Voß*, BB 2008, 2302 (2307).
5 AA *Ritz* in Assmann/Lenz/Ritz, § 11 VerkProspG Rz. 5.
6 *Bruchwitz* in Lüdicke/Arndt, Geschlossene Fonds, A IV 5., S. 137.

Auch kann der Austausch von Personen in einer geschäftsführenden Komplementär-GmbH einer GmbH & Co. KG einen anderen Stellenwert aufweisen als zB der Austausch des Handelsgewerbetreibenden bei einer stillen Gesellschaft.

a) Materielle Eingrenzung von nachtragsfähigen Sachverhalten

11   Grundsätzlich sind alle **Katalogangaben der VermVerkProspV von der Nachtragspflicht umfasst**, auch wenn sie weder auf den Emittenten noch auf die Vermögensanlage konkret abzielen. Dies betrifft insbesondere Angaben, die zB nach den §§ 3 und 12 Abs. 6 VermVerkProspV in den ursprünglichen Verkaufsprospekt aufzunehmen sind und bei nicht bestehender Personenidentität weder den Emittenten noch in sonstiger Weise die Vermögensanlage selbst betreffen müssen. Aus Gründen der Transparenz für den Anleger und den Kapitalmarkt im Allgemeinen sind auch Änderungen, die für die Vermögensanlage selbst oder den Emittenten nur mittelbare Bedeutung haben, vom Nachtragsgebot gemäß § 11 VermAnlG erfasst[1]. Die eindeutige Identität eventueller Anspruchsgegner ist für den Anleger wichtig. Denn Angaben, die mittels eines Nachtrags dem ursprünglichen Verkaufsprospekt hinzugefügt werden, lassen die ursprüngliche Verjährungsfrist für Ansprüche aus fehlerhaftem Prospekt gemäß § 20 Abs. 1 VermAnlG unberührt, die mit dem ersten öffentlichen Angebot der Vermögensanlage im Inland beginnt. Um den Schutzzweck des Prospekts als Informationsmittel für den Anleger aufrecht zu erhalten, darf der Anleger mithin nicht gezwungen sein, bestimmte Angaben im Verkaufsprospekt, die sich erst nachträglich geändert haben, in der ggf. nur noch kurzen Spanne der Verjährung seiner Ansprüche langwierig ermitteln zu müssen.

12   Der Gesetzgeber führt **in § 11 Abs. 1 Satz 2 VermAnlG Regelbeispiele** für nachtragspflichtige Umstände auf. Dazu gehören periodische Finanzinformationen nach den Nrn. 1 und 2 sowie jeder Umstand, der sich auf die Geschäftsaussichten des Emittenten mindestens für das laufende Geschäftsjahr erheblich auswirkt und geeignet ist, die Fähigkeiten des Emittenten zur Erfüllung seiner Verpflichtungen gegenüber dem Anleger erheblich zu beeinträchtigen.

Aufgrund der Regelbeispiele der Nrn. 1 und 2 kommt es nicht darauf an, ob in den jeweiligen Abschlüssen Informationen enthalten sind, die für sich oder im Zusammenhang genommen einen neuen, für die Beurteilung der Vermögensanlage oder des Emittenten wichtigen Umstand oder eine wesentliche Veränderung zu einer bereits im Verkaufsprospekt enthaltenen Information darstellen (siehe aber § 16 WpPG Rz. 40).

13   Der in Regelbeispiel nach § 11 Abs. 1 Satz 2 Nr. 3 VermAnlG aufgeführte Umstand ist mit der Mindestangabe nach § 13 VermVerkProspV verknüpft. Die Begriffe der „**Geschäftsaussichten**" in beiden Regelungen entsprechen sich[2]. Eine Einschränkung der Nachtragspflicht erfolgt über das Merkmal der Erheblichkeit, um nicht alle erdenklichen Geschäftsvorfälle zu erfassen, die sich auf die Geschäftsaussichten auswir-

---

1 *Maas/Voß*, BB 2008, 2302 (2303).
2 RegE Kleinanlegerschutzgesetz, BT-Drucks. 18/3994, S. 44.

ken können[1]. Wirkt sich der Umstand nicht erheblich auf die Geschäftsaussichten aus, ist zu entscheiden, ob er aber aus anderen Gründen als wichtig iS von § 11 Abs. 1 VermAnlG anzusehen ist, um eine Nachtragspflicht auszulösen[2].

b) Materieller Gehalt der Veränderung

Auswirkungen der Veränderung von Sachverhalten beim Anleger sind in Hinblick auf die Nachtragspflicht des Anbieters ohne Belang. Jegliche Veränderung ist daher wertneutral zu betrachten und löst eine Nachtragspflicht aus, sofern sie nur wichtige bzw. wesentliche Bedeutung für den betreffenden Sachverhalt hat[3]. Der Fokus des Gesetzes liegt darin, dem Anleger alle wesentlichen Angaben und Umstände mitzuteilen, damit er auf dieser Grundlage eine eigenverantwortliche Anlageentscheidung treffen kann[4]. Der Anleger soll nach demnach nicht vor dem Erwerb nicht werthaltiger Vermögensanlagen geschützt werden, sondern lediglich eine transparente und verlässliche Informationsgrundlage für eine Anlageentscheidung erhalten. 14

Rechtschreibfehlern und offensichtlichen Rechenfehlern oder sonstigen **offensichtlichen Unrichtigkeiten** kommt eine solche materielle Bedeutung für das Auslösen einer Nachtragspflicht nicht zu. Diese Fehler können allein im Zusammenhang mit einem, durch ein im obigen Sinne nachtragspflichtiges Ereignis ausgelöstes, Nachtragsverfahren berichtigt werden (vgl. § 16 WpPG Rz. 49).

Veränderungen iS des § 11 Abs. 1 VermAnlG erfassen nicht die dem Verkaufsprospekt zugrunde liegende Vermögensanlage in ihrer **vertraglichen Ausgestaltung**. Sie beziehen sich allein auf die Angaben, die im Verkaufsprospekt nach den Katalogangaben der VermVerkProspV zu der Vermögensanlage getroffen wurden. Eine Einführung geänderter Beteiligungsvarianten über einen Nachtrag in den Verkaufsprospekt ist damit nicht möglich. Denn die Veränderung einer bestehenden Vermögensanlage in eine qualitativ neue Vermögensanlage oder die Einführung einer qualitativ neuen Vermögensanlage in rechtlicher Hinsicht ist keine Frage des § 11 VermAnlG, sondern eine Frage der Abgrenzung der einzelnen Vermögensanlagen nach §§ 1 und 6 VermAnlG (vgl. § 27 VermAnlG Rz. 18 ff.)[5]. 15

Die **Eingrenzung des Veränderungsbegriffes** auf die Prospektangaben und der Ausschluss zugrunde liegender materieller Vertragsgestaltungen der Vermögensanlage verhindert eine Umgehung des Verfahrens zur Billigung des Verkaufsprospekts nach § 8 Abs. 1 VermAnlG[6]. 16

---

1 RegE Kleinanlegerschutzgesetz, BT-Drucks. 18/3994, S. 44.
2 RegE Kleinanlegerschutzgesetz, BT-Drucks. 18/3994, S. 44.
3 *Könnecke/Voß* in Arndt/Voß, § 11 VerkProspG Rz. 14.
4 BGH v. 28.9.1992 – II ZR 224/91, NJW 1992, 3296; BGH v. 5.7.1993 – II ZR 194/92, NJW 1993, 2865.
5 Vgl. auch VG Frankfurt am Main v. 22.2.2010 – 1 L 109/10.F, juris.
6 *Maas/Voß*, BB 2008, 2302 (2304).

c) Zeitliche Eingrenzung der Nachtragspflicht

17 Der **nachtragsrelevante Zeitraum** setzt mit der Billigung des Verkaufsprospektes ein[1]. Die Bestimmung des Endes der Nachtragspflicht erfolgt nach den formalen Kriterien des § 10a VermAnlG. Die bisher als (materielles) Ende des öffentlichen Angebots betrachteten Umstände, wie die tatsächliche Dauer des Angebots von Anteilen der Vermögensanlage bis zur Schließung der Emission im Wege der Vollplatzierung aller Anteile der Emission oder dem endgültigen Abbruch der Emission[2], sind durch die Mitteilung der Beendigung des öffentlichen Angebots und durch eine Fiktion des Fortbestands des öffentlichen Angebots bis zum Eingang dieser Mitteilung bei der Bundesanstalt ersetzt, § 10a Abs. 1 Satz 1 und Abs. 2 Satz 1 VermAnlG. Eine weitere Verlängerung des nachtragspflichtigen Zeitraums kann sich aus dem Unterlassen der Mitteilung des Anbieters ergeben. Das Ende der Nachtragspflicht ist dann an das Ende der Gültigkeitsdauer des Verkaufsprospekts geknüpft, § 10a Abs. 2 Satz 2 VermAnlG.

18 Die **Mitteilung** an die Bundesanstalt über die Beendigung des öffentlichen Angebots setzt die sog. **Schließung der Emission** materiell voraus. Die Umstellung auf das formelle Kriterium der Mitteilung soll nach dem Willen des Gesetzgebers nur einen eindeutigen Zeitpunkt bestimmbar machen und nicht zu einer Umgehung der Nachtragspflicht dienen[3]. Hat eine Schließung des Angebots daher trotz gegenteiliger Mitteilung an die Bundesanstalt tatsächlich noch nicht stattgefunden hat, werden also weiterhin Anteile der bestimmten Emission angeboten, muss das Anlegerpublikum noch über wesentliche, die die Emission betreffen, Veränderungen nach den Regelungen des § 11 VermAnlG informiert werden.

19 Dies ist insbesondere im Rahmen von Maßnahmen zur **Marktpflege** relevant, nämlich inwieweit damit eine Verlängerung der Angebotsdauer anzunehmen ist. Anteile aus Marktpflegemaßnahmen sind vom Anbieter selbst zurück erworbene und wieder öffentlich angebotene Anteile an der Emission. Hierbei kommt es auf den Zeitpunkt der Vornahmen einer Maßnahme zur Marktpflege an.

20 Nimmt der Anbieter im Verlauf des laufenden öffentlichen Angebots Anteile zurück und bietet sie erneut öffentlich an, sind diese Anteile der ursprünglichen Emission zuzurechnen und **verlängern** damit die **Angebotsdauer**. Denn anders als im Bereich der Wertpapiere kann nicht auf eine Anzahl von effektiven Anteilen abgestellt werden, sondern das Gesamtvolumen der eingeworbenen Einlagen entscheidet über die Schließung der Emission. Der Markt für Vermögensanlagen besteht weitestgehend nur aus einem Primärmarkt, dh., das öffentliche Angebot der Vermögensanlage erfolgt nur einmal und solange, bis die Höhe der eingeworbenen Vermögenswerte für die Realisierung der angedachten Unternehmung ausreichen. Die Art der Beteiligung über eine Vermögensanlage nach § 1 Abs. 2 VermAnlG ist auf eine in sich ge-

---

1 Vor der Billigung ist der Verkaufsprospekt im Rahmen des Billigungsverfahrens zu berichtigten. Für Änderungen im Rahmen eines Nachtragsverfahrens ist kein Raum; vgl. § 16 WpPG Rz. 62.
2 *Krämer* in Heidel, Aktienrecht und Kapitalmarktrecht, § 11 VerkProspG Rz. 4.
3 RegE Kleinanlegerschutzgesetz, BT-Drucks. 18/3994, S. 44.

schlossene, nicht auf eine freie Handelbarkeit ausgerichtete Vermögensallokation des Anlegers ausgerichtet. Dies resultiert einerseits aus den hauptsächlich von den Anbietern verwendeten Beteiligungsmodellen über eine Personengesellschaft, die eine freie Austauschbarkeit der Gesellschafter erschwert, andererseits aus der Strukturierung des Anlagemodells, die eine langjährige Festlegung des Kapitals für ein Gelingen der Unternehmung erfordert. Ein Interesse des Anbieters oder der Emissionsgesellschaft an einem Rückkauf von Anteilen zur Marktverknappung und daraus folgender Nachfragesteigerung bei den Anlegern, die mit einer Preissteigerung der Anteile einhergeht, besteht bei Vermögensanlagen nach § 1 Abs. 2 VermAnlG nicht. Der Anbieter bzw. die Emissionsgesellschaft werden lediglich ein Interesse daran haben, Anteile, die von Anlegern erworben wurden, die ihre Einlage nicht erbringen können, im Interesse der Sicherstellung der Finanzmittel der Unternehmung wieder öffentlich anzubieten und einen anderen, solventen Anleger zu finden. Findet das öffentliche Angebot dieser Anteile vor dem endgültigen Ausplatzieren der gesamten, im öffentlichen Angebot stehenden Emission statt, müssen diese Anteile noch dem erstmaligen Angebot der Anteile zugerechnet werden und verlängern damit die Dauer der Emissionsphase. Eine tatsächliche Unterscheidung dieser Anteile ist praktisch nicht möglich.

Ebenso bleibt in den Fällen des Anwendungsbereichs des **§ 2 Nr. 5 VermAnlG** 21 grundsätzlich eine Nachtragspflicht nach § 11 Abs. 1 VermAnlG bestehen. Das öffentliche Angebot der Vermögensanlage ist, wenn das Angebotsvolumen erhöht wird, noch nicht abschließend beendet worden. Die Ausnahme des § 2 Nr. 5 VermAnlG bringt nur zum Ausdruck, dass für eine Volumenerhöhung des Angebots nicht nochmals ein bis auf den Umfang des Angebots identischer Verkaufsprospekt aufgestellt werden muss. Aufgrund des noch bestehenden öffentlichen Angebots sind daher alle wesentlichen Änderungen, die nach der zwischenzeitlichen Einstellung des Angebots und dem neuen Angebot aufgetreten sind, in einem Nachtrag zu veröffentlichen. Zu beachten sind die Regelungen des §§ 8a, 10a VermAnlG. Die die Gültigkeit des Verkaufsprospektes betreffenden Regelungen sind auch im Zeitraum zwischen den Angeboten der Tranchen anzuwenden. Der Gesetzgeber hat für diesen Zusammenhang keinen Verlängerungstatbestand vorgesehen.

Nimmt der Anbieter nach Schließung der Emission und Beendigung des öffentlichen 22 Angebots durch die Mitteilung an die Bundesanstalt **Anteile von Anlegern zurück**, lebt die Verpflichtung für Nachträge nach § 11 Abs. 1 VermAnlG für diese wieder angebotenen Anteile nicht mehr auf. Denn richtigerweise besteht diese Verpflichtung nur im Rahmen des ersten öffentlichen Angebots der Anteile. Diese Anteile sind dann einem Sekundärmarkt zuzuordnen, für den die Informationspflichten nach § 11a VermAnlG bestehen.

d) Beispiele für wesentliche Veränderungen

Beispiele nachtragspflichtiger wesentlicher Veränderungen sind in den Regelbeispielen 23 nach **§ 11 Abs. 1 Satz 2 VermAnlG** aufgeführt. Je nach Betrachtungszeitraum lassen sich als weitere wesentliche Veränderungen die **Verringerung der gesetzlich bestimmten Einspeisevergütung** nach dem EEG bei Unternehmen, die Anlagen (z.B. Biogas-, Solar- oder Windkraftanlagen) im Rahmen eines laufenden Geschäftsbetriebs selbst betreiben und die Einschränkung der Verlustverrechnung nach § 15 EStG[1] unter das Regelbeispiel nach § 11 Abs. 1 Satz 2 Nr. 3 VermAnlG fassen, wenn die Auswirkung sich auf die Geschäftsaussichten mindestens auf das laufende Geschäftsjahr beziehen.

24 Bei schweren **volks- bzw. weltwirtschaftlichen Krisensituationen** können die veränderten Rahmenbedingungen eine Anpassung der Beschreibung der Risiken, insbesondere im Bereich der Fremdfinanzierung der Vermögensanlage, der Darstellung der Kapitalstruktur und im operativen Geschäft auf Grund erhöhter Bonitätsrisiken der Kunden, erforderlich machen[2]. Turnusmäßig oder außerordentlich durchgeführte **Neubewertungen des Wertes des Projekts** können in Darlehensverträgen enthaltene so genannte Loan-To-Value-Klauseln auslösen, dh. die zulässigen Beleihungsgrenzen des Objekts werden verletzt und führen zu einer Einbehaltung der den Anlegern zugesagten Ausschüttungen durch den Kreditgeber[3]. Weitere betroffene Bereiche, die einer Anpassung der Darstellung bedürfen, sind eventuell im Verkaufsprospekt dargestellte **Sensitivitätsanalysen**, da die unterstellten Zusammenhänge in Krisenzeiten nicht mehr den tatsächlichen Verhältnissen entsprechen[4]. Gleiches gilt für Darstellungen im Falle junger Emittenten iS des § 15 Abs. 1 VermVerkProspV die Angaben zu den Planzahlen des Emittenten betreffen[5].

25 Als **nicht der Nachtragspflicht unterliegend** werden etwa folgende **Sachverhalte** angesehen: Die Verlängerung der Zeichnungsfrist; die Inanspruchnahme einer Platzierungsgarantie, sofern jeweils keine Nachteile für den Anleger entstehen; die Kapitalzufuhr durch den Anleger sowie die Berichterstattung in der Presse durch Dritte[6]. Vom Einzelfall in Bezug auf die Auslösung einer Nachtragspflicht abhängig ist zB die Erhöhung oder Verringerung des Angebotsvolumens[7].

26 Sind im Verkaufsprospekt Tatsachen in Form **zukünftig eintretender Ereignisse** beschrieben, die gegenüber den zum Zeitpunkt der Prospektaufstellung bestehenden Verhältnissen Veränderungen beinhalten, bedürfen diese ausnahmsweise keines Nachtrages, wenn die Beschreibung im Verkaufsprospekt mit dem tatsächlichen Eintritt der Ereignisse vollumfänglich, zB bei dem Vollzug des Erwerbs von mehreren Gebäuden mit festgelegter Lage, Größe, Nutzungsart und Preis und insbesonde-

---

1 Vgl. *Könnecke/Voß* in Arndt/Voß, § 11 VerkProspG Rz. 29.
2 *Elsen/Jäger*, BKR 2009, 190 (192).
3 Financial Times Deutschland v. 15.12.2009: „Geschlossene Fonds in der Klauselfalle".
4 *Elsen/Jäger*, BKR 2009, 190 (193), vgl. auch § 13a VermVerkProspV.
5 *Elsen/Jäger*, BKR 2009, 190 (193).
6 *Könnecke/Voß* in Arndt/Voß, § 11 VerkProspG Rz. 29. Anders OLG Celle v. 16.7.2004 – 9 U 15/04, WM 2005, 737 und BGH v. 7.10.2008 – XI ZR 89/07, ZIP 2008, 2208, für den Fall deutlicher, vorherrschender und begründeter Kritik.
7 Siehe Ziff. X.1. der Bekanntmachung des BAWe zum Wertpapier-Verkaufsprospektgesetz (Verkaufsprospektgesetz) in der Fassung der Bekanntmachung vom 9.9.1998 (BGBl. I 1998, S. 2701) und zur Verordnung über Wertpapier-Verkaufsprospekte (Verkaufsprospekt-Verordnung) in der Fassung der Bekanntmachung vom 9.9.1998 (BGBl. I 1998, S. 2835) vom 6.9.1999, BAnz. Nr. 177 v. 21.9.1999, S. 16180; dazu *Ritz* in Assmann/Lenz/Ritz, § 11 VerkProspG Rz. 13; vgl. auch § 16 WpPG Rz. 58 f.

re auch im Hinblick auf die wirtschaftlichen Ergebnisse, korrespondiert. Der Schutz des Anlegers ist bereits durch die im Verkaufsprospekt enthaltene Information gewährleistet und mit ihr dem Anleger eine ausreichende Grundlage für die Anlageentscheidung gegeben worden, ein Nachtrag über den tatsächlichen Eintritt würde keinen Mehrwert an Information mehr bieten[1].

e) Einzelfälle aus der Rechtsprechung

Die Rechtsprechung gibt zahlreiche **Beispiele** in Bezug auf die zivilrechtliche Prospekthaftung bzw. die strafrechtliche Betrugsverantwortlichkeit vor, in deren konkreten Sachverhalten von der Wesentlichkeit einer vom Anbieter gegenüber dem Anleger zu unterbreitenden Information auszugehen ist: 27

– Nachträglicher Erwerb eines beherrschenden Einflusses durch einen Mitinitiator oder Gründungsgesellschafter oder Gestalter der Gesellschaft[2]; nachträgliche Verflechtung zweier Gesellschaften in der Form der Verknüpfung ihrer Schicksale[3].
– Konkrete Aufnahme von Ermittlungen der Staatsanwaltschaft gegen die Geschäftsführung des Emittenten[4].
– Abweichungen in der Anlageobjektbeschreibung[5]; Verwendung der Einlagen für sonstige, außerhalb der Anschaffungs- und Herstellungskosten liegende Zwecke[6]; Nichteinhaltung des ursprünglich prospektierten Finanzierungszeitplans mangels Einwerbeerfolgs benötigter Mittel[7]; zukünftige Ereignisse, die eine Wahrscheinlichkeit für die Gefährdung der vom Anleger verfolgten Zwecke beinhalten[8].
– Tatsächliche permanente Kontrolle der eingelegten Gelder durch einen Treuhänder[9].
– Abweichung des tatsächlichen Geschäftsverlaufs von den bisher dargestellten Geschäftsaussichten[10].
– Änderung der behördlichen Praxis zur steuerlichen Anerkennung durch die Finanzbehörden gegenüber früheren Jahren[11].

---

1 Vgl. *Könnecke/Voß* in Arndt/Voß, § 11 VerkProspG Rz. 29; *Maas/Voß*, BB 2008, 2302 (2306).
2 BGH v. 25.2.1991 – II ZR 60/90, NJW 1991, 1608.
3 OLG Stuttgart v. 5.8.2004 – 19 U 30/04, ZIP 2005, 909.
4 Vgl. BGH v. 22.12.2015 – VI ZR 118/14.
5 BGH v. 6.2.2006 – II ZR 329/04, NJW 2006, 2042; OLG Frankfurt v. 5.6.2008 – 16 U 205/07, WM 2008, 1917.
6 OLG Hamm v. 23.4.2007 – 8 U 54/05 (unveröffentlicht, abrufbar über juris).
7 OLG Koblenz v. 11.2.2005 – 8 U 141/04, OLGR Koblenz 2005, 349 (und über juris).
8 BGH v. 29.5.2008 – III ZR 59/07, ZIP 2008, 1481; BGH v. 26.9.1991 – VII ZR 376/89, NJW 1992, 228; BGH v. 16.6.1992 – XI ZR 166/91, NJW 1992, 2148; BGH v. 7.4.2003 – II ZR 160/02, WM 2003, 1086; BGH v. 12.5.2005 – 5 StR 283/04, NJW 2005, 2242.
9 BGH v. 1.12.1994 – III ZR 93/93, NJW 1995, 1025.
10 BGH v. 16.6.1992 – XI ZR 166/91, NJW 1992, 2148, aber mangelnde Konkretisierung bei Blind-Pool-Unternehmen nicht zu beanstanden, vgl. BGH v. 3.2.2015 – II ZR 52/14.
11 Vgl. BGH v. 22.10.2015 – III ZR 264/14, juris.

– geänderte Stornohaftungsregelung zwischen Emittenten und der Vertriebsgesellschaft, wenn diese für die Anlegerentscheidung in ihren Auswirkungen erheblich sein kann[1].

28 Nicht: Nichteintritt der jährlich prognostizierten Nettodurchschnittsverzinsung, wenn die ursprüngliche Prognose durch sorgfältig ermittelte Tatsachen gestützt und – aus ex-ante-Sicht – vertretbar ist[2].

f) Nachtragsfähigkeit eines unvollständigen Verkaufsprospekts gemäß § 10 VermAnlG

29 Ist der unvollständige Verkaufsprospekt bereits durch einen Nachtrag nach § 10 VermAnlG um die fehlenden Angebotsbedingungen ergänzt worden, ist dieser Verkaufsprospekt wie jeder andere Verkaufsprospekt uneingeschränkt nachtragsfähig gemäß § 11 Abs. 1 VermAnlG.

30 Die Frage der Möglichkeit einer **Ergänzung eines unvollständigen Verkaufsprospekts** über § 11 VermAnlG betrifft den Zeitraum zwischen der Veröffentlichung des unvollständigen Verkaufsprospekts und der Veröffentlichung der fehlenden Angebotsbedingungen respektive dem Beginn des öffentlichen Angebots. Denn die Nachtragspflicht gemäß § 11 Abs. 1 VermAnlG besteht nur während der Dauer des öffentlichen Angebots, das bei einem unvollständigen Verkaufsprospekt aber erst mit Veröffentlichung der noch fehlenden Angebotsbedingungen beginnen kann. Aus Gründen des Anlegerschutzes, der sich aus einem frühzeitigen Informationsbedürfnis der Anleger ableitet, befürwortet die überwiegende Auffassung eine Anwendbarkeit des § 11 VermAnlG[3]. Die Problematik besitzt keine hohe Praxisrelevanz mehr.

2. Formelle Anforderungen

31 Neben der Angleichung der materiellen Nachtragsvoraussetzungen des § 11 Abs. 1 VermAnlG wurde auch das Verfahren bei der Bundesanstalt an die Regelungen des § 16 WpPG angelehnt[4].

a) Verfahren der Billigung des Nachtrags

32 Nach § 11 Abs. 1 Satz 4 VermAnlG unterliegt ein Nachtrag vor seiner Veröffentlichung dem Vorbehalt einer **Billigung durch die Bundesanstalt für Finanzdienstleistungsaufsicht (BaFin)**. Die Struktur des Verfahrens zur Billigung eines Nachtrags entspricht derjenigen, die dem Verfahren zur Billigung eines Verkaufsprospektes nach § 8 VermAnlG zugrunde liegt (vgl. § 8 VermAnlG Rz. 9 ff. und 21 ff.). Der Nachtrag ist vom Anbieter bei der Bundesanstalt zur Prüfung einzureichen, in der die Angaben im Nachtrag vor seiner Billigung durch die Bundesanstalt auf die Einhaltung

---

1 Vgl. BGH v. 22.12.2015 – VI ZR 118/14.
2 Vgl. BGH v. 23.4.2012 – II ZR 75/10, juris.
3 Zusammenstellung bei *Könnecke/Voß* in Arndt/Voß, § 11 VerkProspG Rz. 42.
4 Vgl. RegE BT-Drucks. 17/7453, S. 69, 72.

der Kriterien der Vollständigkeit, der Kohärenz und Verständlichkeit seines Inhalts untersucht wird, § 11 Abs. 1 Satz 3 und 4 VermAnlG. Die Kriterien der Prüfung müssen auch hinsichtlich der bereits im Verkaufsprospekt und weiteren, dem aktuellen Nachtrag vorausgegangenen Nachträgen enthaltenen Angaben erfüllt sein[1]. Die im Verkaufsprospekt und den nachfolgenden Nachträgen enthaltenen Angaben stellen eine einheitliche, als Gesamtheit zu betrachtende und die Vermögensanlage insgesamt beschreibende Informationsgrundlage für den Anleger dar. Eine Beschränkung der Prüfkriterien allein auf die Angaben des Nachtrags wird diesem Zweck nicht gerecht[2].

Die **Entscheidung** über die Billigung des Nachtrags hat die Bundesanstalt pflichtgemäß grundsätzlich innerhalb von 10 Werktagen zu treffen, § 11 Abs. 1 Satz 4 VermAnlG. Eine Verlängerung des Prüfungszeitraums kann die Bundesanstalt beim Vorliegen der Voraussetzungen von § 11 Abs. 1 Satz 4 iVm. § 8 Abs. 3 VermAnlG herbeiführen.

Die Regelung des § 11 Abs. 1 VermAnlG gibt keine **Frist** vor, innerhalb derer der Anbieter nach dem Eintritt eines veränderten Umstands oder der Feststellung einer Unrichtigkeit diese als Nachtrag zum Verkaufsprospekt zur Billigung bei der Bundesanstalt einzureichen hat. Der Eintritt eines nachtragspflichtigen Ereignisses führt zwar zu einer Nachtragspflicht, verpflichtet den Anbieter aber nicht ausdrücklich, konkret zu handeln[3]. Trotzdem ist die Frist zur Einreichung eines Nachtrags nicht zur freien Disposition des Anbieters gestellt[4]. Vielmehr ist eine **zeitnahe Information geboten**[5]. Aus Sinn und Zweck der Vorschrift folgt, dass die Vorlage des Nachtrags bei der Bundesanstalt zu einem bereits veröffentlichten Verkaufsprospekt einer Vermögensanlage nur fristgerecht ist, wenn der Anbieter diese ohne schuldhaftes Zögern unter Berücksichtigung einer angemessenen Prüf- und Überlegungsfrist vornimmt[6]. Ansonsten wäre der Zweck der Aktualisierungspflicht von Angaben des

---

1 *Bußalb/Vogel*, WM 2012, 1416 (1421); *Wetzig*, Die Regulierung des Grauen Kapitalmarkts durch die Novellierung des Finanzanlagenvermittler- und Vermögensanlagenrechts sowie durch das Kapitalanlagegesetzbuch, S. 114.
2 AA *Hartrott/Voigt*, RdF 2012, 87 (90).
3 Insofern richtig: vgl. Kommentierung zu § 9 WpPG Rz. 36.
4 Teilweise wird ein Festhalten an der Unverzüglichkeit im Sinne einer Drei-Tage-Frist befürwortet: vgl. *Bruchwitz* in Lüdicke/Arndt, Geschlossene Fonds, A IV 5., S. 138; vgl. auch § 8a VermAnlG Rz. 5.
5 *Schleifer*, Publizität und Prüfung von Verkaufsprospekten geschlossener Fonds, S. 88; vgl. auch § 16 WpPG Rz. 67 ff., wobei hier auf das Interesse des Anbieters zur Vermeidung einer Haftung abgestellt wird, die im Rahmen der Aufsicht über die Vertriebspublizität durch die Bundesanstalt aber irrelevant ist.
6 Die Unverzüglichkeit ist nur im Rahmen der Veröffentlichungspflichten des Nachtrags nach der Billigung ausdrücklich erwähnt, § 11 Abs. 1 Satz 5 VermAnlG. Der Gesetzgeber geht jedoch auch bei Verkaufsprospekten von einer unverzüglichen Einreichung eines Nachtrags bei der BaFin bei Vorliegen eines nachtragspflichtigen Umstands aus. Dies ergibt sich aus der gesetzgeberischen Sichtweise im Verhältnis zu § 15 WpHG aF, der selbst eine unverzügliche Veröffentlichungspflicht bestimmter Informationen vorsah und die Verzögerung einer Veröffentlichung des Nachtrags gegenüber einer Information nach § 15 WpHG aF allein aufgrund des laufenden Verfahrens zur Billigung des Nachtrags annahm, vgl. Begr. zu § 16 WpPG RegE, BT-Drucks. 15/4999, S. 36.

Verkaufsprospekts über einen Nachtrag gefährdet[1]. Die Einführung des Billigungsverfahrens für Nachträge dient einer Ausweitung des Anlegerschutzes über eine Einführung einer vor Veröffentlichung der Informationen im Nachtrag zu durchlaufendes behördliches Prüfverfahrens und einer Ausweitung des Prüfungsmaßstabs[2]. Bestehen bleibt der Grundsatz der Publizitätspflichten für den Anbieter nach dem VermAnlG, dem Anleger die notwendigen und rechtlichen Angaben zum Zeitpunkt seiner Anlageentscheidung vollständig sowie kohärent und verständlich zur Verfügung gestellt zu haben. Dies gilt auch für nachtragspflichtige Ereignisse[3]. Für die zeitliche Bestimmung des Eintritts des nachtragspflichtigen Ereignisses ist an dessen tatsächlicher Konkretisierung anzuknüpfen (vgl. § 16 WpPG Rz. 72).

b) Form

35 Als **Gestaltungsmittel** für einen Nachtrag ist vom Gesetz ein **selbständiges Dokument** vorgesehen. Dies ergibt sich unmittelbar aus § 11 Abs. 3 VermAnlG. Verkaufsprospekt und Nachtrag stellen somit voneinander physisch unabhängige Dokumente dar. Inhaltlich bildet der Nachtrag zusammen mit dem Verkaufsprospekt eine Einheit, ist also in Bezug auf den Verkaufsprospekt als unselbständig anzusehen. In dieser Hinsicht teilt er das rechtliche Schicksal des bereits veröffentlichten Verkaufsprospekts[4].

36 Der **Nachtrag muss als solcher erkennbar sein,** unabhängig davon, welche Wahl zu seiner Gestaltung der Anbieter trifft[5]. An hervorgehobener Stelle muss der Nachtrag eine Belehrung über das Widerrufsrecht enthalten, § 11 Abs. 2 Satz 4 VermAnlG.

37 Der Anbieter hat eine Bezeichnung des Dokuments zu wählen, die eindeutig zum Ausdruck bringt, dass es sich um eine ergänzende Angabe zu dem entsprechenden

---

1 RegE Kleinanlegerschutzgesetz, BT-Drs.18/3994, S. 43 f.
2 Begr. RegE, BT-Drucks. 176051, S. 30; BT-Drucks. 17/7453, S. 69 und 72.
3 Ist der Verkaufsprospekt gebilligt, aber noch nicht veröffentlicht, bedarf es noch keiner Information des Anlegerpublikums, falls nach der Billigung ein nachtragspflichtiges Ereignis eingetreten ist. Der Schutzzweck in Gestalt der Information des allgemeinen Anlegerpublikums ist noch nicht berührt. Die Veröffentlichung wesentlicher, nach der Billigung des Verkaufsprospekts aufgetretener Veränderungen im Wege eines Nachtrags erfolgt für die Dauer des öffentlichen Angebots. Frühester Zeitpunkt für die Veröffentlichung eines Nachtrags ist damit die Veröffentlichung des eigentlichen Verkaufsprospekts entsprechend § 9 Abs. 2 VermAnlG. Ein früherer Zeitpunkt der Veröffentlichung des Nachtrags wird durch das Gesetz zwar nicht ausdrücklich ausgeschlossen, jedoch fehlt eine Bezugnahme zum eigentlichen Verkaufsprospekt. Eine Veröffentlichung des Nachtrags vor dem eigentlichen Verkaufsprospekt könnte daher zu einer Verwirrung des Marktes führen und ist daher nicht zulässig (vgl. bereits Begr. RegE VerkProspG, BT-Drucks. 14/8017 v. 18.1.2002, S. 110).
4 *Groß*, Kapitalmarktrecht, § 11 VerkProspG Rz. 9; *Könnecke/Voß* in Arndt/Voß, § 11 VerkProspG Rz. 46.
5 Siehe Muster der BaFin: www.bafin.de/DE/Aufsicht/Prospekte/Vermoegensanlagen/Prospektarten/prospektarten_node.html.

Verkaufsprospekt, also den Nachtrag, handelt. Die Verbindung zu dem bestimmten, zu ergänzenden Verkaufsprospekt ist durch **eine eindeutige Bezugnahme** herzustellen. Das Gebot der Verständlichkeit erfordert zudem eine eindeutige **Identifizierbarkeit des Nachtrags**. Der Anbieter muss den Nachtrag entsprechend der tatsächlichen Verhältnisse mit einer Nummer und einem Datum kennzeichnen. Das gilt insbesondere dann, wenn der Nachtrag sich nur auf bestimmte Vermögensanlagen des ergänzten Gesamtdokuments an zusammenhängenden Verkaufsprospekten bezieht.

Nach § 11 Abs. 3 VermAnlG hat der Anbieter zusätzlich zu dem ursprünglichen Verkaufsprospekt und den einzelnen Nachträgen einen um alle Nachträge konsolidierten Verkaufsprospekt entsprechend der Varianten des § 9 Abs. 2 VermAnlG zu veröffentlichen. Die Regelung enthält Formvorgaben. Bei einer **Ergänzung und Einarbeitung des Nachtrags in den Verkaufsprospekt** muss neben der eindeutigen Kennzeichnung des Dokuments als Verkaufsprospekt in der Fassung eines Nachtrags auch die jeweilige Änderung **stilistisch deutlich hervorgehoben** werden. Zu ändern sind allein die Textabschnitten, die einer Ergänzung bedürfen, wobei auf die Lesbarkeit des entstehenden Textes zu achten ist[1]. Voran oder hintenangestellte Nachträge sind ausgeschlossen[2].

Der konsolidierte Verkaufsprospekt wird durch die Bundesanstalt nicht geprüft[3].

c) Veröffentlichung

Die Veröffentlichung wesentlicher, nach der Gestattung der Veröffentlichung des Verkaufsprospektes aufgetretener Veränderungen im Wege eines Nachtrags erfolgt für die Dauer des öffentlichen Angebots. Sie muss vom Anbieter **unverzüglich** nach der Billigung des Nachtrags durchgeführt werden, § 11 Abs. 1 Satz 5 VermAnlG. Art und Weise der Veröffentlichung ergeben sich aus § 11 Abs. 1 Satz iVm. § 9 Abs. 2 Satz 1 und 2 VermAnlG und § 11 Abs. 3 VermAnlG.

Die Bestimmung des Begriffs der Unverzüglichkeit erfolgt nach einer weit verbreiteten Ansicht[4] anhand der Legaldefiniton des § 121 BGB. Diese Vorschrift durchdringt alle Bereiche des privaten und des öffentlichen Rechts[5]. Der Begriff „unverzüglich" ist durch ein Handeln ohne schuldhaftes Zögern gekennzeichnet. Die Handlung muss daher nicht unmittelbar vorgenommen werden, vielmehr ist dem zum Handeln Verpflichteten eine adäquate Frist zur Überlegung entsprechend den jeweiligen Umständen einzuräumen. Die Gleichsetzung der Situation eines Anfechtungsberechtigten mit derjenigen eines informationsbedürftigen, am Kapitalmarkt investierenden Anlegers erfährt teilweise **Kritik**[6]. Die Frist sei vielmehr an dem Inhalt und der Funktion der konkret auferlegten Handlungspflicht auszurichten[7]. Damit werden die

---

1 RegE Kleinanlegerschutzgesetz, BT-Drucks. 18/3994, S. 44.
2 RegE Kleinanlegerschutzgesetz, BT-Drucks. 18/3994, S. 44.
3 RegE Kleinanlegerschutzgesetz, BT-Drucks. 18/3994, S. 45.
4 BAWe-Schreiben v. 8.8.2002.
5 *Heinrichs/Ellenberger* in Palandt, § 121 BGB Rz. 3.
6 Vgl. *Möllers* in FS Horn, 2006, S. 473.
7 OLG Frankfurt/M. v. 22.4.2003 – WpÜG-OWi 3/02, NZG 2003, 638.

dem jeweiligen Einzelfall angepassten, entsprechenden Interessen der Anleger besser als bei einem engen Korsett starrer kurzer Fristen berücksichtigt.

42 Die BaFin setzt die **Frist zur Vornahme einer Veröffentlichung** im Bereich der Vermögensanlagen mit drei Werktagen an[1]. Diese Zeitspanne ist im Sinne der Unverzüglichkeit grundsätzlich als sachgerecht anzusehen[2].

43 Die Regelungen zur Veröffentlichung nach § 11 Abs. 3 VermAnlG stellt sicher, dass die Veröffentlichung der den Vermögensanlagen-Verkaufsprospekt bildenden Dokumente und Angaben trotz ihres zeitlichen Versatzes im Interesse des Anlegerpublikums zur Auffindung von relevanten Informationen zu einer Vermögensanlage sowohl an zentraler Stelle als auch nunmehr grundsätzlich in derselben Art und Weise erfolgt[3]. Nutzt der Anbieter eine Internetseite zur Veröffentlichung, sind die Dokumente geordnet in der Reihenfolge ihrer Veröffentlichung und des Datums aufzulisten[4]. Ein Zwang zur Schaffung einer zentralen Veröffentlichungsplattform für diese Dokumente über eine entsprechende Internetseite besteht für den Anbieter nicht[5].

3. Widerrufsrecht (§ 11 Abs. 2 VermAnlG)

44 Mit der Regelung des § 11 Abs. 2 VermAnlG räumt der Gesetzgeber dem Anleger ein Widerrufsrecht seiner auf den Erwerb oder die Zeichnung der Vermögensanlage gerichteten Willenserklärung ein. Als Voraussetzung gibt das Gesetz vor, dass eine Widerrufsfrist von zwei Werktagen nach Veröffentlichung des Nachtrags einzuhalten und die Erfüllung des zugrunde liegenden Rechtsgeschäfts zum Erwerb der Vermögensanlage noch nicht eingetreten ist. Die Regelung ist vom Gesetzgeber an die entsprechenden Bestimmungen des WpPG angelehnt worden[6], vgl. § 16 Abs. 3 WpPG.

45 Die Bestimmung des Begriffs der „**Erfüllung**" muss an das Recht der Vermögensanlagen angepasst werden. Es kennt keinen dem Wertpapierrecht vergleichbaren Vorgang, bei dem die Erfüllung mit Lieferung der Wertpapiere und Zahlung des Kaufpreises eintritt[7]. Der Anteilserwerb an einer Vermögensanlage erfolgt vertraglich entweder über einen gesellschaftsrechtlichen Beitritt, bei der auf der einen Seite der Erwerb der Gesellschafterstellung und auf der anderen Seite die Begründung einer Gesellschafterverpflichtung in Form der Entgeltzahlung für den Gesellschafteranteil steht (zB Kommanditanteil, entsprechend bei treuhänderischer Vermittlung) oder über eine rein schuldrechtliche Ausgestaltung der Beteiligung, bei der dem Anleger Ansprüche ver-

---

1 *Bruchwitz* in Lüdicke/Arndt, Geschlossene Fonds, S. 129 mit Zweifeln am Festhalten an der Praxis durch die BaFin.
2 *Könnecke/Voß* in Arndt/Voß, § 11 VerkProspG Rz. 34 ff.
3 RegE Kleinanlegerschutzgesetz, BT-Drucks. 18/3994, S. 45.
4 RegE Kleinanlegerschutzgesetz, BT-Drucks. 18/3994, S. 45.
5 *Bußalb/Vogel*, WM 2015, 1733 (1737).
6 Vgl. Beschlussempfehlung und Bericht des Finanzausschusses, BT-Drucks. 17/7453, S. 69.
7 *Wetzig*, Die Regulierung des Grauen Kapitalmarkts durch die Novellierung des Finanzanlagenvermittler- und Vermögensanlagenrechts sowie durch das Kapitalanlagegesetzbuch, S. 115.

mögensrechtlichen Inhalts gewährt werden, die mit der Gewährung von Gesellschafterrechten verbunden sein können (zB Genussrechte).

Die Festlegung des Eintritts der Erfüllung im Sinne der Regelung ist **strittig**. Vertreten wird, den Eintritt bereits mit Abschluss des (ggf. mittelbar über einen Treuhänder erfolgenden) Erwerbsvorgangs anzunehmen[1]. Ggf. wird auf als zusätzliche Voraussetzung die Leistung der Einlage durch den Anleger gefordert[2]. Andere wollen die Annahme des Zeichnungsscheins durch den Anbieter und die Leistung der Einlage als Kriterium heranziehen[3]. Um einen Gleichlauf mit dem Wertpapierrecht zu erzielen, ist auf den tatsächlichen Erfolg der Beteiligung abzustellen. Bei einer gesellschaftsrechtlichen Beteiligung ist der Beitritt bewirkt, wenn Rechtstatsachen geschaffen worden sind, an denen die Rechtsordnung nicht vorbeigehen kann. Die Leistung der Beiträge ist dabei ein Indiz[4]. Ausreichend ist auch eine Teilleistung der Beitragsverpflichtung[5]. In Bezug auf eine Kommanditbeteiligung besteht aufgrund von § 5b VermAnlG die Notwendigkeit, eine aufschiebende Bedingung der Eintragung ins Handelsregister im Rahmen des Beitritts des Anlegers vorzusehen (vgl. § 5b VermAnlG Rz. 10). Sollte der Anleger seiner Beitragsverpflichtung noch nicht nachgekommen sein, ist bei einer KG-Beteiligung frühestens die Eintragung im Handelsregister als Erfüllung im Sinne der Vorschrift zu bewerten. Bei schuldrechtlichen Ausgestaltungen der Beteiligung ist die Nähe zum WpPG am nächsten. Als Erfüllung kann hier der Abschluss des Geschäfts auf Erwerb der Vermögensrechte durch die Annahme des Emittenten und die Kaufpreiszahlung des Anlegers gelten.

Zur Ausübung und den Rechtsfolgen des Widerrufs ist auch die **Ausführungen zu § 16 WpPG** zu verweisen (vgl. § 16 WpPG Rz. 108 ff., 111).

Einigkeit besteht darin, dass die Erfüllung das Widerrufsrecht nicht beschränken soll, wenn die Veröffentlichung des Nachtrags entgegen § 11 Abs. 2 VermAnlG nicht unverzüglich erfolgte[6].

III. Gebühren

Nach Nr. 3 der Anlage zu § 2 VermVerkProspGebV beträgt die Gebühr für die Billigung und Aufbewahrung eines Nachtrags 1.185 Euro. Die Zusammenfassung meh-

---

1 *Wetzig*, Die Regulierung des Grauen Kapitalmarkts durch die Novellierung des Finanzanlagenvermittler- und Vermögensanlagenrechts sowie durch das Kapitalanlagegesetzbuch, S. 115.
2 *Wetzig*, Die Regulierung des Grauen Kapitalmarkts durch die Novellierung des Finanzanlagenvermittler- und Vermögensanlagenrechts sowie durch das Kapitalanlagegesetzbuch, S. 115.
3 *Bruchwitz* in Lüdicke/Arndt, Geschlossene Fonds, S. 138.
4 BGH v. 14.10.1991 – II ZR 212/90, juris.
5 OLG Stuttgart v. 6.4.2016 – 14 U 2/15, juris.
6 *Wetzig*, Die Regulierung des Grauen Kapitalmarkts durch die Novellierung des Finanzanlagenvermittler- und Vermögensanlagenrechts sowie durch das Kapitalanlagegesetzbuch, S. 115.

rerer Nachträge für verschiedene Vermögensanlagen erhöht die Gebühr entsprechend der Anzahl der betroffenen Vermögensanlagen.

IV. Folgen eines Verstoßes gegen § 11 VermAnlG

50 Unterlassene, unvollständige oder fehlerhafte Nachträge verpflichten den Anbieter im Rahmen des § 20 VermAnlG zu einer **Haftung** gegenüber dem geschädigten Anleger. Auch eine **Strafbarkeit** nach § 264a StGB kommt in Betracht.

51 Im Rahmen der Marktaufsicht stehen der **BaFin** die **Eingriffsmöglichkeiten** der § 18 Abs. 1 Nr. 5 und 6 VermAnlG zur Verfügung. Die Befugnisse knüpfen an die Veröffentlichung des Nachtrags an[1]. Die Einhaltung der Formvorgaben nach § 11 Abs. 1 Satz 1 VermAnlG sind nach § 29 Abs. 1 Nr. 3 VermAnlG bußgeldbewehrt. Die Höhe des Bußgeldes beträgt bis zu 100.000 Euro.

§ 11a
Veröffentlichungspflichten nach Beendigung des öffentlichen Angebots; Verordnungsermächtigung

(1) Der Emittent einer Vermögensanlage ist nach Beendigung des öffentlichen Angebots einer Vermögensanlage verpflichtet, jede Tatsache, die sich auf ihn oder die von ihm emittierte Vermögensanlage unmittelbar bezieht und nicht öffentlich bekannt ist, unverzüglich gemäß Absatz 3 Satz 1 zu veröffentlichen, wenn sie geeignet ist, die Fähigkeit des Emittenten zur Erfüllung seiner Verpflichtungen gegenüber dem Anleger erheblich zu beeinträchtigen. Die Verpflichtung entfällt mit der vollständigen Tilgung der Vermögensanlage.

(2) Der Emittent hat die Tatsache vor der Zuleitung nach Absatz 3 der Bundesanstalt mitzuteilen. Die Bundesanstalt macht die Tatsache spätestens am dritten Werktag nach Eingang auf ihrer Internetseite bekannt.

(3) Die betreffenden Tatsachen sind zur Veröffentlichung Medien zuzuleiten, einschließlich solcher, bei denen davon ausgegangen werden kann, dass sie die Information im Inland verbreiten und jederzeit zugänglich sind. Der Bundesanstalt ist die Veröffentlichung unter Angabe des Textes der Veröffentlichung, der Medien, an die die Information gesandt wurde, sowie des genauen Zeitpunkts der Versendung an die Medien mitzuteilen.

(4) Das Bundesministerium der Finanzen kann durch Rechtsverordnung, die nicht der Zustimmung des Bundesrates bedarf, nähere Bestimmungen erlassen über den Mindestinhalt, die Art, die Sprache, den Umfang und die Form

---

1 Anders nach dem WpPG, wo die Befugnis an die Gültigkeit des Prospektes geknüpft ist, vgl. § 16 WpPG Rz. 142.

1. der Veröffentlichung nach Absatz 3 Satz 1 und
2. der Mitteilung nach Absatz 2 Satz 1 und Absatz 3 Satz 2.

Das Bundesministerium der Finanzen kann die Ermächtigung durch Rechtsverordnung auf die Bundesanstalt übertragen.

In der Fassung vom 3.7.2015 (BGBl. I 2015, S. 1114).

Verordnung zur Durchführung des § 11a des Vermögensanlagegesetzes (Vermögensanlagen-Veröffentlichungs- und Mitteilungspflichtenverordnung – VermVerMiV)

vom 20.8.2015 (BGBl. I 2015, S. 1435).

Auf Grund des § 11a Absatz 4 Satz 1 des Vermögensanlagegesetzes, der durch Artikel 2 Nummer 13 des Gesetzes vom 3.7.2015 (BGBl. I S. 1114) eingefügt worden ist, verordnet das Bundesministerium der Finanzen:

§ 1 Anwendungsbereich

Diese Verordnung regelt den Mindestinhalt, die Art, die Sprache, den Umfang und die Form
1. der Veröffentlichungen nach § 11a Absatz 3 Satz 1 des Gesetzes sowie
2. der Mitteilungen nach § 11a Absatz 2 Satz 1 und Absatz 3 Satz 2 des Gesetzes.

§ 2 Inhalt der Veröffentlichung

In der Veröffentlichung nach § 11a Absatz 3 Satz 1 des Gesetzes sind anzugeben:
1. in der Kopfzeile
    a) eine deutlich hervorgehobene Überschrift „Veröffentlichung nach § 11a Absatz 1 VermAnlG",
    b) ein als Betreff erkennbares Schlagwort, das den wesentlichen Inhalt der Veröffentlichung zusammenfasst,
2. zum Emittenten
    a) sein Name und
    b) seine Anschrift,
3. zur Vermögensanlage
    a) die Bezeichnung und
    b) das Veröffentlichungsdatum des Verkaufsprospekts,
4. die zu veröffentlichende Tatsache gemäß § 11a Absatz 1 des Gesetzes,
5. das Datum des Eintritts der Tatsache,
6. eine kurze Erklärung, inwieweit sich die Tatsache auf den Emittenten oder die von ihm emittierte Vermögensanlage unmittelbar bezieht, soweit sich dies nicht schon aus den Angaben zu Nummer 4 ergibt,
7. eine Erklärung, aus welchen Gründen die Tatsache geeignet ist, die Fähigkeit des Emittenten zur Erfüllung seiner Verpflichtungen gegenüber dem Anleger erheblich zu beeinträchtigen, soweit sich dies nicht schon aus den Angaben zu Nummer 4 ergibt, sowie

8. einen Hinweis, dass die inhaltliche Richtigkeit der veröffentlichten Tatsache nicht der Prüfung durch die Bundesanstalt unterliegt.

Die Veröffentlichung soll kurz gefasst sein und darf ausschließlich die nach Satz 1 erforderlichen Angaben enthalten. Die Veröffentlichung hat in deutscher Sprache zu erfolgen.

§ 3 Art der Veröffentlichung von Tatsachen

(1) Bei der Veröffentlichung nach § 11a Absatz 3 Satz 1 des Gesetzes ist zu gewährleisten, dass
1. die nach § 2 erforderlichen Informationen nur Medien zugeleitet werden, bei denen davon auszugehen ist, dass sie die zugeleiteten Informationen möglichst schnell und zeitgleich im Inland verbreiten, sodass die Informationen unverzüglich und jederzeit zugänglich sind,
2. die nach § 2 erforderlichen Informationen an die Medien in einer Weise übersandt werden, die
   a) die sichere Identifizierung des Absenders der Informationen zulässt,
   b) einen hinreichenden Schutz gegen unbefugte Zugriffe oder unbefugte Veränderung der Daten sicherstellt sowie die Vertraulichkeit und Sicherheit der Übersendung durch die Art des genutzten Übertragungswegs oder durch eine Verschlüsselung der Daten nach dem Stand der Technik sicherstellt,
   c) eine unverzügliche Behebung von Übertragungsfehlern oder -unterbrechungen gewährleistet, und
3. bei der Übersendung der nach § 2 erforderlichen Informationen an die Medien Folgendes erkennbar ist:
   a) der Name des Veröffentlichungspflichtigen einschließlich seiner Anschrift,
   b) ein als Betreff erkennbares Schlagwort, das den wesentlichen Inhalt der Veröffentlichung zusammenfasst,
   c) der Tag und die Uhrzeit der Übersendung und
   d) das Ziel, die Tatsache als eine vorgeschriebene Tatsache im Inland zu verbreiten.

Der Veröffentlichungspflichtige ist für technische Systemfehler im Verantwortungsbereich der Medien, an die die nach § 2 erforderlichen Informationen versandt wurden, nicht verantwortlich.

(2) Beauftragt der Veröffentlichungspflichtige einen Dritten mit der Veranlassung der Veröffentlichung, bleibt er für die Erfüllung seiner Veröffentlichungspflicht verantwortlich; der Dritte muss die Anforderungen des Absatzes 1 sowie des § 11a Absatz 3 Satz 1 des Gesetzes erfüllen.

(3) Verfügt der Veröffentlichungspflichtige über eine Internetseite, muss er sicherstellen, dass die nach § 2 erforderlichen Informationen für die Dauer von mindestens sechs Monaten auf dieser Internetseite verfügbar sind. Die Internetseite hat auf der Hauptseite einen deutlich erkennbaren Hinweis mit Verlinkung auf eine Unterseite mit Informationen für Anleger zu enthalten, auf der die Veröffentlichung leicht aufzufinden sein muss.

§ 4 Form und Inhalt der Mitteilung der Tatsache und der Veröffentlichung an die Bundesanstalt

(1) Mitteilungen an die Bundesanstalt nach § 11a Absatz 2 Satz 1 und Absatz 3 Satz 2 des Gesetzes können durch den Emittenten oder einen von ihm bevollmächtigten Dritten erfolgen.

(2) Die Mitteilung und im Falle einer Bevollmächtigung ein Nachweis über die Vollmacht sind schriftlich mittels Telefax an die Bundesanstalt zu übersenden. Die Bundesanstalt richtet hierfür eine gesonderte Telefaxnummer ein. Auf Verlangen der Bundesanstalt ist die eigenhändig unterschriebene Mitteilung auf dem Postweg nachzureichen.

(3) Die Bundesanstalt kann die Möglichkeit eröffnen, die Mitteilungen im Wege der Datenfernübertragung zu übersenden, sofern dem jeweiligen Stand der Technik entsprechende Maßnahmen zur Sicherstellung von Datenschutz und Datensicherheit getroffen werden, die insbesondere die Vertraulichkeit und Unversehrtheit der Daten gewährleisten, und sofern im Fall der Nutzung allgemein zugänglicher Netze dem jeweiligen Stand der Technik entsprechende Verschlüsselungsverfahren angewendet werden. Absatz 2 Satz 3 gilt entsprechend.

(4) In der Mitteilung nach § 11a Absatz 2 Satz 1 des Gesetzes sind anzugeben:
1. der vorgesehene Zeitpunkt der Veröffentlichung,
2. ein Ansprechpartner des veröffentlichungspflichtigen Emittenten mit Rufnummer.

(5) Der Mitteilung ist der Wortlaut der vorgesehenen Veröffentlichung in einer gesonderten Anlage beizufügen. Die Anlage ist im Format DIN-A4 zu erstellen und soll einen Umfang von einer Seite nicht überschreiten. In die Anlage ist zusätzlich zum Hinweis nach § 2 Satz 1 Nummer 8 folgender hervorgehobener Hinweis aufzunehmen: „Die Bundesanstalt geht davon aus, dass die Vermögensanlage, für die diese Tatsache bekanntgemacht wird, den Voraussetzungen des § 1 des Gesetzes entspricht, und hat diese Voraussetzungen nicht erneut geprüft."

(6) Die Mitteilung nach § 11a Absatz 3 Satz 2 des Gesetzes hat unverzüglich nach ihrer Veröffentlichung unter Angabe des Textes der Veröffentlichung, der Medien, an die die Informationen gesandt wurden, sowie des genauen Zeitpunkts der Versendung an die Medien zu erfolgen.

§ 5 Bekanntmachung der Tatsache durch die Bundesanstalt

(1) Die Mitteilung nach § 11a Absatz 2 Satz 1 des Gesetzes gilt bei der Bundesanstalt als ordnungsgemäß eingegangen, wenn
1. die vorgesehene Veröffentlichung die nach § 2 Satz 1 Nummer 1 bis 8 erforderlichen Angaben enthält,
2. im Falle einer Bevollmächtigung ein Nachweis der Vollmacht nach § 4 Absatz 2 übersandt wird und
3. die Mitteilung die nach § 4 Absatz 4 und 5 erforderlichen Angaben enthält.

(2) Ist die Mitteilung nicht ordnungsgemäß eingegangen, teilt die Bundesanstalt dem Emittenten oder dem Bevollmächtigten diesen Umstand spätestens am dritten Werktag nach Eingang mit.

§ 6 Inkrafttreten
Diese Verordnung tritt am Tag nach der Verkündung in Kraft.

Schrifttum: *Aurich*, Der wesentliche Prospektfehler nach KAGB und VermAnlG, GWR 2016, 23; *Bußalb/Vogel*, Das Kleinanlegerschutzgesetz: Neue Pflichten für Anbieter und Emittenten von Vermögensanlagen – Teil I, WM 2015, 1733; *Casper*, Das Kleinanlegerschutzgesetz – zwischen berechtigtem und übertriebenem Paternalismus, ZBB 2015, 265; *Möllers/Kastl*, Das Kleinanlegerschutzgesetz, NZG 2015, 849; *Riethmüller*, Die Auswirkungen des Kleinanlegerschutzgesetzes auf die Praxis der bankenunabhängigen Finanzierung, das Crowdinvesting und Crowdlending, DB 2015, 1451.

I. Normentwicklung	1	2. Zeitraum der Veröffentlichungspflicht	11
II. Regelungsgehalt	2	IV. Formelle Anforderungen	18
III. Sachlicher Anwendungsbereich	3	V. Inhaltliche Anforderungen: VermVerMiV	19
1. Tatsachen	5		
a) Öffentliche Bekanntheit	7		
b) Erheblichkeit	8	VI. Rechtsfolgen	20

I. Normentwicklung

1 Die **Einfügung** von § 11a in das VermAnlG geht auf Art. 2 Nr. 12 des Kleinanlegerschutzgesetzes[1] zurück.

II. Regelungsgehalt

2 Die Regelung **erweitert die Publizitätspflichten** für Vermögensanlagen im Bereich des **Sekundärmarkts**. Sie dient der Schaffung des Vertrauens von Anlegern und potentiellen Zweiterwerbern in die Redlichkeit des Marktsegments und dient als Grundlage für die Bereitstellung des Kapitals. Die Mitteilungspflicht schafft eine **neue Informationsquelle** für das öffentliche Anlegerpublikum nach der vollständigen Beendigung eines öffentlichen Angebots über die Restlaufzeit einer Vermögensanlage. Die Anbieter der Vermögensanlage trifft eine Mitteilungsverpflichtung nur bis zum Ende des öffentlichen Angebots der Vermögensanlage (vgl. § 11 VermAnlG). Sie schließt eine Lücke im bisherigen VermAnlG. Für die Anwendung der für andere Finanzinstrumente geltenden Mitteilungspflichten war kein Raum[2]. Die neue Verpflichtung ist strukturell mit der Ad-hoc-Publizität nach Art. 17 Marktmissbrauchsverordnung (§ 15 WpHG aF) vergleichbar[3]. Die neue Regelung verfolgt ähn-

---
1 Kleinanlegerschutzgesetz vom 3.7.2015, BGBl. I 2015, S. 2010.
2 Es handelt sich bei Vermögensanlagen nicht um Finanzinstrumente iS des § 15 WpHG alter und neuer Fassung, vgl. Art. 4 Abs. 1 Nr. 15, Anhang 1 Abschnitt C RL 2014/65/EU iVm. Art. 3 Abs. 1 Nr. 1 VO (EU) Nr. 596/2014.
3 *Riethmüller*, DB 2015, 1451; *Möllers/Kastl*, NZG 2015, 851.

liche Zielsetzungen. Sie dient der Transparenz im Marktsegment der Vermögensanlagen und soll die Funktionsfähigkeit des Sekundärmarkts fördern[1]. Bezweckt wird die Bereitstellung und damit verbundene zeitgleiche Möglichkeit der Wahrnehmung eines einheitlichen Informationsstandes für das Anlegerpublikum.

III. Sachlicher Anwendungsbereich

Die **Pflicht** zur Veröffentlichung aktueller Informationen nach § 11a VermAnlG trifft den **Emittenten** der Vermögensanlage. Eine ursprüngliche personelle Identität von Anbieter und Emittent ist belanglos. Die Verpflichtung wird als Emittent fortgeführt.

Die Informationspflicht ist streng auf die jeweilige öffentlich angebotene Vermögensanlage bezogen. Sie folgt den Nachtragsverpflichtungen im Rahmen des öffentlichen Angebots nach und ist eine **Fortsetzung** dieser **Informationspflichten**. Allgemeine Informationspflichten des Emittenten sollten damit nicht begründet werden[2]. Andere Emissionen des gleichen Emittenten sind deshalb für die jeweilige Emission nur relevant, wenn diese Auswirkungen auf die Emission bewirken[3].

1. Tatsachen

Mitzuteilen ist jede Tatsache, die sich auf den Emittenten oder die von ihm emittierte Vermögensanlage unmittelbar bezieht, nicht öffentlich bekannt und geeignet ist, die Fähigkeit des Emittenten zur Erfüllung seiner Verpflichtungen gegenüber dem Anleger erheblich zu beeinträchtigen.

Tatsachen im Sinne der Regelung sind sinnlich wahrnehmbare Vorgänge oder Zustände aus Gegenwart oder Vergangenheit[4]. Im Sinne der Regelung sind dies insbesondere Tatsachen, die für die Vermögens- Finanz- oder Ertragslage des Emittenten erheblich sind. Dazu gehören alle sich erheblich auswirkenden Ergebnisse abgeschlossener Entscheidungsprozesse der Geschäftsführung[5]. Bspw. sind zu nennen: Kapitalmaßnahmen, der Abschluss eines Beherrschungs- oder Gewinnabführungsvertrages oder andere besonders bedeutsame Vertragsabschlüsse[6]. Darüber hinaus werden aber auch Tatsachen außerhalb des Unternehmensbereichs erfasst, soweit sie für die Bewertung der Vermögensanlage des Emittenten relevant sind. Hierzu gehört zB eine bevorstehende Änderung der Gewinnausschüttung durch Kürzung oder Aussetzung[7]. **Keine Tatsachen** sind Werturteile (Meinungsäußerungen, Rechtsauffassungen, Auffassungen persönlicher Art) und andere subjektive Wertungen (Gerüchte),

---

1 Begr. RegE Kleinanlegerschutzgesetz, BT-Drucks. 18/3994, S. 45.
2 Begr. RegE Kleinanlegerschutzgesetz, BT-Drucks. 18/3994, S. 45.
3 AA *Casper*, ZBB 2015, 265 (271).
4 Vgl. *Tröndle/Fischer*, § 263 StGB Rz. 2 ff.
5 OLG Frankfurt/Main, 12.2.2009 – 2 Ss OWi 514/08, AG 2014, 414.
6 Vgl. Begr. RegE 2. FMFG, BT-Drucks. 12/6679, S. 46.
7 Vgl. Begr. RegE 2. FMFG, BT-Drucks. 12/6679, S. 46.

die bloße Meinungen ausdrücken[1]. Beim vom Gesetzgeber verwendeten Begriff der Tatsache ist **nicht eindeutig**, ob auch **überprüfbare Werturteile oder Prognosen** mit erfasst werden sollen. Während die Gesetzesbegründung hierzu größtenteils unergiebig ist, spricht die Entwicklung des richtigerweise als Vorbild[2] zu § 11a VermAnlG aufzufassenden § 15 WpHG aF (jetzt: Art. 17 Marktmissbrauchsverordnung) dafür, den Begriff im Rahmen des Transfers auf § 11a VermAnlG eng auszulegen. Für die Bestimmung des Begriffs der Tatsache kann auf die Anhaltspunkte im Rahmen der Diskussion zum Begriff vor der Änderung des § 15 WpHG aF im Jahr 2004 zurückgegriffen werden[3]. Mit den entsprechenden Regelungen des AnSVG wurde ein erweiterter Zukunftsbezug für bestimmte Ad-hoc-Publizitätspflichten übernommen. Der Begriff der Tatsache ging für die Zwecke zur Erreichung einer Erweiterung des Anwendungsbereichs im Begriff der Information auf. Eine mitteilungspflichtige Information iS des § 15 WpHG aF ab dem Inkrafttreten des AnSVG von 2004 beinhaltete seither Umstände bzw. Ereignisse, die bereits existieren bzw. eingetreten sind oder bei denen man vernünftigerweise davon ausgehen konnte, dass sie in Zukunft existieren bzw. eintreten werden[4]. Der Begriff des Umstands geht daher über den bisher verwendeten Begriff der Tatsache hinaus und umfasst auch überprüfbare Werturteile oder Prognosen[5].

a) Öffentliche Bekanntheit

7 Öffentlich bekannt ist eine Tatsache, wenn es einer unbestimmten Anzahl von Personen möglich ist, von ihr Kenntnis zu nehmen[6]. Eine von interessierten Kreisen wahrgenommene tendenzielle wirtschaftliche Entwicklung erfüllt diesen Umstand noch nicht, weil es entscheidend auf das genaue Ausmaß ankommt, wie sich Verschiebungen im Markt auf die Umsatz- und Gewinnsituation des Emittenten ausgewirkt haben[7].

b) Erheblichkeit

8 Die Feststellung der Erheblichkeit im Sinne der Vorschrift erfordert eine an einer objektivierten Bewertung orientierte **Prognoseentscheidung**[8]. Diese hat grundsätzlich aus ex-ante-Sicht zu erfolgen[9]. Dabei stellt das spätere Geschehen ein wichtiges Indiz dar, wenn zB der Emittent tatsächlich die Auszahlung von Gewinnanteilen

---

1 Vgl. Begr. RegE 2. FMFG, BT-Drucks. 12/6679, S. 46; Begr. RegE AnSVG, BT-Drucks. 15/3174, S. 34.
2 Vgl. *Riethmüller*, DB 2015, 1451; *Möllers/Kastl*, NZG 2015, 851.
3 *Casper*, ZBB 2015, 265 (270).
4 Begr. RegE AnSVG, BT-Drucks. 15/3174, S. 33.
5 Begr. RegE AnSVG, BT-Drucks. 15/3174, S. 33.
6 Vgl. Begr. RegE 2. FMFG, BT-Drucks. 12/6679, S. 46.
7 BGH v. 27.1.2010 – 5 StR 224/09, AG 2010, 249.
8 BGH v. 27.1.2010 – 5 StR 224/09, AG 2010, 249.
9 BGH v. 27.1.2010 – 5 StR 224/09, AG 2010, 249.

oder Zinsen sowie die Rückzahlung der Einlagen oder Darlehen an die Anleger verzögert, verringert oder einstellt.

Die Tatsache muss eine **negative wirtschaftliche Relevanz** für die Fähigkeiten des Emittenten zur Einhaltung seiner Verpflichtungen gegenüber dem Anleger beinhalten („beeinträchtigen"). Das bedeutet, dass bestehende Anleger oder potentielle Zweiterwerber der Vermögensanlage durch die Kenntnisnahme der Tatsache beitrittsrelevant derart beeinflusst werden können müssen, dass entweder, soweit möglich, sie sich von der Vermögensanlage vorzeitig lösen oder von einem Erwerb der Vermögensanlage Abstand nehmen würden. Die Beeinträchtigung kann sowohl durch objektive als auch subjektive Beeinträchtigungen erfolgen[1]. Für Mitteilungen werbenden Charakters oder neutrale Mitteilungen ist im Rahmen des § 11a VermAnlG jedoch kein Raum. 9

Ein Maßstab für die Eignung einer Tatsache als Beeinträchtigung im Sinne der Norm kann sich an den **Kriterien für eine drohende Unternehmenskrise** orientieren[2]. Hierbei muss die Situation des betroffenen Unternehmens bei ungehindertem Fortgang des Geschehens mittel- bis langfristig zum Vorliegen eines Eröffnungsgrundes für ein Insolvenzverfahren iS der §§ 16–19 InsO führen[3]. Ein Verständnis, dass erst eine drohende Zahlungsunfähigkeit oder Überschuldung als ausreichend für eine Meldepflicht betrachtet, wäre zu eng. Handlungsoptionen für die betroffenen Anleger bestehen dann praktisch nicht mehr[4]. 10

2. Zeitraum der Veröffentlichungspflicht

Die Mitteilungspflicht setzt mit der **Beendigung des öffentlichen Angebots** ein. Voraussetzung ist, dass der Anbieter der Bundesanstalt die Beendigung des öffentlichen Angebots der Vermögensanlage unverzüglich schriftlich oder elektronisch mitteilt. Bis zum Eingang der Anzeige bei der Bundesanstalt wird die Fortdauer des öffentlichen Angebots fingiert[5]. Unverzüglich bedeutet ohne schuldhaftes Zögern[6]. 11

Die **Fiktion** bewirkt, dass der Anbieter trotz tatsächlichen Abschlusses des öffentlichen Angebots gezwungen wird, den Verkaufsprospekt nach den Regelungen des § 11 VermAnlG **aktuell zu halten**. Die Schließung des Angebots von Anteilen der Vermögensanlage durch die tatsächliche Vollplatzierung aller Anteile der Emission oder durch die Herbeiführung des endgültigen Abbruchs der Emission durch den Anbieter reicht nicht aus. 12

Die Vorschrift setzt jedoch voraus, dass die **Schließung** des Angebots von Anteilen der Vermögensanlage materiell auch **tatsächlich stattgefunden** hat. Ergeht die Mitteilung nach § 10a Abs. 1 Satz 1 VermAnlG über die Schließung des Angebots an die 13

---

1 Vgl. *Aurich*, GWR 2016, 23 (25).
2 *Casper*, ZBB 2015, 265 (270).
3 *Casper*, ZBB 2015, 265 (270).
4 *Casper*, ZBB 2015, 265 (270).
5 Begr. RegE Kleinanlegerschutzgesetz, BT-Drucks. 18/3994, S. 44.
6 Vgl. *Heinrichs* in Palandt, § 121 BGB Rz. 3.

Bundesanstalt und werden weiterhin Anteile der bestimmten Emission angeboten, fallen mitteilungsbedürftige Tatsachen für das Anlegerpublikum mit allen aufsichtsrechtlichen Konsequenzen trotzdem in den Anwendungsbereich des § 11 VermAnlG. Die Regelung will die Anwendbarkeit des § 11 VermAnlG durch die eindeutige Bestimmbarkeit des Zeitpunkts erweitern und nicht einschränken[1]. Ein besonderes Augenmerk ist hier auf **Marktpflegemaßnahmen** und ihre Zuordnung zu richten. Sind diese Maßnahmen noch dem ursprünglichen öffentlichen Angebot zuzuordnen, ist eine Schließung der Emission noch nicht erfolgt (vgl. § 11 VermAnlG Rz. 19 ff.).

14 Nach § 10a Abs. 2 Satz 2 VermAnlG gilt das öffentliche Angebot zudem **automatisch** mit dem Ablauf der Gültigkeit des Vermögensanlagen-Verkaufsprospekts als **beendet** und lässt die Mitteilungspflicht einsetzen.

15 Die Verpflichtung entfällt nach § 11a Abs. 1 Satz 2 VermAnlG mit der **vollständigen Tilgung der Vermögensanlage**. Der Begriff der Tilgung wird nach § 10 Abs. 1 Satz 2 VermAnlG bestimmt. Sie ist erfolgt, wenn die Hauptforderung sowie alle Nebenleistungen gezahlt sind. Auf die Erfüllung anderer Sekundär- und Schadenersatzansprüche kommt es nicht an[2]. Dies ist abhängig von der Art der Rechtsform der Beteiligung, die durch die Vermögensanlage vermittelt wird. Bei verbandsrechtlich organisierten Vermögensanlagen ergibt sich dies zB aus dem HGB. Bei einer Kommanditgesellschaft richtet sich das vollständige Ende nach der Auseinandersetzung der Gesellschafter im Rahmen der Liquidation aus, §§ 161 Abs. 2, 145 ff. HGB; bei einer stillen Gesellschaft erfolgt diese entsprechend § 235 HGB. Im Übrigen sind evtl. die insolvenzrechtlichen Vorschriften und privatrechtlichen Vereinbarungen zu beachten. Nach § 10a Abs. 2 Satz 1 VermAnlG gilt eine Fiktion der Fortdauer der Tilgung bis zum Eingang der Mitteilung bei der Bundesanstalt nach § 10a Abs. 1 Satz 1 VermAnlG. Dies ist insofern fragwürdig, als dass der Emittent als Rechtsträger der Vermögensanlage unter Umständen als Adressat der Regelung nicht mehr bestehen kann.

16 Bei einer **Fortsetzung der Emissionsgesellschaft**, sofern die Vermögensanlage aus Anteilen an dieser besteht, ist davon auszugehen, dass die Informationspflicht dauerhaft bestehen bleibt[3]. Unerheblich ist dagegen, ob vom Emittenten auch nicht öffentlich angebotene Vermögensanlagen getilgt worden sind. Die Regelung des § 11a VermAnlG kommt nur zum Tragen, wenn es sich um ein öffentliches Angebot einer Vermögensanlage gehandelt hat. Dies ergibt sich aus systematischen Gründen. Das Angebot von Anteilen an Vermögensanlagen ist von den Verpflichtungen des Abschnitt 2, Unterabschnitt 1, ausgenommen[4], wenn dieses Angebot einer Ausnahmebestimmung nach § 2 VermAnlG zuzuordnen ist, zB eine Privatplatzierung nach § 2 Nr. 6 VermAnlG oder ein Angebotsprogramm für Personen iS des § 2 Nr. 4 VermAnlG darstellt. Eine Verpflichtung der Information des Anlegerpublikums nach § 11a

---

1 Vgl. Begr. RegE Kleinanlegerschutzgesetz, BT-Drucks. 18/3994, S. 44.
2 *Casper*, ZBB 2015, 265 (271).
3 *Riethmüller*, DB 2015, 1451 (1453).
4 Vgl. Formulierung des Tatbestands von § 2 VermAnlG: „Die §§ 5a bis 26 ... dieses Gesetzes sind nicht anzuwenden ..." und Begr. zu Art. 10 Nr. 2 RegE 1. FiMaNoG, BT-Drucks. 18/7482, 78; aA *Casper*, ZBB 2015, 265 (271).

VermAnlG besteht dann nicht und kann auch nicht für das Tilgungsende im Sinne der Vorschrift für ein vom Emittenten begebenes, öffentliches Angebot einer Vermögensanlage bestimmend sein.

Die Verwendung des Begriffes der Tilgung ist **unzulänglich**. Üblicherweise wird er im Rahmen der Rückzahlung von Darlehen und Schuldverschreibungen verwendet[1]. Der Begriff muss jedoch im Sinne des Gesetzes weit ausgelegt werden. Aus dem Zweck des Gesetzes ist ersichtlich, dass nicht nur forderungsrechtlich ausgestaltete, sondern auch verbandsrechtlich organisierte Vermögensanlagen erfasst werden[2].

IV. Formelle Anforderungen

Der Emittent hat die Verpflichtung, die Tatsache sowohl der Bundesanstalt im Wege des § 11a Abs. 2 VermAnlG mitzuteilen, als auch Medien zur Veröffentlichung zuzuleiten, § 11a Abs. 3 Satz 1 VermAnlG und diesen Umstand der Bundesanstalt mitzuteilen, § 11a Abs. 3 Satz 2. Die Bundesanstalt macht die Tatsache auf ihrer Internetseite bekannt. Die Verwendung des Begriffes „Medien" beinhaltet, dass die Zuleitung der Tatsache zur Veröffentlichung an mindestens zwei Medien zu erfolgen hat. Die Veröffentlichung ist mindestens je einem elektronischen (zB Bundesanzeiger) und einem Printmedium (zB überregionales Börsenpflichtblatt) zuzuleiten[3]. Anzahl und Art der Medien sind einzelfallabhängig[4].

V. Inhaltliche Anforderungen: VermVerMiV

Die inhaltlichen Voraussetzungen sind in der VermVerMiV[5] niedergelegt. Diese Verordnung regelt den Mindestinhalt, die Art, die Sprache, den Umfang und die Form der Veröffentlichungen nach § 11a Abs. 3 Satz 1 VermAnlG sowie der Mitteilungen nach § 11a Abs. 2 Satz 1 und Abs. 3 Satz 2 VermAnlG. Die Verordnung ist oben nach dem Text des § 11a VermAnlG wiedergegeben.

VI. Rechtsfolgen

Ein Verstoß gegen § 11a VermAnlG kann als **Ordnungswidrigkeit** gemäß § 29 Abs. 1 Nr. 4a VermAnlG mit einer Geldbuße geahndet werden.

---

1 Vgl. nur http://wirtschaftslexikon.gabler.de/Archiv/4736/tilgung-v8.html.
2 Vgl. *Riethmüller*, DB 2015, 1451 (1454).
3 *Bußalb/Vogel*, WM 2015, 1733 (1738).
4 *Bußalb/Vogel*, WM 2015, 1733 (1738).
5 Auf Grund des § 11a Abs. 4 Satz 1 VermAnlG durch das BMF verordnet: Vermögensanlagen-Veröffentlichungs- und Mitteilungspflichtenverordnung vom 20.8.2015 (BGBl. I 2015, S. 1435). Siehe hinter dem Gesetzestext zu § 11a VermAnlG.

21 Ob die Regelung des § 11a VermAnlG ein **Schutzgesetz iS des § 823 Abs. 2 BGB** darstellen kann, ist nicht eindeutig. Das VermAnlG enthält ua. keine mit dem WpHG vergleichbaren Regelungen über die Haftung des Emittenten für falsche oder unterlassene Mitteilungen (siehe §§ 37b und 37c WpHG).

22 Eine Norm ist nach der **ständigen Rechtsprechung des BGH** nur dann Schutzgesetz iS von § 823 Abs. 2 BGB, wenn sie unter Ausblendung ihrer Wirkung nach Zweck und Inhalt nach dem Willen des Gesetzgebers zumindest auch dazu dienen soll, den Einzelnen oder einzelne Personenkreise gegen die Verletzung eines bestimmten Rechtsguts zu schützen[1]. Es genügt dann, dass die Norm auch das in Frage stehende Interesse des Einzelnen schützen soll, mag sie auch in erster Linie das Interesse der Allgemeinheit im Auge haben[2]. Andererseits soll der Anwendungsbereich von Schutzgesetzen nicht ausufern. Deshalb reicht es nicht aus, dass der Individualschutz durch Befolgung der Norm als ihr Reflex objektiv erreicht werden kann; er muss vielmehr im Aufgabenbereich der Norm liegen[3]. Zudem muss die Schaffung eines individuellen Schadensersatzanspruchs sinnvoll und im Lichte des haftungsrechtlichen Gesamtsystems tragbar erscheinen, wobei in umfassender Würdigung des gesamten Regelungszusammenhangs, in den die Norm gestellt ist, geprüft werden muss, ob es in der Tendenz des Gesetzgebers liegen konnte, an die Verletzung des geschützten Interesses die deliktische Einstandspflicht des dagegen Verstoßenden zu knüpfen[4].

23 Die überwiegenden Gründe sprechen für eine **Ablehnung der Norm als Schutzgesetz**[5]. Schutzgut der Norm ist die Sicherung der Funktionsfähigkeit des Marktsegments der Vermögensanlagen im Allgemeinen. Insofern besteht ein Gleichlauf mit § 15 WpHG aF[6]. Über die Restlaufzeit einer Anlage soll gewährleistet werden, dass bestehende Anleger sowie potentielle Zweiterwerber weiterhin über aktuelle Informationen zur Vermögens-, Finanz- und Ertragslage des Emittenten verfügen[7]. Auch wenn die Begründung des Gesetzgebers Tendenzen aufweist, die als Individualschutz der Anleger aufgefasst werden könnten, indem insbesondere potentielle Zweitanlegern Zugang zu mehr und besseren Informationen zu Finanzprodukten des „Grauen Kapitalmarkts" im Sekundärmarkt gewährt werden soll und gleichzeitig die Sanktionsmöglichkeiten gegen Anbieter und Vermittler von Vermögensanlagen verschärft werden[8], ändert sich an der Annahme des Institutionenschutzes nichts. Der Individualschutz stellt sich objektiv durch die Befolgung der Norm lediglich als ihr Reflex dar. Die zu tätigende Information steht im Interesse des allgemeinen Anlegerpublikums im Sekundärmarkt[9].

---

1 BGH v. 13.12.2011 – XI ZR 51/10, AG 2012, 209.
2 BGH v. 13.12.2011 – XI ZR 51/10, AG 2012, 209.
3 BGH v. 13.12.2011 – XI ZR 51/10, AG 2012, 209.
4 BGH v. 22.6.2010 – VI ZR 212/09.
5 *Casper*, ZBB 2015, 265 (271), AG 2010, 670.
6 *Casper*, ZBB 2015, 265 (271).
7 Begr. RegE Kleinanlegerschutzgesetz, BT-Drucks. 18/3994, S. 45.
8 Begr. RegE Kleinanlegerschutzgesetz, BT-Drucks. 18/3994, S. 28, 45.
9 Begr. RegE Kleinanlegerschutzgesetz, BT-Drucks. 18/3994, S. 45.

§ 12
Werbung für Vermögensanlagen

(1) Der Anbieter hat dafür zu sorgen, dass in Werbung für öffentlich angebotene Vermögensanlagen, in der auf die wesentlichen Merkmale der Vermögensanlage hingewiesen wird, ein Hinweis auf den Verkaufsprospekt und dessen Veröffentlichung aufgenommen wird.

(2) Der Anbieter hat dafür zu sorgen, dass in Werbung für öffentlich angebotene Vermögensanlagen der folgende deutlich hervorgehobene Warnhinweis aufgenommen wird: „Der Erwerb dieser Vermögensanlage ist mit erheblichen Risiken verbunden und kann zum vollständigen Verlust des eingesetzten Vermögens führen." Bei einer Werbung in elektronischen Medien, in der ausschließlich Schriftzeichen verwendet werden, kann der Hinweis in einem separaten Dokument erfolgen, wenn die Werbung

1. weniger als 210 Schriftzeichen umfasst und
2. einen deutlich hervorgehobenen Link auf dieses Dokument enthält, der mit „Warnhinweis" gekennzeichnet ist.

(3) Der Anbieter hat dafür zu sorgen, dass in Werbung für öffentlich angebotene Vermögensanlagen, die eine Angabe zu einer Rendite der Vermögensanlage enthält, die nicht lediglich eine vertragliche feste Verzinsung der Vermögensanlage wiedergibt, der folgende deutlich hervorgehobene Hinweis aufgenommen wird: „Der in Aussicht gestellte Ertrag ist nicht gewährleistet und kann auch niedriger ausfallen."

(4) Eine Werbung für öffentlich angebotene Vermögensanlagen darf keinen Hinweis auf die Befugnisse der Bundesanstalt nach diesem Gesetz enthalten.

(5) In einer Werbung für öffentlich angebotene Vermögensanlagen darf weder der Begriff „Fonds" noch ein Begriff, der diesen Begriff enthält, zur Bezeichnung des Emittenten oder der Vermögensanlage verwendet werden.

In der Fassung vom 6.12.2011 (BGBl. I 2011, S. 2481), zuletzt geändert durch das Kleinanlegerschutzgesetz vom 3.7.2015 (BGBl. I 2015, S. 1114).

Schrifttum: Siehe Einl. VermAnlG und das allgemeine Schrifttumsverzeichnis.

I. Regelungsgegenstand und Normentwicklung 1	1. Regelung, Normentwicklung und Sanktionen 6
II. Normadressaten und Anwendungsbereich („Werbung") 3	2. Adressat und Voraussetzungen ... 8
	3. Hinweis 11
III. Hinweis auf Verkaufsprospekt und dessen Veröffentlichung (§ 12 Abs. 1 VermAnlG)	IV. Warnhinweis (§ 12 Abs. 2 VermAnlG) 14
	V. Hinweis für den Fall von Renditeangaben (§ 12 Abs. 3 VermAnlG) 19

VI. Unzulässige Hinweise in Werbung (§ 12 Abs. 4 und Abs. 5 VermAnlG) 22	2. Verwendung des Begriffs „Fonds" (§ 12 Abs. 5 VermAnlG) 24
1. Hinweis auf Befugnisse der BaFin (§ 12 Abs. 4 VermAnlG) 23	VII. Auskunftspflichten 25

I. Regelungsgegenstand und Normentwicklung

1 Die **Vorschrift reglementiert die Werbung** für Vermögensanlagen. In ihrer ursprünglichen Fassung[1] glich sie weitgehend § 12 VerkProspG[2] und entspricht, von kleinen späteren Änderungen abgesehen, dem heutigen Abs. 1. In dieser Fassung beschränkte sich die seinerzeit als „Hinweis auf den Verkaufsprospekt" überschriebene Bestimmung im Wesentlichen auf die Verpflichtung des Anbieters, „in Veröffentlichungen", in denen das öffentliche Angebot von Vermögensanlagen angekündigt und auf die wesentlichen Merkmale derselben hingewiesen wird, einen Hinweis auf den Verkaufsprospekt und dessen Veröffentlichung aufzunehmen. Erst das Kleinanlegerschutzgesetz vom 3.7.2015[3] hat an § 12 VermAnlG größere Änderungen – weitgehend in Form von Ergänzungen der Vorschrift – vorgenommen. Sie hat aus einer bloßen Hinweisregelung eine (diese einschließende) Werberegelung für öffentlich angebotene Vermögensanlagen gemacht.

2 Die auf Art. 2 Nr. 14 des Kleinanlegerschutzgesetzes (oben Rz. 1) zurückgehenden **neuen „Regelungen zur Bewerbung von Vermögensanlagen** dienen dem Anlegerschutz und erfolgen vor dem Hintergrund der ... Entwicklungen in Reaktion auf weitreichende Verluste von Anlegern in jüngerer Zeit auf dem ‚Grauen Kapitalmarkt'" und werden vom Gesetzgeber als unerlässlich angesehen, „um Anleger vor der Gefahr zu schützen, derartige Investitionsentscheidungen ohne hinreichendes Risikobewusstsein zu treffen"[4]. „Um ein Unterlaufen des mit den umfangreichen gesetzlichen Informationspflichten bezweckten Aufklärungseffekts durch breit angelegte Werbemaßnahmen zu verhindern", wird es als erforderlich betrachtet, „Werbemaßnahmen grundsätzlich so zu kanalisieren, dass von ihnen primär Personen erreicht werden, die eine gewisse Bereitschaft zur Aufnahme entsprechender wirtschaftsbezogener Sachinformationen mitbringen und von denen daher (eher) erwartet werden kann, dass sie auch die weiteren gesetzlich vorgeschriebenen Pro-

---

[1] In der Fassung von Art. 1 des Gesetzes zur Novellierung des Finanzanlagenvermittler- und Vermögensanlagenrechts vom 6.12.2011 (BGBl. I 2011, S. 2481).
[2] Zu dieser, ihrem seinerzeitigen Regelungszweck, ihren europarechtlichen Hintergründen und ihrer Entwicklung bis zur Aufhebung des VerkProspG mit Wirkung vom 1.6.2012 durch Art. 2 des Gesetzes zur Novellierung des Finanzanlagenvermittler- und Vermögensanlagenrechts vom 6.12.2011 (BGBl. I 2011, S. 2481) siehe Voraufl., § 12 VerkProspG Rz. 1 f.
[3] BGBl. I 2015, S. 1114.
[4] RegE Kleinanlegerschutzgesetz, BT-Drucks. 18/3994 v. 11.2.2015, S. 1 (45), Hervorhebung hinzugefügt.

duktinformationen (Verkaufsprospekt, Informationsblatt) zu Rate ziehen"[1]. Als Kernstück der Neuregelung sah der Regierungsentwurf des Kleinanlegerschutzgesetzes[2] eine medien- und adressatenbezogene Werbebeschränkung vor, welche auf die Beschlussempfehlung des Finanzausschusses hin durch eine Regelung ersetzt wurde, die „durch rein inhaltliche Kriterien" in den neuen Abs. 2 bis 5 „bestimmt, welche Werbung zulässig" ist[3]. Unangefochten blieb dagegen das Leitbild der Neuregelungsvorschläge, die Werbung betreffenden Einschränkungen seien milder als ein totales Werbeverbot und stellten das Mindestmaß dessen dar, was erforderlich sei, um einen wirksamen Anlegerschutz zu gewährleisten.

II. Normadressaten und Anwendungsbereich („Werbung")

Normadressat der Vorschrift ist im Wesentlichen der **Anbieter**. Das gilt auch für die Bestimmungen des § 12 VermAnlG, in denen er – wie Abs. 4 und 5 – nicht ausdrücklich als solcher angeführt wird und die sich auch an Personen wenden, die als **Dritte** – etwa als Emittent – für die Vermögensanlagen werben. Jedenfalls enthält die Vorschrift keine Bestimmung, die allein den Anbieter berechtigt, Werbung für die öffentlich angebotenen Vermögensanlagen zu betreiben. Soweit der **Anbieter**, wie in § 12 Abs. 1 bis 3 VermAnlG, alleiniger Adressat der in diesen enthaltenen Bestimmungen ist, besteht die ihm auferlegte Pflicht darin, für die Erfüllung der in § 12 Abs. 1 bis 3 VermAnlG aufgestellten Anforderungen an Werbung für Vermögensanlagen **zu sorgen**. Er muss damit nicht nur selbst die entsprechenden Anforderungen einhalten, sondern auch alle **Vorkehrungen treffen**, dass andere, die für die Vermögensanlagen werben, die gesetzlichen Vorschriften der Abs. 1 bis 3 einhalten. Vorsätzlich oder leichtfertig nicht dafür gesorgt zu haben, dass nach § 12 Abs. 1, Abs. 2 oder Abs. 3 VermAnlG ein diesen Vorschriften entsprechender Hinweis in die Werbung für Vermögensanlagen aufgenommen wird, stellt eine Ordnungswidrigkeit nach § 29 Abs. 1 Nr. 5 VermAnlG dar, die nach Abs. 3 dieser Bestimmung mit einer Geldbuße bis zu 100.000 Euro geahndet wird. **Anbieter** ist – im Anschluss an den RegE AnSVG zu dem zwischenzeitlich aufgehobenen § 8f VerkProspG[4] – derjenige, der für das öffentliche Angebot der Vermögensanlage verantwortlich ist und den Anlegern gegenüber nach außen erkennbar als Anbieter auftritt, wobei der Anbieter mit dem Emittenten der Vermögensanlage identisch sein kann.

§ 12 VermAnlG enthält keine Bestimmung, welche **Werbung für ein beabsichtigtes öffentliches Angebot von Vermögensanlagen**, die – wie etwa Werbung durch den zukünftigen Anbieter und/oder den zukünftigen Emittenten selbst – noch kein öffentliches Angebot von Vermögensanlagen darstellt, explizit untersagt. Abs. 1 in der

---

1 RegE Kleinanlegerschutzgesetz, BT-Drucks. 18/3994 v. 11.2.2015, S. 1 (45).
2 § 12 Abs. 1 der in Art. 2 Nr. 13 RegE Kleinanlegerschutzgesetz, BT-Drucks. 18/3994 v. 11.2.2015, S. 1 (13) vorgesehenen Regelung.
3 Beschlussempfehlung und Bericht des Finanzausschusses (7. Ausschuss) zu dem Gesetzentwurf der Bundesregierung – Drucksache 18/3994 – Entwurf eines Kleinanlegerschutzgesetzes, BT-Drucks. 18/4708 v. 22.4.2015, S. 1 (65).
4 BT-Drucks. 15/3174 v. 24.5.2004, S. 42.

ursprünglichen Fassung (siehe oben Rz. 1), die den Anbieter verpflichtete, „in Veröffentlichungen, in denen das öffentliche Angebot von Vermögensanlagen *angekündigt* und auf die wesentlichen Merkmale der Vermögensanlagen hingewiesen wird" (Hervorhebung hinzugefügt), enthielt eine solche Regelung, ist aber aufgrund der Änderung der Vorschrift durch Art. 2 Nr. 14 des Kleinanlegerschutzgesetzes vom 3.7.2015 (siehe oben Rz. 1) entfallen. Dessen ungeachtet: Enthält Werbung iS von Abs. 1 (siehe unten Rz. 5) bereits Informationen zu den Charakteristika des Angebots und namentlich zu den „wesentlichen Merkmalen" (§ 12 Abs. 1 VermAnlG) der anzubietenden Vermögensanlage, so besteht die Gefahr, dass dadurch das dem VermAnlG unterliegende Informations- und Vertriebsmodell – kein öffentliches Angebot vor Veröffentlichung eines gebilligten Verkaufsprospekts und Verfügbarkeit eines Vermögensanlagen-Informationsblatts nach §§ 13, 14 VermAnlG – unterlaufen wird. Man wird in solchen werblichen Ankündigungen deshalb einen Missstand bei der Werbung für Vermögensanlagen iS des § 16 Abs. 1 Satz 1 VermAnlG zu sehen haben, dem die BaFin nach dieser Vorschrift durch Untersagung der Werbung begegnen kann.

5 Die Regelungen des § 12 VermAnlG betreffen Werbung für Vermögensanlagen. Was **Werbung** im Sinne dieser Bestimmung ist, soll nach der dem RegE Kleinanlegerschutzgesetz „weit zu verstehen" sein und jede Äußerung umfassen, „die mit dem Ziel erfolgt, den Absatz der Vermögensanlagen zu fördern"[1]. Das entspricht der Begriffsbestimmung von Werbung in Art. 2 lit. a der Richtlinie 2006/114/EG vom 12.12.2006 über irreführende und vergleichende Werbung[2], wie sie auch in das Unlauterkeitsrecht übernommen wurde[3]. Dieser zufolge ist Werbung „jede Äußerung bei der Ausübung eines Handels, Gewerbes, Handwerks oder freien Berufs mit dem Ziel, den Absatz von Waren oder die Erbringung von Dienstleistungen, einschließlich unbeweglicher Sachen, Rechte und Verpflichtungen, zu fördern". Jedenfalls ist danach **objektiv** eine Äußerung im Hinblick auf das Angebot von Vermögensanlagen gefordert und **subjektiv** muss die Äußerung in der Absicht der Förderung des Absatzes der Vermögensanlage erfolgen[4]. Das bedeutet, dass neben der objektiven Förderungseignung einer Äußerung auch die Absicht, „den eigenen oder fremden Wettbewerb zum Nachteil eines anderen zu fördern", zu verlangen ist, „sofern diese Absicht nicht völlig hinter anderen Beweggründen zurücktritt"[5]. Auch hier ist es allerdings zulässig, aus den jeweiligen Umständen und der sich aus diesen ergebenden jeweiligen objektiven Förderungseignung auf die „innere Tatsache" der Förderungsabsicht zu schließen[6]. **Informationen** über die angebotene Vermögensanlage, die dem **einzel-**

---

1 RegE Kleinanlegerschutzgesetz, BT-Drucks. 18/3994 v. 11.2.2015, S. 1 (45).
2 Kodifizierte Fassung, ABl. EU Nr. L 376 v. 27.12.2006, S. 21 (22).
3 Etwa *Menke* in Heermann/Schlinghoff (Hrsg.), Münchener Kommentar zum Lauterkeitsrecht, 2. Aufl. 2014, § 6 UWG Rz. 59; *Ohly* in Ohly/Sosnitza, Gesetz gegen den unlauteren Wettbewerb, 7. Aufl. 2016, § 6 UWG Rz. 22.
4 Ausführlich zu diesen beiden Komponenten *Menke* in Heermann/Schlinghoff (Hrsg.), Münchener Kommentar zum Lauterkeitsrecht, 2. Aufl. 2014, § 6 UWG Rz. 59.
5 BGH v. 9.2.2006 – I ZR 124/04, GRUR 2006, 875 (876 Rz. 22).
6 *Menke* in Heermann/Schlinghoff (Hrsg.), Münchener Kommentar zum Lauterkeitsrecht, 2. Aufl. 2014, § 6 UWG Rz. 59.

nen Kunden – sei es aufgrund gesetzlicher Verpflichtung oder freiwillig – zur angebotenen Vermögensanlage gewährt werden, stellen, auch wenn sie gleichförmig und mit gleichem Inhalt erfolgen, keine werblichen Äußerungen dar[1].

III. Hinweis auf Verkaufsprospekt und dessen Veröffentlichung (§ 12 Abs. 1 VermAnlG)

1. Regelung, Normentwicklung und Sanktionen

Nach § 12 Abs. 1 VermAnlG hat der Anbieter dafür zu sorgen, dass in Werbung für öffentlich angebotene Vermögensanlagen, in der die wesentlichen Merkmale der Vermögensanlage aufgeführt sind, auch ein **Hinweis auf den Verkaufsprospekt und dessen Veröffentlichung** aufgenommen wird. Diese Vorschrift stellte bis zur Änderung des § 12 VermAnlG durch Art. 2 Nr. 14 des Kleinanlegerschutzgesetzes vom 3.7.2015 (siehe oben Rz. 1) die einzige Regelung dieser Norm dar und entsprach weitgehend – die Vorschrift lediglich an die in § 1 Abs. 2 VermAnlG eingeführten Definition der Vermögensanlagen anpassend – dem aufgehobenen § 12 VerkProspG (siehe oben Rz. 1). Die Neufassung des § 12 VermAnlG durch das Kleinanlegerschutzgesetz und die Überführung der bisherigen Regelung in § 12 Abs. 1 VermAnlG hat dagegen deren Regelungsgehalt verändert: Enthielt § 12 VermAnlG aF eine Hinweispflicht in Bezug auf Veröffentlichungen im Vorfeld eines öffentlichen Angebots von Vermögensanlagen und bezog sich also nur auf Veröffentlichungen vor Beginn des öffentlichen Angebots von Vermögensanlagen (siehe zur entsprechenden Regelung in § 12 VerkProspG aF: Voraufl., § 12 VerkProspG Rz. 4), so erfasst § 12 Abs. 1 VermAnlG nur „Werbung für öffentlich angebotene Vermögensanlagen", dh. für **Werbung nach Beginn des öffentlichen Angebots** von Vermögensanlagen.

Zur **Bewehrung** der dem Anbieter in Abs. 1 auferlegten Pflicht sieht das VermAnlG zweierlei vor: Zum einen kann eine Werbung, die nicht den nach § 12 Abs. 1 VermAnlG vorgeschriebenen Hinweis enthält, von der BaFin nach § 16 Abs. 1 Satz 1 iVm. Satz 2 Nr. 1 VermAnlG **untersagt** werden (näher hierzu § 16 VermAnlG Rz. 10). Zum anderen handelt ein Anbieter nach § 29 Abs. 1 Nr. 5 VermAnlG **ordnungswidrig**, wenn er vorsätzlich oder leichtfertig entgegen § 12 Abs. 1 VermAnlG nicht dafür sorgt, dass der erforderliche Hinweis aufgenommen wird. Die Ordnungswidrigkeit kann nach § 29 Abs. 3 VermAnlG mit einer Geldbuße bis zu 100.000 Euro geahndet werden. Zu Einzelheiten siehe § 29 VermAnlG Rz. 19 ff., 37 f.

2. Adressat und Voraussetzungen

Adressat der Pflicht, für die Aufnahme des in § 12 Abs. 1 VermAnlG angeführten Hinweises in den Verkaufsprospekt zu sorgen, ist der **Anbieter** (siehe dazu oben Rz. 3). Während sich die ursprüngliche Fassung des Abs. 1 in Gestalt von § 12 VermAnlG aF (siehe oben Rz. 1) auf Veröffentlichungen bezog, in denen das öffentliche Angebot von Vermögensanlagen angekündigt und auf die wesentlichen Merkmale

---
1 Ebenso *Fischer* in Boos/Fischer/Schulte-Mattler, § 23 KWG Rz. 6.

der Vermögensanlagen hingewiesen wird (siehe hierzu und zu den Folgen der Änderung dieser Bestimmung oben Rz. 4), greift die Hinweispflicht nach Abs. 1 heute nur im Falle von **Werbung** für öffentlich angebotene Vermögensanlagen ein, in der auf die wesentlichen Merkmale der Vermögensanlage hingewiesen wird. Zur Frage, welche Veröffentlichungen als Werbung iS des § 12 Abs. 1 VermAnlG zu verstehen sind, siehe oben Rz. 5.

9   Ein Hinweis auf den Verkaufsprospekt und dessen Veröffentlichung ist nach § 12 Abs. 1 VermAnlG nur dann erforderlich, wenn in Werbung auf die **wesentlichen Merkmale der Vermögensanlage hingewiesen** wird. Nur unter dieser Voraussetzung kann angenommen werden, dass sich ein Anleger zu einem entsprechenden Anlagegeschäft entschließt. Sind die Hinweise auf die Vermögensanlagen nur allgemeiner Natur, ist ein solcher Erwerbsentschluss unwahrscheinlich und es besteht kein Bedarf, den Anleger auf die Verfügbarkeit des Verkaufsprospekts hinzuweisen. Deshalb lösen auf den Emittenten, den Anbieter oder die Vermögensanlagen bezogene **Marketingmaßnahmen allgemeiner Art** keine Hinweispflicht nach § 12 Abs. 1 VermAnlG aus[1]. Das ist vielmehr nur dann der Fall, wenn die Angaben über die Vermögensanlagen **so konkret** sind, dass sie bei einem Anleger bereits einen **Entschluss zum Erwerb der Anlage auslösen könnten**.

10 Die Vorschrift liefe leer, würde man dabei auf einen durchschnittlichen Anleger abstellen, der auch Vermögensanlagen nie ohne Heranziehung eines Prospekts tätigen würde. Deshalb kann hier als Maßstab nur ein Anleger herangezogen werden, der bereits bei dem Erhalt essentieller Angaben einen Anlageentschluss tätigen könnte. Aus der Vagheit dieses **Anlegermaßstabs** wird deutlich, dass der Anwendungsbereich der Vorschrift in erster Linie durch die **objektiven Merkmale** des Abs. 1 einzugrenzen ist, dh. dadurch, dass auch konkrete Angaben zu den Vermögensanlagen nur dann eine Hinweispflicht nach Abs. 1 auslösen können, wenn sie sich auf **wesentliche Merkmale** der jeweiligen Vermögensanlage beziehen, wie sie auch in das Vermögensanlagen-Informationsblatt nach § 13 Abs. 1 Satz 1 VermAnlG aufzunehmen sind. Zu diesen gehören etwa der Erwerbspreis, die Art der Vermögensanlage, das Schema der Anlage der Investorengelder und die Bestimmung der Teilhabe am Anlageerfolg, eine eventuelle Verzinsung der investierten Gelder und die Modalität ihrer Auszahlung, die Laufzeit der Anlage sowie gegebenenfalls der Modalitäten einer eventuellen Rückzahlung der investierten Beträge. Dabei kann es allerdings nicht darauf ankommen, dass zu allen Merkmalen des Anlageangebots, die ein – in diesem Falle durchschnittlicher – Anleger als wesentlich betrachten würde, oder gar zu denen, die nach § 13 Abs. 2 Satz 2, Abs. 3, 3a und 4 VermAnlG zu den in ein Vermögensanlagen-Informationsblatt aufzunehmenden Mindestinformationen gehö-

---

[1] Ebenso in Bezug auf den aufgehobenen § 12 VerkProspG *Heidelbach* in Schwark, Kapitalmarktrechts-Kommentar, 3. Aufl. 2004, § 12 VerkProspG Rz. 5; *Könnecke/Voß* in Arndt/Voß, § 12 VerkProspG Rz. 33; *Krämer* in Heidel, Aktienrecht und Kapitalmarktrecht, 2. Aufl. 2007, § 12 VerkProspG Rz. 2, 4. Kritisch zur unzureichenden Regulierung von Maßnahmen des „Konditionierens des Marktes" in Gestalt etwa solcher Werbemaßnahmen *Baums/Hutter*, Informationen des Kapitalmarkts beim Börsengang (IPO) in FS Ulmer, 2003, S. 779 (790).

ren, konkrete Angaben gemacht werden[1]. Vielmehr muss es als ausreichend angesehen werden, dass das **Gesamtbild** der Angaben zu wesentlichen Merkmalen einer Anlage den Eindruck erweckt, die für einen Anlageentschluss wichtigsten Informationen zu geben.

3. Hinweis

Liegen die Voraussetzungen des § 12 Abs. 1 VermAnlG vor, muss in die Werbung ein **Hinweis auf den Verkaufsprospekt und dessen Veröffentlichung** aufgenommen werden. 11

In Bezug auf den aufgehobenen § 12 VerkProspG (siehe oben Rz. 1), war umstritten, ob der Verkaufsprospekt damit auch einen **Hinweis auf die Art und Weise und den Ort der Veröffentlichung** enthalten muss (siehe Voraufl., § 12 VerkProspG Rz. 18). Nach der Änderung der Vorschrift von einer Norm, die Veröffentlichungen vor Beginn eines öffentlichen Angebots und ohne bereits erfolgte Veröffentlichung eines Verkaufsprospekts betraf, zu einer Vorschrift, die Werbung für Vermögensanlagen zum Gegenstand hat, die bereits öffentlich angeboten werden und für die ein Verkaufsprospekt veröffentlicht werden musste, besteht kein Grund, eine solche Hinweispflicht abzulehnen. Der Hinweis auf die Veröffentlichung des Verkaufsprospekts hat mithin auch zumindest den Hinweis zu enthalten, wie und wo der Verkaufsprospekt nach § 9 Abs. 2 Sätze 1 und 2 VermAnlG veröffentlicht wurde. 12

Der klare Wortlaut von § 12 Abs. 1 VermAnlG verlangt aber nur einen Hinweis auf die „Veröffentlichung" des Verkaufsprospekts. Die Werbung kann darüber hinaus auch Hinweise enthalten, von wem, wo und wie der Verkaufsprospekt – korrespondierend zu entsprechenden Mitteilungspflichten nach § 15 VermAnlG – kostenlos **bezogen werden kann**, muss dies aber nicht. 13

IV. Warnhinweis (§ 12 Abs. 2 VermAnlG)

Teil der dem verstärkten Anlegerschutz dienenden Regelungen zur Bewerbung von Vermögensanlagen durch das Kleinanlegerschutzgesetzes vom 3.7.2015 (siehe oben Rz. 1 und 6) sind Maßnahmen, die sicherstellen sollen, dass „Anleger weder über die **Sicherheit der Vermögensanlage** noch über eventuelle Besicherungen der Vermögensanlage gegen Verluste im Unklaren gelassen werden"[2]. Damit „Anleger bereits im Rahmen von Bewerbungen von Vermögensanlagen über die Risiken der Vermögensanlagen informiert werden", sieht der durch Art. 2 Nr. 14 des Kleinanlegerschutzgesetzes (oben Rz. 1) in § 12 VermAnlG eingefügte Abs. 2 vor, das zukünftig jede Bewerbung einen hervorgehobenen Hinweis enthält, „mit dem in standardisier- 14

---

[1] So auch zum aufgehobenen § 12 VerkProspG *Könnecke/Voß* in Arndt/Voß, § 12 VerkProspG Rz. 35.
[2] RegE Kleinanlegerschutzgesetz, BT-Drucks. 18/3994 v. 11.2.2015, S. 1 (47), Hervorhebung hinzugefügt.

ter Form auf die mit jeder Vermögensanlage verbundenen Risiken hingewiesen wird"[1].

15 Wie das Vermögensanlagen-Informationsblatt (nach § 13 Abs. 6 VermAnlG) muss dementsprechend auch **Werbung für öffentlich angebotene Vermögensanlagen** nach § 12 Abs. 2 Satz 1 VermAnlG den **Warnhinweis** enthalten: „Der Erwerb dieser Vermögensanlage ist mit erheblichen Risiken verbunden und kann zum vollständigen Verlust des eingesetzten Vermögens führen". Der Warnhinweis muss in der Werbung **deutlich hervorgehoben** werden. Für die Aufnahme des deutlich hervorgehobenen Warnhinweises in die Werbung hat der **Anbieter Sorge tragen**. Zu den hierfür erforderlichen Maßnahmen siehe oben Rz. 3.

16 Bei **Werbung in elektronischen Medien**, in der ausschließlich Schriftzeichen verwendet werden und die weniger als 210 Schriftzeichen umfasst (§ 12 Abs. 2 Satz 2 Nr. 1 VermAnlG), muss der **Warnhinweis** nicht in diese Werbung aufgenommen werden, sondern kann auch in einem **separaten Dokument** erfolgen (§ 12 Abs. 2 Satz 2 VermAnlG). In diesem Fall hat die Werbung aber einen deutlich hervorgehobenen *Link* auf dieses Dokument zu enthalten, der mit „Warnhinweis" zu kennzeichnen ist (§ 12 Abs. 2 Satz 2 Nr. 1 VermAnlG). Die Regelung gilt dem Gesetzgeber als „Härteklausel für rein textbasierte Werbung in elektronischen Medien". Schon von daher ist es naheliegend, dass die bis zu 210 Schriftzeichen ausschließlich für die Werbung verwandt werden dürfen, die für den Warnhinweis in einem separaten Dokument vorgenommenen erforderlichen Zeichen also nicht in Abzug zu bringen sind[2]. Bei Werbung mit mehr als 210 Schriftzeichen greift die „Härteklausel" des § 12 Abs. 2 Satz 2 VermAnlG nicht ein. Bei der Bemessung der Zeichen sind nur Schriftzeichen zu berücksichtigen, dh. Leerzeichen werden nicht mitgezählt.

17 Zur Frage, was als **Werbung** iS des § 12 Abs. 2 VermAnlG anzusehen ist, siehe die Ausführungen oben Rz. 5. Während die Pflicht zum Hinweis auf den Verkaufsprospekt und dessen Veröffentlichung nach § 12 Abs. 1 VermAnlG nur für Werbung für öffentlich angebotene Vermögensanlagen gilt, in der auf die wesentlichen Merkmale der Vermögensanlage hingewiesen wird (siehe oben Rz. 6), ist das Erfordernis der Aufnahme eines Warnhinweises nach § 12 Abs. 2 VermAnlG für **jegliche Form von Werbung** für öffentlich angebotene Vermögensanlagen zu erfüllen.

18 Zur **Bewehrung** der dem Anbieter in Abs. 2 auferlegten Pflicht sieht das VermAnlG zweierlei vor: Zum einen kann eine Werbung, die nicht den nach § 12 Abs. 2 VermAnlG vorgeschriebenen Warnhinweis enthält, von der BaFin nach § 16 Abs. 1 Satz 1 iVm. Satz 2 Nr. 1 VermAnlG **untersagt** werden (näher hierzu § 16 VermAnlG Rz. 10). Zum anderen handelt ein Anbieter nach § 29 Abs. 1 Nr. 5 VermAnlG **ordnungswidrig**, wenn er vorsätzlich oder leichtfertig entgegen § 12 Abs. 2 VermAnlG nicht dafür sorgt, dass ein Warnhinweis aufgenommen wird. Die Ordnungswidrigkeit kann

---

[1] RegE Kleinanlegerschutzgesetz, BT-Drucks. 18/3994 v. 11.2.2015, S. 1 (47).
[2] Beschlussempfehlung und Bericht des Finanzausschusses (7. Ausschuss) zu dem Gesetzentwurf der Bundesregierung – Drucksache 18/3994 – Entwurf eines Kleinanlegerschutzgesetzes, BT-Drucks. 18/4708 v. 22.4.2015, S. 1 (65).

nach § 29 Abs. 3 VermAnlG mit einer Geldbuße bis zu 100.000 Euro geahndet werden. Zu Einzelheiten siehe § 29 VermAnlG Rz. 19 ff., 37 f.

V. Hinweis für den Fall von Renditeangaben (§ 12 Abs. 3 VermAnlG)

In Werbung für öffentlich angebotene Vermögensanlagen, die eine **Angabe zu einer Rendite** der Vermögensanlage enthält, welche nicht lediglich eine vertragliche feste Verzinsung der Vermögensanlage wiedergibt, muss nach § 12 Abs. 3 VermAnlG – deutlich hervorgehoben – der Hinweis aufgenommen werden: „Der in Aussicht gestellte Ertrag ist nicht gewährleistet und kann auch niedriger ausfallen". Dafür, dass dies geschieht, hat der **Anbieter zu sorgen**. Zur Reichweite der diesbezüglichen Sorgetragungspflicht des Anbieters siehe oben Rz. 3. Art. 2 Nr. 13 RegE Kleinanlegerschutzgesetz sah anstelle dieses durch Renditeaussagen ausgelösten Hinweises den allgemein an den Risiken des Erwerbs einer Vermögensanlage orientierten Hinweis vor: „Der Erwerb einer Vermögensanlage ist mit nicht unerheblichen Risiken verbunden und kann zum vollständigen Verlust des eingesetzten Vermögens führen. Grundsätzlich gilt: Je höher die Rendite oder der Ertrag, desto größer das Risiko eines Verlustes"[1]. Auf Empfehlung des Finanzausschusses wurde dieser Regelungsvorschlag durch die heutige Regelung ersetzt[2]. 19

Die Hinweispflicht nach § 12 Abs. 3 VermAnlG betrifft ausschließlich Werbung für Vermögensanlagen, die eine **variable Rendite** vorsehen und in die Angaben zur Rendite aufgenommen sind. Es entspricht der Vorstellung des Gesetzgebers, dass in diesem Falle der (ebenfalls deutlich hervorzuhebende) Warnhinweis nach Abs. 2 um den nach Abs. 3 erforderlichen Hinweis ergänzt wird. Sieht eine Vermögensanlage **sowohl fixe als auch variable Renditebestandteile** vor, etwa in Gestalt einer Mindestverzinsung und einer Gewinnbeteiligung, so soll eine Verpflichtung zur Aufnahme des ergänzenden Hinweises nur dann bestehen, „wenn die Werbung nicht lediglich eine Aussage zu der festen Rendite, sondern darüber hinaus auch zu der variablen Komponente trifft"[3]. Das ist folgerichtig, da § 12 Abs. 3 VermAnlG keine Pflichten über in Werbung aufzunehmende Angaben zur Rendite und zu den Renditekomponenten begründet, sondern einen Hinweis nur für den Fall verlangt, dass die Werbung durch Angaben zur variablen Rendite Erwartungen weckt, deren Eintritt allerdings nicht gewährleistet ist. 20

Zur **Bewehrung** der dem Anbieter in Abs. 3 auferlegten Pflicht sieht das VermAnlG zweierlei vor: Zum einen kann eine Werbung, die nicht den nach § 12 Abs. 3 Verm- 21

---

1 RegE Kleinanlegerschutzgesetz, BT-Drucks. 18/3994 v. 11.2.2015, S. 1 (13, Begründung S. 47).
2 Beschlussempfehlung und Bericht des Finanzausschusses (7. Ausschuss) zu dem Gesetzentwurf der Bundesregierung – Drucksache 18/3994 – Entwurf eines Kleinanlegerschutzgesetzes, BT-Drucks. 18/4708 v. 22.4.2015, S. 1 (21, Begründung S. 66).
3 Beschlussempfehlung und Bericht des Finanzausschusses (7. Ausschuss) zu dem Gesetzentwurf der Bundesregierung – Drucksache 18/3994 – Entwurf eines Kleinanlegerschutzgesetzes, BT-Drucks. 18/4708 v. 22.4.2015, S. 1 (66).

AnlG vorgeschriebenen Hinweis enthält, von der BaFin nach § 16 Abs. 1 Satz 1 iVm. Satz 2 Nr. 1 VermAnlG **untersagt** werden (näher hierzu § 16 VermAnlG Rz. 10). Zum anderen handelt ein Anbieter nach § 29 Abs. 1 Nr. 5 VermAnlG **ordnungswidrig**, wenn er vorsätzlich oder leichtfertig entgegen § 12 Abs. 3 VermAnlG nicht dafür sorgt, dass der nach dieser Bestimmung erforderliche Hinweis aufgenommen wird. Die Ordnungswidrigkeit kann nach § 29 Abs. 3 VermAnlG mit einer Geldbuße bis zu 100.000 Euro geahndet werden. Zu Einzelheiten siehe § 29 VermAnlG Rz. 19 ff., 37 f.

VI. Unzulässige Hinweise in Werbung (§ 12 Abs. 4 und Abs. 5 VermAnlG)

22 Während Abs. 1 bis 3 regeln, unter welchen Voraussetzungen bestimmte Hinweise in Werbung aufzunehmen ist, bestimmen Abs. 4 und Abs. 5 welche **Angaben *nicht* in Werbung erscheinen** dürfen. Auch die Abs. 4 und 5 beruhen auf Beschlussvorschlägen des Finanzausschusses[1], doch haben diese an den entsprechenden Vorschlägen in Art. 2 Nr. 13 RegE Kleinanlegerschutzgesetz[2] allerdings nur redaktionelle Änderungen zum Gegenstand.

1. Hinweis auf Befugnisse der BaFin (§ 12 Abs. 4 VermAnlG)

23 Wie das Vermögensanlagen-Informationsblatt (§ 13 Abs. 4 Satz 6 VermAnlG) darf auch Werbung für öffentlich angebotene Vermögensanlagen **keinen Hinweis auf die Befugnisse der BaFin** nach diesem Gesetz enthalten. Dadurch soll einer Irreführung der Anleger im Hinblick auf die Sicherheit der Anlage sowie die Prüfung der Vermögensanlage, des Verkaufsprospekts und des Vermögensanlagen-Informationsblatt durch die Aufsichtsbehörde vorgebeugt werden. Eine Werbung, die einen nach § 12 Abs. 4 VermAnlG unzulässigen Hinweis enthält, kann von der BaFin nach § 16 Abs. 1 Satz 1 iVm. Satz 2 Nr. 2 VermAnlG **untersagt** werden.

2. Verwendung des Begriffs „Fonds" (§ 12 Abs. 5 VermAnlG)

24 Wie nach § 7 Abs. 2 Satz 3 VermAnlG in dem Verkaufsprospekt und nach § 13 Abs. 4 Satz 5 VermAnlG in dem Vermögensanlagen-Informationsblatt, darf auch in einer Werbung für öffentlich angebotene Vermögensanlagen nach § 12 Abs. 5 VermAnlG weder der Begriff „**Fonds**" noch ein Begriff, der diesen Begriff enthält, zur Bezeichnung des Emittenten oder der Vermögensanlage verwendet werden. **Hintergrund** dieser Regelung ist, dass mit Inkrafttreten des KAGB im Hinblick auf die hier relevan-

---

[1] Beschlussempfehlung und Bericht des Finanzausschusses (7. Ausschuss) zu dem Gesetzentwurf der Bundesregierung – Drucksache 18/3994 – Entwurf eines Kleinanlegerschutzgesetzes, BT-Drucks. 18/4708 v. 22.4.2015, S. 1 (21).
[2] RegE Kleinanlegerschutzgesetz, BT-Drucks. 18/3994 v. 11.2.2015, S. 1 (13).

ten Bestimmungen zum 22.7.2013[1] geschlossene Fonds, sofern es sich dabei um Investmentvermögen iS von § 1 Abs. 1 KAGB handelt, nicht mehr in den Anwendungsbereich des VermAnlG fallen. Die vorgenannten Vorschriften wollen dem dadurch Rechnung tragen, „dass der Begriff ‚Fonds' oder eine Bezeichnung, die diesen Begriff enthält, für die Bezeichnung der Vermögensanlage oder des Emittenten im Verkaufsprospekt nunmehr unzulässig ist"[2]. Siehe dazu auch die Erläuterungen in § 7 VermAnlG Rz. 29. Eine Werbung, die einen nach § 12 Abs. 4 VermAnlG unzulässigen Hinweis enthält, kann von der BaFin nach § 16 Abs. 1 Satz 1 iVm. Satz 2 Nr. 3 VermAnlG **untersagt** werden.

VII. Auskunftspflichten

Nach § 19 Abs. 1 Satz 1 VermAnlG kann die BaFin **von einem Emittenten oder Anbieter** Auskünfte, die Vorlage von Unterlagen und die Überlassung von Kopien verlangen, um die Einhaltung der Pflichten und Verbote nach § 12 VermAnlG zu überwachen. Die Auskunftspflicht von **Emittenten** mag im Hinblick auf den Umstand überraschen, dass die Sorgetragungspflichten nach § 12 Abs. 1 bis 3 VermAnlG nur den Anbieter treffen, doch kann auch die Überwachung der Einhaltung der Anbieterpflichten Auskünfte des Emittenten erforderlich machen, der durchaus Werbender sein kann, ohne Anbieter zu sein. Darüber hinaus kann Werbung, die nicht die in § 12 Abs. 1 bis 3 VermAnlG vorgeschriebenen Hinweise enthält, von der BaFin unabhängig davon untersagt werden, ob der Anbieter seine Sorgetragungspflicht verletzt hat oder nicht.

25

§ 13
Vermögensanlagen-Informationsblatt

(1) Ein Anbieter, der im Inland Vermögensanlagen öffentlich anbietet, muss vor dem Beginn des öffentlichen Angebots neben dem Verkaufsprospekt auch ein Vermögensanlagen-Informationsblatt erstellen. *[ab 31.12.2016, siehe unten Rz. 7:) ... erstellen, sofern für die Vermögensanlagen kein Basisinformationsblatt nach der Verordnung (EU) Nr. 1286/2014 des Europäischen Parlaments und des Rates vom 26. November 2014 über Basisinformationsblätter für verpackte Anlageprodukte für Kleinanleger und Versicherungsanlageprodukte (PRIIP) (ABl. L 352 vom 9.12.2014, S. 1, L 358 vom 13.12.2014, S. 50) veröffentlicht werden muss.]*

---

1 Art. 28 Abs. 2 des Gesetzes zur Umsetzung der Richtlinie 2011/61/EU über die Verwalter alternativer Investmentfonds (AIFM-Umsetzungsgesetz – AIFM-UmsG) vom 4.7.2013, BGBl. I 2013, S. 1961.
2 RegE Kleinanlegerschutzgesetz BT-Drucks. 18/3994 v. 11.2.2015, S. 1 (43) zu Art. 2 Nr. 6 lit. c (§ 7).

(2) Das Vermögensanlagen-Informationsblatt darf nicht mehr als drei DIN-A4-Seiten umfassen. Es muss die wesentlichen Informationen über die Vermögensanlagen in übersichtlicher und leicht verständlicher Weise so enthalten, dass das Publikum insbesondere

1. die Art der Vermögensanlage,
2. die Anlagestrategie, Anlagepolitik und Anlageobjekte,
2a. ... *[(zukünftig, Inkrafttreten aber derzeit noch unbestimmt, siehe unten Rz. 7:) die Anlegergruppe, auf die die Vermögensanlage abzielt,]*
2b. den auf Grundlage des letzten aufgestellten Jahresabschlusses berechneten Verschuldungsgrad des Emittenten,
2c. die Laufzeit und die Kündigungsfrist der Vermögensanlage,
3. die mit der Vermögensanlage verbundenen Risiken,
4. die Aussichten für die Kapitalrückzahlung und Erträge unter verschiedenen Marktbedingungen und
5. die mit der Vermögensanlage verbundenen Kosten und Provisionen

einschätzen und mit den Merkmalen anderer Finanzinstrumente bestmöglich vergleichen kann.

(3) Das Vermögensanlagen-Informationsblatt muss zudem enthalten:

1. Angaben über die Identität des Anbieters,
2. einen Hinweis darauf, dass das Vermögensanlagen-Informationsblatt nicht der Prüfung durch die Bundesanstalt unterliegt,
3. einen Hinweis auf den Verkaufsprospekt und darauf, wo und wie dieser erhältlich ist und dass er kostenlos angefordert werden kann,
3a. einen Hinweis auf den letzten offengelegten Jahresabschluss und darauf, wo und wie dieser erhältlich ist,
4. einen Hinweis darauf, dass der Anleger eine etwaige Anlageentscheidung bezüglich der betroffenen Vermögensanlagen auf die Prüfung des gesamten Verkaufsprospekts stützen sollte, und
5. einen Hinweis darauf, dass Ansprüche auf der Grundlage einer in dem Vermögensanlagen-Informationsblatt enthaltenen Angabe nur dann bestehen können, wenn die Angabe irreführend, unrichtig oder nicht mit den einschlägigen Teilen des Verkaufsprospekts vereinbar ist und wenn die Vermögensanlage während der Dauer des öffentlichen Angebots, spätestens jedoch innerhalb von zwei Jahren nach dem ersten öffentlichen Angebot der Vermögensanlagen im Inland, erworben wird.

(3a) Abweichend von Absatz 3 Nummer 3 und 4 muss das Vermögensanlagen-Informationsblatt in dem Fall, dass die Erstellung eines Verkaufsprospekts nach § 2a oder § 2b entbehrlich ist, folgenden Hinweis enthalten: „Für die Vermögensanlage wurde kein von der Bundesanstalt gebilligter Verkaufsprospekt erstellt. Weitergehende Informationen erhält der Anleger unmittelbar vom Anbieter oder Emittenten der Vermögensanlage. Abweichend von Absatz 3 Nummer 5 muss das

Vermögensanlagen-Informationsblatt in den in Satz 1 genannten Fällen einen Hinweis darauf enthalten, dass Ansprüche auf der Grundlage einer in dem Vermögensanlagen-Informationsblatt enthaltenen Angabe nur dann bestehen können, wenn die Angabe irreführend oder unrichtig ist und wenn die Vermögensanlage während der Dauer des öffentlichen Angebots, spätestens jedoch innerhalb von zwei Jahren nach dem ersten öffentlichen Angebot der Vermögensanlagen im Inland, erworben wird.

(4) Der Anleger muss die in Absatz 2 bezeichneten Informationen verstehen können, ohne hierfür zusätzliche Dokumente heranziehen zu müssen. Die Angaben in dem Vermögensanlagen-Informationsblatt sind kurz zu halten und in allgemein verständlicher Sprache abzufassen. Sie müssen redlich und eindeutig und dürfen nicht irreführend sein und müssen mit den einschlägigen Teilen des Verkaufsprospekts übereinstimmen. Das Vermögensanlagen-Informationsblatt darf sich jeweils nur auf eine bestimmte Vermögensanlage beziehen und keine werbenden oder sonstigen Informationen enthalten, die nicht dem genannten Zweck dienen. Im Vermögensanlagen-Informationsblatt ist die Verwendung des Begriffs „Fonds" oder eines Begriffs, der diesen Begriff enthält, zur Bezeichnung des Emittenten oder der Vermögensanlage unzulässig. Das Vermögensanlagen-Informationsblatt darf keinen Hinweis auf die Befugnisse der Bundesanstalt nach diesem Gesetz enthalten.

(5) Die in dem Vermögensanlagen-Informationsblatt enthaltenen Angaben sind während der Dauer des öffentlichen Angebots nach Maßgabe des Satzes 3 zu aktualisieren, wenn sie unrichtig oder unvereinbar mit den Angaben im Verkaufsprospekt sind oder wenn ergänzende Angaben in einem Nachtrag zum Verkaufsprospekt nach § 11 veröffentlicht werden. Eine aktualisierte Fassung des Vermögensanlagen-Informationsblatts muss in diesem Zeitraum stets auf der Internetseite des Anbieters zugänglich sein und bei den im Verkaufsprospekt angegebenen Stellen bereitgehalten werden. Das Datum der letzten Aktualisierung sowie die Zahl der seit der erstmaligen Erstellung des Vermögensanlagen-Informationsblatts vorgenommenen Aktualisierungen sind im Vermögensanlagen-Informationsblatt zu nennen.

(6) Auf der ersten Seite muss das Vermögensanlagen-Informationsblatt folgenden drucktechnisch hervorgehobenen Warnhinweis enthalten: „Der Erwerb dieser Vermögensanlage ist mit erheblichen Risiken verbunden und kann zum vollständigen Verlust des eingesetzten Vermögens führen."

(7) Das Bundesministerium der Finanzen kann durch Rechtsverordnung, die nicht der Zustimmung des Bundesrates bedarf, im Einvernehmen mit dem Bundesministerium der Justiz und für Verbraucherschutz nähere Bestimmungen zu Inhalt und Aufbau der Informationsblätter erlassen. Das Bundesministerium der Finanzen kann diese Ermächtigung durch Rechtsverordnung auf die Bundesanstalt übertragen.

In der Fassung vom 6.12.2011 (BGBl. I 2011, S. 2481), zuletzt geändert durch das Kleinanlegerschutzgesetz vom 3.7.2015 (BGBl. I 2015, S. 1114).

Schrifttum: *BaFin*, Vermögensanlagen-Informationsblatt, www.bafin.de/DE/Aufsicht/Fin Tech/VIB/vib_node.html; *BaFin*, Rundschreiben 4/2013 (WA) – Auslegung gesetzlicher Anforderungen an die Erstellung von Informationsblättern gemäß § 31 Abs. 3a WpHG/§ 5a WpDVerOV, Geschäftszeichen WA 36 – Wp 2002 – 2012/0003, Bonn/Frankfurt a.M., 26.9.2013, abzurufen von der Website der BaFin, www.bafin.de; *VGF Verband Geschlossene Fonds*, Erläuterungen zum VGF-Beispiel für ein Vermögensanlagen-Informationsblatt (VIB) gemäß § 13 VermAnlG, Stand 26.6.2012, http://www.sachwerteverband.de/fileadmin/down loads/standards/vermoegensinformationsblatt/ueberarbeitung_erlaeuterungen_vib.pdf. Siehe im Übrigen Einl. VermAnlG und das allgemeine Schrifttumsverzeichnis.

I. Gegenstand und Entwicklung der Norm
1. Regelungsgegenstand und komplementäre Regelungen 1
2. Entstehung, Entwicklung, Zweck .. 7

II. Anwendungsbereich (§ 13 Abs. 1 VermAnlG)
1. Entstehung und Adressat der Pflicht 11
2. Komplementär- und Parallel-Vorschriften 15
   a) Komplementärbestimmungen .. 16
   b) Parallelvorschriften 22

III. Formale und inhaltliche Anforderungen an das Vermögensanlagen-Informationsblatt (§ 13 Abs. 2–6 VermAnlG)
1. Gestaltung des Vermögensanlagen-Informationsblatts 23
2. Formale Anforderungen
   a) Überblick 30
   b) Die formalen Anforderungen im Einzelnen
      (1) Allgemeine Gestaltungsgrundsätze 31
      (2) Umfang des Vermögensanlagen-Informationsblatts (§ 13 Abs. 2 Satz 1 VermAnlG) 34
      (3) Beschränkung auf nur eine Vermögensanlage (§ 13 Abs. 4 Satz 4 VermAnlG) ... 35
      (4) Warnhinweis „Risiken" (§ 13 Abs. 6 VermAnlG) ... 37
3. Anforderungen an den Inhalt des Vermögensanlagen-Informationsblatts (erforderliche Angaben) 40
   a) Überblick

      (1) Allgemeine Anforderungen an den Inhalt und die Darstellung 41
      (2) Besondere Anforderungen an den Inhalt 42
      (3) Zu unterlassende Angaben 43
   b) Allgemeine Anforderungen
      (1) Der Adressatenkreis des Vermögensanlagen-Informationsblatts 44
      (2) Aufnahme aller wesentlichen Informationen 45
      (3) Allgemeine Anforderungen an alle Angaben 48
         (a) Keine unrichtigen, irreführenden oder nicht mit dem Verkaufsprospekt vereinbare Angaben (§§ 13 Abs. 4 Satz 3, 22 Abs. 1, 1a VermAnlG) 49
         (b) Redlichkeit und Eindeutigkeit der Angaben (§ 13 Abs. 4 Satz 3 VermAnlG) 53
         (c) Kürze und allgemeine Verständlichkeit der Angaben (§ 13 Abs. 4 Satz 2 VermAnlG) 57
      (4) Allgemeine Anforderungen an wesentliche Informationen 60
         (a) Übersichtlichkeit und leichte Verständlichkeit (§ 13 Abs. 2 Satz 2 VermAnlG) 61
         (b) Verständlichkeit der Angaben per se (§ 13 Abs. 4 Satz 1 VermAnlG) 64
   c) Besondere Anforderungen 65
      (1) Wesentliche Informationen (§ 13 Abs. 2 Satz 2 Nr. 1–5 VermAnlG)

(a) Bezeichnung der Vermögensanlage (§ 13 Abs. 2 Satz 2, Abs. 4 Sätze 4 und 5 VermAnlG) 66	(b) Angabe über Identität des Anbieters (§ 13 Abs. 3 Nr. 1 VermAnlG) 87
(b) Art der Vermögensanlage (§ 13 Abs. 2 Satz 2 Nr. 1 VermAnlG) 67	(c) Hinweis auf Nichtprüfung durch die BaFin (§ 13 Abs. 3 Nr. 2 VermAnlG) 88
(c) Die Beschreibung der Vermögensanlage und insbesondere der Anlagestrategie, Anlagepolitik und Anlageobjekte (§ 13 Abs. 2 Satz 2 Nr. 2 VermAnlG) . . . 68	(d) Hinweise auf die Erstellung bzw. Nichterstellung eines Verkaufsprospekts (§ 13 Abs. 3 Nr. 3, Abs. 3 Nr. 4, Abs. 3a Satz 1 VermAnlG) . . 89
(d) Angaben zur Anlegergruppe (§ 13 Abs. 2 Satz 2 Nr. 2a VermAnlG) 71	(e) Hinweis auf den letzten offengelegten Jahresabschluss (§ 13 Abs. 3 Nr. 3a VermAnlG) 93
(e) Verschuldungsgrad des Emittenten (§ 13 Abs. 2 Satz 2 Nr. 2b VermAnlG) . . 72	(f) Hinweis auf Ansprüche wegen fehlerhaftem Vermögensanlagen-Informationsblatt (§ 13 Abs. 3 Nr. 5, Abs. 3a Satz 2 VermAnlG) 94
(f) Laufzeit und Kündigungsfrist (§ 13 Abs. 2 Satz 2 Nr. 2c VermAnlG) 75	(3) Zu unterlassende Angaben
(g) Risiken (§ 13 Abs. 2 Satz 2 Nr. 3 VermAnlG) 77	(a) Verwendung des Begriffs „Fonds" (§ 13 Abs. 4 Satz 5 VermAnlG) 96
(h) Aussichten für die Kapitalrückzahlung und Erträge (§ 13 Abs. 2 Satz 2 Nr. 4 VermAnlG) 81	(b) Werbung und nicht zweckdienliche Informationen (§ 13 Abs. 4 Satz 4 VermAnlG) 97
(i) Kosten und Provisionen (§ 13 Abs. 2 Satz 2 Nr. 5 VermAnlG) 83	(c) Kein Hinweis auf Befugnisse der BaFin (§ 13 Abs. 4 Satz 6 VermAnlG) 101
(2) Sonstige Angaben (§ 13 Abs. 3 VermAnlG)	4. Aktualisierung – Zugänglichmachung (§ 13 Abs. 5 VermAnlG) . . . 102
(a) Identifizierbarkeit des Dokuments als Vermögensanlagen-Informationsblatt und Stand der Angaben . . . 86	**IV. Verordnungsermächtigung (§ 13 Abs. 7 VermAnlG)** 105
	V. Sanktionen 106

I. Gegenstand und Entwicklung der Norm

1. Regelungsgegenstand und komplementäre Regelungen

Ein Anbieter, der im Inland Vermögensanlagen öffentlich anbietet, muss – sofern nicht eine der Ausnahmen nach §§ 2–2c oder § 6 VermAnlG eingreift – gemäß § 6 VermAnlG einen Verkaufsprospekt veröffentlichen. Unabhängig davon hat der **Anbieter**, der im Inland Vermögensanlagen öffentlich anbietet, nach § 13 Abs. 1 VermAnlG die **Pflicht**, ein Vermögensanlagen-Informationsblatt zu erstellen. Wenn § 13 Abs. 1 VermAnlG anordnet, das Vermögensanlagen-Informationsblatt sei „neben" 1 dem Verkaufsprospekt zu erstellen, so entfällt die Pflicht zur Erstellung eines Vermögensanlagen-Informationsblatts nicht bereits deshalb, weil der Anbieter aufgrund eines Ausnahmetatbestands von der Pflicht zur Veröffentlichung eines Prospekts nach § 6 VermAnlG befreit ist (näher unten Rz. 12 f.).

2 Die durch das Vermögensanlagen-Informationsblatt angestrebte **Publizität** ist deshalb zwar in der Regel eine *komplementäre*, im Falle einer Ausnahme von der Prospektpflicht – wie etwa bei der Befreiung von der Pflicht zur Veröffentlichung eines Verkaufsprospekts bei der „Schwarmfinanzierung" nach § 2a Abs. 1 VermAnlG, die die Pflicht zur Erstellung eines Vermögensanlagen-Informationsblatts unberührt lässt – aber auch eine *substitutive*. Dem entspricht der Zweck des Vermögensanlagen-Informationsblatts, nicht nur die Transparenz der angebotenen Vermögensanlage zu erhöhen und damit die Prospektpublizität zu ergänzen, sondern auch dem Anleger den Vergleich mit anderen Finanzanlagen zu erleichtern[1].

3 § 13 VermAnlG regelt nicht nur die Pflicht zur Erstellung eines Vermögensanlagen-Informationsblatts, sondern auch dessen **Form und Inhalt**. Von der in § 13 Abs. 7 Satz 1 VermAnlG enthaltenen Ermächtigung, nähere Bestimmungen zu Inhalt und Aufbau der Informationsblätter zu erlassen oder diese Ermächtigung auf die BaFin zu übertragen, hat das Bundesministerium für Finanzen bislang keinen Gebrauch gemacht. Im Gegensatz zum Verkaufsprospekt ist das Vermögensanlagen-Informationsblatt **nicht von der BaFin zu billigen** und damit, anders als der Verkaufsprospekt mach § 8 Abs. 1 Satz 2 VermAnlG, auch **nicht** auf Vollständigkeit, Kohärenz und Verständlichkeit seines Inhalts **zu prüfen**. Dem entspricht der nach § 13 Abs. 3 Nr. 2 VermAnlG in das Vermögensanlagen-Informationsblatt aufzunehmende Hinweis, „dass das Vermögensanlagen-Informationsblatt nicht der Prüfung durch die Bundesanstalt unterliegt". Kann und wird der Anleger damit nicht davon ausgehen, dass ein ihm vorliegendes Vermögensanlagen-Informationsblatts von der BaFin – auf welche Weise auch immer – geprüft wurde, so verbindet sich mit der nach § 14 Abs. 1 Satz 2 VermAnlG erforderlichen **Hinterlegung** desselben bei der BaFin doch eine **begrenzte Kontrolle** des Vermögensanlagen-Informationsblatts. Erfüllt ein der Aufsichtsbehörde übermitteltes, als „Vermögensanlagen-Informationsblatt" überschriebenes „Dokument eine der in § 13 Abs. 2 ff. VermAnlG genannten formalen Anforderungen nicht", so will es die BaFin nicht als Vermögensanlagen-Informationsblatt ansehen und hinterlegen[2] (siehe dazu auch § 14 VermAnlG Rz. 17). Auswirkungen hat dies allerdings nur im Hinblick auf die Erfüllung der durch § 29 Abs. 1 Nr. 9 VermAnlG bußgeldbewehrten Hinterlegungspflicht nach § 14 Abs. 1 Satz 2 VermAnlG und eine mögliche Untersagung des öffentlichen Angebots nach § 18 Abs. 1 Nr. 7 VermAnlG für den Fall, dass man ein von der BaFin nicht als hinterlegungsfähig angesehenes auch als ein nicht iS des § 13 VermAnlG erstelltes Vermögensanlagen-Informationsblatt betrachtet.

---

1 RegE Gesetz zur Novellierung des Finanzanlagenvermittler- und Vermögensanlagenrechts, BT-Drucks. 17/6051 v. 6.6.2011, S. 1 (33).
2 *BaFin*, Vermögensanlagen-Informationsblatt, ohne Auszeichnung der Gliederung und ohne Seitenunterteilung, unter der Rubrik „Wann ist das Vermögensanlagen-Informationsblatt zu hinterlegen?".

Die **Verletzung der Pflicht** zur Erstellung eines Vermögensanlagen-Informationsblatts nach Maßgabe des § 13 VermAnlG ist **ordnungswidrigkeitsrechtlich und haftungsrechtlich sanktioniert**: Wer vorsätzlich oder leichtfertig entgegen § 13 Abs. 1 VermAnlG ein Vermögensanlagen-Informationsblatt nicht, nicht richtig, nicht vollständig oder nicht rechtzeitig erstellt, entgegen § 13 Abs. 5 Satz 1 VermAnlG eine Angabe nicht, nicht richtig, nicht vollständig oder nicht rechtzeitig aktualisiert oder entgegen § 13 Abs. 5 Satz 3 VermAnlG das Datum der Aktualisierung im Vermögensanlagen-Informationsblatt nicht nennt, handelt ordnungswidrig (§ 29 Nr. 6 und 7 VermAnlG). Zur möglichen ordnungswidrigkeitsrechtlichen Sanktion der Verletzung bußgeldbewehrter Pflichten im Zusammenhang mit der Pflicht zur Erstellung eines Vermögensanlagen-Informationsblatts nach §§ 30, 130 OWiG siehe unten Rz. 108. Darüber hinaus wird für die Nichterfüllung der Pflicht zur Erstellung eines Vermögensanlagen-Informationsblatts und die Fehlerhaftigkeit von Angaben desselben zivilrechtlich nach Maßgabe von § 22 VermAnlG gehaftet. Wegen dieser speziellen, auf die Besonderheiten von Vermögensanlagen-Informationsblättern abstellenden Haftungsregelung ist § 13 VermAnlG **kein Schutzgesetz** iS des § 823 Abs. 2 BGB. Zu Einzelheiten siehe unten Rz. 106 ff.

Hat die BaFin Anhaltspunkte dafür, dass der Anbieter pflichtwidrig **kein Vermögensanlagen-Informationsblatt erstellt** hat, hat sie nach § 18 Abs. 1 Nr. 7 VermAnlG **das Angebot zu untersagen**. Für die Untersagung erhebt die BaFin eine Gebühr von 4.000 Euro (§§ 1, 2 VermVerkProspGebV iVm. Anlage zu § 2 VermVerkProspGebV – Gebührenverzeichnis Nr. 6). Darüber hinaus **untersagt die BaFin die Veröffentlichung des Verkaufsprospekts** nach § 17 Abs. 2 VermAnlG, wenn sie Anhaltspunkte dafür hat, dass der Anbieter entgegen § 14 Abs. 1 Satz 2 VermAnlG es verabsäumt hat, ein Vermögensanlagen-Informationsblatt bei der Bundesanstalt zu hinterlegen. Dafür erhebt die BaFin eine Gebühr von 150 Euro (§§ 1, 2 VermVerkProspGebV iVm. Anlage zu § 2 VermVerkProspGebV – Gebührenverzeichnis Nr. 5).

Im Übrigen wird die Pflicht zur Erstellung eines Vermögensanlagen-Informationsblatts durch folgende **komplementäre Regelungen** flankiert:

– Gleichzeitig mit der Hinterlegung des Verkaufsprospekts muss der Anbieter das Vermögensanlagen-Informationsblatt **bei der BaFin hinterlegen** (§ 14 Abs. 1 Satz 2 VermAnlG). Diese bewahrt das Vermögensanlagen-Informationsblatt zehn Jahre auf (§ 14 Abs. 2 Satz 2 VermAnlG). Ebenso hat der Anbieter gemäß § 14 Abs. 3 Satz 2 VermAnlG der BaFin ein nach § 13 Abs. 5 VermAnlG **aktualisiertes Vermögensanlagen-Informationsblatt** zum Zweck der Hinterlegung zu übermitteln.

– Während der gesamten Dauer des öffentlichen Angebots muss das Vermögensanlagen-Informationsblatt in seiner aktuellen Fassung **auf der Internetseite des Anbieters zugänglich** sein und bei den im Verkaufsprospekt angegebenen Stellen **bereitgehalten** werden (§ 13 Abs. 5 Satz 2 VermAnlG, siehe unten Rz. 104).

– Der Anbieter hat einem **Anleger** oder einem am Erwerb einer Vermögensanlage Interessierten auf dessen Verlangen während der Dauer des öffentlichen Angebots nach § 11 Satz 1 VermAnlG jederzeit neben dem Verkaufsprospekt auch eine ak-

tuelle Fassung des Vermögensanlagen-Informationsblatts in Textform, auf Verlangen in Papierform **zu übermitteln** (§ 15 Abs. 1 Satz 1 VermAnlG).
- Wegen möglicher eigener Verpflichtungen, einem Kunden ein Vermögensanlagen-Informationsblatt auszuhändigen, hat der Anbieter einer Person, die in Bezug auf Vermögensanlagen **Anlageberatung, Anlage- oder Abschlussvermittlung** erbringt oder Vermögensanlagen verkauft, auf deren Antrag das Vermögensanlagen-Informationsblatt in Textform zu **übermitteln** (§ 15 Abs. 1 Satz 3 VermAnlG).
- Im Falle des **Eigenvertriebs** hat der Anbieter rechtzeitig vor Vertragsschluss dem am Erwerb einer Vermögensanlage Interessierten das Vermögensanlagen-Informationsblatt in der jeweils aktuellen Fassung und auf Verlangen den Verkaufsprospekt **zur Verfügung zu stellen** (§ 15 Abs. 2 Satz 1 VermAnlG).
- Die **Kenntnisnahme des Warnhinweises nach § 13 Abs. 6 VermAnlG** ist von jedem Anleger vor Vertragsschluss unter Nennung von Ort und Datum durch seine Unterschrift mit Vor- und Familienname auf dem Vermögensanlagen-Informationsblatt zu bestätigen, wobei der Anbieter und der Anleger je eine Ausfertigung des gezeichneten Vermögensanlagen-Informationsblatts erhalten (§ 15 Abs. 3 VermAnlG).

2. Entstehung, Entwicklung, Zweck

7   Die **Pflicht** des Anbieters, vor dem Beginn des öffentlichen Angebots ein **Vermögensanlagen-Informationsblatt zu erstellen**, war dem VerkProspG, aus dem das VermAnlG hervorging (siehe Einl. VermAnlG Rz. 6), unbekannt. Sie findet sich aber bereits in der ursprünglichen Fassung von § 13 VermAnlG.

Durch Art. 2 des **Kleinanlegerschutzgesetzes** vom 3.7.2015[1] ist die Vermögensanlageninformationsblatt-Publizität durch zahlreiche **Änderungen des VermAnlG** konkretisiert und ausgebaut worden. In deren Mittelpunkt steht die Ausweitung der in das Vermögensanlagen-Informationsblatt aufzunehmenden Informationen aufgrund der Einfügung der neuen Absätze 3a und 6 sowie der Ergänzungen von Absätzen 2–5 durch Art. 2 Nr. 15 des Kleinanlegerschutzgesetzes. Eine weitere Änderung des § 13 VermAnlG sollte nach Art. 13 Abs. 2 Kleinanlegerschutzgesetz alter, weil zwischenzeitlich durch Art. 14 des Ersten Finanzmarktnovellierungsgesetzes vom 30.6.2016[2] geänderter Fassung, zum 3.1.2017 in Kraft treten: Es handelt sich um die zukünftige, aus § 13 Abs. 2 Satz 2 Nr. 2a VermAnlG[3] folgende Verpflichtung, auch Informationen in das Vermögensanlagen-Informationsblatt aufzunehmen, die es dem Publikum erlauben, die Anlegergruppe, auf die die Vermögensanlage abzielt, „einzuschätzen" und mit den Merkmalen anderer Finanzinstrumente bestmöglich zu vergleichen. Zum Inkrafttreten des § 13 Abs. 2 Satz 2 Nr. 2a VermAnlG heißt es in dem geänderten Art. 13

---

[1] BGBl. I 2015, S. 1114.
[2] Erstes Gesetz zur Novellierung von Finanzmarktvorschriften auf Grund europäischer Rechtsakte (Erstes Finanzmarktnovellierungsgesetz – 1. FiMaNoG) vom 30.6.2016, BGBl. I 2016, S. 1514.
[3] Art. 2 Nr. 15 lit. a aa Kleinanlegerschutzgesetz.

Abs. 2 Satz 1 Kleinanlegerschutzgesetz, dieser trete „an dem Tag in Kraft, ab dem die Richtlinie 2014/65/EU des Europäischen Parlaments und des Rates vom 15. Mai 2014 über Märkte für Finanzinstrumente sowie zur Änderung der Richtlinien 2002/92/EG und 2011/61/EU (ABl. L 173 vom 12.6.2014, S. 349, L 74 vom 18.3.2015, S. 38), die durch die Verordnung (EU) Nr. 909/2014 (ABl. L 257 vom 28.8.2014, S. 1) geändert worden ist, nach ihrem Artikel 93 angewendet" werde. Nach Art. 13 Abs. 2 Satz 2 Kleinanlegerschutzgesetz gibt das Bundesministerium der Finanzen den Tag des Inkrafttretens im Bundesgesetzblatt bekannt.

Die **Ergänzung von § 13 Abs. 1 VermAnlG** nach Maßgabe von Art. 11 Nr. 2[1] des Ersten Finanzmarktnovellierungsgesetzes vom 30.6.2016[2] – eine reine **Folgeänderung** (siehe unten Rz. 11) – tritt nach Art. 17 Abs. 2 des 1. FiMaNoG erst am 31.12.2016 in Kraft.

Die **Einführung des Vermögensanlagen-Informationsblatts** in die das öffentliche Angebot von Vermögensanlagen betreffende Vertriebspublizität ist Bestandteil der Maßnahmen, die der Gesetzgeber mit dem Gesetz zur Novellierung des Finanzanlagenvermittler- und Vermögensanlagenrechts vom 6.12.2011[3] ergriff, um das „Vertrauen in die Finanzmärkte" wiederherzustellen, das in der vorausgegangen Finanzkrise und der in dieser hervorgetretenen Missstände „im Bereich des so genannten Grauen Kapitalmarkts" verloren gegangen war[4]. Zu diesem gehörte allem voran die Verschärfung der Anforderungen für das öffentliche Angebot von Vermögensanlagen und unter diesen wiederum die Ausweitung der inhaltlichen Anforderungen an den Verkaufsprospekt und die Einführung der Pflicht des Anbieters von Vermögensanlagen zur Erstellung eines Vermögensanlagen-Informationsblatts (im RegE selbst auch als Kurzinformationsblätter und Beipackzettel bezeichnet[5]). Letzteres hat den **Zweck**, „die Anleger in kurzer und verständlicher Form über die von ihnen angebotenen Graumarktprodukte" zu informieren und soll es ihnen „zudem ermöglichen, unterschiedliche Vermögensanlagen miteinander zu vergleichen"[6].

---

1 Die Bestimmung lautet: In § 13 Absatz 1 wird der Punkt am Ende durch die Wörter ", sofern für die Vermögensanlagen kein Basisinformationsblatt nach der Verordnung (EU) Nr. 1286/2014 des Europäischen Parlaments und des Rates vom 26. November 2014 über Basisinformationsblätter für verpackte Anlageprodukte für Kleinanleger und Versicherungsanlageprodukte (PRIIP) (ABl. L 352 vom 9.12.2014, S. 1, L 358 vom 13.12.2014, S. 50) veröffentlicht werden muss." ersetzt.
2 Erstes Gesetz zur Novellierung von Finanzmarktvorschriften auf Grund europäischer Rechtsakte (Erstes Finanzmarktnovellierungsgesetz – 1. FiMaNoG) vom 30.6.2016, BGBl. I 2016, S. 1514.
3 BGBl. I 2011, S. 2481.
4 RegE Gesetz zur Novellierung des Finanzanlagenvermittler- und Vermögensanlagenrechts, BT-Drucks. 17/6051 v. 6.6.2011, S. 1 (30).
5 RegE Gesetz zur Novellierung des Finanzanlagenvermittler- und Vermögensanlagenrechts, BT-Drucks. 17/6051 v. 6.6.2011, S. 1 (30). Zum Spektrum der Maßnahmen und ihrem wesentlichen Inhalt siehe ebd.
6 RegE Gesetz zur Novellierung des Finanzanlagenvermittler- und Vermögensanlagenrechts, BT-Drucks. 17/6051 v. 6.6.2011, S. 1 (30).

9 Der Verkaufsprospektpublizität wurde damit eine weitere Publizitätsform beim öffentlichen Angebot von Vermögensanlagen hinzugefügt, die allerdings deutlich und nach den Änderungen, die § 13 VermAnlG durch Art. 2 des **Kleinanlegerschutzgesetzes** vom 3.7.2015 (siehe oben Rz. 7) erfahren hat, akzentuiert **verbraucherschützende Züge** trägt (siehe dazu näher Einl. VermAnlG Rz. 25, Vor §§ 20–22 VermAnlG Rz. 14). Das spiegelt sich nicht besonders deutlich in dem nach § 13 Abs. 6 VermAnlG erforderlichen und drucktechnisch hervorzuhebenden Warnhinweis („Der Erwerb dieser Vermögensanlage ist mit erheblichen Risiken verbunden und kann zum vollständigen Verlust des eingesetzten Vermögens führen") wider, dessen Kenntnisnahme nach § 15 Abs. 3 VermAnlG von jedem Anleger vor Vertragsschluss unter Nennung von Ort und Datum und durch seine Unterschrift mit Vor- und Familienname auf dem Vermögensanlagen-Informationsblatt zu bestätigen ist. Die verbraucherschützende Aufladung der Informationsblatt-Publizität kommt aber auch darin zum Ausdruck, dass – wie von Anfang an **kritisiert** wurde[1] – vom Anbieter bei Erstellung des Vermögensanlagen-Informationsblatts verlangt wird, alle wesentlichen Angaben zur Vermögensanlage (und unter diesen namentlich der mit ihrem Erwerb verbundenen Risiken) nebst einer Reihe weiterer Mindestangaben auf nur drei DIN-A4-Seiten klar, übersichtlich und teils leicht verständlich (§ 13 Abs. 2 Satz 2 VermAnlG), teils in allgemein verständlicher Sprache (§ 13 Abs. 4 Satz 2 VermAnlG) darzustellen. Die dadurch zwangsläufig erforderliche und sich nicht erst aus § 13 Abs. 4 Satz 2 VermAnlG ergebende Pflicht, die Angaben in dem Vermögensanlagen-Informationsblatt kurz zu halten, setzt den Anleger allerdings dem nicht unerheblichen Risiko aus, nach § 22 VermAnlG für ein Vermögensanlagen-Informationsblatt zu haften, weil die in dem Vermögensanlagen-Informationsblatt enthaltenen Angaben irreführend, unrichtig oder nicht mit den einschlägigen Teilen des Verkaufsprospekts vereinbar sind[2]. In gewissem **Widerspruch zur verbraucherschützenden Konzeption** steht dagegen, dass das Vermögensanlagen-Informationsblatt, obschon zum zentralen Papier beim Erwerb der Vermögensanlage[3] avancierend, im Gegensatz zum Verkaufsprospekt keinem Billigungsverfahren unterworfen ist und damit auch keiner wie auch immer gearteten Kontrolle durch die BaFin unterliegt[4] (siehe dazu schon oben Rz. 3).

10 Die Pflicht des Anbieters, der im Inland Vermögensanlagen öffentlich anbietet, vor dem Beginn des öffentlichen Angebots neben dem Verkaufsprospekt auch ein Vermögensanlagen-Informationsblatt zu erstellen, ist **Teil eines Systems von Publizitäts- und Transparenzregelungen**, das es im Hinblick auf die Information des Kapitalmarkts und der einzelnen Anlageinteressenten nicht mehr bei Prospektpublizität bewenden lässt, sondern zugleich auf neue standardisierte Kapitalanlageinformationen in Gestalt von „**Informationsblättern**", „**Produktinformationsblättern**" und „**wesentliche Anlegerinformationen**" setzt. Zu diesen Publizitäts- und Transpa-

---

1 Etwa *Hanten/Reinholz*, ZBB/JBB 2012, 36 (45 f.).
2 Kritisch dazu etwa *Casper*, BB 2011, Seite I; *Friedrichsen/Weisner*, ZIP 2012, 756 (758).
3 So *Hanten/Reinholz*, ZBB/JBB 2012, 36 (45).
4 Kritisch etwa *Friedrichsen/Weisner*, ZIP 2012, 756 (758); *Hanten/Reinholz*, ZBB/JBB 2012, 36 (45); *Podewils*, ZBB 2011, 169 (175).

renzregelungen und ihr Verhältnis untereinander finden sich Erläuterungen im Zusammenhang mit dem Anwendungsbereich des § 13 VermAnlG unten Rz. 15 ff.

II. Anwendungsbereich (§ 13 Abs. 1 VermAnlG)

1. Entstehung und Adressat der Pflicht

Die **Pflicht zur Erstellung eines Vermögensanlagen-Informationsblatts** tritt nach § 13 Abs. 1 VermAnlG ein, wenn ein Anbieter im Inland Vermögensanlagen öffentlich anbietet. **Vermögensanlagen** sind die in § 1 Abs. 2 VermAnlG aufgeführten Anlagen. Zur Frage, wann ein **öffentliches Angebot** von Vermögensanlagen **im Inland** vorliegt, ist auf die Erläuterungen zu § 1 VermAnlG Rz. 11 ff. zu verweisen. Die Pflicht trifft den **Anbieter** der Vermögensanlagen, der nicht notwendigerweise auch der Emittent der Anlagen sein muss. Zur Frage, wer Anbieter einer Vermögensanlage ist, siehe die Erläuterungen zu § 6 VermAnlG Rz. 3 ff. Zur **Ergänzung von § 13 Abs. 1 VermAnlG** nach Maßgabe von Art. 11 Nr. 2 des Ersten Finanzmarktnovellierungsgesetzes vom 30.6.2016[1], mit Wirkung vom 31.12.2016, siehe oben Rz. 7. Die Ergänzung bestimmt, dass eine Pflicht zur Erstellung und Hinterlegung eines Vermögensanlagen-Informationsblattes nur dann eingreift, soweit keine Pflicht zur Veröffentlichung eines Basisinformationsblattes nach der so genannten PRIIP-VO[2] besteht. 11

Die Pflicht zur Erstellung eines Vermögensanlagen-Informationsblatts entfällt nicht bereits deshalb, weil der Anbieter aufgrund eines **Ausnahme- oder Befreiungstatbestands** nicht zur Veröffentlichung eines Prospekts nach § 6 VermAnlG verpflichtet ist. Beide Pflichten treten unter den gleichen Voraussetzungen – dem öffentlichen Angebot von Vermögensanlagen im Inland – ein, haben den gleichen Adressaten in Person des Anbieters der Anlagen und werden in der Regel nebeneinander zur Geltung kommen. Dies – und nur dies – kommt auch in der Formulierung zu Ausdruck, der Anbieter müsse vor dem Beginn des öffentlichen Angebots „neben" dem Verkaufsprospekt auch ein Vermögensanlagen-Informationsblatt erstellen. Die Formulierung ist dagegen nicht so zu verstehen, dass der Anbieter das Vermögensanlagen-Informationsblatt nur zu erstellen hätte, wenn gleichzeitig auch ein Verkaufsprospekt zu veröffentlichen wäre. Wäre dies gewollt, hätte unschwer formuliert werden können, der Anbieter, der einen Verkaufsprospekt veröffentlichen müsse, habe daneben auch ein Vermögensanlagen-Informationsblatt zu erstellen. Stattdessen entsteht die Pflicht zur Erstellung des Vermögensanlagen-Informationsblatts nach dem Wortlaut des § 13 Abs. 1 VermAnlG allein und bereits dann, wenn ein Anbieter im Inland Vermögens- 12

---

1 Erstes Gesetz zur Novellierung von Finanzmarktvorschriften auf Grund europäischer Rechtsakte (Erstes Finanzmarktnovellierungsgesetz – 1. FiMaNoG) vom 30.6.2016, BGBl. I 2016, S. 1514.
2 Verordnung (EU) Nr. 1286/2014 des Europäischen Parlaments und des Rates vom 26. November 2014 über Basisinformationsblätter für verpackte Anlageprodukte für Kleinanleger und Versicherungsanlageprodukte (PRIIP), ABl. EU Nr. L 352 v. 9.12.2014, S. 1, und Nr. L 358 v. 13.12.2014, S. 50.

anlagen öffentlich anbietet. Dass der Anbieter in diesem Fall „neben" der Veröffentlichung des Verkaufsprospekts ein Vermögensanlagen-Informationsblatt zu erstellen hat, gehört eindeutig in den Bereich der Rechtsfolgeseite der Norm. Dafür sprechen auch Sinn und Zweck des Vermögensanlagen-Informationsblatts, „die Anleger in kurzer und verständlicher Form über die von ihnen angebotenen Graumarktprodukte" zu informieren und es ihnen „zu ermöglichen, unterschiedliche Vermögensanlagen miteinander zu vergleichen" (siehe oben Rz. 8). Ein solches Angebot entfällt nicht etwa deshalb, weil aufgrund besonderer Umstände ein Verkaufsprospekt ausnahmsweise nicht zu veröffentlichen ist, so dass der mit dem Informationsblatt abzudeckende Informationsbedarf auch und gerade in diesem Fall besteht.

13 Die vorstehend erörterte grundsätzliche Unabhängigkeit der Pflicht zur Erstellung eines Vermögensanlagen-Informationsblatts von derjenigen zur Veröffentlichung eines Verkaufsprospekts wird allerdings derzeit nur im Falle der in **§ 6 VermAnlG** aufgeführten Ausnahme von der Prospektpflicht **praktisch relevant**. Nach dieser muss der Anbieter, der im Inland Vermögensanlagen öffentlich anbietet, keinen Verkaufsprospekt nach dem VermAnlG veröffentlichen, wenn bereits nach anderen Vorschriften eine Prospektpflicht besteht oder ein gültiger Verkaufsprospekt nach den Vorschriften dieses Gesetzes bereits veröffentlicht worden ist. Das lässt, auch ohne spezielle Anordnung der Nichtanwendbarkeit des § 13 VermAnlG in diesem Falle, die Anwendung dieser Vorschrift unberührt, so dass auch unter den angeführten Umständen ein Vermögensanlagen-Informationsblatt zu erstellen ist, wenn nur die Voraussetzung des § 13 Abs. 1 VermAnlG gegeben ist, dass ein Anbieter im Inland Vermögensanlagen öffentlich anbietet.

14 Im Übrigen enthalten sämtliche **Ausnahme- und Befreiungstatbestände** von der Pflicht zur Veröffentlichung eines Verkaufsprospekts zugleich explizite oder implizite Regelungen über die Anwendung des § 13 VermAnlG. Das gilt zunächst für die in **§ 2 Abs. 1 Nr. 1–9 VermAnlG** aufgeführten Umstände, die zu einer Nichtanwendbarkeit der §§ 5a-26 VermAnlG führen und damit die Pflicht zur Veröffentlichung eines Verkaufsprospekts nach § 6 VermAnlG und diejenige zur Erstellung eines Vermögensanlagen-Informationsblatts nach § 13 VermAnlG gleichermaßen entfallen lassen. Ebenso verhält es sich im Falle der „Befreiungen für gemeinnützige Projekte und Religionsgemeinschaften" nach **§ 2c VermAnlG**. Auch hier werden in Abs. 1 dieser Vorschrift – neben anderen Bestimmungen des VermAnlG – sowohl § 6 VermAnlG als auch § 13 VermAnlG für nicht anzuwenden erklärt. Nicht anders liegen die Dinge aber auch in den sich aus **§§ 2a und 2b VermAnlG** ergebenden Befreiungen „für Schwarmfinanzierung" (auch als *crowdinvesting* bezeichnet) bzw. „für soziale Projekte": Wiederum wird jeweils in Abs. 1 dieser Vorschriften angeführt, welche Bestimmungen des VermAnlG bei Eingreifen des jeweiligen Befreiungstatbestands nicht anwendbar sind. In beiden Fällen wird § 6 VermAnlG für nicht anwendbar erklärt, § 13 VermAnlG aber nicht erwähnt. Daraus folgt, dass hier auch beim Entfallen einer Prospektpflicht nach § 6 VermAnlG die Pflicht zur Erstellung eines Vermögensanlagen-Informationsblatts fortbesteht.

2. Komplementär- und Parallel-Vorschriften

Die Pflicht des Anbieters, der im Inland Vermögensanlagen öffentlich anbietet, vor dem Beginn des öffentlichen Angebots ein Vermögensanlagen-Informationsblatt zu erstellen, wird durch komplementäre Vorschriften außerhalb des VermAnlG ergänzt und findet Parallelen in entsprechenden Transparenzanforderungen und Informationsinstrumenten anderer Anlagegesetze, wie dem WpPG und KAGB. Sich die entsprechenden Regelungen außerhalb des VermAnlG zu vergegenwärtigen, ist schon deshalb sinnvoll, um der Frage nachgehen zu können, inwieweit sie den Anwendungsbereich des § 13 VermAnlG berühren.

a) Komplementärbestimmungen

Komplementären, dh. die Regelung des § 13 VermAnlG ergänzenden Charakter, haben **§ 31 Abs. 3a WpHG** und **§ 15 FinVermV**[1]. Beide Vorschriften bezwecken den Anlegerschutz bei der **Anlageberatung** in Bezug auf Vermögensanlagen durch Wertpapierdienstleistungsunternehmen iS von § 2 Abs. 4 WpHG bzw. durch so genannte freie Anlageberater, die aufgrund der Bereichsausnahme des § 2 Abs. 6 Satz 1 Nr. 8 KWG nicht als Finanzdienstleistungsinstitute und Wertpapierdienstleistungsunternehmen iS des § 2 Abs. 4 WpHG gelten und damit im Hinblick auf die Anlageberatung nur den Regelungen der GewO und der auf der Grundlage von § 34g GewO erlassenen FinVermV unterliegen.

– **§ 31 Abs. 3a WpHG** bestimmt, dass im Falle der **Anlageberatung durch Wertpapierdienstleistungsunternehmen** dem Kunden rechtzeitig vor dem Abschluss eines Geschäfts über Finanzinstrumente ein kurzes und leicht verständliches Informationsblatt über jedes Finanzinstrument zur Verfügung zu stellen ist, auf das sich eine Kaufempfehlung bezieht (§ 31 Abs. 3a Satz 1 WpHG). Die Komplementarität dieser Bestimmung zu § 13 VermAnlG besteht darin, dass sie Pflicht des Anbieters zur Erstellung eines Vermögensanlagen-Informationsblatts durch die Pflicht des anlageberatenden Wertpapierdienstleistungsunternehmens ergänzt, dem Anleger ein Informationsblatt über solche Anlagen zur Verfügung zu stellen, die im Laufe des Anlageberatungsgesprächs Gegenstand einer Kaufempfehlung waren[2], und dass nach § 31 Abs. 3a Satz 3 Nr. 7 WpHG das Informationsblatt im Falle einer Kaufempfehlung von Vermögensanlagen iS des § 1 Abs. 2 VermAnlG das Vermögensanlagen-Informationsblatt an die Stelle des Informationsblatts tritt, soweit der Anbieter der Vermögensanlagen zur Erstellung eines solchen Vermögensanlagen-Informationsblatts verpflichtet ist. Ist dies nicht der Fall, weil der Anbieter aufgrund der Ausnahme- und Befreiungsregelungen in §§ 2 und 2c VermAnlG kein Vermögensanlagen-Informationsblatt zu erstellen hat, bleibt das

---

1 Verordnung über die Finanzanlagenvermittlung (Finanzanlagenvermittlungsverordnung – FinVermV). Art. 1 der Verordnung zur Einführung einer Finanzanlagenvermittlungsverordnung vom 2.5.2012, BGBl. I 2012, S. 1006, zuletzt geändert durch Art. 3 der Verordnung zur Einführung einer Verordnung über Immobiliardarlehensvermittlung und zur Änderung weiterer Verordnungen vom 28.4.2016, BGBl. I 2016, S. 1046.
2 Bericht des Finanzausschusses, BT-Drucks. 17/4739 v. 10.2.2011, S. 1 (20).

Wertpapierdienstleistungsunternehmen nach § 31 Abs. 3a Satz 1 WpHG verpflichtet, dem Kunden ein Informationsblatt iS dieser Bestimmung zur Verfügung zu stellen[1].

18 Die Anwendbarkeit des § 31 Abs. 3a WpHG auf die Anlageberatung in Bezug auf Vermögensanlagen iS des § 1 Abs. 2 VermAnlG ergibt sich aus § 2 Abs. 2b, Abs. 3 Satz 1 Nr. 9, Abs. 4 WpHG und wurde erst dadurch möglich, dass aufgrund der Änderung des § 2 Abs. 2b WpHG durch Art. 3 Nr. 1 des Gesetzes zur Novellierung des Finanzanlagenvermittler- und Vermögensanlagenrechts vom 6.12.2011[2] Vermögensanlagen iS des § 1 Abs. 2 VermAnlG als Finanzinstrumente gelten.

19 Die sich aus § 31 Abs. 3a WpHG ergebende Pflicht trifft allerdings nur **Wertpapierdienstleistungsunternehmen** iS von § 2 Abs. 2 WpHG, die nicht der Ausnahme des § 2a Abs. 1 Nr. 7 WpHG unterfallen, im Hinblick auf die Anlageberatung iS von § 2 Abs. 3 Satz 1 Nr. 8 WpHG. Dabei ist das nach § 31 Abs. 3a WpHG iVm. § 5a WpDVerOV[3] vom anlageberatenden Wertpapierdienstleistungsunternehmen dem Anleger zur Verfügung zu stellende Informationsblatt nicht identisch mit dem nach § 13 VermAnlG zu erstellenden Vermögensanlagen-Informationsblatt oder nach anderen Gesetzen zu erstellenden wesentlichen Anlegerinformationen oder Produktinformationsblätter. Werden jedoch Kaufempfehlungen zu Anlagen gegeben, über die nach anderweitigen Gesetzen ein Vermögensanlagen-Informationsblatt, wesentlichen Anlegerinformationen oder ein Produktinformationsblatt zu erstellen ist, so treten diese nach Maßgabe von § 31 Abs. 3a Satz 3 Nr. 1–7 WpHG an die Stelle des Informationsblatts nach § 31 Abs. 3a WpHG.

20 Auch wenn Informationsblätter nach § 31 Abs. 3a VermAnlG und Vermögensanlagen-Informationsblätter nach § 13 VermAnlG nicht identisch sind und Erstere nicht einer zivilrechtlichen Haftung für ihre Richtigkeit wie die Letzteren (nach § 22 VermAnlG) unterliegen, zeigt doch schon die Substitutionsregelung des § 31 Abs. 3a Satz 3 WpHG, dass es sich bei diesen Kurzinformationsblättern um **funktionale Äquivalente** handelt, dh. um Informationsinstrumente, die beide die Aufgabe verfolgen, „den Kunden ein hinreichendes Verständnis der verschiedenen Finanzinstrumente und vor allem einen Vergleich der Produkte untereinander zu ermöglichen"[4]. Das ist vor

---

[1] So schon in Bezug auf die Ausnahme nach § 2 VermAnlG RegE Gesetz zur Novellierung des Finanzanlagenvermittler- und Vermögensanlagenrechts, BT-Drucks. 17/6051 v. 6.6.2011, S. 1 (42).
[2] BGBl. I 2011, S. 2481.
[3] Verordnung zur Konkretisierung der Verhaltensregeln und Organisationsanforderungen für Wertpapierdienstleistungsunternehmen (Wertpapierdienstleistungs-Verhaltens- und Organisationsverordnung – WpDVerOV) vom 20.7.2007, BGBl. I 2007, S. 1432, zuletzt geändert durch Art. 16 Abs. 4 des Ersten Gesetzes zur Novellierung von Finanzmarktvorschriften auf Grund europäischer Rechtsakte (Erstes Finanzmarktnovellierungsgesetz – 1. FiMaNoG) vom 30.6.2016, BGBl. I 2016, S. 1514.
[4] So zu § 31 Abs. 3a WpHG RegE Gesetz zur Stärkung des Anlegerschutzes und Verbesserung der Funktionsfähigkeit des Kapitalmarkts (Anlegerschutz- und Funktionsverbesserungsgesetz), BT-Drucks, 17/36281 v. 8.11.2010, S. 1 (21) zu § 31 Abs. 3 Satz 4 des Entwurfs. Ebenso Bericht des Finanzausschusses, BT-Drucks. 17/4739 v. 10.2.2011, S. 1 (20)

allem in der Hinsicht von Bedeutung, dass bei der **Auslegung** der gegenüber § 31 Abs. 3 WpHG jüngeren Bestimmung des § 13 VermAnlG im Hinblick auf Form und Inhalt des Vermögensanlagen-Informationsblatts auf die entsprechenden Grundsätze zum Informationsblatt nach § 31 Abs. 3a WpHG iVm. § 5a WpDVerOV – namentlich das Rundschreiben 4/2013 (WA) der BaFin zur Auslegung gesetzlicher Anforderungen an die Erstellung von Informationsblättern gemäß § 31 Abs. 3a WpHG/§ 5a WpDVerOV[1] – zurückgegriffen werden kann. Das gilt umso mehr als die ursprüngliche Fassung des § 13 VermAnlG hinsichtlich seiner „Vorgaben an das Format und den Inhalt der Vermögensanlagen-Informationsblätter" an den seinerzeit „im Rahmen des Gesetzes zur Stärkung des Anlegerschutzes und Verbesserung der Funktionsfähigkeit des Kapitalmarkts neu zu erlassenden § 5a WpDVerOV angelehnt" wurde"[2].

– § 31 Abs. 3a WpHG in der Sache entsprechend, bestimmt **§ 15 FinVermV**[3] in Bezug auf **„freie Anlageberater"**, dass im Fall einer **Anlageberatung in Bezug auf Vermögensanlagen** iS des § 1 Abs. 2 VermAnlG „der Gewerbetreibende dem Anleger rechtzeitig vor dem Abschluss eines Geschäfts über jede Vermögensanlage, auf die sich eine Kaufempfehlung bezieht, das Vermögensanlagen-Informationsblatt, wenn ein solches nach § 13 des Vermögensanlagengesetzes zu erstellen ist, zur Verfügung zu stellen" hat. **Gewerbetreibender** iS dieser Vorschrift sind diejenigen („freien") Anlageberater in Bezug auf Vermögensanlagen, die aufgrund der Bereichsausnahme des § 2 Abs. 6 Satz 1 Nr. 8 KWG keine Finanzdienstleistungsinstitute und Wertpapierdienstleistungsunternehmen iS des § 2 Abs. 4 WpHG sind, damit nicht den Vorschriften des WpHG für Wertpapierdienstleistungsunternehmen unterfallen und stattdessen den Erlaubnisvoraussetzungen und -pflichten nach §§ 34f und 34g GewO iVm. den Bestimmungen der FinVermV unterliegen. Die Komplementarität des § 15 FinVermV zu § 13 VermAnlG besteht darin, dass freie Anlageberater – anders als anlageberatende Wertpapierdienstleistungsunternehmen nach § 31 Abs. 3 WpHG – kein eigenes Informationsblatt zu erstellen, sondern über die Vermögensanlage, auf die sich eine Kaufempfehlung bezieht, das entsprechende, nach § 13 VermAnlG vom Anbieter zu erstellende Vermögensanlagen-Informationsblatt zur Verfügung zu stellen haben. Ist ein solches vom Anbieter nicht zu erstellen, besteht keine Pflicht des „freien Anlageberaters", selbst ein Informationsblatt anzufertigen und dem Anleger zur Verfügung zu stellen.

21

---

zu § 31 Abs. 3a der Empfehlungen des Ausschusses. Zum entsprechenden Zweck des § 13 VermAnlG siehe oben Rz. 2, 8.
1 *BaFin*, Rundschreiben 4/2013 (WA).
2 RegE Gesetz zur Novellierung des Finanzanlagenvermittler- und Vermögensanlagenrechts, BT-Drucks. 17/6051 v. 6.6.2011, S. 1 (34).
3 Verordnung über die Finanzanlagenvermittlung (Finanzanlagenvermittlungsverordnung – FinVermV). Art. 1 der Verordnung zur Einführung einer Finanzanlagenvermittlungsverordnung vom 2.5.2012, BGBl. I 2012, S. 1006, zuletzt geändert durch Art. 3 der Verordnung zur Einführung einer Verordnung über Immobiliardarlehensvermittlung und zur Änderung weiterer Verordnungen vom 28.4.2016, BGBl. I 2016, S. 1046.

b) Parallelvorschriften

22 Der Pflicht des Anbieters von Vermögensanlagen zur Erstellung eines Vermögensanlagen-Informationsblatts nach § 13 VermAnlG vergleichbare Pflichten zur Erstellung von Produktinformationen, die nicht mit jeweils zur erstellenden Prospekten vergleichbar sind, **entsprechen**

- bei **Anteilen oder Aktien an OGAW oder an offenen Publikums-AIF** die Pflicht der Kapitalverwaltungsgesellschaft oder der EU-OGAW-Verwaltungsgesellschaft, für die von ihr verwalteten offenen Publikumsinvestmentvermögen neben dem Verkaufsprospekt auch wesentlichen Anlegerinformationen zu erstellen und dem Publikum die jeweils aktuelle Fassung auf der Internetseite der Kapitalverwaltungsgesellschaft oder der EU-OGAW-Verwaltungsgesellschaft zugänglich zu machen (§ 164 KAGB; zu Inhalt, Form und Gestaltung der wesentlichen Anlegerinformationen § 166 KAGB),

- bei **Anteilen oder Aktien an geschlossenen Publikums-AIF** die Pflicht der AIF-Kapitalverwaltungsgesellschaft, für die von ihr verwalteten geschlossenen Publikums-AIF den Verkaufsprospekt und die wesentlichen Anlegerinformationen zu erstellen (§ 268 KAGB; zu Inhalt, Form und Gestaltung der wesentlichen Anlegerinformationen § 270 KAGB),

- bei **EU-AIF und ausländischen AIF** die Pflicht der EU-AIF-Verwaltungsgesellschaft oder der ausländischen AIF-Verwaltungsgesellschaft, neben dem Verkaufsprospekt (§ 318 Abs. 1–4 KAGB) wesentliche Anlegerinformationen zu erstellen (§ 318 Abs. 5 f. KAGB), und

- bei **zertifizierten Altersvorsorge- und Basisrentenverträgen** iS des Altersvorsorgeverträge-Zertifizierungsgesetzes (AltZertG) die Pflicht der Anbieter eines Altersvorsorge- oder Basisrentenvertrags, den Vertragspartner rechtzeitig durch ein individuelles Produktinformationsblatt zu informieren, spätestens jedoch, bevor dieser seine Vertragserklärung abgibt (§ 7 Abs. 1 Satz 1 AltZertG; zu den erforderlichen Angaben § 7 Abs. 1 Sätze 2 bis 5 AltZertG).

III. Formale und inhaltliche Anforderungen an das Vermögensanlagen-Informationsblatt (§ 13 Abs. 2–6 VermAnlG)

1. Gestaltung des Vermögensanlagen-Informationsblatts

23 § 13 VermAnlG enthält in seinen Abs. 2–4 und 6 zahlreiche **formale und inhaltliche Anforderungen** an das Vermögensanlagen-Informationsblatt, die nicht nach diesen Gesichtspunkten systematisiert sind und begründet in Abs. 5 eine **Aktualisierungspflicht** im Hinblick auf die Angaben des Informationsblatts. Die nachfolgenden Erläuterungen folgen, auch wenn nicht immer eine klare Trennung zwischen formalen und inhaltlichen Anforderungen möglich ist, dieser Unterscheidung und behandeln diese separat von der Pflicht zur Aktualisierung des Vermögensanlagen-Informationsblatts nach Abs. 5. Zum Überblick über die formalen und inhaltlichen Anforderungen an das Vermögensanlagen-Informationsblatt sind die jeweiligen Anforderungen in der Formulierung des Gesetzes zusammengestellt und mit einem

Hinweis auf die Randziffer versehen, in denen die Anforderungen nachfolgend näher erläutert werden.

Wie bereits an früherer Stelle (Rz. 20) ausgeführt, decken sich zahlreiche der Anforderungen, die § 13 VermAnlG an das Vermögensanlagen-Informationsblatt stellt, mit denjenigen an das **Informationsblatt nach die § 31 Abs. 3a WpHG iVm. § 5a WpDVerOV**. Soweit dies der Fall ist, kann deshalb bei der Auslegung der Vorschriften des § 13 VermAnlG in Bezug auf die Anforderungen an das Vermögensanlagen-Informationsblatt auf das Rundschreiben 4/2013 (WA) zur Auslegung gesetzlicher Anforderungen an die Erstellung von Informationsblättern gemäß § 31 Abs. 3a WpHG/§ 5a WpDVerOV (siehe oben Rz. 20) zurückgegriffen werden. 24

Für die **Strukturierung und Präsentation** der nach § 13 Abs. 2–4 und 6 VermAnlG erforderlichen Angaben enthält die Bestimmung, wie aus der Übersicht in zu den formalen Anforderungen in Rz. 30 und aus den Ausführungen unten zu Rz. 34 ff. ersichtlich, nur wenige allgemeine und drei spezielle Vorgaben. Unter Berücksichtigung derselben sowie des Zwecks des Vermögensanlagen-Informationsblatts (wie er auch in § 13 Abs. 2 Satz 2 VermAnlG zum Ausdruck kommt, dh. Widergabe der wesentlichen Informationen über die einzelne angebotene Vermögensanlage in übersichtlicher und leicht verständlicher Weise dergestalt, dass dem Publikum eine Beurteilung der Anlage und einen bestmöglichen Vergleich mit anderen Finanzinstrumenten möglich ist) empfiehlt sich die nachfolgend vorgeschlagene Strukturierung der nach § 13 VermAnlG erforderlichen Angaben und Hinweise. Diese orientiert sich am Regelfall der Erstellung eines Vermögensanlagen-Informationsblatts neben der Veröffentlichung eines Verkaufsprospekts. 25

Aufbau eines Vermögensanlagen-Informationsblatts: 26

– Kopfzeile: „Vermögensanlagen-Informationsblatt nach § 13 VermAnlG", mit Datum des Stands der Angaben (Rz. 86).
– Warnhinweis in dem von § 13 Abs. 6 VermAnlG vorgegebenen Wortlaut (Rz. 37 ff.).
– Bezeichnung der angebotenen Vermögensanlage (§ 13 Abs. 2 Satz 2, Abs. 4 Sätze 4 und 5 VermAnlG; Rz. 66) und Angaben zu deren Art (§ 13 Abs. 2 Satz 2 Nr. 1 VermAnlG; Rz. 67).
– Hinweise auf andere Informationsgrundlagen[1]:
  (1) Hinweis auf den Verkaufsprospekt nach Maßgabe von § 13 Abs. 3 Nr. 3 VermAnlG unter Berücksichtigung von Abs. 3a Satz 1 (Rz. 89 ff., 92);
  (2) Hinweis auf den letzten offengelegten Jahresabschluss gemäß § 13 Abs. 3 Nr. 3a VermAnlG (Rz. 93).
– Angaben zur „Identität des Anbieters" (§ 13 Abs. 3 Nr. 1 VermAnlG; Rz. 87), zum Emittenten der Vermögensanlage (Rz. 68) sowie zu eventuell eingeschalteten Treuhändern (Rz. 68).

---
[1] Beide Hinweise können auch am Ende des Vermögensanlagen-Informationsblatts erfolgen, empfehlen sich aber bereits an dieser Stelle, um gegebenenfalls bei den nachfolgenden Angaben auf Verkaufsprospekt oder Jahresabschluss verweisen oder Bezug nehmen zu können.

– Beschreibung der Vermögensanlage (Rz. 68 ff.) mit Angaben zu der Anlagestrategie, zur Anlagepolitik und zu den Anlageobjekten (Rz. 70), zur Laufzeit (Beginn und Ende) und zur Kündigungsfrist der Vermögensanlage (§ 13 Abs. 2 Satz 2 Nr. 2c VermAnlG; Rz. 75) und die mit der Vermögensanlage verbundenen Kosten und Provisionen (§ 13 Abs. 2 Satz 2 Nr. 5 VermAnlG; Rz. 83 f.), differenziert nach Platzierungs- und Bestandsphase sowie einzelfallbezogenen und anlassbedingten Kosten (Rz. 68 ff.).

– Nach dem zukünftigen § 13 Abs. 2 Satz 2 Nr. 2a VermAnlG (siehe dazu Rz. 7 und 71) auch Angaben, die es dem Publikum erlauben, die Anlegergruppe, auf die die Vermögensanlage abzielt, „einschätzen" und bestmöglich mit anderen Finanzinstrumenten vergleichen zu können.

– Angaben zu den mit der Vermögensanlage verbundenen „produktspezifischen" Risiken, gewichtet nach ihrer Bedeutung (§ 13 Abs. 2 Satz 2 Nr. 3 VermAnlG; Rz. 77 ff.).

– Aussichten für die Kapitalrückzahlung und Erträge unter verschiedenen Marktbedingungen (§ 13 Abs. 2 Satz 2 Nr. 4 VermAnlG; Rz. 81 f.).

– Weitere gesetzlich erforderliche Hinweise:

(1) Hinweis, dass das Vermögensanlagen-Informationsblatt nicht der Prüfung durch die BaFin unterliegt (§ 13 Abs. 3 Nr. 2 VermAnlG; Rz. 88).

(2) Hinweis, dass die Anlageentscheidung auf die Prüfung des gesamten Verkaufsprospekts gestützt werden sollte nach § 13 Abs. 3 Nr. 4 VermAnlG unter Berücksichtigung von Abs. 3a Satz 1 (Rz. 91 f.).

(3) Hinweis auf mögliche zivilrechtliche Ansprüche in Bezug auf Angaben des Vermögensanlagen-Informationsblatts gemäß § 13 Abs. 3 Nr. 5 VermAnlG unter Berücksichtigung von Abs. 3a Satz 2 (§ 13 Abs. 3 Nr. 5, Abs. 3a Satz 2 VermAnlG; Rz. 94 f.).

27 Bei den in § 13 Abs. 2–4 und 6 VermAnlG verlangten Angaben, auf die sich die vorstehende Aufbauempfehlung bezieht, handelt es sich um **Mindestangaben**. Wie § 13 Abs. 2 Satz 2 VermAnlG zu entnehmen, muss das Vermögensanlagen-Informationsblatt alle für die Beurteilung der Vermögensanlage und ihren Vergleich mit anderen Finanzinstrumenten **wesentlichen Informationen** enthalten. Das kann im Einzelfall Angaben erforderlich machen, die nicht zu den in § 13 Abs. 2–4 und 6 VermAnlG angeführten Mindestangaben gehören.

28 Im Hinblick auf das Angebot von Anteilen an geschlossenen Fonds, die bis zum Inkrafttreten der diesbezüglichen Bestimmungen des KAGB zum 22.7.2013[1] unter das VermAnlG fielen, hatte der *VGF Verband Geschlossene Fonds* als Interessenvertretung der Anbieter geschlossener Fonds das „**VGF-Beispiel für ein Vermögensanlagen-In-**

---

[1] Art. 28 Abs. 2 des Gesetzes zur Umsetzung der Richtlinie 2011/61/EU über die Verwalter alternativer Investmentfonds (AIFM-Umsetzungsgesetz – AIFM-UmsG) vom 4.7.2013, BGBl. I 2013, S. 1961.

formationsblatt (VIB) gemäß § 13 VermAnlG" veröffentlicht und erläutert[1]. Obwohl Anteile an geschlossenen Fonds – wie auch solche an offenen Fonds – nicht mehr zu den Vermögensanlagen iS des § 1 Abs. 2 VermAnlG gehören, das VermAnlG auf ihr öffentliches Angebot keine Anwendung mehr findet und die Verwendung des Begriffs „Fonds" oder eines Begriffs, der diesen Begriff enthält, zur Bezeichnung des Emittenten oder der Vermögensanlage unzulässig ist (§ 13 Abs. 4 Satz 5 VermAnlG), kann das VGF-Beispiel sowie die zu diesem ergangenen Erläuterungen[2] zumindest im Hinblick auf Aufbau und Verständnis der für ein Vermögensanlagen-Informationsblatt erforderlichen Angaben weiter herangezogen werden.

Die **Anordnung der Angaben** kann unter einer entsprechenden Überschrift oder, wie es das VGF-Beispiel (oben Rz. 28) empfiehlt, in Spalten mit Stichworten zu den einzelnen Angaben in der linken Spalte erfolgen. Beide Varianten genügen den **Grundsätzen** übersichtlicher, lesbarer und die leichte bzw. allgemeine Verständlichkeit seiner wesentlichen bzw. sonstigen Angaben fördernden Gestaltung (siehe dazu unten Rz. 25 ff.). 29

2. Formale Anforderungen

a) Überblick

Die **formalen Anforderungen**, die § 13 Abs. 2–4 und 6 VermAnlG an ein Vermögensanlagen-Informationsblatt stellt, sind im **Überblick** (und weitgehend der Reihenfolge ihrer gesetzlichen Anordnung übernehmend) die Folgenden: 30

1) Es muss übersichtlich gestaltet sein und die Erfüllung der inhaltlichen und sprachlichen Anforderungen an die aufzunehmenden Angaben fördern (Rz. 32).
2) Es darf nicht mehr als drei DIN-A4-Seiten umfassen (§ 13 Abs. 2 Satz 1 VermAnlG; Rz. 34) und muss (typografisch gut) lesbar sein (siehe Rz. 33).
3) Es darf sich jeweils nur auf eine bestimmte Vermögensanlage beziehen (§ 13 Abs. 4 Satz 4 VermAnlG; Rz. 35 f.).
4) Es muss auf der ersten Seite den drucktechnisch hervorgehobenen Warnhinweis enthalten: „Der Erwerb dieser Vermögensanlage ist mit erheblichen Risiken verbunden und kann zum vollständigen Verlust des eingesetzten Vermögens führen." (§ 13 Abs. 6 VermAnlG; Rz. 37 ff.).

b) Die formalen Anforderungen im Einzelnen

(1) Allgemeine Gestaltungsgrundsätze

Wie bereits an früherer Stelle (Rz. 25) dargelegt, enthält § 13 VermAnlG zur **Strukturierung und Präsentation** der in das Vermögensanlagen-Informationsblatt aufzunehmenden Angaben nur wenige allgemeine und drei spezielle Vorgaben. 31

---

[1] Das VGF-Beispiel ist im Internet zu finden unter http://www.sachwerteverband.de/filead min/downloads/standards/vermoegensinformationsblatt/vgf_Beispiel_vib.pdf.
[2] *VGF Verband Geschlossene Fonds*, Erläuterungen zum VGF-Beispiel.

32 Zu den allgemeinen Gestaltungsgrundsätzen gehört das Gebot, die wesentlichen Informationen über die Vermögensanlage „in übersichtlicher ... Weise so" aufzunehmen, dass sie das Publikum einschätzen (siehe dazu unten Rz. 45) und mit den Merkmalen anderer Finanzinstrumente bestmöglich vergleichen kann (§ 13 Abs. 2 Satz 2 VermAnlG). Das Gebot der **Übersichtlichkeit** – das Erfordernis, die wesentlichen Informationen leicht verständlich darzustellen, gehört eher zu den allgemeinen inhaltlichen Anforderungen an das Informationsblatt – bezieht sich nach dem Wortlaut des § 13 Abs. 2 Satz 2 VermAnlG zwar nur auf wesentliche Angaben. Da aber schwerlich davon auszugehen ist, der Gesetzgeber habe gestatten wollen, die sonstigen Angaben dürften in nicht übersichtlicher Weise dargebotene werden, gilt dieses Erfordernis entsprechend auch für die Darstellung der sonstigen Angaben. Darüber hinaus stellen die **allgemeinen sprachlichen Anforderungen** an sämtliche der in das Vermögensanlagen-Informationsblatt aufzunehmenden Informationen – insbesondere die Erfordernisse kurz zu haltender, allgemein verständlicher, redlicher, eindeutiger und nicht irreführender Angaben (§ 13 Abs. 4 Sätze 2 und 3 VermAnlG) – **auch Anforderungen an die formale Gestaltung** des Vermögensanlagen-Informationsblatts, von denen als wohl eindeutigstes Erfordernis das Gebot der Übersichtlichkeit der Darstellung herauszustellen ist.

33 Alle **weiteren gestalterischen Anforderungen** sind dementsprechend aus der Erwägung abzuleiten, das Vermögensanlagen-Informationsblatt müsse eine Gestaltung aufweisen, die die Erfüllung der inhaltlichen und sprachlichen Anforderungen an die aufzunehmenden Angaben fördert. Dazu wird man, im Lichte des Zwecks des Vermögensanlagen-Informationsblatts, auch das Erfordernis der (typografisch guten) **Lesbarkeit** des Vermögensanlagen-Informationsblatts zu zählen haben. So enthält § 13 VermAnlG zum **Layout** und zur **Formatierung** des Vermögensanlagen-Informationsblatts zwar keine Vorgaben, doch sind Versuchen, durch Formatierungsmaßnahmen (wie Größe der Ränder, der Typen und der Abstände) die auf drei DIN-A4-Seiten passenden Informationen auszuweiten, durch die (vorstehend in Rz. 32 angeführten) gestaltungsaffinen inhaltlichen Anforderungen an das Vermögensanlagen-Informationsblatt und vor allem durch den aus diesen abzuleitenden Grundsatz der Lesbarkeit der Angaben Grenzen gesetzt. Dieser ist die komplementäre formale Anforderung an das Erfordernis, das Vermögensanlagen-Informationsblatt müsse die wesentlichen Angaben in einer leicht verständlichen Weise darstellen (§ 13 Abs. 2 Satz 2 VermAnlG) und die Angaben im Übrigen in allgemein verständlicher Sprache abfassen (§ 13 Abs. 4 Satz 2 VermAnlG).

(2) Umfang des Vermögensanlagen-Informationsblatts (§ 13 Abs. 2 Satz 1 VermAnlG)

34 Das Vermögensanlagen-Informationsblatt darf **nicht mehr als drei DIN-A4-Seiten** umfassen (§ 13 Abs. 2 Satz 1 VermAnlG). Wird zum Druck des Vermögensanlagen-Informationsblatts ein gefaltetes DIN A3-Blatt verwandt, muss die vierte Seite nicht nur von Angaben zur Vermögensanlage, sondern auch von allem sonstigen Informationen (wie Logo des Anbieters oder des Emittenten, Bilder, Werbung etc.) frei

bleiben[1]. Dem Erfordernis kann nicht dadurch genügt werden, dass nicht auf drei DIN-A4-Seiten unterzubringende Informationen durch **Layout- und Formatierungsmaßnahmen**, die zu einem im Lichte des Zwecks des Vermögensanlagen-Informationsblatts und der allgemeinen inhaltlichen Anforderungen an dasselbe nicht mehr lesbaren Vermögensanlagen-Informationsblatt führen, auf den höchstzulässigen Umfang gebracht werden (siehe oben Rz. 33).

(3) Beschränkung auf nur eine Vermögensanlage (§ 13 Abs. 4 Satz 4 VermAnlG)

Das Vermögensanlagen-Informationsblatt darf sich jeweils **nur auf eine bestimmte Vermögensanlage** beziehen (§ 13 Abs. 4 Satz 4 VermAnlG). Diese Beschränkung soll der Übersichtlichkeit der Informationen dienen[2]. 35

Um **mehrere Vermögensanlagen** handelt es sich, wenn diese unterschiedliche Ausgestaltungen aufweisen, zwischen denen der Anleger wählen kann. Das ist namentlich dann der Fall, wenn eine Vermögensanlage mit Rechten ausgestattet ist, die sich nach Art oder Umfang – etwa in Bezug auf Beteiligungen, Gewinnansprüche, Zinsen, Kündigungsrechten oder Kündigungsfristen – unterscheiden[3]. Nicht anders verhält es sich im Hinblick auf eine Vermögensanlage, der Anleger zwischen verschiedenen Laufzeiten, Konditionen oder Rückzahlungsmodalitäten wählen kann. In diesen Fällen ist für jede Vermögensanlage ein gesondertes Vermögensanlagen-Informationsblatt zu erstellen. Um **nur _eine_ Vermögensanlage** handelt es sich dagegen, wenn der Anleger die Höhe seiner Anlage frei bestimmen kann. 36

(4) Warnhinweis „Risiken" (§ 13 Abs. 6 VermAnlG)

Das Vermögensanlagen-Informationsblatt muss nach § 13 Abs. 6 VermAnlG auf seiner ersten Seite den drucktechnisch hervorgehobenen **Warnhinweis** enthalten: „Der Erwerb dieser Vermögensanlage ist mit erheblichen Risiken verbunden und kann zum vollständigen Verlust des eingesetzten Vermögens führen". Dieser Warnhinweis „soll den Anleger anhalten, das VIB sorgfältig zu lesen, um sich der Risiken der Vermögensanlage bewusst zu werden"[4]. Die Vorschrift ist durch Art. 2 Nr. 15 lit. f des Kleinanlegerschutzgesetzes vom 3.7.2015[5] in § 13 VermAnlG eingefügt worden. 37

Der Warnhinweis muss mit dem von § 13 Abs. 6 VermAnlG vorgeschriebenen **Wortlaut** erfolgen. An welcher **Stelle** der ersten Seite die drucktechnische Hervorhebung zu erfolgen hat, ist nicht vorgeschrieben. Die für das Vermögensanlagen-Informati- 38

---

1 _VGF Verband Geschlossene Fonds_, Erläuterungen zum VGF-Beispiel die Erläuterungen, K 3., S. 15.
2 RegE Gesetz zur Novellierung des Finanzanlagenvermittler- und Vermögensanlagenrechts, BT-Drucks. 17/6051 vom 6.6.2011, S. 1 (34).
3 _BaFin_, Vermögensanlagen-Informationsblatt (ohne Auszeichnung der Gliederung, ohne Seite).
4 RegE Kleinanlegerschutzgesetz BT-Drucks. 18/3994 v. 11.2.2015, S. 1 (57).
5 BGBl. I 2015, S. 1114.

onsblatt geltenden Gestaltungsgrundsätze – namentlich diejenigen der Klarheit und Übersichtlichkeit – legen es aber nahe, den Warnhinweis direkt nach der Kopfzeile des Informationsblatts anzubringen. Zur **drucktechnischen Hervorhebung** reicht es aus, wenn der Warnhinweis freisteht (also nicht mit anderen vorausgehenden oder nachfolgenden Sätzen verbunden ist und in Fettschrift der im Informationsblatt verwandten Type erfolgt). Ist der **Warnhinweis unterblieben, haftet der Anbieter** nach § 22 Abs. 4a Satz 1 Nr. 2 VermAnlG. In diesem Falle kann der Erwerber von dem Anbieter die Übernahme der Vermögensanlage gegen Erstattung des Erwerbspreises, soweit dieser den ersten Erwerbspreis der Vermögensanlage nicht überschreitet, und der mit dem Erwerb verbundenen üblichen Kosten verlangen.

39 Nach § 15 Abs. 3 VermAnlG ist die **Kenntnisnahme des Warnhinweises** von jedem Anleger vor Vertragsschluss unter Nennung von Ort und Datum durch seine Unterschrift mit Vor- und Familienname auf dem Vermögensanlagen-Informationsblatt zu bestätigen, wobei der Anbieter und der Anleger je eine Ausfertigung des gezeichneten Vermögensanlagen-Informationsblatts erhalten. Werden für die Vertragsverhandlungen und den Vertragsschluss über eine Vermögensanlage ausschließlich Fernkommunikationsmittel verwendet, hat der Anleger die Kenntnisnahme des Warnhinweises nach § 13 Abs. 6 VermAnlG in einer der Unterschriftsleistung nach § 15 Abs. 3 VermAnlG gleichwertigen Art und Weise zu bestätigen. Die Einhaltung dieser Vorschriften ist **haftungsbewehrt:** Nach **§ 22 Abs. 4a Satz 1 Nr. 3 VermAnlG** kann der Erwerber einer Vermögensanlage von dem Anbieter die Übernahme derselben gegen Erstattung des Erwerbspreises, soweit dieser den ersten Erwerbspreis der Vermögensanlage nicht überschreitet, und der mit dem Erwerb verbundenen üblichen Kosten verlangen, wenn er die Kenntnisnahme des Warnhinweises nach § 13 Abs. 6 VermAnlG nicht nach § 15 Abs. 3 oder Abs. 4 VermAnlG bestätigt hat.

3. Anforderungen an den Inhalt des Vermögensanlagen-Informationsblatts (erforderliche Angaben)

40 Um einen Überblick zu geben, werden die inhaltlichen Anforderungen, die § 13 Abs. 2–4 und 6 VermAnlG an ein Vermögensanlagen-Informationsblatt stellt, nachfolgend zunächst stichwortartig aufgelistet. Dabei wird zwischen **allgemeinen und speziellen Anforderungen** an den Inhalt des Vermögensanlagen-Informationsblatts sowie **zu unterlassenden Angaben** differenziert. In diesem Rahmen folgt die Auflistung der Reihenfolge der gesetzlichen Regelung. Dem Überblick folgen **Erläuterungen zu den Angaben, die ein Vermögensanlagen-Informationsblatt enthalten muss**. Die Gliederung der diesbezüglichen Ausführungen übernimmt die Dreiteilung des Überblicks.

a) Überblick

(1) Allgemeine Anforderungen an den Inhalt und die Darstellung

41 Die Frage, ob die nachfolgenden allgemeinen Anforderungen erfüllt sind, ist unter Berücksichtigung des Empfängerhorizonts des durchschnittlichen Anlegers als Adressat des Vermögensanlagen-Informationsblatts zu beantworten (Rz. 44)

(a) Nach der in § 13 Abs. 2 VermAnlG formulierten allgemeinen Regel muss das Vermögensanlagen-Informationsblatt alle **wesentlichen Informationen** über die Vermögensanlagen enthalten (§ 13 Abs. 1 Satz 2 VermAnlG; Rz. 45 f.).
(b) Für die **Darstellung aller Angaben**, die in das Vermögensanlagen-Informationsblatt aufzunehmen sind, gelten die folgenden Regeln:
  – Die Angaben dürfen nicht unrichtig und nicht irreführend sein. Sofern ein Verkaufsprospekt erstellt wurde, müssen sie mit den einschlägigen Teilen des Verkaufsprospekts vereinbar sein (§ 13 Abs. 4 Satz 3, § 22 Abs. 1 Nr. 1 und Abs. 1a Nr. 1 VermAnlG; Rz. 49 ff.).
  – Die Angaben müssen redlich und eindeutig sein (§ 13 Abs. 4 Satz 3 VermAnlG; Rz. 94).
  – Die Angaben in dem Vermögensanlagen-Informationsblatt sind kurz zu halten und in allgemein verständlicher Sprache abzufassen (§ 13 Abs. 4 Satz 2 VermAnlG; Rz. 57 ff.).
(c) Für die **Darstellung der wesentlichen Informationen** im Vermögensanlagen-Informationsblatt gilt darüber hinaus:
  – Sie sind in übersichtlicher und leicht verständlicher Weise abzufassen, um es dem Anleger zu erlauben, die wesentlichen Merkmale der Vermögensanlage – so die Formulierung des Gesetzes – „einschätzen und mit denen anderer Finanzinstrumente bestmöglich vergleichen" zu können (§ 13 Abs. 2 Satz 2 VermAnlG; Rz. 61 ff.).
  – Der Anleger muss die wesentlichen Informationen verstehen können, ohne hierfür zusätzliche Dokumente heranziehen zu müssen (§ 13 Abs. 4 Satz 1 VermAnlG; Rz. 64).

(2) Besondere Anforderungen an den Inhalt

Das Vermögensanlagen-Informationsblatt muss als **wesentliche Informationen** enthalten:
(a) Die Bezeichnung der Vermögensanlage (Rz. 66).
(b) Angaben über die Art der Vermögensanlage (§ 13 Abs. 2 Satz 2 Nr. 1 VermAnlG; Rz. 67).
(c) Die Beschreibung der Vermögensanlage und insbesondere Angaben über die Anlagestrategie, Anlagepolitik und Anlageobjekte (§ 13 Abs. 2 Satz 2 Nr. 2 VermAnlG; Rz. 68 ff.).
(d) Zukünftig nach § 13 Abs. 2 Satz 2 Nr. 2a VermAnlG (siehe Rz. 7 und 71): Angaben, die es dem Publikum erlauben, die Anlegergruppe, auf die die Vermögensanlage abzielt, „einzuschätzen" und mit den Merkmalen anderer Finanzinstrumente bestmöglich zu vergleichen zu können.
(e) Angaben über den auf Grundlage des letzten aufgestellten Jahresabschlusses berechneten Verschuldungsgrad des Emittenten (§ 13 Abs. 2 Satz 2 Nr. 2b VermAnlG; Rz. 72).

(f) Angaben über die Laufzeit und die Kündigungsfrist der Vermögensanlage (§ 13 Abs. 2 Satz 2 Nr. 2c VermAnlG; Rz. 75 f.).

(g) Angaben über die mit der Vermögensanlage verbundenen Risiken (§ 13 Abs. 2 Satz 2 Nr. 3 VermAnlG; Rz. 77 ff.).

(h) Angaben über die Aussichten für die Kapitalrückzahlung und Erträge unter verschiedenen Marktbedingungen (§ 13 Abs. 2 Satz 2 Nr. 4 VermAnlG; Rz. 81 f.).

(i) Angaben über die mit der Vermögensanlage verbundenen Kosten und Provisionen (§ 13 Abs. 2 Satz 2 Nr. 5 VermAnlG; Rz. 83 ff.).

Weiter muss das Vermögensanlagen-Informationsblatt als **sonstige Informationen** enthalten:

(j) Die Identifizierbarkeit des Dokuments als Vermögensanlagen-Informationsblatt iS des § 13 VermAnlG (Rz. 86).

(k) Angaben über die Identität des Anbieters (§ 13 Abs. 3 Nr. 1 VermAnlG; Rz. 87).

(l) Hinweis darauf, dass das Vermögensanlagen-Informationsblatt nicht der Prüfung durch die BaFin unterliegt (§ 13 Abs. 3 Nr. 2 VermAnlG; Rz. 88).

(m) Hinweis auf den Verkaufsprospekt und darauf, wo und wie dieser erhältlich ist und dass er kostenlos angefordert werden kann (§ 13 Abs. 3 Nr. 3 VermAnlG; Rz. 89 ff.).

Ist die Erstellung eines Verkaufsprospekts nach § 2a oder § 2b VermAnlG entbehrlich, ist stattdessen folgenden Hinweis anzubringen: „Für die Vermögensanlage wurde kein von der Bundesanstalt gebilligter Verkaufsprospekt erstellt. Weitergehende Informationen erhält der Anleger unmittelbar vom Anbieter oder Emittenten der Vermögensanlage." (§ 13 Abs. 3a Satz 1 VermAnlG; Rz. 92).

(n) Hinweis auf den letzten offengelegten Jahresabschluss und darauf, wo und wie dieser erhältlich ist (§ 13 Abs. 3 Nr. 3a VermAnlG; Rz. 93).

(o) Hinweis darauf, dass der Anleger eine etwaige Anlageentscheidung bezüglich der betroffenen Vermögensanlagen auf die Prüfung des gesamten Verkaufsprospekts stützen sollte (§ 13 Abs. 3 Nr. 4 VermAnlG; Rz. 91).

Ist die Erstellung eines Verkaufsprospekts nach § 2a oder § 2b VermAnlG entbehrlich, ist stattdessen folgender Hinweis anzubringen: „Für die Vermögensanlage wurde kein von der Bundesanstalt gebilligter Verkaufsprospekt erstellt. Weitergehende Informationen erhält der Anleger unmittelbar vom Anbieter oder Emittenten der Vermögensanlage." (§ 13 Abs. 3a Satz 1 VermAnlG; Rz. 92).

(p) Hinweis darauf, dass Ansprüche auf der Grundlage einer in dem Vermögensanlagen-Informationsblatt enthaltenen Angabe nur dann bestehen können, wenn die Angabe irreführend, unrichtig oder nicht mit den einschlägigen Teilen des Verkaufsprospekts vereinbar ist und wenn die Vermögensanlage während der Dauer des öffentlichen Angebots, spätestens jedoch innerhalb von zwei Jahren nach dem ersten öffentlichen Angebot der Vermögensanlagen im Inland, erworben wird (§ 13 Abs. 3 Nr. 5 VermAnlG; Rz. 94 ff.).

Ist die Erstellung eines Verkaufsprospekts nach § 2a oder § 2b VermAnlG entbehrlich, ist stattdessen darauf hinzuweisen, dass Ansprüche auf der Grundlage einer in dem Vermögensanlagen-Informationsblatt enthaltenen Angabe nur dann bestehen können, wenn die Angabe irreführend oder unrichtig ist und wenn die Vermögensanlage während der Dauer des öffentlichen Angebots erworben wird, spätestens jedoch innerhalb von zwei Jahren nach dem ersten öffentlichen Angebot der Vermögensanlagen im Inland (§ 13 Abs. 3a Satz 1 VermAnlG; Rz. 95).

(3) Zu unterlassende Angaben

Das Vermögensanlagen-Informationsblatt darf 43

(a) zur Bezeichnung des Emittenten oder der Vermögensanlage den Begriff „Fonds" oder Begriffe, die den Begriff „Fonds" enthalten, nicht verwenden (§ 13 Abs. 4 Satz 5 VermAnlG; Rz. 96);

(b) keine werbenden oder sonstigen Informationen enthalten, die nicht dem in Abs. 1 Satz 1 genannten Informationszweck dienen (§ 13 Abs. 4 Satz 4 VermAnlG; Rz. 97 ff.);

(c) keinen Hinweis auf die Befugnisse der BaFin nach dem VermAnlG enthalten (§ 13 Abs. 4 Satz 6 VermAnlG; Rz. 101).

b) Allgemeine Anforderungen

(1) Der Adressatenkreis des Vermögensanlagen-Informationsblatts

Sieht man vom Erfordernis der Richtigkeit (dazu unten Rz. 50) und der Redlichkeit der Angaben im Vermögensanlagen-Informationsblatt ab, kann die Frage, ob die Angaben den allgemeinen gesetzlichen Anforderungen genügen – dh. wesentlich, nicht irreführend, eindeutig, leicht und ohne weitere Dokumente verständlich, übersichtlich angeordnet sind, keinen fehlerhaften Gesamteindruck hervorrufen, eine „Einschätzung" der wesentlichen Merkmale der Anlage erlauben und den Vergleich mit Merkmalen anderer Finanzinstrumente erlauben (dazu im Folgenden) –, nicht ohne eine Bestimmung des **Adressatenkreises** des Vermögensanlagen-Informationsblatts beantwortet werden. Wie bei Verkaufsprospekten, bei deren Beurteilung als unrichtig oder unvollständig sich die gleiche Frage stellt, ist als Adressat des Vermögensanlagen-Informationsblatts auf den **„Empfängerhorizont"** des **durchschnittlichen Anlegers** (siehe § 22 VermAnlG Rz. 26)[1] – die BaFin spricht vom durchschnittlich informierten Anleger[2] – abzustellen, der die in einem Informationsblatt enthaltenen Angaben sorgfältig liest (ausführlich und mwN. § 22 VermAnlG Rz. 26). Das bedeutet: „Die Verständlichkeit des Informationsblattes ist am Empfängerhorizont eines 44

---

[1] RegE eines Gesetzes zur Novellierung des Finanzanlagenvermittler- und Vermögensanlagenrechts, BT-Drucks. 17/6051 v. 6.6.2011, S. 1 (34 zu Abs. 1, zu Abs. 2 und zu Abs. 4); *Koller* in Assmann/Uwe H. Schneider, § 31 WpHG Rz. 128; *Rinas/Pobortscha*, BB 2012, 1615 (1616).

[2] *BaFin*, Rundschreiben 4/2013 (WA), zu 3.1.2.

Privatkunden auszurichten. Grundsätzlich dürfen keine besonderen sprachlichen und fachlichen Vorkenntnisse hinsichtlich des Verständnisses von Finanzinstrumenten vorausgesetzt werden"[1]. Auf die Implikationen dieses Maßstabs für die einzelnen der allgemeinen Anforderungen ist im Rahmen von deren nachfolgenden Darstellung einzugehen.

(2) Aufnahme aller wesentlichen Informationen

45   Im Hinblick auf die Angaben, die das Vermögensanlagen-Informationsblatt enthalten muss, differenziert § 13 VermAnlG zwischen wesentlichen Informationen (Abs. 2) und sonstigen Angaben (Abs. 3). Für die ersteren verlangt § 13 Abs. 2 VermAnlG ganz allgemein, das Vermögensanlagen-Informationsblatt müsse die **wesentlichen Informationen** über die Vermögensanlagen enthalten. Welche Angaben wesentlich sind, ist nach dem Zweck des Vermögensanlagen-Informationsblatts zu bestimmen (siehe oben Rz. 8). Danach sind, entsprechend der Formulierung des § 13 Abs. 2 Satz 2 VermAnlG, alle Angaben als **wesentlich** zu betrachten, die das Publikum braucht, um die die für die Beurteilung von Chancen und Risiken der Anlage maßgeblichen Merkmale der Vermögensanlage **beurteilen** (das Gesetz spricht im unpräzisen Journalisten- und Magazinjargon von „**einschätzen**") und mit den Merkmalen anderer Finanzinstrumente bestmöglich **vergleichen** zu können. Im Hinblick auf die **Beurteilung** der in § 13 Abs. 2 Satz 2 VermAnlG angeführten Anlagenmerkmale reicht es, was der auch diesbezüglich missglückte Wortlaut der Vorschrift insinuiert, nicht aus, dass der Verkaufsprospekt Angaben enthält, die es Anlageinteressierten erlaubt, sich bei gehöriger Anstrengung selbst ein Bild über die Art der Vermögensanlage, die Anlagestrategie, Anlagepolitik und Anlageobjekte, den Verschuldungsgrad des Emittenten, die Laufzeit und die Kündigungsfrist der Vermögensanlage und namentlich die mit der Vermögensanlage verbundenen Risiken oder die Aussichten für die Kapitalrückzahlung und Erträge unter verschiedenen Marktbedingungen zu machen. Vielmehr sind die angeführten Anlageverhältnisse, insbesondere die Risiken und Aussichten in vorstehendem Sinne, schon im Interesse der Kürze der Darstellung, der Klarheit und der Verständlichkeit der Angaben konkret zu benennen.

46   Wesentlich in diesem Sinne sind auf jeden Fall die in § 13 Abs. 2 Satz 2 Nr. 1–5 VermAnlG aufgeführten Angaben. Der in dieser Bestimmung enthaltene **Katalog wesentlicher Angaben** ist aber, wie sich aus der Formulierung „insbesondere" ableiten lässt, nicht abschließend. Je nach Vermögensanlage können weitere Angaben erforderlich sein, um dem Publikum die Eischätzung und den Vergleich zu ermöglichen, wie es § 13 Abs. 2 Satz 2 VermAnlG verlangt. Der Umstand, dass es sich bei dem Vermögensanlagen-Informationsblatt um ein im Vergleich zum Verkaufsprospekt kurzes Informationsdokument handelt, kann für die Beurteilung der Wesentlichkeit einer Angabe keine Rolle spielen, sondern nur den Umfang von deren Darstellung beeinflussen.

---

[1] *BaFin*, Rundschreiben 4/2013 (WA), zu 3.1.2.

Definiert der Verkaufsprospekt für ein Finanzinstrument bestimmte **Adressatengruppen** oder **Anforderungen an die objektive Sachkenntnis und/oder Erfahrungen** des Kunden, so werden diese als wesentliche Informationen betrachtet und sind schon von daher in den Verkaufsprospekt aufzunehmen[1]. Das ist dessen ungeachtet aber schon deshalb der Fall, weil das Vermögensanlagen-Informationsblatt ohne diese Angaben, anders als von § 13 Abs. 4 Satz 3 VermAnlG verlangt, nicht mit den Angaben des Verkaufsprospekts übereinstimmen würde (siehe unten Rz. 52).

(3) Allgemeine Anforderungen an alle Angaben

Hinsichtlich der allgemeinen Anforderungen an den Inhalt des Vermögensanlagen-Informationsblatts und der Darstellung seiner Angaben ist zwischen wesentlichen Informationen (§ 13 Abs. 2 VermAnlG) und sonstigen Informationen (§ 13 Abs. 3 VermAnlG) zu unterscheiden. Die nachfolgenden Anforderungen gelten für **alle Angaben des Vermögensanlagen-Informationsblatts**, also auch die wesentlichen Informationen. Zu den zusätzlichen Anforderungen für wesentliche Informationen siehe unten Rz. 65 ff.

(a) Keine unrichtigen, irreführenden oder nicht mit dem Verkaufsprospekt vereinbare Angaben (§§ 13 Abs. 4 Satz 3, 22 Abs. 1, 1a VermAnlG)

Das Vermögensanlagen-Informationsblatt darf keine Angaben enthalten, die **irreführend**, **unrichtig** oder – falls ein Verkaufsprospekt zu erstellen und nicht nach §§ 2a oder 2b (oder § 6) VermAnlG entbehrlich ist – **nicht mit den einschlägigen Teilen des Verkaufsprospekts vereinbar** sind. Das folgt teils aus § 13 Abs. 4 Satz 3 VermAnlG (diese Vorschrift verlangt, dass die Angaben des Vermögensanlagen-Informationsblatts mit den einschlägigen Teilen des Verkaufsprospekts „übereinstimmen" müssen), teils aus den Bestimmungen des § 22 Abs. 1 Nr. 1 und Abs. 1a Nr. 1 VermAnlG, mit denen die wesentliche Voraussetzung einer Haftung bei unrichtigem oder fehlendem Vermögensanlagen-Informationsblatt umschrieben wird. Dessen ungeachtet lässt sich der Wahrheitsgrundsatz in Gestalt des Gebots, unrichtige Angaben zu unterlassen, auch aus dem in § 13 Abs. 4 Satz 3 VermAnlG für alle Angaben geltenden Redlichkeitsgebot[2] oder Irreführungsverbot[3] ableiten.

Unrichtig sind Angaben, wenn sie nachweislich unwahr sind, dh. zum Zeitpunkt der Verwendung des Vermögensanlagen-Informationsblatts für die Dauer des öffentlichen Angebots (§ 13 Abs. 1 VermAnlG) mit den wirklichen Verhältnissen nicht übereinstimmen (siehe § 22 VermAnlG Rz. 28 mwN.). Das gilt unbestritten für **Tatsachenangaben**. Soweit das Vermögensanlagen-Informationsblatt, was bei diesem komprimierten Informationsinstrument wenig wahrscheinlich ist, auch **zukunftsbezogene Angaben, Prognosen, Meinungen** oder **Werturteile** enthält, sind diese

---

1 *BaFin*, Rundschreiben 4/2013 (WA), 3.1.4. zu § 31 Abs. 3a Satz 2, 2. Halbsatz WpHG.
2 So etwa *Rothenhöfer* in Schwark/Zimmer, § 31 WpHG Rz. 99 zu entsprechenden Problematik in § 31 Abs. 2 Satz 1 WpHG.
3 So etwa *Koller* in Assmann/Uwe H. Schneider, § 31 WpHG Rz. 59, ebenfalls zu § 31 Abs. 2 Satz 1 WpHG.

unrichtig, wenn sie nicht ausreichend durch Tatsachen gestützt und kaufmännisch nicht vertretbar sind (siehe § 22 VermAnlG Rz. 28 mwN.). Auch wenn der Anleger, der einen Schadensersatzanspruch wegen fehlerhaften Vermögensanlagen-Informationsblatts geltend macht, nachweisen muss, dass er die Vermögensanlage „auf Grund" von Angaben im Vermögensanlagen-Informationsblatt erworben hat (siehe § 22 VermAnlG Rz. 37) und das in der Regel nur für wesentliche Informationen anzunehmen ist, steht doch – schon wegen der sich aus § 29 Nr. 6 und 7 VermAnlG ergebenden Ordnungswidrigkeit falscher Angaben – außer Frage, dass sämtliche Angaben in Vermögensanlagen-Informationsblätter nicht unrichtig sein dürfen.

51 Während Verkaufsprospekte auch an der Vollständigkeit ihrer Angaben gemessen werden, wird dieses Kriterium als für die Beurteilung der Angaben eines auf drei DIN-A4-Seiten beschränkten, komprimierten Vermögensanlagen-Informationsblatts ungeeignet angesehen. An seine Stelle ist das Kontrollkriterium der **Irreführung** getreten (siehe § 22 VermAnlG Rz. 24). Es soll gewährleistet werden, dass das Vermögensanlagen-Informationsblatt mit seinen komprimierten und nicht ohne Weiteres als unrichtig zu beanstandenden Angaben **keine unzutreffenden Vorstellungen** über die wesentlichen **Merkmale und** die **Kosten** der Vermögensanlage sowie die mit dieser verbundenen **Chancen und Risiken** erweckt[1] oder – falls solche Vorstellungen auf anderweitigen, im Markt bekannten Informationen beruhen – aufrechterhält (siehe § 22 VermAnlG Rz. 25). Dabei können einzelne Angaben des Vermögensanlagen-Informationsblatts, aber auch das von der Gesamtheit der (für sich genommen nicht irreführenden) Angaben desselben erzeugte **Gesamtbild** unzutreffende Vorstellungen über die mit der Vermögensanlage verbundenen Chancen und Risiken hervorrufen (siehe § 22 VermAnlG Rz. 25 mwN.). Obschon im Rundschreiben 4/2013 der BaFin im Zusammenhang mit den Ausführungen zum Verbot werbender und zweckwidriger Angaben behandelt[2], ist „die **Angabe der BaFin als Aufsichtsbehörde** von Wertpapierdienstleistungsunternehmen im Informationsblatt" doch in erster Linie eine irreführende Angabe, da hierdurch bei Anlegern der Eindruck erweckt werden kann, jedes Informationsblatt sei vorab durch die Bundesanstalt geprüft worden.

52 Die Angaben im Vermögensanlagen-Informationsblatt müssen **mit den entsprechenden Angaben in einem zu erstellenden Verkaufsprospekt vereinbar** sein. Daran mangelt es, wenn die Angaben im Vermögensanlagen-Informationsblatt denen des Verkaufsprospekts **widersprechen** (siehe § 22 VermAnlG Rz. 29)[3]. Das ist auch dann der Fall, wenn einzelne Angaben oder einzelne Angaben zusammengenommen wegen ihrer komprimierten Darstellung einen Eindruck bzw. Gesamteindruck her-

---

1 Der RegE eines Gesetzes zur Novellierung des Finanzanlagenvermittler- und Vermögensanlagenrechts, BT-Drucks. 17/6051 v. 6.6.2011, S. 1 (34 „zu Absatz 2") erwähnt als Bezugspunkt der von § 13 Abs. 2 VermAnlG verlangten „wesentlichen Informationen" die „wesentlichen Merkmale, Risiken und Kosten der Vermögensanlage". Ebd. S. 34 heißt es zu Abs. 4: „Durch die komprimierte Darstellung darf sich jedoch kein Informationsverlust ergeben, eine Irreführung der Anleger muss ausgeschlossen sein".
2 *BaFin*, Rundschreiben 4/2013 (WA), zu 3.1.6.
3 *BaFin*, Rundschreiben 4/2013 (WA), 3.1.4. zu § 31 Abs. 3a Satz 2, 2. Halbsatz WpHG.

vorrufen, der von den Angaben des Verkaufsprospekts nicht gedeckt ist. Unvereinbarkeit mit dem Verkaufsprospekt sind auch Angaben im Vermögensanlagen-Informationsblatt, die diejenigen des Prospekts **verharmlosen**[1]. Nennt der Verkaufsprospekt für ein Finanzinstrument bestimmte **Adressatengruppen** oder **Anforderungen an die objektive Sachkenntnis und/oder Erfahrungen** des Kunden, so müssen diese Angaben schon deshalb in das Vermögensanlagen-Informationsblatt aufgenommen werden, weil dieses sonst nicht mit den Angaben des Verkaufsprospekts übereinstimmen würde (siehe schon oben Rz. 47).

(b) Redlichkeit und Eindeutigkeit der Angaben (§ 13 Abs. 4 Satz 3 VermAnlG)

Alle Angaben des Vermögensanlagen-Informationsblatts müssen **redlich und eindeutig** sein (Abs. 4 Satz 3). Die Formulierung entspricht derjenigen des § 31 Abs. 2 Satz 1 WpHG und des § 14 Abs. 1 Satz 1 FinVermV.

Mangels ausdrücklicher Erwähnung des Gebots, die Angaben des Vermögensanlagen-Informationsblatts hätten wahr bzw. dürften nicht unrichtig sein, das aber ausweislich der Haftung bei unrichtigem Vermögensanlagen-Informationsblatt des § 22 Abs. 1 Nr. 1 und Abs. 1a Nr. 1 VermAnlG selbstverständlich auch für Angaben in einem Vermögensanlagen-Informationsblatt gilt, mag man das **Wahrheitsgebot**, wenn nicht aus den vorgenannten Haftungsbestimmungen, aus verschiedenen anderen allgemeinen Anforderungen an die Angaben eines Vermögensanlagen-Informationsblatts herleiten. So ist dies auch – bei paralleler Problematik – bei der Herleitung des Wahrheitsgebots aus § 31 Abs. 2 Satz 1 WpHG geschehen (siehe dazu schon oben Rz. 50). Auch vorliegend steht der Ableitung des Wahrheitsgebots aus dem Redlichkeitsgebot nichts entgegen.

Allerdings lässt es sich das **Redlichkeitsgebot** nicht auf das Wahrheitsgebot reduzieren, sonst hätte der Gesetzgeber den weniger eindeutigen Begriff „redlich" durch die erheblich unkomplizierter zu handhabende Begriffe „wahr" oder „nicht unrichtig" ersetzen können. Dass der französische Gesetzgeber dies bei der Vorschrift, die dem ebenfalls den Begriff der Redlichkeit enthaltenden § 31 Abs. 2 WpHG vergleichbar ist, durch Verwendung des Wortes „correcte" getan hat, steht dem nicht entgegen. Im Lichte des Zwecks des Vermögensanlagen-Informationsblatts (siehe oben Rz. 8) ist dem Erfordernis, die Angaben im Vermögensanlagen-Informationsblatt müssten redlich sein, über das Wahrheitsgebot hinaus, eine besondere **anlegerbezogene und eine sorgfaltsbezogene Komponente** zu entnehmen: die erste geht dahin, dass alle Angaben an den vorrangigen Interessen des Anlegers und der Vergleichbarkeit von Finanzanlagen auszurichten sind[2]; die zweite trägt der Problematik des Vermögensanlagen-Informationsblatts als komprimiertes Informationswerk Rechnung und verlangt, dass die Angaben mit der Sorgfalt eines ordentlichen Kauf-

---

1 *BaFin*, Rundschreiben 4/2013 (WA), 3.1.4. zu § 31 Abs. 3a Satz 2, 2. Halbsatz WpHG.
2 So die Auslegung des Merkmals in § 31 Abs. 2 Satz 1 WpHG durch *Koller* in Assmann/Uwe H. Schneider, § 31 WpHG Rz. 59.

manns ermittelt und zusammengestellt werden[1]. Dagegen verbietet es sich im Kontext des § 13 VermAnlG, dem Erfordernis redlicher Angaben dasjenige vollständiger Angaben zu konnotieren, da der Gesetzgeber selbst es als problematisch sah, an ein komprimiertes Informationsinstrument wie das Vermögensanlagen-Informationsblatt Vollständigkeitsanforderungen zu stellen[2], um stattdessen in § 13 Abs. 4 Satz 3 VermAnlG (und entsprechend in der Haftungsvorschrift des § 22 Abs. 1 Nr. 1 und Abs. 1a Nr. 1 VermAnlG) ein Irreführungsverbot zu statuieren.

56 Entsprechend der Auslegung des Begriffs der **Eindeutigkeit** einer Information in § 31 Abs. 2 Satz 1 WpHG ist eine Angabe eindeutig, wenn sie – aus dem „Empfängerhorizont" des durchschnittlichen Anlegers betrachtet (siehe oben Rz. 44) – nur ein Verständnis der Angabe erlaubt dh. nichts anderes als **klar und präzise** ist[3].

(c) Kürze und allgemeine Verständlichkeit der Angaben (§ 13 Abs. 4 Satz 2 VermAnlG)

57 Nach § 13 Abs. 4 Satz 3 VermAnlG sind die Angaben im Vermögensanlagen-Informationsblatt kurz zu halten und in allgemein verständlicher Sprache abzufassen. Das Erfordernis, die Angaben im Vermögensanlagen-Informationsblatt seien **kurz zu halten**, ist angesichts der Beschränkung desselben auf drei DIN-A4-Seiten und der Fülle der Pflichtangaben redundant.

58 **Allgemein verständlich** sind die Angaben in einem Vermögensanlagen-Informationsblatt, wenn sie für den **durchschnittlichen Anleger** verständlich sind[4]. Wenn im Hinblick auf Verkaufsprospekte davon ausgegangen wird, dass dieser den Prospekt sorgfältig liest (siehe oben Rz. 44), so ist dies auch im Hinblick Vermögensanlagen-Informationsblätter zu erwarten. Die Angaben müssen deshalb, um allgemein verständlich zu sein, jedenfalls nicht schon bei flüchtiger Lektüre des Vermögensanlagen-Informationsblatts verstanden werden können. Dessen ungeachtet ist – angesichts des Zwecks des Vermögensanlagen-Informationsblatts, den Anleger kurz, übersichtlich und mit eindeutigen Angaben über die wesentlichen Merkmale der Anlage zu informieren und den Vergleich mit anderen Finanzinstrumenten zu ermöglichen – von einer sorgfältigen Lektüre des Vermögensanlagen-Informationsblatts aber auch nicht mehr zu verlangen, als dass der Anleger dessen Angaben aufmerksam liest und schon „auf erstes Lesen hin"[5] verstehen kann. Weder komplexe Satzstrukturen noch die stichwortartige Aneinanderreihung von Angaben noch die Verwendung

---

1 So die Auslegung des Merkmals in § 31 Abs. 2 Satz 1 WpHG durch *Rothenhöfer* in Schwark/Zimmer, § 31 WpHG Rz. 99.
2 So für § 31 Abs. 2 WpHG *Möllers* in KölnKomm. WpHG, § 31 WpHG Rz. 197.
3 Für § 31 Abs. 2 WpHG *Koller* in Assmann/Uwe H. Schneider, § 31 WpHG Rz. 57; *Möllers* in KölnKomm. WpHG, § 31 WpHG Rz. 201; *Rothenhöfer* in Schwark/Zimmer, § 31 WpHG Rz. 103.
4 Zum Maßstab des durchschnittlichen Anlegers siehe oben Rz. 44.
5 *Koller* in Assmann/Uwe H. Schneider, § 31 WpHG Rz. 126 zum entsprechenden Erfordernis in § 31 Abs. 3a Satz 1 WpHG, auch Rz. 64 zu § 31 Abs. 2 Satz 1 WpHG iVm. § 4 Abs. 1 Satz 1 WpDVerOV.

nicht allgemein bekannter Abkürzungen oder Fachtermini gehören zur allgemein verständlichen Sprache, in der das Vermögensanlagen-Informationsblatt abzufassen ist.

Die **Allgemeinverständlichkeit** einer Angabe im Vermögensanlagen-Informationsblatt muss sich **aus sich heraus** ergeben. Das folgt aus dem Umstand, dass – anders als bei der Pflicht aus § 31 Abs. 3a WpHG, dem Anleger im Falle einer Anlageberatung rechtzeitig vor dem Abschluss eines Geschäfts über Finanzinstrumente ein kurzes und leicht verständliches Informationsblatt über jedes Finanzinstrument zur Verfügung zu stellen – nicht davon ausgegangen werden kann, dem Anleger seien bereits im Wege der Anlageberatung Informationen zuteil geworden, auf denen das Informationsblatt aufbauen könne[1]. Das folgt im Hinblick auf eventuelle Vorinformationen durch einen zeitgleich mit der Erstellung des Vermögensanlagen-Informationsblatts veröffentlichten Verkaufsprospekt schon aus § 13 Abs. 4 Satz 2 VermAnlG, der bestimmt, der Anleger müsse die die wesentlichen Informationen des Vermögensanlagen-Informationsblatts iS von Abs. 2 verstehen können, ohne hierfür zusätzliche Dokumente heranziehen zu müssen (siehe dazu unten Rz. 64). 59

(4) Allgemeine Anforderungen an wesentliche Informationen

Für die Darstellung der **wesentlichen Informationen** ist, über die für alle Angaben in einem Vermögensanlagen-Informationsblatt hinaus, den nachfolgend aufgeführten Anforderungen zu genügen. 60

(a) Übersichtlichkeit und leichte Verständlichkeit (§ 13 Abs. 2 Satz 2 VermAnlG)

Nach § 13 Abs. 2 Satz 2 VermAnlG müssen die wesentlichen Informationen über die Vermögensanlagen in übersichtlicher Weise so aufgenommen werde, dass sie das Publikum „einschätzen und mit den Merkmalen anderer Finanzinstrumente bestmöglich vergleichen kann". 61

Das Erfordernis der **Übersichtlichkeit** der Darstellung wesentlicher Information ist mithin an der **Zwecksetzung** des Vermögensanlagen-Informationsblatts – Beurteilung („Einschätzung") der angebotenen Vermögensanlage und Vergleich mit anderen Finanzinstrumenten – zu konkretisieren. Die vor allem für den Vergleich von wesentlichen Merkmalen von Vermögensanlagen gebotene Darstellung in gleichen Rubriken wird von § 13 Abs. 2 Satz 2 VermAnlG insoweit eingefordert (und nicht nur nahegelegt) als in dessen Nr. 1–6 eine Liste von Angaben aufgeführt werden, die regelmäßig die in Bezug auf eine Vermögensanlage wesentlichen Informationen darstellen. Dabei verlangt der Grundsatz der Übersichtlichkeit nicht zwingend Angaben in der von § 13 Abs. 2 Satz 2 Nr. 1–6 VermAnlG vorgegebenen Reihenfolge, sofern nur deutlich erkennbar ist, auf welche der in diesen Bestimmungen angeführten wesentlichen Merkmale sich die Angaben beziehen. Das Erfordernis der **Übersichtlichkeit** der Darstellung gilt im Übrigen – sei es in entsprechender Anwendung 62

---

[1] So für § 31 Abs. 3a WpHG etwa *Möllers* in KölnKomm. WpHG, § 31 WpHG Rz. 302.

oder sei es aus der Zusammenschau aller weiteren allgemeinen Anforderungen an die in ein Vermögensanlagen-Informationsblatt aufzunehmen Informationen (siehe oben Rz. 62) – **für alle Angaben des Vermögensanlagen-Informationsblatts** und für dieses in seiner Gesamtheit.

63 Wenn § 13 Abs. 2 Satz 2 VermAnlG bestimmt, die von Abs. 2 verlangten Angaben seien **„in leicht verständlicher Weise"** abzufassen, so geht die Vorschrift im Hinblick auf die Anforderungen, die an die Abfassung der wesentlichen Informationen zu stellen sind, über die Anforderungen hinaus, die § 13 Abs. 4 Satz 2 VermAnlG mit dem Gebot der Allgemeinverständlichkeit (siehe oben Rz. 58) an die Abfassung von Angaben stellt, die nicht wesentliche Informationen sind. Das bedeutet, dass hier mehr als in den übrigen Angaben auf Klarheit, Eindeutigkeit und Verständlichkeit der Angaben zu achten ist. Vor allem muss sich aus den Angaben eine leicht verständliche „Beschreibung der Wirkungsweise eines Finanzinstruments" ergeben[1]. **Abkürzungen** eines in Fließtext eingebundenen Wortes (wie etwa z.B. oder ggf.) sind danach zulässig, nicht aber solche, die einen Sachverhalt bezeichnen. Letzteres sind etwa Akronyme (wie EBIT oder AfA), Fachwörter (wie *Cashflow*) fachterminologische Bezeichnungen (wie „Zinstyp: ratierlicher Zinssatz"[2]) oder (finanz-)mathematische Formeln. Sämtliche dieser Abkürzungen sind so leicht verständlich wie möglich zu erläutern, wobei bei Akronymen die bloße Übersetzung in Langschrift nicht als ausreichend anzusehen ist[3]. Ist schon beim Erfordernis allgemein verständlicher Angaben Verständlichkeit „auf erstes Lesen hin" erforderlich (siehe oben Rz. 58), so erst recht bei demjenigen leicht verständlicher Informationen.

(b) Verständlichkeit der Angaben per se (§ 13 Abs. 4 Satz 1 VermAnlG)

64 Der Anleger muss die wesentlichen Informationen *per se* verstehen können, dh. „aus sich heraus"[4] und **ohne hierfür zusätzliche Dokumente heranziehen zu müssen** (§ 13 Abs. 4 Satz 1 VermAnlG). Ein solches zusätzliches Instrument ist auch der mit der Erstellung des Vermögensanlagen-Informationsblatts erstellte Verkaufsprospekt: Ist eine Angabe im Vermögensanlagen-Informationsblatt nur deshalb verständlich, weil sie im Verkaufsprospekt erläutert ist, so ist dem Erfordernis aus Abs. 4 Satz 1 nicht Genüge getan. Gleiches gilt für den Fall, dass der Anleger bereits über andere Informationsmaterialien verfügte, aus welchen eine für sich genommen unverständliche Angabe verständlich wird. Das schließt aber einen Verweis auf nähere Angaben auf einer Website oder auf Angaben des Prospekts nicht aus, wenn die Angaben auch ohne die Informationen, auf die verwiesen wird, von sich aus verständlich sind[5].

---

1 *BaFin*, Rundschreiben 4/2013 (WA), zu 3.1.2.
2 Weitere Beispiele *BaFin*, Rundschreiben 4/2013 (WA), zu 3.1.2.
3 *BaFin*, Rundschreiben 4/2013 (WA), zu 3.1.2.
4 RegE eines Gesetzes zur Novellierung des Finanzanlagenvermittler- und Vermögensanlagenrechts, BT-Drucks. 17/6051 v. 6.6.2011, S. 1 (34).
5 *BaFin*, Rundschreiben 4/2013 (WA), zu 3.2.1. in Bezug auf entsprechende Angaben zur Art des Finanzinstruments eines Informationsblatts nach § 31 Abs. 3a WpHG iVm. § 5a

c) Besondere Anforderungen

§ 13 Abs. 2 Satz 2 VermAnlG verlangt allgemein, dass in das Vermögensanlagen-Informationsblatt alle wesentlichen Informationen über die Vermögensanlage aufzunehmen sind, enthält aber in Abs. 2 Satz 2 Nr. 1–5 einen nicht abschließenden Katalog von wesentlichen Informationen. Ein solcher Katalog findet sich auch in § 13 Abs. 3 VermAnlG in Bezug auf sonstige in das Vermögensanlagen-Informationsblatt aufzunehmende Angaben.

(1) Wesentliche Informationen (§ 13 Abs. 2 Satz 2 Nr. 1–5 VermAnlG)

(a) Bezeichnung der Vermögensanlage (§ 13 Abs. 2 Satz 2, Abs. 4 Sätze 4 und 5 VermAnlG)

Die Angaben des Vermögensanlagen-Informationsblatts sind zweckmäßigerweise mit der in § 13 Abs. 2 Satz 2 VermAnlG nicht speziell erwähnten, aber allgemein als wesentliche Information anzusehenden **Bezeichnung der Vermögensanlage** zu beginnen, auf die sich das Vermögensanlagen-Informationsblatt bezieht. Nach § 13 Abs. 4 Satz 4 VermAnlG darf sich das Vermögensanlagen-Informationsblatt jeweils nur auf eine bestimmte Vermögensanlage beziehen, die hier zu benennen ist. Die Bezeichnung der Vermögensanlage ist der Name, den ihr der Emittent und/oder der Anbieter geben, um unter diesem öffentlich angeboten zu werden. Aus dieser Bezeichnung muss sich noch nicht zwingend die nach § 13 Abs. 2 Satz 2 Nr. 1 VermAnlG als wesentliche Information anzugebende Art der Vermögensanlage ergeben (wie etwa im Falle der Bezeichnung „Meiermann Classic Value 10"). Nach § 13 Abs. 4 Satz 5 VermAnlG ist die Verwendung des Begriffs „Fonds" oder eines Begriffs, der diesen Begriff enthält, zur Bezeichnung der Vermögensanlage unzulässig (siehe unten Rz. 67).

(b) Art der Vermögensanlage (§ 13 Abs. 2 Satz 2 Nr. 1 VermAnlG)

Als wesentliche Information ist nach § 13 Abs. 2 Satz 2 Nr. 1 VermAnlG die **Art der Vermögensanlage** anzugeben. Gemeint ist die „Produktgattung"[1]. Dabei ist auf die in § 1 Abs. 2 Nr. 1–7 VermAnlG enthaltene Beschreibung der Vermögensanlagen zurückzugreifen, auf deren öffentliches Angebot das VermAnlG nach § 1 Abs. 1 VermAnlG Anwendung findet. Eine konkrete Zuordnung zu einer der in § 1 Abs. 2 Nr. 1–7 VermAnlG genannten Vermögensanlagen ist nicht geboten, zumal auch Kombinationen aus den dort genannten Vermögensanlagen möglich sind (etwa „Partiarisches Nachrangdarlehen"). Die Angabe der Art der Vermögensanlage genügt und ist nicht näher zu erläutern. In der Praxis werden diesbezügliche Angaben aber bisweilen bereits um Erläuterungen zum Konstruktionsprinzip oder den besonderen Merkmalen der Vermögensanlage ergänzt. Das kann zulasten der Vergleichbarkeit der Anga-

---

Abs. 1 Satz 2 Nr. 1 WpDVerOV empfiehlt sogar solche Verweise, um dem Anleger „den Zugang zu ergänzenden Informationen zu erleichtern".

1 *BaFin*, Rundschreiben 4/2013 (WA), zu 3.2.1. in Bezug auf entsprechende Angaben zur Art des Finanzinstruments eines Informationsblatts nach § 31 Abs. 3a WpHG iVm. § 5a Abs. 1 Satz 2 Nr. 1 WpDVerOV.

ben zur fraglichen Vermögensanlage mit anderen Finanzinstrumenten gehen und erscheint allenfalls dann als nicht zu beanstanden, wenn die Angabe zur Art der Vermögensanlage von den anderen Angaben zur Art der Vermögensanlage getrennt wird[1]. Nach **§ 13 Abs. 4 Satz 5 VermAnlG** ist – wie im Verkaufsprospekt (§ 7 Abs. 2 Satz 3 VermAnlG) und in Werbung für Vermögensanlagen (§ 12 Abs. 5 VermAnlG) so auch im Vermögensanlagen-Informationsblatt – die Verwendung des Begriffs „**Fonds**" oder eines Begriffs, der diesen Begriff enthält, zur Bezeichnung des Emittenten oder der Vermögensanlage unzulässig. Dies gilt, weil eine solche Angabe für die Art der in den Anwendungsbereich des VermAnlG fallenden Vermögensanlage fehlerhaft wäre, in der Sache auch für Angaben zur Art der Vermögensanlage. Hintergrund dieser Regelung ist, dass mit Inkrafttreten des KAGB im Hinblick auf die hier relevanten Bestimmungen zum 22.7.2013[2] geschlossene Fonds, sofern es sich dabei um Investmentvermögen iS von § 1 Abs. 1 KAGB handelt, nicht mehr in den Anwendungsbereich des VermAnlG fallen. Die vorgenannten Vorschriften wollen dem dadurch Rechnung tragen, „dass der Begriff ‚Fonds' oder eine Bezeichnung, die diesen Begriff enthält, für die Bezeichnung der Vermögensanlage oder des Emittenten im Verkaufsprospekt nunmehr unzulässig ist"[3]. Siehe dazu auch die Erläuterungen in § 7 VermAnlG Rz. 29.

(c) Die Beschreibung der Vermögensanlage und insbesondere der Anlagestrategie, Anlagepolitik und Anlageobjekte (§ 13 Abs. 2 Satz 2 Nr. 2 VermAnlG)

68 Die Erfüllung des in § 13 Abs. 2 Satz 2 Nr. 2 VermAnlG speziell („insbesondere") aufgeführten Erfordernisses, in das Vermögensanlagen-Informationsblatt Angaben über die Anlagestrategie, die Anlagepolitik und die Anlageobjekte aufzunehmen, ist ohne eine **Beschreibung der Vermögensanlage** und damit auch von **Angaben zu dem Emittenten** und eventuellen **Treuhändern** nicht möglich. Sie gehören auch ohne spezielle Nennung zu den wesentlichen Informationen des Vermögensanlagen-Informationsblatts.

69 Die **Beschreibung der konkreten Vermögensanlage** ist **allgemein zu halten**, darf sich dabei aber nicht auf Ausführungen zur Art („Produktgattung", siehe oben Rz. 67) der angebotenen Vermögensanlage beschränken[4]. Unter Berücksichtigung

---

1 Nach *BaFin*, Rundschreiben 4/2013 (WA), zu 3.2.1. gehören in die Beschreibung zur Art eines Finanzinstruments nach § 31 Abs. 3a WpHG iVm. § 5a Abs. 1 Satz 2 Nr. 1 WpDVerOV überhaupt keine Informationen, für die in § 5a Abs. 1 WpDVerOV Satz 2 Unterpunkte vorgesehen sind, wie solche zur Funktionsweise der Anlage, Risiken, Erträge und Kosten.
2 Art. 28 Abs. 2 des Gesetzes zur Umsetzung der Richtlinie 2011/61/EU über die Verwalter alternativer Investmentfonds (AIFM-Umsetzungsgesetz – AIFM-UmsG) vom 4.7.2013, BGBl. I 2013, S. 1961.
3 RegE Kleinanlegerschutzgesetz, BT-Drucks. 18/3994 v. 11.2.2015, S. 1 (43) zu Art. 2 Nr. 6 lit. c (§ 7).
4 *BaFin*, Rundschreiben 4/2013 (WA), zu 3.2.2. in Bezug auf entsprechende Angaben zur Art des Finanzinstruments eines Informationsblatts nach § 31 Abs. 3a WpHG iVm. § 5a Abs. 1 Satz 2 Nr. 1 WpDVerOV.

des Umstands, dass nach § 13 Abs. 2 Satz 2 Nr. 2c und 4 VermAnlG spezielle Angaben über die Laufzeit und die Kündigungsfrist der Vermögensanlage und zu erwartende Erträge erforderlich sind, sind an dieser Stelle deshalb zumindest das Konstruktionsprinzip (die „Funktionsweise"[1]) der Vermögensanlage und mit deren Erwerb verbundenen Rechte in Bezug auf Erträge (Gewinnbeteiligung, Zinsen oder andere Erträge), gegebenenfalls die Rückzahlung des Anlagebetrags und die Kündigungsmöglichkeiten sowie die Übertragbarkeit, Veräußerbarkeit und Handelbarkeit der Anlage aufzuführen. Dabei kann sich der Anbieter auch an die nach § 4 VermVerkProspV für den Verkaufsprospekt erforderlichen Angaben über die Vermögensanlage orientieren, sollte aber im Hinblick auf die gebotene Kürze bei der Beschreibung der Vermögensanlage für das Vermögensanlagen-Informationsblatt nur die für die konkrete Anlage charakteristischen Merkmale darstellen.

Als Angaben über **Anlagestrategie, Anlagepolitik und Anlageobjekte** sind der Art nach die in § 9 VermVerkProspV zur Aufnahme für den Verkaufsprospekt vorgesehenen Angaben zu verstehen. Dabei sind die Angaben über Anlageobjekte (§ 9 Abs. 2 Satz 1 VermVerkProspV) Teil der Angaben über die Anlagestrategie und die Anlagepolitik der Vermögensanlage. § 9 VermVerkProspV bietet Orientierungshilfe über die Art der in das Vermögensanlagen-Informationsblatt aufzunehmenden Informationen, doch sind die dort zur Aufnahme in den Verkaufsprospekt angeführten Angaben für die Zwecke des Informationsblatts und im Hinblick darauf auszuwählen, ob sie für die konkrete Vermögensanlage charakteristisch („wesentlich") sind. Auch hier gilt, dass die Angaben aus sich heraus und nicht erst nach Heranziehung des Verkaufsprospekts oder anderer Dokumente verständlich sein müssen (siehe oben Rz. 64). 70

(d) Angaben zur Anlegergruppe (§ 13 Abs. 2 Satz 2 Nr. 2a VermAnlG)

Zurückgehend auf Art. 2 Nr. 15 lit. a aa des Kleinanlegerschutzgesetzes vom 3.7.2015[2] gehören zukünftig, derzeit hinsichtlich des Inkrafttretens der Bestimmung aber noch unbestimmtem Zeitpunkt (siehe die Hinweise oben in Rz. 7), zu den wesentlichen Informationen, die ein Vermögensanlagen-Informationsblatt enthalten muss, gemäß § 13 Abs. 2 Satz 2 Nr. 2a VermAnlG auch **Angaben zur Anlegergruppe**, auf die die Vermögensanlage abzielt. Zweck der Neuregelung, die sich an den zwischenzeitlich in Kraft getretenen europarechtlichen Vorgaben für Basisinformationsblätter für Anlageprodukte in der Verordnung (EU) Nr. 1286/2014 vom 26.11.2014[3] orientieren, ist es sicherzustellen, „dass das Vermögensanlagen-Informationsblatt künftig auch Informationen über den Zielmarkt enthält, der mit der Vermögensanlage erreicht werden soll", um dem Privatanleger zusätzliche Informationen zu geben, „an Hand derer er beurteilen kann, ob die Vermögensanlage seinen Anlagezielen 71

---

1 So die die Bezeichnung in § 5a WpDVerOV für die entsprechenden Angaben eines Informationsblatt nach § 31 Abs. 3a WpHG.
2 BGBl. I 2015, S. 1114.
3 Verordnung (EU) Nr. 1286/2014 v. 26.11.2014 über Basisinformationsblätter für verpackte Anlageprodukte für Kleinanleger und Versicherungsanlageprodukte (PRIIP), ABl. EU Nr. L 352 v. 9.12.2014, S. 1.

entspricht"[1]. Als Bezeichnung der Anlegergruppe kommt in Anlehnung an die vorgenannte Verordnung, die Richtlinie 2014/65/EU vom 15.5.2014[2] und § 31a WpHG die Anlegerkategorien Kleinanleger/Privatkunden, professionelle Kunden oder Gegenparteien in Betracht.

(e) Verschuldungsgrad des Emittenten (§ 13 Abs. 2 Satz 2 Nr. 2b VermAnlG)

72 § 13 Abs. 2 Satz 2 Nr. 2b VermAnlG verlangt die Angabe des auf Grundlage des letzten aufgestellten Jahresabschlusses berechneten Verschuldungsgrad des Emittenten. Der **Verschuldensgrad eines Unternehmens** ergibt sich aus dem Verhältnis von Eigenkapital zu Fremdkapital, ausgedrückt in Prozent und **berechnet sich** aus der Höhe des Eigenkapitals dividiert durch das Fremdkapital, multipliziert mit 100. Die Vorschrift geht auf Art. 2 Nr. 15 lit. a bb des Kleinanlegerschutzgesetzes vom 3.7.2015[3] zurück. Die Bestimmung wird im RegE des Kleinanlegerschutzgesetzes wie folgt **begründet**: „Mit der Aufnahme der neuen Nummer 2b wird sichergestellt, dass das Vermögensanlagen-Informationsblatt künftig auch Informationen über den aktuellen Verschuldungsgrad des Emittenten enthält. Der Verschuldungsgrad als Verhältnis von Eigenkapital zu Fremdkapital ist eine wesentliche Kennziffer zur Beurteilung des Gläubigerrisikos einer Vermögensanlage. Die Aufnahme der entsprechenden Angabe ist daher geboten, um dem Anleger zu ermöglichen, bereits auf Grundlage des Vermögensanlagen-Informationsblatts zumindest eine grobe Einschätzung der Finanzierungsstruktur des Emittenten zu erhalten. Dem kommt vor allem im Hinblick darauf, dass das Vermögensanlagen-Informationsblatt infolge der Befreiungen nach §§ 2a und 2b die einzig verfügbare Informationsquelle des Anlegers sein kann, grundlegende Bedeutung zu."

73 Unberücksichtigt bleibt hierbei, dass der Verschuldensgrad als solcher für den durchschnittlichen Anleger wenig aussagekräftig ist, weil ihm ein Vergleichs- oder Fixwert fehlt. Deshalb hilft zur Beurteilung des Verschuldensgrads eines konkreten Unternehmens auch die möglicherweise beim durchschnittlichen Anleger vorhandene Kenntnis, dass mit wachsendem Verschuldensgrad regelmäßig das Risiko des Emittenten und der Vermögensanlage steigt, nicht weiter. Gleichwohl ist von Kommentierungen des Verschuldensgrads, die dieses Defizit ausgleicht, abzuraten, weil sich auch dem Anbieter bei der Erstellung des Vermögensanlagen-Informationsblatts nicht ohne weiteres Vergleichsgrößen aufdrängen und allgemeine Aussagen zu den Risiken, die sich aus dem Verschuldensgrad des Emittenten der angebotenen Anlage ihrerseits riskant sind. So kann es nach dem Wortlaut des § 13 Abs. 2 Satz 2 Nr. 2b VermAnlG auch bei der **bloßen Angabe des Verschuldensgrads** bleiben, um **beispielsweise** zu formulieren: „Der auf Grundlage des letzten aufgestellten Jahresabschlusses (*Datum*) berechnete Verschuldensgrad des Emittenten beträgt x%. Der Verschuldensgrad bezeichnet das Verhältnis von Eigenkapital zu Fremdkapital, ausgedrückt in %".

---

[1] RegE Kleinanlegerschutzgesetz, BT-Drucks. 18/3994 v. 11.2.2015, S. 1 (56).
[2] Richtlinie 2014/65/EU vom 15.5.2014 über Märkte für Finanzinstrumente sowie zur Änderung der Richtlinien 2002/92/EG und 2011/61/EU, ABl. EU Nr. L 173 v. 12.6.2014, S. 349.
[3] BGBl. I 2015, S. 1114.

Der Verschuldensgrad ist, worauf § 13 Abs. 2 Satz 2 Nr. 2b VermAnlG und vorstehender Formulierungsvorschlag eigens hinweisen, **auf Grundlage des letzten aufgestellten Jahresabschlusses** zu berechnen: „Hierdurch wird zum einen eine einheitliche Handhabung sichergestellt. Zum anderen wird klargestellt, dass eine **Aktualisierungspflicht** nach Absatz 5 nicht bei jeder unterjährigen Veränderung des Verschuldungsgrads, sondern nur im Nachgang zur Aufstellung eines neuen Jahresabschlusses besteht"[1]. In die Berechnung des Verschuldungsgrads sind nach dem RegE Kleinanlegerschutzgesetz[2] für das **Eigenkapital** insbesondere das gezeichnete Kapital abzüglich ausstehender Einlagen, emittierter Wandelanleihen und entgeltlich erworbener Geschäfts- oder Firmenwerte und zuzüglich Gewinn- und Kapitalrücklagen zu berücksichtigen. Für das **Fremdkapital** sind Rückstellungen, Verbindlichkeiten, passive Rechnungsabgrenzungsposten und passive latente Steuern anzusetzen.

74

(f) Laufzeit und Kündigungsfrist (§ 13 Abs. 2 Satz 2 Nr. 2c VermAnlG)

Nach dem § 13 VermAnlG durch Art. 2 Nr. 15 lit. a bb des Kleinanlegerschutzgesetzes vom 3.7.2015[3] hinzugefügten § 13 Abs. 2 Satz 2 Nr. 2c VermAnlG gehört die **Laufzeit und die Kündigungsfrist** der Vermögensanlage zu den wesentlichen, in das Vermögensanlagen-Informationsblatt aufzunehmenden Angaben.

75

Bei der Angabe von Kündigungsfristen sind sowohl Kündigungsrechte des Emittenten als auch solche des Anlegers zu berücksichtigen. Die Angabe einer **Kündigungsfrist** ist selbstredend nicht möglich, wenn eine ordentliche Kündigung während der Laufzeit der Vermögensanlage ausgeschlossen ist. In diesem Fall empfiehlt sich der Hinweis: „Eine ordentliche Kündigung ist während der Laufzeit der Vermögensanlage nicht zulässig. Das Recht zur außerordentlichen Kündigung aus wichtigem Grund bleibt davon unberührt".

76

(g) Risiken (§ 13 Abs. 2 Satz 2 Nr. 3 VermAnlG)

Ähnlich § 5a Abs. 1 Satz 2 Nr. 1 WpDVerOV für das Informationsblatt nach § 31 Abs. 3a WpHG, verlangt § 13 Abs. 2 Satz 2 Nr. 3 VermAnlG Angaben zu den mit der Vermögensanlage verbundenen Risiken. Dh., die **produktspezifischen Risiken** sind zu benennen und zu erläutern (unten Rz. 79). Dabei sind die Risiken in der Reihenfolge ihrer **Bedeutung** aufzuführen und im Hinblick auf ihre Darstellung zu gewichten[4]. Daraus folgt, dass sich eine Unterteilung nach Risikotypen – das VGS-Beispiel (oben Rz. 28) etwa sah die Rubriken Maximalrisiko, Geschäftsrisiko, Ausfallrisiko/ Emittentenrisiko und Haftungsrisiko vor – verbietet. Erst recht verbietet es sich, un-

77

---

1 RegE Kleinanlegerschutzgesetz, BT-Drucks. 18/3994 v. 11.2.2015, S. 1 (56).
2 RegE Kleinanlegerschutzgesetz, BT-Drucks. 18/3994 v. 11.2.2015, S. 1 (56).
3 BGBl. I 2015, S. 1114.
4 *BaFin*, Rundschreiben 4/2013 (WA), zu 3.2.3.1. in Bezug auf entsprechende Anforderung an das Informationsblatt nach § 31 Abs. 3a WpHG iVm. § 5a Abs. 1 Satz 2 Nr. 3 WpDVerOV: „d.h. das für den Anleger bedeutendste Risiko ist vor eher unbedeutenden Risiken aufzuführen".

ter solchen Rubriken für die angebotene Vermögensanlage irrelevante Risiken abstrakt darzustellen. Die Bedeutung eines produktspezifischen Risikos hängt mit der Eintrittswahrscheinlichkeit des Risikos und dem Verlust zusammen, das dem Anleger bei Realisierung des Risikos droht[1].

78 Dem **Emittentenrisiko** (auch Ausfallrisiko) – das Risiko, dass der Emittent nicht mehr in der Lage ist seine Zahlungsverpflichtungen zu erfüllen – kommt in der Regel die größte Bedeutung nicht nur unter den mehr oder weniger für jede Vermögensanlage geltenden Risiken zu, sondern auch im Hinblick auf die produktspezifischen Risiken, weshalb es – nicht anders als bei wertpapiermäßig verbrieften Anlagen – in der Mehrzahl der Fälle an erster Stelle aufzuführen ist[2].

79 Die Risiken sind nicht nur zu benennen, sondern auch zu **erläutern**. Dazu dürfen nicht nur, sondern müssen auch für die Vermögensanlage spezifischen Faktoren und Instrumente angeführt werden, die eine **risikobegrenzende Wirkung** haben. Als heikel erscheint dabei aber der Hinweis auf die **Zugehörigkeit zu Sicherungseinrichtungen**. Die Aufsichtsbehörde verlangt in ihrem Rundschreiben 4/2013 (WA) in Bezug auf entsprechende Anforderung an das Informationsblatt nach § 31 Abs. 3a WpHG iVm. § 5a Abs. 1 Satz 2 Nr. 3 WpDVerOV[3], der Hinweis müsse „wertneutral und objektiv sein sowie auf seine Kernaussage reduziert erfolgen" und nennt als Beispiel für eine zulässige Formulierung „Bank X ist Mitglied der Sicherungseinrichtung Z. Mehr Informationen dazu finden Sie unter www.Z.de". Die Objektivität des Hinweises sei aber dann beeinträchtigt, wenn er beispielsweise im Anschluss an die Ausführungen zum Emittentenrisiko erfolge, denn dadurch werde bei dem Anleger der Eindruck hervorgerufen, durch die Zugehörigkeit zu der Sicherungseinrichtung relativiere sich das Emittentenrisiko. Eine solche Darstellungsweise vermittle somit eine Aussage, die über den objektiven Gehalt des eigentlichen Hinweises hinausgehe. Aus diesem Grund dürfe der gebotene kurze Hinweis auch nur an einer neutralen Stelle im Informationsblatt, beispielsweise unter der Rubrik „Sonstiges", erfolgen. Über diesen abstrakten Hinweis hinausgehende Ausführungen, die allein die Vorteile der Zugehörigkeit zu einer Sicherungseinrichtung darstellten, seien werbend und somit unzulässig. Dementsprechend wird als Beispiel für einen unzulässigen, werbenden Hinweis angeführt: „Darüber hinaus wird die Bank im Falle einer wirtschaftlichen Krise im Rahmen des durch die Sicherungseinrichtung praktizierten Institutsschutzes stets so gestellt, dass sie ihre rechtlichen Verpflichtungen jederzeit in vollem Umfang erfüllen kann." Auch **Garantie-/Patronatserklärungen** eines Dritten (etwa der Muttergesellschaft für eine ausländische Tochtergesellschaft) sollen, vorstehen-

---

1 *BaFin*, Rundschreiben 4/2013 (WA), zu 3.2.3.1. in Bezug auf entsprechende Anforderung an das Informationsblatt nach § 31 Abs. 3a WpHG iVm. § 5a Abs. 1 Satz 2 Nr. 3 WpDVerOV: „Als unbedeutend ist ein Risiko anzusehen, wenn es bei Realisierung für den Anleger weder zu einem nennenswerten Verlust führt noch seine Eintrittswahrscheinlichkeit nennenswert ist".
2 *BaFin*, Rundschreiben 4/2013 (WA), zu 3.2.3.1. in Bezug auf entsprechende Anforderung an das Informationsblatt nach § 31 Abs. 3a WpHG iVm. § 5a Abs. 1 Satz 2 Nr. 3 WpDVerOV.
3 *BaFin*, Rundschreiben 4/2013 (WA), zu 3.2.3.2.

den Erwägungen folgende, im Abschnitt „Sonstiges" anzugeben und in ihren wesentlichen Grundzügen zu erläutern sein.

Aus eventuellen Kündigungsrechten des Emittenten folgende **Risiken** oder solche in Bezug auf die Kapitalrückzahlung und Erträge unter verschiedenen Marktbedingungen sind, unabhängig von den diesbezügliche erforderlichen Angaben (siehe oben Rz. 75 und unten Rz. 81), **auch an dieser Stelle** unter den Risikoangaben anzuführen. Das gilt auch für andere anderweitige Angaben im Vermögensanlagen-Informationsblatt zu Umständen, aus denen für den Anleger Risiken resultieren. 80

(h) Aussichten für die Kapitalrückzahlung und Erträge (§ 13 Abs. 2 Satz 2 Nr. 4 VermAnlG)

§ 13 Abs. 2 Satz 2 Nr. 4 VermAnlG verlangt als wesentliche Information Angaben über die **Aussichten für die Kapitalrückzahlung und Erträge** unter verschiedenen Marktbedingungen. Die Vorschrift entspricht § 5 Abs. 1 Satz 2 Nr. 4 WpDVerOV betreffend das Informationsblatt nach § 31 Abs. 3a WpHG. Wenn von den Aussichten für die Rückzahlung von „Kapital" die Rede ist, so ist damit jeder nach der Anlagekonzeption angelegte und rückzahlbare Anlagebetrag – die „Rückzahlung der Vermögensanlage"[1] – gemeint. **Erträge** sind alle geldwerten Vorteile, die dem Anleger entsprechend der Anlagekonzeption aus der Vermögensanlage zufließen sollen, wie etwa Gewinnausschüttungen oder Zinsen. Im Rahmen der Angaben über die Aussichten für die Kapitalrückzahlung und Erträge unter verschiedenen Marktbedingungen ist nicht nur auf verschiedene **Finanzmarktbedingungen**, sondern auch auf die das Emittentenrisiko mitbestimmenden **Marktbedingungen des Emittenten** einzugehen. Das ist insbesondere dann der Fall, wenn Vermögensanlagen angeboten werden, die – wie Genussrechte oder auf anderweitige Weise – eine Beteiligung am Ergebnis des Emittenten gewähren. 81

Erforderlich ist es, auf die jeweiligen Szenarien (Marktbedingungen) und die bei diesen jeweils zu erwartenden **Wirkungen** einzugehen, ohne dass es Angaben über die Wahrscheinlichkeit des Eintritts des jeweiligen Szenarios (Bedingung) bedarf[2]. Als Wirkungen kommen die zu erwartenden Auswirkungen der jeweils aufgeführten unterschiedlichen Szenarien auf die Fähigkeit zur Kapitalrückzahlung und auf die Erträge der Vermögensanlage in Betracht. Hierzu sind sowohl beispielhafte Berechnungen als auch grafische Darstellungen zulässig[3]. Die **Darstellung** soll ausgewogen sein, dh. in der Regel drei unterschiedliche Situationen darlegen: ein positives, ein neutrales und ein negatives Szenario. Dabei sollen die **Annahmen**, die den Szenarien jeweils zu Grunde liegen (wie etwa die Annahme über den Anlagezeitraum), offengelegt werden sowie nachvollziehbar, wirklichkeitsnah und für das jeweilige Finanzinstrument geeignet sein[4]. Im Hinblick auf die Auswirkungen unter- 82

---

1 RegE Kleinanlegerschutzgesetz, BT-Drucks. 18/3994 v. 11.2.2015, S. 1 (11) zum neuen § 8 Abs. 1 Satz 3 VermAnlG.
2 *BaFin*, Rundschreiben 4/2013 (WA), zu 3.2.4.1.
3 *BaFin*, Rundschreiben 4/2013 (WA), zu 3.2.4.2.
4 *BaFin*, Rundschreiben 4/2013 (WA), zu 3.2.4.2.

schiedlicher Szenarien auf die Erträge der Vermögensanlage dürfen keine Angaben gemacht werden, die beim Anleger den unzutreffenden Eindruck erwecken, sein eingesetztes Kapital nehme bei Eintritt des unterstellten Szenarios vollständig an einer positiven Wertentwicklung der Vermögensanlage teil[1]. Schon im Hinblick auf das Verbot werblicher Informationen in § 13 Abs. 4 Satz 4 VermAnlG darf die Darstellung der Aussichten für die Kapitalrückzahlung und die Erträge der Vermögensanlage Produktmerkmale derselben nicht wiederholen und diese als besondere Chance hervorheben[2].

(i) Kosten und Provisionen (§ 13 Abs. 2 Satz 2 Nr. 5 VermAnlG)

83 Nach § 13 Abs. 2 Satz 2 Nr. 5 VermAnlG sind als wesentliche Informationen auch die mit der Vermögensanlage verbundenen **Kosten und Provisionen** anzugeben. Die BaFin geht davon aus, der Gesetzgeber habe mit der Kostenangabepflicht eine Warnfunktion verbinden wollen, da der Anleger eine Investitionsentscheidung nur dann sinnvoll treffen könne, wenn er die für ihn damit einhergehenden Kostenbelastungen kenne[3]. Die Vorschrift entspricht § 5 Abs. 1 Satz 2 Nr. 5 WpDVerOV betreffend das Informationsblatt nach § 31 Abs. 3a WpHG. Die nach § 13 Abs. 2 Satz 2 Nr. 5 VermAnlG anzugebenden Kosten und Provisionen sind – den Angaben im Verkaufsprospekt entsprechend – die nach § 4 Satz 1 Nr. 10 und 12 VermVerkProspV anzugebenden „weiteren Kosten" und Provisionen. Auf die diesbezüglichen Erläuterungen (§ 4 VermVerkProspV Rz. 101 ff.) ist zu verweisen.

84 Nicht zu den mit der Vermögensanlage verbundenen **Kosten** zählen vom Anleger unter bestimmten Umständen zu erbringende „weitere Leistungen" iS des § 4 Satz 1 Nr. 11 VermVerkProspV, insbesondere aus einer möglichen Haftung gegenüber Dritten und zur Erfüllung eventuell eintretender Nachschusspflichten[4]. Solche Pflichten sind Bestandteil der Vermögensanlage und keine weiteren Kosten derselben und sind dementsprechend auch im Rahmen der Beschreibung der Vermögensanlage sowie bei den mit deren Ausgestaltung verbundenen Risiken anzugeben. Wenn § 4 Satz 1 Nr. 10 VermVerkProspV die Angabe „insbesondere solche(r) Kosten verlangt, die mit dem Erwerb, der Verwaltung und der Veräußerung der Vermögensanlage verbunden sind", so sind anfallende Kosten diesen Kostengruppen zuzuordnen. Die entsprechenden Kosten darüber hinaus einzelnen Phasen der Vermögensanlage (vorgeschlagen werden etwa Anfangsphase oder Platzierungsphase, Laufende Phase oder Bestandsphase und Exitphase oder weitere Kosten[5]) zuzuordnen, ist nicht geboten, aber auch nicht als unzulässig anzusehen.

85 **Provisionen** sind unabhängig davon anzugeben, ob sie zusätzlich zur Anlagesumme als zusätzliche Kosten anfallen oder von der Anlagesumme abgehen. Ihre Darstel-

---

1 *BaFin*, Rundschreiben 4/2013 (WA), zu 3.2.4.2.: eine „reine Bruttodarstellung" ist nicht gesetzeskonform.
2 *BaFin*, Rundschreiben 4/2013 (WA), zu 3.2.4.2.
3 *BaFin*, Rundschreiben 4/2013 (WA), zu 3.2.5.
4 So iE auch *Rinas/Pobortscha*, BB 2012, 1615 (1617).
5 Siehe dazu die Hinweise bei *Rinas/Pobortscha*, BB 2012, 1615 (1617).

lung nach Phasen der Vermögensanlage ist nur sinnvoll, wenn die Ausgestaltung der Vermögensanlage eine solche Aufspaltung im Interesse der Übersichtlichkeit und Verständlichkeit der Darstellung nahelegt[1].

(2) Sonstige Angaben (§ 13 Abs. 3 VermAnlG)

(a) Identifizierbarkeit des Dokuments als Vermögensanlagen-Informationsblatt und Stand der Angaben

Das Dokument muss, um als Maßnahme zur Erfüllung der Anforderungen aus § 13 VermAnlG erkannt und als solches nach § 14 VermAnlG hinterlegt werden zu können, **als Vermögensanlagen-Informationsblatt iS des § 13 VermAnlG identifizierbar** sein[2]. Das geschieht, indem es in der Kopfzeile als Vermögensanlagen-Informationsblatt ausgewiesen wird, etwa mit der Überschrift „Vermögensanlagen-Informationsblatt nach § 13 VermAnlG". Weiter ist der **Zeitpunkt** zu nennen, auf den sich die Angaben beziehen, etwa mit der Angabe „Stand" und Beifügung des Datums. Handelt es sich um eine **Aktualisierung** des Vermögensanlagen-Informationsblatts ist der Klarheit halber die Angabe „Stand" durch die Angabe „Aktualisierung" und das Datum der Aktualisierung zu ersetzen.

86

(b) Angabe über Identität des Anbieters (§ 13 Abs. 3 Nr. 1 VermAnlG)

Gemäß § 13 Abs. 3 Nr. 1 VermAnlG muss das Vermögensanlagen-Informationsblatt Angaben über die **Identität des Anbieters** enthalten. Auf diese Weise soll der Anleger dem Vermögensanlagen-Informationsblatt stets entnehmen können, „wer Anbieter der Vermögensanlagen ist und wer für die Erstellung des Vermögensanlagen-Informationsblattes verantwortlich ist". Darüber hinaus soll ihm dadurch die Person benannt werden, die er als „Ansprechperson" kontaktieren kann, falls er zusätzliche Informationen wünscht[3]. Entsprechend den in § 3 VermVerkProspV für den Verkaufsprospekt genannten Anforderungen in Bezug auf Personen oder Gesellschaften, die für den Inhalt des Verkaufsprospekts die Verantwortung übernehmen, ist hier der Name und die Geschäftsanschrift der **natürlichen Person** oder die Firma und der Sitz bei **juristischen Personen oder Gesellschaften** anzugeben.

87

(c) Hinweis auf Nichtprüfung durch die BaFin (§ 13 Abs. 3 Nr. 2 VermAnlG)

Anders als der Verkaufsprospekt unterliegt das Vermögensanlagen-Informationsblatt keiner wie auch immer gearteten Überprüfung (siehe oben Rz. 3). Um dies dem Anleger klar vor Augen zu führen, verlangt § 13 Abs. 3 Nr. 2 VermAnlG im Vermö-

88

---
1 Ähnlich („sollte sorgfältig abgewogen werden") auch *Rinas/Pobortscha*, BB 2012, 1615 (1617).
2 *BaFin*, Vermögensanlagen-Informationsblatt, unter „Was sind die formalen Anforderungen an das Vermögensanlagen-Informationsblatt?", Tabellenreihe 6.
3 RegE Gesetz zur Novellierung des Finanzanlagenvermittler- und Vermögensanlagenrechts, BT-Drucks. 17/6051 v. 6.6.2011, S. 1 (34).

gensanlagen-Informationsblatt „einen Hinweis darauf, dass das Vermögensanlagen-Informationsblatt nicht der Prüfung durch die Bundesanstalt unterliegt".

(d) Hinweise auf die Erstellung bzw. Nichterstellung eines Verkaufsprospekts (§ 13 Abs. 3 Nr. 3, Abs. 3 Nr. 4, Abs. 3a Satz 1 VermAnlG)

89 Mit den Hinweisen, die nach **§ 13 Abs. 3 Nr. 3 und Nr. 4 VermAnlG** in das Vermögensanlagen-Informationsblatt aufzunehmen sind, soll der Anleger darauf aufmerksam gemacht werden, „dass neben dem Vermögensanlagen-Informationsblatt auch ein **Verkaufsprospekt existiert**, der weitere Informationen enthält, ... den er sich kostenlos beschaffen kann"[1], und auf dessen gesamten Inhalt er seine Anlageentscheidung bezüglich der angebotenen Vermögensanlage stützen sollte. Komplementär hierzu soll nach **§ 13 Abs. 3a Satz 1 VermAnlG** in dem Fall, dass **kein Verkaufsprospekt existiert**, weil die Erstellung eines solchen nach § 2a oder § 2b VermAnlG entbehrlich ist, der Anleger darauf hingewiesen werden, dass für die Vermögensanlage kein von der Bundesanstalt gebilligter Verkaufsprospekt erstellt wurde und der Anleger weitergehende Informationen nur unmittelbar vom Anbieter oder Emittenten der Vermögensanlage erhalten kann (näher unten Rz. 92). Zur **Platzierung** dieser Hinweise auf andere Informationsgrundlagen und ihrer Nutzung siehe die Empfehlungen oben Rz. 26.

90 Das zwingende Erfordernis des **§ 13 Abs. 3 Nr. 3 VermAnlG**, in das Vermögensanlagen-Informationsblatt neben den **Hinweis auf den Verkaufsprospekt** auch einen Hinweis darauf aufzunehmen, wo und wie dieser erhältlich ist und dass er kostenlos angefordert werden kann, „ist angelehnt an Artikel 20 Absatz 1 Buchstabe b der Verordnung (EU) Nr. 583/2010 der Kommission vom 1. Juli 2010 zur Durchführung der Richtlinie 2009/65/EG des Europäischen Parlaments und des Rates im Hinblick auf die wesentlichen Informationen für den Anleger und die Bedingungen, die einzuhalten sind, wenn die wesentlichen Informationen für den Anleger oder der Prospekt auf einem anderen dauerhaften Datenträger als Papier oder auf einer Website zur Verfügung gestellt werden (... ABl. L 176 vom 10.7.2010, S. 1 ff.), der für den OGAW-Bereich eine ähnliche Hinweispflicht für das Dokument mit wesentlichen Anlegerinformationen vorsieht"[2].

91 Das zwingende Erfordernis des **§ 13 Abs. 3 Nr. 4 VermAnlG**, über den Hinweis auf die Existenz eines Verkaufsprospekts auch einen Hinweis darauf in das Vermögensanlagen-Informationsblatt aufnehmen zu müssen, dass der Anleger eine etwaige Anlageentscheidung bezüglich der betroffenen Vermögensanlagen auf die **Prüfung des gesamten Verkaufsprospekts** stützen sollte, „ist angelehnt an Artikel 5 Absatz 2 Buchstabe b der Richtlinie 2003/71/EG des Europäischen Parlaments und des Rates vom 4. November 2003 betreffend den Prospekt, der beim öffentlichen Angebot von Wertpapieren oder bei deren Zulassung zum Handel zu veröffentlichen ist, und zur

---

1 RegE Gesetz zur Novellierung des Finanzanlagenvermittler- und Vermögensanlagenrechts, BT-Drucks. 17/6051 v. 6.6.2011, S. 1 (34), Hervorhebung hinzugefügt.
2 RegE Gesetz zur Novellierung des Finanzanlagenvermittler- und Vermögensanlagenrechts, BT-Drucks. 17/6051 v. 6.6.2011, S. 1 (34).

Änderung der Richtlinie 2001/34/EG (... ABl. L 345 vom 31.12.2003, S. 64 ff.), der für die Prospektzusammenfassung im Bereich des Wertpapierprospektrechts eine entsprechende Hinweispflicht vorsieht"[1].

Ist kein Verkaufsprospekt erstellt worden, weil seine Erstellung nach § 2a oder § 2b VermAnlG entbehrlich ist, ist gemäß **§ 13 Abs. 3a Satz 1 VermAnlG** anstelle der Hinweise auf den Verkaufsprospekt nach Abs. 3 Nr. 3 und Nr. 4 der **Hinweis** anzubringen: „Für die Vermögensanlage wurde kein von der Bundesanstalt gebilligter Verkaufsprospekt erstellt. Weitergehende Informationen erhält der Anleger unmittelbar vom Anbieter oder Emittenten der Vermögensanlage". Die Hinweispflicht nach Abs. 3a Satz 1 ist durch Art. 2 Nr. 15 lit. c des Kleinanlegerschutzgesetzes vom 3.7.2015[2] in § 13 VermAnlG eingefügt worden. Mit der Neuregelung soll der Anleger in den Fällen, in denen die Erstellung eines Verkaufsprospekts nach den §§ 2a und 2b VermAnlG entbehrlich ist, ausdrücklich darauf hingewiesen werden, dass kein von der BaFin gebilligter Verkaufsprospekt für die Vermögensanlage veröffentlicht wird und sich der Anleger, wenn er sich über die Vermögensanlage näher informieren will, unmittelbar an den Anbieter oder den Emittenten wenden muss[3]. 92

(e) Hinweis auf den letzten offengelegten Jahresabschluss (§ 13 Abs. 3 Nr. 3a VermAnlG)

Nach § 13 Abs. 3 Nr. 3a VermAnlG muss das Vermögensanlagen-Informationsblatt den zwingenden **Hinweis auf den letzten offengelegten Jahresabschluss** und darauf, wo und wie dieser erhältlich ist, enthalten. Mit dieser auf Art. 2 Nr. 15 lit. b des Kleinanlegerschutzgesetzes vom 3.7.2015[4] zurückgehenden Vorschrift soll sichergestellt werden, dass das Vermögensanlagen-Informationsblatt auch einen Hinweis auf den letzten offengelegten Jahresabschluss sowie den Ort der Veröffentlichung enthält. Das wird insbesondere in den Fällen für geboten angesehen, in denen infolge der Befreiungen von der Pflicht zur Erstellung eines Vermögensanlagen-Informationsblatts nach §§ 2a und 2b VermAnlG kein Verkaufsprospekt zu erstellen ist und „der offengelegte Jahresabschluss für den an der Vermögensanlage Interessierten neben dem Vermögensanlange-Informationsblatt eine zentrale Informationsquelle zur Einschätzung der Vermögensanlage" darstellt[5]. 93

(f) Hinweis auf Ansprüche wegen fehlerhaftem Vermögensanlagen-Informationsblatt (§ 13 Abs. 3 Nr. 5, Abs. 3a Satz 2 VermAnlG)

Der nach **§ 13 Abs. 3 Nr. 5 VermAnlG** zwingend erforderliche Hinweis soll dem Anleger vor Augen führen, dass ihm ein **Anspruch wegen eines unrichtigen Vermögensanlagen-Informationsblatts** nur dann zusteht, wenn – in sachlicher Hinsicht 94

---

1 RegE Gesetz zur Novellierung des Finanzanlagenvermittler- und Vermögensanlagenrechts, BT-Drucks. 17/6051 v. 6.6.2011, S. 1 (34).
2 BGBl. I 2015, S. 1114.
3 RegE Kleinanlegerschutzgesetz, BT-Drucks. 18/3994 v. 11.2.2015, S. 1 (56).
4 BGBl. I 2015, S. 1114.
5 RegE Kleinanlegerschutzgesetz, BT-Drucks. 18/3994 v. 11.2.2015, S. 1 (56).

– eine im Vermögensanlagen-Informationsblatt enthaltene Angabe irreführend, unrichtig oder nicht mit den einschlägigen Teilen des Verkaufsprospekts vereinbar ist und wenn – in zeitlicher Hinsicht und als zeitliche Begrenzung etwaiger Haftungsansprüche – die Vermögensanlage während der Dauer des öffentlichen Angebots, spätestens jedoch innerhalb von zwei Jahren nach dem ersten öffentlichen Angebot der Vermögensanlagen im Inland, erworben wird. Die Hinweispflicht nach § 13 Abs. 3 Nr. 5 VermAnlG ist angelehnt an die Hinweispflichten des Artikels 5 Abs. 2 lit. d der EU-Prospektrichtlinie[1] und des Artikels 20 Abs. 1 lit. e der Verordnung (EU) Nr. 583/2010[2] für die Prospektzusammenfassung bzw. für das Dokument mit wesentlichen Anlegerinformationen[3].

95 Wurde kein Verkaufsprospekt gestellt, weil bei dem fraglichen Angebot die **Erstellung eines Verkaufsprospekts nach § 2a oder § 2b VermAnlG entbehrlich** ist, so kann ein Anspruch bei fehlerhaftem Vermögensanlagen-Informationsblatt auch nicht auf den Umstand gestützt werden, dass die Angaben des Vermögensanlagen-Informationsblatts nicht mit den einschlägigen Teilen des Verkaufsprospekts vereinbar sind. In diesem Fall muss der Hinweis auf die Voraussetzungen eines Anspruchs wegen fehlerhaftem Vermögensanlagen-Informationsblatt die in **§ 13 Abs. 3a Satz 2 VermAnlG vorgeschriebene Fassung** aufweisen. Die Hinweispflicht nach § 13 Abs. 3a Satz 2 VermAnlG ist durch Art. 2 Nr. 15 lit. c des Kleinanlegerschutzgesetzes vom 3.7.2015[4] in § 13 VermAnlG eingefügt worden; näher hierzu die Ausführungen oben in Rz. 92 zu Abs. 3a Satz 1.

(3) Zu unterlassende Angaben

(a) Verwendung des Begriffs „Fonds" (§ 13 Abs. 4 Satz 5 VermAnlG)

96 Bis zum Inkrafttreten des KAGB zum 22.7.2013[5] unterfielen Anteile an geschlossenen Fonds dem VermAnlG. Nunmehr fallen aber geschlossene Fonds – wie im Übrigen auch offene Fonds – als Investmentvermögen iS des § 1 Abs. 1 KAGB in den Anwendungsbereich des KAGB. Aus diesem Grund und zur Vermeidung von Irreführungen des Anlegers wurde durch Art. 2 Nr. 7 lit. c und 15 lit. d des Kleinanlegerschutzgesetzes vom 3.7.2015[6] das VermAnlG dahingehend geändert, dass die Verwendung des Begriffs „Fonds" oder eine Bezeichnung, die diesen Begriff enthält, für die Bezeichnung der Vermögensanlage sowie des Emittenten im Verkaufspro-

---

[1] ABl. EU Nr. L 345 v. 31.12.2003, S. 64.
[2] ABl. EU Nr. L 176 v. 10.7.2010, S. 1.
[3] RegE Gesetz zur Novellierung des Finanzanlagenvermittler- und Vermögensanlagenrechts, BT-Drucks. 17/6051 v. 6.6.2011, S. 1 (34).
[4] BGBl. I 2015, S. 1114.
[5] Art. 28 Abs. 2 des Gesetzes zur Umsetzung der Richtlinie 2011/61/EU über die Verwalter alternativer Investmentfonds (AIFM-Umsetzungsgesetz – AIFM-UmsG) vom 4.7.2013, BGBl. I 2013, S. 1961.
[6] BGBl. I 2015, S. 1114.

spekt (§ 7 Abs. 2 Satz 3 VermAnlG) und im Vermögensanlagen-Informationsblatt (§ 13 Abs. 4 Satz 5) unzulässig ist[1].

(b) Werbung und nicht zweckdienliche Informationen (§ 13 Abs. 4 Satz 4 VermAnlG)

Nach § 13 Abs. 4 Satz 4 VermAnlG darf das Vermögensanlagen-Informationsblatt **keine werbenden** oder sonstigen **Informationen enthalten, die nicht dem genannten Zweck dienen**, dh. demjenigen, dem Publikum die wesentlichen und vom Gesetz verlangten sonstigen Informationen über die angebotene Vermögensanlage in übersichtlicher und leicht verständlicher Weise so zu gewähren, dass es die fraglichen Angaben „einschätzen und mit den Merkmalen anderer Finanzinstrumente bestmöglich vergleichen kann" (§ 13 Abs. 2 Satz 2 VermAnlG). 97

Das darin ausgesprochene **Verbot der Werbung** in Vermögensanlagen-Informationsblättern will dem Umstand Rechnung tragen, dass es sich bei diesen nicht um Werbematerial handelt, so dass auf werbende Informationen zu verzichten ist[2]. Werblich in diesem Sinne sind alle Angaben, die über die sachliche gebotene Beschreibung der angebotenen Vermögensanlage und ihrer Merkmale hinausgehen und die Anlage als für den Anleger vorteilhaft erscheinen lassen sollen. Allgemein ist deshalb die Verwendung von **Adjektiven mit werbendem Charakter**, wie etwa „Attraktiver Zinssatz von x% pro Jahr", unzulässig[3]. **Angaben zu ethischen, sozialen und ökologischen Belangen** sollen nicht zu werblichen Zwecken verwendet werden dürfen und nur dann zulässig sein, „wenn sie wesentliche Eigenschaften des Produktes darstellen und die Maßstäbe dargelegt und erläutert werden, die die Grundlage entsprechender Aussagen sind"[4]. Zu Angaben, die als unzulässige Werbung mit der **Mitgliedschaft in Sicherungseinrichtungen** anzusehen sind, siehe oben Rz. 79. 98

Als werblich sind aber auch solche **Angaben im Zusammenhang mit anderen**, nicht der allgemeinen Beschreibung der Vermögensanlage dienenden gesetzlich verlangten **Informationen** anzusehen, die beiläufig und ohne sachlich geboten zu sein bestimmte Merkmale der Vermögensanlage als vorteilhaft hervorheben. So soll es etwa nicht zulässig sein, im Rahmen der Darstellung der Aussichten für die Kapitalrückzahlung und Erträge Produktmerkmale (wie etwa „fester Zinssatz" oder „hohe Liquidität und Flexibilität") zu wiederholen und diese als besondere Chance hervorzuheben[5]. 99

Als **nicht dem Gesetzeszweck dienlich** sind Angaben, die selbst keine wesentlichen Angaben darstellen und auch nicht der Darstellung wesentlicher Merkmale der Vermögensanlage dienen. Darüber hinaus gelten als nicht dem Gesetzeszweck dienend 100

---

1 Entsprechendes gilt auch für die Werbung für Vermögensanlagen nach § 12 Abs. 5 VermAnlG, aufgrund der Änderung des § 12 VermAnlG durch Art. 2 Nr. 14 des Kleinanlegerschutzgesetzes vom 3.7.2015, BGBl. I 2015, S. 1114.
2 RegE Gesetz zur Novellierung des Finanzanlagenvermittler- und Vermögensanlagenrechts, BT-Drucks. 17/6051 v. 6.6.2011, S. 1 (34).
3 *BaFin*, Rundschreiben 4/2013 (WA), zu 3.1.6.
4 *BaFin*, Rundschreiben 4/2013 (WA), zu 3.1.6.
5 *BaFin*, Rundschreiben 4/2013 (WA), zu 3.2.4.2. Siehe schon oben Rz. 82.

insbesondere Angaben, die die Vergleichbarkeit mit den Merkmalen anderer Finanzinstrumente beeinträchtigen. Das ist etwa bei Angaben der Fall, die die **Eignung der Vermögensanlage für bestimmte Anlageorientierungen** von Anlegern hervorheben (wie „Dieses Produkt eignet sich für risikobereite Anleger"), weil Begriffe wie „risikobereit", „risikoscheu" etc. weder hinreichend standardisiert sind noch einheitlich verwandt werden und ihre Verwendung damit der Vergleichbarkeit der Informationsblätter für den Anleger entgegensteht[1].

(c) Kein Hinweis auf Befugnisse der BaFin (§ 13 Abs. 4 Satz 6 VermAnlG)

101 Nach § 13 Abs. 4 Satz 6 VermAnlG darf das Vermögensanlagen-Informationsblatt **keinen Hinweis auf die Befugnisse der BaFin nach dem VermAnlG** enthalten. Dieses Verbot trägt dem Umstand Rechnung, dass die BaFin keinerlei Überprüfung oder Billigung des Vermögensanlagen-Informationsblatts vornimmt, ihre Erwähnung aber diesbezügliche Fehlvorstellungen zu wecken geeignet ist. Zur Angabe der BaFin als Aufsichtsbehörde im Vermögensanlagen-Informationsblatt als irreführende Angabe siehe oben Rz. 51. Eine entsprechende Regelung findet sich in § 12 Abs. 4 VermAnlG, demzufolge auch Werbung für öffentlich angebotene Vermögensanlagen keinen Hinweis auf die Befugnisse der Bundesanstalt nach diesem Gesetz enthalten darf.

4. Aktualisierung – Zugänglichmachung (§ 13 Abs. 5 VermAnlG)

102 Damit das Vermögensanlagen-Informationsblatt während der Dauer des öffentlichen Angebots eine zuverlässige Informationsquelle für die Anleger darstellt, sind nach § 13 **Abs. 5 Satz 1** VermAnlG die in ihm enthaltenen Angaben während der Dauer des Angebots „umgehend"[2] – und dh. nichts anderes als **unverzüglich**[3], also ohne schuldhaftes Zögern iS von § 121 Abs. 1 Satz 1 BGB – **zu aktualisieren**. Die **Pflicht zur Aktualisierung** der im Vermögensanlagen-Informationsblatt enthaltenen Angaben **setzt ein**, wenn diese unrichtig oder unvereinbar mit den Angaben im Verkaufsprospekt sind oder wenn ergänzende Angaben in einem Nachtrag zum Verkaufsprospekt nach § 11 VermAnlG veröffentlicht werden.

103 In dem aktualisierten Vermögensanlagen-Informationsblatt sind gemäß § 13 Abs. 5 Satz 1 iVm. **Abs. 5 Satz 3** VermAnlG das **Datum** der letzten Aktualisierung sowie die **Zahl** der seit der erstmaligen Erstellung des Vermögensanlagen-Informationsblatts vorgenommenen Aktualisierungen zu nennen. Die Pflicht, solche Angaben in das aktualisierte Vermögensanlagen-Informationsblatt aufzunehmen, geht auf Art. 2 Nr. 15 lit. e bb des Kleinanlegerschutzgesetzes vom 3.7.2015[4] zurück. Es reagiert auf den Umstand, dass nach der ursprünglichen Fassung von Abs. 5 „lediglich die aktuelle

---

1 Einschließlich des Beispiels *BaFin*, Rundschreiben 4/2013 (WA), zu 3.1.6.
2 RegE Gesetz zur Novellierung des Finanzanlagenvermittler- und Vermögensanlagenrechts, BT-Drucks. 17/6051 v. 6.6.2011, S. 1 (34).
3 Ebenso *Rinas/Pobortscha*, BB 2012, 1615 (1618).
4 BGBl. I 2015, S. 1114.

Fassung des Vermögensanlagen-Informationsblatts zu veröffentlichen"[1] war. Die neue, zusätzliche Angabe des Datums der letzten Aktualisierung soll es künftig für den Anleger nachvollziehbar machen, wann das Vermögensanlagen-Informationsblatt aktualisiert wurde. Auf diese Weise soll der Anleger das Vermögensanlagen-Informationsblatt mit etwaigen Prospektnachträgen abgleichen und zugleich leichter den Hintergrund der Nachträge im Umfeld des Aktualisierungszeitpunkts recherchieren können[2]. Der in § 13 Abs. 5 Satz 1 VermAnlG enthaltene Hinweis, die in dem Vermögensanlagen-Informationsblatt enthaltenen Angaben seien während der Dauer des öffentlichen Angebots „nach Maßgabe des Satzes 3" zu aktualisieren, dient der Erstreckung des Ordnungswidrigkeitstatbestands des § 29 Abs. 1 Nr. 7 VermAnlG auf die neu eingeführten Pflichten nach Satz 3[3], von denen der durch Art. 28 lit. a ff des Kleinanlegerschutzgesetzes ergänzte § 29 Abs. 1 Nr. 7 VermAnlG nur die Pflicht zur Nennung des Datums der Aktualisierung als separaten Ordnungswidrigkeitstatbestand anführt.

Wenn es im Rahmen der Aktualisierungspflicht nach Abs. 5 in § 13 **Abs. 5 Satz 2** VermAnlG heißt, „eine aktualisierte Fassung des Vermögensanlagen-Informationsblatts" müsse während der Dauer des öffentlichen Angebots stets auf der Internetseite des Anbieters zugänglich sein und bei den im Verkaufsprospekt angegebenen Stellen bereitgehalten werden, so darf diese sprachlich missglückte Vorschrift nicht dahin verstanden werden, nur ein aktualisiertes Vermögensanlagen-Informationsblatt sei auf die besagte Weise zugänglich zu machen oder bereitzuhalten. Vielmehr ist § 13 Abs. 5 Satz 2 VermAnlG so zu lesen, dass das Vermögensanlagen-Informationsblatt während der gesamten Dauer des öffentlichen Angebots in seiner jeweils aktuellen Fassung **auf der Internetseite des Anbieters zugänglich** sein und bei den im **Verkaufsprospekt angegebenen Stellen bereitgehalten** werden muss, denn es ist Ziel dieser Bestimmung sicherzustellen, dass sich jeder Anleger oder am Erwerb einer Vermögensanlage Interessierte – neben der Bezugsmöglichkeiten, die ihm § 15 Abs. 1 Satz 1 VermAnlG eröffnet – stets ein Vermögensanlagen-Informationsblatt in der aktualisierten Fassung[4] beschaffen kann. Die Pflicht, das jeweils aktuelle Vermögensanlagen-Informationsblatt auf der Internetseite des Anbieters zugänglich zu halten, heißt nichts anderes als dass das Vermögensanlagen-Informationsblatt mit Beginn des öffentlichen Angebots auf der Internetseite des Anbieters **allgemein zugänglich zu veröffentlichen** ist. 104

---

1 RegE Kleinanlegerschutzgesetz, BT-Drucks. 18/3994 v. 11.2.2015, S. 1 (57).
2 RegE Kleinanlegerschutzgesetz, BT-Drucks. 18/3994 v. 11.2.2015, S. 1 (57).
3 RegE Kleinanlegerschutzgesetz, BT-Drucks. 18/3994 v. 11.2.2015, S. 1 (57).
4 Missverständlich auch hier RegE Gesetz zur Novellierung des Finanzanlagenvermittler- und Vermögensanlagenrechts, BT-Drucks. 17/6051 v. 6.6.2011, S. 1 (35), wo es heißt, der Anleger müsse sich „stets ein Vermögensanlagen-Informationsblatt in der *aktualisierten* Fassung beschaffen" können (Hervorhebung hinzugefügt). Deutlicher RegE Kleinanlegerschutzgesetz, BT-Drucks. 18/3994 v. 11.2.2015, S. 1 (57): „… ist … die aktuelle Fassung des Vermögensanlagen-Informationsblatts zu veröffentlichen".

IV. Verordnungsermächtigung (§ 13 Abs. 7 VermAnlG)

105 Nach § 13 Abs. 7 Satz 1 VermAnlG kann das Bundesministerium der Finanzen durch Rechtsverordnung, die nicht der Zustimmung des Bundesrats bedarf, im Einvernehmen mit dem Bundesministerium der Justiz und für Verbraucherschutz nähere Bestimmungen zu Inhalt und Aufbau der Informationsblätter erlassen. Gemäß § 13 Abs. 7 Satz 2 VermAnlG kann das Bundesministerium der Finanzen diese Ermächtigung durch Rechtsverordnung auf die BaFin übertragen. Diese Verordnungsermächtigung soll die notwendige Grundlage für den Erlass konkreter Vorgaben für die Ausgestaltung der Vermögensanlagen-Informationsblätter im Verordnungswege schaffen. Sie trägt vor allem dem Umstand Rechnung, dass „eine konkretere Festlegung der Vorgaben an Format und Inhalt im Verordnungswege erfolgen" kann, „sollten sich in der Praxis Defizite ergeben"[1]. Das Bundesministerium der Finanzen hat bislang von keiner dieser Ermächtigungen Gebrauch gemacht[2].

V. Sanktionen

106 Die Pflicht zur Erstellung und Zugänglichmachung des Vermögensanlagen-Informationsblatts nach Maßgabe des § 13 VermAnlG ist im Hinblick auf einzelne Aspekte dieser Pflicht **ordnungswidrigkeitsrechtlich und zivilrechtlich bewehrt**.

107 Nach § 29 Abs. 1 Nr. 6 und Nr. 7 VermAnlG **ordnungswidrigkeitsrechtlich sanktioniert** sind allein die Pflichten zur Erstellung des Vermögensanlagen-Informationsblatts nach § 13 Abs. 1 VermAnlG, zur Aktualisierung des Vermögensanlagen-Informationsblatts § 13 Abs. 5 Satz 1 VermAnlG sowie der nach § 13 Abs. 5 Satz 3 VermAnlG erforderlichen Angaben. Ordnungswidrig handelt danach, wer vorsätzlich oder leichtfertig entgegen § 13 Abs. 1 VermAnlG ein Vermögensanlagen-Informationsblatt nicht, nicht richtig, nicht vollständig oder nicht rechtzeitig erstellt (§ 29 Abs. 1 Nr. 6 VermAnlG), sowie diejenige Person, die entgegen § 13 Abs. 5 Satz 1 VermAnlG eine Angabe nicht, nicht richtig, nicht vollständig oder nicht rechtzeitig aktualisiert oder entgegen § 13 Abs. 5 Satz 3 VermAnlG das Datum der Aktualisierung im Vermögensanlagen-Informationsblatt nicht nennt (§ 29 Nr. 7 VermAnlG). Zur Ordnungswidrigkeit nach § 29 Nr. 7 VermAnlG siehe auch die Ausführungen oben in Rz. 103.

108 Ist der **Anbieter eine juristische Person oder eine Personenvereinigung** kommt wegen Verstoßes gegen § 29 Nr. 6 und Nr. 7 VermAnlG auch eine Geldbuße gegen

---

[1] RegE Gesetz zur Novellierung des Finanzanlagenvermittler- und Vermögensanlagenrechts, BT-Drucks. 17/6051 v. 6.6.2011, S. 1 (34).
[2] Die Übertragung der Verordnungsermächtigung des Bundesministeriums der Finanzen auf die BaFin müsste im Wege der Ergänzung der Verordnung zur Übertragung von Befugnissen zum Erlass von Rechtsverordnungen auf die Bundesanstalt für Finanzdienstleistungsaufsicht vom 13.12.2002 (BGBl. I 2003, S. 3), zuletzt geändert durch Art. 4 des Gesetzes zur Aktualisierung der Strukturreform des Gebührenrechts des Bundes vom 18.7.2016, BGBl. I 2016, S. 1666, erfolgen.

diese nach Maßgabe von § 30 OWiG in Betracht. Darüber hinaus handelt nach § 130 OWiG der Inhaber eines Betriebs oder Unternehmens, der vorsätzlich oder fahrlässig die Aufsichtsmaßnahmen unterlässt, die erforderlich sind, um in dem Betrieb oder Unternehmen Zuwiderhandlungen gegen Pflichten zu verhindern, die den Inhaber treffen und deren Verletzung – wie die vorstehend angeführten Pflichten – mit Geldbuße bedroht ist, ordnungswidrig, wenn die Zuwiderhandlung durch gehörige Aufsicht verhindert oder wesentlich erschwert worden wäre.

Darüber hinaus wird für die Nichterfüllung der Pflicht zur Erstellung eines Vermögensanlagen-Informationsblatts und die Fehlerhaftigkeit von Angaben desselben **zivilrechtlich** nach Maßgabe von § 22 VermAnlG gehaftet. Zu Einzelheiten ist auf die Erläuterungen zu § 22 VermAnlG zu verweisen. Wegen der auf die Besonderheiten von Vermögensanlagen-Informationsblättern abstellenden speziellen Haftungsregelung des § 22 VermAnlG ist § 13 VermAnlG **kein Schutzgesetz** iS des § 823 Abs. 2 BGB.

109

§ 14
Hinterlegung des Verkaufsprospekts und des Vermögensanlagen-Informationsblatts

(1) Der Anbieter muss den für die Vermögensanlagen zu erstellenden Verkaufsprospekt vor dessen Veröffentlichung der Bundesanstalt als Hinterlegungsstelle übermitteln. Zeitgleich mit der Hinterlegung nach Satz 1 hat der Anbieter zudem das nach § 13 erstellte Vermögensanlagen-Informationsblatt bei der Bundesanstalt zu hinterlegen.

(2) Die Bundesanstalt bestätigt dem Anbieter den Tag des Eingangs des Verkaufsprospekts und des Vermögensanlagen-Informationsblatts. Der hinterlegte Verkaufsprospekt und das *[(ab 31.12.2016 zu ergänzen, siehe unten Rz. 4:) nach Absatz 1]* hinterlegte Vermögensanlagen-Informationsblatt werden von der Bundesanstalt zehn Jahre aufbewahrt. Die Aufbewahrungsfrist beginnt mit dem Schluss des Kalenderjahres, in dem der Verkaufsprospekt und das Vermögensanlagen-Informationsblatt hinterlegt worden sind.

(3) Der Anbieter hat der Bundesanstalt im Falle einer Veröffentlichung ergänzender Angaben nach § 11 den Nachtrag zum Verkaufsprospekt zum Zweck der Hinterlegung zu übermitteln. Im Falle einer Aktualisierung des Vermögensanlagen-Informationsblatts nach § 13 Absatz 5 hat der Anbieter der Bundesanstalt eine aktualisierte Fassung des Vermögensanlagen-Informationsblatts zum Zweck der Hinterlegung zu übermitteln.

In der Fassung vom 6.12.2011 (BGBl. I 2011, S. 2481).

Schrifttum: *BaFin*, Vermögensanlagen-Informationsblatt, www.bafin.de/DE/Aufsicht/FinTech/VIB/vib_node.html. Siehe im Übrigen Einl. VermAnlG und das allgemeine Schrifttumsverzeichnis.

I. Regelungsgegenstand und Normentwicklung 1	2. Hinterlegung des Vermögensanlagen-Informationsblatts (§ 14 Abs. 1 Satz 2 VermAnlG) ... 16
II. Hinterlegung – Prüfung und Aufbewahrung (§ 14 Abs. 1, Abs. 2 Satz 1 VermAnlG)	3. Bestätigung der Übermittlung (§ 14 Abs. 2 Satz 1 VermAnlG) ... 20
1. Hinterlegung des Verkaufsprospekts (§ 14 Abs. 1 Satz 1 VermAnlG)	III. Aufbewahrung (§ 14 Abs. 2 Satz 2 und Satz 3 VermAnlG) 22
a) Gegenstand der Hinterlegung .. 7	IV. Übermittlung von Nachträgen zum Verkaufsprospekt und von aktualisierten Vermögensanlagen-Informationsblättern (§ 14 Abs. 3 VermAnlG) 25
b) Einleitung des Hinterlegungsverfahrens	
(1) Antrag 10	
(2) Übermittlung 13	

I. Regelungsgegenstand und Normentwicklung

1 Der nach § 6 VermAnlG zu veröffentlichende und nach Maßgabe von § 7 VermAnlG in Verbindung mit den Bestimmungen der VermVerkProspV zu erstellende Verkaufsprospekt muss gemäß § 14 Abs. 1 Satz 1 VermAnlG vor seiner Veröffentlichung **der BaFin als Hinterlegungsstelle übermittelt** werden. Wie sich aus der Eingangsformulierung des § 14 Abs. 1 Satz 1 VermAnlG – „Zeitgleich mit der Hinterlegung nach Satz 1 …" – entnehmen lässt, ist die Übermittlung des Verkaufsprospekts eine solche zur **Hinterlegung** desselben. Allerdings umfasst diese Hinterlegung nicht nur die Hinterlegung im engeren Sinne, dh. die Archivierung des Verkaufsprospekts (nach § 14 Abs. 2 Satz 2 VermAnlG), sondern auch die Billigung des Verkaufsprospekts nach Abschluss einer Vollständigkeitsprüfung desselben einschließlich einer Prüfung der Kohärenz und Verständlichkeit seines Inhalts gemäß § 8 Abs. 1 Satz 2 VermAnlG (Näheres unten Rz. 7 ff.).

2 Zeitgleich mit der Übermittlung des Verkaufsprospekts ist auch ein nach § 13 VermAnlG zu erstellendes **Vermögensanlagen-Informationsblatt** gemäß § 14 Abs. 1 Satz 2 VermAnlG bei der BaFin **zu hinterlegen**. Im Gegensatz zum Verkaufsprospekt wird mit der Übersendung des Vermögensanlagen-Informationsblatts aber kein gesetzliches Billigungsverfahren eingeleitet, in dessen Rahmen das Vermögensanlagen-Informationsblatts gesetzlich zu prüfen wäre (Näheres unten Rz. 16 ff.).

3 Darüber hinaus muss der Anbieter nach § 14 Abs. 3 VermAnlG im Falle ergänzender Angaben zum Verkaufsprospekt nach § 11 VermAnlG auch der entsprechende **Nachtrag zum Verkaufsprospekt** im Falle einer Aktualisierung des Vermögensanlagen-Informationsblatts nach § 13 Abs. 5 VermAnlG die **aktualisierte Fassung des Vermögensanlagen-Informationsblatts** zum Zweck der Hinterlegung an die BaFin übermitteln (Näheres unten Rz. 25 f.).

§ 14 VermAnlG **geht auf die Regelung der Hinterlegung von Verkaufsprospekten in § 8i des VerkProspG zurück**, das mit der Einführung des VermAnlG durch Art. 1 des Gesetzes zur Novellierung des Finanzanlagenvermittler- und Vermögensanlagenrechts vom 6.12.2011 durch Art. 2, 26 Abs. 3 dieses Gesetzes mit Wirkung vom 1.6.2012 aufgehoben wurde[1]. Dabei war sie vor allem dem Umstand anzupassen, dass der Anbieter bei einem öffentlichen Angebot von Vermögensanlagen nicht nur einen Verkaufsprospekt zu veröffentlichen, sondern nach § 13 Abs. 1 VermAnlG – vor dem Beginn des öffentlichen Angebots neben dem Verkaufsprospekt – auch ein Vermögensanlagen-Informationsblatt zu erstellen hat. Enthielt der aufgehobene § 8i VerkProspG noch sämtliche für das Hinterlegungsverfahren und die flankierenden Marktüberwachungsverfahren notwendigen verwaltungsverfahrensrechtlichen Vorschriften (siehe Voraufl., § 8i VerkProspG Rz. 7), so sind Letztere heute über verschiedene Vorschriften des VermAnlG – wie etwa § 15a, 17–19 VermAnlG – verteilt. Eine **Änderung** wird § 14 Abs. 2 Satz 2 VermAnlG aufgrund von Art. 11 Nr. 3 des Ersten Gesetzes zur Novellierung von Finanzmarktvorschriften auf Grund europäischer Rechtsakte (**Erstes Finanzmarktnovellierungsgesetz** – 1. FiMaNoG) vom 30.6.2016[2] erfahren, jedoch tritt diese gemäß Art. 17 Abs. 2 des Ersten Finanzmarktnovellierungsgesetzes erst am 31.12.2016 in Kraft und bringt nicht mehr als eine geringfügige Folgeänderung zu der ebenfalls am 31.12.2016 in Kraft tretenden Änderung von § 13 VermAnlG mit sich (siehe § 13 VermAnlG Rz. 11)[3].

4

Für die Hinterlegung von Verkaufsprospekten und Vermögensanlagen-Informationsblättern erhebt die BaFin **Gebühren** nach Maßgabe der Verordnung über die Gebühren für Amtshandlungen betreffend Verkaufsprospekte für Vermögensanlagen nach dem Vermögensanlagengesetz (Vermögensanlagen-Verkaufsprospektgebührenverordnung – VermVerkProspGebV)[4]. Im Einzelnen handelt es sich um Gebühren für die die Billigung des Verkaufsprospekts und von Nachträgen zu demselben sowie

5

---

1 BGBl. I 2011, S. 2481.
2 BGBl. I 2016, S. 1514.
3 Die Änderung lautet: „In § 14 Absatz 2 Satz 2 werden die Wörter ‚hinterlegte Vermögensanlagen-Informationsblatt' durch die Wörter ‚nach Absatz 1 hinterlegte Vermögensanlagen-Informationsblatt' ersetzt". Dazu RegE Erstes Finanzmarktnovellierungsgesetz, BT-Drucks. 18/7482 v. 8.2.2016. 1 (78): „Es handelt sich um eine Folgeänderung zum geänderten § 13. Die Pflicht zur Hinterlegung eines Vermögensanlagen-Informationsblattes besteht nur, sofern der Anbieter nach § 13 zur Erstellung verpflichtet ist. In anderen Fällen ist die Regelung der PRIIP-VO vorrangig".
4 Verordnung vom 29.6.2005, BGBl. I 2005, S. 1873, zuletzt geändert durch Art. 1 der Dritten Verordnung zur Änderung der Vermögensanlagen-Verkaufsprospektgebührenverordnung vom 19.8.2015, BGBl. I 2015, S. 1433. Als weitere Folge der Strukturreform des Gebührenrechts des Bundes ordnet Art. 4 Abs. 49 des Gesetzes zur Aktualisierung der Strukturreform des Gebührenrechts des Bundes vom 18.7.2016 (BGBl. I 2016, S. 1666) – gemäß dessen Art. 7 Abs. 3 mit Wirkung vom 1.10.2021 – die Aufhebung der Vermögensanlagen-Verkaufsprospektgebührenverordnung an. Art. 2 dieses Gesetzes hebt Art. 4 des Gesetzes zur Strukturreform des Gebührenrechts des Bundes vom 7.8.2013 (BGBl. I 2013, S. 3154) auf, in dessen Abs. 52 die Aufhebung der Vermögensanlagen-Verkaufsprospektgebührenverordnung mit Wirkung vom 14.8.2018 bestimmt war. Ab dem 1.10.2021 ist gem. Art. 5 Abs. 1 des Gesetzes zur Strukturreform des Gebührenrechts des Bundes vom

die Aufbewahrung des Verkaufsprospekts, von nachzutragenden Angaben (iS von § 10 Satz 2 und 3 VermAnlG) und Nachträgen und die Aufbewahrung des Vermögensanlagen-Informationsblatts (siehe Anlage Gebührenverzeichnis zu § 2 VermVerkProspGebV).

6 Die seit dem 1.7.2005 hinterlegten Vermögensanlagen-Verkaufsprospekte und die seit dem 1.6.2012 hinterlegten Vermögensanlagen-Informationsblätter hat die BaFin in einer **Datenbank** zusammengestellt, abrufbar über die Website der BaFin unter https://portal.mvp.bafin.de/database/VPInfo/index1.jsp.

II. Hinterlegung – Prüfung und Aufbewahrung (§ 14 Abs. 1, Abs. 2 Satz 1 VermAnlG)

1. Hinterlegung des Verkaufsprospekts (§ 14 Abs. 1 Satz 1 VermAnlG)

a) Gegenstand der Hinterlegung

7 Nach § 14 Abs. 1 Satz 1 VermAnlG muss der Anbieter den für die Vermögensanlagen zu erstellenden Verkaufsprospekt vor dessen Veröffentlichung der BaFin als Hinterlegungsstelle übermitteln. Wie bereits an früherer Stelle (Rz. 1) dargelegt, ist dies die Übermittlung des Verkaufsprospekts zur **Hinterlegung**, die sowohl die **Prüfung des Prospekts und seine Billigung** nach § 8 VermAnlG als auch seine **Archivierung** iS von § 14 Abs. 2 Satz 2 VermAnlG umfasst. Wie sich aus der Bestimmung des Anwendungsbereichs in § 1 der mit dem VerkProspG aufgehobenen Verordnung über Gebühren für die Hinterlegung von Verkaufsprospekten (Verkaufsprospektgebührenverordnung – VerkProspGebV)[1] entnehmen ließ, umfaßte die Hinterlegung „die Eingangserfassung und -bestätigung, die Prüfung, ob die gesetzlich erforderlichen Angaben enthalten sind, und die Archivierung des Verkaufsprospekts". Daran hat sich ausweislich der diese einzelnen Etappen regelnden Bestimmungen des § 14 VermAnlG nichts geändert, auch wenn sich die für individuell zurechenbare öffentliche Leistungen nach dem VermAnlG gemäß der VermVerkProspGebV und deren Gebührenverzeichnis in Anhang zu § 2 VermVerkProspGebV zu erhebenden Gebühren von der aufgehobenen VerkProspGebV unterscheiden. § 14 Abs. 1 Satz 1 VermAnlG übernimmt – unter Berücksichtigung der durch § 2 VermAnlG eingeführten Definition der Vermögensanlagen – den Wortlaut des aufgehobenen (siehe oben Rz. 4) § 8i Abs. 1 VerkProspG[2].

8 **Hinterlegungsfähig**, dh. der Prüfung und Archivierung zugänglich, können nur Verkaufsprospekte sein, die aufgrund einer Prospektpflicht nach § 6 iVm. § 1 Abs. 1 und

---

7.8.2013 das mit dessen Art. 1 eingeführte Gesetz über Gebühren und Auslagen des Bundes (Bundesgebührengesetz – BGebG) anwendbar.
1 Verordnung vom 7.5.1999, BGBl. I 1999, S. 874; aufgehoben durch Art. 2 der Zweiten Verordnung zur Änderung der Vermögensanlagen-Verkaufsprospektgebührenverordnung vom 25.5.2012, BGBl. I 2012, S. 1216.
2 RegE Gesetz zur Novellierung des Finanzanlagenvermittler- und Vermögensanlagenrechts, BT-Drucks. 17/6051 v. 6.6.2011, S. 1 (15).

Abs. 2 VermAnlG erstellt wurden und deren Veröffentlichung einer Billigung des Verkaufsprospekts durch die BaFin nach § 8 Abs. 1 Satz 1 VermAnlG voraussetzt. **Freiwillig erstellte Prospekte** können damit mangels entsprechender Rechtsgrundlage nicht zur Hinterlegung eingereicht und angenommen werden: Die BaFin kann ihre Marktaufsichtsrechte und die dazu bestehenden Sanktionsmöglichkeiten nur bei öffentlich angebotenen Vermögensanlagen ausüben, für die eine Prospektpflicht nach § 6 VermAnlG besteht[1]. Das gilt namentlich für Prospekte, die freiwillig erstellt wurden, obwohl für das öffentliche Angebot der Vermögensanlage, auf die sie sich beziehen, eine **Ausnahme** nach § 2 VermAnlG oder eine **Befreiung** von der Prospektpflicht nach §§ 2–2c VermAnlG eingreift und in sämtlichen dieser Fälle § 14 Abs. 1 Satz 1 VermAnlG für nicht anzuwenden erklärt wird. Wie schon zum aufgehobenen § 8i VerkProspG gilt auch hier, dass das Hinterlegungsverfahren es der BaFin mangels Rechtsgrundlage nicht gestattet, über das Eingreifen einer Ausnahme- oder Befreiungsregelung **eine Freistellungsbescheinigung** zu erteilen[2].

Hinterlegungsfähig ist ein Verkaufsprospekt allerdings dann, wenn im Zeitpunkt seiner Übermittlung keine Prospektpflicht besteht, weil eine der Ausnahmen nach § 2 VermAnlG eingreift, wenn der Anbieter darlegt, das **prospektfreie Angebot in ein prospektpflichtiges Angebot zu erweitern** oder umzuwandeln[3]. Zur Erweiterung oder Umwandlung des bisherigen Angebots bedarf es in zeitlicher und sachlicher Hinsicht konkreter Angaben. Vage Absichtserklärungen reichen nicht aus. Gleiches gilt in Bezug auf einen Verkaufsprospekts für das öffentliche Angebot von Vermögensanlagen in Gestalt von Anteilen an einem zum Zeitpunkt der Antragstellung **noch nicht gegründeten Unternehmen**, denn ein öffentliches Angebot liegt bereits dann vor, wenn das allgemeine Anlegerpublikum die Beteiligung unter der aufschiebenden, von ihm nicht beeinflussbaren Bedingung der Gründung des Unternehmens eingehen kann und mit Gründung des Unternehmens der einzelne Anleger ohne weiteres Zutun aus dem Beteiligungsvertrag unmittelbar berechtigt und verpflichtet wird[4]. 9

b) Einleitung des Hinterlegungsverfahrens

(1) Antrag

Um das nicht förmliche Verwaltungsverfahren[5] der **Hinterlegung** eines Verkaufsprospekts für Vermögensanlagen **einleiten** zu können, muss der Anbieter, der im Inland 10

---

1 Voraufl., § 8i VerkProspG Rz. 11 mwN.
2 Voraufl., § 8i VerkProspG Rz. 14.
3 Voraufl., § 8i VerkProspG Rz. 12; schon *Lenz* in Assmann/Lenz/Ritz, § 8 VerkProspG Rz. 12.
4 Voraufl., § 8i VerkProspG Rz. 13; *Lenz* in Assmann/Lenz/Ritz, § 8 VerkProspG Rz. 29.
5 Dh. ein Verwaltungsverfahren iS von § 9 VwVfG, das entsprechend § 10 VwVfG an bestimmte Formen nicht gebunden, weil keine besonderen Rechtsvorschriften für die Form des Verfahrens – hier das Hinterlegungsverfahren – bestehen. Ein förmliches Verwaltungsverfahren, für welches die Vorschriften der §§ 64–71 VwVfG gelten, findet dementsprechend und gemäß § 63 VwVfG nur statt, wenn es durch Rechtsvorschrift angeordnet ist, woran es in Bezug auf das Hinterlegungsverfahren fehlt.

Vermögensanlagen öffentlich anbietet, den Verkaufsprospekt zunächst **an die BaFin übermitteln**. Diese wird vom Gesetz ausdrücklich als die zuständige Behörde für die Hinterlegung von Verkaufsprospekten von Vermögensanlagen benannt. Diese ausdrückliche Benennung erfolgte im Interesse der Rechtsklarheit[1]. Mit der Übermittlung eines Verkaufsprospekts an die BaFin verbindet sich ein **Antrag auf Billigung und Archivierung** desselben. Wird dieser nicht ausdrücklich – in der Regel im Begleitschreiben zum übermittelten Verkaufsprospekt – gestellt, so ergibt er sich doch konkludent durch die bloße Übersendung eines Verkaufsprospekts an die BaFin[2]. Dem steht nicht entgegen, dass die BaFin in ihrer Information zum Vermögensanlagen-Informationsblatt nach § 14 Abs. 1 Satz 2 VermAnlG ausführt, dessen Übermittlung an die BaFin müsse mit einem Anschreiben versehen werden, aus welchem der Hinterleger und der Anbieter deutlich hervorgingen[3]. Ein solches Anschreiben dient fraglos der Klarheit, ist aber – anders als die Identifizierbarkeit des Hinterlegenden (siehe unten Rz. 12) – keine zwingende Voraussetzung zur Einleitung des Hinterlegungsverfahrens. Zur Form der Übermittlung des Verkaufsprospekts siehe unten Rz. 13 ff.

11 Die BaFin ist **zur Entgegennahme des Antrags verpflichtet** (§ 24 Abs. 3 VwVfG). Erst nach der Entgegennahme darf die Behörde über Unzulässigkeit oder Unbegründetheit des Antrags entscheiden[4]. Dies gilt auch dann, wenn die Behörde den Antrag auf Grund eines fehlenden Sachentscheidungsinteresses abweist[5]. Am Sachentscheidungsinteresse fehlt es, wenn es sich nicht um einen hinterlegungsfähigen Verkaufsprospekt handelt (siehe oben Rz. 8 f.) und darüber hinaus etwa auch in dem Fall, dass der Anbieter bereits zuvor für die verfahrensgegenständliche Vermögensanlage die Gestattung zur Veröffentlichung eines Verkaufsprospekts erhalten hat. Dem Anbieter stehen gegen diese Entscheidung die üblichen verfahrensrechtlichen Rechtsbehelfe zur Verfügung.

12 Den **Antrag auf Hinterlegung** – dh. die Billigung und Aufbewahrung des übermittelten Verkaufsprospekts – **muss der Anbieter stellen**. Auch wenn der Antrag konkludent erfolgen kann (siehe oben Rz. 10), ist doch erforderlich, dass der Absender eindeutig als Anbieter und Hinterlegender identifizierbar ist. Der Anbieter der Vermögensanlage kann sich für die Übermittlung der **Hilfe von Bevollmächtigten** bedienen, etwa von Rechtsanwälten oder Beratungsunternehmen. Die Vorlage einer Vollmacht zusammen mit der Übermittlung des Verkaufsprospekts ist gemäß § 14 Abs. 1 Satz 3 VwVfG nicht zwingend notwendig, vielmehr muss die Behörde bis zur schriftlichen Aufforderung zur Vorlage einer Vollmacht die als Vertreter des An-

---

1 Begr. RegE AnSVG, BT-Drucks. 15/3174 v. 24.5.2004, S. 43, zu dem § 13 Abs. 1 Satz 1 VermAnlG nahezu wortgleichen, aufgehobenen § 8i Abs. 1 VerkProspG. Entsprechend heißt es auch im RegE Gesetz zur Novellierung des Finanzanlagenvermittler- und Vermögensanlagenrechts, BT-Drucks. 17/6051 v. 6.6.2011, S. 1 (15): „Die Bundesanstalt bleibt Hinterlegungsstelle für Verkaufsprospekte".
2 Voraufl., § 8i VerkProspG Rz. 15.
3 *BaFin*, Vermögensanlagen-Informationsblatt, ohne Seitenunterteilung, Gliederungspunkt: Wie kann das Vermögensanlagen-Informationsblatt hinterlegt werden? 1. per Post.
4 Siehe hierzu auch die Gebührenregelung in § 3 Abs. 1 Satz 1 VermVerkProspGebV.
5 *Kallerhoff* in Stelkens/Bonk/Sachs, § 9 VwVfG Rz. 153, § 24 VwVfG Rz. 66 ff.

bieters auftretende Person als Bevollmächtigte behandeln, sofern keine hinreichend konkreten Anhaltspunkte gegen die behauptete Vollmacht sprechen[1]. Die BaFin wird aber bereits aufgrund der sich aus § 4 VermAnlG ergebenden Verschwiegenheitspflichten regelmäßig eine Vollmacht anfordern. Aus Gründen der Verfahrensbeschleunigung sollten die Anbieter diese jeweils bereits bei der Übermittlung des Verkaufsprospekts gleichfalls übersenden lassen.

(2) Übermittlung

Zur Einleitung des Hinterlegungsverfahrens zwingend erforderlich ist, dass der Anbieter der BaFin den Verkaufsprospekt **übermittelt**. Der Begriff der Übermittlung gibt keinen bestimmten **Übertragungsweg** des Verkaufsprospekts vor. Die Verkörperung des Verkaufsprospekts in einem Dokument erfordert lediglich, dass ein Schriftstück an die BaFin übermittelt werden muss. Das Vermögensanlagen-Informationsblatt kann sicher auf zwei verschiedene Weisen übermittelt werden:

Die **Übermittlung auf dem Postweg** erweist sich in der Praxis als am geeignetsten. Auf diese Weise wird sichergestellt, dass der Verkaufsprospekt eine **Originalunterschrift** des Anbieters enthält, die als Angabe nach § 2 Abs. 4 VermVerkProspV Voraussetzung für die Vollständigkeit des Verkaufsprospekts und seiner Billigung ist. Des Weiteren hat die Originalunterschrift des Anbieters auch bei der Bestimmung der für einen fehlerhaften Verkaufsprospekt nach § 20 Abs. 1 VermAnlG Verantwortlichen[2] und der Täter eines Kapitalanlagebetrugs nach § 264a Abs. 1 StGB Bedeutung. Folglich ist es im Hinterlegungsverfahren sachdienlich und notwendig, wenn die BaFin im Sinne des Anlegerschutzes auf der Übermittlung eines Prospekts mit Originalunterschrift besteht, zumal dadurch mögliche Schutzbehauptungen des Erklärenden entkräftet oder verhindert werden können[3].

Für die **elektronische Einreichung von Verkaufsprospekten** stellt die BaFin das elektronische Fachverfahren „Prospekte (WpPG/VermAnlG)" über das MVP-Portal zur Verfügung. Das setzt allerdings eine Registrierung am MVP-Portal und eine Anmeldung für das Fachverfahren „Prospekte (WpPG/VermAnlG)" voraus. Zu Einzelheiten siehe die Hinweise zum MVP-Portal auf der Website der BaFin[4] und das „Informationsblatt zum Fachverfahren Einreichung von Prospekten (WpPG/VermAnlG)" der BaFin[5].

---

1 Vgl. *Bonk/Schmitz* in Stelkens/Bonk/Sachs, § 14 VwVfG Rz. 14.
2 Zu denjenigen, die nach § 20 Abs. 1 VermAnlG haften, gehören auch diejenigen, die den Prospekt unterzeichnet und damit erklärt haben, für seinen Inhalt verantwortlich zu sein. Siehe § 20 VermAnlG Rz. 30, §§ 20–23 WpPG Rz. 75 f.
3 Voraufl., § 8i VerkProspG Rz. 18; schon *Lenz* in Assmann/Lenz/Ritz, § 8 VerkProspG Rz. 15.
4 Abrufbar unter www.bafin.de und Eingabe des Suchbegriffs MVP-Portal.
5 Stand 1.9.2016, abrufbar unter www.bafin.de/SharedDocs/Downloads/DE/Infoblatt_mvp-portal_fachverfahren_prospekte.pdf?__blob=publicationFile&v=3.

2. Hinterlegung des Vermögensanlagen-Informationsblatts (§ 14 Abs. 1 Satz 2 VermAnlG)

16 Nach § 14 Abs. 1 Satz 2 VermAnlG hat der Anbieter, zeitgleich mit der Hinterlegung des Verkaufsprospekts nach Abs. 2 Satz 1, das nach § 13 VermAnlG erstellte **Vermögensanlagen-Informationsblatt bei der BaFin zu hinterlegen**. Im Gegensatz zum Verkaufsprospekt bedarf das Vermögensanlagen-Informationsblatt jedoch **keiner Billigung** durch die BaFin, so dass dessen Hinterlegung in erster Linie die Funktion hat, die Erfüllung der Pflicht zur Erstellung des Vermögensanlagen-Informationsblatt nach § 13 Abs. 1 VermAnlG überwachen zu können und für dessen Aufbewahrung zu sorgen. Aufgrund der Prüfung, ob das übermittelte Dokument als Vermögensanlagen-Informationsblatt anzusehen ist und hinterlegt werden kann, nimmt die BaFin aber doch eine gewisse, auf die Erfüllung der formalen Anforderungen des § 13 VermAnlG gerichtete **Kontrolle** vor (siehe nachfolgend Rz. 17).

17 Wie bei der Hinterlegung des Verkaufsprospekts nach § 14 Abs. 1 Satz 1 VermAnlG ist auch das Vermögensanlagen-Informationsblatt der BaFin zwecks Hinterlegung **zu übermitteln**. Anders als bei der Übermittlung des Verkaufsprospekts kann die Übermittlung des Vermögensanlagen-Informationsblatts (sieh oben Rz. 13), das nicht zu unterzeichnen ist, auch per FAX erfolgen[1]. Erfolgt die Übermittlung des Informationsblatts ohne Anschreiben und/oder ohne **Antrag** auf Hinterlegung, so ist in dessen Übermittlung konkludent ein Antrag auf Hinterlegung zu sehen (siehe oben Rz. 10). Im Übrigen gelten die Ausführung zur Antragstellung oben Rz. 10 entsprechend. Dabei ist zu beachten, dass die BaFin eine Hinterlegung des Vermögensanlagen-Informationsblatts nur dann vornimmt, wenn das übermittelte „Dokument eine der in § 13 Abs. 2 ff. VermAnlG genannten formalen Anforderungen" erfüllt und damit als Vermögensanlagen-Informationsblatt angesehen werden kann[2]. Zu den **formalen Anforderungen an das Vermögensanlagen-Informationsblatt** gehören auch diejenigen über die Mindestangaben, die ein Vermögensanlagen-Informationsblatt enthalten muss. Sind die formalen Anforderungen nicht erfüllt, erfolgt die **Abweisung des Antrags** zur Hinterlegung des Vermögensanlagen-Informationsblatts. Das wiederum hat zur **Folge**, dass ein Vermögensanlagen-Informationsblatt nicht erstellt wurde und die – gegebenenfalls nach § 17 Abs. 2 VermAnlG zu untersagende – Veröffentlichung des Verkaufsprospekts sowie das öffentliche Angebot der Vermögensanlagen zu unterbleiben hat. Beginnt der Anbieter gleichwohl mit dem öffentlichen Angebot der Vermögensanlagen, hat die BaFin dieses nach § 18 Abs. 1 Nr. 2 (Nichtveröffentlichung des Verkaufsprospekts) oder Nr. 7 (Nichterstellung des Vermögensanlagen-Informationsblatts) VermAnlG zu untersagen.

18 Die Übermittlung des Vermögensanlagen-Informationsblatt zur Hinterlegung muss **zeitgleich mit der Übermittlung des Verkaufsprospekts** nach § 14 Abs. 1 Satz 1

---

1 *BaFin*, Vermögensanlagen-Informationsblatt, ohne Seitenunterteilung, Gliederungspunkt: Wie kann das Vermögensanlagen-Informationsblatt hinterlegt werden? 2. per FAX. Als FAX-Nr. wird 0228-4108-63110 angeführt.
2 *BaFin*, Vermögensanlagen-Informationsblatt, ohne Auszeichnung der Gliederung und ohne Seitenunterteilung, unter der Rubrik „Wann ist das Vermögensanlagen-Informationsblatt zu hinterlegen?".

VermAnlG erfolgen. Dem wird in der Regel dadurch genügt, dass Verkaufsprospekt und Vermögensanlagen-Informationsblatt zusammen übermittelt werden. Da aber auch eine Übermittlung des Vermögensanlagen-Informationsblatts per FAX möglich ist, ist eine zeitgleiche Übermittlung desselben erfüllt, wenn die Übermittlung von Verkaufsprospekt und Vermögensanlagen-Informationsblatt so erfolgt, dass mit ihrem annähernd gleichzeitigen Eingang bei der BaFin gerechnet werden kann. Das Erfordernis der zeitgleichen Übermittlung von Verkaufsprospekt und Vermögensanlagen-Informationsblatt **entfällt**, wenn der Anbieter nach § 2a oder § 2b VermAnlG zwar von der Pflicht zur Veröffentlichung eines Verkaufsprospekts nach § 6 VermAnlG, nicht aber von derjenigen zur Erstellung eines Vermögensanlagen-Informationsblatts nach § 13 VermAnlG befreit ist (siehe dazu auch § 13 VermAnlG Rz. 14). In diesen Fall genügt jede Übermittlung des Vermögensanlagen-Informationsblatts vor dem Beginn des öffentlichen Angebots. Ebenso verhält es sich, wenn der Anbieter keinen Verkaufsprospekt nach dem VermAnlG veröffentlichen muss, weil bereits nach anderen Vorschriften eine Prospektpflicht besteht oder ein gültiger Verkaufsprospekt nach den Vorschriften dieses Gesetzes bereits veröffentlicht worden ist (siehe § 13 VermAnlG Rz. 13).

Im Hinblick auf den Umstand, dass die BaFin die Hinterlegung des Vermögensanlagen-Informationsblatts abweisen kann, weil es nicht die in § 13 Abs. 2 ff. VermAnlG angeführten formalen Anforderungen erfüllt, ist es nicht nur ratsam, sondern geboten, mit dem Beginn des öffentlichen Angebotes zu warten, bis der Hinterleger eine **Eingangsbestätigung** der BaFin (§ 14 Abs. 2 Satz 1 VermAnlG) erhält. Eine Faxübermittlungsbestätigung ist keine Eingangsbestätigung. Regelmäßig erfolgt eine Antwort auf die Eingabe eines Vermögensanlagen-Informationsblattes tagesgleich mit Eingang, spätestens jedoch am folgenden Arbeitstag[1]. Da der Hinterleger entweder eine telefonische Rückmeldung im Hinblick auf noch anzupassender Punkte oder eine Eingangsbestätigung bekommt[2], ist der Erhalt der Letzteren als Bestätigung der Erfüllung der Hinterlegungspflicht des § 14 Abs. 1 Satz 2 VermAnlG anzusehen.

3. Bestätigung der Übermittlung (§ 14 Abs. 2 Satz 1 VermAnlG)

Nach § 14 Abs. 2 Satz 1 VermAnlG **bestätigt** die BaFin dem Anbieter **den Tag des Eingangs** des Verkaufsprospekts und des Vermögensanlagen-Informationsblatts. Die Vorschrift übernimmt – unter Berücksichtigung der Definition der Vermögensanlagen in § 1 Abs. 2 VermAnlG und unter Berücksichtigung des Erfordernisses der Erstellung eines Vermögensanlagen-Informationsblatts nach § 13 Abs. 1 Satz 1 VermAnlG – den aufgehobenen (siehe oben Rz. 4) § 8i Abs. 3 Satz 1 VerkProspG.

---

[1] *BaFin*, Vermögensanlagen-Informationsblatt, ohne Auszeichnung der Gliederung und ohne Seitenunterteilung, unter der Rubrik „Wann ist das Vermögensanlagen-Informationsblatt zu hinterlegen?".

[2] So *BaFin*, Vermögensanlagen-Informationsblatt, ohne Auszeichnung der Gliederung und ohne Seitenunterteilung, unter der Rubrik „Wann ist das Vermögensanlagen-Informationsblatt zu hinterlegen?".

21 Die den **Verkaufsprospekt betreffende Eingangsbestätigung** ist eine bloße Bestätigung des Erhalts des Prospekts und enthält keine Aussage zu dessen Billigung. Im Falle des **Vermögensanlagen-Informationsblatts** verbindet sich mit der Eingangsbestätigung die Anerkennung, dass dieses die formalen Anforderungen des § 13 Abs. 2 ff. VermAnlG erfüllt und hinterlegungsfähig ist (siehe oben Rz. 19).

III. Aufbewahrung (§ 14 Abs. 2 Satz 2 und Satz 3 VermAnlG)

22 § 14 Abs. 2 Satz 2 und Satz 3 VermAnlG regeln die **Dauer der Aufbewahrung** der zur Hinterlegung übermittelten Verkaufsprospekte und Vermögensanlagen-Informationsblätter und den **Beginn der Aufbewahrungsfrist**. Die Vorschriften übernehmen – unter Berücksichtigung der Definition der Vermögensanlagen in § 1 Abs. 2 VermAnlG und unter Berücksichtigung des Erfordernisses der Erstellung eines Vermögensanlagen-Informationsblatts nach § 13 Abs. 1 Satz 1 VermAnlG – die aufgehobenen (siehe oben Rz. 4) § 8i Abs. 3 Satz 2 und Satz 3 VerkProspG. Die seit dem 1.7.2005 hinterlegten Vermögensanlagen-Verkaufsprospekte und die seit dem 1.6.2012 hinterlegten Vermögensanlagen-Informationsblätter hat die BaFin in einer **Datenbank** zusammengestellt (siehe oben Rz. 6).

23 Nach § 14 **Abs. 2 Satz 2** VermAnlG werden der hinterlegte Verkaufsprospekt und das nach Abs. 1[1] hinterlegte Vermögensanlagen-Informationsblatt von der BaFin **zehn Jahre aufbewahrt**. Durch die zehnjährige Hinterlegung soll sichergestellt werden, dass sowohl Verkaufsprospekte als auch Vermögensanlagen- Informationsblätter auf die Dauer von zehn Jahren an einer feststehenden Stelle verfügbar sind. Die **Aufbewahrungsdauer** ist an die Regelungen des § 257 Abs. 4 HGB bzw. § 147 Abs. 3 AO über die Dauer der vom Kaufmann bzw. vom Steuerpflichtigen aufzubewahrenden Unterlagen angelehnt[2]. Die Begrenzung der Aufbewahrungsfrist trägt dem Umstand der gemäß der Verjährungsbestimmungen in §§ 195, 199 Abs. 1 und 3 Satz 1 Nr. 1 BGB regelmäßig auf drei bzw. zehn Jahre begrenzten Haftung für fehlerhafte Verkaufsprospekte (siehe § 20 VermAnlG Rz. 51) und Vermögensanlagen-Informationsblätter (siehe § 22 VermAnlG Rz. 82) Rechnung und steht damit im Einklang mit der Schutzbedürftigkeit der Anleger, in Haftungsfällen notfalls auf die BaFin als zentrale Sammelstelle (Evidenzzentrale) für Verkaufsprospekte und Vermögensanlagen-Informationsblätter zurückgreifen zu müssen. Mit der zeitlichen Begrenzung der Aufbewahrungspflicht wird ferner dem praktischen Bedürfnis der BaFin Rechnung getragen, angesichts der großen Menge der bei ihr in ihrer Funktion als Sammelstelle hinterlegten Verkaufsprospekte einen nicht vertretbaren und unnötigen Verwaltungs-

---

1 So auch die Änderung des Abs. 2 Satz 2 durch Art. 11 Nr. 3 des Ersten Gesetzes zur Novellierung von Finanzmarktvorschriften auf Grund europäischer Rechtsakte (Erstes Finanzmarktnovellierungsgesetz – 1. FiMaNoG) vom 30.6.2016, die nach Art. 17 Abs. 2 des 1. FiMaNoG am 31.12.2016 in Kraft tritt. Art. 11 Nr. 3 lautet: „In § 14 Absatz 2 Satz 2 werden die Wörter ‚hinterlegte Vermögensanlagen-Informationsblatt' durch die Wörter ‚nach Absatz 1 hinterlegte Vermögensanlagen-Informationsblatt' ersetzt."
2 RegE 4. FFG, BT-Drucks. 14/8017 v. 18.1.2002, S. 109.

aufwand im Zusammenhang mit der Lagerung und Archivierung der Prospekte zu betreiben.

Die **Aufbewahrungsfrist beginnt** nach § 14 Abs. 2 Satz 3 VermAnlG mit dem Schluss des Kalenderjahres, in dem der Verkaufsprospekt und das Vermögensanlagen-Informationsblatt hinterlegt worden sind. Bei unvollständigen Verkaufsprospekten iS von § 10 Satz 1 VermAnlG beginnt die Frist entsprechend mit dem Kalenderjahr, in das die Übermittlung des letzten Nachtrags gemäß § 10 VermAnlG fällt. 24

IV. Übermittlung von Nachträgen zum Verkaufsprospekt und von aktualisierten Vermögensanlagen-Informationsblättern (§ 14 Abs. 3 VermAnlG)

Nach § 11 Abs. 1 Satz 1 VermAnlG ist jeder wichtige neue Umstand oder jede wesentliche Unrichtigkeit in Bezug auf die im Verkaufsprospekt enthaltenen Angaben, die die Beurteilung der Vermögensanlagen oder des Emittenten beeinflussen könnten und die nach der Billigung des Prospekts und während der Dauer des öffentlichen Angebots auftreten oder festgestellt werden, ist in einem **Nachtrag zum Verkaufsprospekt** zu veröffentlichen. In vergleichbarer Weise sind nach § 13 Abs. 5 VermAnlG die in dem **Vermögensanlagen-Informationsblatt** enthaltenen Angaben während der Dauer des öffentlichen Angebots **zu aktualisieren**, wenn sie unrichtig oder unvereinbar mit den Angaben im Verkaufsprospekt sind oder wenn ergänzende Angaben in einem Nachtrag zum Verkaufsprospekt nach § 11 VermAnlG veröffentlicht werden. Der Nachtrag nach § 11 VermAnlG bzw. die aktualisierte Fassung des Vermögensanlagen-Informationsblatts nach § 13 Abs. 5 VermAnlG sind der BaFin nach § 14 Abs. 3 Satz 1 bzw. Satz 2 VermAnlG zum Zweck der **Hinterlegung** zu übermitteln. Auf diese Weise wird sichergestellt, dass Nachträge zum Verkaufsprospekt sowie aktualisierte Fassungen des Vermögensanlagen-Informationsblatts – der Aufbewahrungsdauer für Verkaufsprospekte und Vermögensanlagen-Informationsblätter für die Dauer von zehn Jahren entsprechend – auch nach Ablauf des öffentlichen Angebots an einer zentralen Stelle zu finden sind[1]. 25

Die **Übermittlung des Nachtrags** iS von § 11 VermAnlG zum Zwecke der Hinterlegung ist eine solche zur Billigung des Nachtrags und zur Aufbewahrung, denn der Anbieter hat nach § 11 Abs. 1 Satz 3 und Satz 4 VermAnlG den Nachtrag vor seiner Veröffentlichung bei der BaFin zur Billigung binnen einer Frist von zehn Werktagen entsprechend § 8 Abs. 1 Satz 2 und Abs. 3 VermAnlG einzureichen (siehe oben Rz. 10). Die **Übermittlung der aktualisierten Fassung des Vermögensanlagen-Informationsblatts** dient nur dem Zweck der Hinterlegung im Sinne seiner Archivierung. Aber auch hier wird die BaFin überprüfen, ob die Aktualisierung den formalen Anforderungen an Darstellungen in Vermögensanlagen-Informationsblättern nach § 13 VermAnlG und dem Erfordernis des § 13 Abs. 5 Satz 3 VermAnlG genügt, demzufolge das Datum der letzten Aktualisierung sowie die Zahl der seit der erstmaligen 26

---

1 RegE Gesetz zur Novellierung des Finanzanlagenvermittler- und Vermögensanlagenrechts, BT-Drucks. 17/6051 v. 6.6.2011, S. 1 (35).

Erstellung des Vermögensanlagen-Informationsblatts vorgenommenen Aktualisierungen sind im Vermögensanlagen-Informationsblatt zu nennen sind (siehe oben Rz. 17).

§ 15
Anlegerinformation

(1) Der Anbieter hat einem Anleger oder einem am Erwerb einer Vermögensanlage Interessierten auf dessen Verlangen während der Dauer des öffentlichen Angebots nach § 11 Satz 1 jederzeit den Verkaufsprospekt und eine aktuelle Fassung des *[(ab 31.12.2016 zu ergänzen, siehe unten Rz. 4:) nach § 13 erstellten]* Vermögensanlagen-Informationsblatts in Textform, auf Verlangen in Papierform zu übermitteln. Der Emittent hat einem Anleger oder einem am Erwerb einer Vermögensanlage Interessierten auf dessen Verlangen jederzeit den letzten veröffentlichten Jahresabschluss und Lagebericht in Textform, auf Verlangen in Papierform, zu übermitteln. Auf Antrag einer Person, die in Bezug auf Vermögensanlagen Anlageberatung, Anlage- oder Abschlussvermittlung erbringt oder Vermögensanlagen verkauft, hat der Anbieter dieser Person das *[(ab 31.12.2016 zu ergänzen, siehe unten Rz. 4:) nach § 13 erstellte]* Vermögensanlagen-Informationsblatt in Textform zu übermitteln.

(2) Im Falle des Eigenvertriebs hat der Anbieter rechtzeitig vor Vertragsschluss dem am Erwerb einer Vermögensanlage Interessierten das *[(ab 31.12.2016 zu ergänzen, siehe unten Rz. 4:) nach § 13 erstellte]* Vermögensanlagen-Informationsblatt in der jeweils aktuellen Fassung und auf Verlangen den Verkaufsprospekt zur Verfügung zu stellen. Der am Erwerb einer Vermögensanlage Interessierte ist darauf hinzuweisen, wo im Geltungsbereich des Gesetzes und auf welche Weise er die Unterlagen nach Satz 1 erhalten kann. Erbringt der Anbieter im Falle des Eigenvertriebs keine Anlageberatung, hat er den am Erwerb einer Vermögensanlage Interessierten rechtzeitig vor Vertragsschluss in Textform darauf hinzuweisen, dass er nicht beurteilt, ob

1. die Vermögensanlage den Anlagezielen des Interessierten entspricht,
2. die hieraus erwachsenden Anlagerisiken für den Anleger dessen Anlagezielen entsprechend finanziell tragbar sind und
3. der Anleger mit seinen Kenntnissen und Erfahrungen die hieraus erwachsenden Anlagerisiken verstehen kann.

(3) Die Kenntnisnahme des Warnhinweises nach § 13 Absatz 6 ist von jedem Anleger vor Vertragsschluss unter Nennung von Ort und Datum durch seine Unterschrift mit Vor- und Familienname auf dem *[(ab 31.12.2016 zu ergänzen, siehe unten Rz. 4:) nach § 13 erstellten]* Vermögensanlagen-Informationsblatt zu bestätigen. Der Anbieter und der Anleger erhalten je eine Ausfertigung des gezeichneten Vermögensanlagen-Informationsblatts.

(4) Werden für die Vertragsverhandlungen und den Vertragsschluss über eine Vermögensanlage ausschließlich Fernkommunikationsmittel verwendet, hat der Anleger die Kenntnisnahme des Warnhinweises nach § 13 Absatz 6 in einer der Unterschriftsleistung nach Absatz 3 gleichwertigen Art und Weise zu bestätigen. Eine Bestätigung ist dann gleichwertig, wenn sie vom Anleger durch eigenständige Texteingabe vorgenommen wird, die zweifelsfrei seine Identität erkennen lässt.

(5) Das Bundesministerium der Finanzen wird ermächtigt, durch Rechtsverordnung, die nicht der Zustimmung des Bundesrates bedarf, im Einvernehmen mit dem Bundesministerium der Justiz und für Verbraucherschutz nähere Bestimmungen darüber zu erlassen, unter welchen Voraussetzungen eine Bestätigung im Sinne des Absatzes 4 einer Unterschriftsleistung nach Absatz 3 gleichwertig ist.

In der Fassung vom 6.12.2011 (BGBl. I 2011, S. 2481), zuletzt geändert durch das Kleinanlegerschutzgesetz vom 3.7.2015 (BGBl. I 2015, S. 1114).

Verordnung zur Durchführung des § 15 Absatz 4 des Vermögensanlagengesetzes (Vermögensanlagen-Informationsblatt-Bestätigungsverordnung – VIBBestV)
vom 20.8.2015 (BGBl. I 2015, S. 1437).

Auf Grund des § 15 Absatz 5 des Vermögensanlagengesetzes, der durch Artikel 2 Nummer 16 Buchstabe b des Gesetzes vom 3.7.2015 (BGBl. I S. 1114) eingefügt worden ist, verordnet das Bundesministerium der Finanzen im Einvernehmen mit dem Bundesministerium der Justiz und für Verbraucherschutz:

§ 1 Anwendungsbereich

(1) Durch diese Verordnung werden die Anforderungen näher bestimmt, die an eine Bestätigung durch Nutzung von Fernkommunikationsmittel nach § 15 Absatz 4 des Gesetzes zu stellen sind, um die eigenhändige Unterzeichnung durch den Anleger nach § 15 Absatz 3 des Gesetzes in gleichwertiger Art und Weise zu ersetzen.

(2) Fernkommunikationsmittel im Sinne des § 15 Absatz 4 des Gesetzes sind Kommunikationsmittel, die zur Anbahnung oder zum Abschluss eines Vertrags über eine Vermögensanlage zwischen einem Anleger und einem Anbieter oder Emittenten eingesetzt werden können, ohne dass die Vertragsparteien gleichzeitig körperlich anwesend sind, wie Telefonanrufe, Telekopien, E-Mails, über den Mobilfunkdienst versendete Nachrichten (SMS), Telemedien sowie Internetseiten.

§ 2 Gleichwertigkeit der Bestätigung

(1) Eine Bestätigung im Sinne von § 15 Absatz 4 Satz 1 des Gesetzes ist der eigenhändigen Unterschrift nach § 15 Absatz 3 des Gesetzes gleichwertig, wenn
1. ein elektronisches Dokument, welches das Vermögensanlagen-Informationsblatt enthält,
    a) bei Anlegern, die natürliche Personen sind, um deren Vor- und Familiennamen und bei Anlegern, die juristische Personen oder andere rechtsfähige Personenvereinigungen sind, um deren Firma oder deren Namen sowie um

den Vor- und Familiennamen der natürlichen Person, die für diese handelt, unter Nennung von Ort und Datum ergänzt wird und
b) das elektronische Dokument vom Anleger oder, wenn der Anleger eine juristische Person oder eine andere rechtsfähige Personenvereinigung ist, von deren Vertreter mit seiner qualifizierten elektronischen Signatur nach dem Signaturgesetz versehen oder von dem De-Mail-Konto des Anlegers nach § 5 Absatz 5 des De-Mail-Gesetzes versandt wird, oder
2. das Vermögensanlagen-Informationsblatt auf einer Internetseite des Emittenten oder Anbieters der Vermögensanlage durch die eigenständige Eingabe folgender Angaben in einer Formularmaske unter Nennung von Ort und Datum ergänzt wird:
a) bei Anlegern, die natürliche Personen sind:
   aa) des Vor- und Familiennamens,
   bb) des Geburtsorts,
   cc) des Geburtsdatums,
   dd) der Nummer des Personalausweises oder des Reisepasses unter Angabe der ausstellenden Behörde,
   ee) der Anschrift sowie
   ff) der E-Mail-Adresse oder der Telefonnummer,
b) bei Anlegern, die juristische Personen oder andere rechtsfähige Personenvereinigungen sind:
   aa) der Firma oder des Namens,
   bb) des Datums der Gründung,
   cc) sofern vorhanden, der Registernummer unter Angabe der zuständigen registerführenden Stelle,
   dd) des Sitzes oder der Geschäftsanschrift,
   ee) der E-Mail-Adresse oder der Telefonnummer sowie
   ff) hinsichtlich der natürlichen Person, die für die juristische Person oder andere rechtsfähige Personenvereinigung handelt, die in Buchstabe a Doppelbuchstabe aa bis dd genannten Angaben.

(2) Bei Zweifeln über die Richtigkeit der Angaben zur Identität des Anlegers oder der für den Anleger handelnden Person bei Bestätigungen nach Absatz 1 Nummer 2 hat sich der Emittent oder der Anbieter oder die Internet-Dienstleistungsplattform, die die Vermögensanlage im Wege der Anlageberatung oder Anlagevermittlung vermittelt, einen geeigneten Nachweis über die Angaben über den Anleger oder die für den Anleger handelnde Person zum Geburtsort, zum Geburtsdatum und zur Nummer des Personalausweises oder des Reisepasses einschließlich der ausstellenden Behörde zukommen zu lassen. Ein geeigneter Nachweis liegt vor, wenn der Anleger oder die für den Anleger handelnde Person den Angaben in der Formularmaske nach Absatz 1 Nummer 2 einen Identitätsnachweis nach § 18 des Personalausweisgesetzes oder nach § 78 Absatz 5 des Aufenthaltsgesetzes oder eine Ablichtung des Personalausweises oder Reisepasses beifügt.

§ 3 Inkrafttreten
Diese Verordnung tritt am Tag nach der Verkündung in Kraft.

Schrifttum: Siehe Einl. VermAnlG und das allgemeine Schrifttumsverzeichnis.

I. Regelungsgegenstand und Normentwicklung 1	2. Information rechtzeitig vor Vertragsschluss (§ 15 Abs. 2 Satz 1 VermAnlG) 18
II. Übermittlungspflichten (§ 15 Abs. 1 VermAnlG)	3. Informationspflichten zwecks laufender Anlegerinformation (§ 15 Abs. 2 Satz 2 VermAnlG) . . . 21
1. Übersicht 5	
2. Übermittlung von Verkaufsprospekt und Vermögensanlagen-Informationsblatt durch den Anbieter (§ 15 Abs. 1 Satz 1 VermAnlG) . . . 6	4. Informationen bei Eigenvertrieb ohne Anlageberatung (§ 15 Abs. 2 Satz 3 VermAnlG) 22
3. Übermittlung von Jahresabschluss und Lagebericht durch den Emittenten (§ 15 Abs. 1 Satz 2 VermAnlG) 11	IV. Kenntnisnahme des Warnhinweises im Vermögensanlagen-Informationsblatt (§ 15 Abs. 3–5 VermAnlG)
4. Übermittlung des Vermögensanlagen-Informationsblatts an Marktintermediäre (§ 15 Abs. 1 Satz 3 VermAnlG) 14	1. Regelungshintergrund und Übersicht 24
	2. Bestätigung im Regelfall (§ 15 Abs. 3 VermAnlG) 27
III. Informationspflichten des Anbieters im Eigenvertrieb (§ 15 Abs. 2 VermAnlG)	3. Vertragsschluss über Fernkommunikationsmittel (§ 15 Abs. 4 VermAnlG) 29
1. Eigenvertrieb 17	4. Verordnungsermächtigung (§ 15 Abs. 5 VermAnlG) 31

I. Regelungsgegenstand und Normentwicklung

§ 15 VermAnlG ist ein Baustein des **Systems der Publizität beim Vertrieb von Vermögensanlagen.** Ein Teil der hierzu gehörigen Vorschriften hat die kundenbezogenen Pflichten von Marktintermediären – wie Abschlussvermittler, Anlagevermittler oder Anlageberater – gegenüber ihren Kunden zum Gegenstand. Sie finden sich im Wesentlichen im WpHG in Gestalt der §§ 31 ff. WpHG und in §§ 11 ff. der auf der Verordnungsermächtigung des § 34g Abs. 1 GewO beruhenden Verordnung über die Finanzanlagenvermittlung (Finanzanlagenvermittlungsverordnung – FinVermV). Ein anderer Teil der Vorschriften des Publizitätssystems beim Vertrieb von Vermögensanlagen ist auf die **Information des Anlegerpublikums durch Emittenten und Anbieter** gerichtet, die namentlich durch die Instrumente der vom Anbieter zu veröffentlichenden Verkaufsprospekte und zu erstellenden Vermögensanlagen-Informationsblätter erfolgt. Diese wiederum betreffen zum einen die Allgemeinpublizität in Gestalt von Pflichten zur Erstellung, Veröffentlichung und Bereithaltung der Publizitätsinstrumente Verkaufsprospekt und Vermögensanlagen-Informationsblatt und zum anderen die Individualpublizität in Gestalt der Pflichten von Emittenten und Anbietern gegenüber „einem Anleger oder einem am Erwerb einer Vermögensanlage Interessierten" (§ 15 Abs. 1 Satz 1 VermAnlG). Zu den Letzteren gehören die Bestimmungen des § 15 VermAnlG. 1

2   Die Bestimmungen zur **Überwachung** der Einhaltung der sich aus § 15 WpHG ergebenden Pflichten und zur **Sanktionierung** von Pflichtverletzungen sind vielschichtig:

– Ganz **allgemein** kann die BaFin nach § 19 Abs. 1 Satz 1 Nr. 1 VermAnlG von einem Emittenten oder Anbieter Auskünfte, die Vorlage von Unterlagen und die Überlassung von Kopien verlangen, um die Einhaltung der Pflichten und Verbote unter anderem des § 15 VermAnlG zu überwachen.

– Wird dem Erwerber entgegen § 15 VermAnlG das **Vermögensanlagen-Informationsblatt nicht zur Verfügung gestellt**, kann der Erwerber von dem Anbieter nach § 22 Abs. 4a Satz 1 Nr. 1 VermAnlG die Übernahme der Vermögensanlage gegen Erstattung des Erwerbspreises, soweit dieser den ersten Erwerbspreis der Vermögensanlage nicht überschreitet, und der mit dem Erwerb verbundenen üblichen Kosten verlangen (dazu auch unten Rz. 10).

– Gleiches gilt für den Fall, dass der Erwerber der öffentlich angebotenen Vermögensanlagen die **Kenntnisnahme des Warnhinweises** nach § 13 Abs. 6 VermAnlG nicht nach § 15 Abs. 3 oder Abs. 4 VermAnlG bestätigt hat.

3   Diese Vorkehrungen zur Gewährleistung der sich aus § 15 VermAnlG ergebenden Pflichten der Anlegerinformation werden durch andere Vorkehrungen zur Einhaltung von Veröffentlichungs- und Bereithaltungspflichten und zur Überwachung derselben durch die BaFin komplementiert und bilden zusammengenommen ein komplexes und nicht unkompliziertes **Anlegerinformationssystem**. Dennoch sind die Bestimmungen zur Überwachung der Einhaltung der sich aus § 15 WpHG ergebenden Pflichten und zur Sanktionierung von Pflichtverletzungen **lückenhaft**. Nach wie vor **krankt das System** der Anlegerinformation aber vor allem daran, nicht sicherzustellen, dass der Erwerber von Vermögensanlagen vor dem – auf welchem Wege auch immer erfolgenden – Erwerb derselben und ohne dafür selbst aktiv werden zu müssen, einen Verkaufsprospekt und ein Vermögensanlagen-Informationsblatt erhalten hat. Das ist keine systemfremde **Kritik**, sondern eine solche, die das System der Anlegerinformation an seinen eigenen Ansprüchen misst, dh. als ein solches betrachtet, das Anlegerinformation als Instrument zur Herbeiführung einer eigenverantwortlichen informierten Anlegerentscheidung bei gleichzeitig verbraucherschutzorientierten zwingenden Vorkehrungen zum Schutz der Anleger betrachtet.

4   Dagegen ist die **Normentwicklung** übersichtlich: § 15 Abs. 1 und Abs. 2 Satz 1 VermAnlG sind seit der Einführung des Gesetz durch Art. 1 des Gesetzes zur Novellierung des Finanzanlagenvermittler- und Vermögensanlagenrechts vom 6.12.2011[1] unverändert geblieben. Alle anderen Bestimmungen des § 15 VermAnlG sind durch Art. 2 Nr. 16 des Kleinanlegerschutzgesetzes vom 3.7.2015[2] in das VermAnlG gelangt. Geringfügige Änderungen des § 15 VermAnlG durch Art. 11 Nr. 4 des Ersten Gesetzes zur Novellierung von Finanzmarktvorschriften auf Grund europäischer Rechtsakte (Erstes Finanzmarktnovellierungsgesetz – 1. FiMaNoG) vom 30.6.2016[3] werden ge-

---

1 BGBl. I 2011, S. 2481.
2 BGBl. I 2015, S. 1114.
3 BGBl. I 2016, S. 1514.

mäß dessen Art. 17 Abs. 2 am 31.12.2016 in Kraft treten. Die Änderungen beschränken sich darauf, dass in § 15 Abs. 1 Satz 1 und Satz 3, Abs. 2 Satz 1 und in Abs. 3 Satz 1 der Vorschrift die Worte „Vermögensanlagen-Informationsblatt" ab 31.12.2016 durch die Worte „nach § 13 erstellten Vermögensanlagen-Informationsblatts" ersetzt werden. Weitere Änderungen sieht Art. 11 Nr. 4 des Ersten Gesetzes zur Novellierung von Finanzmarktvorschriften auf Grund europäischer Rechtsakte (**Erstes Finanzmarktnovellierungsgesetz** – 1. FiMaNoG) vom 30.6.2016[1] vor. Sie treten jedoch nach § 17 Abs. 2 des Ersten Finanzmarktnovellierungsgesetzes erst zum 31.12.2016 in Kraft und stellen bloße Folgeänderungen zum – ebenfalls erst mit Wirkung vom 31.12.2016 – geänderten § 13 VermAnlG (siehe § 13 VermAnlG Rz. 11) dar[2].

II. Übermittlungspflichten (§ 15 Abs. 1 VermAnlG)

1. Übersicht

§ 15 Abs. 1 VermAnlG eröffnet Marktteilnehmern und Marktintermediären Möglichkeiten, sich den Verkaufsprospekt und das Vermögensanlagen-Informationsblatt sowie letzten veröffentlichten Jahresabschluss und Lagebericht des Emittenten zu verschaffen. § 15 Abs. 1 Sätze 1 und 2 VermAnlG geben jedem **Anleger oder jedem Erwerb einer Vermögensanlage Interessierten** das Recht, während der Dauer des öffentlichen Angebots vom Anbieter die Übermittlung des Verkaufsprospekts und des Vermögensanlagen-Informationsblatts in deren jeweils aktuellen Fassung (siehe unten Rz. 9) und vom Emittenten den letzten veröffentlichten Jahresabschluss und Lagebericht verlangen zu können. Darüber hinaus sieht § 15 Abs. 1 Satz 3 VermAnlG vor, dass bestimmte **Marktintermediäre** – nämlich diejenigen, die in Bezug auf Vermögensanlagen Anlageberatung, Anlage- oder Abschlussvermittlung erbringen oder Vermögensanlagen verkaufen – im Hinblick auf die Erfüllung eigener Informationspflichten vom Anbieter verlangen können, ihnen das Vermögensanlagen-Informationsblatt zu übermitteln.

5

2. Übermittlung von Verkaufsprospekt und Vermögensanlagen-Informationsblatt durch den Anbieter (§ 15 Abs. 1 Satz 1 VermAnlG)

§ 15 Abs. 1 Satz 1 VermAnlG gibt einem Anleger oder einem am Erwerb einer Vermögensanlage Interessierten das Recht, während der Dauer des öffentlichen Angebots nach § 11 Satz 1 VermAnlG vom Anbieter jederzeit die **Übermittlung des Verkaufs-**

6

---

1 BGBl. I 2016, S. 1514.
2 Die Änderungen betreffen § 15 Abs. 1 Satz 1 und Abs. 3 Satz 1 bzw. § 15 Abs. 1 Satz 3 und Abs. 2 Satz 1 VermAnlG und sehen jeweils die Ersetzung des Worts „Vermögensanlagen-Informationsblatts" bzw. „Vermögensanlagen-Informationsblatt" durch die Wörter „nach § 13 erstellten Vermögensanlagen-Informationsblatts" bzw. „nach § 13 erstellte Vermögensanlagen-Informationsblatt" vor. Dazu RegE Erstes Finanzmarktnovellierungsgesetz, BT-Drucks. 18/7482 v. 8.2.2016, 1 (79): „Es handelt sich um Folgeänderungen zum geänderten § 13 [VermAnlG]. Soweit eine Pflicht zur Veröffentlichung und Bereitstellung eines Basisinformationsblattes nach der PRIIP-VO besteht, sind diese Regelungen vorrangig".

prospekts und einer aktuellen Fassung des **Vermögensanlagen-Informationsblatts** verlangen zu können.

7 Zur Übermittlung der fraglichen Dokumente **verpflichtet**, ist der Anbieter. **Berechtigt**, die Übermittlung der Dokumente verlangen zu können, ist der **Anleger oder der am Erwerb einer Vermögensanlage Interessierte**. Dass als Anleger herkömmlich jeder Marktteilnehmer iS eines am Erwerb von Kapitalanlagen Interessierter gilt, macht die Unterscheidung zwischen Anlegern und Erwerbsinteressierten in § 15 Abs. 1 Satz 1 VermAnlG nur Sinn, wenn man als Anleger diejenige Person betrachtet, deren Erwerbsinteresse bereits in die Tat umgesetzt wurde, das heißt bereits eine Anlage getätigt haben. Erhalten sie Verkaufsprospekt und Vermögensanlagen-Informationsblatt erst nach dem Erwerb der Vermögensanlage sind war Ansprüche nach § 20 bzw. § 22 VermAnlG wegen fehlerhaften Verkaufsprospekts bzw. Vermögensanlagen-Informationsblatts ausgeschlossen, weil sie – anders als § 20 Abs. 4 Nr. 1 bzw. § 22 Abs. 1 Satz 1 VermAnlG es verlangen – die Anlage nicht „auf Grund" von Angaben in diesen Dokumenten erworben haben, doch ist ihr Informationsbedürfnis im Hinblick auf die erworbene Vermögensanlage nicht erloschen. Dieses kann namentlich darin bestehen, Informationen, die ihnen beim Erwerb der Vermögensanlage von Dritten gegeben wurden, im Hinblick auf mögliche Haftungsansprüche auf ihre Richtigkeit zu überprüfen.

8 Die Pflicht zur **Übermittlung** von Verkaufsprospekt und Vermögensanlagen-Informationsblatt wird durch das **Verlangen** des Anlegers oder des am Erwerb einer Vermögensanlage Interessierten ausgelöst. Ohne besonderes Verlangen, dh. in der Regel, sind die angeforderten Dokumente in **Textform**, dh. elektronisch (per E-Mail und Anhang) oder auf elektronischem Datenträger zu übermitteln. Als Übermittlung in Textform wird man es genügen, wenn dem Anleger der Text zugänglich gemacht wird, etwa indem ihm per E-Mail ein Link mitgeteilt wird, über den er den Text der Dokumente lesen und herunterladen kann. Nur wenn der Anleger oder Erwerbsinteressierte es verlangt, sind die Dokumente in **Papierform**, dh. gedruckt, zu übermitteln. § 15 Abs. 1 Satz 1 VermAnlG ordnet zwar nicht *expressis verbis* die **kostenlose Übermittlung** an, doch soll nach der Begründung des RegE zu dieser Regelung[1] die Übermittlung der gewünschten Dokumente nicht von der Zahlung eines Entgelts abhängig gemacht werden. Dies und der Umstand, dass die Übermittlung der in § 15 VermAnlG angeführten Dokumente unmittelbar oder mittelbar der Anlegerinformation dient, sprechen dafür, dass der Zugang zu den fraglichen Dokumenten durch das Verlangen der Übermittlung derselben barrierefrei und damit kostenlos erfolgen muss.

9 Während § 15 Abs. 1 Satz 1 VermAnlG bestimmt, dass das **Vermögensanlagen-Informationsblatt** in seiner aktuellen Fassung zu übermitteln ist, enthält das Gesetz im Hinblick auf den **Verkaufsprospekt** keine entsprechende Qualifikation. Das könnte zu der Ansicht verleiten, der Verkaufsprospekt sei nur in seiner gebilligten ursprünglichen und nicht in seiner aktuellen Fassung zu übermitteln. Tatsächlich ist auch der

---

1 RegE Gesetz zur Novellierung des Finanzanlagenvermittler- und Vermögensanlagenrechts, BT-Drucks. 17/6051 v. 6.6.2011, S. 1 (35).

Verkaufsprospekt zu aktualisieren, dh. jeder wichtige neue Umstand oder jede wesentliche Unrichtigkeit in Bezug auf die im Verkaufsprospekt enthaltenen Angaben, die die Beurteilung der Vermögensanlagen oder des Emittenten beeinflussen könnten und die nach der Billigung des Prospekts und während der Dauer des öffentlichen Angebots auftreten oder festgestellt werden, ist nach § 11 Abs. 1 Satz 1 VermAnlG in einem Nachtrag zum Verkaufsprospekt zu veröffentlichen. Der Anbieter muss aber nicht nur die jeweiligen Nachträge veröffentlichen, sondern nach § 11 Abs. 3 Sätze 1 und 2 VermAnlG auch „eine um sämtliche Nachträge ergänzte Fassung" des Verkaufsprospekts veröffentlichen. Da somit ein aktualisierter Verkaufsprospekt vorgeschrieben und vorhanden ist, ist nicht ersichtlich, weshalb dem Anleger oder Erwerbsinteressierten ein solcher vorenthalten werden und der Anbieter nur einen möglicherweise veralteten Verkaufsprospekt erhalten sollte. Wenn in § 15 Abs. 1 VermAnlG vom „Verkaufsprospekt" die Rede ist, so ist dies als der um sämtliche Nachträge nach § 11 Abs. 1 Satz 1 VermAnlG ergänzte Verkaufsprospekt iS von § 11 Abs. 3 Satz 1 VermAnlG zu verstehen[1].

Wurde dem Erwerber das Vermögensanlagen-Informationsblatt **nicht zur Verfügung gestellt**, so hat dies **haftungsrechtliche Folgen**. In diesem Fall kann der Erwerber von dem Anbieter nach § 22 Abs. 4a Satz 1 Nr. 1 VermAnlG die Übernahme der Vermögensanlage gegen Erstattung des Erwerbspreises, soweit dieser den ersten Erwerbspreis der Vermögensanlage nicht überschreitet, und der mit dem Erwerb verbundenen üblichen Kosten verlangen.

3. Übermittlung von Jahresabschluss und Lagebericht durch den Emittenten (§ 15 Abs. 1 Satz 2 VermAnlG)

Nach § 15 Abs. 1 Satz 2 VermAnlG muss der Emittent einem Anleger oder einem am Erwerb einer Vermögensanlage Interessierten auf dessen Verlangen jederzeit den letzten veröffentlichten Jahresabschluss und Lagebericht in Textform, auf Verlangen in Papierform, übermitteln.

Übermittlungspflichtig ist in diesem Fall der Emittent. **Berechtigt**, von diesem die Übermittlung des letzten veröffentlichten Jahresabschluss und Lagebericht des Emittenten zu verlangen, ist – wie in § 15 Abs. 1 Satz 1 VermAnlG – jeder Anleger und jeder am Erwerb einer Vermögensanlage Interessierte (siehe dazu oben Rz. 7). Während Abs. 1 Satz 1 das dort geregelte Übermittlungsrecht auf **„Dauer des öffentlichen Angebots"** beschränkt, findet sich eine solche in § 15 Abs. 1 Satz 2 VermAnlG nicht. Der Sinn dieses Unterschieds ist nicht recht erkennbar. Die Erwähnung der „am Erwerb einer Vermögensanlage Interessierten" als Übermittlungsberechtigte spricht dafür, dass auch die Übermittlungspflicht mit dem Ende des öffentlichen Angebots und der Möglichkeiten zur Erwerb der angebotenen Vermögensanlage endet.

Zur Art und Weise der **Übermittlung** von Jahresabschluss und Lagebericht gelten die Ausführungen oben zu Rz. 8 entsprechend. Die Übermittlung soll nicht von der

---

[1] Kritisch, aber auf die Klärung durch die Rechtsprechung bzw. den Gesetzgeber verweisend: *Hanten/Reinholz*, ZBB/JBB 2012, 36 (47); *Podewils*, ZBB 2011, 169 (176).

Zahlung eines Entgelts abhängig gemacht werden, dh. sie muss **kostenlos** erfolgen (siehe oben Rz. 8).

4. Übermittlung des Vermögensanlagen-Informationsblatts an Marktintermediäre (§ 15 Abs. 1 Satz 3 VermAnlG)

14 Nach § 15 Abs. 1 Satz 3 VermAnlG kann die Person, die in Bezug auf Vermögensanlagen Anlageberatung, Anlage- oder Abschlussvermittlung erbringt oder Vermögensanlagen verkauft, vom Anbieter – im Hinblick auf deren eigene Informationspflichten gegenüber ihren Kunden (für Anlageberater etwa nach § 31 Abs. 3a Satz 1, Satz 3 Nr. 7 WpHG) – die Übermittlung des von diesem nach § 13 Abs. 1 VermAnlG zu erstellenden Vermögensanlagen-Informationsblatts verlangen.

15 **Anlageberatung, Anlagevermittlung und Abschlussvermittlung** betreiben diejenigen Personen, die die entsprechenden in § 2 Abs. 3 Satz 1 Nr. 9, Nr. 4 bzw. Nr. 3 WpHG definierten Dienstleistungen in Bezug auf Vermögensanlagen als Finanzinstrumente (siehe § 2 Abs. 2b WpHG) erbringen. **Verkäufer** von Vermögenslagen ist nur derjenige der die Vermögensanlage im eigenen Namen und auf eigene Rechnung oder in verdeckter Stellvertretung im eigenen Namen für fremde Rechnung iS von §§ 433, 453 BGB verkauft.

16 Auch ohne explizite Erwähnung ist, wie es in § 15 Abs. 1 Satz 1 VermAnlG heißt, eine **aktuelle Fassung** des Vermögensanlagen-Informationsblatts **zu übermitteln**, denn es ist nicht erkennbar, weshalb bei einer mittelbar der Anlegerinformation dienenden Regelung wie der des Abs. 1 ein Anleger oder Anlageinteressierter ein aktuelles, ein Informationsintermediär jedoch ein veraltetes Vermögensanlagen-Informationsblatt erhalten soll. Übermittelt werden muss das Informationsblatt allein in **Textform** (siehe dazu oben Rz. 8); eine Übermittlung in Papierform kann nicht verlangt werden.

III. Informationspflichten des Anbieters im Eigenvertrieb (§ 15 Abs. 2 VermAnlG)

1. Eigenvertrieb

17 Vertreibt der **Anbieter** einer Vermögensanlage die von ihm öffentlich angebotenen Vermögensanlagen selbst, indem er die Geschäfte zur Platzierung der Vermögensanlagen in eigenem Namen und auf eigene Rechnung oder allenfalls in verdeckter Stellvertretung in eigenem Namen und auf fremde Rechnung schließt (**Eigenvertrieb**), so treffen den Anbieter die sich aus § 15 Abs. 2 VermAnlG ergebenden Informationspflichten. Abs. 2 stellt auf den Eigenvertrieb des Anbieters ab, der nicht mit dem Emittenten identisch sein muss. Für den **Eigenvertrieb ohne Anlageberatung** enthält § 15 Abs. 2 Satz 3 VermAnlG besondere Vorschriften.

2. Information rechtzeitig vor Vertragsschluss (§ 15 Abs. 2 Satz 1 VermAnlG)

18 Im Falle des Eigenvertriebs muss der Anbieter nach § 15 Abs. 2 Satz 1 VermAnlG rechtzeitig vor Vertragsschluss dem am Erwerb einer Vermögensanlage Interessier-

ten das Vermögensanlagen-Informationsblatt in der jeweils aktuellen Fassung und auf dessen Verlangen den Verkaufsprospekt zur Verfügung zu stellen. Das gilt unabhängig davon, ob der Eigenvertrieb mit oder ohne Anlageberatung erfolgt.

Wenn die Vorschrift verlangt, Vermögensanlagen-Informationsblatt und Verkaufsprospekt seien **„rechtzeitig vor Vertragsschluss"** zur Verfügung zu stellen, so soll dem Anleger damit die Möglichkeit gegeben werden, sich vor dem Vertragsschluss aus dem Verkaufsprospekt und dem Vermögensanlagen-Informationsblatt über die wesentlichen Merkmale der Vermögensanlage zu informieren. Das wiederum ist nur möglich, wenn dem Anleger hierzu vor dem Vertragsschluss genügend Zeit bleibt. Dem Erfordernis ist damit nicht Genüge getan, wenn der am Erwerb interessierten Person Vermögensanlagen-Informationsblatt und Verkaufsprospekt erst bei oder kurz vor Vertragsschluss zur Verfügung gestellt werden. 19

Das Vermögensanlagen-Informationsblatt in der jeweils **aktuellen Fassung** ist der am Erwerb interessierten Person **unaufgefordert** zur Verfügung zu stellen, der Verkaufsprospekt dagegen nur **auf Verlangen**. Auch hier ist Verkaufsprospekt der zum Zeitpunkt der Zurverfügungstellung aktuelle, dh. um die Nachträge ergänzte Verkaufsprospekt iS von § 11 Abs. 3 Satz 1 VermAnlG (siehe dazu oben 9). Die **Art und Weise der Übermittlung** von Vermögensanlagen-Informationsblatt und Verkaufsprospekt ist gesetzlich nicht vorgeschrieben. Sie kann elektronisch in Textform oder durch Zusendung oder Übergabe der Unterlagen in Papierform erfolgen. „Die Bereitstellung der Informationen und Unterlagen soll von der Zahlung eines Entgelts nicht abhängig gemacht werden"[1], dh. sie hat **kostenlos** zu erfolgen (siehe oben Rz. 8). 20

3. Informationspflichten zwecks laufender Anlegerinformation (§ 15 Abs. 2 Satz 2 VermAnlG)

„Um dem Anleger eine fortlaufende Möglichkeit zu gewähren, sich aus dem Verkaufsprospekt und dem Vermögensanlagen-Informationsblatt zu informieren"[2], hat der Anbieter nach § 15 Abs. 2 Satz 2 VermAnlG die Person, die sich ihm gegenüber als am Erwerb einer Vermögensanlage interessiert zeigt, darauf hinzuweisen, an welcher Stelle im Geltungsbereich des Gesetzes und auf welche Weise sie die „Unterlagen" nach Abs. 2 Satz 1, dh. Vermögensanlagen-Informationsblatt und Verkaufsprospekt in ihrer jeweils aktuellen Fassung (siehe oben Rz. 20), erhalten kann. Das gilt unabhängig davon, ob der Eigenvertrieb mit oder ohne Anlageberatung erfolgt. 21

4. Informationen bei Eigenvertrieb ohne Anlageberatung (§ 15 Abs. 2 Satz 3 VermAnlG)

Erbringt der Anbieter beim Eigenvertrieb der Vermögensanlagen – was die Regel darstellen dürfte – **keine Anlageberatung**, so hat er nach dem aufgrund von Art. 2 22

---
1 RegE Gesetz zur Novellierung des Finanzanlagenvermittler- und Vermögensanlagenrechts, BT-Drucks. 17/6051 v. 6.6.2011, S. 1 (35).
2 RegE Gesetz zur Novellierung des Finanzanlagenvermittler- und Vermögensanlagenrechts, BT-Drucks. 17/6051 v. 6.6.2011, S. 1 (35).

Nr. 16 lit. a des Kleinanlegerschutzgesetzes vom 3.7.2015[1] in die Vorschrift gelangten § 15 Abs. 2 Satz 3 VermAnlG die am Erwerb einer Vermögensanlage interessierte Person rechtzeitig vor Vertragsschluss in Textform darauf hinzuweisen, dass er nicht beurteilt, ob „1. die Vermögensanlage den Anlagezielen des Interessierten entspricht, 2. die hieraus erwachsenden Anlagerisiken für den Anleger dessen Anlagezielen entsprechend finanziell tragbar sind und 3. der Anleger mit seinen Kenntnissen und Erfahrungen die hieraus erwachsenden Anlagerisiken verstehen kann". Dadurch soll der Anbieter, wenn er Vermögensanlagen ohne Anlageberatung direkt vertreibt, verpflichtet werden, die am Erwerb einer Vermögensanlage interessierte Person rechtzeitig vor Vertragsschluss deutlich darauf hinzuweisen, dass er die Geeignetheit der Anlage für diese nicht beurteilt[2].

23 **Rechtzeitig vor Vertragsschluss** heißt auch hier (entsprechend den Ausführungen oben zu Rz. 19), dass der Hinweis nicht erst bei oder kurz vor Vertragsabschluss, sondern zu einem Zeitpunkt erfolgen muss, der der am Erwerb der Vermögensanlage interessierten Person hinreichend Zeit lässt, um zu prüfen oder prüfen zu lassen, ob die angebotene Vermögensanlage für sie geeignet ist. Der Hinweis muss in **Textform** erfolgen, dh., er darf elektronisch vorgenommen werden, doch kann dem Erfordernis auch Genüge getan werden, wenn er in Papierform erfolgt. Nicht ausreichend ist der mündliche Hinweis, auch wenn seine Vornahme – nicht zuletzt, um im Hinblick auf die Überwachungsrechte der BaFin nach § 19 Abs. 1 Satz 1 Nr. 1 VermAnlG die Einhaltung der Hinweispflicht nachweisen zu können – schriftlich vom Erwerbsinteressierten bestätigt wird.

IV. Kenntnisnahme des Warnhinweises im Vermögensanlagen-Informationsblatt (§ 15 Abs. 3–5 VermAnlG)

1. Regelungshintergrund und Übersicht

24 Die Bestimmungen in § 15 Abs. 3–5 VermAnlG sind vor dem Hintergrund zu sehen, dass nach der (durch Art. 2 Nr. 15 lit. f des Kleinanlegerschutzgesetzes vom 3.7.2015[3] in das Gesetz gelangten) Vorschrift des § 13 Abs. 5 VermAnlG das Vermögensanlagen-Informationsblatt auf seiner ersten Seite den drucktechnisch hervorgehobenen **Warnhinweis** enthalten muss: „Der Erwerb dieser Vermögensanlage ist mit erheblichen Risiken verbunden und kann zum vollständigen Verlust des eingesetzten Vermögens führen". Zu Einzelheiten siehe § 13 VermAnlG Rz. 37 ff. Der Warnhinweis „soll den Anleger anhalten, das [Vermögensanlagen-Informationsblatt] sorgfältig zu lesen, um sich der Risiken der Vermögensanlage bewusst zu werden"[4].

25 Dieses Regelungsanliegen wird durch die in § 15 Abs. 3–5 VermAnlG enthaltenen Vorschriften, in deren Mittelpunkt die von Abs. 3 Satz 1 verlangte **Bestätigung der**

---

1 BGBl. I 2015, S. 1114.
2 RegE Kleinanlegerschutzgesetz, BT-Drucks. 18/3994 v. 11.2.2015, S. 1 (57).
3 BGBl. I 2015, S. 1114.
4 RegE Kleinanlegerschutzgesetz, BT-Drucks. 18/3994 v. 11.2.2015, S. 1 (57).

Kenntnisnahme des Warnhinweises steht, unterstützt. „Die Pflicht zur Bestätigung der Kenntnisnahme des Vermögensanlagen-Informationsblatts durch seine Unterschrift soll dem Anleger eindringlich bewusst machen, dass er unter Umständen ein hohes Risiko eingeht, insbesondere dann, wenn sowohl die Höhe der in Aussicht gestellten Rendite auf das eingesetzte Vermögen als auch die Höhe des in Aussicht gestellten Ertrages der erworbenen Vermögensanlage über dem Durchschnitt der am Kapitalmarkt üblichen Renditen liegt"[1].

Abs. 3 enthält die **Regel**, derzufolge ein Anleger die Kenntnisnahme des Warnhinweises vor Vertragsschluss durch seine Unterschrift auf dem Vermögensanlagen-Informationsblatt zu bestätigen hat. Diese Regel wird durch **Abs. 4** im Hinblick auf die Unterschriftsleistung für den Fall modifiziert, dass für die Vertragsverhandlungen und den Vertragsschluss über eine Vermögensanlage ausschließlich Fernkommunikationsmittel verwendet werden: Unter diesen Umständen muss der Anleger die Kenntnisnahme des Warnhinweises in einer der Unterschriftsleistung nach Abs. 3 gleichwertigen Art und Weise bestätigen. Zur näheren Bestimmung der Gleichwertigkeit der Unterschriftsleistung enthält **Abs. 5** eine Verordnungsermächtigung, auf deren Grundlage die – oben nach § 15 VermAnlG widergegebene – Verordnung zur Durchführung des § 15 Absatz 4 des Vermögensanlagengesetzes (Vermögensanlagen-Informationsblatt-Bestätigungsverordnung – VIBBestV) vom 20.8.2015[2] erging.

2. Bestätigung im Regelfall (§ 15 Abs. 3 VermAnlG)

Die **Kenntnisnahme des Warnhinweises** nach § 13 Abs. 6 VermAnlG ist von jedem Anleger vor Vertragsschluss unter Nennung von Ort und Datum durch seine Unterschrift mit Vor- und Familienname **auf dem Vermögensanlagen-Informationsblatt zu bestätigen**. Dafür reicht ein Bestätigungstext etwa wie folgt: „Den Warnhinweis habe ich – NN – zur Kenntnis genommen. Ort, Datum, NN [eigenhändige Unterschrift mit Vorname und Familienname]".

Sowohl der Anbieter als auch der Anleger erhalten „zu Dokumentationszwecken"[3] **je eine Ausfertigung** des von Letzterem unterzeichneten Vermögensanlagen-Informationsblatts. Dafür empfiehlt sich die Unterzeichnung zweier Vermögensanlagen-Informationsblätter wie vorstehend (Rz. 27) ausgeführt, zwingend ist dies jedoch nicht. Deshalb kann der Anleger, der die Kenntnisnahme des Warnhinweises auf dem Vermögensanlagen-Informationsblatt in Abwesenheit des Anbieters, diesem das unterschriebene Dokument auch per Telefax oder E-Mail mit eingescannter Bilddatei[4] oder als Kopie per Post oder übermitteln.

---

1 RegE Kleinanlegerschutzgesetz, BT-Drucks. 18/3994 v. 11.2.2015, S. 1 (57).
2 BGBl. I 2015, S. 1437.
3 RegE Kleinanlegerschutzgesetz, BT-Drucks. 18/3994 v. 11.2.2015, S. 1 (57).
4 RegE Kleinanlegerschutzgesetz, BT-Drucks. 18/3994 v. 11.2.2015, S. 1 (57).

3. Vertragsschluss über Fernkommunikationsmittel (§ 15 Abs. 4 VermAnlG)

29 Werden für die Vertragsverhandlungen zwischen Anbieter und Anleger sowie für den Vertragsschluss über die angebotene Vermögensanlage **ausschließlich Fernkommunikationsmittel** verwendet, so hat der Anleger die Kenntnisnahme des Warnhinweises in einer der Unterschriftsleistung nach § 15 **Abs. 3 Satz 1** VermAnlG gleichwertigen Art und Weise zu bestätigen. Gleichwertig ist nach § 15 **Abs. 3 Satz 2** VermAnlG eine Bestätigung, die vom Anleger durch eigenständige Texteingabe vorgenommen wird und zweifelsfrei dessen Identität erkennen lässt. Jedoch sind auch andere Arten der Bestätigung denkbar, die der Unterschriftsleistung nach Abs. 3 Satz 1 gleichwertig sind. Welche Voraussetzungen hierfür erfüllt sein müssen, konkretisiert § 2 der auf der Grundlage der Verordnungsermächtigung in Abs. 5 ergangene, oben nach dem Text des § 15 VermAnlG widergegebene Vermögensanlagen-Informationsblatt-Bestätigungsverordnung (VIBBestV). Auf die Vorschrift ist zu verweisen.

30 Die Bestimmungen des § 15 Abs. 4 VermAnlG kommen nur dann zur Anwendung, wenn für die Vertragsverhandlungen zwischen Anbieter und Anleger sowie für den Vertragsschluss über die angebotene Vermögensanlage **ausschließlich Fernkommunikationsmittel** verwendet werden. Fernkommunikationsmittel sind nach § 1 Abs. 2 der Vermögensanlagen-Informationsblatt-Bestätigungsverordnung „Kommunikationsmittel, die zur Anbahnung oder zum Abschluss eines Vertrags über eine Vermögensanlage zwischen einem Anleger und einem Anbieter oder Emittenten eingesetzt werden können, ohne dass die Vertragsparteien gleichzeitig körperlich anwesend sind, wie Telefonanrufe, Telekopien, E-Mails, über den Mobilfunkdienst versendete Nachrichten (SMS), Telemedien sowie Internetseiten".

4. Verordnungsermächtigung (§ 15 Abs. 5 VermAnlG)

31 § 15 Abs. 5 VermAnlG enthält eine Verordnungsermächtigung zur näheren Bestimmung der Gleichwertigkeit der Unterschriftsleistung iS von Abs. 4. Auf deren Grundlage ist die – oben nach § 15 VermAnlG widergegebene – Verordnung zur Durchführung des § 15 Absatz 4 des Vermögensanlagengesetzes (Vermögensanlagen-Informationsblatt-Bestätigungsverordnung – VIBBestV) vom 20.8.2015[1] ergangen.

---

[1] BGBl. I 2015, S. 1437.

Unterabschnitt 2
Befugnisse der Bundesanstalt

§ 15a
Zusätzliche Angaben

Ist bei der Bundesanstalt ein Verkaufsprospekt zur Billigung eingereicht worden, kann sie vom Anbieter die Aufnahme zusätzlicher Angaben in den Prospekt verlangen, wenn dies zum Schutz des Publikums geboten erscheint.

In der Fassung vom 3.7.2015 (BGBl. I 2015, S. 1114).

Schrifttum: Siehe Einl. VermAnlG und das allgemeine Schrifttumsverzeichnis.

Ist ein Verkaufsprospekt bei der BaFin zur Billigung eingereicht worden, so unterzieht die Aufsichtsbehörde nach § 8 Abs. 1 Satz 1 VermAnlG den Verkaufsprospekt einer **Vollständigkeitsprüfung** einschließlich einer Prüfung der **Kohärenz und Verständlichkeit** seines Inhalts. Gelangt die BaFin zu dem Ergebnis, dass der vorgelegte Verkaufsprospekt unter Zugrundelegung der Anforderungen an den Prospektinhalt nach § 7 VermAnlG und den Bestimmungen der VermVerkProspV unvollständig ist, so wird sie den Anbieter nach § 8 Abs. 3 Satz 2 VermAnlG zur Vervollständigung des Verkaufsprospekts auffordern und im Falle der Nichtvervollständigung des Prospekts die Billigung des Prospekts ablehnen. 1

Der durch Art. 2 Nr. 17 des Kleinanlegerschutzgesetzes vom 3.7.2015[1] in das VermAnlG eingefügte, § 21 Abs. 1 WpPG aF und heutigen § 26 Abs. 1 WpPG[2] nachgebildete § 15a VermAnlG eröffnet der BaFin die Möglichkeit, über die Prospektinhaltsanforderungen des § 7 VermAnlG und der Bestimmungen der VermVerkProspV hinaus[3] vom Anbieter die **Aufnahme weiterer Angaben** in den Verkaufsprospekt zu verlangen, wenn dies zum Schutz des Publikums geboten erscheint. Ob zusätzliche Angaben erforderlich sind, bestimmt die BaFin aufgrund der Prüfung des Verkaufsprospekts nach Maßgabe der in § 8 Abs. 1 Sätze 2 und 3 VermAnlG festgelegten Prüfungsmaßstäbe, die eine vollständige inhaltliche Prüfung ausschließen und die Prüfung des Verkaufsprospekts auf seine Vollständigkeit, Kohärenz und Verständlichkeitsprüfung beschränken (siehe § 26 WpPG Rz. 5). 2

---

[1] BGBl. I 2015, S. 1114.
[2] Aufgrund der Einfügung von „Abschnitt 6 Prospekthaftung" (§§ 21–25 WpPG) durch Art. 6 Nr. 4 des Gesetzes zur Novellierung des Finanzanlagenvermittler- und Vermögensanlagenrechts vom 6.12.2011 (BGBl. I 2011, S. 2481) wurde nach Art. 6 Nr. 6 dieses Gesetzes aus dem bisherigen § 21 WpPG der neue § 26 WpPG.
[3] RegE Kleinanlegerschutzgesetz, BT-Drucks. 18/3994 v. 11.2.2015, S. 1 (57).

3 Das Verlangen zur Aufnahme zusätzlicher Angaben in den Verkaufsprospekt stellt einen **Verwaltungsakt** dar, gegen den Widerspruch und Anfechtungsklage eingelegt werden können, doch haben diese nach § 26a VermAnlG keine aufschiebende Wirkung (siehe hierzu auch die Erläuterungen in § 26 WpPG Rz. 7, 47 ff.). Aus diesem und weiteren Gründen ist die Einlegung von **Rechtsmitteln** gegen das Verlangen der BaFin nach § 15a VermAnlG zur Wahrung der Interessen des Anbieters nicht hilfreich: Zum einen kann die BaFin, wenn ihrem Verlangen nicht Folge geleistet wird, die **Billigung des Verkaufsprospekt nach § 13 Abs. 1 VermAnlG abweisen**, da der Verkaufsprospekt ohne die verlangten zusätzlichen Angaben unvollständig, nicht kohärent oder unverständlich bliebe; und zum anderen würde in diesem Falle die Überprüfung der Berechtigung des Verlangens ergänzender Angaben im Rahmen der Rechtsmittel gegen die Entscheidung erfolgen, den Billigungsantrag abzuweisen, weil der Anbieter dem Verlangen der BaFin, zusätzliche Angaben in den Verkaufsprospekt aufzunehmen, nicht oder nicht auf befriedigende Weise gefolgt ist.

4 Darüber hinaus **untersagt die BaFin das öffentliche Angebot von Vermögensanlagen**, wenn ein Verkaufsprospekt veröffentlicht wurde und sie Anhaltspunkte dafür hat, dass dieser nicht die Angaben enthält, die sie nach § 15a VermAnlG zusätzlich verlangt hat (§ 18 Abs. 1 Nr. 3 VermAnlG). In einem solchen Falle liegt es nahe, dass der Verkaufsprospekt fehlerhaft ist und eine **Haftung des Anbieters nach § 20 VermAnlG** auslöst[1].

5 Schließlich macht die BaFin sofort vollziehbare **Maßnahmen** wie das Verlangen zusätzlicher Angaben nach § 15a Abs. 1 VermAnlG (§ 26a VermAnlG) gemäß § 26b Abs. 1 und nach näherer Maßgabe von § 26a Abs. 3 und 3 VermAnlG **auf ihrer Internetseite öffentlich bekannt**, soweit dies bei Abwägung der betroffenen Interessen zur Beseitigung oder Verhinderung von Missständen geboten ist.

§ 16
Untersagung von Werbung

(1) Um Missständen bei der Werbung für Vermögensanlagen zu begegnen, kann die Bundesanstalt Emittenten und Anbietern bestimmte Arten der Werbung untersagen. Ein Missstand liegt insbesondere vor, wenn

1. eine Werbung nicht die nach § 12 Absatz 1 bis 3 vorgeschriebenen Hinweise enthält,

2. eine Werbung einen nach § 12 Absatz 4 unzulässigen Hinweis enthält,

3. eine Werbung eine nach § 12 Absatz 5 unzulässige Begriffsverwendung enthält,

---

1 Zur Haftung des Anbieters einer Vermögensanlage nach § 20 Abs. 1 Satz 1 VermAnlG siehe § 29 VermAnlG Rz. 30 und §§ 21–23 WpPG Rz. 76, 78.

4. mit der Sicherheit der Vermögensanlage geworben wird, obwohl die Rückzahlung der Vermögensanlage nicht oder nicht vollständig gesichert ist,

5. die Werbung mit Angaben insbesondere zu Kosten, Rendite und Ertrag sowie zur Abhängigkeit vom Verhalten Dritter erfolgt, durch die in irreführender Weise der Anschein eines besonders günstigen Angebots entsteht,

6. die Werbung mit Angaben erfolgt, die geeignet sind, über den Umfang der Prüfung nach § 8 Absatz 1 irrezuführen.

(2) Vor allgemeinen Maßnahmen nach Absatz 1 sind die Spitzenverbände der betroffenen Wirtschaftskreise und des Verbraucherschutzes zu hören.

In der Fassung vom 6.12.2011 (BGBl. I 2011, S. 2481), zuletzt geändert durch das Kleinanlegerschutzgesetz vom 3.7.2015 (BGBl. I 2015, S. 1114).

Schrifttum: Siehe Einl. VermAnlG und das allgemeine Schrifttumsverzeichnis.

I. Regelungsgegenstand und Normentwicklung	1	b) Missstand im Besonderen (§ 16 Abs. 1 Satz 2 Nr. 1–6 VermAnlG)	9
II. Untersagung von Werbung (§ 16 Abs. 1 VermAnlG)		3. Befugnisse der BaFin und Rechtsmittel (§ 16 Abs. 1 Satz 1 VermAnlG)	16
1. Werbung	3	III. Anhörung der Spitzenverbände (§ 16 Abs. 2 VermAnlG)	20
2. Missstand	5		
a) Missstand im Allgemeinen (§ 16 Abs. 1 Satz 1 VermAnlG)	6		

I. Regelungsgegenstand und Normentwicklung

Die Vorschrift ermächtigt die BaFin, „Emittenten und Anbietern bestimmte Arten von **Werbung zu untersagen**, um Missständen entgegen zu wirken und den Anleger zu schützen"[1]. In ihrer ursprünglichen Fassung, die den Wortlaut von § 8j des aufgehobenen Verkaufsprospektgesetzes[2] weitgehend übernahm, war die BaFin dagegen nur dann zur Untersagung von Werbung befugt, wenn diese geeignet war, über den Umfang der Prüfung des Verkaufsprospekts nach § 8 Abs. 1 VermAnlG irrezuführen. Mit der Änderung von § 16 VermAnlG durch Art. 2 Nr. 18 des Kleinanlegerschutzgesetzes vom 3.7.2015[3] wurde die Vorschrift dahingehend geändert, dass sie der BaFin in Abs. 1 Satz 1 eine generelle Befugnis Untersagung von Werbung einräumt, um Missständen bei der Werbung begegnen zu können, während in Abs. 1 Satz 2 besondere Arten der Werbung angeführt werden, deren Praktizierung als Missstand anzusehen ist.

1

---

1 RegE Kleinanlegerschutzgesetz, BT-Drucks. 18/3994 v. 11.2.2015, S. 1 (48).
2 Das VerkProspG wurde, mit Wirkung vom 1.6.2012, durch Art. 2 des Gesetzes zur Novellierung des Finanzanlagenvermittler- und Vermögensanlagenrechts vom 6.12.2011 (BGBl. I 2011, S. 2481) aufgehoben.
3 BGBl. I 2015, S. 1114.

2 Die Vorschrift wurde mit dieser Änderung **vergleichbaren Bestimmungen** in finanzmarktrechtlichen Gesetzen angepasst wie etwa § 23 KWG in Bezug auf Werbung der in § 1 KWG angeführten Institute, § 302 Abs. 7 KAGB in Bezug auf Werbung für Alternative Investmentfonds (AIF) und Organismen für gemeinsame Anlagen in Wertpapieren (OGAW) iS von § 1 Abs. 3 bzw. Abs. 2 KAGB, § 33 KAGB iVm. § 23 KWG in Bezug auf Werbung von Kapitalverwaltungsgesellschaften und extern verwalteten Investmentgesellschaften, § 36b WpHG in Bezug auf Werbung der Wertpapierdienstleistungsunternehmen sowie § 28 WpÜG betreffend Werbung im Zusammenhang mit Angeboten zum Erwerb von Wertpapieren. Die Vorschrift unterscheidet sich nach ihrer Änderung von § 15 Abs. 3 Satz 2 WpPG, indem – der ursprünglichen Fassung von § 16 Abs. 1 VermAnlG vergleichbar – nur solche Angaben untersagt werden können, die geeignet sind, über den Umfang der Prüfung nach § 13 oder § 16 WpPG irrezuführen.

II. Untersagung von Werbung (§ 16 Abs. 1 VermAnlG)

1. Werbung

3 **Werbung** iS von § 16 Abs. 1 VermAnlG ist nach dem RegE Kleinanlegerschutzgesetz „weit zu verstehen" sein und soll jede Äußerung umfassen, „die mit dem Ziel erfolgt, den Absatz der Vermögensanlagen zu fördern"[1]. Siehe dazu näher § 12 VermAnlG Rz. 5. Erfasst ist Werbung sowohl des **Emittenten** als auch des **Anbieters**.

4 § 16 Abs. 1 Satz 1 VermAnlG verlangt Missstände **bei der Werbung für Vermögensanlagen**, das heißt Werbung im Zusammenhang mit dem öffentlichen Angebot der Vermögensanlagen. Nicht in Betracht kommen deshalb Werbemaßnahmen des Anbieters und des Emittenten, die – wie namentlich Maßnahmen der allgemeinen Öffentlichkeitsarbeit des Emittenten – **keine konkrete Verbindung zum öffentlichen Angebot** herstellen[2].

2. Missstand

5 § 16 Abs. 1 Satz 1 VermAnlG erhält die generelle Ermächtigung der BaFin, Emittenten und Anbietern bestimmte Arten der Werbung zu untersagen, um Missständen bei der Werbung für Vermögensanlagen zu begegnen. § 16 Abs. 1 Satz 2 VermAnlG benennt besondere Arten von Werbung, deren Praktizierung als Missstand gilt.

a) Missstand im Allgemeinen (§ 16 Abs. 1 Satz 1 VermAnlG)

6 Ein **Missstand** bei der Werbung für Vermögensanlagen **liegt vor**, wenn die Art und Weise und/oder der Inhalt der Werbung geeignet sind, die Ordnungsmäßigkeit des öffentlichen Angebots von Vermögensanlagen nach Maßgabe der Bestimmungen

---

[1] RegE Kleinanlegerschutzgesetz, BT-Drucks. 18/3994 v. 11.2.2015, S. 1 (45).
[2] In Bezug auf § 28 WpÜG siehe *Assmann* in Assmann/Pötzsch/Uwe H. Schneider, § 26 WpÜG Rz. 9.

des VermAnlG zu gefährden[1], indem sie den Anleger auf sachfremde Art und Weise beeinflussen[2]. Dabei ist zu berücksichtigen, dass das VermAnlG, wie schon das von ihm abgelöste VerkProspG, in erster Linie darauf abzielen, dem Anleger eine im Hinblick auf die Vermögensanlage und die Eignung derselben für seine Anlagezwecke und Risikotragungsfähigkeit informierte Anlageentscheidung zu ermöglichen. Dadurch soll aber zugleich auch die Transparenz der Kapitalmärkte gesichert und die Funktionsfähigkeit derselben gewährleistet werden[3]. Dementsprechend ist Werbung, die die informierte, rationale Anlegerentscheidung gefährdet, im Interesse des Schutzes sowohl des einzelnen Anlegers als auch der Transparenz der Kapitalmärkte als Missstand zu betrachten. Das gilt, ausweislich der in § 16 Abs. 1 Satz 2 VermAnlG aufgeführten besonderen Missstandsfälle, namentlich für Werbung die **irreführend**, dh. unter Heranziehung der Formulierung von § 5 Abs. 1 Satz 1 UWG geeignet ist, den Anleger zu einer Anlageentscheidung zu veranlassen, die er andernfalls nicht getroffen hätte, und erst recht für **fehlerhafte und täuschende** Angaben. Im Übrigen ist die Frage, ob Werbung einen Missstand darstellt, autonom zu beantworten, dh. allein am Zweck des VermAnlG auszurichten. Gleichwohl ist aufgrund der zweifachen, anleger- und funktionsschutzorientierten Ausrichtung des VermAnlG eine Werbung, die als irreführende geschäftliche Handlung iS des § 5 UWG zu betrachten ist, nicht zwingend[4], aber doch in der Regel auch eine solche, die einen Missstand iS des § 16 Abs. 1 VermAnlG darstellt[5]. Umgekehrt setzt eine Werbung, die einen Missstand iS von Abs. 1 Satz 1 darstellt, nicht notwendigerweise einen Verstoß gegen das UWG voraus.

Vereinzelt wird vertreten, von einem Missstand sei erst für den Fall auszugehen, dass sich aus dem als solchem in Betracht kommenden Vorgang eine **Übung** – hier etwa des einzelnen Emittenten oder Anbieters oder auch der Anbieter oder Emittenten bestimmter Vermögensanlagen – entwickeln könnte[6]. Daran ist zutreffend, dass nicht bereits die als Missstand in Frage kommende erstmalige Werbung ein Missstand iS des § 16 Abs. 1 Satz 1 VermAnlG darstellt[7], doch reicht es schon aus, wenn die **Gefahr besteht**, dass diese Werbung, würde sie nicht unterbunden, einen erheblichen Einfluss auf die Annahme des konkreten Angebots oder eine artgleiche

---

1 *Koller* in Assmann/Uwe H. Schneider, § 36b WpHG Rz. 2.
2 *Koller* in Assmann/Uwe H. Schneider, § 36b WpHG Rz. 3.
3 So schon RegE Gesetz über Wertpapier-Verkaufsprospekte und zur Änderung von Vorschriften über Wertpapiere, BT-Drucks. 11/6340 v. 1.2.1990, S. 1, 10 (zu Nr. 3), S. 11 (zu Art. 1).
4 In Bezug auf § 28 WpÜG *Assmann* in Assmann/Pötzsch/Uwe H. Schneider, § 26 WpÜG Rz. 13. In Bezug auf § 23 KWG *Fischer* in Boos/Fischer/Schulte-Mattler, § 23 KWG Rz. 7 mwN auch zur Gegenansicht in Fn. 14.
5 In Bezug auf § 36b WpHG *Koller* in Assmann/Uwe H. Schneider, § 36b WpHg Rz. 3 mwN („In diesem Zusammenhang kann man sich weitgehend am UWG orientieren"); in Bezug auf § 28 WpÜG *Assmann* in Assmann/Pötzsch/Uwe H. Schneider, § 26 WpÜG Rz. 13 (Verstoß gegen das UWG als „Aufgreiftatbestand oder Indiz").
6 *Fischer* in Boos/Fischer/Schulte-Mattler, § 23 KWG Rz. 8.
7 In Bezug auf § 36b WpHG heißt es etwa bei *Koller* in Assmann/Uwe H. Schneider, § 36b WpHG Rz. 3, von einem Missstand könne erst gesprochen werden, „wenn das Fehlverhalten nicht nur punktueller Natur" sei.

Werbung entsprechenden Einfluss auf zukünftige öffentliche Angebote und ihre Bewerbung haben würde. Der Formulierung in § 16 Abs. 1 Satz 1 VermAnlG, es gehe darum, „*Missständen* bei der Werbung für Vermögensanlagen *zu begegnen*" (Hervorhebung hinzugefügt), dh. nicht lediglich zu *beseitigen*, macht deutlich, dass Werbung auch aus **missbrauchspräventiven Gründen** untersagt werden kann. Daraus folgt, dass die BaFin auch zur Untersagung einer erstmalig erscheinenden Werbung ermächtigt ist, wenn deren weitere Praktizierung durch den aktuell Werbenden oder zukünftig entsprechend Werbende als Missstand erscheinen müsste. Die Untersagung einer einzelnen Werbung im Rahmen eines konkreten Angebots setzt allerdings voraus, dass die beanstandete Werbung nicht lediglich einen Mangel in Bezug auf das konkrete Angebot hat, der sich bei anderen Angeboten so nicht wiederholen könnte, sondern einen **artmäßigen Mangel** aufweist, dh. einen Mangel aufweist, der sich in Bezug auf ein öffentliches Angebot von Vermögensanlagen und die dieses regelnden gesetzlichen Bestimmungen allgemein (statt lediglich einzelfallbezogen) beschreiben lässt, wie dies in den in § 16 Abs. 1 Satz 2 VermAnlG aufgeführten Missständen der Fall ist: etwa als Nichtaufnahme gesetzlich gebotener Hinweise oder als Werbung mit irreführenden Angaben über den Umfang der Prüfung durch die BaFin.

8 Bei **Anwendung** dieser Grundsätze ist **beispielsweise** ein Missstand nicht schon dann anzunehmen, wenn damit geworben wird, der Verkaufsprospekt sei bei der BaFin hinterlegt, denn mit der Hinterlegung „erfüllt der Anbieter eine gesetzliche Pflicht, auf deren Erfüllung er durchaus hinweisen kann"[1], ohne Anleger über die Sicherheit der Anlage zu täuschen oder irrezuführen. Dagegen soll ein Missstand dann vorliegen können, wenn durch den Hinweis auf eine Prüfung des Verkaufsprospekts die unzutreffende Vorstellung hervorgerufen wird, dieser sei von der BaFin „in vollem Umfang und damit auch auf seine inhaltliche Richtigkeit überprüft worden"[2].

b) Missstand im Besonderen (§ 16 Abs. 1 Satz 2 Nr. 1–6 VermAnlG)

9 In nicht abschließender Aufzählung und „zur Verdeutlichung der Frage, wann ein Missstand vorliegt"[3], führt § 16 Abs. 1 Satz 2 VermAnlG in **Nummern 1–6** beispielhaft Fälle eines Missstands bei der Werbung auf.

10 Nach § 16 Abs. 1 Satz 2 **Nr. 1** VermAnlG liegt ein Missstand vor, wenn eine Werbung nicht die nach § 12 Abs. 1–3 VermAnlG vorgeschriebenen **Hinweise** enthält. Dabei handelt es sich um den in die Werbung aufzunehmenden Hinweis auf den Verkaufsprospekt und dessen Veröffentlichung (§ 12 Abs. 1 VermAnlG) und den

---

[1] RegE Gesetz zur weiteren Fortentwicklung des Finanzplatzes Deutschland (Drittes Finanzmarktförderungsgesetz), BT-Drucks. 13/8933 v. 6.11.1997, S. 1; Gegenäußerung der Bundesregierung zur Stellungnahme des Bundesrates, Anlage 3, S. 181 (183) zu Nr. 13 (§ 8e VerkProspG).

[2] RegE Gesetz zur weiteren Fortentwicklung des Finanzplatzes Deutschland (Drittes Finanzmarktförderungsgesetz), BT-Drucks. 13/8933 v. 6.11.1997, S. 1; Gegenäußerung der Bundesregierung zur Stellungnahme des Bundesrates, Anlage 3, S. 181 (183) zu Nr. 13 (§ 8e VerkProspG).

[3] RegE Kleinanlegerschutzgesetz, BT-Drucks. 18/3994 v. 11.2.2015, S. 1 (48).

Warnhinweis „Der Erwerb dieser Vermögensanlage ist mit erheblichen Risiken verbunden und kann zum vollständigen Verlust des eingesetzten Vermögens führen" (§ 12 Abs. 2 VermAnlG) sowie den unter den Voraussetzungen des § 12 Abs. 3 VermAnlG aufzunehmenden Hinweis „Der in Aussicht gestellte Ertrag ist nicht gewährleistet und kann auch niedriger ausfallen". Der Missstand kann in Gestalt einer Werbung des Anbieters oder des Emittenten auftreten. Dass § 12 Abs. 1 bis 3 VermAnlG die Hinweise zum Gegenstand einer Sorgetragungspflicht nur des Anbieters macht, ändert nichts daran, dass der auch der Emittent diese Hinweise in seine eventuelle Werbung für die angebotenen Vermögensanlagen aufnehmen muss, will er nicht die Untersagung der Werbung nach § 16 Abs. 1 Satz 2 Nr. 1 VermAnlG riskieren.

Enthält die Werbung für öffentlich angebotene Vermögensanlagen entgegen § 12 Abs. 4 VermAnlG einen Hinweis auf die **Befugnisse der Bundesanstalt** nach diesem Gesetz, stellt dieses nach § 16 Abs. 1 Satz 2 **Nr. 2** VermAnlG ist ein Missstand dar. 11

In einer Werbung für öffentlich angebotene Vermögensanlagen darf nach § 12 Abs. 5 VermAnlG weder der Begriff „**Fonds**" noch ein Begriff, der diesen Begriff enthält, zur Bezeichnung des Emittenten oder der Vermögensanlage verwendet werden. Geschieht dies gleichwohl, begründet dies nach § 16 Abs. 1 Satz 2 **Nr. 3** VermAnlG liegt einen Missstand. 12

Nach § 16 Abs. 1 Satz 2 **Nr. 4** VermAnlG liegt ein Missstand vor, wenn mit der **Sicherheit der Vermögensanlage** geworben wird, obwohl die Rückzahlung der Vermögensanlage nicht oder nicht vollständig gesichert ist. Daraus folgt auch, dass die Werbung mit Angaben zur Sicherheit einer Anlage, bei der die vollständige Rückzahlung der Vermögensanlage gewährleistet ist, grundsätzlich zulässig ist und nur dann nach Abs. 1 Satz 1 untersagt werden kann, wenn ihre diesbezüglichen Angaben irreführend oder täuschend sind. 13

Gemäß § 16 Abs. 1 Satz 2 **Nr. 5** VermAnlG ist in Werbung mit Angaben, durch die in irreführender Weise der **Anschein eines besonders günstigen Angebots** entsteht, ein Missstand zu sehen. Beispielhaft und nicht abschließend hebt die Vorschrift dabei Angaben zu Kosten, Rendite und Ertrag sowie zur Abhängigkeit vom Verhalten Dritter als diesbezüglich besonders sensible Angaben hervor. Bei der Formulierung dieser Vorschrift hatte der Gesetzeber vor allem den Fall vor Augen, dass ein Anbieter in irreführender Weise mit der mittelbaren oder unmittelbaren finanziellen Unterstützung durch Dritte wirbt: „Dabei kann es sich zum Beispiel um eine Darstellung handeln, durch die in irreführender Weise der Eindruck eines Ertrages erweckt wird, der dauerhaft und stabil aufgrund des Verhaltens Dritter dem Anleger zufließe. In Betracht kommen insoweit namentlich Verweise auf das Bestehen von öffentlich-rechtlichen Umlagen, staatlichen Subventionen, regionalen Förderungen oder Zuschüssen von Förderbanken oder der Europäischen Union oder von wirtschaftlichen Vorleistungen anderer Betriebe und Unternehmen oder natürlicher Personen"[1]. 14

---

1 RegE Kleinanlegerschutzgesetz, BT-Drucks. 18/3994 v. 11.2.2015, S. 1 (49) zu „Nummer 6", die dann aufgrund der Annahme der Beschlussempfehlung des Finanzausschusses – Beschlussempfehlung und Bericht des Finanzausschusses (7. Ausschuss) zu dem Gesetzent-

15 Nach § 8 Abs. 1 Satz 2 VermAnlG nimmt die BaFin im Hinblick auf die Billigung eines Verkaufsprospekts eine Vollständigkeitsprüfung einschließlich einer Prüfung der Kohärenz (dazu näher § 8 Abs. 1 Satz 3 VermAnlG) und Verständlichkeit des Inhalts des Prospekts vor. Die BaFin entscheidet über die Billigung nach Abschluss einer Vollständigkeitsprüfung des Verkaufsprospekts einschließlich einer Prüfung der Kohärenz und Verständlichkeit seines Inhalts. Gemäß § 16 Abs. 1 Satz 2 **Nr. 6** VermAnlG stellt es einen Missstand dar, wenn die Werbung Angaben enthält, die geeignet sind, über den Umfang der Prüfung nach § 8 Abs. 1 VermAnlG irrezuführen. Das ist bereits dann der Fall, wenn es in der Werbung – in der Sache keineswegs fehlerhaft, aber gleichwohl irreführend, weil dem durchschnittlichen Anleger der begrenzte Umfang der Prüfung keineswegs präsent ist – heißt, der Verkaufsprospekt sei von der Aufsichtsbehörde geprüft und gebilligt worden. Nicht anders verhält es sich, wenn der Wahrheit entsprechend, allein der Hinweis erfolgt, der Verkaufsprospekt sei von der BaFin gebilligt worden, denn auch hier ist die Verwendung des Begriffs Billigung geeignet, den durchschnittlichen Anleger über die der Billigung zugrunde liegenden Vorgänge, namentlich die eingeschränkte Prüfung des Prospekts irrezuführen.

3. Befugnisse der BaFin und Rechtsmittel (§ 16 Abs. 1 Satz 1 VermAnlG)

16 Um festgestellten Missständen bei der Werbung für Vermögensanlagen zu begegnen, kann die BaFin die in Frage stehende Werbung eines bestimmten Emittenten oder Anbieters untersagen (§ 16 Abs. 1 Satz 1 VermAnlG). Das geschieht durch eine **Einzelverfügung** iS von § 25 Satz 1 VwVfG. Darüber hinaus kann die BaFin aber auch **generell** bestimmte Werbemaßnahmen oder -methoden untersagen[1]. Als Mittel hierzu kommt ein Verwaltungsakt in Gestalt einer (adressatenbezogenen) **Allgemeinverfügung** iS des § 35 Satz 2 VwVfG in Betracht. Vor einer solchen allgemeinen Maßnahme sind jedoch nach § 16 Abs. 2 VermAnlG die Spitzenverbände der betroffenen Wirtschaftskreise und des Verbraucherschutzes zu hören (siehe unten Rz. 20). Das ist schon deshalb gerechtfertigt, weil eine Allgemeinverfügung der BaFin, funktional betrachtet, wie die Beschreibung eines Missstands durch einen besonderen Fall der Werbung iS von § 16 Abs. 1 Satz 2 VermAnlG wirkt, ohne eine diesbezügliches Gesetzgebungsverfahren durchlaufen zu haben.

17 Vorgenannte Maßnahmen sind Verwaltungsakte. Vor Erhebung der **Anfechtungsklage** gegen einen solchen Verwaltungsakt sind Rechtmäßigkeit und Zweckmäßigkeit des Verwaltungsakts in einem **Vorverfahren** nachzuprüfen (§ 68 Abs. 1 VwGO), das mit der Erhebung des **Widerspruchs** gegen den Verwaltungsakt beginnt (§ 69

---

wurf der Bundesregierung, BT-Drucks. 18/3994, Entwurf eines Kleinanlegerschutzgesetzes, BT-Drucks. 18/4708 v. 22.4.2015, S. 1 (26/27) – zur heutigen Nummer 5 wurde.

1 Zu § 36b WpHG RegE Gesetz zur Umsetzung von EG-Richtlinien zur Harmonisierung bank- und wertpapieraufsichtsrechtlicher Vorschriften, BT-Drucks. 13/7142 v. 6.3.1997, S. 1 (114): „Das Bundesaufsichtsamt kann nicht nur einzelnen Werbemaßnahmen begegnen, sondern auch generell bestimmte Werbemaßnahmen oder Werbemethoden untersagen"; *Koller* in Assmann/Uwe H. Schneider, § 36b WpHG Rz. 11. Zu § 23 KWG etwa *Fischer* in Boos/Fischer/Schulte-Mattler, § 23 KWG Rz. 13.

VwGO). Widerspruch und Anfechtungsklage gegen Maßnahmen der BaFin nach § 16 VermAnlG haben keine aufschiebende Wirkung (§ 26a VermAnlG). Hilft die Behörde dem Widerspruch nicht ab, so ergeht ein Widerspruchsbescheid nach Maßgabe von § 73 VwGO. Innerhalb eines Monats nach Zustellung des Widerspruchsbescheids ist daraufhin Anfechtungsklage zu erheben (§ 74 VwGO).

Die BaFin macht nach § 26b Abs. 1 VermAnlG die sofort vollziehbare Einzel- oder Allgemeinverfügung, die sie nach § 16 VermAnlG getroffen hat, nach Maßgabe von § 26b Abs. 1 Satz 1 und 2 VermAnlG auf ihrer **Internetseite öffentlich bekannt**, soweit dies bei Abwägung der betroffenen Interessen zur Beseitigung oder Verhinderung von Missständen geboten ist. Wurde gegen die Maßnahme ein Rechtsmittel eingelegt, sind der Stand und auch der Ausgang des Rechtsmittelverfahrens bekannt zu machen (§ 26b Abs. 1 Satz 3 VermAnlG). 18

Wer vorsätzlich oder fahrlässig einer vollziehbaren Anordnung nach § 16 Abs. 1 VermAnlG zuwiderhandelt, handelt **ordnungswidrig** (§ 29 Abs. 2 Nr. 1 VermAnlG). Die Ordnungswidrigkeit kann nach § 29 Abs. 3 VermAnlG mit einer **Geldbuße** bis zu fünfzigtausend Euro geahndet werden. 19

III. Anhörung der Spitzenverbände (§ 16 Abs. 2 VermAnlG)

Vor allgemeinen Maßnahmen nach § 16 Abs. 1 VermAnlG sind die Spitzenverbände der betroffenen Wirtschaftskreise und des Verbraucherschutzes zu hören. Eine entsprechende Regelung findet sich in § 36b Abs. 2 WpHG, § 23 Abs. 2 KWG und § 33 KAGB iVm § 23 Abs. 2 KWG. Die Anhörungspflicht besteht nur dann, wenn die BaFin eine **Allgemeinverfügung** gegen eine bestimmte Art von Werbung erlassen will. Für Einzelverfügungen ist keine Anhörung der Verbände vorgesehen. 20

§ 17
Untersagung der Veröffentlichung des Verkaufsprospekts

(1) Die Bundesanstalt untersagt die Veröffentlichung des Verkaufsprospekts, wenn er nicht die Angaben enthält, die nach § 7 Absatz 1 und 2, auch in Verbindung mit der nach § 7 Absatz 3 zu erlassenden Rechtsverordnung, erforderlich sind, oder wenn diese Angaben nicht kohärent oder nicht verständlich sind. § 10 bleibt unberührt.

(2) Die Bundesanstalt untersagt die Veröffentlichung des Verkaufsprospekts, wenn sie Anhaltspunkte dafür hat, dass der Anbieter entgegen § 14 Absatz 1 Satz 2 *[(ab 31.12.2016 zu ergänzen, siehe unten Rz. 3:) in Verbindung mit § 13 Absatz 1]* kein Vermögensanlagen-Informationsblatt bei der Bundesanstalt hinterlegt hat.

In der Fassung vom 6.12.2011 (BGBl. I 2011, S. 2481), zuletzt geändert durch das Kleinanlegerschutzgesetzes vom 3.7.2015 (BGBl. I 2015, S. 1114).

Schrifttum: Siehe Einl. VermAnlG und das allgemeine Schrifttumsverzeichnis.

I. Regelungszusammenhang und Normentwicklung 1	b) Veröffentlichungsfähige unvollständige Verkaufsprospekte (§ 17 Abs. 1 Satz 2 VermAnlG) 9
II. Untersagung der Veröffentlichung des Verkaufsprospekts	3. Untersagung wegen eines nicht hinterlegten Vermögensanlagen-Informationsblatts (§ 17 Abs. 2 VermAnlG) 10
1. Untersagung (§ 17 Abs. 1 und Abs. 2 VermAnlG) 4	
2. Untersagung wegen inhaltlicher Mängel (§ 17 Abs. 1 VermAnlG)	4. Rechtsmittel – Sofortige Vollziehung 14
a) Regelfall (§ 17 Abs. 1 Satz 1 VermAnlG) 5	5. Weitere Befugnisse der BaFin – Ordnungswidrigkeit 15

I. Regelungszusammenhang und Normentwicklung

1 Ein Anbieter, der im Inland Vermögensanlagen öffentlich anbietet, muss nach § 6 VermAnlG einen Verkaufsprospekt veröffentlichen, der den nach § 7 VermAnlG iVm. den Bestimmungen der VermVerkProspV erforderlichen Inhalt aufzuweisen hat. Dieser Verkaufsprospekt darf gemäß § 8 Abs. 1 Satz 1 VermAnlG vor seiner Billigung durch die BaFin nicht veröffentlicht werden. Über die Billigung entscheidet die BaFin nach Abschluss einer Vollständigkeitsprüfung des Verkaufsprospekts einschließlich einer Prüfung der Kohärenz (nach Maßgabe von § 8 Abs. 1 Satz 1 VermAnlG) und Verständlichkeit seines Inhalts, wobei eine Unvollständigkeit des Verkaufsprospekts aufgrund der in § 10 VermAnlG genannten Voraussetzungen kraft ausdrücklicher Bestimmung in **§ 17 Abs. 1 Satz 2 VermAnlG** kein der Billigung des Verkaufsprospekts entgegenstehender Umstand ist (näher dazu unten Rz. 9). Führt das Billigungsverfahren zu dem Ergebnis, dass der Verkaufsprospekt nicht die nach § 7 Abs. 1 und 2 VermAnlG, auch iVm. der VermVerkProspV, erforderlichen Angaben enthält oder diese Angaben nicht kohärent oder nicht verständlich sind, so **untersagt die BaFin nach § 17 Abs. 1 Satz 1 VermAnlG die Veröffentlichung** des Verkaufsprospekts. Widerspruch und Anfechtungsklage gegen eine solche Maßnahme haben keine aufschiebende Wirkung (§ 26a VermAnlG). Wird gleichwohl und entgegen der Bestimmung des § 6 VermAnlG mit dem öffentlichen Angebot begonnen, so wird auch dieses nach § 18 Abs. 1 Nr. 2 VermAnlG von der BaFin untersagt.

2 Nach § 13 Abs. 1 VermAnlG ist vor dem Beginn des öffentlichen Angebots neben dem Verkaufsprospekt ein Vermögensanlagen-Informationsblatt zu erstellen, das nicht der Billigung durch die BaFin bedarf, aber nach § 14 Abs. 1 Satz 2 VermAnlG bei dieser zu hinterlegen ist. Hat die BaFin Anhaltspunkte (näher dazu unten Rz. 11 f.) dafür, dass dies nicht geschehen ist, so führt auch dies nach **§ 17 Abs. 2 VermAnlG** zu der gemäß § 26a VermAnlG sofort vollziehbaren Untersagung der Veröffentlichung des Verkaufsprospekts.

§ 17 Abs. 1 VermAnlG geht auf § 8i Abs. 2 Satz 5 des mit Wirkung vom 1.6.2012 **3**
durch Art. 2 des Gesetzes zur Novellierung des Finanzanlagenvermittler- und Vermögensanlagenrechts vom 6.12.2011[1] aufgehobenen VerkProspG zurück. **§ 17 Abs. 2 VermAnlG** ist ohne solches Regelungsvorbild. Letztere Bestimmung ist dem Umstand geschuldet, dass das VermAnlG erstmals die Pflicht zur Erstellung und Hinterlegung eines Vermögensanlagen-Informationsblatts (nach §§ 13, 14 VermAnlG) einführte. **Anfänglich enthielt § 17 VermAnlG einen Absatz 3**, der die sofortige Vollziehung einer Untersagungen nach § 17 Abs. 1 oder Abs. 2 VermAnlG anordnete, aber aufgrund der Zusammenfassung aller sofort vollziehbarer Maßnahmen der BaFin (das sind diejenigen nach §§ 15a–19 VermAnlG) in dem durch Art. 2 Nr. 26 des Kleinanlegerschutzgesetzes vom 3.7.2015[2] eingeführten § 26a VermAnlG entbehrlich wurde. Eine **Änderung** wird § 17 Abs. 2 VermAnlG zum 31.12.2016 aufgrund von Art. 11 Nr. 5 und 17 Abs. 2 des Ersten Gesetzes zur Novellierung von Finanzmarktvorschriften auf Grund europäischer Rechtsakte (**Erstes Finanzmarktnovellierungsgesetz – 1. FiMaNoG**) vom 30.6.2016[3] erfahren. Art. 11 Nr. 5 des Ersten Finanzmarktnovellierungsgesetzes sieht vor, dass in § 17 Abs. 2 VermAnlG nach den Wörtern „§ 14 Absatz 1 Satz 2" die Wörter „in Verbindung mit § 13 Absatz 1" eingefügt werden. Damit soll infolge des ebenfalls zum 31.12.2016 geänderten § 13 VermAnlG (siehe § 13 VermAnlG Rz. 11) klargestellt werden, „dass die Bundesanstalt die Veröffentlichung des Verkaufsprospekts nur untersagt, sofern eine Pflicht zur Erstellung eines Vermögensanlagen-Informationsblattes nach § 13 Absatz 1 besteht. In anderen Fällen sind die Regelungen der PRIIP-VO vorrangig anwendbar"[4].

II. Untersagung der Veröffentlichung des Verkaufsprospekts

1. Untersagung (§ 17 Abs. 1 und Abs. 2 VermAnlG)

Liegen Anhaltspunkte (näher dazu unten Rz. 11 f.) oder sichere Erkenntnis für einen Verstoß iS des Abs. 1 oder des Abs. 2 vor, untersagt die BaFin die Veröffentlichung des Verkaufsprospekts. Im Hinblick auf die Untersagung steht ihr kein Entschließungsermessen zu. **4**

2. Untersagung wegen inhaltlicher Mängel (§ 17 Abs. 1 VermAnlG)

a) Regelfall (§ 17 Abs. 1 Satz 1 VermAnlG)

Die BaFin **untersagt** nach § 17 **Abs. 1 Satz 1** VermAnlG die Veröffentlichung eines **5** zur Billigung und Hinterlegung übermittelten Verkaufsprospekts, wenn dieser nicht alle nach § 7 Abs. 1 und 2 VermAnlG sowie den Bestimmungen der VermVerk-

---

[1] BGBl. I 2011, S. 2481.
[2] BT-Drucks. 18/3994 v. 11.2.2015, S. 1.
[3] BGBl. I 2016, S. 1514.
[4] RegE Erstes Finanzmarktnovellierungsgesetz, BT-Drucks. 18/7482 v. 8.2.2016, S. 1 (79).

ProspV[1] erforderlichen Angaben enthält oder wenn seine Angaben nicht kohärent oder nicht verständlich sind. Diese Untersagungsvoraussetzungen entsprechen den in § 8 Abs. 1 Satz 2 VermAnlG aufgeführten Voraussetzungen der Billigung eines Verkaufsprospekts, wobei § 8 Abs. 1 Satz 3 VermAnlG anordnet, dass bei der Kohärenzkontrolle insbesondere zu prüfen ist, ob für das laufende und das folgende Geschäftsjahr die Vermögens-, Finanz- und Ertragslage des Emittenten, die Geschäftsaussichten sowie ihre Auswirkungen auf die Fähigkeit des Emittenten, seinen Verpflichtungen gegenüber dem Anleger nachzukommen, im Verkaufsprospekt widerspruchsfrei dargestellt werden. Aufgrund des Umstands, dass nach § 17 **Abs. 1 Satz 2** VermAnlG die Bestimmungen des **§ 10 VermAnlG** unberührt bleiben, ist die Veröffentlichung eines Verkaufsprospekts, der in dem Sinne unvollständig sind, dass einzelne Angebotsbedingungen erst kurz vor dem öffentlichen Angebot festgesetzt werden, und der im Übrigen nach § 10 Abs. 1 Satz 1 VermAnlG Auskunft darüber gibt, wie diese Angaben nachgetragen werden, nicht zu untersagen (näher dazu unten Rz. 9).

6 Bei **geringfügigen Mängeln** in Hinblick auf die **Vollständigkeit** des Verkaufsprospekts wird die BaFin dem Anbieter innerhalb der nach § 8 Abs. 2 VermAnlG zwanzigtägigen Prüffrist die Gelegenheit zur Nachbesserung bzw. der Ergänzung der fehlenden Angaben anhand eines Anhörungsschreibens unter Hinweis auf die einzelnen Mängel geben[2]. Die Möglichkeit der **Ergänzung des Verkaufsprospekts** erscheint nicht nur praktikabel, sondern in Hinblick auf den Verhältnismäßigkeitsgrundsatz auch als milderes Mittel zur sofortigen Untersagung der Veröffentlichung geboten[3]. Im Verlauf des Hinterlegungsverfahrens eingehende Unterlagen oder überarbeitete Verkaufsprospekte vom Anbieter werden dem entsprechend in Hinblick auf das aktuelle Prüfungsverfahren gewürdigt. Beabsichtigt der Hinterleger dagegen die Aufgabe des ursprünglichen Verfahrens zugunsten eines Neuantrags mit entsprechender neu einsetzender Prüffrist, muss dies aus dem Antrag eindeutig hervorgehen.

7 Ist der Umfang der Mängel in Hinblick auf die Vollständigkeit der Angaben im Verkaufsprospekt derart groß, dass dem Hinterleger innerhalb der zwanzigtägigen Prüffrist keine Abhilfe durch Nachreichung einer überarbeiteten Fassung des Verkaufsprospekts möglich ist, **untersagt die BaFin** die Veröffentlichung des Verkaufsprospekts. Eine **Anhörung** oder Beratung erfolgt nur in den Fällen, in denen die Frist von 20 Werktagen des § 8 Abs. 2 VermAnlG nicht abzulaufen droht, da an-

---

1 Bei dieser handelt es sich um die in § 17 Abs. 1 Satz 1 VermAnlG erwähnte „nach § 7 Absatz 3 zu erlassenden Rechtsverordnung", auch wenn die Eingangsformel der VermVerkProspV („Auf Grund des § 8g Abs. 2 und 3 des Verkaufsprospektgesetzes, der durch Artikel 2 Nr. 1 des Gesetzes v. 28. Oktober 2004 (BGBl. I S. 2630) eingefügt worden ist, verordnet die Bundesregierung:...") noch auf die Verordnungsermächtigung des § 8g Abs. 2 des aufgehobenen (siehe Rz. 3) VerkProspG Bezug genommen wird.
2 *Bruchwitz* in Arndt/Voß, § 8i VerkProspG Rz. 29. Vgl. auch Ziff. VII. 2. Bekanntmachung des BAWe zum Wertpapier-Verkaufsprospektgesetz (Verkaufsprospektgesetz) in der Fassung der Bekanntmachung vom 9.9.1998 (BGBl. I 1998, 2701) und zur Verordnung über Wertpapier-Verkaufsprospekte (Verkaufsprospekt-Verordnung) in der Fassung der Bekanntmachung vom 9.9.1998 (BGBl. I 1998, 2835) v. 6.9.1999, BAnz. Nr. 177 v. 21.9.1999, S. 16180.
3 Bereits *Lenz* in Assmann/Lenz/Ritz, § 8a VerkProspG Rz. 21.

sonsten durch die Beratung oder Anhörung die Einhaltung einer für die Entscheidung maßgeblichen Frist in Frage gestellt würde[1].

Sind die notwendigen Änderungen an den Angaben des Verkaufsprospekts zu umfangreich, um innerhalb der verbleibenden Prüfungsfrist vom Anbieter adäquat angepasst zu werden, steht es dem Anbieter als Hinterleger jederzeit frei, im laufenden Prüfungsverfahren bis zum Erlass der Untersagungsverfügung den Antrag auf Hinterlegung des Verkaufsprospekts zurückzunehmen. Die Befugnis zur **Antragsrücknahme** folgt aus der Verfügungsbefugnis des Antragstellers über seinen Antrag[2]. Die Rücknahme des Antrags hat die Beendigung des Verfahrens zur Folge. 8

b) Veröffentlichungsfähige unvollständige Verkaufsprospekte (§ 17 Abs. 1 Satz 2 VermAnlG)

Nach § 17 Abs. 1 Satz 2 VermAnlG bleibt § 10 VermAnlG von der Regelung des § 17 Abs. 1 Satz 2 VermAnlG unberührt. **§ 10 VermAnlG** hat den Fall zum Gegenstand, dass der zur Billigung vorgelegte Verkaufsprospekt hinsichtlich einzelner Angebotsbedingungen unvollständig ist, weil diese erst kurz vor dem öffentlichen Angebot festgesetzt werden. In einem solchen Falle darf die BaFin den Verkaufsprospekt billigen und von einer Untersagung der Veröffentlichung des Verkaufsprospekts wegen Unvollständigkeit absehen[3], wenn er Auskunft darüber gibt, wie diese Angaben nachgetragen werden (§ 10 Satz 1 VermAnlG). Die Unvollständigkeit des Verkaufsprospekts darf sich dabei allerdings nur auf solche Angebotsbedingungen beziehen, die üblicherweise, um tagesaktuell auf die Marktverhältnisse reagieren zu können, erst kurzfristig Beginn des öffentlichen Angebots der Vermögensanlagen vom Anbieter oder vom Emittenten festgelegt werden. 9

3. Untersagung wegen eines nicht hinterlegten Vermögensanlagen-Informationsblatts (§ 17 Abs. 2 VermAnlG)

Nach § 13 Abs. 1 VermAnlG muss der Anbieter vor dem Beginn des öffentlichen Angebots neben dem Verkaufsprospekt ein Vermögensanlagen-Informationsblatt erstellen. Anders als der Verkaufsprospekt ist dieses weder wie ein Verkaufsprospekt zu veröffentlichen (den Weg zu dem am Erwerb einer Vermögensanlage Interessierten findet es in den in § 15 Abs. 1 und 2 VermAnlG bezeichneten Bahnen) noch unterliegt es der der Billigung durch die BaFin[4]. Nach § 14 Abs. 1 Satz 2 VermAnlG ist 10

---

1 *Kallerhoff* in Stelkens/Bonk/Sachs, 8. Aufl. 2014, § 28 VwVfG Rz. 54; *Kopp/Ramsauer*, § 28 VwVfG Rz. 62 f.
2 *Kopp/Ramsauer*, § 22 VwVfG Rz. 84; *Schmitz* in Stelkens/Bonk/Sachs, 8. Aufl. 2014, § 22 VwVfG Rz. 66 f.
3 RegE 3. FGG, BT-Drucks. 13/8933 v. 6.11.1997, S. 87.
4 Zur gleichwohl begrenzten Kontrolle des Vermögensanlagen-Informationsblatts siehe § 22 VermAnlG Rz. 3. Sie beruht darauf, dass die BaFin ein ihr übermitteltes, als „Vermögensanlagen-Informationsblatt" überschriebenes Dokument, das aber die in § 13 Abs. 2 ff. VermAnlG genannten formalen Anforderungen nicht erfüllt, nicht als Vermögensanlagen-Informationsblatt ansehen und hinterlegen will.

es vielmehr lediglich erforderlich, dass der Anbieter das Vermögensanlagen-Informationsblatt zeitgleich mit der Hinterlegung des Verkaufsprospekts nach § 14 Abs. 1 Satz 1 VermAnlG bei der BaFin hinterlegt. Hat die BaFin Anhaltspunkte (dazu unten Rz. 11 f.) dafür, dass ein Vermögensanlagen-Informationsblatt nicht nach § 14 Abs. 1 Satz 2 VermAnlG hinterlegt wurde, untersagt sie nach **§ 17 Abs. 2 VermAnlG** die Veröffentlichung des Verkaufsprospekts und unterbindet damit, im Hinblick auf die Anforderungen aus §§ 6 und 7 Abs. 1 Satz 1 VermAnlG, den Beginn des öffentlichen Angebots. Dadurch „wird sichergestellt, dass ein öffentliches Angebot erst nach Hinterlegung eines Vermögensanlagen-Informationsblatts bei der Bundesanstalt beginnen kann"[1]. Das gelingt allerdings nur in den Fällen, in denen neben der Erstellung eines Vermögensanlagen-Informationsblatts auch ein Prospekt zu veröffentlichen war, was aufgrund entsprechender Ausnahmen nicht zwingend der Fall ist (siehe dazu § 13 VermAnlG Rz. 12 ff.). Unter diesen Umständen kommt aber eine Untersagung des öffentlichen Angebots nach § 18 Abs. 1 Nr. 7 VermAnlG wegen nicht erstellten Vermögensanlagen-Informationsblatts in Betracht.

11 Zur Untersagung der Veröffentlichung eines Verkaufsprospekts nach § 17 Abs. 2 VermAnlG reichen **Anhaltspunkte** dafür aus, dass der Anbieter entgegen § 14 Abs. 1 Satz 2 VermAnlG kein Vermögensanlagen-Informationsblatt bei der BaFin hinterlegt hat. Dh., es ist kein sicheres Wissen über die Pflicht zur Hinterlegung eines Vermögensanlagen-Informationsblatts und die unterlassene Hinterlegung eines solchen erforderlich. Gleichwohl müssen Anhaltspunkte für die Nichthinterlegung, dh. Umstände (Tatsachen) gegeben sein, die unter Beachtung der üblichen Abläufe und der vom Gesetz aufgestellten Regelungen den Schluss darauf zulassen, dass ein Vermögensanlagen-Informationsblatt pflichtwidrig nicht eingereicht wurde. Solche Anhaltspunkte können für einen Verstoß gegen die Hinterlegungspflicht nach § 14 Abs. 1 Satz 2 VermAnlG auf dem Verhalten des Anbieters beruhen, der den **Anschein** für ein prospektpflichtiges Angebot einer Vermögensanlage und die Pflicht zur Hinterlegung deines Vermögensanlagen-Informationsblatts gesetzt hat[2]. Die Umstände, die den Anschein begründen, müssen aufgrund konkreter und nachgewiesener Tatsachen zwar nicht mit konkreter Gewissheit, jedoch hinreichend wahrscheinlich auf einen Verstoß gegen § 14 Abs. 1 Satz 2 VermAnlG hindeuten[3]. Bloße Befürchtungen oder vage Verdachtsmomente reichen demnach als Anhaltspunkte nicht aus[4]. In

---

[1] RegE Gesetz zur Novellierung des Finanzanlagenvermittler- und Vermögensanlagenrechts, BT-Drucks. 17/6051 v. 6.6.2011, S. 1 (35).
[2] Zu § 8i Abs. 4 des aufgehobenen (siehe Rz. 3) VerkProspG, der ebenfalls, im Hinblick auf die Untersagung des öffentlichen Angebots von Vermögensebenfalls, Anhaltspunkte für einen Pflichtenverstoß verlangt: Voraufl., § 8i VerkProspG Rz. 66; *Bruchwitz* in Arndt/Voß, § 8i VerkProspG Rz. 90; *Krämer* in Heidel, Aktienrecht und Kapitalmarktrecht, 2. Aufl. 2007, § 8i VerkProspG Rz. 7; *Lenz* in Assmann/Lenz/Ritz, § 8b VerkProspG Rz. 5.
[3] Voraufl., § 8i VerkProspG Rz. 66; *Bruchwitz* in Arndt/Voß, § 8i VerkProspG Rz. 90; *Krämer* in Heidel, Aktienrecht und Kapitalmarktrecht, 2. Aufl. 2007, § 8i VerkProspG Rz. 7; *Lenz* in Assmann/Lenz/Ritz, § 8b VerkProspG Rz. 5.
[4] Voraufl., § 8i VerkProspG Rz. 66; *Bruchwitz* in Arndt/Voß, § 8i VerkProspG Rz. 90; *Krämer* in Heidel, Aktienrecht und Kapitalmarktrecht, 2. Aufl. 2007, § 8i VerkProspG Rz. 7; *Lenz* in Assmann/Lenz/Ritz, § 8b VerkProspG Rz. 5.

den Worten des § 19 Abs. 2 VermAnlG müssen Tatsachen die Annahme rechtfertigen, dass der Anbieter kein Vermögensanlagen-Informationsblatt bei der BaFin hinterlegt hat. Wenn schon Anhaltspunkte für einen Verstoß eine Untersagung rechtfertigen, dann erst recht **sichere Erkenntnis** der BaFin.

Die **enge Auslegung des Begriffs *Anhaltspunkte*** wird durch die Systematik der der BaFin zur Verfügung gestellten Eingriffsbefugnisse zur Wahrnehmung der Marktaufsicht vorgegeben (schon Voraufl., § 8i VerkProspG Rz. 67). Sie erfordert aufgrund der sofortigen Vollziehbarkeit der Untersagung nach § 17 Abs. 2 VermAnlG (§ 26a VermAnlG) eine Abwägung einerseits der Interessen der Anleger an der Verhinderung eines öffentlichen Angebots für Vermögensanlagen, für das kein Vermögensanlagen-Informationsblatt hinterlegt wurde, im Wege der Untersagung der Veröffentlichung des Verkaufsprospekts und andererseits der Konsequenzen einer solchen Maßnahme für den Anbieter. Denn der BaFin stehen als weitere Eingriffsbefugnisse zunächst mildere Mittel in Form von Auskunfts- und Vorlageersuchen zur Verfügung, um zunächst Befürchtungen oder Verdachtsmomente in Hinblick auf einen Pflichtverstoß des Anbieters zu konkretisieren oder auszuräumen. Ist die Sachlage nicht eindeutig, ist die BaFin zunächst verpflichtet, den zugrundeliegenden Sachverhalt aufzuklären und den vermuteten Anbieter der Vermögensanlage anzuhören[1]. 12

Der Anschein der Verletzung der Pflicht zur Hinterlegung eines Vermögensanlagen-Informationsblatts wird vor allem durch einen **bei der BaFin eingegangenen Antrag auf Billigung eines Verkaufsprospekts** hervorgerufen, dem kein Antrag auf Hinterlegung eines Vermögensanlagen-Informationsblatts folgt. Der Letztere muss nach § 14 Abs. 1 Satz 2 VermAnlG „zeitgleich" mit dem Ersteren erfolgen, doch ist die nicht gleichzeitige Übermittlung beider Dokumente (siehe § 14 VermAnlG Rz. 18) noch kein Anhaltspunkt dafür, dass der Anbieter entgegen § 14 Abs. 1 Satz 2 VermAnlG kein Vermögensanlagen-Informationsblatt bei der BaFin hinterlegt hat, um daraufhin die Veröffentlichung des Verkaufsprospekts zu untersagen. Vielmehr kommt hierfür erst ein Zeitpunkt in Betracht, in dem nach den jeweiligen Umständen vor der Billigung des billigungsreifen Verkaufsprospekts nicht (mehr) mit einer Hinterlegung eines Vermögensanlagen-Informationsblatts zu rechnen ist. Das ist hinreichend, um dem Zweck des Abs. 2 gerecht zu werden und sicherzustellen, dass ein öffentliches Angebot erst nach Hinterlegung eines Vermögensanlagen-Informationsblatt bei der Bundesanstalt beginnen kann (siehe oben Rz. 10). 13

4. Rechtsmittel – Sofortige Vollziehung

Entscheidungen nach § 17 Abs. 1 und Abs. 2 VermAnlG sind Verwaltungsakte. Vor Erhebung der **Anfechtungsklage** gegen einen solchen Verwaltungsakt sind Rechtmäßigkeit und Zweckmäßigkeit des Verwaltungsakts in einem **Vorverfahren** nachzuprüfen (§ 68 Abs. 1 VwGO), das mit der Erhebung des **Widerspruchs** gegen den Verwaltungsakt beginnt (§ 69 VwGO). Widerspruch und Anfechtungsklage gegen 14

---

[1] Voraufl., § 8i VerkProspG Rz. 66; *Bruchwitz* in Arndt/Voß, § 8i VerkProspG Rz. 90; *Krämer* in Heidel, Aktienrecht und Kapitalmarktrecht, 2. Aufl. 2007, § 8i VerkProspG Rz. 7; *Lenz* in Assmann/Lenz/Ritz, § 8b VerkProspG Rz. 6.

Maßnahmen der BaFin nach § 17 Abs. 1 oder Abs. 2 VermAnlG haben keine aufschiebende Wirkung (§ 26a VermAnlG), das heißt diese sind **sofort vollziehbar**. Hilft die Behörde dem Widerspruch nicht ab, so ergeht ein Widerspruchsbescheid nach Maßgabe von § 73 VwGO. Innerhalb eines Monats nach Zustellung des Widerspruchsbescheids ist daraufhin Anfechtungsklage zu erheben werden (§ 74 VwGO), der allerdings gemäß § 26a VermAnlG ebenfalls keine aufschiebende Wirkung hat.

5. Weitere Befugnisse der BaFin – Ordnungswidrigkeit

15 Die BaFin macht nach § 26b Abs. 1 VermAnlG die Unterlassungsentscheidung, die sie nach § 17 Abs. 1 oder 2 VermAnlG getroffen hat, nach Maßgabe von § 26b Abs. 1 Sätze 1 und 2 VermAnlG auf ihrer **Internetseite öffentlich bekannt**, soweit dies bei Abwägung der betroffenen Interessen zur Beseitigung oder Verhinderung von Missständen geboten ist. Wurde gegen die Maßnahme ein Rechtsmittel eingelegt, sind der Stand und auch der Ausgang des Rechtsmittelverfahrens bekannt zu machen (§ 26b Abs. 1 Satz 3 VermAnlG).

16 Wer vorsätzlich oder fahrlässig einer vollziehbaren Anordnung nach **§ 17 Abs. 1 Satz 1** VermAnlG zuwiderhandelt, handelt **ordnungswidrig** (§ 29 Abs. 1 Nr. 10 VermAnlG). Die Ordnungswidrigkeit kann nach § 29 Abs. 3 VermAnlG mit einer **Geldbuße** bis zu 500.000 Euro geahndet werden.

§ 18
Untersagung des öffentlichen Angebots

(1) Die Bundesanstalt untersagt das öffentliche Angebot von Vermögensanlagen, wenn sie Anhaltspunkte dafür hat, dass

1. die Vermögensanlagen entgegen § 5a Satz 1 eine kürzere Laufzeit als 24 Monate oder eine kürzere Kündigungsfrist als sechs Monate oder entgegen § 5b eine Nachschusspflicht vorsehen,
2. der Anbieter entgegen § 6 keinen Verkaufsprospekt veröffentlicht hat oder dieser nach § 8a nicht mehr gültig ist,
3. der Verkaufsprospekt nicht die Angaben enthält, die nach § 7 Absatz 1 und 2, auch in Verbindung mit einer auf Grund des § 7 Absatz 3 erlassenen Rechtsverordnung, erforderlich sind oder die die Bundesanstalt nach § 15a zusätzlich verlangt hat,
4. der Verkaufsprospekt eine nach § 7 Absatz 2 Satz 3 unzulässige Begriffsverwendung enthält,
5. der Anbieter einen nach § 11 Absatz 1 erforderlichen Nachtrag nicht veröffentlicht hat,

6. der Anbieter entgegen § 8 einen Verkaufsprospekt oder entgegen § 11 Absatz 1 Satz 2 bis 4 einen Nachtrag vor der Billigung veröffentlicht oder

7. der Anbieter entgegen § 13 kein Vermögensanlagen-Informationsblatt erstellt hat.

(2) Der Bundesanstalt stehen die in § 4b des Wertpapierhandelsgesetzes genannten Befugnisse unter den dort genannten Voraussetzungen auch im Hinblick auf Vermögensanlagen zu.

[(ab 31.12.2016 zu ergänzen, siehe unten Rz. 3:)

(3) Der Bundesanstalt stehen die in § 4 Absatz 3l Satz 2 und 3 des Wertpapierhandelsgesetzes genannten Befugnisse unter den dort genannten Voraussetzungen auch gegenüber Anbietern und Emittenten von Vermögensanlagen zu.]

In der Fassung 6.12.2011 (BGBl. I 2011, S. 2481), zuletzt geändert durch das Kleinanlegerschutzgesetz vom 3.7.2015 (BGBl. I 2015, S. 1114).

Schrifttum: Siehe Einl. VermAnlG und das allgemeine Schrifttumsverzeichnis.

I. Regelungsgegenstand und Normentwicklung 1	d) Unzulässige Begriffsverwendungen im Verkaufsprospekt (§ 18 Abs. 1 Nr. 4 VermAnlG) . . 10
II. Untersagung des öffentlichen Angebots (§ 18 Abs. 1 VermAnlG)	e) Nichtveröffentlichung eines Nachtrags (§ 18 Abs. 1 Nr. 5 VermAnlG) 11
1. Anhaltspunkte für Verstöße 4	f) Veröffentlichung eines Nachtrags vor Billigung (§ 18 Abs. 1 Nr. 6 VermAnlG) 12
2. Verstöße (§ 18 Abs. 1 Nr. 1–7 VermAnlG)	
a) Verstöße gegen Regelungen in Bezug auf Laufzeit, Kündigungsfrist und Nachschusspflicht (§ 18 Abs. 1 Nr. 1 VermAnlG) . . 7	g) Nichterstellung eines Vermögensanlagen-Informationsblatts (§ 18 Abs. 1 Nr. 7 VermAnlG) . . 13
b) Nichtveröffentlichung oder Ungültigkeit eines Verkaufsprospekts (§ 18 Abs. 1 Nr. 2 VermAnlG) 8	3. Untersagung 14
	III. Produktintervention (§ 18 Abs. 2 VermAnlG) 15
c) Inhaltliche Mängel des Verkaufsprospekts (§ 18 Abs. 1 Nr. 3 VermAnlG) 9	IV. Rechtsmittel – Sofortige Vollziehung 17
	V. Weitere Befugnisse der BaFin – Ordnungswidrigkeit 18

I. Regelungsgegenstand und Normentwicklung

Die Vorschrift gibt der BaFin die Befugnis, bei den in § 18 **Abs. 1 Nr. 1–7** VermAnlG aufgeführten Verstößen gegen Vorschriften des VermAnlG die zum Schutz der Anleger und zur Sicherung der Funktionsfähigkeit der Anlagemärkte schärfste Maßnahme zu ergreifen und das Angebot einer Vermögensanlage zu untersagen. Die Verstöße gegen Vorschriften des VermAnlG, die eine Untersagung des öffentlichen Angebots von Vermögensanlagen nach sich ziehen, ist durch Art. 2 Nr. 20 des Kleinanlegerschutzgesetzes vom 3.7.2015[1] erweitert worden. Mit dieser Änderung hat Abs. 1 auch seine heutige Fassung erhalten.

2 § 18 **Abs. 2** VermAnlG stellt klar, dass die sich aus § 4b WpHG ergebenden Befugnisse der BaFin zur Produktintervention in Gestalt des Verbots oder der Beschränkung der Vermarktung, des Vertriebs oder des Verkaufs von Finanzinstrumenten iS von § 2 Abs. 2b und strukturierten Einlagen iS von § 2 Abs. 1 WpHG auch auf Vermögensanlagen iS von § 1 Abs. 2 VermAnlG anwendbar sind.

3 § 18 Abs. 2 VermAnlG in der Fassung der Vorschrift bei Einführung des VermAnlG enthielt die Regelung der **sofortigen Vollziehung** von Maßnahmen nach dem seinerzeitigen Abs. 1. Diese aufgrund von Art. 2 Nr. 20 des Kleinanlegerschutzgesetzes vom 3.7.2015 (Rz. 1) durch den heutigen Abs. 2 ersetzte Regelung ist in § 26a VermAnlG überführt worden. Eine **Änderung** wird § 18 VermAnlG zum 31.12.2016 aufgrund von Art. 11 Nr. 6 und 17 Abs. 2 des Ersten Gesetzes zur Novellierung von Finanzmarktvorschriften auf Grund europäischer Rechtsakte (**Erstes Finanzmarktnovellierungsgesetz – 1. FiMaNoG**) vom 30.6.2016[2] erfahren. Art. 11 Nr. 6 des Ersten Finanzmarktnovellierungsgesetzes sieht vor, dass § 18 VermAnlG folgender Abs. 3 angefügt wird: „(3) Der Bundesanstalt stehen die in § 4 Absatz 3l Satz 2 und 3 des Wertpapierhandelsgesetzes genannten Befugnisse unter den dort genannten Voraussetzungen auch gegenüber Anbietern und Emittenten von Vermögensanlagen zu." Bei dem in der Ergänzung in Bezug genommenen § 4 Abs. 3l VermAnlG handelt es sich um eine auf Art. 2 Nr. 3 lit. b, 17 Abs. 2 des Ersten Finanzmarktnovellierungsgesetzes zurückgehende Vorschrift, die ebenfalls zum 31.12.2016 in Kraft tritt. Mit der Ergänzung des § 18 VermAnlG wird Art. 24 Abs. 2 der Verordnung (EU) Nr. 1286/2014 (PRIIP)[3] im Hinblick auf die zu ergreifenden verwaltungsrechtlichen Maßnahmen bei Verstößen gegen die Pflichten der PRIIP-Verordnung umgesetzt[4].

II. Untersagung des öffentlichen Angebots (§ 18 Abs. 1 VermAnlG)

1. Anhaltspunkte für Verstöße

4 Die BaFin untersagt das öffentliche Angebot von Vermögensanlagen, wenn sie Anhaltspunkte dafür hat, dass einer der in § 18 Abs. 1 Nr. 1–7 VermAnlG angeführten Verstöße gegen Bestimmungen des VermAnlG vorliegt. Die Vorschrift geht auf § 8i Abs. 4 des VerkProspG zurück, das mit Wirkung vom 1.6.2012 durch Art. 2 des Ge-

---

1 BGBl. I 2015, S. 1114.
2 BGBl. I 2016, S. 1514.
3 Verordnung (EU) Nr. 1286/2014 vom 26.11.2014 über Basisinformationsblätter für verpackte Anlageprodukte für Kleinanleger und Versicherungsanlageprodukte (PRIIP), ABl. EU Nr. L 352 v. 9.12.2014, S. 1.
4 RegE Erstes Finanzmarktnovellierungsgesetz, BT-Drucks. 18/7482 v. 8.2.2016, S. 1 (79). Dazu heißt es ebd.: „Die Regelung dient der Klarstellung und verweist hinsichtlich der Befugnisse auf die Regelung des § 4 Absatz 3l WpHG, die der Bundesanstalt im Hinblick auf Emittenten und Anbieter von Vermögensanlagen ebenfalls zustehen".

setzes zur Novellierung des Finanzanlagenvermittler- und Vermögensanlagenrechts vom 6.12.2011 aufgehoben wurde[1].

Zur Untersagung des öffentlichen Angebots von Vermögensanlagen nach § 18 Abs. 1 VermAnlG reichen – wie auch für die Untersagung der Veröffentlichung eines Verkaufsprospekts nach Abs. § 17 Abs. 2 VermAnlG – **Anhaltspunkte** für einen Verstoß gegen die in § 18 Abs. 1 Nr. 1–7 VermAnlG aufgeführten Vorschriften aus. Die Verwendung des Begriffs *Anhaltspunkte*, der vom Gesetz nicht definiert wird, lässt erkennen, dass die BaFin kein sicheres Wissen über einen Verstoß haben muss, um ein öffentliches Angebot zu untersagen, dass aber Umstände gegeben sein müssen, die einen Verstoß als hinreichend wahrscheinlich erscheinen lassen. Anhaltspunkte für einen Verstoß gegen eine Bestimmung des VermAnlG liegen im Falle der in § 18 Abs. 1 Nr. 1–7 VermAnlG genannten Verstöße in einem **Verhalten des Anbieters**, der durch sein Tun den **Anschein** für ein prospektpflichtiges Angebot einer Vermögensanlage geschaffen haben muss[2]. Diese Umstände müssen auf Grund konkreter und nachgewiesener Tatsachen zwar nicht mit konkreter Gewissheit, jedoch hinreichend wahrscheinlich auf einen Verstoß gegen das Verkaufsprospektgesetz hindeuten[3]. Bloße Befürchtungen oder vage Verdachtsmomente reichen demnach als Anhaltspunkte nicht aus[4]. In den Worten des § 19 Abs. 2 VermAnlG müssen Tatsachen die Annahme eines Verstoß gegen die in § 18 Abs. 1 Nr. 1–7 VermAnlG aufgeführten Vorschriften rechtfertigen. Wenn schon Anhaltspunkte für einen Verstoß eine Untersagung rechtfertigen, dann erst recht **sichere Erkenntnis** der BaFin.

Die **enge Auslegung des Begriffs *Anhaltspunkte*** wird durch die Systematik der der BaFin zur Verfügung gestellten Eingriffsbefugnisse zur Wahrnehmung der Marktaufsicht vorgegeben. Sie erfordert aufgrund der sich aus § 26a VermAnlG ergebenden sofortigen Vollziehbarkeit der Untersagung nach § 18 Abs. 1 VermAnlG eine Abwägung einerseits der Interessen der Anleger an der Verhinderung eines öffentlichen Angebots für Vermögensanlagen, dessen ordnungsgemäßer Ablauf nicht gewährleistet werden kann, im Wege der Untersagung und andererseits der Konsequenzen einer solchen Maßnahme für den Anbieter. Das ist schon deshalb geboten, weil der BaFin als weitere Eingriffsbefugnisse zunächst mildere Mittel in Form von Auskunfts- und Vorlageersuchen zur Verfügung stehen, um zunächst Befürchtungen oder Verdachtsmomente in Hinblick auf einen Pflichtverstoß des Anbieters zu konkretisieren oder auszuräumen. Ist die Sachlage nicht eindeutig, ist die BaFin zunächst verpflichtet,

---

[1] BGBl. I 2011, S. 2481.
[2] Zu § 8i Abs. 4 VerkProspG Voraufl., § 8i VerkProspG Rz. 66; *Bruchwitz* in Arndt/Voß, § 8i VerkProspG Rz. 90; *Krämer* in Heidel, Aktienrecht und Kapitalmarktrecht, 2. Aufl. 2007, § 8i VerkProspG Rz. 7; *Lenz* in Assmann/Lenz/Ritz, § 8b VerkProspG Rz. 5.
[3] Voraufl., § 8i VerkProspG Rz. 66; *Bruchwitz* in Arndt/Voß, § 8i VerkProspG Rz. 90; *Krämer* in Heidel, Aktienrecht und Kapitalmarktrecht, 2. Aufl. 2007, § 8i VerkProspG Rz. 7; *Lenz* in Assmann/Lenz/Ritz, § 8b VerkProspG Rz. 5.
[4] Voraufl., § 8i VerkProspG Rz. 66; *Bruchwitz* in Arndt/Voß, § 8i VerkProspG Rz. 90; *Krämer* in Heidel, Aktienrecht und Kapitalmarktrecht, 2. Aufl. 2007, § 8i VerkProspG Rz. 7; *Lenz* in Assmann/Lenz/Ritz, § 8b VerkProspG Rz. 5.

den zugrundeliegenden Sachverhalt aufzuklären und den vermuteten Anbieter der Vermögensanlage anzuhören[1].

2. Verstöße (§ 18 Abs. 1 Nr. 1–7 VermAnlG)

a) Verstöße gegen Regelungen in Bezug auf Laufzeit, Kündigungsfrist und Nachschusspflicht (§ 18 Abs. 1 Nr. 1 VermAnlG)

7 § 18 Abs. 1 Nr. 1 VermAnlG ist durch Art. 2 Nr. 20 des Kleinanlegerschutzgesetzes vom 3.7.2015[2] in die Vorschrift gelangt. Der in ihm erfasste Fall nimmt Bezug auf die Regelung des § 5a Satz 1 VermAnlG, derzufolge Vermögensanlagen eine **Laufzeit** von mindestens 24 Monaten ab dem Zeitpunkt des erstmaligen Erwerbs und eine ordentliche **Kündigungsfrist** von mindestens sechs Monaten aufweisen müssen. Hat die BaFin Anhaltspunkte oder sichere Erkenntnisse dafür, dass dies nicht der Fall, untersagt sie das öffentliche Angebot. Gleiches gilt im Falle eines Verstoßes gegen § 5b VermAnlG, demzufolge Vermögensanlagen, die eine **Nachschusspflicht** vorsehen, sind zum öffentlichen Angebot oder Vertrieb im Inland nicht zugelassen sind.

b) Nichtveröffentlichung oder Ungültigkeit eines Verkaufsprospekts (§ 18 Abs. 1 Nr. 2 VermAnlG)

8 Nach § 6 VermAnlG muss ein Anbieter, der im Inland Vermögensanlagen öffentlich anbietet, einen Verkaufsprospekt nach diesem Gesetz veröffentlichen. Dieser bedarf vor seiner Veröffentlichung der Billigung durch die BaFin und ist gemäß § 8a VermAnlG nach seiner Billigung zwölf Monate lang für öffentliche Angebote gültig, sofern er um die nach § 11 VermAnlG erforderlichen Nachträge ergänzt wird. Hat die BaFin Anhaltspunkte oder sichere Erkenntnisse dafür, dass Anbieter entgegen § 6 VermAnlG keinen Verkaufsprospekt veröffentlicht hat oder dieser nach § 8a VermAnlG nicht mehr gültig ist, untersagt sie das öffentliche Angebot.

c) Inhaltliche Mängel des Verkaufsprospekts (§ 18 Abs. 1 Nr. 3 VermAnlG)

9 Ein Verkaufsprospekt muss die von § 7 Abs. 1 und 2 VermAnlG sowie der VermVerkProspV[3] verlangten Mindestangaben sowie die Angaben enthalten, die aufgrund des Verlangens der BaFin nach § 15a VermAnlG zusätzlich in den Prospekt aufzunehmen sind. Hat die BaFin Anhaltspunkte oder sichere Erkenntnisse dafür, dass der Ver-

---

1 Voraufl., § 8i VerkProspG Rz. 66; *Bruchwitz* in Arndt/Voß, § 8i VerkProspG Rz. 90; *Krämer* in Heidel, Aktienrecht und Kapitalmarktrecht, 2. Aufl. 2007, § 8i VerkProspG Rz. 7; *Lenz* in Assmann/Lenz/Ritz, § 8b VerkProspG Rz. 6.
2 BGBl. I 2015, S. 1114.
3 Bei dieser handelt es sich um die in § 18 Abs. 1 Nr. 3 VermAnlG erwähnte „nach § 7 Absatz 3 zu erlassenden Rechtsverordnung", auch wenn die Eingangsformel der VermVerkProspV („Auf Grund des § 8g Abs. 2 und 3 des Verkaufsprospektgesetzes, der durch Artikel 2 Nr. 1 des Gesetzes vom 28. Oktober 2004 (BGBl. I S. 2630) eingefügt worden ist, verordnet die Bundesregierung:...") noch auf die Verordnungsermächtigung des § 8g Abs. 2 des aufgehobenen VerkProspG (siehe Rz. 4) Bezug nimmt.

kaufsprospekt diese Angaben nicht enthält, untersagt sie nach § 18 Abs. 1 Nr. 3 VermAnlG das öffentliche Angebot.

d) Unzulässige Begriffsverwendungen im Verkaufsprospekt (§ 18 Abs. 1 Nr. 4 VermAnlG)

Nach § 7 Abs. 2 Satz 3 VermAnlG darf im Verkaufsprospekt weder der Begriff „Fonds" noch ein Begriff, der diesen Begriff enthält, zur Bezeichnung des Emittenten oder der Vermögensanlage verwendet werden. Hat die BaFin Anhaltspunkte oder sichere Erkenntnisse dafür, dass der Verkaufsprospekt eine nach vorstehender Bestimmung unzulässige Begriffsverwendung enthält, untersagt sie nach § 18 Abs. 1 Nr. 4 VermAnlG das öffentliche Angebot.

10

e) Nichtveröffentlichung eines Nachtrags (§ 18 Abs. 1 Nr. 5 VermAnlG)

Gemäß § 11 Abs. 1 VermAnlG ist jeder wichtige neue Umstand oder jede wesentliche Unrichtigkeit in Bezug auf die im Verkaufsprospekt enthaltenen Angaben, die die Beurteilung der Vermögensanlagen oder des Emittenten beeinflussen könnten und die nach der Billigung des Prospekts und während der Dauer des öffentlichen Angebots auftreten oder festgestellt werden, in einem Nachtrag zum Verkaufsprospekt gemäß § 11 Abs. 1 Satz 5 VermAnlG zu veröffentlichen. Hat die BaFin Anhaltspunkte oder sichere Erkenntnisse dafür, dass der Anbieter einen Nachtrag, der nach vorstehender Bestimmung zu veröffentlichen gewesen wäre, nicht veröffentlicht hat, untersagt sie nach § 18 Abs. 1 Nr. 5 VermAnlG das öffentliche Angebot.

11

f) Veröffentlichung eines Nachtrags vor Billigung (§ 18 Abs. 1 Nr. 6 VermAnlG)

Ein Verkaufsprospekt darf nach § 8 Abs. 1 Satz 1 VermAnlG vor seiner Billigung nicht veröffentlicht werden. Gleiches gilt gemäß § 11 Abs. 1 Satz 3–5 VermAnlG[1] für einen nach § 11 Abs. 1 VermAnlG zu veröffentlichenden Nachtrag. Hat die BaFin Anhaltspunkte oder sichere Erkenntnisse dafür, dass der Anbieter entgegen diesen Bestimmungen einen Verkaufsprospekt bzw. einen Nachtrag vor der Billigung veröffentlicht, untersagt sie nach § 18 Abs. 1 Nr. 6 VermAnlG das öffentliche Angebot.

12

---

1 Wenn das Gesetz demgegenüber „§ 11 Absatz 1 Satz 2 bis 4" VermAnlG anführt, handelt es sich dabei um ein Redaktionsversehen, weil übersehen wird, dass § 11 Abs. 1 Satz 1 VermAnlG durch Art. 2 Nr. 11 lit a bb des Kleinanlegerschutzgesetzes vom 3.7.2015 (BGBl. I 2015, S. 1114) ein neuer Satz hinzugefügt wurde und sich die bisherigen Sätze 2 bis 4, die sich auf die Veröffentlichung des Nachtrags bezogen, um eine Ziffer nach hinten verschoben haben.

g) Nichterstellung eines Vermögensanlagen-Informationsblatts (§ 18 Abs. 1 Nr. 7 VermAnlG)

13 Nach § 13 VermAnlG muss ein Anbieter, der im Inland Vermögensanlagen öffentlich anbietet, vor dem Beginn des öffentlichen Angebots neben dem Verkaufsprospekt auch ein Vermögensanlagen-Informationsblatt erstellen. Hat die BaFin Anhaltspunkte oder sichere Erkenntnisse dafür, dass der Anbieter entgegen dieser Bestimmung kein Vermögensanlagen-Informationsblatt erstellt hat, untersagt sie nach § 18 Abs. 1 Nr. 7 VermAnlG das öffentliche Angebot.

3. Untersagung

14 Liegen Anhaltspunkte oder sichere Erkenntnis für einen Verstoß iS des § 18 Abs. 1 Nr. 1–7 VermAnlG vor, untersagt die BaFin das öffentliche Angebot der fraglichen Vermögensanlagen. Im Hinblick auf die Untersagung steht ihr **kein Entschließungsermessen** zu.

III. Produktintervention (§ 18 Abs. 2 VermAnlG)

15 § 18 Abs. 2 VermAnlG, der durch Art. 2 Nr. 20 des Kleinanlegerschutzgesetzes vom 3.7.2015[1] neu gefasst wurde (siehe dazu auch oben Rz. 3), stellt klar, dass die sich aus § 4b WpHG ergebenden Befugnisse der BaFin zur **Produktintervention** in Gestalt des Verbots oder der Beschränkung der Vermarktung, des Vertriebs oder des Verkaufs von Finanzinstrumenten iS von § 2 Abs. 2b WpHG und strukturierten Einlagen iS von § 2 Abs. 1 WpHG auch auf Vermögensanlagen iS von § 1 Abs. 2 VermAnlG anwendbar sind. Eine bloß Klarstellung ist dies deshalb, weil Vermögensanlagen iS des § 1 Abs. 2 VermAnlG Finanzinstrumente iS des § 2 Abs. 2b WpHG sind und schon von daher den Befugnissen der BaFin nach § 4b WpHG unterliegen.

16 Um zu prüfen, ob die Voraussetzungen für eine Maßnahme nach § 18 Abs. 2 VermAnlG vorliegen, kann die BaFin nach § 19 Abs. 1 Satz 1 Nr. 3 VermAnlG von einem Emittenten oder Anbieter **Auskünfte**, die Vorlage von **Unterlagen** und die Überlassung von **Kopien** verlangen.

IV. Rechtsmittel – Sofortige Vollziehung

17 Entscheidungen nach § 18 Abs. 1 und Abs. 2 VermAnlG sind Verwaltungsakte. Vor Erhebung der **Anfechtungsklage** gegen einen solchen Verwaltungsakt sind Rechtmäßigkeit und Zweckmäßigkeit des Verwaltungsakts in einem **Vorverfahren** nachzuprüfen (§ 68 Abs. 1 VwGO), das mit der Erhebung des **Widerspruchs** gegen den Verwaltungsakt beginnt (§ 69 VwGO). Widerspruch und Anfechtungsklage gegen Maßnahmen der BaFin nach § 17 Abs. 1 oder Abs. 2 VermAnlG haben keine aufschie-

---

[1] BGBl. I 2015, S. 1114.

bende Wirkung (§ 26a VermAnlG), das heißt diese sind **sofort vollziehbar**. Hilft die Behörde dem Widerspruch nicht ab, so ergeht ein Widerspruchsbescheid nach Maßgabe von § 73 VwGO. Innerhalb eines Monats nach Zustellung des Widerspruchsbescheids ist daraufhin Anfechtungsklage zu erheben werden (§ 74 VwGO).

V. Weitere Befugnisse der BaFin – Ordnungswidrigkeit

Die Bundesanstalt macht nach § 26b Abs. 1 VermAnlG die Unterlassungsentscheidung, die sie nach § 18 Abs. 1 oder Abs. 2 VermAnlG getroffen hat, nach Maßgabe von § 26b Abs. 1 Satz 1 und 2 VermAnlG auf ihrer **Internetseite öffentlich bekannt**, soweit dies bei Abwägung der betroffenen Interessen zur Beseitigung oder Verhinderung von Missständen geboten ist. Wurde gegen die Maßnahme ein Rechtsmittel eingelegt, sind der Stand und auch der Ausgang des Rechtsmittelverfahrens bekannt zu machen (§ 26b Abs. 1 Satz 3 VermAnlG). 18

Wer vorsätzlich oder fahrlässig einer vollziehbaren Anordnung nach **§ 18 Abs. 1 oder Abs. 2 VermAnlG** zuwiderhandelt, handelt **ordnungswidrig** (§ 29 Abs. 1 Nr. 10 VermAnlG). Die Ordnungswidrigkeit kann nach § 29 Abs. 3 VermAnlG mit einer **Geldbuße** bis zu 500.000 Euro geahndet werden. 19

§ 19
Auskünfte des Anbieters

(1) Die Bundesanstalt kann von einem Emittenten oder Anbieter Auskünfte, die Vorlage von Unterlagen und die Überlassung von Kopien verlangen, um
1. die Einhaltung der Pflichten und Verbote nach den §§ 5a, 5b, 6 und 8 Absatz 1, den §§ 8a bis 13 und 14 Absatz 1 und § 15 zu überwachen,
2. zu prüfen, ob der Verkaufsprospekt die Angaben enthält, die nach § 7 Absatz 1 und 2, auch in Verbindung mit einer auf Grund des § 7 Absatz 3 erlassenen Rechtsverordnung, erforderlich sind, oder ob diese Angaben kohärent und verständlich sind oder *[(ab 31.12.2016, siehe unten Rz. 2:) Ersetzung des Worts „oder" durch ein Komma]*
3. zu prüfen, ob die Voraussetzungen für eine Maßnahme nach § 18 Absatz 2 vorliegen. *[(ab 31.12.2016, siehe unten Rz. 2:) Ersetzung des Punkts durch das Wort „oder"]*

[(ab 31.12.2016 zu ergänzen, siehe unten Rz. 2:)
4. zu prüfen, ob die Voraussetzungen für das Ergreifen von Maßnahmen nach § 18 Absatz 3 vorliegen.]

Die Befugnis nach Satz 1 besteht auch gegenüber einem mit dem Emittenten oder dem Anbieter verbundenen Unternehmen. In dem Verlangen ist auf die Befugnis nach § 26b hinzuweisen.

(2) Die Bundesanstalt kann die Erteilung von Auskünften und die Vorlage von Unterlagen auch von demjenigen verlangen, bei dem Tatsachen die Annahme rechtfertigen, dass er Anbieter im Sinne dieses Gesetzes ist.

(3) Der zur Erteilung einer Auskunft Verpflichtete kann die Auskunft auf solche Fragen verweigern, deren Beantwortung ihn selbst oder einen der in § 52 Absatz 1 der Strafprozessordnung bezeichneten Angehörigen der Gefahr strafrechtlicher Verfolgung oder eines Verfahrens nach dem Gesetz über Ordnungswidrigkeiten aussetzen würde. Der Verpflichtete ist über sein Recht zu belehren, die Auskunft zu verweigern.

In der Fassung vom 6.12.2011 (BGBl. I 2011, S. 2481), zuletzt geändert durch das Erste Gesetz zur Novellierung von Finanzmarktvorschriften auf Grund europäischer Rechtsakte (Erstes Finanzmarktnovellierungsgesetz – 1. FiMaNoG) vom 30.6.2016 (BGBl. I 2016, S. 1514).

Schrifttum: Siehe Einl. VermAnlG und das allgemeine Schrifttumsverzeichnis.

I. Regelungsgegenstand und Normentwicklung 1	3. Hinweis auf die Befugnis zur Bekanntmachung eines Auskunfts-, Vorlage oder Unterlassungsverlangens (§ 19 Abs. 1 Satz 3 VermAnlG) 14
II. Auskunfts-, Vorlage- und Überlassungsrechte nach § 19 Abs. 1 VermAnlG	4. Durchsetzung des Auskunfts-, Vorlage- oder Überlassungsverlangens mit Zwangsmitteln 18
1. Adressaten (§ 19 Abs. 1 Sätze 1 und 2, Abs. 2 VermAnlG) 4	III. Auskunfts- und Vorlageverlangen gegenüber dem vermuteten Anbieter (§ 19 Abs. 2 VermAnlG) 20
2. Gegenstand und Voraussetzung der Auskunfts-, Vorlage- und Überlassungsrechte (§ 19 Abs. 1 Satz 1 VermAnlG) 6	IV. Auskunftsverweigerungsrecht (§ 19 Abs. 3 VermAnlG) 22

I. Regelungsgegenstand und Normentwicklung

1 Die Vorschriften des § 19 VermAnlG dienen der **effektive Sachverhaltsaufklärung** als Voraussetzung zur Erfüllung der Prüfungs- und Überwachungsaufgaben, die der BaFin durch das VermAnlG zugewiesen sind. Dazu gewährt die Bestimmung der Aufsichtsbehörde Auskunfts-, Vorlage- und Überlassungsrechte gegenüber dem Anbieter, dem Emittenten, den mit dem Emittenten oder dem Anbieter verbundenen Unternehmen und gegenüber demjenigen, bei dem Tatsachen die Annahme rechtfertigen, dass er Anbieter im Sinne dieses Gesetzes ist (sog. Scheinanbieter).

2 Die Vorschrift **geht zurück auf § 8i Abs. 4a und 4b VerkProspG** in dessen Fassung bei Aufhebung des VerkProspG durch Art. 2 des Gesetzes zur Novellierung des Finanzanlagenvermittler- und Vermögensanlagenrechts v. 6.12.2011 mit Wirkung vom

1.6.2012[1]. Art. 2 Nr. 21 des **Kleinanlegerschutzgesetzes** vom 3.7.2015[2] änderte die Eingangsformulierung des Abs. 1, erweiterte den Adressatenkreis der sich aus Abs. 1 ergebenden Nachforschungsrechte der BaFin, passte die ursprüngliche Fassung von § 19 VermAnlG an die zahlreichen der durch das Kleinanlegerschutzgesetz eingeführten neuen Bestimmungen des VermAnlG an, erstreckte die Auskunftsrechte der Bundesanstalt nach Abs. 1 Satz 1 auf die mit Emittenten und Anbietern verbundenen Unternehmen (Abs. 1 Satz 2) und verschob die Regelung des sofortigen Verzugs gegen Maßnahmen der früheren Abs. 1 und 2 in den neuen § 26a VermAnlG. Art. 10 Nr. 3 des Ersten Gesetzes zur Novellierung von Finanzmarktvorschriften auf Grund europäischer Rechtsakte (**Erstes Finanzmarktnovellierungsgesetz** – 1. FiMaNoG) vom 30.6.2016[3] brachte neben geringfügigen redaktionellen Änderungen die Nachforschungsrecht in Bezug auf die Prüfung der Voraussetzungen zur Produktintervention nach § 18 Abs. 2 VermAnlG. **Zum 31.12.2016** wird § 19 VermAnlG durch Art. 11 Nr. 7 iVm. 17 Abs. 2 des Ersten Finanzmarktnovellierungsgesetzes **weitere Änderungen** erfahren, die alle dem Umstand geschuldet sind, dass § 19 Abs. 1 Satz 1 VermAnlG eine neue Nr. 4 angefügt wird. Danach ist es der BaFin zukünftig möglich, von einem Emittenten oder Anbieter Auskünfte, die Vorlage von Unterlagen und die Überlassung von Kopien zu verlangen, um „4. zu prüfen, ob die Voraussetzungen für das Ergreifen von Maßnahmen nach § 18 Absatz 3 [VermAnlG] vorliegen". Bei dem in der Neuregelung in Bezug genommenen § 18 Abs. 3 VermAnlG handelt es sich um eine ebenfalls durch das Erste Finanzmarktnovellierungsgesetz mit Wirkung vom 31.12.2016 eingeführte Neuregelung (siehe § 18 VermAnlG Rz. 3).

§ 19 VermAnlG **funktional vergleichbare Vorschriften** mit vergleichbaren Regelungen finden sich in **§ 26 WpPG** in Bezug auf die Überwachung der Einhaltung der Bestimmungen des WpPG, in **§§ 5 Abs. 6 f. und 16 Abs. 1 KAGB** zur Überwachung der Einhaltung der Verbote und Gebote des KAGB sowie der aufgrund desselben erlassenen Bestimmungen und in **§ 4 Abs. 3 und 3f WpHG** zur Überwachung der Einhaltung eines Verbots oder Gebots des WpHG oder der Verordnung (EU) Nr. 596/2014 oder zur Prüfung, ob die Voraussetzungen für eine Maßnahme nach § 4b WpHG bzw. vorliegen bzw. zur Überwachung der Spotmärkte betreffenden Regelungen. 3

II. Auskunfts-, Vorlage- und Überlassungsrechte nach § 19 Abs. 1 VermAnlG

1. Adressaten (§ 19 Abs. 1 Sätze 1 und 2, Abs. 2 VermAnlG)

Die Auskunfts-, Vorlage- und Überlassungsrechte der BaFin nach § 19 Abs. 1 Satz 1 VermAnlG **richten sich gegen** Anbieter und Emittenten (§ 19 Abs. 1 Satz 1 VermAnlG), die mit dem Emittenten oder dem Anbieter verbundenen Unternehmen (§ 19 Abs. 1 Satz 2 VermAnlG) und in Bezug auf das Auskunfts- und Vorlagerecht auch gegenüber demjenigen, bei dem Tatsachen die Annahme rechtfertigen, dass er Anbieter 4

---

1 BGBl. I 2011, S. 2481.
2 BGBl. I 2015, S. 1114.
3 BGBl. I 2016, S. 1514.

im Sinne dieses Gesetzes ist (§ 19 Abs. 2 VermAnlG; siehe dazu unten Rz. 20). Die Erweiterung des Adressatenkreises der Befugnis der BaFin nach Abs. 1 Satz 1 auf **verbundene Unternehmen** geht auf Art. 2 Nr. 21 des Kleinanlegerschutzgesetzes vom 3.7.2015 (oben Rz. 2) zurück. Verbundene Unternehmen sind gemäß der auch hier maßgeblichen Definition des § 15 AktG rechtlich selbständige Unternehmen, die im Verhältnis zueinander in Mehrheitsbesitz stehende Unternehmen und mit Mehrheit beteiligte Unternehmen (§ 16 AktG), abhängige und herrschende Unternehmen (§ 17 AktG), Konzernunternehmen (§ 18 AktG), wechselseitig beteiligte Unternehmen (§ 19 AktG) oder Vertragsteile eines Unternehmensvertrags (§§ 291, 292 AktG) sind.

5 Unter den Adressaten der Auskunfts-, Vorlage- und Überlassungsrechte der BaFin besteht **kein Rangverhältnis**, das heißt, es liegt im **Auswahlermessen** der Aufsichtsbehörde, an welchen der Adressaten sie sich mit einem Auskunfts-, Vorlage- und/oder Überlassungsverlangen richtet[1]. Darüber hinaus können alle Ermittlungsrechte der BaFin sowohl gegenüber einem einzigen Adressaten geltend gemacht oder auf verschiedene Adressaten verteilt werden[2].

2. Gegenstand und Voraussetzung der Auskunfts-, Vorlage- und Überlassungsrechte (§ 19 Abs. 1 Satz 1 VermAnlG)

6 Die BaFin kann von den vorstehend (in Rz. 4) angeführten Adressaten Auskünfte, die Vorlage von Unterlagen und die Überlassung von Kopien nur „verlangen, um" die in § 19 Abs. 1 Satz 1 Nr. 1–3 VermAnlG abschließend aufgezählten Überwachungs- und Prüfungsaufgaben zu erfüllen. Das heißt nichts anderes (und nicht anders als in § 26 Abs. 2, 2a WpPG, § 5 Abs. 6 KAGB sowie § 4 Abs. 3 WpHG), als dass das jeweilige Verlangen **erforderlich** sein muss, um die in § 19 Abs. 1 Satz 1 Nr. 1–3 VermAnlG genannten Überwachungs- und Prüfungsaufgaben wahrnehmen zu können.

7 Nach § 19 **Abs. 1 Satz 1 Nr. 1** VermAnlG kann die BaFin Auskünfte, die Vorlage von Unterlagen und die Überlassung von Kopien verlangen, um die **Einhaltung von Pflichten und Verboten** in Gestalt von Regelungen zum Verkaufsprospekt, die nichts mit den Mindestanforderungen an denselben zu tun haben, sowie zum Vermögens-

---

[1] Ebenso *von Kopp-Colomb*, § 26 WpPG Rz. 10 aE. Näher die auch hier geltenden Erläuterungen zu § 4 Abs. 3 WpHG von *Döhmel* in Assmann/Uwe H. Schneider, § 4 WpHG Rz. 31.

[2] Zu den Anforderungen bei der Ausübung des diesbezüglichen Auswahlermessens siehe aus Praktikersicht *Döhmel* in Assmann/Uwe H. Schneider, § 4 WpHG Rz. 31: „Die Bundesanstalt hat im Rahmen ihres Auswahlermessens zu prüfen, welche der Möglichkeiten erforderlich, geeignet und das mildeste Mittel ist oder ob ggf. auch eine Kombination von Auskunft und Vorlage von Unterlagen erforderlich ist. So kann bei einfachen Sachverhalten durchaus die Auskunft das geeignete Mittel sein, in einem anderen Fall muss sich die Bundesanstalt einen eigenen Eindruck durch das Einsehen in Unterlagen verschaffen. Eine Auskunft muss den Beaufsichtigten nicht weniger belasten, als die Vorlage von Unterlagen, insbesondere wenn er sich die Kenntnis selbst erst wieder durch Einsicht in die Unterlagen verschaffen müsste. Es ist also eine Frage der Abwägung, welches Mittel ergriffen werden sollte."

anlagen-Informationsblatt zu **überwachen**. Im Einzelnen geht es um die Pflichten und Verbote nach

- § 5a VermAnlG (Beachtung der gesetzlichen Mindestlaufzeit von Vermögensanlagen),
- § 5b VermAnlG (Verbot von Vermögensanlagen mit Nachschusspflicht),
- §§ 6 und 8 Abs. 1 VermAnlG (Pflicht zur Veröffentlichung eines gebilligten Verkaufsprospekts),
- § 8a VermAnlG (Einhaltung der Gültigkeitsdauer eines Verkaufsprospekts),
- § 9 VermAnlG (Einhaltung der Vorschriften zu Frist und Form der Veröffentlichung),
- § 10 VermAnlG (Einhaltung der Bestimmungen über einen veröffentlichungsfähigen unvollständigen Verkaufsprospekt),
- § 11 VermAnlG (Pflicht zur Veröffentlichung ergänzender Angaben in einem gebilligten Nachtrag),
- § 12 VermAnlG (Einhaltung der Vorschriften über die Werbung von Vermögensanlagen),
- §§ 13 und 14 Abs. 1 VermAnlG (Einhaltung der Vorschriften zur Erstellung, zum Inhalt und zur Hinterlegung eines Vermögensanlagen-Informationsblatts) und
- § 15 VermAnlG (Einhaltung der Vorschriften über die Anlegerinformation mittels Verkaufsprospekt und Vermögensanlagen-Informationsblatt)

Nach § 19 **Abs. 1 Satz 1 Nr. 2** VermAnlG kann die BaFin Auskünfte, die Vorlage von Unterlagen und die Überlassung von Kopien verlangen, um zu **prüfen**, ob der Verkaufsprospekt die nach § 7 Abs. 1 und 2 sowie der VermVerkProspV[1] erforderlichen **Mindestangaben** enthält, und ob diese Angaben kohärent (iS von § 8 Abs. 1 Sätze 2 und 3 VermAnlG) und verständlich sind.

Nach § 19 **Abs. 1 Satz 1 Nr. 3** VermAnlG kann die BaFin Auskünfte, die Vorlage von Unterlagen und die Überlassung von Kopien verlangen, um zu **prüfen**, ob die **Voraussetzungen für eine Produktintervention** nach § 18 Abs. 2 VermAnlG iVm. § 4b WpHG vorliegen. Diese Regelung geht auf Art. 10 Nr. 3 des Ersten Finanzmarktnovellierungsgesetzes vom 30.6.2016 (oben Rz. 2) zurück.

Das Recht, **Auskunft** verlangen zu können, beschränkt sich auf **Auskünfte über Tatsachen**, die im Bereich des Auskunftspflichtigen liegen. Darüber hinausgehende Nachforschungen des Adressaten des Auskunftsverlangens sind nicht erforderlich. Zu Einzelheiten siehe § 26 WpPG Rz. 10.

---

1 Bei dieser handelt es sich um die in § 18 Abs. 1 Nr. 3 VermAnlG erwähnte „nach § 7 Absatz 3 zu erlassenden Rechtsverordnung", auch wenn die Eingangsformel der VermVerkProspV („Auf Grund des § 8g Abs. 2 und 3 des Verkaufsprospektgesetzes, der durch Artikel 2 Nr. 1 des Gesetzes vom 28. Oktober 2004 (BGBl. I S. 2630) eingefügt worden ist, verordnet die Bundesregierung:...") noch auf die Verordnungsermächtigung des § 8g Abs. 2 des aufgehobenen VerkProspG (siehe Rz. 4) Bezug nimmt.

11 Das Recht, die **Vorlage von Unterlagen** verlangen zu können, bezieht sich auf sämtliche Arten von Unterlagen, das heißt nicht nur Dokumente in Papierversion, sondern auch elektronisch gespeicherte Dokumente, namentlich E-Mails. Näher hierzu § 26 WpPG Rz. 11.

12 Das Recht, die **Überlassung von Kopien** verlangen zu können, bezieht sich auf die Unterlagen, deren Vorlage die BaFin nach § 19 Abs. 1 Satz 1 Nr. 3 VermAnlG verlangen kann. Die BaFin wird in den Fällen, in denen es um die Überlassung von Unterlagen geht, die für den laufenden Geschäftsbetrieb des Adressaten des Verlangens erforderlich oder aus sonstigen triftigen Gründen beim Betroffenen nicht entbehrlich sind, prüfen, ob sie sich mit der Überlassung von Kopien dieser Unterlagen begnügt, um deren Überlassung nach § 19 Abs. 1 Satz 1 Nr. 3 VermAnlG zu verlangen. Näher hierzu § 26 WpPG Rz. 12.

13 Eine besondere **Form** ist für Auskunfts-, Vorlage- und Überlassungsverlangen ist nicht vorgesehen. Als Verwaltungsakte können sie nach § 37 Abs. 2 Satz 1 VwVfG schriftlich, elektronisch, mündlich (einschließlich fernmündlich) oder in anderer Weise erlassen werden[1], wobei der Adressat des Verlangens nach § 19 Abs. 3 Satz 2 VermAnlG auf ein Auskunftsverweigerungsrecht hinzuweisen ist. Sollen die Auskunfts-, Vorlage- und Überlassungsverlangen durch **Zwangsmaßnahmen** durchgesetzt werden, müssen diese schriftlich angedroht werden (§ 13 Abs. 1 VwVG). Soll die Androhung des Weiteren mit dem Auskunfts-, Vorlage- und Überlassungsverlangen verbunden werden, was nach § 13 Abs. 2 Satz 1 VwVG möglich, aber trotz der sich aus § 26a VermAnlG ergebenden sofortigen Vollziehbarkeit einer Maßnahme der BaFin nach § 19 VermAnlG nicht zwingend ist, so muss damit auch das jeweilige Verlangen schriftlich nach Maßgabe von § 37 Abs. 3 VwVfG erfolgen[2].

3. Hinweis auf die Befugnis zur Bekanntmachung eines Auskunfts-, Vorlage oder Unterlassungsverlangens (§ 19 Abs. 1 Satz 3 VermAnlG)

14 Auskunfts-, Vorlage- oder Überlassungsverlangen der BaFin nach § 19 Abs. 1 VermAnlG sind **Verwaltungsakte**, die nach § 26a VermAnlG **sofort vollziehbar** sind. Nach § 26b VermAnlG hat die BaFin sofort vollziehbare Maßnahmen wie die nach § 19 Abs. 1 VermAnlG, auf ihrer Internetseite öffentlich bekannt zu machen, soweit dies bei Abwägung der betroffenen Interessen zur Beseitigung oder Verhinderung von Missständen geboten ist. Auf diesen Umstand – in Satz 3 ist von der Befugnis der BaFin nach § 26b VermAnlG die Rede – muss die BaFin nach § 19 Abs. 1 Satz 3 VermAnlG in ihrem Auskunfts-, Vorlage- oder Überlassungsverlangen hinweisen.

15 Der Hinweis auf eine solche „Befugnis" im Auskunfts-, Vorlage- oder Überlassungsverlangen ginge indes ins Leere, wenn das Verlangen im Zeitpunkt seiner Zustellung bereits auf der Internetseite öffentlich bekannt gemacht wäre. Die Bekanntmachung wird deshalb nur in dem Fall erfolgen müssen, dass der **Adressat des Verlangens diesem nicht nachkommt**. Dementsprechend wird auch der Hinweis in dem Ver-

---

[1] *Lenz* in Assmann/Lenz/Ritz, § 8c VerkProspG Rz. 7; Vorauﬂ., § 8i VerkProspG Rz. 83.
[2] *Troidl* in Engelhardt/App/Schlatmann, VwVG VwZG, § 13 VwVG Rz. 10.

langen auf § 26b VermAnlG der Hinweis darauf sein, dass die BaFin „befugt" ist, das Auskunfts-, Vorlage- oder Überlassungsverlangen im Falle seiner Nichtbefolgung nach Maßgabe von § 26b VermAnlG zu veröffentlichen. Diese Auslegung entspricht der Regelung des § 26 Abs. 2a Satz 1 WpPG in Bezug auf das § 19 Abs. 1 Satz 1 VermAnlG entsprechende Auskunfts-, Vorlage- oder Überlassungsverlangen der BaFin nach § 26 Abs. 2 Satz 1 WpPG. Sie kann sich im Übrigen auch auf die Erwägung stützen, dass das der Sachverhaltsaufklärung dienende bloße Auskunfts-, Vorlage- oder Überlassungsverlangen solange keine Maßnahme ist, die einer Bekanntmachung bedarf und bei Abwägung der betroffenen Interessen zur Beseitigung oder Verhinderung von Missständen geboten ist, als keine Anhaltspunkte vorliegen, die gegen die Annahme sprechen, der Adressat werde dem Verlangen der BaFin nachkommen.

Kommt der Adressat einem Auskunfts-, Vorlage- oder Überlassungsverlangen nach § 19 Abs. 1 Satz 1 VermAnlG innerhalb angemessener Frist unberechtigt nicht oder trotz erneuter Aufforderung innerhalb angemessener Frist **unberechtigt nicht oder nur unvollständig nach**, hat die BaFin das Verlangen nach Abwägung der betroffenen Interessen, die in diesem Falle regelmäßig zu Lasten des Adressaten ausfallen wird, auf ihrer **Internetseite öffentlich bekannt zu machen** (siehe dazu auch die Ausführungen zu § 26 WpPG Rz. 15). Anders als § 26 Abs. 2a Satz 1 WpPG gibt § 26b Abs. 1 Satz 1 VermAnlG der BaFin jenseits der Interessenabwägung kein Veröffentlichungsermessen. Bei noch nicht bestandskräftigen Auskunfts-, Vorlage- oder Überlassungsverlangen ist nach § 26 Abs. 1 Satz 2 VermAnlG folgender Hinweis hinzuzufügen: „Diese Maßnahme ist noch nicht bestandskräftig". 16

Die **Bekanntmachung** der fehlenden oder nicht hinreichenden Reaktion des Adressaten des Auskunfts-, Vorlage- oder Überlassungsverlangens ist kein Verwaltungsakt, sondern stellt **schlichtes Verwaltungshandeln** dar (näher hierzu § 26 WpPG Rz. 16). 17

4. Durchsetzung des Auskunfts-, Vorlage- oder Überlassungsverlangens mit Zwangsmitteln

Auskunfts-, Vorlage- oder Überlassungsverlangen der BaFin nach Abs. 1 können mit Zwangsmitteln nach dem Verwaltungs-Vollstreckungsgesetz (VwVG) durchgesetzt werden. Die Anwendung des Verwaltungszwangs setzt neben dem eigentlichen unanfechtbaren oder nach § 26a VermAnlG sofort vollziehbaren Auskunfts-, Vorlage- und Überlassungsverlangens als Grundverwaltungsakt gemäß § 6 VwVG eine schriftliche **Androhung des Zwangsmittels** nach § 13 VwVG mit Fristsetzung voraus. Die BaFin kann die Androhung nach § 13 Abs. 2 VwVG mit der zu vollstreckenden Auskunfts- oder Vorlageverfügung verbinden. Da den Rechtsmitteln gegen Maßnahmen der BaFin nach § 19 VermAnlG gemäß § 26a VermAnlG keine aufschiebende Wirkung zukommt, ist die Aufsichtsbehörde nach § 13 Abs. 2 Satz 2 VwVG sogar gehalten, in der Auskunfts- oder Vorlageverfügung die Androhung des Zwangsmittels vorzunehmen. **Gegen die Androhung** des Zwangsmittels kann der Betroffene die **Rechtsmittel** einlegen, die gegen den Verwaltungsakt zustehen, also gemäß § 18 VwVG Widerspruch und Anfechtungsklage. 18

19 Von den nach § 9 VwVG den Vollzugsbehörden grundsätzlich zur Verfügung stehenden Zwangsmitteln kommt bei der Durchsetzung von Auskunfts- oder Vorlageersuchen in erster Linie der **Verhängung eines Zwangsgelds** gemäß § 11 VwVG Bedeutung zu, weil die Auskunfts- und Vorlagepflichten des Anbieters regelmäßig unvertretbare Handlungen darstellen, die weder von einem Dritten noch von der BaFin selbst vorgenommen werden können[1]. Nach dem fruchtlosen Verstreichen der in der Androhung bestimmten Frist setzt die BaFin das **Zwangsgeld** der Höhe nach fest und lässt es erforderlichenfalls beim Anbieter durch die Vollstreckungsbehörden beitreiben. Ist das Zwangsgeld uneinbringlich, kann das Verwaltungsgericht auf Antrag die BaFin auch Ersatzzwangshaft von bis zu zwei Wochen anordnen.

III. Auskunfts- und Vorlageverlangen gegenüber dem vermuteten Anbieter (§ 19 Abs. 2 VermAnlG)

20 Die Regelung erweitert die sich aus § 19 Abs. 1 Satz 1 VermAnlG ergebende Befugnis der BaFin, Auskünfte und der Vorlage von Unterlagen verlangen zu können – die Möglichkeit der BaFin, sich mit der Überlassung von Kopien von Unterlagen zu begnügen, ist nicht erwähnt – auf **mutmaßliche Anbieter** (sog. Scheinanbieter). Das sind Personen, bei denen Tatsachen die Annahme rechtfertigen, dass sie Anbieter iS des VermAnlG sind. Die Notwendigkeit der Einbeziehung dieser Personen ergibt sich bei der konkreten Zuordnung der Anbietereigenschaft zu mehreren hierzu in Frage kommenden Personen. Die Klärung der Anbietereigenschaft ist oftmals erst auf Grund der Einholung der entsprechenden Auskünfte oder der Einsichtnahme in Geschäftsunterlagen möglich[2].

21 Der Vorbehalt des Vorliegens entsprechender Tatsachen setzt **überprüfbare Umstände oder Handlungen** der auskunfts- oder vorlagepflichtigen Person voraus, die ihre Eigenschaft als Anbieter begründen können. Nur vage, also nicht hinreichende Vermutungen in Bezug auf die Anbietereigenschaft schließen eine Befugnis der BaFin zur Ermittlung gegen diese Person aus[3]. Darüber hinaus geht in diesem Fall das Auskunfts- und Vorlagerecht des § 19 Abs. 2 VermAnlG nur soweit, wie es für die Prüfung der Frage erforderlich ist, ob es sich bei der betreffenden Person um einen Anbieter der in Frage stehenden Vermögensanlage handelt.

IV. Auskunftsverweigerungsrecht (§ 19 Abs. 3 VermAnlG)

22 § 19 Abs. 3 VermAnlG setzt den völkerrechtlichen und verfassungsrechtlichen rechtsstaatlichen Gedanken der **Unzumutbarkeit einer Selbstanzeige** um. Die Vorschrift entspricht dem Auskunftsverweigerungsrecht in anderen kapitalmarktrecht-

---

1 *Lenz* in Assmann/Lenz/Ritz, § 8c VerkProspG Rz. 21.
2 RegE 4. FFG, BT-Drucks. 14/8017 v. 18.1.2002, S. 110.
3 *Lenz* in Assmann/Lenz/Ritz, VerkProspG, 2001, § 8c VerkProspG Rz. 3.

lichen Gesetzen, etwa § 26 Abs. 6 WpPG, § 5 Abs. 6 Satz 6 und § 16 Abs. 5 KAGB, § 4 Abs. 9 WpHG oder § 44 Abs. 6 KWG.

Nach § 19 **Abs. 3 Satz 1** VermAnlG kann von dem zu einer **Auskunft Verpflichteten** nicht verlangt werden, sich selbst oder einen nahen Angehörigen einer Straftat oder Ordnungswidrigkeit zu bezichtigen. **Angehörige** sind die § 52 Abs. 1 der StPO bezeichneten Angehörigen[1], das heißt (1) der Verlobte des Auskunftspflichtigen oder die Person, mit der der Auskunftspflichtige ein Versprechen eingegangen ist, eine Lebenspartnerschaft zu begründen, (2) der Ehegatte des Auskunftspflichtigen, auch wenn die Ehe nicht mehr besteht, (3) der Lebenspartner des Auskunftspflichtigen, auch wenn die Lebenspartnerschaft nicht mehr besteht und (4) wer mit dem Auskunftspflichtigen in gerader Linie verwandt oder verschwägert, in der Seitenlinie bis zum dritten Grad verwandt oder bis zum zweiten Grad verschwägert ist oder war. Gemäß § 19 **Abs. 3 Satz 2** VermAnlG ist der Auskunftspflichtige über das Auskunftsverweigerungsrecht **zu belehren**. 23

Nach dem eindeutigen Wortlaut der Vorschrift ist das Auskunftsverweigerungsrecht auf Auskunftsverlangen beschränkt und erlaubt nur die Verweigerung der Auskunft auf Fragen, deren Beantwortung den Adressaten des Verlangens selbst oder einen seiner Angehörigen der Gefahr strafrechtlicher Verfolgung oder eines Verfahrens nach dem OWiG aussetzen würde. Die **Vorlage von Unterlagen** kann der Anbieter auf der Grundlage dieser Regelung daher nicht verweigern[2]. Eine entsprechende Anwendung des Auskunftsverweigerungsrechts auf Vorlageverlangen ist mangels planwidriger Regelungslücke abzulehnen[3]. Bei den vorzulegenden Unterlagen handelt es sich um bereits existierende Beweismittel, deren Vorlage nicht vom Verbot der Selbstbezichtigung und dem Grundsatz „nemo tenetur se ipsum acccusare" (sog. Nemo-tenetur-Grundsatz) erfasst wird. Die Verpflichtung zur Mitwirkung in einem Verwaltungsverfahren durch die Herausgabe von Unterlagen, der zu strafrechtlichen oder ordnungswidrigkeitsrechtlichen Nachteilen führen kann, gehört zu den „passive[n], im Schrifttum teilweise als bedenklich beanstandete[n] Duldungs- und Verhaltenspflichten ..., die im vorliegenden Zusammenhang außer acht bleiben können", da sie „in die personale Freiheit der Willensentschließung jedenfalls weniger ein[greifen] als die Nötigung, durch eigene Äußerungen strafbare Handlungen offenbaren zu 24

---

1 Während § 8i Abs. 4c VerkProspG im Hinblick auf die Benennung der als Angehörige anzusehenden Personen noch auf §§ 383 Abs. 1 Nr. 1-ZPO abstellte (Vorauf., § 8i VerkProspG Rz. 92), verweist Abs. 1 Satz 1 dazu auf § 52 Abs. 1 StPO. Der RegE Gesetz zur Novellierung des Finanzanlagenvermittler- und Vermögensanlagenrechts, BT-Drucks. 17/6051 vom 6.6.2011, S. 1 (36), erklärt dies als „wegen des bezweckten Schutzes vor strafrechtlicher Verfolgung sachnäher".
2 Siehe, jeweils mwN, § 26 WpPG Rz. 33; *Döhmel* in Assmann/Uwe H. Schneider, § 4 WpHG Rz. 38; *Lenz* in Assmann/Lenz/Ritz, § 8b VerkProspG Rz. 17.
3 So aber *Bruchwitz* in Arndt/Voß, § 8i VerkProspG Rz. 97 zur entsprechenden Anwendung des Auskunftsverweigerungsrechts des seinerzeitigen § 8i Abs. 4 lit. c VerkProspG auf das Verlangen zur Vorlage von Unterlagen.

müssen"[1]. Das gilt gleichermaßen für Bestimmung des Anwendungsbereichs der speziellen Ausprägungen des Grundsatzes im Strafgesetzbuch (Anzeigepflicht von Straftaten nach § 138 StGB) und in der StPO (Aussageverweigerungsrecht eines Zeugen wegen Gefahr der Selbstbezichtigung nach §§ 55 Abs. 1 StPO und des Beschuldigten nach § 136 Abs. 1 Satz 2 StPO) wie für den Nemo-tenetur-Grundsatz als allgemeiner Rechtsgrundsatz des deutschen Rechts[2] und für den aus Art. 6 der Europäischen Menschenrechtskonvention (EMRK) abgeleiteten Schutz vor Selbstbezichtigung[3]. Namentlich Letzterer ist nach der Rechtsprechung des Europäischen Gerichtshofs für Menschenrechte (EMRK) auf ein Aussageverweigerungsrecht, ein Auskunftsverweigerungsrecht und das Recht zur Verweigerung der Vorlage freiwillig angefertigter Unterlagen beschränkt und wird konsequenterweise um das Recht zu erweitern sein, von der Veröffentlichung selbstbelastender Informationen in Veröffentlichungen zur Erfüllung anlassbezogener Publizitätspflichten abzusehen zu dürfen. Es erfasst aber jedenfalls nicht die Zurückbehaltung von Beweismitteln, die – wie vorhandene Unterlagen – bereits unabhängig vom Willen des Beschuldigten oder hier des Vorlagepflichtigen existieren[4].

---

[1] BVerfG v. 13.1.1981 – 1 BvR 116/77, NJW 1981, 1431; ebenso BVerwG v. 9.8.1983 – 1 C 7/82, NVwZ 1984, 376(377); VG Berlin v. 23.7.1987 – 14 A 16/87, NJW 1988, 1105 (1106).
[2] BGH v. 4.8.1992 – 1 StR 382/92, NStZ 1993, 50 (51: „... ist Ausfluß des Rechtsgrundsatzes, daß niemand sich selbst belasten muß"); BVerfG v. 13.1.1981 – 1 BvR 116/77, NJW 1981, 1431: „Demgemäß gehört das Schweigerecht des Beschuldigten (§§ 136, 163a, 243 IV StPO) seit langem zu den anerkannten Grundsätzen des Strafprozesses (nemo tenetur se ipsum accusare)". Der Grundsatz hat seine Grundlage und Verankerung im Allgemeinen Persönlichkeitsrecht (Art. 2 Abs. 1 GG), der Unantastbarkeit der Menschenwürde (Art. 1 Abs. 1 GG) und im Rechtsstaatsprinzip (Art. 20 Abs. 3, 28 Abs. 1 GG).
[3] Anders *Szesny*, § 4 Abs. 3 WpHG: Mitwirkungspflicht trotz Selbstbelastungsgefahr?, BB 2010, 1995 mwN.
[4] *Roth*, Das Verhältnis zwischen verwaltungsrechtlichen Mitwirkungspflichten und dem Grundsatz *nemo tenetur se ipsum accusare*, ZStrR 2011, 296 (311 mwN).

Unterabschnitt 3
Haftung

Vorbemerkung vor §§ 20–22 VermAnlG

Schrifttum: *Beck/Maier*, Die neuen Mindestangaben der Vermögensanlagen-Verkaufsprospektverordnung, WM 2012, 1898; *Brocker/Lohmann*, Die Aufsicht über den Vertrieb von Vermögensanlagen nach dem Vermögensanlagengesetz und der Gewerbeordnung, GWR 2012, 335; *Buck-Heeb*, Das Kleinanlegerschutzgesetz, NJW 2015, 2535; *Bußalb/Vogel*, Das Gesetz über Vermögensanlagen – neue Regeln für geschlossene Fonds, WM 2012, 1416; *Casper*, Das Kleinanlegerschutzgesetz – zwischen berechtigtem und übertriebenem Paternalismus, ZBB 2015, 265; *Fett*, Der Regierungsentwurf zum Kleinanlegerschutzgesetz, KSzW 2015, 139; *Friedrichsen/Weisner*, Das Gesetz zur Novellierung des Finanzanlagenvermittler- und Vermögensanlagenrechts – Wesentliche Neuerungen im Bereich geschlossener Fonds, ZIP 2012, 756; *Hahn*, Die Versicherbarkeit von Prospekthaftungsansprüchen bei der Emission von geschlossenen Fonds, VersR 2012, 393; *Hanten/Reinholz*, Das Vermögensanlagengesetz, ZBB 2012, 36; *Hebrant*, Schadensersatzhaftung für mangelhafte Wertpapier-Produktflyer außerhalb einer vertraglichen Sonderverbindung, ZBB 2011, 451; *Heisterhagen/Conreder*, Die Regulierung des grauen Kapitalmarktes durch das Kleinanlegerschutzgesetz – Ein Überblick, DStR 2015, 1929; *Hellgardt*, Von der bürgerlich-rechtlichen Prospekthaftung zur Informationshaftung beim Vertrieb von Vermögensanlagen – Eine Nachlese zum „Rupert Scholz"-Urteil des BGH vor dem Hintergrund des neuen Vermögensanlagengesetzes, ZBB 2012, 73; *Jansen/Pfeifle*, Rechtliche Probleme des Crowdfundings, ZIP 2012, 1842; *Klöhn*, Prospekthaftung bei (scheinbarer) Ausnahme von der Prospekthaftung gem. §§ 3 Abs. 1 WpPG, 6 VermAnlG, in FS Hoffmann-Becking, 2013, S. 679; *Klöhn/Hornuf*, Crowdinvesting in Deutschland, ZBB 2012, 237; *von Kopp-Colomb/Seitz*, Das neue Prospektregime – Auswirkungen der Änderungen der Prospektverordnung auf Basisprospekte für die Emission von Anleihen und verbrieften Derivaten, WM 2012, 1220; *Leuering*, Die Neuordnung der gesetzlichen Prospekthaftung, NJW 2012, 1905; *Leuering/Rubner*, Prospektpflicht des Crowdfunding, NJW-Spezial 2012, 463; *Loritz/Wagner*, Geschlossene Fonds: Prospektdarstellung von „weichen" Kosten und Anlageberatungspflichten in der Rechtsprechung des BGH vor dem 1.7.2005 und danach, NZG 2013, 367; *Markwardt/Kracke*, Auf dem Prüfstand: Das Widerrufsrecht nach § 11 Abs. 2 VermAnlG, ZBB 2012, 149; *Mattil*, Gesetz zur Novellierung des Finanzanlagenvermittler- und Vermögensanlagenrechts, DB 2011, 2533; *Möller/Kastl*, Das Kleinanlegerschutzgesetz, NZG 2015, 849; *Müchler*, Die neuen Kurzinformationsblätter – Haftungsrisiken im Rahmen der Anlageberatung, WM 2012, 974; *Nietsch/Eberle*, Bankaufsichts- und prospektrechtliche Fragen typischer Crowdfunding-Modelle, DB 2014, 1788; *Nobbe*, Prospekthaftung bei geschlossenen Fonds, WM 2013, 193; *Riethmüller*, Auswirkungen des Kleinanlegerschutzgesetzes auf die Praxis der bankenunabhängigen Finanzierung, das Crowdinvesting und Crowdlending, DB 2015, 1451; *Rinas/Pobortscha*, Das Vermögensanlagen-Informationsblatt: neue Dokumentationsanforderungen im Bereich geschlossener Fonds, BB 2012, 1615; *Frank A. Schäfer/Ulrike Schäfer*, Anforderungen und Haftungsfragen bei PIBs, VIBs und KIIDs, ZBB 2013, 23; *Schlee/Maywald*, PIB: Ein neues Risiko im Rahmen der Prospekthaftung?, BKR 2012, 320; *Schnauder*, Regimewechsel im Prospekthaftungsrecht bei geschlossenen Publikumsfonds, NJW 2013, 3207; *Schroeter*, Prospektpublizität bei Genussrechtsemissionen und aufsichtsbehördliche Altverfahren, WM 2014, 1163; *Suchomel*, Konkurrenz von § 20 VermAnlG und bürgerlich-rechtlicher Prospekthaftung bei fehlerhaftem Prospekt, NJW 2013, 1126; *Weitnauer*, „Crowdinvesting 2.0" nach dem Kleinanlegerschutzgesetz, GWR 2015, 309;

Zingel/Varadinek, Vertrieb von Vermögensanlagen nach dem Gesetz zur Novellierung des Finanzanlagenvermittler- und Vermögensanlagenrechts, BKR 2012, 177.

Siehe im Übrigen das Vor §§ 21–25 WpPG angegebene Schrifttum sowie das allgemeine Schrifttumsverzeichnis.

I. Gegenstand der §§ 20–22 VermAnlG 1
II. Herkunft der §§ 20–22 VermAnlG und Stellung im System der gesetzlichen Prospekthaftung
1. §§ 20–22 VermAnlG in der Entwicklung der Prospekthaftung 5
2. §§ 20–22 VermAnlG im System der gesetzlichen Prospekthaftung 12
3. Übergangsvorschriften 15

I. Gegenstand der §§ 20–22 VermAnlG

1   Das Gesetz über Vermögensanlagen (Vermögensanlagengesetz – VermAnlG) ist auf **Vermögensanlagen** anzuwenden, die im Inland **öffentlich angeboten** werden (§ 1 Abs. 1 VermAnlG). **Vermögensanlagen** im Sinne des VermAnlG sind im Wesentlichen nicht in Wertpapieren iS des WpPG verbriefte und nicht als Anteile an Investmentvermögen iS des § 1 Abs. 1 KAGB ausgestaltete Anteile, die eine Beteiligung am Ergebnis eines Unternehmens gewähren, Anteile an einem Vermögen, das der Emittent oder ein Dritter in eigenem Namen für fremde Rechnung hält oder verwaltet (Treuhandvermögen) sowie Genussrechte[1] und Namensschuldverschreibungen (§ 1 Abs. 2 VermAnlG). Zu Einzelheiten siehe die Erläuterungen zu § 1 Abs. 2 VermAnlG. Derjenige, der im Inland Vermögensanlagen öffentlich anbietet (Anbieter), muss nach § 6 VermAnlG einen **Verkaufsprospekt** nach den Vorschriften des Vermögensanlagengesetzes veröffentlichen, sofern nicht schon nach anderen Vorschriften eine Prospektpflicht besteht oder ein Verkaufsprospekt nach den Vorschriften dieses Gesetzes bereits veröffentlicht worden ist (§ 6 VermAnlG). Sind in einem solchen Verkaufsprospekt für die Beurteilung der Vermögensanlagen wesentliche Angaben unrichtig oder unvollständig oder ist ein solcher Prospekt pflichtwidrig nicht veröffentlicht worden, wird hierfür nach Maßgabe von § 20 WpPG (**Haftung bei fehlerhaftem Verkaufsprospekt**) bzw. § 21 WpPG (**Haftung bei fehlendem Verkaufsprospekt**) gehaftet.

2   Daneben sieht das Gesetz in § 22 Abs. 1, 1a VermAnlG noch eine **Haftung bei fehlerhaftem Vermögensanlagen-Informationsblatt** vor, das ein Anbieter, der im Inland Vermögensanlagen öffentlich anbietet, nach § 13 Abs. 1 VermAnlG vor dem Beginn des öffentlichen Angebots neben dem Verkaufsprospekt zu erstellen hat[2]. Diese Haftung für Angaben des Vermögensanlagen-Informationsblatts, die irreführend, unrichtig oder nicht mit den einschlägigen Teilen des Verkaufsprospekts vereinbar

---

[1] Wertpapiermäßig verbriefte Genussrechte – Genussscheine – unterfallen der Prospektpflicht nach § 3 Abs. 1 WpPG.
[2] Dazu *Müchler*, WM 2012, 976 f.; *Rinas/Pobortscha*, BB 2012, 1615; *Schäfer/Schäfer*, ZBB 2013, 30.

sind, wird mit dem durch das Kleinanlegerschutzgesetz vom 3.7.2015[1] in § 22 VermAnlG eingefügten Abs. 4a noch um die Haftung dafür erweitert, dass (1) dem Erwerber einer Vermögensanlage das Vermögensanlagen-Informationsblatt entgegen § 15 VermAnlG nicht zur Verfügung gestellt wurde (Abs. 4a Satz 1 Nr. 1), (2) das Vermögensanlagen-Informationsblatt nicht den nach § 13 Abs. 6 VermAnlG erforderlichen Warnhinweis enthalten hat oder (3) der Erwerber die Kenntnisnahme des Warnhinweises nach § 13 Abs. 6 VermAnlG nicht nach § 15 Abs. 3 oder Abs. 4 VermAnlG bestätigt hat.

Die **Prospekthaftung nach §§ 20, 21 VermAnlG** entspricht weitgehend den Bestimmungen der §§ 13, 13a VerkProspG aF in Bezug auf Vermögensanlagen. Diese Vorschriften wurden, zusammen mit den übrigen Bestimmungen des VerkProspG, durch Art. 2 des Gesetzes zur Novellierung des Finanzanlagenvermittler- und Vermögensanlagenrechts vom 6.12.2011[2] aufgehoben[3]. Da auch die Vorschriften der §§ 21, 22 WpPG über die Haftung bei fehlerhaften Wertpapierprospekten und des § 24 WpPG bei fehlenden Wertpapierprospekten weitgehend mit denen der aufgehobenen §§ 13, 13a VerkProspG (aF) übereinstimmen, kann bei der Darstellung der Haftungsvoraussetzungen der Prospekthaftung für fehlerhafte und fehlende Verkaufsprospekte in den Erläuterungen zu §§ 20–21 VermAnlG größtenteils auf diejenigen zu §§ 21–25 WpPG verwiesen werden. Siehe dort (Vor §§ 21–25 WpPG Rz. 30) auch zur **rechtlichen Qualifikation der Prospekthaftung** als deliktische Haftung für die Verletzung kapitalmarktbezogener Verkehrspflichten. 3

Die **Haftung für ein fehlerhaftes Vermögensanlagen-Informationsblatt** ist „an die Haftung bei fehlerhafter Prospektzusammenfassung (die bisherigen §§ 44, 45 Absatz 2 Nummer 5 des Börsengesetzes, jetzt die §§ 21, 23 Absatz 2 Nummer 5 des Wertpapierprospektgesetzes" sowie an die Haftung bei fehlerhaften „wesentlichen Anlegerinformationen" angelehnt, wie sie ursprünglich in „§ 127, insbesondere Absatz 2 des Investmentgesetzes" geregelt war und heute in § 306 Abs. 2 KAGB zu finden ist[4]. Die **Haftung nach § 22 Abs. 4a VermAnlG** begründet ein striktes Haftungsregime für diese Unterlassungen und folgt allein in den Rechtsfolgen den bestehenden Regelungen der Prospekthaftung. 4

---

1 BGBl. I 2015, S. 1114.
2 BGBl. I 2011, S. 2481.
3 Hierzu und zu weiteren mit diesem Gesetz verbundenen Änderungen der Prospekthaftung *Assmann* in Assmann/Schütze, § 5 Rz. 16.
4 RegE eines Gesetzes zur Novellierung des Finanzanlagenvermittler- und Vermögensanlagenrechts, BT-Drucks. 17/6051 vom 6.6.2011, S. 1 (37), unter besonderem Hinweis auf die europäischen Grundlagen dieser Vorlagen.

II. Herkunft der §§ 20–22 VermAnlG und Stellung im System der gesetzlichen Prospekthaftung

1. §§ 20–22 VermAnlG in der Entwicklung der Prospekthaftung

5 Das **deutsche Prospekthaftungsregime** war lange Zeit zweigeteilt in die allgemein-zivilrechtliche Haftung für Prospekte, die dem Vertrieb von Kapitalanlagen dienten, die keiner gesetzlichen Prospektpflicht und Prospekthaftung unterfielen (Anlagen des sog. grauen Kapitalmarkts), und der – jeweils auf entsprechenden Prospektpflichten beruhenden – gesetzlichen Prospekthaftung in Gestalt der börsengesetzlichen Haftung für Börsenzulassungsprospekte nach dem BörsG und der investmentrechtlichen Haftung für Prospekte zum Verkauf von Investmentanteilen nach dem KAGG und AuslInvG[1]. Mit der Ausweitung der gesetzlichen Regelung der Prospekthaftung, die mit dem Erlass des Verkaufsprospektgesetzes (VerkProspG) vom 13.12.1990[2] einsetzte, hat diese **Zweiteilung der Prospekthaftung** jedoch zunehmend ihre **Bedeutung verloren**. Sie ist heute – nach der Aufteilung und Überführung der Prospekthaftung nach dem VerkProspG in das Wertpapierprospektgesetz (WpPG) und das Vermögensanlagegesetz (VermAnlG) einerseits (unten Rz. 9) und dem Erlass des Kapitalanlagegesetzbuchs (KAGB), das wesentliche Teile der Anlagen des früheren grauen Kapitalmarkts einer Regelung unterwirft, die auch das Investmentrecht nach dem aufgehobenen Investmentgesetz (InvG) einbezieht, andererseits[3] – praktisch aufgehoben[4].

6 Die **allgemein-zivilrechtliche Prospekthaftung** ist damit sukzessive zum bloßen **Auffangtatbestand**[5] geworden: zum einen für Kapitalanlagen, die der Gesetzgeber mehr oder weniger zufällig nicht in die Prospektpflicht und Prospekthaftung nach den gesetzlich geregelten Prospekthaftungstatbeständen einbezogen hat[6], des Weite-

---

1 Zur Zweigleisigkeit des Prospekthaftungsregimes und zur Entwicklung desselben siehe Vor §§ 21–25 WpPG Rz. 1 ff. und ausführlicher *Assmann* in Assmann/Schütze, § 5 Rz. 1 ff. bzw. 5 ff.
2 BGBl. I 1990, S. 2749.
3 Durch Art. 2a des Gesetzes zur Umsetzung der Richtlinie 2011/61/EU über die Verwalter alternativer Investmentfonds (AIFM-Umsetzungsgesetz) vom 4.7.2013 (BGBl. I 2013, S. 3642) wurde das Investmentgesetz aufgehoben. Seine Bestimmungen wurden mit denjenigen zur Umsetzung der Richtlinie 2011/61/EU vom 8.6.2011 über die Verwalter alternativer Investmentfonds und zur Änderung der Richtlinie 2003/41/EG und 2009/65/EG und der Verordnung (EG) Nr. 1060/2009 und (EU) Nr. 1095/2010 – sog. AIFM-Richtlinie – (ABl. EU Nr. L 174 vom 1.7.2011, S. 1) und deren Regelung alternativer Investmentfonds in dem neuen Kapitalanlagegesetzbuch (KAGB) zusammengeführt, das mit seinen Prospekthaftungsbestimmungen gem. Art. 28 Abs. 2 AIFM-Umsetzungsgesetz am 22.7.2013 in Kraft trat.
4 Näher *Assmann* in Assmann/Schütze, § 5 Rz. 21, 27 ff.
5 *Assmann* in Assmann/Schütze, § 5 Rz. 21.
6 Das war etwa bei partiarischen Darlehen der Fall, deren öffentliches Angebot keine Prospektpflicht nach dem WpPG, dem VermAnlG oder dem KAGB auslöste (*Assmann* in Assmann/Schütze, § 5 Rz. 21, 243 und 351), bis sie – wie auch Nachrangdarlehen – aufgrund einer Änderung von § 1 Abs. 2 VermAnlG durch Art. 2 Nr. 2 lit. b des Kleinanlegerschutz-

ren für neue Kapitalanlageformen, die sich nicht ohne weiteres dem Anwendungsbereich des WpPG, des VermAnlG oder des KAGB zuordnen lassen[1]; und schließlich für die Haftungsbewehrung von Kapitalmarktinformationen in vom Gesetzgeber nicht vorhergesehenen Zusammenhängen der Anwendung der vorgenannten Gesetze und möglicherweise, weil höchstrichterlich bislang nicht entschieden, auch für Dokumente, die für das Angebot von Anlagen verwandt werden, bei denen der Anbieter, der Emittent, die Anlageform oder die Anlage selbst von einer Prospektpflicht nach den vorgenannten Gesetzen befreit sind, vorausgesetzt das Angebot erfolgt öffentlich und die Dokumente sind als Prospekte iS der allgemein-zivilrechtlichen Prospekthaftung[2] zu betrachten[3].

Der Überführung der Bestimmungen des VerkProspG in das WpPG einerseits und das VermAnlG andererseits (siehe oben Rz. 5 und unten Rz. 9) waren vor allem Änderungen des Kapitalmarkt- und Kapitalanlagerechts durch das Dritte Finanzmarktförderungsgesetz vom 24.3.1998[4] vorausgegangen, unter denen den Vorschriften zur Modernisierung der Haftung für fehlerhafte Börsenzulassungs- und Verkaufsprospekte (§§ 45–49 BörsG aF, § 13 VerkProspG aF) besondere Bedeutung zukam. Das VerkProspG hat danach – nicht nur durch die Modifikation einzelner Bestimmungen, sondern auch in seinem Anwendungsbereich und seiner Struktur – zahlreiche Änderungen erfahren. Unter diesen kam der Novellierung des VerkProspG durch das das **Anlegerschutzverbesserungsgesetz vom 28.10.2004 (AnSVG)**[5] besondere Bedeutung zu: Erfasste das VerkProspG bis dahin nur das öffentliche Angebot von Wertpapieren, die nicht zum Handel an einer inländischen Börse zugelassen waren oder die öffentliche Umplatzierung bereits börsenzugelassener Wertpapiere, so wurde dessen Anwendungsbereich auf bestimmte Kapitalanlagen erweitert, die keine wert-

---

gesetzes vom 3.7.2015 (BGBl. I 2015, S. 1114) in den Kreis der Vermögensanlagen aufgenommen wurden, deren öffentliches Angebot eine Prospektpflicht nach § 6 Abs. 1 VermAnlG auslöst.

1 Diesen Fall versucht der Gesetzgeber etwa dadurch einzuengen, dass er durch den, aufgrund des Art. 2 Nr. 2 lit. b des Kleinanlegerschutzgesetzes vom 3.7.2015 (BGBl. I 2015, S. 1114) in das Gesetz gelangten, generalklauselartig formulierten § 1 Abs. 2 Nr. 7 VermAnlG („sonstige Anlagen, die einen Anspruch auf Verzinsung und Rückzahlung gewähren oder im Austausch für die zeitweise Überlassung von Geld einen vermögenswerten auf Barausgleich gerichteten Anspruch vermitteln") auch partiarischen Darlehen und Nachrangdarlehen *wirtschaftlich vergleichbare* Anlagen als Vermögensanlagen iS des VermAnlG zu erfassen sucht.
2 Dazu ausführlich *Assmann* in Assmann/Schütze, § 5 Rz. 35 ff.
3 Für einen solchen Fall – für ein Wertpapierangebot, das nach § 3 Abs. 2 oder § 4 WpPG von der Prospektpflicht ausgenommen ist und für das keine freiwillige Prospekterstellung und -veröffentlichung nach dem WpPG in Betracht kommt, werden andere Dokumente verwandt – siehe §§ 21–23 WpPG Rz. 31.
4 Gesetz zur weiteren Fortentwicklung des Finanzplatzes Deutschland (Drittes Finanzmarktförderungsgesetz), BGBl. I 1998, S. 529. Aus dem Schrifttum hierzu etwa *Meixner*, NJW 1998, 1896; *Pötzsch*, WM 1998, 949; *Weisgerber*, Die Bank 1998, 200.
5 Gesetz zur Verbesserung des Anlegerschutzes (Anlegerschutzverbesserungsgesetz – AnSVG), BGBl. I 2004, S. 2630.

papiermäßige Verbriefung aufwiesen[1]. Darüber hinaus wurde mit den AnSVG auch die Einführung einer Haftung bei fehlendem Verkaufsprospekt in Gestalt des § 13a VerkProspG (aF) in das Gesetz eingefügt[2].

8 Kurz nach dem AnSVG führte das **Prospektrichtlinie-Umsetzungsgesetz vom 22.6.2005**[3], das die EG-Emissionsprospektrichtlinie 2003/71/EG vom 4.11.2003[4] in deutsches Recht transformierte, dazu, dass die Regelung der Prospektpublizität für wertpapiermäßig verbriefte Kapitalanlagen im Sinne des bisherigen § 1 VerkProspG (aF) aus dem VerkProspG herausgenommen und in das nach Maßgabe von Art. 1 Prospektrichtlinie-Umsetzungsgesetz neu geschaffene Wertpapierprospektgesetz (WpPG) transferiert wurde. Zugleich war damit eine Neuordnung der Prospektinhaltsanforderungen für den Vertrieb von Wertpapieren verbunden, die öffentlich angeboten oder zum Handel an einem organisierten Markt zugelassen werden sollten (§ 1 Abs. 1 WpPG). Für Prospekte, die nach dem WpPG zu erstellen und nach Billigung durch die Aufsichtsbehörde zu veröffentlichen waren, wurde aber nach wie vor nach den Prospekthaftungsbestimmungen des VerkProspG gehaftet. Erst mit dem **Gesetz zur Novellierung des Finanzanlagenvermittler- und Vermögensanlagenrechts vom 6.12.2011**[5] und der Aufhebung des VerkProspG wurde dem WpPG mit Wirkung ab 1.6.2012 eine derjenigen des Verkaufsprospektgesetzes weitgehend entsprechende Regelung der Haftung für fehlerhafte oder fehlende Wertpapierprospekte hinzugefügt (siehe Vor §§ 21–25 WpPG Rz. 13 und 16).

9 Bis zu seiner mit dem gleichzeitigen Erlass des Vermögensanlagengesetzes verbundenen Aufhebung mit Wirkung vom 1.6.2012 (oben Rz. 8) erfasste das VerkProspG, ergänzt durch die auf der Ermächtigungsgrundlage des § 8g Abs. 2 und 3 VerkProspG ergangene Vermögensanlagen-Verkaufsprospektverordnung (VermVerkProspV) vom 16.12.2004[6], nur noch „im Inland öffentlich angebotene nicht in Wertpapieren im Sinne des Wertpapierprospektgesetzes verbriefte Anteile, die eine Beteiligung am Ergebnis eines Unternehmens gewähren" (§ 8f Abs. 1 Satz 1 VerkProspG aF). Anders als bei der Überführung der Prospekthaftungsbestimmungen des VerkProspG in das WpPG, die mit nur geringfügigen Modifikationen dieser Vorschriften vonstattenging, verband sich mit der **Überführung der verkaufsprospektgesetzlichen Prospekt-**

---

1 Mit dem seinerzeit neu in das VerkProspG eingefügten § 8f VerkProspG (aF) erstreckte sich das Gesetz auch auf Anteile, die eine Beteiligung am Ergebnis eines Unternehmens gewähren, Anteile an einem Vermögen, das der Emittent oder ein Dritter in eigenem Namen für fremde Rechnung hält oder verwaltet (Treuhandvermögen), Anteile an sonstigen geschlossenen Fonds, sofern nicht bereits nach anderen Vorschriften eine Prospektpflicht besteht oder ein Prospekt nach dem VerkProspG veröffentlicht worden ist, sowie Namensschuldverschreibungen (§ 8f Abs. 1 VerkProspG aF).
2 Vgl. RegE AnSVG, BT-Drucks. 15/3174 vom 24.5.2004, S. 1 (27).
3 BGBl. I 2005, S. 1698.
4 ABl. EU Nr. L 345 v. 31.12.2003, S. 64.
5 BGBl. I 2011, S. 2481.
6 BGBl. I 2004, S. 3464. Aufgabe der Verordnung war es, die sich aus § 8g VerkProspG aF ergebenden Anforderungen an den Verkaufsprospekt, wie er im Falle des öffentlichen Angebots einer nicht wertpapiermäßig verbrieften Beteiligung am Ergebnis eines Unternehmens zu veröffentlichen war, zu konkretisieren.

haftungsregelung in das VermAnlG eine „partielle Verschärfung" der Haftung für Verkaufsprospekte in Bezug auf das öffentliche Angebot von Vermögensanlagen bzw. – spiegelbildlich – eine Absenkung der Haftungsvoraussetzungen der Prospekthaftung für Vermögensanlagen[1]. Diese Änderungen sind Teil der mit dem Gesetz zur Novellierung des Finanzanlagenvermittler- und Vermögensanlagenrechts vom 6.12.2011[2] verfolgten Neuregelungen des bisherigen *grauen Kapitalmarkts*, mit der Missständen in diesem Marktsegment entgegengewirkt werden soll, um so das in der Finanzkrise erschütterte Vertrauen in die Finanzmärkte wiederzugewinnen[3].

Mit Art. 15 des Gesetzes zur Novellierung des Finanzanlagenvermittler- und Vermögensanlagenrechts vom 6.12.2011[4] wurde auch die aufgrund von § 8g Abs. 2 und 3 VerkProspG aF ergangene und den Inhalt von Verkaufsprospekten konkretisierende und Mindestangaben vorschreibende **Vermögensanlagen-Verkaufsprospektverordnung** einer Bereinigung unterzogen und dem neuen Regelungsrahmen angepasst[5]. Diese Verordnung hat durch Art. 6 des Kleinanlegerschutzgesetzes vom 3.7.2015[6] umfangreiche weitere Änderungen erfahren[7] und ist zuletzt durch die Zweite Verordnung vom 20.8.2015 zur Änderung der Vermögensanlagen-Verkaufsprospektverordnung[8] geändert worden.

Die Regelung des § 13 Abs. 1 VermAnlG, dass ein Anbieter, der im Inland Vermögensanlagen öffentlich anbietet, vor dem Beginn des öffentlichen Angebots neben dem Verkaufsprospekt auch ein **Vermögensanlagen-Informationsblatt** erstellen muss, war dem VerkProspG fremd und geht, mitsamt der Bestimmung über die Haftung bei unrichtigem oder fehlendem Vermögensanlagen-Informationsblatt, auf das Gesetz zur Novellierung des Finanzanlagenvermittler- und Vermögensanlagenrechts vom 6.12.2011[9] zurück. Sah § 22 VermAnlG in seiner ursprünglichen Fassung nur die Haftung für ein unrichtiges Vermögensanlagen-Informationsblatt vor, so wurde mit dem § 22 VermAnlG durch Art. 2 Nr. 22 lit. d des Kleinanlegerschutzgesetzes vom 3.7.2015[10] eingefügten Abs. 4a eine Haftung eingeführt, die nur hinsichtlich der Rechtsfolgen mit der Haftung für fehlerhafte Angaben in Prospekten, Prospektzusammenfassungen und wesentlichen Anlegerinformationen vergleichbar ist und es dem Erwerber ermöglichen soll, sich wieder von seiner Anlage trennen zu können, „wenn ihm das Vermögensanlagen-Informationsblatt nicht ausgehän-

---

1 RegE eines Gesetzes zur Novellierung des Finanzanlagenvermittler- und Vermögensanlagenrechts, BT-Drucks. 17/6051 vom 6.6.2011, S. 1 (30).
2 BGBl. I 2011, S. 2481.
3 RegE eines Gesetzes zur Novellierung des Finanzanlagenvermittler- und Vermögensanlagenrechts, BT-Drucks. 17/6051 vom 6.6.2011, S. 1 (30).
4 BGBl. I 2011, S. 2481.
5 Zu den neuen Mindestanforderungen *Beck/Maier*, WM 2012, 1898 ff.
6 BGBl. I 2015, S. 1114.
7 Die in Art. 6 Nr. 2 lit. d vorgesehene Ergänzung des § 4 Satz 1 VermAnlG um eine Nr. 15 tritt gemäß Art. 13 Abs. 2 Satz 1 des Kleinanlegerschutzgesetzes allerdings erst zu dem in diesem Artikel angeführten, noch ungewissen Zeitpunkt in Kraft.
8 BGBl. I 2015, S. 1434.
9 BGBl. I 2011, S. 2481.
10 BGBl. I 2015, S. 1114.

digt wurde, es den Hinweis nach § 13 Absatz 6 nicht enthalten hat oder von ihm nicht nach § 15 Absatz 3 unterschrieben worden ist"[1].

2. §§ 20–22 VermAnlG im System der gesetzlichen Prospekthaftung

12 Die Haftung bei unrichtigem oder fehlendem Verkaufsprospekt nach §§ 20, 21 VermAnlG ist Teil eines heute **dreigliedrigen gesetzlichen Prospekthaftungssystems**. In diesem regelt

– die **Prospekthaftung nach §§ 21–25 WpPG** die Haftung für fehlerhafte oder gesetzeswidrig fehlende Prospekte in Bezug auf Wertpapiere, die öffentlich angeboten oder zum Handel an einem organisierten Markt zugelassen werden sollen, wobei kraft ausdrücklicher Regelung in §§ 21 Abs. 4, 22 WpPG eine schriftliche Darstellung, aufgrund deren Veröffentlichung der Emittent von der Pflicht zur Veröffentlichung eines Prospekts befreit wurde, einem Prospekt gleichsteht und damit der Prospekthaftung nach §§ 21–25 WpPG unterfällt;

– die **Prospekthaftung nach §§ 306 Abs. 1 und 3–6, 307 Abs. 3 KAGB** die Haftung für fehlerhafte oder gesetzeswidrig nicht veröffentlichte Prospekte („Verkaufsprospekte") in Bezug auf Anteile oder Aktien an einem OGAW-Investmentvermögen oder an einem Alternativen Investmentfonds (AIF), wobei OGAW-Investmentvermögen nach § 1 Abs. 2 KAGB Investmentvermögen iS des § 1 Abs. 1 KAGB sind, die die Anforderungen der Richtlinie 2009/65/EG des Europäischen Parlaments und des Rates vom 13.7.2009 zur Koordinierung der Rechts- und Verwaltungsvorschriften betreffend bestimmte Organismen für gemeinsame Anlagen in Wertpapieren (OGAW)[2], erfüllen, und es sich bei Alternativen Investmentfonds (AIF) gemäß § 1 Abs. 3 KAGB um alle Investmentvermögen handelt, die keine OGAW darstellen;

– die **Prospekthaftung nach §§ 20, 21 VermAnlG** die Haftung für fehlerhafte oder gesetzeswidrig nicht veröffentlichte Prospekte („Verkaufsprospekte") in Bezug auf Vermögensanlagen, wobei Vermögensanlagen iS der §§ 20, 21 VermAnlG definiert sind als nicht in Wertpapieren iS des WpPG verbriefte und nicht als Anteile an Investmentvermögen iS des § 1 Abs. 1 des KAGB ausgestaltete Anteile, die eine Beteiligung am Ergebnis eines Unternehmens gewähren, Anteile an einem Vermögen, das der Emittent oder ein Dritter in eigenem Namen für fremde Rechnung hält oder verwaltet (Treuhandvermögen), Genussrechte und Namensschuldverschreibungen.

13 Darüber hinaus kennt das KAGB die der Prospekthaftung nachgebildete **Haftung für wesentliche Anlegerinformationen** – das sind Anlegerinformationen, die dem Publikum als „wesentliche Anlegerinformationen" zugänglich zu machen sind – nach § **306 Abs. 2 Satz 1 KAGB** (oben Rz. 11). Schließlich sieht das VermAnlG die Haftung für unrichtige oder möglicherweise erstellte, aber pflichtwidrig nicht zur Verfügung gestellte **Vermögensanlagen-Informationsblätter** nach § **22 VermAnlG** vor (oben Rz. 4 und 11).

---

[1] RegE eines Kleinanlegerschutzgesetzes, BT-Drucks. 18/3004 vom 11.2.2015, S. 1 (49).
[2] ABl. EU Nr. L 302 v. 17.11.2009, S. 1.

Mit dem WpPG, dem VermAnlG und dem KAGB sind heute praktisch alle auf dem **14** Kapitalmarkt öffentlich angebotenen Kapitalanlagen einer **Prospektpflicht** und einer Haftung für pflichtwidrig nicht erstellte und veröffentlichte sowie für fehlerhafte Prospekte unterworfen. Dabei lässt es der deutsche Gesetzgeber im Hinblick auf die Information des Kapitalmarkts und der einzelnen Anlageinteressenten nicht mehr bei Prospekten und bei entsprechender Prospektpflicht und Prospekthaftung bewenden, sondern führt, auch das ist ein Teil der Überführung des Kapitalanlegerschutzes in Verbraucherschutz und der Behandlung von Kapitalanlagen als Konsumgüter, zunehmend **neue Formen standardisierter Kapitalanlegerinformationen** ein. Dabei sind das **Vermögensanlagen-Informationsblatt** nach § 13 VermAnlG und die „**wesentlichen Anlegerinformationen**" nach dem KAGB[1] der Prospekthaftung nachgebildet haftungsbewehrt (oben Rz. 11 und Rz. 13), während das **Produktinformationsblatt** – nach § 31 Abs. 3a Satz 1 WpHG ein „kurzes und leicht verständliches Informationsblatt", das ein Anlageberatung betreibendes Wertpapierdienstleistungsunternehmen dem Kunden rechtzeitig vor dem Abschluss eines Geschäfts über Finanzinstrumente, auf das sich eine Kaufempfehlung bezieht, zur Verfügung stellen muss – zwar richtig und vollständig und „mit den Angaben des Prospekts vereinbar" zu sein hat (§ 31 Abs. 3a Satz 12 WpHG), ohne aber einer speziellen Haftungsbestimmung bei fehlendem oder fehlerhaftem Produktinformationsblatt zu unterliegen (siehe § 20 VermAnlG Rz. 5).

3. Übergangsvorschriften

Die Vorschriften des VermAnlG über die Haftung bei fehlerhaftem und fehlendem **15** Verkaufsprospekt sowie bei unrichtigem Vermögensanlagen-Informationsblatt sind nach Art. 26 Abs. 3 des Gesetzes zur Novellierung des Finanzanlagenvermittler- und Vermögensanlagenrechts vom 6.12.2011[2] am 1.6.2012 in Kraft getreten. Nach der **Übergangsregelung** des § 32 Abs. 2 Satz 1 VermAnlG sind für Ansprüche wegen fehlerhafter Verkaufsprospekte, die vor dem 1.6.2012 im Inland veröffentlicht worden sind, das VerkProspG und die §§ 44–47 BörsG jeweils in der bis zum 31.5.2012 geltenden Fassung weiterhin anzuwenden. Für den Fall, dass entgegen § 8f Abs. 1 Satz 1 VerkProspG in der bis zum 31.5.2012 geltenden Fassung Verkaufsprospekte

---

1 Das sind für Publikumsinvestmentvermögen bzw. für geschlossene Publikums-AIF die sich aus §§ 166 Abs. 2–8, 262 Abs. 1 Satz 4 und Abs. 2 Satz 2, 263 Abs. 5 Satz 2, 270 KAGB iVm. der Verordnung (EU) Nr. 583/2010 vom 1.7.2010 (ABl. EU Nr. L 171 vom 10.7.2010, S. 1) ergebenden, nach § 164 Abs. 1, 268 Abs. 1 KAGB zu veröffentlichenden, Anlageinteressenten nach Maßgabe von § 297 Abs. 1 Satz 1 und Abs. 2 Satz 2 KAGB zur Verfügung zu stellenden und nach §§ 164 Abs. 3, 268 Abs. 2 KAGB auf dem neuesten Stand zu haltenden wesentlichen Anlegerinformationen. Für Anteile oder Aktien an EU-OGAW bzw. EU-AIF oder ausländischen AIF sind dies entsprechend die nach Maßgabe von §§ 298 Abs. 1 Satz 2, 301 KAGB iVm. Art. 78 der Richtlinie 2009/65/EG vom 13.7.2009 (ABl. EU Nr. L 302 vom 17.11.2009, S. 32) bzw. von § 318 Abs. 5 KAGB erforderlichen Anlegerinformationen. Für AIF-Kapitalverwaltungsgesellschaften, welche die Ausnahmevoraussetzungen des § 2 Abs. 5 Satz 2 KAGB erfüllen, sind darüber hinaus die Anforderungen aus § 2 Abs. 5 Satz 2 Nr. 6 KAGB zu beachten.
2 BGBl. I 2011, S. 2481.

nicht veröffentlicht wurden, ist nach § 32 Abs. 2 Satz 2 VermAnlG für die daraus resultierenden Ansprüche, die bis zum 31.5.2012 entstanden sind, das VerkProspG in der bis zum 31.5.2012 geltenden Fassung weiterhin anzuwenden.

§ 20
Haftung bei fehlerhaftem Verkaufsprospekt

(1) Sind für die Beurteilung der Vermögensanlagen wesentliche Angaben in einem Verkaufsprospekt unrichtig oder unvollständig, kann der Erwerber der Vermögensanlagen von denjenigen, die für den Verkaufsprospekt die Verantwortung übernommen haben, und denjenigen, von denen der Erlass des Verkaufsprospekts ausgeht, als Gesamtschuldnern die Übernahme der Vermögensanlagen gegen Erstattung des Erwerbspreises, soweit dieser den ersten Erwerbspreis der Vermögensanlagen nicht überschreitet, und der mit dem Erwerb verbundenen üblichen Kosten verlangen, sofern das Erwerbsgeschäft nach Veröffentlichung des Verkaufsprospekts und während der Dauer des öffentlichen Angebots nach § 11, spätestens jedoch innerhalb von zwei Jahren nach dem ersten öffentlichen Angebot der Vermögensanlagen im Inland, abgeschlossen wurde. Auf den Erwerb von Vermögensanlagen desselben Emittenten, die von den in Satz 1 genannten Vermögensanlagen nicht nach Ausstattungsmerkmalen oder in sonstiger Weise unterschieden werden können, ist Satz 1 entsprechend anzuwenden.

(2) Ist der Erwerber nicht mehr Inhaber der Vermögensanlagen, so kann er die Zahlung des Unterschiedsbetrags zwischen dem Erwerbspreis, soweit dieser den ersten Erwerbspreis nicht überschreitet, und dem Veräußerungspreis der Vermögensanlagen sowie der mit dem Erwerb und der Veräußerung verbundenen üblichen Kosten verlangen. Absatz 1 Satz 2 ist anzuwenden.

(3) Nach Absatz 1 oder Absatz 2 kann nicht in Anspruch genommen werden, wer nachweist, dass er die Unrichtigkeit oder Unvollständigkeit der Angaben des Verkaufsprospekts nicht gekannt hat und dass die Unkenntnis nicht auf grober Fahrlässigkeit beruht.

(4) Der Anspruch nach Absatz 1 oder Absatz 2 besteht nicht, sofern

1. die Vermögensanlagen nicht auf Grund des Verkaufsprospekts erworben wurden,

2. der Sachverhalt, über den unrichtige oder unvollständige Angaben im Verkaufsprospekt enthalten sind, nicht zu einer Minderung des Erwerbspreises der Vermögensanlagen beigetragen hat oder

3. der Erwerber die Unrichtigkeit oder Unvollständigkeit der Angaben des Verkaufsprospekts beim Erwerb kannte.

(5) Werden Vermögensanlagen eines Emittenten mit Sitz im Ausland auch im Ausland öffentlich angeboten, besteht der Anspruch nach Absatz 1 oder Absatz 2

nur, sofern die Vermögensanlagen auf Grund eines im Inland abgeschlossenen Geschäfts oder einer ganz oder teilweise im Inland erbrachten Wertpapierdienstleistung erworben wurden.

(6) Eine Vereinbarung, durch die der Anspruch nach Absatz 1 oder Absatz 2 im Voraus ermäßigt oder erlassen wird, ist unwirksam. Weiter gehende Ansprüche, die nach den Vorschriften des bürgerlichen Rechts auf Grund von Verträgen oder unerlaubten Handlungen erhoben werden können, bleiben unberührt.

In der Fassung vom 6.12.2011 (BGBl. I 2011, S. 2481).

Schrifttum: Siehe. Vor §§ 20–22 VermAnlG und Vor §§ 21–25 WpPG.

I. Regelungsgegenstand und Normentwicklung 1	4. Anspruchsberechtigte (§ 20 Abs. 1 Sätze 1 und 2, Abs. 2 Satz 2 VermAnlG) 32
II. Voraussetzungen und Inhalt der Haftung	5. Kausalität 38
1. Verkaufsprospekt (§ 20 Abs. 1 Satz 1 VermAnlG) 2	6. Verschulden und Mitverschulden (§ 20 Abs. 3, Abs. 4 Nr. 3 VermAnlG) 40
2. Unrichtigkeit oder Unvollständigkeit des Verkaufsprospekts (§ 20 Abs. 1 Satz 1 VermAnlG) 8	7. Inhalt des Prospekthaftungsanspruchs 45
a) Beurteilungszeitpunkt und Nachtragspflicht 9	8. Haftungsfreizeichnung 49
b) Beurteilungsmaßstab 11	III. Geltendmachung des Anspruchs und anderweitige Ansprüche
c) Angaben von wesentlicher Bedeutung 13	1. Verjährung 50
d) Unrichtigkeit von Angaben 18	2. Gerichtsstand 53
e) Unvollständigkeit von Angaben 21	3. Konkurrenzen 55
3. Anspruchsgegner (§ 20 Abs. 1 Satz 1 VermAnlG) 28	4. Rechtsschutz 56

I. Regelungsgegenstand und Normentwicklung

Aufgrund der Übernahme der bislang in § 13 VerkProspG aF enthaltenen Regelung der **Haftung bei fehlerhaften Verkaufsprospekten für Vermögensanlagen** in § 20 VermAnlG im Rahmen der Überführung des VerkProspG in das VermAnlG (siehe Vor §§ 21–25 WpPG Rz. 26, 17) wurde die entsprechende Prospekthaftungsbestimmung in Anpassung an das veränderte Regelungsumfeld und den entfallenen Verweis auf die Prospekthaftungsbestimmungen des BörsG neu formuliert. Dabei wurde das bisherige Haftungsregime übernommen. Aufgegeben wurde allein die bislang für Prospekthaftungsansprüche nach dem VerkProspG iVm. dem BörsG in § 46 BörsG geregelte kurze Sonderverjährung, sodass auch Ansprüche aus § 20 VermAnlG den allgemeinen Verjährungsvorschriften der §§ 195 ff. BGB unterliegen. Darüber hinaus wurde die bislang geltende sechsmonatige Ausschlussfrist für Haftungsansprüche (§ 13 Abs. 1 Satz 1 VerkProspG aF) durch eine solche ersetzt, derzufolge die 1

Vermögensanlagen, auf die sich der Prospekt bezieht, nach Veröffentlichung des Verkaufsprospekts und während der Dauer des öffentlichen Angebots nach § 11 VermAnlG, spätestens jedoch innerhalb von zwei Jahren nach dem ersten öffentlichen Angebot der Vermögensanlagen im Inland, erworben worden sein müssen (§ 20 Abs. 1 Satz 1 VermAnlG)[1].

II. Voraussetzungen und Inhalt der Haftung

1. Verkaufsprospekt (§ 20 Abs. 1 Satz 1 VermAnlG)

2 Die Haftung nach § 20 VermAnlG bezieht sich auf Verkaufsprospekte, die nach § 6 VermAnlG zu veröffentlichen sind, wenn im Inland **Vermögensanlagen** öffentlich angeboten werden, es sei denn, der Anbieter unterliegt nicht bereits nach anderen Vorschriften einer Prospektpflicht oder ein Verkaufsprospekt nach den Vorschriften dieses Gesetzes ist bereits veröffentlicht worden.

3 **Vermögensanlagen** in diesem Sinne sind nicht in Wertpapieren verbriefte und nicht als Anteile an Investmentvermögen nach § 1 Abs. 1 des KAGB ausgestaltete Anteile, die eine Beteiligung am Ergebnis eines Unternehmens gewähren, Anteile an einem Vermögen, das der Emittent oder ein Dritter in eigenem Namen für fremde Rechnung hält oder verwaltet (Treuhandvermögen), partiarische Darlehen, Nachrangdarlehen, Genussrechte, Namensschuldverschreibungen und sonstige Anlagen, die einen Anspruch auf Verzinsung und Rückzahlung gewähren oder im Austausch für die zeitweise Überlassung von Geld einen vermögenswerten auf Barausgleich gerichteten Anspruch vermitteln (§ 1 Abs. 2 VermAnlG). Die Erfassung von **Genussrechten und Namensschuldverschreibungen** als Vermögensanlagen ging bereits auf das Gesetz zur Novellierung des Finanzanlagenvermittler- und Vermögensanlagenrechts vom 6.12.2011[2] zurück, mit welchem das VerkProspG in das neu geschaffene VermAnlG überführt wurde[3]. Die nunmehr in § 1 Abs. 2 Nr. 3 VermAnlG, zusammen mit Nachrangdarlehen in § 2 Abs. 2 Nr. 4 VermAnlG, erfassten **partiarische Darlehen** gehörten ursprünglich nicht zu den vom VermAnlG erfassten Vermögenanlagen[4], da sie die Darlehen und keine Unternehmensbeteiligungen darstellen und den Dar-

---

1 Zur Begründung wird im RegE eines Gesetzes zur Novellierung des Finanzanlagenvermittler- und Vermögensanlagenrechts, BT-Drucks. 17/6051 vom 6.6.2011, S. 1 (36), angeführt, die bisherige, auf Wertpapiere im Sinne des Wertpapierprospektgesetzes zugeschnittene Regelung sei „bei Vermögensanlagen nicht sachgerecht, weil der Verkaufsprospekt im Bereich der Vermögensanlagen für die Anlageentscheidung eine weitaus größere und auch zeitlich längere Bedeutung" habe.
2 BGBl. I 2011, S. 2481.
3 In der Erwähnung von Genussrechten im Katalog der Vermögensanlagen wurde lediglich eine „Klarstellung" gesehen; vgl. RegE eines Gesetzes zur Novellierung des Finanzanlagenvermittler- und Vermögensanlagenrechts, BT-Drucks. 17/6051 vom 6.6.2011, S. 1 (32).
4 Etwa *Bruchwitz/Voß*, BB 2011, 1226 (1227); *Bußalb/Vogel*, WM 2012, 1416 (1417); BaFin, Die Prospektpflicht und das Verfahren im Überblick, http://www.bafin.de/DE/Aufsicht/Prospekte/ProspekteVermoegensanlagen/Verfahren/verfahren_node.html. Siehe auch Vor §§ 20–22 VermAnlG Rz. 6.

lehensgeber lediglich am Gewinn und nicht am Verlust des Unternehmens partizipieren lassen. Sie sind erst durch das Kleinanlegerschutzgesetz vom 3.7.2015[1] in den Kreis der von dem VermAnlG erfassten Vermögensanlagen aufgenommen worden, deren öffentliches Angebot eine Prospektpflicht nach § 6 Abs. 1 VermAnlG auslöst.

Hervorzuheben ist, dass **Anteile an geschlossenen Immobilienfonds**, die den klassischen Anwendungsfall einer dem VerkProspG unterfallenden Vermögensanlage bildeten, nicht mehr als Vermögensanlagen iS des VermAnlG gelten, sondern als Anteile an Investmentvermögen dem KAGB unterfallen[2]. Vermögensanlagen iS des VermAnlG sind dagegen **Beteiligungen an operativ tätigen Unternehmen** außerhalb des Finanzsektors[3], wie Anteile an Personengesellschaften (darunter vor allem Anteile an einer Gesellschaft bürgerlichen Rechts oder Kommanditanteile an Kommanditgesellschaften), GmbH-Anteile sowie stille Beteiligungen an den genannten Gesellschaften oder an bestimmten Vermögensmassen. Das Angebot von Beteiligungen an einer Gesellschaft bürgerlichen Rechts zur Finanzierung von **Bürgersolaranlagen** fällt damit unter die Prospektpflicht nach dem VermAnlG[4], dasjenige zur Finanzierung von **Aktienclubs**[5] (Investmentclubs) allerdings nur dann, wenn gewährleistet ist, dass mit diesen nicht gewerblich Kapital von Dritten beschafft wird (in diesem Falle käme eine Prospektpflicht nach dem KAGB in Betracht[6]).   4

Verkaufsprospekte iS des § 20 VermAnlG sind nur solche Prospekte, die von der BaFin nach § 8 VermAnlG **gebilligt und veröffentlicht** wurden (siehe §§ 21–23 WpPG Rz. 20). Der Verkaufsprospekt, der zwar veröffentlicht, aber nicht von der BaFin gebilligt wurde, unterfällt damit ebenso wenig der Prospekthaftung nach § 20 VermAnlG wie der zwar gebilligte, aber als solcher nie veröffentlichte Prospekt[7]. Im ersteren Falle ändert auch der Umstand nichts, dass der veröffentlichte Prospekt alle Voraussetzungen erfüllte, um von der BaFin genehmigt zu werden[8]. Eine Haftung nach § 20 VermAnlG scheidet dagegen nicht bereits deshalb aus, weil der gebilligte Prospekt unter Verstoß gegen Bestimmungen der § 9 Abs. 2 Satz 1 und Satz 2 oder   5

---

1 BGBl. I 2015, S. 1114.
2 Siehe *Assmann* in Assmann/Schütze, § 5 Rz. 345.
3 So das Abgrenzungskriterium zu dem KAGB unterfallenden Organismen für gemeinsame Anlagen (Investmentvermögen) in § 1 Abs. 1 Satz 1 KAGB.
4 Beispiel in BaFin, Die Prospektpflicht und das Verfahren im Überblick, http://www.bafin.de/DE/Aufsicht/Prospekte/ProspekteVermoegensanlagen/Verfahren/verfahren_node.html.
5 Beispiel ebenfalls in BaFin, Die Prospektpflicht und das Verfahren im Überblick, http://www.bafin.de/DE/Aufsicht/Prospekte/ProspekteVermoegensanlagen/Verfahren/verfahren_node.html, doch ohne den folgenden Vorbehalt.
6 Siehe *Assmann* in Assmann/Schütze, § 5 Rz. 355.
7 Zur entsprechenden Rechtslage bei Wertpapierprospekten siehe §§ 21–23 WpPG Rz. 13 und 15 mwN.
8 *Barta*, NZG 2005, 308; *Becker* in Heidel, § 13 VerkProspG Rz. 8; *Heidelbach* in Schwark/Zimmer, § 13 VerkProspG Rz. 9; *Kind* in Arndt/Voß, § 13a VerkProspG Rz. 5; *Klöhn*, DB 2012, 1858. AA *Benecke*, BB 2006, 2599; *Bongertz*, BB 2012, 473; *Fleischer*, WM 2004, 1902 f.; *Mülbert/Steup* in Habersack/Mülbert/Schlitt, Unternehmensfinanzierung, § 41 Rz. 58; *Panetta/Zessel*, NJOZ 2010, 419 f.

§ 11 Abs. 1 Satz 4 VermAnlG **fehlerhaft veröffentlicht** wurde (siehe – mwN – §§ 21–23 WpPG Rz. 15 aE).

6   Ein nach § 11 Abs. 1 Satz 1 VermAnlG zu erstellender und vor Veröffentlichung von der BaFin nach § 11 Abs. 1 Satz 2 und Satz 4 VermAnlG zu billigender **Nachtrag** ist, obschon kein selbstständiger Prospekt, wie ein Verkaufsprospekt zu behandeln (siehe §§ 21–23 WpPG Rz. 15), so dass für die Richtigkeit und Vollständigkeit eines Nachtrags nach § 20 Abs. 1 VermAnlG gehaftet wird. Darin unterscheidet sich der Nachtrag von den nach § 10 Satz 2 VermAnlG zu veröffentlichenden **nachzutragenden Angaben** zu einem nach § 10 Satz 1 VermAnlG zulässigerweise unvollständigen Verkaufsprospekt, die erst zusammengenommen einen Verkaufsprospekt bilden, der der Haftung nach § 20 VermAnlG unterliegt (siehe § 10 VermAnlG Rz. 9). Dementsprechend wird in dem Fall, dass nachzutragende Angaben pflichtwidrig nicht veröffentlicht wurden, nicht nach § 21 VermAnlG für einen fehlenden Verkaufsprospekt, sondern nach § 20 VermAnlG für einen unvollständigen Verkaufsprospekt gehaftet. Wird ein **Nachtrag pflichtwidrig nicht erstellt** und veröffentlicht, so hat dies – schon weil es sich beim Nachtrag nicht um einen selbstständigen Prospekt iS des § 6 VermAnlG handelt – allerdings nicht die Haftung für einen fehlenden Prospekt nach § 21 VermAnlG zur Folge, vielmehr wird der zu aktualisierende Vermögensprospekt unrichtig oder unvollständig, mit der Folge der Haftung für denselben nach § 20 VermAnlG[1].

7   Ein **Produktinformationsblatt**, das einem Kunden nach § 31 Abs. 3 WpHG iVm. § 5a WpDVerOV im Zusammenhang mit einer Anlageberatung vor dem Abschluss eines Geschäfts über Finanzinstrumente zur Verfügung zu stellen ist, ist weder Prospekt iS der allgemein-zivilrechtlichen Prospekthaftung[2] noch ist es ein der Haftung nach § 20 VermAnlG unterliegender Prospekt[3].

2. Unrichtigkeit oder Unvollständigkeit des Verkaufsprospekts (§ 20 Abs. 1 Satz 1 VermAnlG)

8   Ein Anspruch aus § 20 Abs. 1 Satz 1, 2 VermAnlG setzt voraus, dass in dem Verkaufsprospekt für die Beurteilung der Vermögensanlagen **wesentliche Angaben unrichtig oder unvollständig** sind. Die für die Beurteilung der Unrichtigkeit oder Unvollständigkeit eines Verkaufsprospekts für Vermögensanlagen **maßgeblichen Gesichtspunkte** unterscheiden sich grundsätzlich nicht von denen, die für die Beurteilung von Angaben in Wertpapierprospekten im Hinblick auf eine Haftung nach §§ 21, 22 WpPG gelten. Die nachfolgenden Ausführungen können sich deshalb auf Besonderheiten sowie Stichworte und entsprechende Verweise auf anderweitige Erläuterungen beschränken.

---

1 Das entspricht der Rechtslage bei Wertpapierprospekten und diesbezüglichen Nachträgen, siehe § 21–23 WpPG Rz. 15. Zur Haftung für fehlende Nachträge siehe auch § 21 VermAnlG Rz. 5.
2 Siehe *Assmann* in Assmann/Schütze, § 5 Rz. 37.
3 So iE auch *Schäfer/Schäfer*, ZBB 2013, 28 f.

a) Beurteilungszeitpunkt und Nachtragspflicht

Unrichtigkeit und Unvollständigkeit eines Verkaufsprospekts sind aus einer **Ex-ante-Sicht** unter Berücksichtigung ausschließlich der Verhältnisse bis zur **Billigung** des Verkaufsprospekts nach § 8 Abs. 1 Satz 2 VermAnlG vorzunehmen (§§ 21–23 WpPG Rz. 41). 9

Eine Prospektunrichtigkeit oder Prospektunvollständigkeit, die schon bei Billigung des Prospekts bestand oder nach der Billigung und während der Dauer des öffentlichen Angebots auftritt oder festgestellt wird, muss nach § 11 Abs. 1 VermAnlG im Wege eines von der BaFin zu billigenden **Nachtrags** veröffentlicht werden. Zu den Anforderungen an die Richtigkeit und Vollständigkeit des Nachtrags kann auf die Ausführungen zu §§ 21–23 WpPG Rz. 15 verwiesen werden. Anders als für Wertpapierprospekte ist bei Verkaufsprospekten keine dem ehemaligen § 45 Abs. 2 Nr. 4 BörsG (aF) entsprechende, eine Haftung aus § 20 Abs. 1 VermAnlG ausschließende **Berichtigung** mittels bestimmter Bekanntmachungen vorgesehen, weil es im Bereich der Vermögensanlagen an entsprechenden Bekanntmachungsformaten – wie etwa Ad-hoc-Mitteilungen – fehlt[1]. 10

b) Beurteilungsmaßstab

Wie für die Beurteilung der Angaben in einem Wertpapierprospekts sind auch für diejenigen in einem Verkaufsprospekt die **Kenntnisse und Erfahrungen eines durchschnittlichen Anlegers** maßgeblich (§§ 21–23 WpPG Rz. 37 ff.). Da es für die Bestimmung von dessen Empfängerhorizont auf das Publikum des Marktes ankommt, an das sich das jeweilige öffentliche Angebot richtet, ist in Bezug auf Prospekte für Vermögensanlagen eine **adressatenbezogene Differenzierung** vorzunehmen, wenn sich das Angebot und der Verkaufsprospekt ausdrücklich an ein bestimmtes Publikum wenden (§§ 21–23 WpPG Rz. 37). Ist dies nicht der Fall, so ist davon auszugehen, dass der durchschnittliche Anleger nicht mit der gebräuchlichen Schlüsselsprache vertraut ist und einen Prospekt nicht nur flüchtig, sondern sorgfältig und eingehend liest (§§ 21–23 WpPG Rz. 39). 11

Der Empfängerhorizont des durchschnittlichen Anlegers ist auch für die Beurteilung der Richtigkeit und Vollständigkeit der Angaben in einer deutschsprachigen **Zusammenfassung** maßgeblich, wie sie nach § 2 Abs. 1 Satz 5 VermVerkProspV für den Fall zu erstellen ist, dass die BaFin gemäß § 2 Abs. 1 Satz 4 VermVerkProspV die Abfassung des Verkaufsprospekts von Emittenten mit Sitz im Ausland ganz oder teilweise in einer anderen in internationalen Finanzkreisen gebräuchlichen Sprache gestattet hat (§§ 21–23 WpPG Rz. 40). Zur Richtigkeit und Vollständigkeit einer solchen Zusammenfassung siehe unten Rz. 20. 12

---

1 RegE eines Gesetzes zur Novellierung des Finanzanlagenvermittler- und Vermögensanlagenrechts, BT-Drucks. 17/6051 vom 6.6.2011, S. 37 (zu § 20 Abs. 4 VermAnlG).

c) Angaben von wesentlicher Bedeutung

13 Die Haftung nach § 20 Abs. 1 Satz 1 VermAnlG setzt voraus, dass in dem Verkaufsprospekt für die Beurteilung der angebotenen Vermögensanlagen **wesentliche Angaben unrichtig oder unvollständig** sind.

14 **Angaben** iS von § 20 Abs. 1 Satz 1 VermAnlG sind jedenfalls alle in einem Prospekt wiedergegebene **Tatsachen**, dh. alle der äußeren Wahrnehmung und damit des Beweises zugängliche Geschehnisse oder Zustände der Außenwelt (so genannte äußere Tatsachen) und des menschlichen Innenlebens (so genannte innere Tatsachen), näher dazu §§ 21–23 WpPG Rz. 46. Angaben iS von § 20 Abs. 1 Satz 1 VermAnlG sind aber auch **Meinungen, Werturteile** und **zukunftsbezogene Informationen** wie etwa **Prognosen** oder **Vorhaben** (§§ 21–23 WpPG Rz. 46). Obschon keine Tatsachen und damit, anders als Tatsachen, nicht dem Beweise zugänglich, sind auch sie einer Kontrolle im Hinblick auf ihre Richtigkeit in Gestalt ihrer Vertretbarkeit zugänglich (§§ 21–23 WpPG Rz. 50).

15 Unter Berücksichtigung der Zielsetzung der Prospekthaftung, für die Richtigkeit und Vollständigkeit von Angaben zu sorgen, die ein durchschnittlicher Anleger braucht, um eine informierte, Chancen und Risiken erkennende Anlageentscheidung treffen zu können, lassen sich als **wesentlich** iS von § 20 Abs. 1 Satz 1 VermAnlG alle Angaben über Umstände bezeichnen, die **objektiv zu den wertbildenden Faktoren** einer Anlage gehören und die ein durchschnittlicher, verständiger Anleger „eher als nicht" bei seiner Anlageentscheidung berücksichtigen würde (§§ 21–23 WpPG Rz. 47). Dem entspricht die Formulierung des § 7 Abs. 1 Satz 1 VermAnlG und von § 2 Verordnung über Vermögensanlagen-Verkaufsprospekte (Vermögensanlagen-Verkaufsprospektverordnung – VermVerkProspV), denen zufolge der Verkaufsprospekt alle tatsächlichen und rechtlichen Angaben enthalten muss, die notwendig sind, um dem Publikum eine zutreffende Beurteilung des Emittenten der Vermögensanlagen und der Vermögensanlagen zu ermöglichen, wobei nach § 7 Abs. 1 Satz 2 VermAnlG für den Fall, dass die Vermögensanlagen Anteile an einem Treuhandvermögen darstellen und dieses ganz oder teilweise aus einem Anteil an einer Gesellschaft besteht, der Verkaufsprospekt auch die entsprechenden Angaben zu dieser Gesellschaft zu enthalten hat. Zu den objektiv wertbildenden Faktoren gehören auch die mit der Anlage verbundenen **Nachteile und Risiken**, vor allem aber Umstände, die – wie etwa die auf Grund hoher „weicher Kosten" nur begrenzte Weiterleitung der aufgebrachten Mittel in das Anlageobjekt – den **Vertragszweck vereiteln können** oder geeignet sind, potentielle Anleger von dem Erwerb der Anlage abzuhalten (§§ 21–23 WpPG Rz. 48).

16 Allein der Umstand, dass der Prospekt die gesetzlich nach § 7 VermAnlG iVm. der Vermögensanlagen-Verkaufsprospektverordnung **erforderlichen Mindestangaben nicht enthält**, macht ihn deshalb noch nicht unrichtig oder unvollständig iS des § 20 Abs. 1 Satz 1 VermAnlG; die diesbezüglichen Ausführungen in Bezug auf Wertpapierprospekte, §§ 21–23 WpPG Rz. 48, gelten entsprechend.

17 Auch eine Mehrzahl je für sich nicht als wesentlich zu betrachtender Angaben können einen haftungsrelevanten Prospektmangel begründen, wenn sie im Hinblick auf die Vermögens-, Ertrags- und Liquiditätslage des Emittenten (iS von § 1 Abs. 3

VermAnlG) einen **unzutreffenden Gesamteindruck** erzeugen oder, synonym und einem neueren Sprachgebrauch folgend, ein unzutreffendes **Gesamtbild** vermitteln; s. dazu die entsprechenden Ausführungen §§ 21–23 WpPG Rz. 49, 66).

d) Unrichtigkeit von Angaben

Mitgeteilte **Tatsachen** sind unrichtig, wenn sie zum Zeitpunkt der Prospekterstellung mit den wirklichen Verhältnissen nicht übereinstimmen. **Prognosen, Meinungen** und **Werturteile** sind unrichtig, wenn sie nicht ausreichend durch Tatsachen gestützt und kaufmännisch nicht vertretbar sind (§§ 21–23 WpPG Rz. 50). **Beispiele** für die von der Rechtsprechung angenommene Unrichtigkeit von Prospektangaben finden sich in den Ausführungen zu §§ 21–23 WpPG Rz. 51.

Formale Mängel des Prospekts – namentlich Verstöße gegen die Gliederungsbestimmung des § 2 Abs. 3 Satz 1 VermVerkProspV und § 2 Abs. 1 Satz 3 VermVerkProspV, demzufolge der Verkaufsprospekt in einer Form abzufassen ist, die sein Verständnis und seine Auswertung erleichtert – führen nicht zur Unrichtigkeit der von diesen betroffenen Angaben[1], können aber ein zur Haftung nach § 20 VermAnlG führendes unzutreffendes oder irreführendes **Gesamtbild** hervorrufen (oben Rz. 17, §§ 21–23 WpPG Rz. 52).

Für die Beurteilung der Richtigkeit – und Vollständigkeit – von Angaben in der nach § 2 Abs. 1 Satz 5 VermAnlG erstellten deutschsprachigen **Zusammenfassung** eines Verkaufsprospekts von Emittenten mit Sitz im Ausland, der nach entsprechender Genehmigung durch die BaFin gemäß § 2 Abs. 1 Satz 4 VermAnlG ganz oder teilweise in einer anderen in internationalen Finanzkreisen gebräuchlichen Sprache abgefasst ist, ist mangels einer Regelung im VermAnlG die Vorschrift des **§ 23 Abs. 2 Nr. 5 WpPG analog** anzuwenden. Dieser zufolge besteht kein Anspruch wegen eines Prospektmangels, wenn er sich ausschließlich aufgrund von Angaben in der Zusammenfassung ergibt, es sei denn, die Zusammenfassung ist irreführend, unrichtig oder widersprüchlich, wenn sie zusammen mit den anderen Teilen des Prospekts gelesen wird. Auch wenn in diesem Fall möglicherweise allein die Zusammenfassung in deutscher Sprache abgefasst ist, stellt sie doch keinen selbständigen Prospekt, sondern nur einen Prospektbestandteil dar, auf dessen Richtigkeits- und Vollständigkeitsbeurteilung der Rechtsgedanke anzuwenden ist, welcher der Regelung des § 23 Abs. 2 Nr. 5 WpPG zugrunde liegt. Zum Beurteilungsmaßstab für die Richtigkeit (und Vollständigkeit) der Zusammenfassung siehe oben Rz. 12.

e) Unvollständigkeit von Angaben

Ein Verkaufsprospekt ist unvollständig, wenn in ihm **Angaben fehlen**, die für einen Anlageentschluss **von wesentlicher Bedeutung** sind oder sein können. Das sind in erster Linie Angaben über Umstände, die objektiv zu den wertbildenden Faktoren

---

1 Ausweislich § 2 Abs. 3 Satz 2 VermVerkProspV muss ein Verstoß gegen die Gliederungsvorgaben der VermVerkProspV nicht einmal zur Versagung der Billigung des Prospekts führen.

einer Anlage gehören und die ein durchschnittlicher, verständiger Anleger „eher als nicht" bei seiner Anlageentscheidung berücksichtigen würde (siehe oben Rz. 15 und §§ 21–23 WpPG Rz. 55)[1]. Entsprechend formuliert § 7 Abs. 1 VermAnlG, der Verkaufsprospekt müsse alle tatsächlichen und rechtlichen Angaben enthalten, die notwendig sind, um dem Publikum eine zutreffende Beurteilung des Emittenten der Vermögensanlagen und der Vermögensanlagen selbst zu ermöglichen und habe bei Vermögensanlagen in Gestalt von Anteilen an einem Treuhandvermögen, das ganz oder teilweise aus einem Anteil an einer Gesellschaft besteht, auch die entsprechenden Angaben zu dieser Gesellschaft zu enthalten. Dem korrespondiert der in § 2 Abs. 1 Satz 1 VermVerkProspV formulierte allgemeine Grundsatz, der Verkaufsprospekt müsse über die tatsächlichen und rechtlichen Verhältnisse, die für die Beurteilung der angebotenen Vermögensanlagen notwendig sind, Auskunft geben.

22 Als **zukunftsbezogene Informationen** verlangen § 10 Abs. 4 VermAnlG die Darstellung der voraussichtlichen Vermögens-, Finanz- und Ertragslage mindestens für das laufende und das folgende Geschäftsjahr und § 13 VermVerkProspV Angaben über die Geschäftsaussichten des Emittenten mindestens für das laufende Geschäftsjahr. Gewinnprognosen, Gewinnschätzungen oder Renditepläne sind nicht zwingend in einen Prospekt aufzunehmen, finden sich aber regelmäßig in Verkaufsprospekten als freiwillige, der Absatzförderung dienende Angaben. Sie unterliegen der für zukunftsbezogene Angaben geltenden Richtigkeitskontrolle (oben Rz. 14).

23 Zur Vollständigkeitskontrolle eines Prospekts unter dem Gesichtspunkt des von diesem erzeugten **Gesamtbilds** siehe oben Rz. 17 und §§ 21–23 WpPG Rz. 49.

24 Die **Billigung eines Verkaufsprospekts** durch die BaFin stellt kein Urteil über seine Vollständigkeit dar und erlaubt auch keine diesbezügliche Vermutung (§§ 21–23 WpPG Rz. 42 und 59). Ebenso wenig ist der Verkaufsprospekt vollständig, weil er alle nach § 7 Abs. 3 VermAnlG iVm. den Bestimmungen der VermVerkProspV erforderlichen **Mindestangaben** (§ 2 Abs. 1 Satz 2 VermVerkProspV) enthält; umgekehrt führen fehlende Mindestangaben noch nicht *per se* zu einer einen Anspruch aus § 20 VermAnlG begründenden Unvollständigkeit des Verkaufsprospekts (§§ 21–23 WpPG Rz. 59). Zur Unvollständigkeit eines Verkaufsprospekts wegen der Unvollständigkeit von Angaben in **Zusammenfassung** siehe §§ 21–23 WpPG Rz. 60.

25 Die Frage, inwieweit **Geheimhaltungsinteressen** der Veröffentlichung von Informationen entgegenstehen können, wurde bis zum Erlass des WpPG und des VermAnlG und namentlich im Hinblick auf die allgemein-zivilrechtliche Prospekthaftung unterschiedlich beantwortet[2]. Sie ist jedoch aufgrund der Regelungen in § 8 Abs. 2 Nr. 2 WpPG bzw. § 15 Abs. 2 VermAnlG im Hinblick auf Wertpapierprospekte nach dem WpPG und Verkaufsprospekte nach dem VermAnlG obsolet geworden. Beide Bestimmungen regeln abschließend[3], unter welchen Voraussetzungen davon abgesehen wer-

---

1 In Bezug auf die Prospekthaftung betreffend Prospekte für geschlossene Fonds vor Erlass des KAGB und § 306 KAGB siehe die Beispiele bei *Nobbe*, WM 2013, 195.
2 Siehe die Hinweise in §§ 21–23 WpPG Rz. 64 und *Assmann* in Assmann/Schütze, § 5 Rz. 64.
3 Siehe die Hinweise in §§ 21–23 WpPG Rz. 64.

den kann, einzelne Angaben in einen Prospekt aufzunehmen, und beide Bestimmungen stehen einer Haftung wegen der Unvollständigkeit eines Prospekts nicht entgegen, auch wenn deren Voraussetzungen erfüllt sind und deshalb von der Aufnahme bestimmter Angaben in den Prospekt abgesehen wurde[1]. Das bedeutet, dass selbst berechtigte Geheimhaltungsinteressen nicht von der Verpflichtung befreien können, das Publikum zutreffend und vollständig über sämtliche Umstände zu informieren, die für eine informierte Anlegerentscheidung von wesentlicher Bedeutung sind und deren Nichtaufnahme in den Prospekt eine Täuschung des Publikums mit sich brächte.

Anders als § 8 Abs. 2 Nr. 2 WpPG, der die Nichtaufnahme einzelner Angaben in den Prospekt von einer Gestattung der Aufsichtsbehörde abhängig macht (siehe §§ 21–23 WpPG Rz. 64 f.), handelt es sich bei **§ 15 Abs. 2 VermAnlG** um eine **Legalausnahme** von der Pflicht, die vom VermAnlG und der VermVerkProspV verlangten Angaben in den Prospekt aufzunehmen, die keiner vorausgehenden behördlichen Genehmigung bedarf. Ob die Voraussetzungen des § 15 Abs. 2 VermAnlG, unter denen von der Aufnahme einzelner Angaben in den Verkaufsprospekt abgesehen werden kann, erfüllt sind, ist von den Prospektverantwortlichen zu prüfen. Eine fehlerhafte Beurteilung geht zu deren Lasten und führt zur Unvollständigkeit des Prospekts, mit der Folge, dass dem Prospekt die Billigung durch die Aufsichtsbehörde versagt werden kann oder, falls diese trotz des Fehlens der Voraussetzungen des § 8 Abs. 2 Nr. 2 WpPG erteilt wird, gegebenenfalls zur Haftung für einen unvollständigen Prospekt nach § 20 Abs. 1 Satz VermAnlG.

Eine Haftung für einen unvollständigen Prospekt kommt allerdings nur für den Fall in Betracht, dass es sich bei den nicht in den Prospekt aufgenommenen Angaben um wesentliche Angaben handelt. Das wiederum ist ausgeschlossen, wenn nach **§ 15 Abs. 2 Nr. 1 VermAnlG** von der Aufnahme einzelner Angaben in den Prospekt abgesehen werden darf, weil es sich bei diesen um Angaben von nur geringer Bedeutung handelt, die nicht geeignet sind, die Beurteilung der Vermögens-, Finanz- und Ertragslage und der Entwicklungsaussichten des Emittenten zu beeinflussen. Darüber hinaus darf nach **§ 15 Abs. 2 Nr. 2 VermAnlG**[2] von der Veröffentlichung einzelner Angaben auch dann abgesehen werden, wenn die Verbreitung dieser Angaben *dem Emittenten* – Interessen anderer Prospektverantwortlicher sind insofern unbeachtlich – erheblichen Schaden zufügt, sofern die Nichtveröffentlichung das Publikum nicht über die für die Beurteilung der Vermögensanlagen wesentlichen Tatsachen und Umstände täuscht. Eine solche Täuschung ist immer dann anzunehmen, wenn es sich bei den nicht in den Prospekt aufgenommenen Angaben um solche handelt, die für die Beurteilung einer Anlage von wesentlicher Bedeutung sind und auf deren Bekanntgabe im Prospekt der Anleger vertrauen darf. Das bedeutet, dass wesentliche Angaben auch dann in den Prospekt aufzunehmen sind, wenn die Prospektverantwortlichen oder einzelne von diesen ein Interesse an der Geheimhal-

---
1 Siehe die Hinweise in §§ 21–23 WpPG Rz. 64 und *Assmann* in Assmann/Schütze, § 5 Rz. 64.
2 Die Vorschrift entspricht § 8 Abs. 2 Nr. 2 WpPG. Zu dieser im Kontext der Prospekthaftung nach §§ 21, 22 WpPG siehe §§ 21–23 WpPG Rz. 64.

tung der Angaben haben, weil die Verbreitung dieser Angaben dem Emittenten erheblichen Schaden zufügen würde.

3. Anspruchsgegner (§ 20 Abs. 1 Satz 1 VermAnlG)

28 Der Anspruch wegen Fehlerhaftigkeit eines Verkaufsprospekts richtet sich gemäß § 20 Abs. 1 Satz 1 VermAnlG gegen diejenigen, die für den Verkaufsprospekt die **Verantwortung übernommen** haben, und diejenigen, von denen der **Erlass des Verkaufsprospekts ausgeht**. Ihre Haftung ist eine **gesamtschuldnerische** (siehe §§ 21–23 WpPG Rz. 74 und 86 f.) und umfasst auch die Haftung für einen **Nachtrag** (siehe §§ 21–23 WpPG Rz. 15, 74).

29 Der **Adressatenkreis** der Haftung bei fehlerhaftem Verkaufsprospekt entspricht damit demjenigen der Haftung bei fehlerhaften Wertpapierprospekten nach §§ 21 Abs. 1 Satz 1, 22 WpPG. Die diesbezüglichen Ausführungen zu §§ 21–23 WpPG Rz. 74 ff. gelten deshalb entsprechend – dh. unter Außerachtlassung des Personenkreises, der ausschließlich bei Börsenzulassungsprospekten und der Börsenzulassung von Wertpapieren als Adressat der Prospekthaftung nach § 21 Abs. 1 Satz 1 WpPG in Betracht kommt – auch für die Haftung für fehlerhafte Verkaufsprospekte.

30 **Im Einzelnen** kommen als **Prospektverantwortliche** für die Haftung wegen fehlerhaften Prospekts in Betracht:
– die Person, die den Prospekt erlassen hat und diejenige, die ihn unterzeichnete (§§ 21–23 WpPG Rz. 75 f.),
– der tatsächliche Urheber eines Prospekts wie die sog. Hintermänner, die Mitglieder der Leitungsgruppe oder die Prospektveranlasser (§§ 21–23 WpPG Rz. 81 ff.),
– der Emittent der Vermögensanlage (§§ 21–23 WpPG Rz. 76),
– der Anbieter der Vermögensanlage (§§ 21–23 WpPG Rz. 76, 78),
– Dritte, die durch entsprechende Prospekterklärung die Verantwortung für den Prospekt übernehmen (§§ 21–23 WpPG Rz. 79) sowie
– der Vertriebshelfer, einschließlich eines Konsortiums aus Vertriebshelfern (§§ 21–23 WpPG Rz. 80).

31 Wie §§ 21 Abs. 1 Satz 1, 22 WpPG kennt auch § 20 Abs. 1 Satz 1 VermAnlG seinem eindeutigen Wortlaut nach nur die Haftung derjenigen, die für den Prospekt bzw. die Angebotsunterlage die **Verantwortung übernommen** haben oder von denen der **Erlass des Prospekts ausgeht**. Im Prospekt mit eigenen Erklärungen angeführte **berufliche Sachkenner ("Experten")** im Allgemeinen und **Wirtschaftsprüfer**, die mit einem Testat im Prospekt in Erscheinung treten, im Besonderen, gehören damit nicht zu denen, die für die Richtigkeit und Vollständigkeit des Prospekts einzustehen haben (siehe §§ 21–23 WpPG Rz. 84). Gleiches gilt für die Prospekthaftung von **Prominenten** oder anderen **Personen des öffentlichen Interesses**, die sich – was bei einem von der BaFin zu billigenden Verkaufsprospekt kaum zu erwarten ist – im Prospekt selbst oder – was trotz der Möglichkeit der BaFin, nach § 16 VermAnlG gegen Missstände bei der Werbung einzuschreiten, eher wahrscheinlich ist – in Begleitbroschüren als Referenz für die Seriosität der Anlagekonzepts und der Be-

teiligten benennen lassen und sich gegebenenfalls gar in Interviews aktiv an der Werbung für die Anlage beteiligen. Sie gehören zwar in den Adressatenkreis der allgemein-zivilrechtlichen Prospekthaftung, nicht aber der wertpapierprospektgesetzlichen Prospekthaftung (siehe §§ 21–23 WpPG Rz. 85).

4. Anspruchsberechtigte (§ 20 Abs. 1 Sätze 1 und 2, Abs. 2 Satz 2 VermAnlG)

Den Prospekthaftungsanspruch aus § 20 VermAnlG kann geltend machen, wer Vermögensanlagen, für deren Angebot der fehlerhafte Verkaufsprospekt veröffentlicht wurde, **erworben hat**, sofern das Erwerbsgeschäft in einem bestimmten **Zeitkorridor** stattgefunden hat, nämlich nach Veröffentlichung des Verkaufsprospekts und während der Dauer des öffentlichen Angebots iS von § 11 Abs. 1 Satz 1 VermAnlG, spätestens jedoch innerhalb von zwei Jahren nach dem ersten öffentlichen Angebot der Vermögensanlagen im Inland (§ 20 Abs. 1 Satz 1 VermAnlG). Ob der **Erwerber noch Inhaber der Wertpapiere** ist, erlangt erst im Rahmen der Bestimmung des Inhalts des Prospekthaftungsanspruchs Bedeutung.

32

Entspricht § 20 Abs. 1 Satz 1 VermAnlG im Wesentlichen der Regelung des § 44 Abs. 1 BörsG (in der ihr durch § 13 Abs. 1 Nr. 1 und Nr. 3 lit. a, b und c VerkProspG aF gegebenen Lesart), so weicht § 20 Abs. 1 Satz 1 VermAnlG im Hinblick auf den **Zeitkorridor** von dieser ab. Sahen § 13 Abs. 1 VerkProspG iVm. § 44 Abs. 1 Satz 1 BörsG im Hinblick auf den Erwerb der fraglichen Anlage ein Zeitfenster von der Veröffentlichung des Prospekts an bis zu sechs Monaten nach deren ersten öffentlichen Angebot im Inland vor, so wird dieses durch § 20 Abs. 1 Satz 1 VermAnlG auf die **Dauer des öffentlichen Angebots, längstens jedoch durch eine zwei Jahre** lange Ausschlussfrist, beginnend mit dem ersten öffentlichen Angebot der Vermögensanlagen im Inland, ersetzt und verlängert[1]. Weiterhin gilt, dass für die Beurteilung der Frage, ob der Erwerb der Vermögensanlagen innerhalb dieser Frist erfolgte, auf den

33

---

1 Zur Begründung führt der RegE eines Gesetzes zur Novellierung des Finanzanlagenvermittler- und Vermögensanlagenrechts, BT-Drucks. 17/6051 v. 6.6.2011, S. 36 f., an (Absätze im Text nicht berücksichtigt): „Wegen der meist nicht vorhandenen Fungibilität von Vermögensanlagen greift auch die Begründung des Gesetzgebers zu § 45 des Börsengesetzes – dass nämlich die sechsmonatige Ausschlussfrist auch eine Kompensation dafür sei, dass nicht nur der gegenwärtige, sondern auch frühere Inhaber der Wertpapiere anspruchsberechtigt sind (RegBegr. zum Dritten Finanzmarktförderungsgesetz; Bundestagsdrucksache 13/8933, S. 76, 77) – nicht. Die Ausschlussfrist von sechs Monaten ist daher bei Vermögensanlagen eine sachlich nicht gerechtfertigte Benachteiligung der Anleger, die die Vermögensanlage später als sechs Monate nach dem ersten Angebot im Inland erwerben. Auf der anderen Seite ist zu berücksichtigen, dass der Anbieter nach § 11 nur während der Dauer des öffentlichen Angebots die Pflicht hat, den Verkaufsprospekt durch Nachträge auf einem aktuellen Stand zu halten und der Verkaufsprospekt nach dieser Dauer von Gesetzes wegen veraltet sein darf. Es erscheint daher unbillig, Anlegern für den Fall, dass sie die Vermögensanlage zu einem späteren Zeitpunkt erwerben, auch Ansprüche wegen fehlerhaften Verkaufsprospekts zuzuerkennen. Es erscheint allerdings aus Gründen der Rechtssicherheit nach wie vor geboten, eine maximale Ausschlussfrist festzulegen. Wegen der teilweisen langen Platzierungsdauern im Bereich der Vermögensanlagen scheint eine Verlängerung auf zwei Jahre angemessen. Die Anleger werden durch einen entsprechenden Hinweis im Prospekt nach § 7

Zeitpunkt des Abschlusses des **Verpflichtungsgeschäfts** abzustellen ist (§§ 21–23 WpPG Rz. 92).

34 Zur Beantwortung der Frage, wann ein **öffentliches inländisches Angebot** vorliegt, kann auf die Begriffsbestimmung des öffentlichen Angebots in § 2 Nr. 4 Halbsatz 1 WpPG und die Grundsätze zur Beurteilung des Inlandsbezugs in der Bestimmung des § 3 Abs. 1 WpPG zurückgegriffen werden, zumal diese Vorschriften keine wertpapierbezogenen Besonderheiten enthalten. Auf die entsprechenden Ausführungen zu §§ 21–23 WpPG Rz. 78 (öffentliches Angebot) und §§ 21–23 WpPG Rz. 95 (öffentliches *inländisches* Angebot) ist zu verweisen. Ein öffentliches **Angebot endet** zu der in dem Angebot angegebenen Frist oder mangels einer solchen in dem Zeitpunkt, in dem für das von dem Angebot angesprochene Publikum erkennbar das Angebot beendet wird[1]. Die diesbezügliche Beweislast liegt beim Anspruchsgegner. Den Schwierigkeiten, welche mit einer Bestimmung der Beendigung eines Angebots im Einzelfall verbunden sein können, wird dadurch Rechnung getragen, dass mit der Zweijahresfrist eine davon unabhängige Ausschlussfrist bestimmt ist.

35 **Gegenstand des Erwerbs** müssen **Vermögensanlagen** iS des § 1 Abs. 2 VermAnlG sein (oben Rz. 3), auf die sich der fehlerhafte Verkaufsprospekt bezieht. Diesen Vermögensanlagen stellt **§ 20 Abs. 1 Satz 2, Abs. 2 Satz 2 VermAnlG** jedoch solche desselben Emittenten gleich, die zwar nicht Gegenstand des Verkaufsprospekts sind, von diesen aber nicht nach Ausstattungsmerkmalen oder in sonstiger Weise unterschieden werden können.

36 Als **Erwerb** kommt nur der **entgeltliche Erwerb** in Betracht, weil der Erwerbspreis eine der Größen ist, auf welcher die Regelung des Anspruchsinhalts des Prospekthaftungsanspruchs in § 20 Abs. 1 Satz 1 und Abs. 2 VermAnlG Bezug nimmt (siehe dazu auch §§ 21–23 WpPG Rz. 96). Zu den in Betracht kommenden **Erwerbsgeschäften** – Erbschaft, Übertragung aufgrund eines Vermächtnisses, Schenkung – siehe die Ausführungen zu §§ 21–23 WpPG Rz. 97.

37 Ein Verkaufsprospekt, an dem die Prospekthaftung nach § 20 Abs. 1, 2 VermAnlG anknüpft, muss nur veröffentlicht werden, wenn die Vermögensanlagen iS des § 1 Abs. 2 VermAnlG, auf die er sich bezieht, **im Inland öffentlich angeboten** werden (§§ 1 Abs. 1, 6 VermAnlG). Zur Frage, wann ein inländisches öffentliches Angebot vorliegt, siehe die Erläuterungen zu §§ 21–23 WpPG Rz. 78 (öffentliches Angebot) und zu §§ 21–23 WpPG Rz. 95 (öffentliches *inländisches* Angebot). Werden die Vermögensanlagen eines Emittenten mit Sitz im Ausland **auch im Ausland öffentlich angeboten**, besteht der Prospekthaftungsanspruch nur, wenn die Vermögensanlagen aufgrund eines im Inland abgeschlossenen Geschäfts oder einer ganz oder teilweise im Inland erbrachten Wertpapierdienstleistung erworben wurden (iS von § 2 Abs. 3 WpHG). Ihrem Regelungsgehalt nach entspricht die Vorschrift den Bestimmungen der §§ 21 Abs. 3, 22 Nr. 2 und 24 Abs. 3 WpPG sowie der §§ 21 Abs. 3 und 22

Absatz 2 Satz 2 auf die beschränkte Dauer möglicher Prospekthaftungsansprüche aufmerksam gemacht."

1 *Assmann* in Assmann/Schütze, § 5 Rz. 260.

Abs. 5 VermAnlG. Deshalb kann auf die Erläuterungen zu diesen Bestimmungen, namentlich in §§ 21–23 WpPG Rz. 95 und § 24 WpPG Rz. 13 verweisen werden.

5. Kausalität

Ein Prospekthaftungsanspruch nach § 20 Abs. 1, 2 VermAnlG setzt weiter voraus, dass der Anspruchsteller innerhalb des in § 20 Abs. 1 Satz 1 VermAnlG angeführten **Zeitfensters** – das heißt nach Veröffentlichung des Verkaufsprospekts und während der Dauer des öffentlichen Angebots nach § 11 VermAnlG, spätestens jedoch innerhalb von zwei Jahren nach dem ersten öffentlichen Angebot der Vermögensanlagen im Inland – Vermögensanlagen erworben hat, die Gegenstand des fehlerhaften Verkaufsprospekts sind. Diese sowohl Nachtragspflichten begrenzende als auch einen Zusammenhang von Prospektveröffentlichung und Anlageerwerb herstellende Regelung[1] ersetzt indes nicht das Erfordernis der **haftungsbegründenden Kausalität** des Verkaufsprospekts für den Erwerb der Vermögensanlagen, auf die er sich bezieht. Dafür spricht schon der Umstand, dass nach § 20 Abs. 4 Nr. 3 VermAnlG ein Anspruch aus § 20 Abs. 1, 2 VermAnlG entfällt, wenn der **Erwerber die Unrichtigkeit oder Unvollständigkeit** der Angaben des Verkaufsprospekts **beim Erwerb kannte**[2]. Das belegt, dass der Prospekthaftungsanspruch nach § 20 Abs. 1, 2 VermAnlG nicht auf die Kausalität der Prospektveröffentlichung für den Anlagenerwerb verzichtet, sondern lediglich die **Beweislast** für eine solche auf den Anspruchsgegner verlagert. Zur entsprechenden Regelung für die Haftung bei fehlerhaften Wertpapierprospekten und zu ihrem der Regelung im VermAnlG entsprechenden Hintergrund siehe §§ 21–23 WpPG Rz. 99. Für die Anwendung des Konstrukts der **Anlagestimmung** als Instrument des Kausalitätsnachweises ist angesichts dieser Regelung und unter heutigen Kapitalmarktbedingungen weder Bedarf noch Raum (näher §§ 21–23 WpPG Rz. 100 f.).

38

Darüber hinaus ist im Hinblick auf die **haftungsausfüllende Kausalität** des fehlerhaften Prospekts nachzuweisen, dass die pflichtwidrige Veröffentlichung eines fehlerhaften Verkaufsprospekts – zumindest mitursächlich[3] – **zu dem geltend gemachten Schaden geführt** hat (im Hinblick auf die Haftung bei fehlerhaften Wertpapierprospekten §§ 21–23 WpPG Rz. 102). Wie bei der allgemein-zivilrechtlichen Prospekthaftung[4] kann der Schaden bereits im prospektveranlassten Erwerb der Vermögensanlage gesehen werden, doch ist zu beachten, dass nach § 20 Abs. 4 Nr. 2 VermAnlG – dem Regelungsgehalt von § 23 Abs. 2 Nr. 2 WpPG für fehlerhafte Wertpapierprospekte entsprechend (§§ 21–23 WpPG Rz. 103) – ein Prospekthaftungsanspruch nach § 20 Abs. 1, 2 VermAnlG entfällt, wenn der Sachverhalt, über den unrichtige oder unvollständige Angaben im Verkaufsprospekt enthalten sind, nicht zu einer

39

---

1 Siehe RegE eines Gesetzes zur Novellierung des Finanzanlagenvermittler- und Vermögensanlagenrechts, BT-Drucks. 17/6051 vom 6.6.2011, S. 36 f.
2 Zur unterschiedlichen rechtsdogmatischen Einordnung dieser Regelung siehe §§ 21–23 WpPG Rz. 102, 114.
3 *Mülbert/Steup* in Habersack/Mülbert/Schlitt, Unternehmensfinanzierung, § 41 Rz. 102.
4 *Assmann* in Assmann/Schütze, § 5 Rz. 91.

Minderung des Erwerbspreises der Vermögensanlagen beigetragen hat. Die **Beweislast** hierfür liegt bei den Anspruchsgegnern (§§ 21–23 WpPG Rz. 105).

6. Verschulden und Mitverschulden (§ 20 Abs. 3, Abs. 4 Nr. 3 VermAnlG)

40 § 20 Abs. 1 Satz 1 VermAnlG enthält keine Verschuldensregelung, doch bestimmt § 20 Abs. 3 VermAnlG, wortgleich mit § 23 Abs. 1 WpPG in Bezug auf die Haftung bei fehlerhaftem Wertpapierprospekt, dass nicht in Anspruch genommen werden kann, wer nachweist, dass er die Unrichtigkeit oder Unvollständigkeit der Angaben des Verkaufsprospekts nicht gekannt hat und dass die Unkenntnis nicht auf grober Fahrlässigkeit beruht. Wie bei der Haftung für fehlerhafte Wertpapierprospekte (§§ 21–23 WpPG Rz. 107) folgt daraus zweierlei: zum einen haftet ein jeder Anspruchsgegner nur dann bei fehlerhaften Verkaufsprospekten, wenn ihm in Bezug auf die Unrichtigkeit oder Unvollständigkeit des Verkaufsprospekts Verschulden in Form von **Vorsatz oder grober Fahrlässigkeit** vorgehalten werden kann, und zum anderen wird das **Verschulden** des Anspruchsgegners **vermutet**, sodass es an diesem liegt nachzuweisen, dass ihn kein Verschulden an dem Prospektmangel trifft.

41 Zu Einzelheiten betreffend die **Verschuldensanforderungen** in Bezug auf die Haftung bei fehlerhaftem Verkaufsprospekt gelten die Ausführungen zum Verschulden betreffend die Haftung bei fehlerhaften Wertpapierprospekten entsprechend (§§ 21–23 WpPG Rz. 109 ff.). Zu verweisen ist auf die Ausführungen betreffend §§ 21–23 WpPG

– zu Vorsatz und grober Fahrlässigkeit in Rz. 109 bzw. Rz. 110 f.,
– zur Beurteilung der Einschaltung von Sachverständigen in Rz. 111,
– zu Kontroll- und Nachforschungspflichten der Prospektverantwortlichen und Anspruchsgegner in Rz. 112 sowie
– zu Verantwortlichkeiten und zum Verschulden von Mitgliedern eines Anbieterkonsortiums in Rz. 113.

42 In Bezug auf ein **Mitverschulden** des Anlegers bei Schadensersatzansprüchen aus Prospekthaftung enthält § 20 Abs. 4 Nr. 3 VermAnlG eine (§ 23 Abs. 1 WpPG entsprechende) abschließende Sonderregelung. Nach dieser Bestimmung scheidet ein Anspruch aus § 20 Abs. 1, 2 VermAnlG aus, wenn der Erwerber die Unrichtigkeit oder Unvollständigkeit der Angaben des Prospekts bei dem Erwerb der Wertpapiere kannte. Dass ein Mitverschulden des Anlegers im Rahmen der Haftungsbegründung ausscheidet, gilt auch dann, wenn man in § 20 Abs. 4 Nr. 3 VermAnlG keine Mitverschuldensregelung, sondern eine solche zur fehlenden haftungsbegründenden Kausalität (siehe dazu §§ 21–23 WpPG Rz. 114) sieht.

43 Im Bereich der **Schadensermittlung** und der **haftungsausfüllenden Kausalität** ist ein **Mitverschulden** des Anlegers nach § 254 BGB grundsätzlich zu berücksichtigen. Zu Einzelheiten siehe §§ 21–23 WpPG Rz. 115.

44 Ein Mitverschulden des Anlegers ist **vom Anspruchsgegner nachzuweisen**[1].

---

1 Auch *Schäfer*, ZGR 2006, 55.

7. Inhalt des Prospekthaftungsanspruchs

Wie der Inhalt der Haftung bei fehlerhaftem Wertpapierprospekt (§§ 21–23 WpPG Rz. 118) **differiert** auch derjenige der Haftung für fehlerhafte Verkaufsprospekte[1], je nachdem ob der Erwerber noch Inhaber der Vermögensanlagen ist oder nicht: 45

– Ist der **Erwerber noch Inhaber der Vermögensanlagen**, kann er nach § 20 Abs. 1 Satz 1 VermAnlG die Übernahme der Vermögensanlagen gegen Erstattung des Erwerbspreises, soweit dieser den ersten Erwerbspreis der Vermögensanlagen nicht überschreitet, und der mit dem Erwerb verbundenen üblichen Kosten verlangen.

– Ist der Erwerber **nicht mehr Inhaber der Vermögensanlagen**, so kann er nach § 20 Abs. 2 Satz 1 VermAnlG die Zahlung des Unterschiedsbetrags zwischen dem Erwerbspreis, soweit dieser den ersten Erwerbspreis nicht überschreitet, und dem Veräußerungspreis der Vermögensanlagen sowie der mit dem Erwerb und der Veräußerung verbundenen üblichen Kosten verlangen.

– In beiden vorgenannten Fällen kann der Anspruch auch für **Vermögensanlagen desselben Emittenten** geltend gemacht werden, die von den Vermögensanlagen, auf die sich der Prospekt bezieht, nicht nach Ausstattungsmerkmalen oder in sonstiger Weise unterschieden werden können (§ 20 Abs. 1 Satz 2, Abs. 2 Satz 2 VermAnlG). Zu erstatten sind darüber hinaus jeweils die Aufwendungen des Erwerbers (siehe dazu §§ 21–23 WpPG Rz. 121)[2].

Der **Erwerbspreis** ist der vom Erwerber der Wertpapiere bzw. der Vermögensanlagen und Anspruchsteller tatsächlich gezahlte Preis. Zu den **üblichen Kosten** für den Erwerb der der Prospekthaftung unterfallenden Vermögensanlage gehören vor allem die im Zusammenhang mit dem jeweiligen Geschäft zu zahlenden Provisionen und Transaktionskosten. Der **erste Erwerbspreis** ist der vom Ersterwerber der angebotenen Vermögensanlagen gezahlte Preis. Hat ein Anleger die Vermögensanlage, auf die sich der Prospekt bezieht, in dem in § 20 Abs. 1 Satz 1 VermAnlG bestimmten Zeitfenster – das heißt nach Veröffentlichung des Verkaufsprospekts und während der Dauer des öffentlichen Angebots nach § 11 VermAnlG, spätestens jedoch innerhalb von zwei Jahren nach dem ersten öffentlichen Angebot der Vermögensanlagen im Inland – von einem Dritten gekauft, so kann er von dem Anspruchsgegner keinen höheren Preis verlangen als den, den der Vorerwerber als erster Erwerber gezahlt hat. **Veräußerungspreis** ist der bei dem Weiterverkauf der Vermögensanlagen tatsächlich erzielte Gegenwert einschließlich aller nichtpekuniären Gegenleistungen (§§ 21–23 WpPG Rz. 125). 46

Dem Anspruch des Anlegers steht dessen Verpflichtung gegenüber, den Anspruchsgegnern die erworbenen, der Prospekthaftung unterliegenden **Vermögensanlagen** 47

---

1 Zur früheren schadensersatzrechtlichen Regelung der Haftung für fehlerhafte Verkaufsprospekte s. Voraufl., § 13 VerkProspG Rz. 99 sowie die Ausführungen zur entsprechenden Regelung für Wertpapierprospekte in §§ 21–23 WpPG Rz. 117.
2 Zu den entsprechenden Regeln bei der allgemein-zivilrechtlichen Prospekthaftung *Assmann* in Assmann/Schütze, § 5 Rz. 100.

herauszugeben. Die Erstattung des Erwerbspreises und die Übergabe der Vermögensanlagen sind Leistungen, die, was im Klageantrag zu berücksichtigen ist, **Zug um Zug** zu erfolgen haben (§§ 21–23 WpPG Rz. 122).

48 Die sich im Zusammenhang mit der Frage, ob der Erwerber der Wertpapiere noch Inhaber derselben ist oder nicht, stellenden Fragen nach einer der Schadensminderung dienenden **Veräußerungspflicht** oder einer Pflicht des Erwerbers zur **Anzeige eines Prospektmangels** sind solche eines Mitverschuldens des Anlegers. Auf die diesbezüglichen, entsprechend geltenden Ausführungen im Zusammenhang mit der Haftung bei fehlerhaftem Wertpapierprospekt (§§ 21–23 WpPG Rz. 115) ist zu verweisen.

8. Haftungsfreizeichnung

49 Nach § 20 Abs. 6 Satz 1 VermAnlG ist eine Vereinbarung, durch die der Anspruch aus § 20 Abs. 1, 2 VermAnlG **im Voraus** ermäßigt oder erlassen wird, unwirksam. **Nachträgliche Vereinbarungen**, wie etwa ein Vergleich oder ein (befristeter) Verzicht auf die Geltendmachung des Anspruchs, sind davon nicht erfasst. Siehe im Übrigen die Ausführungen zur entsprechenden Bestimmung des § 25 Abs. 1 WpPG in Bezug auf die Haftung bei fehlerhaften Wertpapierprospekten in §§ 21–23 WpPG Rz. 128 f. und § 25 Abs. 1 WpPG Rz. 3 ff.

III. Geltendmachung des Anspruchs und anderweitige Ansprüche

1. Verjährung

50 Die vor der Einführung des VermAnlG für die Haftung bei fehlerhaften Verkaufsprospekten kraft des Verweises durch § 13 VerkProspG aF auf § 46 BörsG aF geltende Sonderverjährung ist von dem Gesetz zur Novellierung des Finanzanlagenvermittler- und Vermögensanlagenrechts vom 6.12.2011[1], welches die börsengesetzliche Prospekthaftung in das WpPG und die verkaufsprospektrechtliche Prospekthaftung teils in das WpPG, teils in das VermAnlG überführte, nicht übernommen worden (siehe oben Rz. 33). Mangels anderweitiger Regelung richtet sich mit dem Inkrafttreten der Neuregelung der Haftung bei fehlerhaften Verkaufsprospekten zum 1.6.2012 die Verjährung von börsengesetzlichen und verkaufsprospektgesetzlichen Prospekthaftungsansprüchen nach der **allgemeinen Regelverjährung** von Ansprüchen nach §§ 195, 199 BGB.

51 Danach **verjähren Ansprüche aus § 20 Abs. 1, 2 VermAnlG** gemäß § 195 BGB in drei Jahren, gemäß § 199 Abs. 1 BGB beginnend mit dem Schluss des Jahres, in dem der Anspruch entstanden ist und der Anspruchsteller von den Umständen, die den Anspruch begründen, und der Person des Schuldners Kenntnis erlangt hat (positive Kenntnis) oder ohne grobe Fahrlässigkeit hätte erlangen müssen (grob fahrlässige

---

[1] BGBl. I 2011, S. 2481.

Unkenntnis). Ohne Rücksicht auf die Kenntnis oder grob fahrlässige Unkenntnis verjähren diese Ansprüche **spätestens** in zehn Jahren von ihrer Entstehung an und ohne Rücksicht auf ihre Entstehung und die Kenntnis oder grob fahrlässige Unkenntnis spätestens in 30 Jahren beginnend mit der Begehung der Handlung, der Pflichtverletzung oder dem sonstigen, den Schaden auslösenden Ereignis (§ 199 Abs. 3 BGB).

Wie bei Ansprüchen betreffend fehlerhafte Wertpapierprospekte (siehe §§ 21–23 WpPG Rz. 132) ist hinsichtlich der **Entstehung eines Prospekthaftungsanspruchs** aus § 20 Abs. 1 und 2 VermAnlG nicht auf den Zeitpunkt der Prospektveröffentlichung, sondern auf den Zeitpunkt des Erwerbs der Wertpapiere abzustellen. Die **Beweislast** in Bezug auf die Kenntnis oder die grob fahrlässige Unkenntnis des Anspruchstellers und damit zu Beginn und Ablauf der Verjährungsfrist liegt beim Anspruchsgegner (§§ 21–23 WpPG Rz. 132). 52

2. Gerichtsstand

Nach § 32b Abs. 1 ZPO ist unter anderem für Klagen, mit denen der Ersatz eines aufgrund falscher, irreführender oder unterlassener öffentlicher Kapitalmarktinformationen verursachten Schadens geltend gemacht wird, und damit auch für Prospekthaftungsansprüche aus § 20 Abs. 1, 2 VermAnlG ausschließlich das **Gericht am Sitz des betroffenen Emittenten** zuständig, sofern sich der Sitz des Emittenten nicht im Ausland befindet. Siehe im Übrigen die Ausführungen zum Gerichtsstand in Bezug auf Ansprüche wegen fehlerhafter Wertpapierprospekte in §§ 21–23 WpPG Rz. 136 ff. 53

Nach **§ 71 Abs. 2 Nr. 3 GVG** sind für Schadensersatzansprüche aufgrund falscher, irreführender oder unterlassener öffentlicher Kapitalmarktinformationen ohne Rücksicht auf den Wert des Streitgegenstandes die Landgerichte zuständig. 54

3. Konkurrenzen

Nach § 20 Abs. 6 Satz 2 VermAnlG schließt die Haftung bei fehlerhaften Verkaufsprospekten nach § 20 Abs. 1, 2 VermAnlG weitergehende Ansprüche, die nach den Vorschriften des bürgerlichen Rechts aufgrund von Verträgen oder unerlaubten Handlungen erhoben werden können, nicht aus. Zu Einzelheiten siehe die Ausführungen in §§ 21–23 WpPG Rz. 141 ff. 55

4. Rechtsschutz

Unter dem durch das WpPG und das VermAnlG abgelösten börsen- und verkaufsprospektgesetzlichen Prospekthaftungsregime war anerkannt, dass die Geltendmachung eines börsengesetzlichen Prospekthaftungsanspruchs die Erhebung eines Schadensersatzanspruchs aufgrund einer gesetzlichen Haftpflichtbestimmung darstellt. Eine Versicherungsgesellschaft kann deshalb ihrem Kunden, der bei ihr eine Rechtsschutzversicherung abgeschlossen hat, nicht entgegenhalten, die Geltendmachung eines Anspruchs nach § 20 VermAnlG stelle die Wahrnehmung rechtlicher Interessen 56 aus dem Bereich des „Rechts der Handelsgesellschaften" dar, für die ein Rechtsschutz nach den Allgemeinen Versicherungsbedingungen der Versicherungsgesellschaft ausgeschlossen sei[1].

§ 21
Haftung bei fehlendem Verkaufsprospekt

(1) Der Erwerber von Vermögensanlagen kann, wenn ein Verkaufsprospekt entgegen § 6 nicht veröffentlicht wurde, von dem Emittenten der Vermögensanlagen und dem Anbieter als Gesamtschuldnern die Übernahme der Vermögensanlagen gegen Erstattung des Erwerbspreises, soweit dieser den ersten Erwerbspreis nicht überschreitet, und der mit dem Erwerb verbundenen üblichen Kosten verlangen, sofern das Erwerbsgeschäft vor Veröffentlichung eines Verkaufsprospekts und innerhalb von zwei Jahren nach dem ersten öffentlichen Angebot der Vermögensanlagen im Inland abgeschlossen wurde. Auf den Erwerb von Vermögensanlagen desselben Emittenten, die von den in Satz 1 genannten Vermögensanlagen nicht nach Ausstattungsmerkmalen oder in sonstiger Weise unterschieden werden können, ist Satz 1 entsprechend anzuwenden.

(2) Ist der Erwerber nicht mehr Inhaber der Vermögensanlagen, kann er die Zahlung des Unterschiedsbetrags zwischen dem Erwerbspreis und dem Veräußerungspreis der Vermögensanlagen sowie der mit dem Erwerb und der Veräußerung verbundenen üblichen Kosten verlangen. Absatz 1 Satz 1 gilt entsprechend.

(3) Werden Vermögensanlagen eines Emittenten von Vermögensanlagen mit Sitz im Ausland auch im Ausland öffentlich angeboten, besteht ein Anspruch nach Absatz 1 oder Absatz 2 nur, sofern die Vermögensanlagen auf Grund eines im Inland abgeschlossenen Geschäfts oder einer ganz oder teilweise im Inland erbrachten Wertpapierdienstleistung erworben wurden.

(4) Der Anspruch nach den Absätzen 1 bis 3 besteht nicht, sofern der Erwerber die Pflicht, einen Verkaufsprospekt zu veröffentlichen, beim Erwerb kannte.

(5) Eine Vereinbarung, durch die ein Anspruch nach den Absätzen 1 bis 3 im Voraus ermäßigt oder erlassen wird, ist unwirksam. Weiter gehende Ansprüche, die nach den Vorschriften des bürgerlichen Rechts auf Grund von Verträgen oder unerlaubten Handlungen erhoben werden können, bleiben unberührt.

In der Fassung vom 6.12.2011 (BGBl. I 2011, S. 2481).

Schrifttum: Siehe Vor §§ 20–22 VermAnlG und Vor §§ 21–25 WpPG.

---

1 BGH v. 21.5.2003 – IV ZR 327/02, ZIP 2003, 1245.

I. Regelungsgegenstand und Normentwicklung 1	5. Verschulden und Mitverschulden (§ 21 Abs. 4 VermAnlG) 17
II. Voraussetzungen und Inhalt der Haftung	6. Anspruchsinhalt (§ 21 Abs. 1 Satz 1, Abs. 2 VermAnlG) 19
1. Verstoß gegen die Pflicht zur Veröffentlichung eines Prospekts (§ 21 Abs. 1 Satz 1 VermAnlG) . . . 2	7. Haftungsfreizeichnung (§ 21 Abs. 5 Satz 1 VermAnlG) . . . 20
2. Anspruchsberechtigte (§ 21 Abs. 1 Satz 1 und Satz 2, Abs. 2, Abs. 3 VermAnlG) 7	III. Geltendmachung des Anspruchs
	1. Verjährung 21
	2. Gerichtliche Zuständigkeit 23
3. Anspruchsgegner (§ 21 Abs. 1 Satz 1 VermAnlG) 12	3. Konkurrenzen (§ 21 Abs. 5 Satz 2 VermAnlG) 25
4. Kausalität 14	

I. Regelungsgegenstand und Normentwicklung

§ 21 VermAnlG hat die Haftung bei fehlendem Verkaufsprospekt zum Gegenstand, dh. für den Fall, dass entgegen § 6 VermAnlG ein von der BaFin gebilligter Verkaufsprospekt nicht veröffentlicht wurde. § 21 VermAnlG **übernimmt** weitgehend – mit Ausnahme der bisher in § 13a Abs. 1 Satz 1 VerkProspG aF vorgesehenen Ausschlussfrist sowie der in § 13a Abs. 5 VerkProspG aF enthaltenen Sonderverjährungsvorschrift – die **Regelung des aufgehobenen § 13a VerkProspG.** Zum Hintergrund der Aufhebung des VerkProspG und der Überführung seiner prospekthaftungsrechtlichen Bestimmungen in das WpPG und das VermAnlG siehe die Ausführungen in Vor §§ 20–22 VermAnlG Rz. 5 und 9. Mit der Einführung des § 13a VerkProspG (aF) in das aufgehobene VerkProspG reagierte der Gesetzgeber auf den Umstand, dass das öffentliche Angebot von Kapitalanlagen unter Verletzung der Pflicht zur Veröffentlichung eines Verkaufsprospekts zwar aufsichtsrechtliche und ordnungswidrigkeitsrechtliche Folgen nach sich ziehen konnte, ein Schadensersatzanspruch der Anleger, welche gleichwohl die angebotenen Anlagen erwarben, aber nicht leicht zu begründen und durchzusetzen war (näher hierzu Vorauflage, § 13a VerkProspG Rz. 2). 1

II. Voraussetzungen und Inhalt der Haftung

1. Verstoß gegen die Pflicht zur Veröffentlichung eines Prospekts (§ 21 Abs. 1 Satz 1 VermAnlG)

Die Haftung bei fehlendem Verkaufsprospekt nach § 21 Abs. 1, 2 VermAnlG setzt voraus, dass ein **Verkaufsprospekt entgegen § 6 VermAnlG nicht veröffentlicht** wurde. Nach dieser Vorschrift muss ein Anbieter, der im Inland **Vermögensanlagen** iS von § 1 Abs. 2 VermAnlG (siehe dazu § 20 VermAnlG Rz. 3 f.) **öffentlich anbietet** (siehe dazu § 20 VermAnlG Rz. 34), einen Verkaufsprospekt nach Maßgabe des VermAnlG und der VermVerkProspV veröffentlichen, sofern nicht bereits nach anderen Vorschriften eine Prospektpflicht besteht oder ein Verkaufsprospekt nach den Vorschriften dieses Gesetzes bereits veröffentlicht worden ist. 2

3 Dabei ist zu berücksichtigen, dass das **Angebot wertpapiermäßig verbriefter Anlagen** durch das WpPG erfasst ist, das für das Fehlen eines nach dem WpPG zu veröffentlichenden Prospekts mit § 24 WpPG eine § 21 VermAnlG vergleichbare Regelung enthält, und Anteile an Investmentvermögen iS des § 1 Abs. 1 KAGB einer Prospektpflicht und -haftung nach dem KAGB unterfallen, das mit § 306 Abs. 5 KAGB ebenfalls eine spezielle Bestimmung für die Haftung bei fehlendem Verkaufsprospekt nach dem KAGB kennt. In letzterer Hinsicht ist vor allem bedeutsam, dass sich das Angebot von Anteilen an geschlossenen Immobilienfonds, die den klassischen Anwendungsfall einer dem VerkProspG aF unterfallenden Vermögensanlage bildeten, nunmehr von den Bestimmungen des KAGB erfasst werden.

4 Der Fall eines entgegen § 6 VermAnlG nicht veröffentlichten Prospekts liegt auch dann vor, wenn ein Prospekt erstellt und gebilligt, aber seine **Veröffentlichung unterblieben** ist (siehe §§ 21–23 WpPG Rz. 20, § 20 VermAnlG Rz. 5). Nicht anders verhält es sich, wenn ein **nicht gebilligter Prospekt veröffentlicht** wurde, selbst wenn er hätte gebilligt werden können, weil er die Voraussetzungen erfüllte (siehe § 20 VermAnlG Rz. 5). Ein von der BaFin gebilligter Verkaufsprospekt, der lediglich – unter Verstoß gegen Bestimmungen der § 9 Abs. 2 Satz 1 und Satz 2 oder § 11 Abs. 1 Satz 4 VermAnlG – fehlerhaft veröffentlicht wurde, unterliegt der Haftung nach § 20 VermAnlG und nicht derjenigen für einen fehlenden Prospekt (siehe §§ 21–23 WpPG Rz. 15 und § 20 VermAnlG Rz. 5).

5 Ein **Nachtrag**, der nach § 11 Abs. 1 Satz 1 VermAnlG geboten ist, ist zwar im Hinblick auf seine inhaltliche Kontrolle wie der Verkaufsprospekt, auf den er sich bezieht, als Prospekt zu behandeln. Unterbleibt aber ein solcher Nachtrag, so zieht dies allerdings keine Haftung nach § 21 VermAnlG für einen fehlenden Verkaufsprospekt nach sich. Vielmehr führt der Mangel des nach Billigung des Verkaufsprospekts unrichtig oder unvollständig gewordenen und nicht durch Nachtrag berichtigten Prospekts zu einem Anspruch nach § 20 VermAnlG in Bezug auf den fehlerhaften Verkaufsprospekt (siehe § 20 VermAnlG Rz. 6), es sei denn, der Erwerber kannte die Unrichtigkeit oder Unvollständigkeit der Angaben des Verkaufsprospekts beim Erwerb (§ 20 Abs. 4 Nr. 3 VermAnlG).

6 Ein **Produktinformationsblatt**, das ein Anlageberatung betreibendes Wertpapierdienstleistungsunternehmen dem Kunden rechtzeitig vor dem Abschluss eines Geschäfts über Finanzinstrumente, auf das sich eine Kaufempfehlung bezieht, zur Verfügung stellen muss (§ 31 Abs. 3a Satz 1 WpHG) ist kein nach § 6 VermAnlG zu veröffentlichender Prospekt. Ein Kunden entgegen § 31 Abs. 3a Satz 1 WpHG nicht zur Verfügung gestelltes Produktinformationsblatt unterliegt damit nicht der Haftung nach § 21 VermAnlG[1]. Ebenso wenig handelt es sich bei einem Produktinformationsblatt um einen Prospekt iS der allgemein-zivilrechtlichen Prospekthaftung (siehe § 20 VermAnlG Rz. 7).

---

1 Ebenso *Schäfer/Schäfer*, ZBB 2013, 28.

2. Anspruchsberechtigte (§ 21 Abs. 1 Satz 1 und Satz 2, Abs. 2, Abs. 3 VermAnlG)

Anspruchsberechtigt ist, wer **Vermögensanlagen erworben** hat, für die ein Verkaufsprospekt pflichtwidrig – entgegen § 6 VermAnlG – nicht veröffentlicht wurde. Die Frage, ob der Erwerber noch Inhaber der Vermögensanlagen ist oder nicht, spielt diesbezüglich keine Rolle, sondern ist, wie sich aus § 21 Abs. 2 VermAnlG folgern lässt, lediglich im Hinblick auf den Inhalt des Anspruchs von Bedeutung. Anspruchsberechtigt ist aber auch, wer Vermögensanlagen desselben Emittenten, die von den Vermögensanlagen, auf die sich der Prospekt bezieht, nicht nach Ausstattungsmerkmalen oder in sonstiger Weise unterschieden werden können (§ 21 Abs. 1 Satz 2 VermAnlG; die Vorschrift entspricht § 24 Abs. 1 Satz 2 WpPG).

Auf den **Erwerb von Wertpapieren desselben Emittenten**, die von den in § 24 Abs. 1 Satz 1 WpPG genannten Wertpapieren nicht nach Ausstattungsmerkmalen oder in sonstiger Weise unterschieden werden können, ist nach **§ 24 Abs. 1 Satz 2 WpPG** die Regelung in § 24 Abs. 1 Satz 1 WpPG entsprechend anzuwenden. Die Vorschrift entspricht §§ 21 Abs. 1 Satz 3, 22 WpPG.

Anspruchsberechtigt ist allerdings nur, wer die fraglichen Vermögensanlagen **vor Veröffentlichung eines Verkaufsprospekts** und **innerhalb eines Zeitfensters** von zwei Jahren nach dem ersten öffentlichen Angebot der Vermögensanlagen im Inland erworben hat. Dieser Zeitkorridor entspricht der Regelung der Haftung bei fehlerhaftem Verkaufsprospekt in § 20 Abs. 1 Satz 1 VermAnlG und weicht wie diese von der sechsmonatigen Ausschlussfrist ab, wie sie § 13a Abs. 1 Satz 1 VerkProspG (aF) vorsah[1].

Werden Vermögensanlagen eines **Emittenten von Vermögensanlagen mit Sitz im Ausland** auch im Ausland öffentlich angeboten, besteht ein Anspruch nach § 21 Abs. 1, 2 VermAnlG nur, wenn die Vermögensanlagen aufgrund eines im Inland abgeschlossenen Geschäfts oder einer ganz oder teilweise im Inland erbrachten Wertpapierdienstleistung (iS von § 2 Abs. 3 WpHG) erworben wurden (§ 21 Abs. 3 WpPG)[2].

Als **Erwerb** kommt nur der **entgeltliche Erwerb** in Betracht (siehe dazu auch §§ 21–23 WpPG Rz. 96, § 20 VermAnlG Rz. 36). Zu den in Betracht kommenden **Erwerbsgeschäften** – Erbschaft, Übertragung aufgrund eines Vermächtnisses, Schenkung – siehe die Ausführungen zu §§ 21–23 WpPG Rz. 97 und § 20 VermAnlG Rz. 36).

---

1 Dazu RegE eines Gesetzes zur Novellierung des Finanzanlagenvermittler- und Vermögensanlagenrechts, BT-Drucks. 17/6051 vom 6.6.2011, S. 37.
2 Die Regelung entspricht § 20 Abs. 5 VermAnlG betreffend die Haftung bei fehlerhaftem Verkaufsprospekt sowie §§ 21 Abs. 3, 22 und § 24 Abs. 3 WpPG in Bezug auf Wertpapierprospekte.

3. Anspruchsgegner (§ 21 Abs. 1 Satz 1 VermAnlG)

12 Für einen fehlenden Verkaufsprospekt haften der **Emittent** der Vermögensanlagen und **der Anbieter** derselben als Gesamtschuldner (§ 21 Abs. 1 Satz 1 VermAnlG). Das gleicht der Regelung der Haftung für fehlende Wertpapierprospekte nach § 24 Abs. 1 Satz 1 WpPG (siehe § 24 WpPG Rz. 14 ff.).

13 **Emittent** der Vermögensanlagen ist nach § 1 Abs. 3 VermAnlG die Person oder die Gesellschaft, deren Anteile iS von § 1 Abs. 2 Nr. 1 und 2 VermAnlG oder deren Genussrechte oder von ihr ausgegebene Namensschuldverschreibungen als Vermögensanlagen im Inland öffentlich angeboten werden. **Anbieter** einer Vermögensanlage ist entsprechend der Regelung des § 2 Nr. 10 WpPG jede Person oder Gesellschaft, die Vermögensanlagen öffentlich anbietet, wobei – ebenfalls in sinngemäßer Anwendung der Begriffsbestimmung in § 2 Nr. 4 Halbsatz 1 WpPG – als öffentliches Angebot von Vermögensanlagen eine Mitteilung an das Publikum in jedweder Form und auf jedwede Art und Weise anzusehen ist, die ausreichende Informationen über die Angebotsbedingungen und die anzubietenden Vermögensanlagen enthält, um einen Anleger in die Lage zu versetzen, über den Kauf dieser Vermögensanlagen zu entscheiden (siehe dazu § 24 WpPG Rz. 16). Nicht anders als bei der Haftung bei fehlendem Wertpapierprospekt nach § 24 Abs. 1 Satz 1 WpPG haftet ein **Emittent** für einen fehlenden Verkaufsprospekt allerdings nur dann, wenn er **zugleich Anbieter** der vom Anspruchsteller erworbenen Vermögensanlagen ist (näher § 24 WpPG Rz. 15). Personen, „die hinter dem öffentlichen Angebot stehen" sind nicht als Anbieter in vorstehendem Sinne zu betrachten (siehe § 24 WpPG Rz. 16). Entsprechend der Haftung für fehlende Wertpapierprospekte sind auch im Hinblick auf die Haftung für fehlende Verkaufsprospekte diejenigen zu den Anbietern einer Vermögensanlage zu zählen, die den Vertrieb von Vermögensanlagen übernommen haben (siehe § 24 WpPG Rz. 17).

4. Kausalität

14 Die Haftung bei fehlendem Prospekt setzt voraus, dass die pflichtwidrige Nichtveröffentlichung eines Prospekts für den Erwerb der fraglichen Wertpapiere ursächlich ist (siehe § 24 WpPG Rz. 18). Dabei wird die **haftungsbegründende Kausalität** der Pflichtverletzung vermutet, sofern der Erwerb der Wertpapiere vor der Veröffentlichung eines das Angebot der Wertpapiere betreffenden Prospekts erfolgte; die Vermutung ist widerleglich (siehe § 24 WpPG Rz. 18). Hinsichtlich des **Erwerbs** ist auf die obligatorische Seite des Erwerbsgeschäfts abzustellen. Folgte diesem die verspätete Veröffentlichung eines Prospekts, lässt dies den Anspruch aus § 21 VermAnlG unberührt (siehe § 24 WpPG Rz. 18).

15 Mit dem Einwand des Anspruchsgegners, der Erwerb der Vermögensanlage wäre auch bei pflichtgemäßer Veröffentlichung eines Verkaufsprospekts eingetreten, weil der Anleger die fragliche Anlage auch in diesem Fall erworben hätte, wird ein zu beachtender fehlender **Pflichtwidrigkeitszusammenhang** geltend gemacht (§ 24 WpPG Rz. 19). Entsprechend der Haftung bei fehlendem Wertpapierprospekt nach § 24 WpPG setzt auch diejenige bei fehlendem Verkaufsprospekt nach § 21 VermAnlG voraus, dass den Anspruchsgegner im Hinblick darauf, dass entgegen § 6 Verm-

AnlG ein Verkaufsprospekt nicht veröffentlicht wurde, ein **Verschulden** trifft (siehe, auch zu abweichenden Auffassungen, § 24 WpPG Rz. 20 ff.). In entsprechender Anwendung von § 21 Abs. 1 Satz 1 iVm. § 23 Abs. 1 WpPG ist davon auszugehen, dass nur für **Vorsatz und grobe Fahrlässigkeit** bei **Umkehr der Beweislast** zu Lasten des Anspruchsgegners gehaftet wird (§ 24 WpPG Rz. 23).

Die § 24 Abs. 4 WpPG gleichende Vorschrift des § 21 Abs. 4 VermAnlG, nach der ein Anspruch wegen fehlenden Prospekts ausscheidet, wenn der **Erwerber die Pflicht**, einen Verkaufsprospekt zu veröffentlichen, beim Erwerb **kannte**, stellt keine Regelung des Falls der fehlenden haftungsbegründenden Kausalität dar, sondern ist als eine solche des haftungsausschließenden **Mitverschuldens** zu betrachten (siehe dazu §§ 21–23 WpPG Rz. 114 und § 24 WpPG Rz. 25). Sie wird dementsprechend nachfolgend in Rz. 17 behandelt.

5. Verschulden und Mitverschulden (§ 21 Abs. 4 VermAnlG)

Entsprechend der Haftung bei fehlendem Wertpapierprospekt nach § 24 WpPG setzt auch diejenige bei fehlendem Verkaufsprospekt nach § 21 VermAnlG voraus, dass den Anspruchsgegner im Hinblick darauf, dass entgegen § 6 VermAnlG ein Verkaufsprospekt nicht veröffentlicht wurde, ein **Verschulden** trifft (siehe, auch zu abweichenden Auffassungen, § 24 WpPG Rz. 20 ff.). In entsprechender Anwendung von § 21 Abs. 1 Satz 1 iVm. § 23 Abs. 1 WpPG ist davon auszugehen, dass nur für **Vorsatz und grobe Fahrlässigkeit** bei **Umkehr der Beweislast** zu Lasten des Anspruchsgegners gehaftet wird (§ 24 WpPG Rz. 23).

Eine gesetzliche Sonderregelung der Frage der Berücksichtigung eines **Mitverschuldens** des Anspruchstellers – nach anderer Ansicht eine Regelung zur fehlenden haftungsbegründenden Kausalität – enthält § 21 Abs. 4 VermAnlG[1] (siehe dazu §§ 21–23 WpPG Rz. 114 und § 24 WpPG Rz. 24 f.). Nach dieser Vorschrift scheidet eine Haftung aus, wenn der Erwerber die Pflicht, einen Verkaufsprospekt zu veröffentlichen, beim Erwerb kannte. Die haftungsausschließende Kenntnis des Anlegers ist vom Anspruchsgegner nachzuweisen (§ 24 WpPG Rz. 24). § 21 Abs. 4 VermAnlG ist – wie § 20 Abs. 4 Nr. 3 VermAnlG und §§ 23 Abs. 2 Nr. 3, 24 Abs. 4 WpPG (§ 20 VermAnlG 42, §§ 21–23 WpPG Rz. 114, § 24 WpPG Rz. 25) – als eine abschließende Regelung der Berücksichtigung eines Anlegermitverschuldens anzusehen, mit der Folge, dass ein Mitverschuldenseinwand „außerhalb des Anwendungsbereichs" dieser Vorschrift ausgeschlossen ist. Im Bereich der **Schadensermittlung** und der **haftungsausfüllenden Kausalität** ist dagegen ein **Mitverschulden** des Anlegers nach § 254 BGB grundsätzlich zu berücksichtigen (siehe §§ 21–23 WpPG Rz. 115, § 24 WpPG Rz. 25).

---

1 Der Regelungsgehalt der Vorschrift entspricht demjenigen von §§ 23 Abs. 2 Nr. 3, 24 Abs. 4 WpPG und § 20 Abs. 4 Nr. 3 VermAnlG.

6. Anspruchsinhalt (§ 21 Abs. 1 Satz 1, Abs. 2 VermAnlG)

19 Wie bei der Haftung für fehlerhafte Verkaufsprospekte und der Haftung für fehlende Wertpapierprospekte ist im Hinblick auf den Anspruchsinhalt danach zu unterscheiden, ob der Erwerber noch Inhaber der Vermögensanlagen ist oder nicht: Ist der Erwerber **noch Inhaber der Vermögensanlagen**, kann er nach § 21 Abs. 1 Satz 1 VermAnlG vom Emittenten und vom Anbieter als Gesamtschuldner die Übernahme der Vermögensanlagen gegen Erstattung des Erwerbspreises, soweit dieser den ersten Erwerbspreis nicht überschreitet, und der mit dem Erwerb verbundenen üblichen Kosten verlangen. Ist der Erwerber **nicht mehr Inhaber der Vermögensanlagen**, kann er nach § 21 Abs. 2 Satz 1 und Satz 2 VermAnlG vom Emittenten und vom Anbieter als Gesamtschuldner die Zahlung des Unterschiedsbetrags zwischen dem Erwerbspreis und dem Veräußerungspreis der Vermögensanlagen sowie der mit dem Erwerb und der Veräußerung verbundenen üblichen Kosten verlangen.

7. Haftungsfreizeichnung (§ 21 Abs. 5 Satz 1 VermAnlG)

20 Nach § 21 Abs. 5 Satz 1 VermAnlG ist eine Vereinbarung, durch die ein Anspruch nach § 24 WpPG **im Voraus ermäßigt oder erlassen** wird, unwirksam. **Nachträgliche Vereinbarungen**, wie etwa ein Vergleich oder ein (befristeter) Verzicht auf die Geltendmachung des Anspruchs, sind zulässig. Zu weiteren Einzelheiten – namentlich zur Frage, ob die Wirksamkeit einer nachträglichen Vereinbarung davon abhängt, dass der **Anspruchsberechtigte von der Entstehung eines Anspruchs** Kenntnis hat, ist auf die Ausführungen zur entsprechenden Bestimmung des § 25 Abs. 1 WpPG in Bezug auf die Haftung bei fehlerhaften Wertpapierprospekten (§ 25 WpPG Rz. 4 ff.) zu verweisen.

III. Geltendmachung des Anspruchs

1. Verjährung

21 Nach der Vorgängervorschrift des § 21 VermAnlG – § 13a Abs. 5 VerkProspG (aF) – verjährten Ansprüche bei fehlendem Prospekt in einem Jahr seit dem Zeitpunkt, zu dem der Erwerber Kenntnis von der Pflicht, einen Verkaufsprospekt zu veröffentlichen, erlangt hat, spätestens jedoch in drei Jahren seit dem Abschluss des Erwerbsgeschäfts. Mit dem Gesetz zur Novellierung des Finanzanlagenvermittler- und Vermögensanlagenrechts vom 6.12.2011[1] wurde sowohl diese Bestimmung (mitsamt dem VerkProspG) als auch diese Sonderverjährungsregelung mit Wirkung zum 1.6.2012 aufgegeben (vgl. § 20 VermAnlG Rz. 1 und 50). Die Nachfolgevorschrift des § 21 VermAnlG sieht eine solche nicht mehr vor[2].

---

[1] BGBl. I 2011, S. 2481.

[2] Siehe RegE eines Gesetzes zur Novellierung des Finanzanlagenvermittler- und Vermögensanlagenrechts, BT-Drucks. 17/6051 vom 6.6.2011, S. 37: „Die bislang in § 13a Absatz 5 des Verkaufsprospektgesetzes enthaltene Sonderverjährungsvorschrift wird nicht übernommen".

Das bedeutet, dass Ansprüche aus § 21 VermAnlG nach § 195 BGB der **dreijähri-** 22
gen Verjährung unterliegen. Gemäß § 199 Abs. 1 BGB beginnt die Verjährung mit
dem Schluss des Jahres, in dem der Anspruch entstanden ist und der Anspruchsteller von den Umständen, die den Anspruch begründen, und der Person des Schuldners Kenntnis erlangt hat (positive Kenntnis) oder ohne grobe Fahrlässigkeit hätte
erlangen müssen (grob fahrlässige Unkenntnis). Ohne Rücksicht auf die Kenntnis
oder grob fahrlässige Unkenntnis verjähren diese Ansprüche **spätestens** in zehn
Jahren von ihrer Entstehung an und ohne Rücksicht auf ihre Entstehung und die
Kenntnis oder grob fahrlässige Unkenntnis spätestens in 30 Jahren beginnend mit
der Begehung der Handlung, der Pflichtverletzung oder dem sonstigen, den Schaden auslösenden Ereignis (§ 199 Abs. 3 BGB). Die **Beweislast** in Bezug auf die Kenntnis oder die grob fahrlässige Unkenntnis des Anspruchstellers und damit zu Beginn
und Ablauf der Verjährungsfrist liegt beim Anspruchsgegner (§ 24 WpPG Rz. 32).

2. Gerichtliche Zuständigkeit

Nach § 32b Abs. 1 ZPO ist für Klagen wie diejenige aus § 21 VermAnlG ausschließ- 23
lich das **Gericht am Sitz des betroffenen Emittenten** zuständig, sofern sich der Sitz
des Emittenten oder der Zielgesellschaft nicht im Ausland befindet. Hierzu und zu
weiteren Einzelheiten kann auf die Ausführungen in §§ 21–23 WpPG Rz. 136 ff. und
§ 24 WpPG Rz. 33 ff. verwiesen werden.

Nach § 71 Abs. 2 Nr. 3 GVG sind für Schadensersatzansprüche aufgrund falscher, ir- 24
reführender oder unterlassener öffentlicher Kapitalmarktinformationen ohne Rücksicht auf den Wert des Streitgegenstandes die **Landgerichte** zuständig.

3. Konkurrenzen (§ 21 Abs. 5 Satz 2 VermAnlG)

Weitergehende Ansprüche, die nach den Vorschriften des bürgerlichen Rechts auf- 25
grund von Verträgen oder vorsätzlichen unerlaubten Handlungen erhoben werden
können, bleiben gemäß § 25 Abs. 2 WpPG unberührt. Zu Einzelheiten siehe die Ausführungen in §§ 21–23 WpPG Rz. 141 ff.

Für Dokumente, die anstelle des fehlenden Prospekts verwandt werden, der nach 26
dem VermAnlG zu erstellen und zu veröffentlichen gewesen wäre, wird auch dann
nicht nach den Grundsätzen der allgemein-zivilrechtlichen Prospekthaftung gehaftet,
wenn sie die Voraussetzungen des Prospektbegriffs der **allgemein-zivilrechtlichen
Prospekthaftung** erfüllen würden[1]. Wie im wertpapierprospektgesetzlichen Kontext,
dh. der Haftung für fehlerhafte oder fehlende Wertpapierprospekte nach §§ 21 f., 24
WpPG (§§ 21–23 WpPG Rz. 13, 20, 33, 141) stellen §§ 20, 21 VermAnlG abschließende Regelungen dar, die keinen Raum für die Anwendung der allgemein-zivilrechtlichen Prospekthaftung auf Dokumente lassen, die nicht den Anforderungen an den
nach § 6 VermAnlG zu veröffentlichenden Prospekt genügen.

---

1 AA *Klöhn*, DB 2012, 1859.

§ 22
Haftung bei unrichtigem oder fehlendem Vermögensanlagen-Informationsblatt

(1) Wer Vermögensanlagen auf Grund von Angaben in einem Vermögensanlagen-Informationsblatt erworben hat, kann von dem Anbieter die Übernahme der Vermögensanlagen gegen Erstattung des Erwerbspreises, soweit dieser den ersten Erwerbspreis der Vermögensanlagen nicht überschreitet, und der mit dem Erwerb verbundenen üblichen Kosten verlangen, wenn

1. die in dem Vermögensanlagen-Informationsblatt enthaltenen Angaben irreführend, unrichtig oder nicht mit den einschlägigen Teilen des Verkaufsprospekts vereinbar sind und
2. das Erwerbsgeschäft nach Veröffentlichung des Verkaufsprospekts und während der Dauer des öffentlichen Angebots nach § 11, spätestens jedoch innerhalb von zwei Jahren nach dem ersten öffentlichen Angebot der Vermögensanlagen im Inland abgeschlossen wurde.

(1a) Sofern die Erstellung eines Verkaufsprospekts nach § 2a oder § 2b entbehrlich ist, besteht der Anspruch nach Absatz 1 unter der Voraussetzung, dass

1. die in dem Vermögensanlagen-Informationsblatt enthaltenen Angaben irreführend oder unrichtig sind und
2. das Erwerbsgeschäft während der Dauer des öffentlichen Angebots nach § 11, spätestens jedoch innerhalb von zwei Jahren nach dem ersten öffentlichen Angebot der Vermögensanlagen im Inland abgeschlossen wurde.

(2) Ist der Erwerber nicht mehr Inhaber der Vermögensanlagen, kann er die Zahlung des Unterschiedsbetrags zwischen dem Erwerbspreis, soweit dieser den ersten Erwerbspreis nicht überschreitet, und dem Veräußerungspreis der Vermögensanlagen sowie der mit dem Erwerb und der Veräußerung verbundenen üblichen Kosten verlangen.

(3) Nach Absatz 1 oder Absatz 2 kann nicht in Anspruch genommen werden, wer nachweist, dass er die Unrichtigkeit des Vermögensanlagen-Informationsblatts nicht gekannt hat und dass die Unkenntnis nicht auf grober Fahrlässigkeit beruht.

(4) Der Anspruch nach Absatz 1, Absatz 1a oder Absatz 2 besteht nicht, sofern

1. der Erwerber die Unrichtigkeit der Angaben des Vermögensanlagen-Informationsblatts beim Erwerb kannte oder
2. der Sachverhalt, über den unrichtige Angaben im Vermögensanlagen-Informationsblatt enthalten sind, nicht zu einer Minderung des Erwerbspreises der Vermögensanlagen beigetragen hat.

(4a) Der Erwerber kann von dem Anbieter die Übernahme der Vermögensanlage gegen Erstattung des Erwerbspreises, soweit dieser den ersten Erwerbspreis der Vermögensanlage nicht überschreitet, und der mit dem Erwerb verbundenen üblichen Kosten verlangen, wenn

1. ihm das Vermögensanlagen-Informationsblatt entgegen § 15 nicht zur Verfügung gestellt wurde,
2. das Vermögensanlagen-Informationsblatt den Hinweis nach § 13 Absatz 6 nicht enthalten hat oder
3. er die Kenntnisnahme des Warnhinweises nach § 13 Absatz 6 nicht nach § 15 Absatz 3 oder Absatz 4, auch in Verbindung mit einer Rechtsverordnung nach § 15 Absatz 5, bestätigt hat.

Absatz 2 gilt entsprechend.

(5) Werden Vermögensanlagen eines Emittenten mit Sitz im Ausland auch im Ausland öffentlich angeboten, besteht der Anspruch nach Absatz 1, Absatz 1a, Absatz 2 oder Absatz 4a nur, sofern die Vermögensanlagen auf Grund eines im Inland abgeschlossenen Geschäfts oder einer ganz oder teilweise im Inland erbrachten Wertpapierdienstleistung erworben wurden.

(6) Eine Vereinbarung, durch die der Anspruch nach Absatz 1, Absatz 1a, Absatz 2 oder Absatz 4a im Voraus ermäßigt oder erlassen wird, ist unwirksam. Weiter gehende Ansprüche, die nach den Vorschriften des bürgerlichen Rechts auf Grund von Verträgen oder unerlaubten Handlungen erhoben werden können, bleiben unberührt.

In der Fassung vom 6.12.2011 (BGBl. I 2011, S. 2481), zuletzt geändert durch das Kleinanlegerschutzgesetz vom 3.7.2015 (BGBl. I 2015, S. 1114).

Schrifttum: Siehe Vor §§ 20–22 VermAnlG und Vor §§ 21–25 WpPG.

I. Regelungsgegenstand und Normentwicklung	
1. Regelungsgegenstand und Anwendungsbereich	1
2. Das Vermögensanlagen-Informationsblatt	6
3. Das Haftungsregime	15
II. Voraussetzungen und Inhalt der Haftung nach § 22 Abs. 1 und Abs. 4a VermAnlG	
1. Haftung für fehlerhaftes Vermögensanlagen-Informationsblatt nach § 22 Abs. 1 VermAnlG	21
a) Fehlerhafte Angaben (§ 22 Abs. 1, Abs. 1a VermAnlG)	
aa) Angaben im Vermögensanlagen-Informationsblatt (§ 22 Abs. 1 Nr. 1, Abs. 1a Nr. 1 VermAnlG)	
(1) Regel	22
(2) Irreführend	24
(3) Unrichtig	28
(4) Nicht mit den einschlägigen Stellen des Verkaufsprospekts vereinbar	29
bb) Angaben in der Aktualisierung eines Vermögensanlagen-Informationsblatts ...	30
cc) Abgrenzung: Fehlender Warnhinweis (§ 22 Abs. 4a Satz 1 Nr. 2 VermAnlG)	31
b) Anspruchsberechtigte (§ 22 Abs. 1 Nr. 2, Abs. 1a Nr. 2 VermAnlG)	32
c) Haftungsbegründende und haftungsausfüllende Kausalität (§ 22 Abs. 1 Nr. 2, Abs. 1a, Abs. 2, Abs. 4 Nr. 2 VermAnlG)	37
d) Anspruchsgegner (§ 22 Abs. 1 VermAnlG)	39
e) Verschulden und Mitverschulden (§ 22 Abs. 1, Abs. 4 Nr. 1 VermAnlG)	40

f) Inhalt des Anspruchs
(§ 22 Abs. 1, Abs. 2 VermAnlG) ... 45
g) Haftungsfreizeichnung
(§ 22 Abs. 6 Satz 1 VermAnlG) ... 49
h) Konkurrenzen
(§ 22 Abs. 6 Satz 2 VermAnlG) ... 50
2. Ansprüche aus
§ 22 Abs. 4a VermAnlG 52
a) Haftung für fehlendes Vermögensanlagen-Informationsblatt
(§ 22 Abs. 4a Satz 1 Nr. 1 VermAnlG) 53
b) Haftung wegen fehlenden Warnhinweises im Vermögensanlagen-Informationsblatt (§ 22 Abs. 4a Satz 1 Nr. 2 VermAnlG) 62

c) Haftung für fehlende Bestätigung der Kenntnisnahme des Warnhinweises (§ 22 Abs. 4a Satz 1 Nr. 3 VermAnlG) 72

III. Geltendmachung der Ansprüche aus § 22 Abs. 1 und Abs. 4a VermAnlG
1. Verjährung 82
2. Gerichtsstand 83
3. Konkurrenzen (§ 22 Abs. 6 Satz 2 VermAnlG) 84

I. Regelungsgegenstand und Normentwicklung

1. Regelungsgegenstand und Anwendungsbereich

1 § 22 VermAnlG regelt die Haftung bei einem **unrichtigen** oder dem Erwerber entgegen § 15 VermAnlG **nicht zur Verfügung gestellten** oder **nicht den Warnhinweis nach § 13 Abs. 6 VermAnlG enthaltenden** Vermögensanlagen-Informationsblatt, das ein Anbieter, der im Inland Vermögensanlagen öffentlich anbietet, nach § 13 Abs. 1 VermAnlG vor dem Beginn des öffentlichen Angebots neben dem Verkaufsprospekt zu erstellen hat.

2 In ihrer **ursprünglichen Fassung** (nach Art. 1 des Gesetzes zur Novellierung des Finanzanlagenvermittler- und Vermögensanlagenrechts vom 6.12.2011[1]) begründete die Vorschrift lediglich eine Haftung für ein unrichtiges Vermögensanlagen-Informationsblatt. Mit dem **Kleinanlegerschutzgesetz** vom 3.7.2015[2] wurde diese jedoch durch die Einfügung des **Abs. 4a Satz 1 Nr. 1** in § 22 VermAnlG um eine – so die neue Überschrift der Bestimmung – Haftung bei fehlendem Vermögensanlagen-Informationsblatt **erweitert**, obschon die Neuregelung bei näherer Betrachtung nur einen speziellen Fall des Fehlens eines Vermögensanlagen-Informationsblatts zum Gegenstand hat, nämlich denjenigen, dass dem Erwerber das Vermögensanlagen-Informationsblatt entgegen § 15 VermAnlG nicht zur Verfügung gestellt wurde.

3 Weiter ist § 22 VermAnlG mit dem ebenfalls auf das **Kleinanlegerschutzgesetz** (siehe oben Rz. 2) und dessen Art. 2 Nr. 22 lit. b zurückgehenden **neuen Abs. 1a** eine Bestimmung hinzugefügt worden, die eine Haftung bei unrichtigem Vermögensanlagen-Informationsblatt für den Fall regelt, dass die Erstellung eines Verkaufsprospekts nach den ebenfalls neu in das VermAnlG eingefügten § 2a und § 2b VermAnlG ent-

---

[1] BGBl. I 2011, S. 2481.
[2] Art. 2 Nr. 22 lit. d des Kleinanlegerschutzgesetzes vom 3.7.2015, BGBl. I 2015, S. 1114 (1121).

behrlich ist, denn die in diesen Vorschriften vorgesehene Befreiung von der Pflicht zur Veröffentlichung eines Verkaufsprospekts nach §§ 6–11a VermAnlG befreit nicht aber von derjenigen zur Erstellung eines Vermögensanlagen-Informationsblatt nach § 13 VermAnlG.

Schließlich begründete erst das Kleinanlegerschutzgesetz eine Haftung für den Fall, dass dem Vermögensanlagen-Informationsblatt der **Warnhinweis** nach § 13 Abs. 6 VermAnlG **fehlt** (§ 22 Abs. 4a Satz 1 Nr. 2 VermAnlG) oder der Erwerber die Kenntnisnahme des Warnhinweises **nicht bestätigt** hat (§ 22 Abs. 4a Satz 1 Nr. 3 VermAnlG). Diese neuen Haftungsvorschriften sollen – zusammen mit derjenigen in § 22 Abs. 4a Satz 1 Nr. 1 VermAnlG (siehe oben Rz. 2) – es dem Erwerber von Vermögensanlagen ermöglichen, sich wieder von seiner Anlage trennen können, wenn ihm das Vermögensanlagen-Informationsblatt nicht ausgehändigt wurde, es den Hinweis nach § 13 Abs. 6 VermAnlG nicht enthalten hat oder von ihm nicht nach § 15 Abs. 3 VermAnlG unterschrieben worden ist. Dabei lehnen sich die Neuregelungen in ihren Rechtsfolgen an die bestehenden Regelungen der Prospekthaftung an. 4

Das Vermögensanlagen-Informationsblatt ist **vom Produktinformationsblatt zu unterscheiden**, das ein Anlageberatung betreibendes Wertpapierdienstleistungsunternehmen nach § 31 Abs. 3a Satz 1 WpHG dem Kunden rechtzeitig vor dem Abschluss eines Geschäfts über Finanzinstrumente, auf das sich eine Kaufempfehlung bezieht, zur Verfügung stellen muss. Zwar unterliegt auch das Produktinformationsblatt inhaltlichen Anforderungen, die Angaben in den Informationsblättern „dürfen weder unrichtig noch irreführend sein und müssen mit den Angaben des Prospekts vereinbar sein" (§ 31 Abs. 3a Satz 2 WpHG), doch sind diese nicht zivilrechtlich (vgl. Vor §§ 21–25 WpPG Rz. 19, § 20 VermAnlG Rz. 7), sondern lediglich ordnungswidrigkeitsrechtlich haftungsbewehrt (nach § 39 Abs. 1 Nr. 15a lit. a WpHG handelt ordnungswidrig, wer entgegen § 31 Abs. 3a Satz 1 WpHG ein Produktinformationsblatt nicht, nicht richtig, nicht vollständig oder nicht rechtzeitig zur Verfügung stellt). 5

2. Das Vermögensanlagen-Informationsblatt

Das mit dem Gesetz zur Novellierung des Finanzanlagenvermittler- und Vermögensanlagenrechts vom 6.12.2011[1] mit Wirkung ab 1.6.2012 eingeführte Vermögensanlagengesetz brachte mit § 13 Abs. 1 VermAnlG erstmals die Verpflichtung des Anbieters, der im Inland Vermögensanlagen öffentlich anbietet, vor dem Beginn des öffentlichen Angebots neben dem Verkaufsprospekt auch ein Vermögensanlagen-Informationsblatt zu erstellen[2]. Aufgrund der Ähnlichkeit zu den Arzneimitteln beigepackten Informationen ist das Vermögensanlagen-Informationsblatt schon im Gesetzgebungsverfahren als „Beipackzettel" bezeichnet worden[3]. 6

---

1 BGBl. I 2011, S. 2481.
2 Dazu *Müchler*, WM 2012, 976 f.; *Rinas/Pobortscha*, BB 2012, 1615; *Schäfer/Schäfer*, ZBB 2013, 30.
3 RegE eines Gesetzes zur Novellierung des Finanzanlagenvermittler- und Vermögensanlagenrechts, BT-Drucks. 17/6051 vom 6.6.2011, S. 1 (30).

7 Die **Ausnahmen von der Pflicht zur Veröffentlichung eines Verkaufsprospekts** nach §§ 2a und 2b VermAnlG befreien – anders als die Beschränkungen des Anwendungsbereichs des VermAnlG in § 2 VermAnlG – nicht von der Pflicht zur Erstellung eines Vermögensanlagen-Informationsblatts. Vielmehr muss das Vermögensanlagen-Informationsblatt für den Fall, dass die Erstellung eines Verkaufsprospekts nach § 2a oder § 2b VermAnlG entbehrlich ist, nach § 13 Abs. 3a VermAnlG den Hinweis enthalten: „Für die Vermögensanlage wurde kein von der Bundesanstalt gebilligter Verkaufsprospekt erstellt. Weitergehende Informationen erhält der Anleger unmittelbar vom Anbieter oder Emittenten der Vermögensanlage."

8 Schon auf seiner ersten Seite muss das Vermögensanlagen-Informationsblatt nach § 13 Abs. 6 VermAnlG den drucktechnisch hervorgehobenen **Warnhinweis** enthalten: „Der Erwerb dieser Vermögensanlage ist mit erheblichen Risiken verbunden und kann zum vollständigen Verlust des eingesetzten Vermögens führen." Dabei lässt es der Gesetzgeber aber nicht genügen. Vielmehr muss der Erwerber die **Kenntnisnahme des Warnhinweises bestätigen**. Regelmäßig hat das in der Weise zu geschehen, dass der Anleger die Kenntnisnahme „vor Vertragsschluss unter Nennung von Ort und Datum durch seine Unterschrift mit Vor- und Familienname auf dem Vermögensanlagen-Informationsblatt" bestätigt (§ 15 Abs. 3 VermAnlG). Werden dagegen für die Vertragsverhandlungen und den Vertragsschluss über eine Vermögensanlage ausschließlich Fernkommunikationsmittel verwendet, hat der Anleger die Kenntnisnahme des Warnhinweises in einer der Unterschriftsleistung nach § 15 Abs. 3 VermAnlG gleichwertigen Art und Weise zu bestätigen (§ 15 Abs. 4 Satz 1 VermAnlG). Dabei ist nach § 15 Abs. 4 Satz 2 VermAnlG eine Bestätigung dann gleichwertig, wenn sie vom Anleger durch eigenständige Texteingabe vorgenommen wird, die zweifelsfrei seine Identität erkennen lässt. Sowohl das Unterlassen des Warnhinweises nach § 13 Abs. 6 VermAnlG als auch die fehlende Bestätigung der Kenntnisnahme des Warnhinweises sind **nach § 22 Abs. 4a Satz 1 Nr. 2 und Nr. 3 VermAnlG haftungsbewehrt**, das heißt erlauben dem Erwerber, von dem Anbieter die Übernahme der Vermögensanlage gegen Erstattung des Erwerbspreises, soweit dieser den ersten Erwerbspreis der Vermögensanlage nicht überschreitet, und der mit dem Erwerb verbundenen üblichen Kosten zu verlangen.

9 Das Vermögensanlagen-Informationsblatt, das nicht mehr als drei DIN-A4-Seiten umfassen darf (§ 13 Abs. 2 Satz 1 VermAnlG), muss nach § 13 Abs. 2 Satz 2 VermAnlG **die wesentlichen Informationen über die Vermögensanlagen** in übersichtlicher und leicht verständlicher Weise so enthalten, dass das Publikum insbesondere die Art der Vermögensanlage, die Anlagestrategie, die Anlagepolitik, die Anlageobjekte, den auf Grundlage des letzten aufgestellten Jahresabschlusses berechneten Verschuldungsgrad des Emittenten, die Laufzeit und die Kündigungsfrist der Vermögensanlage, die mit der Vermögensanlage verbundenen Risiken, die Aussichten für die Kapitalrückzahlung und Erträge unter verschiedenen Marktbedingungen und die mit der Vermögensanlage verbundenen Kosten und Provisionen einschätzen und mit den Merkmalen anderer Finanzinstrumente bestmöglich vergleichen kann.

Darüber hinaus muss das Vermögensanlagen-Informationsblatt die in § 13 Abs. 3 und Abs. 3a VermAnlG aufgeführten **weiteren Angaben** enthalten, darunter Hinweise darauf, dass das Vermögensanlagen-Informationsblatt nicht der Prüfung durch die Bundesanstalt unterliegt, wo und wie ein erstellter Verkaufsprospekt sowie der letzte offengelegte Jahresabschluss erhältlich sind, dass im Falle der Befreiung von der Pflicht zur Veröffentlichung eines Verkaufsprospekts der Anleger weitergehende Informationen unmittelbar vom Anbieter oder Emittenten der Vermögensanlage erhalten kann und dass „Ansprüche auf der Grundlage einer in dem Vermögensanlagen-Informationsblatt enthaltenen Angabe" nur geltend gemacht werden können, wenn diese „irreführend, unrichtig oder nicht mit den einschlägigen Teilen des Verkaufsprospekts vereinbar ist und wenn die Vermögensanlage während der Dauer des öffentlichen Angebots, spätestens jedoch innerhalb von zwei Jahren nach dem ersten öffentlichen Angebot der Vermögensanlagen im Inland, erworben wird"[1]. 10

Zur **formalen und sprachlichen Darstellung** der in das Informationsblatt aufzunehmenden Informationen bestimmt § 13 Abs. 4 VermAnlG unter anderem, dass der Anleger die Informationen verstehen können muss, ohne hierfür zusätzliche Dokumente heranziehen zu müssen und dass die Angaben kurz zu halten und in allgemein verständlicher Sprache abzufassen sind, redlich und eindeutig sein müssen, nicht irreführend sein dürfen und mit den einschlägigen Teilen des Verkaufsprospekts übereinstimmen müssen. Darüber hinaus darf sich das Vermögensanlagen-Informationsblatt jeweils **nur auf eine bestimmte Vermögensanlage beziehen** und „keine werbenden oder sonstigen Informationen enthalten, die nicht dem genannten Zweck dienen" (§ 13 Abs. 4 Satz 4 VermAnlG). Dabei ist die **Verwendung des Begriffs „Fonds"** oder eines Begriffs, der diesen Begriff enthält, zur Bezeichnung des Emittenten oder der Vermögensanlage unzulässig (§ 13 Abs. 4 Satz 5 VermAnlG). Schließlich ist jeder Hinweis auf die Befugnisse der Bundesanstalt nach diesem Gesetz zu unterlassen (§ 13 Abs. 4 Satz 6 VermAnlG). 11

Während der Dauer des öffentlichen Angebots unterliegen die Angaben des Vermögensanlagen-Informationsblatts einer **Aktualisierungspflicht** nach Maßgabe von § 13 Abs. 5 VermAnlG, wobei die aktualisierte Fassung des Vermögensanlagen-Informationsblatts in diesem Zeitraum stets auf der Internetseite des Anbieters zugänglich sein und bei den im Verkaufsprospekt angegebenen Stellen bereitgehalten werden muss. 12

Das Vermögensanlagen-Informationsblatt unterliegt **nicht der Prüfung und Billigung durch die BaFin**, worauf gemäß § 13 Abs. 3 Nr. 2 VermAnlG im Informationsblatt ausdrücklich hinzuweisen ist. Das Vermögensanlagen-Informationsblatt ist der Aufsichtsbehörde aber nach § 14 Abs. 1 Satz 2 VermAnlG mit der Einreichung des Verkaufsprospekts nach § 14 Abs. 1 Satz 1 VermAnlG, als Hinterlegungsstelle zu übermitteln. Entsprechendes gilt gemäß § 14 Abs. 3 Satz 2 VermAnlG für eine ak- 13

---

1 RegE eines Gesetzes zur Novellierung des Finanzanlagenvermittler- und Vermögensanlagenrechts, BT-Drucks. 17/6051 vom 6.6.2011, S. 1 (34): „Da diese Einschränkung für sämtliche zivilrechtliche Ansprüche auf der Grundlage der in dem Vermögensanlagen-Informationsblatt enthaltenen Angaben gilt, ist es besonders wichtig, dies dem Anleger vor Augen zu führen."

tualisierte Fassung des Vermögensanlagen-Informationsblatts. Die Befreiung des Anbieters von der Pflicht zur Veröffentlichung eines Verkaufsprospekts nach §§ 2a, 2b VermAnlG entbindet ihn nicht von der Pflicht, das gleichwohl zu erstellende Vermögensanlagen-Informationsblatt bei der BaFin zu hinterlegen. Die Hinterlegung des Vermögensanlagen-Informationsblatts und seiner Aktualisierungen bei der Aufsichtsbehörde hat nämlich nicht nur den Zweck, im Hinblick auf einen Anspruch aus § 22 Abs. 1 Nr. 1 VermAnlG überprüfen zu können, inwieweit die in dem Vermögensanlagen-Informationsblatt oder einer Aktualisierung desselben enthaltenen Angaben mit den einschlägigen Teilen des Verkaufsprospekts vereinbar sind, sondern soll vor allem sicherstellen, dass Vermögensanlagen-Informationsblätter und Aktualisierungen derselben „für eine Dauer von zehn Jahren auch nach Ablauf des öffentlichen Angebots an einer zentralen Stelle zu finden sind"[1].

14 Das Vermögensanlagen-Informationsblatt ist Anlegern während der Dauer des öffentlichen Angebots nach Maßgabe von § 15 VermAnlG **zu übermitteln** bzw. **zur Verfügung zu stellen.**

3. Das Haftungsregime

15 Für die **Fehlerhaftigkeit des Vermögensanlagen-Informationsblatts** wird nach Maßgabe von § 22 Abs. 1–4 und Abs. 5–6 VermAnlG gehaftet. Die der Haftung für fehlerhafte Verkaufsprospekte entsprechende Regelung, der zufolge derjenige, der Vermögensanlagen **aufgrund von Angaben in einem Vermögensanlagen-Informationsblatt erworben** hat, vom Anbieter die Übernahme der Vermögensanlagen gegen Erstattung des Erwerbspreises, soweit dieser den ersten Erwerbspreis der Vermögensanlagen nicht überschreitet, und der mit dem Erwerb verbundenen üblichen Kosten verlangen kann, zeigt, dass dem Vermögensanlagen-Informationsblatt eine **prospektgleiche Funktion** zukommt.

16 Allerdings ist die Haftung bei unrichtigem Vermögensanlagen-Informationsblatt nach § 22 VermAnlG weniger an die Haftung für fehlerhafte Prospekte als „an die Haftung bei fehlerhafter Prospektzusammenfassung (die bisherigen §§ 44, 45 Absatz 2 Nummer 5 des Börsengesetzes, jetzt §§ 21, 23 Absatz 2 Nummer 5 des Wertpapierprospektgesetzes" sowie an die Haftung bei fehlerhaften „wesentlichen Anlegerinformationen" angelehnt, wie sie ursprünglich in „§ 127, insbesondere Absatz 2, Investmentgesetz" geregelt war und heute in § 306 Abs. 2 KAGB zu finden ist[2]. Dem entspricht auch der Umstand, dass § 22 VermAnlG keine den Prospekthaftungstatbeständen vergleichbare Haftung für die **Unvollständigkeit** eines Vermögensanlagen-Informationsblatts vorsieht, vielmehr eine Haftung für den Fall vorsieht, dass die in dem Vermögensanlagen-Informationsblatt enthaltenen Angaben **irreführend** sind (§ 22 Abs. 1 Nr. 1, Abs. 1a Nr. 1 VermAnlG) oder im Vermögensanlagen-Informati-

---

[1] RegE eines Gesetzes zur Novellierung des Finanzanlagenvermittler- und Vermögensanlagenrechts, BT-Drucks. 17/6051 vom 6.6.2011, S. 1 (35).
[2] RegE eines Gesetzes zur Novellierung des Finanzanlagenvermittler- und Vermögensanlagenrechts, BT-Drucks. 17/6051 vom 6.6.2011, S. 1 (37), unter besonderem Hinweis auf die europäischen Grundlagen dieser Vorlagen.

onsblatt der nach § 13 Abs. 6 VermAnlG erforderliche **Warnhinweis fehlt** (§ 22 Abs. 4a Satz 1 Nr. 2 VermAnlG). Die Haftung für Irreführung anstelle derer für Unvollständigkeit ist dem Umstand geschuldet, „dass ein Vermögensanlagen-Informationsblatt nicht die gleiche Fülle an Informationen enthalten kann wie ein Verkaufsprospekt" und eine prospekthaftungsrechtliche Begründung einer Verpflichtung zu Vollständigkeit eine Überfrachtung der Vermögensanlagen-Informationsblätter auslösen würde, die dem Ziel von kurzen und verständlichen Informationen gerade entgegenstehen würden[1].

Gehaftet wird nach § 22 Abs. 4a Satz 1 Nr. 3 VermAnlG aber auch für den Fall, dass das Vermögensanlagen-Informationsblatt zwar den Warnhinweis nach § 13 Abs. 6 VermAnlG enthält, der Erwerber der Vermögensanlage jedoch die **Kenntnisnahme des Warnhinweises nicht** nach § 15 Abs. 3 oder Abs. 4 – auch in Verbindung mit einer Rechtsverordnung nach § 15 Abs. 5 VermAnlG – **bestätigt** hat. 17

Eine Haftung für ein **fehlendes Vermögensanlagen-Informationsblatt** sah das VermAnlG ursprünglich nicht vor. Mit dem durch das Kleinanlegerschutzgesetz vom 3.7.2015[2] in § 22 VermAnlG eingefügten Abs. 4a wurde jedoch eine Haftung auch bei fehlendem Vermögensanlagen-Informationsblatt erweitert, wobei § 22 Abs. 4a Satz 1 Nr. 1 VermAnlG allerdings nicht an die fehlende Erstellung eines Vermögensanlagen-Informationsblatts, sondern daran anknüpft, dass dem Erwerber der Vermögensanlage das Vermögensanlagen-Informationsblatt entgegen § 15 VermAnlG **nicht zur Verfügung gestellt** wurde. 18

Ungeachtet der Anlehnung der Haftung für Vermögensanlagen-Informationsblätter an die Regelungen der Haftung für fehlerhafte Prospekte und ihre Regelung im Zusammenhang mit der Haftung für Verkaufsprospekte war nie zu übersehen, dass das Vermögensanlagen-Informationsblatt, anders als ein Prospekt, weniger der Information des Marktes und des Anlegers als Teil desselben, sondern (als produktbezogener „Beipackzettel") ausschließlich dem **Schutz des individuellen Anlegers als Verbraucher** (Erwerber einer Anlage als Finanzprodukt) diente. Das ist mit den vorstehend (oben Rz. 2 ff.) geschilderten, durch das Kleinanlegerschutzgesetz vom 3.7.2015[3] bewirkten Änderungen der Haftung für das Vermögensanlagen-Informationsblatt – namentlich der Haftung für ein nicht zur Verfügung gestelltes Vermögensanlagen-Informationsblatt sowie für den fehlenden Warnhinweis und die fehlende Bestätigung der Kenntnisnahme des Warnhinweises durch den Erwerber – noch deutlicher geworden. 19

Ungeachtet der Haftungsbewehrung der verbraucherschutzorientierten Pflicht zur Aufnahme eines Warnhinweises in das Vermögensanlagen-Informationsblatt und dem Erfordernis seiner Bestätigung durch den Anleger im Rahmen der Haftung für 20

---

1 RegE eines Gesetzes zur Novellierung des Finanzanlagenvermittler- und Vermögensanlagenrechts, BT-Drucks. 17/6051 vom 6.6.2011, S. 1 (37/38).
2 Art. 2 Nr. 22 lit. d des Kleinanlegerschutzgesetzes vom 3.7.2015, BGBl. I 2015, S. 1114 (1121).
3 Art. 2 Nr. 22 lit. d des Kleinanlegerschutzgesetzes vom 3.7.2015, BGBl. I 2015, S. 1114 (1121).

die Angaben des Vermögensanlagen-Informationsblatts nach § 22 VermAnlG ist die nach wie vor den Kern dieser Vorschrift ausmachende **Haftung für fehlerhafte Angaben** im Vermögensanlagen-Informationsblatt – das ist vor allem für die **Auslegung** der einschlägigen Bestimmungen dieser Vorschrift von Bedeutung – weiter am **Informationsbedarf und Verständnishorizont des durchschnittlichen Anlegers** auszurichten. So heißt es im RegE eines Gesetzes zur Novellierung des Finanzanlagenvermittler- und Vermögensanlagenrechts, das Vermögensanlagen-Informationsblatt solle „eine kurze und für den durchschnittlichen Anleger verständliche Information ermöglichen" und seine „Angaben sollten in einer Art und Weise präsentiert werden, die auch für einen durchschnittlichen Anleger verständlich" sei[1].

II. Voraussetzungen und Inhalt der Haftung nach § 22 Abs. 1 und Abs. 4a VermAnlG

1. Haftung für fehlerhaftes Vermögensanlagen-Informationsblatt nach § 22 Abs. 1 VermAnlG

21 § 22 Abs. 1 VermAnlG gewährte einen Anspruch bei fehlerhaftem Vermögensanlagen-Informationsblatt. Auch wenn das Gesetz selbst verschiedentlich (in § 22 Abs. 4, 5 und 6 VermAnlG) von einem „Anspruch nach Absatz 1, Absatz 1a, Absatz 2", so betreffen die Absätze 1a und 2 des § 22 VermAnlG doch nur besondere Fälle eines Anspruchs aus § 22 Abs. 1 VermAnlG. In diesem Sinne beziehen sich die nachfolgenden Ausführungen zur Haftung für ein fehlerhaftes Vermögensanlagen-Informationsblatt nach Maßgabe von § 22 Abs. 1, 1a, 2, 3, 4, 5 und 6 VermAnlG entsprechend der vorstehenden Überschrift auf einen Anspruch aus § 22 Abs. 1 VermAnlG.

a) Fehlerhafte Angaben (§ 22 Abs. 1, Abs. 1a VermAnlG)

aa) Angaben im Vermögensanlagen-Informationsblatt (§ 22 Abs. 1 Nr. 1, Abs. 1a Nr. 1 VermAnlG)

(1) Regel

22 Ein Anspruch aus § 22 Abs. 1 VermAnlG setzt voraus, dass die in dem Vermögensanlagen-Informationsblatt oder einer Aktualisierung desselben (§ 13 Abs. 5 VermAnlG, siehe unten Rz. 30) enthaltenen Angaben **irreführend, unrichtig** oder **nicht mit den einschlägigen Teilen des Verkaufsprospekts vereinbar** sind (§ 22 Abs. 1 Nr. 1 VermAnlG). Das entspricht der Regelung der Haftung für fehlerhafte Zusammenfassungen in Wertpapierprospekten nach § 23 Abs. 2 Nr. 5 iVm. §§ 21, 22 WpPG sowie derjenigen Haftung für wesentliche Anlegerinformationen nach § 306 Abs. 2 Satz 1 KAGB.

---

[1] RegE eines Gesetzes zur Novellierung des Finanzanlagenvermittler- und Vermögensanlagenrechts, BT-Drucks. 17/6051 vom 6.6.2011, S. 1 (34). Im RegE eines Kleinanlegerschutzgesetzes, BT-Drucks. 18/3004 vom 11.2.2015, S. 1, finden sich keine gegenteiligen Hinweise.

Wurde aufgrund eines der **Befreiungstatbestände** nach § 2a oder § 2b VermAnlG   23
kein Verkaufsprospekt veröffentlicht, so soll ein dessen ungeachtet zu erstellendes
Vermögensanlagen-Informationsblatt (siehe oben Rz. 3 und 7) zwangsläufig nicht
deshalb fehlerhaft sein, weil dessen Angaben nicht mit den einschlägigen Teilen des
Verkaufsprospekts vereinbar sind. Deshalb bestimmt **§ 22 Abs. 1a Nr. 1 VermAnlG**
für diesen Fall, ein Anspruch aus § 22 Abs. 1 VermAnlG wegen fehlerhafter Angaben
im Vermögensanlagen-Informationsblatt setze voraus, dass die in dem Vermögensanlagen-Informationsblatt enthaltenen Angaben irreführend oder unrichtig seien.
Entsprechendes gilt auch für die haftungsrechtlich wie ein Vermögensanlagen-Informationsblatt zu behandelnden Aktualisierungen eines Vermögensanlagen-Informationsblatts iS von § 13 Abs. 5 VermAnlG (siehe unten Rz. 30).

(2) Irreführend

Während für Angaben im Verkaufsprospekt – nicht anders als für solche in Prospek-   24
ten, die nach dem WpPG zu erstellen sind – nur dann gehaftet wird, wenn sie unrichtig oder unvollständig sind, setzt die Haftung für Angaben im Vermögensanlagen-Informationsblatt voraus, dass diese irreführend, unrichtig oder – sofern das
Vermögensanlagen-Informationsblatt neben einem Verkaufsprospekt zu erstellen ist
– nicht mit den einschlägigen Teilen des Verkaufsprospekts vereinbar sind. Dabei ersetzt das **Merkmal irreführender Angaben** in erster Linie dasjenige der Unvollständigkeit von Prospektangaben. Das ist dem Umstand geschuldet, dass das Vermögensanlagen-Informationsblatt – ohne dass damit ein Informationsverlust einhergeht –
eine „komprimierte Darstellung" der wesentlichen Informationen über die angebotene Vermögensanlage geben soll[1]. Darüber hinaus reagiert der Begriff der Irreführung
aber auch auf den Umstand, dass komprimierte Informationen – etwa über die mit
der Vermögensanlage verbundenen Risiken oder die Aussichten für die Kapitalrückzahlung und Erträge unter verschiedenen Marktbedingungen (§ 13 Abs. 2 Satz 2
Nr. 3 bzw. Nr. 4 VermAnlG) – mitunter nur „die halbe Wahrheit" wiedergeben, ohne dabei bereits unrichtig zu sein.

Kann ein Vermögensanlagen-Informationsblatt mithin nicht die gleiche Fülle an In-   25
formationen enthalten wie ein Verkaufsprospekt, so würde eine Vollständigkeits-
Haftung für das Vermögensanlagen-Informationsblatt eine Überfrachtung desselben

---

1 RegE eines Gesetzes zur Novellierung des Finanzanlagenvermittler- und Vermögensanlagenrechts, BT-Drucks. 17/6051 vom 6.6.2011, S. 1 (34 „Zu Absatz 4"). Die Problematik gleicht
derjenigen, wie sie sich in Bezug auf die Haftung für fehlerhafte Zusammenfassungen von
Prospekten – siehe §§ 21, 22, 23 Abs. 2 Nr. 5 WpPG (dazu §§ 21–23 WpPG Rz. 53 f. und
60) und § 20 Abs. 1 Satz 1 VermAnlG iVm. § 2 Abs. 1 Satz 5 VermVerkProspV betreffend eine deutschsprachige Zusammenfassung eines Verkaufsprospekts von Emittenten mit Sitz
im Ausland, der nach entsprechender Genehmigung durch die BaFin gemäß § 2 Abs. 1
Satz 4 VermVerkProspV ganz oder teilweise in einer anderen in internationalen Finanzkreisen gebräuchlichen Sprache abgefasst ist (dazu § 20 VermAnlG Rz. 20) – oder die Haftung
für fehlerhafte „wesentliche Anlegerinformationen" (§ 306 Abs. 2 Satz 1 KAGB; siehe dazu
Assmann in Assmann/Schütze, § 5 Rz. 418 ff.) stellt. Vgl. dazu auch RegE BT-Drucks.
17/6051 vom 6.6.2011, S. 1 (38 links oben).

auslösen, wie sie dem Ziel kurzer und verständlicher Informationen gerade vermieden werden soll[1]. Mit dem an die Stelle der Vollständigkeit von Angaben über die angebotene Vermögensanlage tretenden Kontrollkriterium der Irreführung soll mithin gewährleistet werden, dass das Vermögensanlagen-Informationsblatt aufgrund seiner komprimierten und isoliert betrachtet nicht ohne Weiteres als unrichtig zu beanstandenden Angaben **keine unzutreffenden Vorstellungen** über die wesentlichen **Merkmale und** die **Kosten** der Vermögensanlage sowie die mit dieser verbundenen **Chancen und Risiken** erweckt[2] oder – falls solche Vorstellungen auf anderweitigen, im Markt bekannten Informationen beruhen – aufrechterhält (siehe dazu unten Rz. 26 aE). Dabei können einzelne Angaben des Vermögensanlagen-Informationsblatts, aber auch das von der Gesamtheit der (für sich genommen nicht irreführenden) Angaben desselben erzeugte **Gesamtbild**[3] unzutreffende Vorstellungen über die mit der Vermögensanlage verbundenen Chancen und Risiken hervorrufen.

26 Hinsichtlich der **Adressaten des Vermögensanlagen-Informationsblatts** und zur Bestimmung des Beurteilungsmaßstabs einer Irreführung ist auch hier – wie bei der Beurteilung von Prospektmängeln – auf den **durchschnittlichen Anleger** abzustellen (dazu schon oben Rz. 20), der die in einem Vermögensanlagen-Informationsblatt enthaltenen Angaben sorgfältig liest (siehe §§ 21–23 WpPG Rz. 37 ff. und § 20 VermAnlG Rz. 11). Dabei entfällt die Irreführung nicht etwa dadurch, dass unterstellt wird, der Anleger lese auch den in der Regel parallel zu der angebotenen Vermögensanlage veröffentlichten Verkaufsprospekt sorgfältig und sei so in der Lage, irreführende Angaben des Vermögensanlagen-Informationsblatt zu erkennen. Vielmehr ist die Irreführung allein und objektiv anhand der Angaben im Vermögensanlagen-Informationsblatt zu beurteilen. Das kommt auch in § 13 Abs. 4 Satz 1 VermAnlG (§§ 166 Abs. 3 Satz 1, 270 Abs. 1 KAGB entsprechend) zum Ausdruck, demzufolge der Anleger die in § 13 Abs. 2 VermAnlG bezeichneten Informationen verstehen können muss, ohne hierfür zusätzliche Dokumente heranziehen zu müssen. Darüber hinaus kann eine Irreführung auch dadurch eintreten, dass tatsächliche oder fehlende Angaben im Vermögensanlagen-Informationsblatt vor dem Hintergrund des Emitten-

---

[1] Siehe RegE eines Gesetzes zur Novellierung des Finanzanlagenvermittler- und Vermögensanlagenrechts, BT-Drucks. 17/6051 vom 6.6.2011, S. 1 (37/38).

[2] Der RegE eines Gesetzes zur Novellierung des Finanzanlagenvermittler- und Vermögensanlagenrechts, BT-Drucks. 17/6051 vom 6.6.2011, S. 1 (34 „zu Absatz 2") erwähnt als Bezugspunkt der von § 13 Abs. 2 VermAnlG verlangten „wesentlichen Informationen" die „wesentlichen Merkmale, Risiken und Kosten der Vermögensanlage".

[3] Hierbei lässt sich an die Gesamtbild-Beurteilung anknüpfen, wie sie die Rechtsprechung zur Beurteilung der – über die Fehlerhaftigkeit einzelner Angaben hinausgehende – Unrichtigkeit und namentlich Unvollständigkeit von Wertpapierprospekten und Verkaufsprospekten entwickelt hat. Siehe dazu §§ 21–23 WpPG Rz. 49, 66 und § 20 VermAnlG Rz. 17. Siehe auch *Assmann* in Assmann/Schütze, § 5 Rz. 429 zu § 306 Abs. 2 Satz 1 KAGB. Ähnlich zu dem durch § 306 Abs. 2 Satz 1 KAGB abgelösten und aufgehobenen § 127 InvG *Heisterhagen* in Emde/Dornseifer/Dreibus/Hölscher, 2013, § 127 InvG Rz. 31 (wenn die Angaben „zwar sachlich zutreffend sind, ihre Darstellung aber unklar und missverständlich ist, sodass beim Anleger ein unzutreffender Eindruck entsteht"); *Müchler*, WM 2012, 978.

tenverhaltens, vorausgegangener Informationen durch den Emittenten oder anderer im Markt allgemein bekannter Informationen zu einer Irreführung der Adressaten des Vermögensanlagen-Informationsblatts führen[1].

Irreführend iS des § 22 Abs. 1 Nr. 1 VermAnlG sind nur solche Angaben, von denen anzunehmen ist, dass sie die Adressaten des Vermögensanlagen-Informationsblatts auch **tatsächlich irreführen**. Nicht ausreichend ist hier – anders als im Unlauterkeitsrecht[2] – die bloße Eignung der Angaben zur Irreführung. Auch wenn die Haftung für irreführende Angaben eine Verschuldenshaftung darstellt, kommt es für die Feststellung der Irreführung als solche nicht auf **subjektive Elemente**, wie etwa eine Irreführungsabsicht an[3]. Schließlich kann sich die Irreführung auch dadurch ergeben, dass **einzelne Angaben** des Vermögensanlagen-Informationsblatts erst **zusammengenommen** ein irreführendes Gesamtbild erzeugen. 27

(3) Unrichtig

Für die Beurteilung der Unrichtigkeit von Angaben in einem Vermögensanlagen-Informationsblatt oder von Aktualisierungen desselben (siehe unten Rz. 30) gelten die Grundsätze, wie sie auch im Hinblick auf die Beurteilung der Unrichtigkeit von Prospektangaben zur Anwendung kommen. Danach sind **Tatsachenangaben** unrichtig, wenn sie nachweislich unwahr sind, das heißt zum Zeitpunkt der Verwendung des Vermögensanlagen-Informationsblatts für die Dauer des öffentlichen Angebots (§ 13 Abs. 1 VermAnlG) mit den wirklichen Verhältnissen nicht übereinstimmen (siehe §§ 21–23 WpPG Rz. 50 und § 20 VermAnlG Rz. 8). Soweit das Vermögensanlagen-Informationsblatt – eher ausnahmsweise – auch **zukunftsbezogene Angaben, Prognosen, Meinungen** oder **Werturteile** enthält, sind diese als unrichtig zu betrachten, wenn sie nicht ausreichend durch Tatsachen gestützt und kaufmännisch nicht vertretbar sind (siehe §§ 21–23 WpPG Rz. 50 und § 20 VermAnlG Rz. 18). 28

(4) Nicht mit den einschlägigen Stellen des Verkaufsprospekts vereinbar

Nicht mit den einschlägigen Stellen des Verkaufsprospekts übereinstimmende oder mit diesen zu vereinbarende Angaben im Vermögensanlagen-Informationsblatt oder in Aktualisierungen nach Maßgabe von § 13 Abs. 5 VermAnlG desselben stellen einen Informationsmangel iS des § 22 Abs. 1 Nr. 1 VermAnlG dar[4]. Dabei lässt das Gesetz 29

---

1 Siehe dazu – in Bezug auf die Befreiung des Emittenten von der Ad-hoc-Veröffentlichung einer Insiderinformation für den Fall, dass „keine Irreführung der Öffentlichkeit zu befürchten ist" (§ 15 Abs. 3 Satz 1 WpHG) – *Assmann* in Assmann/Uwe H. Schneider, § 15 WpHG Rz. 160. Auch OLG Stuttgart v. 22.4.2009 – 20 Kap 1/08, AG 2009, 454 (Rz. 122): Irreführung liegt vor, wenn „im Markt schon konkrete Informationen ‚gehandelt' werden, so dass ein weiteres Schweigen des Emittenten dazu in die Irre führt".
2 Siehe etwa *Bornkamm* in Köhler/Bornkamm, 34. Aufl. 2016, § 5 UWG Rz. 2.64.
3 Das entspricht dem Unlauterkeitsrecht. Siehe etwa *Bornkamm* in Köhler/Bornkamm, 34. Aufl. 2016, § 5 UWG Rz. 2.66.
4 Ein entsprechendes Mängelkriterium findet sich in §§ 166 Abs. 3 Satz 3, 270 Abs. 1 und 306 Abs. 2 Satz 1 KAGB.

allein die Widersprüchlichkeit der Angaben im VermAnlG mit denjenigen im Verkaufsprospekt als haftungsauslösenden Mangel genügen.

bb) Angaben in der Aktualisierung eines Vermögensanlagen-Informationsblatts

30 Für die Angaben in der nach § 13 Abs. 5 VermAnlG vorzunehmenden, aber wie das Vermögensanlagen-Informationsblatt nicht der Billigung durch die BaFin unterliegenden **Aktualisierung** eines Vermögensanlagen-Informationsblatts wird – einem Nachtrag für einen Verkaufsprospekt entsprechend (siehe § 20 VermAnlG Rz. 6) – wie für das Informationsblatt nach § 22 VermAnlG gehaftet. Für die Beantwortung der Frage, ob Angaben der Aktualisierung irreführend, unrichtig oder nicht mit den einschlägigen Teilen des Verkaufsprospekts vereinbar sind, gelten die vorstehenden Ausführungen (oben Rz. 22 ff.) entsprechend.

cc) Abgrenzung: Fehlender Warnhinweis (§ 22 Abs. 4a Satz 1 Nr. 2 VermAnlG)

31 Die Haftung nach § 22 VermAnlG für fehlerhafte Angaben im Vermögensanlagen-Informationsblatt ist auf irreführende, unrichtige oder nicht mit den einschlägigen Teilen des Verkaufsprospekts vereinbare Angaben beschränkt und kennt **keine allgemeine Haftung für ein unvollständiges Vermögensanlagen-Informationsblatt** (siehe oben Rz. 16). Eine Ausnahme von dieser Regel begründet der Sache nach (siehe dazu oben Rz. 2) § 22 Abs. 4a Satz 1 Nr. 2 VermAnlG, der einen speziellen Fall der Unvollständigkeit eines Vermögensanlagen-Informationsblatts betrifft, nämlich denjenigen, dass dem Vermögensanlagen-Informationsblatt der Warnhinweis nach § 13 Abs. 6 VermAnlG fehlt. *De iure* wird der Anspruch wegen eines im Vermögensanlagen-Informationsblatt fehlenden Hinweises nach § 13 Abs. 6 VermAnlG gemäß § 22 Abs. 4a Nr. 2 VermAnlG aber als selbständiger und teilweise von § 22 Abs. 1 VermAnlG abweichender Anspruch (siehe dazu unten Rz. 62 ff.) ausgestaltet.

b) Anspruchsberechtigte (§ 22 Abs. 1 Nr. 2, Abs. 1a Nr. 2 VermAnlG)

32 Einen Anspruch aus § 22 Abs. 1 kann nach **§ 22 Abs. 1 Nr. 2 VermAnlG** grundsätzlich nur geltend machen, wer nach Veröffentlichung des Verkaufsprospekts und während der Dauer des öffentlichen Angebots nach § 11 VermAnlG, spätestens jedoch innerhalb von zwei Jahren nach dem ersten öffentlichen Angebot der Vermögensanlagen im Inland aufgrund von Angaben in einem Vermögensanlagen-Informationsblatt Vermögensanlagen erworben hat. Sofern infolge der Befreiung von der Pflicht zur Erstellung eines Verkaufsprospekts nach § 2a oder § 2b VermAnlG lediglich ein (gleichwohl zu erstellender, siehe oben Rz. 3) Verkaufsprospekt vorliegt, besteht der Anspruch nach **§ 22 Abs. 1a Nr. 2 VermAnlG** unter der diesem Umstand angepassten Voraussetzung, dass das Erwerbsgeschäft während der Dauer des öffentlichen Angebots nach § 11 VermAnlG, spätestens jedoch innerhalb von zwei Jahren nach dem ersten öffentlichen Angebot der Vermögensanlagen im Inland abgeschlossen wurde. Die in § 22 Abs. 1 Nr. 2 VermAnlG bestimmte und durch Abs. 1a Nr. 2

VermAnlG angepasst übernommene **Ausschlussfrist** entspricht derjenigen in § 20 Abs. 1 Satz VermAnlG betreffend die Haftung bei fehlerhaftem Verkaufsprospekt.

In beiden der vorgenannten Fälle kommt auch hier – wie bei der Haftung für fehlerhafte oder fehlende Prospekte – als **Erwerb** nur der **entgeltliche Erwerb** in Betracht (siehe §§ 21–23 WpPG Rz. 96), weil der Erwerbspreis eine der Größen ist, auf welcher die Regelung des Inhalts des Anspruchs aus § 22 Abs. 1 VermAnlG Bezug nimmt. Zu den in Betracht kommenden **Erwerbsgeschäften** (wie Erbschaft, Übertragung aufgrund eines Vermächtnisses, Schenkung) siehe die Ausführungen in §§ 21–23 WpPG Rz. 97 und § 20 VermAnlG Rz. 36. 33

Die Eingrenzung des **Zeitfensters in § 22 Abs. 1 Nr. 2 VermAnlG**, innerhalb dessen das den Anspruch begründende Erwerbsgeschäft erfolgt sein muss, entspricht derjenigen des § 20 Abs. 1 Satz 1 VermAnlG für die Haftung bei fehlerhaftem Verkaufsprospekt. Deshalb kann auf die diesbezüglichen, hier sinngemäß geltenden Ausführungen in § 20 VermAnlG Rz. 32 ff. verwiesen werden[1]. Für die Umstände, die das in **§ 22 Abs. 1a Nr. 2 VermAnlG** genannte Zeitfenster begrenzen und den Fall betreffen, dass eine Vermögensanlage auf der Grundlage der Befreiungstatbestände der §§ 2a und 2b VermAnlG ohne einen Verkaufsprospekt allein auf Grundlage eines Vermögensanlagen-Informationsblatts angeboten wird, gilt Entsprechendes. Ob der **Erwerber noch Inhaber der Vermögensanlagen** ist, erlangt in beiden der vorgenannten Fälle erst im Rahmen der Bestimmung des Inhalts des Anspruchs aus § 22 Abs. 2 VermAnlG Bedeutung (siehe unten Rz. 46). 34

Handelt es sich bei den erworbenen **Vermögensanlagen** um solche **eines Emittenten mit Sitz im Ausland**, die auch im Ausland öffentlich angeboten werden, besteht der Anspruch nach § 22 Abs. 1, 1a VermAnlG – unter Einschluss der Modifikation desselben für den Fall, dass der Erwerber nicht mehr Inhaber der Vermögensanlagen (§ 22 Abs. 2 VermAnlG) ist – nur, wenn die Vermögensanlagen aufgrund eines **im Inland** abgeschlossenen Geschäfts oder einer ganz oder teilweise im Inland erbrachten Wertpapierdienstleistung erworben wurden (§ 22 Abs. 5 VermAnlG). Die Vorschrift entspricht §§ 21 Abs. 3, 22 Nr. 2, 24 Abs. 3 WpPG und §§ 20 Abs. 5, 21 Abs. 3 VermAnlG. Die Erläuterungen zu diesen Vorschriften (siehe §§ 21–23 WpPG Rz. 95, § 24 WpPG Rz. 13, § 20 VermAnlG Rz. 37 gelten hier entsprechend. 35

Kausalität zwischen Vermögensanlagen-Informationsblatt und Anlageerwerb verlangend, schränkt § 22 Abs. 1 VermAnlG den Kreis der Anspruchsberechtigten auf 36

---

1 Zur Begründung der auch in § 22 Abs. 1 Nr. 2 VermAnlG festgelegten Ausschlussfrist führt der RegE eines Gesetzes zur Novellierung des Finanzanlagenvermittler- und Vermögensanlagenrechts, BT-Drucks. 17/6051 vom 6.6.2011, S. 38 an: „[§ 22] Absatz 1 Satz 1 Nummer 2 [VermAnlG] übernimmt die Ausschlussfrist des § 20 [VermAnlG]. Die in § 13 Absatz 5 [VermAnlG] geregelte Aktualisierungspflicht ist zeitlich begrenzt und knüpft – wie die Aktualisierungspflicht für den Verkaufsprospekt – grundsätzlich an die Dauer des öffentlichen Angebots an. Es erscheint daher angebracht, auch eine mögliche Haftung für unrichtige Angaben im Vermögensanlagen-Informationsblatt zeitlich zu begrenzen und sicherzustellen, dass eine Haftung nicht mehr in Betracht kommt, wenn die Dauer des öffentlichen Angebots beendet wurde".

die Erwerber von Vermögensanlagen ein, die diese **aufgrund von Angaben in einem Vermögensanlagen-Informationsblatt erworben** haben. Siehe dazu näher im Folgenden Rz. 37.

c) Haftungsbegründende und haftungsausfüllende Kausalität (§ 22 Abs. 1 Nr. 2, Abs. 1a, Abs. 2, Abs. 4 Nr. 2 VermAnlG)

37 Ein Anspruch aus § 22 Abs. 1 VermAnlG setzt voraus, dass der Erwerber die Vermögensanlage **„auf Grund" von Angaben im Vermögensanlagen-Informationsblatt** erworben hat. Anders als bei der Haftung für fehlerhafte Verkaufsprospekte nach § 20 VermAnlG „wird hier die Kausalität nicht vermutet, sondern muss – wie im Bereich des Investmentrechts für Ansprüche wegen fehlerhafter Angaben in den ‚wesentlichen Anlegerinformationen' – von dem Anleger dargelegt und bewiesen werden"[1]. Anspruchsbegründend ist allein der Umstand, dass Vermögensanlagen aufgrund der *Angaben im Vermögensanlagen-Informationsblatt* erworben wurden. Auch wenn als Unrichtigkeit des Informationsblatts geltend gemacht wird, dessen Angaben seien „nicht mit den einschlägigen Teilen des Verkaufsprospekts vereinbar", so erfordert dies nicht, dass der Anleger den Verkaufsprospekt gekannt haben muss.

38 Wie § 20 Abs. 4 Nr. 2 VermAnlG, der seinerseits § 23 Abs. 2 Nr. 2 WpPG für fehlerhafte Wertpapierprospekte entspricht, enthält auch **§ 22 Abs. 4 Nr. 2 VermAnlG** die Bestimmung, dass ein Anspruch wegen eines fehlerhaften Vermögensanlagen-Informationsblatts nach § 20 Abs. 1, 2 VermAnlG ausscheidet, wenn der Sachverhalt, über den unrichtige Angaben im Vermögensanlagen-Informationsblatt enthalten sind, nicht zu einer **Minderung des Erwerbspreises** der Vermögensanlagen beigetragen hat (siehe dazu die Ausführungen in § 20 VermAnlG Rz. 40). Die **Beweislast** hierfür liegt beim Anspruchsgegner (siehe § 20 VermAnlG Rz. 40, §§ 21–23 WpPG Rz. 105).

d) Anspruchsgegner (§ 22 Abs. 1 VermAnlG)

39 Ein Anspruch aus § 22 Abs. 1 richtet sich **gegen den Anbieter**, der – wenn er im Inland Vermögensanlagen iS von § 1 Abs. 2 VermAnlG öffentlich anbietet (§§ 1 Abs. 1, 13 Abs. 1 VermAnlG) – nach § 13 VermAnlG verpflichtet ist, ein Vermögensanlagen-Informationsblatt zu erstellen. Im Hinblick auf die Bestimmung des Anbieters sowie zur Beantwortung der Frage, wann ein **inländisches öffentliches Angebot** vorliegt, kann auf die hier sinngemäß geltenden Ausführungen in §§ 21–23 WpPG Rz. 78 (öffentliches Angebot) und zu §§ 21–23 WpPG Rz. 95 (öffentliches *inländisches* Angebot) verwiesen werden.

---

1 RegE eines Gesetzes zur Novellierung des Finanzanlagenvermittler- und Vermögensanlagenrechts, BT-Drucks. 17/6051 vom 6.6.2011, S. 37. Bei dem hier in Bezug genommenen „Bereich des Investmentrechts für Ansprüche wegen fehlerhafter Angaben in den ‚wesentlichen Anlegerinformationen'" handelt es sich um die Haftung aus § 306 Abs. 2 KAGB. Dazu *Assmann* in Assmann/Schütze, § 5 Rz. 435; auch *Hanten/Reinholz*, ZBB 2012, 47. Kritisch zu der unterschiedlichen Behandlung des Kausalitätserfordernisses *Assmann* in Assmann/Schütze, § 5 Rz. 403.

e) Verschulden und Mitverschulden (§ 22 Abs. 1, Abs. 4 Nr. 1 VermAnlG)

Wie bei der Haftung für fehlerhafte Verkaufsprospekte (siehe § 20 VermAnlG Rz. 40) ist auch im Hinblick auf die Haftung nach § 22 Abs. 1 VermAnlG davon auszugehen, dass der Anspruchsgegner – der Anbieter (oben Rz. 39) – die Fehlerhaftigkeit des Vermögensanlagen-Informationsblatts verschuldet haben muss. Das kommt vorliegend auch dadurch zum Ausdruck, dass nach § 22 Abs. 3 VermAnlG nicht nach § 22 Abs. 1 VermAnlG in Anspruch genommen werden kann, wer nachweist, dass er die Unrichtigkeit des Vermögensanlagen-Informationsblatts nicht gekannt hat und dass die Unkenntnis nicht auf grober Fahrlässigkeit beruht.

Daraus folgt zum einen, dass auch nach § 22 Abs. 1 VermAnlG nur für **Vorsatz und grobe Fahrlässigkeit** gehaftet wird, und zum anderen, dass für das **Verschulden** des Anspruchsgegners eine von diesem zu widerlegende **Vermutung** spricht. Zu Einzelheiten betreffend die **Verschuldensanforderungen** in Bezug auf die Haftung bei fehlerhaftem Vermögensanlagen-Informationsblatt gelten die Ausführungen zum Verschulden betreffend die Haftung bei fehlerhaften Wertpapierprospekten entsprechend. Zu verweisen ist auf die Ausführungen betreffend §§ 21–23 WpPG

- zu Vorsatz und grober Fahrlässigkeit in Rz. 109 bzw. Rz. 110 f.,
- zur Beurteilung der Einschaltung von Sachverständigen in Rz. 111,
- zu Kontroll- und Nachforschungspflichten der Prospektverantwortlichen und Anspruchsgegner in Rz. 112 sowie
- zu Verantwortlichkeiten und zum Verschulden von Mitgliedern eines Anbieterkonsortiums in Rz. 113.

In Bezug auf ein **Mitverschulden** des Anlegers enthält § 22 Abs. 4 Nr. 1 VermAnlG eine abschließende Sonderregelung. Nach dieser Bestimmung scheidet ein Anspruch aus § 22 Abs. 1 VermAnlG aus, wenn der **Erwerber die Unrichtigkeit** der Angaben des Vermögensanlagen-Informationsblatts beim Erwerb **kannte**. Ein Mitverschulden des Anlegers ist vom Anspruchsgegner nachzuweisen[1]. Dass ein Mitverschulden des Anlegers im Rahmen der Haftungsbegründung ausscheidet, gilt auch dann, wenn man in § 20 Abs. 4 Nr. 3 VermAnlG keine Mitverschuldensregelung, sondern eine solche zur fehlenden haftungsbegründenden Kausalität sieht (siehe dazu §§ 21–23 WpPG Rz. 114 und § 20 VermAnlG Rz. 42).

Im Bereich der **Schadensermittlung** und der **haftungsausfüllenden Kausalität** ist dagegen ein **Mitverschulden** des Anlegers nach § 254 BGB grundsätzlich zu berücksichtigen (siehe §§ 21–23 WpPG Rz. 115 und § 20 VermAnlG Rz. 43).

Ein Mitverschulden des Anlegers ist **vom Anspruchsgegner nachzuweisen**[2].

---

[1] Auch *Schäfer*, ZGR 2006, 55.
[2] Ebenso *Schäfer*, ZGR 2006, 55.

f) Inhalt des Anspruchs (§ 22 Abs. 1, Abs. 2 VermAnlG)

45 Hinsichtlich der Rechtsfolge eines Anspruchs aus § 21 Abs. 1 VermAnlG wegen fehlerhaften Vermögensanlagen-Informationsblatts ist – wie auch bei Ansprüchen wegen fehlerhafter Prospekte – danach zu **unterscheiden**, ob der Erwerb noch Inhaber der Vermögensanlage ist (§ 21 Abs. 1 VermAnlG) oder nicht (§ 21 Abs. 2 VermAnlG).

46 Ist der Erwerber **noch Inhaber der Vermögensanlagen**, kann er nach § 22 Abs. 1 VermAnlG vom Anbieter die Übernahme der Vermögensanlagen gegen Erstattung des Erwerbspreises, soweit dieser den ersten Erwerbspreis der Vermögensanlagen nicht überschreitet, und der mit dem Erwerb verbundenen üblichen Kosten verlangen. Ist der Erwerber **nicht mehr Inhaber der Vermögensanlagen**, kann er nach § 22 Abs. 2 VermAnlG die Zahlung des Unterschiedsbetrags zwischen dem Erwerbspreis, soweit dieser den ersten Erwerbspreis nicht überschreitet, und dem Veräußerungspreis der Vermögensanlagen sowie der mit dem Erwerb und der Veräußerung verbundenen üblichen Kosten verlangen.

47 Die vorgenannten Bestimmungen übernehmen wortgleich die Regelung des § 20 Abs. 1 Satz 1 bzw. Abs. 2 Satz 1 VermAnlG. Die Erläuterungen zu diesen Bestimmungen, namentlich die Ausführungen zum **Erwerbspreis**, zum **Veräußerungspreis**, zu den erstattungsfähigen **üblichen Kosten** und zu **Schadensminderungspflichten** (§ 20 VermAnlG Rz. 46, 48) – gelten deshalb sinngemäß auch hier.

48 Dem Anspruch des Anlegers steht dessen Verpflichtung gegenüber, den Anspruchsgegnern die erworbenen Vermögensanlagen **Zug um Zug** gegen die Erstattung des Erwerbspreises und die Übergabe der Vermögensanlagen **herauszugeben** (§ 20 VermAnlG Rz. 47).

g) Haftungsfreizeichnung (§ 22 Abs. 6 Satz 1 VermAnlG)

49 Nach § 22 Abs. 6 Satz 1 VermAnlG ist eine Vereinbarung, durch die der Anspruch nach § 22 Abs. 1 VermAnlG **im Voraus** ermäßigt oder erlassen wird, unwirksam. **Nachträgliche Vereinbarungen**, wie etwa ein Vergleich oder ein (befristeter) Verzicht auf die Geltendmachung des Anspruchs, sind zulässig. Siehe hierzu im Übrigen §§ 21–23 WpPG Rz. 127 und § 20 VermAnlG Rz. 52.

h) Konkurrenzen (§ 22 Abs. 6 Satz 2 VermAnlG)

50 Nach § 22 VermAnlG bleiben **weitergehende Ansprüche**, die nach den Vorschriften des bürgerlichen Rechts aufgrund von Verträgen oder unerlaubten Handlungen erhoben werden können, vom Anspruch aus § 22 Abs. 1 VermAnlG **unberührt**. Von § 22 VermAnlG verdrängt sind dagegen Ansprüche wegen eines fehlerhaften Vermögensanlagen-Informationsblatt aus allgemein-zivilrechtlicher Prospekthaftung. Als weitergehender Anspruch kommt vor allem ein solcher aus **§ 826 BGB**[1] in Be-

---

[1] Vgl. zur Prospekthaftung nach § 826 BGB etwa BGH v. 28.2.2005 – II ZR 13/03, ZIP 2005, 709. Weiter die „ComROAD"-Fälle, zuletzt BGH v. 3.3.2008 – II ZR 310/06, WM 2008,

tracht. Dieser setzt voraus, dass der Anbieter durch irreführende, unrichtige oder nicht mit den einschlägigen Teilen des Verkaufsprospekts vereinbare Angaben im Vermögensanlagen-Informationsblatt die Schädigung der Erwerber der Vermögensanlage angestrebt oder als sichere oder zumindest gebilligte mögliche Folge in Kauf genommen hat[1], um mit diesem Anspruch auch den Vermögensschaden aus dem Unterlassen eines alternativen Investments geltend machen zu können. Dabei ist die vorsätzliche Veröffentlichung bewusst unrichtiger Angaben[2], aber auch die sonst fehlerhafter Angaben in einem Vermögensanlagen-Informationsblatt, das in besonderer Weise dem Anlegerschutz dient, als sittenwidrig iS des § 826 BGB anzusehen.

Darüber hinaus ist neben einem Anspruch aus § 22 Abs. 1 VermAnlG auch ein solcher aus **§ 823 Abs. 2 BGB iVm. § 264a Abs. 1 StGB**[3] denkbar. Zwar ist das Vermögensanlagen-Informationsblatt kein Prospekt im prospekthaftungsrechtlichen Sinne, sondern ein Schriftstück, das – sofern nicht nach §§ 2a, 2b VermAnlG eine Befreiung von der Prospektpflicht eingreift – regelmäßig neben einem Verkaufsprospekt zur Verfügung zu stellen ist, doch ist der Prospektbegriff des § 264a Abs. 1 StGB weiter als derjenige der spezialgesetzlichen Regelungen der Prospekthaftung und erfasst jedes Schriftstück, das die für die Beurteilung der Anlage erheblichen Angaben enthält oder den Eindruck eines solchen Inhalts erweckt[4]. Ist es Aufgabe des Vermögensanlagen-Informationsblatts, die „Anleger in kurzer und verständlicher Form über die ... angebotenen Vermögensanlagen zu informieren"[5], so ist auch dieses Schriftstück als Prospekt iS des § 264a Abs. 1 StGB anzusehen. Da § 22 Abs. 6 Satz 2 WpPG weder vertragliche Ansprüche noch solche aufgrund schuldrechtlicher Sonderverbindungen ausschließt, ist als weitergehender Anspruch auch 51

---

790 = AG 2008, 377 – Rz. 10 ff. mwN. Siehe auch *Habersack* in Habersack/Mülbert/Schlitt, Kapitalmarktinformation, § 29 Rz. 58; *Schwark* in Schwark/Zimmer, §§ 44, 45 BörsG Rz. 80.

1 Bedingter Vorsatz ist ausreichend. Hierzu und zu seinen Elementen etwa *Wagner* in MünchKomm. BGB, 6. Aufl. 2013, § 826 BGB Rz. 26 mwN. Die Beweislast für den Vorsatz des Schädigers trifft, wie auch diejenige für alle anderen Tatbestandsvoraussetzungen des § 826 BGB, den Erwerber als Geschädigten, siehe ebd. Rz. 43.
2 Siehe dazu etwa BGH v. 19.7.2004 – II ZR 402/02 – „Infomatec", NJW 2004, 2971 (2973) = AG 2004, 546, in Bezug auf eine fehlerhafte Ad-hoc-Meldung.
3 Im Zusammenhang mit der Haftung für Prospekte siehe: BVerfG v. 29.2.2008 – 1 BvR 371/07, ZIP 2008, 1078 (Behandlung richtiger, aber schwer verständlicher Darstellungen von Tatsachen im Anlageprospekt als Kapitalanlagebetrug als Voraussetzung eines Anspruchs aus § 823 Abs. 2 iVm. § 264a StGB); BGH v. 21.10.1991 – II ZR 204/90, ZIP 1991, 1597 (1599); BGH v. 29.5.2000 – II ZR 280/98, ZIP 2000, 1296 (1297); BGH v. 19.7.2004 – II ZR 218/03, ZIP 2004, 1599 (1601, 1602) = AG 2004, 543; BGH v. 1.3.2010 – II ZR 213/08, ZIP 2010, 933 (934); BGH v. 8.1.2013 – VI ZR 386/11, ZIP 2013, 580 = AG 2013, 350; BGH v. 24.6.2014 – VI ZR 560/13, ZIP 2014, 1635 (1636) = AG 2014, 787; BGH v. 12.5.2015 – VI ZR 102/14, ZIP 2015, 1835 (1836).
4 *Perron* in Schönke/Schröder, 29. Aufl. 2014, § 264a StGB Rz. 18 mwN. Zum Prospektbegriff des § 264a StGB siehe auch RegE eines Zweiten Gesetzes zur Bekämpfung der Wirtschaftskriminalität (2. WiKG), BT-Drucks. 10/319 vom 26.8.1983, S. 1 (23/24).
5 RegE eines Gesetzes zur Novellierung des Finanzanlagenvermittler- und Vermögensanlagenrechts, BT-Drucks. 17/6051 vom 6.6.2011, S. 1, auch S. 30 und 33.

an einen solchen aus *culpa in contrahendo* (§ 311 Abs. 2 und 3 BGB) wegen persönlich in Anspruch genommenen Vertrauens und der Verwendung eines Vermögensanlagen-Informationsblatts zur Erfüllung eigener Aufklärungspflichten zu denken[1]. Siehe im Übrigen auch die Ausführungen zu §§ 21–23 WpPG Rz. 142 f.

2. Ansprüche aus § 22 Abs. 4a VermAnlG

52 Der durch das Kleinanlegerschutzgesetz vom 3.7.2015[2] in § 22 VermAnlG eingefügte Abs. 4a (siehe oben Rz. 2 und 4) soll es dem Erwerber von Vermögensanlagen ermöglichen, sich wieder von seiner Anlage trennen zu können, wenn ihm das Vermögensanlagen-Informationsblatt nicht ausgehändigt wurde, es den Hinweis nach § 13 Abs. 6 VermAnlG nicht enthalten hat oder von ihm nicht nach § 15 Abs. 3 VermAnlG unterschrieben worden ist.

a) Haftung für fehlendes Vermögensanlagen-Informationsblatt (§ 22 Abs. 4a Satz 1 Nr. 1 VermAnlG)

53 Wurde dem Erwerber einer Vermögensanlage das nach § 13 VermAnlG erstellte **Vermögensanlagen-Informationsblatt entgegen § 15 VermAnlG nicht zur Verfügung gestellt** und ist er nach wie vor Inhaber der Vermögensanlage, so kann er nach § 22 Abs. 4a Satz 1 Nr. 1 VermAnlG vom Anbieter die Übernahme der Vermögensanlage gegen Erstattung des Erwerbspreises, soweit dieser den ersten Erwerbspreis der Vermögensanlage nicht überschreitet, und der mit dem Erwerb verbundenen üblichen Kosten verlangen.

54 Sind die Voraussetzungen eines Anspruchs aus § 22 Abs. 4a Satz 1 Nr. 1 VermAnlG gegeben, ist der Erwerber aber **nicht mehr Inhaber der Vermögensanlagen**, kann er – da § 22 Abs. 4a Satz 2 VermAnlG die Vorschrift des § 22 Abs. 2 VermAnlG für entsprechend anwendbar erklärt – in diesem Fall die Zahlung des Unterschiedsbetrags zwischen dem Erwerbspreis, soweit dieser den ersten Erwerbspreis nicht überschreitet, und dem Veräußerungspreis der Vermögensanlagen sowie der mit dem Erwerb und der Veräußerung verbundenen üblichen Kosten verlangen.

55 Wird die erworbene Vermögensanlage eines Emittenten mit Sitz im Ausland auch im Ausland öffentlich angeboten, besteht der Anspruch nur, wenn die Vermögensanlagen aufgrund eines **im Inland abgeschlossenen Geschäfts** oder einer ganz oder teilweise **im Inland erbrachten Wertpapierdienstleistung** erworben wurden (§ 22 Abs. 5 VermAnlG). Zur Erläuterung dieser Bestimmung gelten die Ausführungen oben zu Rz. 35 entsprechend.

56 **Anspruchsberechtigt** ist der Erwerber der Vermögensanlage, gleich ob er noch Inhaber der Vermögensanlage ist oder nicht (siehe oben Rz. 53 f.). Für die in Betracht

---

1 Darin besteht eine Ähnlichkeit zur allgemein-zivilrechtlichen Prospekthaftung im weiteren Sinne. Siehe dazu Vor §§ 21–25 WpPG Rz. 12 und *Assmann* in Assmann/Schütze, § 5 Rz. 1, 24 mwN.
2 Art. 2 Nr. 22 des Kleinanlegerschutzgesetzes vom 3.7.2015, BGBl. I 2015, S. 1114 (1121).

kommenden **Erwerbsgeschäfte** gilt das oben zu Rz. 33 Ausgeführte. § 22 Abs. 4a VermAnlG lässt – anders als § 22 Abs. 1 Nr. 2, Abs. 1a Nr. 2 VermAnlG in Bezug auf fehlerhafte Vermögensanlagen-Informationsblätter – hinsichtlich des **Zeitkorridors**, innerhalb dessen der Erwerb der Vermögensanlagen stattgefunden haben muss, keine Begrenzung erkennen. Ein Verweis auf § 22 Abs. 1 Nr. 2, Abs. 1a Nr. 2 VermAnlG fehlt. Es ist jedoch schwerlich vorstellbar, dass der Anspruch aus § 22 Abs. 4a Satz 1 Nr. 1 VermAnlG schlechterdings jedem zugutekommen soll, der zu einem beliebigen Zeitpunkt eine Vermögensanlage erworben hat. Die Vorschriften der § 22 Abs. 1 Nr. 2, Abs. 1a Nr. 2 VermAnlG sind deshalb auf diesen Anspruch entsprechend anzuwenden. Zum Zeitkorridor, in dem der fragliche Erwerb danach stattgefunden haben muss, siehe die Ausführungen oben Rz. 34.

Anspruchsgegner ist der Anbieter der Vermögensanlage. Siehe hierzu die Ausführungen oben Rz. 39.

Anders als die Haftung bei fehlerhaftem Vermögensanlagen-Informationsblatt nach § 22 Abs. 1 VermAnlG setzt die Haftung für ein dem Erwerber nicht zur Verfügung gestelltes Vermögensanlagen-Informationsblatt nach § 22 Abs. 4a Satz 1 Nr. 1 VermAnlG weder nach dem Wortlaut noch nach dem Zweck (siehe oben Rz. 52) der Bestimmung voraus, dass die fehlende Aushändigung des Vermögensanlagen-Informationsblatts für den Erwerb der Vermögensanlage **ursächlich** geworden ist[1].

Des Weiteren verlangt der Anspruch weder nach seinem Wortlaut noch nach seinem Zweck (siehe oben Rz. 52), dass den Anbieter im Hinblick auf den Verstoß gegen die Pflicht aus § 15 VermAnlG, dem Erwerber ein Vermögensanlagen-Informationsblatt zur Verfügung zu stellen, ein **Verschulden** trifft[2]. Ebenso wenig ist Raum für die Berücksichtigung eines eventuellen haftungsbegründenden oder haftungsausfüllenden **Mitverschuldens**.

Gemäß § 22 Abs. 6 Satz 1 VermAnlG gilt auch für einen Anspruch aus § 22 Abs. 4a Satz 1 Nr. 1 VermAnlG, dass eine Vereinbarung, durch die ein solcher **Anspruch im Voraus ermäßigt oder erlassen wird**, unwirksam ist. **Nachträgliche Vereinbarungen**, wie etwa ein Vergleich oder ein (befristeter) Verzicht auf die Geltendmachung des Anspruchs, sind zulässig. Siehe hierzu die Ausführungen zu §§ 21–23 WpPG Rz. 127 und § 20 VermAnlG Rz. 52.

Nach **§ 22 Abs. 6 Satz 2 VermAnlG** können Ansprüche wegen eines dem Erwerber nicht zur Verfügung gestellten Vermögensanlagen-Informationsblatt, die nach den Vorschriften des bürgerlichen Rechts auf Grund von Verträgen oder unerlaubten Handlungen erhoben werden können und **weitergehen als der Anspruch aus § 22 Abs. 4a Satz 1 Nr. 1 VermAnlG**, neben diesem geltend gemacht werden. Zur Geltendmachung von Vermögensschäden, die – wie etwa das Unterlassen alternativer Investments – nicht vom Anspruch aus § 22 Abs. 4a Satz 1 Nr. 1 VermAnlG abgedeckt sind, kommt diesbezüglich namentlich ein Anspruch aus **§ 826 BGB** in Be-

---

1 Ebenso und kritisch dazu *Casper*, ZBB 2015, 275.
2 Ebenso und kritisch dazu *Casper*, ZBB 2015, 275.

tracht[1], wenn dem Erwerber der durch die Vorenthaltung des Vermögensanlagen-Informationsblatts erlittene Schaden vorsätzlich und in einer gegen die guten Sitten verstoßenden Weise zufügt wurde[2].

b) Haftung wegen fehlenden Warnhinweises im Vermögensanlagen-Informationsblatt (§ 22 Abs. 4a Satz 1 Nr. 2 VermAnlG)

62 Fehlt dem Vermögensanlagen-Informationsblatt der in § 13 Abs. 6 VermAnlG vorgeschriebene Warnhinweis, so kann der Erwerber, der noch Inhaber der erworbenen Vermögensanlage ist, von dem Anbieter die Übernahme der Vermögensanlage gegen Erstattung des Erwerbspreises, soweit dieser den ersten Erwerbspreis der Vermögensanlage nicht überschreitet, und der mit dem Erwerb verbundenen üblichen Kosten verlangen (§ 22 Abs. 4a Satz 1 Nr. 2 VermAnlG). Bei dieser Regelung handelt es sich der Sache nach zwar um einen Fall der Unvollständigkeit des Vermögensanlagen-Informationsblatts, doch wird die Haftung für diese Unvollständigkeit – anders als im Falle der Unvollständigkeit von Prospekten – nicht derjenigen für fehlerhafte Vermögensanlagen-Informationsblätter nach § 22 Abs. 1 VermAnlG, sondern – bei Ähnlichkeit in Rechtsfolgen – einer in den Haftungsvoraussetzungen verminderten Sonderhaftung unterstellt; siehe dazu schon oben Rz. 2 und Rz. 16.

63 **Anknüpfungspunkt** des Anspruchs aus § 22 Abs. 4a Satz 1 Nr. 2 VermAnlG ist der fehlende **Warnhinweis** nach § 13 Abs. 6 VermAnlG. Diese Bestimmung verlangt: „Auf der ersten Seite muss das Vermögensanlagen-Informationsblatt folgenden drucktechnisch hervorgehobenen Warnhinweis enthalten: ‚Der Erwerb dieser Vermögensanlage ist mit erheblichen Risiken verbunden und kann zum vollständigen Verlust des eingesetzten Vermögens führen.'" Dadurch soll der Anleger angehalten werden, das Vermögensanlagen-Informationsblatt sorgfältig zu lesen, um sich der Risiken der Vermögensanlage bewusst zu werden[3]. Dieses Ziel wird fraglos gefährdet und die Haftung nach § 22 Abs. 4a Satz 1 Nr. 2 VermAnlG entfällt damit nicht, wenn das Vermögensanlagen-Informationsblatt einen solchen Hinweis zwar enthält, diesen aber nicht auf der ersten Seite und drucktechnisch hervorgehoben anbringt.

64 Sind die Voraussetzungen eines Anspruchs aus § 22 Abs. 4a Satz 1 Nr. 2 VermAnlG gegeben, ist der Erwerber aber **nicht mehr Inhaber der Vermögensanlagen**, kann er nach § 22 Abs. 4a Satz 2 iVm. Abs. 2 VermAnlG die Zahlung des Unterschiedsbetrags zwischen dem Erwerbspreis, soweit dieser den ersten Erwerbspreis nicht überschreitet, und dem Veräußerungspreis der Vermögensanlagen sowie der mit dem Erwerb und der Veräußerung verbundenen üblichen Kosten verlangen.

65 Wird die erworbene Vermögensanlage eines Emittenten mit Sitz im Ausland auch im Ausland öffentlich angeboten, besteht der Anspruch aus § 22 Abs. 4a Satz 1 Nr. 2, Satz 2 iVm. Abs. 2 VermAnlG nur, wenn die Vermögensanlagen aufgrund eines **im Inland abgeschlossenen Geschäfts** oder einer ganz oder teilweise **im Inland er-**

---

[1] Siehe zur Anspruchsgrundlage oben Rz. 51.
[2] Zu den Haftungsvoraussetzungen Vorsatz und Sittenwidrigkeit siehe die Hinweise oben Rz. 50.
[3] RegE eines Kleinanlegerschutzgesetzes, BT-Drucks. 18/3004 vom 11.2.2015, S. 1 (48).

brachten **Wertpapierdienstleistung** erworben wurden (§ 22 Abs. 5 VermAnlG). Zur Erläuterung dieser Bestimmung gelten die Ausführungen oben zu Rz. 35 entsprechend.

Anspruchsberechtigt ist der Erwerber der Vermögensanlage, gleich ob er noch Inhaber der Vermögensanlage ist oder nicht (siehe oben Rz. 62 f.). Für die in Betracht kommenden **Erwerbsgeschäfte** gilt das oben zu Rz. 33 Ausgeführte. § 22 Abs. 4a VermAnlG lässt – anders als § 22 Abs. 1 Nr. 2, Abs. 1a Nr. 2 VermAnlG in Bezug auf fehlerhafte Vermögensanlagen-Informationsblätter – hinsichtlich des **Zeitkorridors**, innerhalb dessen der Erwerb der Vermögensanlagen stattgefunden haben muss, keine Begrenzung erkennen. Ein Verweis auf § 22 Abs. 1 Nr. 2, Abs. 1a Nr. 2 VermAnlG fehlt. Es ist jedoch auch hinsichtlich eines Anspruchs aus § 22 Abs. 4a Satz 1 Nr. 2 VermAnlG davon auszugehen, dass ein solcher nicht schlechterdings jedem zugutekommen soll, der zu einem beliebigen Zeitpunkt eine Vermögensanlage erworben hat, für die ein Vermögensanlagen-Informationsblatt ohne den Warnhinweis nach § 13 Abs. 6 VermAnlG erstellt wurde. Die Vorschriften der § 22 Abs. 1 Nr. 2, Abs. 1a Nr. 2 VermAnlG sind deshalb auch auf diesen Anspruch entsprechend anzuwenden. Zum Zeitkorridor, in dem der fragliche Erwerb danach stattgefunden haben muss siehe die Ausführungen oben Rz. 34. 66

Anspruchsgegner ist der Anbieter der Vermögensanlage. Siehe hierzu die Ausführungen oben Rz. 39. 67

Anders als die Haftung bei fehlerhaftem Vermögensanlagen-Informationsblatt nach § 22 Abs. 1 VermAnlG setzt diejenige nach § 22 Abs. 4a Satz 1 Nr. 2 VermAnlG für einen in einem Vermögensanlagen-Informationsblatt fehlenden Warnhinweis weder nach dem Wortlaut noch nach den Zweck (siehe oben Rz. 56) der Bestimmung voraus, dass der nicht fehlende oder nicht ordnungsgemäße Warnhinweis für den Erwerb der Vermögensanlage **ursächlich** geworden ist[1]. 68

Darüber hinaus verlangt der Anspruch weder nach seinem Wortlaut noch nach seinem Zweck (siehe oben Rz. 56), dass den Anbieter im Hinblick auf den Verstoß gegen die Warnhinweispflicht aus § 13 Abs. 6 VermAnlG ein **Verschulden** trifft[2]. Ebenso wenig ist Raum für die Berücksichtigung eines eventuellen haftungsbegründenden oder haftungsausfüllenden **Mitverschuldens**. 69

Gemäß § 22 Abs. 6 Satz 1 VermAnlG gilt auch für einen Anspruch aus § 22 Abs. 4a Satz 1 Nr. 2 VermAnlG, dass eine Vereinbarung, durch die ein solcher **Anspruch im Voraus ermäßigt oder erlassen wird**, unwirksam ist. **Nachträgliche Vereinbarungen**, wie etwa ein Vergleich oder ein (befristeter) Verzicht auf die Geltendmachung des Anspruchs, sind zulässig. Siehe hierzu die Ausführungen zu §§ 21–23 WpPG Rz. 127 und § 20 VermAnlG Rz. 52. 70

Nach **§ 22 Abs. 6 Satz 2 VermAnlG** können Ansprüche wegen eines in einem Vermögensanlagen-Informationsblatt fehlenden oder nicht ordnungsgemäßen Warnhinweises, die nach den Vorschriften des bürgerlichen Rechts auf Grund von Verträ- 71

---

1 Ebenso und kritisch dazu *Casper*, ZBB 2015, 275.
2 Ebenso und kritisch dazu *Casper*, ZBB 2015, 275.

gen oder unerlaubten Handlungen erhoben werden können und **weitergehen als der Anspruch aus § 22 Abs. 4a Satz 1 Nr. 2 VermAnlG** neben diesem geltend gemacht werden. Zur Geltendmachung von Vermögensschäden, die – wie etwa das Unterlassen alternativer Investments – nicht vom Anspruch aus § 22 Abs. 4a Satz 1 Nr. 2 VermAnlG abgedeckt sind, kommt diesbezüglich namentlich ein Anspruch aus **§ 826 BGB** in Betracht[1], wenn der Schaden, den der Erwerber aufgrund des fehlenden oder des nicht ordnungsgemäßen Warnhinweises erlitten hat, diesem vorsätzlich und in einer gegen die guten Sitten verstoßenden Weise zufügt wurde[2].

c) Haftung für fehlende Bestätigung der Kenntnisnahme des Warnhinweises (§ 22 Abs. 4a Satz 1 Nr. 3 VermAnlG)

72 Hat der Erwerber einer Vermögensanlage, der noch Inhaber der erworbenen Vermögensanlage ist, die **Kenntnisnahme des nach § 13 Abs. 6 VermAnlG gebotenen Warnhinweises nicht** nach § 15 Abs. 3 oder Abs. 4 VermAnlG **bestätigt**, so kann der Erwerber, der noch Inhaber der erworbenen Vermögensanlage ist, von dem Anbieter die Übernahme der Vermögensanlage gegen Erstattung des Erwerbspreises, soweit dieser den ersten Erwerbspreis der Vermögensanlage nicht überschreitet, und der mit dem Erwerb verbundenen üblichen Kosten verlangen (§ 22 Abs. 4a Satz 1 Nr. 2 VermAnlG).

73 **Anknüpfungspunkt** des Anspruchs aus § 22 Abs. 4a Satz 1 Nr. 3 VermAnlG ist fehlende Bestätigung der Kenntnisnahme des Warnhinweises iS von § 13 Abs. 6 VermAnlG, wie sie § 15 Abs. 3 Satz 1 VermAnlG nach weiterer Maßgabe von § 15 Abs. 3 Satz 2 und Abs. 4 VermAnlG anordnet. Dabei verlangt § 15 Abs. 3 Satz 1 VermAnlG: „Die Kenntnisnahme des Warnhinweises nach § 13 Absatz 6 ist von jedem Anleger vor Vertragsschluss unter Nennung von Ort und Datum durch seine Unterschrift mit Vor- und Familienname auf dem Vermögensanlagen-Informationsblatt zu bestätigen." Mit dem Erfordernis der Bestätigung der Kenntnisnahme des Warnhinweises soll der „Anleger angehalten werden, das Vermögensanlagen-Informationsblatt sorgfältig zu lesen, um sich der Risiken der Vermögensanlage bewusst zu werden"[3].

74 Sind die Voraussetzungen eines Anspruchs aus § 22 Abs. 4a Satz 1 Nr. 3 VermAnlG gegeben, ist der Erwerber aber **nicht mehr Inhaber der Vermögensanlagen**, kann er nach § 22 Abs. 4a Satz 2 iVm. Abs. 2 VermAnlG die Zahlung des Unterschiedsbetrags zwischen dem Erwerbspreis, soweit dieser den ersten Erwerbspreis nicht überschreitet, und dem Veräußerungspreis der Vermögensanlagen sowie der mit dem Erwerb und der Veräußerung verbundenen üblichen Kosten verlangen.

75 Wird die erworbene Vermögensanlage eines Emittenten mit Sitz im Ausland auch im Ausland öffentlich angeboten, besteht der Anspruch aus § 22 Abs. 4a Satz 1 Nr. 2, Satz 2 iVm. Abs. 2 VermAnlG nur, wenn die Vermögensanlagen aufgrund eines **im Inland abgeschlossenen Geschäfts** oder einer ganz oder teilweise **im Inland er-**

---

1 Siehe zur Anspruchsgrundlage oben Rz. 51.
2 Zu den Haftungsvoraussetzungen Vorsatz und Sittenwidrigkeit siehe die Hinweise oben Rz. 50.
3 RegE eines Kleinanlegerschutzgesetzes, BT-Drucks. 18/3004 v. 11.2.2015, S. 1 (48).

Haftung bei unrichtigem/fehlendem Informationsblatt | Rz. 81 **§ 22 VermAnlG**

brachten **Wertpapierdienstleistung** erworben wurden (§ 22 Abs. 5 VermAnlG). Zur Erläuterung dieser Bestimmung gelten die Ausführungen oben zu Rz. 35 entsprechend.

Anspruchsberechtigt ist der Erwerber der Vermögensanlage, gleich ob er noch Inhaber der Vermögensanlage ist oder nicht (siehe oben Rz. 73, 74). Für die in Betracht kommenden **Erwerbsgeschäfte** gilt das oben zu Rz. 33 Ausgeführte. § 22 Abs. 4a VermAnlG lässt – anders als § 22 Abs. 1 Nr. 2, Abs. 1a Nr. 2 VermAnlG in Bezug auf fehlerhafte Vermögensanlagen-Informationsblätter – hinsichtlich des **Zeitkorridors**, innerhalb dessen der Erwerb der Vermögensanlagen stattgefunden haben muss, keine Begrenzung erkennen. Ein Verweis auf § 22 Abs. 1 Nr. 2, Abs. 1a Nr. 2 VermAnlG fehlt. Es ist jedoch auch hinsichtlich eines Anspruchs aus § 22 Abs. 4a Satz 1 Nr. 3 VermAnlG davon auszugehen, dass ein solcher nicht schlechterdings jedem zugutekommen soll, der zu einem beliebigen Zeitpunkt eine Vermögensanlage erworben hat, ohne einen Warnhinweis iS von § 13 Abs. 6 VermAnlG bestätigt zu haben. Die Vorschriften der § 22 Abs. 1 Nr. 2, Abs. 1a Nr. 2 VermAnlG sind deshalb auch auf diesen Anspruch entsprechend anzuwenden. Zum Zeitkorridor, in dem der fragliche Erwerb danach stattgefunden haben muss siehe die Ausführungen oben Rz. 34. 76

Anspruchsgegner ist der Anbieter der Vermögensanlage. Siehe hierzu die Ausführungen oben Rz. 39. 77

Anders als die Haftung bei fehlerhaftem Vermögensanlagen-Informationsblatt nach § 22 Abs. 1 VermAnlG setzt diejenige nach § 22 Abs. 4a Satz 1 Nr. 3 VermAnlG für eine fehlende Bestätigung der Kenntnisnahme des Warnhinweises iS von § 13 Abs. 6 VermAnlG weder nach dem Wortlaut noch nach den Zweck (siehe oben Rz. 56) der Bestimmung voraus, dass der fehlende oder nicht ordnungsgemäße Warnhinweis für den Erwerb der Vermögensanlage **ursächlich** geworden ist[1]. 78

Darüber hinaus verlangt der Anspruch weder nach seinem Wortlaut noch nach seinem Zweck (siehe oben Rz. 73), dass den Anbieter im Hinblick auf die fehlende Einholung der Bestätigung der Kenntnisnahme des Warnhinweises nach § 13 Abs. 6 VermAnlG ein **Verschulden** trifft[2]. Ebenso wenig ist Raum für die Berücksichtigung eines eventuellen haftungsbegründenden oder haftungsausfüllenden **Mitverschuldens**. 79

Gemäß § 22 Abs. 6 Satz 1 VermAnlG gilt auch für einen Anspruch aus § 22 Abs. 4a Satz 1 Nr. 3 VermAnlG, dass eine Vereinbarung, durch die ein solcher **Anspruch im Voraus ermäßigt oder erlassen wird**, unwirksam ist. **Nachträgliche Vereinbarungen**, wie etwa ein Vergleich oder ein (befristeter) Verzicht auf die Geltendmachung des Anspruchs, sind zulässig. Siehe hierzu die Ausführungen zu §§ 21–23 WpPG Rz. 127 und § 20 VermAnlG Rz. 52. 80

Nach **§ 22 Abs. 6 Satz 2 VermAnlG** können Ansprüche wegen eines in einem Vermögensanlagen-Informationsblatt fehlenden oder nicht ordnungsgemäßen Warnhinweises, die nach den Vorschriften des bürgerlichen Rechts auf Grund von Verträ- 81

---

1 Ebenso und kritisch dazu *Casper*, ZBB 2015, 275.
2 Ebenso und kritisch dazu *Casper*, ZBB 2015, 275.

gen oder unerlaubten Handlungen erhoben werden können und **weitergehen als der Anspruch aus § 22 Abs. 4a Satz 1 Nr. 3 VermAnlG** neben diesem geltend gemacht werden. Zur Geltendmachung von Vermögensschäden, die – wie etwa das Unterlassen alternativer Investments – nicht vom Anspruch aus § 22 Abs. 4a Satz 1 Nr. 3 VermAnlG abgedeckt sind, kommt diesbezüglich namentlich ein Anspruch aus **§ 826 BGB** in Betracht[1], wenn der von dem Erwerber aufgrund des Erwerbs der Vermögensanlage, der unter Verstoß gegen die Pflicht zur Einholung einer Bestätigung der Kenntnisnahme des Warnhinweises iS von § 13 Abs. 6 VermAnlG zustande gekommen ist, erlittene Schaden diesem vorsätzlich und in einer gegen die guten Sitten verstoßenden Weise zugefügt wurde[2].

III. Geltendmachung der Ansprüche aus § 22 Abs. 1 und Abs. 4a VermAnlG

1. Verjährung

82 Ansprüche aus § 22 Abs. 1 und Abs. 4a VermAnlG verjähren, mangels einer Sonderverjährungsregelung und den Regelungen für fehlerhafte oder fehlende Prospekte (siehe § 20 VermAnlG Rz. 50 ff., § 21 VermAnlG Rz. 20 ff., §§ 21–23 WpPG Rz. 84 ff., § 24 WpPG Rz. 31 f.) entsprechend, nach den **allgemeinen Verjährungsbestimmungen** des BGB[3], das heißt gemäß § 195 BGB in drei Jahren, nach § 199 Abs. 1 BGB beginnend mit dem Schluss des Jahres, in dem der Anspruch entstanden ist und der Anspruchsteller von den Umständen, die den Anspruch begründen, und der Person des Schuldners Kenntnis erlangt hat oder ohne grobe Fahrlässigkeit hätte erlangen müssen. Ohne Rücksicht auf die Kenntnis oder grob fahrlässige Unkenntnis verjähren diese Ansprüche **spätestens** in zehn Jahren von ihrer Entstehung an und ohne Rücksicht auf ihre Entstehung und die Kenntnis oder grob fahrlässige Unkenntnis spätestens in 30 Jahren beginnend mit der Begehung der Handlung, der Pflichtverletzung oder dem sonstigen, den Schaden auslösenden Ereignis (§ 199 Abs. 3 BGB). Die **Beweislast** in Bezug auf die Kenntnis oder die grob fahrlässige Unkenntnis des Anspruchstellers und damit zu Beginn und Ablauf der Verjährungsfrist liegt beim Anspruchsgegner (siehe § 20 VermAnlG Rz. 52, §§ 21–23 WpPG Rz. 132).

2. Gerichtsstand

83 Für Ansprüche aus § 22 Abs. 1 und Abs. 4a VermAnlG ist nach § 32b Abs. 1 Nr. 1 ZPO (für einen „Schadensersatzanspruch wegen falscher, irreführender oder unterlassener öffentlicher Kapitalmarktinformation") ausschließlich das **Gericht am Sitz des betroffenen Anbieters** zuständig, wenn sich dieser Sitz im Inland befindet. Nach § 71 Abs. 2 Nr. 3 GVG sind für Schadensersatzansprüche aufgrund falscher, irrefüh-

---

1 Siehe zur Anspruchsgrundlage oben Rz. 51.
2 Zu den Haftungsvoraussetzungen Vorsatz und Sittenwidrigkeit siehe die Hinweise oben Rz. 50.
3 Ebenso *Casper*, ZBB 2015, 275; *Fett*, KSzW 2015, 143; *Hanten/Reinholz*, ZBB 2012, 46.

render oder unterlassener öffentlicher Kapitalmarktinformationen ohne Rücksicht auf den Wert des Streitgegenstandes die **Landgerichte** zuständig. Dem steht nicht entgegen, dass bei der in § 22 Abs. 1 und Abs. 4a VermAnlG angeordneten Rechtsfolge – Übernahme der Vermögensanlage gegen Erstattung des Erwerbspreises, soweit dieser den ersten Erwerbspreis der Vermögensanlage nicht überschreitet, und der mit dem Erwerb verbundenen üblichen Kosten – nicht von Schadensersatz die Rede ist, da es sich bei ihr nicht um ein neuartiges gesetzliches Rücktrittsrecht, sondern um eine spezielle Form des deliktischen Schadensersatzes wegen falscher, irreführender oder unterlassener öffentlicher Kapitalmarktinformation handelt[1].

3. Konkurrenzen (§ 22 Abs. 6 Satz 2 VermAnlG)

Nach § 22 Abs. 6 Satz 2 VermAnlG bleiben **weitergehende Ansprüche**, die nach den Vorschriften des bürgerlichen Rechts aufgrund von Verträgen oder unerlaubten Handlungen erhoben werden können, vom Anspruch aus § 22 Abs. 1 VermAnlG **unberührt**. Die sich daraus ergebenden Folgen sind im Rahmen der Erläuterungen zu den einzelnen sich aus § 22 Abs. 1 und Abs. 4a VermAnlG ergebenden Ansprüchen behandelt. Siehe dazu oben Rz. 50, 61, 71 und 81.

84

---

[1] Ebenso *Casper*, ZBB 2015, 275 mit dem Argument, die systematische Stellung der Vorschrift sowie der Verweis in § 22 Abs. 4a Satz 2 auf § 22 Abs. 2 VermAnlG streite für die Qualifikation als Schadensersatznorm. Auch *Fett*, KSzW 2015, 143.

Abschnitt 3
Rechnungslegung und Prüfung

§ 23
Erstellung und Bekanntmachung von Jahresberichten

(1) Ein Emittent von Vermögensanlagen, der nicht verpflichtet ist, nach den Vorschriften des Handelsgesetzbuchs einen Jahresabschluss offenzulegen, hat für den Schluss eines jeden Geschäftsjahres einen Jahresbericht zu erstellen und spätestens sechs Monate nach Ablauf des Geschäftsjahres beim Betreiber des Bundesanzeigers elektronisch einzureichen sowie den Anlegern auf Anforderung zur Verfügung zu stellen. Ist die Feststellung des Jahresabschlusses oder dessen Prüfung oder die Prüfung des Lageberichts binnen dieser Frist nicht möglich, ist § 328 Absatz 1 Nummer 1 Satz 2 und Nummer 2 des Handelsgesetzbuchs entsprechend anzuwenden; die fehlenden Angaben zur Feststellung oder der Bestätigungsvermerk oder der Vermerk über dessen Versagung sind spätestens neun Monate nach Ablauf des Geschäftsjahres nachzureichen und nach Absatz 3 bekannt machen zu lassen.

(2) Der Jahresbericht besteht mindestens aus

1. dem nach Maßgabe des § 24 aufgestellten und von einem Abschlussprüfer geprüften Jahresabschluss,
2. dem nach Maßgabe des § 24 aufgestellten und von einem Abschlussprüfer geprüften Lagebericht,
3. einer den Vorgaben des § 264 Absatz 2 Satz 3 beziehungsweise des § 289 Absatz 1 Satz 5 des Handelsgesetzbuchs entsprechenden Erklärung der gesetzlichen Vertreter des Emittenten der Vermögensanlagen sowie
4. den Bestätigungen des Abschlussprüfers nach § 25.

(3) Der Emittent der Vermögensanlagen hat den Jahresbericht unverzüglich nach der elektronischen Einreichung im Bundesanzeiger bekannt machen zu lassen. § 325 Absatz 1 Satz 6, Absatz 2 bis 2b, 5 und 6 sowie die §§ 328 und 329 Absatz 1, 2 und 4 des Handelsgesetzbuchs gelten entsprechend.

(4) Die Bekanntmachung ist über die Internetseite des Unternehmensregisters zugänglich zu machen; die Unterlagen sind in entsprechender Anwendung des § 8b Absatz 3 Satz 1 Nummer 1 des Handelsgesetzbuchs vom Betreiber des Bundesanzeigers zu übermitteln.

In der Fassung vom 6.12.2011 (BGBl. I 2011, S. 2481), zuletzt geändert durch das Bilanzrichtlinie-Umsetzungsgesetz vom 17.7.2015 (BGBl. I 2015, S. 1245).

Schrifttum: Siehe Einl. VermAnlG und das allgemeine Schrifttumsverzeichnis.

I. Regelungsgegenstand und Normentwicklung............	1	b) Einreichungsfrist – Zurverfügungstellung (§ 23 Abs. 1 Satz 1 und Satz 2 VermAnlG).......	11
II. Erstellung, Bekanntmachung und Zurverfügungstellung des Jahresberichts..............	4	3. Veranlassung der Bekanntmachung (§ 23 Abs. 3 VermAnlG)........	16
1. Normadressat (§ 23 Abs. 1 Satz 1 VermAnlG)............	5	4. Bekanntmachung im Unternehmensregister (§ 23 Abs. 4 VermAnlG)........	20
2. Erstellung eines Jahresberichts (§ 23 Abs. 1 und Abs. 2 VermAnlG)		III. Ordnungsgeld...............	21
a) Pflicht zur Erstellung (§ 23 Abs. 1 Satz 1 VermAnlG)	9	IV. Übergangsvorschriften........	22

I. Regelungsgegenstand und Normentwicklung

Die Vorschrift stellt sicher, dass alle Emittenten von Vermögensanlagen – dh. alle Personen oder Gesellschaften, deren Vermögensanlagen aufgrund eines öffentlichen Angebots im Inland ausgegeben sind – eine Rechnungslegung erstellen, die einer Prüfung zu unterziehen ist, die öffentlich bekannt gemacht werden muss und die den Anlegern auf Anforderung zur Verfügung gestellt wird. Dies geschieht in der Weise, dass nach § 23 Abs. 1 VermAnlG jeder Emittent von Vermögensanlagen für den Schluss eines jeden Geschäftsjahres einen **Jahresbericht** zu erstellen und nach Maßgabe von § 23 Abs. 3 und 4 VermAnlG bekannt zu machen hat. Dieser Jahresbericht muss nach § 23 Abs. 2 VermAnlG mindestens (1) einen geprüften Jahresabschluss, (2) einen geprüften Lagebericht, (3) eine Versicherung der gesetzlichen Vertreter des Emittenten der Vermögensanlagen darüber, dass Jahresabschluss und Lagebericht ein den tatsächlichen Verhältnissen entsprechendes Bild vermitteln, und (4) die Bestätigung des Abschlussprüfers nach § 25 VermAnlG umfassen. Ausgenommen davon sind lediglich Emittenten, die bereits nach den Vorschriften des HGB einen Jahresabschluss offenzulegen haben. §§ 24 und 25 VermAnlG flankieren diese Regelung: Während § 24 VermAnlG dafür sorgt, dass Jahresabschlüsse und Lageberichte von Emittenten von Vermögensanlagen – unabhängig von ihrer Rechtsform und dem auf sie nach dem Internationalen Gesellschaftsrecht anwendbaren Rechnungslegungsrecht – den gleichen oder zumindest gleichwertigen Anforderungen an ihren Inhalt genügen, gewährleistet § 25 VermAnlG die Prüfung und Bestätigung der zu erstellenden und bekanntzumachenden Jahresabschlüsse und Lageberichte. 1

Die Vorschriften über die Rechnungslegung der Emittenten von Vermögensanlagen und die Prüfung und Bekanntmachung derselben sind **Teil des Anlegerinformationssystems** des VermAnlG, in dessen Mittelpunkt die Veröffentlichung eines **Verkaufsprospekts** steht. In diesen gelangen die nach Maßgabe von §§ 23–25 VermAnlG erstellten, geprüften und offenzulegende Jahresabschlüsse und Lageberichte mit den nach § 7 Abs. 3 VermAnlG iVm. § 10 VermVerkProspV erforderlichen Angaben über die Vermögens-, Finanz- und Ertragslage des Emittenten. Darüber hinaus gelangen Angaben von Jahresabschluss und Lagebericht über die nach § 13 Abs. 2 Satz 2 VermAnlG erforderlichen Informationen mittelbar und kondensiert 2 auch in das **Vermögensanlagen-Informationsblatt** nach § 13 VermAnlG. In erster Linie dient § 23 VermAnlG iVm. § 24 Abs. 1 bis 4 VermAnlG aber – schon ausweislich der Bestimmung des Begriffs des Emittenten in § 1 Abs. 3 VermAnlG und der Frist zur Erstellung und Bekanntmachung von Jahresberichten nach § 23 Abs. 1 Satz 1 VermAnlG – der **Ausweitung des Anlegerinformationssystems** des VermAnlG auf die Information über Vermögensanlagen, die aufgrund eines öffentlichen Angebots im Inland ausgegeben wurden oder öffentlich angeboten werden (vgl. Art. 24 Abs. 1 Satz 4 VermAnlG).

3   § 23 VermAnlG war **ohne Regelungsvorbild** in dem durch Art. 2 des Gesetzes zur Novellierung des Finanzanlagenvermittler- und Vermögensanlagenrechts vom 6.12.2011[1] mit Wirkung vom 1.6.2012 aufgehoben VerkProspG. Die Vorschrift hat sodann durch Art. 4 Nr. 2 des Gesetzes zur Änderung der Gewerbeordnung und anderer Gesetze vom 5.12.2012[2] und durch Art. 10 Nr. 1 des Bilanzrichtlinie-Umsetzungsgesetzes vom 17.7.2015[3] **geringfüge Änderungen** erfahren, die reine Folgeänderungen der Änderung von Vorschriften außerhalb des VermAnlG darstellten. Bei der Anwendung der Vorschrift sind die **Übergangsvorschriften** in § 32 Abs. 3 und 13 VermAnlG zu beachten.

II. Erstellung, Bekanntmachung und Zurverfügungstellung des Jahresberichts

4   Die Vorschrift bestimmt, vergleichbar den Vorgaben des § 37v WpHG[4], dass ein Emittent von Vermögensanlagen, der nicht verpflichtet ist, nach den Vorschriften des HGB einen Jahresabschluss offenzulegen, für den Schluss eines jeden Geschäftsjahres einen Jahresbericht (mit den sich aus § 23 Abs. 2 VermAnlG ergebenden Komponenten) zu erstellen, beim elektronischen Bundesanzeiger einzureichen, den Anlegern auf Verlangen zur Verfügung zu stellen und bekannt zu machen hat.

1. Normadressat (§ 23 Abs. 1 Satz 1 VermAnlG)

5   Normadressat der Vorschrift ist der **Emittent von Vermögensanlagen**, der nicht verpflichtet ist, nach den Vorschriften des HGB einen Jahresabschluss offenzulegen. **Emittent** iS der Bestimmung ist jede Person oder Gesellschaft, deren **Vermögensanlagen** iS von § 1 Abs. 2 VermAnlG aufgrund eines öffentlichen Angebots im Inland ausgegeben sind (§ 1 Abs. 3 VermAnlG). Weder die **Rechtsform** des Emittenten noch das Gesellschafts- und Rechnungslegungsrecht, dem der Emittent nach dem deutschen Kollisionsrecht unterliegt, spielen hierbei eine Rolle. Der diesbezüglich maßgebliche **Sitz** des Emittenten und seine Rechtsform sind erst im Hinblick auf den In-

---

[1] BGBl. I 2011, S. 2481.
[2] BGBl. I 2012, S. 2415.
[3] BGBl. I 2015, S. 1245.
[4] RegE Gesetz zur Novellierung des Finanzanlagenvermittler- und Vermögensanlagenrechts, BT-Drucks. 17/6051 v. 6.6.2011, S. 1 (38).

halt und die Prüfung von Jahresabschlüssen und Lageberichten als Bestandteil von Jahresberichten nach § 24 und § 25 VermAnlG von Bedeutung.

Die sich aus der Vorschrift ergebenden Pflichten treffen nach § 23 Abs. 1 Satz 1 VermAnlG nur den Emittenten, der **nicht verpflichtet ist, nach den Vorschriften des HGB einen Jahresabschluss offenzulegen**. Damit wird ein Vorrang des HGB betreffend die Rechnungslegungs- und Offenlegungspflicht eines Emittenten begründet, der Doppelbelastungen von Emittenten vermeiden soll[1]. Von der Erstellung eines Jahresberichts und den Folgepflichten nach § 23 Abs. 1 Satz 1 VermAnlG befreit, weil bereits nach dem HGB zur Veröffentlichung eines Jahresabschlusses verpflichtet, sind damit in erster Linie Kapitalgesellschaften, dh. Aktiengesellschaften, Kommanditgesellschaften auf Aktien und Gesellschaften mit beschränkter Haftung), die nach §§ 325 ff. HGB einen festgestellten und gebilligten Jahresabschluss offenzulegen haben. Darüber hinaus haben auch eingetragene Genossenschaften (§ 339 HGB) und, unabhängig von ihrer Rechtsform, auch Kreditinstitute iS von § 1 Abs. 1 KWG (§ 340l HGB) Jahresabschlüsse offenzulegen.

6

Die Offenlegungspflicht nach dem HGB trifft diese Unternehmen freilich nur dann, wenn es sich um solche mit **satzungsmäßigem**[2] **Sitz in Deutschland**[3] handelt und sie dadurch den Vorschriften des HGB über die Rechnungslegung unterliegen. Ist dies nicht der Fall, unterliegen sie den Bestimmungen nach § 23 VermAnlG. Das setzt allerdings gleichwohl eine die Anwendbarkeit des VermAnlG begründende **Verbindung der Emittenten zum deutschen Markt** voraus. Diese liegt darin, dass – wie dies in die Bestimmung des Begriffs *Emittent* in § 1 Abs. 3 VermAnlG eingegangen ist (siehe dazu schon oben Rz. 5) – die Vermögensanlagen der als Emittent in Betracht kommenden Person oder Gesellschaft „auf Grund eines öffentlichen Angebots im Inland ausgegeben sind" (§ 1 Abs. 3 VermAnlG).

7

§ 23 Abs. 1 VermAnlG nimmt Emittenten bereits dann von den Bestimmungen des § 23 VermAnlG aus, wenn sie **verpflichtet** sind, nach den Vorschriften des HGB einen Jahresabschluss offenzulegen. Dagegen ist es nicht erforderlich, dass sie ihrer diesbezüglichen Pflicht auch tatsächlich nachkommen[4].

8

2. Erstellung eines Jahresberichts (§ 23 Abs. 1 und Abs. 2 VermAnlG)

a) Pflicht zur Erstellung (§ 23 Abs. 1 Satz 1 VermAnlG)

Der Emittent, der nicht verpflichtet ist, nach den Vorschriften des HGB einen Jahresabschluss offenzulegen (siehe oben Rz. 5 ff.), hat für den Schluss eines jeden Geschäftsjahres einen **Jahresbericht** zu erstellen (§ 23 Abs. 1 Satz 1 VermAnlG). Dieser

9

---

1 RegE Transparenzrichtlinie-Umsetzungsgesetz, BT-Drucks. 16/2498 v. 4.9.2006, S. 1 (43) zu § 37v WpHG.
2 Vgl. § 2 WpPG Rz. 105 mwN.
3 RegE Transparenzrichtlinie-Umsetzungsgesetz, BT-Drucks. 16/2498 v. 4.9.2006, S. 1 (43).
4 Etwa *Hönsch* in Assmann/Uwe H. Schneider, § 37v WpHG Rz. 15.

Jahresbericht muss nach § 23 Abs. 2 Nr. 1 bis 4 VermAnlG mindestens folgende **Bestandteile** aufweisen:

– den nach Maßgabe des § 24 VermAnlG aufgestellten und von einem Abschlussprüfer geprüften **Jahresabschluss** (§ 23 Abs. 2 Nr. 1 VermAnlG);

– den nach Maßgabe des § 24 VermAnlG aufgestellten und von einem Abschlussprüfer geprüften **Lagebericht** (§ 23 Abs. 2 Nr. 2 VermAnlG);

– eine den Vorgaben des § 264 Abs. 2 Satz 3 bzw. des § 289 Abs. 1 Satz 5 des HGB entsprechenden **Erklärung der gesetzlichen Vertreter des Emittenten** der Vermögensanlagen (§ 23 Abs. 2 Nr. 3 VermAnlG) – das ist im *erstgenannten Fall* die Versicherung, dass nach bestem Wissen der Jahresabschluss ein den tatsächlichen Verhältnissen entsprechendes Bild vermittelt, und im *zweitgenannten Fall* die Versicherung, dass nach bestem Wissen im Lagebericht der Geschäftsverlauf einschließlich des Geschäftsergebnisses und die Lage der Gesellschaft so dargestellt sind, dass ein den tatsächlichen Verhältnissen entsprechendes Bild vermittelt wird, und dass die wesentlichen Chancen und Risiken 4 beschrieben sind[1];

– die **Bestätigungen des Abschlussprüfers** nach § 25 VermAnlG (§ 23 Abs. 2 Nr. 4 VermAnlG).

10 Fehlt dem Jahresbericht einer dieser Bestandteile, ist er unvollständig. Dies verletzt die **Ordnungsgeldvorschriften** von § 31 Abs. 1 Sätze 1 und 2 VermAnlG und § 335 Abs. 1 Satz 1 Nr. 1 und 2 HGB und führt zur Einleitung eines Ordnungsgeldverfahrens. Hierzu und zu den Normadressaten dieser Ordnungsgeldvorschriften siehe § 31 VermAnlG Rz. 6 bzw. 4.

b) Einreichungsfrist – Zurverfügungstellung (§ 23 Abs. 1 Satz 1 und Satz 2 VermAnlG)

11 Nach § 23 Abs. 1 Satz 1 VermAnlG ist der für den Schluss eines jeden Geschäftsjahres zu erstellende Jahresbericht spätestens **sechs Monate nach Ablauf des Geschäftsjahres** beim Betreiber des Bundesanzeigers elektronisch **einzureichen** sowie den Anlegern auf Anforderung **zur Verfügung zu stellen**. Anders als etwa in § 37w Abs. 1 Satz 1 WpHG für den Halbjahresfinanzbericht vorgesehen, den ein Unternehmen, das als Inlandsemittent Aktien oder Schuldtitel begibt, anzufertigen und der Öffentlichkeit zur Verfügung zu stellen hat, muss der Jahresbericht nicht unverzüglich eingereicht werden. Vielmehr genügt es, wenn bei dem Betreiber des Bundesanzeigers der Jahresbericht **vor Ablauf der Sechsmonatsfrist eingeht**. Erst mit seiner Einrei-

---

[1] Art. 9 Abs. 3 Nr. 1 des Referentenentwurfs des Bundesministeriums der Justiz und für Verbraucherschutz eines Gesetzes zur Stärkung der nichtfinanziellen Berichterstattung der Unternehmen in ihren Lage- und Konzernlageberichten (CSR-Richtlinie-Umsetzungsgesetz), abrufbar unter https://www.bmjv.de/SharedDocs/Gesetzgebungsverfahren/Dokumente/RefE_CSR-Richtlinie-Umsetzungsgesetz.pdf?__blob=publicationFile&v=1, sah eine Folgeänderung des § 23 Abs. 2 Nr. 3 VermAnlG dergestalt vor, dass – statt wie bisher auf § 289 Abs. 1 Satz 5 HGB – zukünftig auf § 289 Abs. 1 Satz 6 HGB verwiesen werden sollte. Dieser Änderungsvorschlag ist im RegE eines CSR-Richtlinie-Umsetzungsgesetzes, BR-Drucks. 547/16 v. 23.9.2016, entfallen.

chung bei diesem muss der Jahresbericht den Anlegern **zur Verfügung gestellt** werden können. Tatsächlich wird aber vor der Bekanntmachung des Jahresberichts nach § 23 Abs. 3 und 4 VermAnlG eine Anforderung des Jahresberichts durch Anleger nicht zu erwarten sein. Wie der Jahresbericht dem Anleger, der diesen anfordert, zur Verfügung zu stellen ist, regelt die Vorschrift nicht. Sie kann deshalb elektronisch in **Textform** oder durch Zusendung oder Übergabe der Unterlagen in **Papierform** erfolgen[1]. Nicht ausreichend ist es, den Anleger auf die Bekanntmachung im Bundesanzeiger oder eine Web-Adresse (etwa des Emittenten) zu verweisen. Auch in Bezug auf den Jahresbericht hat die Zurverfügungstellung **kostenlos** zu erfolgen[2].

Für den Fall, dass die Feststellung des Jahresabschlusses oder dessen Prüfung oder die Prüfung des Lageberichts binnen der **in § 23 Abs. 1 Satz 1 VermAnlG genannten Frist** (siehe oben Rz. 11) **nicht möglich** ist, bestimmt § 23 Abs. 1 Satz 2 Halbsatz 1 VermAnlG, § 328 Abs. 1 Nr. 1 Satz 2 und Nr. 2 HGB seien entsprechend anzuwenden. Die fehlenden Angaben zur Feststellung oder der Bestätigungsvermerk bzw. der Vermerk über dessen Versagung sind dann gemäß **§ 23 Abs. 1 Satz 2 Halbsatz 2 VermAnlG** binnen spätestens neun Monate nach Ablauf des Geschäftsjahres nachzureichen und nach § 23 Abs. 3 VermAnlG bekannt machen zu lassen.

12

Der **Verweis** in § 23 Abs. 1 Satz 2 Halbsatz 1 VermAnlG auf § 328 Abs. 1 Nr. 1 Satz 2 und Nr. 2 HGB **geht allerdings ins Leere**, weil § 23 Abs. 1 Satz 1 VermAnlG nicht an die Änderungen des § 325 Abs. 1 HGB und des § 328 HGB in Gestalt der Änderung von dessen Abs. 1 und der Einfügung eines neuen Abs. 1a durch Art. 1 Nr. 45 lit. a bzw. Nr. 48 des Bilanzrichtlinie-Umsetzungsgesetzes vom 17.7.2015[3] angepasst wurde. Bei der vorstehend angeführten Änderung des § 328 HGB handelt es sich um eine Klarstellung in Folge der Änderung des § 325 Abs. 1 (namentlich Satz 5) HGB[4], die für den Jahresabschluss, den Bestätigungsvermerk bzw. den Vermerk über dessen Versagung sowie für den Lagebericht zwingend eine Einreichungsfrist von maximal zwölf Monaten nach dem Stichtag des Jahresabschlusses vorsieht und damit keinen Raum mehr für die Sonderregelung des § 328 Abs. 1 HGB ließ[5]. Das mag dem Umstand geschuldet sein, dass unter anderem § 325 und § 328 HGB in der Fassung des Bilanzrichtlinie-Umsetzungsgesetzes vom 17.7.2015 nach Art. 75 Abs. 1 Satz 1 EGHGB erstmals auf Jahres- und Konzernabschlüsse sowie Lage- und Konzernlageberichte für das nach dem 31.12.2015 beginnende Geschäftsjahr anzuwenden sind, so dass es auch für Jahresberichte betreffend Geschäftsjahre iS des § 23 Abs. 1 Satz 1 Verm-

13

---

1 Siehe die Ausführungen zur entsprechenden Bestimmung in § 15 Abs. 2 Satz 1 VermAnlG betreffend die Zurverfügungstellung des Vermögensanlagen-Informationsblatts in § 15 VermAnlG Rz. 20.
2 Siehe dazu die entsprechenden Ausführungen zu § 15 VermAnlG Rz. 20.
3 BGBl. I 2015, S. 1245.
4 § 325 Abs. 1 Satz 5 HGB vor seiner Änderung durch Art. 1 Nr. 45 lit. a des Bilanzrichtlinie-Umsetzungsgesetzes vom 17.7.2015 (BGBl. I 2015, S. 1245) mit Wirkung vom 23.7.2015 lautete: „Werden zur Wahrung der Frist nach Satz 2 oder Absatz 4 Satz 1 der Jahresabschluss und der Lagebericht ohne die anderen Unterlagen eingereicht, sind der Bericht und der Vorschlag nach ihrem Vorliegen, die Beschlüsse nach der Beschlussfassung und der Vermerk nach der Erteilung unverzüglich einzureichen".
5 Siehe RegE Bilanzrichtlinie-Umsetzungsgesetz, BR-Drucks. 23/15 v. 23.1.2015, 1 (96).

AnlG, die vor dem 31.12.2015 begannen, auf jeden Fall bei der Anwendung der Vorschriften in der Fassung vor ihrer Änderung durch das Bilanzrichtlinie-Umsetzungsgesetz (siehe den Text dieser Vorschriften unten Rz. 15) bleibt.

14 Das lässt allerdings die Frage offen, ob für Jahresberichte betreffend ein Geschäftsjahr, das nach dem 31.12.2015 begann, die Neuregelung in §§ 325, 328 HGB gelten soll, die – unabhängig davon, ob ein Jahresabschlusses noch nicht festgestellt oder ein Jahresabschluss oder Lagebericht noch nicht geprüft werden konnte – eine Offenlegung derselben binnen Jahresfrist verlangt und keine Sonderregelung iS des § 328 Abs. 1 Nr. 2 HGB aF mehr kennt. Das ist zu bejahen, mit der Folge, dass § 23 Abs. 1 Satz 2 VermAnlG im Hinblick auf Jahresberichte für Geschäftsjahre, die nach dem 31.12.2015 begannen, nicht mehr anwendbar ist. § 23 Abs. 1 Satz 2 VermAnlG ist ganz ersichtlich von der früheren Sonderregelung in §§ 325 Abs. 1 Satz 5, § 328 Abs. 1 Nr. 2 HGB geprägt, deren Wegfall aber auch ihr den Boden entzieht. Sollte der Gesetzgeber gleichwohl an der bisherigen Regelung festhalten wollen, was wegen der gegenüber der Zwölfmonatsfrist nach § 325 Abs. 1a Satz 1 HGB deutlich kürzeren Sechsmonatsfrist nach § 23 Abs. 1 Satz 1 VermAnlG bedenkenswert ist, bedürfte dies einer entsprechenden Regelung, die es nicht bei dem Verweis auf dann so nicht mehr existierende Regelungen in §§ 325, 328 HGB belassen kann. Ein Festhalten an der bisherigen Regelung stünde keineswegs in Widerspruch zur Änderung des § 325 Abs. 1 HGB und der auf dieser beruhenden Folgeänderung des § 328 Abs. 1 HGB, da Art. 30 Abs. 1 der Richtlinie 2013/34/EU, der mit diesen Änderungen umgesetzt werden sollte[1], die in § 23 Abs. 1 Satz 1 VermAnlG geregelte Pflicht eines Emittenten von Vermögensanlagen zur Erstellung und Bekanntmachung eines Jahresberichts nicht erfasst. Der Gesetzgeber ist daher frei, zu entscheiden, ob er eine Anpassung von § 23 Abs. 1 Satz 2 VermAnlG an die Neuregelung der §§ 325 Abs. 1, 328 Abs. 1 HGB für sinnvoll hält oder es bei der bisherigen Regelung für Jahresberichte belassen will.

15 Der auf jeden Fall noch auf Jahresberichte für Geschäftsjahre, die vor dem 31.12.2015 begannen, anwendbare **§ 328 Abs. 1 HGB aF** – dh. in der bei der Einführung des VermAnlG Gesetzes zur Novellierung des Finanzanlagenvermittler- und Vermögensanlagenrechts vom 6.12.2011[2] und bis zu dessen Änderung durch Art. 1 Nr. 48 des Bilanzrichtlinie-Umsetzungsgesetzes vom 17.7.2015[3] mit Wirkung vom 23.7.2015 geltenden Fassung – lautet[4]:

„(1) Bei der vollständigen oder teilweisen Offenlegung des Jahresabschlusses, des Einzelabschlusses nach § 325 Abs. 2a oder des Konzernabschlusses und bei der Veröffentlichung oder Vervielfältigung in anderer Form auf Grund des Gesellschaftsvertrags oder der Satzung sind die folgenden Vorschriften einzuhalten:

1. Abschlüsse sind so wiederzugeben, daß sie den für ihre Aufstellung maßgeblichen Vorschriften entsprechen, soweit nicht Erleichterungen nach §§ 326, 327 in Anspruch genommen werden oder eine Rechtsverordnung des Bundesministeriums der Justiz nach

---

1 Siehe RegE Bilanzrichtlinie-Umsetzungsgesetz, BR-Drucks. 23/15 v. 23.1.2015, 1 (94).
2 BGBl. I 2011, S. 2481.
3 BGBl. I 2015, S. 1245.
4 Die Vorschriften, auf die § 23 Abs. 1 Satz 2 Halbsatz 1 VermAnlG verweist, dh. § 328 Abs. 1 Nr. 1 Satz 2 und Nr. 2 HGB, sind hervorgehoben.

Absatz 4 hiervon Abweichungen ermöglicht; sie haben in diesem Rahmen vollständig und richtig zu sein. *Ist der Abschluss festgestellt oder gebilligt worden, so ist das Datum der Feststellung oder Billigung anzugeben.* Wurde der Abschluss auf Grund gesetzlicher Vorschriften durch einen Abschlußprüfer geprüft, so ist jeweils der vollständige Wortlaut des Bestätigungsvermerks oder des Vermerks über dessen Versagung wiederzugeben; wird der Jahresabschluß wegen der Inanspruchnahme von Erleichterungen nur teilweise offengelegt und bezieht sich der Bestätigungsvermerk auf den vollständigen Jahresabschluß, so ist hierauf hinzuweisen.

2. Werden der Jahresabschluß oder der Konzernabschluß zur Wahrung der gesetzlich vorgeschriebenen Fristen über die Offenlegung vor der Prüfung oder Feststellung, sofern diese gesetzlich vorgeschrieben sind, oder nicht gleichzeitig mit beizufügenden Unterlagen offengelegt, so ist hierauf bei der Offenlegung hinzuweisen."

3. Veranlassung der Bekanntmachung (§ 23 Abs. 3 VermAnlG)

Nach § 23 **Abs. 3 Satz 1** VermAnlG hat der Emittent der Vermögensanlagen den Jahresbericht unverzüglich nach der elektronischen Einreichung im Bundesanzeiger (Abs. 1 Satz 1) **bekannt machen zu lassen**. Das soll entsprechend der handelsrechtlichen Vorschriften zur Bekanntmachung eines Jahresabschlusses vonstatten gehen[1].

Dementsprechend erklärt § 23 **Abs. 3 Satz 2** VermAnlG die Vorschriften des § 325 Abs. 1 Satz 6, Abs. 2–2b, 5 und 6 sowie die Bestimmungen der §§ 328 und 329 Abs. 1, 2 und 4 HGB für entsprechend anwendbar. Dabei geht der **Verweis auf § 325 Abs. 1 Satz 6 HGB** (aF)[2] aufgrund der Änderungen des § 325 Abs. 1 HGB durch das Bilanzrichtlinie-Umsetzungsgesetz ins Leere. Wie sich aus dem Regierungsentwurf eines Gesetzes zur Stärkung der nichtfinanziellen Berichterstattung der Unternehmen in ihren Lage- und Konzernlageberichten (CSR-Richtlinie-Umsetzungsgesetz)[3] ergibt, handelt es sich bei diesem Verweis um ein Redaktionsversehen, das durch Änderung des § 23 Abs. 3 Satz 2 VermAnlG in Gestalt des Verweises auf § 325 Abs. 1 Satz 2 VermAnlG korrigiert werden soll[4]. Nach § 325 Abs. 1 Satz 2 HGB ist der Jahresabschluss elektronisch beim Betreiber des Bundesanzeigers in einer Form einzureichen, die seine Bekanntmachung ermöglicht.

Durch den **Verweis auf § 329 Abs. 1, 2 und 4 HGB** soll „an das bewährte Verfahren" angeknüpft werden, mit dem „sichergestellt wird, dass eine Prüfungsinstanz auf der Grundlage des § 329 des Handelsgesetzbuchs die **fristgerechte Übermittlung und die Vollzähligkeit der übermittelten Unterlagen prüft** und in die Lage versetzt ist,

---

[1] RegE Gesetz zur Novellierung des Finanzanlagenvermittler- und Vermögensanlagenrechts, BT-Drucks. 17/6051 v. 6.6.2011, S. 1 (38).
[2] Die Vorschrift lautete: „Wird der Jahresabschluss bei nachträglicher Prüfung oder Feststellung geändert, ist auch die Änderung nach Satz 1 einzureichen".
[3] BR-Drucks. 547/16 v. 23.9.2016, 1 (73).
[4] Art. 9 Abs. 3 Nr. 1 RegE CSR-Richtlinie-Umsetzungsgesetz, BR-Drucks. 547/16 v. 23.9.2016, 1 (22).

bei Verstößen das Verfahren nach § 31 [VermAnlG] (Ordnungsgeldverfahren durch das Bundesamt für Justiz) zu initiieren"[1].

19 Die Pflicht nach § 23 Abs. 3 VermAnlG, den Jahresbericht unverzüglich nach der elektronischen Einreichung im Bundesanzeiger bekannt machen zu lassen, ist **ordnungsgeldbewehrt** (§ 31 Abs. 1 Sätze 1 und 2 VermAnlG; siehe unten Rz. 21).

4. Bekanntmachung im Unternehmensregister (§ 23 Abs. 4 VermAnlG)

20 Nach § 23 **Abs. 4 Halbsatz 1** VermAnlG ist die Bekanntmachung nach Abs. 3 über die Internetseite des vom Bundesministerium der Justiz und für Verbraucherschutz elektronisch geführten Unternehmensregisters (§§ 8b Abs. 1, 9a HGB) zugänglich zu machen. Um in das Unternehmensregister eingestellt werden zu können bestimmt § 23 **Abs. 4 Halbsatz 2** VermAnlG, dass der Betreiber des Bundesanzeigers die der Bekanntmachung nach Abs. 3 zugrunde liegenden Unterlagen – in entsprechender Anwendung von § 8b Abs. 3 Satz 1 Nr. 1 HGB – an das Unternehmensregister zu übermitteln hat.

III. Ordnungsgeld

21 Die Einhaltung der Pflichten nach § 23 Abs. 1 und Abs. 3 VermAnlG – dh. die Pflicht, einen Jahresbericht zu erstellen und spätestens sechs Monate nach Ablauf des Geschäftsjahres beim Betreiber des Bundesanzeigers elektronisch einzureichen sowie den Anlegern auf Anforderung zur Verfügung zu stellen, bzw. die Pflicht, den Jahresbericht unverzüglich nach der elektronischen Einreichung im Bundesanzeiger bekannt machen zu lassen – ist **ordnungsgeldbewehrt** (§ 31 Abs. 1 Sätze 1 und 2 VermAnlG). Zu den hier einschlägigen Ordnungsgeldtatbeständen und ihren Normadressaten siehe § 31 VermAnlG Rz. 6 bzw. Rz. 4; zum Ordnungsgeldverfahren siehe § 31 VermAnlG Rz. 9 ff.

IV. Übergangsvorschriften

22 § 32 Abs. 3 und Abs. 6 VermAnlG enthalten Übergangsvorschriften zu den verschiedenen Fassungen des § 23 VermAnlG (siehe oben Rz. 3). Siehe dazu die Ausführungen in § 32 VermAnlG Rz. 10 und 29 f. Zu der im Hinblick auf die in Art. 9 Abs. 3 Nr. 1 des Regierungsentwurfs eines CSR-Richtlinie-Umsetzungsgesetzes vorgesehene Änderung des § 23 Abs. 3 Satz 2 VermAnlG (siehe oben Rz. 17) enthält Art. 9 Abs. 3 Nr. 2 des Regierungsentwurfs eine entsprechende Übergangsvorschrift in Gestalt eines neuen § 32 Abs. 14 VermAnlG (siehe dazu § 32 VermAnlG Rz. 31).

---

1 RegE Gesetz zur Novellierung des Finanzanlagenvermittler- und Vermögensanlagenrechts, BT-Drucks. 17/6051 v. 6.6.2011, S. 1 (38), Hervorhebung hinzugefügt.

§ 24
Inhalt von Jahresabschlüssen und Lageberichten

(1) Alle Emittenten von Vermögensanlagen mit Sitz im Inland haben für den Jahresabschluss die Bestimmungen des Ersten Unterabschnitts des Zweiten Abschnitts des Dritten Buches des Handelsgesetzbuchs und für den Lagebericht die Bestimmungen des § 289 des Handelsgesetzbuchs einzuhalten; Emittenten von Vermögensanlagen haben den Jahresabschluss um eine Kapitalflussrechnung zu erweitern; dies gilt nicht für Emittenten, die die Einstufung als klein im Sinne des § 267 des Handelsgesetzbuchs erfüllen. § 264 Absatz 1 Satz 4 Halbsatz 1, Absatz 3, 4 und § 264b des Handelsgesetzbuchs sind nicht anzuwenden. Der Lagebericht hat zusätzlich die folgenden Angaben zu enthalten:

1. die Gesamtsumme der im abgelaufenen Geschäftsjahr gezahlten Vergütungen, aufgeteilt in feste und variable vom Emittenten von Vermögensanlagen gezahlte Vergütungen, die Zahl der Begünstigten und gegebenenfalls die vom Emittenten der Vermögensanlagen gezahlten besonderen Gewinnbeteiligungen sowie

2. die Gesamtsumme der im abgelaufenen Geschäftsjahr gezahlten Vergütungen, aufgeteilt nach Führungskräften und Mitarbeitern, deren berufliche Tätigkeit sich wesentlich auf das Risikoprofil des Emittenten von Vermögensanlagen auswirkt.

Für den letzten Jahresabschluss und Lagebericht des Emittenten von Vermögensanlagen vor dem öffentlichen Angebot von Vermögensanlagen sind die Sätze 1 bis 3 und § 23 entsprechend anzuwenden. Wurde der Emittent weniger als 18 Monate vor der Einreichung eines Verkaufsprospekts zur Billigung nach § 8 gegründet und hat er noch keinen Jahresabschluss und keinen Lagebericht erstellt, sind in den Verkaufsprospekt aktuelle und zukünftige Finanzinformationen nach Maßgabe der nach § 7 Absatz 3 erlassenen Rechtsverordnung aufzunehmen.

(2) Handelt es sich bei dem Emittenten der Vermögensanlagen um eine Personenhandelsgesellschaft oder das Unternehmen eines Einzelkaufmanns, dürfen das sonstige Vermögen der Gesellschafter oder des Einzelkaufmanns (Privatvermögen) nicht in die Bilanz und die auf das Privatvermögen entfallenden Aufwendungen und Erträge nicht in die Gewinn- und Verlustrechnung aufgenommen werden.

(3) Emittenten von Vermögensanlagen mit Sitz in einem anderen Mitgliedstaat der Europäischen Union oder in einem anderen Vertragsstaat des Abkommens über den Europäischen Wirtschaftsraum haben für den Jahresabschluss die gleichwertigen, dort jeweils für Kapitalgesellschaften geltenden Rechnungslegungsvorschriften anzuwenden. Hat der Emittent nach den dortigen Vorschriften einen Lagebericht zu erstellen, sind auch insoweit die dort jeweils für Kapitalgesellschaften geltenden Vorschriften anzuwenden. Der Lagebericht muss zusätzlich die in Absatz 1 Satz 3 genannten Angaben enthalten. Sieht das dortige Recht keine Erstellung eines Lageberichts vor, können die Angaben nach Ab-

satz 1 Satz 3 auch in den Jahresabschluss aufgenommen oder in einer gesonderten Erklärung beigefügt werden. Absatz 1 Satz 4 und 5 ist entsprechend anzuwenden. Ist der Jahresabschluss oder der Lagebericht, den ein Emittent gemäß den nach Satz 1 bis 4 anwendbaren Vorschriften zu erstellen hat, nicht in deutscher Sprache verfasst, ist eine Übersetzung in die deutsche Sprache beizufügen.

(4) Emittenten von Vermögensanlagen mit Sitz außerhalb der Mitgliedstaaten der Europäischen Union und der anderen Vertragsstaaten des Abkommens über den Europäischen Wirtschaftsraum haben einen Jahresabschluss und einen Lagebericht nach den in Deutschland geltenden, auf Kapitalgesellschaften anzuwendenden Rechnungslegungsvorschriften in deutscher Sprache zu erstellen. Die Absätze 1 und 2 sind entsprechend anzuwenden.

(5) Die Bundesanstalt kann eine Prüfung der Rechnungslegung von Emittenten von Vermögensanlagen anordnen, soweit konkrete Anhaltspunkte, insbesondere auf Grund von Eingaben Dritter, für einen Verstoß gegen Rechnungslegungsvorschriften vorliegen. Die Bundesanstalt kann Schwerpunkte für die einzelne Prüfung festlegen; der Umfang der einzelnen Prüfung soll in der jeweiligen Prüfungsanordnung festgelegt werden. Zur Durchführung der Prüfung bestellt die Bundesanstalt andere Einrichtungen und Personen; sie kann an der Prüfung teilnehmen. § 37o Absatz 2 des Wertpapierhandelsgesetzes findet entsprechende Anwendung. Eine Prüfung findet auch dann nicht statt, wenn ein Verfahren nach § 342b Absatz 2 des Handelsgesetzbuchs oder nach § 37o des Wertpapierhandelsgesetzes anhängig ist, soweit der Gegenstand des Bilanzkontrollverfahrens reicht.

(6) Der Emittent einer Vermögensanlage, die Mitglieder seiner Organe, seine Beschäftigten sowie seine Abschlussprüfer haben den Einrichtungen und Personen, derer sich die Bundesanstalt bei der Durchführung ihrer Aufgaben bedient, und der Bundesanstalt auf Verlangen Auskünfte zu erteilen und Unterlagen vorzulegen, soweit dies zur Prüfung erforderlich ist; die Auskunftspflicht der Abschlussprüfer beschränkt sich auf Tatsachen, die ihnen im Rahmen der Abschlussprüfung bekannt geworden sind. Satz 1 gilt auch hinsichtlich Konzernunternehmen sowie abhängigen oder herrschenden Unternehmen. Für das Recht zur Auskunftsverweigerung und die Belehrungspflicht gilt § 19 Absatz 3 entsprechend. Die zur Auskunft und Vorlage von Unterlagen Verpflichteten haben den Bediensteten der Bundesanstalt oder den von ihr beauftragten Personen, soweit dies zur Wahrnehmung ihrer Aufgaben erforderlich ist, während der üblichen Arbeitszeit das Betreten ihrer Grundstücke und Geschäftsräume zu gestatten. § 4 Absatz 4 Satz 2 des Wertpapierhandelsgesetzes gilt entsprechend. Das Grundrecht der Unverletzlichkeit der Wohnung (Artikel 13 des Grundgesetzes) wird insoweit eingeschränkt.

(7) Die Einrichtungen und Personen, derer sich die Bundesanstalt bei der Durchführung der Prüfung bedient, haben der Bundesanstalt unverzüglich nach Abschluss der Prüfung schriftlich oder elektronisch über das Ergebnis der Prüfung zu berichten. In den Bericht sind alle Tatsachen aufzunehmen, deren Kenntnis zur Beurteilung des zu prüfenden Vorgangs durch die Bundesanstalt erforderlich ist. Der Bericht ist zu unterzeichnen. Die von der Bundesanstalt zur Durchführung der Prüfung bestellten Einrichtungen und Personen haben Anspruch auf

Ersatz angemessener barer Auslagen und auf Vergütung ihrer Tätigkeit. Die Bundesanstalt kann gegenüber dem Emittenten die Auslagen und die Vergütung des Prüfers festsetzen. § 323 des Handelsgesetzbuchs gilt entsprechend.

(8) Die Bundesanstalt hat Tatsachen, die den Verdacht einer Ordnungswidrigkeit oder einer Straftat im Zusammenhang mit der Rechnungslegung eines Emittenten von Vermögensanlagen begründen, den für die Verfolgung zuständigen Behörden anzuzeigen. Tatsachen, die auf das Vorliegen einer Berufspflichtverletzung durch den Abschlussprüfer schließen lassen, übermittelt die Bundesanstalt der Wirtschaftsprüferkammer.

In der Fassung vom 6.12.2011 (BGBl. I 2011, S. 2481), zuletzt geändert durch das Kleinanlegerschutzgesetz vom 3.7.2015 (BGBl. I 2015, S. 1114).

Schrifttum: Siehe Einl. VermAnlG und das allgemeine Schrifttumsverzeichnis.

I. Regelungsgegenstand und Normentwicklung 1	4. Jahresabschlüsse und Lageberichte von Emittenten mit Sitz in einem Drittstaat (§ 24 Abs. 4 VermAnlG) 20
II. Anforderungen an den Inhalt von Jahresabschlüssen und Lageberichten (§ 24 Abs. 1–4 VermAnlG) . . 5	III. Prüfung der Rechnungslegung (§ 24 Abs. 5–8 VermAnlG) 22
1. Jahresabschlüsse und Lageberichte von Inlandsemittenten (§ 24 Abs. 1 VermAnlG)	1. Anlass und Anordnung der Prüfung (§ 24 Abs. 5 Sätze 1, 2, 4 und 5 VermAnlG) 23
a) Regel (§ 24 Abs. 1 Satz 1 VermAnlG) 6	a) Voraussetzungen der Anordnung 24
b) Nicht anwendbare Vorschriften (§ 24 Abs. 1 Satz 2 VermAnlG) 9	b) Anordnung 26
c) Zusätzliche Angaben für den Lagebericht (§ 24 Abs. 1 Satz 3 VermAnlG) 10	2. Prüfungsdurchführung (§ 24 Abs. 5 Satz 3, Abs. 6 und Abs. 7 VermAnlG)
	a) Durchführung durch Dritte (§ 24 Abs. 5 Satz 3 VermAnlG) 31
d) Jahresabschlüsse und Lageberichte vor und nach dem öffentlichen Angebot (§ 24 Abs. 1 Satz 4 VermAnlG) 12	b) Rechte der BaFin und der mit Prüfung Betrauten (§ 24 Abs. 6 VermAnlG) 33
e) Freistellung junger Emittenten (§ 24 Abs. 1 Satz 5 VermAnlG) 13	(1) Auskunfts- und Vorlagerecht (§ 24 Abs. 6 Sätze 1 und 2 VermAnlG) 34
2. Jahresabschlüsse von Inlandsemittenten in Gestalt einer Personenhandelsgesellschaft oder des Unternehmens eines Einzelkaufmanns (§ 24 Abs. 2 VermAnlG) 14	(2) Recht zum Betreten von Grundstücken und Geschäftsräumen (§ 24 Abs. 6 Sätze 4–6 VermAnlG) 40
	c) Berichtspflichten (§ 24 Abs. 7 Sätze 1–3 VermAnlG) 44
3. Jahresabschlüsse und Lageberichte von Emittenten mit Sitz in der EU oder im EWR (§ 24 Abs. 3 VermAnlG) 15	d) Vergütung – Kostentragung (§ 24 Abs. 7 Sätze 5 und 6) 45
	e) Verantwortlichkeit der Prüfer (§ 24 Abs. 7 Satz 6 VermAnlG) 49
	3. Anzeigepflicht der BaFin (§ 24 Abs. 8 VermAnlG) 50

I. Regelungsgegenstand und Normentwicklung

1 Im Hinblick auf ihren Regelungsgehalt unterfällt die Vorschrift in zwei Teile: In ihrem die **Abs. 1–4 umfassenden ersten Teil** (zum zweiten Teil siehe unten Rz. 3) bestimmt sie, welchen **Inhalt** der von einem Emittenten von Vermögensanlagen zu erstellende **Jahresabschluss** – bestehend aus Bilanz und Gewinn- und Verlustrechnung (§ 242 Abs. 3 HGB) – **und Lagebericht** haben muss. Für Emittenten von Vermögensanlagen, die verpflichtet sind, nach den Vorschriften des HGB einen Jahresabschluss offenzulegen, modifiziert und ergänzt die Vorschrift die Anforderungen des HGB an den Inhalt von Jahresabschlüssen und Lageberichten. Emittenten von Vermögensanlagen, die nicht verpflichtet sind, nach den Vorschriften des HGB einen Jahresabschluss offenzulegen, haben nach § 23 Abs. 1 Satz 1 iVm. Abs. 2 Nr. 1 und 2 VermAnlG einen Jahresbericht zu erstellen, der unter anderem aus einem nach Maßgabe des § 24 VermAnlG aufgestellten Jahresabschluss und Lagebericht bestehen muss.

2 Dabei differenziert die Vorschrift im Hinblick auf die Anforderungen, die sie an den Inhalt der Jahresabschlüsse und Lageberichte von Emittenten von Vermögensanlagen stellt, zwischen **vier Emittentengruppen**. Die Bestimmungen des **Abs. 1** betreffen alle Emittenten von Vermögensanlagen mit Sitz im Inland, diejenigen des **Abs. 2** haben inländische Emittenten von Vermögensanlagen zum Gegenstand, bei denen es sich um eine Personenhandelsgesellschaft oder das Unternehmen eines Einzelkaufmanns handelt, und diejenigen des **Abs. 3** bzw. **Abs. 4** beziehen sich auf Emittenten von Vermögensanlagen, die ihren Sitz in einem bzw. außerhalb von einem anderen Mitgliedstaat der Europäischen Union (EU) oder in einem anderen Vertragsstaat des Abkommens über den Europäischen Wirtschaftsraum (EWR) haben. Die Abs. 1–4 sind seit der Einführung des VermAnlG durch Art. 1 des Gesetzes zur Novellierung des Finanzanlagenvermittler- und Vermögensanlagenrechts vom 6.12.2011[1] **nur geringfügig geändert worden**. Zum einen wurde in § 24 Abs. 4 Nr. 3 VermAnlG durch Art. 4 Nr. 3 des Gesetzes zur Änderung der Gewerbeordnung und anderer Gesetze vom 5.12.2012[2] eine reine Rechtschreibekorrektur vorgenommen[3]; und zum anderen – und gewichtiger – wurde der bisherige § 24 Abs. 1 Satz 1 VermAnlG durch Art. 2 Nr. 23 lit. a des **Kleinanlegerschutzgesetzes** vom 3.7.2015[4] um zwei weitere Halbsätze ergänzt, die Emittenten von Vermögensanlagen, mit Ausnahme kleiner Kapitalgesellschaften iS des § 267 Abs. 1 HGB, verpflichten, den Jahresabschluss um eine Kapitalflussrechnung zu erweitern.

3 In ihrem **Abs. 5–8** umfassenden **zweiten Teil** wird „mit der Einführung der Möglichkeit von Sonderprüfungen … die bereits im Vermögensanlagengesetz angelegte **Kontrolle der Rechnungslegung** durch den Abschlussprüfer des Emittenten von Vermögensanlagen ergänzt"[5]. Zu aktienrechtlichen Sonderprüfungen und Nichtig-

---

[1] BGBl. I 2011, S. 2481.
[2] BGBl. I 2012, S. 2415.
[3] Durch diese wurde in Abs. 4 Satz 1 das Wort „Rechungslegungsvorschriften" durch das Wort „Rechnungslegungsvorschriften" ersetzt.
[4] BGBl. I 2015, S. 1114.
[5] RegE Kleinanlegerschutzgesetz, BT-Drucks. 18/3994 v. 11.2.2015, S. 1 (50).

keitsklagen sowie dem Bilanzkontrollverfahren nach dem HGB und dem WpHG und dem Verhältnis der Sonderprüfung nach § 24 Abs. 5–7 VermAnlG zu denselben siehe die Regelung in § 24 Abs. 5 Sätze 4 und 5 VermAnlG und unten Rz. 27 f. Nach **Abs. 5** kann die BaFin eine Prüfung der Rechnungslegung von Emittenten von Vermögensanlagen anordnen, soweit konkrete Anhaltspunkte für einen Verstoß gegen Rechnungslegungsvorschriften vorliegen. Zur Durchführung der Prüfung bestellt die BaFin nach § 24 Abs. 5 Satz 3 VermAnlG andere Einrichtungen und Personen, die dazu – neben der BaFin – nach **Abs. 6** von den in dieser Bestimmung angeführten Personen Auskünfte und die Vorlage von Unterlagen verlangen können, nach Maßgabe der Vorschrift deren Grundstücke und Geschäftsräume betreten dürfen und die der BaFin nach **Abs. 7** unverzüglich nach Abschluss der Prüfung schriftlich oder elektronisch über das Ergebnis der Prüfung zu berichten haben. **Abs. 8** verpflichtet die BaFin, Tatsachen, die den Verdacht einer Ordnungswidrigkeit oder einer Straftat im Zusammenhang mit der Rechnungslegung eines Emittenten von Vermögensanlagen begründen, den für die Verfolgung zuständigen Behörden anzuzeigen. **Abs. 5–8** wurden durch Art. 2 Nr. 23 lit. b des **Kleinanlegerschutzgesetzes** vom 3.7.2015[1] in die Vorschrift **eingefügt**.

Bei der Anwendung der Vorschrift sind die **Übergangsvorschriften** in § 32 Abs. 3 VermAnlG zu beachten.

II. Anforderungen an den Inhalt von Jahresabschlüssen und Lageberichten (§ 24 Abs. 1–4 VermAnlG)

Wie bereits (in Rz. 2) angeführt, differenziert die Vorschrift hinsichtlich der Anforderungen, die sie an den Inhalt der Jahresabschlüsse und Lageberichte von Emittenten von Vermögensanlagen stellt, zwischen vier Emittentengruppen.

1. Jahresabschlüsse und Lageberichte von Inlandsemittenten (§ 24 Abs. 1 VermAnlG)

a) Regel (§ 24 Abs. 1 Satz 1 VermAnlG)

Zur ersten Gruppe von Emittenten gehören – gemäß der Umschreibung in § 24 **Abs. 1 Satz 1 Halbsatz 1** VermAnlG – **alle Emittenten von Vermögensanlagen mit Sitz im Inland** (Inlandsemittenten). Als **Sitz** von Gesellschaften ist der in der Satzung[2] bzw. dem Gesellschaftsvertrag angegebene Sitz des Emittenten anzusehen, in Ermangelung einer solchen Angabe der effektive Verwaltungssitz, dh. der Ort, an dem die grundlegenden Entscheidungen der Unternehmensleitung effektiv in laufende Geschäftsführungsakte umgesetzt werden. Bei Personen ist, wenn es sich um Kaufleute handelt, der ins Handelsregister eingetragene Ort der Handelsniederlassung und die inländische Geschäftsanschrift (§ 29 HGB), ansonsten der Wohnsitz iS des Ortes, an dem sich die Person ständig niederlässt (vgl. § 7 Abs. 1 HGB) als

---
[1] BGBl. I 2015, S. 1114.
[2] Vgl. Voraufl., § 2 WpPG Rz. Rz. 80 mwN; § 23 VermAnlG Rz. 7.

Sitz zu behandeln. Fehlt es im Falle von Kaufleuten iS von § 1 HGB an einer Eintragung, ist Ort der Handelsniederlassung der Ort, an dem auf Dauer die Verwaltung des Unternehmens eingerichtet ist[1].

7 Alle Inlandsemittenten haben gemäß § 24 **Abs. 1 Satz 1 Halbsatz 1** VermAnlG für den **Jahresabschluss** die Bestimmungen des Ersten Unterabschnitts des Zweiten Abschnitts des Dritten Buches des Handelsgesetzbuchs, dh. die Bestimmungen der §§ 264–289a HGB, und für den **Lagebericht** die Bestimmungen des § 289 HGB einzuhalten. Das gilt sowohl im Hinblick auf den letzten Jahresabschluss und Lagebericht des Emittenten von Vermögensanlagen vor dem öffentlichen Angebot derselben als auch für dessen darauf folgende Jahresabschlüsse und Lageberichte (§ 24 Abs. 1 Satz 4 VermAnlG; siehe dazu unten Rz. 12). Die sich aus § 24 Abs. 1 Satz 1 Halbsatz 1 VermAnlG ergebende Pflicht gilt für **alle Inlandsemittenten** und damit gleichermaßen für Personen und Gesellschaften (§ 1 Abs. 3 VermAnlG) und für Gesellschaften unabhängig von ihrer Rechtsform und Größe. Letzteres bedeutet, dass auch ein Emittent, der eine **kleine Kapitalgesellschaft** iS des § 267 Abs. 1 HGB ist, eine Gewinn- und Verlustrechnung als Bestandteil des Jahresabschlusses (§ 242 Abs. 3, 264 Abs. 1 Satz 1 Halbsatz 1 HGB) und – abweichend von der Bestimmung des § 264 Abs. 1 Satz 4 HGB – einen Lagebericht offenlegen muss, was sich im Übrigen auch aus (der Klarstellung in) § 24 Abs. 1 Satz 2 VermAnlG ergibt, der § 264 Abs. 1 Satz 4 Halbsatz 1 HGB für nicht anwendbar erklärt. Der **Lagebericht** des Inlandsemittenten hat, über § 289 HGB hinaus, zusätzlich die **von § 24 Abs. 1 Satz 3 VermAnlG verlangten Angaben** zu enthalten (siehe unten Rz. 10).

8 § 24 **Abs. 1 Satz 1 Halbsatz 2** VermAnlG verpflichtet alle Inlandsemittenten, den Jahresabschluss um eine **Kapitalflussrechnung** zu erweitern. **Ausgenommen** davon sind nach § 24 **Abs. 1 Satz 1 Halbsatz 3** VermAnlG lediglich der Emittent, der kleine Kapitalgesellschaft iS des § 267 Abs. 1 HGB ist. Die Adressatenbezeichnung „Emittenten von Vermögensanlagen" in § 24 Abs. 1 Satz 1 Halbsatz 2 VermAnlG ist verwirrend. Sie legt nahe, die Regelung gelte schlechterdings für alle Emittenten iS von § 24 Abs. 1 Satz 3 VermAnlG, dh. für alle Personen und Gesellschaften und unabhängig deren Sitz und im Hinblick auf Gesellschaften von deren Rechtsform. Die Systematik der Abs. 1–4 mit pro Absatz jeweils anderen Adressatengruppen sowie der Umstand, dass die Vorschriften zu anderen Adressatengruppen diese und andere Bestimmungen des Abs. 1 für entsprechend anwendbar erklären, spricht indes dafür, dass die Adressaten auch von § 24 Abs. 1 Satz 1 Halbsatz 2 VermAnlG Inlandsemittenten sein und erst Kraft Verweises auf alle anderen „Emittenten von Vermögensanlagen" Anwendung finden sollen. Die auf das Kleinanlegerschutzgesetz vom 3.7.2015 (siehe oben Rz. 2) zurückgehenden Bestimmungen von § 24 Abs. 1 Satz 1 Halbsätze 2 und 3 VermAnlG sollen die **Kapitalflussrechnung** als verbreitet genutztes Analyseinstrument zur Finanzlage eines Unternehmens in den Jahresabschlüssen größerer Emittenten vorsehen und nicht – wie bisher nach § 264 Abs. 1 Satz 2 HGB – auf kapital-

---

1 *Krafka* in MünchKomm. HGB, 4. Aufl. 2016, § 29 HGB Rz. 8.

marktorientierte Kapitalgesellschaften iS des § 264d HGB, die nicht zur Aufstellung eines Konzernabschlusses verpflichtet sind, beschränken[1].

b) Nicht anwendbare Vorschriften (§ 24 Abs. 1 Satz 2 VermAnlG)

Nach **§ 24 Abs. 1 Satz 2 VermAnlG nicht anzuwenden** sind die nachfolgenden Regelungen des HGB:

- § 264 Abs. 1 Satz 4 Halbsatz 1 HGB, demzufolge kleine Kapitalgesellschaften iS des § 267 Abs. 1 HGB keinen Lagebericht aufzustellen brauchen (siehe oben Rz. 7).
- § 264 Abs. 3 HGB, demzufolge eine Kapitalgesellschaft, die als Tochterunternehmen in den Konzernabschluss eines Mutterunternehmens mit Sitz in einem Mitgliedstaat der Europäischen Union oder einem anderen Vertragsstaat des Abkommens über den Europäischen Wirtschaftsraum einbezogen ist, „die Vorschriften dieses Unterabschnitts und des Dritten und Vierten Unterabschnitts dieses Abschnitts" nicht anzuwenden braucht, dh. der §§ 264–289a HGB über den Jahresabschluss und den Lagebericht der Kapitalgesellschaft, der §§ 316–324a HGB über die Prüfung des Jahresabschlusses und des Lageberichts von Kapitalgesellschaften, die nicht kleine iS des § 267 Abs. 1 HGB sind, und der §§ 325–329 HGB über die Offenlegung des Jahresabschlusses, des Lageberichts und des Bestätigungsvermerks oder des Vermerk über dessen Versagung.
- § 264 Abs. 4 HGB, der eine Rückausnahme zur vorstehend dargelegten Regelung des § 264 Abs. 3 HGB für den Fall enthält, dass eine Kapitalgesellschaft das Tochterunternehmen eines Mutterunternehmens ist, welches einen Konzernabschluss nach den Vorschriften des Publizitätsgesetzes aufgestellt hat.
- § 264b HGB, demzufolge eine Personenhandelsgesellschaft iS des § 264a Abs. 1 HGB von der Verpflichtung befreit ist, einen Jahresabschluss und einen Lagebericht nach den Vorschriften dieses Abschnitts aufzustellen, prüfen zu lassen und offenzulegen. Personenhandelsgesellschaft im vorstehenden Sinn kann eine OHG oder KG sein, bei der nicht wenigstens ein persönlich haftender Gesellschafter eine natürliche Person oder eine offene Handelsgesellschaft, Kommanditgesell-

---

1 RegE Kleinanlegerschutzgesetz, BT-Drucks. 18/3994 v. 11.2.2015, S. 1 (49/50). Erläuternd dazu heißt es ebd., S. 50: „Nach Artikel 4 Absatz 1 der Richtlinie 2013/34/EU des Europäischen Parlaments und des Rates vom 26. Juni 2013 über den Jahresabschluss, den konsolidierten Abschluss und damit verbundene Berichte von Unternehmen bestimmter Rechtsformen und zur Änderung der Richtlinie 2006/43/EG des Europäischen Parlaments und des Rates und zur Aufhebung der Richtlinien 78/660/EWG und 83/349/EWG des Rates (ABl. L 182 vom 29.6.2013, S. 19) kann von kleinen Unternehmen in der Rechtsform der Kapitalgesellschaft oder haftungsbeschränkten Personenhandelsgesellschaft allerdings nicht verlangt werden, dass sie ihren Jahresabschluss um eine Kapitalflussrechnung ergänzen. Um eine Ungleichbehandlung von kleinen Kapitalgesellschaften sowie entsprechenden haftungsbeschränkten Personenhandelsgesellschaften einerseits und sonstigen kleinen Unternehmen im Anwendungsbereich des Vermögensanlagengesetzes andererseits zu vermeiden, sollen Unternehmen, die nach ihrer Größe als klein im Sinne des § 267 Absatz 1 des Handelsgesetzbuchs einzustufen sind, unabhängig von ihrer Rechtsform nicht über das geltende Recht hinaus zur Offenlegung einer Kapitalflussrechnung verpflichtet werden."

schaft oder andere Personengesellschaft mit einer natürlichen Person als persönlich haftendem Gesellschafter ist oder sich die Verbindung von Gesellschaften in dieser Art fortsetzt.

c) Zusätzliche Angaben für den Lagebericht (§ 24 Abs. 1 Satz 3 VermAnlG)

10 Über die Anforderungen des § 289 HGB hinaus (§ 24 Abs. 1 Satz 1 Halbsatz 1 VermAnlG; siehe oben Rz. 7) hat der **Lagebericht** eines Inlandsemittenten, **zusätzlich die in § 24 Abs. 1 Satz 3 VermAnlG angeführten Angaben** zu enthalten. Dabei handelt es sich um

– die Gesamtsumme der im abgelaufenen Geschäftsjahr gezahlten Vergütungen, aufgeteilt in feste und variable vom Emittenten von Vermögensanlagen gezahlte Vergütungen, die Zahl der Begünstigten und gegebenenfalls die vom Emittenten der Vermögensanlagen gezahlten besonderen Gewinnbeteiligungen (§ 24 **Abs. 1 Satz 3 Nr. 1** VermAnlG) sowie

– die Gesamtsumme der im abgelaufenen Geschäftsjahr gezahlten Vergütungen, aufgeteilt nach Führungskräften und Mitarbeitern, deren berufliche Tätigkeit sich wesentlich auf das Risikoprofil des Emittenten von Vermögensanlagen auswirkt (§ 24 **Abs. 1 Satz 3 Nr. 4** VermAnlG).

11 Die nach § 24 Abs. 1 Satz 3 Nr. 1 und Nr. 2 VermAnlG „darzustellenden Gesamtsummen der gezahlten Vergütungen sollen dazu dienen, dem Anleger die Chancen- und Risikoverteilung offen zu legen. Insbesondere soll der Anleger über außerordentliche Gewinnbeteiligungen beispielsweise von Geschäftsführern, Gesellschaftern, Anbietern oder Treuhändern informiert werden"[1].

d) Jahresabschlüsse und Lageberichte vor und nach dem öffentlichen Angebot (§ 24 Abs. 1 Satz 4 VermAnlG)

12 Die Vorschriften des § 24 Abs. 1 Sätze 1–3 VermAnlG treffen Emittenten von Vermögensanlagen, dh. nach der Bestimmung des Begriffs Emittent in § 1 Abs. 3 VermAnlG Personen oder Gesellschaften, deren Vermögensanlagen aufgrund eines öffentlichen Angebots im Inland „ausgegeben sind". Diese auf die bereits erfolgte Ausgabe von Vermögensanlagen abstellende Begriffsbestimmung hätte zur Folge, dass die in § 24 Abs. 1 Sätze 1–3 VermAnlG niedergelegten Anforderungen eine Person oder Gesellschaft erst ab dem Zeitpunkt träfen, in dem Vermögensanlagen infolge des öffentlichen Angebots derselben platziert wurden. Um dies zu verhindern und die fraglichen Anforderungen **bereits auf den letzten Jahresabschluss und Lagebericht** des Emittenten von Vermögensanlagen vor dem öffentlichen Angebot von Vermögensanlagen desselben auszudehnen, bestimmt § 24 Abs. 1 Satz 4 VermAnlG, dass die Sätze 1–3 und § 23 VermAnlG betreffend Jahresberichte (die unter anderem je einen Jahresabschluss und Lagebericht enthalten müssen, § 23 Abs. 2 VermAnlG) entsprechend anzuwenden sind.

---

1 RegE Kleinanlegerschutzgesetz, BT-Drucks. 18/3994 v. 11.2.2015, S. 1 (50).

e) Freistellung junger Emittenten (§ 24 Abs. 1 Satz 5 VermAnlG)

§ 24 Abs. 1 Satz 5 VermAnlG bestimmt, dass ein Emittent, der weniger als 18 Monate vor der Einreichung eines Verkaufsprospekts zur Billigung nach § 8 VermAnlG gegründet wurde und noch keinen Jahresabschluss und keinen Lagebericht erstellt hat (sog. junger Emittent), „in den Verkaufsprospekt aktuelle und zukünftige Finanzinformationen nach Maßgabe der nach § 7 Absatz 3 erlassenen Rechtsverordnung aufzunehmen" hat. Dh., dass **junge Emittenten von der Pflicht zur Erstellung eines Jahresabschlusses und eines Lageberichts befreit sind** und stattdessen lediglich die nach § 15 VermVerkProspV[1] für junge Emittenten vorgesehenen Finanzinformationen in den Verkaufsprospekt aufzunehmen haben.

2. Jahresabschlüsse von Inlandsemittenten in Gestalt einer Personenhandelsgesellschaft oder des Unternehmens eines Einzelkaufmanns (§ 24 Abs. 2 VermAnlG)

§ 24 Abs. 2 VermAnlG enthält eine Sonderregelung für die – zusammen den Jahresabschluss bildende (§ 242 Abs. 3 HGB) – Bilanz und Gewinn- und Verlustrechnung einer Personenhandelsgesellschaft oder des Unternehmens eines Einzelkaufmanns. In beiden Fällen dürfen (1) das sonstige Vermögen der Gesellschafter oder des Einzelkaufmanns (Privatvermögen) nicht in die Bilanz und (2) die auf das Privatvermögen entfallenden Aufwendungen und Erträge nicht in die Gewinn- und Verlustrechnung aufgenommen werden. Die Vorschrift entspricht den Bestimmungen von § 5 Abs. 4 PublG und soll dem Umstand Rechnung tragen, dass handelsrechtlich nur für den betrieblichen Bereich von Personenhandelsgesellschaften und einzelkaufmännischen Unternehmen Rechnung zu legen ist, von dem die Privatsphäre der Gesellschafter bzw. des Unternehmers (bestehend aus Privatvermögen und Privatausgaben) zu trennen ist[2].

3. Jahresabschlüsse und Lageberichte von Emittenten mit Sitz in der EU oder im EWR (§ 24 Abs. 3 VermAnlG)

§ 24 Abs. 3 VermAnlG bestimmt die Anforderungen an den Jahresabschluss und den Lagebericht der Emittenten von Vermögensanlagen mit Sitz in einem anderen Mitgliedstaat der Europäischen Union oder in einem anderen Vertragsstaat des Abkommens über den Europäischen Wirtschaftsraum vom 2.5.1992[3]. Letzteres sind die Staaten Island, Liechtenstein und Norwegen. Zur Bestimmung des **Sitzes** des Emittenten siehe oben Rz. 6.

---

1 Bei der VermVerkProspV handelt es sich um die in Abs. 1 Satz 5 angeführte erwähnte „nach § 7 Absatz 3 erlassene Rechtsverordnung", auch wenn die Eingangsformel der VermVerkProspV („Auf Grund des § 8g Abs. 2 und 3 des Verkaufsprospektgesetzes, der durch Artikel 2 Nr. 1 des Gesetzes vom 28. Oktober 2004 (BGBl. I S. 2630) eingefügt worden ist, verordnet die Bundesregierung: …") noch auf die Verordnungsermächtigung des § 8g Abs. 2 des aufgehobenen (siehe Rz. 3) VerkProspG Bezug genommen wird.
2 *Schäfer* in Schäfer, Publizitätsgesetz, 2. Aufl. 2016, § 5 PublG Rz. 26.
3 BGBl. II 1993, S. 266.

16 Ungeachtet ihrer Rechtsform haben die vorgenannten Emittenten nach § 24 **Abs. 3 Satz 1** VermAnlG für den **Jahresabschluss** die in ihren Staaten jeweils für Kapitalgesellschaften geltenden, die Pflicht zur Erstellung eines Jahresabschlusses und dessen Inhalt betreffenden Rechnungslegungsvorschriften anzuwenden. Auf diese Weise wird gewährleistet, „dass in den Fällen, in denen in dem betreffenden Sitzstaat für beispielsweise nicht in der Rechtsform einer Kapitalgesellschaft betriebene Emittenten von Vermögensanlagen keine gesetzliche Aufstellungspflicht für einen Jahresabschluss besteht, das dortige nationale Recht anzuwenden ist, das für Kapitalgesellschaften hinsichtlich der Jahresabschlusserstellungspflicht besteht"[1].

17 Entsprechendes regelt § 24 **Abs. 3 Satz 2** VermAnlG für den **Lagebericht**: Ist nach dem auf diese Emittenten anwendbaren sitzstaatlichen Recht ein Lagebericht zu erstellen, sind nach dieser Vorschrift auf den jeweiligen Emittenten, ungeachtet seiner Rechtsform, die nach sitzstaatlichem Recht für Lageberichte von Kapitalgesellschaften geltenden Vorschriften anzuwenden. Dessen ungeachtet muss ein nach diesen Bestimmungen zu erstellender Lagebericht gemäß § 24 **Abs. 3 Satz 3** VermAnlG aber die in Abs. 1 Satz 3 Nr. 1 und 2 verlangten Angaben über die im abgelaufenen Geschäftsjahr **gezahlten Vergütungen** enthalten. Sieht das sitzstaatliche Recht keine Erstellung eines Lageberichts vor, sind nach § 24 **Abs. 3 Satz 4** VermAnlG die Angaben nach Absatz 1 Satz 3 Nr. 1 und 2 in den Jahresabschluss aufzunehmen oder in einer gesonderten Erklärung beizufügen. Die Formulierung des § 24 Abs. 3 Satz 4 VermAnlG unter Verwendung des Begriffs „können" ist missverständlich, weil die Aufnahme so bedeutender Informationen wie solche über gezahlte Vergütungen und mögliche Interessenskonflikte Beteiligter in die Rechnungslegung des Emittenten von Vermögensanlagen – anders als die Entscheidung, ob dies im Jahresabschluss oder in einer gesonderten Erklärung geschieht – nicht in das Ermessen des Emittenten gestellt sein kann[2].

18 Für **Jahresabschluss und Lagebericht** eines Emittenten von Vermögensanlagen mit Sitz in einem anderen Mitgliedstaat der EU oder in einem anderen Vertragsstaat des Abkommens über den EWR gelten nach § 24 **Abs. 3 Satz 5** VermAnlG die Vorschriften in Abs. 1 Sätze 4 und 5 entsprechend. Dh.: zum einen gelten die vorstehenden Anforderungen an Jahresbericht und Lagebericht solcher Emittenten auch für den letzten Jahresabschluss und Lagebericht des jeweiligen Emittenten vor dem jeweiligen öffentlichen Angebot von Vermögensanlagen (siehe oben Rz. 12); und zum anderen brauchen auch junge Emittenten von Vermögensanlagen mit Sitz in einem anderen Mitgliedstaat der EU oder in einem anderen Vertragsstaat des Abkommens über den EWR keinen Jahresabschluss und keinen Lagebericht zu erstellen, sondern kann sich damit begnügen, die nach § 15 VermVerkProspV für junge Emittenten

---

1 RegE Gesetz zur Novellierung des Finanzanlagenvermittler- und Vermögensanlagenrechts, BT-Drucks. 17/6051 v. 6.6.2011, S. 1 (39).
2 Auch im RegE Gesetz zur Novellierung des Finanzanlagenvermittler- und Vermögensanlagenrechts, BT-Drucks. 17/6051 v. 6.6.2011, S. 1 (39) heißt es (Hervorhebung hinzugefügt): „Besteht eine solche Pflicht zur Erstellung nicht, *sind* die Gesamtsummen in einer gesonderten Erklärung *anzugeben*".

vorgesehenen Finanzinformationen in den Verkaufsprospekt aufzunehmen (siehe oben Rz. 13).

Ist der **Jahresabschluss oder der Lagebericht**, den ein Emittent nach den gemäß § 24 Abs. 3 Satz 1–4 VermAnlG anwendbaren Vorschriften zu erstellen hat, **nicht in deutscher Sprache** verfasst, ist diesen nach § 24 Abs. 3 Satz 6 VermAnlG eine **Übersetzung** des fremdsprachig verfassten Jahresabschlusses und Lageberichts „in die deutsche Sprache" beizufügen. 19

4. Jahresabschlüsse und Lageberichte von Emittenten mit Sitz in einem Drittstaat (§ 24 Abs. 4 VermAnlG)

Emittenten von Vermögensanlagen mit **Sitz in einem Drittstaat**, dh. mit einem Sitz außerhalb der Mitgliedstaaten der EU und der anderen Vertragsstaaten des Abkommens über den EWR, haben gemäß § 24 **Abs. 4 Satz 1** VermAnlG einen Jahresabschluss und einen Lagebericht nach den in Deutschland geltenden, auf Kapitalgesellschaften anzuwendenden Rechnungslegungsvorschriften – das sind vor allem die für alle Kaufleute und damit auch für Kapitalgesellschaften geltenden §§ 242–256a HGB und die nur Kapitalgesellschaften betreffenden §§ 264–289a HGB – in deutscher Sprache zu erstellen. Zur Bestimmung des **Sitzes** des Emittenten siehe oben Rz. 6. 20

Gemäß § 24 **Abs. 4 Satz 2** VermAnlG sind die Inlandsemittenten betreffenden Vorschriften von Abs. 1 und Abs. 2 entsprechend anzuwenden, dh. der Drittstaatsemittent unterliegt insoweit den **gleichen Anforderungen wie ein Inlandsemittent**. 21

III. Prüfung der Rechnungslegung (§ 24 Abs. 5–8 VermAnlG)

Die durch Art. 2 Nr. 23 lit. b des Kleinanlegerschutzgesetzes vom 3.7.2015 (siehe oben Rz. 3) in die Vorschrift eingefügten § 24 Abs. 5–8 VermAnlG haben die – über die Prüfung der Rechnungslegung durch Abschlussprüfer hinausgehende – Kontrolle der Rechnungslegung der Emittenten von Vermögensanlagen im Wege der Anordnung von Sonderprüfungen durch die BaFin zum Gegenstand (siehe dazu schon oben Rz. 3). 22

1. Anlass und Anordnung der Prüfung (§ 24 Abs. 5 Sätze 1, 2, 4 und 5 VermAnlG)

Hat die BaFin konkrete Anhaltspunkte für einen Verstoß eines Emittenten von Vermögensanlagen gegen die von diesem nach § 24 VermAnlG einzuhaltenden Rechnungslegungsvorschriften, so ordnet sie nach § 24 **Abs. 5 Satz 1** VermAnlG eine Prüfung der gemäß diesen Bestimmungen vorzunehmenden **Rechnungslegung** an, dh. Jahresabschluss und Lagebericht. 23

a) Voraussetzungen der Anordnung

24 **Konkrete Anhaltspunkte** für einen Verstoß gegen Rechnungslegungsvorschriften liegen vor, wenn konkrete Umstände tatsächlicher Art zwar nicht mit Gewissheit, jedoch mit hinreichender Wahrscheinlichkeit auf einen Verstoß gegen Rechnungslegungsvorschriften schließen lassen[1]. Bloße Vermutungen, Befürchtungen, Spekulationen, vage Verdachtsmomente und nicht nachweisbare Tatsachenbehauptungen sind demnach keine konkreten Anhaltspunkte. Um diese zu konkreten Anhaltspunkten zu verdichten, verfügt die BaFin über keine Rechte, vom Emittenten oder von Dritten **Auskünfte** oder die **Vorlage von Unterlagen** verlangen zu können. § 24 Abs. 6 VermAnlG gewährt ein Auskunftsrecht und das Recht, die Vorlage von Unterlagen zu verlangen, nur zum Zweck der Durchführung der Sonderprüfung. Das schließt nicht aus, dass sie sich gleichwohl zum Zwecke der Verifizierung bestimmter Informationen oder der Klärung bestimmter Fragen an den Emittenten wendet, auch wenn dieser hierauf nicht reagieren muss. Die **Änderung eines Jahresabschlusses** als solcher ist, sofern nicht weitere Anhaltspunkte vorliegen, noch kein konkreter Anhaltspunkt für einen Verstoß gegen Rechnungslegungsvorschriften, weder im Hinblick auf den alten noch in Bezug auf den geänderten Abschluss[2]. Gleiches gilt für einen **eingeschränkten Bestätigungsvermerk**, da dieser regelmäßig bereits als solcher über die Fehlerhaftigkeit eines Jahresabschlusses informiert, es sei denn es liegen Anhaltspunkte für noch weitergehende Verstöße als die festgestellten vor[3]. Ein **versagter Bestätigungsvermerk** gibt keine Veranlassung zu einer weitergehenden Prüfung des Jahresabschlusses durch die BaFin nach § 24 Abs. 5 Satz 1 VermAnlG.

25 Konkrete Anhaltspunkte für einen Verstoß gegen Rechnungslegungsvorschriften können sich aus höchst unterschiedlichen **Quellen** ergeben, etwa aus der Auswertung von Medien durch die BaFin selbst, aufgrund von Informationen durch andere Behörden oder, was § 24 Abs. 5 Satz 1 VermAnlG hervorhebt und den Hauptfall darstellen dürfte, aufgrund von „Eingaben Dritter". Eine solche ist selbst noch in dem Fall anzunehmen, dass der Emittent mögliche Verstöße gegen Rechnungslegungsvorschriften anzeigt, um eine Klärung der Rechtmäßigkeit seines Jahresabschlusses herbeizuführen, vorausgesetzt die BaFin kommt zu dem Ergebnis, die mitgeteilten tatsächlichen Umstände ließen einen Verstoß gegen Rechnungslegungsvorschriften als hinreichend wahrscheinlich erscheinen. Im Übrigen unterliegt die **BaFin selbst keinen Investigationspflichten** im Hinblick auf die Ermittlung von Anhaltspunkten für Verstöße gegen Rechnungslegungsvorschriften.

b) Anordnung

26 Liegen konkrete Anhaltspunkte für einen Verstoß gegen Rechnungslegungsvorschriften vor, kann die BaFin durch die **Anordnung** der Prüfung das **Prüfungsver-**

---

[1] Siehe hierzu und zum Folgenden, jeweils mwN., die Ausführungen zu § 17 VermAnlG Rz. 11, § 18 VermAnlG Rz. 5; *Hönsch* in Assmann/Uwe H. Schneider, § 37o WpHG Rz. 3.
[2] Näher *Hönsch* in Assmann/Uwe H. Schneider, § 37o WpHG Rz. 11.
[3] *Hönsch* in Assmann/Uwe H. Schneider, § 37o WpHG Rz. 12.

fahren eröffnen. Allerdings hat sie diesbezüglich ein Eröffnungsermessen. Auch wenn § 24 Abs. 5 VermAnlG keinen § 37o Abs. 1 Satz 1 Halbsatz 2 WpHG entsprechenden Vorbehalt kennt, demzufolge die Prüfung der Rechnungslegung zu unterbleiben habe, wenn ein öffentliches Interesse an der Klärung offensichtlich nicht besteht, rechtfertigen Anhaltspunkt für Verstöße gegen Rechnungslegungsvorschriften, die **nur unwesentliche Verstöße** darstellten, die Anordnung eines Prüfungsverfahrens nicht[1].

In drei gesetzlich festgelegten Fällen hat die **Prüfung der Rechnungslegung zu unterbleiben**: 27

– Aufgrund des gemäß § 24 **Abs. 5 Satz 4** VermAnlG entsprechend anwendbaren § 37o Abs. 2 WpHG ist nach dessen Satz 1 eine Prüfung des Jahresabschlusses und des zugehörigen Lageberichts zu unterlassen, solange eine **Klage auf Feststellung der Nichtigkeit** eines Jahresabschlusses nach § 256 Abs. 7 AktG anhängig ist.

– Ist zur Prüfung von Vorgängen bei der Gründung oder der Geschäftsführung, namentlich auch bei Maßnahmen der Kapitalbeschaffung und Kapitalherabsetzung, oder einer möglichen unzulässigen Unterbewertung nach § 142 Abs. 1 oder Abs. 2 AktG bzw. § 258 Abs. 1 AktG ein **Sonderprüfer bestellt** worden, so findet aufgrund des von § 24 **Abs. 5 Satz 4** VermAnlG für entsprechend anwendbar erklärten § 37o Abs. 2 WpHG nach dessen Satz 2 eine Prüfung des Jahresabschlusses und des zugehörigen Lageberichts nicht statt, soweit der Gegenstand der Sonderprüfung, der Prüfungsbericht oder eine gerichtliche Entscheidung über die abschließenden Feststellungen der Sonderprüfer nach § 260 des Aktiengesetzes reichen.

– Eine Prüfung ist schließlich gemäß § 24 **Abs. 5 Satz 5** VermAnlG auch dann ausgeschlossen, wenn ein Verfahren zur Prüfung der Rechnungslegung des Emittenten durch eine vom Bundesministerium der Justiz und für Verbraucherschutz vertraglich anerkannte privatrechtlich organisierte Einrichtung zur Prüfung von Verstößen gegen Rechnungslegungsvorschriften (Prüfstelle) nach § 342b Abs. 2 HGB oder aufgrund der Anordnung der BaFin nach § 37o WpHG anhängig ist. Ausgeschlossen ist die Prüfung auch in diesem Fall allerdings nur in dem Umfang, in dem sich die Prüfung nach § 24 Abs. 5 Satz 1 VermAnlG mit dem Gegenstand der vorgenannten Bilanzkontrollverfahren überschneiden würde.

Damit regeln § 24 **Abs. 5 Sätze 4 und 5** VermAnlG das Verhältnis von Sonderprüfungen nach dem VermAnlG einerseits zu aktienrechtlichen Sonderprüfungen und Nichtigkeitsklagen sowie dem Bilanzkontrollverfahren nach dem HGB und dem WpHG anderseits so, dass die letztgenannten „etablierten Institute … unangetastet" bleiben. Indem Sonderprüfungen nach § 24 Abs. 5 Satz 1 VermAnlG „hinter solchen bereits anhängigen Verfahren zurücktreten", wird zugleich „der Gefahr divergierender Entscheidungen vorgebeugt"[2]. Sowohl anhängige als auch beendete Verfahren der „etablierten" Sonderprüfungen nach den oben in Rz. 27 aufgeführten Bestimmungen 28

---

1 Siehe für § 37o WpHG *Hönsch* in Assmann/Uwe H. Schneider, § 37o WpHG Rz. 11.
2 RegE Kleinanlegerschutzgesetz, BT-Drucks. 18/3994 v. 11.2.2015, S. 1 (50).

schließen Sonderprüfungen nach dem VermAnlG nur in dem Umfang aus, als diese mit dem Gegenstand der Ersteren kollidierten würden[1].

29 Die **Prüfungsanordnung** hat nach § 24 **Abs. 5 Satz 2 Halbsatz 2** VermAnlG den Umfang der Prüfung festzulegen. Das bindet die BaFin hinsichtlich des Prüfungsumfangs und erlaubt den betroffenen Emittenten von Vermögensanlagen, sich gegen eine nicht durch neue Anhaltspunkte gerechtfertigte Erweiterung des Prüfungsumfangs zur Wehr zu setzen. § 24 **Abs. 5 Satz 2 Halbsatz 1** VermAnlG, demzufolge die Bundesanstalt **Schwerpunkte** für die einzelne Prüfung festlegen kann, steht einer umfassenden Prüfung der Rechnungslegung nicht entgegen. Diese Vorschrift macht aber auch deutlich, dass die Prüfungsanordnung ihrem Umfang nach regelmäßig auf die Punkte zu beschränken ist, hinsichtlich derer Anhaltspunkte für eine unrichtige Rechnungslegung bestehen[2]. Die Festlegung entsprechender Prüfungsschwerpunkte als Regel schließt es nicht aus, dass die BaFin den Umfang die Prüfung erweitert, in dem „ihr zum Beispiel im Laufe der Prüfung Anhaltspunkte bekannt werden, aus denen sie einen weitergehenden Prüfungsbedarf schlussfolgert"[3].

30 Die **Anordnung** der Prüfung erfolgt **gegenüber dem Emittenten von Vermögensanlagen**, dessen Rechnungslegung überprüft werden soll. Eine besondere **Form** ist für die Anordnung nicht vorgesehen. Als **Verwaltungsakt**[4] iS des § 35 Satz 1 VwVfG kann sie deshalb gemäß § 37 Abs. 2 Satz 1 VwVfG schriftlich, elektronisch, mündlich (einschließlich fernmündlich) oder in anderer Weise erlassen werden, erfolgt zweckmäßigerweise aber mindestens in Textform und – da regelmäßig keine Umstände vorliegen dürften, die eine mündliche Verfügung rechtfertigen würden – vorzugsweise schriftlich. Gegen die Anordnung sind die **Rechtsmittel** des Widerspruchs (§§ 68 Abs. 1, 69 VwGO) und der Anfechtungsklage (§§ 42, 68 Abs. 1 VwGO) möglich. Mangels anderweitiger gesetzlicher Regelung haben Widerspruch und Anfechtungsklage gegen die Anordnung nach § 24 Abs. 5 Satz 1 VermAnlG gemäß § 80 Abs. 1 VwGO aufschiebende Wirkung, es sei denn die BaFin ordnet die sofortige Vollziehung nach § 80 Abs. 2 Satz 1 Nr. 4 VwGO an[5].

---

1 RegE Kleinanlegerschutzgesetz, BT-Drucks. 18/3994 v. 11.2.2015, S. 1 (50): „Die Beendigung der Anhängigkeit solcher vorrangigen Prüfungen [dh. nach den in Rz. 27 genannten Bestimmungen] schließt die Einleitung einer weiteren Prüfung nach Absatz 5 Satz 1 nicht aus. Dies gilt jedenfalls immer dann, wenn der Verfahrensgegenstand nicht oder nicht vollständig deckungsgleich ist; eine bereits durchgeführte Prüfung soll keine Sperrwirkung für eine weitere Prüfung, die sich auf einen noch nicht erfassten Prüfungsgegenstand bezieht, entfalten."
2 RegE Kleinanlegerschutzgesetz, BT-Drucks. 18/3994 v. 11.2.2015, S. 1 (50): „eine Vollprüfung wird daher regelmäßig nicht anzuordnen sein".
3 RegE Kleinanlegerschutzgesetz, BT-Drucks. 18/3994 v. 11.2.2015, S. 1 (50).
4 Zur entsprechenden Regelung des § 37o Abs. 1 Satz 1 WpHG siehe *Hönsch* in Assmann/Uwe H. Schneider, § 37o WpHG Rz. 2.
5 Zu den diesbezüglichen Voraussetzungen siehe etwa *Schoch* in Schoch/Schneider/Bier, Verwaltungsgerichtsordnung, Stand Februar 2016, § 80 VwGO Rz. 205 ff.

2. Prüfungsdurchführung (§ 24 Abs. 5 Satz 3, Abs. 6 und Abs. 7 VermAnlG)

a) Durchführung durch Dritte (§ 24 Abs. 5 Satz 3 VermAnlG)

Die BaFin nimmt die Prüfung nicht selbst vor, sondern **bestellt** nach § 24 **Abs. 5 Satz 3 Halbsatz 1** VermAnlG zur Durchführung derselben andere Einrichtungen und Personen. Als solche kommen in erster Linie Wirtschaftsprüfungsgesellschaften und Wirtschaftsprüfer in Betracht. § 24 **Abs. 5 Satz 3 Halbsatz 2** VermAnlG eröffnet der BaFin aber die Möglichkeit, an der Prüfung teilzunehmen. Die zur Durchführung der Prüfung bestellten Einrichtungen und Personen üben selbst keine hoheitliche Tätigkeit aus, die ihnen durch Gesetz oder auf der Grundlage eines Gesetzes durch Verwaltungsakt übertragen worden wäre, sondern werden als **Verwaltungshelfer** der BaFin tätig[1]. Sie sind damit keine Stelle iS von § 1 Abs. 4 VwVfG, die Aufgaben der öffentlichen Verwaltung wahrnimmt, und folglich auch keine Behörde, deren Entscheidungen oder Maßnahmen einen Verwaltungsakt iS von § 35 VwVfG darstellen würde.

31

Die Prüfer sind bestellt, wenn sie die **Bestellung annehmen**. Die Erklärung ist zwar auch der BaFin zur Kenntnis zu bringen, ist aber nicht gegenüber dieser, sondern **gegenüber dem Emittenten** zu erklären[2]. Zwischen Emittent und Prüfer kommt damit ein gesetzliches Schuldverhältnis zustande (siehe unten Rz. 46), das es allerdings nicht ausschließt, dass der Prüfer mit dem Emittenten Vereinbarungen über die Vergütung und den Aufwendungsersatz trifft. Zu den **Sorgfaltspflichten** und zur **Verantwortlichkeit** der Prüfer siehe unten Rz. 49. Zum Anspruch der Prüfer auf Ersatz angemessener barer Auslagen und auf Vergütung ihrer Tätigkeit siehe unten Rz. 47 f.

32

b) Rechte der BaFin und der mit Prüfung Betrauten (§ 24 Abs. 6 VermAnlG)

Um die Durchführung der Sonderprüfung zu ermöglichen, gewährt § 24 Abs. 6 Satz 1 VermAnlG den zur Durchführung der Prüfung bestellten Einrichtungen und Personen sowie der BaFin ein Recht auf **Auskunft** sowie das Recht, die **Vorlage von**

33

---

1 Vgl. für die Einrichtungen und Personen, denen sich die BaFin nach § 37o Abs. 3 WpHG für eine Sonderprüfung nach § 37o WpHG bedienen, RegE Bilanzkontrollgesetz, BT-Drucks. 15/3421 v. 24.6.2004, 1 (17); *Hönsch* in Assmann/Uwe H. Schneider, § 37o WpHG Rz. 33; *Hirte/Mock* in KölnKomm. WpHG, § 37o WpHG Rz. 48. Nach dem OVG Bautzen v. 27.1.2011 – 5 B 257/10 – Rz. 14, BeckRS 2011, 48626 ist unter einem Verwaltungshelfer eine natürliche oder juristische Person zu verstehen, „die ohne selbst dienstrechtlich in die Organisation eines Hoheitsträgers eingebunden zu sein, unselbständig und nach Weisung und im Namen eines Hoheitsträgers einzelne Aufgaben verrichtet, ohne eigene Entscheidungsbefugnisse oder Gestaltungsmacht zu besitzen (*Kopp/Ramsauer*, VwVfG, 11. Aufl., § 1 Rn. 64, m.w.N.). Er tritt nach außen nicht als selbstständig bzw. eigenverantwortlich handelnde Person in Erscheinung, sondern als Teil der Behörde des Hoheitsträgers, der ihn einsetzt. Er ist deshalb auch keine selbstständige Behörde, sondern wird wie andere Kräfte der Verwaltung auch von der Behörde eingesetzt (*Kopp/Ramsauer*, a.a.O., Rn. 66 zu § 1)".
2 Zu § 318 HGB, dem § 24 Abs. 7 Sätze 5 und 6 VermAnlG nachgebildet ist und auch im Übrigen eine gleichgelagerte Konstellation behandelt, *Merkt* in Baumbach/Hopt, § 318 HGB Rz. 12. Siehe auch unten Rz. 46.

Unterlagen verlangen zu können. Darüber hinaus haben nach § 24 Abs. 6 Satz 4 VermAnlG die zur Auskunft und Vorlage von Unterlagen Verpflichteten den Bediensteten der Bundesanstalt oder den von ihr beauftragten Personen, während der üblichen Arbeitszeit das **Betreten ihrer Grundstücke und Geschäftsräume** zu gestatten, soweit dies zur Wahrnehmung ihrer Aufgaben erforderlich ist.

(1) Auskunfts- und Vorlagerecht (§ 24 Abs. 6 Sätze 1 und 2 VermAnlG)

34 Nach § 24 **Abs. 6 Satz 1 Halbsatz 1** VermAnlG haben der Emittent einer Vermögensanlage, die Mitglieder seiner Organe, seine Beschäftigten sowie seine Abschlussprüfer den Einrichtungen und Personen, derer sich die BaFin bei der Durchführung ihrer Aufgaben bedient, aber auch der BaFin auf Verlangen **Auskünfte zu erteilen und Unterlagen vorzulegen**, soweit dies zur Prüfung erforderlich ist. Dabei beschränkt sich die die **Auskunftspflicht der Abschlussprüfer** nach § 24 **Abs. 6 Satz 1 Halbsatz 2** VermAnlG auf Tatsachen, die ihnen im Rahmen der Abschlussprüfung bekannt geworden sind. **Erforderlich** sind Auskünfte oder Unterlagen, wenn aus der Perspektive der BaFin oder derer, deren sie sich zur Durchführung ihrer Aufgaben bedient, im Zeitpunkt des Auskunfts- oder Vorlageverlangens ohne die Auskünfte oder die Vorlage der Unterlagen eine ordnungsgemäße Durchführung der Prüfung nicht gewährleistet ist.

35 § 24 **Abs. 6 Satz 2** VermAnlG erweitert diese Auskunfts- und Vorlagerechte auf entsprechende Rechte gegenüber **Konzernunternehmen** sowie **abhängigen oder herrschenden Unternehmen** sowie deren jeweilige Organmitglieder, Beschäftigten und Abschlussprüfer. Konzernunternehmen sind alle Unternehmen die in der Weise einen Konzern bilden, dass ein herrschendes und ein oder mehrere abhängige Unternehmen unter der einheitlichen Leitung des herrschenden Unternehmens zusammengefasst sind (§ 18 Abs. 1 AktG). Abhängige Unternehmen sind rechtlich selbständige Unternehmen, auf die ein anderes Unternehmen – das herrschende Unternehmen – unmittelbar oder mittelbar einen beherrschenden Einfluss ausüben kann (§ 17 Abs. 1 AktG).

36 Für die **Auskunftsrechte** gilt, dass die Auskunftspflichtigen nur über bei Ihnen präsentes – einschließlich gespeichertes – Wissen von Tatsachen Auskunft zu geben ist und keine über dessen Ermittlung hinausgehenden Nachforschungen erforderlich sind[1]. Zu dem Tatsachenwissen gehört auch das Wissen von Meinungen und Rechtsauffassungen bestimmter Personen. Das Recht, die **Vorlage von Unterlagen** verlangen zu können, bezieht sich auf sämtliche Arten von Materialien, die sachbezogene Informationen enthalten können. Unerheblich ist, auf welche Weise diese Informationen verkörpert oder gespeichert sind. Deshalb sind Unterlagen nicht nur Dokumente in Papierversion, sondern beispielsweise auch elektronisch gespeicherte Dokumente, wie etwa elektronische Datenträger oder E-Mails[2]. Als **Vorlage** kommt jede Maßnahme in Betracht, mit der den Vorlageberechtigten die Unterlage vor-

---

1 Siehe dazu auch die Ausführungen zu § 19 VermAnlG Rz. 10 und § 26 WpPG Rz. 11.
2 Näher hierzu in § 19 VermAnlG Rz. 11, § 26 WpPG Rz. 12. Zu § 4 Abs. 3 WpHG etwa *Schlotte/Bouchon* in Fuchs, § 4 WpHG Rz. 66.

gelegt oder – ohne dass der Zugang besonderen Aufwand erfordert – **zugänglich gemacht** wird[1].

Den Auskunftspflichtigen steht gemäß § 24 **Abs. 6 Satz 3** VermAnlG – in entsprechender Anwendung des § 19 Abs. 3 VermAnlG – ein **Auskunftsverweigerungsrecht** zu. Nach § 19 Abs. 3 Satz 1 VermAnlG kann von der zur Erteilung einer Auskunft verpflichteten Person nicht verlangt werden, sich selbst oder einen nahen Angehörigen einer Straftat oder Ordnungswidrigkeit zu bezichtigen. Angehörige sind die § 52 Abs. 1 der StPO bezeichneten Angehörigen. Gemäß § 19 Abs. 3 Satz 2 VermAnlG ist die auskunftspflichtige Person über ihr Auskunftsverweigerungsrecht zu belehren. Zu Einzelheiten siehe die Ausführungen in § 19 VermAnlG Rz. 22 ff. 37

Eine besondere **Form** ist auch für Auskunfts- und Vorlageverlangen nicht vorgesehen. Ein von der **BaFin** unterbreitetes Auskunfts- oder Vorlageverlangen stellt einen **Verwaltungsakt** iS des § 35 Satz 1 VwVfG dar[2], der gemäß § 37 Abs. 2 Satz 1 VwVfG schriftlich, elektronisch, mündlich (einschließlich fernmündlich) oder in anderer Weise erlassen werden[3]. Schon weil es nachzuweisen gilt, dass der Adressat des Verlangens nach § 24 Abs. 6 Satz 3 VermAnlG auf ein Auskunftsverweigerungsrecht hingewiesen wurde, werden solche Verlangen regelmäßig in Textform erfolgen, dh. elektronisch oder – was bei nicht nur geringfügigen Eingriffen die Regel ist – schriftlich. Die zur Durchführung der Prüfung bestellten **Einrichtung oder Personen** werden nur als Verwaltungshelfer und nicht als Behörde tätig (siehe oben Rz. 31), weshalb ein von diesen unter Berufung auf § 24 Abs. 6 Satz 1 VermAnlG unterbreitetes und gemäß § 6 Satz 3 mit einem Hinweis auf das Auskunftsverweigerungsrecht versehenes Auskunfts- oder Vorlageverlangen keinen Verwaltungsakt darstellt. Sollen die Auskunfts-, Vorlage- und Überlassungsverlangen durch Zwangsmaßnahmen nach dem Verwaltungs-Vollstreckungsgesetz (VwVG) durchgesetzt werden (siehe dazu unten Rz. 39), muss das Auskunfts- oder Vorlageverlangen deshalb **durch die BaFin** ergehen. Gegen dieses sind wiederum die **Rechtsmittel** des Widerspruchs (§§ 68 Abs. 1, 69 VwGO) und der Anfechtungsklage (§§ 42, 68 Abs. 1 VwGO) möglich. Anders als Rechtsmittel gegen das Auskunfts- und Vorlageverlangen nach §§ 1, 26a VermAnlG haben Widerspruch und Anfechtungsklage gegen solche nach § 24 Abs. 6 Satz 1 VermAnlG gemäß § 80 Abs. 1 VwGO aufschiebende Wirkung, es sei denn die BaFin ordnet die sofortige Vollziehung nach § 80 Abs. 2 Satz 1 Nr. 4 VwGO an (siehe oben Rz. 30 für die Anordnung der Prüfung). 38

Um ein Auskunfts- oder Vorlageverlangen der BaFin durch Zwangsmaßnahmen durchsetzen zu können, müssen diese **schriftlich angedroht** werden (§ 13 Abs. 1 VwVG). Soll die Androhung mit dem Auskunfts- und Vorlageverlangen verbunden werden, was nach § 13 Abs. 2 Satz 1 VwVG möglich, aber nicht zwingend ist, so muss damit auch das jeweilige Verlangen schriftlich nach Maßgabe von § 37 Abs. 3 39

---

1 So auch *Altenhain* in KölnKomm. WpHG, § 4 WpHG Rz. 120.
2 Für entsprechende Verlangen nach § 26 Abs. 2 WpPG siehe § 26 WpPG Rz. 48. Für Verlangen nach § 4 Abs. 3 WpHG *Altenhain* in KölnKomm. WpHG, § 4 WpHG Rz. 123; *Döhmel* in Assmann/Uwe H. Schneider, § 4 WpHG Rz. 58.
3 *Lenz* in Assmann/Lenz/Ritz, § 8c VerkProspG Rz. 7; ferner Vorauflage., § 8i VerkProspG Rz. 83.

VwVfG erfolgen[1]. Gegen die Androhung des Zwangsmittels kann der Betroffene die Rechtsmittel einlegen, die gegen den Verwaltungsakt zustehen, also gemäß § 18 VwVG Widerspruch und Anfechtungsklage. Von den nach § 9 VwVG den Vollzugsbehörden grundsätzlich zur Verfügung stehenden **Zwangsmitteln** kommt bei der Durchsetzung von Auskunfts- oder Vorlageersuchen in der **Verhängung eines Zwangsgelds** gemäß § 11 VwVG eine besondere Bedeutung zu, weil die Auskunfts- und Vorlagepflichten des Anbieters regelmäßig unvertretbare Handlungen darstellen, die weder von einem Dritten noch von der BaFin oder dem beliehenen Unternehmer selbst vorgenommen werden können[2]. Nach dem fruchtlosen Verstreichen der in der Androhung bestimmten Frist setzt die BaFin das **Zwangsgeld** der Höhe nach fest und lässt es erforderlichenfalls beim Anbieter durch die Vollstreckungsbehörden beitreiben. Ist das Zwangsgeld uneinbringlich, kann das Verwaltungsgericht auf Antrag die BaFin auch Ersatzzwangshaft von bis zu zwei Wochen anordnen.

(2) Recht zum Betreten von Grundstücken und Geschäftsräumen (§ 24 Abs. 6 Sätze 4–6 VermAnlG)

40 Nach § 24 **Abs. 6 Satz 4** VermAnlG haben die zur Auskunft und Vorlage von Unterlagen Verpflichtete, den Bediensteten der Bundesanstalt oder den von ihr beauftragten Personen, soweit dies zur Wahrnehmung ihrer Aufgaben erforderlich ist, während der üblichen Arbeitszeit das Betreten ihrer Grundstücke und Geschäftsräume zu gestatten. Das Betreten außerhalb dieser Zeit oder wenn die Geschäftsräume sich in einer Wohnung befinden, ist gemäß dem nach § 24 **Abs. 6 Satz 5** VermAnlG entsprechend anwendbaren § 4 Abs. 4 Satz 2 WpHG ohne Einverständnis der zur Auskunft und Vorlage von Unterlagen Verpflichtete nur zulässig und insoweit zu dulden, wie dies zur Verhütung von dringenden Gefahren für die öffentliche Sicherheit und Ordnung erforderlich ist und „bei der auskunftspflichtigen Person Anhaltspunkte für einen Verstoß gegen ein Verbot oder Gebot dieses Gesetzes vorliegen". Letztere Regelung stellt eine nach Art. 13 Abs. 7 GG erlaubte Einschränkung des Grundrechts der Unverletzlichkeit der Wohnung (Art. 13 Abs. 1 GG) dar, auf die § 24 **Abs. 6 Satz 6** VermAnlG, dem Erfordernis des Art. 19 Abs. 1 Satz 2 GG entsprechend, hinweist. Widerspruch und Anfechtungsklage gegen **Verfügungen der BaFin** nach § 24 Abs. 6 Satz 4 VermAnlG sind nicht unter den nach § 26a VermAnlG angeführten sofort vollziehbaren Maßnahmen erwähnt und haben dementsprechend aufschiebende Wirkung. Verstöße gegen diese Bestimmungen sind **keine Ordnungswidrigkeiten** und damit **nicht bußgeldbewehrt**. Das macht das Betretungsrecht zu einem im Konfliktfall stumpfen Instrument.

41 Wenn § 24 Abs. 6 Satz 4 VermAnlG bestimmt, die zur Auskunft und Vorlage von Unterlagen Verpflichteten hätten den Berechtigten das Betreten ihrer Grundstücke und Geschäftsräume „**zu gestatten**", so müssen die Berechtigten diesbezüglich nicht um die diesbezügliche Genehmigung ersuchen. Vielmehr meint Gestattung, entsprechend der Regelung in § 24 Abs. 6 Satz 5 VermAnlG, dass die zur Auskunft und

---

1 *Troidl* in Engelhardt/App/Schlatmann, VwVG/VwZG, § 13 VwVG Rz. 10.
2 *Lenz* in Assmann/Lenz/Ritz, § 8c VerkProspG Rz. 21.

Vorlage von Unterlagen Verpflichteten das Betreten ihrer Grundstücke und Geschäftsräume **zu dulden** haben[1]. Bei **Verweigerung des Zutritts** ist diese Differenzierung freilich insoweit folgenlos, als ohne entsprechende Duldungsverfügung – die Verwaltungsakt und Verfügung iS von § 17 Abs. 3 FinDAG ist und gegen die Rechtsmittel mit aufschiebender Wirkung eingelegt werden können – weder die Bediensteten der BaFin noch die von ihr beauftragten Personen unmittelbaren Zwang anwenden dürfen. Die unberechtigte Verweigerung des Zutritts stellt zudem nicht einmal eine **Ordnungswidrigkeit** dar.

Das Betretungsrecht nach § 24 **Abs. 6 Satz 4** VermAnlG – dh. ein solches während der üblichen Arbeitszeit – soll „den mit der Sonderprüfung befassten Personen eine Einblicknahme in erforderliche Unterlagen" ermöglichen[2]. Ein solches wiederum wird aber nur in dem Umfang „**zur Wahrnehmung ihrer Aufgaben erforderlich**" ist, **erforderlich** sein, als die Unterlagen den Bediensteten der Bundesanstalt oder den von ihr beauftragten Personen nicht vorgelegt oder auf andere Weise zugänglich gemacht werden oder werden können oder Eile geboten ist. Das Betretungsrecht nach § 24 Abs. 6 Satz 5 VermAnlG – dh. ein solches außerhalb der üblichen Arbeitszeit – ist darüber hinaus nur zulässig und insoweit zu dulden, wie dies zur Verhütung von dringenden Gefahren für die öffentliche Sicherheit und Ordnung erforderlich ist, scheidet damit also praktisch aus[3]. Darüber hinaus gibt das Betretungsrecht des § 24 Abs. 6 Satz 4 VermAnlG den Berechtigten **keine Befugnis zur Durchsuchung** der Grundstücke und Geschäftsräume[4] einschließlich der Einsichtnahme in oder Prüfung von Dokumenten[5].

Als **übliche Arbeitszeit** sind die Zeitspannen anzusehen, in dem die Grundstücke und Geschäftsräume des jeweiligen Auskunfts- und Vorlagepflichtigen üblicherweise für die geschäftliche Nutzung zur Verfügung stehen. Ob diese orts- oder branchenüblich sind, ist unerheblich, dh. es kommt auf die Übung beim Auskunfts- oder Vorlagepflichtigen an[6], auf die sich einzustellen den Berechtigten eher zumutbar ist als von den Verpflichteten, in deren Privatsphäre durch Betretungsrechte eingegriffen wird[7], zu verlangen, ihren Betrieb zwecks Einräumung von Betretungsrechten auf schwer zu ermittelnde durchschnittliche Geschäftszeitspannen einzurichten. Im Hinblick auf den Schutzbereich des Art. 13 GG sind **Wohnungen** „die zu Aufenthalts- oder Arbeitszwecken bestimmten und benutzten Räume einschließlich der

---

1 Ebenso *Altenhain* in KölnKomm. WpHG, § 4 WpHG Rz. 120 in Bezug auf dieselbe sprachliche Diskrepanz in § 4 Abs. 4 Satz 1 und Satz 2 WpHG.
2 RegE Kleinanlegerschutzgesetz, BT-Drucks. 18/3994 v. 11.2.2015, S. 1 (50).
3 Für § 4 Abs. 4 WpHG *Döhmel* in Assmann/Uwe H. Schneider, § 4 WpHG Rz. 51.
4 Für § 4 Abs. 4 WpHG *Altenhain* in KölnKomm. WpHG, § 4 WpHG Rz. 132; *Döhmel* in Assmann/Uwe H. Schneider, § 4 WpHG Rz. 50.
5 *Schlette/Bouchon* in Fuchs, § 4 WpHG Rz. 86.
6 Ebenso *Altenhain* in KölnKomm. WpHG, § 4 WpHG Rz. 128. **AA** *Schlette/Bouchon* in Fuchs, § 4 WpHG Rz. 87, die offenbar auf eine allgemeine Arbeitszeit abstellen und mutmaßen, diese läge zwischen 8 und 18 Uhr.
7 BVerfG v. 13.10.2971 – 1 BvR 280/66, NJW 1971, 2299 (2300): Wohnungen, Geschäfts- und Betriebsräume werden als „insgesamt der ‚räumlichen Privatsphäre' zuzuordnenden Räume" vor Eingriffen geschützt.

Nebenräume und des angrenzenden umschlossenen freien Geländes, auch Tageszimmer, Hotelzimmer, *Keller*, Speicher, Treppen, Wohnwagen, Wohnschiffe, nicht aber bloße Verkehrsmittel (Kraftwagen)"[1]. Dieser weite Begriff der Wohnung und der Schutzbereich des Art. 13 GG umfassen aber auch **Geschäftsräume**[2], allerdings mit einem niedrigeren Schutzniveau, weil Letzteren „nach ihrer Zweckbestimmung eine größere Offenheit ‚nach außen'"[3] eigen ist. Sie sind, in den Worten des BVerfG, „zur Aufnahme sozialer Kontakte bestimmt", wodurch der Inhaber sie „in gewissem Umfang aus der privaten Intimsphäre" entlasse, „zu der die Wohnung im engeren Sinn" gehöre[4]. Dementsprechend soll ein Betretungsrecht der hier in Frage stehenden Art bei Wohnungen grundsätzlich ausgeschlossen sein[5]. Das soll auch der Fall sein, „soweit in diesen Räumen zugleich eine berufliche oder geschäftliche Tätigkeit ausgeübt" werde[6]. Dagegen soll das Schutzbedürfnis in Bezug auf Wohnungen bei **reinen Geschäfts- und Betriebsräumen** durch den Zweck, den sie nach dem Willen des Inhabers selbst erfüllen sollen, gemindert[7]. Um Geschäftsräume handelt es sich vor diesem Hintergrund um Wohnungen, die der Inhaber „in gewissem Umfang aus der privaten Intimsphäre" entlässt, indem sie generell zur „Aufnahme sozialer Kontrakte" bestimmt[8].

c) Berichtspflichten (§ 24 Abs. 7 Sätze 1–3 VermAnlG)

44 Mit den Bestimmungen in § 24 Abs. 7 VermAnlG soll sichergestellt werden, „dass die Bundesanstalt in adäquater Weise Kenntnis vom Ausgang der Sonderprüfung erhält, um gegebenenfalls weitere aufsichtsrechtliche Maßnahmen zu ergreifen", zu denen auch „die in Absatz 8 geregelten Anzeige- und Übermittlungspflichten der Bundesanstalt" gehören[9]. Dazu haben die Einrichtungen und Personen, derer sich die Bundesanstalt bei der Durchführung der Prüfung bedient, gemäß § 24 **Abs. 7 Satz 1** VermAnlG der BaFin unverzüglich nach Abschluss der Prüfung schriftlich oder elektronisch **über das Ergebnis der Prüfung zu berichten**. In den Bericht sind nach § 24 **Abs. 7 Satz 2** VermAnlG alle Tatsachen aufzunehmen, deren Kenntnis zur Beurteilung des zu prüfenden Vorgangs durch die BaFin erforderlich ist. Nach § 24 **Abs. 7 Satz 3** VermAnlG ist der Bericht zu unterzeichnen.

---

1 *Papier* in Maunz/Düring, Grundgesetz-Kommentar, Stand Dezember 2015, Art. 13 GG Rz. 10 mwN.
2 BVerfG v. 13.10.2971 – 1 BvR 280/66, NJW 1971, 2299 (Leitsatz a: „Der Begriff ‚Wohnung' in Art. 13 Abs. I GG ist weit auszulegen; er umfaßt auch Arbeits-, Betriebs- und Geschäftsräume").
3 BVerfG v. 13.10.2971 – 1 BvR 280/66, NJW 1971, 2299 (2300).
4 BVerfG v. 13.10.2971 – 1 BvR 280/66, NJW 1971, 2299 (2300).
5 BVerfG v. 13.10.2971 – 1 BvR 280/66, NJW 1971, 2299 (2300/2301).
6 BVerfG v. 13.10.2971 – 1 BvR 280/66, NJW 1971, 2299 (2300/2301).
7 BVerfG v. 13.10.2971 – 1 BvR 280/66, NJW 1971, 2299 (2301).
8 BVerfG v. 13.10.2971 – 1 BvR 280/66, NJW 1971, 2299 (2300).
9 RegE Kleinanlegerschutzgesetz, BT-Drucks. 18/3994 v. 11.2.2015, S. 1 (50).

d) Vergütung – Kostentragung (§ 24 Abs. 7 Sätze 5 und 6)

Nach § 24 **Abs. 7 Satz 5** VermAnlG haben die Einrichtungen und Personen, die als Sonderprüfer tätig werden, Anspruch auf Ersatz angemessener barer Auslagen und auf Vergütung ihrer Tätigkeit. Diese kann die BaFin gemäß § 24 **Abs. 7 Satz 6** VermAnlG gegenüber dem Emittenten festsetzen. 45

Die Regelung ist den **Bestimmungen des § 318 Abs. 5 Sätze 1 und 2 HGB nachgebildet**, die die Vergütungs- und Aufwendungsersatzansprüche eines nach § 318 Abs. 3 oder 4 HGB vom Gericht bestellten Abschlussprüfers zum Gegenstand haben. So wie nach der gerichtlichen Bestellung eines Abschlussprüfers und der Annahme derselben gegenüber der zu prüfenden Gesellschaft entsprechend der Regelung des § 318 Abs. 1 Satz 4 HGB für den Regelfall der Wahl eines Abschlussprüfers durch die Gesellschaft nach § 318 Abs. 1 Satz 1 HGB, ist auch bei der Bestellung eines Sonderprüfers nach § 24 Abs. 5 Sätze 1 und 3 VermAnlG die Annahme der Bestellung nicht gegenüber der BaFin, sondern gegenüber dem Emittenten, dessen Rechnungslegung es zu prüfen gilt, zu erklären[1]. Damit kommt ein **gesetzliches Schuldverhältnis** zustande, für das, mangels entsprechender Vereinbarungen zwischen Sonderprüfer und Emittent, nach §§ 612, 632 BGB die übliche Vergütung als vereinbart gilt[2]. § 24 Abs. 7 Satz 5 VermAnlG, wonach die Einrichtungen und Personen, die als Sonderprüfer tätig wurden, Anspruch auf Ersatz angemessener barer Auslagen und auf Vergütung ihrer Tätigkeit haben, stellt insoweit lediglich eine Klarstellung dar[3]. Das gilt hinsichtlich der Frage nach der Kostentragungspflicht auch für § 24 Abs. 7 Satz 6 VermAnlG, der deutlich macht, dass diese den Emittenten trifft. 46

Da Vergütungs- und Aufwendungsersatzfragen ungeachtet der Bestellung der Sonderprüfer durch die BaFin der Vereinbarung zwischen Prüfer und Emittent zugänglich sind, ist die dementsprechend als *Kann*-Vorschrift ausgestaltete Bestimmung über die **Festsetzung der Auslagen und die Vergütung des Prüfers in § 24 Abs. 7 Satz 5 VermAnlG** nur für den Fall von Bedeutung, dass es nicht zu einer Vereinbarung zwischen Prüfer und Emittent gekommen ist oder Schwierigkeiten bei der Erstattung der vereinbarten Vergütung und Aufwendungen entstehen. Ist eine diesbezügliche Vereinbarung zwischen Prüfer und Emittent getroffen worden, ist die Festsetzung nach § 24 Abs. 7 Satz 6 VermAnlG nicht gesperrt[4]. Wie bei der gerichtlichen Festsetzung der Vergütung des gerichtlich bestellten Abschlussprüfers, schließt die Festsetzung nach § 24 Abs. 7 Satz 6 VermAnlG lediglich die Geltendmachung einer Leistungsklage gegen den Emittenten aus. Die Festsetzung der Auslagen und der Vergütung durch die BaFin ist allerdings, ungeachtet eventueller anderweitiger Vereinbarungen zwischen Prüfer und Emittent, gesetzlich auf den **Ersatz angemes-** 47

---

1 *Merkt* in Baumbach/Hopt, § 318 HGB Rz. 12.
2 *Schmidt/Heinz* in Beck'scher Bilanz-Kommentar, 10. Aufl. 2016, § 318 HGB Rz. 32.
3 So auch RegE Kleinanlegerschutzgesetz, BT-Drucks. 18/3994 v. 11.2.2015, S. 1 (50): „die Regelung hierzu ist § 318 Absatz 5 Satz 1 und 2 des Handelsgesetzbuchs nachgebildet und hat nur klarstellenden Charakter, da mit der Annahme der Bestellung durch den Sonderprüfer ein privatrechtliches Rechtsverhältnis zwischen ihm und dem Emittenten entsteht (werkvertragsähnliches gesetzliches Schuldverhältnis)".
4 *Schmidt/Heinz* in Beck'scher Bilanz-Kommentar, 10. Aufl. 2016, § 318 HGB Rz. 32.

sener barer Auslagen und auf Vergütung nach § 24 Abs. 7 Satz 4 VermAnlG beschränkt. Da die BaFin nicht die Aufgabe hat, private Vereinbarungen durch hoheitliche Maßnahmen durchzusetzen, kann sie, obwohl das Gesetz diesbezüglich schweigt, als Vergütung – wie bei den Auslagen – nur eine angemessene Vergütung festsetzen, als die, entsprechend §§ 612, 632 BGB, die übliche Vergütung anzusehen ist.

48 Die **Festsetzung** der Auslagen und der Vergütung des Prüfers nach § 24 **Abs. 7 Satz 6** VermAnlG gegenüber dem Emittenten ist ein **Verwaltungsakt**, gegen den der Emittent die üblichen Rechtsmittel – Widerspruch und Anfechtungsklage beide mit aufschiebender Wirkung – geltend machen können. Die Vorteile, die § 318 Abs. 5 Sätze 3 und 4 HGB im Hinblick auf Rechtsmittel gegen die gerichtliche Festsetzung von Auslagen und Vergütung des gerichtlich bestellten Abschlussprüfers vorsehen, sind in § 24 Abs. 7 VermAnlG in Bezug auf die Festsetzung der Auslagen und der Vergütung des Prüfers durch die BaFin nicht nachgebildet worden.

e) Verantwortlichkeit der Prüfer (§ 24 Abs. 7 Satz 6 VermAnlG)

49 Nach § 24 Abs. 7 Satz 6 VermAnlG gilt § 323 HGB, der über die **Sorgfaltspflichten** und die **Verantwortlichkeit** von Abschlussprüfern regelt, für von der BaFin bestellte Sonderprüfer, deren Gehilfen und die bei der Prüfung mitwirkenden gesetzlichen Vertreter einer Prüfungsgesellschaft entsprechend. Nach § 323 Abs. 1 Satz 1 HGB sind diese zur **gewissenhaften und unparteiischen Prüfung** und zur **Verschwiegenheit** verpflichtet. Wer von diesen vorsätzlich oder fahrlässig seine Pflichten verletzt, ist nach § 323 Abs. 1 Satz 3 HGB und nach Maßgabe von § 323 Abs. 2 HGB dem Emittenten und, wenn ein verbundenes Unternehmen geschädigt worden ist, auch diesem zum **Ersatz des daraus entstehenden Schadens** verpflichtet. Mehrere Personen haften als Gesamtschuldner.

3. Anzeigepflicht der BaFin (§ 24 Abs. 8 VermAnlG)

50 Nach § 24 **Abs. 8 Satz 1** VermAnlG muss die BaFin Tatsachen, die den Verdacht einer **Ordnungswidrigkeit** oder einer **Straftat** im Zusammenhang mit der Rechnungslegung eines Emittenten von Vermögensanlagen nach § 30 VermAnlG bzw. § 28 VermAnlG begründen, den für die Verfolgung zuständigen Behörden – dh. der zuständigen Staatsanwaltschaft oder, im Falle Verstößen gegen Ordnungsgeldvorschriften nach § 31 VermAnlG, dem Bundesamt für Justiz (siehe § 31 VermAnlG Rz. 10) – **anzuzeigen**. Tatsachen, die auf das Vorliegen einer Berufspflichtverletzung durch den Abschlussprüfer schließen lassen, **übermittelt** die BaFin gemäß § 24 **Abs. 8 Satz 2** VermAnlG der Wirtschaftsprüferkammer. Die für die Verfolgung von Ordnungswidrigkeiten und Straftaten zuständigen Behörden sowie die Wirtschaftsprüferkammern haben dann jeweils in eigener Zuständigkeit zu entscheiden, wie weiter zu verfahren ist[1].

51 Auch wenn die Anzeige- und Übermittlungspflichten des § 24 Abs. 8 VermAnlG unverkennbar im Zusammenhang mit den Vorschriften zur Bestellung von Sonder-

---

1 RegE Kleinanlegerschutzgesetz, BT-Drucks. 18/3994 v. 11.2.2015, S. 1 (50).

prüfern und vor allem deren Berichtspflicht nach Abs. 7 stehen[1], mit denen die Ersteren in § 24 VermAnlG gelangt sind (siehe oben Rz. 3), so ist es doch **unerheblich, woher** die BaFin ihr Wissen über die anzeige- oder übermittlungspflichtigen Tatsachen erlangt hat. Regelmäßig wird aber der Bericht der Prüfer nach § 24 Abs. 7 VermAnlG die hauptsächliche Erkenntnisquelle darstellen.

Der **Verdacht** einer Ordnungswidrigkeit oder einer Straftat im Zusammenhang mit der Rechnungslegung eines Emittenten von Vermögensanlagen ist begründet, wenn zureichende tatsächliche Anhaltspunkte für eine Straftat oder Ordnungswidrigkeit vorliegen (herkömmlich als Anfangsverdacht bezeichnet)[2]. 52

§ 25
Prüfung und Bestätigung des Abschlussprüfers

(1) Der Jahresabschluss und der Lagebericht des inländischen Emittenten von Vermögensanlagen und des Emittenten von Vermögensanlagen mit Sitz außerhalb der Mitgliedstaaten der Europäischen Union und der anderen Vertragsstaaten des Abkommens über den Europäischen Wirtschaftsraum sind durch einen Abschlussprüfer nach Maßgabe der Bestimmungen des Dritten Unterabschnitts des Zweiten Abschnitts des Dritten Buches des Handelsgesetzbuchs zu prüfen. Der Jahresabschluss und der Lagebericht müssen mit dem Bestätigungsvermerk oder einem Vermerk über die Versagung der Bestätigung versehen sein. Der Jahresabschluss und der Lagebericht von Emittenten von Vermögensanlagen mit Sitz in einem anderen Mitgliedstaat der Europäischen Union oder in einem anderen Vertragsstaat des Abkommens über den Europäischen Wirtschaftsraum sind durch einen Abschlussprüfer nach den gleichwertigen dort jeweils für Kapitalgesellschaften geltenden Prüfungsvorschriften zu prüfen.

(2) Der Abschlussprüfer hat bei seiner Prüfung auch festzustellen, ob der Emittent der Vermögensanlagen die Bestimmungen eines den Vermögensanlagen zugrunde liegenden Gesellschaftsvertrags oder eines Treuhandverhältnisses beachtet hat.

(3) Bei Vermögensanlagen im Sinne des § 1 Absatz 2 Nummer 1 und 2 ist die Zuweisung von Gewinnen, Verlusten, Einnahmen und Entnahmen zu den einzelnen Kapitalkonten vom Abschlussprüfer zu prüfen und deren Ordnungsmäßigkeit zu bestätigen. Dies gilt auch für den Fall, dass die Vermögensanlage für den Anleger durch einen Treuhänder gehalten wird.

---

[1] RegE Kleinanlegerschutzgesetz, BT-Drucks. 18/3994 v. 11.2.2015, S. 1 (50): „Weiter ist dies in Absatz 7 geregelte Berichtspflicht Voraussetzung für die in Absatz 8 geregelten Anzeige- und Übermittlungspflichten der Bundesanstalt".
[2] *Diemer* in KarlsruherKomm. StPO, 7. Aufl. 2013, § 152 StPO Rz. 7; *Peters* in MünchKomm. StPO, 2016, § 152 StPO Rz. 34.

(4) Hat der Emittent der Vermögensanlagen seinen Sitz in einem anderen Mitgliedstaat der Europäischen Union oder einem anderen Vertragsstaat des Abkommens über den Europäischen Wirtschaftsraum, hat dieser dem Jahresbericht eine zusätzliche Bestätigung des Abschlussprüfers in deutscher Sprache beizufügen (§ 23 Absatz 2 Nummer 4), wonach

1. es sich bei den Unterlagen nach § 23 Absatz 2 Nummer 1 und 2 um einen für Kapitalgesellschaften geltenden, nach dem nationalen Recht des Sitzstaates aufgestellten und von einem Abschlussprüfer geprüften Jahresabschluss und Lagebericht handelt,

2. die Anforderungen des § 24 Absatz 3 Satz 3 in Verbindung mit Absatz 1 Satz 3 oder die Anforderungen des § 24 Absatz 3 Satz 4 erfüllt sind und

3. die Unterlagen gemäß § 23 Absatz 2 insgesamt vollständig sind.

In der Fassung vom 6.12.2011 (BGBl. I 2011, S. 2481), zuletzt geändert durch das Kleinanlegerschutzgesetz vom 3.7.2015 (BGBl. I 2015, S. 1114).

Schrifttum: Siehe Einl. VermAnlG und das allgemeine Schrifttumsverzeichnis.

I. Regelungsgegenstand und Normentwicklung 1
II. Prüfung und Bestätigung der Rechnungslegung
  1. Prüfung und Bestätigung des Jahresabschlusses und des Lageberichts (§ 25 Abs. 1 und Abs. 4 VermAnlG)
    a) Differenzierung nach Maßgabe des Sitzes des Emittenten 3
    b) Inländische Emittenten und Emittenten mit Sitz außerhalb der EU und des EWR (§ 25 Abs. 1 Sätze 1 und 2 VermAnlG) 5
    c) Emittenten mit Sitz in der EU oder im EWR (§ 25 Abs. 1 Satz 3, Abs. 4 VermAnlG) 8
  2. Feststellungen und Bestätigungen in Bezug auf Vermögensanlagen nach § 1 Abs. 2 Nr. 1 und 2 VermAnlG (§ 25 Abs. 2 und Abs. 3 VermAnlG) 11

I. Regelungsgegenstand und Normentwicklung

1 Die Vorschrift hat die Prüfung und die Bestätigung des nach den Bestimmungen der § 23 Abs. 1 und Abs. 2, des § 24 VermAnlG sowie des HGB zu erstellenden und offenzulegenden Jahresabschlüsse und Lageberichte der Emittenten von Vermögensanlagen zum **Gegenstand** (§ 25 Abs. 1 und 4 VermAnlG). Über die Prüfung der Ordnungsmäßigkeit der Rechnungslegung durch die Emittenten hinaus, verlangt die Vorschrift, dass der Prüfer in seinem Prüfungsbericht Feststellungen zur Einhaltung der Bestimmungen des Gesellschaftsvertrages oder eines Treuhandverhältnisses trifft (§ 25 Abs. 2 VermAnlG) und bei Vermögensanlagen iS von § 1 Abs. 2 Nr. 1 und Nr. 2 VermAnlG die Fortschreibung der Kapitalkonten kontrolliert und deren Ordnungsmäßigkeit bestätigt (§ 25 Abs. 3 VermAnlG).

Die Vorschrift in der Fassung des Gesetzes zur Novellierung des Finanzanlagenvermittler- und Vermögensanlagenrechts vom 6.12.2011[1] hat durch Art. 2 Nr. 24 des Kleinanlegerschutzgesetzes vom 3.7.2015[2] eine nur geringfügige redaktionelle **Änderung** als Folge der Änderung von § 1 Abs. 2 VermAnlG durch Art. 2 Nr. 2 lit a des Kleinanlegerschutzgesetzes erfahren. Bei der Anwendung der Vorschrift sind die **Übergangsbestimmungen** in § 32 Abs. 3 VermAnlG zu beachten.

II. Prüfung und Bestätigung der Rechnungslegung

1. Prüfung und Bestätigung des Jahresabschlusses und des Lageberichts (§ 25 Abs. 1 und Abs. 4 VermAnlG)

a) Differenzierung nach Maßgabe des Sitzes des Emittenten

§ 25 Abs. 1 und Abs. 4 VermAnlG enthalten Bestimmungen über die Prüfung und die Bestätigung von Jahresabschlüssen, die nach § 23 Abs. 1 und 2 und § 24 VermAnlG iVm. mit den einschlägigen Vorschriften des HGB zu erstellen und offenzulegen sind. Die in diesen aufgestellten Anforderungen an die Prüfung haben den **Zweck**, sicherzustellen, „dass der Jahresbericht alle erforderlichen Angaben enthält und sollen dem Anleger die notwendige Sicherheit über die Ordnungsmäßigkeit der Rechnungslegung und der Verwaltung seiner Vermögensanlage verschaffen"[3].

Dabei **unterscheiden** die Bestimmungen des Abs. 1 und Abs. 4 – denjenigen des § 24 VermAnlG entsprechend – nach dem **Sitz des Emittenten**, dh. zwischen Emittenten mit Sitz im Inland („inländischen Emittenten") und Emittenten von Vermögensanlagen mit Sitz außerhalb der Mitgliedstaaten der Europäischen Union und der anderen Vertragsstaaten des Abkommens über den Europäischen Wirtschaftsraum (§ 25 Abs. 1 Satz 1 und 2 VermAnlG) auf der einen Seite und Emittenten von Vermögensanlagen mit Sitz in einem anderen Mitgliedstaat der Europäischen Union oder in einem anderen Vertragsstaat des Abkommens über den Europäischen Wirtschaftsraum (§ 25 Abs. 1 Satz 3, Abs. 4 VermAnlG). Ungeachtet dieser Unterscheidung gelten die in § 25 Abs. 2 und Abs. 3 VermAnlG aufgestellten Bestimmungen für alle Emittenten von Vermögensanlagen.

b) Inländische Emittenten und Emittenten mit Sitz außerhalb der EU und des EWR (§ 25 Abs. 1 Sätze 1 und 2 VermAnlG)

§ 25 **Abs. 1 Satz 1** VermAnlG bestimmt, dass der Jahresabschluss und der Lagebericht eines inländischen Emittenten von Vermögensanlagen und eines Emittenten von Vermögensanlagen mit **Sitz** außerhalb der Mitgliedstaaten der EU und der anderen Vertragsstaaten des Abkommens über den Europäischen Wirtschaftsraum (EWR) durch einen Abschlussprüfer nach Maßgabe der Bestimmungen des Dritten

---

[1] BGBl. I 2011, S. 2481.
[2] BGBl. I 2015, S. 1114.
[3] RegE Gesetz zur Novellierung des Finanzanlagenvermittler- und Vermögensanlagenrechts, BT-Drucks. 17/6051 v. 6.6.2011, S. 1 (39).

Unterabschnitts des Zweiten Abschnitts des Dritten Buches des Handelsgesetzbuchs – das sind §§ 316–324a HGB – zu prüfen ist.

6 Nach § 25 **Abs. 1 Satz 2** VermAnlG muss der Jahresabschluss und der Lagebericht dieser Emittenten – abweichend von den in § 322 Abs. 2 HGB möglichen Differenzierungen – entweder mit dem **Bestätigungsvermerk** oder einem **Vermerk über die Versagung** der Bestätigung versehen sein.

7 Zur Bestimmung des **Sitzes** des Emittenten siehe die Ausführungen in § 24 VermAnlG Rz. 6. Vertragsstaaten des **Abkommens über den EWR** vom 2.5.1992[1] sind die Staaten Island, Liechtenstein und Norwegen.

c) Emittenten mit Sitz in der EU oder im EWR (§ 25 Abs. 1 Satz 3, Abs. 4 VermAnlG)

8 Nach § 25 **Abs. 1 Satz 3** VermAnlG sind der Jahresabschluss und der Lagebericht von Emittenten von Vermögensanlagen mit Sitz in einem anderen Mitgliedstaat der EU oder in einem anderen Vertragsstaat des EWR (siehe oben Rz. 7), ungeachtet der Rechtsform des Emittenten, durch einen Abschlussprüfer nach den am Sitz des Emittenten (zur Sitzbestimmung § 24 VermAnlG Rz. 6) jeweils für Kapitalgesellschaften geltenden Prüfungsvorschriften zu **prüfen**.

9 Der Emittent mit Sitz in der EU oder im EWR gehört aufgrund der Bestimmung des § 24 Abs. 3 VermAnlG zu den Emittenten, die nicht verpflichtet sind, nach den Vorschriften des HGB einen Jahresabschluss offenzulegen. Teil des Jahresberichts, den sie nach § 23 Abs. 1 VermAnlG zu erstellen haben, sind gemäß § 23 Abs. 2 Nr. 4 VermAnlG unter anderem die „Bestätigungen des Abschlussprüfers" nach § 25 VermAnlG. Zu diesen gehört – neben der nach Abs. 3 für den Fall der Emission von Vermögensanlagen iS des § 1 Abs. 2 Nr. 1 und 2 VermAnlG erforderlichen Bestätigung – die dem Jahresbericht nach § 25 **Abs. 4** VermAnlG in **deutscher Sprache** beizufügende **Bestätigung**, wonach (1) es sich bei den Unterlagen nach § 23 Abs. 2 Nr. 1 und 2 VermAnlG um einen für Kapitalgesellschaften geltenden, nach dem nationalen Recht des Sitzstaates aufgestellten und von einem Abschlussprüfer geprüften Jahresabschluss und Lagebericht handelt, (2) die Anforderungen des § 24 Abs. 3 Satz 3 iVm. Abs. 1 Satz 3 VermAnlG oder die Anforderungen des § 24 Abs. 3 Satz 4 VermAnlG erfüllt sind und (3) die Unterlagen gemäß § 23 Abs. 2 VermAnlG insgesamt vollständig sind.

10 Diese zusätzlichen Bestätigungen haben den **Zweck**, sicherzustellen, „dass auch bei einem Jahresbericht einer Vermögensanlage aus dem EU-/EWR-Raum alle erforderlichen Angaben enthalten sind und sollen dem Anleger die notwendige Sicherheit über die Ordnungsmäßigkeit der Rechnungslegung der Verwaltung seiner Vermögensanlage verschaffen"[2]. Sie sollen darüber hinaus dem Betreiber des elektronischen Bundesanzeigers und dem Bundesamt für Justiz die Wahrnehmung ihrer

---

1 BGBl. II 1993, S. 266.
2 RegE Gesetz zur Novellierung des Finanzanlagenvermittler- und Vermögensanlagenrechts, BT-Drucks. 17/6051 v. 6.6.2011, S. 1 (39).

Aufgaben im Zusammenhang mit Rechnungslegung der Emittenten und ihrer Offenlegung erleichtern: Dem Ersteren bei der Wahrnehmung der aus § 23 Abs. 3 Satz 2 VermAnlG folgende Aufgabe der Prüfung der Vollzähligkeit der einzureichenden Unterlagen des Jahresberichts (siehe dazu die Erläuterungen zu § 23 VermAnlG Rz. 17 f.) und dem Bundesamt für Justiz die Aufgabe, auf die Einhaltung der Pflichten nach § 23 VermAnlG mittels des Ordnungsgeldverfahrens nach § 31 VermAnlG hinzuwirken bzw. Verstöße zu sanktionieren, wenn die seitens der Behörde verfügten Nachfristen nicht eingehalten werden (siehe dazu auch Erläuterungen zu § 23 VermAnlG Rz. 10, 18 f., 21)[1].

2. Feststellungen und Bestätigungen in Bezug auf Vermögensanlagen nach § 1 Abs. 2 Nr. 1 und 2 VermAnlG (§ 25 Abs. 2 und Abs. 3 VermAnlG)

Die nach § 25 **Abs. 2 und Abs. 3** VermAnlG vom Abschlussprüfer verlangten **Feststellungen und Bestätigungen** sind **für alle Emittenten** von Vermögensanlagen erforderlich, gleich wo sie ihren Sitz haben und nach welchen Vorschriften ihre Rechnungslegung zu erstellen und zu prüfen ist. De facto geht es in beiden Fällen um Feststellungen und Bestätigungen zu **Vermögensanlagen iS von § 1 Abs. 1 Nr. 1 und 2 VermAnlG**. Vermögensanlagen in diesem Sinne sind nach dessen Nr. 1 Anteile, die eine Beteiligung am Ergebnis eines Unternehmens gewähren und nach dessen Nr. 2 Anteile an einem Vermögen, das der Emittent oder ein Dritter in eigenem Namen für fremde Rechnung hält oder verwaltet (Treuhandvermögen). 11

Liegen den Vermögensanlagen **Bestimmungen eines Gesellschaftsvertrags oder eines Treuhandverhältnisses** – in der Sache geht es um die mit besonderen Risiken verbundenen Vermögensanlagen iS von § 1 Abs. 1 Nr. 1 und 2 VermAnlG – muss der Abschlussprüfer bei seiner Prüfung nach § 25 **Abs. 2** VermAnlG auch feststellen, ob der Emittent der Vermögensanlagen die fraglichen Bestimmungen beachtet hat. 12

Bei Vermögensanlagen iS des § 1 Abs. 2 Nr. 1 und 2 VermAnlG – dazu vorstehend Rz. 11 – ist nach § 25 **Abs. 3 Satz 1** VermAnlG die **ordnungsgemäße Fortschreibungen der Kapitalkonten zu prüfen und zu bestätigen**. Zu prüfen und zu bestätigen ist in den Worten des § 25 Abs. 3 Satz 1 VermAnlG die Zuweisung von Gewinnen, Verlusten, Einnahmen und Entnahmen zu den einzelnen Kapitalkonten, dh. dem Kapitalkonto eines jeden Anlegergesellschafters. Das gilt nach § 25 **Abs. 3 Satz 2** VermAnlG auch für eine indirekte Beteiligung des Anlegers, dh. den Fall, dass die Vermögensanlage für den Anleger durch einen Treuhänder gehalten wird. Kann die ordnungsgemäße Fortschreibung der Kapitalkonten nicht bestätigt werden, ist die Bestätigung zu versagen. 13

---

1 RegE Gesetz zur Novellierung des Finanzanlagenvermittler- und Vermögensanlagenrechts, BT-Drucks. 17/6051 v. 6.6.2011, S. 1 (39).

§ 26
Verkürzung der handelsrechtlichen Offenlegungsfrist

(1) Ist der Emittent der Vermögensanlagen nach den Vorschriften des Handelsgesetzbuchs zur Offenlegung des Jahresabschlusses verpflichtet, tritt an die Stelle des Ablaufs des zwölften Monats des dem Abschlussstichtag nachfolgenden Geschäftsjahres im Sinne des § 325 Absatz 1a des Handelsgesetzbuchs der Ablauf des sechsten Monats.

(2) § 326 des Handelsgesetzbuchs über die größenabhängigen Erleichterungen für kleine Kapitalgesellschaften ist nicht anzuwenden.

In der Fassung vom 6.12.2011 (BGBl. I 2011, S. 2481), zuletzt geändert durch das Bilanzrichtlinie-Umsetzungsgesetz vom 17.7.2015 (BGBl. I 2015, S. 1245).

Schrifttum: Siehe Einl. VermAnlG und das allgemeine Schrifttumsverzeichnis.

1 Die Vorschrift hat seit der Einführung des VermAnlG durch Art. 1 des Gesetzes zur Novellierung des Finanzanlagenvermittler- und Vermögensanlagenrechts vom 6.12.2011[1] nur geringfügige **Änderungen** erfahren, die allesamt Folgen der Änderung anderer Vorschriften waren: zunächst durch Art. 2 Nr. 26 des Kleinanlegerschutzgesetzes vom 3.7.2015[2] und sodann durch Art. 8 Abs. 10 Nr. 2 des Bilanzrichtlinie-Umsetzungsgesetzes vom 17.7.2015[3].

2 Für die Rechnungslegung von Emittenten der Vermögensanlagen, die nach den Bestimmungen des HGB zur Offenlegung des Jahresabschlusses verpflichtet sind, stellt § 26 **Abs. 1** VermAnlG stellt klar, dass nach diesem Gesetz eine gegenüber dem HGB verkürzte – sechsmonatige – Einreichungspflicht beim Handelsregister gilt.

3 § 26 **Abs. 2** VermAnlG stellt klar, dass größenabhängige Erleichterungen für kleine Kapitalgesellschaften nach § 326 HGB auf die Rechnungslegung der Emittenten von Vermögensanlagen keine Anwendung finden.

---

[1] BGBl. I 2011, S. 2481.
[2] BGBl. I 2015, S. 1114.
[3] BGBl. I 2015, S. 1245.

Abschnitt 4
Sofortiger Vollzug und Bekanntmachung

§ 26a
Sofortiger Vollzug

Widerspruch und Anfechtungsklage gegen Maßnahmen der Bundesanstalt nach den §§ 15a bis 19 haben keine aufschiebende Wirkung.

In der Fassung vom 3.7.2015 (BGBl. I 2015, S. 1114).

I. Normentwicklung 1	III. Aufhebung des Sofortvollzugs, Rechtsschutz 3
II. Regelungsgehalt 2	

I. Normentwicklung

Die **Einfügung von § 26a in das VermAnlG** geht auf Art. 2 Nr. 25 des Kleinanlegerschutzgesetzes[1] zurück. Die Norm fasst die gleichlautenden Regelungen der §§ 17 Abs. 3, 18 Abs. 2 und 19 Abs. 4 VermAnlG aF unter Einbeziehung weiterer Tatbestände im neuen Unterabschnitt 4 des VermAnlG zusammen. Die Regelungen lassen sich wiederum auf §§ 8i Abs. 5 und 8d VerkProspG aF zurückführen[2]. 1

II. Regelungsgehalt

Die Regelung **modifiziert** auf der Grundlage von § 80 Abs. 2 Nr. 3 VwGO den für in Streitigkeiten öffentlich-rechtlicher Art geltenden Grundsatz nach § 80 Abs. 1 Satz 1 VwGO, der für Widerspruch und Anfechtungsklage gegen Maßnahmen hoheitlicher Gewalt **aufschiebende Wirkung** vorsieht. Nach § 26a VermAnlG wird die aufschiebende Wirkung der Rechtsbehelfe im Interesse der Schnelligkeit und Effektivität der Durchsetzung von Maßnahmen gegen bekannt gewordene Verstöße gegen das VermAnlG und zur Aufklärung von Sachverhalten bei Verdachtsfällen durch die Verwaltung aufgehoben. Die von der BaFin in der Regel im Rahmen der Aufsicht nach den §§ 15a-19 VermAnlG erlassenen Verwaltungsakte stellen Maßnahmen nach dem VermAnlG unter Inanspruchnahme hoheitlicher Gewalt dar. Nach Wertung des Gesetzgebers überwiegt das Interesse am Schutz des Anlegers[3]. Dieser wird durch eine umfassende, vom Anbieter bereitzustellende Informationsgrundlage des Anle- 2

---
1 Kleinanlegerschutzgesetz vom 3.7.2015, BGBl. I 2015, S. 1114.
2 RegE eines Gesetzes zur Novellierung des Finanzanlagenvermittler- und Vermögensanlagenrechts, BT-Drucks. 17/6051, S. 35 f.; RegE Anlegerschutzverbesserungsgesetz, BT-Drucks. 15/3174, S. 44.
3 Vgl. bereits 3. Finanzmarktförderungsgesetz, BT-Drucks. 13/8933, S. 87 f.

gers bewerkstelligt[1]. Es ist nicht hinzunehmen, dass Anbieter eine effektive, zeitnahe Sachverhaltsaufklärung über ihr Angebot verhindern oder ihre Angebote von Anteilen an Vermögensanlagen zB mit Hilfe eines lückenhaften Verkaufsprospekts betreiben könnten oder die Anteile der angebotenen Vermögensanlage bereits abplatziert sind, ehe die BaFin gegen aufsichtsrechtliche Verstöße erfolgreich vorgehen könnte[2].

III. Aufhebung des Sofortvollzugs, Rechtsschutz

3 Den entsprechenden Maßnahmen der BaFin ist Folge zu leisten. Dies gilt solange, bis die BaFin die Vollziehung aussetzt, die Anordnung der aufschiebenden Wirkung durch das Gericht erfolgt, die Maßnahme zurückgenommen oder durch Urteil aufgehoben wird. Den Sofortvollzug von Maßnahmen kann die BaFin von sich aus oder auf Antrag des Betroffenen aussetzen, § 80 Abs. 4 Satz 1 VwGO.

4 Dem von einem Sofortvollzug einer Maßnahme Betroffenen steht es frei, **Rechtsschutz** im Wege des Verfahrens nach § 80 Abs. 5 VwGO beim Gericht der Hauptsache nachzusuchen, um die aufschiebende Wirkung seines Rechtsbehelfs wieder anordnen zu lassen. Erfolgreich wird das Begehren nur dann sein, wenn das Gericht anhand des bekannten Sachverhalts feststellt, dass ernsthafte Zweifel an der Rechtmäßigkeit der Maßnahme der BaFin bestehen oder bei fehlender Eindeutigkeit des Sachverhalts im Wege einer Interessenabwägung ein Überwiegen der Nachteile für den Betroffenen an einer Hinnahme des Sofortvollzugs der Maßnahme gegenüber dem öffentlichen Interesse der Durchsetzung der gesetzlichen Regelung besteht.

§ 26b
Bekanntmachung von Maßnahmen

(1) Die Bundesanstalt macht sofort vollziehbare Maßnahmen, die sie nach den §§ 15a bis 19 getroffen hat, auf ihrer Internetseite öffentlich bekannt, soweit dies bei Abwägung der betroffenen Interessen zur Beseitigung oder Verhinderung von Missständen geboten ist. Bei nicht bestandskräftigen Maßnahmen ist folgender Hinweis hinzuzufügen: „Diese Maßnahme ist noch nicht bestandskräftig." Wurde gegen die Maßnahme ein Rechtsmittel eingelegt, sind der Stand und der Ausgang des Rechtsmittelverfahrens bekannt zu machen.

---

1 RegE eines Gesetzes zur Novellierung des Finanzanlagenvermittler- und Vermögensanlagenrechts, BT-Drucks. 17/6051, S. 30.
2 Vgl. bereits 3. Finanzmarktförderungsgesetz, BT-Drucks. 13/8933, S. 88.

(2) Liegen der Bundesanstalt Anhaltspunkte dafür vor, dass

1. ein Anbieter Vermögensanlagen öffentlich anbietet, obwohl

   a) diese entgegen § 5b eine Nachschusspflicht vorsehen,

   b) entgegen § 6 kein Verkaufsprospekt veröffentlicht wurde oder

   c) der Verkaufsprospekt nach § 8a nicht mehr gültig ist oder

2. entgegen § 8 ein Verkaufsprospekt vor dessen Billigung veröffentlicht wurde,

so kann die Bundesanstalt diesen Umstand auf ihrer Internetseite öffentlich bekannt machen.

(3) Die Bundesanstalt sieht von einer Bekanntmachung nach Absatz 1 oder Absatz 2 ab, wenn die Bekanntmachung die Finanzmärkte der Bundesrepublik Deutschland oder eines oder mehrerer Staaten des Europäischen Wirtschaftsraums erheblich gefährden würde. Die Bundesanstalt kann von einer Bekanntmachung außerdem absehen, wenn eine Bekanntmachung nachteilige Auswirkungen auf die Durchführung strafrechtlicher, ordnungswidrigkeitenrechtlicher oder disziplinarischer Ermittlungen haben kann.

(4) Die Bekanntmachung nach den Absätzen 1 und 2 darf nur diejenigen personenbezogenen Daten enthalten, die zur Identifizierung des Anbieters oder Emittenten erforderlich sind. Die Bekanntmachung ist spätestens nach fünf Jahren zu löschen.

In der Fassung vom 3.7.2015 (BGBl. I 2015, S. 1114).

§ 26c
Bekanntmachung von Bußgeldentscheidungen

(1) Die Bundesanstalt macht Bußgeldentscheidungen nach § 29 unverzüglich nach Rechtskraft auf ihrer Internetseite bekannt, wenn dies unter Abwägung der betroffenen Interessen zur Beseitigung oder Verhinderung von Missständen geboten ist. Die Bundesanstalt sieht von einer Veröffentlichung insbesondere dann ab, wenn die Bekanntmachung aufgrund der geringfügigen Bedeutung des der Bußgeldentscheidung zugrunde liegenden Verstoßes unverhältnismäßig wäre.

(2) In der Bekanntmachung sind die Vorschrift, gegen die verstoßen wurde, und ermittelte und verantwortliche natürliche oder juristische Personen zu benennen. Die Bundesanstalt nimmt die Bekanntmachung auf anonymer Basis vor, wenn eine nicht anonymisierte Bekanntmachung das Persönlichkeitsrecht einer natürlichen Person verletzen würde oder aus sonstigen Gründen unverhältnismäßig wäre. Die Bundesanstalt nimmt die Bekanntmachung unverzüglich unter Benennung der natürlichen oder juristischen Person erneut vor, wenn die Gründe für die Bekanntmachung auf anonymer Basis entfallen sind.

(3) Die Bundesanstalt schiebt die Bekanntmachung so lange auf, wie eine Bekanntmachung die Durchführung strafrechtlicher, ordnungswidrigkeitenrechtlicher oder disziplinarischer Ermittlungen oder die Stabilität der Finanzmärkte der Bundesrepublik Deutschland oder eines oder mehrerer Staaten des Europäischen Wirtschaftsraums gefährden würde.

(4) Die Bekanntmachung ist spätestens nach fünf Jahren zu löschen.

In der Fassung vom 3.7.2015 (BGBl. I 2015, S. 1114).

Schrifttum: *Lenski*, Staatliches Informationshandeln als Grundrechtseingriff, ZjS 2008, 13; *Uwer/Rademacher*, Das Verfassungsrechtliche Rückwirkungsverbot bei der Bekanntmachung bankaufsichtlicher Maßnahmen nach § 60b KWG, BKR 2015, 145.

I. Normentwicklung	1	III. Maßnahmen	10
II. Regelungsgehalt	3	IV. Absehen von bzw. Aufschieben der Bekanntmachung	11
1. Veröffentlichung und Güterabwägung	6	V. Dauer der Bekanntmachung	12
2. Formelle Vorgaben	8	VI. Rechtsschutz	13
3. Zeitlicher Anwendungsbereich	9		

I. Normentwicklung

1 Die **Einfügung von §§ 26b und 26c in das VermAnlG** geht auf Art. 2 Nr. 25 des Kleinanlegerschutzgesetzes[1] zurück. Eine Vorgängernorm, die die Bundesanstalt ausdrücklich zu einer öffentlichen Berichterstattung über Verwaltungsmaßnahmen und Sanktionen im Bereich des VermAnlG ermächtigte, bestand zuvor nicht. Mit der Einführung der Normen erfolgt eine Verschiebung des bisher durch die Verschwiegenheitspflicht geprägten Verwaltungsverhältnisses zwischen Staat und Beaufsichtigten nach § 4 VermAnlG hin zu einer Transparenz gegenüber der Öffentlichkeit[2].

2 Ähnlichkeiten bestehen zu den fachrechtlichen Regelungen nach § 40b WpHG, § 60b KWG und § 30 WpPG. Allen Regelungen gemein ist der Anspruch auf **Verbesserung des kollektiven Anlegerschutzes**. Über eine aktive Information der Öffentlichkeit durch die Behörde soll dem Publikum eine verlässliche Grundlage für eine eigenverantwortliche Anlageentscheidung auf dem Kapitalmarkt geboten werden[3].

---

1 Kleinanlegerschutzgesetz vom 3.7.2015, BGBl. I 2015, S. 1114.
2 Vgl. *Uwer/Rademacher*, BKR 2015, 145.
3 Begr. zu Art. 2 Nr. 25 RegE Kleinanlegerschutzgesetz, BT-Drucks. 18/3994, 51.

II. Regelungsgehalt

Die Einführung der Normen schafft eine eindeutige gesetzliche Grundlage für eine **staatliche Informationstätigkeit der Bundesanstalt**, die in ihrer Zielsetzung und ihren Wirkungen Grundrechtseingriffen bei den Teilnehmern im Marktsegment der Vermögensanlagen gleichkommen könnte[1]. Die Kriterien der Abgrenzung, nach denen die Bestimmung der Notwendigkeit eines Gesetzesvorbehalts für ein staatliches Informationshandeln einer Behörde aus dem eigenen Tätigkeitsbereich anhand der Zielsetzung und der faktisch-mittelbaren Wirkung der Information gegenüber Dritten erfolgt, sind umstritten[2]. Staatliches Informationshandeln beeinflusst direkt weder den grundrechtlich geschützten Bereich der Willensbildung des Grundrechtsträgers noch die Willensbildung des informierten Dritten, sondern allenfalls mittelbar die Willensbildung des informierten Dritten, welche dann durch eine Willensbetätigung des informierten Dritten mittelbar nachteilige Auswirkungen beim Grundrechtsträger auslösen kann[3].

Der Gesetzgeber verfolgt mit den öffentlichen Bekanntmachungen eine **präventive Zielsetzung**. Die Warnung potentieller Anleger steht im Vordergrund der Begründung[4]. Zweck der Normen ist es, den Anleger unabhängig vom Vorliegen einer konkreten Gefahr für eine vorzunehmende oder bestehende Vermögensanlage von Amts wegen über in der Vergangenheit liegende herausgehobene Verstöße eines Anbieters gegen den Anlegerschutz dienende Vorschriften zu informieren. Die Bestimmungen zielen vordergründig neben einem vorsorgenden Schutz auf eine Verbesserung der aktiven Information der Öffentlichkeit und damit der Transparenz staatlichen Handelns, um den Anleger eine verlässliche Grundlage für eine eigenverantwortliche Anlageentscheidung auf dem Markt zu bieten[5].

Des Weiteren weist der mit den Vorschriften ersichtlich angestrebte „Prangereffekt" mit Blick auf das Verhalten der Anbieter sowohl eine **spezial- wie generalpräventive Komponente** auf[6]. Mit der Warnung einer geht spiegelbildlich eine Disziplinierung der Marktteilnehmer über eine Abschreckungswirkung (negative Generalprävention), da die Veröffentlichung einer (möglichen) Verfehlung Reputationsverluste des Betroffenen nach sich ziehen kann (vgl. § 30 WpPG Rz. 2).

---

1 Der Gesetzgeber sieht durch die öffentliche Information das Grundrecht auf informationelle Selbstbestimmung betroffen, Begr. zu Art. 2 Nr. 25 RegE Kleinanlegerschutzgesetz, BT-Drucks. 18/3994, S. 51; in Betracht kommen evtl. auch Auswirkungen, die Art. 12 GG betreffen, vgl. BVerwG v. 20.11.2014 – 3 C 27.13.
2 Vgl. *Lenski*, ZJS 2008, 13 ff.; BVerwG v. 20.11.2014 – 3 C 27.13; OLG Düsseldorf v. 9.10.2014 – VI-Kart 5/14; BVerfG v. 26.6.2002 – 1 BvR 670/91.
3 Vgl. *Lenski*, ZJS 2008, 13 ff.
4 Begr. zu Art. 2 Nr. 25 RegE Kleinanlegerschutzgesetz, BT-Drucks. 18/3994, 51.
5 Vgl. Erwägungen des VGH Baden-Württemberg v. 28.1.2013 – 9 S 2423/12 für den Bereich der Information im Rahmen des Lebensmittelrechts.
6 Vgl. Niedersächsisches OVG v. 18.1.2013 – 13 ME 267/12.

1. Veröffentlichung und Güterabwägung

6 Die Veröffentlichung von Maßnahmen durch die Bundesanstalt erfolgt, soweit dies im Rahmen einer **Interessenabwägung** zur Beseitigung oder Verhinderung von Missständen geboten ist. Die Voraussetzungen unterscheiden sich an dieser Stelle nicht von denen des WpPG (vgl. § 30 WpPG Rz. 6–9). Die Bundesanstalt hat bei der Bekanntmachung eine Güterabwägung, insbesondere im Hinblick auf das Grundrecht auf informelle Selbstbestimmung, vorzunehmen[1]. Bei dieser Abwägung kommt dem mit diesem Gesetz angestrebten erhöhten Schutz des Publikums ein besonderer Stellenwert zu[2]. Daher wird eine sofort vollziehbare Maßnahme im Zweifel künftig zu veröffentlichen sein[3].

7 Die **Befugnis der Bundesanstalt** wird nach § 26 Abs. 2 VermAnlG gegenüber den Regelungen des WpPG erweitert. Ausreichend für eine öffentliche Bekanntgabe sind bereits Anhaltspunkte für Verstöße gegen das VermAnlG insofern, als dass entgegen § 5b VermAnlG eine Vermögensanlage mit Nachschusspflicht angeboten, nach § 6 VermAnlG kein Verkaufsprospekt veröffentlicht, entgegen § 8 VermAnlG ein Verkaufsprospekt vor dessen Billigung veröffentlicht wurde oder der Verkaufsprospekt nach § 8a VermAnlG nicht mehr gültig ist. In diesen Fällen kann es aufgrund der mangelnden Informationen für die Öffentlichkeit bei interessierten Anlegern zu einer Fehleinschätzung der Risiken im Hinblick auf die beworbene Vermögensanlage kommen, weshalb zur Vermeidung von Schäden ein schnelles Handeln der Bundesanstalt erforderlich ist[4]. Anhaltspunkte müssen durch Tatsachen begründet sein. Bloße Vermutungen können eine öffentliche Bekanntmachung nicht rechtfertigen. Eine gewisse Wahrscheinlichkeit für die Annahme eines Verstoßes gegen das VermAnlG muss sich aus den Gegebenheiten ableiten lassen, ohne die Qualität eines Beweises erreichen zu müssen[5].

2. Formelle Vorgaben

8 Die Regelungen der §§ 26b Abs. 1 Satz 2 und 3, Abs. 4 Satz 1, 26c Abs. 2 Satz 1 VermAnlG enthalten konkrete formelle Vorgaben über die inhaltliche Darstellung der öffentlichen Bekanntgabe.

3. Zeitlicher Anwendungsbereich

9 Die Bekanntmachung aufsichtsrechtlicher Maßnahmen nach dem VermAnlG scheidet für Fälle aus, bei denen der Rechtsverstoß vor dem **3.7.2015** begangen wurde. Eine verfassungskonforme Auslegung der §§ 26b und 26c VermAnlG steht aufgrund der Strafwirkung der Veröffentlichung für die Betroffenen einer Anwendung der Vorschriften entgegen. Abgeschlossene Sachverhalte unterliegen dem **Rückwirkungsver-**

---

[1] Begr. zu Art. 2 Nr. 25 RegE Kleinanlegerschutzgesetz, BT-Drucks. 18/3994, 51.
[2] Begr. zu Art. 2 Nr. 25 RegE Kleinanlegerschutzgesetz, BT-Drucks. 18/3994, 51.
[3] Begr. zu Art. 2 Nr. 25 RegE Kleinanlegerschutzgesetz, BT-Drucks. 18/3994, 51.
[4] Begr. zu Art. 2 Nr. 25 RegE Kleinanlegerschutzgesetz, BT-Drucks. 18/3994, 51.
[5] Vgl. *Lindemann* in Boos/Fischer/Schulte-Mattler, § 44c KWG Rz. 14.

bot, welches sich aus dem in Art. 20 Abs. 3 und Art. 103 Abs. 2 GG garantierten Vertrauensschutz ableitet. Dabei kommt es auf den zeitlich vor der Schaffung des Gesetzes liegenden tatsächlichen Geschehensablauf und die zeitlich vor Inkrafttreten des Gesetzes stattfindende Verwirklichung des Tatbestandes an, während eine eventuell nachfolgende Einleitung eines Verwaltungsverfahrens, die darin erfolgte rechtliche Bewertung des Sachverhalts und der Abschluss des Verfahrens ohne Bedeutung sind[1].

Auch die mit der Bekanntgabe von Verstößen gegen das VermAnlG beabsichtigte Verhinderung missbilligten zukünftigen Verhaltens lässt den **Strafcharakter** der Normen nicht in zu vernachlässigender Weise zurücktreten[2]. Der Strafcharakter ergibt sich insbesondere aus der Veröffentlichung personenbezogener Daten als Regelfall, die eine Identifizierung des von einer Maßnahme Betroffenen ermöglichen soll, § 26b Abs. 4 Satz 1 und § 26c Abs. 2 Satz 1 VermAnlG. Ohne Bedeutung ist, dass der Gesetzgeber den zeitlichen Anwendungsbereich der Vorschriften keiner Regelung unterzogen hat. Weder in den §§ 26b, 26c VermAnlG noch in den Übergangsvorschriften nach § 32 VermAnlG hat der Gesetzgeber eine Regelung vorgesehen, wie die Bundesanstalt mit der Veröffentlichung der Bekanntmachung von Altfällen umzugehen hat.

III. Maßnahmen

Der grundsätzlichen öffentlichen Bekanntmachung unterliegen alle sofort vollziehbaren Maßnahmen, die die Bundesanstalt nach den §§ 15a-19 VermAnlG getroffen hat. Auf die Bestandskraft der Maßnahme kommt es für die Bekanntgabe nicht an.

Keine Maßnahme iS des § 26b VermAnlG sind Bußgeldentscheidungen der Bundesanstalt. Hierfür ist mit § 26c VermAnlG eine eigene Rechtsgrundlage vorgesehen. Voraussetzung für eine Bekanntgabe ist hier die Rechtskraft der Entscheidung. Ebenfalls nicht erfasst sind Entscheidungen anderer Behörden, zB Urteile in Strafverfahren (vgl. § 30 WpPG Rz. 4).

IV. Absehen von bzw. Aufschieben der Bekanntmachung

Die § 26b Abs. 3 VermAnlG und § 26c Abs. 3 VermAnlG regeln Gründe besonderer Natur, die es der Bundesanstalt ermöglichen, die ihr grundsätzlich obliegende Bekanntmachungspflicht von erlassenen Maßnahmen oder rechtskräftigen Bußgeldentscheidungen **dauerhaft oder befristet auszusetzen**. Die Gründe für diese gesetzlichen Grenzen unterscheiden sich nach ermittlungstaktischen Kriterien und finanzmarktbezogenen Notstandslagen. Diese Umstände müssen noch nicht eingetreten sein, es genügt die Erwartung einer Gefährdung. Nach dem Sachverhalt muss die allgemeine Erfahrung beim Fortschreiten des Geschehens allerdings über-

---

1 Vgl. *Uwer/Rademacher*, BKR 2015, 145 (148).
2 Vgl. *Uwer/Rademacher*, BKR 2015, 145 (148 f.).

wiegend dafür sprechen, dass in naher Zukunft die Gefährdung auch tatsächlich in einen Schaden umschlägt. Bei einer bereits erfolgten Verwirklichung einer Gefahr greift die Grenze der Ermächtigung ebenso.

Das Absehen von einer Bekanntmachung nach § 26b Abs. 1 oder Abs. 2 VermAnlG gemäß § 26b Abs. 3 Satz 1 VermAnlG setzt eine **erhebliche Gefährdung für die Finanzmärkte** der Bundesrepublik Deutschland oder eines oder mehrerer Staaten des Europäischen Wirtschaftsraums voraus. Daraus lässt sich ableiten, dass eine Erfassung einzelner Teilnehmer oder Teilbereiche der Finanzmärkte nicht genügt. Die Folge der erwarteten Schwierigkeiten muss vielmehr im Sinne einer existenzgefährdenden Krise nachhaltig die gesamten Bereiche des Finanzmarkts erfassen. Dies ist bei der im Vergleich zur Größenordnung des Wertpapiermarkts bestehenden geringen Umfangs des Marktsegments der Vermögensanlagen und der fehlenden Handelbarkeit von Anteilen an Vermögensanlagen praktisch kaum vorstellbar. Die Ausnahme dürfte daher ohne Relevanz sein.

Die Ermächtigungen des § 26b Abs. 3 Satz 2 VermAnlG und § 26c Abs. 3 VermAnlG setzen nur die Annahme eines nicht qualifizierten Nachteils voraus. Anwendungsrelevanz könnte die Eingrenzung der Bekanntmachung hier also bzgl. **ermittlungstaktischer Erwägungen** entfalten.

V. Dauer der Bekanntmachung

12 Nach § 26b Abs. 4 Satz 2 VermAnlG bzw. § 26c Abs. 4 VermAnlG darf die Bekanntmachung längstens für die Dauer von fünf Jahren erfolgen. Im Rahmen der sachlichen Abwägung hat die Bundesanstalt zu entscheiden, ob die Bekanntmachung für die volle Dauer von fünf Jahren aufrechterhalten wird oder ob sie vor Ablauf dieser Frist aus sachlichen Gründen gelöscht werden kann[1].

VI. Rechtsschutz

13 Rechtsschutz gegen Bekanntmachungen von Maßnahmen der Bundesanstalt kann im Wege der Leistungsklage nachgesucht werden. Er richtet sich nach dem Charakter der Maßnahme als schlichtes Verwaltungshandeln aus (vgl. § 30 WpPG Rz. 10).

---

1 Begr. zu Art. 2 Nr. 25 RegE Kleinanlegerschutzgesetz, BT-Drucks. 18/3994, S. 51.

Abschnitt 5
Gebühren, Straf-, Bußgeld- und Ordnungsgeldbestimmungen sowie Übergangsvorschriften

§ 27
Gebühren und Auslagen

(1) Für individuell zurechenbare öffentliche Leistungen nach diesem Gesetz und nach den auf Grundlage dieses Gesetzes erlassenen Rechtsverordnungen kann die Bundesanstalt Gebühren und Auslagen erheben.

(2) Das Bundesministerium der Finanzen wird ermächtigt, durch Rechtsverordnung, die nicht der Zustimmung des Bundesrates bedarf, die gebührenpflichtigen Tatbestände und die Gebührensätze näher zu bestimmen und dabei feste Sätze und Rahmensätze vorzusehen. Das Bundesministerium der Finanzen kann die Ermächtigung durch Rechtsverordnung auf die Bundesanstalt für Finanzdienstleistungsaufsicht übertragen.

In der Fassung vom 6.12.2011 (BGBl. I 2011, S. 2481), zuletzt geändert durch das Gesetz zur Strukturreform des Gebührenrechts des Bundes vom 7.8.2013 (BGBl. I 2013, S. 3154).

Verordnung über die Gebühren für Amtshandlungen betreffend Verkaufsprospekte für Vermögensanlagen nach dem Vermögensanlagengesetz (Vermögensanlagen-Verkaufsprospektgebührenverordnung – VermVerkProspGebV)

vom 29.6.2005 (BGBl. I 2005, S. 1873), zuletzt geändert durch die Dritte Verordnung zur Änderung der Vermögensanlagen-Verkaufsprospektgebührenverordnung vom 19.8.2015 (BGBl. I 2015, S. 1433) und mit Wirkung vom 1.10.2021 aufgehoben durch das Gesetz zur Aktualisierung der Strukturreform des Gebührenrechts des Bundes vom 18.7.2016[1].

Auf Grund des § 16 Satz 2 des Verkaufsprospektgesetzes in der Fassung der Bekanntmachung vom 9.9.1998 (BGBl. I S. 2701) der durch Artikel 2 Nr. 12 des Gesetzes vom 22.6.2005 (BGBl. I S. 1698) neu gefasst worden ist, in Verbindung mit dem 2. Abschnitt des Verwaltungskostengesetzes vom 23.6.1970 (BGBl. I S. 821) und § 1 Nr. 6 der Verordnung zur Übertragung von Befugnissen zum Erlass von Rechtsverordnungen auf die Bundesanstalt für Finanzdienstleistungsaufsicht, § 1 Nr. 6 eingefügt durch Artikel 7 Nr. 2 des Gesetzes vom 22.6.2005 (BGBl. I S. 1698), verordnet die Bundesanstalt für Finanzdienstleistungsaufsicht:

§ 1 Anwendungsbereich
Die Bundesanstalt für Finanzdienstleistungsaufsicht erhebt für individuell zurechenbare öffentliche Leistungen nach dem Vermögensanlagengesetz und nach

---

1 BGBl. I 2016, S. 1666. Art. 2 dieses Gesetzes hebt Art. 4 des Gesetzes zur Strukturreform des Gebührenrechts des Bundes vom 7.8.2013 (BGBl. I 2013, S. 3154) auf, in dessen Abs. 52 und Abs. 57 Nr. 2 die Aufhebung der Vermögensanlagen-Verkaufsprospektgebührenverordnung und von § 27 VermAnlG mit Wirkung vom 14.8.2018 bestimmt war. Ab diesem Zeitpunkt gilt ausschließlich das Bundesgebührengesetz, siehe unten Rz. 3 f.

den auf dem Vermögensanlagengesetz beruhenden Rechtsvorschriften, die Verkaufsprospekte für Vermögensanlagen betreffen, Gebühren nach dieser Verordnung; Auslagen werden nicht gesondert erhoben. Im Übrigen gilt das Bundesgebührengesetz.

§ 2 Gebühren

Die gebührenpflichtigen individuell zurechenbaren öffentlichen Leistungen und die Gebührensätze bestimmen sich vorbehaltlich der Regelungen in § 3 nach dem anliegenden Gebührenverzeichnis.

§ 3 Gebührenerhebung in besonderen Fällen

(1) Für die Ablehnung eines Antrags auf Erbringung einer gebührenpflichtigen individuell zurechenbaren öffentlichen Leistung aus anderen Gründen als wegen Unzuständigkeit oder bei der Rücknahme eines Antrags nach Beginn der sachlichen Bearbeitung, jedoch vor deren Beendigung, ermäßigt sich die nach dem Gebührenverzeichnis zu dieser Verordnung zu erhebende Gebühr um ein Viertel; sie kann bis auf ein Viertel der vorgesehenen Gebühr ermäßigt oder es kann von ihrer Erhebung abgesehen werden, wenn dies der Billigkeit entspricht.

(2) Für die vollständige oder teilweise Zurückweisung eines Widerspruchs wird eine Gebühr bis zur Höhe von 50 Prozent der für den angefochtenen Verwaltungsakt festgesetzten Gebühr erhoben; dies gilt nicht, wenn der Widerspruch nur deshalb keinen Erfolg hat, weil die Verletzung einer Verfahrens- oder Formvorschrift nach § 45 des Verwaltungsverfahrensgesetzes unbeachtlich ist. War für den angefochtenen Verwaltungsakt eine Gebühr nicht vorgesehen oder wurde eine Gebühr nicht erhoben, wird eine Gebühr bis zu 1.500 Euro erhoben. Bei einem erfolglosen Widerspruch, der sich ausschließlich gegen eine Gebührenentscheidung richtet, beträgt die Gebühr bis zu 10 Prozent des streitigen Betrags. Wird ein Widerspruch nach Beginn einer sachlichen Bearbeitung, jedoch vor deren Beendigung zurückgenommen, ist keine Gebühr zu erheben. Das Verfahren zur Entscheidung über einen Widerspruch, der sich ausschließlich gegen die festgesetzte Widerspruchsgebühr richtet, ist gebührenfrei. Die Gebühr beträgt in den Fällen der Sätze 1 bis 3 mindestens 50 Euro.

§ 3a Übergangsvorschrift

Auf individuell zurechenbaren öffentlichen Leistungen betreffend Verkaufsprospekte, die vor dem 1.6.2012 bei der Bundesanstalt für Finanzdienstleistungsaufsicht zur Gestattung ihrer Veröffentlichung nach § 8i Absatz 2 Satz 1 des Verkaufsprospektgesetzes in der bis zum 31.5.2012 geltenden Fassung eingereicht wurden, ist diese Verordnung in ihrer bis zum 31.5.2012 geltenden Fassung weiter anzuwenden.

§ 4 Inkrafttreten

Diese Verordnung tritt am 1. Juli 2005 in Kraft.

Anlage (zu § 2) Gebührenverzeichnis

in der Fassung der Ersten Verordnung zur Änderung der Vermögensanlagen-Verkaufsprospektgebührenverordnung (BGBl. I 2010, S. 1824), zuletzt geändert durch die Dritte Verordnung zur Änderung der Vermögensanlagen-Verkaufsprospektgebührenverordnung vom 19.8.2015 (BGBl. I 2015, S. 1433).

Nr.	Gebührentatbestand	Gebühr in Euro
1	Billigung und Aufbewahrung eines vollständigen Verkaufsprospekts oder eines unvollständigen Verkaufsprospekts im Sinne des § 10 Satz 1 VermAnlG (§ 8 Absatz 1 Satz 2 und Absatz 3 in Verbindung mit § 14 Absatz 2 Satz 2 VermAnlG)	1.500 bis 15.000
2	Aufbewahrung der nachzutragenden Angaben im Sinne des § 10 Satz 2 und 3 VermAnlG (§ 14 Absatz 2 Satz 2 VermAnlG)	1,55
3	Billigung und Aufbewahrung des Nachtrags gemäß § 11 VermAnlG (§ 11 Absatz 1 Satz 3 in Verbindung mit § 14 Absatz 2 Satz 2 VermAnlG)	1.185
4	Aufbewahrung des Vermögensanlagen-Informationsblatts (§ 14 Absatz 1 Satz 2 in Verbindung mit Absatz 2 Satz 2 VermAnlG)	38
5	Untersagung der Veröffentlichung eines Verkaufsprospekts bei Nichthinterlegung des Vermögensanlagen-Informationsblatts (§ 17 Absatz 2 in Verbindung mit § 14 Absatz 1 Satz 2 VermAnlG)	150
6	Untersagung des öffentlichen Angebots von Vermögensanlagen (§ 18 Absatz 1 VermAnlG)	4.000
7	Gestattung der Erstellung eines Verkaufsprospekts in einer in internationalen Finanzkreisen gebräuchlichen Sprache (§ 2 Absatz 1 Satz 4 VermVerkProspV)	100
8	Untersagung von Werbung bei Vorliegen von Missständen (§ 16 Absatz 1 in Verbindung mit § 12 VermAnlG)	2.000

Schrifttum: *Kopp/Ramsauer*, Kommentar zum Verwaltungsverfahrensgesetz, 16. Aufl. 2015; *Schäfer*, Stand und Entwicklungstendenzen der spezialgesetzlichen Prospekthaftung, ZGR 2006, 40; *v. Dreising*, Kommentar zum Verwaltungskostengesetz, 1971. Siehe auch Einl. VermAnlG und § 6 VermAnlG.

I. Normentwicklung 1	3. Einteilung von Vermögensanlagen 18
II. Regelungsgehalt 5	4. Wesentliche Merkmale 23
III. Materieller Anwendungsbereich 6	5. Streitfälle 33
1. Bemessungsgrundlage 7	IV. Zeitlicher Anwendungsbereich .. 47
2. Auslegung des Begriffs „Verkaufsprospekt" 12	V. Sonderfälle 48

I. Normentwicklung

1 Die Vorschrift übernimmt im Rahmen der Ablösung des VerkProspG durch das VermAnlG **im Wesentlichen den Wortlaut von § 33 WpPG**. Sie enthält die Ermächtigung der Bundesanstalt, die durch den Vollzug des Gesetzes entstehenden Kosten über die Erhebung von Gebühren und Auslagen zu decken. Funktional bleibt der Bezug zum abgelösten § 16 VerkProspG bestehen. Eine wesentliche Änderung der Neufassung im Rahmen des VermAnlG besteht darin, dass nunmehr die Ermächtigung auch die Erhebung von Auslagen ausdrücklich regelt und nicht mehr allgemein über die Gebührenhöhe miterfasst[1].

2 **Unterschiede** des § 27 VermAnlG zu § 33 WpPG bestehen insoweit, als die in § 33 Abs. 2 Satz 2 WpPG enthaltene Regelung über die Bemessung der Gebührensätze und Rahmengebühren, die ein Gebot der verhältnismäßigen Festsetzung anhand der Bedeutung und dem Nutzen der Amtshandlung gegenüber dem Gebühren- und Auslagenschuldner enthält, nicht in das Gesetz übernommen wurde. Die Begründung zum VermAnlG zeigt jedoch, dass dieses Gebot nach dem Willen des Gesetzgebers **auch im Rahmen der Anwendung des § 27 VermAnlG** gelten soll[2].

3 **Geändert** wurde die Vorschrift durch das Gesetz zur Strukturreform des Gebührenrechts des Bundes[3]. Im Rahmen dieser Reform erfolgte eine Abkehr von der zuvor im Fachrecht verorteten Ermächtigungsgrundlage zur Erhebung von Gebühren und Auslagen durch die Schaffung einer zentralen Ermächtigungsgrundlage für Gebührenregelungen und eine Anpassung der Terminologie des Gesetzes an den betriebswirtschaftlichen Kostenbegriff[4]. Der zuvor als Grundlage verwendete Begriff der Amtshandlung wurde durch den weiter gefassten Begriff der individuell zurechenbaren öffentlichen Leistung ersetzt[5]. Im Zuge der Ablösung der geltenden fachrechtlich geregelten Gebührentatbestände durch Besondere Gebührenverordnungen nach § 22 Abs. 4 BGebG tritt § 27 VermAnlG am 1.10.2021 vollständig **außer Kraft**[6]. Ab diesem Zeitpunkt ist gem. Art. 5 Abs. 1 des Gesetzes zur Strukturreform des Gebührenrechts des Bundes vom 7.8.2013[7] das mit dessen Art. 1 eingeführte Gesetz über Gebühren und Auslagen des Bundes (Bundesgebührengesetz – BGebG) anwendbar.

---

1 Vgl. zur Regelung des § 16 VerkProspG *Arndt/Bruchwitz* in Arndt/Voß, § 16 VerkProspG Rz. 29; nach § 1 Satz 1 VermVerkProspGebV a.E. werden Auslagen trotz der nunmehr geltenden Ermächtigung nicht gesondert erhoben.
2 Begr. RegE, BT-Drucks. 17/6051, S. 40.
3 Gesetz über Gebühren und Auslagen des Bundes (Bundesgebührengesetz – BGebG) vom 7.8.2013, BGBl. I 2013, S. 3154.
4 Begr. RegE BGebG, BT-Drucks. 17/10422, S. 88 ff.
5 Beschlussempfehlung und Bericht des Innenausschusses, BT-Drucks. 17/12722, S. 48 (Art. 2 Abs. 68).
6 Gesetz zur Aktualisierung der Strukturreform des Gebührenrechts des Bundes vom 18.7.2016 (BGBl. I 2016, S. 1666). Art. 2 dieses Gesetzes hebt Art. 4 des Gesetzes zur Strukturreform des Gebührenrechts des Bundes vom 7.8.2013 (BGBl. I 2013, S. 3154) auf, in dessen Abs. 57 Nr. 2 die Aufhebung von § 27 VermAnlG mit Wirkung vom 14.8.2018 bestimmt war.
7 BGBl. I 2013, S. 3154.

Die abgelösten Regelungen bleiben im Rahmen von **Übergangsvorschriften** in ihrer Anwendbarkeit erhalten. Nach § 3a der Vermögensanlagen-Verkaufsprospektgebührenverordnung (VermVerkProspGebV) ist die VermVerkProspGebV in ihrer bis zum 31.5.2012 geltenden Fassung auf individuell zurechenbare Leistungen der BaFin für vor dem 1.6.2012 eingereichte Verkaufsprospekte weiter anzuwenden. Die am 1.6.2012 in Kraft getretenen Regelungen des § 27 VermAnlG in der Fassung vom 6.12.2011 und der VermVerkProspGebV in der Fassung vom 25.5.2012 sind mit den zwischenzeitlichen Änderungen bis zum 1.10.2021 anwendbar und mit Wirkung dieses Datums ebenfalls **aufgehoben**[1]. Ab diesem Zeitpunkt ist gem. Art. 5 Abs. 1 des Gesetzes zur Strukturreform des Gebührenrechts des Bundes vom 7.8.2013[2] das mit dessen Art. 1 eingeführte Gesetz über Gebühren und Auslagen des Bundes (Bundesgebührengesetz – BGebG) anwendbar. 4

II. Regelungsgehalt

Die Regelung des § 27 Abs. 1 VermAnlG beinhaltet die **Ermächtigungsgrundlage**, nach den auf diesem Gesetz beruhenden Rechtsvorschriften **Gebühren und Auslagen zu erheben**. Der Anknüpfungspunkt der Gebührenpflicht beruht auf dem Vorliegen einer „individuell zurechenbaren öffentlichen Leistung" der BaFin gegenüber dem Gebührenschuldner[3]. Die Regelung erfasst sämtliche Handlungen der BaFin als gebührenpflichtig, die als eigenständige, behördliche Maßnahme mit Außenwirkung im Rahmen der öffentlich-rechtlichen Verwaltungstätigkeit, insbesondere durch die Ausübung hoheitlicher Befugnisse, Prüfungs- und Untersuchungshandlungen, auf Grund dieses Gesetzes und der auf ihm beruhenden Rechtsvorschriften erbracht und durch den Betroffenen der Maßnahme willentlich herbeigeführt wurden[4]. Die nähere Bestimmung der gebührenpflichtigen Tatbestände und der Gebührensätze wird der Festlegung einer nach § 27 Abs. 2 VermAnlG zu erlassenen Rechtsverordnung[5] überlassen. 5

---

[1] Gesetz zur Aktualisierung der Strukturreform des Gebührenrechts des Bundes vom 18.7.2016 (BGBl. I 2016, S. 1666). Art. 2 dieses Gesetzes hebt Art. 4 des Gesetzes zur Strukturreform des Gebührenrechts des Bundes vom 7.8.2013 (BGBl. I 2013, S. 3154) auf, in dessen Abs. 52 die Aufhebung der Vermögensanlagen-Verkaufsprospektgebührenverordnung mit Wirkung vom 14.8.2018 bestimmt war.
[2] BGBl. I 2013, S. 3154.
[3] Vgl. Begr. RegE BGebG, BT-Drucks. 17/10422, S. 90. Zum Gebührenbegriff: BVerfG v. 6.2.1979 – 2 BvL 5/76, BVerfGE 50, 217 (226).
[4] Vgl. § 3 BGebG, insbesondere Begr. RegE, BT-Drucks. 17/10422, S. 94 ff.
[5] Verordnung über die Gebühren für Amtshandlungen betreffend Verkaufsprospekte für Vermögensanlagen nach dem Vermögensanlagengesetz (VermVerkProspGebV) vom 29.6.2005, BGBl. I 2005, S. 1873, zuletzt geändert durch die Dritte Verordnung zur Änderung der Vermögensanlagen-Verkaufsprospektgebührenverordnung vom 19.8.2015 (BGBl. I 2015, S. 1433).

III. Materieller Anwendungsbereich

6 Der wichtigste Gebührentatbestand betrifft die Gebühren, die für die **Billigung und Aufbewahrung** eines Verkaufsprospekts anfallen, vgl. die Anlage zu § 2 VermVerkProspGebV (Gebührenverzeichnis). Durch die Inanspruchnahme der BaFin durch den Anbieter einer Vermögensanlage mit der Hinterlegung seines entsprechenden Verkaufsprospekts bei der Behörde entsteht ein Aufwand, der durch die Gebühr abgedeckt wird.

1. Bemessungsgrundlage

7 Eine in der Praxis umstrittene Frage betrifft die Bestimmung der **Bemessungsgrundlage** für die Gebührenermittlung für das **Hinterlegungsverfahren**[1]. Für eine Steigerung der Attraktivität des Angebots bieten einzelne Anbieter dem Publikum Variationen im zwischen Anleger und Emittentin einzugehenden Rechtsverhältnis an, zB eröffnet der Anbieter dem Anleger die Möglichkeit, sich an der Vermögensanlage in Form einer Kommanditbeteiligung oder auch alternativ als stiller Gesellschafter zu beteiligen; oder der Anleger hat die Möglichkeit, höhere Gewinnbeteiligungen beim Eingehen längerer Mindestlaufzeiten zu erzielen. Der Grund für diese Verfahrensweise ist, dass der Anbieter sich eine Erschließung einer größeren Kundengruppe und somit einen höheren oder auch schnelleren Vertriebserfolg erhofft. Diese Variationen in den Rechtsgrundlagen der Angebote sind grundsätzlich auch jeweils aus Vereinfachungs- und Kostengründen im gleichen zum Vertrieb bestimmten Dokument zusammengefasst.

8 Die Regelungen der **VermVerkProspGebV**[2] setzen als Bemessungsgrundlage im Gebührenverzeichnis (Anlage zu § 2 VermVerkProspGebV) bei der Billigung und Aufbewahrung eines vollständigen Verkaufsprospekts[3] an. Die Bedeutung des Begriffs des Verkaufsprospekts ist durch Auslegung zu ermitteln (siehe dazu Rz. 9 ff.)[4].

9 Die Gebührenpflicht erstreckt sich nach dem Wortlaut der Nr. 1 des Gebührenverzeichnisses auf das Hinterlegungsverfahren eines **Verkaufsprospekts**. Das VermAnlG enthält allerdings keine Definition des Begriffs „Verkaufsprospekt". Das Gesetz sieht allein Vorschriften in Bezug auf den Inhalt eines Verkaufsprospekts vor. Enthält ein Dokument bestimmte Angaben, kann auf seine Eigenschaft als Verkaufsprospekt geschlossen werden. Da diese Informationen in einem Dokument verkörpert werden, liegt es zunächst nahe, auf das physische Dokument als Anknüpfungspunkt abzustellen. Legt man dem Begriff „Verkaufsprospekt" dieses bloße physische Verständ-

---

1 *Bruchwitz* in Arndt/Voß, § 16 VerkProspG Rz. 11 ff.
2 Verordnung über die Gebühren für Amtshandlungen betreffend Verkaufsprospekte für Vermögensanlagen nach dem Vermögensanlagengesetz (VermVerkProspGebV) vom 29.6.2005, BGBl. I 2005, S. 1873, zuletzt geändert durch die Dritte Verordnung zur Änderung der Vermögensanlagen-Verkaufsprospektgebührenverordnung vom 19.8.2015 (BGBl. I 2015, S. 1433).
3 Vgl. § 8 Abs. 1 iVm. § 14 Abs. 1 VermAnlG.
4 Vgl. Hessischer VGH v. 16.6.2010 – 6 A 2243/09, ZIP 2010, 1756.

nis zugrunde, ist eine Orientierung an der tatsächlich zählbaren Menge der eingereichten Verkaufsprospekte zur Bestimmung der Höhe der Gebühr zumindest nachvollziehbar.

Diese Sichtweise wird bei rein wörtlicher Betrachtung der **Vorgängervorschrift** zur Vermögensanlagen-Verkaufsprospektgebührenverordnung unterstützt. Die **alte Verkaufsprospektgebühren-Verordnung**[1] hatte einen abweichenden Wortlaut: Nach § 2 Abs. 1 VerkProspGebV (aF) betrug die Gebühr für jede Hinterlegung eines vollständigen Verkaufsprospekts für jede Emission 200 Euro. Die Vorgängervorschrift stellte damit nicht allein auf den Verkaufsprospekt ab, sondern sah eine Verknüpfung zwischen den einzelnen im Verkaufsprospekt enthaltenen Emissionen und der Gebührenpflicht vor. Diese bestätigt sich einerseits anhand der Begründung des Regierungsentwurfs zum 3. FGG, die den Hinweis enthält, dass auch bei Hinterlegung nur eines Verkaufsprospekts mehrere Gebührentatbestände verwirklicht sein können[2]. Eine weitere Bestätigung erfuhr diese Verknüpfung anhand entsprechend in diesem Zusammenhang ergangener gerichtlicher Entscheidungen[3]. 10

Im Zuge des Erlasses der VermVerkProspGebV wurde der wörtliche Zusammenhang mit dem Begriff der Emission jedoch aufgegeben und die Erhebung der Gebühr nach dem früheren § 16 VerkProspG bzw. dem jetzigen § 27 VermAnlG iVm. Nr. 1 der Anlage zu § 2 VermVerkProspGebV nur noch mit der Billigung und Aufbewahrung eines Verkaufsprospekts verbunden[4]. Diese Anknüpfung erfolgt anscheinend allein an den Verkaufsprospekt als tatsächlichen, körperlichen Gegenstand, ohne den Umstand zu berücksichtigen, dass in einem einzelnen, vom Anbieter als Verkaufsprospekt bezeichneten Dokument dann Angaben zu mehreren **Vermögensanlagen zusammengefasst** sein können[5]. 11

2. Auslegung des Begriffs „Verkaufsprospekt"

Eine derartig (siehe oben Rz. 11) enge Auslegung des Begriffes „Verkaufsprospekt" berücksichtigt verschiedene Gesichtspunkte jedoch nicht ausreichend. 12

Die gesetzlichen Vorschriften unterscheiden zwischen dem Verkaufsprospekt als Gebühren auslösendem Tatbestand einerseits (§ 1 VermVerkProspGebV) und der Vermögensanlage (als Anwendungsvoraussetzung des VermAnlG in §§ 1 und 6 VermAnlG) andererseits. Eine Erhöhung der Gebührenpflicht auf Grund mehrerer, in einem vom Anbieter zunächst als Verkaufsprospekt bezeichneten Dokument enthal- 13

---

1 VerkProspGebV vom 7.5.1999 (BGBl. I 1999, S. 874), zuletzt geändert durch Gesetz vom 22.4.2002 (BGBl. I 2002, S. 1310), aufgehoben durch die Zweite Verordnung zur Änderung der Vermögensanlagen-Verkaufsprospektgebührenverordnung vom 25.5.2012 (BGBl. I 2012, S. 1217).
2 Begr. RegE 3. FGG, BT-Drucks. 13/8933 v. 6.11.1997, S. 91.
3 VG Frankfurt/M. v. 7.8.1997 – 15 E 2135/95 (1), WM 1998, 762; VG Frankfurt/M. v. 13.6.1997 – 15 G 2848/96, NJW-RR 1997, 1477.
4 Siehe Voraufl.
5 *Bruchwitz* in Arndt/Voß, § 16 VerkProspG Rz. 10.

tener Vermögensanlagen ergibt sich daher aus dem **Wortlaut** der Anlage zu § 2 VermVerkProspGebV zunächst nicht zwingend.

14 Diesem wörtlichen Verständnis steht jedoch die **Systematik** des VermAnlG entgegen. Hinweise, dass der Gesetzgeber von der emissionsbezogenen Gebührenerhebung abrücken wollte, finden sich in den Gesetzesmaterialien nicht[1]. Nach §§ 1 und 6 VermAnlG muss für jede Emission einer einzelnen Vermögensanlage iS der Vorschrift ein Verkaufsprospekt vom Anbieter veröffentlicht werden. Über § 27 Abs. 2 VermAnlG iVm. § 2 VermVerkProspGebV erschließt sich dann der Bezug zu dem Wortlaut von Nr. 1 der Anlage zu § 2 VermVerkProspGebV, der nur noch auf den Gebührentatbestand des Hinterlegungsverfahrens des einzelnen Verkaufsprospekts abstellt. Nach diesem Verständnis enthält ein Verkaufsprospekt nur eine Vermögensanlage. Der Gebührentatbestand bildet somit nur den Grundfall des Hinterlegungsverfahrens ab.

15 Es ist also zwischen einem Begriff des Verkaufsprospekts in gebührenrechtlichem Sinne und einem Begriff des Verkaufsprospekts in umgangssprachlichem Sinne als Verkaufsdokument **zu unterscheiden**. Diese Erkenntnis deckt sich mit der Praxis der Informationsdokumente der Investment- bzw. Kapitalverwaltungsgesellschaften nach dem KAGB, die ebenfalls Verkaufsprospekte zu verschiedenen angebotenen Sondervermögen zu Sammeldokumenten zusammenfassen. Der in der Praxis regelmäßig zu beobachtende Fall der Zusammenfassung mehrerer Verkaufsprospekte von verschiedenen Vermögensanlagen in einem einzelnen Dokument ist somit als von der VermVerkProspGebV eigenständiger Gebührentatbestand nicht erfasst zu betrachten. Die klarstellende Erläuterung aus der alten VerkProspGebV wurde nicht übernommen. Aus der isolierten Betrachtung der Bezeichnung des Rechtsbegriffs „Verkaufsprospekt" der VermVerkProspGebV kann dann aber der Anbieter als Gebührenschuldner nicht allein auf das einzelne, als Verkaufsprospekt im umgangssprachlichen Sinne bezeichnete physische Dokument unter Inanspruchnahme einer gesetzlich nicht geregelten Vereinfachung des Hinterlegungsverfahrens abstellen. Dies widerspricht der gesetzlichen Systematik und ist daher abzulehnen.

16 Auch der **Sinn und Zweck** der Gebührenerhebung spricht für eine erweiterte Auslegung des Gebührentatbestandes[2]. Bei mehreren, in einem Dokument zusammengefassten Verkaufsprospekten zu verschiedenen Vermögensanlagen erhöht sich der zeitliche, intellektuelle und finanzielle Aufwand der Prüfung in nicht zu vernachlässigender Höhe. Im Extremfall kann es sich um völlig eigenständige Verkaufsprospekte zu verschiedenen Vermögensanlagen handeln, die keinerlei Gemeinsamkeiten aufweisen. ZB kann es sich um völlig verschiedene, von unterschiedlichen Gesellschaften zu verwirklichende Projekte handeln, an denen der Anleger sich in unterschiedlicher Form beteiligen kann. Beispielsweise könnte der Anbieter in einem Dokument die Angaben über die kommanditistische Beteiligung an einer Gesellschaft anbieten, die ein Schiff erwerben und betreiben soll, und diese zusammenfassen mit den Angaben zu einer Genussrechtsbeteiligung an einer GmbH, die einen Solarpark aufbauen und betreiben soll. Der Prüfer müsste dann im Hinterlegungsverfahren jeden Verkaufsprospekt eigenständig mit ähnlichem Zeitaufwand auf seine Übereinstim-

---

1 Vgl. Hessischer VGH v. 16.6.2010 – 6 A 2243/09, ZIP 2010, 1756.
2 *Bruchwitz* in Arndt/Voß, § 16 VerkProspG Rz. 10.

mung mit den gesetzlichen Vorschriften prüfen. Stimmen dagegen die Angaben der zusammengefügten Verkaufsprospekte in Teilen überein, ist von einer Reduzierung des Arbeitsaufwandes des jeweiligen Prüfers auszugehen. Allerdings lässt die VermVerkProspGebV bei einem erfolgreichen Durchlaufen des Hinterlegungsverfahrens für die Verkaufsprospekte keine Ermäßigung der Gebühren zu. Eine solche ist nur im Falle einer Rücknahme des Antrags vor Beendigung der Verfahren vorgesehen, § 3 Abs. 1 Var. 2 VermVerkProspGebV. Die Verknüpfung der Gebührenpflicht allein mit einem unbestimmten Begriff eines verkörperten Verkaufsprospekts, dessen Zusammensetzung frei im Ermessen des jeweiligen Anbieters steht, ist daher nicht sachgerecht. Der Rechtssicherheit wäre eine solche Verfahrensweise abträglich.

Eine **Klärung der Frage** für die VermVerkProspGebV ist auf gerichtlichen Wege **bisher nicht erfolgt**. Soweit Entscheidungen ergangen sind, wurde die Frage der Gebührenpflicht anhand der Anzahl der Verkaufsprospekte nicht zur Grundlage der Entscheidungen gemacht[1]. 17

3. Einteilung von Vermögensanlagen

Aus der Erkenntnis der Möglichkeit der Zusammenfassung einzelner Verkaufsprospekte in einem Dokument lässt sich allein noch keine Aussage zur tatsächlichen Höhe der Gebühr für das Verfahren der Billigung des Dokuments ableiten. Dafür ist eine gebührenrechtliche Auftrennung des Gesamtdokuments in die einzelnen Verkaufsprospekte notwendig, auch wenn diese idealistisch vorgenommen wird. Ansatzpunkt für die Beantwortung dieser Frage muss, wie oben (Rz. 15 f.) bereits dargestellt, die Ermittlung der Anzahl der einzelnen Verkaufsprospekte anhand der einzeln dargestellten und zum Angebot in der Öffentlichkeit vorgesehenen **Vermögensanlagen** des jeweiligen Anbieters sein. Denn jede Vermögensanlage bedarf für ihr öffentliches Angebot eines von der BaFin gebilligten Verkaufsprospekts. Verschiedene Emissionen liegen vor, wenn die zu betrachtenden Vermögensanlagen nicht mehr der gleichen Gattung zugerechnet werden können, sie also keine einheitlichen Bestimmungsmerkmale aufweisen[2]. Die Vorschriften der §§ 1 und 6 VermAnlG helfen hier zum Teil weiter. Sie bieten aber anhand ihres Wortlauts nur eine allgemeine, qualitative Einteilung anhand der Art bzw. Gattung der Vermögensanlagen in Bezug auf die Beteiligungsform. Eine Unterscheidung innerhalb der Beteiligungsformen bleibt jedoch unberücksichtigt. 18

Betrachtet man die Beteiligungsformen anhand ihrer gesetzlichen Grundlagen der jeweils zu Grunde liegenden **Gesellschaftsform**, so treten anhand der bestehenden gesellschaftsrechtlichen Normen bereits in bestimmten Fällen Unterscheidungen zwischen einzelnen Gesellschaftern in einer Gesellschaft hervor. Augenfällig wird dies anhand der am häufigsten gebrauchten Beteiligungsform in Gestalt der 19

---

1 VG Frankfurt/M. v. 6.11.2008 – 1 K 1839/08.F (abrufbar über openJur) und die gleichlaufende Entscheidung zur WpPGebV: VG Frankfurt/M. v. 4.6.2009 – 1 K 1162/08.F (abrufbar über juris). Allerdings ist eine Entscheidung für die gleich gelagerten Fälle im WpPG ergangen: Hessischer VGH v. 16.6.2010 – 6 A 2243/09, ZIP 2010, 1756.
2 Vgl. Hessischer VGH v. 16.6.2010 – 6 A 2243/09, ZIP 2010, 1756.

Beteiligung der Anleger als Kommanditisten einer Kommanditgesellschaft gemäß §§ 161 ff., 105 ff. HGB. Hier stehen den Kommanditisten nur eingeschränkte Rechte gemäß den §§ 164 ff. HGB in Bezug auf die Geschäftsführung der Gesellschaft und der Kontrollrechte gegenüber den voll persönlich haftenden Gesellschaftern zu, gleichzeitig werden dem Kommanditisten im Gegenzug Vorteile in Bezug auf die Haftung gegenüber Gläubigern der Gesellschaft eingeräumt. Auch bei anderen gesetzlich typisierten Beteiligungsformen sind Unterscheidungen zwischen den einzelnen Gesellschaftern bereits vorgesehen, vgl. etwa §§ 11, 12 Abs. 1 Satz 2 AktG, §§ 96, 117, 132 KAGB.

20 Aus diesen Ergebnissen lässt sich herleiten, dass einerseits verschiedene Anlegergruppen mit innerhalb der Gruppe jeweils gleichen Rechten an einem einzelnen Beteiligungssubjekt (Vermögensmasse in Form einer Gesellschaft oder eines separaten Investmentvermögens), und andererseits verschiedene Anlegergruppen mit möglicherweise gleichartig ausgestatteten Rechten an jeweils unterschiedlichen Beteiligungssubjekten rechtlich beteiligt sein können. Diese unterschiedlichen **Beteiligungen der jeweiligen Anlegergruppen** sind als zueinander jeweils selbständig zu bewerten. Denn sie unterscheiden sich in wesentlichen Merkmalen voneinander. Das gilt sowohl für die bereits gesetzlich definierten Unterscheidungen bestimmter Gesellschafter oder Anlegergruppen, als auch für die durch den jeweiligen Anbieter des Kapitalmarktprodukts im Wege der Vertragsfreiheit festgelegten Unterscheidungen zwischen den einzelnen Anlegergruppen.

21 Dieses Ergebnis lässt sich auch auf die **öffentlichen Angebote von Vermögensanlagen** gemäß §§ 1 und 6 VermAnlG übertragen. Unterschiede in der rechtlichen Ausgestaltung der Beteiligungsverhältnisse der Gründungsgesellschafter bleiben grundsätzlich außer Betracht, da diese Beteiligung nicht Gegenstand eines öffentlichen Angebots ist.

22 Im Rahmen des **Hinterlegungsverfahrens** der Verkaufsprospekte hat sich eine Orientierung zur Unterscheidung der Merkmale von Vermögensanlagen an den Vergabekriterien für Wertpapierkennnummern herausgebildet. Die Übernahme der Merkmale zur Vergabe der Wertpapierkennnummern in Bezug auf abzugrenzende Wertpapieremissionen zur Unterscheidung der Anzahl abzugrenzender Vermögensanlagen rechtfertigt sich daraus, dass die verwendeten Merkmale bei der Vergabe der Wertpapierkennnummern Ausprägungen der mit den Wertpapieren verbundenen Rechte darstellen und daher beim Erwerb der Anlageformen ebenfalls unterschiedliche Gruppen von Anlegern hervorbringen.

4. Wesentliche Merkmale

23 Folgende Merkmale werden als wesentlich für die **Unterscheidung von Vermögensanlagen** angesehen:

24 – Die **Höhe der Gewinnbeteiligung**: Unterschiedliche Ausgestaltung von Gewinnverteilungen unter den öffentlich angebotenen Beteiligungen führen zu einer Gruppenbildung unter den Anlegern. Diese unterschiedliche Gewinnbeteiligung in der prozentualen Höhe des angefallenen und zur Ausschüttung vorgesehenen

Gewinns tritt üblicherweise bei unterschiedlichen Beteiligungssummen, bei Raten- und Einmaleinzahlungen der Einlage, bei unterschiedlichen Laufzeiten und bei verschiedenen Ausschüttungsvereinbarungen, wie Thesaurierung oder Ausschüttung, auf[1].

– Die **Kategorie der Vermögensanlage**: Eine formale Unterscheidung des gesellschaftsrechtlichen Typus anhand der Bezeichnung bzw. der rechtlichen Ausgestaltung führt zur Annahme verschiedener Vermögensanlagen[2]. Eine Unterscheidung zwischen direkter Beteiligung als Gesellschafter des die Anteile ausgebenden Unternehmens und einer indirekten Beteiligung über einen Treuhänder bleibt dabei unberücksichtigt[3].

– Der **Ausschüttungstermin**: Hat der Anleger die Wahlmöglichkeit bzgl. verschiedener Ausschüttungstermine, handelt es sich um verschiedene Vermögensanlagen[4]. Dies trifft sowohl in Bezug auf die einmalige Ausschüttung zum Laufzeitende der Vermögensanlage (Thesaurierung der zwischenzeitlich möglicherweise angefallenen Gewinne) als auch hinsichtlich unterschiedlicher Ausschüttungsfrequenzen bei unterschiedlichen Anlegergruppen zu (Beispiel: Anlegergruppe A erhält jährlich Ausschüttungen, Anlegergruppe B erst nach drei Jahren). Erhält eine Anlegergruppe gegenüber einer anderen Anlegergruppe die Möglichkeit unterjähriger Ausschüttungen bzw. Entnahmen, unterscheidet sich diese Vermögensanlage von denjenigen, die erst nach Feststellung des jährlichen Gewinns eine Auszahlung erlauben. Vermögensanlagen werden nicht weiter unterschieden, wenn auch die Häufigkeit der unterjährigen Rückzahlungen vom Anleger gewählt werden kann. Fehlt es an Wahlmöglichkeiten bzgl. mehrerer Ausschüttungstermine, so verbleibt es insgesamt bei einer einzigen Vermögensanlage hinsichtlich dieses Kriteriums[5].

– Die **Mindestlaufzeit**: Eine Wahlmöglichkeit des Anlegers über die Laufzeit seines Engagements in der Vermögensanlage führt zu keiner Unterscheidung der einzelnen Vermögensanlagen, vielmehr muss der Anbieter verschiedene absolute Mindestlaufzeiten vorgeben[6]. Eine an eine relative Laufzeit gebundene Unterscheidung der Beteiligungen an den Vermögensanlagen wird sich zumeist trotzdem anhand anderer Merkmale der Beteiligung ergeben. ZB kann die Art der Rückzahlung in Form von Raten zu einer Verlängerung der Laufzeit der Vermögensanlage für den Anleger führen und unterscheidet sich insofern von der Vermögensanlage, die eine einmalige Rückzahlung vorsieht.

– Die **Kündigungsmöglichkeit**: Sind die Kündigungsmöglichkeiten der Beteiligung für bestimmte Anlegergruppen bezogen auf das jeweilige Beteiligungsverhältnis unterschiedlich ausgestaltet, so werden mehrere Vermögensanlagen angenommen. Dies ist beispielsweise der Fall, wenn der Vertrag eines Direktkommanditisten ge-

---

1 *Bruchwitz* in Arndt/Voß, § 16 VerkProspG Rz. 21.
2 *Bruchwitz* in Arndt/Voß, § 16 VerkProspG Rz. 15.
3 *Bruchwitz* in Arndt/Voß, § 16 VerkProspG Rz. 16, 22.
4 *Bruchwitz* in Arndt/Voß, § 16 VerkProspG Rz. 21.
5 Vgl. VG Frankfurt/M. v. 22.2.2010 – 1 L 109/10.F, abrufbar über juris.
6 *Bruchwitz* in Arndt/Voß, § 16 VerkProspG Rz. 21.

29 – Die **Umtauschoption**: Enthalten die Beteiligungsverträge eines öffentlichen Angebots bestimmter Anlegergruppen gegenüber anderen Anlegergruppen die Option zum Umtausch in Vollgesellschaftsanteile, so liegen mehrere Vermögensanlagen vor.

30 – **Stimmrechte**: Die Gewährung von Stimmrechten für eine bestimmte, der Gesellschaft im Rahmen des öffentlichen Angebots der Beteiligung beitretenden Anlegergruppe führt zur Annahme einer weiteren Vermögensanlage[2].

31 – **Informationsrechte**: Die Ausführungen zu den Stimmrechten gelten auch in dieser Merkmalsgruppe[3].

32 **Nicht zu den wesentlichen Merkmalen zählen**: Mindestzeichnungssumme, Unterscheidung zwischen Raten- und Einmalzahlung beim Beitritt, Dynamisierung von Rateneinzahlungen während der Laufzeit des Beitritts, direkte Beteiligung gegenüber der indirekten Beteiligung über einen Treuhänder, relative Mindestlaufzeit und unterschiedliche Höhe des Agios, da dies lediglich Ausdruck der Beteiligungskosten selbst ist[4]. Des Weiteren kann eine Abgrenzung von Vermögensanlagen nicht anhand des Falls eintretender Vermögenslosigkeit der Emissionsgesellschaft vorgenommen werden[5].

5. Streitfälle

33 Die Einteilung der Vermögensanlagen durch die **Verwaltungspraxis** ist in einigen Punkten hinterfragbar, da bestimmte Vorgaben des Gesetzes außer Betracht bleiben. Grundlage für die Unterscheidung der einzelnen Angebote muss zunächst immer die zu Grunde liegende **Beteiligungsform** sein. Hierbei ist zwischen einer gesellschaftsrechtlichen und einer schuldrechtlichen Beteiligung an der Beteiligungsgesellschaft zu unterscheiden.

34 **Gesellschaftsrechtliche Formen** im Rahmen des VermAnlG stellen die Beteiligung als stiller Gesellschafter iS der §§ 230 ff. HGB, die Beteiligung als Gesellschafter an einer Gesellschaft bürgerlichen Rechts gemäß den §§ 705 ff. BGB, als Gesellschafter einer offenen Handelsgesellschaft iS der §§ 105 ff. HGB, als Gesellschafter einer Kommanditgesellschaft iS der §§ 161 ff. HGB, als Gesellschafter einer GmbH iS der §§ 1 ff. GmbHG sowie entsprechende Beteiligungen an vergleichbaren ausländischen Rechtsformen dar[6].

---

1 *Bruchwitz* in Arndt/Voß, § 16 VerkProspG Rz. 21.
2 *Bruchwitz* in Arndt/Voß, § 16 VerkProspG Rz. 21.
3 *Bruchwitz* in Arndt/Voß, § 16 VerkProspG Rz. 21.
4 *Bruchwitz* in Arndt/Voß, § 16 VerkProspG Rz. 22.
5 VG Frankfurt/M. v. 22.2.2010 – 1 L 109/10.F, abrufbar über juris.
6 Beachte zur Unzulässigkeit bestimmter Vermögensanlagen § 5b VermAnlG Rz. 8 f.

Eine Beteiligung als Gesellschafter einer **Kommanditgesellschaft auf Aktien** ist in Bezug auf eine für das VermAnlG relevante gesellschaftsrechtliche Beteiligung nur in Bezug auf die Komplementäre denkbar: es handelt sich im Grunde um eine Aktiengesellschaft (§ 278 Abs. 3 AktG). Eine Beteiligung als **Gesellschafter einer Genossenschaft** ist nicht relevant, da das Angebot einer solchen Beteiligung der Ausnahme von der Prospektpflicht gemäß § 2 Abs. 1 Nr. 1 VermAnlG unterliegt. 35

Schuldrechtliche Formen im Rahmen des VermAnlG stellen die Beteiligung an einem Treuhandvermögen oder über eine treuhänderisch gehaltene Beteiligung an einer Gesellschaft, über Namensschuldverschreibungen und Genussrechte dar. 36

Diese Gruppen weisen grundsätzliche Unterschiede in der gesetzlichen Ausgestaltung bei der **Teilhabe an Rechten in der jeweiligen Beteiligungsgesellschaft** auf. Einem gesellschaftlich beteiligten Anleger stehen zumindest rudimentäre Rechte als Mitglied der Gesellschaft zu, während eine schuldrechtliche Beteiligung sich allein an den Grenzen von gesetzlichen Verboten orientieren muss. Für eine Unterscheidung der Kapitalanlageprodukte voneinander ist daher eine Unterscheidbarkeit in den materiellen Ausstattungsmerkmalen erforderlich[1]. 37

Die **vom Anbieter vorgegebenen Merkmale einer Beteiligung** iS des VermAnlG gestalten einerseits das Verhältnis zwischen Anleger und Beteiligungsgesellschaft in seinen vertraglichen Grundzügen aus, andererseits stellen sie eine Abgrenzung zu anderen Anlegergruppen dar, deren vertragliches Verhältnis zwischen Anleger und Beteiligungsgesellschaft mit anderen Merkmalen ausgestattet ist[2]. Das gilt nicht nur beim Auftreten von Abweichungen in einem wesentlichen Merkmal, sondern auch in der Kombination mehrerer Abweichungen bei unterschiedlichen Merkmalen. Entscheidend für die Bestimmung der Anzahl der unterschiedlichen Vermögensanlagen muss sein, inwieweit die Beteiligungsgesellschaft dem Anleger ein Wahlrecht in Bezug auf die Ausstattung der Beteiligung einräumt. 38

Für eine Unterscheidung sind wesentliche **Merkmale** ausschlaggebend. Als **wesentlich** sind solche Merkmale des Beteiligungsvertrages des Kapitalanlageprodukts anzusehen, die bei einer Veränderung ein anderes, für den Kapitalmarkt (bzw. objektiven Anleger) nicht als austauschbar bzw. nicht als identisch zu betrachtendes Kapitalanlageprodukt (*aliud*) ergeben[3]. Entscheidend ist also nicht, welche Merkmale der Anleger letztlich wählt, sondern inwieweit die Ausgestaltung des öffentlichen Angebots zur Beteiligung an einem bestimmten Projekt auf der Grundlage des Beteiligungsvertrages Wahlmöglichkeiten für den Anleger in Bezug auf die rechtliche Art und Weise der Beteiligung eröffnet. 39

---

1 *Schäfer*, ZGR 2006, 40 (48).
2 Für die Gebührenerhebung für die Hinterlegung von Verkaufsprospekten ist es irrelevant, wenn mehrere Emissionsgesellschaften wirtschaftlich identische Vermögensanlagen anbieten wollen. Eine Verkürzung der Gebührenpflicht auf einen „wirtschaftlich" zu betrachtenden Verkaufsprospekt kommt nicht in Betracht. Die wesentliche Unterscheidbarkeit liegt in den rechtlich zu unterscheidenden Gesellschaften begründet, vgl. Rechtsgedanke des OLG München v. 2.11.2011 – 20 U 2289/11 – Rz. 43 f. (abrufbar über juris).
3 Ausreichend ist bereits eine andere Gesellschaft, siehe Rz. 40.

40 Wichtigstes Merkmal für eine Unterscheidung ist die **Abweichung in der Rechtsform der Beteiligung**. Beispielsweise stellt eine Beteiligung in Form einer stillen Gesellschaft rechtlich in Hinblick auf die vermittelten Rechte und Pflichten bezogen etwas anderes dar als eine Kommanditbeteiligung. Eine wirtschaftliche Betrachtung eignet sich deshalb für eine Unterscheidung der Beteiligungsformen nicht. Denn auf Grund des zumeist abdingbaren Rechts kann eine von den wirtschaftlichen Ergebnissen ähnliche Ausgestaltung letztlich nach dem Anschein mit jeder Beteiligungsform erreicht werden. Aus diesem Grunde ist es im Rahmen des Hinterlegungsverfahrens fragwürdig, Kommanditisten und über einen Treuhänder vermittelte, wirtschaftlich dem Kommanditisten gleichgestellte Beteiligungen als gleichwertig und damit als eine Beteiligungsform zu betrachten. Da es sich hier um rechtlich voneinander abweichende Beteiligungsformen handelt – der Kommanditist ist mitgliedschaftlich mit der Beteiligungsgesellschaft verbunden, der „Treuhand-Kommanditist" ist allein schuldrechtlich mit dem Treuhänder verbunden – müssten diese auch als separate Vermögensanlagen iS der §§ 1 und 6 VermAnlG angesehen werden; dies insbesondere deshalb, weil die Vorschrift des § 1 Abs. 2 VermAnlG mit der Aufführung der Nrn. 1 und 2 bereits eine gesetzliche Unterscheidung trifft[1].

41 In Bezug auf **gesellschaftliche Beteiligungen** sind folgende **Merkmale als wesentlich** zu betrachten: die Höhe der Gewinnbeteiligung, Entnahmerechte, Kündigungsrechte, Stimmrechte, Kontroll- und Informationsrechte, gesellschaftsinterne Haftungsverteilung, Rückzahlung.

42 Einen besonderen Einzelfall stellen Formen der Beteiligung dar, die die **zwangsweise gesellschaftliche Beteiligung** in mehreren unterschiedlichen Gesellschaften vorsehen. Hierbei handelt es sich zumeist um Flottenfonds, bei denen jedes einzelne Schiff aus zumeist steuerlichen Gründen einer Beteiligungsgesellschaft zugeordnet wird. Der Anleger partizipiert aber in wirtschaftlicher Hinsicht am Erfolg oder Misserfolg des gesamten Pools, seine Einlage wird nach einem bestimmten Schema auf die jeweiligen Gesellschaften aufgeteilt, und er wird in diesem Verhältnis Gesellschafter. Eine rein rechtliche Betrachtung kommt nicht umhin, jede einzelne gesellschaftliche Beteiligung als selbständige Vermögensanlage anzusehen. Andererseits ist die selbständige Austauschbarkeit eines Gesellschaftsanteils nicht gegeben, da diese immer nur im Gesamtpaket vorgenommen werden kann. Es ist daher fraglich, ob nicht in solchen Konstellationen als Ausnahme das Korrektiv einer wirtschaftlichen Betrachtung vorgenommen werden muss, um zu einer sachgerechten Lösung zu gelangen.

43 In Bezug auf **schuldrechtliche Beteiligungen** sind folgende **Merkmale als wesentlich** zu betrachten: die Höhe der Gewinnbeteiligung, Gewinnausschüttungen, Kontroll- und Informationsrechte, Laufzeiten, Kündigungsmöglichkeiten und -zeitpunkte, Wandeloptionen, Ratenzahlung, Rückzahlung.

44 Gegebenenfalls können in der Praxis die dargestellten Merkmale auch bei der jeweils anderen Beteiligungsform auftauchen. Eine genaue Trennung der Terminologie wird bei der Vertragsgestaltung nicht vorgenommen.

---

1 AA *Bruchwitz* in Arndt/Voß, § 16 VerkProspG Rz. 16.

In der **Verwaltungspraxis** wird das Merkmal der **Zahlbarkeit des Anlagebetrages** 45
in Raten grundsätzlich als unwesentliches Merkmal angesehen. Grund hierfür sei,
dass sowohl der Raten- als auch der Einmalanleger sich verpflichtet, eine bestimmte
Zeichnungssumme zu leisten. Dem kann in Bezug auf mitgliedschaftliche Beteiligungsformen zugestimmt werden. Zwar stellt der Aufschub der Leistung der Einlage
ein besonderes Recht dar. Durch das Stundungsverhältnis sind im Regelfall jedoch
nicht die mitgliedschaftlichen Rechte im Geschäftsverkehr betroffen, sondern nur die
Verhältnisse innerhalb der Gesellschaft. Ein so erworbener Gesellschaftsanteil unterscheidet sich damit für einen Dritten grundsätzlich nicht von einem solchen, bei dem
die geschuldete Einlage in einer Summe geleistet wird. In Bezug auf rein schuldrechtlich ausgestaltete Beteiligungen verbietet sich eine solche Differenzierung, da es sich
um ein einheitliches Schuldverhältnis handelt.

Bei den **Formen der Rückzahlung der Beteiligungseinlage** handelt es sich um ein 46
wesentliches Merkmal. Für den Anleger ist die Form der Rückzahlung nicht nur eine unwesentliche Modalität von untergeordneter Bedeutung, sondern vielmehr als
wesentlicher Vertragsbestandteil aufzufassen[1].

IV. Zeitlicher Anwendungsbereich

Mit der Billigung des Verkaufsprospekts durch die Hinterlegungsstelle **entsteht die** 47
Gebührenschuld, vgl. § 4 Abs. 1 BGebG.

V. Sonderfälle

Hat der Anbieter eine Billigung für seinen Verkaufsprospekt der öffentlich anzubie- 48
tenden Vermögensanlage erlangt, bleibt die Gebührenpflicht bestehen, unabhängig
davon, ob der Anbieter im Nachgang der Billigung seinen **Verzicht** auf diese erklärt,
vgl. § 4 Abs. 2 Nr. 1 BGebG. Das Erlöschen der Rechtswirkung des Verwaltungsaktes
der Billigung durch die Verzichtserklärung des Anbieters stellt eine Erledigung iS des
§ 43 Abs. 2 VwVfG dar[2]. Ein Verzicht des Anbieters auf die ursprüngliche Billigung
bewirkt, dass diese auch ohne ausdrückliche Aufhebungsverfügung erloschen ist. Der
Verzicht hat rechtsgestaltende Wirkung. Auf einen behördlichen Bescheid, der die Billigung entsprechend dem erklärten Verzicht aufhebt oder beschränkt, kommt es nicht
an. Diesem kommt lediglich eine deklaratorische Bedeutung zu[3].

Auch eine eventuelle **Rechtswidrigkeit der Billigung**, beispielsweise bei Unvollstän- 49
digkeit des Prospekts, die im Prüfverfahren unerkannt geblieben war, ist für die Gebührenpflicht ohne Belang, wenn der Gebührenbescheid vom Anbieter nicht angefochten wurde und trotzdem der Verzicht auf die Billigung vom Anbieter erklärt

---

1 BGH v. 21.3.2005 – II ZR 124/03, WM 2005, 841.
2 *Kopp/Ramsauer*, § 43 VwVfG Rz. 41.
3 BVerwG v. 15.12.1989 – 4 C 36/86, BVerwGE 84, 209 = DÖV 1990, 479; VGH Baden-Württemberg v. 10.11.1993 – 3 S 1120/92, DVBl 1994, 707.

wurde. Eine Anwendbarkeit von § 6 Abs. 1 Nr. 3 BGebG iVm. § 1 Satz 2 VermVerkProspGebV ist nicht gegeben. Denn Kosten wären auch bei einem ordnungsgemäß abgelaufenen Verfahren zur Billigung des Verkaufsprospekts angefallen, so dass eine Kausalität im engeren Sinne zwischen unrichtiger Handlung der Behörde und den entstandenen Kosten nicht besteht.

50 Gebühren können jedoch dann nicht erhoben werden, wenn die Behörde eine **fehlerhaft erteilte Billigung** durch eine Untersagung des öffentlichen Angebots vor der Bestandskraft des Gebührenbescheids **korrigiert**. Denn Kosten, die bei richtiger Behandlung der Sache durch die Behörde nicht entstanden wären, werden gemäß § 13 Abs. 1 Satz 3 BGebG nicht erhoben. Eine unrichtige Behandlung der Sache liegt vor, wenn gegen eindeutige Rechtsnormen verstoßen wird und ein Verstoß offen zu Tage tritt oder bei offensichtlichen Versehen[1]. Dies ist bei einer fehlerhaft erteilten Billigung der Veröffentlichung der Fall. Denn es besteht eine Kausalität zwischen erteilter fehlerhafter Billigung und der Untersagung des öffentlichen Angebots auf Grund dieses Fehlers. Falls der Fehler während des Prüfverfahrens erkannt wird, wäre das Hinterlegungsverfahren in der Prüffrist des § 8 Abs. 2 VermAnlG möglicherweise noch erfolgreich zum Abschluss gebracht worden.

§ 28
Strafvorschriften

Mit Freiheitsstrafe bis zu drei Jahren oder mit Geldstrafe wird bestraft, wer
1. **entgegen § 24 Absatz 1 Satz 1 in Verbindung mit § 264 Absatz 2 Satz 3 des Handelsgesetzbuchs oder**
2. **entgegen § 24 Absatz 1 Satz 1 in Verbindung mit § 289 Absatz 1 Satz 5 des Handelsgesetzbuchs**

eine Versicherung nicht richtig abgibt.

In der Fassung vom 6.12.2011 (BGBl. I 2011, S. 2481).

Schrifttum: Siehe Einl. VermAnlG und das Allgemeine Schrifttumsverzeichnis.

1 Die Strafvorschriften des § 28 VermAnlG sind seit der Einführung des VermAnlG durch Art. 1 des Gesetzes zur Novellierung des Finanzanlagenvermittler- und Vermögensanlagenrechts vom 6.12.2011[2] unverändert im Gesetz enthalten. Sie hatten in dem durch Art. 2 dieses Gesetzes aufgehobenen VerkProspG keine Entsprechung.

---

1 Vgl. Begr. RegE BGebG, BT-Drucks. 17/10422, S. 110 iVm. v. *Dreising*, § 14 VerwKostG Gliederungspunkt 2. a).
2 BGBl. I 2011, S. 2481.

§ 28 VermAnlG soll sicherstellen, dass Verstöße gegen die auf den Jahresabschluss bezogenen Pflichten nach § 24 Abs. 1 Satz 1 VermAnlG iVm. § 264 Abs. 2 Satz 3 HGB sowie die auf den Lagebericht bezogenen Pflichten nach § 24 Abs. 1 Satz 1 VermAnlG iVm. § 289 Abs. 1 Satz 5 HGB, welche den gesetzlichen Vertreter einer Kapitalgesellschaft betreffen, die Inlandsemittent iS von § 2 Abs. 7 WpHG und keine Kapitalgesellschaft iS von § 327a HGB ist, mit Geldstrafe oder Freiheitsstrafe sanktioniert werden[1].

§ 29
Allgemeine Bußgeldvorschriften

(1) Ordnungswidrig handelt, wer vorsätzlich oder leichtfertig
1. entgegen § 5b eine dort genannte Vermögensanlage anbietet,
1a. entgegen § 6 in Verbindung mit einer Rechtsverordnung nach § 7 Absatz 3 Satz 1 einen Verkaufsprospekt nicht, nicht richtig oder nicht vollständig veröffentlicht,
2. entgegen § 8 Absatz 1 Satz 1 einen Verkaufsprospekt veröffentlicht,
3. entgegen § 9 Absatz 1, § 10 Satz 2 oder § 11 Absatz 1 Satz 1 einen Verkaufsprospekt, eine nachzutragende Angabe, einen neuen Umstand oder eine Unrichtigkeit nicht, nicht richtig, nicht vollständig, nicht in der vorgeschriebenen Weise oder nicht rechtzeitig veröffentlicht,
4. entgegen § 9 Absatz 2 Satz 3 eine Mitteilung nicht, nicht richtig, nicht vollständig, nicht in der vorgeschriebenen Weise oder nicht rechtzeitig macht,
4a. entgegen § 11a Absatz 1 Satz 1 eine Tatsache nicht, nicht richtig, nicht vollständig, nicht in der vorgeschriebenen Weise oder nicht rechtzeitig veröffentlicht,
5. entgegen § 12 Absatz 1, 2 oder Absatz 3 nicht dafür sorgt, dass ein Hinweis aufgenommen wird,
6. entgegen § 13 Absatz 1 in Verbindung mit einer Rechtsverordnung nach § 13 Absatz 6 Satz 1 ein Vermögensanlagen-Informationsblatt nicht, nicht richtig, nicht vollständig oder nicht rechtzeitig erstellt,
7. entgegen § 13 Absatz 5 Satz 1 eine dort gemachte Angabe nicht, nicht richtig, nicht vollständig oder nicht rechtzeitig aktualisiert oder entgegen § 13 Absatz 5 Satz 3 das Datum der Aktualisierung im Vermögensanlagen-Informationsblatt nicht nennt,

---
1 RegE Gesetz zur Novellierung des Finanzanlagenvermittler- und Vermögensanlagenrechts, BT-Drucks. 17/6051 v. 6.6.2011, S. 1 (40).

8. entgegen § 14 Absatz 1 Satz 1 oder § 14 Absatz 3 einen Verkaufsprospekt, einen Nachtrag oder eine aktualisierte Fassung des Vermögensanlagen-Informationsblatts nicht oder nicht rechtzeitig übermittelt,
9. entgegen § 14 Absatz 1 Satz 2 ein Vermögensanlagen-Informationsblatt nicht oder nicht rechtzeitig hinterlegt oder
10. einer vollziehbaren Anordnung nach § 17 Absatz 1 Satz 1 oder § 18 Absatz 1 oder Absatz 2 zuwiderhandelt.

(2) Ordnungswidrig handelt, wer vorsätzlich oder fahrlässig
1. einer vollziehbaren Anordnung nach § 16 Absatz 1 zuwiderhandelt oder
2. entgegen § 19 Absatz 1 eine Auskunft nicht, nicht richtig, nicht vollständig oder nicht rechtzeitig erteilt oder eine Unterlage nicht, nicht richtig, nicht vollständig oder nicht rechtzeitig vorlegt.

(3) Die Ordnungswidrigkeit kann in den Fällen des Absatzes 1 Nummer 1, 1a, 2, 6 und 10 mit einer Geldbuße bis zu fünfhunderttausend Euro, in den Fällen des Absatzes 1 Nummer 3, 4a und 5 mit einer Geldbuße bis zu hunderttausend Euro und in den übrigen Fällen mit einer Geldbuße bis zu fünfzigtausend Euro geahndet werden.

(4) Verwaltungsbehörde im Sinne des § 36 Absatz 1 Nummer 1 des Gesetzes über Ordnungswidrigkeiten ist die Bundesanstalt.

In der Fassung des Gesetzes vom 6.12.2011 (BGBl. I 2011, S. 2481), zuletzt geändert durch das Kleinanlegerschutzgesetz vom 3.7.2015 (BGBl. I 2015, S. 1114).

Schrifttum: Siehe Einl. VermAnlG und das Allgemeine Schrifttumsverzeichnis.

I. Regelungsgegenstand und Normentwicklung	
1. Regelungsgegenstand 1	
2. Normentwicklung 5	
II. Ordnungswidrigkeiten (§ 29 Abs. 1 und 2 VermAnlG)	
1. Allgemeine ordnungswidrigkeitsrechtliche Anwendungsfragen 7	
a) Zeitlicher und räumlicher Geltungsbereich 8	
b) Begehungsformen: Vorsatz, Fahrlässigkeit, Leichtfertigkeit 9	
c) Keine Ahndung des Versuchs . . 13	
d) Täter und Beteiligte 14	
e) Verjährung 17	
f) Zusammentreffen von Ordnungswidrigkeit und Straftat . . 18	
2. Ordnungswidrigkeiten nach § 29 Abs. 1 Nr. 1–10 VermAnlG	
a) Begehungsformen 19	
b) Angebot einer Vermögensanlage mit Nachschusspflicht (§ 29 Abs. 1 Nr. 1 VermAnlG) 20	
c) Verstoß gegen die Pflicht zur Veröffentlichung eines Verkaufsprospekts (§ 29 Abs. 1 Nr. 1a VermAnlG) 21	
d) Veröffentlichung eines nicht gebilligten Verkaufsprospekts (§ 29 Abs. 1 Nr. 2 VermAnlG) 26	
e) Verstöße gegen die Pflicht zur Veröffentlichung des Verkaufsprospekts, nachzutragender Angaben sowie neuer Umstände oder wesentliche Unrichtigkeiten des Prospekts (§ 29 Abs. 1 Nr. 3 VermAnlG)	
aa) Übersicht 29	
bb) Verkaufsprospekt 30	

cc) Nachzutragende Angaben .. 33
dd) Neuer Umstand oder wesentliche Unrichtigkeit 34
f) Verstöße gegen die Pflicht zur Mitteilung der Veröffentlichung des Verkaufsprospekts (§ 29 Abs. 1 Nr. 4 VermAnlG) 35
g) Verstöße gegen die Ad-hoc-Publizitätspflicht nach Beendigung des öffentlichen Angebots (§ 29 Abs. 1 Nr. 4a VermAnlG) 36
h) Unterlassene Hinweise in der Werbung (§ 29 Abs. 1 Nr. 5 VermAnlG) 37
i) Verstöße gegen die Pflicht zur Erstellung eines Vermögensanlagen-Informationsblatts (§ 29 Abs. 1 Nr. 6 VermAnlG) 39
j) Verstöße gegen die Pflicht zur Aktualisierung des Vermögensanlagen-Informationsblatts (§ 29 Abs. 1 Nr. 7 VermAnlG) 40
k) Verstöße gegen die Pflicht zur Übermittlung des Vermögensanlagen-Informationsblatts und von Nachträgen (§ 29 Abs. 1 Nr. 8 VermAnlG) 42
l) Verstöße gegen die Pflicht zur Hinterlegung des Vermögensanlagen-Informationsblatts (§ 29 Abs. 1 Nr. 9 VermAnlG) 44
m) Zuwiderhandlung gegen vollziehbare Anordnungen (§ 29 Abs. 1 Nr. 10 VermAnlG) 46
3. Ordnungswidrigkeiten nach § 29 Abs. 2 Nr. 1 und 2 VermAnlG
a) Begehungsformen 48
b) Zuwiderhandlung gegen eine vollziehbare Anordnung nach § 16 Abs. 1 VermAnlG (§ 29 Abs. 2 Nr. 1 VermAnlG) 49
c) Verstöße gegen die Auskunfts- und Vorlagepflichten nach § 19 Abs. 1 VermAnlG (§ 29 Abs. 2 Nr. 2 VermAnlG) 51

III. **Bußgeldrahmen und Ahndung von Ordnungswidrigkeiten (§ 29 Abs. 3 VermAnlG)** 53

IV. **Zuständige Behörde (§ 29 Abs. 4 VermAnlG)** 57

I. Regelungsgegenstand und Normentwicklung

1. Regelungsgegenstand

§ 29 VermAnlG enthält **allgemeine Bußgeldvorschriften**, die durch § 30 VermAnlG um spezielle Bußgeldvorschriften zur Rechnungslegung ergänzt werden, die den Emittenten bestimmter Vermögensanlagen und seine Pflichten aus § 24 Abs. 1 Satz 1 VermAnlG zum Gegenstand haben.

Wie § 35 WpPG in Bezug auf Pflichten nach dem WpPG sanktioniert auch § 29 VermAnlG nicht jeden Verstoß gegen die im VermAnlG statuierten Gebote und Verbote als Ordnungswidrigkeit. Nur ausgewählte Verhaltenspflichten, deren Befolgung im Interesse des Anlegerschutzes und des Schutzes der Funktionsfähigkeit der Kapitalmärkte (siehe näher unten Rz. 3) – als repressive und präventive Maßnahme – besonderer Nachdruck verliehen werden soll, werden in § 29 Abs. 1 und Abs. 2 VermAnlG zur Grundlage von Ordnungswidrigkeiten gemacht und in (unechte) **Blanketttatbestände** (siehe § 35 WpPG Rz. 2, 5) überführt. Dabei sind Ordnungswidrigkeiten iS des **§ 29 Abs. 1 VermAnlG** nur vorsätzliche oder leichtfertige Verstöße gegen verschiedene unmittelbar im Verkaufsprospektgesetz bestimmte Pflichten, während **§ 29 Abs. 2 VermAnlG** vorsätzliche oder (einfach) fahrlässige Verstöße gegen die gegenüber der BaFin bestehenden Pflichten zur Befolgung von vollziehbaren, bestimmte Arten der Werbung für Vermögensanlagen untersagenden Anordnungen der BaFin (Nr. 1) und zur Erteilung von Auskünften und zur Vorlage von Unterlagen (Nr. 2) ahndet. In der Struktur wiederum § 35 WpPG vergleichbar setzt **§ 29 Abs. 3 VermAnlG** den abgestuften Bußgeldrahmen für Ordnungswidrigkeiten nach Maßgabe von Abs. 1 und Abs. 2 fest, während **§ 29 Abs. 4 VermAnlG**, den Erfordernissen der §§ 35, 36 Abs. 1 Nr. 1 OWiG entsprechend, die sachliche Zuständigkeit für die Verfolgung und Ahndung von Ordnungswidrigkeiten regelt, indem er sie der BaFin überträgt.

3 Die **einzelnen Bußgeldtatbestände** nach § 29 Abs. 1 und 2 VermAnlG lassen sich nach ihrem **primären Schutzzweck** unterteilen. Während ein Teil (§ 29 Abs. 1 Nr. 4, 8 bis 10 und Abs. 2 Nr. 1 und 2 VermAnlG) die Kontrollbefugnisse der BaFin und die Befolgung ihrer Anordnungen sichern soll, zielen andere durch die ordnungswidrigkeitsrechtliche Bewehrung von Handlungsverboten (§ 29 Abs. 1 Nr. 1, 2 VermAnlG), Publizitätsanforderungen (§ 29 Abs. 1 Nr. 1a, 3, 4a, 6, 7 VermAnlG) und Hinweispflichten gegenüber dem Anleger (§ 29 Abs. 1 Nr. 5 VermAnlG) in erster Linie auf den Schutz des Anlegerpublikums und die Gewährleistung der Funktionsfähigkeit des Kapitalmarkts. Nicht anders als im Hinblick auf die Bestimmungen des WpPG steht dem auch vorliegend nicht entgegen, dass einzelne Pflichtverletzungen – wie namentlich Verstöße gegen die Pflicht zur Veröffentlichung von Verkaufsprospekten (§§ 6, 9 VermAnlG) und Vermögensanlagen-Informationsblätter (§ 13 VermAnlG) sowie gegen die Pflicht zu richtigen und vollständigen Prospektangaben (§ 7 VermAnlG) und übersichtlichen und leicht verständlichen Angaben in Vermögensanlagen-Informationsblättern (§ 13 Abs. 2 bis 6 VermAnlG) – besondere, zu Schadensersatz verpflichtende Haftungstatbestände – in den vorgenannten Fällen §§ 20, 21 und 22 VermAnlG – nach sich ziehen. Vielmehr zeigen solche haftungsbegründende Sondertatbestände, dass der Gesetzgeber Pflichten, die den Individualschutz bezwecken, spezielle Haftungstatbestände zur Seite gestellt hat. Deshalb stellen die einzelnen Ordnungswidrigkeitstatbestände des § 29 Abs. 1 und 2 VermAnlG als solche **keine Schutzgesetze** iS des § 823 Abs. 2 BGB dar.

4 Wie bei allen Ordnungswidrigkeiten statuierenden **Blanketttatbeständen** zwingen auch die des § 29 Abs. 1 und 2 VermAnlG zu einer **Zusammenschau** der in dieser Bestimmung enthaltenen Sanktionsnormen einerseits und der jeweils in Bezug genommenen Gebote und Verbote des Gesetzes, deren Verletzung geahndet werden soll, andererseits. Im Hinblick auf den Inhalt der Letzteren und der aus diesen folgenden Verhaltenspflichten kann, neben einer knappen Umschreibung der fraglichen Gebote oder Verbote, weitgehend auf die Erläuterungen zu diesen Bestimmungen verwiesen werden. Auch bei der Darstellung der für die Anwendung des § 29 VermAnlG maßgeblichen **Vorschriften und Grundsätze des Ordnungswidrigkeitenrechts** kann es mit stichwortartigen Ausführungen und Verweisen auf die ausführlichen Erläuterungen zu § 35 WpPG sein Bewenden haben.

2. Normentwicklung

Bei **Einführung des VermAnlG** durch Art. 1 des Gesetzes zur Novellierung des Finanzanlagenvermittler- und Vermögensanlagenrechts vom 6.12.2011[1] übernahm § 29 VermAnlG die in § 17 des (durch Art. 2 des vorstehend angeführten Gesetzes aufgehobenen) VerkProspG aufgeführten Ordnungswidrigkeiten, passte sie den Bestimmungen des VermAnlG an und erweiterte sie um eine Bußgeldbewehrung der neu eingeführten Pflichten zur Erstellung, Hinterlegung und Aktualisierung eines Vermögensanlagen-Informationsblatts.

Durch Art. 2 Nr. 28 des **Kleinanlegerschutzgesetzes** vom 3.7.2015[2] ist – neben verschiedenen redaktionellen Änderungen – der Ordnungswidrigkeitenkatalog des § 29 VermAnlG erweitert worden: Mit dem neuen § 29 Abs. 1 Nr. 1 VermAnlG wird der Fall erfasst, dass entgegen § 5b VermAnlG eine Vermögensanlage mit Nachschusspflicht angeboten wird. Nach § 29 Abs. 1 Nr. 4a VermAnlG handelt ordnungswidrig, wer als Emittent einer Vermögensanlage bestimmte nach Beendigung des öffentlichen Angebots einer Vermögensanlage gemäß § 11a Abs. 1 Satz 1 VermAnlG zu veröffentlichende Tatsachen vorsätzlich oder leichtfertig nicht, nicht richtig, nicht vollständig, nicht in der vorgeschriebenen Weise oder nicht rechtzeitig veröffentlicht. Schließlich wurde § 29 Abs. 1 Nr. 7 VermAnlG dahingehend ergänzt, dass es auch eine Ordnungswidrigkeit darstellen kann, wenn entgegen § 13 Abs. 5 Satz 3 VermAnlG das Datum einer Aktualisierung im Vermögensanlagen-Informationsblatt nicht genannt wird.

II. Ordnungswidrigkeiten (§ 29 Abs. 1 und 2 VermAnlG)

1. Allgemeine ordnungswidrigkeitsrechtliche Anwendungsfragen

Auf die Ordnungswidrigkeiten nach § 29 Abs. 1 und 2 VermAnlG findet gemäß § 2 OWiG das **Gesetz über Ordnungswidrigkeiten** Anwendung. Darüber hinaus gelten die **allgemeinen Grundsätze des Ordnungswidrigkeitenrechts** (§ 35 WpPG Rz. 6). Die zu beachtenden Vorschriften des OWiG und die maßgeblichen Grundsätze des Ordnungswidrigkeitenrechts sind nachstehend in Stichworten aufgeführt, zu deren Erläuterung auf die ausführliche Darstellung in § 35 WpPG Rz. 6–22 verwiesen werden kann.

a) Zeitlicher und räumlicher Geltungsbereich

Für die zeitliche und räumliche Geltung der Ordnungswidrigkeiten nach § 29 Abs. 1 und 2 VermAnlG sind §§ 4, 5, 7 OWiG maßgeblich. Zu Einzelheiten siehe § 35 WpPG Rz. 8–10.

---

[1] BGBl. I 2011, S. 2481.
[2] BGBl. I 2015, S. 1114.

b) Begehungsformen: Vorsatz, Fahrlässigkeit, Leichtfertigkeit

9 Nach § 29 Abs. 1 VermAnlG stellt nur die vorsätzliche oder leichtfertige und nach § 29 Abs. 2 VermAnlG nur die vorsätzliche oder fahrlässige Tatbegehung eine Ordnungswidrigkeit dar.

10 Bei allen in § 29 Abs. 1 und Abs. 2 VermAnlG aufgeführten Ordnungswidrigkeiten wird die **vorsätzliche Begehung** sanktioniert. Im Ordnungswidrigkeitenrecht gilt – wie aus §§ 10, 11 Abs. 1 OWiG ableitbar – derselbe Vorsatzbegriff wie im Strafrecht. Demnach versteht man unter Vorsatz das Wissen und Wollen der Tatbestandsverwirklichung. Erforderlich ist eine Unterscheidung zwischen dem intellektuellen Element und dem voluntativen Element[1]. Ersteres verlangt die Kenntnis der Umstände, die zum gesetzlichen Tatbestand iS von § 11 OWiG gehören; nach Letzterem ist es erforderlich, dass der Täter die von ihm erkannte Möglichkeit der Tatbestandsverwirklichung in seinen Willen aufgenommen hat. Dies kann in Gestalt eines direkten Vorsatzes (*dolus directus*) oder eines Eventualvorsatzes (*dolus eventualis*) geschehen. Der geringe Anforderungen stellende Eventualvorsatz liegt vor, wenn der Erfolg vom Täter als möglich und nicht ganz fern liegend erkannt und billigend in Kauf genommen wird[2]. **Tatbestands- und Verbotsirrtum** sind in § 11 OWiG geregelt. Zu Einzelheiten hierzu kann auf die Darstellung in § 35 WpPG Rz. 13 f. verwiesen werden.

11 Neben der vorsätzlichen erfasst § 29 Abs. 1 VermAnlG auch die leichtfertige Tatbegehung. Letztere ist eine besondere Form der Fahrlässigkeit, zu der neben der Leichtfertigkeit die einfache Fahrlässigkeit gehört, wie sie § 35 Abs. 2 WpPG als Begehungsform genügen lässt. Unter **Leichtfertigkeit** als einer qualifizierten Fahrlässigkeit[3] ist ein objektiv besonders schwerer Sorgfaltsverstoß und subjektiv besonderer Leichtsinn oder Gleichgültigkeit zu verstehen[4]. Ein besonders schwerer Pflichtverstoß ist – unter Zugrundelegung einschlägiger Rechtsprechung[5] – anzunehmen, wenn der Täter die gebotene Sorgfalt „in ungewöhnlich grobem Maß" verletzt, „einfachste ganz nahe liegende Überlegungen" nicht anstellt oder nicht erkennt und beachtet, „was im gegebenen Fall jedem hätte einleuchten müssen".

---

1 BGH v. 25.11.1987 – 3 StR 449/87, NStZ 1988, 175; BGH v. 4.11.1988 – 1 StR 262/88, NJW 1989, 781. Näher *Sternberg-Lieben/Schuster* in Schönke/Schröder, 29. Aufl. 2014, § 15 StGB Rz. 60; *Gürtler* in Göhler, § 10 OWiG Rz. 2.
2 BGH v. 4.11.1988 – 1 StR 262/88, NJW 1989, 781; vgl. *Sternberg-Lieben/Schuster* in Schönke/Schröder, 29. Aufl. 2014, § 15 StGB Rz. 84. Vgl. auch *Gürtler* in Göhler, § 10 OWiG Rz. 5; *Rengier* in Karlsruher Kommentar zum Ordnungswidrigkeitengesetz, § 10 OWiG Rz. 11 f.
3 *Rengier* in Karlsruher Kommentar zum Ordnungswidrigkeitengesetz, § 10 OWiG Rz. 46 (mwN): „graduell gesteigerte (grobe) Fahrlässigkeit".
4 BGH v. 9.11.1984 – 2 StR 257/84, BGHSt 33, 66 (67). Siehe auch *Wehowsky* in Erbs/Kohlhaas, § 30 WpPG Rz. 29. Im Schrifttum ist teilweise auch von „vorsatznahem Verhalten" die Rede, etwa: *Rengier* in Karlsruher Kommentar zum Ordnungswidrigkeitengesetz, § 10 OWiG Rz. 48 ff.
5 Dazu näher *Rengier* in Karlsruher Kommentar zum Ordnungswidrigkeitengesetz, § 10 OWiG Rz. 49 mwN.

Neben der vorsätzlichen Tatbegehung erfasst § 29 Abs. 2 VermAnlG auch die fahrlässige Tatbegehung in Form der sog. einfachen **Fahrlässigkeit**. Nach dieser ist nicht mehr als die schlichte Außerachtlassung der nach den Umständen zu erwartenden Sorgfalt bei Voraussehbarkeit des Taterfolgs erforderlich[1]. Zu Einzelheiten siehe § 35 WpPG Rz. 16.

c) Keine Ahndung des Versuchs

Mangels ausdrücklicher Anordnung ist der **Versuch** einer der in § 35 Abs. 1 und Abs. 2 WpPG aufgeführten Ordnungswidrigkeit **nicht** zu ahnden (§ 11 Abs. 2 OWiG).

d) Täter und Beteiligte

Im Ordnungswidrigkeitenrecht gilt – im Gegensatz zum allgemeinen Strafrecht – das **Prinzip des Einheitstäters** (§ 14 Abs. 1 Satz 1 OWiG). Ordnungswidrig handelt danach jeder, der an der Tat als Täter oder Mittäter, Anstifter oder Gehilfe beteiligt ist. Zu Einzelheiten siehe § 35 WpPG Rz. 18.

Neben natürlichen Personen können in den in **§ 30 Abs. 1 Nr. 1, 3–5 OWiG** bezeichneten Fällen auch **juristische Personen und Personenvereinigungen** mit einer **Geldbuße** belegt werden. Zu Einzelheiten siehe § 35 WpPG Rz. 19.

Als selbstständige Ordnungswidrigkeitsvorschrift ahndet **§ 130 OWiG** die **Verletzung der Aufsichtspflicht in Betrieben und Unternehmen** durch den Inhaber eines Betriebs oder Unternehmens sowie eines nach § 9 Abs. 1 und 2 OWiG im Hinblick auf Betrieb oder Unternehmen Vertretungsbefugten bzw. Leitungsbeauftragten. Zu Einzelheiten siehe § 35 WpPG Rz. 20.

e) Verjährung

Das WpPG enthält keine Bestimmungen über die **Verfolgungsverjährung**, doch findet § 31 Abs. 2 Nr. 1 OWiG Anwendung, da der in § 29 Abs. 3 VermAnlG festgelegte Bußgeldrahmen durchweg über dem in der erstgenannten Vorschrift angeführten Schwellenwert von 15.000 Euro liegt. Zu Einzelheiten siehe § 35 WpPG Rz. 21.

f) Zusammentreffen von Ordnungswidrigkeit und Straftat

Wird mit dem Verhalten, das eine Ordnungswidrigkeit nach § 29 Abs. 1 oder Abs. 2 VermAnlG begründet, **zugleich ein Straftatbestand verwirklicht**, wird nur das Strafgesetz angewandt (§ 21 Abs. 1 Satz 1 OWiG).

---

1 Näher zu den fahrlässigen Begehungsformen *Vogel* in Assmann/Uwe H. Schneider, § 39 WpHG Rz. 65 ff. mwN.

2. Ordnungswidrigkeiten nach § 29 Abs. 1 Nr. 1–10 VermAnlG

a) Begehungsformen

19 Sämtliche Verstöße gegen die in § 29 Abs. 1 VermAnlG in Bezug genommenen Ge- und Verbote stellen ausweislich der Eingangsformulierung der Vorschrift Ordnungswidrigkeiten nur dann dar, wenn sie **vorsätzlich oder leichtfertig** begangen wurden. Zu diesen Begehungsformen siehe oben Rz. 10 und 11.

b) Angebot einer Vermögensanlage mit Nachschusspflicht (§ 29 Abs. 1 Nr. 1 VermAnlG)

20 § 29 Abs. 1 Nr. 1 VermAnlG ist durch Art. 2 Nr. 28 des Kleinanlegerschutzgesetzes vom 3.7.2015[1] dem Katalog der Ordnungswidrigkeiten nach § 29 Abs. 1 VermAnlG hinzugefügt worden und hat die bisherige Nr. 1 in die neue Nr.1a verdrängt (siehe schon oben Rz. 6). Nach § 29 Abs. 1 Nr. 1 VermAnlG handelt ordnungswidrig, wer vorsätzlich oder leichtfertig entgegen dem Verbot des § 5b VermAnlG eine Vermögensanlage anbietet, die eine Nachschusspflicht vorsieht. Die Ordnungswidrigkeit kann nach § 29 Abs. 3 VermAnlG mit einer Geldbuße von bis zu 500.000 Euro geahndet werden.

c) Verstoß gegen die Pflicht zur Veröffentlichung eines Verkaufsprospekts (§ 29 Abs. 1 Nr. 1a VermAnlG)

21 Nach § 29 Abs. 1 Nr. 1a VermAnlG **handelt ordnungswidrig**, wer vorsätzlich oder leichtfertig entgegen § 6 VermAnlG in Verbindung mit einer Rechtsverordnung nach § 7 Abs. 3 Satz 1 VermAnlG einen Verkaufsprospekt nicht, nicht richtig oder nicht vollständig veröffentlicht. Auf der Grundlage von § 7 Abs. 3 Satz 1 VermAnlG ist die Verordnung über Vermögensanlagen-Verkaufsprospekte (Vermögensanlagen-Verkaufsprospektverordnung – VermVerkProspV) ergangen[2] und bei der Beantwortung der Frage, ob ein Verkaufsprospekt nicht richtig oder nicht vollständig veröffentlicht wurde, zu berücksichtigen (siehe unten Rz. 25). Bei Einführung des VermAnlG wurde die heutige Nr. 1a als Nr. 1 des § 29 Abs. 1 VermAnlG geführt. Durch Art. 2 Nr. 28 lit. a aa wurde aus der seinerzeitigen Nr. 1 die Nr. 1a, ohne dass damit eine inhaltliche Veränderung verbunden gewesen wäre. Die Ordnungswidrigkeit kann nach § 29 Abs. 3 VermAnlG mit einer Geldbuße von bis zu 500.000 Euro geahndet werden.

22 **Normadressat** der Pflicht zur Veröffentlichung eines Verkaufsprospekts nach § 6 VermAnlG und damit potentieller Täter einer Ordnungswidrigkeit nach § 29 Abs. 1 Nr. 1a VermAnlG ist der **Anbieter**, der im Inland Vermögensanlagen öffentlich anbietet. Den Emittenten der Vermögensanlagen trifft eine solche Pflicht nur, wenn er zugleich der Anbieter derselben ist. Ist dies nicht der Fall, kann er nicht Täter der

---

[1] BGBl. I 2015, S. 1114.
[2] Verordnung vom 16.12.2004 (BGBl. I 2004, S. 3464), zuletzt geändert durch Art. 1 der Zweiten Verordnung zur Änderung der Vermögensanlagen-Verkaufsprospektverordnung v. 20.8.2015 (BGBl. I 2015, S. 1434).

Ordnungswidrigkeit sein. Zu Einzelheiten zu den Voraussetzungen der Pflicht zur Veröffentlichung eines Verkaufsprospekts, insbesondere zur Frage, wann ein inländisches öffentliches Angebot vorliegt, siehe die Erläuterung zu § 6 VermAnlG Rz. 3 ff.

Mit § 29 Abs. 1 Nr. 1a VermAnlG wird zunächst der Fall des **Unterlassens der Veröffentlichung eines Verkaufsprospekts** geahndet, der nach § 6 VermAnlG zu veröffentlichen gewesen wäre. Nach dieser Bestimmung muss ein Anbieter, der im Inland Vermögensanlagen öffentlich anbietet, einen Verkaufsprospekt nach den Bestimmungen des VermAnlG veröffentlichen, sofern nicht bereits nach anderen Vorschriften eine Prospektpflicht besteht oder ein gültiger Verkaufsprospekt nach den Vorschriften dieses Gesetzes bereits veröffentlicht worden ist. Zu dieser Ausnahme von der Prospektveröffentlichungspflicht siehe die Erläuterung zu § 6 VermAnlG Rz. 9 ff., 16 ff. Wird ein nach § 8 VermAnlG gebilligter Verkaufsprospekt **nicht in der Form und Frist veröffentlicht**, wie sie § 9 Abs. 1 iVm. Abs. 2 VermAnlG verlangt, so kommt hierfür nicht eine Ordnungswidrigkeit nach § 29 Abs. 1 Nr. 1a VermAnlG in Betracht, sondern eine solche nach § 29 Abs. 1 Nr. 3 VermAnlG. War dem Anbieter die Pflicht zur Veröffentlichung eines Verkaufsprospekts unbekannt, kommt zwar ein **Verbotsirrtum** nach § 11 Abs. 2 OWiG in Betracht, doch wird dieser regelmäßig nicht zum Schuldausschluss führen, weil er für ihn – nicht zuletzt auf Grund der mit seiner gewerblichen und beruflichen Tätigkeit verbundenen Kenntnisse und Erfahrungen – vermeidbar war[1]. Handelt der Anbieter in der irrigen Annahme, sein Angebot sei nicht prospektpflichtig, etwa weil es sich nicht um ein öffentliches Angebot iS des § 6 VermAnlG handele, so dürfte wiederum regelmäßig ein nach den Grundsätzen des Verbotsirrtums zu behandelnder unbeachtlicher **Subsumtionsirrtum** vorliegen und damit von vorsätzlichem Handeln auszugehen sein.

23

Nach ihrem Wortlaut erfasst die Vorschrift aber nicht nur das pflichtwidrige Unterlassen der Veröffentlichung eines Verkaufsprospekts, sondern auch den Fall der **Veröffentlichung eines unrichtigen oder unvollständigen Verkaufsprospekts**. Dafür, dass die Formulierung „nicht richtig oder nicht vollständig veröffentlicht" nicht die Modalitäten der Veröffentlichung – etwa die Veröffentlichung an anderen als den in § 9 Abs. 2 VermAnlG aufgeführten Stellen oder die Veröffentlichung nur eines Teils des gebilligten Prospekts – erfasst, sondern den Fall unrichtiger und unvollständiger Prospektangaben, spricht das Folgende: (1) Zum einen verwendet die Formulierung die Begriffe, die allgemein und in § 20 Abs. 1 Satz 1 VermAnlG zur Kennzeichnung eines inhaltlich fehlerhaften Prospekts wegen unrichtiger oder unvollständiger Prospektangaben benutzt werden. (2) Zum anderen ist die formell fehlerhafte Veröffentlichung in § 29 Abs. 1 Nr. 3 VermAnlG und durch den Bezug auf § 9 Abs. 1 VermAnlG erfasst, der seinerseits nicht nur die Frist, sondern durch die Inbezugnahme von § 9 Abs. 2 Satz 1 und Satz 2 VermAnlG auch die Form der Veröffentlichung regelt. (3) Des Weiteren wich schon der anfängliche § 29 Abs. 1 Nr. 1 VermAnlG (aF), der durch das Kleinanlegerschutzgesetz zu § 29 Abs. 1 Nr. 1a VermAnlG

24

---

1 Hierzu und zum Folgenden siehe, noch zu § 17 Abs. 1 Nr. 1 VerkProspG aF, *Lenz* in Assmann/Lenz/Ritz, § 17 VerkProspG Rz. 29. Ebenso *Bruchwitz* in Arndt/Voß, § 17 VerkProspG Rz. 54. Zu Fallgestaltungen, unter denen ein Verbotsirrtum anzunehmen ist, *Heidelbach* in Schwark/Zimmer, § 17 VerkProspG Rz. 4.

wurde, darin von dem dieser Regelung als Vorbild dienenden § 17 Abs. 1 Nr. 1 VerkProspG aF (siehe dazu oben Rz. 5 f. und 20) ab, dass er – anders als diese Bestimmung (siehe Voraufl. § 17 VerkProspG Rz. 10) – nicht nur die unterlassene Veröffentlichung („entgegen § 8f Abs. 1 [VerkProspG] … einen Verkaufsprospekt nicht veröffentlicht"), sondern auch den Fall erfasst, dass ein Verkaufsprospekt „nicht oder nicht vollständig veröffentlicht" wurde. (4) Und schließlich verlangt der in Nr. 1a als Gebotsnorm in Bezug genommene § 6 VermAnlG, dass ein Anbieter, der im Inland Vermögensanlagen öffentlich anbietet, „einen Verkaufsprospekt nach diesem Gesetz veröffentlichen" muss, wozu neben den durch Nr. 3 speziell erfassten zeitlichen und formellen Anforderungen an die Prospektveröffentlichungen auch die inhaltlichen nach § 7 VermAnlG in Verbindung mit einer – wie es in Nr. 1a heißt – Rechtsverordnung nach § 7 Abs. 3 Satz 1 VermAnlG, die allein „die Sprache, den Inhalt und den Aufbau des Verkaufsprospekts" zum Gegenstand haben und sich damit allein auf den Inhalt des Prospekts und die Darstellung der Prospektangaben beziehen kann. Diese Auslegung entspricht im Übrigen derjenigen des § 35 Abs. 1 Nr. 6 WpPG, der sich von Nr. 1a nur insoweit unterscheidet als er, was sich aufgrund der Regelungstechnik des WpPG und der in Bezug genommenen Bestimmung des § 14 Abs. 1 Satz 1 und Satz 2 WpPG aufdrängt, sowohl Inhalt als auch Form und Frist der Veröffentlichung in einer einzigen Vorschrift der Bußgeldbewehrung unterwirft (vgl. § 35 WpPG Rz. 36 ff.).

25 Nicht jede fehlerhafte bzw. nach den Bestimmungen des § 7 VermAnlG bzw. der Vermögensanlagen-Verkaufsprospektverordnung (siehe oben Rz. 21) in den Prospekt aufzunehmende Angabe führt dazu, dass der Verkaufsprospekt **nicht richtig oder nicht vollständig** veröffentlicht wurde. Fehlerhafte oder fehlende Angaben können vielmehr nur dann als Ordnungswidrigkeit iS von § 29 Abs. 1 Nr. 1a VermAnlG geahndet werden, wenn es sich um tatsächliche oder rechtliche Angaben handelt, die notwendig sind, um dem Publikum eine zutreffende Beurteilung des Emittenten der Vermögensanlagen und der Vermögensanlagen selbst zu ermöglichen, oder mit anderen Worten, um **wesentliche Angaben**. Dieses sich sowohl aus § 7 Abs. 1 Satz 1 VermAnlG als auch aus § 2 Abs. 1 Satz 1 VermVerkProspV ergebende Erfordernis ist anwendbar und geeignet, fehlerhafte oder fehlende Angaben, die eine Ordnungswidrigkeit nach § 29 Abs. 1 Nr. 1a VermAnlG darstellen, von solchen abzugrenzen, bei denen es einer ordnungswidrigkeitsrechtlichen Ahndung nicht bedarf. Das folgt schon daraus, dass § 6 VermAnlG verlangt, dass ein Anbieter, der im Inland Vermögensanlagen öffentlich anbietet, „einen Verkaufsprospekt nach diesem Gesetz veröffentlichen" muss, wozu neben den (von § 29 Abs. 1 Nr. 3 VermAnlG speziell erfassten) zeitlichen und formellen Anforderungen an die Prospektveröffentlichungen auch die inhaltlichen nach § 7 VermAnlG in Verbindung mit einer – wie es in § 29 Abs. 1 Nr. 1a VermAnlG heißt – Rechtsverordnung nach § 7 Abs. 3 Satz 1 VermAnlG (das ist die VermVerkProspV) gehören. § 7 Abs. 1 Satz 1 VermAnlG und § 2 Abs. 1 Satz 1 VermVerkProspV verlangen nicht mehr, als dass der Verkaufsprospekt alle tatsächlichen und rechtlichen Angaben enthält, die notwendig sind, um dem Publikum eine zutreffende Beurteilung des Emittenten der Vermögensanlagen und der Vermögensanlagen selbst zu ermöglichen. Das entspricht auch § 20 Abs. 1 Satz 1 VermAnlG, demzufolge Schadensersatzansprüche wegen fehlerhafter oder fehlender

Prospektangaben voraussetzen, dass es sich bei den Angaben um „für die Beurteilung der Vermögensanlagen wesentliche Angaben" handelt (siehe § 20 VermAnlG Rz. 13 ff.).

d) Veröffentlichung eines nicht gebilligten Verkaufsprospekts (§ 29 Abs. 1 Nr. 2 VermAnlG)

Gemäß § 8 Abs. 1 Satz 1 VermAnlG darf ein Verkaufsprospekt vor seiner Billigung durch die BaFin nicht veröffentlicht werden. Wer vorsätzlich oder leichtfertig entgegen dieser Bestimmung einen Verkaufsprospekt veröffentlicht, handelt nach § 29 Abs. 1 Nr. 2 VermAnlG ordnungswidrig. Die Vorschrift, die seit der Einführung des VermAnlG keine Änderung erfahren hat, entspricht § 17 Abs. 1 Nr. 4 VerkProspG in seiner durch Art. 2 des Gesetzes zur Novellierung des Finanzanlagenvermittler- und Vermögensanlagenrechts vom 6.12.2011[1] aufgehobenen Fassung sowie § 35 Abs. 1 Nr. 5 WpPG. Die Ordnungswidrigkeit kann nach § 29 Abs. 3 VermAnlG mit einer Geldbuße von bis zu 500.000 Euro geahndet werden.

Durch die ordnungswidrigkeitsrechtliche Ahndung des Verbots, einen Verkaufsprospekt vor seiner Billigung zu veröffentlichen, soll das **Publikum** davor **geschützt werden**, nicht von der BaFin geprüfte und zur Veröffentlichung freigegebene Prospekte zu erhalten und möglicherweise zur Grundlage von Anlageentscheidungen zu machen[2]. Erfasst sind damit in erster Linie diejenigen Fälle, in denen ein Verkaufsprospekt nach den Vorgaben des VermAnlG erstellt, der BaFin zur Billigung vorgelegt, aber **vor Billigung des Prospekts veröffentlicht** wird. Nicht anders verhält es sich, wenn ein solcher Verkaufsprospekt der BaFin noch nicht eingereicht wurde oder gar nicht eingereicht werden sollte[3]. Dabei ist in diesem wie in allen anderen von § 29 Abs. 1 Nr. 2 VermAnlG erfassten Fällen die **Art und Weise der Veröffentlichung unerheblich**, muss also nicht in einer § 9 VermAnlG genügenden Form erfolgt sein. Entsprechend den Ausführungen in § 35 WpPG Rz. 34 ist, anknüpfend an die Definition des Begriffs des öffentlichen Angebots in § 2 Nr. 4 WpPG, vielmehr jede „Mitteilung an das Publikum in jedweder Form und auf jedwede Art und Weise" ausreichend[4].

§ 29 Abs. 1 Nr. 2 VermAnlG unterfallen darüber hinaus aber auch diejenigen Fälle, in denen ein nicht von der BaFin gebilligtes **Dokument** veröffentlicht wird, das – gleich ob es der BaFin zur Billigung vorgelegt werden sollte oder nicht – den **Eindruck erweckt**, alle tatsächlichen und rechtlichen Angaben zu enthalten, die notwendig sind, um dem Publikum eine zutreffende Beurteilung des Emittenten der Vermögensanlagen und der Vermögensanlagen selbst zu ermöglichen und damit **Verkaufsprospekt iS von § 7 Abs. 1 Satz 1 VermAnlG zu sein**. Des Weiteren kann

---

1 BGBl. I 2011, S. 2481.
2 Vgl. zu § 17 Abs. 1 Nr. 2 VerkProspG aF *Lenz* in Assmann/Lenz/Ritz, § 17 VerkProspG Rz. 30. Auch *Wolf* in FrankfurtKomm. WpPG, § 30 WpPG Rz. 37; *Pelz* in Holzborn, § 35 WpPG Rz. 14.
3 Siehe zur entsprechenden Bestimmung des § 35 Abs. 1 Nr. 5 WpPG *Pelz* in Holzborn, § 35 WpPG Rz. 13.
4 IE ebenso *Pelz* in Holzborn, § 35 WpPG Rz. 13.

auch die Veröffentlichung eines gegenüber der gebilligten Fassung abgeänderten Prospekts nach § 29 Abs. 1 Nr. 2 VermAnlG ordnungswidrig sein[1], denn bei diesem handelt es sich nicht um einen oder den gebilligten Verkaufsprospekt iS von § 8 Abs. 1 Satz 1 VermAnlG. Im Falle versehentlich geringer Abweichungen von veröffentlichtem und gebilligtem Prospekt mag es aber an Vorsatz oder Leichtfertigkeit des Anbieters fehlen.

e) Verstöße gegen die Pflicht zur Veröffentlichung des Verkaufsprospekts, nachzutragender Angaben sowie neuer Umstände oder wesentliche Unrichtigkeiten des Prospekts (§ 29 Abs. 1 Nr. 3 VermAnlG)

aa) Übersicht

29 Nach § 29 Abs. 1 Nr. 3 VermAnlG werden Verstöße gegen die Pflichten zur Veröffentlichung des Verkaufsprospekts (§ 9 Abs. 1 VermAnlG), nachzutragender Angaben iS von § 10 Satz 1 VermAnlG (§ 10 Satz 2 VermAnlG) sowie neuer Umstände oder einer Prospektunrichtigkeit (§ 11 Abs. 1 Satz 1 VermAnlG) geahndet. Erfasst wird jeweils die unterlassene Veröffentlichung, die Veröffentlichung mit unwahren Angaben („nicht richtig"), die Veröffentlichung mit unvollständigen Angaben („nicht vollständig"), die nicht in der vorgeschriebenen Art und Weise vorgenommene Veröffentlichung sowie die nicht rechtzeitig vorgenommene Veröffentlichung. Die Vorschrift hat durch Art. 2 Nr. 28 lit. a cc des Kleinanlegerschutzgesetzes vom 3.7.2015[2] nur eine geringfügige redaktionelle Änderung erfahren. § 29 Abs. 1 Nr. 3 VermAnlG entspricht § 17 Abs. 1 Nr. 5 VerkProspG in seiner durch Art. 2 des Gesetzes zur Novellierung des Finanzanlagenvermittler- und Vermögensanlagenrechts vom 6.12.2011[3] aufgehobenen Fassung. Die Ordnungswidrigkeit kann nach § 29 Abs. 3 VermAnlG mit einer Geldbuße von bis zu 100.000 Euro geahndet werden.

bb) Verkaufsprospekt

30 Ordnungswidrig handelt zunächst, wer vorsätzlich oder leichtfertig **entgegen § 9 Abs. 1 VermAnlG einen Verkaufsprospekt** nicht, nicht richtig, nicht vollständig, nicht in der vorgeschriebenen Weise oder nicht rechtzeitig veröffentlicht. § 9 Abs. 1 VermAnlG regelt unmittelbar nur die Frist, in der ein Verkaufsprospekt zu veröffentlichen ist („Der Verkaufsprospekt muss mindestens einen Werktag vor dem öffentlichen Angebot ... veröffentlicht werden"), bestimmt dabei aber zugleich, dass die Veröffentlichung „nach Maßgabe des Absatzes 2 Satz 1 und 2" erfolgen muss. § 9 Abs. 2 Sätze 1 und 2 VermAnlG enthalten Vorschriften über die Art und Weise, in der der Verkaufsprospekt zu veröffentlichen ist.

---

1 Ebenso zur entsprechenden Vorschrift des WpPG (heute § 35 Abs. 1 Nr. 5 WpPG) *Voß* in Just/Voß/Ritz/Zeising, § 30 WpPG Rz. 71; *Wolf* in FrankfurtKomm. WpPG, § 30 WpPG Rz. 42. *Pelz* in Holzborn, § 35 WpPG Rz. 14 sieht nur erhebliche Abweichungen als zu ahnden.
2 BGBl. I 2015, S. 1114.
3 BGBl. I 2011, S. 2481.

Sowohl § 29 Abs. 1 Nr. 3 VermAnlG als auch § 29 Abs. 1 Nr. 1a VermAnlG erfassen 31
ua. die **unterlassene Veröffentlichung eines Verkaufsprospekts**. Dabei ist Gegenstand der Ordnungswidrigkeit nach Nr. 1a allerdings die Vornahme eines inländischen öffentlichen Angebots **ohne Veröffentlichung eines Verkaufsprospekts** („muss einen Verkaufsprospekt … veröffentlichen"), während sich Nr. 3 auf die Veröffentlichung des **gebilligten Verkaufsprospekts** („Der Verkaufsprospekt muss …") bezieht, der mindestens einen Werktag vor dem öffentlichen Angebot nach Maßgabe des § 9 Abs. 2 Sätze 1 und 2 VermAnlG zu veröffentlichen ist.

Wenn § 29 Abs. 1 Nr. 3 VermAnlG anordnet, ordnungswidrig handle, wer einen Verkaufsprospekt **„nicht richtig"** veröffentliche, so ist hier lediglich die nicht in der von § 9 Abs. 1 iVm. Abs. 2 Sätze 1 und 2 VermAnlG verlangten Art und Weise, dh. **formal nicht ordnungsgemäß vorgenommene Veröffentlichung** gemeint. Zwar ist die § 29 Abs. 1 Nr. 3 VermAnlG dem Wortlaut nach vergleichbare Bußgeldvorschrift des § 35 Abs. 1 Nr. 6 WpPG dahingehend auszulegen, dass mit der nicht richtigen Veröffentlichung die Veröffentlichung unwahrer Angaben gemeint ist (siehe § 35 WpPG Rz. 38), doch ist dies dem Umstand geschuldet, dass die Bußgeldvorschriften des § 35 Abs. 1 WpPG, anders als diejenigen des VermAnlG mit § 29 Abs. 1 Nr. 1 VermAnlG, außer derjenigen des § 35 Abs. 1 Nr. 6 WpPG keine Vorschrift enthält, die die Veröffentlichung unwahrer Angaben ahndet. Hinzu kommt, dass der Gebotstatbestand des § 9 Abs. 1 iVm. Abs. 2 Sätze 1 und 2 VermAnlG, dessen Verletzung § 29 Abs. 1 Nr. 3 VermAnlG sanktioniert, keinerlei Vorgaben zum Inhalt von Verkaufsprospekten enthält. Die Veröffentlichung unwahrer Tatsachen in einem Verkaufsprospekt wird deshalb allein von § 29 Abs. 1 Nr. 1a VermAnlG geahndet. 32

cc) Nachzutragende Angaben

Werden einzelne Angebotsbedingungen erst kurz vor dem öffentlichen Angebot 33
festgesetzt, darf der Verkaufsprospekt nach § 10 Satz 1 VermAnlG ohne diese Angaben nur veröffentlicht werden, wenn er Auskunft darüber gibt, wie diese Angaben nachgetragen werden. § 10 Satz 2 VermAnlG bestimmt, dass die nachzutragenden Angaben spätestens am Tag des öffentlichen Angebots entsprechend § 9 Abs. 2 Satz 1 und 2 VermAnlG zu veröffentlichen sind. Werden die nachzutragenden Angaben vorsätzlich oder leichtfertig nicht, nicht richtig, nicht vollständig, nicht in der vorgeschriebenen Weise oder nicht rechtzeitig veröffentlicht, so stellt dies eine Ordnungswidrigkeit iS von § 29 Abs. 1 Nr. 3 VermAnlG dar.

dd) Neuer Umstand oder wesentliche Unrichtigkeit

Nach § 11 Abs. 1 Satz 1 VermAnlG ist jeder wichtige neue Umstand oder jede wesentliche Unrichtigkeit in Bezug auf die im Verkaufsprospekt enthaltenen Angaben, die die Beurteilung der Vermögensanlagen oder des Emittenten beeinflussen könnten und die nach der Billigung des Prospekts und während der Dauer des öffentlichen Angebots auftreten oder festgestellt werden, in einem Nachtrag zum Verkaufsprospekt gemäß § 11 Abs. 1 Satz 5 VermAnlG, der seinerseits auf § 9 Abs. 2 Sätze 1 und 2 VermAnlG verweist, zu veröffentlichen. Werden die fraglichen Anga- 34 ben vorsätzlich oder leichtfertig nicht, nicht richtig, nicht vollständig, nicht in der vorgeschriebenen Weise oder nicht rechtzeitig veröffentlicht, so stellt dies eine Ordnungswidrigkeit iS von § 29 Abs. 1 Nr. 3 VermAnlG dar.

f) Verstöße gegen die Pflicht zur Mitteilung der Veröffentlichung des Verkaufsprospekts (§ 29 Abs. 1 Nr. 4 VermAnlG)

35 Nach § 9 Abs. 2 Satz 3 VermAnlG muss der Anbieter der BaFin Datum und Ort der Veröffentlichung des Verkaufsprospekts nach § 9 Abs. 2 Sätze 1 und 2 VermAnlG unverzüglich schriftlich mitteilen. Der Anbieter, der diese Mitteilung vorsätzlich oder leichtfertig nicht, nicht richtig, nicht vollständig, nicht in der vorgeschriebenen Weise oder nicht rechtzeitig vornimmt, handelt nach § 29 Abs. 1 Nr. 4 VermAnlG ordnungswidrig. Die Ordnungswidrigkeit kann nach § 29 Abs. 3 VermAnlG mit einer Geldbuße von bis zu 50.000 Euro geahndet werden. Nicht richtig ist die Mitteilung, wenn in dieser Datum und Ort der Veröffentlichung des Verkaufsprospekts unzutreffend mitgeteilt werden. § 29 Abs. 1 Nr. 4 VermAnlG entspricht § 17 Abs. 1 Nr. 6 VerkProspG in seiner Fassung bei Aufhebung des VerkProspG und hat seit der Einführung des VermAnlG keine Änderung erfahren.

g) Verstöße gegen die Ad-hoc-Publizitätspflicht nach Beendigung des öffentlichen Angebots (§ 29 Abs. 1 Nr. 4a VermAnlG)

36 Nach § 11a Abs. 1 Satz 1 VermAnlG ist **der Emittent** einer Vermögensanlage nach Beendigung des öffentlichen Angebots einer Vermögensanlage verpflichtet, jede Tatsache, die sich auf ihn oder die von ihm emittierte Vermögensanlage unmittelbar bezieht und nicht öffentlich bekannt ist, unverzüglich gemäß Absatz 3 Satz 1 zu veröffentlichen, wenn sie geeignet ist, die Fähigkeit des Emittenten zur Erfüllung seiner Verpflichtungen gegenüber dem Anleger erheblich zu beeinträchtigen. Wer als Emittent vorsätzlich oder leichtfertig eine solche mitteilungspflichtige Tatsache nicht, nicht richtig, nicht vollständig, nicht in der vorgeschriebenen Weise oder nicht rechtzeitig veröffentlicht, begeht eine Ordnungswidrigkeit nach § 29 Abs. 1 Nr. 4a VermAnlG. Nicht richtig ist die Veröffentlichung, wenn die veröffentlichten Tatsachen unwahr sind. Nr. 4a ist § 29 Abs. 1 VermAnlG durch Art. 2 Nr. 28 lit. a dd des Kleinanlegerschutzgesetzes vom 3.7.2015[1] hinzugefügt worden. Die Ordnungswidrigkeit kann nach § 29 Abs. 3 VermAnlG mit einer Geldbuße von bis zu 100.000 Euro geahndet werden.

h) Unterlassene Hinweise in der Werbung (§ 29 Abs. 1 Nr. 5 VermAnlG)

37 § 12 VermAnlG regelt die Werbung für öffentlich angebotene Vermögensanlagen und verlangt vom **Anbieter**, dass in seine Werbung für die Vermögensanlagen bestimmte **Hinweise bzw. Warnhinweise** aufgenommen werden:

---

[1] BGBl. I 2015, S. 1114.

- Nach § 12 Abs. 1 VermAnlG hat der Anbieter dafür zu sorgen, dass in die Werbung, in der auf die wesentlichen Merkmale der Vermögensanlage hingewiesen wird, ein **Hinweis auf den Verkaufsprospekt und dessen Veröffentlichung aufgenommen** wird.
- Nach § 12 Abs. 2 VermAnlG hat der Anbieter hat dafür zu sorgen, dass in die Werbung der folgende **deutlich hervorgehobene Warnhinweis** aufgenommen wird: „Der Erwerb dieser Vermögensanlage ist mit erheblichen Risiken verbunden und kann zum vollständigen Verlust des eingesetzten Vermögens führen."
- Nach § 12 Abs. 3 VermAnlG hat der Anbieter dafür zu sorgen, dass in Werbung, die eine Angabe zu einer Rendite der Vermögensanlage enthält, die nicht lediglich eine vertragliche feste Verzinsung der Vermögensanlage wiedergibt, der folgende **deutlich hervorgehobene Hinweis** aufgenommen wird: „Der in Aussicht gestellte Ertrag ist nicht gewährleistet und kann auch niedriger ausfallen."

Hat der Anbieter entgegen diesen Vorschriften vorsätzlich oder leichtfertig nicht dafür gesorgt, dass ein Hinweis in die Werbung aufgenommen wird, handelt er nach § 29 Abs. 1 Nr. 5 VermAnlG ordnungswidrig. Die Ordnungswidrigkeit kann nach § 29 Abs. 3 VermAnlG mit einer Geldbuße von bis zu 100.000 Euro geahndet werden. Die Vorschrift hat ihre heutige Fassung durch Art. 2 Nr. 28 lit. a ee des Kleinanlegerschutzgesetzes vom 3.7.2015[1] erhalten. Die Ahndung der Hinweispflicht nach § 12 Abs. 1 VermAnlG durch § 29 Abs. 1 Nr. 5 VermAnlG entspricht §§ 17 Abs. 1 Nr. 7, 12 VerkProspG in seiner Fassung bei Aufhebung des VerkProspG.

i) Verstöße gegen die Pflicht zur Erstellung eines Vermögensanlagen-Informationsblatts (§ 29 Abs. 1 Nr. 6 VermAnlG)

Ein Anbieter, der im Inland Vermögensanlagen öffentlich anbietet, muss nach § 13 Abs. 1 VermAnlG vor dem Beginn des öffentlichen Angebots neben dem Verkaufsprospekt auch ein Vermögensanlagen-Informationsblatt erstellen. Der Anbieter, der vorsätzlich oder leichtfertig entgegen dieser Bestimmung und einer – bislang nicht ergangenen – Rechtsverordnung nach § 13 Abs. 6 Satz 1 VermAnlG ein Vermögensanlagen-Informationsblatt nicht, nicht richtig, nicht vollständig oder nicht rechtzeitig erstellt, handelt ordnungswidrig nach § 29 Abs. 1 Nr. 6 VermAnlG. Die Ordnungswidrigkeit kann nach § 29 Abs. 3 VermAnlG mit einer Geldbuße von bis zu 100.000 Euro geahndet werden. § 29 Abs. 1 Nr. 6 VermAnlG hat seit der Einführung des VermAnlG keine Änderung erfahren.

j) Verstöße gegen die Pflicht zur Aktualisierung des Vermögensanlagen-Informationsblatts (§ 29 Abs. 1 Nr. 7 VermAnlG)

Die in dem nach § 13 Abs. 1 VermAnlG vom **Anbieter** von Vermögensanlagen zu erstellende Vermögensanlagen-Informationsblatt enthaltenen Angaben sind, wenn sie unrichtig oder unvereinbar mit den Angaben im Verkaufsprospekt sind oder wenn ergänzende Angaben in einem Nachtrag zum Verkaufsprospekt nach § 11 VermAnlG

---

[1] BGBl. I 2015, S. 1114.

veröffentlicht werden, nach § 13 Abs. 5 Satz 1 VermAnlG während der Dauer des öffentlichen Angebots zu aktualisieren. Diese Aktualisierung muss gemäß dieser Bestimmung nach Maßgabe von § 13 Abs. 5 Satz 3 VermAnlG erfolgen, das heißt unter Nennung des Datums der letzten Aktualisierung sowie der Zahl der seit der erstmaligen Erstellung des Vermögensanlagen-Informationsblatts vorgenommenen Aktualisierungen.

41 Der Anbieter, der vorsätzlich oder leichtfertig entgegen den vorgenannten Anforderungen des § 13 Abs. 5 Satz 1 VermAnlG eine Angabe des Vermögensanlagen-Informationsblatts nicht, nicht richtig, nicht vollständig oder nicht rechtzeitig aktualisiert oder entgegen § 13 Abs. 5 Satz 3 VermAnlG das Datum der Aktualisierung im Vermögensanlagen-Informationsblatt nicht nennt, handelt nach § 29 Abs. 1 Nr. 7 VermAnlG ordnungswidrig. Die Ordnungswidrigkeit kann nach § 29 Abs. 3 VermAnlG mit einer Geldbuße von bis zu 50.000 Euro geahndet werden. Die Ahndung von Verstößen gegen § 15 Abs. 5 Satz 1 VermAnlG war bereits in der ursprünglichen Fassung des § 29 Abs. 1 Nr. 7 VermAnlG enthalten; die Ahndung von Verstößen gegen § 15 Abs. 5 Satz 3 VermAnlG wurde § 29 Abs. 1 Nr. 7 VermAnlG durch Art. 2 Nr. 28 lit. a ff des Kleinanlegerschutzgesetzes vom 3.7.2015[1] hinzugefügt.

k) Verstöße gegen die Pflicht zur Übermittlung des Vermögensanlagen-Informationsblatts und von Nachträgen (§ 29 Abs. 1 Nr. 8 VermAnlG)

42 Nach § 14 Abs. 1 Satz 1 VermAnlG muss der Anbieter den für die Vermögensanlagen zu erstellenden **Verkaufsprospekt** vor dessen Veröffentlichung der Bundesanstalt als Hinterlegungsstelle übermitteln. Des Weiteren hat der Anbieter der BaFin nach § 14 Abs. 3 Satz 1 VermAnlG **Nachträge** zum Verkaufsprospekt iS des § 11 VermAnlG zum Zweck der Hinterlegung zu übermitteln. Gleiches gilt nach § 14 Abs. 3 Satz 2 VermAnlG für **Aktualisierungen** des Vermögensanlagen-Informationsblatts nach § 13 Abs. 5 VermAnlG. In diesem Fall hat der Anbieter die aktualisierte Fassung des Vermögensanlagen-Informationsblatts zu übermitteln.

43 Der Anbieter, der vorsätzlich oder leichtfertig entgegen der vorstehend angeführten, sich aus § 14 Abs. 1 Satz 1 oder Abs. 3 VermAnlG ergebenden Pflicht, einen Verkaufsprospekt, einen Nachtrag oder eine aktualisierte Fassung des Vermögensanlagen-Informationsblatts nicht oder nicht rechtzeitig übermittelt, handelt nach § 29 Abs. 1 Nr. 8 VermAnlG ordnungswidrig. Die Ordnungswidrigkeit kann nach § 29 Abs. 3 VermAnlG mit einer Geldbuße von bis zu 50.000 Euro geahndet werden. § 29 Abs. 1 Nr. 8 VermAnlG hat seit der Einführung des VermAnlG keine Änderung erfahren.

l) Verstöße gegen die Pflicht zur Hinterlegung des Vermögensanlagen-Informationsblatts (§ 29 Abs. 1 Nr. 9 VermAnlG)

44 Nach § 14 Abs. 1 Satz 2 VermAnlG muss der Anbieter zeitgleich mit der Hinterlegung des Verkaufsprospekts nach § 14 Abs. 1 Satz 1 VermAnlG auch das nach § 13 VermAnlG erstellte Informationsblatt bei der BaFin hinterlegen. Wer vorsätzlich oder

---

[1] BGBl. I 2015, S. 1114.

leichtfertig entgegen § 14 Abs. 1 Satz 2 VermAnlG ein Vermögensanlagen-Informationsblatt nicht oder nicht rechtzeitig **hinterlegt**, handelt nach § 29 Abs. 1 Nr. 9 VermAnlG ordnungswidrig. Die Ordnungswidrigkeit kann nach § 29 Abs. 3 VermAnlG mit einer Geldbuße von bis zu 50.000 Euro geahndet werden. § 29 Abs. 1 Nr. 9 VermAnlG hat seit der Einführung des VermAnlG keine Änderung erfahren.

Wurde der BaFin ein Vermögensanlagen-Informationsblatt nicht hinterlegt, weil ein solches entgegen § 13 VermAnlG nicht erstellt wurde, so stellt die unterlassene oder nicht rechtzeitige Hinterlegung keine Ordnungswidrigkeit iS des § 29 Abs. 1 Nr. 9 VermAnlG dar. Vielmehr liegt hier lediglich ein durch § 29 Abs. 1 Nr. 6 VermAnlG geahndeter Verstoß gegen die Pflicht zur Erstellung eines Vermögensanlagen-Informationsblatts nach § 13 Abs. 1 VermAnlG vor. 45

m) Zuwiderhandlung gegen vollziehbare Anordnungen (§ 29 Abs. 1 Nr. 10 VermAnlG)

Nach **§ 17 Abs. 1 Satz 1 VermAnlG** untersagt die BaFin die Veröffentlichung des Verkaufsprospekts, wenn er nicht die Angaben enthält, die nach § 7 Abs. 1 und 2 VermAnlG, auch in Verbindung mit der nach § 7 Abs. 3 VermAnlG zu erlassenden Rechtsverordnung, erforderlich sind, oder wenn diese Angaben nicht kohärent oder nicht verständlich sind. Darüber hinaus untersagt die BaFin in den in **§ 18 Abs. 1 Nr. 1–7 VermAnlG** angeführten Fällen das öffentliche Angebot von Vermögensanlagen. Schließlich kann die BaFin nach **§ 18 Abs. 2 VermAnlG** iVm. § 4b WpHG auch die Vermarktung, den Vertrieb oder den Verkauf bestimmter Finanzprodukte und bestimmter Formen der Finanztätigkeit oder Finanzpraxis verbieten oder beschränken. Wer vorsätzlich oder leichtfertig einer vollziehbaren Anordnung der BaFin zuwiderhandelt, die eine Untersagung oder Beschränkung nach den vorstehend genannten Bestimmungen zum Gegenstand hat, handelt nach § 29 Abs. 1 Nr. 10 VermAnlG ordnungswidrig. Die Ordnungswidrigkeit kann nach § 29 Abs. 3 VermAnlG mit einer Geldbuße von bis zu 500.000 Euro geahndet werden. § 29 Abs. 1 Nr. 10 VermAnlG hat seit der Einführung des VermAnlG keine Änderung erfahren. Eine dieser Bestimmung vergleichbare Vorschrift fand sich in § 17 Abs. 1 Nr. 4a VerkProspG in seiner Fassung bei Aufhebung des VerkProspG. 46

Zu den **verwaltungsrechtlichen Grundlagen** einer vollziehbaren Anordnung siehe die Ausführungen zu § 35 WpPG Rz. 53 ff. Erforderlich sind sowohl eine **Anordnung** der BaFin als auch die **Vollziehbarkeit** derselben; hierzu näher § 35 WpPG Rz. 54. Wer einer vollziehbaren Anordnung nach § 17 Abs. 1 Satz 1 oder § 18 Abs. 1 oder Abs. 2 VermAnlG zuwiderhandelt, handelt nur dann ordnungswidrig, wenn diese **rechtmäßig** ist (siehe § 35 WpPG Rz. 55). Auf die fehlende aufschiebende Wirkung eines Widerspruchs oder einer Anfechtungsklage wird der Anbieter in der Rechtsbehelfsbelehrung der Untersagungsverfügung hingewiesen, weshalb ein entsprechender **Verbotsirrtum** regelmäßig als vermeidbar anzusehen ist (siehe § 35 WpPG Rz. 56). 47

3. Ordnungswidrigkeiten nach § 29 Abs. 2 Nr. 1 und 2 VermAnlG

a) Begehungsformen

48 Die Zuwiderhandlung gegen die in § 29 Abs. 2 Nr. 1 VermAnlG in Bezug genommene vollziehbare Anordnung nach § 16 Abs. 1 VermAnlG sowie die in § 29 Abs. 2 Nr. 2 VermAnlG in Bezug genommene Auskunftspflicht von Emittenten, Anbietern und mit einem derselben verbundenen Unternehmen nach § 19 Abs. 1 VermAnlG stellen ausweislich der Eingangsformulierung des § 29 Abs. 2 VermAnlG Ordnungswidrigkeiten nur dann dar, wenn sie **vorsätzlich oder fahrlässig** begangen wurden. Zu diesen Begehungsformen siehe oben Rz. 10 und 12.

b) Zuwiderhandlung gegen eine vollziehbare Anordnung nach § 16 Abs. 1 VermAnlG (§ 29 Abs. 2 Nr. 1 VermAnlG)

49 Nach § 29 Abs. 2 Nr. 1 VermAnlG handelt ordnungswidrig, wer vorsätzlich oder fahrlässig einer vollziehbaren Anordnung nach § 16 Abs. 1 VermAnlG zuwiderhandelt. Nach dieser Bestimmung kann die BaFin, um **Missständen bei der Werbung** für Vermögensanlagen zu begegnen, Emittenten und Anbietern bestimmte Arten der Werbung untersagen. Die Ordnungswidrigkeit kann nach § 29 Abs. 3 VermAnlG mit einer Geldbuße von bis zu 50.000 Euro geahndet werden. § 29 Abs. 2 Nr. 1 VermAnlG hat seit der Einführung des VermAnlG keine Änderung erfahren.

50 Zu den **verwaltungsrechtlichen Grundlagen** einer vollziehbaren Anordnung siehe die Ausführungen zu § 35 WpPG Rz. 53 ff. Erforderlich sind sowohl eine **Anordnung der BaFin** als auch die **Vollziehbarkeit** derselben; hierzu näher § 35 WpPG Rz. 54. Wer einer vollziehbaren Anordnung nach § 16 Abs. 1 VermAnlG zuwiderhandelt, handelt ordnungswidrig nur dann, wenn diese **rechtmäßig** ist (siehe § 35 WpPG Rz. 55). Auf die fehlende aufschiebende Wirkung eines Widerspruchs oder einer Anfechtungsklage wird der Anbieter in der Rechtsbehelfsbelehrung der Untersagungsverfügung hingewiesen, weshalb ein entsprechender **Verbotsirrtum** regelmäßig als vermeidbar anzusehen ist (siehe § 35 WpPG Rz. 56).

c) Verstöße gegen die Auskunfts- und Vorlagepflichten nach § 19 Abs. 1 VermAnlG (§ 29 Abs. 2 Nr. 2 VermAnlG)

51 Die Bundesanstalt kann von einem **Emittenten oder Anbieter** (§ 19 Abs. 1 Satz 1 VermAnlG) oder einem mit dem Emittenten oder dem Anbieter **verbundenen Unternehmen** (§ 19 Abs. 1 Satz 2 VermAnlG) Auskünfte, die Vorlage von Unterlagen und die Überlassung von Kopien verlangen, um die Einhaltung der Pflichten und Verbote nach den §§ 5a, 5b, 6 und 8 Abs. 1, den §§ 8a bis 13 und 14 Abs. 1 und § 15 VermAnlG zu überwachen oder zu prüfen, ob der Verkaufsprospekt die Angaben enthält, die nach § 7 Abs. 1 und 2 VermAnlG, auch in Verbindung mit einer auf Grund des § 7 Abs. 3 VermAnlG erlassenen Rechtsverordnung, erforderlich sind, oder ob diese Angaben kohärent und verständlich sind.

52 Im Hinblick auf die **Auskunftspflicht** nach § 19 Abs. 1 VermAnlG handelt nach § 29 Abs. 2 Nr. 2 VermAnlG ordnungswidrig, wer als Emittent, als Anbieter oder als

ein mit einem der Vorgenannten verbundenen Unternehmen vorsätzlich oder fahrlässig eine Auskunft nicht, nicht richtig, nicht vollständig oder nicht rechtzeitig erteilt. In Bezug auf die **Pflicht zur Vorlage von Unterlagen** nach § 19 Abs. 1 VermAnlG handelt nach § 29 Abs. 2 Nr. 2 VermAnlG ordnungswidrig, wer eine Unterlage nicht, nicht richtig, nicht vollständig oder nicht rechtzeitig vorlegt. Verstöße gegen die Pflicht zur **Vorlage von Kopien** nach § 19 Abs. 1 VermAnlG sind dagegen nicht als Ordnungswidrigkeit geahndet. Die vorstehend angeführten Ordnungswidrigkeiten können nach § 29 Abs. 3 VermAnlG mit einer Geldbuße von je bis zu 50.000 Euro geahndet werden. § 29 Abs. 2 Nr. 2 VermAnlG hat seit der Einführung des VermAnlG keine Änderung erfahren.

III. Bußgeldrahmen und Ahndung von Ordnungswidrigkeiten (§ 29 Abs. 3 VermAnlG)

§ 29 Abs. 3 VermAnlG legt den **Bußgeldrahmen** fest, innerhalb dessen die einzelnen der in § 29 Abs. 1 und 2 VermAnlG aufgeführten Ordnungswidrigkeiten mit Geldbuße geahndet werden können. Dabei reflektiert der jeweilige Bußgeldrahmen, mit dem die einzelnen Ordnungswidrigkeiten geahndet werden kann, die Bedeutung des der bußgeldrechtlich bewehrten Tathandlung zugrunde liegenden Gebots oder Verbots bzw. die Bedeutung der der vollziehbaren Anordnungen zugrunde liegenden Vorschriften und Vorgänge. Die derzeitige Fassung der Vorschrift beruht auf ihrer Änderung durch Art. 2 Nr. 28 lit. a des Kleinanlegerschutzgesetzes vom 3.7.2015[1].

Der Bußgeldrahmen enthält drei **Staffelungen** in Gestalt von Ordnungswidrigkeiten, die mit einer Geldbuße bis zu 500.000 Euro, bis zu 100.000 Euro und bis zu 50.000 Euro geahndet werden können. Die **untere Grenze** des Bußgeldrahmens ist gemäß § 17 Abs. 1 OWiG in allen Fällen 5 Euro. Darüber hinaus ist die differenzierende Regelung des § 17 Abs. 2 OWiG zu beachten, wonach die **Obergrenze des Bußgelds bei fahrlässigem Handeln** – davon umfasst ist auch die Leichtfertigkeit als qualifizierte Fahrlässigkeit[2] – die Hälfte des jeweils angedrohten Höchstbetrages darstellt. Zur **Bußgeldzumessung** siehe die Erläuterungen zu § 35 WpPG Rz. 67.

Ist wegen einer der in § 29 Abs. 1 und Abs. 2 VermAnlG angeführten Ordnungswidrigkeiten nach § 30 OWiG ein **Bußgeld gegen eine juristische Person** zu verhängen, so richtet sich die Geldbuße nach dem Bußgeldrahmen und den weiteren Bestimmungen des § 30 Abs. 2 OWiG.

Hat der Täter für eine mit Geldbuße bedrohte Handlung oder aus ihr etwas erlangt und wird gegen ihn wegen der Handlung keine Geldbuße festgesetzt, so kann gegen

---

1 BGBl. I 2015, S. 1114.
2 *Mitsch* in Karlsruher Kommentar zum Ordnungswidrigkeitengesetz, § 17 OWiG Rz. 26, wobei freilich regelmäßig ein höheres Bußgeld als bei bloß fahrlässigem Handeln festgesetzt wird.

ihn nach § 29a OWiG der **Verfall** eines Geldbetrages bis zu der Höhe angeordnet werden, die dem Wert des Erlangten entspricht[1].

IV. Zuständige Behörde (§ 29 Abs. 4 VermAnlG)

57 Den Erfordernissen der §§ 35, 36 Abs. 1 Nr. 1 OWiG entsprechend regelt § 29 Abs. 4 VermAnlG die **sachliche Zuständigkeit** für die Verfolgung und Ahndung von Ordnungswidrigkeiten nach § 29 Abs. 1 und Abs. 2 VermAnlG, indem er sie der **BaFin** überträgt. **Örtlich zuständig** ist die BaFin daneben für alle Vorgänge, auf die deutsches Recht – und damit auch § 29 Abs. 1 und Abs. 2 VermAnlG – anwendbar ist.

58 Die Zuständigkeit der BaFin umfasst die **Verfolgung und die Ahndung** der Ordnungswidrigkeit (§ 35 Abs. 1 bzw. Abs. 2 OWiG). Siehe dazu die Ausführungen zu § 35 WpPG Rz. 72 f.

59 Die BaFin hat die Sache, in der sie ermittelt, **an die Staatsanwaltschaft abzugeben**, wenn Anhaltspunkte dafür vorliegen, dass eine Handlung nicht nur den Tatbestand einer Ordnungswidrigkeit nach § 29 Abs. 1 und 2 VermAnlG, sondern auch den einer Straftat erfüllt (§ 41 Abs. 1 OWiG). In diesem Falle ist die Staatsanwaltschaft für die Verfolgung der Tat auch unter dem rechtlichen Gesichtspunkt einer Ordnungswidrigkeit zuständig (§ 40 OWiG). Zum Übergang des gerichtlichen Verfahrens wegen einer Ordnungswidrigkeit in ein Strafverfahren siehe §§ 81 ff. OWiG.

60 § 29 Abs. 4 VermAnlG ist wortgleich mit der Bestimmung des § 35 Abs. 4 WpPG und § 40 WpHG. Zu Einzelheiten über das **Bußgeldverfahren** (§§ 35 ff. OWiG) selbst kann deshalb auf die Erläuterungen zu § 40 WpHG[2] verwiesen werden.

§ 30
Bußgeldvorschriften zur Rechnungslegung

(1) Ordnungswidrig handelt, wer einer Vorschrift des § 24 Absatz 1 Satz 1 in Verbindung mit
1. § 264 Absatz 2 Satz 1 oder Satz 2, § 265 Absatz 2 bis 4 oder Absatz 6, § 266, § 268 Absatz 3 bis 6 oder Absatz 7, § 272, § 274, § 275, § 277, § 284 oder § 285 des Handelsgesetzbuchs über den Jahresabschluss oder
2. § 289 Absatz 1 Satz 1, 2 oder Satz 3 des Handelsgesetzbuchs über den Lagebericht

zuwiderhandelt.

---

1 Vgl. hierzu ausführlich *Rogall* in Karlsruher Kommentar zum Ordnungswidrigkeitengesetz, Vor § 29a OWiG Rz. 1 ff.
2 *Vogel* in Assmann/Uwe H. Schneider, § 40 WpHG Rz. 4 ff. zum Bußgeldverfahren.

(2) Die Ordnungswidrigkeit kann mit einer Geldbuße bis zu fünfzigtausend Euro geahndet werden.

(3) Verwaltungsbehörde im Sinne des § 36 Absatz 1 Nummer 1 des Gesetzes über Ordnungswidrigkeiten ist das Bundesamt für Justiz.

In der Fassung vom 6.12.2011 (BGBl. I 2011, S. 2481), zuletzt geändert durch das Bilanzrichtlinie-Umsetzungsgesetz vom 17.7.2015 (BGBl. I 2015, S. 1245).

Schrifttum: Siehe Einl. VermAnlG und das Allgemeine Schrifttumsverzeichnis.

I. Regelungsgegenstand und Normentwicklung 1	III. Geldbuße (§ 30 Abs. 2 VermAnlG) 6
II. Ordnungswidrigkeiten (§ 30 Abs. 1 VermAnlG) 3	IV. Zuständige Behörde (§ 30 Abs. 3 VermAnlG) 7

I. Regelungsgegenstand und Normentwicklung

Neben den allgemeinen Bußgeldvorschriften in § 29 VermAnlG finden sich in § 30 VermAnlG **spezielle Bußgeldvorschriften zur Rechnungslegung**. Auch die in § 30 Abs. 1 VermAnlG erfasste Ordnungswidrigkeit ist in einen (unechten) **Blanketttatbestand** gefasst, bestehend aus der Sanktionsnorm des § 30 VermAnlG und den in § 31 Abs. 1 VermAnlG angeführten Ausfüllungsnormen des § 24 Abs. 1 Satz 1 VermAnlG in Verbindung mit den in § 30 Abs. 1 Nr. 1 und 2 VermAnlG angeführten Vorschriften des HGB (dazu unten Rz. 3 ff.). § 30 VermAnlG hat kein Vorbild im VerkProspG, das durch Art. 2 des Gesetzes zur Novellierung des Finanzanlagenvermittler- und Vermögensanlagenrechts vom 6.12.2011[1] mit Wirkung vom 1.6.2012 aufgehoben und dessen Vorschriften teilweise in das VermAnlG überführt wurden. 1

Die Vorschrift hat bislang lediglich zwei kleinere redaktionelle **Änderungen** erfahren, von denen die eine, aufgrund von Art. 4 Nr. 4 des Gesetzes zur Änderung der Gewerbeordnung und anderer Gesetze vom 5.12.2012[2], § 30 Abs. 1 Nr. 2 VermAnlG und die andere, aufgrund von Art. 8 Abs. 10 Nr. 3 des Bilanzrichtlinie-Umsetzungsgesetzes vom 17.7.2015[3], § 30 Abs. 1 Nr. 1 VermAnlG betraf. 2

II. Ordnungswidrigkeiten (§ 30 Abs. 1 VermAnlG)

Zweck der Bußgeldvorschriften zur Rechnungslegung ist es sicherzustellen, „dass Verstöße der Emittenten von bestimmten Vermögensanlagen gegen grundlegende handelsrechtliche Bestimmungen im Zusammenhang mit der Aufstellung oder Feststellung des Jahresabschlusses, des Lageberichts oder im Zusammenhang mit be- 3

---
[1] BGBl. I 2011, S. 2481.
[2] BGBl. I 2012, S. 2415.
[3] BGBl. I 2015, S. 1245.

stimmten Anforderungen bei der Offenlegung durch Bußgeld durch das Bundesamt für Justiz geahndet werden können"[1]. Das wird in der Weise umgesetzt, dass nach § 30 Abs. 1 VermAnlG **ordnungswidrig handelt**, wer einer Vorschrift des § 24 Abs. 1 Satz 1 in Verbindung mit, *erstens*, § 264 Abs. 2 Satz 1 oder Satz 2, § 265 Abs. 2–4 oder Abs. 6, § 266, § 268 Abs. 3–6 oder Abs. 7, § 272, § 274, § 275, § 277, § 284 oder § 285 des Handelsgesetzbuchs über den Jahresabschluss oder, *zweitens*, § 289 Abs. 1 Satz 1, 2 oder Satz 3 des HGB über den Lagebericht zuwiderhandelt.

4 Die von § 30 Abs. 1 VermAnlG in Bezug genommene Ausfüllungsnorm des **§ 24 Abs. 1 Satz 1 VermAnlG** verpflichtet in ihrem 1. Satzteil alle **Emittenten von Vermögensanlagen mit Sitz im Inland** – dh. die Person mit Wohnsitz oder die Gesellschaft mit effektivem Verwaltungssitz im Inland (zum Emittentenbegriff siehe § 1 Abs. 3 VermAnlG), deren Vermögensanlagen auf Grund eines öffentlichen Angebots im Inland ausgegeben sind – für den Jahresabschluss die Bestimmungen des Ersten Unterabschnitts des Zweiten Abschnitts des Dritten Buches des HGB, dh. der **§§ 264–288 HGB**, und für den Lagebericht die Bestimmungen des § 289 HGB einzuhalten. Darüber hinaus haben **alle Emittenten von Vermögensanlagen** nach § 24 Abs. 1 Satz 1 Satzteil 2 VermAnlG den Jahresabschluss um eine Kapitalflussrechnung zu erweitern; dies gilt nicht für Emittenten, die die Einstufung als klein iS des § 267 des Handelsgesetzbuchs erfüllen. Die angeführten Vorschriften von § 24 Abs. 1 Satz 1 Satzteile 1 und 2 VermAnlG gelten nach § 24 Abs. 1 Satz 1 Satzteil 3 VermAnlG nicht für Emittenten, die **kleine Kapitalgesellschaften** iS des § 267 Abs. 1 HGB sind. Die Einstufung als klein erfüllen Kapitalgesellschaften, die mindestens zwei der drei der nachstehenden Merkmale nicht überschreiten: (1) 6 Mio. Euro Bilanzsumme, (2) 12 Mio. Euro Umsatzerlöse in den zwölf Monaten vor dem Abschlussstichtag, (3) im Jahresdurchschnitt fünfzig Arbeitnehmer. Eine Verletzung der nach § 24 Abs. 1 Satz 1 VermAnlG vom Normadressaten zu beachtenden handelsrechtlichen Bestimmungen ist aber **nur dann eine Ordnungswidrigkeit** iS des § 30 Abs. 1 VermAnlG, wenn einer der in Nr. 1 oder Nr. 2 angeführten Vorschriften zuwidergehandelt wurde.

5 Als **Begehungsform** kommt gemäß § 10 OWiG und aufgrund des Umstands, dass § 30 VermAnlG fahrlässiges Handeln nicht ausdrücklich mit Geldbuße bedroht, nur **Vorsatz** in Betracht. Zu den Anforderungen an vorsätzliches Handeln siehe die Ausführungen in § 29 VermAnlG Rz. 10. Wer bei Begehung einer Handlung einen **Umstand nicht kennt**, der zum gesetzlichen Tatbestand gehört, handelt nicht vorsätzlich (§ 11 Abs. 1 OWiG). Geldbußen gegen den **Emittenten als juristische Person oder Personenvereinigung** richten sich nach den Vorschriften des § 30 OWiG. Fehlt dem Täter bei Begehung der Handlung die Einsicht, etwas Unerlaubtes zu tun, namentlich weil er das Bestehen oder die Anwendbarkeit einer Rechtsvorschrift nicht kennt, so handelt er nicht vorwerfbar, wenn er diesen Irrtum nicht vermeiden konnte (§ 11 Abs. 2 OWiG), was bei den nach § 30 Abs. 1 VermAnlG zu beachtenden Vorschriften regelmäßig nicht in Betracht kommt.

---

[1] RegE Gesetz zur Novellierung des Finanzanlagenvermittler- und Vermögensanlagenrechts, BT-Drucks. 17/6051 v. 6.6.2011, S. 1 (40).

III. Geldbuße (§ 30 Abs. 2 VermAnlG)

Nach **§ 30 Abs. 2 VermAnlG** kann eine Ordnungswidrigkeit gemäß § 30 Abs. 1 VermAnlG mit einer **Geldbuße** bis zu 50.000 Euro geahndet werden. 6

IV. Zuständige Behörde (§ 30 Abs. 3 VermAnlG)

Den Erfordernissen der §§ 35, 36 Abs. 1 Nr. 1 OWiG entsprechend regelt § 30 Abs. 3 VermAnlG die **sachliche Zuständigkeit** für die Verfolgung und Ahndung von Ordnungswidrigkeiten nach § 30 Abs. 1 VermAnlG, indem er sie dem Bundesamt für Justiz (BfJ) überträgt. **Örtlich zuständig** ist das Bundesamt daneben für alle Vorgänge, auf die deutsches Recht – und damit auch § 30 Abs. 1 VermAnlG – anwendbar ist. 7

Das **Bundesamt für Justiz** ist eine Bundesoberbehörde mit Sitz in Bonn im Geschäftsbereich des Bundesministeriums der Justiz und für Verbraucherschutz. Das Bundesamt gliedert sich in sieben Abteilungen, wobei Abteilung VI für Ordnungsgeld- und Ordnungswidrigkeitenverfahren und Zwangsvollstreckung zuständig ist. 8

§ 31
Ordnungsgeldvorschriften

(1) Die Ordnungsgeldvorschriften der §§ 335 bis 335b des Handelsgesetzbuchs sind auch auf die Verletzung von Pflichten des vertretungsberechtigten Organs des Emittenten von Vermögensanlagen sowie auch auf den Emittenten von Vermögensanlagen selbst entsprechend anzuwenden, und zwar auch dann, wenn es sich bei diesem nicht um eine Kapitalgesellschaft oder eine Gesellschaft im Sinne des § 264a des Handelsgesetzbuchs handelt; der Höchstbetrag des § 335 Absatz 1a des Handelsgesetzbuchs ist unabhängig davon anzuwenden, ob die Gesellschaft kapitalmarktorientiert im Sinne des § 264d des Handelsgesetzbuchs ist. An die Stelle der Pflichten nach § 335 Absatz 1 Satz 1 Nummer 1 und 2 des Handelsgesetzbuchs treten im Falle der Erstellung eines Jahresberichts die Pflichten nach § 23 Absatz 1 und 3 dieses Gesetzes. Offenlegung im Sinne des § 325 Absatz 1 des Handelsgesetzbuchs sind die Einreichung und Bekanntmachung des Jahresberichts gemäß § 23 Absatz 1 und 3 dieses Gesetzes.

(2) Die Bundesanstalt übermittelt dem Betreiber des Bundesanzeigers mindestens einmal pro Kalenderjahr Name und Anschrift der ihr bekannt werdenden Emittenten von Vermögensanlagen sowie den Bevollmächtigten im Sinne des § 5 Absatz 3.

(3) Das Bundesamt für Justiz teilt der Bundesanstalt diejenigen Emittenten von Vermögensanlagen mit einem Sitz außerhalb des Geltungsbereichs dieses Geset-

zes mit, die entgegen § 23 ihrer Pflicht zur Einreichung eines Jahresberichts nicht nachgekommen sind und gegen die aus diesem Grund unanfechtbare Ordnungsgelder nach den Absätzen 1 und 2 verhängt worden sind.

(4) Die Bundesanstalt kann die der Verhängung eines unanfechtbaren Ordnungsgeldes nach den Absätzen 1 und 2 gegen einen Emittenten von Vermögensanlagen im Sinne des Satzes 1 zugrunde liegenden Tatsachen im Bundesanzeiger öffentlich bekannt machen, soweit dies zur Beseitigung oder Verhinderung von Missständen geboten ist.

In der Fassung vom 6.12.2011 (BGBl. I 2011, S. 2481), zuletzt geändert durch das Gesetz zur Umsetzung der Transparenzrichtlinie-Änderungsrichtlinie vom 20.11.2015 (BGBl. I 2015, S. 2029).

Schrifttum: Siehe Einl. VermAnlG und das Allgemeine Schrifttumsverzeichnis.

I. Regelungsgegenstand und
   Normentwicklung   1
II. Ordnungsgeld
   (§ 31 Abs. 1 VermAnlG)
   1. Ordnungsgeldtatbestände,
      Normadressaten, Höhe   3
   2. Verfahren   9
III. Übermittlung von Name und
   Anschrift von Emittenten und
   Bevollmächtigten
   (§ 31 Abs. 2 VermAnlG)   14
IV. Mitteilung an die BaFin über die
   Festsetzung von Ordnungsgeld
   gegen Emittenten mit Sitz im Ausland (§ 31 Abs. 3 VermAnlG)   16
V. Öffentliche Bekanntmachung der
   Tatsachen, die zur Verhängung
   eines Ordnungsgelds führten
   (§ 31 Abs. 4 VermAnlG)   17

I. Regelungsgegenstand und Normentwicklung

1 § 31 VermAnlG dient der Übertragung der Ordnungsgeldtatbestände des § 335 Abs. 1 Satz Nr. 1 und 2 HGB und Ordnungsgeldvorschriften der §§ 335–335b HGB auf Emittenten iS des § 1 Abs. 3 VermAnlG (Abs. 1), stellt sicher, dass der Betreiber des Bundesanzeigers in die Lage versetzt wird, seine Aufgaben nach § 329 Abs. 1 und 4 HGB nachkommen zu können (Abs. 2), gewährleistet die Unterrichtung der BaFin über Erkenntnisse des Bundesamts für Justiz (Bundesamt) betreffend die Verletzung der Pflicht zur Offenlegung nach § 23 VermAnlG durch einen Emittenten mit Sitz außerhalb Deutschlands (Abs. 3) und schafft die Grundlage zu der im Bundesanzeiger vorzunehmenden Veröffentlichung der Tatsachen, die der Verhängung eines unanfechtbaren Ordnungsgeldes dieser Vorschrift gegen einen Emittenten von Vermögensanlagen zugrunde liegen (Abs. 4).

2 § 31 VermAnlG hat seit der Einführung des VermAnlG durch Art. 2 des Gesetzes zur Novellierung des Finanzanlagenvermittler- und Vermögensanlagenrechts vom

6.12.2011[1] verschiedene **Änderungen** erfahren. Ausschließlich redaktionelle Änderungen verbanden sich mit denjenigen, die auf Art. 4 Nr. 5 des Gesetzes zur Änderung der Gewerbeordnung und anderer Gesetze vom 5.12.2012[2], Art. 3 Abs. 2 des Gesetzes zur Änderung des Handelsgesetzbuchs vom 4.10.2013[3] und Art. 8 Abs. 10 Nr. 4 des Bilanzrichtlinie-Umsetzungsgesetzes vom 17.7.2015[4] zurückgehen. Durch Art. 2 Nr. 29 des Kleinanlegerschutzgesetzes vom 3.7.2015[5] wurde – über eine bloße redaktionelle Änderung hinausgehend – durch Ergänzung von § 31 Abs. 1 VermAnlG bestimmt, dass der Höchstbetrag des § 335 Abs. 1 Satz 4 HGB unabhängig davon anzuwenden ist, ob die Gesellschaft kapitalmarktorientiert iS des § 264d HGB ist oder nicht (dazu unten Rz. 7 aE). Seine letzte, wiederum rein redaktionelle Änderung hat § 31 VermAnlG durch Art. 20 Nr. 2 des Gesetzes zur Umsetzung der Transparenzrichtlinie-Änderungsrichtlinie vom 20.11.2015[6] erfahren.

II. Ordnungsgeld (§ 31 Abs. 1 VermAnlG)

1. Ordnungsgeldtatbestände, Normadressaten, Höhe

§ 31 Abs. 1 VermAnlG stellt die **Übertragung der Ordnungsgeldvorschriften der §§ 335–335b HGB** auf Emittenten iS des § 1 Abs. 3 VermAnlG sicher. Gegenstand dieser Ordnungswidrigkeitsvorschriften ist die Verletzung von Pflichten zur **rechtzeitigen Offenlegung** des Jahresabschlusses, des Lageberichts, des Konzernabschlusses, des Konzernlageberichts und anderer Unterlagen der Rechnungslegung (§ 325 HGB) sowie der Rechnungslegungsunterlagen der Hauptniederlassung (§ 325a HGB). Aufgrund der Anordnung des § 31 Abs. 1 VermAnlG treten die vorstehend angeführten Ordnungsgeldbestimmungen des HGB „an die Stelle eines ansonsten vorzusehenden Bußgeldtatbestandes"[7]. Der Gesetzgeber folgt damit seiner im Gesetz über elektronische Handelsregister, das Genossenschaftsregister sowie das Unternehmensregister (EHUG) vom 10.11.2006[8] auf Beschlussempfehlung des Rechtsausschusses zum Ausdruck gebrachten „Grundsatzentscheidung"[9], zur Sanktionierung von Offenlegungsverstößen reiche das herkömmliche Ordnungsgeldverfahren in modifizierter Form aus[10]. Die Modifikation bestand im Wesentlichen darin, das sich bis dahin nach § 335a HGB iVm. § 140a FGG (aF) richtende Verfahren in §§ 335, 335a HGB iVm.

3

---

1 BGBl. I 2011, S. 2481.
2 BGBl. I 2012, S. 2415.
3 BGBl. I 2013, S. 3746.
4 BGBl. I 2015, S. 1245.
5 BGBl. I 2015, S. 1114.
6 BGBl. I 2015, S. 2029.
7 RegE Gesetz zur Novellierung des Finanzanlagenvermittler- und Vermögensanlagenrechts, BT-Drucks. 17/6051 v. 6.6.2011, S. 1 (40).
8 BGBl. I 2006, S. 2553.
9 RegE Gesetz zur Novellierung des Finanzanlagenvermittler- und Vermögensanlagenrechts, BT-Drucks. 17/6051 v. 6.6.2011, S. 1 (40).
10 Beschlussempfehlung und Bericht des Rechtsausschusses (6. Ausschuss) zu dem Gesetzentwurf der Bundesregierung – Drucksache 16/960 – Entwurf eines Gesetzes über elektronische Handelsregister, das Genossenschaftsregister sowie das Unternehmensregister

den Vorschriften des Gesetzes über das Verfahren in Familiensachen und in den Angelegenheiten der freiwilligen Gerichtsbarkeit (FamFG) – zu den anwendbaren Vorschriften siehe §§ 335 Abs. 2, 335a Abs. 1 und 3 HGB und unten Rz. 11 – neu zu regeln und künftig vom Bundesamt für Justiz (dazu unten Rz. 10) von Amts wegen durchführen zu lassen (§ 335 Abs. 1 HGB).

4   Die **Übertragung der Ordnungsgeldvorschriften der §§ 335 bis 335b HGB** in das VermAnlG geschieht auf die Weise, dass § 31 Abs. 1 VermAnlG den Kreis der Normadressaten der Ordnungsgeldtatbestände des § 335 Abs. 1 Satz 1 HGB auf vertretungsberechtigte Organe des Emittenten von Vermögensanlagen sowie auf den Emittenten selbst erweitert. **Normadressaten** der Ordnungsgeldvorschrift des § 335 Abs. 1 VermAnlG sind *zum einen* die Mitglieder des vertretungsberechtigten Organs einer Kapitalgesellschaft (§ 335 Abs. 1 Satz 1 HGB) sowie Kapitalgesellschaften, für die die Mitglieder des vertretungsberechtigten Organs die in § 335 Abs. 1 Satz 1 Nr. 1 und 2 HGB genannten Offenlegungspflichten zu erfüllen haben, selbst (§ 335 Abs. 1 Sätze 1 und 2 HGB), und *zum anderen*, kraft § 335b HGB, die persönlich haftenden Gesellschafter oder die Mitglieder der vertretungsberechtigten Organe der persönlich haftenden Gesellschafter offener Handelsgesellschaften und Kommanditgesellschaften iS des § 264a Abs. 1 HGB sowie die offene Handelsgesellschaft oder die Kommanditgesellschaft selbst. Werden die Normadressaten der Ordnungsgeldvorschrift des § 335 Abs. 1 HGB somit letztlich rechtsformbezogen bestimmt (§§ 335 Abs. 1, 335b VermAnlG), so überträgt § 31 Abs. 1 VermAnlG die ordnungsgeldbewehrten Ordnungswidrigkeitstatbestände des § 335 Abs. 1 HGB auf die **vertretungsberechtigten Organe des Emittenten** von Vermögensanlagen sowie auf den **Emittenten** selbst. Wer Emittent iS des VermAnlG ist, bestimmt § 1 Abs. 3 VermAnlG funktionsbezogen als die Person oder die Gesellschaft, deren Vermögensanlagen aufgrund eines öffentlichen Angebots im Inland ausgegeben sind. Klarstellend heißt es in § 31 Abs. 1 Satz 1 Halbsatz 1 VermAnlG aE, dass die Ordnungsgeldvorschriften der §§ 335–335b HGB auch auf Emittenten anwendbar seien, bei denen es sich nicht um eine Kapitalgesellschaft oder eine Gesellschaft iS des § 264a HGB handele.

5   **§ 31 Abs. 1 Satz 1 Halbsatz 1 VermAnlG** erklärt alle **Ordnungsgeldvorschriften der §§ 335–335b HGB** auch auf die Verletzung von Pflichten des vertretungsberechtigten Organs des Emittenten von Vermögensanlagen sowie auch auf den Emittenten von Vermögensanlagen selbst **für entsprechend anwendbar**, passt diese aber in nachfolgenden Bestimmungen des Abs. 1 in einigen Punkten an die Umstände der Regelung des öffentlichen Angebots von Vermögensanlagen und die Pflichten von Emittenten an:

6   – So regelt **§ 31 Abs. 1 Satz 2 VermAnlG** den Fall, dass ein Emittent von Vermögensanlagen, der nicht verpflichtet ist, nach den Vorschriften des HGB einen Jahresabschluss offenzulegen, nach § 23 Abs. 1 und 3 VermAnlG für den Schluss eines jeden Geschäftsjahres einen **Jahresbericht** zu erstellen, spätestens sechs Monate nach Ablauf des Geschäftsjahres beim Betreiber des Bundesanzeigers elektronisch

(EHUG), BT-Drucks. 16/2781 v. 27.9.2006, S. 1, Beschlussempfehlung Art. 1 Nr. 28, S. 17.

einzureichen sowie den Anlegern auf Anforderung zur Verfügung zu stellen hat und den Jahresbericht unverzüglich nach der elektronischen Einreichung des Berichts im Bundesanzeiger bekannt machen lassen muss. Diesbezüglich bestimmt § 31 Abs. 1 Satz 2 VermAnlG, dass an die Stelle der Pflichten nach § 335 Abs. 1 Satz 1 Nr. 1 und 2 HGB betreffend die Offenlegung des Jahresabschlusses im Falle der Erstellung eines Jahresberichts die vorerwähnten Pflichten nach § 23 Abs. 1 und 3 VermAnlG treten.

– Nach **§ 31 Abs. 1 Satz 1 Halbsatz 2 VermAnlG** ist § 335 Abs. 1a HGB mit seiner Festsetzung des **Höchstbetrags des Ordnungsgelds** unabhängig davon anzuwenden, ob die Gesellschaft kapitalmarktorientiert iS des § 264d HGB ist. Grundlage dieser Bestimmung ist, dass das Ordnungsgeld, das bei Verstößen gegen die in § 335 Abs. 1 Satz 1 Nr. 1 und 2 VermAnlG aufgeführten Pflichten festzusetzen ist, nach § 335 Abs. 1 Satz 4 VermAnlG mindestens 2.500 Euro und höchstens 25.000 Euro beträgt. Ist die Kapitalgesellschaft jedoch kapitalmarktorientiert iS des § 264d HGB, darf das Ordnungsgeld höchstens auf den höheren der in § 31 Abs. 1 Satz 1 Nr. 1 bis 3 und Satz 2 Nr. 1 und 2 VermAnlG genannten Beträge festgesetzt werden. Die Vorschrift ist durch Art. 2 Nr. 28 des Kleinanlegerschutzgesetzes vom 3.7.2015[1] in das Gesetz gelangt. Als Begründung für die damit verbundene Erhöhung des Ordnungsgeldrahmens für die Durchsetzung der Offenlegungspflichten der Unternehmen des grauen Kapitalmarktes wird angeführt, diese diene dem Anlegerschutz, da höhere Ordnungsgelder geeignet erschienen, im Einzelfall eine zeitnähere Offenlegung von Rechnungslegungsunterlagen fristsäumiger Emittenten zu bewirken[2]. 7

– Im Hinblick auf den Ordnungsgeldtatbestand der Nichtbefolgung des § 325 HGB über die Pflicht zur Offenlegung des Jahresabschlusses, des Lageberichts, des Konzernabschlusses, des Konzernlageberichts und anderer Unterlagen der Rechnungslegung, bestimmt **§ 31 Abs. 1 Satz 3 VermAnlG**, dass als Offenlegung iS des § 325 Abs. 1 HGB die Einreichung und die Bekanntmachung des Jahresberichts gemäß § 23 Abs. 1 und 3 VermAnlG gilt. 8

2. Verfahren

Die wichtigsten **Verfahrensregeln**, die aufgrund der in § 31 Abs. 1 Satz 1 VermAnlG angeordneten entsprechenden Anwendbarkeit von §§ 335–335b HGB für die Verhängung eines Ordnungsgelds gelten, sind – soweit sie nicht bereits aufgrund ihrer Modifikation durch § 31 VermAnlG angesprochen wurden – die Folgenden: 9

– Für die Durchführung des Ordnungsgeldverfahrens ist das **Bundesamt für Justiz** nach den Vorschriften des § 335 Abs. 2–6 VermAnlG **zuständig** (§ 335 Abs. 1 Satz 1 Halbsatz 1 VermAnlG). Das Bundesamt für Justiz ist eine Bundesoberbehörde im Geschäftsbereich des Bundesministeriums der Justiz und für Verbraucherschutz mit Sitz in Bonn. Von seinen sieben Abteilungen ist Abteilung VI für Ord- 10

---

1 RegE Kleinanlegerschutzgesetz, BT-Drucks. 18/3994 v. 11.2.2015, S. 1 (52).
2 RegE Kleinanlegerschutzgesetz, BT-Drucks. 18/3994 v. 11.2.2015, S. 1 (52).

nungsgeld- und Ordnungswidrigkeitsverfahren sowie für Zwangsvollstreckung zuständig.

11 – Das Ordnungsgeldverfahren ist ein **Justizverwaltungsverfahren** (§ 335 Abs. 2 Satz 1 HGB). Auf das **Verfahren** sind die §§ 15–19, § 40 Abs. 1, § 388 Abs. 1, § 389 Abs. 3, § 390 Abs. 2–6 FamFG sowie im Übrigen § 11 Nr. 1 und 2, § 12 Abs. 1 Nr. 1–3, Abs. 2 und 3, §§ 14, 15, 20 Abs. 1 und 3, § 21 Abs. 1, §§ 23 und 26 VwVfG nach Maßgabe der Vorschriften in § 335 Abs. 2a–6 HGB entsprechend anzuwenden (§ 335 Abs. 2 Satz 1 HGB). Aufgrund der Ausgestaltung des Ordnungsgeldverfahren als Justizverwaltungsverfahren sind zur **Vertretung** der Beteiligten auch Wirtschaftsprüfer und vereidigte Buchprüfer, Steuerberater, Steuerbevollmächtigte, Personen und Vereinigungen iS des § 3 Nr. 4 des StBerG sowie Gesellschaften iS des § 3 Nr. 2 und 3 des StBerG, die durch Personen iS des § 3 Nr. 1 des StBerG handeln, befugt.

12 – Der Verhängung eines Ordnungsgelds muss die **Androhung eines Ordnungsgeldes** unter der Aufgabe gegenüber den Beteiligten (Normadressaten) vorauszugehen, innerhalb einer Frist von sechs Wochen vom Zugang der Androhung an ihrer gesetzlichen Verpflichtung nach §§ 325, 325a HGB nachzukommen oder die Unterlassung mittels Einspruchs gegen die Verfügung zu rechtfertigen (§ 335 Abs. 3 Satz 1 HGB). Gegen die Androhung des Ordnungsgeldes kann **Einspruch** eingelegt werden, der jedoch keine aufschiebende Wirkung hat (§ 335 Abs. 3 Satz 4 HGB). Haben die Beteiligten nicht spätestens sechs Wochen nach dem Zugang der Androhung der gesetzlichen Pflicht entsprochen oder die Unterlassung mittels Einspruchs gerechtfertigt, ist das **Ordnungsgeld festzusetzen** und zugleich die frühere Verfügung unter Androhung eines erneuten Ordnungsgeldes zu wiederholen (§ 335 Abs. 4 Satz 1 HGB). Gegen die Entscheidung, durch die das Ordnungsgeld festgesetzt oder der Einspruch verworfen wird, findet die Beschwerde nach den Vorschriften des FamFG statt, soweit sich aus § 335a Abs. 2–4 HGB nichts anderes ergibt.

13 – **Eingenommene Ordnungsgelder** fließen dem Bundesamt für Justiz zu (§ 335 Abs. 1 Satz 5 HGB).

III. Übermittlung von Name und Anschrift von Emittenten und Bevollmächtigten (§ 31 Abs. 2 VermAnlG)

14 Nach § 31 Abs. 2 VermAnlG übermittelt die BaFin dem **Betreiber des Bundesanzeigers** mindestens einmal pro Kalenderjahr Name und Anschrift der ihr bekannt werdenden Emittenten von Vermögensanlagen sowie den Bevollmächtigten iS des § 5 Abs. 3 VermAnlG. Dadurch soll der Betreiber des Bundesanzeigers in die Lage versetzt werden, seinen Aufgaben nach § 329 Abs. 1 und 4 HGB nachzukommen[1]. Diese bestehen darin, dass der Betreiber zu prüfen hat, ob die einzureichen-

---

[1] RegE Gesetz zur Novellierung des Finanzanlagenvermittler- und Vermögensanlagenrechts, BT-Drucks. 17/6051 v. 6.6.2011, S. 1 (40).

den Unterlagen fristgemäß und vollzählig eingereicht wurden, um für den Fall, dass die offen zu legenden Unterlagen nicht oder unvollständig eingereicht wurden, die jeweils für die Durchführung ua. von Ordnungsgeldverfahren nach § 335 HGB – und entsprechend nach § 31 Abs. 1 Satz 1 VermAnlG zuständige Verwaltungsbehörde – zu unterrichten.

Neben **Name und Anschrift** der ihr bekannt werdenden Emittenten muss die BaFin auch Name und Adresse des Bevollmächtigten des Emittenten iS des § 5 Abs. 3 VermAnlG bekannt geben. Letzteres ist die bevollmächtigte Person mit Sitz im Inland, die ein Emittent von Vermögensanlagen mit Sitz im Ausland der BaFin zu benennen hat, damit dieser Person gegenüber die Bekanntgabe oder ggf. die Zustellung einer Verfügung der Aufsichtsbehörde nach § 5 Abs. 1 bzw. 2 VermAnlG erfolgen kann. 15

IV. Mitteilung an die BaFin über die Festsetzung von Ordnungsgeld gegen Emittenten mit Sitz im Ausland (§ 31 Abs. 3 VermAnlG)

Nach § 31 Abs. 3 VermAnlG teilt das Bundesamt für Justiz der BaFin diejenigen Emittenten von Vermögensanlagen mit einem Sitz außerhalb dieses Gesetzes mit, die entgegen § 23 VermAnlG ihrer Pflicht zur Einreichung eines Jahresberichts nicht nachgekommen sind und gegen die aus diesem Grund unanfechtbare Ordnungsgelder nach § 31 Abs. 1 und 2 VermAnlG verhängt wurden. Die Mitteilungspflicht nach § 31 Abs. 3 VermAnlG entspricht derjenigen des § 335 Abs. 1d HGB in Bezug auf Mitteilungen über jedes Ordnungsgeld, das gemäß § 335 Abs. 1 HGB gegen eine kapitalmarktorientierte Kapitalgesellschaft iS des § 264d HGB oder gegen ein Mitglied ihrer Vertretungsorgane festgesetzt wurde. 16

V. Öffentliche Bekanntmachung der Tatsachen, die zur Verhängung eines Ordnungsgelds führten (§ 31 Abs. 4 VermAnlG)

Gemäß § 26c Abs. 1 VermAnlG macht die BaFin – nach Maßgabe von § 26c Abs. 2–4 VermAnlG – Bußgeldentscheidungen nach § 29 VermAnlG unverzüglich nach Rechtskraft auf ihrer Internetseite bekannt, wenn dies unter Abwägung der betroffenen Interessen zur Beseitigung oder Verhinderung von Missständen geboten ist. Diese Regelung modifiziert § 31 Abs. 4 VermAnlG für die **Bekanntmachung der Verhängung von Ordnungsgeldern** dahingehend, dass die BaFin die der Verhängung eines unanfechtbaren Ordnungsgeldes nach § 31 Abs. 1 und 2 VermAnlG gegen einen Emittenten von Vermögensanlagen **zugrunde liegenden Tatsachen** im Bundesanzeiger öffentlich bekannt machen kann, soweit dies zur Beseitigung oder Verhinderung von Missständen geboten ist. Zur Frage, wann die **öffentliche Bekanntmachung** in vorstehendem Sinne „**geboten**" ist, siehe die Erläuterungen zu § 26c VermAnlG Rz. 6 f. und § 30 WpPG Rz. 7–10. 17

§ 32
Übergangsvorschriften

(1) Auf Verkaufsprospekte, die vor dem 1. Juni 2012 bei der Bundesanstalt zur Gestattung ihrer Veröffentlichung nach § 8i Absatz 2 Satz 1 des Verkaufsprospektgesetzes in der Fassung der Bekanntmachung vom 9. September 1998 (BGBl. I S. 2701), das zuletzt durch Artikel 8 des Gesetzes vom 16. Juli 2007 (BGBl. I S. 1330) geändert worden ist, eingereicht wurden, ist das Verkaufsprospektgesetz in der bis zum 31. Mai 2012 geltenden Fassung weiterhin anzuwenden.

(1a) Auf Vermögensanlagen, die vor dem 10. Juli 2015 auf der Grundlage eines von der Bundesanstalt nach diesem Gesetz gebilligten Verkaufsprospekts öffentlich angeboten wurden und nach dem 10. Juli 2015 weiter öffentlich angeboten werden, ist vorbehaltlich der Absätze 11 und 13 das Vermögensanlagengesetz in der bis zum 9. Juli 2015 geltenden Fassung bis zum 10. Juli 2016 weiterhin anzuwenden. Abweichend von Satz 1 ist auf Vermögensanlagen, die vor dem 10. Juli 2015 auf der Grundlage eines von der Bundesanstalt nach diesem Gesetz gebilligten Verkaufsprospekts letztmalig öffentlich angeboten wurden, das Vermögensanlagengesetz in der bis zum 9. Juli 2015 geltenden Fassung weiterhin anzuwenden. Für Vermögensanlagen im Sinne des Satzes 1 gilt § 10a Absatz 2 mit der Maßgabe, dass das öffentliche Angebot spätestens ab dem 10. Juli 2016 als beendet gilt, sofern nicht vor diesem Zeitpunkt ein Verkaufsprospekt nach Maßgabe dieses Gesetzes in seiner ab dem 10. Juli 2015 geltenden Fassung veröffentlicht wird.

(2) Für Ansprüche wegen fehlerhafter Verkaufsprospekte, die vor dem 1. Juni 2012 im Inland veröffentlicht worden sind, sind das Verkaufsprospektgesetz und die §§ 44 bis 47 des Börsengesetzes jeweils in der bis zum 31. Mai 2012 geltenden Fassung weiterhin anzuwenden. Wurden Verkaufsprospekte entgegen § 8f Absatz 1 Satz 1 des Verkaufsprospektgesetzes in der bis zum 31. Mai 2012 geltenden Fassung nicht veröffentlicht, ist für die daraus resultierenden Ansprüche, die bis zum 31. Mai 2012 entstanden sind, das Verkaufsprospektgesetz in der bis zum 31. Mai 2012 geltenden Fassung weiterhin anzuwenden.

(3) Die §§ 23 bis 26 gelten für sämtliche Emittenten von Vermögensanlagen, deren Vermögensanlagen nach dem 1. Juni 2012 im Inland öffentlich angeboten werden, und sind erstmals auf Jahresabschlüsse und Lageberichte für das nach dem 31. Dezember 2013 beginnende Geschäftsjahr anzuwenden.

(4) Veröffentlichungen und Bekanntmachungen nach § 9 Absatz 2 Satz 1 Nummer 1 und 2 sind bis zum 31. Dezember 2014 zusätzlich zu der Veröffentlichung oder Bekanntmachung im Bundesanzeiger auch in einem überregionalen Börsenpflichtblatt vorzunehmen.

(5) Auf Vermögensanlagen, die durch die Änderung des § 1 Absatz 2 und das Inkrafttreten des Kapitalanlagegesetzbuchs als Anteile an Investmentvermögen im Sinne des § 1 Absatz 1 des Kapitalanlagegesetzbuchs gelten und die die Voraussetzungen von § 353 Absatz 1 oder 2 des Kapitalanlagegesetzbuchs erfüllen,

ist dieses Gesetz in der bis zum 21. Juli 2013 geltenden Fassung weiterhin anzuwenden.

(6) Auf Vermögensanlagen, die durch die Änderung des § 1 Absatz 2 und das Inkrafttreten des Kapitalanlagegesetzbuchs als Anteile an Investmentvermögen im Sinne des § 1 Absatz 1 des Kapitalanlagegesetzbuchs gelten und die die Voraussetzungen von § 353 Absatz 3 des Kapitalanlagegesetzbuchs erfüllen, ist dieses Gesetz in der bis zum 21. Juli 2013 geltenden Fassung mit Ausnahme von Abschnitt 3 weiterhin anzuwenden.

(7) Auf Vermögensanlagen, die durch die Änderung des § 1 Absatz 2 und das Inkrafttreten des Kapitalanlagegesetzbuchs als Anteile an Investmentvermögen im Sinne des § 1 Absatz 1 des Kapitalanlagegesetzbuchs gelten und die die Voraussetzungen von § 353 Absatz 4 oder 5 des Kapitalanlagegesetzbuchs erfüllen, ist dieses Gesetz in der bis zum 21. Juli 2013 geltenden Fassung bis zur Stellung des Erlaubnisantrags gemäß § 22 oder des Registrierungsantrags gemäß § 44 des Kapitalanlagegesetzbuchs bei der Bundesanstalt weiterhin anzuwenden. Ab Eingang des Erlaubnisantrags nach § 22 oder des Registrierungsantrags gemäß § 44 des Kapitalanlagegesetzbuchs ist für Vermögensanlagen im Sinne des Satzes 1 dieses Gesetz in der bis zum 21. Juli 2013 geltenden Fassung neben den in § 353 Absatz 4 oder 5 des Kapitalanlagegesetzbuchs genannten Vorschriften weiterhin anzuwenden.

(8) Auf Vermögensanlagen, die vor dem 22. Juli 2013 von mindestens einem Anleger gezeichnet wurden und die durch die Änderung des § 1 Absatz 2 und das Inkrafttreten des Kapitalanlagegesetzbuchs als Anteile an Investmentvermögen im Sinne des § 1 Absatz 1 des Kapitalanlagegesetzbuchs gelten und die nicht die Voraussetzungen von § 353 Absatz 1, 2, 3, 4 oder 5 des Kapitalanlagegesetzbuchs erfüllen, ist dieses Gesetz in der bis zum 21. Juli 2013 geltenden Fassung bis zum Ende des Vertriebsrechts für den gemäß § 353 Absatz 6 in Verbindung mit den § 351 Absatz 3 und 4 und § 345 Absatz 6 und 7 oder den § 351 Absatz 6 und § 345 Absatz 8 des Kapitalanlagegesetzbuchs genannten Zeitraum weiterhin mit der Maßgabe anzuwenden, dass eine Billigung des Verkaufsprospekts nach § 8 nach dem 21. Juli 2013 nicht mehr erfolgen kann. Zeichnung im Sinne dieser Übergangsvorschrift ist der unbedingte und unbefristete Abschluss des schuldrechtlichen Verpflichtungsgeschäfts, das darauf gerichtet ist, Gesellschafter an einer Publikumsgesellschaft zu werden.

(9) Anträge, die auf eine Billigung des Verkaufsprospekts von Vermögensanlagen, die durch die Änderung des § 1 Absatz 2 und das Inkrafttreten des Kapitalanlagegesetzbuchs als Anteile an Investmentvermögen im Sinne des § 1 Absatz 1 des Kapitalanlagegesetzbuchs gelten, durch die Bundesanstalt gerichtet und am 21. Juli 2013 noch nicht beschieden waren, erlöschen gebührenfrei mit Ablauf des 21. Juli 2013. Die Bundesanstalt weist den Antragsteller auf diesen Umstand und auf die Geltung des Kapitalanlagegesetzbuchs hin. Die vor dem 22. Juli 2013 erteilte Billigung des Verkaufsprospekts von Vermögensanlagen im Sinne von Satz 1 erlischt am 22. Juli 2013, wenn die Vermögensanlage vor dem 22. Juli 2013 noch nicht von mindestens einem Anleger gezeichnet ist. Absatz 8 Satz 3 gilt entsprechend.

(10) Auf Vermögensanlagen im Sinne von § 1 Absatz 2 Nummer 3, 4 und 7 in der ab dem 10. Juli 2015 geltenden Fassung, die erstmals nach dem 9. Juli 2015 öffentlich angeboten werden, ist dieses Gesetz ab dem 1. Juli 2015 anzuwenden. Auf Vermögensanlagen im Sinne von § 1 Absatz 2 Nummer 3, 4 und 7 in der ab dem 10. Juli 2015 geltenden Fassung, die vor dem 10. Juli 2015 öffentlich angeboten wurden, ist dieses Gesetz ab dem 1. Januar 2016 anzuwenden. In öffentlichen Angeboten von Vermögensanlagen nach Satz 2 ist bis zum 1. Januar 2016 auf den Umstand des Satzes 2 hinzuweisen. Im Hinblick auf die Pflichten nach den §§ 11 und 11a gilt das öffentliche Angebot für Vermögensanlagen im Sinne des Satzes 2 ab dem 1. Januar 2016 als beendet, sofern nicht vor diesem Zeitpunkt ein Verkaufsprospekt nach Maßgabe dieses Gesetzes in seiner ab dem 10. Juli 2015 geltenden Fassung veröffentlicht wird.

(11) § 31 Absatz 1 Satz 1 in der Fassung des Kleinanlegerschutzgesetzes vom 3. Juli 2015 (BGBl. I S. 1114) ist erstmals auf Jahres- und Konzernabschlüsse für Geschäftsjahre anzuwenden, die nach dem 31. Dezember 2014 beginnen.

(12) Auf Vermögensanlagen im Sinne von § 1 Absatz 2 in der ab dem 10. Juli 2015 geltenden Fassung, die vor dem 1. Juli 2005 letztmals öffentlich angeboten wurden, ist dieses Gesetz nicht anzuwenden.

(13) Die §§ 23, 26, 30 und 31 in der Fassung des Bilanzrichtlinie-Umsetzungsgesetzes vom 17. Juli 2015 (BGBl. I S. 1245) sind erstmals auf Jahresabschlüsse und Lageberichte für nach dem 31. Dezember 2015 beginnende Geschäftsjahre anzuwenden. Auf Jahresabschlüsse und Lageberichte für vor dem 1. Januar 2015 beginnende Geschäftsjahre bleiben die §§ 23, 26, 30 und 31 in der bis zum 9. Juli 2015 geltenden Fassung anwendbar. Auf Jahresabschlüsse und Lageberichte für nach dem 31. Dezember 2014 und vor dem 1. Januar 2016 beginnende Geschäftsjahre bleiben die §§ 23, 26 und 30 in der bis zum 9. Juli 2015 geltenden Fassung und § 31 in der bis zum 22. Juli 2015 geltenden Fassung anwendbar.

In der Fassung vom 6.12.2011 (BGBl. I 2011, S. 2481), zuletzt geändert durch das Gesetz zur Änderung des Aktiengesetzes vom 22.12.2015 (BGBl. I 2015, S. 2565).

Schrifttum: Siehe Einl. VermAnlG und das Allgemeine Schrifttumsverzeichnis.

I. Bestandsschutz für Angebote aufgrund von vor dem Inkrafttreten des VermAnlG eingereichten Verkaufsprospekten (§ 32 Abs. 1 VermAnlG) 1	III. Ansprüche wegen fehlerhafter und fehlender Verkaufsprospekte (§ 32 Abs. 2 VermAnlG) 7
II. Bestandsschutz für Angebote aufgrund von vor dem Inkrafttreten des Kleinanlegerschutzgesetzes gebilligten Verkaufsprospekten (§ 32 Abs. 1a VermAnlG) 4	IV. Übergangsvorschrift für die Anwendung der Rechnungslegungsbestimmungen (§ 32 Abs. 3 VermAnlG) 10
	V. Veröffentlichung des Verkaufsprospekts und Bekanntmachungen (§ 32 Abs. 4 VermAnlG) ... 11

VI. Übergangsvorschriften im Zusammenhang mit der Einführung des Kapitalanlagegesetzbuchs (§ 32 Abs. 5–9 VermAnlG) 12
1. Fortgeltung des VermAnlG für geschlossene Fonds nach § 353 Abs. 1 und 2 KAGB (§ 32 Abs. 5 VermAnlG) 13
2. Teilweise Fortgeltung des VermAnlG für geschlossene Fonds nach § 353 Abs. 3 KAGB (§ 32 Abs. 6 VermAnlG) 15
3. Anwendbares Recht auf Fonds nach § 353 Abs. 4 oder 5 KAGB bis zur Stellung eines Erlaubnis- bzw. Registrierungsantrags (§ 32 Abs. 7 VermAnlG) 16
4. Weitergeltung des VermAnlG auf vom KAGB, aber nicht von § 353 Abs. 1–5 KAGB erfasste Vermögensanlagen (§ 32 Abs. 8 VermAnlG) 18
5. Bei der BaFin vor Inkrafttreten des KAGB eingereichte oder bewilligte Anträge auf Billigung eines Verkaufsprospekts (§ 32 Abs. 9 VermAnlG) 20

VII. Übergangsvorschriften im Hinblick auf Änderungen des VermAnlG durch das Kleinanlegerschutzgesetz (§ 32 Abs. 10–12 VermAnlG) ... 22
1. Angebot von Vermögensanlagen, die nach dem Kleinanlegerschutzgesetz vom VermAnlG erfasst werden (§ 32 Abs. 10 VermAnlG) ... 23
2. Veränderter Ordnungsgeldrahmen bei Verstößen gegen § 31 Abs. 1 Satz 1 VermAnlG (§ 32 Abs. 11 VermAnlG) 26
3. Letztmals vor dem 1.7.2005 öffentlich angebotene Vermögensanlagen (§ 32 Abs. 12 VermAnlG) 28

VIII. Änderung rechnungslegungsbezogener Vorschriften des VermAnlG durch das Bilanzrichtlinie-Umsetzungsgesetz (§ 32 Abs. 13 VermAnlG) 29

IX. Übergangsvorschrift zur geplanten Änderung des § 23 VermAnlG gemäß RegE CSR-Richtlinie-Umsetzungsgesetz 31

I. Bestandsschutz für Angebote aufgrund von vor dem Inkrafttreten des VermAnlG eingereichten Verkaufsprospekten (§ 32 Abs. 1 VermAnlG)

§ 32 Abs. 1 VermAnlG eröffnet einen umfassenden Bestandsschutz für das inländische öffentliche Angebot von Vermögensanlagen, das auf der Grundlage eines Verkaufsprospekts erfolgt, der vor dem 1.6.2012 bei der BaFin zur Gestattung ihrer Veröffentlichung nach § 8i Abs. 2 Satz 1 VerkProspG[1] (in der in § 32 Abs. 1 VermAnlG näher bezeichneten Fassung) eingereicht wurde: auf den Prospekt und diese

---

[1] Die Vorschrift lautete: „Der Verkaufsprospekt für Vermögensanlagen nach § 8f Abs. 1 darf erst veröffentlicht werden, wenn die Bundesanstalt die Veröffentlichung gestattet." § 8f VerkProspG bestimmte: „Für im Inland öffentlich angebotene nicht in Wertpapieren im Sinne des Wertpapierprospektgesetzes verbriefte Anteile, die eine Beteiligung am Ergebnis eines Unternehmens gewähren, für Anteile an einem Vermögen, das der Emittent oder ein Dritter in eigenem Namen für fremde Rechnung hält oder verwaltet (Treuhandvermögen), oder für Anteile an sonstigen geschlossenen Fonds muss der Anbieter einen Verkaufsprospekt nach diesem Abschnitt veröffentlichen, sofern nicht bereits nach anderen Vorschriften eine Prospektpflicht besteht oder ein Prospekt nach den Vorschriften dieses

Angebote ist das Verkaufsprospektgesetz in der bis zum 31.5.2012 geltenden Fassung weiterhin anzuwenden. Davon ausgenommen sind allein Rechnungslegungspflichten: Nach der Übergangsvorschrift des § 32 Abs. 3 VermAnlG gelten §§ 23–26 VermAnlG für sämtliche Emittenten von Vermögensanlagen, deren Vermögensanlagen nach dem 1.6.2012 im Inland öffentlich angeboten werden, und sind erstmals auf Jahresabschlüsse und Lageberichte für das nach dem 31.12.2013 beginnende Geschäftsjahr anzuwenden.

2 Dieser Bestandsschutz sollte nach dem **Regierungsentwurf des Kleinanlegerschutzgesetzes** durch eine Neufassung des § 32 Abs. 1 VermAnlG[1] erstmals geändert und dahingehend eingeschränkt werden, dass dieser ein Jahr nach Inkrafttreten des Kleinanlegerschutzgesetzes ausgelaufen wäre und auf die von der bisherigen Regelung begünstigten öffentlichen Angebote von diesem Zeitpunkt an dem Vermögensanlagengesetz unterfallen wären. Nach Ablauf der Jahresfrist wären die Bestimmungen des VermAnlG auch auf diese Vermögensanlagen anwendbar gewesen, so dass für dann angebotene Vermögensanlagen ein neuer Verkaufsprospekt hätte erstellt werden müssen[2].

3 Mit der vom Finanzausschuss empfohlenen[3] und sodann auch so vorgenommenen Streichung der Neufassung des § 31 Abs. 1 VermAnlG durch den RegE VermAnlG blieb der von § 32 Abs. 1 VermAnlG geschaffene Bestandsschutz unverändert.

II. Bestandsschutz für Angebote aufgrund von vor dem Inkrafttreten des Kleinanlegerschutzgesetzes gebilligten Verkaufsprospekten (§ 32 Abs. 1a VermAnlG)

4 § 32 Abs. 1a VermAnlG stellt eine Übergangsregelung im Hinblick auf die am 10.7.2015 wirksam gewordenen **Änderungen des VermAnlG durch das Kleinanlegerschutzgesetz** vom 3.7.2015[4] dar. Die im RegE des Kleinanlegerschutzgesetzes vorgesehene Übergangsvorschrift[5] ist durch die später vom Parlament angenommene Beschlussempfehlung des Finanzausschusses[6] geändert worden. Die Übergangsregelung differenziert danach, ob die Vermögensanlagen nach Inkrafttreten des Kleinanleger-

---

Gesetzes veröffentlicht worden ist. Die Prospektpflicht nach Satz 1 gilt auch für Namensschuldverschreibungen."

1 Art. 2 Nr. 29 lit. a RegE Kleinanlegerschutzgesetz, BT-Drucks. 18/3994 v. 11.2.2015, S. 1 (19), Begründung S. 52.
2 RegE Kleinanlegerschutzgesetz, BT-Drucks. 18/3994 v. 11.2.2015, S. 1 (52).
3 Beschlussempfehlung und der Bericht des Finanzausschusses (7. Ausschuss) zu dem Gesetzentwurf der Bundesregierung – Drucksache 18/3994 – Entwurf eines Kleinanlegerschutzgesetzes, BT-Drucks. 18/4708 v. 22.4.2015, 1 (35).
4 BGBl. I 2015, S. 1114.
5 Art. 2 Nr. 30 lit. a Kleinanlegerschutzgesetz vom 3.7.2015 (BGBl. I 2015, S. 1114).
6 Beschlussempfehlung und der Bericht des Finanzausschusses (7. Ausschuss) zu dem Gesetzentwurf der Bundesregierung – Drucksache 18/3994 – Entwurf eines Kleinanlegerschutzgesetzes, BT-Drucks. 18/4708 v. 22.4.2015, 1 (35 f.).

schutzgesetzes am 10.7.2015 weiterhin öffentlich angeboten werden (unten Rz. 5) oder nicht (unten Rz. 6). Die in § 32 Abs. 1a Satz 1 VermAnlG angeführte Einschränkung „vorbehaltlich der Absätze 11 und 13" geht auf eine Änderung der Vorschrift durch Art. 4 des Gesetzes zur Änderung des Aktiengesetzes vom 22.12.2015[1] zurück.

Für Vermögensanlagen, die vor dem 10.7.2015 auf der Grundlage eines von der BaFin nach diesem Gesetz gebilligten Verkaufsprospekts öffentlich angeboten wurden und **nach dem 10.7.2015 weiter öffentlich angeboten** werden, ist nach § 32 Abs. 1a Satz 1 VermAnlG – vorbehaltlich der Bestimmungen in § 32 Abs. 11 und 13 VermAnlG – das VermAnlG in der bis zum 9.7.2015 geltenden Fassung bis zum 10.7.2016 weiterhin anzuwenden. Nach **§ 32 Abs. 1a Satz 3 VermAnlG** ist in diesem Falle allerdings § 10a Abs. 2 VermAnlG über die **Beendigung des öffentlichen Angebots** im Zusammenhang mit einer Mitteilung derselben an die BaFin mit der Maßgabe anzuwenden, dass das öffentliche Angebot spätestens ab dem 10.7.2016 als beendet gilt, es sei denn, dass vor diesem Zeitpunkt ein Verkaufsprospekt nach Maßgabe des VermAnlG in seiner ab dem 10.7.2015 geltenden Fassung veröffentlicht wurde. Ist dies der Fall, unterliegen Emittent und Anbieter den Vorschriften des VermAnlG in seiner durch das Kleinanlegerschutzgesetz veranlassten Fassung[2]. Der durch Art. 4 des Gesetzes zur Änderung des Aktiengesetzes vom 22.12.2015 in § 32 Abs. 1a VermAnlG eingefügte Zusatz „**vorbehaltlich der Absätze 11 und 13**" (siehe oben Rz. 4 aE) dient der Klärung des Verhältnisses der Übergangsbestimmungen des Kleinanlegerschutzgesetzes zu denen des Bilanzrichtlinie-Umsetzungsgesetzes vom 17.7.2015[3]. Er macht deutlich, „dass die Übergangsvorschriften der Absätze 11 und 13 im Hinblick auf die dort genannten Vorschriften dem Absatz 1a Satz 1 vorgehen"[4].

Für Vermögensanlagen, die vor dem 10.7.2015 auf der Grundlage eines von der BaFin nach dem VermAnlG gebilligten Verkaufsprospekts letztmalig öffentlich angeboten wurden, dh. **nach dem 10.7.2015 nicht mehr öffentlich angeboten werden**, wird ein noch weitergehender Bestandsschutz gewährt. In diesem Fall ist das VermAnlG in der bis zum 9.7.2015 geltenden Fassung – also ohne die Änderungen, die es durch das Kleinanlegerschutzgesetz erfahren hat – weiterhin anzuwenden. Der in § 32 Abs. 1a Satz 1 VermAnlG eingefügte Zusatz „vorbehaltlich der Absätze 11 und 13" fehlt in § 32 Abs. 1a Satz 2 VermAnlG, um den angestrebten umfassenden Bestandsschutz für nach dem 10.7.2015 nicht mehr öffentlich angebotene Vermögensanlagen nicht aufzuweichen[5].

---

1 Auch *Bußalb/Vogel*, WM 2015, 1733 (1742).
2 BGBl. I 2015, S. 2565.
3 BGBl. I 2015, S. 1245.
4 Beschlussempfehlung und Bericht des Ausschusses für Recht und Verbraucherschutz (6. Ausschuss) zu dem Gesetzentwurf der Bundesregierung – Drucksache 18/4349 – Entwurf eines Gesetzes zur Änderung des Aktiengesetzes (Aktienrechtsnovelle 2014), BT-Drucks. 18/6681 v. 11.11.2015, S. 1 (13).
5 Beschlussempfehlung und Bericht des Ausschusses für Recht und Verbraucherschutz (6. Ausschuss) zu dem Gesetzentwurf der Bundesregierung – Drucksache 18/4349 – Entwurf eines Gesetzes zur Änderung des Aktiengesetzes (Aktienrechtsnovelle 2014), BT-Drucks. 18/6681 v. 11.11.2015, S. 1 (13) mit der klarstellenden Hinzufügung: „Sofern die damit weiterhin anzuwenden Vorschriften des Vermögensanlagengesetzes in der bis zum

III. Ansprüche wegen fehlerhafter und fehlender Verkaufsprospekte (§ 32 Abs. 2 VermAnlG)

7 § 32 Abs. 2 VermAnlG enthält Übergangsvorschriften in Bezug auf die anwendbaren Bestimmungen über die **Haftung bei fehlerhaften und bei fehlenden Verkaufsprospekten** im Zusammenhang mit der Aufhebung des VerkProspG mit Wirkung vom 1.6.2012[1] und der Einführung des VermAnlG. Die Vorschrift hat seit ihrem Erlass keine Änderung erfahren.

8 Die Übergangsregelung für Ansprüche bei fehlerhaftem Prospekt findet sich in **§ 32 Abs. 2 Satz 1 VermAnlG**. Sie stellt auf den Zeitpunkt der Veröffentlichung des Prospekts ab. Ansprüche wegen **fehlerhafter Verkaufsprospekte**, die vor dem 1.6.2012 im Inland veröffentlicht worden sind, unterliegen dem VerkProspG, namentlich § 13 VerkProspG und §§ 44–47 BörsG jeweils in deren bis zum 31.5.2012 geltenden Fassung. Das schließt die nach diesen Vorschriften geltenden Ausschluss- und Verjährungsfristen ein.

9 Nicht anders verhält es sich für Ansprüche, die daraus resultieren, dass entgegen § 8f Abs. 1 Satz 1 VerkProspG in der bis zum 31.5.2012 geltenden Fassung ein Verkaufsprospekt nicht veröffentlicht wurde. Auch in diesem Falle ist das VerkProspG in der bis zum 31.5.2012 geltenden Fassung, namentlich § 13a VerkProspG, weiterhin anzuwenden. Für nach dem 31.5.2012 erfolgende öffentliche Angebote im Inland und eine danach entsprechend § 6 VermAnlG entstandene Pflicht zur Veröffentlichung eines Verkaufsprospekts richtet sich die Haftung bei fehlendem Verkaufsprospekt nach § 21 VermAnlG.

IV. Übergangsvorschrift für die Anwendung der Rechnungslegungsbestimmungen (§ 32 Abs. 3 VermAnlG)

10 § 32 Abs. 3 VermAnlG enthält die seit ihrem Erlass unverändert gebliebene Übergangsregelung für die Anwendung der **Rechnungslegungsvorschriften** der §§ 23–26 VermAnlG. Sie stellt auf den Zeitpunkt des öffentlichen Angebots von Vermögensanlagen im Inland ab und bestimmt, dass §§ 23–26 VermAnlG von sämtlichen Emittenten von Vermögensanlagen zu beachten sind, deren Vermögensanlagen nach dem 1.6.2012, dem Zeitpunkt des Inkrafttretens des VermAnlG und dieser Bestimmungen, im Inland öffentlich angeboten werden. Weiter ordnet sie an, dass die nach dieser Regelung zur Anwendung kommenden §§ 23–26 VermAnlG erstmals auf Jahresabschlüsse und Lageberichte für das nach dem 31.12.2013 beginnende Geschäftsjahr anzuwenden sind.

9.7.2015 geltenden Fassung auf im Rahmen des Bilanzrichtlinie-Umsetzungsgesetzes geänderte Bestimmungen des Handelsgesetzbuchs verweisen, sind diese Vorschriften entsprechend anzuwenden."

1 Art. 2 des Gesetzes zur Novellierung des Finanzanlagenvermittler- und Vermögensanlagenrechts v. 6.12.2011 (BGBl. I 2011, S. 2481).

V. Veröffentlichung des Verkaufsprospekts und Bekanntmachungen (§ 32 Abs. 4 VermAnlG)

§ 32 Abs. 4 VermAnlG bestimmt, dass die **Veröffentlichung des Verkaufsprospekts** und damit in Zusammenhang stehende **Bekanntmachungen** nach § 9 Abs. 2 Satz 1 Nr. 1 und 2 VermAnlG bis zum 31.12.2014 zusätzlich zu der Veröffentlichung oder Bekanntmachung im Bundesanzeiger auch in einem überregionalen Börsenpflichtblatt vorzunehmen sind. Mit dieser Übergangsregelung soll dem Umstand Rechnung getragen werden, dass die abgelöste entsprechende Regelung des § 9 Abs. 2 VerkProspG zusätzlich zur Veröffentlichung bzw. Bekanntmachung im elektronischen Bundesanzeiger die Veröffentlichung in einem überregionalen Börsenpflichtblatt vorsah. Die Vorschrift ist erst auf Beschlussempfehlung des Finanzausschusses ins Gesetz gelangt[1] und hat durch Art. 4 Nr. 5 des Gesetzes zur Änderung der Gewerbeordnung und anderer Gesetze vom 5.12.2012[2] eine bloß redaktionelle Änderung erfahren.

11

VI. Übergangsvorschriften im Zusammenhang mit der Einführung des Kapitalanlagegesetzbuchs (§ 32 Abs. 5–9 VermAnlG)

Die Übergangsvorschriften in § 32 Abs. 5–9 VermAnlG sind aufgrund von Art. 11 Nr. 2 des Gesetzes zur Umsetzung der Richtlinie 2011/61/EU über die Verwalter alternativer Investmentfonds (AIFM-Umsetzungsgesetz – AIFM-UmsG) vom 4.7.2013[3], mit dessen Art. 1 das Kapitalanlagegesetzbuch (KAGB) eingeführt wurde, in das Gesetz gelangt und seither nicht geändert worden. Sie betreffen das Verhältnis des neuen KAGB zum VermAnlG und gehen übereinstimmend von dem Sachverhalt aus, dass Vermögensanlagen, die zuvor vom VermAnlG erfasst waren, durch die Änderung des § 1 Abs. 2 VermAnlG und das Inkrafttreten des KAGB – hinsichtlich der hier in Frage kommenden Bestimmungen zum 22.7.2013 – als Anteile an Investmentvermögen im Sinne des § 1 Abs. 1 KAGB gelten.

12

1. Fortgeltung des VermAnlG für geschlossene Fonds nach § 353 Abs. 1 und 2 KAGB (§ 32 Abs. 5 VermAnlG)

Die Übergangsvorschrift des § 32 Abs. 5 VermAnlG trägt zum einen dem Umstand Rechnung, dass zahlreiche Vermögensanlagen, die vor der Einführung des KAGB und dem diesem angepassten Anwendungsbereich des VermAnlG (in Gestalt der Änderung des § 1 Abs. 2 VermAnlG durch Art. 11 Nr. 1 lit. a des AIFM-Umsetzungsgesetzes vom 4.7.2013[4]) den Bestimmungen des VermAnlG unterfielen, nunmehr in den

13

---

1 Beschlussempfehlung und Bericht des Finanzausschusses (7. Ausschuss) zu dem Gesetzentwurf der Bundesregierung – Drucksache 17/6051 – Entwurf eines Gesetzes zur Novellierung des Finanzanlagenvermittler- und Vermögensanlagenrecht, BT-Drucks. 17/7453 v. 25.10.2011, S. 1 (28), Begründung S. 72.
2 BGBl. I 2012, S. 2415.
3 BGBl. I 2013, S. 1981.
4 BGBl. I 2013, S. 1981.

Anwendungsbereich des KAGB gewandert sind. Zum anderen reagiert § 32 Abs. 5 VermAnlG auf die teilweise sachliche und zeitliche Nichtanwendbarkeit des KAGB auf die in § 353 Abs. 1 bzw. 2 KAGB genannten geschlossenen Fonds in Gestalt von AIF-Kapitalverwaltungsgesellschaften bzw. EU-AIF-Verwaltungsgesellschaften oder ausländische AIF-Verwaltungsgesellschaften unter den in diesen Bestimmungen angeführten Voraussetzungen.

14 Vor diesem Hintergrund bestimmt § 31 Abs. 5 VermAnlG, dass auf Vermögensanlagen, die aufgrund der Änderung des § 1 Abs. 2 VermAnlG und das Inkrafttreten des KAGB als Anteile an Investmentvermögen iS des § 1 Abs. 1 KAGB gelten und die die Voraussetzungen von § 353 Abs. 1 oder 2 des KAGB erfüllen, das VermAnlG in der bis zum 21.7.2013 geltenden Fassung weiterhin anzuwenden ist. Das soll dem Vertrauensschutz bei der Verwaltung und dem Vertrieb von Vermögensanlagen nach dem Vermögensanlagegesetz, insbesondere im Hinblick auf die Behandlung von Prospektnachträgen, dienen[1].

2. Teilweise Fortgeltung des VermAnlG für geschlossene Fonds nach § 353 Abs. 3 KAGB (§ 32 Abs. 6 VermAnlG)

15 Wie § 32 Abs. 5 VermAnlG und entsprechend dem in den Erläuterungen zu dieser Vorschrift (oben Rz. 13) angeführten Hintergrund, bestimmt auch die Übergangsregelung des § 32 Abs. 6 VermAnlG, dass auf AIF-Kapitalverwaltungsgesellschaften, die ausschließlich geschlossene AIF verwalten, die übrigen Voraussetzungen des § 353 Abs. 3 KAGB erfüllen und auf die das KAGB aufgrund der Übergangsvorschrift des § 353 Abs. 3 KAGB – mit den dort genannten Ausnahmen betreffend Vorschriften über die Rechnungslegung und zu Fonds, die die Kontrolle über nicht börsennotierte Unternehmen oder Emittenten erlangt haben – nicht anwendbar ist, das VermAnlG in der bis zum 21.7.2013 geltenden Fassung weiterhin anzuwenden ist. Ausgenommen davon und nicht anwendbar sind dagegen, den nach der Übergangsvorschrift des § 353 Abs. 3 KAGB anwendbar bleibenden Vorschriften des KAGB entsprechend, die Vorschriften von Abschnitt 3 des VermAnlG – §§ 23–26 VermAnlG – über die Rechnungslegung und Prüfung.

3. Anwendbares Recht auf Fonds nach § 353 Abs. 4 oder 5 KAGB bis zur Stellung eines Erlaubnis- bzw. Registrierungsantrags (§ 32 Abs. 7 VermAnlG)

16 § 32 Abs. 5 und 6 VermAnlG vom Regelungshintergrund und hinsichtlich der Übergangslage vergleichbar (siehe oben Rz. 13), bestimmt § 32 Abs. 7 VermAnlG, dass auf Vermögensanlagen, die durch die Änderung des § 1 Abs. 2 VermAnlG und das neue KAGB als Anteile an Investmentvermögen im Sinne des § 1 Abs. 1 KAGB gelten und darüber hinaus die Voraussetzungen von **§ 353 Abs. 4 oder 5 KAGB** erfüllen, das

---

[1] Vgl. RegE Gesetz zur Umsetzung der Richtlinie 2011/61/EU über die Verwalter alternativer Investmentfonds (AIFM-Umsetzungsgesetz – AIFM-UmsG), BT-Drucks. 17/12294 v. 6.2.2013, S. 1 (310).

VermAnlG in der bis zum 21.7.2013 geltenden Fassung **bis zur Stellung des Erlaubnisantrags** gemäß § 22 KAGB **oder des Registrierungsantrags** gemäß § 44 KAGB weiterhin anzuwenden ist. Die Übergangsvorschrift trägt dem Umstand Rechnung, dass die Richtlinie 2011/61/EU über die Verwalter alternativer Investmentfonds vom 8.6.2011[1] und dementsprechend das zu deren Umsetzung als Art. 1 des AIFM-Umsetzungsgesetzes[2] eingeführte Kapitalanlagegesetzbuch AIF-Kapitalverwaltungsgesellschaften für die Stellung des Erlaubnis- und Registrierungsantrags nach dem Kapitalanlagegesetzbuch eine Frist von einem Jahr einräumt. Da vor der Antragstellung die Anwendbarkeit des KAGB auf solche geschlossenen Fonds ausscheidet, bleibt es für die noch unter dem VermAnlG aufgelegten AIF bis zur Antragstellung bei der bisherigen Rechtslage.

Des Weiteren war dem Umstand Rechnung zu tragen, dass für AIF-Kapitalverwaltungsgesellschaften, die geschlossene Publikums-AIF iS von § 353 Abs. 4 oder 5 KAGB darstellen und deren Zeichnungsfrist vor dem 22.7.2013 abgelaufen ist und die nach dem 21.7.2013 Anlagen tätigen, auch **nach Eingang des Erlaubnisantrags bzw. Registrierungsantrags** nach § 22 bzw. § 44 KAGB nicht alle Vorschriften des KAGB, sondern nur die in § 353 Abs. 4 bzw. Abs. 5 KAGB aufgeführten Bestimmungen Anwendung finden. Deshalb ordnet § 32 Abs. 7 VermAnlG an, dass für diesen Fall und die fraglichen Vermögensanlagen das VermAnlG in der bis zum 21.7.2013 geltenden Fassung „neben den in § 353 Absatz 4 oder 5 des Kapitalanlagegesetzbuchs genannten Vorschriften weiterhin anzuwenden" ist. Das ist allerdings nur so zu verstehen, dass die Vorschriften des VermAnlG in der bis zum 21.7.2013 geltenden Fassung nur insoweit zur Anwendung kommen, als es um einen Sachverhalt geht, der nicht von den in § 353 Abs. 4 bzw. Abs. 5 KAGB angeführten Bestimmungen – allesamt Rechnungslegungsvorschriften – geregelt wird.

4. Weitergeltung des VermAnlG auf vom KAGB, aber nicht von § 353 Abs. 1–5 KAGB erfasste Vermögensanlagen (§ 32 Abs. 8 VermAnlG)

§ 32 Abs. 8 Satz 1 VermAnlG bestimmt, dass auf Vermögensanlagen, die vor dem 22.7.2013 von mindestens einem Anleger **gezeichnet wurden**, aber (als Anteile an Investmentvermögen iS des § 1 Abs. 1 des KAGB) dem KAGB unterfallen, ohne die Voraussetzungen von § 353 Absatz 1, 2, 3, 4 oder 5 des KAGB zu erfüllen, die Bestimmungen des VermAnlG in der bis zum 21.7.2013 geltenden Fassung weitergelten. Diese **Weitergeltung** wird durch § 32 Abs. 8 Satz 1 VermAnlG in zweierlei Hinsicht **eingeschränkt**: In *sachlicher Hinsicht* in der Weise, dass im Falle der Zeichnung von Vermögensanlagen ohne vorausgegangene Billigung des Verkaufsprospekts nach § 8 VermAnlG[3] eine solche nach dem 21.7.2013 – d.h. dem Inkrafttreten des KAGB –

---
1 Richtlinie 2011/61/EU vom 8.6.2011 über die Verwalter alternativer Investmentfonds und zur Änderung der Richtlinien 2003/41/EG und 2009/65/EG und der Verordnungen (EG) Nr. 1060/2009 und (EU) Nr. 1095/2010, ABl. EU Nr. L 174 v. 1.7.2011, S. 1.
2 BGBl. I 2013, S. 1981.
3 Dieser Fall kann eintreten, „wenn die Zeichnung nicht im Rahmen eines öffentlichen Angebots erfolgte bzw. zuvor eine Ausnahme gemäß § 2 Vermögensanlagengesetz einschlägig war", RegE Gesetz zur Umsetzung der Richtlinie 2011/61/EU über die Verwalter alternati-

ausgeschlossen ist, und in *zeitlicher Hinsicht* in der Weise, dass die Weitergeltung der Bestimmungen des VermAnlG in der bis zum 21.7.2013 geltenden Fassung mit dem Ende des Vertriebsrechts für den gemäß § 353 Abs. 6 iVm. §§ 351 Abs. 3 und 4 und 345 Abs. 6 und 7 oder §§ 351 Abs. 6 und 345 Abs. 8 KAGB aufhört. Als **Zeichnung** iS dieser Übergangsvorschrift ist nach **§ 32 Abs. 8 Satz 2 VermAnlG** – die Definition in § 343 Abs. 3 KAGB aufgreifend (siehe auch unten Rz. 19) – der unbedingte und unbefristete Abschluss des schuldrechtlichen Verpflichtungsgeschäfts anzusehen, das darauf gerichtet ist, Gesellschafter an einer Publikumsgesellschaft zu werden.

19 Dass § 32 Abs. 8 VermAnlG zur Bestimmung der Weitergeltung des VermAnlG **auf die Zeichnung der Vermögensanlagen abstellt**, die die begrifflichen Voraussetzungen eines Anteils an Investmentvermögen iS des § 1 Abs. 1 des KAGB erfüllen, hängt damit zusammen, dass AIF, die nach dem Inkrafttreten des KAGB aufgelegt werden und Anteile an Investmentvermögen verbreiten, nur nach Maßgabe von § 343 Abs. 3 KAGB zulässig sind. Dieser bestimmt in § 343 Abs. 4 KAGB, dass AIF mit dem Zeitpunkt als aufgelegt gelten, in dem mindestens ein Anleger durch den unbedingten und unbefristeten Abschluss des auf die Ausgabe eines Anteils oder einer Aktie gerichteten schuldrechtlichen Verpflichtungsgeschäfts einen Anteil oder eine Aktie des AIF gezeichnet hat.

5. Bei der BaFin vor Inkrafttreten des KAGB eingereichte oder bewilligte Anträge auf Billigung eines Verkaufsprospekts (§ 32 Abs. 9 VermAnlG)

20 **§ 32 Abs. 9 Satz 1 VermAnlG** bestimmt, dass am 21.7.2013 noch nicht beschiedene Anträge an die BaFin auf Billigung eines Verkaufsprospekts, der Vermögensanlagen betrifft, die durch die Änderung von § 1 Abs. 2 VermAnlG und das Inkrafttreten des KAGB als Anteile an Investmentvermögen iS des § 1 Abs. 1 KAGB gelten, mit dem Ablauf des 21.7.2013 gebührenfrei erlöschen. **§ 32 Abs. 9 Satz 2 VermAnlG** verpflichtet die BaFin, den Antragsteller auf diesen Umstand hinzuweisen und ihn auf die Geltung des KAGB aufmerksam zu machen.

21 Ist ein Verkaufsprospekt nach dem VermAnlG vor dem Inkrafttreten des KAGB zum 22.7.2013 von der BaFin gebilligt worden, wurde vor diesem Zeitpunkt die Vermögensanlage iS von § 32 Abs. 1 Satz 1 VermAnlG, auf die sich der Verkaufsprospekt bezieht, aber noch nicht von mindestens einem Anleger gezeichnet, so **erlischt die Billigung** nach **§ 32 Abs. 9 Satz 3 VermAnlG** am 22.7.2013. Wenn **§ 32 Abs. 9 Satz 4 VermAnlG** bestimmt, „Absatz 8 Satz 3 gilt entsprechend", so kann sich dieser Ver-

---

ver Investmentfonds (AIFM-Umsetzungsgesetz – AIFM-UmsG), BT-Drucks. 17/12294 v. 6.2.2013, S. 1 (311). Weiter heißt es ebd.: „Ein öffentliches Angebot kann bei diesen geschlossenen AIF somit nach dem Zeitpunkt des Inkrafttretens des Kapitalanlagegesetzbuchs nicht mehr beginnen. Ein weiteres Angebot im Rahmen der Ausnahmen des § 2 ist aber möglich. Dies ergibt sich so auch aus § 353 Absatz 6 in Verbindung mit § 351 des Kapitalanlagegesetzbuchs. Wurde hingegen bereits vor dem 22.7.2013 ein Verkaufsprospekt nach dem Vermögensanlagengesetz gebilligt und ist eine Zeichnung im Rahmen eines öffentlichen Angebots erfolgt, so kann auf dieser Grundlage bis zu dem in § 353 Absatz 6 in Verbindung mit § 351 Absatz 3 genannten Zeitpunkt der Vertrieb weiter erfolgen."

weis, auch weil Abs. 8 ohnehin aus nicht mehr als zwei Sätzen besteht, nur auf die in § 32 Abs. 8 Satz 2 VermAnlG enthaltene Definition der „Zeichnung im Sinne dieser Übergangsvorschrift" (siehe oben Rz. 18 aE.) beziehen.

VII. Übergangsvorschriften im Hinblick auf Änderungen des VermAnlG durch das Kleinanlegerschutzgesetz (§ 32 Abs. 10–12 VermAnlG)

Die Übergangsvorschriften in § 32 Abs. 10–12 VermAnlG haben **Änderungen des VermAnlG durch das Kleinanlegerschutzgesetz** vom 3.7.2015[1] als Bezugspunkt.

22

1. Angebot von Vermögensanlagen, die nach dem Kleinanlegerschutzgesetz vom VermAnlG erfasst werden (§ 32 Abs. 10 VermAnlG)

Durch Art. 2 Nr. 2 des Kleinanlegerschutzgesetzes[2] und mit Wirkung vom 10.7.2015 ist der wesentlich durch § 1 Abs. 2 VermAnlG bestimmte Anwendungsbereich des VermAnlG) auf Vermögensanlagen in Gestalt von **partiarischen Darlehen** (§ 1 Abs. 2 Nr. 3 VermAnlG), **Nachrangdarlehen** (§ 1 Abs. 2 Nr. 4 VermAnlG) sowie **sonstigen Anlagen**, die einen Anspruch auf Verzinsung und Rückzahlung gewähren oder im Austausch für die zeitweise Überlassung von Geld einen vermögenswerten auf Barausgleich gerichteten Anspruch vermitteln (§ 1 Abs. 2 Nr. 7 VermAnlG), erweitert worden. Die Übergangsvorschrift des § 32 Abs. 10 VermAnlG bestimmt, ob und inwieweit das bereits vor oder nach dem Inkrafttreten dieser Änderungen vorgenommene öffentliche Angebot der neu in den Katalog der vom VermAnlG erfassten Vermögensanlagen (§ 1 Abs. 2 VermAnlG) den Vorschriften des VermAnlG unterfällt.

23

Wurden die vorstehend (Rz. 23) angeführten und nunmehr vom VermAnlG erfassten Vermögensanlagen **bereits vor dem 10.7.2015 öffentlich angeboten**, ist das VermAnlG nach § **32 Abs. 10 Satz 2 VermAnlG** erst ab dem 1.1.2016 anzuwenden, so dass deren öffentliches Angebot in der Übergangsfrist nicht den Vorschriften des VermAnlG unterfiel. Allerdings verlangt § **32 Abs. 10 Satz 3 VermAnlG**, dass in den öffentlichen Angeboten der übergangsweise von den Anforderungen des VermAnlG befreiten Vermögensanlagen auf diesen Umstand hinzuweisen ist. Damit soll vor allem vermieden werden, dass bereits nach altem Recht begonnene Emissionen vorzeitig abgebrochen werden müssen[3]. In der Übergangsfrist finden auch die Vorschriften des VermAnlG über die Pflicht zur Veröffentlichung ergänzender Angaben (§ 11 VermAnlG) und der Veröffentlichungspflichten nach Beendigung des öffentlichen Angebots (§ 11a VermAnlG) keine Anwendung. Im Hinblick auf die Pflichten gilt das öffentliche Angebot der neu von § 1 Abs. 2 VermAnlG erfassten Vermögensanlagen auf jeden Fall ab dem 1.1.2016 als beendet und durfte damit nicht fortgesetzt werden, ohne dass es Vorschriften des VermAnlG, darunter namentlich de-

24

---

[1] BGBl. I 2015, S. 1114.
[2] BGBl. I 2015, S. 1114.
[3] RegE Kleinanlegerschutzgesetz, BT-Drucks. 18/3994 v. 11.2.2015, S. 1 (52).

nen zum Inhalt und zur Veröffentlichung eines Verkaufsprospekts, genügte. Das wiederum gilt gemäß der **Klarstellung durch § 32 Abs. 10 Satz 2 aE** VermAnlG nur für den Fall, dass nicht schon vor diesem Zeitpunkt ein Verkaufsprospekt nach Maßgabe des VermAnlG in seiner ab dem 10.7.2015 geltenden Fassung veröffentlicht wurde[1].

25 Auf die oben (Rz. 23) angeführten und nunmehr vom VermAnlG erfassten Vermögensanlagen, die **erstmals nach dem 9.7.2015 öffentlich angeboten** wurden, ist nach § 32 Abs. 10 Satz 1 VermAnlG das VermAnlG ab dem 1.7.2015 anzuwenden.

2. Veränderter Ordnungsgeldrahmen bei Verstößen gegen § 31 Abs. 1 Satz 1 VermAnlG (§ 32 Abs. 11 VermAnlG)

26 Art. 8 des Kleinanlegerschutzgesetzes hat den Ordnungsgeldrahmen durch Ergänzung des seinerzeitigen **§ 335 Abs. 1 Satz 4 HGB** für kapitalmarktorientierte Kapitalgesellschaften erhöht. Durch die Erststreckung der Ordnungsgeldvorschriften der §§ 335–335b HGB auf die Verletzung von Pflichten des vertretungsberechtigten Organs des Emittenten von Vermögensanlagen sowie den Emittenten von Vermögensanlagen selbst durch § 31 Abs. 1 Satz 1 VermAnlG hat diese Änderung auch für das VermAnlG Folgen. Vor diesem Hintergrund bestimmt § 32 Abs. 11 VermAnlG, dass § 31 Abs. 1 Satz 1 VermAnlG in der Fassung des Kleinanlegerschutzgesetzes erstmals auf Jahres- und Konzernabschlüsse für Geschäftsjahre anzuwenden ist, die nach dem 31.12.2014 beginnen. Die Übergangsvorschrift entspricht derjenigen in Art. 9 Kleinanlegerschutzgesetz zur Änderung des Einführungsgesetzes zum HGB.

27 **§ 335 Abs. 1 Satz 4 HGB** wurde durch Art. 8 Nr. 8 lit. a des Gesetzes zur Änderung der Transparenzrichtlinie-Änderungsrichtlinie vom 20.11.2015[2] **erneut geändert**, so dass der Übergangsvorschrift in § 32 Abs. 11 VermAnlG nur geringe praktische Bedeutung zukommt. Die Änderungen, die § 335 HGB durch das vorstehende Gesetz erfuhren, sind Gegenstand der Übergangsvorschrift des § 32 Abs. 13 VermAnlG.

3. Letztmals vor dem 1.7.2005 öffentlich angebotene Vermögensanlagen (§ 32 Abs. 12 VermAnlG)

28 Mit der Übergangsvorschrift des § 32 Abs. 12 VermAnlG soll im Hinblick auf den neuen Katalog der vom VermAnlG erfassten Vermögensanlagen (in § 1 Abs. 2 VermAnlG) und den dadurch erweiterten Anwendungsbereich des VermAnlG klargestellt werden, dass das VermAnlG auf Vermögensanlagen, die vor dem 1.7.2005 letztmals öffentlich angeboten wurden, nicht anzuwenden ist. Dabei handelt es sich um Vermögensanlagen, deren Angebot mit der zum 1.7.2005 wirksamen Einführung der Prospektpflicht für das Angebot von „nicht in Wertpapieren im Sinne des § 1 verbriefte Anteile, die eine Beteiligung am Ergebnis eines Unternehmens gewähren, für

---

[1] Diese Klarstellung geht auf eine entsprechende Empfehlung des Finanzausschusses zurück. Siehe Beschlussempfehlung und Bericht des Finanzausschusses (7. Ausschuss) zu dem Gesetzentwurf der Bundesregierung – Drucksache 18/3994 – Entwurf eines Kleinanlegerschutzgesetzes, BT-Drucks. 18/4708 v. 22.4.2015, 1 (35 f., 67).
[2] BGBl. I 2015, S. 2029.

Anteile an einem Vermögen, das der Emittent oder ein Dritter in eigenem Namen für fremde Rechnung hält oder verwaltet (Treuhandvermögen), oder für Anteile an sonstigen geschlossenen Fonds" (§ 8f Abs. 1 Satz 1 VerkProspG aF) durch Art. 2 Nr. 1 Anlegerschutzverbesserungsgesetz vom 28.10.2004[1] endete. Diese Klarstellung geht auf eine Empfehlung des Finanzausschusses zum Kleinanlegerschutzgesetz zurück[2].

VIII. Änderung rechnungslegungsbezogener Vorschriften des VermAnlG durch das Bilanzrichtlinie-Umsetzungsgesetz (§ 32 Abs. 13 VermAnlG)

Die Übergangsvorschrift des § 32 Abs. 13 VermAnlG basiert auf Art. 8 Abs. 10 Nr. 5 des Bilanzrichtlinie-Umsetzungsgesetzes vom 17.7.2015 (BGBl. I 2015, S. 1245) und hat die Änderungen der Vorschriften über die Rechnungslegung der Emittenten von Vermögensanlagen und deren Offenlegung in §§ 23 und 26 VermAnlG sowie der Bußgeld- und Ordnungsvorschriften zur Rechnungslegung in §§ 30 und 31 VermAnlG zum Gegenstand. Sie wurde durch Art. 4 Nr. 2 des Gesetzes zur Änderung des Aktiengesetzes vom vom 22.12.2015[3], neben redaktionellen Korrekturen, um Satz 3 erweitert.

29

Die Vorschrift bestimmt zunächst in **Satz 1**, dass §§ 23, 26, 30 und 31 VermAnlG in der Fassung des Bilanzrichtlinie-Umsetzungsgesetzes vom 17.7.2015 erstmals auf Jahresabschlüsse und Lageberichte für **nach dem 31.12.2015 beginnende Geschäftsjahre** anzuwenden sind (Satz 1). Weiter regelt sie in **Satz 2**, dass auf Jahresabschlüsse und Lageberichte für **Geschäftsjahre, die vor dem 1.1.2015 beginnen**, §§ 23, 26, 30 und 31 VermAnlG in der bis zum 9.7.2015 – dem Tag vor dem Wirksamwerden der Änderungen der hier einschlägigen Vorschriften des VermAnlG durch das Kleinanlegerschutzgesetz vom 3.7.2015[4] – geltenden Fassung anwendbar sind. Und sie stellt schließlich in **Satz 3** klar[5], dass auf Jahresabschlüsse und Lageberichte für **nach dem 31.12.2014 und vor dem 1.1.2016 beginnende Geschäftsjahre** die §§ 23, 26 und 30

30

---

[1] BGBl. I 2004, S. 2630 (2647).
[2] Beschlussempfehlung und Bericht des Finanzausschusses (7. Ausschuss) zu dem Gesetzentwurf der Bundesregierung – Drucksache 18/3994 – Entwurf eines Kleinanlegerschutzgesetzes, BT-Drucks. 18/4708 v. 22.4.2015, 1 (37).
[3] BGBl. I 2015, S. 2565. Die Änderung beruht auf der Beschlussempfehlung und dem Bericht des Ausschusses für Recht und Verbraucherschutz (6. Ausschuss) zu dem Gesetzentwurf der Bundesregierung – Drucksache 18/4349 – Entwurf eines Gesetzes zur Änderung des Aktiengesetzes (Aktienrechtsnovelle 2014), BT-Drucks. 18/6681 v. 11.11.2015, 1 (5).
[4] BGBl. I 2015, S. 1114.
[5] Beschlussempfehlung und Bericht des Ausschusses für Recht und Verbraucherschutz (6. Ausschuss) zu dem Gesetzentwurf der Bundesregierung – Drucksache 18/4349 – Entwurf eines Gesetzes zur Änderung des Aktiengesetzes (Aktienrechtsnovelle 2014), BT-Drucks. 18/6681 v. 11.11.2015, S. 1 (13). „Klarstellung des Verhältnisses der Übergangsbestimmungen des Kleinanlegerschutzgesetzes vom 3.7.2015 ... zu denen des Bilanzrichtlinie-Umsetzungsgesetzes vom 17.7.2015".

VermAnlG in der bis zum 9.7.2015 geltenden Fassung und § 31 VermAnlG in der bis zum 22.7.2015 geltenden Fassung anwendbar bleiben.

IX. Übergangsvorschrift zur geplanten Änderung des § 23 VermAnlG gemäß RegE CSR-Richtlinie-Umsetzungsgesetz

31 Im Hinblick auf die in Art. 9 Abs. 3 Nr. 1 des Regierungsentwurfs eines CSR-Richtlinie-Umsetzungsgesetzes[1] vorgesehene Änderung des § 23 Abs. 3 Satz 2 VermAnlG (siehe § 23 VermAnlG Rz. 17) formuliert Art. 9 Abs. 3 Nr. 2 des Regierungsentwurfs eine entsprechende Übergangsvorschrift in Gestalt eines neuen § 32 Abs. 14 VermAnlG, die spiegelbildlich zu der in Art. 2 Nr. 2 des Regierungsentwurfs vorgeschlagenen Übergangsvorschrift im EGHGB in Bezug auf die geplanten Änderungen des HGB gestaltet ist.

---

1 RegE eines Gesetzes zur Stärkung der nichtfinanziellen Berichterstattung der Unternehmen in ihren Lage- und Konzernlageberichten (CSR-Richtlinie-Umsetzungsgesetz), BR-Drucks. 547/16 v. 23.9.2016, 1 (22).

B. Vermögensanlagen-Verkaufsprospektverordnung (VermVerkProspV)

§ 1
Anwendungsbereich

Diese Verordnung ist auf den Verkaufsprospekt für Vermögensanlagen im Sinne des § 1 Absatz 2 des Vermögensanlagengesetzes anzuwenden.

In der Fassung vom 16.12.2004 (BGBl. I 2004, S. 3464), zuletzt geändert durch das Gesetz zur Novellierung des Finanzanlagenvermittler- und Vermögensanlagenrechts vom 6.12.2011 (BGBl. I 2011, S. 2481).

Schrifttum: Siehe Einl. VermAnlG.

I. Die Vermögensanlagen-Verkaufsprospektverordnung 1	II. Anwendungsbereich der Vermögensanlagen-Verkaufsprospektverordnung 3

I. Die Vermögensanlagen-Verkaufsprospektverordnung

Die am 1.7.2005 in Kraft getretene (siehe § 16 VermVerkProspV) Vermögensanlagen-Verkaufsprospektverordnung vom 16.12.2004 (VermVerkProspV) erging auf der **Grundlage** von § 8g Abs. 2 und 3 des VerkProspG (aF), der seinerseits durch Art. 2 Nr. 1 des Gesetzes vom 28.10.2004[1] in das VerkProspG (aF) eingefügt worden war. Sie ersetzte die Verkaufsprospektverordnung vom 17.12.1990[2]. Das VerkProspG ist mit Wirkung vom 1.6.2012 durch Art. 2 des Gesetzes zur Novellierung des Finanzanlagenvermittler- und Vermögensanlagenrechts v. 6.12.2011[3] aufgehoben worden, doch blieb die Geltung der Verordnung davon unberührt. Durch Art. 15 des Gesetzes wurde sie allerdings einer Bereinigung unterzogen und dem VermAnlG angepasst, das seit dem 1.6.2012 das inländische öffentliche Angebot von Vermögensanlagen regelt. Eine § 8g Abs. 2 und 3 VerkProspG (aF) entsprechende Verordnungsermächtigung findet sich nun in § 7 Abs. 3 VermAnlG. 1

Die VermVerkProspV hat durch Art. 6 des Kleinanlegerschutzgesetzes vom 3.7.2015[4] umfangreiche weitere **Änderungen** erfahren[5]. Die aufgrund von § 7 Abs. 3 Satz 1 Nr. 4 VermAnlG ergangene Erste Verordnung zur Änderung der Vermögensanlagen- 2

---

1 BGBl. I 2004, S. 2630.
2 BGBl. I 1990, S. 2869. Zu dieser siehe Voraufl., § 1 VermVerkProspV Rz. 1 f.
3 BGBl. I 2011, S. 2481.
4 BGBl. I 2015, S. 1114.
5 Zu diesen etwa *Bußalb/Vogel*, WM 2015, 1785 ff.

Verkaufsprospektverordnung vom 15.5.2013[1] und die aufgrund von § 7 Abs. 3 Satz 1 Nr. 2 VermAnlG ergangene Zweite Verordnung zur Änderung der Vermögensanlagen-Verkaufsprospektverordnung vom 20.8.2015[2] haben dagegen nur geringfügige Änderungen der Vermögensanlagen-Verkaufsprospektverordnung mit sich gebracht.

II. Anwendungsbereich der Vermögensanlagen-Verkaufsprospektverordnung

3 § 1 VermVerkProspV bestimmt den **Anwendungsbereich** der VermVerkProspV. Das geschieht durch den lapidaren Hinweis, die VermVerkProspV sei auf den Verkaufsprospekt für die in § 1 Abs. 2 VermAnlG aufgeführten Vermögensanlagen anzuwenden, das heißt den Verkaufsprospekt, wie er von demjenigen, der im Inland Vermögensanlagen öffentlich anbietet (Anbieter), nach § 6 VermAnlG und näherer Maßgabe der Vorschriften des VermAnlG zu veröffentlichen ist. Über die Bestimmungen des VermAnlG und namentlich über § 7 VermAnlG betreffend den Inhalt des Prospekts hinausgehend, bestimmt die VermVerkProspV, welche Angaben der Verkaufsprospekt über die tatsächlichen und rechtlichen Verhältnisse der angebotenen Vermögensanlagen enthalten muss. Die Rechtsgrundlage hierfür findet sich in § 7 Abs. 3 VermAnlG.

§ 2
Allgemeine Grundsätze

(1) Der Verkaufsprospekt muss über die tatsächlichen und rechtlichen Verhältnisse, die für die Beurteilung der angebotenen Vermögensanlagen notwendig sind, Auskunft geben und richtig und vollständig sein. Er muss mindestens die nach dieser Verordnung vorgeschriebenen Angaben enthalten. Er ist in deutscher Sprache und in einer Form abzufassen, die sein Verständnis und seine Auswertung erleichtert. Die Bundesanstalt für Finanzdienstleistungsaufsicht (Bundesanstalt) kann gestatten, dass der Verkaufsprospekt von Emittenten mit Sitz im Ausland ganz oder zum Teil in einer anderen in internationalen Finanzkreisen gebräuchlichen Sprache abgefasst wird. In diesem Fall ist dem Prospekt eine deutsche Zusammenfassung voranzustellen, die Teil des Prospekts ist und die wesentlichen tatsächlichen und rechtlichen Angaben zu dem Emittenten, der Vermögensanlage und dem Anlageobjekt enthält.

---

1 BGBl. I 2013, S. 1376. Mit Art. 1 der Ersten Verordnung zur Änderung der Vermögensanlagen-Verkaufsprospektverordnung wurde der VermVerkProspV ein neuer § 15a eingefügt, der jedoch lediglich eine Übergangsvorschrift zur Rechnungslegung und Prüfung des im Verkaufsprospekt enthaltenen Jahresabschlusses und Lageberichts enthält.
2 BGBl. I 2015, S. 1434.

(2) Das Deckblatt darf neben dem deutlichen Hinweis gemäß § 7 Absatz 2 Satz 1 des Vermögensanlagengesetzes keine weiteren Informationen enthalten, die diesen Hinweis abschwächen. Der Verkaufsprospekt muss ein Inhaltsverzeichnis haben. Ferner ist an hervorgehobener Stelle im Verkaufsprospekt ein ausdrücklicher Hinweis darauf aufzunehmen, dass bei fehlerhaftem Verkaufsprospekt Haftungsansprüche nur dann bestehen können, wenn die Vermögensanlage während der Dauer des öffentlichen Angebots, spätestens jedoch innerhalb von zwei Jahren nach dem ersten öffentlichen Angebot der Vermögensanlagen im Inland, erworben wird. Die wesentlichen tatsächlichen und rechtlichen Risiken im Zusammenhang mit der Vermögensanlage sind in einem gesonderten Abschnitt darzustellen, der nur diese Angaben enthält. Es ist insbesondere auf Liquiditätsrisiken, auf Risiken, die mit dem Einsatz von Fremdkapital einhergehen, sowie auf Risiken einer möglichen Fremdfinanzierung des Anteils durch den Anleger einzugehen. Weiterhin ist auf das Risiko einzugehen, dass die Vertrags- oder Anlagebedingungen so geändert werden oder sich die Tätigkeit des Emittenten so verändert, dass er ein Investmentvermögen im Sinne des Kapitalanlagegesetzbuchs darstellt, sodass die Bundesanstalt Maßnahmen nach § 15 des Kapitalanlagegesetzbuchs ergreifen und insbesondere die Rückabwicklung der Geschäfte Emittenten der Vermögensanlage anordnen kann. Das den Anleger treffende maximale Risiko ist an hervorgehobener Stelle im Verkaufsprospekt in vollem Umfang zu beschreiben. Nach dieser Verordnung geforderte und darüber hinausgehende in den Prospekt aufgenommene Angaben, die eine Prognose beinhalten, sind deutlich als Prognosen kenntlich zu machen.

(3) Der Verkaufsprospekt soll die nach dieser Verordnung erforderlichen Mindestangaben in der Reihenfolge ihrer Nennung in der Verordnung enthalten. Stimmt die Reihenfolge der Angaben in dem Prospekt nicht mit der dieser Verordnung überein, kann die Hinterlegungsstelle vor Gestattung der Veröffentlichung des Verkaufsprospekts von dem Anbieter eine Aufstellung verlangen, aus der hervorgeht, an welcher Stelle des Prospekts sich die verlangten Mindestangaben befinden.

(4) Der Verkaufsprospekt ist mit dem Datum seiner Aufstellung zu versehen und vom Anbieter zu unterzeichnen.

(5) *(weggefallen)*

In der Fassung vom 16.12.2004 (BGBl. I 2004, S. 3464), zuletzt geändert durch die Zweite Verordnung zur Änderung der Vermögensanlagen-Verkaufsprospektverordnung vom 20.8.2015 (BGBl. I 2015, S. 1434).

Schrifttum: *Askar/zu Knyphausen-Aufseß*, Neue Branchen-Standards zur Bewertung von Venture Capital-Beteiligungen, FB 2008, 106; *Beck/Klar*, Asset Deal versus Share Deal – Eine Gesamtbetrachtung unter expliziter Berücksichtigung des Risikoaspekts, DB 2007, 2819; *Beckmann/Scholtz/Vollmer* (Hrsg.), Investment – Handbuch für das gesamte Investmentwesen, Loseblatt; *Coenenberg/Haller/Schultze*, Jahresabschluss und Jahresabschlussanalyse, 21. Aufl. 2009; *Böh*, Die Aufklärungspflicht einer Bank bei der Finanzierung einer Beteiligung an einem geschlossenen Immobilienfonds, 2007; *Elsen/Jäger*, Die Nachtragspflicht gemäß § 11 Verkaufsprospektgesetz unter Berücksichtigung der aktuellen Entwicklungen auf dem Kapitalmarkt,

§ 2 VermVerkProspV | Allgemeine Grundsätze

BKR 2009, 190; *Feldhaus/Veith*, Frankfurter Kommentar zu Private Equity, 2010; *Gondring*, Risiko Immobilie – Methoden und Techniken der Risikomessung bei Immobilieninvestitionen, 2007; *Gräfer/Schiller/Rösner*, Finanzierung – Grundlagen, Institutionen, Instrumente und Kapitalmarkttheorie, 6. Aufl. 2008; *Greisbach*, Die Regulierung geschlossener Blind Pool-Fonds im Rahmen der Kapitaleinwerbung, 2016; *Jäger/Voß*, Prospektpflicht und -prüfung bei geschlossenen Schiffsfonds, in Winter/Hennig/Gerhard (Hrsg.), Grundlagen der Schiffsfinanzierung, 2007, S. 893; *Klöhn*, Optimistische Prognosen in der bürgerlich-rechtlichen Prospekthaftung – zugleich Besprechung von BGH WM 2009, 2303, WM 2010, 289; *Lamsa*, BB-Kommentar zu BGH, Urt. v. 27.10.2008 – II ZR 158/06, BB 2009, 17; *Loibl*, Satteliten-BHKW und deren rechtliche Eigenständigkeit, ZNER 2014, 152; *Loritz*, Ausschüttungen in den Verlustjahren bei geschlossenen Fonds, NZG 2008, 887; *Lüdicke/Arndt* (Hrsg.), Geschlossene Fonds, 6. Aufl. 2013; *Memento Rechtshandbücher*, Bilanzrecht für die Praxis, 3. Aufl. 2009; *Moritz/Grimm*, Die Vermögensanlagen-Verkaufsprospektverordnung: Inhaltliche Anforderungen an Verkaufsprospekte geschlossener Fonds, BB 2005, 337; *Rödder/Hötzel/Mueller-Thuns*, Unternehmenskauf – Unternehmensverkauf, 2003; *Schneller*, Beschleunigter Ausbau des Stromnetzes – Chancen und Defizite des „Infrastrukturbeschleunigungsgesetzes", DVBl 2007, 529; *Schröder*, Integration von Risikoabhängigkeiten in den Risikomanagementprozess, DB 2008, 1981; *Verfürth/Grünenberg*, Pflichtangaben für geschlossene Fonds nach der Vermögensanlagen-Verkaufsprospektverordnung, DB 2005, 1043; *von Heymann/Merz*, Bankenhaftung bei Immobilienanlagen, 17. Aufl. 2008; *Wetzig*, Die Regulierung des Grauen Kapitalmarkts durch die Novellierung des Finanzanlagenvermittler- und Vermögensanlagenrechts sowie durch das Kapitalanlagegesetzbuch, 2014; *Zimmer/Naendrup*, For Whom the Bells Tolls – Folgen einer Nichtbeachtung englischer Publizitätsgebote durch in Deutschland aktive Limited Companies, ZGR 2007, 789. Siehe auch Einl. VermAnlG.

I. Normentwicklung 1
II. Inhaltliche Grundsätze und Sprachregelung (§ 2 Abs. 1 VermVerkProspV) 2
  1. Begriff der Angabe 4
  2. Kategorisierung von Angaben 5
  3. Verständlichkeitsgebot 14
  4. Sprache 23
III. Formvorschriften (§ 2 Abs. 2 VermVerkProspV)
  1. Inhaltsverzeichnis (§ 2 Abs. 2 Satz 2 VermVerkProspV) 32
  2. Hinweise (§ 2 Abs. 2 Satz 1 und 3 VermVerkProspV) 33
  3. Risiken (§ 2 Abs. 2 Satz 4–6 VermVerkProspV)
    a) Entwicklung 34
    b) Inhaltliche Anforderungen 37
    c) Risikokategorien 40
    d) Begriff des Risikos 41
    e) Umfang der Darstellung von Risiken 43
      aa) Marktbezogene Risiken 48
      bb) Anlagebezogene Risiken . . . 49
        (1) Risiken im Vorfeld des Projekts 50
        (2) Auswahl der Geschäftspartner 53
        (3) Währungsbezug 54
        (4) Anlegerbezug 55
        (5) Projektbezug 59
        (6) Risiken auf Grund des Anlageziels 64
        (7) Risiken in Bezug auf das Sicherungskonzept 66
      cc) Risiken der laufenden Geschäftstätigkeit 67
      dd) Spezifische Risiken bestimmter Marktbereiche 70
        (1) Immobilien 72
        (2) Transportgewerbe 93
    f) Formelle Anforderungen 100
    g) Risikomindernde Maßnahmen . 112
    h) Nachträge 113
  4. Maximales Risiko (§ 2 Abs. 2 Satz 7 VermVerkProspV) 115
    a) Inhaltliche Anforderungen 116

b) Formelle Anforderungen 122
5. Darstellung von Prognosen
(§ 2 Abs. 2 Satz 8 VermVerkProspV) 123
   a) Anwendungsbereich 124
   b) Regelungsgehalt 125
   c) Aktualitätsgebot 128
   d) Haftungsausschlüsse 132
   e) Kenntlichmachung 135

IV. **Reihenfolge der Prospektangaben**
   (§ 2 Abs. 3 VermVerkProspV) ... 142
V. **Datum und Unterschrift**
   (§ 2 Abs. 4 VermVerkProspV)
   1. Datum der Aufstellung des
      Verkaufsprospekts 151
   2. Unterschrift des Anbieters 157

I. Normentwicklung

Die Vorschrift geht in ihren Ursprüngen auf die **Norm des § 2 VerkProspVO** zurück. Im Zuge der **Neufassung** des inzwischen aufgehobenen VerkProspG wurde für die Anforderungen des durch das AnSVG hinzugefügten III. Abschnitts des VerkProspG eine starke Erweiterung der formellen Grundsätze für einen Verkaufsprospekt vorgenommen. Insbesondere die in den § 2 VermVerkProspV neu eingefügten Absätze 2 und 3 der Bestimmung enthalten zahlreiche Regelungen zur formellen Gestaltung von Vermögensanlagen-Verkaufsprospekten. 1

Diese Entwicklung setzte sich mit der **Ablösung des VerkProspG durch das VermAnlG** fort. Die Anpassungen des § 2 VermVerkProspV setzten die im VermAnlG vorgenommenen Änderungen um. Nach § 7 Abs. 2 Satz 2 VermAnlG hat der Verkaufsprospekt zusätzlich einen Hinweis über die Zeitraum bestehender Haftungsansprüche der Anleger bei einem fehlerhaften Verkaufsprospekt zu enthalten[1]. Die Darstellungen im Risikokapital sind um weitere pflichtige Angaben durch den Anbieter zu erweitern. Als Regelbeispiele sind nunmehr die Risiken, die die Liquiditätslage der Emittentin und den Einsatz von Fremdkapital betreffen, zusätzlich in den Verkaufsprospekt aufzunehmen. Diese Angaben stellen das Risikoabbild der entsprechenden Angaben nach § 9 VermVerkProspV dar (vgl. § 9 VermVerkProspV Rz. 74 ff.). Durch die Ergänzung des § 2 Abs. 2 Satz 6 VermVerkProspV strebt der Verordnungsgeber eine bessere Sichtbarkeit des maximalen Risikos für den Anleger an[2].

Des Weiteren wird nach Ansicht des Verordnungsgebers durch die Streichung des bisherigen § 2 Abs. 5 die **Transparenz** für den Anleger erhöht: Da ein durchschnittlicher Anleger üblicherweise nicht in der Lage ist, einen Jahresabschluss im Detail auszuwerten, müssen künftig auch solche Angaben im Verkaufsprospekt wiederholt werden, die auch dem Jahresabschluss entnommen werden können[3].

Diese fortschreitende Detaillierung des § 2 Abs. 2 VermVerkProspV wurde mit der Einführung des **Kleinanlegerschutzgesetzes** fortgesetzt. Zusätzlich ist nunmehr das Risiko darzustellen, dass das Geschäftsmodell bei Änderungen der Tätigkeit der Emittentin unter ein anderes Rechtsregime fallen und zu entsprechenden Maßnah-

---
1 Begr. zu Art. 15 Nr. 2 a) aa) RegE FinVermVermAnlG, BT-Drucks. 17/6051, S. 48.
2 Begr. zu Art. 15 Nr. 2 a) bb) RegE FinVermVermAnlG, BT-Drucks. 17/6051, S. 48.
3 Begr. zu Art. 15 Nr. 2 b) RegE FinVermVermAnlG, BT-Drucks. 17/6051, S. 48.

men der BaFin führen kann[1]. Das maximale Risiko ist nunmehr noch umfassender zu beschreiben[2].

Die Neuregelungen stellen weitergehende Ansätze zu einer **Standardisierung von Verkaufsprospekten** dar, als diese in den alten Regelungen der VerkProspVO zu den Wertpapierprospekten enthalten waren. Die Regelungen dieser Grundsätze betonen die Anlegerorientierung des Verkaufsprospekts als angesprochene Zielgruppe der Vermögensanlage[3].

II. Inhaltliche Grundsätze und Sprachregelung (§ 2 Abs. 1 VermVerkProspV)

2 **Inhalt und Zweck des Verkaufsprospekts** werden in § 2 Abs. 1 Satz 1 VermVerkProspV auf der Grundlage der Generalklausel des § 7 Abs. 1 Satz 1 VermAnlG konkretisiert. Danach sind die tatsächlichen und rechtlichen Verhältnisse, die für die Beurteilung der Vermögensanlage für das Publikum notwendig sind, richtig und vollständig in den Verkaufsprospekt aufzunehmen. Dser Verkaufsprospekt einer Vermögensanlage soll das Publikum in die Lage versetzen, seine Anlageentscheidung auf der Grundlage einer umfassenden Information zu treffen[4].

3 Die Regelung greift den Inhalt des **§ 7 Abs. 1 Satz 1 VermAnlG** mit anderen Worten auf[5]. Sofern § 2 Abs. 1 Satz 1 VermVerkProspV gegenüber § 7 Abs. 1 Satz 1 VermAnlG nicht nochmals ausdrücklich die Verhältnisse zur Beurteilung des Emittenten erwähnt, handelt es sich um keine Einschränkung der gesetzlichen Generalklausel, sondern um ein Redaktionsversehen[6].

1. Begriff der Angabe

4 Der Begriff der „Angabe" stellt einen Oberbegriff für jegliche Art von Prospektaussagen dar[7]. Die Angaben beinhalten Aussagen zum **tatsächlichen und rechtlichen Geschehen** der Vermögensanlage (tatsachenbezogene Angabe) sowie wertende Aussagen. **Wertende Aussagen** betreffen zum einen abgeschlossene Sachverhalte und zum anderen prognostische Elemente, die die Entwicklung der Vermögensanlage in der Zukunft abbilden. Der Begriff der Angabe schließt auch dazugehörende Umstände mit ein. Umstände dienen der Erklärung oder Erläuterung von Angaben und fördern dadurch die Darstellung und das Verständnis einer vorgeschriebenen Angabe.

---

1 Begr. Art. 6 Nr. 1 a) RegE Kleinanlegerschutzgesetz, BT-Drucks. 18/3994, S. 56 f.
2 Begr. Art. 6 Nr. 1 b) RegE Kleinanlegerschutzgesetz, BT-Drucks. 18/3994, S. 57.
3 Bereits *Hüffer*, Das Wertpapier-Verkaufsprospektgesetz, S. 90.
4 Vgl. Begr. zur VermVerkProspV, S. 12, abrufbar unter: https://www.uni-leipzig.de/bankinstitut/dokumente/2004-11-11-04.pdf.
5 *Moritz/Grimm*, BB 2005, 337.
6 Vgl. *Moritz/Grimm*, BB 2005, 337; *Voß* in Arndt/Voß, § 2 VermVerkProspV Rz. 4.
7 *Hüffer*, Das Wertpapier-Verkaufsprospektgesetz, S. 87 ff.

2. Kategorisierung von Angaben

Die nach der VermVerkProspV in den Verkaufsprospekt **aufzunehmenden Angaben** lassen sich in Gruppen kategorisieren[1]. Eine Festlegung der **Darstellung** sieht das Gesetz nur in bestimmten Fällen vor, bei denen eine Hervorhebung bzw. Verdeutlichung der Angabe gefordert ist, wie bspw. in § 2 Abs. 2 Satz 1, 3, 7 und 9, § 4 Satz 1 Nr. 1 Satz 2 und Satz 1 Nr. 10–13 und § 13a VermVerkProspV. Die Angaben können daher sowohl in Textform als auch in bildlicher oder grafischer Form erbracht werden, wenn ein Bild oder eine Grafik die gleiche Aussage transportieren kann.

Nach § 2 Abs. 1 Satz 2 VermVerkProspV sind die im Angabenkatalog der Verordnung enthaltenen Angaben als **Mindestangaben** definiert. Diese Angaben stellen das Mindestmaß für einen vollständigen Verkaufsprospekt dar. Dieser Umfang an Angaben wird für die Schaffung eines zutreffenden Gesamteindrucks beim Anlageinteressenten vom Gesetzgeber grundsätzlich als ausreichend erachtet. Sie sind aber auch notwendig. Das heißt, dass die Beantwortung einer Mindestangabe mit „Schweigen" den Verkaufsprospekt unvollständig werden lässt[2]. Liegen in der Konstellation der Vermögensanlage bestimmte Umstände nicht oder bei Aufzählungen keine weiteren vor, so ist das in einer Erklärung im Verkaufsprospekt festzuhalten (sog. Negativtestat)[3]. Solche **Negativtestate** können sowohl in den Fließtext eingebettet werden oder, falls sie den Lesefluss und damit die Auswertbarkeit des Verkaufsprospekts stören, am Ende des Verkaufsprospekts zusammengefasst werden.

Der Einhaltung dieses Mindestmaßes an Angaben stehen zB die Ausnahmeregelungen des § 7 Abs. 1 Satz 2 und § 15 Abs. 2 VermVerkProspV nicht entgegen. Sofern der Anbieter diese für sich in Anspruch nimmt, hat er weiter das Gebot der **Vollständigkeit der Mindestangaben** zu berücksichtigen. Das bedeutet, dass er verpflichtet ist, im Verkaufsprospekt Auskunft darüber zu geben, warum er bestimmte Angaben nicht in den Verkaufsprospekt aufnimmt. Einer solchen Erläuterung bedarf es nur dann nicht, wenn die Angaben alternative Abhängigkeiten aufweisen, wie zB §§ 10, 11 und 13 zu § 15 Abs. 1 oder § 5 Nr. 3 Halbsatz 2 VermVerkProspV.

Diesen Mindestanforderungen übergeordnet ist der in § 7 Abs. 1 VermAnlG und erweitert umschriebene in § 2 Abs. 1 Satz 1 VermVerkProspG festgelegte allgemeine Grundsatz, dass dem Anleger alle für eine **Beurteilung der Vermögensanlage** und des Emittenten **notwendigen tatsächlichen und rechtlichen Angaben** im Verkaufsprospekt mitgeteilt werden müssen. Die Regelung schafft einen Ausgleich zwischen der Rechtssicherheit des den Verkaufsprospekt aufstellenden Anbieters sowie den Informationsinteressen der Anlageinteressenten, wenn das zutreffende Gesamtbild der Vermögensanlage durch den Verordnungskatalog nicht mehr sichergestellt werden kann.

---
1 Vgl. *Bruchwitz* in Lüdicke/Arndt, Geschlossene Fonds, A IV 3, S. 123; *Jäger/Voß* in Winter/Hennig/Gerhard, Grundlagen der Schiffsfinanzierung, S. 904 f.
2 *Jäger/Voß* in Winter/Hennig/Gerhard, Grundlagen der Schiffsfinanzierung, S. 913.
3 BaFinJournal 01/2012, S. 8; vgl. auch *Voß* in Arndt/Voß, § 2 VermVerkProspV Rz. 7.

9 Dieses **Vollständigkeitsgebot** zur Beschreibung der öffentlich angebotenen Vermögensanlage verpflichtet den Anbieter, Angaben in den Verkaufsprospekt aufzunehmen, die auf Grund der besonderen Gestaltung der Vermögensanlage vom Mindestkatalog der Verordnung nicht umfasst werden. Ohne Vorliegen dieser konzeptionsbedingten, spezifischen Angaben kann der Verkaufsprospekt nicht als vollständig iS der Verordnung angesehen werden[1]. Raum für zusätzliche in den Verkaufsprospekt aufzunehmende Angaben verbleibt daher nur dann, wenn die Vermögensanlage sich von den vorgesehenen Grundtypen entfernt und diese atypische Situation in der Beschreibung der Katalogangaben allein einen fehlerhaften, irreführenden Gesamteindruck beim Anlageinteressenten vermittelt[2]. Der Vorschrift des § 2 Abs. 1 Satz 1 VermVerkProspV kommt daher die Funktion einer „**prospektrechtlichen Generalklausel**" zu[3].

10 In den Verkaufsprospekt können auch über den Inhaltskatalog nach der VermVerkProspV hinausgehende **freiwillige Angaben** aufgenommen werden. Ein direktes Verbot solcher zusätzlicher Informationen sieht die Verordnung nicht vor. Allerdings muss der Anbieter immer berücksichtigen, ob die zusätzlichen Angaben den Gesamteindruck, den der Verkaufsprospekt von der Vermögensanlage vermittelt, verfälschen.

11 Der Verständlichkeit einzelner Angaben dienende Zusätze oder die Verständlichkeit des Verkaufsprospekts hebende Angaben sind als unkritisch zu bewerten. So erleichtern **Erläuterungen** zu einzelnen Angaben die Verständlichkeit, wenn von der Verordnung lediglich eine Nennung vorgesehen ist. Auch **Bilder** können zur Verständlichkeit beitragen, wenn sie die Angabe näher erläutern[4]. Eine freiwillige vorangestellte **Kurzdarstellung** kann die Verständlichkeit der nachfolgenden Angaben erhöhen[5].

12 Kritisch sind hingegen zusätzliche Angaben zu bewerten, die ein **zu günstiges Gesamtbild** zeichnen, also **werbenden Charakter** haben. Auch **sachfremde Angaben**, die mit der Vermögensanlage keine oder nur entfernte Zusammenhänge aufweisen, können den Gesamteindruck des Verkaufsprospekts verzerren und seine Verständlichkeit herabsetzen. Insoweit sind auch die teilweise in die Verkaufsprospekte aufgenommenen **Leistungsbilanzen** als zumindest mehrdeutig und daher problematisch anzusehen. Denn der Erfolg bei anderen Unternehmungen spricht zwar für den Sachverstand und die Seriosität des Initiators der Projekte, bietet aber keine Garantie für den Erfolg des laufenden, öffentlich anzubietenden Projekts.

---

1 *Kind* in Lüdicke/Arndt, Geschlossene Fonds, A V 1 b) cc), S. 147 f.; vgl. BGH v. 21.10.2014 – XI ZB 12/12, AG 2016, 176 in Bezug auf die Offenlegung des Bewertungsverfahrens des Anlagevermögens der Gesellschaft.
2 Schon *Hüffer*, Das Wertpapier-Verkaufsprospektgesetz, S. 96 ff.
3 *Voß* in Arndt/Voß, § 2 VermVerkProspV Rz. 7.
4 BaFin, Häufig gestellte Fragen zu Prospekten für Vermögensanlagen, Stand: 31.5.2015, Nr. 8, abrufbar unter: https://www.bafin.de/SharedDocs/Veroeffentlichungen/DE/FAQ/faq_1205_vermoegensanlageng.html?nn=7954124#doc7851884bodyText8.
5 *Voß* in Arndt/Voß, § 2 VermVerkProspV Rz. 9.

Die BaFin bezieht die über die Mindestangaben hinausgehend in den Verkaufsprospekt aufgenommenen Angaben nicht in die **Vollständigkeitskontrolle** ein. Die Ermächtigungsgrundlage der BaFin erstreckt sich allein auf die Prüfung der Vollständigkeit, Verständlichkeit und Kohärenz der Katalogangaben. Angaben auf Einlegeblättern, Werbeflyern etc., die nicht Bestandteil des Verkaufsprospekts sind, im eigentlichen Verkaufsprospekt jedoch nicht enthalten sind, begründen eine Unvollständigkeit des Verkaufsprospekts[1]. Handelt es sich um physisch verbundene, feste Bestandteile des Verkaufsprospekts, können entsprechende Mindestangaben auch hier angebracht werden. Dies gilt insbesondere für den Zeichnungsschein, wenn dieser die Einzelheiten der Zahlung des Zeichnungs- oder Erwerbspreises beinhaltet[2].

3. Verständlichkeitsgebot

Der Verkaufsprospekt ist einer **Form** abzufassen, die seine **Auswertung und sein Verständnis erleichtert**. Dieses Erfordernis fließt im Hinterlegungsverfahren in den an den Verkaufsprospekt zu stellenden Prüfungsmaßstab ein[3].

Auf Grund der **Tiefe der Darstellung**, die wegen der einzelnen, von der Verordnung vorgegebenen Angaben notwendig ist, wird deutlich, dass ein Verständnis des Verkaufsprospekts nicht ohne weiteres für Jedermann möglich ist.

Die Regelung spricht zwei unterschiedliche **Adressatenkreise** an. In der Verpflichtung zur Erstellung eines Verkaufsprospekts und damit zur verständlichen Darstellung seines Inhalts steht zunächst der Anbieter der Vermögensanlage. Die Wahrnehmung des Inhalts ist jedoch für den einzelnen angesprochenen Anleger vorgesehen. Die erleichterte Verständlichkeit und Auswertbarkeit des Verkaufsprospekts muss daher an diesem Anleger orientiert sein.

Die Regelung von Grundsätzen zur Darstellung von Verkaufsprospekten spricht für eine Orientierung des Verkaufsprospekts am Niveau des angesprochenen Anlegers[4]. Der mit dem Verkaufsprospekt vorgesehene Ausgleich von Informationsdefiziten beim Anleger beim öffentlichen Angebot einer Vermögensanlage schließt eine allein am Kenntnisstand von Fachleuten orientierte Darstellungsweise aus. Der **Maßstab des durchschnittlichen Anlegers** orientiert sich am entsprechenden Marktsegment und der dabei angesprochenen Anlegergruppe[5].

In der **Rechtsprechung** findet eine **Differenzierung nach den Marktsegmenten** statt. Während bei einem Börsenzulassungsprospekt davon auszugehen ist, dass der Anleger eine Bilanz zu lesen versteht, ohne mit der gebräuchlichen Schlüsselsprache vertraut zu sein[6], ist bei nicht börsengehandelten Wertpapieren bereits das Ver-

---

1 *Voß* in Arndt/Voß, § 2 VermVerkProspV Rz. 16.
2 *Voß* in Arndt/Voß, § 2 VermVerkProspV Rz. 16.
3 Bereits *Assmann* in Assmann/Lenz/Ritz, § 2 VerkProspVO Rz. 14.
4 Vgl. *Hüffer*, Das Wertpapier-Verkaufsprospektgesetz, S. 89; vgl. BGH v. 15.5.2013 – XI ZR 335/11, juris.
5 Vgl. BGH v. 15.5.2013 – XI ZR 335/11, juris.
6 BGH v. 12.7.1982 – II ZR 175/81, ZIP 1982, 923.

ständnis der angesprochenen Anleger ausschlaggebend[1]. Bei Ansprache des unkundigen und börsenunerfahrenen Anlegerpublikums kann von dem so angesprochenen Kleinanleger keinerlei Bilanzverständnis erwartet werden, so dass sich der Empfängerhorizont nach den Fähigkeiten und Erkenntnismöglichkeiten eines durchschnittlichen Kleinanlegers bemisst, der sich allein anhand der Prospektangaben über die Kapitalanlage informiert und keinerlei Spezialkenntnisse mitbringt[2]. Dieses Verständnis findest auch bei Vermögensanlagen iS des § 1 Abs. 2 VermAnlG Anwendung[3].

19 Die in der **Literatur** bisher vertretenen **Differenzierungen** zwischen den einzelnen Angabetypen nach Zahlenwerken und sonstigen Tatsachen und Werturteilen[4] dürfte damit **hinfällig** sein.

20 Das **Niveau der Verständlichkeit** des Verkaufsprospekts wird durch den Anbieter durch die **Wahl der Beteiligungsmöglichkeiten** an der Vermögensanlage bestimmt. Je geringer die Höhe der Mindestbeteiligungssummen angesetzt werden oder eine Zulassung von Beteiligungen erfolgt, deren Einlagen in Ratenzahlungen vorgenommen werden kann, desto niedriger muss der Kenntnisstand des Anlageinteressenten in Bezug auf Anlagen in geschlossenen Fondsmodellen vermutet werden. Denn die geringen Anlagesummen sprechen objektiv dafür, dass Personen geworben werden sollen, denen auch ansonsten in der Vergangenheit kaum Mittel für Anlagen in diesen oder anderen Finanzprodukten zur Verfügung standen. Die Verständlichkeit der einzelnen Angaben muss sich daher an dieser angesprochenen Zielgruppe ausrichten. Für die Abfassung des Verkaufsprospekts ist daher ein Grad der Verständlichkeit zu wählen, dass die angesprochene Zielgruppe die notwendigen Informationen in einer klaren und deutlichen Aufmachung präsentiert bekommt und alles vermieden wird, was diesen Anlageinteressenten verwirren könnte oder die Offenlegung der wesentlichen Tatsachen vereitelt. Dies kann dazu führen, dass einzelne Darstellungen oder ganze Prospektteile einer tieferen Erläuterung bedürfen, während andere bei dieser Zielgruppe vorausgesetzt werden können. Durch Wegfall des § 2 Abs. 5 VermVerkProspV hat der Verordnungsgeber zum Ausdruck gebracht, dass der Anbieter grundsätzlich von einem geringeren Kenntnisstand bzgl. der Finanzangaben auszugehen hat. Ein durchschnittlicher Anleger wird als nicht in der Lage betrachtet, einen Jahresabschluss im Detail auszuwerten[5].

21 In diesem Kontext ist das Verständlichkeitsgebot auf jeden Fall dann nicht erfüllt, wenn es einem durchschnittlichen Anleger der angesprochenen Zielgruppe **schlech-**

---

1 BGH v. 5.7.1993 – II ZR 194/92, BGHZ 123, 106 = AG 1994, 32.
2 BGH v. 15.5.2013 – XI ZR 335/11, juris.
3 Vgl. OLG Hamm v. 29.1.2015 – 34 U 169/13, juris; LG Dortmund v. 12.11.2015 – 12 O 23/14, juris.
4 Siehe bereits die ausführliche Darstellung bei *Hüffer*, Das Wertpapier-Verkaufsprospektgesetz, S. 89.
5 Vgl. Begr. zu Art. 15 Nr. 2 b) RegE FinVermVermAnlG, BT-Drucks. 17/6051, S. 49.

terdings unmöglich gemacht wird, **den Verkaufsprospekt zu verstehen** oder in Hinblick auf eine Anlageentscheidung auswerten zu können[1].

Eine Eingriffsmöglichkeit der BaFin auf Grund mangelnder Verständlichkeit des Verkaufsprospekts besteht in der **Untersagung der Veröffentlichung** des Verkaufsprospekts gemäß § 17 Abs. 1 Satz 1 VermAnlG. 22

4. Sprache

Der Verkaufsprospekt ist in **deutscher Sprache** zu fertigen. 23

Gemäß § 2 Abs. 1 Satz 4 VermVerkProspV kann die BaFin für **Emittenten mit Sitz im Ausland** die teilweise oder vollständige Abfassung des Verkaufsprospekts in einer anderen, in internationalen Finanzkreisen üblichen Sprache gestatten. 24

Eine Berechtigung der Inanspruchnahme der Sprachenregelung besitzen allein Emittenten, deren **Sitz außerhalb des deutschen Hoheitsgebiets** im Ausland liegt. Der Sitz des Anbieters der Vermögensanlage ist für die Sprachregelung angesichts des eindeutigen Wortlauts der Vorschrift irrelevant. Der maßgebliche Sitz ergibt sich aus der gewählten Gesellschaftsform des Emittenten. Handelt es sich um eine Kapitalgesellschaft, ist der in der Satzung bezeichnete Sitz entscheidend, vgl. §§ 5, 23 Abs. 3 Nr. 1 AktG, § 3 Abs. 1 Nr. 1 GmbHG). Bei einer Personengesellschaft richtet sich der Sitz der Gesellschaft nach dem tatsächlichen Verwaltungssitz der Geschäftsführung[2]. 25

Die Einreichung eines Verkaufsprospekts in einer Fremdsprache mit dem Ziel der Billigung desselben in dieser Sprache setzt ein **formloses Antragsverfahren** voraus. In der Verwaltungspraxis hat sich herausgebildet, dass ein solcher Antrag bereits konkludent in der Einreichung eines fremdsprachigen Verkaufsprospekts zu erblicken ist[3]. Vermieden wird dadurch eine zu hohe Formalisierung des Verfahrens, da auf die Nachholung des Antrags bzw. dem Ausspruch einer Untersagung der Veröffentlichung des Verkaufsprospekts verzichtet werden kann. 26

Das Verfahren ist immer **auf das konkrete Hinterlegungsverfahren gerichtet**. Eine pauschale Gestattung, sämtliche weitere Verkaufsprospekte in einer anderen Sprache abzufassen, ist unstatthaft. Dies ergibt die systematische Stellung des § 2 Abs. 1 Satz 4 VermVerkProspV. 27

Eröffnet wird das **Hinterlegungsverfahren** mit der entsprechenden auf zwanzig Werktage angelegten **Prüfungsfrist** nach § 8 Abs. 2 VermAnlG erst mit der Gestattung der Erstellung des Verkaufsprospekts in der Fremdsprache. Beide Verfahren sind voneinander getrennt zu betrachten[4]. 28

---

1 *Assmann* in Assmann/Lenz/Ritz, § 2 VerkProspVO Rz. 14; vgl. BGH v. 9.7.2013 – II ZR 9/12, MDR 2013, 1290; BGH v. 14.5.2013 – XI ZR 335/11, juris; OLG Hamm v. 29.1.2015 – 34 U 169/13, juris.
2 *Hopt* in Baumbach/Hopt, § 106 HGB Rz. 8.
3 *Assmann* in Assmann/Lenz/Ritz, § 2 VerkProspVO Rz. 7.
4 *Assmann* in Assmann/Lenz/Ritz, § 2 VerkProspVO Rz. 8 f.

29 Die Gestattung der Veröffentlichung eines Verkaufsprospekts **in einer Fremdsprache** ist **nicht Bestandteil des Prospektprüfungsverfahrens**, sondern dessen vorgelagertes Erfordernis. Die Veröffentlichung eines nicht in deutscher Sprache aufgestellten Verkaufsprospekts wäre daher ohne einen entsprechenden Antrag auf Abfassung des Verkaufsprospekts in der Fremdsprache zu untersagen. Gemäß § 17 Abs. 1 Satz 1 VermAnlG richtet sich die Untersagungsmöglichkeit der BaFin auch auf die Sprachgestaltung des Verkaufsprospekts nach § 7 Abs. 3 Satz 1 VermAnlG iVm. § 2 Abs. 1 Satz 3 VermVerkProspV. Ein Standpunkt, der der BaFin ein nur auf die inhaltliche Vollständigkeit gerichtetes Eingriffsrecht zugesteht, ist daher nicht haltbar. Die nicht vertretbare Konsequenz wäre, dass die BaFin jeden in einer anderen Sprache abgefassten Verkaufsprospekt zur Veröffentlichung gestatten müsste, solange nur die Vollständigkeit der Angaben gewahrt wäre[1]. Eine solche Kontrolle wäre bereits vom Ansatz nicht zu gewährleisten. Sprachgestaltungen des Verkaufsprospekts für bestimmte ethnische Zielgruppen in Deutschland sind daher nicht möglich. Als übliche Fremdsprache ist derzeit Englisch zu benennen[2].

30 Ein **Gebührentatbestand** wird im Falle der Untersagung der Veröffentlichung des Verkaufsprospekts in der Fremdsprache nicht verwirklicht.

31 Gemäß § 2 Abs. 1 Satz 5 VermVerkProspV ist im Falle der Gestattung der Abfassung des Verkaufsprospekts in einer Fremdsprache diesem eine **Zusammenfassung in deutscher Sprache** voranzustellen. Diese ist ein Teil des Prospekts und enthält die wesentlichen tatsächlichen und rechtlichen Angaben zu dem Emittenten, der Vermögensanlage und dem Anlageobjekt. Dies gewährleistet, dass sich das Publikum über bedeutende tatsächliche und rechtliche Angaben in deutscher Sprache informieren kann[3]. Diese Zusammenfassung stellt eine Mindestangabe dar.

III. Formvorschriften (§ 2 Abs. 2 VermVerkProspV)

1. Inhaltsverzeichnis (§ 2 Abs. 2 Satz 2 VermVerkProspV)

32 Der Verkaufsprospekt muss ein **Inhaltsverzeichnis** enthalten. Zweck des Inhaltsverzeichnisses ist es, dem Anleger eine einfache Orientierung in dem Schriftwerk zu ermöglichen. Der Anleger kann dadurch ihn besonders interessierende Angaben leichter auffinden. Eine Erleichterung zum Auffinden von Angaben ist für den Anleger nur dann gewährleistet, wenn der Zugang zu den in dem Verkaufsprospekt enthaltenen Angaben über ein (auf eine durchgehende Nummerierung der Seiten des Prospekts aufbauendes) Inhaltsverzeichnis gewährleistet wird. Diese Angabe dient damit der Erleichterung der formellen Auswertung und des Verständnisses des Verkaufsprospekts iS des § 2 Abs. 1 Satz 3 VermVerkProspV. Abgesehen von der Unsicherheit des Anlegers in Hinblick auf die Verständlichkeit von Angaben des Verkaufsprospekts ist

---

1 *Assmann* in Assmann/Lenz/Ritz, § 2 VermProspVO Rz. 5.
2 Bereits Begr. RegE 3. FGG, BT-Drucks. 13/8933 v. 6.11.1997, S. 74.
3 Vgl. Begr. zur VermVerkProspV, S. 12, abrufbar unter: https://www.uni-leipzig.de/bankinstitut/dokumente/2004-11-11-04.pdf.

diese Angabe in § 2 Abs. 2 VermVerkProspV als systemfremd zu bewerten und eher § 2 Abs. 1 VermVerkProspV zuzuordnen.

2. Hinweise (§ 2 Abs. 2 Satz 1 und 3 VermVerkProspV)

In den Verkaufsprospekt sind zwei von der Verordnung vorgeschriebene Hinweise aufzunehmen. Sie betreffen den Inhalt des Prüfverfahrens zur Billigung des Verkaufsprospekts durch die BaFin und den zeitlichen Rahmen der Haftungsansprüche des Anlegers bei einem fehlerhaften Verkaufsprospekt.

Der **Hinweis auf den Prüfungsumfang** der BaFin ist gemäß § 2 Abs. 2 Satz 1 VermVerkProspV auf dem Deckblatt anzubringen. Unter einem Deckblatt ist die Seite des Verkaufsprospekts zu verstehen, die ohne Blättern als erste sichtbar ist[1]. Der Hinweis dient dem Anlegerschutz vor falschen Annahmen hinsichtlich der Prüfungstätigkeit der BaFin[2]. Er verdeutlicht dem angesprochenen Anleger unmittelbar ein bestimmtes Risiko der im Verkaufsprospekt dargestellten Vermögensanlage. Die im Verkaufsprospekt beschriebene Vermögensanlage unterliegt in Bezug auf die inhaltliche Richtigkeit der Angaben keiner Prüfung durch die BaFin[3]. Die durch die Aufsichtsbehörde vorgenommene **Prüfung** beschränkt sich auf die **formelle**, allein anhand der Darstellung des zur Prüfung vorliegenden Verkaufsprospekts vorzunehmende Prüfung der Angaben in Hinblick auf ihre **Vollständigkeit und Verständlichkeit** iS des § 2 Abs. 1 VermVerkProspV. Die Billigung der Vermögensanlage durch die BaFin im Rahmen des Hinterlegungsprozesses des Verkaufsprospekts der Vermögensanlage stellt damit **kein Qualitätssiegel** über die materielle Güte der Vermögensanlage dar. Der Gesetzgeber hat sich deshalb dafür entschieden, weitere Informationen auf dem Deckblatt für unzulässig zu erklären, sofern diese geeignet sind, den Risikohinweis abzuschwächen[4]. Dazu gehören insbesondere Werbehinweise oder irreführende Abbildungen[5]. Dem Anleger wird durch den Hinweis darauf aufmerksam gemacht, dass er allein die tatsächlichen Unsicherheiten des wirtschaftlichen Erfolgs der Vermögensanlage tragen muss[6]. Der reale zukünftige wirtschaftliche Erfolg der projektierten und im Verkaufsprospekt dargestellten Unternehmung für den Anleger ist nicht Gegenstand des Prüfverfahrens.

Der Hinweis nach § 7 Abs. 2 Satz 2 VermAnlG dient der **Veranschaulichung der spezialgesetzlichen Ausschlussfrist für Prospekthaftungsansprüche** nach § 20 Abs. 1

---

1 BaFin, Häufig gestellte Fragen zu Prospekten für Vermögensanlagen, Stand: 31.5.2015, Nr. 7, abrufbar unter: https://www.bafin.de/SharedDocs/Veroeffentlichungen/DE/FAQ/faq_1205_vermoegensanlageng.html?nn=7954124#doc7851884bodyText7.
2 Begr. zu Art. 1 § 7 Abs. 2 RegE FinVermVermAnlG, BT-Drucks. 17/6051, S. 49.
3 Begr. zu Art. 1 § 7 Abs. 2 RegE FinVermVermAnlG, BT-Drucks. 17/6051, S. 49; *Bußalb/Vogel*, WM 2012, 1416 (1420).
4 Begr. zu Art. 1 § 7 Abs. 2 RegE FinVermVermAnlG, BT-Drucks. 17/6051, S. 33.
5 BaFin, Häufig gestellte Fragen zu Prospekten für Vermögensanlagen, Stand: 31.5.2015, Nr. 7, abrufbar unter: https://www.bafin.de/SharedDocs/Veroeffentlichungen/DE/FAQ/faq_1205_vermoegensanlageng.html?nn=7954124#doc7851884bodyText7.
6 Vgl. BGH v. 3.2.2015 – II ZR 93/14, BKR 2016, 38; BGH v. 23.4.2012 – II ZR 75/10, MDR 2012, 924.

VermAnlG. Der Anleger soll auf die beschränkte Dauer aufmerksam gemacht werden[1]. Zweck ist es, dass der Anleger bei seiner Entscheidungsfindung im Rahmen einer Beteiligungsabsicht an einer Vermögensanlage berücksichtigt, dass ihm bereits zum Zeitpunkt des Erwerbs auf der Grundlage fehlerhafter Prospektangaben von vorn herein kein Prospekthaftungsanspruch aufgrund der Betagtheit des öffentlichen Angebots der Vermögensanlage mehr zustehen kann. Der Gesetzgeber berücksichtigt hinsichtlich der Dauer der Ausschlussfrist den Umstand der Verschiedenartigkeit des Marktsegments der Vermögensanlagen von dem der Wertpapiere in Hinblick auf die grundsätzliche Einzigartigkeit des Verkaufsprospekts als Informationsmedium für den Anleger und die längeren Platzierungsphasen und fehlenden Preisbildungsmechanismen bei Vermögensanlagen[2].

3. Risiken (§ 2 Abs. 2 Satz 4–6 VermVerkProspV)

a) Entwicklung

34 Die Verpflichtung des Anbieters zur **Angabe der Risiken** der angebotenen Beteiligung hat keinen Vorläufer in der VerkProspVO. Eine Normierung von Grundsätzen in Bezug auf Verkaufsprospekte bei öffentlich angebotenen Vermögensanlagen erfolgte lediglich in Hinblick auf die Beurteilung der Verkaufsprospekte durch einen Wirtschaftsprüfer gemäß Standard IDW S 4 des Instituts der Wirtschaftsprüfer in Deutschland e.V. mit dem Jahr 2000[3]. Daneben gab es vor der Einführung der VermVerkProspV noch vereinzelt Urteile, die ausdrücklich auf die Pflicht zur Darstellung von Risiken hinwiesen[4]. Vor Inkrafttreten der VermVerkProspV bestand die Praxis, am Anfang des Verkaufsprospekts eine Gegenüberstellung von Chancen und Risiken zu platzieren.

35 Der Verordnungsgeber hat mit der **Neufassung** der Vermögensanlagen-Verkaufsprospektverordnung den Anbietern von Beteiligungen iS des § 1 Abs. 2 VermAnlG aufgegeben, den Anlegern im Verkaufsprospekt die Risiken der Beteiligung an der angebotenen Vermögensanlage darzutun. Dies ist zum einen dem Umstand geschuldet, dass die Anleger in solchen Beteiligungen die vollen unternehmerischen Risiken zu tragen haben. Auf der Kehrseite verfügen die Anleger aber in vielen Fällen außer aus dem Verkaufsprospekt über keinen tieferen Einblick in das Geschäftsmodell.

---

1 Begr. zu Art. 1 § 20 Abs. 1 RegE FinVermVermAnlG, BT-Drucks. 17/6051, S. 37.
2 Begr. zu Art. 1 § 20 Abs. 1 RegE FinVermVermAnlG, BT-Drucks. 17/6051, S. 37.
3 Der Standard wurde im Zuge des Inkrafttretens der §§ 8f ff. VerkProspG und der entsprechenden Verordnung (VermVerkProspV) überarbeitet und befindet sich auf dem Stand vom 18.5.2006. Derzeit wird der Standard überarbeitet. Der Entwurf IDW ES 4 befindet sich auf dem Stand vom 31.8.2015. Die Überarbeitung des Standards regelt nur noch geschlossene Fonds nach dem KAGB, siehe Vorbemerkung Nr. 4. Da der Standard die ursprüngliche Fassung ersetzen soll, gibt es für Vermögensanlagen nach dem VermAnlG nach Inkrafttreten der Neufassung keinen anwendbaren Standard mehr, siehe Vorbemerkung Nr. 5.
4 BGH v. 5.7.1993 – II ZR 194/92, BGHZ 123, 106 = AG 1994, 32; BGH v. 19.7.2004 – II ZR 354/02, AG 2004, 610 = ZIP 2004, 1706; OLG Braunschweig v. 8.9.2004 – 3 U 118/03, NJW-RR 2005, 341.

Hinzu kommt, dass dies für einen Anleger, der lediglich eine Rendite auf sein eingesetztes Kapital erwartet, auch eine zumeist nachrangige Bedeutung hat. Des Weiteren sind die Anleger in vielen Beteiligungsmodellen konzeptionsbedingt im Wesentlichen von der Geschäftsführung ausgeschlossen (zB als Kommanditisten). Als Spiegelbild dieses Informations- und Handlungsdefizits sind den Anlegern daher die Folgen ihrer möglichen Beteiligung in Gestalt aller damit verbundenen wesentlichen Risiken darzutun.

Der **Hintergrund** der gesetzgeberischen Verpflichtung zur **Offenbarung von Risiken** ist in der unternehmerischen Entscheidungsfindung zu suchen. Diese beruhen zunächst auf den Kriterien Rentabilität, Risiko und Liquidität[1]. In einem Risiko drückt sich daher die Unsicherheit des zukünftigen Eintritts von Ergebnissen aus, die auf Grund der gefällten unternehmerischen Entscheidungen erwartet werden[2]. Als besonderer Umstand ist bei Beteiligungen an Vermögensanlagen hervorzuheben, dass die wirtschaftliche Sicherheit wegen eines grundsätzlich homogen ausgerichteten Anlageobjekts gering ist. Es findet grundsätzlich keine Streuung von Bonitätsrisiken auf der Ebene der Emittentin statt. Erweist sich die Marktstrategie des Emittenten mit dem durch die Anlegergelder geschaffenen Wirtschaftsgut als fehlerhaft, ist die Unsicherheit über den Eintritt des wirtschaftlichen Erfolges stark erhöht. Ein wirtschaftliches Scheitern des Projekts erweist sich dann als wahrscheinlich. 36

b) Inhaltliche Anforderungen

Den Anbieter einer Vermögensanlage trifft demnach die Pflicht, dem Anleger bestimmte Sachverhalte zu verdeutlichen. Darzustellen ist die vom Anleger mit der Beteiligung erkaufte **Abhängigkeit von bestimmten Einflussfaktoren**, die den Erfolg des beworbenen Projekts der Emittentin beeinflussen kann. Als Ergebnis muss der Anbieter dem Anleger unmissverständlich offenbaren, dass zum Zeitpunkt des Verkaufs seiner Beteiligung bzw. bei der Auseinandersetzung zum vorgesehenen Auslaufen des Projekts der Anleger unter Umständen sein investiertes Geld nicht vollständig oder gar nicht mehr zurückerhält. Die **Darstellung der Risiken** auf jene zu beschränken, welche sich unmittelbar wirtschaftlich beim Anleger auswirken können, greift indes zu kurz. Aus der zumeist begründeten Stellung als Mitunternehmer erwachsen dem Anleger auch zahlreiche rechtliche Pflichten, die sich **zumindest mittelbar** ebenso wirtschaftlich negativ auf sein Vermögen auswirken können[3]. Auch hierüber hat der Anbieter in seinem Verkaufsprospekt zu berichten. Unterlässt der Anbieter dies, setzt er sich der Gefahr der Haftung auf Grund eines fehlerhaften Verkaufsprospekts gemäß § 20 VermAnlG aus. 37

Ansatzpunkt für die Erfüllung des gesetzlichen Auftrages der Darstellung von Risiken im Verkaufsprospekt ist daher das **Geschäftsmodell** in seiner gesamten Ausprä- 38

---
1 *Gondring*, Risiko Immobilie, S. 20 f.; *Gräfer/Schiller/Rösner*, Finanzierung, S. 17 ff.
2 *Gräfer/Schiller/Rösner*, Finanzierung, S. 17 ff.
3 Beispielsweise Steuerzahlung auf fiktive Gewinne, Wiederaufleben der Kommanditistenhaftung etc. Vgl. *Loritz*, NZG 2008, 887 (888 ff.); ferner BGH v. 4.12.2014 – III ZR 82/14, MDR 2015, 210.

gung. Die **Konzeption der Vermögensanlage** bestimmt die ihr innewohnenden Risiken und damit einhergehend die Angabeverpflichtungen des Anbieters an den Anleger. Eine pauschale Aussage zu Risiken, die in jedem Fall einer Angabe im Verkaufsprospekt bedürfen, ist daher kaum zu treffen.

39 Die VermVerkProspV gibt jedoch bereits anhand der Auswahl der im Verkaufsprospekt zu tätigenden Mindestangaben einen **Mindestkatalog** in Bezug auf die mit der Durchführung eines Projekts möglicherweise verbundenen **Risiken** vor, die nach Einschätzung des Anbieters Eingang in den Verkaufsprospekt finden können.

c) Risikokategorien

40 Die Risiken lassen sich auf Grund ihres Bezugs zu den Mindestangaben in bestimmte übergeordnete **Kategorien** einteilen. Dazu gehören für den Anleger die Risiken, die mit der Eingehung der Beteiligung selbst verbunden sind (§ 4 VermVerkProspV), die Risiken, die mit der Errichtung und Durchführung des konkreten Projekts verbunden sind, also auf Grund der zukünftigen Entwicklung auftreten können (§§ 9, 13, 13a und 15 Abs. 1 VermVerkProspV) und jene Risiken, die konzeptionsbedingt auf Grund des Verhaltens der beteiligten natürlichen als auch juristischen Personen und Gesellschaften auftreten (Schlüsselpersonen, §§ 2 Abs. 4, 3, 5, 6, 7, 8, 10, 11, 12, 14, 15 Abs. 2 VermVerkProspV). Diese Risiken stellen die mögliche Verwirklichung von Ereignissen dar, die mit der im Projekt getroffenen Entscheidung quasi als Eintrittsalternative zur jeweiligen Angabe verbunden sind.

d) Begriff des Risikos

41 Der Begriff des Risikos bezeichnet bei einer Unternehmung die Möglichkeit, dass das Ergebnis von getroffenen unternehmerischen Entscheidungen von den ursprünglich zu diesem Zeitpunkt erwarteten Zielen des umgesetzten oder noch umzusetzenden Projekts nachteilig abweicht[1]. Solche **Zielverfehlungen** werden durch potentiell eintretende Ereignisse ausgelöst, die Abweichungen vom erwarteten Ereignisverlauf verursachen. Ein Risiko setzt sich daher aus einer ursachenbezogenen – das risikoinduzierende Ereignis – und einer wirkungsbezogenen Komponente – die folgende negative Zielabweichung – zusammen[2]. Die Auswirkungen eines Risikos für die Unternehmung und in der Folge auch für die Beteiligungen der Anleger über ihre Vermögensanlage unterliegen damit einer zukunftsorientierten Sichtweise des Anbieters zum Zeitpunkt der Erstellung des Verkaufsprospekts. Zu beachten sind die Abhängigkeiten der Risiken untereinander. Zwei Risiken können über die sie verursachenden Ereignisse und/oder über die durch Letztere in ihrer Erfüllung beeinflussten Ziele verbunden sein[3]. Die Wirkung des **Gesamtrisikos** kann daher bei einem gemeinsamen Auftreten insgesamt höher sein, als die einzelnen Risiken zusammen suggerieren[4].

---

1 *Gondring*, Risiko Immobilie, S. 20 f.; *Gräfer/Schiller/Rösner*, Finanzierung, S. 17 ff.
2 *Schröder*, DB 2008, 1981.
3 *Schröder*, DB 2008, 1981 (1982).
4 *Schröder*, DB 2008, 1981 (1982).

Das Merkmal der **Wesentlichkeit des Risikos** setzt sich aus ebenfalls **zwei Komponenten** zusammen. Danach ist einmal die **Wahrscheinlichkeit der Verwirklichung eines Risikos** zu betrachten. Als wesentlich ist ein Risiko dann zu bewerten, wenn die Wahrscheinlichkeit des Eintritts des sich negativ auswirkenden Ereignisses signifikant über der Wahrscheinlichkeit liegt, bei der üblicherweise und allgemein auf die Situation bezogen nach der allgemeinen Lebenserfahrung mit dem Eintritt dieses Ereignisses gerechnet werden muss. Dies ist unter anderem der Fall, wenn die Unternehmung unter Bezug auf den angesprochenen Anlegerkreis oder die Art und Weise der Ausführung der Projekte der Unternehmung die Gefahr des Eintritts der Risiken erhöht. So ist zB die Wahl einer neuen, noch nicht eingeführten und daher hinsichtlich ihrer Effektivität noch nicht bewährten Technologie vom Risikopotential anders zu bewerten und zu beschreiben als eine seit Jahren etablierte und bewährte Technologie. Daneben ist die **Auswirkung des Eintritts des Risikos auf das Projekt** zu betrachten. Stiftet es einen Nachteil, der sich negativ auf die Höhe der geplanten und erwarteten Rendite des Anlegers auswirkt, ist auch dieses Risiko als wesentlich zu betrachten. In der **zusammenfassenden Betrachtung beider Komponenten** ergibt sich dann die Wesentlichkeit des Risikos für das Projekt. Betrifft das Risiko die im Verkaufsprospekt dargestellte Renditeerwartung des Anlegers und wirkt sich sein Eintritt negativ auf diese Rendite aus, so ist das Risiko als wesentlich zu betrachten. 42

e) Umfang der Darstellung von Risiken

Darzustellen sind nach dem Wortlaut des Gesetzes **alle wesentlichen tatsächlichen und rechtlichen Risiken**, die im Zusammenhang mit der angebotenen Vermögensanlage stehen. Der Anleger ist über die Gefahren aufzuklären, die ihm mit der Zeichnung der Vermögensanlage typischerweise drohen. 43

Die **Qualität der Darstellung** der Risiken einer Vermögensanlage im Verkaufsprospekt beruht allein auf den subjektiven Einschätzungen des Anbieters. Die Wesentlichkeit eines Risikos bestimmt sich daher nach Eintrittswahrscheinlichkeit und Auswirkung von einzelnen oder zusammen auftretenden Ereignissen auf die Unternehmung aus der Wahrnehmung des Anbieters. 44

Um dem Anleger eine **nachvollziehbare Bewertung** der Risiken zu ermöglichen, sollte der Anbieter daher die Grundlagen seiner Einschätzung offen legen, insbesondere ob die Beurteilung auf Prognosemodellen, auf objektiven Gegebenheiten der Vermögensanlage oder subjektiven eigenen Erfahrungen beruht. Der Anleger ist dann angehalten, selbständig eine Risikobewertung anhand seines eigenen Erfahrungsschatzes vornehmen. Die Risikobeschreibungen sind damit ein notwendiges Hilfsmittel der Erläuterung der eigentlichen Anlage. Maßstab für den Umfang der Risikoaufklärung ist, was die Verkehrsanschauung unter Berücksichtigung von Treu und Glauben im konkreten Fall erwarten durfte[1]. Die allgemeine Bewertung eines Risikos zum Zeitpunkt der Anlageentscheidung als geringfügig in seinen Auswirkungen im Falle seiner Verwirklichung findet seine Entsprechung in den geringeren Anfor- 45

---

1 OLG Braunschweig v. 8.9.2004 – 3 U 118/03, NJW-RR 2005, 341.

derungen an die Risikoaufklärung für dieses Risiko[1]. Die Haftung im Prospektrecht sanktioniert ausschließlich die unterlassene oder irreführende Darstellung zweckdienlicher Informationen und begründet kein nachträgliches Reurecht im Falle der Nichterfüllung der wirtschaftlichen Erwartungen[2].

46 Das **Gesamtkonzept der Darstellung** von Risiken nach der Vermögensanlagen-Verkaufsprospektverordnung beinhaltet einen ganzheitlichen, allerdings auf die Darstellung wesentlicher Risiken beschränkten Ansatz. Erfasst werden systematisch alle Risiken sowie deren Wechselwirkungen. Demzufolge muss dem Gesamtkonzept der Vermögensanlage selbst eine **umfassende Risikoidentifikation und -analyse** des gesamten Geschäftsmodells der Vermögensanlage vorausgehen, um die erkannten Risiken vollständig und adäquat darstellen zu können. Die Tätigkeitsbereiche der Emittentin sind daher systematisch auf potentielle Risiken zu untersuchen. In den darzustellenden Risiken müssen sich insbesondere die auf die Unternehmensziele auswirkenden, bestehenden und latenten Risiken wiederfinden. Maßstab der Aufklärungstiefe ist dabei, was die Verkehrsanschauung unter Berücksichtigung von Treu und Glauben erwarten darf[3].

47 Eine **systematische Herausarbeitung der typischen Risiken** kann anhand der Arten von Risiken erfolgen. So sind Risiken, die das Anlageobjekt strategisch, also marktbezogen, betreffen, von denen zu unterscheiden, die die Investitionsobjekte auf Grund der Konzeption betreffen, als auch von denen zu trennen, die sich aus der eigentlichen Geschäftstätigkeit des Emittenten (operationelle Risiken) ergeben.

aa) Marktbezogene Risiken

48 Das marktbezogene Risiko beinhaltet allgemein zwei Komponenten. Der Erfolg der Unternehmung ist von einem bestehenden oder im Vorfeld zu schaffenden **Absatzmarkt** abhängig, auf dem eine für die Durchführung der Unternehmung ausreichende Nachfrage nach dem anzubietenden Objekten, Waren oder Dienstleistungen besteht. Des Weiteren ist zu betrachten, inwieweit der Markt bereits durch **Mitbewerber** ausgefüllt wird. Erfolgt in der Planungsphase der Durchführung des Projekts keine entsprechende Marktanalyse, ist ein Erfolg des geplanten Projekts bereits fraglich. Es besteht hier das Risiko, dass der Markt das Projekt überhaupt nicht oder nicht in der zur Erreichung der geplanten Ziele ausreichenden Weise annimmt. Dem Anleger sind daher diese allgemeinen Risiken darzustellen. Dazu gehören die Fehleinschätzungen bezüglich des bestehenden Marktes, die Unwägbarkeiten der Marktentwicklung, die Fehleranfälligkeiten der entsprechend durchgeführten Marktanalyse hinsichtlich der gewählten Methode und der durchführenden Personen, die Unterschätzung der Stellung der zukünftigen Mitbewerber, die Kosten zur Erzeugung ei-

---

[1] OLG München v. 11.1.2006 – 7 U 3183/05, ZfIR 2006, 419.
[2] OLG Celle v. 16.7.2004 – 9 U 15/04, WM 2005, 737.
[3] OLG Braunschweig v. 8.9.2004 – 3 U 118/03, NJW-RR 2005, 341; BGH v. 22.3.2010 – II ZR 66/08, MDR 2010, 820.

ner entsprechenden Nachfrage nach den Objekten, Waren bzw. den Dienstleistungen[1].

bb) Anlagebezogene Risiken

Allgemeine Risiken der Unternehmungen beziehen sich hauptsächlich auf die **Finanzierung** des Projekts selbst, im Besonderen in Hinblick auf das eigentliche Anlageobjekt. Zu unterscheiden sind hier **Risiken im Vorfeld der Errichtung** des Anlageobjekts, also der Investitions- bzw. Finanzierungsphase. Die sich anschließende **Betriebsphase** ist wiederum durch andere Risiken geprägt, als auch die Veräußerungsphase, die wiederum andere Risiken beinhaltet.

49

(1) Risiken im Vorfeld des Projekts

Die **Wahl der Initiatoren** der Vermögensanlage in Hinblick auf die Art der Beteiligung hat weitreichende Auswirkungen auf den Risikogehalt der angebotenen Vermögensanlage. Bei einer unternehmerischen Beteiligung des Anlegers in Gestalt einer Gesellschafterstellung müssen die einzelnen **Risiken der jeweilgen Gesellschaftsform** dargestellt werden. So löst eine Beteiligung an einer Kommanditgesellschaft als Kommanditist grundsätzlich die begrenzte Haftung in Höhe der Einlage aus, §§ 171 ff. HGB[2]. Diese Rechtsrisiken auf Grund der jeweilgen Beteiligungsverträge für den Anleger müssen daher deutlich und verständlich dargestellt werden[3]

50

Durch die Einführung von **§ 5b VermAnlG** verschiebt sich der Fokus dieses Risikos. Durch das gesetzliche Verbot für den öffentlichen Vertrieb von Vermögensanlagen, die das Risiko einer Nachschussverpflichtung beinhalten, dürfen nur noch bestimmte Gesellschaftstypen vom Initiator ausgewählt werden. Das Risiko für das öffentliche Publikum begrenzt sich daher auf die Ausgestaltung noch zulässiger Beteiligungsformen (vgl. § 5b VermAnlG Rz. 6 ff.).

50a

Weitere Rechtsrisiken ergeben sich aus der **Wahl des Sitzes der Beteiligungsgesellschaft** bzw. deren Rechtsform auf Grund des Gesellschaftsstatuts im Inland. Auf Grund der Niederlassungsfreiheit gemäß Artt. 49 und 54 AEUV (ex-Artt. 43 und 48 EG) für Gesellschaften finden Unternehmensgründungen verstärkt im Ausland statt. Zu beachten ist, dass für die Gesellschaft in der ausländischen Rechtsform sowohl die Publizitätspflichten im In- als auch Ausland zu beachten sind. Erfüllt die

51

---

1 Saarländisches Oberlandesgericht v. 3.4.2002 – 1 U 577/01, OLGR Saarbrücken 2002, 282 (auch über juris); BGH v. 29.5.2000 – II ZR 280/98, ZIP 2000, 1296; OLG Celle v. 7.5.2008 – 3 U 6/08, BKR 2008, 429.
2 Das Wiederaufleben der Kommanditistenhaftung muss dargetan werden. Hierfür reicht es aus, dem Anleger zu verdeutlichen, unter welchen Umständen, insbesondere in der Startphase oder bei Ausbleiben des wirtschaftlichen Erfolgs des Projekts, dies auftreten kann. Eine Pflicht zur abstrakten Erläuterung ist damit nicht verbunden, vgl. BGH v. 9.11.2009 – II ZR 16/09, MDR 2010, 93; BGH v. 22.3.2011 – II ZR 216/09, juris.
3 Vgl. zum Wiederaufleben der Kommanditistenhaftung BGH v. 18.2.2016 – III ZR 14/15, MDR 2016, 458.

Gesellschaft ihre bestehenden Publizitätsvorschriften im Ausland nicht, kann dies zur Löschung der Gesellschaft im Ausland und zum dortigen Vermögensverfall führen, während die in Deutschland verbleibende Restgesellschaft ihren Status in eine GbR oder OHG ändert[1]. Eine Schweizer Aktiengesellschaft, die nur über einen Sitz in Deutschland verfügt, wird im Rechtsverkehr ebenfalls nur als Personengesellschaft angesehen[2]. Versuche der Umgehung von Gewerbeverboten von geschäftsführenden Personen der ausländischen Gesellschaft in Deutschland durch Eintragung einer Zweigstelle der ausländischen Gesellschaft in Deutschland können vom Registergericht verweigert werden[3]. Die Umqualifizierung einer ausländischen Kapitalgesellschaft zu einer deutschen Personengesellschaft führt zu zahlreichen Problemen. Diese bestehen zum einen im Prozess- und Zwangsvollstreckungsrecht, zum anderen werden die Gesellschafter den Risiken einer unbeschränkt persönlichen Haftung gemäß § 128 HGB in Hinblick auf die Schulden der Gesellschaft ausgesetzt[4]. Auch dürften diese Beteiligungen im Inland nicht mehr angeboten oder vertrieben werden (vgl. § 5b VermAnlG Rz. 6 ff.).

52 Entscheidenden Einfluss auf das beinhaltende Risikopotential der angebotenen Vermögensanlage hat die **Struktur der Finanzierung des Projekts**. Publikumsgesellschaften iS des § 1 Abs. 2 VermAnlG lassen sich als reine Eigenkapitalgesellschaften oder auch gemischt mit Fremdkapital konzipieren. Eigenkapitalgesellschaften nutzen als Geldmittel allein die eingezahlten Einlagen der Anleger. Gemischt finanzierte Projekte bringen nur einen Teil des zur Projektfinanzierung benötigten Kapitals aus den Einlagen der Anleger auf. Die weiteren benötigten Mittel finanziert die Publikumsgesellschaft selbst aus Fremdmitteln. Diese Außenfinanzierung birgt weitaus schwerer wiegende Probleme bei einem Substanzverzehr[5]. Die Sanierung von Altbauten wird zB auf Grund der steuerlichen Begünstigung zumeist im Wege der Finanzierung mit hohem Fremdfinanzierungsanteil mit sich daraus ergebendem, darzustellenden Risikopotential vorgenommen. Grundsätzlich lässt sich aus dem Umstand einer Fremdfinanzierung des Projekts oder einer bestimmten Fremdkapitalquote kein besonderes strukturelles Risiko herleiten[6]. Diese Annahme besteht, wenn den Verbindlichkeiten der Gesellschaften Sachwerte gegenüberstehen[7]. Entscheidend sind die konkreten Risiken und risikoerhöhenden Umstände des Projekts sowie das an der vom Anbieter vorausgesetzten Risikobereitschaft des Zielpublikums orientierte Maß an Aufklärung im Verkaufsprospekt, solange für diesen Personenkreis der Anteil der Fremdfinanzierung und die damit verbundenen Belastungen für das Projekt zutreffend dargestellt sind[8].

---

1 Vgl. *Zimmer/Naendrup*, ZGR 2007, 789 (804 ff.).
2 BGH v. 27.10.2008 – II ZR 158/06, BGHZ 178, 192 = ZIP 2008, 2411.
3 BGH v. 7.5.2007 – II ZB 7/06, BGHZ 172, 200 = ZIP 2007, 1306.
4 *Lamsa*, BB 2009, 17.
5 *Böh*, Die Aufklärungspflicht einer Bank bei der Finanzierung einer Beteiligung an einem geschlossenen Immobilienfonds, S. 4.
6 Zur Thematik vgl. *Halfpap/Bost* in Lüdicke/Arndt, Geschlossene Fonds, A VII 3 a), S. 196 ff.
7 BGH v. 27.10.2009 – XI ZR 337/08, MDR 2010, 208.
8 Vgl. OLG München v. 29.7.2015 – 3 U 1209/14, BKR 2016, 125.

Der Verordnungsgeber hat das Risiko der Fremdfinanzierung als **darzustellendes Regelbeispiel** für das Risikokapital ausdrücklich in die Verordnung aufgenommen, vgl. § 2 Abs. 2 Satz 5 Var. 2 VermVerkProspV.

(2) Auswahl der Geschäftspartner

Die Risiken auf Grund von eventuellen **Verflechtungen** der einzelnen an der Konzeption beteiligten Personen sowie personelle Verflechtungen mit Vertragspartnern sind aufzudecken. Interessenkollisionen sind offen zu legen. Ein allgemeiner Hinweis auf Interessenkonflikte reicht nicht aus, wenn die Interessenkollision auf die Geschäftsgrundlage der Publikumsgesellschaft durchschlägt[1]. Einzugehen ist auch auf die Risiken der Möglichkeit zur Einflussnahme von Personen auf die Geschäftstätigkeit der Publikumsgesellschaft[2].

53

(3) Währungsbezug

Die Aufnahme von Krediten in **Fremdwährungen** oder laufende Kosten in einer Fremdwährung knüpft das Schicksal einer tragfähigen Finanzierung des Projekts in der Errichtungs- und Betriebsphase an die Entwicklung anderer Marktregionen. Das Risikopotential für verringerte Erträge aus der Anlage wird daher für einen deutschen Anleger stark erhöht, da eine Abschätzung der Entwicklung mehrerer Märkte schwieriger und mit höheren Unsicherheitsfaktoren belastet ist.

54

(4) Anlegerbezug

Der Erwerb oder die Errichtung des Projekts ist grundsätzlich vom **Vermarktungserfolg** beim Anleger abhängig. Daneben stellt die gewählte Konzeption der Finanzierung der Publikumsgesellschaft in Hinblick auf die Liquidität und Bonität des Anlegers eine erhebliche Weichenstellung für das Risikopotential bei der Umsetzung des Projekts dar. Erfolgt die Umsetzung des Projekts erst nach Einwerbung der benötigten Finanzmittel, ist die Bonität der Anleger für die nachfolgende Betriebs- und Veräußerungsphase unerheblich. Verzögerungen oder sogar eine Rückabwicklung des Projekts sind in dieser Hinsicht nur bei einem grundsätzlich mangelnden Nachfragemarkt beim Anleger zu besorgen. Sieht hingegen die Konzeption der Finanzierung eine Ansparphase der Gesellschafter im Wege einer Innenfinanzierung der Gesellschaft über einen längeren Zeitraum vor, hängt der Fortschritt oder gar der Beginn des Projekts von der Gewährleistung der Bonität der einzelnen Gesellschafter ab[3]. Das Risikopotential erhöht sich gegenüber der anderen Konzeption stark, da der Ausgleich der Finanzierung nur über einen Austausch von Gesellschaftern oder die

55

---

1 BGH v. 16.11.1978 – II ZR 94/77, NJW 1979, 718; KG Berlin v. 25.9.2006 – 23 U 107/05, ZIP 2007, 32.
2 BGH v. 16.11.1978 – II ZR 94/77, NJW 1979, 718; BGH v. 21.5.1984 – II ZR 83/84, NJW 1984, 2523.
3 *Böh*, Die Aufklärungspflicht einer Bank bei der Finanzierung einer Beteiligung an einem geschlossenen Immobilienfonds, S. 6.

Aufnahme einer Fremdfinanzierung erfolgen kann. Die Bonität der Gesellschafter kann betroffen sein, wenn diese ihren Anteil über Fremdmittel finanzieren und entsprechende Mittel zur Bedienung dieser Finanzierung ausbleiben. Die wirtschaftliche Belastung des Anlegers bleibt im Zweifel trotz Fehlschlagens der eingegangenen Beteiligung bestehen, weil der Anleger sich von dem zur Finanzierung des Beteiligungsanteils eingegangene Darlehen nicht lösen kann und zur weiteren Bedienung verpflichtet ist[1]. Ein das Anlagekonzept prägendes Risiko stellt ebenso dar, wenn der Anleger eine Beteiligung nur über die Verpflichtung einer Fremdfinanzierung eines Teilbetrags des Anteils erlangen kann[2].

Der Verordnungsgeber hat das Risiko der Fremdfinanzierung des Anteils durch den Anleger als **darzustellendes Regelbeispiel** für das Risikokapital ausdrücklich in die Verordnung aufgenommen, vgl. § 2 Abs. 2 Satz 5 Var. 3 VermVerkProspV.

56 Dem Anleger muss vergegenwärtigt werden, dass die Beteiligung über die Vermögensanlage eine auf die vom Anbieter vorgesehene Laufzeit festgelegte **Kapitalbindung** bedeutet, da eine freie Handelbarkeit für Anteile an Vermögensanlagen grundsätzlich nicht ohne weiteres besteht[3].

57 Die Frage der **steuerlichen Anerkennungsfähigkeit** der Vermögensanlage für den Anlageinteressenten ist offen zu legen[4]. Ausreichend kann bereits sein, dass der Anbieter einen Hinweis im Verkaufsprospekt darstellt, dass die steuerliche Beurteilung im Verkaufsprospekt von derjenigen der Finanzverwaltung abweichen kann. Eine allgemeine Hinweispflicht auf die Neuartigkeit einer steuerlichen Konzeption besteht nicht[5]. Weichen die Umstände des Einzelfalls von diesem allgemeinen Risiko ab, muss eine intensivere Darlegung erfolgen. Eine besondere klarstellende Abgrenzung ist geboten, wenn die steuerliche Konzeption zu ähnlichen, in ihrer steuerlichen Behandlung bereits geklärten Konzeptionen abweicht[6]. Darzulegen sind des Weiteren bereits angekündigte oder erwartete Änderungen von Steuerreglungen (zB Einführung von § 15b EStG) mit ihrer nachteiligen Relevanz in Bezug auf die zu erwartenden Ergebnisse der Publikumsgesellschaft, ebenso die Risiken, die bei der Inanspruchnahme von Doppelbesteuerungsabkommen entstehen, falls diese im Verlauf der Beteiligung geändert werden können[7].

58 Als besonderes, in der Person des Anlegers auftretendes Risiko muss bei **geschlossenen Auslandsfonds** die **steuerliche Anzeigepflicht** genannt werden (§ 138 Abs. 2 AO). Anleger müssen gegenüber dem Finanzamt innerhalb eines Monats die Beteiligung an einem ausländischen geschlossenen Fonds deklarieren (§ 138 Abs. 3 AO). Dies gilt auch im Fall der Veränderung der Beteiligungsquote oder dem Verkauf der

---

1 Vgl. OLG Hamburg v. 2.4.2015 – 13 U 87/14.
2 OLG München v. 13.7.2010 – 5 U 2034/08, ZIP 2010, 1744.
3 BGH v. 18.1.2007 – III ZR 44/06, BB 2007, 465.
4 BGH v. 14.7.2003 – II ZR 202/02, NJW-RR 2003, 1393.
5 BGH v. 29.7.2014 – II ZB 30/12, ZIP 2014, 2284.
6 BGH v. 29.7.2014 – II ZB 30/12, ZIP 2014, 2284.
7 Vgl. in Bezug auf die Konzeption der Projektfinanzierung und ihrer steuerliche Anerkennungsfähigkeit: OLG München v. 13.7.2010 – 5 U 2034/08, ZIP 2010, 1744.

Anteile über einen Zweitmarkt. Die Deklarationspflicht trifft vor allem auf Immobilienfonds oder Lebensversicherungspolicenfonds zu. Die Finanzverwaltung einiger Bundesländer hat festgestellt, dass den Anzeigepflichten nicht im ausreichenden Maße nachgekommen wird, und wird dies in Zukunft verstärkt überprüfen[1].

(5) Projektbezug

Die Neuerrichtung einer wettbewerbsfähigen Gesellschaft verursacht **Anlaufverluste**[2]. Diese müssen zunächst durch Einnahmen aus dem Projekt erlöst werden. Entsprechende Risiken sind offen zu legen.

Auf Grund der **Gestaltung des Projekts** wird von der Geschäftsführung der Publikumsgesellschaft eine Investition erst nach der Einwerbung der notwendigen Finanzmittel vorgenommen. Dem Anleger werden im Verkaufsprospekt nur bestimmte **Auswahlkriterien für das Projekt** kundgetan, etwa nach Art, Lage, Anzahl, Größe, Finanzierungsvolumina und Nutzung der Anlageobjekte und eventuell weiterer Kriterien. Bei diesen **Blind-Pool-Konzepten** ist das Risikopotential für den Anleger stark erhöht, da er über den Inhalt seiner einzugehenden Beteiligungen keine klare Information erhält. Ein solch reduzierter Informationsgehalt weist der Anlage insgesamt einen spekulativen Charakter zu. Dies umso mehr je weniger Kriterien für die Projektumsetzung feststehen, die wirtschaftliche Entwicklung des im Fokus stehenden Marktes nicht absehbar ist und Entwicklungs- und Ertragsprognosen nicht vorgenommen werden können[3]. Die Risikodarstellung muss daher in ihrer Detailtiefe mit dem Unsicherheitsgrad der einzelnen Anlageobjekte übereinstimmen und kann sich nicht in pauschalen Hinweisen erschöpfen. In diesem Zusammenhang ist die Abgrenzung zwischen allgemeiner Unternehmensstrategie und festgelegter Anlagestrategie zu beachten[4]. Eine Charakterisierung hat dann zu berücksichtigen, inwieweit der Geschäftsführung ein Ermessen bei der Auswahl zugestanden ist[5]. Ist dieses Ermessen zum Zeitpunkt der Anlegerbeteiligung schriftlich fixiert und eingegrenzt („festgelegte Anlagestrategie") besteht die Gefahr, dass die Publikumsgesellschaft eine erlaubnispflichtige Fondskonstruktion iS des KAGB darstellen kann.

Dem Anleger sind die angewendeten **Bewertungsmethoden**, die zur Bewertung von zu erwerbenden Anlageobjekten eingesetzt werden, mit ihren jeweiligen Risiken offen zu legen[6].

---

1 FAZ.Net, „Steuertipps zum Jahreswechsel 2008/09, Für Kapitalanleger"; siehe auch: Schreiben der OFD Hannover v. 4.1.2008 – S 0320–46-StO 142; BMF v. 14.4.2010 – IV B 5 - S 1300/07/10087, BStBl. 2010, 346.
2 Vgl. *Loritz*, NZG 2008, 887.
3 Vgl. OLG Celle v. 7.5.2008 – 3 U 6/08, BKR 2008, 429.
4 Vgl. Nr. 5 des Auslegungsschreiben zum Anwendungsbereich des KAGB und zum Begriff des „Investmentvermögens" vom 14.6.2013, zuletzt geändert am 9.3.2015 – Gz. Q 31-Wp 2137-2013/0006, abrufbar unter: http://www.bafin.de.
5 *Greisbach*, Die Regulierung geschlossener Blind Pool-Fonds im Rahmen der Kapitaleinwerbung, S. 9.
6 Siehe bspw. die neuen Branchenstandards in Bezug auf die Bewertung von Venture Capital-Beteiligungen: *Askar/zu Knyphausen-Aufseß*, FB 2008, 106 ff.

62 Das Projekt kann für die Ausübung bestimmter Tätigkeiten **spezielle Genehmigungen** erforderlich machen. So ist die Tätigkeit der Vermögensverwaltung über die Gesellschafterbeiträge des Geschäftsführers eines Investmentclubs ab einer bestimmten Größenordnung als Finanzportfolioverwaltung gemäß § 1 Abs. 1a Nr. 3 KWG zu bewerten[1]. Liegt eine entsprechende Genehmigung nicht vor, so kann eine Abwicklung des gesamten Projekts drohen. Ebenfalls eine Genehmigung erforderlich ist, wenn die Investition von Geldern der Publikumsgesellschaft in Finanzinstrumente in eine Haupttätigkeit umschlägt. Zwar betreibt die Publikumsgesellschaft kein erlaubnispflichtiges Finanzkommissionsgeschäft iS des KWG, wenn das Eigentum der angeschafften Finanzinstrumente nicht auf den Anleger übertragen wird[2]. Jedoch steht dann ein nach dem KAGB erlaubnispflichtige operative Tätigkeit im Finanzsektor im Vordergrund[3].

63 Des Weiteren ist der Anleger auf die Gefahren aufmerksam zu machen, wenn die Investitionen in mehrere gleichartige Anlageobjekte fließt. Auf Grund der **fehlenden Diversifikation** der Anlageobjekte kann es zu einem Klumpenrisiko kommen.

(6) Risiken auf Grund des Anlageziels

64 Die Gestaltung der vertraglichen Konstruktion einer Publikumsgesellschaft kann sich in Bezug auf die dadurch anfallende Steuerlast zwischen verschiedenen Vermögensanlagen unterscheiden. Die zur Auswahl stehende Vermögensanlage lässt sich daher bei der Verfolgung ihres **Anlageziels** in die Rubriken der **steuerorientierten** und **ausschüttungsorientierten Fonds** einteilen. Die Unterscheidung ist für den Anleger unter dem Aspekt der Bereitschaft von ihm einzugehender Risiken beachtlich.

65 Eine **Orientierung des Projektkonzepts auf Ausschüttungen** birgt eine Anfälligkeit für nachfragebedingte Schwankungen des Marktes in sich, die sich in Krisenzeiten zu einer Verminderung oder Ausfall der Ausschüttungen beim Anleger steigern kann[4]. Die Eignung der Vermögensanlage für eine Altersvorsorge richtet sich nach den privaten Voraussetzungen des Anlegers und ist bei den unternehmerischen Beteiligungen im Bereich der Vermögensanlagen nach § 1 Abs. 2 VermAnlG zweifelhaft[5]. Entsprechende Risiken der unternehmerischen Bindung sind daher darzustellen. Eine **steuerliche Orientierung** birgt die Gefahren einer Nichtanerkennung der

---

1 BVerwG v. 22.9.2004 – 6 C 29/03, BVerwGE 122, 29 = ZIP 2005, 385.
2 BVerwG v. 27.2.2008 – 6 C 12/07, BVerwGE 130, 262 = ZIP 2008, 911.
3 Vgl. Nr. 7 des Auslegungsschreiben zum Anwendungsbereich des KAGB und zum Begriff des „Investmentvermögens" vom 14.6.2013, zuletzt geändert am 9.3.2015, Gz. Q 31-Wp 2137-2013/0006, abrufbar unter: http://www.bafin.de.
4 *Böh*, Die Aufklärungspflicht einer Bank bei der Finanzierung einer Beteiligung an einem geschlossenen Immobilienfonds, S. 5.
5 Vgl. BGH v. 8.7.2010 – III ZR 249/09, BGHZ 186, 152 = MDR 2010, 1051; OLG des Landes Sachsen-Anhalt v. 1.2.2012 – 5 U 187/11, BKR 2013, 115; OLG München v. 30.5.2006 – 19 U 5914/05, juris.

steuerlichen Vorteile bzw. eine drohende Steuernachzahlung für die Anleger, wenn die Finanzbehörden ihre Einschätzung ändern[1].

(7) Risiken in Bezug auf das Sicherungskonzept

Sicherungsmaßnahmen erfolgen zumeist in Form von Versicherungen. Hier muss darauf geachtet werden, dass beim Anleger kein irreführender Eindruck über die Möglichkeit der Erlangung der Absicherung, den Grad der Absicherung und die Bonität des Versicherers entsteht[2]. Der Anleger muss darüber aufgeklärt werden, dass eine Absicherung für bestimmte Risiken nicht erlangt werden kann oder noch nicht vorliegt[3]. Des Weiteren muss auf Risiken hingewiesen werden, die nicht durch eine Versicherung abgedeckt werden können, denen das Anlageobjekt jedoch trotzdem ausgesetzt ist. Desgleichen ist auch auf das Risiko hinzuweisen, dass der Versicherer seiner Verpflichtung nicht nachkommen kann, wenn dafür entsprechende Anhaltspunkte bestehen[4]. 66

cc) Risiken der laufenden Geschäftstätigkeit

Des Weiteren bestehen unabhängig von der Ausgestaltung des Projekts als solches Risiken, die die **laufende Geschäftstätigkeit** des Emittenten oder operationelle Risiken betreffen. Sie lassen sich in die zwei Bereiche der Betriebsrisiken und der Rechtsrisiken unterteilen. 67

Als **Betriebsrisiken** sind solche Risiken zu verstehen, die die ordnungsgemäße Abwicklung der Geschäftstätigkeit der Emittentin gefährden können. 68

Die Darlegungen haben sich auf das **Liquiditätsrisiko** der Emittentin zu erstrecken. Der Verordnungsgeber hat das Risiko der Liquidität als Regelbeispiel für das Risikokapital ausdrücklich in die Verordnung aufgenommen, vgl. § 2 Abs. 2 Satz 5 Var. 1 VermVerkProspV. Einzugehen ist auf die Wahrscheinlichkeit des Eintritts der Zahlungsunfähigkeit und der daraus bedingten zwangsweisen Liquidation für das Unternehmen[5]. Die Liquidität beschreibt die Fähigkeit eines Unternehmens, jederzeit seines Zahlungsverpflichtungen nachkommen zu können und hängt vom Grad der Abstimmung von Zahlungspotenzial und Zahlungsverpflichtung aufeinander ab[6]. Die Grundlagen für die Ableitung des Liquiditätsrisikos gibt die VermVerkProspV nicht vor. Der Anbieter kann die Größenordnung des Risikos für die Darstellung

---

1 Vgl. BGH v. 9.7.2014 – II ZB 30/12, ZIP 2014, 2284; OLG München v. 13.7.2010 – 5 U 2034/08, ZIP 2010, 1744.
2 Vgl. OLG München v. 12.1.2011 – 7 U 4798/09, BKR 2011, 116.
3 BGH v. 14.6.2007 – III ZR 125/06, ZIP 2007, 1993.
4 LG Frankfurt/M. v. 28.11.2008 – 2–19 O 62/08, ZIP 2009, 184.
5 *Coenenberg/Haller/Schultze*, Jahresabschluss und Jahresabschlussanalyse, Kapitel 18 C; vgl. BGH v. 23.4.2012 – II ZR 75/10, MDR 2012, 924.
6 *Coenenberg/Haller/Schultze*, Jahresabschluss und Jahresabschlussanalyse, Kapitel 18 C.

im Verkaufsprospekt daher sowohl auf einer statischen oder stromgrößenorientierten Ableitung ermitteln[1].

Des Weiteren können sich Gefährdungen des wirtschaftlichen Erfolgs des Projekts auf Grund der **Kompetenzen der Geschäftsführung** sowohl hinsichtlich ihrer fachlichen als auch praktischen Erfahrung ergeben, des Weiteren in der Betrachtung, ob sie ihre ganze **Arbeitskraft** dem Projekt zur Verfügung stellen kann. Dieser Umstand ist insbesondere beachtlich, wenn die Geschäftsführung mehrere Projekte gleichzeitig verantwortet. Sofern relevant, können sich auch Gefährdungen aus der **persönlichen Eignung** der Geschäftsführung ergeben. Risiken für den Erfolg des Anlegers ergeben sich eventuell bei vorhandenen personellen Verflechtungen zu Drittfirmen, die Objekte, Waren oder Dienstleistungen an die Emittentin veräußern, oder in Bezug auf die persönliche Integrität, wenn diese Personen bereits strafrechtlich auffällig geworden sind. Dazu gehören zB unangemessene Geschäftsführervergütungen, die nicht durch eine angemessene Kapitalverzinsung gerechtfertigt sind[2], oder sonstige Rückflüsse an die Gründungsgesellschafter in einer Höhe, dass die Wertschätzung der Initiatoren für die Vermögensanlage in Zweifel zu ziehen ist[3]. Des Weiteren ergeben sich Risiken auf Grund von **Nutzungsausfall und Endverwertung** der Anlageobjekte, wenn die Geschäftsführung nicht entsprechende Abnehmer für die Anlageobjekte vertraglich binden kann. Auf **technische oder prozessbedingte Risiken**, wie mangelnde Technikausstattung der Büros oder fehlerhafte Beratungs- und Verkaufspraktiken, ist nur dann einzugehen, wenn diese auf Grund von Besonderheiten als wesentlich erkannt werden[4].

69 **Rechtsrisiken** sind im Rahmen der Geschäftstätigkeit der Emittentin zu besorgen, wenn diese möglicherweise gegen gesetzliche oder vertragliche Regelungen verstößt[5]. Hier kommt insbesondere in Betracht, dass die Tätigkeit von vornherein oder aufgrund einer Veränderung des Vertragswerks erfolgenden Verschiebung des Schwerpunkts der Tätigkeit der Emittentin dazu führt, dass die Emittentin als ein Investmentvermögen im Sinne des KAGB zu betrachten ist und die Bundesanstalt aufgrund einer fehlenden Erlaubnis bzw. Registrierung Maßnahmen nach § 15 KAGB, insbesondere die Rückabwicklung der Geschäfte der Emittentin, anordnen kann, § 2 Abs. 2 Satz 6 VermVerkProspV. Emittenten von Vermögensanlagen können nach Einführung des Kapitalanlagegesetzbuchs grundsätzlich nur noch operativ tätige Unternehmen außerhalb des Finanzsektors sein. Allerdings können Unternehmen – insbesondere durch den Umfang des am Kapitalmarkt eingesammelten Kapitals – ihren Charakter als operativ tätiges Unternehmen verlieren, wenn die operative Tätigkeit

---

1 *Coenenberg/Haller/Schultze*, Jahresabschluss und Jahresabschlussanalyse, Kapitel 18 C I und II.
2 FG Berlin-Brandenburg v. 16.1.2008 – 12 K 8312/04, BB 2008, 1489.
3 BGH v. 29.5.2000 – II ZR 280/98, NJW 2000, 3346; BGH v. 7.3.2006 – 1 StR 379/05, NJW 2006, 1679.
4 Bspw. nicht ausreichende oder nicht vorhandene Sicherungslösungen gegen Soft- oder Hardwarefehler oder bestimmte Form des Direktmarketings.
5 BGH v. 3.12.2007 – II ZR 21/06, ZIP 2008, 412, in Bezug auf die Bedenken der Aufsichtsbehörde gegenüber einer ratierlichen Auszahlung des Auseinandersetzungsguthabens an den Anleger.

gegenüber der Kapitalsammeltätigkeit in den Hintergrund gerät[1]. Auf dieses Risiko ist an hervorgehobener Stelle im Risikokapitel des Prospekts einzugehen[2].

dd) Spezifische Risiken bestimmter Marktbereiche

In diese grobe Strukturierung lassen sich jeweils noch spezifische Unterteilungen der Risiken bestimmen. Diese weitere Aufschlüsselung bzw. Darstellung von Risiken hängt jedoch stark von den Umständen des Einzelfalls ab. Vermögensanlagen iS des § 1 Abs. 2 VermAnlG werden bei verschiedenen Unternehmungen konzipiert, die verschiedenste **Marktbereiche** umfassen. Diese sind typischerweise in den Bereichen der Immobilien inklusive der alternativen bzw. regenerativen Energieerzeugung, des Transportgewerbes und der Beteiligungen an anderen Unternehmungen angesiedelt. Diese typischen Marktbereiche sind im Regelfall auch den gleichen Risiken ausgesetzt, sofern die Konzeption der Unternehmung nicht noch weitere spezifische Risiken beinhaltet.

Spezifische Risiken bestimmter Marktbereiche, denen dort angesiedelte Unternehmungen typischerweise ausgesetzt sein können, werden im Folgenden kurz angerissen und erheben auf Grund der Vielzahl der spezifisch möglichen Fallgestaltungen keinen Anspruch auf Vollständigkeit.

(1) Immobilien

Die Beurteilung einer Immobilie richtet sich nach ihrem **Standort**, der durchgeführten Planung, den Kosten, der Finanzierung sowie der Wirtschaftlichkeit ihres Betriebs und Unterhaltung[3] Zudem hat das mit ihr verfolgte und betriebene Geschäftskonzept Bedeutung.

Die **Lage und der Zuschnitt** des Grundstücks müssen den Erfordernissen der beabsichtigten Nutzung nachkommen. Darin enthalten sind die Betrachtung der baurechtlichen Situation, die Interessenlage von Nachbarn und die Beachtung eventueller Altlasten[4]. Entsprechen diese Bedingungen nicht den Planungen, ist eine entsprechend vorausgesagte Wirtschaftlichkeit des Geschäftsbetriebs gefährdet[5]. Die dem Anleger in Aussicht gestellte Renditeerwartung wäre bereits gemindert oder vollständig gefährdet.

Wurde die **Bebaubarkeit** und die **Nutzung** des Grundstücks nicht vor Projektbeginn baubehördlich abgeklärt, droht hier bereits das Scheitern des geplanten Projekts. Liegt weder eine bestandskräftige Genehmigung für das Bauvorhaben vor noch ein Bauvorbescheid, ist das Projekt mit den Unwägbarkeiten eines Genehmi-

---

1 Begr. zu Art. 6 Nr. 1 a) RegE Kleinanlegerschutzgesetz, BT-Drucks. 18/3994, S. 56.
2 Die Hervorhebungspflicht ergibt sich allein aus der Begründung zum RegE Kleinanlegerschutzgesetz: BT-Drucks. 18/3994, S. 56. Der Verordnungswortlaut verlangt eine Hervorhebung dieses Risikos nicht.
3 Siehe *von Heymann/Merz*, Bankenhaftung bei Immobilienanlagen, S. 8.
4 Vgl. *Arndt/Fischer* in Lüdicke/Arndt, Geschlossene Fonds, B I 1 c), S. 245 ff.
5 Vgl. BGH v. 2.3.2009 – II ZR 266/07, MDR 2009, 638.

gungsverfahrens belastet, deren Ausgang entweder eine Neuausrichtung des gesamten Projekts oder eine Reduzierung der Renditeerwartung bedeuten kann[1]. Die Nutzbarkeit eines Grundstücks richtet sich nach dem Baugesetzbuch (BauGB) und dem jeweiligen landesspezifischen Baurecht.

75 Die **Zulässigkeit von Bauvorhaben** bestimmt sich im BauGB grundsätzlich nach der Lage des Grundstücks, die sich in **drei Grundfälle** unterteilen lässt. Wird das Grundstück von einem Bebauungsplan erfasst, richtet sich die Art und das Maß der Bebaubarkeit nach seinen Festsetzungen und der Erschließung des Grundstücks (§ 30 BauGB). Befindet sich die Lage außerhalb eines Bebauungsplans, ist die örtliche Lage entscheidend. Innerhalb eines geschlossenen bebauten Ortsteils richtet sich die Bebaubarkeit gemäß § 34 BauGB in Art und Maß nach der Eigenart der näheren Umgebung. Im Außenbereich nach § 35 BauGB sind grundsätzlich nur bestimmte, abschließend aufgeführte Bauvorhaben zulässig.

76 Eine Beeinträchtigung des Erfolgs des Immobilienfonds kann sich aus im Boden befindlichen **Verunreinigungen** ergeben. Für die Sanierung ist grundsätzlich der Eigentümer haftbar. Auch eventuelle Altlastengutachten sind in ihrer Aussagekraft von der Intensität der Untersuchung des Bodens abhängig. Erfassen daher beim Erwerb des Grundstücks die vertraglichen Regelungen nicht genau die Haftung für Altlasten, drohen Kosten, die den Wert des Grundstücks übersteigen können, bedingt durch die Verzögerungen des Projekts selbst für die Sanierung und die eigentliche Sanierung[2].

77 **Dingliche Lasten** bestimmen ebenfalls den Wert eines Grundstücks. Bestehen solche oder sind auf Grund von dritter Seite geplanter Bauvorhaben (leitungsgebundene Wirtschaftsbereiche) solche zu erwarten, gefährdet eine fehlerhafte Bewertung dieser Lasten ebenfalls die Wirtschaftlichkeit des Projekts.

78 Beim Erwerb von bereits **auf dem Grundstück befindlichen Bauten** ist der technische Zustand zu bewerten. Ist der Instandhaltungsrückstau höher als vermutet, drücken die zur Beseitigung der Mängel erforderlichen Ausgaben auf das Ergebnis des Fonds und somit die Renditeerwartung des Anlegers.

79 **(a) Wohn- und Gewerbeimmobilien.** Die **Verwertbarkeit des Gebäudes** nach Ablauf der geplanten Nutzungsdauer durch die Fondsgesellschaft erfordert eine genaue Bewertung der Marktsituation zum Zeitpunkt der Veräußerung. Mehrfach nutzbare, qualitativ hochwertige Gebäude lassen sich im Zweifel einfacher veräußern als bestimmte, konkret auf die Nutzung durch den Mieter zugeschnittene Spezial-Immobilien.

80 Die Sicherheit der **Erzielung der geplanten Einnahmen** ist an den Betrieb der Immobilie bzw. die an die erfolgreiche Projektentwicklung oder das erfolgreiche „facility management" gebunden. Entscheidendes Kriterium ist zudem, dass die operative Tätigkeit als Haupttätigkeit erbracht wird, vgl. § 2 Abs. 2 Satz 6 VermVerkProspV.

---

[1] Vgl. BGH v. 7.4.2003 – II ZR 160/02, BKR 2003, 502; vgl. OLG Hamm v. 7.11.2011 – I-8 U 55/11, juris.
[2] *Arndt/Fischer* in Lüdicke/Arndt, Geschlossene Fonds, B I 1 c) aa) ddd), S. 248 f.

Unschädlich ist, wenn die Publikumsgesellschaft sich fremder Dienstleister oder gruppeninterner Gesellschaften bedient, solange die unternehmerischen Entscheidungen im laufenden Geschäftsbetrieb bei ihr verbleiben[1]. Weiterhin ist die Bonität der Kunden und die Dauer der vertraglichen Beziehung relevant. Bei nicht bonitätsstarken Kunden oder nach Ablauf der Geschäftsbeziehung besteht die Gefahr, dass kein für die Erreichung der Ergebnisprognosen notwendiger solventer neuer Kunde gefunden wird und Leerstand oder niedrigere Konditionen zu Ergebnisausfällen führen. Diese schlagen bei zu knapper Kalkulation unmittelbar auf die zu erwartende Rendite des Anlegers durch.

Sieht die Konstruktion des Fonds eine **Poolung der Einnahmen** mit anderen betriebenen Immobilien vor, ist die zu erwartende Rendite für den Anleger an den Erfolg dieser anderen Objekte gebunden. Eine schlechte Entwicklung der Einnahmen wirkt sich daher negativ auf das Ergebnis des Anlegers aus oder gefährdet es ganz, wenn die verbundenen Immobilien keinen gleichwertigen Vermarktungserfolg erzielen.

81

Die **laufenden Betriebskosten** stellen einen weiteren Risikofaktor beim Erfolg des Immobilienprojekts dar. Dazu gehören ua. Wasserversorgung, Abfallentsorgung, Elektrizität und Wärmeversorgung. Sind die Kosten in der Konzeption nicht entsprechend großzügig kalkuliert (zB Einplanung steigender Energiepreise), ist die Wirtschaftlichkeit des Objekts unmittelbar betroffen.

82

(b) Erneuerbare Energien. Im Bereich der erneuerbaren Energien lässt sich insbesondere auf das **technische Risiko der Energieerzeugungsanlagen** verweisen. Hier kann es auf Grund der technisch noch nicht erreichten dauerhaften Anpassung der technischen Anlagen an die am Standort vorherrschenden Witterungsverhältnisse zu betrieblichen Störungen in der Energieerzeugung kommen, die einen Ersatz durch Verschleiß oder Totaldefekt, eine technische Neukonstruktion, eine aufwendige Wartung inklusive des Austausches von Bauteilen oder sonstige Störungsbeseitigungen notwendig machen und sich somit schmälernd auf die Gewinne der Unternehmung auswirken. Ein zweiter Problemkreis betrifft im Bereich der erneuerbaren Energien die derzeit noch nicht mögliche Erzeugung der Energie zu marktfähigen Preisen. Betreibergesellschaften von Energieparks sind daher von Fördermaßnahmen auf Grund gesetzlicher Regelungen abhängig. Die gewährten Vergütungssätze richten sich nach dem erstmaligen Inbetriebnahmezeitpunkt der Anlage nach Herstellung ihrer technischen Betriebsbereitschaft, vgl. § 5 Nr. 21 EEG (2014)[2]. Änderungen der gesetzlichen Rahmenbedingungen führen daher je nach Kalkulation der Anlage zur Unwirtschaftlichkeit des Betriebs der Anlagen[3]. Dies gilt insbesondere dann, wenn die Konzeption der Anlage auf Grund der technischen Ausführung durch Aufteilung in mehrere Kleinanlagen einer Degression des Vergütungssatzes zuvorkommen will,

83

---

1 Vgl. Nr. 7 a) und II Nr. 1 des Auslegungsschreiben zum Anwendungsbereich des KAGB und zum Begriff des „Investmentvermögens" vom 14.6.2013, zuletzt geändert am 9.3.2015, Gz. Q 31-Wp 2137-2013/0006, abrufbar unter: http://www.bafin.de.
2 BGH v. 23.10.2013 – VIII ZR 262/12.
3 *Bost* in Lüdicke/Arndt, Geschlossene Fonds, B IV 1d) aa) und B IV 2 d) aa) aaa), S. 374, 386.

im Nachhinein aber nur der Vergütungssatz als Gesamtanlage Anwendung findet (vgl. § 32 EEG [2014])[1]. Des Weiteren steht die Verwertung der Energieerzeugungsanlagen nicht grundsätzlich im Vordergrund. Durch den technischen Fortschritt bedingt, wird der Anlagenpark nach einer bestimmten Laufzeit im Regelfall erneuert, so dass den Altanlagen, ua. auch durch die technische Beanspruchung zumeist nur noch Schrottwert zukommt. Insoweit kommen auf die Betreibergesellschaft im Regelfall noch Rückbaukosten zu.

84 **(aa) Windkraft.** Der gewählte Standort muss auf Grund der **vorherrschenden Windverhältnisse** und der sonstigen Verhältnisse für eine Windkraftanlage des zu errichtenden Typs geeignet sein. Die Stetigkeit des Windes ist für den wirtschaftlichen Betrieb genauso zu berücksichtigen wie die maximale oder minimale Windstärke. Für die Ermittlung dieser Größen muss auf meteorologische Daten zurückgegriffen werden. Werden ein oder mehrere Gutachten angefertigt, sind die qualitativen Standards für die Anfertigung zu berücksichtigen[2]. Sämtliche Betriebsrisiken in technischer Hinsicht, wie Wartung und Ersatz abgenutzter Anlagen, müssen beachtet werden.

85 Des Weiteren müssen alle **behördlichen Genehmigungen** für die Nutzung des Standorts vorliegen. Dazu zählen die Genehmigungen für die Anlage selbst als auch für Umwelteinwirkungen[3]. Des Weiteren sind in Hinblick auf das Risiko der Errichtung der Anlage mögliche Nachbarschaftsstreitigkeiten zu beachten, wenn das Projekt in der Nähe von Ansiedlungen errichtet wird. Auf Grund des laufenden Betriebs bedingte Abschattungen und Geräusche können zu rechtlich erzwungenen Stilllegungen führen. Die mit der EEG-Reform 2014 eingefügte Länderöffnungsklausel, mit der die Länder selbständig die Mindestabstände regulieren können, erfordert eine Berücksichtigung des dann geltenden Bauordnungs- und Bauplanungsrechts der einzelnen Länder[4]. Ein weiteres Risiko ergibt sich aus der Nutzung des Luftraumes, die ebenfalls an diesem Standort zulässig sein muss.

86 Weitere Risiken ergeben sich aus dem **Anschluss der Energieanlagen an das allgemeine Stromnetz.** Stehen die notwendigen Kapazitäten noch nicht zur Verfügung, muss ein kurzfristiger Ausbau ermöglicht werden können. Trotz der Privilegierung des Transports aus erneuerbaren Energien gemäß §§ 8 Abs. 4, 12, 14 Abs. 1 Nr. 2 EEG (2014), der von den Netzbetreibern einen unverzüglichen Ausbau der Netzkapazitäten fordert, können sich langwierige Verzögerungen des Projekts ergeben. Denn die Erwartungen des Gesetzgebers an die Netzbetreiber, für eine bedarfs- und zeitgerechte Bereitstellung von Netzkapazitäten zu sorgen, stehen im Gegensatz zu der teilweise

---

[1] Vgl. zur Problematik: *Loibl*, ZNER 2014, 152 ff.
[2] BGH v. 14.1.2008 – II ZR 85/07, MDR 2008, 868; OLG Celle v. 16.12.2009 – 9 U 29/09.
[3] *Bost* in Lüdicke/Arndt, Geschlossene Fonds, B IV 2 d) aa) aaa), S. 386 ff.
[4] Vgl. § 6 Abs. 8 BauO LSA; § 8 Abs. 10 Nr. 2 Satz 2 LBauO RPf, im Bauplanungsrecht ist der Schutz bestimmter öffentlicher Belange zu gewährleisten, zB Artenschutz, Wetterradar, Drehfunkfeuer etc. Hinzu treten die Auswirkungen auf die regionale und kommunale Planung nach § 249 Abs. 3 BauGB. Entsprechende Ländergesetze zur Regelungen zu den künftigen Mindestabständen sind insbesondere in Bayern und Sachsen vorgesehen.

mehrjährigen Dauer von Genehmigungsverfahren[1]. Für dringliche Leitungsbauvorhaben sind zwar Planungsbeschleunigungen durch die Nutzung von Verfahrensbefreiungen möglich (vgl. §§ 43 ff. EnWG), diese müssen jedoch von den Ländern auch umgesetzt werden[2].

Des Weiteren kann ein **Abnahmerisiko** entstehen, wenn die Windkraftanlage auf Grund der begrenzten Anschlusskapazität teilweise stillgelegt werden muss (§ 14 EEG [2014]). 87

Die **Rentabilität** der Anlage ist an die **Vergütungsregelungen des EEG** geknüpft (§§ 19 ff. EEG [2014]). Bei eventuellen Rechtsänderungen in Bezug auf den Abbau von Fördermaßnahmen regenerativer Energieerzeugung bestehenden Gefährdungen in Hinsicht auf die Erreichung eines wirtschaftlichen Betriebs der Anlage. 88

(bb) Photovoltaik/Solarthermie. Der **Standort** muss durch eine hohe Sonneneinstrahlung gekennzeichnet und auch sonst für die Errichtung von Solaranlagen geeignet sein. Auf Grund des geringen Wirkungsgrades von Solarzellen müssen große Flächen in Anspruch genommen werden. Ferner kann die Verwendung von mit Produktionsfehlern behafteten Modulen, die Wirtschaftlichkeit der Anlage gefährden[3]. Typischerweise gelten die Wechselrichter als besonders anfällige Komponente einer Photovoltaikanlage[4]. Ein Weiteres Risiko stellt die Alterung der Photovoltaikmodule und der damit einhergehenden geringeren Ausbeute dar[5]. Im Übrigen gelten die zu den Windkraftanlagen gemachten Aussagen entsprechend[6]. 89

(cc) Biogasanlagen. Es sind **Wirtschaftlichkeitsrisiken** anzugeben, die sich auf Grund einer **ungesicherten Auslegung von Gesetzen** ergeben, zB in Hinblick auf die Regelung in § 32 EEG (2014), wenn das Projekt zur Vermeidung einer Vergütungsdegression im Rahmen der Einspeisevergütung in zunächst begünstigte Kleinanlagen aufgeteilt errichtet wurde, diese im Nachhinein jedoch auf Grund der äußeren Umstände als Gesamtanlage mit entsprechenden niedrigeren Vergütungssätzen angesehen werden muss[7]. 90

Bei der Wahl des Standorts und der projektierten Kapazität ist die **Konkurrenzsituation** ähnlicher Anlagen zu berücksichtigen. Können die zum Betrieb erforderlichen Stoffe nicht direkt vor Ort gedeckt werden, ist die Wirtschaftlichkeit der Anlage durch hohe Beschaffungs- und Transportkosten gefährdet[8]. 91

(dd) Geothermie. Steht für das Projekt nicht bereits ein im Rahmen der Konzeption entdeckter, geeigneter **Standort** fest, sind die Gefahren des Scheiterns des Projekts auf Grund einer **erfolglosen Beprobung** immens. Zudem können seismische 92

---

1 *Schneller*, DVBl 2007, 529 ff.
2 *Schneller*, DVBl 2007, 529 (537).
3 Financial Times Deutschland v. 2.7.2009: „Feuer auf dem Dach".
4 *Lohmann* in Lüdicke/Arndt, Geschlossene Fonds, B IV 1 d), S. 375.
5 *Lohmann* in Lüdicke/Arndt, Geschlossene Fonds, B IV 1 d), S. 375.
6 Ausführlich: *Lohmann* in Lüdicke/Arndt, Geschlossene Fonds, B IV 1 d), S. 373 ff.
7 Financial Times Deutschland v. 21.4.2009: „Biogas – Einst gepriesen, jetzt verdammt".
8 Ausführlich: *Lohmann* in Lüdicke/Arndt, Geschlossene Fonds, 5. Aufl. 2009, S. 374 ff.

Aktivitäten durch bestimmte Bohrverfahren verstärkt oder ausgelöst werden, die dann Schäden an umliegender Bebauung bewirken[1].

(2) Transportgewerbe

93 Es besteht das allgemeine Risiko, dass die vom geschlossenen Fonds auf dem Markt bereitgestellten **Transportkapazitäten nicht angenommen** werden. Dem entsprechen besteht eine konjunkturelle Abhängigkeit. Des Weiteren bestehen bei Transportmitteln immer die Gefahren, die auf Grund der Auswahl der Routen entstehen. Diese können durch meteorologische, politische oder geographische Instabilitäten gekennzeichnet sein.

94 (a) **Schiffe.** Erwirbt der geschlossene Fonds keine bereits fertig gestellten Schiffe, treffen ihn **Herstellungsrisiken.** Schiffbauverträge sehen häufig eine ratenweise Vorauszahlung des Baupreises vor. Kommt die Werft ihren Lieferpflichten nicht nach, müssen Prozess- und Ausfallrisiken zur Wiedererlangung der geleisteten Anzahlungen hingenommen werden.

95 Die wirtschaftliche **Nutzung des Schiffes** erfolgt typischerweise in Form der Überlassung an einen Charterer auf eine bestimmte Zeit. Fällt der Schwerpunkt der Tätigkeit der Publikumsgesellschaft in diesen Bereich, scheiden Maßnahmen der BaFin im Sinne einer Rückabwicklung des Geschäftsmodells nach § 15 KAGB aus. Eine solche Nutzungsüberlassung durch die Publikumsgesellschaft, bei der diese die technisch-nautische Betriebsführung in Gestalt der Weisungsbefugnis gegenüber dem Kapitän, der Verantwortung für den funktionierenden Schiffbetrieb, der Seetüchtigkeit und der Instandhaltung und Pflege des Schiffes ausübt, gilt als gewerbliche Tätigkeit, die das Kriterium einer operativen Tätigkeit außerhalb des Finanzsektor erfüllt[2]. Zu berücksichtigende Interessenkonflikte ergeben sich aus den **widerstreitenden wirtschaftlichen Interessen** des Charterers an einer möglichst gewinnbringenden Einsatz des Schiffes gegenüber den Interessen der Publikumsgesellschaft an der Erhaltung des wirtschaftlichen Werts des Schiffes. Oft sind das **Ablieferungsrisiko** des Schiffes und ein **Überführungsrisiko** zum Ort der Übergabe an den Charterer von der Publikumsgesellschaft zu tragen[3].

96 Das **Betriebskostenrisiko** liegt grundsätzlich bei der Publikumsgesellschaft. Dazu gehört die Aufrechterhaltung der Einsatzbereitschaft des Schiffes durch Personal ebenso wie in technischer Hinsicht. Kann diese nicht gewährleistet werden, trifft die Publikumsgesellschaft das *Off-Hire*-Risiko mit der Verweigerung der Leistung der Charterrate durch den Charterer. Ebenfalls können Fracht oder Schiff **Haftungsrisi-**

---

[1] Vgl. zur Einstellung von Geothermieprojekten auf Grund seismischer Aktivitäten http://www.heise.de/newsticker/meldung/Geothermie-unter-Druck-886312.html; ausführlich: *Lohmann* in Lüdicke/Arndt, Geschlossene Fonds, B IV 3 d), S. 403 ff.

[2] *Arndt/Lüdicke* in Lüdicke/Arndt, Geschlossene Fonds, B II 4 b), S. 291. Vgl. Nr. 7 b) des Auslegungsschreibens zum Anwendungsbereich des KAGB und zum Begriff des „Investmentvermögens" vom 14.6.2013, zuletzt geändert am 9.3.2015, Gz. Q 31-Wp 2137-2013/0006, abrufbar unter: http://www.bafin.de.

[3] *Arndt/Lüdicke* in Lüdicke/Arndt, Geschlossene Fonds, B II 4 b) aa) f, S. 293 f.

ken auf Grund davon ausgehender **Umweltgefährdungen** auslösen. Daneben treten **Bonitätsrisiken** des Charterers, die Beschlagnahmungen des Schiffes in den Zielhäfen auslösen können. Läuft der Chartervertrag ohne Verlängerung aus, muss die Publikumsgesellschaft für die Aufrechterhaltung von Einnahmen für eine **Anschlussbeschäftigung** oder für einen Käufer des Schiffes sorgen. Die Fondsgesellschaft kann durch Wahl der **Tonnagebesteuerung** nach § 5a EStG einer vom tatsächlichen erzielten operativen Gewinnen unabhängigen Steuerbelastung unterliegen[1].

Bei Schiffen besteht das **Risiko des Verlustes von Schiff, Ladung und Besatzung** durch **Piraterie** oder **Kriegseinwirkungen**. Neben dem vollständigen Verlust ist teilweise der Einsatz einer Lösegeldzahlung zur Wiedererlangung notwendig, die das Ergebnis schmälert.

(b) Lastkraftwagen. Es besteht das Risiko, dass die Publikumsgesellschaft eine erlaubnispflichtige Fondskonstruktion iS des KAGB darstellen kann. Die Tätigkeit der Publikumsgesellschaft muss sich als operative Tätigkeit außerhalb des Finanzsektors darstellen, vgl. Rz. 95. Dh., die Publikumsgesellschaft muss die Lastkraftwagen für das Transportgeschäft selbst betreiben. Zu beachten sind dann insbesondere die allgemeinen Betriebsrisiken der Lastkraftwagen. Bei Lastkraftwagen ist der **Verlust der Ladung** durch Diebstahl unabhängig von der gewählten Route zu besorgen. Hohes allgemeines Verkehrsaufkommen im Straßenverkehr erhöhen die Gefahr der **Einschränkung der Wirtschaftlichkeit** durch Unfall, Verschleiß, Betriebskosten und Verlust von Anschlussaufträgen.

(c) Flugzeuge. Es besteht das Risiko, dass die Publikumsgesellschaft eine erlaubnispflichtige Fondskonstruktion iS des KAGB darstellen kann. Im Regelfall sind solche Publikumsgesellschaften als Leasingfonds konstruiert. Diese fallen grundsätzlich unter das Regelungsregime des KAGB[2]. Die Tätigkeit der Publikumsgesellschaft muss sich als operative Tätigkeit außerhalb des Finanzsektors darstellen, vgl. Rz. 95. Dh., die Publikumsgesellschaft muss die Lastkraftwagen für das Transportgeschäft selbst betreiben. Entsprechen die Sicherungs- bzw. Leiteinrichtungen auf den Routen nicht dem allgemeinen Standard, besteht eine erhöhte Gefahr, dass Ereignisse eintreten, die zum **Verlust des Flugzeugs** führen. ZB ist der Zusammenstoß des Flugzeugs mit anderen Flugzeugen auf afrikanischen Routen auf Grund der mangelhaften Leittechnik zu besorgen. Verfügt der angeflogene Flughafen nicht über ausreichende Einrichtungen zur Gewährleistung einer Landung bei allen Wetterbedingungen, erhöht sich auch hier die Gefahr des Verlustes des Flugzeugs.

f) Formelle Anforderungen

Die **Darstellung** der Risiken muss nach dem Willen des Gesetzgebers in einem **gesonderten Abschnitt** erfolgen. **Sinn und Zweck dieser Zusammenfassung** in diesem

---

[1] *Arndt/Lüdicke* in Lüdicke/Arndt, Geschlossene Fonds, B II 4 b) dd) f, S. 304 ff.
[2] Vgl. II Nr. 5 des Auslegungsschreiben zum Anwendungsbereich des KAGB und zum Begriff des „Investmentvermögens" vom 14.6.2013, zuletzt geändert am 9.3.2015, Gz. Q 31-Wp 2137-2013/0006, abrufbar unter: http://www.bafin.de.

gesonderten Abschnitt ist die Gewährleistung einer konzentrierten Information des Anlegers über die der Vermögensanlage innewohnenden Risiken. Diese Zusammenfassung dient damit der erleichterten Auswertung und Verständnis des Verkaufsprospekts und greift damit die Grundsätze der Rechtsprechung im Rahmen der Prospekthaftung auf, dass Angaben nicht innerhalb des Prospektes versteckt werden dürfen[1].

101 Die **Platzierung des Risikoabschnitts** in der Gesamtdarstellung des Verkaufsprospekts ist vom Wortlaut der Regelung nicht bestimmt. Vorgesehen ist nur ein **gesonderter Abschnitt**. Die **Entwicklung der Norm** von ihrem Entwurf her zeigt auf, dass ursprünglich ein unmittelbarer Anschluss des Risikoabschnitts an das Inhaltsverzeichnis vorgesehen war[2]. Eingebettet in den Kontext der Entwicklung des AnSVG wird offensichtlich, dass eine unzureichende Aufklärung für die massiven Verluste der Anleger in dieser Anlageklasse verantwortlich gemacht wurde[3]. Die Platzierung des Risikoabschnitts muss daher, um seiner Aufklärungsfunktion gerecht zu werden, an prominenter Stelle erfolgen. Greift man auf die Grundregel des § 2 Abs. 3 Satz 1 VermVerkProspV zurück, dass die Angaben im Verkaufsprospekt in der Reihenfolge ihrer Nennung in der Verordnung erfolgen sollen, gebietet diese Regelung eine frühzeitige Darstellung der Risiken. Bei der Hinterlegung der Verkaufsprospekte bei der BaFin hat sich im Prüfungsverfahren eine **Verwaltungspraxis** herausgebildet, dass der Risikoabschnitt im ersten Drittel der textlichen Darstellung des Verkaufsprospekts ohne Berücksichtigung von Anhängen und Vertragswerken beginnen muss[4].

102 Nach der Begründung zur VermVerkProspV ist es unerheblich, ob die in den Risikoabschnitt aufgenommene Angabe bereits als notwendige Mindestangabe an anderer Stelle im Verkaufsprospekt erwähnt ist. Die Darstellung in einem **gesonderten Abschnitt** soll es dem Publikum ermöglichen, sich an einer Stelle umfassend und ausschließlich über die wesentlichen Risiken zu informieren. Zur Verwirklichung dieses Anspruchs sind Darstellungen von Risiken außerhalb des Risikoabschnitts unzulässig. Dies gilt auch für zusammenfassende Risikodarstellungen an anderer Stelle des Verkaufsprospekts[5].

103 Die Darstellung der Risiken folgt dem Grundsatz der **Eindeutigkeit**. Sie stellt das Spiegelbild zu den anderen Prospektangaben dar, die den Anleger für seine Anlageentscheidung in eine positive Grundstimmung versetzen sollen. Darstellungen, die den Charakter eines Risikos in seiner spezifischen Eigenart vermindern oder verschleiern sollen, sind im Zusammenhang mit der Darstellung des Risikos unzulässig[6]. Eine unübersichtliche oder vom Schriftbild nur schwer erfassbare Darstellung der Risiken auf Grund kleiner Schrifttypen und einer gedrängten Schreibweise ist unzuläs-

---

1 BGH v. 14.1.2002 – II ZR 40/00, NJW 2002, 1711.
2 *Moritz/Grimm*, BB 2005, 337 (338), mit Verweis auf die Fundstelle des Entwurfs.
3 Begr. RegE AnSVG, BT-Drucks. 15/3174 v. 24.5.2004, S. 41 f.
4 *Voß* in Arndt/Voß, § 2 VermVerkProspV Rz. 122.
5 AA *Keunecke*, Prospekte im Kapitalmarkt, Rz. 593 f.
6 BGH v. 14.6.2007 – III ZR 125/06, ZIP 2007, 1993; BGH v. 23.4.2012 – II ZR 211/09, MDR 2012, 785; BGH v. 14.5.2012 – II ZR 69/12, MDR 2012, 859; OLG Hamm v. 17.12.2013 – 34 U 110/11, WM 2014, 609 in Bezug auf die Darstellung von Absicherungen.

sig[1]. Der große Umfang einer Risikodarstellung allein ist noch kein Kriterium für die Verschleierung von Risiken; vielmehr kann dieser bei den Erfordernissen der Darstellung des Projekts erforderlich sein[2].

Die Verordnung gibt nicht ausdrücklich vor, **welche Risiken als wesentlich zu bewerten** und daher konkret im Verkaufsprospekt darzustellen sind. Die Formulierung der Vorschrift „der wesentlichen tatsächlichen und rechtlichen Risiken" in Hinblick auf ihre Darstellung im Verkaufsprospekt stellt aber einen direkten Bezug zur Verpflichtung der Darstellung der tatsächlichen und rechtlichen Verhältnisse aus § 2 Abs. 1 Satz 1 VermVerkProspV her. Die Darstellung der Risiken legt dem Anleger sich möglicherweise auswirkende Ereignisse und Zusammenhänge im Rahmen der Konzeption der Vermögensanlage offen. Wesentlich sind die Risiken mit deren Verwirklichung bei der Umsetzung des Projekts ernsthaft zu rechnen ist oder jedenfalls nicht ganz fernliegen[3]. Diese haben Einfluss auf den Anlageentscheidungsprozess des Anlegers[4]. Die Risiken stellen praktisch die Kehrseite der Konzeption der Vermögensanlage dar und sind für die Beurteilung der Vermögensanlage in Hinblick auf eine Anlageentscheidung des Anlegers unter dem Aspekt des Ausgleichs der Informationsasymmetrien notwendig. Dies folgt auch aus dem Begriff des maximalen Risikos aus § 2 Abs. 2 Satz 7 VermVerkProspV. Der gesetzgeberische Wille bezüglich der Prospektpflicht für Vermögensanlagen beinhaltet dem Anleger die Möglichkeit des Totalverlusts seiner Einlage und noch weitergehender Verluste auf Grund eines Scheiterns der Unternehmung vor Augen zu führen[5].

104

Eine Darstellung eines Risikos muss als Tatsache an sich, als **Bruttorisiko** erfolgen[6]. Diese Auffassung bezüglich der Darstellung von Risiken findet seine Entsprechung auch in der aktuellen zivilrechtlichen Rechtsprechung[7].

105

Dem **Anbieter** obliegt nur die **subjektive Einschätzung der Wesentlichkeit** eines Risikos, die er über die Aufnahme des Risikos in den Verkaufsprospekt zum Ausdruck bringt. Diese Wesentlichkeit ist umfänglich unter Berücksichtigung eventuell bestehender Wechselwirkungen mit anderen Risiken zu erörtern[8]. Die subjektive Einschätzung des Eintritts und der Auswirkungen des dargestellten Risikos auf die Vermögensanlage verbleibt dagegen dem Anleger im Rahmen seiner Anlageentscheidung. Der Anbieter darf diese nicht durch seine eigene Einschätzung ersetzen. Die Darstellung eines Risikos im Risikoabschnitt darf daher nicht durch eine von der Konzeption des Projekts vorgesehene Gegenmaßnahme zur Absicherung verharmlost werden[9]. Dabei ist das **Gesamtbild der Darstellung der Risiken** zu betrachten. Beispielrechnungen, die ein begrenztes Risiko für den Anleger suggerieren, sind zu

106

---

1 OLG Celle v. 15.8.2002 – 11 U 341/01, DB 2002, 2211.
2 BGH v. 12.1.2006 – III ZR 407/04, WM 2006, 522.
3 BGH v. 23.7.2013 – II ZR 143/12, MDR 2013, 1178.
4 *Schleifer*, Publizität und Prüfung von Verkaufsprospekten, S. 143 ff.
5 Begr. RegE AnSVG, BT-Drucks. 15/3174 v. 24.5.2004, S. 41 f.
6 *Bruchwitz* in Lüdicke/Arndt, Geschlossene Fonds, A IV 3 a) bb), S. 125.
7 Vgl. auch BGH v. 14.6.2007 – III ZR 125/06, ZIP 2007, 1993.
8 OLG Celle v. 15.8.2002 – 11 U 341/01, DB 2002, 2211.
9 Vgl. BGH v. 14.6.2007 – III ZR 125/06, ZIP 2007, 1993.

unterlassen. Genauso wenig ist im Risikoabschnitt Raum für eine Vermischung mit den Erfolgschancen des Projekts[1]. Gegenüberstellungen von Risiken und Chancen im Rahmen einer Synopse sind damit unzulässig[2]. Dabei ist auf den Gesamteindruck der Aussage abzustellen, nicht auf die reinen Begriffe der Wortwahl. So ist die Darstellung geminderter Gewinnerwartungen im Risikokapitel nicht etwa eine synoptische Gegenüberstellung, sondern die Darstellung eines tatsächlichen Risikos, dass die tatsächlichen Gewinne hinter den prognostizierten zurückbleiben[3]. Ebenso wenig stellt die Angabe eines Risikoprofils in der Form einer synoptischen Gegenüberstellung dar, dass die Vermögensanlage nur für Anleger geeignet ist, die die Bereitschaft aufweisen, gegenüber den Gewinnerwartungen ein gesteigertes Risiko zu tragen. Denn es handelt sich nur um eine Bestimmung der Anlegergruppe, die der Anbieter für die Zeichnung der Vermögensanlage für geeignet hält. Ein Risiko der Anlage selbst wird dadurch nicht beschrieben (vgl. § 4 VermVerkProspV Rz. 128).

107 Die BaFin nimmt im Rahmen des **Prüfungsverfahrens** keine Bewertung hinsichtlich der tatsächlichen Vollständigkeit der für das Projekt als wesentlich aufgeführten Risiken vor, da dies auf eine inhaltliche Prüfung hinauslaufen würde. Berücksichtigt werden allein die vom Verordnungsgeber vorgegebenen Aussagen zu bestimmten Risiken[4]. Für die Vollständigkeit der Angabe über die Risiken ist daher entscheidend, dass der Anbieter diese im Verkaufsprospekt mit der **Aussage abschließt**, es seien **keine weiteren wesentlichen Risiken vorhanden**. Daher sind Formulierungen (*Disclaimer*) zu beanstanden, die zum Ausdruck bringen, dass nicht alle wesentlichen Risiken dargestellt wurden (zB anhand von Formulierungen wie: „werden einige Risiken dargestellt" oder „keine abschließende Auflistung der Risiken").

108 Auch Darstellungen, die ein **Risiko relativieren**, in der Form, dass eine subjektive Einschätzung des Anbieters in Bezug auf den Eintritt des Risikos erfolgt (zB „unwahrscheinlich", „lediglich", „nicht auszuschließen", „üblicherweise") gehören nicht in den Risikoabschnitt. Der Anbieter hat subjektiv allein zu entscheiden, ob ein Risiko wesentlich ist, womit er eine Gewichtung der Risiken bereits anhand der Aufnahme in den Risikoabschnitt vorgenommen hat[5]. Ob sich der Anleger dieser Gefährdung aussetzen will, verbleibt seiner zu treffenden Anlageentscheidung.

109 Aus der **Zusammenfassung der** Darstellung und Beschreibung von **Risiken** in einem gesonderten Abschnitt ergibt sich, dass **Risiken außerhalb des Risikokapitels** bei der Beschreibung oder Erläuterung anderer Angaben **nur genannt** werden dürfen[6]. Diese Nennung ist aus Gründen der Verständlichkeit des Verkaufsprospekts und des damit einhergehenden Gesamtbilds nicht zu beanstanden. Erfolgt eine Nennung des Risi-

---

1 *Keunecke*, Prospekte im Kapitalmarkt, Rz. 593.
2 *Jäger/Voß* in Winter/Hennig/Gerhard, Grundlagen der Schiffsfinanzierung, S. 906.
3 BGH v. 22.11.2005 – XI ZR 69/05, ZIP 2006, 171.
4 Vgl. § 2 Abs. 2 Satz 5–7 VermVerkProspV. Im weiteren Sinne können auch § 2 Abs. 2 Satz 1 und 3 VermVerkProspV als Risiken bewertet werden. Sie betreffen aber die Vermögensanlage nicht direkt, sondern weisen auf den rechtlichen Rahmen außerhalb der eigentlichen Vermögensanlage hin.
5 *Bruchwitz* in Lüdicke/Arndt, Geschlossene Fonds, A IV 3 a) bb), S. 124 f.
6 Enger *Voß* in Arndt/Voß, § 2 VermVerkProspV Rz. 110 ff.

kos, gebietet das Erfordernis der Verständlichkeit, an dieser Stelle auf die entsprechende Erläuterung im Risikoabschnitt zu verweisen. **Verweise aus dem Risikoabschnitt heraus** auf Passagen, die zur Erläuterung des Risikos dienen sollen, sind unzulässig[1].

Risikodarstellungen außerhalb des Risikokapitels sind nur dann zulässig, wenn die Mindestangabe selbst eine Darstellung voraussetzt. Dies ist zB bei der Angabe über die Vermögens-, Finanz- und Ertragslage gemäß § 10 VermVerkProspV der Fall, die einen Lagebericht mit Risikodarstellungen zum Jahresabschluss nach § 289 Abs. 1 HGB enthalten. 110

Eine **gesonderte Darstellung** des Risikoabschnitts ist nur dann anzunehmen, wenn er von den Nachbarabschnitten eindeutig **optisch getrennt** ist. In diesem Zusammenhang muss auch gewährleistet sein, dass keine tatsächliche „Gegenüberstellung" von Risiken und Chancen durch zwei aufeinander folgende Seiten hervortritt[2]. 111

g) Risikomindernde Maßnahmen

Die **Darstellung von Sicherungsmaßnahmen** ist Teil der Konzeption der Vermögensanlage. Sie sind daher außerhalb des Risikokapitels darzustellen. Im Regelfall bietet sich eine Erörterung bei den anlageobjektspezifischen Angaben an. Hier kann an den entsprechenden Passagen auch immer ein Verweis auf die bestehenden Risiken mit einbezogen werden. 112

h) Nachträge

Bei der Darstellung von Risiken handelt es sich um Angaben im Verkaufsprospekt, die wie alle anderen Mindestangaben auch, im Verlauf des öffentlichen Angebots einer **tatsächlichen Veränderung** unterliegen können. Änderungen in der weltökonomischen oder weltpolitischen Situation oder sonstiger Marktumstände erfordern eine Neubewertung der tatsächlichen Risiken für das begonnene oder bereits in der Betriebsphase befindliche Anlageprojekt. So können zuvor als unwesentlich erkannte Risiken nunmehr auf Grund der geänderten Rahmenbedingungen Wesentlichkeit erlangen oder wesentliche Risiken anders beschrieben werden müssen. Dies gilt insbesondere für die angestrebte Kapitalstruktur des Anlageprojekts. Der bestehende Bedarf an Fremd- oder Zwischenfinanzierungen, die auf Grund der Finanzmarktkrise eventuell nur noch zu schlechteren Konditionen oder überhaupt nicht mehr zu erlangen sind, sowie eine zurückhaltende Nachfrage der Anleger auf die konkrete Vermögensanlage können zu einer Verstärkung des finanzwirtschaftlichen Leverage-Risikos führen[3]. Auch die Bonität einer finanzierenden Bank kann sich im Verlauf der Anlage verändern, also sich von einem theoretischen Ausfallrisiko zu einem konkreten entwickeln[4]. Weitere schwerwiegende Veränderungen können sich unter 113

---

[1] *Bruchwitz* in Lüdicke/Arndt, Geschlossene Fonds, A IV 3 a) bb), S. 125.
[2] *Voß* in Arndt/Voß, § 2 VermVerkProspV Rz. 118.
[3] *Elsen/Jäger*, BKR 2009, 190 (192).
[4] Vgl. LG Frankfurt/M. v. 28.11.2008 – 2-19 O 62/08, ZIP 2009, 184.

Risikoaspekten in Bezug auf die Bonität der Geschäftspartner ergeben. Ausfälle von Vertragspartnern wirken sich auf das operative Geschäft der Publikumsgesellschaft mit Verzögerungen in Hinblick auf die Akquise neuer Geschäftspartner aus, können aber auch massive Umsatz- und Ertragseinbußen mit sich bringen, wenn dies nicht gelingt[1].

114 Des Weiteren kann eine im Verlauf des öffentlichen Angebots erfolgende Verflechtung mit einem anderen Unternehmen zu einem höheren Risiko führen, wenn das Schicksal der Emissionsgesellschaft nun mit dem Wohlergehen des anderen Unternehmens verknüpft ist[2].

4. Maximales Risiko (§ 2 Abs. 2 Satz 7 VermVerkProspV)

115 Das **maximale Risiko** hat sich in seiner Beschreibung seines vollen Umfangs an den Auswirkungen beim Anleger zu orientieren[3]. Der Begriff ist gesetzlich nicht definiert. Der Gesetzeswortlaut umschreibt vielmehr mit der gewählten Formulierung, wie hoch das tatsächliche Verlustpotential beim Anleger beim Scheitern des Anlageprojekts auf Grund der eingegangenen Anlageentscheidung anfällt. Die Beschreibung darf nicht den Eindruck vermitteln, dass der Anleger nur ein begrenztes Risiko eingeht[4]. In der Rechtsprechung wird anhand der Art der Vermögensanlage und der Risikobereitschaft eine Konkretisierung vorgenommen[5].

a) Inhaltliche Anforderungen

116 Dieses **Verlustpotential** setzt sich entsprechend der tatsächlichen Umstände aus mehreren Komponenten zusammen. Potentielle Risiken ergeben sich aus der gesellschaftsrechtlichen Vertragsgestaltung, der zivilrechtlich gestalteten Finanzierung der Kapitalbeteiligung durch den Anleger sowie der steuerrechtlichen Verantwortlich-

---

1 *Elsen/Jäger*, BKR 2009, 190 (192) mit Beispiel zum Einbruch der Charterraten repräsentiert durch den Baltic Dry Index mit einem Verlust von 93%, betrachtet auf den Zeitraum 20.5.2008 bis 5.1.2009.
2 Vgl. BGH v. 3.12.2007 – II ZR 21/06, ZIP 2008, 412; OLG Stuttgart v. 5.8.2004 – 19 U 30/04, ZIP 2005, 909 (red. Leitsatz), Volltext über juris.
3 Der Verordnungsgeber versteht unter der neu gewählten Formulierung eine Erweiterung der bisherigen Angabe, vgl. Begr. Art. 6 Nr. 1 b) RegE Kleinanlegerschutzgesetz, BT-Drucks. 18/3994, S. 57.
4 OLG Stuttgart v. 12.5.2010 – 3 U 200/09, ZIP 2010, 1386.
5 Eingegangen wird auf die Erkennbarkeit der Abhängigkeit der Rückzahlbarkeit der Anlegergelder von der Bonität der jeweiligen Emittentin bzw. dem Bestehen einer Einlagensicherung, vgl. BGH v. 27.9.2011 – XI ZR 178/10, AG 2012, 40; bei immateriellen Vermögensgegenständen darf der Hinweis auf das Totalverlustrisiko nicht mit relativierenden „Worst-Case"-Szenarios abgeschwächt werden, vgl. BGH v. 14.6.2007 – III ZR 125/06, ZIP 2007, 1993 und BGH v. 14.6.2007 – III ZR 185/05, NJW-RR 2007, 1479; OLG Stuttgart v. 12.5.2010 – 3 U 200/09, ZIP 2010, 1386; bei materiellen Vermögensgegenständen muss auf die Möglichkeit des Totalverlusts der Einlage nur dann eingegangen werden, wenn dem Anleger unbekannte, risikoerhöhende Umstände hinzutreten, vgl. BGH v. 27.10.2009 – XI ZR 338/08, ZIP 2009, 2380.

keit auf Grund der eingegangenen Mitunternehmerschaft. Alle Komponenten zusammen lassen sich als maximales Risiko bezeichnen und in der Höhe beschreiben.

Gesellschaftsrechtlich ist zu unterscheiden zwischen dem direkt mit der Beteiligung eingesetzten Vermögen und dem aus der unternehmerischen Beteiligung zusätzlich ableitbaren Verpflichtungen. 117

Direkte Auswirkungen ergeben sich zunächst auf Grund der in das Unternehmen eingezahlten **Einlage**. Zehren Verluste aus dem Geschäftsbetrieb die Einlagen auf, stellt sich dies für den Anleger in seiner Eigenschaft als Mitunternehmer als direkter Verlust dar, da sein Anteil teilweise oder vollständig seine Werthaltigkeit verliert. In diese Kategorie kann bei Kommanditgesellschaften auch die Rückzahlung von für den Geschäftsbetrieb noch nicht erforderlicher Liquidität aus den Einlagen der Kommanditisten an diese gezählt werden. Denn gemäß § 172 Abs. 4 HGB sind sie im Bedarfsfall zur Auffüllung ihres Kapitalanteils auf die vereinbarte Höhe verpflichtet. Denn vorgenommene jährliche Ausschüttungen durch die Publikumsgesellschaften an den Anleger erfolgen üblicherweise gewinnunabhängig und schaffen für den Anleger keinen Vertrauenstatbestand, diese Beträge behalten zu dürfen. Eine Beschränkung der Haftsumme auf 10% des Einlagebetrags ist daher für die Anlageentscheidung von wesentlicher Bedeutung[1]. Sie hat Auswirkungen auf die prognostizierte Rendite des Anlegers[2]. Das **Agio** fällt eventuell bei von der Gesellschaft vorgenommenen Ausschüttungen ebenfalls unter diese Rückzahlpflicht der Einlage[3]. Daneben treten noch die Nebenkosten zur Erlangung der Mitunternehmerschaft, wie zB Notarkosten. 118

Zivilrechtlich können **den Anleger Ansprüche** insbesondere auf Grund der Art und Weise der **Finanzierung** der Beteiligung **treffen**, zu deren Erfüllung er trotz Scheitern des Projekts weiterhin verpflichtet sein kann. Dies trifft insbesondere im Fall der Aufnahme von Darlehen zur Finanzierung der Beteiligung an der Vermögensanlage zu[4]. Handelt es sich nicht um ein verbundenes Geschäft oder besteht von dritter Seite eine Garantie auf das zur Finanzierung verwendete Darlehen, wird das Risiko für das Privatvermögen des Anlegers stark erhöht. 119

Steuerrechtlich können sich ebenfalls erhebliche **Risiken** für das Vermögen des Anlegers ergeben. So können dem Anleger Steuernachzahlungen drohen, wenn die steuerrechtliche Bewertung des Anlagekonzepts durch die Finanzbehörden sich ändert[5]. Dies ist insbesondere der Fall, wenn die Anlegergelder der geschlossenen Fonds anders als prospektiert und vorgesehen in die steuerbegünstigten Projekte investiert und so eine Anerkennung der Steuerbegünstigung nicht mehr erfolgen kann[6]. Glei- 120

---

1 BGH v. 4.12.2014 – III ZR 82/14, MDR 2015, 210.
2 BGH v. 4.12.2014 – III ZR 82/14, MDR 2015, 210.
3 BGH v. 5.5.2008 – II ZR 105/07, ZIP 2008, 1175.
4 Vgl. Brandenburgisches OLG v. 23.3.2016 – 7 U 182/13 – Rz. 31, juris.
5 OLG Hamm v. 3.2.2015 – 34 U 149/14, juris.
6 Vgl. aber BGH v. 29.7.2014 – II ZB 30/12, ZIP 2014, 2284: Danach ist über die Risiken der steuerlichen Anerkennungsfähigkeit des konkreten Anlagemodells aufzuklären, wenn ernsthaft mit deren Verwirklichung zu rechnen ist, die Neuartigkeit einer Konzeption in

ches gilt, wenn eine Außenprüfung der Finanzbehörden noch nicht stattgefunden hat, eine finanzbehördliche Bewertung des Anlageprojekts also noch aussteht. Müssen die Anleger zur Begleichung der Steuernachzahlung ein entsprechendes Darlehen aufnehmen, erhöht sich auch hier das maximale Risiko des Anlegers über die vorgenommene Einlage hinaus.

121 Die über den Verlust der vorgenommenen Einlage hinaus auftretenden **Verpflichtungen** können dann letztlich für den Anleger die Konsequenz der **Privatinsolvenz** aufweisen, wenn er sie nicht aus seinen noch vorhandenen Vermögenswerten bestreiten kann.

b) Formelle Anforderungen

122 Das maximale Risiko ist in seinem vollen Umfang **zu beschreiben**. Die Angabe ist daher nicht erfüllt, wenn der Anbieter pauschal auf den Totalverlust der Einlage verweist und sich tatsächlich noch weitere Zahlungsverpflichtungen des Anlegers ergeben können. Das maximale Risiko ist daher stets als solches zu bezeichnen. Die **Größenordnungen** der auf den Anleger eventuell zukommenden Verpflichtungen sind in objektiv bestimmbarer Weise darzustellen.

122a Das maximale Risiko ist **an hervorgehobener Stelle** im Verkaufsprospekt darzustellen. Aufgrund des Umfangs der Risikokapitel in den Verkaufsprospekten, bei denen der Verordnungsgeber von einem üblichen Umfang von zehn bis 15 Seiten ausgeht, soll die Hervorhebung dem Anleger den ungünstigsten Fall der Entwicklung seiner Anlageentscheidung deutlich sichtbar vor Augen führen[1]. Für die beste Wahrnehmung bietet sich eine drucktechnisch hervorgehobene Darstellung zu Beginn des Kapitels an[2].

122b Die Darstellung des maximalen Risikos muss **im Risikokapitel** erfolgen. Die Formulierung „im Verkaufsprospekt" ist entsprechend einzugrenzen. Der Grundsatz der Zusammenfassung der Risiken in einem Risikokapitel nach § 2 Abs. 2 Satz 4 VermVerkProspV schließt das maximale Risiko mit ein[3].

5. Darstellung von Prognosen (§ 2 Abs. 2 Satz 8 VermVerkProspV)

123 Die VermVerkProspV verlangt eine deutliche **Hervorhebung von Prospektangaben, die prognostische Inhalte aufweisen**. Trotz dieser deutlichen Vorgabe in den allgemeinen Grundsätzen der VermVerkProspV bietet der sonstige Wortlaut der Verordnung keinerlei Festlegung, welche Angabe als Prognose aufzufassen ist. Es bleibt

---

steuerlicher Hinsicht und eine fehlende Überprüfung durch die Finanzverwaltung begründen die Gefahr einer solchen ernsthaften Verwirklichung nicht.

1 Begr. zu Art. 15 Nr. 2 a) bb) RegE FinVermVermAnlG, BT-Drucks. 17/6051, S. 48.
2 *Wetzig*, Die Regulierung des Grauen Kapitalmarkts durch die Novellierung des Finanzanlagenvermittler- und Vermögensanlagenrechts sowie durch das Kapitalanlagegesetzbuch, S. 101.
3 Davon geht auch der Verordnungsgeber in der Begründung aus: Begr. zu Art. 15 Nr. 2 a) bb) RegE FinVermVermAnlG, BT-Drucks. 17/6051, S. 48.

daher der Praxis überlassen, diese Angaben zuzuordnen und zu kennzeichnen. Für den Anleger ist dies eine unbefriedigende Lösung. Denn bei der Beteiligung an einer Vermögensanlage muss der Anleger bei einer Entscheidung für oder gegen die Anlage auch auf solche prognostischen Aussagen im Verkaufsprospekt zurückgreifen. Die Darstellung der Prognosen und die Darstellung der Risiken gehen damit Hand in Hand. Alle prognostischen Angaben sind nach den bei der Prospekterstellung sich ergebenden Verhältnissen und unter Berücksichtigung der sich abzeichnenden Risiken zu erstellen[1]. Für den Anleger handelt sich um das wirtschaftliche Risiko einer Investition, dass ihn allgemein mit seiner Entscheidung für eine Beteiligung an der Vermögensanlage trifft. Die Erwartung auf einen Gewinn mit Hilfe der getätigten Investition ist auf Grund mangelnder Information mit Unsicherheiten behaftet. Dieses wirtschaftliche Risiko hat dem Anleger auch zu verbleiben[2].

a) Anwendungsbereich

Der Anwendungsbereich für die **Kennzeichnung von Prognosen** wurde vom Gesetzgeber **weit gefasst**. So sind nicht nur nach der Verordnung geforderte Mindestangaben zu kennzeichnen, sondern auch weitere Angaben mit prognostischen Inhalten, die in den Verkaufsprospekt aufgenommen werden. 124

b) Regelungsgehalt

Um eine Festlegung der besonders zu kennzeichnenden Angaben zu ermöglichen, ist zunächst der Begriff der „Prognose" zu bestimmen. Als **Prognose** werden Aussagen in der Gegenwart oder Vergangenheit über Ereignisse, Zustände und Entwicklungen der Zukunft bezeichnet[3]. Anhand dieser Definition können die im Verkaufsprospekt enthaltenen Angaben in zukunftsbezogene (prognostische) und vergangenheitsbezogene, also bereits feststehende, nachprüfbare Angaben unterteilt werden. 125

Als **zukunftsbezogenen** lassen sich **folgende Mindestangaben** einordnen: § 13 aE, § 13a und § 15 Abs. 1 Satz 1 Nr. 3 und Nr. 4 VermVerkProspV. Diese umfassen Angaben über die erwartete Geschäftsentwicklung. 126

Vergangenheitsbezogen sind alle anderen Angaben. Allerdings stellen sie die Basis der zukünftigen Entwicklung dar, so dass ein Einfluss auf die zukunftsbezogenen Angaben besteht. So sehen die Regelungen für bestimmte Angaben als Mindestangabe die Festlegung einer Untergrenze vor. § 4 Satz 1 Nr. Satz 2 VermVerkProspV verlangt beispielsweise die Angabe einer Mindestanzahl und eines Mindestbetrages, ohne dass damit eine Festlegung der tatsächlichen Anzahl oder geplant einzunehmenden Betrages erfolgt. Dieser kann also tatsächlich jeweils weit nach oben abweichen. 127

---

1 BGH v. 23.4.2012 – II ZR 75/10, MDR 2012, 924.
2 BGH v. 5.7.1993 – II ZR 194/92, BGHZ 123, 106 = AG 1994, 32; v. 23.4.2012 – II ZR 75/10, MDR 2012, 924; OLG Hamm v. 31.3.2014 – 31 U 193/13, BKR 2014, 340.
3 Vgl. *Memento Rechtshandbücher*, Bilanzrecht 2009, Ausführungen zum Prognosebericht zu § 289 Abs. 2 Nr. 2 HGB Rz. 25.220 ff.

c) Aktualitätsgebot

128 Die BaFin unterwirft im Rahmen des Hinterlegungsverfahrens bestimmte prognostische Angaben dem **Gebot der Aktualität**. Dies dient der Hebung des Aussagewertes der im Verkaufsprospekt aufgeführten Prognosen. Betroffen sind die oben genannten zukunftsbezogenen Mindestangaben der Verordnung, § 13 aE, § 13a und § 15 Abs. 1 Satz 1 Nr. 3 und Nr. 4 VermVerkProspV. Auch weitere in einem direktem Zusammenhang mit der Unternehmung stehende Prognosen sind hier zu nennen.

129 Diese **Prognosen müssen innerhalb der letzten vier Wochen** vor Eingang des Verkaufsprospekts bei der BaFin, also vor Eröffnung des Hinterlegungsverfahrens, erstellt worden sein. Diese Aktualitätsgrenze ist gesetzlich nicht vorgeschrieben, hat sich jedoch in der Praxis etabliert. Eine zwingende Notwendigkeit für eine Vier-Wochen-Frist ist allerdings nicht ersichtlich. Andererseits zeigt sie eine gewisse Orientierung an der Vorschrift des § 15 Abs. 1 Satz 1 Nr. 2 VermVerkProspV, der die Angabe einer Zwischenübersicht mit einem nicht länger als zwei Monate zurückliegenden Stichtag fordert. Da die Prognoseangaben zu den § 15 Abs. 1 Satz 1 Nr. 3 und Nr. 4 VermVerkProspV die der Zwischenübersicht zugrunde liegenden Daten berücksichtigen sollten, ist zumindest eine gewisse Aktualität der Prognose unmittelbare Folge.

130 Das Gebot der **Aktualität** richtet sich allein auf die **vom Anbieter erstellte Prognose**. Eine Aktualität der der Prognose zugrundeliegenden Daten wird nicht gefordert[1]. Der Erkenntniswert einer solchen Prognose darf allerdings bezweifelt werden, wenn neuere geschäftliche Entwicklungen in der Erstellung der Prognose nicht berücksichtigt werden. Gibt es hingegen keine neuen Erkenntnisse, ist auch das Festhalten an dem Gebot der Aktualität in den oben genannten Fällen ein Formalismus.

131 Auf sonstige in den Verkaufsprospekt aufgenommene Prognosen allgemeiner wirtschaftlicher Natur findet das Gebot hingegen keine Anwendung.

d) Haftungsausschlüsse

132 Die Übernahme einer Haftung für mit Unsicherheiten belastete Ereignisse liegt allgemein nicht im Interesse des Anbieters. Aus diesem Grund fügen diese oft Klauseln in den Verkaufsprospekt ein, die eine **Freizeichnung** des Anbieters in Bezug auf eine Prognose beinhalten. Diese Freizeichnung ist dem Anbieter nicht zu verwehren, sofern der Ausschluss sich lediglich auf den Eintritt der Prognose bezieht. Die eine Prognose beinhaltende Angabe ist durch die Unsicherheit hinsichtlich des Eintretens dieser Annahme in der unternehmerischen Planung gekennzeichnet. Im Besonderen muss jedoch beachtet werden, dass eine Freizeichnung in Form von Haftungsausschlüssen für leichte Fahrlässigkeit grundsätzlich der Aufgabe des Verkaufsprospekts als Aufklärungsmittel widerspricht und daher unwirksam ist[2].

---

1 Voß in Arndt/Voß, § 2 VermVerkProspV Rz. 131.
2 OLG Stuttgart v. 5.8.2004 – 19 U 30/04, ZIP 2005, 909 (red. Leitsatz), Volltext über juris.

Der Zukunftsbezug der Prognose erfordert für das Erreichen eines verwendbaren Aussagewertes eine **methodische Vorgehensweise bei ihrer Erstellung**[1]. Eine Prognose sollte daher bestimmten Kriterien genügen. Die Erfüllung der Kriterien der Nichttrivialität, der Objektivität und der Validität bestimmen die Qualität einer Prognose. Hierfür ist ein Rückgriff auf qualitative oder auch quantitative Verfahren möglich. Zweck der Verfahren ist die Schaffung einer Datenbasis, die als Grundlage für die Vorhersage des Eintritts bestimmter Ereignisse mit einer bestimmten Wahrscheinlichkeit dienen kann.

133

Eine Vorgabe, welche **Methode** für die Aufstellung der prognostischen Angaben zu verwenden ist, gibt die VermVerkProspV nicht. Diese Wahl obliegt allein dem Anbieter[2].

134

e) Kenntlichmachung

Die Verordnung schreibt eine deutliche **Kennzeichnung** im Verkaufsprospekt enthaltener **prognostischer Angaben** vor. Die Art und Weise der Kennzeichnung ist vom Wortlaut der Vorschrift nicht vorgegeben. Eine deutliche Kennzeichnung ist mit einer entsprechenden Bezeichnung der entsprechenden Angaben als prognostisch verbunden. Damit wird eine einfache Unterscheidbarkeit der Angaben für den Anleger gewährleistet. Eine alleinige Hervorhebung mittels drucktechnischer Hervorhebung reicht nicht aus, da die Verordnung für verschiedene andere Angaben ohne prognostische Inhalte ebenfalls Hervorhebungen fordert, zB § 2 Abs. 2 Satz 3, § 4 Satz 1 Nr. 10–13 VermVerkProspV.

135

In der **Praxis der Prüfungsverfahren** bei der BaFin wird für diese **Kennzeichnung** der entsprechenden Angaben nur der Begriff „Prognose" zugelassen. Synonyme, die eine zukünftige Entwicklung ebenfalls kennzeichnen können, werden zurückgewiesen. Damit wird die Auswertung des Verkaufsprospekts für den Anleger erleichtert. Eine unterschiedliche Kennzeichnung über einen Verkaufsprospekt mit verschiedenen Begrifflichkeiten für zukunftsgerichtete Angaben widerspricht dem Grundsatz der Verständlichkeit iS von § 2 Abs. 1 Satz 3 VermVerkProspV.

136

Aus Gründen der Verständlichkeit für den Anleger ist die eindeutige **Zuordnung des Begriffs „Prognose" zu einer Angabe** erforderlich. Gewöhnlich erfolgt diese Bezeichnung in der Überschrift der Angabe.

137

Eine **drucktechnische Hervorhebung** kann mit beliebigen Mitteln erfolgen, solange die gewählte Form nicht die Auswertung und das Verständnis des Verkaufsprospekts beeinträchtigt. Geeignet sind Fett- oder Kursivdruck, Rahmung, größere Schrifttypen, farbliche Kontraste. Passagen mit mehreren prognostischen Inhalten können auf verschiedene Weise hervorgehoben werden. In der Praxis wird entweder die

138

---

1 BGH v. 23.4.2012 – II ZR 75/10, MDR 2012, 924; OLG Hamm v. 31.3.2014 – 31 U 193/13, BKR 2014, 340; LG Düsseldorf v. 23.1.2015 – 10 O 61/14, juris.
2 BGH v. 27.10.2009 – XI ZR 337/08, WM 2009, 2303 in Bezug auf die Verwendung einer optimistischen Prognose, kritisch dazu: *Klöhn*, WM 2010, 289 ff.; OLG Düsseldorf v. 20.4.2011 – I-15 U 93/09 (nachgehend BGH v. 22.3.2012 – III ZR 133/11, juris).

Kennzeichnung über die Überschrift des entsprechenden Absatzes des Verkaufsprospekts oder eine jeweilige Kennzeichnung der einzelnen Angaben gewählt. Beide Verfahren sind nicht zu beanstanden.

139 **Angaben nach § 15 Abs. 3 und Abs. 4 VermVerkProspV** werden mit einem **deutlich hervorgehobenen Zusatz** zu dem entsprechenden Fachbegriff gekennzeichnet.

140 Gleiches gilt für die **Sensitivitätsanalyse**. Diese stellt ein Verfahren zur Quantifizierung von verteilungsorientierten Risiken dar[1]. Sie zeigt die Auswirkungen der Veränderung von Einflussgrößen auf das jeweilige Ergebnis. Im Verkaufsprospekt kann diese als zusätzliche Angabe aufgenommen werden. Im Grunde handelt es sich ebenfalls um die Darstellung einer Prognose. Für den Anleger bietet sie die Veranschaulichung der Abweichung seines Ertrags aus der Beteiligung unter dem Einfluss der Verwirklichung eines Risikos, dessen Eintreten bei der ursprünglichen unternehmerischen Konzeption der Vermögensanlage durch den Anbieter nicht als wahrscheinlich betrachtet wurde. Zumeist wird eine Bandbreite des unternehmerischen Erfolgs für den Anleger hinsichtlich seiner eingegangenen Beteiligung mit Abweichungen nach oben und unten dargestellt. Auf Grund des Ursprungs der Sensitivitätsanalyse aus einer prognostischen Betrachtung wird im Alltag für diese Angabe der deutlich hervorgehobene Zusatz „Abweichung von einer Prognose" verwendet. Um die Verständlichkeit der Angabe zu gewährleisten, ist der Bezug zur ursprünglichen Prognoseangabe herzustellen.

141 Eine **Kennzeichnung über eine Fußnote** ist nicht statthaft. Eine drucktechnische Hervorhebung vermag hieran nichts zu ändern. Heranzuziehen ist hier die Begründung zur Verordnung, die im Zusammenhang mit der Erläuterung zur drucktechnischen Hervorhebung eines Hinweises nach § 7 Abs. 2 VermAnlG eine Platzierung an einer versteckten Stelle, zB in einer Fußnote, in den Prospekt ausschließt[2].

IV. Reihenfolge der Prospektangaben (§ 2 Abs. 3 VermVerkProspV)

142 § 2 Abs. 3 VermVerkProspV stellt eine **Regelung zur Abfassung des Verkaufsprospekts** dar. Nach Satz 1 der Bestimmung sollen die Mindestangaben im Verkaufsprospekt in der Reihenfolge ihrer Nennung erscheinen. Satz 2 der Vorschrift stellt eine Verfahrensregelung im Rahmen des Hinterlegungsprozess auf.

143 § 2 Abs. 3 Satz 1 VermVerkProspV dient einer formellen **Standardisierung** der Verkaufsprospekte. Die für die angebotenen Vermögensanlagen iS des § 1 Abs. 2 VermAnlG vom Anbieter aufgestellten Verkaufsprospekte werden bei einer entsprechenden Einhaltung der Reihenfolge der Angaben durch die Anbieter einfacher miteinander vergleichbarer und ganz im Sinne des § 2 Abs. 1 Satz 3 VermVerkProspV in einer Form abgefasst, die ihre Auswertung vereinfacht. Dieses Ziel war auch das vom Ver-

---

1 *Memento Rechtshandbücher*, Bilanzrecht 2009, Rz. 39.097.
2 Vgl. Begr. zur VermVerkProspV, S. 12, abrufbar unter: https://www.uni-leipzig.de/bankinstitut/dokumente/2004-11-11-04.pdf.

ordnungsgeber angestrebte Ziel[1]. Unberücksichtigt bleibt jedoch der Umgang mit zusätzlichen Angaben. Da diese auf Grund ihrer Abhängigkeit von der konkreten Ausgestaltung der Vermögensanlagen nicht durch die Vorschrift geregelt werden konnten, ist die Absicht einer Standardisierung von vornherein nur lückenhaft zu gewährleisten. Des Weiteren ist die durch die Verordnung vorgegebene Reihenfolge für eine verständliche Darstellung des Projekts nicht zwingend zielführend. Die eigentliche Darstellung des Projekts ist mit dem § 9 VermVerkProspV in der Darstellungsreihenfolge weit hinten angesiedelt, während Risiken, § 2 Abs. 2 Satz 4–7 VermVerkProspV, und Beteiligung an der Vermögensanlage, § 4 VermVerkProspV, die ohne Bezugnahmen auf das eigentliche Projekt nur schwer verständlich beschrieben werden können, weit vorher abgehandelt werden müssten.

Die **Abweichung von der Angabenreihenfolge** der Verordnung ist daher in der Praxis Alltag. Die meisten Anbieter verwenden eine ihren Ansprüchen gerechter werdende Reihenfolge. Die Verordnung lässt als „Soll-Vorschrift" Abweichungen von der durch sie aufgestellten Regelung zu. Sie stellt aber mit der geforderten Einhaltung der Reihenfolge der Verordnung den Grundfall dar, während die Abweichung von der Reihenfolge eher den Ausnahmefall darstellen soll. Zu beachten ist, dass die §§ 1 und 2 Abs. 1 VermVerkProspV allgemeine Grundsätze beschreiben, denen allein keine Angabenqualität zukommt[2]. 144

Das **Inhaltsverzeichnis** nach § 2 Abs. 2 Satz 2 VermVerkProspV muss die **Auffindbarkeit der Mindestangaben gewährleisten**[3]. Dh., das Inhaltsverzeichnis muss auf alle Mindestangaben mit ihrem jeweiligen Seitenfundort verweisen. 145

Eine Vorschrift über die Verortung des Inhaltsverzeichnisses gibt es grundsätzlich nicht[4]. Als zu weitgehenden Eingriff in die Gestaltungsfreiheit der Anbieter bei der Prospektaufstellung muss daher die **Forderung** verstanden werden, das **Inhaltsverzeichnis sei immer zu Beginn des Verkaufsprospekts zu platzieren**[5]. Der Informations- und Orientierungswert eines Inhaltsverzeichnisses am Ende eines Schriftwerks wird durch diese Lage nicht entwertet. Gelingt dem Verfasser des Verkaufsprospekts eine eingehende Formulierung seines Werks, ist der Verkaufsprospekt von diesem Hilfsmittel der Orientierung unabhängig. Das Inhaltsverzeichnis dient lediglich der Vermittlung eines schnellen Zugriffs auf einzelne Informationen, nicht jedoch selbst als Informationsgrundlage der Entscheidungsfindung zur Bestimmung der Werthaltigkeit der Vermögensanlage für den Anleger. 146

---

1 Vgl. Begr. zur VermVerkProspV, S. 12, abrufbar unter: https://www.uni-leipzig.de/bankinstitut/dokumente/2004-11-11-04.pdf.
2 *Verfürth/Grunenberg*, DB 2005, 1043 (1044).
3 *Voß* in Arndt/Voß, § 2 VermVerkProspV Rz. 138.
4 Da das Inhaltsverzeichnis als Orientierungshilfe zum Auffinden von Informationen grds. wertneutral ist, käme theoretisch sogar eine Anbringung auf dem Deckblatt in Betracht, ohne die Aussage über den Prüfungsumfang der BaFin einzuschränken.
5 AA *Voß* in Arndt/Voß, § 2 VermVerkProspV Rz. 137.

147 Die **Reihenfolge der Angaben** im Verkaufsprospekt beginnt im Sinne der Verordnung mit dem Hinweis nach § 2 Abs. 2 Satz 1 VermVerkProspV auf dem Deckblatt des Verkaufsprospekts. Unter einem Deckblatt ist die Seite des Verkaufsprospekts zu verstehen, die ohne Blättern als erste sichtbar ist[1]. Der Inhalt des Hinweises weist auf den beschränkten Prüfungsumfang der BaFin hin (vgl. § 7 VermAnlG Rz. 25 ff.). Weitere Informationen, die diesen Hinweis abschwächen, sind nicht zulässig. Dazu gehören insbesondere Werbehinweise oder irreführende Abbildungen[2]. Im Umkehrschluss ist damit aber zB die Bezeichnung der Vermögensanlage zusätzlich auf dem Deckblatt unkritisch.

148 Ist die Abfassung des Verkaufsprospekts in einer **Fremdsprache** vorgenommen worden, schließt sich vor dem eigentlichen Prospektinhalt eine dem Deckblatt dann nachfolgende Zusammenfassung nach § 2 Abs. 1 Satz 5 VermVerkProspV an.

149 Bei **Abweichungen in der Reihenfolge der Mindestangaben im Verkaufsprospekt** ist die BaFin im Hinterlegungsverfahren berechtigt, eine Aufstellung vom Anbieter zu verlangen, die über die Aufführung der einzelnen Mindestangaben im Verkaufsprospekt Auskunft gibt[3]. Diese so genannte **Überkreuz-Checkliste** wird auf der Internetseite der BaFin als Muster bereitgehalten[4]. Die Formulierung der Vorschrift („kann") weist darauf hin, dass die BaFin auch ohne Checkliste in das Hinterlegungsverfahren eintreten kann. Diese Aufstellung stellt keine Mindestangabe im Sinne der Verordnung dar. Sie ist nicht Teil des Prospektes und wird als gesondertes Dokument der BaFin übersandt.

150 Fraglich ist, ob die **Aufstellung** (Überkreuz-Checkliste) bereits eine Information iS des § 8 Abs. 3 Satz 1 VermAnlG darstellt[5]. Die Einstufung ist für den Anbieter entscheidend, da der Fortgang des Verfahrens zur Billigung des Verkaufsprospekts davon abhängen kann. Die Frist des § 8 Abs. 3 Satz 2 VermAnlG beginnt erst zu laufen, wenn eine nachgeforderte Information im Sinne der Vorschrift bei der BaFin eingeht.

---

1 BaFin, Häufig gestellte Fragen zu Prospekten für Vermögensanlagen, Stand: 31.5.2015, Nr. 7, abrufbar unter: https://www.bafin.de/SharedDocs/Veroeffentlichungen/DE/FAQ/faq_1205_vermoegensanlageng.html?nn=7954124#doc7851884bodyText7.

2 BaFin, Häufig gestellte Fragen zu Prospekten für Vermögensanlagen, Stand: 31.5.2015, Nr. 7, abrufbar unter: https://www.bafin.de/SharedDocs/Veroeffentlichungen/DE/FAQ/faq_1205_vermoegensanlageng.html?nn=7954124#doc7851884bodyText7.

3 Der Verordnungsgeber hat es versäumt, die Vorschrift des § 2 Abs. 3 Satz 2 VermAnlG an die Begrifflichkeiten des VermAnlG anzupassen. Richtig müsste es anstelle der Formulierung „vor Gestattung der Veröffentlichung des Verkaufsprospektes" nunmehr heißen: „vor Billigung des Verkaufsprospektes".

4 Siehe https://www.bafin.de/SharedDocs/Downloads/DE/Aufsichtsrecht/dl_150512_muster_ueberkreuzcheckliste.html.

5 Die BaFin verlangt eine solche Aufstellung, vgl. BaFin, Häufig gestellte Fragen zu Prospekten für Vermögensanlagen, Stand: 31.5.2015, Nr. 7, abrufbar unter: https://www.bafin.de/SharedDocs/Veroeffentlichungen/DE/FAQ/faq_1205_vermoegensanlageng.html?nn=795412 4#doc7851884bodyText1; für diese Auffassung: *Bußalb/Vogel*, WM 2012, 1416 (1420); vgl. auch Kommentierung zu § 13 WpPG Rz. 23; aA: *Bruchwitz* in Arndt/Voß, § 8i VerkProspG Rz. 39.

Gegen eine solche Einstufung als Information spricht, dass die Beurteilung der Vollständigkeit inklusive der Verständlichkeit und Kohärenz der Mindestangaben im Hinterlegungsverfahren durch die Aufstellung selbst nicht berührt wird. Es handelt sich lediglich um eine Mitwirkungslast des Antragstellers, keine Mitwirkungspflicht[1]. Die Aufstellung dient allein einer Beschleunigung des Hinterlegungsverfahrens[2]. Dies ergibt sich auch aus dem Umstand, dass dem Anleger diese Aufstellung nicht zur Verfügung gestellt wird und er zur Auswertung des Verkaufsprospekts ohne Hilfsmittel gezwungen ist. Diese befreit die Behörde allerdings nicht, im Rahmen der gesetzlich vorgegebenen Frist, sofern alle Voraussetzungen vorliegen, eine Entscheidung über die Billigung zu fällen. Die Ermittlungstiefe des Sachverhalts ist auf die Vollständigkeit und ihrer Verständlichkeit und Kohärenz der Angaben des Verkaufsprospekts begrenzt. Durch die Behörde ermittelte strittige Sachverhalte gehen bei fehlender Mitwirkung zu Lasten des Antragstellers[3]. Die Anforderung einer Überkreuz-Checkliste ist daher nicht geeignet, die Prüfungsfrist nach § 8 Abs. 3 Satz 1 zu unterbrechen.

V. Datum und Unterschrift (§ 2 Abs. 4 VermVerkProspV)

1. Datum der Aufstellung des Verkaufsprospekts

Die Vorschrift des § 2 Abs. 4 VermVerkProspV verlangt die **Aufnahme eines Datums** der Aufstellung des Verkaufsprospekt und die Unterschrift des Anbieters in den Verkaufsprospekt.

151

Die Aufnahme eines Datums in den Verkaufsprospekt, das den Tag seiner Aufstellung anzeigt, **dient der erleichterten Auswertung** des Verkaufsprospekts. Es signalisiert den Abschluss der redaktionellen Bearbeitung des Verkaufsprospekts. Damit wird dem Anlageinteressenten eine wichtige Information über die Qualität der Angaben im Verkaufsprospekt über die Vermögensanlage übermittelt, lässt das Datum doch unmittelbare Rückschlüsse auf die Aktualität der im Verkaufsprospekt vorhandenen Angaben zu. Das Datum der Aufstellung des Verkaufsprospekts hat daher unmittelbare Auswirkungen auf das Verfahren der Hinterlegung. Ist der vorgelegte Verkaufsprospekt betagt, wird dieser von der BaFin als nicht hinreichend aktuell zurückgewiesen. Obwohl diese Zurückweisung weder das VermAnlG noch die VermVerkProspV ausdrücklich vorsieht, ist ein Verkaufsprospekt als veraltet zu betrachten, wenn das Datum seiner Aufstellung länger als vier Wochen zu seiner Einreichung zur Hinterlegung zurückliegt. Diese vierwöchige Frist lässt sich aus dem Grundsatz der Richtigkeit der dargestellten tatsächlichen und rechtlichen Verhältnisse gemäß § 2 Abs. 1 Satz 1 VermVerkProspV ableiten, die diesen Erfordernissen nur bei einer gewissen

152

---

1 Vgl. *Kallerhoff* in Stelkens/Bonk/Sachs, § 24 VwVfG Rz. 83.
2 Gesetzliche Regelung einer Mitwirkungslast zur Arbeitserleichterung der Behörde, vgl. *Kallerhoff* in Stelkens/Bonk/Sachs, § 24 VwVfG Rz. 83; vgl. auch Begr. AnSVG, BT-Drucks. 15/3174, S. 43 bzgl. der fehlenden Standardisierung des Marktsegments der Vermögensanlagen.
3 Vgl. *Kallerhoff* in Stelkens/Bonk/Sachs, § 24 VwVfG Rz. 26 ff. und § 26 VwVfG Rz. 48 ff.

Zeitnähe der Angaben zur Hinterlegung genügen. Diese Praxis hat sich bereits zu Zeiten der VerkProspVO etabliert[1].

153 Das Datum der Aufstellung des Verkaufsprospekts stellt eine echte **Mindestangabe** dar. Obwohl in die Vorschrift des § 2 VermVerkProspV unter dem Titel „Allgemeine Grundsätze" eingeordnet, enthält diese Vorschrift nicht nur Formvorschriften, sondern auch zur Darstellung der Vermögensanlage gehörende Angaben, die zum Mindestangabenkatalog gehören[2].

154 Das **Fehlen des Datums** der Prospektaufstellung stellt einen Grund zur Verweigerung der Billigung des Verkaufsprospekts im Hinterlegungsverfahren bei der BaFin dar. Der Verkaufsprospekt ist unvollständig, da es sich um eine vom Gesetzgeber durch die Aufnahme in den Mindestangabenkatalog als wesentlich bewertete Angabe handelt[3].

155 Ein fehlendes Datum der Prospektaufstellung stellt dagegen allein **noch keine zur Haftung führende Unvollständigkeit** nach § 20 VermAnlG dar[4]. Grund hierfür ist, dass das Datum für sich keine die Vermögensanlage selbst beschreibende Angabe ist und daher für sich keinen Einfluss auf die Richtigkeit der sie beschreibenden Angaben hat, die allein Grundlage für eine Entscheidungsfindung des Anlegers für oder gegen die Anlage sein können. Das Datum gibt dem Anleger nur ein Hinweis auf die Verlässlichkeit der Angaben in Bezug auf die zeitliche Nähe zu seiner Anlageentscheidung. Für die Prospekthaftung entscheidend ist die Richtigkeit und Vollständigkeit der Angaben sowie ihre verständliche Präsentation, nicht ihre eventuelle Betagtheit. Anknüpfungspunkt für eine Prospekthaftung ist daher die Vollständigkeit und Richtigkeit der Angaben im Verkaufsprospekt zum Zeitpunkt ihrer Bekanntgabe an das Anlegerpublikum, also mit Veröffentlichung des Verkaufsprospekts[5]. Die Frage der Vollständigkeit im verwaltungsrechtlichen Hinterlegungsverfahren und der Vollständigkeit im Rahmen der zivilrechtlichen Haftung sind daher zu trennen[6].

156 Formell ist zur **Erleichterung der Auffindbarkeit des Datums** der Aufstellung des Verkaufsprospekts eine Standardisierung der Bezeichnung des Datums im Verkaufsprospekt nach dem Gesetzeswortlaut vorzunehmen. Eine Anpassung des Datums im laufenden Hinterlegungsverfahren ist notwendig, wenn der Anbieter tatsächlich neue Angaben nachschiebt. Dies kann zB bei einer notwendig gewordenen, nach Aufstellungsdatum vorgenommenen Anpassung der Finanzangaben vorkommen, wenn die Bilanz dann nach dem Aufstellungsdatum datiert. Änderungen erfordern keine Änderung des Aufstellungsdatums, wenn die auf die im Hinterlegungsverfahren vorgenommen Anhörung zu Angaben innerhalb des Verkaufsprospekts zurück-

---

1 *Assmann* in Assmann/Lenz/Ritz, § 2 VerkProspVO Rz. 16.
2 *Voß* in Arndt/Voß, § 2 VermVerkProspV Rz. 139.
3 *Assmann* in Assmann/Lenz/Ritz, § 2 VerkProspVO Rz. 16, *Voß* in Arndt/Voß, § 2 VermVerkProspV Rz. 139; *Hüffer*, Das Wertpapier-Verkaufsprospektgesetz, S. 108 ff.
4 Bereits *Assmann* in Assmann/Lenz/Ritz, § 2 VerkProspVO Rz. 16.
5 *Assmann* in Assmann/Lenz/Ritz, § 2 VerkProspVO Rz. 16.
6 AA *Voß* in Arndt/Voß, § 2 VermVerkProspV Rz. 140.

zuführen sind und bereits in dieser Form als Tatsache oder Umstand vor dem Aufstellungsdatum vorlagen[1].

2. Unterschrift des Anbieters

Der Verkaufsprospekt ist **vom Anbieter zu unterzeichnen**. Die Eigenschaft einer Person oder Gesellschaft als Anbieter einer Vermögensanlage bestimmt sich aus den Regelungen des §§ 1 Abs. 1, 6 VermAnlG. Derjenige, der den Verkaufsprospekt tatsächlich unterzeichnet ist, gilt als Anbieter. Dieser haftet dann unabhängig von der Übernahme der Verantwortung nach § 3 VermVerkProspV stets für die Richtigkeit und Vollständigkeit des Verkaufsprospekts nach § 20 VermAnlG[2]. 157

Treten **mehrere Personen oder Gesellschaften als Anbieter** der Vermögensanlage auf, muss die aus §§ 1 Abs. 1, 6 VermAnlG folgende Pflicht zur Veröffentlichung eines Verkaufsprospekts trotzdem nur einmal erfüllt werden. Die Pflicht zur Aufstellung und Hinterlegung eines Verkaufsprospekts entfällt, wenn bereits ein Verkaufsprospekt nach den Vorschriften des VermAnlG veröffentlicht wurde. Für Informationen, die durch einen Verkaufsprospekt der Öffentlichkeit kundgetan werden, gilt nach der Konzeption des VermAnlG der Grundsatz, dass diese im Zeiraum des § 8a VermAnlG nur einmal veröffentlicht werden müssen (vgl. § 8a VermAnlG Rz. 3). Sie gelten dann am Markt als bekannt. Kommt daher einer der Anbieter dieser Pflicht nach, ist eine Unterzeichnung des Verkaufsprospekts durch die dann nach Veröffentlichung hinzutretenden weiteren Anbieter der Vermögensanlage nicht notwendig (so genannte gesamtschuldnerische Lösung)[3]. Mehreren Anbietern der Vermögensanlage bleibt es trotzdem unbenommen, im Hinterlegungsverfahren gemeinsam als Anbieter aufzutreten und den Verkaufsprospekt zu unterzeichnen. Sie sind neben den anderen Verpflichtungen eines Anbieters ua. Gesamtschuldner der Gebühren im Hinterlegungsverfahren. 158

Tritt eine **Gesellschaft als Anbieter** auf, muss ein nach den gesellschaftsrechtlichen Regelungen **allein vertretungsberechtigtes Mitglied der Geschäftsführung** oder die **vertretungsberechtigten Geschäftsführer zusammen** die Unterzeichnung vornehmen. Geschieht dies nicht, gilt die Mindestangabe nach § 2 Abs. 4 VermVerkProspV als nicht vorhanden, der Verkaufsprospekt wäre daher unvollständig. Eine Unterzeichnung einer nur mit Gesamtprokura ausgestatteten Person oder eines nur mit anderen Geschäftsführern vertretungsberechtigten Geschäftsführers erfüllt die Anforderungen der Vorschrift daher nicht[4]. Repräsentiert die Gesellschaft einen Gesellschaftstyp, die auf Grund der gesetzlichen Vertretungsregelungen Zweifel an der tatsächlichen oder der alleinigen Vertretungsberechtigung des oder der Unterzeichnenden aufkommen lassen oder ergeben sich aus den Darstellungen des Verkaufs- 159

---

1 *Voß* in Arndt/Voß, § 2 VermVerkProspV Rz. 141.
2 *Assmann* in Assmann/Lenz/Ritz, § 2 VerkProspVO Rz. 17.
3 Vgl. Ziff. 3 des Auslegungsschreibens für Vermögensanlagen-Verkaufsprospekte, abrufbar unter: https://www.bafin.de/SharedDocs/Veroeffentlichungen/DE/Auslegungsentscheidung/WA/ae_auslegungsschreiben_prospektpflicht.html.
4 *Voß* in Arndt/Voß, § 2 VermVerkProspV Rz. 145.

prospekts selbst Zweifel daran, sollte die Gesellschaft in Erwägung ziehen, einen Nachweis der Vertretungsberechtigung mit Beginn des Hinterlegungsverfahrens beizubringen. Dies vermeidet eventuelle Verzögerungen in der Prüfung der Vollständigkeit der Angabe. Denn im Zweifel müsste die BaFin zur Bewertung der Vollständigkeit einen Handelsregisterauszug als Unterlage iS des § 8 Abs. 3 Satz 1 VermAnlG beim Anbieter nachfordern. Diese Nachforderung würde den Beginn der Entscheidungsfrist auf den Eingang der Unterlage bei der BaFin verschieben.

160 Das zur **Hinterlegung** bei der BaFin eingereichte **Exemplar ist im Original zu unterzeichnen**. Die Vertriebsexemplare müssen ebenfalls mit einer Unterschrift versehen sein, andernfalls droht wegen der Unvollständigkeit des Verkaufsprospekts eine Untersagung des öffentlichen Angebots gemäß § 18 Abs. 1 Nr. 3 VermAnlG. Ausreichend ist für die Vertriebsexemplare eine faksimilierte Unterschrift des Anbieters[1].

161 Die **Unterschrift des Anbieters** ist in geeigneter Weise **eindeutig zu kennzeichnen**. Es muss erkennbar werden, dass der **Unterzeichnende als Anbieter unterzeichnet**. Die Unterschrift ist mit einer Namens- und gegebenenfalls Firmen- und Funktionsbezeichnung zu versehen. Unterschriften unter Gruß- oder Vorworten zum Verkaufsprospekt erfüllen daher im Zweifel die Anforderungen des § 2 Abs. 4 VermVerkProspV nicht.

162 Die **Unterschrift** stellt üblicherweise den **Abschluss eines Dokumentes** dar. Für die Gestaltung des Verkaufsprospekts als Informationsdokument ist dies jedoch nicht zwingend. Der im Rahmen des § 2247 BGB entwickelte Grundsatz, dass eine Unterschrift nur das Schriftwerk über ihr erfasst, findet im Rahmen der VermVerkProspV keine Anwendung[2]. Formell kann man dies aus der Sollvorschrift zur Einhaltung der Reihenfolge der Mindestangaben gemäß § 2 Abs. 3 VermVerkProspV herleiten.

§ 3
Angaben über Personen oder Gesellschaften, die für den Inhalt des Verkaufsprospekts die Verantwortung übernehmen

Der Verkaufsprospekt muss Namen, Geschäftsanschrift und Funktionen, bei juristischen Personen oder Gesellschaften die Firma und den Sitz der Personen oder Gesellschaften angeben, die für seinen Inhalt insgesamt oder für bestimmte Angaben die Verantwortung übernehmen; er muss eine Erklärung dieser Personen oder

---

1 *Voß* in Arndt/Voß, § 2 VermVerkProspV Rz. 148.
2 *Voß* in Arndt/Voß, § 2 VermVerkProspV Rz. 149.

Gesellschaften enthalten, dass ihres Wissens die Angaben richtig und keine wesentlichen Umstände ausgelassen sind.

In der Fassung vom 16.12.2004 (BGBl. I 2004, S. 3464).

Schrifttum: *Lüdicke/Arndt* (Hrsg.), Geschlossene Fonds, 6. Aufl. 2013; *Nussbaum*, Kommentar zum Börsengesetz, 1910; *Rosa*, Prospektpflichten und Prospekthaftung für geschlossene Fonds, 2010; *Schwark*, Das neue Kapitalmarktrecht, NJW 1987, 2041; *Schwark*, Kommentar zum Börsengesetz, 2. Aufl. 1994. Siehe auch Einl. VermAnlG.

I. Normentwicklung	1	III. Formelle Anforderungen	10
II. Regelungsgehalt	2	1. Inhalt	11
1. Umfang der Erklärung	3	2. Unterschrift	14
2. Einschränkbarkeit der Erklärung	6		

I. Normentwicklung

Die Norm greift im Wesentlichen den Wortlaut des § 3 VerkProspVO[1] auf. Diese **Vorgängervorschrift** gründete auf den Bestimmungen des Art. 11 Abs. 2 lit. a der Emissionsprospektrichtlinie[2]. Erweitert wurde die Vorschrift dahingehend, dass eine Person oder Gesellschaft auch nur für bestimmte Angaben die Verantwortlichkeit erklären kann.

1

II. Regelungsgehalt

Zweck der Vorschrift ist es, dem Publikum einen Zusammenhang zwischen den wirtschaftlichen und rechtlichen Beziehungen der Prospektverantwortlichen zu den anderen Personen und Gesellschaften, die in das konkrete, angebotene Beteiligungsprojekt einbezogen sind, zu verdeutlichen. Aufgrund des bloßen Informationscharakters für das Publikum stellt die Norm für sich selbst genommen **keine materielle Haftungsnorm** dar[3]. Die haftungsrechtlichen Folgen aus dieser Angabe ergeben sich jedoch im Zusammenhang mit der Prospekthaftung nach § 20 VermAnlG. Für Fehler bzw. Unvollständigkeiten des Verkaufsprospekts wird der die Verantwortlichkeitserklärung Abgebende gesamtschuldnerisch mit denjenigen, von denen der Erlass

2

---

1 Verordnung über Wertpapier-Verkaufsprospekte (Verkaufsprospekt-Verordnung – VerkProspVO) in der Fassung der Bekanntmachung vom 9.9.1998 (BGBl. I 1998, S. 2853).
2 Richtlinie 89/298/EWG vom 17.4.1989 zur Koordinierung der Bedingungen für die Erstellung, Kontrolle und Verbreitung des Prospektes, der im Falle öffentlicher Angebote von Wertpapieren zu veröffentlichen ist, ABl. EG Nr. L 124 v. 5.5.1989.
3 Begr. zur VermVerkProspV, S. 12, abrufbar unter: https://www.uni-leipzig.de/bankinstitut/dokumente/2004-11-11-04.pdf.

des Prospekts ausgeht, einstehen müssen. Als Verantwortlicher nach § 3 VermVerkProspV ist also der Prospektverantwortliche iS von § 20 VermAnlG anzusehen[1].

1. Umfang der Erklärung

3 Die **Verantwortlichkeitserklärung** kann insgesamt für alle Angaben des Verkaufsprospekts von einer oder mehreren Personen oder Gesellschaften erklärt werden. Es können aber auch Personen oder Gesellschaften die Verantwortung nur für bestimmte Angaben oder Umstände des Verkaufsprospekts erklären[2]. Es ist also eine **Teilung der Verantwortlichkeitserklärung** möglich. Dies ist insbesondere dann relevant, wenn der Erklärende nur bestimmte Angaben für den Verkaufsprospekt beigesteuert hat[3]. Das ist beispielsweise der Fall, wenn das Beteiligungsprojekt von einer Vielzahl von Personen mit klar abgegrenzten Zuständigkeitsbereichen entwickelt wurde, die je für sich keinen Einblick in andere Bereiche hatten. Bedeutung erfährt dies in der Praxis bei **konzerneingebundenen Initiatoren** von Vermögensanlagen, bei denen die Aufbereitung der Angaben für das Beteiligungsobjekt von einer eigenständigen Gesellschaft innerhalb des Verbunds vorgenommen und die Angaben zur Ausgestaltung der Vermögensanlage von einer anderen eigenständigen Gesellschaft innerhalb des Verbundes beigesteuert werden. Wer die Erklärung abzugeben hat, gibt das Gesetz nicht vor[4]. Für die Abgabe der Erklärung ist es im Übrigen irrelevant, ob der Erklärende überhaupt einen Anteil an der Prospektgestaltung übernommen hat[5].

4 Die **Erklärung umfasst** vom Wortlaut **nicht die Vollständigkeit der Angaben** im Verkaufsprospekt. Vielmehr erfolgt die Erklärung dahin, dass die Angaben richtig sind, während sich das Erfordernis der Erklärung einer Vollständigkeit zunächst nur aus der Erklärung, dass keine wesentlichen Umstände ausgelassen sind, ergibt.

5 Es stellt sich damit die Frage, ob im Sinne des Inhalts eines Verkaufsprospekts **Angaben und Umstände** gleichzusetzen sind oder sich voneinander unterscheiden. Die im Verkaufsprospekt aufzunehmenden Informationen werden im Wortlaut der Vorschriften der VermVerkProspV im unterschiedlichen Sinne beschrieben. So ist unter dem Begriff der „Angabe" eine punktuelle Information zu verstehen, während sich

---

1 Bereits *Assmann* in Assmann/Lenz/Ritz, § 3 VerkProspVO Rz. 4. Ebenfalls *Voß* in Arndt/Voß, § 3 VermVerkProspV Rz. 2; *Bruchwitz* in Lüdicke/Arndt, Geschlossene Fonds, S. 126.
2 Dies muss tatsächlich und ausdrücklich im Wege der Erklärung nach § 3 VermVerkProspV im Verkaufsprospekt erfolgen, siehe auch Rz. 13. Eine Verantwortungsübernahme beruflicher Sachkenner für den Verkaufsprospekt im Sinne einer Haftungsverantwortung durch die Beisteuerung von einzelnen Angaben oder Angabenkomplexen wird durch die Vorschrift nicht erreicht, vgl. BGH v. 21.2.2013 – III ZR 94/12; vgl. *Rosa*, Prospektpflichten und Prospekthaftung für geschlossene Fonds, S. 146.
3 In Betracht kommen hier sämtliche beruflichen Sachkenner, die im Verkaufsprospekt bei Vorliegen der entsprechenden Voraussetzungen genannt werden müssen, insbesondere Steuerberater, Wirtschaftsprüfer, Rechtsanwälte, Gutachter und andere Sachverständige, vgl. *Rosa*, Prospektpflichten und Prospekthaftung für geschlossene Fonds, S. 143.
4 *Rosa*, Prospektpflichten und Prospekthaftung für geschlossene Fonds, S. 143.
5 *Rosa*, Prospektpflichten und Prospekthaftung für geschlossene Fonds, S. 143.

der Begriff des „Umstands" auf im Verkaufsprospekt aufzunehmende Erläuterungen zu einzelnen punktuellen Informationen bezieht. Anschaulich zeigt sich dies in § 15 Abs. 1 Satz 2 VermVerkProspV, der eine Erläuterung von wirtschaftlichen Angaben in Gestalt der den Angaben zugrunde liegenden Annahmen und Wirkungszusammenhänge (= „Umstände") verlangt. Andererseits fasst § 2 Abs. 1 Satz 2 VermVerkProspV den Mindestinhalt eines Verkaufsprospekts unter den Sammelbegriff der „Angabe". Bezieht man die historischen Grundlagen der Norm in die Auslegung ein, so stellt sich die Notwendigkeit einer inhaltlichen Unterscheidung der Begriffe „Angabe" und „Umstand" für die Richtigkeit und Vollständigkeit der Prospektinformationen insgesamt jedoch nicht dar. Art. 11 Abs. 2 lit. a Emissionsprospektrichtlinie (oben Rz. 1), auf dem die Vorgängervorschrift des § 3 VerkProspVO beruhte, spricht nicht von dem Weglassen „wesentlicher Umstände", sondern dem Auslassen von „Tatsachen, die die Aussage des Prospekts verändern können". Anhand dieser Formulierung liegt der Brückenschlag des Inhalts der anzugebenden Verantwortlichkeitserklärung mit der früheren herrschenden Meinung im Rahmen der Prospekthaftung auf der Hand. Nach dieser früher vertretenen Auffassung konnten Unrichtigkeiten oder Unvollständigkeiten des Prospekts nur auf Aussagen oder Auslassungen tatsächlicher Art beruhen[1]. Diese rigide Prospekthaftung wurde in jüngerer Zeit durch die Rechtsprechung erweitert. Danach können auch **Werturteile und Prognosen** insofern eine Prospekthaftung begründen, als die diese wertenden Beurteilungen stützenden Tatsachen sich als falsch oder unvollständig herausstellen[2]. Eine Trennung von Tatsache und Werturteil ist daher gerade bei der Beschreibung in der Zukunft durchzuführender Projekte nicht angezeigt. Hinzu tritt, dass diese für den Anleger auch nicht nachvollziehbar ist. Die von § 3 VermVerkProspV geforderte Erklärung ist im Lichte des § 2 VermVerkProspV auszulegen. § 2 Abs. 1 Satz 1 VermVerkProspV verpflichtet den Anbieter zu einer richtigen und vollständigen Darstellung der rechtlichen und tatsächlichen Verhältnisse für den Anleger im Verkaufsprospekt. Insoweit bezieht sich auch die Erklärung des § 3 VermVerkProspV auf alle im Verkaufsprospekt enthaltenen Informationen. Im Sinne des Anlegerschutzes ist daher eine künstliche Trennung der Begriffe „Angabe" und „Umstand" in Hinblick auf Richtigkeit und Vollständigkeit nicht angezeigt[3].

2. Einschränkbarkeit der Erklärung

Dieses Verständnis schlägt sich auch in der Frage nach der Einschränkbarkeit der Erklärung durch den die Verantwortung Erklärenden nieder. Eine **Einschränkung des Inhalts** der Erklärung sieht das Gesetz nicht vor. Zusätze in Form von Einschränkungen, Relativierungen, Vorbehalten oder Ähnlichem in Bezug auf bestimmte Teile der Erklärung sind daher grundsätzlich nicht zulässig. Dies gilt einerseits für die abgegebene Erklärung selbst, als auch für den gesamten übrigen Wortlaut des Verkaufs-

---

1 *Schwark*, 2. Aufl. 1994, §§ 45, 46 BörsG Rz. 13.
2 BGH v. 12.7.1982 – II ZR 175/81, NJW 1982, 2823 (2826); BGH v. 27.10.2009 – XI ZR 337/08, WM 2012, 1293; BGH v. 23.12.2012 – II ZR 75/10; BGH v. 3.2.2015 – II ZR 52/14.
3 So auch *Voß* in Arndt/Voß, § 3 VermVerkProspV Rz. 5.

prospekts, welche Ausführungen zur Verantwortlichkeitserklärung beinhalten können.

7 Dieser Grundsatz der umfassenden Erklärung der Verantwortlichkeit gilt für bestimmte Einschränkungen nicht. **Ausnahmen** können hier einerseits in gesetzlichen Regelungen bestehen, die vom VermAnlG selbst vorgesehen sind, andererseits aus der Bestimmung des Inhalts bestimmter Mindestangaben folgen. So ist ein Verweis auf die eingeschränkte Haftung iS der §§ 20, 21 VermAnlGzulässig. Hier kann zB der Erklärende auf den Ausschluss der Haftung für unrichtige oder unvollständige Angaben im Verkaufsprospekt auf Grund einer einfachen Fahrlässigkeit verweisen, vgl. § 20 Abs. 3 VermAnlG.

8 Des Weiteren kann die **Übernahme der Haftung** für den Eintritt einer Prognose **ausgeschlossen werden**. Es handelt sich bei allen Angaben, die § 2 Abs. 2 Satz 8 VermVerkProspV zuzuordnen sind, um Eintrittswahrscheinlichkeiten bestimmter Ereignisse. Diese können aus der Natur der Sache heraus nicht „richtig" iS der Erklärung nach § 3 VermVerkProspV vorhergesagt werden. Dies entlastet den Anbieter im Rahmen der Prospekterstellung jedoch nur in geringem Umfang. Die **Grundlagen für die Erstellung der Prognose** sind vollständig im Verkaufsprospekt aufzuführen. Sie müssen nachvollziehbar, durch Tatsachen gestützt und kaufmännisch vertretbar sein[1]. Eine prognostische Angabe muss damit den Anforderungen an Nichttrivialität, Objektivität und Validität genügen.

9 Zulässig ist ein Hinweis, dass sich der Erklärende **Aktualisierungen** der Erklärung im Rahmen des dargestellten gesetzlichen Rahmens **vorbehält**. Hierbei handelt es sich nicht um eine Einschränkung der Erklärung. Vielmehr kommt lediglich zum Ausdruck, dass der Erklärende sein Ergänzungsrecht der Angabe im Rahmen der dafür vorgesehenen Bestimmungen der §§ 10 und 11 VermAnlG wahrnehmen kann.

III. Formelle Anforderungen

10 Die Vorschrift regelt eine zwingende **Mindestangabe** des Verkaufsprospekts. Einen **Ermessensspielraum** iS des § 15 Abs. 2 VermVerkProspV hinsichtlich der Abfassung des Verkaufsprospekts kann der Anbieter nicht für sich in Anspruch nehmen[2]. Die Bedeutung der Angabe ergibt sich bereits daraus, dass den die Verantwortlichkeit Erklärenden die Prospekthaftung nach § 20 VermAnlG treffen kann. Es würde daher dem Willen des Gesetzgebers zur Transparenz in Bezug auf die für das Beteiligungsprojekt verantwortlichen Personen widersprechen, demjenigen, der für die inhaltliche Richtigkeit und Vollständigkeit des Verkaufsprospekts die Verantwortung übernimmt, ein Schweigerecht zu seiner Person zuzubilligen. Denn damit wäre der Sinn

---

1 Vgl. BGH v. 12.7.1982 – II ZR 175/81, NJW 1982, 2823; BGH v. 5.7.1993 – II ZR 194/92, AG 1994, 32; jedoch in Hinsicht optimistischer Prognosen: BGH v. 27.10.2009 – XI ZR 337/08, WM 2009, 2303.

2 *Voß* in Arndt/Voß, § 3 VermVerkProspV Rz. 6; vgl. auch Kommentierung hinsichtlich der Anforderungen zu § 15 VermVerkProspV Rz. 15.

des Gesetzes, dem Anleger für einen möglichen Haftungsprozess einen Schuldner seines Anspruches zu offenbaren, ad absurdum geführt.

1. Inhalt

Die Angabe muss gemäß § 3 Halbsatz 1 VermVerkProspV **den die Verantwortlichkeitserklärung Abgebenden eindeutig bezeichnen**. Bei **natürlichen Personen** erfordert dies die Angabe des Namens und der Geschäftsadresse und seiner Funktion. Der Begriff der Funktion unterscheidet sich nicht wesentlich von dem in § 3 VerkProspVO[1] verwendeten Begriff der „Stellung" des Erklärenden. Gemeint ist in beiden Fällen die berufliche Position. Allerdings kann man in der Formulierung der VermVerkProspV eine Verlagerung des Inhalts dieser Angabe sehen. Während der Begriff „Stellung" wohl eher eine allgemeine Beschreibung des Verantwortungsbereiches, also den Status des Erklärenden, kennzeichnet, beschreibt der Begriff der „Funktion" die tatsächlich ausgeübte Tätigkeit. Die Änderung könnte also eine gewollte Präzisierung zur Beschreibung des Erklärenden bezwecken. Inwieweit der Aussagewert für den Anleger hiermit erhöht wird, bleibt fraglich. Das eben Gesagte gilt in gleicher Hinsicht für **juristische Personen oder Gesellschaften**. Hier ist die Angabe der Firma und des Sitzes der Person oder Gesellschaft anzugeben.

11

Der Wortlaut des Gesetzes gibt inhaltlich die im Prospekt zu tätigende Angabe vor[2]. Gemäß § 3 Halbsatz 2 VermVerkProspV muss der Verantwortliche **ausdrücklich erklären**, dass nach seinem Wissen die Angaben im Verkaufsprospekt, für die er die Verantwortung übernimmt, **richtig und keine wesentlichen Umstände ausgelassen** sind. Die **Formulierung** ist jedoch nicht vorgegeben und kann frei gewählt werden, sofern der Inhalt gleichbedeutend bleibt.

12

Übernehmen Personen oder Gesellschaften jeweils **nur für bestimmte Angaben** oder für die Darstellung bestimmter Umstände die Verantwortung, muss von jedem Einzelnen die Erklärung nach § 3 VermVerkProspV abgegeben werden. Es ist dabei für den Anleger deutlich und nachvollziehbar der Teil der Angaben und Umstände aufzuführen, für den die Verantwortung übernommen wird. Es müssen nicht mehrere separate Einzelerklärungen in den Verkaufsprospekt aufgenommen werden. Diese können in einer Sammelerklärung zusammengefasst werden. Gewahrt werden muss allerdings die Eindeutigkeit der Erklärenden mit der Zuordnung zu den jeweiligen Angaben. Für die Vollständigkeit der Angabe ist des Weiteren zwingend erforderlich, dass alle im zu hinterlegenden Verkaufsprospekt enthaltenen Angaben richtig und alle wesentlichen Umstände des Vorhabens von den einzelnen Erklärungen erfasst sind. Hier spiegelt sich der formelle Vollständigkeitsmaßstab von § 2 Abs. 1 Satz 1 VermVerkProspV wider.

13

---

1 *Assmann* in Assmann/Lenz/Ritz, § 3 VerkProspVO Rz. 2.
2 *Voß* in Arndt/Voß, § 3 VermVerkProspV Rz. 9.

2. Unterschrift

14 Im Rahmen des Hinterlegungsverfahrens wird von der die Erklärung nach § 3 VermVerkProspV abgebenden Person oder Gesellschaft eine **zusätzliche Unterschrift unter dieser Erklärung** im Verkaufsprospekt verlangt. Dem hat sich das Schrifttum, soweit es sich dieser Frage im Verkaufsprospektbereich für Vermögensanlagen bereits angenommen hat, angeschlossen[1].

15 Jedoch stellt sich die Frage, ob eine **Notwendigkeit** zu dieser zusätzlichen Unterschrift besteht[2]. Eine ausdrückliche Regelung enthält § 3 VermVerkProspV hierzu nicht. Das Gesetz spricht nur davon, dass der Verkaufsprospekt eine Erklärung enthalten muss. Aufgrund dieser Formulierung kann nur mittelbar auf ein Schriftformerfordernis geschlossen werden, wenn man die Niederlegung einer Erklärung in einen Verkaufsprospekt, also einem schriftlichen Dokument, als Schriftformerfordernis iS des § 126 Abs. 1 BGB ansieht. Hier wäre also Schriftlichkeit mit Schriftformerfordernis gleichzusetzen.

16 **Historisch** lässt sich die gesonderte Erklärung des für den Inhalt des Verkaufsprospekts Verantwortlichen gegenüber der ohnehin im Verkaufsprospekt anzubringenden Unterschrift des Anbieters wohl auf die Übung der Börsenzulassungsstellen Anfang des 20. Jahrhunderts zurückführen[3], um die Umgehung der eng gefassten Prospekthaftung zu verhindern. Die Begründung zur VermVerkProspV selbst greift diese Frage nicht auf[4]. Auch die Begründungen der Vorläufernormen beschäftigen sich mit dieser Frage nicht. Systematische Erwägungen führen dazu, die Notwendigkeit einer eigenständigen Unterschrift abzulehnen. Die VermVerkProspV bestimmt nur an einer einzigen Stelle die Notwendigkeit einer Unterschrift im Verkaufsprospekt. Es handelt sich um die Unterschrift des Anbieters gemäß § 2 Abs. 4 VermVerkProspV. Die Erklärung nach § 3 VermVerkProspV sieht eine Unterschrift nicht vor. Das ist auch nicht notwendig, da der Erklärende anhand der verlangten Angaben, wie Name und Geschäftsanschrift bzw. Sitz, eindeutig identifizierbar ist[5]. Da der Anbieter jedoch Herr des Hinterlegungsverfahrens bei der Bundesanstalt ist und der Verkaufsprospekt die entsprechende Verkaufsunterlage für das Angebot an das Publikum darstellt, ist die gesetzliche Forderung der Unterschrift für ihn gerechtfertigt.

---

1 *Voß* in Arndt/Voß, § 3 VermVerkProspV Rz. 6.
2 Eine zusätzliche Unterschrift erlangt höchstens dann Relevanz, wenn Anbieter und Prospektverantwortlicher personenverschieden sind, vgl. auch *Rosa*, Prospektpflichten und Prospekthaftung für geschlossene Fonds, S. 146.
3 *Nussbaum*, § 38 BörsG II a).
4 Verweis auf Begr. zur VermVerkProspV, S. 12, abrufbar unter: https://www.uni-leipzig.de/bankinstitut/dokumente/2004-11-11-04.pdf.
5 Im Übrigen müssen für den Prospektverantwortlichen die zusätzlichen Angaben zur Ermöglichung der Beurteilung der Seriosität und Zuverlässigkeit nach § 12 VermVerkProspV in den Verkaufsprospekt aufgenommen werden, § 12 Abs. 6 VermVerkProspV, vgl. Begr. RegE Gesetz zur Novellierung des Finanzanlagenvermittler- und Vermögensanlagenrechts, BT-Drucks. 17/6051, S. 52.

Auch nach **Sinn und Zweck** der Vorschrift drängt sich die Erforderlichkeit einer separaten Unterschrift des die Übernahme der Verantwortung Erklärenden nicht auf[1]. § 3 VermVerkProspV dient allein der Information des Anlegers. Diese Erklärung hat daher nur deklaratorischen Charakter. Die Erklärung gibt nur eine Vereinbarung zwischen dem Erklärenden und dem Anbieter bzw. Emittenten wieder, dass der Erklärende auch für die Richtigkeit und Vollständigkeit der Angaben im Verkaufsprospekt „bürgt". Damit spiegelt sich der bloße Informationscharakter des Verkaufsprospekts wider. Er bildet nur einen zum Aufstellungszeitpunkt vorhandenen Stand an Informationen ab. Eine haftungsrechtliche Wirkung kommt der Erklärung daher nicht zu[2]. Bestätigung findet die dargestellte Auffassung durch die Vorschrift des § 11 VermVerkProspV. Auch dieser sieht in seinem Satz 2 die Aufnahme einer Erklärung eines Dritten vor. Es handelt sich um eine Erklärung des Wirtschaftsprüfers in Form des Bestätigungsvermerks für den Jahresabschluss. Auch hier wird weder ein gesiegeltes Original noch eine zusätzliche bestätigende Unterschrift verlangt. Denn das Original befindet sich auf dem Jahresabschluss der jeweiligen Gesellschaft[3].

In einem **Streitfall** ist jedoch davon auszugehen, dass die **Rechtsprechung** hier einen Ansatzpunkt für den Umfang der gesetzlichen Prospekthaftung sieht. Nach den bisherigen Grundsätzen der bürgerlich-rechtlichen Prospekthaftung war eine Haftung für unrichtige, unvollständige oder irreführende Verkaufsprospekte unabhängig von der Erwähnung im Verkaufsprospekt selbst. Entscheidend war die Ausübung einer beherrschenden Stellung, auf Grund derer Einfluss auf die Anlagegesellschaft ausgeübt wurde[4]. Diese Verantwortlichkeit wurde auch mit Einführung der gesetzlichen Prospekthaftung nach den §§ 20, 21 VermAnlG nicht entscheidend verändert, sondern nur gesetzlich präzisiert. So sind nun gemäß § 20 VermAnlG diejenigen dem Anleger haftbar, die für den Prospekt die Verantwortung übernommen haben oder von denen der Erlass des Verkaufsprospekts ausging. Der Haftungskreis der verantwortlichen Personen wird damit für den Anleger um die die Erklärung abgebende Person oder Gesellschaft ggf. zusätzlich erweitert[5]. Im Regelfall wird die Erklärung aber durch den Emittenten oder Anbieter der Vermögensanlage selbst vorgenommen. Eine Erweiterung des Haftungskreises findet daher meist nicht statt.

Wird die **Verantwortlichkeitserklärung in Verbindung mit der Nennung eines Datums** abgegeben, muss bei der Prospektaufstellung bzw. im laufenden Verfahren zur Gestattung des Verkaufsprospekts beachtet werden, dass die Verantwortlichkeitserklärung in zeitlicher Hinsicht alle Prospektangaben erfasst. Das Datum der Verantwortlichkeitserklärung muss immer das aktuellste sein, um zu garantieren, dass keine Angaben oder Umstände in Bezug auf die Erklärung ausgelassen wurden.

---

1 AA wohl *Voß* in Arndt/Voß, § 3 VermVerkProspV Rz. 12.
2 Begr. zur VermVerkProspV, S. 12, abrufbar unter: https://www.uni-leipzig.de/bankinstitut/dokumente/2004-11-11-04.pdf.
3 *Hopt/Merkt* in Baumbach/Hopt, § 322 HGB Rz. 16.
4 Vgl. BGH v. 21.5.1984 – II ZR 83/84, ZIP 1984, 1086; BGH v. 25.2.1991 – II ZR 60/90, ZIP 1991, 441.
5 *Schwark*, NJW 1987, 2041 (2044).

§ 4
Angaben über die Vermögensanlagen

Der Verkaufsprospekt muss über die Vermögensanlagen angeben:

1. Art, Anzahl und Gesamtbetrag der angebotenen Vermögensanlagen. Steht die Anzahl oder der Gesamtbetrag bei Hinterlegung des Verkaufsprospekts noch nicht fest, ist ein hervorgehobener Hinweis aufzunehmen, der eine Mindestanzahl und einen Mindestbetrag angibt;

1a. die Hauptmerkmale der Anteile der Anleger sowie abweichende Rechte der Gesellschafter des Emittenten zum Zeitpunkt der Prospektaufstellung; sofern ehemaligen Gesellschaftern Ansprüche aus ihrer Beteiligung beim Emittenten zustehen, sind diese zu beschreiben.

2. die wesentlichen Grundlagen der steuerlichen Konzeption der Vermögensanlage. Übernimmt der Emittent oder eine andere Person die Zahlung von Steuern für den Anleger, so ist dies anzugeben;

3. wie die Vermögensanlagen übertragen werden können und in welcher Weise ihre freie Handelbarkeit eingeschränkt ist;

4. die Zahlstellen oder andere Stellen, die bestimmungsgemäß Zahlungen an den Anleger ausführen und an denen der Verkaufsprospekt, das Vermögensanlagen-Informationsblatt, der letzte veröffentlichte Jahresabschluss und der Lagebericht zur kostenlosen Ausgabe bereitgehalten werden;

5. die Einzelheiten der Zahlung des Zeichnungs- oder Erwerbspreises, insbesondere die Kontoverbindung;

6. die Stellen, die Zeichnungen oder auf den Erwerb von Anteilen oder Beteiligungen gerichtete Willenserklärungen des Publikums entgegennehmen;

7. eine für die Zeichnung oder den Erwerb der Vermögensanlagen vorgesehene Frist und die Möglichkeiten, diese vorzeitig zu schließen oder Zeichnungen, Anteile oder Beteiligungen zu kürzen;

8. die einzelnen Teilbeträge, falls das Angebot gleichzeitig in verschiedenen Staaten mit bestimmten Teilbeträgen erfolgt. Sind die Teilbeträge zum Zeitpunkt der Veröffentlichung des Prospekts noch nicht bekannt, ist anzugeben, in welchen Staaten das Angebot erfolgt;

9. den Erwerbspreis für die Vermögensanlagen oder, sofern er noch nicht bekannt ist, die Einzelheiten und den Zeitplan für seine Festsetzung;

10. an einer hervorgehobenen Stelle im Verkaufsprospekt die für den Anleger entstehenden weiteren Kosten, insbesondere solche Kosten, die mit dem Erwerb, der Verwaltung und der Veräußerung der Vermögensanlage verbunden sind;

11. an einer hervorgehobenen Stelle im Verkaufsprospekt, unter welchen Umständen der Erwerber der Vermögensanlagen verpflichtet ist, weitere Leistungen zu erbringen, insbesondere unter welchen Umständen er haftet, und dass keine Pflicht zur Zahlung von Nachschüssen besteht;
12. an einer hervorgehobenen Stelle im Verkaufsprospekt, in welcher Gesamthöhe Provisionen geleistet werden, insbesondere Vermittlungsprovisionen oder vergleichbare Vergütungen; dabei ist die Provision als absoluter Betrag anzugeben sowie als Prozentangabe in Bezug auf den Gesamtbetrag der angebotenen Vermögensanlagen;
13. an einer hervorgehobenen Stelle im Verkaufsprospekt die wesentlichen Grundlagen und Bedingungen der Rückzahlung;
14. die Laufzeit sowie die Kündigungsfrist nach Maßgabe des § 5a des Vermögensanlagengesetzes und
15. ... *[(zukünftig, Inkrafttreten aber derzeit noch unbestimmt, siehe unten Rz. 128:) die Anlegergruppe, auf die die Vermögensanlage abzielt, vor allem im Hinblick auf den Anlagehorizont des Anlegers und seine Fähigkeit, Verluste, die sich aus der Vermögensanlage ergeben können, zu tragen.]*

Unbeschadet der Angaben zu den rechtlichen Verhältnissen sind bei Beteiligungen am Ergebnis eines Unternehmens im Sinne des § 1 Absatz 2 Nummer 1 des Vermögensanlagengesetzes der Gesellschaftsvertrag, die Satzung, der Beteiligungsvertrag oder der sonstige für das Anlageverhältnis maßgebliche Vertrag beizufügen; bei Treuhandvermögen im Sinne des § 1 Absatz 2 Nummer 2 des Vermögensanlagengesetzes ist der Treuhandvertrag als Teil des Prospekts beizufügen. Ebenso ist der Vertrag über die Mittelverwendungskontrolle beizufügen.

In der Fassung vom 16.12.2004 (BGBl. I 2004, 3464), zuletzt geändert durch das Kleinanlegerschutzgesetz vom 3.7.2015 (BGBl. I 2015, S. 1114, 1127).

Schrifttum: *Hanten/Reinholz*, Das Vermögensanlagengesetz, ZBB 2012, 36; *Heidelbach/Preuße*, Zweieinhalb Jahre neues Prospektregime und noch viele Fragen offen, BKR 2008, 10; *Hoppe/Riedel*, Der Begriff „weiche Kosten" in der Prospekthaftung, DB 2007, 1125; *Jäger/Voß*, Prospektpflicht und -prüfung bei geschlossenen Schiffsfonds, in Winter/Hennig/Gerhard (Hrsg.), Grundlagen der Schiffsfinanzierung, 2007, S. 893; *Koch*, Innenprovisionen und Rückvergütungen nach der Entscheidung des BGH vom 27.10.2009, BKR 2010, 177, *Karsten Schmidt*, Gesellschaftsrecht, 4. Aufl. 2002; *Kirchhof* (Hrsg.), Einkommensteuergesetz, 15. Aufl. 2016; *Lüdicke/Arndt* (Hrsg.), Geschlossene Fonds, 6. Aufl. 2013; *Ludwig Schmidt*, Kommentar zum Einkommensteuergesetz, 35. Aufl. 2016; *Preißer/von Rönn*, Die KG und die GmbH & Co. KG, 2. Aufl. 2010; *Tiffe*, Die Struktur der Informationspflichten bei Finanzdienstleistungen, 2006; *Verfürth/Grunenberg*, Pflichtangaben für geschlossene Fonds nach der Vermögensanlagen-Verkaufprospektverordnung, DB 2005, 1043; *Wetzig*, Die Regulierung des Grauen Kapitalmarkts durch die Novellierung des Finanzanlagenvermittler- und Vermögensanlagenrechts sowie durch das Kapitalanlagegesetzbuch, 2014. Siehe auch Einl. VermAnlG.

§ 4 VermVerkProspV | Angaben über die Vermögensanlagen

I. Normentwicklung 1
II. **Mindestangaben über die Beteiligung (§ 4 Satz 1 VermVerkProspV)**
1. Umfang des Angebots (§ 4 Satz 1 Nr. 1 VermVerkProspV)
   a) Regelungsinhalt (§ 4 Satz 1 Nr. 1 Satz 1 VermVerkProspV)
      aa) Art der Vermögensanlage . . 3
      bb) Anzahl und Gesamtbetrag . . 7
          (1) Anzahl 8
          (2) Gesamtbetrag 11
   b) Mindestumfang des Angebots (§ 4 Satz 1 Nr. 1 Satz 2 VermVerkProspV) 16
      aa) Mindestanzahl 18
      bb) Mindestbetrag 19
      cc) Formelle Darstellung 23
2. Hauptmerkmale der Anteile der Anleger (§ 4 Satz 1 Nr. 1a VermVerkProspV)
   a) Darstellung von Rechten und Pflichten 24
   b) Abweichende Rechte der Emittenten- und Gründungsgesellschafter 27
3. Steuerliche Konzeption (§ 4 Satz 1 Nr. 2 VermVerkProspV) 28
   a) Regelungsgehalt 29
   b) Inhaltliche Anforderungen 38
   c) Einkommensteuerrechtliche Besonderheiten bei der Konzeption 42
      aa) Verlustzuweisungsgesellschaft (§ 15b EStG) 43
      bb) Verlustabzug (§ 10d EStG) 49
      cc) Verluste bei beschränkter Haftung (§ 15a EStG) 50
   d) Anlageobjektspezifische Regelungen
      aa) Anlagen in Immobilien 52
      bb) Anlagen in Schiffen 56
      cc) Anlagen in Windenergie . . . 59
      dd) Anlagen in Genussrechten . . 60
   e) Anlegerspezifische Regelungen 61

f) Spezifische Regelungen in Bezug auf die Publikumsgesellschaft . . 63
4. Übertragung und Handelbarkeit (§ 4 Satz 1 Nr. 3 VermVerkProspV) 64
5. Zahlstellen und andere Stellen (§ 4 Satz 1 Nr. 4 VermVerkProspV) 72
6. Einzelheiten der Zahlung (§ 4 Satz 1 Nr. 5 VermVerkProspV) 77
7. Erwerbsstellen (§ 4 Satz 1 Nr. 6 VermVerkProspV) 80
8. Zeichnungsfrist (§ 4 Satz 1 Nr. 7 VermVerkProspV) 86
9. Angebote in verschiedenen Staaten (§ 4 Satz 1 Nr. 8 VermVerkProspV) 92
10. Erwerbspreis und seine Festsetzung (§ 4 Satz 1 Nr. 9 VermVerkProspV) 96
11. Sonstige anfallende Kosten (§ 4 Satz 1 Nr. 10–12 VermVerkProspV)
    a) Vorbemerkung 101
    b) Erwerbs- und Verwaltungskosten (§ 4 Satz 1 Nr. 10 VermVerkProspV)
       aa) Regelungsgehalt 104
       bb) Formelle Vorgaben 109
    c) Nachschüsse (§ 4 Satz 1 Nr. 11 VermVerkProspV)
       aa) Regelungsgehalt 110
       bb) Formelle Vorgaben 115
    d) Provisionen (§ 4 Satz 1 Nr. 12 VermVerkProspV)
       aa) Vorbemerkung 116
       bb) Regelungsgehalt 117
       cc) Formelle Vorgaben 120
12. Verzinsung und Rückzahlung (§ 4 Satz 1 Nr. 13 VermVerkProspV) 124
13. Laufzeit und Kündigungsfrist (§ 4 Satz 1 Nr. 14 VermVerkProspV) 127
14. Anlegergruppe (§ 4 Satz 1 Nr. 15 VermVerkProspV) 128
III. **Beifügung maßgeblicher Vertragswerke (§ 4 Satz 2 und 3 VermVerkProspV)** 129

I. Normentwicklung

Die Vorschrift hat ihren Ursprung in der aufgehobenen Bestimmung von § 4 Verk- 1
ProspVO, der Art. 11 Abs. 2 lit. b der Emissionsprospektrichtlinie umsetzte und bei
bestimmten Mindestangaben über die Richtlinie hinausging. Sie ist seitdem mehrfach
geändert und erweitert worden.

Die Vorschrift verlangt die **Beschreibung des Beteiligungsangebots** in einzelnen 2
Details, die die Bedingungen für den Erwerb der Beteiligung für das Publikum offen legen. Damit wird dem Anleger eine Darstellung zu den wichtigsten Fragen des
öffentlichen Angebots der Vermögensanlage gegeben. Die Information betrifft das
angebotene Produkt in Bezug auf den Umfang seiner Eigenschaften sowie bei wem
und unter welchen Bedingungen der Anleger dieses Produkt erwerben kann.

II. Mindestangaben über die Beteiligung (§ 4 Satz 1 VermVerkProspV)

1. Umfang des Angebots (§ 4 Satz 1 Nr. 1 VermVerkProspV)

a) Regelungsinhalt (§ 4 Satz 1 Nr. 1 Satz 1 VermVerkProspV)

aa) Art der Vermögensanlage

Der Tatbestand des § 4 Satz 1 Nr. 1 Satz 1 VermVerkProspV sollen dem Anleger eine 3
Grundinformation über die rechtliche **Ausgestaltung der Vermögensanlage** geben.
Sie unterteilt sich in eine formelle Klassifizierung und eine Nennung der Rechte der
Vermögensanlage.

Die Vielfalt der von § 1 Abs. 2 VermAnlG erfassten Beteiligungsformen setzt voraus, 4
dass dem interessierten Anleger die **Information über die Art seiner Vermögensanlage** kundgetan werden muss. Es handelt sich um eine formelle Charakterisierung
als höchste Darstellungsebene. Der Wortlaut der Vorschrift ist in diesem Zusammenhang irreführend. In Bezug auf die vorherrschenden Vermögensanlagen nach § 1
Abs. 2 Nr. 1 VermAnlG handelt es sich um **personengesellschaftsrechtliche Beteiligungen**. Diese verfügen jedoch üblicherweise nicht, wie im Wertpapierbereich mit
unterschiedlichen Wertpapiergattungen (Stammaktie, Vorzugsaktie, Inhaberschuldverschreibung) gebräuchlich, über feststehende Begriffe für die Charakterisierung der
Art der Beteiligung. Unter der Voraussetzung, dass bei gesellschaftsrechtlichen Beteiligungsformen die auf Grund des abgeschlossenen Beteiligungsvertrages durch den
Anleger zu bewirkende Leistung bereits dem Emittenten zugeflossen ist, handelt es
sich um Einlagen[1], bei forderungsrechtlichen Beteiligungen um Verbindlichkeiten.

---

[1] Vgl. *Sprau* in Palandt, § 706 BGB Rz. 1; *Hopt* in Baumbach/Hopt, § 162 HGB Rz. 4, § 230 HGB Rz. 20; abweichend insofern die grundsätzlich auch in die Anwendbarkeit des Gesetzes fallenden Genossenschaften, bei denen die Einlage gesetzlich als Geschäftsanteil definiert wird, vgl. § 7 GenG.

5 Anzugeben ist somit die im Rechtsverkehr **übliche Gattungsbezeichnung der Beteiligung** an einer Gesellschaftsform oder über ein Anlageinstrument. Die Art der Vermögensanlage kann daher mit den bei **Personengesellschaften** üblichen Bezeichnungen erfolgen, zB als „Kommanditbeteiligung", „Kommanditeinlage", „Kommanditanteil" oder „atypisch stille Beteiligung". Bei **Treuhandvermögen** iS von § 1 Abs. 2 Nr. 2 VermAnlG ist auf Grund des schuldrechtlichen Charakters des Vertrages die treuhänderische Form der Beteiligung hervorzuheben, zB durch die Bezeichnung „treuhänderische Beteiligung". Die rein forderungsrechtlich ausgestalteten Vermögensanlagen nach § 1 Abs. 2 Nr. 3 bis 6 VermAnlG sind über ihre eigene Bezeichnung bereits als Art charakterisiert. Sofern weitere forderungsrechtliche Beteiligungsformen mit feststehenden Bezeichnungen im Rahmen des Angebots verwendet werden, können diese als formelle Charakterisierung einer Vermögensanlage nach § 1 Abs. 2 Nr. 7 VermAnlG dienen. Eine praktische Bedeutung wird dem Tatbestand jedoch kaum zuzumessen sein. Er dient zur Vermeidung von Regelungslücken in Abgrenzung zum Einlagengeschäft iS des KWG über eine lückenlose Erfassung von gegenüber den Nrn. 3 bis 6 wirtschaftlich gleichzustellenden Strukturen einer Beteiligung[1]. Allgemeine Bezeichnungen wie „Beteiligungs- bzw. Risikokapital" oder in ähnlichen Formen stellen keine ausreichende Angabe dar. Zur Veranschaulichung bietet sich die Verbindung der Art der Vermögensanlage mit dem Namen des Emittenten an, zB „Kommanditbeteiligung an der XY-KG".

6 Eine inhaltliche Aussage über die **Ausgestaltung der Vermögensanlage** wird an dieser Stelle noch nicht verlangt. In der Literatur wird die Meinung vertreten, dem Anleger müsse mit der formellen Charakterisierung der Anlage gleichzeitig noch die Form der Beteiligung dargetan werden[2]. Aus wirtschaftlicher Sicht ist diese Auffassung nachvollziehbar. Sie kommt zum Tragen, wenn man zB eine mittelbare Kommanditbeteiligung in die Elemente der über den Treuhänder gehaltenen Kommanditeinlage und die Beteiligung des Anlegers in Form des Treugebers spaltet. Diese Zuordnung wird insbesondere im Rahmen der Finanzverwaltung bei der Zumessung von Steuern vorgenommen[3]. In der Praxis der Prospekterstellung finden sich hier häufig Begriffe wie Treuhandkommanditist oder treuhänderische Kommanditbeteiligung[4]. Aus rechtlicher Sicht erscheint diese Aufspaltung der Angabe künstlich. Es handelt sich entweder um direkte unternehmerische Beteiligungen iS des § 1 Abs. 2 Nr. 1 VermAnlG oder um treuhänderische Beteiligungsmodelle nach § 1 Abs. 2 Nr. 2 VermAnlG. Der rechtlichen Sichtweise ist an dieser Stelle der Vorzug zu geben. Sie schließt sich nahtlos an die Handhabung der Vorgängervorschrift in § 4 VerkProspVO an. Auch hier ist nur eine formelle Unterscheidung nach den Wertpapiergattungen vorgenommen worden, nicht jedoch an welcher Gesellschaft die Beteiligung erfolgt. Diese Angabe kann vielmehr den Hauptmerkmalen der Vermögensanlage zugeordnet werden. Hier findet über deren Erläuterung, die Nennung der Gesellschaftsform an der die Beteiligung erfolgt, statt.

---

1 Begr. Art. 2 Nr. 2 a) RegE Kleinanlegerschutzgesetz, BT-Drucks. 18/3994, S. 38.
2 *Voß* in Arndt/Voß, § 4 VermVerkProspV Rz. 7.
3 5. Bauherrenerlass (Schreiben des BMF v. 20.10.2003 – IV C 3 - S 2253a - 48/03).
4 Vgl. dazu ausführlich *Bost/Halfpap* in Lüdicke/Arndt, Geschlossene Fonds, S. 20 ff.

bb) Anzahl und Gesamtbetrag

§ 4 Satz 1 Nr. 1 VermVerkProspV verlangt des Weiteren Angaben über die Anzahl und den Gesamtbetrag der angebotenen Vermögensanlagen. Diese Angaben umschreiben das **Volumen des öffentlichen Angebots** und liefern dem Anleger im Vergleich mit anderen Prospektangaben Informationen über die geplante Gestaltung der Finanzierung der Vermögensanlage.

(1) Anzahl

Die Verordnung sieht die Angabe der Anzahl der angebotenen Vermögensanlagen. Die Formulierung wirft zunächst die Frage auf, welche Anzahl angegeben werden soll. Aus dem Gesetzeswortlaut geht nicht eindeutig hervor, ob die Anzahl der Arten der angebotenen Vermögensanlage an der Emittentin oder die Stückzahl einer bestimmten Vermögensanlage in den Verkaufsprospekt aufzunehmen ist. Unter Heranziehung des Wortlauts von § 4 Satz 1 Nr. 1 VerkProspVO aF erschließt sich, dass die Anzahl der einzelnen angeboten Beteiligungs„stücke" gemeint sein muss. Nach dieser Vorschrift bezog sich die Angabe der dort verlangten Stückzahl auf die Anzahl der tatsächlich angebotenen Wertpapiere[1]. Dieses Ergebnis auf das Erfordernis der Angabe der Anzahl der Vermögensanlagen zu übertragen, fällt hingegen nicht leicht. Das Problem in der Anforderung der Vorschrift liegt darin, dass eine unmittelbare Übertragung auf Beteiligungen nach dem § 1 Abs. 2 VermAnlG auf Grund von gesetzlichen Regelungen nicht möglich ist. Bei allen direkten unternehmerischen Beteiligungen an einer Personengesellschaft kann der Anleger auch bei Vornahme von mehreren Erwerbsvorgängen nicht mehr als einen „Geschäfts-"Anteil erwerben. Denn auf Grund der Vorgaben des Gesellschaftsrechts wachsen selbst sukzessiv erworbene Anteile zu einem Anteil des Anlegers an der Gesellschaft zusammen[2]. Der Anleger kann seine Einlage nur verringern oder erhöhen, ein selbständiger Anteil entsteht dabei nicht (vgl. §§ 175, 230 HGB, §§ 707, 719 Abs. 1 BGB). In der Praxis taucht daher auch regelmäßig die Frage auf, welche Angabe an dieser Stelle zu tätigen ist. Die Lösung liegt in der Vergleichbarkeit der Mitteleinwerbung zu einer Kapitalgesellschaft. Beholfen wird sich üblicherweise durch die Heranziehung der **Mindestanlagesumme als kleinste zu erwerbende Beteiligungseinheit**. Teilt man das öffentlich angebotenen Emissionsvolumen durch diese Mindestanlagesumme, erhält man die Anzahl der Beteiligungen, die höchstens angeboten werden können.

---

[1] *Ritz* in Assmann/Lenz/Ritz, § 4 VerkProspVO Rz. 5. Das dort angesprochene Problem der Unterscheidung zwischen der Anzahl der tatsächlich öffentlich angeboten Wertpapiere nach der VerkProspVO und der Emission an der Gesellschaft nach Art. 11 Abs. 2 lit. b der Emissionsprospektrichtlinie stellt sich im Rahmen der Vermögensanlagen nicht. Falls ein Teil der Vermögensanlagen vor dem öffentlichen aktuellen Angebot begeben wurde, erfordert dieser Umstand eine Angabe nach § 6 Satz 1 Nr. 2 VermVerkProspV.

[2] BGH v. 22.5.1989 – II ZR 211/88, BB 1989, 1361 (1363), vgl. auch *Preißer/von Rönn*, Die KG und die GmbH & Co. KG, S. 29.

9   Bei partiarischen Darlehen, Nachrangdarlehen, Genussrechten oder **Namensschuldverschreibungen** besteht das Problem nicht, da diese nach Stücken zu bestimmten Beträgen unterteilt werden können.

10 Die Bestimmung der **Anzahl der Vermögensanlagen** trifft in der Praxis auf Schwierigkeiten, wenn das öffentliche Angebot der Vermögensanlagen mit einer Platzierungsgarantie eines Dritten versehen ist. Diese Platzierungsgarantien sind derart ausgestaltet, dass ein oder mehrere Dritte (im Regelfall handelt es sich um eine mit dem Emittenten verbundene Gesellschaft) das zu einem bestimmten Termin noch nicht an Anleger veräußerte Angebotsvolumen an Beteiligungen an der Emittentin zum Teil oder vollständig durch Vornahme einer Vermögenseinlage übernehmen. Der Emittentin wird damit die Durchführung des eigentlichen Anlageprojektes ermöglicht, selbst wenn der wirtschaftliche Erfolg auf dem Beteiligungsmarkt in Folge des Ausbleibens von tatsächlichen Beitritten von Anlegern zur Emittentin ausgeblieben ist. Eine Rückabwicklung in dieser frühen Phase wird damit vermieden. Die **Platzierungsgarantie** ist daher einer der eigentlichen Angebotsphase nachgeordneten Ebenen zuzuordnen. Die Aufführung der Platzierungsgarantie gehört daher nicht in den Rahmen der Angabe der Anzahl der Anteile nach § 4 Satz 1 Nr. 1 VermVerkProspV.

(2) Gesamtbetrag

11 Unter den Begriff des Gesamtbetrags ist das öffentlich angebotene **Emissionsvolumen** der Vermögensanlage iS des § 1Abs. 2 VermAnlG zu verstehen[1]. Zu nennen ist eine konkrete Zahl. Im Regelfall hat die emittierende Gesellschaft einen bestimmten Betrag für das öffentliche Angebot vorgesehen, da dieser in die Kapitalzusammensetzung des gesamten, im Regelfall bereits feststehenden Projekts einfließt. Der Zusammenhang von Anzahl und Gesamtbetrag ergibt sich aus der Ermittlung des Gesamtbetrages. Bei Vermögensanlagen iS des § 1 Abs. 2 VermAnlG ergibt sich der Gesamtbetrag aus dem Produkt der Anzahl der maximal öffentlich angebotenen Beteiligungen an der Vermögensanlage mit der Mindestanlagesumme bzw. dem Nennbetrag.

12 Dem Anleger wird über die Gesamtbetragsangabe ein Eindruck vermittelt, welche **Größenordnung** die vom Anbieter öffentlich angebotene Emission insgesamt hat.

13 Zu beachten bleibt, dass die Angaben nach § 4 Satz 1 Nr. 1 VermVerkProspV **keine konkrete Aussage zum Verhältnis von Eigen- und Fremdkapital** bei einer Emission von Vermögensanlagen enthalten. Maßgeblich ist insoweit vielmehr § 9 Abs. 1 iVm. Abs. 2 Nr. 9 VermVerkProspV. Eine Aussage, ob die für die Projektdurchführung notwendige Investitionssumme mit dem angebotenen Emissionsvolumen erreicht werden kann, ist damit nicht verbunden.

14 Problematisch ist, dass eine in der Praxis relevante Unterscheidung von nebeneinander bestehenden Emissionen in **öffentliche und nicht öffentliche** durch diese oder eine andere Mindestangabe nicht vollständig abgedeckt wird. Rudimentär geschieht

---

[1] Vgl. Begr. zur VermVerkProspV, S. 13, abrufbar unter: https://www.uni-leipzig.de/bankinstitut/dokumente/2004-11-11-04.pdf.

dies nur im Rahmen des § 6 Satz 1 Nr. 2 VermVerkProspV, wenn die nicht öffentliche Emission bereits im Vorfeld der öffentlichen durchgeführt wurde und über § 9 Abs. 2 Nr. 9 VermVerkProspV, der eine Gesamtaufstellung der Investitionskosten für das gesamte Projekt erfordert. Bestehen daher nebeneinander laufende Emissionen von Vermögensanlagen öffentlicher und nicht öffentlicher Natur an der Emittentin, sollte dies im Rahmen der Generalklausel nach § 2 Abs. 1 Satz 1 und 2 VermVerkProspV dargestellt werden. Auch wenn es sich um eine Publikumsgesellschaft handelt, bei der die Anleger im Regelfall nebeneinander anonym rein kapitalistisch beteiligt sind, ist nicht auszuschließen, dass ein Anleger eine andere Anlageentscheidung trifft, wenn er in Kenntnis des Umstandes gesetzt wird, dass neben dem öffentlichen Angebot sich andere Anleger zu möglicherweise günstigeren Konditionen privat beteiligen können.

Schwieriger gestaltet sich die Angabe, wenn es sich um das Angebot einer Beteiligung iS des § 1 Abs. 2 VermAnlG handelt, bei der die emittierende Gesellschaft die **Angebotshöhe im Betrag nicht eingrenzen will oder kann**. In diesem Fall verpflichtet der Verordnungsgeber den Anbieter, die Angaben nach § 4 Satz 1 Nr. 1 Satz 2 VermVerkProspV in den Verkaufsprospekt aufzunehmen. 15

b) Mindestumfang des Angebots (§ 4 Satz 1 Nr. 1 Satz 2 VermVerkProspV)

Steht die **Anzahl oder der Gesamtbetrag** der angebotenen Vermögensanlage **bei der Hinterlegung des Verkaufsprospekts noch nicht fest**, weist § 4 Satz 1 Nr. 1 Satz 2 VermVerkProspV den Anbieter an, diesem Umstand für den Anleger **deutlich hervorzuheben**. Diesem Hinweis kommt im Ergebnis der Charakter eines **Warnhinweises** zu. Ersetzt werden allerdings nicht alle Angaben nach § 4 Satz 1 Nr. 1 Satz 1 VermVerkProspV, sondern nur die volumenspezifischen, wie Anzahl und Gesamtbetrag. Eine Schwierigkeit besteht in der praktischen Handhabung der Anordnung der Verordnung. Auslöser für den Wechsel auf die Angabenbeibringung nach § 4 Satz 1 Nr. 1 Satz 2 VermVerkProspV ist bereits, wenn nur eine der volumenspezifischen Angaben nach Satz 1 nicht beigebracht werden kann. In diesem Fall ist es dem Anbieter zumindest möglich, die andere, an sich auch vorrangig nach § 4 Satz 1 Nr. 1 Satz 1 VermVerkProspV zu liefernde Angabe im Verkaufsprospekt einzubringen. Dazu wäre er nach den Grundsätzen des § 2 Abs. 1 Satz 1 VermVerkProspV zur richtigen und vollständigen Darstellung der sachlichen und rechtlichen Verhältnisse auch verpflichtet. Bei einem wörtlichen Verständnis des § 4 Satz 1 Nr. 1 Satz 2 VermVerkProspV müsste er jedoch gleichzeitig auch noch die andere Angabe im Hinweis aufführen. An diesem Punkt stellt sich die Frage, ob in diesem Fall allein die Angaben nach § 4 Satz 1 Nr. 1 Satz 2 VermVerkProspV aufzuführen sind. Hierfür würde die Eindeutigkeit der Angaben sprechen. Ein Irreführungspotential in Hinblick auf zwei, möglicherweise unterschiedlich hohe Betragsangaben würde nicht bestehen. Andererseits ist auch nicht von der Hand zu weisen, dass auch ein Nebeneinander von Gesamt- und Mindestbetrag durchaus einen Aussagewert entfalten kann, wenn sie voneinander abweichen. Dem Anleger wird dann deutlich, dass das Projekt auch bei Einwerbung eines niedrigen Betrages an Finanzmitteln im Wege des öffentlichen Angebots durchgeführt wird. Relevant kann dies im Zusammenhang mit Übernahmegarantien durch Dritte sein. 16

Es kann aber auch in anderen Fällen dem Anleger als Warnhinweis für eine eventuell mögliche Aufnahme einer größeren Summe von Fremdmitteln dienen, die sich dann möglicherweise belastend auf die Rendite des Anlegers auswirkt.

17 Das **Regel-Ausnahme-Verhältnis** zwischen § 4 Satz 1 Nr. 1 Satz 1 und Satz 2 VermVerkProspV verdeutlicht, dass der Gesetzgeber den Anbieter verpflichten wollte, zu diesem Punkt eine Aussage zu treffen. Es ist daher nicht möglich, diese Angabe unter Verweis auf die Inanspruchnahme der Erleichterungen nach § 15 Abs. 2 VermVerkProspV zu umgehen[1]. Der Verkaufsprospekt müsste bei Fehlen einer Aussage oder der Erklärung, dass diese nicht erbracht werden kann, im Hinterlegungsverfahren als unvollständig zurückgewiesen werden. Ein Geschäftsmodell, bei dem der Anbieter weder eine Vorstellung von einem Mindestemissionsvolumen noch einer Mindestanlagesumme hat, auf Grund dessen sich eine Mindestanzahl der angebotenen Vermögensanlagen ermitteln ließe, ist betriebswirtschaftlich nicht denkbar[2].

aa) Mindestanzahl

18 Die Mindestanzahl ist diejenige Anzahl von Vermögensanlagen, die vom Emittenten unter Berücksichtigung der Mindestanlagesumme als **kleinste erwerbbare Beteiligungseinheit** angeboten werden muss, um den Mindestbetrag zu erreichen.

bb) Mindestbetrag

19 Mindestbetrag ist als der einzuwerbende Betrag zu verstehen, die der Anbieter **für die Durchführung des Investitionsprojektes** der Emittentin, auch unter Einschluss von anderen Finanzierungsquellen, als **notwendig** beschreibt[3]. Damit wird dem Charakter von Beteiligungsstrukturen Rechnung getragen, die sich im Wesentlichen aus eingeworbenen Eigenmitteln für ein bestimmtes Projekt finanzieren.

20 Der Mindestbetrag ist **nicht** dem Betrag gleichzusetzen, den der Anbieter von einem Anleger als **Minimaleinlage** verlangt. Hier handelt es sich um die Mindestanlagesumme, die die untere Grenze des Erwerbspreises nach § 4 Satz 1 Nr. 9 VermVerkProspV definiert. Dies ergibt sich aus dem Rangverhältnis der Angaben nach dieser Vorschrift, nachdem ein Mindestbetrag nur anzugeben ist, wenn der Anbieter keinen Gesamtbetrag für das öffentliche Angebot der Vermögensanlage benennen möchte oder kann[4]. Eine andere Sichtweise, wie in der Literatur teilweise als Fragestellung aufgeworfen, drängt sich hier nicht auf[5].

21 Wird das wirtschaftliche Ziel der **Einwerbung von Eigenmitteln** im Wege des öffentlichen Angebotes der Vermögensanlage **nicht erreicht**, sollten dem Anleger die sich

---

1 *Voß* in Arndt/Voß, § 4 VermVerkProspV Rz. 30.
2 *Voß* in Arndt/Voß, § 4 VermVerkProspV Rz. 30.
3 Im Ergebnis auch *Voß* in Arndt/Voß, § 4 VermVerkProspV Rz. 21 und *Keunecke*, Prospekte im Kapitalmarkt, Rz. 600.
4 *Voß* in Arndt/Voß, § 4 VermVerkProspV Rz. 19.
5 So aber *Keunecke*, Prospekte im Kapitalmarkt, Rz. 600, der sich aber im Ergebnis ebenfalls der Auffassung der Ableitung des Mindestbetrags aus dem Gesamtbetrag zuwendet.

aus diesem Umstand abzuleitenden Folgen für das Anlageprojekt dargestellt werden. Diese Information ist insbesondere im Rahmen der Risikodarstellung zu würdigen.

Der Komplexität der Begrifflichkeiten der Vorschrift geschuldet, wird im Rahmen der Angabe nach § 4 Satz 1 Nr. 1 Satz 2 VermVerkProspV des Öfteren statt einer **Mindestanzahl** an aufzunehmenden Anlegern allein die **Mindestanlagesumme** (auch gebräuchlich: Mindesterwerbspreis oder Mindestzeichnungsbetrag) des einzelnen Anlegers angeben. Die Angabe ist in diesem Fall unvollständig und muss im Rahmen des Hinterlegungsverfahrens ergänzt werden.

cc) Formelle Darstellung

Der **Hinweis** ist in den Fällen des § 4 Satz 1 Nr. 1 Satz 2 VermVerkProspV **hervorgehoben** zu gestalten. **Gestalterische Mittel** der Hervorhebung sind Fettdruck, Unterstreichung oder Umrahmung, sowie gesonderte Schrifttypen und/oder -größen, die sich eindeutig vom Rest des Textes abheben[1].

2. Hauptmerkmale der Anteile der Anleger (§ 4 Satz 1 Nr. 1a VermVerkProspV)

a) Darstellung von Rechten und Pflichten

Die Regelung des § 4 Satz 1 Nr. 1a VermVerkProspV erweitert die bisherige Angabe nach Nr. 1 aF, die allein die Angabe der mit der Vermögensanlage verbundenen Rechte verlangte.

Die Hauptmerkmale der Anteile der Anleger charakterisieren die angebotene Vermögensanlage im Detail, Sie umfassen die Rechte und Pflichten aus dem vorformulierten Gesellschafts- oder sonstigen Vertragswerk über die Beteiligung. Aufzuführen sind die **Anteilsmerkmale**, die für die Entscheidung des Anlegers für eine Beteiligung für die gesamte Investitionsphase von wesentlicher Bedeutung sind[2].

Die Angabe der üblichen Bezeichnung der Beteiligung ist an dieser Stelle nicht ausreichend, da sie lediglich die Art der Vermögensanlage charakterisiert. Eine Einschränkung in Hinblick auf eine Kategorisierung der durch die Vermögensanlage dem Anleger gewährten Rechte und auferlegten Pflichten wurde durch den Verordnungsgeber nicht vorgenommen[3]. Eine Orientierung folgt jedoch aus den gesetzlichen Regelungswerken zu den verschiedenen unternehmerische Beteiligungsformen als gesetzliches Leitbild, die einer unterschiedlichen Grundausstattung an Rechten und Pflichten folgen, zB ein still Beteiligter gegenüber einer Beteiligung als Gesellschafter einer Kommanditgesellschaft. In diesem Sinne richtet sich auch bei den Ver-

---

1 Vgl. *Tiffe*, Die Struktur der Informationspflichten bei Finanzdienstleistungen, 4.3.3.1, S. 146.
2 Vgl. BGH v. 29.4.2014 – XI ZR 130/13, BGHZ 201, 55 = MDR 2014, 831.
3 Hinzuzufügen ist, dass eine Kategorisierung nach der Art des Wertpapiers für den Umfang der Angabe bereits auch nicht aus den Bestimmungen des § 4 Satz 1 Nr. 1 VerkProspVO hergeleitet werden konnte. Die ehemalige Verordnung sah eine solche ebenfalls nicht vor.

mögensanlagen nach § 1 Abs. 2 VermAnlG der Umfang der anzugebenden Rechte und Pflichten nach der Art der Vermögensanlage als deren Konkretisierung. Als zu benennende Rechten und Pflichten kommen daher Kategorien im Sinne von Aussagen zur Leistung von Beiträgen, der Geschäftsführung, der Möglichkeiten zur Änderung des Gesellschaftsvertrages, zur Auflösung der Gesellschaft, der Haftung, der Gewinnverteilung, Ausschüttungen[1] und sonstiger Zahlungen sowie zur Information der Anleger in Betracht, Zu betonen bleibt, dass gesetzlich gefasste Strukturprinzipien nicht von einer Angabe befreien[2]. Eine Abweichung von der gesetzlichen Vorgabe beinhaltet dagegen ein Indiz für eine Pflicht zur Nennung.

26 Die mit der Vermögensanlage verbundenen Rechte und Pflichten müssen **verständlich dargestellt** werden. Das bedeutet, dass sie abschließend in einem engen Zusammenhang innerhalb des Verkaufsprospekts aufgeführt werden. Eine Nennung reicht grundsätzlich aus. Allein die Aufnahme des Gesellschaftsvertrages oder anderer der Beteiligung dienender Verträge in den Verkaufsprospekt entlastet den Anbieter in diesem Zusammenhang nicht. Ein **Verweis auf die Vertragswerke** entspricht nicht den formalen Anforderungen an eine zu tätigende Angabe nach der VermVerkProspV.

b) Abweichende Rechte der Emittenten- und Gründungsgesellschafter

27 Die Beschreibung abweichender Rechte der Gesellschafter des Emittenten zum Zeitpunkt der Prospektaufstellung bzw. Ansprüche ehemaliger Gesellschaftern aus ihrer Beteiligung beim Emittenten dient für den Anleger zur Aufklärung möglicher Interessenkollisionen. Zu den Umständen, über die der Anleger durch den Prospekt aufzuklären ist, gehören für diesen Personenkreis vorgesehene und gewährte Sonderzuwendungen[3]. In Betracht kommen z.B. Vergütungen für die Eigenkapitalvermittlung[4].

3. Steuerliche Konzeption (§ 4 Satz 1 Nr. 2 VermVerkProspV)

28 Die Vorschrift baut auf § 4 Satz 1 Nr. 2 VerkProspVO auf, welcher, wenn auch detaillierter in Bezug auf die Angabeanforderungen, wiederum auf Art. 11 Abs. 2 lit. b der Emissionsprospektrichtlinie beruhte. Die Angaben waren auf die Angabe von Steuern beschränkt, die aus der Ausgabe des Wertpapiers oder der aus ihnen anfallenden Einkünfte auf Grund der steuerlichen Rahmenbedingungen folgten. Als angabepflichtig wurden aus Gründen des Anlegerschutzes sowohl die im Sitzstaat des Emittenten als auch im Angebotsstaat anfallenden Steuern betrachtet[5].

---

1 Vgl. EuGH v. 11.9.2014 – C-88/13 bezogen auf die Definition und Umfang des Begriffes „Ausschüttung" in Bezug auf den Anleger.
2 Vgl. BGH v. 29.4.2014 – XI ZR 130/13, BGHZ 201, 55 = MDR 2014, 831.
3 BGH v. 31.10.2013 – III ZR 66/13.
4 BGH v. 22.4.2010 – III ZR 318/08, MDR 2010, 742.
5 *Ritz* in Assmann/Lenz/Ritz, § 4 VerkProspVO Rz. 9 f.

a) Regelungsgehalt

Die Vorschrift des § 4 Satz 1 Nr. 2 Satz 1 VermVerkProspV erweitert die steuerbezogenen Angabepflichten. In den Verkaufsprospekt hat der Anbieter die **gesamte steuerliche Konzeption** der Vermögensanlage aufzunehmen. Dies ist dem Umstand geschuldet, dass es sich bei den Vermögensanlagen iS des § 1 Abs. 2 VermAnlG teilweise um aufwendige steuerliche Strukturierungen handelt, die eine vollständige Darstellung der Konzeption erforderlich machen[1]. Eine bloße Aufzählung eventuell zutreffender steuerrechtlicher Normen reicht hierfür nicht aus, vielmehr sind auch die Wirkungszusammenhänge zu erläutern[2].

29

Die Darstellung erfasst auch die **Belastbarkeit des steuerlichen Konzepts**. Die Tragfähigkeit der wesentlichen Punkte ist für den Umstand der tatsächlichen Erzielung der prospektierten Rendite Voraussetzung und Qualitätsmerkmal der angebotenen Beteiligung[3]. Wesentliche Punkte stellen zB die Zurechnung des wirtschaftlichen Eigentums, die Mitunternehmerstellung, die Gewinnerzielungsabsicht, die Tonnagesteuer, etc. dar[4]. Planungssicherheit kann durch eine formlose Abstimmung mit der zuständigen Finanzbehörde erzielt werden, da durch die Stellungnahme eine gewisse Selbstbindung erfolgt[5].

30

Die **Darstellung der Steuerkonzeption** bezieht sich auf diese im Allgemeinen und darf nicht mit einer Beschreibung oder Erläuterung bestimmter **Risiken** gleichgesetzt werden, die mit der Unklarheit der Anwendung steuerrechtlicher Normen einhergehen[6]. Die Beschreibung von Risiken in ihren Auswirkungen auf den Anleger ist allein dem Risikokapitel vorbehalten (§ 2 Abs. 2 Satz 4 und Satz 7 VermVerkProspV). **Bevorstehenden Rechtsänderungen** sind in die Darstellung der Steuerkonzeption als Benennung eines Risikos aufzunehmen, sobald sie aus der Sicht des Anbieters mit einer nicht völlig fern liegenden Wahrscheinlichkeit eintreten können. Dies wird in der Regel erst in dem Zeitpunkt des Vorliegens eines Kabinettsbeschlusses relevant. Insoweit korrespondiert diese Konkretisierung des Risikos mit dem Entstehen der Nachtragspflicht (vgl. § 11 Abs. 1 VermAnlG Rz. 3 ff.). Aus den Gesichtspunkten der Verständlichkeit ist nach der Nennung des Risikos auf die entsprechende Passage des Risikokapitels zu verweisen.

31

Das Steuerkonzept ist in der Darstellung **auf die Anlegergruppe auszurichten**, an die das Angebot nach der ursprünglichen Konzeption der Vermögensanlage erfolgen soll. Der Vollständigkeit der Angabe ist dann Genüge getan, wenn das Steuerkonzept für diese Anlegergruppe in seinen wesentlichen Grundlagen vollständig erläutert wird. Diese Darstellung im Verkaufsprospekt stellt jedoch keine steuerrechtliche Be-

32

---

1 *Keunecke*, Prospekte im Kapitalmarkt, Rz. 601.
2 *Voß* in Arndt/Voß, § 4 VermVerkProspV Rz. 42.
3 *Lüdicke* in Lüdicke/Arndt, Geschlossene Fonds, A III 10., S. 111; vgl. auch BGH v. 22.10.2015 – III ZR 264/14, MDR 2016, 393.
4 *Lüdicke* in Lüdicke/Arndt, Geschlossene Fonds, A III 10., S. 111.
5 *Lüdicke* in Lüdicke/Arndt, Geschlossene Fonds, A III 10., S. 111; vgl. auch BGH v. 22.10.2015 – III ZR 264/14, MDR 2016, 393.
6 *Jäger/Voß* in Winter/Hennig/Gerhard, Grundlagen der Schiffsfinanzierung, S. 909.

ratung dar[1]. Wesentlich bedeutet in diesem Zusammenhang, dass für den Anleger eindeutig erkennbar sein muss, welche Auswirkungen die Beteiligung an der Vermögensanlage auf Grund der Beteiligung selbst als auch auf Grund ihrer Erträge auf die steuerlichen Gegebenheiten des Anlegers haben kann. Das bedeutet, dass die in der Person des Anlegers eventuell begründeten Besonderheiten keine Berücksichtigung bei der Darstellung finden müssen. Die Aufnahme der Empfehlung in den Verkaufsprospekt, vor einer Anlageentscheidung individuelle steuerrechtliche Gegebenheiten und Umstände mit einem steuerrechtlich kundigen Berater abzuklären, ist daher in Bezug auf die Vollständigkeit der Angabe nicht zu beanstanden.

33 **Steuern** im Sinne der Vorschrift umfassen alle Steuern, die in dem Staat erhoben werden, in dem der Emittent seinen Sitz hat oder die Vermögensanlage angeboten wird.

34 Hat der Emittent seinen Sitz im **Ausland** oder bietet er die Vermögensanlage **in einem anderen Staat** ebenfalls an, gehören zu einer umfassenden Information der Anleger die auf Grund dieser Konzeption entstehenden steuerrechtlichen Auswirkungen auf die Vermögensanlage anhand der steuerrechtlichen Bestimmungen in beiden Staaten im Verkaufsprospekt.

35 Die **inhaltliche Richtigkeit der Steuerkonzeption** betrifft dagegen allein die **Haftung** des Anbieters[2]. Wird das Angebot an andere Anlegerkreise nicht von vornherein ausgeschlossen, sollte dem Steuerkonzept ein eindeutiger Hinweis vorangestellt werden, für welche Anlegergruppe die Vermögensanlage steuerlich entwickelt wurde. Im Regelfall wird es sich um Anleger handeln, die die Vermögensanlage im steuerlichen Privatvermögen halten und auf Grund der Ansässigkeit in Deutschland unbeschränkt steuerpflichtig sind. Beispielsweise kann folgende Formulierung Verwendung finden: „Die folgenden steuerlichen Angaben erfolgen aus der Sicht einer Beteiligung, die im Privatvermögen gehalten wird". Die Darstellung einer Steuerkonzeption für andere Anlegerkreise ist dann entbehrlich. Durch den Hinweis sind andere Anleger, die zB die Vermögensanlage im Betriebsvermögen halten wollen, ausreichend gewarnt, dass die betreffende Vermögensanlage ursprünglich nicht für sie entwickelt wurde. Denn die Beteiligung kann bei Personengesellschaften oder Anlegern, die unter § 1 Abs. 1 KStG fallen, zu erheblichen steuerlichen Abweichungen führen.

36 Zu kurz greift die Darstellung dann, wenn nur die Vorschriften des Steuerrechts dargestellt werden, die konkret allein die Steuern auf Grund der **Einkünfte** des Anlegers der Vermögensanlage betreffen. Denn auch auf der Ebene der Gesellschaft steuerrechtlich relevante **Gewinne** gehören auf Grund besonderer steuerlicher Behandlung zur Darstellung des Steuerkonzepts. Sie können die Einkünfte des Anlegers entsprechend beeinflussen.

37 Im Verkaufsprospekt sind die **Steuerzahlungen, die die Emittentin oder eine andere Person übernimmt**, im Verkaufsprospekt anzugeben (§ 4 Satz 1 Nr. 2 Satz 2 VermVerkProspV). Die andere Person kann zB der Anbieter sein. Die Formulierung

---

[1] Voß in Arndt/Voß, § 4 VermVerkProspV Rz. 40.
[2] BGH v. 4.2.1985 – II ZR 229/84, EWiR 1985, 191; Kind in Arndt/Voß, § 13 VerkProspG Rz. 18.

stellt klar, dass nur solche Steuern angegeben werden müssen, die ansonsten vom Anleger als Steuerschuldner selbst zu tragen sind[1]. Sofern dies der Fall ist, sind die einschlägigen Steuerarten genau zu bezeichnen. Werden durch die Emittentin oder andere Personen keine Steuerzahlungen übernommen, ist insoweit ein Negativtestat erforderlich.

b) Inhaltliche Anforderungen

Das **EStG** gibt für die Einkünfte aus Beteiligungen an Vermögensanlagen bestimmte zu beachtende **Rahmenbedingungen** vor. 38

Die **Fondskonzeption** richtet sich im Regelfall nach der günstigsten steuerlichen Gestaltung des Anlagemodells aus. Üblicherweise soll die Fondsgesellschaft Einkünfte erzielen, die als gewerbliche Einkünfte nach § 15 EStG einzustufen sind. Eine gewerbliche Prägung, so sie nicht bereits auf Grund der Tätigkeit originär vorliegt, kann durch die Verlagerung der Komplementärstellung auf eine oder mehrere Kapitalgesellschaften erreicht werden (§ 15 Abs. 3 Nr. 2 EStG). 39

Konzeptionen, die auf eine **steuerliche Gestaltung** auf der Grundlage einer das Beteiligungskapital verwaltenden Tätigkeit abzielen, dürften grds. nicht mehr unter das VermAnlG fallen. Die Beschränkung des Geschäftszwecks des Emittenten auf eine passive Vermögensverwaltung führt bei Zutreffen der weiteren Kriterien[2] zu einem Investmentvermögen nach § 1 Abs. 1 KAGB, dessen Anwendungsbereich dem des VermAnlG vorgeht. Denn Merkmal eines dem KAGB unterworfenen Anlagevehikels ist ua., dass der objektive Geschäftszweck auf die professionelle, standardisierte Anlage und Verwaltung seiner Mittel für gemeinschaftliche Rechnung der Anteilsinhaber beschränkt und grds. eine aktive unternehmerische Bewirtschaftung der Vermögensgegenstände ausgeschlossen ist[3]. Für die Beurteilung für das Vorliegen einer aktiven unternehmerischen Bewirtschaftung der Vermögensgegenstände ist kein unmittelbarer Rückgriff auf die allgemeinen Grundsätze zur Abgrenzung einer gewerblichen von einer vermögensverwaltenden Tätigkeit möglich[4]. Nichtsdestotrotz schließt eine nach den allgemeinen Grundsätzen als vermögensverwaltend zu betrachtende Tätigkeit eine aktive unternehmerische Tätigkeit aus[5]. 40

Die vorherrschende **Gestaltung der Publikumsgesellschaft** liegt in der Rechtsform der Kommanditgesellschaft, bei der eine Kapitalgesellschaft die Position des Komplementärs und die Geschäftsbesorgung übernimmt. Bei einer solchen Kommanditgesellschaft handelt es sich um eine gemäß § 15 Abs. 3 Nr. 2 EStG gewerbliche ge- 41

---

1 Vgl. *Voß* in Arndt/Voß, § 4 VermVerkProspV Rz. 45.
2 BaFin, Auslegungsschreiben zum Anwendungsbereich des KAGB und zum Begriff des Investmentvermögens v. 14.6.2013, Gz. Q 31-Wp 2137-2013/0006.
3 BMF, Schreiben zu Auslegungsfragen zu § 1 Abs. 1b Nr. 3 InvStG v. 3.3.2015, Gz. IV C 1 - S 1980-1/13/10007:003.
4 BMF, Schreiben zu Auslegungsfragen zu § 1 Abs. 1b Nr. 3 InvStG v. 3.3.2015, Gz. IV C 1 - S 1980-1/13/10007:003.
5 BMF, Schreiben zu Auslegungsfragen zu § 1 Abs. 1b Nr. 3 InvStG v. 3.3.2015, Gz. IV C 1 - S 1980-1/13/10007:003.

prägte Personengesellschaft. Deren Tätigkeit ist bei gegebener Gewinnerzielungsabsicht insgesamt als gewerblich anzusehen[1]. Eine originäre Gewerblichkeit auf Grund einer ebenfalls ausgeübten selbständigen und nachhaltigen Betätigung am allgemeinen wirtschaftlichen Verkehr ist demgegenüber steuerrechtlich nicht mehr erheblich, es sei denn, dass nicht die Komplementär-Kapitalgesellschaft mit der Geschäftsbesorgung betraut ist, sondern ein geschäftsführender Kommanditist[2].

c) Einkommensteuerrechtliche Besonderheiten bei der Konzeption

42 Bei Vermögensanlagen, die in der Rechtsform der Kommanditgesellschaft betrieben werden, ist das Prinzip der Besteuerung nach Leistungsfähigkeit modifiziert. Das Einkommensteuergesetz sieht verschiedene Einschränkungen in Bezug auf die Abzugsfähigkeit von Verlusten vor. Dazu gehören ua. die Eigenschaft als Verlustzuweisungsgesellschaft gemäß § 15b EStG, die Begrenzung auf die Haftung gemäß §§ 15a, 21 Abs. 1 Satz 2 EStG, und die Mindestbesteuerung nach § 10d EStG.

aa) Verlustzuweisungsgesellschaft (§ 15b EStG)

43 Die Vorschrift des § 15b EStG betrifft auf Grund ihrer systematischen Stellung im Gesetz allein **gewerbliche Einkünfte**[3]. Über Verweisungen ist ihr Anwendungsbereich aber auch auf andere Einkunftsarten ausgedehnt, §§ 13 Abs. 7, 18 Abs. 4 Satz 2, 20 Abs. 7, 21 Abs. 1 Satz 2 und 22 Nr. 1 Satz 1 Halbsatz 2 EStG. Die ursprünglich mit Einführung des § 15b EStG bestehende Lücke in Bezug auf vorausgezahlte Zinsen im Rahmen der Einkünfte am Kapitalvermögen – § 15b EStG kam nur bei Verlustanteilen im Rahmen einer Beteiligung an einer stillen Gesellschaft zur Anwendung, § 20 Abs. 1 Nr. 4 EStG aF – wurde nachträglich mit dem Jahressteuergesetz 2007 geschlossen. Anlagemodelle, welche diese ursprüngliche Lücke nutzen, fanden deshalb keine Verbreitung. Betroffen von der Vorschrift des § 15b EStG sind Gesellschafterbeitritte ab dem 11.11.2005. Sie ersetzt die Regelungen der Vorgängervorschrift des zu diesem Zeitpunkt außer Kraft getretenen § 2b EStG. Inhalt der Regelungen des § 15b EStG ist der steuerliche Umgang mit den Ergebnissen aus Steuerstundungsmodellen.

---

1 Trotz Vorliegen von steuerlichen vorauszusetzenden Merkmalen einer gewerblichen Tätigkeit bleibt zu berücksichtigen, ob es sich bei der ausgeübten Tätigkeit evtl. um eine solche iS des KAGB handelt und keine unternehmerische Tätigkeit iS des § 1 Abs. 1b Nr. 3 Satz 1 InvStG vorliegt, vgl. BMF, Schreiben zu Auslegungsfragen zu § 1 Abs. 1b Nr. 3 InvStG v. 3.3.2015, Gz. IV C 1 - S 1980-1/13/10007:003. Bei Publikumsgesellschaften im Immobilienbereich muss der zB Betrieb bzw. die Projektentwicklung einer Immobilie im Vordergrund der Geschäftstätigkeit stehen, während zB das Halten einer Immobilie zur Generierung regelmäßiger Einnahmen vermögensverwaltenden Charakter aufweist; BaFin, Auslegungsschreiben zum Anwendungsbereich des KAGB und zum Begriff des Investmentvermögens v. 14.6.2013, Gz. Q 31-Wp 2137-2013/0006. Denn die Einordnung als Vermögensanlage setzt in materiell-rechtlicher Hinsicht eine operative unternehmerische Tätigkeit und damit einen wirtschaftlichen Geschäftsbetrieb voraus, eine Fiktion gewerblicher Einkünfte durch eine gewerbliche Prägung reicht hierfür nicht aus., vgl. BFH, 15.11.2011 – I R 60/10.
2 *Lüdicke* in Lüdicke/Arndt, Geschlossene Fonds, A III 1, S. 71.
3 *Reiß* in Kirchhof, § 15b EStG Rz. 1, 6.

Durch die Einführung von § 15 Abs. 3a EStG wird der steuerliche Umgang im Zusammenhang mit dem Erwerb bestimmter Wirtschaftsgüter einer weitere Verschärfung zugeführt. Verluste im Zusammenhang mit dem nicht physischen Erwerb von Wirtschaftsgütern, z.B. Edelmetalle, durch eine gewerblich tätige oder gewerblich geprägte Personengesellschaft ohne tatsächlichen physischen Erwerb des Wirtschaftsguts sind grundsätzlich den Regelungen zur Verlustverrechnungsbeschränkung des § 15b EStG untergeordnet. Die Neuregelung gilt für sämtliche Erwerbe solcher Wirtschaftsgüter nach dem 28.11.2013.

Die Ausgestaltung eines **Steuerstundungsmodells** ist in § 15b Abs. 2 EStG niedergelegt. Grundlage für die Einordnung sind die **modellhafte Gestaltung** und die Erzielung von Steuervorteilen auf Grund der Verrechnungsmöglichkeit von Verlusten durch den Anleger[1]. Eine modellhafte Gestaltung wird bei Publikumsgesellschaften mit feststehenden Investitionsobjekten regelmäßig vorliegen[2]. Als Indiz gilt, dass der Anleger vorrangig eine kapitalmäßige Beteiligung ohne Interesse an einem Einfluss an der Geschäftsführung anstrebt (zB Medienfonds, Gamefonds, New Energy Fonds, Lebensversicherungszweitmarktfonds und geschlossene Immobilienfonds). Die Finanzverwaltung fasst den Modellcharakter bei Publikumsgesellschaften jedoch weiter. Ausreichend kann bereits die Konzeptvermarktung mittels eines Anlegerprospekts oder in vergleichbarer Form (zB Katalog, Verkaufsunterlagen, Beratungsbögen usw.) sein[3]. 44

Voraussetzung für eine modellhafte Gestaltung von Steuerstundungsmodellen ist das Vorliegen eines vorgefertigten Konzepts, das mit steuerlichen Vorteilen in Form negativer Einkünfte wirbt[4]. Für die Modellhaftigkeit eines Vertragswerks typisch ist die Bereitstellung eines Bündels an Haupt-, Zusatz- und Nebenleistungen. Die Bewertung ist anhand einer Gesamtbetrachtung vorzunehmen[5]. In Betracht kommen hierfür grundsätzlich alle nach dem BMF-Schreiben v. 20.10.2003[6] sofort abziehbaren Aufwendungen. Dem Anbieten und Bewerben des Konzepts gegenüber einem größeren Publikum kommt keine ausschlaggebende Bedeutung bei der Einordnung zu[7]. Wird im Rahmen des Geschäftskonzepts die Möglichkeit der Verlustverrechnung nicht in Aussicht gestellt, sondern vielmehr der erzielbare Erlös der Anlage hervorgehoben, scheidet die Annahme eines Steuerstundungsmodells ohnehin aus[8]. Auch reichen individuelle Steuervorteile für die Annahme einer modellhaften Gestaltung nicht aus. Erforderlich ist, dass das vorgefertigte Konzept auf die Erzielung von 45

---

1 Modelle, bei denen Effekte durch ein DBA, Sonderausgaben nach §§ 7h, 7i EStG, Vorsteuerabzüge nach UStG oder allgemein auf Steuerfreiheit beruhen, sind nicht unter § 15b EStG einzuordnen; vgl. *Beck*, Kommentar zum Entwurf von § 15b EStG, abrufbar unter http://www.i-basis.de/dp/ansicht/kunden/sale/medien/anhaenge/k1_m98.pdf.
2 *Lüdicke* in Lüdicke/Arndt, Geschlossene Fonds, A III 2 b) bb), S. 75 f.
3 BMF-Schreiben v. 17.7.2007 – IV B 2 - S 2241 - b/07/0001, Ziff. 7 und 10.
4 BFH v. 6.2.2014 – IV R 59/10, FR 2014, 522.
5 Hessisches FG v. 15.11.2011 – 11 K 3175/09, FR 2013, 286.
6 Sog. Fondserlass (BMF-Schreiben v. 20.10.2003 – IV C 3 - S 2253a - 48/03, BStBl. I 2003, 546).
7 BFH v. 6.2.2014 – IV R 59/10, FR 2014, 522.
8 BFH v. 6.2.2014 – IV R 59/10, FR 2014, 522.

Steuervorteilen aus negativen Einkünften des Einkommensteuerrechts bzw. sonstige negative Ergebnisse, die in die Gewinnermittlung einfließen, insgesamt angelegt ist[1]. Ist das Konzept auf die Zuweisung von steuerlichen Verlusten in der Anfangsphase an die Anleger ausgelegt, kann die Annahme eines Steuerstundungsmodells trotzdem ausscheiden, wenn der Einfluss der Anleger als Gesellschafter in ihrer gesellschaftsrechtlichen Verbundenheit auf die Vertragsgestaltung und Geschäftsführung der Publikumsgesellschaft über einen rein formalen oder unbedeutenden materiellen Charakter hinausgeht[2].

46 Wird den Anlegern neben der Hauptleistung ein **Bündel von Neben- oder Zusatzleistungen** gegen besonderes Entgelt angeboten, verzichtet ein Teil der Anleger jedoch darauf, liegen unterschiedliche Vertragskonstruktionen vor, die jeweils für sich auf ihre Modellhaftigkeit geprüft werden müssen (anlegerbezogene Betrachtungsweise). Auch Publikumsgesellschaften ohne feststehende Anlageobjekte (**Blindpools**) wird typischerweise ein vorgefertigtes Konzept iS des § 15b EStG unterstellt. Nur wenn der Anleger die einzelnen Leistungen und Zusatzleistungen sowie deren Ausgestaltung vorgibt, handelt es sich nicht um ein vorgefertigtes Konzept[3].

47 **Ansätze für eine steuerliche Konzeption** bietet § 15b Abs. 3 EStG. Durch eine geeignete Gestaltung des Verhältnisses zwischen Verlustentstehung und Kapitalaufbringung in der Anfangsphase der Unternehmung im Sinne einer Vermeidung des Überschreitens der 10%-Grenze des § 15b Abs. 3 EStG ist eine Verlustzuweisung nach § 15b Abs. 1 EStG nicht möglich. Zu beachten ist, dass die Anfangsphase iS des § 15b EStG nicht mit dem Abschluss der Investitionsphase endet, sondern im Regelfall mit der Verlustphase übereinstimmt, also dem Zeitraum, in dem nach dem zu Grunde liegenden Konzept nicht nachhaltig positive Einkünfte erzielt werden[4]. Maßgeblich für die Berechnung der 10%-Grenze des § 15b Abs. 3 EStG sind die prognostizierten Verluste, nicht jedoch die letztlich tatsächlich erzielten Verluste[5]. Individuelle, nicht vom Modellanbieter vorgegebene ausgehandelte Sonderbetriebsausgaben oder aufgenommene Finanzierungen werden nicht auf die 10%-Grenze angerechnet[6]. Insbesondere sind auch Anlaufverluste von Existenz- oder Firmengründern nicht anzurechnen[7]. Des Weiteren kann es sinnvoll sein, bestehende gewerbliche Personengesellschaften für weitere direkte Investitionen des gleichen Gesellschafterkreises zu nutzen, um eventuell angefallene positiven Ergebnisse aus dem Gewerbebetrieb zu vermindern. Hierdurch kann eine Verschiebung der steuerpflichtigen Ergebnisse auf einen späteren Zeitpunkt erreicht werden[8].

---

1 FG Niedersachsen v. 26.9.2013 – 3 K 12341/11, EFG 2014, 131.
2 BFH v. 6.2.2014 – IV R 59/10, FR 2014, 522.
3 BMF-Schreiben v. 17.7.2007 – IV B 2 - S 2241 - b/07/0001, Ziff. 10, BStBl. I 2007, 542.
4 BMF-Schreiben v. 17.7.2007 – IV B 2 - S 2241 - b/07/0001, Ziff. 15, BStBl. I 2007, 542.
5 BMF-Schreiben v. 17.7.2007 – IV B 2 - S 2241 - b/07/0001, Ziff. 16, BStBl. I 2007, 542.
6 *Lüdicke/Arndt* in Lüdicke/Arndt, Geschlossene Fonds, A III 2 b) bb), S. 77 f.
7 FG Münster v. 24.11.2015 – 12 K 3933/12.F, EFG 2016, 362.
8 *Lüdicke/Arndt* in Lüdicke/Arndt, Geschlossene Fonds, A III 2 b) bb), S. 77.

Nicht als Steuervorteil werden Einkünfte im Inland auf der Grundlage von Doppelbesteuerungsabkommen betrachtet[1]. Zu beachten ist jedoch, dass diese Doppelbesteuerungsabkommen regelmäßig befristet sind und daher im Anlagezeitraum auslaufen und evtl. nicht verlängert werden können.

bb) Verlustabzug (§ 10d EStG)

Fallen beim Anleger als Mitunternehmer auf Grund seiner Beteiligung an einer Publikumsgesellschaft **Verluste** an, sind Beschränkungen vom Prinzip der Besteuerung nach Leitungsfähigkeit zu beachten. Die Vorschrift des § 10d EStG schränkt die Möglichkeit der Verrechnung von Verlusten ein, wenn von der Vorschrift bestimmte Grenzwerte überschritten werden. Die praktische Relevanz dürfte für den Kleinanleger, der sich an einer Publikumsgesellschaft beteiligt, jedoch gering sein.

cc) Verluste bei beschränkter Haftung (§ 15a EStG)

Die Vorschrift des § 15a EStG beschränkt die sofortige **Verrechnung von Verlusten** einer Publikumsgesellschaft mit anderen positiven Einkünften. Ein Ausgleich der zugerechneten Verluste kann mit positiven Einkünften nur bis zur Höhe der geleisteten Einlage erfolgen. Weitere Verluste können nur vorgetragen werden. Zu beachten ist insbesondere die Regelung des § 15a Abs. 3 EStG, die sich auf die allgemein übliche Ausschüttung von Einlagen der Anleger der Publikumsgesellschaftzu Beginn der Vermögensanlage auswirken kann[2]. Eine Fremdfinanzierung wirkt sich hingegen nicht nachteilig auf das Verlustausgleichsvolumen aus[3].

Im Rahmen der Gewinnermittlung können weitere Normen, Urteile und Vorschriften der Finanzverwaltung die steuerliche Konzeption beeinflussen. Eine Minderung der Steuerlast des Anlegers kann sich bei Investitionen einer Beteiligungsgesellschaft in Hinblick auf den Erwerb des Investitionsobjektes oder der laufenden Verwaltung der Publikumsgesellschaft als **Werbungskosten** oder **Betriebsausgaben** ergeben. Besondere Beachtung ist den Urteilen des BFH in Bezug auf seine Rechtsprechung zu Immobilienfonds v. 8.5.2001[4] und v. 28.6.2001[5] sowie den Erlassen des BMF zu dieser Thematik[6] zu schenken.

---

1 BMF-Schreiben v. 17.7.2007 – IV B 2 - S 2241 - b/07/0001, Ziff. 12, BStBl. I 2007, 542.
2 Näher hierzu *Lüdicke/Arndt* in Lüdicke/Arndt, Geschlossene Fonds, A III 2 c), S. 78 f.
3 BFH v. 14.5.1991 – VIII R 31/88, GmbHR 1991, 541.
4 BFH v. 8.5.2001 – IX R 10/96, FR 2001, 1005.
5 BFH v. 28.6.2001 – IV R 40/97, FR 1999, 896.
6 Medienerlass (Schreiben des BMF v. 5.8.2003 – IV A 6 - S 2241 - 81/03), 5. Bauherrenerlass (Schreiben des BMF v. 20.10.2003 – IV C 3 - S 2253a - 48/03).

d) Anlageobjektspezifische Regelungen

aa) Anlagen in Immobilien

52 Bei der Gestaltung des Vertragswerks einer Publikumsgesellschaft ist zu **unterscheiden**, ob der Gesellschaft die Eigenschaft als Hersteller oder Erwerber eines Wirtschaftsgutes zuzuordnen ist[1]. Abzustellen ist auf das Vorliegen eines vom Initiator vorgegebenen einheitlichen Vertragswerkes sowie das Vorhandensein von wesentlichen Einflussnahmemöglichkeiten durch den Anleger[2]. Die Einordnung der der Gesellschaft als Hersteller eines Wirtschaftsgutes erlaubt die sofortig Abzugsfähigkeit bestimmter Kosten aus der Investitionsphase sowie der Eigenkapitalvermittlungsprovision[3].

53 Bei **Publikumsgesellschaften**, die als Anlageobjekt ein im Inland belegenes Gebäude in einem förmlich festgelegten **Sanierungsgebiet** oder städtebaulichen Entwicklungsbereich zum Gegenstand haben, können gemäß § 7h EStG die Herstellungskosten für Modernisierungs- und Instandsetzungsmaßnahmen iS des § 177 BauGB unter den Voraussetzungen der Norm steuerlich begünstigend geltend gemacht werden. Diese steuerliche Begünstigung gilt auch für die Herstellungskosten für Maßnahmen an Gebäuden, die wegen ihrer geschichtlichen, künstlerischen oder städtebaulichen Bedeutung erhalten bleiben sollen, und zu deren Durchführung sich der Eigentümer neben bestimmten Modernisierungsmaßnahmen gegenüber der Gemeinde verpflichtet hat. Zu beachten ist jedoch, dass die erhöhten Absetzungen nur in Anspruch genommen werden können, soweit die Herstellungs- oder Anschaffungskosten durch Zuschüsse aus Sanierungs- oder Entwicklungsförderungsmitteln nicht gedeckt sind, § 7h Abs. 1 Satz 4 EStG. Für eine steuerliche Begünstigung müssen die Voraussetzungen des § 7h Abs. 2 EStG erfüllt werden. Dafür ist ein Nachweis auf Grund einer Bescheinigung der zuständigen Gemeindebehörde notwendig. Diese Bescheinigung entspricht einer behördlichen Genehmigung iS des § 9 Abs. 2 Nr. 5 VermVerkProspV, da sie die Erreichung der Anlageziele im Ergebnis für die Anleger beeinflusst.

54 Beinhaltet das Anlageobjekt ein **im Inland belegenes Gebäude**, das nach den jeweiligen landesrechtlichen Vorschriften ein **Baudenkmal** ist oder ein Gebäude oder Gebäudeteil, das für sich allein nicht die Voraussetzungen für ein Baudenkmal erfüllt, aber Teil einer Gebäudegruppe oder Gesamtanlage ist, die nach den jeweiligen landesrechtlichen Vorschriften als Einheit geschützt ist, kann eine steuerliche Begünstigung für die Herstellungskosten für Baumaßnahmen, die nach Art und Umfang zur Erhaltung des Gebäudes als Baudenkmal oder zu seiner sinnvollen Nutzung erforderlich sind, unter den sonstigen Voraussetzungen des § 7i EStG geltend gemacht werden. Die Baumaßnahmen müssen mit der für Denkmalschutz oder Denkmalpflege zuständigen Behörde abgestimmt sein. Erforderlich ist wiederum ein Nachweis der Voraussetzungen der Norm und der Erforderlichkeit der Aufwendungen durch eine

---

1 5. Bauherrenerlass (Schreiben des BMF v. 20.10.2003 – IV C 3 - S 2253a - 48/03, Tz. 31).
2 5. Bauherrenerlass (Schreiben des BMF v. 20.10.2003 – IV C 3 - S 2253a - 48/03, Tz. 33).
3 *Lüdicke* in Lüdicke/Arndt, Geschlossene Fonds, A III 3 c) bb), S. 88 f.

Bescheinigung der nach Landesrecht zuständigen oder von der Landesregierung bestimmten Stelle, § 7i Abs. 2 EStG.

Ebenfalls möglich, wenn auch in der Praxis der über Vermögensanlagen-Verkaufsprospekte vertriebenen Immobilienprojekte selten genutzt, sind die Konzeptionen in Hinblick auf § 6b EStG. Dieser Konzeption liegt eine **Begünstigung von Veräußerungsvorgängen** zu Grunde, die sich auf **bestimmte Arten von Betriebsvermögen** beziehen[1]. Begünstigte Veräußerungsobjekte sind ua. Grund und Boden, Gebäude, Anteile an Kapitalgesellschaften, welche seit mindestens sechs Jahren zum Anlagevermögen gehören. Erreicht wird damit, dass die Aufdeckung stiller Reserven auf Grund dieser Veräußerungsvorgänge nicht zu einer Liquiditätsbelastung des Steuerpflichtigen auf Grund der auf die stillen Reserven anfallenden Steuern führt. Der anfallende Gewinn kann vielmehr auf ein anderes Wirtschaftsgut übertragen werden. Es handelt sich um eine personenbezogene Steuervergünstigung[2]. 55

bb) Anlagen in Schiffen

Schiffgesellschaften wird gemäß § 5a EStG die Möglichkeit eingeräumt, ihren Gewinn pauschal in Abhängigkeit von der Größe des Schiffes ermitteln (sog. **Tonnagesteuer**)[3]. Voraussetzung dafür ist, dass der Betrieb des Handelsschiffes im internationalen Verkehr stattfindet und die Bereederung im Inland erfolgt. Die Voraussetzungen der Anerkennung eines Handelsschiffes als im internationalen Verkehr betrieben, richten sich nach § 5a Abs. 2 EStG. Danach werden Handelsschiffe im internationalen Verkehr als betrieben angesehen, wenn eigene oder gecharterte Seeschiffe, die im Wirtschaftsjahr überwiegend in einem inländischen Seeschiffsregister eingetragen sind, in diesem Wirtschaftsjahr überwiegend zur Beförderung von Personen oder Gütern im Verkehr mit oder zwischen ausländischen Häfen, innerhalb eines ausländischen Hafens oder zwischen einem ausländischen Hafen und der Hohen See eingesetzt werden. Zum Betrieb von Handelsschiffen im internationalen Verkehr gehören auch ihre Vercharterung, wenn sie vom Vercharterer ausgerüstet worden sind, und die unmittelbar mit ihrem Einsatz oder ihrer Vercharterung zusammenhängenden Neben- und Hilfsgeschäfte einschließlich der Veräußerung der Handelsschiffe und der unmittelbar ihrem Betrieb dienenden Wirtschaftsgüter[4]. Der Einsatz und die Vercharterung von gecharterten Handelsschiffen gelten nur dann als Betrieb von Handelsschiffen im internationalen Verkehr, wenn gleichzeitig eigene oder ausgerüstete Handelsschiffe im internationalen Verkehr betrieben werden. Sind gecharterte Handelsschiffe nicht in einem inländischen Seeschiffsregister eingetragen, darf als weitere Voraussetzung im Wirtschaftsjahr die Nettotonnage der gecharterten Handelsschiffe das Dreifache der im internationalen Verkehr betriebenen Handelsschiffe nicht übersteigen. Dem Betrieb von Handelsschiffen im 56

---
1 Beachte BaFin, Auslegungsschreiben v. 14.6.2013 zum Anwendungsbereich des KAGB und zum Begriff des „Investmentvermögens", Gz. Q 31-Wp 2137-2013/0006, Nr. 7 a).
2 Vgl. BFH v. 15.10.1980 – II R 127/77, BStBl. II 1981, 84.
3 Vgl. *Arndt/Lüdicke* in Lüdicke/Arndt, Geschlossene Fonds, B II 5, S. 304 f.
4 Beachte BaFin, Auslegungsschreiben v. 14.6.2013 zum Anwendungsbereich des KAGB und zum Begriff des „Investmentvermögens", Gz. Q 31-Wp 2137-2013/0006, Nr. 7 b).

internationalen Verkehr ist ebenfalls gleichgestellt, wenn Seeschiffe, die im Wirtschaftsjahr überwiegend in einem inländischen Seeschiffsregister eingetragen sind, in diesem Wirtschaftsjahr überwiegend außerhalb der deutschen Hoheitsgewässer zum Schleppen, Bergen oder zur Aufsuchung von Bodenschätzen eingesetzt werden.

57 Weitere Voraussetzung für die **Anwendung der pauschalen Gewinnermittlung** ist ein unwiderruflicher Antrag. Zu beachten sind die jeweils hierfür geltenden Fristen gemäß § 5a Abs. 3 EStG. Der Antrag auf Anwendung der Gewinnermittlung ist im Wirtschaftsjahr der Anschaffung oder Herstellung des Handelsschiffs (Indienststellung) mit Wirkung ab Beginn dieses Wirtschaftsjahres zu stellen. Vor Indienststellung des Handelsschiffs durch den Betrieb von Handelsschiffen im internationalen Verkehr erwirtschaftete Gewinne sind in diesem Fall nicht zu besteuern; Verluste sind weder ausgleichsfähig noch verrechnungsfähig. Wird der Antrag auf Anwendung der Gewinnermittlung nicht im Wirtschaftsjahr der Anschaffung oder Herstellung des Handelsschiffs (Indienststellung) gestellt, kann er erstmals in dem Wirtschaftsjahr gestellt werden, das jeweils nach Ablauf eines Zeitraumes von zehn Jahren, vom Beginn des Jahres der Indienststellung gerechnet, endet. Der Steuerpflichtige ist an die Gewinnermittlung vom Beginn des Wirtschaftsjahres an, in dem er den Antrag stellt, zehn Jahre gebunden.

58 Für die Steuerkonzeption anhand der Tonnagesteuer ist zu beachten, dass der **Verkauf des Handelsschiffs** einer Einschiffs-Personengesellschaft und damit einhergehender Betriebsaufgabe nicht zum Wegfall der Gewerbesteuer auf den unter Berücksichtigung von § 5a Abs. 4 Satz 3 Nr. 2 EStG ermittelten Gewinn führt[1].

cc) Anlagen in Windenergie

59 Windenergieanlagen betreibende Publikumsgesellschaften unterliegen weitgehend den allgemeinen steuerrechtlichen Rahmenbedingungen. **Besonderheiten** bestehen im Rahmen der Möglichkeiten der Abschreibungen der Windenergieanlagen. Ein Windpark ist ein zusammengesetztes Wirtschaftsgut[2]. Es gilt der Grundsatz der Einzelbewertung gemäß § 252 Abs. 1 Nr. 3 HGB iVm. § 5 Abs. 1 Satz 1 EStG[3]. Selbständige Wirtschaftsgüter stellen die einzelne Windenergieanlage mit dem dazugehörigen Transformator, die Verkabelung des Transformators bis zum Stromnetz des Endversorgers und die Zuwegung dar[4].

dd) Anlagen in Genussrechten

60 Die Veräußerung originär von der Emittentin erworbener und im Privatvermögen gehaltener **Genussrechte** betrifft als Vorgang die **Vermögenssphäre** und nicht die Einkunftssphäre. Eine Steuerpflicht ergibt sich daher nur nach den Regelungen der

---

1 BFH v. 13.12.2007 – IV R 92/05, FR 2008, 680.
2 BFH v. 14.4.2011 – IV R 46/09, FR 2011, 662.
3 *Lohmann* in Lüdicke/Arndt, Geschlossene Fonds, B IV 2 f), S. 397.
4 BFH v. 14.4.2011 – IV R 46/09, FR 2011, 662.

§§ 17, 23 EStG[1]. Eine Rückgabe der Anteile an die Emittentin gegen Auszahlung des Wertes der Genussrechte steht dabei der Veräußerung der Rechtsposition an einen beliebigen Dritten gleich. Für die steuerliche Bewertung ist es unerheblich, ob sich der Anleger für eine Veräußerung an Dritte oder aber für den möglicherweise bequemeren Weg der Rückgabe an die Emittentin entscheidet[2]. Die steuerliche Behandlung von Genussrechten ergibt sich anhand der zwischen dem Anleger und der Emittentin der Genussrechte abgeschlossenen Beteiligungsvereinbarungen. Im Regelfall verschaffen diese Vereinbarungen dem Anleger Rechte zur Teilhabe am Gewinn und am Aufgabe- bzw. Liquidationserlös der Emittentin. Die Einnahmen aus einem Genussrechtsverhältnis, mit denen sowohl eine Beteiligung am Gewinn als auch am Aufgabe- und Liquidationserlös verbunden ist, fallen in den Anwendungsbereich von § 20 Abs. 1 Nr. 1 EStG und lassen keinen Raum mehr für die Anwendung von § 20 Abs. 1 Nr. 7 EStG[3].

e) Anlegerspezifische Regelungen

In der Person des Anlegers können so genannte **zuschlagsteuerliche Regelungen** in Betracht kommen. Dies betrifft einerseits die Kirchensteuer bzw. den **Solidaritätszuschlag**. Zu beachten ist hier § 51a EStG. 61

Weitere in Betracht kommende steuerrechtliche Vorschriften ergeben sich bei **Übertragungsvorgängen** der Beteiligungen auf Grund von **Erbschaft** oder **Schenkung**. Maßgeblich für die Bemessung der Steuer ist bei Direktbeteiligungen des Anlegers der jeweilige Wert des Betriebsvermögens einschließlich des Sonderbetriebsvermögens. Bei vermögensverwaltenden Gesellschaften erfolgt die Ermittlung des Wertes anhand der im Fonds enthaltenen Vermögensgegenstände. Die steuerlichen Befreiungs- und Vergünstigungstatbestände ergeben sich aus den Normen der §§ 13a, 13b ErbStG. Die Vergünstigung für überwiegend aktives Betriebsvermögen haltende Publikumsgesellschaften knüpft ua. an die Haltedauer der Beteiligung durch den Erwerber an der fortbestehenden Gesellschaft an, vgl. § 13a Abs. 5, 8 ErbStG. Bei treuhänderisch gehaltenen Beteiligungen stellt die Finanzverwaltung auf den Inhalt des des Herausgabeanspruchs ab und gewährt bei Vorliegen der allgemeinen Voraussetzungen die Begünstigung für Betriebsvermögen[4]. 62

f) Spezifische Regelungen in Bezug auf die Publikumsgesellschaft

Wird die **Publikumsgesellschaft gewerblich tätig** oder ist zumindest gewerblich geprägt, kommt eine Steuerpflicht iS des § 2 GewStG in Betracht. Die Ermittlung des Gewerbeertrages richtet sich entsprechend nach den Regelungen des EStG. Zu beachten sind hier die Hinzurechnungsvorschriften des § 8 GewStG und die Beschränkungen des § 10a GewStG in Bezug auf den Verlust. Über § 7 GewStG sind grundsätzlich 63

---

1 *Weber-Grellet* in Ludwig Schmidt, § 17 EStG Rz. 22; BFH v. 8.4.2008 – VIII R 3/05, ZIP 2008, 2264.
2 BFH v. 8.4.2008 – VIII R 3/05, ZIP 2008, 2264.
3 *Weber-Grellet* in Ludwig Schmidt, § 20 EStG Rz. 32.
4 *Lüdicke* in Lüdicke/Arndt, Geschlossene Fonds, A III 7, S. 106.

auch die Veräußerungs- und Aufgabeerträge von Mitunternehmensanteilen oder -bruchteilen von der Gewerbesteuer umfasst. Gemäß § 7 Satz 2 letzter Halbsatz GewStG gilt dies allerdings nicht für unmittelbar als natürliche Person beteiligte Mitunternehmer. Direkt an einer Publikumsgesellschaft beteiligte Anleger können daher diese Beteiligung ohne gewerbesteuerrechtliche Relevanz veräußern. Dieser unmittelbaren Beteiligung im steuerrechtlichen Sinne ist die Beteiligung einer natürlichen Person über einen Treuhänder gleichzusetzen. Denn nach § 39 AO ist dieser als wirtschaftlicher Eigentümer der Beteiligung zu betrachten und daher als Mitunternehmer der Personengesellschaft und damit als Zurechnungssubjekt im Feststellungsverfahren anzusehen[1].

4. Übertragung und Handelbarkeit (§ 4 Satz 1 Nr. 3 VermVerkProspV)

64   Die Angaben zur **Übertragbarkeit der Vermögensanlagen** sind nach § 4 Satz 1 Nr. 3 VermVerkProspV erforderlich. Bei den Beteiligungen nach § 1 Abs. 2 VermAnlG handelt es sich grundsätzlich nicht um Wertpapiere, sondern im Allgemeinen um Einlagen in Personengesellschaften. Die Namensschuldverschreibung nach § 1 Abs. 2 Nr. 6 VermAnlG stellt zwar ein Wertpapier dar, ist jedoch den so genannten Rektapapieren zuzuordnen.

65   Die **Übertragung** der Beteiligungsanteile erfolgt daher allein im Wege der **Abtretung** gemäß §§ 398, 413 BGB. Bei einer indirekten Beteiligung des Anlegers über eine Treuhänderstellung erfolgt die Übertragung im Wege einer Vertragsübernahme analog §§ 414, 415 BGB[2].

66   Ebenfalls sind die **Einschränkungen der Übertragbarkeit und Handelbarkeit** aufzuführen. Sie sind aus Sicht der Prospekthaftung wesentliche Angaben[3]. Die Bedingungen, zu denen ein Anleger auch auf langfristig festgelegtes Geld vorzeitig zurückgreifen kann, sind typischerweise ein wesentliches Element seiner Investitionsentscheidung[4].

67   In Betracht kommen sowohl **Einschränkungen rechtlicher als auch tatsächlicher Art**.

68   Ein **rechtliches Hindernis** bei der Übertragbarkeit stellt das Zustimmungserfordernis des Komplementärs einer Publikums-GmbH & Co. KG dar. Eine diesbezügliche Klausel kann in den Gesellschaftsvertrag aufgenommen werden und ist grundsätzlich rechtlich zulässig. Die besonderen Grundsätze für Publikumsgesellschaften, die vereinzelt auf Regelungen der Kapitalgesellschaften zurückgreifen, führen nicht dazu, dass das Zustimmungserfordernis von vornherein auf Grund eines Verstoßes gegen das Gebot von Treu und Glauben unwirksam ist[5]. Die Übertragung eines Kommanditanteils bedarf als Grundlagengeschäft üblicherweise der Zustimmung aller

---

1 *Lüdicke* in Lüdicke/Arndt, Geschlossene Fonds, A III 6 d), S. 104.
2 *Voß* in Arndt/Voß, § 4 VermVerkProspV Rz. 45.
3 BGH v. 18.1.2007 – II ZR 44/06, BB 2007, 465.
4 BGH v. 20.6.2013 – III ZR 293/12; BGH v. 24.4.2014 – III ZR 389/12, BKR 2014, 504.
5 OLG München v. 22.10.2008 – 7 U 3004/08, NJW-Spezial 2009, 17.

Gesellschafter, und auch dem Recht der Kapitalgesellschaften sind über die Vinkulierung iS von § 15 Abs. 5 GmbHG und § 68 Abs. 2 AktG Übertragungsbeschränkungen bekannt. Die Grenzen der zulässigen Verweigerung bemessen sich nach der Verhältnismäßigkeit der Einschränkung der berechtigten Interessen des betroffenen Anlegers. So darf die Veräußerung der Beteiligung auf längere Sicht nicht faktisch unmöglich gemacht werden[1]. Einer besonderen Begründung für die Verweigerung bedarf es nicht.

Rechtliche Hindernisse für die Handelbarkeit stellen ua. die **Formerfordernisse** für die Übertragung der Anteile dar. Dazu gehört der notwendige **Aufwand der Eintragung** von hinzutretenden Kommanditisten nach §§ 162 Abs. 1, 106 Abs. 2 HGB in das Handelsregister. Dieser kann als Einschränkung der Handelbarkeit angesehen werden[2]. Des Weiteren sehen sich bei Kommanditgesellschaften die Kommanditisten nach ihrem Austritt aus der Gesellschaft eventuell **Nachhaftungsansprüchen** ausgesetzt, §§ 160, 161 Abs. 2 HGB. Aus diesem Grund werden in der Praxis zumeist Treuhänderkonstruktionen bevorzugt, da diese den formellen Aufwand auf ein Minimum reduzieren. 69

Tatsächliches Hindernis ist ua. die faktische Einschränkung der Veräußerbarkeit auf Grund eines fehlenden Sekundärmarktes für die Beteiligungen[3]. An dieser Stelle kann auch ein Hinweis auf die geringe Anzahl der angebotenen Beteiligungen von Vermögensanlagen notwendig werden. Denn eine geringe Anzahl an angebotenen Beteiligungen schränkt auch die spätere Möglichkeit für deren Veräußerungen ein. Auch die Einrichtung von Zweitmarktplattformen von Unabhängigen oder Emissionshäusern sowie der Fondsbörse Deutschland beseitigt die faktische Einschränkung der Handelbarkeit nicht. 70

In der **Praxis** stellt der Hinweis, dass ein Markt für den angebotenen Anteil an der Vermögensanlage „zur Zeit" nicht vorhanden sei, keine Behauptung einer grundsätzlichen Veräußerbarkeit dar, der nur für einen vorübergehenden Zeitraum ausgesetzt ist[4]. Gleiches gilt für den Hinweis, dass „derzeit ... ein geregelter Markt für derartige Anteile noch nicht vorhanden sei."[5] Im Zusammenhang mit den vorgenannten Formulierungen ist der Hinweis auf eine jederzeitige Veräußerbarkeit nur in Hinblick auf nicht bestehende rechtliche oder gesellschaftsvertragliche Hindernisse zu verstehen, der die Frage der wirtschaftlichen Veräußerbarkeit nicht mitumfasst[6]. 71

5. Zahlstellen und andere Stellen (§ 4 Satz 1 Nr. 4 VermVerkProspV)

Zu benennen sind die Stellen, die bestimmungsgemäß Zahlungen an den Anleger ausführen bzw. die nach dem VermAnlG vorgeschriebenen Informationsunterlagen für das Anlegerpublikum zur kostenlosen Ausgabe bereithalten. Die Verwendung des 72

---

1 OLG München v. 22.10.2008 – 7 U 3004/08, NJW-Spezial 2009, 17.
2 *Voß* in Arndt/Voß, § 4 VermVerkProspV Rz. 52.
3 Vgl. BGH v. 17.9.2015 – III ZR 385/14, MDR 2015, 1234.
4 BGH v. 17.9.2015 – III ZR 385/14, MDR 2015, 1234.
5 BGH v. 24.4.2014 – III ZR 389/12, BKR 2014, 504.
6 BGH v. 20.6.2013 – III ZR 293/12.

Begriffs der Zahlstelle geht ursprünglich auf § 4 Satz 1 Nr. 5 VerkProspVO und auf europäisches Recht zurück[1]. Er ist im Zuge der Überarbeitung der VermVerkProspV erweitert worden[2].

73 Der **Begriff** der Zahlstelle wird sowohl hier in der Verordnung als auch in § 9 Abs. 2 Satz 1 Nr. 2 VermAnlG verwendet. Er umfasste nach dem Verständnis des alten Prospektrechts in der Regel Finanzinstitute, bei denen Dividenden- und Zinsscheine eingelöst werden können und alle weiteren Maßnahmen bezüglich der Anteilsscheine erfolgen können[3]. Maßnahmen in Bezug auf die Beteiligung des Anlegers einer Vermögensanlage werden dagegen typischerweise über die Publikumsgesellschaft selbst oder über eine Treuhandkommanditistin abgewickelt, soweit die Abwicklungskonten für die Anlegergelder oder für die Ausschüttungen bei ihnen angesiedelt sind[4].

74 Die **Unterscheidung** zwischen **Zahlstelle und andere Stelle** ist, obwohl von der Verordnung so vorgenommen, nach einer Ansicht in der Literatur dagegen überflüssig[5]. Dem Anleger wird allein wichtig sein, eine Kontaktstelle für die an ihn zu leistende Zahlungen zu haben. Dem ist grundsätzlich zuzustimmen. Relevanz erlangt die Unterscheidung aber dann, wenn die die Zahlungen vornehmende Stelle im Ausland ansässig ist und nicht als Zahlstelle iS der Verordnung bezeichnet wird. Denn die Zahlstelle iS des § 9 Abs. 2 Satz 1 Nr. 2 VermAnlG muss zwingend im Inland gelegen sein, um für den Anleger kostenlos Exemplare des Verkaufsprospekts übergeben zu können (vgl. auch § 9 VermAnlG Rz. 11).

75 **Abgrenzungsschwierigkeiten** aufgrund der doppelte Belegung des Begriffs der „Zahlstelle" zwischen Gesetz und Verordnung bestehen hingegen nicht. Der Gesetzgeber hat den Inhalt des Begriffs der Zahlstelle iS des VermAnlG durch Konkretisierung des Inhalts der Mindestangabe nach der Verordnung erweitert. Der Begriff der „Zahlstelle" als Oberbegriff umfasst nunmehr auch die Informationsbereithaltung in Form des Verkaufsprospekts, des Vermögensanlagen-Informationsblattes und des letzten festgestellten Jahresabschlusses und Lageberichts[6]. Ein Widerspruch zwischen Verkaufsprospekt und Hinweisbekanntmachung, falls die nach der Verordnung bezeichnete Zahlstelle keinen Verkaufsprospekt zur kostenlosen Ausgabe bereithält, kann nicht auftreten[7]. Insofern kann es für den Anbieter der Vermögensanlage notwendig sein, zwei verschiedene Stellen im Verkaufsprospekt anzugeben.

76 Mit der Angabe wird der **Anleger in die Lage** versetzt, bei Angelegenheiten, die mit der zumeist jährlich vorzunehmenden Ausschüttung der Gewinnanteile oder anderer Rückvergütungen sowie hinsichtlich der Erlangung aktueller Informationen in Zusammenhang stehen, mit einer Stelle in Kontakt treten zu können. Notwendig

---

1 *Ritz* in Assmann/Lenz/Ritz, § 4 VerkProspVO Rz. 14.
2 Begr. Art. 15 Nr. 3 a) dd) RegE FinAnlVermAnlG, BT-Drucks. 17/6051, S. 49.
3 *Verfürth/Grunenberg*, DB 2005, 1043 (1044).
4 *Verfürth/Grunenberg*, DB 2005, 1043 (1044).
5 *Voß* in Arndt/Voß, § 4 VermVerkProspV Rz. 60.
6 Begr. Art. 15 Nr. 3 a) dd) RegE FinAnlVermAnlG, BT-Drucks. 17/6051, S. 49.
7 Vgl. zur Problematik nach altem Recht: Voraufl., § 4 VermVerkProspV; Begr. Art. 15 Nr. 3 a) dd) RegE FinAnlVermAnlG, BT-Drucks. 17/6051, S. 49.

ist daher die Angabe eines Namens oder einer Firma verbunden mit einer genauen Adresse.

6. Einzelheiten der Zahlung (§ 4 Satz 1 Nr. 5 VermVerkProspV)

Zu nennen sind die Einzelheiten der **Zahlung des Zeichnungs- oder Erwerbspreises**, insbesondere die **Kontoverbindung**. Die Angabe der Kontoverbindung erfordert eine eindeutige Bezeichnung in Form der IBAN[1]. Handelt es sich um ausländische Kontoverbindungen, ist die Angabe einer IBAN-Nummer notwendig. Besteht die Kontoverbindung in Staaten, die über keine IBAN verfügen, sind vergleichbare Angaben zu tätigen, zB zum SWIFT-Code. 77

Zu den Einzelheiten gehören weiter die Angabe eines eindeutigen **Verwendungszwecks** sowie des **Empfängers**. Sieht der Gesellschafts- oder Beteiligungsvertrag oder eine sonstige Vereinbarung eine **gestaffelte Fälligkeit** der Einlagenleistung vor, so ist dem Anleger genau anzugeben, zu welchem Zeitpunkt er Zahlungen in bestimmter Höhe zu leisten hat. Erfolgt der Erwerb der Vermögensanlage **abgezinst**, so ist dem Anleger der genaue Zahlbetrag zu nennen und die entsprechende Berechnungsmethode aufzuzeigen. 78

Es handelt sich bei der Angabe um eine **Mindestangabe** nach der VermVerkProspV. Um die Vollständigkeit des Verkaufsprospekts zu wahren, muss die Angabe auch im Rahmen des Verkaufsprospekts erfolgen, dh. innerhalb des Dokuments, das der BaFin zur Hinterlegung übermittelt wurde. Eine Angabe allein auf einem Beiblatt des Verkaufsprospekts, der nicht untrennbar mit ihm verbunden ist, reicht hierfür nicht aus[2]. 79

7. Erwerbsstellen (§ 4 Satz 1 Nr. 6 VermVerkProspV)

Die Vorschrift betrifft unmittelbar eine Angabe zum **Vorgang des Erwerbs der Vermögensanlagen**. Anzugeben sind die Stellen, die Zeichnungen oder auf den Erwerb von Anteilen oder Beteiligungen gerichtete Willenserklärungen des Publikums entgegennehmen. 80

Es geht um die Umsetzung des Beteiligungswillens des Anlegers an der konkreten, von ihm ausgewählten Vermögensanlage. Dem Anleger sind die Stellen bekannt zu geben, die bereits für sich oder durch eine Bevollmächtigung dazu ermächtigt sind, das **Angebot** des Anlegers auf Beitritt oder Zeichnung rechtsverbindlich **annehmen** und somit einen **Vertragsschluss herbeiführen** zu können. Dazu kann auch ein Vertriebsunternehmen gehören. 81

---

1 Verordnung (EU) Nr. 260/2012 des Europäischen Parlaments und des Rates zur Festlegung der technischen Vorschriften und der Geschäftsanforderungen für Überweisungen und Lastschriften in Euro und zur Änderung der Verordnung (EG) Nr. 924/2009 (SEPA-Verordnung) vom 31.3.2012; SEPA-Begleitgesetz vom 3.4.2013, BGBl. I 2013 v. 8.4.2013, S. 610; § 7b ZAG mit Wirkung zum 1.2.2016.
2 *Voß* in Arndt/Voß, § 4 VermVerkProspV Rz. 62.

82 Entgegen anders lautender Ansichten ist in der Vorschrift der Begriff der **Entgegennahme der Willenserklärung** des Anlegers, nicht mit dem verbindlichen Rechtsakt der Vertragsannahme nach Maßgabe der §§ 145 ff. BGB gleichzusetzen[1]. Sie dient vielmehr der Vorbereitung dieser rechtsverbindlichen Annahmeerklärung durch die Gesellschaft oder einen Bevollmächtigten. Der Beitritt neuer Gesellschafter stellt als Änderung des ursprünglichen Gesellschaftsvertrags ein Grundlagengeschäft dar[2]. Die Einwerbung der Anlegergelder erfolgt jedoch breit gestreut über mehrere Vertriebskanäle, bei denen lediglich an den Anleger eine Aufforderung ergeht, ein Beteiligungsangebot gegenüber der Gesellschaft oder ihrer Bevollmächtigten zu erklären. Das Konzept der Vermögensanlage in seiner geschlossenen Form bringt es nun mit sich, dass eventuell nicht alle Zeichnungs- oder Erwerbsangebote der Anleger bedient werden können. Unterstrichen wird dieser Umstand durch § 4 Satz 1 Nr. 7 VermVerkProspV, der den Anbieter dazu verpflichtet, im Verkaufsprospekt über die Möglichkeit der vorzeitigen Schließung oder auch der Kürzung von Beteiligungsbeträgen aufzuklären. Die Gesellschaft oder ihre Bevollmächtigten müssen also zunächst über die Aufnahme neuer Gesellschafter oder über die Zulassung weiterer Beteiligungen entscheiden. Erst dann erfolgt die rechtsverbindliche Annahmeerklärung durch Bestätigung des Beteiligungsvertrags bzw. seine Ablehnung oder Beschränkung in der Einlagenhöhe.

83 Eine ausreichende Angabe iS der Vorschrift ist die Angabe der **Firma und Adresse** der Publikumsgesellschaft oder die eines bevollmächtigten Treuhänders bzw. sonstiger Firmen oder Personen.

84 Diese Stellen sind von den jenen abzugrenzen, die in der Praxis die **Werbung** für die Vermögensanlage für den Anbieter vornehmen. Oft handelt es sich dabei um eine Vielzahl von Finanzintermediären, wie Banken, Finanzdienstleister, Strukturvertriebe und freie Vermittler, die nicht zur rechtswirksamen Entgegennahme von Beitrittserklärungen befugt sind[3]. Diese sind meist nur Mittler der Erwerbserklärung des Anlegers für den Anbieter und verfügen über keine Berechtigung zur Annahme der Anlegererklärung[4]. Ein Schutzinteresse des Anlegers nach dieser Information ist im Rahmen dieser Angabe nicht ersichtlich. Die Adressen dieser Stellen müssen daher nicht aufgeführt werden.

85 Bei dem Verfahren zur Gestattung der Veröffentlichung wird in diesem Fall allerdings ein Hinweis auf die **Vertriebsstruktur** erwartet. Zum Zeitpunkt der Prospektierung noch nicht bekannte Vermittler sind auch nicht anzugeben[5].

---

1 Siehe *Voß* in Arndt/Voß, § 4 VermVerkProspV Rz. 63; *Jäger/Voß* in Winter/Hennig/Gerhard, Grundlagen der Schiffsfinanzierung, S. 909.
2 *Hopt* in Baumbach/Hopt, § 105 HGB Rz. 70.
3 *Verfürth/Grunenberg*, DB 2005, 1043 (1044).
4 Siehe auch *Verfürth/Grunenberg*, DB 2005, 1043 (1045).
5 Siehe auch für den Bereich des WpPG *Heidelbach/Preuße*, BKR 2008, 10 (11).

8. Zeichnungsfrist (§ 4 Satz 1 Nr. 7 VermVerkProspV)

Die Vorschrift verlangt die Angabe einer für die Zeichnung oder den Erwerb der Vermögensanlagen vorgesehenen **Frist** und die Darstellung der vorgesehenen Möglichkeiten, das Angebot der Vermögensanlagen vorzeitig zu schließen oder Zeichnungen, Anteile oder Beteiligungen zu kürzen. Sie leistet daher einen Beitrag, der die Transparenz für den Anleger in Bezug auf seine Dispositionsmöglichkeiten für sein Vermögen erhöht. 86

Der Anbieter ist verpflichtet, einen **konkreten Zeitraum für das öffentliche Angebot** der Vermögensanlage in den Verkaufsprospekt aufzunehmen. Der Anbieter kann diesem Verlangen mit konkreten Daten zumeist nicht nachkommen. Der Beginn der Frist ist regelmäßig abhängig von Dritten, auf die der Anbieter keinen Einfluss nehmen kann. So ist die Dauer des Hinterlegungsverfahrens genauso unbestimmbar wie die Veröffentlichung des Verkaufsprospekts bzw. der Hinweisbekanntmachung im Bundesanzeiger. Genauso ist das Ende des Platzierungszeitraums der Vermögensanlage regelmäßig abhängig von den Marktbedingungen. Das Ende des Zeitraums ist typischerweise mit der Vollplatzierung erreicht. Wann diese eintritt, ist nicht vorhersehbar, da das Ereignis vom Erfolg der Platzierung auf dem Markt abhängt. Ein konkretes Platzierungsendedatum wird daher nur in solchen Fällen in den Verkaufsprospekt aufgenommen, wenn an diesen Zeitpunkt ein konkretes Ereignis geknüpft ist. So werden die Angebote geschlossen, wenn zB das Anlageobjekt abgenommen werden muss. Stehen noch Einlagen aus, übernimmt meist ein Dritter die Resteinlage, um das Finanzierungsvolumen sicherzustellen[1]. Sollten auch andere Gründe zum vorzeitigen Ende der Platzierung der Vermögensanlage vom Anbieter vorgesehen, so sind diese im Verkaufsprospekt aufzuführen[2]. 87

Um der Vorschrift Genüge zu tun, wird im Hinterlegungsverfahren eine unbestimmte, **ereignisbezogene Formulierung der Frist** akzeptiert. Danach kann man den Beginn der Frist mit dem frühestmöglichen Angebotszeitpunkt am Wortlaut des § 9 Abs. 1 VermAnlG anlehnen, nämlich einen Werktag nach der Veröffentlichung des Verkaufsprospekts. Das **Ende der Frist** bemisst sich am Ereignis der Vollplatzierung und der damit einhergehenden Schließung des öffentlichen Angebots der Vermögensanlage. Die Aussage ist konkret zu formulieren, subjektive, von Absichtsbekundungen geprägte Formulierungen werden im Hinterlegungsverfahren nicht anerkannt. 88

Die **Möglichkeit der Kürzung von Zeichnungsangeboten** des Anlegers durch die Emittentin ist anzugeben. Auftreten kann dieses Ereignis zB durch Überzeichnungen der Vermögensanlage, sei es durch eine „zu erfolgreiche" Einwerbung, sei es durch die nicht vorhersehbare Übernahme einer nominal hohen Beteiligung durch einen bestimmten Anleger. Das Gesetz sieht keine Angabe von Bedingungen vor, unter denen eine Anteilskürzung vorgenommen wird. Steht die Verfahrensweise jedoch 89

---

1 Vgl. die Kommentierung zu § 14 VermVerkProspV Rz. 6, der diesen Fall nicht einschließt.
2 *Ritz* in Assmann/Lenz/Ritz, § 4 VerkProspVO Rz. 19.

bereits bei der Prospekterstellung fest, so ist dies als Angabe nach § 2 Abs. 1 Satz 1 VermVerkProspV zu werten und entsprechend aufzuführen.

90 Die Angabe der **Möglichkeit einer vorzeitigen Schließung** ist eine an sich als überflüssig zu betrachtende Angabe. Nach allgemeiner Auffassung ist die Beendigung des öffentlichen Angebots keine nachtragspflichtige Angabe iS des § 11 VermAnlG[1]. Da eine vorzeitige Schließung ebenso eine Beendigung des öffentlichen Angebots darstellt, könnte eine entsprechende Information den Anleger nicht mehr erreichen. Mit der Möglichkeit der Schließung eines Angebots auf Grund der vollständigen Einwerbung der benötigten Mittel ist jedoch immer zu rechnen, so dass ein Anwendungsbereich nur bei einer vom Anbieter ausdrücklich so konzeptionierten Daueremission überhaupt Geltung erlangt. Der Wert der Information ist für den Anleger jedoch insgesamt von zweifelhafter Natur, da ihn diese Angabe zu unüberlegten Dispositionen seines Vermögens veranlassen könnte, um einem Ausverkauf der Vermögensanlage zuvorzukommen.

91 Sind **Kürzungs- und vorzeitige Schließungsmöglichkeiten** vom Anbieter nicht vorgesehen, so ist auch dieses in Form einer **Fehlanzeige** anzugeben.

9. Angebote in verschiedenen Staaten (§ 4 Satz 1 Nr. 8 VermVerkProspV)

92 Der Anbieter hat nach § 4 Satz 1 Nr. 8 Halbsatz 1 VermVerkProspV bei einem gleichzeitigen **Angebot der Vermögensanlage in verschiedenen Staaten**, die einzelnen Teilbeträge, die für diese Staaten jeweils vorgesehen sind, im Verkaufsprospekt anzugeben. Sind die Teilbeträge zum Zeitpunkt der Veröffentlichung des Prospekts noch nicht bekannt, ist anzugeben, in welchen Staaten das Angebot erfolgt.

93 **Zweck dieser Angabe** ist es, dem Anleger einen Überblick über die Gesamtgröße der Emission zu vermitteln. **Teilbeträge** sind die Beträge, in die das Gesamtemissionsvolumen der Vermögensanlage für das öffentliche Angebot an das Publikum in den jeweils vorgesehen Staaten unterteilt ist[2].

94 Die **internationale Platzierung** einer Vermögensanlage folgt zumeist keinem festen Zuordnungsschema von bestimmten Kontingenten, vielmehr werden die Zeichnungen der Anleger solange akzeptiert, bis die Vermögensanlage vollständig emittiert wurde[3]. Die für die einzelnen Staaten vorgesehenen Teilbeträge der Vermögensanlage werden daher zumeist nur prognostischen Charakter haben, es sei denn, aus bestimmten aufsichts- oder steuerrechtlichen Gegebenheiten ist eine feste Quote für einen jeweiligen Staat bereits fest vom Anbieter vorgegeben. Dies ergibt sich zB bei Solaranlagen in Spanien, die nur bis zu einer bestimmten Größenordnung steuerlich gefördert werden.

95 Die **Prüfungspraxis** verlangt eine ausdrückliche Aussage, dass das Angebot **entweder nur in Deutschland oder** unter Aufzählung der anderen Staaten **auch in weite-**

---

1 *Ritz* in Assmann/Lenz/Ritz, § 11 VerkProspG Rz. 26 f.; *Voß* in Arndt/Voß, § 11 VerkProspG Rz. 33.
2 *Voß* in Arndt/Voß, § 4 VermVerkProspV Rz. 69.
3 *Keunecke*, Prospekte im Kapitalmarkt, Rz. 604.

ren Staaten öffentlich angeboten werden soll. Die **Angabe** kann sowohl in Form einer Gesamtsumme pro Staat als auch in einer Stückzahl pro Staat erfolgen[1]. Sie ist damit territorial und nicht personenbezogen. Entscheidend ist der Wille des Anbieters, in welchem Staat das öffentliche Angebot durch ihn vorgesehen ist. Die Aussage kann auch negativ formuliert werden. Eine nach Erteilung der Gestattung erfolgende Ausweitung des Vertriebs in andere Staaten ist als nachtragspflichtiger Umstand zu betrachten.

10. Erwerbspreis und seine Festsetzung (§ 4 Satz 1 Nr. 9 VermVerkProspV)

Gemäß § 4 Satz 1 Nr. 9 VermVerkProspV ist im Verkaufsprospekt eine Angabe aufzuführen, die den **Erwerbspreis** für die Vermögensanlage wiedergibt. Erwerbspreis ist der Preis, den der Anleger für die Erlangung eines Anteils am Emissionsvolumen nominal netto mindestens aufwenden muss[2]. Das **Agio** sowie sonstige, beim Erwerb der Beteiligung anfallende Gebühren sind nicht zu berücksichtigen und sind als Angabe nach § 4 Satz 1 Nr. 10 VermVerkProspV aufzuführen.

96

Gemeinhin handelt es sich bei dem Erwerbspreis auch um die **Mindestzeichnungssumme**. Kann der Erwerbspreis schwanken, so sind die Voraussetzungen für eine Anpassung des Erwerbspreises dem Anleger darzulegen. Regelungen im Verkaufsprospekt beinhalten oftmals eine Erhöhung der Erwerbspreise im Verlauf des Angebotszeitraums, um den Anlegern einen Anreiz zur frühzeitigen Zeichnung der Anlage zu vermitteln. Bei Genussrechten oder anderen rein schuldrechtlich gestalteten Vermögensanlagen stellt eine Erhöhung des Erwerbspreises im Verlauf der Zeichnungsperiode auch die bloße Verzinsung des Anteils dar.

97

Auch eine **Verminderung des Erwerbspreises** ist üblich und zulässig. So kann die Zustimmung für einen niedrigen Erwerbspreis an die Zustimmung der Geschäftsführung der Gesellschaft geknüpft sein. Dies ist zumeist der Fall, wenn die restliche, noch nicht gezeichnete Teilmenge der Vermögensanlage der Gesellschaft noch verkauft werden soll und in der Summe unter dem Mindesterwerbspreis liegt.

98

Die Vorschrift ist vor dem Hintergrund ihres Schutzzwecks **weit auszulegen**. Eine **variable Gestaltung des Erwerbspreises** ist zulässig. Der Erwerbspreis stellt sich in diesem Fall als Angabe dar, die aus tatsächlichen Gründen bei Aufstellung im Verkaufsprospekt noch nicht konkretisiert werden kann. Die Vollständigkeit des Verkaufsprospekts ist jedoch solange nicht betroffen, wenn der Anleger aus den Beschreibungen des Anbieters, die Berechnung des Erwerbspreises im Verkaufsprospekt nachvollziehen kann. Die Beschreibung der **Berechnung** und ihre **Methodik** müssen dabei ausführlich und unmissverständlich sein. Steht der Erwerbspreis dann am ersten Angebotstag fest, stellt dieser eine **nachtragspflichtige Angabe** dar. Der Nachtrag ist vom Anbieter dann entsprechend vorzunehmen. Eine Veröffentlichung der täglichen Erwerbspreise auf der Homepage des Emittenten genügt den Anforderungen vollumfänglich.

99

---

1 *Ritz* in Assmann/Lenz/Ritz, § 4 VerkProspVO Rz. 21.
2 *Jäger/Voß* in Winter/Hennig/Gerhard, Grundlagen der Schiffsfinanzierung, S. 910.

100 Die Konzeption des Anbieters kann eine Selektion des potentiellen Anlegerpublikums in Gruppen vorsehen, die sich nicht anhand der vertraglichen Grundlagen, sondern nur hinsichtlich der geforderten Mindesterwerbspreise der Beteiligungen unterscheiden (**Aufspaltung der Mindesterwerbspreise**). Überschreitet für die eine Gruppe der geforderte Mindesterwerbspreis die für eine Befreiung von der Prospektpflicht vorgesehene Grenze gemäß § 2 Abs. 1 Nr. 3 c) VermAnlG, befreit dies den Anbieter nicht von einer Angabeverpflichtung in Bezug auf diese Gruppe im Verkaufsprospekt. Es handelt sich um eine einheitliche, durch einen Verkaufsprospekt zu beschreibende Vermögensanlage.

11. Sonstige anfallende Kosten (§ 4 Satz 1 Nr. 10-12 VermVerkProspV)

a) Vorbemerkung

101 Die in § 4 Satz 1 Nrn. 10 bis 12 VermVerkProspV enthaltenden Angabepflichten **dienen** der Schaffung von **Transparenz** der angebotenen Beteiligung bezogen auf **sonstige anfallende Kosten**. Die aufgeführten Positionen decken die Kosten ab, die für den Anleger keine Rendite abwerfen und damit für ihn zusätzlichen Aufwand bedeuten. Diese Kosten können unter den allgemein gebräuchlichen, aber unscharfen Begriff „**Weichkosten**" gefasst werden[1]. Das Fehlen einer geeigneten Definition für den Begriff „Weichkosten" wird den Gesetzgeber veranlasst haben, die Notwendigkeit der Aufnahme unterschiedliche Kostenpositionen in den Verkaufsprospekt anzuordnen.

102 Eine geeignete Lösung stellt dieses Procedere aber nur im begrenzten Umfang dar. Denn die Aufteilung in unterschiedliche Kostenkategorien führt zu der großen Unsicherheit in der Praxis, bestimmte anfallende Kosten in eine bestimmte Kategorie einzuordnen. In den gesetzlichen Regelungen zum VermAnlG bzw. der VermVerkProspV finden sich hierzu keine näheren Erläuterungen. Auch die Begründung zur VermVerkProspV geht nur sehr allgemein auf die einzelnen Kategorien ein. Ablesbar ist nur die Tendenz, dass alle sonstigen Belastungen des Anlegers, die Einfluss auf die Beurteilung und Rentabilität der Beteiligung an der Vermögensanlage haben könnten, offenbart werden müssen[2]. Neben dieser inhaltlichen Intransparenz innerhalb der einzelnen Kategorien steht die Aufspaltung in verschiedene Kostenkategorien dem eigentlichen Zweck der Verordnung im Wege, für den interessierten Anleger eine verständliche Beurteilungsgrundlage zu bieten. Versäumt wurde, im Verkaufsprospekt den Ausweis einer einheitlichen Kostenquote zu verlangen. Als Vorbild hierfür hätte §§ 269, 165 Abs. 2 Nr. 8 iVm. 165 Abs. 3 Nr. 5 und 6 KAGB dienen können. Die darin definierte Gesamtkostenquote hätte bei entsprechender Modifizierung für die Ansprüche der Vermögensanlagenbeteiligungsmodelle zu einer einfacheren Vergleichbarkeit gleichartiger Beteiligungsmodelle führen können und einen wichtigen Informationswert für die Anlageentscheidung geboten. Nach der derzeitigen

---

1 Vgl. *Hoppe/Riedel*, DB 2007, 1125 f.; vgl. auch BGH v. 24.3.2009 – XI ZR 456/07, MDR 2009, 818; OLG Köln v. 30.11.2011 – 13 U 158/09, juris.
2 Vgl. Begr. zur VermVerkProspV, S. 14, abrufbar unter: https://www.uni-leipzig.de/bankinstitut/dokumente/2004-11-11-04.pdf; Begr. RegE FinVermVermAnlG, BT-Drucks. 17/6051, S. 51; Begr. zu Art. 6 Nr. 2 c) RegE Kleinanlegerschutzgesetz, BT-Drucks. 18/3994, S. 57.

Regelung in der VermVerkProspV ist der Anleger jedoch gezwungen, verschiedene Kostenkategorien aufzusummieren[1]. Um dem Anleger die Angaben in Bezug auf ihre Vollständigkeit transparent zu machen, ist dem Anleger dies in einer abschließenden Aussage kund zu tun.

Die **Hinweise** sind in den Fällen des § 4 Satz 1 Nr. 10–12 VermVerkProspV **hervorgehoben** zu gestalten. **Gestalterische Mittel** der Hervorhebung sind Fettdruck, Unterstreichung oder Umrahmung, sowie gesonderte Schrifttypen und/oder -größen, die sich eindeutig vom Rest des Textes abheben[2]. Zur besseren Wahrnehmung der Angaben durch den Anleger ist eine drucktechnische Hervorhebung im Anfangsteil sinnvoll[3]. 103

b) Erwerbs- und Verwaltungskosten (§ 4 Satz 1 Nr. 10 VermVerkProspV)

aa) Regelungsgehalt

Die Vorschrift verlangt die Aufnahme **aller Kosten** in den Verkaufsprospekt, die mit dem **Erwerb**, der **Veräußerung** und der **Verwaltung der Vermögensanlage** in Zusammenhang stehen. Der Begriff „**Vermögensanlage**" ist hier im Sinne der unternehmerischen Beteiligung des Anlegers zu verstehen und umfasst nicht Kosten, die mit dem eigentlichen Anlageobjekt im Zusammenhang stehen. Die zusätzlichen Kosten aus der Perspektive des Anlegers stehen im Fokus[4]. Es handelt sich folglich um Kosten, die von dem Anleger über den typischen Erwerbs- oder Veräußerungsvorgang bzw. der Verwaltung der Beteiligung hinaus entstehen. Unerheblich ist, ob die Kosten auf Grund gesetzlicher oder vertraglicher Gegebenheiten aufzuwenden sind. Unabhängig ist, ob sie direkt durch den Erwerbsvorgang beim Anleger entstehen oder im Verlauf des Haltens der Vermögensanlage von der Gesellschaft belastet werden. 104

Ein herausgehobenes Beispiel für eine Kostenposition nach dieser Vorschrift ist das vom Anbieter dem Anleger auferlegte **Agio**. Unter diesem Begriff versteht man ein Aufgeld bzw. einen Ausgabeaufschlag, das bzw. der in Höhe eines bestimmten Prozentbetrages auf die Zeichnungssumme zu zahlen ist[5]. Dem Agio kann in der Praxis eine Doppelnatur zukommen, die bei der Erstellung des Verkaufsprospekts zu berücksichtigen ist. Zum Teil wird das Agio von der Emittentin nicht vollständig für die Finanzierung des Anlageobjekts genutzt, sondern teilweise oder vollständig für die Begleichung von Provisionen iS von § 4 Satz 1 Nr. 12 VermVerkProspV herangezogen. In diesem Fall ist dieser Umfang in die Gesamthöhe der Provisionen mit 105

---

1 Leidet darunter die Verständlichkeit der Angaben, kann uU ein Prospektfehler vorliegen, vgl. BGH v. 3.11.2015 – II ZR 270/14, WM 2016, 72.
2 Vgl. *Tiffe*, Die Struktur der Informationspflichten bei Finanzdienstleistungen, 4.3.3.1, S. 146.
3 *Wetzig*, Die Regulierung des Grauen Kapitalmarkts durch die Novellierung des Finanzanlagenvermittler- und Vermögensanlagenrechts sowie durch das Kapitalanlagegesetzbuch, S. 101; *Hanten/Reinholz*, ZBB 2012, 36 (41).
4 Vgl. Begr. Art. 15 Nr. 3 a) ee) RegE FinAnlVermAnlG, BT-Drucks. 17/6051, S. 49.
5 *Voß* in Arndt/Voß, § 4 VermVerkProspV Rz. 75.

einzubeziehen und das Procedere der Aufteilung der Verwendung der Gelder dem Anleger in nachvollziehbarer Weise zu erläutern. Agio und Innenprovisionen sind in Bezug auf Aufklärungspflichten einer Zusammenrechnung nicht zugänglich. Diese verfolgen unterschiedliche Zwecke. Die Aufklärungspflicht im Verkaufsprospekt über Innenprovisionen ab einem gewissen Prozentsatz (15%) hat das Ziel, dem Anleger die Werthaltigkeit und Rentabilität der Anlage vor Augen zu führen[1]. Wird das Agio für Rückvergütungen an den Vermittler der Vermögensanlage genutzt, steht hier die Aufklärung über mögliche Interessenkonflikte des Vermittlers bei der anleger- und objektgerecht zu erfolgenden Beratung gegenüber dem Anleger im Vordergrund[2]. Hier genügt es nicht, ein solches Agio im Verkaufsprospekt allein mit „Kosten der Eigenkapitalbeschaffung" ohne weitere Erläuterung zu umschreiben[3].

106 Weitere zu erwähnende Kostenpositionen sind **Kosten**, die für die **Eintragung in das Handelsregister** (zB beim Wechsel vom Treugeber zum Direktkommanditisten), für Beglaubigungs-, Überweisungs- und Lastschriftgebühren entstehen. Auch auf Grund von **Übertragungsvorgängen** (zB im Erbfall) oder sonstigen **Verfügungen über die Beteiligung** hervorgehende Kosten sind aufzuführen. Fallen durch diese Vorgänge **Steuern** an, sind auch diese anzugeben. Ob die Kosten, die dem Anleger vertraglich für die **verspätete Zahlung** der Einlage aufgebürdet werden, dazugehören, ist nicht eindeutig zu beantworten. In der Literatur wird dies teilweise vertreten[4]. Gegen diese Auffassung ist jedoch anzuführen, dass es sich um den Anleger treffende Kosten auf einer anderen Ebene als dem eigentlichen Erwerbs-, Verwaltungs- oder Veräußerungsvorgang handelt. Hier geht es nämlich um Schadenersatzpositionen, die dem Anleger auf Grund eines vertragsbrüchigen Verhaltens entstehen. Der Anleger hat es selbst in der Hand, die Kosten nicht zu verwirken. Des Weiteren gehören **Verwaltungskosten** dazu, die zB auf Grund der Unterhaltung des Beteiligungskontos bei der Fondsgesellschaft bzw. der professionellen Verwaltung der Investitionsobjekte[5] entstehen. Im Übrigen ist der Katalog nach Nr. 10 nicht abschließend und führt nur Beispiele („insbesondere") auf.

107 Die Angabepflichten des § 4 Satz 1 VermVerkProspV richten sich ausschließlich auf den Akt der Beteiligung selbst. Aus diesen systematischen Erwägungen **nicht von der Vorschrift** umfasst sind daher solche Kosten, die den **Gesamtaufwand** der Investition ausmachen. Unter dem Gesamtaufwand sind Kosten zu verstehen, die im Zusammenhang mit der Durchführung der Investition in das Anlageobjekt stehen[6]. Diesem Gesamtaufwand sind auch die sog. Weichkosten zuzuordnen. Unter Weichkosten wird die Differenz zwischen Gesamtaufwand und Wert des Objekts verstan-

---

1 BGH v. 12.2.2004 – III ZR 359/02, MDR 2004, 801; BGH v. 18.4.2013 – III ZR 252/12, BKR 2013, 288; BGH v. 26.2.2015 – III ZR 19/14.
2 OLG Schleswig, 24.7.2014 – 5 U 54/13, BKR 2015, 76; informativ und mwN: *Koch*, BKR 2010, 170 ff.
3 *Koch*, BKR 2010, 170 (182).
4 *Voß* in Arndt/Voß, § 4 VermVerkProspV Rz. 78.
5 Vgl. OLG Schleswig v. 24.7.2014 – 5 U 54/13, BKR 2015, 76.
6 *Hoppe/Riedel*, DB 2007, 1125 (1126).

den[1]. Weiche Kosten bestehen dabei aus den Gruppen der direkten Anschaffungsnebenkosten, der konzeptionsbedingten Kosten und der Ineffizienzkosten[2]. Die den Gesamtaufwand ausmachenden Kostenblöcke sind daher dem Anwendungsbereich des § 9 Abs. 2 Nr. 9 VermVerkProspV zuzuordnen. Dazu gehören zB Kosten iS des § 255 Abs. 1 Satz 2 HGB wie Grunderwerbsteuer, Notar- und Grundbuchgebühren sowie Maklerkosten, wenn sie das Anlageobjekt betreffen; Vergütungen an den Anbieter der Vermögensanlage, Vergütungen für die Entwicklung der Konzeption (steuerlich, rechtlich), für Garantien, die Vermittlung der Finanzierung (Eigen- und Fremdmittel) und andere Dienstleistungen[3].

Im Interesse des Anlegerschutzes ist die **Angabepflicht weit auszudehnen.** Dem Gesetzgeber kam es nach der Begründung zur VermVerkProspV, darauf an, den Anbieter einer Vermögensanlage zu verpflichten, alle anfallenden Kosten unabhängig vom Grund ihrer Entstehung offen zu legen. Es kann sich dabei um sowohl auf Grund gesetzlicher Erfordernisse als auch vertraglicher Grundlage entstehende Kosten handeln.

108

bb) Formelle Vorgaben

Die Vorschrift schreibt, abgesehen von der Hervorhebung, **keine bestimmte Darstellung** der Kosten vor. Um den Anleger ein transparentes Bild über seine Beteiligung zu vermitteln, ist bei Kenntnis des Anbieters ein konkreter Betrag im Verkaufsprospekt zu fordern. Ist dies nicht möglich, weil die Kosten von einer Bezugsgröße abhängig sind, kann auch eine prozentuale Angabe erfolgen[4]. Bei Kosten, die von Gebührenordnungen abhängig sind, kann auch auf diese verwiesen werden, sofern sie öffentlich zugänglich sind. Ansonsten ist ein ungefährer, typischer Betrag in den Verkaufsprospekt aufzunehmen.

109

c) Nachschüsse (§ 4 Satz 1 Nr. 11 VermVerkProspV)

aa) Regelungsgehalt

Nach § 4 Satz 1 Nr. 11 VermVerkProspV ist anzugeben, unter welchen Umständen der Erwerber der Vermögensanlagen verpflichtet ist, weitere Leistungen zu erbringen, insbesondere unter welchen Umständen er haftet. Die Regelung dient der Information des Anlegers über weitere mit seiner Beteiligung anfallende **Leistungsverpflichtungen**. Das Gesetz spezifiziert diese Leistungsverpflichtungen beispielhaft als Zahlungsverpflichtungen. Ein Katalog möglicher weiterer, den Anleger treffenden und daher anzugebenden Leistungen gibt jedoch weder das Gesetz vor noch wird dies in der Begründung der VermVerkProspV näher ausgeführt. So sind auch **Sach- bzw.**

110

---

1 Strittig und unabgegrenzt, vgl. LG Würzburg v. 16.8.2002 – 73 O 1031/02, NJOZ 2002, 2496; *Hoppe/Riedel*, DB 2007, 1125 (1126).
2 *Hoppe/Riedel*, DB 2007, 1125 (1126 f.).
3 *Hoppe/Riedel*, DB 2007, 1125 (1126).
4 *Voß* in Arndt/Voß, § 4 VermVerkProspV Rz. 76.

weitere **Dienstleistungen** denkbar[1]. Die weiteren Leistungspflichten ergeben sich zumeist aus dem Beteiligungsvertrag als verbindliche Geschäftsgrundlage zwischen dem Emittenten und dem Anleger oder sind gesetzlicher Natur.

111 Der **Regelfall von weiteren Leistungsverpflichtungen** ergibt sich aus dem Innenverhältnis der Gesellschaft, der der Anleger beitritt. Vorwiegend wird sich die Angabe auf die Anwendungsfälle der dann gesetzlich vorgesehenen Haftungsregelungen des beigetretenen Anlegers beschränken. Aufgrund von § 5b VermAnlG sind verschiedene Beteiligungsformen nicht mehr zulässig (vgl. § 5b VermAnlG Rz. 6 ff.). Eine Begrenzung auf diese internen gesellschaftlichen Verpflichtungen enthält das Gesetz wörtlich jedoch nicht. Nach Sinn und Zweck der Vorschrift ist die Verpflichtung zur Angabe auf solche Leistungsverpflichtungen des Anlegers zu begrenzen, die sich originär aus dem Beitrittsgeschäft inhaltlich ableiten lassen.

112 Im Rahmen von **Kommanditbeteiligungen** ergibt sich die im Rahmen dieser Norm wichtigste Leistungsverpflichtung aus §§ 171 Abs. 1, 172 Abs. 4 HGB. Danach haftet der Kommanditist den Gläubigern der Kommanditgesellschaft bis zur Höhe seiner im Gesellschaftsvertrag bestimmten Haftsumme. Diese Haftsumme ist zum Handelsregister anzumelden, § 162 Abs. 1 HGB. Die Leistungspflicht trifft den Kommanditisten bei Absinken seines Kapitalanteils unter die Haftsumme nach einer vom Grund unabhängigen Rückzahlung. Dabei kann sich um Entnahmen aus den Einlagen auf Grund eines Gewinns oder auch um die Rückzahlung des Agios handeln[2]. Die gesetzlichen Regelungen zum Wiederaufleben der Haftung nach § 172 Abs. 4 HGB sind als strukturelle Einschränkungen und Besonderheiten in Hinblick auf die Haftung des Kommanditisten mit seiner Einlage darzustellen. Ausreichend ist, wenn dem Anleger dargestellt wird, dass er Ausschüttung unter Umständen bis zur Höhe seiner Hafteinlage wieder zurückzahlen muss und ein durchschnittlich verständiger Anleger dies im Rahmen einer Gesamtbetrachtung des Inhalts des Verkaufsprospekts erkennen kann[3].

113 Auch der **Eintritt in eine bereits bestehende Kommanditgesellschaft**, zB bei der Verwendung einer Mantelgesellschaft, kann auf Grund von § 173 HGB eine Haftung des Anlegers auf Grund von Altschulden der Gesellschaft begründen, sofern diese nicht seine Einlage übersteigt (vgl. § 5b VermAnlG Rz. 6 ff.).

114 Die Vorschrift weist eine zudem **zeitliche, zukunftsgerichtete Komponente** auf. Auf Grund des Wortlauts der Vorschrift sind auch solche Leistungsverpflichtungen anzugeben, die nicht bereits bei Vertragsschluss, sondern erst während der Laufzeit der Beteiligung auf den Anleger zukommen können und es sich dabei nicht um Nachschüsse handelt. Um diese Angabeverpflichtung nicht ausufern zu lassen, ist eine Beschränkung auf solche Umstände angemessen, deren Grundlage bereits zum Zeitpunkt des Vertragsschlusses angelegt wurde. Es muss zumindest eine Möglichkeit bestehen, dass die Leistungsverpflichtung greift. Ob sie den Anleger letztlich tatsäch-

---

1 Ein Beispiel wäre die Verpflichtung der Anleger, bei einem Medienfonds neben der Einlagenleistung als Statist bei den Filmproduktionen zur Verfügung zu stehen.
2 *Hopt* in Baumbach/Hopt, § 172 HGB Rz. 4, 6 und 8.
3 BGH v. 18.2.2016 – III ZR 14/15, MDR 2016, 458.

lich trifft, ist unerheblich. Müssen hingegen erst die Grundlagen zu einer Leistungsverpflichtung der Gesellschaft, zB im Rahmen einer Beschlussfassung, geschaffen werden, bedarf es hierzu keiner Angabe im Verkaufsprospekt. Diese Möglichkeit steht den Gesellschaftern immer zur Verfügung und ist ein Zeichen ihrer unternehmerischen Verbundenheit und Ausdrucks des Risikos, das mit einer unternehmerischen Beteiligung einhergeht. Der Rechtsgrund für die kommende Verpflichtung ist unter Beachtung der Vorgaben des § 5b VermAnlG nebensächlich, sofern er nur objektiv eindeutig bestimmt ist. So sind im Gesellschaftsvertrag eingeräumte Möglichkeiten, den Anleger zu weiteren Leistungen zu verpflichten, anzugeben. Ein Beispiel für einen Umstand mit gesetzlicher Grundlage kann sich insbesondere im Steuerrecht ergeben, wenn die Einordnung des Geschäftsmodells in gewerblich oder vermögensverwaltend noch nicht feststeht, bei einer gewerblichen Einordnung durch die Finanzverwaltung aber Rückzahlungen der Anleger bedingt[1].

bb) Formelle Vorgaben

Die Angabe ist abschließend vorzunehmen. Der Anleger muss die Möglichkeit haben, **eindeutig** abschätzen zu können, welche Verpflichtungen ihn in der Laufzeit seiner Beteiligung treffen können. Des Weiteren muss der Verkaufsprospekt aufgrund der Vorgabe des § 5b VermAnlG die Angabe enthalten, dass keine Pflicht zur Zahlung von Nachschüssen besteht.

115

d) Provisionen (§ 4 Satz 1 Nr. 12 VermVerkProspV)

aa) Vorbemerkung

Die Regelung bestimmt den Anbieter zur Aufnahme einer wichtigen Kenngröße der Vermögensanlage in den Verkaufsprospekt. Es ist die Gesamthöhe an bestimmten Aufwendungen in Form der **Provisionen** aufzunehmen, die nicht unmittelbar dem Anlageobjekt zufließen. Die Vorschrift **dient** damit für ihren Bereich zur Schaffung von Transparenz für den Anleger. Der Kenngröße kommt darüber hinaus eine herausragende Rolle zu, da hierüber eine gewisse Vergleichbarkeit der Wirtschaftlichkeit und Effizienz des Anbieters zum Ausdruck gebracht wird. Des Weiteren bietet diese Angabe dem Anleger eine Rückschlussmöglichkeit über das Risiko des wirtschaftlichen Erfolgs der Anlage selbst. Denn eine hohe ausgewiesene Vertriebsprovision kann dafür sprechen, dass der Erfolg der Vermögensanlage am Markt nicht als besonders hoch bewertet wird[2]. Die Vorschrift ist in ihrer Verortung zu den Angaben der Vermögensanlage nach § 4 VermVerkProspV systemfremd. Provisionszahlungen an Dritte werden nicht direkt durch den Anleger, sondern im Regelfall durch die emittierende Gesellschaft vorgenommen. Sie sind daher eher den Angaben zum Anlageobjekt als sonstige Kosten nach § 9 Abs. 1 Nr. 9 VermVerkProspV zuzurechnen. Die Zuordnung des Gesetzgebers kann daher nur im Sinne einer Orientierungshilfe für

116

---

[1] Vgl. Mitteilung des Finanzamts München in Eurofinanzen v. 1.5.2004 zu VIP Medienfonds IV; OLG München v. 18.12.2007 – 5 U 3700/07, WM 2008, 872.
[2] BGH v. 29.5.2008 – III ZR 59/07, ZIP 2008, 1481.

den Anleger verstanden werden, um ihm die Werthaltigkeit der Anlage bereits bei den Angaben zur Beteiligung selbst vor Augen zu führen.

bb) Regelungsgehalt

117 Dem Anleger ist in seiner Gesamtheit das Verhältnis zwischen der Investition in die eigentliche Anlage und Aufwendungen für andere Zwecke im Sinne von **Provisionen eindeutig klarzustellen**. Eine Definition des Begriffs „Provision" enthält das Gesetz nicht. Der Fokus liegt angesichts der aufgeführten Regelbeispiele auf dem Gebiet des Vertriebs der Vermögensanlage[1]. Unter diesen Voraussetzungen erscheint es nahe liegend, den im Zivil- bzw. Handelsrecht verwendeten Begriff der Provision auf die VermVerkProspV zu übertragen. Unter einer Provision ist demnach eine Vergütung zu verstehen, die in einem bestimmten Prozentsatz des Werts eines abgeschlossenen oder vermittelten Geschäfts bemessen wird[2]. Es handelt sich um eine Erfolgsvergütung[3]. Die Vergütung ist im Regelfall an die Ausübung einer Tätigkeit geknüpft; eine notwendige Voraussetzung wie bei Bestandsprovisionen ist dies jedoch nicht[4].

118 Die Erläuterung der Angabe mit Regelbeispielen setzt voraus, dass weitere Kostenelemente in den Gesamtbetrag eingerechnet werden können. Auf Grund der **Verwendung von Regelbeispielen** ermöglicht der Gesetzgeber ein weites Verständnis zum Begriff der Provision. Einzubeziehen sind daher alle Provisionszahlungen unabhängig von ihrer Ausgestaltung oder Bezeichnung. Der Begriff der Provision umfasst insbesondere die für den Vertrieb gezahlten Innenprovisionen[5]. In der Rechtsprechung findet sich für dieses Verständnis ebenso eine Stütze. Danach sind dem Anleger Kosten, die nicht unmittelbar dem Anlageobjekt zufließen, sondern für Aufwendungen an Dritte außerhalb der eigentlichen Anschaffungs- und Herstellungskosten verwendet werden, in vollständiger und verständlicher Weise zu offenbaren[6].

119 Bei der Angabe der Gesamthöhe der Provision ist zwingend der Grundsatz der **Richtigkeit und Vollständigkeit** der Angabe zu beachten. Erfolgt eine Darstellung der

---

1 Vgl. *Wagner* in Assmann/Schütze, Handbuch des Kapitalanlagerechts, § 16 Rz. 235 ff.
2 *Weidenkaff* in Palandt, § 611 BGB Rz. 79.
3 *Hopt* in Baumbach/Hopt, § 87 HGB Rz. 2.
4 *Hopt* in Baumbach/Hopt, § 87 HGB Rz. 2.
5 Vgl. Begr. zur VermVerkProspV, S. 14, abrufbar unter: https://www.uni-leipzig.de/bankinstitut/dokumente/2004-11-11-04.pdf; nach der Definition der Rechtsprechung sind Vertriebsprovisionen den Innenprovisionen zuzurechnen, sofern diese aus dem Anlagevermögen gezahlt werden. Rückvergütungen liegen dann vor, wenn Teile der Ausgabeaufschläge oder Verwaltungsgebühren, die der Kunde über den Vertrieb an die Gesellschaft zahlt, hinter dem Rücken umsatzabhängig an den Vertrieb zurückfließen und daher in Bezug auf die Empfehlung der Anlage einen Interessenkonflikt begründen, BGH v. 9.3.2011 – XI ZR 191/10, ZIP 2011, 859.
6 BGH v. 6.2.2006 – II ZR 329/04, ZIP 2006, 893; BGH v. 20.1.2009 – XI ZR 510/07, ZIP 2009, 455; BGH v. 3.6.2014 – XI ZR 147/12, MDR 2014, 1161. AA OLG Dresden v. 24.7.2009 – 8 U 1240/08, ZIP 2009, 2144: Es verneinte den Anspruch eines Käufers gegen seine Bank wegen mangelnder Aufklärung über Kick-back-Zahlungen auf Grund eines „unvermeidbaren Rechtsirrtums".

Vertriebsprovisionen in einem Investitionsplan im Verkaufsprospekt, ist ein dafür vorgesehenes Budget einzuhalten. Der durchschnittliche Anleger misst einer differenzierten Aufstellung der Mittelverwendung Bedeutung zu. Grundlage hierfür ist, dass der Investitionsplan Inhalt des Gesellschaftsvertrags ist, auf dessen Basis der Gesellschaftszweck verwirklicht werden soll. Dann können durch die Geschäftsleitung nicht ohne weiteres Mittel, die bereits für andere Aufgaben vorgesehen sind, verwendet werden, um das Budget für Vertriebsprovisionen weiter aufzustocken[1]. Eine Gleichgültigkeit des Anlegers gegenüber einem vernünftigen Verhältnis bei der Verwendung von Mitteln für die eigentlichen Anlagegegenstände und solche für andere Zwecke vorgesehene Aufwendungen kann vom Anbieter nicht unterstellt werden[2]. Als angabepflichtige Provisionen sind ebenfalls die besonderen Vergütungen für Mietausfallgarantien zu werten[3]. Desgleichen fallen Honorare unter diese Vorschrift, die sich die Funktionsträger der Gesellschaft für die Fremdkapitalbeschaffung vergüten lassen[4].

cc) Formelle Vorgaben

In den Verkaufsprospekt ist die **Gesamthöhe der Provisionen** aufzunehmen. Der Grundfall der Angabe ist mit einer Darstellung der Provision in einem Gesamtbetrag erfüllt. Eine Auflistung der Zusammensetzung dieses Gesamtbetrages sieht die VermVerkProspV nicht vor. Der Gesamtbetrag umfasst alle Provisionsleistungen, die mit dem Anlageprojekt in Verbindung stehen. Entscheidendes Kriterium ist, dass die geleisteten Einlagegelder der Anleger in direkter oder indirekter Form für die Begleichung von Provisionsleistungen herangezogen werden. Dazu gehören auch Innenprovisionen[5]. Auf die **Wesentlichkeit** einer Provision kommt es nicht an. Die in der Rechtsprechung vor Inkrafttreten der VermVerkProspV aufgestellte Grenze von 15%, ab der Provisionen in jedem Fall anzugeben waren[6] hat in ihrer Trennschärfe keinen Bestand mehr. Eine Eingrenzung auf überdurchschnittliche Provisionszahlungen findet keinen Rückhalt mehr im Wortlaut des Gesetzes. Die Angabe muss klar die Gesamthöhe der Provisionen wiedergeben. Die Notwendigkeit des Abgleichs verschiedener Prospektangaben, die für die Ermittlung des Gesamtbetrages mit einer Reihe von Rechengängen verbunden ist, stellen einen Prospektfehler dar[7].

120

Die Vorgaben der Verordnung verpflichten den Anbieter neben dem Gesamtbetrag der Provision als absolute Zahl auch eine relative Bezugsgröße der Gesamthöhe der Provision anzugeben. Die Bezugsgröße steht dabei nicht im Ermessen der Anbieter[8]. Die Provision ist prozentual in Bezug auf den Gesamtbetrag der angebotenen Vermögensanlage darzustellen. Ist die Angabe eines Gesamtbetrages auf Grund einer Kopplung der Provisionen an jährlich anfallende Kenngrößen, zB der Emitten-

121

---

1 BGH v. 29.5.2008 – III ZR 59/07, ZIP 2008, 1481.
2 BGH v. 29.5.2008 – III ZR 59/07, ZIP 2008, 1481.
3 BGH v. 10.10.1994 – II ZR 95/93, ZIP 1994, 1851.
4 BGH v. 29.5.2000 – II ZR 280/98, ZIP 2000, 1296.
5 BGH v. 12.2.2004 – III ZR 359/02, ZIP 2004, 1055 = MDR 2004, 801.
6 BGH v. 12.2.2004 – III ZR 359/02, ZIP 2004, 1055 = MDR 2004, 801.
7 BGH v. 6.2.2006 – II ZR 329/04, ZIP 2006, 893.
8 Begr. zu Art. 15 Nr. 3 a) ee) RegE FinVermVermAnlG, BT-Drucks. 17/6051, S. 49.

tin, oder an eine offene Laufzeit der Vermögensanlage nicht ohne Weiteres möglich, reicht die **prozentuale Angabe der Gesamthöhe der Provisionen** aufgrund der Mindestangabeverpflichtung nicht aus. Vielmehr ist unter Erläuterung des Verfahrens der höchstmögliche Provisionsbetrag in den Verkaufsprospekt aufzunehmen.

122 Die Angabe ist abschließend vorzunehmen. Der Anleger muss die Möglichkeit haben, eindeutig abschätzen zu können, welche Verpflichtungen ihn in der Laufzeit seiner Beteiligung treffen können.

123 Einstweilen frei.

12. Verzinsung und Rückzahlung (§ 4 Satz 1 Nr. 13 VermVerkProspV)

124 Die wesentlichen Grundlagen und Bedingungen der Verzinsung und Rückzahlung sind an einer hervorgehobenen Stelle im Verkaufsprospekt anzugeben (§ 4 Satz 1 Nr. 13 VermVerkProspV). Die Anforderung an die Hervorhebung richtet sich an den gleichen Kriterien wie bei den anderen entsprechend herauszustellenden Angaben aus. **Gestalterische Mittel** der Hervorhebung sind Fettdruck, Unterstreichung oder Umrahmung, sowie gesonderte Schrifttypen und/oder -größen, die sich eindeutig vom Rest des Textes abheben[1]. Zur besseren Wahrnehmung der Angaben durch den Anleger ist eine drucktechnische Hervorhebung im Anfangsteil sinnvoll[2].

125 Inhaltlich rundet die Angabe die Mindestangaben nach § 10 VermVerkProspV ab[3]. Die Angabe löst aus dem Angabenkonvolut über die Vermögens-, Finanz- und Ertragslage eine für den Anleger aufbereitete, entscheidende Information heraus, wie die Emittentin mit dem Anspruch des Anlegers auf Verzinsung bzw. Rückzahlung der eingesetzten Gelder gegenüber dem Anleger umgeht[4]. Die Angabe soll verdeutlichen, wie sich die Emittentin im Rahmen der Unternehmensstrategie mit dem unternehmerischen Problem der Fristentransformation mit dem Fokus der eingeworbenen Anlegergelder in Bezug auf ihre wirtschaftliche Entwicklung auseinandergesetzt hat. Denn Zins und Rückzahlung hängen vom unternehmerischen Erfolg der Emittentin ab. Eine Absicherung über sog. „Rückzahlungsgarantien" greift nur, wenn entsprechende Liquidität bei der Emittentin noch verfügbar ist[5]. Der Hintergrund für die

---

1 Vgl. *Tiffe*, Die Struktur der Informationspflichten bei Finanzdienstleistungen, 4.3.3.1, S. 146.
2 *Wetzig*, Die Regulierung des Grauen Kapitalmarkts durch die Novellierung des Finanzanlagenvermittler- und Vermögensanlagenrechts sowie durch das Kapitalanlagegesetzbuch, S. 101; *Hanten/Reinholz*, ZBB 2012, 36 (41).
3 Vgl. Begr. zu Art. 6 Nr. 2 c) RegE Kleinanlegerschutzgesetz, BT-Drucks. 18/3994, 57.
4 Die Regelung zielt von den Begriffen her auf rein schuldrechtliche Beteiligungsmodelle, wie partiarische Darlehen, Namensschuldverschreibungen oder auch Genussrechte. Hintergrund war, dass der der die Einfügung der Mindestangabe vorausgehende Fall auf einer Genussrechtsbeteiligung beruhte (Prokon Unternehmensgruppe). Die Vorschrift ist allerdings allgemein zu verstehen. Denn das Problem trifft auch gesellschaftsrechtliche Beteiligungsmodelle. Auch lässt der Verordnungsgeber nicht erkennen, dass er eine Eingrenzung der Mindestangabe beabsichtigte.
5 Vgl. OLG Schleswig v. 5.9.2012 – 6 U 14/11, WM 2013, 374.

Einfügung dieser Mindestangabe beruht dann auch auf dem Eindruck des Zusammenbruchs einer Firmengruppe im Bereich alternativer Energieerzeugung und deren gescheiterter Finanzierungspolitik, bei der trotz mittel- und langfristiger Investitionshorizonte eine kurzfristige Rückzahlung der Anlegergelder zugesichert wurde[1].

Die Mindestangabe unterliegt einer herausgehobenen Überwachung im Rahmen der **Kohärenzprüfung** der Angaben im Verkaufsprospekt, vgl. § 8 Abs. 1 Satz 3 VermAnlG.

13. Laufzeit und Kündigungsfrist (§ 4 Satz 1 Nr. 14 VermVerkProspV)

Die Mindestangabe setzt auf den Bestimmungen des § 5a VermAnlG auf (siehe § 5a VermAnlG Rz. 2–8). Sie regelt, dass die Laufzeit und die ordentlichen Kündigungsfrist der Vermögensanlage im Verkaufsprospekt für den Anleger dazustellen sind[2].

14. Anlegergruppe (§ 4 Satz 1 Nr. 15 VermVerkProspV)

Nach Art. 13 Abs. 2 des Kleinanlegerschutzgesetzes vom 3.7.2015 sollte die Neuregelung in § 4 Satz 1 Nr. 15 VermVerkProspV am 3.1.2017 in Kraft treten. Aufgrund der zwischenzeitlichen Änderung der genannten Vorschrift des Kleinanlegerschutzgesetzes durch das Erste Finanzmarktnovellierungsgesetz (1. FiMaNoG) vom 30.6.2016 ist der Zeitpunkt des Inkrafttretens der Neuregelung derzeit noch unbestimmt[3].

Die Angabe verlangt im Verkaufsprospekt eine Aussage hinsichtlich der Anlegergruppe, auf die die Vermögensanlage abzielt (vgl. § 7 VermAnlG Rz. 13). Sie soll dem Anleger dann auf einfache Weise die Beurteilung ermöglichen, für sich einzuschätzen, ob die auserkorene Vermögensanlage nach der Konzeption der Initiatoren des Angebots mit seinen eigenen Anlagezielen übereinstimmt. Die Angabe konkretisiert die Vorgaben des § 7 Abs. 3 Satz 1 Nr. 2a VermAnlG[4].

III. Beifügung maßgeblicher Vertragswerke (§ 4 Satz 2 und 3 VermVerkProspV)

Die Vorschrift verlangt, unabhängig von den Angaben zu den rechtlichen Verhältnissen, die Beifügung der maßgeblichen Vertragswerke, die das Anlageverhältnis zwischen dem Anleger und der Emittentin bestimmen. Bei Unternehmensbeteiligungen iS des § 1 Abs. 2 Nr. 1 VermAnlG sind der Gesellschaftsvertrag, die Satzung, der Beteiligungsvertrag oder der sonstige für das Anlageverhältnis maßgebliche Vertrag beizufügen. Handelt es sich bei der angeboten Vermögensanlage um ein Treuhandver-

---

1 Vgl. Begr. RegE Kleinanlegerschutzgesetz, BT-Drucks. 18/3994, 28 (zu A. Allgemeiner Teil, I.).
2 Vgl. Begr. zu Art. 6 Nr. 2 c) RegE Kleinanlegerschutzgesetz, BT-Drucks. 18/3994, 57.
3 Siehe dazu ausführlich den Parallelfall bei § 13 VermAnlG (§ 13 VermAnlG Rz. 7).
4 Begr. zu Art. 6 Nr. 2 d) RegE Kleinanlegerschutzgesetz, BT-Drucks. 18/3994, 57.

mögen iS des § 1 Abs. 2 Nr. 2 VermAnlG ist die Beifügung des **Treuhandvertrags** in den Prospekt erforderlich.

130 Die **Abbildung eines Vertrags** im Verkaufsprospekt, der dem öffentlichen Angebot von Vermögensanlagen nach § 1 Abs. 2 Nr. 3–7 VermAnlG zugrunde liegt, ist nach dem Wortlaut der Vorschrift entbehrlich. Die Begründung des Verordnungsgebers lässt vermuten, dass es sich hier um ein Redaktionsversehen im Rahmen der Anpassung der alten Vorschriften des VerkProspG auf das VermAnlG handelt[1]. Denn danach sollten auch die von gesellschaftsrechtlichen Beteiligungen sich unterscheidenden, anderen Anlageverhältnisse mit ihren maßgeblichen Vertragswerken erfasst werden[2]. Als Beispiel werden Genussrechte aufgeführt.

131 Anderseits ist die Auslegung einer Norm durch ihren Wortlaut beschränkt[3]. Die Grenze bildet die Einordnung nach § 1 Abs. 2 Nr. 1 VermAnlG, ob die Vermögensanlage aufsichtsrechtlich betrachtet noch Beteiligungen am Ergebnis eines Unternehmens gewährt. Hierunter könnten auch partiarische Darlehen oder Genussrechte gefasst werden. Diese Beteiligungsformen sind hinsichtlich des Zahlungsanspruchs der Anleger für die Überlassung der Geldmittel zumindest mit dem Gewinn eines Unternehmens verknüpft. Insbesondere **Genussrechte** unterliegen einer großen Variabilität der Ausgestaltung. Ob eine Angabe des Vertrages iS der Vorschrift erfolgen muss, ist daher durch eine Bestimmung des Charakters der Beteiligung als ähnlich einer Beteiligung an einem Unternehmen (dann Angabe) oder bloß schuldrechtlich ähnlich einer Namensschuldverschreibung oder Nachrangdarlehens (dann keine Angabe) vorzunehmen[4]. Sofern eine Übersichtlichkeit des Vertragstextes im letzteren Fall vorliegt und dieser üblicherweise auf dem Zeichnungsschein aufgeführt wird, bestände auch ein ersichtlicher Grund, warum von einer zusätzlichen Aufnahme des Vertragstextes Abstand genommen werden sollte.

132 Der **Regelungsgehalt** der Norm besteht darin, den Anleger über die genauen einzelnen Bestimmungen seines Beteiligungsverhältnisses mit dem Emittenten aufzuklären. Sie dient der Sicherstellung der **Transparenz** für die Entscheidungsfindung des Anlegers im Rahmen des Beteiligungsangebots. Dies hat seine Ursache in der Art der Beteiligungsverhältnisse. Bei Unternehmensbeteiligungen iS des § 1 Abs. 2 Nr. 1 VermAnlG handelt es sich zumeist um Beteiligungen an Personengesellschaften. Das Innenrecht dieser Gesellschaften kann je nach Typus der Gesellschaftsform sehr inhomogen, auch atypisch ausgestaltet sein[5]. Auch die Gestaltungen der mittelbaren Be-

---

1 Das Verständnis einer allgemeinen Anwendung scheint auch die BaFin zu vertreten. Sie fordert ausdrücklich die Beifügung der Genussrechtsbedingungen zum Verkaufsprospekt, BaFinJournal 1/2012, S. 6.
2 Begr. zu Art. 15 Nr. 3 b) RegE FinVermVermAnlG, BT-Drucks. 17/6051, S. 49.
3 Vgl. BVerwG v. 11.11.2015 – 8 CN 2.14; BVerwG v. 20.1.2016 – 10 C 21.14, ZIP 2016, 1330.
4 In der Praxis sollten alle Beteiligungsverträge unabhängig davon, welcher Gruppe der Vermögensanlagen nach § 1 Abs. 2 VermAnlG sie zuzuordnen sind, zumindest nach der Generalklausel gemäß § 2 Abs. 1 Satz 1 VermVerkProspV beigefügt werden, um Verzögerungen im Prüfverfahren bei der BaFin zu vermeiden.
5 *Karsten Schmidt*, Gesellschaftsrecht, § 5 II 4 b).

teiligungen über Treuhandverträge unterliegen der Vertragsfreiheit[1]. Zugleich wird dem Anleger durch die Darstellung des Vertrages ermöglicht, einen Vergleich über die Richtigkeit der Darstellungen im sonstigen Prospekt mit dem Vertragswerk herbeizuführen. Im VerkProspG aF (vor dem 1.7.2005) konnte auf diese zusätzlich Angabe verzichtet werden, da die Ausgestaltung einer Beteiligung über Wertpapiere entweder einem ausgeprägten gesetzlichen Regeltypus wie bei Aktien entspricht oder markttypisch zur Sicherstellung einer Handelbarkeit homogen ausgestaltet sind und daher nicht nochmals ausdrücklich für eine Aufklärung des Anlegers im Verkaufsprospekt niedergelegt werden musste.

Zu den **abzubildenden Verträgen** gehören auch Verträge, die außerhalb des Beteiligungsverhältnisses zwischen Emittentin und Anleger stehen. Mittelverwendungskontrollverträge sind nach § 4 Satz 3 VermVerkProspV in den Verkaufsprospekt aufzunehmen. Grundlage hierfür sind mögliche Haftungsansprüche des Anlegers gegen den Mittelverwendungskontrolleur[2]. 133

Der **Vertrag** ist als **Mindestangabe** vollständig im Verkaufsprospekt abzubilden. Abzubilden ist, entsprechend dem Wortlaut der Norm, allein der Vertrag über das zukünftige zu Grunde liegende Beteiligungsverhältnis zwischen Emittent der Vermögensanlage und dem Anleger. 134

Ist der Originalvertrag in einer anderen als der deutschen Sprache abgefasst, muss dem Verkaufsprospekt eine **deutsche Übersetzung** beigefügt werden. Diese deutsche Übersetzung stellt dann die Mindestangabe gemäß § 4 Satz 2 VermVerkProspV dar[3]. Der Vertrag in der Fremdsprache kann dann zusätzlich als Zusatzangabe mit in den Verkaufsprospekt aufgenommen werden. 135

Der Vertrag muss mit einem **Datum** versehen sein, wenn bei mehreren bestehenden Vertragsversionen eine Eindeutigkeit sowohl für das Hinterlegungsverfahren als auch für das öffentliche Angebot nicht anders sicher zu stellen ist. 136

Bei gesellschaftlichen Beteiligungen bedeutet dies weiter, dass der Vertrag auch mit den **Namen der derzeitigen Gesellschafter** und, sofern angegeben, ihrer jeweiligen Funktion aufzunehmen ist, mindestens also die Gründungsgesellschafter aufführt. Eine faksimilierte oder originale **Unterschrift** der tatsächlich zeichnenden Gesellschafter ist hingegen verzichtbar, weil es sich bei dem Vertragsabdruck lediglich um eine Informationsangabe, nicht jedoch den eigentlichen Beteiligungsvertrag handelt, den der Anleger mit der Emittentin im Rahmen der Beteiligung abschließt. Verhindert die Anzahl der bereits beigetretenen Gesellschafter die Übersichtlichkeit der Angabe, zB im Rahmen einer nachfolgenden Zweitemission der Gesellschaft, ist neben der Angabe der Gründungsgesellschafter ein Verweis auf eine Anlegerliste als ausreichend anzusehen. 137

---

[1] Vgl. nur die Variationen bei *Bassenge* in Palandt, § 903 BGB Rz. 36.
[2] Begr. zu Art. 15 Nr. 3 b) RegE FinVermVermAnlG, BT-Drucks. 17/6051, S. 49.
[3] Vgl. die Kommentierung zu § 2 VermVerkProspV Rz. 23 ff., da nur ein Emittent mit Sitz im Ausland das Sprachprivileg in Anspruch nehmen kann.

138 Bei einer **treuhänderischen Beteiligung** ist eine Abbildung von Namen und Unterschrift verzichtbar. Aus der Natur der Sache heraus kann das vom Anleger abgegebene Angebot auf Zeichnung der Beteiligung erst im Nachhinein vom Treuhänder im Rahmen der Annahme gegengezeichnet werden.

139 Sind im dem Hinterlegungsdokument mehrere Vermögensanlagen beschrieben, müssen für die Wahrung der Vollständigkeit der Angaben grundsätzlich **für jede Vermögensanlage** auch die **Beteiligungsverträge** im Verkaufsprospekt abgedruckt werden[1]. Bei als Pool konzeptionierten nebeneinander bestehenden Vermögensanlagen, die zumeist wirtschaftlich auch eine Einheit bilden, unterscheiden sich diese Verträge jedoch nur in geringen Punkten voneinander. Muss sich der Anleger ohnehin zwangsweise an allen Emittenten des Pools beteiligen, wird die Verständlichkeit des Verkaufsprospekts derart gewährleistet, dass ein Vertragsabdruck als Muster erfolgt und nur geringfügig bestehende Abweichungen der anderen Verträge in einer übersichtlichen Darstellung vollständig erläutert werden[2].

140 Da die einzelnen Verträge jeweils Ausdruck einer alternativen Beteiligungsform sind, erübrigt sich grundsätzlich eine **Fehlanzeige** in Gestalt eines Hinweises auf das Nichtvorliegen und den daraus folgenden Nichtabdruck eines Vertragswerks der Beteiligungsalternative in den Verkaufsprospekt.

§ 5
Angaben über den Emittenten

Der Verkaufsprospekt muss über den Emittenten angeben:
1. die Firma, den Sitz und die Geschäftsanschrift;
2. das Datum der Gründung und, wenn er für eine bestimmte Zeit gegründet ist, die Gesamtdauer seines Bestehens;
3. die für den Emittenten maßgebliche Rechtsordnung und die Rechtsform; soweit der Emittent eine Kommanditgesellschaft oder eine Kommanditgesellschaft auf Aktien ist, sind zusätzlich Angaben über die Struktur des persönlich haftenden Gesellschafters, insbesondere zur Firma, zur Haftung, zum gezeichneten Kapital, zu den Gesellschaftern sowie zu den Mitgliedern der Geschäftsführung, aufzunehmen;
4. den in der Satzung oder im Gesellschaftsvertrag bestimmten Gegenstand des Unternehmens;
5. das für den Emittenten zuständige Registergericht und die Nummer, unter der er in das Register eingetragen ist;

---

1 Vgl. auch bzgl. der Auslösung von Gebühren die Kommentierung zu § 27 VermAnlG Rz. 18 ff.
2 *Voß* in Arndt/Voß, § 4 VermVerkProspV Rz. 87.

6. eine kurze Beschreibung des Konzerns und der Einordnung des Emittenten in ihn, falls der Emittent ein Konzernunternehmen ist.

In der Fassung vom 16.12.2004 (BGBl. I 2004, S. 3464), zuletzt geändert durch das Gesetz zur Novellierung des Finanzanlagenvermittler- und Vermögensanlagenrechts vom 6.12.2011 (BGBl. I 2011, S. 2481).

Schrifttum: Siehe Einl. VermAnlG und das Allgemeine Schrifttumsverzeichnis.

I. Regelungsgegenstand und Normentwicklung 1	4. Für den Emittenten maßgebliche Rechtsordnung und seine Rechtsform (§ 5 Nr. 3 VermVerkProspV) 12
II. Angaben über den Emittenten	5. Unternehmensgegenstand (§ 5 Nr. 4 VermVerkProspV) 17
1. Allgemeines 2	
2. Firma, Sitz, Geschäftsanschrift (§ 5 Nr. 1 VermVerkProspV) 4	6. Registergericht und Registernummer (§ 5 Nr. 5 VermVerkProspV) 18
3. Gründungsdatum und ggf. Bestandszeit (§ 5 Nr. 2 VermVerkProspV) . . 8	7. Konzerneinbindung (§ 5 Nr. 6 VermVerkProspV) 19

I. Regelungsgegenstand und Normentwicklung

Die Vorschrift bestimmt die in den Verkaufsprospekt aufzunehmenden **allgemeinen Angaben über den Emittenten**. Rechtsgrundlage hierfür ist § 7 Abs. 3 Nr. 4 VermAnlG. Die auf Art. 15 Nr. 4 des Gesetzes zur Novellierung des Finanzanlagenvermittler- und Vermögensanlagenrechts vom 6.12.2011[1] zurückgehende einzige **Änderung** der Vorschrift passt § 5 Nr. 3 VermVerkProspV an die in § 1 Abs. 2 VermAnlG erfassten Vermögensanlagen an.

II. Angaben über den Emittenten

1. Allgemeines

Die Vorschrift führt die **allgemeinen Angaben** zum Emittenten auf, die ein Verkaufsprospekt, neben den besonderen Angaben nach §§ 6 ff. VermVerkProspV, als **Mindestangaben** enthalten muss. Sie konkretisiert § 7 Abs. 1 Satz 1 VermAnlG, nach dem der Verkaufsprospekt alle tatsächlichen und rechtlichen Angaben zu enthalten hat, die notwendig sind, um dem Publikum eine zutreffende Beurteilung des Emittenten der Vermögensanlagen und der Vermögensanlagen selbst zu ermöglichen. **Emittent** iS dieser Vorschrift ist nach § 1 Abs. 3 VermAnlG die Person oder die Gesellschaft, deren Vermögensanlagen auf Grund eines öffentlichen Angebots im Inland ausgegeben sind.

---
1 BGBl. I 2011, S. 2481.

3 Nach § 6 VermAnlG kommt eine Prospektpflicht nur für im Inland öffentlich angebotene Vermögensanlagen in Betracht. Der Emittent muss indes kein inlandsansässiger und damit dem deutschen Handels- und Gesellschaftsrecht unterfallender Emittent sein. Zahlreiche der Anforderungen des § 5 VermVerkProspV benutzen indes Begriffe, die dem deutschen Recht entstammen. Im Hinblick auf die Anwendung dieser Begriffe auf in vorstehendem Sinne **ausländischem Recht unterfallende Emittenten** (dazu auch die Angaben nach § 5 Nr. 3 VermVerkProspV) ist deshalb zu fragen, inwieweit dem jeweiligen inländischen Rechtsbegriff – wie etwa der der Firma – und dem von ihm bezeichneten Rechtsinstitut ein Begriff bzw. ein Institut des fremden Rechts entspricht oder, mit anderen Worten, der in Betracht kommende ausländische Rechtsbegriff den inländischen zu **substituieren** vermag. Das ist für den Fall anzunehmen, dass die vom jeweiligen Begriff bezeichneten inländischen und ausländischen Institute in ihren wesentlichen Merkmalen funktional gleichwertig sind[1]. Für die **Bestimmung des Emittenten** (siehe oben Rz. 2) bestehen solche Probleme nicht, da dieser Begriff nach abstrakten Kriterien erfolgt und nicht auf rechtsordnungsspezifische Institute zurückgreift.

2. Firma, Sitz, Geschäftsanschrift (§ 5 Nr. 1 VermVerkProspV)

4 Die in § 5 Nr. 1 VermVerkProspV erwähnte **Firma** des Emittenten ist die Firma iS der §§ 17 ff. HGB, wie sie nach § 29 HGB ins Handelsregister eingetragen ist.

5 Der Emittent der Vermögensanlage kann auch eine **Gesellschaft bürgerlichen Rechts** (GbR) sein. Da sie als Außengesellschaft zwar rechtsfähig ist, aber mangels Betriebs eines Handelsgewerbes kein Kaufmann und damit auch nicht firmenfähig sein kann (§§ 1 Abs. 1, 6 Abs. 1 HGB), ist in diesem Fall die Bezeichnung der Gesellschaft und zum Zwecke der Identifizierung der sich aus keinem Register ergebenden Gesellschafter der Name und zumindest die Geschäftsanschrift der Gesellschafter aufzunehmen. Letzteres versteht sich für die sog. namenlose GbR – dh. die Gesellschaft, die keine eigene Bezeichnung kennt, sondern nur die Namen der Gesellschafter mit dem das Gesellschaftsverhältnis anzeigenden Zusatz aufführt – ohnehin. Für auslandsansässige, **ausländischem Recht unterliegende Emittenten** (siehe oben Rz. 3) ist als Firma des Emittenten die nach dessen Recht vorgenommene Bezeichnung des Emittenten anzugeben. Ist Emittent iS des § 1 Abs. 3 VermAnlG eine **Person**, so kann auch sie nur eine Firma führen, wenn sie Kaufmann iS des § 1 HGB ist. Ist dies nicht der Fall, ist Firma iS des § 5 Nr. 1 VermVerkProspV deren bürgerlicher Name.

6 **Sitz** der **Gesellschaft** ist der sich aus der Satzung bzw. dem Gesellschaftsvertrag ergebende Sitz des Emittenten. Auch im Falle eines vom Satzungssitz abweichenden Verwaltungssitzes einer GmbH ist der inländische Satzungssitz nach § 4a GmbHG anzugeben, denn einen Doppelsitz gibt es auch nach der Neufassung des § 4a GmbHG durch Art. 1 Nr. 4 des Gesetzes zur Modernisierung des GmbH-Rechts

---

1 Zum Vorgang der Substitution siehe etwa *von Bar/Mankowski*, Internationales Privatrecht, Bd. I, 2. Aufl. 2003, § 7 V Rz. 243; *Kropholler*, Internationales Privatrecht, 6. Aufl. 2006, § 33 II 2.

und zur Bekämpfung von Missbräuchen bei der GmbH (MoMiG) vom 23.10.2008[1] nicht[2]. Auch bei **Personen**, die Emittenten iS des § 1 Abs. 3 VermAnlG sind, ist deren Sitz anzugeben, der in diesem Falle ihr **Wohnsitz** ist. Das ist entsprechend § 7 Abs. 1 BGB der Ort, an dem sich die Person „ständig niederlässt", dh. der räumliche Schwerpunkt der Lebensverhältnisse der Person[3].

Als **Geschäftsanschrift** ist eine **ladungsfähige Anschrift** des Emittenten zu benennen, die nicht mit dessen Sitz (vgl. § 13h HGB mit der Unterscheidung von Sitz und Hauptniederlassung) oder Wohnsitz identisch sein muss. Für **inländische Emittenten**, die Handelsgesellschaften sind, ist Geschäftsanschrift regelmäßig die nach § 29 HGB ins Handelsregister eingetragene Handelsniederlassung iS der Hauptniederlassung nach § 13h HGB. Im Falle einer Gesellschaft bürgerlichen Rechts ist dies der Verwaltungssitz der Gesellschaft, dh. der Platz, an dem effektiv die wesentlichen Entscheidungen (in Bezug auf die Willensbildung) der Gesellschaft fallen (effektiver Verwaltungssitz). Bei Personen ist dies der inländische Ort, von dem aus sie tatsächlich ihre Geschäfte betreiben. Bei **Emittenten mit Sitz im Ausland** tritt an die Stelle der ladungsfähigen Anschrift des Emittenten diejenige der gegenüber der BaFin nach § 5 Abs. 3 VermAnlG benannten bevollmächtigten Person des Emittenten mit Sitz im Inland. 7

3. Gründungsdatum und ggf. Bestandszeit (§ 5 Nr. 2 VermVerkProspV)

Das nach § 5 Nr. 2 VermVerkProspV in den Verkaufsprospekt aufzunehmende **Datum der Gründung** ist bei dem **deutschen Recht** unterliegenden **Personengesellschaften** das Datum des Abschlusses des Gesellschaftsvertrags[4]. Entsprechend sowie gesellschaftsrechtsdogmatisch und dem Sprachgebrauch nach durchaus naheliegend, ließe sich auch bei **juristischen Personen** als Gründungsdatum das Datum der notariellen Beurkundung der Satzung ansehen (etwa § 2 Abs. 1 GmbHG, §§ 23 Abs. 1, 28 AktG). Das würde aber dem Umstand nicht gerecht, dass als Emittenten in Betracht kommende juristische Personen – das sind die GmbH, die AG, die KGaA und die SE – nach außen erst mit Eintragung ins Handelsregister entstehen (§ 11 Abs. 1 GmbHG, §§ 41 Abs. 1 Satz 1, 278 Abs. 3 AktG, Art. 53 Verordnung (EG) Nr. 2157/2001[5])[6] und das Gründungsdatum die Adressaten des Verkaufsprospekts über die Dauer des Bestehens der Gesellschaft als Marktteilnehmer und potentieller Emittent informieren soll. Deshalb wird man in diesem Fall als Gründungsdatum die **Eintragung der Emittenten-Gesellschaft in das Handelsregister** anzusehen haben. Um jegliche Missver- 8

---

[1] BGBl. I 2008, S. 2026.
[2] Siehe etwa *Hueck/Fastrich* in Baumbach/Hueck, GmbHG, 20. Aufl. 2013, § 4a GmbHG Rz. 6.
[3] Etwa *Schmitt* in MünchKomm. BGB, 7. Aufl. 2015, § 7 BGB Rz. 9 mwN., im Anschluss an eine auf das RG v. 27.1.1928, RGZ 67, 191 (193), zurückgehenden Definition („räumlicher Mittelpunkt des gesamten Lebens einer Person, ein Zustandsverhältnis, das durch die Verknüpfung der Lenkung und Leitung der Person an einem Ort hergestellt wird").
[4] Auch *Voß* in Arndt/Voß, § 5 VermVerkProspV Rz. 36, 37.
[5] Sog. SE-Verordnung, ABl. EG Nr. L 294 v. 10.11.2001, S. 1.
[6] *Voß* in Arndt/Voß, § 5 VermVerkProspV Rz. 49, 54.

ständnisse zu vermeiden, empfiehlt es sich, das als Gründungsdatum angegebene Eintragungsdatum um den Hinweis „Tag der Registereintragung" zu ergänzen.

9 Bei einer **Verschmelzung durch Aufnahme** ändert sich die Identität der aufnehmenden Gesellschaft nicht, so dass es ungeachtet der Verschmelzung bei deren nach vorstehenden Regeln (Rz. 8) zu ermittelnden Gründungsdatum bleibt. Ist die Gesellschaft im Rahmen einer **Verschmelzung durch Neugründung** entstanden, so sind nach § 36 Abs. 2 UmwG die für die Gründung des neuen Rechtsträgers geltenden Gründungsvorschriften (siehe oben Rz. 8) anzuwenden, soweit sich aus den besonderen Vorschriften des Zweiten Buchs des UmwG nichts anderes ergibt. Bei einer **Spaltung zur Aufnahme** (§ 123 Abs. 1 Nr. 1 UmwG) ist entsprechend, ungeachtet der von der Eintragung der Spaltung und ihren Wirkungen (§§ 130, 131 UmwG), auf das Gründungsdatum der übernehmenden Rechtsträger abzustellen. Bei einer **Spaltung zur Neugründung** (§ 123 Abs. 1 Nr. 2 UmwG) kommt es nicht auf den Zeitpunkt der Eintragung der neuen Rechtsträger ins Handelsregister an (§ 137 Abs. 1, Abs. 3 Satz 1 UmwG), sondern jeweils auf den Zeitpunkt, zu dem der Zeitpunkt der Eintragung der Spaltung in das Register des übertragenden Rechtsträgers in den Registern der neuen Rechtsträger eingetragen wurde (arg. e § 137 Abs. 3, insbesondere Sätze 2 und 3 UmwG). Im Falle der **Vermögensübertragung** auf einen Emittenten nach §§ 174 ff. UmwG ist auf die Gründung des Emittenten nach den in Rz. 8 dargelegten Regeln abzustellen. Im Falle eines **Formwechsels** nach §§ 190 ff. UmwG besteht der formwechselnde Rechtsträger in der in dem Umwandlungsbeschluss (§ 194 UmwG) bestimmten Rechtsform weiter (§ 202 Abs. 1 Nr. 1 UmwG), so dass es auf das Gründungsdatum des formwechselnden Rechtsträgers ankommt. Allerdings empfiehlt sich in diesem Falle der ergänzende Hinweis auf den Formwechsel und den Zeitpunkt seiner Eintragung [in das Register].

10 Im Hinblick auf **Personen** kann bei Kaufleuten auf die Eintragung in das Handelsregister (§§ 29, 8a HGB) abgestellt werden, bei nicht eingetragenen Handelsgewerbetreibenden (§ 1 HGB) oder Nichtkaufleuten auf die Aufnahme der Geschäftstätigkeit als Emittent. Für Emittenten, die **ausländischem Recht** unterliegen, ist entsprechend zu substituieren (siehe oben Rz. 3).

11 Bei **Gesellschaften**, die **auf eine bestimmte Dauer gegründet** wurden, sind Angaben sowohl über das Gründungsdatum als auch die Dauer, für welche die Gesellschaft gegründet wurde, erforderlich. Daraus ergibt sich die in der Bestimmung so bezeichnete Gesamtdauer des Bestehens des Emittenten. Eine beschränkte Gründungsdauer ist bei **Personen** nicht denkbar. Angaben hierzu können deshalb nicht gemacht werden.

4. Für den Emittenten maßgebliche Rechtsordnung und seine Rechtsform (§ 5 Nr. 3 VermVerkProspV)

12 Die Vorschrift verlangt **Angaben** über die für den Emittenten maßgebliche Rechtsordnung und seine Rechtsform. Für den Fall, dass es sich bei dem Emittenten um eine KG oder eine KGaA handelt, sind zusätzlich Angaben über die Struktur des persönlich haftenden Gesellschafters aufzunehmen, wobei die Vorschrift in einer nicht

abschließenden Aufzählung[1] die dazu jedenfalls erforderlichen Angaben aufführt. Diese Aufzählung geht auf eine **Änderung** der Bestimmung durch Art. 15 Nr. 4 des Gesetzes zur Novellierung des Finanzanlagenvermittler- und Vermögensanlagenrechts v. 6.12.2011[2] zurück, mit der gleichzeitig das Erfordernis entfiel, die von der gesetzlichen Regelung abweichenden Bestimmungen der Satzung oder des Gesellschaftsvertrags anzugeben[3].

Die nach § 5 Nr. 3 Halbsatz 1 VermVerkProspV anzugebende **maßgebliche Rechtsordnung des Emittenten** ist die Rechtsordnung des Gesellschaftsstatuts, dh. die Rechtsordnung, welcher der Emittent in seinen gesellschaftsrechtlich geregelten Rechtsverhältnissen unterliegt. Des Weiteren ist die **Rechtsform** des Emittenten zu benennen, wie sie sich aus dem jeweils für ihn maßgeblichen Gesellschaftsstatut ergibt. 13

Für eine **Kommanditgesellschaft (KG)** und eine **Kommanditgesellschaft auf Aktien (KGaA)** sind gemäß § 5 Nr. 3 Halbsatz 2 VermVerkProspV zusätzliche Angaben zur Struktur des persönlich haftenden Gesellschafters erforderlich. Das ist darauf zurückzuführen, dass die für die Beurteilung des Risikos einer Anlage mit zu betrachtenden Haftungsverhältnisse beim Emittenten im Falle einer KG oder KGaA erheblich davon abhängen, wer persönlich haftender Gesellschafter ist. Vor allem hat die atypische Ausgestaltung einer KG oder KGaA in der Weise, dass als alleiniger persönlich haftender Gesellschafter einer KG oder KGaA eine ihrerseits beschränkt haftende Kapitalgesellschaft fungiert[4], zur Folge, dass in der Gesellschaft kein Gesellschafter vorhanden ist, der unbeschränkt haftet. Aber auch bei Einschaltung anderer Gesellschaften (an denen ihrerseits andere Gesellschaften beteiligt sein mögen) als persönlich haftende Gesellschafterin können sich gegenüber der Beteiligung einer natürlichen Person als Komplementärgesellschafterin weitreichende Veränderungen der Haftungsverhältnisse ergeben. Damit sich die Anleger über die in der jeweiligen Gesellschaftsform und Haftungsverfassung begründeten Risiken ausreichend informieren können, sollen in den Verkaufsprospekt Angaben über die Struktur des persönlich haftenden Gesellschafters aufzunehmen sein[5]. 14

Zu den **Angaben über die Struktur des persönlich haftenden Gesellschafters** gehören nach § 5 Nr. 3 Halbsatz 2 VermVerkProspV auf jeden Fall („insbesondere") Angaben zur Firma, zur Haftung, zum gezeichneten Kapital, zu den Gesellschaftern sowie zu den Mitgliedern der Geschäftsführung. Diese **Aufzählung** ist nicht abschließend (siehe schon oben Rz. 12) und „dient der Klarstellung und Veranschaulichung 15

---

1 RegE Gesetz zur Novellierung des Finanzanlagenvermittler- und Vermögensanlagenrechts, BT-Drucks. 17/6051 v. 6.6.2011, S. 1 (49).
2 BGBl. I 2011, S. 2481.
3 RegE Gesetz zur Novellierung des Finanzanlagenvermittler- und Vermögensanlagenrechts, BT-Drucks. 17/6051 v. 6.6.2011, S. 1 (49) führt zur Begründung an, der Anleger könne die Abweichungen der im Verkaufsprospekt abgedruckten Satzung bzw. dem abgedruckten Gesellschaftsvertrag direkt entnehmen.
4 Zur Zulässigkeit für die KG siehe *Kübler/Assmann*, Gesellschaftsrecht, 6. Aufl. 2006, S. 352 f. Für die KGaA siehe BGH v. 24.2.1997 – II ZB 11/96, BGHZ 134, 392 = AG 1997, 370; *Kübler/Assmann*, Gesellschaftsrecht, 6. Aufl. 2006, S. 254, 257.
5 BT-Drucks. 13/8933 v. 6.11.1997 (= BR-Drucks. 605/97 v. 15.8.1997), S. 157.

der nach ständiger Verwaltungspraxis der BaFin anzugebenden wesentlichen Merkmale"[1] des persönlich haftenden Gesellschafters. Sie geht vom Hauptfall aus, dass der persönliche haftende Gesellschafter eines Emittenten in der Rechtsform der KG oder KGaA eine **Handelsgesellschaft** ist. Ist der persönlich haftende Gesellschafter eine natürliche Person, sind zwangsläufig keine Angaben „zum gezeichneten Kapital, zu den Gesellschaftern sowie zu den Mitgliedern der Geschäftsführung" zu machen. Das Erfordernis, Angaben über die **Haftung** des persönlich haftenden Gesellschafters einer KG oder KGaA zu machen, verlangt die Darstellung der Haftungsverhältnisse beim persönlich haftenden Gesellschafter und der sich daraus ergebenden Folgen für dessen Haftung für Verbindlichkeiten der KG bzw. KGaA. Welche **Angaben darüber hinaus** zur Struktur des persönlich haftenden Gesellschafters erforderlich sein können, ist im Einzelfall unter Zugrundelegung des Zwecks der nach dieser Bestimmung vorzunehmenden Angaben zu bestimmen. Jedenfalls sind die Auswirkungen des jeweiligen persönlich haftenden Gesellschafters auf die **Haftungsverhältnisse des Emittenten** deutlich zu machen[2].

16 Soweit das **Gesellschaftsstatut** eines Emittenten **nicht durch deutsches Recht gebildet** wird, kommt § 5 Nr. 3 Halbsatz 2 VermVerkProspV zur Anwendung, wenn im Wege der **Substitution** (siehe oben Rz. 3) festgestellt werden kann, dass die Rechtsform des fraglichen Emittenten und diejenige einer KG oder KGaA nach deutschem Recht gleichwertig ist, dh. in ihren wesentlichen Merkmalen übereinstimmen. Anhaltspunkte dazu lassen sich Tabellen 1 und 2 im Anhang des Schreibens des BMF „Grundsätze der Verwaltung für die Prüfung der Aufteilung der Einkünfte bei Betriebsstätten international tätiger Unternehmen (Betriebsstätten-Verwaltungsgrundsätze)" vom 25.8.2009 an die obersten Finanzbehörden der Länder[3] entnehmen.

5. Unternehmensgegenstand (§ 5 Nr. 4 VermVerkProspV)

17 Nach § 5 Nr. 4 VermVerkProspV muss der Prospekt den in der Satzung oder im Gesellschaftsvertrag bestimmten Gegenstand des Unternehmens angeben. Zwar ist der Begriff des Unternehmensgegenstands als Mittel der Zweckverfolgung nicht deckungsgleich mit dem des Unternehmenszwecks[4], kann aber für die Zwecke der hier in Frage stehenden Prospektangabe doch regelmäßig unter Rückgriff auf den zwangsläufig niemals engeren Gesellschaftszweck beschrieben werden. Bei AG und GmbH ist es gar so, dass die Satzung bzw. der Gesellschaftsvertrag allein den Unternehmensgegenstand anzugeben hat (§ 23 Abs. 3 Nr. 2 AktG, § 3 Abs. 1 Nr. 2 GmbHG) und –

---

1 RegE Gesetz zur Novellierung des Finanzanlagenvermittler- und Vermögensanlagenrechts, BT-Drucks. 17/6051 v. 6.6.2011, S. 1 (49).
2 Ähnlich *Voß* in Arndt/Voß, § 6 VermVerkProspV Rz. 71, mit dem Hinweis, „Struktur" beziehe sich auf die Haftungsstruktur.
3 Das Schreiben mit dem Geschäftszeichen IV B 5 - S 1341/07/10004 ist abrufbar über die Website des BMF, www.bundesfinanzministerium.de, unter der Sucheingabe „Betriebsstätten-Verwaltungsgrundsätze".
4 Vgl. nur *Hueck/Fastrich* in Baumbach/Hueck, GmbHG, 20. Aufl. 2013, § 1 GmbHG Rz. 5; *Hüffer/Koch*, 12. Aufl. 2016, § 23 AktG Rz. 21 f., § 179 AktG Rz. 34.

umgekehrt – der Gesellschaftszweck unter Umständen erst unter Berücksichtigung des Unternehmensgegenstands zu ermitteln ist.

6. Registergericht und Registernummer (§ 5 Nr. 5 VermVerkProspV)

Gemäß § 5 Nr. 5 VermVerkProspV sind im Verkaufsprospekt das für den Emittenten zuständige Registergericht und die Registernummer anzugeben. **Registergerichte** sind die Gerichte, bei denen die Handelsregister geführt werden. Zuständig ist das Amtsgericht, in dessen Bezirk sich die Niederlassung des Einzelkaufmanns oder der Sitz der Gesellschaft befindet (§ 8 Abs. 1 HGB, §§ 374, 376, 377 Abs. 1 FamFG). **Registernummer** ist die Nummer, unter der der Emittent in das Register eingetragen ist. Die von § 5 Nr. 5 VermVerkProspV verlangten Angaben sind freilich nur den Emittenten möglich, die eine Rechtsform haben und einer Rechtsordnung unterstellt sind, die Registereintragungen vorsehen. Bei Emittenten, die dem deutschen Gesellschaftsstatut unterstehen, ist dies bei den Handelsgesellschaften der Fall, wohingegen bei einem Emittenten in der Rechtsform einer Gesellschaft bürgerlichen Rechts keine Angaben möglich sind.

18

7. Konzerneinbindung (§ 5 Nr. 6 VermVerkProspV)

Ist der Emittent ein Konzernunternehmen, muss der Verkaufsprospekt nach § 5 Nr. 6 VermVerkProspV eine kurze Beschreibung des Konzerns und der Einordnung des Emittenten in denselben enthalten. **Konzernunternehmen** sind rechtlich selbständige Unternehmen (§§ 15, 18 AktG), die Teil eines Konzerns sind. Um einen solchen handelt es sich, wenn mehrere rechtlich selbständige Unternehmen unter einheitlicher Leitung zusammengefasst sind, wobei § 18 AktG im Einzelnen zwischen Unterordnungskonzernen (§ 18 Abs. 1 AktG) und Gleichordnungskonzernen (§ 18 Abs. 2 AktG) unterscheidet. Gemäß § 18 Abs. 1 Satz 2 AktG sind Unterordnungskonzerne auch Vertragskonzerne und Eingliederungskonzerne, und weiter wird man zu den Unterordnungskonzernen auch die gesetzlich nicht erfassten faktischen Konzerne zu zählen haben[1]. Das hat zur Folge, dass auch die an diesen Unterordnungskonzernformen beteiligten Unternehmen Konzernunternehmen sind. Die Beschreibung des Konzerns ist anhand der Bestimmungen in §§ 15–19 AktG vorzunehmen, und zwar unabhängig davon, ob es sich bei dem Emittenten und den anderen Konzernunternehmen um solche handelt, die einem inländischen oder einem ausländischen Gesellschaftsstatut unterstehen.

19

Ob die Emittentin in der **Rechtsform einer KG oder KGaA** im Falle der Beteiligung einer anderen Gesellschaft als persönlich haftende Gesellschafterin ein Konzernunternehmen darstellt, hängt in erster Linie davon ab, ob es sich bei der Emittentin um ein abhängiges und bei der Komplementärgesellschaft um ein herrschendes Unternehmen iS von § 18 Abs. 1 AktG handelt. Vor allem für den Fall der typischen **GmbH & Co. KG** kann allein aus dem Umstand, dass die GmbH als einzige persönlich haftende Gesellschafterin auch die einzige geschäftsführungs- und vertretungs-

20

---

1 Vgl. statt vieler *Hüffer/Koch*, 12. Aufl. 2016, § 18 AktG Rz. 3.

befugte Gesellschafterin ist, allerdings noch nicht gefolgert werden, es handele sich bei ihr um ein herrschendes Unternehmen, das im Zusammenhang mit seinen Geschäftsführungs- und Vertretungshandlungen einheitliche Leitungsmacht iS von §§ 18, 291 AktG ausübe. Einer solchen Folgerung stehen regelmäßig zu viele gesellschaftsrechtliche Gegengewichte entgegen, darunter auch die die Position des Geschäftsführers und Vertreters unmittelbar betreffenden gesellschaftsvertraglichen Interessenbindungen und Treupflichten sowie die Grenzen der Geschäftsführungs- und Vertretungsbefugnis bei außergewöhnlichen Geschäften und Grundlagengeschäften nach §§ 164, 116 Abs. 2 HGB[1].

§ 6
Angaben über das Kapital des Emittenten

Der Verkaufsprospekt muss über das Kapital des Emittenten angeben:
1. die Höhe des gezeichneten Kapitals oder der Kapitalanteile und die Art der Anteile, in die das Kapital zerlegt ist; dabei sind die Höhe der ausstehenden Einlagen auf das Kapital und die Hauptmerkmale der Anteile anzugeben;
2. eine Übersicht der bisher ausgegebenen Wertpapiere oder Vermögensanlagen im Sinne des § 1 Absatz 2 des Vermögensanlagengesetzes, einschließlich des Datums ihrer ersten Kündigungsmöglichkeit oder ihrer Fälligkeit.

Ist der Emittent eine Aktiengesellschaft oder Kommanditgesellschaft auf Aktien, muss der Verkaufsprospekt über das Kapital des Emittenten zusätzlich den Nennbetrag der umlaufenden Wertpapiere, die den Gläubigern ein Umtausch- oder Bezugsrecht auf Aktien einräumen, angeben. Daneben muss er die Bedingungen und das Verfahren für den Umtausch oder den Bezug nennen.

In der Fassung vom 16.12.2004 (BGBl. I 2004, S. 3464), zuletzt geändert durch das Kleinanlegerschutzgesetz vom 3.7.2015 (BGBl. I 2015, S. 1114).

Schrifttum: Siehe Einl. VermAnlG und das Allgemeine Schrifttumsverzeichnis.

I. Regelungsgegenstand und Normentwicklung 1	II. Die erforderlichen Angaben über das Kapital des Emittenten im Einzelnen 4

---

1 Näher hierzu und zur Gegenansicht *Liebscher*, GmbH-Konzernrecht, 2006, N II. 2. Rz. 1097 ff. (1099 f.). Im Ausgangspunkt ebenso *Emmerich* in Emmerich/Habersack, Aktien- und GmbH-Konzernrecht, 8. Aufl. 2016, § 17 AktG Rz. 48a mit dem zutreffenden Hinweis, dass dies ausnahmsweise anders sein kann, wenn sich die Komplementär-GmbH auch außerhalb der KG unternehmerisch betätigt.

1. Angaben zu Kapital und Kapitalanteilen (§ 6 Satz 1 Nr. 1 VermVerkProspV) 4
   a) Gezeichnetes Kapital und Kapitalanteile 5
   b) Anteilsarten 8
   c) Ausstehende Einlagen........ 10
   d) Hauptmerkmale der Anteile ... 12
2. Angaben zur Emissionshistorie (§ 6 Satz 1 Nr. 2 VermVerkProspV) 15
3. Angaben zu Umtausch- und Bezugsrechten (§ 6 Sätze 2 und 3 VermVerkProspV) 17

I. Regelungsgegenstand und Normentwicklung

Die Vorschrift bestimmt die **Mindestangaben**, die ein Verkaufsprospekt im Hinblick auf das **Kapital des Emittenten** aufweisen muss. Wie schon in seiner ursprünglichen Fassung als § 6 der zum 1.7.2005 aufgehobenen[1] VerkProspVO[2] ist es der **Zweck** der Prospektinhaltsanforderungen des § 6 VermVerkProspV, den Angebotsadressaten die informationellen Voraussetzungen zu schaffen, um das Verhältnis der angebotenen Anlagen zu den übrigen, hinsichtlich ihrer Ausstattungsmerkmale zu beschreibenden Anteilen am Eigenkapital zutreffend beurteilen zu können. Außerdem sollte es § 6 Abs. 1 der aufgehobenen VerkProspVO ermöglichen, über die nach § 4 der seinerzeitigen VerkProspVO erforderlichen Angaben hinaus, den Anteil der geplanten Emission am Gesamtkapital des Emittenten zu bestimmen[3]. 1

Diese Aufgaben sind auch § 6 VermVerkProspV in seiner aktuellen Fassung verblieben. Die aufgrund des (in § 6 der aufgehobenen VerkProspVO nicht enthaltenen) **§ 6 Satz 1 Nr. 2 VermVerkProspV** zu erstellende Übersicht soll dem Publikum zeigen, in welchem Umfang der Emittent durch Ausgabe von Wertpapieren oder Vermögensanlagen bereits den Kapitalmarkt in Anspruch genommen hat[4]. Mit der auf Art. 6 Nr. 3 des Kleinanlegerschutzgesetzes vom 3.7.2015[5] zurückgehenden Ergänzung der Übersicht der bisher ausgegebenen Wertpapiere oder Vermögensanlagen um Angaben zum Datum ihrer ersten Kündigungsmöglichkeit oder ihrer Fälligkeit soll darüber hinaus transparent werden, in welchem Umfang die Vermögensanlage vom Emittenten dazu genutzt wird, früher ausgegebene Vermögensanlagen zurückzuzahlen, und in welchem Umfang die Liquidität des Emittenten zukünftig durch die Bedienung früher ausgegebener Vermögensanlagen beeinflusst werden kann[6]. Entsprechend sollen die bei einer Aktiengesellschaft oder Kommanditgesellschaft auf Aktien erforderlichen Angaben nach **§ 6 Sätze 2 und 3 VermVerkProspV** dem Publikum die Möglichkeit geben zu beurteilen, welchen Einfluss die Ausübung von 2

---

[1] Art. 9, 10 Prospektrichtlinie-Umsetzungsgesetz vom 22.6.2005 (BGBl. I 2005, S. 1698).
[2] VerkProspVO vom 17.12.1990 (BGBl. I 1990, S. 2869) idF der Bekanntmachung vom 9.9.1998 (BGBl. I 1998, S. 2853).
[3] *Lenz* in Assmann/Lenz/Ritz, § 6 VerkProspVO Rz. 1.
[4] So die Begründung der VermVerkProspV 2004, S. 5, seinerzeit veröffentlicht auf der Website des BMF, heute – soweit erkennbar – nicht mehr nachweisbar.
[5] BGBl. I 2015, S. 1114.
[6] RegE Kleinanlegerschutzgesetz, BT-Drucks. 18/3994 v. 11.2.2015, S. 1 (57).

Umtausch- oder Bezugsrechten auf Aktien und die bestehende Aktionärsstruktur haben kann[1].

3   § 6 VermVerkProspV in der Fassung vom 16.12.2004[2], zuletzt geändert durch Art. 6 Nr. 3 des Kleinanlegerschutzgesetzes vom 3.7.2015[3], hat durch Art. 15 Nr. 5 des Gesetzes zur Novellierung des Finanzanlagenvermittler- und Vermögensanlagenrechts vom 6.12.2011[4] kleinere **Änderungen** erfahren, auf die im Rahmen der Erläuterung zu den Bestimmungen der Vorschrift eingegangen wird.

II. Die erforderlichen Angaben über das Kapital des Emittenten im Einzelnen

1. Angaben zu Kapital und Kapitalanteilen (§ 6 Satz 1 Nr. 1 VermVerkProspV)

4   Im Hinblick auf das Kapital des Emittenten verlangt § 6 Satz 1 Nr. 1 VermVerkProspV (1) Angaben über die Höhe des gezeichneten Kapitals oder der Kapitalanteile, (2) über die Art der Anteile, in die das Kapital zerlegt ist, (3) die Höhe der ausstehenden Einlagen auf das Kapital und (4) die Hauptmerkmale der Anteile. Die aktuelle Fassung von § 6 Satz 1 Nr. 1 VermVerkProspV beruht auf der Änderung der Vorschrift durch Art. 15 Nr. 5 des Gesetzes zur Novellierung des Finanzanlagenvermittler- und Vermögensanlagenrechts vom 6.12.2011[5].

a) Gezeichnetes Kapital und Kapitalanteile

5   § 6 Satz 1 Nr. 1 Halbsatz 1 VermVerkProspV verlangt zunächst Angaben über die Höhe des gezeichneten Kapitals oder der Kapitalanteile. Mit der Konjunktion „**oder**" wird dem Emittenten nicht etwa die Wahl eröffnet, ob er Angaben über die Höhe des gezeichneten Kapitals oder die Höhe der Kapitalanteile machen möchte. Vielmehr will das Gesetz mit der gewählten Formulierung dem Umstand Rechnung tragen, dass Emittenten von Vermögensanlagen sowohl Kapitalgesellschaften wie Personengesellschaften sein können. Die ersteren – dazu näher im Folgenden – haben Angaben über die Höhe des gezeichneten Kapitals aufzunehmen, Personengesellschaften Angaben über die Höhe der Kapitalanteile.

6   Mit dem Begriff des **gezeichneten Kapitals** wird ein Begriff des Bilanzrechts verwandt, der nach § 272 Abs. 1 HGB das Kapital bezeichnet, auf das die Haftung der Gesellschafter für die Verbindlichkeiten der **Kapitalgesellschaft** gegenüber den Gläubigern beschränkt ist. Bei Aktiengesellschaften und der Kommanditgesellschaft auf Aktien entspricht gezeichnetes Kapital dem Grundkapital und bei Gesellschaften mit beschränkter Haftung dem Stammkapital.

---

1 Begründung der VermVerkProspV 2004, S. 5, seinerzeit veröffentlicht auf der Website des BMF, heute – soweit erkennbar – nicht mehr nachweisbar.
2 BGBl. I 2004, S. 3464.
3 BGBl. I 2015, S. 1114.
4 BGBl. I 2011, S. 2481.
5 BGBl. I 2011, S. 2481.

Handelt es sich bei dem Emittenten nicht um eine Kapitalgesellschaft, sondern um 7
eine **Personengesellschaft**, können keine Angaben über deren gezeichnetes Kapital
gemacht werden, da Personengesellschaften ein solches nicht kennen. Für diesen
Fall sieht § 6 Satz 1 Nr. 1 VermVerkProspV Angaben über die **Höhe der Kapitalanteile** vor, dh. über die Rechnungsziffer, die das **Verhältnis der Beteiligung** der verschiedenen Gesellschafter in Bezug auf bestimmte Gesellschafterrechte und -pflichten
(wie Gewinn und Verlust, Entnahmen oder Verteilung des Gesellschaftervermögens
nach Liquidation)[1] zum Gegenstand hat. Das entspricht dem Umstand, dass Offene
Handelsgesellschaften oder Kommanditgesellschaften, bei denen nach Maßgabe von
§ 264a Abs. 1 HGB nicht wenigstens eine natürliche Person oder eine Personengesellschaft (mit einer natürlichen Person als persönlich haftender Gesellschafter) Gesellschafter ist, gemäß §§ 264c Abs. 2 Satz 2, 264a HGB zur Bilanzierung von Kapitalanteilen anstelle gezeichneten Kapitals verpflichtet sind. Nach diesen Vorschriften
sind in der Bilanz anstelle der in § 266 Abs. 3 zu Gliederungspunkt A. I. HGB vorgesehenen Angabe „Gezeichnetes Kapital" die Kapitalanteile der persönlich haftenden Gesellschafter auszuweisen.

b) Anteilsarten

Weiter verlangt § 6 Satz 1 Nr. 1 Halbsatz 1 VermVerkProspV Angaben über die **Art** 8
der Anteile, in die das Kapital zerlegt ist. Wegen der Bezugnahme auf das Kapital
von Emittenten, über das allein Kapitalgesellschaften verfügen, sind solche Angaben
nur im Hinblick auf Emittenten in der Rechtsform einer Kapitalgesellschaft möglich.
Auch der Begriff des Kapitalanteils, wie er nach § 264c Abs. 2 Satz 2 HGB an die Stelle
des Begriffs des Gezeichneten Kapitals tritt, erlaubt hier keine wie auch immer geartete Übertragung auf Personengesellschaften, denn der Kapitalanteil darf keinesfalls als
Anteil am Gesellschaftsvermögen[2] und das Gesellschaftsvermögen keinesfalls als Kapital der Gesellschaft begriffen werden. Das folgt schon daraus, dass der Anteil am
Gesellschaftsvermögen der Personengesellschaft als Gesamthandsbeteiligung dem
Gesellschafter unabhängig davon zusteht, wie hoch seine kapital- oder stimmenmäßige Beteiligung am Gesellschaftsvermögen ausfällt[3] und das Gesellschaftsvermögen –
anders als das Grund- oder Stammkapital – keine feststehende Größe darstellt. Damit
sind Prospektpflichtige nicht davon befreit, Angaben über die Art der Anteile an einem Emittenten in der Rechtsform einer Personengesellschaft zu machen. Solche Angaben verlangt § 6 Satz 1 Nr. 1 VermVerkProspV vielmehr in Gestalt von Angaben
über die Hauptmerkmale dieser Anteile (siehe unten Rz. 12 ff.)

Im Hinblick auf Angaben zu der **Art der Anteile**, in die das Kapital des Emittenten 9
zerlegt ist, sind bei Emittenten in der Rechtsform einer **Aktiengesellschaft** nicht nur
Angaben über die herkömmlich als Arten von Aktien bezeichneten Inhaber- und Namensaktien zu machen. Vielmehr sind auch Angaben über unterschiedliche **Gattun-**

---

[1] Zum Begriff des Kapitalanteils siehe statt vieler *Hopt* in Baumbach/Hopt, § 120 HGB
Rz. 12 ff.
[2] *Hopt* in Baumbach/Hopt, § 120 HGB Rz. 13; *Ulmer/Schäfer* in MünchKomm. BGB,
6. Aufl. 2013, § 719 BGB Rz. 4.
[3] *Ulmer/Schäfer* in MünchKomm. BGB, 6. Aufl. 2013, § 719 BGB Rz. 4.

gen von Aktien iS von § 11 AktG zu aufzunehmen, demzufolge Aktien mit gleichen Rechten, namentlich im Hinblick auf die Verteilung des Gewinns und des Gesellschaftsvermögens, eine Gattung bilden, falls Aktien des Emittenten in dieser Hinsicht unterschiedliche Rechte gewähren. Tatsächlich hat § 6 Abs. 1 Nr. 1 der aufgehobenen VerkProspVO (siehe oben Rz. 1) einmal Angaben über die Gattung von Anteilen verlangt, diesen Begriff aber – weil auf Emittenten in der Rechtsform der AG bezogen – bei der Erweiterung des Anwendungsbereichs des VerkProspG aF auf nicht wertpapiermäßig verbriefte Anlagen durch den Begriff der Art der Anteile ersetzt (siehe Voraufl. Rz. 8) und nicht mehr rekonvertiert. Dementsprechend kommen als Gattungsunterschiede insbesondere Unterschiede hinsichtlich der Verteilung des Gewinns und des Gesellschaftsvermögens in Betracht. Zu den Aktienarten zählen dementsprechend auch Stammaktien, Vorzugsaktien ohne Stimmrecht (§§ 139 ff. AktG) oder Höchststimmrechtaktien (§ 134 Abs. 1 Satz 2 AktG). Bei Emittenten in der Rechtsform einer **Gesellschaft mit beschränkter Haftung** kommen als Arten von Geschäftsanteilen etwa solche mit Vinkulierung oder mit Sondervorteilen in Betracht.

c) Ausstehende Einlagen

10 Da gezeichnetes Kapital nicht auch bereits einbezahltes Kapital darstellt, verlangt § 6 Satz 1 Nr. 1 Halbsatz 2 VermVerkProspV auch Angaben zur **Höhe der ausstehenden Einlagen** auf das Kapital, als welches nur das gezeichnete Kapital in Betracht kommt. Ausstehende Einlagen sind sowohl eingeforderte als auch nicht eingeforderte Einlagen (zur bilanzmäßigen Behandlung derselben siehe § 272 Abs. 1 Satz 2 HGB). Entsprechende Angabepflichten – in der Formulierung von § 6 Satz 1 Nr. 1 VermVerkProspV: „dabei sind die Höhe der ausstehenden Einlagen auf das Kapital ... anzugeben" – bestehen mithin nur im Hinblick auf **Emittenten in der Rechtsform einer Kapitalgesellschaft**.

11 Wenn es in § 6 Satz 1 Nr. 1 Halbsatz 2 VermVerkProspV heißt, die dort verlangten Angaben müssten „**dabei**" erfolgen, so kommt dem nur die Bedeutung zu, dass diese Angaben im Zusammenhang mit denjenigen Angaben anzubringen sind, die nach Halbsatz 1 aufgenommen werden müssen, dh. die Angaben über die Höhe der ausstehenden Einlagen sind im Zusammenhang mit denjenigen über die Höhe des gezeichneten Kapitals und die Art der Anteile, in die das Kapital zerlegt ist, anzubringen.

d) Hauptmerkmale der Anteile

12 Nach § 6 Satz 1 Nr. 1 Halbsatz 2 VermVerkProspV sind schließlich auch Angaben über die „**Hauptmerkmale der Anteile**" aufzunehmen. **Anteile** in diesem Sinne sind nicht die öffentlich angebotenen Vermögensanlagen, über die entsprechende Angaben nach § 4 Satz 1 Nr. 1a VermVerkProspV aufzunehmen sind, sondern die bei Prospekterstellung bestehenden Anteile am Kapital oder Vermögen einer Gesellschaft. **Hauptmerkmale** dieser Anteile sind – wie sich § 4 Satz 1 Nr. 1a VermVerkProspV entnehmen lässt, der die Hauptmerkmale der angebotenen „Anteile der Anleger"

den von diesen abweichenden Rechten der Gesellschafter des Emittenten gegenübergestellt sehen will – die jeweils mit ihnen verbundenen Rechte und Pflichten[1].

Bei **Kapitalgesellschaften** sind die Hauptmerkmale der Anteile anzugeben, in die das Kapital zerlegt ist. Die erforderlichen Angaben über die Hauptmerkmale dieser Anteile decken sich damit weitgehend mit den Angaben über die Art der Anteile (siehe oben Rz. 9). Bei **Personengesellschaften** sind entsprechende Angaben über die Hauptmerkmale der Gesellschafterrechte und -pflichten erforderlich. Dazu gehören vor allem Angaben zu den vermögensbezogenen Rechten und Pflichten der Haftung der Gesellschafter. 13

Zur Bedeutung der Formulierung „**dabei**" in § 6 Satz 1 Nr. 1 Halbsatz 2 VermVerkProspV ist auf die Ausführungen oben zu Rz. 11 zu verweisen. Entsprechend sind die Hauptmerkmale der Anteile am Kapital oder Vermögen des Emittenten im Zusammenhang mit den nach Halbsatz 1 verlangten Angaben zu den Anteilen vorzunehmen. 14

2. Angaben zur Emissionshistorie (§ 6 Satz 1 Nr. 2 VermVerkProspV)

Um dem Publikum erkennbar zu machen, in welchem Umfang der Emittent den Kapitalmarkt bereits in Anspruch genommen hat (siehe oben Rz. 2), verlangt § 6 Satz 1 Nr. 2 VermVerkProspV eine **Übersicht** der bisher ausgegebenen Wertpapiere oder Vermögensanlagen iS von § 1 Abs. 2 VermAnlG, einschließlich des Datums ihrer ersten Kündigungsmöglichkeit oder ihrer Fälligkeit. Mit der – auf Art. 15 Nr. 5 lit. b des Gesetzes zur Novellierung des Finanzanlagenvermittler- und Vermögensanlagenrechts vom 6.12.2011[2] zurückgehenden – Angabe „§ 1 Absatz 2 des Vermögensanlagengesetzes" in § 6 Satz 1 Nr. 2 VermVerkProspV wurde, als Folge der Einführung des VermAnlG und der Aufhebung des VerkProspG in Art. 1 bzw. 2 des vorstehenden Gesetzes, die bisherige Angabe „§ 8f Abs. 1 des Verkaufsprospektgesetzes" ersetzt. Das Erfordernis, das Datum der ersten Kündigungsmöglichkeit oder der Fälligkeit der bereits emittierten Anlagen anzugeben, geht auf die Ergänzung der Vorschrift durch Art. 6 Nr. 3 des Kleinanlegerschutzgesetzes vom 3.7.2015 zurück[3]. 15

Dem allgemeinen Klarheitsgebot folgend, empfiehlt sich ein historisch-tabellarischer Aufbau der wiederzugebenden **Emissionshistorie**. Soweit eine solche nicht existiert, ist auf diesen Umstand hinzuweisen. Ist eine solche gegeben, ist im Zusammenhang mit den Angaben zu jeder Emission von Wertpapieren oder Vermögensanlagen auch **das Datum ihrer ersten Kündigungsmöglichkeit oder ihrer Fälligkeit** anzugeben. Das geschieht bei tabellarischer Darstellung der Emissionshistorie durch Hinzufügung einer entsprechenden Spalte und der Kennzeichnung, ob es sich bei dem angegebenen Datum um die erste Kündigungsmöglichkeit oder die Fälligkeit der Anlage handelt. Mit der Angabe der Kündigungsmodalitäten und Fälligkeiten bereits ausgegebener Vermögensanlagen soll vor allem erkennbar werden, in welchem Umfang die Vermögensanlage dazu genutzt wird, „früher ausgegebene Vermögensanlagen 16

---
1 So auch *Voß* in Arndt/Voß, § 6 VermVerkProspV Rz. 13.
2 BGBl. I 2011, S. 2481.
3 BGBl. I 2015, S. 1114.

zurückzuzahlen, und in welchem Umfang die Liquidität des Emittenten zukünftig durch die Bedienung früher ausgegebener Vermögensanlagen beeinflusst werden kann"[1].

3. Angaben zu Umtausch- und Bezugsrechten (§ 6 Sätze 2 und 3 VermVerkProspV)

17 Ist der Emittent eine **Aktiengesellschaft oder Kommanditgesellschaft auf Aktien**, muss der Verkaufsprospekt nach § **6 Satz 2 VermVerkProspV** zusätzlich zu den Angaben über das Kapital des Emittenten (Satz 1) auch den Nennbetrag der umlaufenden Wertpapiere, die den Gläubigern ein Umtausch- oder Bezugsrecht auf Aktien einräumen, angeben. Als Wertpapiere in diesem Sinne kommen Gewinnschuldverschreibungen, Wandelanleihen, Optionsanleihen (ggf. mit Optionsscheinen) nach § 221 Abs. 1 AktG oder Aktienanleihen in Betracht. Auf diese Weise soll das Publikum Informationen darüber erhalten, in welcher Weise und in welchem Umfang die bestehende Beteiligungsstruktur durch die Ausübung von Umtausch- oder Bezugsrechten auf Aktien beeinflusst werden kann.

18 Darüber hinaus sind nach § **6 Satz 3 VermVerkProspV**, zusätzlich zu den nach Satz 2 erforderlichen Angaben, auch solche erforderlich, die über die **Bedingungen und das Verfahren** für den Umtausch oder den Bezug von Aktien informieren.

§ 7
Angaben über Gründungsgesellschafter des Emittenten und über die Gesellschafter des Emittenten zum Zeitpunkt der Aufstellung des Verkaufsprospekts

(1) Der Verkaufsprospekt muss über die Gründungsgesellschafter und die Gesellschafter zum Zeitpunkt der Prospektaufstellung des Emittenten angeben:

1. Namen und Geschäftsanschrift, bei juristischen Personen Firma und Sitz;
2. Art und Gesamtbetrag der von den Gründungsgesellschaftern und den Gesellschaftern zum Zeitpunkt der Prospektaufstellung insgesamt gezeichneten und der eingezahlten Einlagen;
3. Gewinnbeteiligungen, Entnahmerechte und den Jahresbetrag der sonstigen Gesamtbezüge, insbesondere der Gehälter, Gewinnbeteiligungen, Aufwandsentschädigungen, Versicherungsentgelte, Provisionen und Nebenleistungen jeder Art, die den Gründungsgesellschaftern und den Gesellschaftern zum Zeitpunkt der Prospektaufstellung insgesamt zustehen;

---

1 RegE Kleinanlegerschutzgesetz, BT-Drucks. 18/3994 v. 11.2.2015, S. 1 (57).

4. die Eintragungen, die in Bezug auf Verurteilungen wegen einer Straftat nach
   a) den §§ 263 bis 283d des Strafgesetzbuchs,
   b) § 54 des Kreditwesengesetzes,
   c) § 38 des Wertpapierhandelsgesetzes oder
   d) § 369 der Abgabenordnung

   in einem Führungszeugnis enthalten sind; das Führungszeugnis darf zum Zeitpunkt der Prospektaufstellung nicht älter als sechs Monate sein;
5. jede ausländische Verurteilung wegen einer Straftat, die mit den in Nummer 4 genannten Straftaten vergleichbar ist, unter Angabe der Art und Höhe der Strafe, wenn zum Zeitpunkt der Prospektaufstellung der Gründungsgesellschafter oder der Gesellschafter zum Zeitpunkt der Prospektaufstellung nicht Deutscher war; dies gilt jedoch nur, wenn der Zeitraum zwischen dem Eintritt der Rechtskraft der Verurteilung und der Prospektaufstellung weniger als fünf Jahre beträgt;
6. Angaben darüber, ob
   a) über das Vermögen eines Gründungsgesellschafters oder eines Gesellschafters zum Zeitpunkt der Prospektaufstellung innerhalb der letzten fünf Jahre ein Insolvenzverfahren eröffnet oder mangels Masse abgewiesen wurde sowie
   b) ein Gründungsgesellschafter oder ein Gesellschafter zum Zeitpunkt der Prospektaufstellung innerhalb der letzten fünf Jahre in der Geschäftsführung einer Gesellschaft tätig war, über deren Vermögen ein Insolvenzverfahren eröffnet oder mangels Masse abgewiesen wurde;
7. Angaben über frühere Aufhebungen einer Erlaubnis zum Betreiben von Bankgeschäften oder zur Erbringung von Finanzdienstleistungen durch die Bundesanstalt.

Die Angaben nach Satz 1 in Bezug auf die Gründungsgesellschafter können entfallen, wenn der Emittent mehr als zehn Jahre vor Aufstellung des Verkaufsprospekts gegründet wurde.

(2) Der Verkaufsprospekt muss auch Angaben enthalten über den Umfang der unmittelbaren oder mittelbaren Beteiligungen der Gründungsgesellschafter und der Gesellschafter zum Zeitpunkt der Prospektaufstellung an

1. Unternehmen, die mit dem Vertrieb der emittierten Vermögensanlagen beauftragt sind;
2. Unternehmen, die dem Emittenten Fremdkapital zur Verfügung stellen;
3. Unternehmen, die im Zusammenhang mit der Anschaffung oder Herstellung des Anlageobjekts Lieferungen oder Leistungen erbringen, sowie
4. Unternehmen, die mit dem Emittenten oder Anbieter nach § 271 des Handelsgesetzbuchs in einem Beteiligungsverhältnis stehen oder verbunden sind.

(3) Darüber hinaus ist anzugeben, in welcher Art und Weise die Gründungsgesellschafter und die Gesellschafter zum Zeitpunkt der Prospektaufstellung für die in Absatz 2 Nummer 1 bis 4 genannten Unternehmen tätig sind.

§ 7 VermVerkProspV | Angaben über (Gründungs-)Gesellschafter

(4) Der Verkaufsprospekt muss auch Angaben darüber enthalten, in welcher Art und Weise die Gründungsgesellschafter und die Gesellschafter zum Zeitpunkt der Prospektaufstellung

1. mit dem Vertrieb der emittierten Vermögensanlagen beauftragt sind;
2. dem Emittenten Fremdkapital zur Verfügung stellen oder vermitteln;
3. Lieferungen oder Leistungen im Zusammenhang mit der Anschaffung oder Herstellung des Anlageobjekts erbringen.

In der Fassung vom 16.12.2004 (BGBl. I 2004, S. 3464), zuletzt geändert durch das Kleinanlegerschutzgesetz vom 3.7.2015 (BGBl. I 2015, S. 1114).

Schrifttum: Siehe Einl. VermAnlG und das Allgemeine Schrifttumsverzeichnis.

I. Regelungsgegenstand und Normentwicklung 1	8. Angaben über die Aufhebung bestimmter Erlaubnisse durch die BaFin (§ 7 Abs. 1 Satz 1 Nr. 7 VermVerkProspV) 23
II. Der personelle Bezugspunkt der Angaben: Gründungsgesellschafter und aktuelle Gesellschafter des Emittenten 4	IV. Beteiligung an anderen Unternehmen (§ 7 Abs. 2 VermVerkProspV)
III. Angaben zu den Gesellschaftern und ihrer Beteiligung am Emittenten (§ 7 Abs. 1 Sätze 1 und 2 VermVerkProspV)	1. Angaben und Darstellung 24
	2. Beteiligungen 26
	3. Umfang der Beteiligung 29
1. Gesellschafter und zeitliche Beschränkung der Angabepflicht betreffend Gründungsgesellschafter in § 7 Abs. 1 Satz 2 VermVerkProspV 8	4. Beteiligungsunternehmen (§ 7 Abs. 2 Nr. 1–4 VermVerkProspV) 30
	a) Vertriebsunternehmen (§ 7 Abs. 2 Nr. 1 VermVerkProspV) 31
2. Name, Anschrift, Firma und Sitz (§ 7 Abs. 1 Satz 1 Nr. 1 VermVerkProspV) 10	b) Fremdkapitalgeber (§ 7 Abs. 2 Nr. 2 VermVerkProspV) 33
3. Einlagen (§ 7 Abs. 1 Satz 1 Nr. 2 VermVerkProspV) 11	c) Erbringer von Lieferungen und Leistungen für das Anlageobjekt (§ 7 Abs. 2 Nr. 3 VermVerkProspV) 34
4. Gewinnbeteiligung, Entnahmerechte und Gesamtbezüge (§ 7 Abs. 1 Satz 1 Nr. 3 VermVerkProspV) 13	d) Beteiligte und verbundene Beteiligungsunternehmen (§ 7 Abs. 2 Nr. 4 VermVerkProspV) 39
5. Verurteilung wegen einer Straftat (§ 7 Abs. Satz 1 Nr. 4 VermVerkProspV) 17	V. Tätigkeit für Unternehmen iS von § 7 Abs. 2 Nr. 1–4 (§ 7 Abs. 3 VermVerkProspV) . . . 42
6. Ausländische Straftaten (§ 7 Abs. 1 Satz 1 Nr. 5 VermVerkProspV) . . . 20	VI. Mitwirkung der Gesellschafter beim Vertrieb, der Finanzierung oder der Realisierung der Vermögensanlage (§ 7 Abs. 4 VermVerkProspV)
7. Angaben über Insolvenzverfahren (§ 7 Abs. 1 Satz 1 Nr. 6 VermVerkProspV) 22	1. Regelungsgehalt und -zweck 44

2. Beauftragung mit dem Vertrieb
(§ 7 Abs. 4 Nr. 1 VermVerkProspV) 46
3. Gesellschafter als Fremdkapitalgeber
(§ 7 Abs. 4 Nr. 2 VermVerkProspV) 48
4. Lieferungen und Leistungen
für das Anlageobjekt (§ 7 Abs. 4
Nr. 3 VermVerkProspV) 49

I. Regelungsgegenstand und Normentwicklung

Die Vorschrift verlangt Angaben über die **Gründungsgesellschafter** des Emittenten sowie über die **aktuellen Gesellschafter**, dh. diejenigen, die nicht zu den Gründungsgesellschaftern gehören, aber zum Zeitpunkt der Aufstellung des Prospekts **Gesellschafter** des Emittenten sind. Der **Schwerpunkt der in den Prospekt aufzunehmenden Angaben** liegt bei solchen über die Art und Höhe der Beteiligung sowohl der Gründungsgesellschafter als auch der aktuellen Gesellschafter am Vermögen des Emittenten, an den mit diesem verbundenen Unternehmen sowie an Unternehmen, die in den Vertrieb der Anlage oder im Zusammenhang mit Anschaffung oder Herstellung des Anlageobjekts Lieferungen oder Leistungen erbringen. 1

§ 7 VermVerkProspV hatte kein Vorbild in der Verkaufsprospektverordnung[1], die der Vermögensanlagen-Verkaufsprospektverordnung vorausging und zum 1.7.2005 aufgehoben[2] wurde. In ihrer ursprünglichen Fassung verlangte die Vorschrift nur Angaben über die Gründungsgesellschafter. Art. 15 Nr. 6 des **Gesetzes zur Novellierung des Finanzanlagenvermittler- und Vermögensanlagenrechts** vom 6.12.2011[3] hat die bis zu dessen Inkrafttreten erforderlichen Angaben auf aktuelle Gesellschafter des Emittenten erstreckt und die aufzunehmenden Angaben erheblich erweitert. Ersteres sollte auch durch eine Ergänzung der bisherigen Überschrift verdeutlicht werden[4]. Mit den Angaben in Bezug auf Gründungsgesellschafter und aktuelle Gesellschafter, die nach den neu in § 7 Abs. 1 Satz 1 VermVerkProspV eingefügten Nummern 4 bis 7 in den Verkaufsprospekt aufzunehmen sind, verbinden sich Eingriffe in das Recht auf informationelle Selbstbestimmung der Betroffenen, die der Gesetzgeber des Novellierungsgesetzes allerdings als „verhältnismäßig" betrachtet[5] (siehe dazu näher unten Rz. 19). Die auf Art. 6 Nr. 4 des **Kleinanlegerschutzgesetzes** vom 3.7.2015[6] zurückgehenden Änderungen von § 7 VermVerkProspV sind – bis auf die Einführung des Erfordernisses von Angaben über Beteiligungen an mit dem Emittenten verbundenen Unternehmen (§ 7 Abs. 2 Nr. 4 VermVerkProspV) – lediglich redaktioneller Art. 2

---

1 VerkProspVO vom 17.12.1990 (BGBl. I 1990, 2869) idF der Bekanntmachung vom 9.9.1998 (BGBl. I 1998, S. 2853).
2 Art. 9, 10 Prospektrichtlinie-Umsetzungsgesetz vom 22.6.2005 (BGBl. I 2005, S. 1698).
3 BGBl. I 2011, S. 2481.
4 RegE Gesetz zur Novellierung des Finanzanlagenvermittler- und Vermögensanlagenrechts, BT-Drucks. 17/6051 v. 6.6.2011, S. 1 (50).
5 RegE Gesetz zur Novellierung des Finanzanlagenvermittler- und Vermögensanlagenrechts, BT-Drucks. 17/6051 v. 6.6.2011, S. 1 (50), Hervorhebung hinzugefügt.
6 BGBl. I 2015, S. 1114.

3   Dass sich die Vorschrift in ihrer ursprünglichen Fassung nur auf Angaben über die Gründungsgesellschafter bezog, hing mit **Erfahrungen** zusammen, die die Rechtsprechung zur Prospekthaftung in den Grundsatz übertrug, zu den für die Beurteilung der Kapitalanlage wesentlichen Angaben gehörten namentlich solche über **Sondervorteile** für den Gründungsgesellschafter[1] und **kapitalmäßige und personelle Verflechtungen**[2]. „Derartige Verflechtungen", so heißt es schon in dem Grundlagenurteil des BGH vom 6.10.1980[3], begründeten „die Gefahr einer Interessenkollision zum Nachteil der Gesellschaft [i.e. der Emittentin] und der beitretenden Gesellschafter". Die Erweiterung der in den Prospekt aufzunehmenden Angaben in sachlicher und persönlicher Hinsicht durch das Gesetz zur Novellierung des Finanzanlagenvermittler- und Vermögensanlagenrechts vom 6.12.2011 (siehe oben Rz. 2) sollte mehr **Transparenz** über kapitalmäßige und personelle Verflechtungen zwischen Gesellschaftern des Emittenten einerseits und Emittent sowie mit diesem verbundenen oder mit dem Anlagevertrieb und dem Anlageprojekt in Verbindung zu bringenden Unternehmen andererseits schaffen[4].

II. Der personelle Bezugspunkt der Angaben: Gründungsgesellschafter und aktuelle Gesellschafter des Emittenten

4   Die von § 7 VermVerkProspV verlangten Angaben beziehen sich durchweg auf Verhältnisse der Gründungsgesellschafter des Emittenten und derjenigen, die, ohne Gründungsgesellschafter zu sein, zum Zeitpunkt der Aufstellung des Verkaufsprospekts Gesellschafter des Emittenten sind (aktuelle Gesellschafter).

5   **Gründungsgesellschafter** sind nach gesellschaftsrechtlichem Verständnis die natürlichen Personen oder Gesellschaften, die den Emittenten nach Maßgabe der für die jeweilige Rechtsform des Emittenten in Betracht kommenden gesellschaftsrechtlichen Bestimmungen gegründet haben. Zu den Gründungsregelungen für Personen- und Kapitalgesellschaften siehe § 5 VermVerkProspV Rz. 8 ff.

6   Vor der Erweiterung des personellen Bezugspunkts der nach § 7 VermVerkProspV aufzunehmenden Angaben hat es im Schrifttum Überlegungen gegeben, für die Anwendung des § 7 VermVerkProspV den gesellschaftsrechtlichen Gründerbegriff durch

---

1 Namentlich BGH v. 14.1.1985 – II ZR 41, 84, WM 1985, 533 (534); BGH v. 10.10.1994 – II ZR 95/93, WM 1994, 2192 (2193); BGH v. 7.4.2003 – II ZR 160/02, WM 2003, 1086 (1088).
2 BGH v. 6.10.1980 – II ZR 60/80, BGHZ 79, 337 (345) = WM 1981, 483; BGH v. 4.3.1987 – IVa 122/85, WM 1987, 495 (497); BGH v. 10.10.1994 – II ZR 95/93, WM 1994, 2192 (2193); BGH v. 7.4.2003 – II ZR 160/02, WM 2003, 1086 (1088) (Sondervorteile für den Gründungsgesellschafter); KG v. 21.3.2005 – 8 U 185/04, WM 2005, 1748; BGH v. 3.12.2007 – II ZR 21/06, AG 2008, 260 (261).
3 BGH v. 6.10.1980 – II ZR 60/80, BGHZ 79, 337 (345) = WM 1981, 483.
4 RegE Gesetz zur Novellierung des Finanzanlagenvermittler- und Vermögensanlagenrechts, BT-Drucks. 17/6051 v. 6.6.2011, S. 1 (50).

einen **modifizierten anlageangebotsbezogen Begriff der Gründungsgesellschafter** zu ersetzen, der nicht auf die historische Gründungssituation, sondern die aktuelle Beteiligungslage am Emittenten und die Interessenkollision bei Beginn des öffentlichen Angebots der fraglichen Wertpapiere abstellt[1]. Dafür wurde vor allem angeführt, dem Zweck des § 7 VermVerkProspV werde es nicht gerecht, wenn zwar über die Beteiligungen von Gesellschaftern zu informieren sei, die auch Gründungsgesellschafter seien, nicht aber über Beteiligungsverhältnisse von Gesellschaftern, die nach der Gründung in die Gesellschaft eingetreten, noch Gesellschafter seien und die Verhältnisse des Emittenten und der Emission bestimmen könnten. Ein solches Verständnis des Gründerbegriffs wurde indes als mit dem Wortlaut der Bestimmung nicht vereinbar angesehen[2]. Der Verordnungsgeber hat dieses Problem durch Änderung des § 7 VermVerkProspV (siehe oben Rz. 2) dahingehend aufgehoben, dass die für Gründergesellschafter aufzunehmenden Angaben auch für diejenigen aufgenommen werden müssen, die **bei Aufstellung des Verkaufsprospekts Gesellschafter** des Emittenten sind, ohne zu den Gründungsgesellschaftern zu gehören.

Zeitpunkt der Aufstellung des Verkaufsprospekts ist das Datum, das im Verkaufsprospekt nach § 2 Abs. 4 VermVerkProspV als Datum der Aufstellung anzugeben ist, d.h. der Zeitpunkt des Abschlusses der redaktionellen Bearbeitung des Verkaufsprospekts, der möglichst kurz vor Einreichung desselben zur Billigung nach § 8 VermAnlG liegen muss (siehe dazu § 2 VermVerkProspV Rz. 151 ff.). 7

III. Angaben zu den Gesellschaftern und ihrer Beteiligung am Emittenten (§ 7 Abs. 1 Sätze 1 und 2 VermVerkProspV)

1. Gesellschafter und zeitliche Beschränkung der Angabepflicht betreffend Gründungsgesellschafter in § 7 Abs. 1 Satz 2 VermVerkProspV

Die in § 7 Abs. 1 Satz 1 Nr. 1–7 VermVerkProspV aufgeführten Angaben müssen sowohl im Hinblick auf die **Gründungsgesellschafter** (siehe oben Rz. 5) als auch die **aktuellen Gesellschafter**, d.h. diejenigen, die der Gesellschaft nach deren Gründung beigetreten und zum Zeitpunkt der Prospektaufstellung (siehe oben Rz. 7) Gesellschafter des Emittenten sind (siehe oben Rz. 7), in den Verkaufsprospekt aufgenommen werden (§ 7 Abs. 1 Satz 1 VermVerkProspV). Die **Angaben in Bezug auf die Gründungsgesellschafter** können allerdings nach **§ 7 Abs. 1 Satz 2 VermVerkProspV** entfallen, wenn der Emittent mehr als **zehn Jahre vor Aufstellung** des Verkaufsprospekts gegründet wurde. Die Vorschrift schließt jedoch nicht aus, dass dessen ungeachtet Angaben über die Gründungsgesellschafter in den Prospekt aufgenommen werden. Angaben über die aktuellen Gesellschafter sind stets in den Verkaufsprospekt aufzunehmen. Die ursprünglich auf fünf Jahre bemessene Frist ist durch Art. 15 Nr. 6 lit. b) bb) des Gesetzes zur Novellierung des Finanzanlagenvermittler- und Vermö- 8

---

1 Voraufl., Rz. 3; *Voß* in Arndt/Voß, § 7 VermVerkProspV Rz. 3.
2 Voraufl., Rz. 3.

gensanlagenrechts vom 6.12.2011 auf zehn Jahre heraufgesetzt worden, „um auch die Gründungsgesellschafter älterer Emittenten zu erfassen"[1].

9 Die Vorschrift verlangt die **Aufschlüsselung** der verlangten Angaben in Bezug auf Gründungsgesellschafter und die Gesellschafter des Emittenten, die nicht zu den Gründungsgesellschaftern gehören. Dabei spielt es grundsätzlich keine Rolle, ob die Gründungsgesellschafter noch Gesellschafter des Emittenten sind. Sind **Gründungsgesellschafter und aktuelle Gesellschafter des Emittenten identisch**, müssen die Angaben im Hinblick auf die Gründungsgesellschafter nicht als Angaben über die aktuellen Gesellschafter wiederholt und damit verdoppelt werden. Hier genügt der Hinweis, dass die Gründungsgesellschafter auch aktuelle Gesellschafter sind. Entsprechend kann aber auch verfahren werden, wenn keine vollständige Identität von Gründungsgesellschaftern und aktuellen Gesellschaftern gegeben ist. Auch hier kann im Hinblick auf die für aktuelle Gesellschafter verlangten Angaben der Hinweis genügen, dass der betreffende Gesellschafter Gründungsgesellschafter ist, es sei denn, es sind abweichende Angaben zu machen.

2. Name, Anschrift, Firma und Sitz (§ 7 Abs. 1 Satz 1 Nr. 1 VermVerkProspV)

10 Nach § 7 Abs. 1 Satz 1 Nr. 1 VermVerkProspV ist der **Name** und die **Geschäftsanschrift** des Emittenten in den Prospekt aufzunehmen. Handelt es sich bei dem Emittenten um eine **juristische Person**, sind die **Firma** und der **Sitz** der Gesellschaft zu nennen. Der Angabe einer Geschäftsanschrift bedarf es in diesem Falle nicht, doch ist diese auch nicht schädlich. Handelt es sich bei dem Emittenten um eine **Personenhandelsgesellschaft**, ist der Name der Gesellschaft deren Firma iS von §§ 17, 19 HGB.

3. Einlagen (§ 7 Abs. 1 Satz 1 Nr. 2 VermVerkProspV)

11 Nach § 7 Abs. 1 Satz Nr. 2 VermVerkProspV muss der Verkaufsprospekt die **Art und den Gesamtbetrag** der von den Gründungsgesellschaftern und aktuellen Gesellschaftern insgesamt gezeichneten und der eingezahlten **Einlagen** angeben. Die Vorschrift verlangt Auskunft über die Art und den Gesamtbetrag der von den Gründungsgesellschaftern **in ihrer Gesamtheit** („insgesamt") gezeichneten Einlagen. Es ist mithin keine Individualisierung im Hinblick auf die einzelnen Gründungsgesellschafter erforderlich.

12 Im Hinblick auf die **Art der Einlagen** ist zwischen Bar- und Sacheinlagen zu unterscheiden. Wiederum ist nicht jede gezeichnete Einlage – dh. eine Einlage, zu deren Erbringung der Gesellschafter nach Gesellschaftsvertrag bzw. Satzung verpflichtet ist – auch eine bereits eingezahlte, dh. gegenüber der Gesellschaft erbrachte Einlage (§ 6 VermVerkProspV Rz. 10). Deshalb ist weiter anzugeben, welche Leistungen auf die jeweilige Art und den Gesamtbetrag der gezeichneten Einlagen tatsächlich erbracht wurden.

---

1 RegE Gesetz zur Novellierung des Finanzanlagenvermittler- und Vermögensanlagenrechts, BT-Drucks. 17/6051 v. 6.6.2011, S. 1 (50).

4. Gewinnbeteiligung, Entnahmerechte und Gesamtbezüge (§ 7 Abs. 1 Satz 1 Nr. 3 VermVerkProspV)

Nach § 7 Abs. 1 Satz 1 Nr. 3 VermVerkProspV sind in Bezug auf Gründungsgesellschafter und aktuelle Gesellschafter zunächst deren **Gewinnbeteiligungen** anzugeben. Dabei ist der Anteil zu nennen, der dem jeweiligen Gesellschafter am Gewinn zusteht, denn dieser schmälert den Gewinnanteil der Anleger und ist damit für das finanzielle Ziel einer Vermögensanlage von Bedeutung[1].

13

Des Weiteren verlangt die Vorschrift Angaben über die **Entnahmerechte**, die einem jeden der Gründungsgesellschafter und aktuellen Gesellschafter zustehen. Ist der Emittent eine Personenhandelsgesellschaft, kann, mangels abweichender gesellschaftsvertraglicher Regelung, auf die gesetzlichen Bestimmungen (§§ 122, 161 Abs. 2 HGB) Bezug genommen werden. Auch nicht gesellschaftsvertraglich oder satzungsmäßig begründete Vermögenszuwendungen an einen Gesellschafter können zwar gesellschaftsrechtlich als Entnahmen zu behandeln sein, sind jedoch nicht als Entnahmen iS von Entnahme*rechten* nach § 7 Abs. 1 Satz 1 Nr. 3 VermVerkProspV zu behandeln, sondern – sofern sie dem Gründungsgesellschafter „zustehen" – in die Gesamtbezüge nach Nr. 3 (siehe dazu im Folgenden, Rz. 15) einzubeziehen.

14

Darüber hinaus ist der **Jahresbetrag der sonstigen Gesamtbezüge** der Gründungsgesellschafter und aktuellen Gesellschafter aufzunehmen, insbesondere der Gehälter, Gewinnbeteiligungen, Aufwandsentschädigungen, Versicherungsentgelte, Provisionen und Nebenleistungen jeder Art, die den Gesellschaftern insgesamt zustehen. Erforderlich ist die **Angabe der Gesamtbezüge aller Gesellschafter**. Einer Individualisierung der Gesamtbezüge nach einzelnen Gesellschaftern bedarf es nicht. Allerdings sind die einzelnen Komponenten, aus denen sich die Gesamtbezüge zusammensetzen, einzeln aufzuschlüsseln. Dabei ist die Aufzählung der Komponenten in § 7 Abs. 1 Satz 1 Nr. 3 VermVerkProspV keine abschließende. Sind im Einzelfall weitere Bezüge gegeben, die in die Gesamtbezüge der Gesellschafter eingehen, so sind auch diese anzugeben.

15

Nach anfänglicher, durch Art. 15 Nr. 6 lit. b) aa) ccc) des **Gesetzes zur Novellierung des Finanzanlagenvermittler- und Vermögensanlagenrechts** vom 6.12.2011[2] geänderter Fassung von § 7 Abs. 1 Satz 1 Nr. 3 VermVerkProspV verlangte die Vorschrift nur die Angabe des Jahresbetrags der sonstigen Gesamtbezüge, „die den Gründungsgesellschaftern außerhalb des Gesellschaftsvertrages insgesamt zustehen". Abgesehen von der mit der Änderung der Vorschrift bewirkten Einbeziehung neuer Gesellschafter des Emittenten in den Kreis derer, über die Angaben zu machen sind, sollte mit der Streichung der Wörter „außerhalb des Gesellschaftsvertrages" in § 7 Abs. 1 Satz 1 Nr. 3 VermVerkProspV klargestellt werden, „dass Gewinnbeteiligungen,

16

---

1 So die seinerzeit von der Website des BMF abrufbare, soweit ersichtlich nicht mehr nachweisbare Begründung der VermVerkProspV vom Dezember 2004, S. 5.
2 BGBl. I 2011, S. 2481.

Entnahmerechte und sonstige Gesamtbezüge **unabhängig von einer Vereinbarung im Gesellschaftsvertrag** anzugeben sind"[1].

5. Verurteilung wegen einer Straftat (§ 7 Abs. Satz 1 Nr. 4 VermVerkProspV)

17 Nach § 7 Abs. 1 Satz 1 Nr. 4 VermVerkProspV ist der **Inhalt eines aktuellen Führungszeugnisses** im Hinblick auf die in der Bestimmung angeführten Straftaten anzugeben. Bei diesen handelt es sich um solche, „die typischerweise auch im Rahmen der Emission eines Graumarktprodukts verwirklicht werden können. Hierzu gehören die Straftaten nach den §§ 263 bis 283d des Strafgesetzbuchs (Betrug und Untreue, Urkundenfälschung und Insolvenzstraftaten), das Betreiben von Bankgeschäften oder die Erbringung von Finanzdienstleistungen ohne Erlaubnis nach dem Kreditwesengesetz (§ 54 des Kreditwesengesetzes), Insiderstraftaten nach § 38 des Wertpapierhandelsgesetzes sowie Steuerstraftaten"[2]. Die entsprechenden Angaben sind einem **aktuellen Führungszeugnis** zu entnehmen, dh. einem solchen, das im Zeitpunkt der Prospektaufstellung nicht älter als sechs Monate ist (§ 7 Abs. 1 Satz 1 Nr. 4 Halbsatz 2 VermVerkProspV). Durch das Abstellen auf ein polizeiliches Führungszeugnis soll den Bestimmungen des Bundeszentralregistergesetzes Rechnung getragen werden[3].

18 Die Vorschrift ist durch Art. 15 Nr. 6 lit. b) aa) ddd) des Gesetzes zur Novellierung des Finanzanlagenvermittler- und Vermögensanlagenrechts vom 6.12.2011[4] **eingefügt** worden. Sie ist, wie auch die übrigen der von diesem Gesetz veranlassten Ergänzungen des § 7 Abs. 1 Satz 1 VermVerkProspV in Gestalt der ebenfalls neuen Nummern 5 bis 7, eng an Anhang I Nr. 14 der EU-Prospektverordnung vom 29.4.2004[5] angelehnt.

19 Die **Eingriffe in das Recht auf informationelle Selbstbestimmung**, die sich mit den nach § 7 Abs. 1 Satz 1 Nr. 4 VermVerkProspV erforderlichen, aber auch nach § 7 Abs. 1 Satz 1 Nr. 5–7 VermVerkProspV verlangten Angaben zu Gründungsgesellschaftern und aktuellen Gesellschaftern verbinden, sieht der Gesetzgeber des Gesetzes zur Novellierung des Finanzanlagenvermittler- und Vermögensanlagenrechts vom 6.12.2011 als verhältnismäßig an und führt dazu aus[6]: Der Eingriff „ist zum einen geeignet, potentielle Anleger über die Zuverlässigkeit der auf Seiten des Emittenten beteiligten Personen zu informieren und sie auf diese Weise vor unseriösen Anbie-

---

1 RegE Gesetz zur Novellierung des Finanzanlagenvermittler- und Vermögensanlagenrechts, BT-Drucks. 17/6051 v. 6.6.2011, S. 1 (50), Hervorhebung hinzugefügt.
2 RegE Gesetz zur Novellierung des Finanzanlagenvermittler- und Vermögensanlagenrechts, BT-Drucks. 17/6051 v. 6.6.2011, S. 1 (50).
3 RegE Gesetz zur Novellierung des Finanzanlagenvermittler- und Vermögensanlagenrechts, BT-Drucks. 17/6051 v. 6.6.2011, S. 1 (50).
4 BGBl. I 2011, S. 2481.
5 Verordnung (EG) Nr. 809/2004 vom 29.4.2004 zur Umsetzung der Richtlinie 2003/71/EG des Europäischen Parlaments und des Rates betreffend die in Prospekten enthaltenen Informationen sowie das Format, die Aufnahme von Informationen mittels Verweis und die Veröffentlichung solcher Prospekte und die Verbreitung von Werbung, ABl. EG Nr. L 186 v. 18.7.2005, S. 3.
6 RegE Gesetz zur Novellierung des Finanzanlagenvermittler- und Vermögensanlagenrechts, BT-Drucks. 17/6051 v. 6.6.2011, S. 1 (50), Hervorhebung hinzugefügt.

tern und damit vor finanziellen Verlusten zu schützen. [Abs.] Der Eingriff in das Recht auf informationelle Selbstbestimmung ist auch erforderlich, denn zur Erreichung des Ziels, Anleger vor unseriösen Anbietern zu schützen, existiert kein milderes Mittel. So wäre es auch denkbar gewesen, Personen mit einschlägigen Vorstrafen oder Sanktionen die Beteiligung als Gesellschafter eines Emittenten von Graumarktprodukten von vornherein vollständig zu untersagen. Die hier gewählte Lösung belässt diesen Personen hingegen die Möglichkeit, sich an einem Emittenten von Graumarktprodukten zu beteiligen, wenn sie den durch die Veröffentlichungen nach § 7 Absatz 1 Satz 1 Nummer 4 bis 7 bewirkten Eingriff in ihr Recht auf informationelle Selbstbestimmung hinnehmen. Welche Option sie wählen, können sie durch Abwägung selbständig entscheiden. [Abs.] Schließlich ist der Eingriff in das Recht auf informationelle Selbstbestimmung auch angemessen. Er ist insbesondere durch das erhöhte Informationsbedürfnis der potentiellen Anleger gerechtfertigt, die meist nicht unerhebliche Teile ihrer Ersparnisse in Produkte des früheren sog. Grauen Kapitalmarktes anlegen, um hierdurch ihre Altersvorsorge zu betreiben und ihre spätere Existenz abzusichern. In Anbetracht der demographischen Entwicklung entspricht die Sicherstellung einer sicheren Altersvorsorge dem Allgemeininteresse."

6. Ausländische Straftaten (§ 7 Abs. 1 Satz 1 Nr. 5 VermVerkProspV)

§ 7 Abs. 1 Satz 1 Nr. 5 VermVerkProspV erfasst die Fälle, in denen ein Gesellschafter zum Zeitpunkt der Prospekterstellung nicht Deutscher ist und Vorstrafen wegen Straftaten, die den in § 7 Abs. 1 Satz 1 Nr. 5 VermVerkProspV Genannten vergleichbar sind und zu einer **Verurteilung im Ausland** geführt haben, nicht zwangsläufig aus einem Führungszeugnis als einem Auszug aus dem Bundeszentralregister hervorgehen würden. Die Bestimmung ist durch Art. 15 Nr. 6 lit. b) aa) ddd) des Gesetzes zur Novellierung des Finanzanlagenvermittler- und Vermögensanlagenrechts vom 6.12.2011 eingefügt worden (siehe oben Rz. 18). Sie lehnt sich eng dem Anhang I Nr. 14 der EU-Prospektverordnung – VO (EG) Nr. 809/2004 – vom 29.4.2004 an (siehe oben Rz. 18). Zu den mit den Angaben nach dieser Vorschrift verbundenen Eingriffen in das Recht auf informationelle Selbstbestimmung der betroffenen Gesellschafter sowie ihre Rechtfertigung als verhältnismäßig siehe die Ausführungen oben in Rz. 19.

Die von der Vorschrift verlangten Angaben sind nur erforderlich in Bezug auf Gesellschafter, die zum Zeitpunkt der Prospektaufstellung **nicht Deutsche** waren. Zum Zeitpunkt der Prospektaufstellung siehe oben Rz. 7. Aus Gründen der Praktikabilität verlangt die Vorschrift Angaben zu Verurteilungen wegen vergleichbarer Straftaten im **Zeitraum von fünf Jahren** vor Prospektaufstellung. **Anzugeben ist** jede ausländische Verurteilung wegen einer Straftat, die mit den in § 7 Abs. 1 Satz 1 Nr. 4 VermVerkProspV genannten Straftaten vergleichbar ist. Dabei sind Art und Höhe der Strafe aufzunehmen. Diese Angaben sind unabhängig davon aufzunehmen, ob sie aus einem aktuellen Führungszeugnis hervorgehen oder nicht[1].

---

1 RegE Gesetz zur Novellierung des Finanzanlagenvermittler- und Vermögensanlagenrechts, BT-Drucks. 17/6051 v. 6.6.2011, S. 1 (50), Hervorhebung hinzugefügt.

7. Angaben über Insolvenzverfahren (§ 7 Abs. 1 Satz 1 Nr. 6 VermVerkProspV)

22 § 7 Abs. 1 Satz 1 Nr. 6 VermVerkProspV verlangt Angaben über Insolvenzverfahren betreffend Gründungsgesellschaftern und aktuelle Gesellschafter des Emittenten (lit. a) sowie darüber, ob einer dieser Gesellschafter innerhalb der letzten fünf Jahre in der Geschäftsführung einer Gesellschaft tätig war, über deren Vermögen ein Insolvenzverfahren eröffnet oder mangels Masse abgewiesen wurde (lit. b). Angabepflichtig ist jeweils die Eröffnung eines Insolvenzverfahrens oder die Ablehnung der Eröffnung eines Insolvenzverfahrens mangels Masse. Die Bestimmung ist durch Art. 15 Nr. 6 lit. b) aa) ddd) des Gesetzes zur Novellierung des Finanzanlagenvermittler- und Vermögensanlagenrechts vom 6.12.2011 eingefügt worden (siehe oben Rz. 18). Sie lehnt sich eng Anhang I Nr. 14 der EU-Prospektverordnung – VO (EG) Nr. 809/2004 – vom 29.4.2004 an (siehe oben Rz. 18). Zu den mit den Angaben nach dieser Vorschrift verbundenen Eingriffen in das Recht auf informationelle Selbstbestimmung der betroffenen Gesellschafter sowie ihre Rechtfertigung als verhältnismäßig siehe die Ausführungen oben in Rz. 19.

8. Angaben über die Aufhebung bestimmter Erlaubnisse durch die BaFin (§ 7 Abs. 1 Satz 1 Nr. 7 VermVerkProspV)

23 Nach § 7 Abs. 1 Satz 1 Nr. 7 VermVerkProspV ist in Bezug auf Gründungsgesellschafter und aktuelle Gesellschafter anzugeben, ob diesen gegenüber früher, dh. vor Prospektaufstellung (siehe Rz. 7), eine Erlaubnis zum Betreiben von Bankgeschäften oder zur Erbringung von Finanzdienstleistungen durch die BaFin aufgehoben wurde. Die Bestimmung ist durch Art. 15 Nr. 6 lit. b) aa) ddd) des Gesetzes zur Novellierung des Finanzanlagenvermittler- und Vermögensanlagenrechts vom 6.12.2011 eingefügt worden (siehe oben Rz. 18). Sie lehnt sich eng an Anhang I Nr. 14 der EU-Prospektverordnung – VO (EG) Nr. 809/2004 – vom 29.4.2004 an (siehe oben Rz. 18). Zu den mit den Angaben nach dieser Vorschrift verbundenen Eingriffen in das Recht auf informationelle Selbstbestimmung der betroffenen Gesellschafter sowie ihre Rechtfertigung als verhältnismäßig siehe die Ausführungen oben in Rz. 19.

IV. Beteiligung an anderen Unternehmen (§ 7 Abs. 2 VermVerkProspV)

1. Angaben und Darstellung

24 Nach § 7 Abs. 2 VermVerkProspV muss der Verkaufsprospekt, zusätzlich zu den Angaben nach Abs. 1, auch solche über die unmittelbare oder mittelbare Beteiligung der Gründungsgesellschafter und der aktuellen Gesellschafter an Unternehmen enthalten, die mit dem Vertrieb der angebotenen Vermögensanlagen beauftragt sind, dem Emittenten Fremdkapital zur Verfügung stellen, Lieferungen oder Leistungen für das Anlageprojekt erbringen oder iS von § 271 HGB am Emittenten beteiligt oder mit ihm verbunden sind. Während Anteile der Gründungsgesellschafter und aktuellen Gesellschafter am Gewinn sowie besondere Entnahmerechte und Bezüge dieser Ge-

sellschafter iS von § 7 Abs. 1 Satz 1 Nr. 3 VermVerkProspV den Gewinnanteil der Anleger schmälern, können Verflechtungen der in Abs. 2 erfassten Art für die Anleger nachteilige Interessenkollisionen begründen[1].

Die nach § 7 Abs. 2 VermVerkProspV erforderlichen **Angaben** sind für jeden Gründungsgesellschafter (siehe Rz. 5) und Gesellschafter im Zeitpunkt der Prospektaufstellung (siehe Rz. 7) **einzeln vorzunehmen**. Für den Fall, dass alle oder einzelne Gründungsgesellschafter auch die aktuellen Gesellschafter sind, können Darstellungen gewählt werden, die eine Wiederholung und Verdopplung von Angaben vermeiden helfen; siehe dazu im Einzelnen oben Rz. 9.

2. Beteiligungen

Die Vorschrift erfasst **unmittelbare oder mittelbare Beteiligungen** der Gründungsgesellschafter und der aktuellen Gesellschafter an einem der in § 7 Abs. 1 Satz 1 Nr. 1–4 VermVerkProspV aufgeführten Unternehmen. Bilanzrechtlich gelten nach § 271 Abs. 1 Satz 1 HGB als Beteiligungen alle Anteile an anderen Unternehmen, die bestimmt sind, dem eigenen Geschäftsbetrieb durch Herstellung einer dauernden Verbindung zu jenen Unternehmen zu dienen. Hierbei kommen indes Kriterien zur Anwendung, die der Erfassung von Beteiligungen als Anlagevermögen dienen, während es bei § 7 Abs. 2 VermVerkProspV um alle Beteiligungen geht, die einen Interessenkonflikt des Gründungsgesellschafters auslösen können. Deshalb sind unter Beteiligungen iS von § 7 Abs. 2 VermVerkProspV zwar nur **gesellschaftsrechtlich vermittelte Beteiligungen**, dh. Anteile an anderen Unternehmen, anzusehen, im Übrigen jedoch, unabhängig von den Beteiligungsabsichten des Gründungsgesellschafters, **Beteiligungen jeglicher Höhe und Art** erfasst, sofern sie nur ihrer Art nach *objektiv geeignet* sind, einen Interessenkonflikt hervorzurufen. Das Urteil, ob eine solche Beteiligung *im Einzelfall* einen Interessenkonflikt zu begründen vermag, ist dem Anleger zu überlassen. **Partiarische Darlehen** des Gründungsgesellschafters an ein Unternehmen sind – im Hinblick auf die Erhaltung der Solvenz des Darlehensgebers nicht anders als andere Darlehen des Gründungsgesellschafters an solche Unternehmen – zwar geeignet, Interessenkonflikte zu begründen, jedoch stellen sie keine verbandsrechtlich vermittelte Beteiligung an diesen Unternehmen dar.

Vorstehendes gilt fraglos für **direkte Beteiligungen**, die ein Gründungsgesellschafter selbst im eigenen Namen oder über einen **Treuhänder** hält. Auch wenn die Beteiligung durch einen Treuhänder wahrgenommen wird, erfolgt sie doch im Interesse des Treugebers und schließt damit, ganz unabhängig vom jeweiligen Treuhandmodell, die Teilhabe des Treugebers am Erfolg des Beteiligungsunternehmens und einen hieraus erwachsenden möglichen Interessenkonflikt des Gründungsgesellschafters – etwa bei der Vergabe wesentlicher, von Dritten für den Emittenten zu erbringender Leistungen – nicht aus. Will man die Treuhand nicht bereits als direkte Beteiligung erfassen, so handelt es sich doch jedenfalls um eine mittelbare Beteiligung (siehe unten Rz. 18).

---

[1] So die seinerzeit von der Website des BMF abrufbare, soweit ersichtlich nicht mehr nachweisbare Begründung der VermVerkProspV vom Dezember 2004, S. 6.

28 Erwägungen zum Zweck der Angaben nach § 7 Abs. 2 VermVerkProspV müssen auch die Antwort auf die Frage bestimmen, wann eine **mittelbare Beteiligung** vorliegt. Um Anlegern potentielle Interessenkonflikte der Gründungsgesellschafter oder aktuellen Gesellschafter des Emittenten erkennbar zu machen, ist **jede durch einen anderen vermittelte Beteiligung** an einem der in § 7 Abs. 2 Nr. 1–3 VermVerkProspV genannten Unternehmen als mittelbare Beteiligung anzusehen, sofern sie nur wiederum ihrer Art nach objektiv geeignet ist, einen Interessenkonflikt hervorzurufen. Das ist auch bei mehrfach vermittelten Beteiligungen nicht auszuschließen. Auch in diesen Fällen ist es grundsätzlich dem Anleger zu überlassen, ob er in der nicht nur einfach, sondern mehrfach vermittelten Beteiligung den Grund für einen Interessenkonflikt des Gründungsgesellschafters sehen mag. Unter eine mittelbare Beteiligung fällt auf jeden Fall die Beteiligung über einen **Treuhänder**, sofern man diese nicht bereits – wie hier (siehe oben Rz. 27) – als direkte Beteiligung einordnet. Auch der Einsatz eines **Strohmanns** als Anteilseigner begründet eine mittelbare Beteiligung: Zwar ist nicht zu erwarten, dass diese in einem Prospekt als Strohmannbeteiligung angegeben werden wird, doch ist die Nichtangabe einer solchen Beteiligung ein Verstoß gegen die Vorschrift. Denkbar ist eine mittelbare Beteiligung auch im Wege einer Beteiligung eines Gesellschafters als **stiller Gesellschafter** am Handelsgewerbe eines Kaufmanns oder einer Gesellschaft. Im Übrigen sind nur **gesellschaftsrechtlich vermittelte Zwischenbeteiligungen** erfasst.

3. Umfang der Beteiligung

29 Anzugeben ist nach § 7 Abs. 2 VermVerkProspV der **Umfang** der erfassten Beteiligungen. Das verlangt jedenfalls Angaben zur **Höhe der Beteiligung** der Gründungsgesellschafter und aktuellen Gesellschafter, doch setzen solche Angaben zwangsläufig auch solche über die **Art der Beteiligung** – etwa der Beteiligung als persönlich haftender Gesellschafter, als Kommanditist oder als stiller Gesellschafter – voraus, denn allein vor dem Hintergrund dieser Information lässt sich etwas über die Höhe der Beteiligung sagen. Anders als bei Angaben nach § 12 Abs. 3 VermVerkProspV in Bezug auf Beteiligungen von Mitgliedern der Geschäftsführung oder des Vorstands, der Aufsichtsgremien und der Beiräte von Emittenten sowie der für den Prospektinhalt oder den Angebotsinhalt Verantwortlichen iS des § 12 Abs. 6 VermVerkProspV sind hier alle und nicht nur wesentliche Beteiligungen anzugeben.

4. Beteiligungsunternehmen (§ 7 Abs. 2 Nr. 1–4 VermVerkProspV)

30 Der Verkaufsprospekt muss nur über Beteiligungen informieren, die Gründungsgesellschafter und aktuelle Gesellschafter an den in **§ 7 Abs. 2 Nr. 1–4 VermVerkProspV genannten Unternehmen** (Beteiligungsunternehmen) unterhält.

a) Vertriebsunternehmen (§ 7 Abs. 2 Nr. 1 VermVerkProspV)

31 Nach § 7 Abs. 2 Nr. 1 VermVerkProspV sind in den Verkaufsprospekt Angaben über Beteiligungen der Gründungsgesellschafter und aktuellen Gesellschafter an Unternehmen aufzunehmen, die mit dem **Vertrieb der emittierten Vermögensanlagen**

beauftragt sind. Der von einer solchen Beteiligung ausgehende Interessenkonflikt besteht unabhängig davon, wer den Auftrag zum Vertrieb der emittierten Vermögensanlagen erteilt hat, sei es der Emittent oder seien es Dritte. Geht der Auftrag vom Emittenten aus, ist ein Interessenkonflikt lediglich besonders offenkundig. Auch die Einzelheiten der Beauftragung sind unerheblich, solange dessen Gegenstand nur im Vertrieb der emittierten Vermögensanlagen besteht. Schließlich ist auch die Art des Vertriebs ohne Belang.

Beauftragung iS dieser Vorschrift ist nicht im Sinne eines Auftrags nach § 662 BGB zu begreifen, der die Beauftragung zur *unentgeltlichen* Geschäftsbesorgung voraussetzt, sondern umfasst jede rechtsgeschäftlich begründete Geschäftsbesorgung, und damit auch die entgeltliche iS von § 675 BGB. Dafür spricht auch der Umstand, dass in der Vorschrift des § 12 Abs. 2 Nr. 1 VermVerkProspV von Unternehmen die Rede ist, die mit dem Vertrieb der angebotenen Vermögensanlagen „betraut sind". Im Gegenteil wird man nur dann eine Beauftragung iS des § 7 Abs. 2 Nr. 1 VermVerkProspV annehmen dürfen, wenn das beauftragte Unternehmen für die Erfüllung des Vertriebsauftrags tatsächlich eine **Gegenleistung** erhält und nicht bloß aus Gefälligkeit und ohne Rechtsbindungswillen tätig wird, denn nur so kann die Beteiligung von Gesellschaftern des Emittenten an dem beauftragten Unternehmen einen Interessenkonflikt generieren. 32

b) Fremdkapitalgeber (§ 7 Abs. 2 Nr. 2 VermVerkProspV)

§ 7 Abs. 2 Nr. 2 VermVerkProspV verlangt Angaben über Beteiligungen der Gründungsgesellschafter und aktuellen Gesellschafter an Unternehmen, die dem Emittenten Fremdkapital zur Verfügung stellen. **Fremdkapitalgeber** sind diese Unternehmen, wenn sie dem Emittenten Finanzmittel in einer Art und Weise zur Verfügung stellen, welche Verbindlichkeiten des Emittenten darstellen, die gemäß § 266 Abs. 3 Nr. C HGB auf der Passivseite von dessen Bilanz zu verbuchen sind. In der Sache sind **Fremdkapital** solche Finanzmittel, die dem Kapitalnehmer in befristeter Weise mit einem Anspruch auf Rückzahlung der Mittel gewährt werden. Auf eine Kurzformel gebracht sind Fremdkapitalgeber solche Kapitalgeber, die mit der Hingabe des Kapitals zu Gläubigern der Gesellschaft werden. Typische Fremdkapitalgeber sind etwa Darlehensgeber und dies auch dann, wenn sie Gesellschafter der Darlehensnehmerin sind. Aus dem Wortlaut der Vorschrift („zur Verfügung stellen") und dem Sinn und Zweck der Vorschrift, potentielle Interessenkonflikte eines Gründungsgesellschafters oder aktuellen Gesellschafters offen zu legen, ergibt sich, dass zumindest eine schuldrechtliche Verpflichtung begründet worden sein muss, dem Emittenten als Fremdkapital zu qualifizierende Mittel zur Verfügung zu stellen. 33

c) Erbringer von Lieferungen und Leistungen für das Anlageobjekt (§ 7 Abs. 2 Nr. 3 VermVerkProspV)

Gemäß § 7 Abs. 2 Nr. 3 VermVerkProspV angabepflichtig sind Beteiligungen der Gründungsgesellschafter und aktuellen Gesellschafter an Unternehmen, die im Zusammenhang mit der Anschaffung oder Herstellung des Anlageobjekts Lieferungen 34 oder Leistungen erbringen. Anfänglich verlangte die Bestimmung nur Angaben über Beteiligungen an Unternehmen, die im Zusammenhang mit der Herstellung des Anlageobjekts Lieferungen oder Leistungen erbrachten. Aufgrund der Änderung der Bestimmung durch Art. 15 Nr. 6 lit. c) bb) des **Gesetzes zur Novellierung des Finanzanlagenvermittler- und Vermögensanlagenrechts** vom 6.12.2011[1] werden nunmehr auch Beteiligungen an Unternehmen, die im Zusammenhang mit der Anschaffung des Anlageobjekts Lieferungen oder Leistungen erbringen, erfasst. Dadurch sollen etwa so genannte Doppelstockmodelle und der darin vorgesehene Kauf einer Beteiligung an einer Objektgesellschaft durch die Emittentin erfasst werden.

35 **Anlageobjekt** sind nach § 9 Abs. 2 Nr. 1 Satz 2 VermVerkProspV die Gegenstände, zu deren voller oder teilweiser Finanzierung die von den Erwerbern der Vermögensanlagen aufzubringenden Mittel bestimmt sind. Zu Einzelheiten siehe die Erläuterungen zu § 9 VermVerkProspV Rz. 31 ff.

36 Als Beteiligungsunternehmen kommen nur solche in Betracht, die Lieferungen oder Leistungen für die **Anschaffung oder Herstellung** des Anlageobjekts erbringen. Dabei ist, übereinstimmend mit den Regeln zur Auslegung des Begriffs der Anschaffung und Herstellung im Hinblick auf die zu bilanzierenden Anschaffungs- und Herstellungskosten in § 255 HGB – als **Anschaffung** eines Anlageobjekts der Erwerb eines bereits hergestellten Anlageobjekts einschließlich des Erwerbs der Vermögensgegenstände, die erworben werden, um das erworbene Objekt in einen betriebsbereiten Zustand zu versetzen, und als **Herstellung** eines Anlageobjekts die Schaffung eines neuen sowie die Erweiterung und wesentliche Verbesserung eines bestehenden Anlageobjekts zu verstehen[2]. Die Herstellung endet, wenn das Wirtschaftsgut bestimmungsgemäß nutzbar ist[3].

37 Darüber hinaus kommen als Beteiligungsunternehmen nur solche Unternehmen in Betracht, die im Zusammenhang mit der Anschaffung oder Herstellung des Anlageobjekts **Lieferungen oder Leistungen** erbracht haben. Lieferungen oder Leistungen stehen **im Zusammenhang** mit der Herstellung des Anlageobjekts, wenn sie unmittelbar oder mittelbar der Anschaffung oder Herstellung des Wirtschaftsguts dienen. Als **Lieferung** im Zusammenhang mit der Anschaffung oder Herstellung des Wirtschaftsguts ist, dem Lieferungsbegriff des BGB entsprechend[4], die Übergabe einer Sache zur Erfüllung der Übergabepflicht des Lieferanten als Verkäufer (§ 433 Abs. 1 Satz 1 BGB) oder der Verschaffungspflicht des Lieferanten als Werklieferanten (§§ 651, 433 Abs. 1 Satz 1 BGB) im Hinblick auf eine der Herstellung des Anlageobjekts dienende Sache zu verstehen. Dabei ist es – da die Vorschrift Lieferungen im Zusammenhang mit der Anschaffung oder Herstellung des Anlageobjekts genügen

---

[1] BGBl. I 2011, S. 2481.
[2] Etwa *Merkt* in Baumbach/Hopt, § 255 HGB Rz. 14. Zur wesentlichen Verbesserung eines Wirtschaftsguts siehe BFH v. 25.1.2006 – I R 58/04, BFHE 197, 58 ff.
[3] *Merkt* in Baumbach/Hopt, § 255 HGB Rz. 14.
[4] Vgl. statt vieler *Weidenkaff* bzw. *Sprau* in Palandt, § 434 BGB Rz. 53c bzw. § 651 BGB Rz. 2. *Voß* in Arndt/Voß, § 7 VermVerkProspV Rz. 55, greift dagegen auf den Lieferungsbegriff des Umsatzsteuerrechts zurück, was aber, da auch dieses entscheidend auf die „Verschaffung der Verfügungsmacht" abstellt, zum gleichen Ergebnis führt.

lässt – unerheblich, wer Käufer oder Besteller der Sache ist. Entsprechendes gilt für eine **Leistung**, worunter sowohl jede auf vertraglicher Grundlage beruhende entgeltliche Tätigkeit, die nicht in der Lieferung eines Wirtschaftsguts im vorstehenden Sinne besteht, als auch jedes auf vertraglicher Grundlage beruhende und vergütete Unterlassen zu verstehen ist. Letzteres gehört zum Leistungsbegriff, weil auch ein Unterlassen mittelbar der Herstellung eines Anlageobjekts zu dienen vermag und auch eine Beteiligung an einem Unternehmen, das eine vergütete Leistung in Gestalt eines Unterlassens erbringt, einen Interessenkonflikt des Gründungsgesellschafters auslösen kann. Als im Zusammenhang mit der Anschaffung oder Herstellung des Anlageobjekts erbrachte Leistungen kommen vor allem auch solche der **Finanzierung** der Anschaffung oder Herstellung des Anlageobjekts oder von **Maklerleistungen** in Betracht, dh. des Nachweises der Gelegenheit zum Abschluss eines Vertrags oder für die Vermittlung eines Vertrags über die Anschaffung eines Anlageobjekts.

In seiner ursprünglichen, durch Art. 15 Nr. 6 lit. c) bb) des **Gesetzes zur Novellierung des Finanzanlagenvermittler- und Vermögensanlagenrechts** vom 6.12.2011 geänderten Fassung (siehe oben Rz. 34), verlangte § 7 Abs. 2 Nr. 3 VermVerkProspV, dass die in Frage stehenden Lieferungen und Leistungen nicht nur geringfügig seien. Durch die **Streichung des Zusatzes „nicht nur geringfügige"** soll die Beantwortung der Frage, ob es sich bei dem Unternehmen, das im Zusammenhang mit der Anschaffung oder Herstellung des Anlageobjekts Lieferungen oder Leistungen erbringt, um ein Beteiligungsunternehmen handelt, vereinfacht werden. Das wird mit dem gleichzeitigen Hinweis versehen, aus § 3 VermVerkProspV ergäbe sich ohnehin, „dass von einer Darstellung von nicht ins Gewicht fallenden Lieferungen und Leistungen abgesehen werden" könne[1]. Das gibt Anlass zu Zweifeln, ob mit der Streichung des Zusatzes „nicht nur geringfügige" und der Verlagerung der Problematik in die Auslegung und Anwendung von § 3 VermVerkProspV tatsächlich eine vereinfachte Anwendung der Vorschrift gelungen ist. Jedenfalls ließ sich im Zusammenhang mit § 7 Abs. 2 Nr. 3 VermVerkProspV eine zweckbezogene Auslegung des Bagatellkriteriums wesentlich leichter verwirklichen als es die Auslegung der allgemeinen Prospektierungsgrundsätze nach § 3 VermVerkProspV erlaubt. Bei der Beurteilung der Geringfügigkeit einer Lieferung oder Leistung sollte es aber so oder so – und nicht anders als bisher (siehe Vorauf. Rz. 27) – darauf ankommen, ob die Erbringung der Lieferung oder Leistung durch das Unternehmen, an dem der Gründungsgesellschafter beteiligt ist, dem Gesellschafter einen nicht nur geringfügigen Vorteil zu erbringen geeignet ist und deshalb bei ihm einen Interessenkonflikt zu begründen vermag.

d) Beteiligte und verbundene Beteiligungsunternehmen (§ 7 Abs. 2 Nr. 4 VermVerkProspV)

Durch Art. 6 Nr. 4 des Kleinanlegerschutzgesetzes vom 3.7.2015[2] neu in § 7 Abs. 2 VermVerkProspV gelangt ist das Erfordernis, Angaben über **Beteiligungen** der Grün-

---
1 RegE Gesetz zur Novellierung des Finanzanlagenvermittler- und Vermögensanlagenrechts, BT-Drucks. 17/6051 v. 6.6.2011, S. 1 (50).
2 BGBl. I 2015, S. 1114.

dungsgesellschafter und aktuellen Gesellschafter an solchen Unternehmen in den Verkaufsprospekt aufzunehmen, die **mit dem Emittenten oder dem Anbieter nach § 271 HGB in einem Beteiligungsverhältnis stehen oder mit diesen verbunden sind**. Das wird mit dem Hinweis begründet[1], „jüngste Fälle" zeigten, „dass Anbieter von Vermögensanlagen unter Umständen komplizierte Konstruktionen wählen, um die Verbindungen zwischen verschiedenen an der Begebung und/oder dem Vertrieb der Vermögensanlage beteiligten Unternehmen zu verschleiern", was es erleichtere, „durch gruppeninterne Kapitalverschiebungen einen wirtschaftlichen Erfolg vorzutäuschen oder gruppenangehörige Vertriebspersonen als unabhängige Anlageberater zu präsentieren". Durch die Angabe der beteiligten Personen könnten „die personellen Verflechtungen insbesondere bei mit dem Emittenten verbundenen Unternehmen (§ 271 des Handelsgesetzbuchs) aufgezeigt und zusätzliche Transparenz für die Anleger geschaffen werden".

40 § 7 Abs. 2 Nr. 4 VermVerkProspV verlangt Angaben über Beteiligungen der Gründungsgesellschafter und aktuellen Gesellschafter an solchen Unternehmen (Beteiligungsunternehmen) die mit dem Emittenten oder dem Anbieter nach § 271 HGB in einem Beteiligungsverhältnis stehen. Die **Beteiligungen**, die ein solches Beteiligungsverhältnis zwischen Beteiligungsunternehmen einerseits und Emittenten und Anbieter andererseits begründen, sind nicht identisch mit dem Begriff der Beteiligung von Gründungsgesellschaftern und aktuellen Gesellschaftern an dem als Beteiligungsunternehmen in Betracht kommenden Unternehmen (zu diesem siehe oben Rz. 26). Vielmehr kommen dazu nur solche Beteiligungen in Frage, wie sie – kraft ausdrücklicher Anordnung des § 7 Abs. 2 Nr. 4 VermVerkProspV – in **§ 271 Abs. 1 HGB** erfasst sind. Beteiligungen sind nach dieser Vorschrift nur „Anteile an anderen Unternehmen, die bestimmt sind, dem eigenen Geschäftsbetrieb durch Herstellung einer dauernden Verbindung zu jenen Unternehmen zu dienen", wobei es unerheblich ist, ob die Anteile in Wertpapieren verbrieft sind oder nicht (§ 271 Abs. 1 Sätze 1 und 2 HGB). Dabei kommt auch für die Anwendung des § 7 Abs. 2 Nr. 4 VermVerkProspV die Regelung des § 271 Abs. 1 Satz 3 HGB zur Anwendung, derzufolge eine Beteiligung vermutet wird, wenn die Anteile an einem Unternehmen insgesamt den fünften Teil des Nennkapitals dieses Unternehmens oder, falls ein Nennkapital nicht vorhanden ist, den fünften Teil der Summe aller Kapitalanteile an diesem Unternehmen überschreiten, wobei gemäß § 271 Abs. 1 Satz 4 HGB auf die Berechnung dieser Größen § 16 Abs. 2 und 4 AktG anzuwenden ist.

41 Darüber hinaus verlangt § 7 Abs. 2 Nr. 4 VermVerkProspV aber auch Angaben über Beteiligungen der Gründungsgesellschafter und aktuellen Gesellschafter an solchen Unternehmen (Beteiligungsunternehmen), die mit dem Emittenten oder dem Anbieter **nach § 271 HGB verbunden** sind. Verbunden sind nach § 271 Abs. 2 Satz 1 HGB solche Unternehmen, die als Mutter- oder Tochterunternehmen (§ 290 HGB) in den Konzernabschluss eines Mutterunternehmens nach den Vorschriften über die Vollkonsolidierung einzubeziehen sind, das als oberstes Mutterunternehmen den am weitest gehenden Konzernabschluss nach dem Zweiten Unterabschnitt (§§ 290–315a

---

1 Die folgenden Zitate sind dem RegE Kleinanlegerschutzgesetz, BT-Drucks. 18/3994 v. 11.2.2015, S. 1 (57), entnommen.

HGB) aufzustellen hat, auch wenn die Aufstellung unterbleibt, oder das einen befreienden Konzernabschluss nach den §§ 291 oder 292 HGB aufstellt oder aufstellen könnte. Gemäß § 271 Abs. 2 Satz 2 HGB sind Tochterunternehmen, die nach § 296 HGB nicht einbezogen werden, ebenfalls verbundene Unternehmen.

V. Tätigkeit für Unternehmen iS von § 7 Abs. 2 Nr. 1–4 (§ 7 Abs. 3 VermVerkProspV)

Nach § 7 Abs. 3 VermVerkProspV, der § 7 VermVerkProspV durch Art. 15 Nr. 6 lit. d) des **Gesetzes zur Novellierung des Finanzanlagenvermittler- und Vermögensanlagenrechts** vom 6.12.2011[1] hinzugefügt wurde, ist im Verkaufsprospekt des Weiteren anzugeben, in welcher Art und Weise die Gründungsgesellschafter und die Gesellschafter zum Zeitpunkt der Prospektaufstellung für die in § 7 Abs. 2 Nr. 1–4 VermVerkProspV genannten Unternehmen tätig sind.

42

Wie Beteiligungen vermögen auch **Tätigkeiten** für die von § 7 Abs. 2 Nr. 1–4 VermVerkProspV erfassten Unternehmen Interessenkonflikte hervorrufen, die für die Beurteilung der angebotenen Vermögensanlage von Bedeutung sein können. Solche Tätigkeiten waren bis zur Einführung des § 7 Abs. 3 VermVerkProspV nicht anzugeben, was – worauf die Regierungsbegründung zu dem Novellierungsgesetz ausdrücklich hinweist[2] – dazu führte, dass Tätigkeiten von Gesellschaftern in Gestalt der Übernahme des Vertriebs der angebotenen Vermögensanlage für ein mit dem Vertrieb beauftragtes Unternehmen nicht nach § 7 VermVerkProspV anzugeben waren; eine Konstellation, die nunmehr auch durch den neuen § 7 Abs. 4 Nr. 1 VermAnlG erfasst ist. Aus einer Tätigkeit für ein in § 7 Abs. 2 Nr. 1–4 VermVerkProspV genanntes Unternehmen wird ein Interessenkonflikt und ein für die Beurteilung der angebotenen Vermögensanlage relevanter Vorgang nur dann erwachsen, wenn diese Tätigkeit mit einer **Gegenleistung** verbunden ist, etwa in Gestalt einer Vergütung oder von Provisionen.

43

VI. Mitwirkung der Gesellschafter beim Vertrieb, der Finanzierung oder der Realisierung der Vermögensanlage (§ 7 Abs. 4 VermVerkProspV)

1. Regelungsgehalt und -zweck

Wie § 7 Abs. 3 VermAnlG ist auch § 7 Abs. 4 VermVerkProspV erst durch Art. 15 Nr. 6 lit. d) des **Gesetzes zur Novellierung des Finanzanlagenvermittler- und Vermögensanlagenrechts** vom 6.12.2011[3] in § 7 VermVerkProspV gelangt, und wie Absatz 3 soll auch Absatz 4 „zusätzliche Transparenz für den Anleger" mit sich bringen,

44

---

[1] BGBl. I 2011, S. 2481.
[2] RegE Gesetz zur Novellierung des Finanzanlagenvermittler- und Vermögensanlagenrechts, BT-Drucks. 17/6051 v. 6.6.2011, S. 1 (50/51).
[3] BGBl. I 2011, S. 2481.

indem bisher jedenfalls nach § 7 VermAnlG nicht angabepflichtige, aber mögliche und für die Beurteilung der angebotenen Vermögensanlage bedeutsame Interessenkonflikte und Vorgänge anzugeben sind.

45 **Anders als in Absatz 3** wird in Absatz 4 nicht auf Tätigkeiten für potentielle Beteiligungsunternehmen (dh. Unternehmen iS von § 7 Abs. 2 Nr. 1–4 VermVerkProspV), sondern auf die direkte Mitwirkung beim Vertrieb, der Finanzierung oder der Realisierung der Vermögensanlage abgestellt. Und **anders als in § 7 Abs. 2 Nr. 1–3 VermAnlG** kommt es hier nicht auf die in diesen Bestimmungen genannten Vorgänge in Bezug auf ein Beteiligungsunternehmen an, sondern auf die diesen Vorgängen entsprechenden Vorgänge bei Gründungsgesellschaftern und aktuellen Gesellschaftern.

2. Beauftragung mit dem Vertrieb (§ 7 Abs. 4 Nr. 1 VermVerkProspV)

46 Nach § 7 Abs. 4 Nr. 1 VermVerkProspV ist anzugeben, in welcher Art und Weise die Gründungsgesellschafter und die aktuellen Gesellschafter (Gesellschafter zum Zeitpunkt der Prospektaufstellung) **mit dem Vertrieb der emittierten Vermögensanlagen beauftragt** sind. Die Vorschrift ist § 7 Abs. 2 Nr. 2 VermVerkProspV nachgebildet.

47 § 7 Abs. 4 Nr. 1 VermVerkProspV stellt auf die Vertriebstätigkeit und die **Beauftragung** mit dieser Tätigkeit ab, nicht aber darauf, wer den jeweiligen Gesellschafter damit beauftragt hat. Deshalb wird auch hier der Fall erfasst, dass ein mit dem Vertrieb betrautes Beteiligungsunternehmen iS des § 7 Abs. 2 Nr. 1 VermVerkProspV seinerseits den Gesellschafter zur Wahrnehmung dieser Aufgabe verpflichtet hat. Und wie schon im Hinblick auf mit dem Vertrieb beauftragte Beteiligungsunternehmen iS von § 7 Abs. 2 Nr. 1 VermVerkProspV (siehe oben Rz. 32) ist unter Beauftragung nicht der (unentgeltliche) Auftrag iS des § 662 BGB, sondern jede rechtsgeschäftlich begründete Geschäftsbesorgung gemeint, für die der „Beauftragte" eine Gegenleistung erhält.

3. Gesellschafter als Fremdkapitalgeber (§ 7 Abs. 4 Nr. 2 VermVerkProspV)

48 Treten Gründungsgesellschafter oder aktuelle Gesellschafter (Gesellschafter zum Zeitpunkt der Prospektaufstellung) gegenüber dem Emittenten auch als **Fremdkapitalgeber** auf oder **vermitteln** sie dem Emittenten Fremdkapital, so ist im Verkaufsprospekt anzugeben, in welcher **Art und Weise** dies geschieht. Hierbei sind nicht nur Angaben über die rechtliche Grundlage der Bereitstellung oder Vermittlung von Fremdkapital und die Identität des vermittelten Fremdkapitalgebers erforderlich, sondern auch **Angaben zur Höhe** des selbst bereitgestellten oder vermittelten Fremdkapitals geboten. Nur so lässt sich der Interessenkonflikt, der durch solche Vorgänge hervorgerufen werden kann, und mögliche Folgen desselben auf die Werthaltigkeit der angebotenen Vermögensanlage erkennen. Die Vorschrift ist § 7 Abs. 2 Nr. 2 VermVerkProspV nachgebildet.

4. Lieferungen und Leistungen für das Anlageobjekt (§ 7 Abs. 4 Nr. 3 VermVerkProspV)

Der Verkaufsprospekt muss nach § 7 Abs. 4 Nr. 3 VermVerkProspV Angaben darüber enthalten, in welcher Art und Weise die Gründungsgesellschafter und die aktuellen Gesellschafter (Gesellschafter zum Zeitpunkt der Prospektaufstellung) Lieferungen oder Leistungen im Zusammenhang mit der Anschaffung oder Herstellung des Anlageobjekts erbringen. Zur Beantwortung der Frage, was **Lieferungen oder Leistungen im Zusammenhang mit der Anschaffung oder Herstellung des Anlageobjekts** sind, kann auf die Ausführungen zur entsprechenden Vorschrift für Beteiligungsunternehmen in § 7 Abs. 4 Nr. 1 VermVerkProspV (Rz. 46 f.) verwiesen werden.

49

§ 8
Angaben über die Geschäftstätigkeit des Emittenten

(1) Der Verkaufsprospekt muss über die Geschäftstätigkeit des Emittenten folgende Angaben enthalten:
1. die wichtigsten Tätigkeitsbereiche;
2. Angaben über die Abhängigkeit des Emittenten von Patenten, Lizenzen, Verträgen oder neuen Herstellungsverfahren, wenn sie von wesentlicher Bedeutung für die Geschäftstätigkeit oder Ertragslage des Emittenten sind;
3. Gerichts-, Schieds- und Verwaltungsverfahren, die einen Einfluss auf die wirtschaftliche Lage des Emittenten und die Vermögensanlage haben können;
4. Angaben über die laufenden Investitionen.

(2) Ist die Tätigkeit des Emittenten durch außergewöhnliche Ereignisse beeinflusst worden, so ist darauf hinzuweisen.

In der Fassung der vom 16.12.2004 (BGBl. I 2004, S. 3464), zuletzt geändert durch das Gesetz zur Novellierung des Finanzanlagenvermittler- und Vermögensanlagenrechts vom 6.12.2011 (BGBl. I 2011, S. 2481).

Schrifttum: Siehe Einl. VermAnlG und das Allgemeine Schrifttumsverzeichnis.

I. Übersicht und Normentwicklung	1	2. Abhängigkeit von Patenten, Lizenzen, Verträgen oder neuen Herstellungsverfahren (§ 8 Abs. 1 Nr. 2 VermVerkProspV)	5
II. Angaben über die Geschäftstätigkeit des Emittenten (§ 8 Abs. 1 VermVerkProspV)			
1. Tätigkeitsbereiche (§ 8 Abs. 1 Nr. 1 VermVerkProspV)	3	3. Gerichts-, Schieds- und Verwaltungsverfahren (§ 8 Abs. 1 Nr. 3 VermVerkProspV)	8

4. Laufende Investitionen	III. Außergewöhnliche Ereignisse
(§ 8 Abs. 1 Nr. 4 VermVerkProspV) 10	(§ 8 Abs. 2 VermVerkProspV) ... 14

I. Übersicht und Normentwicklung

1 Mit den durch § 8 Abs. 1 VermVerkProspV verlangten **Angaben über die Geschäftstätigkeit des Emittenten** soll der Anleger über die Marktstellung, das Marktverhalten und die Marktaussichten des Emittenten informiert werden. Der von § 8 Abs. 2 VermVerkProspV verlangte Hinweis auf außergewöhnliche Ereignisse soll auf Umstände aufmerksam machen, die geeignet sind, die Vermögens-, Finanz- oder Ertragslage des Emittenten gegenwärtig oder zukünftig zu beeinflussen.

2 Die Vorschrift geht zurück auf § 7 der der VermVerkProspV vorausgegangen und aufgehobenen[1] VerkProspVO[2]. Diese entsprach § 20 BörsZulVO aF[3]. Mit § 7 VerkProspVO aF wurde Art. 11 Abs. 2 lit. d der EG-Emissionsprospektrichtlinie[4] umgesetzt. Durch Art. 15 Nr. 7 des Gesetzes zur Novellierung des Finanzanlagenvermittler- und Vermögensanlagenrechts vom 6.12.2011[5] sind Abs. 1 Nr. 3 und Nr. 4 der Vorschrift neu formuliert worden.

II. Angaben über die Geschäftstätigkeit des Emittenten (§ 8 Abs. 1 VermVerkProspV)

1. Tätigkeitsbereiche (§ 8 Abs. 1 Nr. 1 VermVerkProspV)

3 Während § 5 Nr. 4 VermVerkProspV lediglich Angaben zu dem zumeist schon in der Satzung bestimmten und eher allgemein umschriebenen Unternehmensgegenstand verlangt, sind nach § 8 Abs. 1 Nr. 1 VermVerkProspV **konkrete Ausführungen** zu den **Tätigkeitsbereichen** des Emittenten erforderlich. Für den Anleger muss nicht nur der Schwerpunkt der Geschäftstätigkeit erkennbar sein, vielmehr sind auch die wesentlichen Tätigkeitsbereiche konkret, präzise und ausführlich zu **beschreiben**. Die in Abhängigkeit vom jeweiligen Unternehmensgegenstand (Produktion, Handel, Dienstleistungen usw.) spezifischen Besonderheiten sind dabei möglichst genau darzustellen. Leerformeln oder weitreichende Formulierungen, wie beispielsweise „Geschäfte im Internet", „Entwicklung und Vertrieb alternativer Energiequellen" oder „An- und Verkauf von Immobilien", sind regelmäßig mangels Aussagekraft unzurei-

---

[1] Art. 9, 10 Prospektrichtlinie-Umsetzungsgesetz vom 22.6.2005 (BGBl. I 2005, S. 1698).
[2] VerkProspVO vom 17.12.1990 (BGBl. I 1990, S. 2869) idF der Bekanntmachung vom 9.9.1998 (BGBl. I 1998, S. 2853).
[3] Zu den Übereinstimmungen zwischen § 7 VerkProspVO und § 20 BörsZulVO aF ausführlich *Lenz* in Assmann/Lenz/Ritz, § 7 VerkProspVO Rz. 3.
[4] Richtlinie vom 17.4.1989 zur Koordinierung der Bedingungen für die Erstellung, Kontrolle und Verbreitung des Prospekts, der im Falle öffentlicher Angebote von Wertpapieren zu veröffentlichen ist, ABl. EG Nr. L 124 v. 5.5.1989, S. 8.
[5] BGBl. I 2011, S. 2481.

chend. Allgemein gehaltene Angaben sind allenfalls dann ausreichend, wenn weitere Präzisierungen im Einzelfall tatsächlich nicht möglich sind.

Nach § 8 Abs. 1 Nr. 1 VermVerkProspV sind in den Verkaufsprospekt nur Angaben über die **wichtigsten Tätigkeitsbereiche** aufzunehmen. Ob bestimmte Tätigkeitsbereiche als **wichtig** anzusehen sind, hängt von ihrer Bedeutung für die Erfüllung des Unternehmensgegenstands, die Geschäftsentwicklung sowie die Vermögens-, Finanz- und Ertragslage des Emittenten ab, die in einer Gesamtschau mit Blick auf die übrigen Tätigkeitsbereiche des Unternehmen zu beurteilen ist. Schon unter der Geltung des § 20 Abs. 1 Nr. 3 BörsZulVO aF als seinerzeitiger Parallelvorschrift zu § 7 VerkProspVO aF (siehe oben Rz. 2) wurde es abgelehnt, die in der erstgenannten Bestimmung für Schwerpunktbetriebe vorgesehene Bezugsgröße von 10% des Gesamtumsatzes bzw. der Produktion als Kriterium zur Abgrenzung von wichtigen und unwichtigen Tätigkeitsbereichen heranzuziehen[1]. Sofern der Emittent in mehreren Geschäftsfeldern tätig ist, kann dem einzelnen Tätigkeitsbereich damit selbst dann besondere Bedeutung zukommen, wenn in diesem weniger als 10% vom Gesamtumsatz erzielt wird. Zu berücksichtigen ist, ob das Engagement des Emittenten in diesem Bereich möglicherweise besondere Verlustrisiken oder aber auch Zukunfts- und Entwicklungspotential beinhaltet. Eine starre Regelung kann diesen Aspekten, die für den Anleger gerade bei der Zeichnung von Wertpapieren junger Emittenten wesentlich sein können, nicht Rechnung tragen.

2. Abhängigkeit von Patenten, Lizenzen, Verträgen oder neuen Herstellungsverfahren (§ 8 Abs. 1 Nr. 2 VermVerkProspV)

Im Verkaufsprospekt sind die **Patente, Lizenzen, Verträge** oder **neuen Herstellungsverfahren** anzugeben, die für die Geschäftstätigkeit oder Ertragslage des Emittenten von wesentlicher Bedeutung sind. Sodann ist im Hinblick auf diese Patente, Lizenzen, Verträge oder neuen Herstellungsverfahren anzugeben, in welcher Weise der Emittent von diesen abhängig ist.

Ob Patente, Lizenzen, Verträge oder neue Herstellungsverfahren **für den Emittenten von wesentlicher Bedeutung** sind, ist im Hinblick auf die Geschäftstätigkeit oder Ertragslage des Emittenten und nicht im Hinblick auf seine Abhängigkeit von denselben zu beurteilen. Deshalb können Patente, Lizenzen, Verträge oder neue Herstellungsverfahren für den Emittenten auch dann von Bedeutung sein, wenn seine Abhängig-

---

1 *Lenz* in Assmann/Lenz/Ritz, § 7 VerkProspVO Rz. 5; auch in Bezug auf die VermVerkProspV *Voß* in Arndt/Voß, § 8 VermVerkProspV Rz. 5. AA *Paskert*, Informations- und Prüfungspflichten bei Wertpapieremissionen, 1991, S. 61. Auch *Carl/Machunsky*, Der Wertpapier-Verkaufsprospekt, 1992, S. 99, weisen ohne weitere Begründung darauf hin, dass nach internationalen Usancen solche Tätigkeitsbereiche als wichtig anzusehen seien, mit denen ein Anteil von mehr als 10% vom Gesamtumsatz erreicht werde. Hingegen erachtet auch *Hüffer*, Das Wertpapier-Verkaufsprospektgesetz, 1996, S. 109, die 10%-Grenze für nicht verallgemeinerungsfähig; nach *Hüffer*, S. 110, kann ein prozentualer Anteil indizielle Bedeutung haben, lässt aber die Prüfung weiterer Aspekte nicht entbehrlich werden. In diesem Sinne auch *Groß*, Kapitalmarktrecht, 1. Aufl. 2000, §§ 1–15 VerkProspV Rz. 8, der die 10%-Grenze nur als Richtlinie ansehen will.

keit von diesen jeweils gering ist. Auch die Beurteilung der **Wesentlichkeit** der Patente, Lizenzen, Verträge und neuen Herstellungsverfahren verlangt wiederum ein wertendes Gesamturteil unter Berücksichtigung sämtlicher dieser Produktionsfaktoren, und auch sie lässt sich nicht durch einen bestimmten prozentualen Anteil des jeweiligen Schutzrechts, Vertrages oder etwa Produktionsverfahrens am Umsatz des Emittenten bestimmen[1]. Schon die wirtschaftlichen Auswirkungen des Ausfalls bestimmter Produktionsverfahren oder des Wegfalls von Lizenzen oder Zulieferer- bzw. Kundenverträgen sind oftmals nur schwer quantifizierbar. Für die Beurteilung einer Angabepflicht sind aber auch Aspekte maßgeblich, die sich nicht errechnen, sondern nur durch eine **Bewertung der Gesamtsituation** unter Berücksichtigung der Wettbewerbslage, der Marktentwicklung, des Stands der Technik usw. erfassen lassen. Ist ein Emittent von einzelnen Patenten, Lizenzen, Verträgen oder neuen Herstellungsverfahren als abhängig zu betrachten, weil sie für seine Geschäftstätigkeit oder Ertragslage von entscheidender Bedeutung sind, so sind sie gewiss auch wesentlich.

7   Sodann sind **Art und Ausmaß der Abhängigkeit** des Emittenten von den einzelnen Patenten, Lizenzen, Verträgen oder neuen Herstellungsverfahren zu beschreiben. Diese Angaben können nicht in Form eines pauschalen Hinweises, sondern nur im Wege einer eingehenden Beschreibung des Gegenstandes und der Laufzeit der Patente, Lizenzen oder Verträge sowie der Gesichtspunkte in- und außerhalb des Unternehmens vorgenommen werden, aus denen sich die Abhängigkeit ergibt. Die Abhängigkeit von neuen Herstellungsverfahren ist – nicht zuletzt weil sie, sofern sie nicht patentiert sind, kaum Schutz genießen – im Hinblick auf tradierte Verfahren, ihren Einsatz, ihren Innovationsgrad, ihre voraussichtliche Dauer als Neuigkeit und ihre möglichen technischen Risiken darzustellen.

3. Gerichts-, Schieds- und Verwaltungsverfahren (§ 8 Abs. 1 Nr. 3 VermVerkProspV)

8   Nach § 8 Abs. 1 Nr. 3 VermVerkProspV sind Angaben über **Gerichts-, Schieds- und Verwaltungsverfahren**, die einen Einfluss auf die wirtschaftliche Lage des Emittenten und die Vermögensanlage haben können, in den Verkaufsprospekt aufzunehmen. Bis zur **Änderung von § 8 Abs. 1 Nr. 3 VermVerkProspV** durch Art. 15 Nr. 7 des Gesetzes zur Novellierung des Finanzanlagenvermittler- und Vermögensanlagenrechts vom 6.12.2011[2] waren nur Angaben zu Gerichts- und Schiedsverfahren erforderlich. Da auch **Verwaltungsverfahren** – wie namentlich Verfahren über die Zulassung zum Betreiben von Bankgeschäften oder zu Finanzdienstleistungen, die Aufhebung der diesbezüglichen Erlaubnis oder anderweitige Verfahren im Zusammen mit der Zulassung zum Geschäftsbetrieb nach §§ 32 ff. KWG – einen erheblichen Einfluss auf die wirtschaftliche Lage des Emittenten haben können, werden nunmehr auch Angaben über solche Verfahren verlangt. Darüber hinaus wurde **§ 8 Abs. 1 Nr. 3 VermVerkProspV** dahingehend geändert, dass eine Angabepflicht in Bezug auf die in Frage stehenden

---

1 So aber *Carl/Machunsky*, Der Wertpapier-Verkaufsprospekt, 1992, S. 99, die wiederum als Wesentlichkeitsschwelle 10% des Umsatzes annehmen.
2 BGBl. I 2011, S. 2481.

Verfahren nur dann besteht, wenn sie einen Einfluss auf die wirtschaftliche Lage des Emittenten **und die Vermögensanlage** haben. Und schließlich verlangt § 8 Abs. 1 Nr. 3 VermVerkProspV nun nicht mehr, dass die fraglichen Verfahren einen „wesentlichen Einfluss" (so § 8 Abs. 1 Nr. 3 VermVerkProspV aF) auf die wirtschaftliche Lage des Emittenten und die Vermögensanlage haben müssen.

Gerichts-, Schieds- und Verwaltungsverfahren sind nach § 8 Abs. 1 Nr. 3 VermVerkProspV nur dann anzugeben, wenn sie in den Bereich der Geschäftstätigkeit des Emittenten fallen, ihn also unmittelbar – dh. als Partei des Verfahrens – betreffen. Zu **Verfahren Dritter** brauchen, auch wenn sie die Geschäftstätigkeit des Emittenten berühren und ihm bekannt sind, keine Angaben gemacht zu werden. Angabepflichtig sind darüber hinaus nur solche Verfahren, denen ein Einfluss auf die wirtschaftliche Lage des Emittenten und – kumulativ – die Vermögensanlage zukommt. Durch den neu in die Bestimmung gelangten **Bezug auf die Vermögensanlage** wird der Kreis angabepflichtiger Verfahren dahingehend eingeschränkt, dass die Verfahren nicht nur Einfluss auf die wirtschaftliche Lage des Emittenten als Person oder Verband, sondern darüber hinaus auch auf die von diesem verfolgte Anlage der eingesammelten Vermögen, dh. das Anlageprojekt, haben. Dafür ist allerdings das Erfordernis entfallen, dass über die fraglichen Verfahren nur dann zu berichten ist, wenn ihnen ein wesentlicher Einfluss auf die die wirtschaftliche Lage des Emittenten und die Vermögensanlage zukommt. Angabepflichtig sind mithin alle Verfahren, denen ein solcher **Einfluss nicht abzusprechen** ist. Das allerdings wird bei Verfahren, die lediglich den normalen Geschäftsverlauf des Emittenten betreffen oder „routinemäßige Verwaltungsverfahren"[1] darstellen, mangels Einfluss auf die Vermögensanlage regelmäßig nicht der Fall sein.

9

4. Laufende Investitionen (§ 8 Abs. 1 Nr. 4 VermVerkProspV)

§ 8 Abs. 1 Nr. 4 VermVerkProspV verlangt nach seiner Änderung durch Art. 15 Nr. 7 des Gesetzes zur Novellierung des Finanzanlagenvermittler- und Vermögensanlagenrechts vom 6.12.2011[2] **Angaben über die laufenden Investitionen**. Anders als zuvor – die geänderte Vorschrift lautete: „Angaben über die wichtigsten laufenden Investitionen mit Ausnahme der Finanzanlagen" – sind damit nicht nur Angaben über die *wichtigsten* laufenden Investitionen zu machen, sondern zu sämtlichen laufenden Investitionen; und, anders als zuvor, gehören zu diesen auch etwaige Finanzinvestitionen.

10

Als **Investition** ist jede langfristigen Bindung finanzieller Mittel des Emittenten in jedwedes Investitionsobjekt anzusehen, dh. **Realinvestitionen** (Grundstücke, Gebäude, Fahrzeuge, Maschinen, Hard- und Software), **Investitionen in immaterielle Vermögensgenstände** (Werbung, Marketing, Vertrieb) sowie **Finanzinvestitionen** in Gestalt der Übernahme von Beteiligungen oder des Erwerbs von Gläubigerrechten im Zusammenhang mit der Hingabe finanzieller Mittel (etwa der Erwerb von

11

---

1 RegE Gesetz zur Novellierung des Finanzanlagenvermittler- und Vermögensanlagenrechts, BT-Drucks. 17/6051 v. 6.6.2011, S. 1 (51).
2 BGBl. I 2011, S. 2481.

Wertpapieren oder von Schuldverschreibungen oder die Vergabe langfristiger Darlehen). Auch wenn es in der Begründung zur Änderung des § 8 Abs. 1 Nr. 4 VermVerkProspV (siehe oben Rz. 11) heißt, die Vorschrift verlange „Angaben zu sämtlichen laufenden Investitionen einschließlich etwaiger Finanzanlagen"[1] und damit nicht von Finanzinvestitionen die Rede ist, so kann damit doch nicht das kurzfristige Geldanlagegeschäft gemeint sein, das im Falle der Prospektveröffentlichung längst liquidiert sein kann. Dessen ungeachtet ist es im Interesse der Information des Anlegers über die Chancen und Risiken einer Vermögensanlage erwünscht, auch Angaben über **Finanzanlagen** zu erhalten, soweit sie nicht nur der kurzfristigen Geldanlage dienen.

12 Wenn die Vorschrift nur die Angabe *laufender Investitionen* verlangt, so wird hierbei ein Begriff verwandt, unter dem herkömmlich alle anderen als die Anfangsinvestitionen bei Gründung oder Erwerb des Unternehmens verstanden werden. Dem Anleger ist jedoch nicht mit Angaben geholfen, die die Investitionsgeschichte des Emittenten seit seiner Entstehung wiedergeben. Dem Informationsbedarf des Anlegers „über die Geschäftstätigkeit des Emittenten" – so die Einleitungsformulierung zu Abs. 1 – und den aus dieser zu ziehenden Folgerungen zu den Chancen und Risiken der angebotenen Vermögensanlage ist vielmehr dadurch gedient, dass der Verkaufsprospekt über alle Investitionen berichtet, die **zum Zeitpunkt der Erstellung** des im Verkaufsprospekt enthaltenen **Jahresabschlusses und Lageberichts noch nicht abgeschlossen** waren und sich in diesen noch nicht vollständig widerspiegeln. Ein solches Informationsinteresse besteht auch für **beschlossene Investitionsvorhaben**, mit deren Durchführung alsbald, jedenfalls aber noch in der Laufzeit des Angebots der Vermögensanlage, zu rechnen ist[2].

13 Die **Angaben über die laufenden Investitionen** können nicht auf reine Zahlenangaben beschränkt werden, vielmehr sind die Investitionen im Einzelnen zu **erläutern**[3]. Insbesondere ist ein bloßer Verweis auf den Jahresabschluss oder Geschäftsbericht nicht ausreichend. Erläuterungsbedürftig können Art, Höhe, Fristigkeit, Risiko und Zielsetzung der Investition sein[4].

III. Außergewöhnliche Ereignisse (§ 8 Abs. 2 VermVerkProspV)

14 Auf **außergewöhnliche Ereignisse** ist im Verkaufsprospekt hinzuweisen, wenn hierdurch die Tätigkeit des Emittenten beeinflusst worden ist. Als außergewöhnliche Ereignisse kommen nur solche Sachverhalte in Betracht, die für den Emittenten nicht vorhersehbar waren und mit deren Eintritt er im Rahmen des üblichen Ge-

---

1 RegE Gesetz zur Novellierung des Finanzanlagenvermittler- und Vermögensanlagenrechts, BT-Drucks. 17/6051 v. 6.6.2011, S. 1 (51).
2 Anders *Voß* in Arndt/Voß, § 8 VermVerkProspV Rz. 22, nach dem „über bereits durchgeführte oder erst beschlossene Investitionen" keine Angaben zu machen sind.
3 So die Begründung zur VerkProspVO, BR-Drucks. 811/90 v. 20.11.1990, S. 12. Dieser zufolge ist die jeweilige Sachinvestition zu benennen. Ebenso die heute, soweit ersichtlich, nicht mehr nachweisbare Begründung zur VermVerkProspV vom Dezember 2004, S. 6.
4 *Hamann* in Schäfer, § 44b BörsG aF Rz. 53.

schäftsverlaufs nicht zu rechnen brauchte, wie bspw. Naturkatastrophen, Handelsverbote, politische Krisen oder der Zusammenbruch eines Großkunden. Derartige Ereignisse müssen zudem geeignet sein, die Vermögens-, Finanz- oder Ertragslage des Emittenten zu beeinflussen[1].

Eine Erläuterung dieser Umstände im Verkaufsprospekt ist nicht erforderlich. **Ausreichend** ist nach dem Wortlaut des § 8 Abs. 2 VermVerkProspV ein **Hinweis**, wobei jedoch für den Anleger der kausale Zusammenhang zwischen dem außergewöhnlichen Ereignis und der veränderten Geschäftstätigkeit des Emittenten dem Grunde nach verständlich werden muss.

15

§ 9
Angaben über die Anlageziele und Anlagepolitik der Vermögensanlagen

(1) Der Verkaufsprospekt muss über die Anlagestrategie und Anlagepolitik der Vermögensanlagen angeben,
1. für welche konkreten Projekte die Nettoeinnahmen aus dem Angebot genutzt werden sollen,
2. welchen Realisierungsgrad diese Projekte bereits erreicht haben,
3. ob die Nettoeinnahmen hierfür allein ausreichen und
4. für welche sonstigen Zwecke die Nettoeinnahmen genutzt werden.

Weiterhin sind die Möglichkeiten einer Änderung der Anlagestrategie oder Anlagepolitik sowie der dazu notwendigen Verfahren darzustellen und der Einsatz von Derivaten und Termingeschäften zu beschreiben.

(2) Der Verkaufsprospekt muss zusätzlich über die Anlageziele und Anlagepolitik angeben:
1. eine Beschreibung des Anlageobjekts. Anlageobjekt sind die Gegenstände, zu deren voller oder teilweiser Finanzierung die von den Erwerbern der Vermögensanlagen aufzubringenden Mittel bestimmt sind. Bei einem Treuhandvermögen, das ganz oder teilweise aus einem Anteil besteht, der eine Beteiligung am Ergebnis eines Unternehmens gewährt, treten an die Stelle dieses Anteils die Vermögensgegenstände des Unternehmens. Besteht das Anlageobjekt ganz oder teilweise aus einem Anteil oder einer Beteiligung an einer Gesellschaft oder stellt das Anlageobjekt ganz oder teilweise eine Ausleihung an oder eine Forderung gegen eine Gesellschaft dar, so gelten auch diejenigen Gegenstände als Anlageobjekt, die diese Gesellschaft erwirbt;

---

1 Vgl. Begründung VerkProspVO, BR-Drucks. 811/90 v. 20.11.1990, S. 12.

§ 9 VermVerkProspV | Angaben über die Anlageziele und Anlagepolitik

2. ob den nach den §§ 3, 7 oder 12 zu nennenden Personen das Eigentum am Anlageobjekt oder wesentlichen Teilen desselben zustand oder zusteht oder diesen Personen aus anderen Gründen eine dingliche Berechtigung am Anlageobjekt zusteht;
3. nicht nur unerhebliche dingliche Belastungen des Anlageobjekts;
4. rechtliche oder tatsächliche Beschränkungen der Verwendungsmöglichkeiten des Anlageobjekts, insbesondere im Hinblick auf das Anlageziel;
5. ob behördliche Genehmigungen erforderlich sind und inwieweit diese vorliegen;
6. welche Verträge der Emittent über die Anschaffung oder Herstellung des Anlageobjekts oder wesentlicher Teile davon geschlossen hat;
7. den Namen der Person oder Gesellschaft, die ein Bewertungsgutachten für das Anlageobjekt erstellt hat, das Datum des Bewertungsgutachtens und dessen Ergebnis;
8. in welchem Umfang Lieferungen und Leistungen durch Personen erbracht werden, die nach den §§ 3, 7 oder 12 zu nennen sind;
9. die voraussichtlichen Gesamtkosten des Anlageobjekts in einer Aufgliederung, die insbesondere Anschaffungs- und Herstellungskosten sowie sonstige Kosten ausweist und die geplante Finanzierung in einer Gliederung, die Eigen- und Fremdmittel, untergliedert nach Zwischenfinanzierungs- und Endfinanzierungsmitteln, gesondert ausweist. Zu den Eigen- und Fremdmitteln sind die Konditionen und Fälligkeiten anzugeben und in welchem Umfang und von wem diese bereits verbindlich zugesagt sind. Darüber hinaus ist die angestrebte Fremdkapitalquote anzugeben und wie sich die Hebeleffekte auswirken.

In der Fassung vom 16.12.2004 (BGBl. I 2004, S. 3464) zuletzt geändert durch das Kleinanlegerschutzgesetz vom 3.7.2015 (BGBl. I 2015, S. 1114).

Schrifttum: *Berger/Steck/Lübbehüsen*, Investmentgesetz, Investmentsteuergesetz, 2010; *Dietrich*, Anlageziele in der Empfehlungshaftung des Anlageberaters, WM 2016, 199 ff.; *Hoppe/Riedel*, Der Begriff „weiche Kosten" in der Prospekthaftung, DB 2007, 1125; *Loritz/Wagner*, Geschlossene Fonds: Prospektdarstellung von „weichen" Kosten und Anlageberatungspflichten in der Rechtsprechung des BGH vor dem 1.7.2005 und danach, NZG 2013, 367 ff.; *Lüdicke/Arndt*, Geschlossene Fonds, 6. Aufl. 2013; *Memento Rechtshandbücher*, Bilanzrecht für die Praxis, 3. Aufl. 2009; *Moritz/Grimm*, Die Vermögensanlagen-Verkaufsprospektverordnung: Inhaltliche Anforderungen an Verkaufsprospekte geschlossener Fonds, BB 2005, 337; *Verfürth/Grünenberg*, Pflichtangaben für geschlossene Fonds nach der Vermögensanlagen-Verkaufsprospektverordnung, DB 2005, 1043; *Volkert*, Corporate Finance – Grundlagen von Finanzierung und Investition, 4. Aufl. 2008; *Wetzig*, Die Regulierung des Grauen Kapitalmarkts durch die Novellierung des Finanzanlagenvermittler- und Vermögensanlagenrechts sowie durch das Kapitalanlagegesetzbuch, 2014; *Zetzsche*, Prinzipien der kollektiven Vermögensanlage, 2015. Siehe auch Einl. VermAnlG.

I. Normentwicklung 1
II. **Allgemeine Beschreibung des Anlageobjekts (§ 9 Abs. 1 VermVerkProspV)**
 1. Regelungsgehalt 4
    a) Anlagestrategie (Anlageziel) ... 6
    b) Anlagepolitik 10
    c) Projekt (§ 9 Abs. 1 Satz 1 Nr. 1 VermVerkProspV) 12
    d) Realisierungsgrad des Projekts (§ 9 Abs. 1 Satz 1 Nr. 2 VermVerkProspV) 13
    e) Nettoeinnahmen (§ 9 Abs. 1 Satz 1 Nr. 3 VermVerkProspV) 14
    f) Sonstige Zwecke (§ 9 Abs. 1 Satz 1 Nr. 4 VermVerkProspV) 18
 2. Formelle Anforderungen 19
 3. Geschäftsveränderung und Anlagetechniken (§ 9 Abs. 1 Satz 2 VermVerkProspV) 26
III. **Konkretisierungen des Anlageobjekts (§ 9 Abs. 2 VermVerkProspV)** 28
 1. Beschreibung des Anlageobjekts (§ 9 Abs. 2 Nr. 1 VermVerkProspV) 31
 2. Dingliche Berechtigungen am Anlageobjekt (§ 9 Abs. 2 Nr. 2 VermVerkProspV) 42
 3. Dingliche Belastungen des Anlageobjekts (§ 9 Abs. 2 Nr. 3 VermVerkProspV) 49
 4. Rechtliche und tatsächliche Beschränkungen des Anlageobjekts (§ 9 Abs. 2 Nr. 4 VermVerkProspV) 52
 5. Behördliche Genehmigungen zum Anlageobjekt (§ 9 Abs. 2 Nr. 5 VermVerkProspV) 56
 6. Verträge über Herstellung und Anschaffung des Anlageobjekts (§ 9 Abs. 2 Nr. 6 VermVerkProspV) 63
 7. Bewertungsgutachten über das Anlageobjekt (§ 9 Abs. 2 Nr. 7 VermVerkProspV) 68
 8. Lieferungen und Leistungen in Bezug auf das Anlageobjekt (§ 9 Abs. 2 Nr. 8 VermVerkProspV) 74
 9. Gesamtkosten des Anlageobjekts (§ 9 Abs. 2 Nr. 9 VermVerkProspV) 78

I. Normentwicklung

Die **ohne Vorbild gegenüber der ursprünglichen VerkProspVO** sowie in Teilen am ehesten mit der Regelung des § 42 Abs. 1 Satz 3 Nr. 14 InvG aF (jetzt: § 165 Abs. 2 Nr. 2 KAGB) vergleichbare Regelung des § 9 VermVerkProspV wurde seit ihrem Inkrafttreten mehrfach geändert und in ihrem Anwendungsbereich für Vermögensanlagen und der im Verkaufsprospekt beizubringenden Angabenfülle erweitert. 1

Art. 15 Nr. 8 lit. a des Gesetzes zur Novellierung des Finanzanlagenvermittler- und Vermögensanlagenrechts[1] entwickelte den Anwendungsbereich von § 9 Abs. 1 VermVerkProspV bzgl. der Angabenbreite und -tiefe weiter. Durch die Änderung wurde der Begriff der Anlagestrategie eingeführt und zusätzlich Angaben zu ihrem Inhalt und ihrer Veränderungsmöglichkeit verlangt. Mit Art. 15 Nr. 8 lit. b des Gesetzes zur Novellierung des Finanzanlagenvermittler- und Vermögensanlagenrechts wurden insbesondere die Angabepflichten über den Begriff des Anlageobjekts unter Berücksichtigung mehrstufiger Erwerbsprozesse erweitert; auch gab es weitere Detailänderungen des Angabenkatalogs. 2

---

1 Gesetz zur Novellierung des Finanzanlagenvermittler- und Vermögensanlagenrechts vom 6.12.2011, BGBl. I 2011, S. 2481.

3   Mit Art. 6 Nr. 5 des Kleinanlegerschutzgesetzes[1] wurde die Privilegierung bestimmter Anlageformen nach § 1 Abs. 2 VermAnlG für Angabepflichten im Anwendungsbereich von § 9 Abs. 2 VermVerkProspV abgeschafft und der Begriff des Anlageobjekts bei mehrstufigen Erwerbsprozessen auf weitere Beteiligungsformen erweitert.

II. Allgemeine Beschreibung des Anlageobjekts (§ 9 Abs. 1 VermVerkProspV)

1. Regelungsgehalt

4   Die Vorschrift betrifft eine der entscheidenden Ausführungen zur **Beschreibung der gesamten Vermögensanlage** in ihrer abstrakten Ausprägung. Da in vielen Fällen das Anlageobjekt mit dem Emittenten nicht identisch ist, verpflichtet diese Norm die Anbieter zur Offenlegung der konkreten Verwendungen der von den Anlegern bereitgestellten Einlagen. Die Norm ist daher ein **Ausfluss des Vollständigkeitsgebots** des § 2 Abs. 1 VermVerkProspV und konkretisiert diese Regelung[2]. Die nach § 9 Abs. 1 Satz 1 VermVerkProspV zu treffenden Angaben sollen in anschaulicher Weise vermitteln, wie die aus den Beteiligungen der Anleger erhobenen Mittel verwendet werden sollen. Die Begriffe Anlagestrategie und Anlagepolitik sind für den Anleger im Verkaufsprospekt näher zu erläutern. Weiter sind Angaben zu den konkreten Projekten und sonstigen Zwecken zu tätigen, für die die Nettoeinnahmen aus dem Angebot genutzt werden sollen, und der bereits erreichte Realisierungsgrad der Projekte ist abzubilden.

5   Die Beschreibung der entsprechenden **Anlagestrategie und der Anlagepolitik** erfolgt aus der Perspektive der Emissionsgesellschaft. Die Bezugnahme des Verordnungstextes auf die Vermögensanlage ist insofern ungenau, da die Vermögensanlage selbst für sich kein zu Handlungen fähiges Rechtssubjekt darstellt[3]. Die Vermögensanlage zeichnet sich vielmehr als vertragliche Grundlage der Emissionsgesellschaft aus, die dann aber in der Praxis dieser Beteiligungsmodelle zumeist detailliert die entsprechenden die Anlagestrategie und die Anlagepolitik enthält. Unter dem Verständnis, dass eine Vermögensanlage den von der Emissionsgesellschaft angebotenen Anteil der unternehmerischen Beteiligung „verkörpert", dient die Vermögensanlage letztlich durch die damit verbundene Einlageverpflichtung der Umsetzung der Anlagestrategie und der Anlagepolitik durch die Bereitstellung der dazu benötigten finanziellen Mittel.

a) Anlagestrategie (Anlageziel)

6   Mit Art. 15 Nr. 8 lit. a des Gesetzes zur Novellierung des Finanzanlagenvermittler- und Vermögensanlagenrechts wurde in § 9 Abs. 1 VermVerkProspV der Begriff der

---

1 Kleinanlegerschutzgesetz vom 3.7.2015, BGBl. I 2015, S. 1114.
2 Vgl. Begr. zur VermVerkProspV, abrufbar unter: https://www.uni-leipzig.de/bankinstitut/dokumente/2004-11-11-04.pdf.
3 *Voß* in Arndt/Voß, § 9 VermVerkProspV Rz. 3.

Anlageziele durch den Begriff der Anlagestrategie ausgetauscht. Die Änderung der Begrifflichkeiten ist auf Art. 23 Abs. 1a und 1b Richtlinie 2011/61/EU (AIFM-Richtlinie) zurückzuführen[1]. Sie führt zu einer inkohärenten Terminologie innerhalb der Vorschrift[2]. Sowohl die Überschrift der Vorschrift als auch deren Abs. 2 behalten den Begriff des Anlageziels bei. Des Weiteren ist die Anlagestrategie als Teilbereich der Anlagepolitik zuzuordnen[3]. Mit der Anlagestrategie, sofern überhaupt ein selbständiges Verständnis zur Anlagepolitik möglich ist, wird die Art der tatsächlichen Umsetzung der mit der Anlagepolitik festgelegten Grundsätze umschrieben, ob zB eine aktive oder passive Strategie (Kaufen und Halten des Anlageobjekts)[4], Anpassungen der Entscheidung über Investitionen anhand der vorhandenen Finanzmittel oder unter der Berücksichtigung konjunktureller Aspekte vorgenommen werden. Im Verkaufsprospekt informiert sie über die festgelegten Handlungsspielräume und Schranken der Geschäftsführung[5]. Deutlich wird dies aus § 9 Abs. 1 Satz 2 VermVerkProspV. Dieser verlangt, dass Aussagen über eventuell festgelegte, bestimmte Techniken der Umsetzung einer Anlagestrategie getroffen werden sollen (Einsatz von Derivaten und Termingeschäften).

Demgegenüber ist der Begriff des Anlageziels auf das konkrete Ergebnis der Umsetzung einer Anlagepolitik und -strategie gerichtet. Er beschreibt und konkretisiert den Geschäftszweck der Emissionsgesellschaft, an dem der Anleger über seine Beteiligung in Form der Vermögensanlage teilhaben soll. Der Begriff des Anlageziels ist **umfassend und abstrakt** zu verstehen. Er beschränkt sich nicht allein darauf, die Gesellschaft in Hinblick auf ihren bloßen Geschäftsgegenstand (zB Errichtung und Betreibung einer Solarenergieanlage) zu beschreiben, sondern berücksichtigt auch die Perspektive des Anlegers als Mitunternehmer, welche in die Beschreibung mit einzubeziehen ist (zB Zielsetzung: die Erwirtschaftung gleichmäßiger laufender Erträge oder schnelles Wachstum, Laufzeit, Handelbarkeit, Art der Ertragszuweisung,

---

1 *Wetzig*, Die Regulierung des Grauen Kapitalmarkts, S. 104.
2 Im Übrigen kommt hinzu, dass die Begriffsentlehnung aus der europäischen Richtlinie für das rein nationale Regelungswerk des VermAnlG und der dazugehörigen VermVerkProspV nicht notwendig gewesen wäre und der Begriff bereits als Differenzierungskriterium für die Trennung der Regelungsbereiche von KAGB und VermAnlG belegt ist. Es beschreibt eine Voraussetzung für die Annahme eines Investmentvermögens iS der AIFM-Richtlinie bzw. des KAGB, vgl. Nr. 5 des Auslegungsschreibens zum Anwendungsbereich des KAGB und zum Begriff des „Investmentvermögens" vom 14.6.2013, zuletzt geändert am 9.3.2015, Gz. Q 31-Wp 2137-2013/0006, abrufbar unter: http://www.bafin.de; vgl. auch: IX. Annex 3 – Guidelines on key concepts of the AIFMD, Date: 24.5.2013, ESMA/2013/600.
3 Die Begründung zu § 9 Abs. 1 VermVerkProspV gibt keinen Aufschluss über die Ursache und den Inhalt der Änderung, Begr. RegE eines Gesetzes zur Novellierung des Finanzanlagenvermittler- und Vermögensanlagenrechts, BT-Drucks. 17/6051, S. 51; naheliegend ist ein Versehen. Der Begriff der Anlagestrategie aus Art. 23 Abs. 1 lit. a AIFM-Richtlinie scheint eher als Ersatz des Begriffs der Anlagepolitik aus Art. 28 der OGAW-Richtlinie 85/611/EWG iVm. deren Schema A 1.15 gewählt worden zu sein.
4 Vgl. *Zetzsche*, Prinzipien der kollektiven Vermögensanlage, S. 665. Es handelt sich um eine zeitliche Komponente zur Erreichung des Anlageziels (kurz-, mittel- und langfristige Anlagehorizonte).
5 Vgl. Schleswig-Holsteinisches OLG v. 13.6.2002 – 5 U 78/01, ZIP 2002, 1244.

steuerliche Wirksamkeit; Ausschluss bestimmter Branchen-, Substanz- oder Totalverlust- bzw. Marktrisiken)[1]. Eine Konkretisierung des Geschäftsgegenstands erfolgt im Detail dann über die Prospektangaben nach § 9 Abs. 2 VermVerkProspV, der eine Beschreibung des Anlageziels nach dessen Abs. 1 voraussetzt („… zusätzlich über die Anlageziele …"). Anlageziel und Anlageobjekt sind nicht identisch. Nach dem Wortlaut des § 9 Abs. 2 Nr. 4 VermVerkProspV gibt der Verordnungsgeber eine eindeutige Unterscheidung zwischen den Begriffen des Anlageobjekts als Bestandteil eines Projekts und des Anlageziels vor.

8 Der Begriff des Anlageziels ist als ungeschriebenes Kriterium im Rahmen des § 9 Abs. 1 VermVerkProspV weiter im Verkaufsprospekt zu beschreiben. Um ein richtiges Gesamtbild der Vermögensanlage über eine anleger- und objektgerechte Beschreibung zu vermitteln, ist das Anlageziel als Endergebnis einer umgesetzten Anlagestrategie für das Verständnis des Anlegers über die Geschäftstätigkeit der Emissionsgesellschaft notwendig. Des Weiteren gelingt eine eindeutige Trennung beider Begriffe auch unter Berücksichtigung der ebenfalls zu beschreibenden Anlagepolitik kaum. Es handelt sich um ein einheitliches Konzept zur Umsetzung eines bestimmten Unternehmenszwecks[2].

9 Die in der **Praxis** auftretenden Anlageziele sind weit gefächert. Sie können in Bezug auf den Ertrag des Anlegers steuerbezogen[3], auf Rendite bezogen[4] oder auch auf gesellschaftliche Zwecke[5] gerichtet sein. Zumeist wird eine Mischung von Zielen in bestimmten Verhältnissen beabsichtigt sein. In diesen Fällen sollte das Hauptziel herausgehoben dargestellt werden, um dem Grundsatz der Prospektklarheit zu genügen und den Anleger nicht in die Irre zu führen. Anlageziele können zB sein: hoher absoluter oder (in Bezug auf einen bestimmten Index) hoher relativer Wertzuwachs des Anlageobjekts oder der Anlageobjekte, hohe regelmäßige zeitraumbezogene oder abwicklungsbezogene Ausschüttungen an den Anleger, inflations- oder marktentwicklungsbezogen sichere Anlageobjekte (zB Altersvorsorge[6]), Schaffung sonstiger exklusiver Vorteile für die Anleger.

---

1 Vgl. OLG Naumburg v. 9.2.2010 – 6 U 147/09, BKR 2010, 215; OLG Sachsen-Anhalt v. 1.2.2012 – 5 U 187/11, BKR 2013, 115; OLG Frankfurt v. 19.1.2015 – 23 U 20/14, GWR 2015, 235; OLG München v. 8.4.2015 – 15 U 2919/14 über den spekulativen oder sicheren Charakter einer Vermögensanlage; vgl. auch *Dietrich*, WM 2016, 201 f.

2 Vgl. BGH v. 17.11.2011 – III ZR 103/10, AG 2012, 148; BGH v. 8.7.2010 – III ZR 249/09, WM 2010, 1493; BGH v. 12.5.2005 – III ZR 413/04, WM 2005, 1219; BGH v. 22.2.2005 – XI ZR 359/03, AG 2005, 477 zur Verwendung der Begriffe „Anlageziel, -strategie und -politik".

3 ZB Abschreibungen, bestimmte begünstigte Einkunftsarten, vgl. auch § 4 Satz 1 Nr. 2 VermVerkProspV; vgl. auch BGH v. 27.10.2009 – XI ZR 337/08, WM 2009, 2309.

4 Gewinnerzielung auf Grund des (regionalen) marktbezogenen Erfolgs oder durch Inanspruchnahme von für diese Märkte gewährten Subventionen (zB EEG).

5 Förderung von kulturellen, sozialen oder Umweltbelangen.

6 Im Rahmen eines Anlageziels „Altersvorsorge" geht die Rechtsprechung von der Ungeeignetheit einer unternehmerischen Beteiligung aufgrund des bestehenden Verlustrisikos aus, vgl. BGH v. 8.7.2010 – III ZR 249/09, WM 2010, 1493; OLG Sachsen-Anhalt v. 1.2.2012 – 5 U 187/11, BKR 2013, 115.

b) Anlagepolitik

Der Begriff der Anlagepolitik beschreibt die **Art und Weise der Erreichung des Anlageziels**. Eine Beschreibung muss daher die entsprechenden Strategien und die eingesetzten Mittel beinhalten und verständlich erläutern, die aus Sicht der Emissionsgesellschaft notwendig sind, die gesetzten Anlageziele zu erreichen. So kann das Wirtschaftskonzept der Emissionsgesellschaft verschiedene Modelle der Geschäftsführung vorsehen, die sich anhand der Wahl der Finanzierung in der Bandbreite des ausschließlichen Einsatzes von Eigenmitteln bis zu verschiedenen Relationen der zur Umsetzung des Projekts aufzunehmenden Fremdmittel, der Auswahl der Objekte in verschiedenen Stadien der Realisierung[1], nach der Größenordnung der Beteiligung[2], nach Art und Weise der Nutzbarkeit, Größe oder geografischer Lokalisation der Anlageobjekte oder in sonstiger Form abgrenzbarer Märkte[3], durch unterschiedliche Risikoabsicherungen anhand verschiedener Diversifikationsmethoden der Anlageobjekte[4] oder anhand anderer Sicherungsmittel[5] oder durch die Auswahl der verantwortlichen Personen zur Führung der Geschäfte[6] oder der Geschäftspartner unterscheiden.

Die **Beschreibung** der Anlagepolitik verlangt eine Strukturierung der Angaben in Hinblick auf die konkreten Projekte und der sonstigen Zwecke der Emissionsgesellschaft, die mit den Nettoeinnahmen aus dem Angebot der Beteiligung an der Emissionsgesellschaft verwirklicht werden sollen. Andere Aspekte, sofern nicht auf Grund des § 9 Abs. 2 VermVerkProspV als nähere Erläuterung der Mindestanforderungen nach § 9 Abs. 1 VermVerkProspV erforderlich, sollten unter der Frage der Notwendigkeit der Darstellung in Hinblick auf das Gesamtbild gewürdigt werden (siehe § 2 VermVerkProspV Rz. 10 ff.). Sie sind für alle Arten von Vermögensanlagen nach § 1 Abs. 2 VermAnlG notwendig[7].

c) Projekt (§ 9 Abs. 1 Satz 1 Nr. 1 VermVerkProspV)

Der **Begriff** des Projekts umschreibt einen Plan, eine Unternehmung, ein Vorhaben bzw. einen Entwurf. Ein Projekt bezieht sich auf die Gesamtheit der Unternehmung im abstrakten Sinne, dem verschiedene konkrete Anlageobjekte oder auch die Emissionsgesellschaft selbst innewohnen können. Der Begriff des Projekts in § 9 Abs. 1 Satz 1 Nr. 1 VermVerkProspV umfasst damit den Begriff des Anlageobjektes nach § 9 Abs. 2 Nr. 1 Satz 1 VermVerkProspV.

---

1 Von der vollständigen Neuentwicklung, -errichtung bis zur Übernahme von Bestandsobjekten in unterschiedlichsten Fertigstellungsstadien.
2 Von Minderheitenbeteiligungen bis zur vollständigen Übernahme.
3 ZB Übernahme von Objekten ausschließlich aus Insolvenzen oder Zwangsversteigerungen.
4 Bezugsgrößen: Größe, Anzahl, Markt.
5 ZB Garantiegeber, Bürgen, Versicherungen.
6 ZB Fachspezialisten in unterschiedlichen Bereichen des Marketing, der Entwicklung, der Produktion etc.
7 Begr. zur VermVerkProspV, S. 14, abrufbar unter: https://www.uni-leipzig.de/bankinstitut/dokumente/2004-11-11-04.pdf.

d) Realisierungsgrad des Projekts (§ 9 Abs. 1 Satz 1 Nr. 2 VermVerkProspV)

13 Der Realisierungsgrad des Projekts ist ausdrücklich anzugeben (§ 9 Abs. 1 Satz 1 Nr. 2 VermVerkProspV). Die Angabe beinhaltet sowohl den **tatsächlichen Stand** als auch den angestrebten Zeitpunkt der Vollendung des Projekts[1]. Sofern möglich, kann hier eine prozentuale Angabe erfolgen und ein Datum angegeben werden. Ist die Umsetzung tatsächlich noch nicht begonnen worden, sind Angaben zum **Planungsstand** inklusive des Hinweises auf den Zeitpunkt der Umsetzungsentscheidung zu machen.

e) Nettoeinnahmen (§ 9 Abs. 1 Satz 1 Nr. 3 VermVerkProspV)

14 Nettoeinnahmen iS des § 9 Abs. 1 Satz 1 Nr. 3 VermVerkProspV beziehen sich allein auf die **Einlagen**, die mit dem konkreten, im Verkaufsprospekt beschriebenen öffentlichen Angebot einer Vermögensanlage nach § 1 Abs. 2 VermAnlG der Emissionsgesellschaft **zufließen sollen**[2]. Davon nicht umfasst sind solche Einnahmen, die der Emissionsgesellschaft auf Grund von Fremdmitteln oder Rückflüssen aus bereits vorgenommenen Investitionen zufließen.

15 Eine **Definition** der Nettoeinnahmen gibt die Verordnung nicht vor. Gemäß Ziff. 6 des Auslegungsschreibens der BaFin v. 30.6.2005 erfasst der Begriff der Nettoeinnahmen alle Einnahmen, die insbesondere nach Abzug der Weichkosten verbleiben. Eine Definition dieses Begriffes wird durch das Prospektrecht jedoch auch nicht vorgegeben. Der Begriff ist insgesamt umstritten[3].

16 Unter **Weichkosten** wird zum Teil die Differenz zwischen Gesamtaufwand und Wert des Objekts verstanden[4]. Weiche Kosten bestehen dabei aus den Gruppen der direkten Anschaffungsnebenkosten, der konzeptionsbedingten Kosten und der Ineffizienzkosten[5]. Dazu gehören zB Kosten iS des § 255 Abs. 1 Satz 2 HGB wie Grunderwerbsteuer, Notar- und Grundbuchgebühren sowie Maklerkosten, wenn sie das Anlageobjekt betreffen; Vergütungen an den Anbieter der Vermögensanlage, Vergütungen für die Entwicklung der Konzeption (steuerlich, rechtlich), für Garantien, die Vermittlung der Finanzierung (Eigen- und Fremdmittel) und andere Dienstleistungen[6]. Der BGH bezeichnet dagegen Weichkosten, als diejenigen Kosten, die außerhalb der Anschaffungs- und Herstellungskosten aufgewendet werden[7]. Dies würde

---

[1] Vgl. OLG Hamm v. 7.11.2011 – I-8 U 51/11, I-8 U 55/11, I-8 U 71/11 und I-8 U 72/11; BGH v. 14.1.2002 – II ZR 40/00, WM 2002, 813; BGH v. 15.12.2003 – II ZR 244/01, WM 2004, 379. Siehe aber auch LG Nürnberg-Fürth v. 21.12.2012 – 10 O 3544/12.
[2] Vgl. bzgl. des Umfangs der Emission die Kommentierung zu § 4 VermVerkProspV Rz. 3 ff. und 18 ff.
[3] Siehe die Nachweise bei *Voß* in Arndt/Voß, § 9 VermVerkProspV Rz. 7 ff.
[4] Vgl. LG Würzburg v. 16.8.2002 – 73 O 1031/02, NJOZ 2002, 2496; *Hoppe/Riedel*, DB 2007, 1125 (1126). Vgl. auch: *Loritz/Wagner*, NZG 2013, 367 ff.
[5] *Hoppe/Riedel*, DB 2007, 1125 (1126 f.).
[6] *Hoppe/Riedel*, DB 2007, 1125 (1126).
[7] BGH v. 1.3.2004 – II ZR 88/02, WM 2004, 928; BGH v. 6.2.2006 – II ZR 329/04, WM 2006, 905; BGH v. 12.12.2013 – III ZR 404/12, WM 2014, 118; BGH v. 23.9.2014 – II ZR 319/13; BGH v. 3.11.2015 – II ZR 270/14, WM 2016, 72; OLG Köln v. 10.1.2012 – I-24 U 104/10.

wiederum Kostenblöcke ausschließen, die als Nebenkosten des Erwerbs unter die Anschaffungskosten iS des § 255 Abs. 1 Satz 2 HGB fallen und der eigentlichen Investition in das Anlageobjekt nicht zur Verfügung stehen. Dies gilt auch in Hinblick auf ihre steuerrechtliche Einordnung[1]. Eine Entscheidung, ob bestimmte Kostenpositionen den Weichkosten zuzuordnen sind, bleibt daher eine Frage des Einzelfalls. Die Beschreibung der Angabe sollte der Anbieter an einem der Ansätze orientieren und die entsprechende Grundlage offen legen, um den Ansprüchen des Grundsatzes der Verständlichkeit des Verkaufsprospekts zu genügen.

Angegeben werden muss auch, **ob die Nettoeinnahmen zur Realisierung des Projekts ausreichen.** Hier wird der Bezug zur Anlagepolitik besonders deutlich, die eben durch die Ausnutzung eines Leverage-Effekts durch zusätzliche Fremdkapitalaufnahmen ein bestimmtes Anlageziel zu erreichen versuchen kann.

f) Sonstige Zwecke (§ 9 Abs. 1 Satz 1 Nr. 4 VermVerkProspV)

Sonstige Zwecke der Emissionsgesellschaft, die aus den Nettoeinnahmen bestritten werden sollen (§ 9 Abs. 1 Satz 1 Nr. 4 VermVerkProspV), sind diejenigen, die nicht der Umsetzung des Hauptprojekts dienen. Dabei kann es sich um **Kostenübernahmen** für Vertragspartner handeln, nicht jedoch um die Liquiditätsreserve, die im unmittelbaren Zusammenhang mit der konkreten Projektfinanzierung steht[2].

2. Formelle Anforderungen

Anlageziel, -strategie und -politik sind in einer, dem angesprochenen Anlegerkreis entsprechenden Weise zu beschreiben. Im Fokus steht die Darstellung des richtigen Gesamtbildes des Unternehmensgegenstands, inklusive seiner Risiken und ihren Auswirkungen auf die finanzielle Beurteilung der Vermögensanlage[3]. Werden mehrere Anlageziele verfolgt, sollte das Hauptziel im Interesse der Prospektklarheit **deutlich herausgehoben** dargestellt werden.

Eine **spezialisierte Anlagestrategie oder -politik** erfordert eine umfassendere Aufklärung des Anlegers über die Auswirkungen dieser Spezialisierung auf den Erfolg der Erreichung des Anlageziels[4]. Bei einer Beschränkung auf bestimmte Branchen oder in sonstiger Weise auf eng gefasste Marktbereiche muss der Verkaufsprospekt auf die besonderen Risiken des engen Marktes hinweisen[5]. Diese Darstellung hat gemäß § 2 Abs. 2 Satz 3 VermVerkProspV im Risikoabschnitt zu erfolgen.

---

1 BFH v. 28.6.2001 – IV R 40/97, FR 1999, 896.
2 *Voß* in Arndt/Voß, § 9 VermVerkProspV Rz. 19.
3 Vgl. BGH v. 22.2.2005 – XI ZR 359/03, AG 2005, 477; *Schmitz* in Berger/Steck/Lübbehüsen, InvG, InvStG, § 42 InvG Rz. 17.
4 Vgl. in Bezug auf den Einsatz von Fremdwährungen BGH v. 15.1.2013 – II ZR 43/12, GWR 2013, 253.
5 Vgl. BGH v. 22.2.2005 – XI ZR 359/03, AG 2005, 477; *Schmitz* in Berger/Steck/Lübbehüsen, InvG, InvStG, § 42 InvG Rz. 17.

21 Angaben zum **Projekt und zu seinem Realisierungsgrad** sind unabhängig vom Stand der Entwicklung der Projekte zu machen[1]. In einem frühen Stadium können die Angaben weniger konkret sein als bei weit fortgeschrittenen Projekten. Dies führt jedoch auch bei in einem frühen Entwicklungsstadium befindlichen Projekten nicht dazu, dass völlig vage Angaben möglich sind. Es gilt stets der in § 2 Abs. 1 Satz 1 VermVerkProspV verankerte Maßstab der zutreffenden Beurteilungsmöglichkeit der Vermögensanlagen und des Emittenten durch den Anleger.

22 Die Frage der **Konkretisierung der Angaben** zu diesen Projekten im Frühstadium und ihrem jeweiligen Realisierungsgrad betrifft insbesondere Fondsgestaltungen, bei denen das eigentliche Anlageobjekt noch nicht feststeht oder erst im Rahmen einer Beschlussfassung konkretisiert wird (sog. **Blind-Pool-Modelle**). Die Angaben in ihrer Konkretisierung sind dann entsprechend an den tatsächlich vorliegenden Planungsstand anzupassen. Die fehlende **Detailtiefe** der Information zum tatsächlichen Projekt ist durch Informationen auszugleichen, die im Besonderen auf die Anlagepolitik mit speziellem Bezug auf die Investitionsrichtlinien gerichtet sind[2]. Hier ist ein entsprechend höherer Detaillierungsgrad notwendig. Gibt der Beteiligungsvertrag selbst keine genaueren Anlageziele, -strategien oder -politiken vor, verringert sich auch entsprechend die Angabentiefe. Sind konkrete Planungsangaben auf Grund der ertragsteuerlichen Voraussetzungen zur Umsetzung eines Anlageziels erst auf Grund eines Gesellschafterbeschlusses möglich, ist im Verkaufsprospekt darzustellen, nach welchen Kriterien und zu welchem Zeitpunkt die Gesellschafter über das herzustellende Wirtschaftsgut entscheiden[3]. Steht zB bei einem **Private-Equity-Unternehmen** eine konkrete Beteiligung an anderen Gesellschaften noch nicht fest, so ist, wenn die Investitionsrichtlinien entsprechend ausgestaltet sind, zB die Größenordnung der Unternehmen oder auch der Industriezweig anzugeben. Bei einer **Medienentwicklungsgesellschaft** kann bei einem fehlenden konkreten Projekt zumindest das angestrebte Filmgenre sowie der angestrebte Produktionsort angegeben werden.

23 Die Frage der **Unschärfe von Angaben**, die im Rahmen des § 9 VermVerkProspV im Verkaufsprospekt getätigt werden, betrifft nicht die allgemeine **Zulässigkeit solcher Geschäftsmodelle**. Das Verkaufsprospektgesetz und die zugehörige Verordnung stellen reines **Marktaufsichtsrecht** mit dem engen Fokus der Verpflichtung von Anbietern solcher Beteiligungen zur Bereitstellung von anlageentscheidungserheblichen Informationen dar. Sanktioniert wird nicht das unternehmensrechtliche Konzept der Vermögensanlage, sondern nur die Art des Werbens des öffentlichen Publikums für eine solche Beteiligung[4]. Anderes kann auch nicht aus § 15 Abs. 2 Nr. 1 VermVerk-

---

1 Begr. zur VermVerkProspV, S. 14, abrufbar unter: https://www.uni-leipzig.de/bankinstitut/dokumente/2004-11-11-04.pdf.
2 *Moritz/Grimm*, BB 2005, 337 (341); *Verfürth/Grunenberg*, DB 2005, 1043 (1045).
3 Vgl. Medienerlass vom 5.8.2003 (Schreiben des BMF v. 5.8.2003 - IV A 6 - S 2241 - 81/03), 5. Bauherrenerlass vom 20.10.2003 (Schreiben des BMF v. 20.10.2003 – IV C 3 - S 2253a - 48/03).
4 Siehe auch *Moritz/Grimm*, BB 2005, 337 (341); *Verfürth/Grunenberg*, DB 2005, 1043 (1045); *Voß* in Arndt/Voß, § 9 VermVerkProspV Rz. 25 ff.

ProspV hergeleitet werden. Zwar ist der Angabe zum konkreten Projekt eine Relevanz in Bezug auf die Beurteilung der Vermögens-, Finanz- und Ertragslage nicht abzusprechen. Jedoch können sich diese Anforderungen nur an dem allgemeinen Grundsatz der Wahrheit der Prospektangaben ausrichten. Die begrenzte Detailtiefe einer Angabe hat Einfluss auf die Detailtiefe anderer Angaben, ohne deren Aussage zu verfälschen. Vielmehr ist im Ausgleich genau dieser Umstand mitzuteilen und der Anleger auf die dadurch entsprechend erhöhten Risiken für sein Investment aufmerksam zu machen (vgl. § 2 VermVerkProspV Rz. 37). Erweitert oder ändert sich der Informationsgehalt von im Verkaufsprospekt niedergelegten Angaben auf Grund des Eintritts von Ereignissen oder sonstiger Umstände, ist unter den Voraussetzungen des § 11 VermAnlG die entsprechende Angabe zu ergänzen. Die BaFin hat zu dieser Problematik bereits in ihrem Auslegungsschreiben v. 30.6.2005 entsprechend Stellung genommen[1] und unter dessen Ziff. 7 ausgeführt: „Können die Angaben im Zeitpunkt der Veröffentlichung nicht vollständig oder nicht so detailliert, wie gefordert gemacht werden, sind die vorliegenden Angaben versehen mit einem entsprechenden Hinweis zu machen… Wird eine abschließende Entscheidung über das konkrete Anlageobjekt erst von einem Beirat oder einem anderen Gremium nach Beginn des öffentlichen Angebotes getroffen, so sind im Verkaufsprospekt jedenfalls Angaben zum aktuellen Planungsstand, verbunden mit einem Hinweis auf die noch ausstehende abschließende Entscheidung, zu machen."

Nachtragspflichten iS des § 11 Abs. 1 VermAnlG können auch immer dann entstehen, wenn nach Billigung und Veröffentlichung des Prospekts die getätigten Investitionen sich nicht mehr im Rahmen des prospektierten Konzepts bewegen[2].

Aus Gründen der Verständlichkeit können Beschreibungen des § 9 Abs. 1 VermVerkProspV auch **mit den Angaben nach § 9 Abs. 2 VermVerkProspV zusammengefasst** dargestellt werden, um Wiederholungen zu vermeiden. In Bezug auf die Möglichkeit der Realisation des Projekts auf Grund der Nettoeinnahmen bedarf es jedoch einer ausdrücklichen Aussage im Fließtext. Eine bloße Ersichtlichkeit anhand der Aufgliederung der aufgenommen Zahlenwerke zur Mittelherkunft- und Mittelverwendung oder die bloße Angabe einer Fremdfinanzierungsquote reicht nicht aus.

3. Geschäftsveränderung und Anlagetechniken (§ 9 Abs. 1 Satz 2 VermVerkProspV)

Die nach § 9 Abs. 1 Satz 2 VermVerkProspV geforderten dazustellenden Verfahren und Techniken zur Geschäftsumsetzung dienen dem **Schutz des Anlegers durch Information**. Zwar ist die Geschäftsführung der Emissionsgesellschaft an bestehenden vertraglichen Beschränkungen hinsichtlich der Geschäftstätigkeit zur Umsetzung des

---

[1] Siehe Auslegungsscheiben der BaFin v. 30.6.2005, Ziff. 7, abrufbar unter: https://www.bafin.de/SharedDocs/Veroeffentlichungen/DE/Auslegungsentscheidung/WA/ae_auslegungsschreiben_prospektpflicht.html.

[2] Auslegungsscheiben der BaFin v. 30.6.2005, Ziff. 7, abrufbar unter https://www.bafin.de/SharedDocs/Veroeffentlichungen/DE/Auslegungsentscheidung/WA/ae_auslegungsschreiben_prospektpflicht.html.

Unternehmensgegenstandes aus dem Gesellschaftsvertrag bzw. Anlagevertrag mit den Anlegern gebunden und verantwortlich. Regelmäßig sind die Anleger jedoch von der laufenden Geschäftsführung ausgeschlossen und somit in ihrer **Einflussnahme auf die Anlagestrategie und -politik** sowie in ihren Kontrollmöglichkeiten gegenüber der Geschäftsführung **eingeschränkt**. Hinzu tritt, dass bei Publikumsgesellschaften Änderungen des Gesellschaftsvertrages über (qualifizierte) Mehrheitsbeschlüsse bei entsprechender vertraglicher Gestaltung möglich sind, auch ohne nähere Bezeichnung des Beschlussgegenstandes und auch für weitgehende Veränderungen der Gesellschaft in Gestalt des Geschäftsgegenstands[1]. Rechte zur Vertragsänderungen können auch auf ein anderes Organ (Beirat) der Gesellschaft übertragen werden[2].

Eine eigenmächtige **Hinwegsetzung** der Geschäftsführer über die aufgestellte **Unternehmensstrategie** ist daher nicht ausgeschlossen. Ein solch grob anstößiger Missbrauch einer geschäftlichen Überlegenheit ist jedoch regelmäßig als sittenwidrig anzusehen[3]. Als Unterfall dieses grob anstößigen Missbrauchs lässt sich die ohne Zustimmung der Anleger erfolgte, einseitige Veränderung der vertraglich zugesagten Anlagepolitik während der Laufzeit der Anlage einordnen, wenn diese Veränderung mit einem zusätzlichen wesentlichen Risiko verbunden ist und dem Anleger ein Kündigungsrecht aufgrund des Wechsels der Anlagestrategie zusteht[4]. Eine vorübergehende Verlagerung der Anlageschwerpunkte stellt hingegen keinen Wechsel der Anlagestrategie dar, wenn der vertraglich vereinbarte Gesamtcharakter der Geschäftstätigkeit sich nicht verändert[5].

Darzustellen sind dementsprechend die schriftlichen Festlegungen im Gesellschaftsvertrag bzw. der Treuhandabrede, die Auskunft über die Voraussetzungen und die Art und Weise des Änderungsverfahrens gibt, insbesondere der formalen und materiellen Erfordernisse, zB Einberufung der Gesellschafterversammlung, Umlaufverfahren, Abstimmungsregelungen (Mehrheits- oder Einstimmigkeitsbeschluss, Stimmberechtigung der Treugeber), Zustimmungsrechte oder Übertragung auf bestimmte Organe, einzuhaltende Fristen.

27 Eine Beschreibung des **Einsatzes von Derivaten und Termingeschäften** ist erforderlich, wenn diese tatsächlich im Rahmen der Geschäftstätigkeit als Anlagetechnik eingesetzt werden sollen. Das VermAnlG stellt bei der Wahl der Anlagetechniken in Bezug auf den Einsatz von Derivaten und Termingeschäften keine quantitativen Beschränkungen auf. Die Einschränkungen der §§ 261 Abs. 3, 265 KAGB gelten im Rahmen des VermAnlG als selbständiges Regelungsregime nicht.

---

1 *Hopt* in Baumbach/Hopt, Anh § 177a HGB Rz. 69a f.
2 *Hopt* in Baumbach/Hopt, Anh § 177a HGB Rz. 69c.
3 Vgl. BGH v. 1.4.2003 – XI ZR 385/02, WM 2003, 975; BGH v. 16.11.1993 – XI ZR 214/92, BGHZ 124, 151 = MDR 1994, 367; BGH v. 21.10.2003 – XI ZR 453/02, ZIP 2003, 2242.
4 Vgl. OLG Düsseldorf v. 18.3.2009 – I-15 U 48/08, abrufbar über juris.
5 Vgl. BGH v. 22.2.2005 – XI ZR 359/03, AG 2005, 477.

III. Konkretisierungen des Anlageobjekts (§ 9 Abs. 2 VermVerkProspV)

§ 9 Abs. 2 VermVerkProspV **konkretisiert** die zur Beschreibung der Verwendung der Nettoeinnahmen im Rahmen der Anlageziele und Anlagepolitik erforderlichen Beschreibung um spezielle Sachverhalte, die der Gesetzgeber als für die Findung der Anlageentscheidung durch den Anleger für notwendig erachtet hat. Die Aufzählung ist **nicht abschließend**, vielmehr werden abweichende Sachverhalte von der Generalnorm des § 2 Abs. 1 VermVerkProspV erfasst. 28

Die zusätzlichen Angabenerfordernisse nach § 9 Abs. 2 VermVerkProspV erstrecken sich auf alle **Vermögensanlagen**[1]. 29

Im **Hinterlegungsverfahren** wird für sämtliche Angaben nach § 9 Abs. 2 VermVerkProspV eine Angabe gefordert. Liegen entsprechende Tatsachen nicht vor, ist dies als Aussage im Verkaufsprospekt festzuhalten. 30

1. Beschreibung des Anlageobjekts (§ 9 Abs. 2 Nr. 1 VermVerkProspV)

Die **Vorschrift** des § 9 Abs. 2 Nr. 1 Satz 1 VermVerkProspV verlangt die Aufnahme einer **Beschreibung des Anlageobjekts** in den Verkaufsprospekt. In § 9 Abs. 2 Nr. 1 Satz 2 VermVerkProspV wird das Anlageobjekt legal als die Gegenstände definiert, zu deren voller oder teilweiser Finanzierung die von den Erwerbern der Vermögensanlagen aufzubringenden Mittel bestimmt sind. 31

Eine Beschreibung verlangt eine **ausführliche Beschreibung**, die über vage Hinweise oder stichwortartige Darstellungen hinausgeht[2]. 32

Mit der Anfügung und Erweiterung des Satzes 4 durch den Verordnungsgeber sind ehemals bestehende **Auslegungsfragen** über das zu beschreibende Anlageobjekt grundlegend entfallen[3]. 33

Der Begriff des Anlageobjekts als einer der **zentralen Begriffe** der Vermögensanlagen-Verkaufsprospektverordnung wurde durch Art. 6 Nr. 5 lit. b des Kleinanlegerschutzgesetzes erweitert. Die Transparenz mehrstufiger Erwerbsprozesse wurde eingeführt[4]. 34

Im Grundsatz leitet sich die Einordnung von Gegenständen, die einer Beschreibung als Anlageobjekte im Verkaufsprospekt bedürfen, aus den Grundsätzen ordnungsgemäßer Buchführung unter Beachtung des Aktivierungsgrundsatzes für Bilanzen ab[5]. **Erfasst** sind alle Sachen, Rechte sowie sonstige rechtliche und tatsächliche Posi- 35

---

[1] Begr. RegE Kleinanlegerschutzgesetz, BT-Drucks. 18/3994, S. 57 (zu Art. 5 Nr. 6).
[2] Die Beschreibung muss eindeutig und richtig sein. ZB ist die Darstellung der Lage eines Grundstücks wesentlich, vgl. BGH v. 2.3.2009 – II ZR 266/07, WM 2009, 789.
[3] Vgl. Voraufl., Rz. 28 ff.
[4] Beachtung sollte bei dieser Ausgestaltung die Frage nach der Anwendbarkeit des KAGB finden, vgl. Kommentierung zu § 1 VermAnlG Rz. 36 ff.
[5] *Memento Rechtshandbücher*, Bilanzrecht 2009, Nr. 4.027.

tionen von wirtschaftlichem Wert, die – sofern sie dem bilanzierungspflichtigen Kaufmann zuzurechnen sind – ein verwertbares Potential zur Deckung seiner Schulden begründen[1]. Eine dauernde Einbindung des Gegenstands in den Geschäftsbetrieb ist nicht erforderlich. Die Immobilie einer Objektgesellschaft ist bspw. dem Umlaufvermögen zuzuordnen, wenn ihr Verkauf von Anfang an vorgesehen war[2]. Auch die Verwendung der Begriffe Ausleihung und Forderung in § 9 Abs. 2 Nr. 1 Satz 4 VermVerkProspV lässt den Rückschluss zu, dass auch Vermögenspositionen, die zum Umsatz bestimmt und daher dem Umlaufvermögen zuzuordnen sind, erfasst sein sollen[3]. Bloße Möglichkeiten, Chancen oder tatsächliche Vorteile infolge eines Rechtsreflexes sind **nicht erfasst**[4].

36 Als **Gegenstände** iS des § 9 Abs. 2 Nr. 1 Satz 2 VermVerkProspV kommen zB in Betracht: Immobilien, Transportmittel (Flugzeuge, Schiffe), Energieerzeugungsanlagen (Windkraft, Solar, Biogas, Geothermie), Beteiligungen gleich welcher Art (echte Beteiligungsverhältnisse aufgrund des Erwerbs mitgliedschaftlicher Rechte (zB als Kommanditist), unechte Beteiligungsverhältnisse aufgrund von Schuldverhältnissen (zB Genussrechte, Darlehen, Forderungen)[5].

37 Die Darstellung beschränkt sich nicht allein auf Strukturen, bei denen nur eine (erste) Beteiligungsstufe in Form der direkten oder mittelbaren Beteiligung des Anlegers an einer Gesellschaft vorgesehen ist (vgl. § 9 Abs. 2 Nr. 1 Satz 2 VermVerkProspV). Die Beschreibung umfasst die **Gesamtstruktur** der Beteiligung bis zum eigentlichen Investitionsobjekt. Eingeschlossen in den Begriff des Anlageobjekts sind nunmehr auch mittelbare Anlageobjekte weiterer Beteiligungsstufen. Mit dieser Transparenz eines mehrstufigen Erwerbsprozesses werden die Verflechtungen mit anderen Unternehmen deutlich. Zudem kommt es nicht darauf an, in welcher Form (gesellschafts- oder forderungsrechtlich) diese Verflechtung erfolgt. Dem Anleger soll eine umfassende Beschreibung des eigentlichen Investitionsobjekts gewährleistet werden[6].

38 Beteiligt sich der Emittent an einer **Objektgesellschaft**, ist zum Beispiel auch das Grundstück oder das Schiff, das diese Objektgesellschaft erwirbt, zu beschreiben[7]. Gleiches gilt, wenn der Emittent keine gesellschaftsrechtliche Beteiligung eingeht,

---

1 *Wiedemann* in Ebenroth/Boujong/Joost/Strohn, § 246 HGB Rz. 3; *Merkt* in Baumbach/Hopt, Einl. v. § 238 HGB Rz. 69 und § 246 HGB Rz. 3.
2 *Merkt* in Baumbach/Hopt, § 247 HGB Rz. 5 ff.
3 Ausleihungen sind Teile des Finanzanlagevermögens eines Unternehmens, unterjährige Darlehen zB sind als Forderungen dem Umlaufvermögen zuzuordnen.
4 *Memento Rechtshandbücher*, Bilanzrecht 2009, Nr. 4.027.
5 Vgl. Begr. RegE eines Gesetzes zur Novellierung des Finanzanlagenvermittler- und Vermögensanlagenrechts, BT-Drucks. 17/6051, S. 51 (zu Art. 15 Nr. 8 lit. b).
6 Begr. RegE eines Gesetzes zur Novellierung des Finanzanlagenvermittler- und Vermögensanlagenrechts, BT-Drucks. 17/6051, S. 51 (zu Art. 15 Nr. 8 lit. b).
7 Begr. RegE eines Gesetzes zur Novellierung des Finanzanlagenvermittler- und Vermögensanlagenrechts, BT-Drucks. 17/6051, S. 51 (zu Art. 15 Nr. 8 lit. b).

sondern ein Darlehen an diese Gesellschaft vergibt oder eine Forderung von dieser erwirbt[1].

Eine Verknüpfung jeder Erwerbsstufe mit der Darstellung der Anlageziele, -strategie und -politik gemäß § 9 Abs. 1 VermVerkProspV ist nicht angezeigt[2]. Ausschlaggebend ist die eigentliche **Zielsetzung** der Emissionsgesellschaft. Nur hier besteht eine konkrete Verantwortung gegenüber dem Anleger.

39

Die dargestellten Anforderungen richten sich in gleicher Weise auch an die **Beschreibung von Dachgesellschaften**[3]. Aufgrund der rechtlichen Vorgaben ohne Belang bleibt zunächst, dass diese im Detail die konkreten Angabeverpflichtungen des § 9 Abs. 2 VermVerkProspV schwerlich erfüllen können. Insoweit ist auf die Besonderheiten, die Relevanz auf der Ebene einer Ziel- oder Zwischengesellschaft entwickeln, soweit möglich ebenfalls beschreibend einzugehen. Dh., es findet in Bezug auf die Ebene der Zwischen- und Zielfonds ebenfalls eine **Durchschau** hinsichtlich für die Anlageentscheidung des Anlegers relevanter Aspekte und Umstände statt[4]. Unter diesem Aspekt unterscheiden sich Emissionsgesellschaften, die über eine Zwischengesellschaft in ein Anlageobjekt investieren, nicht von Dachgesellschaften, wenn man von der Ausnahme der begrenzten Anlagepolitik absieht. Insofern bei nicht beizubringenden Informationen eine Begründung für deren fehlende Darstellung im Verkaufsprospekt erfolgt, ist die Konformität des Verkaufsprospekts in Bezug auf die Anforderungen der Verordnung gewährleistet.

40

Beim **Erwerb mehrerer Anlageobjekte** durch die Emissionsgesellschaft erfordert die Darstellung grundsätzlich die Beschreibung jedes einzelnen Anlageobjekts nach den Anforderungen des § 9 Abs. 2 VermVerkProspV. Schwierigkeiten ergeben sich bei Geschäftsmodellen, die den laufenden Handel mit Wertrechten (zB Lebensversicherungs-Policen, Finanzinstrumente uÄ) beinhalten oder noch nicht bestimmbar sind, weil sie von bestimmten Gremienentscheidungen abhängig sind. Hier sind dann am Grundsatz der Prospektwahrheit die Kriterien und die Umstände zu beschreiben, nach denen die jeweiligen Anlageobjekte ausgewählt werden (vgl. oben Rz. 39). Die Darstellungstiefe liegt im Verantwortungsbereich des jeweiligen Anbieters.

41

2. Dingliche Berechtigungen am Anlageobjekt (§ 9 Abs. 2 Nr. 2 VermVerkProspV)

Anzugeben ist, ob den nach den §§ 3, 7 oder 12 VermVerkProspV zu nennenden Personen das **Eigentum** oder eine **sonstige dingliche Berechtigung am Anlageobjekt** oder wesentlichen Teilen desselben zustand oder zusteht.

42

Das **Eigentum** iS der Norm versteht sich im zivilrechtlichen Sinne nach § 903 BGB. Die zivilrechtliche Sichtweise gilt auch für die Eigentumsverhältnisse wesentlicher

43

---
1 Begr. RegE Kleinanlegerschutzgesetz, BT-Drucks. 18/3994, S. 57 (zu Art. 6 Nr. 5).
2 Ohne Positionierung: *Wetzig*, Die Regulierung des Grauen Kapitalmarkts, S. 104; aA wohl *BaFin* in BaFin Journal 1/2012, S. 6.
3 *Bruchwitz* in Lüdicke/Arndt, Geschlossene Fonds, S. 132.
4 *Verfürth/Grunenberg*, DB 2005, 1043 (1045 f.).

Bestandteile des Anlageobjekts (§§ 93, 94 BGB) sowie eventuell bestehende dingliche Berechtigungen, zB der Eigentumsvorbehalt im Rahmen des § 97 BGB und der §§ 946 ff. BGB[1]. Für eine zusätzliche Einführung eines prospektrechtlichen Wesentlichkeitsbegriffs besteht in diesem Zusammenhang keine Notwendigkeit. Auch nach zivilrechtlicher Sichtweise entscheidet eine natürliche wirtschaftliche Betrachtung unter Berücksichtigung der Verkehrssitte[2].

44 Auch der Zweck der Regelung spricht für eine **zivilrechtliche Interpretation**. Zweck der Regelung ist die Aufdeckung personeller Verflechtungen. Die Angaben sind damit ein wichtiger Anhaltspunkt über die tatsächliche Werthaltigkeit des gesamten Projekts. Eine Pflicht zur Mitteilung ergibt sich immer dann, wenn eine personelle Verflechtung zwischen den in der Emissionsgesellschaft verantwortlichen Personen mit anderen, in Bezug auf das Anlageobjekt geschäftsmäßig verbundenen Personen oder Gesellschaften besteht, die die Gefahr einer Interessenkollision bei der Gestaltung und Durchführung der Verträge über das Anlageobjekt zum Nachteil der Emissionsgesellschaft und ihrer Gesellschafter in Gestalt der Anleger beinhalten können[3]. Dies ergibt sich aber auch bereits aus rein zivilrechtlichen Grundsätzen.

45 Nach dem eindeutigen Wortlaut ist die Beschreibung sowohl für die **Vergangenheit** als auch die **Gegenwart** zum Zeitpunkt der Prospektaufstellung vorzunehmen.

46 Es ist unerheblich, ob es sich bei den zu benennenden Personen um **natürliche oder juristische Personen** handelt. Sie müssen eindeutig, zB durch Angabe ihrer jeweiligen Funktion, bestimmt werden.

47 Nach der Regelung muss lediglich **Auskunft** über das Vorliegen eines bestehenden Eigentums oder einer dinglichen Berechtigung gegeben werden. Ob Erläuterungen oder Details zu Verständniszwecken erforderlich sind, ergibt sich dagegen erst aus der Gesamtschau im Wege der Generalklausel des § 2 Abs. 1 VermVerkProspV.

48 Die **Aussage über das Nichtvorliegen** des nach dieser Regelung zu beschreibenden Umstands (also eine eventuelle **Fehlanzeige**) muss alle drei Personengruppen umfassen, um die Aussage als vollständig gelten zu lassen.

3. Dingliche Belastungen des Anlageobjekts (§ 9 Abs. 2 Nr. 3 VermVerkProspV)

49 Nach § 9 Abs. 2 Nr. 3 VermVerkProspV sind im Verkaufsprospekt nicht nur unerhebliche dingliche Belastungen des Anlageobjekts anzugeben. Deutlich wird an dieser Regelung, dass insbesondere geschlossene Immobilien- und Schiffsfonds bei der Gesetzgebung Pate gestanden haben, da regelmäßig nur in diesen Konzeptionen dingliche Belastungen auftauchen werden.

---

1 AA *Voß* in Arndt/Voß, § 9 VermVerkProspV Rz. 33.
2 BGH v. 25.10.1961 – V ZR 30/60, BGHZ 36, 46 (50).
3 BGH v. 10.10.1994 – II ZR 95/93, ZIP 1994, 1851; BGH v. 7.4.2003 – II ZR 160/02, ZIP 2003, 996; OLG Stuttgart v. 5.8.2004 – 19 U 30/04, ZIP 2005, 909 (red. Leitsatz), Volltext über juris.

Als **dingliche Belastungen** sind alle Belastungen des Eigentums durch Nutzungs- und Verwertungsrechte am Anlageobjekt zu bewerten. Dazu sind ua. Sicherungseigentum, (Schiffs-)Hypotheken, Grund- und Rentenschulden, Erbbaurechte, Dienstbarkeiten, Reallasten sowie (Register-)Pfandrechte zu zählen. Auch öffentlich-rechtliche Lasten können angabepflichtig sein, sofern sie das Anlageziel gefährden können[1]. 50

Welche **Höhe der dinglichen Belastung** des Anlageobjekts die Schwelle der **Unerheblichkeit** überschreitet und anhand welcher Bezugsbasis diese Grenze zu ermitteln ist, gibt die Verordnung nicht vor. Unter den Gesichtspunkten des § 9 Abs. 1 VermVerkProspV, der im Rahmen des § 9 VermVerkProspV eine Beschreibung des gesamten geplanten Projekts verlangt, ist hier auf das einzelne Anlageobjekt in Bezug auf das Gesamtprojekt abzustellen. Bei mehreren von der Gesellschaft errichteten oder erworbenen Anlageobjekten kann zB eine höhere absolute dingliche Belastung eines Objekts bei einer relativen Betrachtung über alle anderen unbelasteten Objekte eine nur unerhebliche Rolle spielen. Abzustellen ist immer auf die konkrete Einzelfallsituation unter Einbeziehung der konkreten Erreichbarkeit des Anlageziels. Im Zweifel ist davon auszugehen, dass eine Angabepflicht bezüglich dinglicher Belastungen besteht[2]. 51

4. Rechtliche und tatsächliche Beschränkungen des Anlageobjekts (§ 9 Abs. 2 Nr. 4 VermVerkProspV)

Die Regelung verlangt die Angabe **rechtlicher oder tatsächlicher Beschränkungen der Verwendungsmöglichkeit** des Anlageobjekts, wobei im Besonderen die Verwirklichung des Anlageziels zu berücksichtigen ist. 52

Der **Anwendungsbereich** dieser Angabenverpflichtung dürfte relativ eng gesteckt sein. Es ist im Regelfall zu erwarten, dass die Planung des Projekts bereits entsprechende Beschränkungen berücksichtigt und sie soweit möglich vermeidet, so dass im Regelfall nur ein unvorhergesehener Geschäftsverlauf über die Laufzeit des Projekts solche Beschränkungen offenbaren kann. Es ist daher im Sinne der Verständlichkeit des Verkaufsprospekts, eher auf Beschränkungen einzugehen, die in Hinblick auf die individuelle Konzeption des Projekts einen besonderen Bezug zur Verwirklichung des Anlageziels aufweisen. 53

Rechtliche Beschränkungen umfassen sowohl vertragliche als auch gesetzliche Beschränkungen. Als Hauptanwendungsfall dürften Nutzungsbeschränkungen für das Anlageobjekt in Betracht kommen. So sind Auflagen hinsichtlich des Lärmschutzes denkbar (zB der zu nahe an der Siedlung befindliche Windpark, eine nicht für diese Nutzung oder nicht in der umgesetzten Größenordnung erteilte Genehmigung[3]). Des Weiteren kann das Baurecht bereits bestimmte Nutzungsbeschränkungen auf 54

---

1 AA *Voß* in Arndt/Voß, § 9 VermVerkProspV Rz. 36.
2 Vgl. auch *Voß* in Arndt/Voß, § 9 VermVerkProspV Rz. 37.
3 BGH v. 26.9.1991 – VII ZR 376/89, ZIP 1992, 552; BGH v. 4.2.1985 – II ZR 229/84, EWiR 1985, 191.

Grund eines Bebauungsplanes oder der Örtlichkeit beinhalten (§§ 30, 34, 35 BauGB sowie auch in Hinblick auf die jeweiligen Landesbauordnungen). Insbesondere bei noch nicht errichteten Anlageobjekten ist die tatsächliche Abklärung der Frage der baurechtlichen Zulässigkeit des Projektvorhabens wichtig[1]. Auch arbeitsschutzrechtliche Bestimmungen (Ladenschlussgesetze) können die Nutzbarkeit eines Anlageobjekts einschränken (Geschäfte des Reisebedarfs für Bahnhöfe und Flughäfen). Die Ausführung oder die Beflaggung eines Schiffs schränkt das Schiff auf bestimmte Gewässer oder Routen ein. Flugzeuge dürfen auf Grund ihrer Bauweise nur bestimmte Flughäfen anfliegen. Medien dürfen nur bestimmten Altersgruppen vorgeführt oder an sie abgegeben werden. Gesetzliche Bestimmungen können eine Inanspruchnahme höherer Vergütungssätze trotz der entsprechend tatsächlichen Ausführung vereiteln, vgl. § 32 EEG (2014).

55 **Tatsächliche Beschränkungen** ergeben sich auf Grund faktischer, geografischer oder technischer Gegebenheiten. Faktisch besteht eine Beschränkung für das gesamte Anlagekonzept, wenn zB das für die Durchführung des Projekts notwendige Grundstück dinglich tatsächlich noch nicht gesichert ist und damit nicht zur Verfügung steht[2]. Technische Gegebenheiten ergeben sich in der Frage der Verwendungsfähigkeit. So lassen Materialien auf Grund ihrer Eigenschaften nur bestimmte klimabezogene Verwendungsmöglichkeiten zu oder der Stand der Technik verhindert die Ausnutzung gewisser Naturgegebenheiten (zB die Notwendigkeit des Abschaltens von Windenergieanlagen ab bestimmten Windstärken).

5. Behördliche Genehmigungen zum Anlageobjekt (§ 9 Abs. 2 Nr. 5 VermVerkProspV)

56 Der Anbieter ist verpflichtet, den Anleger im Verkaufsprospekt über die Erforderlichkeit und das Vorliegen von **behördlichen Genehmigungen** in Kenntnis zu setzen. Aus dem systematischen Zusammenhang der Norm ergibt sich, dass sich die Genehmigungen auf das Anlageobjekt im Speziellen und auf die zur Erreichung der Anlageziele und der Anlagepolitik im Allgemeinen richten müssen. Die Nichterteilung oder Verzögerung von Genehmigungen kann einen großen Einfluss auf die Vermögensanlage haben[3].

57 Im Fokus steht das **Anlageobjekt in seiner konkreten Ausprägung**. Darin eingeschlossen sind alle Zwischenakte, Phasen oder Detailaspekte. Des Weiteren sind in diese Betrachtung alle spezialgesetzlichen Genehmigungen einzubeziehen, die die Emissionsgesellschaft angesichts der angestrebten Nutzung des Anlageobjekts bzw. zur Verwirklichung der Anlageziele bzw. -politik benötigt[4]. Erforderlich ist eine Genehmigung dann, wenn ohne ihr Vorliegen die Verwirklichung oder die Nutzung des

---

1 BGH v. 7.4.2003 – II ZR 160/02, WM 2003, 1086.
2 BGH v. 11.3.1991 – II ZR 132/90, DStR 1991, 555.
3 Begr. RegE eines Gesetzes zur Novellierung des Finanzanlagenvermittler- und Vermögensanlagenrechts, BT-Drucks. 17/6051, S. 51 (zu Art. 15 Nr. 8 lit. b bb)).
4 Vgl. OLG Hamm v. 7.11.2011 – I-8 U 72/11, juris; LG Frankfurt/M. v. 6.12.2014 – 2-07 O 110/13.

Anlageobjekts und damit eine Erreichung der Anlageziele und -politik nicht möglich ist[1]. Dies gilt in Bezug auf die jeweils für das Anlageobjekt geltende Rechtsordnung, umfasst also auch, sofern zutreffend, ausländische Genehmigungen.

Relevant wird dies vor allem dann, wenn das **Geschäftsmodell ein erlaubnispflichtiges Geschäft nach § 32 KWG** beinhaltet[2]. Das Verfahren der Hinterlegung inkl. des Prüfverfahrens nach §§ 8, 14 VermAnlG schließt eine Gestattung des Betreibens solcher Geschäfte nicht ein. Die Verfahren sind voneinander unabhängig (zum Prüfungsumfang vgl. § 8 VermAnlG Rz. 18 ff.). 58

Betreibt die Emissionsgesellschaft das Anlageobjekt nicht selbst, sondern beinhaltet das Geschäftsmodell zB die Überlassung an Dritte zur Nutzung gegen Entgelt, werden diese Dritten von der Regelung grundsätzlich nicht erfasst. Etwas anderes gilt nur dann, wenn dieser Dritte vom Anbieter bzw. der Emissionsgesellschaft konzeptionell für die Nutzung bestimmt ist und somit im weiteren Sinne zur Anlagepolitik gerechnet werden kann. Fällt oder steht daher das Anlagemodell mit einer erforderlichen Genehmigung dieses Betreibers, so ist diese im Rahmen der Angabe als vorhanden oder nicht vorhanden anzugeben. 59

Als **Genehmigungen** kommen alle begünstigenden Verwaltungsakte iS von § 35 Satz 1 VwVfG in Frage. Das folgt aus dem Wortlaut „erforderlich" und der Systematik zwischen § 9 Abs. 2 Nr. 5 und 4 VermVerkProspV. Wird eine bestimmte Genehmigung verweigert, die die Einschränkung der Nutzung des Anlageobjekts zur Folge hat, handelt es sich um eine rechtliche Beschränkung. Diese ist nach § 9 Abs. 2 Nr. 4 VermVerkProspV zu prospektieren. Als behördlich ist eine Genehmigung dann zu bezeichnen, wenn sie von einer Stelle ausgestellt werden, die Aufgaben der öffentlichen Verwaltung wahrnehmen, vgl. § 1 Abs. 4 VwVfG. 60

Die Regelung verlangt **keine konkrete Einzelaufzählung der erforderlichen Genehmigungen**. Verlangt wird lediglich eine positive oder negative Aussage über ihr Vorliegen. Kann das Vorliegen der erforderlichen Genehmigungen nicht bestätigt werden, kann diese Angabe um den Beantragungsstand und eventuelle Angaben in Bezug auf bestehende Hindernisse (zB bei bestehenden Abhängigkeiten von Genehmigungen) für ihre Erteilung erweitert werden. 61

Die sich aus dem **Nichtvorliegen der erforderlichen Genehmigungen** ergebenden **Risiken** für die Umsetzung des Projekts sind im Risikoabschnitt zu beschreiben. 62

6. Verträge über Herstellung und Anschaffung des Anlageobjekts (§ 9 Abs. 2 Nr. 6 VermVerkProspV)

Als **Verträge** iS der Angabe sind sämtliche durch die Emissionsgesellschaft durch Rechtsgeschäft begründeten **Schuldverhältnisse** anzusehen, unabhängig davon, ob diese zivilrechtlich oder öffentlich-rechtlich ausgestaltet wurden. Ebenfalls ohne Be- 63

---

[1] Voß in Arndt/Voß, § 9 VermVerkProspV Rz. 39.
[2] Vgl. insofern BGH v. 22.12.2015 – VI ZR 124/14. Danach kann unterstellt werden, dass die Behörde gesetzeskonform handelt.

lang ist, welcher Rechtsordnung die Verträge unterliegen. Zu den Verträgen sind die Daten bzw. Zeiträume ihres Abschlusses beizufügen.

64 Die anzugebenden Verträge beschränken sich auf solche, die die **Anschaffung oder Herstellung** des Anlageobjekts oder wesentlicher Teile davon zum Gegenstand haben.

65 Die Begriffe der Anschaffung und Herstellung lassen sich durch ein **handelsrechtliches Verständnis** ausfüllen, vgl. § 255 Abs. 1 Satz 1 HGB[1].

66 Einen **Abdruck der Verträge** sieht die Vorschrift nicht vor. Im Gegenteil ist davon auszugehen, dass ein Abdruck auf Grund des üblichen Umfangs solcher Vertragswerke vom eigentlichen Zweck des Verkaufsprospekts zur Aufklärung und Information über die angebotene Beteiligung ablenkt und zur Unverständlichkeit des Verkaufsprospekts führen würde. Zur Erläuterung des Vertragsinhalts und zur Unterscheidung der einzelnen Verträge ist jedoch der Gegenstand des Vertrages zu nennen. Auch eine **Nennung des Vertragspartners** sieht die Vorschrift nicht vor. Diese kann jedoch nach der Generalklausel des § 2 Abs. 1 VermVerkProspV erforderlich sein, wenn die Erfüllung des Vertrages durch den Vertragspartner auf Grund von bestimmbaren Umständen ungewiss ist.

67 Darf der Anbieter auf Grund vertraglicher Verpflichtungen **Inhalte der Verträge nicht offenbaren**, muss neben der Aussage des Vorhandenseins auf den Umstand der **Schweigepflicht** und seiner Gründe hingewiesen werden.

7. Bewertungsgutachten über das Anlageobjekt (§ 9 Abs. 2 Nr. 7 VermVerkProspV)

68 Die Vorschrift betrifft Angaben zur Bestimmung der **Werthaltigkeit des Anlageobjekts** anhand erstellter Gutachten. Verlangt wird die namentliche Angabe des Erstellers des **Gutachtens**, unabhängig davon, ob es sich um eine natürliche Person oder um eine Gesellschaft handelt, das Datum sowie das Ergebnis der Bewertung.

69 Aufzuführen sind alle Personen, die ein **Bewertungsgutachten** erstellt haben. Keine Verpflichtung besteht hinsichtlich der Aufnahme einer Adresse oder des Sitzes des Gutachters.

70 Die Angabe des **Datums des Gutachtens** gibt dem Anleger Auskunft über die Aktualität des Gutachtens. Bei **mehreren Gutachten** lassen sich auch anhand der zeitlichen Abstände weitere Schlüsse über den prognostizierten Ertrag ableiten. So kann sich die Eignung eines vorgesehenen Standorts auf Grund von externen Ereignissen verschlechtern. ZB können kürzliche Baumaßnahmen in der Nachbarschaft zu Abschattungen führen, die Ertragseinbrüche in der Energieerzeugung eines Solar- oder Windparks verursachen und möglicherweise zum Datum eines zeitlich vor dem Ereignis gefertigten Gutachtens noch nicht zu besorgen waren.

---

1 Hierzu ausführlich *Merkt* in Baumbach/Hopt, § 255 HGB Rz. 1 ff.

Wurden in Bezug auf das Anlageobjekt **mehrere Bewertungsgutachten** eingeholt, sind diese sämtlich vollständig iS der Regelung im Verkaufsprospekt aufzuführen. Das Ergebnis des jeweiligen Bewertungsgutachtens ist für den Anleger vollständig und verständlich darzustellen, da dieses ein wesentliches Element in der Entscheidungsfindung des Anlegers für eine Beteiligung an dem Projekt darstellen kann. So sind zB bei einer Beteiligung an einer Betreibergesellschaft eines Windenergieparks die Gutachten über die Windenergieerträge als entscheidendes Kriterium für die Anlageentscheidung zu bewerten[1]. Das im Verkaufsprospekt aufgenommene Ergebnis muss für den Anleger aus sich selbst heraus nachvollziehbar sein. Die Vollständigkeit der Darstellung ist nur gewährleistet, wenn auch die im Gutachten ermittelten Sicherheitsabschläge für den prognostizierten Ertrag vollumfänglich dargestellt werden, um dem Anleger die freie Entscheidungsfindung anhand seiner eigenen Einschätzung vornehmen zu lassen. — 71

Die Vorschrift trifft keine Einschränkung hinsichtlich der **Art des Gutachtens**. Aufzuführen sind grundsätzlich alle Gutachten, die für das Anlageobjekt erstellt worden sind. Wie bei allen Angaben ist der Anbieter nur verpflichtet, die tatsächlich vorhandenen Gutachten anzugeben. Eine Verpflichtung zur Erstellung eines Gutachtens beinhaltet die Regelung nicht[2]. Ergebnisse von mehreren Gutachten können zusammengefasst werden, wenn die Angabe insgesamt für den Anleger nachvollziehbar bleibt. Entsprechende Auswerthilfen sind im Falle der Notwendigkeit mit aufzunehmen[3]. — 72

Zur Gewährleistung der Vollständigkeit der Angabe ist (mittels **Fehlanzeige**) auch anzugeben, dass, falls zutreffend, **kein Bewertungsgutachten** erstellt wurde und dem Anbieter vorliegt. Der Anbieter kann sich im Zweifel auch auf seine Unkenntnis von einem Gutachten stützen. In der Literatur[4] und in der Prüfungspraxis wird zusätzlich zur Darstellung des oder der Bewertungsgutachten die **Angabe verlangt, dass keine weiteren Bewertungsgutachten** vorliegen. Dem steht entgegen, dass der Anbieter mit der Aufnahme des oder der Bewertungsgutachten seine Pflicht zu einer Aussage im Verkaufsprospekt zu diesem Punkt erfüllt hat. Da die Angabe nicht in Form einer offenen Aufzählung ausgestaltet ist, kann, sofern die Gutachten tatsächlich zutreffen, nicht von einem Prospektfehler ausgegangen werden, wenn auf diesen Zusatz verzichtet wird. Darf der Anbieter auf Grund vertraglicher Verpflichtungen den Gutachter oder das Ergebnis nicht offenbaren, muss neben der Aussage des Vorhandenseins eines Gutachtens auf den Umstand der Schweigepflicht und ihre Gründe hingewiesen werden. — 73

---

1 BGH v. 14.1.2008 – II ZR 85/07, NJW-RR 2008, 1119; vgl. auch BGH v. 21.10.2014 – XI ZB 12/12 – „Telekom", AG 2015, 351.
2 *Voß* in Arndt/Voß, § 9 VermVerkProspV Rz. 47.
3 *Voß* in Arndt/Voß, § 9 VermVerkProspV Rz. 50.
4 *Voß* in Arndt/Voß, § 9 VermVerkProspV Rz. 51 f.

8. Lieferungen und Leistungen in Bezug auf das Anlageobjekt (§ 9 Abs. 2 Nr. 8 VermVerkProspV)

74 Die Regelung verlangt die Angabe des **Umfangs der Erbringung von Lieferungen und Leistungen** durch Personen, die nach §§ 3, 7 oder 12 VermVerkProspV zu nennen sind. Die Begriffe „Lieferungen" und „Leistungen" bestimmen sich aus zivilrechtlicher Sicht. Dieser Posten beinhaltet Umsatzgeschäfte aus unternehmerischer Tätigkeit, die auf Grund von Verträgen von den nach §§ 3, 7 oder 12 VermVerkProspV zu nennenden Personen gegenüber der Emissionsgesellschaft erfüllt wurden[1].

75 Lieferungen und Leistungen **beziehen sich auf das Anlageobjekt** sowie die Anlageziele, -strategie und die -politik. **Zweck** der Regelung ist, wie auch im Rahmen von § 9 Abs. 2 Nr. 2 VermVerkProspV, die **Aufdeckung personeller Verflechtungen**. Die Angaben sind damit ein wichtiger Anhaltspunkt über die tatsächliche Werthaltigkeit des gesamten Projekts. Eine Pflicht zur Mitteilung ergibt sich immer dann, wenn eine personelle Verflechtung zwischen den in der Emissionsgesellschaft verantwortlichen Personen mit anderen, in Bezug auf das Anlageobjekt geschäftsmäßig verbundenen Personen oder Gesellschaften besteht, die die Gefahr einer Interessenkollision bei der Gestaltung und Durchführung der Verträge in Hinblick auf das Anlageobjekt zum Nachteil der Emissionsgesellschaft und ihrer Gesellschafter in Gestalt der Anleger beinhalten können[2].

76 Lieferungen oder Leistungen sind im **Umfang zu qualifizieren und zu erläutern**. Die Qualifikation muss selbsterklärend sein. Eine absolute Darstellung der Kosten reicht daher nicht aus. Ungeeignet sind auch pauschale Einteilungen, wie zB „erheblich", wenn nicht gleichzeitig das Verständnis des Anbieters über diesen Begriff erläutert wird[3]. Geeignet sind daher Angaben unter der Verwendung von **prozentualen Relationen** zum Gesamtaufwand des Anlageobjekts. Zur Vermeidung einer Überfrachtung des Verkaufsprospekts mit Informationen steht es dem Anbieter frei, von Angaben unerheblicher Bedeutung im Sinne von § 15 Abs. 2 Nr. 1 VermVerkProspV abzusehen. Ein Wegfall von Angaben unterhalb einer in der Regelung von § 9 Abs. 2 VermVerkProspV festgelegten Geringfügigkeitsschwelle ist im Interesse der Vereinfachung nicht mehr vorgesehen[4].

77 Die Aussage über das Nichtvorliegen des nach dieser Regelung zu beschreibenden Umstands (dh. eine **Fehlanzeige**) muss alle drei Personengruppen umfassen, um die Aussage als vollständig gelten zu lassen.

---

1 Vgl. hierzu *Memento Rechtshandbücher*, Bilanzrecht 2009, Nr. 11.177.
2 BGH v. 10.10.1994 – II ZR 95/93, ZIP 1994, 1851; BGH v. 7.4.2003 – II ZR 160/02, WM 2003, 1086; OLG Stuttgart v. 5.8.2004 – 19 U 30/04, ZIP 2005, 909 (red. Leitsatz), Volltext über juris.
3 *Voß* in Arndt/Voß, § 9 VermVerkProspV Rz. 54.
4 Begr. RegE eines Gesetzes zur Novellierung des Finanzanlagenvermittler- und Vermögensanlagenrechts, BT-Drucks. 17/6051, S. 50 f. (zu Art. 15 Nr. 6 lit. c und Nr. 8 lit. b).

9. Gesamtkosten des Anlageobjekts (§ 9 Abs. 2 Nr. 9 VermVerkProspV)

Die Regelung des § 9 Abs. 2 Nr. 9 VermVerkProspV verlangt vom Anbieter in Form einer Aufgliederung die Darstellung der voraussichtlichen **Gesamtkosten** und der geplanten **Finanzierung** des Anlageobjekts. Die Darstellung gibt dem Anleger die Möglichkeit, eine eventuell bestehende Unschlüssigkeit oder Unwirtschaftlichkeit des finanziellen Gesamtkonzepts im Zusammenhang mit der Beschreibung des Anlageobjekts in Verhältnis zu setzen[1]. Sie bezeichnen nicht den Erwerbspreis der Vermögensanlage[2]. In der Aufgliederung ist auch nicht auf den Wert des Anlageobjekts Bezug zu nehmen. Dieser ergibt sich aus den erstellten Bewertungsgutachten, die nach § 9 Abs. 2 Nr. 7 VermVerkProspV darzustellen sind. Insofern geht auch die in der Literatur geäußerte **Kritik** über eine Lücke der Mindestangabeerfordernisse nach der VermVerkProspV fehl[3]. Denn der Anleger hat keinen Anspruch auf einen Erwerb des Anlageobjekts zum Verkehrswert; die Festlegung eines Preises ist vielmehr in den Grenzen der Sittenwidrigkeit und des Wuchers der Vereinbarung der Vertragsparteien überlassen[4].

Die **Gesamtkosten** (Mittelverwendung) sind nach der Regelung insbesondere in Anschaffungs- und Herstellungskosten sowie sonstige Kosten zu untergliedern. Der Anbieter ist in der Zuordnung und der Verwendung der Begrifflichkeiten frei, solange das Gebot der Verständlichkeit in Bezug auf die Finanzierung des Anlageobjekts noch als erfüllt angesehen werden kann. Dies ist insbesondere dann von Belang, wenn laufende Einnahmen aus der schon betriebenen Geschäftstätigkeit die Verständlichkeit des Finanzplans erschweren. Dient das eingenommene Agio der Anschaffung oder Herstellung des Anlageobjekts, ist es in die Darstellung mit aufzunehmen.

Anschaffungskosten sind die Aufwendungen, die geleistet werden, um einen Vermögensgegenstand zu erwerben und ihn in einen betriebsbereiten Zustand zu versetzen, soweit sie dem Vermögensgegenstand einzeln zugeordnet werden können (§ 255 Abs. 1 Satz 1 HGB).

Herstellungskosten sind die Aufwendungen, die durch den Verbrauch von Gütern und die Inanspruchnahme von Diensten für die Herstellung eines Vermögensgegenstands, seine Erweiterung oder für einen über seinen ursprünglichen Zustand hinausgehende wesentliche Verbesserung entstehen, § 255 Abs. 2 HGB.

Sonstige Kosten können zB den Fremdkapitaldienst umfassen (vgl. § 255 Abs. 3 HGB).

Die **geplante Finanzierung** (Mittelherkunft) verlangt den Ausweis der Eigen- und Fremdmittel, untergliedert nach den Zwischen- und Endfinanzierungsmitteln, den

---

1 BGH v. 8.6.2004 – X ZR 283/02, ZIP 2004, 1810.
2 *Voß* in Arndt/Voß, § 9 VermVerkProspV Rz. 56.
3 So aber *Voß* in Arndt/Voß, § 9 VermVerkProspV Rz. 61.
4 BGH v. 12.2.2004 – III ZR 359/02, ZIP 2004, 1055.

Konditionen, den jeweiligen Fälligkeiten der Eigen- und Fremdmittel sowie dem Umfang ihrer verbindlichen Zusage und von wem diese Zusage erfolgte[1].

84 **Konditionen** iS des § 9 Abs. 2 Nr. 9 Satz 2 VermVerkProspV sind die Rechte und Pflichten, die die Mittelherkunft zur Finanzierung des Anlageobjekts charakterisieren. Sie ergeben sich aus den zugrundeliegenden Rechtsgeschäften[2]. Nach den Gegebenheiten können sich auch aus dem Vertrag der Mittelverwendungskontrolle entsprechende Konditionen ergeben, wenn diese die Mittelbereitstellung betreffen[3].

85 **Fälligkeit** iS des § 9 Abs. 2 Nr. 9 Satz 2 VermVerkProspV bezeichnet den Zeitpunkt, von dem ab der Gläubiger die Leistung verlangen kann[4]. Die Angabe lässt daher den Anleger erkennen, wann die Finanzmittel jeweils der Emissionsgesellschaft für die Finanzierung des Anlageobjekts zur Verfügung stehen (Anfangsfälligkeit). Dies gilt auch für den Abzug von Finanzmitteln aus der Emissionsgesellschaft (Endfälligkeit), sofern dies auf die jeweiligen Finanzierungsmittel angewendet werden kann. Die Praxisnähe der Angabe von Endfälligkeiten wird aber nur im Rahmen von Fremdfinanzierungen sinnvoll auszufüllen sein, wenn eine Bank unter bestimmten, vertraglich zuvor bestimmten Umständen ihr zur Finanzierung des Anlageobjekts zugesagtes Kapital wieder abziehen kann. Hinsichtlich der Eigenmittel stellt sich die Frage einer solchen Angabe bei geschlossenen Fonds grundsätzlich nicht, da die Anleger die Einlagen der Emissionsgesellschaft in der Regel auf Dauer zur Verfügung stellen[5].

86 In Bezug auf die **Fälligkeit der Eigenmittel** ist die Angabe nur im Rahmen einer Anfangsfälligkeit der Einlagen sinnvoll auszufüllen; dh., wenn die Anleger die Eigenmittel, die sie der Emissionsgesellschaft auf Grund ihres Beitritts verpflichtet sind zur Verfügung zu stellen, auf Grund vertraglicher Bestimmungen nicht sofort, sondern erst nach Abruf (teilweise aufgespaltene Beitragspflichten in mehreren Tranchen) einlegen müssen oder diese bis zum Eintritt bestimmter Bedingungen auf einem Treuhandkonto bis zum Abruf zwischengeparkt werden. Insoweit kann eine gewisse Überschneidung mit der Angabe zu § 4 Satz 1 Nr. 5 VermVerkProspV bestehen, da an dieser Stelle bereits Beschreibungen hinsichtlich der Zahlung des Erwerbspreises der Anteile notwendig sind (vgl. § 4 VermVerkProspV Rz. 77 ff.). Im Verkaufsprospekt ist daher grundsätzlich ein festes Datum anzugeben. Werden die Mittel sukzessive abgerufen, muss dies entsprechend der geplanten Abrufzeiträume nachvollziehbar angegeben werden. Bei Blind-Pool-Modellen kann auf Grund des Anlagekonzepts nur

---

1 Zu den Zahlungsflüssen vgl. BGH v. 29.7.2014 – II ZB 1/12, AG 2015, 27; BGH v. 29.7.2014 – II ZB 30/12, WM 2014, 2075.
2 Zur Abgrenzung der unterschiedlich möglichen Vertragsverhältnisse vgl. *Putzo* in Palandt, Einf v § 488 BGB Rz. 1 ff.
3 Vgl. zu den Konditionen: BGH v. 11.4.2013 – III ZR 80/12, GWR 2013, 351; BGH v. 22.3.2007 – III ZR 98/06, WM 2007, 924; OLG Hamm v. 24.9.2013 – 34 U 119/12, NZG 2014, 270.
4 *Heinrichs* in Palandt, § 271 BGB Rz. 1.
5 *Voß* in Arndt/Voß, § 9 VermVerkProspV Rz. 64 ohne Problematisierung der Anfangsfälligkeit der Einlagen.

eine pauschale Aussage über die Eigenmittel getroffen werden. Hier ist eine unterstellte Kalkulation zu Grunde zu legen[1].

Der Umfang der **Zusage der Fremdmittel** ist nachvollziehbar darzustellen. Erforderlich ist zudem die Angabe der Person oder Gesellschaft, die die Zusage der Fremdmittel getätigt hat. Nicht mehr haltbar wird die Auffassung sein, dass bei den die Fremdmittel zusagenden Banken nur ein pauschaler Verweis auf eine „deutsche Großbank" ausreichend ist[2]. Auf Grund der Finanzkrise 2008/2009 mit dem Zusammenbruch von großen und mittleren Kreditinstituten wird der Anleger die Wertigkeit der Aussage in seine Anlageentscheidung miteinbeziehen.

Bei den Angaben zur Mittelverwendung kann es sich um **prognostische Angaben** handeln, die entsprechend zu kennzeichnen sind (vgl. § 2 VermVerkProspV Rz. 123 ff.). Sind jedoch die einer Prognose innewohnenden Unsicherheiten entfallen, das zu realisierende Projekt eindeutig in Hinblick auf seine Kosten der Herstellung bis zur Vollendung definiert, bedarf es einer Kennzeichnung als Prognose nicht mehr. Bereits durchgeführte Investitionen zum Anlageobjekt betreffen die Frage des Absehens von einer konkreten Aussage im Grundsatz nicht. Es entfällt auch hier lediglich die Kennzeichnung als Prognose.

Werden in dem im **Hinterlegungsverfahren** eingereichten Dokument **Vermögensanlagen von jeweils selbständigen Emissionsgesellschaften** beschrieben, erfordert der Grundsatz der Vollständigkeit gemäß § 2 Abs. 1 VermVerkProspV grundsätzlich eine Einzeldarstellung der Aufgliederung gemäß den Angabeerfordernissen zur Mittelherkunft bzw. -verwendung für jedes Anlageobjekt jeder einzelnen Emissionsgesellschaft. Erfolgt jedoch ein Zwangsbeitritt der Anleger zu jeder der einzelnen Gesellschaften, ohne dass das Verhältnis des Beitritts zu einer dieser Gesellschaften vom Anleger beeinflusst werden kann, kann das Gebot der Verständlichkeit eine zusammengefasste Darstellung erfordern, wenn ansonsten durch die Einzeldarstellung der Verkaufsprospekt unübersichtlich würde.

Die Angabe der **Fremdkapitalquote** nach § 9 Abs. 2 Nr. 9 Satz 3 VermVerkProspV ist in Prozent anzugeben. Sie dient der Vereinfachung der Erfassung für den Anleger von der Abhängigkeit der Finanzierung des Anlageobjekts durch Fremdmittel. Des Weiteren ist bei Einsatz von Fremdkapital ua. zu beschreiben, in welcher Weise Hebeleffekte ausgenutzt werden[3]. Aussagen sind daher in Hinblick auf die vorgenommene Gestaltung der Kapitalstruktur hinsichtlich ihres Einflusses auf Höhe und Qualität der Eigenkapitalrendite erforderlich. Bei einer marktgerechten Erwartung kann ein verstärkter Fremdkapitaleinsatz zu einer größeren Erwartung an Eigenkapitalrendite unter Inkaufnahme einer sich erhöhenden Volatilität der Eigenkapitalrendite führen[4]. Die Auswirkungen bei einem schlechter als erwartet verlaufen-

---

1 *Voß* in Arndt/Voß, § 9 VermVerkProspV Rz. 60.
2 So noch *Voß* in Arndt/Voß, § 9 VermVerkProspV Rz. 59; anders *Bruchwitz* in Arndt/Voß, Geschlossene Fonds, S. 132.
3 Begr. RegE eines Gesetzes zur Novellierung des Finanzanlagenvermittler- und Vermögensanlagenrechts, BT-Drucks. 17/6051, S. 51 (zu Art. 15 Nr. 8 lit. b dd)).
4 *Volkert*, Corporate Finance, Teil III, 7.2.1, S. 594 ff.

den Geschäftsgang sind ebenfalls überproportional gegenüber einem allein durch Eigenmittel finanzierten Anlageobjekt. Die Ausführungen über das Kapitalstrukturrisiko ua. zur Verschlechterung der Geschäftslage, einer Marktzinserhöhung für die Fremdmittel, der Gefahr der Erhöhung der Verzinsungsansprüche der Fremdmittelgeber aufgrund des Verschuldungsgrades des Unternehmens oder der Risikokaskade bei mehreren Erwerbsebenen mit entsprechenden Fremdfinanzierungsstrukturen sind allerdings im Risikokapitel zu verorten.

§ 10
Angaben über die Vermögens-, Finanz- und Ertragslage des Emittenten

(1) Der Verkaufsprospekt muss über die Vermögens-, Finanz- und Ertragslage des Emittenten enthalten:
1. den letzten nach den §§ 24 und 25 des Vermögensanlagengesetzes aufgestellten und geprüften Jahresabschluss und Lagebericht und,
2. eine Zwischenübersicht, deren Stichtag höchstens zwei Monate vor der Aufstellung des Verkaufsprospekts liegen darf.

Der Stichtag des in Satz 1 Nummer 1 genannten Abschlusses darf höchstens 18 Monate vor der Aufstellung des Verkaufsprospekts liegen.

(2) Ist der Emittent nur zur Aufstellung eines Konzernabschlusses verpflichtet, so ist dieser in den Verkaufsprospekt aufzunehmen; ist er auch zur Aufstellung eines Jahresabschlusses verpflichtet, so sind beide Arten von Abschlüssen aufzunehmen. Ein Konzernabschluss kann auch im Wege eines Verweises in den Verkaufsprospekt aufgenommen werden, wenn der Konzernabschluss auf Grund anderweitiger gesetzlicher Bestimmungen veröffentlicht worden ist. Der Verweis muss angeben, wo der Konzernabschluss veröffentlicht ist. 4In diesem Fall muss der bei der Bundesanstalt hinterlegte Prospekt auch ein gedrucktes Exemplar des Konzernabschlusses enthalten.

(3) Jede wesentliche Änderung der Angaben nach Absatz 1 Nr. 1 oder der Zwischenübersicht, die nach dem Stichtag eingetreten ist, muss im Verkaufsprospekt erläutert werden.

(4) Der Verkaufsprospekt muss die voraussichtliche Vermögens-, Finanz- und Ertragslage mindestens für das laufende und das folgende Geschäftsjahr darstellen.

In der Fassung vom 16.12.2004 (BGBl. I 2004, S. 3464), zuletzt geändert durch das Kleinanlegerschutzgesetz vom 3.7.2015 (BGBl. I 2015, S. 1114).

Schrifttum: Siehe Einl. VermAnlG und das allgemeine Schrifttumsverzeichnis.

I. Regelungsgegenstand und
   Normentwicklung 1
II. Angaben über die Vermögens-,
    Finanz- und Ertragslage des
    Emittenten
    1. Jahresabschluss und Lagebericht
       (§ 10 Abs. 1 Satz 1 Nr. 1 und Satz 2,
       Abs. 3 VermVerkProspV) 4
    2. Zwischenübersicht
       (§ 10 Abs. 1 Satz 1 Nr. 2,
       Abs. 3 VermVerkProspV) 6
    3. Konzernabschluss
       (§ 10 Abs. 2 VermVerkProspV) ... 8
    4. Darstellung der Vermögens-,
       Finanz- und Ertragslage
       (§ 10 Abs. 4 VermVerkProspV) ... 10
III. Aktualisierungspflichten
     (§ 10 Abs. 4 VermVerkProspV) .. 11

I. Regelungsgegenstand und Normentwicklung

Korrespondierend zu §§ 24, 25 VermAnlG legt die Vorschrift die **Mindestangaben** fest, die ein Verkaufsprospekt über die **Vermögens-, Finanz- und Ertragslage** des Emittenten enthalten muss. Zu den Mindestangaben gehören 1

– der letzte nach den §§ 24 und 25 VermAnlG aufgestellte und geprüfte Jahresabschluss und Lagebericht (§ 10 Abs. 1 Satz 1 Nr. 1 VermVerkProspV) mitsamt Erläuterungen zu allen wesentlichen Änderungen der in diesen enthaltenen Angaben, die nach deren Stichtag eingetreten sind (§ 10 Abs. 3 VermVerkProspV),

– eine Zwischenübersicht (§ 10 Abs. 1 Satz 1 Nr. 2 VermVerkProspV) und Erläuterung aller wesentlichen Änderungen der derselben, die nach deren Stichtag eingetreten sind (§ 10 Abs. 3 VermVerkProspV), und

– eine Darstellung der voraussichtlichen Vermögens-, Finanz- und Ertragslage mindestens für das laufende und das folgende Geschäftsjahr (§ 10 Abs. 4 VermVerkProspV).

Emittenten, die **Konzernunternehmen** und zur Aufstellung eines Konzernabschlusses verpflichtet sind, haben diesen in den Verkaufsprospekt aufzunehmen. Soweit sie darüber hinaus auch zur Aufstellung eines Jahresabschlusses verpflichtet sind, sind beide Arten von Abschlüssen in den Verkaufsprospekt aufzunehmen (§ 10 Abs. 2 VermVerkProspV). 2

In der Fassung der VermVerkProspV vom 16.12.2004[1] ging die Vorschrift in Teilen auf § 8 der aufgehobenen VerkProspVO[2] zurück (siehe Vorauflage, § 10 VermVerkProspV Rz. 2). Durch Art. 16 Nr. 9 des Gesetzes zur Novellierung des Finanzanlagenvermittler- und Vermögensanlagenrechts vom 6.12.2011[3] und Art. 6 Nr. 6 des Klein- 3

---

[1] BGBl. I 2004, S. 3464.
[2] Die VerkProspVO wurde aufgehoben durch Art. 9 des Gesetzes zur Umsetzung der Richtlinie 2003/71/EG vom 4.11.2003 betreffend den Prospekt, der beim öffentlichen Angebot von Wertpapieren oder bei deren Zulassung zum Handel zu veröffentlichen ist, und zur Änderung der Richtlinie 2001/34/EG (Prospektrichtlinie-Umsetzungsgesetz), BGBl. I 2005, S. 1698, mit Wirkung zum 1.7.2005 (Art. 10 Satz 2 des vorgenannten Gesetzes).
[3] BGBl. I 2011, S. 2481. Die Änderung trat gemäß Art. 13 Abs. 3 des Gesetzes am Tag nach dessen Verkündung, dh. zum 10.7.2015, in Kraft.

anlegerschutzgesetzes vom 3.7.2015[1] hat sie verschiedene **Änderungen** erfahren. Soweit es sich hierbei um bedeutende Änderungen handelte, sind Einzelheiten dazu nachfolgend aufgeführt.

II. Angaben über die Vermögens-, Finanz- und Ertragslage des Emittenten

1. Jahresabschluss und Lagebericht (§ 10 Abs. 1 Satz 1 Nr. 1 und Satz 2, Abs. 3 VermVerkProspV)

4 Der auf Art. 16 Nr. 9 lit. a des Gesetzes zur Novellierung des Finanzanlagenvermittler- und Vermögensanlagenrechts vom 6.12.2011 (siehe Rz. 3) beruhende § 10 Abs. 1 Satz 1 Nr. 1 VermAnlG passt die Vorschrift an die Regelung der §§ 24, 25 VermAnlG an. Diese bewirkt, dass sämtliche Emittenten von Vermögensanlagen – unabhängig von Rechtsform und Größe und unabhängig davon, ob sie handelsrechtlich zur Aufstellung eines Jahresabschlusses und eines Lageberichts verpflichtet sind – nach § 24 VermAnlG einen Jahresabschluss und einen Lagebericht zu erstellen, nach § 25 VermAnlG prüfen zu lassen und nach § 10 Abs. 1 Satz 1 Nr. 1 VermAnlG in den Verkaufsprospekt aufzunehmen haben.

5 Der **Stichtag des Jahresabschlusses** darf höchstens 18 Monate vor der Aufstellung des Verkaufsprospekts liegen (§ 10 Abs. 1 Satz 2 VermVerkProspV). Liegt der Stichtag weiter zurück, kann der Verkaufsprospekt nicht gebilligt werden. Je weiter der noch zulässige Stichtag zurückliegt, desto gewichtiger wird die sich aus Abs. 3 ergebende Pflicht, jede wesentliche, **nach dem Stichtag eingetretene Änderung der Angaben** im Jahresabschluss nach Abs. 1 Satz Nr. 1, im Verkaufsprospekt darzustellen und zu erläutern. Entsprechendes gilt auch für nach dem Stichtag des Jahresabschlusses eingetretene Änderungen bei den Angaben des **Lageberichts** (§ 10 Abs. 3 VermVerkProspV). Zur Frage, wann es sich bei einer solchen Änderung um eine wesentliche handelt, siehe unten Rz. 11.

2. Zwischenübersicht (§ 10 Abs. 1 Satz 1 Nr. 2, Abs. 3 VermVerkProspV)

6 Neben Jahresabschluss und Lagebericht nach § 10 Abs. 1 Satz 1 Nr. 1 VermVerkProspV ist im Hinblick auf Informationen über die Vermögens-, Finanz- und Ertragslage des Emittenten auch eine **Zwischenübersicht** in den Verkaufsprospekt aufzunehmen. Bei dem Begriff der **Zwischenübersicht**, wie er sich auch in § 22 BörsZulV aF fand, handelt es sich um einen solchen, der nicht aus anderen Regelungszusammenhängen des Rechnungslegungs- und Kapitalmarktrechts bekannt ist. Unter Berücksichtigung von Sinn und Zweck der Zwischenübersicht, dem „Anleger ein hinreichend aktuelles Bild der Vermögenslage des Emittenten"[2] zu geben, ist als Zwischenübersicht eine unterjährige Darstellung zu verlangen, die über den Ge-

---

[1] BGBl. I 2015, S. 1114.
[2] RegE Gesetz zur Novellierung des Finanzanlagenvermittler- und Vermögensanlagenrechts, BT-Drucks. 17/6051 v. 6.6.2011, S. 1 (51).

schäftsverlauf und die Vermögens-, Finanz- und Ertragslage des Emittenten zu informiert (siehe auch § 15 VermVerkProspV Rz. 7)[1] und sich dabei an den für einen Jahresabschluss erforderlichen Angaben zur Vermögens-, Finanz- und Ertragslage des Emittenten nach § 24 VermAnlG zu orientiert. Die BaFin scheint dagegen an eine Zwischenübersicht geringere Anforderungen zu stellen und eine „Zwischenübersicht über Geschäftsvorfälle"[2] genügen zu lassen.

Der **Stichtag** der Zwischenübersicht, die nicht zuvor veröffentlicht worden sein muss, darf höchstens zwei Monate vor der Aufstellung des Verkaufsprospekts liegen (§ 10 Abs. 1 Satz 1 Nr. 2 VermVerkProspV)[3]. Jede nach diesem Stichtag eingetretene wesentliche **Änderung der Angaben** der Zwischenübersicht ist im Verkaufsprospekt darzustellen und zu erläutern (§ 10 Abs. 3 VermVerkProspV). Zur Frage, wann eine solche Änderung wesentlich ist, siehe unten Rz. 11.

3. Konzernabschluss (§ 10 Abs. 2 VermVerkProspV)

Nach § 10 Abs. 2 VermVerkProspV, dessen heutige Fassung auf der Änderung der bisherigen Vorschrift durch Art. 6 Nr. 6 lit. a des Kleinanlegerschutzgesetzes vom 3.7.2015 (siehe Rz. 3) beruht, muss der Emittent, der zur Aufstellung eines **Konzernabschlusses** verpflichtet ist, diesen in den Verkaufsprospekt aufnehmen (§ 10 Abs. 2 Satz 1 VermVerkProspV). Ist er darüber hinaus er auch zur Aufstellung eines **Jahresabschlusses** verpflichtet, so sind beide Arten von Abschlüssen in den Verkaufsprospekt aufzunehmen (§ 10 Abs. 2 Satz 2 VermVerkProspV). Die gewundene Regelung in § 10 Abs. 2 Satz 1 und Satz 2 VermVerkProspV beruht auf dem Umstand, dass nach dem aufgehobenen früheren Satz 2 dem Emittent ein Ermessen zustand, im Falle der Erstellung eines Jahresabschlusses und eines Konzernabschlusses nur einen dieser Abschlüsse in den Verkaufsprospekt aufzunehmen, wenn der Abschluss der anderen Art keine wesentlichen zusätzlichen Aussagen enthielt.

Nach § 10 Abs. 2 Satz 2 VermVerkProspV kann die **Aufnahme des Konzernabschlusses** des Emittenten in den Verkaufsprospekt im **Wege eines Verweises** erfolgen, wenn der Konzernabschluss aufgrund anderweitiger gesetzlicher Bestimmungen veröffentlicht worden ist und im Rahmen des Verweises angegeben wird, wo der Konzernabschluss veröffentlicht ist (§ 10 Abs. 2 Satz 3 VermVerkProspV). Dessen ungeachtet muss der BaFin nach § 14 VermAnlG zur **Hinterlegung** eingereichte Verkaufsprospekt auch ein gedrucktes Exemplar des Konzernabschlusses enthalten (§ 10 Abs. 2 Satz 4 VermVerkProspV).

---

[1] Siehe Vorauflage., Rz. 16 und § 15 VermVerkProspV Rz. 7; *Lenz* in Assmann/Lenz/Ritz, § 8 VerkProspVO Rz. 10 f.; *Heidelbach* in Schwark, 3. Aufl. 2004, § 22 BörsZulV Rz. 3 und § 8 VerkProspV Rz. 2.
[2] *Maier/Meschkat/Carny*, Vermögensanlagen: Prospektprüfung und Informationen für Verbraucher, BaFin-Journal Oktober 2013, S. 13 (16), abrufbar über die Website der BaFin (www.bafin.de).
[3] Die Vorschrift beruht auf Art. 6 Nr. 9 lit. b des Gesetzes zur Novellierung des Finanzanlagenvermittler- und Vermögensanlagenrechts vom 6.12.2011 (BGBl. I 2011, S. 2481).

4. Darstellung der Vermögens-, Finanz- und Ertragslage (§ 10 Abs. 4 VermVerkProspV)

10 Unabhängig von den Informationen über die Vermögens-, Finanz- und Ertragslage des Emittenten, die der Verkaufsprospekt durch die Aufnahme von Jahresabschluss, Lagebericht, Zwischenübersicht und Erläuterungen zu wesentlichen Änderungen der in diesem enthaltenen Angaben nach § 10 Abs. 1–3 VermVerkProspV enthält, muss der Verkaufsprospekt aufgrund des durch Art. 6 Nr. 6 lit. b des Kleinanlegerschutzgesetzes vom 3.7.2015 (siehe Rz. 3) in § 10 VermVerkProspV gelangten Abs. 4 eine eigenständige **Darstellung** zur Vermögens-, Finanz- und Ertragslage **mindestens für das laufende und das folgende Geschäftsjahr** darstellen. Diese ist Gegenstand der Kohärenzprüfung der BaFin nach § 8 Abs. 2 Satz 2 VermAnlG, bei der die Aufsichtsbehörde nach Satz 3 unter anderem auch zu prüfen hat, ob für das laufende und das folgende Geschäftsjahr die Vermögens-, Finanz- und Ertragslage des Emittenten im Verkaufsprospekt widerspruchsfrei dargestellt werden.

III. Aktualisierungspflichten (§ 10 Abs. 4 VermVerkProspV)

11 Wie bereits im Zusammenhang mit den Angaben über die Vermögens-, Finanz- und Ertragslage des Emittenten durch Aufnahme des Jahresabschluss, des Lageberichts und des Konzernabschlusses sowie zur Zwischenübersicht (§ 10 Abs. 1 und 2 VermVerkProspV) ausgeführt, muss jede wesentliche Änderung der Angaben der vorgenannten Dokumente, die nach deren jeweiligem Stichtag eingetreten ist, im Verkaufsprospekt dargestellt und erläutert werden. Als **wesentlich** sind dabei – entsprechend der sich im Rahmen der Haftung für fehlerhafte Verkaufsprospekte nach § 20 Abs. 1 Satz 1 VermAnlG stellenden Frage, ob die fehlerhafte Angabe wesentlich ist – solche Änderungen als wesentlich anzusehen, die Umstände betreffen, die objektiv zu den wertbildenden Faktoren einer Anlage gehören, und die bzw. deren Änderung ein durchschnittlicher, verständiger Anleger „eher als nicht" bei seiner Anlageentscheidung berücksichtigen würde (siehe § 20 VermAnlG Rz. 15 und §§ 21–23 WpPG Rz. 47).

§ 11
Angaben über die Prüfung des Jahresabschlusses des Emittenten

Der Verkaufsprospekt muss den Namen, die Anschrift und die Berufsbezeichnung des Abschlussprüfers, der den Jahresabschluss des Emittenten nach Maßgabe der gesetzlichen Vorschriften geprüft hat, enthalten. Ferner ist der Bestätigungsvermerk einschließlich zusätzlicher Bemerkungen aufzunehmen; wurde die Bestätigung des Jahresabschlusses eingeschränkt oder versagt, so müssen der volle Wortlaut der Einschränkungen oder der Versagung und deren Begründung wiedergegeben werden.

In der Fassung vom 16.12.2004 (BGBl. I 2004, S. 3464).

Schrifttum: Siehe Einl. VermAnlG und das allgemeine Schrifttumsverzeichnis.

I. Regelungsgegenstand und Normentwicklung 1	2. Erforderliche Angaben 6
II. Angaben zum Abschlussprüfer (§ 11 Satz 1 VermVerkProspV) . . . 3	III. Bestätigungsvermerk (§ 11 Satz 2 VermVerkProspV) . . . 10
1. Abschlussprüfer 4	

I. Regelungsgegenstand und Normentwicklung

Nach § 25 Abs. 1 VermAnlG sind **Jahresabschluss und Lagebericht** des inländischen Emittenten von Vermögensanlagen und des Emittenten von Vermögensanlagen mit Sitz außerhalb der Mitgliedstaaten der EU und der anderen Vertragsstaaten des Abkommens über den Europäischen Wirtschaftsraum durch einen Abschlussprüfer nach Maßgabe der §§ 318–324a HGB **zu prüfen**. Hat der Emittent der Vermögensanlagen seinen Sitz in einem anderen Mitgliedstaat der EU oder einem anderen Vertragsstaat des Abkommens über den Europäischen Wirtschaftsraum, hat dieser dem Jahresbericht eine zusätzliche Bestätigung des Abschlussprüfers in deutscher Sprache nach Maßgabe von § 25 Abs. 4 VermAnlG beizufügen. Während § 25 VermAnlG solchermaßen und ergänzt durch die Vorschriften von § 25 Abs. 2 und 3 VermAnlG Bestimmungen über die Prüfung und die Bestätigung des Abschlussprüfers enthält, verlangt § 11 VermVerkProspV **Angaben über die Prüfung des Jahresabschlusses des Emittenten**. Das sind in erster Linie Angaben zur Person des Abschlussprüfers (Satz 1) und zum Bestätigungsvermerk (Satz 2). 1

Die Vorschrift fand sich so schon in der Fassung der Verordnung über Vermögens-Verkaufsprospekte (Vermögensanlagen-Verkaufsprospektverordnung – VermVerkProspV) vom 16.12.2004[1] und ist bis heute nicht geändert worden. Auch wenn dem VerkProspG, auf das sie sich bis zu dessen Aufhebung zum 1.6.2012 durch Art. 2 des Gesetzes zur Novellierung des Finanzanlagenvermittler- und Vermögensanlagenrechts vom 6.12.2011[2], bezog, ein §§ 24, 26 VermAnlG vergleichbarer Bezugspunkt fehlte, hat das am Regelungsgehalt der Bestimmung, Angaben über den Abschlussprüfer und den Bestätigungsvermerk zu verlangen, nichts geändert. 2

---

1 BGBl. I 2004, S. 3464.
2 BGBl. I 2011, S. 2481.

II. Angaben zum Abschlussprüfer (§ 11 Satz 1 VermVerkProspV)

3   Im Verkaufsprospekt ist der Name, die Anschrift und die Berufsbezeichnung des Abschlussprüfers, der den Jahresabschluss des Emittenten nach Maßgabe der gesetzlichen Vorschriften geprüft hat, aufzunehmen.

1. Abschlussprüfer

4   **Abschlussprüfer**, die den Jahresabschluss von Emittenten, deren Emissionen von Vermögensanlagen unter Berücksichtigung von § 1 Abs. 2 VemAnlG und von § 2 (namentlich Nr. 7) VermAnlG **nach Maßgabe der gesetzlichen Vorschriften** – dh. nach § 25 Abs. 1 Satz 1 VermVerkProspV: der „Bestimmungen des Dritten Unterabschnitts des Zweiten Abschnitts des Dritten Buches des Handelsgesetzbuchs" (§§ 318–324a HGB) – geprüft haben, können nach § 319 Abs. 1 Satz 1 HGB **Wirtschaftsprüfer** und **Wirtschaftsprüfungsgesellschaften** sein.

5   Bei **Wirtschaftsprüfern** handelt es sich um Personen, die die berufliche Aufgabe haben, betriebswirtschaftliche Prüfungen, insbesondere solche von Jahresabschlüssen wirtschaftlicher Unternehmen, durchzuführen und Bestätigungsvermerke über die Vornahme und das Ergebnis solcher Prüfungen zu erteilen (§ 2 Abs. 1 WPO) und als solche öffentlich bestellt sind (§ 1 Abs. 1 Satz 1 WPO). **Wirtschaftsprüfungsgesellschaften** sind als solche anerkannte (§ 1 Abs. 3 WPO) und nach Maßgabe von §§ 28 ff. WPO anzuerkennende Gesellschaften in den in § 27 WOO angeführten Rechtsformen mit dem Zweck der Erbringung der beruflichen Tätigkeit eines Wirtschaftsprüfers. Abschlussprüfer können auch **vereidigte Buchprüfer und Buchprüfungsgesellschaften** (§§ 128–130 WPO) sein, doch beschränkt sich die Abschlussprüferfähigkeit nach § 319 Abs. 1 Satz 2 HGB auf die Abschlussprüfung von Jahresabschlüssen und Lageberichten mittelgroßer Gesellschaften mit beschränkter Haftung (§ 267 Abs. 2 HGB) oder von mittelgroßen Personenhandelsgesellschaften iS des § 264a Abs. 1 HGB.

2. Erforderliche Angaben

6   Nach § 11 Satz 1 VermVerkProspV sind anzugeben der **Name, die Anschrift und die Berufsbezeichnung** des Abschlussprüfers, der den Jahresabschluss geprüft hat. Dabei ist es unerheblich, ob es um den Jahresabschluss eines Emittenten von Vermögensanlagen mit Sitz im Inland oder eines auslandsansässigen Emittenten von Vermögensanlagen handelt, denn alle sind nach § 25 Abs. 1 Satz 1 und Satz 3 VermAnlG durch einen Abschlussprüfer nach Maßgabe von §§ 318–324a HGB zu prüfen.

7   Der **Name des Abschlussprüfers** ist dessen bürgerlicher Name nebst einer eventuellen Berufsbezeichnung, denn nach § 1 Abs. 2 WPO übt der Wirtschaftsprüfer einen freien Beruf aus, betreibt damit kein Gewerbe und kann deshalb keine Firma führen. Ist Abschlussprüfer eine Wirtschaftsprüfungsgesellschaft (siehe oben Rz. 5), ist bei Handelsgesellschaften die Firma und bei anderen Gesellschaften deren Name anzugeben. Alle Gesellschaften sind nach § 31 Satz 1 WPO verpflichtet, die Bezeich-

nung „Wirtschaftsprüfungsgesellschaft" in die Firma oder den Namen aufzunehmen und im beruflichen Verkehr zu führen. Für eine Partnerschaftsgesellschaft entfällt gemäß § 31 Satz 2 WPO die Pflicht nach § 2 Abs. 1 PartGG, zusätzlich die Berufsbezeichnungen aller in der Partnerschaft vertretenen Berufe in den Namen aufzunehmen. Entsprechendes gilt auf Grund der Regelung des § 130 Abs. 1 Satz 1 WPO für Buchprüfer und Buchprüfungsgesellschaften.

Für die **Anschrift** ist, gleich ob es sich um eine Person oder eine Gesellschaft handelt (siehe oben Rz. 4), die **Geschäftsanschrift** des Abschlussprüfers bzw. des Wirtschaftsprüfers ausreichend[1]. 8

Berufsbezeichnung ist die für Wirtschaftsprüfer nach § 18 WPO und für Wirtschaftsprüfungsgesellschaften nach § 31 WPO zu führende Bezeichnung. Das sind für Personen die Bezeichnung „Wirtschaftsprüfer" bzw. „Wirtschaftsprüferin" und für Gesellschaften die Bezeichnung „Wirtschaftsprüfungsgesellschaft". Vereidigte Buchprüfer haben nach § 128 Abs. 2 WPO im beruflichen Verkehr die Berufsbezeichnung „vereidigter Buchprüfer" bzw. „vereidigte Buchprüferin", Buchprüfungsgesellschaften die Bezeichnung „Buchprüfungsgesellschaft" zu führen. 9

III. Bestätigungsvermerk (§ 11 Satz 2 VermVerkProspV)

Nach § 322 Abs. 1 Satz 1 HGB hat der Abschlussprüfer das Ergebnis der Prüfung in einem **Bestätigungsvermerk** zum Jahresabschluss und zum Konzernabschluss zusammenzufassen. Er hat gemäß § 322 Abs. 1 Satz 2 HGB neben einer Beschreibung von Gegenstand, Art und Umfang der Prüfung auch eine Beurteilung des Prüfungsergebnisses zu enthalten. Mit dieser, auf das KonTraG[2] zurückzuführenden Regelung ist das frühere so genannte Formeltestat[3] aufgehoben worden[4]. Zusätzlich zu den nach § 11 Satz 1 VermVerkProspV erforderlichen Angaben ist der **Bestätigungsvermerk** nach Satz 2 Halbsatz 1 einschließlich zusätzlicher Bemerkungen in den Verkaufsprospekt aufzunehmen. 10

Sind Einwendungen zum Jahresabschluss zu erheben, so hat der Abschlussprüfer gemäß § 322 Abs. 4 HGB seinen Bestätigungsvermerk iS von § 322 Abs. 3 Satz 1 HGB nach § 322 Abs. 2 Satz 1 Nr. 2 HGB einzuschränken oder nach Nr. 3 dieser 11

---

[1] Schon *Lenz* in Assmann/Lenz/Ritz, § 9 VerkProspVO Rz. 3.
[2] Gesetz zur Kontrolle und Transparenz im Unternehmensbereich (KonTraG) vom 27.4.1998, BGBl. I 1998, S. 786.
[3] Nach § 322 Abs. 1 HGB aF hatte der Abschlussprüfer das Ergebnis der Prüfung, wenn keine Einwendungen bestanden, wörtlich durch folgenden Vermerk zu bestätigen: „Die Buchführung und der Jahresabschluss entsprechen/Der Konzernabschluss entspricht nach meiner/unserer pflichtgemäßen Prüfung den gesetzlichen Vorschriften. Der Jahresabschluss/Konzernabschluss vermittelt unter Beachtung der Grundsätze ordnungsgemäßer Buchführung ein den tatsächlichen Verhältnissen entsprechendes Bild der Vermögens-, Finanz- und Ertragslage der Kapitalgesellschaft/des Konzerns. Der Lagebericht/Konzernlagebericht steht im Einklang mit dem Jahresabschluss/Konzernabschluss".
[4] Dazu ausführlich *Lenz* in Assmann/Lenz/Ritz, § 9 VerkProspVO Rz. 9.

Bestimmung zu versagen. Die Einschränkung oder Versagung ist nach § 322 Abs. 4 Satz 3 HGB zu begründen. Hat der Abschlussprüfer entsprechend diesen Bestimmungen die Bestätigung des in den Verkaufsprospekt aufzunehmenden Jahresabschlusses eingeschränkt oder versagt, müssen nach § 11 Satz 2 VermVerkProspV diese **Einschränkungen** oder die **Versagung und deren Begründung** wörtlich im Verkaufsprospekt wiedergegeben werden. Die Versagung ist in einem so genannten **Versagungsvermerk** aufzunehmen und ebenso wie die Beschränkung zu begründen (§ 322 Abs. 4 HGB).

§ 12
Angaben über Mitglieder der Geschäftsführung oder des Vorstands, Aufsichtsgremien und Beiräte des Emittenten, den Treuhänder und sonstige Personen

(1) Der Verkaufsprospekt muss über die Mitglieder der Geschäftsführung oder des Vorstands, Aufsichtsgremien und Beiräte des Emittenten angeben:
1. den Namen und die Geschäftsanschrift der Mitglieder und ihre Funktion beim Emittenten;
2. Gewinnbeteiligungen, Entnahmerechte sowie den Jahresbetrag der sonstigen Gesamtbezüge, insbesondere der Gehälter, Aufwandsentschädigungen, Versicherungsentgelte, Provisionen und Nebenleistungen jeder Art, die den Mitgliedern insgesamt zustehen, getrennt nach Geschäftsführung oder Vorstand, Aufsichtsgremien und Beiräten;
3. die Eintragungen, die in Bezug auf Verurteilungen wegen einer Straftat nach
   a) den §§ 263 bis 283d des Strafgesetzbuchs,
   b) § 54 des Kreditwesengesetzes,
   c) § 38 des Wertpapierhandelsgesetzes oder
   d) § 369 der Abgabenordnung
   in einem Führungszeugnis enthalten sind; das Führungszeugnis darf zum Zeitpunkt der Prospektaufstellung nicht älter als sechs Monate sein;
4. jede ausländische Verurteilung wegen einer Straftat, die mit den in Nummer 3 genannten Straftaten vergleichbar ist, unter Angabe der Art und Höhe der Strafe, wenn zum Zeitpunkt der Prospektaufstellung das Mitglied der Geschäftsführung oder des Vorstands, eines Aufsichtsgremiums oder eines Beirats nicht Deutscher war; dies gilt jedoch nur, wenn der Zeitraum zwischen dem Eintritt der Rechtskraft der Verurteilung und der Prospektaufstellung weniger als fünf Jahre beträgt;

5. Angaben darüber, ob

   a) über das Vermögen eines Mitglieds der Geschäftsführung oder des Vorstands, eines Aufsichtsgremiums oder eines Beirats innerhalb der letzten fünf Jahre ein Insolvenzverfahren eröffnet oder mangels Masse abgewiesen wurde sowie

   b) ein Mitglied der Geschäftsführung oder des Vorstands, eines Aufsichtsgremiums oder eines Beirats innerhalb der letzten fünf Jahre in der Geschäftsführung einer Gesellschaft tätig war, über deren Vermögen ein Insolvenzverfahren eröffnet oder mangels Masse abgewiesen wurde;

6. Angaben über frühere Aufhebungen einer Erlaubnis zum Betreiben von Bankgeschäften oder zur Erbringung von Finanzdienstleistungen durch die Bundesanstalt.

(2) Der Verkaufsprospekt muss angeben, in welcher Art und Weise die Mitglieder der Geschäftsführung oder des Vorstands, der Aufsichtsgremien und der Beiräte des Emittenten auch tätig sind für

1. Unternehmen, die mit dem Vertrieb der angebotenen Vermögensanlagen betraut sind;
2. Unternehmen, die dem Emittenten Fremdkapital geben;
3. Unternehmen, die Lieferungen oder Leistungen im Zusammenhang mit der Anschaffung oder Herstellung des Anlageobjekts erbringen;
4. Unternehmen, die mit dem Emittenten oder Anbieter nach § 271 des Handelsgesetzbuchs in einem Beteiligungsverhältnis stehen oder verbunden sind.

(3) Darüber hinaus ist anzugeben, inwieweit die Mitglieder der Geschäftsführung oder des Vorstands, der Aufsichtsgremien und der Beiräte des Emittenten auch an den in Absatz 2 Nummer 1 bis 4 genannten Unternehmen in wesentlichem Umfang unmittelbar oder mittelbar beteiligt sind.

(4) Der Verkaufsprospekt muss auch Angaben darüber enthalten, in welcher Art und Weise die Mitglieder der Geschäftsführung oder des Vorstands, der Aufsichtsgremien und Beiräte des Emittenten zum Zeitpunkt der Prospektaufstellung

1. mit dem Vertrieb der emittierten Vermögensanlagen beauftragt sind;
2. dem Emittenten Fremdkapital zur Verfügung stellen oder vermitteln sowie
3. im Zusammenhang mit der Anschaffung oder Herstellung des Anlageobjekts Lieferungen oder Leistungen erbringen.

(5) Der Verkaufsprospekt muss über den Treuhänder angeben:

1. Name und Anschrift, bei juristischen Personen Firma und Sitz;
2. Aufgaben und Rechtsgrundlage der Tätigkeit;
3. seine wesentlichen Rechte und Pflichten;
4. den Gesamtbetrag der für die Wahrnehmung der Aufgaben vereinbarten Vergütung;
5. Umstände oder Beziehungen, die Interessenkonflikte begründen können.

§ 12 VermVerkProspV | Angaben über Mitglieder der Geschäftsführung

(6) Der Verkaufsprospekt muss die Angaben nach den Absätzen 1 bis 4 auch für die Anbieter, die Prospektverantwortlichen, die Treuhänder und solche Personen enthalten, die nicht in den Kreis der nach dieser Verordnung angabepflichtigen Personen fallen, die jedoch die Herausgabe oder den Inhalt des Verkaufsprospekts oder die Abgabe oder den Inhalt des Angebots der Vermögensanlage wesentlich beeinflusst haben.

In der Fassung vom 16.12.2004 (BGBl. I 2004, S. 3464), zuletzt geändert durch das Kleinanlegerschutzgesetz vom 3.7.2015 (BGBl. I 2015, S. 1114).

Schrifttum: Siehe Einl. VermAnlG und das Allgemeine Schrifttumsverzeichnis.

I. Regelungsgegenstand, Normentwicklung, Allgemeines zur Darstellung 1

II. Angaben über die Mitglieder der Geschäftsführung oder des Vorstands, der Aufsichtsgremien und der Beiräte des Emittenten nach § 12 Abs. 1–4 VermVerkProspV
  1. Personeller Bezugspunkt der Angaben 4
  2. Name, Gewinnbeteiligungen, Gesamtbezüge, Straftaten und andere Angaben nach § 12 Abs. 1 VermVerkProspV
    a) Name, Anschrift, Funktion (§ 12 Abs. 1 Nr. 1 VermVerkProspV) 9
    b) Gewinnbeteiligung, Entnahmerechte und Gesamtbezüge (§ 12 Abs. 1 Nr. 2 VermVerkProspV) 14
    c) Verurteilung wegen einer Straftat (§ 12 Abs. 1 Nr. 3 VermVerkProspV) 17
    d) Ausländische Straftaten (§ 12 Abs. 1 Nr. 4 VermVerkProspV) 19
    e) Angaben über Insolvenzverfahren (§ 12 Abs. 1 Nr. 5 VermVerkProspV) 20
    f) Angaben über die Aufhebung bestimmter Erlaubnisse durch die BaFin (§ 12 Abs. 1 Nr. 6 VermVerkProspV) 21
  3. Tätigkeiten für Unternehmen, die in Verbindung mit dem Vertrieb, der Finanzierung oder der Realisierung der Vermögensanlage stehen (§ 12 Abs. 2 VermVerkProspV) . . . 22
  4. Beteiligungen an Unternehmen, die in Verbindung mit dem Vertrieb, der Finanzierung oder der Realisierung der Vermögensanlage stehen (§ 12 Abs. 3 VermVerkProspV) . . . 26
  5. Mitwirkung beim Vertrieb, der Finanzierung oder der Realisierung der Vermögensanlage (§ 12 Abs. 4 VermVerkProspV) 29

III. Angaben über den Treuhänder (§ 12 Abs. 5 VermVerkProspV)
  1. Normentwicklung und Regelungsgegenstand 31
  2. Die nach § 12 Abs. 5 VermVerkProspV aufzunehmenden Angaben im Einzelnen 35

IV. Angaben über die für den Prospektinhalt oder den Angebotsinhalt Verantwortlichen (§ 12 Abs. 6 VermVerkProspV)
  1. Normentwicklung und Regelungsgegenstand 40
  2. Die Personen, über die Angaben nach § 12 Abs. 1–4 VermVerkProspV zu machen sind
    a) Anbieter 42
    b) Prospektverantwortliche 44
    c) Treuhänder 45
    d) Hintermänner des Prospekts und des Angebots 46

I. Regelungsgegenstand, Normentwicklung, Allgemeines zur Darstellung

Die Vorschrift bestimmt, welche Mindestangaben ein Verkaufsprospekt über Organe und Beiräte des Emittenten, Treuhänder und andere offen oder verdeckt an dem Angebot und der Vermögensanlage Beteiligte enthalten muss. Im Einzelnen geht es um **Angaben über** 1

– Mitglieder der Geschäftsführung oder des Vorstands (Abs. 1–4),
– Aufsichtsgremien und Beiräte des Emittenten (Abs. 1–4),
– Treuhänder (Abs. 5) sowie
– Anbieter, Prospektverantwortliche, Treuhänder und andere Personen, die, ohne selbst in den Kreis der nach der VermVerkProspV angabepflichtigen Personen – dh. in den Kreis derer, die für den Inhalt des Verkaufsprospekts insgesamt oder für bestimmte Angaben die Verantwortung übernehmen – zu fallen, die Herausgabe oder den Inhalt des Verkaufsprospekts oder die Abgabe oder den Inhalt des Angebots der Vermögensanlage wesentlich beeinflusst haben – im Folgenden auch kurz: die für den Prospektinhalt oder den Angebotsinhalt Verantwortlichen (Abs. 6 iVm. Abs. 1–4).

Die der VermVerkProspV vorausgegangene und zum 1.7.2005 aufgehobene[1] Verkaufsprospektverordnung[2] enthielt mit § 10 eine vergleichbare Vorschrift, doch verlangte diese nur einen Bruchteil selbst der – im Vergleich zu der heutigen Fassung der Bestimmung – wenigen Angaben, wie sie § 12 VermVerkProspV in der Fassung der Verordnung über Vermögens-Verkaufsprospekte (Vermögensanlagen-Verkaufsprospektverordnung – VermVerkProspV) vom 16.12.2004[3] vorschrieb. Die ursprünglich nach § 12 VermVerkProspV erforderlichen Angaben haben durch Art. 15 Nr. 10 des Gesetzes zur Novellierung des Finanzanlagenvermittler- und Vermögensanlagenrechts vom 6.12.2011[4] eine erhebliche **Erweiterung** erfahren. Eine weitere Änderung des § 12 VermVerkProspV durch Art. 6 Nr. 7 des Kleinanlegerschutzgesetzes vom 3.7.2015[5] hat die nach dieser Vorschrift gebotenen Angaben nur geringfügig ergänzt und darf als eine Folgeänderung zu derjenigen von § 7 VermVerkProspV (siehe § 7 VermVerkProspV Rz. 2) betrachtet werden[6]. 2

Die Vorschrift sieht für unterschiedliche Personenkreise und Personen teilweise identische Angaben vor. So verlangt § 12 Abs. 6 VermVerkProspV, der Verkaufsprospekt müsse die Angaben nach § 12 Abs. 1–4 VermVerkProspV auch für die nach Maßgabe von Abs. 6 für den Prospektinhalt oder den Angebotsinhalt Verantwortlichen enthalten. Die **Darstellung** der nach § 12 Abs. 1–4 und Abs. 6 iVm. Abs. 1–4 Verm- 3

---

[1] Art. 9, 10 Prospektrichtlinie-Umsetzungsgesetz vom 22.6.2005 (BGBl. I 2005, S. 1698).
[2] VerkProspVO vom 17.12.1990 (BGBl. I 1990, 2869) idF der Bekanntmachung vom 9.9.1998 (BGBl. I 1998, S. 2853).
[3] BGBl. I 2004, S. 3464.
[4] BGBl. I 2011, S. 2481.
[5] BGBl. I 2015, S. 1114.
[6] So RegE Kleinanlegerschutzgesetz, BT-Drucks. 18/3994 v. 11.2.2015, S. 1 (58).

VerkProspV erforderlichen Angaben ist im Hinblick auf den in Abs. 6 genannten Personenkreis allerdings getrennt von den Angaben in Bezug auf den Personenkreis vorzunehmen, über den nach Abs. 1–4 Angaben zu machen sind. Kurz: Die Angaben nach § 12 VermVerkProspV sind hinsichtlich der Personen, für die sie in den Verkaufsprospekt aufzunehmen sind, in der vom Gesetz vorgegebenen Reihenfolge und jeweils getrennt nach Personen vorzunehmen.

II. Angaben über die Mitglieder der Geschäftsführung oder des Vorstands, der Aufsichtsgremien und der Beiräte des Emittenten nach § 12 Abs. 1–4 VermVerkProspV

1. Personeller Bezugspunkt der Angaben

4 In ihrer Eingangsformulierung führen die **Absätze 1–4** von § 12 VermVerkProspV jeweils Angaben über die Mitglieder der Geschäftsführung oder des Vorstands, der Aufsichtsgremien und der Beiräte von Emittenten. Die Vorschriften sind auf **Gesellschaften** als Emittenten zugeschnitten. Handelt es sich bei dem Emittenten um eine **natürliche Person** (idR mit Kaufmannseigenschaft), entfallen zwangsläufig Angaben zu Geschäftsführung und Aufsichtsgremium, wohingegen es nicht ausgeschlossen ist, dass auch in diesen Fällen beim Emittenten ein Beirat (siehe unten Rz. 7) eingerichtet ist.

5 Erforderlich sind Angaben zu den **Mitgliedern der Geschäftsführung** des Emittenten, dh. im Falle eines Emittenten in der Rechtsform einer AG Angaben zu den Mitgliedern des **Vorstands** des Emittenten als dem Geschäftsführungsorgan der Gesellschaft.

6 Weiter sind Angaben zu den Mitgliedern der **Aufsichtsgremien** des Emittenten zu machen. Das sind alle Gremien, die nach dem auf den jeweiligen Emittenten anzuwendenden Gesellschaftsrecht kraft Gesetzes oder auf Grund entsprechender Bestimmung im Gesellschaftsvertrag zur Beaufsichtigung der Geschäftsführung gebildet wurden. Charakteristisch für sie ist, dass sie Aufsichtsbefugnisse wahrnehmen, die nicht von der Stellung ihrer Mitglieder als Gesellschafter oder Anteilseigner abgeleitet werden. Deshalb ist die Gesamtheit der Gesellschafter (Gesellschafterversammlung) und die Hauptversammlung kein Aufsichtsgremium, auch wenn den Gesellschaftern oder Anteilseignern Kontrollbefugnisse zustehen. Im Falle etwa einer AG oder KGaA ist Aufsichtsgremium der Aufsichtsrat als nach § 95 AktG bzw. §§ 278 Abs. 3, 95, 287 AktG zwingendes Organ eines Emittenten in einer dieser Rechtsformen. Im Falle eines nach § 1 Drittelbeteiligungsgesetz oder § 1 Mitbestimmungsgesetz **mitbestimmten Emittenten** ist Aufsichtsgremium der obligatorisch nach § 1 Abs. 1 Nr. 3 DrittelbG oder §§ 1 Abs. 1, 6 Abs. 1 MitbestG zu bildende Aufsichtsrat, und im Falle einer nicht dem MitbestG unterliegenden GmbH ist dies der aufgrund einer entsprechenden Vereinbarung im Gesellschaftsvertrag der GmbH errichtete Aufsichtsrat iS von § 52 GmbHG.

Schließlich verlangt § 12 Abs. 1 Nr. 1 VermVerkProspV Angaben im Hinblick auf 7
die Mitglieder des bei einem Emittenten eingerichteten **Beirats**. Bei Beiräten handelt es sich durchweg um fakultative Gremien mit der Aufgabe der **Beratung der Geschäftsführung oder eines Kaufmanns**. Beiräte können bei allen Gesellschaften in den Grenzen des (v.a. im Hinblick auf die Reichweite der Aufgaben, die ihnen übertragen werden sollten) jeweils gesetzlich Zulässigen gebildet werden. Ihre Bezeichnung ist nicht entscheidend, weshalb auch die Mitglieder mitunter so genannter **Verwaltungsräte** oder **Kuratorien** anzugeben sind, wenn diese Gremien nur beratende Funktion haben. Je nach Gesellschaftsform und des nach dem jeweiligen Gesellschaftsrecht Erlaubten, können solche Beiräte, Verwaltungsräte usf. auch in die Überwachung der Geschäftsführung hineinreichende Aufgaben wahrnehmen, doch bedarf es in diesen Fällen, weil in § 12 Abs. 1 Nr. 1 VermVerkProspV sowohl Aufsichtsgremien als auch Beiräte aufgeführt sind, keiner trennscharfen Abgrenzung zwischen diesen Gremien. Ist der **Emittent eine natürliche Person** (idR Kaufmann) und hat er zu seiner Beratung ein beratendes Gremium eingesetzt, so sind auch Angaben über diese Berater zu machen.

Nach § **12 Abs. 6 VermVerkProspV** sind die in § 12 Abs. 1 Nr. 1–6 VermVerkProspV 8
aufgeführten Angaben auch in Bezug auf die Personen aufzunehmen, die die Herausgabe oder den Inhalt des Verkaufsprospekts oder die Abgabe oder den Inhalt des Angebots der Vermögensanlage wesentlich beeinflusst haben. § 12 Abs. 1 VermVerkProspV verwendet Formulierungen, die stark auf den genuinen Personenkreis zugeschnitten sind, auf den sich die von der Bestimmung verlangten Angaben beziehen, also Mitglieder der Organe des Emittenten sowie solche von Beiräten. Im Hinblick auf den in § 12 Abs. 6 VermVerkProspV angeführten Personenkreis ist deshalb eine entsprechende Anwendung iS einer zweckbezogenen Übertragung geboten. Die **Darstellung** der nach § 12 Abs. 6 iVm. Abs. 1–4 VermVerkProspV erforderlichen Angaben ist im Hinblick auf den in Abs. 6 genannten Personenkreis allerdings getrennt von den Angaben in Bezug auf den Personenkreis vorzunehmen, über den nach § 12 Abs. 1–4 VermVerkProspV Angaben zu machen sind. Das heißt, dass die Angaben nach § 12 VermVerkProspV hinsichtlich der Personen, für die sie in den Verkaufsprospekt aufzunehmen sind, in der vom Gesetz vorgegebenen Reihenfolge und jeweils getrennt nach Personen vorzunehmen sind.

2. Name, Gewinnbeteiligungen, Gesamtbezüge, Straftaten und andere Angaben nach § 12 Abs. 1 VermVerkProspV

a) Name, Anschrift, Funktion (§ 12 Abs. 1 Nr. 1 VermVerkProspV)

Getrennt nach ihrer Mitgliedschaft in der Geschäftsführung oder dem Vorstand, 9
dem Aufsichtsgremium und einem eventuellen Beirat des Emittenten sind nach § 12 Abs. 1 Nr. 1 VermVerkProspV Angaben zum **Namen** und der **Geschäftsanschrift** der jeweiligen Mitglieder der Gremien und ihre jeweilige **Funktion** beim Emittenten in den Verkaufsprospekt aufzunehmen. Zum Fall, dass der Emittent eine natürliche Person ist, siehe die Ausführungen oben in Rz. 4.

§ 12 VermVerkProspV Rz. 10 | Angaben über Mitglieder der Geschäftsführung

10 Anzugeben ist zunächst der **Name** derjenigen, über die nach § 12 Abs. 1 VermVerkProspV Angaben in den Verkaufsprospekt aufzunehmen sind. Geschäftsführungsorgan des Emittenten können, wenn dieser eine **Personengesellschaft** ist, auch andere Gesellschaften, namentlich juristische Personen, sein. Das ist vor allem bei der Kapitalgesellschaft und Co. KG (namentlich GmbH & Co. KG) bzw. der Kapitalgesellschaft und Co. KGaA der Fall. Unter diesen Umständen ist der anzugebende Name der Gesellschaft ihre **Firma** bzw. – im wenig wahrscheinlichen Falle etwa einer Gesellschaft bürgerlichen Rechts – ihre Bezeichnung. Da solche Gesellschaften ihrerseits nur durch ihre Organe handeln können, kann es nicht bei der Angabe des Namens der Geschäftsführungsgesellschaft bewenden[1]. Vielmehr bedarf es hier auch der Angabe der Namen der Geschäftsführer der Gesellschaft, bei mehrstöckigen Gesellschaften bis hin zu der Gesellschaft, bei der nur **natürliche Personen** Geschäftsführer sind. Da bei Emittenten in der Rechtsform einer **Kapitalgesellschaft (juristischen Person)** Mitglieder der in § 12 Abs. 1 Nr. 1 VermVerkProspV angeführten Gremien nur natürliche Personen sein können[2], ist als **Name** des Mitglieds dessen bürgerlicher Name anzugeben; das gilt auch für Einzelkaufleute.

11 Weiter anzugeben ist die **Geschäftsanschrift** des jeweiligen Mitglieds. Die Privatanschrift muss im Verkaufsprospekt nicht veröffentlicht werden[3], doch bleibt, wenn das Mitglied keine von der Privatanschrift unterschiedene Geschäftsanschrift hat, keine andere Wahl als die Angabe der Privatanschrift des Mitglieds. Erforderlich ist stets die zustellungsfähige genaue Anschrift mit Postleitzahl, Ort, Straße und Hausnummer.

12 Als Angaben zur **Funktion** beim Emittenten genügt nicht der bloße Hinweis auf dessen Mitgliedschaft im jeweiligen Gremium, vielmehr sind – je nach den Gegebenheiten im Einzelfall – differenzierende Ausführungen erforderlich. So ist etwa darauf hinzuweisen, ob ein Mitglied die Aufgabe eines Sprechers, eines Vorsitzenden oder stellvertretenden Vorsitzenden im jeweils fraglichen Gremium wahrnimmt. Sind die Aufgaben von Geschäftsführern und vor allem Vorständen nach Ressorts verteilt, sind entsprechende Angaben zu machen. Bei Aufsichtsräten dagegen ist etwa die Mitgliedschaft in Ausschüssen des Rates anzugeben. Bei Emittenten mit ausländischem Gesellschaftsstatut darf ohne Verstoß gegen § 2 Abs. 1 Satz 3 VermVerkProspV die ausländische Funktionsbezeichnung verwandt werden[4], doch sind Abkürzungen (etwa „CEO") im Langtext (hier entsprechend „Chief Executive Officer") wiederzugeben und, gerade wegen der Unterschiede zum deutschen Recht, mit einer Funktionsbeschreibung zu versehen.

13 Die von § 12 Abs. 1 Nr. 1 VermVerkProspV verlangten Angaben sind nach **§ 12 Abs. 6 VermVerkProspV** auch im Hinblick auf die für den Prospektinhalt oder den

---

1 Ebenso *Voß* in Arndt/Voß, § 12 VermVerkProspV Rz. 12.
2 Siehe für den Vorstand und den Aufsichtsrat der AG § 76 Abs. 3 Satz 1 bzw. § 100 Abs. 1 Satz 1 AktG oder für die Geschäftsführung der GmbH § 6 Abs. 2 Satz 1 GmbHG.
3 So, im Hinblick auf den weitgehend inhaltsgleichen § 28 Abs. 1 Nr. 1 BörsZulV aF, Begründung RegE BörsZulV, BR-Drucks. 72/87 v. 20.2.1987, S. 67.
4 Insoweit wie *Voß* in Arndt/Voß, § 12 VermVerkProspV Rz. 14.

Angebotsinhalt Verantwortlichen iS dieser Bestimmung in den Verkaufsprospekt aufzunehmen.

b) Gewinnbeteiligung, Entnahmerechte und Gesamtbezüge (§ 12 Abs. 1 Nr. 2 VermVerkProspV)

§ 12 Abs. 1 Nr. 2 VermVerkProspV ist durch Art. 15 Nr. 10 lit. a) aa) des Gesetzes zur Novellierung des Finanzanlagenvermittler- und Vermögensanlagenrechts vom 6.12.2011[1] **neu gefasst** und dabei weitgehend mit den Anforderungen des § 7 Abs. 1 Satz 1 Nr. 3 VermVerkProspV im Hinblick auf Angaben über die Gründungsgesellschafter und die Gesellschafter zum Zeitpunkt der Prospektaufstellung des Emittenten in Übereinstimmung gebracht worden. In seiner alten Fassung verlangte § 12 Abs. 1 Nr. 2 VermVerkProspV Angaben, die zeitlich auf „das letzte abgeschlossene Geschäftsjahr" bezogen waren. Da es sich aber, so die Begründung der Neufassung der Vorschrift, „bei den meisten Emittenten um neu gegründete Zweckgesellschaften handelt, ist zum Zeitpunkt der Prospektaufstellung meist kein Geschäftsjahr abgelaufen, auf das sich die in § 12 Absatz 1 Nummer 2 geforderten Angaben beziehen können", weshalb nunmehr „die bestehenden Vereinbarungen unabhängig von ihrem Bezugszeitraum" auf Jahresbasis („Jahresbetrag") darzustellen sind[2].

Nach § 12 Abs. 1 Nr. 2 VermVerkProspV sind in Bezug auf die Mitglieder der Geschäftsführung oder des Vorstands, der Aufsichtsgremien und der Beiräte von Emittenten sowie die für den Prospektinhalt oder den Angebotsinhalt Verantwortlichen iS des § 12 Abs. 6 VermVerkProspV deren Gewinnbeteiligungen, Entnahmerechte sowie den Jahresbetrag der sonstigen Gesamtbezüge, insbesondere der Gehälter, Aufwandsentschädigungen, Versicherungsentgelte, Provisionen und Nebenleistungen jeder Art, die den Mitgliedern insgesamt zustehen, im Verkaufsprospekt anzugeben. Die Angaben müssen **getrennt nach Geschäftsführung oder Vorstand, Aufsichtsgremien und Beiräten** vorgenommen werden. Das gilt auch für die Angaben in Bezug auf die für den Prospektinhalt oder den Angebotsinhalt Verantwortlichen iS des § 12 Abs. 6 VermVerkProspV.

Zu den nach § 12 Abs. 1 Nr. 2 VermVerkProspV **in sachlicher Hinsicht erforderlichen Angaben** sowie ihrer **Darstellung** kann auf die Erläuterungen zu § 7 VermVerkProspV Rz. 13 ff. verwiesen werden, und zwar im Einzelnen zu Angaben über **Gewinnbeteiligungen** auf § 7 VermVerkProspV Rz. 13, zu Entnahmerechten auf § 7 VermVerkProspV Rz. 14 und zum **Jahresbetrag der sonstigen Gesamtbezüge** auf § 7 VermVerkProspV Rz. 15 f. Wie in § 7 Abs. 1 Satz 1 Nr. 3 VermVerkProspV ist auch in § 12 Abs. 1 Nr. 2 VermVerkProspV die Aufzählung der Komponenten, die die anzugebenden Gesamtbezüge bilden, keine abschließende. Sind im Einzelfall weitere Bezüge als die dort Genannten gegeben, die in die Gesamtbezüge der Gesellschafter eingehen, so sind auch diese anzugeben.

---

1 BGBl. I 2011, S. 2481.
2 RegE Gesetz zur Novellierung des Finanzanlagenvermittler- und Vermögensanlagenrechts, BT-Drucks. 17/6051 v. 6.6.2011, S. 1 (51).

c) Verurteilung wegen einer Straftat (§ 12 Abs. 1 Nr. 3 VermVerkProspV)

17 Nach § 12 Abs. 1 Nr. 3 VermVerkProspV ist in Bezug auf die Mitglieder der Geschäftsführung oder des Vorstands, der Aufsichtsgremien und Beiräte von Emittenten sowie die für den Prospektinhalt oder den Angebotsinhalt Verantwortlichen iS des § 12 Abs. 6 VermVerkProspV der **Inhalt eines aktuellen Führungszeugnisses** im Hinblick auf die in der Bestimmung angeführten **Straftaten** wiederzugeben. Bei diesen handelt es sich um solche, „die typischerweise auch im Rahmen der Emission eines Graumarktprodukts verwirklicht werden können. Hierzu gehören die Straftaten nach den §§ 263 bis 283d des Strafgesetzbuchs (Betrug und Untreue, Urkundenfälschung und Insolvenzstraftaten), das Betreiben von Bankgeschäften oder die Erbringung von Finanzdienstleistungen ohne Erlaubnis nach dem Kreditwesengesetz (§ 54 des Kreditwesengesetzes), Insiderstraftaten nach § 38 des Wertpapierhandelsgesetzes sowie Steuerstraftaten"[1]. Die entsprechenden Angaben sind einem **aktuellen Führungszeugnis** zu entnehmen (§ 12 Abs. 1 Nr. 3 Halbsatz 2 VermVerkProspV), dh. einem solchen, das im Zeitpunkt der Prospektaufstellung nicht älter als sechs Monate ist (§ 12 Abs. 1 Nr. 3 Halbsatz 2 VermVerkProspV).

18 Die Vorschrift ist erst durch Art. 15 Nr. 10 lit. a) bb) des Gesetzes zur Novellierung des Finanzanlagenvermittler- und Vermögensanlagenrechts vom 6.12.2011[2] in die VermVerkProspV gelangt, entspricht der Ergänzung von § 7 Abs. 1 Satz 1 VermVerkProspV um entsprechende Angaben und folgt den für letztere maßgeblichen Erwägungen (siehe dazu § 7 VermVerkProspV Rz. 17 f.). Das gilt auch für die Gründe, mit denen die nach § 7 Abs. 1 Satz 1 Nr. 4 VermVerkProspV und § 12 Abs. 1 Nr. 3 VermVerkProspV zweifellos verbundenen **Eingriffe in das Recht auf informationelle Selbstbestimmung**, als verhältnismäßig angesehen werden (siehe dazu § 7 VermVerkProspV Rz. 19).

d) Ausländische Straftaten (§ 12 Abs. 1 Nr. 4 VermVerkProspV)

19 § 12 Abs. 1 Nr. 4 VermVerkProspV erfasst die Fälle, in denen die Mitglieder der Geschäftsführung oder des Vorstands, der Aufsichtsgremien und der Beiräte von Emittenten sowie für den Prospektinhalt oder den Angebotsinhalt Verantwortliche iS des § 12 Abs. 6 VermVerkProspV nicht Deutsche sind. Dies hat zur Folge, dass Vorstrafen wegen Straftaten, die den in § 12 Abs. 1 Nr. 3 VermVerkProspV Genannten vergleichbar sind und zu einer **Verurteilung im Ausland** geführt haben, nicht zwangsläufig aus einem Führungszeugnis als einem Auszug aus dem Bundeszentralregister hervorgehen. Die Bestimmung ist durch Art. 15 Nr. 10 lit. a) bb) des Gesetzes zur Novellierung des Finanzanlagenvermittler- und Vermögensanlagenrechts vom 6.12.2011[3] eingefügt worden und entspricht § 7 Abs. 1 Satz 1 Nr. 4 VermVerkProspV. Zur Anlehnung der Regelung an Anhang I Nr. 14 der EU-Prospektverordnung – VO (EG) Nr. 809/2004 – vom 29.4.2004 sowie zu den mit den Angaben nach dieser Vor-

---

[1] RegE Gesetz zur Novellierung des Finanzanlagenvermittler- und Vermögensanlagenrechts, BT-Drucks. 17/6051 v. 6.6.2011, S. 1 (50) zu § 7 Abs. 1 Satz 1 Nr. 4 VermVerkProspV.
[2] BGBl. I 2011, S. 2481.
[3] BGBl. I 2011, S. 2481.

schrift verbundenen Eingriffen in das Recht auf informationelle Selbstbestimmung der Betroffen und ihre Rechtfertigung als verhältnismäßig siehe die Ausführungen zu § 7 VermVerkProspV Rz. 19. Zu den **Voraussetzungen**, nach denen Angaben gemäß § 12 Abs. 1 Nr. 4 VermVerkProspV vorzunehmen sind, siehe die Erläuterungen in § 7 VermVerkProspV Rz. 21.

e) Angaben über Insolvenzverfahren (§ 12 Abs. 1 Nr. 5 VermVerkProspV)

§ 12 Abs. 1 Nr. 5 VermVerkProspV verlangt Angaben über die Eröffnung eines Insolvenzverfahrens betreffend das Vermögen eines Mitglieds der Geschäftsführung oder des Vorstands, eines Aufsichtsgremiums oder eines Beirats sowie eines der für den Prospektinhalt oder den Angebotsinhalt Verantwortlichen iS des § 12 Abs. 6 VermVerkProspV (Nr. 5 lit. a) sowie darüber, ob eine Person aus dem vorgenannten Personenkreis innerhalb der letzten fünf Jahre in der Geschäftsführung einer Gesellschaft tätig war, über deren Vermögen ein Insolvenzverfahren eröffnet oder mangels Masse abgewiesen wurde (Nr. 5 lit. b). Die Vorschrift ist, wie der ihr entsprechende § 7 Abs. 1 Satz 1 Nr. 6 VermVerkProspV, erst durch das Gesetz zur Novellierung des Finanzanlagenvermittler- und Vermögensanlagenrechts vom 6.12.2011[1], in diesem Falle durch dessen Art. 15 Nr. 10 lit. a) bb), in das VermVerkProspV gelangt. Zu Weiterem kann auf die Ausführungen in § 7 VermVerkProspV Rz. 22 verwiesen werden. 20

f) Angaben über die Aufhebung bestimmter Erlaubnisse durch die BaFin (§ 12 Abs. 1 Nr. 6 VermVerkProspV)

Nach § 12 Abs. 1 Nr. 6 VermVerkProspV sind in Bezug auf die Mitglieder der Geschäftsführung oder des Vorstands, der Aufsichtsgremien und der Beiräte von Emittenten sowie die für den Prospektinhalt oder den Angebotsinhalt Verantwortlichen iS des § 12 Abs. 6 VermVerkProspV anzugeben, ob diesen gegenüber früher, dh. vor Prospektaufstellung (zum Zeitpunkt der Prospektaufstellung siehe § 7 VermVerkProspV Rz. 7), eine Erlaubnis zum Betreiben von Bankgeschäften oder zur Erbringung von Finanzdienstleistungen durch die BaFin aufgehoben wurde. Die Bestimmung ist durch Art. 15 Nr. 10 lit. a) bb) des Gesetzes zur Novellierung des Finanzanlagenvermittler- und Vermögensanlagenrechts vom 6.12.2011[2] eingefügt worden. Sie entspricht dem ebenfalls durch vorstehend angeführtes Novellierungsgesetz in das VermVerkProspV eingefügten § 7 Abs. 1 Satz 1 Nr. 7 VermVerkProspV. Zu Weiterem kann auf die Ausführungen in § 7 VermVerkProspV Rz. 23 verwiesen werden. 21

3. Tätigkeiten für Unternehmen, die in Verbindung mit dem Vertrieb, der Finanzierung oder der Realisierung der Vermögensanlage stehen (§ 12 Abs. 2 VermVerkProspV)

§ 12 Abs. 2 VermVerkProspV verlangt Angaben über Tätigkeiten der Mitglieder der Geschäftsführung oder des Vorstands, der Aufsichtsgremien und der Beiräte von 22

---
1 BGBl. I 2011, S. 2481.
2 BGBl. I 2011, S. 2481.

Emittenten sowie für den Prospektinhalt oder den Angebotsinhalt Verantwortliche iS des § 12 Abs. 6 VermVerkProspV für Unternehmen, die mit dem Vertrieb der angebotenen Vermögensanlagen betraut sind (Nr. 1), dem Emittenten Fremdkapital zur Verfügung stellen (Nr. 2), Lieferungen oder Leistungen im Zusammenhang mit der Anschaffung oder Herstellung des Anlageobjekts erbringen (Nr. 3) oder iS von § 271 HGB am Emittenten beteiligt oder mit ihm verbunden sind (Nr. 4). Die erforderlichen Angaben sind **für jeden der Betroffenen einzeln** vorzunehmen.

23 Aufgrund von Änderungen des § 12 Abs. 2 VermVerkProspV einerseits durch Art. 15 Nr. 10 lit. b) des Gesetzes zur Novellierung des Finanzanlagenvermittler- und Vermögensanlagenrechts vom 6.12.2011[1] in Gestalt der Änderung der Eingangsformulierung des Abs. 2 sowie der Änderung von Abs. 2 Nr. 3 und andererseits durch Art. 6 Nr. 7 des Kleinanlegerschutzgesetzes vom 3.7.2015[2] in Gestalt einer Änderung von Abs. 2 Nr. 4 **entspricht** die Vorschrift heute in der Sache **weitgehend § 7 Abs. 3 iVm. Abs. 2 VermVerkProspV**. Die Einfügung der Nr. 4 in § 12 Abs. 2 VermVerkProspV durch das Kleinanlegerschutzgesetz wird gar mit den Hinweis begründet, es handele sich um eine bloße „Folgeänderung zur Änderung des § 7" VermVerkProspV[3].

24 Hinsichtlich der nach § 12 Abs. 2 Nr. 1–4 VermVerkProspV erforderlichen **Angaben** kann deshalb auf die entsprechenden Erläuterungen zu § 7 Abs. 2 und 3 VermVerkProspV verwiesen werden. Zum **Entstehungshintergrund und** zum **Zweck** der Angaben über Tätigkeiten für die in § 12 Abs. 2 Nr. 1–4 VermVerkProspV – wortgleich mit § 7 Abs. 2 Nr. 1–4 VermVerkProspV – aufgeführten Unternehmen siehe die Ausführungen zu § 7 VermVerkProspV Rz. 43. Zu den **erfassten Unternehmen** siehe in Bezug auf **Vertriebsunternehmen** iS von § 12 Abs. 2 Nr. 1 VermVerkProspV die Erläuterungen in § 7 VermVerkProspV Rz. 31 f.; in Bezug auf **Fremdkapitalgeber** iS von § 12 Abs. 2 Nr. 2 VermVerkProspV siehe die Erläuterungen in § 7 VermVerkProspV Rz. 33; in Bezug auf **Erbringer von Lieferungen und Leistungen für das Anlageobjekt** nach § 12 Abs. 2 Nr. 3 VermVerkProspV siehe § 7 VermVerkProspV Rz. 34 ff. und **mit dem Emittenten in einem Beteiligungsverhältnis stehende oder mit ihm verbunden Unternehmen** nach § 12 Abs. 2 Nr. 4 VermVerkProspV siehe die Erläuterungen in § 7 VermVerkProspV Rz. 39 ff.

25 Wenn § 12 Abs. 2 Nr. 1 VermVerkProspV in Bezug auf Vertriebsunternehmen – „Unternehmen, die mit dem Vertrieb der angebotenen Vermögensanlagen betraut sind" – die Begriffe „**betraut sind**" verwendet und darin sowohl von § 7 Abs. 2 Nr. 1 VermVerkProspV als auch von § 12 Abs. 4 Nr. 1 VermVerkProspV abweicht, in denen von „beauftragt sind" die Rede ist, so kommt dem keine Bedeutung zu, weil der Begriff der Beauftragung in den vorgenannten Bestimmungen nicht im Sinne der Erteilung eines Auftrags nach § 662 BGB zu verstehen ist, sondern alle Tätigkeiten für das Unternehmen betrifft, sofern sie nur auf vertraglicher Grundlage erfolgen (siehe § 7 VermVerkProspV Rz. 32).

---

[1] BGBl. I 2011, S. 2481.
[2] BGBl. I 2015, S. 1114.
[3] RegE Kleinanlegerschutzgesetz, BT-Drucks. 18/3994 v. 11.2.2015, S. 1 (58).

4. Beteiligungen an Unternehmen, die in Verbindung mit dem Vertrieb, der Finanzierung oder der Realisierung der Vermögensanlage stehen (§ 12 Abs. 3 VermVerkProspV)

Nach dem durch Art. 15 Nr. 10 lit. c) des Gesetzes zur Novellierung des Finanzanlagenvermittler- und Vermögensanlagenrechts vom 6.12.2011[1] als neuer Abs. 3 in § 12 VermVerkProspV eingefügten Regelung – der bisherige Abs. 3 wurde zum neuen Abs. 5 – sind **Beteiligungen** der Mitglieder der Geschäftsführung oder des Vorstands, der Aufsichtsgremien und der Beiräte von Emittenten sowie der für den Prospektinhalt oder den Angebotsinhalt Verantwortlichen iS des § 12 Abs. 6 VermVerkProspV **an den in § 12 Abs. 2 Nr. 1–4 VermVerkProspV genannten Unternehmen** anzugeben, dh. an Unternehmen, die im Rahmen des Vertriebs, der Finanzierung oder der Realisierung der Vermögensanlage tätig sind. Die Vorschrift entspricht im Wesentlichen § 7 Abs. 2 VermVerkProspV in Bezug auf die Angabe von Beteiligungen von Gründungsgesellschaftern und Gesellschaftern zum Zeitpunkt der Prospektaufstellung des Emittenten an den in dieser Bestimmung genannten Unternehmen, deren Kreis demjenigen der in § 12 Abs. 2 VermVerkProspV genannten entspricht.

Im Gegensatz zu § 7 Abs. 2 VermVerkProspV (siehe § 7 VermVerkProspV Rz. 29) sind aber nur unmittelbare oder mittelbare **Beteiligungen von einem wesentlichen Umfang** anzugeben. Für die Bestimmung dessen, was als wesentliche Beteiligung anzusehen ist, bietet es sich an, an den steuerrechtlichen Begriff einer wesentlichen Beteiligung und die in § 17 Abs. 1 Satz 1 EStG genannte Beteiligungshöhe (Kapitalbeteiligung von 1%) anzuknüpfen. Dagegen spricht indes, dass diese Bestimmung nur auf Beteiligungen an Kapitalgesellschaften anwendbar und das verwandte Größenmerkmal nur steuerlichen Erwägungen folgt. Das folgt schon daraus, dass die Beteiligungshöhe mehrfach und sprunghaft – von ehemals 25% über 5% auf nunmehr 1% – abgesenkt wurde. Als wesentlich wird man – an der Zielsetzung der Bestimmungen des § 12 VermAnlG ausgerichtet, den Anleger über potentielle Interessenkonflikte der Beteiligten und für die Werthaltigkeit, die Chancen und die Risiken der angebotenen Anlage bedeutende Faktoren zu informieren – nur solche Beteiligungen anzusehen haben, die hierauf einen Einfluss haben und die ein durchschnittlicher Anleger deshalb vernünftigerweise bei seiner Anlageentscheidung berücksichtigen würde. Bloße bagatellartige Beteiligungen brauchen deshalb nicht angegeben zu werden. Gleichwohl bereitet die Einschränkung praktische Anwendungsprobleme, etwa weil über die Wesentlichkeit einer Entscheidung nach vorstehenden Gesichtspunkten nur dann befunden werden kann, wenn die Streuung der Beteiligungen an dem fraglichen Unternehmen bekannt ist. Deshalb ist, auch aus Praktikabilitätsgründen, schwer verständlich, weshalb – anders als bei § 7 Abs. 2 VermVerkProspV – in § 12 Abs. 3 VermVerkProspV nur wesentliche Beteiligungen anzugeben sind.

Zu den von § 12 Abs. 3 VermVerkProspV unter Verweis auf § 12 Abs. 2 Nr. 1–4 VermVerkProspV **erfassten Unternehmen**, in Bezug auf die eine wesentliche Beteiligung anzugeben ist, siehe im Hinblick auf **Vertriebsunternehmen** iS von § 12 Abs. 2 Nr. 1 VermVerkProspV die Ausführungen in § 7 VermVerkProspV Rz. 31 f.,

---

[1] BGBl. I 2011, S. 2481.

im Hinblick auf **Fremdkapitalgeber** iS von § 12 Abs. 2 Nr. 2 VermVerkProspV die Ausführungen in § 7 VermVerkProspV Rz. 33, im Hinblick auf **Erbringer von Lieferungen und Leistungen für das Anlageobjekt** nach § 12 Abs. 2 Nr. 3 VermVerkProspV die Ausführungen in § 7 VermVerkProspV Rz. 34 ff. und im Hinblick auf Unternehmen, die **mit dem Emittenten in einem Beteiligungsverhältnis stehen oder mit ihm verbunden sind** nach § 12 Abs. 2 Nr. 4 VermVerkProspV die Ausführungen in § 7 VermVerkProspV Rz. 39 ff. Siehe darüber hinaus in Bezug auf **Vertriebsunternehmen** die Ausführungen oben Rz. 25.

5. Mitwirkung beim Vertrieb, der Finanzierung oder der Realisierung der Vermögensanlage (§ 12 Abs. 4 VermVerkProspV)

29   § 12 Abs. 4 VermVerkProspV verlangt Angaben zur **Mitwirkung** von Mitgliedern der Geschäftsführung oder des Vorstands, der Aufsichtsgremien und der Beiräte von Emittenten sowie der für den Prospektinhalt oder den Angebotsinhalt Verantwortlichen iS des § 12 Abs. 6 VermVerkProspV **beim Vertrieb, der Finanzierung oder der Realisierung der Vermögensanlage**. Die Vorschrift ist durch Art. 15 Nr. 10 lit. c) des Gesetzes zur Novellierung des Finanzanlagenvermittler- und Vermögensanlagenrechts vom 6.12.2011[1] als neuer Abs. 4 in § 12 VermVerkProspV **eingefügt** worden; der bisherige Abs. 4 wurde zum neuen Abs. 6.

30   Die nach § 12 Abs. 4 VermVerkProspV für Gründungsgesellschafter und Gesellschafter zum Zeitpunkt der Prospektaufstellung in den Verkaufsprospekt aufzunehmenden Angaben entsprechen denjenigen, die **§ 7 Abs. 4 VermVerkProspV** im Hinblick auf Mitglieder der Geschäftsführung oder des Vorstands, der Aufsichtsgremien und der Beiräte von Emittenten sowie die für den Prospektinhalt oder den Angebotsinhalt Verantwortlichen iS des § 12 Abs. 6 VermVerkProspV verlangt. Zu Einzelheiten kann deshalb auf die Ausführungen zu § 7 Abs. 4 VermVerkProspV verwiesen werden. Zu den Angaben, die zur Art und Weise der Beauftragung der Betreffenden mit dem Vertrieb der emittierten Vermögensanlagen nach **§ 12 Abs. 4 Nr. 1 VermVerkProspV** aufzunehmen sind, siehe die Erläuterungen in § 7 VermVerkProspV Rz. 46 f.; zu den Angaben, die nach **§ 12 Abs. 4 Nr. 2 VermVerkProspV** zur Art und Weise zu machen sind, in der die Betreffenden dem Emittenten Fremdkapital zur Verfügung stellen oder vermitteln, finden sich Ausführungen in § 7 VermVerkProspV Rz. 48; zu den Angaben nach **§ 12 Abs. 4 Nr. 3 VermVerkProspV** über die Art und Weise, in der die Betreffenden im Zusammenhang mit der Anschaffung oder Herstellung des Anlageobjekts Lieferungen oder Leistungen erbringen, siehe die Ausführungen in § 7 VermVerkProspV Rz. 49.

---

[1] BGBl. I 2011, S. 2481.

III. Angaben über den Treuhänder (§ 12 Abs. 5 VermVerkProspV)

1. Normentwicklung und Regelungsgegenstand

Durch Art. 15 Nr. 10 lit. c) und d) des Gesetzes zur Novellierung des Finanzanlagenvermittler- und Vermögensanlagenrechts vom 6.12.2011[1] wurde § 12 VermVerkProspV ein neuer Abs. 3 eingefügt und der **bisherige Abs. 3 unverändert zum neuen Abs. 5**. 31

Zahlreiche Vermögensanlagen sehen die Einschaltung eines **Treuhänders** vor, dem – beginnend mit der Konzeption der Vermögensanlage über deren Vertrieb und die Anlegerbeteiligung bis hin zur Durchführung der Anlage – die unterschiedlichsten Aufgaben zugewiesen sein können. Am verbreitetsten ist die Einschaltung eines Treuhänders als **Mittelverwendungstreuhänder** zur Kontrolle der ordnungsgemäßen Verwendung eingezahlter Anlagegelder oder als **Beteiligungstreuhänder** zur treuhänderischen Wahrnehmung einer Beteiligung namentlich in Gestalt einer gesellschaftsrechtlichen Beteiligung, wie sie vor allem als Beteiligung an Publikumskommanditgesellschaften über einen Treuhandkommanditisten anzutreffen ist. § 12 Abs. 5 VermVerkProspV soll sicherstellen, dass dem Anleger für den Fall der Einschaltung eines Treuhänders, in welcher Funktion auch immer, die in § 12 Abs. 5 Nr. 1–5 VermVerkProspV spezifizierten Mindestangaben zur Verfügung stehen. 32

Die **Formen** der gesetzlich nicht näher geregelten **Treuhand** sind vielfältig und werden von § 12 Abs. 5 VermVerkProspV – schon um der ständigen Fortentwicklung von Anlagemodellen Rechnung tragen zu können – ohne Unterschied erfasst. Die Bestimmung sagt auch nichts Näheres darüber aus, wer im Falle der Treuhand der Treugeber sein muss, weshalb nicht nur Treuhänder erfasst werden, deren Treugeber Anleger sind, sondern vielmehr alle Treuhänder, deren Tätigkeit im Zusammenhang mit der fraglichen Vermögensanlage steht und Teil des Anlagekonzepts ist. Entscheidend ist, dass ein Treugeber dem Treuhänder durch entsprechende Vereinbarung (Treuhandabrede) Rechtsmacht über Vermögensrechte (Treugut) einräumt, ihn aber in der Ausübung der sich daraus ergebenden Rechtsmacht gegenüber Dritten nach Maßgabe der Treuhandabrede beschränkt. Die Art der eingeräumten Rechtsmacht ist für § 12 Abs. 5 VermVerkProspV unerheblich, weshalb hierunter etwa auch reine, sich aus der Anlegerstellung ergebende Rechte über die Kontrolle der ordnungsgemäßen Verwendung der Anlagegelder fallen. 33

Weitere Angaben über Treuhänder sind gemäß **§ 12 Abs. 6 VermVerkProspV** in den Verkaufsprospekt aufzunehmen. Diese Vorschrift ordnet an, dass der Verkaufsprospekt die Angaben nach den Absätzen 1–4 des § 12 VermVerkProspV auch für Treuhänder enthalten muss. Näher dazu unten Rz. 40, 44. 34

---

[1] BGBl. I 2011, S. 2481.

2. Die nach § 12 Abs. 5 VermVerkProspV aufzunehmenden Angaben im Einzelnen

35 **Anzugeben sind** gemäß § 12 Abs. 5 VermVerkProspV im Hinblick auf den Treuhänder:

– Nach **Nr. 1** der Vorschrift der **Name und die Anschrift**, bei juristischen Personen die **Firma und der Sitz** der Gesellschaft. Als Anschrift, die hier, im Gegensatz zu § 12 Abs. 1 Nr. 1 VermVerkProspV und zu der vergleichbaren Vorschrift des § 7 Abs. 1 Satz 1 Nr. 1 VermVerkProspV, nicht näher als „Geschäftsanschrift" qualifiziert ist, kommen in erster Linie die Geschäftsanschrift und in zweiter Linie, falls eine solche nicht vorhanden ist oder mit der Privatanschrift übereinstimmt, die Privatanschrift in Betracht. Siehe im Übrigen die Erläuterungen oben in Rz. 11 und in § 7 VermVerkProspV Rz. 10.

36 – Nach **Nr. 2** der Vorschrift die **Aufgaben** und die **Rechtsgrundlage** der Tätigkeit des Treuhänders. Als **Rechtsgrundlage** ist die jeweilige Treuhandabrede anzusehen, die in der Regel in einem ausgearbeiteten Vertragswerk besteht. Bei Treuhandvermögen iS von § 4 Satz 2 VermVerkProspV ist dies der nach dieser Bestimmung im Verkaufsprospekt wiederzugebende Treuhandvertrag. Im Hinblick auf die **Aufgaben** des Treuhänders ist seine auf der Treuhandabrede beruhende konkrete Tätigkeit für den Treugeber im Zusammenhang mit der angebotenen Vermögensanlage zu benennen, die regelmäßig spezifischer und enger ist als die Rechte und Pflichten, die sich aus dem Treuhandvertrag ergeben und nach § 12 Abs. 5 Nr. 3 VermVerkProspV wiederzugeben sind. Hier geht es also mehr darum, die Funktion des Treuhänders in der Anlagekonzeption anzugeben als dessen Rechte und Pflichten im Einzelnen.

37 – Nach **Nr. 3** der Vorschrift die **wesentlichen Rechte und Pflichten des Treuhänders**. Hierbei kann in der Regel auf die entsprechenden Regelungen im Treuhandvertrag zurückgegriffen werden, doch sind auch in diesem gegebenenfalls nicht näher beschriebene, sich aber aus der dem Treuhänder eingeräumten Rechtsstellung ergebende wesentliche Rechte und Pflichte desselben zu erläutern.

38 – Nach **Nr. 4** der Vorschrift der **Gesamtbetrag der** für die Wahrnehmung der Aufgaben vereinbarten **Vergütung**. Dazu gehören alle dem Treuhänder im Zusammenhang mit seiner Treuhandstellung vom Treugeber oder Dritten zufließenden Entgelte, auf die er – die Vorschrift spricht von der „vereinbarten" Vergütung – aus dem Treuhandvertrag oder aus einem mit diesem in Zusammenhang stehenden Vertrag einen Anspruch hat. Eine Aufschlüsselung der Bezüge ist nicht erforderlich.

39 – Nach **Nr. 5** der Vorschrift die Umstände oder Beziehungen, die **Interessenkonflikte** begründen können. In Betracht kommen nur Interessenkonflikte bei der Wahrnehmung der Treuhand und in Bezug auf die wahrzunehmenden Interessen des jeweiligen Treugebers. Die Umstände oder Verhältnisse, die solche Interessenkonflikte zu begründen vermögen, sind mitsamt dem sich daraus ergebenden Konflikt konkret zu benennen.

IV. Angaben über die für den Prospektinhalt oder den Angebotsinhalt Verantwortlichen (§ 12 Abs. 6 VermVerkProspV)

1. Normentwicklung und Regelungsgegenstand

Durch Art. 15 Nr. 10 lit. c) und e) des Gesetzes zur Novellierung des Finanzanlagenvermittler- und Vermögensanlagenrechts vom 6.12.2011[1] (siehe oben Rz. 26) wurde § 12 VermVerkProspV ein neuer Abs. 4 eingefügt und der bisherige Abs. 4 mit – was die Personen angeht, über die im Verkaufsprospekt Angaben zu machen sind – **weitreichenden Änderungen** zum heutigen Abs. 6. 40

Regelungsgegenstand des § 12 Abs. 6 VermAnlG ist es, die nach § 12 Abs. 1–4 VermVerkProspV erforderlichen Angaben auf die in Abs. 6 genannten Person zu erstrecken. Beschränkte sich § 12 Abs. 4 VermVerkProspV aF darauf, die nach § 12 Abs. 1 und 2 VermVerkProspV aF erforderlichen Angaben auf diejenigen auszuweiten, die nicht in den Kreis derjenigen fielen, über die nach der VermVerkProspV Angaben zu machen waren, die aber die Herausgabe oder den Inhalt des Prospekts oder die Abgabe oder den Inhalt des Angebots der Vermögensanlage aber wesentlich beeinflusst haben, so gehören diese auch nach dem neuen Abs. 6 weiterhin zum Kreis derjenigen, über die Angaben nach Maßgabe von § 12 Abs. 1–4 VermVerkProspV in den Verkaufsprospekt aufzunehmen sind. Der neue Abs. 6 verlangt darüber hinaus aber, dass der Verkaufsprospekt die Angaben nach § 12 Abs. 1–4 VermVerkProspV auch für Anbieter, Prospektverantwortliche und Treuhänder enthalten muss. 41

2. Die Personen, über die Angaben nach § 12 Abs. 1–4 VermVerkProspV zu machen sind

a) Anbieter

Aufgrund der Änderungen durch Art. 15 Nr. 10 lit. e) des Gesetzes zur Novellierung des Finanzanlagenvermittler- und Vermögensanlagenrechts vom 6.12.2011[2] werden erstmals **Angaben zu den Anbietern** verlangt. Bis dahin enthielt „die Vermögensanlagen-Verkehrsprospektverordnung keine [Pflicht zu] detaillierten Mindestangaben zum Anbieter, obwohl die Prospektpflicht des Verkaufsprospektgesetzes gerade diesen betrifft"[3]. Diese Lücke sollte durch die Ergänzung des alten Abs. 4 im neuen Abs. 6 in der Weise geschlossen werden, dass künftig auch zu den Anbietern „Angaben – zum Beispiel im Hinblick auf Vorstrafen und Insolvenzen – gemacht werden [müssen], die eine Beurteilung der Seriosität bzw. Zuverlässigkeit der Personen ermöglichen sollen"[4]. 42

---

[1] BGBl. I 2011, S. 2481.
[2] BGBl. I 2011, S. 2481.
[3] RegE Gesetz zur Novellierung des Finanzanlagenvermittler- und Vermögensanlagenrechts, BT-Drucks. 17/6051 v. 6.6.2011, S. 1 (52).
[4] RegE Gesetz zur Novellierung des Finanzanlagenvermittler- und Vermögensanlagenrechts, BT-Drucks. 17/6051 v. 6.6.2011, S. 1 (52).

43 **Anbieter** ist, wie sich sowohl aus § 2 Nr. 10 WpPG als auch aus § 6 VermAnlG ergibt, wer im Inland Vermögensanlagen öffentlich anbietet. Als **öffentliches Angebot von Vermögensanlagen** ist in entsprechender Anwendung des § 2 Nr. 4 Halbsatz 1 WpPG eine Mitteilung an das Publikum in jedweder Form und auf jedwede Art und Weise, die ausreichende Informationen über die Angebotsbedingungen und die anzubietenden Vermögensanlagen enthält, um einen Anleger in die Lage zu versetzen, über den Kauf oder die Zeichnung dieser Vermögensanlagen zu entscheiden. Zu Einzelheiten siehe die Kommentierung zu § 2 WpPG Rz. 32 ff. Der Anbieter kann, muss aber nicht mit dem Emittenten identisch sein.

b) Prospektverantwortliche

44 **Prospektverantwortliche** iS des § 12 Abs. 6 VermVerkProspV sind Personen oder Gesellschaften, die nach § 3 VermVerkProspV für den Inhalt des Verkaufsprospekts insgesamt oder für bestimmte Angaben die Verantwortung übernehmen. Für sie verlangt bereits **§ 3 VermVerkProspV** Angaben über Namen, Geschäftsanschrift und Funktionen, bei juristischen Personen oder Gesellschaften die Firma und den Sitz. Nunmehr muss der Verkaufsprospekt nach § 12 Abs. 6 VermVerkProspV für Prospektverantwortliche aber auch die nach § 12 Abs. 1–4 VermVerkProspV vorgeschriebenen Angaben enthalten.

c) Treuhänder

45 Über die in § 12 Abs. 5 VermVerkProspV verlangten Angaben zu **Treuhändern** hinaus muss der Verkaufsprospekt nach § 12 Abs. 6 VermVerkProspV zu Treuhändern auch die Angaben nach § 12 Abs. 1–4 VermVerkProspV enthalten. Zur Frage, wer zu den Treuhändern iS des § 12 Abs. 6 VermVerkProspV gehört, siehe die Ausführungen oben zu Rz. 32 f.

d) Hintermänner des Prospekts und des Angebots

46 Nach § 12 Abs. 6 VermVerkProspV muss der Verkaufsprospekt die Angaben nach den Absätzen 1–4 auch für Personen enthalten, die nicht in den Kreis der Personen fallen, über die nach der VermVerkProspV Angaben zu machen sind, die jedoch die **Herausgabe oder den Inhalt des Verkaufsprospekts** oder die **Abgabe oder den Inhalt des Angebots** der Vermögensanlage wesentlich beeinflusst haben. **Zweck dieser Vorschrift** ist es, als **Auffangregelung** dem Umstand Rechnung zu tragen, dass es Konstellationen geben kann, in denen der Verkaufsprospekt nicht über alle Personen Angaben enthält, die den Prospektinhalt oder das Angebot wesentlich beeinflusst haben[1].

47 Im Hinblick auf den mit dieser Auffangregelung **erfassten Personenkreis** unterscheidet die Vorschrift zwischen Personen, die die Herausgabe oder den Inhalt des

---

1 So die hinsichtlich einer Fundstelle heute nicht mehr nachweisbare Begründung zur VermVerkProspV vom Dezember 2004, S. 8.

Prospekts, und solchen, die die Abgabe oder den Inhalt des Angebots der Vermögensanlage wesentlich beeinflusst haben, kurz: zwischen Personen, die für den Prospektinhalt und solchen, die für den Angebotsinhalt (dh. vor allem die Anlagekonzeption) mitverantwortlich sind. In beiden Fällen geht es um Personen, die nicht zu dem Kreis derer gehören, die nach außen für die Prospekterstellung und die Anlagekonzeption in Erscheinung treten und über die der Verkaufsprospekt nach Maßgabe des VermAnlG und der VermVerkProspV zwingend Angaben enthalten muss. Erfasst werden sollen damit Personen, die – der Formulierung einer höchstrichterlichen Entscheidung zur allgemein-zivilrechtlichen Prospekthaftung folgend und weitgehend identisch mit der Prospektverantwortlichkeit auch derer, von denen der Erlass eines Prospekt „ausgeht" – auch als **Hintermänner** der Prospekterstellung (näher unten Rz. 48 f.) und als Hintermänner des Anlageinhalts einschließlich der Anlagekonzeption (näher unten Rz. 32) bezeichnet werden[1]. Angaben zu diesen Hintermännern sind nach ausdrücklicher Formulierung allerdings nur erforderlich, wenn diese die nicht bereits – etwa als Emittent, als Gesellschafter, als Mitglied der Geschäftsführung oder eines Aufsichtsgremiums des Emittenten oder als Mitglieder des bei einem Emittenten eingerichteten Beirats – in den Kreis der nach der VermVerkProspV angabepflichtigen Personen fallen.

Vor dem Hintergrund der einschlägigen Rechtsprechung zur Prospekthaftung[2] sind deshalb zu den **Personen**, die die „Herausgabe oder den Inhalt des Prospekts wesentlich beeinflusst haben" diejenigen zu zählen, die – ohne Prospektverantwortliche („Prospektherausgeber"), Gründungsgesellschafter, Organmitglieder, Geschäftsführer oder Treuhänder zu sein – hinter dem Emittenten („Anlagegesellschaft") stehen, besonderen Einfluss in der Gesellschaft oder auf die Konzeption des Anlagemodells ausüben und Mitverantwortung tragen und zwar unabhängig davon, ob sie nach außen in Erscheinung getreten sind oder nicht („**maßgebliche Hintermänner**")[3].

48

---

[1] Der Begriff der Hintermänner wird im Zusammenhang mit der Prospekterstellung und -haftung in der höchstrichterlichen Rechtsprechung wohl erstmals verwendet in BGH v. 6.10.1980 – II ZR 60/80, BGHZ 79, 337 (341).

[2] *Assmann* in Assmann/Schütze, § 5 Rz. 67 ff., insbes. 76 ff., 157 f., 256 f. Zur Prospekthaftung nach § 20 VermAnlG siehe auch § 20 VermAnlG Rz. 30 und zur Prospekthaftung nach §§ 21–23 WpPG die Erläuterungen zu §§ 21–23 WpPG Rz. 81 ff.

[3] BGH v. 16.11.1978 – II ZR 94/77, BGHZ 72, 382 (386 f.) = GmbHR 1979, 55; BGH v. 22.3.1979 – VII ZR 259/77, BGHZ 74, 103 (109) = GmbHR 1979, 172; BGH v. 22.5.1980 – II ZR 209/79, BGHZ 77, 172 (175); BGH v. 6.10.1980 – II ZR 60/80, BGHZ 79, 337 (340 ff.); BGH v. 22.3.1982 – II ZR 114/81, BGHZ 83, 222 (224); BGH v. 21.11.1983 – II ZR 27/83, ZIP 1984, 173 (174); BGH v. 17.2.1986 – II ZR 238/84, WM 1986, 583 (584); BGH v. 31.5.1990 – VII ZR 340/88, BGHZ 111, 314 (319 f.); BGH v. 26.9.1991 – I ZR 149/89, BGHZ 115, 213 (217 f.); BGH v. 31.3.1992 – XI ZR 70/91, ZIP 1992, 912 (917); BGH v. 1.6.1994 – VIII ZR 36/93, ZIP 1994, 1115 (1116); BGH v. 1.12.1994 – III ZR 93/93, NJW 1995, 1025; BGH v. 26.9.2000 – X ZR 94/98, ZIP 2000, 2114 (2118); BGH v. 7.9.2000 – VII ZR 443/99, BGHZ 145, 121 (127); BGH v. 12.2.2004 – III ZR 359/02, BGHZ 158, 110 (115); BGH v. 27.1.2004 – XI ZR 37/03, NJW 2004, 1376 (1379); BGH v. 8.12.2005 – VII ZR 372/03, ZIP 2006, 420 (421); BGH v. 14.6.2007 – III ZR 125/06, ZIP 2007, 1993 (1995); BGH v. 6.3.2008 – III ZR 298/05, ZIP 2008, 838 (839); BGH v. 19.11.2009 – III ZR 109/08, ZIP 2009, 2449; BGH v. 7.12.2009 – II ZR 15/08 – Rz. 21, NJW 2010, 1077

Die Eigenschaft, Hintermann zu sein, ist für die Prospektverantwortlichkeit ausreichend, ohne dass es auf die Mitwirkung bei der Erstellung des Prospekts ankommt[1]. Schon in dieser Umschreibung werden nur solche Personen erfasst, die iS von § 12 Abs. 6 VermVerkProspV die Herausgabe oder den Inhalt des Prospekts „wesentlich beeinflusst haben".

49 **Keinen wesentlichen Einfluss** auf die Herausgabe und die Gestaltung des Prospekts als Hintermann übt allerdings aus, wer **lediglich bei der Anfertigung des Prospekts mitgewirkt** hat. Nicht als Hintermann zu betrachten sind dementsprechend etwa Angestellte der Anlagegesellschaft[2] oder sonst unbekannt und ohne Einfluss auf die Anlagegesellschaft oder die den Prospekt herausgebende Gesellschaft gebliebene **Hilfspersonen**[3]. Zu Letzteren gehören auch von den Prospektverantwortlichen herangezogene Berater, wie etwa **Rechtsanwälte, Wirtschaftsprüfer und Steuerberater**[4]. Selbst das ein Erwerbermodell **finanzierende Kreditinstitut**, das auf die Konzeption und die bauliche Gestaltung eines Objekts Einfluss genommen hat und eigene Vorstellungen über die Vertragsgestaltung durchsetzte, erlangt nach höchstrichterlicher Rechtsprechung allein dadurch keine Prospektverantwortlichkeit als Hintermann oder Person, von der der Prospekt ausgeht[5]. In gleicher Weise hat die höchstrichterliche Rechtsprechung auch eine Prospektverantwortlichkeit des unbekannt gebliebenen, an der Anlagegesellschaft weder unmittelbar noch mittelbar beteiligten Verfassers eines dem Prospekt zu Grunde liegenden Gutachtens abgelehnt, obwohl dieser in vielfältiger Weise in die Projektierung der Anlagegesellschaft und des Anlageprodukts eingeschaltet war und später sogar als Treuhänder fungierte[6]. Um Hintermann zu sein, ist nach alledem eine Einflussnahme erforderlich, die über die Projektplanung und -vorbereitung, Beratung, Gutachtenerstellung, Lieferung von Prospektmaterial, tatsächliche Prospektanfertigung, die Erbringung anderweitiger Dienstleistung sowie die Geltendmachung eigener Interessen hinausgeht.

50 Entsprechend der Bestimmung des Kreises derer, die die Herausgabe oder den Inhalt des Prospekts wesentlich beeinflusst haben, sind auch in den Kreis derer, die **Hintermänner des Anlageinhalts** sind, indem sie die Abgabe oder den Inhalt des Angebots der Vermögensanlage wesentlich beeinflusst haben, diejenigen Personen

---

(1079); BGH v. 16.9.2010 – III ZR 332/09 – Rz. 4, NZG 2010, 1395 (1396); BGH v. 17.11.2011 – III ZR 103/10 – Rz. 17, 19, NJW 2012, 758, 759 f. = AG 2012, 130; BGH v. 21.2.2013 – III ZR 139/12 – Rz. 12, NJW 2013, 1877 (1878) = AG 2013, 522.

1 Siehe dazu namentlich und mwN BGH v. 8.12.2005 – VII ZR 372/03, ZIP 2006, 420 (421).
2 Vgl. BGH v. 4.7.1983 – II ZR 220/82, BGHZ 88, 67.
3 Etwa BGH v. 14.4.1986 – II ZR 123/85, WM 1986, 904 (906).
4 Vgl. *Assmann*, Prospekthaftung, 1985, S. 345. Zur Prospekthaftung dieser Berufsgruppen siehe *Assmann* in Assmann/Schütze, § 5 Rz. 68, 80 ff., 158, 257, 398.
5 BGH v. 31.3.1992 – XI ZR 70/91, ZIP 1992, 912 (917 f.). Hier wurde die Qualifizierung einer Finanzierungsbank als Hintermann mit dem Hinweis abgelehnt, mit ihrer Einflussnahme, durch welche sie „konzeptionelle und vertragliche Änderungen" durchsetzte, habe sie lediglich berechtigte eigene Zwecke verfolgt, ohne dadurch „an die Seite der Initiatoren und Prospektherausgeber" zu rücken.
6 BGH v. 14.4.1986 – II ZR 123/85, WM 1986, 904 (906).

zu zählen, die – ohne Gründungsgesellschafter, Organmitglieder, Geschäftsführer oder Treuhänder zu sein – hinter dem Emittenten („Anlagegesellschaft") stehen, besonderen Einfluss in der Gesellschaft oder auf die Konzeption des Anlagemodells ausüben und Mitverantwortung tragen und zwar unabhängig davon, ob sie nach außen in Erscheinung getreten sind oder nicht (siehe oben Rz. 31). Ein erhebliches wirtschaftliches Eigeninteresse an der Emission soll als Indiz für eine Einflussnahme auf die Konzeption des Modells sprechen[1]. Nicht erfasst ist auch hier die bloße Beteiligung – etwa als **beruflicher Sachkenner** – an der Konzeption ohne wesentlichen eigenständigen Einfluss; das in Rz. 31 zur Beteiligung an der Prospektanfertigung Ausgeführte gilt hier entsprechend.

§ 13
Angaben über den jüngsten Geschäftsgang und die Geschäftsaussichten des Emittenten

Der Verkaufsprospekt muss allgemeine Ausführungen über die Geschäftsentwicklung des Emittenten nach dem Schluss des Geschäftsjahres, auf das sich der letzte offen gelegte Jahresabschluss bezieht, sowie Angaben über die Geschäftsaussichten des Emittenten mindestens für das laufende Geschäftsjahr enthalten.

In der Fassung vom 16.12.2004 (BGBl. I 2004, S. 3464).

Schrifttum: Siehe Einl. VermAnlG und das allgemeine Schrifttumsverzeichnis.

I. Regelungsgegenstand und Normentwicklung	1	1. Angaben über die jüngste Geschäftsentwicklung 2
II. Erforderliche Angaben	2	2. Angaben über Geschäftsaussichten 5

I. Regelungsgegenstand und Normentwicklung

Die Vorschrift geht auf § 11 der 2005 aufgehobenen VerkProspVO[2] zurück (näher Vorauﬂ., Rz. 1). Die **Mindestangaben über den jüngsten Geschäftsgang und die Geschäftsaussichten** orientieren sich am Lagebericht nach § 289 HGB. Für den Fall, 1

---

[1] BGH v. 7.9.2000 – VII ZR 443/99, BGHZ 145, 121 (127); BGH v. 8.12.2005 – VII ZR 372/03, ZIP 2006, 420 (421).
[2] Die VerkProspVO wurde aufgehoben durch Art. 9 des Gesetzes zur Umsetzung der Richtlinie 2003/71/EG vom 4.11.2003 betreffend den Prospekt, der beim öffentlichen Angebot von Wertpapieren oder bei deren Zulassung zum Handel zu veröffentlichen ist, und zur Änderung der Richtlinie 2001/34/EG (Prospektrichtlinie-Umsetzungsgesetz), BGBl. I 2005, S. 1698, mit Wirkung zum 1.7.2005 (Art. 10 Satz 2 des vorgenannten Gesetzes).

dass der Emittent erst vor weniger als 18 Monaten gegründet wurde und noch keinen Jahresabschluss und Lagebericht nach § 24 VermAnlG erstellt hat, finden die **Sonderregelungen** des § 15 Abs. 1 VermVerkProspV Anwendung. Darüber hinaus kann unter den in § 15 Abs. 2 VermVerkProspV genannten Fällen von Angaben abgesehen, die ansonsten nach § 13 VermVerkProspV in den Prospekt aufzunehmen wären.

II. Erforderliche Angaben

1. Angaben über die jüngste Geschäftsentwicklung

2   Die Vorschrift verlangt zunächst Angaben über die **Geschäftsentwicklung** des Emittenten von Vermögensanlagen **nach dem Schluss des Geschäftsjahres**, auf das sich der letzte offen gelegte Jahresabschluss bezieht. Sie zielt damit auf eine Aktualisierung der Angaben über die Geschäftsentwicklung des Emittenten, wie sie sich aus dem offen gelegten Jahresabschluss ergeben und nach dem **Stichtag des Jahresabschlusses**[1] eingetreten sind und über die im Falle der Pflicht zur Erstellung eines Lageberichts nach § 289 Abs. 2 Nr. 1 HGB auch in diesem zu berichten ist. Ein **offen gelegter Jahresabschluss** ist ein solcher, der nach den Bestimmungen der §§ 325, 264, 264a HGB oder § 9 Abs. 1 PublG iVm. § 325 HGB offen gelegt wurde.

3   Ist der **Emittent nicht verpflichtet, nach den Vorschriften des HGB einen Jahresabschluss offenzulegen**, so tritt an die Stelle des Jahresabschlusses der nach § 23 Abs. 1 Satz 1 VermAnlG für den Schluss eines jeden Geschäftsjahres zu erstellende, spätestens sechs Monate nach Ablauf des Geschäftsjahres beim Betreiber des Bundesanzeigers elektronisch einzureichende und den Anlegern auf Anforderung zur Verfügung zu stellende **Jahresbericht**. Ist der Emittent nicht zur Aufstellung und Prüfung eines Jahresabschlusses verpflichtet und kann für die Angaben über den jüngsten Geschäftsgang nach § 13 VermVerkProspV auch auf keinen Jahresbericht nach § 23 Abs. 1 Satz 1 VermAnlG zurückgegriffen werden, so fehlt für solche Angaben der sachliche und zeitliche Anknüpfungspunkt. Da es nicht der Zweck von § 13 VermVerkProspV ist, generell sicherzustellen, dass der Verkaufsprospekt neueste Angaben über die Geschäftsentwicklung des Emittenten enthält, die Vorschrift vielmehr auf die Aktualisierung entsprechender Angaben in einem verfügbaren Jahresabschluss oder Jahresbericht zielt, sind in diesem Falle auch keine Angaben über den jüngsten Geschäftsgang nach § 13 VermAnlG in den Verkaufsprospekt aufzunehmen. Das entbindet nicht von der Pflicht einer zeitnahen Prospektberichterstattung (iS von 7 Abs. 1 VermAnlG und § 2 Abs. 1 VermVerkProspV) auch im Hinblick auf die Geschäftsentwicklung des Emittenten, die sich mangels eines offen gelegten und in den Verkaufsprospekt übernommenen Jahresabschlusses aber jedenfalls nicht aus § 13 VermVerkProspV ergeben kann. Ein **Teil des Schrifttums**[2] sieht dies freilich anders und verlangt von dem Emittenten, der keinen Jahresabschluss offen gelegt hat,

---

1 Ebenso *Moritz/Grimm*, BB 2005, 337 (343); *Bruchwitz/Voß* in Arndt/Voß, § 13 VermVerkProspV Rz. 5.
2 *Moritz/Grimm*, BB 2005, 337 (343); *Bruchwitz/Voß* in Arndt/Voß, § 13 VermVerkProspV Rz. 5.

einen „vergleichbaren Berichtszeitraum"[1] zu wählen, vermag hierfür aber keine schlüssige Begründung anzugeben (zu Einzelheiten siehe Voraufl., Rz. 4).

Ist ein **Jahresabschluss aufgestellt** und nach § 10 Abs. 1 Satz 1 Nr. 1 VermVerkProspV in den Verkaufsprospekt aufgenommen worden, ist über die **Geschäftsentwicklung des Emittenten nach dem Stichtag des Jahresabschlusses** (siehe oben Rz. 2 f.) zu berichten. Erforderlich sind danach Angaben, wie sie im Lagebericht nach § 289 HGB für den Geschäftsverlauf einschließlich des Geschäftsergebnisses für das Berichtsjahr verlangt werden[2]. Wegen der funktionalen Entsprechung der nach § 13 VermVerkProspV geforderten Angaben mit den in einen Lagebericht aufzunehmenden wird man die Beantwortung der Frage, welche Entwicklungen des Emittenten der **Geschäftsentwicklung** desselben zuzurechnen und damit berichtspflichtig sind, an den Grundsätzen ausrichten können, wie sie sich im Hinblick auf die Beurteilung der nach § 289 Abs. 2 Nr. 1 HGB zu berichtenden Vorgänge herausgebildet haben[3]. Nach dieser Bestimmung ist auf Vorgänge einzugehen, die nach dem Schluss des letzten Geschäftsjahrs eingetreten sind. Während allerdings vom Lagebericht verlangt wird, dass er auf Vorgänge des Geschäftsverlaufs von besonderer Bedeutung „eingeht", lässt § 13 VermVerkProspV **allgemeine Ausführungen zur Geschäftsentwicklung** genügen, erfasst dafür aber auch **Geschäftsvorgänge von allgemeiner Bedeutung**[4]. In der Sache ist der Unterschied freilich gering, weil Geschäftsvorgänge von besonderer Bedeutung ohnehin – soll der Verkaufsprospekt nicht unrichtig oder unvollständig sein – unter dem Gesichtspunkt der § 7 Abs. 1 Satz 1 VermAnlG, § 2 Abs. 1 Satz 1 VermVerkProspV einer hinreichend detaillierten und nicht nur allgemeinen Schilderung bedürfen.

2. Angaben über Geschäftsaussichten

Die Vorschrift verlangt des Weiteren **Angaben über die Geschäftsaussichten** des Emittenten **mindestens für das laufende Geschäftsjahr**. Diese Verpflichtung ist nicht an die Offenlegung eines geprüften Jahresabschlusses geknüpft und ergäbe

---

1 *Bruchwitz/Voß* in Arndt/Voß, § 13 VermVerkProspV Rz. 5. Nach *Moritz/Grimm*, BB 2005, 337 (343), soll der Anbieter in diesem Falle nach „pflichtgemäßem Ermessen" einen aussagefähigen Zeitpunkt für den Beginn des Berichterstattungszeitraums auswählen.
2 Zur Pflicht zur Aufnahme eines solchen Lageberichts in den Verkaufsprospekt siehe § 10 VermVerkProspV Rz. 4 f.
3 Siehe dazu die Kommentierungen zu § 289 HGB, wie etwa *Hommelhoff* in Ulmer (Hrsg.), HGB-Bilanzrecht, 2002, § 289 HGB Rz. 102 ff.; *Merkt* in Baumbach/Hopt, § 289 HGB Rz. 2; *Lück* in Küting/Weber (Hrsg.), Handbuch der Rechnungslegung, 5. Aufl. (Loseblatt 2002 ff.), § 289 HGB Rz. 30 ff., oder *Adler/Düring/Schmaltz*, Rechnungslegung und Prüfung der Unternehmen, 6. Aufl. 1995, § 289 HGB Rz. 63 ff., 66 ff., 98 ff.
4 § 11 der aufgehobenen VerkProspVO ging damit über die Anforderungen aus Art. 11 Abs. 2 lit. g der Emissionsprospektrichtlinie (Richtlinie vom 17.4.1989 zur Koordinierung der Bedingungen für die Erstellung, Kontrolle und Verbreitung des Prospekts, der im Falle öffentlicher Angebote von Wertpapieren zu veröffentlichen ist, ABl. EG Nr. L 124 v. 5.5.1989, S. 8) hinaus, denn diese verlangte nur solche Angaben über den jüngsten Geschäftsgang, die „für eine etwaige Beurteilung des Emittenten von wesentlicher Bedeutung sind".

sich als Pflicht für eine zukunftsbezogene Prospektberichterstattung auch nicht ohne weiteres aus anderweitigen Prospektierungsvorschriften des VerkProspG und der VermVerkProspV, namentlich § 7 Abs. 1 Satz 1 VermAnlG und § 2 Abs. 1 Satz 1 VermVerkProspV.

6 Auch mit dem Erfordernis, Angaben über die **Geschäftsaussichten** des Emittenten mindestens für das laufende Geschäftsjahr in den Verkaufsprospekt aufzunehmen, ähnelt sie den an einen Lagebericht nach § 289 Abs. 2 Nr. 2 HGB aF gestellten Anforderungen. Danach war im Lagebericht auch auf „die voraussichtliche Entwicklung der Gesellschaft" einzugehen. Die dieser Regelung entsprechende Vorschrift des § 289 Abs. 1 Satz 4 HGB verlangt nunmehr auch, „die voraussichtliche Entwicklung mit ihren wesentlichen Chancen und Risiken zu beurteilen und zu erläutern" und die der Beurteilung und der Erläuterung zu Grunde liegenden Annahmen anzugeben. Zwar sind nach § 13 VermVerkProspV nur Angaben über die Geschäftsaussichten erforderlich, doch gehören zu diesen auch solche über die Wahrscheinlichkeit des Eintritts unterschiedlicher Randbedingungen der Geschäftstätigkeit des Emittenten mit den sich mit unterschiedlichen Szenarien verbindenden Chancen und Risiken. Deshalb kann im Hinblick auf die von § 13 VermVerkProspV geforderte zukunftsbezogene Berichterstattung konkretisierend auf die sich aus § 289 Abs. 1 Nr. 4 HGB ergebenden Gesichtspunkte zurückgegriffen werden[1].

7 Wie Tatsachenangaben unterliegen auch die Angaben des Prognoseberichts der **Prospekthaftung** nach § 20 VermAnlG (siehe § 20 VermAnlG Rz. 22, 18 und §§ 21–23 WpPG Rz. 50). Verlangt die Rechtsprechung in Bezug auf zukunftsbezogene Prospektangaben allgemein, dass sich die Prospektverantwortlichen diesen „Zurückhaltung" auferlegen und auf Umstände hinweisen, die der erwarteten Entwicklung entgegenstehen können[2], so ist dieser Grundsatz auch im Hinblick auf die Angaben über die Geschäftsaussichten zu berücksichtigen.

§ 13a
Angaben über Auswirkungen auf die Fähigkeit zur Zins- und Rückzahlung

Der Verkaufsprospekt muss an hervorgehobener Stelle eine ausführliche Darstellung der Auswirkungen der Vermögens-, Finanz- und Ertragslage sowie der Geschäftsaussichten auf die Fähigkeit des Emittenten, seinen Verpflichtungen zur Zinszahlung und Rückzahlung für die Vermögensanlage nachzukommen, enthalten.

In der Fassung vom 3.7.2015 (BGBl. I 2015, S. 1114).

---

1 Vgl. *Merkt* in Baumbach/Hopt, § 289 HGB Rz. 1 mwN.
2 BGH v. 12.7.1982 – II ZR 175/81, WM 1982, 862 (865).

| I. Regelungshintergrund und -gegenstand . . . . 1 | II. Inhalt, Form und Platzierung der Angaben . . . . 4 |

I. Regelungshintergrund und -gegenstand

Aufgrund von Änderungen der VermVerkProspV hat das **Kleinanlegerschutzgesetz** vom 3.7.2015[1] die Mindestangaben, die ein Verkaufsprospekt enthalten muss, um einige Angaben im Zusammenhang mit der **Vermögens-, Finanz- und Ertragslage** und den **Geschäftsaussichten** des Emittenten erweitert. Schon bisher musste der Verkaufsprospekt die in **§ 10 Abs. 1 Satz 1 VermVerkProspV** (entsprechend der Verordnungsermächtigung in § 7 Abs. 3 Satz 1 Nr. 4 VermAnlG) aufgeführten Informationen über die Vermögens-, Finanz- und Ertragslage des Emittenten – dh. Jahresabschluss (in Gestalt der Bilanz und der Gewinn- und Verlustrechnung), Lagebericht und Zwischenbericht nach § 10 Abs. 1 Satz 1 Nr. 2 VermVerkProspV – und die in § 13 **VermVerkProspV** (entsprechend der Verordnungsermächtigung in § 7 Abs. 3 Satz 1 Nr. 5 VermAnlG) verlangten Angaben über die Geschäftsaussichten des Emittenten enthalten.

Diese Anforderungen werden nunmehr durch den neuen, auf Art. 6 Nr. 6 lit. b des Kleinanlegerschutzgesetzes (siehe oben Rz. 1) zurückgehenden – **§ 10 Abs. 4 VermVerkProspV** ergänzt, demzufolge der Verkaufsprospekt als zukunftsbezogene Information die voraussichtliche Vermögens-, Finanz- und Ertragslage mindestens für das laufende und das folgende Geschäftsjahr darstellen muss. Über diese und die vorstehend angeführten bisherigen und neuen Angaben zur Vermögens-, Finanz- und Ertragslage sowie die Geschäftsaussichten des Emittenten hinaus, verlangt nunmehr der durch Art. 6 Nr. 9 des Kleinanlegerschutzgesetzes eingeführte **neue § 13a VermVerkProspV**, dass der Verkaufsprospekt an hervorgehobener Stelle eine ausführliche Darstellung der Auswirkungen der Vermögens-, Finanz- und Ertragslage sowie der Geschäftsaussichten auf die Fähigkeit des Emittenten, seinen Verpflichtungen zur Zinszahlung und Rückzahlung für die Vermögensanlage nachzukommen, enthält. Und schließlich bestimmt der durch Art. 2 Nr. 12 des Kleinanlegerschutzgesetzes (siehe oben Rz. 1) in das Gesetz gelangte **§ 11 Abs. 1 Satz 2 Nr. 3 VermAnlG**, dass zu den nach § 11 Abs. 1 Satz 1 in einem Nachtrag zum Verkaufsprospekt zu veröffentlichenden neuen Umständen insbesondere jeder Umstand gehört, der sich auf die Geschäftsaussichten des Emittenten mindestens für das laufende Geschäftsjahr erheblich auswirkt und geeignet ist, die Fähigkeiten des Emittenten zur Erfüllung seiner Verpflichtungen gegenüber dem Anleger erheblich zu beeinträchtigen.

Die Bedeutung der nunmehr von § 13a VermVerkProspV verlangten Angaben über die Auswirkungen der Vermögens-, Finanz- und Ertragslage sowie der Geschäftsaussichten auf die Fähigkeit des Emittenten, seinen Verpflichtungen zur Zinszahlung und Rückzahlung für die Vermögensanlage nachzukommen, unterstreichend,

---
1 BGBl. I 2015, S. 1114.

wurde **§ 8 Abs. 1 VermAnlG** durch Art. 2 Nr. des Kleinanlegerschutzgesetzes (siehe oben Rz. 1) um den neuen Satz 3 erweitert, der die BaFin bei der **Prüfung der Kohärenz** des zur Billigung eingereichten Verkaufsprospekts zu kontrollieren verpflichtet, ob für das laufende und das folgende Geschäftsjahr die Vermögens-, Finanz- und Ertragslage des Emittenten, die Geschäftsaussichten sowie ihre Auswirkungen auf die Fähigkeit des Emittenten, seinen Verpflichtungen gegenüber dem Anleger nachzukommen, im Verkaufsprospekt widerspruchsfrei dargestellt sind.

II. Inhalt, Form und Platzierung der Angaben

4   § 13a VermVerkProspV verlangt **Angaben** über die Auswirkungen der Vermögens-, Finanz- und Ertragslage sowie der Geschäftsaussichten auf die Fähigkeit des Emittenten, seinen Verpflichtungen zur Zinszahlung und Rückzahlung für die Vermögensanlage nachzukommen. Erforderlich ist es mithin, die Vermögens-, Finanz- und Ertragslage je einzeln darzustellen und ihre **Auswirkungen** auf die Verpflichtung des Emittenten einerseits zur Zinszahlung und andererseits zur Rückzahlung der Vermögensanlage in Verbindung zu erläutern. Entsprechendes gilt für die Geschäftsaussichten des Emittenten im Hinblick auf die zukünftige Fähigkeit des Emittenten, den von ihm übernommenen vorgenannten Verpflichtungen nachzukommen. § 13a VermVerkProspV verlangt eine **ausführliche**, dh. detaillierte und erläuternde **Darstellung** der Auswirkungen. Angaben zu den Auswirkungen bestimmter Umstände auf zukünftige andere Umstände sind **zukunftsbezogene Angaben**, die in dem Umfang als zutreffend zu betrachten und damit auch nicht der Prospekthaftung nach § 20 VermAnlG unterliegen, wenn sie ausreichend durch Tatsachen gestützt und kaufmännisch vertretbar sind (siehe § 20 VermAnlG Rz. 22, 18 und §§ 21–23 WpPG Rz. 50).

5   Der Wortlaut der Vorschrift legt nahe, dass die **Auswirkungen** der Vermögens-, Finanz- und Ertragslage sowie der Geschäftsaussichten so wie sie **im Zeitpunkt** der Prospekterstellung bestehen, auf die Zins- und Rückzahlungsverpflichtungen des Emittenten darstellen und zu erläutern sind, um Änderungen der aktuellen Lagen und Geschäftsaussichten sowie ihre Auswirkungen auf die Fähigkeit des Emittenten, seine mit der Vermögensanlage verbundenen Verpflichtungen zu erfüllen, in einem Nachtrag zum Verkaufsprospekt nach § 11 Abs. 1 Satz 1 und Satz 2 Nr. 3 VermAnlG zu veröffentlichen. Der den Bestimmungen des § 8 VermAnlG über die Billigung des Verkaufsprospekts durch das Kleinanlegerschutzgesetz (siehe Rz. 1) neu hinzugefügte Abs. 3 zwingt indes zu einer anderen Auslegung: Nach dieser Vorschrift hat die BaFin bei der Prüfung der Kohärenz des zur Billigung eingereichten Verkaufsprospekts zu kontrollieren, ob **für das laufende und das folgende Geschäftsjahr** die Vermögens-, Finanz- und Ertragslage des Emittenten, die Geschäftsaussichten sowie ihre Auswirkungen auf die Fähigkeit des Emittenten, seinen Verpflichtungen gegenüber dem Anleger nachzukommen, im Verkaufsprospekt widerspruchsfrei dargestellt sind. Welche Angaben zur **Darstellung der Vermögens-, Finanz- und Ertragslage sowie der Geschäftsaussichten** erforderlich sind, ist den Erläuterungen zu § 10 VermVerkProspV Rz. 4 ff. bzw. § 13 VermVerkProspV Rz. 5 f. zu entnehmen.

Darzustellen und zu erläutern sind ausschließlich die **Auswirkungen** der Vermögens-, Finanz- und Ertragslage sowie der Geschäftsaussichten auf die Fähigkeit des Emittenten, seinen Verpflichtungen zur **Zinszahlung** und **Rückzahlung für die Vermögensanlage** nachzukommen. Während § 13 VermAnlG für das Vermögensanlagen-Informationsblatt Angaben zu den „Aussichten für die Kapitalrückzahlung und Erträge unter verschiedenen Marktbedingungen" verlangt, sind nach § 13a VermVerkProspV für den Verkaufsprospekt nur Auswirkungen auf die Fähigkeit zur Zinszahlung verlangt. 6

Die von § 13a VermVerkProspV verlangte Darstellung muss im Verkaufsprospekt an **hervorgehobener Stelle** erfolgen. Das legt es nahe, die Darstellung in einen eigenen Gliederungspunkt im Anschluss an die Darstellung der Vermögens-, Finanz- und Ertragslage sowie der Geschäftsaussichten (und nicht als Unterpunkt im Zusammenhang mit dieser) aufzunehmen. Jedenfalls sollte es vermieden werden, die Darstellung im Rahmen der Risikodarstellung vorzunehmen, um dem Vorwurf zu entgehen, sie habe die Darstellung der Risiken verwässert oder verharmlost. 7

§ 14
Gewährleistete Vermögensanlagen

Für das Angebot von Vermögensanlagen, für deren Verzinsung oder Rückzahlung eine juristische Person oder Gesellschaft die Gewährleistung übernommen hat, sind die Angaben nach den §§ 5 bis 13 auch über die Person oder Gesellschaft, welche die Gewährleistung übernommen hat, aufzunehmen.

In der Fassung vom 16.12.2004 (BGBl. I 2004, S. 3464).

Schrifttum: *Boos/Fischer/Schulte-Mattler* (Hrsg.), Kommentar zum Kreditwesengesetz und Ausführungsvorschriften, 4. Aufl. 2012. Siehe auch Einl. VermAnlG.

I. Normentwicklung	1	1. Anwendungsbereich	3
II. Regelungsgehalt	2	2. Formelle Anforderungen	11

I. Normentwicklung

Die **Norm** geht auf § 13 VerkProspVO zurück, der wiederum auf der Umsetzung des Art. 11 Abs. 3 der EG-Emissionsprospektrichtlinie beruhte. 1

II. Regelungsgehalt

2 Die Vorschrift regelt im Falle der **Übernahme der Gewährleistung** für die Verzinsung oder Rückzahlung einer Vermögensanlage durch eine juristische Person oder Gesellschaft die zusätzliche Aufnahme weiterer Angaben über den Gewährleistenden in den Verkaufsprospekt.

1. Anwendungsbereich

3 Eine Gewährleistung kann für **alle Typen von Vermögensanlagen** iS des § 1 Abs. 2 VermAnlG übernommen werden[1]. Im Gegensatz zur Vorgängernorm, die den Anwendungsbereich auf Schuldverschreibungen eingrenzte, trifft der geltende Gesetzeswortlaut keine einschränkende Regelung in Bezug auf die Art der Vermögensanlage. Der Gesetzeswortlaut spricht nur allgemein vom „Angebot von Vermögensanlagen". § 13 VerkProspVO aF nahm dagegen auf Grund seines Wortlautes die ausschüttenden Anlageformen („außer Aktien") ausdrücklich von der Angabepflicht aus.

4 Die beibehaltene Verwendung der Begriffe „**Rückzahlung**" und „**Verzinsung**" ist auf Grund dieser Änderung nicht mehr im Sinne einer Einschränkung des Anwendungsbereichs der Vorschrift auf schuldrechtliche Anlageformen nach dem VermAnlG, insbesondere Namensschuldverschreibungen iS des § 1 Abs. 2 Nr. 6 VermAnlG, aufzufassen. Die Begriffe „Rückzahlung" und „Verzinsung" sind trotz ihrer systematischen Nähe zum Begriff der Schuldverschreibung auch im Sinne der üblicherweise mit Gesellschaften verbundenen Begriffe wie Ausschüttung und Auseinandersetzung des Guthabens gleichzusetzen. Die begriffliche gesellschaftsrechtliche und schuldrechtliche Differenzierung der Anlageform hat der Gesetzgeber durch die Neufassung aufgegeben.

5 **Sinn und Zweck** der Norm beschränken den Anwendungsbereich allein auf **Gewährleistungen zugunsten des Anlegers**. Der Anleger, dessen Vertrauen in die Werthaltigkeit der Vermögensanlage durch die Garantieerklärung gestärkt wird, soll über diesen Garanten ebenso umfassend informiert werden wie über den Emittenten selbst. Entscheidend ist mithin die Einschätzbarkeit der Bonität des Garanten, um im Bedarfsfall die Gewährleistung auch tragen zu können. Ohne Belang ist hingegen, von welcher juristischen Person oder Gesellschaft die Gewährleistung zugunsten der Anleger ausgesprochen wird. Andere Gewährleistungsverhältnisse, von denen zB allein die Fondsgesellschaft selbst profitiert, müssen nicht im Verkaufsprospekt dargestellt werden[2].

6 Der Begriff der **Gewährleistung** ist im Lichte des mit dem Kapitalmarktrecht angestrebten Anlegerschutzes **weit auszulegen**. Darunter ist zunächst jegliche Art der **Zusicherung einer Verzinsung oder Rückzahlung der Einlage durch einen Dritten** zu verstehen[3]. Auf die konkrete Verwendung des Begriffes durch den Anbieter im Rah-

---

[1] Missverständlich *Voß* in Arndt/Voß, § 14 VermVerkProspV Rz. 5.
[2] *Voß* in Arndt/Voß, § 14 VermVerkProspV Rz. 4.
[3] Die Frage der Übernahme einer Gewährleistung ist eng verknüpft mit der Frage eines erlaubnispflichtigen Geschäfts nach dem KWG. Entscheidend ist ua. die Ausgestaltung der Gewährleistung und die Verbindung des Emittenten und des Gewährleistenden. Der Tat-

men der Angaben im Verkaufsprospekt kommt es nicht an. Denn das Prospektrecht trifft keine eigene Abgrenzung zwischen verschiedenen Begriffen, die Ausdruck eines Anspruchs des Anlegers gegenüber einem Dritten sein können, wie sie in anderen Rechtsmaterien vorkommen. Während im bürgerlichen Recht streng zwischen einer „Gewährleistung" als ein gesetzlich verbrieftes Recht (zB §§ 437, 434, 435 BGB) und einer „Garantie" (§ 443 BGB) als von einem Dritten freiwillig einem anderen gewährten Recht unterschieden wird, ist im öffentlichen Recht, zB auf dem Gebiet des KWG (§ 1 Abs. 1 Nr. 8 KWG: „die Übernahme von Bürgschaften, Garantien und sonstigen Gewährleistungen für andere [Garantiegeschäft]"), eine solche Trennung nicht vorhanden. Es fallen daher auch vom Anbieter als Garantien oder ähnlich bezeichnete **Versprechen der Rückzahlung und Verzinsung** in den Anwendungsbereich, solange eine Dritter tatsächlich die Gewähr für die Rückzahlung übernimmt. Der Begriff der Gewährleistung ist daher im funktionalen Sinne zu verstehen. Platzierungsgarantien, also die Übernahme von Anteilen der Emission, fallen dagegen nicht in den Anwendungsbereich der Norm, da hier keine Gewährleistung gegenüber dem Anleger erfolgt.

Auch die **Höhe der ausgesprochenen Gewährleistung** ist ohne Belang. Sie bietet lediglich einen weiteren Aspekt in der Bewertung der Gewährleistung für den Anleger als Basis seiner Anlageentscheidung. 7

Harte Patronatserklärungen stellen ebenfalls eine Gewährleistung iS der Norm dar. Der Patron verpflichtet sich in diesem Fall, in einer Weise auf seine Tochtergesellschaft Einfluss zu nehmen, dass sie stets in der Lage ist, ihren gegenwärtigen und zukünftigen Verbindlichkeiten gegenüber einer bestimmten Person nachzukommen[1]. 8

Nicht verpflichtende oder unverbindliche bzw. in Aussicht gestellte **Angebote** zum Kauf der Anteile durch Dritte stellen **kein Leistungsversprechen** iS des § 14 VermVerkProspV dar. Dazu gehören zB „weiche Patronatserklärungen", die dem Anleger keine tatsächlichen Ansprüche gegen den gewährenden Dritten einräumen, sondern lediglich eine (Wohl-)Wollenserklärung ohne rechtliche Bindung enthalten[2]. 9

Ebenfalls nicht in den Anwendungsbereich fallen **Realsicherheiten**, da diese keinen Zahlungs-, sondern nur einen Verwertungsanspruch beinhalten. 10

---

bestand des Einlagengeschäfts nach § 1 Abs. 1 Satz 2 Nr. 1 KWG kann erfüllt sein. Einer solchen Einordnung steht nicht entgegen, dass die Gewährleistung durch einen Dritten abgegeben wird, wenn die eigentliche Beteiligung und die Gewährleistung aufgrund der engen wirtschaftlichen Verflechtung der Beteiligten (im eigenen wirtschaftlichen Interesse) als einheitliches Anlageangebot anzusehen ist sowie eine unbedingte Gewährleistung ausgesprochen wird. Vgl. OLG Schleswig v. 21.12.2011 – 9 U 57/11, BKR 2012, 300 (dazu auch *Voß*, EWiR 2012, 253). Vgl. außerdem *Schäfer* in Boos/Fischer/Schulte-Mattler, § 1 KWG Rz. 89. In dem Fall, dass die Gewährleistung wirtschaftlich betrachtet für einen anderen ausgesprochen wird, kann evtl. auch eine Erlaubnispflicht für den Garantiegeber nach dem KWG aufgrund eines Garantiegeschäfts iS von § 1 Abs. 1 Nr. 8 KWG ausgelöst werden, vgl. *Schäfer* in Boos/Fischer/Schulte-Mattler, § 1 KWG Rz. 78 und 89. Vgl. auch die Kommentierung zu § 6 VermAnlG Rz. 19 ff.

1 *Schäfer* in Boos/Fischer/Schulte-Mattler, § 1 KWG Rz. 86.
2 *Schäfer* in Boos/Fischer/Schulte-Mattler, § 1 KWG Rz. 87.

2. Formelle Anforderungen

11 Die Angabepflicht für den Garanten erstreckt sich auf die Angaben, die nach den §§ 5 bis 13 VermVerkProspV zu treffen sind. In der Praxis geschieht dies **durch Wiedergabe der erforderlichen Angaben zum Garanten** entweder in einem besonderen Prospektabschnitt oder in einem Anhang des Verkaufsprospekts. Die Allgemeinheit des Verweises berücksichtigt einige Besonderheiten der Angaben zu dem Garanten nur unzureichend. Nochmalige Angaben nach § 9 VermVerkProspV sind mit Ausnahme der Angaben nach § 9 Abs. 2 Nrn. 2 und 8 VermVerkProspV für den Anleger irrelevant. Die Angaben werden im Regelfall bereits auf der Ebene der Emissionsgesellschaft getätigt, so dass nur die Aufdeckung personeller Verflechtungen noch Informationswert für den Anleger aufweist.

12 **Angaben über die Vermögens-, Finanz und Ertragslage** des Garanten richten sich grundsätzlich nach den Voraussetzungen des § 10 VermVerkProspV und sind – soweit vorhanden – in den Verkaufsprospekt aufzunehmen. Der fehlende Verweis auf § 15 Abs. 1 VermVerkProspV muss als Redaktionsversehen angesehen werden, da die Finanzkraft des Garanten für den Anleger eine entscheidende Information darstellt, die ihm nach der Pflicht des § 14 VermVerkProspV ja gerade für seine Anlageentscheidung bereit gestellt werden soll. Der Fall eines jungen Unternehmens als Garant, das erst kurze Zeit tätig ist und daher bestimmte vergangenheitsbezogene Angaben noch nicht beibringen kann, wurde nicht berücksichtigt. § 15 Abs. 1 VermVerkProspV stellt zudem einen Unterfall der Finanzangaben zu § 10 VermVerkProspV dar. Denn nach der Systematik der Verordnung sind dem Anleger zumindest zukunftsbezogene Finanzdaten zu Kenntnis zu bringen.

§ 15
Verringerte Prospektanforderungen

(1) Für den Fall, dass der Emittent vor weniger als 18 Monaten gegründet worden ist und noch keinen Jahresabschluss und Lagebericht nach § 24 des Vermögensanlagengesetzes erstellt hat, muss der Verkaufsprospekt abweichend von den Anforderungen nach den §§ 10, 11 und 13 folgende Angaben enthalten:

1. die Eröffnungsbilanz;
2. eine Zwischenübersicht, deren Stichtag höchstens zwei Monate vor der Aufstellung des Verkaufsprospekts liegen darf;
3. die voraussichtliche Vermögens-, Finanz- und Ertragslage mindestens für das laufende und die folgenden drei Geschäftsjahre;
4. Planzahlen des Emittenten, insbesondere zu Investitionen, Produktion, Umsatz und Ergebnis, mindestens für das laufende und die folgenden drei Geschäftsjahre.

Zu den Angaben nach den Nummern 3 und 4 sind die zugrunde liegenden wesentlichen Annahmen und Wirkungszusammenhänge in geeigneter Form zu erläutern.

(2) Von der Aufnahme einzelner Angaben in den Verkaufsprospekt kann abgesehen werden, wenn

1. diese Angaben nur von geringer Bedeutung und nicht geeignet sind, die Beurteilung der Vermögens-, Finanz- und Ertragslage und der Entwicklungsaussichten des Emittenten zu beeinflussen, oder
2. die Verbreitung dieser Angaben dem Emittenten erheblichen Schaden zufügt, sofern die Nichtveröffentlichung das Publikum nicht über die für die Beurteilung der Vermögensanlagen wesentlichen Tatsachen und Umstände täuscht.

In der Fassung vom 16.12.2004 (BGBl. I 2004, S. 3464), zuletzt geändert durch das Gesetz zur Novellierung des Finanzanlagenvermittler- und Vermögensanlagenrechts vom 6.12.2011 (BGBl. I 2011, S. 2481).

Schrifttum: Siehe Einl. VermAnlG und das allgemeine Schrifttumsverzeichnis.

I. Regelungsgegenstand und Normentwicklung 1	c) Angaben zur voraussichtlichen Vermögens-, Finanz- und Ertragslage (§ 15 Abs. 1 Satz 1 Nr. 3 und Satz 2 und Abs. 2 Nr. 1 VermVerkProspV) 9
II. Junge Unternehmen (§ 15 Abs. 1 VermVerkProspV)	
1. Übersicht und Anwendungsbereich (§ 15 Abs. 1 Satz 1 VermVerkProspV) 3	d) Planzahlen (§ 15 Abs. 1 Satz 1 Nr. 4 und Satz 2, Abs. 2 Nr. 1 VermVerkProspV) 12
2. Anforderungen an den Prospektinhalt (§ 15 Abs. 1 Satz 1 VermVerkProspV)	III. Absehen von einzelnen Angaben (§ 15 Abs. 2 VermVerkProspV)
a) Eröffnungsbilanz (§ 15 Abs. 1 Satz 1 Nr. 1 VermVerkProspV) ... 6	1. Angaben von geringer Bedeutung (§ 15 Abs. 2 Nr. 1 VermVerkProspV) 14
b) Zwischenübersicht (§ 15 Abs. 1 Satz 1 Nr. 1, Abs. 2 Nr. 1 VermVerkProspV) 7	2. Geheimhaltungsinteresse (§ 15 Abs. 2 Nr. 2 VermVerkProspV) 17

I. Regelungsgegenstand und Normentwicklung

§ 15 VermVerkProspV bestimmt, welche Angaben ein **Verkaufsprospekt eines jungen Emittenten** enthalten muss, dh. eines Emittenten, der vor weniger als 18 Monate vor der Einreichung eines Verkaufsprospekts zur Billigung nach § 8 VermAnlG gegründet wurde und noch keinen Jahresabschluss und Lagebericht nach § 24 VermAnlG erstellt hat. Ordnet § 24 VermAnlG an, in dem vorgenannten Fall habe der Verkaufsprospekt aktuelle und zukünftige Finanzinformationen nach Maßgabe der nach § 7 Abs. 3 VermAnlG erlassenen Rechtsverordnung aufzunehmen, so stellt § 15 VermVerkProspV die diesbezügliche Verordnungsbestimmung dar. Die verringerten Prospektanforderungen sollen jungen Unternehmen, die erst kurze Zeit tätig sind, die Möglichkeit zum öffentlichen Angebot eröffnen[1].

2 Die Vorschrift geht auf § 14 der aufgehobenen VerkProspVO[2] zurück. Zu Einzelheiten zum europarechtlichen Hintergrund und zur Entwicklung der Norm in der VerkProspVO siehe Voraufl., Rz. 2. § 15 VermVerkProspV in der Fassung der Verordnung über Vermögens-Verkaufsprospekte (Vermögensanlagen-Verkaufsprospektverordnung – VermVerkProspV) vom 16.12.2004[3] hat durch Art. 15 Nr. 11 des Gesetzes zur Novellierung des Finanzanlagenvermittler- und Vermögensanlagenrechts vom 6.12.2011[4] verschiedene kleinere Änderungen erfahren, auf die im Zusammenhang mit der Erläuterung der betroffenen Bestimmungen der Vorschrift eingegangen wird.

II. Junge Unternehmen (§ 15 Abs. 1 VermVerkProspV)

1. Übersicht und Anwendungsbereich (§ 15 Abs. 1 Satz 1 VermVerkProspV)

3 Für den Fall, dass der Emittent vor weniger als 18 Monaten gegründet worden und noch keinen Jahresabschluss und Lagebericht nach § 24 des Vermögensanlagengesetzes erstellt hat, **modifiziert § 15 Abs. 1 VermVerkProspV die Anforderungen an den Verkaufsprospekt** nach §§ 10, 11 und 13 VermVerkProspV: In § 15 Abs. 1 Satz 1 Nr. 1 und 2 VermVerkProspV werden die Anforderungen an die vergangenheitsbezogenen Angaben verringert und in § 15 Abs. 1 Satz Nr. 3 und 4 und Satz 2 VermVerkProspV werden die verringerten Anforderungen an die vergangenheitsbezogene Berichterstattung durch Pflichten zur Aufnahme zukunftsbezogener Angaben in den Verkaufsprospekt kompensiert.

4 Verringerte Prospektanforderungen nach § 15 VermVerkProspV setzen nach Abs. 1 Satz 1 zunächst voraus, dass der Emittent **vor weniger als 18 Monaten gegründet** worden Als **Gründung** ist bei Personengesellschaften der Abschluss des Gesellschaftsvertrags und bei Kapitalgesellschaften die Eintragung des Emittentin in das Handelsregister (siehe § 5 VermVerkProspV Rz. 8) anzusehen. Hat der Emittent lediglich seine Rechtsform, seinen Namen oder seine Firma geändert, ohne dass damit auch eine Änderung seiner Geschäftstätigkeit einherging, findet § 15 Abs. 1 VermVerkProspV keine Anwendung[5]. Fallen der Zeitpunkt der Gründung des Emittenten und die

---

1 BR-Drucks. 811/90 v. 20.11.1990, S. 14, zu § 14 VerkProspVO.
2 Die VerkProspVO wurde aufgehoben durch Art. 9 des Gesetzes zur Umsetzung der Richtlinie 2003/71/EG vom 4.11.2003 betreffend den Prospekt, der beim öffentlichen Angebot von Wertpapieren oder bei deren Zulassung zum Handel zu veröffentlichen ist, und zur Änderung der Richtlinie 2001/34/EG (Prospektrichtlinie-Umsetzungsgesetz), BGBl. I 2005, S. 1698, mit Wirkung zum 1.7.2005 (Art. 10 Satz 2 des vorgenannten Gesetzes).
3 BGBl. I 2004, S. 3464.
4 BGBl. I 2011, S. 2481.
5 Begründung VermVerkProspV vom Dezember 2004, S. 15, abrufbar unter www.uni-leipzig.de/bankinstitut/dokumente/2004-11-11-04.pdf. Zuvor schon Ziff. XII. 4. der Bekanntmachung des BAWe vom 6.9.1999 zum Wertpapier-Verkaufsprospektgesetz (Verkaufsprospektgesetz) in der Fassung der Bekanntmachung vom 9.9.1998 (BGBl. I 1998, S. 2701 ff.)

Aufnahme seiner Geschäftstätigkeit auseinander, weil Letztere wesentlich später erfolgt, ist nicht auf das Gründungsdatum, sondern auf den Zeitpunkt der Aufnahme der Geschäftstätigkeit des Emittenten abzustellen[1]. Ob die Gründung weniger als 18 Monate zurückliegt, ist ausgehend vom Datum der Prospektaufstellung iS von § 2 Abs. 4 VermVerkProspV zu ermitteln[2].

Die verringerten Prospektanforderungen greifen nach § 15 Abs. 1 Satz 1 VermVerkProspV des Weiteren nur ein, wenn der erst vor weniger als 18 Monaten gegründete Emittent **noch keinen Jahresabschluss und Lagebericht nach § 24 VermAnlG erstellt** hat. Diese, auf einer Änderung der Vorschrift durch Art. 15 Nr. 11 lit. a des Gesetzes zur Novellierung des Finanzanlagenvermittler- und Vermögensanlagenrechts vom 6.12.2011 (siehe oben Rz. 2) beruhende Formulierung soll klarstellen, dass die §§ 10, 11 und 13 VermVerkProspV Anwendung finden, wenn der Emittent trotz dieser Befreiung einen Jahresabschluss und einen Lagebericht freiwillig erstellt und prüfen lässt[3].

2. Anforderungen an den Prospektinhalt (§ 15 Abs. 1 Satz 1 VermVerkProspV)

a) Eröffnungsbilanz (§ 15 Abs. 1 Satz 1 Nr. 1 VermVerkProspV)

Ist der Emittent vor weniger als 18 Monaten gegründet worden und hat er noch keinen Jahresabschluss und Lagebericht nach § 24 VermAnlG erstellt, muss die **Eröffnungsbilanz** in den Verkaufsprospekt aufgenommen werden. Zur Erstellung einer Eröffnungsbilanz sind gemäß § 242 Abs. 1 HGB allerdings nur kaufmännische Unternehmen verpflichtet. Emittenten in der Rechtsform der Gesellschaft bürgerlichen Rechts haben im Verkaufsprospekt hierauf hinzuweisen. Im Übrigen sind auf die Eröffnungsbilanz die Vorschriften über den Jahresabschluss (§§ 264 ff. HGB), soweit sie sich auf die Bilanz als Teil des Jahresabschlusses (§ 242 Abs. 3 HGB) beziehen, entsprechend anzuwenden. § 15 Abs. 1 Satz 1 Nr. 1 VermVerkProspV verlangt keine Prüfung oder Testierung der aufzunehmenden Eröffnungsbilanz.

b) Zwischenübersicht (§ 15 Abs. 1 Satz 1 Nr. 1, Abs. 2 Nr. 1 VermVerkProspV)

Weiter ist eine Zwischenübersicht des Emittenten in den Verkaufsprospekt aufzunehmen. Deren Stichtag darf höchstens zwei Monate vor der Aufstellung des Verkaufs-

---

und zur Verordnung über Wertpapier-Verkaufsprospekte (Verkaufsprospekt-Verordnung) in der Fassung der Bekanntmachung vom 9.9.1998 (BGBl. I 1998, S. 2835 ff.), BAnz. Nr. 177 v. 21.9.1999, S. 16180, zu § 14 VerkProspVO.

1 Ziff. XII. 4. der Bekanntmachung des BAWe vom 6.9.1999, BAnz. Nr. 177 v. 21.9.1999, S. 16180, zu § 14 VerkProspVO; *Lenz* in Assmann/Lenz/Ritz, § 14 VerkProspVO Rz. 11; *Heidelbach* in Schwark, 3. Aufl. 2004, § 14 VerkProspV Rz. 3; *Moritz/Grimm*, BB 2005, 337 (343).
2 *Moritz/Grimm*, BB 2005, 337 (343).
3 RegE Gesetz zur Novellierung des Finanzanlagenvermittler- und Vermögensanlagenrechts, BT-Drucks. 17/6051 v. 6.6.2011, S. 1 (52). Zu dieser zuvor nicht eindeutigen Rechtslage siehe Voraufl., § 15 VermVerkProspV Rz. 5.

prospekts liegen. Mit dieser Stichtagsregelung, die auf Art. 15 Nr. 11 lit. b des Gesetzes zur Novellierung des Finanzanlagenvermittler- und Vermögensanlagenrechts vom 6.12.2011 (siehe oben Rz. 2) zurückgeht, werden die Anforderungen an die beizufügende Zwischenübersicht an § 10 Abs. 1 Satz 1 Nr. 2 VermVerkProspV angepasst (siehe § 10 VermVerkProspV Rz. 7). Zu den **Anforderungen an eine Zwischenübersicht** siehe § 10 VermVerkProspV Rz. 6.

8   Wenn die Gründung des Emittenten erst vor wenigen Monaten erfolgte, kann gemäß § 15 Abs. 2 Nr. 1 VermVerkProspV auf die **Aufnahme der Zwischenübersicht in den Verkaufsprospekt verzichtet** werden, sofern diese gegenüber der Eröffnungsbilanz keine neuen Erkenntnisse beinhalten würde. Wird von dieser Möglichkeit Gebrauch gemacht, ist im Verkaufsprospekt ein entsprechender Hinweis anzubringen.

c) Angaben zur voraussichtlichen Vermögens-, Finanz- und Ertragslage (§ 15 Abs. 1 Satz 1 Nr. 3 und Satz 2 und Abs. 2 Nr. 1 VermVerkProspV)

9   Der Verkaufsprospekt junger Emittenten muss nach § 15 Abs. 1 Satz 1 Nr. 3 VermVerkProspV Angaben über die voraussichtliche Vermögens-, Finanz- und Ertragslage mindestens für das laufende und die folgenden drei Geschäftsjahre[1] enthalten. Die diesbezüglichen Angaben müssen **konkrete Zahlenangaben** aufweisen und werden üblicherweise wie eine Bilanz in Kontoform dargestellt. Der Anleger muss anhand dieser für ihn besonders wichtigen Angaben in die Lage versetzt werden, die voraussichtliche Unternehmensentwicklung und ihre Folgen für die zukünftige Vermögens-, Finanz- und Ertragslage desselben beurteilen zu können.

10 Schon zu § 14 Abs. 2 Nr. 3 VerkProspVO (siehe oben Rz. 2) war anerkannt, dass die nach Abs. 1 Satz 1 Nr. 3 erforderlichen Angaben ausreichend durch Tatsachen gestützt und kaufmännisch vertretbar sein müssen[2]. Dem vergleichbar verlangt nunmehr § 15 **Abs. 1 Satz 2** VermVerkProspV, die den Angaben nach § 15 Abs. 1 Satz 1 Nr. 3 VermVerkProspV zugrunde liegenden wesentlichen Annahmen und Wirkungszusammenhänge in geeigneter Form zu **erläutern**.

11 Sollten im Einzelfall aufgrund besonderer Umstände keine fundierten **Prognosen** zur voraussichtlichen Vermögens-, Finanz- und Ertragslage abgegeben werden können, ist auf die Aufnahme rein fiktiver Angaben zu verzichten[3]. Allerdings kann es in einem solchen Fall nicht bei einer bloßen Fehlanzeige bewenden. Vielmehr sind die Gründe darzulegen, weshalb im konkreten Fall zu den einzelnen Punkten keine Angaben gemacht werden können. Darüber hinaus findet auf die Angaben zur voraussichtlichen Vermögens-, Finanz- und Ertragslage die Regelung des § 15 **Abs. 2 Nr. 1** VermVerkProspV Anwendung, nach der **von einzelnen Angaben abgesehen** werden kann, wenn diese nur von geringer Bedeutung und nicht geeignet sind, die Beurtei-

---

1   Die Erstreckung der zukunftsbezogenen Informationen nach § 15 Abs. 1 Satz 1 Nr. 3 VermVerkProspV geht auf die Änderung der Vorschrift durch Art. 15 Nr. 11 lit. c des Gesetzes zur Novellierung des Finanzanlagenvermittler- und Vermögensanlagenrechts vom 6.12.2011 (BGBl. I 2011, S. 2481) zurück.
2   *Lenz* in Assmann/Lenz/Ritz, § 14 VerkProspVO Rz. 10 mwN, 14.
3   *Lenz* in Assmann/Lenz/Ritz, § 14 VerkProspVO Rz. 10.

lung der Vermögens-, Finanz- und Ertragslage und der Entwicklungsaussichten des Emittenten zu beeinflussen. Aber auch in diesem Fall ist mehr als eine bloße Fehlanzeige geboten. Vielmehr muss der Emittent erläutern, weshalb ihm diesbezügliche Angaben nicht möglich sind. Dazu wird der bloße abstrakte Hinweis, solche Aussagen seien im vorliegenden Falle schwierig oder die für solche Angaben erforderlichen Wirkungszusammenhänge seien nicht erkennbar, nicht ausreichend.

d) Planzahlen (§ 15 Abs. 1 Satz 1 Nr. 4 und Satz 2, Abs. 2 Nr. 1 VermVerkProspV)

In den Verkaufsprospekt junger Emittenten sind nach § 15 Abs. 1 Satz 1 Nr. 4 VermVerkProspV zukunftsbezogene Informationen in Gestalt von Planzahlen des Emittenten aufzunehmen. Diese müssen sich sachlich mindestens auf Investitionen, Produktion, Umsatz und Ergebnis und zeitlich mindestens **das laufende**[1] **und die folgenden drei Geschäftsjahre** beziehen. Die erforderlichen Angaben können in einer tabellarischen Übersicht getrennt für die jeweiligen Geschäftsjahre ausgewiesen werden, doch kommt der Anbieter nicht umhin, die Angaben nach § 15 Abs. 1 Satz 2 VermVerkProspV im Hinblick auf die ihnen zu Grunde liegenden wesentlichen Annahmen und Wirkungszusammenhänge in geeigneter Form zu erläutern[2].

12

Wie bei den Angaben über die voraussichtliche Vermögens-, Finanz- und Ertragslage mindestens für das laufende und die folgenden drei Geschäftsjahre ist auch hinsichtlich der Planzahlen des Emittenten auf entsprechende Angaben zu verzichten, wenn auf Grund der besonderer Umstände **keine sachlich fundierten Planzahlen erstellt werden können**[3]. Wiederum genügt hier nicht nur die bloße Fehlanzeige, sondern es sind die Gründe darzulegen, weshalb zu den Planzahlen keine Angaben gemacht werden können (siehe oben Rz. 11). Des Weiteren findet auch auf die Angabe der Planzahlen die Bestimmung des § 15 **Abs. 2 Nr. 1** VermVerkProspV Anwendung, derzufolge auf diese **verzichtet** werden kann, wenn sie von geringer Bedeutung und nicht geeignet sind, die Beurteilung der Vermögens-, Finanz- und Ertragslage und der Entwicklungsaussichten des Emittenten zu beeinflussen. Wird davon Gebrauch gemacht, ist dies im Verkaufsprospekt zu vermerken und zu erläutern. Dazu ist mehr erforderlich als der Hinweis, solche Zahlen seien nur von geringer Bedeutung und nicht geeignet, die Beurteilung der Vermögens-, Finanz- und Ertragslage und der Entwicklungsaussichten des Emittenten zu beeinflussen und könnten mangels verlässlicher Zahlen nur zur Verwirrung des Investors führen[4], denn mit solchen Ausführungen wird nur der Gesetzeswortlaut und ein Ge-

13

---

1 Das Erfordernis (eher: die Klarstellung), Planzahlen auch für das laufende Geschäftsjahr angeben zu müssen, geht auf die Änderung von § 15 Abs. 1 Satz 1 Nr. 4 VermVerkProspV durch Art. 15 Nr. 11 lit. d des Gesetzes zur Novellierung des Finanzanlagenvermittler- und Vermögensanlagenrechts vom 6.12.2011 (BGBl. I 2011, S. 2481) zurück.
2 So schon für § 14 VerkProspVO *Lenz* in Assmann/Lenz/Ritz, § 14 VerkProspVO Rz. 15 iVm. Rz. 14; *Heidelbach* in Schwark, 3. Aufl. 2004, § 14 VerkProspV Rz. 8.
3 Vgl. *Lenz* in Assmann/Lenz/Ritz, § 14 VerkProspVO Rz. 10.
4 So aber der Formulierungsvorschlag von *Bruchwitz/Voß* in Arndt/Voß, § 15 VermVerkProspV Rz. 6.

meinplatz, aber keine konkrete fallbezogene Begründung angeführt. Vielmehr sind triftige Gründe zu nennen, weshalb im konkreten Fall Planzahlen von geringer Bedeutung sein sollen oder nicht erstellt werden können.

III. Absehen von einzelnen Angaben (§ 15 Abs. 2 VermVerkProspV)

1. Angaben von geringer Bedeutung (§ 15 Abs. 2 Nr. 1 VermVerkProspV)

14 Nach § 15 Abs. 2 Nr. 1 VermVerkProspV kann von der Aufnahme einzelner Angaben in den Verkaufsprospekt abgesehen werden, wenn diese Angaben nur von geringer Bedeutung und nicht geeignet sind, die Beurteilung der Vermögens-, Finanz- und Ertragslage und der Entwicklungsaussichten des Emittenten zu beeinflussen. Eine dieser Vorschrift korrespondierende Bestimmung fand sich in dem zwischenzeitlich aufgehobenen § 47 Nr. 1 und 3 BörsZulV. Die **geringe Bedeutung** und die **fehlende Eignung** der in Frage stehenden Angabe für die Beurteilung der Vermögens-, Finanz- und Ertragslage und der Entwicklungsaussichten des Emittenten sind Erfordernisse, die **kumulativ** vorliegen müssen. Dabei sind Angaben, die – in Anlehnung an die Beurteilung der sich im Rahmen der Haftung für fehlerhafte Verkaufsprospekte nach § 20 Abs. 1 Satz 1 VermAnlG stellende Frage, ob die fehlerhafte Angabe wesentlich ist – ein durchschnittlicher Anleger eher als nicht für die Beurteilung der Vermögens-, Finanz- und Ertragslage und der Entwicklungsaussichten des Emittenten heranziehen würde (siehe § 20 VermAnlG Rz. 15 und §§ 21–23 WpPG Rz. 47), zwangsläufig keine Angaben von geringer Bedeutung.

15 Die Vorschrift ist **nicht als *Escape*-Klausel konzipiert**, um sich den Erfordernissen zukunftsbezogener Angaben nach § 15 Abs. 1 Satz 1 Nr. 3 und Nr. 4 VermVerkProspV zu entziehen. Sie lässt sich hierfür auch nicht ohne weiteres nutzbar machen[1], denn nach Nr. 1 kann von der Aufnahme bestimmter Angaben in den Prospekt nur abgesehen werden, weil sie von geringer Bedeutung sind und nicht, weil zukunftsbezogene Informationen stets schwierig zu erstellen und zwangsläufig ungewiss sind. Darüber hinaus bedarf es **konkreter Erläuterungen**, warum es sich bei den unterlassenen Angaben im Einzelfall um solche von geringer Bedeutung handelt und diese nicht geeignet sind, die Beurteilung der Vermögens-, Finanz- und Ertragslage und der Entwicklungsaussichten des Emittenten zu beeinflussen.

16 Zur **Anwendung im Einzelfall**, bezogen auf die nach Abs. 1 Satz 1 erforderlichen Angaben, siehe die Erläuterungen zu denselben oben Rz. 8, 11, 13.

2. Geheimhaltungsinteresse (§ 15 Abs. 2 Nr. 2 VermVerkProspV)

17 § 15 Abs. 2 Nr. 2 VermVerkProspV erlaubt es, von der Aufnahme einzelner Angaben in den Verkaufsprospekt abzusehen, wenn die Verbreitung dieser Angaben dem **Emittenten erheblichen Schaden zufügt**, sofern die Nichtveröffentlichung das Publikum nicht über die für die Beurteilung der Vermögensanlagen wesentlichen Tat-

---

[1] In diesem Sinne aber *Bruchwitz/Voß* in Arndt/Voß, § 15 VermVerkProspV Rz. 6.

sachen und Umstände täuscht. Für den **Schadenseintritt** muss eine hohe Wahrscheinlichkeit[1] bestehen und der drohende Schaden muss **erheblich** sein. Erst wenn diese Voraussetzungen gegeben sind, kann es zu der nach der Vorschrift erforderlichen **Abwägung zwischen dem Interesse** des Emittenten an Geheimhaltung und dem Informationsbedarf des Publikums[2] kommen. Jedoch kann auf die Angaben im Verkaufsprospekt nicht verzichtet werden, wenn zwar ein erheblicher Schaden des Emittenten zu erwarten, jedoch auch die Täuschung der Anleger durch die Nichtveröffentlichung absehbar ist[3].

Außer Frage steht, dass **Interessen am Absatz** der fraglichen Emission, die durch die Veröffentlichung der in Frage stehenden Angabe beeinträchtigt würde, keinen Grund abgeben, um von der Aufnahme der Angabe in den Verkaufsprospekt absehen zu können. Um eine **Täuschung des Publikums zu vermeiden**, ist aber nicht stets die Veröffentlichung der Angabe erforderlich, die dem Emittenten erheblichen Schaden zufügen kann. Vielmehr kann eine solche Irreführung des Publikums im Einzelfall auch dadurch vermieden werden, dass die Prospektangaben im Übrigen, insbesondere solche zu den Zukunftsaussichten des Emittenten, keine Erwartungen wecken, die nicht durch die Tatsachen, namentlich die geheim zu haltenden, gedeckt sind.

§ 15a
Übergangsvorschrift zur Rechnungslegung und Prüfung des im Verkaufsprospekt enthaltenen Jahresabschlusses und Lageberichts

Für Geschäftsjahre, die vor dem 1. Januar 2014 beginnen, ist § 10 in der bis zum 31. Mai 2012 geltenden Fassung in Verbindung mit § 8h des Verkaufsprospektgesetzes in der bis zum 31. Mai 2012 geltenden Fassung anzuwenden.

In der Fassung der Ersten Verordnung zur Änderung der Vermögensanlagen-Verkaufsprospektverordnung vom 15.5.2013 (BGBl. I 2013, S. 1376).

Mit Wirkung vom 1.6.2012 trat an die Stelle des durch Art. 2 des Gesetzes zur Novellierung des Finanzanlagenvermittler- und Vermögensanlagenrechts vom

---

1 *Lenz* in Assmann/Lenz/Ritz, § 14 VerkProspVO Rz. 21.
2 Begründung VermVerkProspV vom Dezember 2004, S. 15, abrufbar unter www.uni-leipzig.de/bankinstitut/dokumente/2004-11-11-04.pdf.
3 *Hamann* in Schäfer, Wertpapierhandelsgesetz, Börsengesetz mit BörsZulV, Verkaufsprospektgesetz mit VerkProspV, 1999, § 44b BörsG Rz. 63; *Lenz* in Assmann/Lenz/Ritz, § 14 VerkProspVO Rz. 21.

6.12.2011[1] aufgehobenen VerkProspG das durch Art. 1 dieses Gesetzes eingeführte VermAnlG. Gleichzeit wurde durch Art. 15 dieses Gesetzes die VermVerkProspV den Regelungen des neuen VermAnlG angepasst und erheblich verändert.

2 Im Hinblick auf die nach § 10 VermVerkProspV in den Verkaufsprospekt aufzunehmenden Rechnungslegungswerke – dh. vor allem in Bezug auf den Jahresabschluss und den Lagebericht, die nach §§ 24 und 25 VermAnlG aufgestellt wurden – enthält der durch Art. 1 der Ersten Verordnung zur Änderung der Vermögensanlagen-Verkaufsprospektverordnung von 15.5.2013[2] gemäß Art. 2 dieser Änderungsverordnung mit Wirkung vom 8.5.2012, in die VermVerkProspV aufgenommene § 15a VermVerkProspV eine Übergangsvorschrift: Beziehen sich die nach § 10 VermVerkProspV in den Verkaufsprospekt aufzunehmenden Rechenwerke auf ein Geschäftsjahr, das vor dem 1.1.2014 begonnen hat, so ist § 10 in der bis zum 31.5.2012 geltenden Fassung in Verbindung mit § 8h VerkProspG in der bis zum 31.5.2012 geltenden Fassung anzuwenden. Siehe zu diesen die Erläuterungen in der Vorauflage.

§ 16
Inkrafttreten

Diese Verordnung tritt am 1.7.2005 in Kraft.

In der Fassung vom 16.12.2004 (BGBl. I 2004, S. 3464).

1 Die Vorschrift regelt das Inkrafttreten der VermVerkProspV. Die Verordnung trat zeitgleich mit dem Anlegerschutzverbesserungsgesetz vom 28.10.2004[3] in Kraft, das den bis dahin auf Wertpapierangebote beschränkten Anwendungsbereich des (mit Wirkung vom 1.6.2012 durch Art. 2 des Gesetzes zur Novellierung des Finanzanlagenvermittler- und Vermögensanlagenrechts vom 6.12.2011[4] aufgehobenen) VerkProspG, das später teils in das WpPG, teils in das VermAnlG überführt wurde (siehe Einl VermAnlG Rz. 6, 9), auf bestimmte Kapitalanlagen erweiterte, die keine Verbriefung in Wertpapieren aufwiesen.

2 Die VermVerkProspV ersetzt die ihrerseits am 1.1.1991 in Kraft getretene, aber durch Art. 9 des Prospektrichtlinie-Umsetzungsgesetzes vom 22.6.2005[5] aufgehobene VerkProspVO.

---

1 BGBl. I 2011, S. 2481.
2 BGBl. I 2013, S. 1376.
3 Art. 6 des Gesetzes zur Verbesserung des Anlegerschutzes (Anlegerschutzverbesserungsgesetz – AnSVG) vom 28.10.2004, BGBl. I 2004, S. 2630.
4 BGBl. I 2011, S. 2481.
5 BGBl. I 2005, S. 1698.

C. Vermögensanlagen-Verkaufsprospektgebührenverordnung (VermVerkProspGebV)

Verordnung über die Gebühren für Amtshandlungen betreffend Verkaufsprospekte für Vermögensanlagen nach dem Verkaufsprospektgesetz (Vermögensanlagen-Verkaufsprospektgebührenverordnung – VermVerkProspGebV)

Hier nicht gesondert kommentiert. Siehe die Kommentierung zu § 27 VermAnlG.

Sachregister

Bearbeiterin: RAin Verena Reithmann

Die fetten Zahlen verweisen auf die Vorschriften, die mageren Zahlen auf die Randziffern.

Anh. = Anhang
Einl. = Einleitung

A

Abschlussprüfer
– Bestätigungsvermerk **EU-ProspektVO Anh. I** 173 f.; **VermVerkProspV 11** 10 f.
– Emittent, Vermögensanlagen **VermVerkProspV 11** 1 ff.
– mehrere **EU-ProspektVO Anh. I** 22 f.
– Verstoß gegen Rechnungslegungsgrundsätze **EU-ProspektVO Anh. I** 20
– Wechsel **EU-ProspektVO Anh. I** 19 ff.

Abschlussprüfung
– historische Informationen **EU-ProspektVO Anh. I** 240 ff.
– Pro Forma-Finanzinformationen **EU-ProspektVO Anh. I** 233; **Anh. II** 41 ff.
– Prospektangaben, erforderliche **EU-ProspektVO Anh. I** 17 f.; **Anh. XXIII** 14; **Anh. XXV** 9
– Prüfung v. Finanzinformationen **EU-ProspektVO Anh. I** 172
– Registrierungsformular, Aktien **EU-ProspektVO Anh. I** 17 ff.; **Anh. XXIII** 14; **Anh. XXV** 9
– Registrierungsformular, Asset Backed Securities **EU-ProspektVO Anh. VII** 4
– Registrierungsformular, Schuldtitel/Derivate **EU-ProspektVO Anh. IX** 7
– Registrierungsformular, Schuldtitel/Derivate unter 50.000 € **EU-ProspektVO Anh. IV** 12
– Wertpapierbeschreibung, Aktien **EU-ProspektVO Anh. III** 86
– Wertpapierbeschreibung, Bezugsrechtsemission **EU-ProspektVO Anh. XXIV** 13
– Wertpapierbeschreibung, Derivate **EU-ProspektVO Anh. XII** 175
– Zwischenfinanzinformationen **EU-ProspektVO Anh. I** 253 ff.

Ad-hoc-Publizität
– Verhältnis z. Nachträgen **WpPG 16** 122 ff.
– Verstöße Ordnungswidrigkeit **VermAnlG 29** 36

Adressaten s. Anleger

AIF **WpPG 1** 34 ff.

Akteneinsicht
– Geschädigter **WpPG 27** 34 ff.
– Verfahrensbeteiligte **WpPG 27** 32 f.

Aktien
– Aktienübernahme **EU-ProspektVO Anh. III** 60 ff.
– Begriff **WpPG 2** 25
– eigene **EU-ProspektVO Anh. I** 299
– erstes öffentliches Angebot **WpPG 14** 10
– im Besitz d. Managements **EU-ProspektVO Anh. I** 143 ff.
– Preisfestsetzung **EU-ProspektVO Anh. III** 57 ff.
– Prospekt, Gültigkeitsdauer **WpPG 9** 9
– Recht auf Rückgabe **WpPG 1** 47
– Rechtsrahmen, Darstellung im Prospekt **EU-ProspektVO Anh. I** 307 f.
– Registrierungsformular, Modul **EU-ProspektVO Anh. I** 1 ff.
– Tranchenbildung **EU-ProspektVO Anh. III** 52 ff.
– vergleichbare Anteile **WpPG 2** 25 ff.
– Verwässerung **EU-ProspektVO Anh. III** 81 ff.
– WpPG, Anwendungsbereich **WpPG 1** 34 ff.
– Zuteilung **EU-ProspektVO Anh. III** 55 ff.

Aktienanleihen
– Garantien, Mindestangaben **EU-ProspektVO Anh. VI**
– Registrierungsformular, Banken **EU-ProspektVO Anh. XI** 8
– Registrierungsformular, Schuldtitel/Derivate **EU-ProspektVO Anh. IX** 1 ff.
– Registrierungsformular, Schuldtitel/Derivate unter 50.000 € **EU-ProspektVO Anh. IV** 1 ff.
– Wertpapierbeschreibung, Derivate **EU-ProspektVO Anh. XII** 1 ff.

Aktiendividende
– Prospekthaftung **WpPG 21–23** 24

Aktienemission
– Nachträge **WpPG 16** 114 ff.

Sachregister

Aktienkapital
- Registrierungsformular, Schuldtitel/Derivate **EU-ProspektVO Anh. IV** 68

Aktienoptionen
- im Besitz d. Managements **EU-ProspektVO Anh. I** 143 ff.

Aktientausch
- Prospektpflicht, Ausnahmen **WpPG 4** 5 ff., 46

Aktionäre
- Kontrollerlangung **EU-ProspektVO Anh. I** 155 ff.
- Struktur **EU-ProspektVO Anh. I** 147 ff.; **Anh. XXIII** 33; **Anh. XXV** 26

Aktualisierungspflicht
- Prospekt, Gültigkeitsdauer **VermAnlG 8a** 4; **WpPG 9** 29 ff., 36
- Sammelnachträge **WpPG 9** 40a

American Depositary Receipts
- Nichtdividendenwerte **WpPG 2** 31

Amtshaftung
- BaFin **VermAnlG 3** 11 ff.; **WpPG 13** 38 ff.

Analystenpräsentation WpPG 15 35

Anbieter
- Amtshaftung d. BaFin **VermAnlG 3** 11 ff.
- Amtshaftungsanspruch **WpPG 13** 42
- Anbieterkonsortium, Haftung **WpPG 21–23** 113
- Auskunfts-/Vorlage-/Überlassungspflichten **WpPG 26** 9 ff.
- Auskunfts-/Vorlageersuchen d. BaFin **VermAnlG 19** 1 ff.
- Auskunfts-/Vorlageersuchen, Zwangsmittel **VermAnlG 19** 18 ff.
- Auskunftsverweigerungsrecht **VermAnlG 19** 22 ff.; **WpPG 26** 35 ff.
- ausländischer, Empfangsbevollmächtigte **WpPG 34** 1 f.
- ausländischer, Ordnungswidrigkeiten **WpPG 35** 9 f.
- Begriff **VermAnlG 6** 3 ff.; **WpPG 2** 92 ff.
- Emittent, Abgrenzung **WpPG 2** 91 ff.
- Gestattung d. Veröffentlichung, Rechtsposition **VermAnlG 8** 45
- Haftung neben Emittent **WpPG 2** 97
- Haftungsbeschränkung **EU-ProspektVO Anh. I** 11
- Hinweispflicht, Veröffentlichung **VermAnlG 12** 1 ff., 6 ff.
- Prospekt, Unterzeichnung **WpPG 5** 51 f.
- Prospekthaftung **WpPG 21–23** 74 f.
- Registrierungsformular, Aktien **EU-ProspektVO Anh. I** 2 ff.
- Scheinanbieter **WpPG 26** 9
- Sorgfaltsmaßstab **EU-ProspektVO Anh. I** 12
- Unterzeichnung **VermVerkProspV 2** 157 ff.; **3** 14 ff.
- verantwortliche Personen **EU-ProspektVO Anh. I** 2 ff.
- Verantwortungsübernahme **VermVerkProspV 2** 157 ff.; **3** 1 ff.
- Verantwortungsübernahme, Erklärung **EU-ProspektVO Anh. I** 14 ff.
- Verantwortungsübernahme, Gegenstand **EU-ProspektVO Anh. I** 8 ff.
- vermutlicher **VermAnlG 19** 20 f.
- Wertpapierbeschreibung, Aktien **EU-ProspektVO Anh. III** 70 ff.

Anfechtungsklage
- gegen BaFin-Maßnahmen **WpPG 26** 51

Angebotsbedingungen
- Wertpapierbeschreibung, Aktien **EU-ProspektVO Anh. III** 41 ff.
- Wertpapierbeschreibung, Bezugsrechtsemission **EU-ProspektVO Anh. XXIV** 7 f.

Angebotsfrist WpPG 2 7

Angebotsprogramm
- Begriff **WpPG 2** 74 ff.; **6** 22
- dauernde und wiederholte Ausgabe **WpPG 6** 25
- Nichtdividendenwerte **WpPG 2** 74 f.
- Optionsscheine **WpPG 2** 74 f.
- Prospekt, Gültigkeitsdauer **WpPG 9** 37 ff.
- Prospektverordnung, Entwurf **WpPG 2** 6, 77

Anlagevermögen
- Darstellung **EU-ProspektVO Anh. I** 79 ff.; **Anh. XXV** 15

Anleger
- Akteneinsichtsrecht **WpPG 27** 34 ff.
- Amtshaftung d. BaFin **VermAnlG 3** 11 ff.
- Amtshaftungsanspruch **WpPG 13** 39 ff.
- Anzahl, Prospektpflicht **WpPG 3** 29 ff.
- begrenzter Anlegerkreis **VermAnlG 2** 52 ff.
- Begriff **VermAnlG 1** 12
- durchschnittlicher **WpPG 5** 18
- informationelle Gleichbehandlung **WpPG 15** 23 ff., 32
- Informationsrechte **WpPG 27** 37 ff.
- institutioneller **VermAnlG 2** 38 ff.
- Prospekthaftung, Anspruchsberechtigte **WpPG 21–23** 88 ff.

Sachregister

- qualifizierte, Prospektpflicht **WpPG 3** 27 ff.
Anleger, qualifizierte
- Begriff **WpPG 2** 78 ff.
- informationelle Gleichbehandlung **WpPG 15** 32
- MiFID-Definition **WpPG 2** 80
- Prospektklarheit **WpPG 5** 18
Anlegergruppe **VermVerkProspV 4** 128
Anlegerinformation **VermAnlG 15** 1 ff.
- bei Eigenvertrieb **VermAnlG 15** 17 ff.
- Fernkommunikationsmittel, Vertragsschluss über **VermAnlG 15** 29 f.
- Folgen Nichterfüllung **VermAnlG 15** 10
- Informationen an Marktintermediäre **VermAnlG 15** 14 ff.
- Jahresabschluss **VermAnlG 15** 11 ff.
- Lagebericht **VermAnlG 15** 11 ff.
- Übermittlungspflichten an Anleger **VermAnlG 15** 1 ff.; *s.a. Übermittlungspflichten Anleger*
- Verlangen Anleger **VermAnlG 15** 8 ff.
- Vermögensanlagen-Informationsblatt-Bestätigungsverordnung **VermAnlG 15**
- Verordnungsermächtigung **VermAnlG 15** 31
Anleihen
- Asset Backed Securities **EU-ProspektVO Vor Anh. VII/VIII** 14 f.; *s.a. dort*
Anteilsscheine
- Prospektrichtlinie, Anwendungsbereich **WpPG 1** 3
Arbeitnehmer, Darstellung **EU-ProspektVO Anh. I** 139 ff.; **Anh. XXIII** 31 f.; **Anh. XXV** 25
Arbeitnehmerbeteiligungen *s. Mitarbeiterbeteiligungen*
Arbeitstage, Begriff **WpPG 2** 7
Asset Backed Securities
- aktiv verwaltetes Portfolio **EU-ProspektVO Anh. VIII** 29 f.
- Anforderungen, nicht aufsichtsrechtliche **EU-ProspektVO Vor Anh. VII/VIII** 1
- Basisprospekt **WpPG 6** 20
- Basisvermögenswerte **EU-ProspektVO Anh. VIII** 7 ff.; *s.a. dort*
- Beteiligte **EU-ProspektVO Anh. VIII** 34, 44
- Covered Bonds **EU-ProspektVO Vor Anh. VII/VIII** 16
- Credit Linked Notes **EU-ProspektVO Vor Anh. VII/VIII** 13

- Definition **EU-ProspektVO Vor Anh. VII/VIII** 8 ff.
- Ex Post-Information **EU-ProspektVO Anh. VIII** 45
- freiwillige Offenlegungspflichten **EU-ProspektVO Vor Anh. VII/VIII** 1
- Garantien **EU-ProspektVO Vor Anh. VII/VIII** 19
- IOSCO Disclosure-Grundsätze **EU-ProspektVO Vor Anh. VII/VIII** 1
- Origination **EU-ProspektVO Anh. VIII** 17
- Originator **EU-ProspektVO Anh. VIII** 42
- Pfandbriefe **EU-ProspektVO Vor Anh. VII/VIII** 16
- Prospektanforderungen, besondere **EU-ProspektVO Vor Anh. VII/VIII** 1 ff.
- Schuldnerinformationen **EU-ProspektVO Anh. VIII** 3 ff., 12 f., 21 ff.
- statisch verwaltetes Portfolio **EU-ProspektVO Anh. VIII** 10 ff.
- synthetische Verbriefungstransaktionen **EU-ProspektVO Vor Anh. VII/VIII** 12; **Anh. VIII** 43
- Transaktionsstruktur **EU-ProspektVO Anh. VIII** 33
- True-Sale-Verbriefungstransaktionen **EU-ProspektVO Vor Anh. VII/VIII** 11
- Überblick **EU-ProspektVO Vor Anh. VII/VIII** 1 ff.
- Übertragung **EU-ProspektVO Anh. VIII** 35
- Wertpapiere, Mindeststückelung **EU-ProspektVO Anh. VIII** 2
- Zahlungsströme **EU-ProspektVO Anh. VIII** 36 ff.
- Zertifikate/strukturierte Anleihen **EU-ProspektVO Vor Anh. VII/VIII** 14 f.
- Zusatzmodul **EU-ProspektVO Anh. VIII** 1 ff.
Aufbewahrung **VermAnlG 14** 22
- Dauer **VermAnlG 14** 23
- Frist **VermAnlG 14** 24
Aufnahmestaat
- Begriff **WpPG 2** 113
Aufschiebende Wirkung
- Anordnung **WpPG 31** 7 f.
- Rechtsmittel gegen BaFin-Maßnahmen **WpPG 26** 49 f.
Aufsichtorgane
- Aktienbesitz **EU-ProspektVO Anh. I** 143 ff.

2023

Sachregister

- Bezüge/Vergütung **EU-ProspektVO Anh. I** 129 ff.; **Anh. XXIII** 28; **Anh. XXV** 23
- Darstellung **EU-ProspektVO Anh. I** 120 ff., 136; **Anh. XXIII** 27; **Anh. XXV** 22
- Rechtsrahmen, Darstellung im Prospekt **EU-ProspektVO Anh. I** 306

Aufsichtspflicht
- in Unternehmen, Verletzung **WpPG 35** 20

Aufstockung
- endgültige Bedingungen **WpPG 6** 59 ff.

Auskunftsanspruch
- Emittenten/Anbieter **WpPG 32** 1 ff.

Auskunftspflicht
- Anbieter/Emittent **WpPG 26** 11
- erweiterte **WpPG 26** 18 ff.
- Verletzung, Ordnungswidrigkeit **WpPG 35** 57 f.
- Werbung **VermAnlG 12** 25
- Wertpapierdienstleistungsunternehmen **WpPG 32** 1 ff.

Auskunftsverweigerungsrecht
- Anbieter/Emittent **WpPG 26** 35 ff.

Auslagen, BaFin **WpPG 33** 1 ff.
Ausland *s.a. Drittstaaten; EU/EWR*

Auslandsgesellschaften
- anwendbare Rechtsordnung **VermVerkProspV 5** 12 ff.
- BaFin-Verfügungen, Bekanntgabe **VermAnlG 5** 3 ff.
- Beteiligungen, Vermögensanlagen **VermAnlG 1** 60 ff.
- Empfangsbote für BaFin-Verfügungen **VermAnlG 5** 11 f.
- Prospekthaftung **WpPG 21–23** 93

Auslandszustellung
- BaFin-Verfügungen **VermAnlG 5** 10

Ausübungspapiere **WpPG 2** 28 ff.

B

BaFin
- Akteneinsicht, Gewährung **WpPG 27** 32 ff.
- Amtshaftung **VermAnlG 3** 11 ff.
- Amtshaftung ggü. Anleger **WpPG 13** 38 ff.
- Amtshaftung, ggü. Anbieter/Antragsteller **WpPG 13** 42
- Anbieter/Emittent, Auskunftsverweigerungsrecht **WpPG 26** 35 ff.
- anerkannte Sprachen, Auslandsemission **WpPG 19** 44 ff.
- anerkannte Sprachen, In-/Auslandsemission **WpPG 19** 49
- Anschrift **WpPG 2** 121

- Auskunftsverweigerungsrecht d. Anbieters **VermAnlG 19** 22 ff.
- Bekanntmachung Maßnahmen **WpPG 30** 1 ff.
- Drittstaaten, Wahlrecht **WpPG 36** 2 ff.
- Drittstaatenemission, Zuständigkeit **WpPG 20** 11 ff.
- elektronische Übermittlung **WpPG 13** 37
- Ermessen, Drittstaatenemission **WpPG 20** 20 ff.
- gebräuchliche Sprache, Auslandsemission **WpPG 19** 42
- gebräuchliche Sprache, Gestattung **WpPG 19** 20 ff., 49
- gebräuchliche Sprache, In-/Auslandsemission **WpPG 19** 49
- Gebühren **VermAnlG 27** 1 ff.; **WpPG 26** 32, 46; **33** 1 ff.; *s.a. dort*
- Gebühren, Nachträge **VermAnlG 11** 49
- Gewerbeaufsicht Vermögensanlagen **VermAnlG 3** 1 ff.
- Hinterlegung **WpPG 14** 4 f.
- Hinterlegung, unvollständiger Prospekt **VermAnlG 10** 10 f.
- Hinterlegungsstelle **VermAnlG 14** 1 ff.
- Hinterlegungsverfahren, Wiederaufgreifen **VermAnlG 8** 49
- Informationspflichten ggü. Dritten **WpPG 27** 37 ff.
- Informationsrecht ggü. ESMA **WpPG 28a** 19 f.
- Informationsübermittlungspflicht an ESMA **WpPG 28a** 1 ff.
- Liste Notifizierungen **WpPG 18** 33 ff.
- mitgliedstaatlich gebilligte Prospekte **WpPG 14** 47 ff.
- Nachträge **VermAnlG 8** 42, 50; **10** 12 ff.; **11** 1 ff.; *s.a. dort*
- Nachträge, Pflichtverstoß **VermAnlG 11** 51
- Nachtragspflichtverletzung **WpPG 16** 142 ff.
- Organisation **WpPG 2** 122
- Pro Forma-Finanzinformationen **EU-ProspektVO Anh. I** 276 ff.
- Prospekt, Aufbewahrung **WpPG 14** 46, 51
- Verschwiegenheitpflicht **VermAnlG 4** 1 ff.
- Verwaltungspraxis, gefestigte **WpPG 7** 14
- Zugänglichmachung Prospekte **WpPG 13** 36
- Zusammenarbeit EU/EWR **WpPG 28** 1 ff.
- Zusammenarbeit EU/EWR, Verweigerung **WpPG 28** 17

Sachregister

BaFin, Befugnisse
- Anordnungen, Zuwiderhandlung **WpPG 35** 53 ff.
- Auskunfts-/Vorlage-/Überlassungspflichten **WpPG 26** 9 ff.
- Auskunfts-/Vorlageersuchen **VermAnlG 19** 1 ff.
- Auskunfts-/Vorlageersuchen, Zwangsmittel **VermAnlG 19** 18 ff.
- Auskunftsersuchen Ausland **WpPG 28** 11 ff., 21 f.
- Aussetzung öffentliches Angebot **WpPG 26** 29 ff., 39 ff.
- Bekanntmachung Maßnahmen **WpPG 30** 1 ff.
- Billigung d. Veröffentlichung **VermAnlG 8** 1 ff.; s.a. *Prospekt, Prüfung*
- Bundesanzeiger, Übermittlung Liste Emittenten **VermAnlG 31** 14 f.
- Datenschutz **WpPG 26** 33, 38
- Datenübermittlung an Börsengeschäftsführung **WpPG 26** 33 f., 47
- Ermittlungen **WpPG 26** 39 ff.; **35** 74
- Finanzinformationen, zusätzliche **WpPG 7** 22 f., 26
- grenzüberschreitende Emission, Nachtragspflicht **WpPG 17** 24 ff.
- Maßnahmen, Rechtsnatur **WpPG 26** 48
- Mitteilungspflicht d. Anbieters, Verletzung **WpPG 35** 40 ff.
- öffentliches Angebot, Untersagung **WpPG 9** 74
- Ordnungswidrigkeit **VermAnlG 17** 15 f.; **18** 18 ff.
- Ordnungswidrigkeiten, Zuständigkeit **VermAnlG 29** 57 ff.; **WpPG 35** 70 ff.
- Pflichtverstoß, Anhaltspunkte **VermAnlG 18** 7 ff.
- Produktintervention **VermAnlG 18** 15 f.
- Prospektpflicht, Prüfung **WpPG 4** 58
- Prospektprüfung, Richtigkeit d. Angaben **WpPG 26** 14
- Prospektverordnung, Entwurf **WpPG 26** 4
- Prüfung, Umfang **WpPG 13** 10 ff.
- Rechtshilfe Strafsachen **WpPG 28** 25 ff.
- Rechtsmittel **VermAnlG 18** 17
- Rechtsnatur **WpPG 26** 48
- Scheinanbieter **WpPG 26** 9
- sofortiger Vollzug **VermAnlG 18** 17; **26a** 1 ff.; **26b** 1 ff.
- Unterlagen, Nachforderung **VermAnlG 8** 27 ff.
- Untersagung öffentliches Angebot **VermAnlG 18** 4 ff.; **WpPG 26** 20 ff., 45
- Untersagung öffentliches Angebot, Sofortvollzug **VermAnlG 18** 17
- Untersuchungsbitte Ausland **WpPG 28** 18 ff.
- unvollständiger Prospekt **VermAnlG 10** 1 ff.; **18** 9
- Verfügungen, Bekanntgabe **VermAnlG 5** 3 ff.
- Verfügungen, Zustellung **VermAnlG 5** 10
- Verfügungen, Zuwiderhandlung **VermAnlG 29** 46 f., 49 f.
- Veröffentlichungen, Mitteilung **WpPG 14** 2, 36 ff., 51
- Veröffentlichungsdaten, Mitteilung **VermAnlG 9** 20 ff.
- Verständlichkeitsgebot, Verstoß **VermVerkProspV 2** 22
- Verstöße, Unterrichtung Ausland **WpPG 29** 4 ff.
- Vorsichtsmaßnahmen, Zusammenarbeit **WpPG 29** 8 f.
- Werbung, Aussetzung/Untersagung **WpPG 15** 38 ff.
- Werbung, Untersagung **VermAnlG 16** 1 ff.
- Wertpapieraufsicht **WpPG 2** 121
- Zusammenarbeit EU/EWR **WpPG 28** 9
- Zusammenarbeit EU/EWR, Verweigerung **WpPG 28** 17
- Zusammenarbeit, Drittstaaten **WpPG 28** 23 ff.
- zusatzliche Angaben, besondere Emittenten **EU-ProspektVO Anh. XIX** 1 ff.
- zusätzliche Angaben, Verlangen **VermAnlG 15a** 1 ff.; **WpPG 26** 5 ff.
- Zwangsmittel **WpPG 26** 50

BaFin, Billigung s.a. *Prospekt, Billigung*
- Ablehnung **WpPG 13** 18
- Antrag **WpPG 13** 23 ff.
- Antragsrücknahme **WpPG 13** 26
- Gebühren **WpPG 13** 20
- Gegenstand **WpPG 13** 9
- Nachreichung Unterlagen **WpPG 13** 31 ff.
- Prüfungsfrist **WpPG 13** 28 ff.
- Rechtsbehelfe **WpPG 13** 19
- Rechtsfolge **WpPG 13** 17
- Rechtsfolgenverzicht **WpPG 13** 7, 27
- Rechtsnatur **WpPG 13** 16
- Verständlichkeitsprüfung **WpPG 13** 14
- Vollständigkeitsprüfung **WpPG 13** 11, 31

Sachregister

- Wertpapieraufsicht, Unterrichtung **WpPG 13** 21
- Zuständigkeit **WpPG 13** 8

BaFin, Maßnahmen
- Bekanntmachung **VermAnlG 26b** 1 ff.
- Rechtsschutz **VermAnlG 26b** 13
- sofortiger Vollzug **VermAnlG 26a** 1

BaFin, Verschwiegenheitspflicht WpPG 27 1 ff.
- Adressatenkreis **WpPG 27** 6 ff.
- Amtshilfe **WpPG 27** 28
- Datenübermittlung an Börsengeschäftsführung **WpPG 26** 33 f., 47
- Geheimhaltungsinteresse **WpPG 27** 14 ff.
- Geschäfts-/Betriebsgeheimnisse **WpPG 27** 15
- ggü. ausländischen Stellen **WpPG 27** 24
- ggü. Finanzbehörden **WpPG 27** 30 f.
- ggü. Finanzministerium **WpPG 27** 25
- ggü. Gerichten **WpPG 27** 29
- ggü. Presseorganen **WpPG 27** 27
- ggü. Strafverfolgungsbehörden **WpPG 27** 20
- ggü. Untersuchungsausschuss **WpPG 27** 26
- Informationsfreiheitsgesetz **WpPG 27** 37 ff.
- Offenbarungsverbot **WpPG 27** 18, 20 ff.
- personenbezogene Daten **WpPG 27** 16
- Prospektverordnung, Entwurf **WpPG 27** 5
- Tatsachen, Begriff **WpPG 27** 12 f.
- Tatsachen, Bekanntwerden **WpPG 27** 13
- Verstoß **WpPG 27** 51
- Verwertungsverbot **WpPG 27** 19 ff.

Banken
- Registrierungsformular, Banken **EU-ProspektVO Anh. XI** 1 ff.

Basisprospekt
- Angebotsprogramm **WpPG 2** 74 f.
- Angebotsprogramm, Anpassung **WpPG 6** 72 ff.
- Angebotsprogramm, Begriff **WpPG 6** 22
- Angebotsprogramm, Erhöhung **WpPG 6** 67
- Asset backed securities **WpPG 6** 20
- Billigung, Nachträge **WpPG 6** 85 ff.
- Börsenzulassung **WpPG 6** 9
- Dividendenwerte **WpPG 6** 19
- endgültige Bedingungen, Verhältnis **WpPG 6** 42 ff., 73 f.
- Gültigkeitsdauer **WpPG 6** 10, 28, 63; **9** 41 ff.
- Nichtdividendenwerte **WpPG 6** 18 f.
- Notifizierung **WpPG 6** 97
- öffentliches Angebot **WpPG 6** 9
- Optionsscheine **WpPG 6** 19
- Pfandbriefe **WpPG 6** 27
- Prospektregime, Besonderheiten **WpPG 6** 4a ff.
- Rechtsentwicklung **WpPG 6** 1 ff.
- Schuldverschreibungen **WpPG 6** 18 ff.
- Wandel-/Optionsanleihen **WpPG 6** 19

Basisprospekt, Inhalt WpPG 6 5 ff.
- Änderungen **WpPG 6** 68 ff.
- Emissionspreis, Nichtangabe **WpPG 6** 98 ff.
- Emissionsvolumen, Erhöhung **WpPG 6** 59 ff.
- Emissionsvolumen, Nichtangabe **WpPG 6** 98 ff.
- Emittent **WpPG 6** 29, 36
- Emittent, Aktualisierung **WpPG 6** 69 ff.
- endgültige Bedingungen **WpPG 6** 40 ff.
- final terms of the offering **WpPG 6** 5
- Format **WpPG 6** 31
- Gliederung **WpPG 6** 33 ff.
- In-/Auslandsemission, Sprachenregelung **WpPG 19** 71
- mehrere Dokumente **WpPG 12** 25 ff.
- mehrere Prospekte, Zusammenfassung **WpPG 6** 32
- mehrere, Zusammenfassung **WpPG 6** 16
- Mindestangaben **WpPG 7** 24
- Nachtragspflicht **WpPG 6** 65, 68 ff.
- Risiken **WpPG 6** 37
- Verständlichkeit **WpPG 6** 29
- Vollständigkeit **WpPG 6** 41
- Wertpapierangaben **EU-ProspektVO Anh. XII** 73 ff.
- Wertpapierangaben, Änderung **WpPG 6** 72 ff.
- Wertpapierangaben, Korrektur **WpPG 6** 80 ff.
- Wertpapierangaben, neue **WpPG 6** 77 ff.
- Wertpapiere, Beschreibung **WpPG 6** 37 ff.
- Wertpapierkategorien **WpPG 6** 15 ff.
- Zusammenfassung **WpPG 6** 34 f.

Basisprospekte
- Nachträge **WpPG 16** 132 ff.

Basisvermögenswerte
- aktiv verwaltetes Portfolio **EU-ProspektVO Anh. VIII** 29 f.
- Beleihungsquote **EU-ProspektVO Anh. VIII** 16
- Dividendenwerte **EU-ProspektVO Anh. VIII** 27

Sachregister

- Ersetzung EU-ProspektVO Anh. VIII 19
- Fälligkeit/Betrag EU-ProspektVO Anh. VIII 15
- Forderungen, außerbörsliche EU-ProspektVO Anh. VIII 26
- Origination EU-ProspektVO Anh. VIII 17
- Rechtsbeziehung, bedeutende EU-ProspektVO Anh. VIII 25
- Rechtsnatur EU-ProspektVO Anh. VIII 14
- Rechtsordnung d. Vermögenswerte EU-ProspektVO Anh. VIII 11
- Schuldnerinformationen EU-ProspektVO Anh. VIII 12 f., 21 ff.
- Sicherheiten, Immobilien EU-ProspektVO Anh. VIII 28
- Sicherheiten, weitere Emissionen EU-ProspektVO Anh. VIII 31
- Sicherheiten, zusätzliche EU-ProspektVO Anh. VIII 18
- statisch verwaltetes Portfolio EU-ProspektVO Anh. VIII 10 ff.
- Versicherungspolicen EU-ProspektVO Anh. VIII 20
- Zusicherungen EU-ProspektVO Anh. VIII 18

Bekanntgabe
- BaFin, Verfügungen **VermAnlG 5** 3 ff.

Bekanntmachung
- Hinweisbekanntmachung **WpPG 14** 3
- Maßnahmen d. BaFin **WpPG 30** 1 ff.

Beleihungsquote
- Asset Backed Securities **EU-ProspektVO Anh. VIII** 16; *s.a. dort*

Benennungspflicht WpPG 34 1 ff.

Beraterbeteiligung
- Wertpapierbeschreibung, Aktien **EU-ProspektVO Anh. III** 85
- Wertpapierbeschreibung, Bezugsrechtsemission **EU-ProspektVO Anh. XXIV** 13

Bergbaugesellschaften
- Verlangen zusätzlicher Angaben **EU-ProspektVO Anh. XIX** 9 ff.

Beteiligung
- Hauptmerkmale der Anteile **VermVerkProspV 4** 24 ff.

Beteiligungen Gesellschafter VermVerkProspV 7 24 ff.

Betriebsgeheimnisse
- Prospektinhalt **WpPG 5** 15

Bevollmächtigte
- Bundesanzeiger, Übermittlung Liste **VermAnlG 31** 14 f.

Bevollmächtigter, Benennungspflicht WpPG 34 1 ff.

Bezugsrechte
- Prospektpflicht, Ausnahmen **WpPG 4** 53
- Prospektveröffentlichung, Zeitpunkt **WpPG 14** 12
- Vermögensanlagen **VermVerkProspV 6** 17 f.

Bezugsrechtsemission
- Abschlussprüfer **EU-ProspektVO Anh. XXIII** 14
- Aktionärsstruktur **EU-ProspektVO Anh. XXIII** 33
- an Altaktionäre **EU-ProspektVO Anh. XXIII** 2, 4 f.
- Angaben Dritter **EU-ProspektVO Anh. XXIII** 41
- Aufsichtsorgane **EU-ProspektVO Anh. XXIII** 27
- Bezüge/Vergütung **EU-ProspektVO Anh. XXIII** 28
- einsehbare Dokumente **EU-ProspektVO Anh. XXIII** 42
- Emittenten, erforderliche Angaben **EU-ProspektVO Anh. XXIII** 16 f.
- Finanzinformationen, historische **EU-ProspektVO Anh. XXIII** 35 ff.
- Geschäftätigkeit, mit verbundenen Parteien **EU-ProspektVO Anh. XXIII** 34
- Geschäftätigkeit, Überblick **EU-ProspektVO Anh. XXIII** 18 ff.
- Gewinnprognosen/-schätzungen **EU-ProspektVO Anh. XXIII** 26
- Kosten **EU-ProspektVO Anh. XXIV** 11
- Management **EU-ProspektVO Anh. XXIII** 27, 29 f.
- Mindestangaben Aktienregistrierung **EU-ProspektVO Anh. XXIII** 1 ff.
- Mitarbeiter **EU-ProspektVO Anh. XXIII** 31 f.
- Organisationsstruktur **EU-ProspektVO Anh. XXIII** 24
- Risikofaktoren **EU-ProspektVO Anh. XXIII** 15
- Trendinformationen **EU-ProspektVO Anh. XXIII** 25
- verantwortliche Personen **EU-ProspektVO Anh. XXIII** 12 f.
- Verträge, wesentliche **EU-ProspektVO Anh. XXIII** 40
- Verwaltungs-/Geschäftsführungsorgane **EU-ProspektVO Anh. XXIII** 27

– Verwässerung EU-ProspektVO Anh. XXIV 12
– Wertpapierbeschreibung EU-ProspektVO Anh. XXIV 1 ff.
– zusätzliche Angaben EU-ProspektVO Anh. XXIII 38 f.

Bilanz
– anwendbare Rechnungslegungsstandards EU-ProspektVO Anh. I 175 ff.
– Bilanzstichtag, Änderung EU-ProspektVO Anh. I 175
– Finanz-/Geschäftslage EU-ProspektVO Anh. I 95
– Finanzinformationen, historische EU-ProspektVO Anh. I 27 f.
– Pro Forma-Finanzinformationen EU-ProspektVO Anh. II 6 ff.

Bilanzeid EU-ProspektVO Anh. I 252

Billigung s. BaFin, Billigung; Prospekt, Billigung

Blind-Pool-Modelle VermVerkProspV 9 22

Bonitätsrisiko
– Risikofaktoren, Darstellung EU-ProspektVO Anh. IV 22

Börsenzulassung
– Antragsteller, Begriff WpPG 2 98
– Antragsteller, Verantwortungsübernahme EU-ProspektVO Anh. I 2 ff.
– Begriff WpPG 1 24
– Datenübermittlung d. BaFin WpPG 26 33 f., 47
– Kleinemissionen WpPG 1 57 f.
– Wertpapierbeschreibung, Aktien EU-ProspektVO Anh. III 63 ff., 81
– Wertpapierbeschreibung, Bezugsrechtsemission EU-ProspektVO Anh. XXIV 9 ff.
– Zuständigkeit WpPG 1 24

Börsenzulassungsprospekt WpPG 21–23 12 ff.; s.a. Prospekthaftung
– Basisprospekt WpPG 6 9
– Berichtigung WpPG 21–23 69 ff.
– Berichtigung, Wirkung WpPG 21–23 69 ff.
– Beurteilungsmaßstab WpPG 21–23 37 ff.
– Beurteilungszeitpunkt WpPG 21–23 41 ff.
– Bezugsrechtsemission WpPG 21–23 18 f.
– Einbeziehung Wertpapiere in Freiverkehr WpPG 21–23 17
– Ergänzung v. Angaben WpPG 8 8
– Gegenstand WpPG 1 29
– Gesamteindruck, Berücksichtigung WpPG 21–23 66 ff.
– Inhalt WpPG 5 14

– Nachtrag WpPG 21–23 15
– schriftliche Darstellungen WpPG 21–23 21 ff.
– und Werbung WpPG 21–23 20
– Unrichtigkeit WpPG 21–23 50 ff.
– Unvollständigkeit WpPG 6 4; 21–23 55 ff.
– Vorlage WpPG 1 24
– wesentliche Angaben WpPG 21–23 45 ff.

Börsenzulassungsprospekt, fehlerhafter WpPG 21–23 4 ff.
– schriftliche Darstellungen WpPG 21–23 21 ff.
– Voraussetzungen WpPG 21–23 10 ff.

Brutto-Veränderung
– Begriff EU-ProspektVO Anh. I 219 ff.
– finanzielle Verpflichtungen, bedeutende EU-ProspektVO Anh. I 275

Bundesanstalt s.a. BaFin
– Begriff WpPG 2 121

Bußgeld s.a. Ordnungswidrigkeiten
– Aufsichtspflichtverletzung WpPG 35 67
– Bemessungsrichtlinie WpPG 35 67
– Bußgeldrahmen VermAnlG 29 53 ff.
– Differenzierung WpPG 35 60
– Fahrlässigkeit WpPG 35 66
– juristische Personen/Vereinigungen WpPG 35 68
– Untergrenze WpPG 35 65
– Verfall, Anordnung WpPG 35 69
– Zuständigkeit VermAnlG 29 57 ff.

Bußgeldvorschriften
– allgemeine VermAnlG 29 1 ff.; s.a. Ordnungswidrigkeiten
– Rechnungslegung VermAnlG 30 1 ff.

C

Carve-out-Abschlüsse EU-ProspektVO Anh. I 283 ff.

CESR
– Zwischenfinanzinformationen, nicht veröffentlichte EU-ProspektVO Anh. I 259

Commercial Paper Programme WpPG 6 22

Complex financial history WpPG 7 22 f.

Corporate Governance Kodex EU-ProspektVO Anh. I 137 f.

Covered Bonds
– Asset Backed Securities EU-ProspektVO Vor Anh. VII/VIII 16; s.a. dort

Credit Linked Notes
– Asset Backed Securities EU-ProspektVO Vor Anh. VII/VIII 13; s.a. dort

Crowdinvesting VermAnlG Einl. 17

Crowdlending VermAnlG 1 89
CRR-Kreditinstitut
– ausländische WpPG 2 87
– Begriff WpPG 2 86
Culpa in contrahendo
– Prospekthaftung, Konkurrenzen WpPG 21–23 141 ff.

D

Datenschutz WpPG 26 33, 38
– Informationsfreiheitsgesetz WpPG 27 47
Datenübermittlung
– an Börsengeschäftsführung WpPG 26 33 f., 47
Daueremittentenprivileg VermAnlG 2 61 ff.
– Auslaufen WpPG 1 87 f.
– Kleinemissionen WpPG 1 65
– Prospektrichtlinie, Anwendungsbereich WpPG 1 9
– WpPG, Anwendungsbereich WpPG 1 20
Deliktshaftung s.a. Amtshaftung
– Prospekt, Gültigkeitsdauer WpPG 9 76
Deliktsrecht
– Ordnungswidrigkeiten, Schutzgesetzcharakter WpPG 35 4
– Prospekthaftung, Konkurrenzen WpPG 21–23 141 ff.
Depositary Receipts
– Aktien/vergleichbare Wertpapiere WpPG 2 26
Dept Issuance Programme WpPG 6 22
Derivate
– Garantien, Mindestangaben EU-ProspektVO Anh. VI
– Nichtdividendenwerte WpPG 1 80 ff.
– Registrierungsformular, Banken EU-ProspektVO Anh. XI 8
– Registrierungsformular, Schuldtitel/Derivate EU-ProspektVO Anh. IX 1 ff.
– Registrierungsformular, Schuldtitel/Derivate unter 50.000 € EU-ProspektVO Anh. IV 1 ff.
– Wertpapierbeschreibung, Derivate EU-ProspektVO Anh. XII 1 ff.
Designated Sponsors
– Wertpapierbeschreibung, Aktien EU-ProspektVO Anh. III 67
Disclaimer
– Internetangebot WpPG 3 13 f., 32
Dividenden
– Pro Forma-Finanzinformationen EU-ProspektVO Anh. I 286 ff.

Dividendenwerte
– Asset Backed Securities EU-ProspektVO Anh. VIII 27; s.a. dort
– Basisprospekt WpPG 6 19
– Begiff WpPG 2 24 ff.
D&O-Questionnaires EU-ProspektVO Anh. I 128
Drittlandsemittent WpPG 2 7, 117
Drittstaaten
– anwendbare Rechnungslegungsstandards EU-ProspektVO Anh. I 181 ff.
– Wertpapiere, ausländische WpPG 2 20 ff.
– Zusammenarbeit mit BaFin WpPG 28 23 ff.
Drittstaatenemission
– Emittent WpPG 20 9
– Ermessensspielraum, BaFin WpPG 20 20 ff.
– europäischer Pass WpPG 20 7
– gebilligte Dokumente, Verweis WpPG 11 13 ff.
– Herkunftsstaat, Übergangsregelung WpPG 36 2 ff.
– Informationspflichten, Gleichwertigkeit WpPG 20 15 f.
– Liste, erfolgreiche Verfahren WpPG 20 18 f.
– Notifizierungsverfahren WpPG 20 23
– Offenlegungsstandards, internationale WpPG 20 13
– Ordnungswidrigkeiten WpPG 35 9 f.
– Prospekt, Anforderungen WpPG 20 10, 13 ff.
– Rechtsentwicklung WpPG 20 5 f.
– Sprachenregelung WpPG 20 23
– Sprachenregelung, Inlandsemission ausländischer Emittenten WpPG 19 76 f.
– Überblick WpPG 20 1 ff.
– Übergangsregelung WpPG 36 2 ff.
– Verordnungsermächtigung WpPG 20 24 ff.
– zuständige Behörde WpPG 20 11 ff.

E

Eigenkapitalausstattung
– Beteiligungsbesitz EU-ProspektVO Anh. I 325 ff.; Anh. XXV 38
– Darstellung EU-ProspektVO Anh. I 101 ff.; Anh. XXV 17 f.
– Vermögensanlagen VermVerkProspV 6 1 ff.
Eigenvertrieb
– Anlegerinformation VermAnlG 15 17 ff.

Einlagengeschäft
– Vermögensanlagen, Abgrenzung **VermAnlG 1** 50 ff.
Einlagenkreditinstitute *s. CRR-Kreditinstitut*
– Kleinemissionen **WpPG 1** 57 ff.
– WpPG, Anwendungsbereich **WpPG 1** 20
Einlagensicherung
– Risikofaktoren, Darstellung **EU-ProspektVO Anh. IV** 28
Einwilligung WpPG 3 49 f.
Elektronische Informationsverbreitungssysteme VermAnlG 9 13 ff.; **10** 14
Elektronische Übermittlung
– Billigungsverfahren **WpPG 13** 37
Emission *s.a. Grenzüberschreitende Emission*
– Aktien, Nachträge **WpPG 16** 114 ff.
– Angebotsprogramm, Begriff **WpPG 6** 22
– Arbeitnehmerbeteiligungen **VermAnlG 2** 56 ff.
– Basisprospekt **WpPG 6** 17 ff.
– begrenzter Anlegerkreis **VermAnlG 2** 52 ff.
– Bookbuilding-Verfahren **WpPG 8** 18, 22 f.
– Daueremittentenprivileg **WpPG 1** 9
– dauernde und wiederholte Ausgabe, Begriff **WpPG 2** 6, 99 ff.
– Drittstaatenemission **WpPG 20** 1 ff.; *s.a. dort*
– Emissionserlös **WpPG 8** 15, 26
– Emittenten hoher Bonität **VermAnlG 2** 59 ff.
– Erhöhung, endgültige Bedingungen **WpPG 6** 59 ff.
– Erlösverwendung **EU-ProspektVO Anh. III** 24 ff.; **Anh. XXIV** 4 f.
– geringer Umfang **VermAnlG 2** 21 ff.
– Gründe **EU-ProspektVO Anh. III** 23 ff.; **Anh. XXIV** 4 f.
– institutionelle Anleger **VermAnlG 2** 38 ff.
– Interessen Dritter **EU-ProspektVO Anh. III** 21 f.; **Anh. XXIV** 4 f.
– Kosten **EU-ProspektVO Anh. III** 74 ff.
– Nichtdividendenwerte, Volumen **WpPG 1** 85
– Prospekt, Gültigkeitsdauer **WpPG 9** 1 ff.
– Schuldverschreibungen, Nachträge **WpPG 16** 130 ff.
– sukzessive, Haltevereinbarung **WpPG 4** 45
– Teilemissionen **VermAnlG 2** 44 ff.
– Termin **EU-ProspektVO Anh. XIII** 23
– Verschmelzung v. Emittenten **WpPG 1** 66
– Verwässerung **EU-ProspektVO Anh. III** 81 ff.

– Vorzugsrechte **EU-ProspektVO Anh. V** 50
– Wertpapierbeschreibung, Derivate **EU-ProspektVO Anh. XII** 71 ff.
– Wertpapierbeschreibung, Schuldtitel **EU-ProspektVO Anh. V** 45 f.
– Zeichnungsreduzierung **EU-ProspektVO Anh. V** 49
Emissionspreis
– Begriff **WpPG 8** 12
– Nichtangabe **WpPG 8** 7 ff.
– Nichtveröffentlichung, Ordnungswidrigkeiten **WpPG 35** 28
Emissionsvolumen
– Begriff **WpPG 8** 13
– Nichtangabe **WpPG 6** 98 ff.; **8** 7 ff.
– Nichtveröffentlichung, Ordnungswidrigkeiten **WpPG 35** 28
Emittent
– Abhängigkeiten, Darstellung **EU-ProspektVO Anh. I** 152 ff.
– Aktienbesitz, Kontrollerlangung **EU-ProspektVO Anh. I** 155 ff.
– Aktionärsstruktur **EU-ProspektVO Anh. I** 147 ff.; **Anh. XXIII** 33; **Anh. XXV** 26
– Anbieter, Abgrenzung **WpPG 2** 91 ff.
– Angaben Prospekt **VermVerkProspV 5** 1 ff.
– Angaben, ProspektVO **EU-ProspektVO Anh. I** 50 ff.; **Anh. XXIII** 16 f.; **Anh. XXV** 12
– Anteilsarten **VermVerkProspV 6** 8 ff.
– Asset Backed Securities **EU-ProspektVO Vor Anh. VII/VIII** 1 ff.; *s.a. dort*
– Aufsichtsorgane **EU-ProspektVO Anh. I** 120 ff.; **Anh. XXIII** 27; **Anh. XXV** 22
– Auskunfts-/Vorlage-/Überlassungspflichten **WpPG 26** 9 ff.
– Auskunftsverweigerungsrecht **WpPG 26** 35 ff.
– ausländischer, Empfangsbevollmächtigte **WpPG 34** 1 f.
– ausländischer, Ordnungswidrigkeiten **WpPG 35** 9 f.
– ausstehende Einlagen **VermVerkProspV 6** 10
– Begriff **VermAnlG 1** 88 f.; **WpPG 2** 89
– Bergbaugesellschaften **EU-ProspektVO Anh. XIX** 9 ff.
– Betriebsergebnisse **EU-ProspektVO Anh. I** 86 ff.
– Bundesanzeiger, Übermittlung Liste **VermAnlG 31** 14 f.

- Corporate Governance Kodex **EU-ProspektVO Anh. I** 137 f.
- Drittlandsemittent **WpPG 2** 7, 117
- Drittstaatenemission **WpPG 20** 9; *s.a. dort*
- Finanzlage **EU-ProspektVO Anh. I** 86 ff.
- Firma **VermVerkProspV 5** 4 ff.; **7** 10 f.
- Forschungstätigkeit **EU-ProspektVO Anh. XIX** 15 ff.
- Geschäftsentwicklung **EU-ProspektVO Anh. I** 50, 55 f.; **Anh. XXIII** 16 f.; **Anh. XXV** 12
- Geschäftsführung **VermVerkProspV 12** 4 ff.; *s.a. Geschäftsführung Emittent*
- Geschäftshistorie **EU-ProspektVO Anh. I** 50 ff.; **Anh. XXIII** 16 f.; **Anh. XXV** 12
- Geschäftsprognose **VermVerkProspV 13** 5 ff.; **15** 9 ff.
- Geschäftstätigkeit, mit verbundenen Parteien **EU-ProspektVO Anh. I** 158 ff.; **Anh. XXIII** 34; **Anh. XXV** 27
- Geschäftstätigkeit, Überblick **EU-ProspektVO Anh. XXIII** 18 ff.; **Anh. XXV** 13
- Gesellschafter **VermVerkProspV 7** 1 ff.; *s.a. Gesellschafter Emittent*
- Gewährleistungsübernahme, Vermögensanlagen **VermVerkProspV 14** 1 ff.
- Gründung **VermVerkProspV 5** 7 f.
- Gründungsabgaben **EU-ProspektVO Anh. I** 53 f.
- Haftung neben Anbieter **WpPG 2** 97
- Hauptaktionäre **EU-ProspektVO Anh. IX** 22
- Herkunftsstaat Ausland, Inlandsemission **WpPG 19** 76 f.
- Herkunftsstaat Deutschland, Auslandsemission **WpPG 19** 39 ff.
- Herkunftsstaat Deutschland, In-/Auslandsemission **WpPG 19** 48 ff.
- Herkunftsstaat Deutschland, Inlandsemission **WpPG 19** 13 ff.
- Hintermänner **VermVerkProspV 12** 46 ff.
- Immobiliengesellschaften **EU-ProspektVO Anh. XIX** 4 ff.
- Investitionen **EU-ProspektVO Anh. I** 57 ff., 82
- Investmentgesellschaften **EU-ProspektVO Anh. XIX** 14
- jüngste Geschäftsentwicklung **VermVerkProspV 13** 2 ff.
- Kapitalausstattung **VermVerkProspV 6** 4 ff.
- Konzerneinbindung **VermVerkProspV 5** 19
- laufende Geschäftstätigkeit **VermVerkProspV 8** 1 ff.
- Management **EU-ProspektVO Anh. I** 120 ff., 134 ff.; **Anh. XXIII** 27, 29 f.; **Anh. XXV** 22, 24
- Management, Bezüge/Vergütung **EU-ProspektVO Anh. I** 129 ff.; **Anh. XXIII** 28; **Anh. XXV** 23
- Mitarbeiter **EU-ProspektVO Anh. I** 139 ff.; **Anh. XXIII** 31 f.; **Anh. XXV** 25
- Namensangabe **EU-ProspektVO Anh. I** 51
- Organe **EU-ProspektVO Anh. IV** 55 ff.; **Anh. IX** 21; **Anh. VII** 21 ff.; **Anh. XI** 33; **VermVerkProspV 12** 1 ff.
- Organisationsstruktur **EU-ProspektVO Anh. I** 73 ff.; **Anh. IV** 40 ff.; **Anh. IX** 15; **Anh. XI** 29 f.; **Anh. XXIII** 24; **Anh. XXV** 14
- Patronatserklärung **VermVerkProspV 14** 8 f.
- Pooling-Vereinbarungen **EU-ProspektVO Anh. I** 152 ff.
- Produktionskapazität **EU-ProspektVO Anh. I** 83
- Prospektgültigkeitsdauer, Verkürzung **WpPG 9** 37 ff.
- Prospekthaftung **WpPG 21–23** 74 f.
- Prospektverordnung, Entwurf **WpPG 2** 6, 90
- Rechtsform **VermVerkProspV 5** 12 ff.
- Registereintragung **VermVerkProspV 5** 18
- Registrierungsangaben **EU-ProspektVO Anh. I** 52
- Registrierungsformular, Asset Backed Securities **EU-ProspektVO Anh. VII** 13 ff.
- Registrierungsformular, Banken **EU-ProspektVO Anh. XI** 10 f., 23 ff.
- Registrierungsformular, Schuldtitel/Derivate **EU-ProspektVO Anh. IX** 1 ff.
- Registrierungsformular, Schuldtitel/Derivate unter 50.000 € **EU-ProspektVO Anh. IV** 31 ff.
- Sachanlagen **EU-ProspektVO Anh. I** 79 ff.; **Anh. XXV** 15
- Schaden, durch Prospektangaben **VermAnlG 7** 39
- Schifffahrtsgesellschaften **EU-ProspektVO Anh. XIX** 22 ff.
- Sitz/Geschäftsanschrift **VermVerkProspV 5** 6 f.; **7** 10 f.

Sachregister

- Startups **EU-ProspektVO Anh. XIX** 17 ff., 24
- Trendinformationen **EU-ProspektVO Anh. I** 112 ff.; **Anh. XXIII** 25; **Anh. XXV** 20
- Treuhänder **VermVerkProspV 12** 31 ff.
- Unternehmensgegenstand **VermVerkProspV 5** 17
- Verflechtung **VermVerkProspV 7** 1 ff.
- Verschmelzung, Prospektpflicht **WpPG 4** 14 ff.
- Verwaltungs-/Geschäftsführungsorgane **EU-ProspektVO Anh. I** 120 ff.; **Anh. XXIII** 27; **Anh. XXV** 22
- Wertpapierbeschreibung, Aktien **EU-ProspektVO Anh. III** 61
- Wertpapierbeschreibung, Derivate **EU-ProspektVO Anh. XII** 23
- Wertpapierbeschreibung, kapitalgarantierte Schuldtitel **EU-ProspektVO Anh. XIII** 12
- Wertpapierbeschreibung, Schuldtitel **EU-ProspektVO Anh. V** 14 ff.

Empfangsbevollmächtigte
- ausländischer Emittenten **WpPG 34** 1 f.

Empfangsbote für BaFin VermAnlG 5 11 f.

Endgültige Bedingungen WpPG 6 40 ff.
- Basisprospekt, Verhältnis **WpPG 6** 42 ff., 73 f.
- Berichtigungsklauseln **WpPG 6** 83
- Einheitslösung **WpPG 6** 54 ff.
- Emissionspreis, Nichtangabe **WpPG 6** 98 ff.
- Emissionsvolumen, Erhöhung **WpPG 6** 59 ff.
- Emissionsvolumen, Nichtangabe **WpPG 6** 98 ff.
- Ersatzangaben **WpPG 6** 98 ff.
- Ersetzung **WpPG 6** 66, 81 f.
- Hinterlegung **WpPG 6** 93 ff.
- Nachträge, zeitliche Abfolge **WpPG 6** 85 ff.
- Nachtragspflicht, Abgrenzung **WpPG 6** 72 ff.
- Präsentation **WpPG 6** 54 ff.
- Trennungslösung **WpPG 6** 54 ff.
- Veröffentlichung **WpPG 6** 88 ff.
- Wertpapierangaben, Korrektur **WpPG 6** 80 ff.
- Zusammenfassung, emissionsspezifische **WpPG 6** 52 ff.

Englisch
- gebräuchliche Sprache **WpPG 19** 21, 43, 49, 86

Entwicklung, Darstellung EU-ProspektVO Anh. I 107 ff.; **Anh. XXV** 19

Eröffnungsbilanz
- Emittent, Vermögensanlagen **VermVerkProspV 15** 6

Ersatzvornahme
- BaFin-Maßnahmen, Durchsetzung **WpPG 26** 50

Erwerbskosten VermVerkProspV 4 104 ff.

ESMA
- Bedeutung **WpPG 7** 13

ESME
- Prospekt, Gültigkeitsdauer **WpPG 9** 20

EU-ProspektVO WpPG Einl. 18 ff., 23 ff.
- Abgrenzung, Anhänge d. ProspektVO **EU-ProspektVO Anh. V** 6 ff.; **Vor Anh. VII/VIII** 8 ff., 17 ff.; **Anh. XI** 9 f.; **Anh. XII** 7 ff.; **Anh. XIII** 7 ff.
- Abschlussprüfer **EU-ProspektVO Anh. I** 17 ff.; **Anh. IV** 12; **Anh. IX** 7; **Anh. XI** 12; **Anh. XXIII** 14; **Anh. XXV** 9
- Aktienkapital **EU-ProspektVO Anh. IV** 68
- Aktionärsstruktur **EU-ProspektVO Anh. XXIII** 33; **Anh. XXV** 26
- Änderungen **WpPG 7** 12 f.
- Angaben Dritter **EU-ProspektVO Anh. XXIII** 41; **Anh. XXV** 36
- Angaben Dritter, Prüfung **EU-ProspektVO Anh. IV** 75; **Anh. IX** 29; **Anh. XI** 42
- Angebotsbedingungen **EU-ProspektVO Anh. V** 47 ff.; **Anh. XII** 142 ff.
- Anhänge, Überblick **WpPG 7** 19
- Asset Backed Securities **EU-ProspektVO Vor Anh. VII/VIII** 1 ff.; *s.a. dort*
- Auslegung **WpPG Einl.** 20
- Beteiligungsbesitz **EU-ProspektVO Anh. XXV** 38
- dreiteiliger Prospekt **WpPG 12** 8, 19
- Eigenkapitalausstattung **EU-ProspektVO Anh. I** 101 ff.; **Anh. XXV** 17 f.
- einsehbare Dokumente **EU-ProspektVO Anh. IV** 76; **Anh. IX** 30; **Anh. XI** 43; **Anh. XXIII** 42; **Anh. XXV** 37
- Emission, Gründe **EU-ProspektVO Anh. V** 30 f.
- Emission, Termin **EU-ProspektVO Anh. XIII** 23
- Emittent **EU-ProspektVO Anh. IV** 31 ff.; **Anh. IX** 9 f.
- Emittent, Hauptaktionäre **EU-ProspektVO Anh. IX** 22

Sachregister

- Emittent, interne Organisation EU-ProspektVO Anh. XXIII 27; Anh. XXV 22
- Emittent, Organe EU-ProspektVO Anh. IV 55 ff.; Anh. IX 21; Anh. XI 33
- Emittent, Organisationsstruktur EU-ProspektVO Anh. I 73 ff.; Anh. IV 40 ff.; Anh. IX 15; Anh. XI 29 f.; Anh. XXIII 24; Anh. XXV 14
- Emittenten, erforderliche Angaben EU-ProspektVO Anh. I 50 ff.; Anh. XI 23 ff.; Anh. XXIII 16 f.; Anh. XXV 12
- Erlösverwendung EU-ProspektVO Anh. V 30 f.
- Finanz-/Geschäftslage EU-ProspektVO Anh. I 86 ff.
- Finanzinformationen, historische EU-ProspektVO Anh. I 24 ff.; Anh. IV 13, 61 ff.; Anh. IX 23 ff.; Anh. XI 35 ff.; Anh. XXIII 35 ff.; Anh. XXV 10, 29 ff.
- Finanzinformationen, zusätzliche WpPG 7 22 f.
- Garantien, Mindestangaben EU-ProspektVO Anh. VI
- Geschäftsentwicklung EU-ProspektVO Anh. IV 31 ff.
- Geschäftsführung, Praktiken EU-ProspektVO Anh. IV 58 f.
- Geschäftstätigkeit EU-ProspektVO Anh. I 61 ff.
- Geschäftstätigkeit, mit verbundenen Parteien EU-ProspektVO Anh. XXIII 34; Anh. XXV 27
- Geschäftstätigkeit, Überblick EU-ProspektVO Anh. XXIII 18 ff.; Anh. XXV 13
- Geschäftsüberblick EU-ProspektVO Anh. IV 35 ff.; Anh. IX 11 ff.; Anh. XI 26 ff.
- Gewinnprognosen/-schätzungen EU-ProspektVO Anh. IV 53 f.; Anh. IX 18 ff.; Anh. XI 32; Anh. XXIII 26; Anh. XXV 21
- Handelsregeln EU-ProspektVO Anh. V 52; Anh. XII 172; Anh. XIII 25
- Hauptaktionäre EU-ProspektVO Anh. IV 60; Anh. XI 34
- Informationen, Veröffentlichung nach Emission EU-ProspektVO Anh. V 54
- Interessen Dritter EU-ProspektVO Anh. V 27 ff.; Anh. XI 42; Anh. XIII 15 f.
- Kapitalangaben EU-ProspektVO Anh. XXIII 38 f.; Anh. XXV 34
- Kosten, Zulassung EU-ProspektVO Anh. XIII 28
- Management EU-ProspektVO Anh. XXIII 27; Anh. XXV 22
- Management, Bezüge/Vergütung EU-ProspektVO Anh. XXIII 28; Anh. XXV 23
- Mitarbeiter EU-ProspektVO Anh. XXIII 31 f.; Anh. XXV 25
- Negativaussage EU-ProspektVO Anh. I 56, 67
- Prospektverantwortliche EU-ProspektVO Anh. IV 9 ff.; Anh. IX 6; Anh. V 14 ff.; Anh. XII 23; Anh. XIII 12
- Quellenbesteuerung EU-ProspektVO Anh. XIII 24
- Rating EU-ProspektVO Anh. V 55 f.; Anh. XIII 30
- Registrierungsformular, Banken EU-ProspektVO Anh. XI 1 ff.
- Registrierungsformular, Schuldtitel/Derivate EU-ProspektVO Anh. IX 1 ff.
- Registrierungsformular, Schuldtitel/Derivate unter 50.000 € EU-ProspektVO Anh. IV 1 ff.
- Rendite EU-ProspektVO Anh. XIII 21
- Risikofaktoren EU-ProspektVO Anh. I 32 ff.; Anh. IV 14 ff.; Anh. IX 8; Anh. V 17 ff.; Anh. XI 13 ff.; Anh. XIII 13 f.; Anh. XXIII 15; Anh. XXIV 3; Anh. XXV 11
- Sachanlagen EU-ProspektVO Anh. I 79 ff.; Anh. XXV 15
- Sachverständigengutachten EU-ProspektVO Anh. IV 75; Anh. XI 42
- Satzung EU-ProspektVO Anh. IV 69 f.
- Schemata/Module, Übersicht WpPG 7 19
- Trendinformationen EU-ProspektVO Anh. IV 43 ff.; Anh. IX 16 f.; Anh. XI 31; Anh. XXIII 25; Anh. XXV 20
- verantwortliche Personen EU-ProspektVO Anh. I 2 ff.; Anh. XI 10 f.; Anh. XXIII 12 f.; Anh. XXIV 2; Anh. XXV 8
- Verträge, bestehende EU-ProspektVO Anh. IV 71 ff.; Anh. IX 28; Anh. XI 41
- Verträge, wesentliche EU-ProspektVO Anh. XXIII 40; Anh. XXV 35
- Wertpapierbeschreibung, Aktien EU-ProspektVO Anh. III 1 ff.
- Wertpapierbeschreibung, Derivate EU-ProspektVO Anh. XII 1 ff.
- Wertpapierbeschreibung, kapitalgarantierte Schuldtitel EU-ProspektVO Anh. XIII 1 ff.
- Wertpapierbeschreibung, Schuldtitel EU-ProspektVO Anh. V 1 ff.

Sachregister

- Wertpapiere, Angaben **EU-ProspektVO Anh. V** 32 ff.; **Anh. XII** 73 ff.
- Zahl-/Verwahrstellen **EU-ProspektVO Anh. XII** 164 ff.; **Anh. XIII** 26
- zusätzliche Angaben **EU-ProspektVO Anh. XXIII** 38 f.; **Anh. XXV** 34
- zusatzliche Angaben, besondere Emittenten **EU-ProspektVO Anh. XIX** 1 ff.

EU-Recht
- Kapitalmarktregulierung **WpPG Einl.** 16 ff.
- Prospektrichtlinie **WpPG Einl.** 5 ff.; *s.a. dort*
- ProspektVO **WpPG Einl.** 18 ff.

EU/EWR
- abweichende Prospektpflicht **WpPG 1** 33
- Auskunftsersuchen Ausland **WpPG 28** 11 ff.
- Drittstaatenemission **WpPG 20** 1 ff.; *s.a. dort*
- Emittent, Ordnungswidrigkeiten **WpPG 35** 9 f.
- freiwillige Prospekterstellung **WpPG 1** 92
- gebilligte Prospekte, Geltungsbereich **WpPG 17** 1 ff.
- Nichtdividendenwerte **WpPG 1** 51
- öffentliche Angebote, Begriff **WpPG 2** 32 ff.
- Staatsgarantien **WpPG 1** 52 ff.
- Unterstützung d. BaFin **WpPG 28** 18 ff.
- Verstöße, Unterrichtung Ausland **WpPG 29** 4 ff.
- Wertpapiere, ausländische **WpPG 2** 19
- Zusammenarbeit BaFin **WpPG 28** 1 ff.
- Zusammenarbeit, Verweigerung BaFin **WpPG 28** 17
- Zusammenarbeit, Vorsichtsmaßnahmen **WpPG 29** 8 f.

Euro Medium Term Note Programme WpPG 6 22

Europäische Wertpapieraufsicht
- Änderung, Prospektrichtlinie **WpPG 13** 4; **27** 4

Europäischer Pass WpPG Einl. 17; *s.a. Drittstaatenemission; Notifizierung*
- Drittstaatenemission **WpPG 20** 7; *s.a. dort*
- Einführung **WpPG 17** 2 f.
- freiwillige Prospekterstellung **WpPG 1** 92
- gleichwertiges Dokument **WpPG 4** 61
- Prospekt, Billigung **WpPG 20** 8 ff.
- Prospekt, Zusammenfassung **WpPG 5** 41
- Prospektverordnung, Entwurf **WpPG 17** 7 f.

- Sprachenregelung **WpPG 19** 10 f., 45, 81
- Sprachenregelung **WpPG 19** 11; *s.a. dort*

EWR-Staaten
- Begriff **WpPG 2** 114 ff.

F

Fahrlässigkeit
- Ordnungswidrigkeiten **WpPG 35** 16

Fertigungsanlagen
- Darstellung **EU-ProspektVO Anh. I** 79 ff.; **Anh. XXV** 15

Final International Offering Memorandum/ Circular WpPG 8 10

Final terms of the offering WpPG 6 5

Finanzdienstleistungsaufsicht *s. BaFin*

Finanzdienstleistungsunternehmen
- Daueremittentenprivileg **WpPG 1** 20

Finanzierungsstruktur
- Darstellung **EU-ProspektVO Anh. I** 103 ff.; **Anh. XXV** 17 f.

Finanzinformationen
- anwendbare Rechnungslegungsstandards **EU-ProspektVO Anh. I** 176 ff.
- begebene Anleihen **EU-ProspektVO Anh. I** 300
- Carve-out-Abschlüsse **EU-ProspektVO Anh. I** 283 ff.
- Gesellschaftssatzung **EU-ProspektVO Anh. I** 304 ff.
- Grundkapital, Entwicklung **EU-Prospekt-VO Anh. I** 303
- Kapitalangaben **EU-ProspektVO Anh. I** 295 ff.; **Anh. XXIII** 38 f.; **Anh. XXV** 34
- Kapitalerhöhung **EU-ProspektVO Anh. I** 297
- kombinierte Abschlüsse **EU-ProspektVO Anh. I** 283 ff.
- Stellung im Prospekt **EU-ProspektVO Anh. I** 167
- Trendinformationen **EU-ProspektVO Anh. I** 112 ff.; **Anh. XXIII** 25; **Anh. XXV** 20
- Überblick **EU-ProspektVO Anh. I** 167 f.
- Vermögensanlagen **VermVerkProspV 6** 1 ff.

Finanzinformationen, historische
- Abschlussprüfer **VermVerkProspV 11** 1 ff.
- anwendbare Rechnungslegungsstandards **EU-ProspektVO Anh. I** 176 ff.
- Aufnahmepflicht **EU-ProspektVO Anh. I** 169; **Anh. XXIII** 35 f.; **Anh. XXV** 29 ff.
- Auswahlkriterien **EU-ProspektVO Anh. I** 25 ff.

- Bestätigungsvermerk **EU-ProspektVO Anh. I** 173 f.
- Betriebsergebnisse **EU-ProspektVO Anh. I** 86 ff.
- Bilanzstichtag, Änderung **EU-ProspektVO Anh. I** 175
- Emittenten, erforderliche Angaben **EU-ProspektVO Anh. I** 55
- Ergänzung **EU-ProspektVO Anh. I** 168
- Finanzanlage **EU-ProspektVO Anh. I** 86 ff.
- Form **EU-ProspektVO Anh. I** 171
- Geschäftstätigkeit, Neuaufnahme/Start up **EU-ProspektVO Anh. I** 196 ff.
- Jahresabschluss, Bestätigungsvermerk **VermVerkProspV 11** 10 f.
- komplexe **EU-ProspektVO Anh. I** 261 ff.
- MD&A **EU-ProspektVO Anh. I** 86 ff.
- Mindestinformationen **EU-ProspektVO Anh. I** 207 ff.
- neben Pro Forma-Informationen **EU-ProspektVO Anh. I** 26
- Prüfung **EU-ProspektVO Anh. I** 172, 240 ff.
- Prüfungsstandards, anwendbare **EU-ProspektVO Anh. I** 212 ff.
- Registrierungsformular, Asset Backed Securities **EU-ProspektVO Anh. VII** 27 ff.
- Registrierungsformular, Banken **EU-ProspektVO Anh. XI** 35 ff.
- Registrierungsformular, Schuldtitel/Derivate **EU-ProspektVO Anh. IX** 23 ff.
- Registrierungsformular, Schuldtitel/Derivate unter 50.000 € **EU-ProspektVO Anh. IV** 13, 61 ff.
- relevante Zeiträume **EU-ProspektVO Anh. I** 24; **Anh. XXV** 10
- Startups **EU-ProspektVO Anh. XIX** 21
- Stellung im Prospekt **EU-ProspektVO Anh. I** 30 f.
- Vermögensanlagen **VermVerkProspV 10** 1 ff.; **15a** 1 f.
- wesentliche Änderungen **VermVerkProspV 10** 11
- Zeitraum **EU-ProspektVO Anh. I** 169; **Anh. XXIII** 35 ff.; **Anh. XXV** 29 ff.
- Zwischenzeiträume, Vergleichsdaten **EU-ProspektVO Anh. I** 29

Finanzinformationen, Pro Forma
- anhängige Gerichts-/Verwaltungs-/Schiedsverfahren **EU-ProspektVO Anh. I** 289
- Anpassungen **EU-ProspektVO Anh. II** 23 ff., 34 ff.
- begleitende Erläuterungen **EU-ProspektVO Anh. II** 8, 22
- Bereinigungen **EU-ProspektVO Anh. II** 23 ff.
- Brutto-Veränderung **EU-ProspektVO Anh. I** 219 ff.
- Brutto-Veränderungen **EU-ProspektVO Anh. I** 275
- Carve-out-Abschlüsse **EU-ProspektVO Anh. I** 283 ff.
- Darstellung/Inhalt **EU-ProspektVO Anh. II** 18 ff.
- Dividenden **EU-ProspektVO Anh. I** 286 ff.
- Einleitungsteil **EU-ProspektVO Anh. II** 3 ff.
- Emittenten, erforderliche Angaben **EU-ProspektVO Anh. I** 55
- Fallkonstellationen **EU-ProspektVO Anh. II** 12 ff.
- finanzielle Verpflichtungen, bedeutende **EU-ProspektVO Anh. I** 273 ff.
- Finanzinformationen, komplexe historische **EU-ProspektVO Anh. I** 261 ff.
- Finanzlage, Veränderungen **EU-ProspektVO Anh. I** 290 ff.
- Form **EU-ProspektVO Anh. II** 18
- freiwillige Angaben **EU-ProspektVO Anh. I** 231
- Geschäftstätigkeit, Neuaufnahme/Start up **EU-ProspektVO Anh. I** 257
- Gewinn-/Verlustrechnung **EU-ProspektVO Anh. II** 6 ff.
- Grundlagen/Quellen d. Informationen **EU-ProspektVO Anh. II** 28 f.
- historische Informationen **EU-ProspektVO Anh. II** 19 ff.
- Immobiliengesellschaften **EU-ProspektVO Anh. XIX** 7
- Inhalt **EU-ProspektVO Anh. I** 232
- Kapitalflussrechnung **EU-ProspektVO Anh. II** 9
- kombinierte Abschlüsse **EU-ProspektVO Anh. I** 283 ff.
- Konsistenzregel **EU-ProspektVO Anh. II** 27
- Konzernabschluss/Einzelabschluss **EU-ProspektVO Anh. I** 234 ff.
- neben historischen **EU-ProspektVO Anh. I** 26
- Pro Forma-Angaben nach Rechnungslegungsstandards **EU-ProspektVO Anh. II** 10 f.

Sachregister

- Prüfung, historische Informationen **EU-ProspektVO Anh. I** 240 ff.
- Prüfung, Umfang **EU-ProspektVO Anh. II** 44 ff.
- Prüfungsbescheinigung **EU-ProspektVO Anh. I** 233; **Anh. II** 41 f., 50 f.
- Registrierungsformular, Schuldtitel/Derivate **EU-ProspektVO Anh. IV** 63
- Transaktion, Begriff **EU-ProspektVO Anh. I** 220 f.
- Überblick **EU-ProspektVO Anh. I** 215 ff.; **Anh. II** 1 f.
- Umfang **EU-ProspektVO Anh. II** 6 ff.
- Verlangen zusätzlicher Angaben **EU-ProspektVO Anh. I** 276 ff.
- Zeitraum, zulässiger **EU-ProspektVO Anh. II** 30 ff.
- Zwischenfinanzinformationen, nicht veröffentlichte **EU-ProspektVO Anh. I** 256 ff.
- Zwischenfinanzinformationen, veröffentlichte **EU-ProspektVO Anh. I** 245 ff.

Finanzmarktstabilisierungsfonds
- WpPG, Anwendungsbereich **WpPG 1** 55

Finanzmittler *s. Intermediäre*

Flugzeugpfandbriefe
- Basisprospekt **WpPG 6** 27

Fonds
- Informationsblatt, Verwendung Begriff **VermAnlG 13** 96

Forschung
- Darstellung **EU-ProspektVO Anh. I** 107 ff.; **Anh. XXV** 19

Forschungstätigkeit
- Verlangen zusätzlicher Angaben **EU-ProspektVO Anh. XIX** 15 ff.

Freiverkehr
- Begriff **WpPG 1** 27
- freiwillige Prospekterstellung **WpPG 1** 88 ff.

Fremdfinanzierung
- Bedarf **EU-ProspektVO Anh. I** 103 ff.; **Anh. XXV** 17 f.

Fremdkapitalgeber
- Emittentenbeteiligungen, Vermögensanlagen **VermVerkProspV 7** 33

Fremdkapitalquote **VermVerkProspV 9** 90

Führungszeugnis
- Geschäftsführung **VermVerkProspV 12** 17 ff.
- Gesellschafter **VermVerkProspV 7** 17 ff.

G

Garantien
- Asset Backed Securities **EU-ProspektVO Vor Anh. VII/VIII** 19; *s.a. dort*
- Mindestangaben **EU-ProspektVO Anh. VI**

Gebühren **WpPG 2** 7; **33** 1 ff.; *s.a. Auslagen*
- Auslagen **VermAnlG 27** 5
- Auslösung **VermAnlG 27** 6
- BaFin, Untersagung/Aussetzung Angebote **WpPG 26** 32, 46
- Bemessungsgrundlage **VermAnlG 27** 7 ff.
- Entstehung **VermAnlG 27** 47
- Festsetzung, Ermächtigung **WpPG 33** 8 ff.
- Gebührenhöhe **VermAnlG 27** 7 ff.
- Gebührenverzeichnis **VermAnlG 27** 8; **WpPG 33** 12
- Nachträge **VermAnlG 11** 49
- Notifizierungsverfahren **WpPG 18** 36 ff.
- öffentliche Leistung **VermAnlG 27** 3
- Sonderfälle **VermAnlG 27** 48 ff.
- Streitfälle **VermAnlG 27** 33 ff.
- Überblick **WpPG 33** 1
- Verkaufsprospekte **VermAnlG 27** 12 ff.
- Vermögensanlage **VermAnlG 27** 12 ff.
- Verordnungsermächtigung **WpPG 33** 10
- Wertpapierprospektgebührenverordnung **WpPG 33** 11 ff.

Geheimhaltungsinteresse
- Emittent, Vermögensanlagen **VermVerkProspV 15** 17 f.
- Informationsfreiheitsgesetz **WpPG 27** 45
- Schutzrichtung **WpPG 27** 14
- Unvollständigkeit Prospekt **VermAnlG 20**

gemeinnützige Körperschaften
- Emittenten-Privileg **VermAnlG 2a–2d** 21 ff.
- spezifische Verpflichtungen **VermAnlG 2a–2d** 33
- Widerrufsrecht **VermAnlG 2a–2d** 26 ff.

Genossenschaften
- Prospektpflicht, Ausnahmen **VermAnlG 2** 12 ff.

Genussscheine
- Aktien/vergleichbare Wertpapiere **WpPG 2** 27
- Angebot, steuerliche Konzeption **VermVerkProspV 4** 60

Geregelter Markt
- WpPG, Anwendungsbereich **WpPG 1** 1

Gerichtsstand
- Prospekthaftung **VermAnlG 21** 23 f.; **WpPG 21–23** 136 ff.; **24** 33 ff.

Sachregister

Gerichtsverfahren
- anhängige, Aufnahmepflicht **EU-ProspektVO Anh. I** 289

Geschäftsentwicklung *s.a. Emittenten; Finanzinformationen*
- Emittenten, erforderliche Angaben **EU-ProspektVO Anh. I** 50 ff.; **Anh. XXIII** 16 f.; **Anh. XXV** 12
- Registrierungsformular, Schuldtitel/Derivate unter 50.000 € **EU-ProspektVO Anh. IV** 31 ff.

Geschäftsführung
- Aktienbesitz **EU-ProspektVO Anh. I** 143 ff.
- Bezüge/Vergütung **EU-ProspektVO Anh. I** 129 ff.; **Anh. XXIII** 28; **Anh. XXV** 23
- Darstellung **EU-ProspektVO Anh. I** 120 ff., 134 ff.; **Anh. XXIII** 27, 29 f.; **Anh. XXV** 22, 24
- Emittent, Vermögensanlagen **VermVerkProspV** 12 1 ff.; *s.a. Geschäftsführung Emittent*
- Rechtsrahmen, Darstellung im Prospekt **EU-ProspektVO Anh. I** 306
- Registrierungsformular, Schuldtitel/Derivate unter 50.000 € **EU-ProspektVO Anh. IV** 58 f.

Geschäftsführung Emittent VermVerkProspV 12 1 ff.
- Entnahmerechte **VermVerkProspV** 12 14 ff.
- Finanzierung, Mitwirkung **VermVerkProspV** 12 22 ff., 29 f.
- Funktion **VermVerkProspV** 12 12 f.
- Gesamtbezüge **VermVerkProspV** 12 14 ff.
- Gewinnbeteiligung **VermVerkProspV** 12 14 ff.
- Insolvenz **VermVerkProspV** 12 20
- Name, Anschrift **VermVerkProspV** 12 9 ff.
- Realisierung, Mitwirkung **VermVerkProspV** 12 22 ff., 29 f.
- Straftat, Verurteilung **VermVerkProspV** 12 17 ff.
- Vertrieb, Mitwirkung **VermVerkProspV** 12 29 f.
- Vertriebsunternehmen, Beteiligung an **VermVerkProspV** 12 26 ff.
- Vertriebsunternehmen, Tätigkeit für **VermVerkProspV** 12 22 ff.

Geschäftsgeheimnis *s.a. Geheimhaltungsinteresse*
- BaFin, Verschwiegenheitspflicht **WpPG** 27 15

Geschäftskapital
- Bezugsrechtsemission **EU-ProspektVO Anh. XXIV** 4 f.
- Wertpapierbeschreibung, Aktien **EU-ProspektVO Anh. III** 12 ff.

Geschäftsrisiken *s. Risikofaktoren*

Geschäftstätigkeit
- Auslandsbezug **EU-ProspektVO Anh. I** 71
- freiwillige Angaben **EU-ProspektVO Anh. I** 61; **Anh. XXIII** 18 ff.; **Anh. XXV** 13
- Geschäftsbereiche **EU-ProspektVO Anh. I** 63 ff.
- Geschäftsmodell **EU-ProspektVO Anh. I** 62
- Märkte/Wetbewerb **EU-ProspektVO Anh. I** 68 ff.
- mit verbundenen Parteien **EU-ProspektVO Anh. I** 158 ff.; **Anh. XXIII** 34; **Anh. XXV** 27
- Neuaufnahme/Start up **EU-ProspektVO Anh. I** 196 ff., 257
- Pflichtangaben **EU-ProspektVO Anh. I** 61; **Anh. XXIII** 18 ff.; **Anh. XXV** 13
- ProspektVO **EU-ProspektVO Anh. I** 61; **Anh. XXIII** 18 ff.; **Anh. XXV** 13
- regulierte Branchen **EU-ProspektVO Anh. I** 71
- Schlüsselfaktoren **EU-ProspektVO Anh. I** 65
- Subventionen **EU-ProspektVO Anh. I** 71
- Trendinformationen **EU-ProspektVO Anh. I** 112 ff.; **Anh. XXIII** 25; **Anh. XXV** 20
- vergleichende Darstellungen **EU-ProspektVO Anh. I** 68
- Verträge, Aufnahmepflicht **EU-ProspektVO Anh. I** 313 ff.; **Anh. XXIII** 40; **Anh. XXV** 35

Geschäftsüberblick
- ABS **EU-ProspektVO Anh. VII** 16 ff.
- Registrierungsformular, Banken **EU-ProspektVO Anh. XI** 26 ff.
- Registrierungsformular, Schuldtitel/Derivate **EU-ProspektVO Anh. IX** 11 ff.
- Registrierungsformular, Schuldtitel/Derivate unter 50.000 € **EU-ProspektVO Anh. IV** 35 ff.

Geschlossene Fonds *s. Vermögensanlagen*

Sachregister

Gesellschafter Emittent VermVerkProspV 7 1 ff.
- Beteiligungen VermVerkProspV 7 24 ff.
- Einlagen VermVerkProspV 7 11 f.
- Entnahmerechte VermVerkProspV 7 14
- Finanzierung, Mitwirkung VermVerkProspV 7 44 ff.
- Fremdkapitalgeber VermVerkProspV 7 33
- Gesamtbezüge VermVerkProspV 7 15
- Gewinnbeteiligung VermVerkProspV 7 13
- Insolvenz VermVerkProspV 7 22
- Lieferant für Anlageobjekt VermVerkProspV 7 34 ff.
- Name, Sitz VermVerkProspV 7 10
- Realisierung, Mitwirkung VermVerkProspV 7 44 ff.
- Straftat, Verurteilung VermVerkProspV 7 17 ff.
- Tätigkeit für Unternehmen VermVerkProspV 7 42 f.
- Verflechtung VermVerkProspV 7 39 ff.
- Vertrieb, Mitwirkung VermVerkProspV 7 44 ff.
- Vertriebsunternehmen, Beteiligung an VermVerkProspV 7 31 f.

Gesellschaftereinlagen WpPG 1 39

Gewährleistungsübernahme
- Vermögensanlagen VermVerkProspV 14 1 ff.

Gewerbliche Schutzrechte
- Darstellung EU-ProspektVO Anh. I 111
- Geschäftstätigkeit, Abhängigkeiten EU-ProspektVO Anh. I 67

Gewinn
- Prognose/Schätzung EU-ProspektVO Anh. I 115 ff.; Anh. XXIII 26; Anh. XXV 21
- Trendinformationen EU-ProspektVO Anh. I 112 ff.; Anh. XXIII 25; Anh. XXV 20

Gewinn-/Verlustrechnung
- Finanz-/Geschäftslage EU-ProspektVO Anh. I 95
- Finanzinformationen, historische EU-ProspektVO Anh. I 27 f., 171
- Pro Forma-Finanzinformationen EU-ProspektVO Anh. II 6 ff.
- Registrierungsformular, Schuldtitel/Derivate EU-ProspektVO Anh. IX 23 ff.

Gewinnprognose
- Emittent, Vermögensanlagen VermVerkProspV 13 5 ff.; 15 9 ff.
- Prospektmangel, Haftung WpPG 21–23 56 ff.

- Registrierungsformular, Banken EU-ProspektVO Anh. XI 32
- Registrierungsformular, Schuldtitel/Derivate EU-ProspektVO Anh. IX 18 ff.
- Registrierungsformular, Schuldtitel/Derivate unter 50.000 € EU-ProspektVO Anh. IV 53 f.

Global Depositary Receipts
- Nichtdividendenwerte WpPG 2 31

Going Public-Grundsätze
- Werbemaßnahmen, Anforderungen WpPG 15 5, 21, 27

Gratisaktien
- Prospekthaftung WpPG 21–23 24

Grauer Kapitalmarkt WpPG Einl. 3 f.

Greenshoe-Option
- Wertpapierbeschreibung, Aktien EU-ProspektVO Anh. III 56

Grenzüberschreitende Emission
- abweichende Prospektpflicht WpPG 1 33
- ausländischer Emittent, Empfangsbevollmächtigte WpPG 34 1 f.
- freiwillige Prospekterstellung WpPG 1 92
- gebilligte Prospekte, Geltungsbereich WpPG 17 1 ff.
- Informationen an ausl. Stellen WpPG 27 24
- nach Deutschland notifizierte Prospekte WpPG 17 33 ff.
- Nachtragspflicht WpPG 17 24 ff.
- Notifizierungsverfahren WpPG 18 7 ff.
- Prospektverordnung, Entwurf WpPG 17 7 f.; 28 5 ff.
- Sprachenregelung WpPG 19 1 ff.; s.a. dort
- Werbung, Aussetzung/Untersagung WpPG 15 43 f.
- Zusammenarbeit EU/EWR WpPG 28 1 ff.
- Zusammenarbeit, Drittstaaten WpPG 28 23 ff.
- Zusammenarbeit, Vorsichtsmaßnahmen WpPG 29 8 f.

Grundkapital
- Entwicklung EU-ProspektVO Anh. I 303

Grundstücke
- Darstellung EU-ProspektVO Anh. I 79 ff.; Anh. XXV 15

Gründungsgesellschafter Emittent VermVerkProspV 7 1 ff.

Gültigkeit Prospekt WpPG 3 20 f.

H

Haftungsfreizeichnung
– Prospekthaftung **VermAnlG 20** 49; **21** 20; **WpPG 21–23** 127 ff.; **24** 30; **25** 1 ff.
– Vermögensanlagen-Informationsblatt **VermAnlG 22** 49

Haltevereinbarung
– Kleinemission, organisierter Markt **WpPG 4** 45

Handelsregeln
– Wertpapierbeschreibung, Schuldtitel **EU-ProspektVO Anh. V** 52

Hauptaktionäre
– Registrierungsformular, Asset Backed Securities **EU-ProspektVO Anh. VII** 25 f.
– Registrierungsformular, Schuldtitel/Derivate unter 50.000 € **EU-ProspektVO Anh. IV** 60

Hauptmerkmale Anteile **VermVerkProspV 4** 24 ff.

Haupttätigkeitsbereiche
– Registrierungsformular, Schuldtitel/Derivate unter 50.000 € **EU-ProspektVO Anh. IV** 36 f.

Hauptversammlung
– Rechtsrahmen, Darstellung im Prospekt **EU-ProspektVO Anh. I** 309

Herausgabepflichten
– Verletzung, Ordnungswidrigkeit **WpPG 35** 57 f.

Herkunftsstaat
– ausländischer Emittent, Empfangsbevollmächtigte **WpPG 34** 1 f.
– Begriff **WpPG 2** 103 ff.
– Drittstaaten, Wahlrecht **WpPG 36** 2 ff.
– Wahlrecht **WpPG 2** 107 ff.

Herkunftsstaat, Deutschland
– Auslandsemission, Sprachenregelung **WpPG 19** 39 ff.
– In-/Auslandsemission, Sprachenregelung **WpPG 19** 48 ff.
– Inlandsemission ausländischer Emittenten, Sprachenregelung **WpPG 19** 76 f.
– Inlandsemission, Sprachenregelung **WpPG 19** 13 ff.

Hersteller
– Emittentenbeteiligungen, Vermögensanlagen **VermVerkProspV 7** 34 ff.

HGB-Abschluss
– anwendbare Rechnungslegungsstandards **EU-ProspektVO Anh. I** 176 ff.

– ergänzende Angaben **EU-ProspektVO Anh. I** 208

Hinterlegung **VermAnlG 8** 11 f.; **14** 1 ff.
– Antrag **VermAnlG 14** 10 ff., 12
– Eingangsbestätigung BaFin **VermAnlG 14** 19, 20 f.
– Gegenstand der **VermAnlG 14** 7
– Hinterlegungsfähigkeit **VermAnlG 8** 14 ff.
– Informationsblatt **VermAnlG 14** 16
– Informationsblatt, Hinterlegung **VermAnlG 14** 17 ff.
– Prospektübermittlung **VermAnlG 14** 13 ff.
– Registrierungsformular, Gültigkeitsdauer **WpPG 9** 52 ff.
– unvollständiger Prospekt **VermAnlG 10** 10 f.
– Verfahren **VermAnlG 14** 10 ff.

Hinterlegungsstelle *s.a. BaFin*
– Gebühren **VermAnlG 27** 1 ff.; *s.a. dort*
– Prospektübermittlung **VermAnlG 14** 13 ff.

Hinweisbekanntmachung **WpPG 14** 3

Hinweise, unzulässige
– Werbung **VermAnlG 12** 22 ff.

Holding
– Finanzinformationen, zusätzliche **WpPG 7** 22 f.
– Organisationsstruktur, Darstellung **EU-ProspektVO Anh. I** 74; **Anh. XXIII** 24; **Anh. XXV** 14

Hypothekenpfandbriefe
– Basisprospekt **WpPG 6** 27

I

IAS-VO
– anwendbare Rechnungslegungsstandards **EU-ProspektVO Anh. I** 176 ff.

IDW-Prüfungsstandards
– Pro Forma-Finanzinformationen **EU-ProspektVO Anh. II** 2, 41 ff.

IFRS
– anwendbare Rechnungslegungsstandards **EU-ProspektVO Anh. I** 178 ff., 186 ff.
– Finanz-/Geschäftslage, Darstellung **EU-ProspektVO Anh. I** 98 f.

Immobilienaktiengesellschaften **WpPG 1** 45

Immobilienfonds
– Angebot, steuerliche Konzeption **VermVerkProspV 4** 53 ff.
– Risikofaktoren **VermVerkProspV 2** 72 ff.

Immobiliengesellschaften
– Verlangen zusätzlicher Angaben **EU-ProspektVO Anh. XIX** 4 ff.

Sachregister

Incorporation by reference WpPG 11 1 ff.
Information, ausreichende WpPG 2 53 ff.
Information, vorgeschriebene
– Prospektverordnung, Entwurf WpPG 2 7
Informationen *s.a. Anlegerinformation*
– ESMA an BaFin WpPG 28a 19 f.
– Übermittlung an Ausland WpPG 28 11 ff.
– Übermittlungspflicht an ESMA WpPG 28a 1 ff.
Informationen, Verbreitung
– Analystenpräsentation WpPG 15 35
– Angebot, Abgrenzung WpPG 15 7
– BaFin, Befugnisse WpPG 15 38 ff.
– Begriff WpPG 15 11
– Going Public-Grundsätze/Insiderrecht WpPG 15 5, 21, 27
– informationelle Gleichbehandlung WpPG 15 23 ff.
– irreführende Angaben WpPG 15 21
– Konsistenzgebot WpPG 15 19 ff.
– Pre-Marketing WpPG 15 36
– Pre-Sounding WpPG 15 34
– Publizitätsrichtlinien WpPG 15 8
– qualifizierte Anleger WpPG 15 32
– Rechtsentwicklung WpPG 15 4 ff.
– Roadshowpräsentation WpPG 15 37
– wesentliche Informationen WpPG 15 30 f.
Informationsblatt *s. Vermögensanlagen-Informationsblatt*
Informationsfreiheitsgesetz WpPG 27 37 ff.
Informationspflichten
– Gleichwertigkeit, Drittstaatenemission WpPG 20 15 f.
Informationsrechte
– Akteneinsicht, Gewährung WpPG 27 32 f.
– Informationsfreiheitsgesetz WpPG 27 37 ff.
Insiderrecht
– Werbemaßnahmen, Anforderungen WpPG 15 5, 21
Insolvenz
– Geschäftsführung VermVerkProspV 12 20
– Gesellschafter VermVerkProspV 7 22
Insolvenzfestigkeit
– Nichtdividendenwerte WpPG 6 23 ff.
– Prospekt, Gültigkeitsdauer WpPG 9 46 ff.
Intermediäre
– Einwilligung WpPG 3 49 ff.
– öffentliche Angebote WpPG 2 71
– öffentliche Angebote, Publikumsbegriff WpPG 2 51
– Prospektpflicht WpPG 3 45 ff.

– Prospektverwendung, Zustimmung WpPG 3 55 f.
– Wertpapierbeschreibung, Derivate EU-ProspektVO Anh. XII 173
Internet
– Bekanntmachung Maßnahmen WpPG 30 1 ff.
Internet-Dienstleistungsplattform
– spezifische Verpflichtungen VermAnlG 2a–2d 36
– Vermittler-Privileg bei Schwarmfinanzierung VermAnlG 2a–2d 17 ff.
Internetangebote
– Adressatenkreis WpPG 3 32
– Disclaimer WpPG 3 13 f., 32
– Prospektpflicht WpPG 3 12 ff.
Investitionen
– Emittenten, erforderliche Angaben EU-ProspektVO Anh. I 57 ff.
– Finanzierung EU-ProspektVO Anh. I 107; Anh. XXV 17 f.
– Registrierungsformular, Schuldtitel/Derivate unter 50.000 € EU-ProspektVO Anh. IV 34
Investmentanteile
– Prospektpflicht WpPG Einl. 3
– Recht auf Rückgabe WpPG 1 47
– WpPG, Anwendungsbereich WpPG 1 20, 34 ff.
Investmentanteile, ausländische WpPG 1 49 ff.; Einl. 3
Investmentgesellschaften
– Verlangen zusätzlicher Angaben EU-ProspektVO Anh. XIX 14
Investmentvermögen
– Vermögensanlagen, Abgrenzung VermAnlG 1 36 ff.
Investmentvermögen, offene WpPG 1 34 ff., 46 ff.
– BaFin Prüfung WpPG 1 48 ff.
IOSCO
– Zusammenarbeit Drittstaaten/BaFin WpPG 28 23

J

Jahresabschluss VermAnlG 23 1 ff.; 24 1 ff.; *s.a. Bilanz; Finanzinformationen, historische; Rechnungslegung; Jahresbericht*
– Bestätigungsvermerk VermVerkProspV 11 10 f.
– Offenlegungsfrist VermAnlG 26 1 ff.
– Prüfung VermAnlG 25 1 ff.

– Übermittlung an Anleger **VermAnlG** **15** 11 ff.
– Vermögensanlagen **VermVerkProspV** **10** 4 ff., 11; **15a** 1 f.

Jahresbericht VermAnlG 23 1 ff.
– Bekanntmachung **VermAnlG 23** 20
– Einreichungsfrist **VermAnlG 23** 11 ff.
– Erstellung Pflicht **VermAnlG 23** 9 f.
– Inhalt **VermAnlG 24** 1 ff.; *s.a. Jahresbericht, Inhalt*
– Ordnungsgeld **VermAnlG 23** 21
– Prüfung **VermAnlG 25** 1 ff.
– Übergangsvorschriften **VermAnlG 23** 22; **32** 29
– Veranlassung Bekanntmachung **VermAnlG 23** 16 ff.

Jahresbericht, Inhalt VermAnlG 24 1 ff.
– Drittstaatenemittenten **VermAnlG 24** 20 f.
– Einzelkaufmann **VermAnlG 24** 14
– EU/EWR Emittenten **VermAnlG 24** 15 ff.
– Inlandsemittenten **VermAnlG 24** 6 ff.
– junge Emittenten, Freistellung **VermAnlG 24** 13
– nicht anwendbare Vorschriften **VermAnlG 24** 9
– Personenhandelsgesellschaften **VermAnlG 24** 14
– Prüfung **VermAnlG 24** 22 ff.; *s.a. Rechnungslegung, Prüfung*
– vor/nach öffentlichem Angebot **VermAnlG 24** 12
– zusätzliche Angaben Lagebericht **VermAnlG 24** 10

Jährliches Dokument
– Übergangsregelung **WpPG 36** 14 f.
– Verstöße, Ordnungswidrigkeiten **WpPG 35** 32
– Vorlagepflicht, erstmalige **WpPG 10** 1 ff.

K
KAGB
– WpPG, Verhältnis **WpPG 1** 34 ff.

Kapitalanlagegesellschaften
– WpPG, Anwendungsbereich **WpPG 1** 20, 34 ff.

Kapitalausstattung *s.a. Eigenkapitalausstattung*
– Bezugsrechtsemission **EU-ProspektVO Anh. XXIV** 4 f.
– Wertpapierbeschreibung, Aktien **EU-ProspektVO Anh. III** 18 ff.

Kapitalerhöhung
– Aufnahmepflicht **EU-ProspektVO Anh. I** 297
– Prospektpflicht, Ausnahmen **WpPG 4** 19 ff., 49

Kapitalflussrechnung
– Eigenkapitalausstattung **EU-ProspektVO Anh. I** 102
– Finanz-/Geschäftslage **EU-ProspektVO Anh. I** 95
– Finanzinformationen, historische **EU-ProspektVO Anh. I** 27 f.
– Pro Forma-Finanzinformationen **EU-ProspektVO Anh. II** 9

Kapitalmarkt *s.a. Grauer Kapitalmarkt; Organisierter Kapitalmarkt*

Kapitalschutz, Anlagen mit WpPG 1 38
Kettenemissionen WpPG 3 33, 45 ff.
Kleinanlegerschutzgesetz VermAnlG Einl. 14 ff.

Kleinemission
– Angebotsvolumen **WpPG 1** 59 ff.
– Ausgabepreise, Addition **WpPG 1** 60, 63, 66 f.
– Ausnahme v. d. Prospektpflicht **WpPG 1** 68, 75
– berechtigte Emittenten **WpPG 1** 57 f.
– Daueremittentenprivileg **WpPG 1** 65
– Gesamtverkaufspreis **WpPG 1** 62
– Haltevereinbarung, Prospektpflicht **WpPG 4** 45
– organisierter Markt, Prospektpflicht **WpPG 4** 38 ff.
– Prospektpflicht **WpPG 1** 7
– Prospektpflicht, Ausnahmen **WpPG 3** 41 ff.
– Prospektrichtlinie, Anwendungsbereich **WpPG 1** 7
– Verschmelzung v. Emittenten **WpPG 1** 66
– WpPG, Anwendungsbereich **WpPG 1** 20
– zurückliegende Emissionen **WpPG 1** 64, 67

KMU
– Abschlussprüfer **EU-ProspektVO Anh. XXV** 9
– Aktionärsstruktur **EU-ProspektVO Anh. XXV** 26
– Angaben Dritter **EU-ProspektVO Anh. XXV** 36
– Aufsichtsorgane **EU-ProspektVO Anh. XXV** 22
– Beteiligungsbesitz **EU-ProspektVO Anh. XXV** 38

Sachregister

- Bezüge/Vergütung **EU-ProspektVO Anh. XXV** 23
- einsehbare Dokumente **EU-ProspektVO Anh. XXV** 37
- Emittenten, erforderliche Angaben **EU-ProspektVO Anh. XXV** 12
- Finanzinformationen, historische **EU-ProspektVO Anh. XXV** 10, 29 ff.
- Geschäftstätigkeit, mit verbundenen Parteien **EU-ProspektVO Anh. XXV** 27
- Geschäftstätigkeit, Überblick **EU-ProspektVO Anh. XXV** 13
- Gewinnprognosen/-schätzungen **EU-ProspektVO Anh. XXV** 21
- Management **EU-ProspektVO Anh. XXV** 22, 24
- Mindestangaben Aktienregistrierung **EU-ProspektVO Anh. XXV** 1 ff.
- Mitarbeiter **EU-ProspektVO Anh. XXV** 25
- Organisationsstruktur **EU-ProspektVO Anh. XXV** 14
- Prospektverordnung, Entwurf **WpPG 2** 6, 85
- Risikofaktoren **EU-ProspektVO Anh. XXV** 11
- Schwellenwerte **WpPG 2** 82 ff.
- Trendinformationen **EU-ProspektVO Anh. XXV** 20
- verantwortliche Personen **EU-ProspektVO Anh. XXV** 8
- Verträge, wesentliche **EU-ProspektVO Anh. XXV** 35
- Verwaltungs-/Geschäftsführungsorgane **EU-ProspektVO Anh. XXV** 22
- zusätzliche Angaben **EU-ProspektVO Anh. XXV** 34

KMU-Wachstumsmarkt WpPG 2 7
Konsistenzgebot
- Werbemaßnahmen, Anforderungen **WpPG 15** 19 ff.

Konsultation s. *Prospektrichtlinie – Konsultation*
Konzern s.a. *Emittent, Organisationsstruktur*
- Geschäftstätigkeit, mit verbundenen Parteien **EU-ProspektVO Anh. I** 158 ff.; **Anh. XXIII** 34; **Anh. XXV** 27
- Konzernabschluss **VermVerkProspV 10** 8 ff.
- Mitarbeiterbeteiligungsprogramme, Prospektpflicht **WpPG 4** 29

- Organisationsstruktur, Darstellung **EU-ProspektVO Anh. I** 73 ff.; **Anh. XXIII** 24; **Anh. XXV** 14
- Pro Forma-Finanzinformationen **EU-ProspektVO Anh. I** 234 ff.; **Anh. II** 10 f.
- Zugehörigkeit, Emittent **VermVerkProspV 5** 19

Kosten, Darstellung VermVerkProspV 4 104 ff.
- Erwerbskosten **VermVerkProspV 4** 104 ff.
- Nachschusspflicht **VermVerkProspV 4** 110 ff.
- Provisionen **VermVerkProspV 4** 116 ff.
- Verwaltungsksoten **VermVerkProspV 4** 104 ff.

Kreditinstitute
- Daueremissionen **WpPG 1** 9
- Dauremittentenprivileg **WpPG 1** 20
- Registrierungsformular, Banken **EU-ProspektVO Anh. XI** 1 ff.

Kreditrisiko s.a. *Risikofaktoren*
- Darstellung **EU-ProspektVO Anh. IV** 21

Kündigungsfrist VermVerkProspV 4 127
- Vermögensanlagen **VermAnlG 5a** 1 ff.

L

Lagebericht VermAnlG 23 1 ff.; **24** 1 ff.; s.a. *Jahresbericht*
- Prüfung **VermAnlG 25** 1 ff.
- Übermittlung an Anleger **VermAnlG 15** 11 ff.
- Vermögensanlagen **VermVerkProspV 10** 4 ff.; **15a** 1 f.

Lamfalussy-Verfahren WpPG 7 2 ff.
Laufzeit VermVerkProspV 4 127
- Vermögensanlagen **VermAnlG 5a** 1 ff.

Leasing
- Sachanlagen **EU-ProspektVO Anh. I** 81

Leichtfertigkeit
- Ordnungswidrigkeiten **WpPG 35** 15, 23

Leistungsklage
- gegen Bekanntmachung Maßnahmen **WpPG 30** 11

Lizenzen
- Darstellung **EU-ProspektVO Anh. I** 111
- Emittent, Vermögensanlagen **VermVerkProspV 8** 5 ff.
- Geschäftstätigkeit, Abhängigkeiten **EU-ProspektVO Anh. I** 67

Lock-up-Vereinbarungen EU-ProspektVO Anh. XXIV 10

Sachregister

Look-up-Verpflichtungen
– Wertpapierbeschreibung, Aktien **EU-ProspektVO Anh. III** 72 f.

M

Management
– Aktienbesitz **EU-ProspektVO Anh. I** 143 ff.
– Bezüge/Vergütung **EU-ProspektVO Anh. I** 129 ff.; **Anh. XXIII** 28; **Anh. XXV** 23
– Darstellung **EU-ProspektVO Anh. I** 120 ff., 134 ff.; **Anh. XXIII** 27, 29 f.; **Anh. XXV** 22, 24

Marketingstrategie
– Darstellung **EU-ProspektVO Anh. I** 107 ff.; **Anh. XXV** 19

Märkte
– Registrierungsformular, Schuldtitel/Derivate unter 50.000 € **EU-ProspektVO Anh. IV** 38

Marktrisiken
– Risikofaktoren, Darstellung **EU-ProspektVO Anh. IV** 23

MD&A
– Finanz-/Geschäftslage **EU-ProspektVO Anh. I** 86 ff.

Mindestangaben
– Abweichungen **WpPG 8** 1
– Basisprospekt **WpPG 7** 24
– Baukastenprinzip **WpPG 7** 16
– Befreiung **WpPG 8** 46 ff.
– Bookbuilding-Verfahren **WpPG 8** 18, 22 f.
– BörsZulV **WpPG 7** 25
– Derivate **EU-ProspektVO Anh. XII** 1 ff.
– Emissionserlös **WpPG 8** 15, 26
– Emissionspreis, Nachholung **WpPG 8** 28 ff.
– Emissionspreis, Nichtangabe **WpPG 8** 7 ff.
– Ersatzangaben **WpPG 8** 19 ff., 51 ff.
– Final International Offering Memorandum/Circular **WpPG 8** 10
– Finanzinformationen, zusätzliche **WpPG 7** 22 f., 26
– Garantien **EU-ProspektVO Anh. VI**
– Mängel **WpPG 8** 7 ff.
– Preliminary International Offering Memorandum/Circular **WpPG 8** 10
– Prospektformat **WpPG 7** 27 ff.
– Prospektverordnung, Entwurf **WpPG 7** 6, 9a
– ProspektVO **WpPG 7** 11 ff., 15 ff.
– Rechtsentwicklung **WpPG 7** 1 ff.
– Registrierungsformular, Schuldtitel/Derivate **EU-ProspektVO Anh. IX** 2
– Reihenfolge **WpPG 7** 29 f.
– Schemata/Module, Kombinationsmöglichkeiten **WpPG 7** 20
– Schemata/Module, Rangfolge **WpPG 7** 21
– Schemata/Module, Übersicht **WpPG 7** 19
– Überkreuzcheckliste **WpPG 7** 28
– Uplisting **WpPG 8** 27
– Vermögensanlagen **VermVerkProspV 4** 1 ff.
– Widerrufsrecht **WpPG 8** 34 ff.

Mindeststückelung
– Nichtdividendenwerte **WpPG 5** 40

Mitarbeiter
– Darstellung **EU-ProspektVO Anh. I** 139 ff.; **Anh. XXIII** 31 f.; **Anh. XXV** 25

Mitarbeiterbeteiligungen
– Darstellung **EU-ProspektVO Anh. I** 146
– Prospekt, Veröffentlichung **WpPG 4** 32
– Prospekthaftung **WpPG 21–23** 25
– Prospektpflicht **VermAnlG 2** 56 ff.
– Prospektpflicht, Ausnahmen **WpPG 4** 23 ff., 50

Mitgliedstaaten *s.a. Drittstaatenemission; EU/EWR*
– Auskunftsersuchen **WpPG 28** 11 ff.
– Emittent, Ordnungswidrigkeiten **WpPG 35** 9 f.
– gebilligte Prospekte, Geltungsbereich **WpPG 17** 1 ff.
– gebilligte Prospekte, Veröffentlichung **WpPG 14** 47 ff.
– Herkunftsstaatprinzip **WpPG 14** 49 ff.
– Unterstützung d. BaFin **WpPG 28** 18 ff.
– Verstöße, Unterrichtung Ausland **WpPG 29** 4 ff.
– Zusammenarbeit BaFin **WpPG 28** 1 ff.
– Zusammenarbeit, Verweigerung BaFin **WpPG 28** 17
– Zusammenarbeit, Vorsichtsmaßnahmen **WpPG 29** 8 f.

Mitteilungspflicht *s.a. Zwischeninformationen*
– Befreiung **WpPG 1** 31
– nach Beendigung öffentliches Angebot **VermAnlG 11a** 1 ff.
– Verletzung **WpPG 35** 40 ff.
– Veröffentlichung **VermAnlG 9** 20 ff.
– Veröffentlichung Beendigung **VermAnlG 10a** 1 ff.

– Veröffentlichung, Verstoß **VermAnlG 9** 24; **29** 35
Module
– Abgrenzung, Anhänge d. ProspektVO **EU-ProspektVO Anh. IV** 4 ff.
– Asset Backed Securities **EU-ProspektVO Vor Anh. VII/VIII** 1 ff.; **Anh. VIII** 1 ff.; *s.a. dort*
– Garantien, Mindestangaben **EU-ProspektVO Anh. VI**
– Pro Forma-Finanzinformationen **EU-ProspektVO Anh. II** 1 ff.
– Registrierungsformular, Aktien **EU-ProspektVO Anh. I** 1 ff.
multilaterales Handelssystem WpPG 2 7

N
Nachrangdarlehen
– Schwarmfinanzierungen, Befreiungen **VermAnlG 2a–2d** 14
– Vermögensanlagen **VermAnlG 1** 78, 79 f.
Nachschusspflicht VermVerkProspV 4 110 ff.
– Angebot Vermögensanlage mit **VermAnlG 29** 20
Nachschusspflicht, Verbot VermAnlG 5b 1 ff.
– Beteiligung an GbR und oHG **VermAnlG 5b** 8
– Beteiligung an GmbH **VermAnlG 5b** 9
– Beteiligung an KG **VermAnlG 5b** 10
– Rechtsfolgen **VermAnlG 5b** 11 ff.
Nachträge VermAnlG 8 42, 50; **WpPG 21–23** 15, 34
– Auskunftspflicht **VermAnlG 10** 7
– Bezugnahme auf Prospekt **VermAnlG 10** 17
– Billigung **WpPG 16** 84 ff.
– Billigung Verfahren **VermAnlG 11** 32 ff.
– Einreichungszeitpunkt **WpPG 16** 67 ff.
– fehlerhafte, Haftung **WpPG 16** 145 ff.
– Form **VermAnlG 11** 35 ff.
– Gebühren **VermAnlG 11** 49
– grenzüberschreitende Emission **WpPG 17** 24 ff.
– Inhalt **WpPG 16** 78 ff.
– Nachtragsfähigkeit **WpPG 16** 50 ff.
– Nichteinreichung **WpPG 16** 150 ff.
– Notifizierungsverfahren **WpPG 18** 20
– Präsentation **WpPG 16** 73 ff.
– Rechtsentwicklung **WpPG 16** 1 ff.
– Übermittlung **VermAnlG 10** 15 f.; **14** 25 f.
– Übermittlung, Unternehmensregister **WpPG 16** 93
– und Prospektprüfung **VermAnlG 8** 42
– Verfahren **WpPG 16** 82 ff.
– Veröffentlichung **VermAnlG 10** 12 ff.; 11 40 ff.; **WpPG 14** 1
– Veröffentlichungspflicht **WpPG 16** 91 ff.
– Widerrufsrecht **VermAnlG 11** 44 ff.
– Widerrufsrecht **WpPG 16** 99 ff.; *s.a. dort*
– Zusammenfassung **WpPG 16** 94 ff.
Nachtragsfähigkeit
– unvollständiger Prospekt **VermAnlG 11** 29 f.
Nachtragspflicht WpPG 21–23 43 f.
– Aktienemission **WpPG 16** 114 ff.
– Aktualisierungspflicht **VermAnlG 11** 1 f.
– Anlass **WpPG 16** 23 ff.
– Anwendungsbereich, sachlicher **VermAnlG 11** 3 ff.; **WpPG 16** 21
– Anwendungsbereich, zeitlicher **WpPG 16** 22
– Basisprospekt **WpPG 6** 68 ff.
– Basisprospekte **WpPG 16** 132 ff.
– Beginn **WpPG 16** 61 ff.
– bei periodischen Finanzinformationen **WpPG 16** 39 ff.
– Beispiele wesentliche Veränderungen **VermAnlG 11** 23 ff.
– Ende **WpPG 16** 64 ff.
– Nachtragsfähigkeit **WpPG 16** 50 ff.
– Nichtangabe v. Preis/Volumen **WpPG 8** 9
– Ordnungswidrigkeiten **VermAnlG 29** 33, 34
– Pflichtverstoß **VermAnlG 11** 50 f.
– Prospekt, Gültigkeitsdauer **VermAnlG 8a** 7; **WpPG 9** 28 ff., 51
– Prospekt, Zusammenfassung **WpPG 6** 84
– Prospekthaftung **VermAnlG 10** 18
– Registrierungsformular, gesondert hinterlegtes **WpPG 9** 60 ff.
– Sachverhalte, nachtragsfähige **VermAnlG 11** 11 ff.
– Schuldverschreibungsemission **WpPG 16** 130 ff.
– und Nichtaufnahme von Angaben **WpPG 16** 118 ff.
– und Prospektunrichtigkeit **VermAnlG 20** 9 ff.
– unvollständiger Prospekt, Aktualisierung **VermAnlG 11** 29 f.
– Veränderung, materieller Gehalt **VermAnlG 11** 14 ff.

Sachregister

- Verlängerung des Angebots **WpPG 16** 126
- Verletzung **WpPG 16** 139 ff., 150 ff.
- Veröffentlichungen nach Beendigung Angebot **VermAnlG 11a** 1 ff.
- Verschiebung Emission **WpPG 16** 127 ff.
- Verstöße **WpPG 35** 47 f.
- Verweise, auf andere Dokumente **WpPG 11** 28
- zeitliche Abfolge **WpPG 6** 85 ff.
- zeitliche Eingrenzung **VermAnlG 11** 17 ff.

Namensschuldverschreibungen
- Vermögensanlagen **VermAnlG 1** 81 f.

Nichtdividendenwerte WpPG 1 77 ff.
- Angebotsprogramm **WpPG 2** 74 f.
- Basisprospekt **WpPG 6** 18 f.
- Begriff **WpPG 2** 31
- Daueremittentenprivileg **WpPG 1** 77 ff.
- derivative Komponente **WpPG 1** 80 ff.
- Emissionsvolumen **WpPG 1** 85
- Genussscheine **WpPG 2** 27
- Insolvenzfestigkeit **WpPG 6** 23 ff.
- mit besonderer Deckung **WpPG 6** 23 ff.
- Preisangaben **WpPG 6** 98 ff.
- Prospekt, Gültigkeitsdauer **WpPG 9** 15, 46 ff.
- Prospekt, Zusammenfassung **WpPG 5** 40
- Prospektsprache, in Finanzkreisen gebräuchliche **WpPG 19** 85 ff.
- WpPG, Anwendungsbereich **WpPG 1** 20, 51

Notifizierung *s.a.* Europäischer Pass
- Drittstaatenemission **WpPG 20** 1 ff., 23; *s.a. dort*
- Fristen **WpPG 18** 27 ff.
- Gebühren **WpPG 18** 36 ff.
- Liste BaFin **WpPG 18** 33 ff.
- nach Deutschland notifizierte Prospekte **WpPG 17** 33 ff.
- Nichtaufnahme v. Angaben, Begründung **WpPG 18** 32, 36 ff.
- Prospektverordnung, Entwurf **WpPG 18** 4, 6, 13, 18, 24, 28, 34, 37
- Rechtsbehelf **WpPG 18** 26
- Rechtsentwicklung **WpPG 18** 1 ff.
- Verfahren **WpPG 18** 7 ff.

O

Offenlegungsfrist Jahresabschluss VermAnlG 26 1 ff.

Öffentliche Angebote
- Aktien, ohne Börsenzulassung **WpPG 14** 10
- Asset Backed Securities **EU-ProspektVO Vor Anh. VII/VIII** 1 ff.; *s.a. dort*
- ausländische Zeitungen **VermAnlG 1** 26
- Auslandsemission, Sprachenregelung **WpPG 19** 39 ff.
- Aussetzung **WpPG 26** 39 ff.
- Basisprospekt **WpPG 6** 9
- Beendigung, Pflichten nach **VermAnlG 11a** 1 ff.
- Beginn **WpPG 2** 72
- Begriff **VermAnlG 1** 13 ff.; **WpPG 1** 20; **2** 32 ff.
- Daueremittentenprivileg, Auslaufen **WpPG 1** 87
- Ende **WpPG 2** 72
- freiwillige Prospekterstellung **WpPG 1** 88 ff.
- In-/Auslandsemission, Sprachenregelung **WpPG 19** 48 ff.
- Information, ausreichende **WpPG 2** 53 ff.
- Informationen, Entscheidungsrelevanz **WpPG 2** 55 ff.
- inländische Vermögensanlagen **VermAnlG 1** 11 ff.
- Inlandsbezug **VermAnlG 1** 23 ff.
- Inlandsemission ausländischer Emittenten, Sprachenregelung **WpPG 19** 76 f.
- Inlandsemission, Sprachenregelung **WpPG 19** 13 ff.
- Intermediäre **WpPG 2** 51, 71
- Internet **VermAnlG 1** 24 f.
- Kommunikationsmaßnahmen, Abgrenzung **WpPG 15** 7
- konkrete Erwerbsmöglichkeit **WpPG 2** 58 ff.
- Mitteilung in jedweder Form/auf jedwede Art und Weise **WpPG 2** 42 f.
- öffentlich, Begriff **VermAnlG 1** 19 ff.
- Prospekt, Gültigkeitsdauer **WpPG 9** 10 ff.
- Prospekt, Zusammenfassung **WpPG 5** 39
- Prospektgegenstand **WpPG 1** 29
- Prospektpflicht **WpPG 3** 10 ff.
- Prospektveröffentlichung **WpPG 14** 6 ff.
- Prospektverordnung, Entwurf **WpPG 2** 6, 35, 68 ff.
- Publikum, Begriff **WpPG 2** 46 ff.
- Registrierungsformular, Aktien **EU-ProspektVO Anh. I** 4 ff.
- Tabestandsmerkmale **WpPG 2** 37 ff.
- Übergangsvorschriften **VermAnlG 32** 1 ff.
- Untersagung **VermAnlG 18** 1 ff., 4 ff.; **WpPG 9** 74; **26** 45

2045

Sachregister

- Untersagung, Zuwiderhandlung **WpPG 35** 59
- Untersagung/Aussetzung **WpPG 26** 20 ff.
- Verlängerung Angebotsdauer **VermAnlG 11** 20
- VermAnlG, Regelungsgegenstand **VermAnlG Einl.** 1 ff.
- Vertriebskette **WpPG 2** 71
- WpPG, Anwendungsbereich **WpPG 1** 18

Öffentliche Hand, Emittent **VermAnlG 2** 60

Öffentliche Pfandbriefe
- Basisprospekt **WpPG 6** 27

OGAW **WpPG 1** 34 ff.

Open Market
- Uplisting **WpPG 8** 27

Operating and Financial Review
- Finanz-/Geschäftslage **EU-ProspektVO Anh. I** 86 ff.

Operationelle Risiken
- Risikofaktoren, Darstellung **EU-ProspektVO Anh. IV** 26

Optionsanleihen
- Basisprospekt **WpPG 6** 19
- begebene, Aufnahmepflicht **EU-ProspektVO Anh. I** 300

Optionsrechte
- Aufnahmepflicht **EU-ProspektVO Anh. I** 302

Optionsscheine
- Angebotsprogramm **WpPG 2** 74
- Basisprospekt **WpPG 6** 17 ff.
- Garantien, Mindestangaben **EU-ProspektVO Anh. VI**
- Nichtdividendenwerte **WpPG 2** 31
- Registrierungsformular, Banken **EU-ProspektVO Anh. XI** 8
- Registrierungsformular, Schuldtitel/Derivate **EU-ProspektVO Anh. IX** 1 ff.
- Registrierungsformular, Schuldtitel/Derivate unter 50.000 € **EU-ProspektVO Anh. IV** 1 ff.
- Wertpapierbeschreibung, Derivate **EU-ProspektVO Anh. XII** 1 ff.

Ordnungsgeldvorschriften **VermAnlG 31** 1 ff.
- Auslandsemittenten, Festsetzung gegen **VermAnlG 31** 16
- Bekanntmachung von Tatsachen **VermAnlG 31** 17

Ordnungswidrigkeiten *s.a. Bußgeld*
- Ad-hoc-Publizität Verstoß **VermAnlG 29** 36
- Akteneinsichtsrecht **WpPG 27** 29, 34 ff.
- Anordnung d. Verfalls **WpPG 35** 69
- Anordnung, Zuwiderhandlung **VermAnlG 29** 46 f., 49 f.
- Anordnungen d. BaFin, Zuwiderhandlung **WpPG 35** 53 ff.
- Anwendungsbereich **VermAnlG 29** 7 ff.
- Aufsichtspflichtverletzung **WpPG 35** 67
- Auskunftspflichtverletzung **VermAnlG 29** 51 f.; **WpPG 35** 57 f.
- Begehungsformen **VermAnlG 29** 9 ff., 19, 48 ff.; **WpPG 35** 11 ff., 23
- Bußgeldrahmen **VermAnlG 29** 53 ff.; **WpPG 35** 60 ff.
- Emissionspreis, Nichtveröffentlichung **WpPG 35** 28
- Emissionsvolumen, Nichtveröffentlichung **WpPG 35** 28
- Fahrlässigkeit **WpPG 35** 16
- Herausgabepflichtverletzung **WpPG 35** 57 f.
- Hinweispflicht, Verstoß **VermAnlG 29** 37 f.
- Irrtum **WpPG 35** 13 f.
- Jährliches Dokument, Verstöße **WpPG 35** 32
- juristische Personen/Vereinigungen **WpPG 35** 19 f., 68
- Leichtfertigkeit **WpPG 35** 15, 23
- Mitteilung der Veröffentlichung, Verstoß **VermAnlG 29** 35
- Mitteilungspflicht, Verletzung **WpPG 35** 40 ff.
- Nachträge, Pflichtverstoß **VermAnlG 11** 51
- Nachtragspflichtverletzung **VermAnlG 29** 33, 34; **WpPG 35** 47 f.
- nicht gebilligter Prospekt, Veröffentlichung **VermAnlG 29** 26 ff.
- Nichtveröffentlichung v. Prospekten **VermAnlG 29** 21 ff., 29 ff.
- öffentliches Angebot, Untersagung **WpPG 35** 59
- OWiG, Anwendbarkeit **WpPG 35** 6 ff.
- Papierversion, Nichtüberlassung **WpPG 35** 45 f.
- Prospektpflicht, Verstöße **WpPG 35** 24 ff.
- Prospektveröffentlichung, nicht ordnungsgemäße **WpPG 35** 36 ff.
- Prospektveröffentlichung, vorzeitige **WpPG 35** 33 ff.
- räumlicher Geltungsbereich **WpPG 35** 9 f.
- Rechnungslegung **VermAnlG 30** 1 ff.
- Rechtsentwicklung **VermAnlG 29** 1 ff.

- Schutzgesetzcharakter **WpPG 35** 4
- Schutzzweck **WpPG 35** 4
- Tateinheit mit Straftatbeständen **WpPG 35** 22
- Täter/Beteiligte **WpPG 35** 18 ff.
- Übersicht **WpPG 35** 2 ff.
- und Straftat **VermAnlG 29** 18
- unechte Blanketttatbestände **WpPG 35** 2
- unvollständiger Prospekt **VermAnlG 10** 19
- unzulässige Werbung **WpPG 35** 57 f.
- Verjährung **VermAnlG 29** 17; **WpPG 35** 21
- Verletzung d. Aufsichtspflicht **WpPG 35** 20
- Vermögensanlage mit Nachschusspflicht, Angebot **VermAnlG 29** 20
- Veröffentlichungsort, Nichtangabe **WpPG 35** 43 f.
- Versuch **WpPG 35** 17
- Vorsatz **WpPG 35** 12, 23
- zeitlicher Anwendungsbereich **WpPG 35** 8
- Zuständigkeit **VermAnlG 29** 57 ff.; **WpPG 35** 70 ff.
- Zuwiderhandlungen BaFin Anordnung **VermAnlG 17** 15 f.; **18** 18 ff.

Organisierter Markt
- Auslandsemission, Sprachenregelung **WpPG 19** 39 ff.
- Aussetzung öffentliches Angebot **WpPG 26** 39 ff.
- Begriff **WpPG 1** 20, 26; **2** 118 ff.
- Börseneinführung ohne öffentliches Angebot **WpPG 14** 11 f.
- Freiverkehr **WpPG 1** 27
- In-/Auslandsemission, Sprachenregelung **WpPG 19** 48 ff.
- Inlandsemission ausländischer Emittenten, Sprachenregelung **WpPG 19** 76 f.
- Inlandsemission, Sprachenregelung **WpPG 19** 13 ff.
- Liste d. europäischen Kommission **WpPG 2** 120
- Prospekt, Gültigkeitsdauer **WpPG 9** 1 ff.
- Prospektpflicht **WpPG 3** 58 f.
- regulierter Markt **WpPG 1** 27
- Übergangsfrist Prospektfreiheit **WpPG 4** 55 ff.
- Untersagung öffentliches Angebot **WpPG 26** 45
- Wertpapierbeschreibung, kapitalgarantierte Schuldtitel **EU-ProspektVO Anh. XIII** 1 ff.
- WpPG, Anwendungsbereich **WpPG 1** 18

organisiertes Handelssystem **WpPG 2** 7

Origination
- Asset Backed Securities **EU-ProspektVO Anh. VIII** 17; *s.a. dort*

OWiG
- Anwendbarkeit **WpPG 35** 6 ff.

P

Partiarische Darlehen
- Schwarmfinanzierungen, Befreiungen **VermAnlG 2a–2d** 14
- Vermögensanlagen **VermAnlG 1** 77

Patente
- Darstellung **EU-ProspektVO Anh. I** 111
- Emittent, Vermögensanlagen **VermVerkProspV 8** 5 ff.
- Geschäftstätigkeit, Abhängigkeiten **EU-ProspektVO Anh. I** 67

Patronatserklärung
- Vermögensanlagen **VermVerkProspV 14** 8 f.

Pensionsfonds
- Prospektpflicht, Ausnahmen **VermAnlG 2** 20

Pensionsrückstellungen
- Darstellung **EU-ProspektVO Anh. I** 133

Pfandbriefe
- Asset Backed Securities **EU-ProspektVO Vor Anh. VII/VIII** 16; *s.a. dort*

Pilotfishing **WpPG 15** 34

Platzierung *s.a. Emission*
- durch Intermediäre **WpPG 3** 45 ff.

Pooling
- Abhängigkeiten, Darstellung **EU-ProspektVO Anh. I** 152 ff.

Pre-Marketing **WpPG 15** 36

Pre-Sounding **WpPG 15** 34

Preliminary International Offering Memorandum/Circular **WpPG 8** 10

Pro Forma-Finanzinformationen *s. Finanzinformationen, Pro Forma*

Produktintervention **VermAnlG 18** 15 f.

Produktionskapazität
- Darstellung **EU-ProspektVO Anh. I** 83
- Trendinformationen **EU-ProspektVO Anh. I** 112 ff.; **Anh. XXIII** 25; **Anh. XXV** 20

Prospekt
- Aktualisierung **VermAnlG 11** 1 ff.
- Aktualisierungspflicht **VermAnlG 8a** 4; **WpPG 9** 29 ff., 36
- Anbieter **WpPG 5** 51 f.
- Antragsteller **WpPG 5** 51 f.

Sachregister

- Aufbewahrung **VermAnlG 14** 22; **WpPG 14** 46, 51
- ausländisches, Gleichwertigkeit **WpPG 4** 12, 17
- Basisprospekt **WpPG 6** 1 ff.; *s.a. dort*
- Begriff **VermAnlG 8** 9 f.; **WpPG 1** 28 ff.
- Billigung **VermAnlG 8** 1 ff., 18 ff.
- Billigung, Versagung **VermAnlG 8** 36 ff.
- Börsenzulassung **WpPG 1** 24
- dreiteiliger **WpPG 12** 1 ff., 16 ff.
- dreiteiliger, Veröffentlichung **WpPG 14** 40 f.
- eingliedriger **WpPG 12** 13 ff.
- Entwurf Übermittlung **WpPG 14** 5
- Erstellungsdatum **WpPG 5** 50
- fehlender **WpPG 26** 22
- Format, Wahlmöglichkeit **WpPG 12** 12
- freiwillige Erstellung **WpPG 1** 10, 88 ff.
- freiwilliger, Englisch **WpPG 19** 34 f.
- Gegenstand **WpPG 1** 29
- gleichwertiges Dokument **WpPG 4** 59 ff.
- grundsätzliche Maßstäbe **VermAnlG 7** 5 ff.
- Gültigkeit **WpPG 3** 20 f.
- Hinterlegung **VermAnlG 14** 1 ff.; **WpPG 14** 4 f.
- Hinterlegung, unvollständiger Prospekt **VermAnlG 10** 10 f.
- kleiner **WpPG 4** 31
- kostenlose Ausgabe **VermAnlG 9** 12
- Mitteilung der Veröffentlichung, Verstoß **VermAnlG 29** 35
- nach Deutschland notifizierte, Gültigkeit **WpPG 17** 33 ff.
- Nachtragspflichtverletzung **VermAnlG 29** 33, 34
- nicht gebilligter, Veröffentlichung **VermAnlG 29** 26 ff.
- Nichtveröffentlichung, Ordnungswidrigkeiten **VermAnlG 29** 21 ff., 29 ff.
- Papierversion, Nichtüberlassung **WpPG 35** 45 f.
- Übergangsvorschriften **VermAnlG 32** 1 ff.
- Übermittlung an Anleger **VermAnlG 15** 6 ff.
- Übermittlung Hinterlegungsstelle **VermAnlG 14** 13 ff.
- Verantwortlichkeitsklausel **WpPG 5** 53 ff.
- Veröffentlichung **VermAnlG 9** 1 ff.; **WpPG 3** 18 f.
- Veröffentlichung, nicht ordnungsgemäße **WpPG 35** 36 ff.
- Veröffentlichung, vorzeitige **WpPG 35** 33 ff.
- Werbung, Untersagung **VermAnlG 16** 1 ff.
- Zugänglichmachung **WpPG 13** 36
- zweisprachiger **WpPG 19** 68 ff.

Prospekt, Billigung
- Ablehnung **WpPG 13** 18
- Antrag **WpPG 13** 24 ff.
- Antrag, Rücknahme **WpPG 13** 26
- Antragsteller **WpPG 13** 23
- Drittstaatenemission **WpPG 20** 1 ff.; *s.a. dort*
- fehlende Bescheingung **WpPG 26** 27
- freiwillige Prospekterstellung **WpPG 1** 91 f.
- Gebühren **WpPG 13** 20
- Gegenstand **WpPG 13** 9
- grenzüberschreitende Geltung **WpPG 17** 1 ff.
- Kohärenzprüfung **WpPG 13** 12 ff.
- mehrteiliger **WpPG 13** 13
- mitgliedstaatliche **WpPG 14** 47 ff.
- Nachträge **WpPG 16** 84 ff.
- Nichtangabe v. Preis/Volumen **WpPG 8** 7
- Notifizierungsverfahren **WpPG 18** 7 ff.
- Prospektverordnung, Entwurf **WpPG 13** 5
- Prüfungsfrist **WpPG 13** 28 ff.
- Prüfungsumfang **WpPG 13** 10 ff.
- Rechtsbehelfe **WpPG 13** 19
- Rechtsentwicklung **WpPG 13** 1 ff.
- Rechtsfolge **WpPG 13** 17
- Rechtsfolge, Verzichtserklärung **WpPG 13** 7, 27
- Rechtsnatur **WpPG 13** 16
- Richtigkeit d. Angaben **WpPG 26** 14
- Sprache, gebräuchliche **WpPG 19** 20 ff., 42, 49
- Sprachenregelung, Verstoß **WpPG 26** 27
- Übermittlung, Papierform **WpPG 13** 37
- Übersetzungen/zweisprachige Prospekte **WpPG 19** 68 ff.
- Übersicht **WpPG 13** 6 f.
- Unrichtigkeit **WpPG 26** 45
- Unterlagen, Nachforderung **WpPG 13** 31 ff.
- Unvollständigkeit **WpPG 26** 45
- Veröffentlichungszeitpunkt **WpPG 14** 6
- Verständlichkeit, Prüfung **WpPG 13** 14
- Vollständigkeitsprüfung **WpPG 13** 11, 31
- Wertpapieraufsicht, Unterrichtung **WpPG 13** 21
- Zugänglichmachung Prospekte **WpPG 13** 36

- Zuständigkeit **WpPG 13** 8
Prospekt, Gültigkeit VermAnlG 8a 1 ff.; **WpPG 9** 1 ff.
- Ablauf **WpPG 9** 69 ff.; **26** 26
- Aktienemission **WpPG 9** 9
- Aktualisierungspflicht **VermAnlG 8a** 4; **WpPG 9** 29 ff., 36
- Angebotsprogramm **WpPG 9** 41 ff.
- Deliktshaftung **WpPG 9** 76
- Emittent, Dispositionsrecht **WpPG 9** 37 ff.
- ESME, Bericht **WpPG 9** 20
- fortbestehende Angebote **WpPG 9** 69 ff.
- Nachtragspflicht **VermAnlG 8a** 7; **WpPG 9** 28 ff., 51
- Nichtdividendenwerte **WpPG 9** 15
- Nichtdividendenwerte mit bes. Deckung/Insolvenfestigkeit **WpPG 9** 46 ff.
- öffentliches Angebot, Begriff **WpPG 9** 10
- prospektpflichtiges Ereignis, späteres **WpPG 9** 11 f.
- Rechtsentwicklung **WpPG 9** 19 ff.
- Registrierungsformular, Gültigkeitsdauer **WpPG 9** 52 ff.
- Reparing Final Terms **WpPG 9** 70 f.
- Sachverhaltskonstellationen **WpPG 9** 7
- Sammelnachträge **WpPG 9** 40a
- Schuldverschreibungsemission **WpPG 9** 8
- Übergangsregelung **WpPG 36** 11 ff.
- und Gültigkeit Registrierungsformular **WpPG 9** 63 ff.
- Verkürzung **WpPG 9** 37 ff.
- Verstöße **WpPG 9** 72 ff.
- Zwölf-Monats-Frist, Berechnung **WpPG 9** 26 ff., 43

Prospekt, Inhalt
- Abgrenzung, Anhänge d. ProspektVO **EU-ProspektVO Anh. V** 6 ff.; **Vor Anh. VII/VIII** 8 ff., 17 ff.; **Anh. XI** 9 f.; **Anh. XII** 7 ff.; **Anh. XIII** 7 ff.
- Abhängigkeiten, Darstellung **EU-ProspektVO Anh. I** 152 ff.
- Abschlussprüfer **EU-ProspektVO Anh. I** 17 ff.; **Anh. IV** 12; **Anh. IX** 7; **Anh. XI** 12; **Anh. XXIII** 14; **Anh. XXV** 9
- Abweichungen Mindestinhalt **WpPG 8** 1 ff.
- Aktienkapital **EU-ProspektVO Anh. IV** 68
- Aktionärsstruktur **EU-ProspektVO Anh. I** 147 ff.; **Anh. XXIII** 33; **Anh. XXV** 26
- Aktualität **WpPG 5** 24
- allgemeiner Grundsatz **WpPG 5** 8 ff.
- Anforderungen, Verschärfung **WpPG 5** 20 f.
- Angaben Dritter **EU-ProspektVO Anh. I** 318; **Anh. XXIII** 41; **Anh. XXV** 36
- Angaben Dritter, Prüfung **EU-ProspektVO Anh. IV** 75; **Anh. IX** 29; **Anh. XI** 42
- Angaben, geringe Bedeutung **VermAnlG 7** 38
- Angebotsbedingungen **EU-ProspektVO Anh. V** 47 ff.; **Anh. XII** 142 ff.
- Anwendungsbereich, sachlicher **VermAnlG 11** 3 ff.
- Asset Backed Securities **EU-ProspektVO Vor Anh. VII/VIII** 1 ff.; *s.a. dort*
- Aufsichtsorgane **EU-ProspektVO Anh. I** 306
- Auswertbarkeit **VermAnlG 7** 16 f.
- Baukastenprinzip **WpPG 7** 16
- Befreiung **WpPG 8** 46 ff.
- Beteiligungsbesitz **EU-ProspektVO Anh. I** 325 ff.; **Anh. XXV** 38
- Betriebsgeheimnisse **WpPG 5** 15
- Börsenzulassung **WpPG 5** 14
- Corporate Governance Kodex **EU-ProspektVO Anh. I** 137 f.
- Drittstaaten, gebilligte Dokumente **WpPG 11** 13 ff.
- durchschnittlicher Anleger **WpPG 5** 18
- Eigenkapitalausstattung **EU-ProspektVO Anh. I** 101 ff.; **Anh. XXV** 17 f.
- einsehbare Dokumente **EU-ProspektVO Anh. I** 319 ff.; **Anh. IV** 76; **Anh. IX** 30; **Anh. XI** 43; **Anh. XXIII** 42; **Anh. XXV** 37
- einzelnes Dokument **WpPG 12** 13 ff.
- Emission, Gründe **EU-ProspektVO Anh. V** 30 f.
- Emission, Termin **EU-ProspektVO Anh. XIII** 23
- Emissionserlös **WpPG 8** 15, 26
- Emissionsvolumen, Nachholung **WpPG 8** 28 ff.
- Emissionsvolumen, Nichtangabe **WpPG 8** 7 ff.
- Emittent **EU-ProspektVO Anh. IV** 31 ff.; **Anh. IX** 9 f.
- Emittent, drohender Schaden **VermAnlG 7** 39
- Emittent, Hauptaktionäre **EU-ProspektVO Anh. IX** 22
- Emittent, interne Organisation **EU-ProspektVO Anh. I** 120 ff.; **Anh. XXIII** 27; **Anh. XXV** 22
- Emittent, Organe **EU-ProspektVO Anh. IV** 55 ff.; **Anh. IX** 21; **Anh. XI** 33

Sachregister

- Emittent, Organisationsstruktur **EU-ProspektVO Anh. I** 73 ff.; **Anh. IV** 40 ff.; **Anh. IX** 15; **Anh. XI** 29 f.; **Anh. XXIII** 24; **Anh. XXV** 14
- Emittenten, erforderliche Angaben **EU-ProspektVO Anh. I** 50 ff.; **Anh. XI** 23 ff.; **Anh. XXIII** 16 f.; **Anh. XXV** 12
- Erlösverwendung **EU-ProspektVO Anh. V** 30 f.
- Ersatzangaben **WpPG 8** 19 ff., 51 ff.
- Erstellungsdatum **WpPG 5** 50
- Final International Offering Memorandum/Circular **WpPG 8** 10
- Finanz-/Geschäftslage **EU-ProspektVO Anh. I** 86 ff.
- Finanzinformationen, historische **EU-ProspektVO Anh. I** 24 ff., 169 ff.; **Anh. IV** 13, 61 ff.; **Anh. IX** 23 ff.; **Anh. XI** 35 ff.; **Anh. XXIII** 35 ff.; **Anh. XXV** 10, 29 ff.
- Format **WpPG 7** 27 ff.
- Format, Wahlmöglichkeit **WpPG 12** 12
- freiwilliger Prospekt **WpPG 5** 19
- Garantien, Mindestangaben **EU-ProspektVO Anh. VI**
- Gebot d. Wesentlichkeit **VermAnlG 7** 14 f.
- Gegenstand d. Prospekts **WpPG 1** 29
- Gesamteindruck **WpPG 21–23** 66 ff.
- Gesamtschau **WpPG 5** 12 ff.
- Geschäftsentwicklung **EU-ProspektVO Anh. IV** 31 ff.
- Geschäftsführung, Praktiken **EU-ProspektVO Anh. IV** 58 f.
- Geschäftsführungsorgane **EU-ProspektVO Anh. I** 306
- Geschäftstätigkeit **EU-ProspektVO Anh. I** 61 ff.; **Anh. XXIII** 18 ff.; **Anh. XXV** 13
- Geschäftstätigkeit, mit verbundenen Parteien **EU-ProspektVO Anh. I** 158 ff.; **Anh. XXIII** 34; **Anh. XXV** 27
- Geschäftsüberblick **EU-ProspektVO Anh. IV** 35 ff.; **Anh. IX** 11 ff.; **Anh. XI** 26 ff.
- Gesellschaftssatzung **EU-ProspektVO Anh. I** 304 ff.
- Gewinn, Prognose/Schätzung **EU-ProspektVO Anh. I** 115 ff.; **Anh. XXIII** 26; **Anh. XXV** 21
- Gewinnprognosen/-schätzungen **EU-ProspektVO Anh. IV** 53 f.; **Anh. IX** 18 ff.; **Anh. XI** 32
- grundsätzliche Maßstäbe **VermAnlG 7** 5 ff.
- GUV/Bilanz-Angaben **EU-ProspektVO Anh. I** 27 f.

- Handelsregeln **EU-ProspektVO Anh. V** 52; **Anh. XII** 172; **Anh. XIII** 25
- Hauptaktionäre **EU-ProspektVO Anh. IV** 60; **Anh. XI** 34
- Haupttätigkeitsbereiche **EU-ProspektVO Anh. IV** 36 f.
- Informationen, Veröffentlichung nach Emission **EU-ProspektVO Anh. V** 54
- Interessen Dritter **EU-ProspektVO Anh. V** 27 ff.; **Anh. XI** 42; **Anh. XIII** 15 f.
- Investitionen **EU-ProspektVO Anh. IV** 34
- Kapitalangaben **EU-ProspektVO Anh. I** 295 ff.; **Anh. XXIII** 38 f.; **Anh. XXV** 34
- Kettenverweisung **WpPG 11** 24
- Kohärenzprüfung **WpPG 13** 12 ff.
- Kosten, Zulassung **EU-ProspektVO Anh. XIII** 28
- Management **EU-ProspektVO Anh. I** 120 ff.; **Anh. XXIII** 27; **Anh. XXV** 22
- Management, Bezüge/Vergütung **EU-ProspektVO Anh. I** 129 ff.; **Anh. XXIII** 28; **Anh. XXV** 23
- Mängel **WpPG 5** 23; **8** 7 ff.
- Märkte **EU-ProspektVO Anh. IV** 38
- mehrere Dokumente **WpPG 12** 1 ff., 16 ff.
- Mindestangaben **WpPG 5** 13; **7** 1 ff.; *s.a. dort*
- Mitarbeiter **EU-ProspektVO Anh. I** 139 ff.; **Anh. XXIII** 31 f.; **Anh. XXV** 25
- Mitarbeiterbeteiligungen **EU-ProspektVO Anh. I** 146
- Nachträge **VermAnlG 8** 42, 50
- Negativaussage **EU-ProspektVO Anh. I** 56, 67, 110
- Pensionsrückstellungen **EU-ProspektVO Anh. I** 133
- Plain English Rule **WpPG 5** 22
- Planungsüberlegung d. Emittenten **WpPG 5** 15
- Pooling-Vereinbarungen **EU-ProspektVO Anh. I** 152 ff.
- Preliminary International Offering Memorandum/Circular **WpPG 8** 10
- Pro Forma-Finanzinformationen **EU-ProspektVO Anh. I** 215 ff.; **Anh. II** 1 ff.
- Prospektklarheit, Grundsatz d. **WpPG 5** 17 ff.
- Prospektklarheit, Verletzung **WpPG 5** 23
- Prospektverantwortliche **EU-ProspektVO Anh. IV** 9 ff.; **Anh. IX** 6; **Anh. V** 14 ff.; **Anh. XII** 23; **Anh. XIII** 12

Sachregister

- Prospektverordnung, Entwurf **WpPG 5** 7, 25, 43 ff.; **7** 9a; **8** 6, 58
- Prospektvollständigkeit, Grundsatz d. **WpPG 5** 10 ff.
- Prospektwahrheit, Grundsatz d. **WpPG 5** 12
- Prospektzweck **WpPG 5** 2
- qualifizierte Anleger **WpPG 5** 18
- Quellenbesteuerung **EU-ProspektVO Anh. XIII** 24
- Rating **EU-ProspektVO Anh. V** 55 f.; **Anh. XIII** 30
- Rechnungslegungsstandards, Vergleich **EU-ProspektVO Anh. I** 98 ff.
- Rechtsentwicklung **WpPG 5** 1 ff.
- Registrierungsformular, Banken **EU-ProspektVO Anh. XI** 1 ff.
- Registrierungsformular, Schuldtitel/Derivate **EU-ProspektVO Anh. IX** 1 ff.
- Registrierungsformular, Schuldtitel/Derivate unter 50.000 € **EU-ProspektVO Anh. IV** 1 ff.
- Reihenfolge **WpPG 7** 29 f.
- Rendite **EU-ProspektVO Anh. XIII** 21
- Richtigkeit **WpPG 26** 14
- Risikofaktoren **EU-ProspektVO Anh. I** 32 ff.; **Anh. IV** 14 ff.; **Anh. IX** 8; **Anh. V** 17 ff.; **Anh. XI** 13 ff.; **Anh. XII** 24 ff.; **Anh. XIII** 13 f.; **Anh. XXIII** 15; **Anh. XXIV** 3; **Anh. XXV** 11
- Sachanlagen **EU-ProspektVO Anh. I** 79 ff.; **Anh. XXV** 15
- Sachverständigengutachten **EU-ProspektVO Anh. IV** 75; **Anh. XI** 42
- Satzung **EU-ProspektVO Anh. IV** 69 f.
- Sprache **WpPG 5** 21 f., 26, 31, 41; **17** 15 ff.
- Sprachenregelung, Verstoß **WpPG 26** 27
- Teilverweise **WpPG 11** 25 f.
- Trendinformationen **EU-ProspektVO Anh. I** 112 ff.; **Anh. IV** 43 ff.; **Anh. IX** 16 f.; **Anh. XI** 31; **Anh. XXIII** 25; **Anh. XXV** 20
- Treuhandvermögen **VermAnlG 7** 24
- Überkreuzcheckliste **WpPG 7** 28
- Übersetzung, englische **WpPG 8** 10
- Unrichtigkeit **VermAnlG 20** 8 ff., 18 ff.; **WpPG 5** 12; **21–23** 50 ff.; **26** 45
- Unternehmensgegenstand **EU-ProspektVO Anh. I** 305
- Unterzeichnung **EU-ProspektVO Anh. I** 16; **WpPG 5** 51 ff.
- unvollständiger Börsenzulassungsprospekt **WpPG 6** 4
- unvollständiger Prospekt **VermAnlG 10** 1 ff., 9; **18** 9; **WpPG 5** 11; **8** 1 ff.; **26** 45
- unvollständiger Prospekt, Aktualisierung **VermAnlG 11** 29 f.; **WpPG 21–23** 43 f.
- Unvollständigkeit **VermAnlG 20** 8 ff., 21 ff.; **WpPG 21–23** 55 ff.
- Uplisting **WpPG 8** 27
- verantwortliche Personen **EU-ProspektVO Anh. I** 2 ff.; **Anh. XI** 10 f.; **Anh. XXIII** 12 f.; **Anh. XXIV** 2; **Anh. XXV** 8
- Verantwortlichkeitsklausel **EU-ProspektVO Anh. I** 2 ff.; **WpPG 5** 53 ff.
- Vergleichbarkeitsgebot **VermAnlG 7** 23
- Verordnungsermächtigungen **VermAnlG 7** 30 ff.
- Verständlichkeit, Prüfung **WpPG 13** 14
- Verständlichkeitsgebot **VermAnlG 7** 18 ff.
- Verträge, bestehende **EU-ProspektVO Anh. IV** 71 ff.; **Anh. IX** 28; **Anh. XI** 41
- Verträge, wesentliche **EU-ProspektVO Anh. I** 313 ff.; **Anh. XXIII** 40; **Anh. XXV** 35
- Verweis, Einbeziehung durch **WpPG 11** 1 ff.
- Verweise, Aktualität **WpPG 11** 41 f.
- Verweise, auf/in Nachträgen **WpPG 11** 27 ff.
- Verweise, dynamische **WpPG 11** 16
- Verweise, Gültigkeit d. Dokumente **WpPG 11** 35 ff.
- Verweise, Haftung **WpPG 11** 49 f.
- Verweise, Liste **WpPG 11** 47 f.
- Verweise, Sprachenregelung **WpPG 11** 29 ff.
- Verweise, Übermaß **WpPG 11** 21
- Vollständigkeitsgebot **VermAnlG 7** 6 ff., 10
- Vollständigkeitsprüfung **WpPG 13** 11; s.a. *Prospekt, Billigung*
- Warnhinweise **VermAnlG 7** 25 ff.; **WpPG 5** 20 f., 34 ff.
- Weglassen v. Angaben, Verordnungsermächtigung **VermAnlG 7** 38 f.
- Wertpapierbeschreibung, Aktien **EU-ProspektVO Anh. III** 1 ff.
- Wertpapierbeschreibung, Derivate **EU-ProspektVO Anh. XII** 1 ff.
- Wertpapierbeschreibung, kapitalgarantierte Schuldtitel **EU-ProspektVO Anh. XIII** 1 ff.
- Wertpapierbeschreibung, Schuldtitel **EU-ProspektVO Anh. V** 1 ff.
- Wertpapiere, Angaben **EU-ProspektVO Anh. V** 32 ff.; **Anh. XII** 73 ff.
- Wesentlichkeitsschwelle **WpPG 5** 16

Sachregister

- Wettbewerbsposition **EU-ProspektVO Anh. IV** 39
- Widerrufsrecht **WpPG 8** 34 ff.
- Zahl-/Verwahrstellen **EU-ProspektVO Anh. XII** 164 ff.; **Anh. XIII** 26
- zusätzliche Angaben **EU-ProspektVO Anh. I** 295 ff.; **Anh. XXIII** 38 f.; **Anh. XXV** 34
- zusätzliche Angaben, besondere Emittenten **EU-ProspektVO Anh. XIX** 1 ff.
- zusätzliche Angaben, Verlangen d. BaFin **VermAnlG 15a** 1 ff.; **WpPG 26** 5 ff.

Prospekt, Prüfung
- Antragsrücknahme **VermAnlG 8** 44
- Auskunfts-/Vorlageersuchen **VermAnlG 19** 1 ff.
- Auskunfts-/Vorlageersuchen, Zwangsmittel **VermAnlG 19** 18 ff.
- Billigung, Versagung **VermAnlG 8** 36 ff.
- Billigung, Wirkung **VermAnlG 8** 43 ff.
- Frist **VermAnlG 8** 25 ff., 42
- Gebühren **VermAnlG 8** 41
- Gestattung, Rechtsnatur **VermAnlG 8** 45
- Nachträge **VermAnlG 8** 42, 50; **10** 12 ff.; **11** 1 ff.; *s.a. dort*
- Prüfungsumfang **VermAnlG 8** 3, 18 ff.
- Unterlagen, Nachforderung **VermAnlG 8** 27 ff.
- Untersagung d. Veröffentlichung **VermAnlG 17** 1 ff., 4 ff.
- Untersagung d. Veröffentlichung, Sofortvollzug **VermAnlG 17** 14
- unvollständiger Prospekt **VermAnlG 10** 1 ff.
- Unvollständigkeit **VermAnlG 18** 9
- Verzicht auf Veröffentlichung **VermAnlG 8** 44 ff.
- Werbung, Untersagung **VermAnlG 16** 1 ff.
- zusätzliche Angaben, Verlangen d. BaFin **VermAnlG 15a** 1 ff.

Prospekt, Veröffentlichung
- Adressatenkreis **WpPG 14** 32
- Aktien, öffentliches Angebot **WpPG 14** 10
- Arten **WpPG 14** 13 ff.
- Bereithaltung **WpPG 14** 17 ff.
- Börseneinführung ohne öffentliches Angebot **WpPG 14** 11 f.
- Dateiformat **WpPG 14** 31
- Dauer **WpPG 14** 34 f.
- dreiteiliger Prospekt **WpPG 14** 40 f.
- Fristberechnung **WpPG 14** 9
- Herkunftsstaatprinzip **WpPG 14** 49 ff.
- Hinterlegung **WpPG 14** 4 f.
- Hinweisbekanntmachung **WpPG 14** 3
- Internet **WpPG 14** 1, 24 ff., 53 ff.
- Internet, Papierversion **WpPG 14** 42 ff.
- mitgliedstaatlich gebilligte Prospekte **WpPG 14** 47 ff.
- Mitteilung an BaFin **WpPG 14** 2, 36 ff., 51
- Mitteilung, Unternehmensregister **WpPG 14** 39
- Nachträge **WpPG 16** 91 ff.
- öffentliches Angebot **WpPG 14** 6 ff.
- Rechtsentwicklung **WpPG 14** 1 ff.
- Schalterpublizität **WpPG 14** 17 ff.
- Tages-/Wirtschaftszeitung **WpPG 14** 14 ff.
- Verpflichtung **WpPG 14** 6 ff.
- Verspätung **WpPG 14** 8
- Verweise, Hyperlinks **WpPG 14** 31
- Zeitpunkt **WpPG 14** 1, 6

Prospekt, Zusammenfassung
- Basisprospekt **WpPG 6** 34 f.
- dreiteiliger Prospekt **WpPG 12** 22
- Entbehrlichkeit **WpPG 5** 38 ff.
- europäischer Pass **WpPG 5** 26, 41
- Finanzinformationen, historische **EU-ProspektVO Anh. I** 31
- inhaltliche Anforderungen **WpPG 5** 27 ff.
- Mindeststückelung **WpPG 5** 40
- Nachträge **WpPG 6** 84; **16** 94 ff.
- Nichtdividendenwerte **WpPG 5** 40
- öffentliches Angebot **WpPG 5** 39
- Risikofaktoren **EU-ProspektVO Anh. I** 49
- Sprache **WpPG 5** 26, 31, 41
- Sprache, gebräuchliche **WpPG 19** 24 f.
- Sprache, Übersetzung ins Deutsche **WpPG 19** 72 ff., 78 ff.
- Verständlichkeit **WpPG 5** 31
- Verweise auf Dokumente **WpPG 11** 43 ff.
- Verweise auf Prospektinhalt **WpPG 5** 31; **7** 27
- Warnhinweise **WpPG 5** 20 f., 34 ff.

Prospektänderungsrichtlinie WpPG 7 9

Prospekthaftung
- Adressaten **VermAnlG 20** 28 ff.; **WpPG 21–23** 74 ff.; *s.a. Prospekthaftung, Adressaten*
- Aktualisierungspflicht **WpPG 21–23** 43 f.
- Anbieterkonsortium **WpPG 21–23** 113
- Angaben Dritter, Verwendung **EU-ProspektVO Anh. III** 91 ff.; **Anh. XXIV** 13
- Angaben von wesentlicher Bedeutung **VermAnlG 20** 13 ff.
- Anspruchsberechtigte **VermAnlG 20** 32 ff.; **WpPG 21–23** 88 ff.; *s.a. Prospekthaftung, Anspruchsberechtigte*

Sachregister

- Anspruchsinhalt **VermAnlG 20** 45 ff.
- Auslandsemittent **WpPG 21–23** 93
- bei Befreiung von Angaben **WpPG 8** 49 f.
- Berichtigung **WpPG 21–23** 69 ff.
- Berichtigung, Wirkung **WpPG 21–23** 69 ff.
- Beurteilungsmaßstab **VermAnlG 20** 11 f.; **WpPG 21–23** 37 ff.
- Beurteilungszeitpunkt **VermAnlG 20** 9 ff.; **WpPG 21–23** 41 ff.
- Börsenzulassungsprospekt, fehlerhafter **WpPG 21–23** 4 ff.; *s.a. dort*
- deliktische Ansprüche **WpPG Vor 21–25** 30 f.
- Entwicklung **VermAnlG Vor 20–22** 5 ff.; **WpPG Vor 21–25** 1 ff.
- Erstreckung, auf Verweisdokumente **WpPG 11** 49 f.
- freiwillige Prospekterstellung **WpPG 1** 93
- Geheimhaltungsinteresse **WpPG 21–23** 63 ff.
- Geltendmachung **VermAnlG 20** 50 ff.; **WpPG 21–23** 130 ff.
- Gerichtsstand **VermAnlG 20** 53 f.; **WpPG 21–23** 136 ff.
- Gesamteindruck, Berücksichtigung **WpPG 21–23** 66 ff.
- Gesamtschuldner, Emittent/Anbieter **WpPG 2** 97
- Gesamtschuldnerschaft **VermAnlG 20** 28; **WpPG 21–23** 86
- Haftungsausschluss **WpPG 21–23** 8
- Haftungsbeschränkungen **EU-ProspektVO Anh. I** 11; **WpPG 5** 56; **11** 50
- Haftungsfreizeichnung **VermAnlG 20** 49; **21** 20; **WpPG 21–23** 127 ff.; **25** 1 ff.
- Haftungszeitraum **WpPG 9** 17
- Kausalität **WpPG 21–23** 99 ff.
- Konkurrenzen **VermAnlG 20** 55; **WpPG 21–23** 141 ff.
- Kontroll-/Nachforschungspflichten **WpPG 21–23** 112
- Mitverschulden **VermAnlG 20** 42 ff.; **WpPG 21–23** 108, 114 ff.
- Nachtrag **WpPG 21–23** 15, 34, 43 f.
- Nachträge **VermAnlG 10** 18
- Nachträge, fehlerhafte **WpPG 16** 145 ff.
- Nachträge, Nichteinreichung **WpPG 16** 150 ff.
- Nachträge, Pflichtverstoß **VermAnlG 11** 50 f.
- Prospekt, fehlender **VermAnlG Vor 20–22** 1
- Prospekt, fehlerhafter **VermAnlG 20** 1 ff.; **Vor 20–22** 1 f.
- Prospekt, Gültigkeitsdauer **WpPG 9** 76
- Prospektmangel, Risikohinweise **WpPG 21–23** 63
- Prospektmangel, zukunftsbezogene Informationen **WpPG 21–23** 56 ff.
- Prospektrichtlinie **WpPG Einl.** 5
- Prospektübersetzung **WpPG 19** 36 ff.
- Prospektverordnung, Entwurf **WpPG Vor 21–25** 32 f.
- Rechtsschutz **VermAnlG 20** 56
- Rechtsschutzversicherung **WpPG 21–23** 144
- schriftliche Darstellungen **WpPG 21–23** 21 ff.
- sonstige fehlerhafte Prospekte **WpPG 21–23** 7
- Sorgfaltsmaßstab **EU-ProspektVO Anh. I** 12
- Systematik **VermAnlG Vor 20–22** 12
- Übergangsregelung **WpPG 37** 3
- Übergangsvorschriften **VermAnlG Vor 20–22** 15
- Übersicht **WpPG Vor 21–25** 19 ff.
- Umfang Anspruch **WpPG 21–23** 117 ff.
- und Nachtragspflicht **VermAnlG 20** 9 ff.
- Unrichtigkeit **VermAnlG 20** 8 ff., 18 ff.; **WpPG 21–23** 50 ff.
- Unterzeichner **WpPG 5** 52 ff.
- Unvollständigkeit **VermAnlG 20** 8 ff., 21 ff.; **WpPG 21–23** 55 ff.
- verantwortliche Personen **EU-ProspektVO Anh. I** 1 ff.
- Verantwortlichkeitsklausel **WpPG 5** 53 ff.
- Verjährung **VermAnlG 20** 50 ff.; **WpPG 21–23** 130 ff.
- Verkaufsprospekt **VermAnlG 20** 2 ff.
- Vermögensanlagen **VermAnlG Vor 20–22** 1 ff.
- Vermögensanlagen-Informationsblatt **VermAnlG 13** 94 f.; **22** 1 ff.; *s.a. Vermögensanlagen-Informationsblatt, Haftung*
- Vermögensanlagen-Informationsblatt, fehlerhaftes **VermAnlG Vor 20–22** 2
- Verschulden **VermAnlG 20** 40 f.; **WpPG 21–23** 107 ff.
- Wertpapiere mit gleichen Ausstattungsmerkmalen **WpPG 21–23** 28
- Wertpapierprospekte, sonstige **WpPG 21–23** 29 ff.
- wesentliche Angaben **WpPG 21–23** 45 ff.

Sachregister

Prospekthaftung, Adressaten VermAnlG 20 28 ff.
- Dritte **VermAnlG 20** 30; **WpPG 21–23** 79
- Experten **VermAnlG 20** 31; **WpPG 21–23** 84 f.
- fehlender Prospekt **VermAnlG 21** 14 ff.; **WpPG 24** 14 ff.
- Gesamtschuldnerschaft **VermAnlG 20** 28; **WpPG 21–23** 86
- Prospekterlasser **WpPG 21–23** 75 ff.
- Prospektveranlasser **WpPG 21–23** 81 ff.

Prospekthaftung, Anspruchsberechtigte WpPG 21–23 88 ff.
- entgeltliche Erwerbsgeschäfte **VermAnlG 20** 36; **WpPG 21–23** 96 ff.
- Erwerbszeitraum **WpPG 21–23** 90 ff.

Prospekthaftung, fehlender Prospekt
- Adressaten **VermAnlG 21** 12 ff.; **WpPG 24** 14 ff.
- Anspruchsberechtigte **VermAnlG 21** 7 ff.; **WpPG 24** 9 ff.
- Gerichtszuständigkeit **VermAnlG 21** 23 f.; **WpPG 24** 30
- Haftungsfreizeichnung **VermAnlG 21** 20; **WpPG 24** 30; 25 1 ff.
- Kausalität **VermAnlG 21** 14 f.; **WpPG 24** 18 f.
- Konkurrenzen **VermAnlG 21** 25 f.; **WpPG 24** 36
- Mitverschulden **VermAnlG 21** 18; **WpPG 24** 24 f.
- Rechtsentwicklung **VermAnlG 21** 1 ff.; **WpPG 24** 1 ff.
- Umfang Anspruch **VermAnlG 21** 19; **WpPG 24** 26 ff.
- Verjährung **VermAnlG 21** 21 f.; **WpPG 24** 31 f.
- Verschulden **VermAnlG 21** 17; **WpPG 24** 20 ff.
- Voraussetzungen **VermAnlG 21** 2 ff.; **WpPG 24** 4 ff.

Prospektpflicht VermAnlG 6 1 ff.
- aufgrund mehrerer Vorschriften **VermAnlG 6** 9 ff.
- Ausnahmen, Kleinemissionen **WpPG 1** 68, 75
- Daueremittentenprivileg, Auslaufen **WpPG 1** 87
- Drittstaatenemission **WpPG 20** 1 ff.; s.a. dort
- freiwillige Erstellung **WpPG 1** 10

- gleichwertiges Dokument **WpPG 4** 31, 59 ff.
- grauer Kapitalmarkt **WpPG Einl.** 3 f.
- inländische Vermögensanlagen **VermAnlG 1** 1 ff.
- Inlandsbezug **WpPG 3** 11
- Intermediäre **WpPG 3** 45 ff.
- Internetangebot **WpPG 3** 12 ff., 32
- Kettenemissionen **WpPG 3** 33, 45 ff.
- Kleinemissionen **WpPG 1** 7
- Mitgliedstaaten **WpPG 1** 33
- öffentliche Angebote **WpPG 3** 10 ff.
- öffentliche Angebote, Adressatenkreis **WpPG 2** 46 ff.
- organisierter Markt **WpPG 3** 58 f.
- Pflichtverstoß, Anhaltspunkte **VermAnlG 18** 8 ff.
- Prospektverordnung, Entwurf **WpPG 3** 3
- Rechtsfolgen **VermAnlG 6** 23 ff.
- Übersicht **WpPG 3** 4 ff.
- und andere Regulierungsnormen **VermAnlG 6** 19 ff.
- Verletzung **WpPG 3** 22
- VermAnlG **WpPG 1** 25
- Verstoß **WpPG 4** 58
- Verstöße, Ordnungswidrigkeiten **WpPG 35** 24 ff.
- vorausgehende Prospekt-Veröffentlichung **VermAnlG 6** 16 ff.
- Weiterveräußerung v. Wertpapieren **WpPG 3** 44
- Werbemaßnahmen, Anforderungen **WpPG 15** 15 ff.
- Zwangsversteigerung **WpPG 3** 16 f.

Prospektpflicht, Ausnahmen
- Aktien aus Umtausch-/Bezugsrechten **WpPG 4** 51 ff.
- Aktientausch **WpPG 4** 5 ff., 46
- angebotsbezogene **WpPG 3** 24 ff.
- Anleger, Anzahl **WpPG 3** 29 ff.
- Anleger, qualifizierte **WpPG 3** 27 f.
- BaFin, Prüfung **WpPG 4** 58
- Emission, Haltevereinbarung **WpPG 4** 45
- fälschliche Annahme **WpPG 4** 58
- Kapitalerhöhung aus Gesellschaftsmitteln **WpPG 4** 19 ff., 49
- Kleinemission, Gesamtverkaufspreis **WpPG 3** 41 ff.
- Kleinemission, organisierter Markt **WpPG 4** 38 ff.
- Kombinationsmöglichkeit **WpPG 3** 25; **4** 2
- Mindestanlagebetrag **WpPG 3** 35 ff.

Sachregister

- Mindeststückelung **WpPG 3** 38 ff.
- Mitarbeiterbeteiligungsprogramme **WpPG 4** 23 ff., 50
- organisierter Markt **WpPG 4** 34 ff.
- Prospektverordnung, Entwurf **WpPG 4** 2, 62 f.
- Sachdividenden **WpPG 4** 49
- Sonstige Dritte **WpPG 3** 57
- Spaltung **WpPG 4** 18
- Übergangsfrist **WpPG 4** 55 ff.
- Übernahmevorgänge **WpPG 4** 8 ff., 47
- Verschmelzung **WpPG 4** 48
- Verschmelzung Emittenten **WpPG 4** 14 ff.
- Weiterveräußerung v. Wertpapieren **WpPG 3** 44
- wertpapierbezogene **WpPG 3** 23

Prospektrichtlinie *s.a. Prospektverordnung, Entwurf*
- Anpassungsregelungen **WpPG 1** 11
- Anteilsscheine **WpPG 1** 3
- Anwendungsbereich **WpPG 1** 1 ff.
- Anwendungsbereich, Ausnahmen **WpPG 1** 2 ff.
- BaFin, Befugnisse **WpPG 26** 1 ff.
- Bußgeldvorschriften **WpPG 35** 1 ff.
- Daueremissionen v. Kreditinstituten **WpPG 1** 9
- dreiteiliger Prospekt **WpPG 12** 1 ff.
- Kleinemissionen **WpPG 1** 7
- KMU, Schwellenwerte **WpPG 2** 82 ff.
- Mindestangaben **WpPG 7** 1; *s.a. dort*
- Prospekt, Zusammenfassung **WpPG 5** 28 ff.
- Prospekthaftung **WpPG Einl.** 5
- Sprachenregelung **WpPG 19** 6 f.
- Überprüfung **WpPG 1** 12 ff., 69 ff.
- Umsetzung **WpPG 1** 18 ff.
- Werbung, Anforderungen **WpPG 15** 1 ff.

Prospektrichtlinie – Konsultation
- dreiteiliger Prospekt **WpPG 12** 9 ff.

Prospektrichtlinie-Umsetzungsgesetz
- Prospekthaftung **WpPG Einl.** 5
- WpPG, Anwendungsbereich **WpPG 1** 18 ff.
- WpPG, Entstehung **WpPG Einl.** 5

Prospektverordnung, Entwurf WpPG 1 13 ff.
- Angebotsfrist **WpPG 2** 7
- Angebotsprogramm **WpPG 2** 6, 77
- Arbeitstage **WpPG 2** 7
- Asset Backed Securities **EU-ProspektVO Vor Anh. VII/VIII** 1a
- BaFin, Befugnisse **WpPG 26** 4
- BaFin, Verschwiegenheitspflicht **WpPG 27** 5
- Basisprospekt Gliederung **WpPG 6** 33
- Basisprospekt Zusammenfassung **WpPG 6** 34
- Basisprospektregime **WpPG 6** 4a ff., 14
- Begriffsbestimmungen **WpPG 2** 6 ff.
- dauernde und wiederholte Ausgabe, Begriff **WpPG 2** 6, 102
- Drittlandsemittent **WpPG 2** 7, 117
- Emittent **WpPG 2** 6, 90
- europäischer Pass **WpPG 17** 7 f.
- freiwillige Prospekterstellung **WpPG 1** 94
- Gebühr **WpPG 2** 7
- Kleinemission **WpPG 1** 8, 70, 76
- KMU-Wachstumsmarkt **WpPG 2** 7
- multilaterales Handelssystem **WpPG 2** 7
- Notifizierungsverfahren **WpPG 18** 4, 6, 13, 18, 24, 28, 34, 37
- öffentliches Angebot **WpPG 2** 6, 35, 68 ff.
- organisiertes Handelssystem **WpPG 2** 7
- Prospekt, Billigung **WpPG 13** 5
- Prospekt, Inhalt **WpPG 5** 7, 25, 43 ff.
- Prospekthaftung **WpPG Vor 21–25** 32 f.
- Prospektpflicht **WpPG 3** 3
- Prospektpflicht, Ausnahmen **WpPG 4** 2, 62 f.
- Schlüsselinformationen **WpPG 2** 6, 125
- vorgeschriebene Information **WpPG 2** 7
- Werbung **WpPG 2** 7; **15** 2
- Wertpapieraufsichtsbehörde, Zusammenarbeit **WpPG 28a** 2
- Wertpapierbeschreibung, Aktien **EU-ProspektVO Anh. III** 11
- Wertpapierkategorien **WpPG 6** 16
- Zusammenarbeit EU/EWR **WpPG 28** 5 ff.

Provisionen VermVerkProspV 4 116 ff.

Prüfung
- Rechnungslegung **VermAnlG 24** 22 ff.; *s.a. Rechnungslegung, Prüfung*

Publikumsgesellschaft
- Angebot, steuerliche Konzeption **VermVerkProspV 4** 63

Publizität *s.a. Veröffentlichung*
- VerkProspG, Entstehung **WpPG Einl.** 4
- WpPG, Regelungsgegenstand **WpPG Einl.** 1 ff.

Publizitätsrichtlinien WpPG 15 8

Q

Qualifizierte Anleger s. *Anleger, qualifizierte*
Quellenbesteuerung
– Wertpapierbeschreibung, Derivate **EU-ProspektVO Anh. XII** 123 ff.
– Wertpapierbeschreibung, kapitalgarantierte Schuldtitel **EU-ProspektVO Anh. XIII** 24
Quiet Period WpPG 15 21, 27

R

Rating
– Wertpapierbeschreibung, kapitalgarantierte Schuldtitel **EU-ProspektVO Anh. XIII** 30
– Wertpapierbeschreibung, Schuldtitel **EU-ProspektVO Anh. V** 55 f.
Rechnungslegung
– Bußgeldvorschriften **VermAnlG 30** 1 ff.
– Prüfung **VermAnlG 24** 22 ff.; *s.a. Rechnungslegung, Prüfung*
Rechnungslegung, Prüfung VermAnlG 24 22 ff.
– Anlass **VermAnlG 24** 23
– Anordnung **VermAnlG 24** 23 ff.
– Anzeigepflicht BaFin **VermAnlG 24** 50 ff.
– Auskunftsverlangen **VermAnlG 24** 33 ff.
– Auskunftsverweigerungsrecht **VermAnlG 24** 37
– Berichtspflichten **VermAnlG 24** 44
– Bestätigungen Abschlussprüfer **VermAnlG 25** 11 ff.
– Drittstaatenemittenten **VermAnlG 25** 3 f., 5 f.
– Durchführung **VermAnlG 24** 31 ff.
– EU/EWR Emittenten **VermAnlG 25** 3 f., 8 ff.
– Feststellungen Abschlussprüfer **VermAnlG 25** 11 ff.
– Grundstücke/Geschäftsräume, Betreten **VermAnlG 24** 40 ff.
– Inlandsemittenten **VermAnlG 25** 3 f., 5 f.
– Kostentragung **VermAnlG 24** 45 ff.
– Prüfer, Verantwortlichkeit **VermAnlG 24** 49
– Prüfungsgegenstand **VermAnlG 25** 1
– Vergütung **VermAnlG 24** 45 ff.
– Vorlageverlangen **VermAnlG 24** 33 ff.
Rechnungslegungsstandards
– anwendbare **EU-ProspektVO Anh. I** 176 ff.
– Drittstaatenemissionen **EU-ProspektVO Anh. I** 181 ff.
– Finanz-/Geschäftslage, Darstellung **EU-ProspektVO Anh. I** 98 ff.

– Geschäftstätigkeit, Neuaufnahme/Start up **EU-ProspektVO Anh. I** 201
– IAS-VO **EU-ProspektVO Anh. I** 176 ff.
– IDW-Prüfungsstandards **EU-ProspektVO Anh. II** 2, 41 ff.
– Konsistenzregel **EU-ProspektVO Anh. I** 178 ff., 186 ff.
– Zwischeninformationen **EU-ProspektVO Anh. I** 260
Rechtshilfe, internationale
– Strafsachen **WpPG 28** 25 ff.
Rechtsmittel
– aufschiebende Wirkung **WpPG 26** 49 ff.
Rechtsschutzversicherung
– Prospekthaftung **WpPG 21–23** 144
Rechtsstreitigkeiten
– Emittent, Vermögensanlagen **VermVerkProspV 8** 8 f.
– Registrierungsformular, Asset Backed Securities **EU-ProspektVO Anh. VII** 35 f.
– Risikofaktoren, Darstellung **EU-ProspektVO Anh. IV** 27
Refinanzierungsrisiken
– Risikofaktoren, Darstellung **EU-ProspektVO Anh. IV** 25
Register s. *Anlegerregister; Unternehmensregister*
Registrierungsformular
– Abgrenzung, Anhänge d. ProspektVO **EU-ProspektVO Anh. IV** 4 ff.; **Anh. V** 6 ff.; **Vor Anh. VII/VIII** 8 ff., 17 ff.; **Anh. XI** 9 f.; **Anh. XII** 7 ff.; **Anh. XIII** 7 ff.
– Aktualisierungspflicht **WpPG 12** 34 ff.
– Asset Backed Securities **EU-ProspektVO Vor Anh. VII/VIII** 1 ff.; *s.a. dort*
– Billigung **WpPG 12** 30 ff.
– Billigung, fehlende **WpPG 12** 43
– dreiteiliger Prospekt **WpPG 12** 4, 20, 30 ff.
– gesondert hinterlegtes **WpPG 9** 60 ff.; **12** 7, 30 ff.
– Gültigkeit, Ablauf **WpPG 26** 26
– Gültigkeitsdauer **WpPG 9** 14, 16, 52 ff.; **12** 31
– Hinterlegung **WpPG 12** 43
– Nachträge **WpPG 12** 34 ff.
– Nachtragspflicht **WpPG 9** 60 ff.
– Notifizierung **WpPG 12** 5
– Sprache **WpPG 12** 33
– und Prospektgültigkeit **WpPG 9** 63 ff.
– Verweise **WpPG 12** 32
– Verwendbarkeit, Mitgliedstaaten **WpPG 12** 5

Sachregister

Registrierungsformular, ABS
- Abschlussprüfer EU-ProspektVO Anh. VII 4
- Angaben Dritter, Prüfung EU-ProspektVO Anh. VII 37 f.
- Anwendungsbereich EU-ProspektVO Anh. VII 1 ff.
- einsehbare Dokumente EU-ProspektVO Anh. VII 39
- Emittent, Organe EU-ProspektVO Anh. VII 21 ff.
- Emittenten, erforderliche Angaben EU-ProspektVO Anh. VII 13 ff.
- Finanzinformationen, historische EU-ProspektVO Anh. VII 27 ff.
- Geschäftsüberblick EU-ProspektVO Anh. VII 16 ff.
- Hauptaktionäre EU-ProspektVO Anh. VII 25 f.
- Interessen Dritter EU-ProspektVO Anh. VII 37
- Märkte, Tätigkeitsbereich EU-ProspektVO Anh. VII 17 f.
- Rechtsstreitigkeiten EU-ProspektVO Anh. VII 35 f.
- Risikofaktoren EU-ProspektVO Anh. VII 5 ff.
- Sachverständigengutachten EU-ProspektVO Anh. VII 37
- Startups EU-ProspektVO Anh. VII 30 f.
- verantwortliche Personen EU-ProspektVO Anh. VII 2 f.

Registrierungsformular, Aktien
- Abgrenzung, Anhänge d. ProspektVO EU-ProspektVO Anh. IV 4 ff.
- Abhängigkeiten, Darstellung EU-ProspektVO Anh. I 152 ff.
- Abschlussprüfer EU-ProspektVO Anh. I 17 ff.; Anh. XXIII 14; Anh. XXV 9
- Aktionärsstruktur EU-ProspektVO Anh. I 147 ff.; Anh. XXIII 33; Anh. XXV 26
- Angaben Dritter EU-ProspektVO Anh. I 318; Anh. XXIII 41; Anh. XXV 36
- Aufsichtsorgane EU-ProspektVO Anh. I 306
- Beteiligungsbesitz EU-ProspektVO Anh. I 325 ff.; Anh. XXV 38
- Corporate Governance Kodex EU-ProspektVO Anh. I 137 f.
- Eigenkapitalausstattung EU-ProspektVO Anh. I 101 ff.; Anh. XXV 17 f.
- einsehbare Dokumente EU-ProspektVO Anh. I 319 ff.; Anh. XXIII 42; Anh. XXV 37
- Emittent, interne Organisation EU-ProspektVO Anh. I 120 ff.; Anh. XXIII 27; Anh. XXV 22
- Emittent, Organisationsstruktur EU-ProspektVO Anh. I 73 ff.; Anh. XXIII 24; Anh. XXV 14
- Emittenten, erforderliche Angaben EU-ProspektVO Anh. I 50 ff.; Anh. XXIII 16 f.; Anh. XXV 12
- Finanz-/Geschäftslage EU-ProspektVO Anh. I 95 ff.
- Finanzinformationen, historische EU-ProspektVO Anh. I 24 ff., 169 ff.; Anh. XXIII 35 ff.; Anh. XXV 10, 29 ff.
- Geschäftsführungsorgane EU-ProspektVO Anh. I 306
- Geschäftstätigkeit EU-ProspektVO Anh. I 61 ff.; Anh. XXIII 18 ff.; Anh. XXV 13
- Geschäftstätigkeit, mit verbundenen Parteien EU-ProspektVO Anh. I 158 ff.; Anh. XXIII 34; Anh. XXV 27
- Gesellschaftssatzung EU-ProspektVO Anh. I 304 ff.
- Gewinn, Prognose/Schätzung EU-ProspektVO Anh. I 115 ff.; Anh. XXIII 26; Anh. XXV 21
- Kapitalangaben EU-ProspektVO Anh. I 295 ff.; Anh. XXIII 38 f.; Anh. XXV 34
- Management EU-ProspektVO Anh. I 120 ff.; Anh. XXIII 27; Anh. XXV 22
- Management, Bezüge/Vergütung EU-ProspektVO Anh. I 129 ff.; Anh. XXIII 28; Anh. XXV 23
- Mitarbeiter EU-ProspektVO Anh. I 139 ff.; Anh. XXIII 31 f.; Anh. XXV 25
- Mitarbeiterbeteiligungen EU-ProspektVO Anh. I 146
- Negativaussage EU-ProspektVO Anh. I 56, 67, 110
- Pensionsrückstellungen EU-ProspektVO Anh. I 133
- Pooling-Vereinbarungen EU-ProspektVO Anh. I 152 ff.
- Pro Forma-Finanzinformationen EU-ProspektVO Anh. I 215 ff.; Anh. II 1 ff.
- Rechnungslegungsstandards, Vergleich EU-ProspektVO Anh. I 98 ff.
- Risikofaktoren EU-ProspektVO Anh. I 32 ff.; Anh. XXIII 15; Anh. XXV 11

Sachregister

- Sachanlagen **EU-ProspektVO Anh. I** 79 ff.; **Anh. XXV** 15
- Trendinformationen **EU-ProspektVO Anh. I** 112 ff.; **Anh. XXIII** 25; **Anh. XXV** 20
- Unternehmensgegenstand **EU-ProspektVO Anh. I** 305
- verantwortliche Personen **EU-ProspektVO Anh. I** 2 ff.
- Verträge, wesentliche **EU-ProspektVO Anh. I** 313 ff.; **Anh. XXIII** 40; **Anh. XXV** 35
- Wertpapierbeschreibung, Aktien **EU-ProspektVO Anh. III** 1 ff.
- zusätzliche Angaben **EU-ProspektVO Anh. I** 295 ff.; **Anh. XXIII** 38 f.; **Anh. XXV** 34

Registrierungsformular, Banken
- Abgrenzung, Anhänge d. ProspektVO **EU-ProspektVO Anh. XI** 9 f.
- Abschlussprüfer **EU-ProspektVO Anh. XI** 12
- Angaben Dritter, Prüfung **EU-ProspektVO Anh. XI** 42
- Anwendungsbereich **EU-ProspektVO Anh. XI** 1 ff.
- einsehbare Dokumente **EU-ProspektVO Anh. XI** 43
- Emittent, Organe **EU-ProspektVO Anh. XI** 33
- Emittent, Organisationsstruktur **EU-ProspektVO Anh. XI** 29 f.
- Emittenten, erforderliche Angaben **EU-ProspektVO Anh. XI** 23 ff.
- Finanzinformationen, historische **EU-ProspektVO Anh. XI** 35 ff.
- Geschäftsüberblick **EU-ProspektVO Anh. XI** 26 ff.
- Gewinnprognosen/-schätzungen **EU-ProspektVO Anh. XI** 32
- Hauptaktionäre **EU-ProspektVO Anh. XI** 34
- Interessen Dritter **EU-ProspektVO Anh. XI** 42
- Risikofaktoren **EU-ProspektVO Anh. XI** 13 ff.
- Sachverständigengutachten **EU-ProspektVO Anh. XI** 42
- Trendinformationen **EU-ProspektVO Anh. XI** 31
- verantwortliche Personen **EU-ProspektVO Anh. XI** 10 f.
- Verträge, bestehende **EU-ProspektVO Anh. XI** 41

Registrierungsformular, Schuldtitel/Derivate
- Abgrenzung, Anhänge d. ProspektVO **EU-ProspektVO Anh. IV** 4 ff.
- Abschlussprüfer **EU-ProspektVO Anh. IV** 12; **Anh. IX** 7
- Aktienkapital **EU-ProspektVO Anh. IV** 68
- Angaben Dritter, Prüfung **EU-ProspektVO Anh. IV** 75; **Anh. IX** 29
- Anwendungsbereich **EU-ProspektVO Anh. IV** 1 ff.; **Anh. IX** 1 ff.
- einsehbare Dokumente **EU-ProspektVO Anh. IV** 76; **Anh. IX** 30
- Emittent **EU-ProspektVO Anh. IV** 31 ff.; **Anh. IX** 9 f.
- Emittent, Hauptaktionäre **EU-ProspektVO Anh. IX** 22
- Emittent, Organe **EU-ProspektVO Anh. IV** 55 ff.; **Anh. IX** 21
- Emittent, Organisationsstruktur **EU-ProspektVO Anh. IV** 40 ff.; **Anh. IX** 15
- Finanzinformationen, historische **EU-ProspektVO Anh. IV** 13, 61 ff.; **Anh. IX** 23 ff.
- Geschäftsentwicklung **EU-ProspektVO Anh. IV** 31 ff.
- Geschäftsführung, Praktiken **EU-ProspektVO Anh. IV** 58 f.
- Geschäftsüberblick **EU-ProspektVO Anh. IV** 35 ff.; **Anh. IX** 11 ff.
- Gewinnprognosen/-schätzungen **EU-ProspektVO Anh. IV** 53 f.; **Anh. IX** 18 ff.
- Hauptaktionäre **EU-ProspektVO Anh. IV** 60
- Haupttätigkeitsbereiche **EU-ProspektVO Anh. IV** 36 f.
- Investitionen **EU-ProspektVO Anh. IV** 34
- Märkte **EU-ProspektVO Anh. IV** 38
- Mindestangaben **EU-ProspektVO Anh. IX** 2
- Pro Forma-Finanzinformationen **EU-ProspektVO Anh. IV** 63
- Prospektverantwortliche **EU-ProspektVO Anh. IX** 6
- Risikofaktoren **EU-ProspektVO Anh. IV** 14 ff.; **Anh. IX** 8
- Sachverständigengutachten **EU-ProspektVO Anh. IV** 75
- Satzung **EU-ProspektVO Anh. IV** 69 f.
- Trendinformationen **EU-ProspektVO Anh. IV** 43 ff.; **Anh. IX** 16 f.
- verantwortliche Personen **EU-ProspektVO Anh. IV** 9 ff.

- Verträge, bestehende EU-ProspektVO Anh. IV 71 ff.; **Anh. IX** 28
- Wettbewerbsposition **EU-ProspektVO Anh. IV** 39

Regulierter Markt WpPG 2 118
- Asset Backed Securities **EU-ProspektVO Vor Anh. VII/VIII** 1 ff.; *s.a.* dort
- Aussetzung öffentliches Angebot **WpPG 26** 39 ff.
- Begriff **WpPG 1** 26
- Mindestangaben **WpPG 7** 25
- Untersagung d. öffentlichen Angebots **WpPG 26** 45

REIT WpPG 1 45

REIT-AG
- Verlangen zusätzlicher Angaben **EU-ProspektVO Anh. XIX** 6

Religionsgemeinschaften
- Emittenten-Privileg **VermAnlG 2a–2d** 21 ff.
- spezifische Verpflichtungen **VermAnlG 2a–2d** 33
- Widerrufsrecht **VermAnlG 2a–2d** 26 ff.

Rendite
- Wertpapierbeschreibung, kapitalgarantierte Schuldtitel **EU-ProspektVO Anh. XIII** 21

Renditeangaben
- Werbung **VermAnlG 12** 19 ff.

Reparing Final Terms WpPG 9 70 f.

Retail Cascades
- Einwilligung **WpPG 3** 49 ff.
- nicht qualifizierte Anleger, Anzahl **WpPG 3** 34
- öffentliche Angebote, Begriff **WpPG 2** 71
- Prospektpflicht **WpPG 3** 45 ff.
- Prospektverwendung, Zustimmung **WpPG 3** 55 f.

Risikofaktoren
- anlagebezogene **VermVerkProspV 2** 49 ff.
- Anlageziel **VermVerkProspV 2** 64 f.
- anlegerbezogene **VermVerkProspV 2** 55 ff.
- Auswahl **EU-ProspektVO Anh. I** 43 ff.
- Bedeutung **EU-ProspektVO Anh. I** 32 ff.; **Anh. XXIII** 15; **Anh. XXV** 11
- Begriff **VermVerkProspV 2** 41 f.
- Biogasanlagen **VermVerkProspV 2** 90 f.
- Bonitätsrisiko **EU-ProspektVO Anh. IV** 22
- Darstellung **EU-ProspektVO Anh. I** 36 ff.; **Anh. IV** 24
- dreiteiliger Prospekt **WpPG 12** 24
- Einlagensicherung **EU-ProspektVO Anh. IV** 28
- Eintrittswahrscheinlichkeit **EU-ProspektVO Anh. I** 46
- Emittentenausfallrisiko **EU-ProspektVO Anh. V** 23
- Geothermie **VermVerkProspV 2** 92
- Geschäftspartner **VermVerkProspV 2** 53
- Geschäftsrisiken **EU-ProspektVO Anh. IV** 24
- im Vorfeld **VermVerkProspV 2** 50 ff.
- Immobilienmarkt **VermVerkProspV 2** 72 ff.
- Kategorien **EU-ProspektVO Anh. I** 42 f.; **VermVerkProspV 2** 40
- Kreditrisiko **EU-ProspektVO Anh. IV** 21
- laufende Geschäftstätigkeit **VermVerkProspV 2** 67 ff.
- marktbezogene **VermVerkProspV 2** 48, 70 ff.
- Marktrisiken **EU-ProspektVO Anh. IV** 23
- maximales Risiko, Darstellung **VermVerkProspV 2** 115
- Minimierung **VermVerkProspV 2** 112
- Nachträge **VermVerkProspV 2** 113 f.
- operationelle Risiken **EU-ProspektVO Anh. IV** 26
- Photovoltaik **VermVerkProspV 2** 89
- Projektbezug **VermVerkProspV 2** 59 ff.
- Prospektmangel, Haftung **WpPG 21–23** 63
- Rechtsstreitigkeiten **EU-ProspektVO Anh. IV** 27
- Refinanzierungsrisiken **EU-ProspektVO Anh. IV** 25
- Registrierungsformular, Asset Backed Securities **EU-ProspektVO Anh. VII** 5 ff.
- Registrierungsformular, Banken **EU-ProspektVO Anh. XI** 13 ff.
- Registrierungsformular, Schuldtitel/Derivate **EU-ProspektVO Anh. IX** 8
- Registrierungsformular, Schuldtitel/Derivate unter 50.000 € **EU-ProspektVO Anh. IV** 14 ff.
- Renditerisiko **EU-ProspektVO Anh. V** 22
- Sicherungskonzept **VermVerkProspV 2** 66
- steuerliche Anerkennungsfähigkeit **VermVerkProspV 2** 57 f.
- Transportgewerbe **VermVerkProspV 2** 93 ff.
- Verlustrisiken **EU-ProspektVO Anh. V** 21
- Verweise auf Dokumente **WpPG 11** 46
- Verweise auf Prospektinhalt **WpPG 7** 27
- Währung **VermVerkProspV 2** 54

- Währungsrisiko **EU-ProspektVO Anh. V** 24
- Warnhinweise **EU-ProspektVO Anh. I** 36
- Wertpapierbeschreibung, Aktien **EU-ProspektVO Anh. III** 5 ff.
- Wertpapierbeschreibung, Derivate **EU-ProspektVO Anh. XII** 24 ff.
- Wertpapierbeschreibung, kapitalgarantierte Schuldtitel **EU-ProspektVO Anh. XIII** 13 f.
- Wertpapierbeschreibung, Schuldtitel **EU-ProspektVO Anh. V** 17 ff.
- Wiederanlagerisiko **EU-ProspektVO Anh. V** 25
- Windkraft **VermVerkProspV 2** 84 ff.
- Zusammenfassung **EU-ProspektVO Anh. I** 49

Roadshowpräsentation WpPG 15 37
Rückgaberecht
- WpPG, Anwendungsbereich **WpPG 1** 47

Rückzahlung VermVerkProspV 4 124 f.; **13a** 1 ff.

S

Sachanlagen
- Darstellung **EU-ProspektVO Anh. I** 79 ff.; **Anh. XXV** 15
- Finanzierung **EU-ProspektVO Anh. I** 107; **Anh. XXV** 17 f.

Sachdividenden
- Prospektpflicht, Ausnahmen **WpPG 4** 49

Sachverständigengutachten
- Anlageobjekt, Bewertung **VermVerkProspV 9** 68 ff.
- Bergbaugesellschaften **EU-ProspektVO Anh. XIX** 11a
- einsehbare Dokumente **EU-ProspektVO Anh. I** 322
- Registrierungsformular, Asset Backed Securities **EU-ProspektVO Anh. VII** 37
- Registrierungsformular, Banken **EU-ProspektVO Anh. XI** 42
- Registrierungsformular, Schuldtitel/Derivate **EU-ProspektVO Anh. IV** 75
- Schifffahrtsgesellschaften **EU-ProspektVO Anh. XIX** 23
- Wertpapierbeschreibung, Aktien **EU-ProspektVO Anh. III** 87 ff.
- Wertpapierbeschreibung, Bezugsrechtsemission **EU-ProspektVO Anh. XXIV** 13
- Wertpapierbeschreibung, Derivate **EU-ProspektVO Anh. XII** 176

Sammelnachträge WpPG 9 40a
Satzungsregelungen
- Aufnahmepflicht **EU-ProspektVO Anh. I** 304 ff.
- Registrierungsformular, Schuldtitel/Derivate unter 50.000 € **EU-ProspektVO Anh. IV** 69 f.

Scheinanbieter
- Auskunfts-/Vorlage-/Überlassungspflichten **WpPG 26** 9

Schema
- Abgrenzung, Anhänge d. ProspektVO **EU-ProspektVO Anh. IV** 4 ff.; **Anh. V** 6 ff.; **Vor Anh. VII/VIII** 8 ff., 17 ff.; **Anh. XI** 9 f.; **Anh. XII** 7 ff.; **Anh. XIII** 7 ff.
- Asset Backed Securities **EU-ProspektVO Vor Anh. VII/VIII** 1 ff.; *s.a. dort*
- Registrierungsformular, Banken **EU-ProspektVO Anh. XI** 1 ff.
- Registrierungsformular, Schuldtitel/Derivate **EU-ProspektVO Anh. IX** 1 ff.
- Registrierungsformular, Schuldtitel/Derivate unter 50.000 € **EU-ProspektVO Anh. IV** 1 ff.
- Wahlmöglichkeiten **EU-ProspektVO Anh. IV** 8; **Anh. XII** 1 ff.
- Wertpapierbeschreibung, Aktien **EU-ProspektVO Anh. III** 1 ff.
- Wertpapierbeschreibung, Schuldtitel **EU-ProspektVO Anh. V** 1 ff.

Schiedsverfahren
- anhängige, Aufnahmepflicht **EU-ProspektVO Anh. I** 289

Schifffahrtsgesellschaften
- Verlangen zusätzlicher Angaben **EU-ProspektVO Anh. XIX** 22 ff.

Schiffgesellschaften
- Angebot, steuerliche Konzeption **VermVerkProspV 4** 56 ff.

Schiffspfandbriefe
- Basisprospekt **WpPG 6** 27

Schlüsselinformationen WpPG 2 123 f.
Schuldtitel WpPG 1 38
- Garantien, Mindestangaben **EU-ProspektVO Anh. VI**
- kapitalgarantierte **EU-ProspektVO Anh. XIII** 1
- Registrierungsformular, Banken **EU-ProspektVO Anh. XI** 8
- Registrierungsformular, Schuldtitel/Derivate **EU-ProspektVO Anh. IX** 1 ff.

– Wertpapierbeschreibung, Schuldtitel **EU-ProspektVO Anh. V** 1 ff.
Schuldverschreibungen
– Basisprospekt **WpPG 6** 18 ff.
– Nachträge **WpPG 16** 130 ff.
– Nichtdividendenwerte **WpPG 2** 31
– Prospekt, Gültigkeitsdauer **WpPG 9** 8
– WpPG, Anwendungsbereich **WpPG 1** 77 ff.
Schwarmfinanzierungen, Befreiungen VermAnlG 2a–2d 1 ff., 5 ff.
– spezifische Verpflichtungen **VermAnlG 2a–2d** 31 ff.
– Widerrufsrecht **VermAnlG 2a–2d** 26 ff.
Selbstverpflichtung
– freiwillige Offenlegungspflichten, ABS **EU-ProspektVO Vor Anh. VII/VIII** 1
Sicherungssysteme
– Risikofaktoren, Darstellung **EU-ProspektVO Anh. IV** 28
Sitz
– Herkunftsstaat, Begriff **WpPG 2** 103 ff.
– Herkunftsstaat, Wahlrecht **WpPG 2** 107 ff.
Sofortige Vollziehung
– Aufhebungsantrag **WpPG 31** 7 f.
– Maßnahmen BaFin **VermAnlG 26a** 1 ff.; **26b** 1 ff.
– Untersagung d. öffentlichen Angebots **VermAnlG 18** 17
– Untersagung d. Veröffentlichung **VermAnlG 17** 14
soziale Projekte
– Emittenten-Privileg **VermAnlG 2a–2d** 21 ff.
– Widerrufsrecht **VermAnlG 2a–2d** 26 ff.
Spaltung WpPG 4 18
– Emittenten, Prospektpflicht **WpPG 4** 48
Sprache
– Vermögensanlagen, Prospektinhalt **VermVerkProspV 2** 23 ff.
Sprachenregelung
– BaFin, anerkannte Sprachen **WpPG 19** 44 ff.
– Basisprospekt **WpPG 19** 71
– Drittstaatenemission **WpPG 20** 23
– europäischer Pass **WpPG 19** 11
– freiwilliger Prospekt **WpPG 19** 34 f.
– gebräuchliche Sprache **WpPG 19** 20 ff., 42, 49, 86
– gebrochenes Sprachregime **WpPG 19** 68 ff.
– Herkunftsstaat Ausland, Inlandsemission **WpPG 19** 76 f.

– Herkunftsstaat Deutschland, Auslandsemission **WpPG 19** 39 ff.
– Herkunftsstaat Deutschland, In-/Auslandsemission **WpPG 19** 48 ff.
– Herkunftsstaat Deutschland, Inlandsemission **WpPG 19** 13 ff.
– Nichtdividendenwerte **WpPG 19** 85 ff.
– Rechtsentwicklung **WpPG 19** 6 f.
– Überblick **WpPG 19** 1 ff.
– Übersetzung, Haftungsrechtsstreit **WpPG 19** 36 ff.
– Übersetzungen/zweisprachige Prospekte **WpPG 19** 68 ff.
– Verstoß **WpPG 26** 27
– Verweise **WpPG 11** 29 ff.
– Wahlrecht **WpPG 19** 49 ff.
– Zielsetzung **WpPG 19** 8 ff.
Staatsanwaltschaft
– Straftaten, Zuständigkeit **WpPG 35** 74
Staatsgarantien
– WpPG, Anwendungsbereich **WpPG 1** 20, 52 ff.
Staatshaftung
– BaFin **WpPG 13** 38 ff.
Staatsmonopolist, Emittent VermAnlG 2 70
Stabilisierungsmaßnahmen
– Wertpapierbeschreibung, Aktien **EU-ProspektVO Anh. III** 68
Startups
– Registrierungsformular, Asset Backed Securities **EU-ProspektVO Anh. VII** 30 f.
– Verlangen zusätzlicher Angaben **EU-ProspektVO Anh. XIX** 17 ff., 24
Steuerkonzeption, Darstellung VermVerkProspV 4 28 ff.
Straftat
– Geschäftsführung **VermVerkProspV 12** 17 ff.
– Gesellschafter **VermVerkProspV 7** 17 ff.
Straftaten
– Ermittlungen **WpPG 35** 74
– Nachträge, Pflichtverstoß **VermAnlG 11** 50 f.
– Tateinheit mit Ordnungswidrigkeiten **WpPG 35** 22
Strafverfahren
– Akteneinsichtsrecht **WpPG 27** 29, 34 ff.
– Rechtshilfe **WpPG 28** 25 ff.
Strafvorschriften VermAnlG 28 1 f.
Synthetische Verbriefungstransaktionen
– Asset Backed Securities **EU-ProspektVO Vor Anh. VII/VIII** 12; *s.a. dort*

T

Tatbestandsirrtum
- Ordnungswidrigkeiten WpPG 35 13

Tochtergesellschaften
- Emittent, Organisationsstruktur EU-ProspektVO Anh. I 77 f.; Anh. XXIII 24; Anh. XXV 14

Transaktion
- Begriff EU-ProspektVO Anh. I 220 f.

Transportgewerbe
- Risikofaktoren VermVerkProspV 2 93 ff.

Trendinformationen EU-ProspektVO Anh. I 112 ff.; Anh. XXIII 25; Anh. XXV 20
- Registrierungsformular, Banken EU-ProspektVO Anh. XI 31
- Registrierungsformular, Schuldtitel/Derivate unter 50.000 € EU-ProspektVO Anh. IV 43 ff.

Treuhandverhältnis
- Emittent, Vermögensanlagen VermVerkProspV 12 31 ff., 45

Treuhandvermögen
- Anteile, Vermögensanlagen VermAnlG 1 64 ff.

True-Sale-Verbriefungstransaktionen
- Asset Backed Securities EU-ProspektVO Vor Anh. VII/VIII 11; s.a. dort

U

Übergangsregelung WpPG 36 1 ff.
- Aufhebung Verkaufsprospektgesetz WpPG 37 1 ff.
- Drittstaatenemissionen WpPG 36 2 ff.
- Prospekthaftung VermAnlG Vor 20–22 15

Überkreuzcheckliste WpPG 7 28

Überlassungspflicht
- Anbieter/Emittent WpPG 26 13
- erweiterte WpPG 26 18 ff.

Übermittlungspflichten Anleger VermAnlG 15 1 ff.
- Überwachung VermAnlG 15 2 ff.
- Verkaufsprospekt VermAnlG 15 6 ff.
- Vermögensanlagen Informationsblatt VermAnlG 15 6 ff.

Übernahme
- Prospektpflicht, Ausnahmen WpPG 4 8 ff., 47

Umtauschanleihen
- begebene, Aufnahmepflicht EU-ProspektVO Anh. I 300

Umtauschrechte
- Prospektpflicht, Ausnahmen WpPG 4 51 ff.
- Vermögensanlagen VermVerkProspV 6 17 f.

Umwandlung
- Emittent, Prospektpflicht WpPG 4 14 ff.
- Emittenten, Prospektpflicht WpPG 4 48
- Mindestangaben WpPG 7 22 f.

Unmittelbarer Zwang
- BaFin-Maßnahmen, Durchsetzung WpPG 26 50

Unternehmen
- kleine und mittlere, Schwellenwerte WpPG 2 82 ff.

Unternehmensbeteiligungen s.a. Vermögensanlagen
- Aufnahmepflicht EU-ProspektVO Anh. I 325 ff.; Anh. XXV 38
- Emittent, Verflechtung VermVerkProspV 7 1 ff.
- Vermögensanlagen VermAnlG 1 56 ff.
- Vertrag, Beifügung VermVerkProspV 4 129 ff.

Unternehmensgegenstand
- Aufnahmepflicht EU-ProspektVO Anh. I 305

Unternehmensregister
- Nachträge WpPG 16 93
- Prospektveröffentlichung, Mitteilung WpPG 14 39
- Übermittlung WpPG 27 48
- Veröffentlichungspflichten WpPG 6 92
- Verweis auf - WpPG 11 12

Untersagung
- Aussetzung WpPG 26 20 ff.
- Gebühren WpPG 26 32, 46
- öffentliches Angebot WpPG 9 74; 26 20 ff., 45; 35 59
- Pflichtverstoß, Anhaltspunkte VermAnlG 18 7 ff.
- Sofortvollzug VermAnlG 17 14; 18 17
- unvollständiger Prospekt VermAnlG 18 9
- Veröffentlichung VermAnlG 17 1 ff., 4 ff.; VermVerkProspV 2 22
- Werbung VermAnlG 16 1 ff.; WpPG 15 38 ff., 41 f.
- Zuwiderhandlung WpPG 35 59

Uplisting
- Preisfestsetzungsverfahren WpPG 8 27

Sachregister

US-GAAP
- Drittstaatenemissionen **EU-ProspektVO Anh. I** 183
- Rechnungslegungsstandards, Vergleich **EU-ProspektVO Anh. I** 98 ff.

V

Verantwortlichkeitsklausel WpPG 5 53 ff.
- anwendbares Recht **WpPG 5** 53
- Erstreckung **WpPG 5** 55
- Haftungsbeschränkungen **WpPG 5** 56
- Inhalt **WpPG 5** 54
- Wortlaut **WpPG 5** 56

Verbotsirrtum
- Ordnungswidrigkeiten **WpPG 35** 13 f.

Verbundene Unternehmen *s.a. Emittent, Organisationsstruktur; Konzern*
- Mitarbeiterbeteiligungsprogramme, Prospektpflicht **WpPG 4** 29

Verkaufsprospekt *s.a. Vermögensanlagen*
- VermVerkProspV, Anwendungsbereich **VermVerkProspV 1** 3

Verkaufsprospekt, Begriff VermAnlG 29 30 ff.
- Verkaufsprospekt **VermAnlG 20** 2 ff.

Verkaufsstellen
- Wertpapierbeschreibung, Aktien **EU-ProspektVO Anh. III** 61

VerkProspGebV VermAnlG 27 4 ff.

Verlustzuweisungsgesellschaft VermVerkProspV 4 43 ff.

VermAnlG *s.a. Vermögensanlagen*
- Anlegerinformationen **VermAnlG Einl.** 26
- Anwendungsbereich **VermAnlG 1** 1 ff.; **32** 23 ff.; **Einl.** 16 f.
- BaFin, erweiterte Pflichten **VermAnlG Einl.** 20 ff.
- Crowdinvesting **VermAnlG Einl.** 17
- Hinterlegung **VermAnlG 14** 1 ff.
- Kleinanlegerschutzgesetz **VermAnlG Einl.** 14 ff.
- Mitteilungspflichten **VermAnlG Einl.** 24
- öffentliches Angebot **VermAnlG 1** 11 ff.
- Produktgestaltung/Produktintervention **VermAnlG Einl.** 28
- Prospekt, Gültigkeit **VermAnlG Einl.** 19
- Prospekt, Inhalt **VermAnlG Einl.** 18
- Prospektnachträge, Gültigkeit **VermAnlG Einl.** 19
- Prospektpflicht **VermAnlG 6** 1 ff.; **WpPG 1** 25
- Rechtsentwicklung **VermAnlG Einl.** 6 ff., 12 ff.
- Regelungsgegenstand **VermAnlG Einl.** 1 ff.
- Übergangsvorschriften **VermAnlG 32** 1 ff.; **Einl.** 30
- unvollständiger Prospekt **VermAnlG 10** 1 ff.
- Verhältnis z. EU-Recht **VermAnlG Einl.** 31
- Verhältnis z. WpPG **VermAnlG Einl.** 1, 31
- Vermögensanlagen-Informationsblatt **VermAnlG 13** 1 ff.; **Einl.** 25; *s.a. dort*
- VermVerkProspGebV **VermAnlG Einl.** 5, 10 f.
- VermVerkProspV **VermAnlG Einl.** 5, 10 f.
- Veröffentlichung **VermAnlG 9** 1 ff.; *s.a. dort*
- Veröffentlichungen nach Angebotsende **VermAnlG Einl.** 23
- Werbung **VermAnlG Einl.** 27

Vermögensanlagen
- Abgrenzung **VermAnlG 1** 27 ff.
- Angebot, grenzüberschreitendes **VermVerkProspV 4** 92 ff.
- Anteile an Investmentvermögen, Abgrenzung **VermAnlG 1** 36 ff.
- Arbeitnehmerbeteiligungen **VermAnlG 2** 56 ff.
- Arten **VermAnlG 27** 18 ff.
- Ausnahmen Anwendungsbereich **VermAnlG 2** 1 ff.
- BaFin, Gebühren **VermAnlG 27** 1 ff.
- begrenzter Anlegerkreis **VermAnlG 2** 9 ff., 52 ff.
- Beteiligungsformen **VermAnlG 1** 55
- Daueremittentenprivileg **VermAnlG 2** 61 ff.
- Einlagengeschäft nach KWG, Abgrenzung **VermAnlG 1** 50 ff.
- Emittent **VermAnlG 1** 88 f.
- Emittenten hoher Bonität **VermAnlG 2** 59 ff.
- Erlaubnispflicht **VermAnlG 6** 20 f.
- gemeinnützige Körperschaften **VermAnlG 2a–2d** 21 ff.
- Genossenschaften **VermAnlG 2** 12 ff.
- Genussrechte **VermAnlG 1** 79 f.
- Gewährleistungsübernahme **VermVerkProspV 14** 1 ff.
- Gewinnbeteiligungen **VermAnlG 1** 56 ff.
- Hintermänner **VermVerkProspV 12** 46 ff.
- institutionelle Anleger **VermAnlG 2** 38 ff.

Sachregister

- junger Unternehmen **VermVerkProspV** 15 1 ff.
- Nachrangdarlehen **VermAnlG** 1 78; 2a–2d 14
- Namensschuldverschreibungen **VermAnlG** 1 81 f.
- Öffentliche Hand, Emittent **VermAnlG** 2 60
- öffentliches Angebot **VermAnlG** 1 11 ff.
- partiarische Darlehen **VermAnlG** 1 77; 2a–2d 14
- Patronatserklärung **VermVerkProspV** 14 8 f.
- Pensionsfonds **VermAnlG** 2 20
- Prospekt, Maßstäbe **VermAnlG** 7 5 ff.
- Prospektinhalt **VermAnlG** 7 1 ff.
- Prospektpflicht **VermAnlG** 6 1 ff.
- Religionsgemeinschaften **VermAnlG** 2a–2d 21 ff.
- Schwarmfinanzierungen **VermAnlG** 2a–2d 1 ff., 5 ff.
- selbstlose Angebote **VermAnlG** 1 76
- Sicherungskonzept **VermVerkProspV** 14 1 ff.
- sonstige Anlagen **VermAnlG** 1 83 ff.; 2a–2d 14
- soziale Projekte **VermAnlG** 2a–2d 21 ff.
- Staatsmonopolist, Emittent **VermAnlG** 2 70
- Strafvorschriften **VermAnlG** 28 1 f.
- Teilemissionen **VermAnlG** 2 44 ff.
- Treuhänder **VermVerkProspV** 12 31 ff., 45
- Treuhandvermögen, Anteile **VermAnlG** 1 64 ff.
- Treuhandvermögen, Prospektinhalt **VermAnlG** 7 24
- typenprivilegierte **VermAnlG** 2a–2d 13 ff.
- umfangbezogene Grenzen **VermAnlG** 2 21 ff.
- Unternehmensbeteiligungen **VermAnlG** 1 58 f.
- Unternehmensbeteiligungen, Auslandsgesellschaften **VermAnlG** 1 60 ff.
- Vermittler-Privileg bei Schwarmfinanzierung **VermAnlG** 2a–2d 17 ff.
- Verschmelzung/Übernahme **VermAnlG** 2 71 ff.
- Versicherungsunternehmen **VermAnlG** 2 20
- Warnhinweise **VermAnlG** 7 25 ff.
- Werbung **VermAnlG** 12 1 ff.
- Wertpapiere nach WpPG, Abgrenzung **VermAnlG** 1 29 ff.
- Widerrufsrecht **VermAnlG** 2a–2d 26 ff.
- Zweitmarkt **VermAnlG** 2 75 ff.

Vermögensanlagen, Prospektinhalt
- Abschlussprüfer **VermVerkProspV** 11 1 ff.
- Angaben, Begriff **VermVerkProspV** 2 4
- Angaben, geringer Bedeutung **VermVerkProspV** 15 14 ff.
- Angaben, Kategorisierung **VermVerkProspV** 2 5 ff.
- Angaben, Reihenfolge **VermVerkProspV** 2 142 ff.
- Angebot, grenzüberschreitendes **VermVerkProspV** 4 92 ff.
- Angebot, Mindestangaben **VermVerkProspV** 4 1 ff.
- Angebot, steuerliche Konzeption **VermVerkProspV** 4 28 ff.
- Angebot, Umfang **VermVerkProspV** 4 16 ff.
- Anlage, Art **VermVerkProspV** 4 3 ff.
- Anlage, Übertragbarkeit **VermVerkProspV** 4 64 ff.
- Anlageobjekt, behördliche Genehmigungen **VermVerkProspV** 9 56 ff.
- Anlageobjekt, Beschränkungen **VermVerkProspV** 9 52 ff.
- Anlageobjekt, Beschreibung **VermVerkProspV** 9 4 ff., 19 ff., 28 ff.
- Anlageobjekt, Bewertungsgutachten **VermVerkProspV** 9 71 ff.
- Anlageobjekt, dingliche Rechtslage **VermVerkProspV** 9 42 ff.
- Anlageobjekt, Fremdkapitalquote **VermVerkProspV** 9 90
- Anlageobjekt, Gesamtkosten **VermVerkProspV** 9 78 ff.
- Anlageobjekt, Herstellung/Anschaffung **VermVerkProspV** 9 63 ff.
- Anlageobjekt, Leistungen/Lieferungen **VermVerkProspV** 9 74 ff.
- Anlagepolitik **VermVerkProspV** 9 10 f., 20
- Anlagetechniken **VermVerkProspV** 9 27
- Anlageziel **VermVerkProspV** 9 6 ff., 20
- Anlegergruppe **VermVerkProspV** 4 128
- außergewöhnliche Ereignisse **VermVerkProspV** 8 14 f.
- Beteiligungsvertrag, Beifügung **VermVerkProspV** 4 129 ff.
- Blind-Pool-Modelle **VermVerkProspV** 9 22
- Datum **VermVerkProspV** 2 151 ff.; 3 19

Sachregister

- durchschnittlicher Anleger **VermVerkProspV 2** 17 f.
- Emissionshistorie **VermVerkProspV 6** 15 f.
- Emittent, Anteilsarten **VermVerkProspV 6** 8 ff.
- Emittent, ausstehende Einlagen **VermVerkProspV 6** 10
- Emittent, Beiratsmitglieder **VermVerkProspV 12** 7; *s.a. Geschäftsführung Emittent*
- Emittent, Firma **VermVerkProspV 5** 4 ff.; **7** 10 f.
- Emittent, Geschäftsführungsorgane **VermVerkProspV 12** 4 ff.; *s.a. Geschäftsführung Emittent*
- Emittent, Gesellschafter **VermVerkProspV 7** 1 ff.; *s.a. Gesellschafter Emittent*
- Emittent, Gründung **VermVerkProspV 5** 7 f.; **15** 1 ff.
- Emittent, Gründungsgesellschafter **VermVerkProspV 7** 1 ff.
- Emittent, Kapitalausstattung **VermVerkProspV 6** 4 ff.
- Emittent, Konzerneinbindung **VermVerkProspV 5** 19
- Emittent, laufende Investitionen **VermVerkProspV 8** 10 ff.
- Emittent, Rechtsform **VermVerkProspV 5** 12 ff.
- Emittent, Rechtsstreitigkeiten **VermVerkProspV 8** 8 f.
- Emittent, Registereintragung **VermVerkProspV 5** 18
- Emittent, Sitz/Geschäftsanschrift **VermVerkProspV 5** 6 f.; **7** 10 f.
- Emittent, Unternehmensgegenstand **VermVerkProspV 5** 17
- Emmittent, Angaben über **VermVerkProspV 5** 1 ff.
- Eröffnungsbilanz **VermVerkProspV 15** 6
- Erwerbsstellen **VermVerkProspV 4** 80 ff.
- Finanzinformationen, historische **VermVerkProspV 10** 1 ff.; **15a** 1 f.
- Fremdkapitalgeber **VermVerkProspV 7** 33
- Geheimhaltungsinteresse **VermVerkProspV 15** 17 f.
- Geschäftsprognose **VermVerkProspV 13** 5 ff.; **15** 9 ff.
- Geschäftsveränderungen, Gesellschaftsvertrag **VermVerkProspV 9** 26 ff.
- Grundsätze **VermVerkProspV 2** 2 ff.
- Haftungsansprüche, Hinweis Ausschlussfrist **VermVerkProspV 2** 33 f.
- Hauptmerkmale der Anteile **VermVerkProspV 4** 24 ff.
- Hersteller **VermVerkProspV 7** 34 ff.
- Hintermänner **VermVerkProspV 12** 46 ff.
- Inhaltsverzeichnis **VermVerkProspV 2** 32, 145 f.
- Jahresabschluss **VermVerkProspV 10** 4 ff.; **15a** 1 f.
- Jahresabschluss, Bestätigungsvermerk **VermVerkProspV 11** 10 f.
- Jahresabschluss, wesentliche Änderungen **VermVerkProspV 10** 11
- junge Unternehmen **VermVerkProspV 15** 1 ff.
- jüngste Geschäftsentwicklung **VermVerkProspV 13** 2 ff.
- Konzernabschluss **VermVerkProspV 10** 8 ff.
- Kosten **VermVerkProspV 4** 101 ff.
- Kündigungsfrist **VermVerkProspV 4** 127
- Lagebericht **VermVerkProspV 10** 4 ff.; **15a** 1 f.
- laufende Geschäftstätigkeit **VermVerkProspV 8** 1 ff.
- Laufzeit **VermVerkProspV 4** 127
- Lizenzen/Patente **VermVerkProspV 8** 5 ff.
- maßgebliche Vertragswerke, Beifügung **VermVerkProspV 4** 129 ff.
- Nachträge **VermVerkProspV 2** 113 f.
- Nachtragspflichten **VermVerkProspV 9** 24
- Preis **VermVerkProspV 4** 96 ff.
- Prognosen, Darstellung **VermVerkProspV 2** 123 ff.
- Projekt, Begriff **VermVerkProspV 9** 12
- Projekt, Nettoeinnahmen **VermVerkProspV 9** 14 ff.
- Projekt, Realisierungsgrad **VermVerkProspV 9** 13, 21
- Projekt, sonstige Zwecke **VermVerkProspV 9** 18
- Prüfungsumfang, Hinweis **VermVerkProspV 2** 33
- Risiken, anlagebezogene **VermVerkProspV 2** 49 ff., 55 ff.
- Risiken, Anlageziel **VermVerkProspV 2** 64 f.
- Risiken, Begriff **VermVerkProspV 2** 41 f.
- Risiken, Biogasanlagen **VermVerkProspV 2** 90 f.
- Risiken, Darstellungsumfang **VermVerkProspV 2** 43 ff.

Sachregister

- Risiken, Entwicklung **VermVerkProspV** 2 34 ff.
- Risiken, formelle Anforderungen **VermVerkProspV** 2 100 ff.
- Risiken, Geothermie **VermVerkProspV** 2 92
- Risiken, Geschäftspartner **VermVerkProspV** 2 53
- Risiken, im Vorfeld **VermVerkProspV** 2 50 ff.
- Risiken, Immobilien **VermVerkProspV** 2 72 ff.
- Risiken, inhaltliche Anforderungen **VermVerkProspV** 2 37 ff.
- Risiken, Kategorien **VermVerkProspV** 2 40
- Risiken, laufende Geschäftstätigkeit **VermVerkProspV** 2 67 ff.
- Risiken, marktbezogene **VermVerkProspV** 2 48, 70 ff.
- Risiken, maximale **VermVerkProspV** 2 115 ff.
- Risiken, Minimierung **VermVerkProspV** 2 112
- Risiken, Photovoltaik **VermVerkProspV** 2 89
- Risiken, Projektbezug **VermVerkProspV** 2 59 ff.
- Risiken, Sicherungskonzept **VermVerkProspV** 2 66
- Risiken, Transportgewerbe **VermVerkProspV** 2 93 ff.
- Risiken, Währung **VermVerkProspV** 2 54
- Risiken, Windkraft **VermVerkProspV** 2 84 ff.
- Rückzahlung **VermVerkProspV** 4 124 f.; **13a** 1 ff.
- Sprache **VermVerkProspV** 2 23 ff., 148
- steuerliche Anerkennungsfähigkeit **VermVerkProspV** 2 57 f.
- Treuhänder **VermVerkProspV** 12 31 ff., 45
- Umtausch-/Bezugsrechte **VermVerkProspV** 6 17 f.
- Unterzeichnung **VermVerkProspV** 2 157 ff.; **3** 14 ff.
- Verantwortlicher Prospekt **VermVerkProspV** 12 40 ff.
- Verantwortungsübernahme **VermVerkProspV** 2 157 ff.; **3** 1 ff.
- Verflechtung **VermVerkProspV** 7 1 ff.
- Vermögens-/Finanz-/Ertragslage **VermVerkProspV** 10 10
- Verordnung, Anwendungsbereich **VermVerkProspV** 1 3
- Verständlichkeitsgebot **VermVerkProspV** 2 14 ff.
- Vertriebsgesellschaft **VermVerkProspV** 7 31 f.
- Verweise **VermVerkProspV** 10 9
- Vollständigkeitsgebot **VermVerkProspV** 2 9
- Volumen Angebot **VermVerkProspV** 4 7 ff.
- Zahlstellen **VermVerkProspV** 4 72 ff.
- Zahlungsmodalitäten **VermVerkProspV** 4 77 ff.
- Zeichnungsfrist **VermVerkProspV** 4 86 ff.
- Zinszahlung **VermVerkProspV** 4 124 f.; **13a** 1 ff.
- Zwischenbericht **VermVerkProspV** 10 6 f.; **15** 7 f.

Vermögensanlagen-Informationsblatt VermAnlG 13 1 ff.; **Einl.** 25
- Adressatenkreis **VermAnlG 13** 44
- Aktualisierung **VermAnlG 13** 102 ff.; **14** 25 ff.
- allgemeine Anforderungen **VermAnlG 13** 44 ff.
- allgemeine Verständlichkeit **VermAnlG 13** 57 ff.
- Anforderungen **VermAnlG 13** 23 ff.
- Anlegergruppe, Angaben **VermAnlG 13** 71
- Anwendungsbereich **VermAnlG 13** 11 ff.
- Aufbau **VermAnlG 13** 26 ff.
- Beschränkung auf eine Anlage **VermAnlG 13** 35
- Entwicklung **VermAnlG 13** 7 ff.
- ergänzende Bestimmungen **VermAnlG 13** 16 ff.
- Ertragsaussichten **VermAnlG 13** 81 f.
- fehlerhaftes, Haftung **VermAnlG Vor 20–22** 2
- Fonds, Verwendung Begriff **VermAnlG 13** 96
- Form **VermAnlG 13** 30 ff.
- Haftung bei fehlendem/unrichtigem **VermAnlG 13** 94 f.; **22** 1 ff.; *s.a.* Vermögensanlagen-Informationsblatt, Haftung
- Hinweis auf Befugnisse BaFin **VermAnlG 13** 101
- Identität Anbieter **VermAnlG 13** 87
- Inhalt **VermAnlG 13** 40 ff.
- Jahresabschluss, letzter **VermAnlG 13** 93
- Kosten/Provisionen **VermAnlG 13** 83 ff.
- Kündigungsfrist **VermAnlG 13** 75 f.

Sachregister

- Laufzeit **VermAnlG 13** 75
- nicht dienliche Informationen **VermAnlG 13** 97 ff.
- Nichterstellung **VermAnlG 17** 10; **18** 13
- Nichtprüfung BaFin, Hinweis auf **VermAnlG 13** 88
- Ordnungswidrigkeiten **VermAnlG 29** 40 ff.
- Parallelvorschriften **VermAnlG 13** 22
- Prospekt, Hinweis auf Erstellung **VermAnlG 13** 89 ff.
- Redlichkeit/Eindeutigkeit **VermAnlG 13** 53 ff.
- Regelungsgegenstand **VermAnlG 13** 1 ff.
- Risiken **VermAnlG 13** 77 ff.
- Sanktionen **VermAnlG 13** 106 ff.
- sonstige Angaben **VermAnlG 13** 86 ff.
- Übermittlung an Anleger **VermAnlG 15** 6 ff.
- Übermittlung Hinterlegungsstelle **VermAnlG 14** 17 ff.
- Übersichtlichkeit **VermAnlG 13** 61 ff.
- Umfang **VermAnlG 13** 34
- und Prospektpflicht **VermAnlG 13** 12 f.
- Vereinbarkeit mit Prospekt **VermAnlG 13** 52
- Vermögensanlage, Art **VermAnlG 13** 67
- Vermögensanlage, Beschreibung **VermAnlG 13** 68 ff.
- Vermögensanlage, Bezeichnung **VermAnlG 13** 66
- Verordnungsermächtigung **VermAnlG 13** 105
- Verschuldungsgrad, Emittent **VermAnlG 13** 72 ff.
- Warnhinweis **VermAnlG 13** 37 ff.; **15** 24 ff.
- Werbung **VermAnlG 13** 97 ff.
- wesentliche Informationen **VermAnlG 13** 42, 45 f., 60 ff., 66 ff.
- zu unterlassende Angaben **VermAnlG 13** 43, 49 ff., 96 ff.
- Zweck **VermAnlG 13** 8 ff.

Vermögensanlagen-Informationsblatt, Haftung
- Aktualisierung **VermAnlG 22** 30
- Anspruchsberechtigte **VermAnlG 22** 32 ff., 76
- Anspruchsgegner **VermAnlG 22** 39, 77
- Anspruchsinhalt **VermAnlG 22** 45 ff.
- Anwendungsbereich **VermAnlG 22** 1
- fehlende Bestätigung Warnhinweis **VermAnlG 22** 72 ff.
- fehlender Warnhinweis **VermAnlG 22** 31, 62 ff.
- fehlendes Informationsblatt **VermAnlG 22** 53 ff.
- fehlerhafte Angaben **VermAnlG 22** 22 ff.
- Geltendmachung **VermAnlG 22** 82 ff.
- Gerichtsstand **VermAnlG 22** 83
- Haftungsfreizeichnung **VermAnlG 22** 49
- Haftungsregime **VermAnlG 22** 15 ff.
- irreführende Angaben **VermAnlG 22** 24 ff.
- Kausalität **VermAnlG 22** 37 f.
- Konkurrenzen **VermAnlG 22** 50, 84
- Mitverschulden **VermAnlG 22** 42 ff., 79
- Übernahme, Anspruch auf **VermAnlG 22** 52 ff.
- Unrichtigkeit **VermAnlG 22** 28
- Unveinbarkeit mit Verkaufsprospekt **VermAnlG 22** 29
- Verjährung **VermAnlG 22** 82
- Verschulden **VermAnlG 22** 40 ff., 79
- Voraussetzungen **VermAnlG 22** 21 ff.

VermVerkProspGebV **VermAnlG Einl.** 5, 10 f.
- Anwendungsbereich **VermAnlG 27** 5 ff.
- Gebührenhöhe **VermAnlG 27** 7 ff.

VermVerkProspV **VermAnlG Einl.** 5, 10 f.
- Anwendungsbereich **VermVerkProspV 1** 3
- Inkrafttreten **VermVerkProspV 16** 1 f.
- Verordnungsermächtigung **VermAnlG 7** 30 ff.

VermVerMiV **VermAnlG 11a** 19

Veröffentlichung
- Auskunftpflichtverletzung **VermAnlG 29** 51 f.
- Beendigung Mitteilungspflicht **VermAnlG 10a** 1 ff.
- elektronisches Verbreitungssystem **VermAnlG 9** 13 ff.; **10** 14
- endgültige Bedingungen **WpPG 6** 88 ff.; **14** 2
- Form **VermAnlG 9** 11 ff.
- Frist **VermAnlG 9** 3 ff.
- Hinweispflicht d. Anbieters **VermAnlG 12** 1 ff., 6 ff.
- Hinweispflichtverletzung, Ordnungswidrigkeiten **VermAnlG 29** 37 f.
- kostenlose Ausgabe **VermAnlG 9** 12
- Mitarbeiterbeteiligungsprogramme **WpPG 4** 32
- Mitteilung der, Verstoß **VermAnlG 29** 35
- Mitteilungspflicht **VermAnlG 9** 20 ff.
- Mitteilungspflicht Verstoß **VermAnlG 9** 24

Sachregister

- Nachträge **VermAnlG 11** 40 ff.
- Nachträge **VermAnlG 10** 12 ff.; **11** 1 ff.; **WpPG 14** 2; *s.a. dort*
- nicht gebilligter Prospekt **VermAnlG 29** 26 ff.
- Nichtveröffentlichung, Ordnungswidrigkeiten **VermAnlG 29** 21 ff., 29 ff.
- Übergangsvorschriften **VermAnlG 32** 11 ff.
- Untersagung **VermAnlG 17** 1 ff., 4 ff.; **VermVerkProspV 2** 22
- unvollständiger Prospekt **VermAnlG 10** 1 ff.; **18** 9
- Veröffentlichungsdaten, Mitteilung **VermAnlG 9** 20 ff.
- Verzicht **VermAnlG 8** 44 ff.

Veröffentlichung Prospekt WpPG 3 18 f.
Veröffentlichungsort, Nichtangabe WpPG 35 43 f.
Veröffentlichungspflichten
- nach Beendigung öffentliches Angebot **VermAnlG 11a** 1 ff.

Verschmelzung
- Emittent, Prospektpflicht **WpPG 4** 14 ff.
- Emittenten, Emissionsvolumen **WpPG 1** 66
- Emittenten, Prospektpflicht **WpPG 4** 48
- Mindestangaben **WpPG 7** 22 f.

Verschuldung
- Bezugsrechtsemission **EU-ProspektVO Anh. XXIV** 4 f.
- Wertpapierbeschreibung, Aktien **EU-ProspektVO Anh. III** 19 f.

Verschwiegenheitspflicht *s.a. BaFin, Verschwiegenheitspflicht*
- BaFin **VermAnlG 4** 1 ff.

Versicherungsunternehmen
- Prospektpflicht, Ausnahmen **VermAnlG 2** 20

Versuch
- Ordnungswidrigkeiten **WpPG 35** 17

Verträge
- Aufnahmepflicht **EU-ProspektVO Anh. I** 313 ff.; **Anh. XXIII** 40; **Anh. XXV** 35

Vertretung
- BaFin-Verfügungen, Bekanntgabe **VermAnlG 5** 5 ff., 11 f.
- Empfangsbevollmächtigte **WpPG 34** 1 f.
- Ordnungswidrigkeiten, Begehung **WpPG 35** 18 ff.

Vertriebshelfer
- Prospekthaftung **WpPG 21–23** 80

Vertriebskette *s.a. Retail Cascades*
- Einwilligung **WpPG 3** 49 ff.
- nicht qualifizierte Anleger, Anzahl **WpPG 3** 34
- öffentliche Angebote, Begriff **WpPG 2** 71
- Prospektpflicht **WpPG 3** 45 ff.
- Prospektverwendung, Zustimmung **WpPG 3** 55 f.

Vertriebsunternehmen
- Emittent, Verflechtung **VermVerkProspV 7** 31 f.

Verwahrstellen
- Wertpapierbeschreibung, Aktien **EU-ProspektVO Anh. III** 62
- Wertpapierbeschreibung, kapitalgarantierte Schuldtitel **EU-ProspektVO Anh. XIII** 26

Verwaltungskosten VermVerkProspV 4 104 ff.

Verwaltungsverfahren
- Akteneinsicht, Gewährung **WpPG 27** 32 f.
- anhängige, Aufnahmepflicht **EU-ProspektVO Anh. I** 289
- Anordnung d. aufschiebenden Wirkung **WpPG 31** 7 f.
- Bekanntmachung Maßnahmen, Rechtsmittel **WpPG 30** 11
- Sofortvollzug **WpPG 31** 1 ff.

Verzinsung VermVerkProspV 4 124 f.; **13a** 1 ff.

VlBBestV VermAnlG 15

Vorlagepflicht
- Anbieter/Emittent **WpPG 26** 12
- erweiterte **WpPG 26** 18 ff.

Vorsatz
- Ordnungswidrigkeiten **WpPG 35** 12, 23

Vorzugsrechte
- Wertpapierbeschreibung, Schuldtitel **EU-ProspektVO Anh. V** 50

W

Wandelanleihen
- Basisprospekt **WpPG 6** 19
- begebene, Aufnahmepflicht **EU-ProspektVO Anh. I** 300
- Prospektpflicht, Ausnahmen **WpPG 4** 51 ff.
- Registrierungsformular, Modul **EU-ProspektVO Anh. I** 1 ff.

Wandelpapiere WpPG 2 28 ff.
Warnhinweis *s.a. Risikofaktoren*
- dreiteiliger Prospekt **WpPG 12** 23
- Kenntnisnahme **VermAnlG 15** 24 ff.

Sachregister

- Kenntnisnahme, fehlende Bestätigung **VermAnlG 22** 72 ff.
- Prospekt **WpPG 5** 20 f.
- Prospekt, Zusammenfassung **WpPG 5** 34 ff.
- Vermögensanlagen-Informationsblatt **VermAnlG 13** 37 ff.; **22** 31, 62 ff.
- Werbung **VermAnlG 12** 14 ff.

Weiterveräußerung
- Einwilligung **WpPG 3** 49 f.
- Prospektpflicht **WpPG 3** 44

Werbung *s.a. Informationen, Verbreitung*
- Analystenpräsentation **WpPG 15** 35
- Angebot, Abgrenzung **WpPG 15** 7
- Anordnungen d. BaFin, Zuwiderhandlung **WpPG 35** 57 f.
- Auskunftspflichten **VermAnlG 12** 25
- BaFin, Befugnisse **WpPG 15** 38 ff.
- Begriff **VermAnlG 12** 5; **WpPG 15** 9 ff.
- Going Public-Grundsätze/Insiderrecht **WpPG 15** 5, 21, 27
- Hinweispflicht **WpPG 15** 15 ff.
- Hinweispflicht, Verstoß **VermAnlG 29** 37 f.
- informationelle Gleichbehandlung **WpPG 15** 23 ff.
- irreführende Angaben **VermAnlG 16** 6 ff.; **WpPG 15** 21
- Konsistenzgebot **WpPG 15** 19 ff.
- Pre-Marketing **WpPG 15** 36
- Pre-Sounding **WpPG 15** 34
- Prospektpflicht **WpPG 15** 13, 15 ff.
- Prospektverordnung, Entwurf **WpPG 2** 7; **15** 2
- Publizitätsrichtlinien **WpPG 15** 8
- qualifizierte Anleger **WpPG 15** 32
- Rechtsentwicklung **WpPG 15** 4 ff.
- Renditeangaben **VermAnlG 12** 19 ff.
- Roadshowpräsentation **WpPG 15** 37
- und Prospektnachtrag **WpPG 15** 12
- Untersagung **VermAnlG 16** 1 ff.
- unzulässige Hinweise **VermAnlG 12** 22 ff.
- Vermögensanlagen **VermAnlG 12** 1 ff.
- Warnhinweis **VermAnlG 12** 14 ff.
- Werbeanzeige, Begriff **WpPG 15** 10
- Werbezweck **WpPG 15** 14
- wesentliche Informationen **WpPG 15** 30 f.

Wertpapieraufsicht
- Änderung, Prospektrichtlinie **WpPG 13** 4

Wertpapieraufsichtsbehörde
- Informationsrecht BaFin **WpPG 28a** 19 f.
- Informationsübermittlungspflicht BaFin **WpPG 28a** 1 ff.

Wertpapieraufsichtsbehörden
- IOSCO **WpPG 28** 23
- Verstöße, Unterrichtung Ausland **WpPG 29** 4 ff.
- Verstöße, Vorsichtsmaßnahmen **WpPG 29** 1 ff.
- Zusammenarbeit EU/EWR **WpPG 28** 1 ff.
- Zusammenarbeit, Drittstaaten **WpPG 28** 23 ff.

Wertpapierbeschreibung
- Abgrenzung, Anhänge d. ProspektVO **EU-ProspektVO Anh. IV** 4 ff.; **Anh. V** 6 ff.; **Vor Anh. VII/VIII** 8 ff., 17 ff.; **Anh. XI** 9 f.; **Anh. XII** 7 ff.; **Anh. XIII** 7 ff.
- Asset Backed Securities **EU-ProspektVO Vor Anh. VII/VIII** 1 ff.; *s.a. dort*
- Wahlmöglichkeiten **EU-ProspektVO Anh. XII** 20 ff.

Wertpapierbeschreibung, Aktien EU-ProspektVO Anh. III 28
- Abgrenzung, Anhänge d. ProspektVO **EU-ProspektVO Anh. V** 6 f.; **Anh. XII** 12 ff.; **Anh. XIII** 11
- Abschlussprüfung **EU-ProspektVO Anh. III** 86
- Aktienübernahme **EU-ProspektVO Anh. III** 60 ff.
- Anbieter **EU-ProspektVO Anh. III** 70 ff.
- Andienungs-/Vorkaufsrecht **EU-ProspektVO Anh. III** 37
- Angaben Dritter, Prüfung **EU-ProspektVO Anh. III** 91 ff.
- Angebotsbedingungen **EU-ProspektVO Anh. III** 41 ff.
- Beraterbeteiligung **EU-ProspektVO Anh. III** 85
- Beschlüsse, Angabe **EU-ProspektVO Anh. III** 34
- Designated Sponsors **EU-ProspektVO Anh. III** 67
- Emission, Erlösverwendung **EU-ProspektVO Anh. III** 24 ff.
- Emission, Gründe **EU-ProspektVO Anh. III** 23 ff.
- Emission, Interessen Dritter **EU-ProspektVO Anh. III** 21 f.
- Emission, Kosten **EU-ProspektVO Anh. III** 74 ff.
- Emission, Rechtsgrundlage **EU-ProspektVO Anh. III** 30
- Emission, Termin **EU-ProspektVO Anh. III** 35

2069

Sachregister

- Emissionsbank EU-ProspektVO Anh. III 61
- Geschäftskapital EU-ProspektVO Anh. III 12 ff.
- Greenshoe-Option EU-ProspektVO Anh. III 56
- Kapitalausstattung EU-ProspektVO Anh. III 18 ff.
- Look-up-Verpflichtungen EU-ProspektVO Anh. III 72 f.
- Preisfestsetzung EU-ProspektVO Anh. III 57 ff.
- Prospektverordnung, Entwurf EU-ProspektVO Anh. III 11
- Rechte Beschreibung EU-ProspektVO Anh. III 33
- Risikofaktoren EU-ProspektVO Anh. III 5 ff.
- Sachverständigengutachten EU-ProspektVO Anh. III 87 ff.
- Stabilisierungsmaßnahmen EU-ProspektVO Anh. III 68
- Steuerrecht EU-ProspektVO Anh. III 39 f.
- Tranchenbildung EU-ProspektVO Anh. III 52 ff.
- Übernahmeangebot EU-ProspektVO Anh. III 37
- Übertragbarkeit Wertpapiere EU-ProspektVO Anh. III 36
- verantwortliche Personen EU-ProspektVO Anh. III 2 ff.
- Verbriefung Wertpapiere EU-ProspektVO Anh. III 31
- Verkaufsstellen EU-ProspektVO Anh. III 61
- Verschuldung EU-ProspektVO Anh. III 19 f.
- Verwässerung EU-ProspektVO Anh. III 81 ff.
- Währung EU-ProspektVO Anh. III 32
- Wertpapiere, Angaben EU-ProspektVO Anh. III 28 ff.
- Wertpapierkategorie EU-ProspektVO Anh. III 28, 65 f.
- Zahl-/Verwahrstellen EU-ProspektVO Anh. III 62
- Zulassungsprospekte EU-ProspektVO Anh. III 63 ff., 81
- Zuteilung EU-ProspektVO Anh. III 55 ff.

Wertpapierbeschreibung, Bezugsrechtsemission EU-ProspektVO Anh. XXIV 1 ff.
- Abschlussprüfung EU-ProspektVO Anh. XXIV 13
- Angaben Dritter, Prüfung EU-ProspektVO Anh. XXIV 13
- Angebotsbedingungen EU-ProspektVO Anh. XXIV 7 f.
- Beraterbeteiligung EU-ProspektVO Anh. XXIV 13
- Beschlüsse, Angabe EU-ProspektVO Anh. XXIV 6
- Börsenzulassung EU-ProspektVO Anh. XXIV 9
- Emission, Erlösverwendung EU-ProspektVO Anh. XXIV 4 f.
- Emission, Gründe EU-ProspektVO Anh. XXIV 4 f.
- Emission, Interessen Dritter EU-ProspektVO Anh. XXIV 4 f.
- Emission, Kosten EU-ProspektVO Anh. XXIV 11
- Emission, Rechtsgrundlage EU-ProspektVO Anh. XXIV 6
- Emission, Termin EU-ProspektVO Anh. XXIV 6
- Emissionsbank EU-ProspektVO Anh. XXIV 7
- Geschäftskapital EU-ProspektVO Anh. XXIV 4 f.
- Kapitalausstattung EU-ProspektVO Anh. XXIV 4 f.
- Lock-up-Vereinbarungen EU-ProspektVO Anh. XXIV 10
- Preisfestsetzung EU-ProspektVO Anh. XXIV 7
- Rechte Beschreibung EU-ProspektVO Anh. XXIV 6
- Risikofaktoren EU-ProspektVO Anh. XXIV 3
- Sachverständigengutachten EU-ProspektVO Anh. XXIV 13
- Steuerrecht EU-ProspektVO Anh. XXIV 6
- Übertragbarkeit Wertpapiere EU-ProspektVO Anh. XXIV 6
- verantwortliche Personen EU-ProspektVO Anh. XXIV 2
- Verbriefung Wertpapiere EU-ProspektVO Anh. XXIV 6
- Verkaufsstellen EU-ProspektVO Anh. XXIV 7

- Verschuldung **EU-ProspektVO Anh. XXIV** 4 f.
- Verwässerung **EU-ProspektVO Anh. XXIV** 12
- Währung **EU-ProspektVO Anh. XXIV** 6
- Wertpapiere, Angaben **EU-ProspektVO Anh. XXIV** 6
- Zahl-/Verwahrstellen **EU-ProspektVO Anh. XXIV** 7
- Zuteilung **EU-ProspektVO Anh. XXIV** 8

Wertpapierbeschreibung, Derivate
- Abgrenzung, Anhänge d. ProspektVO **EU-ProspektVO Anh. V** 8 f.; **Anh. XIII** 10
- Abrechnungsverfahren **EU-ProspektVO Anh. XII** 119
- Abschlussprüfer **EU-ProspektVO Anh. XII** 175
- Angaben Dritter, Prüfung **EU-ProspektVO Anh. XII** 177
- Angebotsbedingungen **EU-ProspektVO Anh. XII** 142 ff.
- Anpassungsmaßnahmen **EU-ProspektVO Anh. XII** 140 ff.
- Anwendungsbereich **EU-ProspektVO Anh. XII** 1 ff.
- Basisprospekte **EU-ProspektVO Anh. XII** 73 ff.
- Berater, Beteiligung **EU-ProspektVO Anh. XII** 174
- Berechnungsstelle **EU-ProspektVO Anh. XII** 171
- Beschlüsse, Angabe **EU-ProspektVO Anh. XII** 107 ff.
- Emission, Gründe **EU-ProspektVO Anh. XII** 71 f.
- Emission, Rechtsgrundlage **EU-ProspektVO Anh. XII** 92 f.
- Emission, Termin **EU-ProspektVO Anh. XII** 111 f.
- Erlösverwendung **EU-ProspektVO Anh. XII** 71 f.
- Handelsregeln **EU-ProspektVO Anh. XII** 172
- Informationen, Veröffentlichung nach Emission **EU-ProspektVO Anh. XII** 178
- Interessen Dritter **EU-ProspektVO Anh. XII** 67 ff.
- Intermediäre **EU-ProspektVO Anh. XII** 173
- Marktstörungen **EU-ProspektVO Anh. XII** 136 ff.
- Marktzulassung **EU-ProspektVO Anh. XII** 172 f.
- Mindestangaben **EU-ProspektVO Anh. XII** 1 ff.
- Quellenbesteuerung **EU-ProspektVO Anh. XII** 123 ff.
- Rechte Beschreibung **EU-ProspektVO Anh. XII** 103 ff.
- Riskofaktoren **EU-ProspektVO Anh. XII** 24 ff.
- Sachverständigengutachten **EU-ProspektVO Anh. XII** 176
- Termine **EU-ProspektVO Anh. XII** 116 ff., 120
- Übertragbarkeit Wertpapiere **EU-ProspektVO Anh. XII** 113 ff.
- verantwortliche Personen **EU-ProspektVO Anh. XII** 23
- Verbriefung Wertpapiere **EU-ProspektVO Anh. XII** 94 ff.
- Währung **EU-ProspektVO Anh. XII** 98 ff.
- Wertpapiere, Angaben **EU-ProspektVO Anh. XII** 73 ff.
- Wertpapiere, Basiswert **EU-ProspektVO Anh. XII** 84 ff., 126 ff.
- Wertpapiere, Einstufung **EU-ProspektVO Anh. XII** 101 f.
- Wertpapiere, Platzierung **EU-ProspektVO Anh. XII** 163
- Wertpapiere, Preisfestsetzung **EU-ProspektVO Anh. XII** 161 f.
- Wertpapiere, Rückgabe **EU-ProspektVO Anh. XII** 120
- Wertpapiere, Übernahme Emission **EU-ProspektVO Anh. XII** 168 ff.
- Wertpapiere, Verbreitung **EU-ProspektVO Anh. XII** 157 f.
- Wertpapiere, Zuteilung **EU-ProspektVO Anh. XII** 159 f.
- Wertpapierkategorien **EU-ProspektVO Anh. XII** 77 ff.
- Zahl-/Verwahrstellen **EU-ProspektVO Anh. XII** 164 ff.

Wertpapierbeschreibung, Schuldtitel
- Abgrenzung, Anhänge d. ProspektVO **EU-ProspektVO Anh. V** 6 ff., 10 ff.; **Vor Anh. VII/VIII** 8 ff., 17 ff.; **Anh. XII** 16 ff., 19; **Anh. XIII** 7 ff.
- Angebotsbedingungen **EU-ProspektVO Anh. V** 47 ff.
- Anwendungsbereich **EU-ProspektVO Anh. V** 1 ff.

Sachregister

- Emission, Gründe **EU-ProspektVO Anh. V** 30 f.
- Emission, Termin **EU-ProspektVO Anh. V** 45 f.; **Anh. XIII** 23
- Erlösverwendung **EU-ProspektVO Anh. V** 30 f.
- Handelsregeln **EU-ProspektVO Anh. V** 52; **Anh. XIII** 25
- Informationen, Veröffentlichung nach Emission **EU-ProspektVO Anh. V** 54
- Interessen Dritter **EU-ProspektVO Anh. V** 27 ff.; **Anh. XIII** 15 f.
- kapitalgarantierte Schuldtitel **EU-ProspektVO Anh. XIII** 1
- Kosten, Zulassung **EU-ProspektVO Anh. XIII** 28
- Quellenbesteuerung **EU-ProspektVO Anh. XIII** 24
- Rating **EU-ProspektVO Anh. V** 55 f.; **Anh. XIII** 30
- Rendite **EU-ProspektVO Anh. V** 42 f.; **Anh. XIII** 21
- Risikofaktoren **EU-ProspektVO Anh. V** 17 ff.
- Riskofaktoren **EU-ProspektVO Anh. XIII** 13 f.
- Termine **EU-ProspektVO Anh. V** 40 f.
- verantwortliche Personen **EU-ProspektVO Anh. V** 14 ff.; **Anh. XIII** 12
- Vertretung Schuldtitelinhaber **EU-ProspektVO Anh. V** 44
- Vorzugsrechte **EU-ProspektVO Anh. V** 50
- Wertpapiere, Angaben **EU-ProspektVO Anh. V** 32 ff.; **Anh. XIII** 17 ff.
- Wertpapiere, Gesamtbetrag **EU-ProspektVO Anh. XIII** 20
- Wertpapiere, Übernehmer **EU-ProspektVO Anh. V** 51
- Wertpapiere, Verzinsung **EU-ProspektVO Anh. V** 34 ff.
- Wertpapiere, Zinssatz/Zinsschuld **EU-ProspektVO Anh. XIII** 20
- Zahl-/Verwahrstellen **EU-ProspektVO Anh. XIII** 26
- Zeichnungsreduzierung **EU-ProspektVO Anh. V** 49

Wertpapiere
- Abgrenzung z. anderen Vermögensanlagen **WpPG 1** 25
- ausländische **WpPG 2** 17 ff.
- Begriff **WpPG 1** 20; **2** 8 ff.
- dauernde und wiederholte Ausgabe **WpPG 6** 22, 25
- dauernde und wiederholte Ausgabe, Begriff **WpPG 2** 6, 99 ff.
- inländische **WpPG 2** 14 ff.
- Kategorien **WpPG 6** 15 ff.
- Kategorien, Wertpapierbeschreibung **EU-ProspektVO Anh. III** 28, 65 f.
- Laufzeit weniger als zwölf Monate **WpPG 2** 23
- Staatsgarantien **WpPG 1** 20, 52 ff.
- Vermögensanlagen, Abgrenzung **VermAnlG 1** 29 ff.

Wertpapiere, Tausch
- Aktientausch **WpPG 4** 5 ff., 46
- Prospektpflicht, Ausnahmen **WpPG 4** 46
- Übernahme **WpPG 4** 8 ff., 47

Wettbewerb
- Geschäftstätigkeit, Darstellung **EU-ProspektVO Anh. I** 71 f.

Wettbewerbsposition
- Registrierungsformular, Schuldtitel/Derivate unter 50.000 € **EU-ProspektVO Anh. IV** 39

Widerrufsrecht WpPG 8 34 ff.
- Adressat **WpPG 8** 41
- Anwendungsbereich **WpPG 8** 34
- Ausübung **WpPG 16** 108 ff.
- Ausübungszeitpunkt **WpPG 16** 106 f.
- Berechtigte **WpPG 8** 39
- Emissionspreis, Nichtangabe **WpPG 6** 106
- Form **WpPG 8** 40
- Frist **WpPG 8** 38
- Rechtsfolge **WpPG 8** 42; **16** 111 f.
- Schwarmfinanzierung **VermAnlG 2a–2d** 26 ff.
- Überblick **WpPG 16** 99 f.
- und Nachträge Prospekt **VermAnlG 11** 44 ff.
- Voraussetzungen **WpPG 8** 35 ff.; **16** 101 ff.
- Widerrufsbelehrung **WpPG 8** 43 ff.

Widerspruch
- gegen BaFin-Maßnahmen **WpPG 26** 51

Windkraft
- Angebot, steuerliche Konzeption **VermVerkProspV 4** 59
- Risikofaktoren **VermVerkProspV 2** 84 ff.

WpPG
- Anwendungsbereich **WpPG 1** 1 ff., 18 ff.
- Anwendungsbereich, Ausnahmen **WpPG 1** 2 ff., 31 ff.
- Auslegung **WpPG Einl.** 7, 26 ff.

- Daueremittentenprivileg **WpPG 1** 77 ff.
- Entwicklung **WpPG Einl.** 5 ff.
- geregelter Markt **WpPG 1** 1
- KAGB, Verhältnis **WpPG 1** 34 ff.
- Kleinemissionen **WpPG 1** 20
- nicht erfasste Wertpapiere/Vermögensanlagen **VermAnlG 1** 29 ff.
- Nichtdividendenwerte **WpPG 1** 20, 51
- öffentliche Angebote **WpPG 1** 1
- Regelungsgegenstand **WpPG Einl.** 1 ff.
- Übergangsregelung **WpPG 36** 1 ff.
- Verhältnis z. VermAnlG **VermAnlG Einl.** 1, 31
- Wertpapiere m. Staatsgarantien **WpPG 1** 20

WpPGebV **WpPG 33** 11 ff.

Z

Zahlstellen
- Vermögensanlagen **VermVerkProspV 4** 72 ff.
- Wertpapierbeschreibung, Aktien **EU-ProspektVO Anh. III** 62
- Wertpapierbeschreibung, Bezugsrechtsemission **EU-ProspektVO Anh. XXIV** 7
- Wertpapierbeschreibung, kapitalgarantierte Schuldtitel **EU-ProspektVO Anh. XIII** 26

Zahlungsmodalitäten **VermVerkProspV 4** 77 ff.

Zeichnungsfrist **VermVerkProspV 4** 86 ff.

Zeichnungsreduzierung
- Wertpapierbeschreibung, Schuldtitel **EU-ProspektVO Anh. V** 49

Zertifikate
- Aktien/vergleichbare Wertpapiere **WpPG 2** 26
- Asset Backed Securities **EU-ProspektVO Vor Anh. VII/VIII** 14 f.; *s.a. dort*
- Garantien, Mindestangaben **EU-ProspektVO Anh. VI**
- Nichtdividendenwerte **WpPG 2** 31
- Registrierungsformular, Banken **EU-ProspektVO Anh. XI** 8
- Registrierungsformular, Schuldtitel/Derivate **EU-ProspektVO Anh. IX** 1 ff.
- Registrierungsformular, Schuldtitel/Derivate unter 50.000 € **EU-ProspektVO Anh. IV** 1 ff.
- Wertpapierbeschreibung, Derivate **EU-ProspektVO Anh. XII** 1 ff.

Zulassungsantragsteller *s.a. Emittent*
- Amtshaftungsanspruch **WpPG 13** 42
- Begriff **WpPG 2** 98
- Haftungsbeschränkung **EU-ProspektVO Anh. I** 11
- Herkunftsstaat, Begriff **WpPG 2** 103 ff.
- Prospekt, Unterzeichnung **WpPG 5** 51 f.
- Registrierungsformular, Aktien **EU-ProspektVO Anh. I** 2 ff.
- Sorgfaltsmaßstab **EU-ProspektVO Anh. I** 12
- verantwortliche Personen **EU-ProspektVO Anh. I** 2 ff.
- Verantwortungsübernahme, Erklärung **EU-ProspektVO Anh. I** 14 ff.
- Verantwortungsübernahme, Gegenstand **EU-ProspektVO Anh. I** 8 ff.

Zustellung
- BaFin, Verfügungen **VermAnlG 5** 10

Zwangsgeld
- BaFin-Maßnahmen, Durchsetzung **WpPG 26** 50

Zwangsmittel
- Auskunfts-/Vorlageersuchen d. BaFin **VermAnlG 19** 18 ff.
- BaFin-Maßnahmen, Durchsetzung **WpPG 26** 50
- Sofortvollzug **WpPG 31** 4 ff.

Zwangsversteigerung
- Prospektpflicht **WpPG 3** 16 f.

Zweckgesellschaften
- Asset Backed Securities **EU-ProspektVO Vor Anh. VII/VIII** 1 ff.; *s.a. dort*

Zweitmarkt
- Prospektpflicht **VermAnlG 6** 5 ff.
- Vermögensanlagen **VermAnlG 2** 75 ff.

Zwischenfinanzinformationen
- Bilanzeid **EU-ProspektVO Anh. I** 252
- Lagebericht **EU-ProspektVO Anh. I** 252
- nicht veröffentlichte, Aufnahmepflicht **EU-ProspektVO Anh. I** 256 ff.
- Prüfungsbescheinigung **EU-ProspektVO Anh. I** 253 ff.
- Rechnungslegungsstandards **EU-ProspektVO Anh. I** 260
- Überblick **EU-ProspektVO Anh. I** 245 ff.
- veröffentlichte, Aufnahmepflicht **EU-ProspektVO Anh. I** 250 f.

Zwischenlagebericht **EU-ProspektVO Anh. I** 252